百衲本

宋史

（元）脫脫等撰

1

國家圖書館出版社

圖書在版編目(CIP)數據

百衲本宋史:全八册 /(元)脱脱等撰 .—北京:國家圖書館出版社,2014.9(2024.7 重印)

(百衲本二十四史)

ISBN 978-7-5013-5414-6

Ⅰ.①百… Ⅱ.①脱… Ⅲ.①中國歷史—宋代—紀傳體 Ⅳ.①K244.042

中國版本圖書館 CIP 數據核字(2014)第 148365 號

書　　名 百衲本宋史(全八册)
著　　者 (元)脱脱等撰
叢 書 名 百衲本二十四史
責任編輯 陳　卓
重印編輯 張珂卿

出版發行 國家圖書館出版社(北京市西城區文津街 7 號　100034)
(原書目文獻出版社　北京圖書館出版社)
010-66114536　63802249　nlcpress@ nlc.cn(郵購)
網　　址 http://www.nlcpress.com
印　　裝 河北三河弘翰印務有限公司
版次印次 2014 年 9 月第 1 版　2024 年 7 月第 2 次印刷

開　　本 710×1000　1/16
印　　張 367
書　　號 ISBN 978-7-5013-5414-6
定　　價 980.00 圓

百衲本二十四史影印出版説明

『二十四史』是中國古代各朝被政府納爲正統的二十四部史書的總稱，其上起《史記》，下迄《明史》，記載了從傳説中的五帝時代到清朝初年約四千餘年中政治、經濟、文化等諸多方面的歷史，是我國古代最權威、最詳細的史學著作。

清代最通行的『二十四史』，是乾隆年間刊行的『欽定武英殿本二十四史』，即『殿本』。殿本版式疏朗，刻印精良，但是校勘不够審慎，存在誤字、衍字、缺字甚至整段文字脱失的情况。而且，由於殿本的編纂官皆屬御用史官，不得不爲帝王所左右，史實記録上存在竄改等原因造成的缺憾。晚清時，又出現了由各省官書局刊刻的局本，廣爲流傳，但仍以殿本爲依據，存在不少問題。

二十世紀二十年代起，張元濟先生耗費巨資搜訪宋元善本，通過采用當時最先進的攝影製版技術，歷經多年努力，至一九三六年，終於出齊了整套影印版的『二十四史』。因各書底本多殘缺不全，不得不通過許多版本相互參校、補綴而成，猶如僧侣之『百衲衣』，故名之曰『百衲本二十四史』。其中除《舊五代史》《元史》《明史》以明清時的版本作爲底本外，均以宋元版爲主要底本。百衲本對殿本、局本中的謬誤多有匡正，其對歷史研究的功績有目共睹，影響深巨，被史學界一致公認爲『中國最佳

全本正史』，是中國史學史上的一座豐碑，具有極高的版本價值、研究價值和收藏價值。

百衲本二十四史自問世以來，曾數次被影印出版，其中的宣紙綫裝本，因價格不菲，不便學者購藏利用。而縮印本則多存在質量問題，其中質量較好的，當數二十世紀五十年代北京商務印書館的精裝二十四册本。但年代既久，流傳亦少，已屬罕見。爲滿足文史工作者的研究需求，也讓更多的文史愛好者接觸到百衲本二十四史，我社决定將之再度影印出版。

本次影印，將每部正史單獨製作，采取每頁分上下雙欄的形式印製，并爲每部正史編製了分卷目録。需要説明的是，此次我社在編製目録時，爲更好地反映百衲本原貌，充分體現其與殿本、局本等其他系統傳本的差异，原則上均依原書卷端著録，部分保留了原書中使用的簡體字、俗體字及异體字等。對原書中有目無傳或有傳無目等情況，不予改動，僅對極個别處出現的明顯衍、漏、誤字等情況進行了修改。不當之處，請讀者批評指正。

國家圖書館出版社

二〇一四年七月

百衲本宋史目録

進宋史表

開府儀同三司上柱國錄軍國重事中書右丞相
監修國史領　經筵事提調宣政院大醫院廣惠
司事臣阿魯圖等言竊惟周公念先業之艱難七
月之詩是作孔子論前王之文獻二代之禮可言
故觀趙氏隆替之由足見
皇元混一之績欽惟
世祖聖德神功文武皇帝初由
宗邸
親總大軍

龍旂出指於離方
羽葆歸登於
乾御
櫛風沐雨詎辭跋履之勞略地攻城咸遵
稟授之筭揚舲而平江漢卷甲而克襄樊
龔行弔伐之師
昭受寵綏之寄及夫收圖書於勝國輯黼黻於神
京接宋臣而列政塗載宋史而歸祕府然後告成
郊廟
錫慶臣民推

大賚以惟均示
一統之無外樞庭偃武既編
戡定之勳翰苑摛文尋奉纂修之
旨事機有待歲月易遷
累朝每切於繼承多務未遑於制作臣阿魯圖等
誠惶誠懼頓首頓首欽惟
皇帝陛下
恢弘至道
紹述丕謨往行前言
樂討論于古訓

祖功
宗德思揚厲于耿光惟我
朝大啓基圖彼吴會後歸版籍視金源其未遠紬
石室以具存及茲累洽之時成此彌文之典命臣
阿魯圖左丞相臣别兒怯不花領史事前右丞相
臣脱脱為都總裁平章政事臣帖睦爾達世御史
大夫臣惟一翰林學士承旨臣起巖臣玄治書侍
御史臣好文禮部尚書臣泝崇文大監臣宗瑞為
總裁官平章政事臣納麟臣伯顔前中書右丞臣
達世帖睦邇左丞臣守簡參議臣岳柱臣拜住臣

陳思謙郎中臣斡欒臣孔思立等協恭董治史官
工部侍郎臣斡玉倫徒秘書卿臣泰不華太常僉
院臣杜秉彝翰林直學士臣宋褧國子司業臣王
思誠臣汪澤民集賢待制臣干文傳翰林待制臣
張瑾臣貢師道宣文閣鑒書博士臣麥文貴監察
御史臣余闕太常博士臣李齊翰林修撰臣劉聞
太醫院都事臣賈魯國子助教臣馮福可太廟署
令臣陳祖仁西臺御史臣趙中翰林應奉臣王儀
臣余貞秘書著作佐郎臣譚慥翰林編修臣張翥
國子助教臣吳當經筵檢討臣危素編劘分局彙

粹為書起自東都迄于南渡紀載餘三百載始終
纔一再朞考夫建隆淳化之經營景定咸平之潤
色慶曆皇祐以忠厚美風化元豐熙寧以聰明紊
憲章馴致紹聖紛紜崇寧荒亂治忽昭陳於方冊
操存實本於宮庭若乃建炎紹興之圖回乾道淳
熙之保乂正直用則人存政舉邪佞進則臣辱主
憂光寧之朝僅守宗社理度之世日蹙封疆顧乃
拘信使以渝盟納叛臣而侵境由姦權之擅命啓
事釁以召兵歐後瀛國歸朝吉王航海齊亡而訪
王蠋乃存秉節之臣楚滅而諭魯公堪矜守禮之

國載惟
真元之會合屬當
泰道之熙明衆言殽亂於當時大誼昭宣於
今日矧先儒性命之說資
聖代表章之功先理致而後文辭崇道德而黜功
利書法以之而矜式彝倫賴是而匡扶雖微董狐
直筆之可稱庶逃司馬寡識而輕信至若論其有
弊亦惟斷以至公大槩聲容盛而武備衰論建多
而成效少且辭之煩簡以事而文之今古以時舊
史之傳述既多雜記之蒐羅又廣於是參是非而

去取權豐約以損增事嚴敢計於疾徐日積亦虞
於玩愒臣阿魯圖等忝司當撰實預提綱周詢在
局之言靡不究心乃職第述作之才有限而報效
之志無窮儻垂
清熙之觀尚助
緝熙之益曰若
帝堯曰若帝舜惟
聖心稽古之功
監于有夏監于有殷乃臣子告
君之道謹撰述本紀四十七卷志一百六十二卷

表三十二卷列傳世家二百五十五卷裝潢四百
九十二帙隨表麈
獻以
聞下情無任懇懼戰汗屏營之至臣阿魯圖等誠惶
誠懼頓首頓首謹言至正五年十月二十一日開
府儀同三司上柱國錄軍國重事中書右丞相監
修　國史領　經筵事提調宣政院太醫院廣惠
司事臣阿魯圖等上表

二百十个　宋史目録表　五　李俊

修史官員
領三史
開府儀同三司上柱國錄軍國重事中書右丞相監修國史領經筵事提調宣政院太醫院廣惠司事臣阿魯圖
開府儀同三司上柱國錄軍國重事中書左丞相領經筵事提調宣文閣知經筵事臣别兒怯不花
都總裁
開府儀同三司上柱國錄軍國重事前中書右丞相監修國史領經筵事都總裁臣脫脫
總裁
銀青榮祿大夫中書平章政事知經筵事臣帖睦爾達世
銀青榮祿大夫御史大夫知經筵事臣賀惟一
翰林學士承旨榮祿大夫知制誥兼修國史臣張起巖
翰林學士承旨榮祿大夫知制誥兼修國史臣歐陽玄
嘉議大夫治書侍御史臣李好文
中大夫禮部尚書臣王沂
正議大夫崇文太監檢校書籍事臣楊宗瑞
史官
嘉議大夫工部侍郎臣斡玉倫徒
太中大夫秘書卿臣泰不華
通議大夫僉太常禮儀院事臣杜秉彝
翰林直學士亞中大夫知制誥同修國史兼經筵事臣宋褧
朝請大夫國子司業臣王思誠

三百廿八　宋史目録表　六　李俊

集賢待制朝請大夫臣干文傳
朝列大夫國子司業臣汪澤民
翰林待制奉議大夫兼國史院編修官臣張瑾
宣文閣鑒書博士奉訓大夫臣麥文貴
翰林待制奉訓大夫兼國史院編修官臣貢師道
奉訓大夫太常博士臣李齊
承德郎監察御史臣余闕
翰林修撰儒林郎同知制誥兼國史院編修官臣劉聞
承務郎太醫院都事臣賈魯
承直郎國子助教臣馮福可

儒林郎陝西諸道行御史臺監察御史臣趙中
承德郎太廟署令臣陳祖仁
應奉翰林文字文林郎同知制誥兼國史院編修官臣王儀
應奉翰林文字文林郎同知制誥兼國史院編修官臣余貞
登仕郎秘書監著作佐郎臣譚慥
翰林國史院編修官臣張翥
國子助教臣吳當
經筵檢討臣危素

提調官
光祿大夫中書平章政事臣納麟
榮祿大夫中書平章政事知經筵事
翰林學士承旨光祿大夫知制誥兼修國史知經筵事前中書右丞臣達世帖睦邇
資德大夫中書左丞臣董守簡
資德大夫參議中書省事臣岳柱
朝請大夫參議中書省事臣拜住
奉議大夫參議中書省事臣陳思謙
通議大夫兵部尚書臣李獻
通議大夫工部尚書臣路希賢

太中大夫吏部尚書臣何執禮
朝列大夫戶部尚書臣賽因不花
嘉議大夫中書左司郎中臣斡欒
亞中大夫中書左司郎中臣孔思立
承德郎刑部侍郎臣全普俺撒里
朝列大夫中書右司員外郎臣不顏不花
左司員外郎臣實禮門
奉議大夫中書左司員外郎臣白濬
奉直大夫禮部郎中臣逯魯曾
奉訓大夫中書右司都事臣野仙

朝請大夫中書右司都事臣鄭　衎
奉政大夫中書左司都事臣畢　璉
中議大夫中書左司都事臣陳仲端
奉直大夫中書左司都事臣許從宜

皇帝聖旨裏中書省據遼金宋三史總裁官呈照得
近奉都堂鈞旨委自提調繕寫宋史刻板
正本今已畢功理合比依遼金二史從都
省聞
奏定奪指定行省去處刊刻印造傳之方來竊照
元修史官翰林編修張翥國子助教吴當
二人深知宋書事理如蒙差委賫書前往
所指去處監臨刊刻至於鋟梓之際倘或
工匠筆畫差訛就便正是似為便宜具呈
照詳得此都省除已差史官翰林應奉張
翥馳驛賫宋史淨藁前去委自本省文資
正官首領官儒學提舉各一員不妨本職
提調與差去官精選高手人匠就用賫去
淨藁依式鋟板不致差訛所用工物本省
貢士莊錢内應付如果不敷不以是何錢
内放支年終照筭仍禁約合屬毋得因而
一槩動擾違錯工畢用上色高紙印造一
百部裝潢完備差官赴都解納外合行移
咨請
照驗依上施行先具依准咨來須至咨者

右洛

浙江等處行中書省

至正六年　月　日

行省提調官

光祿大夫江浙等處行中書省平章政事臣達世貼睦邇

江浙等處行中書省平章政事臣忽都不花

資善大夫江浙等處行中書省左丞臣韓渙

江浙等處行中書省參知政事臣撒馬篤

江浙等處行中書省參知政事臣楊惟恭

字二百九十个　宋史目録　十二　侯得　李俊寫

朝列大夫江浙等處行中書省左右司郎中臣烏剌沙

奉直大夫江浙等處行中書省左右司郎中臣崔敬

奉訓大夫江浙等處行中書省左右司員外郎臣赫德尔

奉政大夫江浙等處行中書省左右司員外郎臣鄭璠

承德郎江浙等處行中書省左右司都事臣徐樂

承務郎江浙等處行中書省左右司都事臣馬黑麻

承務郎江浙等處行中書省左右司都事臣李琰

掾史臣趙謙　許恒　敬宣使臣堵簡

杭州路提調官

中議大夫杭州路總管兼管内勸農事知渠堰事臣趙璉

儒司提調官

承務郎江浙等處儒學副提舉臣李祁

監督儒官

溫州路永嘉書院山長臣錢惟演

嘉興路儒學正臣應才

杭州路仁和縣儒學教諭臣劉元

杭州路儒學訓導臣黃常　臣姚安道

字八十个　宋史目録　十二　李俊寫

宋史目録上

本紀四十七卷

第四十　寧宗四　宋史四十
第四十一　理宗一　宋史四十一
第四十二　理宗二　宋史四十二
第四十三　理宗三　宋史四十三
第四十四　理宗四　宋史四十四

字一百三十八　宋史目錄上　五　李俊寫　王祖刋

第四十五　理宗五　宋史四十五
第四十六　度宗　宋史四十六
第四十七　瀛國公 二王附　宋史四十七

志一百六十二卷

第一　天文一　宋史四十八
第二　宋史四十九

天文二
第三　天文三　宋史五十
第四　天文四　宋史五十一
第五　天文五　宋史五十二
第六　天文六　宋史五十三
第七　宋史五十四

字一百三十　宋史目錄上　六　李俊寫　王祖刋

天文七
第八　天文八　宋史五十五
第九　天文九　宋史五十六
第十　天文十　宋史五十七
第十一　天文十一　宋史五十八
第十二　宋史五十九

一百三十八个

宋史目錄上　十五　李儉寫　王宙刋

樂十四

第九十三　宋史一百四十

樂十五

第九十四　宋史一百四十一

樂十六

第九十五　宋史一百四十二

樂十七

第九十六　宋史一百四十三

儀衛一

第九十七　宋史一百四十四

儀衛二

第九十八　宋史一百四十五

儀衛三

第九十九　宋史一百四十六

儀衛四

第一百　宋史一百四十七

儀衛五

第一百一　宋史一百四十八

儀衛六

第一百二　宋史一百四十九

宋史目錄上　十六　李儉寫　[illegible]刋

輿服一

第一百三　宋史一百五十

輿服二

第一百四　宋史一百五十一

輿服三

第一百五　宋史一百五十二

輿服四

第一百六　宋史一百五十三

輿服五

第一百七　宋史一百五十四

輿服六

第一百八　宋史一百五十五

選舉一

第一百九　宋史一百五十六

選舉二

第一百十　宋史一百五十七

選舉三

第一百十一　宋史一百五十八

選舉四

第一百十二　宋史一百五十九

食貨下一
第一百三十三　宋史一百八十
食貨下二
第一百三十四　宋史一百八十一
食貨下三
第一百三十五　宋史一百八十二
食貨下四
第一百三十六　宋史一百八十三
食貨下五
第一百三十七　宋史一百八十四

食貨下六
第一百三十八　宋史一百八十五
食貨下七
第一百三十九　宋史一百八十六
食貨下八
第一百四十　宋史一百八十七
兵一
第一百四十一　宋史一百八十八
兵二
第一百四十二　宋史一百八十九

兵三
第一百四十三　宋史一百九十
兵四
第一百四十四　宋史一百九十一
兵五
第一百四十五　宋史一百九十二
兵六
第一百四十六　宋史一百九十三
兵七
第一百四十七　宋史一百九十四

兵八
第一百四十八　宋史一百九十五
兵九
第一百四十九　宋史一百九十六
兵十
第一百五十　宋史一百九十七
兵十一
第一百五十一　宋史一百九十八
兵十二
第一百五十二　宋史一百九十九

一百三十个　宋史目錄上　二十二　李俊寫　甲貢刋

一百个　宋史目錄上　二十三　李俊寫　甲貢刋

第三十　宗室世系二十五　宋史二百三十九

第三十一　宗室世系二十六　宋史二百四十

第三十二　宗室世系二十七　宋史二百四十一

宋史目録上

宋史目録中

列傳二百五十五卷

第一　宋史二百四十二

后妃上

太祖母昭憲杜太后

太祖孝惠賀皇后　孝章宋皇后

孝明王皇后

太宗淑德尹皇后　懿德符皇后

明德李皇后　元德李皇后

真宗章懷潘皇后　章穆郭皇后

章獻明肅劉皇后　李宸妃

楊淑妃　沈貴妃

仁宗郭皇后　慈聖光獻曹皇后

張貴妃　苗貴妃

周貴妃　楊德妃

馮賢妃

英宗宣仁聖烈高皇后

第二　宋史二百四十三

后妃下

神宗欽聖獻肅向皇后　欽成朱皇后

欽慈陳皇后　林賢妃
武賢妃
哲宗昭慈孟皇后　昭懷劉皇后
徽宗顯恭王皇后　鄭皇后
王貴妃　韋賢妃
喬貴妃　劉貴妃
欽宗朱皇后
高宗憲節邢皇后　憲聖慈烈吳皇后
潘賢妃　張賢妃
劉貴妃　劉婉儀
張貴妃
孝宗成穆郭皇后　成恭夏皇后
成肅謝皇后　蔡貴妃
李賢妃
光宗慈懿李皇后　黄貴妃
寧宗恭淑韓皇后　恭聖仁烈楊皇后
理宗謝皇后
度宗全皇后　楊淑妃

第三　宋史二百四十四

宗室一

魏王廷美　燕王德昭
秦王德芳 秀王子偁附

第四　宋史二百四十五

宗室二

漢王元佐　昭成太子元僖
商王元份　越王元傑
鎮王元偓　楚王元偁
周王元儼　悼獻太子
濮王允讓

第五　宋史二百四十六

宗室三

吳王顥　益王頵
吳王佖　燕王俁
楚王似　獻愍太子茂
鄆王楷　肅王樞
景王杞　濟王栩
徐王棣　沂王樗
和王栻　信王榛
太子諶 弟訓　元懿太子旉
信王璩　莊文太子愭

魏王愷　景獻太子詢
鎮王竑
第六　宋史二百四十七
宗室四
子湞　子崧
子櫟　子砥
子晝　子潚
師羼　希言
希懌　士晤
士傀　士㟒

士晴　不羣
不棄　不尤
不悳　善俊
善譽　汝述
叔近　叔向
彥倓　彥橚
彥逾
第七　宋史二百四十八
公主
秦國大長公主　太祖六女

太宗七女　真宗二女
仁宗十三女　英宗四女
神宗十女　哲宗四女
徽宗三十四女　孝宗二女
光宗三女　魏惠獻王一女
寧宗一女　理宗一女
第八　宋史二百四十九
范質子旻兄子杲　王溥父祚
魏仁浦子咸信孫昭亮
第九　宋史二百五十

石守信子保興保吉孫元孫　王審琦子承衍承衍孫克臣等
高懷德　韓重贇子崇訓崇業
張令鐸　羅彥瓌
王彥昇
第十　宋史二百五十一
韓令坤父倫　慕容延釗子德業德豐從子德琛
符彥卿子昭愿昭壽
第十一　宋史二百五十二
王景子廷義　王晏
郭從義曾孫承祐　李洪信弟洪義

武行德　楊承信

侯章

第十二　宋史二百五十三

折德扆子御勳 御卿 曾孫克行　馮繼業

王承美　李繼周

孫行友子全照

第十三　宋史二百五十四

侯益子仁矩 仁寶 孫延廣　張從恩

扈彥珂　薛懷讓

趙贊　李繼勳

藥元福　趙晁子延溥

第十四　宋史二百五十五

郭崇　楊廷璋

宋偓　向拱

王彥超　張永德

第十五　宋史二百五十六

王全斌曾孫凱 康延澤 王繼濤 高彥暉附

趙普弟安易

第十六　宋史二百五十七

吳廷祚子元輔 元載 元扆　李崇矩子繼昌

王仁贍　楚昭輔

李處耘子繼隆 繼和

第十七　宋史二百五十八

曹彬子璨 瑋 琮　潘美附李超

第十八　宋史二百五十九

張美　郭守文

尹崇珂　劉廷讓

袁繼忠　崔彥進

張廷翰　皇甫繼明

張瓊

第十九　宋史二百六十

曹翰　楊信弟嗣 贊

党進　李漢瓊

劉遇　李懷忠

米信　田重進

劉廷翰　崔翰

第二十　宋史二百六十一

李瓊　郭瓊

陳承昭　李萬超

白重贊　王仁鎬

陳思讓　焦繼勳 子守節
劉重進　袁彥
祈廷訓　張鐸
李萬全 田景咸 王暉附
第二十一　宋史二百六十二
李穀　昝居潤
竇貞固　李濤 弟澣 孫仲容
王易簡　趙上交 子曮
張錫　張鑄
邊歸讜　劉溫叟 子燁 孫几

宋史目錄中　八　李俊寫

劉濤　邊光範
劉載　程羽
第二十二　宋史二百六十三
張昭　竇儀 弟儼 偁
呂餘慶　劉熙古 子蒙正 蒙叟
石熙載 子中立　李穆 弟肅
第二十三　宋史二百六十四
薛居正 子惟吉　沈倫 子繼宗
盧多遜　宋琪 宋雄
第二十四　宋史二百六十五

李昉 子宗訥 宗諤 孫昭述等　呂蒙正
張齊賢 子宗誨　賈黃中
第二十五　宋史二百六十六
錢若水 從弟若冲　蘇易簡
郭贄　李至
辛仲甫　王沔
溫仲舒　王化基 子舉正 舉元 孫詔
第二十六　宋史二百六十七
張宏　趙昌言
陳恕 魏羽附　劉昌言

一百五十八　宋史目錄中　九　李俊寫

張洎　李惟清
第二十七　宋史二百六十八
柴禹錫　張遜
楊守一　趙鎔
周瑩　王繼英
王顯
第二十八　宋史二百六十九
陶穀　扈蒙
王著　王祐 子旭 孫質
楊昭儉　魚崇諒

張濬　高錫 從子晃

第二十九　宋史二百七十

顏衎　劉可久

趙逢　蘇曉

高防　馮瓚

邊珝　王明

許仲宣　楊克讓

段思恭　侯陟

李符　魏丕

董樞

二百十八　宋史目錄中　十　李俊寫　黃七刻

第三十　宋史二百七十一

馬令琮　杜漢徽

張廷翰　吳虔裕

蔡審廷　周廣

張勳　石曦

張藏英　陸萬友

解暉　李韜

王晉卿　郭廷謂 子延睿 從子延澤

趙延進　輔超

第三十一　宋史二百七十二

楊業 子延昭等 及王貴附　荊罕儒 從孫嗣

曹光實 從子克明　張暉

司超

第三十二　宋史二百七十三

李進卿 子延渥　楊美

何繼筠 子承矩　李漢超 子守恩

郭進 牛思進附　李謙溥 子允正

姚內斌　董遵誨

賀惟忠　馬仁瑀

第三十三　宋史二百七十四

一百四七　宋史目錄中　十二　李俊寫　黃七

王贊　張保續

趙玭　盧懷忠

王繼勳　丁德裕

張延通　梁迥

史珪　田欽祚

侯贇　王文寶

翟守素　王侁

劉審瓊

第三十四　宋史二百七十五

劉福　安守忠

李重誨 白守素
張思鈞 李琪
王延範
第四十 宋史二百八十一
呂端 畢士安子仲衍仲游
寇準
第四十一 宋史二百八十二
李沆弟維 王旦
向敏中
第四十二 宋史二百八十三

王欽若林特附 丁謂
夏竦
第四十三 宋史二百八十四
陳堯佐兄堯叟弟堯咨從子漸 宋庠弟祁
第四十四 宋史二百八十五
陳執中 劉沆
馮拯子行己伸己 賈昌朝弟昌衡從子炎伯祖父爽
梁適
第四十五 宋史二百八十六
魯宗道 薛奎

王曙子益柔 蔡齊從子延慶
第四十六 宋史二百八十七
楊礪 宋湜
王嗣宗 李昌齡從子祉
趙安仁父孚子良規孫君錫 陳彭年
第四十七 宋史二百八十八
任中正弟中師 周起
程琳 姜遵
范雍孫子奇曾孫坦 趙稹
任布 高若訥

孫沔
第四十八 宋史二百八十九
高瓊子繼勳繼宣 范廷詔
葛霸子懷敏
第四十九 宋史二百九十
曹利用子[illegible]附 張耆子希一等
楊崇勳 夏守恩弟守贇子隨
狄青張玉孫節附 郭逵
第五十 宋史二百九十一
吳育 宋綬子敏求從子昌言

李若谷 子淑 孫壽朋 復圭　　王博文

王鬷

第五十一　　宋史二百九十二

李諮　　程戡

夏侯嶠　　盛度

丁度　　張觀

鄭戩　　明鎬

王堯臣　　孫卞

田況

第五十二　　宋史二百九十三

田錫　　王禹偁

張詠

第五十三　　宋史二百九十四

掌禹錫　　蘇紳

王洙 子欽臣　　胥偃

柳植　　聶冠卿

馮元　　趙師民

張錫　　張揆

楊安國

第五十四　　宋史二百九十五

尹洙　　孫甫

謝絳 子景溫　　葉清臣

楊察

第五十五　　宋史二百九十六

韓丕　　師頏

張茂直　　梁灝 子固

楊徽之 楊澈　　呂文仲

王著　　呂祐之

潘慎修　　杜鎬

查道 從兄陶

第五十六　　宋史二百九十七

孔道輔 子宗翰　　鞠詠

劉隨　　曹修古

郭勸　　段少連

第五十七　　宋史二百九十八

彭乘　　嵇穎

梅摯　　司馬池 子旦 從子里 曾孫朴

李及　　燕肅 子度 孫瑛

蔣堂　　劉夔

馬亮　　陳希亮

字一百一十个　宋史目錄中　十八　李俊寫　王彬刁

第五十八　宋史二百九十九

狄棐　郎簡
孫祖德　張若谷
石揚休　祖士衡
李垂　張洞
李士衡　李溥
胡則　薛顏
許元　鍾離瑾
孫沖　崔嶧
田瑜　施昌言

第五十九　宋史三百

楊偕　王沿 子鼎
杜杞　楊畋
周湛　徐的
姚仲孫　陳太素 馬尋 杜曾 附
李虛己　張傳
俞獻卿　陳從易
楊大雅

第六十　宋史三百一

邊肅　梅詢

一百一十个　宋史目錄中　十九　李俊寫　文正刁

馬元方　薛田
寇瑊　楊日嚴
李行簡　章頻
陳琰　李宥
張秉　張擇行
鄭向　郭稹
趙賀　高覿
袁抗　徐起
張旨　齊廓
鄭驤

第六十一　宋史三百二

王臻　魚周詢
賈黯　李京 吳鼎臣 附
吳景初 馬遵 附　吳及
范師道　李絢
何中立　沈邈

第六十二　宋史三百三

張昷之　魏瓘 弟琰
滕宗諒 劉越 附　李防
趙湘　唐肅 子詢

張述　黃震
胡順之　陳貫子安石
范祥子育　田京

第六十三　宋史三百四

周渭　梁鼎
范正辭子諷　劉師道
王濟　方偕
曹穎叔　劉元瑜
楊告　趙及
劉湜　王彬

仲簡

第六十四　宋史三百五

楊億弟偉從子紘　晁迥子宗慤
劉筠　薛映

第六十五　宋史三百六

謝泌　孫何弟僅
朱台符　戚綸
張去華子師德　樂黃目
柴成務

第六十六　宋史三百七

喬維岳王陟附　張雍
黃儼　魏廷式
盧琰　宋摶
凌策　楊覃
陳世卿　李若拙子繹
陳知微

第六十七　宋史三百八

上官正　盧斌
周審玉　裴濟
李繼宣　張旦

張煦　張佶

第六十八　宋史三百九

王延德　常延信
程德玄　王延德
魏震　張質
楊允恭　秦羲
謝德權　閻日新
靳懷德

第六十九　宋史三百十

李迪子柬之肅之承之及之孫孝基孝壽孝稱　王曾弟子融

張知白　杜衍

第七十　宋史三百十一

晏殊　龐籍 孫恭孫

王隨　章得象

吕夷簡 子公綽 公弼 公著 公孺　張士遜

第七十一　宋史三百十二

韓琦 子忠彥　曾公亮 子孝寬 孝廣 孝蘊

陳升之　吳充

王珪 從父罕 從兄琪

第七十二　宋史三百十三

富弼 子紹庭　文彥博

第七十三　宋史三百十四

范仲淹 子純祐 純禮 純粹　范純仁 子正平

第七十四　宋史三百十五

韓億 子綜　韓絳 子宗師

韓維　韓縝 子宗武

第七十五　宋史三百十六

包拯　吳奎

趙抃 子屼　唐介 子淑問 義問 孫恕

第七十六　宋史三百十七

邵亢 從父必　馮京

錢惟演 從弟易 易子彥遠 明逸 諸孫景諶 勰 即

第七十七　宋史三百十八

張方平　王拱辰

張昇　趙槩

胡宿 子宗炎 從子宗愈 宗回

第七十八　宋史三百十九

歐陽脩 子發 棐　劉敞 弟攽 子奉世

曾鞏 弟肇

第七十九　宋史三百二十

蔡襄　呂溱

王素 從子靖 從孫震　余靖

彭思永　張存

第八十　宋史三百二十一

鄭獬　陳襄

錢公輔　孫洙

豐稷　呂誨

劉述　劉琦

錢顗　鄭俠

第八十一　宋史三百二十二

何郯　吴中復 從孫擇仁
陳薦　王獵
孫思恭　周孟陽
齊恢　楊繪
劉庠　朱京
第八十二　宋史三百二十三
蔚昭敏　高化
周美　閻守恭
孟元　劉謙
趙振　張忠

范恪　馬懷德
安俊　向寶
第八十三　宋史三百二十四
石普　張孜
許懷德　李允則
張亢 兄奎　劉文質 子渙滬
趙滋
第八十四　宋史三百二十五
劉平 弟兼濟 郭遵附　任福 王珪武英桑懌耿傅王仲寶附
第八十五　宋史三百二十六

景泰　王信
蔣偕　張忠
郭恩　張岊
張君平　史方
盧鑑　李渭
王果　郭諮
田敏　侍其曙
康德輿　張昭遠
第八十六　宋史三百二十七
王安石 子雱唐坰附　王安禮

王安國
第八十七　宋史三百二十八
李清臣　安燾
張璪　蒲宗孟
黃履　蔡挺 兄抗
王韶 子厚寀　薛向 子嗣昌
章楶
第八十八　宋史三百二十九
常秩　鄧綰 子洵武
李定　舒亶

蹇周輔　徐鐸
王廣淵　王陶
王子韶　何正臣
陳繹
第八十九　宋史三百三十
任顓　李參
郭申錫　傅求
張景憲　竇卞
張瓌　孫瑜
許遵　盧士宗

錢象先　韓璹
杜純 弟紘　杜常
謝麟　王宗望
王吉甫
第九十　宋史三百三十一
孫長卿　周沆
李中師　羅拯
馬仲甫　王居卿
孫構　張詵
蘇寀　馬從先

沈遘 弟遼 從弟括　李大臨
呂夏卿　祖無擇
程師孟　張問 陳舜俞 樂京 劉蒙 附
苗時中　韓贄
楚建中　張頡
盧革 子秉
第九十一　宋史三百三十二
滕元發　李師中
陸詵 子師閔　趙卨
孫路　游師雄

穆衍
第九十二　宋史三百三十三
楊佐　李兌 從弟先
沈立　張掞
張燾　俞充
劉瑾　閻詢
葛宮　張田
榮諲　李載
姚渙　朱景 子光庭
李琮　朱壽隆

張整　張蘊
王恩　楊應詢
趙隆

第一百十　宋史三百五十一
趙挺之　張商英 兄唐英
劉正夫　何執中
鄭居中　張康國
朱諤　劉逵
林攄　管師仁
侯蒙

第一百十一　宋史三百五十二
唐恪　李邦彥
余深　薛昂
吳敏　王安中
王襄　趙野
曹輔　耿南仲 子寓

第一百十二　宋史三百五十三
何㮚　孫傅
陳過庭　張叔夜
聶昌　張閣

張近　鄭僅
宇文昌齡 子常　許幾
程之邵　龔原
崔公度　蒲卣

第一百十三　宋史三百五十四
沈銖 弟錫　路昌衡
謝文瓘　陸蘊
黃寔　姚祐
樓异　沈積中
李伯宗　汪澥
何常　葉祖洽
時彥　霍端友
俞㮚　蔡薿

第一百十四　宋史三百五十五
賈易　董敦逸
上官均　來之邵
葉濤　楊畏
崔台符　楊汲
呂嘉問　李南公
董必　虞策 弟奕

郭知章

第一百十五　宋史三百五十六

劉拯　錢遹 石豫 左膚

許敦仁　吳執中

吳材　劉昺

宋喬年 子昇　强淵明

蔡居厚　劉嗣明

蔣靜　賈偉節

崔鶠　張根 弟樸

任諒　周常

第一百十六　宋史三百五十七

何灌　李熙靖

王雲　譚世勣

梅執禮　程振 劉延慶

宋史目錄下

列傳

第一百十七　宋史三百五十八

李綱上

第一百十八　宋史三百五十九

李綱下

第一百十九　宋史三百六十

宗澤　趙鼎

第一百二十　宋史三百六十一

張浚 子栻

第一百二十一　宋史三百六十二

朱勝非　呂頤浩

范宗尹　范致虛

呂好問

第一百二十二　宋史三百六十三

李光 子孟傳　許翰

許景衡　張愨

張所　陳禾

蔣猷

第一百二十三　宋史三百六十四

韓世忠 子彥直

第一百二十四　宋史三百六十五

岳飛 子雲

劉錡　吳玠

第一百二十五　宋史三百六十六

吳璘 子挺

李顯忠　楊存中

第一百二十六　宋史三百六十七

郭浩　楊政

第一百二十七　宋史三百六十八

宋史目錄下　二　李俊寅　王祖刊

王德　王彥

魏勝　張憲

楊再興　牛皐

胡閎休

第一百二十八　宋史三百六十九

張俊 從子子蓋　張宗顔

劉光世　王淵

解元　曲端

第一百二十九　宋史三百七十

王友直　李寶

成閔　趙密

劉子羽　呂祉

胡世將　鄭剛中

第一百三十　宋史三百七十一

白時中　徐處仁

馮澥　王倫

宇文虛中　湯思退

第一百三十一　宋史三百七十二

朱倬　王綸

尹穡　王之望

宋史三百七十三　一百四十三葉

宋史目錄下　三　李俊　鍾日鴻

徐俯　沈與求

翟汝文　王庶

辛炳

第一百三十二　宋史三百七十三

朱弁　鄭望之

張邵　洪皓 子适 遵 邁

第一百三十三　宋史三百七十四

張九成　胡銓

廖剛　李迨

趙開

第一百三十四 宋史三百七十五

鄧肅 李邴

滕康 張守

富直柔 馮康國

第一百三十五 宋史三百七十六

常同 張致遠

薛徽言 陳淵

魏矼 潘良貴

呂本中

第一百三十六 宋史三百七十七

向子諲 陳規

李陵 盧知原 弟法原

陳桷 李璆

李朴 王庠

王衣

第一百三十七 宋史三百七十八

衛膚敏 劉玨

胡舜陟 沈晦

劉一止 弟寧止 胡交修

綦崇禮

第一百三十八 宋史三百七十九

章誼 韓肖胄

陳公輔 張觷

胡松年 曹勛

李植 韓公裔

第一百三十九 宋史三百八十

何鑄 王次翁

范同 楊愿

樓炤 勾龍如淵

薛弼 羅汝楫

蕭振

第一百四十 宋史三百八十一

范如圭 吳表臣

王居正 晏敦復

黃龜年 程瑀

張闡 洪擬

趙逵

第一百四十一 宋史三百八十二

張燾 黃中

孫道夫 曾幾 兄開

勾濤　李彌遜 弟彌大

第一百四十二　宋史三百八十三

陳俊卿　虞允文

辛次膺

第一百四十三　宋史三百八十四

陳康伯　梁克家

汪澈　葉義問

蔣芾　葉顒

葉衡

第一百四十四　宋史三百八十五

葛邲　錢端禮

魏杞　周葵

施師點　蕭燧

龔茂良

第一百四十五　宋史三百八十六

劉珙　王藺

黄祖舜　王大寶

金安節　王剛中

李彥頴　范成大

第一百四十六　宋史三百八十七

黄洽　汪應辰

王十朋　吳芾

陳良翰　杜莘老

第一百四十七　宋史三百八十八

周執羔　王希呂

陳良祐　李浩

陳槖　胡沂

唐文若　李燾

第一百四十八　宋史三百八十九

尤袤　謝諤

顏師魯　袁樞

李椿　劉儀鳳

張孝祥

第一百四十九　宋史三百九十

李衡　王自中

家愿　張綱

張大經　蔡洸

莫濛　周淙

劉章　沈作賓

第一百五十　宋史三百九十一

周必大　留正
胡晉臣
第一百五十一　宋史三百九十二
趙汝愚 子崇憲
第一百五十二　宋史三百九十三
彭龜年　黄裳
羅點　黄度 周南附
林大中　陳騤
黄黼　詹體仁
第一百五十三　宋史三百九十四

胡紘　何澹
林栗　高文虎
陳自彊　鄭丙
京鏜　謝深甫
許及之　梁汝嘉
第一百五十四　宋史三百九十五
樓鑰　李大性
任希夷　徐應龍
莊夏　王阮
王質　陸游

方信孺　王柟
第一百五十五　宋史三百九十六
史浩　王淮
趙雄　權邦彦
程松　陳讜
張巖
第一百五十六　宋史三百九十七
徐誼　吴獵
項安世　薛叔似
劉甲　楊輔

劉光祖
第一百五十七　宋史三百九十八
余端禮　李壁
岳崈　倪思
宇文紹節　李蘩
第一百五十八　宋史三百九十九
鄭瑴 王庭秀附　仇悆
高登　婁寅亮
宋汝爲
第一百五十九　宋史四百

王信 汪大猷
袁燮 吳柔勝
游仲鴻 李祥
王介 宋德之
楊大全

第一百六十 宋史四百一

辛棄疾 何異
劉宰 劉爚
柴中行 李孟傳

第一百六十一 宋史四百二

陳敏 張詔
畢再遇 安丙
楊巨源 李好義

第一百六十二 宋史四百三

趙方 賈涉
扈再興 孟宗政
張威

第一百六十三 宋史四百四

汪若海 張運
柳約 李舜臣

孫逢吉 張顗
商飛卿 劉穎
徐邦憲

第一百六十四 宋史四百五

李宗勉 袁甫
劉黻 王居安

第一百六十五 宋史四百六

崔與之 洪咨夔
許奕 陳居仁 子卓
劉漢弼

第一百六十六 宋史四百七

杜範 楊簡 錢時附
張虙 呂午 子沆

第一百六十七 宋史四百八

吳昌裔 汪綱
陳宓 王霆

第一百六十八 宋史四百九

高定子 高斯得
張忠恕 唐璘

第一百六十九 宋史四百十

婁機　沈煥 舒璘附
曹彥約　范應鈴
徐經孫
第一百七十　宋史四百十一
湯璹　蔣重珍
牟子才　朱貔孫
歐陽守道
第一百七十一　宋史四百十二
孟珙　杜杲 子庶
王登　楊掞

張惟孝　陳咸
第一百七十二　宋史四百十三
趙汝談　趙汝讜
趙希錧　趙彥呐
趙善湘　趙與懽
趙必愿
第一百七十三　宋史四百十四
史彌遠　鄭清之
史嵩之　董槐
葉夢鼎　馬廷鸞

第一百七十四　宋史四百十五
傅伯成　葛洪
曾三復　黃疇若
袁韶　危稹
程公許　羅必元
王遂
第一百七十五　宋史四百十六
吳淵　余玠
汪立信　向士璧
胡穎　冷應澂

曹叔遠 從子豳　王萬
馬光祖
第一百七十六　宋史四百十七
喬行簡　范鍾
游似　趙葵 兄范
謝方叔
第一百七十七　宋史四百十八
吳潛　程元鳳
江萬里　王爚
章鑑　陳宜中

文天祥

第一百七十八　宋史四百十九

宣繒　薛極
陳貴誼　曾從龍
鄭性之　李鳴復
鄒應龍　余天錫
許應龍　林略
徐榮叟　別之傑
劉伯正　金淵
李性傳　陳韡 崔福附

第一百七十九　宋史四百二十

王伯大　鄭寀
應繇　徐清叟
李曾伯　王埜
蔡抗　張磻
馬天驥　朱熠
饒虎臣　戴慶炣
皮龍榮　沈炎

第一百八十　宋史四百二十一

楊棟　姚希得

包恢　常挺
陳宗禮　常楙
家鉉翁　李庭芝

第一百八十一　宋史四百二十二

林勳　劉才邵
許忻　應孟明
曾三聘　徐僑
度正　程珌
牛大年　陳仲微
梁成大　李知孝

第一百八十二　宋史四百二十三

吳泳　徐範
李韶　王邁
史彌鞏　陳塤
趙與懽　李大同
黃㽦　楊大異

第一百八十三　宋史四百二十四

陸持之　徐鹿卿
趙逢龍　趙汝騰
孫夢觀　洪天錫

黄師雍　徐元杰
孫子秀　李伯玉
第一百八十四　宋史四百二十五
劉應龍　潘牥
洪芹　趙景緯
馮去非　徐霖
徐宗仁　危昭德
陳塏　楊文仲
謝枋得
第一百八十五　宋史四百二十六

循吏
陳靖　張綸
邵曄　崔立
魯有開　張逸
吳遵路　趙尚寬
高賦　程師孟
韓晉卿　葉康直
第一百八十六　宋史四百二十七
道學一
周敦頤　程顥

程頤　張載 弟戩
邵雍
第一百八十七　宋史四百二十八
道學二 程氏門人
劉絢　李籲
謝良佐　游酢
張繹　蘇昞
尹焞　楊時
羅從彥　李侗
第一百八十八　宋史四百二十九

道學三
朱熹　張栻
第一百八十九　宋史四百三十
道學四 朱氏門人
黃榦　李燔
張洽　陳淳
李方子　黃灝
第一百九十　宋史四百三十一
儒林一
聶崇義　邢昺

孫奭　王昭素
孔維　孔宜
崔頌　尹拙
田敏　辛文悅
李覺　崔頫正
李之才

第一百九十一　宋史四百三十二

儒林二
胡旦　賈同
劉顏　高弁

孫復　石介
胡瑗　劉羲叟
林槩　李覯
何涉　王回 弟向
周堯卿　王當
陳暘

第一百九十二　宋史四百三十三

儒林三
邵伯溫　喻樗
洪興祖　高閌

程大昌　林之奇
林光朝　楊萬里

第一百九十三　宋史四百三十四

儒林四
劉子翬　呂祖謙
蔡元定 子沉　陸九齡 弟九韶
陸九淵　薛季宣
陳傅良　葉適
戴溪　蔡幼學
楊泰之

第一百九十四　宋史四百三十五

儒林五
范沖　朱震
胡安國 子寅宏寧

第一百九十五　宋史四百三十六

儒林六
陳亮　鄭樵
李道傳

第一百九十六　宋史四百三十七

儒林七

程逈　劉清之
真德秀　魏了翁
廖德明
第一百九十七　宋史四百三十八
儒林八
湯漢　何基
王栢　徐夢莘
李心傳　葉味道
王應麟　黃震
第一百九十八　宋史四百三十九

文苑一　梁周翰
宋白
朱昂　趙鄰幾
鄭起　和峴 弟㠓
馮吉
第一百九十九　宋史四百四十
文苑二　李度
高頔
韓溥　鞠常
宋準　柳開

夏侯嘉正　羅處約
安德裕　錢熙
第二百　宋史四百四十一
文苑三
陳充　吳淑 舒雅附
黃夷簡 盧稹 謝炎 許洞附　徐鉉
句中正　曾致堯
刁衎　姚鉉
李建中　洪湛
路振　崔遵度

陳越
第二百一　宋史四百四十二
文苑四　石延年 劉潛附
穆脩　蘇舜欽
蕭貫　蘇舜欽
尹源　黃亢
黃鑑　楊蟠
顏太初　郭忠恕
第二百二　宋史四百四十三
文苑五

梅堯臣　江休復
蘇洵　章望之
王逢　孫唐卿 黄庠 楊寘附
唐庚　文同
楊傑　賀鑄
劉涇　鮑由
黄伯思
第二百三　宋史四百四十四
文苑六
黄庭堅　晁補之 弟詠之

秦觀　張耒
陳師道　李廌
劉恕　王無咎
蔡肇　李格非
呂南公　郭祥正
米芾　劉詵
倪濤　李公麟
周邦彥　朱長文
劉弇
第二百四　宋史四百四十五

文苑七
陳與義　汪藻
葉夢得　程俱
張嵲　韓駒
朱敦儒　葛勝仲
熊克　張即之 趙蕃附
第二百五　宋史四百四十六
忠義一
康保裔　馬遂
董元亨　曹覲 孔宗旦 趙師旦附

蘇緘　秦傳序
詹良臣 江仲明附　李若水
劉韐　傅察
楊震 父宗閔　張克戩
張確　朱昭
史抗　孫益
第二百六　宋史四百四十七
忠義二
霍安國　李涓
李邈 劉翊附　徐揆

陳邁　趙不試
趙令戣　唐重 郭忠孝 程迪附
徐徽言　向子韶
楊邦乂

第二百七　宋史四百四十八

忠義三
曾忠 弟悟　劉汲
鄭驤　呂由誠
郭永　韓浩
歐陽珣　張忠輔

李彥仙 邵雲 呂圓登 宋炎附　趙立 王復附
王忠植　唐琦
李震　陳求道

第二百八　宋史四百四十九

忠義四
崔縱 吳安國附　林沖之
滕茂實　魏行可
閻進　趙師檟
易青　胡斌
范旺　馬俊

楊震仲 史次秦 郭靖附　高稼
曾友聞　陳寅 賈子坤 劉銳 蹇彝 何充附
許彪孫　陳隆之 史季儉附
王翊　李誠之 秦鉅附

第二百九　宋史四百五十

忠義五
陳元桂　張順 張貴附
范天順　牛富
邊居誼　陳炤 王安節附
尹玉　李芾

尹穀 楊霆附　趙卯發
唐震　趙與檡 趙孟錦附
趙淮

第二百十　宋史四百五十一

忠義六
趙良淳 徐道隆附　姜才
馬塈　密佑
張世傑　陸秀夫
徐應鑣　陳文龍
鄧得遇　張珏

第二百十一　宋史四百五十二

忠義七

高敏 張吉附　景思忠 弟思立

王奇　蔣興祖

郭滸　吳革

李翼 阮駿附　趙士隆 士贇士真士道士跂叔皎叔憑訓之聿之

陳淬　黄友

郝仲連　劉惟輔

牛皓　魏彥明

劉士英　翟興 弟進

朱蹕 朱良方允武附　龔楫 李亘

凌唐佐　楊粹中

彊霓 康傑李伸附　郭僎 郭贇王道吳從龍附

司馬夢求　林空齋

黄介　孫益

王仙　吳楚材

李成大　陶居仁

第二百十二　宋史四百五十三

忠義八

高永年　鞠嗣復 宋旅丁仲修項德附

孫昭遠　曾孝序

趙伯振　王士言 祝公明附

薛慶　孫暉 李靚楊照丁元附

宋昌祚　李政

姜綬　劉宣

丕堅 王琦韋永壽附　鄭覃

姚興　張玘

陳亨祖　王栱

劉泰　孫逢 趙俊附

劉化源　胡唐老

王儔 朱嗣孟附　劉晏

鄭振　孟彥卿

高談　連萬夫 謝皐附

王大壽　薛良顯

唐敏求　王師道

第二百十三　宋史四百五十四

忠義九

趙時賞 趙希洎附　劉子薦

呂文信　鍾季玉

耿世安　丁黼

米立　侯畐
王孝忠　高應松
黄申　陳韡
蕭雷龍　宋應龍
鄒渢 劉子俊劉沐孫㮚彭震龍蕭燾夫陳繼周陳龍復張鏜張雲張汴呂武羣信蕭明哲杜滸林琦蕭資徐臻金應附
劉士昭　何時 陳子敬附

第二百十四　宋史四百五十五

忠義十
陳東　歐陽澈

馬伸　呂祖儉
呂祖泰　楊宏中
華岳　鄧若水
僧真寶　徐道明
莫謙之

第二百十五　宋史四百五十六

孝義
李璘 甄婆兒附　徐承珪
劉孝忠　呂昇 王翰附
羅居通 黄德輿附　齊得一

李罕澄　邢神留 沈正附
許祚 李琳等附　胡仲堯 弟仲容附
陳兢　洪文撫
易延慶　董道明
郭琮 畢贊附　顧忻 李瓊附
朱泰　成象
陳思道　方綱
龐天祐　劉斌
樊景温 榮恕旻附　祁暐
何保之　李玭

侯義　王光濟 李祚周善敏附
江白　裘承詢 孫浦等附
常真 子晏王洤等附　杜誼
姚宗明　鄧中和
毛安輿　李訪
朱壽昌　侯可
申積中　郝戭
支漸　鄧宗古
沈宣　蘇慶文 臺亨附
仰忻　趙伯深

彭瑜　毛洵李壽楊芾附
楊慶　陳宗
郭義　申世寧
苟與齡　王珠
賴詡　張伯威
蔡定　鄭綺鮑宗巖附

第二百十六　宋史四百五十七

隱逸上

戚同文　陳摶
种放　萬適

李瀆　魏野
邢敦　林逋
高懌　徐復
孔旼　何羣

第二百十七　宋史四百五十八

隱逸中

王樵　張愈
黃晞　周啓明
代淵　陳烈
孫侔　劉易

姜潛　連庶
章詧　俞汝尚
陽孝本　鄧孝甫
宇文之邵　吳瑛
松江漁翁　杜生
順昌山人　南安翁
張舉

第二百十八　宋史四百五十九

隱逸下

徐中行　蘇雲卿

譙定　王忠民
劉勉之　胡憲
郭雍　劉愚
魏掞之　安世通

卓行

劉庭式　巢谷
徐積　曾叔卿
劉永一

第二百十九　宋史四百六十

列女

朱娥　張氏
彭列女　郝節娥
朱氏　崔氏
趙氏　丁氏
項氏　王氏二婦
徐氏　榮氏
何氏　董氏
譚氏　劉氏
張氏　師氏
陳堂前　節婦廖氏

劉當可母　曾氏婦
王袤妻　涂端友妻
詹氏女　劉生妻
謝泌妻　謝枋得妻
王貞婦　趙淮妾
譚氏婦　吳中孚妻
呂仲洙女　林老女
童氏女　韓氏女
王氏婦　劉仝子妻 毛惜惜附

第二百二十　宋史四百六十一

方技上
趙修己　王處訥 子熙元
苗訓 子守信　馬韶
楚芝蘭　韓顯符
史序　周克明
劉翰　王懷隱
趙自化　馮文智
沙門洪蘊　蘇澄隱
丁少微　趙自然

第二百二十一　宋史四百六十二

方技下
賀蘭棲真　柴玄通
甄栖真　楚衍
僧志言　僧懷丙
許希　龐安時
錢乙　僧智緣
郭天信　魏漢津
王老志　王仔昔
林靈素　皇甫坦
王克明　莎衣道人

孫守榮

第二百二十二　宋史四百六十三

外戚上

杜審琦 弟審瓊 審肇 審進 從子彥圭 彥鈞 孫守元 曾孫惟序　王繼勳

賀令圖 楊重進附

劉知信 子承宗　劉文裕

劉美 子從德 從廣 孫永年 馬季良附　郭崇仁

楊景宗　符惟忠

柴宗慶　張堯佐

第二百二十三　宋史四百六十四

外戚中

王貽永　李昭亮

李用和 子璋 瑋 珣　李遵勗 子端懿 端愿 端慤 端愿子評

曹佾 從弟偕 子評 誘 公紀 公紀子世則　高遵裕 弟遵惠 從姪士林 士林子

向傳範 從姪經 綜 經子宗回 宗良

張敦禮　任澤

第二百二十四　宋史四百六十五

外戚下

孟忠厚　韋淵

錢忱　邢煥

潘永思　吳益 弟蓋

李道　鄭興裔

楊次山

第二百二十五　宋史四百六十六

宦者一

竇神寶　王仁睿

王繼恩　李神福 弟神祐

劉承規　閻承翰

秦翰　周懷政

張崇貴　張繼能

衛紹欽　石知顒 孫全彬

鄧守恩

第二百二十六　宋史四百六十七

宦者二

楊守珍　韓守英

藍繼宗　張惟吉

甘昭吉　盧守懃

王守規　李憲

張茂則　宋用臣

王中正　李舜舉

石得一　梁從吉
劉惟簡
第二百二十七　宋史四百六十八
宦者三
李祥　陳衍
馮世寧　李繼和
高居簡　程昉
蘇利涉　雷允恭
閻文應　任守忠
童貫方臘附　梁師成

楊戩
第二百二十八　宋史四百六十九
宦者四
邵成章　藍珪康履附
馮益　張去為
陳源　甘昪
王德謙　關禮
董宋臣
第二百二十九　宋史四百七十
佞倖

弭德超　侯莫陳利用
趙贊　王黼
朱勔　王繼先
曾覿龍大淵附　張説
王抃　姜特立譙熙載附
第二百三十　宋史四百七十一
姦臣一
蔡確　邢恕
呂惠卿　章惇
曾布　安惇

第二百三十一　宋史四百七十二
姦臣二
蔡京弟卞子攸翛　趙良嗣張覺郭藥師附
第二百三十二　宋史四百七十三
姦臣三
黄潛善　汪伯彥
秦檜
第二百三十三　宋史四百七十四
姦臣四
万俟卨　韓侂冑

丁大全　賈似道
第二百三十四　宋史四百七十五
叛臣上
張邦昌　劉豫
苗傅 劉正彦附　杜充
吳曦
第二百三十五　宋史四百七十六
叛臣中
李全上
第二百三十六　宋史四百七十七

一百十八　宋史目錄下　三十八　李俊寫　李泰刊

叛臣下
李全下
第二百三十七　宋史四百七十八
世家一
南唐李氏
第二百三十八　宋史四百七十九
世家二
西蜀孟氏
第二百三十九　宋史四百八十
世家三

吳越錢氏
第二百四十　宋史四百八十一
世家四
南漢劉氏
第二百四十一　宋史四百八十二
世家五
北漢劉氏
第二百四十二　宋史四百八十三
世家六
湖南周氏　荊南高氏

一百三十九　宋史目錄下　三十九　李俊寫　李泰刊

漳泉留氏　陳氏
第二百四十三　宋史四百八十四
周三臣
韓通　李筠
李重進
第二百四十四　宋史四百八十五
外國一
夏國上
第二百四十五　宋史四百八十六
外國二

夏國下

第二百四十六　宋史四百八十七

外國三

高麗

第二百四十七　宋史四百八十八

外國四

交阯　大理

第二百四十八　宋史四百八十九

外國五

占城　真臘

宋史目録下　四十　李俊寫

蒲甘　邈黎

三佛齊　闍婆　南毗附

勃泥　注輦

丹眉流

第二百四十九　宋史四百九十

外國六

天竺　于闐

高昌　回鶻

大食　層檀

龜茲　沙州

拂林

第二百五十　宋史四百九十一

外國七

流求國　定安國

渤海國　日本國

党項

第二百五十一　宋史四百九十二

外國八

吐蕃　唃厮囉　董氊　阿里骨　瞎征　趙思忠

第二百五十二　宋史四百九十三

宋史目録下　四十二　李俊寫

蠻夷一

西南溪峒諸蠻上

第二百五十三　宋史四百九十四

蠻夷二

西南溪峒諸蠻下　梅山峒

誠徽州　南丹州

第二百五十四　宋史四百九十五

蠻夷三

撫水州　廣源州

黎洞　環州

第二百五十五　宋史四百九十六

蠻夷四

八

宋史目錄下

八十六个

校勘臣彭衛　倪中　麥瀲　岳信
楊鑄　牟恩善　卜勝　李源
揭摸　丁士恒

本紀卷第一　宋史一

開府儀同三司上柱國錄軍國重事前中書右丞相監修國史領經筵事脫脫等奉
勅修

太祖一

太祖啓運立極英武睿文神德聖功至明大孝皇帝諱匡胤姓趙氏涿郡人也高祖朓是為僖祖仕唐歷永清文安幽都令朓生珽是為順祖歷藩鎮從事累官兼御史中丞珽生敬是為翼祖歷營薊涿三州刺史敬生弘殷是為宣祖周顯德中宣祖貴贈敬左驍騎衛上將軍宣祖少驍勇善騎射事趙王王鎔為鎔將五百騎援唐莊宗于河上有功莊宗愛其勇留典禁軍漢乾祐中討王景於鳳翔會蜀兵來援戰于陳倉始合矢集左目氣彌盛奮擊大敗之以功遷護聖都指揮使周廣順末改鐵騎第一軍都指揮使轉右廂都指揮領岳州防禦使從征淮南前軍却吳人來乘宣祖邀擊敗之顯德三年督軍平揚州與世宗會壽春壽春賣餅家餅薄小世宗怒執十餘輩將誅之宣祖固諫得釋累官檢校司徒天水縣男與太祖分典禁兵一時榮之卒贈武清軍節度使太尉太祖宣祖仲子也母杜氏後唐天成二年生於洛陽夾馬營

赤光繞室異香經宿不散體有金色三日不變既長容貌雄偉器度豁如識者知其非常人學騎射輒出人上嘗試惡馬不施銜勒馬逸上城斜道額觸門楣墜地人以為首必碎太祖徐起更追馬騰上一無所傷又嘗與韓令坤博土室中雀鬪戶外因競起掩雀而室隨壞漢初漫遊無所遇舍襄陽僧寺有老僧善術數顧曰吾厚贐汝北往則有遇矣會周祖以樞密使征李守真應募居帳下廣順初補東西班行首拜滑州副指揮世宗尹京轉開封府馬直軍使世宗即位復典禁兵北漢來寇世宗率師禦之戰于高平將

合指揮樊愛能等先遁軍危太祖麾同列馳馬衝其鋒漢兵大潰乘勝攻河東城焚其門左臂中流矢世宗止之還拜殿前都虞候領嚴州刺史三年春從征淮南首敗萬衆于渦口斬兵馬何延錫等南唐節度皇甫暉姚鳳衆號十五萬塞清流關擊走之追至城下暉曰人各為其主願成列以決勝負太祖笑而許之暉整陣出太祖擁馬項直入手刃暉中腦并姚鳳禽之宣祖率兵夜半至城下傳呼開門太祖曰父子固親啓閉王事也詰旦乃得入韓令坤平揚州南唐來援令坤議退世宗命太祖率兵二千趨六合太祖

下令曰揚州兵敢有過六合者斷其足令坤始固守太祖尋敗齊王景達于六合東斬首萬餘級還拜殿前都指揮使尋拜定國軍節度使四年春從征壽春拔連珠砦遂下壽州還拜義成軍節度檢校太保仍殿前都指揮使冬從征濠泗為前鋒時南唐砦于十八里灘世宗方議以橐駝濟師而太祖獨躍馬截流先渡麾下騎隨之遂破其砦因其戰艦乘勝攻泗州下之南唐屯清口太祖從世宗翼淮東下夜追至山陽俘唐節度使陳承昭以獻遂拔楚州進破唐人于瀊江口直抵南岸焚其營柵又破之于瓜步淮南平

唐主畏太祖威名用間於世宗遣使遺太祖書餽白金三千兩太祖悉輸之內府間乃不行五年改忠武軍節度使六年世宗北征為水陸都部署及莫州先至瓦橋關降其守將姚內斌戰却數千騎關南平世宗在道閱四方文書得韋囊中有木三尺餘題云點檢作天子異之時張永德為點檢世宗不豫還京師拜太祖檢校太傅殿前都點檢以代永德恭帝即位改歸德軍節度檢校太尉七年春北漢結契丹入寇命出師禦之次陳橋驛軍中知星者苗訓引門吏楚昭輔視日下復有一日黑光摩盪者久之夜五鼓軍士

集驛門宣言策點檢為天子愬止之衆不聽遲明逼
寢所太宗入白太祖起諸校露刃列于庭曰諸軍無
主願策太尉為天子未及對有以黃衣加太祖身衆
皆羅拜呼萬歲即掖太祖乘馬太祖攬轡謂諸將曰
我有號令爾能從乎皆下馬曰唯命太祖曰太后主
上吾皆北面事之汝輩不得驚犯大臣皆我比肩不
得侵凌朝廷府庫士庶之家不得侵掠用令有重賞
違即孥戮汝諸將皆載拜肅隊以入副都指揮使韓
通謀禦之王彥昇遽殺通於其第太祖進登明德門
令甲士歸營乃退居公署有頃諸將擁宰相范質等

至太祖見之嗚咽流涕曰違負天地今至于此質等
未及對列校羅彥瓌按劍厲聲謂質等曰我輩無主
今日須得天子質等相顧計無從出乃降階列拜召
文武百僚至晡班定翰林承旨陶穀出周恭帝禪位
制書于袖中宣徽使引太祖就庭北面拜受已乃掖
太祖升崇元殿服袞冕即皇帝位遷恭帝及符后于
西宮易其帝號曰鄭王而尊符后為周太后
建隆元年春正月乙巳大赦改元定有天下之號曰
宋賜內外百官軍士爵賞貶降者敘復流配者釋放
父母該恩者封贈遣使徧告郡國丙午詔諭諸鎮將

帥戊申賜書南唐贈韓通中書令命以禮收葬己酉
遣官告祭天地社稷復安州華州兗州為節度辛亥
論翊戴功以周義成軍節度使殿前都指揮使石守
信為歸德軍節度使侍衛親軍馬步軍副都指揮使
江寧軍節度使侍衛親軍馬軍都指揮使高懷德為
義成軍節度使殿前副都點檢武信軍節度使侍衛
親軍步軍都指揮使張令鐸為鎮安軍節度使侍衛
親軍馬步軍都虞候殿前都虞候王審琦為泰寧軍
節度使殿前都指揮使虎捷右廂都虞候張光翰為
江寧軍節度使侍衛親軍馬軍都指揮使龍捷右廂

都指揮使趙彥徽為武信軍節度使[illegible]餘領軍者並
進爵壬子賜宰相樞密諸軍校襲衣犀玉帶鞍馬有
差癸丑放南唐降將周成等歸國乙卯遣使分振諸
州丁巳命周宗正郭玘祀周陵廟仍以時祭享己未
宰相表請以二月十六日為長春節癸亥以周天雄
軍節度使魏王符彥卿守太師雄武軍節度使王景
守太保太原郡王定難軍節度使守太傅西平王李
彝殷守太尉荊南節度使高保融守太傅餘領節鎮
者並進爵甲子賜皇弟殿前都虞候匡義名光義己
巳立太廟鎮州郭崇報契丹與北漢軍皆遁二月乙

亥尊母南陽郡夫人杜氏為皇太后以周宰相范質
依前守司徒兼侍中王溥守司空兼門下侍郎同中
書門下平章事魏仁浦為尚書右僕射兼中書侍郎
同中書門下平章事樞密使吳廷祚同中書門下二
品丙戌長春節賜群臣衣各一襲三月乙巳改天下
郡縣之犯御名廟諱者丙辰南唐主李景吳越王錢
俶遣使以御服錦綺金帛來賀宿州火遣使恤災壬
戌定國運以火德王色尚赤臘用戌癸亥命武勝軍
節度使宋延渥等率舟師巡江徼是春均房商洛鼠
食苗夏四月癸酉竇儼上二舞十二樂曲名樂章乙

酉幸玉津園遣使分詣京城門賜饑民粥丙戌浚蔡
河癸巳昭義軍節度使李筠叛遣歸德軍節度使石
守信討之五月己亥朔日有食之庚子遣昭化軍節
度使慕容延釗彰德軍節度使王全斌將兵出東道
與守信會討李筠壬寅竇儼上太廟舞曲名癸卯石
守信敗李筠于長平甲辰命諸道進討丙午幸魏仁
浦第視疾己酉西京作周六廟成遣官奉遷丁巳詔
親征以樞密使吳廷祚留守上都都虞候光義為大
內都點檢命天平軍節度使韓令坤屯兵河陽己未
發京師丁卯石守信高懷德破筠衆于澤州禽偽節

度范守圖殺北漢援兵之降者數千人筠遁入澤州
戊辰王師圍之六月癸酉有星赤色出心辛未拔澤
州筠赴火死命埋瘞骼釋河東相魏融禁剽掠甲申
免澤州今年租有星赤色出太微垣歷上相乙酉伐
上黨丁亥筠子守節以城降赦之上如潞辛卯大赦
減死罪免附潞三十里今年租繇陣歿將校子孫丁
夫給復三年甲午永安軍節度使折德扆破北漢沙
谷砦秋七月戊申上至自潞壬子幸范質第視疾甲
子遣工部侍郎艾穎拜嵩慶陵乙丑南唐進白金賀
平澤潞丁卯南唐進乘輿御服物八月戊辰朔御崇

元殿行入閤儀辛未遣郭玘饗周廟壬申復貝州為
永清軍節度甲戌命宰相禱雨辛巳以周武勝軍節
度使侯章為太子太師壬午以光義領泰寧軍節度
依前殿前都虞候甲申立琅琊郡夫人王氏為皇后
戊子南唐進賀平澤潞金銀器羅綺以千計九月壬
寅昭義軍節度使李繼勳焚北漢平遙縣癸卯三佛
齊國遣使貢方物丙午奉玉册謚高祖曰文獻皇帝
廟號僖祖高祖妣崔氏曰文懿皇后曾祖曰惠元皇
帝廟號順祖曾祖妣桑氏曰惠明皇后祖曰簡恭皇
帝廟號翼祖祖妣劉氏曰簡穆皇后皇考曰武昭皇帝

廟號宣祖己酉幸宜春苑中書舍人趙行逢坐從征
避難貶房州司戶參軍己未淮南節度李重進以揚
州叛遣石守信等討之甲子歸太原俘冬十月丁卯
朔賜內外文武官冬衣有差壬申定縣為望緊上中
下令三年一注壬午河決厭次乙酉晉州兵馬鈐轄
荆罕儒襲北漢汾州死之龍捷指揮石進二十九人
坐不救棄市丁亥詔親征揚州以都虞候光義為大
內都部署樞密使吳廷祚權上都留守戊子詔諸道
長貳有異政衆舉留請立碑者委參軍驗實以聞庚
寅發京師十一月丁未師傅揚州城拔之重進盡室

自焚戊申誅重進黨揚州平命諸軍習戰艦于迎鑾
南唐主懼甚其臣杜著薛良因詭迹來奔帝疾其不
忠斬著下蜀市配良廬州牙校己酉振揚州城中民
人米一斛十歲以下者半之脅隸為軍者賜衣屨遣
還庚戌給攻城役夫死者人絹三匹復三年乙卯南
唐主遣使來犒師庚申遣其子從鎰來朝十二月己
巳駕還丁亥上至自揚辛卯泉州節度使留從效稱
藩

二年春正月丙申朔上諸太后宮門稱慶庚子占城
國王遣使來朝壬寅幸造船務觀習水戰戊申以揚
州行宮為建隆寺太僕少卿王承哲坐舉官失實責
授殿中丞壬子商州鼠食苗詔免賦謂宰臣曰比命
使度田多邀功弊民當慎其選以見朕意丁巳遣蔡
水入潁己未遣郭玘饗周廟靈武節度使馮繼業獻
馬五百橐駝百野馬二甲子澤州刺史張崇詁坐黨
李重進棄市二月丙寅幸飛山閱礟車壬申疏五
丈河癸酉有司奏進士合格者十一人荆南高保勗
進黃金什器甲戌幸城南觀脩水匱丁丑南唐進長
春節御衣金帶及金銀器己卯賜天雄軍節度符彥
卿粟禁春夏捕魚射鳥己丑定竊盜律三月丙申內

酒坊火酒工死者三十餘人乘火為盜者五十人擒
斬三十八人餘以宰臣諫獲免酒坊使左承規副使
田處巖以酒工為盜坐棄市閏月己巳幸玉津園謂
侍臣曰沉湎非令儀朕宴偶醉恒悔之壬辰南唐進
謝賜生辰金器羅綺丁丑金商房三州饑振之癸未
幸迎春苑宴射夏四月癸巳朔日有食之壬寅詔郡
國置前代帝王賢臣陵冢戶己酉無棣男子趙遇詐
稱皇弟伏誅己未商河縣令李瑶坐贓杖死左贊善
大夫申文緯坐失覺察除籍庚申班私鍊貨易監及
貨造酒麴律五月癸亥朔以皇太后疾赦雜犯死罪

己下乙丑天狗墮西南丙寅三佛齊國來獻方物丁
丑以安邑解兩池鹽給徐宿鄆濟庚寅供奉官李繼
昭坐盜賣官船棄市詔諸道郵傳以軍卒遞六月甲
午皇太后崩于滋德殿己亥群臣請聽政從之庚子
以太后喪權停時享辛丑見百官於紫宸殿門壬子
祈雨庚申釋服秋七月壬戌以皇太后殯不受朝辛
未晉州神山縣谷水泛出鐵方圓二丈三尺重七千
斤壬申以光義為開封府尹光美行興元尹己卯隴
州進黃鸚鵡八月壬辰朔不視朝壬寅詔諸大辟送
所屬州軍決判甲辰南唐主李景死子煜嗣遣使請

追尊帝號從之己酉執易定節度使同平章事孫行
友削官勒歸私第辛亥幸崇夏寺觀脩三門女直國
遣使來朝獻大名府永濟主簿郭頵坐贓棄市庚申
周世宗實錄成九月壬戌朔不御殿南唐遣使來進
金銀繒綵甲子契丹解利來降荊南節度使高保勗
遣其弟保寅來朝戊子遣使南唐賻祭冬十月癸巳
南唐遣其臣韓熙載田霖來會皇太后葬丙申遣樞
密承旨王仁贍賜南唐禮物戊戌禁邊民盜塞外馬
辛丑冊州大雨雹丙午葬明憲皇太后于安陵十一
月辛酉朔不視朝甲子太后祔廟己巳幸相國寺遂

幸國子監癸酉沙州節度使曹元忠瓜州團練使曹
延繼等遣使獻玉鞍勒馬十二月壬申回鶻可汗景瓊
遣使來獻方物乙未李繼勳敗北漢軍俘遼州刺史
傳廷彥弟勳來獻辛丑幸新修河倉庚戌畋于近郊
癸丑遣使賜南唐吳越馬羊橐駝有差
三年春正月庚申朔以喪不受朝賀己巳淮南饑振
之庚午幸迎春苑宴射甲戌廣皇城詔郡國長吏勸
民播種丙子瓜沙歸義節度使曹元忠獻馬庚辰女
直國遣使只骨來獻詔郡國不得役道路居民癸未
幸國子監二月丙辰復幸國子監遂如迎春苑宴從

官庚寅詔文班官舉堪為賓佐令錄者各一人不當
者比事連坐甲午詔自今百官朝對須陳時政利病
無以觸諱為懼乙未滑州節度使張建豐坐失火免
官己亥更定竊盜律壬午上謂侍臣曰朕欲武臣盡
讀書以通治道何如左右不知所對甲寅北漢寇潞
晉守將擊走之三月戊午朔獻次賓霜殺桑壬戌三
佛齊國遣使來獻癸亥禱雨丁卯幸太清觀遂幸開
封尹後園宴射己巳大雨詔申律文諭郡國犯大辟
者刑部審覆乙亥遣使賜南唐主生辰禮物丁丑女
直國遣使來獻丁亥命徙北漢降人于邢洺夏四月

乙未延州大雨雪趙衛二州旱丙申寧州大雨雪溝
洫氷戊戌幸太清觀庚子回鶻阿督等來獻方物壬
寅冊州雪二尺乙巳贈兄光濟為邕王弟光贊為夔
王追冊夫人賀氏為皇后五月甲子幸相國寺禱雨
遂幸迎春苑宴射乙亥海州火開太行運路癸未命
使檢諸州旱甲申詔均戶役敢蔽占者有罪復幸相
國寺禱雨乙酉廣大內齊博德相霸五州自春不雨
以旱減膳徹樂六月辛卯振宿州饑癸巳吳建祚以
雄武軍節度使罷乙未賜酒國子監丁酉幸太清觀
己亥減京畿河北死罪以下壬寅京師雨壬子蕃部

宋史一 字四百令八个
宋史本紀卷一 十二
梁輔寫 呈柤刊

尚波于等爭採造務以兵犯渭北知秦州高防擊走
之乙卯幸迎春苑宴射黃陂縣有象自南來食稼秋
七月庚申南唐遣其臣翟如璧謝賜生辰禮貢金銀
錦綺千萬壬戌放南唐降卒弱者數千人歸國乙丑
免舒州菰蒲新稅丁卯潞州大雨雹索內外軍不律
者配沙門島己卯北漢捉生指揮使路貴等來降辛
巳遣從臣十人檢河北旱癸未亥濟德磁洺五州蝝
八月癸巳蔡河務綱官王訓等四人坐以糠土雜軍
糧磔于市乙未用知制誥高錫言諸行賂獲薦者許
告訐奴婢鄰親能告者賞詔注諸道司法參軍皆以

律疏試判詔尚書吏部舉書判拔萃科九月庚午吐
蕃尚波于等歸伏羌縣地壬申脩武成王廟丙子占
城國來獻禁伐桑棗冬十月乙酉朔賜百官冬服有
差丙戌幸太清觀遂幸造船務觀習水戰己亥幸岳
臺命諸軍習騎射復幸玉津園辛丑以樞密副使趙
普為樞密使辛亥畋近郊十一月癸亥禁奉使請托
縣令考課以戶口增減為黜陟丙寅南唐遣其臣顧
彝來朝丙子三佛齊國遣使李麗林等來獻高麗國
遣李興祐等來朝己卯畋于近郊壬午賜南唐建隆
四年曆十二月丙戌詔縣置尉一員理盜訟置弓手

宋史一 三百八十九个
宋史本紀卷一 十三
梁輔寫 馮伯存刊

視縣戶為差戊戌蒲晉慈隰相衛六州饑振之庚子
班捕盜令甲辰衛州刺史張文表叛是歲周鄭王出
居房州

乾德元年春正月甲寅朔不御殿乙卯發關西鄉兵
赴慶州丁巳脩畿內河隄己未遣使賜南唐吳越馬
橐駞羊有差庚申遣山南東道節度使慕容延釗率
十州兵以討張文表乙丑幸造船務觀造戰船甲戌
詔荊南發水卒三千應延釗于潭己卯女直國遣使
來獻三月壬辰周保權將楊師璠梟文表于朗陵市
甲午慕容延釗入荊南高繼沖請歸朝得州三縣十

七乙未克潭州辛亥澶滑衛魏晉絳蒲孟八州饑命
發廩振之三月辛未幸金鳳園習射七發皆中符彥
卿等進馬稱賀乃徧賜從臣名馬銀器有差壬申高
繼冲籍其錢帛芻粟來上癸酉班新定律戊寅慕容
延釗破三江口下岳州克復朗州湖南平得州十四
監一縣六十六夏四月旱甲申徧禱京城祠廟夕雨
減荆南朗州潭州管內死罪一等鹵掠者給主乙酉
遣使祭南岳丁亥幸國子監遂幸武成王廟宴射玉
津園庚寅出內錢募諸軍子弟鑿習戰池辛卯建隆
應天曆成御製序壬辰賞湖南立功將士癸巳幸玉

津園丙申兵部郎中曹匪躬棄市海陵鹽城屯田副
使張藹除名並坐不法庚子荆南節度使高繼冲進
助宴金銀羅紈桂衣屏風等物癸卯辰錦敘等州歸
順甲辰詔疏鑿三門禁涇原邠慶等州補蕃人爲邊
鎮將夏西平王李彝興獻犛牛一乙巳幸玉津園閱
諸軍騎射丙午免湖南茶稅禁峽州鹽井辛亥貸澶
州民種食五月壬子朔禱雨京城甲寅遣使禱雨嶽
瀆乙丑廣大內庚午給荆南管內符印癸酉幸玉津
園六月乙酉免潭州諸縣無名配斂壬辰暑罷營造
賜工匠衫履乙未詔荆南兵願歸農者聽丙申詔歷

代帝王三年一饗立漢光武唐太宗廟己亥澶濮曹
絳蝗命以牢祭庚子百官三上表請舉樂從之減左
右仗千牛員丙午雨詔蜡祀廟社皆用戌臘一日己
酉命習水戰于新池秋七月辛亥朔定州縣所置雜
職承符廳子等名數甲寅以湖湘殁王事勤彥朗男
承勳等三十人補殿直丙辰幸新池賜役夫錢遂幸
玉津園丁巳安國軍節度使王全斌等率兵入太原
境以俘來獻給錢米以釋之己未詔民有疾而親屬
遺去者罪之癸亥湖南疫賜行營將校藥丁卯幸武
成王廟遂幸新池觀習水戰己巳朗州賊將汪端寇

州城都監尹重睿擊走之詔免荆南管內夏稅之半
甲戌釋周保權罪乙亥詔繕朗州城免其管內夏稅
丁丑分命近臣禱雨己卯班重定刑統等書八月壬
午殿前都虞候張瓊以陵侮軍校史珪石漢卿等爲
所誣譖下吏瓊自殺丙戌遣給事中劉載朝拜安陵
丁亥王全斌攻北漢樂平縣降之辛卯以樂平縣爲
平晉軍降卒千八百人爲效順軍人賜錢帛壬辰詔
九經舉人下第者再試癸巳女直國遣使獻名馬蠲
登州沙門島民稅令專治船渡馬丙申北漢靜陽十
八砦首領來降泉州陳洪進遣使來朝貢齊州河決

京師雨己亥契丹幽州岐溝關使柴廷翰等來降癸
卯宰相質率百官上尊號不允九月甲寅三上表請
從之丙寅宴廣政殿始用樂丁卯責宣徽南院使兼
樞密副使李處耘爲淄州刺史戊辰女直國遣使獻
海東青名鷹丙子禁朝臣公薦貢舉人賜南唐羊萬
口磔汪端于朗州戊寅北漢引契丹兵攻平晉遣洺
州防禦使郭進等救之冬十月庚辰詔州縣徵科置
簿籍己亥田近郊丁未吳越國王進郊祀禮金銀珠
器犀象香藥皆萬計十一月乙卯荊南節度使高繼
冲進郊祀銀萬兩甲子有事南郊大赦改元乾德百

官奉玉冊上尊號曰應天廣運仁聖文武至德皇帝
丙寅南唐進賀南郊尊號銀絹萬計丁卯賜近臣襲
衣金帶器幣鞍馬有差乙亥畋近郊十二月庚辰赦
前祗候李璘以父讎殺員僚陳友璘自首義而釋之
辛巳開封府尹光義與元尹光美各益食邑賜功臣
號宰相質溥仁浦並特進易封益食邑樞密使普加
光祿大夫易功臣號文武臣僚各進階勳爵邑甲申
皇后王氏崩辛卯罷登州都督己亥泉州陳洪進遣
使貢白金千兩乳香茶藥皆萬計己巳南唐主上表
乞呼名詔不允閏月己酉朔校醫官黜其藝不精者

二十二人甲寅命近臣祈雪丁卯覆試拔萃科田
封宋白譚利用等釋褐賜與有差辛未卜安陵于鞏
縣乙亥折德扆敗北漢軍于城下禽其將楊璘以太
常議奉赤帝爲感生帝
二年春正月辛巳諭郡國長吏勸農耕作有象入南
陽虞人殺之以齒革來獻京師雨雪癸未幸迎春
苑宴射甲申詔著四時聽選式回鶻遣使獻方物戊
子質以太子太傅溥以太子太保仁浦仍尚書左僕
射罷庚寅以趙普爲門下侍郎同中書門下平章事
李崇矩樞密使壬辰詔親試制舉三科不限官族許

直詣閤門進狀甲辰詔諸道獄詞令大理刑部檢詳
或淹留差失致中書門下改正者重其罪乙巳幸玉
津園宴射丁未詔縣令簿尉非公事毋至村落令錄
簿尉諸職官有耄耋篤疾者舉劾之二月戊申朔北
漢遼州刺史杜延韜以城來降癸丑遣使振陝州饑
導漢水入京丁巳治安陵隧壞役兵壓死者二百人
命有司瘞恤庚午府州俘北漢衛州刺史　楊璘來
獻甲戌南唐進改葬安陵銀綾絹各萬計浚汴河三
月辛巳幸教船池賜水軍將士衣有差還幸玉津園
宴射乙未北漢耀州團練使周審玉等來降丁酉遣

使祈雨于五嶽禁臣僚往來假官軍部送辛丑遣攝
太尉光義奉册寶上明憲皇太后謚曰昭憲皇后賀
氏謚曰孝惠王氏謚曰孝明夏四月丁未朔策賢良
方正直言極諫科溥州判官穎贄中第戊申振河中
饑己酉免諸道今年夏稅之無苗者乙卯葬昭憲皇
太后孝明皇后于安陵乙丑始置參知政事以兵部
侍郎薛居正吕餘慶爲之己巳靈武饑轉涇粟以饟
壬申祔二后于別廟徙永州諸縣民之畜蠱者三百
二十六家于縣之僻處不得復齒於鄉五月己卯知
制誥高錫坐受藩鎮賂貶萊州司馬辛巳宗正卿趙

礪坐贓杖除籍癸未幸玉津園宴射六月己酉以光
義爲中書令光美同中書門下平章事子德昭貴州
防禦使庚申幸相國寺遂幸教船池玉津園辛未河
南北及秦諸州蝗惟趙州不食稼秋七月乙亥舂州
暴水溺民庚辰郃陽雨雹辛巳幸玉津園還幸新池
觀習水戰辛卯詔翰林學士陶穀竇儀等舉堪爲藩
郡通判者各一人不當者連坐九月甲戌朔周易博
士奚嶼責乾州司戶庫部員外王貽孫責左贊善大
夫並坐試任子不公戊子延州雨雹乙未幸北郊觀
稼辛丑太子太傅質薨壬寅潘美等克郴州冬十月

戊申周紀王熙謹薨輟視朝十一月甲戌命忠武軍
節度使王全斌爲西川行營前軍兵馬都部署武信
軍節度崔彦進副之將步騎三萬出鳳州道江寧軍
節度使劉光義爲西川行營前軍兵馬都部署樞密
承旨曹彬副之將步騎二萬出歸州道以伐蜀乙亥
宴西川行營將校于崇德殿示川峽地圖授攻取方
畧賜金玉帶衣物各有差壬辰畋近郊十二月乙巳
釋廣南郴州都監陳琄等二百人戊申劉光義拔夔
州蜀節度高彦儔自焚丁巳蠲歸峽秋稅辛酉王全
斌克萬仞燕子二砦下興州連拔石圖等二十餘砦

甲子光義拔巫山等砦斬蜀將南光海等八千級禽
其戰櫂都指揮袁德宏等千二百人全斌先鋒史進
德敗蜀人于三泉砦禽其節度使韓保正李進等南
唐進銀二萬兩金銀器皿數百事庚午詔招復山林
聚匿辛未畋北郊

本紀卷第一

本紀卷第二　宋史二

開府儀同三司上柱國錄軍國重事前中書右丞相監修國史領經筵事都總裁臣脫脫等奉

敕修

太祖二

三年春正月癸酉朔以出師不御殿甲戌王全斌克劍門斬首萬餘級禽蜀樞密使王昭遠澤州節度趙崇韜乙亥詔瘞征蜀戰死士卒被傷者給繒帛壬午全斌取利州乙酉蜀主孟昶降得州四十五縣一百九十八戶五十三萬四千三十有九高麗國王遣使來朝獻戊子吏部郎中鄧守中坐試吏不當責本曹

員外郎癸巳劉光義取萬施開忠四州遂州守臣陳愈降乙未詔撫西川將吏百姓丙申赦蜀歸俘獲除管內逋賦免夏稅及沿徵物色之半二月癸卯南唐吳越進長春節御衣金銀器錦綺以千計甲辰遣皇城使竇思儼迎勞孟昶丁未全州大水庚申王全斌殺蜀降兵二萬七千人於成都三月癸酉詔置義倉是月兩川賊群起先鋒都指揮使高彥暉死之詔所在攻討夏四月乙巳回鶻遣使獻方物癸丑職方員外郎李岳坐贓棄市南唐進賀收蜀銀絹以萬計戊午遣中使給蜀臣鞍馬車乘于江陵癸亥募諸軍子弟導五丈河通皇城為池五月辛未朔詔還諸道幕職令錄經引對者以涉途遠近差減其選壬申幸迎春苑宴射乙亥遣開封尹光義勞孟昶於玉津園丙戌見孟昶於崇元殿宴昶等於大明殿丁亥賜將士衣服錢帛戊子大赦減死罪一等壬辰宴孟昶及其子弟於大明殿六月甲辰以孟昶為中書令秦國公昶子弟諸臣錫爵有差庚戌孟昶薨秋七月珍州刺史田景遷內附壬辰追封孟昶為楚王丁酉幸教船池遂幸玉津園宴射八月戊戌朔詔籍郡國驍勇兵送闕下癸卯河決陽武縣庚戌詔王全斌等慮蜀亡

命兵士家乙卯河溢河陽壞民居戊午殿直成德鈞坐贓棄市己未鄆州河水溢沒田辛酉壽星見九月己巳閱諸道兵以騎軍為驍雄步軍為雄武並隸親軍壬申詔蜀諸郡各置克寧軍五百人辛巳河決澶州戊子幸西水磑十月丁酉朔大霧己未太子中舍王治坐受贓殺人棄市丙寅濟水溢鄒平十一月丙子甘州回鶻可汗遣僧獻佛牙寶器乙未劍州刺史張仁謙坐殺降貶宋州教練十二月丁酉朔詔婦為舅姑喪者齊斬乙亥詔西川管內監軍巡檢毋預州縣事戊午甘州回鶻可汗于闐國王等遣使來朝進

馬千匹橐駝五百頭玉五百團琥珀五百斤

四年春正月丙子遣使分詣江陵鳳翔賜蜀羣臣家
錢帛丁亥命丁德裕等率兵巡撫西川己丑幸迎春
苑宴射二月癸卯視皇城役丙辰于闐國王遣其子
德從來獻安國軍節度使羅彦瓌等敗北漢於靜陽
擒其將鹿英辛酉試下第舉人甲子免西川今年夏
稅及諸徵之半田不得耕者盡除之岳州火三月癸
酉罷義倉甲戌占城國遣使來獻癸未僧行勤等一
百五十七人各賜錢三萬遊西域夏四月丁酉占城
遣使來獻丙午潭州火壬子罷光州貢鷹鷂丁巳契
丹天德軍節度使于延超與其子來降進士李藹坐
毀釋氏辭不遜黥杖配沙門島庚申幸燕國長公主
第視疾五月南唐賀文明殿成進銀萬兩甲戌光祿
少卿郭玘坐贓棄市乙亥閱蜀法物圖書丁丑詔蜀
郡敢有不省父母疾者罪之辛巳潭州火壬午澶州
進麥兩岐至六岐者百六十五本辛卯熒惑犯軒轅
六月甲午東阿河溢甲辰河決觀城月犯心前星丙
午澧州刺史白全紹坐縱紀綱規財部內免官詔人
臣家不得私養宦者內侍年三十以上方許養一子
士庶敢有閹童男者不赦己酉果州貢禾一莖十三

穗秋七月丙寅詔蜀官將吏及姻屬疾者所在給醫
藥錢帛戊辰西南夷首領董暠等內附己巳幸造船
務又幸開封尹北園宴射癸酉賜西川行營將士錢
帛有差庚辰罷劍南蜀米麥征華州旱免今年租給
州縣官奉戶八月丁酉詔除蜀倍息庚子水壞高苑
縣城壬寅詔憲臣及吏刑部官三周歲滿日即轉授
加恩庚戌樞密直學士馮瓚綾錦副使李美殿中侍
御史李檝為宰相趙普陷以贓論死會赦流沙門島
逢恩不還辛亥幸玉津園宴射京兆府貢野蠶繭壬
子衡州火乙卯録囚丙辰河決滑州壞靈河大隄晉
州免食稼閏月乙丑河溢入南華縣己巳衡州火乙
亥詔民能樹藝開墾者不加征令佐能勸來者受賞
九月壬辰朔水虎捷指揮使孫進龍衛指揮使吳瓌
等二十七人坐黨呂翰亂伏誅夷進族庚子占城獻
馴象乙巳幸教船池遂幸玉津園觀衛士騎射丙午
詔吳越立禹廟于會稽冬十月辛酉朔命太常復二
舞癸亥詔諸郡立古帝王陵廟置戶有差己巳禁吏
卒以巡察擾民十二月庚辰妖人張龍兒等二十四
人伏誅夷龍兒李玉楊密聶贇族

五年春正月戊戌治河隄丁未合州漢初縣上青椽

木中有文曰大連宋甲寅王全斌等坐伐蜀黷貨殺
降全斌責崇義軍節度使崔彥進責昭化軍節度使
王仁贍責右衛大將軍丙辰詔伐蜀將校有受蜀人
錢物者並即還主丁巳賞伐蜀功曹彬劉光義等進
爵有差二月庚申朔幸造船務遂幸城西觀衛士騎
射甲子薛居正呂餘慶並為吏部侍郎依前參知政
事己丑幸教船池三月甲辰詔翰林學士常參官於
幕職州縣及京官內各舉堪任常參官者一人不當
者連坐乙巳詔諸道舉部內官吏才德優異者丙午
以普為尚書左僕射兼門下侍郎同中書門下平章

事崇矩檢校太傅是日幸教船池又幸玉津園宴射
丙辰北漢石盆砦招收指揮使閻章以砦來降五星
聚奎夏五月乙巳賜京城貧民衣北漢鴻唐砦招收
指揮使樊暉以砦來降甲寅王溥為太子太傅六月
戊午朔日有食之辛巳幸建隆觀遂幸飛龍院丁亥
牂牁順化王子等來獻方物七月丁酉禁毀銅佛像
己酉免水旱災戶今年租八月甲申河溢入衛州城
民溺死者數百九月壬辰倉部員外郎陳郾坐贓棄
市甲午西南蕃順化王子部才等遣使獻方物己酉
畋近郊十一月乙酉朔工部侍郎毋守素坐居喪娶

妾免供奉武仁海坐枉殺人棄市十二月丙辰禁新
小鐵鑞等錢踈惡布帛入粉藥者癸酉升麟州為建
寧軍節度趙普以母憂去位丙子起復
開寶元年春正月甲午增治京城陝之集津絳之垣
曲懷之武陟饑振之己亥北漢偏城砦招收指揮使
任恩等來降三月庚寅班縣令尉捕盜令癸巳幸玉
津園乙巳有馴象自至京師夏四月乙卯幸節度使
趙彥徽第視疾五月丁未賜南唐米麥十萬斛六月
癸丑朔詔民田為霖雨河水壞者免今年夏稅及沿
徵物癸亥詔荊蜀民祖父母父母在者子孫不得別

財異居丁丑太白晝見戊寅復見辛巳龍出單父民
家井中大風雨漂民舍四百區死者數十人秋七月
丙申幸鐵騎營賜軍錢羊酒有差北漢潁州砦主胡
遇等來降丙午幸鐵騎營遂幸玉津園戊申坊州刺
史李懷節坐强市部民物責左衛率府率北漢主劉
鈞卒養子繼恩立八月乙卯按鶻于近郊還幸相國
寺戊午又按鶻于北郊還幸飛龍院丙寅遣客省使
盧懷忠等二十二人率禁軍會潞州戊辰命昭化軍
節度使李繼勳等征北漢九月辛巳朔禁錢出塞癸
未監察御史楊士達坐鞫獄濫殺棄市庚子李繼勳

敗北漢於銅温河己酉北漢供奉官侯霸榮弑其主
繼恩繼元立冬十月己未畋近郊還幸飛龍院丙子
吳越王遣其子惟濬來朝貢十一月癸卯日南至有
事南郊改元開寶大赦十惡殺人官吏受贓者不原
宰相普等奉玉册寶上尊號曰應天廣運大聖神武
明道至德仁孝皇帝十二月甲子行慶自開封興元
尹宰相樞密使及諸道藩侯並加勳爵有差乙丑大
食國遣使獻方物
二年春正月己卯朔以出師不御殿二月乙卯命昭
化軍節度使李繼勳為河東行營前軍都部署侍衛

步軍指揮使党進副之宣徽南院使曹彬為都監棣
州防禦使何繼筠為石嶺關部署建雄軍節度使趙
贊為汾州路部署以伐北漢宴長春殿命彰德軍節
度使韓仲贇為北面都部署彰義軍節度使郭廷義
副之以防契丹戊午詔親征己酉以開封尹光義為
上都留守樞密副使沈義倫為大內部署判留司三
司事甲子發京師乙亥雨駐潞州三月壬辰發潞州
乙未李繼勳敗北漢軍於太原城下戊戌駕傅城下
庚子觀兵城南築長連城辛丑幸汾河作新橋發太
原諸縣丁數萬集城下癸卯北漢史昭文以憲州來降

乙巳臨城南謂汾水可以灌其城命築長隄壅之決
晉祠水注之遂砦城四面繼勳軍於南贊軍於西彬
軍於北進軍於東乃北引汾水灌城辛亥遣海州刺
史孫方進率兵圍汾州四月戊申幸城東觀築隄壬
子復幸城東己未何繼筠敗契丹於陽曲斬首數千
級俘武州刺史王彥符以獻命陳示所獲首級鎧甲
于城下壬戌幸汾河觀造船戊辰幸城西上生院丙
子復幸城西五月癸未韓仲贇敗契丹於定州北自
戊子至庚寅命水軍載弩環攻橫州團練使王廷義
殿前都虞候石漢卿死之甲午北漢趙文度以嵐州

來降甲辰都虞候趙廷翰奏諸軍欲登城以死攻上
愍之不允閏月戊申雉圮水注城中上遽登隄觀己
酉右僕射魏仁浦薨壬子以太常博士李光贊言議
班師己未命兵士還河東民萬戶于山東庚申分命
使臣率兵赴鎮潞壬戌駕還戊辰駐蹕於鎮州六月
丙子朔發鎮州癸巳至自太原曲赦京城因秋七月
丁巳幸封禪寺詔鎮深趙邢洺五州管內鎮砦縣悉
城之甲子大宴賜宰相樞密使翰林學士節度觀察
使襲衣金帶戊辰西南夷順化王子武才等來獻方
物癸酉幸新水磑汴決下邑乙亥壽星見八月丁亥

詔川峽諸州察民有父母在而別籍異財者論死九月乙巳朔幸武成王廟壬戌幸玉津園宴射冬十月戊子畋近郊庚寅散指揮都知杜延進等謀反伏誅夷其族詔相深趙三州丁夫死太原城下者復其家庚子以王溥為太子太師武衛德為太子太傅癸卯西川兵馬都監張延通内臣張嶼引進副使王珏為丁德裕所譖延通坐不遜誅嶼珏並杖配十一月丙午幸鎮寧軍節度使張令鐸第視疾甲寅畋近郊還幸金鳳園庚申回鶻于闐遣使來獻方物十二月癸未幸中書視宰相趙普疾己亥右贊善大夫王昭坐

監大盈倉其子與倉吏為姦贓奪兩任配隸汝州丁德裕誣奏西川轉運使李鉞指斥事既直猶坐酒失責授右贊善大夫

三年春正月癸卯朔雨雪不御殿癸丑增河堤辛酉詔民五千戶舉孝弟彰聞德行純茂者一人奇才異行不拘此限里閭郡國遞審連署以聞仍為治裝詣闕二月庚寅幸西茶庫遂幸建隆觀三月庚戌詔閱進士十五舉以上司馬浦等百六人並賜本科出身辛亥賜處士王昭素國子博士致仕丙辰殿中丞張顒坐先知潁州政不平免官己未幸宰相趙普第視

疾夏四月辛未朔日有食之丁亥幸寺觀禱雨辛卯雨甲午幸教船池己亥罷河北諸州鹽禁詔郡國非其土產者勿貢五月丁未禁京城民畜兵器癸丑幸城北觀水磑癸亥賜諸班營舍為雨壞者錢有差六月乙未禁諸州長吏親隨人掌廂鎮局務秋七月乙巳立報水旱期式壬子詔蜀州縣官以戶口差第省員加祿尋詔諸路亦如之戊辰幸教船池又幸玉津園宴射八月戊子幸教船池又幸玉津園九月己亥朔命潭州防禦使潘美為貴州道兵馬行營都部署朗州團練使尹崇珂副之遣使發十州兵會賀州以

伐南漢甲辰詔西京鳳翔雄耀等州周文成康三王秦始皇漢高文景武元成哀七帝後魏孝文西魏文帝後周太祖唐高祖太宗中宗肅宗代宗德順文武宣懿僖昭諸帝凡二十七陵嘗被盜發者有司備法服常服各一襲具棺槨重葬所在長吏致祭己酉幸開寶寺觀新鐘丙辰女直國遣使齎定安國王烈萬華表獻方物丁卯潘美等敗南漢軍萬衆於富州下之十月庚辰克賀州十一月壬寅下昭桂二州乙巳減桂陽歲貢白金額癸丑右領軍衛將軍石延祚坐監倉與吏為姦贓棄市癸亥定州駐泊都監田欽祚

敗契丹於遂城丙寅以曹州舉德行孔蟾為章丘主
簿十二月壬申潘美等下連州辛卯大敗南漢軍萬
餘於韶州下之癸巳增河隄
四年春正月戊戌朔以出師不視朝丙午罷諸道州
縣攝官丁未右千牛衛大將軍桑進興坐贓棄市癸
丑潘美等取英州雄州二月丁亥南漢劉鋹遣其左
僕射蕭漼等以表來上己丑潘美克廣州俘劉鋹廣
南平得州六十縣二百十四戶十七萬二百六十三
辛卯大赦廣南免二稅偽署官仍舊三月乙未幸飛
龍院賜從臣馬丙申詔廣南有買人男女為奴婢轉

傭利者並放免偽政有害于民者具以聞除之增前
代帝王守陵戶二夏四月丙寅朔前左監門衛將軍
趙玭訴宰相趙普坐誣毀大臣汝州安置丁卯三佛
齊國遣使獻方物己巳詔禁嶺南商稅鹽麴如荊湖
法辛未幸永興軍節度使吳廷祚第視疾癸未幸開
寶寺辛卯南唐遣其弟從謙來朝貢發廂軍千人脩
前代陵寢之在秦者壬辰監察御史閭丘舜卿坐前
任盜用官錢棄市五月乙未朔御明德門受劉鋹俘
釋之斬其柄臣龔澄樞李托薛崇譽大宴於大明殿
鋹預焉丁酉賞伐廣南功潘美尹崇珂等進爵有差

六月癸酉遣使祀南海丁丑命翰林試南漢官取書
判稍優者授令錄簿尉壬午以孝子羅居通為延州
主簿封劉鋹為恩赦侯乙酉罷賀州銀場賜劉鋹月
奉外錢五萬米麥五十斛河決原武汴決穀熟秋七
月戊戌賜開封尹光義門戟十四庚子幸新脩水磑
賜役人錢帛有差戊午復著內侍養子令癸亥幸建
武軍節度使何繼筠第視疾汴決宋城八月壬申文
武百官上尊號不允辛卯景星見冬十月癸亥朔日
有食之己巳詔偽作黃金者棄市庚午太子洗馬王
元吉坐贓棄市辛巳除廣南舊無名配斂甲申詔十

月後犯強竊盜者郊赦不原丙戌放廣南民毆充軍
者十一月癸巳朔南唐遣其弟從善吳越國王遣其
子惟濬以郊祀來朝貢南唐主煜表乞去國號呼名
從之庚戌詔諸道所罷攝官三任無遺闕者以聞澗
澶州通判姚恕坐不即上聞棄市己未日南至有事
南郊大赦十惡故劫殺官吏受贓者不原詔置諸州
幕職官奉戶壬戌蜀班內殿直四十人援御馬直例
乞賞遂撾登聞鼓命各杖二十翌日悉斬于營都指
揮單斌等皆杖降十二月癸亥朔賜南郊執事官器
幣有差丁卯行慶開封尹光義興元尹光美貴州防

御使德昭宰相趙普並益食邑己巳內外文武官遞
進勳爵辛未賜九經李符本科出身壬午畋近郊

本紀卷第二

本紀卷第三

開府儀同三司上柱國錄軍國重事中書右丞相監修國史領經筵事都總裁臣脫脫等奉
敕修

太祖三

五年春正月壬辰朔雨雪不御殿禁鐵鑄浮屠及佛像庚子前盧縣尉鄢陵許永年七十有五自言父瓊年九十九兄皆八十餘乞一官以便養因召瓊厚賜之授永鄢陵令壬寅省州縣小吏及直力人乙巳罷襄州歲貢魚二月丙子詔沿河十七州各置河隄判官一員庚辰以鳳州七房銀冶為開寶監庚寅以

兵部侍郎劉熙古參知政事閏月壬辰禮部試進士安守亮等諸科共三十八人召對講武殿始放榜庚戌升密州為安化軍節度三月庚午賜潁州龍騎指揮使仇興及兵士錢辛未占城國王波美稅遣使來獻方物壬申幸教船池習戰乙酉殿中侍御史張穆坐贓棄市夏四月庚寅朔三佛齊國主釋利烏耶遣使來獻方物丙午遣使檢視水災田丙寅遣使諸州捕虎五月庚申賜恩赦侯劉鋹錢一百五十萬乙丑命近臣祈晴併廣南州十三縣三十九丙寅罷嶺南採珠媚川都卒為靜江軍辛未河決濮陽命潁州團

練使曹翰往塞之甲戌以霖雨出後宮五十餘人賜
予以遣之丁亥河南北淫雨澶滑濟鄆曹濮六州大
水六月己丑河決陽武汴決穀熟丁酉詔淫雨河決
沿河民田有爲水害者有司具聞除租戊申修陽武
隄秋七月己未朔右拾遺張恂坐贓棄市癸未邕容
等州獠人作亂庚寅高麗國王王昭遣使獻方物
八月己亥廣州行營都監朱憲大破獠賊於容州癸
卯升宿州爲保靜軍節度罷容州仍爲防禦九月丁
巳朔日有食之癸酉李崇矩以鎭國軍節度使罷冬
十月庚子幸河陽節度使張仁超第視疾甲辰試道

流不才者勒歸俗十一月己未李繼明藥繼清大破
獠賊於英州癸亥禁僧道習天文地理己巳禁舉人
寄應庚辰命參知政事薛居正呂餘慶兼淮湖嶺蜀
轉運使十二月乙酉朔祈雪己亥畋近郊開封尹光
義暴疾遂如其第視之甲寅內班董延諤坐監務盜
芻粟杖殺之詔合入令錄者引見後方注乙卯大雨
雪是歲大饑

六年春正月丙辰朔不御殿置蜀水陸轉運計度使
癸酉修魏縣河二月丙戌朔棣州兵馬殿直傅延翰
謀反伏誅丙申曹州饑漕太倉米二萬石振之己亥

吳越國進銀裝花舫金香師子三月乙卯朔周鄭王
殂于房州上素服發哀輟朝十日謚曰恭帝命還葬
慶陵之側陵曰順陵己未復密州爲安化軍節度庚
申覆試進士於講武殿賜宋準及下第徐士廉等諸
科百二十七人及第乙亥賜宋準等宴錢二十萬大
食國遣使來獻翰林學士知貢舉李昉坐試人失當
責授太常少卿試朝臣死王事者子陸坦等賜進士
出身丙子幸相國寺觀新脩塔夏四月丁亥召開封
尹光義天平軍節度使石守信等賞花習射於苑中
辛丑遣盧多遜爲江南國信使甲辰占城國王悉利

陁盤印茶遣使來獻方物丙午黎州保塞蠻來歸戊
申詔脩五代史五月庚申劉熙古以戶部尚書致仕
詔中書吏擅權多姦贓兼用流內州縣官己巳交州
丁璉遣使貢方物幸玉津園觀刈麥辛巳殺右拾遺
馬適六月辛卯閱在京百司吏黜爲農者四百人癸
巳占城國遣使獻方物隰州巡檢使李謙溥敗北漢
七砦癸卯雷有鄰告宰相趙普黨堂吏胡贊等不法
贊及李可度並杖籍沒庚戌詔參知政事與宰相趙
普分知印押班奏事秋七月壬子朔詔諸州府置司
寇參軍以進士明經者爲之丙辰減廣南無名率錢

八月乙酉罷成都府僞蜀嫁裝稅辛卯賜布衣王澤方同學究出身丁酉泗州推官侯濟坐試判假手杖除名甲辰趙普罷爲河陽三城節度使同平章事辛酉幸都亭驛九月丁卯餘慶以尚書左丞罷己巳封光義爲晉王兼侍中德昭同中書門下平章事薛居正爲門下侍郎同平章政事戶部侍郎樞密副使沈義倫爲中書侍郎同平章事石守信兼侍中盧多遜中書舍人參知政事壬申詔晉王光義班宰相上冬十月甲申華周恭帝不視朝丁亥幸玉津園觀稼戊子流星出文昌北斗甲辰特赦諸官吏姦贓十一月

癸丑詔常參官進士及第者各舉文學一人十二月壬午命近臣祈雪丙午前中書舍人參知政事多遜起復視事行開寶通禮限度僧法諸州僧帳及百人歲許度一人

七年春正月庚戌不御殿庚申占城國王波美稅遣使獻方物齊州野蠶成繭癸亥左拾遺秦亶太子中允呂鵠並坐贓宥死杖除名二月庚辰朔日有食之丙戌日有二黑子癸卯命近臣祈雨詔詩書易三經學究依三經三傳資敘入官乙巳太子中舍胡德沖坐隱官錢棄市三月乙丑三佛齊國王遣使獻方物

夏四月丙午遣使撿嶺南民田五月戊申朔殿中侍御史李瑩坐受南唐餽遺責授左贊善大夫甲寅以布衣齊得一爲章丘主簿乙丑詔市二價者以枉法論丙寅幸講武池觀習水戰丙子又幸講武池遂幸玉津園六月丙申河中府饑發粟三萬石振之己亥淮溢入泗州城壬寅安陽河溢皆壞民居秋七月壬子幸講武池觀習水戰遂幸玉津園丙辰南丹州溪洞酋帥莫洪燕內附詔減成都府鹽錢庚午太子中允李仁交坐不法棄市八月戊寅吳越國王遣使來朝貢丁亥諭吳越伐江南戊子陳州貢芝草一本四

十九莖己丑幸講武池賜習水戰軍士錢戊戌殿中丞趙象坐擅稅除名甲辰幸講武池觀習水戰遂幸玉津園九月癸亥命宣徽南院使義成軍節度使曹彬爲西南路行營馬步軍戰櫂都部署山南東道節度使潘美爲都監潁州團練使曹翰爲先鋒都指揮使將兵十萬出荊南以伐江南將行召曹彬潘美戒之曰城陷之日慎無殺戮設若困鬬則李煜一門不可加害丁卯以知制誥李穆爲江南國信使冬十月甲申幸迎春苑登汴隄觀戰艦東下丙戌又幸迎春苑登汴隄觀諸軍習戰遂幸東水門發戰櫂東下江

南進綃數萬御衣金帶器用數百事壬辰曹彬等將
舟師步騎發江陵水陸並進丁酉命吳越王錢俶爲
昇州東南行營招撫制置使己亥曹彬收下峽口獲
指揮使王仁震王宴錢興閻月己酉克池州丁巳敗
江南軍于銅陵庚申命宰相參知政事更知日曆壬
戌彬等拔蕪湖當塗兩縣駐軍采石癸亥詔荊湖南
新製茶甲子薛居正等上新編五代史賜器幣有差
丁卯彬敗江南軍于采石擒兵馬部署楊收都監孫
震等千人爲浮梁以濟十一月癸未縣李從善部下
及江南水軍一千三百九十人爲歸化軍甲申詔省

劍南山南等道屬縣主簿丁亥秦晉旱免蒲陝晉絳
同解六州逋賦關西諸州免其半己丑知漢陽軍李
恕敗江南水軍于鄂甲午曹彬敗江南軍於新竹砦
辛丑命知雄州孫全興答涿州修好書壬寅大食國
遣使獻方物十二月己酉彬敗江南軍於白鷺州辛
亥命近臣祈雪甲子吳越王帥兵圍常州獲其人馬
尋拔利城砦丙寅彬敗江南軍於新林港己巳左拾
遺劉祺坐受賂黥面杖配沙門島庚午北漢寇晉州
守臣武守琦敗之於洪洞壬申吳越王敗江南軍於
常州北界

八年春正月甲戌朔以出師不御殿丙子知池州樊
若水敗江南軍於州界田欽祚敗江南軍於溧水斬
其都統使李雄乙酉御長春殿謂宰相曰朕觀爲臣
者比多不能有終豈忠孝薄而無以享厚福耶宰相
居正等頓首謝庚寅曹彬拔昇州城南水砦二月癸
丑彬敗江南軍於白鷺洲乙卯拔昇州關城丁巳太
子中允徐昭文坐抑人售物除籍甲子知揚州侯陟
敗江南軍於宣化鎮戊辰覆試進士於講武殿賜王
嗣宗等三十一人諸科紀自成等三十四人及第三
月乙酉賜王嗣宗等宴錢二十萬己丑命祈雨庚寅

彬敗江南軍於江中己亥契丹遣使克沙骨慎思以
書來講和知潞州藥繼能拔北漢鷹澗堡辛丑召契
丹使於講武殿觀習射壬寅遣內侍王繼恩領兵赴
昇州大食國遣使來朝獻夏四月乙巳幸東水磑癸
丑幸都亭驛閱新戰船丁巳吳越王拔常州壬戌彬
等敗江南軍於秦淮北戊辰幸玉津園觀種稻遂幸
講武池觀習水戰庚午詔嶺南盜贓滿十貫以上者
死幸西水磑五月壬申朔以吳越國王錢俶守太師
尚書令益食邑知桂陽監張侃發前官隱沒羨銀追
罪兵部郎中董樞右贊善大夫孔璘殺之太子洗馬

趙瑜杖配海島侃受賞遷屯田員外郎辛巳祈晴甲
申江南寧遠軍及沿江砦並降乙酉詔武岡長沙等
十縣民爲賊鹵掠者蠲其逋租仍給復一年甲午安
南都護丁璉遣使來貢六月壬寅曹彬等遣使言敗
江南軍於其城下辛丑河決濮州丁未宋州觀察判
官崔絢錄事參軍馬德林並坐贓棄市辛亥河決澶
州頓丘甲子彗出柳長四丈晨見東方秋七月辛未
朔日有食之庚辰遣閤門使郝崇信太常丞呂端使
契丹癸未西天東印土王子穰結說囉來朝獻甲申
詔吳越王班師己亥山後兩林鬼主懷化將軍勿尼

等來朝獻八月乙卯幸東水硙觀魚遂幸北園辛酉
詔權停今年貢舉壬戌契丹遣左衛大將軍耶律霸
德等致御衣玉帶名馬西南蕃順化王子若廢等來
獻名馬癸亥丁德裕敗潤州兵於城下九月壬申狩
近郊逐兔馬蹶墜地因引佩刀刺馬殺之既而悔之
曰吾爲天下主輕事畋獵又何罪馬哉自是遂不復
獵戊寅潤州降冬十月己亥朔江南主遣徐鉉周惟
簡來乞緩師辛亥詔郡國令佐察民有孝悌力田奇
材異行或文武可用者遣詣闕丁巳修西京宮闕江
南主貢銀五萬兩絹五萬匹乞緩師戊午改潤州鎮

江軍節度爲鎮海軍節度幸晉王北園己未曹彬遣
都虞候劉遇破江南軍於皖口擒其將朱令贇王暉
十一月辛未江南主遣徐鉉等再奉表乞緩師不報
甲申曹彬夜敗江南軍於城下丙戌以校書郎宋準
殿直邢文慶充賀契丹正旦使乙未曹彬克昇州俘
其國主煜江南平凡得州十九軍三縣一百八十户
六十五萬五千六十臨視新龍興寺十二月庚子幸
惠民河觀築堰辛丑赦江南復一歲兵戈所經二歲
戊申三佛齊遣使來獻方物己酉幸龍興寺辛亥免
開封府諸縣今年秋租十之三己未以恩赦侯劉鋹

爲彭城郡公甲子契丹遣使耶律烏正來賀正旦丁
卯吳越國王乞以長春節朝覲從之
九年春正月辛未御明德門見李煜于樓下不用獻
俘儀壬申大赦減死罪一等乙亥封李煜爲違命侯
子弟臣僚班爵有差己卯江南昭武軍節度使留後
盧絳焚掠州縣庚辰詔郊西京癸巳晉王率文武上
尊號不允二月癸卯三上表不允庚戌以曹彬爲樞
密使辛亥命德昭迎勞吳越國王錢俶於宋州契丹
遣使耶律延頴以御衣玉帶名馬散馬白鶻來賀長
春節乙卯吳越王奏內客省使丁德裕貪狠貶房州

刺史丁巳觀禮賢宅戊午以盧多遜爲吏部侍郎仍參知政事己未吳越國王錢俶偕子惟濬等朝於崇德殿進銀絹以萬計賜俶衣帶鞍馬遂以禮賢宅居之宴於長安殿壬戌錢俶進賀平昇州銀絹乳香吳綾紬綿錢茶犀象香藥皆億萬計甲子召晉王吳越國王幷其子等射於苑中俶進御衣壽星通犀帶及金器丁卯幸禮賢宅賜俶金器及銀絹倍萬三月己巳俶進助南郊銀絹乳香以萬計庚午賜俶劒履上殿詔書不名癸酉以皇子德芳爲檢校太保貴州防禦使中書侍郎同平章事沈義倫爲大內都部署右

宋史 三　字四百令八个　宋史本紀卷第三　十　吳惠洲　鄭敏寫

衛大將軍王仁贍權判留司三司兼知開封府事丙子幸西京己卯次鞏縣拜安陵號慟隕絕者久之庚辰賜河南府民今年田租之半奉陵戶復一年辛巳至洛陽庚寅大雨分命近臣詣諸祠廟祈晴辛卯幸廣化寺開無畏三藏塔夏四月己亥雨霽庚子有事圜丘迴御五鳳樓大赦十惡故殺者不原與降貴免者量移叙用諸流配及逋欠悉放諸官未贈恩者悉覃賞壬寅大宴賜親王近臣列校襲衣金帶鞍馬器幣有差丙午駕還辛亥上至自洛丁巳曹翰拔江州屠之擒牙校宋德明胡則等詔益晉王食邑光美德

昭並加開府儀同三司德芳益食邑爵居正沈義倫加光祿大夫樞密使曹彬宣徽北院使潘美加特進吳越國王錢俶益食邑內外文武臣僚咸進階封己未著令旬假爲休浴丙寅大食國王珂黎拂遣使蒲希密來獻方物五月己巳幸東水磑遂幸飛龍院觀漁金水河甲戌遣司勳員外郎和峴往江南路採訪殺盧絳庚辰幸講武池遂幸玉津園觀稼宋州大風壞城樓官民舍幾五千間甲申以閤門副使田守奇等充賀契丹生辰使晉州以北漢嵐石憲三州巡檢使王洪武等來獻六月庚子步至晉王邸命作機輪

宋史 三　字四百令八个　宋史本紀卷第三　十二　吳惠洲　鄭敏寫

輓金水河注邸中爲池癸卯吳越王進銀絹綿以倍萬計乙卯熒惑入南斗秋七月戊辰幸晉王第觀新池丙子幸京兆尹光美第視疾戊寅再幸光美第泉州節度使陳洪進乞朝覲丙戌命近臣祈晴丁亥命修先代帝王及五嶽四瀆祠廟庚寅幸光美第八月乙未朔吳越國王進射火箭軍士己亥幸新龍興寺辛丑太子中允郭思齊坐贓棄市乙巳幸等覺院遂幸東染院賜工人錢又幸控鶴營觀習射賜帛有差又幸開寶寺觀藏經丁未遣侍衛馬軍都指揮使党進宣徽北院使潘美伐北漢丙辰遣使率兵分五道入

太原九月甲子幸綾錦院庚午權高麗國事王伷遣使來朝獻党進敗北漢軍於太原城北辛巳命忻代行營都監郭進遷山後諸州民庚寅幸城南池亭遂幸禮賢宅又幸晉王第冬十月甲午朔旦賜文武百官衣有差丁酉兵馬監押馬繼恩率兵入河東界焚蕩四十餘砦己亥幸西教場庚子鎮州巡檢郭進焚壽陽縣俘九千人辛丑晉隰巡檢穆彦璋入河東俘二千餘人党進敗北漢軍於太原城北己酉吳越王獻馴象癸丑夕帝崩於萬歲殿年五十殯于殿西階謚曰英武聖文神德皇帝廟號太祖太平興國二年

四月乙卯葬永昌陵大中祥符元年加上尊謚曰啓運立極英武睿文神德聖功至明大孝皇帝帝性孝友節儉質任自然不事矯飾受禪之初頗好微行或諫其輕出曰帝王之興自有天命周世宗見諸將方面大耳者皆殺之我終日侍側不能害也既而微行愈數有諫輒語之曰有天命者任自爲之不汝禁也一日罷朝坐便殿不樂者久之左右請其故曰爾謂爲天子容易耶早作乘快誤決一事故不樂耳汴京新宮成御正殿坐令洞開諸門謂左右曰此如我心少有邪曲人皆見之吳越錢俶來朝自宰相以下咸

請留俶而取其地帝不聽遣俶歸國及辭取群臣留俶章疏數十軸封識遺俶戒以途中密觀俶屆途啓視皆留己不遣之章也俶自是感懼江南平遂乞納土南漢劉鋹在其國好置酖以毒臣下既歸朝從幸講武池帝酌卮酒賜鋹鋹疑有毒捧杯泣曰臣罪在不赦陛下既待臣以不死願爲大梁布衣觀太平之盛未敢飲此酒帝笑而謂之曰朕推赤心於人腹中寧肯爾耶即取鋹酒自飲別酌以賜鋹王彦昇擅殺韓通雖預佐命終身不與節鉞王全斌入蜀貪恣殺降雖有大功即加貶絀宮中葦簾緣用青布常服之

衣澣濯至再魏國長公主襦飾翠羽戒勿復用又教之曰汝生長富貴當念惜福見孟昶寶裝溺器搗而碎之曰汝以七寶飾此當以何器貯食所爲如是不亡何待晚好讀書嘗讀二典歎曰堯舜之罪四凶止從投竄何近代法網之密乎謂宰相曰五代諸侯跋扈有枉法殺人者朝廷置而不問人命至重姑息藩鎮當若是耶自今諸州決大辟錄案聞奏付刑部覆視之遂著爲令乾德改元先諭宰相曰年號須擇前代所未有者三年蜀平蜀宮人入內帝見其鏡背有志乾德四年鑄者召竇儀等詰之儀對曰此必蜀物

蜀主嘗有此號乃大喜曰作相須讀書人由是大重儒者受命杜太后傳位太宗太宗嘗病亟帝往視之親爲灼艾太宗覺痛帝亦取艾自灸每對近臣言太宗龍行虎步生時有異他日必爲太平天子福德吾所不及云

贊曰昔者堯舜以禪代湯武以征伐皆南面而有天下四聖人者往世道升降否泰推移當斯民塗炭之秋皇天眷求民主亦惟責其濟斯世而已使其必得四聖人之才而後以行其事畀之則生民平治之期殆無日也五季亂極宋太祖起介冑之中踐九五之

位原其得國視晉漢周亦豈甚相絕哉及其發號施令名藩大將俯首聽命四方列國次第削平此非人力所易致也建隆以來釋藩鎮兵權繩贓吏重法以塞濁亂之源州郡司牧下至令録幕職躬自引對務農興學慎罰薄斂與世休息迄於丕平治定功成制禮作樂在位十有七年之間而三百餘載之基傳之子孫世有典則遂使三代而降考論聲明文物之治道德仁義之風宋於漢唐蓋無讓焉烏虖創業垂統之君規模若是亦可謂遠也已矣

本紀卷第三

本紀卷第四　　宋史四

開府儀同三司上柱國録軍國重事中書右丞相兼修國史領經筵事都總裁臣脱脱等奉勑修

太宗一

太宗神功聖德文武皇帝諱炅初名匡乂改賜光義即位之二年改今諱宣祖第三子也母曰昭憲皇后杜氏初后夢神人捧日以授已而有娠遂生帝於浚儀官舍是夜赤光上騰如火閭巷聞有異香時晉天福四年十月十七日甲辰也帝幼不群與他兒戲皆畏服及長隆準龍顔望之知爲大人儼如也性嗜學

宣祖總兵淮南破州縣財物悉不取第求古書遺帝恒飭厲之帝由是工文業多藝能仕周至供奉官都知太祖即位以帝爲殿前都虞候領睦州防禦使親征澤潞帝以大内點檢留鎮尋領泰寧軍節度使征李重進爲大内都部署加同平章事行開封尹再加兼中書令征太原改東都留守別賜門戟封晉王序班宰相上開寶九年冬十月癸丑太祖崩帝遂即皇帝位乙卯大赦常赦所不原者咸除之丙辰群臣表請聽政不許丁巳宰相薛居正等固請乃許即日移御長春殿庚申以弟廷美爲開封尹兼中書令封齊

王先帝子德昭為永興軍節度使兼侍中封武功郡
王德芳為山南西道節度使興元尹同平章事薛居
正加左僕射沈倫加右僕射盧多遜為中書侍郎曹
彬仍樞密使並同平章事楚昭輔為樞密使潘美為
宣徽南院使內外官進秩有差詔荼鹽榷酤用開寶
八年額十一月癸亥朔帝不視朝甲子追冊故尹氏
為淑德皇后越國夫人符氏為懿德皇后戊辰罷州
縣奉戶庚午詔諸道轉運使察州縣官吏能否第為
三等歲終以聞命諸州大索知天文術數人送闕下
匿者論死乙亥命權知高麗國事王伷為高麗國王

癸未幸相國寺己丑遣著作郎馮正佐郎張玘使契
丹告哀詔文武官由譴累不齒者有司毋得更論前
過十二月己亥置直舍人院甲寅御乾元殿受朝樂
縣而不作大赦改是歲為太平興國元年命太祖子
及齊王廷美子並稱皇子女並稱皇女丁巳置三司
副使戊午契丹遣使來賻己未幸講武池遂幸玉津
園庚申節度使趙普向拱張永德高懷德馮繼業張
美劉廷讓來朝
二年春正月壬戌以大行殯不視朝丙寅禁居官出
使者行商賈事戊辰親試禮部舉人甲戌上大行皇

帝謚曰英武聖文神德廟號太祖丙子幸相國寺還
御東華門觀燈庚辰閱禮部貢士十舉至十五舉者
百二十人並賜出身戊子命邕州廣源州酋長坦坦
綽儂民富為檢校司空御史大夫上柱國辛卯幸講
武池置江南榷茶場二月甲午契丹遣使來賀即位
及正旦吳越國遣使來貢罷南唐鐵錢庚子帝改名
炅壬寅大宴崇德殿不作樂乙巳幸新鑿池遂幸講
武池宴射玉津園丁未占城國遣使來貢己酉令江
南諸州鹽先通商處悉禁之戊午幸太平興國寺遂
幸造船務還幸建隆觀三月壬戌朔始立試銜官選

限己卯以河陽節度使趙普為太子少保己丑幸開
寶寺置威勝軍禁江南諸州銅許契丹互市夏四月
辛卯大食國遣使來貢丁酉契丹遣使來會葬乙卯
葬太祖于永昌陵五月壬戌河南法曹參軍高丕伊
闕縣主簿翟嶙鄭州滎澤令申廷溫坐不勤事並免
癸亥向拱張永德張美劉廷讓皆罷節鎮為諸衛上
將軍乙丑幸新水磑遂幸玉津園宴射丙寅詔繼母
殺子及婦者同殺人論庚午宴崇德殿不作樂遣辛
仲甫使契丹甲戌以十月十七日為乾明節己卯祔
太祖神主于廟以孝明皇后王氏配又以懿德皇后

符氏淑德皇后尹氏祔别廟庚辰詔作北帝宫于終南山癸未幸新水磑遂宴射玉津園六月辛卯朔白龍見邠州要冊池中乙卯幸開寶寺遂幸飛龍院賜從官馬是月磁州保安等縣䗪蟲生食桑葉殆盡潁州大水秋七月庚午詔諸庫藏敢變權衡以取羨餘者死癸未鉅鹿沙河步屈食桑麥河決滎澤頓丘白馬温縣閏月己亥幸白鶻橋臨金水河己酉河溢開封等八縣害稼甲寅詔發潭州兵擊梅山洞賊丁巳有司上閏年輿地版籍之圖令支郡得專奏事八月癸亥黎州兩林蠻來貢乙丑平海軍節度使陳洪進

來朝癸酉以觀燈遂幸相國寺戊寅詔作崇聖殿是月陜澶道忠壽諸州大水鉅鹿步蝻生景城縣雹九月乙未幸弓箭院遂幸新脩三館壬寅幸新水磑遂幸西御園宴射丁未渤尼國遣使來貢山後兩林蠻來獻馬辛亥幸講武臺大閲容州初貢珠乙卯鎮海鎮東軍節度使錢惟濬來朝丙辰狩近郊丁巳吳越王遣使乞呼名不允是月興州江水溢濮州大水汴水溢冬十月戊午朔賜百官及在外將校長吏冬服辛酉契丹來賀乾明節己巳幸京城西北觀衛士與契丹使騎射遂宴苑中己巳群臣請舉樂表三上從

之丙子詔禁天文卜相等書私習者斬辛巳畋近郊初榷酒酤十一月丁亥朔日有食之既庚寅日南至帝始受朝甲午遣李濆等賀契丹正旦丁酉禁江南諸州新小錢私鑄者棄市癸丑幸御龍弓箭直營賜軍士錢帛有差十二月丁巳朔試諸州所送天文術士隸司天臺無取者黥配海島庚午畋近郊癸酉詔定晉州礬法私煮及私販易者罪有差辛巳幸新水磑高麗國王使其子元輔來賀即位

三年春正月丙戌朔不受朝群臣詣閣賀庚寅殿直霍瓊坐募兵刼民財腰斬甲午浚汾河雅州西山野

川路蠻來朝戊戌開襄漢漕渠渠成而水不上卒廢己亥光禄丞李之才坐擅入酒邀同列飲殿中除名庚子罷陳州蔡河舟筭辛丑浚廣濟惠民及蔡三河治黄河隄乙巳浚汴口己酉命脩太祖實録辛亥命群臣禱雨癸丑京畿雨足二月丙辰幸鄭國公主第以三館新脩書院為崇文院丁巳詔班諸州録事縣令簿尉曆子合書式甲子罷昌州七井虚額鹽丙寅泗州録事參軍徐璧坐監倉受賄出虚券棄市辛未幸西綾錦院命近臣觀織室機杼還幸崇文院觀書詔鑿金明池甲申禁沿邊諸郡闌出銅錢製西京新

脩殿名三月乙酉朔貝州清河民田祚十世同居詔
旌其門閭復其家辛丑監海門戍殿直武裕坐姦贓
棄市壬寅秦州言戎酋王泥猪寇八狼戎巡檢劉崇
讓擊敗之梟其首以徇己酉吳越國王錢俶來朝壬
子幸開寶寺是月壽州甘露降夏四月乙卯朔命群
臣禱雨召華山道士丁少微丙辰禁民自春及秋毋
捕獵庚午幸建隆觀遂幸西染院又幸造船務乙亥
置諸道轉運判官己卯陳洪進獻漳泉二州凡得縣
十四戶十五萬一千九百七十八兵萬八千七百二
十七庚辰幸城南觀麥遂幸玉津園宴射辛巳侍御

史趙承嗣坐監市征隱官錢棄市癸未以陳洪進為
武寧軍節度使同平章事錢俶乞罷所封吳越國王
及解天下兵馬大元帥并寢書詔不名之命歸其兵
甲求還不許是月河決獲嘉縣五月乙酉赦漳泉仍
給復一年錢俶獻其兩浙諸州凡得州十三軍一縣
八十六戶五十五萬六百八十兵一十一萬五千三
十六丁亥封錢俶為淮海國王其子惟濬徙淮南軍
節度使惟治徙鎮國軍節度使戊子赦兩浙給復如
漳泉癸巳遣李從吉等使契丹乙未占城國遣使獻
方物壬寅定難軍節度使李克叡卒子繼筠立乙巳

以繼筠襲定難軍節度使幸殿前都指揮使楊信第
視疾戊申以秦州節度判官李若愚子飛雄矯制乘
驛至清水縣縛都巡檢周承瑨及劉文裕馬知節等
七人將劫守卒據城為叛文裕覺其詐擒縛飛雄按
之盡得其狀詔誅飛雄及其父母妻子同產而哀若
愚宗黨無主申戒中外臣庶自今子弟有素懷凶險
屢戒不悛者尊長聞諸州縣錮送闕下配隸遠處隱
不以聞坐及期功以上六月戊午復給乘驛銀牌壬
午秦州清水監軍田仁朗擊破西羌斬獲甚衆癸未
詔太平興國元年十月乙卯以來諸職官以贓致罪

者雖會赦不得叙永為定制是月泗州大水汴水決
寧陵縣秋七月乙酉大雨震電西窯務藁聚焚壬辰
右千牛衛上將軍李煜卒追封吳王戊戌金鄉縣民
李光襲十世同居詔旌其門庚戌改明德門為丹鳳
門壬子中書令史李知古坐受賕擅改刑部所定法
杖殺之八月癸丑幸南造船務遂幸玉津園宴射滑
州黃河清丙辰詔兩浙發淮海王緦麻以上親及管
內官吏赴闕辛未夾州蠻任朗政來貢癸酉詹事丞
徐選坐贓杖殺之甲戌群臣請上尊號曰應運統天
聖明文武皇帝許之九月甲申親試禮部舉人壬子

以布衣張遜為襄邑縣主簿張文旦濮陽縣主簿冬十月癸丑朔契丹遣使來賀乾明節高麗國王遣使來貢庚申幸武功郡王德昭邸遂幸齊王邸賜齊王銀萬兩絹萬匹德昭德芳有差辛酉復兗州曲阜縣襲封文宣公家庚午畋近郊是月河決靈河縣十一月丙申祀天地于圜丘大赦御乾元殿受尊號庚子幸齊王邸丙午以郊祀中外文武加恩十二月乙丑幸講武臺觀機石連弩庚午畋近郊戊寅契丹遣使來賀正旦己卯置三司推官巡官

四年春正月丁亥命太子中允張洎著作佐郎句中正使高麗告以北伐遣官分督諸州軍儲輸太原行營庚寅以宣徽南院使潘美為北路都招討制置使分命節度使河陽崔彥進彰德李漢瓊彰信劉遇桂州觀察使曹翰副以衛府將直四面進討侍衛馬軍都虞候米信步軍都虞候田重進並為行營指揮使將其軍以從西上閤門使郭守文順州團練使梁迥監護之辛卯命雲州觀察使郭進為太原石嶺關都部署以斷燕薊援師癸巳置簽署樞密院事以石熙載為之乙未宴潘美等于長春殿賜以襲衣金帶鞍馬癸卯新渾儀成二月壬子幸國子監遂幸玉津園

宴射甲寅以齊王廷美子德恭為貴州防禦使丙辰以中書侍郎尚書右僕射同平章事沈倫為東京留守兼判開封府事宣徽北院使王仁贍為大內都部署樞密承旨陳從信副之癸亥賜扈從近臣鞍馬衣服金玉帶有差甲子帝發京師戊寅次澶州觀魚子河三月庚辰朔次鎮州丁亥郭進破北漢西龍門砦禽獲甚衆乙未郭進大破契丹于關南庚子左飛龍使史業破北漢鷹揚軍俘百人來獻乙巳夏州李繼筠允帥所部助討北漢詔泉州發兵護送陳洪進親屬赴闕夏四月己酉朔嵐州行營與北漢軍戰破之庚戌盂縣降以石熙載為樞密副使辛酉以孟玄喆劉廷翰為兵馬都鈐轄崔翰總馬步軍並注泊鎮州壬戌帝發鎮州折御卿克岢嵐軍獲其軍使折令圖乙丑克隆州獲其招討使李詢等六人己巳折御卿克嵐州殺其憲州刺史郭翊獲嵐州節度使馬延忠庚午次太原駐蹕汾東行營辛未幸太原城詔諭北漢主劉繼元使降壬申夜帝幸城西督諸將發機石攻城甲戌幸諸砦乙亥幸連城視攻城諸洞五月己卯朔攻城西南遂陷羊馬城獲其宣徽使范超斬之下辛巳攻城西北壬午其騎帥郭萬超來降遂移幸

城南手詔賜繼元癸未進攻將士盡奮若將屠之是夜繼元遣使納款甲申繼元降北漢平凡得州十縣四十戶三萬五千二百二十命祠部郎中劉保勛知太原府乙酉赦河東常赦所不原者命錄死事將校子孫瘞戰士戊子以榆次縣為新并州優賞歸順將校盡括僧道隸西京寺觀官吏及高貲戶授田河南北漢節度使蔚進盧遂以汾州降己丑以繼元為右衛上將軍彭城郡公帝作平晉詩令從臣和辛卯繼元獻官妓百餘以賜將校乙未築新城送劉繼元緦麻以上親赴闕丙申幸城北御沙河門樓盡徙餘民

于新城遣使督之既出即命縱火丁酉以行宮為平晉寺帝作平晉記刻寺中廢隆州隳其城庚子發太原丁未次鎮州六月甲寅以將伐幽薊遣發京東河北諸州軍儲赴北面行營庚申帝復自將伐契丹丙寅次金臺頓募民為鄉導者百人丁卯次東易州刺史劉宇以城降留兵千人守之戊辰次涿州判官劉厚德以城降己巳次鹽溝頓民得近界馬來獻賜以束帛庚午次幽州城南駐蹕寶光寺契丹軍城北帝率衆擊走之壬申命節度使定國宋偓河陽崔彥進彰信劉遇定武孟玄喆四面分兵攻城以潘美知幽

州行府事契丹鐵林廂主李札盧存以所部來降癸酉移幸城北督諸將進兵獲馬三百幽州神武廳直并鄉兵四百人來降乙亥范陽民以牛酒犒師丁丑帝乘輦督攻城秋七月庚辰契丹建雄軍節度使知順州劉廷素來降壬午知薊州劉守恩來降癸未帝督諸軍及契丹大戰于高梁河敗績甲申班師庚寅命孟玄喆屯定州崔彥進屯關南乙巳帝至自范陽八月壬子西京留守石守信坐從征失律貶崇信軍節度使甲寅彰信軍節度使劉遇貶宿州觀察使癸亥命潘美屯河東三交口甲戌汴水決宋城縣武功

郡王德昭自殺詔作太清樓是月秦州大水九月己卯河決汲縣丁亥置皇子侍讀己亥幸新城觀鐵林軍人射強弩庚子華山道士丁少微詣闕獻金丹及巨勝南芝玄芝癸卯山後兩林蠻以名馬來獻丙午鎮州都鈐轄劉廷翰及契丹戰于遂城西大敗之斬首萬三百級獲三將馬萬匹冬十月乙亥以平北漢功齊王廷美進封秦王薛居正加司空沈倫加左僕射盧多遜兼兵部尚書曹彬兼侍中白進超崔翰劉廷翰田重進米信並領諸軍節度使楚昭輔崔彥進李漢瓊並加檢校太尉潘美加檢校太師王仁贍加

檢校太傅石熈載加刑部侍郎文武從臣進秩有差十一月庚辰放道士丁少微歸華山己丑畋近郊辛卯忻州言與契丹戰破之關南言破契丹斬首萬餘級十二月丁未占城國遣使來貢丁卯畋近郊置諸州司理判官

五年春正月庚辰詔宣慰河東諸州壬午新作天駟左右監以左右飛龍使為左右天廄使閑廄使為崇儀使庚寅改端明殿學士為文明殿學士二月戊辰斬徐州妖賊李緒等七人廢順化軍三月戊子會親王宰相淮海國王及從臣蹴鞠大明殿己丑左監門

衛上將軍劉鋹卒追封南越王癸巳代州言宣徽南院使潘美敗契丹之師于鴈門殺其駙馬侍中蕭咄李獲都指揮使李重誨閏三月丙午幸水磑因觀魚甲寅親試禮部舉人丁巳親試諸科舉人庚午幸講武池觀習樓船辛未甘沙州回鶻遣使以橐駝名馬來獻夏四月癸未親試應百篇舉趙昌國賜及第壬汾河晉祠水灌太原隳其故城是月壽州風雹宼氏縣雨雹五月癸卯朔大霖雨辛酉命宰相祈晴六月壬午高麗國王遣使來貢是月潁州大水徐州白溝溢入城秋七月丁未討交州黎桓命蘭州團練使孫

全興八作使張濬左監門衛將軍崔亮寧州刺史劉澄軍器庫副使賈湜閤門祗候王僎並為部署全興濬亮由邕州澄湜僎由廉州各以其衆致討庚申北海蚜蚄生八月甲申西南蕃主龍瓊琚使其子羅若從幷諸州蠻來貢九月癸卯黎桓遣使為丁璿上表求襲位甲辰史館上太祖實録壬戌畋近郊冬十月戊寅大發兵屯關南及鎮定州己丑發京師至雄州民治道甲午命侍衛馬軍都指揮使米信護定州屯兵十一月庚子朔安南靜海軍節度行軍司馬權知州事丁璿上表求襲位不報丙午以秦王廷美為東

京留守王仁贍為大內都部署陳從信副之己酉帝伐契丹壬子發京師癸丑次長垣縣關南與契丹戰大破之以河陽三城節度使崔彥進為關南都部署戊午駐蹕大名府諸軍及契丹大戰于莫州敗績十二月甲戌大閲遂宴幄殿衛士有盜獲麞者當坐詔特釋之戊寅以保靜軍節度使劉遇威塞軍節度使曹翰為幽州東西路部署庚辰發大名府因校獵乙酉帝至自大名府交州行營與賊戰大破之

六年春正月癸卯置平塞靜戎二軍辛亥易州破契丹數千衆丙寅改靜戎軍為安靜軍二月己卯命宰

臣禱雨三月己酉興元尹德芳薨追封岐王癸丑詔
令諸路轉運使察官吏賢否以聞丙辰置破虜平戎
二軍丁巳高昌國遣使來貢壬戌交州行營破賊于
白藤江口獲戰艦二百艘知邕州侯仁貴死之會炎
瘴軍士多死者轉運使許仲宣驛聞詔班師詔斬劉
澄賈湜于軍中徵孫全興下獄令諸州長吏五日一
慮囚夏四月辛未幸太平興國寺禱雨丙戌高麗國
遣使來貢禁西川諸州白衣巫師罷湖州織羅放女
工五月己未雨降死罪囚流以下釋之平塞軍與契
丹戰破之六月甲戌司空平章事薛居正薨七月丙

午詔渤海琰府王助討契丹是月延州鄜寧河中大
水宋州蝗九月乙未朔日有食之甲辰左拾遺田錫
上疏極諫詔嘉獎之丙午置京朝官差遣院初令中
書舍人郭贄等考校課績辛亥以趙普為司徒石熙
載為樞密使壬子詔求直言丙辰易州言破契丹斬
緜州妖賊王禧等十人冬十月癸酉群臣三奉表上
尊號曰應運統天睿文英武大聖至明廣孝皇帝許
之甲申以河陽三城節度使崔彥進為關南都部署
侍衛馬軍都指揮使米信為定州都部署丙戌校歷
代醫書甲午詔作蘇州太一宮成十一月丁酉監察

御史張白坐知蔡州日假官錢糴糶棄市甲辰改武
德司為皇城司女眞遣使來貢辛亥祀天地于圜丘
大赦御乾元殿受尊號內外文武加恩壬子令諸州
監臨官有所聞見傳聞須面陳者俟報丁巳交州行
營部署孫全興棄市辛酉以樞密使楚昭輔為左驍
衛上將軍十二月癸酉購求醫書己卯畋近郊己丑
諸道節度州置觀察支使奉料同掌書記仍不得並
置辛卯禁民私市近界部落馬
七年春正月甲午朔不受朝群臣詣閤稱賀壬戌定
輿服等差及婚取喪葬儀制二月甲申改關南為高

陽關徙幷州治唐明鎮乙酉特貰廬州管內逋米萬
七千二百四十石三月癸巳朔日有食之乙未以秦
王廷美為西京留守乙巳以旱分遣中黃門徧禱方
岳交州以王師致討遣使來謝壬子賜秦王襲衣通
犀帶錢十萬是月舒州上玄石有白文曰丙子年出
趙號二十一帝宣州雪霜殺桑害稼北陽縣蝗飛鳥
數萬食之盡夏四月甲子以樞密直學士竇偁中書
舍人郭贄並參知政事如京使柴禹錫為宣徽北院
使兼樞密副使戊辰中書侍郎兼兵部尚書平章事
盧多遜罷為兵部尚書丁丑西京留守秦王廷美罷

歸第復其子德恭德隆名皇姪女韓氏婦落皇女雲
陽公主之號盧多遜檥職流崖州并徙其家眷周以
上親悉配遠裔庚辰左僕射平章事沈倫罷為工部
尚書禁河南諸州私鑄鉛錫惡錢及輕小錢是月閏
州大水五月辛丑崔彥進敗契丹于唐興戊申虜囚
己酉夏州留後李繼捧獻其銀夏綏宥四州辛亥三
交行營言潘美敗契丹之師于鴈門破其壘三十六
丙辰秦王廷美降封涪陵縣公房州安置以崇化副
使閻彥進知房州監察御史袁廓通判軍州事各賜
白金三百兩己未府州破契丹于新澤砦獲其將校

以下百人是月陜州蝗蕪湖縣雨雹六月乙亥遣使
發李繼捧緦麻已上親赴闕其弟繼遷奔地斤澤丙
子置譯經院是月河決臨濟縣漢陽軍大水秋七月
甲午以子德崇為檢校太傅同平章事封衛王德明
為檢校太保同平章事封廣平郡王乙卯工部尚書
沈倫以左僕射致仕是月河決范濟口淮水漢水易
水皆溢陽穀縣蝗關陜諸州大水八月庚申朔太子
太師王溥薨己卯詔川峽諸州官織錦綺鹿胎透背
六銖欹正龜殼等悉罷之民間勿禁九月己丑朔西
京諸道係籍沙彌令祠部給牒甲寅貴妃孫氏薨邠

州蝗冬十月癸亥詔河南吏民不得闌出邊關侵撓
略奪違者論罪有得羊馬生口者還之戊辰幸金明
池御龍舟觀習水戰河決武德縣蠲臨河民租己卯
左諫議大夫參知政事竇偁卒癸卯乾元曆成是月
岳州田鼠食稼十一月己酉以李繼捧為彰德軍節
度使禁民喪葬作樂十二月戊午朔日有食之庚午
蠲兩浙諸州太平興國六年以前逋租戊寅高麗國
王伷卒其弟治遣使來襲位詔立治為高麗國王閏
月戊子朔豐州與契丹戰破之獲其天德軍節度使
蕭太占城國獻馴象丙申狩近郊辛亥詔赦銀夏等

州常赦所不原者諸州置農師
八年春正月己卯以東上閤門使王顯為宣徽南院
使酒坊使弭德超為北院使並兼樞密副使癸未詔
令州縣長吏延問高年耆德二月戊子朔日有食之
丁酉禁內屬部落私市女口三月庚申以右諫議大
夫宋琪為參知政事豐州破契丹兵降三千餘帳癸
亥分三司各置使癸酉幸金明池觀習水戰丙子親
試禮部舉人甲申除福建諸州鹽禁夏四月壬寅班
外官戒諭辭壬子流樞密副使弭德超于瓊州并徙
其家乙卯幸樞密使石熙載第視疾五月丁卯詔作

太一宮于都城南黎桓自稱三使留後遣使來貢并
上丁璿讓表詔諭桓送璿母子赴闕不聽丁亥流威
塞軍節度使曹翰于登州乙亥詔長吏誘致闕隴流
亡是月河決滑州過澶濮曹濟東南入于淮相州風
雹六月己亥以王顯爲樞密使柴禹錫爲宣徽南院
使兼樞密副使己酉兗州泰山父老及瑕丘等七縣
民詣闕請封禪是月穀洛瀍澗溢壞官民舍萬餘區
溺死者以萬計鞏縣壞殆盡秋七月辛未參知政事
郭贄罷爲祕書少監庚辰加宋琪刑部尚書以工部
尚書李昉參知政事是月河江漢滹沱及祁之資滄

之胡盧椎之易懸池水皆溢爲患八月壬辰以大水
故釋死罪以下丁酉山後兩林蠻來貢溪錦敘富四
州蠻來附庚戌以樞密使石熙載爲右僕射辛亥增
謚法詔軍國政要令參知政事李昉及樞密院副使
一人錄送史館九月癸丑朔占城國獻馴象初置水
陸路發運于京師是月睢溢浸田六十里冬十月戊
戌改衛王德崇名元佐廣平郡王德明名元祐德昌
名元休德嚴名元儁德和名元傑己酉進元佐爲楚
王元祐陳王封元休韓王元儁冀王元傑益王並檢
校太保同平章事司徒兼侍中趙普罷爲武勝軍節

度使十一月壬子朔以參知政事宋琪李昉並平章
事癸丑除川峽民祖父母父母在別籍異財棄市律
己未太一宮成壬申以翰林學士李穆呂蒙正李至
並參知政事樞密直學士張齊賢王沔並同簽署樞
密院事庚辰置侍讀官十二月壬午朔詔綏銀夏等
州官吏招誘没界外民歸業仍給復三年丁亥賜河
北河東緣邊戍卒襦京城諸軍米淮海國王錢俶三
上表乞解兵馬大元帥國王尚書中書令太師等官
罷元帥名餘不許西人冦宥州巡檢使李詢擊走之
是月醴泉縣水中草變爲稻滑州河決

雍熙元年春正月壬子朔不受朝群臣詣閤拜表稱
賀戊午右僕射石熙載薨壬戌購逸書丁卯涪陵縣
公廷美薨追封涪陵王壬申蠲諸州民去年官所貸
粟癸酉左諫議大夫參知政事李穆卒三月丁巳滑
州河決既塞帝作平河歌賜近臣蠲水所及州縣今
年租癸未以涪陵王子德恭德隆爲刺史壻韓崇業
爲靜難軍司馬是月甘露降太一宮庭夏四月乙酉
泰山父老詣闕請封禪戊子群臣表請凡三上許之
甲午幸金明池觀習水戰因幸講武臺觀射賜武士
帛五月庚戌朔除江南鹽禁辛亥幸城南觀麥賜刈

者錢帛罷諸州農師壬子西州回鶻與波斯外道來
貢丁丑乾元文明二殿災己卯以京官充堂後官六
月丁亥詔求直言己丑遣使按察兩浙淮南西川廣
南獄訟鎮安軍節度使守中書令石守信薨庚子令
諸州長吏十日一慮囚壬寅詔罷封泰山甲辰禁邊
臣境外種蒔秋七月壬子改乾元殿為朝元殿文明
殿為文德殿丹鳳門為乾元門改匭院為登聞鼓院
東延恩匭為崇仁檢院南招諫匭為思諫檢院西申
寃匭為申明檢院北通玄匭為招賢檢院八月丁酉
親祠太一宮壬寅河水溢是月淄州大水九月壬戌

群臣表三上尊號曰應運統天睿文英武大聖至仁
明德廣孝皇帝不許宰相叩頭固請終不許丙寅幸
汴河新倉冬十月甲申賜華山隱士陳摶號希夷先
生夏州言擒擊李繼遷獲其母妻俘千四百餘帳繼
遷走壬辰禁布帛不中度者癸巳嵐州獻牝獸一角
并瑞物六十三種圖付史館戊戌忠州録事參軍卜
元幹坐受賕枉法杖殺之十一月壬子高麗國王遣
使來貢丁巳祀天地于圜丘大赦改元中外文武官
進秩有差癸酉以浦城童子楊億為秘書省正字十
二月庚辰淮海國王錢俶徙封漢南國王癸未賜京
畿高年帛丁亥罷嶺南採珠場壬辰立德妃李氏為
皇后丙申御乾元門賜京師大酺三日戊戌大雨雪

本紀卷第四

本紀卷第五　　宋史五

開府儀同三司上柱國録軍國重事前中書右丞相監修國史領經筵事都總裁脫脫等奉

勅修

太宗二

二年春正月丙辰以德恭為左武衛大將軍判濟州封安定侯德隆為右武衛大將軍判沂州封長寧侯右補闕劉蒙叟通判濟州起居舍人韓儉通判沂州乙丑賜德恭德隆常奉外支錢三百萬二月戊寅權交州留後黎桓遣使來貢乙未夏州李繼遷誘殺汝州團練使曹光實己亥占城遣使來貢三月己未親

試禮部舉人江南民饑許渡江自占夏四月乙亥朔遣使行江南諸州振饑民及察官吏能否戊寅遣忠武軍節度使潘美復屯三交口己卯詔以帝所生官舍作啓聖院己丑殿前承旨王著坐監資州兵為姦贓棄市庚子甘露降後苑辛丑夏州行營破西蕃息利族斬其代州刺史折羅遇并弟埋乞又破保洗兩族降五十餘族五月甲子幸城南觀麥賜田夫布帛天長軍蝝生六月甲戌朔河西行營言獲岌羅賦等十四族焚千餘帳戊子復禁鹽榷酤秋七月庚申詔諸道轉運使及長吏宜乘豐儲廩以防水旱八月癸

酉朔遣使按問兩浙荊湖福建江南東西路淮南諸州刑獄仍察官吏勤惰以聞癸巳西南奉化王子以慈來貢是月瀛莫二州大水九月丙午以歲無兵凶除十惡官吏犯贓謀故劫殺外死罪減降流以下釋之及蠲江浙諸州民逋租庚戌重九賜近臣飲于李昉第召諸王節度使宴射苑中是夕楚王宮火辛亥廢楚王元佐為庶人均州安置丁巳群臣請留元佐養疾京師許之己未西南蕃王遣使來貢己巳禁海賈閏月癸未太白入南斗甲申幸天駟監賜從臣馬乙未禁邕管殺人祭鬼及僧人置妻孥己亥均州獻

一角獸冬十月辛丑朔慮囚丙午以天竺僧天息災施護法天並為朝請大夫試鴻臚少卿己酉汴河主糧胥吏坐奪漕軍口糧斷腕徇于河畔三日斬之甲寅黎邛部蠻王子來貢十一月壬午狩于近郊以所獲獻太廟著為令戊子禱雪辛卯詔在官丁父母憂者並放離任十二月庚子朔日有食之癸卯南康軍言雪降三尺大江冰合可勝重載丁未遣中使賜緣邊戍卒襦袴丙辰門下侍郎兼刑部尚書平章事宋琪罷守本官

三年春正月辛未右武衛大將軍長寧侯德隆薨以

其弟德彝嗣侯仍知沂州庚辰夜漏一刻北方有赤氣如城至明不散己丑知雄州賀令圖等請伐契丹取燕薊故地庚寅北伐以天平軍節度使曹彬爲幽州道行營前軍馬步水陸都部署河陽三城節度使崔彥進副之侍衛馬軍都指揮使彰化軍節度使米信爲西北道都部署沙州觀察使杜彥圭副之以其衆出雄州侍衛步軍都指揮使靜難軍節度使田重進爲定州路都部署出飛狐戊戌參知政事李至罷爲禮部侍郎二月壬子以檢校太師忠武軍節度使潘美爲雲應朔等州都部署雲州觀察使楊業副之

出鴈門三月癸酉曹彬與契丹兵戰固安南克其城丁丑田重進戰飛狐北又破之潘美自西陘入與契丹兵遇追至寰州破之其刺史趙彥辛以城降辛巳曹彬克涿州潘美圍朔州其節度副使趙希贊以城降癸未田重進戰飛狐北獲其西南面招安使大鵬翼康州刺史馬頵馬軍指揮使何萬通乙酉曹彬敗契丹于涿州南殺其相賀斯丁亥潘美師至應州其節度副使艾正觀察判官宋雄以城降司門員外郎王延範與祕書丞陸坦戎城縣主簿田辯術士劉昂坐謀不軌棄市庚寅武寧軍節度使同平章事岐國

公陳洪進卒辛卯田重進攻飛狐其守將呂行德張繼從劉知進等舉城降以其縣爲飛狐軍占城國遣使來貢丙申進圍靈丘其守將穆超以城降夏四月辛丑潘美克雲州田重進戰飛狐北破其衆壬寅曹彬米信戰新城東北又破之己酉田重進再戰飛狐北再破之殺二將乙卯重進至蔚州其牙校李存璋許彥欽殺大將蕭啜理執其監城使同州節度使耿紹忠以城降五月庚午曹彬之師大敗于岐溝關收衆夜渡拒馬河退屯易州知幽州行府事劉保勳死之丙子召曹彬崔彥進米信歸闕命田重進屯定州

潘美還代州徙雲應寰朔吏民及吐渾部族分置河東京西會契丹十萬衆復陷寰州楊業護送遷民遇之苦戰力盡爲所禽守節而死六月戊戌朔日有食之甲辰以御史中丞辛仲甫爲參知政事秋七月庚午朔曹彬爲右驍衛上將軍崔彥進爲右武衛上將軍米信爲右屯衛上將軍杜彥圭爲均州團練使應群臣列校死事及陷敵者錄其子孫壬午徙山後降民至河南府許汝等州丁亥以簽署樞密院事張齊賢爲給事中知代州癸巳階州福津縣有大山飛來自龍帝峽壅江水逆流壞民田數百里甲午詔改陳

王元祐為元僖韓王元休為元偁冀王元儁為元份
八月丁酉朔以王沔張宏並為樞密副使丁未大雨
遣使禱岳瀆至夕雨止劒州民饑遣使振之因督捕
諸州盜賊辛亥降潘美為檢校太保贈楊業太尉大
同軍節度使九月丙寅朔減兩京諸州繫囚流以下
一等杖罪釋之賜所從寰應蔚等州民米弃宣等十
四州雍熙二年官所振貸並蠲之戊寅賜北征軍士
陣亡者家三月糧冬十月甲辰以陳王元僖為開封
尹壬子高麗國王遣使來貢庚申詔以權靜海軍留
後黎桓為本軍節度十一月丙戌幸建隆觀相國寺

祈雪十二月乙未朔大雨雪宴群臣玉華殿己亥定
州田重進入契丹界攻下岐溝關壬寅契丹敗劉廷
讓軍於君子舘執先鋒將賀令圖高陽關部署楊重
進死之壬子建房州為保康軍以右衛上將軍劉繼
元為節度使代州副部署盧漢贇敗契丹于土鐙堡
斬獲甚衆殺監軍舍利二人是歲壽州大水濮州蝗
四年春正月甲子朔不受朝群臣詣閤拜表稱賀己
卯遣使按問西川嶺南江浙等路刑獄丙戌詔應行
營將士戰敗潰散者並釋不問緣邊城堡備禦有勞
可紀者所在以聞瘞暴骸死事者廩給其家錄死事

文武官子孫蠲河北雍熙三年以前逋租敵所蹂踐
者給復三年軍所過二年餘一年二月丙申以漢南
國王錢俶為武勝軍節度使徙封南陽國王丁酉繕
治河北諸州軍城隍甲寅錢俶改封許王三月庚辰
詔申嚴考績夏四月癸巳朔以御史中丞趙昌言為
右諫議大夫樞密副使乙未詔諸州郡暑月五日一
滌囹圄給飲漿病者令醫治小罪即決之丁未幸金
明池觀水嬉遂習射瓊林苑登樓擲金錢繒綵於樓
下縱民取之併水陸發運為一司五月丙寅遣使市
諸道民馬庚辰改殿前司日騎為捧日驍猛為拱辰

雄勇為神勇上鐵林為殿前司虎翼腰弩為神射侍
衛步軍司鐵林為侍衛司虎翼丁亥詔諸州送醫術
人校業太醫署賜諸將陣圖六月丁酉以右驍衛上
將軍劉廷讓為雄州都部署戊戌以彰國軍節度使
駙馬都尉王承衍為貝冀都部署郭守文及鄚州團
練使田欽祚並為北面排陣使庚子定國軍節度使
崔翰復為高陽關兵馬都部署是月鄜州獻馬前足
如牛秋七月丙寅幸講武池觀魚是月置三班院八
月庚子免諸州吏所逋京倉米二十六萬七千石九
月癸亥校醫術人優者為翰林學生冬十月丙午流

雄州都部署劉廷讓于商州壬子左僕射致仕沈倫
薨十一月庚辰詔以實數給百官奉十二月壬寅幸
建隆觀相國寺祈雪庚戌畋近郊丁巳大雨雪
端拱元年春正月己未朔不受朝群臣詣閤拜表稱
賀乙亥親耕籍田還御丹鳳樓大赦改元除十惡官
吏犯贓至殺人者不赦外民年七十以上賜爵一級
癸未幸玉津園習射乙酉禁用酷刑是月澶州黃河
清二月乙未改左右補闕為左右司諫左右拾遺為
左右正言丙申禁諸州獻珍禽奇獸己亥詔瀛州民
為敵所侵暴者賜三年租復其役五年庚子以籍田

開封尹陳王元僖進封許王元侃襄王元份越王錢
俶鄧王中書門下平章事李昉為尚書右僕射參知
政事呂蒙正同中書門下平章事樞密使王顯加檢
校太傅給事中許國公趙普守太保兼侍中參知政
事辛仲甫加戶部侍郎樞密副使趙昌言加工部侍
郎樞密副使王沔為參知政事御史中丞張宏為樞
密副使餘內外並加恩甲辰升建州為建寧軍節度
庚戌以子元偓為左衛上將軍徐國公元偁為右衛
上將軍涇國公三月甲戌以樞密副使趙昌言為崇
信軍行軍司馬乙亥鄭州團練使侯莫陳利用坐不

法配商州禁錮尋賜死癸未幸玉津園習射廢水陸
發運司夏四月丁亥賜京城高年帛己丑加高麗國
王治靜海軍節度使黎桓並檢校太尉五月辛酉置
秘閣于崇文院辛未感德軍節度使李繼捧賜姓趙
氏名保忠壬申以保忠為定難軍節度使閏五月辛
卯以洺州防禦使劉福為高陽關兵馬都部署濮州
防禦使楊贊為貝州兵馬都部署乙未賜諸州高年
爵公士丁酉交州黎桓遣使來貢壬寅親試禮部進
士及下第舉人六月丙辰朔右領軍衛大將軍陳廷
山謀反伏誅丁丑改湖南節度為武安軍節度親試

進士諸科舉人秋七月丙午除西川諸州鹽禁辛亥
忠武軍節度使潘美知鎮州八月乙卯壽星見丙地
甲子以宣徽南院使郭守文為鎮州路都部署戊寅
太師鄧王錢俶薨追封秦國王謚忠懿庚辰幸太學
命博士李覺講易賜帛遂幸玉津園習射是月鳳凰
集廣州清遠縣廨合歡樹樹下生芝三莖九月乙酉
朔以侍衛馬軍都指揮使李繼隆為定州都部署冬
十月壬午以侍衛步軍都指揮使戴興為澶州都部
署癸未詔罷游獵五方所畜鷹犬並放之諸州毋以
為獻十一月甲申朔高麗王遣使來貢己丑郭守文

破契丹于唐河十二月辛未以夏州蕃落使李繼遷
為銀州刺史充洛苑使
二年春正月癸未朔不受朝群臣詣閤拜表稱賀壬
辰以滄州觀察使柴禹錫為澶州兵馬部署癸巳詔
議北伐二月壬子朔令河北東西路招置營田癸丑
詔錄將校官吏功及死事使臣官吏子孫士卒廩給
其家三月平塞天威平定威虜靜戎保塞寧邊等軍
祁易保定鎮邢趙等州民除雍熙四年正月丙戌詔
給復外更給復二年霸代洛雄莫深等州平虜岢嵐
軍吏給復一年戊午罷乘傳銀牌復給樞密院牒以

太倉粟貸京畿饑民癸亥作方田戊辰以國子監為
國子學三月辛卯命高瓊為并代都部署壬寅親試
禮部舉人夏四月丁巳置富順監辛未幸趙普第視
疾五月戊戌以旱慮囚遣使決諸道獄是夕雨秋七
月甲申以知代州張齊賢為刑部侍郎樞密副使鹽
鐵使張遜為宣徽北院使簽署樞密院事戊子有彗
出東井上避正殿減常膳辛丑契丹犯威虜軍崇儀
使尹繼倫擊破之殺其相皮室大將于越遁去八月
丙辰大赦是夕彗不見癸亥詔作開寶寺舍利塔成
九月壬午邛部川山後百蠻來貢冬十月辛未以定

難軍節度使趙保忠同平章事以歲旱彗星謫見詔
曰朕以身為犧牲焚於烈火亦未足以荅謝天譴當
與卿等審刑政之闕失稼穡之艱難恤物安人以祈
玄祐十二月辛亥置三司都磨勘官丙辰大雨雪庚
申詔令四方所上表祗稱皇帝群臣請復尊號不許
辛酉上法天崇道文武皇帝詔去文武二字餘許之
三佛齊國遣使來貢
淳化元年春正月戊寅朔減京畿繫囚流罪以下一
等改元內外文武官並加勳階爵邑中書舍人大將
軍以上各賜一子官賜鰥寡孤獨錢除逋負受尊號

改乾明節為壽寧節戊子詔作清心殿二月丁未朔
除江南兩浙淮西嶺南諸州漁禁己酉改大明殿為
含光殿三月丙子朔乙未幸西京留守趙普第視疾
夏四月庚戌遣中使詣五嶽禱雨慮囚遣使分決諸
道獄甲寅詔尚書省四品兩省五品以上舉轉運使
及知州通判五溪蠻田漢權來附戊午建婺州為保
寧軍節度丙寅命殿前副都指揮使戴興為鎮州都
部署五月甲午給致仕官半奉辛卯置詳覆推勘官
六月丙午罷中元下元張燈庚午太白晝見秋七月
丁丑太白復見是月吉洪江蘄河陽隴城大水開封

陳留封丘酸棗鄢陵旱賜今年田租之半開封特給
復一年京師貴糴遣使開廩減價分糶八月乙巳毀
左藏庫金銀器皿己巳禁川峽嶺南湖南殺人祀鬼
州縣察捕募告者賞之庚午西南蕃主使其子龍漢
興來貢是月京兆長安八縣旱賜今年租十之六蠲
舒州宿松等三處魚池稅九月辛巳熒惑入太微垣
大宴崇政殿禁川峽民父母在出為贅壻是月蠲滄
單汝三州今年租十之六冬十月甲辰交州黎桓遣
使來貢乙巳熒惑陵左執法乙丑知白州蔣元振知
須城縣姚益恭並以清幹聞下詔褒諭賜粟帛是月

以乾鄭二州河南壽安等十四縣旱州蠲今年租十
之四縣蠲其稅十一月戊戌太白晝見是月蠲大名
府管內今年租十之七十二月乙巳占城遣使來貢
乙卯高麗國遣使來貢辛酉詔中外所上書疏及面
奏制可者並下中書樞密三司中覆須行是歲洪吉
江蘄諸州水河陽大水曹單二州有蝗不為災開封
大名管內及許滄單汝乾鄭等州壽安長安天興等
二十七縣旱深冀二州文登牟平兩縣饑
三年春正月壬申朔不受朝群臣詣閤拜表稱賀丙子遣
商州團練使翟守素帥兵援趙保忠于夏州乙酉置內殿

崇班左右侍禁改殿前承旨為三班奉職丙戌熒惑
犯房己丑詔陝西諸州長吏設法招誘流亡復業者
計口貸粟仍給復二年二月癸丑盡易宮殿彩繪以
赭堊監察御史祖吉坐知晉州日為姦贓棄市乙丑
蘄夔州亂卒謝榮等百餘人於市閏月辛未朔日有
食之戊寅禱雨丁亥詔內外諸軍除木槍弓弩矢外
不得蓄他兵器己丑詔京城蒲博者開封府捕之犯
者斬命近臣兼差遣院流內銓是月河水溢鄄城縣
蝗汴河決三月乙卯幸金明池御龍舟遂幸瓊林苑
宴射己巳以歲蝗旱禱雨弗應手詔宰相呂蒙正等

朕將自焚以答天譴翌日而雨蝗盡死夏四月庚午
罷端州貢硯辛巳以張齊賢陳恕並參知政事張遜
兼樞密副使溫仲舒寇準並為樞密副使是月河水
溢濮鄉等七縣民饑五月己亥朔詔減兩京諸州繫
囚流以下一等杖罪釋之庚子置諸路提點刑獄官
丙辰左正言謝泌以敢言擢右司諫賜金紫錢三十
萬六月甲戌忠武軍節度使同平章事潘美卒命張
永德為并代都部署乙酉以汴水決浚儀縣帝親督
衛士塞之庚寅禁陝西緣邊諸州闌出生口是月楚
丘鄄城淄川三縣蝗河水汴水溢秋七月己亥詔陝

西緣邊諸州鐵民黨男女入近界部落者官贖之李
繼遷奉表請降以爲銀州觀察使賜國姓改名保吉
是月乾寧軍蝗許雄嘉三州大水八月己卯置審刑
院己丑雅州言登遼山崩九月丁酉朔戶部侍郎參
知政事王沔給事中參知政事陳恕並罷守本官己
亥中書侍郎兼戶部尚書平章事呂蒙正罷爲吏部
尚書以右僕射李昉參知政事張齊賢並平章事翰
林學士賈黄中李沆並爲給事中參知政事帝飛白
書玉堂之署四字以賜翰林承旨蘇易簡壬寅邛部
川蠻來貢癸卯罷樞密使王顯爲崇信軍節度使甲

辰以張遜知樞密院事温仲舒寇準同知院事十一
月丙申朔復百官次對乙巳罷京城內外力役土功
己酉幸建隆觀相國寺祈雪十二月丙寅朔行入閤
儀乙亥賜秦州童子譚孺卿本科出身癸未保康軍
節度使劉繼元卒追封彭城郡王大雨無冰是歲女
眞表請伐契丹詔不許自是遂屬契丹大名河中絳
濮陝曹濟同淄單德徐晉輝磁博汝兗虢汾鄭亳慶
許齊濱棣沂貝衛青霸等州旱
三年春正月癸卯大雨雪乙巳詔常參官舉可任升
朝官者丙午詔宰相侍從舉可任轉運使者二月乙

丑朔日有食之三月乙未朔以趙普爲太師封魏國
公戊戌親試禮部舉人辛丑親試諸科舉人戊午以
高麗賓貢進士四十人並爲秘書省秘書郎遣還庚
申幸金明池觀水戲縱京城觀者賜高年白金器
皿夏四月丁丑詔江南兩浙荊湖吏民之配嶺南者
還本郡禁錮癸未上作刑政稼穡詩賜近臣五月甲
午朔御文德殿百官入閤壬寅詔御史府所斷徒罪
以上獄具令尚書丞郎兩省給舍一人慮問丁未戶
部郎中田錫通判殿中丞郭渭坐稽留刑獄並責州
團練副使不簽署州事戊申詔太醫署良醫視京城

病者賜錢五十萬具藥中黄門一人按視之己酉以
旱遣使分行諸路決獄是夕雨辛亥置理檢司甲寅
詔作秘閣六月丁丑大風晝晦京師疫解戊寅慮囚
甲申飛蝗自東北來蔽天經西南而去是夕大雨蝗
盡死庚寅以殿前都虞候王昭遠爲并代兵馬都部
署辛卯置常平倉秋七月己酉太師魏國公趙普薨
追封眞定王是月許汝兗單滄蔡齊貝八州蝗洛水
溢八月戊辰以秘閣成賜近臣宴壬申召終南山隱
士种放不至庚辰闍婆國遣使來貢丁丑釋嶺南東
西路罰作荷校者九月丙申遣官祈晴京城諸寺觀

甲寅幸天駟監賜從臣馬乙卯群臣上尊號曰法天
崇道明聖仁孝文武皇帝凡五表終不許冬十月辛
酉朔折御卿進白花鷹放之詔勿復獻戊寅始置京
朝幕職州縣官考課并校三班殿最戊子高麗西南
蕃皆遣使來貢十一月己亥許王元僖薨甲申慮囚
降徒流以下一等釋杖罪趙保忠貢鶻號海東青還
之己未禁兩浙諸州巫師置三司主轄校支官是月
蔡州建安大火十二月丁卯大雨雪己卯占城國王
楊陀排遣使來貢是月雄州言大火是歲潤州丹徒
縣饑死者三百戶

四年春正月庚寅朔享太室群臣詣齊宮拜表稱賀
辛卯祀天地于圜丘以宣祖太祖配大赦乙未大雨
雪高麗國遣使來貢乙巳蔵才西族首領羅妹以良
馬來獻二月己未朔日有食之壬戌召賜京城高年
帛百歲者一人加賜塗金帶是日雨雪大寒再遣中
使賜孤老貧窮人千錢米炭置昭宣使癸亥廢沿江
榷貨八務乙丑加高麗國王王治檢校太師靜海軍
節度使黎桓封交阯郡王己卯詔以江浙淮陝饑遣
使巡撫詔分遣近臣巡撫諸道有可惠民者得便宜
行事吏罷軟苛刻者上之詔令有未便者附傳以聞

丙戌置審官院考課院永康軍青城縣民王小波聚
徒為寇殺眉州彭山縣令齊元振是月商州大雨雪
三月壬子詔權停貢舉四月己卯諸司奉行公事不
得輒稱聖旨五月戊申罷鹽鐵戶部度支等使置三
司使六月戊午朔詔中丞已下皆親臨鞫獄丙寅吏
部侍郎平章事張齊賢罷為尚書左丞壬申宣徽北
院使知樞密院事張遜貶右領軍衛將軍右諫議大
夫同知院事寇準罷守本官以涪州觀察使柴禹錫
為宣徽北院使知樞密院事樞密直學士呂端參知
政事劉昌言同知樞密院事戊寅初復給事中封駁

七月丁酉大雨戊戌復沿江務置諸路茶鹽制置使
八月丙辰朔日有食之癸酉以向敏中張詠始同知
銀臺通進司視章奏案牘以稽出入九月丙申詔諸
雜除禁錮人州縣有闕得次補以責効能自新勤幹
者具聞再叙乙巳以給事中封駁隸銀臺通進司丙
午命侍從舉任才堪五千戶以上縣令者二人自七
月雨至是不止是月河水溢壞澶州江溢陷涪州詔
溺死者給斂具澶人千錢涪人鐵錢三千仍發廩以
振冬十月壬戌罷諸路提點刑獄司庚午始分天下
州縣為十道兩京為左右計各署判官領之置三司

使二員辛未右僕射平章事李昉給事中參知政事賈黃中李沆左諫議大夫知樞密院事溫仲舒並罷守本官以吏部尚書呂蒙正平章事翰林學士蘇易簡為給事中參知政事樞密都承旨趙鎔為宣徽北院使樞密直學士向敏中為右諫議大夫並同知樞密院事丁丑以右諫議大夫趙昌言為給事中參知政事辛巳遣使按行畿縣民田被水者蠲其租是月河決澶州西北流入御河閏月辛卯幸水磑觀魚己酉置三司總計度使十一月丁巳萬安州獻六眸龜癸酉還龍西州所獻白鷹十二月辛丑大雨雪戊申

西川都巡檢使張玘與王小波戰江原縣死之小波中流矢死衆推其黨李順為帥

五年春正月甲寅朔不受朝群臣詣閤拜表稱賀戊午李順陷漢州己未陷彭州乙丑慮囚流罪以下釋之己巳李順陷成都知府郭載奔梓州順入據之賊兵四出攻劫州縣遣使振宋亳陳潁州饑民別遣決諸路刑獄應因饑劫藏粟誅為首者餘減死癸酉以侍衞馬軍都指揮使李繼隆為河西行營都部署討李繼遷甲戌命昭宣使王繼恩為兩川招安使討李順詔諸州能出粟貸饑民者賜爵辛巳詔除兩京諸

州淳化三年逋負二月乙未李順分攻劍州都監西京作坊副使上官正成都監軍供奉官宿翰合擊大破之斬馘殆盡丙午幸南御莊觀稼己酉以益王元傑為淮南鎮江等軍節度使徙封吳王辛亥詔除劍南東西川峽路諸州主吏民卒淳化五年以前逋負三月乙亥趙保忠為趙保吉所襲奔還夏州指揮使趙光嗣執之以獻李繼隆師師入夏州交阯郡王黎桓遣使來貢夏四月壬午朔詔除天下主吏逋負甲申削趙保吉所賜姓名丙戌罷起居院初復起居注以國子學復為國子監辛卯慮囚大食國王遣使來

貢戊戌赦諸州除十惡故劫殺官吏犯正贓外降死罪以下囚己亥王繼恩帥師過綿州賊潰走追殺及溺死者甚衆庚子復綿州內殿崇班曹習破賊于老溪復閬州綿州巡檢使胡正遠帥兵進擊復巴州壬寅西川行營擊賊于研口砦破之復劍州癸卯大雨五月丁巳西川行營破賊十萬衆斬首三萬級復成都獲賊李順其黨張餘復攻陷嘉戎瀘渝涪忠萬開八州開州監軍秦傳序死之丙寅河西行營送趙保忠至闕下釋其罪授右千牛衛上將軍封宥罪侯己巳以知梓州張雍都巡檢使盧斌嘗堅守却賊斌進

擊解閬州圍遂平蓬州雍加給事中斌領成州刺史
以少府監雷有終為諫議大夫知成都府庚午賊攻
夔州峽路都大巡檢白繼贇夔州巡檢使解守顒大
敗其衆于西津口斬首二萬級獲舟千餘艘辛未降
成都府為益州壬申右僕射李昉以司空致仕甲戌
詔利州興元府洋州西縣民並給復一年丙子磔李
順黨八人于鳳翔市庚辰初伏帝親書綾扇賜近臣
六月辛卯詔赦李順脅從詿誤是月都城大疫分遣
醫官煑藥給病者賊攻施州指揮使黃希遜擊走之
戊戌陝路行營破賊于廣安軍又破賊張罕二萬衆

于嘉陵江口又破于合州西方溪俘斬甚衆戊申以
侍衛步軍都指揮使高瓊為鎮州都部署賊攻陵州
知州張旦擊破之高麗遣使以契丹來侵乞師秋七
月辛亥朔賊攻眉州知州李簡等堅守踰月賊引去
癸亥置江淮兩浙發運使丙寅除兩浙諸州民錢俶
日逋負甲戌置威塞軍乙亥李繼遷遣使來貢八月
甲申詔有司講求大射儀注癸巳以內班為黃門甲
午置宣政使以宦者昭宣使王繼恩為之乙未詔釋
劍南峽路諸州亡命戊戌以通遠軍復為環州置清
遠軍庚子大雨貝州言驍捷卒劫庫兵為亂推都虞

候趙咸雍為帥轉運使王嗣宗率屯兵擊敗之擒咸
雍磔于市辛丑詔遣知益州張詠赴部得便宜從事
癸卯以參知政事趙昌言為西川峽路招安馬步軍
都部署尋詔昌言駐鳳翔遣內侍押班衛紹欽往行
營指揮軍事峽路行營破賊帥張餘復雲安軍李繼
遷使其弟奉表待罪九月庚戌朔戶部尚書辛仲甫
以太子少保致仕甲寅賜三司錢百萬募能言司事
之利便者量事賞之盡則再給以備賞己未罷諸州
榷酤改黃門院為內侍省以黃門班院為內侍省內
侍班院入內黃門班院為內侍省入內侍班院辛酉

遣使分行宋亳陳潁泗壽鄧蔡等州按行民田被水
及種蒔不及者並蠲其租壬申以襄王元侃為開封
尹改封壽王大赦除十惡故謀劫鬬殺官吏犯正贓
外諸官先犯贓罪配隸禁錮者放還乙亥以左諫議
大夫寇準參知政事丁丑以蜀部漸平下詔罪己戊
寅西川行營言衛紹欽破賊于學射山別將楊瓊復
蜀州曹習等又破賊于安國鎮誅其帥馬太保冬十
月庚辰詔釋殿前司逃軍親屬之禁錮者西川行營
指揮使張嶙殺其將王文壽以叛遣使招撫其衆遂
共斬嶙首以降乙未楊瓊等復邛州乙巳改青州平

盧軍為鎮海軍杭州鎮海軍為寧海軍十一月庚戌遣使諭李繼遷賜以器幣茶藥衣服丙辰賜近臣飛白書庚申詔江南西路及荆湖南北路嶺南溪洞接連及蕃商外國使誘子女出境者捕之癸亥賊攻眉州崇儀使宿翰等擊敗之斬其僞中書令吴蘊丙寅幸國子監賜直講孫奭緋魚因幸武成王廟復幸國子監令奭講尚書賜以束帛大寒賜禁衛諸軍緡錢有差十二月戊寅朔日當食雲陰不見辛巳命樞密直學士張鑑西京作坊副使馮守規安撫西川丙戌命諸王畋近郊弛忠靖二州刑徒庚寅宿翰等引兵

趨嘉州僞知州王文操以城降乙未祕書丞張樞坐知榮州降賊棄市辛丑以三司兩京十道復歸三部各置使一員毎部置判官推官都監分句院為三至道元年正月戊申朔改元赦京畿繫囚流罪以下遞降一等杖罪釋之蠲諸州逋租蠲陝西諸州去年秋稅之半丙辰詔作上清宮成丁巳涼州吐蕃當尊以良馬來獻戊午占城國王楊陀排遣使來貢辛酉上御乾元門觀燈癸亥契丹大將韓德威誘党項勒浪嵬族自振武犯邊永安節度使折御卿邀擊敗之于子河汊勒浪等乘亂反擊德威遂殺其將突厥大

尉司徒舍利等獲吐渾首領一人德威僅以身免戊辰以翰林學士錢若水為右諫議大夫同知樞密院事樞密副使劉昌言罷為給事中以宣祖舊第作洞真宮成甲戌李繼遷遣使以良馬橐駝來貢二月甲申命宰相禱雨令川峽諸州瘞暴骸戊戌以旱慮囚減流罪以下丙午雨嘉州函賊帥張餘首送西川行營餘黨悉平蠲襄唐均汝隨鄧歸峽等州去年逋租振亳州房州光化軍饑遣使貸之三月庚申詔求直言辛酉以會州觀察使知清遠軍田紹斌為靈州兵馬都部署己巳廢邵武軍歸化縣金坑夏四月癸未

吏部尚書平章事呂蒙正罷為右僕射以參知政事呂端為戸部侍郎平章事宣徽北院使知樞密院事柴禹錫罷為鎮寧軍節度使參知政事蘇易簡為禮部侍郎以翰林學士張洎為給事中參知政事甲申以宣徽北院使同知樞密院事趙鎔知樞密院事乙酉契丹犯雄州知州何承矩擊敗之斬其鐵林大將一人辛丑遣使分決諸路刑獄刼賊止誅首惡降流罪以下一等壬寅慮囚甲辰大雨雷電開寶皇后宋氏崩六月乙酉購求圖書丙戌遣使諭李繼遷授以鄜州節度使繼遷不奉詔丁亥以銀州左都押衙張

涌為銀青光祿大夫檢校工部尚書鄭州刺史兼御
史大夫充本州團練使己亥許士庶工商服紫是月
大熱民有暍死者秋七月丙寅除陳許等九州及光
化軍今年夏稅八月壬辰詔立壽王元侃為皇太子
改名恒兼判開封府大赦文武常參官子為父後見
任官者賜勳一轉癸巳以尚書左丞李至禮部侍郎
李沆並兼太子賓客癸卯禁西北緣邊諸州民與內
屬戎人昏娶九月丙午西南蕃牂牁諸蠻來貢詔封
西南蕃主龍漢璓為歸化王丁卯御朝元殿冊皇太
子庚午清遠軍言李繼遷入寇率兵擊走之冬十月

甲戌朔皇太子讓宮僚稱臣許之乙丑陝西轉運使
鄭文寶坐撓邊責授藍山縣令十一月己未閱武便
殿是月以峯州團練使上官正右諫議大夫雷有終
並為西川招安使召王繼恩歸闕十二月甲戌群臣
奉表加上尊號曰法天崇道上聖至仁皇帝凡五上
不許契丹犯邊折御卿率兵禦之卒于師斬馬步軍
都軍頭孫贇于軍中庚辰新渾儀成
二年春正月辛亥祀天地于圜丘大赦中外文武加
恩丁卯廢諸州司理判官二月壬申朔司空致仕李
昉薨戊寅以越王元份為杭州大都督兼領越州吳

王元傑為楊州大都督兼領壽州己卯以徐國公元
偓為洪州都督鎮南軍節度使涇國公元偁為鄂州
都督武清軍節度使庚辰以御史中丞李昌齡為給
事中參知政事辛巳以呂蒙正為左僕射宋琪為右
僕射乙未定任子官制三月丙寅以京師旱遣中使
禱雨戊辰命宰臣祀郊廟社稷禱雨夏四月甲戌命
侍衛馬軍都指揮使李繼隆為環慶等州都部署殿
前都虞候范廷召副之討李繼遷癸未雨五月癸卯
李繼遷寇靈州六月戊戌黔州言蠻寇鹽井巡檢使
王惟節戰死是月亳州蝗秋七月己亥朔命殿前都

指揮使王超為夏綏麟府州都部署庚子詔作壽寧
觀成丙寅給事中參知政事寇準罷守本官戊辰蠲
峽路諸州民去年逋租是月汴水決穀熟縣許宿齊
三州蝗抱草死閏月庚寅詔江浙福建民負人錢沒
入男女者還其家敢匿者有罪八月辛丑容州言蝗
不為災九月戊寅右僕射宋琪罷詔川峽諸州民家
先藏兵器者限百日悉送官匿不以聞者斬己卯夏
州延州行營言破李繼遷於烏白池獲未幕軍主吃
囉指揮使等二十七人繼遷遁甲申會州觀察使環
慶副都部署田紹斌貶右監門衛率府副率虢州安

置丙戌秦晉諸州地晝夜十二震丙申詔廢衢州治
冬十月己未詔以池州新鑄錢監爲永豐監十一月
丁卯朔增司天新曆爲一百二十甲子戊寅置簽署
提點樞密宣徽院諸房公事辛卯許州群盜刼郾城
縣居民巡檢李昌習鬭死都巡檢使王正襲擊之獲
賊首宋斌及餘黨皆斬于市甲午禁淮南通行鹽稅
十二月命宰相以下百官詣諸寺觀禱雪甲寅雨雪
大有年是歲處州稻再熟
三年春正月丙子以戶部侍郎溫仲舒禮部侍郎王
化基並參知政事給事中李惟清同知樞密院事參
知政事張洎罷爲刑部侍郎乙酉孝章皇后陪葬永
昌陵辛卯以侍衛馬步軍都虞候傅潛爲延州路都
部署殿前都虞候王昭遠爲靈州路都部署二月丙
申朔靈州行營破李繼遷辛丑帝不豫甲辰降京畿
死罪囚流以下釋之壬戌大食賓同隴國並來貢三
月丁卯占城國來貢壬辰不視朝癸巳追班于萬歲
殿宣詔令皇太子柩前即位是日崩年五十九在位
二十二年殯于殿之西階群臣上尊謚曰神功聖德
文武皇帝廟號太宗十月己酉葬永熙陵
贊曰帝沈謀英斷慨然有削平天下之志既即大位

陳洪進錢俶相繼納土未幾取太原伐契丹繼有交
州西夏之役干戈不息天災方行俘馘日至而民不
知兵水旱螟蝗殆徧天下而民不思亂其故何也帝
以慈儉爲寶服澣濯之衣毀奇巧之器却女樂之獻
悟畋遊之非絕遠物抑符瑞閔農事考治功講學以
求多聞不罪狂悖以勸諫士哀矜惻怛勤以自厲日
旰忘食至於欲自焚以荅天譴欲盡除天下之賦以
紓民力卒有五兵不試禾稼荐登之效是以青齊耆
耋之叟願率子弟治道請登禪者接踵而至君子曰
得乎丘民而爲天子帝之謂乎故帝之功德炳煥史
牒號稱賢君若夫太祖之崩不踰年而改元涪陵縣
公之貶死武功王之自殺宋后之不成喪則後世不
能無議焉

本紀卷第五

本紀卷第六　宋史六

開府儀同三司上柱國錄軍國重事前中書右丞相監修國史領經筵事都總裁脫脫等奉敕修

真宗一

真宗應符稽古神功讓德文明武定章聖元孝皇帝諱恒太宗第三子也母曰元德皇后李氏初乾德五年五星從鎮星聚奎明年正月后夢以裾承日有娠十二月二日生于開封府第赤光照室左足指有文成天字幼英睿姿表特異與諸王嬉戲好作戰陣之狀自稱元帥太祖愛之育於宮中嘗登萬歲殿升御榻坐太祖大奇之撫而問曰天子好作否對曰由天命耳比就學受經一覽成誦初名德昌太平興國八年授檢校太保同中書門下平章事封韓王改名元休端拱元年封襄王改元侃淳化五年九月進封壽王加檢校太傅開封尹至道元年八月立為皇太子改今諱仍判府事故事殿廬幄次在宰相上宮僚稱臣皆推讓弗受見賓客李至李沆必先拜迎送降階及門開封政務填委帝留心獄訟裁決輕重靡不稱愜故京獄屢空太宗屢詔嘉美三年三月太宗崩奉遺制即皇帝位於柩前夏四月乙未尊皇后為皇太后赦天下常赦所不原者咸除之丙申群臣請聽政表三上從之戊戌始見群臣于崇政殿西序尋賜器幣癸卯門下侍郎兼兵部尚書平章事呂端加右僕射弟越王元份進封雍王吳王元傑進封兗王並兼中書令徐國公元偓進封彭城郡王涇國公元偁進封安定郡王並同平章事元儼封曹國公姪閬州觀察使惟吉為武信軍節度使侍衛馬步軍都虞候傅潛殿前都指揮使王超侍衛馬軍都指揮使李繼隆侍衛步軍都指揮使高瓊並領諸軍節度駙馬都尉王承衍石保吉魏咸信並為諸軍節度使甲辰宣徽北院使知樞密院事趙鎔加南院使左丞李至禮部侍郎李沆並參知政事丁未中外群臣進秩一等罷鹽鐵度支戶部副使癸丑置鎮戎軍乙卯靜海軍節度使交趾郡王黎桓加兼侍中進封南平王五月丁卯詔求直言庚午命兩制議豐盈之術以聞甲戌戶部侍郎參知政事李昌齡責授忠武行軍司馬甲申放宮人給事歲久者丙戌以鎮安軍節度使李繼隆同平章事封姊秦國晉國二公主並為長公主齊國公主改許國長公主妹宣慈賢懿壽昌萬壽四公主並為長公主丁亥立秦國夫人郭氏為皇后六月乙

未以太宗墨蹟賜天下名山戊戌追復涪王廷美西
京留守兼中書令秦王贈兄魏王德昭太傅岐王德
芳太保己亥上大行皇帝謚曰神功聖德文武皇帝
廟號太宗辛丑詔罷獻祥瑞甲辰復封兄元佐為楚
王乙巳追冊莒國夫人潘氏為皇后謚莊懷以工部
侍郎同知樞密院事錢若水為集賢院學士贈弟元
億為代國公秋七月乙丑詔轉運使更迭赴闕訪以
民事癸酉詔訪孔子嫡孫乙亥以殿前都虞候范廷
召領河西軍節度使葛霸保順軍節度使王漢忠威
塞軍節度使康保裔彰國軍節度使王昭遠保靜軍

節度使甲申以范廷召葛霸為定州鎮州駐泊都部
署王漢忠為高陽關行營都部署康保裔為并代州
都部署八月丙申罷鹽井役己亥以鎮海軍節度使
曹彬為樞密使知樞密院事趙鎔為壽州觀察使同
知樞密院事李惟清為御史中丞戶部侍郎向敏中
給事中夏侯嶠並為樞密副使庚子命以十二月二
日為承天節戊申太白犯太微己酉封乳母齊國夫
人劉氏為秦國延壽保聖夫人先是帝以漢唐封乳
母為夫人縣君故事付中書已乃有是命戊午熒惑
入東井庚申四川廣武卒劉旰逐巡檢使韓景祐掠

蜀漢等州招安使上官正鈐轄馬知節討平之九月
丁丑二星隕西南戊寅以孔子四十五世孫延世為
曲阜縣令襲封文宣公冬十月夏人寇靈州合河都
部署楊瓊擊走之己酉葬太宗于永熙陵丁巳賜山
陵使而下銀帛有差歲星入氐十一月甲子祔太宗
神主于太廟以懿德皇后配祔莊懷皇后於別廟丙
寅詔兩京死罪以下遞減一等緣山陵役民賜租有
差己巳詔工部侍郎錢若水修太宗實錄己卯賜帛
西鄙餫餉士卒閱騎射擢精銳者十人遷職乙酉廢
理檢院十二月癸巳承天節群臣上壽於崇德殿丙

申追尊母賢妃李氏為皇太后辛丑詔諸路轉運使
申飭令長勸農甲辰以銀州觀察使趙保吉為定難
軍節度使

咸平元年春正月辛酉詔改元丙寅上皇太后李氏
謚曰元德丁丑召學官崔頤正講書因命宰臣選明
經術者以聞戊寅閱御龍直辛巳僧你尾尼等自西
天來朝稱七年始達甲申彗出營室北二月癸巳呂
端等言彗出之應當在齊魯分帝曰朕以天下為憂
豈直一方耶甲午詔求直言避殿減膳乙未慮囚老
幼疾病流以下聽贖杖以下釋之丁酉彗滅三月己

已置太平州壬申賜進士孫僅等宴瓊林辛巳以趙
保吉歸順遣使諭陝西緣邊流民還鄉家給米一
斛夏四月旱壬辰禱白鹿山壬寅趙保吉遣弟繼瑗
入謝己酉遣使按天下吏民逋負悉除之五月戊午
朔日有食之甲子幸大相國寺祈雨升殿而雨六月
辛卯詔近臣舉常參官才堪轉運使者丙辰以旱免
開封二十五州軍田租秋七月甲子詔民供億山陵
者賜租什二己巳詔沿淮諸州藏瘞遺骸八月癸卯
禁新小錢己酉幸諸王宮九月己巳詔呂端錢若水
重脩太祖實錄壬申賜終南隱士种放粟帛緡錢己

卯以左衛上將軍張永德為太子太師冬十月丙戌
朔日有食之戊子呂端為太子太保戶部尚書張齊
賢參知政事李沆並平章事李至為武勝軍節度使
己丑參知政事溫仲舒罷為禮部尚書樞密副使夏
侯嶠罷為戶部侍郎翰林侍讀學士以樞密副使向
敏中為兵部侍郎參知政事翰林學士楊礪宋湜並
為樞密副使丙午許群臣著述詣閣獻令兩制銓簡
十一月丙辰龍鉢貢馬二千騎甲子詔葺歷代帝王
陵廟十二月庚寅幸許國長公主第視疾癸卯令三
司判官舉才堪知州者各一人是歲溪峒吐蕃諸族

勒浪十六府大首領甘州回鶻西南蕃黎州山後蠻
來貢定州雹傷稼遣使振恤除是年租
二年春正月甲子詔尚書丞郎給舍舉升朝官可守
大郡者各一人丙子定諸司使以下至三班使臣有
罪比品聽贖二月丙申以趙普配饗太祖廟庭詔群
臣迎養父母蠲天下逋負釋繫囚己酉戒百官比周
奔競有弗率者御史臺糾之三月丙辰江浙發廩振
饑戊辰置荊湖南路轉運使壬申王漢忠為涇原邠
寧靈環都部署閏月丁亥以久不雨帝諭宰相曰凡
政有闕失宜相規以道毋惜直言詔天下繫囚非十

惡枉法及已殺人者死以下減一等幸許國長公主
第視疾又幸北宅視德恭疾詔兩京諸路收瘞暴骸
營塞破塚戊子幸太一宮天清寺祈雨己丑上皇太
后宮名曰萬安庚寅罷有司營繕之不急者詔中外
臣直言極諫從弟德恭卒壬辰雨辛丑江南轉運使
言宣歙竹生米民採食之丙午詔江浙饑民入城池
漁採勿禁夏四月丙寅許國長公主薨五月丁亥嚴
服用之制乙巳幸曹彬第視疾六月丁巳宰臣進重
脩太祖實錄戊午曹彬薨庚辰大食國遣使來貢七
月甲申以傅潛為鎮定高陽關行營都部署張昭允

為鈐轄給外任官職田己丑以橫海軍節度使王顯為樞密使壬寅製聖教序賜傳法院甲辰幸國子監召學官崔偓佺講尚書大禹謨還幸崇文院賜秘書監祭酒以下器幣丙午置翰林侍讀學士以兵部侍郎楊徽之等為之置翰林侍講學士以國子祭酒邢昺為之八月辛亥御文德殿文武百官入閤乙卯群臣上尊號曰崇文廣武聖明仁孝皇帝丁巳大宴崇德殿始作樂戊午社宴近臣于中書丙寅大閱於東北郊癸酉楊礪卒乙亥以太師贈濟陽郡王曹彬配饗太祖廟庭司空贈太尉中書令薛居正忠武軍節

度使贈中書令潘美右僕射贈侍中石熙載配饗太宗廟庭九月庚辰朔日有食之戊子召宗室宴射苑甲午奉安太宗聖容於啓聖院新殿帝拜而慟左右皆掩泣賜脩殿內侍緡錢癸卯幸騏驥院賜從官馬還宴射後苑鎮定都部署言敗契丹兵於廉良路殺獲甚衆冬十月壬子宜州執溪峒蠻酋三十餘人詣闕詔釋其罪遣還癸丑放澧州蠻界歸業民租戊午置福建路惠民倉十一月壬午詔親王領大都府節鎮者勿兼長史乙酉饗太廟丙戌祀天地于圜丘以太祖太宗配大赦天下録功臣子孫之無禄者御朝元殿受尊號冊丁亥賜群臣帶服鞍馬器幣有差庚寅大宴含光殿壬辰張齊賢加門下侍郎李沆加中書侍郎中外臣悉加恩甲午以左神武軍大將軍德恭為左衛大將軍左衛大將軍德彝為左神武軍大將軍乙未詔幸河北所次頓舍給用毋泛及州縣以周瑩為駕前軍都部署石保吉為行營先鋒都部署己亥狩近郊辛丑賜京城父老衣帛戊申以魏咸信為貝冀行營都部署己酉以李沆為京東留守十二月辛亥賜近臣戎服廐馬甲寅駕發京師次陳橋王昭遠卒戊午駐蹕澶州冀州言敗契丹兵於城南殺

千餘人奪馬百餘匹辛酉宴從臣于行宮以王超等督先鋒仍示以陣圖俾識部分壬戌賜近臣甲胄弓劒幸浮橋登臨河亭賜澶州父老錦袍茶帛甲子次大名躬御鎧甲於中軍契丹攻威虜軍本軍擊敗之殺其酋帥府州言官軍入契丹五合州拔黃太尉砦殲其衆焚其車帳獲馬牛萬計丁卯召見大名府父老勞賜之是歲沙州蕃族首領邛部川蠻西南蕃占城大食國來貢江浙廣南荊湖旱嵐州春霜害稼分使發粟振之

三年春正月己卯朔駐蹕大名府詔并代都部署高

瓊等分屯冀州邢州辛巳臨視樞密副使宋湜疾癸
未以葛霸為貝冀高陽關前軍行營都部署萊州防
禦使田紹斌凡十人以功進秩契丹犯河間高陽關
都部署康保裔死之乙酉流忠武軍節度使傅潛于
房州都鈐轄張昭允于通州並削奪官爵丁亥幸紫
極宮還登子城閱騎射高陽關貝冀路都部署范廷
召等追契丹至莫州斬首萬餘級庚寅赦河北及淄
齊州罪人非持杖劫盜謀故殺枉法贓十惡至死者
並釋之錄將吏死事者子孫民被焚掠者復其租罷
緣邊二十三州軍榷酤令諸州舉吏民有武藝及材

力過人者壬辰宋湜卒甲午發大名府益州軍變害
鈐轄符昭壽逐知州牛冕等推都虞候王均為首作
亂詔戶部使雷有終為廬州觀察使帥師會李惠等
討之均閉城門固守庚子至自大名府戊申幸呂端
第視疾二月庚申宴含光殿辛酉詔近臣并知雜御
史尚書省五品及帶館閣三司職者各舉升朝官有
武幹堪邊任一人癸亥以周瑩為宣徽南院使王繼
英為北院使並知樞密院事王旦為給事中同知樞
密院事乙丑以王顯為定州路行營都部署王超為
鎮州路行營都部署丁卯益州王均開城偽遁雷有

終等入城為所敗退保漢州李惠死之戊辰京畿旱
慮囚癸酉大雨甲戌置靜樂軍丙子賞花苑中召從
臣宴射三月戊寅朔日有食之甲午御崇政殿試禮
部貢舉人夏四月戊申朔賜進士陳堯咨等袍笏庚
戌呂端薨甲寅閱河北防城舉人康克勤等騎射乙
卯葬元德皇太后丁巳以葛霸為邠寧環慶都部署
壬申前知益州牛冕西川轉運使張適並削籍冕流
儋州適為連州參軍五月丁卯詔天下死罪減一等
流以下釋之十惡至死謀故劫殺坐贓枉法者論如
律幸玉津園觀刈麥己丑幸金明池觀水嬉遂幸瓊

林苑宴射壬寅御試河北舉人河決鄆州詔徙州城
六月己未太白晝見丁卯以向敏中為河北河東宣
撫使按巡郡國存慰士民秋七月己亥以翰林侍讀
學士夏侯嶠侍講邢昺為江浙巡撫使八月辛亥京
東水災遣使安撫庚辰賜契丹降人蕭肯頭名懷忠
為右領軍衛將軍嚴州刺史招鶻名從化為右監門
衛將軍重哥名從順為千牛衛將軍九月壬辰幸大
相國寺遂宴射玉津園壬寅衛國公張永德薨冬十
月甲辰雷有終大敗賊黨復益州殺三千餘人壬子
綿漢都巡檢澄州刺史張思鈞削籍流封州乙卯幸

元份宮視疾令諸州兼群牧已未濱州防禦使王榮
削籍流均州己丑雷有終追斬王均于富順監禽其
黨六千餘人詔原川峽路繫囚雜犯死罪以下雷有
終等以功進秩有差丙寅以翰林學士王欽若知制
誥梁顥分為川峽安撫使延州言破大盧小盧等十
族獲人畜二十萬十一月甲戌環慶副部署徐興削
籍配郢州乙亥靈州副部署孫進責授復州團練副
使鄆州決河塞戊寅均畿內田稅壬午詔群臣盡言
無諱常參官轉對如故事未預次對者聽封事以聞
辛卯日南至御朝元殿受朝丙申張齊賢罷為兵部

尚書十二月戊申狩近郊以親獲禽獻太廟甲寅大
宴含光殿乙卯幸元份宮視疾丁巳閱武藝遂宴射
苑中庚申罷京畿均田稅育吾藩部貢犛牛甲子契
丹稅木監使黃顥等率屬內附賜冠帶丙寅開封府
奏獄空詔嘉之丁卯詔河東北緣邊吏民斬邊寇首
一級支錢五千禽者倍之獲馬者給帛二十匹是歲
高麗大食國高州蠻來貢畿內江南荊湖旱果閬州
水並振之
四年春正月甲戌朔詔天下繫囚死罪已下減一等
杖罪釋之辛巳幸范廷召第視疾甲申命樞密直學

士馮拯陳堯叟詳中外封事詔應益州軍民因城亂
殺傷刼盜除官吏外皆釋不問乙酉命收瘞西川遺
骸丁亥幸開寶寺還御乾天門觀燈庚子謁啓聖院
太宗神御殿二月丁未祈雨戊申交州黎桓貢馴犀
象癸丑決天下獄丁巳幸大相國寺上清宮祈雨戊
午雨帝方臨軒決事霑服不御蓋壬戌詔群臣子弟
奏補京官者試一經甲子釋逋負官物者二千六百
餘人蠲逋負物二百六十餘萬已納而非理者以內
府錢還之沒者給其家丙寅詔學士兩省御史臺五
品尚書省諸司四品以上舉賢良方正直言敢諫一

人己巳置永利監三月甲戌撫水州蠻酋蒙瑛等來
納兵器毒藥箭誓不復犯邊乙亥詔史館韓瑗等舉
御史臺推勘官丁丑風雪帝謂宰相曰霾曀頗甚卿
等思闕政以佐予治李沆等乞免官不許辛巳分川
峽轉運使為益利梓夔四路召終南隱士种放辭疾
不至庚寅左僕射呂蒙正兵部侍郎向敏中並平章
事中書侍郎平章事李沆加門下侍郎高瓊為殿前
都指揮使葛霸為侍衛馬軍都指揮使王漢忠為殿
前副都指揮使並領節度司天監進儀天曆辛卯以
參知政事王化基為工部尚書同知樞密院事王旦

為工部侍郎參知政事樞密直學士馮拯陳堯叟並
為右諫議大夫同知樞密院事夏四月丙午葛覇為
并代行營都部署壬子詔親老無兼侍者特與近任
回鶻可汗禄勝貢玉勒鞍名馬寶器願以兵助討繼
遷丙辰審官院引對京朝官閱殿最而黜陟之己未
以王欽若為左諫議大夫參知政事庚申幸元份宮
視疾遂幸諸王宮辛未御試制科舉人五月壬申朔
御乾元殿受朝京畿繫囚罪流以下遞減一等杖罪
釋之癸酉以元儼為平海軍節度使甲申工部侍郎
致仕朱昂對便殿賜器幣戊子亳州貢白兔還之乙

未大同軍留後桑贊為侍衛步軍副都指揮使領河
西軍節度六月癸卯有司言減天下冗吏凡十九萬
五千餘人丁巳詔東川民田先為江水所害者除其
租丁卯詔州縣學校及聚徒講誦之所並賜九經戊
申出陣圖示宰相命督將練士以備北邊秋七月庚
午以河朔餽運勞民詔轉運使減徭役存恤己卯邊
臣言契丹謀入寇以王顯為鎮定高陽關三路都部
署王超為副都部署王漢忠為都排陣使八月辛丑
張齊賢為涇原等路安撫經略使戊申出環慶至靈
州地圖險要示宰相議戰守方略己酉御試制科舉

人壬子幸開寶寺又幸御龍營閱武藝賜緡錢有差
遂觀稼北郊宴射於含芳園丁卯遣使巴蜀廉察風
俗官吏能否戊辰社宴宰相於中書九月慶州地震
李繼遷陷清遠軍冬十月曹璨以蕃兵邀李繼遷輜
重於唐龍鎮己未張斌破契丹於長城口十一月壬
申知階州竇玭獻白鷹還之王顯奏破契丹戮二萬
人獲統軍鐵林等癸未京城民獲金牌有趙為君萬
年字庚寅畋近郊甲午龜茲國來貢十二月丁未詔
蜀賊王均既平除追捕亡命餘詿誤之民並釋不問
訛言動衆者有司斬以聞丙寅太白晝見南斗丁卯

詔罷三路都部署兼河北轉運使閏月己巳幸大相
國寺丁丑邠寧副都部署楊瓊等七將流嶺南戊寅
李繼遷蕃族訛遇等歸順己卯以兵部尚書張齊賢
為右僕射壬午靈州言河外砦主李瓊等以城降西
夏上念其力屈就禽特釋其親屬乙酉李繼遷部族
訛豬等率屬來附庚寅河北饑蠲賦減役發廩振之
是歲龜茲丹眉流宜高上溪撫水州蠻來貢梓州水
遣使振恤
五年春正月壬寅李繼遷部將卧浪己等內附給田
宅壬戌環慶部署張凝襲諸蕃焚族帳二百餘斬首

五千級降九百餘人二月乙酉詔邊士疾病戰没者
冬春衣聽給其家己丑幸上清宫以王漢忠為邠寧
環慶路都部署三月丁酉李繼遷陷靈州知州裴濟
死之庚戌比部員外郎洪湛削籍流儋州工部尚書
趙昌言責授安遠軍司馬知雜御史范正辭滁州團
練副使己未御試禮部舉人夏四月壬申詔陜西民
輓送緣邊芻糧者賜租之半壬午命三司歲較戶口
丙戌賜深覇九州民租有差癸巳復雄州榷場五月
庚子減河北冗官壬寅知滎州褚德臻坐盜取官銀
棄市癸卯置憲州代州進士李光輔善擊劍詣闕帝

曰若獎用之民悉好劍矣遣還甲辰詔申明內侍養
一子制乙巳蠲天下逋負丙午以王顯為河陽三城
節度使六月癸酉繼遷圍麟州曹璨請濟師詔發并
代石隰州兵援之乙亥以侍衛馬軍都虞候王超為
定州路駐泊行營都部署己卯以宣徽南院使知樞
密院事周瑩為永清軍節度使己酉詔益兵八千分
屯環慶涇原知麟州衛居實言繼遷以衆二萬來攻
城兵出擊走之殺傷過半是月都城大雨壞廬舍民
有壓死者振恤其家秋七月甲午朔日有食之戊戌
幸啓聖院太平興國寺上清宫致禱雨霽遂幸龍衛

營視所壞垣室勞賜有差乙巳召終南隱士种放疏
丁岡河癸丑詔許高州蠻田彥伊子承寶等入朝賜
器帛冠帶乙卯募河北丁壯壬戌契丹大林砦使王
昭敏等來降戎人寇洪德砦守將擊走之癸亥增川
峽官奉錢八月群臣三表上尊號不允丙子沙州曹
宗壽遣使入貢以宗壽為歸義軍節度使乙酉石隰
部署言河西蕃族拽浪南山等四百人來歸九月戊
申种放對于便殿授左司諫直昭文館乙卯賜种放
第宅冬十月己巳遣使賚藥賜鎮戎軍將士戊寅詔
河西戎人歸順者給內地閒田處之又詔諸州長吏

與佐職官同錄問大辟罪人辛巳涇原部署繫內屬
蕃族數叛者九十一人請誅之詔釋其罪丁亥平章
事向敏中罷為戶部侍郎右僕射張齊賢為太常卿
庚寅脩豐州城十一月壬辰詔麟州給復一年甲午
六谷首領潘羅支等貢馬第給其直辛丑享太廟壬
寅祀天地于圜丘大赦丁未白州民黃受百餘歲賜
粟帛己酉封子玄祐為信國公庚戌呂蒙正加司空
李沆加右僕射楚王元佐為右羽林軍上將軍雍王
元份守太傅兗王元傑守太保曹國公元儼同平章
事十二月壬午賜京城百歲老人祝道岩爵一級癸

未遷麟州內屬人於樓煩是歲河北鄭曹滑州饑振之

本紀卷第六

本紀卷第七　　宋史七

開府儀同三司上柱國錄軍國重事前中書右丞相監修國史領經筵事都總裁脫脫等奉敕修

真宗二

六年春二月戊寅幸飛山雄武營觀發機石連弩遂宴射潛龍園己卯以京東西淮南水災遣使振恤貧民平決獄訟幸北宅視德潤疾庚辰以西涼府六谷首領潘羅支為朔方軍節度靈州西面都巡檢使甲申封賢懿長公主為鄭國長公主蕃部葉市族囉埋等內附己丑德潤卒庚寅屯田員外郎盛梁坐受賕

枉法流崖州三月辛卯朔欽州言交州八州使黃慶集等來歸石隰都巡檢使言綏州東山蕃部軍使拽臼等內屬己酉餞种放還山乙卯幸惟吉第視疾戊午幸元份宮視疾四月李繼遷寇洪德砦蕃官慶香乩都慶等擊走之以慶香等領刺史契丹來侵戰望都縣副都部署王繼忠陷於敵發河東廣銳兵赴援辛巳信國公玄祐薨五月甲午太白晝見辛亥錄望都戰沒將士子孫癸丑鎮州副都部署李福坐望都之戰臨陣退衂削籍流封州京城疫分遣內臣賜藥六月丁卯詔命官流竄歿嶺南者給緡錢歸葬豐州

兀寧沒剩如羅昧克等族以兵濟河擊李繼遷敗之丁丑隴山西首領禿逋等貢馬願附大兵擊賊丁亥寇準爲三司使復鹽鐵度支戶部副使秋七月癸丑兖王元傑薨八月庚午太白晝見辛未京渭等州言西蕃八部二十五族納質來歸丙子詔環慶秋田經寇蹂傷者頃賜粟十五斛民被掠者口賜米一斛蠲棣州民租十之三九月己丑蒲端國獻紅鸚鵡丙申出內府繒帛市糴實邊甲辰以呂蒙正爲太子太師萊國公十月丁丑狐出皇城角樓獲之戊寅給軍中傳信牌十一月癸巳慮囚雜犯死罪以下遞減一等

杖釋之苦寒令諸路休役兵己亥閱捧日軍士教三陣于崇政殿壬寅幸大相國寺庚戌雨木冰甲寅有星孛于井鬼十二月庚申遣使西北勞賜將士甲子詔求直言西面部署言李繼遷攻西涼知府丁維清沒焉庚午以李繼隆爲山南東道節度使甲戌萬安太后不豫詔求良醫戊寅赦天下死罪減一等流以下釋之是歲西涼府蟹龍野馬族三佛齊大食國來貢河北興元府遂郢州大熟

景德元年春正月丙戌朔大赦改元丁亥麟府路言契丹言遥族拔黃三百餘帳內屬癸巳幸天駟監賜從官馬丙申京師地震辛丑詔民間天象器物讖候禁書並納所司焚之匿不言者死石隰州言河西蕃部四十五族首領率屬內附京師地再震乙巳廢高州丁未京師地復震壬子開定州河通漕二月環慶部署言西涼府潘羅支集六谷蕃部合擊李繼遷敗之繼遷中流矢死羅支使來獻捷戊寅太常卿張齊賢爲兵部尚書冀益黎雅州地震三月威虜軍守將破契丹於長城口追北過陽山斬獲甚衆郴谷川蕃部入寇麟府擊敗之擒千餘人己亥皇太后崩辛丑羣臣三上表請聽政不允乙巳李沆等詣宮門見帝

毀瘠過甚退上五表求見言西北軍事方殷力請聽政從之麟府路言敗西人於神堆破其砦柵己酉帝始於崇政殿西廡衰服慟哭見羣臣夏四月甲寅上大行皇太后謚曰明德羣臣三請御正殿從之丙辰邢州地震不止以溪蠻寧息民多復業蠲澧州石門縣租二年丁卯以隆暑休北邊役兵瀛州地震五月甲申邢州地連震不止賜民租之半蒲端國遣使來貢丁巳詔諸路轉運使代還日在任興除利害升黜能否凡所經畫事悉條上以聞六月己未幸北宅視德欽疾洪德砦言繼遷部將都尾等率屬歸附甲子

詔罷川陝閩廣州軍貢承天節自今三千里外者罷之鎮戎軍言敗戎人於石門川庚午德欽卒洪德砦言蕃部羅泥天王本族諸首領各率屬歸附趙保忠卒壬午暑甚罷京城工役遣使賜暍者藥秋七月癸未班用兵誅賞格丙戌李沆薨庚寅以翰林學士畢士安爲吏部侍郎參知政事庚子益都民李仁美國凝毋皆百餘歲詔賜粟帛八月涇原部署言擊萬子軍主族帳斬首二百餘級己未以畢士安寇準並平章事宣徽南院使王繼英爲樞密使同知樞密院事馮拯陳堯叟並僉署樞密院事壬申詔常參官二人

共舉州縣官可任幕職者一人丙子以保平軍節度石保吉爲武寧軍節度同平章事庚辰遣使廣南東西路疏決繫囚犒勞軍校父老訪民間便宜九月癸未罷北面齎御劍內臣以劍屬主將丙戌令諸路轉運使考察官吏能否己丑詔翰林學士承旨宋白等舉文武官可任藩郡者各一人丁酉召宰相議親征契丹耶律奚欲來降宋州汴水決乙巳置祈州河決澶州遣使具舟濟民給以糧餉閏月乙卯詔河北吏民殺契丹者所至授之仍頒賞格壬申江南旱遣使決獄訪民疾苦祠境內山川癸酉明德皇太后殯沙

臺北平砦威虜軍合兵大破契丹乙亥參知政事王欽若判天雄軍府兼都部署契丹統軍撻覽率衆攻威虜順安軍三路都部署擊敗之斬偏將獲其輜重又攻北平砦及保州復爲州砦兵所敗撻覽與契丹主及其母并衆攻定州宋兵拒於唐河擊其游騎契丹駐陽城淀因王繼忠致書于漠州石普以講和丙子以天雄軍都部署周瑩爲駕前貝冀路都部署侍衛馬軍都指揮使葛霸爲駕前邢洺路都部署己卯高繼祖率兵擊敗契丹數萬騎於岢嵐軍冬十月壬午詔修葺歷代聖賢陵墓癸未麟府路率部兵入朔

州破大狼水砦乙酉令漕運所經州軍長吏兼輦運事戊子祔明德皇后于太廟庚寅命張齊賢兼青淄濰安撫使丁謂兼鄆齊濮安撫使癸巳幸故鄭國長公主第乙未詔王超等率兵赴行在丁酉詔魏能張凝田敏屯定州癸卯以廝鐸督爲朔方軍節度靈州西面巡檢西涼府六谷大首領保莫州威虜岢嵐軍及北平砦皆擊敗契丹既而王繼忠上言契丹請和命閤門祗候曹利用往答之丁未以雍王元份爲東京留守己酉置龍圖閣待制十一月辛亥太白晝見乙卯遣使撫河北契丹攻瀛州知州李延渥率兵敗

之殺傷十餘萬衆道去官吏進秩賜物有差己未遣
使安撫河東諸州契丹過冀州知州王嶼擊走之甲
子校獵近郊丙寅遣使安集河北流民戊辰以山南
東道節度同平章事李建隆爲駕前東面排陣使武
寧軍節度同平章事石保吉爲駕前西面排陣使石
州地震庚午車駕北巡司天言日抱珥黃氣充塞宜
不戰而郤癸酉駐驊韋城縣甲戌寒甚左右進貂帽
毳裘郤之曰臣下皆苦寒朕安用此王繼忠數馳奏
請和帝謂宰相曰繼忠言契丹請和雖許之然河冰
已合且其情多詐不可不爲之備契丹兵至澶州北

直犯前軍西陣其大帥撻覽耀兵出陣俄中伏弩死
丙子帝次澶州渡河幸北砦御城北樓召諸將撫慰
鄆州得契丹諜者斬之戊寅曹利用使契丹還十二
月庚辰朔日有食之契丹使韓杞來講和辛巳遣使
安撫河北京東壬午幸城南臨河亭賜鑿凌軍緡錢
癸未幸北砦又幸李繼隆營命從官將校飲犒賜諸
軍有差詔諭兩京以將班師甲申契丹使姚東之來
獻御衣食物乙酉御行營南樓觀河遂宴從官及契
丹使丙戌遣使撫諭懷孟澤潞鄭滑等州放強壯歸
農遣監西京左藏庫李繼昌使契丹定和戒諸將勿

出兵邀其歸路丁亥遣使安集河北流民瘞暴骸以
閤門祗候曹利用爲東上閤門使忠州刺史戊子幸
北砦勞軍召李繼隆石保吉宴射行宮西亭壬辰赦
河北諸州死罪以下民經蹂踐者給復二年死事官
吏追錄子孫癸巳雍王元份疾命參知政事王旦權
東京留守甲午車駕發澶州大寒賜道傍貧民襦袴
乙未契丹使丁振以誓書來丁酉契丹兵出塞戊戌
至自澶州己亥幸雍王元份宮視疾辛丑錄契丹誓
書頒河北河東諸州癸卯遣使撫問河北東西路官
吏將卒訪察功狀甲辰改威虜諸軍名戊申詔恤河

北傷殘是歲交州西涼府西高豐甘沙州占城大食
蒲端龜茲國來貢江南東西路饑陝濱棣州蝗害稼
命使振之

二年春正月庚戌朔以契丹講和大赦天下非故鬭
殺放火強盜僞造符印犯贓官典十惡至死者悉除
之壬子放河北諸州強壯歸農令有司市耕牛給之
癸丑罷諸路行營合鎮定兩路都部署爲一乙卯罷
北面部署鈐轄都監使臣二百九十餘員振河北饑
遣監察御史朱搏赴德清軍收瘞戰沒遺骸致祭罷
江淮荆浙塲権酤錢丙辰幸雍王元份宮視疾甲子

詔淮南以上供軍儲振饑民戊辰以天平軍節度使
王超爲崇信軍節度省河北戍兵十之五緣邊三之
一所在量軍儲饋給勿調民飛輓癸酉幸李繼隆第
視疾京西民轉送軍儲者賜租十二丁丑詔河北轉
運使察官屬不任職者以名聞戊寅取淮楚間踏犂
式頒之河朔二月嘉邛州鑄大鐵錢置霸州安肅軍
榷場癸未李繼隆卒甲申定入粟實邊授官等級乙
酉遣使安撫交州甲午詔緣邊得契丹馬牛悉縱還
之洨蕃漢口歸業者給資糧弛邊民鐵禁環州言戎
人入寇擊走之俘其軍主癸卯遣太子中允孫僅等

使契丹丁未呂蒙正對便殿三月甲寅御試禮部貢
舉人戊午鄭州防禦使魏能坐歸師不整責授右羽
林將軍庚申禁邊民入外境掠奪夏四月賜進士李
迪等瓊林宴丁酉樞密直學士劉師道責授忠武軍
行軍司馬右正言知制誥陳堯咨單州團練使俱坐
考試不公己亥葺河北城池癸卯置資政殿學士以
王欽若爲之馮拯爲參知政事甲辰以寧國軍留後
駙馬都尉吳元扆爲武勝軍節度戎人寇環州擊敗
之執其酋慶都請戮之詔釋其罪配淮南五月戊申
幸國子監丁巳司天少監史序上乾元寶典己未幸

元份宮視疾庚申御試河北舉人丁卯宴近臣于資
政殿餞种放遊嵩山癸酉詔天下榷利勿增羨爲額
六月丁丑詔勸學幸諸王宮己卯命法直官用士人
己丑曹州民趙諫趙諤以恐喝贓鉅萬伏誅辛卯以
趙德明歸款諭河西諸蕃各守疆界高瓊求板本經
史詔給之秋七月庚戌劉質進兵要論召試中書甲
子詔復賢良方正能直言極諫等六科八月戊寅雍
王元份薨丙戌有司上新定權衡法遣內臣奉安太
祖聖容於揚州建隆寺丁亥翰林學士晁迥先爲鄆
王元份留守官屬坐輔導無狀責授右司郎中辛丑

幸南宮及恭孝太子宮有星孛于紫微九月丁未以
向敏中爲鄜延路都部署庚戌淮南旱詔轉運使疏
理繫囚癸亥三司上新編勑羣臣三表上尊號不允
庚午幸興國寺傳法院觀新譯經辛未命近臣慮開
封府繫囚壬申詔荊湖溪峒民爲蠻人所掠而歸者
勿限年月給還舊産冬十月庚辰丁謂上景德農田
編勑乙酉畢士安薨丙戌遣職方郎中韓國華等使
契丹十一月戊申詔翰林侍講學士邢昺等舉堪爲
學官者十人丙辰享太廟丁巳祀天地于圜丘大赦
庚申大宴含光殿癸亥寇準加中書侍郎兼工部尚

書楚王元佐為右衛上將軍彭城郡王元偓進封寧
王安定郡王元偁進封舒王曹國公元儼進封廣陵
郡王安定郡公惟吉加同平章事癸酉契丹使來賀
承天節十二月辛巳置資政殿大學士以王欽若為
之癸未以高瓊為忠武軍節度葛霸為昭德軍節度
對京畿父老於長春殿賜帛有差契丹遣使賀明年
正旦是歲夏州西京府邛部川蠻來貢淮南兩浙荊
湖北路畿京東螟生閩颶風不害稼遣使分振
三年春正月丁巳親釋逋負繫囚振畿縣貧民收瘞
遺骸丁卯詔緣邊歸業民給復三年辛未置常平倉

二月甲戌幸北宅省德恭疾乙亥詔京東西淮南河
北振乏食客戶己卯謁明德皇后攢宮賜守奉人緡
帛甲申禁民開近陵域地以宋州為應天府丁亥王
繼英卒戊戌以中書侍郎兼工部尚書平章事寇準
為刑部尚書左丞參知政事王旦為工部尚書平章
事己亥王欽若陳堯叟並知樞密院事翰林學士趙
安仁參知政事樞密都承旨韓崇訓馬知節並僉署
樞密院事三月乙巳客星出東南辛亥免隨州光化
民貸糧己未詔儆諫臣悉心獻替夏四月癸酉幸秦
國長公主第丙子幸開寶寺遂幸御龍直班院觀教

閱弓力又幸左騏驥院賜從官馬羣牧使等器幣還
幸崇文院觀圖籍賜編脩官金帛有差己卯置清平
宣化二軍乙酉置河北緣邊安撫使副都監于雄州
壬辰命使巡撫益利梓夔福建諸路決獄及犒設將
吏父老乙未种放賜告歸終南山己亥遣使巡撫江
浙路五月壬寅日當食不虧周伯星見辛亥置京東
五路巡檢丁巳幸北宅視德恭疾己未德恭卒西涼
府厮鐸督部落多疾賜以藥物渭州妙娥族三千餘
帳內附復置高州六月丙子羣臣固請聽樂從之詔
三班考較使臣以七年為限知廣州凌策請發兵定

交阯亂帝以黎桓素脩職貢不欲伐喪命遵前詔安
撫戊寅罷兩川稅課金三分乙未汴水暴漲賜役兵
錢丙申遣使振應天府水災及瘞溺死者秋七月壬
寅減鄜延戍兵乙巳太白晝見庚戌詔渭州鎮戎軍
收穫蕃部牛送給內地耕民壬子賜廣南聖惠方歲
給錢五萬市藥療病者邵曄上邕州至交阯水陸路
及控制宜州山川等圖帝曰祖宗闢土廣大唯當慎
守不必貪無用地苦勞兵力甲子大宴含光殿始用
樂丙寅大風遣中使視稼八月甲戌閱太常新集雅
樂丁丑幸寶相院戊寅詔川峽戍兵三年者代之庚

辰工部侍郎董儼坐躁競傾狡責授山南東道行軍
司馬九月甲寅宴射含芳園丙辰御試賢良方正直
言極諫科壬戌幸元偓宮視疾甲子置諸陵齋宮乙
丑放西州納質人夏州趙德明奉表歸款冬十月庚
午以趙德明為定難軍節度兼侍中封西平王甲午
兩浙轉運使姚鉉坐不法除名為連州文學丁酉塟
明德皇后十一月壬寅周伯星再見十二月癸酉太
白晝見戊寅高瓊卒乙酉狩近郊以親獲兔付有司
薦廟戊子詔牛羊司畜有孳乳者放牧勿殺辛卯朝
陵緣路禁樂壬辰幸秦國長公主第又幸北宅視德

鈞疾是歲西涼府龕谷十族高溪州風琶溪洞諸蠻
酋来貢京東西河北陝西饑振之博州蝝不為災
四年春正月己亥朔御朝元殿受朝詔京畿繫囚流以
下減一等甲辰以陳堯叟為東京留守德鈞卒乙巳
契丹使辭歸國以丁謂為隨駕三司使己未車駕發
京師庚申次中牟縣除逋負釋繫囚賜父老衣幣所
過如之王顯卒丙寅次永安鎮丁卯帝素服謁諸陵
減西京及諸路繫囚罪如己亥詔置永安縣及三陵
副使都監二月己巳幸西京經漢將軍紀信塚司徒
魯恭廟贈信太尉恭太師命吏部尚書張齊賢祭周

六廟詔從官先塋在洛者賜告祭拜癸酉詔西京建
太祖神御殿置國子監武成王廟甲戌幸上清宮詔
賜酺三日辛巳錄唐白居易孫利用為河南府助教
壬午幸呂蒙正第甲申御五鳳樓觀酺召父老五百
人賜飲樓下丁亥幸元偓宮戊子葺周六廟加號列
子增封唐孝子潘良瑗及其子季通墓仍禁樵採庚
寅詔河南府置五代漢高祖廟辛卯車駕發西京甲
午次鄭州遣使祀中嶽及周嵩懿二陵丁酉賜隱士
楊璞繒帛三月己亥至自西京甲辰謁啓聖院太宗
神御殿癸丑趙德明遣使來謝廩給因貢駝馬優賜

答之丁巳詔天下收瘞遺骸致祭庚申蠲河南府倉
庫吏逋負物糧繒帛四十五萬夏四月癸酉詔嶺南
官除赴以時以避炎瘴辛巳皇后郭氏崩甲午詔榷
酤不得增課五月丙申朔日有食之辛亥有司上大
行皇后謚曰莊穆減并代戍兵屯河東以省饋運戊
午幸元偁宮視疾兖州增二千戶守孔子墳閏月戊
辰減劍隴等三十九州軍歲貢物夔賀等二十七州
軍悉罷之己巳幸秦國長公主第省疾壬申御試制
科舉人丙戌詔張齊賢等各舉供奉官侍禁殿直有
謀略武幹知邊事者二人癸巳詔開封府斷獄雖被

旨仍罷奏六月盛暑減京城役工日課之半丁未令
翰林講讀樞密直學士各舉常參官一人充御史司
天監言五星聚而伏於鶉火乙卯葬莊穆皇后秋七
月丁卯莊穆皇后祔別廟庚午置靈臺令壬申增置
開封府判官推官各一員甲戌宜州兵亂軍校陳進
殺知州劉永規等劾判官盧成均為首詔閤門使曹
利用等討之乙亥交州來貢賜黎龍廷九經及佛氏
書辛巳以龍廷為靜海軍節度交阯郡王賜名至忠
癸巳復置諸路提點刑獄八月壬寅幸大相國寺遂
幸崇文院觀書賜脩書官器幣又幸內藏庫丁未中

書門下言莊穆皇后祥除已久秋宴請舉樂不允己
酉頒宜州立功將士賞格益州地震辛亥賜文宣王
四十六世孫聖佑同學究出身壬子邢昺加工部尚
書中書門下再表請秋宴聽樂又不允丙辰涇原路
言瓦亭砦地震丁巳詔王旦楊億等脩太祖太宗史
置龍圖閣直學士以右諫議大夫杜鎬為之丁謂上
景德會計録九月己巳賜交阯郡王印及安南旌節
壬申賜畿縣聖惠方丁亥幸舒王宮視疾辛卯賜監
脩國史王旦宴壬辰日上有五色雲冬十月甲午朔
日當食雲陰不見曹利用破賊於象州擒盧成均斬

陳進優賜將士利用等進秩賜物有差乙巳頒考試
進士新格祠祭置監祭使二員以御史充詔翰林學
士晁迥等舉常參官可知大藩者二人丁未升象州
為防禦甲寅詔宜柳象州懷遠軍死罪以下非十惡
謀故鬬殺官吏犯枉法贓者並原之廣南東西路雜
犯死罪以下遞減一等脅從受署者勿理蠲宜柳象
州懷遠軍丁錢及夏秋租桂昭州秋租乙卯毀諸道
官司非法訊囚之具十一月戊辰日南至御朝元殿
受朝曹利用等言招安賊黨其饋賊食物者請追捕
減死論詔釋不問十二月己亥賜近臣契丹錦綺綾

穀等物癸卯廢兗州鐵冶己未甘州僧翟大秦等獻
馬給其直是歲河西六谷夏州沙州大食占城蒲端
國西南蕃溪峒蠻來貢雄州安肅廣信饑宛丘東阿
須城縣蝗不為災諸路豐稔淮蔡間麥斗十錢粳米
斛二百
大中祥符元年春正月乙丑有黃帛曳左承天門南
鴟尾上守門卒塗榮告有司以聞上召羣臣拜迎于
朝元殿啓封號稱天書丁卯紫雲見如龍鳳覆宮殿
戊辰大赦改元羣臣加恩賜京師酺幽州旱求市麥
種夏州饑請易粟並許之己巳詔黎雅維茂四州官

以癰地二年一代甲戌大雪停汴口蔡河夫役戊寅蠲畿內貧糧己卯詔以天書之應申儆在位乙酉制加交阯郡王黎至忠功臣食邑二月壬辰御乾元門觀酺賜父老千五百人衣服茶綵丁酉分遣中使六人錫邊臣宴丙午申明非命服勿服銷金及不許以金銀為箔之制三月甲戌兗州父老千二百人詣闕請封禪丁卯兗州并諸路進士等八百四十人詣闕請封禪壬午文武官將校蠻夷耆壽僧道二萬四千三百七十餘人詣闕請封禪不允自是表凡五上夏四月甲午詔以十月有事于泰山遣官告天地宗廟嶽瀆諸祠乙未以知樞密院事王欽若參知政事趙安仁為泰山封禪經度制置使丙申以王旦為封禪大禮使馮拯陳堯叟分掌禮儀使庚子幸元偁宮視疾壬寅御試禮部貢舉人丙午作貽應宮戊申幸秦國長公主第省疾又幸晉國魯國長公主第並賜白金千兩綵二千匹曹濟州廣濟軍耆老二千二百人詣闕請臨幸五月壬戌王欽若言泰山醴泉出錫山蒼龍見丙子詔瘞汴蔡廣濟河流尸暴骸仍致祭丁丑幸南宮視惟能疾壬午詔緣路行宮舊屋止加塗塈毋別剏癸未置天書儀衛使副扶侍使都監夾侍

凡有大禮即命之詔離京至封禪以前不舉樂所經州縣勿以聲伎來迓甲申放後宮一百二十人戊子詔除乘輿供帳存於禮文者如舊自今宮禁中外進奉物勿以銷金文繡為飾六月乙未天書再降于泰山醴泉北丁酉詔宮苑皇親臣庶第宅飾以五綵及用羅製幡勝繒帛為假花者並禁之壬寅迎泰山天書於含芳園慶五色見儀黃氣如鳳駐殿上庚戌曲赦兗州繫囚流罪以下辛亥羣臣表上尊號曰崇文廣武儀天尊道寶應章感聖明仁孝皇帝秋七月庚申太白晝見丙寅詔諸州市上供物非土地所宜者罷之八月己丑上太祖尊謚曰啓運立極英武聖文神德玄功大孝皇帝太宗曰至仁應道神功聖德文武大明廣孝皇帝庚寅詔東封道路軍馬毋犯民稼開封府毋治道役民庚子置河東緣邊安撫司乙巳黔州言磨嵯洛浦蠻首領龔其行滿等率族二千三百人內附己酉王欽若獻芝草八千餘本九月戊午令有司勿奏大辟案岳州進三脊茅庚申以向敏中權東京留守甲子奉天書告太廟悉陳諸州所上芝草嘉禾瑞木於仗內戊辰幸元偓宮視疾壬申知晉州齊化基坐貪暴削籍流崖州乙亥幸潛龍園宴射丁

丑幸惟吉宮視疾戊寅西京諸州民以車駕東巡貢
獻召對勞賜之己卯以馬知節為行營都部署庚辰
趙安仁獻五色金玉丹紫芝八千七百餘本乙酉親
習封禪儀于崇德殿冬十月戊子上御蔬食庚寅以
巡幸置考制度使副凡巡幸則命之是夕五星順行
同色辛卯車駕發京師扶侍使奉天書先道丙申次
澶州宴周瑩于行宮戊戌許鄆齊等州長吏赴泰山
陪位辛丑駐蹕鄆州神光起昊天玉冊上甲辰詔扈
從人毋壞民舍什器樹木丁未法駕入乾符縣奉高
宮戊申王欽若等獻泰山芝草三萬八千餘本己酉

五色雲起嶽頂庚戌法駕臨山門黃雲覆輦道經險
峻降輦步進先夕大風至是頓息辛亥享昊天上帝
於圜臺陳天書於左以太祖太宗配帝衮冕奠獻慶
雲繞壇月有黃光命羣臣享五方帝諸神於山下封
祀壇上下傳呼萬歲振動山谷降谷口日有冠戴黃
氣紛郁壬子禪社首如封祀儀紫氣下覆黃光如星
繞天書匣縱四方所獻珍禽奇獸還奉高宮日重輪
五色雲見作會真宮癸丑御朝覲壇之壽昌殿受羣
臣朝賀大赦天下常赦所不原者咸赦除之文武並
進秩賜致仕官本品全奉一季京朝官衣緋綠十五

年者改賜服色令開封府及所過州軍考送服勤詞
學經明行脩舉人其懷材抱器淪於下位及高年不
仕德行可稱者所在以聞三班使臣經五年者與考
課兩浙錢氏泉州陳氏近親蜀孟氏湖南馬氏荊南
高氏廣南河東劉氏子孫未食祿者聽敘用賜天下
酺三日改乾封縣為奉符縣泰山七里內禁樵採大
宴穆清殿又宴近臣泰山父老於殿門賜父老時服
茶帛甲寅復常膳次太平驛賜從官辟寒丸花茸袍
丙辰次兗州以州為大都督府十一月戊午幸曲阜
縣謁文宣王廟鞾袍再拜幸叔梁紇堂近臣分奠七

十二弟子遂幸孔林加謚孔子曰玄聖文宣王遣官
祭以太牢給近便十戶奉塋廟賜其家錢三十萬帛
三百匹以四十六世孫聖佑為奉禮郎近屬授官賜
出身者六人追謚齊太公曰昭烈武成王令青州立
廟周文公曰文憲王曲阜縣立廟辛酉賜諸番使袍
笏壬戌次東都縣幸廣相寺癸亥次鄆州幸開元寺
丁卯賜曲阜孔子廟經史辛未幸河瀆廟加封癸酉
曲宴永清軍節度使周瑩賜兵士緡錢丁丑帝至自
泰山奉天書還宮壬午詔以正月三日為天慶節甲
申命王旦奉上太祖太宗謚冊親享太廟乙酉大宴

含光殿十二月辛卯御乾元殿受尊號庚子葛霸卒
辛丑王旦加中書侍郎兼刑部尚書楚王元佐加太
傅寧王元偓為護國軍節度舒王元偁為平江鎮江
軍節度並兼侍中廣陵郡王元儼進封榮王安定郡
公惟吉為威德軍節度餘進秩有差癸卯幸上清宮
景德開寶寺王欽若加禮部尚書甲辰張齊賢為右
僕射温仲舒寇準並為戶部尚書王化基邢昺郭贄
並為禮部尚書詔天下宮觀陵廟名在地志功及生
民者並加崇飾戊申以德雍德文德存惟正惟忠惟
叙惟和惟憲並領諸州刺史允升允言允成允寧允
中並為各衛將軍庚戌幸元偓宮視疾又幸元偓宮
辛亥交阯郡王黎至忠加同平章事壬子幸元偁宮
契丹使上將軍蕭智可等來賀是歲西涼府甘州三
佛齊大食國西南蕃等來賀封禪諸路言歲稔米斗
七八錢

二年春正月癸亥以封禪慶成賜宗室輔臣襲衣金
帶器幣乙丑置內殿承制戊辰詔誘人子弟析家產
或潛舉息錢輒壞墳域者令所在擒捕流配庚午詔
讀非聖之書及屬辭浮靡者皆嚴譴之已鏤板文集
令轉運司擇官看詳可者錄奏乙酉以陝西民饑遣

使巡撫二月己丑改定入內內侍省內侍名職壬辰
詔立曲阜縣孔子廟學舍乙未賜撫州高年黃黍粟
帛甲辰蠲同華民租乙巳幸大相國等寺上清宮祈
雨戊申遣使祠太一祀玄冥己酉雨癸丑禁毀金寶
塑浮屠像甲寅以丁謂為三司使三月丙辰日當食
陰晦不見辛未賜京城酺己卯左屯衛將軍允言坐
稱疾不朝降太子左衛率夏四月戊子昇州火遣御
史訪民疾苦蠲被火屋稅己丑餞种放還山乙未河
北旱遣使祠北岳己亥以丁謂為修昭應宮使壬寅
詔禁中外羣臣非休暇無得羣飲廢職詔醫官院處
方并藥賜河北避疫邊民丙午試服勤詞學經明行
修國監生丁未振陝西民饑五月乙卯追封孔子弟
子七十二人罷韶州獻頻婆菓丁卯遣使陝西決獄
流罪以下減一等死罪情可憫者上請庚辰陝西旱
遣使禱太平宮后土西嶽河瀆諸祠代州地震六月
乙酉頒幕職州縣官招集戶口賞條甲午幸昭應宮
賜修宮使器幣辛卯保州增屯田務兵三百人戊戌
麟府言社慶族依唐龍鎮為援數擾別部請出兵襲
之帝曰均吾民也不許壬寅詔量留五坊鷹鶻備諸
王從時展禮餘悉縱之罷邕宜州歲貢藥箭庚戌御

試東封路服勤詞學經明行修貢舉梁固等九十二
人秋七月甲寅詔張齊賢等各舉才堪御史者一人
丁巳置糾察在京刑獄司辛酉復以萬安宮為滋福
殿己巳幸惟吉宮視疾辛未以昭應宮為玉清昭應
宮乙亥蠲京東徐濟七州水災田租戊寅詔孔子廟
配享魯史左丘明等十九人加封爵庚辰蠲天下封
禪赦前逋負千二百六十六萬緡八月丙戌京東惠
民河溢居民避水所過津渡戒有司勿筭甲辰西南
蕃龍漢墝來貢賀東封加漢墝寧德大將軍九月戊
午賜秦州被水民粟人一斛壬戌合鎮定部署為一

甲子浚汴口命工部侍郎馮起為契丹國信使乙丑
幸潛龍園宴射甲戌遣使賜戎瀘軍民辟瘴藥乙亥
無為軍言大風拔木壞城門營壘民舍壓溺者千餘
人詔內臣恤視蠲來年租收瘞死者家賜米一斛丁
丑發官廩振鳳州水災冬十月癸未優賞寧朔軍士
戊子詔江浙運糧兵卒經冬停役兩月甲午詔天下
置天慶觀甲辰兗州霖雨害稼振恤其民十一月丙
辰作文武七條戒官吏甲子詔諸路官吏蠹政害民
轉運使提點刑獄官不舉察者坐之癸酉蕃部阿黎
等來朝貢授阿黎懷化司戈十二月辛巳詔晉國大

長公主喪罷承天節上壽及明年元旦朝會交州黎
至忠貢馴犀乙未幸惟吉宮視疾辛丑丁謂上封禪
朝覲祥瑞圖劉承珪上天書儀仗圖甲辰幸惟吉宮
視疾契丹國母蕭氏卒輟視朝是歲于闐西涼府西
南蕃羅嵓州蠻來貢雄州蟲食苗即死遣使振恤
三年春正月丁巳賜建安軍父老江禹錫粟帛二月
乙酉丁謂請承天節禁屠宰刑罰從之癸巳交州黎
至忠卒大校李公蘊自稱留後己亥禁方春射獵每
歲春夏所在長吏申明之辛丑以張齊賢判河陽閏
月辛亥帝御文德殿羣臣入閤甲寅冬官正韓顯符

上新造銅候儀乙卯詔轉運司貸恤黎州夷人丁卯
幸開封府射堂宴射賜開封府將吏器幣戊辰詔東
京畿內死罪以下遞減一等將吏逮事太宗藩府者
並賜予赤縣父老本府宴犒年九十者授攝官賜粟
帛終身八十者爵一級甲戌以射堂為繼照堂丁丑
召宰臣於宣聖殿謁太宗聖容玉皇像戊寅幸韓國
長公主第視疾三月壬辰以權靜海軍留後李公蘊
為靜海軍節度封交阯郡王賜衣帶器幣丙申幸石
保吉第視疾辛丑詔戎瀘州給復一年艱食者振之
夏四月辛亥左屯衞將軍允言坐狂率責授太子左

衛副率壬子石保吉卒乙卯陜西民疫遣使齎藥賜
之丁巳詔中書以五月一日進中外文武升朝官及
奉使歲舉官名籍辛酉賜泰山隱士秦辨號貞素先
生放還山甲子契丹國母薨廢朝禁邊城樂甲戌加
王旦兵部尚書知樞密院事王欽若戶部尚書陳堯
叟工部尚書五月己卯幸惟吉宮視疾壬午以西涼
府覓諾族瘴疫賜藥丙戌惟吉卒辛丑京師大雨平
地數尺壞廬舍民有壓死者賜布帛六月庚戌邊臣
言契丹饑來市糴詔雄州糴粟二萬石振之河中府
父老千餘人請祀后土不許丙辰頒天下釋奠先聖

廟儀并祭器圖詔前歲陜西民飢有鬻子者官為購
贖還其家壬戌幸邢昺第視疾賜金帛乙丑幸元偁
宮視疾秋七月丙申溫仲舒卒己亥以右丞向敏中
為工部尚書資政殿大學士置龍圖閣學士以直學
士杜鎬為之詔南宮北宅大將軍以下各勤講肄諸
子十歲以上並受經學書勿令廢惰辛丑文武官將
校等三上表請祠汾陰后土八月丁未朔詔明年春
有事于汾陰州府長吏勿以修貢助祭煩民戊申陳
堯叟為祀汾陰經度制置使己酉王旦為祀汾陰大
禮使王欽若為禮儀使庚戌詔汾陰路禁弋獵不得

侵占民田如東封之制辛亥以江南旱詔轉運使決
獄壬子幸元偁宮視疾昇洪潤州屢火遣使存撫祠
境內山川戊午賜占城國主馬及器甲庚申幸天駟
監賜從官馬解州池鹽不種自生辛酉給鄆州牧馬
草地還民甲子罷江淮和糴所在繫囚遞減一等盜
穀食者量行論決丁卯羣臣五表上尊號不許戊辰
詔昇洪楊廬州長吏兼安撫使甲戌以澄州團練使
朱能為左龍武軍大將軍乙亥河中府父老千七百
人來迎上勞問之賜以緡帛九月癸未賜錢三十萬
給故盧多遜子葬其父母丁亥作宗室座右銘賜諸

王華州言父老二千餘人請幸西嶽癸巳杖殺入內
高品江守恩於鄭州知州俞獻卿坐論救削一任乙
未幸崇真資聖院視吳國長公主疾甲辰內出綏撫
十六條頒江淮南安撫使冬十月辛亥契丹使耶律
寧告征高麗河中民獲靈寶真文庚申丁謂等上大
中祥符封禪記十一月庚寅遣內臣奉安宣祖太祖
聖容於二陵乙未甘州回鶻來貢己亥幸太一宮陜
州黃河清十二月陜州黃河再清庚戌集賢校理晏
殊獻河清頌癸丑詔天下貧民及漁採者過津渡勿
算乙卯告太廟詔自今謁廟入東偏門以資政殿大

學士向敏中權東京留守丁巳翰林學士李宗諤等
上諸道圖經辛酉謁玉清昭應宮丙寅詔沙門島流
人特給口糧己巳作奉天庇民述示宰相禁扈從人
燔道路草木辛未以太宗御書賜交州李公藴是歲
龜茲占城交州來貢陝西飢江淮南旱

本紀卷第七

本紀卷八　宋史八

開府儀同三司上柱國錄軍國重事中書右丞相監修國史領經筵事都總裁脫脫等奉

勑修

真宗三

四年春正月辛巳詔執事汾陰懈怠者罪勿原乙酉
習祀后土儀丁亥將祀汾陰謁啓聖院太宗神御殿
普安院元德皇后聖容丙申詔以六月六日天書再
降日爲天貺節丁酉奉天書發京師日上有黃氣如
匹素五色雲如蓋紫氣翼仗庚子右僕射判河陽張
齊賢見于汜水頓陳堯叟獻白鹿辛丑陳幄殿於嘗
村望拜諸陵甲辰至慈澗頓賜道傍耕民茶荈二月
戊申賜扈駕諸軍緡錢華州獻芝草東京獄空壬子
出潼關渡渭河遣近臣祠西嶽癸丑次河中府丁巳
黃雲隨天書輦次寶鼎縣奉祇宮戊午登後圃延慶
亭己未潘泉湧有光如燭辛酉祀后土地祇是夜月
重輪還奉祇宮紫氣四塞幸開元寺作大寧宮壬戌
甘州回鶻蒲端三麻蘭勿巡蒲婆大食國吐蕃諸族
來貢大赦天下常赦不原者咸赦除之文武官並遷
秩該叙封欲回授祖父母者聽四品以上追事太祖
太宗潛藩或嘗更邊任家無食祿者錄其子孫建寶

鼎縣為慶成軍建隆佐命及公王將相丘冢所在致
祭給西京分司官實奉三分之一令法官慎刑名有
情輕法重者以聞賜天下酺三日大宴群臣於穆清
殿賜父老酒食衣幣作汾陰配饗銘河瀆四海贊召
草澤李瀆劉巽瀆以疾辭授巽大理評事乙丑觀酺
加號西嶽詔葺夷齊祠丁卯賜寧王元偓服帶鞍馬
有加乙巳次華州幸雲臺觀庚午宴宣澤亭紫雲如
龍起嶽上召見隱士鄭隱李寧賜茶果束帛辛未次
閿鄉縣召見道士柴又玄問以無為之要壬申宴虢
州父老于湖城行宮三月甲戌次陝州召草澤魏野

辭疾不至乙亥賜運船卒時服己卯次西京庚辰罷
河北緣邊工役壬午幸上清宮甲申幸崇法院移幸
呂蒙正第賜服御金幣丙戌大宴大明殿丁亥詔葺
所經歷代帝王祠廟己丑御五鳳樓觀酺壬辰詔朝
陵自西京至鞏縣不舉樂癸巳禁扈從人踐田稼甲
午發西京丙申謁安陵永昌諸陵壬寅幸列子廟表
潘孝子墓夏四月甲辰朔上至自汾陰壬子幸元偓
宮視疾駙馬都尉李遵勗責授均州團練副使峽路
鈐轄執為亂夷人王羣體等帝憫其異俗免死配隸
丙辰大宴含光殿己未餞种放歸終南甲子王旦加

右僕射元佐為太尉元偓進封相王乙丑幸元偓宮
視疾葺尚書省加王欽若吏部尚書陳堯叟戶部尚
書馮拯工部尚書丙寅以張齊賢為左僕射丁卯許
國公呂蒙正薨五月丙子加交阯郡王李公蘊同平
章事癸未廬宿泗等州麥自生辛卯幸北宅視德存
疾京兆旱詔振之癸巳詔州城置孔子廟乙未加上
五嶽帝號作奉神述丁酉慮囚死罪流徙降等杖以
下釋之辛丑視德存疾六月丙午太白晝見亳州二
龍見禹祠德存卒丙寅遣使安撫江淮南水災許便
宜從事詔授交甘等州大食蒲端三麻蘭勿巡國奉

使官秋七月壬申朔除閩浙荊湖廣南歲丁錢四十
五萬壬午韓國吳國隋國長公主進封衞國楚國越國長公主鎮眉昌等州地震
己丑詔先蠲濱棣州水災田租十之三令所輸七分
更除其半丙申江洪筠袁江漲沒民田八月乙巳太
白晝見丙午幸南宮視惟敘疾詔除畬田租庚戌曲
宴諸王宰相癸丑賜青州孤老惸獨民帛惟敘卒丙
辰錄唐長孫無忌段秀實等孫授官丁巳詔文武官
有言刑政得失邊防機事者並賜對癸亥甘州回紇
可汗夜落紇奉表詣闕乙丑刻御製大中祥符頌於
大承天祥符門決通利軍合御河壞州城及傷田廬

遣使發粟振之九月丁丑涇原鈐轄曹瑋言隴竿川
熟戶蕃部以閒田輸官請於要害地募兵以居從之
戊子幸太乙宮祈晴辛卯向敏中等為五嶽奉冊使
癸巳御乾元殿觀酺冬十月戊申御朝元殿發五嶽
冊丁巳定江淮鹽酒價有司慮失歲課帝曰苟便於
民何顧歲入也十一月庚午占城國貢獅子丙子御
試服勤詞學經明行脩貢舉人十二月乙巳詔楚泰
州潮害稼復租沒溺人賜千錢粟一斛是歲西涼府
夏豐交州甘州諸溪峒蠻來貢畿內蝗河北陝西劍
南饑吉州臨江軍江水溢害民田舍兗州虸蚄蟲不

為災
五年正月乙亥賜處州進士周啓明粟帛戊寅雨木
冰壬午幸元偁宮視疾河決棣州二月庚戌詔貢舉
人公罪聽贖丙寅詔官吏安撫濱棣被水農民三月
己丑御試禮部舉人丁未峒酋田仕瓊等貢溪布庚
戌王旦等並加特進功臣丁巳免濱棣民物入城市
者稅一年夏四月戊申以向敏中為平章事有司請
違法販茶者許同居首告帝謂以利敗俗非國體不
許壬子除通泰楚州鹽亭戶積負丁額課鹽乙丑樞
密直學士邊肅責授岳州團練副使五月辛未江淮

兩浙旱給占城稻種教民種之戊寅脩儀劉氏進封
德妃丁亥免棣州租十之三戊子賜近臣金華殿所
種麥六月庚申賜杭州草澤林逋粟帛壬戌詔常參
官舉幕職州縣官充京官癸亥賜邵武軍被水者錢
粟秋七月戊辰作保康門八月丙申朔日有食之丁
酉禁周太祖葬冠劍地樵採戊戌張齊賢為司空致
仕甲辰詔樞密直學士限置六員庚戌淮南旱減運
河水灌民田仍寬租限州縣不能存恤致民流亡者
罪之己未作五嶽觀九月辛未張齊賢入對壬申觀
新作延安橋幸大相國寺上清宮射于宜春苑癸酉

徙澄海三指揮屯嶺北州郡戊子王欽若陳堯叟並
為樞密使同平章事丁謂為戶部侍郎參知政事庚
寅幸故鄆王兗王宮冬十月戊午延恩殿道場帝瞻
九天司命天尊降己未大赦天下賜致仕官全奉辛
酉作崇儒術論刻石國學閏月己巳上聖祖尊號辛
未謝太廟壬申立先天降聖節五日休沐輟刑乙亥
詔上聖祖母懿號加太廟六室尊謚丙子群臣上尊
號曰崇文廣武感天尊道應真佑德上聖欽明仁孝皇
帝丁丑出舒州所獲瑞石文曰誌公記戊寅建景靈
宮太極觀於壽丘辛巳建安軍鑄聖像龍見雲中戊

子御製配享樂章并二舞名文曰發祥流慶武曰降
真觀德十一月丙申親祀玉皇於朝元殿甲辰加王
旦門下侍郎向敏中中書侍郎楚王元佐太師相王
元偓太傅舒王元偁太保內外官加恩置玉清昭應
宮使以王旦爲之丁未作汴水發願文庚戌詔允言
朝參乙卯罷獻珍禽異獸十二月甲子置景福殿使戊
辰作景靈宮京師大寒鬻官炭四十萬減市直之半
以濟貧民壬申改謚玄聖文宣王曰至聖文宣王戊
寅溪峒張文喬等八百人來朝己卯知天雄軍寇準
獄空詔獎之乙酉振泗州饑丙戌詔天慶等節日民

犯罪情輕者釋之丁亥立德妃劉氏爲皇后是歲交
州甘州西涼府溪峒蠻來貢京城河北淮南饑減直
糶穀以濟流民
六年春正月癸巳朔上御朝元殿受朝司天監言五
星同色庚子詔減配隸法十二條戊申禁內臣出使
預民政己酉賜京師酺五日辛亥進封衛國楚國越
國長公主三人爲徐國邠國宿國庚申置淑儀淑容
順儀順容婉儀婉容在昭儀上置司宮令在尚書上
以婕妤楊氏爲婉儀貴人戴氏爲脩儀美人曹氏爲
婕妤辛酉詔宗正寺以帝籍爲玉牒二月戊辰觀酺

己亥泰州言海陵草中生聖米可濟飢三月丁未詔
沙門島流人罪輕者徙近地乙卯建安軍鑄玉皇聖
祖太祖太宗尊像成以丁謂爲迎奉使夏四月庚辰
詔淮南給飢民粥麥登乃止壬午太白晝見癸未幸
元偁宮視疾丙戌詔諸州死罪可疑者詳審以聞五
月壬辰詔伎術官未升朝特賜緋紫者勿佩魚甲辰
聖像至丙午詔聖像所經郡邑減繫囚死罪流以下
釋之升建安軍爲真州乙卯謁聖像奉安於玉清宮
丁巳遣使奏告諸陵六月壬戌惟和卒趙州黑龍見
丁卯壽丘獻紫芝金芝癸酉保安軍雨河溢兵民溺

死遣使振之丙子詔翰林學士陳彭年等刪定三司
編敕丁丑崇飾諸州黃帝祠廟秋七月癸巳上清宮
道場獲龍於香合中己亥中書門下表請元德皇后
祔廟庚子行配祔禮癸卯詔天下勿稅農器己酉亳
州官吏父老三千三百人詣闕請謁太清宮八月庚
申詔來春親謁亳州太清宮辛酉以丁謂爲奉祀經
度制置使丙寅禁太清宮五里內樵採庚午加號太
上老君混元上德皇帝置禮儀院九月庚寅幸元偁
宮視疾丁酉出玉宸殿種占城稻示百官冬十月辛
酉元德皇后祔廟甲子亳州太清宮枯檜再生真源縣

茲麥再實癸酉謁玉清昭應宮己卯作步虛詞付道
門壬午降聖節賜會如先天節儀十一月辛亥幸元
偁宮視疾癸丑賜御史臺九經諸史甲寅判亳州丁
謂獻芝草三萬七千本乙卯龜茲遣使來貢十二月
戊午朔日有食之庚申涇原鈐轄曹瑋言發兵討原
州界撥臧族違命者捕獲甚衆回鶻遣使來貢己巳
天書扶持使趙安仁等上奉天書車輅鼓吹儀仗壬
申獻天書於朝元殿遂告玉清昭應宮及太廟乙亥
幸開寶寺上清宮己卯幸太一宮戎瀘蠻冠平是歲
西蕃高州蠻龜茲來貢

七年春正月辛丑慮囚壬寅車駕奉天書發京師丙
午次奉元宮判亳州丁謂獻白鹿一芝九萬五千本
戊申王旦上混元上德皇帝冊寶己酉朝謁太清宮
天書升輅雨雪條霽法駕繼進佳氣彌望是夜月重
輪幸先天觀廣靈洞霄宮曲赦亳州及車駕所經流
以下罪升亳州為集慶軍節度減歲賦十之二改奉
元宮為明道宮太史言含譽星見庚戌御均慶樓賜
酺三日壬子詔所過頓遞侵民田者給復二年丙辰
建南京歸德殿赦境內及京畿車駕所過流以下罪
追贈太祖幕府元勛僚舊錄常參官逮事者並進秩欲

授子孫者聽作鴻慶宮二月戊午次襄邑縣皇子來
朝庚申夏州趙德明遣使詣行闕朝貢辛酉至自亳
州丙寅詔天地壇非執事輒臨者斬辛未饗太廟壬
申恭謝天地大赦天下乙亥益州鑄大鐵錢三月城
淯井監癸巳雄州甲仗庫火甲午制加宰相王旦向
敏中楚王元佐相王元偓舒王元偁榮王元儼樞密
使同平章事乙未宴翔鸞閣辛丑發粟振儀州飢復
諸州觀察使兼刺史甲辰幸元偁宮視疾丁未封皇
子慶國公青州民趙嵩百一十歲詔存問之夏四月
丁巳西涼府廝鐸督遣使來貢己未賜淮南諸州民

租十之二癸亥河南府獄空有鳩巢其戶生二雛甲
子以歸義軍留後曹賢順為歸義軍節度使丙子舒
王元偁薨五月壬辰王旦為兗州景靈宮朝修使乙
未又為天書刻玉使涇原言葉施族大首領艷般率
族歸順六月乙卯禁文字斥用黃帝名號故事丙辰
眉州通判董榮受賕鬻獄長安知縣王文龜酗酒濫
刑並投荒裔戊午戒州縣官吏決罪逾法壬申封婉
儀楊氏為淑妃乙亥樞密使王欽若罷為吏部尚書
陳堯叟為戶部尚書以寇準為樞密使同平章事丙
子詔棣州經水流民歸業者給復三年秋七月辛丑

交州李公蘊敗鵲柘𤅁獻捷癸卯太白晝見甲辰以
同州觀察使王嗣宗内客省使曹利用並為樞密副
使八月甲寅置景靈宮使以向敏中為之乙卯除江
淮兩浙被災民租丁巳楊光習坐擅領兵出砦又誣
軍中謀殺司馬張從吉配隸鄧州乙丑給河東沿邊
將士皮裘氊襪甲戌河決澶州丁丑命内臣奉安太
祖太宗聖像于鴻慶宮辛巳詔嶺南戍兵代還日人
給裝錢五百九月丙戌含譽星再見辛卯尊上玉皇
聖號曰太上開天執符御歷含真體道玉皇大天帝
戊戌御試服勤詞學經明行脩舉人辛丑幸五嶽觀

冬十一月乙酉濱州河溢王清昭應宮成詔減諸路
繫囚罪流以下一等己丑加王旦司空脩宮使壬辰
御乾元門觀酺十二月癸丑朔日當食不虧丙辰詔
王欽若等五人各舉京朝幕職州縣官詳練刑典曉
時務任邊寄者二人丁巳詔川峽閩廣轉運提點刑
獄官察屬吏貪墨慘刻者己未作元符觀庚申契丹
使蕭延寧等辭歸國辛酉加楚王元佐尚書令相王
元偓太尉榮王元儼兼中書令忠武軍節度使魏咸
信同平章事餘並進秩涇原路請築籠竿城是歲夏
州西涼府高麗女真來貢淮南江浙飢除其租天下

戶九百五萬五千七百二十九口二千一百九十七
萬六千九百六十五
八年春正月壬午朔謁玉清昭應宮奉表告尊上玉
皇大天帝聖號奉安刻玉天書于寶符閣還御崇德
殿受賀赦天下非十惡枉法贓及已殺人者咸除之
文武官滿三歲者有司考課以聞乙酉詔環州緣邊
卒人賜薪水錢庚寅置清衛二指揮奉宮觀乙未皇
女入道戊戌徙棣州城庚戌詔王欽若等舉供奉官
至殿直有武幹者一人二月泗州周憲百五歲詔賜
束帛甲寅宗正寺火丙辰嗢厮囉立遵貢名馬丙寅

以元佐為天策上將軍興元牧賜劍履上殿詔書不
名丁卯遣使巡撫淮浙路癸酉祈雨丙子詔進士六
舉諸科九舉者許奏名庚辰大雨三月乙酉幸元偓
宮視疾戊戌宴宗室射于苑中壬寅御試禮部貢舉
人夏四月辛酉賜宰相五臣論壬戌以寇準為武勝
軍節度使同平章事王欽若陳堯叟並為樞密使同
平章事戊辰德彝卒壬申榮王元儼宮火延及殿閣
內庫癸酉詔求直言命丁謂為大內脩葺使戊寅王
曾坐進詔言事乖繆貶五月壬午榮王元儼罷武信
軍節度使降封端王庚寅熒惑犯軒轅壬辰廢內侍

省黃門禁金飾服器庚子放宮人一百八十四人六月己酉朔日有食之辛未詔諸州以御製七條刻石乙亥惟忠卒閏月己卯赦天下庚辰王欽若上彤管懿範七月丙辰以諸州牛疫免牛稅一年戊午王嗣宗為大同軍節度使丙寅幸相王元偓新宮以宮城火詔諸王徙宮于外丙子幸瑞聖園觀稼宴射于水心殿八月己卯大理少卿閻允恭開封判官韓允坐枉獄除名戊戌詔京兆河中府陝同華虢等州貸貧民麥種九月注輦國貢土物珍珠衫帽甲寅嗢廝囉聚衆數十萬請討平夏人以自效丁卯宴宗室射于

後苑己巳賜注輦使袍服牲酒冬十月乙巳王欽若上聖祖先天紀戊申回鶻可羅等來貢十一月辛酉相王元偓加兼中書令端王元儼進封彭王癸亥高麗使同東女真來貢十二月戊寅皇子冠丁亥侍禁楊承吉使西蕃還以地理圖進辛卯太子慶國公封壽春郡王是歲占城宗哥族及西蕃首領來貢坊州大雨河溢陝西饑

九年春正月丙辰置會靈觀使以丁謂為之加刑部尚書壬申以張士遜崔遵度為壽春郡王友二月丁亥王旦等上兩朝國史戊子加旦守司徒修史官以下進秩賜物有差甲午詔以皇子就學之所名資善堂延州蕃部飢貸以邊穀三月丙午除雷州無名商稅錢秦州曹瑋撫捍蕃境得宜詔嘉之己酉王欽若上寶文統録辛酉以西蕃宗哥族李立遵為保順軍節度使壬戌詔舉官必擇廉能癸亥置修玉牒官乙丑著作佐郎高清以贓賄杖脊配沙門島夏四月庚辰周伯星見丙申賜天下酺振延州蕃族飢庚子幸陳堯叟第視疾壬寅以唐相元稹七世孫為台州司馬五月乙巳邠寧環慶部署王守斌言夏州蕃騎千五百來寇慶州內屬蕃部擊走之癸丑幸南宮視惟

憲疾甲寅惟憲卒乙卯毛尸等三族蕃官馮移埋率屬來歸詔撫之丙辰詔天下繫囚死罪減等流以下釋之丁巳向敏中為宮觀慶成使甲子左天廄草場火庚午太白晝見六月戊寅幸會靈觀宴祝禧殿癸未京畿蝗秋七月撫水蠻寇宜州廣南西路請便宜掩擊許之丁未增築京師新城丙辰開封府祥符縣蝗附草死者數里戊午停京城工役癸亥以畿內蝗下詔戒郡縣甲子詔京城禁樂一月丁卯幸太乙宮天清寺八月壬申知秦州曹瑋言伏羌砦蕃部廝雞波與宗哥族連結為亂以兵夷其族帳丙子令江淮

發運司留上供米五十萬以備飢年磁華瀛博等州
蝗不為災丙戌製玉皇聖號册文以陳堯叟為右僕
射戊子以旱罷秋宴壬辰羣臣請受尊號册寶表五
上從之九月癸卯雄霸河溢甲辰以丁謂為平江軍
節度使丙午陳彭年王曾張知白並叅知政事丁未
曹瑋言宗哥唃廝囉蕃部馬波叱臘魚角蟬等寇羌
伏砦擊敗之斬首千餘級庚戌以不雨罷重陽宴利
州水漂棧閣甲寅雨督諸路捕蝗丁巳詔以旱蝗得
雨宜務稼省事及罷諸營造戊午禁諸路貢瑞物戊
辰青州飛蝗赴海死積海岸百餘里己巳詔民有出

私廩振貧之者三千石至八千石第授助教文學上
佐之秩冬十月己卯王欽若表上翊聖保德真君傳
壬申詔馮拯等各舉殿直以上武幹者一人壬辰置
直龍圖閣十一月會靈觀甘露降乙巳詔河陝諸路
州簡禁軍五百人丁未河西節度使石普坐妄言災
異除名流賀州丁卯以唐裴度孫坦為鄭州助教是
歲西蕃宗哥族邛部山後蠻夏州甘州來貢諸州有
隕霜害稼及水災者遣使振卹除其租
天禧元年春正月辛丑朔改元詔玉清昭應宮薦獻
上玉皇大天帝寶册袞服壬寅上聖祖寶册己酉上

太廟謚册庚戌享六室辛亥謝天地于南郊大赦御
天安殿受册號乙卯宰相讀天書於天安殿遂幸玉
清昭應宮作欽承寶訓述示群臣壬戌詔以四月旦
日為天祥節丙寅命王旦為兗州太極觀奉上册寶
使二月庚午詔振災發州郡常平倉壬申御正陽門
觀酺丁丑置諫官御史各六員每月一員奏事有急
務聽非時入對戊寅王旦加太保中書侍郎平章事
向敏中加吏部尚書楚王元佐領雍州牧相王元偓
加尚書令兼中書令進封徐王彭王元偁加太保壽
春郡王禎兼中書令王欽若加右僕射趙德明加太

傅中外官並加恩辛巳考課京朝官改秩及考者壬
午定宗室子授官之制庚寅進封李公蘊為南平郡
王秦州神武軍破宗哥族馬波叱臘等於野吴谷多
獲人馬己亥陳彭年卒三月辛丑以不雨禱于四海
壬寅不雨罷上巳宴庚申免潮州逋鹽三百七十萬
有奇辛酉令作淖糜濟懷衛流民夏四月庚辰陳堯
叟卒戊子邵州野竹生實以食飢五月戊戌詔所在
安卹流民戊申以王旦為太尉侍中五日一入中書
旦懇辭不拜己酉熒惑犯太微乙卯縱歲獻鷹犬己
未奉太祖聖容於西京應天院向敏中為禮儀使諸

路蝗食苗詔遣内臣分捕仍命使安撫六月壬申赦
西京繫囚死罪減一等流以下釋之父老年八十者
賜茶帛除其課役戊寅除昇州後湖租錢五十餘萬
聽民溉田陝西江淮南蝗並言自死庚辰盜發後漢
高祖陵論如律并劾守土官吏遣内侍王克讓以禮
治葬知制誥劉筠祭告因詔州縣申前代帝王陵寢
樵採之禁乙酉免大食國蕃客稅之半龜茲國使張
復延等貢玉勒鞍馬令給其直己丑王旦對于崇政
殿秋七月丁未霖雨放朝己未幸魏咸信第視疾甲
子魏咸信卒八月庚午以王欽若為左僕射兼中書

侍郎平章事壬申向敏中加右僕射兼門下侍郎王
旦對于便殿丙子詔京城禁園草地聽民耕牧丁丑
禁採捕戊寅免牛稅一年九月癸卯以參知政事王
曾為禮部侍郎李迪為參知政事馬知節知樞密院
事曹利用任中正周起並同知樞密院事丙午幸王
旦第視疾戊申以蝗罷秋宴己酉王旦罷免甲寅詔能
拯救汴渠覆溺者給賞或溺者貧者以官錢給之丁
未教衛士騎射冬十月辛未詔閤門自今審官三班
院流内銓後殿日引公事勿過兩司壬申諭諸州非
時災沴不以聞者論罪己卯罷京東上貢物辛卯賜

壽春郡王及王友張士遜等詩十一月己亥詔曲宴
日輟後殿視事辛丑曹瑋平鬼留家族壬寅詔淮浙
荆湖治放生池禁漁採乙卯幸太一宮大雪帝謂宰
相曰雪固豐稔之兆第民力未充慮失播種卿等其
務振勸毋遺地利壬戌契丹使耶律準來賀承天節
高麗使徐訥率女真首領入對崇政殿獻方物十二
月丙寅京城雪寒給貧民粥并瘞死者乙亥罷京城
工役丙子嚴寒放朝丁丑放逋負釋繫囚己卯女真
國人歸給裝錢高麗使徐訥賜射瑞聖園辛卯詔陝
西緣邊鬻穀者勿算壬辰遣使緣汴河收瘞流尸是

歲三佛齊龜茲國來貢諸路蝗民飢鎮戎軍風雹害
稼詔發廩振之蠲租賦貸其種糧
二年春正月乙未真遊殿芝草生壬寅振河北京東
飢辛亥賜壽春郡王卹民歌戊午王欽若等上天禧
大禮記四十卷己未遣使諭京東官吏安撫飢民又
命諸路振以淳糜二月丙寅甘州來貢丁卯壽春郡
王加太保進封昇王詔近臣舉常參官堪任御史者
庚午右正言劉燁請自今言事許升殿從之庚辰振
京西饑乙酉幸徐王元偓宮視疾三月辛丑修京城
丙辰先貸貧民糧種止勿收夏四月戊子幸飛山雄

武教場宴賜從臣將士庚寅赦天下死罪減一等流以下釋之閏月辰州討下溪州蠻斬首六十餘級降千餘人己亥詔戶部尚書馮拯等舉幕職令錄堪充京官者各二人癸卯馬知節爲彰德軍留後丁未靈泉出京師飲者愈疾作祥源觀壬子幸徐王元偓宮視疾五月壬戌詔長吏卹孝弟力田者甲子徐王元偓薨丁卯釋下溪州蠻彭儒猛罪丙戌西京訛言妖如帽夜蜚民甚恐六月壬辰詔三班使臣經七年者考課遷秩己亥詔諸州上佐文學參軍譴降十年者聽還鄉乙巳訛言帽妖至京師民夜叫譟達曙詔捕

嘗爲邪法人耿槩等棄市辛亥彗出北斗魁秋七月壬申以星變赦天下流以下罪減等左降官羈管十年以上者放還京師京朝官丁憂七年未改秩者以聞丁亥彗沒八月庚寅群臣請立皇太子從之壬寅下溪州彭儒猛納所掠漢生口器甲等詔賜袍帶甲辰立皇子昇王爲皇太子大赦天下宗室加恩羣臣賜勛一轉戊申黎州山後兩林百蠻都王李阿善遣使來貢壬子彭王元偁進封通王以李迪兼太子賓客癸丑作元良箴賜皇太子甲寅楚王元佐加興元收徐國長公主進封福國邠國長公主進封建國宿

國長公主進封鄂國乙卯詔畎索河水入金水河丙辰以德雍德文惟政並爲諸州團練使允成允升允寧並爲諸州防禦使九月丁卯冊太皇子庚午詔全給外戍諸軍物庚辰御乾元門觀酺冬十月庚子御玉宸殿召近臣觀刈占城稻遂宴安福殿十二月辛丑以張旻爲武寧軍節度使同平章事是歲占城國甘州溪峒黎州山後蠻來貢陝西旱振之江陰軍蝻不爲災

三年春正月癸亥貢舉人郭稹等見崇政殿稹冒喪赴舉命典謁詰之即引咎殿三舉二月乙未河南府

地震三月戊午朔日有食之遣呂夷簡體訪陝亳民訛言丙寅御試禮部貢舉人癸未翰林學士工部尚書錢惟演等坐知舉失實降一官甲申潁州石隕出泉飲之愈疾夏四月甲午西上閤門使高繼勛坐市馬虧直削官五月丁巳大食國來貢乙丑左諫議大夫戚綸坐訕上貶岳州副使辛未慮囚六月癸未浚淮南漕渠廢三堰甲午王欽若爲太子太保河決滑州戊戌以寇準爲中書侍郎兼吏部尚書平章事丁謂爲吏部尚書參知政事滑州決河泛澶濮鄆齊徐境遣使救被溺者卹其家秋七月壬申曹璨卒群臣

表上尊號曰體元御極感天尊道應真寶運文德武功
上聖欽明仁孝皇帝八月丁亥大赦天下普度道釋
童行滑州龍見河決辛卯太白晝見己亥慶州亡去
熟戶委乞等來歸庚戌遣使撫卹京東西河北水災
九月乙丑慶州骨咩大門等族歸附辛巳遣中官存
問高麗貢使之被溺者冬十一月己巳謁景靈宮庚
午饗太廟辛未祀天地于圜丘大赦天下選兩任五
考無責罰者試身言書判丁丑御天安殿受尊號冊
十二月丙戌富州蠻酋向光澤表納土詔郤之辛卯
向敏中加左僕射中書侍郎兼禮部尚書平章事寇

準加右僕射通王元儼進封涇王曹利用丁謂並為
樞密使百官加恩癸巳以任中正周起並為樞密副
使是歲高麗女真來貢江浙及利州路飢詔振之
四年春正月乙丑以華州觀察使曹瑋為鎮國軍留
後僉樞密院事丙寅開揚州運河己巳幸元符觀庚
午贈處士魏野著作郎賜其家粟帛二月帝不豫癸
未遣使安撫淮南江浙利州飢民滑州決河塞辛丑
發唐鄧八州常平倉振貧民三月戊午以淄州民飢
貸牛糧甲子振蕃部粟庚午詔川陝致仕官聽還本
貫癸酉川廣舉人勿拘定額己亥振益梓民飢己卯

向敏中薨夏四月丁亥大風晝晦庚寅分江南轉運
使為東西路丙申杖殺前定陶縣尉麻士瑤於青州五
月丁巳發粟振秦隴六月丙申以寇準為太子太傅萊國
公河決滑州壬寅御試禮部奏名舉人九十三人秋
七月丁巳太白晝見辛酉京城大雨水壞廬舍大半
丙寅以李迪為吏部侍郎兼太子少傅平章事馮拯
為樞密使吏部尚書同平章事以霖雨壞營舍賜諸
軍緡錢庚午以丁謂為平章事曹利用同平章事癸
酉入內副都知周懷政伏誅丁丑太子太傅寇準降
授太常卿翰林學士盛度樞密直學士王曙並罷職

八月永興軍都巡檢使朱能殺中使叛乙酉以任中
正王曾並參知政事詔利夔路置常平倉丙戌朱能
自殺壬寅寇準貶道州司馬甲辰賜諸軍器幣入內
押班鄭志誠坐交朱能削兩任配隸房州九月己酉
分遣近臣張知白晁迥樂黃目等各舉常參官諸路
轉運及勸農使各舉堪京官知縣者二人知制誥知
雜御史直龍圖閣各舉堪御史者一人丙辰始御崇
德殿視事治朱能黨死流者數十人己未久雨放朝
壬戌給事中朱巽工部郎中梅詢坐不察朱能姦謫
官丁卯赦天下己巳遣使安撫永興軍壬申賜京城

酺冬十月戊寅命依唐制雙日不視事壬午幸正陽門觀酺帝自不豫浸少臨行至是人情大悅壬辰以王欽若爲資政殿大學士甲辰減水災州縣秋租丙午召皇子宗室近臣玉宸殿觀稻賜宴十一月戊午召近臣於龍圖閣觀御製文詞帝曰朕聽覽之暇以翰墨自娛雖不足垂範亦平生游心於此宰臣丁謂請鏤板宣布庚申內出御製七百二十二卷付宰臣丙寅丁謂加門下侍郎兼太子太傅李迪加中書侍郎兼尚書左丞依前少傅迪謂忿爭於帝前戊辰罷謂爲戶部尚書迪爲戶部侍郎任中正王曾錢惟演

並兼太子賓客張士遜林特並兼太子詹事晏殊爲太子左庶子己巳詔謂赴中書視事如故庚午詔自今除軍國大事仍舊親決餘皆委皇太子同宰相樞密使等參議行之太子上表陳讓不允以丁謂兼太子少師馮拯兼少傅曹利用兼少保辛未詔自今羣臣五日於長春殿起居餘隻日視朝於承明殿甲戌丁謂等請作天章閣奉安御集十二月乙酉皇太子親政詔內臣傳旨須覆奏丁亥龜茲甘州回鶻遣使來貢己丑王欽若加司空庚寅議事資善堂命張景宗侍皇太子丁酉以王欽若爲山南東道節度使同

平章事閏月丁卯以喃厮囉爲邊患詔陳堯叟等巡撫庚午京城穀貴減直發常平倉乙亥帝不豫力疾御承明殿賜手書宰相諭以輔導儲貳之意是歲京西陝西江淮荆湖諸州稔

五年春正月己丑帝疾愈出幸啓聖院癸巳詔天下死罪降流以下釋之乙未遣使撫京東水災丁酉以張士遜爲樞密副使己亥宴近臣承明殿二月甲寅審刑院言天下無斷獄丙寅賜天下酺庚午以孔子四十七世孫聖祐襲封文宣公三月辛巳御正陽門觀酺辛丑京東西水災賜民租十之五壬寅丁謂加

司空馮拯加左僕射曹利用加右僕射任中正工部尚書夏四月丙辰客星出軒轅五月乙亥慮囚降天下死罪六月丙午太白晝見秋七月甲戌朔日有食之戊寅新作景靈宮萬壽殿八月壬戌熒惑犯南斗九月戊寅喃厮囉請降冬十月癸卯蠲京東西淮浙被災民租壬子依漢唐故事五日一受朝遇慶會皇太子押班十一月戊子王欽若以山南東道節度使坐擅赴闕降司農卿分司南京是歲高麗遣使來貢京東河北兩川荆湖稔

乾興元年春正月辛未朔改元丁亥御東華門觀燈

戊戌蠲秀州水災民租二月庚子大赦天下癸卯上
尊號曰應天尊道欽明仁孝皇帝詔蘇湖秀州民飢
貸以廩粟甲辰制封丁謂為晉國公馮拯為魏國公
曹利用為韓國公庚戌詔徐州振貧民甲寅對宰相
于寢殿帝不豫增劇禱于山川神祇戊午帝大漸遺
詔皇太子於柩前即皇帝位尊皇后為皇太后權處
分軍國事淑妃為皇太妃帝是日崩于延慶殿年五
十五在位二十六年十月己酉葬永定陵己未祔太
廟天聖二年十一月上尊謚曰文明武定章聖元孝
皇帝廟號真宗慶曆七年加謚膺符稽古神功讓德

文明武定章聖元孝皇帝
贊曰真宗英悟之主其初踐位相臣李沆慮其聰明
必多作為數奏災異以杜其侈心蓋有所見也及澶
淵既盟封禪事作祥瑞沓臻天書屢降導迎奠安一
國君臣如病狂然吁可怪也他日修遼史見契丹故
俗而後推求宋史之微言焉宋自太祖幽州之敗惡
言兵矣契丹其主稱天其后稱地一歲祭天不知其
幾獵而手接飛鴈鴇自投地皆稱為天賜祭告而誇
耀之意者宋之諸臣因知契丹之習又見其君有厭
兵之意遂進神道設教之言欲假是以動敵人之聽
聞庶幾足以潛消其窺覦之志歟然不思脩本以制
敵又效尤焉計亦末矣仁宗以天書殉葬山陵嗚呼
賢哉

本紀卷第八

本紀卷第九　宋史九

開府儀同三司上柱國錄軍國重事前中書右丞相監修國史領經筵事都總裁脫脫等奉
勅修

仁宗一

仁宗體天法道極功全德神文聖武睿哲明孝皇帝
諱禎初名受益真宗第六子母李宸妃也大中祥符
三年四月十四日生章獻皇后無子取為己子養之
天性仁孝寬裕喜慍不形於色七年封慶國公八年
封壽春郡王講學于資善堂天禧元年兼中書令明
年進封昇王九月丁卯冊為皇太子以參知政事李

迪兼太子賓客癸酉謁太廟四年詔五日一開資善
堂太子秉笏南鄉立聽輔臣參決諸司事乾興元年
二月戊午真宗崩遺詔太子即皇帝位尊皇后為皇
太后權處分軍國事遣使告哀契丹己未大赦除常
赦所不原者百官進官一等優賞諸軍山陵諸費毋
賦於民庚申命丁謂為山陵使出遺留物賜近臣宗
室主兵官甲子聽政于崇政殿西廡乙丑以生日為
乾元節丙寅遣使以先帝遺留物遺契丹進封涇王
元儼為定王賜贊拜不名以丁謂為司徒兼侍中尚
書左僕射馮拯為司空兼侍中樞密使尚書右僕射

曹利用為尚書左僕射兼侍中戊辰貶道州司馬寇
準為雷州司戶參軍尚書戶部侍郎李迪為衡州團
練副使宣徽南院使曹瑋為左衛大將軍三月乙酉
作受命寶庚寅初御崇德殿太后設幄次于承明殿
垂簾以見輔臣夏四月壬子遣使以即位告契丹丙
寅交州來貢五月乙亥錄繫囚雜犯死罪遞降一等
杖以下釋之六月己酉命參知政事王曾按視山陵
皇堂丁巳契丹使來祭奠弔慰庚申入內內侍省押
班雷允恭坐擅移皇堂伏誅丁謂罷為太子少保分
司西京甲子改命馮拯為山陵使丙寅降參知政事

任中正為太子賓客秋七月辛未馮拯加昭文館大
學士王曾為中書侍郎同中書門下平章事集賢殿
大學士呂夷簡魯宗道參知政事乙亥遣使報謝契
丹丙子樞密副使錢惟演為樞密使戊寅改冀祖定
陵為靖陵辛卯貶丁謂為崖州司戶參軍八月壬寅
遣使賀契丹主及其妻生日正旦乙巳皇太后同御
承明殿垂簾決事九月壬申告大行皇帝謚于天地
宗廟社稷癸酉上謚冊于延慶殿己卯命以天書從
葬冬十月壬寅契丹使來賀即位己酉葬真宗皇帝
于永定陵詔中外避皇太后父諱己未祔真宗神主

于太廟廟樂曰大明之舞以莊穆皇后配辛酉降東
西京囚罪一等杖以下釋之蠲山陵役户及靈駕所
過民田租十一月丁卯朔錢惟演罷甲戌唃廝囉立
遵求内附乙亥以皇太后生日為長寧節辛巳初御
崇政殿西閣講筵命侍講孫奭馮元講論語壬午以
張知白為樞密副使十二月壬戌契丹使來賀明年
正旦是歲蘇州水滄州海潮溢詔振卹被水及溺死
之家南平王李公蘊遣使進貢
天聖元年春正月丙寅朔改元庚午契丹使初來賀
長寧節癸未命三司節浮費遂立計置司戊子以京

東淮南水災遣使安撫辛卯發卒增築京城二月戊
戌許唃廝囉歲一入貢丁巳奉安太祖太宗御容于
南京鴻慶宮壬戌減諸節齋醮道場三月甲戌奉安
真宗御容于西京應天院丙子詔減西京囚罪一等
徒以下釋之賜城中民八十以上者茶帛仍復其家
甲申詔自今營造三司度實給用辛卯司天監上崇
天曆行淮南十三山場貼射茶法夏四月辛丑罷禮
儀院丁未乾元節百官及契丹使初上壽于崇德殿
癸丑詔文武官奏蔭親屬從本資丁巳詔近臣舉諫
官御史各一人五月甲子行陝西河北入中芻糧見

錢法庚午詔禮部貢舉辛未録繫囚甲戌命魯宗道
按視滑州決河庚寅議皇太后儀衛制同乘輿六月
甲辰罷江寧府溧水縣采丹砂乙卯禁毁錢鑄鐘秋
七月壬申除戎瀘州虚估税錢詔職田遇水旱蠲租
如例辛巳蠲天下逋負八月乙未募民輸芻塞滑州
決河丙申下德音減天下囚罪一等杖以下釋之廢
鄆州東平馬監以牧地賦民甲寅芝生天安殿柱九
月丙寅馮拯罷以王欽若為門下侍郎同中書門下
平章事昭文舘大學士辛巳詔凡舉官未改轉而坐
贓者舉主免劾庚寅宴崇德殿閏月甲午詔裁造院

女工及營婦配南北作坊者並釋之戊戌寇準卒於
雷州己亥馮拯卒丁未禁彭州九隴縣采金丁巳禁
伎術官求輔臣宗室薦舉冬十月辛酉朔徙陝西緣
邊軍馬屯内地十一月丁酉詔諸州配囚録具獄與
地里上尚書刑部詳覆禁兩浙江南荆湖福建廣南
路巫覡挾邪術害人者戊午置益州交子務是歲甘
沙州來貢涇原咩迷卞杏家族納質内附
二年春二月庚午遣内臣收瘞汴口流屍仍祭奠之
三月丁酉奉安真宗御容于景靈宮奉真殿癸卯王
欽若上真宗實録是月賜禮部奏名進士諸科及第

出身四百八十五人夏四月辛酉詔三司歲市紬絹
非土產者罷之乙酉録晉石氏後五月乙未録繫囚
六月壬申罷天慶天祺天貺先天降聖節宮觀然燈
秋七月癸丑奉安真宗御容于玉清昭應宮安聖殿
八月丙辰朔宴崇德殿初用樂之半詔舉官已遷改
而貪汙者舉主以狀聞而不以實者坐之己卯幸
國子監謁孔子遂幸武成王廟甲申太白入太微垣
九月辛卯祠太一宮賜道左耕者茶帛冬十月丙辰
奉安真宗御容于洪福院十一月甲午加上真宗謚
乙未朝饗玉清昭應景靈宮丙申饗太廟丁酉祀天

地于圜丘大赦百官上尊號曰聖文睿武仁明孝德
皇帝上皇太后尊號曰應元崇德仁壽慈聖皇太后
賜百官諸軍加等乙巳立皇后郭氏辛亥加恩百官
十二月庚午詔開封府每歲正旦冬至禁刑三日是
歲龜茲甘州來貢
三年春正月辛卯長寧節近臣及契丹使初上皇太
后壽于崇政殿二月戊寅詔陝西災傷州軍盜廩穀
傷主者刺配隣州牢城徒減一等夏四月丁丑詔三
館繕書藏太清樓五月庚寅録繫囚癸巳幸御莊觀
刈麥聞民舍機杼聲賜織婦茶帛己亥賜隱士林逋

粟帛己酉禁臣僚奏薦無服子弟六月壬戌太白晝
見癸酉環原州屬羌叛寇邊環慶都監趙士隆等死
之遣使者安撫陝西秋七月戊子詔諸路轉運使察
舉知州通判不任事者丙午詔邊戶為羌所擾者蠲
租復役二年八月戊午以忠州鹽井歲增課夔州奉
節巫山縣舊籍民為營田萬州戶有稅者歲糴其穀
皆為民害詔悉除之辛未蠲陝西州軍旱災租賦九
月乙巳詔司天監奏災異據占書以聞冬十月乙卯
太白犯南斗辛酉晏殊為樞密副使十一月己卯朔
罷貼射茶法辛卯以襄州水蠲民租晉絳陝解州饑

發粟振之戊申王欽若卒十二月癸丑王曾為門下
侍郎昭文館大學士張知白同中書門下平章事集
賢殿大學士乙丑張旻為樞密使戊寅太白晝見是
歲龜茲甘州于闐來貢環慶蕃部嵬逋等內附補涇
原降羌首領潘征為本族軍主
四年春正月己亥命張得象與流內銓同試百司人
吏庚子涇原兵破康奴族二月甲寅詔吏犯贓至流按
察官失舉者併劾之庚午置西界和市場三月甲申
詔轉運使提點刑獄罷勸農司己亥鄜延蕃部首領
曹守貴等內附夏四月壬子詔京東西河北淮南平

穀價五月己卯詔禮部貢舉壬午詔大辟疑者奏讞
有司毋輒舉駁戊子錄繫囚己亥詔士有文而行不
副者州郡毋得薦送閏月戊申減江淮歲漕米五十
萬石除舒州太湖等九茶場民逋錢十三萬緡己酉
詔補太廟室長齋郎辛亥復陝西永豐渠以通解鹽
六月丁亥建劍邵武等州軍大水詔賜被災家米二
石溺死者官瘞之庚寅大雨震雷京師平地水數尺
辛卯避正殿減常膳丁酉降天下囚罪一等徒以下
釋之畿內京東西淮南河北被水民田蠲其租癸卯
詔官物漂失主典免償流徙者所在撫存之秋七月

戊申御長春殿復常膳辛未減兩川歲輸錦綺易綾
紗為絹以給邊費壬申詔諸路轉運使舉所部官通
經術者八月丁亥築泰州捍海堰己丑詔施州溪峒
首領三年一至京師九月乙卯詔孫奭馮元舉京朝
官通經術者庚申詔禮部貢院諸科通三經者薦擢
之錄周世宗從孫柴元亨為三班奉職辛未廢襄唐
州營田務以田賦民冬十月甲戌朔日有食之壬辰
詔郎中以上致仕賜一子官甲午昏霧四塞丙申奉
安真宗御容于鴻慶宮十二月丁丑發米六十萬斛
貸畿內飢丁亥帝白太后欲元日先上太后壽乃受

朝太后不可王曾奏曰陛下以孝奉母儀太后以謙
全國體請如太后令
五年春正月壬寅朔初率百官上皇太后壽于會慶
殿遂御天安殿受朝己未晏殊罷戊辰以夏竦為樞
密副使二月癸酉命呂夷簡夏竦修先朝國史王曾
提舉丙子詔振京東流民丁丑西域僧法吉祥等來
獻梵書三月戊申賜禮部奏名進士諸科及第出身
一千七十六人秦州地震罷瓊州歲貢瑇瑁鼊皮紫
貝夏四月壬辰壽寧觀火五月庚子朔詔武臣子孫
習文藝者聽奏文資壬寅太白晝見丙午閱諸班騎

射辛亥錄繫囚辛酉命呂夷簡等詳定編敕癸亥楚
王元佐薨是月京畿旱磁州蟲食桑六月甲戌祈雨
于玉清昭應宮開寶寺丙子詔決畿內繫囚丁丑雨
癸未罷諸營造之不急者秋七月己亥朔振秦州水
災賜被溺家錢米丙辰發丁夫三萬八千卒二萬一
千緡錢五十萬塞滑州決河詔察京東被災縣吏不
職者以聞九月庚戌閱龍衛神勇軍習戰冬十月辛
未罷陝西青苗錢癸酉奉安真宗御容于慈孝寺崇
真殿己丑頒新定五服敕甲午同皇太后幸御書院
觀太宗真宗御書乙未詔西川廣南在官物故者遣

人護送其家屬還鄉官爲給食丙申滑州言河平十
一月丁酉朔以陝西旱蝗减其民租賦庚子遣使河
北體量安撫壬寅復作指南車辛亥朝饗景靈宮壬
子饗太廟癸丑祀天地于圜丘大赦賀皇太后于會
慶殿丁巳恭謝玉清昭應宮十二月辛未加恩百官
甲戌詔輔臣南郊恩例外更改一子官丁亥詔百官
宗室受賂冒爲親屬奏官者毋赦是歲甘州及南平
國王李公蘊遣人来貢京兆府邢洺州蝗華州旱虸
蚄蟲食苗
六年春正月己酉罷兩川乾元節歲貢織佛戊午罷

提點刑獄二月庚辰大風晝晦壬午張知白薨三月
丙申朔日有食之壬子以張士遜同中書門下平章
事集賢殿大學士癸丑以姜遵爲樞密副使己未以
范雍爲樞密副使壬戌作西太一宮夏四月戊辰詔
審官三班院吏部流內銓軍頭司各引對所理公事
自帝爲皇太子輔臣叅決諸司事于資善堂至是始
還有司丁丑貸河北流民復業者種食復是年租賦
癸未命官減三司歲調上供物甲申旦有星大如斗
自北流至西南光燭地有聲如雷庚寅下德音以星
變齋居不視事五日降畿內囚死罪流以下釋之罷

諸土木工振河北流民過京師者五月乙未朔交阯
寇邊六月丙寅罷戎瀘諸州穀税錢秋七月壬子江
寧府揚真潤州江水溢壞官民廬舍遣使安撫振卹
八月乙丑詔免河北水災州軍秋税乙亥河決澶州
王楚埽丙戌録唐張九齡後九月己亥詔京朝[illegible]官
任內五人同罪奏舉者减一任癸卯祠西太一宮甲
辰詔河北災傷民質桑土與人者悉歸之俟歲豐償
所貸乙巳遣使修諸路兵械冬十月甲申除福州民
逋官莊錢十二萬八千緡十一月戊午京西言穀斗
十錢十二月癸亥祠西太一宮是歲甘州三佛齊来

貢
七年春正月癸卯曹利用罷丙辰降利用爲左千牛
衛上將軍二月庚申朔曾宗道卒甲子詔文臣歷邊
有材勇武臣之子有節義者與換官三路任使丙寅
張士遜罷以呂夷簡同中書門下平章事集賢殿大
學士丁卯以夏竦薛奎叅知政事陳堯佐爲樞密副
使癸酉貶曹利用爲崇信軍節度副使房州安置未
至自殺乙酉以河北水災委轉運使察官吏不任職
者易之癸巳募民入粟以振河北閏月戊申禁京城
刱造寺觀壬子復制舉六科增高蹈丘園沉淪草澤

茂才異等科置書判拔萃科及試武舉癸酉置理檢
使以御史中丞為之三月乙丑詔吏胥受賕毋用蔭
辛巳詔契丹飢民所過給米分送唐鄧等州以間田
處之癸未詔百官轉對極言時政闕失在外者實封
以聞夏四月庚寅赦天下免河北被水民租賦辛卯
南平王李公蘊卒其子德政遣人來告以為交阯郡
王五月乙未朔詔禮部貢舉庚申詔戒文弊己巳須
新令庚午詔先朝文武官自刺史少卿監以上並錄
其後癸酉錄繫囚庚辰御承明殿臣僚請對者十九
人日昃乃罷六月壬辰置益梓廣南路轉運判官丁
未大雷雨玉清昭應宮災甲寅王曾罷秋七月癸亥
以玉清昭應宮災遣官告諸陵詔天下不復繕修乙
亥詔殿直以上毋得換文資乙酉罷諸宮觀使八月
丁亥朔日有食之詔罷天下職田官收其入以所直
均給之己丑以呂夷簡為昭文館大學士辛卯夏竦
復為樞密副使陳堯佐王曙並參知政事己亥詔命
官犯正入贓毋使親民冬十月壬寅閱虎翼武騎卒
習戰丙午京師地震詔知州軍歲舉判司簿尉可縣
令者一人十一月癸亥冬至率百官上皇太后壽于
會慶殿遂御天安殿受朝庚午詔天下孤獨疾病者

致醫藥存視詔周世宗後凡經郊祀錄其子孫一人
是歲河北水遣使決囚振貧瘞溺死者給其家緡錢
察官吏貪暴不恤民者龜茲下溪州黔州蠻來貢
八年春正月甲戌曹瑋卒辛巳作會聖宮于西京永
安縣二月戊子詔五代時官三品以上告身存者子
孫聽用蔭三月壬申幸後苑遂宴太清樓乙亥禁以
財冒士族娶宗室女者詔河北被水州縣毋稅牛是
月賜禮部奏名進士諸科及第出身八百二十二人
五月甲寅賜信州龍虎山張乾曜號澄素先生丙辰
大雨雹辛酉錄繫囚六月癸巳呂夷簡上新脩國史
己亥詔御史臺獄勿關糾察司乙巳親試書判拔萃
科及武舉人秋七月丙子策制舉人八月丙戌詔詳
定鹽法丁亥詔近臣宗室觀祖宗御書于龍圖天章
閣又觀瑞穀于元真殿遂宴蕊珠殿戊子詔流配人
道死者其妻子給食送還鄉里九月癸丑復置諸路
提點刑獄官丙辰罷轉對乙丑姜遵卒己巳以趙稹
為樞密副使冬十月壬辰奉安太祖御容于太平興
國寺開先殿丙申弛三京河中府潁許汝鄭鄆濟衛
晉絳虢亳宿等二十八州軍鹽禁壬寅置天章閣待
制十一月丙寅朝饗景靈宮丁卯饗太廟戊辰祀天

地于圜丘大赦賀皇太后于會慶殿十二月癸未加
恩百官辛丑西平王趙德明交阯王李德政並加賜
功臣是歲高麗占城邛部川都蠻来貢
九年春正月辛亥詔諸路轉運判官員外郎以上遇
郊聽任子弟丙辰長寧節百官初上皇太后壽于會
慶殿辛未減畿內民租二月癸巳詔復郡縣職田三
月甲寅奉安太祖太宗真宗御容于會聖宮夏四月
戊寅詔以隴州論平民五人為劫盜抵死主者雖更
赦並從重罰乙巳閱大樂五月乙丑録繫囚六月庚
辰宋綬上皇太后儀制秋七月丙午朔契丹使来告

其主隆緒殂遣使祭奠弔慰及賀宗真立九月癸亥
祠西太一宮賜道左耕者茶帛冬十月丙戌詔公卿
大夫勵名節乙未詔常參官已授外任毋得奏舉選
人辛丑罷益梓廣南路轉運判官閏月戊辰翰林侍
讀學士孫奭請老命知兗州曲宴太清樓送之十一
月丁亥弛兩川礬禁己丑祈雪于會靈觀丁酉出知
雜御史曹脩古御史郭勸楊偕推直官段少連十二
月甲寅詔吏部銓選人父母年八十以上者權注近
官辛酉大風三日是歲契丹主及其國母遣使来致
遺留物及謝弔祭南平王李德政遣人謝加恩龜茲

沙州来貢亠斉真晏端等百八十四人内附

本紀卷第九

本紀卷第十　　宋史十

開府儀同三司上柱國錄軍國重事前中書右丞相監修國史領經筵事都總裁臣脫脫等奉
敕修

仁宗二

明道元年春二月癸卯，呂夷簡上三朝寶訓。丙午，詔仕廣南者毋過兩任，以防貪黷。庚戌，以張士遜同中書門下平章事、集賢殿大學士。戊午，錄故宰臣孫並試將作監主簿。甲子，詔員外郎以上致仕者錄其子校書郎，三丞以上齋郎。丁卯，以真宗順容李氏為宸妃，是日妃薨。三月戊子，頒天聖編敕。戊戌，以江淮旱

遣使與長吏錄繫囚，流以下減一等，杖笞釋之。己亥，除婺秀州丁身錢。夏四月丙午，錄繫囚。戊午，知棣州王涉坐冒請官地為職田，配廣南牢城。五月癸酉，遣使點檢河北城池器甲，密訪官吏能否。壬午，廢杭秀二州鹽場。秋七月丙申，詔諸路轉運使舉國子監講官。丁酉，王曙罷。太白晝見彌月乃滅。八月辛丑，以晏殊為樞密副使。丙午，晏殊參知政事。甲寅，以楊崇勳為樞密副使。辛酉，授唃廝囉為寧遠大將軍、愛州團練使。壬戌，大內火，延八殿。癸亥，移御延福宮。甲子，以呂夷簡為脩內使。乙丑，詔羣臣直言闕失。丁卯，大赦。

九月庚寅，重作受命寶。丙申，皇太后出金銀器易左藏緡錢二十萬，以助脩內。冬十月庚子，黃白氣五貫紫微垣。丁巳，詔漢陽軍發廩粟以振饑民。十一月甲戌，以脩內成，恭謝天地于大安殿，謁太廟，大赦，改元。百官進秩，優賞諸軍。是日還宮。己卯，冬至，率百官賀皇太后于文德殿，御大安殿受朝。壬辰，延州言夏王趙德明卒。癸巳，以德明子元昊為定難軍節度使、西平王。十二月壬寅，以楊崇勳為樞密使。戊午，詔獲劫盜者奏裁，毋擅殺。壬戌，西北有蒼白氣亘天。是歲，京東、淮南、江東饑。

二年春正月己卯，詔發運使以上供米百萬斛振江淮饑民，遣使督視。二月戊戌，含譽星見東北方。庚子，詔江淮民饑死者，官為之葬祭。乙巳，皇太后服袞衣、儀天冠饗太廟，皇太妃亞獻，皇后終獻。是日，上皇太后尊號曰應元齊聖顯功崇德慈仁保壽皇太后。丁未，祀先農于東郊，躬耕籍田，大赦。百官上尊號曰睿聖文武體天法道仁明孝德皇帝。三月庚午，加恩百官。丁亥，祈雨于會靈觀、上清宮、景德開寶寺。庚寅，以皇太后不豫，大赦，除常赦所不原者，乾興以來貶死者復官，謫者內徙。甲午，皇太后崩，遺詔尊皇太妃為皇

太后吕夷簡爲山陵使夏四月丙申朔出大行皇太
后遺留物賜近臣壬寅追尊宸妃李氏爲皇太后至
是帝始知爲宸妃所生甲辰以大行皇太后五使並
兼追尊皇太后園陵使戊申聽政于崇政殿西廂己
酉罷乾元節上壽壬子詔臣僚宗戚命婦毋得以進
獻祈恩澤及緣親戚通表章罷創脩寺觀帝始親政
裁抑僥倖中外大悅癸丑召還宋綬范仲淹丙辰内
侍江德明等並坐交通請謁黜己未吕夷簡張耆夏
竦陳堯佐范雍趙稹晏殊皆罷以張士遜爲昭文館
大學士李迪同中書門下平章事集賢殿大學士王

隨參知政事李諮爲樞密副使王德用僉書樞密院
事壬戌御紫宸殿以張士遜爲山陵使兼園陵使癸
亥上大行太后謚曰莊獻明肅追尊宸妃李氏爲皇
太后謚曰莊懿五月戊辰詔禮部貢舉癸酉詔中外
勿輙言皇太后垂簾日事乙亥罷羣牧制置使丙子
命宰臣張士遜撰謝太廟及躬耕籍田記檢討宋祁
言皇太后謁廟非後世法乃止撰籍田記戊寅録繫
囚六月甲午朔日有食之壬寅録周世宗及高季興
李煜孟昶劉繼元劉鋹後癸卯命審刑大理詳定配
隷刑名戊午減天下歲貢物秋七月丁丑詔知耀州

富平縣事張龜年增秩再任以其治行風告天下戊
子詔以蝗旱去尊號睿聖文武四字以告天地宗廟
仍令中外直言闕政八月甲午朔契丹使來弔慰祭
奠壬寅作奉慈廟甲辰詔中外毋避莊獻明肅太后
父諱丁巳置端明殿學士九月甲戌幸法福院臨莊
懿太后梓宮丙子壬午臨如之冬十月癸巳朔太白
犯南斗甲午禁登州民采金丁酉祔葬莊獻明肅皇
太后莊懿皇太后于永定陵甲辰詔以兩川歲貢綾
錦羅綺紗以三之二易爲紬絹供軍須己酉祔莊獻
明肅太后莊懿太后神主于奉慈廟癸丑下德音降

東西京囚罪一等徒以下釋之緣二太后陵應奉民
戶免租賦科役有差丙辰贈周王祐爲皇太子戊午
張士遜楊崇勳罷以吕夷簡爲門下侍郎同中書門
下平章事昭文館大學士王曙爲樞密使王德用爲
樞密副使宋綬參知政事蔡齊爲樞密副使十一月
癸亥朔薛奎罷詔增宗室奉太白犯南斗乙丑追冊
美人張氏爲皇后甲戌贈寇準爲中書令十二月丙
申復置提點刑獄丁酉詔諸路轉運使副歲徧歷所
部仍令州軍具所至月日以聞甲辰以京東飢出内
藏絹二十萬代其民歲輸乙巳詔脩周廟丁未詔臺

官非中丞知雜保薦者勿任戊申出宮人二百乙卯廢皇后郭氏爲淨妃玉京冲妙仙師居長寧宮御史中丞孔道輔率諫官御史大呼殿門請對詔宰相告以皇后當廢狀丙辰出道輔及諫官范仲淹仍詔臺諫自今毋相率請對丁巳詔明年改元禁邊臣增置堡砦是歲畿內京東西河北河東陝西蝗淮南江東兩川饑遣使安撫除民租注輦國來貢

景祐元年春正月甲子發江淮漕米振京東饑民丙寅詔開封府界諸縣作糜粥以濟饑民諸災傷州軍亦如之戊辰詔三司鑄景祐元寶錢甲戌詔執政大

臣議兵農可更制者以聞詔募民掘蝗種給菽米癸未詔禮部所試舉人十取其二進士三舉諸科五舉嘗經殿試進士五舉年五十諸科六舉年六十及曾經先朝御試者皆以名聞甲申淮南饑出內藏絹二十萬代其民歲輸丁亥置崇政殿說書庚寅詔停淮南上供一年二月乙未罷書判拔萃科辛丑詔禮部貢院諸科舉人七舉者不限年並許特奏名甲辰權減江淮漕米二百萬石戊申詔麟府州振蕃漢饑民三月壬午免諸路災傷州軍今年夏稅癸未詔解州畦戶逋鹽蠲其半是月賜禮部奏名進士諸科及第出身七百八十三人夏四月丁酉開封府判官龐籍言尚美人遣內侍稱教旨免工人市租帝爲杖內侍仍詔有司自今宮中傳命毋得輒受癸丑詔置殿中侍御史監察御史裏行五月辛酉出布十萬端易錢糴河北軍儲丁卯禁民間織錦刺繡爲服飾西川歲織錦上供亦罷之癸酉詔臺諫未曾歷郡守者與郡壬午錄繫囚是月契丹主宗真之母還政於子出居慶陵六月壬辰交州民六百餘人內附庚子免畿內被災民稅之半己酉策制舉武舉人乙卯詔州縣官非理科決罪人至死者並奏聽裁閏月甲子泗州淮汴

溢己巳常州無錫縣大風發屋乙亥毀天下無額寺院壬午罷造玳瑁龜筒器秋七月丙申賜壽州下蔡縣被溺之家錢有差己亥樞密使王曙加同平章事辛丑詔文武提刑毋得互相薦論壬子詔轉運使與長吏舉所部官專領常平倉粟甲寅河決澶州橫隴埽八月庚申薛奎卒壬戌有星孛于張翼癸亥王曙卒甲子月犯南斗戊辰帝不豫庚午以王曾爲樞密使辛未以星變大赦避正殿減常膳輔臣奏事延和殿閤壬申詔淨妃郭氏出居于外美人尚氏入道楊氏安置別宅九月壬辰百官請復日御前殿如先帝

故事詔可丁酉帝康復御正殿復常膳甲辰詔立皇后曹氏丙午熒惑犯南斗冬十月庚申罷淮南江浙荆湖制置發運使詔淮南轉運兼發運事乙亥作郊廟景安興安祐安之曲十一月己丑冊曹氏為皇后癸丑作大安之曲以饗聖祖十二月癸酉賜西平王趙元昊佛經是歲南平王李德政獻馴象二詔還之開封府淄州蝗

二年春正月癸丑置邇英延義二閣寫尚書無逸篇于屏二月戊午御延福宮觀大樂癸亥舊給事資善堂者皆推恩戊辰李迪罷以王曾為門下侍郎同中書門下平章事集賢殿大學士王隨李諮知樞密院事蔡齊盛度參知政事王德用韓億同知樞密院事三月戊申出內庫珠賜三司以助經費夏四月庚午詔天下有知樂者所在薦聞五月甲午猺獠寇雷化州詔桂廣會兵討之丙申録繫囚庚子議太祖太宗真宗廟並萬世不遷南郊升侑上帝以太祖定配二宗迭配丙午降天下繫囚罪一等杖以下釋之丁未廣西言鎮寧州蠻入寇六月丁巳詔幕職官初任未成考毋薦乙亥頒一司一務及在京敕鎮寧蠻請降秋七月戊申廢西京採柴務以山林賦民官取十之

一八月壬子朔詔輕強盜法甲寅宴紫宸殿初用樂甲戌幸安肅門砲場閱習戰己卯置提點刑獄鑄錢官九月壬寅按新樂己酉作睦親宅命中丞杜衍等汰三司胥吏宋綬上中書總例冬十月辛亥朔復置朝集院癸亥復羣牧制置使丁卯詔諸路歲輸緡錢福建二廣易以銀江東以帛庚午熒惑犯左執法十一月戊子廢后郭氏薨癸巳朝饗景靈宮甲午饗太廟奉慈廟乙未祀天地于圜丘大赦録五代及諸國後宗室任諸司使以下至殿直者換西班官百官上尊號曰景祐體天法道欽文聰武聖神孝德皇帝丁未加恩百官十二月壬子加唃廝囉為保順軍留後丙子詔長吏能導民脩水利闢荒田者賞之是歲以鎮戎軍荐飢貸弓箭手粟麥六萬石

三年春正月壬辰追復郭氏為皇后丁酉葬皇后郭氏二月丙辰命官較太常鐘律壬戌詔兩制禮官詳定京師士民服用居室之制甲子以廣南兵民苦瘴毒為置醫藥丁卯脩陝西三白渠三月癸巳復商貿以見錢算請官茶法乙未觀新定鐘律戊戌詔兩省卿監刺史閤門以上致仕給奉如分司官長吏歲時勞賜之改維州為威州夏五月庚辰購求館閣逸書

丙申録繫囚丙戌天章閣待制范仲淹坐譏刺大臣落職知饒州集賢校理余靖館閣校勘尹洙歐陽脩並落職補外詔戒百官越職言事六月壬申虔吉州水溢壞城郭廬舍賜被溺家錢有差秋七月丁亥禁民間私寫編敕刑書乙未置大宗正司庚子大雨震電太平興國寺災辛丑降三京罪囚一等徒以下釋之八月己酉班民間冠服居室車馬器用犯制之禁乙卯月犯南斗九月庚辰幸睦親宅宴宗室癸巳熒惑犯南斗是月定申心喪解官法冬十月丁未命章得象等考課諸路提刑甲寅作朝集院十一月戊寅

保慶皇太后楊氏崩辛卯上保慶太后謚曰莊惠十二月丙寅李諮卒丁卯王德用知樞密院事章得象同知樞密院事是歲南平王李德政西南蕃來貢南丹州莫淮戟內附

四年春正月壬午詔均諸州解額二月己酉葬莊惠皇后于永定陵己未祔神主于奉慈廟庚申德音降東西京及靈駕所過州縣囚罪一等徒以下釋之乙丑置赤帝像于宮中祈嗣三月甲戌置天章閣侍講戊寅詔禮部貢舉夏四月乙巳呂夷簡上景祐法寶新録甲子呂夷簡王曾宋綬蔡齊罷以王隨為門下侍郎同中書門下平章事昭文館大學士陳堯佐同中書門下平章事集賢殿大學士盛度知樞密院事韓億程琳石中立參知政事王鬷同知樞密院事五月庚戌皇子生録繫囚降死罪一等流以下釋之是日皇子薨乙卯以旱遣使決三京繫囚丙寅芝生化成殿楹六月乙亥杭州江潮壞隄遣使致祭戊子出神武秘略賜邊臣己丑奉安太祖御容于揚州建隆寺秋七月丁未詔河東河北州郡密嚴邊備戊申有星數百西南流至壁東大者其光燭地黑氣長丈餘出畢宿下八月甲戌越州水賜被溺民家錢有差甲

午詔三司轉運司毋借常平錢穀冬十一月癸亥罷登萊買金場十二月甲申并代忻州並言地震吏民壓死者三萬二千三百六人傷五千六百人畜擾死者五萬餘遣使撫存其民賜死傷之家錢有差是歲滑州民蠶成被長二丈五尺唃厮囉龜茲沙州來貢

寶元元年春正月甲辰雷丙辰以地震及雷發不時詔轉運使提舉刑獄按所部官吏除并代忻州壓死民家去年秋粮二月壬申詔復日御前殿甲午安化蠻寇宜融州三月戊戌朔王隨陳堯佐韓億石中立罷以張士遜為門下侍郎同中書門下平章事昭文

舘大學士章得象同中書門下平章事集賢殿大學士王䴊李若谷並參知政事王博文陳執中同知樞密院事己亥發郃澧灃三州駐泊兵討安化州蠻是月賜禮部奏名進士諸科及第出身七百二十四人夏四月癸酉王博文卒乙亥以張觀同知樞密院事壬辰除宜融州夏稅五月乙巳録繫囚六月戊寅罷舉童子己卯建州大水壞民廬舍賜死傷家錢有差其無主者官葬祭之甲申詔天下諸州月上雨雪狀秋七月壬戌策制舉人癸亥策武舉人八月丁卯復淮南江浙荆湖制置發運使庚辰熒惑犯南斗九月

宋史十 四百令五字 宋史本紀卷十 十二 趙維新寫 肖賓刊

戊申詔應祀事已受誓戒而失虔恭者毋以赦原賜宜融州討蠻兵緡錢冬十月丙寅詔戒百官朋黨十一月甲辰詔廣西鈐轄進兵討安化蠻乙巳詔宜融州民嘗從軍役者免今夏稅運粮者免其半戊申朝饗景靈宫己酉饗太廟及奉慈廟庚戌祀天地于圜丘大赦改元百官上尊號曰寶元體天法道欽文聰武聖神孝德皇帝乙卯復奉舉縣令法王曾薨十二月癸亥朔加恩百官甲子京師地震丙寅鄜延路言趙元昊反甲戌禁邊人與元昊互市己卯奉寧軍節度使知永興軍夏竦兼涇原秦鳳路安撫使振武軍

節度使知延州范雍兼鄜延環慶路安撫使是歲達州大水黎州蠻來貢

二年春正月己酉王隨卒辛亥安化蠻平癸丑趙元昊表請稱帝改元三月丁未鑄皇宋通寶錢乙卯閱試衛士戊午賜陝西緣邊軍士緡錢夏四月癸亥授唃廝囉二子瞎氊磨角氊團練使乙丑放宫女二百七十人壬申免昭州運粮死蠻寇者家徭二年賦租一年丁亥募河東陝西民入粟實邊五月癸巳詔近臣舉方略材武之士各二人己亥禁皇族及諸命婦女冠尼等非時入内癸卯命近臣同三司議節省浮

宋史十 三百九十三字 宋史本紀卷十 十三 趙維新寫 肖賓刊

費丙午遣使體量安撫陝西河東己酉録繫囚壬子王德用罷以夏守贇知樞密院事六月壬戌詔省浮費自乘輿服御及宫掖所須宜從簡約若吏兵禄賜毋槩行裁減戊辰詔諸致仕官嘗犯贓者毋推恩子孫丁丑益州火焚廬舍三千餘區壬午削趙元昊官爵除屬籍秋七月丁巳詔宗室遇南郊及乾元節恩許官一子餘五歲授官戊午以夏竦知涇州兼涇原秦鳳路沿邊經略安撫使涇原路馬步軍都總管范雍兼鄜延環慶路沿邊經略安撫使鄜延路馬步軍都總管八月丁卯以築城唃廝波補本族軍主甲

戍皇子生丙子降三京囚罪一等徒以下釋之辛巳
命輔臣報祠高禖九月壬寅詔河北轉運使兼都大
制置營田屯田事乙卯出内庫銀四萬兩易粟振益
梓利夔路飢民十月庚午賜麟府州及川陜軍士緡
錢甲申詔兩川飢民出劍門關者勿禁十一月戊子
朔出内庫珠易緡錢三十萬糴邊儲丁酉盛度程琳
罷出御史中丞孔道輔壬寅以王鬷知樞密院事宋
庠參知政事十二月庚申詔審刑院大理寺刑部毋通
賓客壬申詔御史闕員朕自擇舉是歳曹濮單州蝗
康定元年春正月丙辰朔日有食之壬戌賜國子監

學田五十頃是月元昊寇延州執鄜延環慶兩路副
都總管劉平鄜延副都總管石元孫詔陜西運使明
鎬募强壯備邊二月丁亥以夏守贇為宣徽南院使
陜西馬步軍都總管經略安撫使詔潼關設備辛卯
月太白俱犯昴壬辰夏守贇兼沿邊招討使出内藏
緡錢十萬賜戍邊禁兵之家知制誥韓琦安撫陜西
白氣如繩貫日甲午括畿内京東西淮南陜西馬丙
申詔諸路轉運使提刑訪知邊事者以聞丁酉詔樞
密院同宰臣議邊事辛丑出内藏緡錢八十萬陜西
市糴軍儲丙午德音釋延州保安軍流以下罪寇所

攻掠地除今夏税戍兵及戰死者賜其家緡錢是日
改元去尊號寶元字許中外臣庶上封章言事丁未
詔陜西量民力蠲所科芻糧癸丑降范雍為尚書吏
部侍郎知安州甲寅出内庫珠償民馬直三月丙辰
詔大臣條陜西攻守策癸亥命韓琦治陜西城池乙
丑閲虎翼軍習戰辛未詔延州録戰没軍士子孫月
給糧丙子大風晝瞑是夜有黑氣長數丈見東南丁
丑罷大宴詔中外言闕政戊寅王鬷陳執中張觀罷
以晏殊宋綬知樞密院事王貽永同知樞密院事詔
按察官舉才堪將帥者庚辰詔參知政事同議邊事

辛巳德音降天下囚罪一等徒以下釋之賜京師河
北陜西河東諸軍緡錢蠲陜西夏税十之二減河東
所科粟夏四月丙戌省陜西沿邊堡砦癸巳詔諸戍
邊軍月遣内侍存問其家病致醫藥死為斂葬之甲
午遣使籍陜西强壯軍乙未契丹國母復遣使來賀
乾元節乙巳增補河北强壯軍丙午鄜延路兵馬都
監黄德和坐棄軍要斬丁未贈劉平石元孫官録其
子孫辛亥築延州金明栲栳砦五月甲寅朔詔前殿
奏事毋過五班餘對後殿命大官賜食壬戌張士遜
致事呂夷簡為門下侍郎同中書門下平章事昭文

館大學士癸酉詔夏守贇進屯鄜州戊寅以夏竦為
陝西馬步軍都總管兼招討使是月元昊陷塞門砦
兵馬監押王繼元死之又陷安遠砦六月丙戌詔假
日御崇政殿視事如前殿丁亥以夏守贇同知樞密
院事甲午降三京囚罪一等徒以下釋之乙未南京
鴻慶宮神御殿火壬寅遣使體量安撫京東西甲辰
增置陝西河北河東京東西弓手秋七月乙丑遣使
以討元昊告契丹庚午閱諸軍習戰戊寅皇子昕為
忠正軍節度使封壽國公八月戊戌禁以金箔飾佛
像癸卯遣尚書屯田員外郎劉渙使邈川戊申夏守

贇罷以杜衍同知樞密院事辛亥詔范仲淹葛懷敏
領兵驅逐塞門等砦蕃騎出境仍募弓箭手給地居
之九月甲寅滑州河溢戊午李若谷罷以宋綬晁宗
慤參知政事鄭戩同知樞密院事戊辰以晏殊為樞
密使王貽永杜衍鄭戩並樞密副使甲戌詔使臣諸
班諸軍有武藝者自陳辛巳閱諸軍習戰是月元昊
寇三川砦都巡檢楊保吉死之又圍師子定川堡戰士
死者五千餘人遂陷乾溝乾河趙福三堡環慶路兵
馬副都總管任福破白豹城冬十月乙未製銅木契
傳信牌甲辰録方略士六十一人授官有差十一月

壬戌有大星流西南聲如雷者三十二月癸未出內
藏庫絹一百萬助糴軍儲詔南京祠大火丙戌詔以
常平緡錢助糴軍儲癸卯宋綬卒戊申鑄當十錢權
助邊費

本紀卷第十

本紀卷第十一　　宋史十一

開府儀同三司上柱國錄軍國重事前中書右丞相監修國史領經筵事都總裁臣脫脫等奉

勑修

仁宗三

慶曆元年春正月辛亥朔御大慶殿受朝己未加唃
廝囉河西節度使壬申詔歲以春分祠高禖是月元
昊請和二月己亥壽國公昕薨辛亥罷大宴京東西
淮浙江南荆湖置宣毅軍甲辰詔臣僚受外任者毋
得因臨遣祈恩丙午京師雨藥是月元昊寇渭州環
慶路馬步軍副總管任福敗于好水川福及將佐軍

士死者六千餘人三月庚戌朔修金隄乙卯詔止郡
國舉人勿以邊機為名希求恩澤夏四月甲申以資
政殿學士陳執中同陝西馬步軍都總管兼經略安
撫沿邊招討等使知永興軍詔夏竦仍判永興軍乙
巳下德音降陝西囚死罪一等流以下釋之特支軍
士緡錢振撫邊民被鈔略者親屬五月丁巳錄繫囚
甲子出內藏緡錢一百萬助軍費乙丑追封皇長子
為褒王賜名昉丁卯罷陝西經略安撫沿邊招討都
監辛未宋庠鄭戩罷以王舉正參知政事任中師任
布為樞密副使詔夏竦屯軍鄜州陳執中屯軍涇州

癸酉閱試衛士六月壬辰詔陝西諸路總管司嚴邊
備毋輒入賊界賊至則禦之乙巳詔近臣舉河北陝
西河東知州通判縣令秋七月丙辰月掩心後星戊
午月掩南斗壬戌置萬勝軍凡二十指揮是月元昊
寇麟府州八月戊寅詔鄜延部署以兵援麟府甲申
河北置場括市戰馬緣邊七州軍免括乙未毀潼關
新置樓櫓庚子月掩歲星乙巳募民間材勇者補神
捷指揮是月元昊寇金明砦破寧遠砦砦主王世亶
兵馬監押王顯死之鴟豐州知州王餘慶兵馬監押
孫吉死之九月壬子命河東鑄大鐵錢乙亥復置義

倉冬十月甲午詔罷都部署分四路置使置陝西營
田務己亥罷銅符木契是月修河北城池十一月壬
子置涇原路強壯弓箭手丙辰發廩粟減價以濟京
城民甲子朝饗景靈宮乙丑饗太廟奉慈廟丙寅祀
天地于圜丘大赦改元蠲陝西來年夏稅十之二及
麟府民二年賦租臣僚許立家廟功臣不限品數賜
戟增天下解額弛京東八州鹽禁是月令江饒池三
州鑄鐵錢十二月丙子加恩百官丁丑司天監上崇
天萬年曆戊寅詔陝西四路總管及轉運使兼營田
甲午置陝西護塞軍是歲湖南洞蠻知徽州楊通漢

貢方物
二年春正月丁巳復京師榷鹽法壬戌詔以京西閑田處内附蕃族無親屬者遣使河北募兵及萬人者賞之癸亥詔磨勘院考提點刑獄功罪為三等以待黜陟二月乙未詔河北強壯刺手背為義勇軍三月甲辰朔詔殿前指揮使兩省都知舉武臣才堪為將者丁巳杜衍宣撫河東辛酉晁宗慤罷己巳契丹遣蕭英劉六符來致書求割地是月賜禮部奏名進士諸科及第出身八百三十九人夏四月戊寅命御史中丞諫官同較三司用度罷其不急者庚辰知制誥富

弼報使契丹五月辛亥録繫囚壬子減皇后及宗室婦郊賜之半甲寅詔三館臣僚上封事及聽請對丙辰詔醫官毋得換右職戊午建大名府為北京降河北州軍繫囚罪一等杖笞以下釋之乙丑罷左藏庫月進錢戊辰禁銷金為服飾是月契丹集兵幽州聲言來侵河北京東皆為邊備六月甲戌出内藏銀紬絹三百萬助邊費癸未以特奏名武藝人補三班丙戌置北平軍丙申閱蕃落將士騎射戊戌詔減省南郊臣僚賜與秋七月丙午任布罷丁未詔軍校戰沒無子孫者賜其家緡錢戊午大雨雹以呂夷簡兼判樞密院事章得象兼樞密使晏殊加平章事癸亥富弼再使契丹詔京官告病者一年方聽朝參八月丁丑策制舉人戊寅策武舉人試騎射甲申白氣貫北斗戊子出内藏庫緡錢十萬修北京行宫己亥遣使安撫京東督捕盜賊九月丙午呂夷簡改兼樞密使乙丑契丹遣耶律仁起劉六符持誓書來閏月戊戌罷河北民間科徭是月元昊寇定川砦涇原路馬步軍副都總管葛懷敏戰沒諸將死者十四人元昊大掠渭州而去冬十月庚戌敕陝西保捷軍甲寅遣使安撫涇原路丙辰知制誥梁適報使契丹戊午發定

州禁軍二萬二千人屯涇原庚申詔恤將校陣亡其妻女無依者養之宫中丙寅契丹遣使來再致誓書報徹兵十一月壬申黑氣貫北斗柄辛巳復都部署兼招討等使命韓琦范仲淹龐籍分領之甲申以泰山處士孫復為國子監直講是歲占城獻馴象三

三年春正月庚午朔封皇子曦為鄂王辛未曦薨丙子減陝西歲市木三之一辛巳詔輔臣議蠲減天下賦役戊子詔録將校死王事而無子孫者親屬辛卯置德順軍壬辰録唐狄仁傑後癸巳元昊自名曩霄遣人來納款稱夏國二月丙午賜陝西招討韓琦范

仲淹罷籍錢各百萬辛酉立四門學三月壬申閱衛
士武技戊子呂夷簡罷為司徒監脩國史與議軍國
大事以章得象為昭文館大學士晏殊為集賢殿大
學士並兼樞密使夏竦為樞密使賈昌朝參知政事
夏四月戊戌朔幸瓊林苑閱騎士癸卯遣保安軍判
官邵良佐使元昊許封冊為夏國主歲賜絹十萬匹
茶三萬斤甲辰以韓琦范仲淹為樞密副使乙巳詔
夏竦還本鎮以杜衍為樞密使丙辰以春夏不雨遣
使祠禱于嶽瀆甲子呂夷簡罷議軍國大事五月丁
卯朔日有食之庚午錄繫囚戊寅詔諸路轉運使並

兼按察使歲具官吏能否以聞庚辰祈雨于相國寺
會靈觀癸未置御史六員罷推直官丁亥置武學戊
子雨己丑謝雨辛卯築歛天壇于禁中乙未近臣薦
試方略者六人授官有差是月忻州地大震虎翼卒
王倫叛于忻州六月甲辰詔諸路漕臣令所部官吏
條茶鹽礬及坑冶利害以聞秋七月辛未詔許二府
不限奏事常制得數陳留對丙子王舉正罷壬午罷
陝西管內營田甲申命任中師宣撫河東范仲淹宣
撫陝西乙酉獲王倫八月乙未朔命官詳定編敕戊
戌詔諫官日赴內朝丁未以范仲淹參知政事富弼

為樞密副使壬子白氣貫北斗魁癸丑韓琦代范仲
淹宣撫陝西甲寅太白晝見戊午罷武學九月丁卯
詔輔臣對天章閣戊辰呂夷簡以太尉致仕乙亥任
中師罷丁丑詔執政大臣非假休不許私第受謁是
月桂陽洞蠻寇邊湖南提刑募兵討平之冬十月丙
午詔中書樞密同選諸路轉運使丁未詔縣令佐能
根括編戶隱偽以增賦入者量其數賞之戊申詔二
府同選諸路提刑甲寅復諸路轉運判官乙卯詔脩
兵書壬戌詔二府須新定磨勘式甲子築水洛城是
月光化軍亂討平之十一月丙寅上清宮火癸未詔

館職有闕以兩府兩省保舉然後召試補用丁亥更
蔭補法壬辰限職田是月五星皆在東方十二月乙
巳桂陽監徭賊復寇邊丁巳大雨雪木冰河北雨赤
雪交阯獻馴象五安化州蠻來貢
四年春正月庚午京城雪寒詔三司減價出薪米以
濟之壬申西蕃磨氊角入貢乙亥荊王元儼薨辛卯
太常禮儀院上新脩禮書及慶曆祀儀二月丙申出
奉宸庫銀三萬兩振陝西饑民己酉白虹貫日甲寅
罷陝西四路馬步軍都總管經略安撫招討使復置
隨路都總管經略安撫招討使三月癸亥朔以旱遣

內侍祈雨辛未省廣濟河歲漕軍儲二十萬石乙亥
詔天下州縣立學更定科舉法語在選舉志己卯出
御書治道三十五事賜講讀官庚辰錄唐郭子儀後
甲申免衡道州桂陽監民經猺賊劫略者賦役一年夏
四月丙申詔湖南民誤為征猺軍所殺者賜帛存撫
其家丁酉宜州蠻歐希範叛詔廣西轉運鈐轄司發
兵討捕壬子以錫慶院為太學五月庚午錄繫囚壬
申幸國子監謁孔子有司言舊儀止肅揖帝特再拜
賜直講孫復五品服遂幸武成王廟又幸玉津園觀
種稻乙亥撫州獻生金山丙子詔西川知州軍監罷

任未出界而卒者錄其子孫一人戊寅詔募人納粟
振淮南饑乙酉忻州言地震有聲如雷丙戌曩霄遣
人來復稱臣六月壬子降天下繫囚流徒罪一等杖
笞釋之范仲淹宣撫陝西河東癸丑詔諸軍因戰傷
廢停不能自存及死事之家孤老月給米人三斗秋
七月戊寅封宗室德文等十人為郡王國公壬午月
犯熒惑癸未契丹遣使來告伐夏國甲申夷人寇三
江砦清井監官兵擊走之丙戌詔諸路轉運提刑察
舉守令有治狀者八月辛卯命賈昌朝領天下農田
范仲淹領刑法事甲午富弼宣撫河北戊戌命右正

言余靖報使契丹保州雲翼軍殺官吏據城叛庚子
命右正言田況度視保州仍聽便宜行事丙午進宗
室官有差戊午詔輔臣所薦官毋以為諫官御史九
月辛酉保州平壬戌詔保州官吏死亂兵而無親屬
者官為殯斂兵官被害及戰沒並優賜其家民田遭
蹂踐者蠲其租癸亥以真宗賢妃沈氏為德妃婉儀
杜氏為賢妃戊辰呂夷簡薨庚午晏殊罷乙亥遣使
安撫湖南甲申以杜衍同中書門下平章事兼樞密
使集賢殿大學士賈昌朝為樞密使陳執中參知政
事丁亥宴宗室太清樓射于苑中冬十月庚寅賜曩

霄誓詔歲賜銀絹茶綵凡二十五萬五千陳堯佐薨
丙申命范仲淹提舉三館祕閣繕校書籍癸丑桂陽
蠻降授蠻酋三人奉職十一月壬戌以西界內附香
布為團練使己巳詔戒朋黨相訐及按察恣為苛刻
文人肆言行悖者己卯改上莊穆皇后謚曰章穆莊
獻明肅皇太后曰章獻明肅莊懿皇太后曰章懿莊
懷皇后曰章懷莊惠皇太后曰章惠庚辰朝饗景靈
宮辛巳饗太廟奉慈廟壬午冬至祀天地于圜丘大
赦十二月壬辰加恩百官乙未封曩霄為夏國主丁
酉詔州縣以先帝所賜七條相誨敕辛亥置保安鎮

戎軍榷場是歲黎州邛部川山前山後百蠻都鬼主
牟黑來貢
五年春正月甲戌罷河東陝西諸路招討使乙亥復
置言事御史丙子契丹遣使來告伐夏國還庚辰命
知制誥余靖報使契丹癸未詔京朝官因被彈奏雖
不曾責罰但有改移差遣並四周年磨勘乙酉范仲
淹富弼罷丙戌杜衍罷以賈昌朝同中書門下平章
事兼樞密使集賢殿大學士王貽永為樞密使宋庠
參知政事吳育龐籍並為樞密副使二月辛卯詔罷
京朝官用保任敘遷法又罷蔭補限年法壬辰曩霄

初遣人來賀正旦癸卯以久旱詔州縣毋得淹繫刑
獄辛亥祈雨于相國天清寺會靈祥源觀癸丑桂陽
監言唐和等復內寇乙卯謝雨三月己未詔大宗正
厲諸宗子授經務學辛酉韓琦罷癸亥詔禮部貢舉
甲子宜州蠻賊歐希範平庚午東方有黃氣如虹貫
月甲戌詔監司按察屬吏毋得差官體量甲申詔陝
西以曩霄稱臣降繫囚罪一等笞釋之邊兵第賜緡
錢民去年逋負皆勿責蠲其租稅之半麟府州嘗為
羌所掠除逋負租稅如之丙戌罷入粟補官夏四月
丁亥朔司天言日當食陰晦不見錄繫囚遣官錄三

京囚辛卯曩霄初遣人來賀乾元節戊申章得象罷
以賈昌朝為昭文館大學士陳執中同中書門下平
章事集賢殿大學士兼樞密使庚戌以吳育參知政
事丁度為樞密副使五月己巳罷諸路轉運判官閏
月丙午曩霄遣人來謝册命六月丁卯減益梓州上
供絹歲三之一紅錦鹿胎半之秋七月戊申以廣州
地震八月庚午荊南府岳州地震九月庚寅詔文武
官已致仕而舉官犯罪當連坐者除之辛卯以重陽
曲宴近臣宗室于太清樓遂射苑中冬十月乙卯契
丹遣使來獻九龍車及所獲夏國羊馬辛酉祔章獻

明肅皇后章懿皇后神主于太廟大赦罷轉運使兼
按察庚午幸瓊林苑遂畋楊村遣使以所獲馳薦太
廟召父老賜以飲食茶帛辛未頒曆于夏國庚辰罷
宰臣兼樞密使十一月丁亥冬至宴宗室于崇政殿
己酉詔河北長吏舉殿直供奉官有武才者是歲施
州溪洞蠻西南夷龍以特來貢
六年春正月戊申徙廣南戍兵善地以避瘴毒二月
戊寅青州地震詔陝西經略安撫及轉運司議裁節
諸費及所置官員無用者以聞三月辛巳朔日有食
之錄繫囚庚寅登州地震岠嵎山摧自是屢震輒海

底有聲如雷甲午月犯歲星是月賜禮部奏名進士諸科及第出身八百五十三人夏四月甲寅遣使賜湖南戍兵方藥五月甲申京師雨雹地震丙戌錄繫囚戊子減邛州鹽井歲課緡錢一百萬丙申詔陝西市蕃部馬丁酉京東人劉琶劉沔胡信謀反伏誅六月庚戌朔詔夏竦與河北監司察帥臣長吏之不職者丁巳有流星出營室南其光燭地隱然有聲丙寅以久旱民多暍死命京城增鑿井三百九十丁丑詔制科隨禮部貢舉秋七月丁亥月犯南斗庚寅河東經略司言雨壞忻代等州城壁八月癸亥策試賢良方正能直言極諫并試武舉人癸酉以吳育為樞密副使丁度參知政事九月甲辰登州言有巨木三千餘浮海而出冬十月辛未詔發兵討湖南猺賊十一月己卯遣官議夏國公封界癸未湖南猺賊寇英韶州界辛丑畋東韓村乘輿所過及圍內田蠲其租一年是歲邈川首領唃廝囉西蕃瞎氈磨氈角安化州蠻蒙光速等來貢交阯獻馴象十道州部瀧酋李石辟等降

七年春正月丙子朔御大慶殿受朝丁亥詔河北所括馬死者限二年償之己亥頒慶曆編敕壬寅詔減

連州民被猺害者來年夏租二月己酉詔取益州交子三十萬於秦州募人入中糧丙辰令內侍二人提舉月給軍糧三月壬午錄繫囚癸未詔天下有能言寬恤民力之事者有司驛置以聞以其副上之轉運司詳其可行者輒行之毀後苑龍船丁亥以旱罷大宴癸巳詔避正殿減常膳許中外臣僚實封條上三事乙未賈昌朝罷以陳執中為昭文館大學士夏竦同中書門下平章事集賢殿大學士吳育為給事中歸班文彥博為樞密副使罷出獵丁酉以夏竦為樞密使文彥博參知政事高若訥為樞密副使辛丑祈雨于西太一宮及還遂雨壬寅陳執中宋庠丁度以旱降官一等夏四月丁未謝雨己酉詔前京東轉運使薛紳專任文吏伺察郡縣細過江東轉運使楊紘判官王綽提點刑獄王鼎苛刻相尚並削職知州自今毋復用為部使者壬子御正殿復常膳乙卯復執中庠度官己巳詔諫官非公事毋得私謁五月戊寅詔武臣非歷知州軍無過者毋授同提點刑獄己丑補降猺唐和等為峒主己亥命翰林學士楊察蠲放天下逋負辛丑詔西北二邊有大事二府與兩制以上雜議之六月乙巳詔禁畜猛獸害人者辛酉詔天

下知縣非鞫獄毋得差遣壬戌詔臣僚朝見者留京
毋過十日秋七月癸未奉安太祖太宗真宗御容于
南京鴻慶宮甲申德音降南京畿內囚罪一等徒以
下釋之賜民夏税之半除災傷倚閣税及欠折官物
非侵盜者辛丑禁貢餘物饋近臣八月乙丑析河北
為四路各置都總管九月丁酉詔刪定一州一縣敕
冬十月壬子李迪薨甲子幸廣親宅謁太祖太宗神
御殿宴宗室賜器幣有差乙丑河陽許州地震十一
月乙未加上真宗謚丙申朝饗景靈宮丁酉饗太廟
奉慈廟戊戌冬至祀天地于圜丘大赦貝州宣毅卒

王則據城反十二月戊申加恩百官庚戌樞密直學
士明鎬體量安撫河北癸丑詔貝州有能引致官兵
獲賊者授諸衛上将軍甲寅遣內侍以敕榜招安貝
賊是歲西蕃磨氊角來貢
八年春正月丁丑文彥博宣撫河北明鎬副之壬午
江寧府火乙未日赤無光閏月辛丑貝州平甲辰曲赦
河北賜平貝州将士緡錢戰沒者官為葬祭兵所踐
民田蠲其税改貝州為恩州戊申文彥博同中書門
下平章事集賢殿大學士官吏将士有功者遷擢有
差辛酉親從官顏秀等四人夜入禁中謀為變宿衛

兵捕殺之丙寅磔王則于都市丁卯知貝州張得一
坐降賊伏誅二月癸酉頒慶曆善救方夏國來告曩
霄卒己卯賜瀛莫恩冀州緡錢二萬贖還饑民鬻子
丁酉奉安宣祖太祖太宗御容于睦親宅三月甲辰
詔禮部貢舉辛亥遣使體量安撫陝西甲寅幸龍圖
天章閣詔輔臣曰西陲備禦兵冗賞濫罔知所從卿
等各以所見條奏又詔翰林學士三司使知開封府
御史中丞曰朕躬闕失左右朋邪中外險詐州郡暴
虐法令有不便於民者朕欲聞之其悉以陳壬戌以
霖雨錄繫囚癸亥以朝政得失兵農要務邊防備豫

将帥能否財賦利害錢法是非與夫譏人害政姦盜
亂俗及防微杜漸之策召知制誥諫官御史等諭之
使悉對于篇夏四月己巳朔封曩霄子諒祚為夏國
主壬申丁度罷明鎬參知政事五月辛酉夏竦罷宋
庠為樞密使龐籍參知政事六月戊辰朔詔近臣舉
文武官材堪将帥者丙子河決澶州商胡埽壬辰以
久雨齋禱甲午明鎬卒乙未詔館閣官須親民一任
方許入省府及轉運提點刑獄差遣丙申章得象薨
秋七月戊戌以河北水令州縣募饑民為軍辛丑罷
鑄鐵錢八月己丑以河北京東西水災罷秋宴九月

戊午詔三司以今年江淮漕米轉給河北州軍冬十
一月己亥作皇帝欽崇國祀之寶壬戌出廩米減價
以濟畿內貧民十二月乙丑朔以霖雨為災頒德音
改明年元減天下囚罪一等徒以下釋之出內藏錢
帛賜三司貿粟以濟河北流民所過官為舍止之所
賫物毋收算丁卯冊美人張氏為貴妃戊子遣使體
量安撫利州路是歲廬州合肥縣稻再實交州來貢
皇祐元年春正月甲戌朔日有食之以河北水災罷
上元張燈停作樂庚戌張士遜薨己未詔以緡錢二
十萬市穀種分給河北貧民辛酉詔臺諫非朝廷得

失民間利病毋風聞彈奏二月戊辰以河北疫遣使
頒藥辛未發禁軍十指揮赴京東西路備盜三月丁
巳錄繫囚己未契丹遣使來告伐夏國庚申翰林院
學士錢明逸報使契丹是月賜禮部奏名進士諸科
及第出身千三百九人四月癸未梓州轉運司言淯
井監夷人平六月甲子蠲河北復業民租賦二年甲
戌始置觀文殿大學士戊寅詔中書樞密非聚議毋
通賓客戊子詔轉運使提點刑獄所部官吏受贓失
覺察者降黜秋七月丁酉詔臣僚毋得保薦要近內
臣己未詔諸州歲市藥以療民疾八月壬戌陳執中

罷以文彥博為昭文館大學士宋庠同中書門下平
章事集賢殿大學士龐籍為樞密使高若訥參知政
事梁適為樞密副使甲申策制舉武舉人九月乙巳
廣源州蠻儂智高寇邕州詔江南福建等路發兵以
備戊午太白犯南斗己未罷武舉冬十一月丙申詔
河北被災民八十以上及篤疾不能自存者人賜米
一石酒一斗辛丑詔民有寬貸不能詣闕者聽訴於
監司以聞十二月甲子遣入內供奉高懷政督捕邕
州盜賊是歲大留國來貢

本紀卷第十一

本紀卷第十二　宋史十二

開府儀同三司上柱國錄軍國重事前中書右丞相監修國史領經筵事都總裁臣脫脫等奉

勅修

仁宗四

二年春正月癸卯以歲饑罷上元觀燈壬子命近臣
同三司較天下財賦出入之數二月甲申出内庫絹
五十萬下河北陝西河東路以備軍賞三月戊子朔
詔季秋有事于明堂己丑以大慶殿為明堂甲午遣
官祈雨丁酉月犯軒轅大星戊戌詔明堂禮成群臣
毋上尊號庚子契丹遣使以伐夏師還來告丙午雨

宋史十二　三百七十五字　宋史本紀卷第十二　一　甘真寫　[illegible]全刊

己酉詔兩浙流民聽人收養翰林學士趙槩報使契
丹夏五月丁亥朔新作明堂禮神玉己亥雄定州義
民李能六月己未出新製明堂樂八曲丁卯以自製
黃鐘五音五曲並肄于太常庚午定選舉縣令法壬
申月犯填星癸未録繫囚熒惑入輿鬼犯積尸癸亥
出内藏緡百萬市糴軍儲壬申深州大雨壞廬舍九
月丁亥閱雅樂己酉朝饗景靈宮庚戌饗太廟辛
亥大饗天地于明堂以太祖太宗真宗配如圜丘大
赦百官進秩一等詔自今内降指揮百司執奏毋輒
行敢因緣干請者諫官御史察舉之冬十月庚午熒

惑犯太微上將乙亥宴京畿父老于錫慶院閏十
一月己未詔后妃之家毋得除二府職任丙寅秀州
地震有聲如雷丁卯詔中書門下省兩制及太常官
詳定太樂河北水詔蠲民租出内藏錢四十萬緡絹
四十萬匹付本路使措置是歲芻糧十二月甲申
定三品以上家廟制唃厮囉西蕃瞎氈西南蕃龍
光瀧占城沙州來貢涇原路生户都首領郝龍男
阿日丁内附

三年春正月乙丑幸魏國大長公主第視疾二月丙
戌宰臣文彦博等進皇祐大饗明堂記己亥復行

宋史十二　三百九十二字　宋史本紀卷第十二　二　甘真寫　[illegible]全刊

河北沿邊州軍入中糧草見錢法三月庚申宋庠罷
以劉沆參知政事癸酉儂智高表獻馴象及金銀卻
之夏四月癸未詔河北流民相屬吏不加恤而乃飾
廚傳交賂使客以取名譽自今非犒設兵校其一切
禁之丙申太白晝見五月庚戌以恩冀州旱詔長吏
決繫囚壬申置河渠司乙亥頒簡要濟衆方命州縣
長吏按方劑以救民疾丁丑録繫囚六月丁亥無為
軍獻芝草帝命姑免知軍茹孝標罪戒州郡自今勿
復獻秋七月癸丑詔少卿監以下年七十不任釐務
者御史臺審官院以聞嘗任館閣臺諫及提刑

者中書裁處待制以上能自引年則優加恩禮丙辰以孔氏子孫復知仙源縣事丁巳兩制禮官上大樂名曰太安辛酉河決大名府郭固口乙丑罷徙州縣長吏不任事者十有六人丙子減郴永州桂陽監丁身米歲十萬餘石八月丙戌遣使安撫京東淮南兩浙荆湖江南饑民辛卯詔諸路監司具所部長吏治狀能否以聞是月汴河絶流冬十月庚子文彦博罷以龐籍同中書門下平章事昭文館大學士高若訥為樞密使梁適參知政事王堯臣為樞密副使十一月辛亥減潼州泉州興化軍丁米十二月

三百九十四字 宋史十二
宋史本紀卷第十二 三
甘 真 寫 俟得全刊

庚辰新作渾儀庚子詔文武官七十以上未致仕者更不考課遷官甲辰罷災傷州軍貢物是歲涇原樊家族寨斷歌內附

四年春正月己巳詔諸路貸民種乙亥塞大名府決河二月庚子蠲湖州民所貸官米三月己酉詔禮部貢舉丙辰蠲江南路民所貸種數七萬斛辛酉錄繫囚辛未詔官禁市物給實直非所闕者毋市夏四月庚辰詔修河兵夫逃亡死傷會其數以議官吏之罰廣源州蠻儂智高反五月乙巳朔智高陷邕州遂陷橫貴等八州圍廣州壬申命知桂州陳曙率兵討

智高六月乙亥起前衛尉卿余靖為秘書監湖南安撫使知潭州前尚書屯田員外郎直史館楊畋體量安撫廣南提舉經制盜賊事庚辰改余靖為廣西安撫使知桂州命同提點廣東刑獄李樞與陳曙討智高廣東轉運鈐轄司發兵援之丁亥以狄青為樞密副使秋七月乙巳出內藏錢緡助河北軍儲丙午命余靖經制廣南盜賊事丁巳大風拔木壬戌智高引衆去廣州廣東兵馬鈐轄張忠知英州蘇緘邀擊于白田忠戰歿甲子廣東兵馬鈐轄蔣偕又敗于路田八月癸未詔開封府比大風雨民廬摧圮壓死者官

四百七十 宋史十二
宋史本紀卷第十二 四
甘 真 鳴 俟得全刊

為葬斂之辛卯命樞密直學士孫沔安撫湖南江西內侍押班石全斌副之九月丁巳命余靖提舉廣南兵甲經制賊盜事庚申廣西兵馬鈐轄王正倫討智高于昭州館門驛戰沒智高入昭州庚午以狄青為宣徽南院使宣撫荆湖路提舉廣南經制賊盜事是月智高襲殺蔣偕于太平場冬十月丙子太白犯南斗詔鄜延環慶涇原路擇蕃落廣銳軍各五十人赴廣南行營丁丑智高入賓州甲申復入邕州丁亥以諸路饑疫并征徭科調之煩令轉運使提點刑獄親民官條陳救恤之術以聞十一月壬寅朔日有食之

戊午詔免江西湖南廣南民供軍須者今年秋租十
之三十二月壬申朔廣西兵馬鈐轄陳曙討智高
兵戰于金城驛壬辰觀新樂乙未録唐顔真卿後是
歲河北路及鄜州水蠲河北民積年逋負鄜州民税
役

五年春正月壬寅朔御大慶殿受朝庚戌以廣南用
兵罷上元張燈白虹貫日丁巳會靈觀火戊午狄青
敗智高于邕州斬首五千餘級智高遁去甲子遣使
撫問廣南將校賜軍士緡錢二月癸未狄青爲樞
密副使甲申赦廣南凡戰殁者給櫬櫝護送還家無

主者葬祭之賊所過郡縣免其田租一年死事家科
徭二年貢舉人免解至禮部不預奏名者亦以名聞
丙戌詔廣西都監蕭注等追捕智高丁亥下德音
減江西湖南繫囚罪一等徒以下釋之丁壯饋運廣
南軍須者減夏税之半仍免差徭一年戊子詔百官
遇南郊奏薦無子孫者聽奏朞親一人乙未詔宗
室通經者大宗正司以聞三月癸亥遣使奉安太祖
御容于滁州太宗御容于并州真宗御容于澶州
是月賜禮部奏名進士諸科及第出身千四十二人
夏四月甲午命劉沆梁適監議大樂五月乙巳詔

輔臣凡有大政許復對後殿高若訥罷以狄青爲
樞密使丁未孫沔爲樞密副使戊申詔轉運使毋取
羡餘以助三司庚戌詔智高所至州無城壘若兵力
不敵而棄城者奏裁壬子録繫囚丁巳詔轉運司振
邕州貧民戶貸米一石甲子詔諫官御史毋挾私以
中善良及臣僚言機密事毋得漏泄六月乙亥御
紫宸殿按太安樂觀宗廟祭器丙戌作集禧觀成
乙未詔河北荐饑轉運使察州縣長吏能招輯勞
來者上其狀不稱職者舉劾之秋七月乙巳詔荆湖
北路民因災傷所貸常平倉米免償己酉詔薦舉

非其人者令御史臺彈奏見任監司以上弗許薦
論戊午詔太常定謚毋爲溢美閏月戊辰詔廣南
民逃未還者限一年歸業其復三歲壬申龐籍罷
以陳執中同中書門下平章事昭文館大學士梁適
同中書門下平章事集賢殿大學士乙亥詔武臣
知州軍須與僚屬參議公事毋專決庚辰秦鳳路
言總管劉渙等破蕃部斬首二千餘級八月丁酉朔
詔民訴災傷而監司不受者聽州軍以狀聞辛酉策
制舉武舉人壬戌詔南郊以太祖太宗真宗並配九
月乙酉觀新樂冬十月丙申朔日有食之壬子作

鎮國神寳丁巳詔以蝗旱令監司諭親民官上民間
利害十一月丁卯朝饗景靈宫戊辰饗太廟奉慈
廟己巳祀天地于圜丘大赦丁丑加恩百官戊子放
天下逋負十二月戊午詔轉運官毋得進羡餘壬戌
以曹陳許鄭滑州爲輔郡隷畿内置京畿轉運使
是歲占城國來貢
至和元年春正月辛未詔京師大寒民多凍餒死者
有司其瘞埋之壬申碎通天犀和藥以療民疫癸
酉貴妃張氏薨輟視朝七日禁京城樂一月丁丑追
册爲皇后賜謚温成辛卯録繫囚減三京輔郡雜犯

宋史十二 三百九十五个
宋史本紀卷第十二 七
甘真寫 王爽刊

死罪一等徒以下釋之二月庚子詔治河堤民有疫
死者蠲戶税一年無戶税者給其家錢三千壬戌孫
沔罷以田況爲樞密副使三月己巳王貽永罷以王
德用爲樞密使辛未命曾公亮等同試入内醫官
壬申賜邊臣攻守圖置京畿提點刑獄乙亥太史言
日當食四月朔庚辰下德音改元減死罪一等流以
下釋之癸未易服避正殿減常膳乙酉詔京西民飢
宜令所在勸富人納粟以振之夏四月甲午朔日有
食之用牲于社辛丑御正殿復常膳祥源觀火五
月戊寅以河北流民稍復遣使安撫壬辰太白晝見

秋七月丁卯以程戡參知政事立温成園戊辰梁適
罷己巳出御史馬遵呂景初吳中復八月丁酉詔前
代帝王後嘗仕本朝官八品以下其祖父母妻子犯
流以下罪聽贖未仕而嘗受朝廷賜者所犯非兇
惡亦聽贖丙午以劉沆同中書門下平章事集賢
殿大學士命修起居注官侍經筵九月乙亥契丹
遣使來告夏國平辛巳遣三司使王拱辰報使契丹
己丑太白晝見冬十月辛卯朔太白晝見壬辰詔士
庶家毋得以嘗傭顧之人爲姻違者離之丁酉葬
温成皇后丙午温成皇后神主入廟戊午幸城北砲

宋史十二 三百九十六个
宋史本紀卷第十二 八
甘真寫 王爽刊

場觀發砲宴從臣賜衛士緡錢十一月甲子出太廟
禘祫時饗及温成皇后樂章肄于太常十二月丙
午詔司天監天文算術官毋得出入臣僚家癸丑詔
内侍傳宣令都知司劄報被旨者覆奏是歲融州
大丘洞楊光朝内附
二年春正月丁卯奉安真宗御容于萬壽觀減
畿内輔郡囚罪一等徒以下釋之賜諸軍緡錢戊辰
邕州言蘇茂州蠻内寇詔廣西發兵討之丁亥
晏殊薨二月壬辰汾州團練推官郭固上車戰法
既試之授衛尉丞三月丁卯詔修起居注立於講讀

官之次丙子封孔子後為衍聖公是月以旱除畿內
民逋負及去年秋逋稅罷營繕諸役夏四月己亥
契丹遣使賀乾元節以其主之命持本國三世畫
像來求御容辛亥定差衙前法乙卯出米京城門
下其價以濟流民五月己未錄繫囚辛酉詔中書
公事並用祖宗故事戊寅詔戒百官務飭官守六
月戊戌陳執中罷以文彥博同中書門下平章事
昭文館大學士劉沆監修國史富弼同中書門下
平章事集賢殿大學士乙巳儂智高母儂氏弟
智光子繼宗繼封伏誅秋八月戊子減畿內輔郡囚

罪一等徒以下釋之乙未置臺諫章奏簿壬子
詔中書樞密院第宗姓服屬自明堂覃恩後及
十年者咸與進官九月戊午契丹使來告其國主
宗真殂帝為發哀成服于內東門幕次遣使祭
奠弔慰及賀其子洪基立戊辰詔試醫官須引
醫經本草以對每試十道以六通為合格辛巳罷
輔臣宣徽節度使乾元節任子恩冬十月丙戌錄唐
長孫無忌後己丑詔京畿毋領輔郡罷京畿轉運
使提點刑獄癸丑下溪州蠻彭仕羲內寇詔湖北
路發兵捕之十一月乙卯交趾來告李德政卒其

子日尊上德政遺貢物及馴象己未行並邊見錢
和糴法十二月丁亥修大塔河丁酉詔武臣有贓濫
者毋得轉橫行其立戰功者許之庚子契丹遣使
致其主宗真遺留物及謝弔祭庚戌太白晝見
壬子作醴泉觀成是歲西界阿訛等內附詔遣還
龍賜州彭師黨以其族來歸大食國西蕃安化州
蠻來貢

嘉祐元年春正月甲寅朔御大慶殿受朝是日
不豫辛酉輔臣禱祠于大慶殿齋宿殿廡近臣
禱于寺觀及遣諸州長吏禱于嶽瀆諸祠壬戌

御崇政殿癸亥賜在京諸軍緡錢甲子赦天下蠲被
災田租及倚閣稅戊辰罷上元張燈辛未命輔臣
禱天地宗廟社稷是月大雨雪木冰二月甲辰帝
疾愈御延和殿三月丁巳詔禮部貢舉辛未司天
監言自至和元年五月客星晨出東方守天關至是
沒壬申遣官謝天地宗廟社稷寺觀諸祠癸酉契
丹遣使來謝閏月癸未朔以王堯臣參知政事程戡
為樞密副使詔前後殿間日視事夏四月壬子朔六
塔河復決丙辰裁定補蔭選舉法甲戌錄繫囚是
月大雨水注安上門門關折壞官私廬舍數萬區

諸路言江河決溢河北尤甚六月辛亥朔詔雙日不
御殿伏終如舊辛未免畿内京東西河北被水民
賦租乙亥雨壞太社太稷壇戊寅遣使安撫河北
己卯詔群臣實封言時政闕失秋七月乙酉命京
東西湖北監司分行水災州軍振飢蠲租丙戌賜河
北流民米壓溺死者賜其家錢有差己丑出内藏
銀絹三十萬振貸河北月入南斗乙巳貸被水災民
麥種是月彗出紫微垣長丈餘環州小遇族叛知
州張揆破降之八月庚戌朔日有食之癸亥狄青
罷以韓琦為樞密使是夕彗滅甲子出恭謝樂章
肆于太常乙亥朝謁景靈宮藏京城繫囚徒罪
一等杖笞釋之戊寅詔湖北招安彭仕義九月庚
寅命宰臣攝事于太廟辛卯恭謝天地于大
慶殿大赦改元丁酉加恩百官庚子賜致仕卿監
以上及曾任近侍之臣粟帛酒饌癸卯舉行御
史遷次格自京至泗州置汴河木岸十一月辛巳
王德用罷賈昌朝為樞密使十二月壬子劉沆
罷以曾公亮參知政事甲子白虹貫日是歲西
蕃磨氈角占城大食國來貢融桂州蠻楊克端
等内附

三年春二月己酉梓夔路三里村夷人寇淯井監
庚戌録繫囚降罪一等徒以下釋之遣使録三京
輔郡繫囚壬戌杜衍薨澧州羅城洞蠻内寇發兵
擊走之癸酉王德用卒是月雄霸州地震三月
戊寅振河北被災民乙未契丹使耶律防陳覬來
求御容戊戌淮水溢遣張昪報使契丹癸卯狄
青卒是月賜禮部奏名進士諸科及第出身
八百七十七人親試舉人免黜落始此夏四月丁
未以河北地數震遣使安撫丙寅幽州地大震壞
城郭覆壓死者數萬人己巳邕州火峒蠻儂宗
旦入寇癸酉以彭仕義未降遣官安撫湖北五月
庚辰管勾麟府軍馬公事郭恩為夏人所襲殁
于斷道塢己亥詔舉行磨勘法六月戊午夏國
主諒祚遣人來謝使弔祭戊辰以淑妃苗氏為賢
妃秋七月辛巳詔河北諸道總管分遣兵官教
閱所部軍辛卯命孫抃張昪磨勘轉運使及提
點刑獄課績丁酉詔陝西河北諸路經略安撫舉文
武官材堪將領者各一人八月己酉詔每歲賜諸
道節鎮諸州錢有差命長吏選官和藥以救民
疾壬子命富弼等詳定編敕庚申録繫囚降罪

一等徒以下釋之癸亥策制舉人丁卯置廣惠倉
九月庚子契丹再使蕭扈吴湛來求御容冬十
月乙巳遣胡宿報使契丹丙午班禄令十一月丙
申詔三司使體量判官才否以聞十二月戊申詔
自今間歲貢舉天下進士諸科解舊額之半置
明經科罷説書舉人辛亥立内降闕白二府法是
歲西蕃瞎氊并諸族西平州黔南道王石自品西
南蕃鵜州來貢
三年春正月戊戌鑿永通河二月癸卯契丹使來
告其祖母哀輟視朝七日遣使祭奠弔慰癸丑

録繫囚降罪一等徒以下釋之三月甲戌詔禮部貢
舉夏四月甲子吴育卒乙丑罷睦親宅祖宗神御
殿丙辰詔守令或貪惷耄昏以弛爲寛以苛爲察
以增賦歛爲勞以出入刑罰爲能而部使者莫之舉
劾自今其各思率職毋撓權倖毋縱有罪以稱朕
意五月壬申增國子監生員甲午契丹遣使致其
祖母遺留物六月丙午文彦博賈昌朝罷以富弼
爲昭文館大學士韓琦同中書門下平章事集
賢殿大學士宋庠田況爲樞密使張昪爲樞密
副使甲寅詔學士院編國朝制誥丁卯交阯貢異

獸秋七月丙子詔廣濟河溢原武縣河決遣官行
視民田振恤被水害者癸巳以夔州路旱遣使安
撫八月己亥朔日有食之己未王堯臣卒庚申彭
仕義率衆降九月癸酉議罷榷茶法己丑契丹
遣使來謝冬十月癸亥除河北坊郭客戶乾食鹽
錢十一月癸酉議減冗費己丑置都水監罷三司
河渠司十二月己巳詔三司歲上天下稅賦之數
三歲一會虧贏以聞閏月丁卯朔詔吏人及伎術
官職毋得任知州軍提點刑獄自軍班出至正任
者方得知邊要州軍丁丑詔裁定制科及進士高

第人恩數庚辰詔明年正旦日食其自丁亥避正
殿減常膳宴契丹使毋作樂壬午録繫囚降三
京囚罪一等徒以下釋之是歲安化上中下州北
遐鎮蠻人來貢
四年春正月丙申朔日有食之用牲于社辛丑御
正殿復常膳以自冬雨雪不止遣官分行京城
賜孤窮老疾錢畿縣委令佐爲糜粥濟飢壬
寅賜在京諸軍班緡錢頒嘉祐驛令二月己
巳罷榷茶庚午廣南言交阯寇欽州乙亥以
廣惠倉隸司農寺戊子白虹貫日三月戊戌

命近臣同三司詳定民間科率是月賜進士諸科及第出身三百三十九人夏四月丁卯詔孟冬大祫于太廟癸酉封柴氏後為崇義公給田十頃奉周室祀丙子復銀臺司封駁制癸未陳執中薨辛卯詔中外臣庶居室器用冠服妾媵有違常制必罰毋貸壬辰錄繫囚降罪一等徒以下釋之大震電雨雹五月戊戌詔兩制臣僚舊制不許詣執政私第所舉薦不得用為御史今除其法庚子詔內臣員多權罷進養子入內壬子遣官經界河北牧地餘募民種藝六月己巳群

臣請加尊號曰大仁至治表五上不許癸酉詔諸路經略安撫轉運使提點刑獄各舉本部官有行實政事者三人以備升擢嘗任兩府者許舉內外官丁丑詔轉運司凡鄰州饑而輒閉糴者以違制論辛卯放宮女二百十四人秋七月丁未放宮女二百三十六人八月乙亥策制舉人冬十月壬申朝饗景靈宮癸酉大祫于太廟大赦詔諸路監司察士有學行為鄉里所推者同長吏以聞民父母年八十以上復其一丁復益州為成都府并州為太原府戊寅加恩百官十一月庚子汝南郡王允讓薨

十二月丁丑白虹貫日是歲唃廝囉來貢

五年春正月辛卯朔白虹貫日太白犯歲星己亥錄劉繼元後二月壬戌錄繫囚三月壬辰詔禮部貢舉癸巳劉沆薨乙未歲星晝見壬子詔以蝗澇相仍敕轉運使提點刑獄督州縣振濟仍察不稱職者夏四月癸未程戡罷以孫抃為樞密副使丙戌命近臣同三司議均稅五月戊子朔京師民疫選醫給藥以療之己丑京師地震丁酉詔三司置寬恤民力司己酉王安石召入為三司度支判官丁巳錄繫囚降罪一等徒以下釋之六月乙丑

詔戒上封告訐人罪或言赦前事及言事官彈劾小過不關政體者乙亥遣官分行天下訪寬恤民力事秋七月癸巳邕州言交阯與甲峒蠻合兵寇邊都巡檢宋士堯拒戰死之詔發諸州兵討捕丙申詔待制臺諫官正刺史以上各舉諸司使至三班使臣堪將領及行陣戰鬭者三人戊戌翰林學士歐陽脩上新修唐書庚戌詔中書門下采端實之士明進諸朝辨激巧偽者放黜之八月壬申詔求逸書庚辰置陝西估馬司乙酉罷諸路同提點刑獄使臣丙戌置江湖閩廣四川十一路轉

運判官九月己丑太白晝見冬十月乙酉深州
言野蠶成繭被于原野十一月辛卯罷内臣
寄遷法辛丑宋庠罷以曾公亮為樞密使張
昇孫抃為參知政事歐陽脩陳升之趙槩為樞
密副使十二月己卯蘇茂州蠻寇邕州辛巳補
諸州父老百歲以上者十二人為州助教是歲大
食國來貢
六年春正月乙未許兩制與臺諫相見二月丁
巳詔宗室賜名授官者須年及十五方許轉官
乙丑詔良民子弟或為人誘隷軍籍自今兩月

内父母訴官者還之丙寅録繫囚降罪一等徒以
下釋之三月己亥富弼以母喪去位庚子以富弼
母喪罷大宴戊申給西京周廟祭享器服是月賜
進士諸科及第出身二百九十五人夏四月辛酉
詔嶺南官吏死于儂賊而其家流落未能自歸者所
在給食護送還鄉庚辰陳升之罷以包拯為樞密
副使出諫官唐介趙抃御史范師道吕誨五月丙
戌官諸路敦遣行義文學之士七人庚戌録繫囚
降罪一等徒以下釋之分命官録三京繫囚六月壬
子朔日有食之乙丑太白晝見壬申歲星晝見丙

子以司馬光知諫院入對戊寅以王安石知制誥秋
七月乙酉泗州淮水溢丙戌詔淮南江浙水災差官
體量蠲稅戊子録昭憲皇太后孝明孝惠孝章淑
德皇后家子孫進秩授官者十有九人癸巳詔臺
諫為耳目之官乃聽險陂之人興造飛語中傷
善良非忠孝之行也中書門下其申儆百工務
敦行實循而弗改者絀之八月乙亥策制舉人
丁丑詔諸路刺舉之官未有以考其賢否比
令有司詳定厥制其各務祗新書以稱朕意仍
令考校轉運提刑課績院以新定條目施行戊

寅詔州縣長吏有清白不擾而實惠及民者
令本路監司保薦再任政迹尤異當加獎擢閏
月乙酉復以成都府為劍南西川節度庚子以
韓琦為昭文館大學士曾公亮同中書門下
平章事集賢殿大學士張昇為樞密使辛丑
以胡宿為樞密副使冬十月壬午定内侍磨勘法
丙戌詔京西淮浙荊湖增置都同巡檢壬辰起復
皇姪前右衛大將軍岳州團練使宗實為秦州
防禦使知宗正寺辭以喪不拜十一月己巳許夏
國用漢衣冠癸酉賜昭憲皇太后家信陵坊第

戊寅許康州刺史李樞以已官封贈父母十二月丙戌復豐州庚寅命諸路總管集隨軍功過簿以備遷補是歲冬無氷占城國獻馴象安化州蠻來貢

七年春正月辛未復命皇姪宗實爲秦州防禦使知宗正寺乙亥詔南郊以太祖配爲定制改温成皇后廟爲祠殿二月己卯朔更江西鹽法詔開封府市地于四郊給錢瘞民之不能葬者癸未録繫囚命官録被水諸州繫囚三月辛亥詔禮部貢舉乙卯孫抃罷以趙槩參知政事吴奎爲

樞密副使甲子以旱罷大宴乙丑祈雨于西太一宮庚午謝雨壬申徐州彭城濠州鍾離地生麪十餘頃民皆取食夏四月壬午頒嘉祐編敕己丑夏國主諒祚進馬求賜書詔賜九經還其馬五月戊午太白晝見庚午包拯卒六月丙子朔歲星晝見秋七月戊申太白經天壬子詔季秋有事于明堂八月乙亥朔出明堂樂章肄于太常己卯詔以宗實爲皇子癸未賜名曙丁亥奉安真宗御容于壽星觀庚子以立皇子告天地宗廟諸陵九月乙巳朔以皇子爲齊州防禦使進封鉅鹿郡公己酉朝饗景靈宮庚戌饗太廟辛亥大饗明堂奉真宗配大赦己未加恩百官冬十月乙亥皇子表辭所除官賜詔不允丙戌白虹貫日乙未太白晝見丙申詔内藏庫三司共出緡錢一百萬助糴天下常平倉十二月甲午德妃沈氏爲貴妃賢妃苗氏爲德妃丙申幸龍圖天章閣召羣臣宗室觀祖宗御書又幸寶文閣爲飛白書分賜從臣作觀書詩命韓琦等屬和遂宴羣玉殿庚子再召從臣于天章閣觀瑞物復宴羣玉殿是歲冬無氷占城來貢

八年春正月辛亥交阯貢馴象九二月癸未帝不豫甲申下德音減天下囚罪一等徒以下釋之丙戌中書樞密奏事于福寧殿之西閤三月戊申罷籍甕癸亥御内東門幄殿優賜諸軍緡錢甲子御延和殿賜進士諸科及第同出身三百四十一人辛未帝崩于福寧殿遺制皇子即皇帝位皇后爲皇太后喪服以日易月山陵制度務從儉約謚曰神文聖武明孝皇帝廟號仁宗十月甲午葬永昭陵

贊曰仁宗恭儉仁恕出於天性一遇水旱或密禱

禁廷或踐立殿下有司請以玉清舊地爲御苑帝曰吾奉先帝苑囿猶以爲廣何以是爲燕私常服澣濯帷帝衾裯多用繒絁宮中夜飢思膳燒羊戒勿宣索恐膳夫自此戕賊物命以備不時之須大辟疑者皆令上讞歲常活千餘吏部選人一坐失入死罪皆終身不遷每諭輔臣曰朕未嘗詈人以死況敢濫用辟乎至於夏人犯邊禦之出境契丹渝盟增以歲幣在位四十二年之間吏治若媮惰而任事蔑殘刻之人刑法似縱弛而決獄多平允之士國未嘗無弊倖而不足以累治世之體朝未嘗無小人而不足以勝善類之氣君臣上下惻怛之心忠厚之政有以培壅宋三百餘年之基子孫一矯其所爲馴致於亂傳曰爲人君止於仁帝誠無愧焉

本紀卷第十二

本紀卷第十三　宋史十三

開府儀同三司上柱國錄軍國重事前中書右丞相監修國史領經筵事都總裁臣脫脫等奉
敕修

英宗

英宗體乾應曆隆功盛德憲文肅武睿聖宣孝皇帝諱曙濮安懿王允讓第十三子母曰仙遊縣君任氏明道元年正月三日生於宣平坊第初王夢兩龍與日並墜以衣承之及帝生赤光滿室或見黃龍游光中四歲仁宗養於內寶元二年豫王生乃歸濮邸帝天性篤孝好讀書不爲燕嬉褻慢服御儉素如儒者每以朝服見教授曰師也敢弗爲禮時吳王宮教吳充進宗室六箴仁宗付宗正帝書之屏風以自戒景祐三年賜名宗實授左監門衛率府副率累遷右羽林軍大將軍宜州刺史皇祐二年爲右衛大將軍岳州團練使嘉祐中宰相韓琦等請建儲仁宗曰宗子已有賢知可付者卿等其勿憂時帝方服濮王喪六年十月辛卯起爲秦州防禦使知宗正寺帝以終喪辭奏四上乃聽喪終復授前命又辭七年八月許罷宗正復爲岳州團練使戊寅立爲皇子癸未改今名帝聞詔稱疾益堅辭詔同判大宗正事安國公從古等

徃喻旨即卧内起帝以入甲辰見清居殿自是日再
朝或入侍禁中九月遣齊州防禦使鉅鹿郡公八年
仁宗崩夏四月壬申朔皇后傳遺詔命帝嗣皇帝位
百官入哭盡哀韓琦宣遺制帝御東楹見百官癸酉
大赦賜百官爵一等優賞諸軍如乾興故事遣王道
恭告哀于契丹帝欲亮陰三年命韓琦攝冢宰宰臣
不可乃止乙亥帝不豫遣韓贄等告即位于契丹丙
子尊皇后曰皇太后己卯詔請皇太后同聽政壬午
皇太后御小殿垂簾宰臣覆奏事乙酉作受命寶丁
亥以皇子右千牛衛將軍仲鍼為安州觀察使光國

公熒惑自七年八月庚辰不見命宰臣祈禳至是月
己丑見于東方庚子立京兆郡君高氏為皇后五月
戊午以富弼為樞密使戊辰初御延和殿以疾未平
命宰臣祈福于天地宗廟社稷及寺觀又禱于岳瀆
名山六月辛卯契丹遣蕭福延等來祭弔秋七月壬
子初御紫宸殿帝自六月癸酉不御殿至是始見百
官癸亥歲星晝見乙丑星大小數百西流戊辰百官
請大行皇帝謚于南郊八月癸巳以生日為壽聖節
九月辛亥以光國公仲鍼為忠武軍節度使同中書
門下平章事淮陽郡王改名頊戊午上仁宗謚冊于

福寧殿冬十月甲午葬仁宗于永昭陵十一月丙午
祔于太廟大風霾己酉減東西二京罪囚一等免山
陵役戶及靈駕所過民租辛亥契丹遣蕭素等來賀
即位十二月己巳初御邇英閣召侍臣講讀經史乙
亥淮陽郡王頊出閤是歲于闐西南蕃來貢
治平元年春正月丁酉朔改元戊戌太白晝見己亥
壽聖節百官及契丹使初上壽于紫宸殿甲寅賞知
唐州趙尚寬修灉堰增戶口進一官賜錢二十萬三
月壬寅命修秦悼王冢置守護官戊午録囚辛酉雨
土夏四月癸未放宮女百三十五人甲午祈雨于相

國天清寺醴泉觀賜諸軍錢有差五月己亥濬二股
河戊申皇太后還政庚戌初日御前後殿壬子詔皇
太后稱聖旨出入儀衛如章獻太后故事其有所須
內侍録聖旨付有司覆奏即行丙辰上皇太后宮殿
名曰慈壽己未熒惑犯太微上將壬戌以病愈命宰
臣謝天地宗廟社稷及宮觀閏月戊辰輔臣進爵一
等六月己亥以淮陽郡王頊為潁王祁國公顥為保
寧軍節度使同中書門下平章事東陽郡王鄆國公
頵為左衛上將軍增宗室教授丁未增同知大宗正
事一員辛亥作睦親廣親宅辛酉太白晝見壬戌歲

星晝見八月甲辰録周世宗後甲寅太白入太微垣
乙卯遣兵部員外郎呂誨等四人充賀契丹太后生
辰正旦使刑部郎中章岷等四人充賀契丹主生辰
正旦使丙辰内侍都知任守忠坐不法貶保信軍節
度副使蘄州安置丁巳以上供米三萬石振宿亳二
州水災戸九月丁卯復武舉庚午詔夏國精擇使人
戒勵毋紊彝章冬十月丙申詔中外近臣監司舉治
行素著可備升擢者二人十一月乙亥科陝西戸三
丁之一刺以為義勇軍凡十三萬八千四百六十五
人各賜錢二千諫官司馬光累上疏諫之不允戊寅
復内侍養子令十二月乙巳雨土丙辰契丹遣耶律
烈等來賀壽聖節蕭禧等來賀明年正旦是歲畿内
宋亳陳許汝蔡唐潁曹濮濟單濠泗廬壽楚杭宣洪
鄂施渝州光化高郵軍大水遣使行視疏治振恤蠲
其賦租西蕃瞎氊子瞎欺米征内附
二年春正月甲戌振蔡州二月甲辰大風晝冥丁未
録囚是月賜禮部奏名進士明經諸科及第出身三
百六十一人三月己巳班明天曆夏四月戊戌詔議
崇奉濮安懿王典禮辛丑詔監司知州歲薦吏毋徒
充數丙午奉安仁宗御容于景靈宫丁未白氣起西

方五月癸亥詔以綜核名實勵臣下丙子詔自今皇
子及宗室屬卑者勿授以檢校師傅官乙酉詔宗室
封王者子孫襲爵六月壬辰録囚己酉詔尚書集三省
御史臺議奉濮安懿王典禮甲寅罷尚書省集議令
有司博求典故務在合經詔遣官與契丹定疆界秋
七月癸亥富弼罷丙寅詔減乘輿服御丙子放宮女
百八十人丁丑太白晝見己卯群臣五上尊號不允
庚辰張昪罷以文彥博為樞密使八月庚寅京師大
雨水癸巳賜被水諸軍米遣官視軍民水死者千五
百八十人賜其家緡錢葬祭其無主者乙未以雨災
詔責躬乞言初學士草詔曰執政大臣其惕思天變
帝書其後曰雨災專以戒朕不德可更曰協德交脩
己亥以水災罷開樂宴壬子以工部郎中蔡抗等充
賀契丹生辰使侍御史趙鼎等充賀契丹正旦使乙
卯減袞冕制度丙辰陝西置壯城兵九月壬戌雨罷
大宴己巳以災異風俗策制舉人壬午太白犯南斗
乙酉以久雨遣使祈于岳瀆名山大川冬十月乙巳
雨木氷十一月庚午朝饗景靈宮辛未饗太廟壬申
有事南郊大赦上皇太后册册皇后以齊州為興德
軍節度辛巳加恩百官十二月辛亥太白晝見是歲

蔣波繡雲龍賜等州來貢

三年春正月丙辰朔契丹遣使耶律仲達等來賀正旦戊午契丹遣使蕭惟輔等來賀壽聖節丙寅幸降聖院謁神御殿癸酉契丹改國號為遼己卯溫州火燒民屋萬四千間死者五千人丁丑皇太后下書中書門下封濮安懿王宜如前代故事王夫人王氏韓氏任氏皇帝可稱親尊濮安懿王為皇夫人為后詔遵慈訓以塋為園置守衛吏即園立廟俾王子孫主祠事如皇太后旨辛巳詔臣民避濮安懿王諱以王子宗懿為濮國公壬午黜御史呂誨范純仁呂大防

二月乙酉朔白虹貫日三月庚申彗星晨見于室辛酉黜諫官傅堯俞御史趙鼎趙瞻戊辰上親錄囚庚午以彗避正殿減膳辛未以黜呂誨等詔內外癸酉以災異責躬詔轉運使察獄訟調役利病大者以聞辛巳彗晨見于昴如太白長丈有五尺壬午孛于畢如月夏四月丙午詔有司察所部左道淫祀及賊殺善良不奉令者罪毋赦五月甲子罷知雜御史觀察使以上歲舉人乙丑彗至張而沒戊辰謂宰相曰朕欲與公等日論治道中書常務有定制者付有司行之六月己酉錄囚秋七月乙丑進濮王子孫及魯王

孫爵一等八月庚子遣傅卞等賀遼主生辰張師顏等賀正旦九月壬子朔日有食之癸亥定待制諫官朝官少卿郎中遷選歲月補員格庚辰禁妃嬪公主以下薦服親之夫冬十月壬午朔以仙遊縣君任氏墳域為園乙酉詔兩日一御邇英閣丁亥詔禮部三歲一貢舉甲午詔宰臣參知政事舉才行士可試館職者各五人十一月戊午帝不豫禱于大慶殿己未宰相始奏事辛酉降天下囚死罪一等流以下釋之十二月乙未宰相祈于天地宗廟社稷壬寅立潁王頊為皇太子癸卯大赦賜文武官子為父後者勳一轉遼遣蕭靖等來賀正旦壽聖節是歲遣使以違約數寇責夏國諒祚獻方物謝罪

四年春正月庚戌朔羣臣上尊號曰體乾膺曆文武聖孝皇帝降天下囚罪一等徒以下釋之大風霾辛亥蠲京師逋麴錢丁巳帝崩于福寧殿壽三十六謚曰憲文肅武宣孝皇帝廟號英宗帝自居睦親宅孝德著聞濮安懿王薨以所服玩物分諸子帝所得悉以與王府舊人既葬而辭去者宗室有假金帶而以銅帶歸主吏以告帝曰真吾帶也受之命殿侍齎犀帶直錢三十萬亡之帝亦不問初辭皇子請濮王宮

教授周孟陽作奏孟陽有所勸戒即謝而拜之奏十餘不允始就召戒舍人曰謹守吾舍上有適嗣吾歸矣既為皇子慎靜恭默無所猷為而天下陰知其有聖德即位每命近臣必以官而不以名大臣從容以為言帝曰朕雖宫中命小臣亦未嘗以名也一日語神宗曰國家舊制士大夫之子有尚帝女皆升行以避舅姑之尊義甚無謂朕嘗思此寤寐不平豈可以富貴之故屈人倫長幼之序也可詔有司革之會疾不果神宗述其事焉

贊曰昔人有言天之所命人不能違信哉英宗以明

哲之資膺繼統之命執心固讓若將終身而卒踐帝位豈非天命乎及其臨政臣下有奏必問朝廷故事與古治所宜每有裁決皆出羣臣意表雖以疾疢不克大有所為然使百世之下欽仰高風詠歎至德何其盛也彼隋晋王廣唐魏王泰窺覦神器矯揉奪嫡遂啓禍原誠何心哉誠何心哉

本紀卷第十三

本紀卷第十四　宋史十四

開府儀同三司上柱國錄軍國重事前中書右丞相監修國史領經筵事都總裁脫脫等奉

勑修

神宗一

神宗紹天法古運德建功英文烈武欽仁聖孝皇帝諱頊英宗長子母曰宣仁聖烈皇后高氏慶曆八年四月戊寅生于濮王宫祥光照室群鼠吐五色氣成雲八月賜名仲鍼授率府副率三遷至右千牛衛將軍嘉祐八年侍英宗入居慶寧宫嘗夢神人捧之登天英宗即位授安州觀察使封安國公是年五月壬

戌受經于東宫帝隆準龍顏動止皆有常度而天性好學請問至日晏忘食英宗常遣内侍止之帝正衣冠拱手雖大暑未嘗用扇侍講王陶入侍帝率弟顥拜之九月加忠武軍節度使同中書門下平章事封淮陽郡王改今諱治平元年六月進封潁王三年三月納故相向敏中孫女為夫人十月英宗不豫帝引仁宗故事請兩日一御邇英閣講讀以安人心十二月壬寅立為皇太子四年正月丁巳英廟崩帝即皇帝位戊午赦天下常赦所不原者遣馮行已告哀于遼己未尊皇太后曰太皇太后皇后曰皇太后命宰

相韓琦為山陵使辛酉遣孫坦等告即位于遼以大行皇帝詔賜夏國主及西蕃唃廝囉丙寅群臣表三上始御迎陽門幄殿聽政內侍先帝疾者皆坐不謹貶之詔東平郡王允弼襄陽郡王允良朝朔望以吳奎終喪復授樞密副使戊辰以韓琦守司空兼侍中曾公亮行門下侍郎兼吏部尚書進封英國公文彥博行尚書左僕射檢校司徒兼中書令富弼改武寧軍節度使進封鄭國公曹佾改昭慶軍節度使檢校太傅張昇改河陽三城節度使宗諤同中書門下平章事改集慶軍節度使檢校尚書左僕射歐陽脩

趙槩並加尚書左丞仍參知政事陳升之為戶部侍郎呂公弼為刑部侍郎允弼允良並加守太保弟東陽郡王顥進封昌王鄂國公頵進封樂安郡王群臣進秩有差二月乙酉初御紫宸殿立向氏為皇后丁亥詔入內侍省皇城司合覆奏事並執條覆奏戊子進封交阯郡王李日尊為南平王加遐川首領董氊檢校太保詔山陵所須應委三司轉運司計置毋輒擾民詔提舉醫官院試堪診御脉者六人庚寅以四月十日為同天節辛卯白虹貫日壬辰詔公主下嫁者行見舅姑禮甲辰西蕃首領拽羅鉢鳩令結二

人誘蕃部三百餘帳投夏國捕獲斬之以徇三月壬子曹佾加檢校太尉兼侍中賜禮部進士及第出身四百六十一人甲寅陝西宣撫使郭逵討蕃部党令征等平之賜昌王顥公使錢歲萬緡半給之丙辰昌王顥樂安郡王頵乞解官行服不許癸亥詔入內內侍省官已經壽聖節任子者同天節權罷奏薦壬申歐陽脩知亳州癸酉吳奎參知政事罷乙亥允良薨閏月癸未太白晝見甲申夏國主諒祚遣使謝罪辛卯詔齊密登華邠耀鄜絳潤婺海宿饒歙吉建汀潮等十八州知州慶渭秦延四州通判其選並從中書

毋以恩例奏授乙未張昇以太子太師致仕庚子詔求直言御史中丞王陶乞許舉知縣資序人為御史裏行從之癸卯王安石出知江寧府甲辰詔諸路帥臣及副總管或有移易依慶曆故事乙巳詔以孟夏農務之時令監司戒飭州縣省事勸民力田民有艱食者振之夏四月庚戌請大行皇帝謚于南郊辛酉詔內外所上封事令張方平司馬光詳定以聞丙寅錄囚御史中丞王陶侍御史吳申呂景以過毀大臣陶出陳州申景各罰銅二十斤吳奎罷知青州遣使循行陝西河北京東京西路體量安撫壬申奎復位

罷州郡歲貢飲食果藥癸酉詔陝西河東經畧轉運
司察主兵臣僚怯懦老病者以聞五月辛巳以久旱
命宰臣禱雨乙巳寶文閣成置學士直學士待制官六
月己酉遼遣蕭餘慶等來弔祭己未振河北流民辛
未詔天下官吏有能知徭役利病可議寬減者以聞
乙亥詔中書樞密細務歸之有司秋七月庚辰詔察
富民與妃嬪家昏因夤緣得官者甲申石蕃來貢己
丑命尚書戶部郎中趙抃刑部郎中陳薦同詳定中
外封事辛卯告英宗憲文肅武宣孝皇帝謚于天地
宗廟社稷壬辰上寶册于福寧殿丙午文州曲水縣

令宇文之邵上書指陳得失八月丁未朔太白晝見
戊午復西夏和市己巳京師地震癸酉葬英宗于永
厚陵九月丁丑詔減諸路逃田稅額壬午祧僖祖及
文懿皇后乙酉祔英宗神主于太廟樂曰大英之舞
戊子減兩京畿内鄭孟州囚罪一等民役山陵者蠲
其賦辛卯徙封顥為岐王頵為嵩密郡王富弼為尚
書左僕射遣孫思恭等報謝于遼且賀生辰正旦壬
辰録周世宗從曾孫貽廓為三班奉職甲午遼遣耶
律好謀等來賀即位戊戌以王安石為翰林學士辛
丑韓琦罷為司徒鎮安武勝軍節度使判相州吳奎

陳升之罷樞密副使呂公弼為樞密使張方平趙抃
並參知政事邵亢為樞密副使壬寅以曾公亮為尚
書左僕射文彥博為司空潮州地震癸卯以權御史
中丞司馬光為翰林學士冬十月丙午漳泉諸州地
震丁未富弼罷判河陽戊申建州邵武興化軍地震
己酉初御邇英閣召侍臣講讀經史以右諫議大夫
權御史中丞滕甫考諸路監司課績張方平以父憂
去位庚戌給陝西轉運司度僧牒令糴穀振霜旱州
縣癸丑詔翰林學士御史中丞侍御史知雜事舉材
堪御史者各二人詔將作監主簿常秩赴闕甲寅賜

資治通鑑序賜司馬光癸酉知青澗城种諤復綏州
十一月丁丑詔近臣各舉才行可任使者一人戊寅
詔求直言丙戌詔二府各舉所知丁亥令考課院詳
定諸州所上縣令治狀戊子分命宰臣祈雪置馬監
于河東交城縣庚寅詔近臣以舉官不當經三劾者
中書别奏取旨乙未詔令内外文武官各舉有材德
行能者十二月丙辰西南龍蕃來貢辛酉以來歲日
食正旦自乙丑避殿減膳罷朝賀壬戌詔起居日增
轉對官二人丙寅詔州縣吏並緣為姦致獄多瘐死
歲終會死者多寡以制其罪著為令己巳遼遣蕭傑

等來賀正旦

熙寧元年春正月甲戌朔日有食之詔改元丁丑以旱減天下囚罪一等杖以下釋之壬午令州縣掩暴骸丁亥命宰臣曾公亮等極言闕失庚寅御殿復膳壬辰幸寺觀祈雨丙申趙槩罷知徐州三司使唐介參知政事丁酉詔修英宗實録壬寅增太學生百人二月辛亥令諸路每季上雨雪乙卯孔若蒙襲封衍聖公壬戌貸河東饑民粟三月庚辰夏主諒祚卒遣使來告哀丙戌詔恤刑戊子作太皇太后慶壽宮皇太后寶慈宮丁酉簡州木連理潭州雨毛夏四月乙巳詔翰林學士王安石越次入對戊申命宰臣禱雨以樞密直學士李參為尚書右丞判西京留守司御史臺辛亥同天節群臣及遼使初上壽于紫宸殿五月甲戌募饑民補廂軍庚辰詔兩制及國子監舉諸王宮學官戊戌寢慶成軍六月癸卯録唐魏徵狄仁傑後丁未占城來貢辛亥詔諸路興水利乙亥河決棗彊縣丙寅命司馬光滕甫裁定國用秋七月癸酉詔謀殺巳傷案問欲舉自首者從謀殺減二等乙亥名秦州新築大甘谷口砦曰甘谷城丁丑詔諸路帥臣監司及兩制知雜御史巳上各舉武勇謀畧三班

使臣二名賜布衣王安國進士及第己卯群臣三表請上奉元憲道文武仁孝之號不許陳升之知樞密院事給濮州雷澤縣堯陵守戶壬午以恩冀州河決賜水死家緡錢及下戶粟甲申京師地震乙酉又震大雨辛卯以河朔地大震命沿邊安撫司及雄州刺史候遼人動息以聞賜壓死者緡錢京師地再震壬辰遣御史中丞滕甫知制誥吳充安撫河北癸巳疏深州溢水甲午減河北路囚罪一等丁酉賜河北安撫司空名誥敕募民入粟己亥回鶻來貢八月壬寅詔京東西路存恤河北流民京師地震甲辰又震乙卯賜河東及鄜延路轉運司空名誥敕募民入粟實邊甲子詔中書門下考屬近行尊者一人王之丙寅罷宗諤平章事丁卯遣張宗益等賀遼主生辰正旦九月辛未太祖曾孫舒國公從式進封安定郡王丁亥減后妃臣僚薦奏推恩戊子莫州地震有聲如雷丁酉詔三司裁定宗室月料嫁娶生日郊禮給賜冬十月辛丑給天下繫囚衣食薪炭乙卯出奉宸庫珠付河北買馬戊辰禁銷金服飾十一月癸酉太白晝見癸未命宰臣禱雪丙戌朝饗太廟遂齋于郊宮發青城後苑丁亥祀天地于圜丘大赦群臣進秩有差

乙未京師及莫州地震十二月己亥朔命宰臣禱雪癸卯瀛州地大震庚戌賜夏國主秉常詔許納塞門安遠二砦歸其綏州辛亥録唐段秀實後癸丑禱雪于郊廟社稷庚申以判汝州富弼為集禧觀使詔乘驛赴闕壬戌雪甲子遼遣耶律公質等來賀正旦

二年春正月甲午奉安英宗神御于景靈宮英德殿二月己亥以富弼同中書門下平章事庚子以王安石參知政事命翰林學士呂公著修英宗實録乙巳帝以災變避正殿減膳徹樂甲子陳升之王安石創置三司條例議行新法三月乙酉詔漕運鹽鐵等官各

具財用利害以聞丙戌命宰臣禱雨戊子秉常上誓表納塞門安遠二砦乞綏州詔許之乙未以旱慮囚四月丁酉朔群臣再上尊號不許戊戌省内外土木工壬寅遼遣耶律昌等來賀同天節丁未唐介薨臨其喪戊申宰臣富弼曾公亮以旱上表待罪詔不允癸丑命曾公亮為西京奉安仁宗英宗御容禮儀使丁巳遣使諸路察農田水利賦役戊午外任大使臣年七十以上令監司體量直除致仕者更不與子孫推恩甲子御殿復膳免河北歸業流民夏税五月辛未宴紫宸殿初用樂己卯賜河北役兵特支錢癸未

翰林學士鄭獬罷知杭州宣徽北院使王拱辰罷判應天府知制誥錢公輔罷知江寧府丁亥奉安仁宗英宗御容于會聖宮及應天院甲午減西京囚罪一等台州民延賛等九人年各百歲以上並授本州助教六月丁巳右諫議大夫御史中丞呂誨以論王安石罷知鄧州以翰林學士呂公著為御史中丞命龍圖閣直學士張揆兼編排録用勳臣子孫壬戌太白晝見秋七月乙丑朔日當食雲陰不見庚午詔御史中丞舉推直官及可兼權御史者甲戌東平郡王允弼薨辛巳立淮浙江湖六路均輸法壬午振恤被水

州軍仍蠲竹木税及酒課癸未詔自今文臣換右職者須實有謀勇曾著績効即得取旨甲申日下有五色雲己丑韓琦上仁宗實録曾公亮上英宗實録八月癸卯侍御史劉琦貶監處州鹽酒務御史裏行錢顗貶監衢州鹽税亦以論安石故乙巳殿中侍御史孫昌齡以論新法貶通判蘄州丙午同修起居注范純仁以言事多忤安石罷同知諫院戊申河徙東行夏國請從舊蕃儀詔許之己酉范純仁知河中府甲寅朝神御殿辛酉以秘書省著作佐郎程顥王子韶並為太子中允權監察御史裏行壬戌侍御史知雜

事劉述同判刑部丁諷坐受刑名敕不即下述貶知江州諷貶通判復州審刑院詳議官王師元坐言許遵所議刑名不當貶監安州稅九月甲子朔交州來貢乙丑以古勿峒劾順首領儂智會為右千牛衛大將軍丁卯立常平給斂法戊辰出內庫緡錢百萬糴河北常平粟丁丑遣孫固等賀遼主生辰正旦辛卯廢奉慈廟壬辰以祕書省著作佐郎呂惠卿為太子中允崇政殿說書冬十月丙申富弼罷為武寧軍節度使判亳州曾公亮陳升之並同中書門下平章事城綏州命郭逵選將置守具遼遣趙尚交夏人所納

安遠塞門二砦就定地界夏人渝初盟尚請城綏州不以易二砦因改名綏德城戊戌以番官禮賓使折繼世為忠州刺史左監門衛將軍嵬名山為供備庫使仍賜姓名趙懷順丙辰詔御史請對並許直由閤門上殿戊午宗諤復平章事己未夏人來謝封冊辛酉錄楊承信曾孫立田重進曾孫章為三班借職十一月乙丑命韓絳制置三司條例甲戌詔祖宗之後世襲補外官非袒免親罷賜名授官丙子罷諸路提刑武臣領農田水利約束壬午御邇英閣聽講賜汴口役兵錢己丑減天下囚罪一等徒以下釋之閏月

庚子濬御河壬子置交子務是月差官提舉諸路常平廣惠倉兼管勾農田水利差役事十二月癸亥朔復減后妃公主及臣僚推恩癸酉增失入死罪法丙戌增三京留司御史臺國子監及宮觀官以處卿監監司知州之老者戊子遼遣蕭惟禧來賀正旦是歲交州來貢

本紀卷第十四

本紀卷第十五　　宋史十五

開府儀同三司上柱國錄軍國重事前中書右丞相監修國史領經筵事都總裁臣脫脫等奉

勅修

神宗二

三年春正月癸丑錄唐李氏周柴氏後乙卯詔諸路散青苗錢禁抑配戊午判尚書省張方平罷知陳州二月壬申以翰林學士司馬光為樞密副使凡九辭詔收還敕誥甲戌以河州刺史瞎欺丁木征為金紫光祿大夫檢校刑部尚書乙酉韓琦罷河北安撫使為大名府路安撫使三月丙申孫覺呂公著張戩程

顥李常上疏極言新法不聽己亥始策進士罷詩賦論三題戊申李常言青苗錢散不實有旨具析翰林學士兼知通進銀臺司范鎮封還詔書以為不當坐罷職守本官壬子賜禮部奏名進士明經及第八百二十九人乙卯詔諸路毋有留獄丙辰立試刑法及詳刑官右正言孫覺以奉詔反覆貶知廣德軍夏四月癸亥幸金明池觀水嬉宴射瓊林苑丙寅遼遣耶律寬來賀同天節丁卯給兩浙轉運司度僧牒募民入粟戊辰御史中丞呂公著貶知潁州己卯趙抃罷知杭州以韓絳參知政事監察御史裏行程顥罷為京西路同提點刑獄壬午右正言李常貶通判滑州監察御史裏行張戩貶知公安縣王子韶貶知上元縣癸未侍御史知雜事陳襄罷為同修起居注程顥簽書鎮寧軍節度判官公事前秀州軍事判官李定為太子中允監察御史裏行五月癸巳詔並邊州郡毋給青苗錢太白晝見壬寅詔令司馬光詳定轉對封事甲辰詔罷制置三司條例歸中書辛亥賜進士蘇巫號安退處士壬子罷入閤儀丁巳詔以審官院為東院別置西院六月癸酉日有五色雲丁丑封宗室秦魯蔡魏燕陳越七王後為公戊寅詔修武成王

廟丙戌知諫院胡宗愈貶通判真州秋七月辛卯歐陽脩徙知蔡州壬辰呂公弼罷樞密使以知太原府馮京為樞密副使置潞州交子務戊戌雨雹癸丑詳定宗室襲封制度甲寅置三班院主簿八月戊午罷看詳銀臺司文字所丙寅以旱慮囚死罪以下遞減一等杖笞者釋之以衢州旱令轉運司振恤仍蠲租賦戊寅詔川峽福建廣南七路官令轉運司立格就注具為令遣張景憲等賀遼主生辰正旦己卯夏人犯大順城知慶州李復圭以方略授環慶路鈐轄李信慶州東路都巡檢劉甫監押种詠出戰兵少取敗

復圭誣信等違其節制斬信及劉甫种詠死於獄是月慶州巡檢姚兕敗夏人於荔原堡鈐轄郭慶都監高敏死之九月戊子朔中書置檢正官乙未韓絳罷為陝西宣撫使己亥始試法官庚子曾公亮罷為司空兼侍中河陽三城節度使辛丑以馮京參知政事翰林學士吳充為樞密副使乙巳親策賢良方正及武舉壬子太白晝見癸丑作東西府以居執政司馬光罷知永興軍詔環慶陣亡義勇餘丁當刺者悉免之冬十月辛酉詔延州毋納夏使甲子雨木冰壬申朝謁神御殿丙子知慶州李復圭擅興兵敗績誣裨

將李信劉甫种詠以死御史劾之貶保靜軍節度副使戊寅陳升之以母憂去位乙酉詔罷諸場務內侍監當十一月戊子振河北饑民徙京西者己丑官節行之士二十一人壬辰蠲陝西蕃部貸糧癸卯授布衣王存下班殿侍三班差使宣撫司指揮使甲辰夏人寇大順城都監燕達等擊走之庚戌詔升朝官除南郊赦封贈父母外不得以加恩轉官乙卯以韓絳兼河東宣撫使梓州路轉運使韓璹等以能興利除害賜帛有差十二月己未詔立諸路更戍法舊以他路兵雜戍者遣還乙丑立保甲法丁卯以韓絳王安

石並同中書門下平章事王珪參知政事賜布衣陳知彥進士出身知縣王輔同進士出身庚午夏人寇鎮戎軍三川砦巡檢趙普伏兵邀擊敗之丁丑增廣南攝官奉戊寅初行免役法賜西蕃董氊詔并衣帶鞍馬庚辰命王安石提舉編修三司令式壬午遼遣蕭遵道等來賀正旦癸未命宋敏求詳定命官使臣過犯是歲振河北陝西旱饑除民租交阯入貢廣源下溪州蠻來附

四年春正月丁亥朔不視朝己丑种諤襲夏兵于囉兀北大敗之遂城囉兀自是夏人日聚兵為報復計

言者以諤為稔邊患不便壬辰王安石請鬻天下廣惠倉田為三路及京東常平倉本從之乙未渝州夷賊李光吉叛巡檢李宗閔等戰死命夔州路轉運使孫構討平之詔詳定大辟覆讞法丁酉朝謁太祖太宗神御殿庚子幸集禧觀宴從臣又幸大相國寺御宣德門觀燈韓絳等言种諤領兵入西界斬獲甚衆詔遣使撫問乙巳停括牧地丁未立京東河北賊盜重法庚戌罷永興軍買鹽鈔場甲寅定文德殿朔望視朝儀二月丁巳朔罷詩賦及明經諸科以經義論策試進士置京東西陝西河東河北路學官使之教

導辛酉詔治吏沮青苗法者戊辰詔振河北民乏食者賻恤西界戰死軍人庚午于闐國來貢壬申進封高密郡王頵為嘉王癸酉詔審官院所定人赴中書察堪任者引見甲戌賜討渝州夷賊兵特支錢丁丑禱雨詔增漳河等役兵三月丁亥夏人陷撫寧堡戊子慶州廣銳卒叛尋討平之庚寅詔給諸路學田增教官員辛卯遣使察奉行新法不職者癸卯減河東陝西路囚罪一等徒以下釋之民緣軍事科役者蠲其租賦丙午种諤坐陷撫寧堡責授汝州團練使潭州安置丁未韓絳坐興師敗衄罷以本官知鄧州辛

亥録唐李氏後夏四月丙辰朔恤刑辛酉遼遣蕭廣等來賀同天節壬戌遣環慶都鈐轄升贇以兵屯邠涇河中以備西夏癸亥罷陝西交子法癸酉司馬光權判西京留臺种諤再貶賀州別駕甲戌詔司農寺月進諸路所上雨雪狀丙子遣使按視宿亳等州災傷仍令修飭武備壬午定進士考轉官五月甲午右諫議大夫呂誨卒壬寅詔許富弼養疾西京丙午高麗國來貢辛亥詔宗室率府副率以上遭父母喪及嫡孫承重並解官行服壬子詔恩冀等州災傷遣使振恤蠲其稅六月丁巳河北饑民為盜者減死刺配庚

申群臣三上尊號曰紹天法古文武仁孝皇帝不許甲子歐陽修以太子少師致仕丙寅慮囚甲戌富弼坐格青苗法徙判汝州秋七月戊子層檀國來貢甲午振恤兩浙水災乙未録死事將校崔達子遇為三班奉職丁酉監察御史裏行劉摯罷監衡州鹽倉御史中丞楊繪貶知鄭州庚子詔宗室不得祀祖宗神御丁未詔唐鄧給流民田八月癸丑朔高麗來貢遣官體量陝西差役新法及民間利害甲寅詔郡縣保甲與賊鬬死傷者給錢有差庚申復春秋三傳明經取士癸酉遣楚建中等賀遼主生辰正旦置洮河安

撫司命王韶主之九月丙戌河決鄆州辛卯大饗明堂以英宗配赦天下內外官進秩有差庚子夏人入貢癸卯增選人奉冬十月壬子朔罷差役法使民出錢募役立選人及任子出官試法丙辰置樞密院檢詳官戊辰立太學生內外上舍法丙子詔罪人配流遇冬者至中春乃遣十一月壬午朔詔凡賞功罰罪事可懲勸者月頒之天下甲申詔蠲逋租丁亥作中太一宮壬寅開洪澤河達于淮十二月辛亥朔詔增賜國子監錢四千緡戊午歸夏俘己未安定郡王從式薨甲子封越國公世清為會稽郡王丙寅省諸路

廂軍乙亥崇義公柴詠致仕子若訥襲封丙子遼遣
耶律紀等來賀正旦
五年春正月己丑詔聽降羌歸國己亥詔太廟時饗
以宗室使相已上攝事置京城邏卒察謗議時政者
收罪之二月壬子龜茲來貢以兩浙水賜穀十萬石
振之仍募民興水利壬戌詔罷陝西遞運銅錫癸亥
太白晝見丙寅以知鄭州呂公弼為宣徽南院使判
秦州龍圖閣直學士蔡挺為樞密副使三月甲午李
日尊卒子乾德嗣遣使弔贈戊戌富弼以司空致仕
進封韓國公立文武換官法丙午以內藏庫錢置市

易務夏四月庚戌朔立殿前馬步軍春秋校試殿最
法乙卯遼遣耶律適等來賀同天節己未括閑田置
弓箭手辛未塞北京決河五月辛巳詔以古渭砦為
安遠軍命王韶兼知軍行教閱法宗室非袒免親者
許應舉庚寅以青唐大首領俞龍珂為西頭供奉官
賜姓名包順壬辰以趙尚寬等前守唐州辟田疏水
有功增秩以勸天下丙午太白晝見行保馬法六月
壬子曾公亮以太傅致仕癸亥詔以四場試進士丙
寅作京城門銅魚符乙亥置武學秋七月壬寅初以
文臣兼樞密都承旨閏月庚戌遣中書檢正官章惇

察訪荊湖北路詔入內供奉官以下已有養子更養
次子為內侍者斬八月甲申太子少師致仕歐陽修
薨秦鳳路沿邊安撫王韶復武勝軍丁亥詔求歐陽
修所撰五代史壬辰以武勝軍為鎮洮軍癸巳遣崔
台符等賀遼主生辰正旦乙未詔侍從及諸路監司
各舉有才行者一人甲辰王韶破木征于鞏令城頒
方田均稅法九月癸丑許宗室試換文資癸亥始御
便殿引校諸軍武技丙寅少華山崩詔壓死者賜錢
貧者官為葬祭淮南分東西路冬十月戊戌升鎮洮
軍為熙州鎮洮軍節度置熙河路減秦鳳囚罪一等

十一月癸丑河州首領瞎藥等來降以為內殿崇班
賜姓名包約丁卯貶權監察御史裏行張英監荊南
稅壬申分陝西為永興秦鳳路仍置六路經略司章
惇開梅山置安化縣十二月丙子赦亡命荊湖溪洞
者丁丑詔太原置弓箭手戊寅詔寺觀奉聖祖及祖
宗陵寢神御者免役錢改溫成廟為祠壬午陳升之
為樞密使癸未雨土乙未築熙州南北關及諸堡砦
己亥遼遣蕭瑜等來賀正旦
六年春正月辛亥復僖祖為太廟始祖以配感生帝
祧順祖于夾室二月辛卯夏人寇秦州都巡檢使劉

惟吉敗之丙申永昌陵上宮東門火王韶復河州獲木征妻子壬寅以韓絳知大名府三月己酉詔贈熙河死事將田瓊禮賓使錄其子三人孫一人庚戌親策進士置經局命王安石提舉辛亥試明經諸科丙辰以四月朔日當食自丁巳避殿減膳降天下囚罪一等流以下釋之己未置諸路學官壬戌賜奏名進士諸科及第出身五百九十六人甲子交州來貢丁卯宰相上表請復膳不許詔進士諸科並試明法注官戊辰置刑獄檢法官庚午封李日尊子乾德為交阯郡王夏四月甲戌朔日食不見乙亥御殿復膳西

南龍蕃諸蠻來貢置律學丁丑遼遣耶律寧等來賀同天節甲午定齊徐等州保甲戊戌裁定在京吏祿五月癸卯朔播州楊貴遷遣子光震來貢以光震為三班奉職戊申禱雨乙丑詔京東路察士人有行義者以聞遣中書檢正官熊本措置瀘夷西京左藏庫副使景思忠等攻燒遂州夷國戰歿錄其子昌符等七人軍士死者賜其家錢帛有差辛未西南龍蕃來貢六月己亥置軍器監秋七月乙巳詔京西淮南兩浙江西荊湖等六路各置鑄錢監丙午大食陀婆離來貢己酉禱雨甲寅錄在京囚死罪以下降一等杖罪

釋之丁巳詔沿邊吏殺熟戶以邀賞者戮之乙丑分河北為東西路丙寅夜西北有聲如磓八月壬申朔遣賈昌衡等賀遼主生辰正旦甲申罷簡州歲貢綿紬甲午賜熙河涇原軍士特支錢戊戌復比閭族黨之法九月壬寅置兩浙和糴倉立斂散法戊申詔興水利辛亥策武舉戊午岷州首領本令征以其城降王韶入岷州丙寅太白犯斗戊辰詔禱雨決獄冬十月辛未章惇平懿洽州蠻辛巳以復熙河洮岷疊宕等州御紫宸殿受群臣賀解所服玉帶賜安石甲申朝獻景靈宮丙戌振兩浙江淮饑壬辰行折二錢丁

酉遣使瘞熙河戰骨十一月癸丑中太一宮成減天下囚罪一等流以下釋之乙卯親祀太一宮丙寅大雪詔京畿收養老弱凍餒者十二月戊子詔決開封府囚丙申遼遣耶律洞等來賀正旦

七年春正月辛亥賞復岷洮等州功西京左藏庫使桑湜等遷官有差壬子幸中太一宮宴從臣又幸大相國寺御宣德門觀燈乙卯封皇子俊為永國公甲子熊本平瀘夷二月辛未于闐來貢發常平米振河陽饑民癸未詔三司歲會天下財用出入之數以聞己丑禱雨辛卯置客省引進四方館閤門使副等員

乙未知河州景思立等與青宜結鬼章戰于踏白城
敗死廢遼州三月壬寅木征鬼章寇岷州高遵裕遣
包順等擊走之慮囚減死罪一等杖以下釋之癸卯
以旱避殿減膳乙巳白虹貫日丙午遣使分行諸路
募武士赴熙河庚戌詔熙河死事者家給錢有差罷
兩浙增額預買紬絹令諸路監司察留獄癸丑群臣
表請復膳不許丙辰遼遣林牙蕭禧來言河東疆界
命太常少卿劉忱議之己未行方田法甲子遣使報
聘于遼乙丑詔以災異求直言夏四月癸酉以旱罷
方田是日雨遼遣耶律永寧等來賀同天節乙亥王

宋史十五　四百令十个　宋史本紀卷第十五　十二　李俊寫　李徊刊

韶破西蕃於結河川丙子御殿復膳己卯以高遵裕
爲岷州團練使甲申詔邊兵死事無子孫者廩其親
屬終身乙酉王韶進築珂諾城與蕃兵連戰破之斬
首七千餘級焚三萬餘帳木征率酋長八十餘人詣
軍門降雨雹丙戌王安石罷知江寧府以韓絳同中
書門下平章事監修國史翰林學士呂惠卿參知政
事置沅州丁酉詔王韶發木征及其家赴闕遼遣樞
密副使蕭素議疆界于代州境上五月戊戌朔減熙
河路囚罪一等流以下釋之辛丑詔河州瘞蕃部暴
骸壬寅雨雹癸卯大雨雹辛亥罷賢良方正等科乙

丑大雨水壞陝平陸二縣六月戊寅賜討洮州將士
特支錢丁亥作渾儀浮漏廣州鳳凰見以木征爲榮
州團練使賜姓名趙思忠秋七月癸卯群臣五上尊
號曰紹天憲古文武仁孝皇帝不許癸亥詔河北兩
路捕蝗又詔開封淮南提點提舉司檢覆蝗旱以米
十五萬石振河北西路災傷八月丁丑賜環慶安撫
司度僧牒以募粟振漢蕃饑民遣張芻等賀遼主生
辰正旦辛卯詔免淮南開封府來年春夫除放邢洺
等州秋稅癸巳置場於南薰安上門給流民米集賢
院學士宋敏求上編修閤門儀制九月戊戌以時雨

宋史十五　四百令十个　宋史本紀卷第十五　十二　李俊寫　李徊刊

降詔河北京西陝西淮南等路勸民趨耕有因事拘
繫者釋之壬子三司火癸丑置京畿河北京東西路
三十七將甲寅詔樞密院議邊防冬十月壬申詔韓
琦富弼文彥博曾公亮條代北事宜以聞戊寅詔浙
西路提舉司出米振常潤州饑庚辰置三司會計司
以韓絳提舉辛巳以河北災傷減州軍文武官員癸
巳以常平米於淮南西路易饑民所捕蝗種又振河
北東路流民十一月乙未祀天地于圜丘赦天下十
二月丙寅省熙河岷三州官百四十一員丁卯文武
官加恩己丑遼遣耶律寧等來賀正旦是歲高麗入

貢渭井長寧夷十郡及武都夷内附

八年春正月庚子蔡挺罷判南京留司御史臺馮京罷知亳州丙午分京東爲東西路輟江南東路上供米均給災傷州軍丁未御宣德門觀燈乙卯詔出使廷臣所至采吏治能否以聞雨木氷戊午詔所在流民願歸業者州縣齎遣之己未洮西安撫司以歲旱請爲粥以食羌戶饑者二月甲子增陝西錢監改鑄大錢癸酉以王安石同中書門下平章事戊寅詔樞密副都承旨張誠一等以李靖營陣法教殿前馬步軍乙酉初行河北戶馬法丙戌停京畿土功七年三

月丁酉振潤州饑戊戌知河州鮮于師中乞置蕃學教蕃酋子弟賜田十頃歲給錢千緡增解進士二人從之庚子遼蕭禧再來遣韓縝往河東會議癸丑知制誥沈括報聘復振常潤饑民戊午太白晝見夏四月乙丑詔減將作監冗官丁卯遼遣耶律景熙等來賀同天節乙亥正僖祖禘祫東嚮位戊寅以吳充爲樞密使壬午湖南江水溢閏月乙未陳升之罷爲鎮江軍節度使判揚州廣源州劉紀寇邕州歸化州儂智會敗之壬寅沈括上奉元曆癸卯以宣徽北院使張方平判永興軍分秦鳳路兵爲四將壬子沂州民

朱唐告前餘姚縣主簿李逢謀反辭連右羽林大將軍世居及河中府觀察推官徐革命御史中丞鄧綰知諫院范百祿御史徐禧雜治之獄具世居賜死逢革等伏誅甲寅録趙普後乙卯詔西南蕃五姓蠻五年一入貢五月辛酉朔慮囚降死罪一等杖以下釋之甲子分環慶兵爲四將丁丑雨土及黃毛甲申熙河路蕃官殿直頓埋謀叛伏誅己丑遣使振鄜延環慶饑六月乙未日上有五色雲丙午釃汴水入蔡河以通漕己酉頒王安石詩書周禮義于學官辛亥以安石爲尚書左僕射兼門下侍郎戊午太師魏國公

韓琦薨己未以琦配饗英宗廟庭秋七月甲子處州江水溢戊寅太白晝見戊子分涇原兵爲五將命韓縝如河東割地八月庚寅朔日當食雲陰不見癸巳募民捕蝗易粟苗損者償之仍復其賦丙申遣謝景温等賀遼主生辰正旦減官戶役錢之半詔發運司體實淮南江東兩浙米貴州縣所存上供米毋過百萬石減直予民斗錢勿過八十庚戌韓絳罷發河北京東兵及監牧卒修都城丁巳大閱九月庚申朔王安石兼修國史立武舉絶倫法冬十月庚寅呂惠卿罷知陳州乙未彗出軫己亥詔以災異數見不御前

殿減常膳求直言壬寅赦天下罷手實法丁未彗不
見丙辰御殿復膳十一月戊寅交阯陷欽州壬午立
陝西蕃丁法甲申交阯陷廉州丙戌渝州改南平軍
十二月丙申濬河壬寅以翰林學士元絳參知政事
龍圖閣直學士曾孝寬簽書樞密院事辛亥天章閣
待制趙卨為安南道招討使嘉州防禦使李憲副之
以討交阯癸丑遼遣耶律世通等來賀正旦甲寅熙
河路木宗域首領結彪謀叛熟羌日脚族青廝扒斬
其首來獻補下班殿侍
九年春正月乙丑雨木冰戊辰交阯陷邕州知州蘇

緘死之己卯下溪州刺史彭師晏及天賜州降庚辰
遣使祭南嶽南海告以南伐辛巳贈蘇緘奉國軍節
度使謚忠勇以其子子元為西頭供奉官閤門祗候二
月戊子宣徽南院使郭逵為安南道招討使罷李憲
以趙卨副之詔占城占臘合擊交阯己丑宗哥首領
鬼章冦五年谷番官闌氊訥支等邀擊大破之己亥
以出師罷春宴乙卯雨雹三月丙辰朔進仁宗妣容
周氏為賢妃辛酉御集英殿策進士恤欽廉邕三州
死事家瘞戰亡士賊所蹂踐除其田征甲戌賜進士
諸科及第出身五百九十六人丁丑以廣西進士徐

伯祥為右侍禁欽廉白州巡檢宗哥首領鬼章冦五
牟谷熙河鈐轄韓存寶敗之庚辰以种諤知岷州夏
四月辛卯遼遣耶律庶幾等來賀同天節乙未以遼
主母喪罷同天節上壽戊戌復廣濟河漕癸卯詔廣
南亡沒士卒及百姓為賊殘破者轉運安撫司具實
并議振恤以聞甲辰給空名告身付安南以招降賞
功詔諸路募武勇赴廣西贈廣西死事將士官有差
丙午遣王克臣等弔慰于遼辛亥茂州夷冦邊遣內
副押班王中正經制甲寅遼遣耶律孝淳以國母喪
來告帝發哀成服輟視朝七日五月丙辰朔詔邕州

沿邊州峒首領來降者周恤之癸亥詔試醫學生丙
寅分兩浙為東西路丁卯城茂州壬申詔安南諸軍
過嶺有疾者所至護治丙子大理國來貢庚辰靜州
下首領董整白等來降六月丁亥詔安南將吏視軍
士有疾者月以數聞己丑綿州都監王慶崔昭用劉
珪左侍禁張义援戰茂州死之詔慶等子與借職女
出嫁夫與奉職白丁王禹錫等二人賜錢其家辛卯
詔濱海富民得養蜑戶毋致為外夷所誘己亥慮囚
降死罪一等杖以下釋之癸卯以水源等洞蠻主儂
賀等七人為定遠寧遠將軍秋七月丙辰朱崖軍黎

賊黃嬰入寇詔廣南西路嚴兵備之庚申關以西蝗
蝻虸蚄生壬戌築下溪州改名會溪城癸亥靜州將
楊文緒結蕃部謀叛王中正斬之以徇詔廣西死事
官無子孫者許立後乙丑詔自今遇大禮推恩官昭
憲太后族一人是月安南行營次桂州郭逵遣鈐轄
和斌等督水軍涉海自廣東入諸軍自廣南入八月
甲申朔齊州監務左班殿直孫紀死賊錄其一子爲
三班借職戊子以文彥博守太保兼侍中行太原尹
己丑遣程師孟等賀遼主生辰正旦罷鬻祠廟錢丁
酉禁北邊民闌出穀粟庚子占城來貢九月戊午濬

汴河丙寅詔罷都大制置河北河防水利司己卯遼
遣使回謝詔恤嶺南死事家表將士墓冬十月乙酉
太白晝見乙未詔東南諸路教閱新軍丙午王安石
罷判江寧府以吳充監修國史王珪爲集賢殿大學
士並同中書門下平章事資政殿學士馮京知樞密
院辛亥除放沅州歸明人戶去年倚閣秋稅十一月
乙卯賜廣南東路空名告敕募入錢助軍辛酉錄唐
相魏徵後同州司士參軍道嚴流內銓特免試注官
乙亥以安南行營將士疾疫遣同知太常禮院王存
禱南嶽遣中使建祈福道場己卯洮東安撫司言包

順等破鬼章兵於多移谷壬午鬼章寇岷州知州种
諤等敗之鐵城十二月丙戌安南僞觀察使劉紀降置
司農丞庚寅子傭生丁酉詔岷州界經鬼章兵燹者
賜錢脅從來歸者釋其罪癸卯郭逵敗交阯於富良
江獲其僞太子洪眞李乾德遣人奉表詣軍門降逵
遂班師丁未遼遣耶律運等來賀正旦庚戌詔有得
鬼章泠鷄朴首者賞之置威戎軍
十年春正月乙丑御宣德門觀燈戊辰仙韶院火不
視朝己巳白虹貫日二月甲申以崇信軍節度使宗
旦同中書門下平章事戊子以鬼章敗种諤等賞官

有差辛卯日中有黑子甲午詔宗室使相雖及十年
更不取旨磨勘丁酉詔諸州歲以十一月給老疾貧
乏者粟盡三月乃止己亥以王韶知洪州丙午以復
廣源蘇茂等州群臣表賀赦廣州囚罪一等徒以下
釋之賜行營諸軍錢民緣征役者恤其家以廣源州
爲順州赦李乾德罪以郭逵判潭州趙卨知桂州己
酉以交阯降赦廣南東路荆湖南路繫囚餘各降一
等徒以下釋之三月辛未慮囚降死罪一等杖以下
釋之壬申詔州縣捕蝗夏四月辛巳復置憲州乙酉
遼遣蕭儀等來賀同天節癸巳文州蕃賊寇邊州兵

擊走之丁酉賜熙河路兵特支錢戰死者賜帛免夏秋税五月戊午詔修仁宗英宗史甲戌太白晝見六月壬午注輦國朝貢癸巳王安石以使相為集禧觀使丁未置岷州鐵城堡秋七月甲寅禱雨丁巳令諸路歲上縣令課績辛酉群臣五上尊號曰奉天憲古文武仁孝皇帝不許乙亥郭逵以安南失律貶為左衛將軍丙子河決澶州曹村埽八月壬寅詔潭州置將及增武臣一員遣蘇頌等賀遼主生辰正旦甲辰詔侍從臺諫監司各舉文臣有才行者一人九月庚戌詔河決害民田所屬州縣蹤淪仍蠲其税老幼疾

病者振之乙卯詔諸傳宣内批面諭事無法守並從中書樞密覆奏其祈恩澤規免罪者劾之辛酉詔鎮戎德順軍各置都監一員癸酉立義倉甲戌宗樸兼侍中封濮陽郡王冬十月戊寅朔宗樸薨癸巳昭化軍節度使宗誼封濮國公詔濮王子以次襲封奉祀戊戌太子太師張昪卒十一月庚午以西蕃邈川首領董氊都首領青宜結鬼章為廓州刺史阿令骨為松州刺史甲戌祀天地于圜丘赦天下十二月丁丑朔占城國獻馴象壬午詔改明年為元豐甲申以郊祀文武官加恩丁亥封子傭為均國公辛丑遼遣耶

律孝淳等來賀正旦

元豐元年春正月乙卯以王安石為尚書左僕射舒國公集禧觀使戊午命詳定郊廟禮儀詔減陳留捧日天武等軍剩員庚申御宣德門召從臣觀燈乙丑以太皇太后疾驛召天下醫者閏月辛巳以翰林侍讀學士寶文閣學士提點中太一宮呂公著兼端明殿學士己丑詔贈尚書令韓琦依趙普故事壬辰樞密直學士孫固同知樞密院事己亥太傅兼侍中曾公亮薨庚子日中有黑子癸卯以公亮配饗英宗廟庭二月庚戌濮國公宗誼薨甲寅以邕州觀察使宗

暉為淮康軍節度使封濮國公戊辰詔赦安南戰棹都監楊從先等仍論功行賞三月辛巳慮囚降死罪一等杖以下釋之御邇英閣沈季長進講周禮八法癸未詔内外文武官各舉堪應武舉一人廣南西路經略司乞教閱峒丁從之乙未御崇政殿閱諸軍辰沅猺賊寇邊州兵擊走之夏四月己酉遼遣耶律永寧等來賀同天節丙辰詔增置兩浙路提舉官庚申詔除九經外餘書不得出界癸亥太白晝見乙丑封號國公宗諤為豫章郡王戊辰塞曹村決河名其埽曰靈平五月甲戌朔賜塞河役死家錢乙亥詔試中

刑法官以次推恩六月癸卯朔日有食之乙巳詔以靈平功遷太常博士苗師中等各一官秋七月癸酉朔命西上閤門使忠州團練使韓存寶經制瀘州納溪夷己亥詔齊州預備水災辛丑夔州言甘露降八月癸卯西邊將訥兒溫祿等謀反伏誅丁未詔河北被水者蠲其租甲寅遣黃履等賀遼主生辰正旦戊午以韓絳為建雄軍節度使己巳詔濱棣滄三州被水民以常平糧貸之庚午詔青齊淄三州給流民食九月癸酉交阯來貢癸未李乾德表乞還廣源等州詔不許乙酉以端明殿學士呂公著樞密直學士薛

向並同知樞密院事詔祀天地及配帝並用特牲是月武康軍嘉禾生河中府甘露降冬十月庚戌定秋試諸軍賞格侍禁仵全死事錄其弟宣為三班借職辛亥韓存寶破瀘夷後城十有三國癸亥于闐來貢十一月己丑命龍圖閣直學士宋敏求等詳定正旦御殿儀注癸巳辰州猺賊叛詔沅州兵討之己亥罷文武功臣號是月梁縣嘉禾生十二月丙午日中有黑子凡十二日辛亥錄囚降死罪一等杖以下釋之丙辰詔青州民王贇以復父讎免死刺配鄰州戊午置大理寺獄己未詔罷都大提舉在京諸司庫務司

甲子以婉儀邢氏為賢妃詔罷三司推勘公事官減軍器監句當公事審官東院流內銓及將作監三班院主簿左右軍巡判官丙寅遼遣耶律隆等來賀正旦

二年春正月乙亥罷岢嵐火山軍市馬丙子詔立高麗交易法壬午以容州管內觀察使上柱國南陽郡開國公楊遂為寧遠軍節度使癸未詔知沅州謝麟督捕猺賊甲申御宣德門觀燈丁亥詔以經義論試宗室甲午京兆府學教授蔣夔乞以十哲從祀孔子從之詔辰州敘浦縣置龍潭堡是月潁州壽州甘露

降二月甲寅詔瘞漢州暴骸日中有黑子乙卯以瀘州夷乞弟犯邊詔王光祖等討之丙辰詔定解鹽歲額乙丑滄州饑發倉粟振之三月庚午朔董氈遣使來貢辛未詔給地葬畿內寄菆之喪無所歸者官瘞之庚辰親試禮部進士壬午試特奏名進士及武舉癸未試諸科明法賜董氈繒錢銀帛對衣金帶等物丙戌詔雄州兩輸戶南徙者諭令復業庚寅疏汴洛夏四月辛丑幸金明池觀水嬉宴射瓊林苑甲辰遼遣蕭嚴等來賀同天節丁巳陳升之以檢校太尉依前同中書門下平章事鎮江軍節度使上柱國秀國

公致仕己未陳升之卒癸亥定正旦御殿儀甲子詔
增審刑院詳議詳斷官罷刑部檢法官是月南康軍
甘露降眉州生瑞竹五月丙子順州蠻叛峒兵討平
之庚辰詔以濮安懿王三夫人並稱王夫人祔濮園
辛巳太子太師致仕趙槩上所集諫林甲申元絳罷
知亳州乙酉詔安南軍死事孫寡廩給之戊子御史
中丞蔡確參知政事六月甲辰廣西捕斬儂智春執
其妻子以獻戊申命蔡確參定編修傳法寶錄癸丑
詔五路帥臣副總管軍臣僚各舉任將領及大使臣
者二人甲寅清汴成辛酉詔鎮寧軍節度使魏國公

宗懿追封舒王是月南康軍甘露降忠州雨豆秋七
月甲戌張方平以太子少師致仕戊寅詳定朝會儀
己卯命中書句考四方詔獄庚辰以淮康軍節度使
宗暉同中書門下平章事丁亥詳定郊廟禮儀是月
陳州芝草生南賓縣雨豆環州甘露降八月丙申朔
夏人寇綏德城都監李浦敗之辛丑分涇原路兵為
十一將壬寅復八作司為東西兩司各置監官文臣
一員武臣二員遣李清臣等賀遼主生辰正旦甲寅
詔增太學生舍為八十齋齋三十人外舍生二千人
內舍生三百人月一私試歲一公試補內舍生間歲

一舍試補上舍生以潁州為順昌軍節度是月曹州
生瑞穀河陽生芝草九月癸未降順昌軍囚罪一等
徒以下釋之甲申西南龍蕃來貢丁亥大宴集英殿
己丑進婕妤朱氏為昭容壬辰出馬步射格鬭法須
諸軍甲午西南羅蕃方蕃來貢冬十月丙申西南石
蕃來貢癸卯置籍田令詔立水居船戶五戶至十戶
為一甲戊申交阯歸所掠民詔以順州賜之己酉太
皇太后疾上不視事庚戌罷朝謁景靈宮命輔臣禱
于天地宗廟社稷減天下囚死罪一等流以下釋之
乙卯太皇太后崩戊午詔易太皇太皇國陵曰山陵

辛酉以群臣七上表始聽政命王珪為山陵使十一
月癸未始御崇政殿丁亥雨土十二月乙巳御史中
丞李定上國子監敕式令并學令凡百四十條丙午
復置御史六察庚申遼遣蕭寧等來賀正旦是月全
州芝草生桂州甘露降

本紀卷第十五

本紀卷第十六　　宋史十六

開府儀同三司上柱國錄軍國重事前中書右丞相監修國史領經筵事都總裁臣脫脫等奉勅修

神宗三

三年春正月乙丑朔以大行太皇太后在殯不視朝癸酉陞許州為潁昌府丙子降潁昌囚罪一等徒以下釋之戊寅上太皇太后謚曰慈聖光獻戊子詔審刑院刑部斷議官失入者歲具數罰之己丑高麗國遣使來貢白虹貫日辛卯于闐國大首領阿令顛顙溫等來貢癸巳白虹貫日二月丙午以翰林學士章

惇參知政事丙辰始御崇政殿視朝丁巳命輔臣禱雨三月乙丑工部侍郎同平章事吳充罷為觀文殿大學士西太一宮使癸酉葬慈聖光獻皇后于永昭陵丙子南丹州入貢以刺史印賜之乙酉祔慈聖光獻皇后神主于太廟戊子降兩京河陽囚罪一等民緣山陵役者蠲其賦己丑以慈聖光獻皇后弟昭德軍節度使曹佾為司徒兼中書令改護國軍節度使餘親屬加恩有差夏四月乙未觀文殿大學士吳充薨丁酉封宗暉為濮陽郡王濮安懿王子孫皆進官一等己亥遼遣耶律永芳等來賀同天節乙巳以瀘

州蠻乞弟侵擾詔邊將討之戊申乞弟寇戎州兵官王宣等戰歿甲寅罷群牧行司復置提舉買馬監牧司乙卯令御史分察諸路監司庚申詔御史臺六察以糾劾多寡為殿最任滿取旨升黜辛酉增國子監歲賜錢六千緡五月乙丑詔自今三伏內五日一御前殿辛巳以潁昌進士劉堂上制盜十策授徐州蕭縣尉甲申復命韓存寶經制瀘蠻詔改都大提舉導洛通汴司為都提舉汴河堤岸司是月青州臨朐益都石化為麪六月甲午日有五色雲戊戌詔省宗室教授存十三員丙午詔中書詳定官制罷兵部勾當

公事官詔河北河東陝西路各選文武官一員提舉義勇保甲壬子詔罷中書門下省主判官歸其事於中書是月安州臨江軍產芝及連理麥秋七月庚午河決澶州甲戌詔自今遇大禮罷上尊號癸未彗出太微垣丙戌避殿減膳詔求直言丁亥罷群神從祀明堂戊子太白晝見八月乙巳罷省寺監官領空名者癸丑遣王存等賀遼主生辰正旦戊午彗不見九月壬戌增宣祖定州東安墳地二十頃及守園戶丙寅御殿復膳乙亥正官名以開府儀同三司易中書令侍中同平章事特進易左右僕射自是以下至承

務郎易祕書省校書郎正字將作監主簿有差檢校僕
射以下及階散憲銜並罷詳在職官志辛巳大饗明堂
以英宗配赦天下癸未薛向孫固並為樞密副使乙酉
詔即景靈宮作十一殿以時王禮祠祖宗以王安石為
特進改封荊國公丙戌進封岐王顥為雍王嘉王頵為
曹王並為司空文彥博為太尉封曹佾為濟陽郡王宗
旦為華陰郡王馮京為樞密使薛向罷知潁州丁亥以
呂公著為樞密副使閏九月乙卯加文彥博河東永興
軍節度使以富弼為司徒十一月己丑朔日當食雲陰
不見十二月甲辰遼遣蕭偉等來賀正旦

四年春正月乙未命步軍都虞候林廣代韓存寶經制
瀘夷庚子詔試進士加律義辛亥于闐來貢馮京罷知
河陽孫固知樞密院龍圖閣直學士韓縝同知樞密院
事二月辛未置秦州鑄錢監己卯分東南團結諸軍為
十三將三月乙未詔在京官毋舉辟執政有服親癸卯
章惇罷知蔡州甲辰以翰林學士張璪參知政事乙巳
命官閱九軍營陣法於京城南戊申大閱丙辰董氈遣
使來貢夏四月癸亥遼遣耶律祐等來賀同天節御延
和殿閱試保甲己巳詔罷南郊合祭天地自今親祀北
郊如南郊儀有故不行則以上公攝事壬申慮囚山陰

縣主簿余行之謀反伏誅乙酉河決澶州小吳埽五月
丁酉詔河東路提點刑獄劉定專振被水民戊申封晉
程嬰為成信侯公孫杵臼為忠智侯立廟于絳州六月
戊午河北諸郡蝗生癸未命提點開封府界諸縣公事
楊景略提舉開封府界常平等事王得臣督諸縣捕
蝗秋七月己丑太白晝見庚寅西邊守臣言夏人囚
其主秉常詔陝西河東路討之甲午鄜延涇原環慶
熙河麟府路各賜金銀帶綿襖銀器鞍轡象笏甲辰
韓存寶坐逗遛無功伏誅丁未大軍進攻米脂砦己
酉詔曾鞏充史館修撰專典史事詔內外官司舉官

悉罷令大理卿崔台符同尚書吏部審官東西三班
院議選格八月乙卯朔罷中書堂選悉歸有司丙辰
詔蠲河北東路災傷州軍今年夏料役錢辛酉夏人
寇臨川堡詔董氈會兵伐之以金州刺史燕達為武
康軍節度使己巳復置滑州丁丑熙河經制李憲敗
夏人于西市新城獲酋首三人首領二十餘人庚辰
又襲破于女遮谷斬獲甚衆辛巳司馬光趙彥若上
所脩百官公卿年表十卷宗室世表三卷九月乙酉
董氈遣使來貢且言已遣首領洛施軍篤喬阿公等
將兵三萬會擊夏國李憲復蘭州古城戊子蘭州新

順首領巴令謁等三族率所部兵攻夏人撒逋宗城敗之己亥王珪上國朝會要壬寅閱河北保甲于崇政殿官其優者三十六人甲辰詳定郊廟奉祀禮儀丙午詔諭夏主左右并嵬名部族諸部首領並許自歸戊申太白犯斗庚戌夏兵救米脂砦鄜延經略副使种諤率衆擊破之辛亥种諤又敗夏人于無定川十月丁巳米脂砦降己未拂菻國來貢庚申熙河兵至女遮谷與夏人遇戰敗之乙丑涇原兵至磨哆隘遇夏人與其統軍梁大王戰敗之追奔二十里斬大首領没羅卧沙監軍使梁格嵬等十五級獲首領統

軍姪訛多埋等二十二人己巳入銀州庚午環慶行營經略使高遵裕復通遠軍种諤遣曲珍等領兵通黑水安定堡路遇夏人與戰破之斬獲甚衆癸酉復韋州乙亥李憲敗夏人于屈吴山丁丑曲珍與夏人戰于蒲桃山敗之戊寅种諤入貢州詔諸將存撫降人辛巳史館修撰曾鞏乞收采名臣高士事迹遺文詔從之涇原節制王中正入宥州十一月癸未朔日有食之丁亥諸軍合攻靈州种諤敗夏人于黑水己丑李憲敗夏人于囉逋川辛卯种諤降横河平人戸破石堡城斬獲甚衆辛丑師還癸卯种諤至夏州索

家平兵衆三萬人以無食而潰丙午高遵裕以師還夏人來追遂潰十二月辛未林廣破乞弟于納江乙亥慈聖光獻皇后禫祭宰臣王珪等上表請聽樂不許自是五表乃從之戊寅遼遣蕭福全等來賀正旦五年春正月癸未朔不受朝丙申御宣德門觀燈己亥白虹貫日庚子責授高遵裕郢州團練副使本州安置乙巳作新渾儀浮漏辛亥詔再議西討以熙河經制李憲為涇原熙河蘭會安撫制置使李浩權安撫副使二月癸丑朔頒三省樞密六曹條制詔鄜延軍士病不能歸者賜其家絹十匹丙辰以乞弟平班

師辛酉詔董氈首領結隣死者朝辭物給其子董訥支蘭氈增賜絹百匹癸亥華陰郡王宗旦薨丁卯封武昌軍節度觀察留後宗惠為江夏郡王癸酉以出師赦梓州路減囚罪一等民緣軍事役者蠲其賦封董氈為武威郡王丙子渤泥來貢三月壬辰親策進士甲午策武舉己亥以日當食避殿減膳赦天下降死罪一等流以下原之詔杭州歲修吴越王墳廟壬寅鄜延路副總管曲珍敗夏人于金湯乙巳賜進士諸科出身千四百二十八人丙午雨土夏四月壬子朔日食不見甲寅御殿復膳丁巳遼遣耶律永端等

來賀同天節己未沈括奏遣曲珍將兵綏德城應援
討葭蘆塞左右見聚羌落詔從之乙丑以直龍圖閣
徐禧知制誥權御史中丞癸酉官制成以王珪為尚
書左僕射兼門下侍郎蔡確為尚書右僕射兼中書
侍郎甲戌太中大夫章惇為門下侍郎張璪為中書
侍郎翰林學士蒲宗孟為尚書左丞翰林學士王安
禮為尚書右丞錄唐段秀實後復其家丁丑同知樞
密院呂公著罷知定州五月辛巳朔行官制丁亥賞
平蠻將士有差癸巳豐州卒張世矩等作亂伏誅其
黨王安以母老詔特原之作尚書省戊戌詔兩省官

人舉可任御史者各二人甲辰遣給事中徐禧治鄜
延邊事六月辛亥朔環慶經略司遣將與夏人戰破
之斬其統軍嵬名妹精嵬副統軍訛勃遇甲寅王珪
上兩朝史戊午詔修兩朝寶訓詔以成都路供給瀘
州邊事曲赦免二稅甲子改翰林醫官院為醫官局
壬申交阯獻馴犀二癸酉豫章郡王宗諤薨戊寅曲
珍等敗夏人于明堂川作天源河秋七月辛巳廣西
經略司言知宜州王奇與賊戰敗績壬午詔罷大理
寺官赴中書省讞案戊子詔御史中丞舒亶舉任言
事或察官十人辛卯詔尚書考功員外郎蔡京編手

詔庚子以蔡京為起居郎仍同詳定官制丁未垂拱
殿宴修史官己酉始建雩壇祀上帝以太宗配八月
庚戌朔封御侍武氏為才人壬子進封均國公傭為
延安郡王以昭容朱氏為賢妃庚申帝有疾詔歲以
四孟月朝獻景靈宮辛未遣韓忠彥等賀遼主生辰
正旦鳳州團練使种諤以行軍迂道降授文州刺史
壬申詔罷增減幕職州縣官奉甲戌城永樂戊寅河
決原武九月丁亥夏人三十萬衆寇永樂曲珍戰不
利裨將寇偉等死之夏人遂圍城己丑帝以疾愈降
京畿囚罪一等徒以下釋之壬辰遣使行視畿縣民

被水患者乙未詔張世矩等將兵救永樂砦戊戌永
樂陷給事中徐禧內侍李舜舉陝西轉運判官李稷
死之己亥詔客省引進四方館東西上閤門各置使
副等職庚子安化蠻寇宜州知州王奇死之詔贈忠
州防禦使辛丑賞董氊將士有差癸卯滑州河水溢
冬十月辛亥洛口廣武大河溢甲寅知延州沈括以
措置乖方責授均州團練副使隨州安置鄜延路副
都總管曲珍以城陷敗走降授皇城使丙辰脩定景
靈宮儀乙丑詔贈永樂死事臣徐禧金紫光祿大夫
吏部尚書李舜舉昭化軍節度使並賜謚忠愍李稷

朝奉大夫工部侍郎入内高品張禹勤皇城使各推恩賜贈有差癸酉貶知太原府資政殿大學士呂惠卿知單州十一月戊寅朔罷御史察諸路壬午景靈宮成告遷祖宗神御癸未初行酌獻禮乙酉以奉安神御赦天下官與享大臣子若孫一人庚寅紫宸殿宴侍祠官十二月丁巳新樂成以賢妃周氏為德妃辛酉塞原武決河丙寅休日御延和殿引進對官十人辛未西南龍蕃來貢壬申遼遣耶律儀等來賀正旦丙子録永樂死事將皇城使寇偉等十三人及東上閤門副使景思誼等九十人贈賜有差

六年春正月丁丑朔御大慶殿受朝始用新樂儀鸞司徹幕屋壞毁玉輅甲申白虹貫日丁亥朝獻景靈宮己丑曆檀入貢庚寅御宣德門觀燈癸巳詔御史六察罷上下半年更易法乙未詔修周漢以來陵廟乙巳御崇政殿閱武士丙午封楚三閭大夫屈平為忠潔侯二月丁未夏人數十萬衆攻蘭州鈐轄王文郁率死士七百餘人擊走之丙辰以夏人犯蘭州貶熙河經略使李憲為經略安撫都總管以王文郁為西上閤門使知蘭州副使李浩為四方館使甲子詔供備庫使高遵治西京左藏庫副使張壽各降一官

三月辛卯夏人寇蘭州副總管李浩以衛城有功復隴州團練使乙未休日御延和殿引進對官八人丙申河東將薛義敗夏人于葭蘆西嶺戊戌以檢校太尉上柱國太原郡開國公王拱辰為武安軍節度使麟府州將郭忠紹等敗夏人于乜離抑部詔行賞有差己亥河東將高永翼敗夏人于真卿流部夏四月己酉朝獻景靈宮辛亥遼遣蕭固等來賀同天節甲子禮部郎中林希上兩朝寶訓李浩敗夏人于巴義谿辛未雨土壬申御邇英閣蔡卞進講周禮五月丙子朔于闐入貢甲申以時暑趣決開封大理獄庚寅

以旱慮囚甲午夏人寇蘭州右侍禁韋定死之癸卯詔賜資州孝子支漸粟帛是月夏人寇麟州知州訾虎敗之六月乙巳朔詔御史臺六察各置御史一員癸丑詔御史中丞兩省官各舉可任言事或監察御史五人閏月乙亥朔夏主秉常請修貢許之戊寅詔陝西河東毋輒出兵丙戌詔內外文武各舉應武舉一人汴水溢丙申太師守司徒韓國公富弼薨謚文忠秋七月乙卯祔孝惠孝章淑德章懷皇后于廟丙辰以四后祔廟降京畿囚罪一等流以下原之孫固罷知河陽以同知樞密院韓縝知樞密院戶部尚書

安燾同知樞密院戊午朝獻景靈宮八月丙子賜升
祔陪祠官宴于尚書省己卯太白晝見乙酉遣蔡京
等賀遼主生辰正旦辛卯蒲宗孟罷王安禮為尚書
左丞吏部尚書李清臣為尚書右丞九月癸卯朔日
有食之冬十月癸酉朔秉常遣使上表請復修職貢
乞還舊疆戊子封孟軻為鄒國公癸巳會稽郡王世
清薨庚子尚書省成辛丑封馬援為忠顯王十一月
癸卯加上仁宗謚曰體天法道極功全德神文聖武
睿哲明孝皇帝英宗曰體乾應曆隆功盛德憲文肅
武睿神宣孝皇帝甲辰朝獻景靈宮乙巳朝享太廟

丙午祀昊天上帝于圜丘赦天下甲寅文彥博以太
師致仕乙卯以觀文殿大學士韓絳為建雄軍節度
使庚申幸尚書省官執政五服內未仕者一人進尚
書以下官一等
七年春正月丙午封洛州防禦使世準為安定郡王
癸丑夏人寇蘭州李憲等擊走之甲寅以賢妃朱氏
為德妃二月甲戌太師文彥博入覲置酒垂拱殿癸
未進封濮陽郡王宗暉為嗣濮王封宗晟為高密郡
王宗綽為建安郡王宗隱為安康郡王宗瑗為漢東
郡王宗愈為華原郡王三月辛丑賜文彥博宴于瓊

林苑帝製詩以賜之庚申御崇政殿大閱壬戌詔賜
鬼章寫經紙還其所獻馬癸亥白虹貫日夏四月辛
未大食國來貢乙亥遼遣蕭決等來賀同天節丁丑
賜饒州童子朱天錫五經出身丙戌景靈宮天元殿
門生芝草六本壬辰朝獻景靈宮癸巳夏人寇延州
安塞堡將官呂真敗之五月壬子慮囚降死罪一等
杖以下釋之辛酉白虹貫日壬戌以孟軻配食文宣
王封荀況楊雄韓愈為伯並從祀詔諸路帥臣監司
等舉大使臣為將領六月丙子夏人寇德順軍巡檢
王友死之辛卯江夏郡王宗惠薨秋七月甲辰伊洛

溢河決元城丙午遣使振恤賜溺死者家錢壬子朝
獻景靈宮甲寅王安禮罷八月庚午詔王光祖遣人
招諭乞弟許出降免罪補官是歲乞弟死辛巳遣陳
睦等賀遼主生辰正旦九月壬寅西南龍蕃來貢乙
巳三佛齊來貢乙丑夏人圍定西城熙河將秦貴敗
之冬十月乙亥夏人寇熙河庚辰饒州童子朱天申
對于睿思殿賜五經出身辛巳朝獻景靈宮戊子詔
分畫交阯界以六縣二峒賜之乙未夏人寇靜邊砦
涇原將彭孫敗之十一月丁酉朔寇清邊砦隊將白
玉李貴死之甲辰夏國主秉常遣使來貢乙卯太白

晝見十二月戊辰端明殿學士司馬光上資治通鑑以光為資政殿學士降詔奬諭庚寅詔門下中書外省官同舉言事御史辛卯遼遣耶律襄等來賀正旦是歲河東饑河北水壞洺州廬舍蠲其稅

八年春正月戊戌帝不豫甲辰赦天下乙巳命輔臣代禱景靈宮乙卯分遣群臣禱于天地宗廟社稷二月辛巳開寶寺貢院火丁亥命禮部鎖試別所癸巳上疾甚遷御福寧殿三省樞密院入見請立皇太子及請皇太后權同聽政許之三月甲午朔立延安郡王傭為皇太子賜名煦皇太后權同處分軍國事乙

未赦天下遣官告于天地宗廟社稷諸陵丁酉皇太后命吏部尚書曾孝寬為冊立皇太子禮儀使戊戌上崩于福寧殿年三十有八皇太子即皇帝位尊皇太后為太皇太后皇后為皇太后德妃朱氏為皇太妃太皇太后權同處分軍國事九月己亥上大行皇帝謚曰英文烈武聖孝皇帝廟號神宗十月乙酉葬于永裕陵

贊曰帝天性孝友其入事兩宮必侍立終日雖寒暑不變嘗與岐嘉二王讀書東宮侍講王陶講論經史輒相率拜之由是中外翕然稱賢其即位也小心謙抑敬畏輔相求直言察民隱恤孤獨養耆老振匱乏不治宮室不事遊幸厲精圖治將大有為未幾王安石入相安石為人悻悻自信知祖宗志吞幽薊靈武而數敗兵帝奮然將雪數世之恥未有所當遂以偏見曲學起而乘之青苗保甲均輸市易水利之法既立而天下洶洶騷動慟哭流涕者接踵而至帝終不覺悟方斷然廢逐元老擯斥諫士行之不疑卒致祖宗之良法美意變壞幾盡自是邪佞日進人心日離禍亂日起惜哉

本紀卷第十六

本紀卷第十七　宋史十七

開府儀同三司上柱國錄軍國重事前中書右丞相監修國史領經筵事都總裁臣脫脫等奉
勑修

哲宗一

哲宗憲元繼道顯德定功欽文睿武齊聖昭孝皇帝
諱煦神宗第六子也母曰欽聖皇后朱氏熙寧九年
十二月七日己丑生于宮中赤光照室初名傭授檢
校太尉天平軍節度使封均國公元豐五年遷開府
儀同三司彰武軍節度使進封延安郡王七年三月
神宗宴群臣于集英殿王侍立天表粹溫進止中度

宰相而下再拜賀八年二月神宗寢疾宰相王珪乞
早建儲為宗廟社稷計又奏請皇太后權同聽政神
宗首肯三月甲午朔皇太后垂簾于福寧殿諭珪等
曰皇子性莊重從學頴悟自皇帝服藥手寫佛書為
帝祈福因出以示珪等所書字極端謹珪等稱賀遂
奉制立為皇太子初太子宮中常有赤光至是光益
熾如火戊戌神宗崩太子即皇帝位己亥大赦天下
常赦所不原者群臣進秩賜賚諸軍遣使告哀于遼
白虹貫日庚子尊皇太后曰太皇太后皇后曰皇太
后德妃朱氏曰皇太妃命宰臣王珪為山陵使甲寅

以群臣固請始同太皇太后聽政己未賜叔雍王顥
曹王頵贊拜不名令中外避太皇太后父遵甫名詔
邊事稍重者樞密院與三省同議以進庚申尚書左
僕射郇國公王珪進封岐國公顥進封揚王頵為荊
王並加太保弟寧國公佶為遂寧郡王儀國公佖為
大寧郡王成國公俁為咸寧郡王和國公似為普寧
郡王高密郡王宗晟漢東郡王宗瑗華原郡王宗愈
安康郡王宗隱建安郡王宗綽並為開府儀同三司
太師潞國公文彥博為司徒濟陽郡王曹佾為太保
特進王安石為司空餘進秩賜致仕服帶銀帛有差

辛酉詔顏子孟子配享孔子廟庭夏四月丙寅初御
紫宸殿辛未蠲元豐六年以前逋賦甲戌加李乾德
同中書門下平章事董氈檢校太尉詔曰先皇帝臨
御十有九年建立政事以澤天下而有司奉行失當
幾於煩擾或苟且文具不能布宣實惠其申諭中外
協心奉令以稱先帝惠安元元之意乙亥詔以太皇
太后生日為坤成節丁丑召呂公著侍讀諭樞密中
書通議事都堂詔遵先帝制遣官察舉諸路監司之
法庚辰呂惠卿遣兵入西界破六砦斬首六百餘級
辛巳遣使以先帝遺留物遺遼國及告即位甲申水

部員外郎王諤非職言事坐罰金丙戌以蕃官高福
戰死錄其子孫丁亥復蠲舊年逋賦五月丙申詔百
官言朝政闕失資政殿學士司馬光過闕入見丁酉
群臣請以十二月七日為興龍節壬寅城熙蘭通遠
軍賜李憲趙濟銀帛有差甲辰作受命寶丙午京師
地震復置遼州庚戌王珪薨改命蔡確為山陵使丙
辰賜禮部奏名進士諸科及第出身四百六十一人
戊午以蔡確為尚書左僕射兼門下侍郎韓縝為尚
書右僕射兼中書侍郎章惇知樞密院司馬光為門
下侍郎六月庚午賜楚州孝子徐積絹米丁亥詔中

外臣庶許直言朝政闕失民間疾苦秋七月戊戌以
資政殿太學士呂公著為尚書左丞詔府界三路保
甲罷團教丙午遼人來弔祭丙辰白虹貫日吏部侍
郎熊本奏歸化儂知會與同坐罰金罷沅州增修堡
砦八月乙丑詔按察官所至有才能顯著者以名聞
己巳鎮江軍節度使韓絳進開府儀同三司癸酉遣
使賀遼主生辰正旦乙亥以供奉王英戰死蔭蘆錄
其子九月戊戌以神宗英文烈武聖孝皇帝之謚告
于天地宗廟社稷己亥上寶冊于福寧殿己酉遣使
報謝于遼冬十月甲子夏國遣使進助山陵馬癸酉

詔做唐六典置諫官丁丑令侍從各舉諫官二人詔
監察御史兼言事殿中侍御史兼察事罷義倉己卯
詔均寬民力有司或致廢格者監司御史糾劾之河
決大名乙酉葬神宗皇帝于永裕陵丙戌罷方田以
夏國主母卒遣使弔祭十一月癸巳詔按問強盜欲
舉自首者毋減丁酉祧翼祖祔神宗于太廟廟樂曰
大明之舞辛丑減兩京河陽囚罪一等杖已下釋之
民緣山陵役者蠲其賦己酉遼遣使賀即位十二月
壬戌于闐進獅子詔却之開經筵講魯論讀三朝寶
訓罷太學保任同罪法丙寅夏人以其母遺留物馬

白駝來獻辛未左僕射蔡確右僕射韓縝並遷秩加
食邑揚王顥荊王頵並為太傅壬申章惇司馬光等
進秩有差甲戌罷後苑西作院乙亥詔執政侍臣講
讀戊寅罷增置鑄錢監十有四乙酉遼遣蕭睦等來
賀正旦是歲日有五色雲者六高麗大食入貢
元祐元年春正月庚寅朔改元丙午錄在京囚減死
罪以下一等杖罪者釋之丁未詔田賜高麗王鞍馬
服帶器幣有加罷陝西河東元豐四年後凡緣軍興
添置官局丙辰久旱幸相國寺祈雨立神宗原廟戊
午甘露降二月辛酉以河決大名壞民田民艱食者

衆詔安撫使韓絳振之乙丑脩神宗實錄丁卯詔左
右侍從各舉堪任監司者二人舉非其人有罰庚午
禁邊民與夏人為市辛未董氈卒以其子阿里骨襲
河西軍節度使邈川首領庚辰夏人入貢辛巳刑部
侍郎蹇周輔坐變鹽法落職閏月庚寅蔡確罷以司
馬光為尚書左僕射門下侍郎詔韓維呂大防孫永范
純仁詳定役法壬辰以呂公著為門下侍郎丙午守
尚書右丞李清臣為尚書左丞試吏部尚書呂大防
為尚書右丞白虹貫日丁未群臣上太皇太后宮名
曰崇慶殿曰崇慶壽康皇太后宮曰隆祐殿曰隆祐

慈徽庚戌賜于闐國王服帶器幣辛亥章惇罷甲寅
詔侍從御史國子司業各舉經明行脩可為學官者
二人乙卯以吏部尚書范純仁同知樞密院事丙辰
掩京城暴骸罷諸州常平管勾官三月辛未詔毋以
堂差衝在選已注官置訴理所許熙寧以來得罪者
自言命太學公試司業博士主之如春秋補試法癸
酉置開封府界提點刑獄一員乙亥罷熙河蘭會路
經制財用司己卯復廣濟河輦運辛巳詔民間疾苦當
議寬恤者監司具聞以程頤為崇政殿說書乙酉許
職事官帶職夏四月己丑韓縝罷辛卯詔諸路旱傷

蠲其租壬辰以旱慮囚癸巳王安石薨辛丑詔執政
大臣各舉可充館閣者三人壬寅以呂公著為尚書
右僕射兼中書侍郎文彥博平章軍國重事乙巳詔
戶部裁冗費著為令李憲等以用兵失利為劉摯所
劾與秩奉祠辛亥揚王顥荆王頵並特授太尉詔遇
科舉令外朝官各舉經明行脩之士一人俟登第日
與升甲罷謁禁之制知誠州周士隆撫納溪洞民一
千三百餘戶賜士隆銀帛癸丑定六曹郎官員數五
月丁巳朔以資政殿大學士韓維為門下侍郎罷諸
路重祿復熙寧前舊制庚申夏人來賀即位壬戌詔

侍從臺官監司各舉縣令一人戊辰命程頤同脩立
國子監條制己巳幸揚王荆王第官其子九人癸酉
復左右天廄坊壬午詔文彥博班宰相之上六月甲
辰置春秋博士呂惠卿落職分司南京蘇州居住戊
申以富弼配享神宗廟庭庚戌太白晝見甲寅詔正
風俗脩紀綱勿理隱疵細故復置通利軍程頤上疏
論輔養君德秋七月丁巳置檢法官辛酉設十科舉
士法劉摯同脩資治通鑑未沾恩而卒詔官其子乙
丑夏國主秉常卒庚午夏國遣使賀坤成節八月辛
卯詔常平依舊法罷青苗錢壬辰封弟偲為祁國公

甲午占城國遣使入貢壬子日傍有五色雲磁州毅
異龍同穗九月丙辰朔司馬光薨己未朝獻景靈宮
辛酉大享明堂以神宗配赦天下丁卯試中書舍人
蘇軾為翰林學士知制誥己卯張璪罷冬十月丙戌
改衍聖公為奉聖公庚寅太白晝見壬辰夏人來告
哀庚子遣使弔祭十一月戊午以尚書左丞呂大防
為中書侍郎御史中丞劉摯為尚書右丞乙亥于闐
國遣使入貢庚辰蠲鹽井官溪錢十二月庚寅詔將
來服除依元豐三年故事群臣勿上尊號戊戌華州
鄭縣小敷谷山崩戊申詔以冬溫無雪決繫囚是歲

河北楚海諸州水
二年春正月乙丑封秉常子乾順為夏國主戊辰詔
舉人程試主司毋得於老莊列子書命題辛巳詔蘇
轍劉攽編次神宗御製白虹貫日二月丁亥遣左司
諫朱光庭使河北振民被災者詔施黔戎瀘等州保
甲監司免歲閱丁酉加賜于闐國金帶錦袍器幣己
亥命吏部選人改官歲以百人為額辛丑詔陝西河
東行策應牽制法是月代州地震三月壬戌太皇太
后手詔止就崇政殿受冊戊辰詔中外侍從歲舉郡
各一人令御史臺察民俗奢僭者夏人遣使入謝祭

酉奉安神宗神御于景靈宮宣光殿庚辰詔內侍省
供奉官以下百人為額夏四月丙戌交阯入貢丁亥
鬼章子結咓齪寇洮東戊子慮囚己丑詔太師文彥
博十日一議事都堂辛卯詔冬夏旱暵海內被災者
廣避殿減膳責躬思過以圖消復丁酉以四方牒訴
上尚書者或冤抑不得直令御史分察之己亥太皇
太后以旱權罷受冊禮癸卯雨乙丑以徐州布衣陳
師道為亳州司戶參軍丁未復制科戊申御殿復膳
李清臣罷五月癸丑夏人圍南川砦丁卯以劉摯為
尚書左丞兵部尚書王存為尚書右丞壬申于闐入

貢丁丑詔御史官闕中丞御史翰林學士兩省諫
議大夫以上雜舉六月辛丑以安燾知樞密院事壬
寅有星如瓜出文昌丙午邈川首領結藥來降授三
班奉職秋七月辛亥詔戶部修會計錄韓絳以司空
致仕夏人寇鎮戎軍詔府界三路教閱保甲復課利
場務虧額科罰丙辰罷諸州數外歲貢戊午以遼蕭
德崇等賀坤成節曲宴垂拱殿始用樂庚申進封李
乾德為南平王辛酉改誠州為渠陽軍辛未韓維罷
八月辛巳程頤罷經筵權同管勾西京國子監癸未以
西蕃寇洮河民被害者給錢粟死者賜帛其家詔復

進納人改官舊法乙酉命呂大防為西京安奉神宗
御容禮儀使庚寅西南蕃遣人入貢癸巳以夏國政
亂主幼強臣乙逋等擅權逆命詔諸路帥臣嚴兵備
之庚子授西蕃首領心牟欽氊銀州團練使溫溪心
瓜州團練使辛丑涇原言夏人寇三川諸砦官軍敗
之丁未岷州行營將种誼復洮州執蕃酋鬼章青宜
結九月乙卯發太皇太后册寶于大慶殿丙辰發皇
太后皇太妃册寶于文德殿己未夏人寇鎮戎軍丁
卯禁私造金箔冬〻十月壬午奉安神宗御容于會聖
宮及應天院癸未日有五色雲戊子恭謝景靈宮辛

卯減西京囚罪一等杖已下釋之己亥西南龍張蕃
遣人入貢庚子論復洮州功种誼等遷秩賜銀絹有
差十一月丙辰復置漣水軍庚申獻鬼章于崇政殿
以罪當死聽招其子及部屬歸以自贖乙亥大雪甚
民凍多死詔加振恤死無親屬者官瘞之罷內殿承
制試換文資格丙子決囚十二月乙酉賜諸軍及貧民
錢丙戌興龍節初上壽于紫宸殿己丑大寒、罷集英
殿宴壬辰兀征聲延部族老幼萬人渡河南遣使廪
食之仍諭聲延勿失河北地乙未白虹貫日壬寅頒
元祐勑令式是冬〻始閉汴口

三年春正月己酉朔不受朝庚戌復廣惠倉己未朝
獻景靈宮庚申雪寒發京西穀五十餘萬石損其直以
紓民辛酉詔廣南西路朱崖軍開示恩信許生黎悔
過自新壬戌罷上元遊幸壬申阿里骨奉表詣闕謝
罪令邊將無出兵仍罷招納甲戌決囚二月甲申罷
修金明池橋殿乙酉德音減囚罪一等徒以下釋之
工役權放一年流民饑貧量與應副丙戌詔河東苦
寒量度存恤戍兵癸巳罷春宴乙未白虹貫日辛丑
太白晝見乙巳廣東兵馬監董政坐擅殺無辜伏誅
三月丙辰韓絳薨丁巳御集英殿策進士戊午策武

舉己巳賜禮部奏名進士諸科及第出身一千一百
二十二人乙亥夏人寇德靜砦將官張誠等敗之夏
四月戊寅令諸路郡邑具役法利害以聞辛巳以呂
公著為司空同平章軍國事呂大防為尚書左僕射
兼門下侍郎范純仁為尚書右僕射兼中書侍郎壬
午以觀文殿學士孫固為門下侍郎劉摯為中書侍郎
王存為尚書左丞御史中丞胡宗愈為尚書右丞戶
部侍郎趙瞻簽書樞密院事癸巳詔定職事官歲舉
外路人數丁酉阿里骨來貢庚子詔天下郡城以地里
置壯城兵額禁勿他役五月癸亥濮東郡王宗瑗薨

六月癸未詔司諫正言殿中監察御史倣故事以升
朝官通判資序歷一年者為之辛丑夏人寇塞門砦
甲辰五色雲見秋七月戊申荆王頵薨戊辰夜東北
方明如晝俄成赤氣中有白氣經天辛未太白晝見
癸酉忠州言臨江塗井鎮雨黑黍八月戊寅阿里骨
入貢己卯進封揚王顥為徐王辛巳復置荆門軍丙
戌罷吏試斷刑法丁酉渠陽蠻入寇辛丑降繫囚罪
一等杖以下釋之九月庚申禁宗室聯姻内臣家乙
丑阿里骨復還職加封邑詔觀察使以上給永業田
丁卯御集英殿策賢良方正能直言極諫科十月丙

戌詔罷新創諸堡砦廢渠陽軍戊戌復南北宣徽院
十一月甲辰吏部侍郎范百祿等行河丁卯大食麻
囉拔國入貢詔歲以十月給巡城兵衣裘十二月丁
酉渝州獠人寇小溪壬寅白虹貫日閏月癸卯朔頒
元祐式甲辰范鎮定鑄律度量鍾磬等以進令禮部
太常參定戊申臧宰執賜子庚申置六曹尚書權官
丙寅詔吏部詳定六曹重複利害以聞是歲三佛齊
于闐西南蕃入貢天下上戶部主戶二百一十三萬
四千七百三十三丁二千八百五十三萬三千九百
三十四客戶六百一十五萬四千六百五十二丁三

百六十二萬九千八十三斷大辟二千九百一十五
人
四年春正月壬申朔不受朝群臣及遼使詣東上閤
門內東門拜表賀丙子宴遼使于紫宸殿甲申以夏
人通好詔邊將毋生事二月甲辰呂公著薨庚戌白
虹貫日乙卯夏人來謝封冊三月己卯作渾天儀胡
宗愈罷丁亥以不雨罷春宴己丑詔自今大禮毋上
尊號辛卯書有流星出東方癸巳録囚乙未罷幸瓊
林苑金明池夏四月乙巳呂大防等以久旱求罷不
允丁未曹佾薨戊申罷大禮使及奏告執政加賜戊

午立試進士四場法壬戌弛在京牧地與民五月癸
酉詔自今侍讀以三人為額中丞李常侍御史盛陶
坐不論蔡確改官辛巳貶觀文殿學士蔡確為光祿
卿丁亥復貶確為英州別駕安置新州丁酉于闐國
來貢六月甲辰范純仁王存罷丙午以趙瞻同知樞
密院事戶部尚書韓忠彥為尚書左丞翰林學士許
將為尚書右丞丁未夏國來貢癸丑邈黎國般次冷
移四林栗迷等齎于闐國黑汗王及其國蕃王表章
來貢秋七月丙子詔復外都水使者丁丑遼國使蕭
寅等來賀坤成節曲宴垂拱殿庚辰安燾以母憂去

位八月壬寅勑郡守貳以四善三最課縣令吏部歲
上監司考察知州狀辛酉太皇太后詔令後明堂大
禮毋令百官拜表稱賀九月戊寅致齋垂拱殿己卯
朝獻景靈宫辛巳大饗明堂赦天下百官加恩賜賚
士庶高年九十以上者乙酉加賜韓縝范純仁器幣
有差乙未檢舉先朝文武七條戒諭百官遵守冬十
月辛丑西南程蕃入貢丁未龍蕃入貢戊申翰林學
士蘇轍上神宗御集藏寶文閣癸丑御邇英殿講官
進講三朝寶訓十一月庚午勑朝請大夫以下進士
為左餘為右溪洞彭儒武等進溪洞布癸未以孫固

知樞密院事劉摯為門下侍郎吏部尚書傅堯俞為
中書侍郎乙酉有星色赤黄尾跡燭地己丑太皇太
后却元日賀禮令百官拜表庚寅張惇買田不法降
官辛卯改發運轉運提刑預妓樂宴會徒二年法十二月
庚子遼使耶律等賀興龍節曲宴垂拱殿癸丑更定
朝儀二舞曰威加四海化成天下甲寅減鄜延等路
戍兵歸營戊午以御史闕令中丞兩省各舉二人是
歲夏國遼黎大食麻囉拔國入貢
五年春正月丁卯朔御大慶殿視朝丁丑朝獻景靈
宫二月丁酉罷諸州軍通判奏舉改官己亥夏人歸

永樂所掠吏士百四十九人庚子加溪洞人田忠進
等九十二人檢校官有差辛丑以旱罷修黄河癸卯
禱雨嶽瀆罷浚京城壕丁未減天下囚罪杖以下釋
之庚戌文彦博以太師充護國軍山南西道節度等
使致仕令所司備禮册命壬子彦博乞免册禮從之
甲子宴餞文彦博于玉津園三月丙寅朔趙瞻薨丁
卯詔賜故孫覺家緡錢令給喪事壬申以韓忠彦同
知樞密院事翰林學士承旨蘇頌為尚書左丞癸未
罷春宴壬辰罷幸金明池瓊林苑夏四月癸卯詔鄭
穆王巖叟等同舉監察御史二員甲辰吕大防等以

旱求退不允丙午孫固薨癸丑詔講讀官御經筵退
留二員奏對邇英閣丁巳詔以旱避殿減膳罷五月
朔日文德殿視朝辛酉以保寧軍節度使馮京為檢
校司空五月壬申詔差役法有未備者令王巖叟等
具利害以聞乙亥雨己卯御殿復膳六月辛丑録四
癸亥書有五色雲七月壬申涇原路經略司言諸人
違制典買蕃部田土許以免罪自二頃五十畝以下
責其出刺弓箭手及買馬備邊用各有差乙酉夏人
來議分畫疆界九月丁丑詔復置集賢院學士冬十
月癸巳罷提舉脩河司丁酉詔定州韓琦祠載祀典

十二月辛卯朔許將罷安康郡王宗隱薨丙辰禁軍
大閱賜以銀楪匹帛罷轉資是歲東北旱浙西水災
賜宗室子授官者四十四人斷大辟四千二百六十
有一高麗于闐龍番三佛齊阿里骨入貢
六年春正月辛酉朔不受朝群臣及遼使詣東上閤
門內東門拜表賀癸酉詔祠祭游幸毋用羔二月辛
卯以劉摯為尚書右僕射兼中書侍郎龍圖閣待制
王巖叟簽書樞密院事癸巳以蘇轍為尚書右丞宗
室士倪追封魏國公庚子拂箖國來貢丁丑授阿里
骨男溪邦彪篯為化外庭州團練使三月癸亥呂大

防上神宗實錄己巳御集英殿策進士庚午策武舉
癸酉詔御史中丞舉殿中侍御史二人翰林學士至
諫議大夫同舉監察御史二人丙子呂大防特授右
正議大夫壬午賜禮部奏名進士諸科及第出身九
百五十七人丁亥罷幸金明池瓊林苑夏四月乙未
復置通禮科丙申詔恤刑辛丑詔大臣堂除差遣非
行能卓異者不可輕授仍搜訪遺材以備擢任夏人
寇熙河蘭岷鄜延路壬寅太白晝見壬子賜南平王
李乾德袍帶金帛鞍馬五月己未朔日有食之罷文
德殿視朝庚辰詔聚宗室女得官者毋過朝散大夫

皇城使丁亥後省上元祐勅令格六月壬辰錄四甲
辰置國史院修撰官乙卯詔以田思利為銀青光祿
大夫充溪洞都巡檢秋七月癸亥復張方平宣徽南
院使致仕乙丑復制置解監使己卯振兩浙水災八
月己丑三省進納后六禮儀制辛卯詔御史臺臣僚
親亡十年不葬許依條彈奏及令吏部檢察己亥改
宗正屬籍曰宗藩慶系錄令文武臣出入京城門書
職位差遣姓名及所往己酉修神宗寶訓癸丑詔鄜
延路都監李儀等以違旨夜出兵入界與夏人戰死不
贈官餘官降等乙卯夏人寇懷遠砦閏月壬戌嚴飭

陝西河東諸路邊備甲子太白晝見庚午詔御史中
丞舉殿中侍御史二人翰林學士中書舍人給事中
舉監察御史四人壬申太子太保致事張方平辭免
宣徽使不允甲申刑部侍郎彭汝礪與執政爭獄事
自乞斥逐詔改禮部侍郎九月丁亥夏人寇麟府二
州壬辰詔州民為寇所掠廬舍焚蕩者給錢帛踐稼
者振之失牛者官貸市之癸巳御集英殿策賢良方
正能直言極諫科丁酉御試方正王普等遷官有差
歲出內庫緡錢五十萬以備邊費甲辰幸上清儲祥
宮壬子宮成減天下囚罪一等徒以下釋之癸丑以

執政官行謁禁法非便詔有利害陳述勿禁冬十月
丁卯有流星晝出東北庚午朝獻景靈宮還幸國子
監賜祭酒豐稷三品服監學官賜帛有差庚辰令諸
宮院建小學貴妃苗氏薨癸未編修神宗御製官轉
秩加賞詔京西提刑司歲給錢物二十萬緡以奉陵
寢十一月乙酉朔劉摯罷壬辰作元祐觀天曆尚書
右丞蘇轍罷知絳州辛丑傅堯俞薨十二月戊辰開
封府火壬申范純仁以前禦敵失策降官是歲兩浙
水定州野蠶成繭高麗交阯三佛齊入貢
七年春正月甲辰以遼使耶律迪卒輟朝一日乙巳

張誠一以穿父墓取犀帶責授左武衛將軍提舉亳
州明道宮二月丁卯詔陝西河東邊要進築守禦城
砦三月己亥錄囚夏四月己未立皇后孟氏甲子命
呂大防為皇后六禮使甲戌立考察縣令課績法五
月戊戌御文德殿册皇后庚子罷侍從官轉對丙午
王嚴叟罷知鄭州大食進火浣布六月辛酉以呂大
防為右光祿大夫蘇頌為尚書右僕射兼中書侍郎
韓忠彥知樞密院事蘇轍為門下侍郎翰林學士范
百祿為中書侍郎翰林學士梁燾為尚書左丞御史
中丞鄭雍為尚書右丞戶部尚書劉奉世簽書樞密

院事甲子置廣文館解額戊辰渾天儀象成甲戌日
旁五色雲見七月癸巳詔修神宗史復翰林侍講學
士己酉詔諸路安撫鈐轄司及西京南京各賜資治
通鑑一部庚戌宗室緦麻以上者禁析居八月丙辰
罷監酒稅務增剩給賞法己未詔西邊諸將嚴備毋
輕出兵乙亥戒邊將毋掊克軍士前陷交阯將吏蘇
佐等十七人自拔來歸九月戊戌詔冬至日南郊宜
依故事設皇地祇禮畢別議方澤之儀以聞己酉永
興軍蘭州鎮戎軍地震冬十月庚戌朔環州地震丁
巳陝西有前代帝王陵廟處給民五家充守陵戶丁卯

夏人寇環州十一月辛巳太白晝見甲申詔大中大
夫以上許占永業田丙戌于闐入貢庚寅帝齋大慶殿
辛卯朝獻景靈宮壬辰饗太廟癸巳祀天地于圜丘
赦天下群臣中外加恩罷南京榷酒民罹親喪者戶
以差等與免徭辛丑賜徐王劍履上殿十二月辛亥
阿里骨李乾德加食邑實封甲子罷飲福宴庚午祈
雪是歲兗州僊源縣生瑞穀高麗占城西南蕃龍氏
羅氏入貢
八年春正月己卯朔不受朝甲申蔡確卒丁亥御邇
英閣召宰臣讀寶訓庚寅詔復范純仁大中大夫壬

辰幸太乙宮庚子詔頒高麗所獻黃帝鍼經于天下
二月己酉詔西南蕃龍氏遷秩補官辛亥禮部尚書
蘇軾言高麗使乞買歷代史及策府元龜等書宜却
其請不許省臣許之軾又疏陳五害極論其不可有
旨書籍曾經買者聽壬子詔刑部不得分禁繫人數
瘐死數多者申尚書省癸丑詔大寧郡王以下出就
外學三月甲申蘇頌罷辛卯范百祿罷庚子詔御試
舉人復試賦詩論三題夏四月丁未朔夏人來謝罪
願以蘭州易塞門砦不許癸丑詔恤刑甲寅令范祖
禹依先朝故事止兼侍講丁巳詔南郊合祭天地罷

禮部集官詳議五月癸未罷蘄州羅田縣丁亥罷二
廣鑄折二錢己丑錄囚辛卯監察御史董敦逸黃慶
基以論蘇軾蘇轍罷為湖北福建轉運判官己亥祁
國公偲為開府儀同三司六月戊午梁燾罷壬戌中
書後後省上元祐在京通用條貫秋七月丙子朔以觀
文殿大學士范純仁為尚書右僕射兼中書侍郎戊
寅令陝西沿邊鐵錢銅錢悉還近地八月丁未以雨
禱山川辛酉以太皇太后疾帝不視事壬戌遣使按
視京東西河南北淮南水災癸亥減京師四罪一等
徒以下釋之丁卯禱于嶽瀆宮觀祠廟戊辰赦天下

庚午詔陝西復鑄小銅錢辛未禱于天地宗廟社稷
乙亥禱于諸陵九月戊寅太皇太后崩己卯詔以太
皇太后園陵為山陵庚辰遣使告哀于遼甲申命呂
大防為山陵使壬辰詔山陵脩奉從約諸道毋妄有
進助冬十月戊申群臣七上表請聽政戊辰徐王顥
乞解官給喪詔不允庚午復內侍劉瑗等六人十一
月丙子始御垂拱殿乙未以雪寒振京城民饑壬寅
賜勞修奉山陵兵士十二月乙巳范純仁乞罷不允
甲寅倣唐六典脩官制丁巳遼人遣使來吊祭出錢
粟十萬振流民己巳上太皇太后謚曰宣仁聖烈皇
后是歲河入德清軍決內黃口

本紀卷第十七

開府儀同三司上柱國錄軍國重事前中書右丞相監修國史領經筵事都總裁臣脫脫等奉
勅修

哲宗二

紹聖元年春正月癸酉朔群臣詣西上閤門進名奉慰丙申夏人來貢辛丑遣中書舍人呂希純等行河罷河東大銅錢二月丁未以戶部尚書李清臣為中書侍郎兵部尚書鄧潤甫為尚書右丞己酉葬宣仁聖烈皇后于永厚陵己未祔神主于太廟癸亥減兩京河陽鄭州囚罪一等民緣山陵役者蠲其賦甲子詔

依章獻明肅皇后故事罷避高遵惠諱三月壬申朔日有食之乙亥呂大防罷庚辰詔大學合格上舍生推恩免省試附科場春榜乙酉御集英殿策進士丁亥策武舉戊子以徐王顥為太師徙封冀王癸巳詔振京東河北流民貸以穀麥種諭使還業蠲是年租稅丁酉賜禮部奏名進士諸科及第出身九百七十五人蘇轍罷夏四月乙巳朔阿里骨進獅子丙午以旱詔恤刑己酉詔中外決獄庚戌詔有司具醫藥治京師民疾壬子蘇軾坐前掌制命語涉譏訕落職知英州癸丑改元白虹貫日甲寅以王安石配饗神宗廟庭蔡確追復右正議大夫戊午復新城兩廂庚申減四京囚罪一等杖以下釋之壬戌以資政殿學士章惇為尚書左僕射兼門下侍郎范純仁罷丙寅罷五路經律通禮科丁卯詔諸路復元豐免役法戊辰同修國史蔡卞請重修神宗實錄閏月壬申復提舉常平官癸酉罷十科舉士法甲申以觀文殿學士安燾為門下侍郎丙戌復義倉丁亥詔神宗隨龍人趙世長等遷秩賜賚有差戊子詔在京諸司所受傳宣中批並候朝廷覆奏以行乙未西南張蕃遣人入貢丙申命左僕射章惇提舉脩神宗國史丁酉詔添差

徐州兵馬都監五月壬寅罷脩官制局甲辰罷進士習試詩賦令專一經立宏詞科己酉脩國史曾布請以王安石日錄載之神宗實錄太白晝見辛亥劉奉世罷癸丑詔中外學官非制科進士上舍生入官者並罷編類元祐群臣章疏及更改事條甲寅右正言張商英言先帝謂天地合祭非古詔禮部太常詳議以聞乙丑鄧潤甫卒丁卯嗣濮王宗暉薨六月甲戌來之邵等疏蘇軾詆斥先朝詔謫惠州丙子罷置制解鹽使壬午封高密郡王宗晟為嗣濮王癸未以翰林學士承旨曾布同知樞密院事甲申除進士引用

王安石字説之禁秋七月丁巳以御史黃履周秩諫官張商英言奪司馬光呂公著贈謚王巖叟贈官貶呂大防為秘書監劉摯為光禄卿蘇轍為少府監並分司南京梁燾提舉舒州靈僊觀戊午詔大臣朋黨司馬光以下各輕重議罰布告天下餘悉不問議者亦勿復言八月丙戌召輔臣觀穫後苑日有五色雲壬辰應制科趙天啓以累上書狂妄黜九月癸卯遣御史劉拯按河北水災振饑民丙午御集英殿策賢良方正能直言極諫科庚戌罷制科罷廣惠倉癸丑令監司歲察守臣課績優者以聞甲寅知廣州唐義問

坐棄渠陽砦責授舒州團練副使庚申太白晝見丁卯詔京東西河北振恤流民戊辰流星出紫微垣冬十月丙申三佛齊遣使入貢丁酉河北流[illegible]十一月己亥朔復八路差官法壬子以冬温無雪決繫囚蔡確特追復觀文殿大學士甲寅開封男子呂安斥乘輿當斬貸之丁巳詔河北振饑諸路恤流亡官吏有善狀才能顯著者以聞十二月辛未申嚴銅錢出外界法庚辰命諸路祈雪丙戌滑州浮橋火己丑漳河決溢浸洺磁等州令計置堙塞甲午范祖禹趙彥若黃庭堅坐史事責授散官永豐黔州安置是歲京師

疫洛水溢太原地震河北水發京東粟振之

二年春正月甲辰詔國史院增補先帝御集丙午立宏詞科己未遷奉太平興國寺三朝御容于天章閣乙丑殿前司奏獄空詔賜緡錢二月乙亥呂大防以監修史事貶秩分司南京安州居住辛巳出内庫錢帛二十萬助河北振饑甲午罷廣文館解額三月己亥宗晟薨己未試宏詞黃符等五人各循一資夏四月戊辰詔職事官罷帶職朝請大夫以下勿分左右易集賢院學士為集賢殿修撰直集賢院為直秘閣集賢校理為秘閣校理壬申封華容郡王宗愈為嗣濮

王詔許將等七人不限資格各舉才行堪備任使者二人丁亥詔依元豐條置律學博士二員五月乙巳命蔡卞詳定國子監三學及外州州學制乙卯上皇太妃宮名曰聖瑞六月壬辰禁京城士人輿轎秋七月丙辰詔大理寺復置右治獄仍依元豐例添置官屬八月壬申命彰信軍節度使宗景為開府儀同三司封濟陰郡王甲申宗愈薨乙酉録趙普後希莊為閤門祗候九月甲午以安定郡王宗綽為嗣濮王壬寅告遷神宗神御于景靈宮顯承殿癸卯詣景靈宮行奉安禮戊申加上神宗謚曰紹天法古運德建功

英文烈武欽仁聖孝皇帝己酉朝獻景靈宮庚戌朝饗太廟辛亥大饗明堂赦天下冬十月甲子鄭雍罷癸酉告遷宣仁聖烈皇后神御于景靈宮徽音殿甲戌詣宮行奉安禮以吏部尚書許將為尚書左丞翰林學士蔡卞為尚書右丞辛巳進封冀王顥為楚王辛卯河南府地震十一月乙未安燾罷知河南府丙申太白晝見戊戌范鍔自轉運使入對言有捕盜功乞賜章服帝曰捕盜常職也何足言功黜知壽州甲寅梁惟簡除名全州安置丙辰贈蔡確為太師賜謚忠懷十二月乙丑復置監察御史三人分領六察不

言事令翰林學士蔡京御史中丞黃履各舉御史二人壬申白虹貫月戊子詔如元豐例孟月朝獻景靈宮是歲蘇州夏秋地震桂陽監慶雲見出宮女九十一人交阯三佛齊韋蕃阿里骨入貢

三年春正月庚子韓忠彥罷知真定府甲辰酌獻景靈宮遍詣諸殿如元豐禮庚戌引見蕃官包順包誠等賜賚有差詔鞫獄非本章所指而蔓求他罪者論如律乙卯詔戶部尚書勿領右曹戊午詔罷合祭間因大禮之歲夏至日躬祭地祇於北郊二月癸亥出元豐庫緡錢四百萬于陝西河東糴邊儲辛未復元豐恤孤幼令癸酉罷富弼配饗神宗廟庭癸未詔封濮王子未王者三人宗楚為南陽郡王宗祐為景城郡王並開府儀同三司宗漢為東陽郡王乙酉宗綽薨丙戌詔三歲一取旨遣郎官御史按察監司職事丁亥夏人寇義合砦三月壬辰以禁中屢火罷春宴及幸池苑不御垂拱殿三日癸巳夏人圍塞門砦丁酉尚書省火戊午劍南東川地震己亥封宗楚為嗣濮王辛亥封大寧郡王佖為申王遂寧郡王佶為端王丁巳幸申王端王府夏四月辛酉罷宣徽使丙子詔自今景靈宮四孟朝獻分為二日五月壬子太白晝

見丙辰錄囚六月癸亥令真定立趙普廟乙酉立北郊齋宮於瑞聖園秋七月庚戌依元豐職事官以行守試三等定祿秩罷元祐所增聚議錢甲寅令熙河立王韶廟八月辛酉夏人寇寧順砦壬戌日上有五色暈下有五色氣己卯復置檢法官庚辰以范祖禹劉安世在元祐中構造誣謗祖禹責授昭州別駕賀州安置安世新州別駕英州安置九月己亥邈川首領阿里骨卒己酉滁沂二州地震壬子楚王顥薨乙卯廢皇后孟氏為華陽教主玉清妙靜仙師賜名沖真冬十月丁巳朔以楚王顥罷文德殿視朝壬戌夏人

寇鄜延陷金明砦戊辰詔被邊諸路相度城砦要害增嚴守備辛未西南方雷聲雨雹癸酉鍾傳言築汝遮詔以為安西城十一月丁未章惇上神宗實錄庚戌賞修實錄官十二月辛酉宗景坐以立妾罔上罷開府儀同三司判大宗正司事癸酉置施州鑄錢廣積監甲戌蔡京上新修大學敕令式詳定重修敕令遺棄饑貧小兒三歲以下聽收養為真子孫是歲于闐大食龜茲師王國西南蕃龍氏羅氏入貢宗室子授官者四十六人

四年春正月丙戌朔不受朝群臣及遼使詣東上閤門拜表賀班內外學制庚寅以阿里骨子瞎征襲河西軍節度使邈川首領甲午涇原路鈐轄王文振敗夏人于没煙峽庚戌李清臣罷二月己未以三省言追貶呂公著為建武軍節度副使司馬光為清遠軍節度副使王巖叟為雷州別駕奪趙瞻傅堯俞贈謚追韓維到任及孫固范百祿胡宗愈遺表恩詔江淮巡檢依舊法招置土兵癸亥于闐東黑汗王攻夏夏人三州遣其子以聞丙寅夏人寇綏德城庚午詔國信使毋得以非例之物遺人使仍著條禁癸酉詔申王俁端王佶歲賜錢各六千五百緡丙子進神宗嬪

儀宋氏為賢妃己卯復元豐榷茶法庚辰罷春秋科癸未以三省言追貶呂大防為舒州團練使劉摯為鼎州團練副使蘇轍為化州別駕梁燾為雷州別駕范純仁為安武軍節度副使安置于循新雷化永五州劉奉世為光祿少卿分司南京黜韓維以下三十人輕重有差甲申降文彥博為太子少保閏月丙戌朔張天說坐上書詆訕先朝處死壬寅以曾布知樞密院事許將為中書侍郎蔡卞為尚書左丞吏部尚書黃履為尚書右丞翰林學士林希同知樞密院事癸卯大雨雹甲辰蘇軾責授瓊州別駕移昌化軍安置范祖禹移賓州安置劉安世移高州安置己酉御集英殿策進士庚戌策武舉三月壬戌夏人犯麟州神堂堡出兵討之及進築胡山砦癸亥賜禮部奏名進士諸科及第出身六百九人甲子詔武舉謝師古等以遠人賜帛李惟岳以高年賜帛丁卯詔瀘南安撫司南平軍毋擅誘楊光■榮獻納播州疆土庚午夏人大至敗盧城下知石州張構等擊走之甲戌幸金明池丙子尅胡山新砦成賜名平羌砦辛巳西上閤門使折克行破夏人于長波川斬首二千餘級獲牛馬倍之壬午命官編類司馬光等改廢法度論奏事

狀夏四月丁亥令諸獄置氣樓涼窗設漿飲薦席扭械五日一浣繫囚以時沐浴遇寒給薪炭甲午熙河築金城關丙申詔發解省試添策一道丁酉進編臣僚章疏一百四十三帙己亥呂大防卒于慶州庚子知保安軍李沂伐夏國破洪州壬寅環慶鈐轄張存入鹽州俘戮甚衆及還夏人追襲之復多亡失甲辰置克戎砦平夏城置靈平砦丁未以西邊板築有勞曲赦陝西河東路追貶王珪為萬安軍司户參軍己酉復文德殿侍從轉對五月丁巳文彥博薨辛酉以皇太妃服藥及亢旱決四京囚壬戌詔陝西添置蕃

落馬軍十指揮丁卯廢衛州淇水第二馬監潁昌府單鎮馬監辛未韓縝薨丁丑貶韓維為崇信軍節度副使六月癸未朔日有食之丁亥太白犯太微垣戊子宗楚薨丙申詔翰林學士吏部尚書各舉監察御史二人丁酉環慶路安疆砦成詔防托蕃漢官賜帛有差甲辰熙河進築青石峽畢工賜名西平乙巳保寧軍觀察留後宗漢為開府儀同三司徙封安康郡王己酉太原地震太白晝見秋七月壬子朔太白晝見八月乙酉封湖州觀察使世開為安定郡王丙戌郇廷將王愍復宥州戊戌封宗祐為嗣濮王築威戎

城己酉彗出西方九月壬子以星變避殿減膳罷秋宴詔公卿悉心修政以輔不逮求中外直言乙卯赦天下出元豐庫緡錢四百萬付陝西廣糴詔歸明人未給田者舍以官屋戊辰彗滅癸酉謁中太一宮為民祈福丙子御殿復膳命宗景為開府儀同三司己卯封婉儀劉氏為賢妃冬十月戊戌宗景薨壬寅廢安國安陽淇水監及洛陽原武監十一月丁卯詔諫議大夫以上各舉監察御史一人癸酉貶劉奉世為隰州團練副使柳州安置丁丑詔放歸田里程頤涪州編管十二月癸未劉摯卒甲申曲宴遼使于垂拱殿

乙酉侍御史董敦逸坐奏對不實貶秩知興國軍是歲兩浙旱饑詔行荒政移粟振貸出宮女二十四人宣城民妻一產四男子于闐西南蕃羅氏入貢播州夷楊光榮等內附戶部主戶一千三百六萬八千七百四十一丁三千三十四萬四千二百七十四客戶六百三十六萬六千八百二十九丁三百六萬七千三百三十二大辟三千一百九十二人

元符元年春正月庚戌朔不視朝丙寅咸陽民段義得玉印一紐甲戌幸瑞聖園觀北郊齋宮二月丙戌白虹貫日庚寅詔建五王外第壬辰復罷翰林侍讀

侍講學士丁酉宗祐薨戊申知蘭州王舜臣討夏人
于塞外築興平城三月壬子令三省樞密吏三歲一
試刑法甲寅開楚州通漣河丙辰米脂砦成丁巳五
王外第成賜名懿親宅戊午封宗漢爲嗣濮王殺朱
崖流人陳衍壬戌申王佖端王佶並爲司空令太常
寺與閤門修定刈麥儀乙丑詔翰林學士承旨蔡京
等辯驗段義所獻玉璽定議以聞戊辰吏部郎中方
澤等坐私謁后族宴聚罰金補外庚午幸申王府辛
未幸端王府甲戌進封咸寧郡王俁爲莘王普寧郡
王似爲簡王祁國公偲爲永寧郡王丙子築熙河通

會閱夏四月庚辰世開薨甲申幸睿成宮及莘王簡
王府丙戌章惇等進神宗帝紀梁燾卒于化州壬辰
林希罷丙申建顯謨閣藏神宗御集庚子幸睿成宮
壬寅學士院上寶璽靈光翔鶴樂章癸卯詔學官增
習兩經丁未曾布上刪修軍馬敕例五月戊申朔御
大慶殿受天授傳國受命寶行朝會禮己酉班德音
于天下減囚罪一等徒以下釋之癸丑受寶恭謝景
靈宮戊午宴紫宸殿庚申詔獻寶人段義爲右班殿
直賜絹二百匹六月戊寅朔改元丙戌遣官分詣鄜
延涇原河東熙河按驗所築城砦甲午蔡京等上常

平免役敕令秋七月乙卯詔增置大府丞一員乙丑
敕大禮五使自今並差執政官定爲令丁卯令學官
試三經庚午詔范祖禹移化州安置劉安世梅州安
置王巖叟朱光庭諸子並勒停不叙壬申京師地震
八月丙子朔熙河蘭岷路復爲熙河蘭會路庚辰詔
自今三省樞密院進擬在京文臣開封推判官武臣
橫班使副及諸路監司帥守並取旨召對丁亥詔侍
從中書舍人以上各舉所知二人權侍郎以上舉一
人仍指言所堪職任九月丁未以霖雨罷秋宴庚戌
秦觀除名移雷州編管癸亥賜王安石第于京師冬

十月乙未詔武官試換文資丁酉以河北京東河溢
遣官振恤己亥夏人寇平夏城癸卯駙馬都尉張敦
禮坐元祐初上疏譽司馬光奪留後授環衛官十一
月壬戌朝獻景靈宮癸亥朝饗太廟甲子祀昊天上
帝于圜丘赦天下是歲澶州河溢振恤河北京東被
水者眞定府祁州野蠶成繭涇原路禽夏國統軍嵬
名阿埋等高麗瞎征西南蕃張氏羅氏程氏入貢西
蕃首領李訛哆巴詘支呂承信等內附
二年春正月甲辰朔御大慶殿以雪罷朝羣臣及遼
使詣東上閤門拜表賀羣臣又詣內東門賀如儀丁

卯出内金帛二百萬備陝西邊儲二月甲戌朔令監司舉本路學行優異者各二人韋蕃入貢己卯詔許高麗國王遣士賓貢辛巳增置神臂弓詔自今應被旨舉官所舉不當具舉主姓名以聞甲申夏人以國母卒遣使告哀且謝罪却其使不納戊子鄜延鈐轄劉安敗夏人于神堆甲午大食入貢乙未詔吏部守令課績從御史臺考察黜其不實者三月丙辰遼人遣簽書樞密院事蕭德崇來爲夏人請緩師仍獻玉帶築環慶路定邊城丁巳秦鳳經略司言吳名革率部族並子畨歸順詔名革補内殿承制首領李啜補右

侍禁及賜錢帛有差庚申知府州折克行獲夏國鈐轄令王皆保乙丑祈雨己巳華王俁爲司空夏四月庚辰幸華王府令廣西提點刑獄司兼領鹽事丙戌築鄜延河東路暖泉烏龍砦丁亥以旱減四京囚罪一等杖以下釋之辛卯詔鞫獄徒以上須結案及審録覆奏然後斷遣不如令者坐之癸巳封永嘉郡王偲爲睦王遣中書舍人郭知章報聘于遼丁酉築威羌城五月甲辰太白晝見庚戌築鄜延路金湯城癸亥奉遷真宗神御于萬壽觀延聖殿曲赦陝西河東路減囚罪一等流以下釋之建西安州及天都等砦

乙丑進章惇官五等曾布三等許將蔡卞黃履皆二等辛未詔華王俁睦王偲毋進封婕妤六月庚辰賜蘭會州新砦名會川城甲午賜環慶路之字平曰清平關戊戌築定邊白豹城訖工閤門使張存等轉官賜金帛有差秋七月乙巳盛暑中外决繫囚丁未放在京工役庚戌河北河溢没民田廬遣官振之甲子知環州种朴獲夏國監軍訛勃囉丙寅洮西安撫使王贍復邈川城西蕃首領欽彪阿成以城降八月癸酉章惇等進新脩敕令式惇讀於帝前其間有元豐所無而用元祐敕令脩立者帝曰元祐亦有可取乎惇

等對曰取其善者甲戌太原地震戊寅皇太子生辛巳降德音于諸路減囚罪一等流以下釋之乙酉賜熙河路糴錢百萬撫納部族丁亥修復會州癸巳太白晝見瞎征降甲午建葭蘆戍爲晉寧軍丙申保寧軍節度呂惠卿特授檢校司空九月庚子朔夏人來謝罪癸卯命御史點檢三省樞密院並依元豐舊制甲辰幸儲祥宮乙巳幸醴泉觀丁未立賢妃劉氏爲皇后己未青唐酋隴拶以城降壬戌雨罷秋宴甲子右正言鄒浩論劉氏不當立特除名勒停新州羈管丙寅御文德殿冊皇后閏月癸酉置律學博士員詔

詳議廟制以青唐為鄯州隴右節度邈川為湟州宗哥城為龍支城俱隸隴右戊寅以廓州為寧塞城丙戌果州團練使仲忽進古方鼎誌曰魯公作文王尊彝甲午熒惑犯太微垣左執法己未越王茂薨冬十月壬子詔河北大名二十二州軍置馬步軍指揮以廣威保捷為名甲寅日有食之既十一月丁亥詔綏德城為綏德軍壬辰詔河北黃河退灘地聽民耕墾免租稅三年乙未詔諸州置教授者依太學三舍法考選生徒升補是月河中猗氏縣民妻一產四男子

三年春正月辛未帝有疾不視朝丁丑奉安太宗皇帝御容于景靈宮大定殿戊寅大赦天下蠲民租己卯帝崩皇太后諭遺制立弟端王即位于柩前皇太后權同處分軍國事四月己未上謚曰欽文睿武昭孝皇帝廟號曰哲宗七月丁卯以謚號冊寶奏告天地宗廟社稷八月壬寅葬于永泰陵癸亥祔太廟崇寧三年七月加謚曰憲元繼道世德揚功欽文睿武齊聖昭孝皇帝政和三年改謚憲元繼道顯德定功欽文睿武齊聖昭孝皇帝

贊曰哲宗以沖幼踐阼宣仁同政初年召用馬呂諸賢罷青苗復常平登俊良闢言路天下人心翕然向治而元祐之政庶幾仁宗柰何熙豐舊姦枿去未盡已而媒孽復用卒假紹述之言務反前政報復善良馴致黨籍禍興君子盡斥而宋政益敝矣吁可惜哉

本紀卷第十八

宋史本紀卷第十九　宋史十九

元　開府儀同三司上柱國錄軍國重事中書右丞相監修國史領經筵事都總裁臣脫脫等奉敕修

徽宗一

徽宗體神合道駿烈遜功聖文仁德憲慈顯孝皇帝諱佶神宗第十一子也母曰欽慈皇后陳氏元豐五年十月丁巳生於宮中明年正月賜名十月授鎮寧軍節度使封寧國公哲宗即位封遂寧郡王紹聖三年以平江鎮江軍節度使封端王出就傅五年加司空改昭德彰信軍節度元符三年正月己卯哲宗崩皇太后垂簾哭謂宰臣曰家國不幸大行皇帝無子天下事須早定章惇厲聲對曰在禮律當立母弟簡王皇太后曰神宗諸子申王長而有目疾次則端王當立惇又曰以年則申王長以禮律則同母之弟簡王當立皇太后曰皆神宗子莫難如此分別於次端王當立知樞密院曾布曰章惇未嘗與臣等商議如皇太后聖諭極當尚書左丞蔡卞中書門下侍郎許將相繼曰合依聖旨皇太后又曰先帝嘗言端王有福壽且仁孝不同諸王於是惇爲之黙然乃召端王入即皇帝位皇太后權同處分軍國事庚辰赦天下常赦所不原者百官進秩一等賞諸軍遣宋淵告哀于遼辛巳尊先帝后爲元符皇

后癸未追尊母貴儀陳氏爲皇太妃甲申命章惇爲山陵使乙酉出先帝遺留物賜近臣丙戌以申王佖爲太傅進封陳王賜贊拜不名丁亥進仁宗淑妃周氏神宗淑妃邢氏並爲貴妃賢妃宋氏爲德妃戊子以章惇爲特進封申國公己丑進封莘王俁爲衛王守太保簡王似爲蔡王睦王偲爲定王並守司徒罷增八廂邏卒二月己亥始聽政尊先帝妃朱氏爲聖瑞皇太妃壬寅以南平王李乾德爲檢校太師丁未立順國夫人王氏爲皇后庚戌向宗回宗良遷節度使太后弟姪未仕者俱授以官癸丑初御紫宸殿庚申以吏部尚書韓忠彥爲門下侍郎資政殿大學士黃履爲尚書右丞辛酉名懿親宅潛邸曰龍德宮甲子毀承極殿丙寅遣吳安憲朱孝孫以遺留物遺遼國主三月戊辰朔詔宰臣執政侍從官各舉可任臺諫者庚午遣韓治曹譜告即位于遼辛未詔追封祖宗諸子光濟等三十三人爲王女四十八人爲公主甲申以西蕃王隴拶爲河西軍節度使尋賜姓名曰趙懷德邈川首領瞎征爲懷遠軍節度使己丑以日當食降德音于四京減囚罪一等流以下釋之庚寅録趙普後辛卯詔求直言癸巳以寧遠軍節度觀察留後世雄爲崇信軍節度使封安定郡王乙未卻永興民王懷所進玉器夏四月丁酉朔日有食之己亥

令監司分部決獄甲辰以韓忠彥爲尚書右僕射兼中書侍郎禮部尚書李清臣爲門下侍郎翰林學士蔣之奇同知樞密院事乙巳録曹佾後丁未以帝生日爲天寧節己酉長子亶生辛亥大赦天下應元符二年已前係官逋負悉蠲之癸丑鹿敏求等以應詔上書遷秩乙卯請大行皇帝謚于南郊丁巳詔范純仁等復官宫觀蘇軾等徙内郡居住癸亥罷編類臣僚章疏局乙丑賜禮部奏名進士及第出身五百五十八人五月丁卯朔罷理官失出之罰丙子詔復廢后孟氏爲元祐皇后乙酉蔡卞罷己丑詔追復文彥博王珪司馬光呂公著呂大防劉摯等三十三人官

辛卯還司馬光等致仕遺表恩癸巳河北河東陝西饑詔帥臣計度振恤六月丙申朔遼主遣蕭進忠蕭安世等來弔祭秋七月丙寅朔奉皇太后詔罷同聽政丁卯告哲宗欽文睿武昭孝皇帝謚于天地宗廟社稷戊辰上寶冊于福寧殿癸酉以皇太后還政減天下囚罪一等流以下釋之癸未遣陸佃李嗣徽報謝于遼罷管句陝西京西川路坑冶及江西廣東湖北夔梓成都路管句措置鹽事官辛卯封子亶爲韓國公八月戊戌詔諸路遇民有疾委官監醫往視疾給藥庚子作景靈西宫奉安神宗神御建哲宗神御殿於其西辛丑出内庫金帛二百萬羅陝西軍儲壬寅葬哲宗皇帝于永泰陵丙午遣董敦逸賀遼主生辰呂仲甫賀正旦戊申高麗王王顒遣使奉表來慰庚戌詔以仁宗神宗廟永世不祧戊午以蔡王似爲太保癸亥祔哲宗神主于太廟廟樂曰大成之舞九月甲子詔修哲宗實録丙寅遼遣蕭穆來賀即位丁卯減兩京河陽鄭州囚罪一等民緣山陵役者蠲其賦己巳幸龍德宫辛未章惇罷丙子以陳王佖爲太尉丁丑詔修神宗史己丑復均給職田冬十月乙未夏國入貢丙申蔡京出知永興軍貶章惇爲武昌軍節度副使丁酉以韓忠彥爲尚書左僕射兼門下侍郎壬寅以曾布爲尚書右僕射兼中書侍郎乙卯升

端州爲興慶軍己未詔禁曲學偏見妄意改作以害國事者辛酉罷平準務十一月丁卯詔修六朝寳訓降德音于端州減囚罪一等徒以下釋之庚午詔改明年元戊寅以觀文殿學士安燾知樞密院事庚辰黃履罷己丑置春秋博士辛卯令陝西兼行銅鐵錢以禮部尚書范純禮爲尚書左丞十二月甲午以皇太后不豫禱于宫觀祠廟嶽瀆戊戌出廩粟減價以濟民辛丑慮囚甲辰詔修國朝會要戊申降德音于諸路減囚罪一等流以下釋之戊午遼人來賀正旦是歲出宫女六十九人

建中靖國元年春正月壬戌朔有赤氣起東北亘西南中

亟白氣將散復有黑祲在旁癸亥有星自西南入尾其光燭地癸酉范純仁薨甲戌皇太后崩遺誥追尊皇太妃陳氏爲皇太后丁丑易大行皇太后園陵爲山陵命曾布爲山陵使己卯令河陝募人入粟免試注官二月丙申雨雹己亥汰秦鳳路土兵甲辰始聽政乙巳出内庫及諸路常平錢各百萬備河北邊儲丁巳貶章惇爲雷州司户參軍三月甲子始御紫宸殿乙丑遼使蕭芬來告其主洪基殂遣謝文瓘上官均等往弔祭黃寔賀其子延禧立丁丑詔以河西軍節度使趙懷德知湟州壬午以日當食避殿減膳降天下囚罪一等流以下釋之夏四月辛卯朔日食不

見甲午上大行皇太后謚曰欽聖憲肅乙未上追尊皇太后謚曰欽慈丁酉御殿復膳壬寅詔諸路疑獄當奏而不奏者科罪不當奏而輒奏者勿坐著爲令五月辛酉朔大雨雹詔三省減吏員節冗費丙寅葬欽聖憲肅皇后欽慈皇后于永裕陵庚辰蘇頌薨丙戌祔欽聖憲肅皇后欽慈皇后神主于太廟戊子減两京河陽鄭州囚罪一等民緣山陵役者蠲其賦六月庚寅朔以韓國公亶爲開府儀同三司封京兆郡王戊申封向宗回爲永陽郡王向宗良爲永嘉郡王甲寅封吳王顥子孝騫爲廣陵郡王頵子孝參爲信都郡王戊午范純禮罷己未詔班鬬殺情理輕重格

秋七月辛巳内郡置添差宗室闕丙戌安燾罷丁亥以蔣之奇知樞密院事吏部尚書陸佃爲尚書右丞端明殿學士章楶同知樞密院事九月己巳詔諸路轉運提舉司及諸州軍有遺利可以講求及冗員浮費當裁損者詳議以聞丙戌子檉薨冬十月乙未李清臣罷丁酉天寧節群臣及遼使初上壽于垂拱殿十一月庚申以陸佃爲尚書左丞吏部尚書溫益爲尚書右丞壬戌以西蕃賒羅撒爲西平軍節度使邈川首領辛未出御製南郊親祀樂章戊寅朝獻景靈宮己卯饗太廟庚辰祀天地于圜丘赦天下改彰信軍爲興仁軍昭德軍爲隆德軍改明年元十二月壬

辰賜陳王佖詔書不名癸卯進神宗昭儀武氏爲賢妃丙午奉安神宗神御于景靈西宮大明殿丁未詣宮行禮己酉降德音于四京減囚罪一等徒以下釋之是歲遼人來獻遺留物河東地震京畿蝗江淮兩浙湖南福建旱

崇寧元年春正月丁丑太原等十一郡地震詔死者家賜錢有差二月丙戌朔以聖瑞皇太妃疾慮囚甲午子亶改名烜以蔡確配饗哲宗廟庭戊戌詔士有懷抱道德久沈下僚及學行兼備可厲風俗者待制以上各舉所知二人奉議郎趙諗謀反伏誅庚子封子煥爲魏國公辛丑聖瑞皇太妃薨追尊爲皇太后庚戌追封孔鯉爲泗水侯孔伋

爲沂水侯三月丁巳奉安哲宗神御于景靈西宮寳慶殿戊午詣宮行禮壬戌以定王偲爲太保壬申幸定王第夏四月己亥上皇太后謚曰欽成五月丁巳熒惑入斗庚申韓忠彥罷己巳瞎征卒庚午降復太子太保司馬光爲正議大夫太保文彥博爲太子太保餘各以差奪官辛未詔待制以上舉能吏各二人乙亥黜後苑內侍請以箔金飾宮殿者丙子詔元祐諸臣各已削秩自今無所復問言者亦勿輒言戊寅葬欽成皇后于永裕陵己卯陸佃罷庚辰以許將爲門下侍郎溫益爲中書侍郎翰林學士承旨蔡京爲尚書左丞吏部尚書趙挺之爲尚書右丞六月己丑

祔欽成皇后神主于太廟壬辰減西京河陽鄭州囚罪一等民緣山陵役者蠲其賦癸卯詔六曹尚書有事奏陳許獨員上殿己酉太白晝見壬子改渝州爲恭州癸丑詔倣唐六典修神宗所定官制封伯夷爲清惠侯叔齊爲仁惠侯閏月甲寅朔更名哲宗神御殿曰重光辛酉慮囚壬戌曾布罷甲子詔諸路州縣官有治績最著者許監司帥臣各舉一人壬午追貶李清臣爲武安軍節度副使癸未詔監司帥臣於本路小使臣以上及親民官內有智謀勇果可備將帥者各舉一人秋七月甲申朔建長生宮以祠熒惑丙戌詔省臺寺監及監司郡守並以三年成任戊子以

蔡京爲尚書右僕射兼中書侍郎己丑焚元祐法甲午詔於都省置講議司詔杭州明州置市舶司庚子章楶罷甲辰以雨水壞民廬舍詔開封府振恤壓溺者辛亥罷春秋博士八月乙卯子烜改名桓煥改名楷乙丑罷權侍郎官辛未置安濟坊養民之貧病者仍令諸郡縣並置甲戌詔天下興學貢士建外學于國南丙子詔司馬光等二十一人子弟毋得官京師己卯以趙挺之爲尚書左丞翰林學士張商英爲尚書右丞九月戊子京師置居養院以處鰥寡孤獨仍以戶絕財產給養乙未詔中書籍元符三年臣僚章疏姓名爲正上正中正下三等邪上邪中邪下三等

丁酉治臣僚議復元祐皇后及謀廢元符皇后者罪降韓忠彥曾布官追貶李清臣爲雷州司戶參軍黃履爲祁州團練副使竄曾肇以下十七人己亥籍元祐及元符末宰相文彥博等侍從蘇軾等餘官秦觀等內臣張士良等武臣王獻可等凡百有二十人御書刻石端禮門庚子以元符末上書人鍾世美以下四十一人爲正等悉加旌擢范柔中以下五百餘人爲邪等降責有差時世美已卒詔贈官仍官其子一人壬寅貶曾布爲武泰軍節度使甲辰詔元符三年建中靖國元年責降臣僚已經牽復者其元責告命並繳納尚書省冬十月癸亥蔣之奇罷戊辰詔責降

宮觀人不得同一州居住甲戌以御史錢遹石豫左膚及輔臣蔡京許將溫益趙挺之張商英等言罷元祐皇后之號復居瑤華宮丙子劉奉世等二十七人坐元符末黨與變法並罷祠祿戊寅以資政殿學士蔡卞知樞密院事十一月乙酉邵州言知溪洞徽州楊光銜內附戊子以婉儀鄭氏爲賢妃辛卯置河北安濟坊癸巳置西南兩京宗正司及敦宗院戊戌置顯謨閣學士待制官戊申子楷爲開府儀同三司封高密郡王己酉立卿監郎官三歲黜陟法十二月癸丑論棄湟州罪貶韓忠彥爲崇信軍節度副使曾布爲賀州別駕安燾爲寧國軍節度副使范純禮分司

南京庚申鑄當五錢辛酉贈哲宗子鄧王茂爲皇太子謚獻愍丁丑詔諸邪說詖行非先聖賢之書及元祐學術政事並勿施用是歲京畿京東河北淮南蝗江浙熙河漳泉潭衡郴州興化軍旱辰沅州徭入寇出宮女七十六人

二年春正月辛巳朔乙酉竄任伯雨陳瓘龔夬鄒浩于嶺南馬涓等九人分貶諸州知荊南舒亶平辰沅州徭賊復誠徽州改誠州爲靖州徽州爲蒔竹縣壬辰溫益卒乙巳以復荊湖疆土曲赦兩路丙午以沍寒令監司分部決獄丁未以蔡京爲尚書左僕射兼門下侍郎二月辛亥安化蠻入寇廣西經略使程節敗之壬子遣官相度湖南北徭地取其材植入供在京營造甲寅進元符皇后爲太后宮名崇恩辛酉置殿中監癸亥奉安哲宗御容于西京會聖宮及應天院丙子置諸路茶場三月壬午進仁宗充儀張氏爲賢妃乙酉減西京囚罪一等詔黨人子弟毋得擅到闕下其應緣趨附黨人罷任在外指射差遣及得罪停替臣僚亦如之丁亥御集英殿策進士癸卯賜禮部奏名進士及第出身五百三十八人其嘗上書在正等者升甲邪等者黜之夏四月甲寅詔侍從官各舉所知二人乙卯于闐入貢丁卯詔毀呂公著司馬光呂大防范純仁劉摯范百祿梁燾王巖叟景靈西宮繪像己巳以初謁景靈宮

赦天下乙亥詔毀刊行唐鑑并三蘇秦黃等文集戊寅以趙挺之爲中書侍郎張商英爲尚書左丞戶部尚書吳居厚爲尚書右丞兵部尚書安惇同知樞密院事奪王珪贈謚追毀程頤出身文字其所著書令監司覺察五月辛巳以賢妃鄭氏爲淑妃癸未以陳王佖爲太師丙戌貶曾布爲廉州司戶參軍己亥封子楫爲楚國公丙午冊元符皇后劉氏爲太后六月壬子冊王氏爲皇后庚申詔元符末上書進士類多詆訕令州郡遣入新學依太學自訟齋法候及一年能革心自新者許將來應舉其不變者當屏之遠方壬戌慮囚是月中太一宮火復湟州秋七月己卯學

士院火辛巳以復湟州進蔡京官三等蔡卞以下二等壬
午白虹貫日甲申降德音于熙河蘭會路減囚罪一等流
以下釋之庚寅曾肇責授濮州團練副使辛卯詔上書進
士見充三舍生者罷歸丁酉詔自今戚里宗屬勿復爲執
政官著爲令乙巳詔責降人子弟毋得任在京及府界差
遣八月丁未朔再論棄湟州罪貶韓忠彥爲磁州團練副
使安燾爲祁州團練副使范純禮爲靜江軍節度副使削
蔣之奇秩三等戊申張商英罷辛酉詔張商英入元祐黨
籍九月辛巳詔宗室不得與元祐姦黨子孫爲昏姻庚寅
封子樞爲吳國公詔上書邪等人知縣以上資序並與外

祠選人不得改官及爲縣令壬辰置醫學癸巳令天下郡
皆建崇寧寺辛丑改吏部選人自承直郎至將仕郎七階
令天下監司長吏廳各立元祐姦黨碑甲辰詔郡縣謹祀
社稷冬十一月庚辰以元祐學術政事聚徒傳授者委監
司察舉必罰無赦十二月癸亥祧宣祖皇帝昭憲皇后丙
寅詔六曹長貳歲考郎官治狀分三等以聞是歲諸路蝗
纂府蠻楊晟銅融州楊晟天邵州黃聰内附
三年春正月己卯安化蠻降辛巳詔上書邪等人毋得至
京師戊子鑄當十大錢壬辰增縣學弟子員甲午賜蔡京
子攸進士出身癸卯太白晝見甲辰鑄九鼎二月丙午以

淑妃鄭氏爲貴妃以刊定元豐役法不當黜錢遹以下九
人丁未置漏澤園己酉詔王珪章惇別爲一籍如元祐黨
詔自今御後殿許起居郎舍人侍立壬子以楚國公楫爲
開府儀同三司封南陽郡王庚申令天下坑治金銀復盡
輸内藏辛未雨雹三月辛巳置文繡院丁亥作圜土以居
彊盗貧死者甲午躋欽成皇后神主於欽慈皇后之上辛
丑大内災夏四月乙巳以火災降德音于四京減囚罪一
等流以下原之乙卯復鄯州建爲隴右都護府辛酉徙封
楫爲樂安郡王復廓州乙丑罷講議司己巳曲赦陝西壬
申楫薨五月戊寅罷開封權知府置牧尹少尹改定六曹

以士户儀兵刑工爲序增其員數倣唐六典易胥吏之稱
己卯以復鄯廓蔡京爲守司空封嘉國公庚辰許將趙挺
之吳居厚安惇蔡卞各轉三官甲申改鄯州爲西寧州仍
爲隴右節度辛丑詔黜守臣進金助修宮庭者六月壬寅
湖圖熙寧元豐功臣於顯謨閣癸卯以王安石配饗孔子
廟丙午增諸州學未立者壬子置書畫算學占城入貢戊
午詔重定元祐元符黨人及上書邪等者合爲一籍通三
百九人刻石朝堂餘並出籍自今毋得復彈奏辛酉復置
太醫局癸亥慮囚乙丑詔内外官毋得越職論事僥倖奔
競違者御史臺彈奏秋七月癸酉以婉儀王氏爲德妃庚

辰詔自今大禮不受尊號羣臣毋上表辛卯行方田法八
月庚子詔諸路知州通判增入主管學事四字壬寅大雨
壞民廬舍令收瘞死者甲辰蔡京上神宗史丙午許將罷
九月乙亥以趙挺之爲門下侍郎吳居厚爲中書侍郎翰
林學士承旨張康國爲尚書左丞刑部尚書鄧洵武爲尚
書右丞壬辰詔諸路州學別置齋舍以養材武之士冬十
月辛丑朔大雨雹丁未賢妃張氏薨丙辰命官編類六朝
勲臣戊午夏人入涇原圍平夏城寇鎮戎軍庚申熈河蘭
會路經略安撫使王厚言河西軍節度使趙懷德等出降
己巳立九廟復翼祖宣祖庚午貴妃邢氏薨十一月甲戌

幸太學官論定之士十六人遂幸辟雍賜國子司業吳絪
蔣靜四品服學官推恩有差丙戌封子杞爲冀國公丁亥
詔取士並縣學校罷發解及省試法科場如故事癸巳更
上神宗謚曰體元顯道帝德王功英文烈武欽仁聖孝皇
帝加上哲宗謚曰憲元繼道顯德定功欽文睿武齊聖昭
孝皇帝甲午朝獻景靈宮乙未饗太廟丙申祀昊天上帝
于圜丘赦天下升興仁隆德軍爲府還彰信昭德舊節十
二月乙巳升通遠軍爲鞏州戊午賜陳王佖入朝不趨是
歲諸路蝗出宮女六十二人廣西黎洞楊晟免等內附

本紀卷第十九

本紀卷第二十　宋史二十

開府儀同三司上柱國錄軍國重事前中書右丞相監修國史領經筵事都總裁臣脫脫等奉

敕修

徽宗二

四年春正月庚午朔改熈河蘭會路爲熈河蘭湟路丙戌
築溪哥城壬辰詔察諸路監司貪虐者論其罪丙申詔京
畿路改置轉運使提點刑獄官蔡卞罷立武學法丁酉秦
鳳蕃落獻邦潘疊三州以內侍童貫爲熈河蘭湟秦鳳路
經略安撫制置使二月乙巳築御謀城己酉置親衛勳衛
翊衛郎中郎等官以勳戚近臣之兄弟子孫有官者試充

甲寅以張康國知樞密院事兵部尚書劉逵同知樞密院
事吏部尚書何執中爲尚書左丞乙卯班方田法庚申詔
西邊用兵能招納羌人者與斬級同賞壬戌升趙州爲慶
源軍甲子雨雹乙丑改三衛郎爲侍郎閏月壬申復元豐
銓試斷按法令州縣倣尚書六曹分六案甲申置陝西河
東河北京西監鑄當二夾錫鐵錢己丑御端門受趙懷德
降授感德軍節度使封安化郡王壬辰曲赦熈河蘭湟路
三月壬寅置青海馬監甲辰以趙挺之爲尚書右僕射兼
中書侍郎丙午詔建王古呰爲懷遠軍庚戌令呂惠卿致
仕戊午復銀州乙丑詔州縣屬鄉聚徒教授者非經書子

史毋習丁卯牂牱夜郎首領以地降是月夏人攻塞門砦
夏四月辛未遼遣蕭良來爲夏人求還侵地及退兵戊寅
夏人攻臨宗砦辛巳詔諸路走馬承受毋得預軍政及邊
事己丑夏人寇順寧砦鄜延第二副將劉延慶擊破之復
攻湟州北蕃市城知州辛叔獻等擊却之五月戊申除黨
人父兄子弟之禁壬子遣林攄報聘于遼賜張繼先號虛
靖先生癸丑罷轉運司檢察鈞考法辛酉命官分部決獄
六月丙子復解池鹽占城入貢丁丑慮囚辛巳罷陝西河
東力役甲申曲赦熙河陝西河東京西路戊子趙挺之罷
秋七月丙申朔罷三京國子監官各置司業一員辛丑置

癸亥增置四輔郡以潁昌府爲南輔襄邑縣爲東輔鄭州
爲西輔澶州爲北輔甲寅詔奪元祐輔臣墳寺丁巳還上
書流人戶部尚書曾孝廣坐錢帛皆闕出知杭州八月戊
辰以德妃王氏爲淑妃庚午以王江古州歸順置提舉溪
洞官二員改懷遠軍爲平州丙子以東輔爲拱州甲申奠
九鼎于九成宮乙酉詣宮酌獻辛卯賜新樂名大晟置府
建官壬辰遣劉正夫使遼九月己亥赦天下乙巳詔元祐
人貶謫者以次徙近地惟不得至畿輔詔京畿三路保甲
並於農隙時教閱乙卯賜上舍生三十五人及第丙辰詔
自今非宰臣毋得除特進冬十月自七月雨至是月不止

甲申以左右司所編紹聖元符以來申明斷例班天下刑
名例班刑部大理司丁亥外武岡縣爲軍戊子詔上書進
士未獲者限百日自陳免罪壬辰日中有黑子十一月戊
戌安定郡王世雄薨丙辰置諸路提舉學事官己未章惇
卒十二月癸酉升拱州爲保慶軍甲申分平州置允州格
州是歲蘇湖秀三州水賜乏食者粟泰州禾生穭
五年春正月戊戌彗出西方其長竟天庚子復置江湖淮
浙常平都倉甲辰以吳居厚爲門下侍郎劉逵爲中書侍
郎乙巳以星變避殿損膳詔求直言闕政毀元祐黨人碑
復謫者仕籍自今言者勿復彈糾丁未太白晝見赦天下

除黨人一切之禁權罷方田戊申詔侍從官奏封事己酉
罷諸州歲貢供奉物庚戌詔崇寧以來左降者各以存歿
稍復其官盡還諸徙者辛亥御殿復膳壬子罷圜土法丁
巳罷書畫算醫四學壬戌復書畫算學二月甲子朔詔監
司條奏民間疾苦丙寅蔡京罷爲開府儀同三司中太一
宮使以觀文殿大學士趙挺之爲特進尚書右僕射兼中
書侍郎庚午詔翰林學士兩省官及館閣自今並除進士
出身人壬申省內外冗官罷醫官兼宮觀者蒲甘國入貢
丁丑以前後所降御筆手詔模印成冊班之中外州縣不
遵奉者監司按劾監司推行不盡者諸司互察之三月丙

申詔星變已消罷求直言辛丑改威德軍爲石堡砦封眉
州防禦使世福爲安定郡王癸卯御集英殿策進士丁未
罷諸州武學乙卯廢銀州爲銀川城丙辰蔡王似薨已未
賜禮部奏名進士及第出身六百七十一人夏四月丁丑
停免两浙水災州郡夏稅五月丁未班紀元曆辛亥封子
栩爲魯國公乙卯罷辟舉盡復元豐選法六月癸亥立諸
路監司互察法庇匿不舉者罪之仍令御史臺糾劾改格
州爲從州甲子詔求隱逸之士令監司審覈保奏其緣私
者御史察之丁卯詔輔臣條具東南守備策壬申慮囚秋
七月庚寅朔日當食不虧壬寅詔改明年元九月辛丑河

南府嘉禾與芝草同本生冬十月己卯升澶州爲開德府
庚辰降德音于開德府減囚罪一等徒以下釋之十一月
辛卯陳王佖薨乙巳詔立武士貢法辛亥併京畿提刑入
轉運司十二月戊午朔日當食不虧群臣稱賀己未劉逵
罷壬戌詔臣僚休日請對特御便殿己巳詔監司按事有
懷姦挾情不盡實者流竄不叙是歲廣西黎洞韋晏閙等
内附
大觀元年春正月戊子朔赦天下甲午以蔡京爲尚書左
僕射兼門下侍郎戊戌幸興德禪院復廢官庚子復置議
禮局於尚書省甘露降于帝鼐内群臣稱賀壬寅吳居厚

罷戊申進封衛王俁爲魏王定王偲爲鄧王壬子以何執
中爲中書侍郎鄧洵武爲尚書左丞户部尚書梁子美爲
尚書右丞乙卯封仲損爲南康郡王仲御爲汝南郡王二
月壬戌以向宗回爲開府儀同三司徙封安康郡王甲子
以黎洞納土曲赦廣西乙亥復醫學己卯復行方田丙戌
以平昌郡君韋氏爲才人三月丁酉趙挺之罷以何執中
爲門下侍郎鄧洵武爲中書侍郎梁子美爲尚書左丞吏
部尚書朱諤爲右丞甲辰立八行取士科癸丑趙挺之卒
夏四月乙丑以淑妃王氏爲貴妃五月己丑封子棫爲揚
國公朝散郎吳儲承議郎吳侔坐與妖人張懷素謀反伏

誅貶呂惠卿爲祁州團練副使庚寅鄧洵武罷甲午詔班
新樂于天下癸卯詔自今凡總一路及監司之任勿以元
祐學術及異意人充選以安化蠻犯邊益兵赴廣西討之
乙巳子構生六月己未以梁子美爲中書侍郎壬戌詔景
靈宮建僖祖殿室甲子以黎人地爲庭孚二州癸酉賜上
舍生二十九人及第乙亥朱諤卒丁丑慮囚甲申以才人
韋氏爲婕妤秋七月乙酉朔伊洛溢戊子詔括天下漏丁
壬寅班祭服于州郡乙巳賢妃武氏薨八月乙卯曾布卒
丁巳封子構爲蜀國公庚申以户部尚書徐處仁爲尚書
右丞吏部尚書林攄同知樞密院事己巳降德音于淮海

吳楚二十六州減囚罪一等流以下釋之九月庚寅建顯烈觀於陳橋己酉加上僖祖謚曰立道肇基積德起功懿文憲武睿和至孝皇帝朝獻景靈宮庚戌饗太廟辛亥大饗明堂赦天下升永興軍爲大都督府章綖坐冒法寘海島李景直等四人以上書觀望罪並編管嶺南冬十月己未詔士有才武絶倫者歲貢準文士上舍上等法辛酉蘇州地震乙丑貶張商英爲安化軍節度副使己巳大雨雹閏月丙戌以林攄爲尚書左丞資政殿學士鄭居中同知樞密院事乙未詔守令以戶口爲殿最升桂州爲大都督府鎭州爲靖海軍節度壬寅禁用翡翠乙巳升太原府鄆

州並爲大都督府十一月壬子朔日有食之蔡京等以不及所當食分率群臣稱賀乙丑置符寶郎己巳升瀛州爲河間府瀛海軍節度戊寅南丹州刺史莫公佞降徐處仁以母憂去位十二月庚寅以蔡京爲太尉進何執中以下官二等癸巳以江寧荆南揚杭越洪福潭廣桂並爲帥府置黔南路丁酉置開封府府學己亥以婉容喬氏爲賢妃開潩河是歲秦鳳旱京東水河溢遣官振濟貸被水戶租盧州雨豆汀懷二州慶雲見乾寧軍同州黃河清于闐夏國入貢涪州夷駱世華駱文貴內附

二年春正月壬子朔受八寶于大慶殿赦天下文武進位一等蔡京表賀符瑞乙卯以婉儀劉氏爲德妃己未蔡京進太師加童貫節度使仍宣撫庚申進封魏王俁爲燕王鄧王偲爲越王並爲太尉京兆郡王桓爲定王高密郡王楷爲嘉王並爲司空吳國公樞爲建安郡王冀國公杞爲文安郡王楚國公栩爲安康郡王楊國公棫爲濟陽郡王蜀國公構爲廣平郡王並爲開府儀同三司甲子以神宗德妃宋氏劉氏爲淑妃賢妃喬氏爲德妃庚午徙封仲損爲齊安郡王仲御爲華陽郡王孝騫爲晉康郡王孝參爲豫章郡王並開府儀同三司封仲增爲信安郡王仲忽爲普安郡王仲癸爲咸安郡王仲僕爲同安郡王仲糜爲淮

安郡王戊寅徙封向宗回爲漢東郡王向宗良爲開府儀同三司仲損薨河東北盜起二月甲申置諸州曹掾官甲午詔建徽猷閣藏哲宗御集置學士直學士待制官己亥以安德軍節度使錢景臻爲開府儀同三司庚戌以婕妤韋氏爲修容三月庚申班金籙靈寶道場儀範于天下甲子封子材爲魏國公乙亥封子模爲鎭國公戊寅賜上舍生十三人及第升乾寧軍爲清州詔監司歲舉所部郡守二人縣令四人赴三省審察夏四月甲辰復洮州五月庚戌朔日有食之辛亥慮囚以復洮州功賜蔡京玉帶加童貫檢校司空仍宣撫甲寅復諸路歲貢供奉物壬戌溪哥

王子臧征撲哥降復積石軍戊辰詔官蔡京子孫一人進
執政官一等六月乙酉以涪夷地爲珍州甲午以平夏城
爲懷德軍乙未以殿中六尚筭學太官局翰林儀鸞司皆
隸六察秋七月庚戌罷建僖祖殿室乙卯以婉容王氏爲
賢妃八月辛巳邢州河水溢壞民廬舍復被水者家丙申
中書侍郎梁子美罷知鄆州己亥置保州敦宗院九月辛
亥以林攄爲中書侍郎吏部尚書余深爲尚書左丞壬戌
升向宗回爲太子少保致仕壬申封子楨爲吳國公癸酉
皇后王氏崩削向宗回官爵丙子曲赦熙河蘭湟秦鳳永
興軍路冬十一月丁未朔太白晝見乙丑上大行皇后謚
曰靖和十二月壬寅陪葬靖和皇后于永裕陵是歲同州
黃河清出宮女七十有七人于闐夏國入貢涪夷任應舉
楊文貴湖南猺楊再光內附
三年春正月乙卯祔靖和皇后神主于別廟己未減兩京
河陽鄭州囚罪一等民緣園陵役者蠲其賦丁卯以涪夷
地爲承州甲戌升湟州爲嚮德軍節度二月丙子朔播州
楊文貴納土以其地置遵義軍丁丑韓忠彥致仕三月丙
午立海商越界法庚戌御集英殿策進士辛酉詔四川郡
守並選內地人任之壬戌併黔南入廣西路乙丑賜禮部
奏名進士及第出身六百八十五人壬申張康國卒夏四

月戊寅林攄罷戊子以淑妃劉氏爲貴妃癸巳以鄭居中
知樞密院事吏部尚書管師仁同知樞密院事癸卯以余
深爲中書侍郎兵部尚書薛昂爲尚書左丞工部尚書劉
正夫爲尚書右丞五月乙巳朔孟翊獻所畫卦象謂宋將
中微宜更年號改官名變庶事以厭之帝不樂詔竄遠方
丙辰令辟雍宴用雅樂丁巳慮囚戊辰大雨雹辛未以德
妃喬氏爲貴妃六月甲戌朔詔修樂書管師仁罷丁丑蔡
京罷辛巳以何執中爲特進尚書左僕射兼門下侍郎以
瀘夷地爲純滋二州庚寅冀州河水溢秋七月丁未詔謫
籍人除元祐姦黨及得罪宗廟外餘並錄用丙辰詔罷都
提舉茶事司在京令戶部在外令轉運司主之八月乙酉
封子朴爲雍國公己丑嗣濮王宗漢薨甲午以仲增爲開
府儀同三司封嗣濮王丙申升融州爲清遠軍節度己亥
韓忠彥薨九月癸丑封子棣爲徐國公己未賜天下州學
藏書閣名稽古冬十月癸巳減六尚局供奉物十一月丁
未詔筭學以黃帝爲先師風后等八人配饗巫咸等七十
人從祀己巳蔡京進封楚國公致仕仍提舉哲宗實錄朝
朔望十二月己亥罷東南鑄夾錫錢是歲江淮荊浙福建
旱秦鳳階成饑發粟振之蠲其賦陜州同州黃河清闍婆
占城夏國入貢瀘州夷王募弱內附

四年春正月癸卯罷改鑄當十錢辛酉詔士庶拜僧者論以大不恭丁卯夏國入貢二月庚午朔禁然頂煉臂刺血斷指庚辰罷京西錢監甲申詔自今以賞進秩者毋過中奉大夫己丑以余深爲門下侍郎資政殿學士張商英爲中書侍郎戶部尚書侯蒙同知樞密院事壬辰罷河東河北京東鑄夾錫鐵錢三月庚子募飢民補禁卒詔醫學生併入太醫局算入太史局書入翰林書藝局畫入翰林畫圖局學官等並罷甲寅赦所在振恤流民癸亥詔罷廢人稍加甄叙能安分守者不俟蒲歲各與叙進以責來効丙寅賜上舍生十五人及第戊辰詔上書邪下等人可依無過人例今後改官升任並免檢舉夏四月己卯班樂尺于天下癸未蔡京上哲宗實錄丙申立感生帝壇丁酉詔修哲宗史五月壬寅停僧牒三年丁未彗出奎婁甲寅立詞學兼茂科丙辰詔以彗見避殿減膳令侍從官直言指陳闕失戊午赦天下壬戌改廣西黔南路爲廣南西路癸亥治廣西妄言拓地罪追貶帥臣王祖道爲昭信軍節度副使甲子貶蔡京爲太子少保丙寅余深罷六月庚午御殿復膳乙亥以張商英爲尚書右僕射兼中書侍郎壬辰復向宗回爲開府儀同三司漢東郡王乙未慮囚丙申薛昂罷秋七月辛丑復罷方田戊申封子楷爲嘉國公八月乙

亥以劉正夫爲中書侍郎侯蒙爲尚書左丞翰林學士承旨鄧洵仁爲尚書右丞戊寅省內外冗官庚辰以資政殿學士吳居厚爲門下侍郎丁亥行內外學官選試法閏月辛丑詔諸路事有不便於民者監司條奏之癸卯改陵井監爲仙井監辛酉詔戒朋黨以張閣知杭州兼領花石綱九月丙寅朔日有食之冬十月丁酉立貴妃鄭氏爲皇后鄭居中罷戊戌太白晝見以吳居厚知樞密院事十一月乙丑朔朝景靈宮丙寅饗太廟丁卯祀昊天上帝于圜丘赦天下改明年元丙戌罷拱州爲襄邑縣十二月庚戌改謚靖和皇后爲惠恭是歲夔州江水溢海水清出宮女四百八十六人南丹州酋領莫公晟內附

政和元年春正月己巳以賢妃王氏爲德妃壬申毀京師淫祠一千三十八區戊寅封子栱爲定國公丙戌廢白龔二州壬辰詔百官厲名節二月壬寅冊皇后乙巳詔陝西河東復鑄夾錫錢丙午以太子少師鄭紳爲開府儀同三司三月己巳詔監司督州縣長吏勸民增植桑柘課其多寡爲賞罰癸酉以吏部尚書王襄同知樞密院事夏四月乙卯罷陝西河東鑄夾錫錢丙辰慮囚立守令勸農黜陟法丁巳以淮南旱降囚罪一等徒以下釋之五月癸亥詔四川羨餘錢物歸左藏庫戊辰改當十錢爲當三己卯東

南有星晝隕丁亥解池生紅鹽六月甲寅復蔡京爲太子少師秋七月壬申以疾愈赦天下癸未廢平從二州爲砦八月乙未復蔡京爲太子太師丁巳張商英罷戊午詔監司部内官吏一歲中有犯罪至三人以上雖不及三人而或有曾薦舉者罪及監司九月戊寅王襄罷丁亥封子棫爲廣國公是月鄭允中童貫使遼以李良嗣來良嗣獻取燕之策詔賜姓趙冬十月辛卯以用事之臣多險躁朋比下詔申儆庚戌封昭化軍節度使宗粹爲信安郡王辛亥貶張商英爲崇信軍節度副使十一月壬戌以上書邪等及曾經入籍人並不許試學官丙子封子榛爲福國公十

二月己酉詔臺諫以直道覈是非毋憚大吏毋比近習辛亥廢鎮州升瓊州爲靖海軍是歲虔州芝草生蔡州瑞麥連野河南府嘉禾生野蠶成繭出宮女八十人交阯夏國入貢

本紀卷第二十

本紀卷第二十一 宋史二十一

開府儀同三司上柱國錄軍國重事前中書右丞相監脩國史領經筵事都總裁臣脱脱等奉

敕修

徽宗三

二年春正月甲子制上書邪等人並不除監司二月戊子朔蔡京復太師致仕賜第京師庚子以婉容崔氏爲賢妃三月戊午朔定國公栱薨己巳御集英殿策進士己卯賜禮部奏名進士及第出身七百十三人夏四月己丑詔縣令以十二事勸農於境内躬行阡陌程督勤惰辛卯復行方田日中有黑子甲午宴蔡京等于太清樓乙巳以定國

軍節度使仲忽爲開府儀同三司庚戌以何執中爲司空壬子賜張商英自便五月癸亥慮囚丁卯封子椿爲慶國公己巳蔡京落致仕三日一至都堂議事六月己丑以資政殿學士余深爲門下侍郎乙卯白虹貫日秋七月壬申訪天下遺書丙子置禮制局九月壬午改太尉以冠武階癸未正三公三孤官改侍中爲左輔中書令爲右弼左右僕射爲太宰少宰罷尚書令冬十月乙巳得玉圭於民間十一月己未置知客省引進四方館東西上閤門事戊寅日南至受元圭于大慶殿赦天下辛巳蔡京進封魯公以何執中爲少傅太宰兼門下侍郎執政皆進秩十二月甲

申行給地牧馬法乙酉以鄭居中爲特進丙戌以武信軍節度使童貫爲太尉乙巳定命婦名爲九等丙午燕輔臣于延福宮辛亥封子榿爲衛國公是歲成都府蘇州火出宮女三百八十三人高麗入貢成都路夷人董舜咨董彥博內附置祺亨二州

三年春正月己未以定王桓嘉王楷並爲太保庚申以廣平郡王構爲檢校太保甲子詔以天錫元圭遣官冊告永裕永泰陵丙寅以燕王俁爲太傅癸酉追封王安石爲舒王子雱爲臨川伯配饗文宣王廟丁丑吳居厚罷以觀文殿學士鄭居中知樞密院事己卯以越王偲爲太傅封子

楗爲韓國公二月甲申以德妃王氏爲淑妃庚寅罷文臣勳官辛卯崇恩太后暴崩甲午以遼女眞相持詔河北沿邊防丁酉詔百官奉祠祿者並以三年爲任乙巳增定六朝勳臣一百一十六人三月壬子朔日有食之戊辰進神宗淑妃宋氏爲貴妃升永安縣爲永安軍癸酉賜上舍生十九人及第夏四月戊子作保和殿庚寅以復溱播等州降德音于梓夔路癸巳鄧洵仁罷乙巳以福寧殿東建玉清和陽宮丙午升定州爲中山府己酉以資政殿學士薛昂爲尚書右丞庚戌班五禮新儀閏月丙辰改公主爲帝姬戊午復置醫學辛酉上崇恩太后謚曰昭懷庚午慶國公主椿薨五月乙酉慮囚丙申升蘇州爲平江府庚子大盈倉火壬寅以築溱播進執政官一等丙午葬昭懷皇后于永泰陵丁未詔尚書內省分六司以掌外省六曹所上之事置內宰副宰內史治中等官及都事以下吏員己酉班新燕樂六月癸亥祔昭懷皇后神主于太廟戊辰降兩京河陽鄭州囚罪一等民緣園陵役者蠲其賦秋七月癸未升趙城縣爲慶祚軍甲申還王珪孫固贈謚追復韓忠彥曾布安燾李清臣黃履等官職庚子貴妃劉氏薨壬寅復置白州八月甲戌以燕樂成進執政官一等丙子以何執中爲少師丁丑升潤州爲鎭江府戊寅封四鎭山爲王九

月庚寅詔大理寺開封府不得奏獄空其推恩支賜並罷戊戌追冊貴妃劉氏爲皇后謚曰明達冬十月乙丑閱新樂器于崇政殿出古器以示百官戊辰詔冬祀大禮及朝景靈宮並以道士百人執威儀前導冬十一月辛巳朝獻景靈宮壬午饗太廟加上神宗謚曰體元顯道法古立憲帝德王功英文烈武欽仁聖孝皇帝改上哲宗謚曰憲元繼道世德揚功欽文睿武齊聖昭孝皇帝癸未祀昊天上帝于圜丘大赦天下升端州爲興慶府乙酉以天神降詔告在位作天眞降臨示現記己丑以賢妃崔氏爲德妃壬辰築祥州己亥詔有官人許舉八行十二月癸丑詔天下

訪求道教僊經乙卯詔天下貢醫士辛酉太白晝見是歲江東旱溫封滋三州火出宮女二百七十有九人

四年春正月戊寅朔置道階凡二十六等辛丑追封濮王子宗誼爲祁王宗詠爲萊王宗師爲溫王宗輔爲楚王宗博爲蕭王宗沔爲霍王宗蓋爲建王宗勝爲衮王二月丁巳賜上舍生十七人及第癸亥改淯井監爲長寧軍癸酉長子桓冠三月丙子朔以淑妃王氏爲貴妃夏四月庚戌幸尚書省以手詔訓誡蔡京何執中各官遷秩吏賜帛有差癸丑閱太學辟雍諸生雅樂甲子改戎州爲叙州五月丙戌始祭地于方澤以太祖配降德音于天下子機薨六

月戊午慮囚壬申以廣西溪洞地置隆允二州秋七月丁丑置保壽粹和館以養宮人有疾者戊寅焚苑東門所儲毒藥可以殺人者仍禁勿得復貢甲午祔明達皇后神主于別廟八月乙巳改端明殿學士爲延康殿學士樞密直學士爲述古殿直學士癸亥定武臣橫班以五十員爲額九月己卯以安靜軍節度使王憲爲開府儀同三司己亥詔諸路兵應役京師者並以十月朔遣歸冬十月乙巳復置拱州十一月丁丑封子㮙爲相國公十二月己酉以禁中神御殿成減天下囚罪一等癸丑定朝議奉直大夫以八十員爲額己未詔廣南市舶司歲貢真珠犀角象齒是歲相州野蠶成繭出宮女六十八人

五年春正月庚辰瀘南晏州夷反辛巳詔梓州路轉運使趙遹等督兵討平之己丑令諸州縣置醫學立貢額甲午改龍州爲政州二月乙巳立定王桓爲皇太子甲寅冊皇太子赦天下庚午以童貫領六路邊事三月辛未朔太白晝見己卯御集英殿策進士甲申追論至和嘉祐定策功封韓琦爲魏郡王復文彥博官丁亥詔以立皇太子見責降文武臣僚並與牽復甄叙凡千五百人壬辰升舒州爲德慶軍癸巳賜禮部奏名進士出身六百七十人夏四月甲辰作葆真宮丁未詣景靈宮還幸祕書省進館職官一等

庚戌改集賢殿爲右文殿癸亥置宣和殿學士詔東宮講讀官罷讀史五月壬辰慮囚六月癸丑以修三山河橋降德音于河北京東京西路秋七月戊辰朔日有食之乙亥升汝州爲陸海軍丁丑詔建明堂于寢殿之南甲申昭慶軍節度使蔡卞爲開府儀同三司丁亥封子棫爲瀛國公八月己酉以祕書省地爲明堂辛亥升通利軍爲濬州平川軍節度嗣濮王仲增薨九月己卯封仲御爲嗣濮王丙戌封子楧爲惠國公冬十月癸卯以嵩山道人王仔昔爲沖隱處士戊午夏國入貢十一月癸酉錄昭憲皇后杜氏之裔庚寅高麗遣子弟入學十二月己亥升遂州爲遂寧

府庚申以平晏夷曲赦四川癸亥置緣邊安撫司于瀘州是歲平江府常湖秀州水出宮女五十人

六年春正月戊子以瀘南獻捷轉宰執一官以童貫宣撫陝西河北閏月壬寅升潁州爲順昌府丁未置道學二月丁亥詔增廣天下學舍庚寅詔廣京城三月癸丑賜上舍生十一人及第夏四月乙丑會道士于上清寶籙宮辛未以何執中爲太傅致仕朝朔望丁丑詔天寧諸節及壬戌日杖已下罪聽贖丙戌御監司守臣進獻庚寅詔蔡京三日一朝正公相位總治三省事五月丁酉廢錫錢庚子以鄭居中爲少保太宰兼門下侍郎劉正夫爲特進少宰兼

中書侍郎壬寅以保大軍節度使鄧洵武知樞密院事六月丙寅班中書官制格庚午慮囚甲戌詔堂吏遷官至奉直大夫止癸未皇太子納妃朱氏秋七月壬辰朔以震武城爲震武軍甲午以德妃崔氏爲貴妃辛亥以河陽三城節度使王蔿爲開府儀同三司諸盜晏州卜漏沅州黃安俊定邊軍李吪哆伏誅詔函首于甲庫壬子曲赦湖北已未解池生紅鹽辛酉改走馬承受公事爲廉訪使者八月壬戌朔戒北邊帥臣毋生事壬午詔天下監司郡守搜訪巖谷之士雖恢詭譎怪自晦者悉以名聞丁亥幸蔡京第己丑升晉州爲平陽壽州爲壽春齊州爲濟南府九月辛卯朔詣玉清和陽宮上太上開天執符御曆含眞體道昊天玉皇上帝徽號寶冊丙申赦天下令洞天福地修建宮觀塑造聖像以西內成曲赦京西己未以童貫爲開府儀同三司冬十月乙丑太白晝見十一月丁酉朝獻景靈宮戊戌饗太廟己亥祀昊天上帝于圜丘赦天下庚子以禮部尚書白時中爲尚書右丞辛丑魏公材薨戊申以侯蒙爲中書侍郎薛昂爲尚書左丞己未徙封衛國公楃爲鄆國公增橫班爲十三階十二月己巳以婉儀劉氏爲賢妃戊寅以熙河進築功成進執政一官乙酉奠九鼎于圜像徽調閣劉正夫爲開府儀同三司致仕戊子以宗粹爲開

府儀同三司是歲冀州三山黃河清出宮女六百人高麗占城大食眞臘大理夏國入貢茂州夷王永壽內附

七年春正月丁酉于闐入貢庚子以殿前都指揮使高俅爲太尉二月癸亥以大理國主段和譽爲雲南節度使大理國王甲子會道士二千餘人于上清寶籙宮詔通眞先生林靈素諭以帝君降臨事丁卯御集英殿策高麗進士辛未改天下天寧萬壽觀爲神霄玉清萬壽宮乙亥幸上清寶籙宮命林靈素講道經三月庚寅賜高麗祭器高麗進士權適等四人賜上舍及第乙未以童貫權領樞密院丙申升鼎州爲常德軍夏四月庚申帝諷道籙院上章冊

已爲教主道君皇帝止於教門章䟽內用辛酉升温州爲應道軍五月戊子朔升慶州爲慶陽軍渭州爲平涼軍己丑如玉清和陽宮上承天効法厚德光大后土皇地祇徽號寶冊辛卯命蔡攸提舉秘書省幷左右街道籙院乙未詔權罷宮室修造辛丑祭地于方澤降德音于諸路以監司州縣共爲姦贓令廉訪使者察奏仍許民徑赴尚書省陳訴癸卯改玉清和陽宮爲玉清神霄宮六月戊午朔以明堂成進封蔡京爲陳魯國公戊辰以嘉王楷爲太傅改節度觀察留後爲承宣使己巳蔡京辭兩國不拜詔官其親屬二人壬午詔禁巫覡丙戌貴妃宋氏薨秋七月壬辰

本紀 四百四十　紀二十一　八

熙河環慶涇原地震庚子詔八寶增定命寶八月癸亥詔明堂幷祠五帝鄭居中以母憂去位九月戊子詔湖北民力未紓胡耳西道可罷進築辛卯大饗明堂赦天下乙未劉正夫卒丁酉西蕃王子益麻党征降見于紫宸殿壬寅進宰執官一等甲辰以薛昂爲特進癸丑貴妃王氏薨冬十月乙卯朔初御明堂班朔布政戊寅侯蒙罷十一月庚寅命蔡京五日一赴都堂治事辛卯鄭居中起復以余深爲特進少宰兼中書侍郎白時中爲中書侍郎壬辰復置醴州丙申何執中卒升石泉縣爲軍十二月戊申朔有星如月丁巳以薛昂爲門下侍郎戊辰詔天神降于坤寧殿

刻石以紀之庚午以童貫領樞密　命戶部侍郎孟揆作萬歲山是歲三山河水清出宮女六十八人

重和元年春正月甲申朔受定命寶于大慶殿戊子封孫諶爲崇國公己丑赦天下應元符末上書邪中等人依無過人例乙巳封姪有奕爲和義郡王庚戌以翰林學士承旨王黼爲尚書左丞二月戊辰增諸路酒價庚午遣武義大夫馬政由海道使女真約夾攻遼甲戌升六安縣爲六安軍丁丑詔監司輒以禁錢買物爲苞苴饋獻論以大不恭三月丙戌詔監司郡守自今須滿三歲乃得代仍毋得通理癸巳令嘉王楷赴廷對丙申以茂州蕃族平曲赦四

本紀 四百三十五　紀二十一　九　王正卿

川丁酉知建昌陳并等改建神霄宮不虔及科決道士詔並勒停戊戌御集英殿策進士戊申賜禮部奏名進士及第出身七百八十三人有司以嘉王楷第一帝不欲楷先多士遂以王昂爲榜首夏四月癸丑朔築靖夏城制戎城錄呂餘慶後癸亥減捶刑己卯詔每歲以季秋親祠明堂如孟月朝獻禮以太上混元上德皇帝二月十五日生辰爲貞元節五月壬午朔日有食之乙酉詔諸路選漕臣一員提舉本路神霄宮丁亥以林靈素爲通真達靈元妙先生張虛白爲通元沖妙先生壬辰班御製聖濟經以青華帝君八月九日生辰爲元成節庚戌手敕兩浙漕司以權

添酒錢盡給御前工作六月乙卯以賢妃劉氏爲淑妃己巳以淮西盜平曲赦庚午慮囚甲戌以西邊獻捷曲赦陝西河東路秋七月壬午以西師有功加蔡京恩官其一子鄭居中爲少傅余深爲少保鄧洵武爲特進進執政官一等己酉遣廉訪使者六人振濟東南諸路水災八月甲寅以童貫爲太保辛酉詔班御注道德經壬申詔執政非入謝及丐去毋得獨留奏事癸酉封子椅爲嘉國公乙亥升兗州爲襲慶府九月辛巳大饗明堂壬午詔罷拘白地禁榷貨增方田稅添酒價取醋息河北加折耗米東南水災彊羅等事丙戌詔太學辟雍各置內經道德經莊子列子

博士二員己丑以歲當戊月當壬爲元命降德音于天下庚寅薛昂罷以白時中爲門下侍郎王黼爲中書侍郎翰林學士承旨馮熙載爲尚書左丞刑部尚書范致虛爲尚書右丞壬辰禁州郡遏糴及邊將殺降以倖功賞者癸巳禁群臣朋黨丁酉用蔡京言集古今道教事爲紀志賜名道史辛丑鄭居中罷乞持餘服詔從之詔察縣令治行諸路監司能改正州縣事者較爲殿最詔視中大夫林靈素視中奉大夫張虛白並特授本品真官閏月庚申詔江淮荆浙閩廣監司督責州縣還集流民丁卯進封楷爲鄆王丙子詔周柴氏後已封崇義公復立恭帝後以爲宣義郎監周陵廟世世爲國三恪冬十月己卯朔太白晝見己亥改興慶軍爲肇慶府甲辰置道官二十六等道職八等十一月己酉朔改元大赦天下辛亥日中有黑子丙辰以婉容王氏爲賢妃辛酉補上書人安堯臣官己巳升梓州爲潼川府十二月戊寅朔復京西錢監己丑置裕民局是歲江淮荆浙梓州水出宮女百七十八人黃巖民妻一產四男子于闐高麗入貢

本紀卷第二十一

本紀卷第二十二　宋史二十二

開府儀同三司上柱國錄軍國重事中書右丞相兼修國史領經筵事都總裁臣脫脫等奉

敕修

徽宗四

宣和元年春正月戊申朔日下有五色雲壬子進建安郡王樞爲肅王文安郡王杞爲景王並爲太保乙卯詔佛改號大覺金僊餘爲僊人大士僧爲德士易服飾稱姓氏寺爲宮院爲觀改女冠爲女道尼爲女德丁巳金人使李善慶來遣趙有開報聘至登州而還戊午以余深爲太宰兼門下侍郎王黼爲特進少宰兼中書侍郎乙丑改湟州爲

樂州癸酉封子棣爲溫國公姪有恭爲永寧郡王乙亥躬耕籍田罷裕民局二月庚辰改元易宣和殿爲保和殿戊戌以鄧洵武爲少保三月庚戌蔡京等進安州所得商六鼎己未以馮熙載爲中書侍郎范致虛爲尚書左丞翰林學士張邦昌爲尚書右丞詔天下知宮觀道士與監司郡縣官以客禮相見童貫遣知熙州劉法出師攻統安城夏人伏兵擊之法敗歿震武軍受圍甲子知登州宗澤坐建神霄宮不虔除名編管辛未賜上舍生五十四人及第甲戌皇后親蠶夏四月丙子朔日有食之庚寅童貫以鄜延環慶兵大破夏人平其三城己亥曲赦陝西河東路辛丑

進輔臣官一等五月丙午朔有物如龍形見京師民家丁未詔德士並許入道學依道士法丙辰敗夏人于震武壬申班御製九星二十八宿朝元冠服圖甲戌慮囚是月大水犯都城西北有赤氣亘天六月壬午詔西邊武臣爲經略使者改用文臣甲申詔封莊周爲微妙元通眞君列禦寇爲致虛觀妙眞君仍行冊命配享混元皇帝己亥夏國遣使納款詔六路罷兵秋七月甲寅以童貫爲太傅八月戊寅詔諸路未方田處並令方量均定租課丁酉以神霄宮成降德音于天下范致虛以母憂去位九月甲辰朔燕蔡京於保和新殿辛亥大饗明堂癸亥幸道德院觀金芝

遂幸蔡京第丁卯以淮康軍節度使蔡攸爲開府儀同三司冬十月甲戌朔以紹述熙豐政事書布告天下十一月癸丑朝獻景靈宮甲寅饗太廟乙卯祀昊天上帝于圜丘赦天下甲子詔東南諸路水災令監司郡守悉心振救戊辰以淮甸旱饑民失業遣監察御史察訪張邦昌爲尚書左丞翰林學士王安中爲尚書右丞時朱勔以花石綱媚上東南騷動太學生鄧肅進詩諷諫詔放歸田里十二月甲戌詔京東東路盜賊竊發令東西路提刑督捕之辛卯大雨雹丙申帝數微行正字曹輔上書極論之編管郴州是歲京西饑淮東大旱遣官振濟嵐州黃河清升邢州爲

信德陳州爲淮寧襄州爲襄陽慶州爲慶陽安州爲德安鄆州爲東平趙州爲慶源府瀘州爲瀘川睦州爲建德岳州爲岳陽寧州爲興寧宜州爲慶遠光州爲光山均州爲武當軍

二年春正月癸亥追封蔡確爲汝南郡王甲子罷道學二月乙亥遣趙良嗣使金國唐恪罷庚辰以寧遠軍節度使梁子美爲開府儀同三司戊子令所在贍給淮南流民諭還之甲午詔别修哲宗史三月壬寅賜上舍生二十一人及第乙卯改熙河蘭湟路爲熙河蘭廓路夏四月丙子詔江西廣東兩界羣盜嘯聚添置武臣提刑路分都監各一員五月庚子朔以淑妃劉氏爲貴妃己酉日中有黑子丁巳祭地于方澤降德音于諸路布衣朱夢說上書論官寺權太重編管池州戊辰詔宗室有文行才術者令大宗正司以聞六月癸酉詔開封府振濟飢民丁丑太白晝見戊寅蔡京致仕仍朝朔望辛巳詔自今衝改元豐法制論以大不恭丙戌詔三省樞密院額外吏職並從裁汰及有妄言惑衆稽違詔令者重論之詔諸司總轄提點之類非元豐法並罷丁亥復寺院額甲午罷禮制局并修書五十八所秋七月壬子罷文臣起復己未罷醫筭學丙寅封子櫰爲英國公八月庚辰詔減定醫官額乙未詔監司所舉守

令非其人或廢法不舉令廉訪使者劾之九月壬寅金人遣勃堇等來乙巳復德士爲僧辛亥大饗明堂丙辰遣馬政使金國癸亥余深加少傅宴童貫第冬十月戊辰朔日有食之以河東節度使梁師成爲太尉建德軍清溪妖賊方臘反命譚稹討之十一月己亥余深罷仍少傅授鎮西軍節度使知福州庚戌以王黼爲少保太宰兼門下侍郎己未兩浙都監蔡遵顔坦擊方臘死之十二月丁亥改譚稹爲兩浙制置使以童貫爲江淮荆浙宣撫使討方臘己丑以少傅鄭居中權領樞密院庚寅詔訪兩浙民疾苦是月方臘陷建德又陷歙州東南將郭師中戰死陷杭州知州趙霆遁廉訪使者趙約詬賊死是歲淮南旱夏國眞臘入貢

三年春正月壬寅鄧洵武卒戊午以安康郡王栩爲太保進封濟王鎮國公模爲開府儀同三司進封樂安郡王己未詔淮南江東福建各權添置武臣提刑一員辛酉罷蘇杭州造作局及御前綱運乙丑罷西北兵更戍罷木石彩色等場務是月方臘陷婺州又陷衢州守臣彭汝方死之二月庚午趙霆坐棄杭州貶吉陽軍罷方田甲戌降詔招撫方臘乙酉罷天下三舍及宗學辟雍諸路提舉學事官癸巳赦天下是月方臘陷處州淮南盜宋江等犯淮陽軍

遣將討捕又犯京東江北入楚海州界命知州張叔夜招降之三月丁未御集英殿策進士庚申賜禮部奏名進士及第出身六百三十人夏四月丙寅貴妃劉氏薨甲戌清溪令陳光以盜發縣內棄城伏誅庚寅忠州防禦使辛興宗擒方臘于清溪詔二浙江東被賊州縣給復三年癸巳汝州牛生麒麟五月戊戌以鄭居中領樞密院己亥詔杭越江寧守臣並帶安撫使甲辰追冊貴妃劉氏為皇后謚曰明節改睦州建德軍為嚴州遂安軍歙州為徽州丙午金人再遣曷魯等來戊申以興寧軍節度使劉宗元為開府儀同三司癸亥詔三省覺察臺諫罔上背公者取旨譴

責陳過庭張汝霖以乞罷御前使喚及歲進花果為王黼所劾並竄毀閏月丙寅減諸州曹掾官辛未立醫官額甲戌復應奉司命王黼及內侍梁師成領之戊寅慮囚六月河決恩州清河埽秋七月丁卯振溫處等八州丁亥廢純滋等十二州戊子童貫等俘方臘以獻是月洛陽京畿訛言有黑眚如人或如犬夜出掠小兒食之二歲乃息八月甲辰曲赦兩浙江東福建淮南路乙巳以童貫為太師譚稹加節度丁未祔明節皇后神主于別廟丙辰方臘伏誅九月丙寅以王黼為少傅鄭居中為少師庚午進執政官一等辛未大饗明堂冬十月甲寅詔自今贓吏獄具論決

勿貸童貫復領陝西兩河宣撫十一月丁丑馮熙載罷以張邦昌為中書侍郎王安中為尚書左丞翰林學士承旨李邦彥為尚書右丞辛巳封子桐為儀國公壬午張商英卒十二月辛卯朔日中有黑子壬子進封廣平郡王構為康王樂安郡王模為祁王並為太保是歲諸路蝗

四年春正月丁卯以蔡攸為少保梁師成為開府儀同三司癸酉金人破遼中京遼主北走二月丙申以旱禱于廣聖宮即日雨癸卯雨雹丙午以吳國公植為開府儀同三司進封信都郡王三月辛酉幸秘書省遂幸太學賜秘書少監翁彥深王時雍國子祭酒韋壽隆司業權邦彥章服

館職學官諸生恩錫有差丙子遼人立燕王淳為帝金人來約夾攻命童貫為河北河東路宣撫使屯兵于邊以應之且招諭幽燕夏四月丙午詔置補完校正文籍局錄三館書置宣和殿及太清樓秘閣又令郡縣訪遺書五月壬戌以高俅為開府儀同三司丁卯封子柄為昌國公甲戌嗣濮王仲御薨乙亥以蔡攸為河北河東宣撫副使庚辰以常德軍節度使譚稹為太尉童貫至雄州令都統制种師道等分道進兵癸未遼人擊敗前軍統制楊可世于蘭溝甸乙酉封開府儀同三司江夏郡王仲爰為嗣濮王丙戌慮囚楊可世與遼將蕭幹戰于白溝敗績丁亥辛興宗

敗于范村六月己丑种師道退保雄州遼人追擊至城下帝聞兵敗懼甚遂詔班師壬寅以王黼爲少師是月遼燕王淳死蕭幹等立其妻蕭氏秋七月己未廢貴妃崔氏爲庶人壬午王黼以耶律淳死復命童貫蔡攸治兵以河陽三城節度使劉延慶爲都統制甲申种師道責授右衛將軍致仕和詵散官安置九月戊午朝散郎宋昭上書諫北伐王黼大惡之詔除名勒停廣南編管己未金人遣徒孤且烏歇等來議師期辛酉大饗明堂己巳高麗國王王俁薨遣路允迪弔祭甲戌遣趙良嗣報聘于金國己卯遼將郭藥師等以涿易二州來降冬十月庚寅改燕京爲燕山府涿易八州並賜名癸巳劉延慶與郭藥師等統兵出雄州戊戌曲赦所復州縣己亥耶律淳妻蕭氏上表稱臣納款甲辰師次涿州己酉郭藥師與高世宣楊可世等襲燕蕭幹以兵入援戰于城中藥師等屢敗皆棄馬縋城而出死傷過半癸丑以蔡攸爲少傅判燕山府甲寅劉延慶自盧溝河燒營夜遁衆軍遂潰蕭幹追至涿水上乃還十一月丙辰朔行新璽戊辰朝獻景靈宮己巳饗太廟庚午祀昊天上帝于圜丘赦天下東南官吏昨緣寇盜貶責者並次第移放上書邪上等人特與磨勘戊寅金人遣李靖等來許山前六州以彰德軍節度使鄭詳爲太尉十二月丁

亥郭藥師敗蕭幹于永清縣戊子遣趙良嗣報聘于金國庚寅以郭藥師爲武泰軍節度使辛卯金人入燕蕭氏出奔壬辰使來獻捷乙未詔監司未經陛對毋得之任丙申貶劉延慶爲率府率安置筠州壬寅進封植爲莘王五年春正月戊午金人遣李靖來議所許六州代租錢己未遣趙良嗣報聘求西京等州辛酉以王安中爲慶遠軍節度使河北河東燕山府路宣撫使知燕山府甲申錄富弼後二月乙酉朔以李邦彥爲尚書左丞翰林學士趙野爲尚書右丞丙戌金人以議未合斷橋梁焚次舍丁酉進封雍國公朴爲華原郡王徐國公棣爲高平郡王並爲開府儀同三司三月乙卯金人再遣寧术割等來己未遣盧益報聘皆如其約夏四月癸巳金人遣楊璞以誓書及燕京涿易檀順景薊州來歸庚子童貫蔡攸入燕時燕之職官富民金帛子女先爲金人盡掠而去乙巳童貫表奏撫定燕城庚戌曲赦河北河東燕雲路是日班師五月己未以收復燕雲賜王黼玉帶庚申以王黼爲太傅鄭居中爲太保進宰執官二等辛酉王黼總治三省事癸亥童貫落節鉞進封徐豫國公蔡攸爲少師乙丑詔正位三公立本班帶節鉞若領他職者仍舊班著爲令癸酉祭地于方澤是月金人許朔武蔚三州金主阿骨打殂弟吳乞買立六

月乙酉郭藥師加檢校少傅丙戌遼人張覺以平州來附己丑仲爰薨乙未詔令後內外宗室並不稱姓丁酉以安國軍節度使仲理爲開府儀同三司進封嗣濮王己亥慮囚戊申鄭居中卒辛亥以蔡攸領樞密院秋七月戊午以梁師成爲少保己未童貫致仕起復譚稹爲河北河東燕山府路宣撫使庚午大傅楚國公王黼等上尊號曰繼天興道敷文成武睿明皇帝不允禁元祐學術八月辛巳朔日當食不見辛丑命王安中作復燕雲碑壬寅太白晝見是月蕭幹破景州薊州寇掠燕山郭藥師敗之幹尋爲其下所殺傳首京師九月辛酉大饗明堂冬十月乙酉雨木

氷壬寅罷諸路提舉常平之不職者十一月乙卯以鄭紳爲太師丙寅幸王黼第觀芝諸路漕臣坐上供錢物不足貶秩者二十二人丁卯王安中譚稹並加檢校少傅郭藥師爲太尉華原郡王朴薨壬申王黼子弟親屬推恩有差是月金人取平州張覺走燕山金人索之甚急命王安中縊殺函其首送之十二月乙巳金人遣高居慶等來賀正旦戊申以高平郡王棣爲太保進封徐王是歲秦鳳旱河北京東淮南饑遣官振濟

六年春正月乙卯爲金主輟朝戊午置書藝所癸亥藏蕭幹首于大社戊寅遣連南夫弔祭金國二月丁亥以冀國公楞爲開府儀同三司進封河間郡王韶州防禦使令盪爲婺州觀察使封安定郡王己亥躬耕藉田丙午詔自今非歷臺閣寺監監司郡守開封府曹官者不得爲郎官卿監著爲令李邦彥以父憂去位三月己酉朔以錢景臻爲少師金人來匄糧不與閏月辛巳皇后親蠶庚子御集英殿策進士夏四月癸丑賜禮部奏名進士及第出身八百五人丁巳李邦彥起復五月壬寅慮囚癸卯金人遣使來告嗣位六月壬子詔以收復燕雲以來京東兩河之民困於調度令京西淮浙江湖四川閩廣並納免夫錢期以兩月納足違者從軍法秋七月戊子遣許亢宗賀金國嗣位

丁酉詔應係御筆斷罪不許詣尚書省陳訴改正壬寅詔宗室后妃戚里宰執之家槩敷免夫錢甲辰置璣衡所八月乙卯譚稹落太尉罷宣撫使童貫落致仕領樞密院代之丁巳以溢機堡爲安羌城壬戌以復燕雲赦天下九月乙亥以白時中爲特進太宰兼門下侍郎李邦彥爲少宰兼中書侍郎蔡攸落節鉞辛巳大饗明堂丁亥以趙野爲尚書左丞翰林學士承旨宇文粹中爲尚書右丞開封尹蔡懋同知樞密院庚寅以金芝產于艮嶽萬壽峰改名壽岳庚子金人遣富謨弼等以遺留物來獻冬十月庚午詔有收藏習用蘇黃之文者並令焚毀犯者以大不恭論癸

酉詔內外官並以三年爲任治績著聞者再任永爲式十一月丙子王黼致仕太白晝見乙酉罷應奉司丙戌令尚書省置講議局壬辰詔監司擇縣令有治績者保奏召赴都堂審察録用毋過三人十二月甲辰朔蔡京領講議司詔百官遵行元豐法制丁未詔內外侍從以上各舉所知二人癸亥蔡京落致仕領三省事是歲河北山東盜起命內侍梁方平討之京師河東陝西地大震兩河京東西浙西水環慶邠寧涇原流徙令所在振恤夏國高麗于闐羅殿入貢

七年春正月癸酉朔詔赦兩河京西流民爲盜者仍給復一年癸巳詔罷諸路提舉常平官屬有罪當黜者以名聞仍令三省修已廢之法二月甲辰復置鑄錢監詔御史察贓吏己酉雨木冰庚戌詔京師運米五十萬斛至燕山令工部侍郎孟揆親往措置己巳進封廣國公栻爲南康郡王福國公榛爲平陽郡王並開府儀同三司壬申京東轉運副使李孝昌言招安羣盜張萬仙等五萬餘人詔補官犒賜有差三月癸酉朔雨雹甲申知海州錢伯言奏招降山東寇賈進等十萬人詔補官有差丙戌以惠國公楧爲開府儀同三司進封建安郡王夏四月丙辰降德音于京東河北路庚申蔡京復致仕復州縣免行錢戊辰詔行元

豐官制復尚書令之名虛而勿授三公但爲階官毋領三省事五月壬午封子樅爲潤國公丁亥詔諸路帥臣舉將校有才略者監司舉守令有政績者歲各三人六月辛丑朔詔宗室復著姓丙午封童貫爲廣陽郡王戊申詔臣僚輒與內侍來往者論罪辛亥慮囚己未以蔡攸爲太保癸亥詔吏職雜流出身人毋得陳請改換乙丑罷減六尚歲貢物秋七月庚午朔詔士庶毋以天王君聖爲名字及以壬戌日輔臣焚香甲戌以河間郡王楷爲太保進封沂王是月河東義勝軍叛熙河河東路地震九月辛巳大饗明堂壬辰金人以擒遼主遣李孝和等來告慶是月河東言粘罕至雲中詔童貫復宣撫有狐升御榻而坐冬十月辛亥賜曾布謚曰文肅戊午罷京畿和糴十一月庚午詔無出身待制以上年及三十通歷任滿十歲乃許任子乙亥遣使回慶金國甲申朝獻景靈宮乙酉饗太廟丙戌祀昊天上帝于圜丘赦天下庚寅以保靜軍節度使种師道爲河東河北路制置使十二月乙巳童貫自太原遁歸京師己酉中山奏金人斡离不粘罕分兩道入攻郭藥師以燕山叛北邊諸郡皆陷又陷忻代等州圍太原府太常少卿傅察奉使不屈死之丙辰罷浙江諸路花石綱延福宮西城租課及內外製造局金兵犯中山府詹度禦之戊午皇

太子桓爲開封牧罷修蕃衍北宅令諸皇子分居十位已未下詔罷已令中外直言極諫郡邑率師勤王募草澤異才有能出奇計及使疆外者罷道官罷大晟府行幸局西城及諸局所管緡錢盡付有司以保和殿大學士宇文虛中爲河北河東路宣諭使庚申詔內禪皇太子即皇帝位尊帝爲教主道君太上皇帝居于龍德宮尊皇后爲太上皇后靖康元年正月巳巳詣亳州太清宮行恭謝禮遂幸鎮江府四月己亥還京師明年二月丁卯金人脅帝北行紹興五年四月甲子崩于五國城年五十有四七年九月甲子凶問至江南遙上尊謚曰聖文仁德顯孝皇帝廟號

徽宗十二年八月乙酉梓宮還臨安十月丙寅權攢于永祐陵十二月丁卯祔太廟第十一室十三年正月巳亥加上尊謚曰體神合道駿烈遜功聖文仁德憲慈顯孝皇帝

贊曰宋中葉之禍章蔡首惡趙良嗣厲階然哲宗之崩徽宗未立惇謂其輕佻不可以君天下遼天祚之亡張覺舉平州來歸良嗣以爲納之失信於金必啓外侮使二人之計行宋不立徽宗不納張覺金雖强何釁以伐宋哉以是知事變之來雖小人亦能知之而君子有所不能制也跡徽宗失國之由非若晉惠之愚孫皓之暴亦非有曹馬之篡奪特恃其私智小慧用心一偏疎斥正士狎近姦諛於是蔡京以猥薄巧佞之資濟其驕奢淫佚之志溺信虛無崇飾游觀困竭民力君臣逸豫相爲誕謾怠棄國政日行無稽及童貫用事又佳兵勤遠稔禍速亂他日國破身辱遂與石晉重貴同科豈得諉諸數哉昔西周新造之邦召公猶告武王以不作無益害有益不貴異物賤用物況宣政之爲宋承熙豐紹聖椓喪之餘而徽宗又躬蹈二事之弊乎自古人君玩物而喪志縱欲而敗度鮮不亡者徽宗甚焉故特著以爲戒

本紀卷第二十二

本紀卷第二十三　　宋史二十三

開府儀同三司上柱國錄軍國重事前中書右丞相監修國史領經筵事都總裁臣脫脫等奉

勑修

欽宗

欽宗恭文順德仁孝皇帝諱桓徽宗皇帝長子母曰恭顯皇后王氏元符三年四月己酉生于坤寧殿初名亶封韓國公明年六月進封京兆郡王崇寧元年二月甲午更名烜十一月丁亥又改今名大觀二年正月進封定王政和元年三月講學于資善堂三年正月加太保四年二月癸酉冠于文德殿五年二月

乙巳立為皇太子大赦天下丁巳謁太廟詔乘金輅設鹵簿如至道天禧故事及官僚參謁並稱臣皆辭之六年六月癸未納妃朱氏宣和七年十二月戊午除開封牧庚申徽宗詔皇太子嗣位自稱曰道君皇帝趣太子入禁中被以御服泣涕固辭因得疾又固辭不許辛酉即皇帝位御垂拱殿見群臣是日日有五色暈挾赤黃珥重日相盪摩久之乃引道君皇帝出居龍德宮皇帝出居擷景園以少宰李邦彥為龍德宮使太保領樞密院事蔡攸門下侍郎吳敏副之是時金人已分道犯境壬戌赦大逆反叛以下罪進

百官秩一等賞諸軍立妃朱氏為皇后以太子詹事耿南仲簽書樞密院事癸亥詔太傅燕王越王入朝不趨贊拜不名詔非三省樞密院所得旨有司勿行甲子斡離不陷信德府粘罕圍太原詔京東淮西浙募兵入衛太學生陳東等上書數蔡京童貫王黼梁師成李彥朱勔罪謂之六賊請誅之丙寅上道君皇帝尊號曰教主道君太上皇帝皇后曰道君太上皇后詔改元

靖康元年春正月丁卯朔受群臣朝賀退詣龍德宮賀道君皇帝詔中外臣庶實封言得失金人破相州

戊辰破濬州威武軍節度使梁方平師潰河北河東路制置副使何灌退保滑州己巳灌奔還金人濟河詔親征道君皇帝東巡以領樞密院事蔡攸為行宮使尚書左丞宇文粹中副之詔自今除授黜陟及恩數等事並參酌祖宗舊制罷內外官司局所一百五處止留後苑以奉龍德宮以門下侍郎吳敏知樞密院事吏部尚書李梲同知樞密院事貶太傅致仕王黼為崇信軍節度副使安置永州賜翊衛大夫安德軍承宣使李彥死並籍其家放寧遠軍節度使朱勔歸田里帝欲親征以李綱為留守以李梲為副給事

中王寓諫親征罷之庚午道君皇帝如亳州百官多潛遁宰相欲奉帝出襄鄧李綱諫止之以綱爲尚書右丞辛未以李綱爲親征行營使侍衛親軍馬軍都指揮使曹曚副之太宰兼門下侍郎白時中罷李邦彥爲太宰兼門下侍郎守中書侍郎張邦昌爲少宰兼中書侍郎尚書左丞趙野爲門下侍郎翰林學士承旨王孝迪爲中書侍郎同知樞密院事蔡懋爲尚書左丞壬申金人渡河遣使督諸道兵入援癸酉詔兩省樞密院官制一遵元豐故事金人犯京師命尚書駕部員外郎鄭望之親衛大夫康州防禦使高世

則使其軍詔從官舉文武臣僚堪充將帥有膽勇者是夜金人攻宣澤門李綱禦之斬獲百餘人至旦始退甲戌金人遣吳孝民來議和命李梲使金軍金人又使蕭三寶奴耶律忠張愿恭來以吏部尚書唐恪同知樞密院事乙亥金人攻通津景陽等門李綱督戰自卯至酉斬首數千級何灌戰死李梲與蕭三寶奴耶律忠王汭來索金帛數千萬且求割太原中山河間三鎮并宰相親王爲質乃退師丙子避正殿減常膳括借金銀籍倡優家財庚辰命張邦昌副康王構使金軍詔稱金國加大字辛巳道君皇帝幸鎮江

以兵部尚書路允迪簽書樞密院事金人陷陽武知縣事蔣興祖死之壬午大風走石竟日乃止封子諶爲大寧郡王甲申省廉訪使者官罷鈔旁定貼錢及諸州免行錢以諸路贍學戶絕田產歸常平司統制官馬忠以京西募兵至擊金人于順天門外敗之乙酉路允迪使粘罕軍于河東平陽府將劉嗣初以城叛丁亥靖難軍節度使河北河東路制置使种師道督涇原秦鳳兵入援以師道同知樞密院事爲京畿河北河東宣撫使統四方勤王兵及前後軍庚寅盜殺王黼于雍丘癸巳大霧四塞乙未貶少保淮南節

度使梁師成爲彰化軍節度副使行及八角鎮賜死二月丁酉朔命都總制姚平仲將兵夜襲金人軍不克而奔戊戌罷李綱以謝金人廢親征行營司金人復來議和庚子命駙馬都尉曹晟使金軍辛丑又命資政殿大學士宇文虛中知東上閤門事王球使之許割三鎮地太學諸生陳東等及都民數萬人伏闕上書請復用李綱及种師道且言李邦彥等疾綱恐其成功罷綱正墮金人之計會邦彥入朝衆數其罪而罵吳敏傳宣衆不退遂撾登聞鼓山呼動地殿帥王宗濋恐生變奏上勉從之遣耿南仲號於衆曰己

得旨宣綱矣内侍朱拱之宣綱後期衆臠而磔之并殺内侍數十人乃復綱右丞充京城防禦使壬寅追封范仲淹魏國公贈司馬光太師張商英太保除元祐黨籍學術之禁詔誅士民殺内侍爲首者禁伏闕上書廢苑囿宫觀可以與民者金人使王汭來癸卯命肅王樞使金軍以觀文殿學士大名尹徐處仁爲中書侍郎宇文虛中簽書樞密院事蔡懋罷乙巳宇文虛中王球復使金軍康王至自金軍金人遣韓光裔來告辭遂退師京師解嚴丙午康王構爲太傅靜江奉寧軍節度使省明堂班朔布政官丁未日有兩

珥戊申赦天下詔諭士民自今庶事並遵用祖宗舊制凡蠹國害民之事一切寢罷己酉罷宰執兼神霄玉清萬壽宫使及殿中監符寶郎詔用祖宗故事擇武臣得軍心者爲同知簽書樞密院邊將有威望者爲三衙以金人請和詔官民昔嘗附金而復歸本朝者各還其鄉國庚戌李邦彥罷以張邦昌爲太宰兼門下侍郎吳敏爲少宰兼中書侍郎李綱知樞密院事耿南仲爲尚書左丞李梲爲尚書右丞辛亥詔監察御史言事如祖宗法宇文粹中罷知江寧府癸丑种師道罷爲中太一宫使贈右正言陳瓘爲右諫議

大夫甲寅以太師致仕蔡京爲秘書監分司南京太師廣陽郡王童貫爲左衛上將軍太保領樞密院事蔡攸爲太中大夫提舉亳州明道宫先是粘罕遣人來求賂大臣以勤王兵大集拘其使人且結約余覩以圖之至是粘罕怒及攻太原不克分兵趣京師過南北關權威勝軍李植以城降乙卯陷隆德府知府張確通判趙伯臻司録張彥遹死之丙辰有二流星一出張宿入濁沒一出北河入軫己未詔選郡承宣使有功應除正任者自今除正任刺史辛酉梁方平坐棄河津伏誅王孝迪罷命給事中王雲侍衛親軍

馬軍都指揮使曹曚使金國鎮洮軍節度使中太乙宫使种師道爲河南河東路宣諭使保靜軍節度使前副都指揮使姚古爲制置使乙丑御殿復膳丙寅下哀痛之詔于陝西河東是月金人犯澤州之高平知州高世由往犒之乃去三月丁卯朔遣徽猷閣待制宋煥奉表道君皇帝行宫詔侍從言事詔非三省樞密院所奉旨諸司不許奉行罷川路歲所遣使募人掩軍民遺骸遣使分就四郊致祭戊辰李梲罷爲鴻慶宫使己巳張邦昌罷爲中太一宫使徐處仁爲太宰兼門下侍郎唐恪爲中書侍郎翰林學士何㮚爲

尚書右丞御史中丞許翰同知樞密院事庚午宇文虛中罷知青州癸酉詣景靈東宮行恭謝禮命趙野爲道君皇帝行宮奉迎使甲戌恭謝景靈西宮及建隆觀乙亥詣陽德觀凝祥池中太一宮佑神觀相國寺丙子改擷景園爲寧德宮録司馬光後己卯燕王俣越王偲爲太師壬午詔金人叛盟深入其元主和議李邦彥奉使許地李棁李鄴鄭望之悉行罷黜又詔种師道姚古种師中往援三鎮保塞陵寢所在誓當固守癸未遣李綱迎道君皇帝于南京以徐處仁爲禮儀使殿中侍御史李擢左司諫李會罷乙酉迎

道君皇帝于宜春苑太后入居寧德宮丙戌知中山府詹度爲資政殿大學士知太原府張孝純知河間府陳遘並爲資政殿學士知澤州高世由直龍圖閣賞城守之勞也丁亥朝于寧德宮詔扈從行宮官吏候還京日優加賞典除有罪之人迫於公議已行遣外餘令臺諫勿復用前事糾言庚寅肅王樞爲太傅姚古復隆德府辛卯復威勝軍壬辰太保景王杞濟王栩爲太傅有流星出紫微垣甲午康王構爲集慶建雄軍節度使尚書戶部侍郎錢蓋爲陝西制置使命陳東初品官賜同進士出身辭不拜籍朱勔家乙

未詔金歸朝官民未發遣者止之丙申更蔡京爲崇信軍節度副使是春夏人取天德雲内武州及河東八館夏四月戊戌夏人陷鎮威城攝知城事朱昭死之己亥迎太上皇帝入都門壬寅朝于龍德宮癸卯立子諶爲皇太子耿南仲爲門下侍郎乙巳置春秋博士戊申置詳議司於尚書省討論祖宗法己酉乾龍節群臣上壽于紫宸殿庚戌趙野罷壬子金人使賈霆冉企弓來癸丑封太師沂國公鄭紳爲樂平郡王貶童貫爲昭化軍節度副使安置郴州減宰執俸給三之一及支賜之半詔開經筵令吏部稽考庶官

凡由楊戩李彥之公田王黼朱勔之應奉童貫西北之師孟昌齡河防之役夔蜀湖南之開疆關陝河東之改幣及近習所引獻頌可采特赴殿試之流所得爵賞悉奪之甲寅种師道加太尉同知樞密院事河北河東路宣撫使乙卯詔自今假日特坐百司毋得休務以平涼軍節度使范訥爲右金吾衛上將軍丙辰詔有告姦人妄言金人復至以恐動居民者賞之戊午進封南康郡王栻爲和王平陽郡王榛爲信王己未復以詩賦取士禁用莊老及王安石字說壬戌詔親擢臺諫官宰執勿得薦舉著爲令追政和以來

道官處士先生封贈奏補等敕書甲子令在京監察御史在外監司郡守及路分鈐轄已上舉曾經邊任或有武勇可以統衆出戰者人二員東兵正將占沆與金人戰于交城縣死之乙丑詔三衙并諸路帥司各舉諳練邊事智勇過人并豪俊奇傑衆所推服堪充統制將領者各五名罷蔡攸節度副使安置朱勔于循州五月丙寅朔朝于龍德宮令提舉官日具太上皇帝起居平安以聞丁卯詔天下有能以財穀佐軍者有司以名聞推恩有差以少傅鎮西軍節度余深為特進觀文殿大學士戊辰罷王安石配享孔子

廟庭庚午少傅安武軍節度使錢景臻鎮安軍節度使開府儀同三司劉宗元並為左金吾衛上將軍保信軍節度使劉敷武成軍節度使劉敏嚮德軍節度使張撝岳陽軍節度使王舜臣應道軍節度使朱孝孫瀘川軍節度使錢忱並為右金吾衛上將軍是日寒辛未申銅禁詔無出身待制已上年及三十而通歷任實及十年者乃得任子監察御史余應求坐言事迎合大臣罷知衛州甲戌曲赦河北路乙亥申銷金禁丁丑詔以儉約先天下澄冗汰貪為民除害授監司郡縣奉行所未及者凡十有六事姚古將兵至

威勝關粘罕將至衆潰河東大振河北河東路制置副使种師中與金人戰于榆次死之己卯借外任官職田一年開府儀同三司高俅卒辛巳損太官日進膳追削高俅官甲申罷詳議司己丑以河東經略安撫使張孝純為檢校少保武當軍節度使壬辰詔天下舉習武藝兵書者乙未詔姚古援太原六月丙申朔以道君皇帝還朝御紫宸殿受群臣朝賀詔諫官極論闕失戊戌令中外舉文武官才堪將帥者時太原圍急群臣欲割三鎮地李綱沮之乃以李綱代种師道為宣撫使援太原辛丑以資政殿學士劉韐

為宣撫副使陝西制置司都統制解潛為制置副使太白犯歲星壬寅封鄆國公楃為安康郡王韓國公楗為廣平郡王并開府儀同三司詔令日政令惟遵奉上皇詔書修復祖宗故事群臣庶士亦當講孔孟之正道察安石舊說之不當者羽翼朕志以濟中興癸卯以侍衛親軍馬軍副都指揮使鎮西軍承宣使王禀為建武軍節度使録堅守太原之功也甲辰路允迪罷為醴泉觀使乙巳左司諫陳公輔以言事責監合州酒務壬子天狗墜地有聲如雷癸丑慮囚丙辰太白熒惑歲鎮四星合於張辛酉罷都水將作監

承授内侍官熙河都統制焦安節坐不法李綱斬之
壬戌姚古坐擁兵逗遛貶爲節度副使安置廣州彗
出紫微垣秋七月乙丑朔除元符上書邪等之禁宋
昭政和中上書諫攻遼貶連州庚午詔赴都堂乙亥
安置蔡京于儋州攸雷州童貫吉陽軍己卯免借河
北河東陝西路職田乙酉詔蔡京子孫二十三人已
分竄遠地遇赦不許量移是日京死于潭州丁亥令
侍從官共議改修宣仁聖烈皇后謗史辛卯遣監察
御史張澂誅童貫廣西轉運副使李昇之誅趙良嗣
並竄其子孫于海南壬辰侍御史李光遠坐言事貶

監當是月解潛與金人戰于南關敗績劉韐自遼州
引兵與金人戰敗績八月甲午朔録陳瓘後丙申復
命种師道以宣撫使巡邊召李綱還庚子詔以彗星
避殿減膳令從臣具民間疾苦以聞河東察訪使張
灝與金人戰于文水敗績辛丑詔求民之疾苦者十
七事悉除之丁未斡離不復攻廣信軍保州不克遂
犯真定戊申都統制張思正等夜襲金人于文水縣
敗之己酉復戰師潰死者數萬人思正奔汾州都統
制折可求師潰于子夏山威勝隆德汾晉澤絳民皆
渡河南奔州縣皆空金人乘勝攻太原録張庭堅後

乙卯遣徽猷閣待制王雲閤門宣贊舍人馬識遠使
于金國秘書著作佐郎劉岑太常博士李若水分使
其軍議和戊午許翰罷知亳州己未太宰徐處仁罷
知東平少宰吳敏罷知揚州以唐恪爲少宰兼中書
侍郎何㮚爲中書侍郎禮部尚書陳過庭爲尚書右
丞開封尹聶昌同知樞密院事御史中丞李回簽書
樞密院事庚申遣王雲使金軍許以三鎮賦稅是月
福州軍亂殺其知州事柳庭俊九月丙寅金人陷太
原執安撫使張孝純副都總管王稟通判方笈皆死
之辛未貶吳敏爲崇信軍節度副使安置涪州移蔡

攸于萬安軍尋與弟翛及朱勔皆賜死乙亥詔編修
敕令所取靖康以前蔡京所乞御筆手詔參祖宗法
及今所行者刪修成書丁丑禮部尚書王寓爲尚書
左丞戊寅有赤氣隨日出李綱罷知揚州壬午梟童
貫首于都市癸未賜布衣尹焞爲和靖處士甲申日
有兩珥背氣丙戌建三京及鄧州爲都總管府分總
四道兵庚寅以知大名府趙野爲北道都總管知河
南府王襄爲西道都總管知鄧州張叔夜爲南道都
總管知應天府胡直孺爲東道都總管又罷李綱提
舉洞霄宮辛卯遣給事中黃鍔由海道使金國議和

是月夏人陷西安州冬十月癸巳朔御殿復膳貶李綱爲保靜軍節度副使安置建昌軍丁酉金人陷真定都鈐轄劉翊死之有流星如杯戊戌金人使楊天吉王汭來庚子日有青赤黄戴氣金人陷汾州知州張克戩兵馬都監賈亶死之又攻平定軍辛丑下哀痛詔命河北河東諸路帥臣傳檄所部得便宜行事壬寅天寧節率群臣詣龍德宮上壽甲辰詔用蔡京王黼童貫所薦人丙午集從官于尚書省議割三鎮召种師道還丁未以禮部尚書馮澥知樞密院事己酉閱砲飛山營庚戌以范訥爲寧武軍節度使河北

河東路宣撫使遣故將小翺䮫攻陷麟州建寧砦知砦楊震死之壬子詔太常禮官集議金主尊號命尚書左丞王㝢副康王使斡離不軍㝢辭乙卯雨木冰丙辰金人陷平陽府又陷威勝隆德澤州丁巳高麗入貢令明州遞表以進遣其使還戊午貶王㝢爲單州團練副使命馮澥代行庚申日有兩珥及背氣侍御史胡舜陟請援中山不省辛酉种師道薨十一月丙寅夏人陷懷德軍知軍事劉銓通判杜翊世死之籍譚稹家戊辰康王未至金軍而還馮澥罷己巳集百官議三鎮棄守庚午詔河北河東京畿清野令流

民得占官舍寺觀以居辛未有流星如杯壬申禁京師民以浮言相動者癸酉右諫議大夫范宗尹以首議棄地罷金人至河外宣撫副使折彦質領師十二萬拒之甲戌師潰金人濟河知河陽燕瑛西京留守王襄棄城遁乙亥命刑部尚書王雲副康王使斡離不軍許割三鎮奉袞冕車輅尊其主爲皇叔且上尊號丙子金人度河折彦質兵盡潰提刑許高兵潰于洛口金人來言欲盡得河北地京師戒嚴遣資政殿學士馮澥及李若水使粘罕軍丁丑何㮚罷以尚書左丞陳過庭爲尚書侍郎兵部尚書孫傅爲尚書右

丞命成忠郎郭京領選六甲正兵所簽書樞密院事李回以萬騎防河衆潰而歸是日塞京城門戊寅進龍德宮婉容韋氏爲賢妃康王構爲安國安武軍節度使罷清野辛巳以知懷州霍安國爲徽猷閣待制通判林淵直徽猷閣賞守禦之功也壬午斡離不使楊天吉王汭勃堇撒離栂來命耿南仲使斡離不軍聶昌使粘罕軍許畫河爲界康王至磁州州人殺王雲止王勿行王復還相州甲申以尚書右丞孫傅同知樞密院事御史中丞曹輔簽書樞密院事以京兆府路安撫使范致虛爲陝西五路宣撫使令督勤王

兵入援乙酉斡離不軍至城下遣蠟書間行出關召
兵又約康王及河北守將來援多爲邏兵所獲丁亥
大風發屋折木李回罷戊子金人攻通津門范瓊出
兵焚其砦己丑南道總管張叔夜將兵勤王至玉津
園以叔夜爲延康殿學士斡離不遣劉晏來庚寅幸
東壁勞軍詔三省長官名悉依元豐舊制領開封府
何㮚爲門下侍郎閏月壬辰朔金人攻善利門統制
姚仲友禦之奇兵作亂殺使臣王宗濋斬數十人乃
定唐恪出都人欲擊之因求去罷爲中太一宮使以
門下侍郎何㮚爲尚書左僕射兼中書侍郎劉韐坐

棄軍降五官予祠癸巳京師苦寒用日者言借土牛
迎春朱伯友坐棄鄭州降三官罷西道總管王襄棄
西京去知澤州高世由以城降于金燕瑛欲棄河陽
爲亂兵所殺河東諸郡或降或破殆盡都民殺東壁
統制官辛亢宗罷民乘城代以保甲粘罕軍至城下
甲午時雨雪交作帝被甲登城以御膳賜士卒易火
飯以進人皆感激流涕金人攻通津門數百人縋城
禦之焚其砲架五鵝車二驛召李綱爲資政殿大學
士領開封府金人陷懷州霍安國林淵及其鈐轄張
彭年都監趙士詝張諶皆死之乙未金人入青城攻

朝陽門馮澥與金人蕭慶楊真誥來丙申帝幸宣化
門以障泥乘馬行泥淖中民皆感泣張叔夜數戰有
功帝如安上門召見拜資政殿學士金人執胡直孺
又陷拱州丁酉赤氣亘天以馮澥爲尚書左丞戊戌
殿前副都指揮使王宗濋與金人戰于城下統制官
高師旦死之庚子以資政殿學士張叔夜簽書樞密
院事金人攻宣化門姚仲友禦之辛丑金人攻南壁
殺傷相當壬寅詔河北守臣盡起軍民兵倍道入援
癸卯金人攻南壁張叔夜范瓊分兵襲之遥見金兵
奔還自相蹈藉溺隍死者以千數甲辰大雨雪金人

陷亳州遣間使召諸道兵勤王乙巳大寒士卒噤戰
不能執兵有僵仆者帝在禁中徒跣祈晴時勤王兵
不至城中兵可用者惟衛士三萬然亦十失五六金
人攻城急丙午雨木冰丁未始避正殿己酉遣馮澥
曹輔與宗室仲温士詴使金軍請和命康王爲天下
兵馬大元帥速領兵入衛辛亥金人來議和要親王
出盟壬子金人攻通津宣化門范瓊以千人出戰渡
河氷裂沒者五百餘人自是士氣益挫甲寅大風自
北起俄大雨雪連日夜不止乙卯金人復使劉晏來
趣親王宰相出盟丙辰妖人郭京用六甲法盡令守

禦人下城大啓宣化門出攻金人兵大敗京託言下城作法引餘兵遁去金兵登城衆皆披靡金人焚南薰諸門姚仲友死于亂兵宦者黃經國赴火死統制官何慶言陳克禮中書舍人高振力戰與其家人皆被害秦元領保甲斬關遁京城陷衞士入都亭驛執劉晏殺之丁巳奉道君皇帝寧德皇后入居延福宮命何㮚及濟王栩使金軍戊午何㮚入言金人邀上皇出郊帝曰上皇驚憂而疾必欲之出朕當親往自乙卯雪不止是日霽夜有白氣出太微彗星見庚申日赤如火無光辛酉帝如青城十二月壬戌朔帝在

青城肅慶入居尚書省是日康王開大元帥府于相州癸亥帝至自青城甲子大索金帛丙寅遣陳過庭劉韐使兩河割地辛未定京師米價勸糶以振民癸酉斬行門指揮使將宣李福乙亥康王如北京丙子尚書省火庚辰雨雹癸未大雪寒縱民伐紫筠館花木爲薪庚寅康王如東平

二年春正月辛卯朔命濟王栩景王杞出賀金軍金人亦遣使入賀壬辰金人趣召康王還遣聶昌耿南仲陳過庭出割兩河地民堅守不奉詔凡累月止得石州甲午詔兩河民開門出降乙未有大星出建星西南流入于濁沒丁酉雨木冰己亥陰曀風迅發夜西北陰雲中有如火光庚子金人索金銀急何㮚李若水勸帝親至軍中從之以太子監國而行乙巳籍梁師成家丙午劉韐自經于金軍太學生徐揆上書乞守門請帝還闕金人取至軍中擬抗論爲所殺至夜金人劫神衞營丁未大霧四塞金人下含輝門剽掠焚五岳觀二月辛酉朔帝在青城自如金軍都人出迎駕丙寅金人塹南薰門路人心大恐已而金人令推立異姓孫傅方號慟乞立趙氏不允丁卯金人要上皇如青城以內侍鄧述所具諸王孫名盡取入

軍中辛未金人偪上皇召皇后皇太子入青城庚辰康王如濟州癸未觀文殿大學士唐恪仰藥自殺乙酉金人以括金未足殺戶部尚書梅執禮侍郎陳知質刑部侍郎程振給事中安扶三月辛卯朔帝在青城丁酉金人立張邦昌爲楚帝庚子金人來取宗室開封尹徐秉哲令民結保毋藏匿丁巳金人脅上皇北行夏四月庚申朔大風吹石折木金人以帝及皇后皇太子北歸凡法駕鹵簿皇后以下車輅鹵簿冠服禮器法物大樂教坊樂器祭器八寶九鼎圭璧渾天儀銅人刻漏古器景靈宮供器太清樓秘閣三館

書天下州府圖及官吏内人内侍技藝工匠娼優府庫畜積爲之一空辛酉北風大起苦寒五月庚寅朔康王即位于南京遣上尊號曰孝慈淵聖皇帝紹興三十一年五月辛卯帝崩問至七月己丑上尊謚曰恭文順德仁孝皇帝廟號欽宗三十二年閏二月戊寅祔于太廟

贊曰帝在東宮不見失德及其踐阼聲技音樂一無所好靖康初政能正王黼朱勔等罪而竄殛之故金人聞帝内禪將有卷甲北旆之意矣惜其亂勢已成不可救藥君臣相視又不能同力協謀以濟斯難惴惴然講和之不暇卒致父子淪胥社稷蕪茀帝至於是蓋亦巽懦而不知義者歟享國日淺而受禍至深考其所自真可悼也夫真可悼也夫

本紀卷第二十三

本紀卷第二十四　宋史二十四

開府儀同三司上柱國錄軍國重事前中書右丞相監修國史領經筵事都總裁臣脫脫等奉敕修

高宗一

高宗受命中興全功至德聖神武文昭仁憲孝皇帝諱構字德基徽宗第九子母曰顯仁皇后韋氏大觀元年五月乙巳生東京之大内赤光照室八月丁丑賜名授定武軍節度使檢校太尉封蜀國公二年正月庚申封廣平郡王宣和三年十二月壬子進封康王資性朗悟博學強記讀書日誦千餘言挽弓至一石五斗宣和四年始冠出就外第靖康元年春正月金人犯京師軍于城西北遣使入城邀親王宰臣議和軍中朝廷方遣同知樞密院事李棁等使金議割太原中山河間三鎮遣宰臣授地親王送大軍過河欽宗召帝諭指帝慷慨請行遂命少宰張邦昌爲計議使與帝俱金帥斡離不留之軍中旬日帝意氣閒暇二月會京畿宣撫司都統制姚平仲夜襲金人砦不克金人見責邦昌恐懼涕泣帝不爲動斡離不異之更請肅王癸卯肅王至軍中許割三鎮地進邦昌爲太宰留質軍中帝始得還金兵退復遣給事中王

雲使金以祖賦贖三鎭地又以蠟書結遼降將耶律
余覩爲金人所得八月金帥粘罕復引兵深入陷太
原斡離不破眞定冬十月壬雲從吏自金先還言金
人須帝再至乃議和雲歸言金人堅欲得地不然進
兵取汴都十一月詔帝使河北奉袞冕玉輅尊金主
爲伯上尊號十八字被命卽發京師以門下侍郎耿
南仲主和議請與俱乃以其子中書舍人延禧爲參
議官偕行帝由滑濬至磁州守臣宗澤請曰肅王去
不返金兵已迫復去何益請留磁磁人以雲將挾帝
入金遂殺雲時黏罕斡離不已率兵渡河相繼圍京

師從者以磁不可留知相州汪伯彥亦以蠟書請帝
還相州閏月耿南仲馳至相見帝致辭以面受欽宗
之旨盡起河北兵入衞帝乃同南仲募兵勤王初朝
廷聞金兵渡河欲拜帝爲元帥至是殿中侍御史胡
唐老復申元帥之議尚書右僕射何㮚擬詔書以進
欽宗遣閤門祗候秦仔持蠟詔至相拜帝爲河北兵
馬大元帥知中山府陳亨伯爲元帥汪伯彥宗澤爲
副元帥仔於頂髮中出詔帝讀之嗚咽兵民感動十
二月壬戌朔帝開大元帥府有兵萬人分爲五軍命
武顯大夫陳淬都統制軍馬閤門祗候侯章齎蠟書

至自京師詔帝盡發河北兵命守臣自將帝乃下令
諸郡守與諸將議引兵渡河乙亥帝率兵離相州丙
子履冰渡河丁丑次大名府宗澤以二千人先諸軍
至知信德府梁揚祖以三千人繼至張俊苗傅楊沂
中田師中皆在麾下兵威稍振會簽書樞密院事曹
輔齎蠟詔至云金人登城不下方議和好可屯兵近
甸毋輕動汪伯彥等皆信和議惟宗澤請直趨澶淵
爲壁次第解京城之圍伯彥南仲請移軍東平帝遂
遣澤以萬人進屯澶淵揚言帝在軍中自是澤不復
預府中謀議帝決意趨東平庚寅帝發大名

建炎元年春正月癸巳帝至東平初帝軍在相州京
城圍久中外莫知帝處及是陳請四集取決帥府壬
寅高陽關路安撫使黃潛善總管楊惟忠亦部兵數
千至東平命潛善進屯興仁留惟忠爲元帥都統制
金人聞帝在澶淵遣甲士及中書舍人張澂來召宗
澤命壯士射之澂乃遁伯彥等請帝如濟州二月庚
辰發東平癸未次濟州時帥府官軍及群盜來歸者
號百萬人分屯濟濮諸州府而諸路勤王兵不得進
二帝已在金人軍中三月丁酉金人立張邦昌爲帝
稱大楚黃潛善以告帝慟哭僚屬欲奉帝駐軍宿州

謀渡江左帝聞三軍籍籍遂輙承制以宗澤爲徽猷閣待制丁巳斡离不退師徽宗北遷戊午承制以汪伯彥爲顯謨閣待制充元帥潛善爲徽猷閣待制充副元帥夏四月黏罕退師欽宗北遷癸亥邦昌尊元祐皇后爲宋太后遣人至濟州訪帝又遣吏部尚書謝克家來迎耿南仲率幕僚勸進帝避席流涕遜辭不受伯彥等引天命人心爲請且謂靖康紀元爲十二月立康之兆帝曰當更思之以知淮寧府趙子崧爲寶文閣學士元帥府參議官東南道總管統東南勤王兵邦昌遣閤門宣賛舍人蔣師愈等持書詣帝

自言從權濟事及將歸寶避位之意帝亦貽諸帥書以未得至京已至者毋輙入聞資政殿大學士領開封府事李綱在湖北遣劉默持書訪之又諭宗澤等以受僞命之人義當誅討然慮事出權宜未可輕動澤復書謂邦昌篡亂踪跡已無可疑宜早正天位興復社稷不可不斷門下侍郎吕好問亦以蠟書來言帝不自立恐有不當立而立者丁卯謝克家以大宋受命之寶至濟州帝慟哭跪受命克家還京師趣辦儀物戊辰濟州父老詣軍門言州四旁望見城中火光屬天請帝即位于濟會宗澤來言南京乃藝祖興

王之地取四方中漕運尤易遂決意趨應天是夕邦昌手書上延福宫太后尊號曰元祐皇后入居禁中以尚書左丞馮澥爲奉迎使皇后又遣兄子衛尉少卿孟忠厚持手書遣帝皇后垂簾聽政邦昌權尚書左僕射率在京百官上表勸進不許甲戌皇后手書告中外俾帝嗣統乙亥百官再上表又不許丁丑馮澥等至濟州百官三上表許以權聽國事戊寅命宗澤先勤兵分駐長垣韋城等縣以備非常東道副總管朱勝非至濟州宣撫司統制官韓世忠以兵來會庚辰帝發濟州鄜延副總管劉光世自陝州來會以

光世爲五軍都提舉辛巳次單州壬午次虞城縣西道都統管王襄自襄陽來會癸未至應天府皇后詔有司備法駕儀仗乙酉張邦昌至伏地慟哭請死帝慰撫之承制以汪伯彥爲顯謨閣直學士黄潛善爲徽猷閣直學士權吏部尚書王時雍等奉乘輿服御至群臣勸進者益衆命有司築壇府門之左五月庚寅朔帝登壇受命禮畢慟哭遥謝二帝即位于府治改元建炎大赦常赦所不原者咸赦除之張邦昌及應干供奉金國之人一切不問命西京留守司脩奉祖宗陵寢罷天下神霄宫住散青苗錢應死節及歿

于王事者並推恩奉使未還者祿其家一年應選人並循資已係承直郎者改次等京官臣僚因亂去官者限一月還任潰兵群盜咸許自新免係官欠負蠲南京及元帥府常駐軍一月以上州縣夏稅應天府特奏名舉人並與同進士出身免解人與免省諸路勤王人以兵付州縣主兵官聽赴行在中外臣庶許言民間疾苦雖詆訐亦不加罪命官犯罪更不取特旨裁斷蔡京童貫朱勔李彥孟昌齡梁師成譚稹及其子孫更不收叙內外大臣限十日各舉布衣有材

畧者一人餘如故事以黃潛善爲中書侍郎汪伯彥同知樞密院事元祐皇后在東京是日徹簾辛卯遥尊乾龍皇帝爲孝慈淵聖皇帝元祐皇后爲元祐太后詔史官辨宣仁聖烈皇后誣謗築景靈宮于江寧府壬辰以張邦昌爲太保奉國軍節度使同安郡王五日一赴都堂參決大事以河東北宣撫使范訥爲京城留守癸巳遥尊帝母韋賢妃爲宣和皇后遥立嘉國夫人邢氏爲皇后耿南仲罷甲午以李綱爲尚書右僕射兼中書侍郎趣赴行在楊惟忠爲建武軍節度使主管殿前司公事罷諸盜及民兵之爲統制

者簡其士馬隸五軍乙未以生辰爲天申節馮澥罷以兵部尚書呂好問爲尚書右丞命中軍統制馬忠後軍統制張換率兵萬人趣河間府追襲金人丙申以呂好問兼門下侍郎丁酉以黃潛善兼御營使汪伯彥副之真定府路副總管王淵爲都統制鄜延路副總管劉光世提舉一行事務王時雍黃州安置命統制官薛廣張瓊率兵六千人會河北山水砦義兵共復磁相戊戌以資政殿學士路允迪爲京城撫諭使龍圖閣學士耿延禧副之贈吏部侍郎李若水觀文殿學士謚忠愍己亥召太學生陳東赴行在李綱

至江寧誅叛卒周德等庚子詔以靖康大臣主和誤國責李邦彥爲建寧軍節度副使潯州安置徙吳敏柳州蔡懋英州李棁宇文虛中鄭望之李鄴皆以使金請割地責廣南諸州並安置辛丑詔張邦昌知幾達變勳在社稷如文彥博例月兩赴都堂壬寅封後宮潘氏爲賢妃以江淮發運使梁揚祖提領東南茶鹽事癸卯天申節罷百官上壽乙巳賜諸路勤王兵還營者錢人三千丙午以誣謗宣仁聖烈皇后追貶蔡確蔡卞邢恕蔡懋官以保静軍節度使姚古知河南府金人陷河中府權府事郝仲連死之丁未徽宗

至燕山府庚戌以宗澤為龍圖閣學士知襄陽府壬子進張邦昌太傅丙辰罷監察御史張所尋責江州安置丁巳詔成都京兆襄陽荆南江寧府鄧揚二州儲資糧脩城壘以避巡幸以簽書樞密院事張叔夜嘗援京城力戰從徽宗北行進命為觀文殿大學士醴泉觀使戊午右諫議大夫范宗尹罷遣太常少卿周望使河北軍前通問二帝西道總管王襄北道總管趙野坐勤王稽緩並分司襄陽府青州居住尋責襄永州野邵州並安置六月己未朔李綱入見上十議曰國是巡幸赦令僭逆偽命戰守本政責成脩德

以前殿前副都指揮使王宗湛引衛兵遁逃致都城失守責官邵州安置徽猷閣直學士徐秉哲假資政殿學士為大金通問使秉哲辭庚申封靖康軍節度使仲湜嗣濮王粘罕還屯雲中辛酉命新任郎官未經上殿者並引對御史中丞顏岐罷徐秉哲責官梅州安置詔河北京陝淮湖江浙州軍縣鎮募人脩築城壁壬戌置登聞檢鼓院癸亥以黃潛善為門下侍郎兼權中書侍郎張邦昌坐僭逆責降昭化軍節度副使潭州安置及受偽命臣僚王時雍高州吳幵永州莫儔全州李擢柳州孫覿歸州並安置顏博文王

紹以下論罪有差以知懷州霍安國河東宣撫使劉韐死節贈安國延康殿學士韐資政殿大學士甲子命李綱兼御營使乙丑以龍神衛四廂都指揮使馬忠為河北經制使措置民兵洪芻罷左諫議大夫下臺獄丁卯以祠部員外郎喻汝礪為四川撫諭督漕計羨繒及常平錢物罷開封諸州軍府司錄曹掾官州軍通判二員者省其一權減宰執奉賜三之一省諸路提舉常平司兩浙福建提舉市舶司賊李孝忠寇襄陽守臣黃叔敖棄城遁立格買馬辛未以子旉生大赦籍天下神霄宮錢穀充經費拘天下職田錢

隸提刑司還元祐黨籍及上書人恩數癸酉詔陝西山東諸路帥臣團結軍民互相應援乙亥增諸縣弓手置武尉領之宗室叔向以所募勤王兵屯京師或言為變命劉光世捕誅之戊寅以汪伯彥知樞密院事遣宣義郎傅雱使河東軍前通問二帝己卯置沿河沿淮沿江帥府十有九要郡三十九次要郡三十八帥守兼都總管守臣兼鈐轄都監總置軍九十六萬七千五百人別置水軍七十七將造舟江淮諸路置三省樞密院賞功司東京留守范訥落節鉞淄州居住庚辰以二帝未還禁州縣用樂辛巳置沿河巡察

六使壬午以戶部尚書張愨同知樞密院事兼提舉
措置戶部財用癸未呂好問罷甲申併尚書戶部右
曹所掌歸左曹命尚書總領乙酉以宗澤爲東京留
守杜充爲北京留守罷監司州郡職田丙戌詔陝西
河北京東西路募兵合十萬人更番入衛行在命京
東西路造戰車丁亥以張所爲河北西路招撫使括
買官民馬勸出財助國戊子以錢蓋爲陝西經制使
封趙懷恩爲安化郡王因召五路兵赴行在秋七月
己丑朔以樞密副都承旨王𤫙爲河東經制使庚寅
詔王淵劉光世統制官張俊喬仲福韓世忠分討陳

州軍賊杜用京東賊李昱及黎驛魚臺潰兵皆平之
辛卯籍東南諸州神霄宮及贍學錢助國用叙右監
門衛大將軍貴州團練使士㻛以磁洺義兵復洺州
乙未以溫州觀察使范瓊爲定武軍承宣使御營司
同都統制丙申賜諸路彊壯巡社名爲忠義巡社專
隸安撫司戊戌欽宗至燕山府以忻州觀察使張換
爲河北制置使東都宣武卒杜林謀據成都叛伏誅
己亥詔臺省寺監繁簡相兼學官館職減舊制之半
辛丑復議吳幵莫儔等十一人罪竝廣南江湖諸州安
置餘遞貶有差壬寅詔奉元祐太后如東南六宮及

衛士家屬從行朕當獨留中原與金人決戰以延康
殿學士許翰爲尚書右丞甲辰以右諫議大夫宋齊
愈當金人謀立異姓書張邦昌姓名斬于都市乙巳
手詔京師未可往當巡幸東南丙午詔定議巡幸南
陽以觀文殿學士范致虛知鄧州脩城池繕宮室輸
錢穀以實之丁未遣官詣京師迎奉太廟神主赴行
在己酉罷四道都總管以尚書虞部員外郎張浚爲殿
中侍御史庚戌徵諸道兵期八月會行在丙辰徽宗
自燕山密遣閤門宣贊舍人曹勛至賜帝絹半臂書
其領曰便可即真來援父母帝泣以示輔臣張所傳

亮軍發行在是月關中賊史斌犯興州僭號稱帝八
月戊午朔洪芻等坐圍城日括金銀自盜及私納宮
人芻及余大均陳沖貸死流沙門島餘五人罪有差
勝捷軍校陳通作亂于杭州執帥臣葉夢得殺漕臣
吳昉己未元祐太后發京師庚申以劉光世爲奉國
軍節度使韓世忠張俊皆進一官辛酉右司諫潘良
貴罷壬戌以李綱爲尚書左僕射兼門下侍郎黃潛
善爲右僕射兼中書侍郎張愨兼御營副使癸亥命
御營使副大閱五軍庚午更號元祐太后爲隆祐太
后辛未罷傅亮經制副使召赴行在壬申召布衣譙

定赴行在命御營統制辛道宗討陳通是夕東北方有赤氣癸酉以耿南仲主和誤國南雄州安置乙亥用張浚言罷李綱左僕射丙子隆祐太后發南京命侍衛馬軍都指揮使郭仲荀護衛如江寧兼節制江淮荆浙閩廣諸州制置東南盜賊丁丑以龍圖閣直學士錢伯言知杭州節制兩浙淮東將兵及福建槍杖手討陳通庚辰降榜招諭杭州亂兵壬午用黃潛善議殺上書太學生陳東崇仁布衣歐陽澈乙酉遣兵部員外郎江端友等撫諭閩浙湖廣江淮京東西諸路及體訪官吏貪廉軍民利病許翰罷丁亥博州

卒宮儀作亂犯萊州九月己丑建州軍校張員等作亂執守臣張動轉運副使毛奎爲所殺判官曹仔嬰城自守范瓊捕斬李孝忠于復州壬辰以金人犯河陽汜水軍詔擇日巡幸淮甸鑄建炎通寶錢命淮浙沿海諸州增脩城壁招訓民兵以備海道甲午命揚州守臣呂頤浩繕脩城池宗澤往河北視師七月還是夜辛道宗兵潰于嘉興縣丁酉詔荆襄關陝江淮皆備巡幸戊戌罷買馬己亥以子旉爲檢校少保集慶軍節度使封魏國公詔內外官司參用嘉祐元豐敕以俟新書庚子二帝徙居霫郡辛丑陳通劫提點

刑獄周格營殺格執提點刑獄高士曈壬寅遣徽猷閣待制孟忠厚迎奉太廟神主赴揚州以直秘閣王圭爲招撫判官代張所尋責所廣南安置乙巳宗澤表請車駕還闕戊申河北招撫司都統制王彥渡河擊金人破之復新興縣己酉以諜報金人欲犯江浙詔暫駐淮甸捍禦稍定即還京闕募民入貲授官軍賊趙萬入常州執守臣何袞罷諸路經制招撫使庚戌始通當三大錢于淮浙荆湖諸路壬子命湖南撫諭官馬伸持詔賜張邦昌死于潭州併誅王時雍癸丑詔有敢妄議惑衆沮巡幸者許告而罪之不告者

斬乙卯王彥及金人戰敗績奔太行山聚衆其裨將岳飛引其部曲自爲一軍趙萬陷鎮江府守臣趙子崧棄城渡江保瓜洲是秋金人分兵擾兩河州縣惟中山慶源府保莫邢洺冀磁絳相州久之乃陷冬十月丁巳朔帝登舟幸淮甸戊午太后至揚州己未罷諸路勸誘獻納錢物庚申罷諸路召募潰兵忠義等人及寄居官擅集勤王兵者癸亥募群盜能併滅賊衆者官之甲子以張浚論李綱不已落綱觀文殿大學士止奉宮祠知秀州兼權浙西提點刑獄趙叔近入杭州招撫陳通乙丑罷帥府要郡次要郡及新軍

水軍丁卯以王淵爲杭州制置盜賊使統制官張俊
從行庚午次泗州幸普照寺甲戌太白晝見己卯次
楚州寶應縣後軍將孫琦等作亂逼左正言盧臣中
墮水死庚辰命劉光世討鎮江叛兵辛巳以光世爲
滁和濠州江寧府界招捉盜賊制置使御營統制官
苗傅爲使司都統制朝請郎李棫提舉廣西左右兩
江峒丁公事癸未至揚州禁內侍統兵官相見丙戌
王淵張俊誘趙萬等悉誅之十一月戊子李綱鄂州
居住真定軍賊張遇入池州守臣滕祐棄城遁己丑
詔雜犯死罪有疑及情理可憫者撫諭官同提刑司

酌情減降先斷後聞壬辰遣王倫等爲金國通問使
乙未以張慤爲尚書左丞工部尚書顏岐同知樞密
院事丙申曲赦應天府亳宿揚泗楚州高郵軍丙午
以張慤爲中書侍郎戊申以顏岐爲尚書左丞兼權
門下侍郎御史中丞許景衡爲右丞刑部尚書郭三
益同知樞密院事權密州趙野棄城遁軍校杜彥擒
州追野殺之辛亥命福建路增招弓手金人陷河間
府是月軍賊丁進圍壽春府守臣康允之拒却之十
二月丙辰朔命從臣四員充講讀官就內殿講讀丁
巳詔諸路提刑司選官即轉運司所在州類省試進

士以待親策辛酉王淵入杭州執陳通等誅之壬戌
青州敗將王定以兵作亂殺帥臣曾孝序癸亥黏罕
犯汜水關西京留守孫昭遠遣將拒之戰歿昭遠引
兵南遁尋命部將王仔奉啓運宮神御赴行在甲子
改授后父徽猷閣待制邢煥爲光州觀察使乙丑詔
凡刑賞大政並經三省其干請墨敕行下者罪之丙
寅張遇犯江州戊辰金人圍棣州守臣姜剛之固守
金兵解去甲戌金人陷同州守臣鄭驤死之張遇犯
黃州己卯金人陷汝州入西京庚辰金人陷華州辛巳
破潼關河東經制使王𤫊自同州引兵遁入蜀丁進

詣宗澤降乙酉增置廣西弓手以備邊以户部尚書
黃潛厚爲延康殿學士同提舉措置財用

本紀卷第二十四

本紀卷第二十五　　宋史二十五

開府儀同三司上柱國錄軍國重事前中書右丞相監修國史領經筵事都總裁臣脫脫等奉

勑修

高宗二

二年春正月丙戌朔帝在揚州丁亥録兩河流亡吏士沿河給流民官田牛種戊子金人陷鄧州安撫劉汲死之辛卯置行在榷貨務壬辰金人犯東京宗澤遣將擊卻之癸巳復明法新科甲午詣壽寧寺謁祖宗神主乙未金人破永興軍前河東經制副使傅亮以兵降經略使唐重副總管楊宗閔提舉軍馬陳迪

轉運副使桑景詢判官曾謂提點刑獄郭忠孝經略司主管機宜文字王尚及其子建中俱死之東平府兵馬鈐轄孔彥舟叛渡淮犯黃州守臣趙令㡩拒之丙申詔自今犯枉法自盜贓者中書籍其姓名罪至徒者永不録用金人陷均州守臣楊彥明遁去丁酉金人陷房州己亥張遇焚真州祕閣修撰孫昭遠爲亂兵所害庚子遣主客員外郎謝亮爲陝西撫諭使兼宣諭使持詔賜夏國張遇陷鎮江府守臣錢伯言棄城走辛丑内侍邵成章坐輙言大臣除名南雄州編管金人陷鄭州通判趙伯振死之癸卯金帥窩里嗢陷濰州又陷青州尋棄去丁未詔諭流民潰兵之爲盜賊者釋其罪己酉禁諸將引潰兵入蜀置大散關使以審驗之庚戌遣考功員外郎傅雱爲淮東京東西撫諭使辛亥王淵招降張遇以所部萬人隸韓世忠改授顯謨閣直學士孟忠厚爲常德軍承宣使詔凡后族毋任侍從官著爲令金人焚鄧州是月以中奉大夫劉豫知濟南府金人陷潁昌府守臣孫默爲所殺經制司僚屬王擇仁復永興軍金人陷秦州經畧使李復降又犯熙河經畧使張深遣兵馬都監劉惟輔與戰于新店敗之斬其帥黑鋒二月丙辰金

人再犯東京宗澤遣統制閻中立等拒之中立戰死戊午移耿南仲于臨江軍金人陷唐州壬戌安化軍節度副使宇文虛中應詔使絶域復中大夫召赴行在癸亥罷市易務甲子金人犯滑州宗澤遣張撝救之戰死乙丑澤遣判官范世延等表請帝還闕河北賊楊進等詣澤降丁卯復延康述古殿直學士爲端明樞密直學士辛未詔自今犯枉法自盜贓罪至死者籍其貲壬申赦福州叛卒張員等癸酉金人陷蔡州執守臣閻孝忠丙子金人陷淮寧府守臣向子韶死之丁丑遣王貺等充金國軍前通問使戊寅責降

知鎮江府趙子崧爲單州團練副使南雄州安置己
卯奪祕書正字胡珵官送梧州編管朝奉大夫劉正
彥應詔使絕域授武德大夫威州刺史尋爲御營右
軍副統制庚申以王淵爲鄧德軍節度使辛巳武功
大夫和州防禦使馬擴奔真定五馬山砦聚兵得皇
弟信王榛于民間奉之總制諸砦壬午詔京畿京東
西河北淮南路置振華軍八萬人是月成都守臣盧
法原修城成三月辛卯金人陷中山府壬辰詔諸路
安撫使許便宜節制官吏丁酉初立大小使臣呈試
弓馬出官格先閱試然後奏補黏罕焚西京去庚子

河南統制官翟進復西京宗澤奏進爲京西北路安
撫制置使丙午進授尚書右僕射何㮚爲觀文殿大
學士中書侍郎陳過庭爲資政殿大學士同知樞密
院事聶昌爲資政殿大學士並主管宮觀時㮚已卒
于金昌爲人所殺朝廷未之知過庭亦在金軍中丁
未罷內外權攝官之不應法者遣楊應誠爲大金高
麗國信使己酉張員等復作亂擁衆突城出命本路
提點刑獄李芘討捕之辛亥以范瓊權同主管侍衛
步軍司公事屯真州是月金人陷鳳翔府守臣劉清
臣棄城去又犯涇原經略使曲端遣將拒戰敗之金

兵走同華石壕尉李彥仙舉兵復陝州夏四月丙辰
詔文臣從官至牧守武臣管軍至遙郡各舉所知二
人戊午禁州縣責鄰保代輸逃戶稅役宗澤遣將趙
世興復滑州乙丑翟進以兵襲金帥兀室于河南兵
敗其子亮死之進又率御營統制韓世忠京城都巡
檢使丁進等兵戰于文家寺又敗世忠收餘兵南歸
兀室復入西京尋棄去隴右都護張嚴及金人戰于
五里坡敗績死之丁卯金人入洛州壬辰軍賊孫琦
焚隨州癸未入唐州信王榛遣馬擴來奏事是月以
榛爲河外兵馬都元帥擴爲元帥府馬步軍都總管

五月乙酉許景衡罷孫琦犯德安府丙戌命參酌元
祐科舉條制立詩賦經義分試法戊子以翰林學士
朱勝非爲尚書右丞辛卯以金兵渡河遣韓世忠宗
澤等逆戰甲午曲赦河北陝西京東路福建轉運判
官謝如意執張員等六人誅之丙申復命宇文虛中
爲資政殿大學士充金國祈請使賊靳賽寇光山縣
戊戌河北制置使王彥部兵渡河屯滑州之沙店癸
卯張慤薨甲辰金帥婁宿陷絳州丁未復置兩浙福
建提舉市舶司己酉秀州卒徐明等作亂執守臣朱
芾迎前守趙叔近復領州事命御營中軍統制張俊

討之癸丑罷借諸路職田六月乙卯邛州鑄錢增印錢引癸亥建州卒葉濃等作亂寇福州甲子親慮囚乙丑張俊至秀州殺趙叔近執徐明斬之甲戌葉濃陷福州丁丑詔江浙沿流州軍練水軍造戰艦京畿淮甸蝗是月以知延安府王庶節制陝西六路軍馬涇原經畧使曲端爲節制司都統制永興軍經畧使郭琰逐王擇仁奔興元秋七月甲申葉濃入寧德縣復還建州命張俊同兩浙提點刑獄趙哲率兵討之丙戌詔吏部審量京官非政和以後進書頌及直赴殿試人乃聽參選宗澤薨丁亥詔百官坐蔡京

王黼擬授而廢者許自新復用戊子禁軍中抉目刳心之刑壬辰選江浙州軍正兵土兵六之一赴行在乙未以郭仲荀爲京城副留守戊戌録內外諸軍將士功辛丑以春霖夏旱蝗詔監司郡守條上闕政州郡災甚者蠲田賦甲辰以降授北京留守杜充復樞密直學士爲開封尹東京留守八月甲寅初鑄御寶三甲戌御集英殿策試禮部進士罷殿中侍御史馬伸尋責濮州河北京東捉殺使李成叛辛巳犯宿州是月二帝徙居韓州九月甲申丁進叛復寇淮西庚寅賜禮部進士李易以下四百五十一人及第出身

特奏名進士皆許調官壬辰召侍從所舉褚宗諤等二十一人驛赴行在癸巳金人陷冀州將官李政死之甲午金人再犯永興軍經畧使郭琰棄城退保義谷辛丑陝西節制司兵官賀師範及金人戰于八公原敗績死之丙午復所減京官奉丁未東京留守統制官薛廣及金人戰于相州敗死己酉郭三益薨是秋窩里嗢撻懶破五馬山砦信王榛不知所終馬擴軍敗于北京之清平冬十月甲寅命楊州濬隍修城閱江淮州郡水軍楊應誠還自高麗戊午遣劉光世討李成壬戌禁江浙閉糴癸亥黏罕圍濮州遣韓世忠

范瓊領兵至東平開德府分道拒戰又命馬擴援之甲子命孟忠厚奉隆祐太后幸杭州楊進復叛攻汝洛命翟進擊于鳴皐山翟進戰死丙子罷吏部審量崇寧大觀以來濫賞止令自陳是月劉正彥擊丁進降之十一月辛巳朔提舉嵩山崇福宮李綱責授單州團練副使萬安軍安置劉光世及李成戰于新息縣成敗走高麗國王王楷遣其臣尹彥頤入見金人圍陝州守臣李彥仙拒戰郤之壬辰金人陷延安府權知府劉選總管馬忠皆遁通判府事魏彥明死之癸巳趙哲大破葉濃于建州城下濃遁而降復謀爲

欒張俊禽斬之乙未金人陷濮州執守臣楊粹中又
陷開德府守臣王棣死之以魏行可充金國軍前通
問使庚子詣壽寧寺朝饗祖宗神主壬寅冬至祀昊
天上帝于圜丘以太祖配大赦金人陷相州守臣趙
不試死之甲辰陷德州兵馬都監趙叔皎死之庚戌
立士庶子弟習射補官法是月節制陝西軍馬王庶
爲都統制曲端所拘奪其印四川茶馬趙開罷官買
賣茶給引通商如政和法金人犯晉寧軍守臣徐徽
言拒卻之知府州折可求以城降金人陷淄州涇原
兵馬都監吳玠襲斬史斌濱州賊葛進陷棣州守臣

姜剛之死之京東賊李民詣行在請降王淵殲其衆
留民爲將十二月乙卯太后至杭州扈從統制苗傅
以其軍八千人駐奉國寺庚申金人犯東平府京西
路制置使權邦彥棄城去又犯濟南府守臣劉豫以
城降甲子金人陷大名府提點刑獄郭永罵敵不屈
死之轉運判官裴億降又陷襲慶府乙丑陷虢州丙
寅初命修國史己巳以黃潛善爲尚書左僕射兼門
下侍郎汪伯彥右僕射兼中書侍郎顏岐門下侍郎
朱勝非中書侍郎兵部尚書盧益同知樞密院事辛
未金人犯青州丁丑特進致仕余深金紫光祿大夫

致仕薛昂並分司進昌軍徽州居住耿南仲再責單
州別駕唐恪追落觀文殿大學士戊寅以禮部侍郎
張浚兼御營參贊軍事教習長兵是冬杜充決黃河
自泗入淮以阻金兵

三年春正月庚辰朔帝在揚州以京西北路兵馬鈐
轄翟興爲河南尹京西北路安撫制置兼招討使京
西賊貴仲正陷岳州甲申以資政殿學士路允迪簽
書樞密院事丁亥金人再陷青州又陷濰州焚城而
去京東安撫劉洪道入青州守之己丑奉安西京會
聖宮累朝御容于壽寧寺占城國入貢趣大金通問

使李鄴周望宋彥通吳德休等往軍前辛卯陝州都
統邵興及金人戰于潼關敗之復虢州乙未杜充遣
岳飛桑仲討其叛將張用于城南其徒王善救之官
軍敗績庚子張用王善寇淮寧府守臣馮長寧却之
詔百官聞警遣家屬避兵致物情動搖者流丙午黏
罕陷徐州守臣王復及子倚死之軍校趙立結鄉兵
爲興復計御營平寇左將軍韓世忠軍潰于沭陽其
將張遇死世忠奔鹽城金兵執淮陽守臣李寬殺轉
運副使李跂以騎兵三千取彭城間道趣淮甸戊申
至泗州二月庚戌朔始聽士民從便避兵命劉正彥

部兵衞皇子六宮如杭州江淮制置使劉光世阻淮
拒金人敵未至自潰金人犯楚州守臣朱琳降辛亥
金人陷天長軍壬子內侍鄺詢報金兵至帝被甲馳
幸鎮江府是日金兵過揚子橋癸丑游騎至瓜洲太
常少卿季陵奉太廟神主行金兵追之失太祖神主
王淵請幸杭州命留朱勝非守鎮江以吏部尚書呂
頤浩爲資政殿大學士江淮制置使都巡檢使劉光
世爲殿前都指揮使充行在五軍制置使駐鎮江府
控扼江口主管馬軍司楊惟忠節制江東軍馬駐江
寧府是夕發鎮江次呂城鎮金人入真州甲寅次常

州御營統制王亦謀據江寧不克而遁御營平寇前
將軍范瓊自東平引兵至壽春其部兵殺守臣鄧紹
密丙辰次平江府丁巳金人犯泰州守臣曾班以城
降丁進縱兵剽掠王淵誘誅之戊午次吳江縣命朱
勝非節制平江府秀州控扼軍馬禮部侍郎張浚副
之又命勝非兼御營副使留王淵守平江以忠訓郎
劉俊民爲閤門祗候齎書使金軍詔録用張邦昌親
屬仍命俊民持邦昌貽金人約和書稾以行金人陷
滄州守臣劉錫棄城走己未次秀州命呂頤浩往來
經制長江以龍圖閣待制知江州陳彥文爲沿江措

置使庚申次崇德縣呂頤浩從行即拜同簽書樞密
院事江淮兩浙制置使以兵二千還屯京口又命御
營中軍統制張俊以兵八千守吳江吏部員外郎鄭
資之爲沿江防托監察御史林之平爲沿海防托募
海舟守隘壬戌駐蹕杭州金人陷晉寧軍守臣徐徽
言死之癸亥下詔罪己求直言令有司具舟常潤迎
濟衣冠軍民家屬省儀物膳羞出宮人之無職掌者
乙丑降德音赦雜犯死罪以下囚放還士大夫被竄
斥者惟李綱罪在不赦更不放還蓋用黃潛善計罪
綱以謝金人置江寧府榷貨務都茶場丁卯百官入

見應迪功郎以上並赴朝參戊辰出米十萬斛即杭
秀常湖州平江府損直以糴濟東北流寓之人金人
焚揚州己巳用御史中丞張澂言罷黃潛善汪伯彥
以戶部尚書葉夢得爲尚書左丞澂爲右丞庚午詔
平江鎮江府常湖杭越州具寓居京朝官已上姓名
以備簡拔分命浙西監司等官募土豪守千秋垂脚
襄陽諸嶺以扼宣常諸州險要金人去揚州辛未詔
御營使司唯掌行在五軍凡邊防經制並歸三省樞
密金人過高郵軍守臣趙士瑗棄城走潰兵宋進犯
泰州守臣曾班遁壬申罷軍期司掊斂民財者呂頤

浩遣將陳彥渡江襲金餘兵復楊州癸酉靳賽犯通
州韓世忠小校李在叛據高郵甲戌黃潛善汪伯彥
並落職乙亥召朱勝非赴行在留張浚駐平江贈陳
東歐陽澈承事郎官有服親一人恤其家召馬伸赴
行在辛贈直龍圖閣丙子詔士民直言時政得失是
月以王庶爲陝西節制使知京兆府節制司都統制
曲端爲鄜延經畧使知延安府張用據確山號張莽
蕩三月已卯朔日中有黑子庚辰以朱勝非爲尚書
右僕射兼中書侍郎辛巳葉夢得罷以盧益爲尚書
左丞未拜復罷爲資政殿學士御營都統制王淵同

簽書樞密院事呂頤浩爲江南東路安撫制置使知
江寧府壬午詔王淵免進呈書押本院文字扈從統
制苗傳忿王淵驟得君劉正彥怨招降劇盜而賞薄
帝在楊州閹官用事恣横諸將多疾之癸未傳正彥
等叛勒兵向闕殺王淵及內侍康履以下百餘人帝
登樓以傳爲慶遠軍承宣使御營使司都統制正彥
渭州觀察使副都統制傳等迫帝遜位于皇子魏國
公請隆祐太后垂簾同聽政是夕帝移御顯寧寺甲
申尊帝爲睿聖仁孝皇帝以顯寧寺爲睿聖宮大赦
以張澂兼中書侍郎韓世忠爲御營使司提舉一行

事務前軍統制張俊爲秦鳳副總管分其衆隷諸軍
丁亥以東京留守杜充爲資政殿大學士節制京東
西路殿前副都指揮使東京副留守郭仲荀進昭化
軍節度使分竄內侍藍珪高邈張去爲張旦曾擇陳
永錫于嶺南諸州擇已行傳追還殺之呂頤浩至江
寧戊子以端明殿學士王孝迪爲中書侍郎盧益爲
尚書左丞張俊部衆八千至平江張浚諭以決策起
兵問罪約呂頤浩劉光世招韓世忠來會已丑改元
明受張浚奏乞睿聖皇帝親總要務庚寅百官始朝
睿聖宮以苗傳爲武當軍節度使劉正彥爲武成軍

節度使劉光世爲太尉淮南制置使范瓊爲慶遠軍
節度湖北制置使楊惟忠加少保張浚爲禮部尚書
及呂頤浩並赴行在傳等以御營中軍統制吳湛主
管步軍司黃潛善汪伯彥並分司衡永州居住王孝
迪盧益爲大金國信使進士黃大本吳時敏爲先期
告請使置行在都茶場呂頤浩奏請睿聖皇帝復大
位金人陷鄜州癸巳張浚命節制司參議官辛道宗
措置海船遣布衣馮轓持書說傳正彥甲午有司請
尊太后爲太皇太后不許呂頤浩率勤王兵萬人發
江寧乙未再貶黃潛善鎮東軍節度副使英州安置

劉光世部兵會呂頤浩于丹陽丙申韓世忠自鹽城收散卒至平江張俊假兵二千戊戌赴行在辛丑傳等以世忠爲定國軍節度使張俊爲武寧軍節度使知鳳翔府張浚責黃州團練副使郴州安置俊等皆不受傳等遣軍駐臨平拒勤王兵壬寅日中黑子沒盧益罷呂頤浩至平江水賊邵青入泗州癸卯太后詔睿聖皇帝宜稱皇太弟天下兵馬大元帥康王皇帝稱皇太姪監國賜傳正彥鐵券呂頤浩張浚傳檄中外討傳正彥執黃大本下獄乙巳太后降旨睿聖皇帝處分兵馬重事張俊率兵發平江劉光世繼之

丙午張浚同知樞密院事翰林學士李邴御史中丞鄭瑴並同簽書樞密院事呂頤浩張浚發平江丁未次吳江奏乞建炎皇帝還即尊位朱勝非召傳正彥至都堂議復辟傳等遂朝睿聖宮金人陷京東諸郡劉洪道棄青州去撻懶以劉豫知東平府節制河南州郡趙立復徐州夏四月戊申朔太后下詔還政皇帝復大位帝還宮與太后御前殿垂簾詔尊太后爲隆祐皇太后己酉詔訪求太祖神主以苗傳爲淮西制置使劉正彥副之庚戌復紀年建炎命張浚知樞密院事苗傳劉正彥並檢校少保呂頤浩張浚軍次

臨平苗翊馬柔吉拒戰不勝傳正彥引兵二千夜遁辛亥皇太后撤簾呂頤浩等入見傳犯富陽新城二縣遣統制王德喬仲福追擊之癸丑朱勝非顏岐王孝迪張澂路允迪俱罷以呂頤浩爲尚書右僕射兼中書侍郎李邴尚書右丞鄭瑴簽書樞密院事甲寅以劉光世爲太尉御營副使韓世忠爲武勝軍節度使御前左軍都統制張俊爲鎮西軍節度使御前右軍都統制勤王所僚屬將佐進官有差主管殿前司王元左言並責官英賀州安置樞密都承旨馬擴停官永州居住吏部員外郎范仲熊浙西安撫司主管

機宜文字時希孟並除名柳州吉陽軍編管斬中軍統制吳湛工部侍郎王世修于市贈王淵開府儀同三司乙卯大赦舉行仁宗法度應嘉祐條制與今不同者自官制役法外賞格從重條約從寬罷上供不急之物元祐石刻黨人官職恩數追復未盡者令其家自陳許中外直言丁巳禁內侍交通主兵官及饋遺假貸借役禁兵干預朝政庚申詔尚書左右僕射並帶同中書門下平章事改門下中書侍郎爲參知政事省尚書左右丞以李邴參知政事詔行在職事官各舉所知併省館學寺監等官苗傳犯衢州癸亥

以給事中周望爲江浙制置使丁卯帝發杭州留鄭
轂衛皇太后以韓世忠爲江浙制置使及劉光世追
討傳正彦已巳詔傳正彦苗竑苗翊張逵不赦餘黨
並原壬申立子魏國公旉爲皇太子赦傳黨王鈞甫
馬柔吉罪許其自歸丙子范瓊自光蘄引兵屯洪州
是月劉文舜冦濠州西北賊薛慶襲據高郵軍五月
戊寅朔帝次常州以張浚爲宣撫處置使以川陜京
西湖南北路隸之聽便宜黜陟庚辰苗傳統領官張
翼斬王鈞甫馬柔吉降辛巳次鎮江府遣祭張慤陳
東墓詔恤其家癸未以翰林學士滕康同簽書樞密

院事乙酉至江寧府駐蹕神霄宮改府名建康起復
朝散郎洪皓爲大金通問使丁亥以徽猷閣直學士
陳彦文提領水軍措置江浙防托召藍珪等速還朝
已丑韓世忠追討傳正彦于浦城縣獲正彦傳遁走
張浚撫諭薛慶于高郵爲慶所留乙未浚罷以御營
前軍統制王𤫊爲淮南招撫使已亥復置中書門下
省撿正官省左右司郎中二員苗傳裨將江池殺苗
翊降于周望傳走建陽縣土豪詹標執之以獻辛丑
張浚還自高郵復命知樞密院事是月翟興擊殺楊
進餘黨復推其徒劉可拒官軍六月戊申朔以東京

留守杜充引兵赴行在命兼宣撫處置副使節制淮
南京東西路已酉以久雨召郎官已上言闕政呂頤
浩請令實封以聞遂用司勳員外郎趙鼎言罷王安
石配享神宗廟庭以司馬光配王善攻淮寧府不克
轉冦宿州統領王冠戰敗之甲寅罷賞功司乙卯命
恤死事者家且録其後升浙西安撫使康允之爲制
置使丙辰劉光世招安苗傳將韓雋戊午命江浙淮
南引塘濼開畎澮以阻金兵庚申皇太后至建康府
辛酉以久陰下詔以四失罪已一曰昧經邦之大略
二曰昧戡難之遠圖三曰無綏人之德四曰失馭臣

之柄仍榜朝堂徧諭天下使知朕悔過之意以帶御
器械李質權同主管殿前司乙丑以建康府路安撫
使連南夫兼建康府宣徽太平等州制置使丁卯右
司諫袁植請誅黃潛善及失守者權邦彦等九人詔朕
方念咎責已豈可盡以過失歸於臣下遂罷植知池
州以趙鼎爲右司諫癸酉置樞密院檢詳官以右司
郎中劉寧止爲沿江措置副使甲戌移御行宮乙亥
詔諭中外以迫近防秋請太后率宗室迎奉神主如
江表百司庶府非軍旅之事者並令從行朕與輔臣
宿將備禦冦敵應接中原官吏士民家屬南去者有

司毋禁金人陷磁州是夜賊貴仲正降秋七月戊寅
贈王復爲資政殿學士己卯親慮囚辛巳苗傅劉正
彦伏誅癸未進韓世忠檢校少保武勝昭慶軍節度
使御營使司都統制范瓊自洪州入朝以瓊爲御營
使司提舉一行事務後軍統制辛企宗爲都統制命
學士院草夏國書大金國表本付張浚甲申詔以苗
劉之變當軸大臣不能身衛社稷朱勝非顔岐路允
迪並落職張徵衡州居住以知廬州胡舜陟爲淮西
制置使知江州權邦彦兼本路制置使金人犯山東
安撫使劉洪道棄濰州遁萊州守將張成舉城降丁

亥以范瓊跋扈無狀收下大理獄分其兵隸神武五
軍皇太子旉薨謚元懿戊子鄭瑴薨己丑以資政殿大
學士王綯參知政事兵部尚書周望同簽書樞密院
事庚寅仙井監鄉貢進士李時雨上書乞選立宗子
係屬人心帝怒斥還鄉里辛卯升杭州爲臨安府壬
辰言者又論范瓊逼遷徽宗及迎立張邦昌瓊辭伏
賜死子弟皆流嶺南劉洪道復青州執金守向大猷
乙未遣謝亮使夏國丁酉遣崔縱使金軍前庚子張
浚發行在辛丑王瓔與靳賽遇合戰敗績壬寅命李
邴滕康權知三省樞密院事扈從太后如洪州楊惟

忠將兵萬人以衛以杜充同知樞密院事兼宣撫處
置副使乙巳詔江西閩廣荆湖諸路團教峒丁槍杖
手山東賊郭仲威陷淮陽軍翟興引兵入汝州與賊
王俊戰敗之八月己酉移浙西安撫司于鎮江府庚
戌李邴罷壬子以吏部尚書劉珏爲端明殿學士權
同知三省樞密院事甲寅王庶罷以徽猷閣直學士
知慶陽府王似爲陝西節制使劉文舜入舒州己未太
后發建康丁卯遣杜時亮使金軍前閏八月丁丑朔
以胡舜陟爲沿江都制置使集英殿脩撰王羲叔副
之丁亥輔逵掠漣水軍殺軍使郝璘率衆降于王瓔

己丑以呂頤浩守尚書左僕射杜充守右僕射並同
中書門下平章事庚寅起居郎胡寅上書言二十事
呂頤浩不悅罷之辛卯命杜充兼江淮宣撫使守建
康前軍統制王瓔隸之韓世忠爲浙西制置使守鎮
江劉光世爲江東宣撫使守太平池州並受充節制
丁酉太后至洪州己亥減福建廣南歲上供銀三之
一詔制置使唯用兵聽便宜餘事悉禁壬寅帝發建
康復還浙西張俊辛企宗以其軍從甲辰次鎮江府
賜陳東家金張浚次襄陽招官軍義兵分屯襄郢唐
鄧以程千秋李允文節制是月知濟南府宮儀及金

人數戰于壽州兵潰儀及劉洪道俱奔淮南守將李
逵以壽州降金蘄賽詣劉光世降九月丙午朔日有
食之諜報金人治舟師將由海道窺江浙遣韓世忠
控守圌山福山辛亥次平江府壬子金人陷單州興
仁府遂陷南京執守臣凌唐佐降之癸丑以周望爲
兩浙荆湖等路宣撫使總兵守平江翰林學士張守
同簽書樞密院事命劉光世移屯江州丙辰遣張邵
等充金國軍前通問使金人陷沂州劫高麗入貢使
張浚承制罷知潭州辛炳起復直龍圖閣向子諲代
之丁巳蠲諸路青苗積欠錢辛酉知鼎州邢倞坐結

耶律余覩再貴汝州團練副使英州安置癸亥賜宿
泗州都大提舉使李成軍絹二萬匹成尋復叛己巳
以胡舜陟爲宣撫司參謀官知鎮江府陳邦光爲沿
江都制置使庚午以工部侍郎湯東野知平江府兼
浙西制置使辛未追復鄒浩龍圖閣待制壬申夜潭
州禁卒作亂謀竄不果向子諲隨招安之甲戌金帥
婁宿犯長安經略使郭琰棄城遁河北賊酈瓊圍光
州冬十月丙子朔詔按察官歲上所發擿贓吏姓名
以爲殿最庚辰禁諸軍擅入川陜癸未帝至杭州復
如浙東庚寅渡浙江郭仲威詣周望降望以仲威爲

本司統制辛卯李成陷滁州殺守臣向子伋壬辰帝
至越州癸巳命提舉廣西峒丁李棫市馬邕州置牧
養務戊戌初命東南八路歲收經制五項錢輸行在
張浚治兵于興元府金人陷壽春府庚子陷黃州守
臣趙令峸死之辛丑張浚以同主管川峽茶馬趙開
爲隨軍轉運使專總四川財賦金人自黃州濟江劉
光世引軍遁知江州韓梠棄城去金人自大冶縣趨
洪州是月京西賊劉滿陷信陽軍殺守臣趙士負盜
入宿州殺通判盛脩己十一月乙巳朔金人犯廬州
守臣李會以城降王善叛降金金人執之丁未詔降

雜犯死罪釋流以下囚聽李綱自便追復宋齊愈官
貴仲正犯荆南兵馬鈐轄渠成與戰斬之戊申金帥
兀朮犯和州守臣李儔以城降通判唐璟死之己酉
張浚出行關陝兀朮陷無爲軍守臣李知幾棄城走
壬子太后退保虔州江西制置使王子獻棄洪州走
丁巳金人陷臨江軍守臣吳將之遁戊午遣孫悟等
充金國軍前致書使金人陷洪州權知州事李積中
以城降撫袁二州守臣王仲山王仲嶷皆降淮賊劉
忠犯蘄州韓世清逆戰破之忠入舒州殺通判孫知
微庚申金人陷真州守臣向子忞棄城去辛酉太后

至吉州壬戌金人犯建康府陷溧水縣尉潘振死之癸亥金人陷太平州主管步軍司閭勍自西京奉累朝御容至行在詔奉安于天慶觀尋命勍節制淮西軍馬以拒金人甲子杜充遣都統制陳淬岳飛等及金人戰于馬家渡王𤫉以軍先遁淬敗績死之乙丑以檢正諸房公事傅崧卿爲浙東防遏使太后發吉州次太和縣護衛統制杜彥及後軍楊世雄率衆叛犯永豐縣知縣事趙訓之死之金人至太和縣太后自萬安陸行如虔州丁卯下詔回浙西迎敵金人犯吉州守臣楊淵棄城走又陷六安軍己巳帝發越州

次錢清鎮庚午復還越州以周望同知樞密院事仍兼兩浙宣撫使守平江殿前都指揮使郭仲荀爲副使守越州右軍都統制張俊爲浙東制置使從行御史中丞范宗尹參知政事辛未兀朮入建康府守臣陳邦光戶部尚書李棁迎拜通判楊邦乂拒之癸酉帝如明州金人犯建昌軍兵馬監押蔡延世擊却之甲戌兀朮殺楊邦乂韓世忠自鎮江引兵之江陰軍江淮宣撫司潰卒李選攻陷鎮江淮西兵馬都監王宗望以濠州降于金是月張浚至秦州桑仲自唐州犯襄陽京西制置使程千秋敗走仲遂據襄陽十二月乙亥朔張浚承制廢積石軍丙子帝至明州丁丑江淮宣撫司準備將戚方擁衆叛犯鎮江府殺守臣胡唐老辛巳金人陷常州守臣周杞遣赤心隊官劉晏擊走之陷廣德軍殺守臣周烈劉光世引兵趨南康軍壬午定議航海避兵禁卒張寶等憚行謀亂命呂頤浩等伏兵執寶等十七人斬之甲申張浚承制拜涇原經略使曲端爲威武大將軍宣撫處置使司都統制乙酉兀朮犯臨安府守臣康允之棄城走錢塘縣令朱躍死之己丑帝乘樓船次定海縣給行在諸軍雪寒錢辛卯留范宗尹趙鼎于明州以候金使

癸巳帝次昌國縣乙未杜彥犯潭州殺通判孟彥卿趙民彥金人屠洪州戊戌金人犯越州安撫使李鄴以城降衛士唐琦袖巨石要擊金帥琶八不克死之郭仲荀棄軍奔溫州庚子移幸溫台癸卯黃潛善卒于英州李成自滁州引兵之淮西

本紀卷第二十五

本紀卷第二十六　宋史二十六

開府儀同三司上柱國錄軍國重事中書右丞相監修國史領經筵事都總裁臣脫脫等奉
勑修

高宗三

四年春正月甲辰朔御舟碇海中乙巳金人犯明州張俊及守臣劉洪道擊却之丙午帝次台州章安鎮己酉遣小校自海道如處州問安太后庚戌金人再犯明州張俊引兵去浙東副總管張思政及劉洪道繼遁癸丑貶郭仲荀汝州團練副使廣州安置丙辰詔原兩浙州郡降金官吏丁巳婁宿陷陝州守臣李

彥仙死之己未金人陷明州夜大雨震電乘勝破定海以舟師來襲御舟張公裕以大舶擊退之辛酉發章安鎮壬戌雷雨又作甲子泊溫州港口乙丑以中書舍人李正民為兩浙湖南江西撫諭使詣太后問安丁卯台州守臣晁公為棄城遁處州衛兵及鄉兵相殺縱火肆掠三日劉可轉寇京西屢為桑仲所敗至是為其黨所殺復推劉超據荊門軍戊辰滕康劉珏罷仍奪職己巳換給僧道度牒人輸錢十千辛未命臣僚條具兵退之後措置之策駐蹕之所是月金人攻楚州守臣趙立拒之金人犯邠州曲端遣涇原

路副總管吳玠拒戰敗之于彭原又陷同州張浚遣謝亮使夏國至則其主乾順已稱制遂還二月甲戌朔鄺瓊率衆降于劉光世叛將傅選詣處州乞降乙亥奉安祖宗神御于福州詔復以盧益為資政殿學士李回端明殿學士並權知三省樞密院事金人陷潭州將吏王暕劉价趙聿之戰死向子諲率兵奪門亡去金兵大掠屠其城丙子金人自明州引兵還臨安癸未虔州鄉兵首領陳新率衆數萬圍城叛將胡友亦犯虔州與新戰破之新乃去甲申禁迯卒投刺別軍丙戌金人自臨安退兵命劉光世率兵追之丁

亥金人陷汴京權留守上官悟出奔為盜所殺庚寅帝次溫州浙東防遏使傅崧卿入越州辛卯金人陷秀州甲午知蔡州程昌寓棄城南歸鼎州民鍾相作亂自稱楚王乙未杜充罷丙申以金兵退肆赦張浚承制以陝西制置使王似知成都府罷諸路武臣提點刑獄李成入舒州金游騎至平江周望奔太湖守臣湯東野亦遁茶陵縣軍賊二千餘人犯郴州永興縣戊戌金人入平江縱兵焚掠辛丑白虹貫日鍾相陷澧州殺守臣黃宗權湖北制置使傅雱招諭孔彥舟彥舟聽命因以為湖南北捉殺使荊南守臣唐慤

棄城去金人陷醴州守臣王淑棄城去是月張浚自
秦州引兵入援三月癸卯朔孔彥舟入鼎州金人去
平江統制陳思恭以舟師邀敗其後軍于太湖呂頤
浩請幸浙西丙午趙鼎言金兵去未遠遂緩其行丁
未命發運司說諭兩浙富民助米以備巡幸辛亥遣
兵部員外郎馮康國等撫諭荆湖南北廣南諸路壬
子金人入常州守臣周杞棄城去甲寅遣盧益及御
營都統制辛企宗奉迎太后東還丙辰金人犯終南
縣經略使鄭懸戰敗死之丁巳金人至鎮江府韓世
忠屯焦山寺邀擊之詔侍從官各舉可充監司者一

二人辛酉御舟發溫州宣撫司節制軍馬李允文部
兵至鄂州御營前軍將楊勍叛甲子張浚請便宜辟
官不許衡段戊辰孔彥舟擊敗鍾相禽相及其子子
昂檻送行在己巳戚方陷廣德軍殺權通判王儔夏
四月癸酉蠲江西州縣兵盜殘破民家夏稅戊寅吳
玠及金人戰于邠州彭原店敗績部將楊晟死之己
卯以觀文殿學士朱勝非為江西湖南北宣撫使是
日張浚引兵至房州知金兵退乃還癸未帝駐越州
甲申下詔親征巡幸浙西韓世忠駐軍揚子江要金
人歸路屢敗之兀朮引軍走建康乙酉以御史中丞

趙鼎為翰林學士鼎固辭不拜戚方圍宣州劉光世
遣統制王德誘誅劉文舜于饒州丙申用趙鼎劾奏
呂頤浩罷為鎮南軍節度使醴泉觀使命三省樞密
院同班奏事韓世忠及兀朮再戰江中金人乘風縱
火世忠敗績兀朮渡江屯六合縣丁酉復以趙鼎為
御史中丞戊戌振明州被兵民家己亥以張浚為浙
西江東制置使辛丑王德破妖賊王宗石于信州貴
溪縣執其渠帥諸縣悉平是月金人犯江西者自荆
門軍北歸留守司同統制牛皐潛軍寶豐擊敗之五
月甲辰以范宗尹為尚書右僕射兼御營使辛亥統

領赤心隊軍馬劉晏及戚方戰于宣州敗死壬子金
人焚建康府執李梲陳邦光而去淮南宣撫司統制
岳飛邀擊于靜安鎮敗之是夜紫微垣內有赤雲亘
天白氣貫其中癸丑詔臺諫等官各舉所知二人以
張守參知政事趙鼎僉書樞密院事以白金三萬兩
賜韓世忠軍贈戰歿將孫世詢嚴永吉張淵等官甲
寅金人陷定遠縣執閭勍去勍不屈死之巨師古擊
戚方于宣州數敗之方引去乙卯王綯罷丁巳命劉
光世移軍捕戚方楊勍犯婺州戊午復置權尚書六
部侍郎癸亥詔中原淮南流寓士人聽所在州郡附

試甲子周望罷尋分司衡州居住置京畿淮南湖北
京東西路鎮撫使乙丑升高郵軍為承州以翟興孟
汝趙立劉位趙霖李成吳翊李彥先薛慶並為鎮撫
使興河南府汝唐州立楚泗州漣水軍位滁濠州霖
和州無為軍成舒蘄州翊光黄州彥先海州淮陽軍慶
承州天長軍丁卯慶及金人戰于承州城下累敗之
戊辰命江浙州縣祭戰死兵民分江東西為鄂州江
州池州三路置安撫使罷諸路帥臣兼制置使諸州
守臣兼管内安撫使是月劉超據荆南分兵犯峽州
又合叛將彭筠犯復州淮西敗將崔增陷焦湖水砦

河東北經制使王俊舉兵及金人戰于襄城縣敗之
復潁昌府張浚承制以金房州隸利路六月辛未朔
蠲紹興府三縣湖田米詔侍從臺諫諸將集議駐蹕
事宜楊勍犯處州癸酉遣統制陳思恭討勍合江南
兩路轉運為都轉運使再貶周望昭化軍節度副使
連州安置甲戌罷御營司以范宗尹兼知樞密院事
乙亥王𤫊遣統領林閏等追襲楊勍于東陽縣軍敗
裨將李在死之丁丑以劉光世部兵為御前巡衛軍
光世為都統制楊勍等焚建州戚方犯湖州安吉縣
詔張俊捕之戊寅更御前五軍為神武軍御營五軍

為神武副軍以知建康府權邦彥為淮南等路制置
發運使滁濠鎮撫使劉位為賊張文孝所殺命其子
綱襲職庚辰置鎮撫使六人陳規德安府復州漢陽
軍解潛荆南府歸峽州荆門公安軍程昌㝢鼎澧州
陳求道襄陽府鄧隨郢州范之才金均房州馮長寧
淮寧順昌府蔡州辛巳慮囚申命有司討論釐正崇
寧以來濫賞罷諸州添差通判職官癸未召劉光世
赴行在甲申岳飛破戚方于廣德軍乙酉鍾相僞將
胡源引兵入慈利縣執其黨陳誠來降丙戌以呂頤
浩為建康路安撫大使劉光世為兩浙路安撫大使

朱勝非為江州路安撫大使郭仲威為真楊州鎮撫
使戚方詣張俊降庚寅召韓世忠率兵赴行在辛卯
妖賊王宗石等伏誅壬辰權密州都巡檢徐文率部
兵泛海來歸甲午置樞密院幹辦官四員乙未郭仲
威犯鎮江府遣岳飛擊之是月兀朮聞張浚在秦州
將舉兵北伐自六合引兵趨陝西秋七月癸卯劉光
世援宣撫使例乞便宜行事不許詔軍興以來諸州
得便宜指揮者並罷乙巳馮長寧復順昌府張浚罷
曲端都統制丁未以劉光世為集慶軍節度使開府
儀同三司戊申以孔彥舟為辰沅靖州鎮撫使張浚

獻黃金萬兩助軍用宣撫司遣統制官吕世存王俊復郾州其餘州縣多迎降後軍将王闢叛陷歸州鈐轄田祐恭擊敗之己酉王闢犯房州守臣韋知幾棄城走庚戌楊勍叟劉光世招安尋復叛去迫泉州癸丑崔增犯太平州守臣郭偉拒却之乙卯金人徙二帝自韓州之五國城劉光世乞移司平江不許丙辰張俊合諸将戚方等兵萬餘赴行在丁巳申命元祐黨人子孫于州郡自陳盡還當得恩數韓世忠張俊並罷己未禁閩廣淮浙海舶商販山東慮為金人鄉導詔江浙福建州縣諭豪右募民兵據險立柵防遏外寇庚申以岳飛為通泰州鎮撫使辛酉建州民范汝為作亂命統制李捧捕之乙丑復李邦彥以下十九人官職聽自便復李綱銀青光祿大夫許翰顏岐端明殿學士張浚貶曲端階州居住丁卯金人立劉豫為帝國號齊戊辰罷提領措置茶鹽司己巳詔王瓔部兵屯信州程昌寓遣将杜湛禽李合戎于松滋縣是月張用據漢陽軍沿江措置副使李允文招降之以便宜徙鄂州路副總管以右軍統制馬友知漢陽軍八月辛未朔以禮部尚書謝克家参知政事壬申李成請降于江州詔撫納之張浚停程千秋官文

州編管癸酉選神武中軍親兵六百人番直禁中甲戌詔侍從官日一員輪直進故事闕治體者丁丑以韓世忠為檢校少師武成感德軍節度使張俊檢校少保寧武昭慶軍節度使贈監察御史常安民為左司諫江公望左諫議大夫録其後二人庚辰太后至自虔州薛慶及金人戰于揚州城下死之郭仲威奔興化縣辛巳侍御史沈與求戶部侍郎李陵以論宰相范宗尹皆黜宗尹復視事癸未盧益罷張浚復永興軍再貶曲端海州團練使萬州安置甲申陳萬信餘黨雷進作亂乙酉焚慈利石門二縣以御營司參議官王擇仁權河東制置使山砦首領韋忠佺為都統制宋用臣馮賽同都統制丙戌命李成吳翊捍禦上流翊棄城去以成為四州鎮撫使命李捧便道過信州招捕靳賽戊子以饒信妖賊平赦二州徒以下囚蠲民今年役錢貶滕康永州劉玨衡州並居住己丑詔岳飛救楚州仍命劉光世遣兵往援辛卯杜湛渡江討羣賊復石首等五縣壬辰盜入梅州殺守臣沈同之大掠而去癸巳命福建安撫使程邁會兵討范汝為甲午知虢州邵興遣統制閻興及金人戰于解州東屢破之金人陷承州命陳思恭屯兵明州以

防海道劉光世遣王德酈瓊以輕兵渡江乙未遇金游騎于召伯埭敗之戊戌以桑仲為襄陽鄧隨郢州鎮撫使是月罷提舉廣西峒丁孔彥舟入潭州宣撫司叅議官王以寧率兵拒之以寧敗遁去宣撫司主管機宜文字傅雱在彥舟軍中承制以彥舟權湖南副總管劉綱以乏食率兵奔溧陽九月辛丑呂頤浩入見請益兵命王𤪌巨師古頡孝恭兵隸之分屯境內壬寅詔諸路決囚甲辰徽宗皇后鄭氏崩于五國城戊申命秦鳳將關師古領兵赴行在劉豫僭位于北京庚戌禁宣撫司僚屬便宜行事及京西湖南北

路勿隸川陝宣撫司節制癸丑涇原同統制李彥琦及金人戰于洛河車渡敗之乙卯罷中書門下省檢正官桑仲陷均房州進犯白土關丙辰復增左右司郎官為四員金人攻楚州趙立死之丁巳趙霖復和州李成遣馬進犯興國軍戊午荆襄賊趙延壽犯德安府陳規拒却之己未金均房安撫使王彥及桑仲戰于平麗縣敗之王闢詣彥降辛酉李捧擊范汝為于建州官軍皆潰捧遁去金人犯揚州統制靳賽逆戰于港河敗之金人陷延安府執呂世存又陷保安軍癸亥張浚追都統制劉錫統五路兵及金將婁宿

戰于富平縣浚駐邠州督戰官軍敗績丙寅給劉光世犒軍銀二萬兩絹二萬匹戊辰趙延壽焚郢州金人陷楚州鎮撫使李彥先來救兵敗死之冬十月庚午朔張浚斬環慶經略使趙哲于邠州貶劉錫合州安置命諸將各領兵歸本路浚退保秦州陝西大震辛未秦檜自楚州金將撻懶軍中歸于漣水軍丁禩水砦壬申命楊惟忠王𤪌討李成丙子以孔彥舟為鼎澧辰沅靖州鎮撫使戊寅鍾相餘黨楊華舉兵圍桃源縣己卯馬進犯江州癸未程昌寓入鼎州擊楊華破之甲申趣劉光世救楚州丁亥以李回同知樞

密院事庚寅遣前御史臺檢法官謝嚮招范汝為召張浚以兵入援追復李邦彥觀文殿大學士辛卯虔州賊李敦仁及弟世雄舉兵破虔州石城縣甲午命楊惟忠率兵屯江州乙未岳飛破金人于承州丙申詔劉光世節制諸鎮守禦通泰州伺便襲金人過淮是月馮長寧棄城去尋以淮寧附劉豫江東賊張琪犯建康府劉洪道招降之環慶路統制慕洧叛附于夏國涇原統制張中彥經略司幹辦趙彬叛降金人劉忠據岳州平江縣白面山王善餘黨祝友擁衆為亂屯滁州龔家城十一月癸卯慕洧遂引金人圍環

州呂頤浩復南康軍甲辰趙鼎罷乙巳秦檜入見丙
午岳飛棄泰州渡江丁未金人犯泰州飛退保江陰
軍沙上以御史中丞富直柔僉書樞密院事秦檜為
禮部尚書李允文殺岳州守臣袁植呂頤浩會楊惟
忠與馬進戰南康軍不利戊申頤浩遣巨師古救江
州為進所敗師古奔洪州金人陷涇原經略使劉錡
退屯瓦亭己酉以孔彥舟為湖南副總管部兵屯潭
州庚戌命神武副軍都統制辛企宗討范汝為壬子
日南至率百官遙拜二帝乙卯改樞密院幹辦官為
計議官丙辰金人陷泰州丁巳通州守臣呂伸棄城

去王彥攻桑仲于黃水破之房州平張浚以彥為金
均房州鎮撫使崔增犯池州劉洪道遣統制李貴擊
走之增以兵萬餘詣呂頤浩降甲子詔諸路守臣節
制管內軍馬丙寅金房州賊郭希犯歸州田祐恭擊
卻之命王𤫊部兵萬人速援呂頤浩祝友渡江大掠
是月張浚退軍興州秦鳳副總管吳玠收餘兵保大
散關東和尚原詔諸路轉運司括借寺觀田租蘆場
三年十二月庚午安南請入貢卻之辛未遣度支員
外郎韓球括饒信諸州錢糧凡江湖川廣上供皆拘
之壬申命孔彥舟援江州丙子禁節制軍馬守臣便

宜行事丁丑馬進分兵犯洪州乙丑李敦仁犯撫州
崇仁縣命李山張中彥討之壬辰金人犯熙州總管
劉惟輔戰敗之殺五千餘人甲午再犯熙州惟輔軍
潰被執死之乙未以張俊為江南招討使討李成丁
酉范汝為降詔補民兵統領是月張俊承制復海州
團練副使曲端左武大夫興州居住是歲宣撫處置
司始令四川民歲輸激賞絹三十三萬匹有奇
紹興元年春正月己亥朔帝在越州帥百官遙拜二
帝不受朝賀下詔改元釋流以下囚復賢良方正直
言極諫科蠲兩浙夏稅和買紬絹絲綿減閩中上供

銀三分之一戊申改命張俊為江淮路招討使復江
池路為江東西路分荊湖江南諸州為荊湖東西路
置安撫司治池江鄂鼎州江南東西路各置轉運司
荊湖東西路轉運司通掌兩路財賦以呂頤浩為江
東路安撫大使朱勝非江西路安撫大使馬進陷江
州守臣姚舜明棄城走端明殿學士王易簡等二百
人皆遇害己酉岳飛引兵之洪州金人犯揚州謝嚮
率范汝為討平建陽賊劉時舉金人犯泰州吳玠擊
敗之庚戌又犯西寧州守臣俱重迎降辛亥謝克家
罷壬子詔京官知縣並堂除內外侍從各舉可任縣

令者二人犯贓連坐自今不歷縣令者勿除監司郎官不歷外任者勿除侍從著為令張中孚以原州叛降于金癸丑李敦仁圍建昌軍蔡延世率鄉兵擊退之賊曹成入漢陽軍李允文招之成入鄂州復趨江西丁巳呂頤浩遣王𤫊崔增擊賊于湖口大敗之頤浩及楊惟忠引兵趨江州辛酉詔太祖創業垂統德被萬世神宗詔封子孫一人為安定郡王世世勿絕自宣和末至今未舉有司其上應襲封人名依故事舉行金入再圍環州是月張浚復曲端榮州刺史提舉江州太平觀閬州居住尋移恭州二月戊辰朔宜章縣民李冬至二作亂犯英連韶郴諸州祝友降劉光世分其軍以友知楚州庚午改行宮禁衛所為行在皇城司李成黨邵友犯筠州守臣王庭秀棄城去辛未犯臨江軍守臣康倬遁壬申初定歲祀天地社稷如奏告之禮癸酉桑仲自棗陽引兵還襄陽丁丑鄜延將李永琦叛犯慶陽府戊寅禁州郡統兵官擅招安亂軍盜賊己卯日中有黑子四日乃沒以辛企宗為福建制置使辛巳以秦檜參知政事壬午水賊張榮入通州癸未詔辛企宗及謝嚮罷遣范汝為兵汝為不聽命甲申詔王𤫊張俊犄角討捕馬進等賊

丙戌復置秘書省己丑命孔彥舟呂頤浩張俊會兵討李成壬辰雨雹癸巳邵青寇宣州丙申詔諸路提刑司以八月類省試張浚亦以便宜合川陝舉人即置司類省試丁酉宣教郎范燾坐誣訟孟忠厚且及太后除名潮州編管是月李敦仁犯汀州馬友遣其黨犯鄂州總管張用拒卻之李允文以友權湖南招捉公事友大掠漢陽而去過岳州守臣吳錫遁友據之三月戊戌朔以嚴衢二州守臣柳約李處勤有治効各進職一等呂頤浩遣崔增王𤫊合兵擊李成于湖口大敗之庚子張浚以富平之敗上疏待罪詔免壬寅禁諸路遏糴丙午張俊楊沂中岳飛渡江擊馬進大敗之孔彥舟焚掠澧州趨衡州己酉李成犯饒州庚戌張俊楊沂中復擊馬進于筠河敗之復筠州進奔江州男子崔紹祖詐稱越王中子受上皇詔為天下兵馬大元帥趙霖以聞辛亥詔赴行在命劉光世兼淮南京東路宣撫使治揚州經畫屯田光世迄不行甲寅罷諸州免行錢乙卯金人破階州庚申劉超犯澧州統制杜湛率兵拒之甲子始下詔罪李成募人禽斬赦脅從者張俊追馬進至江州進来戰敗遁去乙丑進復江州楊沂中趙密引兵追擊進又大敗

之成奔蘄州振淮南京東西流民荊湖東路安撫使向子諲說降馬友與共討李冬至三平之是月金入攻張榮縮頭湖水砦榮擊敗之來告捷劉光世以榮知泰州金人迫興州張浚退保閬州以端明殿學士張深為四川制置使及參議軍事劉子羽趙益昌參謀官王庶為龍圖閣待制知興元府兼利夔兩路制置使節制陝西諸路桑仲以其黨李道知隨州夏四月己巳張浚承制分利閬劍文政五州為利州路置經略安撫使庚午張琪復叛犯當塗縣金將撻懶渡淮屯宿遷縣馬樂湖壬申太白晝見乙亥劉光世復

楚州階州統領杜肇復階州馬友引兵入潭州戊寅杜琪棄澧州劉超入據之己卯金涇原帥趙彬犯耀州守臣趙澄擊走之淮賊寇宏犯濠州庚辰隆祐皇太后崩癸未桑仲陷鄧州守將譚兗棄城走河東招捉使王俊引兵來援仲執斬之以其黨李橫知州事乙酉為太后制朞年服辛卯羣臣三上表始聽政癸巳命向子諲發兵及廣西安撫許中同扼險要防孔彥舟入廣仍許脅從自新以招諭之是月京西賊李忠陷商州守臣楊伯孫棄城走呂頤浩遣統制閻皋通判建昌軍蔡延世襲擊李敦仁禽其弟世雄世臣

五月丙辰朔蠲江西路被賊州縣賦稅丁酉詔呂頤浩朱勝非劉光世並兼淮南諸州宣撫使始奪李成官戊戌以張用為舒蘄鎮撫使癸卯作大宋中興寶成金人犯和尚原吳玠擊敗之丙午初復召試館職之制劉光世遣統制王德襲楊州執郭仲威以獻伏誅辛亥水軍統制邵青叛圍太平州趙彬及金人合兵圍慶陽府守臣楊可昇擊敗之甲寅命知南外宗正事令廣選年幼宗子將育于宮中詔收耆戶長役錢己未詔州縣因軍期徵取民財物者立式榜示禁過數催擾庚申孔彥舟引衆過潭州馬友迎擊大敗

之彥舟趨岳州犯鄂州李允文以彥舟為湖東副總管屯漢陽辛酉以直祕閣宗綱為荊南鎮撫司措置營田官樊賓為副壬戌劉光世招降邵青趙延壽據分寧縣呂頤浩招降之是月張俊及李成戰于黃梅縣敎馬進成敗遁歸劉豫李忠譚兗各率兵歸張浚浚命王庶分其兵張用復叛寇江西岳飛招降之湖州進士吳木上書論宰執送徽州編管六月己巳始罷南承直修武郎以下官壬申冊謚皇太后曰昭慈獻烈甲戌張琪犯餘杭州又犯宣州乙亥月犯心庚辰湖賊楊華楊廣犯鼎州程昌寓拒卻之上虞縣丞婁

寅亮上書請選立繼嗣壬午權攢昭慈獻烈皇后于
越州張琪犯徽州守臣郭東棄城去琪入據之癸未
張浚引大兵至瑞昌縣之丁家洲李允文自鄂部兵
歸浚浚并其兵護允文赴行在卲青率舟師至鎮江
甲申復叛去丁亥崇安民廖公昭合范汝爲餘黨熊
志寧作亂衆既散志寧復與建陽民丁朝佐合兵陷
二縣戊子虜囚己丑卲青犯江陰軍之福山遣海州
鎮撫使李進彥中軍統制耿進率舟師會劉光世討
之南安賊吳忠宋破壇劉洞天作亂庚寅江西提刑
司遣官討之破壇洞天皆伏誅忠遁去癸巳熙河統

制關師古洮東安撫郭玠同討熙州叛兵連敗之甲
午廣賊鄧慶龔富圍南雄州守臣鄭成之率兵民以
拒蠲建劒汀州卲武軍租是月知虢州卲興屯盧氏
縣爲河南統制董先所破走興元先遂取商虢二州
張浚承制以吳玠爲陝西諸路都統制時關隴六路
盡陷止餘階成岷鳳洮五郡鳳翔之和尚原隴州之
方山原粘罕既得陝西地悉與僞齊秋七月乙未朔
以馬友權荆湖東路副總管趣討孔彥舟統制潘逵
後軍將胡汪等叛破玉山弋陽永豐三縣遣樞密院
準備將領徐文討之戊戌吳錫復入卲州庚子以岳

飛爲神武右副軍統制留軍洪州彈壓盜賊辛丑封
伯右武衛大將軍令話爲安定郡王壬寅虔州賊陳
顒作亂命趣捕之甲辰詔秘書省長貳通修日曆丙
午劉光世遣將喬仲福擊卲青于常熟爲所敗提懶
自宿遷北歸戊申韓世清追襲張琪復祈門縣庚戌
張俊執傅雱赴行在張浚以曲端屬吏以武臣康隨
提點夔路刑獄與王庶雜治之辛酉召呂頤浩赴行
在張琪犯饒州頤浩遣閻皋擊敗之琪黨姚興降琪
走徽州癸亥范宗尹罷是月珍州守臣李玠棄城去
王彥數擊敗李忠趙彬來歸張浚承制以彬爲陝西

轉運使又以涇原兵馬都監李彥琪爲本路副總管
彥琪尋叛去八月丙寅以孔彥舟爲蘄黄鎭撫使丁
卯以知潭州吳敏爲荆湖東西廣南路宣撫使張浚
殺曲端于恭州獄張用部兵至瑞昌歸張浚浚以用
爲本軍統制戊辰張守等上紹興重修敕令格式癸
酉復以汪伯彥爲江東安撫大使乙亥呂頤浩遣將
李鑄復舒州丁丑祔昭慈獻烈皇后神主于温州太
廟戊寅張守罷以李回參知政事富直柔同知樞密
院事庚辰杜湛及劉超戰于彭山爲所敗辛巳超及
楊華楊廣合兵復寇鼎州程昌寓遣湛率舟師擊敗

之遺辛企宗移軍福州討熊志寧胡江等諸賊韓世清及張琪戰世清敗琪復入祈門縣壬午命張俊遣兵捕之鑄紹興錢癸未詔許邵青張琪脅從徒黨自新乙酉以李成在順昌恐復謀亂遣使齎蠟書諭淮寧蔡州將士立賞格募人禽斬成丁亥以秦檜爲尚書右僕射同中書門下平章事兼知樞密院事庚寅復李綱資政殿大學士募人往京東河南伺察金齊動止仍齎詔慰撫忠義保聚之人蔡州鎮撫使范福棄城去以土豪李祐代之辛卯蠲徽州被賊民家夏稅壬辰置三省樞密院賞功房是月知鄂州曹成掠湖西犯沅州與知復州李宏合屯瀏陽既而攻宏宏奔潭州九月甲午朔張琪黨李捧犯宣州守臣李彥卿及韓世清擊卻之詔江東西路安撫使復治建康府洪州以王𤫊知池州楊惟忠知江州並兼管內安撫使率部兵赴官丙申斬李世臣己亥以資政殿學士葉夢得爲江南東路安撫大使兼壽春等六州宣撫使庚子張琪復陷宣州已乃遁去辛丑命王𤫊討琪丁未詔歲再遣使者謁諸陵因撫問河南將士命馬友移屯鄂州庚戌命宗室右監門衛大將軍士芭朝饗溫州太廟辛亥合祭天地于明堂太祖太宗並

配大赦罷諸州守臣節制軍馬錄用元符末上書人子孫癸丑復以呂頤浩爲尚書左僕射同中書門下平章事兼知樞密院事丁巳王彥破李忠于秦郊店忠奔歸劉豫戊午禁福建轉運司抑民出助軍錢落范宗尹觀文殿學士己未初措置河南諸鎮屯田以戶部尚書孟庾爲江東西湖東等路宣諭制置使辛酉詔四方有建策能還兩宮者實封以聞有效者賞以王爵壬戌遣御史胡世將督捕福建盜賊是月長星見冬十月乙丑詔蔡京王黼門人實有才能者公舉敘擢李回罷丙寅朱勝非分司江州居住丁卯以李允文恣睢專殺賜死大理獄己巳王德招邵青降之庚午以孟庾參知政事徽猷閣直學士湯東野爲江淮發運使劉洪道招降李捧董旺壬申置行在大宗正司癸酉兀朮攻和尚原吳玠及弟璘力戰大敗之兀朮僅以身免丁丑增置諸路武尉戊寅以張俊爲太尉移屯婺州壬午初置見錢關子招人入中以給軍食范汝爲復叛入建州守臣王浚明棄城走辛企宗退屯福州甲申劉超請降以超守光州戊子崔紹祖伏誅詔邵青以舟師赴行在己丑升越州爲紹興府李成軍正李雱伏誅知承州王林禽張琪于楚

州檻送行在壬辰録程頤孫易為分寧令癸巳范汝
為犯卲武軍守臣吴必明統制李山率兵拒之衆潰
退保光澤縣關師古復秦州獲郭振是月劉豫遣將
王世冲寇廬州守臣王亨大破之斬世冲曹成及馬
友戰于潭州成敗還攸縣王才遣將丁順圍濠州劉
光世遣兵攻橫澗山順解圍去十一月乙未葉夢得
至建康以詔招王才降之丙申遣内侍撫問孔彥舟
桑仲丁酉榜諭福建江東羣盗赦其脅從者戊戌詔
移蹕臨安以孟庾為福建江西荆湖宣撫使神武左
軍都統制韓世忠副之仍命械謝嚮陸棠赴行在己

亥以婁寅亮為監察御史范汝為犯光澤縣李山走
信州辛丑續編紹興太常因革禮桑仲請正劉豫惡
逆之罪詔進韋荆南乙巳以右司諫韓璜黨富直柔
責監潯州稅張琪伏誅庚戌富直柔罷荆湖廣西宣
撫使吳敏始受命置司柳州辛亥升康州為德慶府
壬子詔内外侍從各舉所知三人丙辰程昌寓遣杜
湛擊楊華敗之命張浚遣使持詔招曹成以所部赴
行在己未楊華請降辛酉命吏部侍郎李光節制臨
安府内外諸軍壬戌曹成犯安仁縣執安撫使向子
諲進攻道州是月前知鄜州李惟德以岷州來歸吴

玠始遣人通書夏國十二月乙丑吴敏罷丙寅復置
樞密院都承旨范汝為遣葉徹寇南劒州守臣張觷
拒戰大破之己巳遣吏部侍郎傅崧卿為淮東宣諭
使甲戌遣江東安撫司統制郝晸顏孝恭討建昌軍
賊乙亥李企宗罷仍追三官率兵赴軍前自效丁丑
蠲諸路在官積欠詔官戶名田過制者與民均科以
岳飛為神武副軍都統制部兵屯洪州曹成陷道州
守臣向子忞棄城走戊寅以彗出求直言增行在職
事官職錢遣駕部員外郎李愿撫諭川陝己卯詔兩
浙分東西路置提點刑獄庚辰桑仲遣兵寇復州守

臣組適棄城去辛巳復置廣西提舉茶鹽司知海州
薛安靖殺僞都巡檢使王企中率軍民以城來歸增
諸路酒錢以備軍費甲申知龍州范綜統制雷仲舉
兵復水洛城己丑起復陝西都統制吴玠為鎮西軍
節度使詔江西安撫司趣兵討捕吴忠是月劉豫遣
將王彥充攻壽春府桑仲遣李横復寇金州王彥拒
戰于馬郎嶺大破之均州平蔡州褒信縣弓手許約
叛據光州階州安撫孫注復洮州龔富等圍南劒州

本紀第二十六

本紀卷第二十七　　宋史二十七

開府儀同三司上柱國錄軍國重事前中書右丞相監修國史領經筵事都總裁臣脫脫等奉

敕修

高宗四

二年春正月癸巳朔帝在紹興府率百官遥拜二帝不受朝賀甲午詔復置賢良方正直言極諫科丙申賜楊邦乂謚曰忠襄韓世忠圍建州丁酉蠲諸路元年逋税庚子陝西叛將白常圍岷州關師古率兵破之辛丑韓世忠拔建州范汝爲自焚死斬其二弟餘黨悉平壬寅帝發紹興曹成釋向子諲丙午帝至臨

安府壬子遣韓世清捕石陂賊癸丑以張俊檢校少保定國軍節度使劉豫遣兵犯伊陽縣翟興及其將李恭合擊敗之曹成犯郴州永興縣己未修臨安城辛酉遣内侍任源撫問張浚江西副總管楊惟忠以楊勍雖就招安復謀作亂誘誅之二月甲子楊華復叛擾鼎澧潭三州詔立賞畜捕首領赦貸脅從丙寅命劉光世將銳卒萬人屯楊州經理淮東庚午以李綱爲觀文殿學士湖廣宣撫使仍命岳飛率馬友李宏韓京吳錫等共討曹成諸盜甲戌以吏部尚書李光爲淮西招撫使王𤩽副之乙亥雨雹丙子以施逵謝

嚮陞黨范汝爲逵除名夔州編管嚮棠械赴行在俱道死丁丑分崔增李捧邵青趙延壽李振畢德忠徐文所部兵爲七將名御前忠銳軍隸步軍司非樞密奉旨不許調遣減淮南營田歲租三之二俟三年復舊己卯劉光世入見同執政對内殿諭以進屯揚州光世迄不行庚辰詔監司避本貫壬午程昌寓遣杜湛募兵攻賊周倫破之甲申以工部員外郎滕茂實死節于代州贈龍圖閣直學士丙戌初置著作官二員修日曆己丑復荆湖東西爲荆湖南北路南路治潭北路仍治鄂申禁福建路私有私造兵器是月

知商州董先叛入劉豫金人陷慶陽府執楊可昇降之三月壬辰朔命襄鄧鎮撫使桑仲收復陷沒諸郡仍命諸鎮撫使互相應援毋貽徐秉哲惠州吳玕南雄州莫儔韶州並居住水賊翟進襲漢陽軍殺守臣趙令戣李光執韓世清于宣州以歸虔化縣賊李敦仁及其徒皆授官隸諸軍乙未復置江陰軍罷福建路武尉戊戌葉夢得罷以李光爲江東安撫大使兼滁濠等大州宣撫使罷江淮發運司桑仲如郢州調兵守將霍明以仲將謀逆殺之以其事聞庚子金人攻方山原陝西統制楊政援之金兵引去辛丑又犯

隴安縣吳璘等擊走之淮南營田副使王實括閒田三萬頃給六軍耕種丙午復置中書門下省檢正官省樞密院檢詳官己酉以神武右軍中部統制楊沂中爲神武中軍統制癸丑河南鎮撫使翟興爲部將楊偉所殺甲寅金人復自水洛城來攻楊政等又敗之庚申曹成冦賀州清水砦守臣劉全棄城去是月知壽春府陳卞及鈐轄陳寶等舉兵復順昌府尋引兵歸爲僞齊所逐并壽春失之夏四月甲子曹成陷賀州陳顒圍循州焚龍川縣命江西安撫司遣將捕之丙寅賜禮部進士張九成以下二百五十九人及

第出身庚午以翰林學士承旨翟汝文參知政事壬申釋福建諸州雜犯死罪以下囚江西軍賊趙進冦瑞昌縣楊惟忠討降之戊寅僞齊統領王資率兵來歸富順監男子李勃僞稱徐王召赴行在壬午詔內外侍從監司守臣各舉中原流寓士大夫三二人以備任使癸未詔曰朕登庸二相倚遇惟均其所薦用之人不得偏私離間朋比害政謚孫傅曰忠定乙酉李綱始拜命置司福州是夜太平州軍士陸德據城叛囚守臣張鑄殺當塗縣令鍾大猷戊子命呂頤浩都督江淮荆浙諸軍事庚寅劉豫徙居汴京是月王

彥大破董先于馬嶺關復商州閏月癸巳高麗遣使入貢乙未知池州王進討陸德誅之丙申岳飛擊破曹成于賀州置都督府隨軍轉運司丁酉左朝奉郎孫覿坐前知臨安府贓汙貸死除名象州羈管罷後苑工作辛丑韓世清以狂悖伏誅丙午岳飛敗曹成于桂嶺縣成走連州遣統制張憲追擊破之又走郴州入邵州丁未賜福建宣撫司賞軍錢十萬緡聽朱勝非自便乙卯詔諸鎮撫使非奉朝旨毋擅出兵劉光世聞父喪去官特命起復己未詔自今明堂專祀昊天上帝以太宗配是月張浚命利夔制置使王庶

與知成都府王似兩易其職襄鄧副都統制李橫同副都統制李道合兵圍郢州霍明遁去五月辛酉以兵部尚書權邦彥簽書樞密院事以樞密將領趙琦所部兵爲忠鋭第八將癸亥呂頤浩出師以神武後軍及忠鋭兩將從行百官班送甲子以霍明權襄鄧隨郢州鎮撫使詔觀察使已上各薦可備將帥者二人丁卯罷兩浙轉運司回易庫己巳廢紹興府餘姚上虞縣湖田爲湖溉民田庚午詔修建康行宮辛未選宗室子偁之子伯琮育于禁中丙子呂頤浩總師至常州前軍將趙延壽兵叛于呂城鎮丁丑延壽犯

金壇縣殺知縣胡思忠顧浩稱疾不進戊寅海州賊
王山犯漣水軍總領蘇復副統制劉靖會兵擊敗之
庚辰臨安府火癸未置御前軍器所甲申親慮囚自
是歲如之罷行在權官乙酉劉光世遣王德追趙延
壽叛兵至建平縣悉誅之丙戌置修政局命秦檜提
舉詔侍從臺省寺監官監司守令條具省費裕國彊
兵息民之策丁亥以中書門下省檢正官仇悆爲沿
海制置使戊子手詔用建隆故事命百官日輪一人
轉對兩浙轉運副使徐康國獻銷金屏障詔有司毀
之奪康國二官蠲太平州被賊之家夏稅是月張浚
以參贊軍事劉子羽知興元府黜王庶復以王似知
成都府韓世忠至洪州遣董旼招曹成成聽命赴行
在六月庚寅朔李宏引兵入潭州執馬友殺之甲午
李綱領兵三千發福州戊戌詔孟庾韓世忠班師岳
飛屯駐江州庚子以劉光世爲寧武寧國軍節度使
韓世忠爲太尉移屯建康府辛丑以李横爲襄鄧鎮
撫使李道鄧隨鎮撫使壬寅翟汝文罷孔彥舟叛降
僞齊乙巳以權邦彥兼權參知政事戊申仇悆兼制
置福建路辛亥免臺諫官輪對甲寅召呂頤浩赴行
在令參謀官傅崧卿權主管都督府事詔兩浙江淮

守臣令存撫東北流寓人乙卯韓世忠遣統制解元
巨振入潭州執李宏以歸秋七月辛酉悉蠲福建諸
州被兵之家田稅壬戌復置湖北提舉茶鹽司甲子
罷福建提舉市舶司己巳起復翟琮爲河南府孟汝
唐州鎮撫使甲戌罷淮東路提點刑獄司丙子馬友
黨郝通率兵五萬歸宣撫司戊寅知廬州王亨復安
豐壽春縣己卯呂頤浩入見庚辰韓世忠討劉忠駐
兵于岳州之長樂渡大破之忠走淮西丁亥詔編次
建炎以來譜牒八月壬辰以孟庾兼權同都督江淮
荆浙諸軍事癸巳順昌縣賊余勝等作亂通判南劍
州王元鼎捕殺之甲午安定郡王令話薨丙申詔郡
守除罷赴闕皆得引對臨安府火以知江州劉紹先
爲沿淮防遏使戊戌命朱勝非提舉醴泉觀兼侍讀
日赴朝堂議事沿海州縣籍民海舶每歲一更守海
道險要振福建饑民己亥停傅雱官英州羈管庚子
詔孟庾韓世忠總大兵至建康進赴行在戊申給事
中胡安國以論朱勝非罷宰執臺諫上疏留之皆不
報江西統制傅樞討平南雄賊吳忠鄧慶劉軍一等
己酉賜吳玠田甲寅秦檜罷給事中程瑀等坐論駁
朱勝非疑其黨擯並落職主宮觀替出胃乙卯減膳

戒輔臣修闕政罷脩建康行宮九月戊午朔落秦檜
職己未罷修政局辛酉以孛出大赦許中外臣民直
言時政陝西諸叛將許令自新壬戌王倫自金國使
還入見遣潘致堯等爲金國軍前通問使附茶藥金
幣進兩宮甲子以直徽猷閣郭偉爲淮西巡撫使乙
丑復以朱勝非爲尚書右僕射同中書門下平章事
兼知樞密院事戊辰司空山賊李通出降以爲都督
府親軍統領癸酉以右朝請大夫呂源爲浙東福建
沿海制置使治定海縣知建昌軍朱芾擊石陂賊余
照禽斬之甲戌孛没丙子復以郭仲荀爲武泰軍節
度使詔墨敕有不當者許三省樞密院奏稟給事中
中書舍人繳駁臺諫論列有司申審庚辰命福建提
舉茶鹽官兼領市舶司辛巳以韓世忠爲江南東西
路宣撫使他帥臣稱宣撫使者並罷壬午遣監察御
史明橐等五人宣諭江浙湖廣福建諸路仍降詔諭
官吏以遣使按察勸懲誅賞之意癸未新作行宮南
門成甲申提轄榷貨務張純沒立淮浙鹽法增其筭
總領四川財賦趙開初變四川鹽法盡榷之乙酉太
白晝見丙戌以知興元府王似爲川陝宣撫處置副
使丁亥封右監門衛大將軍榮州防禦使令時爲安

宋史二十七 四百令九个 宋史本紀卷第二十七 七 黃安寫

定郡王是月韓世忠遣統制解元襲擊劉忠于蘄陽
大破之忠奔劉豫冬十月戊子朔置牧馬監于饒州
庚寅李勍伏誅丙申初置江浙荊湖廣南福建路都
轉運使甲辰潘致堯至楚州通判州事劉晏劫其禮
幣奔劉豫守臣柴春戰死戊申以知平江府趙鼎爲
江東安撫大使丙辰禁温台二州民結集社會班度
量權衡于諸路禁私造者是月顏孝恭招降石陂餘
賊李賓等十一月辛酉陳顒陷汀州武平縣犯梅循
二州乙丑初榷明州鹵田鹽辛未議將撫師江上召
侍從官條具利害甲戌命李綱劉洪道程昌寓解潛
會兵捕討胡寇楊太戊寅范汝爲餘黨范忠掠龍泉
縣庚辰詔宣諭五使焚所至州縣建炎以前已蠲稅
籍癸未臨安大火是月關師古敗僞齊兵于抹邦山
馬友黨步諒詣李綱降綱入潭州其黨郝晸降王進
吳錫禽王浚湖南盜賊悉平十二月丁亥朔命神武
前軍統領申世景等討捕范忠己丑僞稱榮德帝姬
易氏伏誅范忠犯處州巨師古引兵入廬州執王亨
送行在甲午李綱罷臨安府火丙申振被火家罷浙
東沿海制置司丁酉岳飛遣統領徐慶王貴討禽游
鄉賊高聚己亥以胡舜陟爲廬壽等州鎮撫使金人

宋史二十七 四百令九个 宋史本紀卷第二十七 八 黃安寫

侵僞秦關師古擊敗之庚子遣駕部員外郎李愿撫
諭川陝江西兵馬副鈐轄張中彥坐縱暴不法斬于
潭州辛丑程昌寓遣杜湛討楊欽等敗之殺三千餘
人癸卯川陝宣撫司類試陝西發解進士得周謨等
十三人以便宜賜進士出身甲辰罷張浚宣撫處置
使仍知樞密院以知夔州盧法原爲川陝宣撫處置
副使及王似同治司事己酉遣司封員外郎周隨亨
同撫諭川陝庚戌孟庾自建康來朝辛亥金人犯商
州守將邵隆退屯上津李横敗僞齊兵復汝州甲寅
命孟庾同都督江淮荊浙諸軍事詔都督府總治江

東西湖北浙西帥臣經畫屯田張浚承制以歸州隷
夔州路是冬金人犯和尚原將士乏食自潰吴璘拔
砦棄去虔賊謝達犯惠州
三年春正月丁巳朔帝在臨安率百官遥拜二帝不
受朝賀江西將李宗諒誘戍兵叛寇筠州統領趙進
擊卻之翟琮入西京禽僞齊留守孟邦雄命諸路憲
臣兼提舉常平司庚申金人犯上津李横破潁順軍
僞齊知軍蘭和降壬戌金人犯金州洵陽縣以仇悆
爲福建兩浙淮東路沿海制置使癸亥陳顒圍潮州
不下引兵趨江西甲子李横復潁昌府乙丑詔中外

刑官各務仁平臺憲檢察月具所平反以聞歲終考
察殿最金人陷金州鎮撫使王彥焚積聚退保西鄉庚
午罷行在宗正司命嗣濮王仲湜兼判大宗正事辛
未震電雨雹造渾天儀李通爲其徒王全所殺壬申
命西外宗正移司福州癸酉復祭大火以湯東野爲
淮東安撫使乙亥以李横爲襄陽府鄧隨郢州鎮撫
使丁丑登萊山砦統制范溫率部兵泛海來歸庚辰
詔春秋望祭諸陵張浚論奏王似不可爲副因引罪
求罷不報癸未詔民復業者視墾田多寡定租額賦
役乙酉減淮浙蠶鹽錢二月丁亥朔升桂州爲靜江

府己丑權邦彥薨浙東賊彭友犯龍泉縣辛卯李通
餘黨劉德圍舒州吴玠遇金人于饒風關王彥自西
鄉來會金人分兵攻關統制郭仲敗走丁酉饒風關
破玠趣西縣彥奔達州四川大震張浚被罷職之命
以諸軍方潰因秘不行復具奏審己亥金帥撒離曷
入興元府經略使劉子羽焚其城走三泉縣吴玠退
屯仙人關庚子以宗子伯琮爲和州防禦使賜名瑗
尋改貴州辛丑蠲廣東諸州被賊民家稅壬寅鄭州
兵馬鈐轄牛皋彭玘率兵與李横會横以便宜命皋
爲蔡唐州鎮撫使玘知汝州乙巳翟琮遣統制李吉

敗偽齊兵于伊陽又殲其將梁進之衆丁未王似始
受宣撫副使之命戊申虔賊周十隆犯循梅汀州詔
統制趙祥等合兵捕之庚戌以李橫爲神武左軍副
統制京西招撫使改胡舜陟爲淮西安撫使辛亥以
工部尚書席益參知政事翰林學士徐俯簽書樞密
院事壬子王全犯廬州甲寅詔守臣至官半年具上
民間利害或邊防五事李橫遣人奏潁昌之捷詔許
橫便宜行事乙卯劉光世遣酈瓊等屯兵泗州爲李
橫聲援是月張浚復以王庶爲參謀官往巴州措置
時金兵深入至金牛鎮疑有伏由褒斜谷引兵還與

元昊玠劉子羽追擊其後殺獲甚衆三月己未詔岳
飛捕虔賊壬戌申命統制巨師古部兵萬人屯楊州
胡舜陟至廬州王全降甲子以趙鼎爲江西安撫大
使李橫傳檄諸軍收復東京己巳金人遣兵援劉豫
李橫敗走潁昌復陷壬午以韓世忠爲淮南東路宣
撫使李綱遣兵擊降李宗諒詔戮于市夏四月丁亥
朱勝非以母喪去位偽齊知虢州董震及其統制董
先來歸以震權商虢陝州鎮撫使己丑詔江東西湖
北浙西募民佃荒田蠲三年租辛卯以劉光世爲檢
校太傅江南東路宣撫使金人去興元壬辰徙都督

府于鎮江岳飛軍次虔州甲午偽齊知唐州胡安中
來歸丙申偽齊李成攻陷虢州董先牛皐犇襄陽己
亥改謚昭慈獻烈皇后爲昭慈聖獻復舉五帝日月
之祀庚子增文武小官奉辛丑荊南統制羅廣率兵
至鼎州楊太衆益盛自號大聖天王立鍾相少子子
義爲太子廣等不克討而還丁未岳飛遣統領張憲
王貴擊彭友禽斬之劉忠爲部下王林所殺傳首行
在戊申以浙西兵馬鈐轄史康民所部兵爲忠銳第
九將己酉張浚奏王庶王似盧法原威望素輕乞命
劉子羽吳玠並爲判官不報辛亥徐文叛奔偽齊五

月丙辰以翟琮爲河南府孟汝鄭州鎮撫使董先爲
副使丁巳遣樞密計議官任直清撫諭襄陽商虢河
南諸鎮己未命楊沂中招捕嚴州盜賊辛酉建睦親
宅以董先爲商虢陝州鎮撫使徵河南布衣王忠民
爲宣教郎至行在辭不受壬戌潘致堯還言金人欲
重臣通使以取信遂寢出師之議乙丑罷諸州在任
守臣所辟通判丁卯以韓肖胄等充金國軍前通問
使安化蠻犯邊廣西經畧使許中發兵擊之戊辰楊
沂中招降嚴州賊繆羅等捕斬其徒百人魔賊平庚
午以岳州數被兵免今年稅役壬申詔守令尉佐境

内妖民聚集不能覺察致亂者並坐罪知建昌軍朱芾討南豐縣賊禽誅其魁黃琮乙亥以方與金國議和禁邊兵犯齊境丙子王彥復金州金兵棄均房去韓世忠請以大軍還鎮江己卯詔淮南統制解元戍泗州餘屯江北周隨亨李愿宣押王似還法原至閬州張浚始解使事時已論金牛之功以吳玠為利州路階成鳳州制置使劉子羽為寶文閣直學士王彥為保大軍承宣使僚屬將帥第賞有差庚辰浚及子羽王庶劉錫等赴行在詔李橫等收軍還鎮辛巳罷宣撫司便宜黜陟六月甲申朔統制官師古坐違韓

宋史二十七　四百令九个

宋史本紀卷第二十七　十三

黃安寫　王富田刊

世忠節制除名廣州編管丙戌復置六部架閣庫丁亥禁諸路招納淮北人及中原軍來歸者戊子復元祐宰相呂大防官職贈謚庚寅詔降川陝死罪囚釋流以下賞吳玠關師古將士壬辰張浚至綿州復奏王似不可任甲午命王瓔率諸軍討楊太己亥罷沿海制置司丁未置國子監及博士弟子員戊申以王林所部兵為忠銳第十將己酉岳飛自虔州班師辛亥發兵屯駐虔廣二州彈壓盜賊州各三千人是月金人圍方山原王似命吳玠發兵救之秋七月己未復置博學宏詞科初許任子就試甲子以久旱償州

縣和市民物之直丁卯詔訪求累朝勳臣曹彬等三百人子孫以備錄用戊辰王瓔以舟師發行在己巳詔減膳禁屠弛工役罷苛嬈命兩浙及諸路憲臣親按部錄囚辛未蠲紹興二年和市紬帛癸酉呂頤浩等以旱乞罷政帝賜詔曰與其去位曷若同寅協恭交修不逮思所以克厭天心者頤浩等乃復視事乙亥朱勝非起復丙子泉州水溢壞城丁丑遣中使逆趣張浚于道是月四川霖雨地震八月己丑詔岳飛赴行在留精兵萬人戍江州翟琮率兵突圍犇襄陽詔屯駐其地癸卯罷諸路輸禁軍闕額錢甲辰以兩

宋史二十七　四百令九个

宋史本紀卷第二十七　十四

黃安寫　王富田刊

暘不時蘇湖地震求直言乙巳復置史館修撰直館檢討官命郎官兼領著作郎及佐郎戊申罷都轉運司己酉詔湖南丁米三分之二均取于民田其一取之丁口辛亥孟庾自軍中來朝九月戊午呂頤浩罷詔凡遇水旱災異監司郡守即具奏毋隱庚申岳飛自江州來朝川陝統領官吳勝敗僞齊兵于黃堆砦丙寅以趙鼎為江西安撫制置大使壬申詔中書舍人給事中凡制敕非軍期機速必先書押而後報行甲戌僞齊王彥先寇徐宿二州乙亥以劉光世為江東淮西宣撫使置司池州韓世忠為鎮江建康府淮南

東路宣撫使置司鎮江府王𤫊爲荆南府岳鄂潭鼎
澧黄州漢陽軍制置使置司鄂州岳飛爲江南西路
舒蘄州制置使置司江州主管殿前司郭仲荀知明
州兼沿海制置使神武中軍統制楊沂中兼權殿前
司已卯吳勝克蓮花城冬十月癸未朱勝非上重修
吏部七司敕令格式庚寅加吳玠檢校少保壬辰趣
王𤫊進兵詔寛私鹽重法甲午郤大理國入貢丁酉
殘破州縣視戸口增損立守令考課法已亥禁州縣
擅增置稅場僞齊李成陷鄧州辛丑南丹蠻莫公晟
圍觀州焚寶積監殺知監陳烈壬寅僞齊兵逼襄陽

李横以糧盡棄城奔荆南知隨州李道亦棄城去甲
辰王𤫊討湖賊戰于鼎口不利僞齊陷郢州守臣李
簡棄城去申禁私役戰士丁未命三省除銓曹姦弊
戊辰罷諸路類省試統制石世逵及杜湛合兵大破
湖賊黄誠于龍陽洲庚戌復置宗正少卿及寺監諸
丞是月王彥先引兵至北壽春將渡淮劉光世駐軍
建康扼馬家渡又遣酈瓊駐無爲軍爲廬濠聲援賊
乃還十一月已未以右文殿修撰王倫爲都督府參
議官癸亥詔監司帥守察内外宗子病民害政者以
聞崔增吳全遇湖賊于陽武口死之甲子韓肖胄等

使還乙丑禁沿淮諸砦兵擅侵齊境庚午臨安府火
甲戌禁掠賣生口入蠻夷峽峒及以銅錢出中國乙
亥復元祐十科舉士法丁丑命賓横宜觀四州市戰
馬戊寅王𤫊自鼎州引兵還鄂留統領王渥等四軍
聽程昌寓節制已卯蠲南劍州所負民間獻納錢十
六萬緡省淮南州縣文武官十二月辛巳朔降勑書
撫諭吳玠及川陝將士乙酉臨安府火戊子又火朱
勝非以屢火求罷不允丙申王似承制廢通遠軍己
酉金國元帥府遣李永壽王翊來見是歲海寇黎盛
犯潮州焚民居毁城去

四年春正月辛亥朔帝在臨安率百官遥拜二帝乙
卯增淮浙路鹽鈔貼納錢遣章誼等爲金國通問使
已未程昌寓遣杜湛王渥攻楊太皮真砦破之己巳
詔諭王似盧法原吳玠使之協和金人犯宕昌臨江
砦及花石峽關師古遣統領劉戩分兵拒却之庚午
詔諸路將帥毋以兩國通使輒弛邊備淮南州郡津
渡尤愼譏察甲戌罷州縣新置弓手乙亥蠲循梅潮
惠四州被兵家租賦丙子申敕三省樞密院除官並
遵舊制毋相侵紊除拜罷免皆明示黜陟之由戊寅
金人犯神坌砦沿北嶺至大散關臨安府火己卯韓

肖胄罷二月壬午詔贓罪至死者仍籍其貲癸未作
建康府行宮蓆益罷乙酉以徐俯兼參知政事丙戌
禁川陝諸將招納北軍湖北軍賊曹成犯長陽縣解
潛遣統領胡勉捕斬之群盜田政自襄陽犯陝州己
丑解潛遣統制王俗擊政斬之庚寅金人犯兩當縣
乙未詔孟庾赴行在己亥詔三衙管軍及將帥觀察
使以上舉忠勇智畧可自代者一人辛丑金人犯仙
人關癸卯詔權以射殿為景靈宮四時設位朝獻丙
午張浚入見三月辛亥朔吳玠率楊政吳璘田晟王
喜諸將與兀朮戰于仙人關大敗之兀朮遁去戊午

雨雹以趙鼎參知政事壬戌孟庾至行在罷都督府
以其兵屬張俊乙丑張浚以資政殿大學士罷尋落
職奉祠福州居住己巳蠲淮南州縣民租一年辛未
日有青赤黃氣編次建炎以來詔旨頒諸路癸酉蠲
興元府洋州被兵家稅役二年丙子以王似為資政
殿學士川陝宣撫使盧法原為端明殿學士與吳玠
並充副使關師古為熙河蘭廓路安撫制置使夏四
月庚辰朔命趙開再任總領四川財賦詔諭川陝官
吏兵民以張浚失措當示遠竄猶嘉其所用吳玠等
能禦大敵許國一心止從薄責仍令宣撫司講求諮

訪凡擾民咈眾之事速釐革之癸未劉子羽白州安
置乙酉詔明堂用皇祐典禮無祀天皇大帝神州地
祇以下諸神丙戌吳玠敗金兵復鳳秦隴州詔特旨
處死情法不相當者許大理奏審蠲淮南州軍上供
錢一年庚寅置孳生牧馬監于臨安府甲午罷廣西
提舉茶鹽司關師古叛以洮岷二州降偽齊吳玠併
將師古軍乙未詔諸路歲上戶口丁酉罷諸州回易
庫庚子命劉光世遣兵巡邊辛丑保靜州夷人入貢
丙午徐俯罷是月王似承制廢符陽軍知壽春府羅
興叛降偽齊五月庚戌朔以岳飛兼黃復二州漢陽

軍德安府制置使癸丑以范沖為宗正少卿兼直史
館重脩神宗哲宗正史實錄甲寅詔淮南帥臣兼營
田使守令以下兼管營田岳飛復郢州斬偽齊守荊
超甲子以孟庾兼權樞密院事乙丑賜李橫軍緡萬
匹丙寅李成棄襄陽去岳飛復取之金人攻金州鎮
撫使王彥遣統制許青等與戰于漢陰敗之罷諸縣
武尉壬申裁省三省樞密細務責六曹長貳專決癸
酉以國史日曆所為史館偽齊收李成餘眾益兵駐
新野岳飛與別將王萬夾擊復大敗之乙亥王彥數
敗金兵于洵陽縣丙子復選宗室子彥之子伯玖育

于禁中六月壬申復命川陜類試乙未太白晝見經
天戊戌詔神武軍神武副軍統制統領官並隸樞密
院庚子以霖雨罷不急之役壬寅詔三省樞密院乃
奉干請墨勅許執奏不行置史館校勘官作明堂行
禮殿于教場甲辰禁諸軍彊刺平人爲兵已刺者皆
釋之吳玠乞宮觀不允是月熒惑犯南斗岳飛將牛
皐復隨州執僞齊守王嵩磔之秋七月戊申朔曲赦
虔州以吏部尚書胡松年簽書樞密院事庚戌以湖
南安撫席益爲安撫制置大使建昌軍軍卒修達等
作亂殺守臣劉滂江西制置使胡世將遣參謀侯懋

統制丘贇討之壬子命吳玠通信夏國癸丑湖賊楊
欽等破社木砦官軍敗郤小將許筌戰歿丙辰賞仙
人關之功以吳玠爲檢校少師奉寧保靜軍節度使
吳璘楊政以下論賞有差丁巳命左右司歲考郎官
功過治狀以爲賞罰庚申復曲端趙哲官壬戌岳飛
遣統制王貴張憲擊敗李成及金兵于鄧州之西復
鄧州禽其將高仲丙寅侯懋引兵入建昌軍執脩達
等十三人斬之罷建州臘茶綱詔江東安撫司招水
軍千五百人己巳湖賊萬餘人詣鼎澧二州降劉光
世來朝庚午王貴張憲破金齊兵復唐州及信陽軍

襄漢悉平辛未章誼孫近使還入見粘罕致書約淮
南毋得屯兵八月庚辰以趙鼎知樞密院事充川陜
宣撫處置使湖賊夏誠等犯枝江縣解潛遣將將定
舟與戰敗之辛巳吳玠遣統領姚仲攻隴城縣克之
壬午王燮以討賊無功降光州觀察使戊子改命趙
鼎都督川陜荊襄諸軍事乙未遣魏良臣等充金國
通問使丙申毀王安石舒王告己亥周十隆出降爲
官軍所掠復遁去犯汀循州壬寅王似罷以岳飛爲
清遠軍節度使湖北荊襄潭州制置使代王燮討湖
賊癸卯以襄陽府隨郢唐鄧州信陽軍六郡爲襄陽

府路九月戊申減淮浙路鹽鈔所增貼納錢壬子夏
誠遣將李全功犯公安軍解潛遣統制林閏等擊斬
之安定郡王令畤薨辛酉合祭天地于明堂大赦蠲
襄陽等六郡三年租稅庚午朱勝非罷金齊合兵自
淮陽分道來犯壬申渡淮楚州守臣樊叙棄城去韓
世忠自承州退保鎭江府癸酉以趙鼎爲尚書右僕
射同中書門下平章事兼知樞密院事吏部尚書沈
與求參知政事冬十月丙子朔與趙鼎定策親征命
張浚以軍援淮東劉光世移軍建康車駕擇日進發
丁丑以孟庾爲行宮留守留統制王進一軍及神武

中軍五百人隸之百司不預軍旅之務者聽從便避
兵己卯韓世忠自鎮江率兵復如揚州金人犯滁州
以張浚爲浙西江東宣撫使金人圍亳州席益遣統
制吳錫率兵討捷賊楊再興大破之壬午僞齊兵犯
安豐縣癸未復以張浚爲資政殿學士提舉萬壽觀
兼侍讀甲申復以王𤫊爲建武軍承宣使江西沿江
制置使丙戌命胡松年詣江上會諸將議進兵戊子
韓世忠邀擊金人于大儀鎮敗之又遣將董旼敗之
于天長縣鴉口橋己丑金人攻承州韓世忠遣將成
閔解元合兵擊于北門敗之金人圍濠州甲午遣祕

書正字楊晨持詔撫諭四川遣侍御史魏矼監察御
史田如鼇詣劉光世張浚軍中計事光世始移軍太
平州丙申命後宮自温州泛海如泉州金人陷濠州
守臣寇宏棄城走丁酉詔州縣團教弓手土兵戊戌
帝御舟發臨安劉錫楊沂中以禁兵扈從己亥韓世
忠捷奏至命收瘞戰死將士仍令胡松年致祭庚子
張浚率兵發鎮江如建康壬寅帝次平江加贈陳東
歐陽澈祕閣修撰官其子孫二人各賜田十頃且追
咎汪伯彥落觀文殿學士黃潛善更不追復命韓世
忠楊沂中分兵控扼沿海要地癸卯樊決淮東閘堰

賜邑從諸軍錢乙巳仇悆遣將孫暉擊金人于壽春
敗之復霍丘安豐二縣是月借江浙坊場錢一界以
備軍費十一月戊申太白晝見庚戌賞承州水砦首
領徐康等要擊金兵之功轉官有差仍蠲承楚泰州
水砦民兵賦役十年置沿江烽火於浙東諸郡防城
丁夫壬子始下詔聲劉豫逆罪諭親討之旨以厲六
師吳玠遣統制楊從儀等率兵敗金人于臘家城癸
丑玠乞納節贖劉子羽罪遂聽子羽自便金人入光
州甲寅僞齊知光州許約破石額山砦遂據之乙卯
韓世忠遣兵夜劫金人營于承州破之金人犯六合

縣丙辰掠全椒縣三城湖丁巳戒諸路大小臣僚借
貸催科縱吏姦擾民及務絶盜賊之伺隙者命董旼
趙康直總領淮東水砦戊午以胡松年兼權參知政
事金人陷滁州劉光世移軍建康韓世忠移軍鎮江
張浚移軍常州己未復命張浚知樞密院事以其盡
忠竭節詔諭中外庚申宴犒守江將士癸亥劉光世
遣統制王德擊金人于滁州之桑根敗之揭黃牓招
諭湖賊甲子命滁和諸州移治保聚乙丑金人犯滁
口己巳劉光世遣統制王師晟等率兵夜入南壽春
府襲金人敗之執僞齊知府王靖廣賊區稠圖韶州

樂昌縣鈐轄韓京遣兵擊斬之詔張浚視師江上十二月乙亥朔魏良臣王繪還自泗州軍前入見戊寅命都督府右軍統制李貴部兵屯拒福山鎮辛巳命中軍統制王進屯兵泰州防拓通泰壬午以樞密都承旨馬擴爲江西沿江制置副使丙戌吳倫遣兵攻朦家城破之丁亥聽兩淮避兵民耕種所在閒田壬辰金齊兵逼廬州仇悆嬰城固守岳飛所遣統制徐慶牛皐援兵適至敗走之劉光世亦遣統制靳賽戰于慎縣張浚遣統制張宗顔擊敗金人于六合詔江浙荊湖十四郡各募水軍五百人名横江軍兩浙十

郡沿江海州縣招捕巡檢土軍甲午程昌寓遣杜湛彭筠合擊楊欽破之己亥以來年正旦日食下詔脩闕政求直言庚子金人退師辛丑詔蕘祭浙西江東二軍之死事者壬寅省淮南轉運司遣胡松年往常熟縣江陰軍沿江計議軍事癸卯金人去滁州

本紀卷第二十七

本紀卷第二十八　宋史二十八

開府儀同三司上柱國録軍國重事中書右丞相監修國史領經筵事都總裁臣脱脱等奉

勑修

高宗五

五年春正月乙巳朔日有食之帝在平江府金人去濠州丁未戒諸軍戰陳毋殺中原民籍充金兵者命粥官田宅輸錢專充軍費戊申進廬泰二州守禦官屬各一官己酉詔前宰執呂頤浩等十九人及行在職事官各條上攻戰備禦措置綏懷之策免淮南官吏去職之罪仍令還任承州水砦統領仲諒復入楚

州庚戌張浚遣統領楊忠閔王進夾擊金人于淮南岸敗之降其將程師回張延壽辛亥淮東統制崔德明襲敗金兵于盱眙召張浚赴行在乙卯浚入見賞沿江監司帥臣供億之勞各進官一等戊午趣脩建康行宮己未詔減淮南諸州雜犯死罪釋流以下囚庚申置諸州軍教場選兵專習弓弩立格按試辛酉贈殿中侍御史馬伸左諫議大夫韓世忠劉光世張俊入見壬戌以世忠爲少保淮東宣撫使駐鎮江光世少保淮西宣撫使駐太平俊開府儀同三司江東宣撫使駐建康甲子鄜瓊復光州降其守許約乙丑

罷淮南茶鹽提刑司置提點兩路公事官一員兼領刑獄茶鹽漕運市易事淮西要會州軍並置市易務戊辰詔川陝宣撫司招諭陷賊官民庚午命王進合江西廣東諸將兵討周十隆海賊朱聰犯廣州又犯泉州壬申劉光世韓世忠張俊入辭命升殿以光世世忠有隙賜酒諭釋之皆感激奉詔癸酉僞齊知亳州馬秦犯光州權州事王萃率兵拒之是月金主晟殂旻之孫亶立岳飛自池州入朝二月丙子以飛爲鎮寧崇信軍節度使命常州布衣陳得一造新曆丁丑帝發平江戊寅遣權太常少卿張銖奉迎太廟神

主于溫州壬午帝至臨安進扈從官吏秩一等丙戌以趙鼎爲左僕射張浚右僕射並同中書門下平章事兼知樞密院事都督諸路軍馬岳飛爲荊湖南北襄陽府路制置使將兵平湖賊楊太丁亥吳璘楊政攻拔秦州執僞齊守胡宣金帥撒離曷來援政復擊敗之己丑詔建太廟壬辰命張浚詣江上措置邊防詔諭諸路宣撫制置司示以專任之旨以右司諫趙霈論奏得體賜三品服丁酉進執政官秩一等以賞防秋之功戊戌詔淮南宣撫司撫存淮北來歸官吏軍民己亥直史館范沖上神宗實錄考異庚子詔翰林學士孫近胡交修類編臣僚條具利害章疏以聞甲辰蠲湖南路上供三年是月僞齊商元寇信陽軍守臣舒繼明被禽死之閏月乙巳朔雨雹丁未胡松年罷戊申雪己酉留四川上供銀帛就充軍費乙卯以孟庾沈與求並兼權樞密院事丙辰併諸路提舉常平入茶鹽司罷福建鑄錢令轉運坑冶司辦集丁巳撒離曷欲犯秦州吳玠遣部將牛皓伺之遇于危吾谷戰死癸亥海賊陳感犯雷州官軍屢敗丁卯王爕罷命戶部尚書章誼措置財用孟庾提領號總制司命川陝宣撫司幕僚攝司事仍權節制軍馬戊辰

置路分總管以處閑退武臣辛未復置宗正丞掌修屬籍再蠲荊南府歸峽二州荊門公安二軍歲貢上供二年三月甲戌朔以王爕貪縱不武敗師誤國責授濠州團練使丙子遣樞密計議官呂用中等分使兩浙江東西路檢察經總制司財用丁丑詔侍從至監察御史館職已上在內館職在外侍從官監司帥守各舉所知充監司守令尋命館職專舉縣令己卯以韓世忠兼鎮江府宣撫使劉光世兼太平州宣撫使壬午以都督府參議軍事邵溥兼權川陝宣撫副使罷御前軍器所提舉官併隸工部壬辰命廣東福

建路招捕朱聰乙未初權鉛錫張浚親討湖賊丁酉
復移浙西安撫司于臨安府庚子罷饒州牧馬監夏
四月丙午貴池縣丞黄大本坐枉法贓杖脊刺配南
雄州丁未遣司農丞蓋諒持詔撫諭川陜召解潛赴
行在王彥知荆南府諸鎮撫使至是盡罷戊申太廟
神主至自温州己酉以審量濫賞追左銀青光禄大
夫王序八官及職名仍改正出身庚戌詔内侍遇特
恩轉官止武功郎壬子訪得周後柴叔夏襲封崇義
公戊午奉安太廟神主己未更免役保正長法甲子
太上皇帝崩于五國城丙寅帝即射殿行朝獻景靈

宫之禮始以惠恭皇后祔祭募民耕營田官給牛種
庚午省四川添差官辛未以諸路稅賦畸零增收錢
專充上供是月龍圖閣直學士致仕楊時卒五月乙
亥初謁太廟庚辰命邵溥吴玠裁省四川冗官浮費
辛巳名行宫新作書院爲資善堂遣何鮮等奉使金
國通問二帝中書舍人胡寅言國家與金世讎無通
使之義張浚奏使事兵家機權後將闢地復土終歸
於和未可遽絶乃遣行丁亥立殘破州縣守令勸民
墾田及拋荒殿最格己丑以孟庾知樞密院事壬辰
召張浚還行在丁酉詔浚提舉詳定一司勅令戊戌

以貴州防禦使瑗爲保慶軍節度使封建國公徽猷
閣待制范冲兼資善堂翊善起居郎朱震兼讚讀以
盛暑命監司行部慮囚己亥岳飛軍次鼎州庚子周
十隆降辛丑命川陜訪求元祐黨人子孫六月甲辰
封武經大夫令砙爲安定郡王湖賊楊欽全琮劉詵
相繼率衆詣岳飛降乙巳名新曆曰統元丁未併饒
州鑄錢司于虔州己酉命建國公瑗出就資善堂聽
讀拜范冲朱震出内帑錢賜宗室貧者壬子復省淮
南州縣冗官癸丑以久旱減膳祈禱禁諸路科率自
租稅和市軍須外皆罷岳飛急攻湖賊水砦賊將陳

瑫降楊太赴水死餘黨劉衡等皆降飛急擊夏誠斬
之丁巳湖賊黄誠斬楊太首挾鍾子儀周倫詣都督
府降湖湘悉平得户二萬七千悉遣歸業戊午減福
建貢茶歲額之半庚申以旱罷諸路檢察財用官丁
卯以賊平免沿湖民前二年逋租己巳罷福建諸州
槍仗手秋七月壬申朔以仇悆爲沿海制置使甲戌
免蘄州上供及租稅三年戊寅獎諭岳飛撫勞將士
趣張浚還朝己卯孟庾罷以沈與求兼權樞密院事
及措置財用壬午以金軍房州隷襄陽府路僞齊兵
寇湖陽縣執唐州守臣高青復釋之丁亥賜宇文虛

中家福建田十頃甲午詔殘破州縣親民官計到罷之日戶口考殿最韓世忠復鎮淮軍禽偽齊守王拱丙申蠲湖南路上供米三年及秋租之半丁酉置高峯王口二砦都巡檢使益兵戍之八月壬寅朔罷荊南營田司令安撫司措置官兵耕種甲辰定館職額爲十八員壬子詔淮南山水砦都巡檢各聽守令節制癸丑蠲福建州軍借撥常平錢米己未下詔示章惇蔡卞詆誣宣仁聖烈皇后之罪追貶惇昭化軍節度副使卞單州團練副使子孫不許在朝命廣宮學教內外宗子辛酉詔淮南襄陽府等路團結民社丙

宋史二十八　字四百一十八　宋史本紀卷第二十八　六　黃安寫　李正刊

寅以諸盜平減湖廣江西二十二州雜犯死罪釋徒杖以下囚海賊朱聰降命補水軍統領是月偽齊陷光州九月辛未朔罷總制司所增收頭子等諸色錢乙亥賜禮部進士汪洋以下二百二十人及第出身唱名始遵故典令館職侍立殿上壬午加岳飛檢校少保偽齊兵寇固始縣統領華旺拒戰卻之尋復光州甲申命沿海州軍籍海船分守要害乙酉趙鼎上重修神宗實錄壬辰詔元符上書邪等范柔中等二十七人各官一子以解潛部兵三千隸馬軍司甲午周十隆復叛犯汀州戊戌遣統領王進李貴討之冬

十月庚戌張浚入見乙卯以席益爲四川制置大使位宣撫副使上州軍兵馬並隸大使司邊防重事仍令宣撫司處置李綱爲浙西制置大使呂頤浩爲湖南制置大使戊午詔川陝類試合格第一人依殿試第三人例推恩餘並同賜進士出身特奏名進士命宣撫選官試時務策澧州賊雷德進降乙丑偽齊兵寇漣水軍韓世忠遣統制呼延通等逆擊敗之十一月庚午朔初置節度使以下金字牙符命都督府掌之給將帥立戰功者命州縣賣戶帖以助軍費癸酉詔守臣死節昭著者毋限品秩並賜諡乙亥徵和靖

宋史二十八　四百令九十　宋史本紀卷第二十八　七　黃安寫　文秀刊

處士尹焞于涪州命爲崇政殿說書戊寅郊亡巳復置淮南提舉鹽事官壬午出宮女三十人甲申權減宰執及行在官吏奉乙酉以趙開爲四川都轉運使丙戌命張浚視師荊襄川陝戊子知衡州裴廩坐調夫築城凍死二千餘人除名嶺南高州編管乙未出內帑綿絹賜宗室丁酉罷催稅戶長十二月己亥朔以岳飛爲荊湖南北襄陽府路蘄黃州招討使楊沂中權主管殿前司併統神武中軍庚子改神武四軍及巡衛軍號行營五護軍辛丑以都督府兵隸三衙命左右司樞密院檢詳官參考中興已行條例修爲定

法乙巳禁服用翠羽己酉免侍從官輪對庚戌汰横
江水軍三之一癸丑命兩淮川陝荆襄荆南諸帥府
參謀官各一員提點屯田癸亥禁川陝州縣官悉用
川陝人丙寅都督府遣參議軍事劉子羽主管機宜
文字熊彦詩撫諭川陝且察邊備虚實戊辰夜雨雹
六年春正月辛未蠲貧民戸帖錢之半無物産者悉
除之癸酉命給事中中書舍人甄别元祐黨籍乙亥
以内重外輕命省臺寺監及監司守令居職及二年
者許更迭出入除擢丁丑詔凡入粟補官者毋授親
民刑法之職壬午賜宗子伯玖名璩爲和州防禦使

罷綿州宣撫副使命吴玠專治兵事罷御史平反刑
獄賞丙戌張浚視師荆襄入辭己丑安定郡王令矼
薨庚寅還頭借坊場錢辛卯詔監司帥臣慢令失職
者令張浚黜陟以聞甲午振江湖福建浙東饑民命
監司帥臣分選僚屬及提舉常平官躬行檢察戊戌
命鬻通直郎閤門宣贊舍人以下官二月庚子以諸
路宣撫制置大使並兼營田大使宣撫副使招討安
撫使並兼營田使壬寅雨雪敗江淮屯田爲營田甲
辰置行在交子務印交子錢引給諸路令公私同見
錢行用戊申岳飛入見復以襄陽府路爲京西南路

辛亥詔張浚暫赴行在奏事甲寅以兵部尚書都督
府參謀折彦質簽書樞密院事乙卯韓世忠引兵攻
宿遷縣統制呼延通與金兵戰敗之禽其將牙董牙
合澧州賊徒伍俊殺雷德進持其首詣鼎州降丙辰
韓世忠圍淮陽軍復置諸路市易務戊午命楊沂中
以兵萬人聽都督行府調遣己未遣戸部侍郎劉寧
止如鎭江府總領三宣撫司錢糧辛酉兀朮救淮楊
韓世忠引兵歸楚州壬戌以折彦質兼權參知政事
癸亥沈與求罷李綱入見是月張浚至江上會諸將
議事命張俊進屯盱眙三月戊辰朔初收官告綾紙

錢名均房州民兵曰保勝又命招刺三千人賜名必
勝軍己巳以韓世忠爲京東淮東路宣撫處置使岳
飛爲京西湖北路宣撫副使辛未蠲旱傷州縣民積
欠錢帛租稅己卯趣岳飛如鄂州措置軍事辛巳以
樞密副都承旨馬擴爲沿海制置副使壬午金齊兵
犯漣水軍韓世忠擊敗之壬辰寬四川災傷州縣戸
帖錢之半夏四月戊戌朔湖南賊黄旺犯桂陽監甲
辰僞齊兵陷唐州團練判官扈舉臣推官張從之等
皆死岳飛以母喪去官丙午詔飛起復己酉詔文武
臣僚能决勝彊敵恢復境土者賜功臣號庚戌始訓

諸宗子名甲寅賞淮陽功呼延通等進官有差餘受
賞者凡萬七千人劉光世遣副統制王師晟酈瓊襲
僞齊兵于劉龍城破之禽其統制華知剛已未命福
建安撫司發水軍討海賊鄭廣辛酉禁四川伐並邊
山林甲子以韓世忠爲横海武寧安化軍節度使號
揚武翊運功臣除商旅緡錢稅丙寅復行在官吏奉
蠲東京民渡淮南商販之稅五月戊戌朔禁以鹿胎
爲冠癸酉詔未經上殿臣僚先令三省審察然後引
對戊寅以四川監司地遠玩法應有違戾令制置大
使按劾壬午詔大理寺議獄不合即諮刑部關決刑

 十

部不能定同赴都堂稟議賜吳玠四川戶帖錢十萬
緡犒軍癸未禁淮南州縣收額外雜色租乙酉改交
子爲關子罷交子務庚寅以劉光世爲保靜寧武寧
國軍節度使壬辰以張俊進屯盱眙改崇信奉寧軍
節度使甲午禁銷錢及私鑄銅器丙申詔監司慮囚
不能徧及者聽遣官著爲令六月乙巳朔夜地震己
酉求直言甲寅張浚渡江撫淮上諸屯命劉光世自
當塗進屯廬州岳飛自九江進屯襄陽楊沂中屯泗
州戊午詔兩淮沿江守臣並以三年爲任辛酉封
集英殿修撰令懬爲安定郡王秋七月壬申以司農

少卿樊賓提領營田公事癸未詔張浚暫赴行在癸
巳罷川陝便宜差遣監司守貳以金州隸川陝路均
房二州隸京西南路郭浩爲永興軍路經略安撫使
兼知金州閤門宣贊舍人邵隆知商州聽浩節制經
理商虢是月劉光世復壽春府八月己亥范宗尹薨
庚子賜左司諫陳公輔三品服癸卯以徽猷閣直學
士李迨爲四川都轉運使甲辰詔諭將士將親征岳
飛遣統制牛皋破僞齊鎮汝軍禽其守薛亨乙巳命
權殿前司解潛等帥精兵扈從主管步軍司邊順留
兵守臨安知臨安府梁汝嘉爲巡幸隨軍都轉運使

 十一

丁未以秦檜爲醴泉觀使兼侍讀行宮留守孟庾提
舉萬壽觀兼侍讀同留守戊申岳飛遣將楊再興復
西京長水縣己酉命秦檜孟庾權參決尚書省樞密
院事庚戌蠲虔州殘破諸縣逋負梅州夏秋兩稅聽
廣東經略安撫司便宜措置盜賊辛亥奉神主發臨
安丁巳權罷經筵進講己未預借江浙民來年夏稅
絁帛折米輸官庚申增給職事官米月三斛是月張
浚城盱眙進屯泗州岳飛及僞齊李成孔彥舟連戰
至蔡州克之僞守劉永壽棄城降九月丙寅朔帝發
臨安岳飛遣統制王貴郝晸董先復虢州盧氏縣癸

酉帝次平江戊寅命職事官日一員輪對壬午岳飛以孤軍無援復還鄂州癸未權奉安神主于平江能仁寺戊子以戶部郎官霍蠡總領岳飛軍錢糧庚寅張浚入奏復如鎮江辛卯立賊徒相招首罪賞格賞鎮淮軍功進統制王德等官是月劉豫聞親征告急于金主亶求援亶不許豫自起兵三十萬命子麟趣合肥姪猊出渦口引兵分道入寇冬十月丙申招西北流寓人補闕額禁軍丁酉裁定淮南路租額劉麟寇淮西張俊遣楊沂中張宗顏等分兵禦之戊戌沂中至濠州劉光世已棄廬州而南俊遣人督還光世

不得已駐兵應沂中遣統制王德酈瓊及賊將崔皐賈澤王遇戰皆敗之賊兵攻壽春府芍陂砦守臣孫暉拒戰又敗之辛丑罷四川監酒官百餘員壬寅以梁汝嘉兼浙西淮東沿海制置使前護副軍都統制王彥副之癸卯趙鼎請降勅諭張浚令光世沂中及張俊全軍引還爲防江之計甲辰又詔浚督將士僇力破賊皆未達劉猊犯定遠縣沂中進戰大敗之于藕塘猊挺身遁麟在順昌聞之拔砦去劉光世遣王德及沂中追麟至南壽春而還孔彥舟亦解光州圍而去戊申命解潛遣兵千人守青龍港口癸丑張俊

楊沂中引兵攻壽春府不克而還乙卯詔諸軍所俘人民給錢米遣歸丁巳惠州軍賊曾衮作亂庚申擢鈐軍統制韓京募敢死士夜襲破之衮尋出降壬戌日中有黑子沒十二月甲午朔詔降廬光濠等州死罪釋流以下囚召秦檜赴行在張浚入見請幸建康趙鼎請還臨安戊戌韓世忠攻淮陽軍及金人戰敗之辛丑城南壽春府壬寅趙鼎罷遣右司員外郎范直方宣諭川陝撫問吳玠將士甲辰命都督府參議軍事呂祉如建康措置移蹕丙午折彥質罷丁未賞淮西功加張俊少保殿鎮洮崇信奉寧軍節度使楊

沂中保成軍節度使殿前都虞候戊申命秦檜赴講筵供職孟庾爲行宮留守辛亥以資政殿學士張守參知政事兼權樞密院事丙辰以呂頤浩爲浙西安撫制置大使判臨安府丁巳以劉光世爲護國鎮安保靜軍節度使戊午詔凡因民事被罪者不許親民己未命辰沅靖澧四州以閒田募刀弩手三千五百人爲額右司諫陳公輔乞禁程氏學詔士大夫之學宜以孔孟爲師庶幾言行相稱可濟時用庚申以安化郡王王稟死節太原賜其家田十頃辛酉以山陰諸暨等四十縣爲大邑並命堂除

七年春正月癸亥朔帝在平江下詔移蹕建康蠲無爲軍科役一年置建康御前軍器局丁卯賞張浚以破敵功遷特進己巳發米萬石濟京東陝西來歸之民張浚入見甲戌罷都督府諸州市易官丁丑解潛罷以劉錡權主管馬軍司并殿前步軍司公事庚辰築采石宣化渡二城癸未以翰林學士陳與義參知政事資政殿學士沈與求同知樞密院事詔廣西帥臣訓練土丁保丁乙酉復置樞密使副知院以下仍舊張浚改兼樞密使丙戌禁諸軍互納亡卒西蕃三十八族首領趙繼忠等來歸丁亥以秦檜爲樞密使

宋史二十八 字四百二十八个 宋史本紀卷第二十八 十四 黃安寫 呈[illegible]刊

何鮮范寧之至自金國始聞上皇及寧德皇后崩己丑帝成服下詔降徒囚釋杖以下辛卯夜東北有赤氣如火二月癸巳朔日有食之百官七上表請遵以日易月之制徽猷閣待制知嚴州胡寅請服喪三年衣墨臨戎以化天下帝欲遂終服而張浚連疏論喪服不可即戎遂詔外朝勉從所請宮中仍行三年之喪丙申太平州火丁酉鎮江府火庚子遣王倫等使金國迎奉梓宮岳飛入見辛丑以日食求直言以久旱命諸州慮囚乙巳詔凡辟舉官犯贓罪罪及所舉官丙午吳玠置銀會子于河池丁未詔席益募陝西

河東河北兵二千部送行在充扈衛癸丑雨雹丙辰始御便殿果州守臣宇文彬等進禾登九穗圖俱奪一官罷之丁巳以岳飛爲太尉湖北京西宣撫使己未帝發平江三月癸亥朔次丹陽韓世忠入見命世忠扈從岳飛次之甲子次鎮江楊沂中入見命沂中總領彈壓巡幸事務乙丑蠲駐蹕及經從州縣積年逋賦丁卯以吏部侍郎呂祉爲兵部尚書都督府參謀軍事辛未帝至建康壬申詔尚書省常程事從參知政事分治癸酉減建康流罪以下囚蠲建康府太平宣州逋賦及下戶今年身丁錢岳飛乞併統淮西

宋史二十八 四百令九个 宋史本紀卷第二十八 十五 黃安寫 呈陵刊

兵以復京畿陝右許之命飛盡護王德等諸將軍既而秦檜等以合兵爲疑事遂寢戊寅手詔撫勞將士進沈與求知樞密院事己卯尊宣和皇后爲皇太后庚辰以王彥兵隸侍衛馬軍司呂頤浩爲少保兼行宮留守孟庾罷甲申以劉光世爲少師萬壽觀使以其兵隸都督府張俊因分爲六軍命呂祉節制乙酉賜光世第于建康府丁亥命虔吉南安軍諸縣各募土兵百人責知縣訓練防禦盜賊是春廣西大饑李寶變爲桃夏四月癸巳築太廟于建康以臨安府太廟爲聖祖殿戊戌修濬建康城池丁未岳飛乞解官

持餘服遂棄軍去詔不許戊申日中有黑子庚戌以
張浚累陳岳飛積慮專在併兵奏牘求去意在要君
遂命兵部侍郎兼都督府參議軍事張宗元權湖北
京西宣撫判官實監其軍壬子張浚如太平州淮西
視師庚申以信陽軍隸京西路罷淮南提點司東西
兩路各置轉運兼提點刑獄提舉茶鹽常平事五月
丁卯詔李綱趣捕虔吉諸盜壬申命禮官舉文宣王
武成王熒惑壽星嶽鎮海瀆農蠶風雷雨師之祀甲
戌以胡安國提舉萬壽觀兼侍讀趣赴行在未至而
罷癸未以酈瓊為行營左護軍副都統制甲申初試

樞密院都督府効士乙酉命侍從官通舉材堪知縣
者二十人丙戌偽齊陷隨州己丑禁四川增印錢引
六月辛卯朔改上惠恭皇后謚曰顯恭皇后岳飛入
見壬辰命藏辰戌月祀大火配以閼伯乙未罷江淮
營田司令諸路安撫轉運司兼領其事丙申以重脩
神宗實錄去取未當命史館復加考訂丁酉岳飛引
過自劾詔放罪慰諭之戊戌命劉錡兼都督府咨議
軍事率兵戍廬州乙巳沈與求薨召王德以所部兵
赴行在遣呂祉如淮西撫諭諸軍丙辰詔吳玠李迨
共議四川經費贍軍恤民岳飛復職秋七月戊辰詔

侍從各舉可任監司郡守者一二人癸酉以旱禱於
天地宗廟社稷甲戌嗣濮王仲湜薨癸未以久旱命
中外臣庶實封言事甲申蠲諸路民積年逋租以建
康疫盛遣醫行視貧民給錢葬其死者命疏決滯獄
乙酉詔即建康權正社稷之位戊子詔戶部長貳迭
出巡按諸路考究財賦利病違者劾之己丑詔諸路
歸業民墾田及八年始輸全稅八月乙未以張俊為
淮西宣撫使駐盱眙楊沂中為淮西制置使主管侍
衛馬軍司劉錡副之並駐廬州命酈瓊率兵赴行在
戊戌瓊叛殺中軍統制張景等執呂祉及趙康直趙

不群以兵四萬人奔劉豫辛丑手詔赦廬州屯駐行
營左護軍壬寅酈瓊引兵至淮殺祉及康直釋不群
使還劉錡吳錫至廬州以兵追之不及命張宗元往
招之張浚乞去位甲辰以趙鼎為萬壽觀使兼侍讀
甲寅詔命官犯贓刑部不得擅黥配聽朝廷裁斷乙
卯賜岳飛軍錢十萬緡招歸正復業人耕湖北京西
閒田九月甲子上太上皇帝謚曰聖文仁德顯孝皇
帝廟號徽宗皇后曰顯肅皇后丁卯韓世忠張俊入
見乃命俊自盱眙移屯廬州壬申張浚罷癸酉命參
知政事輪日當筆權三省事更不分治常程罷都督

府甲戌以臺諫累疏落張浚觀文殿大學士仍領宮
祠丙子復以趙鼎爲尚書左僕射同中書門下平章
事兼樞密使戊寅以廬州壽春府民遭酈瓊虜掠蠲
租稅一年己卯朝獻聖祖于常朝殿庚辰朝饗太廟
辛巳合祭天地于明堂大赦召劉光世赴行在戊子
禁諸路進羨餘以劉錡知廬州兼淮西制置副使冬
十月庚寅朔詔仍舊開經筵辛卯命後省官看詳上
書有可采者條上行之丁酉夜勑張浚安置嶺表戊
戌趙鼎累請浚母老改永州居住僞齊犯泗州守臣
劉綱擊走之丙午命戶部郎官薛弼霍蠡同總領江

西湖廣五路財賦壬子統制呼延通王權等襲擊金
人于淮陽軍敗之丁巳詔六參日輪行在百官一員
轉對閏月癸亥贈趙康直徽猷閣待制乙丑蠲江東
路月樁錢萬緡發米二萬石振京西湖北饑民丙寅
尹焞入見命爲秘書郎兼崇政殿說書甲戌始作徽
宗皇帝顯肅皇后神主庚辰韓世忠引兵渡淮逆擊
金人于劉冷莊敗之辛巳李綱罷癸未復漢陽軍是
月張俊棄盱眙引兵還建康十一月丙申賜吳玠犒
軍錢百五十萬緡丁酉以知温州李光爲江西安撫
制置大使丁未金帥撻懶兀朮入汴京執僞齊劉豫

廢爲蜀王癸丑詔來春復幸浙西是月僞齊知臨汝
軍崔虎詣岳飛降十二月庚辰復置都大提舉四川
茶馬監牧官丁卯祔徽宗皇帝顯肅皇后神主于太
廟庚午以解潛權主管馬步軍司命韓世忠留屯楚
州屛蔽江淮己卯詔內外大將及侍從官舉武臣智
畧器局堪帥守謀議官者癸未王倫等使還入見言
金國許還梓宮及皇太后又許還河南諸州甲申城
泗州丁亥復遣王倫等奉迎梓宮是冬吳玠遣裨將
馬■希仲攻熙州鄭宗李進攻鞏州不克宗死于城
下希仲遁還玠斬以徇

本紀卷第二十八

本紀卷第二十九　　宋史二十九

開府儀同三司上柱國錄軍國重事前中書右丞相監修國史領經筵事都總裁臣脫脫等奉

勑修

高宗六

八年春正月戊子朔帝在建康丙申減臨安府夏稅
折輸錢戊戌張守罷辛丑僞齊知壽州宋超率兵民
來歸蔡州提轄白安時殺金將兀魯執其守劉永壽
來降詔以方議和好禁沿海州郡遣人過淮招納丁
未大閱張俊軍戊申以兵部侍郎胡世將爲四川安
撫制置使二月戊午劉錡入見減建康府夏稅折輸

錢蠲民戶逋租和市科調庚申日中有黑子以呂頤
浩爲江東安撫制置大使兼行宮留守壬戌岳飛乞
增兵不許癸亥帝發建康丙寅以胡安國春秋傳成
書進寶文閣直學士戊寅帝至臨安己卯以戶部尚
書章誼爲江東安撫制置大使兼行宮留守呂頤浩
爲醴泉觀使甲申減紹興府和市絹萬匹三月己丑
以知南外宗正事仲儡嗣濮王庚寅以禮部尚書劉
大中參知政事兵部尚書王庶爲樞密副使壬辰復
以秦檜爲尚書右僕射同中書門下平章事兼樞密
使甲午陳與義罷戊戌增夔州路路分都監一員修

治關隘練義兵己亥蠲豐儲倉及牛稅以李天祚爲靜
海軍節度使交趾郡王壬寅定以故相韓忠彥配享
徽宗廟廷丁未蠲所過州縣民積欠稅賦戊申蠲江
西湖南諸州月椿錢各萬緡己酉命考覈川陝宣撫
司便宜所授官冒濫尤甚者悉與裁減夏四月庚申
初置戶部和糴場于臨安壬戌遣王庶巡視江淮邊
防丁丑復置六路發運司癸未詔三衙管軍輪宿禁
中五月庚戌詔鎮江府募橫江軍千人竄內侍羅壹
于海島庚子禁貧民不舉子其不能育者給錢養之
壬寅貶劉子羽爲單州團練副使漳州安置丁未金

國使烏陵思謀石慶充與王倫等偕來戊申以資政
殿學士葉夢得爲江東安撫制置大使己酉王庶至
淮南檄張宗顏將兵七千屯廬州巨師古三千屯太
平州分韓世忠軍屯泗州及天長縣六月壬戌賜衍
聖公孔玠衢州田五頃奉先聖祠事癸亥趙鼎上重
修哲宗實錄壬申賜禮部進士黃公度以下三百九
十五人及第出身王庶自淮南還入見乙亥以中護
軍統制張宗顏知廬州命劉錡率兵移屯鎮江府丁
丑烏陵思謀石慶充入見秋七月乙酉朔復命王倫
及藍公佐奉迎梓宮錄司馬光曾孫伋補承務郎辛

亥彗出東方八月戊午詔曰者遣使報聘鄰國期還
梓宮尚慮邊臣未諭遂弛戎備以疑衆心其各嚴飭
屬城明告部曲臨事必戒無忘扞禦甲子蠲江東路
月樁錢萬三千緡有奇丁丑彗滅遣監察御史李寀
宣諭江西措置盜賊冬十月丁巳劉大中罷甲戌趙
鼎罷乙亥日中有黑子丁丑金國使張通古蕭哲與
王倫偕來韓世忠乞奏事行在不許戊寅樞密副使
王庶乞免簽書和議文字累疏求去不許十一月甲
申以翰林學士承旨孫近參知政事丙戌遣大理寺
丞薛倞朱斐詣廣南路決滯獄戊戌王倫入見己亥

復以倫為國信計議使中書舍人蘇符副之符辭以
疾庚子以孫近兼權同知樞密院事辛丑詔金國遣
使入境欲朕屈己就和命侍從臺諫詳思條奏從官
張燾晏敦復魏矼曾開李彌遜尹焞梁汝嘉樓炤蘇
符薛徽言御史方廷實皆言不可甲辰王庶罷辛亥
以樞密院編脩官胡銓上書直諫斥和議除名昭州
編管壬子改差監廣州都鹽倉十二月甲寅以趙鼎
為醴泉觀使乙卯以宗正少卿馮檝為國信計議副
使己未以吏部尚書李光參知政事戊辰王倫言金
使稱詔諭江南其名不正秦檜以未見國書疑為封

冊帝曰朕嗣守祖宗基業豈受金人封冊癸酉館職
胡珵朱松張擴凌景夏常明范如圭上書極論不可
和甲戌以端明殿學士韓肖胄簽書樞密院事乙亥
命肖胄等為金國奉表報謝使丙子張通古蕭哲至
行在言先歸河南地徐議餘事以監察御史施廷臣
為侍御史權吏部尚書張燾侍郎晏敦復以廷臣主
和議而升用執奏不行御史中丞句龍如淵右諫議
大夫李誼殿中侍御史鄭剛中凡再至都堂及宰執
議取國書丁丑詔金國使來盡割河南陝西故地通
好于我許還梓宮及母兄親族餘無需索令尚書省

牓諭庚辰帝不御殿以方居諒陰難行吉禮命秦檜
攝冢宰受書以進是月虛恨蠻犯嘉州忠鎮砦是歲
始定都于杭
九年春正月壬午朔帝在臨安丙戌以金國通和大
赦河南新復州軍官吏並不易置蠲其民租稅三年
徭役五年以王倫同簽書樞密院事充奉護梓宮迎
請皇太后交割地界使戊子遣判大宗正事士㒟兵
部侍郎張燾詣河南修奉陵寢庚寅賜劉光世號和
衆輔國功臣張俊加少傅安民靖難功臣韓世忠為
少師張浚復左宣奉大夫辛卯以尹焞為徽猷閣待

制提舉萬壽觀兼侍讀㷔力辭不拜壬辰加岳飛吳
玠並開府■儀同三司楊沂中太尉癸巳建皇太后
宮甲午金宿州守臣趙榮來歸丙申金主詔諭河南
諸州以割地歸我之意改發運經制司為經制司命
戶部長貳一人領使仍置副或判官戊戌以王倫為
東京留守郭仲荀為副戶部侍郎梁汝嘉兼江淮荊
浙閩廣路經制使司農卿霍蠡為判官己亥以吳玠
為四川宣撫使二月癸丑以徽猷閣待制周聿為陜
西宣諭使監察御史方廷實宣諭三京淮北丁巳以
郭仲荀為太尉東京同留守慕洧寇環州戊午以知

宋史二十九　四百一十九　宋史本紀卷第二十九　五　陳迥寫　阮二刊

金州郭浩為陜西宣撫判官壬戌以李剛為湖南路
安撫大使張浚知福州尋復資政殿大學士為福建
路安撫大使命周聿方廷實蒐訪隱士甲子均定諸
州縣月樁錢己巳以郭浩為陜西宣諭使壬申命修
徽宗實録癸酉詔盜賊已經招安而復嘯聚者發兵
加誅毋赦是月日中有黑子月餘乃沒江西統制官
李貴以其軍歸楊沂中三月丁亥以和州防禦使璩
為保大軍節度使封崇國公丙申王倫受地于金得
東西南三京壽春宿亳曹單州及陜西京西之地兀
朮還祁州己亥分河南為三路廢拱州辛丑以翰林

學士樓炤簽書樞密院事甲辰偽齊知開封府鄭億
年上表待罪召赴行在丁未正偽齊所改州縣名是
春夏人陷府州夏四月庚戌朔呂頤浩薨辛亥命樓
炤宣諭陜西諸路壬午金鄜延路經略使關師古上
表待罪命知延安府癸丑落趙鼎奉國軍節度使為
特進仍知泉州金陜西諸路節制使張中孚上表待
罪命為檢校少保寧國軍節度使知永興軍節制陜
西諸路軍馬甲子以觀文殿學士孟庾為西京留守
資政殿學士路允迪南京留守丙寅金秦鳳經略使
張中彥上表待罪命知渭州以孫近兼權同知樞密院事

宋史二十九　四百八　宋史本紀卷第二十九　六　陳迥寫　阮二刊

壬申移壽春府治淮北舊城癸酉詔新復諸路監司
帥臣按劾官吏之殘民者韓世忠張俊入見五月庚
寅奉迎東京欽先孝思殿累朝御容赴臨安辛卯復
命江淮守臣二年為任乙未復置淮東提舉茶鹽司癸
卯復召募耆長法丙午鄜延副將李世輔部兵三千
自鳳翔來歸賜名顯忠六月庚戌皇后邢氏崩于五
國城辛亥夏國主乾順卒壬子樓炤以東京見卒四
千四百人為忠銳三將庚申盜入邵武軍壬戌以新
復州縣官吏懷不自安降詔開諭己巳吳玠薨壬申
樓炤承制以李顯忠為護國軍承宣使樞密行府前

軍都統制率部兵及夏國招撫使王樞赴行在癸酉
澧州軍事推官韓紃坐上書論講和非計送循州編
管乙亥以孟庾兼東京留守王倫自東京赴金國議
事樓炤承制以楊政為熙河經畧使吳璘為秦鳳經
畧使仍並聽四川宣撫司節制郭浩為鄜延經畧使
同節制陝西軍馬丙子分宣撫司兵四萬人出屯熙
秦六千人隸郭浩留吳玠精兵二萬人屯興元府興
洋二州戊寅置錢引務于永興軍是月撫州鈐轄伍
俊謀據桃源復叛湖北安撫薛弼召誅之秋七月甲
申以文臣為新復諸縣令丙戌東京耆老李茂松寇

璋等二百人奉表稱賀皆引見補官遣還復置都水
南北丞各一員丁亥金人拘王倫于中山丙申命詳
驗劉豫偽官換給告身乙巳給還偽齊所沒民間資
產以胡世將兼權主管四川宣撫司八月己酉復淮
南諸州學官庚戌賜陝西諸軍冬衣絹十五萬匹命
前川陝宣撫司便宜所補官限一年自陳換給告身
丙辰金國以撻懶主和割地疑其二心殺之壬戌蠲
成都潼川路歲輸對糴等米五十四萬石水運錢七
十九萬緡乙丑給新法度牒紫衣師號錢二百萬緡付
陝西市軍儲己巳命陝西復行鐵錢庚午遣蘇符等

使金賀正旦乙亥遣前知宿州趙榮知壽州王威俱
還金國以關師古為行營中護軍前軍統制九月己
卯命鄜延秦鳳熙河路招納蕃部熟戶及陷沒夏國
軍民丙戌封叔士㒟為齊安郡王庚寅罷經制司令
提刑兼領常平事甲午名皇太后殿曰慈寧丙申以
威州防禦使溫濟告韓世忠陰事勒停南建州編管
世忠又奏欲殺之詔移萬安軍己亥郭仲荀率東京
兵五千至鎮江冬十月辛亥詔侍從官各舉所知二
人王倫見金主于御林子被拘于河間遣其副藍公
佐先歸甲寅王樞入見併其俘百九十人皆縱遣還

夏國己未蠲階成岷鳳四州民稅之半戊辰慈寧宮
成甲戌日中有黑子丙子賜李顯忠軍錢十萬緡是
月岳飛入見十一月戊寅朔賜吳玠家錢三萬緡以
其弟璘為龍神衛四廂都指揮使申命刑部大理官
編次刑名斷例癸未嗣濮王仲偃薨己丑詔三省官
屬詳覆在京通用令追復張所為直龍圖閣十二月
甲寅命續編紹興因革禮甲子李光罷戊辰命續修
元豐會要兀朮留蘇符等于東京謀復取河南
十年春正月丙戌遣莫將等充迎護梓宮奉迎兩宮
使辛卯李綱薨甲辰以顯謨閣直學士提舉醴泉觀

鄭億年復資政殿學士奉朝請二月戊申命陜西復
募蕃漢弓箭手詔臓吏罪抵死情犯甚者奏取旨辛亥
雨雹以劉錡為東京副留守李顯忠南京副留守壬子
命兩宗正官各舉所知宗室二人癸丑展省試期一
年壬戌詔新復州軍蒐舉隱逸諸路經理屯田丁卯
罷史館以日曆歸秘書省置監修國史官以孟庾知
開封府為東京留守仇悆知河南府西京留守癸酉
罷吏部審量宣和濫賞三月甲申封閎伯為商丘宣
明王戊子增印錢引五百萬緡付宣撫司市軍儲川
陜宣撫副使胡世將屢言金人必渝盟宜為備己丑

罷諸路增置稅場韓世忠張俊入見始罷內教復營
建康行宮丙申蘇符自東京還丁酉命川陜宣撫司
軍事不及待報者聽隨宜措置己亥以郭浩知永興
軍兼節制陜西諸路軍馬楊政徙知興元府是月命
胡世將與夏人議入貢夏人不報夏四月丙午訪求
亡逸曆書及精於星曆者辛酉以張中孚為醴泉觀
使中彥提舉祐聖觀趙彬為兵部侍郎癸亥命部使
者歲舉廉吏一人庚午復四川諸州學官壬申韓肖
冑罷五月己卯金人叛盟兀朮等分四道來攻甲申
名徽宗御制閣曰敷文乙酉兀朮入東京留守孟庾

以城降知興仁府李師雄知淮寧府李正民及河南
諸州繼降丙戌金人陷拱州守臣王慥死之撒离曷
自河中趨永興軍陜西州縣官皆降丁亥金人陷南
京留守路允迪降劉錡引兵至順昌府己丑金人陷
西京留守李利用副總管孫暉皆棄城走鈐轄李興
率兵拒戰不克辛卯胡世將自河池遣涇原經畧使田
晟以兵三千人迎敵金人京湖宣撫司忠義統領李
寶敗金人于興仁府境上癸巳知亳州王彥先叛降
于金金人陷永興軍趨鳳翔丁酉命胡世將移陜西
之右護軍還屯蜀口以福建廣東盜起命兩路監司

出境共討己亥命劉光世為三京招撫處置使以援
劉錡庚子以吳璘同節制陜西諸路軍馬聽胡世將
便宜黜陟處置軍事辛丑金人犯鳳翔府之石壁砦
吳璘遣統制姚仲等拒卻之金人圍耀州郭浩遣兵
救之金兵解去壬寅金人圍順昌府三路都統葛王
褎以大軍繼至劉錡力戰敗之六月甲辰朔以韓世
忠太保張俊少師岳飛少保並兼河南北諸路招討
使乙巳劉錡遣將閻充戰敗金人于順昌之李村丙
午命兩浙江東福建諸州團結弓弩手以仇悆為沿
海制置使詔將佐士卒能立奇功者賞以使相節鉞

官告臨軍給受丁未罷建康府行宫營繕戊申以劉錡為沿海制置使己酉吴璘遣統制李師顏等戰敗金人于扶風拔之壬子兀术及宋叛將孔彦舟酈瓊趙榮等帥衆十餘萬攻順昌府劉錡率將士殊死戰大敗之初秦檜奏命錡擇利班師錡不奉詔戰益力遂能以寡勝衆乙卯順昌圍解兀术還以知平江府梁汝嘉兼浙西沿海制置使丙夜岳飛將牛臯及金人戰于京西敗之己未劉光世進軍和州郭浩遣統制鄭建充攻破金人于醴州復其城壬戌詔諸司錢物量留經費外悉發以贍

軍樓炤以父喪去位甲子撤離曷攻青谿嶺鄜延經畧使王彦率兵戰敗之撒離曷還屯鳳翔命士㒞主奉濮王祠事張俊遣左護軍都統制王德援劉錡德暫至順昌值圍已解復還廬州遣司農少卿李若虛詣岳飛軍諭指班師飛不聽丙寅下詔撫諭順昌府官吏兵民庚午以劉錡為武泰軍節度使侍衛馬軍都虞候韓世忠遣統制王勝背嵬將成閔率兵至淮陽軍南與金人遇擊敗之是月金人圍慶陽府權守臣宋萬年固守金人不能下岳飛領兵援劉錡與金人戰于蔡州敗之復蔡州

閏月癸酉朔張俊遣統制宋超敗金人于永城縣朱家村甲戌追孟庾路允迪官徙家屬遠郡丙子詔三衙管軍及觀察使已上各舉智畧勇猛材堪將帥者二人金人犯涇州守臣曲汲棄城去經畧使田晟率兵來救金人敗走甲申晟及金人再戰于涇州敗之金人引歸鳳翔乙酉降陝西雜犯死罪釋流以下囚丙戌以胡世將為端明殿學士吴璘為鎮西節度使楊政武當節度使郭浩奉國節度使王德攻金人于宿州夜破之降其守馬秦丁亥詔釋順昌府流以下囚再復租稅二年守禦官吏

進官一等己丑永興軍鈐轄傅忠信等與金人戰于華陰縣敗之壬辰岳飛遣統制張憲擊金將韓常于潁昌府敗之復潁昌丙申張憲復淮寧府丁酉趙鼎分司興化軍居住岳飛遣統制郝晸等與金人戰于鄭州北復鄭州李興復汝州與金人戰于河清縣敗之復伊陽等八縣李成遁去韓世忠遣統制王勝王權攻海州克之執其守王山戊戌張俊率統制宋紹等及王德兵會于城父縣酈瓊及葛王襃遁去遂復亳州己亥金人救海州王權等逆戰敗之復懷仁縣庚子張俊棄亳州引軍還壽春再貶趙鼎漳州居住

又貶清遠軍節度副使潮州安置秋七月癸卯岳飛遣將張應韓清入西京會李興復永安軍丙午以御史中丞王次翁參知政事己酉岳飛及兀朮戰于郾城縣敗之庚戌曲赦海州永興軍統領辛鎮及金人戰于長安城下敗之癸丑以揚沂中為淮北宣撫副使劉錡為判官甲寅岳飛遣統制楊再興王蘭等擊金人于小商橋皆戰死乙卯金人攻潁昌岳飛遣將王貴姚政合兵力戰敗之壬戌飛以累奉詔班師遂自郾城還軍皆潰金人追之不及潁昌蔡鄭諸州皆復為金有甲子以釋奠文宣王為大祀乙丑增收州

縣頭子錢為激賞費金人圍淮寧府趙秉淵棄城南歸辛未金人犯盩厔縣王俊逆戰于東洛谷郤之八月壬申朔以張九成喻樗陳剛中凌景夏樊光遠毛叔度元盥等七人嘗不主和議皆降黜之乙亥韓世忠圍淮陽軍不克庚辰金人及酈瓊合兵駐于千秋湖陵韓世忠遣統制劉寶等夜襲破之壬午李成犯西京李興擊郤之楊沂中軍于宿州丙戌以郭浩知夔州丁亥楊沂中自宿州夜襲柳子鎮軍潰遂自壽春府渡淮歸金人屠宿州甲午川陝宣撫司統領王喜等遇金人于汧陽縣敗之九月壬寅朔遣起居舍

人李易諭韓世忠罷兵時秦檜專主和議諸大帥皆還鎮丁未楊政遣統制楊從儀夜襲金人于鳳翔府敗之戊申金人復入西京李興棄城去庚戌合祀天地于明堂大赦辛酉臨安火戊辰以郭浩知金州節制陝西河東軍馬兼措置河東忠義軍是秋知代州王忠植舉兵復石代等十一州冬十月癸酉復張浚觀文殿大學士甲戌以王忠植為建寧軍承宣使河東路經畧安撫使戊寅秦檜上重修紹興在京通用敕令格式庚辰金人犯慶陽府守臣宋萬年以城降辛卯金人犯陝州吳琦率兵迎擊敗之庚子金人襲

洮州攻鐵城堡統制孔文清惠逢擊敗之是月劉錡入見胡世將命王忠植救慶陽叛將趙惟清執之降于金忠植不屈而死十一月丁未金將合喜復犯陝州吳琦擊郤之又犯寶雞縣統制楊從儀敗之壬子以令慶為保寧軍節度使是月宜章洞民駱科叛犯桂陽郴道連賀諸州命發大兵討之十二月壬午上皇太后冊寶于慈寧殿丁亥贈王忠植奉國軍節度使謚義節辛卯起諸路耆長役錢隷總制司專給軍用是月楊沂中引兵還行在

十一年春正月癸卯鳳翔統制楊從儀敗金人于渭

南庚戌張浚入見乙卯金人犯壽春府守臣孫暉統制雷仲合兵拒之丁巳壽春陷暉仲棄城去己未劉錡自太平州率兵二萬援淮西庚申金人渡淮辛酉雨雹乙丑劉錡至廬州還丙寅兀朮陷廬州戊辰金人陷商州守臣邵隆棄城去己巳命楊沂中引兵赴淮西岳飛進兵江州二月癸酉張俊遣王德渡江屯和州金人退屯昭關邵隆破金人于洪門復南商乙亥金人復來爭和州張俊敗之命韓世忠以兵援淮西丙子趣岳飛會兵蘄黃王德等敗金人于含山縣東己卯統制關師古李横擊敗金人于巢縣復之庚

辰岳飛發鄂州辛巳知泰州王睞兼通泰二州制置使癸未王德田師中等擊破金人復含山縣奪昭關劉錡自東關擊敗金人于青谿甲申金人復犯昭關王德等又敗之李顯忠遣統領崔皐擊敗金人于舒城縣丁亥楊沂中劉錡等大敗兀朮軍于柘皐己丑兀朮親率兵逆戰于店步沂中等又敗之乘勝逐北遂復廬州是月虔吉州盜賊悉平三月庚子朔張俊進鬻田及賣度牒錢六十三萬緡助軍用壬寅韓世忠引兵趨壽春癸卯復張俊特進金人圍濠州岳飛發舒州甲辰張俊楊沂中劉錡議班師乙巳沂中錡先

行俊以輕兵留後丙午詔釋淮西雜犯死罪以下囚丁未金人陷濠州執守臣王進夷其城鈐轄邵青死之戊申張俊遣楊沂中王德入濠州遇金伏兵敗還己酉韓世忠至濠州不利而退辛亥岳飛次定遠縣聞金兵退還屯舒州楊沂中歸行在壬子金人渡淮北歸癸丑張浚歸建康府丁巳劉錡歸太平州甲子行營統制張彥及金人遇于汧陽之劉坊砦第八將張宏戰沒夏四月丙子復收免行錢己卯孫近罷辛巳以王次翁兼權同知樞密院事韓世忠張浚岳飛相繼入覲壬辰以世忠俊並爲樞密使飛樞密副使

命三省樞密院官復分班奏事乙未張浚請以所部兵隸御前罷三宣撫司改統制官爲御前統制官各屯駐舊所丙申以廣西經略使胡舜陟節制廣東湖南兵趣討駱科慕洧破新泉砦又攻會州將官朱勇破之五月辛丑置兩淮江東西湖廣京西三道總領軍馬錢糧官仍掌報發御前軍馬文字癸卯賻恤戰沒將士丁未遣張俊岳飛于楚州巡視邊防召劉光世赴行在甲寅命樞密行府置司鎮江令偏行巡歷措置庚申加楊沂中檢校少保開府儀同三司六月乙亥造尅敵弓加秦檜特進進尚書左僕射同中書門下平章事兼

樞密使癸未張俊岳飛至楚州俊以海州城不可守
毀之遷其民統韓世忠軍還鎮江惟背嵬一軍赴行
在甲申知河南府李興部兵至鄂州以興為左軍統
制乙丑明州僧王法恩等謀反伏誅壬辰劉光世罷
為萬壽觀使秋七月戊戌秦檜上徽宗實錄進修撰
以下各一官庚子以翰林學士范同參知政事以
旱減膳祈禱遣官決滯獄出繫囚丁未加秦檜少保
甲寅罷劉錡兵命知荆南府乙卯詔優獎永興鳳翔
秦隴等州縣官到任半年減磨勘任滿還一官己未
加張俊太傅癸亥大雨是月命張俊復如鎮江措置

軍務留岳飛行在八月戊辰立祚德廟于臨安祀韓
厥甲戌罷岳飛乙亥命諸王後各推年長一人權主
祀事癸巳胡世將起復九月癸卯命軍器少監鮑琚
如鄂州根括宣撫司錢穀鄂州前軍副統制王俊告
副都統制張憲謀據襄陽為變張俊收憲屬吏以聞
丁未坐監司不按贓吏罪辛亥吳璘拔秦州州將武
誼降壬子璘率姚仲及金人戰于丁劉圈敗之楊政
克隴州破岐下諸屯郭浩復華州入陝州甲寅建康
大火丙申遣劉光遠等充金國通問使吳璘及金人
戰于剡家灣大敗之遂圍臘家城癸亥璘自臘家城

受詔班師楊政郭浩皆引軍還乙丑邵隆復虢州郝
晸討禽駱科斬之冬十月丙寅朔金人陷泗州遂陷
楚州丁卯命樞密都承旨鄭剛中宣諭川陝戊辰楊
政及金人戰于寶雞縣敗之禽通檢孛堇乙亥兀朮遣
劉光遠等還戊寅詔修玉牒下岳飛張憲大理獄命
御史中丞何鑄大理卿周三畏鞫之壬午遣魏良臣
王公亮為金國稟議使乙酉虛恨蠻主歷階詣嘉州
降癸巳韓世忠罷為醴泉觀使封福國公是月金人
陷濠州邵隆復陝州十一月己亥范同罷責降李光
為建寧軍節度副使藤州安置辛丑兀朮遣審議使

蕭毅邢具瞻與魏良臣等偕來丁未范同分司筠州
居住罷判大宗正事士㒟同知宗正事士撙申嚴戚
里宗室謁禁己酉雷壬子蕭毅等入見始定議和盟
誓乙卯以何鑄簽書樞密院事充金國報謝進誓表
使庚申命宰執及議誓撰文官告祭天地宗廟社稷
辛酉以張浚為檢校少傅崇信軍節度使萬壽觀使
是月與金國和議成立盟書約以淮水中流畫疆割
唐鄧二州畀之歲奉銀二十五萬兩絹二十五萬匹
休兵息民各守境土詔川陝宣撫司毋出兵生事招
納叛亡駱科餘黨歐幼四等復叛桂陽藍山犯平陽

縣遣江西兵馬都監程師回討平之十二月丁卯責降徽猷閣待制劉洪道為濠州團練副使柳州安置癸酉命尚書省置籍勾考諸路滯獄甲戌罷川陜宣撫司便宜行事乙亥兀朮遣何鑄等如會寧見金主且趣割陜西餘地遂命周聿莫將鄭剛中分畫京西唐鄧陜西地界壬午命州縣三歲一置產業部籍民貲財田宅以定賦役禁受賕虧隱舊額丁亥立譏察海船條法癸巳賜岳飛死于大理寺斬其子雲及張憲于市家屬徙廣南官屬于鵬等論罪有差

本紀卷第二十九

本紀卷第三十　宋史三十

開府儀同三司上柱國錄軍國重事中書右丞相兼修國史領經筵事都總裁臣脫脫等奉敕修

高宗七

十二年春正月癸卯罷樞密行府庚申孫近分司漳州居住二月丁丑加建國公瑗為檢校少保進封普安郡王己卯賜楊沂中名存中丙戌詔諸州修學宮辛卯蠲廣南東西路騎科殘擾州縣今年租鎮江太平池州蕪湖大火癸巳金主許歸梓宮及皇太后遣何鑄等還三月丙申臨安府火壬寅命普安郡王出

就第朔望朝辛亥以士㒟嘗護岳飛為朋比責建州居住丙辰胡世將卒夏四月甲子朔遣孟忠厚為迎護梓宮禮儀使王次翁為奉迎兩宮禮儀使丁卯皇太后偕梓宮發五國城金遣完顏宗賢劉祹護送梓宮高居安護送皇太后庚午賜禮部進士陳誠之以下二百五十四人及第出身戊寅封帝淵平樂郡王辛巳皇后邢氏崩訃初至甲申增修臨安府學為太學五月甲午以鄭剛中為川陜宣撫副使乙未遣審昭遠等賀金主生辰置淮西京西陜西諸路榷場丙午增築慈寧殿停給度僧牒乙卯復試教官法六

月甲子命侍從臺諫禮官雜議權奉攢宮戊辰以万
俟卨為攢宮按行使辛未青降王庶為嚮德軍節度
副使道州安置壬午金國歸孟庾李正民甲申以吳
璘為檢校少師階成岷鳳四州經畧使秋七月壬辰
朔福州簽判胡銓除名新州編管丁酉上皇后謚曰
懿節祔神主于別廟己亥以何鑄[illegible]權參知政事己
酉始制常行儀仗及造玉輅乙卯蠲廣南湖北沿邊
州軍免行錢八月辛酉朔兀朮使來求商州及和尚
方山二原丙寅何鑄罷甲戌以万俟卨參知政事充
金國報謝使壬午皇太后至入居慈寧宮己丑帝易

緦服奉迎徽宗及顯肅懿節二后梓宮至奉安于龍
德別宮是月鄭剛中分畫陝西地界割商秦之半畀
金國存上津豐陽天水三縣及隴西成紀餘地棄和
尚方山二原以大散關為界九月乙未以孟忠厚為
樞密使充攢宮總護使壬寅大赦乙巳加秦檜太師
封魏國公丙午金使劉筈完顏宗表等九人入見戊
申以王次翁等充金國報謝使藏金國誓書于內侍
省辛亥加張中孚開府儀同三司中彥靖海軍節度
使甲寅杖殺偽福國長公主李善靜以金州郭浩為
金房開達四州經畧安撫使始遣楊愿使金賀正旦

冬十月乙丑始聽中外用樂丙寅權攢徽宗皇帝及
顯肅皇后于會稽永固陵懿節皇后祔乙亥以翰林
學士陳克俊簽書樞密院事權參知政事丁丑以皇
太后回鑾推恩進封秦檜為秦魏兩國公辭不拜庚
辰以何鑄黨援岳飛不主和議責授祕書少監徽州
居住甲申皇太后生辰上壽于慈寧宮丁亥置福建
路提舉茶司事十一月癸巳樞密使張浚罷進封清
河郡王以左司郎中李椿年為兩淮轉運副使專治
經界乙未加楊存中少保己亥禁貶謫人私至行在
庚子作崇政垂拱二殿辛丑劉光世薨壬寅曾祖姑

秦魯國大長公主薨丙午尹焞卒庚戌孟忠厚罷左
承事郎張戒坐黨趙鼎岳飛停官辛亥遣張中孚中
彥還金國十二月甲子詔侍從監察御史已上監司郡
守各舉所知宗室丙寅幸秦魯國大長公主第臨奠
又幸劉光世第臨奠庚午命太學弟子員以三百人
為額壬申秦檜上六曹寺監通用敕令格式癸酉以
李顯忠為保信軍節度使御前選鋒軍統制王進為
御前諸軍都統制是歲斷大辟二十四人
十三年春正月戊戌加上徽宗謚曰體神合道駿烈
遜功聖文仁德憲慈顯孝皇帝己亥親饗太廟奉上

冊寶癸卯增建國子監太學乙巳復兼試進士經義
詩賦二月壬戌初御前殿特引四參官起居甲子製
郊廟社稷祭器乙丑更永固陵曰永祐丙寅封韓世
忠咸安郡王乙亥蠲雷化等十州免行錢丙子造金
象革木四輅庚辰立太學及科舉試法辛巳秘書少
監秦熺修建炎以來日曆成乙酉建景靈宮奉安累
朝神御三月己亥造鹵簿儀仗乙巳建社稷壇丙午
築圜丘振淮南饑民仍禁遏糴夏四月癸亥頒鄉飲
酒儀于郡國甲戌毀獄吏訊囚非法之具閏月己丑
立貴妃吳氏為皇后戊申命史館編靖康建炎忠義

録庚戌楊政入見加檢校少保賜田五十頃壬子蠲
諸路無名月樁錢乙卯王次翁罷五月甲子張九成
坐黨趙鼎南安軍居住壬申置國子博士正録乙亥
命諸路置放生池丁丑天申節始上壽錫宴如故事
六月壬戌禁三衙及諸軍市易月增將官供給錢有
差壬寅程克俊罷以万俟卨兼權簽書樞密院事戊
申詔諸路提刑歲舉部內廉明平恕獄官庚戌金遣
洪皓張邵朱弁來歸秋七月甲子詔求遺書罷捕賊
補官格丙寅處州兵士楊興等謀作亂事覺伏誅戊
辰置諸州銅作務壬申雨雹蠲浙西貧民逋負丁鹽

錢八月丙戌遣吏部侍郎江邈奉迎累朝神御于溫
州丁亥命諸路有出身監司一員提舉學事戊戌洪
皓至自金國入見己亥遣鄭朴等使金賀正旦王師
心等賀金主生辰鄭剛中獻黃金萬兩辛丑廢昌化
萬安吉陽軍知階州田晟將所部三千人赴行在丁
未以晟主管侍衛馬軍司公事其衆隸焉己酉加錢
愐太尉庚戌詔監司守臣講求恤民事宜九月丁巳
宗室子偁卒于秀州甲子洪皓出知饒州戊辰命諸
路置敦宗院己巳詔淮東京西監司歲終上州縣所
增戶口為守令殿最庚午以兵部侍郎司馬朴死節

贈兵部尚書賜其家銀絹癸酉詔諸州守貳提舉學
事縣令佐主管學事戊寅蠲淮南逋欠坊場錢及
上供帛冬十月己丑秦檜上監學敕令格式庚寅製渾
天儀乙未奉安累朝帝后神御于景靈宮十一月庚申
日南至合祀天地于圜丘太祖太宗並配大赦十二月
癸未朔日食雲陰不見辛卯毀私鑄毛錢癸巳建秘書
省丁酉增太學弟子員二百己亥郭浩入見丁未命行
在宗子入官學己酉金遣完顏曄等來賀明年正旦是
月始頒來歲曆于諸路監司守臣是歲關外初行營田
十四年春正月丁巳遣羅汝楫等報謝金國甲子臨

安府火戊寅命普安郡王為子偁解官持服二月丁亥復置靖州新民學癸巳蠲江浙諸路逋欠錢帛戊戌初命四川都轉運司歲撥總制司錢百七十三萬緡市紬絹綿輸于鄂州總領所丙午罷万俟卨定宗學生額為百員己酉以資政殿學士樓炤簽書樞密院事兼權參知政事加郭浩檢校少保三月乙卯蠲江浙京湖積欠上供錢米丁卯避金太祖嫌名改岷州為西和州川陜宣撫司為四川宣撫司己巳幸太學蠲汀漳泉建四州經賊殘蹂民戶賦役一年壬申解潛坐黨趙鼎責授濠州團練副使南安軍安置己卯詔

舉賢良夏四月甲申詔刑部及監司決絕滯訟丁亥初禁野史虔州民析其屋朽柱中有文曰天下太平年甲午金人來求淮北人之在南者詔願者聽還遣馬軍司統領張守忠討海賊朱明五月丙辰詔階成西和鳳四州募兵赴行在甲子樓炤罷乙丑以御史中丞李文會簽書樞密院事兼權參知政事丙寅婺州大水己巳金始遣烏延和等來賀天申節辛未楚州鹽城縣海水清是月嚴信衢建四州水六月甲申蠲江浙州縣酒稅坊場綱運倉庫積年逋負孫近再奪三官移南安軍居住丁亥加高世則少保戊子安

南國入貢癸巳宣州涇縣妖賊俞一作亂守臣捕滅之乙未振江浙福建被水之民丙申內侍白鍔坐誹謗及其客張伯麟俱黥配吉陽軍特贈子偁太子少師官給葬事庚子奪万俟卨三官歸州居住乙巳置國子監小學秋七月戊午金人殺王倫于河間府丙寅立明法科兼經法丙子幸秘書省八月癸未撫州獻瑞禾庚寅以李椿年權戶部侍郎仍治經界乙未遣林保使金賀正旦宋之才賀金主生辰九月辛酉分利州為東西路以吳璘為利州西路安撫使楊政利州東路安撫使甲子命郡守終更入見各舉所部

縣令一人壬申趙鼎移吉陽軍安置癸酉命臨安府索蔡京子孫遠赴貶所遇赦永不量移冬十月甲午從右正言何若言請戒內外師儒之官黜伊川程氏之學乙未加高世則少師己亥以永道郴三州桂陽監及茶陵縣民多不舉子永蠲其身丁錢絹米麥十一月甲子復內教即禁中閱試三衙將士癸酉李光移瓊州安置乙亥朱勝非薨十二月丁丑朔潼川府路轉運判官宋蒼舒獻嘉禾一莖九穗己卯命諸郡收養老疾貧乏之民復置漏澤園葬死而無歸者丁酉李文會罷尋責筠州居住庚子以御史中丞楊愿簽

書樞密院事兼權參知政事癸卯金遣孛散温等來賀明年正旦是月汀賊華齊寇漳州長泰縣安撫司遣兵捕之為所敗將佐趙成等死之是歲四川宣撫司始取民戶稱提錢歲四十萬緡以備軍費

十五年春正月丁未朔御大慶殿初行大朝會禮戊申瀘南安撫使馮檝獻嘉禾己未分經義詩賦為兩科取士辛酉初置籍田丁卯減成都府路對糴米三之一宣撫司激賞錢三十萬緡戊辰命戶部侍郎王鈇措置兩浙經界辛未初命僧道納免丁錢二月戊寅增大學弟子員百人乙未詔州縣科折之數第五

等戶毋或均配己亥封崇國公璩為恩平郡王出就第三月甲子遣敷文閣待制周襟馬觀國史愿諸將程師回馬欽白常皆還金國夏四月丙子朔賜秦檜第一區戊寅彗星出東方癸未避殿減膳命監司郡守條上便民事宜提刑巡行決獄賜禮部進士劉章以下三百人及第出身丁亥以彗出大赦癸巳彗沒甲午遣後軍統制張淵討捕福建盜賊庚子罷四川都轉運司五月丙辰客星見戊午命貧民產子賜義倉米一斛甲子金遣完顏宗尹等來賀天申節六月乙亥朔日有食之丁丑幸秦檜第乙酉加檜妻婦子孫

官封丁亥客星沒秋七月戊申復置利州鑄錢監戊午命監司審察縣令治狀顯著及老懦不職者上其名以為黜陟蠲廬光二州上供錢米一年丁卯免汀漳二州秋稅及處州三縣被水民家紬絹鄂州舊額絹各一年己巳蠲四川轉運司積負常平錢十三萬緡八月甲戌朔禁收折帛合零錢止輸實數乙亥蠲京西路請佃田租及州縣場務稅錢二年己亥改諸路提舉茶鹽官為提舉常平茶鹽公事川廣以憲臣兼領辛丑復增太學弟子員二百九月辛酉遣錢周材使金賀正旦嚴抑賀金主生辰冬十月乙亥帝書

一德格天之閣賜秦檜仍就第賜宴丙子楊愿罷癸未以樞密都承旨李若谷簽書樞密院事兼權參知政事武岡軍猺人楊再興降庚寅以翰林學士承旨秦熺為資政殿學士提舉萬壽觀兼侍讀恩數視執政辛卯夜雷癸巳蠲安豐軍上供錢米二年甲午以汪勃言折彥質黨趙鼎柳州安置庚子置四川宣撫司總領錢糧官辛丑命秦熺班簽書樞密之下十一月甲辰加錢忱少保錢愐開府儀同三司丙辰郭浩卒丙寅全給秦檜歲賜公使錢萬緡閏月己卯罷明法新科十二月戊午置江陰軍市舶務甲子命右司

員外郎李朝正同措置經界丁卯金遣蒲察說等來
賀明年正旦
十六年春正月戊子增太學外舍生額至千人壬辰
親饗先農于東郊行藉田禮執耒耜九推詔告郡縣
二月辛丑割金州豐陽縣洋州乾祐縣畀金人壬寅
毀諸路淫祠癸丑建秦檜家廟三月庚午朔建武學
置弟子員百人辛卯造秦檜家廟祭器乙未增建太
廟己亥立淮東江東兩浙湖北州縣歲較營田賞罰
格夏四月壬子禁州縣預借民稅及和買錢戊午定
選試武士弓馬去留格五月壬申濬運河命諸路漕

臣兼提舉學事癸未初作太廟祏室丙戌作景鍾丁
亥金遣烏古論海等來賀天申節六月安南獻馴象
十秋七月壬申以張浚上疏論時事落節鉞連州居
住壬辰立秘書省獻書賞格丙申復何鑄為端明殿
學士兼侍讀八月辛丑築高禖壇壬子遣邊知白使
金賀正旦周執羔賀金主生辰九月甲戌命何鑄等
為金國祈請使請國族甲午賞統制張淵韓京等討
捕福建廣東諸盜功各進官有差冬十月戊戌帝觀
新作禮器于射殿閱景鍾奏新樂十一月丙子合祀
天地于圜丘大赦庚辰罷州縣新刱稅場癸未復置

御書院己丑加潘正夫少保十二月戊戌彗見西南
方乙巳減辛酉金遣盧彥倫等來賀明年正旦
十七年春正月己巳命諸路收試中原流寓士人己
卯禁監司郡守進羨餘辛卯以舉人多冒貫命州縣
每三歲行鄉飲酒禮以貢士壬辰以李若谷參知政
事御史中丞何若簽書樞密院事癸巳進秦熺為資
政殿大學士二月乙巳親祠高禖辛酉李若谷罷三
月乙亥何若罷己卯以翰林學士段拂參知政事乙
酉改封秦檜為益國公戊子改命張俊為靜江寧武
靖海軍節度使韓世忠鎮南武安寧國軍節度使落

李若谷資政殿學士江州居住夏四月丙申蠲諸路
免行錢三之一己亥以御史中丞汪勃簽書樞密院
事己未詔趙鼎遇赦永不檢舉以前貶所潮州錄事
參軍石恮待遇鼎厚除名潯州編管五月甲子詔舉
賢良乙丑雨雹己巳洪皓責濠州團練副使英州安
置辛巳金遣完顏卞等來賀天申節六月乙卯禁招
安盜賊戊午改命普[illegible]安郡王璦為常德軍節度使
恩平郡王璩武康軍節度使秋七月庚辰召鄭剛中
赴行在辛巳太白晝見以徽猷閣待制知成都府李
璆權四川宣撫使癸未命李璆同總領四川財賦符

行中參酌減放四川重歛戊子以吳璘充御前諸軍都統制兼知興州八月庚子罷建州刱置賣鹽坊癸卯趙鼎薨于吉陽軍戊申遣沈該使金賀正旦詹大方賀金主生辰丁巳以諸路羨餘錢充月椿之數加邢孝楊太尉九月己巳減四川科率虛額錢歲二百八十五萬緡癸酉詔以四川宣撫司降賜庫米一百萬石均減對糴乙亥蠲江南東西道諸州月椿錢丙子鄭剛中罷丙戌減江浙諸州折帛錢冬十月辛卯朔日有食之癸卯建太一宮丁未命太常歲以春秋二仲薦獻攢官季秋遣御史按視己酉進楊存中為少

傅己未臨安府甘露降十一月丙寅秦檜上重修免役敕令格式丁卯復賜進士聞喜宴十二月辛卯朔禁諸州擅釋致流配命官及事干邊防切要之人甲寅鄭剛中落職桂陽監居住丙辰金遣完顏宗藩等來賀明年正旦

十八年春正月己巳幸天竺寺遂幸玉津園二月乙未段拂罷尋落職興國軍居住以汪勃兼權參知政事辛亥聽趙鼎歸葬三月丁丑命楊政吳璘招關陜流民補殿前軍戊寅罷汀州諸縣上供銀蠲茶鹽本錢之半庚辰幸新太一宮壬午以秦熺知樞密院事乙酉禁民私渡淮及招納叛亡夏四月戊子朔日有食之庚子秦熺乞避父子共政以為觀文殿學士提舉萬壽觀兼侍讀提舉秘書省壬寅命熺恩禮視宰臣班次亞右僕射甲辰賜禮部進士王佐以下三百三十人及第出身丙辰加士㒨開府儀同三司五月戊辰加吳益太尉乙亥裁損奉使賞給丙子金遣蕭秉溫等來賀天申節癸未以李顯忠私取故妻于金降為平海軍承宣使台州居住甲申罷四川宣撫司以李璆為四川安撫制置使是月徽州慶雲見六月甲辰築九宮貴神壇于東郊戊申士民曹溥等上尊號

不許是月遣太府寺丞宋仲堪詣江州置獄鞫鄭剛中欺隱官錢福州候官縣有竹實如米飢民採食之是夏浙東西淮南江東旱八月丙申汪勃罷丁酉以工部尚書詹大方簽書樞密院事兼權參知政事禁州縣士民飾詞舉留官吏閏月庚申免江浙湖南今歲和糴甲子命臨安平江二府淮東西湖北三總領所歲糴米百二十萬石以廣儲蓄壬申遣王墨卿使金賀正旦陳誠之賀金主生辰甲申辛道宗降官房州羈管乙酉禁奉使三節人出境博易福建諸州賊平以所刱招奇兵為殿前司左翼軍九月丙午詹大

方甍。冬十月丙辰以御史中丞余堯弼簽書樞密院
事兼權參知政事十一月乙酉朔升感生帝為上祀
己亥胡銓移吉陽軍編管壬寅鄭剛中責濠州團練
副使復州安置戊申禁四川買馬官吏私市蠻馬辛
亥振紹興府饑十二月乙卯朔振明越秀潤徽婺饒
信諸州流民丙寅借給被災農民春耕費丁卯命利
路三都統措置營田以其租充減免對糴之數戊辰
蠲被災下戶積欠租稅庚辰金遣召守忠等來賀明
年正旦
十九年春正月甲申朔以皇太后年七十帝詣慈寧

殿行慶壽禮甲午罷國信所回易北貨癸卯幸天竺
寺遂幸玉津園二月丁丑禁湖北溪洞用人祭鬼及
造蠱毒犯者保甲同坐三月癸未朔日有食之甲辰
鄭剛中移封州安置子良嗣等亦除名編管夏四月
丁巳立孳生牧馬監賞罰格丙寅秘閣修撰張邵上
秦檜在金國代徽宗與粘罕書藁詔付史館以邵為
徽猷閣待制戊寅湖廣江西路建康府並甘露降五
月壬午朔汀漳泉三州民田被賊蹂踐蠲其二稅戊
戌賞平福建群盜功以選鋒軍統制劉寶為武泰軍
承宣使餘將士遷秩有差庚子金遣唐括德溫等來

賀天申節丁未減連英循惠新恩六州免行錢六月
丁巳茶陵縣丞王庭珪作詩送胡銓坐謗訕停官辰
州編管戊午秦檜上吏部續降七司通用法秋七月
壬寅頒諸農書于郡邑八月辛未刺浙東諸州強盜
當配者充沿海諸軍九月戊申命繪秦檜像仍作贊
賜之冬十月己未湖南副總管辛永宗停官肇慶府
編管十一月壬辰合祀天地于圜丘大赦辛丑李椿
年以經界不均罷丁未立州縣墾田增虧賞罰格是
月命復蜡祭十二月丁巳金岐王亮弒其主亶自立
己未詔無子女戶得解舉人太學生之獨居者並免

役己巳命四川制置司歲募危衞三百人赴行在丁
丑金遣完顏兗等來賀明年正旦
二十年春正月丁亥秦檜入朝殿前司軍士施全道
刺之不中壬辰磔全于市癸卯趣諸路轉運司及守
臣畢經界事丙午兩浙轉運副使曹泳言李孟堅誦
其父光所撰私史語涉譏謗詔送大理寺二月戊申
朔立守貳令尉營田增虧賞罰格庚戌禁民春月捕
鳥獸蠲靜江府昭州上供折布錢三之一壬子罷經
界所覆實官吏庚申免海外四州及瀘叙二州長寧
軍經界三月庚辰金遣完顏思恭等來報即位癸未

以余堯弼參知政事給事中巫伋簽書樞密院事丙
戌遣堯弼等賀金主即位戊子以秦熺爲觀文殿大
學士萬壽觀使丙申李孟堅獄具詔李光遇赦永不
檢舉孟堅除名峽州編管胡寅程瑀潘良貴張燾等
八人緣坐黜降有差戊戌詔改正經界法之厲民者
庚子以巫伋兼權參知政事壬寅胡寅責果州團練
副使新州安置夏四月壬子以没入官田悉歸常平
司禁募民佃種癸酉置力田科募江浙福建民耕兩
淮閑田是月信州妖賊黄曾等作亂陷貴溪縣江西
兵馬鈐轄李橫等討平之五月庚辰申禁諸軍差承

接文字使臣伺察朝政癸未秦檜上中興聖統甲午
金遣完顔思恭等來賀天申節六月癸亥加秦熺
少保詔大理寺鞫前太常主簿吳元美譏謗獄丙寅
禁民結集經社是月建州民張大一作亂秋七月丙
子罷招刺禁軍庚寅罷泉漳汀三州經界八月甲辰
謫量移張浚永州孫近處州万俟卨沅州李若谷饒
州李文會江州段拂南康軍並居住雷州守臣王趯
坐交通趙鼎李光停官戊申改建大理寺辛酉遣陳
誠之使金賀正旦王曮賀金主生辰九月甲申以吳
元美譏毁大臣除名容州編管丙申侍御史曹筠以

附下罔上罷冬十月戊辰右迪功郎安誠坐文字謗
訕送惠州編管秦檜有疾庚午命執政赴檜第議事
十二月甲子檜始朝命肩輿入宫門二孫扶掖升殿
不拜己巳金遣蕭頤等來賀明年正旦
二十一年春正月癸未以兩淮民復業未久寬其租
賦庚子蠲平江府折帛錢三年二月甲寅夜雨雹乙
卯詔諸州置惠民局官給醫書壬戌遣巫伋等爲金
國祈請使請歸淵聖皇帝及皇族增加帝號等事癸
亥以余堯弼兼簽書樞密院事三月丁丑雨雹丁亥
蠲江浙荆湖等路中戶以下積年逋負夏閏四月己

卯禁三衙搭剋諸軍丁亥賜禮部進士趙逵以下四百
四人及第出身五月辛亥罷利州路選刺義士戊午
金遣劉長言等來賀天申節以吳璘楊政田師中並
爲太尉六月甲戌括淮南佃田所隱頃畝以理租税
辛巳命歲給大理寺三衙及州縣錢和藥劑療病囚
秋七月壬寅以集英殿修撰知衢州曹筠爲四川安
撫制置使辛亥罷柴米税癸亥詔州縣官嘗被科率
害民重罪者不得任守令親民官八月辛未秦檜上
重修諸路茶鹽法壬申韓世忠薨詔進太師致仕癸
酉追封通義郡王禁郡守特斷乙亥加岳陽軍節度

使士撙開府儀同三司充萬壽觀使甲申遣陳夔使
金賀正旦陳相賀金主生辰九月戊戌朔籍寺觀絶
産以贍學乙巳均科處州丁鹽錢丁巳增築景靈宮
是月巫伋使還所請皆不許冬十月甲戌幸張俊第
壬午進俊爲太師并從子子蓋爲安德軍節度使甲
申夜有赤氣十一月庚戌余堯弼罷乙卯命提舉常
平官修復陂湖丁巳進義副尉劉允中坐指斥謗訕
棄市十二月壬申雷癸巳金遣兀朮曾定方等來賀
明年正旦
二十二年春正月丁未加韋淵太保三月丁酉以王

庶二子之奇之荀謗毀朝政並除名之奇梅州之荀
容州編管甲辰以直龍圖閣葉三省監都作院王遠
通書趙鼎王庶力詆和議言涉謗訕三省落職筠州
居住遠除名髙州編管丁巳遣司農丞鍾世明詣福
建路籍寺觀絶産田宅入官其後歲入錢三十四萬
緡夏四月丙子巫伋罷辛巳以御史中丞章夏簽書
樞密院事兼權參知政事五月癸丑金遣田秀頴等
來賀天申節是月襄陽大水容州野蠶成繭秋七月
甲午朔加封程嬰公孫杵臼韓厥爲公升中祀丁巳
虔州軍卒齊述殺殿前司統制吳進江西同統領馬

晟據州叛八月己卯遣鄂州都統制田師中發兵同
江西安撫使張澄殿前司遊奕軍統制李耕討述九
月乙未又遣左翼軍統制陳敏相繼討之癸丑章夏
罷冬十月甲戌以御史中丞宋樸簽書樞密院事兼
權參知政事就命李耕知虔州庚辰以黄岩縣令楊
煒誹謗除名萬安軍編管知台州蕭振落職池州居
住十一月戊申合祀天地于圜丘大赦丁巳立薦舉
受財刑名李耕入虔州盡誅叛兵虔州平十二月辛
酉朔減夔州路及蒲江淯井兩監鹽錢歲八萬二千
緡有奇戊子金遣張利用等來賀明年正旦

本紀卷第三十

本紀卷第三十一　宋史三十一

開府儀同三司上柱國錄軍國重事前中書右丞相監修國史領經筵事都總裁臣脫脫等奉

勅修

高宗八

二十三年春正月癸卯進韋淵太傅己酉復以李顯忠爲寧國軍節度使二月癸亥幸王津園遂幸延祥觀庚午磔虔州軍賊黃明等八人于都市辛未改虔州爲贛州壬申申嚴冒貫請舉法癸未賞平贛盜功以李耕爲金州觀察使將士進秩給賞有差三月丙午齊安郡王士㒟薨于建州追封循王詔凡民認復

軍莊營田者償開耕錢丁未禁州縣都監巡尉擅置刑獄戊申以前太府丞范彥輝謗訕除名荆門軍編管是春金主亮徙都燕京夏四月辛巳詔諸州編管羈管人遵舊法長吏月一驗視不許因禁乙酉減利州歲鑄錢爲九萬緡五月庚寅禁州縣以私意籍罪人貲産乙巳復以蕭振爲四川制置使辛亥金遣紇石烈大雅等來賀天申節乙卯立淮南諸州舉人解額六月己卯潼川大水秋七月壬辰寬理平江府湖秀二州被水民夏稅戊戌從秦檜所請命台州取綦崇禮草檜罷相制所受墨勅庚戌禁諸軍瀕太湖擅

作壩田八月乙丑士撙薨追封韶王丙寅左宣教郎王孝廉謀據成都叛事覺伏誅己卯賜秦檜建康府永豐圩田乙酉命勅令所編輯中興以後寬恤詔令九月甲午振潼川被水州縣仍蠲其賦庚子禁採鹿胎冬十月丁巳詔郡守年七十者聽自陳命主官觀戊午遣吳㮚使金賀正旦施鉅賀金主生辰戊辰宋樸罷壬申以右諫議大夫史才簽書樞密院事兼權參知政事丁丑遣戶部郎官鍾世明脩築宣州太平州圩田是月命大理鞫妖人孫士道獄十一月壬寅詔立張叔夜廟于信州甲辰班大宗正司條令乙巳

以經筵終帙賜宰執講讀等官宴于秘書省爲故事十二月丁巳詔州縣稅額少者罷其監官癸亥韋淵薨癸未禁民車服踰制閏月丙申命檢正都司官詳定郡守所上利病以聞辛丑命諸軍保任統制官在職十年無過者進秩庚戌金遣蔡松年等來賀明年正旦是歲減池州青陽縣田租萬七千石

二十四年春正月辛未幸延祥觀癸酉初詔郡國同以八月十五日試舉人丙子封婉容劉氏爲貴妃戊寅地震二月丁亥前左從政郎楊炬坐其弟煜嘗上書誹謗送邕州編管丙午加吳益太尉三月壬申楊

再興後寇邊前軍統制李道討平之禽再興及其子正脩正拱檻送行在乙亥賜禮部進士張孝祥以下三百五十六人及第出身庚辰秦檜以私憾捃摭知建康府王循友詔大理鞫之是春始榷夔州路茶夏四月丙戌詔諸路招補三衙諸軍期三年課其殿最辛丑西南小張藩貢方物己酉羅殿國貢名馬五月癸丑朔日有食之衢州民俞八作亂圍州城通判州事汪召錫拒卻之遂掠嚴州壽昌縣遣殿前司正將辛立討平之辛未金遣耶律安禮等來賀天申節六月癸巳史才罷甲午以御史中丞魏師遜簽書樞密

院事兼權參知政事辛丑王循友貸死藤州安置癸卯詔嘗命四川州縣減免財物以寬民力尚慮未周令制置司總領所司共措置務在不妨軍食可以裕民尋遣鍾世明如四川同議以主管侍衛馬軍司成閔爲慶遠軍節度使秋七月癸丑張俊薨勅停人王趯坐交通李光下大理獄乙卯磔猺人楊正脩正拱于市己未復置黎雅二州博易場三所壬戌詔捐四川茶馬司羨餘錢給軍費以寬民力甲子復落蕭振職池州居住乙丑以總領財賦符行中爲四川制置使乙亥南丹州莫公晟及宜州界外諸蠻納土內附

戊寅幸張俊第臨奠八月壬辰禁百官避免輪對甲午罷溫州市黃柑福州貢荔枝丙午追封張俊爲循王以湘潭縣丞鄭杞主簿賈子展嘲毀朝政除名杞容州子展德慶府編管九月辛亥朔李道如衢州措置盜賊丁巳賞平衢賊功升辛立領忠州團練使將士遷職給錢有差冬十月壬午蠲旱傷州縣租賦戊子遣沈虛中使金賀正旦張士襄賀金主生辰十一月乙丑魏師遜罷丁卯以權吏部侍郎施鉅參知政事鄭仲熊簽書樞密院事戊辰進秦熺少傅封嘉國公是月以通判武岡軍方疇通書胡銓及他罪除名

永州編管十二月丙戌以故龍圖閣學士程瑀有論語講解秦檜疑其譏己知饒州洪興祖嘗爲序京西轉運副使魏安行鏤版至是命毀之興祖昭州安行欽州編管瑀子孫亦論罪丁亥王趯除名辰州編管丁酉知鄞縣程縡爲其丞王肇所告慢上無人臣禮除名貴州編管籍其貲壬寅刺諸路編管人充廂軍乙巳金遣白彥恭等來賀明年正旦

二十五年春正月辛未賞討楊再興功保寧軍承宣使李道落階官加龍神衛四廂都指揮使將士進官賜錢有差二月乙酉以鎮江都統制劉寶爲安慶軍

節度使建康都統制王權爲清遠軍節度使壬寅以通判常州洸長卿仁和縣尉茍燁作詩譏訕除名長卿化州燁武岡軍編管三月己酉右司郎中張士襄自金國使還坐奉使不肅罷官壬申地震夏四月乙酉施鉅罷以鄭仲熊兼權參知政事戊子命四川制置司許就類省試院校試刑法己亥減廣西路折米錢五月丁未朔日有食之太廟仁宗室柱生芝九莖戊申罷諸路免行錢歲百八萬緡癸丑以前知泉州宗室令衿譏訕秦檜遂坐交結罪人汀州居住乙丑金遣李通等來賀天申節壬申賜劉錡湖南田百頃六月庚辰鄭仲熊罷辛巳以禮部侍郎湯思退簽書樞密院事兼權參知政事癸卯以言者追譖岳飛改岳州爲純州岳陽軍爲華容軍是月安南入貢秋七月丙辰減四川絹估稅斛鹽酒等錢歲百六十餘萬緡蠲州縣積欠二百九十餘萬緡詔四川營田有占民田者常平司按驗給還甲戌封李天祚爲南平王八月丁丑申嚴誣告加等法辛巳命大理鞫趙汾及令衿交通獄丙戌以吏部侍郎董德元參知政事蠲諸路身丁免丁錢一年壬辰建執政府九月丁巳秦檜上紹興寬恤詔令冬十月庚辰復置鴻臚寺壬午

遣王岷使金賀正旦鄭柟賀金主生辰乙酉命大理鞫張祁附麗胡寅獄乙未幸秦檜第問疾夜檜諷右司員外郎林一飛臺諫徐嚞張扶等請拜熺爲相丙申進封檜建康郡王熺爲少師並致仕命湯思退兼權參知政事是夕檜薨丁酉檜姻黨戶部侍郎兼知臨安府曹泳停官新州安置朱敦儒薛仲邕王彥傅杜思旦皆罷命有司具上執政侍從官居外任及主宮觀與在謫籍者職位姓名辛丑徙殿中侍御史徐嚞右正言張扶皆出爲他官十一月乙巳朔追封檜申王謚忠獻賜神道碑額爲決策元功精忠全德戊申奪趙汾二官壬子以數文閣直學士魏良臣參知政事癸亥合祀天地于圜丘大赦甲子幸秦檜第臨奠乙丑復洪皓官釋張祁獄丁卯罷大理寺官句白庚午詔監司郡守事無巨細皆須奏聞裁決毋得止上尚書省臣僚薦舉人才必三人以上同薦封叔和州防禦使右監門衛大將軍士㒟爲崇慶軍節度使嗣濮王福建路提刑令詪爲利州觀察使安定郡王辛未知建康府王會及列郡守臣王晌王鑄鄭僑年鄭震方滋俱以諂附貪冒罷真臘羅斛國貢馴象十二月甲戌朔詔曰臺諫風憲之地比用非其人黨於

大臣濟其喜怒殊非耳目之寄朕今親除公正之士以革前弊繼此者宜盡心乃職毋合黨締交敗亂成法當謹茲戒毋自貽咎詔張浚折彥質万俟卨段拂聽自便量移李光郴州安置乙亥復以卨爲資政殿學士提舉萬壽觀兼侍讀戊寅鄭億年責建武軍節度副使南安軍安置壬午詔監司守臣禁羨餘罷權攝戢苞苴節宴飲詔前後告訐者莫汲汪召錫陸升之等九人除名廣南諸州編管甲申召孟忠厚奉朝請命胡寅張九成等二十八人並令自便仍復其官乙酉董德元罷丙戌以劉錡知潭州辛卯命三省六

部條具續降勑旨來上審詳施行甲午以敷文閣待制沈該參知政事乙未以王會恃權貪橫停官循州編管丙申復以蕭振爲四川制置使復張浚折彥質趙汾葉三省王趯劉岑官移胡銓衡州丁酉禁閩浙川廣貢真珠文犀戒州縣加收耗糧己亥金遣耶律歸一等來賀明年正旦

三十六年春正月壬子省諸州稅場以寬商賈甲子追復趙鼎孫近鄭剛中汪藻舊職乙丑詔選擇監司須七品以上清望官或經朝擢及治郡著績者丙寅曹泳吉陽軍編管封伯令衿明州觀察使安定郡王

以其從弟令詪讓也戊辰除民事律蠲諸路積負及黃河竹索錢二月乙亥命四川州縣凡預借民賦稅分限理析己卯定諸州流寓士人解額庚辰罷進奏院定本朝報乙酉進士林東追謟秦檜上書狂妄英州編管右朝奉郎林一飛坐指使林東責監高州鹽稅庚寅三佛齊國入貢辛卯魏良臣罷庚子以左朝散大夫王曮爲秦檜親黨直徽猷閣呂愿中貪虐附檜曮建昌軍居住愿中責果州團練副使封州安置三月甲寅以邊事已定罷宰相兼領樞密使丁巳詔兩淮邊民未復業者復其租十年己未以万俟卨參

知政事癸亥加吳璘開府儀同三司乙丑以東平府進士梁勛伏闕上書言北事送千里外州軍編管丙寅詔曰講和之策斷自朕志秦檜但能贊朕而已豈以其存亡而渝定議耶近者無知之輩鼓倡浮言以惑衆聽至有僞撰詔命召用舊臣抗章公車妄議邊事朕甚駭之自今有此當重寘典憲丁卯蠲閩浙諸州歲供軍器所物料三之一減諸州工匠千人己巳募四川民佃淮南京西閑田並邊復租稅十年次邊五年夏四月戊子增温台等十六州解額命湖北路以增戶墾田爲守令殿最庚寅遣陳誠之等賀金主

尊號禮成癸巳置武學官及弟子員百人甲午禁州
郡進祥瑞戊戌立六科以舉士加韋謙太尉詔大辟
情犯無可矜憫者禁刑寺妄引例奏裁貸減罷御飲
酒舉士法詔淮南京西占射官田踰二年未盡墾者
募人更佃五月壬寅以沈該爲尚書左僕射万俟卨
爲右僕射並同中書門下平章事湯思退知樞密院
事丁未詔州軍教授毋兼他職丙辰蠲楚州盱眙軍
民租十年己未金遣敬嗣暉等來賀天申節六月辛
未朔罷諸路鬻户絶田丁丑以端明殿學士程克俊
參知政事戊寅復權要親族中第覆試法乙酉詔取

士毋拘程頤王安石一家之說丁亥流星晝隕辛卯
以秦檜既死命史館重修日曆秋七月辛丑詔三衙
主帥舉武臣堪知州者壬寅蠲諸路丁絹一年爲二
十四萬匹丙午右奉議郎薛仲邕連州編管丁未彗
出井避殿減膳辛亥詔諸州守貳考各縣丁籍依年
格收除民間市物官户勢家與編氓均科丙辰彗滅
詔進士因事送諸州軍聽讀特放逐便仍許取應辛
酉雨水銀八月戊寅班元豐崇寧學制于諸路華正
前舉登第秦塤曹冠等九人出身以淮南提舉常平
朱冠卿言秦檜挾私廢法塤等皆其子孫親戚門下

憸人於是有官應試者所授階官易左爲右白身者
駁放占用省額復還後科庚辰裁州縣吏額己丑蠲
建康府積欠內帑錢帛庚寅安南國遣使入貢辛卯
程克俊罷甲子以吏部侍郎張綱參知政事九月乙
巳以翰林學士陳誠之同知樞密院事丙午立互易
薦舉坐罪法壬子詔成都潼川兩路漕臣同制置總
領茶馬司審度四川財賦利害其實惠得以及民調
度可以經久者條具以聞甲寅以天聖紹興眞決贓
吏指揮班示諸路丙寅增大理寺吏祿戊辰命吏刑
二部修條例爲成法冬十月己巳朔詔許秦檜在位

之日無辜被罪者自陳甄正罷浙東常平司平準務
乙亥詔四川監司帥臣制置總領茶馬司各舉可守
郡者甲午蠲郴道永三州桂陽軍民身丁米乙未王
會移瓊州編管以宋貺黨附秦檜責梅州安置丁酉
以張浚上書論用兵依舊永州居住辛丑遣李琳使金賀
正旦葛立方賀金主生辰閏月丙午罷廉州貢珠縱
蜑丁自便己酉命離軍人願歸農者人給江淮湖廣
荒田百畝復其租稅十年乙卯初置臨安府左右廂
官分掌訟牒十一月甲戌命吏部侍郎陳康伯戸部
侍郎王俁稽考國用歲中出納之數丙戌裁定六曹

寺監百司吏額十二月辛丑命三省録臺諫所言事
報樞密院癸丑万俟卨上重脩貢舉勑令格式甲寅
罷諸路鑄錢司庚申賞應詔論事切當者壬戌三佛
齊國入貢甲子金遣梁𨱔等來賀明年正旦
二十七年春正月乙酉幸延祥觀戊子命侍從各薦
宗室京朝官才識治行者二人二月丁酉朔復兼習
經義詩賦法庚子楊政卒壬寅太廟仁宗英宗兩室
桂芝草生戊午以御史中丞湯鵬舉參知政事庚申
更定福建路鹽法癸亥加劉錡太尉三月己巳命京
局改官人先除知縣乙酉赤氣出紫微垣丙戌賜禮

部進士王十朋以下四百二十六人及第出身丁亥
詔焚交趾所貢翠羽于通衢仍禁官人服用銷金翠
羽己丑減三川對糴米歲十六萬九千石夔路激賞
絹五萬匹兩川絹估錢二十八萬緡及茶司引息虛
額錢歲九十五萬緡辛卯万俟卨卒壬辰以將行中
前在蜀恣横南雄州安置甲午除耕牛稅五月癸未
金遣耶律守素等來賀天申節辛卯復以五帝神州
地祇等十三祭爲大祀六月甲辰命臣僚轉對盡忠
開陳毋撫細微以應故事戊申以湯思退爲尚書右
僕射同中書門下平章事庚戌復余深黃潛善並觀

文殿大學士乙卯裁定離軍將士諸州添差數戊午
初命太廟冬饗祭功臣臘饗祭七祀祫饗兼之己未
進錢忱少傅增命官捕獲私茶鹽賞典秋七月己巳
復饒贛韶三州鑄錢監癸酉戒監司郡守舉劾守令
觀望徇私乙亥以龍圖閣學士李文會爲四川安撫
制置使丙子詔凡出命令先經兩省書讀如舊制八
月乙未以湯鵬舉知樞密院事庚申復置提領諸路
鑄錢司于行在以戶部侍郎榮薿領之九月癸酉張
綱罷戊寅以吏部尚書陳康伯參知政事蠲淮南京
西湖北積欠内藏錢帛丁亥校書郎葉謙亨言祀典

散逸隆殺不當名稱或舛請勑禮官秘書酌景德故
事取祭祀之式定爲一書名曰紹興正祠録以爲恒
制詔從之冬十月壬寅有赤氣隨日入癸卯築通泰
楚三州捍海堰辛酉詔四川諸司察旱傷州縣捐其
稅振其飢民十一月癸亥朔減福建鹽鈔錢歲八萬
緡乙丑遣孫道夫使金賀正旦辛巳遣劉章賀金主
生辰丁亥湯鵬舉罷戊子蠲廬州二稅及上供錢米
一年十二月甲午詔廣南經畧市舶司察蕃商假託
入貢丙辰初命州縣置禁曆戊午金遣高忠廉等來
賀明年正旦

二十八年春正月己巳申禁三衙彊刺平民爲兵己
卯幸延祥觀遂幸玉津園壬午禁諸路二稅折納增
價癸未遣戶部郎中莫濛等檢視淮南浙西江東沙
田蘆場甲申命臺諫侍從三人以上公薦監司治狀
二月癸巳命史館重脩徽宗大觀以前實錄丙申以
陳誠之知樞密院戊戌禁沿海州軍傅買乙巳以工
部侍郎王綸同知樞密院事己酉命六曹長貳詳定
差役舊法癸丑加楊存中少師謚張俊曰忠烈三月
辛酉朔日有食之丙寅雪丁丑加田師中開府儀同
三司戊寅詔自今用入選帥臣監司曾任郎官已上

者爲侍從監司郡守有政績者爲卿監郎官朝官二
年乃遷卿監郎官未歷監司者更迭補外戊子責秦
檜黨宋樸徽州居住沈虛中筠州居住夏四月丙申
復詔文武官非犯贓罪並許以致仕恩任子辛亥兩
雹嚴州遂安賊江大明寇衢州官軍捕斬之五月金
遣蕭恭等來賀天申節六月壬辰太白晝見癸巳流
星晝隕甲寅增浙西江東淮東沙田蘆場租課置提
領官田所掌之秋七月庚申立江西上供米綱賞格
戊辰詔監司按發官吏不得送置司州軍推鞫所犯
涉重即以奏聞命鄰路監司選官就鞫己卯命取公

私銅器悉付鑄錢司民間不輸者罪之庚辰親製郊
廟樂章乙酉復鬻沒官田八月戊子朔置國史院脩
神哲徽三朝正史己丑檢放風水災傷州縣苗稅仍
振貸饑民乙未增四川十七州舉人解額戊戌湯思
退等上徽宗實錄壬寅命戶部侍郎令詪提領諸路
鑄錢甲寅地震九月辛未定銅錢出界罪賞甲戌詔
以吏部七司舊制與續降參訂異同立爲定法丁丑
置殿前司虎翼水軍千人庚辰以中書舍人王剛中
爲四川安撫制置使辛巳封叔建州觀察使士輵爲
昭化軍節度使嗣濮王癸未蠲平江紹興湖州被水

民逋賦冬十月丁亥朔遣沈介使金賀正旦黃中賀
金主生辰辛丑禁監司帥守私役軍匠十一月己卯
合祀天地于圜丘大赦壬午復命檢舉諸人因赦移
放者告訐得罪者不預十二月庚寅安定郡王令衿
甍辛丑脩睦親宅建宮學丁未復李光官放自便戊
申蠲楚州歸附民賦役五年壬子金遣蘇保衡等來
賀明年正旦是歲興元都統制姚仲復籍興元府等
五州義士得二萬餘人
二十九年春正月丙辰朔以皇太后年八十詣慈寧
殿行慶壽禮庚申濬平江三十六浦以泄水庚午振

湖秀諸州饑民癸酉幸延祥觀遂幸玉津園庚辰禁
諸州科賣倉鹽癸未蠲沙田蘆場爲風水所侵者租
之半是月金國罷沿邊榷場惟泗州如舊二月丙戌
朔亦罷沿邊榷場存其在盱眙者加吳璘少保己丑
禁海商假託風潮私往北界壬辰除臨安府歲供修
內司錢三萬六千緡丁酉蠲四川折估糴本積欠錢
三百四十萬緡戊戌大雪雨雹己亥禁貿易廣南覊
縻州物貨命廣西教閱峒丁庚戌罷諸路斥候遞卒
甲寅取具贓死臣僚姓名議加恩典三月丙子除州
縣積欠錢三百九十七萬緡有奇及中下戶所欠入

官錢物丁丑詔侍從臺諫帥臣監司歲舉可任將帥
者二人限命官子孫制田減父祖之半併其詭名寄
產者格外田畝同編戶科役己卯除湖州平江紹興
流民公私逋負夏四月壬辰國子司業黃中自金國
使還言金人將徙居汴京以見逼望早飭邊備宰相
怒不聽己亥脩三省法庚子增置帶御器械四員丙
午禁內外將佐營造回易掊斂軍士辛亥命縣令有
政績者諸司同薦不次升擢以風厲之五月甲寅朔
罷蠲福建閩生沙田丁巳詔殿前司選統制官部兵
千人戍江州彈壓盜賊每歲二易己未權蠲江浙四

路折帛錢于三總領所及浙西提刑司以備軍用辛
酉禁權要豪民舉錢軍中取息丁卯命印給三總領
所見錢公據關子許商人入納己巳立監司守臣舉
劾八條金遣王可道等來賀天申節六月甲辰朔遣
王綸等爲金國奉表稱謝使丁亥禁江淮私渡北人
丙申陳誠之罷禁積錢民戶過萬緡官戶過二萬緡
滿二年不易他物者沒入之丁酉申禁包苴請託己
亥以陳康伯兼權樞密院事辛丑李光卒壬寅以主
管步軍司趙密爲太尉己酉沈該以貪冒罷閏月甲
寅益荊南戍卒千人守臣劉錡亦募效用三千人丁

巳命江湖浙西五漕司增價糴米二百二十萬石赴
沿江十郡自荊至常州以備振貸戊午罷成都府路
隔槽酒務監官七十一員令民承買己未罷江浙淮
東沙田蘆場所增租課甲子落沈該觀文殿大學士
致仕罷福建安撫司官賣鹽戊辰大省淮西冗官辛
未復置江淮荊浙福建廣南路提點坑冶鑄錢官秋
七月丁亥以權吏部尚書賀允中參知政事癸巳封
權戶部侍郎令詪爲安定郡王戊戌福州大水己酉
禁諸路抑買官田庚戌以四川經總制及田晟錢粮
錢共百三十四萬緡充增招軍校費八月甲子募商

人輸米行在諸倉願以茶鹽礬鈔等償直者聽丁卯
除南雄英連三州經界復丁米舊額甲戌併史館歸
秘書省玉牒所歸宗正寺九月甲申詔建炎以來使
未還而後嗣無祿者與一子官乙酉王倫使還入見
言金國和好無他丙戌湯思退等稱賀甲午以湯思
退爲尚書左僕射陳康伯爲右僕射並同中書門下
平章事乙未以皇太后不豫大赦不視朝丙申爲太
后祈福蠲中下戶所欠稅賦及江浙蝗潦州縣租丁
酉減僧道免丁錢巳亥蠲見監贓罰賞錢庚子皇太
后韋氏崩癸卯遣周麟之等爲金國奉表哀謝使冬

十月甲寅以群臣五上表始聽政命保康軍節度使
吳益爲攢宮總護使乙亥立諸路和糴募民運米賞
格戊寅冊謚皇太后曰顯仁十一月丁亥遣賀允中
等爲金國遺留國信使丙午權攢顯仁皇后于永祐
陵十二月甲寅諜言北界禁民妄傳起兵帝諭大臣
當自治爲安邊息民之計甲子祔顯仁皇后神主于
太廟辛未以王綸知樞密院事壬申減三省樞密院
激賞庫及諸書局歲用錢二十萬緡鼎州程昌寓所
增蔡州官兵衣糧錢四之一西和州官賣鹽直之半
蔣州上供經總制司無額錢如之丙子金遣施宜生

等來賀明年正旦
三十年春正月戊子給劉錡軍費錢六十萬緡丙申
以吏部侍郎葉義問同知樞密院事廢御書院丁酉
罷鈞容班樂工及甲庫酒局壬寅募人墾淮南荒田
甲辰定御輦院三營兵額爲九百人二月甲寅罷夔
州路榷茶乙卯金遣大懷忠等來弔祭戊午遣葉義
問爲金國報謝使癸酉詔立普安郡王瑗爲皇子更
名瑋丙子進封建王三月辛巳復館職召試然後除
擢免湖北京西宣撫司諸庫未輸錢八十九萬緡癸
未以淮東茶鹽司錢十萬緡充募民墾田費乙酉加

吳益少保趙密開府儀同三司以賞攢宮之勞丁酉
初置金州御前諸軍都統制以知金州王彥爲之癸
卯賜禮部進士梁克家以下四百一十二人及第出
身甲辰置牧馬監于鄂惠二州丙午加恩平郡王璩
開府儀同三司判大宗正事始稱皇姪夏四月巳酉
朔以孫愭爲蘄州防禦使愷貴州團練使惇榮州刺
史丙辰以賀允中兼權同知樞密院事五月辛巳刺
海賊罪不至死者爲龍猛龍騎軍初置荊南府御前
諸軍都統制以劉錡兼領之乙酉初置江州御前諸
軍都統制以步軍司前軍都統制戚方爲之詔諸路

刺強盜貸死以壯者爲兵丙戌定鑄錢司歲鑄五十萬緡辛卯臨安於潛安吉三縣大水海賊陳演添作亂掠高雷二州境上南恩州民林觀禽殺之命觀以官丙申金遣蕭榮等來賀天申節壬寅落沈該致仕復觀文殿大學士知明州丙午加吳益太尉六月庚戌復出諸軍見錢關子三百萬緡聽商賈以錢銀請買庚午王綸罷辛未以江西廣東湖南折帛經總制錢合六十萬緡江西米六萬石充江州軍費發益以四川利路經總制江西茶引合二十萬緡秋七月戊寅遣明州水軍三百戍崑山黃魚垛巡捕糟船之爲

盜者甲申詔諸路帥司春秋教閱禁兵弓弩手戊戌以葉義問知樞密院翰林學士周麟之同知院事御史中丞朱倬參知政事八月丙午朔日有食之壬子賀允中使還言金人必畔盟宜爲之備癸丑允中致仕甲寅復以四川經總制錢五十萬緡給總領所增招兵士壬申淮東總管許世安奏金主亮至汴京起重兵五十餘萬屯宿泗州謀來攻九月庚寅以帶御器械李寶爲浙西副總管提督海船駐平江丙申命劉寶招制勝軍千人丁酉罷內侍省冬十月丙午罷內侍官承受諸軍奏報文字丁未遣虞允文使金賀

正旦徐度賀金主生辰庚戌雷辛酉鎮江都統制劉寶以專悍貪橫罷壬戌以劉錡爲鎮江都統制荊南右軍統制李道爲都統制癸亥日中無雲而雷癸酉蠲舒和蘄黃四州民附種田租十一月庚辰禁諸路折輸職田錢癸巳夜有白氣出入危鼎間十二月乙巳朔湯思退罷初行會子于東南戊申夜白氣亘天海南黎賊王文滿平己酉罷招刺三衙及江上諸軍庚戌禁掠賣生口入溪峒癸丑命戶部立經總制錢十年中數爲定額丁卯金遣僕散權等來賀明年正旦

本紀卷第三十一

本紀卷第三十二　　宋史三十二

開府儀同三司上柱國錄軍國重事前中書右丞相監修國史領經筵事都總裁臣脫脫等奉

勅修

高宗九

三十一年春正月甲戌朔以日食不受朝丁丑雷丁
亥免湖州增丁所輸絹夜風雷雨雪交作辛卯詔江
浙官民戶均輸和市絁帛壬辰劉寶落節鉞福建路
居住丙申大雨雪給三衙衛士行在貧民錢及薪炭
命常平振給輔郡細民諸路監司決獄己亥放張浚
胡銓自便庚子禁淮南拘籍戶馬二月戊申復置邛

州惠民監癸丑以趙密領殿前都指揮使甲寅罷楊
存中殿前都指揮使進太傅為醴泉觀使封同安郡
王丙辰置行在會子務乙丑復鬻僧道度牒詔分經
義詩賦為兩科丙寅詔通進司承受內降文字並囊
封送三省樞密院辛未秦熺卒贈太傅三月甲戌朔
命破敵軍統制陳敏部兵屯太平州己卯官勳臣魏
仁浦馬知節余靖寇瑊諸孫各一人選文臣宗室主
西南外兩宗司庚辰禁兩淮抑民附種以利州西路
御前諸軍都統制吳拱知襄陽府部兵三千戍之壬
午以兵部尚書楊椿參知政事丁亥秦熺贈官及

遺表恩賞庚寅以陳康伯為尚書左僕射朱倬右僕
射並同中書門下平章事辛卯復李光左中大夫官
其子孫二人壬辰地震庚子以前徽猷閣待制張宇
發死節贈四官錄其子孫夏四月丁巳以久雨傷蠶
麥盜賊間發命侍從臺諫條上弭災除盜之策出天
申節銀十萬兩加充戶部糴本辛未遣周麟之使金
賀遷都壬申權減荊南上供錢銀絹綿米之半用招
填禁軍是月金主亮率文武群臣如汝洛五月癸酉
朔給兩淮民兵荒田乙亥增築禁城戊寅詔吳拱視
緩急退守荊南己丑命沿淮州郡毋納北人辛卯金

遣高景山王全來賀天申節全揚言無禮致其主亮
語求淮漢地及指取將相近臣計事且以欽宗皇帝
訃聞壬辰選兩浙江東福建諸州禁軍弓弩手之半
部送樞密院按試甲午宰執召同安郡王楊存中及
三衙帥趙密等至都堂議舉兵詔以王全語諭諸路
統制帥守監司隨宜應變毋失機會是日為欽宗皇
帝發喪持詔持斬衰三年乙未以吳璘為四川宣撫
使仍命制置使王剛中同處置軍事丙申命主管馬
軍司成閔部兵三萬人戍鄂州庚子命兩浙江湖福
建諸州起禁軍弓弩手部送明州平江府江池太平

三州荆南府軍前殿中侍御史陳俊卿言内侍張去爲
竊權撓政乞斬之以作士氣六日乙巳以群臣三上
表始聽政丙午劉錡乞即日移軍渡江詔錡進發騎
兵屯揚州丁未出宫女三百九十人蠲臨安府禁軍
闕額錢五年己酉以御史中丞汪澈爲湖北京西宣
諭使辛亥金主亮遣大懷正至盱眙語送伴使吕廣
問云將以六月還汴京令其歸奏癸丑罷教坊併教
令所歸刑部乙卯以劉錡爲淮南江東西浙西制置使
戊午命帶御器械劉炎同提舉措置沿淮盜賊庚申
詔出角遣步軍司都統制戚方提總江上諸軍策應

軍馬聽劉錡節制諭吴拱嚴備襄陽視緩急合田師
中成閔兵以援之甲子始御正殿乙丑放女樂二百
餘人丙寅聽淮南諸州移治清野戊辰以周麟之辭
使北命樞密都承旨徐嘉代行淮北民兵崔唯夫董
臻等率衆萬餘來歸秋七月丙子命兩浙江東濱海
諸州預備敵兵詔諸路帥臣教閲士兵弓手戊寅命
雷州守臣節制高容廉化四州軍馬時雷州軍賊凌
鐵作亂東南第十二將高居弁會五州巡尉官兵討
平之戊子周麟之分司筠州居住辛卯振給淮南歸
正人壬辰徐嘉等至盱眙金主亮以非所指取之人

諭遣亟還癸巳詔四川財賦自當專任總領所如遇
警急調發不及申奏則令宣制司隨宜措置先舉後
聞乙未行新造會子于淮浙湖北京西諸州是月金
主亮徙都汴京命其臣劉萼由唐鄧瞰荆襄張中彦
王彦章據秦鳳窺巴蜀蘇保衡完顔鄭家奴由海道
趨兩浙八月辛丑朔忠義人魏勝復海州李寶承制
以勝知州事丙午蠲諸路逋欠經總制錢江浙等路
上供米丁未以婉容劉氏妄預國政廢于家蠲淮南
京西湖北民秋税之半辛亥以劉婉容事連坐昭慶
軍承宣使王繼先福州居住停子孫官籍其貲甲寅

李寶率舟師三千發江陰大風退泊明州關澳聚兵
復進乙卯劉錡引兵屯揚州遣統制王剛以兵五千
屯寶應丁巳召田師中赴行在尋以吴拱爲鄂州諸
軍都統制壬戌復用資政殿學士張燾落致仕知建
康府癸亥分處歸正人於淮南諸州能自存者從便
願爲兵者籍之乙丑詔便宜選補戰功人後勿遞減
丙寅出内帑錢七萬緡犒戍兵之家仍悉除軍債己
巳起復成閔爲湖北京西制置使節制兩路軍馬九
月庚午朔命大臣朝饗太廟辛未宗祀徽宗于明堂
以配上帝大赦甲戌金人犯黄牛堡守將李彦堅拒

卻之金兵遂扼大散關吳璘駐青野原遣將高松等擾之庚辰以給事中黃祖舜同知樞密院事壬午流星晝隕乙酉詔劉錡王權李顯忠戚方嚴備清河潁河渦河口丁亥成閔渡江屯應城縣遣吳拱戍郢州博州民王友直聚兵大名自稱河北安撫制置使以其徒王任為副遣軍師馮穀入朝奏事吳璘遣將彭青至寶雞渭河夜劫金人橋頭砦破之庚寅成閔遣統制趙撙部兵五千駐德安辛卯金國趣使臣書至楚州守臣以聞其辭多悖慢壬辰監盱眙軍淮河渡夏俊復泗州癸巳金人犯通化軍守將張超拒卻之甲午冊謚大行皇帝曰恭文順德仁孝皇帝廟號欽宗吳璘遣將劉海復秦州金守將蕭濟降乙未金人犯信陽軍丙申吳璘遣將曹沭復洮州戊戌劉錡發揚州詔以金人背盟降敕榜招諭中原軍民己亥蘭州漢軍千戶王宏殺其刺史溫敦烏也來降吳璘遣將潘青復隴州是月金主亮以尚書右丞李通為大都督造浮梁于淮水之上遂自將來攻兵號百萬遠近大震冬十月庚子朔詔將親征魏勝攻沂州敗還海州金人圍之李寶以舟師至東海縣金人解圍去寶遂入海州辛丑金人自渦口渡淮癸卯以吳璘兼陝

西河東招討使劉錡兼京東河北東路招討使成閔兼京西河北西路招討使金人陷蔣州李顯忠遣統制孔福與金人戰于大人洲敗之乙巳金人復犯海州魏勝李寶擊卻之劉錡引兵次淮陰金人將自清河口入淮錡列兵于運河岸以扼之丁未命宣撫制置司傳檄契丹西夏高麗渤海諸國及河北河東陝西京東河南諸路諭出師共討金人是日金人立其東京留守葛王褎為皇帝改元大定戊申王權聞金兵大至自廬州引兵遁屯昭關己酉知均州武鉅招納北界杜海等二萬人來歸庚戌復置機速房知廬州龔濤聞金兵將至棄城走辛亥金將蕭琦陷滁州守臣陸廉棄城走壬子改建王瑗為鎮南軍節度使劉錡遣統制王剛等擊敗金人于清河口金人復來戰剛失利吳拱遣將侯俊郝敦書復唐州癸丑借江浙荊湖等路坊場淨利錢三百八十萬緡以備賞軍金人圍廬州都監權州事楊椿率兵突陣出守水砦金人又攻海州李寶力戰敗之解圍去甲寅金人攻樊城吳拱遣守將翟貴王進與戰貴進俱戰死金兵亦退劉錡遣兵渡淮及金人戰死者十七八金主亮以大軍至廬州城北之五里築土城以居戚方遣將張

實復蔣州乙卯以金人渝盟告于天地宗廟社稷命州縣諭富民捐貲助國劉錡聞王權遁自淮陰引兵歸揚州丙辰全主亮入廬州王權自昭關遁金人追至尉子橋破敵軍統制姚興戰死權退保和州金州都統制王彥遣統制任天錫出洵陽復豐陽縣丁巳帝聞王權敗召楊存中同宰執議于內殿陳康伯贊帝定議親征武鉅遣將苗琛復鄧州戊午任天錫復商洛縣命吳璘趣出兵漢中葉義問督視江淮軍馬中書舍人虞允文參謀軍事金人犯真州步軍司統制邵宏淵逆戰于胥浦橋兵敗真州陷金人不入城

遂犯揚州己未任天錫復商州執其守完顏守能趙撙引兵渡淮庚申以楊存中為御營宿衛使趙撙復褒信縣王權自和州遁歸屯干東采石辛酉復湯思退觀文殿大學士充醴泉觀使兼侍讀分行在官吏三之一扈從餘留行遣常事金人陷和州壬戌以將士勞於征討避殿減膳劉錡退軍瓜州鎮金人陷揚州淮東安撫使劉澤棄城奔泰州以戶部侍郎劉岑為御營隨軍都轉運使李顯忠為御營先鋒都統制屯蕪湖主管步軍司李捧為前軍都統制趙撙復新蔡縣癸亥募諸州豪民招槍仗弓箭手赴行在金人

入揚州王權自采石夜還建康尋復如采石甲子復張浚觀文殿大學士判潭州吳璘遣統制吳挺向起等及金人戰于德順軍之治平砦敗之趙撙復平輿縣乙丑金人趨瓜州劉錡遣統領員琦拒之于皂角林大敗之斬其統軍高景山丙寅李寶遇金舟師于膠西縣陳家島大敗之斬完顏鄭家奴等五人劉錡還鎮江府趙撙復蔡州斬其總管楊寓分御營宿衛為五軍金人攻泰州向起吳挺擊却之丁卯葉義問至鎮江詔起江浙福建諸州彊丁赴江上諸軍武鉅復虢州盧氏縣任天錫復朱陽縣戊辰殿中侍御史

杜莘老劾內侍張去為帝不悅去為致仕出莘老知遂寧府十一月己巳朔邵宏淵遣統領崔皐及金人戰于定山敗之任天錫復虢州守將蕭信遁去庚午通州守臣崔邦弼棄城去辛未成閔引兵發應城縣援淮西遣權吏部侍郎汪應辰詣浙東措置海道壬申以張浚判建康府召王權赴行在以李顯忠代將邵宏淵為池州都統制金人犯瓜州鎮江中軍統制劉汜戰敗走權都統制李橫亦遁金人鐵騎奄至江上統制魏俊王方死之葉義問惶怖欲退走復趨建康金人游騎至無為軍守臣韓髦棄城走癸酉淮寧府民陳亨祖執同知完

顏耶曾以其城來歸趙撙引兵去蔡州復陷甲戌池州統制官崔定等復入無為軍乙亥金主亮臨江築壇刑馬祭天期以翌日南渡丙子虞允文督建康諸軍統制官張振王琪時俊戴皋等以舟師拒金主亮于東采石戰勝却之崔定復巢縣任天錫復上津商洛二縣丁丑虞允文遣水軍統制盛新以舟師擊金人于楊林河口又敗之金主亮焚其舟而去戊寅王彥遣將楊堅復欒川縣己卯以湯思退為行宮留守虛恨蠻犯嘉州龍遊堡官軍大敗副將鄭祥等為所殺庚辰金主亮引軍趨淮東癸未吳璘病自仙人原

還興州留姚仲節制軍事虞允文自采石率李捧一軍及戈船如鎮江備敵甲申贈姚興魏俊王方官金主亮至揚州乙酉貸劉汜死英州編管江州統制李貴忠義首領孟俊復順昌府金州將邢進復華州丙戌賜戰士帛給其家薪炭任天錫復陝州丁亥劉錡以疾罷以御營宿衛中軍統制劉銳權鎮江都統制成閔自京西還建康遂如鎮江戊子吳璘復力疾上仙人原己丑王權貸死瓊州編管李寶泛海南歸金人復攻陝州任天錫破走之復犯襄陽統制官李勝等拒却之復通化軍王彥遣將楊堅克清至西京長

水縣及金人戰敗之庚寅復長水縣癸巳以成閔為鎮江都統制淮東制置使京東西路河北東路淮北泗宿州招討使李顯忠為淮西制置使京畿河北西路淮北壽亳州招討使吳拱為湖北京西制置使京西北路招討使甲午武鉅遣鄉兵總轄杜隱等復嵩州乙未金人陷泰州是日金人弒其主亮于揚州龜山寺戊戌金都督府遣人持檄詣鎮江軍中議和十二月己亥朔趙撙夜襲蔡州復入其城王彥遣兵復福昌縣庚子楊存中及虞允文渡江至瓜州察金兵金人犯漢南之茨湖鄂州軍士史俊登其舟獲一將

諸軍繼進遂擊却之楊椿夜攻金人殺其帥高定山復廬州辛丑以李寶為靖海軍節度使浙西通泰海州沿海制置使京東東路招討使金統軍劉萼聞茨湖敗亦退師王彥遣將閻玘復澠池縣壬寅天有白氣以趙密為行宮在城都總管成閔渡江之揚州癸卯命諸路招討司率兵進討互相應援沿江諸大帥條陳恢復事宜復岳州舊名右軍統領沙世堅入泰州甲辰虞允文自鎮江入見均州統領晉朝復鄧州乙巳張浚至慈湖命李顯忠引兵渡江丙午淮東統制王選復楚州丁未杜隱等入河南府吳拱遣統領

牛宏入汝州戊申帝發臨安建王從行庚戌金人渡淮北去壬子次平江罷督視府虞允文還至鎮江癸丑淮東統制劉銳陳敏引兵入泗州鄂州統制楊欽以舟師追敗金人于洪澤鎮乙卯江北金兵盡去李顯忠復入和州吳璘遣將復水洛城金人復破汝州牛宏敗走戊午次鎮江府庚申吳璘遣將拔金人治平砦壬戌曲赦新復州軍甲子降淮南京西湖北雜犯死罪以下囚賞采石功進統制張振時俊等官金類壽二州巡檢高顯以壽春府來降丁卯命諸道籍鄉兵初王友直王任聚兵嘗命友直為天雄軍節度

使任為天平軍節度使金主褒既立下令散其衆友直等自壽春來歸是月金主知亮已死遂趨燕京

三十二年春正月戊辰朔日有食之帝在鎮江己巳金人犯壽春府忠義將劉泰戰死金兵引去庚午發鎮江府壬申至建康府張浚入見丙子祧翼祖主于夾室己卯李顯忠引兵還建康庚辰罷郡守年七十者壬午金人復犯蔡州趙撙力戰却之乙酉權知東平府耿京遣其將賈瑞掌書記辛棄疾來奏事己丑金主遣其臣高忠建等來告嗣位以耿京為天平軍節度使知東平府庚寅詔新復州縣搜訪伏節死義

之士丙申以楊存中為江淮荊襄路宣撫使虞允文副之給事中金安節中書舍人劉珙繳奏再上乃改命存中措置兩淮二月戊戌朔罷借兩浙江淮坊場淨利錢以虞允文為兵部尚書川陝宣諭使措置招軍市馬及與吳璘議事庚子興州統領惠逢等復河州振兩淮饑民壬寅金人犯汝州守將王宣逆戰敗之癸卯帝發建康惠逢復積石軍又克來羌城丁未劉錡薨己酉王宣及金人再戰于汝州庚戌金人全師來攻宣敗績棄去辛亥金人復犯順昌府孟新拒却之尋亦棄去壬子賞蔡州功趙撙等進官有差乙

卯至臨安府興元都統制姚仲攻鞏州不下退守甘谷城遂引兵圍德順軍丙辰金人犯蔡州趙撙擊却之戊午復引兵來攻撙又敗之金兵遁去王彥遣將馬貴斷河中南橋金兵來攻貴戰敗之壬戌詔軍士戰死者祿其家一年傷重而死於營者半之乙丑王宣及右軍副將汲靖敗金人于蔡州確山縣趙撙棄蔡州丙寅金人復取之姚仲遣副將趙銓攻下鎮戎軍金同知渭州秦弼及其子嵩來歸王彥遣兵救陝州遇金人于虢州東敗之金兵引去丁卯吳璘遣將復永安軍永寧福昌長水三縣閏月癸酉金人破河

州屠其城乙亥命楊存中李顯忠固守新復州軍量度進討丙子姚仲遣將復原州戊寅祔欽宗主于太廟癸未振淮南歸正人金人犯虢州吳璘遣楊從儀等攻拔大散關分兵據和尚原金人走寶雞丙戌給張浚錢十九萬緡造沿江諸軍戰艦庚寅王剛破金人于海州辛卯楊椿罷壬辰姚仲攻順德軍敗金人于瓦亭砦新店是月張安國等攻殺耿京李寶將王世隆攻破安國執之以獻三月壬寅更定金使入境接伴館伴舊儀癸卯成閔遣統制杜彥救淮寧擊敗金人于項城縣甲辰罷扈從官吏賞典乙巳録商虢

之功加吳璘少傅王彥為保平軍節度使戊申吳璘復德順軍又遣將嚴忠取環州辛亥命兵部侍郎陳俊卿工部侍郎許尹經畫兩淮堡砦屯田癸丑金人圍淮寧府守臣陳亨祖死之甲寅吳璘自德順軍復還河池金人犯鎮戎軍丁巳遣洪邁等賀金主即位戊午忠義軍統制知蘭州王宏拔會州金人陷淮寧府統領戴規戰死成閔歸自淮東辛酉金人攻原州丙寅詔舉賢良夏四月丁卯朔姚仲遣兵救原州己巳命侍從臺諫條上防秋足食足民策遣左武大夫都飛虎結約河東壬申賞御營宿衛將士四萬餘人進

官有差癸酉蠲淮東殘破州軍上供銀絹米麥及經總制錢一年蒙縣民倪震率丁口數千來歸甲戌募民耕淮東荒田蠲其徭役及租稅七年戊寅以御史中丞汪澈參知政事金人圍海州戊子洪邁等辭行報聘書用敵國禮是月大雨淮水暴溢數百里漂沒廬舍人畜死者甚衆五月戊戌吳璘自河池如鳳翔巡邊姚仲遣兵救原州數敗金人庚子復置提舉秦州買馬監命四川總領官兼權其職壬寅姚仲及金人戰于原州北嶺敗績戊申復以楊存中為醴泉觀使奉朝請罷御營宿衛司辛亥鎮江都統制張子蓋

救海州遇金人于石湫堰大敗之金人解去甲寅命張浚專一措置兩淮事務兼節制淮東西沿江州郡軍馬乙卯知順昌軍孟昭率部曲來歸己未吳璘遣將復熈州壬戌禁諸軍互招逃亡加鄭藻太尉振東北流民命張浚置御前萬弩營募淮民為之甲子詔立建王瑋為皇太子更名昚加成閔太尉主管殿前司李顯忠為太尉主管馬軍司籍諸州歸正人願為農者給官田復租十年願為兵者赴軍中六月丙寅朔吳璘次大幽嶺檄召姚仲至軍前下河池獄命夔路安撫使李師顏代將其兵戊辰名新官曰德壽庚

午以吳珙主管步軍司罷三招討司甲戌加贈兄子偁為太師中書令追封秀王謚安僖妻張氏封王夫人乙亥朱倬罷丙子詔皇太子即皇帝位帝稱太上皇帝退處德壽宮皇后稱太上皇后孝宗即位累上尊號曰光堯壽聖憲天體道性仁誠德經武緯文紹業興統明謨盛烈太上皇帝淳熙十四年十月乙亥崩于德壽殿年八十一謚曰聖神武文憲孝皇帝廟號高宗十六年三月丙寅攢于會稽之永思陵光宗紹熙二年加謚受命中興全功至德聖神武文昭仁憲孝皇帝

贊曰昔夏后氏傳五世而后羿篡少康復立而祀夏周傳九世而厲王死于彘宣王復立而繼周漢傳十有一世而新莽竊位光武復立而興漢晉傳四世有懷愍之厄元帝正位於建鄴唐傳六世有安史之難肅宗即位于靈武宋傳九世而徽欽陷于金高宗續圖于南京六君者史皆稱為中興而有異同焉夏經羿浞周歷共和漢間新室更始晉唐宋則歲月相續者也蕭王琅琊皆出疏屬少康宣王肅宗高宗則父子相承者也至於克復舊物則晉元與宋高宗視四君者有餘責焉高宗恭儉仁厚以之繼體守文則有餘以之撥亂反正則非其才也況時危勢逼兵弱財匱而事之難處又有甚於數君者乎君子於此蓋亦有憫高宗之心而重傷其所遭之不幸也然當其初立因四方勤王之師內相李綱外任宗澤天下之事宜無不可為者顧乃播遷窮僻重以苗劉群盜之亂權宜立國確虖艱哉其始惑於汪黃其終制於姦檜恬墮猥懦坐失事機甚而趙鼎張浚相繼竄斥岳飛父子竟死於大功垂成之秋一時有志之士為之扼腕切齒帝方偷安忍恥匿怨忘親卒不免於來世之誚悲夫

本紀卷第三十二

本紀卷第三十三　　宋史三十三

開府儀同三司上柱國錄軍國重事前中書右丞相監修國史領經筵事都總裁臣脫脫等奉

勅修

孝宗一

孝宗紹統同道冠德昭功哲文神武明聖成孝皇帝諱眘字元永太祖七世孫也初太祖少子秦王德芳生英國公惟憲惟憲生新興侯從郁從郁生華陰侯世將世將生慶國公令譮令譮生子偁是為秀王王夫人張氏夢人擁一羊遺之曰以此為識已而有娠以建炎元年十月戊寅生帝于秀州青杉閘之官舍

紅光滿室如日正中少長命名伯琮及元懿太子薨高宗未有後而昭慈聖獻皇后亦自江西還行在后嘗感異夢密為高宗言之高宗大寤會右僕射范宗尹亦造膝以請高宗曰太祖以神武定天下子孫不得享之遭時多艱零落可憫朕若不法仁宗為天下計何以慰在天之靈於是詔選太祖之後同知樞密院事李回曰藝祖不以大位私其子發於至誠陛下為天下遠慮合於藝祖可以昭格天命參知政事張守曰藝祖諸子不聞失德而傳位太宗過堯舜遠甚高宗曰此事不難行朕於伯字行中選擇庶幾昭穆順序而上虞丞婁寅亮亦上書言昌陵之後寂寥無聞僅同民庶藝祖在上莫肯顧歆此金人所以未悔禍也望陛下於伯字行內選太祖諸孫有賢德者高宗讀之大感歎紹興二年五月選帝育于禁中三年二月除和州防禦使賜名瑗壬寅改貴州五年五月用左僕射趙鼎議立書院宮中教之既成遂以為資善堂帝讀書彊記天資特異已亥制授保慶軍節度使封建國公六月己酉聽讀資善堂以徽猷閣待制范沖兼翊善起居郎朱震兼贊讀高宗命帝見沖震皆拜十二年正月丁酉加檢校少保封普安郡王三

月壬寅出閤就外第十三年九月秀王殂于秀州十四年正月庚辰用廷臣議聽解官行服十六年四月乙巳免喪還舊官十七年六月戊午改常德軍節度使二十四年衢州盜起秦檜遣殿前司將官辛立將千人捕之不以聞帝入侍言之高宗大驚明日以問檜檜謂不足煩聖慮故不敢聞俟朝夕盜平則奏矣檜退知為帝言忌之及檜疾篤其家秘不以聞謀以子熺代相帝又密啟高宗破其奸三十年二月癸酉立為皇子更名瑋甲戌詔下丙子制授寧國軍節度使開府儀同三司進封建王制出中外大悅四月賜

字元瓌三十一年十月壬子以明堂恩改鎮南軍節度使先是金人犯邊高宗下詔親征而兩淮失守朝臣多陳退避之計帝不勝其憤請率師為前驅直講史浩以疾在告聞之亟入為帝言太子不宜將兵乃為草奏因中宮以進請衛從以共子職高宗因亦欲帝徧識諸將十二月遂扈蹕如金陵三十二年五月甲子立為皇太子改名昚初高宗久有禪位之意嘗以諭帝帝流涕固辭會有邊事不果及歸自金陵陳康伯求去高宗復以倦勤諭之中書舍人唐文若聞而請對言不宜急遽故先下建儲之詔賜名煒監察御

史周必大密與康伯言與唐昭宗名同音不可詔別擬進乃定今名既又命學士承旨洪遵為太子釋字遵擬四字以進皆不稱旨甲戌御筆賜字元永乙亥內降御札皇太子可即皇帝位朕稱太上皇帝退處德壽宮皇后稱太上皇后丙子遣中使召帝入禁中面諭之帝又推遜不受即趨側殿門欲還東宮高宗勉諭再三乃止於是高宗出御紫宸殿輔臣奏事畢高宗還宮百官移班殿門外拜詔畢復入班殿庭頃之內侍掖帝至御榻前側立不坐內侍扶掖至七八乃略就坐宰相率百僚稱賀帝遽與輔臣升殿固請

帝愀然曰君父之命出於獨斷然此大位懼不克當班退太上皇帝即駕之德壽宮帝服袍履步出祥曦殿門冒雨掖輦以行及宮門弗止上皇麾謝再三且令左右扶掖以還顧曰吾付託得人吾無憾矣左右皆呼萬歲是日詔有司議太上皇帝太上皇后尊號以聞在內諸司日輪官吏應奉德壽宮增置德壽宮提點幹辦等官德壽宮宿衛依皇城及宮門法丁丑朝德壽宮戊寅大赦詔宰相率百官月兩朝德壽宮己卯以即位告于天地宗廟社稷庚辰詔五日一朝德壽宮以左武大夫龍大淵為樞密副都承旨武翼

郎曾覿帶御器械癸未始御後殿甲申詔中外士庶陳時政闕失丙戌詔進宰執官二等丁亥詔以太上皇不許五日一朝自今月四朝復除名勒停人胡銓官知饒州己丑詔有司月奉德壽宮緡錢十萬辛卯詔罷四川市馬壬辰詔百官日一人入對癸巳蝗甲午上太上皇帝尊號曰光堯壽聖太上皇帝太上皇后曰壽聖太上皇后乙未晦金人屠原州秋七月戊戌興州中軍統制吳挺復鞏州庚子判建康府張浚入見以雨水飛蝗令侍從臺諫條上民間利害壬寅詔戒飭諸郡守臣癸卯以張浚為少傅江淮宣撫使

封魏國公甲辰以參知政事汪澈視師湖北京西遣劉珙等使金告即位戊申以四川宣撫使吳璘兼陝西河東路宣撫招討使追復岳飛元官以禮改葬是夜地震大風拔木己酉有事于太廟別廟癸丑馬軍司中軍統制趙撙忠義軍統領皇甫倜復光州甲寅朝獻景靈宮詔淮南諸州存恤淮北來歸之民權免稅役丙辰以少保保康軍節度使吳盖為少傅太尉寧武軍節度使吳蓋為開府儀同三司丁巳罷李寶措置海道戊午恩平郡王璩入見庚申以御前軍器所仍隸工部辛酉詔後省看詳中外上書有可采者

以聞壬戌以黃祖舜兼權參知政事罷諸路聖節進奉詔李顯忠軍馬聽張浚節制癸亥增將士戰傷死者推恩格詔蠲四川積年逋負八月乙丑朔四川馬軍統制高師中與金人戰于摧沙敗死丙寅吳璘與金人戰于德順軍己巳以翰林學士史浩為參知政事戊寅率群臣詣德壽宮奉上太上皇帝太上皇后尊號冊寶丁亥班寬恤事十八條起居舍人洪邁知閤門事張掄坐奉使辱命罷甲申吳璘敗金人于北山戊子追復李光資政殿學士趙鼎范沖並還合得恩數庚寅以生日為會慶節進冊故妃郭氏為皇后

九月甲午以子愭為少保永興軍節度使進封鄧王愷為雄武軍節度使開府儀同三司進封慶王惇為鎮洮軍節度使開府儀同三司進封恭王甲午金人攻德順軍東山堡中軍將李庠戰死丁酉詔開講日召輔臣觀講川陝宣諭使虞允文以論邊事不合罷己亥詔侍從臺諫舉知四川利害可為都轉運使者庚子以金人來索舊禮詔宰執侍從臺諫各陳應敵定論以聞辛丑詔吳璘審度措置保全川蜀乙巳詔纂錄勳臣名次丙午轉補朱震范沖子孫官庚戌謚皇后郭氏曰恭懷辛亥振淮東義兵及歸正人以總

領四川財賦軍馬錢粮王之望為戶部侍郎川陝宣諭使仍命將調兵同防守興州川口乙卯詔虞允文赴吳璘軍議事辛酉以吳璘為少師冬十月丙寅詔朝臣舉堪監司郡守者戊辰以岳陽軍節度使居廣開府儀同三司史浩兼權知樞密院事己巳葉義問罷詔登聞鼓院毋沮抑進狀庚午以恩平郡王璩為少保詔會慶節權免上壽戊寅詔張浚陳俊卿覆實諸將所陳功賞改謚皇后郭氏曰安穆壬午官岳飛孫六人甲申契丹招討蕭鷓巴來奔金人攻德順城吳璘擊走之復遣兵追襲遂為所敗乙酉升建州為

建寧府戊子以資政殿學士張燾同知樞密院事己
丑安南都護南平王李天祚闍婆國王悉里地茶蘭
固野占城國王鄒時巴蘭並加食邑實封十一月庚
子以蕭鷓巴為忠州團練使乙巳金人攻水洛城丙
午賜忠義軍統制皇甫倜軍帛五千匹綿萬兩戊申
詔改明年為隆興元年辛亥免楊存中所獻酒坊逋
負錢四十萬緡甲寅定內侍官額辛酉史浩兼權知
樞密院事裁定文武臣宮觀嶽廟員數立措置京西
營田司十二月乙丑詔宰臣復兼樞密使金人攻隴
城縣官軍拒却之丙寅詔帥臣監司具部內知州治

行臧否以聞詔棄德順城徙兵民于秦州以裏屯住
丁卯以陳康伯兼樞密使令江淮宣撫司增招武勇
效用軍戊辰詔侍從臺諫集議當今弊事仍命盡率
其屬使極言無隱辛未劉珙張說還自盱眙戊寅蠲
四川敷前登帶白契稅錢丙戌詔觀察使已上各舉
所知三人三省樞密院詳議立格以聞庚寅罷建康
鎮江營田官兵辛卯廣西賊王宣破藤州守臣廖顒
棄城遁是歲諸路斷大辟四十一人
隆興元年春正月壬辰朔群臣朝于文德殿帝朝德
壽宮立武臣薦舉格甲午四川宣撫司奉詔班師庚

子以史浩為尚書右僕射同中書門下平章事兼樞
密使張浚進樞密使都督江淮東西路軍馬丙午誅
殿前司後軍謀變者戊申詔禮部貢院試額增一百
人丁巳詔吳璘軍進退可從便宜璘已棄德順道為
金人所邀將士死者數萬計二月壬戌朔用史浩策
以布衣李信甫為兵部員外郎齎蠟書間道往中原
招豪傑之據有州郡者許以封王世襲安慶軍節度
使士褭乞減奉賜之半以助軍用自是諸宗室有請
悉從之戊辰宰執陳康伯等乞再減奉止存舊格之
半許之己卯振兩淮流民及山東歸正忠義軍癸未

黃祖舜罷庚寅逐秦檜黨人仍禁輒至行在三月壬
辰朔金右副元帥紇石烈志寧以書取侵地癸巳以
張燾為參知政事御史中丞辛次膺同知樞密院事
葉義問落端明殿學士饒州居住丙申雨雹丁酉詔
戶部置局議節浮費己亥楊存中等乞減半奉如宰
執例許之庚子以龍大淵知閤門事曾覿同知閤門
事壬寅陳康伯上欽宗陵名曰永獻乙巳詔求遺逸
丁未詔脩太上皇帝聖政罷龍大淵別與差遣曾覿
復帶御器械召張浚己酉張燾罷立選人減舉主法
甲寅復以龍大淵知閤門事曾覿同知閤門事給事

中中書舍人留黃不行乙卯詔飭郡縣吏庚申以久雨命有司振災傷察刑禁夏四月乙丑定選人改官歲額戊辰張浚入見議出師渡淮三省樞密院不預聞壬申賜禮部進士木待問以下五百三十八人及第出身乙亥王之望罷壬午詔戶部臺諫議節浮費癸未詔以白金二十五萬兩給江淮都督府軍費戊子張浚命邵宏淵帥師次盱眙己丑又命李顯忠帥師次定遠是月金人拔環州守臣強霓及其弟震死之五月壬辰申嚴鋪翠銷金及神祠僭擬之禁丁酉李顯忠復靈壁縣邵宏淵次虹縣金人拒之戊戌顯忠東趨虹縣庚子復虹縣金知泗州蒲察徒穆及同知泗州大周仁降辛丑命左右史日更立前殿壬寅張浚渡江視師癸卯金右翼軍都統蕭琦降于李顯忠甲辰顯忠及宏淵敗金人于宿州乙巳史浩罷追復司馬康右諫議大夫丙午復宿州戮金兵數千人建康前軍統領官王珙巷戰死之丁未以辛次膺為參知政事翰林學士承旨洪遵同知樞密院事督諸路開營田辛亥詔德壽宮賀天申節金統石烈志寧自睢陽引兵至宿州李顯忠擊卻之壬子欽宗大祥帝服衰服詣几筵易祥服行祥祭禮顯忠與金人戰

于宿州邵宏淵不援顯忠失利是夜建康中軍統制周宏及邵宏淵之子世雄殿前司統制官左士淵逃歸癸丑進李顯忠開府儀同三司淮南京畿京東河北招討使邵宏淵檢校少保寧遠軍節度使招討副使金人攻宿州城顯忠大敗之殿前司統制官張訓通等七人統領官十二人以二將不叶而遁甲寅李顯忠邵宏淵軍大潰于符離乙卯下詔親征丙辰召汪澈以張浚兼都督荊襄軍馬李顯忠邵宏淵至濠州張浚以劉寶為鎮江諸軍都統制丁巳以蒲察徒穆大周仁蕭琦並為節度使徒穆大同軍周仁彰國軍琦威塞軍遣御前忠勇軍赴都督府是月成都地震三六月庚申朔日有食之遣內侍趣上淮東將士功賞癸亥汪澈罷張浚乞致仕且請通好皆不許丁卯以觀文殿大學士湯思退為醴泉觀使兼侍讀戊辰召虞允文以兵部侍郎周葵為參知政事汪澈落資政殿學士台州居住庚午張浚自盱眙還揚州辛未李顯忠罷軍職壬申以太傅同安郡王楊存中為御營使節制殿前司軍馬癸酉下詔罪己張浚降授特進仍前樞密使江淮東西路宣撫使官屬各奪二官邵宏淵降武義大夫職仍舊詔楊存中先詣建康

措置營砦檢視沿江守備戊寅詔展巡幸之期辛次膺罷己卯李顯忠責授清遠軍節度副使筠州安置辛巳命浙西副都總管李寶兼御營統制官措置浙西海道甲申右諫議大夫王大寶入對論移蹕以數文閣學士虞允文為兵部尚書兼湖北京西宣諭使戊子放宮人三十人以蕭琦為檢校少保河北招撫使秋七月庚寅朔以虞允文為湖北京西制置使癸巳以湯思退為尚書右僕射同中書門下平章事兼樞密使李顯忠再責授果州團練副使潭州安置乙未詔宿州棄軍將佐奪官貶竄有差丙申太白晝見

經天罷江淮宣撫司便宜行事乙巳以旱蝗星變詔侍從臺諫兩省官條上時政闕失丁未詔徵李顯忠侵欺官錢金銀免籍其家乙卯裁減省部寺監官吏戊午給還岳飛田宅八月丙寅張浚復都督江淮軍馬庚午以劉寶兼淮東招撫使丙子以飛蝗風水為災避殿減膳罷借諸路職田之令戊寅金紇石烈志寧又以書求海泗唐鄧四州地及歲幣癸未復以龍大淵知閤門事曾覿同知閤門事丙戌遣淮西安撫司幹辦公事盧仲賢奉書至金帥府戒勿許四州差減歲幣仍命諸將毋遣兵人出境九月己酉揚存

中罷冬十月戊午朔大臣奏金帥書言四事帝曰四州地歲幣可與名分歸正人不可從辛酉御殿復膳己巳遣護聖軍戍江南丙子詔太上皇后教旨改稱聖旨立賢妃夏氏為皇后丁丑地震辛巳升洪州為隆興府詔江淮軍馬調發應援從都督府取旨餘事悉以聞十一月己丑盧仲賢自宿州以金都元帥僕散忠義遺三省樞密院書來庚子遣王之望等為金國通問使辛丑詔侍從臺諫於後省集議講和遣使禮數土貢四事仍各薦可備小使者丙午盧仲賢擅許四州下大理寺奪三官召張浚癸丑以胡昉楊由

義為使金通問國信所審議官十二月己未陳康伯罷乙丑張浚入見丁丑以湯思退為尚書左僕射張浚為右僕射並同中書門下平章事兼樞密使浚仍都督江淮東西路軍馬壬午西南方有白氣是歲以兩浙大水旱蝗江東大水悉蠲其租

二年春正月辛卯詔增德壽宮車輦儀衞壬辰御文德殿冊皇后癸巳脩三省法乙未及皇后朝德壽宮丙申命虞允文調兵討廣西諸盜庚子罷諸州招軍丙午金僕散忠義復以書來庚戌申嚴卿監郎官更出迭入之制壬子振歸正人甲寅白氣亘天是月福

建諸州地震二月辛未蠲秀州貧民逋租壬申容州
妖賊李雲作亂癸酉復王權武義大夫命權廣西路
都鈐轄專一措置盜賊丙子詔飭將帥減文武官及
百司吏郊賜之半罷兩浙福建江西湖南夔州路參
議官丁丑雨雹及雪獲李雲其黨悉平乙酉胡昉自
宿州還初金帥以昉等不許四郡械繫之昉等不屈
金主命歸之三月丙戌朔詔張浚視師于淮又詔王
之望等以幣還丁亥詔荆襄川陝帥臣嚴邊備毋先
事妄舉盧仲賢除名械送郴州編管壬寅詔知光州
皇甫倜毋招納歸正人丙午王宣等降詔三衙戍兵

歸司建康鎮江大軍更番歸砦庚戌芝生德壽宮以
戶部侍郎錢端禮為淮東宣諭使吏部侍郎王之望
為淮西宣諭使詔撫諭兩淮軍民壬子以廣西賊平
詔減高藤雷容四州雜犯死罪囚釋杖以下蠲夏秋
稅賦以忠勇軍隸步軍司神勁右軍隸鎮江都統司
癸丑以王彥為建康諸軍都統制兼淮西招撫使夏
四月庚申召張浚還朝甲子以李顯忠侵欺官錢給
還諸軍丁卯以建康歸正人為忠毅軍鎮江為忠順
軍命蕭琦蕭鷓巴分領之戊辰罷江淮都督府高麗
入貢丁丑張浚罷癸未言者論宰相執政徇欺之弊

命書寘政事堂五月壬辰復置環衞官丙申詔吳璘
毋招納歸正人辛丑詔劉寶量度泗州輕重取舍事
宜以聞江西總管邵宏淵責授靖州團練副使南安
軍安置仍徵其盜用庫錢乙巳率群臣詣德壽宮賀
天申節始用樂丁未蝗詔內外賍私不法官吏尚書
省置籍檢勘庚戌罷招神勁效用軍辛亥蠲兩淮所
括戶馬六月甲寅朔日有食之辛酉以淫雨詔州縣
理滯囚戊辰太白晝見壬申命虞允文棄唐鄧允文
不奉詔丁丑振江東兩淮被水貧民秋七月乙酉召
虞允文以戶部尚書韓仲通為湖北京西制置使丁

亥洪遵罷己丑以周葵兼權知樞密院事遣主管馬
軍司公事張守忠以兵詣淮西措置邊備庚子太白
經天詔內外文武官年七十不請致仕者遇郊毋得
蔭補乙巳命海泗州徹戍丁未雨雹戊申蠲淮東內
庫坊場錢一年庚戌洪遵落端明殿學士癸丑以江
東浙西大水詔侍從臺諫卿監郎官館職陳闕失及
當今急務是月罷內侍押班梁珂為在外宮觀移廣
西提刑司于容州八月甲寅朔以災異避殿減膳戊
午南丹州莫延廩為諸蠻所逐來歸詔補脩武郎命
江東浙西守臣措置開決圍田甲子秦國大長公主

薨以久雨決繫囚庚辰以資政殿大學士賀允中為
知樞密院事兼參知政事辛巳詔振淮東被水州縣
張浚薨壬午遣魏杞等為金國通問使九月甲申罷
內侍李珂賜謚甲午詔江東浙西監司守臣講明措
置田事乙未交阯入貢丁酉嚴贓吏法辛丑以王之
望為參知政事權刑部侍郎吳芾為給事中兼淮西
宣諭使金人犯邊以久雨出內庫白金四十萬兩糴
米賑貧民壬寅王彥帥師濟江軍昭關癸卯命湯思
退都督江淮東西路軍馬辭不行乙巳復命楊存中
為同都督錢端禮吳芾並為都督府參贊軍事罷宣

諭司仍易國書以付魏杞少保崇信軍節度使趙密
落致仕權領殿前司職事冬十月甲寅魏杞至盱眙
金帥以國書未如式弗受欲得商秦地及俘獲人且
邀歲幣二十萬杞未得進丁卯賀允中罷為資政殿
大學士致仕己巳以周葵兼權知樞密院事王之望
兼同知樞密院事庚午詔輔臣夕對便殿丙子大風
庚辰蠲京西湖北運粮所經州縣秋稅之半以靖海
軍節度使李寶為沿海駐劄御前水軍都統制辛巳
金人分道渡淮劉寶棄楚州遁十一月乙酉知楚州
魏勝與金人戰死之州遂陷濠州亦陷王彥棄昭關

遁滁州又陷丙戌詔諭沿邊將士丁亥詔魏杞等以
所賫禮幣犒軍杞弗從命留鎮江俟旨復命王之望
督視江淮軍馬戊子以金人侵擾詔郊祀改用明年
又詔諭歸正官民軍士命王之望同都督江淮軍馬
湯思退罷都督召陳康伯己丑王之望罷同都督庚
寅命楊存中都督江淮軍馬辛卯湯思退罷尋以尹
穡晁公武論之落觀文殿大學士永州居住未至而
卒甲午以黃榜禁太學生伏闕是日太學生張觀等
七十二人上書請斬湯思退王之望尹穡竄其黨洪
适晁公武而用陳康伯胡銓等以濟大計丙申遣國

信所大通事王抃持周葵書如金帥府請正皇帝號
為叔姪之國易歲貢為歲幣減十萬割商秦地歸被
俘人惟叛亡者不與誓目大略與紹興同以金人犯
淮南詔避殿減膳丁酉詔擇日視師戊戌以少保觀
文殿大學士陳康伯為尚書左僕射同中書門下平
章事兼樞密使庚子遣兵部侍郎胡銓右諫議大夫
尹穡分詣兩浙措置海道贈魏勝寧國軍節度使謚
忠壯辛丑兵部尚書錢端禮賜出身簽書樞密院事
兼提領德壽宮壬寅詔侍從兩省官日一至都堂議
事有關堂諫者亦聽會議以顯謨閣學士虞允文同

簽書樞密院事癸卯遣王之望勞師江上甲辰金人犯六合縣步軍司統制崔臯擊却之乙巳以錢端禮兼權參知政事丁未以顯謨閣直學士沈介為沿江制置使命沿江諸州調保甲分守渡口己酉劉寶落節鉞為武泰軍承宣使王彥落龍神衛四廂都指揮使閏月甲寅陳康伯入見詔康伯間日一朝肩輿至殿門給扶升殿丙辰周葵罷王抃見金二帥皆得其報書以歸戊午蕭琦卒壬戌詔罷胡銓尹穡丙寅召韓仲通以沈介為兵部尚書湖北京西制置使戊辰以金人且退詔督府擇利擊之王之望執不可乙亥

之望罷丙子以王抃為奉使金國通問國信所參議官持陳康伯報書以行丁丑金遣張恭愈來迓使者詔臺諫侍從兩省官舉楚廬滁濠四州守臣十二月甲申罷陝西路轉運司戊子魏杞始渡淮詔郊祀大禮遵至道典故改用來年正月一日上辛辛卯以錢端禮為參知政事兼知樞密院事虞允文同知樞密院事兼權參知政事禮部尚書王剛中簽書樞密院事丙申制曰比遣王抃遠抵潁濱得其要約尋澶淵盟誓之信倣大遼書題之儀正皇帝之稱為叔姪之國歲幣減十萬之數地界如紹興之時憐彼此之無

辜約叛亡之不遣可使歸正之士咸起寧居之心重念數州之民罹此一時之難老穉有蕩析之烖丁壯有係累之苦宜推蕩滌之宥少慰彫殘之情應沿邊被兵州軍除逃遁官吏不赦外雜犯死罪情輕者減一等餘並放遣遣洪适等賀金主生辰詔吳挺市馬赴行在己亥雨雹壬寅罷三衙江上荊襄諸軍招軍甲辰遣沿海水軍還屯己酉朝獻景靈宮庚戌朝饗太廟

乾道元年春正月辛亥朔合祀天地于圜丘大赦改元丁巳淮西安撫韓琎勸停賀州編管庚申以錢端

禮兼德壽宮使辛酉召楊存中通問使魏杞至燕山丁卯以王抃使金有勞進五官庚午西北方有白氣詔館職更迭補外辛未立兩淮守令勸民種桑賞壬申詔兩浙振流民以紹興流民多死罷守臣徐嚞及兩縣令癸酉蠲沿邊殘破州軍官賦一年甲戌劉寶責果州團練副使瓊州安置乙亥罷兩淮招撫司及陝西河東宣撫招討司丙子淮西守將孔福以遇敵棄城伏誅頓遇奪官刺面配吉陽軍牢城二月庚辰朔朝德壽宮從太上皇太上皇后幸四聖觀乙酉罷江淮都督府遣官參察兩浙州縣振濟飢民庚寅雨

竄癸巳移濠州戍兵于藕塘庚子以楊存中為寧遠昭慶軍節度使甲辰以久雨避殿減膳蠲兩浙災傷州縣身丁錢絹決繫囚丁未陳康伯薨謚文恭三月甲寅太白晝見己未御殿復膳庚申以虞允文為參知政事兼同知樞密院事王剛中同知樞密院事命淮西湖北荆襄帥臣措置屯田復置榷場癸亥黃祖舜薨戊辰白氣亘天己巳罷諸軍額外制領將佐乙亥太白經天是春湖南盜起入廣東焚掠州縣官軍討平之夏四月庚子金報問使完顏仲等入見乙巳吳璘入見五月庚戌以璘為太傅封新安郡王丙辰

詔有司治皇后家廟壬戌詔監司帥守講究弊事以聞合廣南東西路鹽事為一司癸亥詔總領帥漕臣諸軍都統制並兼提領措置屯田沿邊守臣兼管屯田事丁卯詔吳璘措置馬綱水路壬申蠲四川州縣虛額錢吳璘改判興元府乙亥詔未銓試人毋得堂除丙子遣李若川等使金賀上尊號增置諸路鈐轄都監郴州盜李金等復作亂遣兵討捕之六月癸未王剛中薨乙酉詔恭王府直講王淮傾邪不正有違禮經可與外任丙戌以翰林學士洪适簽書樞密院事戊子步軍司統制官崔皐坐奏功冒濫奪所遷觀

察使止進横行三官令本軍自效辛卯以武經郎令德為安定郡王壬辰以淮南轉運判官姚岳言境內飛蝗自死奪一官罷之丙申以兩淮守令勞徠安集無效下詔戒飭之仍以詔置守令治所壬寅蠲廣東殘破郡縣稅賦甲辰罷湖北京西制置司秋七月辛亥詔知州年七十以上者與宮觀癸丑輔臣晚對選德殿御坐後有大屏記注諸道監司郡守姓名因命都堂視此書之甲寅借職田租二年以裨經費己未鑄當二錢己巳蠲閩外四州民今年租賦及湖南賊蹂郡縣夏稅八月己卯以永豐圩田賜建康都統司

癸未獲李金乙酉詔立子愭為皇太子丁亥虞允文罷戊子大赦己丑以洪适為參知政事兼權知樞密院事吏部侍郎葉顒簽書樞密院事兼權參知政事庚寅立知州軍諸路總管鈐轄都監辭見法癸巳錢端禮以避東宮親嫌罷為資政殿大學士提舉萬壽觀戊戌吏部侍郎章服以論虞允文阿附罷諭居汀州九月乙卯立廣國夫人錢氏為皇太子妃丁巳申嚴百司官出入局之制丁卯升鼎州為常德府甲戌以端明殿學士汪澈知樞密院事洪适兼同知樞密院事乙亥置沿淮諸州都巡檢冬十月己卯遣方滋

等使金賀正旦戊子增頭子錢歸正人右通直郎劉藴古坐以軍器法式送北境伏誅壬辰御大慶殿册皇太子癸巳詣德壽宮稱謝乙未詔侍從各舉所知宗室一二人丁酉金遣高衎等來賀會慶節乙巳淮北紅巾賊踰淮劫掠立賞討捕之巳而知楚州胡明遣巡尉擊殺其首蕭榮十一月辛亥招收兩淮流散忠義人丙寅白氣亘天辛未遣龍大淵撫諭兩淮措置屯田督捕盜賊十二月戊寅以洪适為尚書右僕射同中書門下平章事兼樞密使汪澈為樞密使命廣東提刑司招安李金餘黨癸未遣王曮等賀金主

生辰庚寅以葉顒為參知政事兼同知樞密院事辛卯詔侍從臺諫兩省舉堪監司郡守者各一人三衙知閤舉材武可守邊者一人庚子罷兩淮諸州榷場官壬寅金遣烏古論忠弼等來賀明年正旦癸卯詔樞密院文書依三省式經中書門下畫黄書讀

二年春正月辛酉省六合戍兵以所墾田給還復業之民辛未命湖南監司存恤寇盜殘破郡縣二月丁丑罷盱眙屯田振兩浙江東饑戊寅幸玉津園宴射遂幸龍井三月乙巳禁京西利州路科役保勝義士壬子詔戒飭刑獄官戊午殿中侍御史王伯庠請裁

定奏薦詔三省臺諫集議具條式以聞詔縣令非兩任毋除監察御史非任守臣毋除郎官著為令丁卯賜禮部進士蕭國梁以下四百九十有三人及第出身戊辰再增諸州軍離軍添差員闕辛未罷洪适右僕射癸酉以給事中權吏部尚書魏杞同知樞密院事兼權參知政事丁丑罷和糴夏四月戊寅以久雨命侍從臺諫議刑政所宜以聞減大理三衙臨安府及浙西州縣雜犯死罪以下囚一等釋杖以下庚辰詔兩浙漕臣王炎開平江湖秀圍田辛巳避殿減膳甲申太白晝見癸巳御殿復膳乙未汪澈罷丁酉以知

荆南府李道憑恃戚里妄作罷之五月戊申張燾薨己酉罷榷借職田庚戌葉顒罷以魏杞為參知政事右諫議大夫林安宅同知樞密院事兼權參知政事中書舍人蔣芾簽書樞密院事癸丑太白晝見經天禁浙西脩築圍田罷脩建康行宮丁卯命監司守臣預備水旱六月甲戌罷兩浙路提舉市舶司詔諸路監司帥臣各察守令臧否以聞丙子刑部上乾道新編特旨斷例戊寅詔制科權罷注疏出題守臣監司亦許解送庚辰封孫挺為福州觀察使榮國公挺為左千牛衛大將軍癸未詔使相毋奏補文資七色補官

人毋任子堂吏遷朝議大夫以五員為額乙酉申嚴内外牒式法裁其額丙戌廢永豐圩戊戌詔改官人實歷知縣一任方許関升著為定式秋七月己酉調泉州左翼軍二千人屯許浦鎮甲寅以鎮江都統制戚方為武當軍節度使八月辛未朔詔兩淮行鐵錢銅錢毋過江北癸酉以武鋒軍隸步軍司甲戌罷任子年三十得免試參選之令丁丑蠲淮南放歸萬弩手差役二年壬午詔諸州守臣兼訓練禁軍癸未降會子交子于鎮江建康務場令江淮之人對換丙戌林安宅劾葉顒之子受金失實罷之丁亥詔安宅鈞州居住温州大水戊子以魏杞兼同知樞密院事蔣芾權參知政事召葉顒庚寅少保新興郡王吴益薨甲午立中興以來十三處戰功格目乙未詔吴璘復判興州丙申升宣州為寧國府罷戶部諸路歲糴一年九月甲辰知上元縣李允升犯贓貸死杖脊刺面配惠州牢城籍其貲丙午建康守臣王佐坐縱允升去官奪三官勤停建昌軍居住餘失按官吏及薦舉官奪官有差辛亥遣官按視温州水災振貧民決繫囚乙卯詔改造大曆辛酉追封子愭為鄧王謚曰悼肅甲子詔監司各舉部内知縣縣令二三人守臣各

舉屬縣一二人己巳魏杞等上神宗哲宗徽宗三朝帝紀太上皇聖政太白晝見是月詔舉將帥置章奏簿冬十月癸酉上太上皇聖政于德壽宫乙亥遣薛良朋等使金賀正旦己卯減饒州歲貢金三之一蠲諸路酒坊逋賦戊子知峽州吕令問坐縱贓吏知夷陵縣韓贄冑去官奪二官鄂州居住辛卯雨雹金遣魏子平等來賀會慶節十一月丙午楊存中薨己酉盡出内藏及南庫銀以易會子官司並以錢銀支遣民間從便兩淮總領所許自造會子攙諸路營田壬子詔脩祥曦殿記注乙卯密詔四川制置使汪應辰如吴璘不起收其宣撫使牌印權行主管職事甲子大閲戊辰築郢州城是月詔汰冗兵十二月庚午朔白氣亘天癸酉詔三省侍從臺諫兩淮漕臣郡守條具兩淮鐵錢交子利害以聞乙亥遣梁克家等賀金主生辰己卯以資政殿學士葉顒知樞密院事辛巳詔免進呈欽宗日曆送國史院脩纂實録壬午追封楊存中為和王甲申以葉顒為尚書左僕射魏杞右僕射並同中書門下平章事兼樞密使蔣芾參知政事吏部尚書陳俊卿同知樞密院事兼權參知政事庚寅詔宰相領兼制國用使參知政事同知國用事

癸巳詔監司守臣舉廉吏丙申金遣烏古論元忠等
來賀明年正旦以江東兵馬鈐轄王抃爲帶御器械
是歲裁定内外軍額

本紀卷第三十三

本紀卷第三十四　宋史三十四

開府儀同三司上柱國錄軍國重事中書右丞相領經筵事都總裁脫脫等奉
敕修

孝宗二

三年春正月甲辰詔廷尉大理官毋以獄情白宰執
探刺旨意爲輕重庚戌置三省户房國用司初以國
用匱乏罷江州屯駐軍馬至是復留之癸亥罷銅錢
過江之禁裁定利州西路諸軍額二月壬申詔國用
司月上宮禁及百司官吏三衙將士請給之數癸酉
出龍大淵爲江東總管曾覿爲淮西總管甲戌大淵
改浙東覿改福建乙亥罷成都潼州路轉運司輪年
銓試以其事付制置司辛巳以端明殿學士虞允文
知樞密院事癸未雨雹甲申爲知陳州陳亨祖立廟
于光州賜名愍忠丙戌以武經龜鑑孫子賜鎮江都
統戚方建康都統劉源癸巳措置淮東山水砦丙申
從太上皇太上皇后幸玉津園戊戌直秘閣前廣東
提刑石敦義犯贓刺面配柳州籍其家正月甲辰從
太上皇太上皇后幸聚景園辛亥詣德壽宮恭請裁
定醫官員額丁巳詔四川宣撫司創招千人置司所
在屯駐壬戌伯母秀王夫人張氏薨夏四月辛未謁

諸路州軍逋負癸酉爲秀王王夫人成服于後苑百官進名奉慰丁丑合利州東西路爲一戊寅以吴璘知興元府充利州路安撫使四川宣撫使五月癸卯葉顒等上三祖下仙源積慶圖及太宗真宗玉牒哲宗寶訓甲寅吴璘薨庚申命四川制置使汪應辰主管宣撫司事移司利州脩楊州城壬戌大減三衙官屬六月己巳命汪應辰權節制利州路屯駐御前軍馬辛未復分利州東西路爲二甲戌以虞允文爲資政殿大學士四川宣撫使乙亥金遣使來取被俘人詔實俘在民間者還之軍中人及叛亡者不預戊寅

復以虞允文爲知樞密院事充宣撫使帝親書九事戒之罷淮西江東總領所營田募人耕佃壯丁各還本屯癃老存留減半請給甲申詔鎮江都統制戚方武鋒軍都統制陳敏各上清河口戰守之策追封吴璘爲信王丁亥詔後省參攷理檢院典故辛卯皇后夏氏崩振泉州水災秋七月己亥立薦舉改官額壬寅以皇太子疾減雜犯死罪囚釋流以下乙巳皇太子薨謚曰莊文己酉東宮醫官杜楫除名昭州編管尋改瓊州閏月辛未詔諸軍復置副都統制文字與都統制連書軍馬調發從都統制違者奏劾戚方罷

癸酉權攢安恭皇后于臨安脩吉寺丁亥戚方落節鉞信州居住八月丁酉内侍陳瑜李宗回坐交結戚方受賂瑜除名決杖黥面配循州宗回除名筠州編管方責授果州團練副使潭州安置籍所盜庫金以犒軍甲寅以久雨命臨安府決繫囚丁巳葉顒等請罷不許蠲光濠廬三州壽春府賦一年戊午遣官分決滯獄壬戌以知建康府史正志兼沿江水軍制置使自鹽官至鄂州沿江南北及沿海十五州水軍悉隸之癸亥詔給舍討論考課舊法四川旱賜制置司度牒四百備振濟九月戊子太白晝見冬十月乙未

朔占城入貢丁酉遣唐瑑等使金賀正旦戊戌脩真州城以嗣濮王士輵爲開府儀同三司庚子定内外薦舉改官人歲額癸卯詔歸正借補官資入充樞密院効士於指定州軍以官庫酒息贍之者毋罷其給乙卯金遣蒲察蒞暑寓等來賀會慶節十一月丙寅合祀天地于圜丘大赦戊辰雷己巳詔戒飭武臣及百官癸酉以郊祀雷葉顒魏杞並罷命陳俊卿爲參知政事翰林學士劉珙同知樞密院事甲戌蔣芾陳俊卿請罷不許丁丑以雷發非時詔臺諫侍從兩省官指陳闕失辛巳詔侍從兩省臺諫卿監郎官舉堪

郎官寺監丞監司郡守者癸巳罷川路馬船十二月丙申增脩六合城己亥遣王淪賀金主生辰乙巳置豐儲倉增印會子辛亥以吳益爲太傅庚申金遣徒單忠衛等來賀明年正旦是歲兩浙水四川旱江東西湖南北路蝗振之

四年春正月戊辰籍荊南義勇民兵增給衣甲遇農隙日番教壬午奪秦塤秦堪郊恩蔭補癸未雨雹甲申幸天竺寺遂幸玉津園辛卯罷吳益郊恩蔭補壬辰葉顒薨二月甲午朔罷福建路賣鈔鹽蠲轉運司歲發鈔鹽錢十五萬緡詔四川宣撫使虞允文集四

路漕臣會計財賦所入對立兵額丁酉命湖北安撫司給田募辰沅靖三州刀弩手戊戌置和州鑄錢監己亥以蔣芾爲尚書右僕射同中書門下平章事兼樞密使兼制國用使觀文殿大學士史浩爲四川制置使浩辭不行庚子詔蔣芾常朝贊拜不名芾辭許之乙巳賜王炎出身簽書樞密院事癸丑五星皆見乙卯雪雨雹三月庚午以敷文閣待制晁公武爲四川安撫制置使戊寅詔贈果州團練使韓崇岳立廟賜名忠勇宣州觀察使朱勇立廟賜名忠節己丑四方霧下若塵庚寅蠲楚州壯丁社民稅役謚陳亨伯曰愍節夏四月乙未置漢陽軍收發馬監詔公吏非犯公罪毋得引用併計案問法己亥置郢州轉般倉癸卯遣使撫卭蜀二州饑民爲亂者己酉追封韓世忠爲蘄王甲寅蔣芾等上欽宗帝紀實録丙辰禮部員外郎李燾上所著續通鑑長編自建隆至治平一百八卷丁巳詔太史局參用新舊曆戊午詔販牛過淮者論如興販軍須之罪是月振綿漢等州饑五月癸亥出度牒千道續減四川科調乙丑太白晝見以卭州安仁縣荒旱失于蠲放致饑民擾亂守貳黜令降罷追停有差甲申謚趙鼎曰忠簡丙戌行乾道新

曆丁亥以饒信二州建寧府饑民嘯聚遣官措置振濟是月西夏任敬德遣使至四川宣撫司約發兵攻西蕃六月辛卯朔太白晝見經天甲午詔罷廣西鈔鹽復官般官賣法歲減轉運司鈔錢十九萬緡其秋苗毋得科折戊戌蠲諸路逋負乾道元年二月和市折帛雜色錢辛丑龍大淵卒詔以爲寧武軍節度使致仕五星皆見癸卯詔四川宣撫司增印錢引一百萬對償民間預借錢蠲卭蜀二州夏稅丁巳召興化軍布衣林彖赴行在戊午蔣芾以毋喪去位秋七月壬戌以劉珙兼參知政事召建寧府布衣魏掞之赴

行在申禁異服異樂癸亥徽州大水己巳罷沿江水
軍制置司辛未衢州大水戊寅知衢州王悅以盛暑
禱雨蔬食減膳憂勤致疾而死贈直龍圖閣丁亥以
經總制餘剩錢二十一萬緡椿留卭蜀州以備振濟
己丑以久雨御延和殿慮囚減臨安府三衙死罪以
下囚釋杖以下是月西夏遣間使來八月乙未班祈
雨雪之法于諸路己亥五星皆見丁未主管殿前司
公事王琪傳旨不實擅興工役降三官放罷庚戌劉
珙罷辛亥陳俊卿請罷政不許九月庚申立內外將
佐升差審察法庚午從太上皇幸天竺寺限品官子

孫名田是秋罷關外四州營田官兵募民耕佃冬十
月壬辰遣鄭聞等使金賀正旦甲午禁歸正人藏匿
金人者乙未臣僚言天下之事必歷而後知試而後
見爲縣令者必爲丞簿爲郡守者必爲通判爲監司
者必爲郡守皆有等差自今職事官及局務官必任
滿方許求外未歷親民任使即未得擬州郡且授通
判詔從之庚子蔣芾起復尚書左僕射陳俊卿右僕
射並同中書門下平章事兼樞密使兼制國用使甲
辰大閱己酉金遣移剌神獨斡等來賀會慶節庚戌
大風十一月壬戌遣知無爲軍徐子寅措置楚州官

田招集歸正忠義人以耕甲戌嚴盜賊法乙亥詔峽
州布衣郭雍赴行在壬申兩淮歸正忠義有田產者
蠲役五年癸未岳陽軍節度使居廣封永陽郡王十
二月丙申遣胡元質等賀金主生辰甲辰賜魏掞之
同進士出身爲太學錄蔣芾辭起復許之減兩浙江
東西路明年夏稅和市之半甲寅金遣完顏仲仁等
來賀明年正旦
五年春正月甲戌措置兩淮屯田二月己丑[illegible]申嚴
太廟季點法乙未命楚州兵馬鈐轄羊滋專一措置
沿淮海盜賊先是海州人時旺聚衆數千來請命旺

尋爲金人所獲其徒渡淮而南者甚衆故命滋彈壓
之戊戌贈張浚太師謚忠獻壬寅以給事中梁克家
簽書樞密院事癸卯大風甲辰以王炎參知政事兼
同知樞密院事丙午雨雹辛亥詔自今詔令未經兩
省書讀者毋輒行給舍駮正毋連銜同奏三月丁巳
朔詔趣脩廬和二州城己巳蠲成都府路民戶歲輸
對糴米脚錢三十五萬緡乙亥以王炎爲四川宣撫
使仍參知政事召虞允文赴行在丙子賜禮部進士
鄭僑以下三百九十有二人及第出身壬午賜郭雍
號沖晦處士癸未罷利州路諸州營田官兵募民耕

佃詔侍從監司帥臣管軍薦武舉出身人可將佐者
夏四月己丑復置將作軍器少監壬辰以梁克家兼
參知政事辛丑詔福建路貧民生子官給錢米庚戌
脩襄陽府城辛亥振恤衢婺饒信四州流民五月己
巳帝以射弩弦斷傷目不視朝金牒取俘獲人王抃
議盡遣時旺餘黨陳俊卿持不可帝然之六月庚寅
太白晝見戊戌始視朝己酉以虞允文爲樞密使秋
七月乙丑召曾覿入見陳俊卿及虞允文請罷之不
許覿至行在俊卿允文復言其不可留詔以覿爲浙
東總管八月甲申朔日有食之己丑以陳俊卿爲尚

書左僕射虞允文爲尚書右僕射並同中書門下平
章事兼樞密使兼制國用使辛亥命淮西路鑄小鐵
錢九月己未罷淮東屯田官兵募民耕佃辛酉詔淮
東諸州農隙教閱民丁甲子詔侍從臺諫集議欽宗
配饗功臣壬申大風命淮西安撫司參議官許子中
措置淮西山水砦招集歸正忠義人耕墾官田冬十
月乙酉遣汪大猷等使金賀正旦戊子振溫台二州
被水貧民以守臣監司失職降責有差戊戌大風己
亥命饒信二州歲各留上供米三萬石以備振糶癸
卯金遣高德基等來賀會慶節十一月癸丑朔復置

淮東萬弩手名神勁軍庚申增置廣東水軍乙丑以
孫擴爲右千牛衛大將軍以明州定海縣水軍爲御
前水軍丙寅爲岳飛立廟于鄂州己巳太白晝見辛
未詔侍從臺諫兩省官各舉京朝官以上才堪監司
郡守者三人壬申復成閔慶遠軍節度使鎮江諸軍
都統制十二月己丑遣司馬伋等賀金主生辰辛卯
大風丁酉置應城縣馬監復李顯忠威武軍節度使
乙巳復置成都府廣惠倉戊申金遣完顏毅等來賀
明年正旦

六年春正月癸丑雅州沙平蠻寇邊焚碉門砦四川

制置使晁公武調兵討之失利乙卯脩楚州城丁巳
復強盜舊法其四年十一月指揮勿行癸亥初降金
字牌下四川宣撫司備邊奏乙丑增築豐儲倉庚午
以奉國軍承宣使知廬州郭振爲武泰軍節度使二
月乙酉詔戶部侍郎二人分領諸路財賦丁亥復置
舒州同安監鑄鐵錢辛卯王炎遣人約沙平蠻歸部
稍捐邊稅與之丙申廣西路復行鈔鹽法仍增收通
貨錢四十萬緡以備漕計壬寅詔諭大臣均役法嚴
限田抑游手務農桑己酉置應城縣孳生監庚戌以
曾覿爲福州觀察使遣司農寺丞許子中詣淮西措

置鐵錢三月癸丑用三省言兩淮守帥宜久其任二年後察其能否以行賞罰乙卯裁減樞密院吏額一百十有四人丁巳詔步軍司權以三萬五千人爲額起復王抃知閤門事專一措置三衙揀選官兵贈彰國軍節度使大周仁爲太尉庚申從太上皇太上皇后幸聚景園乙丑以晁公武王炎不恊罷四川制置司歸宣撫司辛未從太上皇太上皇后幸聚景園甲戌裁減三省吏額七十人戊寅以知紹興府史浩爲檢校少傅保寧軍節度使己卯詔兩淮州縣官以繁簡易其任復置江浙荊湖淮廣福建等路都大發運

使以新知成都府史正志爲之夏四月辛巳朔罷鑄錢司歸發運司併淮東總領所歸淮西總領所以敷文閣直學士張震知成都府充本路安撫使乙未賜發運使史正志緡錢二百萬爲均輸和糴之用吏部尚書汪應辰三上疏論發運司戊戌以應辰知平江府五月甲寅裁減六部吏額百五十人其餘百司三衙以是爲差己未陳俊卿虞允文等上神宗哲宗徽宗欽宗四朝會要太上皇玉牒己巳陳俊卿以議遣使不合罷爲觀文殿大學士知福州罷行在至鎮江征稅所比近者十有三甲戌詔戒飭百官丁丑知潮州

曾造犯贓貸命南雄州編管籍其家戊寅詔給舍臺諫言事閏月壬午詔監司帥臣舉守令臧否失實依舉清要官法定罪甲申印給諸州上供綱目季申而歲校之以爲殿最戊子遣范成大等使金求陵寢地且請更定受書禮辛卯吏部侍郎陳良祐論祈請使不當遣恐生邊釁詔以良祐妄興異論不忠不孝放罷送筠州居住癸巳增環衛官奉以梁克家爲參知政事兼同知樞密院事壬寅以江東漕臣黃石不親按行水災州郡降二官甲辰辛次膺薨戊申復置武臣提刑六月壬子申嚴卿監郎官更迭補外之制壬

申增武學生爲百人癸酉置蘄州蘄春監黃州齊安監鑄鐵錢是月榮國公挺自東宮出居外第秋七月癸未詔以沙田蘆場歲收租稅六十餘萬緡入左藏南庫丙戌詔川廣監司郡守任滿奏事訖方調己丑置興國軍興國監甲午詔除郎官並引對畢供職辛丑復置御前弓馬子弟所命吳挺兼提舉賜岳飛廟曰忠烈八月庚戌虞允文請蚤建太子癸丑復置詳定一司勅令所丙寅置閤門舍人十員是月虞允文上乾道勅令格式九月壬辰賜蘇軾謚曰文忠辛丑沅州猺人相讐殺守臣孫叔傑出兵擊之失利猺人

進迫州城安撫司諭解之叔傑尋抵罪是月范成大
至自金金許以遷奉及歸欽廟梓宮而不易受書禮
冬十月己酉以孫擴爲左千牛衛大將軍丙辰詔發
運使置司行在謚司馬朴曰忠潔辛酉遣呂正己等
使金賀正旦丁卯金遣耶律子敬等來賀會慶節甲
戌起居舍人趙雄請置局議恢復詔以雄爲中書舍
人十一月丁丑朔復置軍器監一員壬午合祀天地
于圜丘大赦乙未復置神武中軍以吳挺爲都統制
召曾覿提舉佑神觀丁酉加上光堯壽聖太上皇帝
尊號曰光堯壽聖憲天體道太上皇帝壽聖太上皇
后尊號曰壽聖明慈太上皇后是月遣趙雄等賀金
主生辰別函書請更受書之禮置左藏南上庫十二
月戊申大閱甲子置江州廣寧監臨江軍豐餘監撫
州裕國監鑄鐵錢壬申金遣蒲察扆等來賀明年正
旦癸酉罷發運司以史正志奏課不實責爲楚州團
練副使永州安置是歲兩浙江東西福建水旱
七年春正月丙子率群臣奉上太上皇太上皇后冊
寶于德壽宮庚辰虞允文復請建太子帝命允文擬
詔以進壬寅命三省旬錄宣諭聖語及時政記同進
是月復鑄錢司二月癸丑詔立子惇爲皇太子大赦

以慶王愷爲雄武保寧軍節度使判寧國府進封魏
王丁巳增置皇太子宮講讀官庚申罷會子庫仍賜
戶部內藏南庫緡錢二百萬銀九十萬兩以增給官
兵之奉甲子詔寺觀毋免稅役丁卯太傅大寧郡王
吳益薨壬申大風三月乙亥朔趙雄至金金拒其請
詔訓習水軍丙子立恭王夫人李氏爲皇太子妃戊
寅徙侍衛馬軍司戍建康己卯起復劉珙同知樞密
院事以明州觀察使知閤門事兼樞密都承旨張說
簽書樞密院事左司員外郎兼侍講張栻言說不宜
執政乙酉立沿海州軍私商銅錢下海船法丙戌復
置將作監殿中侍御史李處全乞遣張說按行邊戍
以息衆論中書舍人范成大乞不草詞戊子說罷爲
安慶軍節度使提舉萬壽觀庚寅遣使發兩淮種麥
丙申御大慶殿冊皇太子禮部侍郎鄭聞工部侍郎
胡銓樞密院檢詳文字李衡秘書丞潘慈明並罷虞
允文乞留銓乃以爲寶文閣待制兼侍講己亥皇太
子謝于紫宸殿宰相率百官赴東宮賀夏四月戊申
以曾覿爲安德軍承宣使庚申詔諸路增收無額錢
物並輸南上庫壬戌從太上皇太上皇后幸聚景園
甲子詔皇太子判臨安府己巳詔侍從臺諫兩省官

舉任刑獄錢穀及有智略吏能者各二人辛未詔皇
太子領臨安尹五月戊寅復置淮東總領所丁亥劉
珙起復同知樞密院事爲荆襄宣撫使珙辭不拜庚
寅金人葬欽宗于鞏原丁酉詔廣西帥臣措置南丹
州市馬是月遣知閤門事王抃點閱荆襄軍馬六月
丙午復主管馬軍司公事李顯忠爲太尉己巳賜吳
璘謚曰武順壬申詔兩淮墾田毋創增稅賦秋七月
庚子以王炎爲樞密使四川宣撫使八月丙辰詔兩
淮民丁充民兵者本名丁錢勿輸辛酉復脩襄陽城
九月壬申朔以江西湖南旱命募民爲兵甲申從太

上皇太上皇后幸東園戊子安定郡王令德薨冬十
月丁未罷紹興宗正行司改恩平郡王璩判西外宗
正己酉遣莫濛等使金賀正旦壬戌金遣烏林荅天
錫等來賀會慶節天錫要帝降榻問金主起居虞允
文請帝還內命知閤門事王抃諭天錫以明日見天
錫沮退癸亥會慶節金使隨班入見十一月甲戌御
集英殿策試應賢良方正能直言極諫科李垕戊寅錫
垕制科出身十二月丁未遣翟紱等賀金主生辰庚
申詔閤門舍人依文臣館閣以次輪對癸亥罷太醫
局丙寅金遣完顏宗寧等來賀明年正旦是歲湖南

江東西路旱振之
八年春正月庚午朔班乾道勑令格式丁酉朝獻景
靈宮遂幸天竺寺玉津園二月乙巳詔改尚書左右
僕射同中書門下平章事爲左右丞相丙午詔六察
分隸事有違戾許監察御史隨事具實狀糾劾以聞
戊申遣姚憲等使金賀上尊號附請受書之事辛亥
以虞允文爲左丞相梁克家爲右丞相並兼樞密使
癸丑以安慶軍節度使張說吏部侍郎王之奇並簽
書樞密院事侍御史李衡右正言王希呂交章論說
不可爲執政不報禮部侍郎兼直學士院周必大不

草荅詔權給事中莫濟封還錄黃詔並與在外宮觀
丙辰詔罷王希呂與遠小監當尋詔與宮觀丁巳李
衡罷爲起居郎丙寅戶部尚書曾懷賜出身參知政
事三月戊子詔省侍中中書尚書令員以左右丞相
充其位夏四月庚子賜禮部進士黃定以下三百八
十有九人及第出身己酉殿中侍御史蕭之敏劾虞
允文擅權不公允文請罷政許之翼日復留出之敏
提點江東刑獄甲子措置兩淮官田徐子寅等坐授
田歸正人逃亡奪官有差乙丑詔再蠲兩淮二稅一
年五月戊子福建鹽行鈔法丙申立宗室銓試法六

月庚子以武德郎令擅爲金州觀察使封安定郡王壬寅蠲兩淮歸正人撮收課子淮東巡尉有縱逸歸正户口過淮者奪官有差壬子省監司薦舉員秋七月辛巳罷淮西屯田官兵募歸正人耕佃姚憲曾覿至自金金人拒其請癸未以覿爲武泰軍節度使壬辰雨雹九月戊辰定江西四監鐵錢額乙亥詔王炎赴都堂治事戊寅以虞允文爲少保武安軍節度使四川宣撫使封雍國公己丑賜允文家廟祭器壬辰允文入辭帝諭以決策親征令允文治兵候報冬十月丁未遣馮撙等使金賀正旦丙辰金遣夾谷清臣

等來賀會慶節罷借諸路職田十一月辛未遣官鬻江浙福建二廣湖南八路官田辛巳復四川諸州教授員庚寅進檢校少傅知福州史浩開府儀同三司十二月戊戌蠲兩淮明年租賦甲辰詔京西招集歸正人授田如兩淮甲寅命四川試武舉丙辰追封劉先世爲安成郡王丁巳遣韓元吉等賀金主生辰庚申復置鑄錢司提點官二員辛酉金遣曹望之等來賀明年正旦是歲隆興府江筠州臨江興國軍大旱四川水

九年春正月辛未王之奇罷爲淮南安撫使王炎罷爲觀文殿大學士提舉洞霄宮乙亥以張説同知樞密院事户部侍郎沈夏簽書樞密院事戊寅遣官鬻兩浙營田及沒官田次及江東西四川如之以刑部尚書鄭聞簽書樞密院事乙酉福建鹽復官賣法是月以措置兩淮荆襄十六事勅安撫轉運使督諸州守臣月具所行事奏仍審擇臧否以議黜陟閏月戊申以久雨命大理三衙臨安府及兩浙州縣決繫囚減雜犯死罪以下一等釋杖以下乙卯脩廬州城辛酉大風幸天竺寺玉津園二月壬申蠲江西旱傷五州逋負米乙亥青羌奴兒結寇安靜砦黎州推官黎

商老戰死乙酉孫榮國公挺薨追封豫國公丁亥持贈蘇軾爲太師三月甲午禁北界博易銀絹戊申從太上皇太上皇后幸聚景園癸丑復以進奏院隸門下後省丙辰復分淮南安撫司爲東西路夏四月丁丑裁定武鋒軍軍額己丑皇太子解臨安尹事五月壬辰朔日有食之己未以迪功郎朱熹屢詔不起特改宣教郎主管台州崇道觀六月甲戌禁兩淮荆襄四川諸州籍民户馬己丑戒飭監司守令勸農秋七月壬寅青羌奴兒結降辛亥吐蕃彌羌畜列陷安靜砦引兵深入黎州守臣誘邛部川蠻擊却之八月丙

子詔興脩水利癸未合荆鄂二軍爲一以吳挺充都統制九月丙申梁克家等上中興會要太上皇及皇帝玉牒庚子命盱眙軍以受書禮移牒泗州示金生辰使金使不從冬十月甲子遣留正等使金賀正旦右丞相梁克家與同知樞密院張說議使事不合乃求去辛未克家罷爲觀文殿大學士知建寧府壬申喬雲見甲戌以曾懐爲右丞相張說知樞密院事鄭聞參知政事沈夏同知樞密院事庚辰金遣完顔襄等來賀會慶節丁亥襄等入辭别函申議受書之禮仍示虞允文速爲邊備十一月辛卯詔樞密院除授

及財賦事關中書門下省其邊機軍政更不録送戊戌合祀天地于圜丘大赦改明年爲淳熙元年十二月己未朔戒勅沿邊諸軍毋輙遣間探招納叛亡甲子沈夏罷乙丑以御史中丞姚憲簽書樞密院事遣韓彦直等賀金主生辰辛未交阯入貢癸酉罷廣西客鈔鹽復官般官賣法甲戌遣使措置宜州市馬乙亥以嗣濮王士輵永陽郡王居廣並爲少保乙酉金遣完顔璋等來賀明年正旦以議受書禮不合詔俟改日以太上皇有旨姑聽仍舊丁亥璋等入見是歲浙東江東西湖北旱

淳熙元年春正月乙未禁淮西諸關採伐林木戊戌罷坐倉糴米賞庚子罷兩淮將帥權攝官丙午禁兩淮耕牛出境以交阯入貢詔賜國名安南封南平王李天祚爲安南國王二月癸酉虞允文薨辛巳爲郭浩立廟于金州三月戊子朔詔寄禄官及選人並去左右字丙申以鄭聞爲資政殿大學士四川宣撫使戊申幸玉津園癸丑金遣梁肅等來計事夏四月戊辰從太上皇幸聚景園壬申許桂陽軍谿洞子弟入州學聽讀乙亥詔四川宣撫司教閱諸州將兵戊寅遣張子顔等使金報聘己卯以姚憲參知政事户部

尚書葉衡簽書樞密院事五月壬寅班鄭興裔所創撿驗格目六月丙辰朔詔禮官討論别建四祖廟正太祖東嚮位戊午以興州都統制吳挺爲定江軍節度使癸酉改江陵府爲荆南府戊寅曾懐罷癸未姚憲罷甲申落憲端明殿學士罷宮觀以葉衡參知政事秋七月丁亥以鄭聞參知政事罷四川宣撫司以成都府路安撫使薛良朋爲四川安撫制置使戊子詔舉廉吏壬辰以曾懐爲右丞相己酉姚憲南康軍居住八月己未張說罷爲太尉提舉隆興府玉隆觀以徽猷閣學士楊倓爲昭慶軍節度使簽書樞密院

事九月乙酉朔以曾覿開府儀同三司壬寅幸玉津園宴射乙巳罷宜州市馬冬十月辛酉立金銀出界罪賞壬戌遣蔡洸使金賀正旦癸亥以積雨命中外決繫囚丙寅鄭聞薨乙亥金遣完顏讓等來賀會慶節戊寅占城入貢辛巳再蠲臨安府民身丁錢三年壬午以魏王愷判明州蠲郴州桂陽軍借貸常平米十一月甲申朔日有食之戊戌以禮部侍郎龔茂良參知政事楊倓罷以葉衡兼權知樞密院事丙午曾懷罷戊申以葉衡爲右丞相兼樞密使十二月丁巳以吏部尚書李彥穎簽書樞密院事壬戌遣吳琚等

賀金主生辰丙寅罷鐵錢改鑄銅錢庚午詔禮官論復魏悼王龔封壬申葉衡等上真宗玉牒金遣劉仲誨等來賀明年正旦以資政殿學士知江陵府沈夏升大學士爲四川宣撫使仍命升差從主帥塲務還軍中新四川制置使范成大改管內制置使

二年春正月癸巳前宰相梁克家曾懷坐擅改堂除克家落觀文殿學士懷降爲觀文殿學士甲午廢同安蘄春監丁未以兩淮諸莊歸正人安業倧子寅等行賞有差庚戌詔籍諸軍子弟爲背嵬軍三月丙申以太上皇壽七十詔禮官討論慶壽典禮乙巳詔武

舉第一人補秉義郎堂除諸軍計議官夏四月乙卯賜禮部進士詹騤以下四百二十有六人及第出身己巳幸玉津園是月茶寇賴文政起湖北轉入湖南江西官軍數爲所敗命江州都統皇甫倜招之五月辛卯諭宰相以朝政闕失士民皆得獻言庚子命鄂州都統李川調兵捕茶寇乙巳詔知縣三年爲任六月庚戌朔詔自今宰執侍從以下除外任非有功績者不除職名外任人非有勞效亦不除職以沈夏同知樞密院事辛酉罷四川宣撫司以倉部郎中辛棄疾爲江西提刑節制諸軍討捕茶寇丁卯用左司諫

湯邦彥言落蔣芾王炎觀文殿大學士張說落節度使芾建昌軍炎袁州說撫州並居住戊辰振濟湖南江西被寇州縣是月茶寇自湖南犯廣東秋七月辛丑有星孛于西方八月丙辰江西總管賈和仲以捕茶寇失律除名賀州編管甲子賜安南國王印丁卯蠲湖南江西被寇州縣租稅丁丑遣左司諫湯邦彥等使金申議九月乙卯朔湯邦彥請分楊廬州荊南襄陽府金州興元府興州爲七路每路文臣一人充安撫使以治民武臣一人充都總管以治兵三載視其成以議誅賞從之乙酉振恤淮南水旱州縣乙未

葉衡罷丁未沈夏罷贈趙鼎爲太傅還其爵邑追封豐國公閏月丁巳以李彥穎參知政事翰林學士王淮簽書樞密院事甲子詔武臣從軍毋帶内職是月辛棄疾誘賴文政殺之茶寇平冬十月戊寅朔賞平茶寇功湖南江西廣東監帥黜陟有差庚辰大風壬午詣德壽宮加上光堯壽聖憲天體道太上皇帝尊號曰光堯壽聖憲天體道性仁誠德經武緯文太上皇帝壽聖明慈太上皇后尊號曰壽聖齊明廣慈太上皇后乙酉遣謝廓然等使金賀正旦戊戌金遣完顔禧等来賀會慶節十一月戊申朔奉上太上皇太

上皇后冊寶于德壽宮庚戌麗正門内火癸丑大風戊午提點坑冶王揖進羨餘十萬緡詔却之十二月辛巳班淳熙吏部七司法遣張宗元等賀金主生辰甲午朝德壽宮行慶壽禮大赦文武官封父母賞諸軍議放天下苗稅三之一大臣言國用不足迺止丙申更定强盜贓法甲辰金遣完顔追等來賀明年正旦

三年春正月甲寅以常州旱寬其逋負之半刪犯贓蔭補法振淮東饑仍命貸貧民種乙丑振恤歸正人二月壬午蠲兩淮教閱民兵夏稅癸未以伯圭爲安德軍節度使甲申詔四川監司帥守聞命之官毋候告勅賜韓世忠謚曰忠武是月罷諸路鬻沒官田三月丙午朔日有食之靄雲不見辛亥上太上皇日曆于德壽宮己未置六部編勅司癸亥幸報恩寺遂幸聚景園己巳併左藏四庫爲二辛未詔四川制置司歲擇梁洋義士材武者二人遣赴樞密院壬申立任子參選覆試法夏四月戊寅詔侍從臺諫兩省官歲舉監司郡守各五人辛巳靖州猺人寇邊遣兵討捕之丁亥雨雹己丑責受葉衡安德軍節度副使郴州安置丁酉湯邦彥陳雷奉使無狀除名邦彥新州雷

永州編管己亥詔諸路提刑歲五月理囚五月癸丑合利州東西路爲一安南國王李天祚卒戊午遣使弔祭壬申太白晝見六月乙酉減四川酒課四十七萬餘緡甲午以朱熹屢詔不起特命爲秘書郎熹不就秋七月乙丑禁浙西圍田八月乙亥以王淮同知樞密院事禮部尚書趙雄簽書樞密院事詔六察官糾察庶務臺綱並振各進二官庚辰太上皇詔立貴妃謝氏爲皇后壬午以久雨命中外決繫囚戊戌靖州猺寇平九月癸亥詔自今犯公罪至死者其蔭補具所犯奏裁著爲令冬十月甲戌以久雨命中外決

繫囚丙御文德殿册皇后丁丑命臨安守臣嚴禁踰侈庚辰詔自今非歉歲不許鬻爵癸未遣閻蒼舒等使金賀正旦壬辰金遣蒲察通等來賀會慶節十一月癸丑合祀天地于圜丘大赦庚午遣張子正等賀金主生辰十二月己丑黎州蠻寇邊官軍失利蠻亦遁去甲午詔職事官補外者復除職如故事追封吳玠為涪王丁酉定鑄錢司歲鑄額爲十五萬緡戊戌金遣劉珫等來賀明年正旦是歲京西湖北諸州興元府金洋州旱紹興府台婺州水並振之

四年春正月戊申詔自今內外諸軍歲一閱試庚申

詔沿江諸軍歲再習水戰丙寅雨雹丁卯班淳熙曆二月乙亥幸太學祗謁先聖退御敦化堂命國子祭酒林光朝講中庸下詔遂幸武學謁武成王廟監學官進秩一等諸生推恩賜帛有差己卯詔諸軍毋以未補官人任軍職戊子立邊人逃入溪洞及告捕法癸巳立武臣授環衛官法戊戌以新知荊南府胡元質為四川安撫制置使兼知成都府三月乙巳以史浩為少保觀文殿大學士醴泉觀使兼侍讀進封永國公己酉龔茂良等上仁宗玉牒徽宗實錄皇帝玉牒庚戌幸玉津園宴射壬子貸隨郢二州饑民米詔

李龍翰襲封安南國王甲寅脩韶州城丙寅幸聚景園夏四月甲戌以魏王愷爲荊南集慶軍節度使行江陵尹判明州如故乙亥參知政事龔茂良以曾覿從騎不避道杖之戊寅上奏乞罷政不許甲午給歸正官子孫田屋五月庚子朔幸佑聖觀罷四川和糴六月丁丑龔茂良罷己卯以王淮參知政事辛巳班幸學詔癸未升蜀州爲崇慶府甲申詔自今宰執朝殿得旨事須覆奏乃行秋七月辛丑禁江上諸軍盜易戰馬振襄陽饑民壬寅立待補太學試法戊申班御史臺彈奏格乙酉罷臨川伯王雱從祀癸丑龔茂

良責授寧遠軍節度副使英州安置甲寅申嚴四川入蕃茶禁甲子班淳熙重脩勅令格式八月辛巳禁耕牛過淮九月丁酉朔日有食之己亥命脩築海潮所壞塘岸辛丑免宰執以下會慶節進奉庚戌命禮官定開寶政和祀禮戊午閱蹴踘于選德殿冬十月丙子以久陰命中外決繫囚遣錢良臣等使金賀正旦丁丑詔監司守臣歲舉武臣堪知縣者各二人己卯詔將士智勇傑出者躐等升差丁亥金遣完顏忠等來賀會慶節十一月丁酉詔兩淮歸正人爲強勇軍庚子以趙雄同知樞密院事壬戌太白晝見癸亥

遣趙思等賀金主生辰十二月丁卯試四川所上義士二人官而遣之己巳詔行薦舉事實格法乙亥大閱辛巳蠲太平州民貸常平錢米壬辰金遣完顏炳等來賀明年正旦是歲福州建寧府南劒州水並振之

本紀卷第三十四

本紀卷第三十五　宋史三十五

開府儀同三司上柱國錄軍國重事前中書右丞相監修國史領經筵事都總裁臣脫脫等奉

敕修

孝宗三

五年春正月辛丑侍御史謝廓然乞戒有司毋以程頤王安石之說取士從之癸卯罷特旨免臣僚及寺觀科徭庚戌大風己未詔侍從臺諫兩省官集議考課法二月己巳置州縣丁稅司辛未申嚴武臣呈試法詔二廣毋以攝官人治獄丁丑禁解鹽入京西界甲申雨土庚寅威州蠻寇邊討降之三月丁未李彥

頴罷給辰沅澧靖四州刀弩手田壬子以史浩爲右丞相丁巳幸玉津園己未以王淮知樞密院事趙雄參知政事是春黎州蠻出降夏四月乙丑朔詔葉衡任便居住丙寅以禮部尚書范成大參知政事辛未知紹興府張津進羨餘四十萬緡詔以代民輸和買身丁之半賜禮部進士姚頴以下四百十有七人及第出身丁丑雨土己卯以趙思奉使不如禮罷起居舍人仍降二官丁亥命後省擇中外所言利病不戾成法者以聞五月庚子置武學國子員丁未倚臨安府城禁諸路州軍責屬縣進羨餘六月庚午飭百官

及諸監司毋得請托乙亥范成大罷癸未詔京西湖北商人以牛馬負茶出境者罪死甲申詔翰林學士諫議大夫給事中中書舍人侍御史各舉堪御史者二人以給事中錢良臣簽書樞密院事己丑罷諸州私置稅場減四川茶課十五萬餘緡庚寅蠲大理寺贓錢三萬九千餘緡閏月丙申贈強霓強震官立廟西和州賜名旌忠丁酉限四川總領會子額戊戌罷興州都統司營田官兵募民耕佃己亥復分利州東西路爲二壬寅置鎮江建康府轉般倉龔茂良卒于英州乙巳以魏王愷爲永興成德軍節度使雍州牧

判明州如故庚戌蠲秀州民折帛錢秋七月甲子太尉提舉萬壽觀李顯忠薨癸未禁砂毛錢丁亥以歲豐命沿江糴米百六十萬石以廣邊儲八月甲午詔諸路監司戒所部民稅毋以重價強折輸錢復制科舊法丁酉詔關外四州增募民兵爲忠勇軍戊午增銓試爲五場呈試爲四場九月甲子定廣西賣鹽賞罰壬申幸秘書省戊寅賜岳飛謚曰武穆冬十月戊戌史浩等上三祖下第六世仙源類譜仁宗玉牒庚子遣宇文价等使金賀正旦辛亥金遣張九思等來賀會慶節乙卯奉國軍節度使殿前都指揮使王友

直以募兵擾民降爲武寧軍承宣使罷軍職統制以下奪官有差軍民讙呶者執送大理寺鞫之戊午以孫右千牛衛大將軍擴爲明州觀察使封英國公十一月丙寅詔軍民喧鬨者並從軍法史浩言民不宜律以軍法不聽王友直再降爲宜州觀察使信州居住浩請罷政甲戌浩罷爲少傅還舊節充醴泉觀使兼侍讀乙亥以錢良臣參知政事丁丑以趙雄爲右丞相王淮爲樞密使戊寅以兩川禁卒千人爲成都府雄邊軍庚辰復監司互察法十二月庚寅朔班新定薦舉式辛卯遣錢沖之等賀金主生辰丁酉罷興

元都統司營田官兵募民耕佃辛丑復同安蘄春監丙午禁兩淮銅錢復行鐵錢丙辰金遣烏延察等來賀明年正旦是歲階福建興化軍水通泰楚州高郵軍田鼠傷禾三佛齊國入貢

六年春正月戊辰振淮東饑民庚午復置內侍省合同憑由司壬申蠲夔州路上供金銀丁丑雨雹辛巳復置光州中渡榷場二月己丑朔幸佑聖觀召史浩曾覿賜酒壬辰錢良臣以失舉贓吏奪三官丙申詔前宰執侍從有已見利便聽不時以聞辛丑立武臣關升蔭補法丙午詔逃軍犯強盜者毋擬貸癸丑命

州縣毋挠義役乙卯詔自今歸正官親赴部授官以
華冒濫丁巳裁特奏名試法三月庚申幸聚景園丙
寅録趙鼎岳飛子孫賜以京秩己巳郴州賊陳峒等
破連道州桂陽軍諸縣命湖南帥臣討捕之置廣西
義倉辛未再振淮東饑民壬申兩雹丁丑詔戒勵諸
道轉運使庚辰幸玉津園夏五月壬戌裁宗室換官
法庚午蠲四川鹽課十萬緡乙亥郴寇平癸未給襄
陽歸正忠義人田六月甲午建豐儲倉丙申詔特奏
名毋授知縣縣令戊戌蠲郴州運粮丁夫今年役錢
之半辛亥廣西妖賊李接破鬱林州守臣李端卿棄

城遁遂圍化州命經略司討捕之端卿除名勒停梅
州編管秋七月癸亥籍郴州降寇隷荆鄂軍戊辰班
隆興以来寛恤詔令于諸路趙雄等上會要乙亥詔
諸軍五口以上增給緡錢癸未太白晝見經天八月
庚寅罷諸路監司帥守便宜行事壬寅以知楚州翟
畋過淮生事奪五官筠州居住九月辛未合祭天地
于明堂大赦癸未詔福建二廣賣鹽毋擅增舊額冬
十月乙酉朔蠲連州被寇民租稅辛卯遣陳峴等使
金賀正旦丙申詔太學兩優釋褐與殿試第二人恩
例庚子四川行當三大錢再蠲四川鹽課十七萬餘

緡辛丑除紹興府民逋賦五萬餘緡乙巳金遣蒲察
鼎壽等来賀會慶節戊申廣西妖賊平十一月乙卯
朔帝著論數百言深原用人之弊因及誅賞之法命
宰執示從臣于都堂辛酉裁宗子試法戊寅罷金州
管内安撫司壬午詔宗室有出身人得考試及注教
授官癸未遣傳淇等賀金主生辰十二月丙戌班重
脩淳熈勑令格式丙申修百司省記法己亥詔自今
鞫贓吏後雖原貸者毋以失入坐獄官庚戌金遣耶
律慥等来賀明年正旦辛亥蠲臨安府征稅一年是
歲温台州水和州旱

七年春正月甲子減廣西諸州歲賣鹽數乙丑劉焞
以平李接功擢集英殿脩撰将佐幕屬吏士進官減
磨勘年有差己卯詔京西州軍並用鐵錢及會子民
戶銅錢以鐵錢或會子償之滿二月不輸官許告賞
庚辰蠲淮東民貸常平錢米二月癸未朔初置廣南
煙瘴諸州醫官丙戌復置皇太子宮小學教授辛卯
魏王愷薨乙未詔撥廣西兵校五百人隷提刑司戊
戌罷瓜洲孳生馬監己亥出湖南椿積米十萬石振
糶永邵郴三州甲辰命利州路守貳縣令兼領營田
乙巳限改官員歲毋過八十人封子棟爲宜州觀察

使安定郡王三月壬戌詔舉賢良方正能直言極諫者庚午迎太上皇太上皇后宴翠寒堂乙亥減内外官薦舉員丁丑再蠲臨安府民身丁錢三年詔諸州招補軍籍之闕自今歲以爲常夏四月甲申幸聚景園丙戌趙雄等上仁宗哲宗玉牒戊子除明州積欠諸司錢十五萬緡辛卯再免沿邊歸正人請占官田賦役三年甲辰黎州五部落犯盤陀砦兵馬都監高晃以綿潼大軍三千人與戰敗走蠻人深入大掠而去己酉命蔭補武舉宗室小使臣行三年喪五月戊辰以吏部尚書周必大參知政事刑部尚書謝廓然

簽書樞密院事袁州分宜縣大水指其稅戊寅詔舒蘄二州鑄錢歲以四十五萬貫爲額己卯申飭書坊擅刻書籍之禁庚辰詔特奏名年六十人毋注縣尉六月丙戌以特進觀文殿大學士判建康府陳俊卿爲少保壬辰五部落再犯黎州制置司鈐轄成光延戰敗官軍死者甚衆提點刑獄權州事折知常棄城遁甲午制置司益兵遣都大提舉茶馬吳總往平之壬寅詔試刑法官增試經義秋七月癸丑詔二廣帥臣監司察所部守臣臧否以聞丁卯以旱決繫囚分命群臣禱雨于山川壬申移廣西提刑司于鬱林州

八月癸未禁黎州官吏市蕃商物甲申以禱雨未應諭輔臣欲令職事官以上各實封言事是夕雨丁酉置湖南飛虎軍戊戌雨甲辰五部落犯黎州塞興州左軍統領王去惡拒却之折知常重賂蠻使之納款九月癸亥詔自今常朝毋稱丞相名甲子命樞密使亦如之乙丑詔宰執使相給使減年恩數身後三年者毋收使丙寅詔知縣成資始聽監司薦舉壬申禁諸路遏糴癸酉名省記法爲淳熙重修百司法冬十月丙戌詔限田太寬民役煩重其令臺諫給舍同户部長貳詳議以聞戊子遣葉宏等使金賀正旦乙未

黎州五部落進馬乞降詔却獻馬許其互市庚子金遣李佾等來賀會慶節十一月癸丑詔邊吏存恤江西過淮饑民丁巳禁淮南諸司州郡抑配民酒辛酉蠲兩淮州軍二稅一年癸亥黎州戍軍伍進等作亂折知常遁去王去惡誘進等誅之壬申南康軍旱詔出檢放所餘苗米萬石充軍粮癸酉遣蓋經等賀金主生辰十二月庚寅趙雄等上神宗哲宗徽宗欽宗四朝國史志壬辰以四川制置使胡元質不備蕃部致其猖獗奪兩官罷之丙申嗣濮王士輵薨戊戌以新除成都府路提點刑獄祿東之權四川制置司應

黎州邊事隨宜措置癸卯詔臨安府承宣旨審奏如故事甲辰金遣徒單守素等來賀明年正旦是月詔以太上皇明年七十有五議行慶壽禮太上皇不允帝進黃金二千兩爲壽是歲江浙淮西湖北旱蠲租發廩貸給趣州縣決獄募富民振濟補官故歲雖凶民無流殍安南入貢

八年春正月甲寅停折知常官汀州居住丙辰詔内侍見帶兵官並與在京宮觀著爲令乙亥詔福建歲撥鹽于郡武軍市軍糧二月壬午詔去歲旱傷郡縣以義倉米日給貧民至閏三月半止黎州土丁張百

祥等不堪科役爲亂統領官劉大年引兵逆擊之土丁潰去大年坐誅戊子禁浙西民因旱置園田者裁童子試法己丑禁廣西諸州科賣亭戶食鹽庚寅詔三省樞密六部置籍稽考興利除害等事戊戌以保康軍節度使士歆爲嗣濮王三月丁未朔幸佑聖觀戊午以潮州賊沈師爲亂趣帥憲捕之辛未幸聚景園閏月辛巳命諸路帥臣監司分州郡臧否爲三等歲終來上戊子賜禮部進士黃由以下三百七十有九人及第出身庚寅修揚州城甲午幸玉津園壬寅減在京及諸路房廊錢什之三德壽宮所減月以南

庫錢貼進禁潭道等州官賣鹽甲辰立宗室命繼法夏四月癸丑修湖南諸州城丙辰以臨安疫分命醫官診視軍民庚申復以強盜配隸諸軍重役丁卯安定郡王子棟薨癸酉立郴州宜章桂陽軍臨武縣學以教養峒民子弟五月戊寅詔監司守令勸課農桑以奉行勤怠爲賞罰壬午詔諸路轉運司趣民間補葺經界簿籍辛卯以久雨減京畿及兩浙囚罪一等釋杖以下貸貧民稻種錢壬寅以史浩爲少師六月己酉詔放殿前司平江府牧馬草蕩二萬畝聽民漁採戊午除淳熙七年諸路旱傷撿放米一百三十七

萬石錢二十六萬緡辛酉罷諸路坊場監官聽民承買戊辰史浩薦薛叔似楊簡陸九淵陳謙葉適袁燮趙善譽等十六人詔並赴都堂審察七月癸未復以許浦水軍隸殿前司永陽郡王居廣薨追封永王辛卯賞監司守臣脩舉荒政者十六人以不雨決繫囚壬辰紹興大水出秀婺州平江府米振糶丁酉嚴州水詔被災之家蠲其和買三等以上戶減半辛丑録范質後八月丙午以旱罷招軍庚戌趙雄罷壬子詔紹興府諸縣夏稅和市折帛身丁錢絹之類不以名色截日並令住催癸丑以王淮爲右丞相兼樞密使

甲寅以謝廓然同知樞密院事丙辰更後殿幄次為
延和殿己未以觀文殿大學士新四川制置使趙雄
知瀘州戊辰言者請自今歉歲蠲減經費有虧令戶
部據實以聞毋得督趣已蠲閣之數從之罷諸路補
葺經界簿籍九月庚辰命諸路提舉司貸民麥種辛
巳錢良臣罷庚寅以謝廓然兼權參知政事冬十月
己酉遣施師點等使金賀正旦辛酉録黎州戰歿將
士四百三人甲子金遣完顔寔等來賀會慶節詔災
傷州縣諭民振糶十一月甲戌以旱傷罷喜雪宴戊
寅蠲富陽新城錢塘夏稅庚寅前池州守趙粹中誤
斬遞卒汪青落職仍詔給青家衣糧十五年辛卯詔
兩省侍從臺諫各舉所知浚行在至鎮江府運河丁
酉遣燕世良賀金主生辰己亥振臨安府及嚴州饑
民庚子再詔臨安府為粥食饑民辛丑以淳熙元年
減半推賞法募民振糶十二月癸卯朔以徽饒二州
民流者衆罷守臣官出南庫錢三十萬緡付新浙東
提舉常平朱熹振糶丁未禁諸州營造戊申謚劉安
世曰忠定辛亥蠲諸路旱傷州軍明年身丁錢物甲
寅雨雹以度僧牒募閩廣民入米丙辰詔縣令有能
舉荒政者監司郡守以名聞甲子下朱熹社倉法于

諸路戊辰金遣魏貞吉等來賀明年正旦以爭執進
書儀帝還內遣王抃往諭旨己巳貞吉奉書入見是
月廣東安撫鞏湘誘潮賊沈師出降誅之是歲江浙
兩淮京西湖北潼川夔州等路水旱相繼發廩蠲租
遣使按視民有流入江北者命所在振業之
九年春正月甲戌詔四孟朝獻今用三日如在京故
事丁丑命兩淮戍兵歲一更癸未罷樞密都承旨王
抃為在外宮觀因罷諸軍承受復密院文書關録兩
省舊法以文臣為都承旨戊子糴廣南米赴行在庚
寅詔江浙兩淮旱傷州縣貸民稻種計度不足者貸
以樁積錢二月庚戌遣使訪問二廣鹽法利害戊辰
四川制置司言獲敘州賊大波浪三月辛未朔幸佑
聖觀詔振濟忠萬恭涪四州癸未振濟鎮江壬辰遣
使按視淮南江浙振濟甲午罷諸路寄招軍兵三年
就揀軍子弟補其闕夏四月甲辰詔自今盜發所在
親臨帥守監司論罰平定有勞者議賞乙卯詔諸路
提刑文武臣通置一員癸亥帝覽陸贄奏議諭講讀
官曰今日之政恐有如德宗之弊者卿等條陳來上
無有所隱五月癸酉以孫祐為右千牛衛大將軍丙
子詔輔臣擇監司郡守必先才行六月壬寅詔侍從

臺諫各舉操脩端亮風力彊明可充監司者一二人甲寅蠲鴇賞庫酒課二十二萬餘緡汀漳二州民為沈師蹂踐者除其賦丁巳給臨安府貧民棺瘞錢戊午謝廓然罷庚申太白晝見臨安府蝗詔守臣亟加焚瘞甲子太白晝見經天秋七月甲戌以江西常平義倉及椿管米四十萬石付諸司預備振糶辛巳出南庫錢三十萬緡付浙東提舉朱熹以備振糶壬辰以資政殿學士李彥穎參知政事詔發所儲和糴米百四十萬石補淳熙八年振濟之數于沿江屯駐諸州椿管八月己亥朔詔紹興民戶去歲已納夏稅應

宋史三十五　四分令九个　宋史本紀卷第三十五　十二　周治寫　王英刊

減者三十萬緡理為今年之數庚子減皇后內命婦蔭補數立文武臣遇郊奏薦員限致仕遺表恩澤視舊法損三之一淮東浙西蝗壬子定諸州官捕蝗之罰乙卯復賞脩舉荒政監司守臣九月己巳朔罷諸路科買軍器物料三年庚午以王淮為左丞相梁克家為右丞相丙子以子彤為容州觀察使封安定郡王辛巳大享明堂大赦乙酉以錢引十萬緡賜瀘州備振糶辛卯封伯圭為榮陽郡王以旱減恭合渠昌州今年酒課癸巳太白晝見乙未禁蕃舶販易金銀著為令十月戊戌朔遣王藺等使金賀正旦丙午罷

軍器所招軍辛亥塞四川沿邊支徑戊午金遣完顏宗回等來賀會慶節甲子蠲諸路旱傷州軍淳熙七年八年逋賦出縣官緡錢以償戶部十一月戊辰朔禁臣庶之家婦飾僭擬庚午振夔路飢乙酉進奏院火丙戌遣賈選等賀金主生辰戊子大風十二月己亥更二廣官賣鹽法復行客鈔仍出緡錢四十萬以備漕計之闕癸亥金遣李术魯正等來賀明年正旦十年春正月丁丑以給事中施師點簽書樞密院事命州縣掘蝗甲申李彥穎罷乙酉命二廣提舉鹽事官互措置鹽事丙戌以施師點兼權參知政事丁亥

宋史三十五　四百一十个　宋史本紀卷第三十五　十三　周治寫　王英刊

詔終身任宮觀人毋得奏子己丑詔罷廣南官鬻鹽法壬辰罷江東浙西寄招鎮江諸軍三年二月癸卯提舉德壽宮陳源有罪竄建寧府尋移郴州仍籍其家貲進納德壽宮三月戊辰李燾上續資治通鑑長編六百八十七卷辛未有司請造第七界會子辛巳免四川和糴三年癸未幸玉津園戊子詔四川類試自今十六人取一人己丑除詐稱災傷籍產法癸巳復銓試舊法罷試雜文夏四月丙申再蠲臨安府民丁身錢三年己亥命湖南廣西堙塞溪洞徑路五月丙寅增皇太子宮小學教授一員甲戌以潭州飛虎

軍隷江陵都統司戊寅幸聚景園辛卯詔蹠襄陽木渠以渠傍地為屯田尋詔民間侵耕者就給之廢舒州宿松監六月戊戌監察御史陳賈請禁偽學乙巳罷昭州歲貢金己未詔諸路監司帥臣歲舉廉吏庚申嚴賍吏禁秋七月乙丑以不雨決繫囚丙寅幸明慶寺禱雨甲戌以夏秋旱暵避殿減膳令侍從臺諫兩省卿監郎官館職各陳朝政闕失分命群臣禱雨于天地宗廟社稷山川左丞相王淮等以旱乞罷不許丁丑詔除災傷州縣淳熙八年欠稅甲申雨己丑御殿復膳八月戊申以施師點參知政事兼同知樞

密院事御史中丞黃洽參知政事庚戌以史浩為太保魏國公致仕庚申以左藏南庫隷戶部九月乙丑長溪寧德縣大水丙寅嚴盜販解鹽法丁丑幸佑聖觀壬午蠲諸州逋負內藏庫錢六十萬緡乙酉遣余端禮等使金賀正旦丁亥禁內郡行鐵錢冬十月乙未詔兩浙義役從民便壬子金遣完顏方等來賀會慶節十一月壬戌朔日有食之乙丑降會子收兩淮銅錢甲戌幸龍山大閱遂幸玉津園閏月壬寅詔郤安南獻象丁巳遣陳居仁等賀金主生辰十二月丙子朝德壽宮行太上皇后慶壽禮推恩如太上皇故

事丁亥金遣完顏婆盧火等來賀明年正旦是歲福漳台信吉州水京西金澧州南平荊門興國廣德軍江陵建康鎮江紹興寧國府旱

十一年春正月辛卯朔雨土辛丑安化蠻蒙光漸等犯宜州思立砦廣西兵馬鈐轄沙世堅出兵討之獲光漸丙午詔江東西路諸監司義役差役從民便甲寅雨土二月甲申詔兩淮京西湖北蕃弩手令在家閱習每州許歲上材武者一二人試授以官如四川義士之制三月辛卯詔刑部御史臺每季以仲月錄囚徒癸巳命利路三都統吳挺郭鈞彭杲密陳出師

進取利害以備金人復金州管內安撫司甲午以上津洵陽旱蠲其稅辛丑罷秀州御馬院莊歸其侵地于民丁未禁淮民招溫處州戶口除職田官田八年逋租庚戌詔御試策有及軍民利害者考官裒類以聞辛亥史浩入謝賜宴于內殿夏四月甲子以興元義勝軍移戍襄陽戊辰賜禮部進士衛涇以下三百九十四人及第出身癸未重班紹興申明刑統五月戊子朔蠲崇德等十六縣小民淳熙十年欠稅十四萬緡癸卯命刑部大理寺議減刺配法甲寅出緡錢三十萬犒給四川久戍將士乙卯太白晝見六月戊

午朔詔諸道總領舉偏裨可將帥者庚申以周必大
為樞密使壬戌詔在内尚書侍郎兩省諫議大夫以
上御史中丞學士待制在外守臣監司不限科舉年
分各舉賢良方正能直言極諫一人己卯詔諸州歲
買稻種備農民之闕秋七月癸卯蠲減浙東敗闕坊
場酒課癸丑以浙西江東水禁諸州遏糴甲寅禁黎
州要衝城八月庚申遣章森使金賀正旦九月丁亥
詔諸路添差官自今毋創置乙巳詔殿前軍子弟許
權收刺一次甲寅再減四川酒課六十八萬餘緡冬
十月甲子初命舉改官人犯贓者舉主降二官乙丑

遣王信等賀金主生辰庚午禁諸州增收稅錢丙子
金遣張大節等來賀會慶節盱眙軍言得金人牒以
上京地寒來歲正旦生辰人使權止一年壬午詔諸
以忠義立廟者兩淮漕臣繕治之十一月壬寅禁福
建民私有兵器癸卯助廣西諸州歲計十萬緡甲寅
令峽州歲時存問處士郭雍十二月丁巳修湖南府
城己卯詔戒監司州縣毋得於常賦外追取於民是
歲江東浙西諸州水福建廣東吉贛州建昌軍興元
府金洋西和州旱

十二年春正月己丑禁交阯鹽入省地壬辰四川制
置使留正遣人誘青羌奴兒結殺之戊戌日中有黑
子戊申賜任伯雨謚曰忠敏庚戌日中復有黑子二
月辛酉雨雹乙亥罷諸軍額外制領將佐庚辰置黎
州防邊義勇三月乙酉進孫擴為安慶軍節度使封
平陽郡王辛卯禁習渤海樂辛亥命侍從臺諫兩省
總領管軍官各舉堪都副統制者一二人癸丑除稅
場高等累賞法夏四月甲子幸聚景園戊辰班淳熙
寬恤詔令丙子諜言故遼大石林牙假道夏人以伐
金密詔吳挺與留正議之己卯幸玉津園五月庚寅
地震辛卯福州地震詔帥臣趙汝愚察守令擇兵官

防盜賊六月乙卯立淮東彊勇軍效用効士法壬戌
除諸軍逋欠營運錢丁丑詔浙東帥臣監司不以時
上諸州贓否奪一官戊寅太白晝見秋七月丁酉太
白晝見經天壬寅詔二廣試攝官如銓試例取其半
甲辰以淮西屯田鹵莽總領軍帥漕臣守臣奪官有
差八月癸亥詔太上皇壽八十令有司議慶壽禮乙
丑詔戶部給舍臺諫詳議官民戶役法以聞九月甲
申復二廣監司以下到罷酬賞法丙戌詔恤湖州台
州被水之家庚寅遣王信等使金賀正旦丁丑詔諸
路總領軍帥漕臣守臣歲上屯田所收之數冬十月

辛亥加上太上皇尊號曰光堯壽聖憲天體道性仁
誠德經武緯文紹業興統明謨盛烈太上皇帝太上
皇后曰聖壽齊明廣慈偏德太上皇后甲寅蠲施黔
州經制無額錢命侍從各舉宗室一二人癸亥詔諸
路臧否以三月終四川二廣以五月終來上十一月
丁亥鄂州大火戊子雷壬辰遣章森等賀金主生辰
辛丑合祀天地于圜丘大赦十二月庚戌朔帥群臣
奉上太上皇太上皇后冊寶于德壽宮推恩如紹興
三十二年故事甲子以知福州趙汝愚為四川制置
使丙子金遣僕散守忠等來賀明年正旦

十三年春正月庚辰朔率群臣詣德壽宮行慶壽禮
大赦文武臣僚並理三年磨勘免貧民丁身錢之半
為一百一十餘萬緡內外諸軍犒賜共一百六十萬
緡癸巳以史浩為太傅陳俊卿為少師嗣濮王士歆
為少保庚子以昭慶軍節度使士岘為開府儀同三
司二月甲寅詔強盜兩次以上雖為從論死庚申詔
舉歸正添差任滿人才藝堪從軍者三月丁酉詔職
事官改官許在歲額八十員之外合提舉廣南東西
鹽事司為一甲辰幸玉津園夏四月辛亥詔吳挺結
約夏人戊辰再蠲四川和糴軍糧三年辛未幸聚景

園五月癸未日中有黑子甲申詔非泛補官及七色
補官人非曾任在朝侍從者品秩雖高毋得免役丙
申賜沖晦處士郭雍號曰頤正先生仍遣官就問雍
所欲言備錄來上秋七月壬辰詔內外諸軍主帥各
舉堪統制者二三人壬寅謚胡銓曰忠簡閏月丙午
朔雨雹戊申以敷文閣學士留正簽書樞密院事己
酉施師點乞免兼同知樞密院事許之己未五星皆
伏八月乙亥朔日月五星聚于軫丙子以故相曾懷
蠲奏補恩追落觀文殿大學士壬午新築江陵城成
九月乙巳詔偽造會子凡經行用並處死是月遣李

巘等使金賀正旦冬十月甲戌朔福州火甲午金遣
完顏老等來賀會慶節十一月戊午詔四川制置司
通知馬政量收木湶民包占荒田租庚申遣張叔椿
等賀金主生辰甲子王淮等上仁宗英宗玉牒神宗
哲宗徽宗欽宗四朝國史列傳皇帝會要丙寅梁克
家罷為觀文殿大學士醴泉觀使兼侍讀辛未裁定
百司吏額十二月丙子思州田氏獻納所買黔州民
省地詔償其直辛巳減汀州鹽價歲萬緡甲午陳俊
卿薨乙未振臨安府城內外貧乏老疾之民戊戌大
理寺獄空己亥金遣耶律子元等來賀明年正旦辛

丑再賜軍士雪寒錢是歲利州路饑江西諸州旱
十四年春正月癸亥出四川椿積米貸濟金洋州及
關外四州饑民二月丁亥以周必大爲右丞相戊子
以施師點知樞密院事三月甲子幸玉津園夏四月
己卯置籍考諸路上供殿最以爲賞罰戊子賜禮部
進士王容以下四百三十五人及第出身五月乙巳
成都火己酉遣官措置汀州經界六月戊寅以久旱
班畫龍祈雨法甲申幸太一宮明慶寺禱雨丁亥梁
克家薨庚寅臨安府火辛卯太白晝見癸巳王淮等
以旱求罷不許詔衢州葺炎帝陵廟己亥減兩浙路

囚罪一等釋杖以下秋七月辛丑罷戶部上供殿最
丙午詔群臣陳時政闕失及當今急務丁未以旱罷
汀州經界己酉詔監司條上州縣弊事民間疾苦辛
亥避殿減膳徹樂癸丑命檢正都司看詳群臣封事
有可行者以聞詔省部漕臣催理已蠲逋欠者令臺
諫覺察權減秀州經總制糴本錢半年丙辰命臨安
府捕蝗募民輸米振濟除紹興新科下戶今年和市
布帛二萬八千匹辛酉江西湖南饑給度僧牒鬻以
糴米備振糶戊辰雨命給舍看詳監司所條弊事八
月辛未賜度牒一百道米四萬五千石備振紹興府

饑甲戌御殿復膳癸未以留正參知政事兼同知樞
密院事丙戌復夔路酬賞法九月癸卯太上皇不豫
乙巳詣德壽宮問疾丙午遣葛鍾等使金賀正旦己
未詣德壽宮問疾乙丑罷增收水潦民田租丙寅除
官軍私負冬十月辛未以太上皇不豫赦壬申詣德
壽宮問疾癸酉分遣群臣禱于天地宗廟社稷甲戌
以太上皇未御常膳自來日不視朝宰執奏事內殿
乙亥詣德壽宮侍疾太上皇崩于德壽殿遺誥太上
皇后改稱皇太后奉皇太后旨以奉國軍承宣使甘
昪主管太上皇喪事丙子以韋璞等爲金告哀使戊

寅以榮陽郡王伯圭爲欑宮總護使翰林學士洪邁
言大行皇帝廟號當稱祖詔有司集議以聞己卯詔
尊皇太后辛巳詔曰大行太上皇帝奄棄至養朕當
衰服三年群臣自遵易月之令可令有司討論儀制
以聞甲申用禮官顏師魯等言大行太上皇帝上繼
徽宗正統廟號稱宗乙酉百官五上表請帝還內聽
政丙戌詔俟過小祥勉從所請戊子帝衰絰御素輦
還內以顏師魯等充金國遺留國信使己丑金遣田
彥皐等來賀會慶節詔免入見却其書幣甲午詣德
壽宮自是七日皆如之十一月戊戌朔詣德壽宮自

是朔望皆如之己亥大行太上皇帝大祥自是帝以
白布巾袍御延和殿詣德壽宮衰絰而杖如初詔皇
太子惇參決庶務庚子皇太子三辭參決庶務不許
辛丑詣德壽宮禫祭百官釋服甲辰群臣三上表請
御殿聽政詔俟過祔廟戊申遣胡晉臣等賀金主生
辰辛亥冬至詣德壽宮甲寅西南方有赤氣隨日入
乙卯雷戊午詔皇太子參決庶務于議事堂在內寺
監在外守臣以下與宰執同除授訖乃奏己未詔五
日一朝德壽宮十二月庚午大理寺獄空壬午東北
方有赤氣隨日出癸巳金遣完顏崇安等來賀明年

正旦見于垂拱殿之東楹素幄詔禮物毋入殿付之
有司是歲兩浙江西淮西福建旱振之
十五年春正月丁酉朔詣德壽宮几筵行禮戊戌皇
太子初決庶務于議事堂辛丑復置左右補闕拾遺
乙巳詔免諸州軍會慶節進奉二年詔自今御內殿
令皇太子侍立庚申施師點罷甲子以黃洽知樞密
院事吏部尚書蕭燧參知政事二月丁亥金遣蒲察
克忠等來吊祭行禮于德壽殿次見帝于東楹之素
幄癸巳遣京鏜等使金報謝三月庚子王淮等上大
行太上皇謚曰聖神武文憲孝皇帝廟號高宗乙巳

上高宗謚冊寶于德壽殿又上懿節皇后改謚憲節
冊寶于別廟本室丁未右丞相周必大攝太傅持節
導梓宮癸丑用洪邁議以呂頤浩趙鼎韓世忠張俊配饗
高宗廟庭吏部侍郎章森乞用張浚岳飛秘書少監
楊萬里乞用浚皆不報丙寅權攢高宗于永思陵夏
四月壬申帝親行奉迎虞主之禮自是七虞八虞九
虞卒哭奉辭皆如之乙亥詔洪邁楊萬里並予郡甲
申用禮官尤袤請詔群臣再集議配享臣僚丙戌祔
高宗神主于太廟詔曰朕比下令欲衰絰三年群臣
屢請御殿易服故以布素視事內殿雖詔俟過祔廟

勉從所請然稽諸典禮心實未安行之終制乃為近
古宜體至意勿復有請己丑詔減臨安紹興府囚罪
一等釋杖以下民緣攢宮役者蠲其賦庚寅用御史
冷世光言罷再議配享皇太后有吉車駕一月四詣
德壽宮如舊禮五月己亥王淮罷乙巳帝既用薛叔
似言罷王淮詔諭叔似等曰卿等官以拾遺補闕為
名不任糾劾今所奏乃類彈擊甚非設官命名之意
宜思自警丁巳詔脩高宗實錄己未祈門縣大水壬
戌始御後殿詔歲出錢五萬六千餘緡減廣東十二
州折納米價錢六月丁卯雨雹戊辰罷敕令所己巳

以伯圭為少傅帶御器械夏執中為奉國軍節度使癸酉以新江西提點刑獄朱熹為兵部郎官熹以疾未就職侍郎林栗劾熹慢命熹乞奉祠太常博士葉適論栗襲王淮鄭丙陳賈之說為道學之目妄廢正人詔熹仍赴江西熹力辭不赴庚寅熒惑犯太微秋七月戊戌上高宗廟樂曰大勳舞曰大德己未出兵部侍郎林栗壬戌恩平郡王璩薨追封信王八月甲子朔日有食之九月庚子夜南方有赤黃氣覆大内辛丑大饗明堂以太祖太宗配大赦癸卯更試補醫官法己酉遣鄭僑等使金賀正旦甲寅上皇太后宮

名慈福冬十月癸未金遣王克溫等來賀會慶節見于垂拱殿東楹甲申會慶節詔北使百官詣東上閤門拜表起居免入賀己丑罷諸州科買軍器物料三年十一月庚子建煥章閣藏高宗御集遣何澹賀金主生辰甲辰詔百官輪對毋過三奏十二月丙寅追復龔茂良資政殿學士壬午命朱熹主管西太一宮兼崇政殿說書辭不至戊子金遣田彥皐等來賀明年正旦是歲江西湖北兩淮建寧府徽州水

十六年春正月癸巳金主雍殂孫璟立甲午封孫柄為嘉國公丙申黃洽罷己亥以周必大為左丞相留正為右丞相蕭燧兼權知樞密院事禮部尚書王藺參知政事刑部尚書葛邲同知樞密院事乙巳蕭燧罷丙午皇太后移御慈福宮戊申以昭慶軍承宣使郭師禹為保大軍節度使辛亥罷淮西屯田是日帝始諭二府以旬日當内禪命周必大留身呈詔草丙辰罷拘催錢物所復二廣官般官賣鹽法己未更德壽宮為重華宮謚李綱曰忠定二月辛酉朔日有食之壬戌下詔傳位皇太子是日皇太子即皇帝位帝素服駕之重華宮辛未上尊號曰至尊壽皇聖帝皇后曰壽成皇后紹熙五年五月壬戌壽皇聖帝不豫

六月戊戌崩于重華殿年六十有八十月丙辰謚曰哲文神武成孝皇帝廟號孝宗十一月乙卯權欑于永阜陵十二月甲戌祔于太廟慶元三年十一月辛丑加謚紹統同道冠德昭功哲文神武明聖成孝皇帝

贊曰高宗以公天下之心擇太祖之後而立之乃得孝宗之賢聰明英毅卓然為南渡諸帝之稱首可謂難矣哉即位之初銳志恢復符離邂逅失利重違高宗之命不輕出師又值金世宗之立金國平治無釁可乘然易表稱書改臣稱姪減去歲幣以定鄰好金

人易宋之心至是亦寖異於前日矣故世宗每戒群臣積錢穀謹邊備必曰吾恐宋人之和終不可恃蓋亦忌帝之將有為也天厭南北之兵欲休民生故帝用兵之意弗遂而終焉然自古人君起自外藩入繼大統而能盡宮庭之孝未有若帝其間父子怡愉同享高壽亦無有及之者終喪三年又能却群臣之請而力行之宋之廟號若仁宗之為仁孝宗之為孝其無愧焉其無愧焉

本紀卷第三十五

本紀卷第三十六　宋史三十六

開府儀同三司上柱國錄軍國重事中書右丞相監修國史領經筵事都總裁脫脫等奉勅修

光宗

光宗循道憲仁明功茂德溫文順武聖哲慈孝皇帝諱惇孝宗第三子也母曰成穆皇后郭氏紹興十七年九月乙丑生于藩邸二十年賜今名授右監門衛率府副率轉榮州刺史孝宗即位拜鎮洮軍節度使開府儀同三司封恭王及莊文太子薨孝宗以帝英武類己欲立為太子而以其非次遲之乾道六年七月太史奏木火合宿主冊太子當有赦是時虞允文相因請蚤建儲貳孝宗曰朕久有此意事亦素定但恐儲位既正人性易驕即自縱逸不勤於學浸有失德朕所以未建者更欲其練歷庶務通知古今庶無後悔爾七年正月丙子朔孝宗上兩宮尊號冊寶禮成丞相允文復以請孝宗曰朕既立太子即令親王出鎮外藩卿宜討論前代典禮允文尋以聞二月癸丑乃立帝為皇太子慶王愷為雄武保寧軍節度使判寧國府進封魏王三月丁酉受皇太子冊四月甲子命判臨安府尋領尹事帝之為恭王與講官商較

前代時出意表講官自以爲不及建尹臨安究心民
政周知情僞孝宗數稱之且語丞相趙雄曰太子資
質甚美每遣人來問安朕必戒以留意問學淳熙十
四年十月乙亥高宗崩十一月己亥百官大祥畢孝
宗手詔皇太子可令參決庶務以內東門司爲議事
堂十五年二月戊戌帝始赴議事堂自是間日與輔
臣公裳繫鞋相見內外除擢自館職部刺史以上乃
以聞九月乙巳又詔每遇朝殿令皇太子侍立十一
月丞相周必大乞去孝宗諭曰朕比年病倦欲傳位
太子卿須少留會陳康伯家以紹興傳位御劄來上

十二月壬申孝宗遣中使密持賜必大因令討論典
禮既又密以禪意諭參知政事留正十六年正月辛
亥兩府奏事孝宗諭以倦勤欲禪位皇太子退就休
養以畢高宗三年之制因令必大進呈詔草二月壬
戌孝宗吉服御紫宸殿行內禪禮應奉官以次稱賀
內侍固請帝坐帝固辭內侍扶掖至七八乃微坐復
興次丞相率百僚稱賀禮畢樞密院官升殿奏事帝
立聽班退孝宗反喪服御後殿帝侍立尋率羣臣詣
重華宮帝還內即上尊號曰至尊壽皇聖帝皇后曰
壽成皇后壽皇聖帝詔立帝元妃李氏爲皇后甲子

帝率群臣朝重華宮大赦百官進秩一級優賞諸軍
蠲公私逋負及郡縣淳熙十四年以前稅役丙寅帝
率群臣詣重華宮上尊號冊寶以閤門舍人譙熙載
姜特立並知閤門事庚午詔五日一朝重華宮辛未
尊皇太后曰壽聖皇太后壬申詔內外臣僚陳時政
闕失四方獻歌頌者勿受遣羅點等使金告即位癸
酉詔戒敕將帥賜前宰執從官詔訪以得失乙亥詔
兩省官詳定內外封章具要切者以聞遣諸葛廷瑞
等使金弔祭丙子詔戒敕官吏己卯詔官吏贓罪顯
著者重罰毋貸辛巳以生日爲重明節丁亥詔百官

輪對己丑詔編壽皇聖政庚寅詔中書舍人羅點具
可爲臺諫者點以葉適吳鎰孫逢吉張體仁馮震武
鄭湜劉崇之沈清臣八人上之三月壬辰以周必大
爲少保留正轉正奉大夫丙申遣沈揆等使金賀即
位詔侍從兩省臺諫各舉可任湖廣及四川總領者
一人己亥子擴進封嘉王癸卯金遣王元德等來告
哀戊申以壽皇却五日之朝詔自今月四朝重華宮
甲寅以史浩爲太師伯圭爲少師少保士歆爲少傅
昭慶軍節度使士岘爲少保戊午金遣張萬公等來
致遺留物己未以左補闕薛叔似爲將作監右拾遺

許及之爲軍器監拾遺補闕官自此罷詔東宮書籍
並賜嘉王夏四月丙寅有事于太廟丁卯四川應起
經總制錢存留三年代輸鹽酒重額癸酉姪柄進封
許國公乙亥以兩浙犒賞酒庫隸諸州歲入六十五
萬尋減三十萬戊寅金遣徒單鎰等來告即位以權
兵部侍郎何澹爲右諫議大夫丙戌有事于景靈宮
五月甲午以王藺知樞密院事兼參知政事丙申周
必大罷爲觀文殿大學士判潭州常德府辰沅靖州
大水入其郛丁酉詔丞相以下月一朝重華宮戊戌
罷周必大判潭州之命許以舊官爲醴泉觀使戊申

以和義郡夫人黃氏爲貴妃右丞相留正論知閤門
事姜特立罷之閏月庚申朔詔內侍陳源許在外任
便居住免郡縣淳熙十四年以前私負十五年以後
輸息及本者亦蠲之壬戌以趙雄爲寧武軍節度使
開府儀同三司進封衛國公仍判江陵府庚午詔罷
賣浙西常平官田癸酉詔季秋有事于明堂以高宗
配丙子趙雄爽甚改判資州戊寅蠲郡縣第五等戶
身丁錢及臨安第五等戶和買紬各一年仍出錢二
十三萬緡振臨安貧民己卯階州大水入其郛壬午
大理獄空乙酉御後殿慮囚六月庚寅鎮江大水入

其郛癸卯詔自今臣僚奏請事涉改法者三省樞密
院詳具以聞秋七月辛酉儒林郎倪恕等以封事可
采遷官免文解有差戊辰遣謝深甫等賀金主生辰
庚辰下詔恤刑八月甲午升恭州爲重慶府丙申減
兩浙月樁等錢歲二十五萬五千緡己亥王淮薨癸
丑金遣溫迪罕肅等來賀即位九月癸亥金遣完顏
守真等來賀重明節減紹興和買紬歲額四萬四千
餘匹乙丑戒執政侍從臺諫毋移書以薦舉請託南
劍州火降其守臣一官仍令優加振濟戊辰詔侍從
各舉公正彊敏之士堪任守令及職事官材堪御史

者一人甲戌詔監司帥守秩滿到闕薦所部廉吏一
二人遣郭德麟等使金賀正旦冬十月庚子罷樞密
院審察諸軍之制壬寅蠲楚州高郵盱眙軍民負常
平米一萬四千餘石甲寅大閱十一月庚午詔改明
年爲紹熙元年復置嘉王府翊善以秘書郎黃裳爲
之乙亥詔陳源毋得輒入國門丁丑減江浙月樁錢
額十六萬五千餘緡十二月壬子金遣裴滿餘慶等
來賀明年正旦
紹熙元年春正月丙辰朔帝率群臣詣重華宮奉上
壽聖皇太后至尊壽皇聖帝壽成皇后冊寶壬申再

蠲臨安府民身丁錢三年壬午何澹請置絲𤏡會計
録詔何澹同户部長貳檢正都司稽考財賦出入之
數以聞二月丁酉雨雹辛亥殿中侍御史劉光祖言
道學非程氏私言乞定是非别邪正從之三月丁卯
詔秀王襲封置園廟班安僖王諱録趙普後一人庚
午以久雨釋杖以下囚夏四月乙酉詔兩淮措置流
民己丑以伯圭爲太保嗣秀王丁未殿中侍御史劉
光祖以論帶御器械吴端罷戊申賜禮部進士余復
以下五百三十有七人及第出身五月乙卯趙雄坐
所舉以贓敗降封益川郡公削食邑一千户已未出

吴端爲浙西馬步軍副總管丙寅脩楚州城丙子太
白晝見六月丁亥遣丘崈等賀金主生辰丙申以上
供等錢償廣州放免身丁錢數甲午御後殿慮囚秋
七月癸丑詔秀王諸孫並授南班甲寅以葛邲參知
政事給事中胡晋臣簽書樞密院事乙卯以留正爲
左丞相王藺樞密院使癸酉建秀王祠堂于行在八
月辛卯立任子中銓人吏部簾試法己亥帝率群臣
上壽皇聖帝玉牒日曆于重華宫己酉詔造新曆九
月丁巳金遣王倫等來賀重明節己未升劍州爲隆
慶府辛酉雷庚午遣蘇山等使金賀正旦冬十月丁

酉詔内外諸軍自今毋置額外制領以下官丙午詔
内外軍帥各薦■所部有將才者庚戌詔諭郡縣吏
奉法愛民十一月甲寅安南入貢壬戌潼川轉運判
官王溉撙節漕計代輸井户重額錢十六萬緡詔獎
之十二月辛巳朔贈左千牛衛大將軍挺爲保寧軍
節度使壬午賜王倫謚曰節愍丙戌罷王藺樞密使
戊子以葛邲知樞密院事胡晋臣參知政事兼同知
樞密院事癸卯詔歲減廣東官賣鹽丙午金遣把德
固等來賀明年正旦戊申浦城盗張海作亂詔提點
刑獄豐誼捕之

二年春正月庚戌朔命兩淮行義倉法壬子詔尊高
宗爲萬世不祧之廟庚申修六合城辛酉金主母徒
單氏殂戊寅雷電雨雹二月庚辰朔大雨雪壬午遣
宋之瑞等使金弔祭癸未名新歷曰會元甲申福建
安撫使趙汝愚等以盗發所部與守臣監司各降秩
一等縣令追停乙酉詔以陰陽失時雷雪交作令侍
從臺諫兩省卿監郎官館職各具時政闕失以聞出
米五萬石賑京城貧民榷罷修皇后家廟辛卯布衣
余古上書極諫帝怒詔送筠州學聽讀丁未金遣完
顏亶等來告哀三月丙辰詔監司郡守互送以贓論

丁巳詔自今邊事令宰相與樞密院議仍同簽書丙寅詔福建提點刑獄陳公亮知漳州朱熹同措置漳泉汀三州經界丁卯增廣州摧鋒軍三百人癸酉建寧府雨雹大如桃李壞民居五千餘家溫州大風雨雷雹田苗桑果蕩盡丙子出右司諫鄧馹夏四月乙酉從壽皇聖帝壽成皇后幸聚景園丙申詔侍從兩省臺諫及在外侍從之臣各舉所知嘗任監司郡守可充郎官卿監及資歷未深可充諸職事官者各三人辛丑徽州火二日乃滅五月己酉朔福州水辛亥詔六院官許輪對仍入雜壓庚申詔侍從經筵翰

苑官自今並不時宣對燕廣咨詢以補治道戊辰金州大火己巳潼川崇慶二府大安石泉淮安三軍興利果合綿漢六州大水六月戊寅詔監司到任半年條上裕民事如郡守庚辰遣趙靡等賀金主生辰丁亥以伯圭判大宗正事癸巳詔宰臣執政自今不時內殿宣引奏事秋七月丁未朔詔故容州編管人高登追復元官仍贈承務郎己未出會子百萬緡收兩淮私鑄鐵錢乙丑復置太醫局己巳興州大水漂沒數千家八月戊寅何澹以本生繼母喪去官甲申寬兩浙榷鐵之禁九月壬子金遣完顏兗等來賀重明

節己知福州趙汝愚為吏部尚書壬戌禁職田折變癸亥遣黃申等使金賀正旦乙丑以久雨命大理三衙臨安府及兩浙決繫囚釋杖以下己巳詔侍從於嘗任卿監郎官內選堪斷刑長貳一二人以聞冬十月丙子朔詔罷經界丁丑築福州外城庚辰減百官大禮賜物三之一甲申復吳端帶御器械辛卯詔守令毋征歛病民庚子下詔撫諭四川被水州軍十一月戊申安定郡王子彤薨己巳冊加高宗徽號曰受命中興全功至德聖神武文昭仁憲孝皇帝辛未有事于太廟皇后李氏殺皇貴妃以暴卒聞壬申合祭天

地于圜丘以太祖太宗配大風雨不成禮而罷帝既聞貴妃薨又值此變震懼感疾罷稱賀肆赦不御樓壽皇聖帝及壽成皇后來視疾帝自是不視朝十二月庚辰築荊門軍城丁亥帝始對輔臣于內殿乙未增楚州更戍兵一千五百人庚子復出會子百萬緡收兩淮鐵錢辛丑金遣完顏宗璧等來賀明年正旦壬寅資簡普榮四州及富順監旱甲辰詔慶遠軍承宣使內侍省都知楊皓懷姦兇恣刺面杖脊配吉州和州防禦使內侍省押班黃邁私相朋附決杖編管撫州尋送皓撫州邁常州居住是歲建寧府汀州水

階成西和鳳四州及淮東旱振之
三年春正月乙巳朔帝有疾不視朝庚戌蠲秀州上供米四萬四千石歲蠲四川鹽酒重額錢九十萬緡出度僧牒二百收淮東鐵錢丁巳命夔路轉運使通融漕計糴米以備凶荒壬戌罷文州民雜役詔輔臣代行恭謝之禮二月甲戌朔復以兩浙犒賞酒庫隸戶部丁酉申嚴錢銀過淮之禁閏月丙午禁郡縣新作寺觀甲寅以王藺為端明殿學士四川安撫制置使藺辭不行壬戌詔州縣未斷之訟監司毋得移獄違者許執奏甲子成都府路轉運判官王溉以代民輸激賞等絹錢三

宋史本紀卷三十六　十

十三萬緡詔進一官仍令再任詔責郡縣沒官田屋及營田三月甲戌修天長縣城辛巳帝疾稍愈始御延和殿聽政以子擴為安定郡王甲申罷雅州稅場五築峽州城乙酉留正乞去位不許庚寅宜州蠻寇邊改知鬱州沙世堅知宜州以討之辛卯復監司列薦法丁酉罷廣東增收鹽斤錢己亥詔技藝補授之人毋得奏補著為令庚子監察御史郭德麟以察事失體出為湖北提舉常平茶鹽夏四月癸卯補童子吳鋼官甲寅振四川旱傷郡縣乙卯以戶部侍郎丘崈為煥章閣直學士四川安撫制置使戊午帝朝

重華宮丁卯蠲臨安民元年二年逋賦五月帝有疾不視朝乙未命漢陽荊門軍復州行鐵錢己亥蠲四川水旱郡縣租賦仍以兩浙犒賞酒庫隸諸州令戶部郎官提領歲以四十五萬緡為額庚子晦常德府大水入其郛六月辛丑朔下詔戒飭風俗禁民奢侈興士為文浮靡吏苟且飾偽者以權禮部尚書陳騤同知樞密院事甲辰遣錢之望等賀金主生辰丁未罷四川諸軍歲起西兵廢光州定城監壬子慮囚戊午以伯圭為太師甲子增捕獲私鑄銅錢賞格丙寅以太尉郭師禹為少保秋七月己巳朔沿邊盜萬人

宋史本紀卷三十六　十一

為諸州禁軍壬申監文思院常良孫坐贓配海外益國公周必大坐繆舉良孫降榮陽郡公省廣西郡縣官甲戌台州水壬午瀘州騎射卒張信等作亂殺其帥臣張孝芳甲申軍士卞進張昌擊殺信增嘉王府講讀官二員壬辰修揚州城八月甲寅詔兩淮行鐵錢交子戊午總領四川財賦楊輔奏已蠲東西兩川畸零絹錢四十七萬緡激賞絹六萬六千匹詔獎之自是歲以爲例九月甲戌修德安府外城乙亥金遣僕散端等來賀重明節戊子遣鄭汝諧等使金賀正旦丙申勸兩淮民種桑冬十月壬寅修大禹陵廟丙

午修潭州城辛亥帝詣重華宮進香庚申會慶節丞
相率百官詣重華宮拜表稱賀十一月壬申振襄陽
府被水貧民癸酉減蘄州歲鑄錢二十萬緡丙戌日
南至丞相率百官詣重華宮拜表稱賀兵部尚書羅
點給事中尤袤中書舍人黃裳皆上疏請帝朝重華
宮吏部尚書趙汝愚亦因面對以請帝開納辛卯帝
朝重華宮皇后繼至都人大悅癸巳蠲湖南北京西
江西郡縣月樁經總制錢歲二十三萬餘緡戊戌詔
李純乃皇后親姪可特除閤門宣贊舍人十二月癸
卯帝率群臣上壽皇聖帝玉牒聖政會要于重華宮

丙午蠲歸正人賦役三年辛亥以留正爲少保乙丑
金遣温敦忠等來賀明年正旦是歲江東京西湖北水
四年春正月己巳朔帝朝重華宮辛卯蠲臨安府民
身丁錢三年二月戊戌朔詔陳源特與在京宮觀丙
寅貸淮西民市牛錢出米七萬石振江陵饑民甲戌
皇孫生三月丙子帝朝重華宮皇后從辛巳以葛邲
爲右丞相胡晉臣知樞密院事陳騤參知政事趙汝
愚同知樞密院事甲申監察御史汪義端奏汝愚執
政非祖宗故事請罷之疏三上不報辛卯義端罷癸
巳帝從壽皇聖帝壽成皇后幸聚景園乙未修巢縣

城夏四月己酉罷括責四川沿邊郡縣官田五月丙
寅朔復永州義保己巳賜禮部進士陳亮以下三百
九十有六人及第出身進士李儔年五十四調成都
司戶參軍自以祿不及養乞以一官回贈父母帝嘉
其志特詔以本官致仕父母皆與初品官封丙子淮
西大水丙戌紹興大水召浙東總管姜特立丞相留
正以論特立不行乞罷相不報壬辰太尉利州安撫
使吳挺卒四川制置使丘崈兼制以總領財賦楊輔
權安撫使命統制官李世廣權管其軍六月丙申朔
留正出城待罪振江浙兩淮荊湖被水貧民戊戌祕

書省著作郎沈有開著作佐郎李唐卿祕書郎范黼
彭龜年校書郎王奭正字蔡幼學顏棫吳獵項安世
上疏乞寢姜特立召命己亥遣許及之等賀金主生
辰壬寅詔市淮馬充沿江諸軍戰騎戊申胡晉臣薨
己酉御後殿慮囚癸丑蠲臨安增民稅錢八萬餘緡
甲寅太白晝見甲子雨雹秋七月乙丑朔太白晝見
丙寅大雨雹己巳留正復論姜特立繳納出身以來
文字待罪于范村丙子以不雨命諸路提刑審斷滯
獄戊寅命臨安府及三衙決繫囚釋杖以下壬午以
趙汝愚知樞密院事吏部尚書余端禮同知樞密院

事陳源為內侍省押班癸未禁邕州左右兩江販鬻
生口乙酉敘州夷賊沒該落無等寇邊遣兵討平之
八月丙申蠲紹興丁鹽茶租錢八萬二千餘緡丁酉
罷郡縣賣沒官田癸丑詔三省議振恤郡縣水旱丁
巳贈吳挺少保其子曦落階官起復濠州團練使帶
御器械戊午振江東浙西淮西旱傷貧民九月己巳
金遣董師中等來賀重明節庚午重明節百官上壽
侍從兩省請帝朝重華宮不聽己卯上壽聖皇太后
尊號曰壽聖隆慈備福皇太后壬午遣倪思等使金
賀正旦甲申帝將朝重華宮皇后止帝中書舍人陳

傅良引裾力諫不聽戊子著作郎沈有開秘書郎彭
龜年禮部侍郎倪思等咸上疏請朝重華宮冬十月
丙午內教三衙諸軍己酉朝獻于景靈宮夜地震庚
戌朝獻于景靈宮夜地又震壬子秘書省官請朝重
華宮疏三上不報甲寅雨土工部尚書趙彥逾等上
疏重華宮乞會慶節勿降旨免朝壽皇曰朕自秋
涼以來思與皇帝相見卿等奏疏已令進御前矣明
日會慶節帝以疾不果朝丞相葛邲率百官賀于重
華宮侍從上章居家待罪詔不許嘉王府翊善黃裳
上疏請誅內侍楊舜卿臺諫張叔椿章穎上疏乞罷

黜戊午太學生汪安仁等二百一十八人上書請朝
重華宮皆不報己未丞相以下奏事重華宮庚申帝將
朝重華宮復以疾不果丞相以下上疏自劾請罷政
彭龜年請逐陳源以謝天下皆不報十一月辛未日
中有黑子壬申侍從兩省趙彥逾等十一人同班奏
事癸酉太白晝見地生毛夜有赤雲白氣戊寅帝朝
重華宮都人大悅遣右司郎官徐誼召留正于城外
庚辰正始入朝復赴都堂視事命姜特立還故官日
中黑子滅癸未帝率群臣奉上皇太后冊寶于慈福
宮十二月戊戌帝朝重華宮壬寅右司諫章穎以地

震請罷葛邲疏十餘上不報甲辰命沿邊守臣三年
為任己酉詔監司帥守毋獨貢薦士庚戌趙雄薨甲
寅復四川鹽合同場舊法丁巳振江浙流民己未金
遣完顏弼等來賀明年正旦
五年春正月癸亥朔帝御大慶殿受群臣朝遂朝重
華宮次詣慈福宮行慶壽禮推恩如淳熙十年故事
癸酉壽皇聖帝不豫丙子大理獄空癸未葛邲罷丙
戌寬紹興民租稅二月乙未趙汝愚余端禮以奏除
西帥不行居家待罪戊戌荊鄂諸軍都統制張詔為
成州團練使興州諸軍都統制庚戌禁湖南江西遏

糴三月癸亥合利州東西為一路己巳壽成皇后生
辰免過宮上壽夏四月甲午帝幸玉津園皇后及後
宮皆從乙未壽皇聖帝幸東園丙申史浩薨己亥朝
獻于景靈宮壬寅以不雨命大理三衙臨安府及兩
浙決繫囚釋杖以下癸卯雨土甲辰侍從入對請朝
重華宮己酉太學生程肖說等以帝未朝秘書大臣
事聞帝將以癸丑日朝至期丞相以下入宮門以俟
日旻帝復以疾不果出侍從館學官上疏乞罷黜居
家待罪職事官請去待罪者百餘人詔不許丙辰侍
講黃裳祕書少監孫逢吉等再上疏以請丁巳起居

郎兼權中書舍人陳傅良請以親王執政或近上宗
戚一人充重華宮使臺諫交章劾內侍陳源楊舜卿
林億年離間兩宮請罷逐之五月辛酉朔辰州猺賊
寇邊甲子侍從入對未得見宰執詣重華宮問疾不
及引陳傅良繳上告敕出城待罪丁卯以壽皇聖帝
疾棘命丞相以下分禱天地宗廟社稷戊辰丞相留
正等請帝侍疾正引裾隨帝至福寧殿久之乃泣而
出辛未丞相以下以所請不從求退帝命皆退於是
丞相以下遂出城待罪知閤門事韓侂冑請宣押入
城許之追封史浩為會稽郡王乙亥帝將朝重華宮

復不果戊寅以壽皇聖帝疾赦權刑部尚書京鏜入
對請朝重華宮庚辰丞相以下詣重華宮問疾癸未
起居舍人彭龜年叩頭請奏事詔令上殿乃請朝重
華宮甲申從官列奏以請嘉王府翊善黃裳講讀官
沈有開彭龜年奏乞令嘉王詣重華宮問疾許之王
至重華宮壽皇為之感動丙戌權戶部侍郎袁說友
入對請朝重華宮六月遣梁總等賀金主生辰戊戌
夜壽皇聖帝崩遺誥改重華宮為慈福宮建壽成皇
后殿於宮後以便定省以重華宮錢銀一百萬緡賜
內外軍先是丞相留正知樞密院事趙汝愚參知政

事陳騤同知樞密院事余端禮聞壽皇聖帝大漸見
帝于後殿力請帝朝重華宮皇子嘉王亦泣以請不
聽至是丞相正等聞壽皇聖帝崩乃率百官聽遺誥
于重華宮己亥丞相以下上疏請詣重華成禮庚子
遣薛叔似等使金告哀辛丑丞相率百官拜表請就
喪次成服壬寅壽皇大斂皇子嘉王復入奏事詔俟
疾愈過宮行禮丞相以下請皇太后垂簾聽政不許
請代行祭奠禮許之仍有旨皇帝有疾聽就內中成
服夜白氣亘天乙巳尊壽聖隆慈備福皇太后為太
皇太后壽成皇后為皇太后己酉白氣亘天乙卯遣

林湜等使金致遺留物秋七月辛酉丞相留正稱疾乞罷政遂逃歸初正等屢請立嘉王爲皇太子帝許之正擬指揮以進奉御筆歷事歲久念欲退閑正得之大懼乃謀退焉甲子太皇太后以皇帝疾未能執喪命皇子嘉王即皇帝位于重華宮之素幄尊皇帝爲太上皇帝皇后爲壽仁太上皇后移御泰安宮慶元元年十一月戊戌上尊號曰聖安壽仁太上皇帝六年八月庚寅太上皇帝不豫辛卯崩于壽康宮年五十有四十一月丙寅謚曰憲仁聖哲慈孝皇帝廟號光宗嘉泰三年十一月壬申加謚循道憲仁明功

茂德温文順武聖哲慈孝皇帝

贊曰光宗幼有令聞嚮用儒雅逮其即位總權綱屛嬖幸薄賦緩刑見於紹熙初政宜若可取及夫宮闈妬悍内不能制驚憂致疾自是政治日昏孝養日怠而乾淳之業衰焉

本紀卷第三十六

本紀卷第三十七　宋史三十七

開府儀同三司上柱國錄軍國重事中書右丞相監修國史領經筵事都總裁臣脫脫等奉

勅修

寧宗一

寧宗法天備道純德茂功仁文哲武聖睿恭孝皇帝諱擴光宗第二子也母曰慈懿皇后李氏光宗爲恭王慈懿夢日墜于庭以手承之已而有娠乾道四年十月丙午生于王邸五年五月賜今名十一月乙丑授右千牛衛大將軍七年光宗爲皇太子淳熙五年十月戊午遷明州觀察使封英國公七年二月初就

傅九年正月始冠十年九月己巳始預朝參十一年當出閤兩宮愛之不欲令居外乃建第東宮之側以十月甲戌遷焉十二年三月乙酉遷安慶軍節度使封平陽郡王八月辛酉納夫人韓氏十六年二月壬戌光宗受禪三月己亥拜少保武寧軍節度使進封嘉王帝自弱齡尊師重傅至是始置翊善以沈清臣爲之紹熙元年春宰相留正請立帝爲儲嗣五年六月戊戌孝宗崩光宗以疾不能出壬寅宰臣請太皇太后垂簾聽政不許請代行祭奠之禮從之丁未宰臣奏云皇子嘉王仁孝夙成宜正儲位以安人心越

六日奏三上從之明日遂擬旨以進是夕御批付丞相云歷事歲久念欲退閑七月辛酉留正以疾辭去知樞密院事趙汝愚見正去乃遣韓侂胄因內侍張宗尹以禪位嘉王之意請于太皇太后不獲遇提舉重華宮關禮侂胄因其問告之禮繼入內泣請于太皇太后太皇太后乃悟令諭侂胄曰好為之侂胄出告汝愚命殿帥郭杲夜分兵衛南北翌日禫祭汝愚率百官詣大行柩前太皇太后垂簾汝愚率同列再拜奏皇帝疾不能執喪臣等乞立皇子嘉王為太子以安人心乃奏御批八字以奏太皇太后曰既有御

筆御當奉行汝愚曰內禪事重須議一指揮太皇太后允諾汝愚袖出所擬以進云皇帝以疾未能執喪曾有御筆欲自退閑皇子嘉王擴可即皇帝位尊皇帝為太上皇皇后為太上皇后太皇太后覽畢曰甚善汝愚出以旨諭帝帝固辭曰恐負不孝名汝愚曰天子當以安社稷定國家為孝今中外憂亂萬一變生置太上皇何地衆扶入素幄披黃袍方却立未坐汝愚率同列再拜帝詣几筵殿哭盡哀須臾立仗訖催百官班帝衮服出就重華殿東廡素幄立內侍扶掖乃坐百官起居訖乃入行禫祭禮詔建泰安宮以

奉太上皇太上皇后汝愚即喪次請召還留正乙丑太皇太后命立崇國夫人韓氏為皇后丙寅大赦百官進秩一級賞諸軍詔車駕五日一朝泰安宮百官月兩朝以即位告于天地宗廟社稷丁卯侍御史張叔椿劾留正擅去相位詔以叔椿為吏部侍郎戊辰詔求直言遣鄭湜使金告禪位己巳以趙汝愚兼參知政事庚午召秘閣修撰知潭州朱熹詣行在壬申建泰安宮乙亥以趙汝愚為右丞相參知政事陳騤知樞密院事余端禮參知政事仍兼同知樞密院事汝愚辭不拜賜前宰執侍從詔訪以得失丙子大風

戊寅詔秋暑太上皇帝未須移御即以寢殿為泰安宮以殿前都指揮使郭杲為武康軍節度使庚辰率群臣拜表于泰安宮辛巳以趙汝愚為樞密使保大軍節度使郭師禹為攢宮總護使壬午侍御史章穎等劾內侍林億年陳源楊舜卿詔億年源與在外宮觀舜卿在京宮觀韓侂胄落階官為汝州防禦使癸未余端禮辭兼同知樞密院事甲申以兵部尚書羅點簽書樞密院事詔兩省官詳定應詔封事具要切者以聞戊子詔百官輪對罷楊舜卿在京宮觀林億年常州居住陳源撫州居住八月己丑朔安定郡王

子濤甍辛卯初御行宮便殿聽政癸巳以朱熹為煥章閣待制兼侍講甲午增置講讀官以給事中黃裳中書舍人陳傅良彭龜年等為之丁酉以生日為天祐節己亥率群臣朝泰安宮辛丑詔諸道舉廉吏糾汚吏壬寅詔經筵官開陳經旨救正闕失進封弟許國公柄為徐國公癸卯加嗣濮王士歆少師郭師禹少傅夏執中少保乙巳詔晚講官坐講丁未復罷經筵坐講命三省議振恤諸路郡縣水旱乙卯加安南國王李龍翰思忠功臣詔歲減廣西鹽額十萬緡丙辰留正罷以觀文殿大學士判建康府以趙汝愚為

右丞相丁巳詔侍從兩省臺諫各舉通亮公清不植黨與曾任知縣者二人九月己巳命趙汝愚朝獻景靈宮庚子命嗣秀王伯圭朝饗太廟是日羅點薨辛未合祭天地于明堂大赦壬申以刑部尚書京鏜簽書樞密院事甲戌下詔撫諭諸將改天祐節為瑞慶節冬十月己丑右諫議大夫張叔椿再劾留正擅去相位詔落正觀文殿大學士庚寅更泰安宮為壽康宮辛卯命四川制置司銓量諸州守臣癸巳雷乙未詔以陰陽謬盭雷電非時令臺諫侍從各疏朝政闕失以聞戊戌復許武舉人試換文資庚子以久雨命大理三

衙臨安府兩浙州縣決繫囚釋杖以下辛丑減兩浙江東西路和市折帛錢蠲兩浙路丁鹽身丁錢一年雅州蠻寇邊土丁拒退之壽出降甲辰以朱熹言趣後省看詳應詔封事乙巳上大行至尊壽皇聖帝謚曰哲文神武成孝皇帝廟號孝宗丙午復以朱熹奏請郤瑞慶節賀表庚戌改上安穆皇后謚曰成穆皇后安恭皇后謚曰成恭皇后壬子遣曾三復使金賀正旦丙辰上孝宗皇帝冊寶于重華殿成穆皇后成恭皇后冊寶于本室是月建福寧殿閏月庚申以吏部尚書鄭僑等奏請祧僖宣二祖正太祖東嚮之位尋

立僖祖別廟以藏順翼宣三祖之主乙丑遣林季友使金報謝戊辰金遣使來弔祭戊寅侍講朱熹以上疏忤韓侂胄罷趙汝愚力諫不聽臺諫給舍交章請留朱熹亦不聽詔兩省臺諫侍從各舉宗室有文學器識者二人壬午詔改明年為慶元元年十一月甲午復加安南國王李龍翰濟美功臣丙午帝自重華宮還大內庚戌以宜州觀察使韓侂胄兼樞密都承旨辛亥雨木冰詔行孝宗三年喪制命禮官條具典禮以聞升明州為慶元府乙卯權攢孝宗皇帝于永阜陵十二月丁巳朔禁民間妄言宮禁事乙丑吏部侍

即彭龜年上疏言韓侂胄假託聲勢竊弄威福乞黜之以解天下之疑詔罷龜年進侂胄一官與在京宮觀趙汝愚請留龜年不聽御史中丞謝深甫劾陳傅良罷之戊辰以陳康伯配饗孝宗廟庭己巳陳騤罷庚午以余端禮知樞密院事京鏜參知政事鄭僑同知樞密院事辛未監察御史劉德秀劾起居舍人劉光祖罷之癸酉金遣使來賀登位上孝宗廟樂曰大倫之舞甲戌祔孝宗神主于太廟丁丑減臨安紹興二府死罪以下囚釋杖以下蠲民緣攢宮役者賦戊寅加郭師禹少師進封永寧郡王癸未金遣使來賀

明年正旦是歲兩浙淮南江東西路水旱振之仍蠲其賦

慶元元年春正月丁巳朔蠲兩淮租稅壬寅黎州蠻寇邊官軍戰却之乙巳蠲台嚴湖三州貧民身丁折帛錢一年詔兩浙淮南江東路荒歉諸州收養遺棄小兒辛亥以久雨振給臨安貧民丙辰白虹貫日二月丁巳朔詔兩淮諸州勸民墾闢荒田壬戌詔嗣秀王伯圭贊拜不名癸亥以久雨釋大理三衙臨安府兩浙路杖以下囚丁卯詔帥臣監司歲終考察郡守臧否以聞戊寅以右正言李沐言罷趙汝愚為觀文殿大學士知福州己卯雨土以余端禮兼參知政事庚辰兵部侍郎章穎以黨趙汝愚罷甲申謝深甫等再劾汝愚詔與宮觀三月丙戌朔日有食之庚寅太白經天辛亥詔四川歲發西兵詣行在如舊制癸丑命侍從臺諫兩省集議江南沿江諸州行鐵錢利害甲寅國子祭酒李祥博士楊簡以黨趙汝愚罷夏四月丁巳太府寺丞呂祖儉坐上疏留趙汝愚及論不當黜朱熹彭龜年等忤韓侂胄送韶州安置己未以余端禮為右丞相京鏜知樞密院事鄭僑參知政事謝深甫簽書樞密院事庚申太學生楊宏中等六人

以上書留趙汝愚章穎李祥楊簡請黜李沐詔宏中等各送五百里外編管中書舍人鄧驛上疏救之不聽戊辰臨安大疫出内帑錢為貧民醫藥棺斂費及賜諸軍疫死者家五月戊子呂祖儉改送吉州安置戊戌詔戒百官朋比丙午詔諸路提舉司置廣惠倉脩胎養令辛亥減大理三衙臨安府雜犯死罪以下囚釋杖以下六月丁巳復留正觀文殿大學士充醴泉觀使右正言劉德秀請考核真偽以辨邪正己未遣汪義端賀金主生辰庚午詔三衙江上諸軍主帥將佐初除舉自代一人歲薦所知二人癸酉以韓侂

冑為保寧軍節度使提舉萬壽觀秋七月壬辰加周
必大少傅丁酉落趙汝愚觀文殿大學士罷宮觀己
亥太白晝見八月己巳詔內外諸軍主帥條奏武備
邊防之策以聞九月壬午朔蠲臨安府水災貧民賦
乙酉以久雨決繫囚丙戌熒惑入太微甲辰遣黃艾
使金賀正旦己酉蠲台嚴湖三州被災民丁䌷冬十
月己卯詔三省樞密院條上合教諸軍例乙丑升秀
州為嘉興府舒州為安慶府嘉州為嘉定府英州為
英德府戊辰金遣吳鼎樞來賀瑞慶節壬申封子蔡
為安定郡王十一月己丑雨土庚寅以弟徐國公柄

為昭慶軍節度使戊戌加上壽聖隆慈備福太皇太
后尊號曰壽聖隆慈備福光佑太皇太后壽成皇太
后曰壽成惠慈皇太后太上皇曰聖安壽仁太上皇
太上皇后曰壽仁太上皇后丙午以監察御史胡紘
言責授趙汝愚寧遠軍節度副使永州安置丁未命
宰執大閱十二月癸亥置楚州弩手効用軍丙子命
朱熹為煥章閣待制辭丁丑金遣紇石烈 正來賀明
年正旦
二年春正月庚寅以余端禮為左丞相京鏜為右丞
相鄭僑知樞密院事謝深甫參知政事御史中丞何

澹同知樞密院事庚子趙汝愚卒于永州甲辰右諫
議大夫劉德秀劾留正引用偽學之黨詔落正觀文
殿大學士罷宮觀二月辛酉詔追復趙汝愚官許歸
葬以中書舍人吳宗旦言罷之辛未再蠲臨安府民
身丁錢三年三月丙申命諸軍射鐵簾己亥進封弟
柄為吳興郡王丙午有司上慶元會計錄夏四月甲
子余端禮罷壬申以何澹參知政事吏部尚書葉翥
簽書樞密院事乙亥增置監察御史一員五月辛巳
以旱禱于天地宗廟社稷詔大理三衙臨安府兩浙
州縣決繫囚乙酉申嚴獄囚瘐死之罰辛卯賜禮部

進士鄒應龍以下四百九十有九人及第出身甲午
減諸路和市折帛錢三年建華文閣以藏孝宗御集
甲辰更慈福宮為壽慈宮六月庚戌遣吳宗旦賀金
主生辰乙丑命監司帥守臧否縣令分三等丙子子
埈生秋七月癸未饗于太廟丙戌減諸路死罪囚釋
流以下戊子量徙流人呂祖儉等于內郡詔檢正都
司考覈諸路守臣便民五事以聞戊戌以韓侂冑為
開府儀同三司萬壽觀使八月癸丑奉安孝宗皇帝
成穆皇后成恭皇后神御于景靈宮丙辰以太常少
卿胡紘請權住進擬偽學之黨壬戌子埈薨追封兗

王謚沖惠九月丁亥復分利州為東西路癸巳嗣濮王士歆薨追封郡王甲午流星晝隕丁酉遣張貴謨使金賀正旦冬十月戊申率群臣奉上壽聖隆慈備福光佑太皇太后壽成惠慈皇太后聖安壽仁太上皇壽仁太上皇后冊寶于慈福壽康宮辛亥冊皇后壬戌金遣張嗣來賀瑞慶節甲戌大閱十一月庚寅詣壽康宮上太上皇帝寬恤詔令壬辰京鏜等上孝宗皇帝寬恤詔令癸卯賞宜州捕降峒寇功十二月辛未金遣完顏崇道來賀明年正旦是月監察御史沈繼祖劾朱熹詔落熹秘閣脩撰罷宮觀竄處士蔡元

定于道州

三年春正月壬寅鄭僑罷癸卯以謝深甫兼知樞密院事二月己酉京鏜等上神宗玉牒高宗實録丁巳以大理司直邵褒然請詔大臣自今權臣偽學之黨勿除在内差遣詔下其章三月乙未建東華門庚子禁浙西州軍圍田壬寅詔自今有司奏讞死罪不當者論如律夏四月丙午雨土命不袪為嗣濮王壬子以旱禱于天地宗廟社稷乙丑雨雹六月戊辰須淳熈寬恤詔令閏月甲戌内出銅器付尚書省毀之命申嚴私鑄銅器之禁乙亥遣衞涇賀金主生辰甲午詔留正分司西京邵州居住是夏廣東提舉茶鹽孫安國遣人捕私鹽于大奚山島民遂作亂秋七月庚午監察御史沈繼祖録淹囚四百餘條來上詔進二官八月戊子復置嚴州神泉監辛卯知廣州錢之望遣兵入大奚山盡殺島民甲午均諸路職田九月壬寅以四川旱詔蠲民賦辛酉遣曾炎使金賀正旦乙丑申嚴帥臣監司臧否郡守之制是月詔監司帥守薦舉改官勿用偽學之人冬十月癸酉雷丙戌金遣完顏愈來賀瑞慶節丙申以太皇太后違豫赦十一月辛丑加孝宗皇帝謚曰紹統同道冠德昭功哲文神

武明聖成孝皇帝太皇太后吴氏崩壬寅朝獻于景靈宮癸卯朝饗于太廟甲辰祀天地于圜丘大赦乙巳詔為大行太皇太后服期丁未遣趙介使金告哀十二月丙子始御正殿丁丑以大行太皇太后攢宮蠲紹興府貧民明年身丁折帛綿絹庚辰罷文武官納官告綾紙錢甲申雷雨土乙未金遣奧屯忠孝來賀明年正旦丁酉以知綿州王沇請詔省部籍偽學姓名

四年春正月己卯上欽宗皇后謚曰仁懷皇后丙寅以葉翥同知樞密院事丁卯詔有司寬恤兩淛江淮

荆湖四川流民二月辛未詔兩省侍從臺諫各舉所知一二人毋薦宰執親黨丙子上大行太皇太后謚曰憲聖慈烈皇后三月甲子權攢憲聖慈烈皇后于永思陵乙丑金遣烏林荅天益來弔祭夏四月丙戌祔仁懷皇后憲聖慈烈皇后神主于太廟己丑蠲臨安紹興二府租稅有差丙申始御正殿是月右諫議大夫張釜請下詔禁僞學遣湯碩使金報謝五月己亥加韓侂胄少傅賜玉帶己酉詔禁僞學六月己巳遣楊王休賀金主生辰癸酉以弟吴興郡王柄為開府儀同三司秋七月辛酉葉翥罷八月丁卯朔以久雨

決繫囚丙子以謝深甫知樞密院事兼參知政事吏部尚書許及之同知樞密院事庚辰白氣亘天丙戌詔以太上皇聖躬清復率群臣上壽尋不克行九月壬寅太白晝見癸卯太白經天丁未頒慶元重脩敕令格式庚申遣馬覺使金賀正旦是月詔造新曆冬十月戊子金遣孫鐸來賀瑞慶節十二月丙戌再蠲臨安府民身丁錢三年己丑金遣楊庭秀來賀明年正旦

五年春正月庚子樞密院直省官蔡璉訴趙汝愚定策時有異謀詔下大理捕鞫彭龜年曾三聘等以實其事中書舍人范仲藝力争之于韓侂胄事遂寢張釜等復請窮治詔停龜年三聘官壬戌建玉堂二月癸酉白氣亘天乙酉張釜劾劉光祖附和僞學詔房州居住三月甲午罷監司臧否郡守之制夏五月壬辰朔新曆成賜名曰統天戊戌賜禮部進士曾從龍以下四百十有二人及第出身戊申以久雨民多疫命臨安府振恤之壬子詔諸路州學置武士齋選官按其武藝六月癸亥遣李大性賀金主生辰秋七月甲寅禁高麗日本商人博易銅錢八月乙亥白氣亘天辛巳太祖廟楹生芝率群臣詣壽康宮上壽始見

太上皇成禮而還甲申以過宮上壽禮成中外奉表稱賀丙戌詔減諸路流囚釋杖以下推恩如慶壽故事丁亥進京鏜等官一級戊子立沿邊諸州武舉取士法九月庚寅朔加韓侂胄少師封平原郡王丙辰遣朱致知使金賀正旦冬十月庚申朔封郭師禹為廣陵郡王丙子金遣僕散琦來賀瑞慶節十一月己丑朔詔復右司一員十二月辛酉嗣濮王不祛薨庚午命廣東水土惡弱諸州建安仁宅惠濟倉庫給士大夫死不能歸者乙亥奉安仁懷皇后憲聖慈烈皇后神御于景靈宮甲申金遣范楫來賀明年正旦是

歲饑信江撫嚴衢台七州建昌興國軍廣東諸州皆水振之

六年春正月己亥子坦生二月戊辰減諸路雜犯死罪囚釋徒以下己巳雨土己卯率群臣奉上聖安壽仁太上皇玉牒聖政日曆會要于壽康宫甲申封婕妤楊氏為貴妃閏月庚寅以京鏜為左丞相謝深甫為右丞相何澹知樞密院事兼參知政事乙巳復留正少保觀文殿大學士致仕丁未雨土辛亥以殿前副都指揮使吴曦為昭信軍節度使三月甲子朱熹卒辛未從壽成惠慈皇太后幸聚景園己卯安定郡王

子恭薨夏四月己酉命不疊為嗣濮王五月丙辰以旱決中外繫囚除茶鹽賞錢有司上慶元寬恤詔令役法撮要癸亥避正殿減膳丙寅詔大理三衙臨安府及諸路闕雨州縣釋杖以下囚戊辰詔侍從臺諫兩省御監郎官館職疏陳闕失及當今急務辛未以久不雨詔中外陳朝廷過失及時政利害壬申雨丁丑詔三省樞密院擇臣僚封事可行者以聞六月乙酉朔日有食之丁亥以太上皇后違豫赦戊子太上皇后李氏崩壬辰遣趙善義賀金主生辰吴旰使金告哀戊申許及之以母憂去位秋七月己未初御後

殿丁卯以御史中丞陳自强簽書樞密院事八月庚寅以太上皇違豫赦辛卯太上皇崩甲午遣李寅仲使金告哀乙未日中有黑子丙申上大行太上皇后謚曰慈懿皇后丁酉京鏜薨壬寅子坦薨追封邠王謚沖溫癸卯權攢慈懿皇后于臨安府南山之修吉寺九月乙卯祔慈懿皇后神主于太廟甲子婺州布衣吕祖泰上書請誅韓侂胄蘇師旦逐陳自強等以周必大代之詔杖祖泰配欽州牢城己巳命謝深甫朝獻景靈宫庚午命嗣濮王不疊朝饗太廟辛未合祭天地于明堂大赦丙子遣丁常任為金國遺留國

信使冬十月丙戌加韓侂胄太傅戊子遣林桷使金賀正旦庚子復加安南國王李龍翰保節功臣辛丑雨土十一月癸丑朔詔宗子與愿更名曮為福州觀察使己未皇后韓氏崩癸亥子增生丙寅東北地震上大行太上皇謚曰憲仁聖哲慈孝皇帝廟號光宗乙亥上大行皇后謚曰恭淑皇后十二月癸未朔子增薨追封郢王謚沖英乙酉日中有黑子辛卯雨土權攢憲仁聖哲慈孝皇帝于永崇陵己亥金遣烏古論誼來弔祭壬寅權攢恭淑皇后于臨安府南山之廣教寺癸卯祔光宗皇帝神主于太廟遣虞儔使金

報謝詔改明年爲嘉泰元年乙巳日中黑子滅甕臨安紹興二府民緣攢宮役者賦戊申金遣紇石烈忠定來賀明年正旦己酉加吳曦太尉庚戌祔恭淑皇后神主于太廟詔罷四川總領所所增闕外四州營田租是歲建寧府徽嚴衢婺饒信南劍七州水建康府常潤揚楚通泰和七州江陰軍旱振之

本紀卷第三十七

本紀卷第三十八　宋史三十八

開府儀同三司上柱國録軍國重事中書右丞相監修國史領經筵事都總裁脫脫等奉　勑修

寧宗二

嘉泰元年春正月戊午申嚴福建科鹽之禁壬戌謝深甫等薦士三十有五人詔籍名中書以待選擢丁卯命路鈐按閱諸州兵士毋受饋遺及擅招軍違者寘諸法庚午以葛邲配饗光宗廟庭丙子金遣完顏充來弔祭二月戊子詔求明曆之士壬辰開資善堂遣俞烈使金報謝癸巳監察御史施康年劾少傅觀文殿大學士致仕周必大首倡僞學私植黨與詔降爲少保修光宗實録乙未續修吏部七司法己亥初置敎官試于四川辛丑雨土三月丙寅雨雹戊辰復雨雹須慶元寬恤詔令役法撮要己巳雨雹戊寅臨安大火四日乃滅夏四月辛巳詔有司振恤被災居民死者給錢瘞之壬午下詔自責詔樞密院覈禁衛班直及諸軍營栅焚燬之數癸未避正殿減膳甲申命臨安府察姦民縱火者治以軍法內降錢十六萬緡米六萬五千餘石振被災死亡之家辛卯龍州蕃部寇邊遣官軍討之詔以風俗侈靡災後官軍營造

務遵法制内出銷金鋪翠焚之通衢禁民無或服用丁酉御正殿復膳戊戌以潛邸為開元宮丙午詔文武臣無寓居州任釐務官者為令五月戊午以旱禱于天地宗廟社稷詔大理三衙臨安府兩浙州縣決繫囚癸亥釋諸路杖以下囚除茶鹽賞錢丁卯命有司舉行寬恤之政十有六條乙亥監太平惠民局夏允中請用文彦博故事以韓侂冑平章軍國重事韓侂冑上疏請致仕不許免允中官丙子雨丁丑雨雹六月辛巳遣陳宗召賀金主生辰丙午太白經天秋七月乙卯何澹罷丁巳以旱復禱于天地宗廟社稷

壬戌釋大理三衙臨安府及諸路闕雨州縣杖以下囚癸亥雨雹甲子以陳自強參知政事兼同知樞密院事張釜簽書樞密院事丁卯復振被火貧民己巳以吳曦為興州都統制兼知興州八月己卯減奏薦恩甲申張釜罷以陳自強兼知樞密院事給事中張巖參知政事右諫議大夫程松同知樞密院事丙戌復詔侍從臺諫兩省集議沿江八州行鐵錢利害九月辛亥遣朝臣二人決浙西圍田己未雨土辛未遣李景和使金賀正旦甲戌令禮官纂集孝宗一朝典禮冬十月甲申詔免瑞慶節諸道入貢丙戌起居郎

王容請以韓侂冑定策事迹付史館從之甲午金遣徒單懷忠來賀瑞慶節甲辰編光宗御集十一月庚申蠲潭州民售輸黃河鐵纜錢丙寅太白晝見十二月己卯太白經天庚寅復免臨安府民身丁錢三年辛丑雨土癸卯金遣紇石烈真來賀明年正旦是歲浙西江東兩淮利州路旱振之仍蠲其賦真里富國獻馴象二

二年春正月癸亥以知閤門事蘇師旦兼樞密都承旨丁卯陳自強等上高宗實錄二月甲申追復趙汝愚資政殿學士丁亥修高宗正史實訓戊子頒治縣

十二事以風厲縣令癸巳禁行私史三月辛亥詔宰執各舉可守邊郡者二三人己未初命諸路提刑以五月按部理囚己巳詔諸路帥臣總領監司舉任將帥者與本軍主帥列上之夏四月庚寅雨雹五月甲辰朔日有食之己巳賜禮部進士傅行簡以下四百九十有七人及第出身六月丙子遣趙不艱賀金主生辰己卯臨安火壬午瀉浙西運河辛卯禁都民以火說相驚者庚子大雨雹秋七月辛亥封子覿為安定郡王癸亥以旱釋諸路杖以下囚己巳命有司舉行寬恤之政七條庚午禱于天地宗廟社稷復行寬

恤四事八月丙子以吏部尚書袁説友同知樞密院事癸未建寶謨閣以藏光宗御集己丑詔作壽慈宮請太皇太后還內甲午謝深甫等上慶元條法事類九月己酉朝壽慈宮甲寅修皇帝會要壬戌奉安光宗皇帝慈懿皇后神御于景靈宮萬壽觀丙寅嗣秀王伯圭薨追封崇王謚曰憲靖庚午臨安府野蠶成繭冬十月乙亥上壽成惠慈太皇太后尊號曰壽成惠聖慈祐太皇太后戊子金遣完顏璹來賀瑞慶節乙未遣魯琚使金賀正旦是月追復朱熹煥章閣待制致仕十一月甲辰始御正殿乙巳重修吏部七司

法庚戌以陳自強知樞密院事前同知樞密院事許及之參知政事丁巳右文殿楹生芝十二月甲戌日中有黑子率群臣奉上壽成惠聖慈祐太皇太后冊寶于壽慈宮甲申立貴妃楊氏爲皇后加韓侂冑太師庚寅大閱閏月丁未詔講官有當開釋者隨事開陳乙卯以福州觀察使曮爲威武軍節度使封衛國公丁卯金遣徒單公弼來賀明年正旦是月復周必大少傅觀文殿大學士是冬子垍生未踰月薨追封華王謚沖穆是歲建寧府福汀南劍瀘四州水邵州旱振之

三年春正月庚辰謝深甫罷壬午置湖南谿洞總首戊子龍州蕃部復寇邊遣官軍討之甲午張巖罷丙申以陳自強兼參知政事戊戌幸大學謁大成殿御化原堂命國子祭酒李寅仲講尚書周官篇遂幸武學謁武成殿監學官進秩一級諸生推恩賜帛有差以袁説友參知政事權翰林學士知制誥傅伯壽簽書樞密院事伯壽辭不拜二月乙巳御文德殿册皇后以吏部尚書費士寅簽書樞密院事三月丁丑以久雨詔大理三衙臨安府決繫囚乙酉幸聚景園夏四月己亥朔日有食之壬寅福州瑞麥生丙午出封

椿庫兩淮交子一百萬命轉運司收民間鐵錢乙卯陳自強等上徽宗玉牒孝宗光宗實録辛酉詔宰執臺諫子孫毋就試五月戊寅以陳自強爲右丞相許及之知樞密院事仍兼參知政事庚辰以旱詔大理三衙臨安府釋杖以下囚癸未命有司搜訪舊聞修三朝正史以書來上者賞之是月以蘇師旦爲定江軍承宣使六月壬寅遣劉甲賀金主生辰己酉減大理三衙臨安府囚罪一等釋杖以下癸亥太白經天秋七月辛未頒慶元條法事類命殿前司造戰艦壬午權罷同安漢陽蘄春三監鑄錢白虹貫日癸未禁

江浙州縣抑納逃賦乙未加光宗皇帝謚曰循道憲
仁明功茂德温文順武聖哲慈孝皇帝八月壬寅增
置襄陽騎軍戊申置四川提舉茶馬二員分治茶馬
事丙辰陳自強等上皇帝會要甲子詔刑部歲終比
較諸路瘐死之數以為殿最九月庚午袁説友罷壬
申以宗子希瑧為莊文太子嗣更名搢授右千牛衞
將軍癸酉命阬冶鉄冶司毀私錢改鑄己丑詔南郊
加祀感生帝太子庶子星宋星遣張孝曾使金賀正
旦冬十月庚子詔宥呂祖泰癸卯以費士寅參知政
事華文閣學士知鎮江府張孝伯同知樞密院事丙

午命兩淮諸州以仲冬教閱民兵萬弩手丁未大風
戊申龍州蕃部出降壬子金遣完顏奕來賀瑞慶節
十一月壬申上光宗冊寶于太廟癸酉朝獻于景靈
宮甲戌朝饗于太廟乙亥祀天地于圜丘大赦癸未
大風己丑安定郡王子覿薨更定選人薦舉改官法
庚寅復置福田居養院命諸路提舉常平司主之十
二月丙辰命四川提舉茶馬通洽茶馬事辛酉下詔
戒敕將帥掊克金遣獨吉思忠來賀明年正旦是冬
金國多難懼朝廷乘其隙沿邊聚糧增戍且禁襄陽
榷場邊釁之開蓋自此始

四年春正月乙亥大風濬天長縣濠癸未日中有黑
子壬辰雨雹瓊州西浮洞逃軍作亂寇掠文昌縣遣
兵討平之二月丁酉置莊文太子府小學教授辛亥
命內外諸軍射鐵帖轉資壬子蠲臨安府逋負酒稅
己未立試刑法避親格庚申夜有赤氣亘天三月丁
卯臨安大火迫太廟權奉神主于景靈宮己巳避正
殿庚午命臨安府振焚室辛未詔修太廟甲戌下詔
罪己乙亥詔百官疏陳時政闕失庚寅復御正殿夏
四月甲午朔立韓世忠廟于鎮江府命內外諸軍詳
度純隊法甲辰許及之罷振恤江西水旱州縣乙巳

以費士寅兼知樞密院事張孝伯參知政事吏部尚
書錢象祖賜出身同知樞密院事丙辰詔革選舉之
弊五月乙亥詔諸軍主帥各舉部內將材三人不如
所舉者坐之癸未追封岳飛為鄂王六月癸巳遣張
嗣古賀金主生辰丙申置諸軍帳前雄効以軍官子
孫補之壬寅詔侍從臺諫兩省集議裁抑濫賞壬子
詔諸路監司覈實諸州樁積錢米沿江四川軍帥簡
練軍實丁巳增廬州強勇軍為千人秋七月甲子以
旱詔大理三衙臨安府兩浙及諸路決繫囚戊辰禱
于天地宗廟社稷己巳命諸路提刑從宜斷疑獄蠲

內外諸軍逋負營運息錢辛未蠲兩浙闕雨州縣逋租戊子命諸路提刑提舉司措置保伍法八月己亥陳自強等上皇帝玉牒癸丑詔自今以恩賞進秩歲毋過二官蠲紹興府攢宫所在民身丁錢絹綿鹽丙辰除靜江府昭州折布錢戊午張孝伯罷九月乙丑得四圭有邸玉一詔藏于太常壬午遣鄧友龍使金賀正旦丙戌戒飭兩淮州縣遵守寬恤舊法冬十月庚子以資政殿大學士淮東安撫使張巖參知政事壬寅金遣完顏昌來賀瑞慶節十一月己未朔詔兩淮荆襄諸州值荒歉奏請不及者聽先發廩以聞庚午封伯栩為安定郡王壬申白氣亘天庚辰修六合縣城十二月癸巳詔總覈內外財賦以陳自強兼國用使費士寅張巖同知國用事己亥詔改明年為開禧元年壬寅禁州縣挾私籍沒民產甲辰再蠲臨安府民身丁錢三年乙卯金遣烏林答毅來賀明年正旦

開禧元年春正月癸酉初置澉浦水軍壬午雨霾二月癸巳奪徐安國三官癸卯詔國用司立考覈財賦之法丙午蠲臨安府逋負酒稅三月庚申太白晝見辛未申嚴民間生子棄殺之禁仍令有司月給錢米收養辛巳以淮西安撫司所招軍為強勇軍癸未費士寅罷夏四月戊子朔以錢象祖參知政事兼同知樞密院事吏部尚書劉德秀簽書樞密院事辛卯以江陵副都統李奕為鎮江都統皇甫斌為江陵副都統兼知襄陽府戊戌修憲聖慈烈皇后聖德事迹辛丑日中有黑子甲寅武學生華岳上書諫朝廷不宜用兵恐啓邊釁以忤韓侂冑送建寧府編管乙卯大風五月己巳賜禮部進士毛自知以下四百三十有三人及第出身復淳熙薦舉改官法乙亥詔以儀國公曮為皇子進封榮王甲申鎮江都統戚拱遣忠義

人朱裕結弓手李全焚漣水縣是月金國以邊民侵掠及增邊戍來責渝盟六月戊子罷廣東稅場八十一墟辛卯詔內外諸軍密為行軍之計戊戌命諸路安撫司教閱禁軍己亥遣李壁賀金主生辰庚子進程松資政殿大學士為四川制置使辛丑淮東安撫鄭挺坐擅納北人牛真及刼漣水軍事敗奪二官罷壬寅天鳴有聲復同安漢陽蘄春三監己巳熒惑犯太微右執法陳自強等上新修淳熙以後吏部七司法壬子陳自強及侍御史鄧友龍等請用本朝故事以韓侂冑平章軍國事減大理三衙臨安府囚罪一

等釋杖以下秋七月庚申詔韓侂冑平章軍國事立
班丞相上三日一朝赴都堂治事命與元都統司增
招戰兵丙寅以蘇師旦為安遠軍節度使領閤門事
丁卯詔侍從兩省臺諫在外待制學士已上及內外
文武官各舉將帥邊守一二人戊辰贈趙汝愚少保
己卯韓侂冑等上高宗御集壬午詔諸路提刑提舉
司措置保甲癸未以韓侂冑兼國用使以旱詔大理
三衙臨安府兩浙州縣及諸路決繫囚八月丙戌朔
蠲兩浙闕雨州縣贓賞錢丁亥命湖北安撫司增招
神勁軍癸巳雨乙巳以殿前副都指揮使郭倪為鎮

江都統兼知楊州是月贈宇文虛中少保追封劉光
世為鄜王閏月戊寅韓侂冑等上欽宗玉牒憲聖慈
烈皇后聖德事迹九月丁亥劉德秀罷庚子詔官吏
犯贓追還所受如舊法丁未遣陳景俊使金賀正旦
庚戌大風冬十月甲子江州守臣陳鑄以歲旱圖獻
瑞禾詔奪一官丙寅升嘉定府為嘉慶軍庚午金遣
紇石烈子仁來賀瑞慶節復置和州馬監十一月乙
酉置殿前司神武軍五千人屯楊州乙未申嚴告訐
之禁十二月癸丑朔脩孝宗光宗御集庚午詔兩淮
京西監司帥守講行寬恤之政增刺馬軍司弩手癸

酉詔永除兩浙身丁錢絹戊寅金遣趙之傑來賀明
年正旦入見禮甚倨韓侂冑請帝還內詔使人更以
正旦朝見著作郎朱質上書請斬金使不報是歲真
里富國獻瑞象江浙福建二廣諸州旱兩淮京西湖
北諸州水振之

二年春正月癸未朔蠲兩浙路身丁紬綿癸巳再給
軍士雪寒錢發米振給貧民以金使悖慢館伴使副
以下奪官有差乙未增太學內舍生為百二十人辛
丑更名國用司曰國用參計所己酉雷雨雹辛亥詔
坑戶毀錢為銅者不赦仍籍其家著為令是月雅州

蠻高吟師寇邊遣官軍討之二月癸丑壽慈宮火甲
寅太皇太后移居大內車駕月四朝乙卯以火災避
正殿徹樂丁巳以久雨詔大理三衙臨安府及諸路
決繫囚己卯復御正殿三月癸巳以程松為四川宣
撫使吳曦為宣撫副使甲午須開禧重脩七司法丁
酉詔諸路監司歲十一月按部理囚如五月之制己
亥從太皇太后幸聚景園乙巳錢象祖罷以張嚴兼
知樞密院事丙午以錢象祖懷姦避事奪二官信州
居住己酉知處州徐邦憲入見請立太子因以肆赦
弭兵侍御史徐柟劾罷之夏四月己未雅州蠻作亂

焚碉門砦官軍失利庚申四川宣撫司復調御前大
軍往討之甲子以薛叔似為兵部尚書湖北京西宣
撫使鄧友龍為御史中丞兩淮宣撫使下納粟補官
之令戊辰以吳曦兼陝西河東路招撫使己巳調三
衙兵增戍淮東庚午追奪秦檜王爵命禮官改謚乙
亥以郭倪兼山東京東路招撫使鄂州都統趙淳兼
京西北路招撫使皇甫斌兼京西北路招撫副使丁
丑吳曦遣其客姚淮源獻關外四州于金求封蜀王
鎮江都統制陳孝慶復泗州江州統制許進復新息
縣戊寅光州忠義人孫成復褒信縣五月辛巳朔陳

孝慶復虹縣吳興郡王柄薨追封沂王謚曰靖惠癸
未禁邊郡官吏擅離職守丙戌江州都統王大節引
兵攻蔡州不克軍大潰丁亥下詔伐金癸巳以伐金
告于天地宗廟社稷皇甫斌引兵攻唐州敗績興元
都統秦世輔出師至城固縣軍大亂甲午賜宗室希
瞿子名均命為沂王柄後補千牛衛將軍以池州副
都統郭倬主管馬軍行司公事李汝翼會兵攻宿州
敗績壬寅太白晝見簡荆襄兩淮田卒以備戰兵癸
卯郭倬等還至蘄縣金人追而圍之倬執馬軍司統
制田俊邁以與金人乃得免六月壬子王大節除名

袁州安置尋徙封州癸丑建康都統李爽攻壽州敗
績甲寅鄧友龍罷以江南東路安撫使丘崈為刑部
尚書兩淮宣撫使乙卯雅州蠻高吟師出降官軍殺
之丁巳減大理三衙臨安府囚罪一等釋杖以下奪
郭倬李汝翼二官辛酉奪皇甫斌三官甲子李爽罷
丁卯曲赦泗州減雜犯死罪囚餘皆除之蠲其租稅
三年建康副都統田琳復壽春府戊辰雅州蠻復寇
邊甲戌奪李爽三官汀州居住再奪皇甫斌五官南
安軍安置丙子奪鄧友龍三官興化軍居住戊寅蘇
師旦罷是月命丘崈至揚州部署諸將悉三衙江上

軍分守江淮要害金人封吳曦為蜀王秋七月辛巳
復紹興邊郡賞奪蘇師旦三官衡州居住仍籍其家
罷旱傷州軍比較租賦一年詔侍從臺諫兩省卿監
郎官監司郡守前宰執侍從各舉人材二三人壬午
雅州蠻出降庚子蘇師旦除名韶州安置癸卯以張
巖知樞密院事禮部尚書李壁參知政事乙巳置沂
王府小學教授八月丙寅有司上開禧刑名斷例斬
郭倬于鎮江戊辰再奪李爽三官南雄州安置辛未
詔諸州無證有佐之獄毋奏裁壬申以淮東安撫司
所招軍為御前強勇軍九月壬午金兵攻奪和尚原

已丑朝獻于景靈宮庚寅朝饗于太廟辛卯合祭天
地于明堂大赦乙巳賞復泗州功冬十月戊申朔詔
內外軍帥各舉智勇可將帥者二人辛酉以將士暴
露罷瑞慶節宴丙子金人自清河口渡淮遂圍楚州
十一月庚辰命主管殿前司公事郭杲領兵駐真州
以援兩淮辛巳金人破棗陽軍甲申以丘崈簽書樞
密院事督視江淮軍馬金人犯神馬坡江陵副都統
魏友諒突圍趨襄陽乙酉趙淳焚樊城戊子金人犯
廬州田琳拒退之癸巳以金人犯淮告于天地宗廟
社稷乙未避正殿減膳以湖廣總領陳謙為湖北京

西宣撫副使丙申金人去廬州丁酉金人犯舊岷州
守將王喜遁去戊戌金人圍和州守將周虎拒之金
人破信陽軍辛丑金人圍襄陽壬寅金人破隨州癸
丑太皇太后賜錢一百萬緡犒賞軍士詔諸路招填
禁軍以待調遣甲辰金人犯真州乙巳金人破西和
州是月濠州安豐軍及邊屯皆為金人所破十二月
戊申金人圍德安府守將李師尹拒之庚戌金人破
成州守臣辛㯽之遁去吳曦焚河池縣退屯青野原
辛亥釋大理三衙臨安府杖以下囚癸丑金人去和
州甲寅金人攻六合縣郭倪遣前軍統制郭僎救之

遇于胥浦橋大敗倪棄揚州走丁巳金人破大散關
戊午熒惑守太微癸亥魏友諒軍潰于花泉走江陵
丁卯金人犯七方關興州中軍正將李好義拒卻之
戊辰吳曦還興州金人自淮南退師留一軍據濠州
己巳罷郭倪奪三官責授果州團練副使南康軍安
置庚午薛叔似陳謙罷以京湖北路安撫使吳獵為
湖北京西宣撫使復兩浙圍田募兩淮流民耕種癸
酉吳曦始自稱蜀王甲戌以鎮江副都統畢再遇為
鎮江都統權山東京東路招撫司公事乙亥四川宣
撫使程松遁

三年春正月丁丑朔丘崈罷己卯命知樞密院事張
巖督視江淮軍馬庚辰以陳自強兼樞密使癸未金
人破階州丁亥子圻生庚寅詔建康府給淮民裝錢
遣歸業辛卯吳曦招通判興元府權大安軍事楊震
仲震仲不屈死之癸巳命兩淮帥守監司招集流民
甲午吳曦僭位于興州甲辰奪池州都統陳孝慶三
官罷二月壬子以金師退御正殿復膳甲寅削奪福
建路總管兼延祥水軍統制商榮官爵柳州安置己
未罷程松四川宣撫使以成都府路安撫使楊輔為
四川制置使沿江制置使葉適兼江淮制置使庚申

以旱詔大理三衙臨安府決繫囚癸亥子圻薨追封順王謚冲懐甲子振給旱傷州縣貧民命諸路提刑司從宜斷疑獄丁卯罷江浙荆湖福建招軍戊辰子撫生庚午金人去襄陽辛未以旱禱于天地宗廟社稷命有司舉行寬恤之政八條蠲兩淮被兵諸州今年租賦乙亥釋兩浙路杖以下囚四川宣撫副使司隨軍轉運安丙及興州中軍正將李好義監四川總領所與州合江倉楊巨源等共誅吳曦傳首詣行在獻于廟社梟三日四川平併誅曦妻子家屬徙嶺南奪其父挺官遷吳璘子孫出蜀存其廟祀玠子孫免

連坐三月丙子朔蠲兩淮被兵州郡役錢丁丑斬僞四川都轉運使徐景望于利州壬辰興州將劉昌國引兵至階州金人退去癸巳李好義復西和州丁酉金人去成州庚子詔以楊輔為四川宣撫使安丙為端明殿學士四川宣撫副使起居舍人許奕為四川宣諭使落程松資政殿大學士奪六官筠州安置忠義統領張翼復鳳州辛丑曲赦四川減雜犯死罪囚釋杖以下壬寅責授程松順昌軍節度副使澧州安置夏四月戊申以吳獵兼四川宣諭使子撫薨追封申王謚冲懿癸丑赦兩淮湖北京西被兵諸州減雜

犯死罪囚釋流以下蠲湖北京西諸郡今年租賦四川忠義人復大散關己未奉使金國通謝國信所參議官方信孺發行在庚申以兵部尚書宇文紹節知江陵府權湖北京西宣撫使壬戌詔吳獵與宣撫司議分興州都統司軍之半屯利州丁卯召楊輔詣行在以吳獵為四川制置使戊辰以資政殿學士錢象祖參知政事己巳改興州為沔州庚午贈楊震仲官仍官其子一人癸酉金人復破大散關甲戌赦西和階成鳳四州五月丁丑賞誅吳曦功戊寅用四川宣撫司奏吳曦黨人張伸之等一十六人除名編配兩

廣及湖南諸州己丑以旱禱于天地宗廟社稷辛卯以太皇太后謝氏有疾赦是日崩四川宣撫副使司參贊軍事楊巨源與金人戰于長橋敗績戊戌詔四川宣撫置制司分治兵民庚子復置沔州副都統制以李好義為之辛丑李好義襲秦州敗還六月甲寅賞守襄陽功己未李好義遇毒死癸亥以林拱辰為金國通謝使遣富琯使金告哀劉彌正賀金主辰癸酉安丙殺其參議官楊巨源秋七月己卯命不儔為嗣濮王乙酉以災傷下詔罪己八月己巳上大行太皇太后謚曰成肅皇后九月丁丑詔諸路帥臣申儆

邊備辛巳召張巖詣行在壬午方信孺以忤韓侂胄坐用私覿物擅作大臣饋遺金將奪三官臨江軍居住甲申減極邊官吏舉主員乙酉權攢成肅皇后于阜陵丙戌命淮西轉運司措置雄淮軍辛卯以趙淳為殿前副都指揮使兼江淮制置使乙未張巖罷辛丑遣王相持書赴金國都副元帥府壬寅祔成肅皇后神主于太廟冬十月乙巳減臨安紹興二府囚罪一等蠲民緣攢宮役者賦丙午更殿前司純隊法乙卯復珍州遵義軍丙辰詔以邊事諭軍民十一月甲戌詔韓侂胄輕啓兵端罷平章軍國事陳自強阿附

充位罷右丞相乙亥禮部侍郎史彌遠等以密旨命權主管殿前司公事夏震誅韓侂胄于玉津園以錢象祖兼知樞密院事李壁兼同知樞密院事以誅韓侂胄詔天下丁丑以夏震為福州觀察使主管殿前司公事將士行賞有差奪陳自強三官永州居住戊寅責授蘇師旦武泰軍節度副使韶州安置己卯斬之詔姦臣竄殛當首開言路以來忠讜中外臣僚各具所見以聞辛巳再奪鄧友龍五官南雄州安置尋除名徙循州乙酉置御前忠銳軍丙戌以御史中丞衛涇簽書樞密院事兼參知政事丁亥詔立皇子榮王曮為皇太子更名幬戊子郭倪除名梅州安置郭僎除名連州安置仍籍其家奪李壁二官撫州居住癸巳奪張巖二官徽州居住己亥以立皇太子大赦十二月癸卯以丘崈為江淮制置大使罷山東京東招撫司以許奕為金國通問使乙巳太白晝見丁未罷京西北路招撫司己酉落葉適寶文閣待制蠲兩淮州軍稅一年庚戌奪許及之二官泉州居住奪薛叔似二官福州居住再奪皇甫斌五官英德府安置癸丑金人復破隨州辛酉以錢象祖為右丞相兼樞密使衛涇及給事中雷孝友並參知政事吏部尚書

林大中簽書樞密院事乙丑以禮部尚書史彌遠同知樞密院事丙寅贈呂祖儉朝奉郎直祕閣官其子一人丁卯詔改明年為嘉定元年是歲浙西旱蝗沿江諸州水

本紀卷第三十八

本紀卷第三十九　宋史三十九

開府儀同三司上柱國錄軍國重事前中書右丞相監修國史領經筵事都總裁臣脫脫等奉

勅修

寧宗三

嘉定元年春正月戊寅右諫議大夫葉時等請梟韓侂胄首于兩淮以謝天下不報辛巳下詔求言壬午王柟還自河南持金人牒求韓侂胄首丙戌葉時等復請梟侂胄首于兩淮戊子安定郡王伯栩薨壬辰以史彌遠知樞密院事以許奕為金國通謝使二月戊申追復趙汝愚觀文殿大學士謚忠定詔史官改紹熙以來韓侂胄事迹壬子詔

臨安府振給流民戊午責授程松果州團練副使賓州安置是月郴州黑風峒寇羅世傳作亂招降之三月癸酉以毛自知首論用兵奪進士第一人恩例戊子下詔戒飭內外群臣復秦檜王爵贈謚己丑王柟自軍前再還行在議以韓侂胄函首易淮陝侵地辛卯詔梟侂胄首于兩淮是春子坦生夏四月丙辰詔後省科別群臣奏疏可行者以聞贈彭龜年寶謨閣直學士落李沐寶文閣學士戊午再責授陳自強復州團練副使雷州安置仍籍其家閏月辛未置拘榷安邊錢物所壬申雨雹癸未子坦薨追封肅王謚冲靖詔大理三衙臨安府及諸路闕雨州縣決繫囚釋

杖以下甲申詔自今視事令皇太子侍立乙酉以錢象祖兼太子少傅衛涇雷孝友林大中並兼太子賓客辛卯以旱禱于天地宗廟社稷癸巳減常膳乙未蠲兩浙闕雨州縣貧民逋賦命大理三衙臨安府兩浙州縣決繫囚丙申幸太乙宮明慶寺禱雨丁酉以旱詔求言五月辛酉賜禮部進士鄭自成以下四百二十有六人及第出身甲子太白經天乙丑以飛蝗為災減常膳丁卯詔侍從臺諫疏奏闕政監司守令條上民間利害六月庚午金人歸大散關辛未金人歸濠州乙亥衛涇罷丙子遣鄒應龍賀金主生辰甲申林大中薨乙酉以蝗禱于天地社稷丙戌詔侍從

兩省臺諫舉沿邊守臣辛卯以史彌遠兼參知政事秋七月辛丑詔呂祖泰特補上州文學癸丑以丘崈同知樞密院事壬戌以飛蝗為災詔三省疏奏寬恤未盡之事八月戊辰朔發米振貧民辛未丘崈卒申戌命侍從臺諫兩省詳議會子折閱利害辛巳以禮部尚書婁機同知樞密院事吏部尚書樓鑰簽書樞密院事丙戌詔禮部侍郎許奕起居舍人曾從龍攷訂監司守令所陳民間利害擇可行者以聞其未上者趣之甲午發米二十萬振糶江淮流民九月辛丑金使完顏侃喬宇入見壬子出安邊所錢一百萬緡命江淮制置大使司糴米振饑民己未詔以和議成

諭天下甲子遣曾從龍使金賀正旦乙丑大風赦沿邊諸州冬十月丙子以錢象祖為左丞相史彌遠為右丞相雷孝友知樞密院事仍兼參知政事婁機參知政事樓鑰同知樞密院事己卯褒錄慶元上書楊宏中等六人庚辰封伯柷為安定郡王辛巳蔡璉除名配贛州牢城癸未金遣使來賀瑞慶節十一月丙辰金主璟殂戊午史彌遠以母憂去位十二月戊辰錢象祖罷庚午四川初行當五大錢升嘉興府為嘉興軍再奪李沭三官信州居住戊寅改命曾從龍使金弔祭己卯黎州蠻畜卜寇邊己丑遣宇文紹彭使金賀即位辛卯蠲兩淮州軍二稅一年是歲江淮制置司汰雄淮軍歸農淮東揀刺八千餘人以補鎮江大軍及武鋒軍之闕淮西揀刺二萬六千餘人以為御前定武軍

二年春正月庚子詔內外有司疏陳節用之事辛丑金遣裴滿正來告哀丁巳以樓鑰參知政事御史中丞章良能同知樞密院事吏部尚書宇文紹節簽書樞密院事庚申金遣蒲察知剛來獻遺留物詔侍從兩省臺諫各舉監司郡守治行尤異者二三人二月己巳金遣使來告即位庚午黎州蠻寇邊壬午以會子折閱日甚詔侍從兩省以下各疏奏所見丁亥罷法科試經義復六場舊法戊子大風

三月丙申雨雹己酉詔民以減會子之直籍沒家財者有司立還之戊午禁兩淮官吏私買民田庚申命浙西及沿江諸州給流民病者藥辛酉罷漳泉福三州興化軍賣廢寺田壬戌出內庫錢十萬緡為臨安貧民棺槥費夏四月乙丑詔諸路監司督州縣捕蝗戊辰江淮制置司言放廬濠二州忠義軍歸農甲申賜臨安諸軍死者棺錢戊子賜楊震仲諡曰節毅五月丙申史彌遠起復丁酉以旱詔諸路監司決繫囚劾守令之貪殘者戊戌借補武訓郎羅日愿謀為變伏誅庚子詔侍從兩省臺諫各舉監司郡守有政績才望者二人以補郎官之闕辛丑申命州縣捕蝗癸卯詔兩淮荊襄守令以戶口多寡為殿最乙卯釋大理三衙臨安府兩浙州縣杖以下囚除茶鹽賞錢己未以旱詔羣臣上封事庚申禱于天地宗廟社稷六月癸亥朔命浙西諸州諭民種麻豆毋督其租詔臺省及諸路監司速決滯獄戊辰奉安成肅皇后神御于景靈宮己巳遣俞應符賀金主生辰乙酉復禱雨于天地宗廟社稷己丑命江西福建二廣豐稔諸州糴運以給臨安仍償其費辛卯京湖制置司言放諸州新軍及忠義人歸農秋七月癸巳命有司舉行寬恤之政五條乙未詔荒歉州縣七歲以下男女聽異姓收養著為令己亥蠲信陽荊門漢陽軍民賦壬寅

命兩淮轉運司給諸州民麥種癸卯募民以振饑免役八月甲子聽兩淮諸州民行鐵錢于沿江八州乙丑以安丙爲四川制置大使罷宣撫司甲戌冊皇太子丁丑皇太子謁于太廟戊寅詔皇太子更名詢己卯黎州蠻復寇邊丙戌發米十萬石振兩淮飢民九月己亥朝獻于景靈宮庚子朝饗于太廟辛丑合祭天地于明堂大赦丙午增太學内舍生十員癸丑命吏部郎官劉爚等審定中外所陳會子利害上于朝己未遣費培使金賀正旦冬十月丁卯命京湖制置司募逃卒及放散忠義以補廂禁軍關丁丑金遣使來賀瑞慶節己丑命兩淮轉運司給諸州民稻種減公私房廊白地錢什之三十一月辛卯朔沔州統制張林等謀作亂事覺貸死除名廣南覊管甲午詔浙西監司募飢民修水利乙未以歲饑罷雪宴是月郴州黑風峒寇李元礪作亂衆數萬連破吉郴諸縣詔遣荆鄂江池四州軍討之十二月甲子四川制置大使司調官軍討黎州蠻敗績己巳賜朱熹謚曰文乙亥詔諸州毋羅職田租丙戌金遣使來賀明年正旦是歲諸路旱蝗揚楚衡郴吉五州南安軍盜起

三年春正月甲辰下詔招諭群盜又詔戒飭監司郡守丙午雨土二月辛酉黎州蠻復寇邊庚午詔楚州武鋒軍歲給累重錢如大軍例壬午以工部侍郎王居安知隆興府督捕峒寇三月丁酉蠲都城及荒歉諸州民間逋負己亥以湖南轉運判官曹彥約知潭州督捕峒寇庚子賜彭龜年謚曰忠肅甲寅誅楚州渠賊胡海丙辰以久雨釋兩浙州縣繫囚夏四月癸亥李元礪犯南雄州官軍大敗乙丑決臨安繫囚釋杖以下丙寅詔監司守臣安集泰吉二州民經賊蹂踐者戊辰出内庫錢二十三萬緡賜臨安軍民己巳詔臨安府給細民病死者棺櫬五月乙未淮東賊悉平詔寬恤殘破州縣甲辰以去歲旱蝗百官應詔封事命兩省擇可行者以聞乙巳命沿海諸州督捕海寇戊申經

理兩淮屯田庚戌以江陵忠勇軍爲御前忠勇軍癸丑以久雨發米振貧民六月丁巳朔日有食之壬戌命有司舉行寬恤之政十有九條癸亥遣黃中賀金主生辰己卯加楊次山少保封永陽郡王詔三衙江上四川諸軍主帥核實軍籍欺冒者以贓論是月池州副都統許俊江州副都統劉元鼎與李元礪戰于江西皆不利知潭州曹彥約又與賊戰亦爲所敗賊勢愈熾秋七月辛卯申嚴圍田增廣之禁癸卯定南班爲三十員八月乙亥大風拔木是月臨安府蝗九月丙戌朔詔三衙江上諸軍升差將校必以材藝年勞其徇私者臺諫及制置總領劾之癸丑遣錢仲彪

使金賀正旦冬十月壬申雷金遣使來賀瑞慶節丁丑推南雄州戰歿將士恩十一月癸巳賞楚州平賊功乙巳遣朝臣二人往兩浙路與提舉官議收浮鹽是月李元礪迫贛州南安軍詔以重賞募人討之十二月丙辰詔江淮諸司嚴飭守令安集流民戊午婁機罷丙寅湖南賊羅世傳縛李元礪以降峒寇悉平辛巳金遣使來賀明年正旦黎州蠻請降是歲臨安紹興二府嚴衢二州大水振之仍蠲其賦

四年春正月己丑敘州蠻攻嘉定府利店砦陷之甲辰以四川鹽擔錢對減激賞絹一年丙午詔湖南江西諸州經

賊蹂踐者監司守臣攷縣令安集之實第其能否以聞二月乙卯李元礪伏誅壬戌羅世傳補官尋復叛辛巳罷廣西諸州牛稅閏月丁未大風辛亥詔諸路帥臣監司守令格朝廷振恤之令及盜發不即捕者重罪之三月己未臨安府振給病民死者賜棺錢丙子沔州將劉世雄等謀據仙人原作亂伏誅夏四月甲申禁兩浙福建州縣科折鹽酒己丑以吳曦沒官田租代輸關外四州旱傷秋稅丙午賜黑風峒名曰效忠戊申出內庫錢瘞疫死者貧民是月四川制置大使司置安邊司以經制蠻事命成都路提刑李埴潼川路安撫許奕共領之五月乙亥賜禮部進士趙

建大以下四百六十有五人及第出身六月丁亥遣余嶸賀金主生辰會金國有難不至而還減京畿囚罪一等釋杖以下辛丑更定四川諸軍軍額秋七月壬戌太白晝見丙寅詔四川官吏嘗受僞命者自今毋得敘用丁丑詔軍興以來爵賞冒濫者聽自陳除其罪九月辛酉敘州蠻寇邊乙亥羅世傳爲其黨所殺丁丑遣程卓使金賀正旦詔附會開邊得罪之人自今毋得敘用冬十月甲辰以金國有難命江淮京湖四川制置司謹邊備十一月己酉朔日有食之癸丑賞平峒寇功甲戌申嚴諸軍升差之制十二月辛巳奉議郎張鎡坐扇搖國本除名象州羈管癸未以

會子折閱不行遣官體訪江浙諸州乙巳金遣使來賀明年正旦是歲金國有難賀生辰使不至

五年春正月己巳詔諸路通行兩浙倍役法著爲令壬申賜李好義謚曰忠壯二月壬午罷兩淮軍興以來借補官三月庚戌四川制置司遣兵分道討敘州蠻其酋米在請降戊辰以久雨詔大理三衙臨安府兩浙州縣決繫囚甲戌以廣東湖南京西盜平監司帥臣進職有差夏五月癸酉安南國王李龍翰卒以其子昊旵爲安南國王詔州縣見役人毋納免役錢役滿復輸六月癸未遣傅誠賀金主生辰乙酉禁銅錢過江秋七月庚申賞降敘州蠻功戊辰

以雷兩毀太廟屋避正殿減膳八月甲戌朔御後殿復膳
九月丙午太白晝見己酉有司上續編中興禮書庚戌遣
義砦夷楊煥來獻馬辛未罷沿海諸州海船錢遣應武使
金賀正旦冬十月辛巳詔諸路總領官歲舉堪將帥者二
三人安撫提刑舉可備將材者各二人戊子金遣使來賀
瑞慶節戊戌雷遣使弔祭安南十一月庚申朝獻于景靈
宮辛酉朝饗于太廟壬戌祀天地于圜丘大赦十二月丁
丑再蠲濠州租稅一年壬午詔蠲州縣橫增稅額己亥金
遣使來賀明年正旦
六年春正月庚申宇文紹節卒詔侍從臺諫兩省官帥守

監司各舉實才二三人二月丁丑太白晝見丙戌有司上
嘉定編修吏部條法總類乙未詔宗室毋與胥吏通姻著
爲令三月癸亥樓鑰罷夏四月丙子以章良能參知政事
甲午復法科試經義法雜流進納人不預五月丁卯以旱
命大理三衙臨安府決繫囚戊辰修慶元六年以來寬恤
詔令六月乙亥詔刑部歲終上諸州未決之獄于尚書省
擇其最久者罪之丁丑遣董居誼賀金主生辰會金國亂
不至而還丁亥復監司臧否守令及監司郡守舉廉吏所
知法丙申詔三衙江上諸軍主帥各舉堪將帥者二三人
八月己巳朔詔諸路監司帥臣舉所部官吏之才行卓絶

續用章著者庚午知思州田宗範謀作亂夔州路安撫司
遣兵討平之是月金人弒其主允濟九月甲辰蠲京湖諸
州逋負二十八萬餘緡閏月戊辰朔詔御史臺置考課監
司簿丙戌以金主新立命四川謹邊備己丑詔湖北監司
守令振恤旱傷癸巳雷甲午史彌遠等上三祖下七世仙
源類譜高宗實訓皇帝玉牒會要乙未大雷丙申以雷發
非時下罪己詔冬十月丁酉朔申嚴互送之禁戊申遣真
德秀賀金主即位會金國亂不至而還庚戌遣李埴使金
賀正旦亦不至而還甲子金遣使來告即位十一月癸未
虛恨蠻寇嘉定府之中鎮砦十二月壬寅蠲瓊州丁鹽錢

癸亥金遣使來賀明年正旦是歲兩浙諸州大水振之
七年春正月丁卯朔四川制置司遣提舉皂郊博馬務何
九齡率諸將及金人戰于秦州城下敗還丁丑章良能薨
壬午沔州都統王大才斬何九齡梟首境上以其事聞三
月丁卯以安丙同知樞密院事成都府路安撫使董居誼
爲四川制置使庚辰金國來督二年歲幣戊子金人來止
賀正旦使夏四月癸卯蠲福建沿海諸州貧民納鹽五月
丁丑太白經天乙酉賜禮部進士袁甫以下五百四人及
第出身六月辛丑以旱命諸路州軍禱雨甲辰詔諸路監
司守臣速決滯訟丙午蠲兩浙路諸州贓賞錢壬子釋大

理三衙及兩浙路杖以下囚丁巳置嘉定府邊丁二千人以備蠻秋七月甲子朔以左諫議大夫鄭昭先簽書樞密院事兼權參知政事戊辰詔省吏毋授參議官乙亥金人來告遷于南京庚寅以起居舍人眞德秀奏罷金國歲幣是月夏人以書來四川議夾攻金人不報八月癸巳朔罷關外四州所增方田稅乙未罷四川宣制司所補官癸卯復建宗學置博士諭各一人弟子員百人金國復來督歲幣乙巳太白經天禁州縣沮壞義役戊申詔以安丙爲觀文殿學士知潭州九月壬戌朔日有食之太白晝見乙丑史彌遠等上高宗中興經武要略戊寅調殿前司兵增戍

天長縣丙戌以久雨釋大理三衙臨安府杖以下囚庚寅釋兩浙路杖以下囚除茶鹽賞錢冬十月壬辰朔出内帑錢振臨安府貧民十一月辛酉朔遣聶子述使金賀正旦刑部侍郎劉鑰等及太學諸生上章言其不可不報丙戌命浙東監司發常平米振災傷州縣罷四川制置大使司所開鹽井十二月甲午復罷同安監鑄錢丁巳金遣使來賀明年正旦是歲黎州蠻畜卜始降

八年春正月辛未命師禹嗣秀王詔侍從兩省臺諫各舉將材三人己卯遣丁焴賀金主生辰戊子申嚴銷金鋪翠之禁二月丙午雷孝友罷壬子蠲平江等五郡逋負米釋

其繫囚己未雨土三月辛酉詔大郡歲舉廉吏二人小郡一人乙亥以旱命諸路州縣禱雨丙子蠲臨安府茶鹽賞錢釋兩浙諸州繫囚辛巳應賢良方正能直言極諫科何致坐妄造事端營惑衆聽配廣州牢城癸未安定郡王伯柷薨丙戌釋江淮閩兩州郡杖以下囚夏四月乙未幸太一宮明慶寺禱雨辛丑避正殿減膳壬寅禱雨于天地宗廟社稷癸卯詔中外臣民直言時政得失乙巳減臨安及諸路雜犯死罪以下囚釋杖以下五月辛未雨己卯命利州路安撫司招刺忠義人辛巳御正殿復膳癸未復命有司禱雨甲申詔贓吏毋得減年參選著爲令乙酉發米振

糶臨安府貧民六月丙辰詔兩浙江淮路諭民雜種粟麥麻豆有司毋收其賦田主毋責其租秋七月辛酉以鄭昭先參知政事禮部尚書曾從龍簽書樞密院事壬戌詔四川立楊巨源廟名曰褒忠戊辰蠲兩淮諸州今年秋稅併極邊五州明年夏稅癸酉蠲臨安紹興二府貧民夏稅丙子發米三十萬石振糶江東飢民庚辰詔弟搢更名思正姪均更名貴和甲申詔職田蠲放如民田違者坐之八月己丑賜張栻謚曰宣庚子申嚴宗子訓名法丁未權罷旱傷州縣比較賞罰己酉禁州縣遏糴是月蘭州盜程彦暉求内附四川制置使董居誼却之九月己巳朝獻于景靈

宮庚午朝饗于太廟辛未合祭天地于明堂大赦乙亥申
嚴兩浙圍田之禁甲申罷四川法科試冬十月乙未命六
部各類赦書寬恤事下諸路監司推行壬寅金遣使來賀
瑞慶節十一月丙辰朔封伯澤爲安定郡王癸亥遣施累
使金賀正旦十二月己丑詔楊巨源李好義子孫各進一
官辛亥金遣使來賀明年正旦是歲兩浙江東西路旱蝗
九年春正月乙丑賜呂祖謙謚曰成置馬軍司水軍乙亥
遣留筠賀金主生辰丙子命諸州招塡軍籍辛巳罷諸路
旱蝗州縣和糴及四川關外科糴二月甲申朔日有食之
辛亥東西兩川地大震三月乙卯又震甲子又震馬湖夷

界山崩八十里江水不通丁卯又震壬申又震丁丑詔侍
從臺諫兩省舉堪監司者各二人夏四月戊戌秦州人唐
進與其徒何進等引衆十萬來歸四川制置使董居誼拒
卻之五月癸酉太白晝見六月辛卯西川地震壬辰又震
乙未又震黎州山崩戊申振恤浙西被水州縣寬其租稅
秋七月戊辰詔邊縣擇才不拘常法其餘並遵三年之制
九月甲申詔兩浙江東監司覈州縣被水最甚者蠲其租
冬十月癸亥西川地震甲子又震丙寅金遣使來賀瑞慶
節十一月庚寅遣陳伯震使金賀正旦癸卯以程彥暉攻
圍鞏州迫及川界命利州副都統劉昌祖移駐西和州以

備之十二月丁巳再給諸軍雪寒錢乙亥金遣使來賀明
年正旦

本紀卷第三十九

本紀卷第四十　　宋史四十

開府儀同三司上柱國錄軍國重事前中書右丞相監修國史領經筵事都總裁臣脫脫等奉

敕修

寧宗四

十年春正月癸巳雨土乙未大風庚子遣錢撫賀金主生辰二月庚申地震夏四月丁未朔金人犯光州中渡鎮執榷場官盛允升殺之遂分兵犯樊城戊申鄂州江陵府副都統王守中引兵拒之金人遂分兵圍棗陽光化軍丙辰詔江淮制置使李珏京湖制置使趙方措置調遣仍聽便宜行事丁巳命四川制置使董居誼酌量緩急便宜行事

辛酉盧州鈐轄王辛敗金人于光山縣之安昌砦殺其統軍完顏掩壬戌金兵遁去徐州光化皆以捷聞丁卯詔出戍官兵全給其家五月辛巳以久雨釋大理三衙臨安府杖以下囚蠲茶鹽賞錢甲申賜禮部進士吳潛以下五百二十有三人及第出身癸卯趙方請下詔伐金遂傳檄招諭中原官吏軍民六月庚戌太白晝見戊午詔厲將士募京西忠義人進討辛未東川大水癸酉太白經天秋七月丙子朔日有食之戊寅以旱釋諸路杖以下囚甲申雅州蠻寇邊焚碉門砦遣兵討之丁亥嗣濮王不儔薨庚子詔諸軍將佐有罪者迭屯駐州鞫之罷軍士淫刑八月乙丑詔監司郡守各舉威勇才略可將帥者二人冬十月乙巳朔以久雨釋大理三衙臨安府及兩浙諸州杖以下囚癸酉蠲三衙江上諸軍公私逋負錢十一月丁丑大風庚辰太白晝見甲申詔浙東提舉司發米十萬石振給貧民戊戌太白經天十二月戊申以軍興募民納粟補官乙卯詔武舉人毋復應文舉癸亥金鳳翔副統軍完顏贇以步騎萬人犯四川戊辰迫湫池堡己巳破天水軍守臣黃炎孫遁金人攻白環堡破之庚午迫黃牛堡統制劉雄棄大散關遁金人據之

十一年春正月壬午京東路忠義李全率衆來歸詔以全

爲京東路總管戊子金人圍皂郊堡壬辰利州將麻仲率忠義人焚秦州永寧砦乙未以度僧牒千給四川軍費丁酉詔四川忠義人立功賞視官軍金人犯隔芽關興元都統李貴遁官軍大潰二月甲辰金人焚大散關而去乙巳沔州都統王大才馬蹶死于河池丙午金人破皂郊死者五萬人丁未金人破湫池堡戊申金人圍隨州棗陽軍游騎至漢上均州守臣應謙之棄城走丙辰白虹貫日楚州鈐轄梁昭祖焚金人糧舟于大清河京東忠義副都統沈鐸遣兵助之三月丁丑金人焚湫池堡而去戊子利州統制王逸等率忠義人復皂郊金副統軍完顏贇包長壽遁

去沔州軍士郭雄追斬賊首長壽僅以身免己丑沔州都統劉昌祖至皁郊辛卯忠義人十萬餘出攻秦州官軍繼進至赤谷口王逸傳昌祖之命退師且放散忠義人軍大潰癸巳包長壽合長安鳳翔之衆復攻皁郊遂趨西和州是日鎮江忠義統制彭惟誠等敗于泗州丙申劉昌祖焚西和州遁守臣楊克家棄城去戊戌金人破西和州夏四月甲辰劉昌祖焚成州遁守臣羅仲甲棄城去是日金人去西和州戊申命四川增印錢引五百萬以給軍費階州守臣侯頎棄城去是日金人去成州戊午金人復犯大散關守將王立遁己未金人犯黃牛堡興元都統吳政拒退

之癸亥政至大散關執王立斬之五月乙亥命四川制置司招集忠義人癸未蚩尤旗見其長竟天丁亥詔侍從臺諫兩省官集議平戎禦戎和戎三策壬辰申嚴試法官七等之制六月辛酉詔湖州振恤被水貧民秋七月癸酉奪知天水軍黃炎孫三官辰州居住乙酉修孝宗寶訓辛卯蠲四川關外諸州稅役甲午蠲光州民兵戰死之家稅役九月己卯朝獻于景靈宮庚辰朝饗于太廟辛巳合祭天地于明堂大赦辛卯安定郡王伯澤薨丙申興元都統吳政利州副都統張威各進三官劉昌祖奪五官韶州安置冬十月丙午羅仲甲楊克家侯頎並奪三官仲甲常德府

克家道州頎撫州居住戊午大風壬戌修盱眙軍城十一月壬申金人攻安豐軍之黃口灘是月陝西人張羽來歸十二年春正月戊辰朔召董居誼詣行在以新利州路安撫使聶子述爲四川制置使庚辰金人犯湫池堡守將石宣拒退之甲申金人攻白環堡守將董炤拒退之戊子金人犯成州沔州都統張威自西和州退守仙人原庚寅金人犯隨州棗陽軍又破信陽軍之二砦京西諸將引兵拒之辛卯金人犯西和州守臣趙彥吶設伏以待之殲其衆乃還金人犯安豐軍建康都統許俊遣將却之金人焚成州犯河池守將張斌遁去癸巳金人圍安豐軍及光州攻

光化軍破鄖山縣進逼均州甲午破鳳州守臣雷雲棄城去金人夷其城乙未興元都統吳政及金人戰于黃牛堡死之金人乘勝攻武休關二月戊戌朔金人破光山縣太白晝見壬寅金人圍棗陽軍京湖制置使趙方遣統制扈再興救之不克進而還癸卯金人破武休關興元都統李貴遁還利州路提刑權興元府事趙希昔棄城去丁未金人破興元府戊申金人攻棗陽軍己酉遣殿前司軍八千人防捍江面庚戌以曾從龍同知樞密院事兼江淮宣撫使權吏部尚書任希夷簽書樞密院事辛亥金人破大安軍守臣李文子棄城去金人犯洋州守臣蔡晉卿遣兵拒

之不克洋州破壬子四川制置使董居誼自利州遁沔州都統張威遣統制石宣等邀擊金人于大安軍大破之獲其將巴土魯安金人遂去興元府丙辰金人去洋州丁巳京湖制置使趙方遣統制扈再興等引兵三萬餘人出攻唐鄧二州隨州忠義統領劉世興等引兵攻唐州甲子金人去棗陽軍乙丑夏人復以書來四川議夾攻金人利州路安撫丁焴許之三月己巳以鄭昭先知樞密院事曾從龍參知政事癸酉金人復入洋州焚其城而去乙亥興元軍士權興等作亂犯巴州守臣秦季槱棄城去鄂州統制劉世榮會兵攻唐州丁亥太白晝見權興等降癸巳雨土

甲午金人自盱眙退師閏月己未追雷雲三官梅州安置辛酉贈吳政爲右武大夫忠州刺史壬戌詔撫諭四川官軍忠義人癸亥興元軍士張福莫簡等作亂以紅巾爲號是春金人圍安豐軍滁濠光三州江淮制置使李玨命池州都統武師道忠義軍統制陳孝忠救之皆不克進金人遂分兵自光州犯黃州之麻城自濠州犯和州之石磧自盱眙軍犯滁州之全椒來安及揚州之天長眞州之六合淮南流民渡江避亂諸城悉閉金人游騎數百至東采石楊林渡建康大震京東總管李全自楚州忠義總轄李先自漣水軍各引兵來援金人乃解去全追擊敗之于曹家

莊獲其貴將夏四月庚午張福入利州四川制置使聶子述遁殺總領財賦楊九鼎丁丑張福掠閬州丁亥掠果州癸巳曾從龍罷以鄭昭先兼參知政事崇信軍節度使開府儀同三司萬壽觀使安丙爲四川宣撫使董居誼落職奪三官五月乙未朔召聶子述詣行在張福薄遂寧府潼川府路轉運判官權府事程遇孫棄城遁丁酉減兩淮荊襄湖北利州路沿邊諸州雜犯死罪囚釋流以下仍蠲今年租稅己亥太學生何處恬等伏闕上書以工部尚書胡榘欲和金人請誅之以謝天下張福入遂寧府焚其城甲寅四川宣撫司命沔州都統張威引兵捕福戊午福入普

州守臣張巳之棄城遁癸亥詔侍從兩省臺諫各舉文武可用之才二三人六月戊辰張福屯普州之茗山庚午張威引兵至丙子太白晝見辛巳西川地震太白晝見癸未張福請降乙酉張威執之歸于宣撫司丁亥嗣濮王不嫖薨金國招諭李全等不聽辛卯太白經天癸巳丁焴復以書約夏國攻金人秋七月丙申張福伏誅復奪董居誼二官永州居住庚子張威捕賊衆一千三百餘人誅之莫簡自殺紅巾賊悉平癸亥李全引兵至齊州知州王贇以城降八月戊辰復合利州東西路爲一九月丙午罷江淮制置司置沿江淮東西制置司以寶文閣待制李大東爲沿

江淮東西制置司以寶文閣待制李大東爲沿江制置使淮南轉運判官趙善湘爲主管淮西制置司公事淮東提刑賈涉爲主管淮東制置司公事兼節制京東河北路軍馬十一月辛亥進封楊次山爲會稽郡王十二月壬申京東節制司言復京東河北二府九州四十縣乙亥築興元府城丁丑雅州蠻入盧山縣己卯四川宣撫司遣兵取洮州召諸將議出師招諭中原豪傑辛巳蠻焚碉門砦邊丁大敗乙酉金人犯鳳州之長橋丁亥四川宣撫司命罷洮州之師己丑京湖制置司遣統制扈再興等引兵六萬人分三道出境庚寅賞茗山捕賊功

十三年春正月丁酉扈再興引兵攻鄧州鄂州都統許國攻唐州不克而還金人追之遂攻樊城趙方督諸將拒退之己亥雅州蠻復掠盧山縣遣兵討之己酉命不凌爲嗣濮王戊午夏人復以書來四川議夾攻金人三月辛卯朔雨土丁巳黎州土丁叛遣兵討之夏四月庚申朔淮東制置賈涉招諭山東兩河豪傑五月庚寅朔雅州蠻降戊戌史彌遠等上玉牒及三祖下第七世宗藩慶系録六月癸酉賜禮部進士劉渭以下四百七十有五人及第出身加安丙少保丙子以李全爲左武衛大將軍壬午以李先爲果州團練使漣水軍忠義副都統命赴樞密院議事未至

殺之秋七月戊戌以京東河北諸州守臣空名官告付京東河北節制司以待豪傑之來歸者丙午以任希夷兼參知政事丙辰四川宣撫司招黎人土丁降之八月癸亥皇太子詢薨謚曰景獻壬申安丙遣夏人書定議夾攻金人癸未四川宣撫司命利州統制王仕信引兵赴熙鞏州會夏人遂傳檄招諭陝西五路官吏軍民甲申復海州以將作監丞徐晞稷知州事盱眙將石珪叛入漣水軍詔以珪爲漣水忠義軍統轄九月辛卯夏人引兵圍鞏州且來趣師甲午太白晝見王仕信引兵發宕昌乙未四川宣撫司統制質俊李寔引兵發下城戊戌四川宣撫司命諸將分道進兵沔州都統張威出天水利州副都統程信出長道興元副都統陳立出大散關興元統制田冒爲宣撫司帳前都統出子午谷金州副都統陳昱出上津己亥張威下令所部諸將毋得擅進兵庚子質俊等克來遠鎮辛丑王仕信克鹽川鎮壬寅質俊等自來遠鎮進攻定邊城金人來救俊等擊破之乙巳程信王仕信引兵與夏人會于鞏州城下丁未攻城不克庚戌金人犯皂郊堡沔州統制董炤等與戰大敗壬子程信及夏人攻鞏州不克信引兵趨秦州丙辰夏人自安遠砦退師冬十月丁巳朔程信邀夏人共攻秦州夏人不從信遂自伏羌城引軍還諸將皆罷

兵戊寅程信以四川宣撫司之命斬王仕信于西和州四川宣撫司以張威不進兵罷其軍職十一月庚戌大風壬子臨安府火十二月戊午大風壬申漣水忠義軍統轄石珪叛癸未鎮江副都統翟朝宗以皇帝恭膺天命之寶來獻

十四年春正月丙戌朔以雪寒釋大理三衙臨安兩浙諸州杖以下囚乙未地震以李全還自山東賜緡錢六萬庚子立四川運米賞格二月戊辰金人圍光州己巳金人犯五關壬申金人治舟于團風弗克濟遂圍黄州分兵破諸縣又遣別將犯漢陽軍丁丑李全棄泗州遁還甲申詔淮東京湖諸路應援淮西沿江制置司防守江面權殿前司職事馮榯將兵駐鄂州京東忠義都統李全將兵救蘄黄榯不果行三月丙戌朔鄂州副都統扈再興引兵攻唐州丁亥金人破黄州淮西提刑知州事何大節棄城遁死庚寅長星見李全自楚州引兵援淮西癸巳扈再興引所部趨蘄州甲午太白晝見乙未詔京湖制置司趣援蘄黄己亥金人陷蘄州知州事李誠之及其家人官屬皆死之癸丑金人退師扈再興邀擊敗之于天長鎮甲寅晦又敗之夏四月乙卯復置諸王宫大小學教授乙丑命任子廉試于御史臺戊辰金人渡淮而北李全遣兵追擊敗之五月

甲申朔日有食之壬辰史彌遠等上孝宗寶訓皇帝會要丙申西川地震乙巳頒慶元寬恤詔令六月甲寅朔初置沿江制置副使司于鄂州丙寅詔以姪福州觀察使貴和為皇子更名竑進封祁國公丁卯以立皇子告于天地宗廟社稷乙亥以太祖十世孫與莒補秉義郎丙子蠲京畿囚罪一等釋杖以下辛巳大風秋七月辛丑以趙方為京湖制置大使賈涉為淮東制置使兼京東河北路節制使丁未修光宗寶訓八月乙卯賜史彌遠家廟任希夷罷壬戌以兵部尚書宣繒同知樞密院事給事中俞應符簽書樞密院事甲子以秉義郎與莒為右監門衛大將軍賜名貴誠乙丑追封史浩為越王改謚忠定配享孝宗廟庭戊寅以姪右監門衛大將軍貴誠為果州團練使九月癸未立貴誠為沂靖惠王後己丑朝獻于景靈宫庚寅朝饗于太廟辛卯合祭天地于明堂大赦冬十月癸丑京東河北節制司言復滄州詔以趙澤為河北東路鈐轄知州事甲寅復以齊州為濟南府兗州為襲慶府丙寅夏人復以書來四川趣會兵庚午雷十一月己亥安丙薨是月京東安撫張林叛十二月庚申鄭昭先罷閏月辛巳朔以宣繒兼參知政事俞應符兼權參知政事戊申以殿前司同正將華岳等謀為變殺之是歲浙東江西福建諸路旱洊成階

利四州水振之

十五年春正月庚戌朔御大慶殿受恭膺天命之寶癸丑立李誠之廟于蘄州甲寅褒贈蘄州死事官吏錄其子孫有差丁巳詔撫諭山東河北軍民將帥官吏己未以受寶大赦文武官各進秩一級大犒諸軍二月庚子罷御史臺黨試任子法三月丁巳詔江西提舉司振恤旱傷州縣夏四月壬午詔蠲蘄州今年租賦五月庚戌太白晝見甲寅詔監司覈囚察州縣匿囚者劾之丁巳進封子祁國公竑為濟國公己未以涇果州團練使貴誠為邵州防禦使壬戌知濟南府种贇等攻張林于青州林遁去己巳修孝宗

經武要略六月辛卯俞應符薨秋七月甲子詔江淮荊襄四川制置監司條畫營田來上八月己卯命戶部詳議義役辛卯詔文武官毋得歸宗者為令甲午有彗星出于氐九月辛亥以宣繒參知政事給事中程卓同知樞密院事吏部尚書薛極賜出身簽書樞密院事癸丑雷大雨雹丁巳復以隨州三關隸德安府置關使壬戌彗星沒辛未太白晝見冬十月丙子以收復京東州軍犒賞忠義有差十一月戊午赦京東河北路十二月乙亥朔發米振給臨安府貧民丙子以雪寒釋京畿及兩浙諸州杖以下囚丁亥以李全為保寧軍節度使右金吾衛上將軍京東路鎮撫副使

十六年春正月戊申詔命官犯贓毋免約法己酉子坻生辛酉命淮東制置司振給山東流民二月戊子雨土己丑嗣秀王師禹薨追封和王戊戌子坻薨追封邳王諡冲美三月戊申張林所部邢德來歸詔進二官復以為京東東路副總管丁卯以道州民饑詔發米振之夏五月甲辰詔右選試注官如左選之制戊申賜禮部進士蔣重珍以下五百四十有九人及第出身戊辰詔復潭州稅酒法六月丁酉程卓薨秋八月辛巳詔州縣經界毋增紐與稅額癸未申嚴舶船銅錢之禁九月庚子朔日有食之乙巳詔江

淮諸司振恤被水貧民乙卯雷冬十一月辛亥以太平州大水詔振恤之十二月辛巳命淮東西總領及沿江被水州募江西湖南民入米補官癸未嗣濮王不凌薨壬辰雷

十七年春正月戊戌朔詔補先聖裔孔元用為通直郎錄程顥後癸亥命淮東西湖北路轉運司提督營屯田二月癸巳蠲台州逋賦十萬餘緡甲午命臨安府振糶貧民三月癸丑雪是月金人迫西和州尋引兵還夏四月辛卯詔廬州振糶饑民乙未賜李全彭義斌錢三十萬緡為犒賞戰士費五月戊戌詔覈實兩淮京湖四川江上諸軍之數六月丁卯朔太白經天晝見癸酉知和州尚震午坐金兵

至謀適奪三官岳州居住壬辰大名府蘇椿等舉城來歸
詔悉補官即以其州授之秋七月丁酉朔命福建路監司
振恤被水貧民辛亥命師嵓嗣秀王八月乙亥罷通州天
賜鹽場丙戌帝不豫閏八月乙未朔申嚴兩浙諸州輸苗
過取之禁丁酉皇帝崩于福寧殿年五十七史彌遠傳遺
詔立姪貴誠爲皇子更名昀即皇帝位尊皇后爲皇太后
垂簾聽政進封皇子竑爲濟陽郡王出居湖州寶慶元年
正月己丑謚曰仁文哲武恭孝皇帝廟號寧宗三月癸酉
葬于會稽之永茂陵三年九月加謚法天備道純德茂功
仁文哲武聖睿恭孝皇帝

贊曰宋世內禪者四寧宗之禪獨當事勢之難能不失禮
節焉斯可謂善處矣初年以舊學輔導之功召用宿儒引
援善類一時守文繼體之政煒然可觀中更侂胄用事內
蓄群姦至指正人爲邪正學爲僞外挑强鄰流毒淮甸頻
歲兵敗乃函侂胄之首行成于金國體虧矣既而彌遠擅
權幸帝耄荒竊弄威福至於皇儲國統乘機伺間亦得遂
其廢立之私他可知也雖然宋東都至于仁宗四傳而享
國百年邵雍称爲前代所無南渡至寧宗亦四傳而享國
九十有八年是亦豈偶然哉惜乎神器授受之際寧理之
視仁英其跡雖同其情相去遠矣

本紀卷第四十

本紀卷第四十一　　宋史四十一

開府儀同三司上柱國錄軍國重事前中書右丞相監修國史領經筵事都總裁臣脫脫等奉

勑修

理宗一

理宗建道備德大功復興烈文仁武聖明安孝皇帝諱昀太祖十世孫父希瓐追封榮王家于紹興府山陰縣母全氏以開禧元年正月癸亥生于邑中虹橋里第前一夕榮王夢一紫衣金帽人來謁比寤夜漏未盡十刻室中五采爛然赤光屬天如日正中既誕三日家人聞戶外車馬聲亟出無所睹幼嘗晝寢人

忽見身隱隱如龍鱗是時寧宗弟沂靖惠王薨無嗣以宗室希瞿子賜名均為沂王後尋改賜名貴和嘉定十三年八月景獻太子薨寧宗以國本未立選太祖十世孫年十五以上者教育如高宗擇普安恩平故事遂以十四年六月丙寅立貴和為皇子改賜名竑而以帝嗣沂王六月乙亥補秉義郎八月甲子授右監門衛大將軍賜名貴誠十五年五月丁巳以竑為檢校少保進封濟國公己未以帝為邵州防禦使帝性凝重寡言潔脩好學每朝參待漏或多笑語帝獨儼然出入殿庭矩度有常見者斂容會濟國公竑

與丞相史彌遠有違言彌遠日謀媒蘖其失於寧宗屬意於帝而未遂十七年八月丙戌寧宗違豫自是不視朝壬辰疾篤彌遠稱詔以貴誠為皇子改賜名昀授武泰軍節度使封成國公閏月丙申寧宗疾甚丁酉崩于福寧殿彌遠使楊谷楊石入白楊皇后稱遺旨以皇子竑開府儀同三司進封濟陽郡王判寧國府命子昀嗣皇帝位大赦尊楊皇后曰皇太后同聽政封竑為濟王賜第湖州以醴泉觀使就第癸亥詔宮中自服三年喪九月乙亥詔褒表老儒以傅伯成為顯謨閣學士楊簡寶謨閣直學士並提舉南京

鴻慶宮柴中行敘復元職授右文殿脩撰主管南京鴻慶宮戊寅詔兄濟王妻衛國夫人吳氏封許國夫人己卯皇太后皇帝御便殿垂簾詔以先聖四十九代孫行可為迪功郎授判司簿尉以禮部侍郎程珌吏部侍郎朱著中書舍人真德秀兼侍讀工部侍郎葛洪起居郎喬行簡宗正少卿陳貴誼軍器監王塈兼侍講壬午葛洪權工部尚書升兼侍讀辛卯祀明堂大赦冬十月戊戌詔諸路提點刑獄以十一月按理囚徒己亥嗣秀王師岊薨壬子詔百官奉稜月給十一月甲子右正言糜漂請承順東朝繼志述事壹

以孝宗為法而新政之切者曰畏天悦親講學仁民
上嘉納焉癸未以五月十六日為皇太后壽慶節丁
亥詔改明年為寶慶元年戊子以葛洪為端明殿學
士同簽書樞院事己丑詔以生日為天基節十二月
甲午雪寒免京城官私房賃地門稅等錢自是祥慶
災異寒暑皆免癸丑開經筵詔輔臣觀講詔太后所
居殿號曰慈明辛酉請大行皇帝謚號于南郊謚曰
仁文哲武恭孝皇帝廟號曰寧宗

寶慶元年春正月壬戌朔詔舉賢良庚午湖州盜潘
壬潘丙潘甫謀立濟王竑竑聞變匿水竇中盜得之

擁至州治以黃袍加其身守臣謝周卿率官屬入賀
初壬等偽稱李全以精兵二十萬助討史彌遠擅廢
立之罪比明視之皆太湖漁人及巡尉兵卒竑乃遣
王元春告于朝而率州兵誅賊彌遠奏遣殿司將彭
任討之至則盜平又遣其客秦天錫託宣醫治竑疾
諭旨逼竑死尋詔貶為巴陵郡公辛未詔保寧軍節
度使師彌為檢校少保詔以皇太后弟奉國軍節度
使楊谷保寧節度楊石並開府儀同三司丙戌濟王
竑訃聞特輟視朝己丑上寧宗謚冊寶二月甲午詔
故太師武勝定國軍節度使鄂王岳飛謚忠武丙申

詔師彌檢校少師嗣秀王丙辰楚州火戊午發廩振
在京細民給犒馬步軍皇城司守衛軍有差三月癸
酉葬寧宗于會稽永茂陵夏四月辛卯朔寧宗祔廟
壬辰詔皇兄竑贈少師保静鎮潼軍節度使直舍人
院王塈等繳奏命遂寢丁酉皇太后手書多病自今
免垂簾聽政壬寅帝兩請皇太后垂簾不允辛亥發
廩振在京細民五月甲子詔內外文武大小之臣於
國政有所見聞封章來上毋或有隱丙寅詔不熄為
保康軍承宣使嗣濮王六月辛卯太白晝見丁未詔
史彌遠為太師依前右丞相兼樞密使進封魏國公

彌遠辭免太師秋七月丁丑滁州大水詔振恤之乙
酉詔行大宋元寶錢八月壬寅以司農丞姚子才封
事切直詔進一秩授祕書郎癸卯詔知袁州趙簽夫
直秘閣福建提點刑獄以旌廉吏丙午詔侍從給諫
卿監郎官并在外前執政侍從帥臣監司各舉廉吏
三人戊申詔侍從兩省臺諫三衙知閤御帶環衛官
在外前執政侍從帥臣監司都副都統制及屯戍主
將其各舉堪充將帥三人己酉地震壬子張九成贈
太師追封崇國公謚文忠甲寅以程頤四世孫源為
籍田令乙卯莫澤言真德秀舛論綱常簡節上語曲

為濟王地詔德秀煥章閣待制提舉玉隆萬壽宮丁
巳詔戒貪吏九月丙寅著作佐郎陶崇上保業愼獨
謹微持久四事帝嘉納之冬十一月癸巳有流星大
如太白甲寅詔會稽攢宮所在秋賦盡免折科山陰
縣權免三年十一月癸亥宣繒兼同知樞密院事薛
極參知政事葛洪簽書樞密院事詔邵州潛藩可升
為寶慶府鈞州與御名音相近改為瑞州壬午雪寒
在京諸軍給緡錢有差出戍之家倍之自是祥慶災
異靈雨雪寒咸給甲申朱端常言魏了翁封章謗訕
眞德秀奏劄誣詆詔魏了翁落職奪三秩靖州居住

眞德秀落職罷祠十二月甲辰詔刪脩敕令是歲兩
浙路戶一百九十七萬五千九百九十六口二百八
十二萬二千三十二福建路戶一百七十萬四千一
百八十六口三百五十五萬三千七十九
二年春正月癸亥詔贈沈煥陸九齡官煥謚端憲九
齡謚文達錄張九成呂祖謙張栻陸九淵子孫官各
有差癸酉召布衣李心傳赴闕戊寅熒惑入氐壬午
太白歲星塡星合于女二月辛卯監察御史梁成大
言眞德秀有大惡五僅褫職罷祠罰輕詔削二秩三
月癸酉以久雨詔大理寺三衙兩浙運司臨安府諸

屬縣權酒所凡贓賞等錢罪已決者一切勿徵毋錮
留妻子自是霖潦寒暑皆免戊寅詔太常寺建功臣
閣以昭勳崇德為名己卯蘄州火夏四月己丑詔輔
臣奉濤其以隆興格為制辛亥有流星大如太白六
月丙申御後殿賜進士王會龍以下九百八十九人
及第出身有差壬寅詔以孔子五十二代孫萬春襲
封衍聖公秋七月戊辰雷電雨晝晦大風遂安休寧
兩縣界山裂洪水壞公宇民居田疇八月乙巳濟王
竑追降巴陵縣公辛亥衞涇薨九月庚申雷冬十月
甲申詔寧宗御集閣以寶章為名仍置學士待制貟

辛丑又雷辛亥熒惑歲星塡星合于女熒惑犯塡星
改湖州為安吉州十一月甲寅脩祚德廟以嚴程嬰
公孫杵臼之祀丙辰始御紫宸殿辛酉熒惑犯歲星
丙子日南至上詣慈明殿十二月癸卯親享太廟
三年春正月辛亥朔上壽明皇太后尊號冊寶于慈
明殿壬子史彌遠進二秩辛酉以楊谷楊石並為少
傅知楚州姚翀朝辭奏淮楚忠義軍事上曰南北皆
吾赤子何分彼此御其為朕撫定之己巳詔朕觀朱
熹集註大學論語孟子中庸發揮聖賢蘊奥有補治
道朕勵志講學緬懷典刑可特贈熹太師追封信國

公三月庚戌朔詔郡縣長吏勸農桑抑末作戒苛擾
工部侍郎朱在進對奏人主學問之要上曰先卿中
庸序言之甚詳朕讀之不釋手恨不與同時辛亥以
皇太后尊號冊寶禮成姪孫揚鳳孫以下推恩有差
夏四月戊戌宣引前丞相謝深甫孫女謝氏詣慈明
殿進見五月壬子詔岳珂戸部侍郎依前淮東總領
兼制置使閏月己卯朔詔郡縣繫囚干實書曆未經
結録守臣輒行特判憲司其詳覆所部獄案歳月淹
延者重寘于憲六月戊申朔日有食之秋七月乙酉
太陰犯心丁酉詔振贍被水郡縣其竹木等税勿徵

丙午史彌遠乞歸田里詔不允八月庚戌詔謝氏特
封通義郡夫人癸亥詔凡試邑兩經罷黜更勿授知
縣縣令甲戌太白熒惑合于翼丙子城太平州詔知
州綦奎進中奉大夫餘推恩有差九月癸未故觀文
殿大學士魏國公贈太師留正謚忠宣丙午追上寧
宗徽號曰法天備道純德茂功仁文哲武聖睿恭孝
皇帝冬十月甲子右監門衛大將軍與蕙改賜名貴
謙授宜州觀察使繼沂王後右千牛衛將軍孟杓改
賜名乃裕授和州防禦使繼景獻太子後甲戌趙范
江東提刑兼知池州節制防江水步軍池州都統司

軍馬十一月戊寅奉上寧宗徽號冊寶于太廟辛巳
日南至郊大赦改明年為紹定元年十二月己酉日
旁有氣如珥壬申發廩振贍京城細民大元兵破關
外諸隘四川制置鄭損棄三關

紹定元年春正月丙子朔上壽明慈睿皇太后尊號
冊寶于慈明殿楊谷楊石並升少師六月壬寅朔日
有食之己酉流星晝隕秋七月戊戌熒惑犯南斗冬
十月戊申熒惑犯壁壘陣星丁巳熒惑塡星合于危
甲子熒惑犯塡星十一月癸酉熒惑入羽林庚辰雷
丁酉詔申嚴皇城司給符之制照闌入法十二月辛

亥以薛極知樞密院事兼參知政事葛洪參知政事
袁韶同知樞密院事鄭清之端明殿學士簽書樞密
院事

二年春正月庚辰大理司直張衎上檢驗推鞫四事
詔刑獄人命所關其令有司究行之丁亥熒惑歳星
合于婁二月庚戌詔歳舉廉吏或犯姦贓保任同坐
監司守臣其申嚴覺察三月辛卯詔郡縣繫囚多瘐
死獄中憲司其具獄官姓名以聞黜罷之夏四月庚
申詔郡縣官關毋令藝術人豪民罷吏借補權攝五
月詔成都潼川路歳旱民歉制司監司其亟振恤仍

察郡縣奉令勤惰以聞辛巳賜進士黄朴以下五百五十七人及第出身有差詔戶絶者許立嗣毋妄籍沒六月丁巳詔通義郡夫人謝氏進封美人九月丁卯台州大水壬辰有流星大如太白冬十月壬戌詔台州水災除民田租及茶鹽酒酤諸雜稅郡縣抑納者監司察之十一月己丑熒惑入氐

三年春正月甲申詔故皇子緝贈保信奉國軍節度使開府儀同三司追封永王謚沖安壬辰知棗陽軍史嵩之刱置屯田以勞賞官兩轉二月丙申日有背氣戊戌詔汀贛吉建昌蠻獠竊發經擾郡縣復賦稅

一年庚戌詔趙范起復依前知鎮江府節制防江水步并本州在砦軍馬趙葵起復依前知滁州節制本州屯戍軍馬壬子詔故皇子繹賜忠正保寧軍節度使開府儀同三司追封昭王謚沖純閏月癸酉逃卒穆椿夜竊入皇城燒毁甲仗衛士捕得之詔磔于市乙酉太白歲星合于畢三月丁酉雨土戊申奉國軍節度使不佟薨贈少傅追封樂平郡王夏四月己卯漳州連城盜起知龍巖縣莊夢說尉鍾自強不能效死守土詔各削二秩罷五月甲寅檢校少保李全授彰化保康軍節度使開府儀同三司京東鎮撫使依舊

舊京東忠義諸軍都統制戊午李全左右金吾衛上將軍職任仍舊六月乙酉歲星入井秋七月丁酉汀州寧化縣曾氏寡婦晏給軍糧禦潼寇有功又全活鄉民數萬人詔封恭人賜冠帔官其子承信郎九月辛丑祀明堂大赦丙午美人謝氏進封貴妃冬十月己巳熒惑塡星合于室十一月丁酉有星孛于天市垣丁未流星晝隕十二月庚申詔録用孔子四十九代孫燦補官李全叛壬戌淮東官兵王青力戰死之贈右武大夫蘄州防禦使甲子詔逆賊李全反形日著今乃肆為不道已敕江淮制臣率兵進討有能擒

斬全以降者加以不次之賞乙丑詔免明年元會禮以鄭清之參知政事兼簽書樞密院事喬行簡端明殿學士同簽書樞密院事詔史彌遠數奏精敏氣體向安朕未欲勞以朝謁可十日一赴都堂治事丁卯冊命貴妃謝氏為皇后己卯慈明殿出緡錢百五十萬犒諸軍振贍在京細民癸未上壽明仁福慈睿皇太后尊號冊寶

四年春正月戊子皇太后年七十有五上詣慈明殿行慶壽禮大赦史彌遠以下進秩有差賜李心傳同進士出身壬寅趙范趙葵等誅李全於新塘詔各進

兩秩餘推恩有差二月戊午朔詔雄邊軍統制總轄范勝谷汝礪等誅逆著勞各官五轉將士立功者趣具等第姓名來上丙子詔起復孟珙從義郎京西路分襄陽軍駐劄夏四月戊辰趙范趙葵並進中大夫右文殿脩撰賜紫章服金帶丁丑以鄭清之兼同知樞密院事喬行簡簽書樞密院事趙善湘兵部尚書江淮制置大使知建康府依舊安撫使趙范權兵部侍郎淮東安撫副使知揚州兼江淮制司參謀官趙葵換福州觀察使右驍騎衛大將軍淮東提刑知滁州兼大使司參議官五月丙午宗室司正檢校少傅

安德軍節度使天水郡公加食邑五百戶貴謙承宣使乃裕觀察使六月己未詔魏了翁真德秀尤焴尤爚並叙復元官職祠祿七月己丑日生承氣丁酉賈涉女侍後宮詔封文安郡夫人庚戌葛洪資政殿學士知紹興府有流星大如太白八月己未大元兵破武休入興元攻仙人關辛酉洪咨夔叙復元官祠祿辛未文安郡夫人賈氏封才人九月丙戌夜臨安火延及太廟統制徐儀統領馬振遠坐救焚不力貶削有差上素服眡朝減膳徹樂庚子建昌軍火甲辰流星晝隕冬十月戊午太常少卿度正國史院編脩官李

心傳各疏言宗廟之制未合於古茲緣災異宜舉行之詔兩省侍從臺諫集議以聞甲子以余天錫為戶部侍郎兼知臨安府浙西安撫使癸酉大元兵破蜀口諸郡御前中軍統制張宣戰青野原有功詔授沔州都統戊寅以李埴為煥章閣直學士四川制置使知成都府趙彥吶直龍圖閣四川安撫制置副使知興元府利路安撫使安癸仲戶部郎中總領四川財賦十一月乙酉詔忠義總管田遂力戰而歿贈武節大夫忠州刺史加封立廟十二月乙亥以史嵩之為大理少卿兼京湖制置副使

五年春正月己丑以孟珙為京西路兵馬鈐轄襄陽軍駐劄庚寅詔李全之叛淮東提刑司檢法吳潛等出泰州城謁賊各追官勒停其不出見賊者高夢月劉賓雲循升二資罵賊而死者海陵簿吳喆特贈朝奉郎官其一子將仕郎壬辰史嵩之進大理卿權刑部侍郎京湖安撫制置使知襄陽府壬寅新作太廟成二月癸丑帝謁太廟三月乙酉詔京城內外免征商三月丁酉日生抱氣承氣夏四月癸亥以寶章閣直學士桂如淵須帥蜀日北兵攻城不能合謀死守而遁致軍民罹殃又以捷聞詔褫職罷祠丁卯起魏

了翁以集英殿脩撰知遂寧府五月己丑詔昨爨攸
為災延及太室罪在朕躬而二三執政引咎去職今
宗廟崇成神御妥安薛極鄭清之喬行簡並復元官
辛卯臣僚言積陰霖霪歷夏徂秋疑必有致咎之徵
比聞蘄州進士馮杰本儒家都大坑冶司抑為鑪戶
誅求日增杰妻以憂死其女繼之弟大聲因赴愬死
于道路杰知不免毒其二子一妾舉火自經而死民
寃至此豈不上干陰陽之和詔都大坑冶魏峴罷職
癸巳太白經天晝見戊戌詔今後齊民有罪監司守
臣毋輒籍沒其家必具聞俟命六月乙丑熒惑填星

合于婁熒惑順行犯填星丙子詔諸獄官不理他務
秋七月甲申詔近歲北兵再入利閬迫近順慶承奉
郎胡元琰攝郡事能收散卒定居民諭敎將以全闔
郡以功特轉官三資太白入井丙戌監楚州大軍倉
富起宗軍變死難詔贈宣教郎官一子文林郎張煥
同時被創害及其家詔轉官一資丁酉以吳潛為太
府少卿總領淮西財賦陳貴誼端明殿學士同簽書
樞密院事八月乙卯起真德秀為徽猷閣待制知泉
州丁巳泗州路分劉虎副都統董琳焚斷盱泗橋遏
金兵己未魏了翁以寶章閣待制潼川安撫使知瀘

州乙丑賜進士徐元杰等四百九十三人及第出身
有差壬申太白歲星合于張甲戌新作玉牒殿奉安
累朝玉牒九月乙巳雨雹雷閏月己酉有流星大如
太白庚戌彗星出于角戊辰史彌遠乞歸田里詔不
允冬十月戊子以星變大赦金將以盱眙軍來降赦
盱眙改為招信軍十一月己巳喬行簡累疏乞歸田
詔不允十二月丙子朔進封才人賈氏為貴妃辛巳
皇太后不豫壬午大赦皇太后崩癸卯群臣凡七表
請聽政從之詔外朝大典不敢輕改宮中自服三年
喪時宋與大元兵合圍汴京金主奔歸德府尋奔蔡

州大元再遣使議攻金史嵩之以鄒伸之報謝
六年春正月己酉以少傅保寧軍節度使嗣秀王師彌判
大宗正事趙善湘光祿大夫江淮制置大使兼知建
康府行宮留守加食邑四百戶戊辰史彌遠加食邑
千戶二月丁丑上大行皇太后謚曰恭聖仁烈皇后
以趙范為工部侍郎兼中書門下省檢正公事趙葵
祕書監兼侍講余天錫禮部侍郎兼侍讀癸卯熒惑
犯東井三月丙辰大雨雹夏四月壬寅葬恭聖仁烈
皇后于永茂陵五月庚戌太白熒惑合于柳鄧州移
剌以城來降六月丁酉史嵩之刑部侍郎兼京湖安

撫制置使兼知襄陽府秋七月敗武仙于浙江八月拔唐州九月壬寅朔日有食之辛亥祀明堂大赦辛酉經筵官請以御製敬天法祖事親齊家四十八條及緝熙殿榜灑宣付史館冬十月江海領襄軍從大元兵合圍金主於蔡州甲申史宅之太府少卿史宇之將作少監並賜同進士出身丙戌史彌遠進太師左丞相兼樞密使魯國公加食邑一千戶鄭清之光祿大夫右丞相兼樞密使加食邑一千戶丁亥史彌遠保寧昭信軍節度使充醴泉觀使進封會稽郡王仍奉朝請加食邑封以薛極為樞密使喬行簡參知

政事兼同知樞密院事陳貴誼參知政事兼簽書樞密院事詔史彌遠有定策大功勤勞王室今以疾解政宜加優禮長子宅之權戶部侍郎兼崇政殿說書次子宇之直華文閣樞密院副都承旨長孫同卿直寶章閣次孫紹卿良卿會卿晉卿並承事郎女夫趙汝祺軍器少監孫女夫趙崇樺官一轉己丑詔崔與之李埴鄭性之赴闕庚寅以顯謨閣待制知福州真德秀兼福建安撫使乙未史彌遠薨贈中書令追封衛王謚忠獻詔戒貪吏十一月乙巳給事中莫澤等言差提舉千秋鴻禧觀梁成大暴狠貪婪苟賤無耻

詔奪成大祠祿丙午詔改明年為端平元年己未以魏了翁為華文閣待制知瀘州潼川安撫使賜金帶癸亥進趙葵兵部侍郎淮東制置使兼知揚州甲子臺臣劾刑部尚書莫澤貪淫忮害罷之丙寅權工部尚書趙范言宣和海上之盟厥初甚堅迄以取禍其事不可不鑑帝嘉納之丁卯詔趙葵任責防禦戊辰禮部郎中洪咨夔進對今日急務進君子退小人如真德秀魏了翁當聚之于朝帝是其言命咨夔洎王遂同為監察御史己巳趙葵入見帝問以金事對曰今國家兵力未贍姑從和議俟根本既壯雪二帝之

耻以復中原十二月戊寅史宅之繳納賜第詔給賜本家仍奉家廟庚辰以薛極為觀文殿大學士知紹興府兼浙東安撫使甲申吳潛太府卿仍淮西總領財賦暫兼沿江制置知建康府戊申洪咨夔言資政殿學士提舉洞霄宮袁韶佻視善類諂附彌遠險忮傾危詔袁韶奪職罷祠祿壬辰臺臣言趙善湘陳晐鄭損納賂彌遠怙勢肆姦失江淮荊襄蜀漢人心罪狀顯著詔趙善湘有討李全功特寢免陳晐與祠鄭損落職與祠

端平元年春正月庚子朔詔求直言侍從卿監郎官

在外執政從官舉堪為監司守令者各三人三衙統
帥知閤御帶環衛官在外總管軍帥舉堪為將帥者
各二人鍾震陳公益李性傳張處並兼侍讀徐清叟
黄朴李大同葉味道並兼崇政殿說書辛丑趙范依
前沿江制置副使權移司知黄州史嵩之權京湖安
撫制置使兼知襄陽府陳韡華文閣待制仍知隆興
府江西安撫使詔德安三關使彭㨗去年十月北兵
至棄關遁削二秩勒停乙巳賜故少傅權參知政事
任希夷謚宣憲丙午詔趙范兼淮西制置副使任責
防禦太白熒惑合在斗戊申金主完顏守緒傳位于

宗室承麟己酉城破守緒自經死承麟為亂兵所殺
執其參知政事張天綱丙寅詔太師中書令崇王已
進王爵宜封三代曾祖子奭贈太師吳國公祖伯盱
贈太師益國公父師意贈太師越國公戊辰以樞密
院言詔京西忠順統制江海棗陽同統制郭勝向因
兩部兵行刼坐不發覺除名廣州拘管遇赦還軍前
自効有功並敘復元受軍職史嵩之露布告金亡謹
遣郭春按循故壤詣奉先縣汎掃祖宗諸陵還師屯
信陽命王旻守隨州王安國守棗陽蔣成守光化楊
恢守均並益兵飭備經理唐鄧屯田二月辛未監察

御史洪咨夔言上親政之始斥逐李知孝梁成大其
謟事權姦黨私罔上倡淫黷貨罪大罰輕詔李知孝
削一秩罷祠梁成大削兩秩壬申以趙彥吶為四川
安撫制置使兼知興元府丁亥詔端平元年正月以
前諸命官貶竄物故者許令歸葬三月己酉以賈涉
子似道為籍田令辛酉詔遣太常寺主簿朱楊祖閤
門祗候林拓詣洛陽省謁八陵四月辛未詔遣朱復
之詣八陵相度脩奉丁丑詔比年宗親貧窶或致失
所甚非國家睦族之意大宗正司南外西外宗正司
其申嚴州郡以時贍給違者有刑監察御史王遂言

史嵩之本不知兵矜功自侈謀身詭秘欺君誤國留
之襄陽一日則有一日之憂不報戊寅歲星守太微
垣上相星壬午監察御史洪咨夔言今殘金雖滅鄰
國方彊益嚴守備尤恐不逮豈可動色相賀渙然解
體以重方來之憂上嘉納甲申日生赤暈丙戌以滅
金獲其主完顏守緒遺骨告太廟其玉寶法物并俘
囚張天綱完顏好海等命有司審實以聞庚寅詔授
孟珙帶御器械京襄部押官屬陳一薦江海官兩轉
餘論功行賞金降人夾谷奴婢改姓同名鼎王閏顯
呼延實來伯友石天瑞白華各授官有差丁酉臣僚

言江淮荆襄諸路都大提點坑冶吳淵恃才貪虐籍
人家貲以數百萬計掩為己有其弟潛違道干譽任
用非類詔吳淵落右文殿脩撰吳潛落祕閣脩撰並
放罷五月庚子薛極卒贈少師戊申太平州蝗己酉
太陰入氐乙卯詔李知孝瑞州居住梁成大潮州居
住莫澤南康軍居住並再降授官尋盡追爵秩詔魏
了翁赴闕丙辰以趙范為兩淮制置使節制軍馬兼
沿江制置副使壬戌以崔與之為端明殿學士提舉
西京嵩山崇福宮陳韡權工部尚書知隆興府江西
安撫使丙寅詔黄幹李燔李道傳陳宓樓昉徐宣胡

夢昱皆阨於權姦而各行其志没齒無怨其賜諡復
官優贈存卹仍各録用其子以旌忠義戴埜其復元
資以勵士風建陽縣盜發衆數千人焚劫邵武麻沙
長平六月戊辰朔鄭清之等進奏選德殿柱有金書
六字曰毋不敬思無邪上曰此坐右銘也庚午熒惑
填星合于胃壬申詔蠲漳泉興化三州丁米錢丙子
以李鳴復為侍御史兼侍講戊寅以喬行簡知樞密
院事曾從龍參知政事鄭性之簽書樞密院事陳貴
誼兼同知樞密院事己卯詔故巴陵縣公竑可盡復
本身官爵有司其檢視墓域以時致祭妻吳昨自請

為尼特賜慧淨法空大師紹興府月給衣資緡錢詔
殿司選精鋭千人命統制婁拱統領楊辛討捕建陽
縣盜辛巳詔故端明殿學士開府儀同三司史彌遠
贈資政殿大學士謚忠宣熒惑犯填星丙戌有流星
大如太白戊子日暈不匝生格氣癸巳史嵩之進兵
部尚書禁毀銅錢作器用并貿易下海秋七月乙巳
詔嘉興縣王臨年百二歲補迪功郎致仕八月癸酉
詔河南新復郡縣久廢播種民甚艱食江淮制司其
發米麥百萬石往濟歸附軍民仍牓諭開封應天河
南三京甲戌朱楊祖林拓朝謁八陵回以圖進上問

諸陵相去幾何及陵前澗水新復楊祖悉以對上忍
涕太息乙亥趙范為京河關陝宣撫使知開封府東
京留守趙葵京河制置使知應天府南京留守全子
才關陝制置使知河南府西京留守甲午權邵武軍
王埜以平建陽寇有功官兩轉餘推賞有差九月庚子
趙范依舊京西湖北安撫制置大使知襄陽府辛丑
熒惑入井壬寅趙范言趙葵全子才輕遣偏師復西
京趙楷劉子澄參贊失計師退無律致後陣敗覆詔
趙葵削一秩措置河南京東營田邊備全子才削一
秩措置唐鄧息營田邊備劉子澄趙楷並削三秩放

罷又言楊義一軍之敗皆由徐敏子范用吉怠於赴援致不能支詔范用吉降武翼郎徐敏子削三秩放罷楊義削四秩勒停自效己酉真德秀言權臣用上講筵官亦傅會其言今承其弊有當慮者五事并及泉漳寇盜鹽法之弊帝嘉納之詔進士何霆編類朱熹解注文字有補經筵授上文學冬十月己卯真德秀進大學衍義辛卯陳貴誼薨贈少保十一月壬子京湖制司剏鎮北軍詔以襄陽府駐劄御前忠衛軍為名壬戌太白經天十二月己卯大元遣王檝來戊子王檝辭于後殿辛卯遣鄒伸之李復禮喬仕安劉溥報謝各進二秩

本紀卷第四十一

本紀卷第四十二　宋史四十二

開府儀同三司上柱國錄軍國重事中書右丞相兼修國史經筵事都總裁臣脫脫等奉

敕修

理宗二

端平二年正月丁酉太陰行犯太白甲寅詔議胡瑗孫明復邵雍歐陽脩周敦頤司馬光蘇軾張載程顥程頤等十人從祀孔子廟庭升孔伋十哲丙辰詔主管侍衛馬軍孟珙黃州駐劄措置邊防丁巳孟珙入見辛酉以御前寧淮軍統制借和州防禦使程芾為大元通好使從義郎王全副之尋以武功郎杜顯為

添差通好副使二月甲子朔日當虧不虧癸酉歲星守氐壬午太白填星合于胃三月乙未詔太學生陳均編宋長編綱目進士陳文蔚著尚書解並補迪功郎丁酉楊谷楊石並升太師尋辭免乙巳曾從龍兼同知樞密院事真德秀參知政事兼給事中兼侍讀陳卓同簽書樞密院事夏四月甲子詔前四川制置鄭損城池失守且盜陝西五路府庫財鉅萬削官二秩謫居溫州簿錄其家丁卯都城火丁亥太白晝見戊子大閱有流星大如太白五月乙未雨雹軍民交閧御前諸軍都統制趙勝削三秩罷命韓昱代之丙

申大雨雹甲辰真德秀薨贈銀青光祿大夫謚文忠
庚戌以喬行簡兼參知政事六月壬申太陰入氐戊
寅以鄭清之為特進左丞相兼樞密使喬行簡金紫
光祿大夫右丞相兼樞密使己卯葛洪資政殿大學
士予祠祿庚辰流星晝隕祈雨壬午以曾從龍知樞
密院事兼參知政事崔與之參知政事鄭性之同知
樞密院事陳卓簽書樞密院事賜進士吳叔告以下
四百五十四人及第出身有差己丑熒惑入太微垣
庚寅詔鄭損更削兩秩竄南劍州秋七月丁酉有流
星大如太白戊戌太白經天辛丑流星晝隕丙午太

宋史紀卷四十二　二　潘源寫　王英刊

白入東井庚申禮部尚書魏了翁上十事不報閏七
月戊寅詔錄開禧蜀難死事之臣太安知軍楊震仲
孫忠孫補下州文學利州路常平幹官劉當可母王
氏義不降曦投江而死追贈和義郡夫人當可與升
官差除乙酉賜少師特進銀青光祿大夫趙方謚忠
肅丙戌故保寧軍節度使曾國公安丙謚忠定丁亥
全子才劉子澄坐唐州之役棄兵宵遁子才削二秩
謫居衡州子澄削二秩謫居瑞州八月癸巳歲星入
氐乙卯以太師趙汝愚配享寧宗廟庭仍圖像于昭
勳崇德之閣丁巳太白犯太微垣右執法九月癸未

崇國公主薨冬十月辛卯有流星大如太白己未填
星犯畢歲星太白合于心十一月乙丑以曾從龍為
樞密使督視江淮軍馬魏了翁同簽書樞密院事督
視京湖軍馬鄭性之兼權參知政事戊辰詔兩督府
各給金千兩銀五萬兩度牒千緡錢五百萬為隨軍
資臺臣李鳴復論曾從龍魏了翁督府事不允戊子
安南國貢方物十二月庚寅曾從龍六疏乞寢樞密
使命依舊知樞密院事督視江淮軍馬詔許辭樞密
使以魏了翁兼督視江淮軍馬癸巳四川制置司遣
將斬叛軍首賊蒲世興於萬州己亥填星守天街星

宋史紀卷四十二　三　潘源寫　王英刊

庚子詔官告院製修武郎以下告身給督視府太陰
入井壬寅魏了翁陛辭詔事干機速許便宜行之兵
潛樞密都承旨督府參謀官趙善瀚馬光祖督府參
議官甲辰曾從龍薨贈少師余嶸同簽書樞密院事
庚戌故參知政事李壁謚文懿辛亥雷
三年春正月己未朔以星行失度雷發非時罷天基
節宴詔勸農桑賜安南國王封爵襲衣金帶丁卯填
星犯畢壬申大元兵連攻洪山張順翁大成等以兵
捍禦之二月甲午詔以大元兵攻江陵統制李復明
奮勇戰沒其贈三秩仍官其二子死傷士卒趣具姓

名来上壬寅詔侍從臺諫給舍條具邊防事宜甲辰起居郎吳泳上疏論淮蜀京襄捍禦十事不報詔魏了翁依舊端明殿學士簽書樞密院事其速赴闕詔史嵩之淮西制置使兼副使辛亥日暈周匝甲寅左曹郎官趙以夫上備邊十策三月乙亥吳潛赴闕是月襄陽北軍主將王旻李伯淵焚城郭倉庫相繼降北時城中官民兵四萬七千有奇其財粟三十萬軍器二十四庫皆金銀鹽鈔不與焉南軍主將李虎乘火縱掠襄陽為空制置使趙范坐失撫御致南北軍交爭造亂詔削官三秩落龍圖閣學士姑仍制置職

任階峨疊宕十八族降有諜者以檄招曹友聞軍降友聞斬之以聞夏四月丙申太陰入太微垣己酉魏了翁乞歸田里詔不允以資政殿學士知潭州癸丑詔悔開邊責己其京湖興沔州軍縣鎮見繫囚情理輕者釋之五月戊寅提舉萬壽觀洪咨夔依舊兼侍讀己卯有流星出心大如太白辛巳太陰入畢甲申趙葵華文閣直學士淮東安撫制置使兼知揚州六月丁亥流星夕隕己亥洪咨夔卒詔與執政恩例贈二秩謚忠文癸卯熒惑填星合于畢丙午熒惑犯填星庚戌大雨雹秋七月丁巳祈晴詔權徐州國安用

力戰而歿己贈順昌軍節度使仍官其子國興承節郎庚申以趙范失襄城罪重罰輕詔罷職奉祠辛酉太陰入氐丁卯以鄭性之參知政事李鳴復簽書樞密院事戊辰監察御史杜範吳昌裔以言事不報上疏乞罷官詔改授範太常少卿昌裔太常卿庚午熒惑入井戊寅太陰入東井甲申雨血八月丙戌詔趙范更削兩秩謫居建寧府李虎削三秩落刺史罷御器械各令任責捍禦自效癸卯詔前龍圖閣學士光祿大夫贈開府儀同三司傅伯成謚忠簡九月庚申太白歲星合于尾庚午雷辛未祀明堂大赦雷雨乙

亥左丞相兼樞密使鄭清之罷為觀文殿大學士醴泉觀使兼侍讀右丞相兼樞密使喬行簡罷為觀文殿大學士醴泉觀使兼侍讀以崔與之為右丞相兼樞密使壬午驍衛大將軍利州駐劄御前諸軍統制曹友聞與大元兵大戰于大安軍陽平關兵敗死之詔贈龍圖閣學士大中大夫謚毅節立廟曰褒忠官其二子承務郎冬十月乙酉詔殿前司將胡斌襄死邵武之寇贈武節大夫有司為立後受官因舊廟賜額宗室師櫝死尤溪之戰贈武節郎官其一子進義校尉立廟林嶺甲午詔沿江制置使陳韡應援淮東授淮

西制置使兼沿江制置副使史嵩之應援江陵陝州江面上流壬寅大元兵破固始縣淮西將呂文信杜林率潰兵數萬叛六安霍丘皆為群盜所據丙午安南國貢方物詔授金紫光祿大夫靜海軍節度觀察等使賜襲衣金銀帶大元太子闊端兵離成都大元兵破文州守臣劉銳通判趙汝鄊死之十一月戊午詔嗣秀王師彌授少師丙寅以喬行簡為特進左丞相兼樞密使封肅國公大元兵圍光州詔史嵩之援光趙葵援合肥陳韡遏和州為淮西聲援戊辰魏了翁依舊資政殿學士知紹興府浙東安撫使吳潛袁甫徐清叟赴闕壬申詔侍從兩省臺諫卿監宰掾樞屬郎官鈐轄各陳防邊方略甲戌太陰入太微垣戊寅復成都府十二月戊戌以吳淵戶部侍郎淮東總領財賦兼知鎮江府壬寅詔改明年為嘉熙元年癸卯鄭清之辭免觀文殿大學士醴泉觀使兼侍讀詔仍舊觀文殿大學士提舉洞霄宮丁未宣繒薨以定策功贈太師謚忠靖甲寅池州都統趙邦永以援滁州功詔邦永轉左武大夫其餘立功將士具等第姓名推賞

嘉熙元年春正月乙卯以魏了翁知福州兼福建安

撫使丁巳詔京西兵馬都監隨州駐劄程再遲官三轉帶行閤門宣贊舍人京西鈐轄兼知隨州賞其洪山戰功餘有功將士趣以名上辛酉以李𡌴同知樞密院事四川宣撫使甲子詔兩淮荊襄之民避地江南沿江州縣間有招集振䘏尚慮恩惠不周流離失所江陰鎮江建寧太平池江興國鄂岳江陵境內流民其計口給米期十日竣事以聞癸酉熒惑守鬼宿壬午流星大如太白二月癸未朔以鄭性之知樞密院事兼參知政事鄒應龍端明殿學士簽書樞密院事李宗勉同簽書樞密院事李鳴復罷以資政殿學士知紹興府乙酉葛洪薨壬寅雨雹丙申詔忠義選鋒張順屈伸等以舟師戰公安縣之巴芒有功各官一轉餘推恩有差癸卯詔以朱熹通鑑綱目下國子監并進經筵己酉太白晝見日暈周匝三月癸亥日生背氣己巳詔陳韡史嵩之趙葵各官兩轉乙亥魏了翁薨贈少師賜謚文靖以孟珙為忠州團練使知江陵府京西湖北安撫副使別之傑寶章閣待制知太平州夏四月壬午朔以李𡌴同知樞密院事四川宣撫使知成都府壬辰弟貴謙保康軍節度使仍奉朝請進封天水郡開國侯加食邑與芮武康軍節度

使提舉萬壽觀仍奉朝請進封開國子丙申詔兩淮策應軍戰宣化兩軍殺傷相當陣亡將校李仙王海李雄廖雷各贈武翼大夫餘贈官有差庚子熒惑犯權星丙午詔沔州諸鎮將帥昨以大元兵壓境皆棄官遁夔路鈐轄知恩州田興隆獨自大安德勝堡至潼川逆戰數合雖兵寡不敵而忠節可尚特與官一轉五月丙辰袁部甍太陰犯熒惑壬申京城大火丙子熒惑犯將星六月壬辰詔賞蘄州都統制萬文勝知州徐榘守城之功將士在行間者論功補官有差癸巳以鄒應龍為資政殿學士知慶元府沿海制置使

乙未太白填星合于井甲辰祈雨丙午以吳潛為工部侍郎知慶元府兼沿海制置使知黃州兼淮西安撫使本路提刑李壽朋被命三月不即便途之官遂還私舍詔削三秩送建昌軍居住詔建內小學擇宗子十歲以下資質美者二三人置師教之秋七月壬子湖北提舉董槐朝辭奏楮幣物價重輕之弊己未樞密院言大元兵自光州信陽抵合淝制司參議官李曾伯廬州守臣趙勝都統王福戰守俱有勞效詔曾伯等十一人各官一轉辛酉太陰犯歲星填星入井庚午歲星守建星壬申日生背氣癸酉太陰入井

八月甲申太師秦國公汝愚追封福王乙酉填星犯井癸巳以李鳴復參知政事李宗勉簽書樞密院事甲辰詔蜀鷄冠隘都統王宣戰歿其總管吳桂棄所守走又縱部伍剽劫削三官勒停九月壬子填星留于井癸丑有流星出七公西星至濁沒丁巳雷冬十月戊戌有流星大如桃十一月戊辰詔陳韡史嵩之趙葵於沿江淮漢州軍備舟師戰具防遏衝要堡隘辛未太史言十二月朔日食將既日與金木水火四星俱纏于斗詔損膳避朝庶圖消弭其令有司檢會故實以聞十二月戊寅朔日有食之

二年春正月戊申朔詔令侍從臺諫卿監郎官帥臣監司前宰執侍從舉曉暢兵財各二人三衙諸軍統制舉將材二人己未詔史嵩之趙葵應援黃州安豐其立功將士等第亟具名以聞光州信陽二城共圖尅復辛酉詔史嵩之進端明殿學士視執政恩數趙葵刑部尚書制置並如舊余玠知招信軍兼淮東制置司參議官進三秩孟珙寧遠軍承宣使依舊帶御器械史嵩之端明殿學士依舊京湖安撫制置使兼沿江制置副使兼知鄂州召赴闕甲子兩浙轉運判官王埜察訪江面還進對劾吳潛知平江府不法厲

民數事詔陞直華文閣知建寧府二月甲申大理少卿朱揚祖充押伴使借章服金魚庚寅詔史嵩之以參知政事督視京西荆湖南北路江西軍馬置司鄂州癸巳大宗正丞賈似道奏言北使將至地界名稱歲例宜有成説又奏裕財之道莫急於去贓吏藝祖治贓吏杖殺朝堂孝宗真決刺面今日行之則財自裕戊戌詔近覧李埴奏知蜀漸次收復然創殘之餘綏撫爲急宜施蕩宥之澤淮西被兵恩澤亦如之其降德音諭朕軫恤之意大元再遣王檝來辛丑檝還以朱揚祖充送伴使癸卯以孟珙爲京湖安撫制置

副使置司松滋縣三月己丑命將作監周次説爲大元通好使壬子以李心傳爲秘書少監史館修撰修高宗孝宗光宗寧宗四朝國史實録癸丑以高定子爲中書舍人京湖江西督視參贊軍事庚申詔史嵩之兼督視光蘄黄夔施州軍馬戊辰發行都會子二百萬并湖廣九百萬下都督參政行府犒師乙亥詔四川被兵州軍府縣鎮并轉輸勞役之所見禁因人情理輕者釋之詔四川帥臣招集流民復業給種與牛優與振贍夏四月癸未以李埴同簽書樞密院事督視江淮京湖軍馬己酉雨土太陰入太微垣閏月

丁未太陰入井甲子有流星大如太白壬申賜禮部進士周坦以下四百二十二人及第出身有差五月辛巳太白晝見癸未以李鳴復知樞密院事李宗勉參知政事余天錫簽書樞密院事甲申喬行簡請以兵事委李鳴復財用委李宗勉楮幣委余天錫當會議者臣則參酌行之詔允所請詔嚴州布衣錢時成忠郎吳如愚以隱居著書並選爲秘閣校勘丙戌詔崔與之提舉洞霄宮任便居住李鳴復復參知政事壬寅歲星犯壘壁陣六月甲辰朔流星晝隕戊申吳淵知太平州措置采石江防以吳潛爲淮東總領財

賦知鎮江府丙寅李埴薨特贈資政殿大學士秋七月壬午以霖雨不止烈風大作詔避殿減膳徹樂令中外之臣極言闕失辛卯有流星大如太白壬寅熒惑犯鬼積尸氣八月辛酉太白晝見經天癸亥流星晝隕九月壬午熒惑犯權星子維生甲申封宮人謝氏爲永寧郡夫人乙未有流星大如太白冬十月庚戌雷丁卯吳潛言宗子趙時䁈集真滁豐濠四郡流民十餘萬團結十七砦其强壯二萬可籍爲兵近調五百援合肥宜補時䁈官又沙上蘆場田可得二十餘萬畝賣之以贍流民以佐砦兵從之熒惑入太

微垣戊辰太白入于氐己巳日生黑子辛未復光州
十一月甲申子維薨追封祁王謚沖昭十二月丙午
光州守臣董圭臣伏誅司户柳臣舉配雷州乙卯詔
四川諸州縣鹽酒榷額自明年始更蠲免三年其四
路合發總所綱運者亦免戊辰詔諸路和糴給時直
平槩量毋科抑申嚴收租苛取之禁己巳出祠牒會
子共七百萬紙給四川制司為三年生券
三年春正月癸酉以喬行簡為少傅平章軍國重事
封益國公李宗勉為左丞相兼樞密使史嵩之右丞
相兼樞密使督視兩淮四川京湖軍馬余天錫參知

政事游佀同簽書樞密院事二月丙午詔史嵩之依舊
兼都督江西湖南軍馬丁卯又命嵩之都督江淮京湖
四川軍馬己巳竄趙邦永坐救滁不進兵三月辛未朔
以吳潛為敷文閣直學士沿海制置使兼知慶元府甲
戌以別之傑權兵部尚書依舊沿江制置安撫使兼都
督行府參贊軍事李曾伯兼都督行府參議官孟珙兼
都督行府參謀官流星晝隕辛卯雨土夏四月壬寅祈雨
癸卯以吳淵權工部尚書沿江制置副使知江州五月辛
未熒惑犯太微垣執法星戊寅以吳潛為兵部尚書
浙西制置使知鎮江府辛卯喬行簡五疏乞罷機政

詔不允秋七月庚午以董槐知江州兼都督行府參
議官甲申以吳淵兼都督行府參贊軍事八月戊戌
朔以浙江潮患告天地宗廟社稷以游佀參知政事
許應龍簽書樞密院事林略同簽書樞密院事己亥
熒惑入氐辛丑太陰入氐有流星大如太白丁亥熒
惑犯房宿九月辛巳祀明堂大赦壬午淮西敢勇
將官陸旺李威特與官三轉同出戰二百人官兩轉以
賞廬州磨店北之功其陣没者優與撫恤冬十月丁
未故太師魯王謝深甫賜謚惠正己未出祠牒百給
濟處州秉義郎李良守鄂州長壽縣没於戰陣詔贈

官三轉癸亥熒惑太白合于斗乙丑虹見十一月丙
子以范鍾簽書樞密院事十二月己未觀文殿大學
士崔與之薨贈少師謚清獻辛酉太白晝見甲子復
夔州録荆鄂都統張順孟璋等將士戰功
四年春正月辛未彗星出營室庚辰以星變下詔罪
己辛巳有流星大如太白甲午彗星犯王良第二星
二月丙申朔日生背氣戊戌大赦辛丑流星晝隕白
虹貫日丁未太白晝見癸丑以孟珙為四川宣撫使
兼知夔州節制歸峽鼎澧州軍馬丙辰白氣亘天三
月辛未詔四川安撫制置副使彭大雅削三秩彗星

消伏乙酉流星晝隕夏四月壬寅前潼川運判吳申進對因論蜀事為上言鄭損棄邊郡不守桂如淵啓潰卒為亂趙彥吶忌忠勇不救彭大雅險譎變詐殊費關防宜進孟珙於夔門夔事力固乏東南能助之則夔足以自立又言張祥有保全趙彥吶楊恢兩制置之功敵人憚其果毅宜見錄用上嘉納之乙巳詔史嵩之進三秩依前右丞相兼樞密使即日徹都督司五月庚午太陰入太微垣歲星太白合于婁甲戌太陰入氐乙亥子壽國公薨戊子命吳潛兼侍讀李性傳兼侍講六月甲午朔江浙福建大旱蝗乙未祈

雨己亥太白犯畢辛丑追封閬州簽廳陳承已妻彭氏為恭人賜廟閬州以強寇入奉國縣市承已為賊所創彭罵賊死之辛亥追贈儒林郎王翚為通直郎官其一子為文學以丙申蜀破翚闔門死於兵癸丑太白犯天關星戊午有流星大如太白秋七月乙丑詔今夏六月恒陽飛蝗為孽朕德未備民瘼尤甚中外臣僚其直言闕失毋隱又詔有司振災恤刑太白入井甲戌太白熒惑合于井己丑熒惑太白合于鬼八月己酉熒惑填星合于柳太白犯權星大星癸丑熒惑犯填星九月乙丑詔余玠進三秩直華文閣淮

東提刑節制招信軍屯戍軍馬以玠昨帥舟師溯淮入河抵汴所向有功全師而還至是論功定賞是役將士趣以名上所司議推恩冬十月癸巳詔改明年為淳祐元年丁巳命余玠兼節制應天府泗宿永海邳徐漣水屯戍軍馬十一月甲子熒惑入太微垣己巳熒惑犯太微垣左執法星癸酉詔武功大夫荊鄂都統制張順以私錢招襄漢潰卒創忠義虎翼兩軍及援安慶池州有功特與官兩轉丙子與芮妻錢氏封安康郡夫人辛巳熒惑犯太微上相垣十二月甲辰奉國軍節度使提舉萬壽觀多謨薨丙辰地震己

未詔求直言閏十二月丙寅李宗勉薨贈少師賜謚文清以游佀知樞密院事兼參知政事范鍾參知政事徐榮叟簽書樞密院事庚午詔繫囚情理輕者釋之乙亥詔民間賦輸仍用錢會中半其會半以十八界直納半以十七界紐納戊寅以吳潛為福建安撫使史宅之為浙東安撫使

淳祐元年春正月庚寅朔詔舉文武才庚子雷甲辰詔朕惟孔子之道自孟軻後不得其傳至我朝周惇頤張載程顥程頤真見實踐深探聖域千載絶學始有指歸中興以來又得朱熹精思明辨表裏混融使

大學論孟中庸之書本末洞徹孔子之道益以大明
于世朕每觀五臣論著啓沃良多今視學有日其令
學官列諸從祀以示崇獎之意尋以王安石謂天命
不足畏祖宗不足法人言不足恤為萬世罪人豈宜
從祀孔子廟庭黜之丙午封周惇頤為汝南伯張載
郿伯程顥河南伯程頤伊陽伯丁未太陰入氐戊申
幸太學謁孔子遂御崇化堂命祭酒曹觱講禮記大
學篇監學官各進一秩諸生推恩錫帛有差製道統
十三贊就賜國子監宣示諸生二月戊寅日生暈主
午喬行簡薨謚文惠夏四月丁丑詔以與芮為開府

儀同三司萬壽觀使嗣榮王貴謙開府儀同三司嗣
沂王辛巳以賈似道為太府少卿湖廣總領財賦五
月庚寅以少師保寧軍節度使判大宗正事嗣秀王
師彌為太子少保奉國軍節度使充萬壽觀使師貢
為少師己亥詔沿江淮西制置使別之傑任責邊防
戊申賜禮部進士徐儼夫以下三百六十七人及第
出身有差六月庚申太白晝見蝩癸酉有流星大如
太白己卯流星晝隕丙戌熒惑入氐秋七月壬辰祈
雨八月辛巳楊石薨贈太師冬十月庚辰太白入氐
十一月戊戌太白晝見己亥淮東提刑余玠以舟師

解安豐之圍己巳太白經天晝見十二月丁卯余天
錫薨贈太師賜謚忠惠丁丑侍御史金淵言彭大雅
貪黷殘忍蜀人銜怨罪重罰輕乞更竄責詔除名贛
州居住
二年春正月甲申朔詔作新吏治戊戌右丞相史嵩
之等進玉牒及中興四朝國史孝宗經武要略寧宗
玉牒日曆會要實錄二月甲戌以游佀知紹興府浙
東安撫使請祠祿詔提舉洞霄宮范鍾知樞密院事
兼參知政事徐榮叟參知政事趙葵賜進士出身同
知樞密院事別之傑簽書樞密院事三月戊子詔和

州無為軍安慶府並聽沿江制置司節制詔今後州
縣官有罪諸帥司毋輒加杖責夏四月甲寅白氣亘
天壬申雨雹五月己亥淮東制置副使余玠進對戊
申臺臣言知建寧府吳潛有三罪詔奪職罷新任己
酉以趙葵為湖南安撫使知潭州六月壬子朔徐榮
叟乞歸田里從之丁巳詔以余玠為四川宣諭使事
干機速許同制臣共議措置先行後奏仍給金字符
黃牓各十以備招撫丙寅以別之傑同知樞密院事
兼權參知政事高定子簽書樞密院事杜範同簽書
樞密院事是月盛夏積雨浙右大水丁丑歲星犯井秋七

月辛巳朔常潤建康大水兩淮尤甚八月丁卯詔淮東先鋒馬軍鄧淳李海等揚州樁扒店之戰宣勞居多各官兩轉餘推恩有差九月庚辰朔日有食之己丑雷辛卯祀明堂大赦癸巳詔淮東忠勇軍統領王温等二十四人戰天長縣東衆寡不敵皆沒於陣贈温武翼大夫吉州刺史其子興國補保義郎更官其一子承信郎厚賜其家餘人恤典有差冬十月甲寅史嵩之進封永國公乙丑大元兵大入通州十一月辛卯詔諭兩淮節制李曾伯毋以通州被兵之故不安厥職其督勵諸將勉圖後功己亥日南至雷電交

作詔避殿減膳求直言癸卯詔決中外繫囚四十二月己未詔通州守臣杜霆兵至棄城弗守載其私帑渡江以遁遂致民被屠戮雖已奪三秩厥罰猶輕其追毀出身以來文字竄南雄州壬戌太白晝見癸亥大元兵連攻叙州帳前都統楊大全等水陸並進自卯至午戰十數合殁手行伍詔贈武節大夫眉州防禦使官其二子承節郎丙寅以孟珙為檢校少保依舊寧武軍節度使京湖安撫制置大使夔路策應大使余玠權資政殿學士湖南安撫大使兼知潭州趙葵資政殿大學士福建安撫使知福州

三年春正月戊寅朔以高定子兼參知政事庚辰熒惑入氐乙未以李曾伯為華文閣待制依舊淮東西制置使知揚州杜杲敷文閣學士依舊沿江制置使知建康府董槐祕閣脩撰依舊沿江制置副使知江州主管江西安撫司事辛丑詔安南國王陳日煚元賜功臣號特贈守義二字二月乙丑以呂文德為福州觀察使侍衛馬軍副都指揮使總統兩淮出戰軍馬捍禦邊隘庚午以郢州推官黃從龍死節詔贈通直郎一子補下州文學三月丁丑朔日有食之夏四月癸丑左武衛中郎將濠州措置捍禦王烈閤門宣

贇淮西路鈐王杰閤門祗候江東路鈐李季實往馬帥王鑑軍前議事遇大元兵戰死贈官仍各官其二子乙卯嘉定守臣程立之固守詔官一轉丙辰安豐軍統領陳友直以王家堈戰功與官兩轉壬申布衣王與之進所著周禮訂議補下州文學五月庚子詔施州創築郡城及關隘六十餘所本州將士及忠州戍卒執役三年者各補轉一官六月甲戌有流星大如太白出于氐秋七月丁亥詔海州屯駐借補保義郎申政密州之後先登陷陣後以戰沒特贈保義郎官其子進勇副尉太白入井壬辰四川制司言大元

兵破大安軍忠義副總管楊世威堅守魚乳隘孤壘不降有特立之操可任責邊防詔以世威就知大安軍甲午日生格氣己亥太白經天晝見八月乙卯流星晝隕癸亥詔福州延祥荻蘆兩砦併置武濟水軍摘本州廂禁習水者充千五百人為額閏月丁丑四川總領余玠言知巴州向佺鈐轄譚淵白土坪等戰有功詔佺等十八人各官三轉餘轉官有差其中創人各給緡錢百陣沒者趣上姓名贈恤其家太白犯權星壬寅太白填星合于翼九月壬申詔蠲高郵民耕荒田租冬十月丙戌太白入氐十二月己丑史嵩之五請祠不允

本紀卷四十二

本紀卷第四十三　宋史四十三

元　開府儀同三司上柱國錄軍國重事中書右丞相監修國史領經筵事都總裁臣脫脫等奉　修

理宗三

四年春正月壬寅朔詔邊將毋擅興暴掠虐殺無辜以慰中原遺黎之望帝製訓廉謹刑二銘戒飭中外以李鳴復參知政事杜範同知樞密院事劉伯正簽書樞密院事余玠華文閣待制依舊四川安撫制置使知重慶府兼四川總領財賦李曾伯寶章閣直學士依舊淮東安撫制置使知揚州兼淮西制置使戊午樞密院言四川帥臣余玠大小三十六戰多有勞效宜第功行賞詔玠趣上立功將士姓名等第即與推恩庚申以余玠兼四川屯田使二月癸酉出封樁庫緡錢各十萬命兩淮京湖四川制司收瘞頻年交兵遺骸立為義冢夏四月丁丑有流星大如太白出于尾癸未填星守太微垣乙未祈雨五月庚戌余玠言利閬城大獲山蓬州城營山渠州城大良平嘉定城舊治瀘州城神臂山諸城工役次第就緒神臂山城成知瀘州曹致大厥功可嘉乞推賞以勵其餘詔致大帶行遙郡刺史丁巳武功大夫雄威軍都統制楊价世守南邊連年調戍播州捍禦勤瘁詔价轉右武大夫文州刺史戊午

大元兵圍壽春府呂文德節制水陸諸軍解圍有功詔赴
樞密院稟議發緡錢百萬詣兩淮制司犒師庚申守關進
勇副尉桂虎進義副尉楚富吐渾將虞候鄭蔡捍禦壽春
俱有勞效詔各官資兩轉給緡錢千乙丑前簽書樞密院
事鄒應龍薨贈少保監察御史胡清獻劾淮西提刑徐敏
子三罪詔削兩秩送江州居住六月庚午朔呂文德依舊
侍衛馬軍副都指揮使兼淮西招撫使知濠州乙亥賜禮
部進士留夢炎以下四百二十四人及第出身有差壬午
詔安豐軍策應解壽春圍將士補轉官資有差詔壽春一
軍先涉大海擣山東膠密諸州有功令

大元兵圍城能守城不隳其立功將士皆補轉有差乙未
有流星大如太白出于畢丙申吳潛提舉隆興府玉隆萬
壽宫任便居住秋七月己亥朔祈雨乙卯招收沿淮失業
壯丁爲武勝軍以五千人爲額辛酉盜發永州東安縣飛
虎軍正將吳龍統制鄭存等討捕有功詔補轉官資有差
甲子詔故直龍圖閣項安世正學直節先朝名儒可特贈
集英殿修撰八月壬辰太白晝見九月癸卯右丞相史嵩
之以父病謁告許之詔范鍾劉伯正暫領相事甲辰史彌
忠卒贈少師封鄭國公賜謚文靖詔史嵩之起復右丞相
兼樞密使癸丑熒惑填星合于軫甲寅京湖制司言諸將

李福等破申州蔡州西平縣城壁及馬家等砦詔將士各
補官推賞有差己未將作監徐元杰上疏論史嵩之起復
宜許其舉執政自代帝不允遂求去帝曰經筵賴卿規益
何事引去耶癸亥太白犯斗宿距星乙丑雷丁卯雷臺臣
言嚴州及紹興蕭山等縣征商煩苛詔亟罷之冬十月甲
戌詔慶元府守臣敦諭史嵩之赴闕嵩之控辭不允壬辰
杜範游侶提舉萬壽觀兼侍講十一月辛丑詔趣游侶杜
範赴闕戊申雷庚戌詔陳韡李性傳赴闕十二月庚午以
范鍾爲左丞相兼樞密使杜範爲右丞相兼樞密使游侶
知樞密院事劉伯正參知政事兼簽書樞密院事詔戒飭

百官許右丞相史嵩之終喪甲戌以趙葵同知樞密院事
乙亥鄭清之授少保依舊觀文殿大學士醴泉觀使兼侍
讀仍奉朝請進封衛國公
五年春正月丁酉朔詔更新庶政綏撫中原遺民丙午杜
範辭免右丞相不允己酉雷乙卯以李性傳簽書樞密院
事兼權參知政事二月丙寅朔雨土甲戌復五河詔呂文
德進三秩羊洪進二秩餘有戰功者推賞其陣沒人具姓
名贈恤丁丑范鍾等上玉牒日曆及孝宗光宗御集經武
要略寧宗實錄壬辰太白晝見經天三月庚子詔嚴贓吏
法仍命有司舉行彭大雅程以升吳淇徐敏子納賄之罪

準淳熙故事戒吏貪虐預借抑配重催取羸以緡錢百萬犒淮東師夏四月甲申填星犯上相星丙戌杜範薨贈少傅謚清獻戊子余玠言權巴州何震之守城死於兵詔進贈官三秩一子與下州文學京湖制司言鈐轄王雲等襲鄧州鎮平縣靈山戰順陽鐵橛峪皆有勞效野戰數十合雲等六人被重創死路鈐于江一軍力戰詔王雲贈三秩仍官其二子為承信郎王寬王立田秀董亮董玉各加贈恤于江等各轉一官資詔李曾伯余玠董槐孟珙王鑑職事脩舉曾伯玠升閣職槐珙鑑轉官並因其任五月丁酉呂文福夏貴上戰功詔貴官兩轉文福帶行閤職丁未詔

沿江湖南江西湖廣兩浙制師漕司及許浦水軍司共造輕捷戰船千艘置遊擊軍壯士三萬人分備捍禦戊申日生赤黃背氣辛亥詔董槐赴闕丁巳淮東制置使李曾伯辭免煥章閣學士從之六月甲申祈雨丙戌工部侍郎徐元杰暴卒贈四秩置詔獄秋七月癸巳朔日有食之旱辛丑鎮江常州亢旱詔監司守臣及沿江諸郡安集流民甲辰祈雨乙卯詔給徐元杰劉漢弼官田五百畝緡錢五千恤其家丁巳京湖制司言總制亢國用師衆戰裕州拐河戰黑山戰大神山皆有勞効詔國用官兩轉李山等四十七人官一轉呂文德言與

大元兵戰五河隘口又戰于濠州

大元兵還詔文德屯駐諸軍戰守將士推恩有差八月庚辰范鍾再乞歸田不允九月甲辰京湖制置司言劉整等率精銳以雲梯四面登鎮平縣城入城巷戰焚城中倉庫糗糧器甲路將武勝等四人死之略廣陽焚列屯砦柵廬舍凡二十餘所還抵靈山又力戰有功詔整官兩轉同行蔡貴等二百二十人各官一轉辛亥祀明堂奉太祖太宗寧宗並侑大赦冬十一月乙未鄭清之乞歸田不允丙申詔師彌典司屬籍職事脩舉授太傅加食邑依前判大宗正事嗣秀王壬子詔

大元兵入蜀權成都府馮有碩權漢州王驤權成都縣楊允權資州劉求權潼川府魏霧死于官守其各贈官三轉仍官其一子癸丑詔將領闕貴統制白傅才率衆復洋州還遇

大元兵交戰將士百五十三人皆陣沒已祔饗閔忠廟贈恤其家闕貴白傅才各贈承節郎官其一子進勇副尉十二月甲戌詔壽春守臣劉雄飛等以

大元兵圍城捍禦有功雄飛及呂文福林子宏等十一人各官三轉劉用等補轉官資有差己卯以游佀為右丞相兼樞密使鄭清之為少師奉國軍節度使依前醴泉觀使

兼侍讀仍奉朝請賜玉帶及賜第行在又與懽換授安德軍節度使開府儀同三司萬壽觀使仍奉朝請弟嗣沂王貴謙嗣榮王與芮並加授少保以趙葵知樞密院事兼參知政事李性傳同知樞密院事陳韡兼參知政事壬午太史奏來歲正旦日當食詔以是月二十一日避殿減膳命百司講行闕政凡可以消弭災變者直言毋隱

六年春正月辛卯朔日有食之置國用所命趙與篙爲提領官二月戊辰范鍾再乞歸田里詔官三轉觀文殿大學士醴泉觀使兼侍讀已巳范鍾再辭詔提舉洞霄宮任便居住庚午以劉雄飛知壽春府節制屯田軍馬三月癸巳

日暈周匝珥氣夏四月辛酉太白晝見壬戌太陰犯太白甲戌以丘岳兼兩淮屯田副使賈似道兼蘄黃屯田副使丁丑日暈周匝戊寅詔朱熹門人胡安之呂燾蔡模並迪功郎本州州學教授給札錄其著述并條具所欲言者以聞閏四月辛卯李曾伯以臺諫論詔落職予祠尋罷祠祿戊戌呂文德言今春北兵攻兩淮統制汪懷忠等逆戰趙家園拔還俘獲人民路鈐夏貴知州王成倪政等帥舟師援安豐軍所至數戰將士陣亡者衆詔倪政贈官三轉官一子承信郎許通夏珪孫才江德仙各贈官兩轉官其一子下班祗應給緡錢恤其家餘立功將士恩賞有差辛丑月暈五重癸卯余玠言北兵分四道入蜀將士捍禦有功者輒以便宜推賞具立功等第補轉官資以聞詔從之五月庚申詔賈似道措置淮西山砦城築壬戌太白犯權星已卯詔諸鎮募兵造舟置馬帥臣其務獎激將士以嚴邊防六月甲午保信軍節度使希丞薨丙午祈雨壬子以陳韡參知政事兼同知樞密院事乙卯臺臣言李鳴復劉伯正進則害善類退則蠹州里詔鳴復落職罷宮觀伯正削一秩秋七月壬戌泉州歲饑其民謝應瑞非因有司勸分自出私錢四十餘萬糴米以振鄉井所全活甚衆詔補進義校尉丁卯太陰犯斗已巳呂文德言北兵圍壽春城州

師至黃家宂總管孫琦呂文信夏貴等戰龍堽有功詔文德官一轉餘依等第轉補其陣沒董先等二十二人傷者四百三十七人贈恤恩賞有差癸酉有流星出自室大如太白八月辛卯太陰犯房己酉賜文士劉克莊進士出身以爲秘書少監兼國史院編脩官實錄院檢討官壬子太白晝見癸丑以劉克莊兼崇政殿說書樞密院言前知普州何叔丁簽書判官楊仁舉淳祐元年冬北兵攻城兩家二十餘人死于難叔丁孫嗣祖仁舉幼子肖翁被俘逃歸詔叔丁等贈官恤後有差九月甲子有流星出于斗大如太白戊辰以賈似道爲敷文閣直學士京湖制置使知江

陵府兼夔路策應使太白晝見癸酉孟珙薨贈少師冬十月己丑少保嗣榮王與芮之子賜名孟啓授貴州刺史乙未填星歲星熒惑合于亢己酉太白入氐十一月癸亥歲星入氐甲戌右丞相游侶五請歸田里詔不允辛巳詔北兵入蜀前四川制置使陳隆之闔家數百口罹害死不易節其特賜徽猷閣待制官其二子賜謚立廟死事史季儉楊戩子各賜官兩轉官一子十二月乙未詔史嵩之依所乞守金紫光祿大夫觀文殿大學士永國公致仕臺諫論史嵩之無父無君醜聲穢行律以無將之法罪有餘誅乞寢宮祠削官遠竄

七年春正月乙卯朔詔閒者紬逐非才收召衆正史嵩之已令致事示不復用咨爾二三大臣其一乃心務舉實政以輯寧我邦家若辟浮于實玩愒歲月朕何賴焉建資善堂授孟啓宜州觀察使就内小學二月庚寅詔淮安主簿周子鎔久俘于北數遣蠟書諜報邊事今遂生還可改朝奉郎優與升擢己亥貴妃賈氏薨戊申日暈周匝壬子詔改潛邸爲龍翔宮三月庚午祈雨夏四月丁亥填星犯亢庚子以王伯大簽書樞密院事吳潛同簽書樞密院事辛丑以鄭清之爲太傅右丞相兼樞密使封越國公游侶罷爲觀文殿大學士醴泉觀使兼侍讀趙葵爲樞密使兼參

知政事督視江淮京西湖北軍馬陳韡知樞密院事湖南安撫大使知潭州甲辰趙葵兼知建康府行宮留守江東安撫使應軍行調度並聽便宜行事趙希塈禮部尚書督視行府參贊軍事庚戌出緡錢千萬銀十五萬兩祠牒千絹萬疋戶部銀五千萬兩付督視行府趙葵調用五月甲寅寧淮軍統制張忠戌浮山手縛北將俱溺水死贈武略大夫官一子承信郎緡錢五千給其家祈雨壬申以吳潛兼權參知政事乙亥御集英殿策士詔求直言弭旱六月癸巳賜禮部進士張淵微以下五百二十七人及第出身有差丙申以旱避殿減膳詔中外臣僚士民直陳過失毋

有所諱戊申詔旱勢未釋兩淮襄蜀及江閩内地曾經兵州縣遺骼暴露感傷和氣所屬有司收瘞之秋七月己未太陰犯心乙丑吳潛罷丁卯以別之傑參知政事鄭寀同簽書樞密院事己卯吳潛依舊端明殿學士知福州福建安撫使八月甲申鄭寀罷辛卯雨辛丑前彭州守臣宇文景訥死事詔贈官進三秩官一子下州文學壬寅詔監司守臣議荒政以振乏絕租稅合蠲減者具實來上甲辰高定子薨贈少保丙午蔡抗進其父沈尚書解九月丙辰有流星出于室癸酉雷冬十月辛巳太白晝見己酉臺臣言添差攝局須入奏辟改任薦舉借補曠職匪過十弊十一

月丁巳詔茶陵知縣事黃端卿爲郴寇所害進官三秩官
一子將仕郎立廟衡州十二月辛巳李鳴復卒壬辰詔太
學生程九萬自北脫身來歸且條上邊事賜廸功郎
八年春二月丁亥趙葵言呂文德洎諸將解泗州之圍有
功詔補轉推賞有差戊子太陰生黃白暈癸巳雨雹乙未
福州福安縣民羅毋年過百歲特封孺人復其家敕有司
歲時存問以厚風化辛丑趙葵表招泗斷橋將士用命兵
退陳奕譚滑王王成等戰渦河龜山有勞聞其歩兵多山
東人遂調史用政等襲膠州復襲高密縣以牽制侵淮之
師詔趣上立功將士等第姓名推賞乙丑雨雹甲戌詔先

本紀四十三　十

鋒軍統制田智潤泗州潮河垻之戰父子俱死於兵贈智
潤修武郎子承節郎吏官其一子承信郎給緡錢五千恤
其家夏四月庚辰詔淮東制置司於泗州立廟祠夏臯及
張忠田智潤父子賜額以旌忠節丁亥贈朝奉郎程克巳
妻王氏同没王事進贈安人五月癸亥趙葵進三秩六月
乙酉日生赤黃暈周匝戊戌以徐鹿卿爲樞密使兼參知
政事兼侍講甲辰有流星出河鼓大如太白秋七月戊申
太白入井辛亥以王伯大參知政事應繇同知樞密院事
謝方叔簽書樞密院事史宅之同簽書樞密院事趙與篔
資政殿學士依舊知臨安府浙西安撫使癸酉王伯大罷

爲資政殿學士知建寧府九月辛酉祀明堂大赦雷冬十
月甲戌朔別之傑三疏乞歸田里詔以資政殿大學士知
紹興府乙亥應繇謝方叔並兼參知政事巳卯余玠言都
統制張實等以戰功承制便宜與官三轉給剌史象符金
銀器二百兩銀三百兩緡錢一萬餘將士依等第轉官給
金銀符錢帛有差詔命詞給告身付之
九年春正月乙巳孟啓授慶遠軍節度使進封益國公庚
申詔周世宗八世孫柴彥穎補承務郎襲封崇義公辛酉
詔兩淮京湖沿江曠土軍民從便耕種秋成日官不分收
制帥嚴勸諭覺察癸亥詔給官田五百畝命臨安府創慈

本紀四十三　十一

幼局收養道路遺棄初生嬰兒仍置藥局療貧民疾病乙
丑雨雹丁卯許應龍薨巳巳范鍾薨贈少保謚文肅辛未
詔以官田三百畝給表忠觀旌錢氏功德仍禁樵採閏二
月甲辰以鄭清之爲太師左丞相兼樞密使進封魏國公
趙葵爲右丞相兼樞密使應繇謝方叔並參知政事史宅
之同知樞密院事乙卯鄭清之五辭免太師許之三月癸
未以賈似道爲寶文閣學士京湖安撫制置大使乙酉程
元鳳江淮等路都大提點坑冶鑄錢公事兼知饒州丁亥
詔以四月朔日食自二十一日避殿減膳徹樂夏四月壬
寅朔日有食之庚戌趙葵四辭免右丞相兼樞密使詔不

允五月已丑趙葵乞歸田里又不允甲午鄭寀薨六月壬戌晝南方有星急流至濁沒大如太白丙寅詔邊郡各立廟一賜額曰襃忠凡沒于王事忠節顯著者並祠焉守臣春秋致祀秋七月壬辰詔知吉州李義山更削三秩監贓錢銀納安邊所癸酉太白犯進賢星八月已酉以吳潛爲資政殿學士知紹興府浙東安撫使辛亥詔趣趙葵治事命吳淵宣諭赴闕九月丙子詔趙與𥲅提領户部財用置新倉積貯百二十萬名淳祐倉許辟官四人乙未冊命婉容閻氏爲貴妃冬十月辛丑太白入氐丁卯諫臣周坦言知建寧府楊棟任成都制幕時盡載激賞庫珍寶先遁陷丁黼于死致全蜀生靈塗炭詔褫棟閣職罷新任十一月辛未太白入氐壬申有流星出自織女星丙子趙與𥲅資政殿學士提領國用浙西安撫使癸未應繇乞歸田里詔以資政殿學士知平江府十二月已亥以董槐兼侍讀乙巳以吳潛同知樞密院事兼參知政事徐清叟簽書樞密院事戊申太白晝見戊午史宅之薨贈少師

十年春正月甲午應繇三乞歸田里與祠祿二月乙卯雨土三月癸未趙葵辭以爲觀文殿大學士醴泉觀使兼侍讀奉朝請庚寅以賈似道爲端明殿學士兩淮制置大使淮東安撫使知揚州余玠龍圖閣學士職任依舊李曾伯

徽猷閣學士京湖安撫制置使知江陵府丙申有流星夕殞夏四月已酉幸龍翔宮五月丙寅朔以福州觀察使提舉佑神觀善珊爲保康軍節度使提舉萬壽觀嗣濮王吳淵資政殿學士依舊職任與執政恩數癸未賈似道言王登浚築江陵城濠有勞詔登初官選人減舉主三員八月甲寅台州大水九月甲子朔賈似道兼淮西安撫使已巳賜禮部進士方夢魁以下五百一十三人及第出身有差甲戌進士第一名方夢魁改賜名逢辰戊寅以嚴州水復民田租冬十月丁酉詔郡邑間有水患其被災細民隨處發義倉振之辛酉詔諸主兵官今後行罰毋杖脊以傷人命十一月壬申趙葵授特進依舊觀文殿大學士判潭州湖南安撫大使壬午雷癸未以雷震非時自二十四日避殿減膳詔公卿大夫百執事各揚乃職裨朕不逮參知政事謝方叔吳潛簽書樞密院事徐清叟並乞解機政詔不允十二月壬辰朔鄭清之乞歸田里詔不允戊戌太白歲星合于危丁巳虹見

十一年春正月丁卯詔孟啓改賜名孜依前慶遠軍節度使進封建安郡王已丑詔沿海沿江州郡申嚴水軍之制監察御史程元鳳言資善堂宜選用重厚篤實之士上嘉納之二月乙未左丞相鄭清之等上玉牒日曆會要及光

宗寧宗寶訓寧宗經武要略丁酉詔清之等各進秩有差庚子游侶乞致仕詔依舊觀文殿大學士進二秩甲寅太白犯昴乙卯太白晝見三月丁卯少保保寧軍節度使嗣濮王不㯐薨贈少師追封新興郡王乙亥雨土戊寅以謝方叔知樞密院參知政事吳潛參知政事徐清叟同知樞密院事辛巳城寶應詔移一軍戍守李庭芝進一秩將士推恩有差俞興升成都安撫副使知嘉定府任責威茂黎雅邊防夏四月戊戌潭州民林符三世孝行一門義居福州陳氏笄年守志壽逾九袠詔皆旌表其門丁未進淳祐條法事類凡四百三十篇鄭清之等各進二秩六月甲午

四川余玠奏進北馬五百詔立功將士趣上姓名推恩丙申高達帶行遥郡刺史權知襄陽府管内安撫節制屯戍軍馬乙巳詔求遺書并山林之士有著述者許上進秋七月癸亥太白晝見丙寅太陰入氐壬申太白入井丁丑有流星出于畢大如太白庚辰前簽書樞密院事陳卓薨贈少師八月己丑朔流星夕隕癸巳太陰入氐丁酉熒惑入井丁未命吕文福鑪州駐劄御前諸軍都統制庚戌詔以故直龍圖閣樓昉所著中興小傳百篇宋十朝綱目并撮要二書付史館謄寫昉追贈龍圖閣待制辛亥詔比覽林光世易範明易推星配象演義有司其以禮津遣赴闕九

月辛未祀明堂大赦閏十月癸亥太白入氐癸酉吳潛五疏乞罷機政不允十一月丙申京湖制司表都統高達等復襄樊詔立功將士三萬二千七百有二人各官一轉以緡錢三百五十萬犒師甲辰鄭清之乞解機政詔依前太傅保寧軍節度使充醴泉觀使封齊國公仍奉朝請己酉詔承信郎陳思獻書籍賜官一轉庚戌太師鄭清之薨贈尚書令追封魏郡王謚忠定甲寅以謝方叔爲左丞相吳潛爲右丞相乙卯以徐清叟參知政事兼同知樞密院事董槐端明殿學士簽書樞密院事十二月戊辰詔以八事訓飭在廷曰肅紀綱用正人救楮幣固邊陲清吏道淑士

氣定軍制結人心己卯游侶薨贈少師謚清獻

十二年春正月癸巳武功大夫王堅以復興元功轉遥郡團練使辛丑太學録楊懋卿以孝行卓異詔表其門以其事宣付史館癸丑詔宰執議立方田開溝澮自近圻始創置遊擊軍水步各半二月乙卯朔日有食之己未詔陳顯伯資善堂翊善蔡抗資善堂贊讀翁甫資善堂直講壬午詔襄郢新復州縣賦税復三年

大元兵數萬攻隨郢安復京西馬步軍副總管馬榮率將士戰嚴竇山癸未再戰銅冶坪三月丁亥又戰子陵大脊山詔榮兵不滿千能禦大難賞官兩轉進州鈐轄行閤門

祗候賜金帶諸將王成楊進各官兩轉升遷餘推恩有差
丁未守三汊口諸將焚北屯積蓄斷其浮梁夏四月庚申
有流星出自角亢大如太白戊辰詔襄郢新復州郡耕屯
爲急以緡錢百萬命京閫措置給種與牛壬申熒惑犯權
星乙亥蔡抗兼侍立修注官丙子置池州遊擊水軍五月
甲申朔祈雨壬辰詔申儆江防每歲以葺戰艦練舟師勤
惰爲殿最賞罰乙巳盜起信州玉山縣罷諸郡經界戊申
太陰犯畢六月癸亥發米三萬石振衢信飢玉山寇平丙
寅嚴衢婺台處上饒建寧南劒邵武大水遣使分行振恤
存問除今年田租秋七月庚寅太白熒惑合于軫八月己

未詔來年省試仍舊用二月一日殿試用四月十五日以
前庶免滯留遠方士子已巳詔以緡錢四十萬振恤在京
軍民丁丑詔行會天曆辛巳詔改明年爲寶祐元年九月
丁亥少師保康軍節度使嗣沂王貴謙薨贈太傅追封申
王戊戌太白填星合于箕丙午太白犯斗冬十月癸丑以
徐清叟參知政事董槐同知樞密院事嗣濮王善珚薨贈
少師追封咸寧郡王戊午濮安懿王長孫善奐授福州觀
察使提舉佑神觀嗣濮王壬申詔襄樊已復其務措置屯
田脩渠堰十一月庚寅吳潛罷丙申夜臨安火丁酉夜火
乃熄戊戌詔避殿減膳壬寅詔求直言十二月乙卯以吳

潛爲觀文殿大學士提舉江州太平興國宮己未詔追錄
彭大雅刱城渝州功復承議郎官其子癸亥詔海神爲大
祀春秋遣從臣奉命往祠奉常其條具典禮來上壬申太
陰入氐丁丑立春雷

寶祐元年春正月庚寅朔詔以藝祖嫡系十一世孫嗣榮
王與芮之子建安郡王孜爲皇子改賜名禥授崇慶軍節
度使進封永嘉郡王製資善堂記賜皇子戊戌日生戴氣
癸卯

大元兵渡漢江屯萬州入西柳關高達調將士扼河關上
山大戰至鼈坑石碑港而還詔高達程大元李和各官兩

轉餘恩賞有差二月己酉朔日有食之戊辰陳垓貪贓不
法竄潮州辛未罷尚書省刱置呈白房三月戊子與芮授
少師加食邑七百戶希遷檢校少傅加食邑五百戶與權
授少保加食邑七百戶乃裕保康軍節度使加食邑五百
戶丙申別之傑薨贈少師夏四月丁巳有流星大如太白
五月甲午詔余玠赴闕乙未詔侍從臺諫給舍制司各舉
帥才二人丁酉熒惑歲星合在昴己亥賜禮部進士姚勉
以下及第出身有差六月戊申朔江湖閩廣旱庚戌四川
制司言余玠疾革詔玠資政殿學士與執政恩數辛亥以
賈似道爲資政殿大學士李曾伯端明殿學士職任依舊

庚申以余晦爲司農卿四川宣諭使祈雨秋七月壬午王伯大薨丙戌蔡抗兼資善堂翊善施退翁兼資善堂直講庚寅溫台處三郡大水詔發豐儲倉米幷各州義廩振之癸巳詔余玠以興元歸附之兵分隷本路諸州都統務撫存之仍各給良田制司濟以錢粟甲午余玠卒贈官五轉庚子以董槐兼參知政事癸卯詔撫諭四川官吏軍民八月丁未朔以馬光祖爲司農卿淮西總領財賦甲寅起居郎蕭泰來出知隆興府先是起居舍人牟子才與泰來並除子才四疏辭極陳泰來姦險汙穢恥與爲伍泰來不得已請祠遂予郡丙辰以余晦權刑部侍郎四川安撫制置使知重慶府兼四川總領財賦乙丑行皇宋元寶錢九月壬午程元鳳升兼侍讀牟子才升兼侍講壬辰城夔門太陰入畢冬十月丙午朔詔出緡錢二百萬振恤京城軍民十一月丙子朔詔獎諭襄陽守臣高達己丑賈似道獻所獲良馬賜詔褒嘉其將士增秩賞賚有差十二月乙卯冊瑞國公主庚申劉伯正薨贈五秩

本紀卷第四十三

本紀卷第四十四　宋史四十四

開府儀同三司上柱國錄軍國重事前中書右丞相監修國史領經筵事都總裁臣脫脫等奉

敕修

理宗四

二年春正月乙亥朔

大元城利州閬州詔湘潭縣民陳克良孝行表其門二月甲辰朔詔太常覆正秦檜謚因諭輔臣曰謚繆狠可也熒惑犯權星乙巳詔利州統制呂達戰沒贈官四轉官一子承信郎一子下班祗應己酉余晦兼四川屯田使庚申詔饒州布衣饒魯不事科舉一意經學補迪功郎饒州教授辛酉日暈周匝戊辰故直華文閣李燔先儒朱熹門人賜謚文定三月壬午王元善使

大元留七年來歸戊子雪詔蠲江淮今年二稅己丑詔錄襄城功高達帶行環衞官遥郡團練使職任依舊王登行軍器監丞制司參議官程大元李和以下將士六千六百一十三人補轉官資有差甲午城東海賈似道以圖來上夏四月辛亥詔邊兵貧困可閱閒田甚多擇其近便者分給耕種制司守臣治之乙丑以徐清叟知樞密院兼參知政事董槐參知政事六月壬寅朔罷臨安府臨平鎮稅場甲辰四川制司言合州廣安軍

北兵入境王堅曹世雄等戰禦有功詔堅官兩轉餘各補轉官資甲寅侍御史吳燧等論故蜀帥余玠聚斂罔利七罪玠死其子如孫盡竊帑庾之積以歸詔簿録玠家財以李曾伯爲資政殿學士依舊節制四川丙辰利州王佐堅守孤壘降將南永忠以兵薄城下佐罵之永忠流涕而退初隆慶教授鄭炳孫不從南永忠降先縊殺其妻女亦朝服自縊詔奬諭佐進官一秩炳孫贈朝奉郎直秘閣仍訪其子官以文資王伯大乞致仕詔進一秩允所請丁巳以賈似道同知樞密院事職任依舊庚午詔余晦赴闕閏六月壬申董槐疏蜀事孔棘願假臣宣撫之名置司夔門以遏荆蜀上優詔答曰士大夫以事功自勉者鮮卿請帥蜀足見忠壯然經理西事當在廟堂宜竭謀猷以副委任詔

謫擇之暫權四川制置司事甲戌録嘉定戰功先是

大元兵圍城五旬帥守俞興元用等夜開關力戰而圍解詔俞興等十六人各官五轉將士補轉有差以包恢提點浙西刑獄招捕狹浦鹽寇乙亥台州海寇積年民罹其害路分董櫹洎進士周自中等擒獲詔櫹官一轉餘推賞有差壬午以李曾伯爲四川宣撫使兼京湖制置大使進司夔路詔賜曾伯同進士出身罷江灣浮鹽局戊戌

大元使離揚州北歸秋七月己酉詔前蜀帥余玠鎭撫無

狀兵苦於征戍民困於徵求兹俾其家輸所取蜀財犒師振民並邊諸郡田租其復三年詔思播兩州連年扞禦其守臣田應庚楊文各官一轉餘推恩詔賈似道開閫以樞密行府爲名庚戌有流星大如太白甲寅故光禄大夫賈涉謚忠肅壬戌復安西堡己巳狹浦海寇平包恢進直龍圖閣劉逵授横行帶遥郡李性傅赴闕以王堅爲興元都統兼知合州八月乙亥詔以前知閬州兼利西安撫王惟忠付大理獄尋命臺臣監鞫辛巳徐清叟乞罷機務詔不允癸巳謝方叔等上玉牒日曆會要及七朝經武要略中興四朝志傳詔方叔徐清叟董槐等各進秩戊戌籍王惟忠家財九月辛亥祀明堂大赦辛酉詔詣西太一宫爲國祈祥起居郎牟子才再疏諫而止丙寅詔戒外戚毋干請詔山陰蕭山諸暨會稽四縣水其除今年田租丁卯太白晝見冬十月庚午朔謝方叔等進寳祐編吏部七司續降條令癸酉皇子禥進封忠王甲午斬王惟忠于都市丁酉追削余玠資政殿學士奪其子晦刑部侍郎告身戊戌段元鑑上隆慶堡戰功十一月壬寅日南至忠王冠丁未

大元城光化舊治十二月庚午排保甲行自實法癸未雷四川苦竹隘捷至甲午隆慶部兵周榮被獲歸北密約段元鑑入隘解圍事覺就禽不屈而死馬徽白端戰歿詔四

川宣撫司爲之立廟安西堡受攻五月將士力戰解圍居
民以資糧助軍賞詔四川宣撫司具名推恩在城人普賞
一資復租賦五年余玠男如孫徵所認錢三千萬將足詔
如孫削三秩勒停
三年春正月己未迅雷巴州捷至庚申城均州龍山起居
郎牟子才上疏言元夜張燈侈靡倡優下賤奇技獻笑媟
汙清禁上累聖德今因震霆示威臣願聖明覺悟天意可
回帝納其言壬戌詔宗正寺所擬宗子名以用宜季次紹
五字續大由友嗣甫之下二月乙亥詔右千牛衛上將軍
乃猷授蘄州防禦使奉沂靖惠王祠事兼給事中王埜言

國家與
大元本無深仇而兵連禍結皆原於入洛之師輕啓兵端
二三狂妄如趙楷全子才劉子澄輩輕而無謀遂致隻輪
不返全子才誕妄慘毒今乃援劉子澄例自陳改正乞寢
二人之命罷其祠祿以爲喪師誤國之戒從之己卯復廣
陵堡城賈似道以圖來上壬午詔發緡錢二百萬給四川
調度乙酉詔以告身祠牒新會香礬命臨安府守臣馬光
祖收換兩界舊敝會子三月己酉詔沿邊耕屯課入登羨
管屯田官推賞荆襄兩淮及山砦如之庚戌邵武寇平癸
丑詔自實法宜寬期限監司守臣其嚴戢吏毋煩擾民

以吳淵爲觀文殿學士京湖制置使知江陵府己未雨土
夏四月乙酉以江萬里知福州福建安撫使五月久雨丁
未以監司州郡辟書冗濫詔申嚴禁止己酉李性傳薨辛
酉太陰入畢嘉定大雨雹與敘南同日地震浙西大水六
月辛未大風甲戌太陰入氐丙戌李全子松壽昔舊海城
窺海道賈似道調兵敗之敕書獎諭趣上立功等第姓名
推賞戊子洪天錫劾內官盧允叔董宋臣疏不報竟去詔
遷太常少卿辛卯王埜以御史胡大昌言罷給事中依舊
端明殿學士提舉洞霄宮秋七月辛丑太陰入氐癸丑以
呂文德知鄂州節制鼎澧辰沅靖五州丙辰謝方叔徐清

叟以御史朱應元言罷辛酉有流星大如太白詔三省樞
府機政令董槐程元鳳輪日判事取旨壬戌以謝方叔爲
觀文殿大學士提舉臨安府洞霄宮八月乙丑朔以董槐
爲右丞相兼樞密使程元鳳簽書樞密院事權參知政事
蔡抗爲端明殿學士同簽書樞密院事徐清叟資政殿學
士提舉玉隆萬壽宮任便居住丁卯歲星熒惑在柳己巳
太陰在氐馬光祖兼節制和州無爲安慶三郡屯田使丙
子鄭性之薨庚寅福建安撫江萬里以臺臣李衢言罷新
命提舉武夷山沖佑觀辛卯應繇薨九月甲午朔雷丙午
以徐清叟爲資政殿學士提舉洞霄宮丙辰陳顯伯兼資

善堂翊善皮龍榮兼資善堂贊讀壬戌權中書舍人陳大方言劉子澄端平入洛之師實勇贊決北兵方入唐州界子澄已率先遁逃一敗塗地二十年來爲國家患者皆原於此宜投之四裔詔罷子澄祠祿冬十月甲戌太白晝見丁丑有流星出自畢十一月丁巳熒惑犯太微垣上相星十二月乙丑嗣濮王善𢍰薨丙子少傅節度使與懽薨贈少師追封奉化郡王

四年春正月乙未詔謝方叔奪職罷祠謝脩削三秩勒停乙巳太陰犯歲星己酉太陰犯熒惑辛亥以吳淵爲京湖制置使兼夔路策應使軍馬急切便宜行事庚申蜀閫奏

捷辛酉詔史嵩之觀文殿大學士依前金紫光祿大夫永國公致仕二月戊辰兩電丙子詔襲封衍聖公孫孔洙添差通判吉州不釐務三月壬寅以少師嗣榮王與芮爲太傅乙卯日暈周匝丙辰帝製字民訓賜改秩親民官夏四月庚午月暈周匝癸未以程元鳳參知政事蔡抗同知樞密院事賈似道參知政事職任依舊李曾伯資政殿大學士福建安撫使吳淵進二秩職任依舊吳潛沿海制置使判慶元府馬光祖煥章閣直學士職任依舊五月甲午孫夢觀兼資善堂贊讀章鑑兼資善堂直講先聖五十代孫孔元龍賜迪功郎授初品官甲辰羅氏鬼國遣報思播言

大元兵屯大理國取道西南將大入邊詔以銀萬兩使思播結約羅鬼爲援徐清叟奪資政殿大學士罷祠祿王埜奪端明殿學士罷祠仍褫執政恩數丁未太白晝見詔申嚴老鼠隘防戍襄樊閫臣奏捷甲寅賜禮部進士文天祥以下六百一人及第出身有差六月甲戌朱禩孫太府寺簿知瀘州兼潼川路安撫任責瀘敘長寧邊防浙江堤成癸未董槐罷臺臣丁大全既累疏擊之辭極詆毀且以臺牒役隅兵夜半迫槐出關物論殊駭三學生屢上書以爲言詔以槐爲觀文殿大學士提舉臨安府洞霄宮詔程元鳳蔡抗可輪日判事軍國重務取旨丁亥太白入井秋七

月甲寅知敘州史俊調舟師與

大元兵戰凡十三合詔俊官三轉仍帶閤門行宣贊舍人乙卯以程元鳳爲右丞相兼樞密使蔡抗參知政事張磻端明殿學士簽書樞密院事八月甲子程元鳳上疏言正心待臣進賢愛民備邊守法謹微審令八事九月壬辰西南蕃呂告蠻目寧名天兄弟慕義與烏蘇蠻合力爲國禦難詔各補承信郎丙申知邕州程芾以貪暴詔削二秩罷之甲寅監察御史朱熠言境土蹙而賦斂日繁官吏增而調度日廣景德慶曆時以三百二十餘郡之財賦供一萬餘員之奉祿今日以一百餘郡之事力贍二萬四千餘員

之冗官邊郡則有科降支移內地則欠經常納解欲寬民
力少汰冗員帝納焉冬十月壬戌太陰犯斗十一月戊子
朔荆襄閫臣以功狀來上詔推賞將士戊戌京湖繼上戰
功詔蜀確兵革吾民重困所當勞來撫摩使之樂業比聞
官吏乃肆誅求殊失培植邦本之意自今四川制司戒飭
屬郡違者罪無赦御史臺其嚴覺察乙巳以監察御史吳
衍翁應弼劾太學武學生劉黻等八人不率詔拘管江西
湖南州軍宗學生與僩等七人並削籍拘管外宗正司癸
丑以張磻同知樞密院事丁大全端明殿學士簽書樞密
院事馬天驥端明殿學士同簽書樞密院事詔戒羣臣洗
心飭行毋縱于貨賄其或不悛舉行淳熙成法又開國以
來勳臣之裔有能世濟其美而不世其祿者所在州郡以
聞參知政事蔡抗輒擅去國勉留不返詔授職予祠尋以
林存言寢其命十二月戊午朔熒惑犯填星庚申
大元城棗陽乙丑以張磻兼參知政事甲戌獎諭荆閫吳
淵其有功將士趣上姓名等第推賞
五年春正月丁亥朔以趙葵為少保寧遠軍節度使京湖
宣撫使判江陵府兼夔路策應大使進封衞國公賈似道
進知樞密院事職任依舊吳淵參知政事李曾伯判湖南
路安撫使兼知潭州吳潛趙與篡各官一轉乙巳雷丙午

禁姧民作白衣會監司郡縣官等失覺察者坐罪辛亥吳
淵薨贈少師謚莊敏二月戊午四川嘉定上戰功以賈似
道為兩淮安撫使辛酉命趙葵兼湖廣總領財賦余晦淮
西總領財賦壬戌築思州三隘丁丑布衣余一飛高杞陳
襄陽備禦策詔命趙葵行之夏四月丁卯詔襄陽安撫高
達以白河戰功轉行右武大夫帶遥郡防禦使王登以沮
河督戰官一轉升直祕閣並職任依舊己卯
大元兵攻苦竹隘詔京湖調兵應援閏四月己丑程元鳳
等進玉牒日曆會要經武要略及中興四朝志傳甲午詔
徐敏子嚴防邕宜己酉以呂文德知靖州職任依舊祈雨
五月庚申雨丁卯城荆山置懷遠軍荆山縣詔賈似道官
兩轉戊寅詔京湖沿江海道嚴備舟師防遏辛巳復劒門
壘賞蒲擇之官兩轉朱禩孫蒲黼楊大淵韓勇各官四轉
壬午夏貴正任吉州刺史帶御器械鎮江駐劄都統制知
懷遠軍六月丙戌太白歲星合于翼辛卯太陰入氐丁酉
祈雨馬天驥以臺臣言罷詔依舊端明殿學士提舉臨安
洞霄宮秋七月丙辰祈雨戊午雨己未太白晝見丁卯有
流星大如桃丙子太陰入井八月丙戌光化軍奏捷台州
火癸巳詔謝方叔仍舊職蔡抗以資政殿學士並領祠在
京甲午給事中邵澤等言謝方叔罪狀詔寢祠命丙申京

城火庚子以張磻參知政事丁大全同知樞密院事兼權參知政事己酉史嵩之薨贈少師謚莊肅九月壬子朔詔今後臺臣遷他職輒出關以違制論仍著爲令辛酉祀明堂大赦冬十月庚寅張磻薨贈少師癸巳雷甲午虹見丁酉以林存簽書樞密院事庚子詔皇子忠王禥授鎮南遂安軍節度使皇女進封昇國公主十一月丙辰李曾伯兼節制廣南任責邊防乙丑獎諭安南國賜金器幣香茗乙亥詔京湖帥臣黃平清浪平溪分置屯戍庚辰詔三邊郡縣官毋擅離職守諸制帥臣其嚴糾察十二月壬午李曾伯依舊資政殿學士湖南安撫使兼廣南制置使移司靜

江府丁未熒惑入氐

六年春正月辛亥朔以丁大全參知政事兼同知樞密院事林存兼權參知政事癸亥詔出封樁庫銀萬兩付蜀閫辛未詔授成穆皇后弟太師郭師禹孫善庸承務郎仍免銓注差癸酉罷李曾伯廣西經略以廣南制置大使兼知靜江府其經略司官屬改充制司官屬甲戌詔樞密院編修官呂逢年詣蜀閫趣辦關隘屯柵糧餉相度黃平思播諸處險要緩急事宜具工役以聞戊寅雷二月辛巳朔以馬光祖爲端明殿學士京湖制置使知江陵府兼夔路策應湖廣總領財賦幷屯田事壬辰雨土三月辛亥朔祈雨

丙辰馬光祖請以呂文德王鑑王登汪立信等充制司參議官及辟制司準備差使等官詔光祖開閫之初姑從所請戊辰以馬光祖兼判湖北路安撫使庚午熒惑退入氐甲戌詔湖北提點刑獄文復之移司江陵兼京湖制司參議官夏四月庚辰朔詔自冬徂春天久不雨民失東作自四月一日始避殿減膳仰荅譴告癸未程元鳳等以久旱乞解機務詔不允甲申大雨丙申群臣三表請御正殿從之丁酉詔田應巳思州駐劄御前忠勝軍副都統制往播州共築關隘防禦己亥臺臣朱熠劾沿江制置副使呂好問黃州之役貪酷誤事詔褫職乙巳程元鳳罷以觀文殿

學士判福州尋提舉洞霄宮丙午趙葵三辭免福建安撫使詔授醴泉觀使兼侍讀丁未以丁大全爲右丞相兼樞密使林存同知樞密院事兼權參知政事朱熠端明殿學士簽書樞密院事五月庚戌朔詔襄樊解圍高達程大元應援李和城守皆有勞績將士用命深可嘉尚其亟議行賞激癸丑詔懷遠漣水相繼奏功夏貴官兩轉兼河南安撫使毛興轉右武大夫並依舊任丁巳李曾伯言廣西多荒田民懼增賦不耕乞許耕者復三年租後兩年減其租之半守令勸墾闢多者賞之奏可丙寅命嗣榮王與芮判大宗正事丁卯嗣秀王師彌薨六月癸巳臺臣戴慶炣劾

淮東總領趙與訔奪職鐫秩秋七月庚戌城凌霄山詔朱
禩孫進一秩易士英帶行閤門宣贊餘轉官有差癸丑熒
惑犯房宿戊午趙葵四辭免醴泉觀使兼侍讀乞外祠從
之戊辰蜀郡劉整上捷詔推恩賞癸酉知平江府余晦以
臺臣戴慶炣言曩敗績于蜀誤國欺君詔奪寶章閣待制
罷任追冒支官錢甲戌詔前福建漕臣高斯得已奪職鐫
官其贓百餘萬嚴限徵償以懲貪吏乙亥呂文德入播州
詔京湖給銀萬兩八月癸未太陰行犯熒惑戊戌詔上流
鑖江防禦癸卯詔申嚴倭船入界之禁九月壬子詔蜀廣
海道申嚴防遏甲寅詔安南情狀叵測申飭邊防戊辰安
豐上戰功有流星透霞冬十月丙子朔詔蜀中將帥雖未
尅復成都而暴露日久戰功亦多宜與序外其亟條具以
聞丁丑以俞興爲四川制置副使知嘉定府兼成都安撫
副使乙酉詔知隆慶府楊禮守安西堡有功官兩轉戊子
大元兵攻通泰州庚寅廣南劉雄飛奏橫山之功詔雄飛
官三轉部兵將校官兩轉辛卯詔常州江陰鎮江發米振
贍淮民十一月己酉林存罷以資政殿學士知建寧府癸
丑潁州上戰功詔亟推賞以示激厲詔追復余玠官職甲
寅築黃平賜名鎮遠州呂逢年進一秩詔撫諭沿邊將士
丙辰給事中張鎮言徐敏子曩帥廣右嗜殺黷貨流毒桂

府詔仍舊羈管隆興府丁巳葉夢鼎依舊職知隆興府壬
戌以朱熠同知樞密院事兼權參知政事饒虎臣端明殿
學士同簽書樞密院事賈似道樞密使兩淮宣撫使甲子
太陰犯權星丁卯東海失守賈似道抗章引咎詔令以功
自贖特與放罪甲戌淮東帥臣奏
大元兵退塡星熒惑在危十二月戊寅詔改來年爲開慶
元年庚辰
大元兵渡馬湖入蜀詔馬光祖時暫移司峽州六郡鎮撫
向士壁移司紹慶府以便策應癸未房州上戰功丙戌詔
置橫山屯丁亥向士壁不俟朝命進師歸州捐貲百萬以
供軍費馬光祖不待奏請招兵萬人捐奉銀萬兩以募壯
士遂有房州之功詔士壁光祖各進一秩辛丑詔李曾伯
城築關隘訓練民兵峒丁申嚴防遏塡星太白熒惑合于
室
開慶元年春正月乙巳朔詔飭中外奉公法圖實政馬光
祖與執政恩數李曾伯進觀文殿學士己酉
大元兵攻忠涪漸薄夔境詔蒲擇之馬光祖戰守調遣便
宜行事辛亥詔戍蜀將士頻年戰禦暴露可閔令申命蒲
擇之從優犒師春防畢日即與更戍其輒逃歸者從軍令
癸丑詔呂文德城黃平深入蠻地撫輯有方與官三轉庚

申詔知賓州呂振龍知象州奚必勝兵至聞風先遁兵退乃返並追毀出身文字竄遠郡橫州守臣劉清卿設隘堅守與官一轉壬戌監察御史章士元言謝方叔帥蜀誤國詔方叔更與鐫秩其子脩竄廣南癸亥左司諫沈炎言余晦壞蜀幕屬李卓王克己濟惡斂怨詔晦卓克己各奪兩官丙寅印應飛依舊職知鄂州兼湖北轉運使丁卯賈似道以樞密使爲京西湖南北四川宣撫大使都大提舉兩淮兵甲湖廣總領知江陵府蜀帥蒲擇之以重兵攻成都不克

大元兵破利州隆慶順慶諸郡閬蓬廣安守將相繼納降

又造浮梁于涪州之藺市戊辰以李庭芝權知揚州二月乙亥朔詔京西提刑王登提兵援蜀功未及成齎志以歿贈官五轉致仕恩外仍官一子庚辰以趙與𥲅爲觀文殿學士兩淮安撫制置使兼知揚州乙酉出内庫緡錢三千萬助邊用丙戌以馬光祖爲資政殿學士沿江制置使江東安撫知建康府行宮留守己丑詔蠲建康太平寧國池州廣德等處沙田租壬辰詔蠲漣水軍制司所收屯田租乙未發平糴倉米三萬減直振在京民辛丑涪州報

大元兵退三月庚戌詔印應雷黃夢桂赴都堂禀議命有司縣重賞募將士毀藺市浮梁癸丑詔蜀死節臣雲頂山諸處將士咸褒錄其後丁巳以呂文德爲保康軍節度使四川制置副使兼知重慶府庚申馬光祖奏

大元兵自烏江還北辛酉雨土夏四月甲戌朔以段元鑑楊禮堅守城壁歿于王事詔各贈奉國軍節度使封二字侯立廟賜額致仕恩外更官一子成忠郎丁丑以向士璧爲湖北安撫副使知峽州兼歸峽施珍南平軍紹慶府鎮撫使甲申詔守合州王堅嬰城固守百戰彌厲節義爲蜀列城之冠詔賞典加厚乙酉知施州謝昌元自備緡錢百萬米麥千石築郡城有功詔官一轉乙未詔賜夏貴溧陽田三十頃丙申以呂文德兼四川總領財賦五月甲辰朔

城金州開州辛亥雨雹乙卯達州上呂文德等戰功詔遷補有功將士丁巳詔湖北諸郡去年旱潦飢疫令江陵常澧岳壽諸州發義米振糶仍嚴戢吏弊務令惠及細民乙丑行開慶通寶錢辛未賜禮部進士周應炎以下四百四十二人及第出身有差婺州大水發義倉米振之六月甲戌呂文德兵入重慶詔諭四川軍民共奮忠勇效死勿去有功行賞靡間遐邇有能效順來歸悉當宥過加卹仍獎呂文德斷橋通道之功命兼領馬軍行司辛巳以朱熠參知政事饒虎臣同知樞密院事丙戌南平來報戰功戊戌詔申嚴海道防禦己亥詔獎諭賈似道壬寅以李庭芝直

寶謨閣湖北安撫副使兼知峽州太白晝見秋七月辛亥
太白入井癸亥蔡抗薨贈少保謚文肅以知播州楊文知
思州田應庚守禦勤勞詔各官一轉八月甲申以濠州統
制張斌柘塘之戰歿于王事贈官三轉仍與一子下班祗
應乙酉降人來言
大元憲宗皇帝崩于軍中戊子詔吳潛開閫海道勤勞三
年屢疏求退依舊觀文殿大學士判寧國府特進崇國公
辛卯命呂文德兼湖北安撫使庚子太白犯權星熒惑九
月壬子賈似道表言
大元兵自黃州沙武口渡江中外震動己未嗣濮王善騰

薨庚申以吳潛兼侍讀奉朝請戴慶炣端明殿學士簽書
樞密院事下詔責己勉諭諸閫進兵壬戌詔出內府緡錢
千萬銀五萬兩帛五萬匹給宣司緡錢五百萬銀三萬兩
帛三萬匹給沿江副司犒師詔已命御史陳寅趣淮東調
兵五萬應援上流癸亥趙葵特進觀文殿大學士封衛國
公判慶元府沿海制置使命侍御史沈炎往沿江制置副
司趣兵援鄂渚再出內庫緡錢五百萬銀二萬兩帛二萬
匹給兩淮制司緡錢二百萬銀萬兩帛萬匹給沿江制司
以備軍賞戊辰太白犯熒惑己巳詔賈似道兼節制江西
二廣人馬通融應援上流庚午合州解圍詔王堅寧遠軍

節度使依前左領衛上將軍興元府駐劄御前諸軍都統
制兼知合州節制軍馬進封清水縣開國伯冬十月辛未
朔丁大全罷以觀文殿大學士判鎮江府壬申以吳潛爲
左丞相兼樞密使進封相國公賈似道爲右丞相兼樞密
使進封茂國公宣撫大使等如舊癸酉命趙葵爲江東宣
撫使馬光祖移司江州應援鄂州史巖之沿江制置副使
移司壽昌軍應援鄂州丙子改封吳潛爲慶國公丁丑詔
給還浙西提舉常平司歲收上亭戶沙地租二百萬永勿
復徵庚辰詔合州圍解宣閫制臣及二三大將之功宜加
優賞呂文德授檢校少師李遇龍進三秩權刑部侍郎各

賜金幣將佐以下進秩賜金有差詔自今月十一日始避
殿減膳徹樂又詔比者蜀道稍寧然干戈之餘瘡痍未復
流離蕩析生聚何資咨爾旬宣之寄牧守之臣輕徭薄賦
一意撫摩恤軍勞民庶底興復其被兵百姓遷入城郭無
以自存者三省下各郡以財粟振之壬午御史陳寅言知
江州袁玠貪贓不悛殘賊州邑詔削玠五秩竄南雄州癸
未丁大全落職罷新任乙酉雷丙戌以趙葵爲沿江江東
宣撫使置司建康任責捍禦癸巳向士璧權兵部侍郎湖
南安撫使兼知潭州任責廣西邊防十一月壬寅以朱熠
權知樞密院事饒虎臣戴慶炣並權參知政事癸卯呂文

福帶遥郡防禦使河南招撫使知懷安軍詔追毀袤玠出
身以來文字除名不敘移萬安軍戊申詔求直言辛亥舟
師戰滸黄洲乙卯詔趙葵授少保觀文殿大學士江東西
宣撫使進封益國公其饒信袁臨撫吉隆興官軍民兵並
聽節制調遣諮訪罷行黜陟皆得便宜行事以緡錢五百
萬銀五萬兩給其用丙辰詔選精鋭招信泗州千人揚州
拱衛軍千人安豐濠州各千五百人赴京聽調遣庚申夏
貴入見帝撫勞甚至閏十一月甲戌詔出内帑緡錢五千
萬犒内外諸軍丁丑以向士璧爲湖南制置副使餘職仍
舊賜金帶己卯熒惑入氐癸未諸將陶林文通進兵有功

詔林帶行遥郡刺史文通轉武功大夫賜銀有差甲申以
印應雷爲軍器監淮西總領財賦兼江東轉運判官呂文
德檢校少傅京西湖北安撫使兼制置使知鄂州兼侍衛
馬軍都指揮使己丑皮龍榮兼資善堂翊善庚寅陶林奏
沿山寺戰功癸巳向士壁連以功狀來上乙未詔降周震
炎第四甲出身丙申賈似道表大戰數合皆有功十二月
己亥朔賈似道言鄂州圍解詔論功行賞丁未熒惑犯房
[illegible]星辛亥詔改來年爲景定元年壬子改封吴潛爲
許國公賈似道[illegible]國公

[illegible]本紀卷第四十四

本紀卷第四十五　　宋史四十五

開府儀同三司上柱國録軍國重事前中書右丞相監修國史領經筵事都總裁臣脱脱等奉
勑修

理宗五

景定元年春正月丙子詔獎賈似道功庚辰歳星熒
惑合在尾壬辰詔知涪州趙蜮聚糧不運餉兵士遂
爲北有已削一秩罰輕再削兩秩乙未潼川城仙侶
山賈似道言高達守鄂州城凡三月大元師北還二
月丙午詔賈似道以緡錢三千萬犒師并示賞功之
典己酉以高達爲寧江軍承宣使右金吾衛上將軍

賜緡錢五十萬呂文德賜緡錢百萬浙西良田百頃
鄂州戰守將士賜緡錢三千萬王鑑孫虎臣蘇劉義
等各官十轉高達遷湖北安撫副使知江陵府兼夔
路策應使陳奕阮思聰並正任防禦使江西湖南帥
司言大元兵破瑞州臨江軍城與國壽昌洪撫全永
衡諸郡民皆被兵存者奔竄它所甲寅詔臨江守臣
陳元桂死節官五轉贈寶章閣待制與一子京官一
子選人恩澤給緡錢十萬治葬立廟死所謚曰正節
瑞州守臣陳昌世治郡雖有善政兵至民擁之以逃
以弃城失守削三秩勒停乙卯詔孫虎臣和州防禦

使張世傑以下十三人各官五轉立功將士並補兩
官資賜銀絹庚申雨雹辛酉大元遣偏師自大理由
廣南抵衡州向士璧會合劉雄飛逆戰于道俘民獲
還者甚衆詔雄飛升保康軍承宣使餘轉官賜銀錢
賈似道賜金器千兩幣千匹命國子監主簿劉錫趣
召赴闕向士璧遷兵部侍郎職任依舊呂文德高達
陳奕等各賜金幣有差丙寅大元軍過分寧武寧二
縣河湖砦都監權巡檢張興宗死之詔贈武翼郎官
一子承信郎以緡錢三萬給其家湖南諸將溫和轉
左武大夫帶行遥郡刺史李虎官三轉帶行閤門宣

贊鄭進帶行復州團練使各賜銀絹旌其守禦之功
三月戊辰朔日有食之庚午命夏貴兼黃壽策應使
總舟師癸酉以橫山之戰將士效節多死行陣總管
張世雄沈彥雄陳喜秦安李孝信鄭俊李安國各贈
十官資賜緡錢萬卹其家甲戌賞夏貴鴻宿州白鹿
磯戰功遷福州觀察使職任仍舊將士推賞乙亥詔
全岳永衡郴象瑞興國南康隆興江州臨江潭州諸
縣經兵農民失業應開慶元年以前二稅盡除之癸
未賈似道奏蘋草坪大戰進至黃州乙酉詔范文虎
轉左武大夫環衛官黃州武定諸軍都統制張世傑

環衛官職任依舊鄂州統制張勝死于漢陽戰陣贈
官五轉官其子煥進武校尉丙戌賈似道言自鄂趙
黃與北朝回軍相遇諸將用命捍禦詔孫虎臣范文
虎張世傑以下各賜金帛夏四月戊戌朔侍御史沈
炎疏吳潛過失以忠王之立人心所屬潛獨不然章
汝鈞對館職策乞爲濟邸立後潛樂聞其論授汝鈞
正字奸謀叵測請速詔賈似道正位鼎軸詔朱熠戴
慶炣輪日判事大政則共議以聞己亥賈似道表言
夏貴等戰新生州進至白鹿磯皆身自督戰有功詔
赴闕庚子以王堅爲侍衛步軍司都指揮使戊申以

劉整知瀘州兼潼川安撫副使己酉揚州大火吳潛
以觀文殿大學士提舉臨安府洞霄宮癸丑進賈似
道少師依前右丞相兼樞密使進封衛國公朱熠知
樞密院事兼參知政事饒虎臣參知政事戴慶炣同
知樞密院事兼參知政事皮龍榮端明殿學士簽書
樞密院使己未以夏貴爲保康軍承宣使左金吾上
將軍知淮安州兼淮東安撫副使京東招撫使賜金
器幣溧陽田三十頃壬戌進馬光祖資政殿大學士
職任依舊癸亥以呂文德兼夔路策應使丙寅命馬
光祖兼淮西總領財賦五月戊辰朔詔趙葵依舊少

保兩淮宣撫使判揚州進封魯國公徐清叟觀文殿
大學士知建寧府饒虎臣罷壬申李曾伯史岩之並
落職解官曾伯坐嶺南閫城自守不能備禦岩之坐
鄂州圍解大元兵已渡江北還然後出兵又命程芾
任事以致敗績甲戌詔贈呂文信寧遠軍承宣使立
廟賜額子師憲帶行閤職吏與兩子承信郎輔周和州
防禦使録其白鹿磯死事乙亥詔李虎駁軍無律貸
命追奪竄贊林州丁丑賜賈似道玉帶庚辰戴慶炣
卒贈資政殿大學士壬午熒惑犯斗癸未以皮龍榮
兼權參知政事沈炎端明殿學士同簽書樞密院事

馬塈鄂州都統制駐劄江陵府甲申祈雨戊子詔饒
虎臣以資政殿學士提舉臨安府洞霄宮任便居住
楊棟召赴闕壬辰以姚希得為敷文閣待制知慶元
府兼沿海制置使乙未詔李庭芝起復秘閣修撰主
管兩淮安撫制置司公事兼知揚州六月丁酉朔夏
貴奏淮安戰功庚子竄丁大全于南康軍壬寅詔立
皇子忠王禥為皇太子賜字長源戊申王塈卒壬子
賜李遇龍金帶陳奕帶御器械依舊鎮江駐劄御前
諸軍都統制賜田三十項詔升巢縣為鎮巢軍甲寅
楊棟葉夢鼎並太子詹事乙卯陳韡進一秩福建安

撫使知福州徐清叟觀文殿學士知泉州秋七月丁
卯朔皇太子入東宮行冊禮大赦壬申貴妃閻氏薨
賜謚惠昭東南有星如太白丁亥命皇太子昕朝侍
立戊子上謂宰執曰北朝使來事體當議賈似道奏
和出彼謀豈容一切輕狥儻以交鄰國之道來當令
入見己丑侍御史何夢然劾丁大全吳潛欺君無君
之罪庚寅賈似道兼太子少師朱熠皮龍榮沈炎並
兼賓客辛卯詔丁大全削三秩謫居南安軍吳潛奪
觀文殿大學士罷祠削二秩謫居建昌軍癸巳詔舉
孝廉八月壬寅以程元鳳為淮浙發運使判平江府

己酉太陰犯填星詔皇太子受冊畢賈似道朱熠皮
龍榮沈炎各進一秩東宮官吏諸軍兵等官一轉餘
皆推恩壬子與芮薨贈少師謚忠憲太白犯房壬戌
李曾伯史岩之各削二秩甲子饒虎臣削二秩奪資
政殿學士罷祠九月癸酉守瀘州劉整以功來上丁
丑知漳州節制屯戍軍馬洪天錫言援例翔辟幹官
一員報行軍機密文字奏可辛巳祀明堂大赦丙戌
熒惑犯壁戊子李松壽犯淮安冬十月乙未朔詔申
嚴邊防甲辰詔黨丁大全吳潛者臺諫其嚴覺察舉
劾以聞當真于罪以為同惡相濟者之戒時似道專

政臺諫何夢然孫附鳳桂錫孫劉應龍承順風指凡
為似道所惡者無賢否皆斥帝弗悟其奸為下是詔
戊申李松壽修南城詔趣淮閫調兵毀之壬子破李
松壽兵于漣水城下夷南城舊址乙卯有星自東北
急流向太陰壬戌竄吳潛于潮州十一月丙寅詔内
侍何時修削二秩永罷不叙洪燾知臨安府兼浙西
安撫使壬午以中軍統制知簡州馬千權興州都統
兼知合州戊子熒惑與填星順行太陰犯房十二月
甲午朔詔華亭奉宸莊其隸外廷助軍餉包恢叙復
元官職知常州辛丑建陽縣嘉禾生一本十五穗詔

改建陽為嘉禾縣甲寅呂文德上夔路戰功乙卯少
師廬陵郡王思正薨謚簡惠印應雷直徽猷閣知江
州主管江西安撫司公事節制蘄黃興國三郡庚申
以監察御史桂錫孫言追寢全子才叙復之命
二年春正月癸亥朔詔監司率半歲具劾去贓吏之
數來上視多寡為殿最行賞罰守臣助監司所不及
以一歲為殿最定賞罰本路州無所劾而臺諫論列
則監司守臣皆以殿定罰有治狀廉聲者撫實以聞
乙丑城安慶詔馬光祖進二秩丁丑命皇太子謁拜
孔子于太學己卯福建安撫使陳韡累疏請老詔進

一秩守觀文殿學士致仕以董槐判福州福建安撫
使乙酉詔封張栻為華陽伯呂祖謙開封伯從祀孔
子廟庭二月丙申孫虎臣戰邳州全師而歸癸卯詔
諸路監司申嚴僞會賞罰之令甲寅進封周國公主
三月壬戌朔日有食之乙亥故寧遠軍承宣使張祥
都統制閻忠進以援蜀之功祥贈節度使忠進贈復
州團練除恩澤外各更官一子承信郎賜緡錢二萬
戊寅賈似道等上玉牒日曆會要經武要畧及孝宗
光宗寧宗實録詔似道皮龍榮朱熠沈炎各進二秩
夏四月癸巳朔余思忠追毀出身文字除名勒停竄

新州乙未以皮龍榮參知政事沈炎同知樞密院事
兼權參知政事何夢然簽書樞密院事俞興保康軍
承宣使四川安撫制置使丙申呂文德超授太尉京
湖安撫制置屯田使夔路策應使兼知鄂州李庭芝
右文殿修撰樞密都承旨兩淮安撫制置副使知揚
州己亥詔申嚴江防壬寅呂文德兼湖廣總領財賦
乙巳馬天驥資政殿學士知福州福建安撫使呂文
福帶御器械淮西安撫副使兼知廬州官一轉戊申
馬光祖進觀文殿學士職任依舊乙卯竄吳潛于循
州丙辰竄丁大全于貴州追削二秩丁巳楊鎮授左

領軍衛將軍駙馬都尉高達知廬州淮西安撫副使五月癸亥賈似道請祠祿詔不允庚午謝方叔叙復觀文殿大學士致仕戊寅以劉雄飛知夔州夔路安撫使乙酉王堅遷左金吾衛上將軍湖北安撫使兼知江陵府六月乙未詔霖雨為沴避殿減膳徹樂乙巳詔近畿水災安吉為甚亟講行荒政辛亥以范文虎為左領軍衛大將軍主管侍衛步軍司兼馬軍司秋七月甲子蜀帥俞興奏守瀘州劉整率所部兵北降由興構隙致變也至是興移檄討整辛未制置使蒲擇之坐密通蠟書叛賊羅顯詔竄萬安軍太陰犯

斗乙亥以厲文翁為資政殿學士沿海制置使知慶元府戊寅王惟忠家訟冤詔奪謝方叔合得恩數丁大全責授新州團練使貴州安置臺臣吳燧奪職罷祠陳大方胡大昌皆鐫官壬午陳韡卒贈少師謚忠肅丙戌吳潛責授化州團練使循州安置八月壬辰命韓宣兼常德辰沅澧靖五郡鎮撫使呂文德兼四川宣撫使范文虎以白鹿磯之功賞七官以五官轉行進郡防禦使餘官給憑丁酉詔奪向士璧從官恩數窮竟侵盜掩匿之罪時以兵退遣官會計邊費似道忌功欲以汙蔑一時閫臣士璧及趙葵史岩之杜

庶皆責償信州謝枋得以趙葵檄給錢粟募民兵守禦至是自償萬緡壬寅築周國公主館于安濟橋乙巳以江萬里為端明殿學士同簽書樞密院事依執政恩數九月辛酉詔湖秀二郡水災守令其亟勸分監司申嚴荒政乙亥李庭芝言李松壽已遣大元使郝經久留真州帝趣與錫賚經之留謀出賈似道帝惑其言不悟蓋似道在鄂時值我世祖皇帝歸正大位撤兵似道自詭有再造之功諱言歲幣及講和之事故不使經入見冬十月癸巳呂文德言已復瀘州外堡擬即對江壘石為城以示持久之計從之戊

戌雷電甲申詔申獎賈似道鄂州之功丙午以何夢然同知樞密院事兼參知政事癸丑程元鳳授特進觀文殿大學士醴泉觀使兼侍讀甲寅皇太子擇配帝詔其母族全昭孫之女擇日入見寶祐中昭孫歿于王事全氏見上上曰爾父死可念對曰臣妾父固可念淮湖百姓尤可念上曰即此語可母天下追開慶丁大全用事以京尹顧嵒女為議大全敗故有是命丙辰沈炎資政殿學士提舉臨安府洞霄宮任便居住十一月己未朔劉雄飛和州防禦使樞密副都承旨四川安撫制置副使兼知重慶府四川總領夔

路轉運使庚申周國公主館成詔董宋臣李忠輔各
官一轉甲戌資政殿學士致仕汝騰卒贈官四轉謚
忠清安南國貢象二丁丑馬光祖提領戶部財用兼
知臨安府浙西安撫使下嫁周國公主于楊鎮己卯
以鎮為宜州觀察使賜玉帶尋升慶遠軍承宣使詔
駙馬都尉楊鎮家合有賞典楊蕃孫官兩轉楊鏵楊
鑑官一轉並直祕閣餘轉官進封有差癸未封全氏
永嘉郡夫人十二月庚寅竄蒲擇之于南康軍辛
卯宰臣奏太子語臣等言近奉聖訓夫婦之道王化
之基男女正位天地大義平日所講修身齊家之道

當真履實踐勿為口耳之學請宣付史館永為世程
法從之甲午以皮龍榮兼權知樞密院事何夢然參
知政事兼太子賓客馬光祖同知樞密院事兼太子
賓客知臨安府己亥太陰犯五車壬寅江萬里依舊
端明殿學士提舉臨安府洞霄宮任便居住癸卯冊
永嘉郡夫人全氏為皇太子妃
三年春正月戊子朔詔申飭百官盡言詔量移丁大
全吳潛黨人並永不錄用壬戌詔陳塏等耆年奉祠
宜示崇奬陳塏端明殿學士林彬之寶章閣待制史
季溫直華文閣丁仁直寶謨閣仍並予祠祿甲子福

建路安撫使馬天驥進資政殿大學士職任依舊乙
丑詔諭西蜀郡縣等官已授遇闕毋逢受虛批月日
遠期不赴丁卯以善諂嗣濮王戊辰周國公主進封
周漢國公主庚午賜賈似道第宅于集芳園給緡錢
百萬就建家廟甲戌詔權知梁山軍李鑑守城有功
帶行閤門宣贊舍人就知梁山軍復瀘州改為江安
軍呂文德進開府儀同三司二月丁亥朔臨安安吉
嘉興屬邑水民溺死者衆詔守臣給櫘瘞之詔獎諭
制置司其立功參贊將士進秩升職犒給有差乃裕
授檢校少保以皮龍榮為資政殿大學士知潭州湖

南安撫使乙巳太陰入氐戊申詔省試中選士人覆
試于御史臺為定制庚戌李壇以漣海三城叛大元
來歸獻山東郡縣詔改漣水為安東州授壇保信寧
武軍節度使督視京東河北等路軍馬齊郡王復其
父李全官爵壇即松壽三月乙丑以孫附鳳為端明
殿學士簽書樞密院事兼太子賓客辛未詔升海州
東海縣為東海軍丁丑汪立信升直華文閣知江州
主管江西安撫司公事節制蘄黃興國三郡軍馬庚
辰呂文福依舊職差知濠州兼淮西招撫使夏四月
庚寅太白晝見庚子熒惑與歲星合在危甲辰有流

星大如杯五月壬戌熒惑犯壁壘陣丙寅雨雹己巳
詔廣西静江屯田小試有效其邕欽宜融柳象潯諸
州守臣任責措置經畧安撫以課殿最仍條具來上
辛未馬光祖以病請祠詔知福州兼福建安撫使丁
丑賜禮部進士方山京以下六百三十七人及第出
身庚辰夏貴上蘄縣戰功六月戊子詔李璮受圖給
銀五萬兩下益都府犒師遣青陽夢炎率師援之庚
寅以孫附鳳兼權參知政事楊棟端明殿學士同簽
書樞密院事兼太子賓客壬辰吳潛没于循州詔許
歸葬己亥董槐乞致仕詔授特進戊申詔青陽夢炎

援李璮不俟解圍輒提援兵南歸諭制置司劾之己
酉有流星大如熒惑庚戌安南國王日煚上表乞世
襲詔授檢校太師安南國王加食邑男威晃授静海
軍節度觀察處置使檢校太尉兼御史大夫上柱國
安南國王効忠順化功臣仍賜金帶器幣鞍馬癸丑
詔應謫臣僚終於貶所者許令歸葬秋七月丙辰詔
州縣官廩禄不時給者御史臺覺察或以他物折支
計贓論罪壬戌董槐薨贈少師謚文清庚午周漢國
公主薨賜謚端孝壬申江州都統聶世興調遣入蜀
託疾憚行詔奪三秩押往京湖制司自效戊寅侍御

史范純父言前四川制置使俞興妬功啓戎罷任鐫
秩罰輕乞更褫奪以紓衆怒奏可辛巳詔重脩吏部
七司條法癸未詔申嚴諸路郡縣苛取苗米之禁甲
申夜有白氣亘天八月甲午海州石湫堰成詔知州
張漢英帶行遥郡刺史馬步軍副總管帶行環衛官
丁酉築蘄州城知州王益落階官正任高州刺史制
置使汪立信上新城圖詔奬諭戊戌李璮兵敗爲大
元所誅事聞詔沿邊諸郡嚴邊防汪立信升直敷文
閣主管沿江制置司公事知江州主管江西安撫司
公事癸卯太陰犯昴乙巳沿江制置使姚希得進寶

章閣學士職任依舊九月壬申召陳奕赴樞密院禀
議丙子有流星大如太白丁丑温州布衣李元老讀
書安貧不事科舉今已百四歲詔補迪功郎致仕本
郡給奉閏九月甲申朔太白晝見丙戌流星透霞大
如太白戊戌詔刑部長貳大理卿少卿歲終無評事
可舉即舉在京三獄官庚子有流星大如太白丙午
詔應知縣罪罷雖經赦毋注縣望關者爲令戊申詔
紹興府火給貧居民錢今及二載民貧可憫悉除勿
徵冬十月乙卯詔蠲四川制總州縣鹽酒榷額己未
太陰犯歲星甲子以楊棟簽書樞密院事兼權參知

政事兼太子賓客葉夢鼎端明殿學士同簽書樞密院事兼太子賓客丁卯吕文德言遣將校禦敵多逗遛不進且奏功失實具姓名上聞詔吕文煥王達趙真削兩秩馬塈王甫削一秩餘貶降有差太陰犯五車星庚午太白入氐甲戌歸化州岑從毅納土輸賦獻丁壯爲王臣詔政歸化爲來安州從毅進秩脩武郎知州事令世襲丙子詔安豐六安縣升軍使十一月壬辰丁大全竄貴州招游手立將校置弓矢舟楫縱僕隸滛虐軍民詔奪大全貴州團練使移置新州癸巳馬光祖乞祠祿詔提舉臨安府洞霄宮任便居住

丙申徐清叟薨贈少師謚忠簡丁酉貲陽砦主萬戶小哥及其子衆家奴叛來降詔小哥賜姓王名永堅補武翼大夫夔路副總管重慶府駐劄戊戌以夏貴知廬州淮西安撫副使丁未皇孫容州觀察使封資國公焯薨贈保靜軍節度使廣國公熒惑填星合在婁十二月辛巳吕文德累疏辭兼四川宣撫詔仍兼四川策應使

四年春正月壬午朔詔侍從臺諫給舍卿監郎官以上及制總監司各舉所知不拘員限不如所舉行連坐法戊子林希逸言蒲陽布衣林亦之陳藻有道之士林公遇幼承父澤奉親不仕詔林亦之陳藻贈迪功郎林公遇元官上進贈一官詔董宋臣同提舉奉安符寶所仍奉祠祿己亥嚴州火丙午詔革詞訴改送之弊二月癸丑詔吳潛丁大全黨人遷謫已久遠者量移近者還本貫並不復用丁大全溺死藤州詔許歸葬詔俞興往歲失陷瀘城更削一秩丁巳置官田所以劉良貴爲提領陳訔爲檢閱戊午日暈周匝乙亥吕文德浚築鄂州常澧城池訖事詔獎之守臣韓宣轉遥郡承宣使蘇劉義吉州刺史三月丁亥以吕文德爲寧武保康軍節度使職任依舊劉雄飛樞

密都承旨四川安撫制置使兼知重慶府四川總領財賦夔路轉運使加授姚希得刑部尚書李庭芝兵部侍郎朱禩孫太府卿汪立信太府少卿並依舊任壬辰太陽赤黃暈丁酉以王堅知和州兼管內安撫使吕思望知濠州兼淮西招撫使庚子以何夢然兼權知樞密院事丁未詔知寧國府趙汝棋推行經界不擾而辦職事脩舉升直華文閣依舊任戊申忠州防禦使貴傑授福州觀察使夏四月乙卯太陰犯權星丙寅官田所言知嘉興縣段浚知宜興縣葉哲佐買公田不遵元制詔罷之戊辰太陽赤黃暈不匝五

月庚寅太陰入氐丁酉婺州布衣何基建寧府布衣
徐幾皆得理學之傳詔各補迪功郎何基婺州教授
兼麗澤書院山長徐幾建寧府教授兼建安書院山
長戊戌四川制司言二月甲寅大兵攻嘉定城馬墍
出戰禦之詔馬墍授爕遷延削一秩令以所轉四官
理作敘復流星出自角宿距星六月壬子祈雨乙卯
京城火丙辰詔饒虎臣敘復元官依舊提舉太平興
國宮庚申詔平江江陰安吉嘉興常州鎮江六郡已
買公田三百五十餘萬畝今秋成在邇其荊湖江西
諸道仍舊和糴丙寅詔公田竣事劉良貴官兩轉陳

砦廖邦傑洎六郡官進秩有差丁卯流星出自河鼓
庚午宰執進玉牒日曆會要經武要略及徽宗長編
寧宗實錄詔賈似道以下官兩轉秋七月壬辰敕令
所進寧宗以來寬恤詔令戊戌以董宋臣爲入內內
侍省押班八月甲寅董宋臣以病乞收回恩命請祠
詔賜告五月乙卯流星出自天倉星九月甲申詔趙
汝楳爲太府少卿淮東總領財賦辛卯祀明堂大赦
甲午以何夢然知樞密院事兼參知政事楊棟同知
樞密院事兼權參知政事葉夢鼎簽書樞密院事冬
十月己未詔發緡錢百四十萬命浙西六郡置公田

莊甲子命張珏興元府駐劄御前諸軍都統制兼知
合州十一月己亥福州火十二月丁未朔詔皇太子
宮講官詹事以下日輪一員辰入酉出專講讀備咨
問以稱輔導之實己未詔在京置窠櫃私繫囚并非
法獄具臺憲其嚴禁戢違者有刑辛未太白歲星順行
五年春正月丁丑朔詔崇經術考德行癸巳出奉宸
庫珠香象犀等貨下務場貨易助收幣楮庚子太子
右諭德湯漢三乞休致授秘閣脩撰知福州福建安
撫使二月壬戌流星出自畢甲子太陰犯房丁卯太
陰犯斗辛未雨土三月辛巳王堅卒賜謚忠壯馬光

祖依舊觀文殿學士沿江制置使知建康府江東安
撫使行宮留守己丑日暈周匝夏四月丙午詔管景
模妻孥陷沒效忠愈堅平時所得奉入率以撫恤將
士遂至空乏特賜緡錢三十萬尋賜金帶丁未以夏
貴爲樞密都承旨四川安撫制置使兼知重慶府四
川總領夔路轉運使辛亥詔郡邑行鄉飲酒禮癸丑
太陰入太微垣乙卯信陽軍將領余元友等提兵防
護春耕有功補轉兩官資戊午太白晝見乙丑何夢
然馬天驥以臺臣劾罷己巳江萬里以資政殿學士
知建寧府李曾伯以觀文殿學士知慶元府沿海制

置使庚午太白歲星合于婁五月庚辰何夢然以資政殿大學士知建寧府辛卯以楊棟參知政事葉夢鼎同知樞密院事兼權參知政事姚希得端明殿學士同簽書樞密院事馬天驥提舉洞霄宮甲午流星出自河鼓大如太白乙未安南國奉表謝恩進方物詔却之仍賜金帛以獎恭順己亥太白經天晝見六月甲辰朔知衢州謝堅因寇焚掠常山縣弃城遁詔削三秩褫職不叙臺臣言衢州詹沔之變乃謝堅任都吏徐信苛取激之堅罪重罰輕詔斬信籍其家堅再削兩秩勒停丁未詔饒虎臣叙復資政殿學士依

前通奉大夫差遣如故甲寅加授李庭芝寶章閣直學士依舊任朱禩孫右文殿脩撰知靜江府廣西經畧使汪立信祕閣脩撰樞密副都承旨沿江制置副使兼知江州江西安撫使詔呂文德職事脩舉與官一轉太陰犯心戊午祈雨太白犯天關星乙丑命董宋臣兼主管御前馬院御前酒庫戊辰熒惑歲星並行己巳太白太陰並行入井庚午太陽赤黃暈秋七月甲戌彗星出柳丁丑詔避殿減膳應中外臣僚許直言朝政闕失己卯流星出自右攝提星彗星退于鬼辛巳彗星退于井甲戌京城大火癸巳謝奕昌卒

贈少保追封臨海郡王謚莊憲甲午填星守畢乙未馬天驥以臺臣劾其貪贓奪職罷祠其子時楙削一秩罷新任丙申知嘉定府洪濤言新繁縣御容殿前枯木再榮殿有畫太祖像又順化人楊嗣光等奉太宗真宗仁宗英宗神宗像來歸令櫝藏府中天慶觀詔本府選差武臣迎奉赴行在所嗣光補武階兩資祈雨臺臣言太子賓客楊棟指彗為蚩尤旗欺天罔君詔棟罷職予祠戊戌彗星退于參八月壬寅朔熒惑與填星合丙午以楊棟知建寧府戊午彗星消伏甲子彗星復見于參辛未彗星化為霞氣九月己丑

日生格氣癸巳內侍李忠輔以臺臣劾其貪肆欺罔削兩秩放罷乙未建寧府教授謝枋得校文宣城及建康漕闈發策十餘問言權奸誤國趙氏必亡左司諫舒有開劾其怨望騰謗大不敬竄興國軍冬十月丙午太陰犯斗辛亥詔十七界會浸輕並以十八界會易之限一月止乙丑詔行關子銅錢法每百作七十七文足以一準十八界會之三帝有疾不視朝丙寅大赦丁卯帝崩遺詔皇太子禥即皇帝位咸淳元年三月甲申葬于會稽之永穆陵二年十二月丙戌謚曰建道備德大功復興烈文仁武聖明安孝皇帝廟

號理宗

贊曰理宗享國久長與仁宗同然仁宗之世賢相相繼理宗四十年之間若李宗勉崔與之吳潛之賢皆弗究于用而史彌遠丁大全賈似道竊弄威福與相始終治效之不及慶曆嘉祐宜也蔡州之役幸依大朝以定夾攻之策及函守緒遺骨俘宰臣天綱歸獻廟社亦可以刷會稽之耻復齊襄之讐矣顧乃貪地棄盟入洛之師事釁隨起兵連禍結境土日蹙郝經來使似道諱言其納幣請和蒙蔽抑塞拘留不報自速滅亡吁可惜𢦏由其中年嗜慾既多怠於政事權移奸臣經筵性命之講徒資虛談固無益也雖然宋嘉定以來正邪貿亂國是靡定自帝繼統首黜王安石孔廟從祀升濂洛九儒表章朱熹四書丕變士習視前朝奸黨之碑偽學之禁豈不大有徑庭也𢦏身當季運弗獲大效後世有以理學復古帝王之治者考論匡直輔翼之功實自帝始焉廟號曰理其殆庶乎

本紀卷第四十五

本紀卷第四十六　宋史四十六

開府儀同三司上柱國錄軍國重事前中書右丞相兼修國史領經筵事都總裁臣脫脫等奉勑修

度宗

度宗端文明武景孝皇帝諱禥太祖十一世孫父嗣榮王與芮理宗母弟也嘉熙四年四月九日生于紹興府榮邸初榮文恭王夫人全氏夢神言帝命汝孫然非汝家所有嗣榮王夫人錢氏夢日光照東室是夕齊國夫人黃氏亦夢神人采衣擁一龍納懷中已而有娠及生室有赤光資識內慧七歲始言言必合度理宗奇之及在位歲久無子乃屬意託神器焉淳祐六年十月己丑賜名孟啓以皇姪授貴州刺史入內小學七年正月乙卯授宜州觀察使就王邸訓習九年正月乙巳授慶遠軍節度使封益國公十一年正月壬戌改賜名孜進封建安郡王寶祐元年正月庚辰詔立為皇太子改賜今名癸未授崇慶軍節度使開府儀同三司進封永嘉郡王二年七月以宗正少卿蔡抗兼翊善時資善堂初建理宗製堂記書以賜王十月癸酉進封忠王十一月壬寅加元服賜字邦壽五年十月庚子授鎮南遂安軍節度使景定元

年六月壬寅立爲皇太子賜字長源命楊棟葉夢鼎爲太子詹事七月丁卯太子入東宮癸未行冊禮時理宗家教甚嚴雞初鳴問安再鳴回宮三鳴往會議所參决庶事退入講堂講官講經次講史終日手不釋卷將晡復至榻前起居率爲常理宗問今日講何經答之是則賜坐賜茶否則爲之反覆剖析又不通則繼以怒明日須更覆講二年正月丁丑謁孔子于太學請以張栻呂祖謙列從祀十二月癸卯冊永嘉郡夫人全氏爲皇太子妃五年十月丁卯理宗崩受遺詔太子即皇帝位戊辰尊皇后謝氏曰皇太后生

日爲壽崇節庚午宰執文武百官詣祥曦殿表請聽政不允辛未大赦十一月壬申宰執以下日表請視朝不允丁丑凡七表始從丙戌帝初聽政御後殿命馬廷鸞留夢炎兼侍讀李伯玉陳宗禮范東叟兼侍講何基徐幾兼崇政殿說書詔求直言又詔先朝舊臣趙葵謝方叔程元鳳馬光祖李曾伯各上言以匡不逮召江萬里王爚洪天錫湯漢等赴闕詔躬行三年喪復濟王竑元贈少師節度使追封鎮王謚昭肅有司討論墳制增修之加封嗣榮王與芮武康寧江軍節度使依前太師判宗正事詔撫勞邊防將士監

察御史劾宦官李忠輔何舜卿等贓罪並竄遠方戊戌詔儒臣日侍經筵輔臣觀講乙未命洪天錫以侍御史兼侍讀十二月辛丑詔改明年爲咸淳元年行銅錢關子率貫以七百七十文足壬寅戒贓吏絶貢羨餘甲辰詔以生日爲乾會節初開經筵講殿以熙明爲名禮部尚書馬廷鸞進讀大學衍義序陳心法之要是歲兩浙江東西湖南北廣東西福建成都京西潼川夔利路戶五百六十九萬六千九百八十九口一千三百二萬六千五百三十二大理寺奏大辟三十三人

咸淳元年春正月辛未朔日有食之丞相賈似道請爲總護山陵使不允尋下詔奬諭癸酉直學士院留夢炎疏留似道甲戌諫議大夫朱貔孫等亦請改命不報詔臨安免征商三月丙子京湖制置使呂文德辭免不允二月庚申置籍中書記諫官御史言事歲終以考成績三月癸酉似道乞解機政不允壬午京湖制司剏招鎮邊軍甲申葬理宗于永穆陵夏四月壬寅賞四川都統昝萬壽雲頂山金堂峽之功及其將士丁未壽崇節免徵臨安官私房僦地錢戊申乾會節如上免徵再免在京征商三月自是祥慶災異

寒暑皆免戊午賈似道特授太師己未幸景靈宮發
米八萬石贍京城民夔路都統王勝以李市沙平之
戰獲功轉官兩資將士効力者上其名推賞五月己
巳追命史彌遠爲公忠翊運定策元勳閏月乙巳久
雨京城減直糶米三萬石自是米價高即發廩平糶以
爲常丁未發錢二十萬贍在京小民錢二十萬賜殿
步馬司軍人錢二萬三千賜宿衛自是行慶恤災或
遇霪雨雪寒咸賜如上數以江萬里參知政事王爚
同知樞密院事權參知政事馬廷鸞端明殿學士簽
書樞密院事丁巳以錢三十萬命臨安府通變平物

賈丁卯故成都馬步軍總管張順歿于王事詔特贈
官五轉其子與八官恩澤六月乙酉名理宗御製之
閣曰顯文置學士直學士待制直閣等官戊子沿海
制置使葉夢鼎三辭免不允己丑名理宗原廟殿曰
章熙秋七月丁酉太白晝見初命迪功郎鄧道爲韶
州相江書院山長主祀先儒周惇頤壬寅參知政事
江萬里乞歸田里不允戊申夔路安撫徐宗武城開
達石城乞推恩從之壬戌督州縣嚴錢法禁民間用
牌帖癸亥以諒陰命宰執類試院登炳以下依廷試
例出身禁在京置窠櫃私繫囚八月庚辰命陳奕沿

江按閱軍防賜錢二十萬給用丁亥詔有司收民田
租或掊克無藝監司其嚴禁戢違[illegible]者有刑甲午大
元元帥阿术帥大軍至廬州及安慶諸路統制范勝
統領張林正將高興副將孟興逆戰没于陣詔勝等
各官其一子進勇副尉九月己酉以洪天錫爲工部
侍郎兼侍讀壬子命宰執訪司馬光蘇軾朱熹後人
賢者能者各上其名録用癸丑呂文德言京湖制帥
策應三司官屬乞推恩詔各進一秩庚申吏部侍郎
李常上七事曰崇廉恥嚴鄉舉擇守令黜貪汙讞疑
獄任儒師修役法冬十月壬申減四川州縣鹽酒課

始自景定四年正月一日再免徵三年乙亥減田契
税錢什四庚辰江安州潼川安撫司以攻懷簡小富
砦戰圖來上詔優答以賞十一月乙未兄少保保寧
軍節度使致仕乃裕薨贈少傅追封臨川郡王
二年春正月癸丑江萬里四請歸田乞祠禄不允以
爲湖南安撫使兼知潭州二月乙巳侍講范東叟奏
正心之要有三曰進德曰立政曰事天上嘉納焉戊
寅詔免湖南漕司積年運上峽米耗折逋直辛卯詔
左右史循舊制立侍御坐前三月庚子賞夔路總管
張喜等防護開達軍功將士進官有差乙巳詔郡守

兩年爲任方別授官戊申賜勑書奬諭呂文德夏四月乙丑洪天錫三請祠不允以顯文閣待制知潭州兼湖南安撫使甲申侍御史程元岳上言帝王致壽之道在脩德後世怵邪說以求之往轍可鑒修德之目有三曰清心曰寡欲曰崇儉皆致壽之原上嘉納之丁亥授信州布衣徐直方史館編校五月癸丑詔諸節制將帥討軍實節浮費毋占役兵士致妨訓練六月丁丑給羅鬼國化州印壬午以衢州饑命守令勸分諸藩邸發廩助之秋七月壬辰祈雨詔以來年正月一日郊壬寅禮部侍郎李伯玉言人材貴乎善

養不貴速成請罷童子科息奔競以保幼稚良心詔自咸淳三年爲始罷之八月甲申安南國遣使賀登位獻方物九月丙辰浙西安撫使李芾以臺臣黃萬石等言削兩秩免冬十一月辛丑兩淮制置使李庭芝立城屯駐武銳一軍以工役費用及圖來上詔奬勞之乙卯少師致仕趙葵薨贈太傅賜謚忠靖丁巳利東安撫使知合州張珏調統制史炤監軍王世昌等復廣安大梁城詔推爵賞有差十二月丁丑申嚴戰貪之令甲申以請先帝謚祭告天地宗廟社稷丙戌奉冊寶請于南郊上謚曰建道備德大功復興烈

文仁武聖明安孝皇帝廟號理宗大理寺奏歲終大辟三十五人

三年春正月己丑朔郊大赦丁酉奉皇太后寶上尊號曰壽和辛丑壽和太后冊寶禮成謝堂等二十七人各進一秩高平郡夫人謝氏等二十二人各進封特封有差癸卯用命妃全氏爲皇后戊申帝詣太學謁孔子行舍菜禮以顏淵曾參孔伋孟軻配享顓孫師升十哲邵雍司馬光升列從祀雍封新安伯禮部尚書陳宗禮國子祭酒陳宜中進讀中庸己酉執經官宗禮講經官宜中各進一秩宜中賜紫章服太學

武學宗學國子學宗正寺官若醫官監書庫門局等各進一秩諸齋長諭及起居學生推恩有差乙卯壽和太后親屬謝奕脩郭自中黃興在等二十八人各升補一秩二月己未克復廣安軍詔改爲寧西軍庚申馬光祖再乞致仕不允乙丑詔賈似道太師平章軍國重事一月三赴經筵三日一朝治事都堂丙子樞密院言知夔州夔路安撫徐宗武剏立臥龍山堡圍詔宗武帶行遙郡團練使以旌其勞三月癸卯知房州李鑑及將校杜汝隆夏喜以戰龍光砦有功優與旌賞夏四月庚申壽和太后兩次用寶族兄弟謝

奕實等十五人族姪謝在達等四十七人族姪孫謝
鏞等十四人各錫銀十兩帛十疋詔太中大夫全清
夫儒科發身懇陳換班靖退可尚特授清遠軍承宣
使提舉佑神觀仍奉朝請乙酉張珏護合州春耕戰
款龍溪以狀言功詔趣上立功將士姓名五月丁亥
朔日有食之戊申詔曰比嘗命有司按月給百官奉
惟官愈卑去民愈親仍聞過期弗予是吏奉吾命不
虔也諸路監司其嚴糾劾六月壬戌加授呂文德少
傅馬光祖參知政事李庭芝兵部尚書鉦職任仍舊
皇后受冊推恩弟全清夫以下十五人官一轉全必

標以下十七人補承信郎癸酉美人楊氏進封淑妃
戊寅詔榮王族姻與萊等三十四人各轉官有差秋
七月丁亥張珏授正任團練使帶行左領軍衛大將
軍賜金帶壬辰樞密院言右武大夫權鄂州都統汪
政鄂城戰禦又焚光化城外積聚及攻真陽城皆有
功該轉十二官詔轉橫行遙郡甲午四川都統昝萬
壽調統制趙寶楊立等率舟師護糧達渠城以功推
賞己酉權黎州張午招諭大青羌主歸義乞用兩林
西蕃瑜林例賜予加優從之八月辛酉遣步帥陳奕
率馬軍舟師巡邏江防壬戌邊報警急詔諭呂文德

等申嚴防遏乙丑太師武康寧江軍節度使判大宗
正事嗣榮王與芮進封福王主榮王祀事壬申久雨
命在京三獄赤縣直司僉廳擇官審決獄訟毋滯九
月乙未詔郡縣折收民田租毋厚直取贏違者論罪
癸卯知邕州總統譚淵李旺周勝等繇特磨行大理
界率兵攻建水州禽其知州阿孱以下三百餘人獲
馬二百餘焚穀米器甲廬舍師還論功各轉官三資
軍校補轉有差冬十月庚申復開州賜四川策應司
錢百萬勞軍甲戌大雷電十一月丙申故左丞相吳
潛追復光祿大夫壬寅賞知房州李鑑調遣路將夏

喜統領馮興等均州武陽坝戰功十二月丙辰呂文
煥依舊帶行御器械改知襄陽府兼京西安撫副使
丁卯臺臣言叙復元官觀文殿學士提舉洞霄宮皮
龍榮貪私傾險嘗朋附丁大全乞寢新命詔予祠祿
四年春正月癸未賜呂師夔紫章服金帶己丑呂文
德言知襄陽府兼京西安撫副使呂文煥荆鄂都統制
唐永堅蠟書報白河口萬山鹿門山北帥興築城堡
檄知郢州翟貴兩淮都統張世傑申嚴備禦癸巳故
守合州王堅賜廟額曰報忠癸卯瀘州駐劄潼川安
撫副使昝萬壽特升右武大夫帶行左驍衛大將軍

賜金帶己酉印應雷改知慶元府兼沿海制置使庚戌詔曰邇年近臣無謂引去以爲高勉留再三弗近益遠徃徃相尚不知其非義也亦由一二大臣嘗勇去以爲衆望相踵至今孟子於齊王不遇故去是未嘗有君臣之情也然猶三宿出晝庶幾改之儒者家法無亦取此乎朕於諸賢允謂無負其弗高尚使人疑於負朕閏月庚午賜夏貴金帶夏四月壬午湯漢三辭免刑部侍郎福建安撫使庚寅乾會節帝御紫宸殿群臣稱賀上曰謝方叔託名進香擅進金器諸物且以先帝手澤每繫之跋率多包藏至以先帝行

事爲己功殊失大臣體宜鐫一秩於是盧鉞等相繼論列方叔昨蜀廣敗事誤國殄民今又遠制擅進削一秩罰輕詔削四秩奪觀文殿大學士惠國公罷宰臣恩數仍追寶奎録幷繫跋真本來上丙申右正言黃鏞言今守邊急務非兵農合一不可一曰屯田二曰民兵川蜀屯田爲先民兵次之淮襄民兵爲先屯田次之此足食足兵良策也不報丁酉詔故修武郎姚濟死節立廟賜額曰忠壯五月辛酉樞密都承旨高達再辭侍衛都虞候乞歸田里命孫虎臣代之壬申賜陳文龍以下六百六十四人進士及第出身丙

子賈似道乞骸骨不允六月辛巳葉夢鼎再乞歸田里不允詔罷浙西諸州公田莊官募民自耕輸租租減什三毋私相易田違制以盜賣官田論秋七月戊午有星出氐宿西北急流入騎官星沒己未淑妃楊氏親屬楊幼節以下百三十四人推恩進秩八月壬寅奉安寧宗實録理宗實録御集日曆會要玉牒經武要略咸淳日曆玉牒賈似道葉夢鼎馬廷鸞各■轉兩官諸局官吏推恩有差九月癸未太白晝見大元兵築白河城始圍襄樊冬十月戊寅朔日有食之子憲生參知政事常挺六乞歸田里詔予郡己亥

已減四川州縣鹽酒課詔自咸淳四年始再免徵三年十一月癸丑樞密院言南平紹慶六郡鎮撫使韓宣城渝嘉開達常武諸州有勞縣峽州至江陵水陸措置盡瘁以死宜視没於王事加恩詔官守本官致仕任一子承節郎仍贈正任承宣使丁巳詔知江陵府陳奕裨將周全王德等戰西山南谷口田家山有功各以等第推賞戊午子鍠生丙寅福建安撫使湯漢再辭免乞祠禄詔别授職辛未以文武官在選困於部吏隆寒旅瑣可閔詔吏部長貳郎官日趣銓注小有未備特與放行違者有刑自是隆寒盛暑申嚴

誠飭常捘卒贈少保壬申行義役法十二月辛卯以
夏貴爲沿江制置副使兼知黃州癸巳史館狀理宗
實録接續起修張九成孫參先力學飭行不墜家聲
其免一解示表厲命建康府建南軒書院祠先儒張
栻戊戌汪立信知潭州兼湖南安撫使職任依舊乙
巳詔賞京湖總管張喜趙萬等石門坂堰戰功
五年春正月丁未以李庭芝爲兩淮安撫制置大使
兼知楊州壬子京湖策應司參謀呼延德領諸將張
喜等遇北兵戰于蠻河癸亥葉夢鼎累章請老留之
固辭依前少保判福州福建安撫使封信國公以馬廷
鸞參知政事兼同知樞密院事甲戌以江萬里參知
政事二月戊子江萬里辭免參知政事不允三月丙
午北師阿朮自白河以兵圍樊城甲寅葉夢鼎辭免判
福州福建安撫使詔不允乙卯皇后歸寧族姻推恩
保信軍節度使全清夫以下五十六人各進一秩咸
安郡夫人全氏以下三十二人各特封有差大元兵
城鹿門己未詔浙西六郡公田設官督租有差辛酉
京湖都統張世傑率馬步舟師援襄樊戰于赤灘圃
戊辰以江萬里爲左丞相馬廷鸞爲右丞相兼樞密
使己巳以馬光祖知樞密院事兼參知政事吳革沿

江制置使夏四月丙子賞張世傑戰功辛巳江萬里
馬廷鸞辭免詔不允壬午知渠州張資上蓬州界白
土神山蒲渡等處今年春戰功丙戌以安西都統張朝
寶利東路安撫張珏領兵護錢粟餉寧西軍還至水
磑頭戰有功詔推賞己丑劉雄飛依舊樞密都承旨
知沅州兼常德澧辰沅靖五郡鎮撫使癸巳李庭芝
特進一秩高郵縣夏世賢七世義居詔署其門五月
己酉馬光祖依舊觀文殿學士提舉洞霄宮乙卯程
元鳳薨贈少師庚申有星自斗宿距星東北急流向
牛宿至濁没壬戌詔信陽諸將龔安邦朱興戰千石

畈呂文煥呼延德戰福山楊青李忠戰石湫俱有勞
效推賞有差壬申京湖制司言故夔路安撫徐宗武
没于王事乞優加贈恤詔致仕恩外特官其一子承
節郎六月庚辰以呂文福爲復州團練使知濠州兼
淮西安撫副使甲申皇子昰生辛卯家鉉翁辭免新
命詔别授職庚子李庭芝辭免兼淮東提舉不允秋
七月己酉觀文殿學士馬光祖乞守本官致仕詔允
所請庚申祈雨壬戌東南有星自河鼓距星西北急
流至濁没八月戊寅詔郡縣收民田租毋巧計取贏
毋厚直折納轉運司申嚴按劾詔襄樊將士戰禦宣

力以錢二百萬犒師趣上其立功姓名補轉官資九月丙午祈晴辛酉祀明堂大赦丙寅明堂禮成加上壽和聖福皇太后尊號冊寶太師判大宗正事福王主榮王祀事與芮加食邑一千戶冬十月甲申子憲授檢校太尉武安軍節度使封益國公己丑呂文德進封崇國公加食邑七百戶以湯漢爲顯文閣直學士提舉玉隆萬壽宮兼象山書院山長十一月戊辰少傅文德乞致仕詔特授少師進封衛國公依所請致仕十二月癸酉文德卒贈太傅賜謚武忠己卯以范文虎爲殿前副都指揮使壽和聖福皇太后尊號

冊寶禮成姪謝堂姪孫光孫等二十八人各轉一官餘姻推恩有差甲申以錢二百萬命京湖帥臣給犒襄郢等處水陸戍士戊子詔安南國王父陳日煚國王陳威晃竝加食邑一千戶大元兵築南新城

六年春正月壬寅以李庭芝爲京湖安撫制置使兼夔路策應使印應雷兩淮安撫制置使己酉以錢二百萬賜夔路策應司備禦賞給庚戌以高達爲湖北安撫使知鄂州孫虎臣起復淮東安撫副使知淮安州辛酉行成天曆丁卯上製字民牧民二訓以戒百官戊辰以江萬里爲福建安撫使二月辛未檢校少保安德軍節度使與棻加食邑五百戶丁亥陳宜中經筵進講春秋終篇賜象簡金御仙花帶鞍馬丁酉以呂文福爲淮西安撫副使兼知廬州己亥朱禩孫權兵部尚書仍四川安撫制置總領夔路轉運知重慶府三月庚子朔日有食之癸丑詔曰吏以廉稱自古有之今絕不聞豈不自章顯而壅於上聞歟其令侍從卿監郎官各舉廉吏將顯擢焉癸亥詔贛吉南安境數被寇雖有砦卒寇出沒無時莫能相救宜即要衝立四砦砦屯兵百使地勢聯絡禦寇爲便從三郡擇將官領之夏四月戊寅以文天祥兼崇政殿說

書五月辛丑以吳革爲沿江制置宣撫使六月庚午詔太極圖說西銘易傳序春秋傳序天下士子宜肄其文戊寅賈似道託疾辭退疏十數上上留益堅禮異之曰師相而不名焉廷鸞洎省部臺諫學館諸司連章請留似道庚辰子憲薨庚寅詔以襄郢水陸屯戍將士隆暑露處出錢二百萬命京湖制司給賜秋七月復開州己亥更鑄印給之八月甲申瑞安府樂清縣嘉禾生詔薦士增四名壬辰詔郡縣行推排法虛加寡弱戶田租害民爲甚其令各路監司詢訪亟除其弊詔精擇監司守令監司察郡守郡守察縣令

置籍考覈歲終第其治狀來上癸巳以憂貴能舉職
事進一秩詔似道十日一朝九月庚戌以黄萬石爲
沿海制置使壬子台州大水冬十月丁丑遣范文虎
總統殿司兩淮諸軍往襄樊會合備禦賜錢百五十
萬犒師己卯詔台州發義倉米四千石并發豐儲倉
米三萬石振遭水家甲申以陳宗禮趙順孫兼權參
知政事依舊同提舉編修敕令經武要略閏十月己
酉安吉州水免公田租四萬四千八十石戊午詔殿
步馬諸軍貧乏陣沒孤遺者多方此隆寒其賜錢二
十萬米萬石振之十一月丁丑嘉興華亭兩縣水免

公田租五萬一千石民田租四千八百一十石庚辰
詔襄郢屯戍將士隆寒可閔其賜錢二百萬犒師己
丑都統張世傑領兵江防乙未詔陳宗禮進一秩爲
資政殿學士依所請守兼參知政事致仕十二月戊
戌陳宗禮卒贈七秩己亥詔唐全張與祖等齎蠟書
入襄陽往復甚艱各補轉三官賜錢二千緡大元兵
築萬山城

七年春正月乙丑子昰授左衛上將軍進封建國公
詔湯漢洪天錫赴闕詔戒貪吏辛未紹興府諸暨縣
湖田水免租二千八百石有奇三月戊寅發屯田租

穀十萬石振和州無爲鎮巢安慶諸州饑辛巳日暈
赤黄周匝乙酉平江府饑發官倉米六萬石吉州饑
發和糴米十萬石皆減直振糶丙戌詔減内外百司
吏額戊子發米一萬石往建德府濟糶詔臨江軍宣
聖四十七代孫延之子孫與放國子監試夏四月辛
亥免廣東提舉司鹽籮銀叁萬兩甲寅禮部侍郎陳
宜中再乞補外以顯文閣待制出知福州兼福建路
安撫使五月乙酉賜禮部進士張鎮孫以下五百二
人及第出身壬辰發米二萬石詣衢州振糶六月癸
巳以錢百萬銀五千兩命知嘉定府昝萬壽修城浚

壕繕甲兵備禦遏以韓震帶行御器械知江安州兼
潼川東路安撫副使馬塈帶行御器械知咸淳府節
制涪萬州臺臣劾朱善孫督綱運受贓四萬五千詔
特貸死配三千里禁錮不赦乙未詔以蜀閫調度浩
繁賜錢二百萬給用丙申諸暨縣大雨暴風雷電發
米振遭水家瑞州民及流徙者飢乏食發義倉米一
萬八千石減直振糶己亥詔以陸九淵孫溥補上州
文學己酉鎮江府轉輸米十萬石於五河新城積貯
癸丑以隆暑給錢二百萬賜襄郢屯戍將士丙辰撫
州黄震言本州振荒勸分前穀城縣尉饒立積米二

百萬斬不殺廩雖嘗監貸宜正過糴之罪詔饒立削兩秩武岡軍居住洪天錫三辭召命詔守臣勉諭赴闕戊午紹興府饑振糧萬石己未兩淮五河築城具完賜名安淮軍大元會兵圍襄陽秋七月辛未樞密院言吳信周旺齎蠟書入襄城往復効勞詔各補官三轉丁丑湖南轉運司訪求先儒張栻後人義倫以聞詔補將仕郎壬午四川制置使朱禩孫言夏五以來江水九三泛溢自嘉而渝漂蕩城壁樓櫓圮壞又嘉定地震者再被災害爲甚乞賜黜罷上答天譴詔不允癸未詔城五河淮東制置印應雷具有勞績進

一秩宣勞官屬將士皆推恩八月壬辰朔日有食之甲午以錢三百萬遺京湖制置李庭芝詣郢州調遣犒師丁未命沿江制置副使夏貴會合策應以錢二百萬隨軍給用九月乙亥顯文閣直學士湯漢顯文閣直學士洪天錫各五辭召命詔陞華文閣學士仍予祠祿己丑子㬎生冬十月丙申少傅嗣秀王與澤薨詔贈少師追封臨海郡王癸丑從政郎朱鑒孫進羣經要略己未詔殿步馬諸軍貧乏陣沒孤遺者方此隆寒其賜錢二十萬米萬石振之十一月癸亥詔民有以孝弟聞于鄉者守令其具名上聞將旌異勞

賜焉己巳詔湯漢官一轉端明殿學士依所請致仕十二月甲午詔諸路監司循按刑獄僚從擾民御史臺申嚴覺察丙午以錢三十萬命四川制司下渠洋開州寧西鎮撫使張朝寶郴司犒師己亥淮東統領兼知鎮江府趙溍乞祠祿不允謝方叔特叙復元官職惠國公致仕辛亥初置士籍戊午詔舉廉能材堪縣令者侍從臺諫給舍各舉十人卿監郎官各舉五人制帥監司各舉六人知州軍監各舉二人

八年春正月庚申詔朕惟崇儉必自宮禁始自今宮禁敢以珠翠銷金爲首飾服用必罰無貸臣庶之家

咸宜體悉工匠犯者亦如景祐制必從重典又詔有虞之世三載考績三考黜陟幽明漢之爲吏者長子孫則其遺意也比年吏習媮薄人懷一切計日待遷事未克究又望而之他吏胥狎玩竊弄官政吾民奚賴焉繼自今內之郎曹外之牧守以上更不數易其有治狀昭著自宜獎異辛未子㬎生己丑湯漢卒賜謚文清二月癸巳謝方叔卒贈少師前知台州趙子寅殁無所歸特贈直秘閣給沒官宅一區田三百畝養其孤遺以旌廉吏丙午以錢二百萬給犒襄郢水陸戰戍將士三月丙子同知樞密院事兼權參知政

事趙順孫授中大夫夏四月戊子知合州利路安撫
張珏剏築宜勝山城五月己巳王爚除觀文殿學士
提舉萬壽觀兼侍讀大元兵久圍襄樊援兵阨關險
不克進詔荊襄將帥移駐新郢遣部轄張順張貴將
死士三千人自上流夜半輕舟轉戰比明達襄城收
軍閱視失張順六月丙申皮龍榮徙衡州丁酉以章
鑑爲端明殿學士同簽書樞密院事同提舉經武要
略以錢千萬命京湖制司糴米百萬石轉輸襄陽府
積貯乙巳以家鉉翁兼權知紹興府浙東安撫提舉
司事以唐震爲浙西提點刑獄王爚乞寢新命不允

勉諭赴闕辛亥臺臣言江西推排田結局已久舊設
都官團長等虛名尚在占恡常役爲害無窮又言廣
東運司銀場病民詔俱罷之癸丑以錢五百萬緡命
四川制司詣湖北糴運上峽入夔米五十萬石秋七
月辛未知靜江府廣西經略安撫使兼計度轉運使
胡頴乞祠祿詔勲一轉依所乞宮觀八月丙戌朔日
有食之辛丑詔家鉉翁赴闕丁未紹興府六邑水發
米振遭水家壬子王爚辭免明堂大禮陪祠乙卯詔
福建安撫陳宜中充舉厥職升寶謨閣待制九月丁
卯詔洪天錫轉端明殿學士允所請致仕辛未明堂

禮成祀景靈宮還遇大雨改乘逍遙輦入和寧門肆
赦庚辰詔以朱禩孫兼四川屯田使乙酉洪天錫卒
贈五官謚文毅冬十月己亥紹興府言八月一日會
稽餘姚上虞諸暨蕭山五縣大水詔減田租有差丁
未以章鑑兼權參知政事右丞相馬廷鸞十疏乞骸
骨詔不允庚戌以秋雨水溢詔減錢塘仁和兩縣民
田租什二會稽湖田租什三諸暨湖田租盡除之辛
亥陳宜中兼給事中十一月乙卯右丞相馬廷鸞累
疏乞骸骨授觀文殿學士知饒州詔以隆寒殿步馬
司諸軍貧窶幷陳没孫遺者振以錢粟丙辰陳奕以

殿前都指揮使攝侍衛步軍司馬軍司己未馬廷鸞
辭免知饒州乞祠祿詔允所請以觀文殿大學士鄱
陽郡公提舉洞霄宮壬戌命阮思聰赴樞密院稟議
己巳詔明堂禮成安南國王陳日煚陳威晃各加食
邑一千戶賜鞭鞍馬等物十二月甲寅以葉夢鼎爲
少傅右丞相兼樞密使
九年春正月乙丑樊城破范天順牛富死之癸未詔定
安豐統制金文彪朱文廣王文顯盛全洮河古河泉
河珉河等處戰功行賞二月甲申詔鄂州左水軍統制
張順没身戰陣贈寧遠軍承宣使官其二子承信郎

立廟京湖賜額曰忠顯甲午朱禩孫撫綏備禦義不辭難敕書獎諭丁未以夏貴檢校少保庚戌呂文煥以襄陽府歸大元癸丑以朱澗寺戰功推賞來歸人馬宣沿江都統王喜等將士千五百七十餘人三月庚申賈似道言邊遽日聞請身督師以勵將帥詔不允四川制司言近出師成都劉整故吏羅鑑自北復還上整書稾一秩有取江南二策其一曰先取全蜀蜀平江南可定其二曰清口桃源河淮要衝宜先城其地屯山東軍以圖進取帝覽奏亟詔淮東制司往清口擇利城築以備之葉夢鼎辭免右丞相詔不允庚午遣金

吾衛上將軍阮思聰由平江鎮江及黃州行視城池凡合繕修增易者亟條奏丙子來歸人方德秀補成忠郎粟勇楊林胡巨川補保義郎劉全補承信郎戊寅賈似道始奏李庭芝表言襄帥呂文煥以城降大元己卯加昝萬壽寧遠軍承宣使職任仍舊庚辰夏貴辭免檢校少保不允壬午詔建機速房以革樞密院漏泄兵事稽違邊報之弊賈似道累疏請身督師詔勉留夏四月詔褒襄城死節右領衛將軍范天順贈靜江軍承宣使右武大夫馬司統制牛富贈金州觀察使各官其二子承信郎賜土田金幣恤其家甲申汪立信權兵

部尚書京湖安撫制置使知江陵府夔路策應使湖廣總領不許辭免以錢二百萬給立信開閫犒師葉夢鼎乞致仕遣官勉諭赴都堂治事辛卯以趙溍爲淮西總領兼沿江制置建康留守詔黃萬石赴闕壬辰詔襄陽六年之守一旦而失軍民離散痛切朕心令年乾會節其免集英殿宴以錢六十萬給沿江制置趙溍江防捍禦癸巳知招信軍陳巖乞祠祿詔曰迺者邊吏弗戒致有襄難將士頻歲暴露邊民蕩析離居盡傷朕心爾閫臣專征方面宜身率諸將宣揚國威以賞戮用命不用命爾守臣有土有民宜申儆

國人保固封守爾諸將尚迪果毅一乃心力各以其兵敵王所愾今朕多誥爾其悉聽明訓毋懈毋慢習于故常功多有厚賞爾不克用勸罰固不得私也又如中外小大臣僚有材識超卓明控御之宜懷攻守之略者密具以聞一如端拱二年制書朕當虛心以聽李庭芝乞解罷詔赴闕壬寅詔復置樞密院都統制副都統制各一員丁未以高達爲寧江軍節度使湖北安撫使知峽州詔忠州潛藩已升咸淳府刺史王達改授高州刺史李庭芝辭召赴闕詔與祠己酉詔南歸人復有戰功者予優賞楊春薛聚戍陳君諒

周海周興各補成忠郎蕭成侯喜丁甫劉鑄鄭歸各
補承信郎以夏貴兼侍衛馬軍都指揮使庚戌詔汪
立信賞罰調用悉聽便宜行事辛亥呂師夔言比賈
似道得李庭芝書報臣叔父文煥以襄城降臣聞之
隕越無地不能頃刻自安請以經略安撫轉運靜江
府印委次官護之帝嘉侯命容臣歸省偏親誓當趨
事赴功毀家紓難以贖門戶之愆以報君父之造詔
不允五月乙卯以黃萬石權戶部尚書兼知臨安府
浙西安撫使四川制司朱禩孫言所部諸縣除正辟
文臣外諸郡屬邑許令本司不拘外縣一體選辟文

臣以舉蜀之士民奏可丙辰知廬州呂文福言從兄
文煥以襄陽降爲其玷辱何顏以任邊寄乞放罷歸
田里詔不允呂師夔五疏乞罷任詔赴闕丁卯申禁
奸民妄立經會私刱庵舍以避征徭保伍容庇不覺
察坐之辛未劉雄飛乞致仕戊寅孝感縣丞關應庚
上書言邊防二十事詔授武當軍節度推官兼司法
京湖制司量材任使庚辰馬軍司統制王仙昔在襄
樊緣戰陷陣今復來歸特與官五轉充殿前司正額
統制賜錢一萬布衣林椿年等上書言邊防十數事
詔諸人上書凡言請以丞相似道督視者不允餘付

機速房六月刑部尚書兼給事中陳宜中言樊城之
潰牛富死節尤著以職卑贈恤下范天順一階未愜
輿情詔加贈富寧遠軍承宣使仍賜土田金幣恤其
家前四川宣撫司參議官張夢發詣賈似道上書陳
危急三策曰鎮漢江口岸曰城荊門軍當陽界之玉泉
山曰峽州宜都而下聯置堡砦以保聚流民且守且
耕并圖上城築形勢賈似道不以上聞下京湖制司
審度可否事竟不行成都安撫使昝萬壽去冬調將
士攻毀成都大城今春戰碉門五月遣統制楊國寶
領兵至雅州統領趙忠領兵至眉州兩路捍禦有勞

詔具將士宣力等第姓名以聞呂文福言文煥爲人
扶擁以襄陽降非由已心詔與李庭芝元陳異同其
審覈以聞庭芝表向在京湖來歸人吳旺等備言文
煥父子降狀先納完鑰旋獻襄城且陳策攻郢州請
自爲先鋒言人人同制司案辭可徵非敢加誣人罪
詔文福勉力捍禦毋墜家聲京湖制司言去年冬間
採司總管劉儀盛聰總制趙鐸領精銳至均州文龍
崖立砦呂文煥既降均城受敵知郡劉懋偕劉儀等
扞禦宣勞詔懋升右武大夫帶行左衛大將軍仍舊
職儀添差荊湖北路兵馬鈐轄聰添差鄂州兵馬鈐

轄各官三轉將士官兩轉左藏東庫蹇材望上書言
邊事大可憂者七急當爲者五不報丙戌劉雄飛卒
特贈一官戊子京湖制司請給器械詔內軍器庫選
犀利者賜之仍贈錢百萬備修繕四川制置朱禩孫
言月奉銀計萬兩願以犒師向後月免請詔常祿勿
辭己丑給事中陳宜中言乞正范文虎不力援襄之
罰詔文虎降一官依舊知安慶府安南國進方物特
賜金五百兩帛百疋癸卯汪立信言臣奉命分閫延
見吏民皆痛哭流涕而言襄樊之禍皆由范文虎及
俞興父子文虎以三衙長聞難怯戰僅從薄罰猶子

天順守節不屈猶或可以少贖其愆興奴僕庸材器
量褊淺務復私讎激成劉整之禍流毒至今其子大
忠挾多資爲父行賄且自希榮進今雖寸斬未足以
快天下之忿乞寘重典則人心興起事功可圖詔俞
大忠追毀出身文字除名循州拘管又言守闕進義
副尉董明襄陽破拔身來歸且嘗立功開州乞補轉
四官詔特與官兩轉閏月辛亥命殿前指揮使陳奕
總統舟師備鄂州黃州江防癸丑來歸人郭珍補成
忠郎張進張春張德林向德成王全婁德王興各補
承信郎丙辰朝散郎師顯行進注皇朝文鑑前臨安

府司法梁炎午陳攻守之要五事不報命大理寺丞
鍾蜚英點視沿江堡隘兵船戊辰知叙州郭漢傑言
馬湖蠻王汝作鹿巫蠻王沐丘帥蠻兵五百餘助官
軍民義阻險馬湖捍禦有功詔賞汝作沐丘金帛及
其部兵有差叙州總管曹順一軍凡在戰陣者趣具
立功等第來上秋七月丁亥權紹興府節制紫城軍
義文榮鼎及將校趙居敬丁福孟青蒲梓白貴史用
羅宜王繁等九人成都之役没于兵各追贈官秩仍
官其子癸巳知達州趙章知開州鮮汝忠知渠州張
資等復洋州戊戌張珏等復馬騣山八月癸丑權知

均州徐鼎總管盛聰戰房州胡師崳板倉乙卯知房
州李鑑調權竹山縣王國材統制熊權總轄馬宗明
戰落馬坪白羊山詔有司各以勞效論賞九月辛巳
以章鑑簽書樞密院事兼參知政事陳宜中同簽書
樞密院事成都安撫使昝萬壽城嘉定烏尤山乙未
以洪燾爲浙東安撫使丙申以黃萬石爲湖南安撫
使冬十月己酉來歸人汪福許文政各官五轉癸丑
鎮巢軍和州太平州諸將查文李文用孟浩等十一
人以射湖岡萬歲嶺後港及焦湖北岸戰功咸賜爵
賞癸亥雷四川制司言何炎向失洋州調知達州趙

章等率諸部軍義復之七月又復洋州吴勝堡兩城
權檄統轄謝益知洋州總制趙桂楫知巴州俾任責
吴勝堡戰守之事至是以功來上且以二州攝事守
臣請命于朝詔與正授丁丑兩淮制置使印應雷告
老進二秩致仕李庭芝兩淮安撫制置使賜錢二百
萬激犒備禦十一月壬午子㬎授左衛上將軍封嘉
國公戊子知泰州龔準遣其將王大顯等捍禦水砦
有功又獲俘民以還詔水步兩軍將校凡用命者賞
激有差甲午以夏貴爲淮西制置使兼知廬州陳奕
沿江制置使兼知黄州吕文福知閤門事詔從李庭

芝請分淮東西制置爲兩司就命庭芝交割淮東仍
兼淮西策應使乙未以夏貴爲淮西安撫制置使賜
錢百萬激犒備禦李庭芝辭免淮西策應使不允知
安豐軍陳萬以舟師自城西大澗口抵正陽城遇北
兵力戰詔旌其勞十二月甲子以馬廷鸞爲浙東安
撫使知紹興府丙寅權參知政事章鑑再乞解機政
不允丁丑沿江制置使所轄四郡夏秋旱澇免屯田
租二十五萬石
十年春正月壬午城鄂州漢口堡權總制施忠部將
熊伯明知泰州龔準以天長縣東横山秦潼湖青蒲

口等處戰功推賞戊子江萬里以疾辭職任詔依舊
觀文殿大學士提舉洞霄宮乙丑以留夢炎知潭州
兼湖南安撫使庚寅城鄂州沌口西岸堡京湖制司
言襄陽勇信中軍鈐轄吴信隨吕文煥北往今弃妻
子冒險來歸詔吴信赴闕制司仍存恤其家丙申江
東沙圩租米以咸淳九年水災詔減什四乙巳雨土
二月己酉以趙順孫爲福建安撫使辛酉詔諸制閫
就任升除恩數其告命衣帶鞍馬閤門勿差人給賜
往要厚賂以失優寵制臣之意違者有刑三月己卯
免郡縣侵負義倉米七十四萬八千餘石夏四月乙

卯子㬎授左衛上將軍進封永國公詔賞沿江都統
王達黄俣戰黄連寺之功戊午以吕文福爲常德辰
沅澧靖五郡鎮撫使知沅州辛酉詔賞光州守陳岩
路分李全許彦德總管何成路鈐仰子虎等牛市畈
丁家莊戰功烏蘇蠻王諳雲南軍前納欵大元五月
丁亥以高世傑爲湖北安撫副使兼知岳州總統出
戍軍馬辛丑馬廷鸞辭免觀文殿大學士知紹興府
浙東安撫使詔不允壬寅張珏表請城馬騣虎頭兩
山或先築其一以據險要六月戊午以銀二萬兩命
壽春府措置邊防秋七月壬午汪立信乞致仕不允

癸未帝崩于福寧殿遺詔太子㬎即皇帝位甲申臺臣劾内醫蔡幼習詔奪五秩送五百里州軍居住二子並罷閤門職八月己酉上大行皇帝諡曰端文明武景孝皇帝廟號度宗德祐元年正月壬午葬于永紹陵

贊曰宋至理宗疆宇日蹙賈似道執國命度宗繼統雖無大失德而拱手權奸衰敝寖甚考其當時事勢非有雄才睿略之主豈能振起其墜緒哉曆數有歸宋祚尋訖亡國不于其身幸矣

本紀卷第四十六

本紀卷第四十七　宋史四十七

開府儀同三司上柱國錄軍國重事中書右丞相兼修國史領經筵事都總裁臣脫脫等奉
敕修

瀛國公 二王附

瀛國公名㬎度宗皇帝子也母曰全皇后咸淳六年九月己丑生於臨安府之大内九年十一月授左衛上將軍封嘉國公十年七月癸未度宗崩奉遺詔即皇帝位于柩前年四歲謝太后臨朝稱詔甲申兄昰保康軍節度使開府儀同三司進封吉王加食邑一千戶弟昺保寧軍節度使開府儀同三司進封信王加食邑一千戶命平章賈似道依文彥博故事獨班起居丙戌上皇太后尊號曰壽和聖福太皇太后皇后曰皇太后又詔以生日爲天瑞節戊子命臨安府振贍細民辛卯以朱禩孫爲京湖四川宣撫使兼知江陵府壬寅詔撫三邊將士命州郡舉遺逸除浙西安撫司兩浙轉運司臨安府見追贓賞錢詔求言八月甲辰詔乞言於老臣江萬里葉夢鼎馬廷鸞留夢炎趙順孫王爚李庭芝築清河城以圖來上詔庭芝進一秩宣勞將士具名推賞加知鄂州李雷應守軍器監知太平州孟之縉尚書兵部員外郎知江州錢

真孫直寶章閣知鎮江軍洪起畏直敷文閣癸丑大霖雨天目山崩水涌流安吉臨安餘杭民溺死者亡筭甲寅太皇太后以老不能御正衙命暫以慈元殿爲後殿辛酉作度宗廟戊辰以全清夫爲昭信軍節度使謝堂檢校少保謝垕保康軍節度使馬廷鸞乞骸骨歸田里詔趣之任九月丁丑資政殿大學士光禄大夫王爚乞致仕詔不允戊寅發米振餘杭臨安兩縣水災餘杭災甚再給米二千石己卯似道乞免答拜從之辛巳覆試文武舉士人壬午覆試文武舉士人癸未大元兵大會于襄陽丙戌丞相伯顔將一

軍趣郢州元帥唆都將一軍入淮翟招討將一軍徇荆南丁亥大元軍薄郢州戊子免被水州縣今年田租甲午初開經筵丁酉天瑞節免徵臨安府公私房賃錢十日以金符十三銀符百給夏貴激賞奇功已亥試正奏名進士賜王龍澤以下出身有差壬寅有星見西方委曲如蚓復州副將翟國榮遇大元兵戰爛泥湖死之閏中旱冬十月丙午知達州趙章復洋州加右驍騎尉中郎將大元兵破渠州禮義城知州張資自殺丁未饒州布衣董聲應進諸史纂約兵鑑刑鑑詔聲應充史館編校文字癸丑上度宗謚廣西

經略司權參議官邢友龍擊潮州潭州寇破之乙卯令州縣行義田義役丁巳友龍以下諸將各轉官有差大元兵攻郢州都統制張世傑力戰禦之遂去由藤湖入漢戊午郢州副都統趙文義追戰全子湖死恤其家庚申贈翟國榮復州團練使官其二子立廟復州壬戌以錢百萬給郢城屯戍將士甲子詔以明年爲德祐元年乙丑以章鑑同知樞密院事兼權參知政事陳宜中簽書樞密院事兼權參知政事大元兵徇沙洋城京湖宣撫司遣總管王虎臣援之丙寅城破虎臣與守監官王大用皆被執熒惑犯鎮星大

元兵至新城戊辰總制黃順出降己巳副總制仁寧出降都統制邊居義力戰城破赴火死知復州翟貴以城降閩中地震十一月癸酉以朱禩孫爲京湖四川宣撫使丁丑命沿江制置使趙溍巡江策應賜錢百萬激賞戰功戊寅馬廷鸞力辭浙東安撫使知紹興府詔依舊觀文殿大學士提舉洞霄宮贈趙文義清遠軍節度使與其兄威武軍節度使文亮共立廟揚州賜名傳忠庚辰以陸秀夫爲淮東安撫制置司參議官壬午削諸班直溢額人癸未至乙酉覆試特奏名士人丙戌以王爚爲左丞相章鑑爲右丞相並

兼樞密使似道自九月乞命左右丞相至是從之以
張晏然兼京湖四川宣撫司參議官己丑至庚寅覆
試特奏名士人壬辰至癸巳如上覆試甲午括邸第
戚畹及御前寺觀田令輸租丁酉加安南國王陳日
煚寧遠功臣其子威晃奉正功臣十二月癸卯朔命
建康府太平州池州振避兵淮民以隆寒勞賜京湖
及沿江戍守將士甲辰詔淮西四郡水旱去年屯田
未輸之租其勿徵丁未提舉興國宮呂師夔請募兵
江州詔知州錢真孫同募尚書省以錢米給之癸丑
大元兵攻陽邏堡夏貴以兵力守武定軍都統制王

達戰死乙卯大元兵夜以偏師乘雪渡青山磯丙辰
都統程鵬飛應戰被重創歸鄂州都統高邦憲屯馬
家渡弃舟走被執大元兵復攻夏貴于陽邏堡都統
制劉成以定海水軍戰死貴敗沿江縱兵大掠歸廬
州朱禩孫將兵至鄂州聞鄂兵敗夜奔江陵府己未
權知漢陽軍王儀以城降呂文煥以北兵攻鄂州庚
申程鵬飛及權守張晏然以城降幕僚張山翁不屈
諸將欲殺之丞相伯顏曰義士也釋之詔錢塘仁和
兩縣民年七十至九十已上者賜帛及酒米癸亥詔
似道都督諸路軍馬以步軍指揮使孫虎臣總統諸

軍所辟官屬皆先命後奏詔天下勤王甲子起李芾
爲湖南提刑乙丑以高達爲湖北制置使兼安撫知
江陵府詔邊費浩繁吾民重困貴戚釋道田連阡陌
安居暇食有司覈其租稅收之贍王達清遠軍承宣
使庚午度宗梓宮發引至浙江上俟潮漲絕江潮失
期日晡不至程鵬飛以北兵徇黃州知州陳奕遣人
請降于壽昌軍李庭芝以兵勤王辛未命州郡節制
駐戍經從兵
德祐元年春正月癸酉朔大元兵入黃州甲戌陳奕
遣人下蘄州并招其子巖于安東州丁丑知蘄州管

景模遣人請降于黃州戊寅詔浙東郡第出米減價
糶民壬午葬度宗于永紹陵大元兵入蘄州癸未似
道以呂師夔權刑部尚書都督府參贊軍事任中流
調遣乙酉以陳宜中同知樞密院事兼參知政事呂
師夔錢真孫遣人請降于蘄州丙戌大元兵徇江州
知安東州陳巖夜遁邳州降知壽昌軍胡夢麟寓治
于江州丁亥自殺戊子知南康軍葉閶遣人請降于
江州似道出師知德安府來興國以城降夔路安撫
張起巖與其將弋德攻開州復取之己丑知安慶府
范文虎遣人以酒饌知江州迎師乙未附度宗神主

于新宮以孫虎臣爲寧武軍節度使戊戌赦京畿罪
池州都統張林遣人請降于江州大元兵入安慶范
文虎降通判夏椅仰藥死是月知達州鮮汝忠以城
降二月癸卯似道以宋京爲都督府計議官使大元
軍中甲辰以黃萬石爲江南西路制置使加湖北制
置副使高達檢校少保庚戌大元兵入池州權守趙
卯發自經死宋京如軍中請稱臣奉歲幣不得請而
還辛亥贈劉成清遠軍承宣使乙卯五郡鎮撫呂文
福遣所部淮兵入衛降詔褒之丙辰詔勞賈似道命
都督府嵗舉改官如史嵩之故事己未加張起巖福
州觀察使弋德以下各轉五官庚申虎臣與大元兵
戰于丁家洲敗績奔魯港夏貴不戰而去似道虎臣
以單舸奔揚州諸軍盡潰翁應龍以都督府印奔臨
安壬戌大元兵徇饒州知州唐震死之故相江萬里
赴水死通判萬道同以城降沿江制置大使趙溍知
鎮江府洪起畏知寧國府趙與可知隆興府吳益皆
弃城遁知和州王喜以城降建康都統翁福出迎大
元兵甲子大元兵至臨江軍民盡去知軍鮑廉死之
似道上書請遷都乙丑下公卿雜議王爚言已不能
與大計遂去張世傑將兵入衛臨安道饒州復取之

其將謝元王海李旺袁恩呂再興皆戰死江西提刑
文天祥起兵勤王丙寅以天祥爲江西安撫副使知
贛州趣入衛詔募兵以謝堂爲兩浙鎮撫使謝至保
寧軍節度使全永堅謝垕並檢校少保戊辰徵兩浙
福建諸郡廂禁兵之半入衛湖南提刑李芾以兵勤
王知江陰軍鄭𡑭弃城遁知無爲軍劉權知太平州
孟之縉皆以城降己巳大元兵攻嘉定九頂山都統侯
興戰死以陳宜中知樞密院事兼參知政事曾淵子
同知樞密院事兩浙安撫制置大使兼知臨安府文
及翁簽書樞密院事倪普同簽書樞密院事召王爚
爲浙西江東宣撫招撫大使使居京師以備咨訪遺
大元國信使郝經等歸庚午加夏貴開府儀同三司
令以所部兵入衛令長吏給經過兵民錢米一切勿
征稅應編配拘鎖人除僞造關會彊刼盜放火者餘
悉縱之放免浙西公田逋米及諸處見監贓諸文武
官在謫籍者並放自便與敘復改正放叅親民加張
珏寧遠軍節度使昝萬壽保康軍節度使張世傑和
州防禦使令將兵入衛陳宜中乞誅似道詔罷似道
平章都督予祠趙與可除名令臨安府捕案之招似
道潰兵辛未右丞相章鑑遁三月壬申朔詔復茶鹽

市舶法似道諸不恤民之政次第除之以公田給佃主令率其租戶為兵殿前指揮使韓震請遷都陳宜中殺之震所部兵叛攻嘉會門射火箭至大內急發兵捕之皆散走癸酉都統徐旺榮迎大元兵入建康府鎮江統制石祖忠請降于建康命浙西提刑司準備差遣劉經戍吳江兩浙轉運司準備差遣羅林淛西安撫司參議官張濡戍獨松關山陰縣丞徐垓正將郁天興戍四安鎮趙淮為大府寺丞戍銀樹東壩湖北安撫司計議官吳繼明攻通城縣復取之執縣令以歸遣使召章鑑還朝甲戌以似道為醴泉觀使

大元兵至無錫縣知縣阮應得出戰一軍皆沒應得赴水死詔發兵戍吳江乙亥發兵戍獨松嶺銅嶺詔諭呂文煥陳奕范文虎使通和議息兵以王爚為左丞相兼樞密使閩中地復大震丙子下詔罪己以陳宜中為特進右丞相兼樞密使罷章鑑官予祠侍御史陳過請竄賈似道併治其黨人翁應龍等不俟報而去監察御史潘文卿季可乞從過所請乃命捕應龍下臨安府獄罷廖瑩中王庭劉良貴游汶朱浚陳伯大董樸貴洪起畏鎮江自效丁丑知滁州王應龍以城降己卯杖翁應龍刺配吉陽軍命王爚陳宜中並都

督諸路軍馬加呂文福福州觀察使庚申贈唐震華文閣待制削萬道同三官罷之壬午復吳潛向士壁官知常州趙與鑒聞兵至遁常民錢訔以城降甲申大元兵至西海州安撫丁順降乙酉知東海州施居文乞降于西海州知平江府潛說友通判胡玉林鏜以城降加張世傑保康軍承宣使總都督府諸軍丙戌知廣德軍令狐槩以城降徙浙西提點刑獄司于平江府張世傑遣其將閻順李存進軍廣德謝洪永進軍平江李山進軍常州丁亥張德以下各轉官有差謝元等贈十官有星二鬭於中天頃之一星隕己丑滁人執王應

龍歸於楊州殺之加呂文福保康軍承宣使趣入衛文福至饒州殺使者入江州降大元庚寅左司諫潘文卿右正言季可同知樞密院曾淵子兩浙轉運副使許自浙東安撫王霖龍相繼皆遁簽書樞密院文及翁同簽書樞密院倪普諷臺臣劾己章未上亟出關遁知安東州孫嗣武以城降雨土辛卯命在京文武官並轉兩官其畔官而遁者令御史臺覺察以聞閻順戰安吉縣復取鳳平張濡部曲害大元行人嚴忠範于獨松關執廉希賢至臨安重創死壬辰岳州安撫高世傑軍洞庭中大元兵攻之世傑降癸巳攻岳州總

制孟之紹以城降甲午詔褒諭張世傑閻順諸將各
轉官有差乙未免安吉縣今年夏田租有戰没者縣
令丞恤之丙申顧順攻廣德軍復取之以陳合同簽
書樞密院事丁酉贈邊居義利州觀察使戊戌赦邊
城降將罪能自拔而歸者録之復一州者予知州復
一縣者予知縣所部僚吏將卒及土豪立功者同賞
罷章鑑祠官并奪宰輔恩數曾淵子削兩官奪執政
恩數陳過陳堅徐卿孫各削兩官奪侍從恩數趙與
鑒追兩官罷之遇赦永不收叙罷許自王霖龍令淮
東制置司用標由庚子徙淮東總領所于江陰軍加

吳繼明閤門宣贊舍人四月壬寅朔贈趙卯發華文
閣待制貶陳過平江府雄江軍統制洪福率衆復鎮
巢軍甲辰贈江萬里太師謚文忠輟視朝二日乙巳
大元兵入廣德縣知縣王汝翼與寓居官趙時晦率
義兵戰斗山路分孟唐老與其二子皆死汝翼被執
至建康死之王大用贈三官王虎臣贈兩官官其二
子丙午大元兵破沙市城都統孟紀死之監鎮司馬
夢求自經死戊申京湖宣撫朱禩孫湖北制置副使
高達以江陵降京湖北路相繼皆下張起巖提兵保
飛山己酉命劉師勇戍平江府辛亥顧順諸將各轉

三官孟唐老贈三官壬子以高斯得簽書樞密院事
兼權叅知政事總統張敏與大元兵戰豐城死之癸
丑贈五官官其一子阮應得贈十官乙卯以福王與
芮為武康寧江軍節度使判紹興府丙辰王爚來令
如文彥博故事自朝叅起居外並免拜以樞密副使
召夏貴提兵入衛丁巳總制霍祖勝攻溧陽縣復取
之戊午贈張資眉州防禦使侯興復州團練使乙未
文及翁倪普並削一官奪執政恩數潜說友削三官
奪侍從恩數庚申令狐槩除名配欝林州牢城籍其
家知金壇縣李成大率義局官含山縣尉胡傳心陽

春主簿潘大同濠梁主簿潘大畣進士潘文孫潘應
奎攻金壇縣取之鎮江統制侯岩縣尉趙嗣濱復助
大元兵來戰成大二子及大同等皆死執成大以歸
壬戌大元兵攻真州知州苗再成宗子趙孟錦率兵
大戰于老鸛觜癸亥加知思州田謹賢知播州楊邦
憲並復州團練使趣兵入衛有大星自心東北流入
濁没乙丑熒惑犯天江提舉太平興國宮常楙請立
濟王後丁卯加李庭芝叅知政事戊辰詔宣興溧陽
民兵助戰有功特免今年田租江陰民被兵其租亦
勿收貴庚午大元兵至揚子橋揚州都檢發官雷大

震出戰死是月常德鼎澧皆降五月辛未朔命宰執
日赴朝堂治事旌德縣城守有功免其民今年田租
癸酉大元兵至寧國縣知縣趙與𥡴出戰死甲戌淮
安總制李宗榮知慶遠府仇子真將兵來勤王乙亥
加苗再成濠州團練使趙孟錦揚州都統司計議官
以洪福知鎮巢軍丁丑詔趙溍統軍民舡屯江陰劉
師勇攻常州復取之執安撫戴之泰司戶趙必恰總
管陸春戰死戊寅淮東兵馬鈐轄阮克己將兵來勤
王加左驍騎中郎將己卯賜婺州處士何基謚文定
王柏承事郎加張珏檢校少保四川制置副使知重

慶府庚辰贈雷大震保康軍節度使辛巳加劉師勇
濠州團練使其將劉圭以下各轉官有差戊子贈潘
大同等官餘有功人並轉兩官辛卯貶潛說友南安
軍吳益汀州並籍其家罷李珏送婺州籍呂文煥孟
之縉陳奕范文虎家甲午饒信州饑令民入粟補官
罷市舶分司令通判任舶事淮東西官民兵各轉一
官丙申詔張世傑張彥阮克己仇子真四道出兵遣
使告天地宗廟社稷諸陵宮觀己亥勞軍吳繼明復
蒲圻通城崇陽三縣加帶行帶御器械權知鄂州令
擇險要為寓治贈總廉直華文閣官其一子趙與𥡴直

華文閣六月庚子朔日有食之既晝晦如夜省萬壽
以嘉定及三龜九頂紫雲城降知敘州李演將兵援
嘉定府遂解歸戰羊雅江兵敗被執辛丑太皇太后
詔削尊號聖福字以應天戒復魏克愚官太學生蕭
規唐棣並補承信郎知嘉興府余安裕坐聞兵求去
貽書朝中語涉不道削一官送徽州徐卿孫削一官
貶吉州命侍從官已上各舉才堪文武者五人餘廷臣
各舉三人雖在謫籍亦聽舉之丙午王應麟言開慶
之禍始於丁大全請凡大全之黨在謫籍者皆勿宥
從之己酉免廣德軍今年田租及諸郡縣未納緡解

王應麟繳還章鑑曾淵子錄黃言韓震為逆二人實
庇之且淵子庇翁應龍致有逸罰又嘗竊府庫金以
遁庚戌命削鑑一官放歸田里淵子再削一官徙吉
州誅翁應龍籍其家辛亥銓試甲寅留夢炎入朝王
爚請相夢炎乞以經筵備顧問陳宜中請相夢炎乞祠
詔二相毋藉此求閒以爚為平章軍國重事一月兩
赴經筵五日一朝宜中左丞相兼樞密使都督諸路
兵夢炎右丞相兼樞密使都督諸路兵乙卯詔求言
知敘州郭漢傑以城降丙辰疏決在京罪人免引見
戊午知瀘州梅應春以城降己未以李庭芝知樞密

院事兼參知政事庚申知富順監王宗義以城降王
應麟復繳還曾淵子貶吉州録黄癸亥貶韶州丙寅
吳繼明諸将各轉官有差丁卯朱禩孫除名籍其家
秋七月庚午朔江西制置黄萬石移治撫州詔還隆
興府辛未張世傑諸軍戰焦山下敗績甲戌徙似道
居婺州廖瑩中除名貶昭州王庭除名貶梅州徙曾
淵子雷州寧國吏楊義忠率義兵出戰死乙亥贈武
功大夫丁丑徙似道建寧府太白入東井庚申加知
高郵軍楮一正閤門宣贊舍人知懐遠軍金之才帶
御器械知安進軍高福閤門祗候知泗州譚興閤門

宣贊舍人知濠州孫立右衛大将軍賞守邊功壬午
太白晝見詔饒州被兵令免今年田租路鈐劉用調
兵入靖州知州康玉刼之通判張起岩入殺玉復靖
州癸未拘内司局錢餉兵丙戌令權糴公田今年租
每石以錢十貫給佃主十貫給種戸其鎮江常州江
陰被兵者勿糴庚寅謫似道爲高州團練使貶循州
籍其家糴浙西邸第寺觀田米十之三追復皮龍榮
官監司郡守避事不即到官者令御史臺覺察以聞
辛卯王爚子嵘京學生劉九皐等伏闕上書言宜中
擅權黨似道庇趙溍潛說友使門客子弟交通關節

其誤國将甚於似道宜中去遣使四輩召之皆不至
謝堂乞罷兩浙鎮撫司不從張世傑乞濟師不報壬
辰下劉九皐等臨安獄罷王爚爲醴泉觀使癸巳以
夏貴知楊州朱煥知廬州甲午遣使召宜中還朝乙
未以陳文龍同簽書樞密院事兼權參知政事通判
婺州張鎮孫聞兵遁罷其官貶胡玉連州林鏜韶州
並除名沿江招討大使汪立信卒丙申削李珏兩官
貶潮州以開慶兵禍追罪史嵩之奪其謚戊戌遣使
召宜中還朝八月己亥朔總制毛獻忠将衢州兵入
衛辛丑疏決臨安府罪人壬寅右正言徐直方遁加

夏貴樞密副使兩淮宣撫大使李芾湖南鎮撫大使
總制戴虎破大南砦轉三官加張起岩太府寺丞知
靖州劉用以下立功人各轉官有差大元兵駐巴陵
縣黄沙乙巳吳繼明復平江縣戊申試太學上舍生
己酉拘閻貴妃集慶寺賈貴妃演福寺田還安邊所
庚戌劉師勇攻呂城破之癸丑復嘉定七司法丁巳
遣使召宜中還朝加張世傑神龍衛四廂都指揮使
總都督府諸兵戊午加劉師勇和州防禦使熒惑犯
南斗趙淇除大理少卿王應麟封還録黄言昔内外
以寶玉獻似道淇兄弟爲甚己未遂罷之甲子以文

天祥為浙西江東制置使兼知平江府乙丑楊州文武官轉兩官加吳繼明湖北招討使朱旺諸將各轉三官九月己巳陳宜中授觀文殿大學士醴泉觀使兼侍讀左司諫陳景行請令講官坐講陪宿直從之辛未加田謹賢福州觀察使楊邦憲利州觀察使趣入衛己卯陳宜中乞任海防不允辛巳有事于明堂赦李成大被執不屈死壬午贈五官丙戌命文天祥為都督府叅贊官總三路兵會稽縣尉鄭虎臣部送似道之貶所至漳州殺之大元兵至泰州知州孫虎臣自殺庚寅贈太尉免靖州今年田租辛卯徙李珏

梧州乙未劉良貴再削兩官貶信州張彥與大兵戰敗被執以城降冬十月己亥加張世傑沿江招討使劉師勇福州觀察使總統出戍兵壬寅宜中來癸卯玉牒殿災丁未以蔓炎為左丞相宜中為右丞相並兼樞密使都督城臨安辛亥以張世傑為沿江制置副使兼知江陰軍兼浙西策應使丁巳太白會填星戊午領戶部村用常楙中書舍人王應麟請立濟王後贈夏椅直秘閣徽紹興府處士陸應月為史館編校文字壬戌大元兵發建康叅政阿剌罕四萬戶總管奧魯赤將右軍出四安鎮趣獨松關叅政董文炳

范文虎將左軍出江入江陰軍丞相伯顏將中軍入常州熒惑犯壘壁陣癸亥張全尹玉麻士龍援常州士龍戰虞橋死全奔五牧朱煥至廬州貴不內煥歸復以為淮東制置副使陳合坐匿廖瑩中家資奪執政恩數甲子尹玉戰五牧死之張全不戰遁丙寅趙溍趙與可鄭嶠所募兵詔中外官有習兵畧者各以書來上是月李世脩以江陰降十一月丁卯朔銅關將貝實胡岩起攻溧水死贈實武翼郎岩起朝奉郎庚午以陳文龍同知樞密院事兼權叅知政事黃鏞同簽書樞密院命諸制司各舉才堪將帥者十人

不限偏裨士卒如不隷軍中者許投匱自薦辛未起居舍人曾唯辭官不允去癸酉贈尹玉濠州團練使麻士龍高州刺史免張全朱華臨陳退師罪丁丑詔被俘將士能率衆來歸者以人數補官能立功者予節鉞諸閫以下官以所招人多寡行賞戊寅大元兵破廣德軍己卯破四安鎮正將胡明等死之召文天祥入衛辛巳曾唯削一官免太白犯房壬午大元兵至隆興府黃萬石弃撫州遁轉運判官劉槃以隆興降癸未大元兵破興化縣知縣胡拱辰自殺甲申中書舍人王應麟辭免兼給事中不允大元兵至常州

招降不聽攻二日破之屠其城知州姚訔通判陳炤
都統王安節皆死劉師勇潰圍奔平江乙酉改宜興
縣為南興軍禮部侍郎陳景行辭官不允去丙戌贈
濟王太師尚書令進封鎮王謚昭肅令福王與芮擇
後奉祀賜田萬畝丁亥獨松關告急趣文天祥入衛
戊子調民兵出守餘杭錢塘己丑獨松關破馮驥死
之張濡遁鄰邑望風皆遁通判平江府鄭𤰞遁庚寅通
判王矩之都統制王邦傑遣人迎降于常州辛卯大
元兵趨撫州都統密佑逆戰于壁邪兵敗死之癸巳
以張世傑為浙西制置副使兼知平江府甲午權禮

部尚書王應麟遁黃萬石提兵走建昌軍乙未左丞
相夢炎遁丙申遣使召夢炎還朝賜餘杭武康長興
縣民錢并免今年田租鄭𤰞降一官罷通判撫州施
至道以城降十二月丁酉朔詔許似道歸葬以其祖
田廬還之戊戌復趙與可為都督府參議官放李珏
自便己亥贈王汝翼朝奉郎庚子以吳堅簽書樞密
院事黃鏞兼權參知政事遣柳岳奉書詣大元軍中
稱盜殺廉尚書乞班師脩好癸卯以陳文龍為參知
政事兼權知樞密院事賜謝堂同進士出身同知樞
密院事甲辰贈姚訔龍圖閣待制其父希得贈太師

陳炤直寶章閣馮驥集英殿修撰嘉興府告急給封
椿庫錢為兵備命趙與侲戍縉雲縣復季可官令如
龍泉縣募兵乙巳以陳景行為浙東安撫副使戍處
州起方逢辰戍淳安縣丙午追封呂文德和義郡王
丁未出安邊封椿庫金付浙東諸郡為兵備大元兵
入平江府起吳君擢為太府少卿提點臨平民兵遣
使召夢炎應麟皆不至戊申張世傑入衛加檢校少
保降詔獎諭王爚薨輟視朝二日乙酉括臨安府州
縣馬庚戌柳岳還癸丑遣宗正少卿陸秀夫刑部尚
書夏士林兵部侍郎呂師孟使軍前詔呂文煥趙孟

桂通好己未方興丁廣趙文禮兵皆敗歸庚申以柳
岳為工部侍郎洪雷震為右正言使燕祈請大元兵
破大洪山知隨州朱端履降權吏部尚書丁應奎左
侍郎徐宗仁遁癸亥遣使召夢炎不至

德祐二年春正月丁卯朔大元兵自元年十月圍潭
州湖南安撫兼知州李芾拒守三月大小戰數十合
力盡將破芾闔門死郡人知衡州尹穀亦舉家自焚
師司參議楊霆及幕屬陳億孫顏應炎等皆從芾死
守將吳繼明劉孝忠以城降寶慶降通判曾如驥死
之陸秀夫等至大元軍中求稱姪納幣不從稱姪孫

不從戊辰還太皇太后命用臣禮己巳嘉興守劉漢傑以城降庚午同簽書樞密院事黃鏞參知政事陳文龍遣以謝堂爲兩浙鎮撫大使文天祥知臨安府全永堅浙東撫諭使辛未命吳堅爲左丞相兼樞密使常楙參知政事日午宣麻慈元殿文班止六人諸闕兵盡潰遣監察御史劉岊奉表稱臣上大元皇帝尊號曰仁明神武皇帝歲奉銀絹二十五萬乞存境土以奉蒸嘗癸酉左司諫陳孟虎監察御史孔應得遁熒惑犯木星甲戌大元兵至瑞州知州姚岩弃城去乙亥以賈餘慶知臨安府丙子命吉王昰信王昺出

鎮丁丑以夏士林簽書樞密院事己卯加全永堅太尉參知政事常楙遁三學生誓死不去特與放釋褐出身以楊亮節爲福州觀察使提舉吉王府行事俞如珪爲環衛官提舉信王府行事大元兵入安吉州知州趙良淳自經死月暈東井庚辰簽書樞密院夏士林遁辛巳祀太乙宮癸未升封吉王昰爲益王判福州福建安撫大使信王昺爲廣王判泉州兼判南外宗正事以留夢炎爲江東西湖南北宣撫大使甲申大元兵至臯亭山遣監察御史楊應奎上傳國璽降其表曰宋國主臣㬎謹百拜奉表言臣眇然幼沖

遭家多難權奸似道背盟誤國至勤興師問罪臣非不能遷避以求苟全今天命有歸臣將焉往謹奉太皇太后命削去帝號以兩浙福建江東西湖南二廣兩淮四川見存州郡悉上聖朝爲宗社生靈祈哀請命伏望聖慈垂念不忍臣三百餘年宗社遽至隕絕曲賜存全則趙氏子孫世世有賴不敢弭忘是夜丞相陳宜中遁張世傑蘇劉義劉師勇各以所部兵去乙酉以文天祥爲右丞相兼樞密使都督丙戌命天祥同吳堅使大元軍賜家鉉翁進士出身簽書樞密院事賈餘慶同簽書樞密院事知臨安府戊子知建

德軍方回知婺州劉怡知處州梁椅知台州楊必大皆降是月知臨江軍滕岩瞻遁二月丁酉朔日中有黑子相盪如鵝卵辛丑率百官拜表祥曦殿詔諭郡縣使降大元使者入臨安府封府庫收史館禮寺圖書及百司符印告敕罷官府及侍衛軍壬寅猶遣賈餘慶吳堅謝堂劉岊家鉉翁充祈請使是日大元軍軍錢塘江沙上潮三日不至三月丁丑入朝五月丙申朝于上都降封開府儀同三司瀛國公是月陳宜中等立昰于福州後二年四月昰殂于碙洲陸秀夫等復立衛王昺後三年始平之

贊曰司馬遷論秦趙世系同出伯益夫稷契伯益其子孫皆有天下至於運祚短長亦係其功德之厚薄焉趙宋雖起於用武功成治定之後以仁傳家視秦宜有間矣然仁之敝失於弱卽文之敝失於僿也中世有欲自强以革其敝用乖其方馴致棼擾建炎而後土宇分裂猶能六主百五十年而後亡豈非禮義足以維持君子之志恩惠足以固結黎庶之心歟瀛國四歲卽位而天兵渡江六歲而群臣奉之入朝漢劉向言孔子論詩至殷士膚敏祼將于京喟然歎曰大哉天命善不可不傳於後嗣是以富貴無常至哉

言乎我皇元之平宋也吳越之民市不易肆世祖皇帝命征南之帥輒以宋祖戒曹彬勿殺之言訓之書曰大哉王言一哉王心我元一天下之本其在于茲

二王者度宗庶子也長建國公昰母淑妃楊氏季永國公昺母脩容俞氏度宗崩謝太后召賈似道等入宮議所立衆以爲昰長當立似道主立嫡乃立㬎而封昰爲吉王昺信王德祐二年正月文天祥尹臨安請以二王鎮閩廣不從始命二王出閤大元兵迫臨安宗親復以請乃徙封昰爲益王判福州福建安撫大使昺爲廣王判泉州兼判南外宗正以駙馬都尉楊鎮及楊亮節俞如珪爲提舉大元兵至高亭山鎮等奉之走婺州丞相伯顏入臨安遣范文虎將兵趣婺召鎮以王還鎮得報卽去曰我將就死於彼以緩追兵亮節等遂負王徒步匿山中七日其將張全以兵數十人始追及之遂同走温州陸秀夫蘇劉義繼追及於道遣人召陳宜中于清澳宜中來謁復召張世傑于定海世傑亦以所部兵來温之江心寺高宗南奔時嘗至是有御座在寺中衆相率哭座下奉昰爲天下兵馬都元帥昺副之乃發兵除吏以秀王與擇爲福建察訪使兼安撫知西外宗正趙吉甫知南

外宗正兼福建同提刑先入閩中撫吏民諭同姓太皇太后尋遣二宦者以兵八人召王于温宜中等沉其兵江中遂入閩時汀建諸州方欲從黃萬石降聞昰將至卽閉城却使者萬石將劉俊宋彰周文英輩亦多來歸五月乙未朔宜中等乃立昰于福州以爲宋主改元景炎冊楊淑妃爲太后同聽政封信王昺爲衞王宜中爲左丞相兼都督李庭芝爲右丞相陳文龍劉黻爲參知政事張世傑爲樞密副使陸秀夫爲簽書樞密院事命吳浚趙溍傅卓李珏翟國秀等分道出兵改福州爲安福府温州爲瑞安府郊赦是

日黎明有大聲出府中衆皆驚仆文天祥自鎮江亡歸
庚辰以爲右丞相兼知樞密院事遣其將呂武入江
淮招豪傑杜滸如温州募兵廣東經畧使徐直諒遣
梁雄飛請降于隆興帥府乃假雄飛招討使使徇廣
州既而直諒聞昰立命權通判李性道摧鋒軍將黄
俊等拒雄飛于石門性道不戰俊戰敗奔廣州直諒
弃城遁六月丙子雄飛入廣州諸降將皆授以官俊獨
不受遂爲衆所殺吳浚聚兵于廣昌取南豐宜黄寧
都三縣翟國秀取秀山傅卓至衢信諸縣民多應之者
命文天祥爲同都督七月丁酉進兵南劒州欲取江

西是月吳浚兵敗於南豐翟國秀聞兵至遂引還傅
卓兵敗詣江西元帥府降平章阿里海牙破嚴關馬
暨退保静江府八月漳州亂命陳文龍爲閩廣宣撫
使以討之甲戌秀王與擇圍婺州丙子聞大兵至遂
解歸以王積翁爲福建提刑招捕使知南劒州備禦
上三郡黄恮爲同提刑招捕使知漳州備禦下三郡張
世傑遣兵助吳浚與元帥李恒戰兠零兵敗奔寧都
興化石手軍亂九月復以陳文龍知興化軍東莞人
熊飛爲黄世傑守潮惠二州聞趙溍至即以兵應之
攻雄飛于廣州壬寅雄飛遁熊飛遂復韶州新會令

曾逢龍亦帥兵至廣州李性道出迎謁飛與逢龍執
而殺之衢州守將魏福興出戰福星橋死壬子趙溍
入廣州是月招討也的迷失會東省兵于福州元帥
呂師夔張榮實將兵入梅嶺十月壬戌朔文天祥入
汀州趙溍遣曾逢龍就熊飛禦大軍于南雄逢龍戰
死熊飛奔韶州大軍圍韶州守將劉自立以城降飛
率兵巷戰兵敗赴水死十有一月參政阿剌罕董文
炳將兵至處州李珏以城降甲辰秀王與擇逆戰于
瑞安觀察使李世達死之與擇及其弟與慮子孟備
監軍趙由𤩽察訪使林温被執皆死阿剌罕兵至建

寧府執守臣趙崇鐖知邵武軍趙時賞知南劒州王
積翁皆弃城去乙巳昰入海癸丑大軍至福安州知
州王剛中以城降昰欲入泉州招撫蒲壽庚有異志
初壽庚提舉泉州舶司擅蕃舶利者三十年昰舟至
泉壽庚來謁請駐蹕張世傑不可或勸世傑留壽庚
則凡海舶不令自隨世傑不從縱之歸繼而舟不足
乃掠其舟并没其貲壽庚乃怒殺諸宗室及士大夫
與淮兵之在泉者昰移潮州是月福興化皆降英德
守臣凌㣑堅徐夢得等亦降十二月辛酉朔趙溍弃
廣州遁乙丑制置方興亦遁吳浚退走入瑞金戊辰

蒲壽庚及知泉州田真子以城降知興化軍陳文龍
嬰城不下乙酉通判曹澄孫以城降文龍被執不屈
死昰次甲子門至元十四年正月大軍破汀關癸巳
知循州劉興降壬寅吳浚弃瑞金遁鎮撫孔遵入瑞
金文天祥走漳州浚壽還汀州降戊申知潮州馬發
及其通判戚繼祖降癸丑復来歸丁巳權知梅州錢
榮之以城降二月大軍至廣州縣人趙若岡以城降
廣東諸郡皆降三月文天祥取梅州陳文龍從子瓚
舉兵殺守将林華據興化軍四月文天祥取興國縣
廣東制置使張鎮孫襲廣州取之梁雄飛等弃城走

韶州五月張世傑将兵取潮州文天祥提兵自梅州出
江西入會昌縣淮民張德興亦起兵殺大湖縣丞王
德顯據司空山攻下黃州壽昌軍丁巳遇宣慰鄭鼎
戰樊口鼎墜水死六月辛酉文天祥取雩都己卯入
興國縣七月遣兵取吉贛諸縣圍贛州衡山人趙璠
撫州人何時皆起兵應之乙巳張世傑圍泉州遣将
高日新復邵武淮兵在福州者欲殺王積翁以應世
傑皆爲積翁所戮江西宣慰李恒遣兵援贛州而自
将兵入興國八月文天祥諸将兵皆敗乃引兵即鄒
鳳于永豐鳳兵亦潰己巳熒惑掩月天色赤壬申文

天祥兵敗于興國己卯大軍破司空山張德興敗亡
走甲申天祥至空坑兵盡潰遂挺身走循州諸将皆
被執九月元帥唆都援泉州戊申張世傑歸淺灣左
丞塔出将兵入大庾嶺參政也的迷失将兵復取邵
武入福州十月甲辰唆都破興化軍陳瓚死之進攻
潮州馬發拒之乃去攻惠州十月塔出圍廣州庚寅
張鎮孫以城降元帥劉深以舟師攻昰于淺灣昰走
秀山陳宜中入占城遂不反十二月丙子昰至井澳
颶風壞舟幾溺死遂成疾旬餘諸兵士始稍稍来集
死者十四五丁丑劉深追昰至七州洋執俞如珪以

歸十五年正月大軍夷廣州城張世傑遣兵攻雷州
不克己酉大軍克涪州執守将王明二月大軍破潮
州馬發死之三月文天祥取惠州廣州都統凌震轉
運判官王道夫取廣州昰欲往居占城不果遂駐碙
洲遣兵取雷州曾淵子自雷州来以爲參知政事廣
西宣諭使四月戊辰昰殂于碙洲其臣號之曰端宗
庚午衆又立衛王昺爲主以陸秀夫爲左丞相是月
有黃龍見海中五月癸未朔改元祥興乙酉升碙洲
爲翔龍縣遣張應科王用取雷州應科三戰皆不利
用因降六月丁巳應科再戰雷州遂死之知高州李

象祖降已未昺徙居厓山升廣州爲翔龍府已已有大星東南流墜海中小星千餘隨之聲如雷數刻乃已己卯都元帥張弘範李恒征厓山十月趙與珞與謝明謝富守瓊州阿里海牙遣馬成旺招之與珞率兵拒于白沙口十一月癸巳州民執與珞以降閏月庚戌王道夫棄廣州遁壬戌淩震遁癸亥大軍入廣州十二月壬午王道夫攻廣州兵敗被執淩震兵繼至亦敗文天祥走海豐壬寅被執于五坡嶺震兵又敗于茭塘大軍破南安縣守將李梓發死之十六年正月壬戌張弘範兵至厓山庚午李恒兵亦來會世

傑以舟師碇海中棊結巨艦千餘艘中艫外舳貫以大索四周起樓棚如城堞居昺其中大軍攻之艦堅不動又以舟載茅沃以膏脂乘風縱火焚之艦皆塗泥縛長木以拒火舟火不能爇二月戊寅朔世傑部將陳寶降己卯都統張達以夜襲大軍營亡失甚衆癸未有黑氣出山西李恒乘早潮退攻其北世傑以淮兵殊死戰至午潮上張弘範攻其南南北受敵兵士皆疲不能戰俄有一舟檣旗仆諸舟之檣旗遂皆仆世傑知事去乃抽精兵入中軍諸軍潰翟國秀及團練使劉俊等解甲降大軍至中軍會暮且風雨昏霧四塞咫尺不相辨世傑乃與蘇劉義斷維以十餘舟奪港而去陸秀夫走衛王舟王舟大且諸舟環結度不得出走乃負昺投海中後宮及諸臣多從死者七日浮尸出于海十餘萬人楊太后聞昺死撫膺大慟曰我忍死艱關至此者正爲趙氏一塊肉爾今無望矣遂赴海死世傑葬之海濱已而世傑亦自溺死宋遂亡

贊曰宋之亡徵已非一日曆數有歸真主御世而宋之遺臣區區奉二王爲海上之謀可謂不知天命也已然人臣忠於所事而至於斯其亦可悲也夫

本紀卷第四十七

志卷第一　宋史四十八

開府儀同三司上柱國錄軍國重事中書右丞相監修國史領經筵事都總裁臣脫脫等奉

勅修

天文一 儀象 中星 極度 土圭 黃赤道

夫不言而信天之道也天於人君有告戒之道焉示之以象而已故自上古以來天文有世掌之官唐虞羲和夏昆吾商巫咸周史佚甘德石申之流居是官者專察天象之常變而述天心告戒之意進言於其君以致交脩之徵焉易曰天垂象見吉凶聖人則之又曰觀乎天文以察時變是也然考堯典中星不過

正人時以與民事夏仲康之世胤征之篇乃季秋月朔辰弗集于房然後日食之變昉見於書觀其數羲和以俶擾天紀昏迷天象之罪而討之則知先王克謹天戒所以責成於司天之官者豈輕任哉箕子洪範論休咎之徵曰王省惟歲卿士惟月師尹惟日庶民惟星星有好風星有好雨禮記言體信達順之效則以天降膏露先之至於周詩屢言天變所謂昊天疾威敷于下土又所謂雨無其極傷我稼穡正月繁霜我心憂傷以及彼月而微此日而微爗爗震電不寧不令孔子删詩而存之以示戒也他日約魯史而作春秋則日食星變屢書而不爲煩聖人以天道戒謹後世之旨昭然可覩矣於是司馬遷史記而下歷代皆志天文第以羲和旣遠官乏世掌賴世以有專門之學焉然其說三家曰周髀曰宣夜曰渾天宣夜先絕周髀多差渾天之學遭秦而滅洛下閎耿壽昌晚出始物色得之故自魏晉以至隋唐精天文之學者犖犖名世豈非難得其人歟宋之初興近臣如楚昭輔文臣如竇儀號知天文太宗之世召天下伎術有能明天文者試隸司天臺匿不以聞者罪論死旣而張思訓韓顯符輩以推步進其後學士大夫如沈

括之議蘇頌之作亦皆底於幼眇靖康之變測驗之器盡歸金人高宗南渡至紹興十三年始因秘書丞嚴抑之請命太史局重創渾儀自是厯後窺測占候蓋不廢焉爾寧宗慶元四年九月太史言月食於晝草澤上書言食于夜及驗視如草澤言乃更造統天曆命秘書正字馮履參定以是推之民間天文之學蓋有精於太史者則太宗召試之法亦豈徒哉今東都舊史所書天文禎祥日月薄蝕五緯凌犯彗孛飛流暈珥虹霓精祲雲氣等事其言時日災祥之應分野休咎之別視南渡後史有詳略焉蓋東都之日海

內爲一人君遇變脩德無或他諉南渡土宇分裂太史所上必謹星野之書且君臣恐懼脩省之餘故於天文休咎之應有不容不縷述而申言之者是亦時勢使然未可以言星翁日官之術有精觕敬怠之不同也今合累朝史臣所録爲一志而取歐陽脩新唐書五代史記爲法凡徵驗之説有涉於傅會咸削而不書歸於傳信而已矣

儀象

曆象以授四時璣衡以齊七政二者本相因而成故璣衡之設史謂起於帝嚳或謂作於宓犧又云璿璣

玉衡乃羲和舊器非舜創爲也漢馬融有云上天之體不可得知測天之事見於經者惟有璣衡一事璣衡者即今之渾儀也宋王蕃之論亦云渾儀之制置天梁地平以定天體爲四游儀以綴赤道者此謂璣也置望筩橫簫於游儀中以窺七曜之行而知其躔離之次者此謂衡也若六合儀三辰儀與四游儀並列爲三重者唐李淳風所作而黄道儀者一行所增也如張衡祖洛下閎耿壽昌之法别爲渾象置諸密室以漏水轉之以合璿璣所加星度則渾象本别爲一器唐李淳風梁令瓚祖之始與渾儀並用太平興國

四年正月巴中人張思訓創作以獻太宗召工造於禁中踰年而成詔置於文明殿東鼓樓下其制起樓高丈餘機隱於内規天矩地下設地輪地足又爲横輪側輪斜輪定身關中關小關天柱七直神左搖鈴右扣鐘中擊鼓以定刻數每一晝夜周而復始又以木爲十二神各直一時至其時則自執辰牌循環而出隨刻數以定晝夜短長上有天頂天牙天關天指天抱天束天條布三百六十五度爲日月五星紫微宫列宿斗建黄赤道以日行度定寒暑進退開元遺法運轉以水至冬中凝凍遲澁遂爲疎略寒暑無準

今以水銀代之則無差失冬至之日日在黄道表去北極最遠爲小寒晝短夜長夏至之日日在赤道裏去北極最近爲小暑晝長夜短春秋二分日在兩交春和秋涼晝夜平分寒暑進退皆由於此并著日月象皆取仰視按舊法日月晝夜行度皆人所運行新制成於自然尤爲精妙以思訓爲司天渾儀丞銅候儀司天冬官正韓顯符所造其要本淳風及僧一行之遺法顯符自著經十卷上之書府銅儀之制有九一曰雙規皆徑六尺一寸三分圍一丈八尺三寸九分廣四寸五分上刻周天三百六十五度南北並立置

水臬以爲準得出地三十五度乃北極出地之度也以釭貫之四面皆七十二度屬紫微宫星凡三十七坐一百七十有五星四時常見謂之上規中一百一十度四面二百二十度屬黄赤道内外官星二百四十六坐一千二百八十九星近日而隱遠而見謂之中規置臬之下繞南極七十二度除老人星外四時常隱謂之下規二曰游規徑五尺二寸圍一丈五尺六寸廣一寸二分厚四分上亦刻周天以釭貫於雙規巔軸之上令得左右運轉凡置管測驗之法衆星遠近隨天周徧三曰直規二各長四尺八寸闊一寸

二分厚四分於兩極之用夾窺管中置關軸令其游規運四曰窺管一長四尺八寸廣一寸二分關軸在直規中五曰平準輪在水臬之上徑六尺一寸三分圍一丈八尺三寸九分上刻八卦十干十二辰二十四氣七十二候於其中定四維日辰正晝夜百刻六曰黄道南北各去赤道二十四度東西交於卯酉以爲日行盈縮月行九道之限凡冬至日行南極去北極一百一十五度故景長而寒夏至日在赤道北二十四度去北極六十七度故景短而暑月有九道之行歲匝十二辰正交出入黄道遠不過六度五星順留伏

逆行度之常數也七曰赤道與黄道等帶天之紘以隔黄道去兩極各九十一度強黄道之交也按經東交■角宿五度少西交奎宿一十四度強日出於赤道外遠不過二十四度冬至之日行斗宿日入於赤道内亦不過二十四度夏至之日行井宿及晝夜分炎涼等日月五星陰陽進退盈縮之常數也八曰龍柱四各高五尺五寸立於平準輪下九曰水臬十字爲之其水平滿北辰正以置四隅各長七尺五寸高三寸半深一寸四隅水平則天地準唐真觀初李淳風於浚儀縣古岳臺測北極出地高三十四度八分

差陽城九分測定北極高三十五度以爲常準熙寧七年七月沈括上渾儀浮漏景表三議渾儀議曰五星之行有疾舒日月之交有見匿求其次舍經劘之會其法一寓於日冬至之日日之端南者也日行周天而復集於表鋭凡三百六十有五日四分日之幾一而謂之歲周天之體日别之謂之度度之離其數有二日行則舒則疾會而均别之曰赤道之度日行自南而北升降四十有八度而迤别之曰黄道之度度不可見其可見者星也日月五星之所由有星焉當度之畫者凡二十有八而謂之舍舍所以絜度度

所以生數也度在天者也爲之璣衡則度在器度在器則日月
五星可摶乎器中而天無所豫也天無所豫則在天
者不爲難知也自漢以前爲曆者必有璣衡以自驗
跡其後雖有璣衡而不爲曆作爲曆者亦不復以器
自考氣朔星緯皆莫能知其必當之數至唐僧一行
改大衍曆法始復用渾儀參實故其術所得比諸家
爲多臣嘗歷考古今儀象之法虞書所謂璿璣玉衡
唯鄭康成粗記其法至洛下閎製圓儀賈逵又加黃
道其詳皆不存于書其後張衡爲銅儀於密室中以
水轉之盖所謂渾象非古之璣衡也吳孫氏時王蕃

陸績皆嘗爲儀及象其說以謂舊以二分爲一度而
患星辰稠概張衡改用四分而復推重難運故蕃以
三分爲度周丈有九寸五分寸之三而具黃赤道焉
績之說以天形如鳥卵小橢而黃赤道短長相害不
能應法至劉曜時南陽孔定製銅儀有雙規規正距
子午以象天有橫規判儀之中以象地有特規斜絡天
腹以候赤道南北植幹以法二極其中乃爲游規窺
管劉曜太史令晁崇斛蘭皆嘗爲鐵儀其規有六四
常定以象地一象赤道其二象二極乃是定所謂雙
規者也其制與定法大同唯南北柱曲抱雙規下有

縱衡水平以銀錯星度小變舊法而皆不言有黃道
疑其失傳也唐李淳風爲圓儀三重其外曰六合有
天經雙規金渾緯規金常規次曰三辰轉於六合之
內圓徑八尺有璿璣規月游規所謂璿璣者黃赤道
屬焉又次曰四游南北爲天樞中爲游筩可以升降
游轉別爲月道傍列二百四十九交以携月游一行
以爲難用而其法亦亡其後率府兵曹梁令瓚更以
木爲游儀因淳風之法而稍附新意詔與一行雜校
得失改鑄銅儀古今稱其詳確至道中初鑄渾天儀
于司天監多因斛蘭晁崇之法皇祐中改鑄銅儀于

天文院姑用令瓚一行之論而去取交有失得臣今
輯古今之說以求數象有不合者十有三事其一舊
說以謂今中國於地爲東南當令西北望極星置天
極不當中北又曰天常傾西北極星不得居中臣謂
以中國規觀之天常北倚可也謂極星偏西則不然
所謂東西南北者何從而得之豈不以日之所出者
爲東日之所入者爲西乎臣觀古之候天者自安南
都護府至浚儀大岳臺纔六千里而北極之差凡十
五度稍北不已庸詎知極星之不直人上也臣嘗讀
黃帝素書立於午而面子立於子而面午至於自卯

而望酉自酉而望卯皆曰北面立於卯而負酉立於酉而負卯至于自午而望南自子而望北則皆曰南面臣始不諭其理逮今思之乃常以天中為北也常以天中為北則蓋以極星常居天中也素問尤為善言天者今南北纔五百里則北極輒差一度以上而東西南北數千里間日分之時候之日未嘗不出於卯半而入於酉半則又知天樞既中則日之所出者定為東日之所入者定為西天樞則常為北無疑矣以衡窺之日分之時以渾儀抵極星以候日之出沒則常在卯酉之半少北此殆放乎四海而同者何從

而知中國之為東南也彼徒見中國東南皆際海而為是說也臣以謂極星之果中果非中皆無足論者彼北極之出地六千里之間所差者已如是又安知其茫昧幾千萬里之外邪今直當據建邦之地人目之所及者裁以為法不足為法者宜置而勿議可也其二曰紘平設以象地體今渾儀置于崇臺之上下瞰日月之所出則紘不與地際相當者臣詳此說雖粗有理然天地之廣大不為一臺之高下有所推遷蓋渾儀考天地之體有實數有準數所謂實者此數即彼數也此移赤彼亦移赤之謂也所謂準者以此準彼此之一分則準彼之幾千里之謂也今臺之高下乃所謂實數一臺之高不過數丈彼之所差者亦不過此天地之大豈數丈足累其高下若衡之低昂則所謂準數者也衡移一分則彼不知其幾千里則衡之低昂當審而臺之高下非所當卹也其三曰月行之道過交則入黃道六度而稍却復交則出於黃道之南亦如之月行周於黃道如繩之繞木故月交而行日之陰則日為之虧入蝕法而不虧者行日之陽也每月退交二百四十九周有奇然後復會今月道既不能環繞黃道又退交之漸當每日差池今必

候月終而頓移亦終不能符會天度當省去月環其候月之出入專以曆法步之其四衡上下二端皆徑一度有半用日之徑也若衡端不能全容日月之體則無由審日月定次欲日月正滿上衡之端不可動移此其所以用一度有半為法也下端亦一度有半則不然若人目迫下端之東以窺上端之西則差幾三度凡求星之法必令所求之星正當穿之中心今兩端既等則人目游動無因知其正中今以鉤股法求之下徑三分上徑一度有半則兩竅相覆大小畧等人目不摇則所察自正其五前世皆以極星為天

中自祖暅以璣衡窺考天極不動處乃在極星之末猶一度有餘今銅儀天樞内徑一度有半乃謬以衡端之度為率若璣衡端平則極星常游天樞之外璣衡小偏則極星乍出乍入令瓚舊法天樞乃徑二度有半蓋欲使極星游於樞中也臣考驗極星更三月而後知天中不動處遠極星乃三度有餘則祖暅窺考猶為未審今當為天樞徑七度使人目切南樞望之星正循北極樞裏周常見不隱天體方正其六令瓚以辰刻十干八卦皆刻於紘然紘平正而黄道斜運當子午之間則日徑度而道促卯酉之際則日迤行而道舒如此辰刻不能無謬新銅儀則移刻於緯四游均平辰刻不失然令瓚天中單環直中國人頂之上而新銅儀緯斜絡南北極之中與赤道相直舊法設之無用新儀移之為是然當側窺如車輪之牙而不當衡規如鼓陶其旁迫狹難賦辰刻而又蔽映星度其七司天銅儀黄赤道與紘合鑄不可轉移雖與天運不符至於窺測之時先以距度星考定三辰所舍復運游儀抵本宿度乃求出入黄道與去極度所得無以異於令瓚之術其法本於晁崇斛蘭之舊制雖不甚精縟而頗為簡易李淳風嘗謂斛蘭所作鐵儀赤道不動乃如膠柱以考月行差或至十七度少不減十度此正謂直以赤道候月行其差如此今黄赤道度再運游儀抵所舍宿度求之而月行則以月曆每日去極度筭率之不可謂之膠也新法定宿而變黄道此定黄道而變宿但可賦三百六十五度而不能具餘分此其為略也其八令瓚舊法黄道設於月道之上赤道又次月道而璣最處其下每月移[illegible]交則黄赤道輒變今當省去月道徙璣於赤道之上而黄道居赤道之下則二道與衡端相迫而星度易審其九舊法規環一面刻周天度一面加銀丁所以施銀丁者夜候天晦不可目察則以手切之也古之人以璿為之璿者珠之屬也今司天監三辰儀設齒于環背不與橫簫會當移列兩旁以便參察其十舊法重璣皆廣四寸厚四分其他規軸椎重樸拙不可旋運今小損其制使之輕利其十一古之人知黄道歲易不知赤道之因變也黄道之度與赤道之度相偶者也黄道徙而西則赤道不得獨膠今當變赤道與黄道同法其十二舊法黄赤道平設正當天度掩蔽人目不可占察其後乃别加鑽孔尤為拙謬今當側置少偏使天度出北際之外自不凌蔽其十三舊法地

紘正絡天經之半凡候三辰出入則地際正爲地紘
所伏今當徙紘稍下使地際與紘之上際相直候三
辰伏見專以紘際爲率自當黙與天合又言渾儀製
器渾儀之爲器其屬有二相因爲用其在外者曰體
以立四方上下之定位其次曰象以法天之運行常
與天隨其在内璣衡璣以察緯衡以察經求天地端
極三明匿見者體爲之用察黄道降陟辰刻運徙者
象爲之用四方上下無所不屬者璣衡爲之用體之
爲器爲圓規者四其規之別一曰經經之規二並峙
正抵子午若車輪之植二規相距四寸夾規爲齒以

別去極之度北極出紘之上三十有四度十分度之
八強南極下紘亦如之對衡二釭聯二規以爲一釭
中容樞二曰緯緯之規一與經交於二極之中若車
輪之倚南北距極皆九十一度強夾規爲齒以別周
天之度三曰紘紘之規一上際當經之半若車輪之
仆以考地際周賦十二辰以定八方紘之下有趺從
一衡一刻溝受水以爲平中溝爲地以受注水四末
建趺爲升龍四以負紘凡渾儀之屬皆屬焉龍吭爲
綱維之四揵以爲固象之爲器爲圓規者四其規之
別一曰璣璣之規二並峙相距如經之度夾規爲齒

對衡二釭釭中容樞皆如經之率設之亦如經其異
者經膠而璣可旋二曰赤道赤道之規一刻璣十分
寸之三以衡赤道赤道設之如緯其異者緯膠於經
而赤道衡於璣有時而移度穿一竅以移歲差三曰
黄道黄道之規一刻赤道十分寸之二以衡黄道其
南出赤道之北際二十有四度其北入赤道亦如之
交於奎角度穿一竅以銅編屬於赤道歲差盈度則
并赤道從而西黄赤道夾規爲齒以別均迤之度璣
衡之爲器爲圓規二曰璣對峙相距如象之璣度夾規
爲齒皆如象璣其異者象璣對衡二釭而璣對衡二

樞貫于象璣天經之釭中三物相重而不相膠爲閒
十分寸之三無使相切所以利旋也爲横簫二兩端
夾樞屬于璣其中挾衡爲横一棲於横簫之閒中衡
爲鞾以貫横簫兩末入于璣之罅而可旋璣可以左
右以察四方之祥衡可以低昂以察上下之祥浮漏
議曰播水之壺三而受水之壺一曰求壺廢壺方中
皆圓尺有八寸尺有四寸五分以深其食二斛爲積
分四百六十六萬六千四百六十曰複壺如求壺之
度中離以爲二元一斛介八斗而中有達曰建壺方
尺植三尺有五寸其食斛有半求壺之水複壺之所

求也壺盈則水馳壺虛則水凝複壺之脇為枝渠以為水節求壺進水暴則流怒以摧複以壺又折以為介複為枝渠達其濫溢枝渠之委所謂廢壺也以受廢水三壺皆所以播水為水制也自複壺之介以玉權釃于建壺建壺所以受水為刻者也建壺一易箭則發土室以瀉之求複建壺之泄皆欲迫下水所趣也玉權下水之槩寸矯而上之然後發則水撓而不躁也複壺之達半求壺之注玉權半複壺之達枝渠博皆分高如其博平方如砥以為水槩壺皆為之羃無使穢游則水道不慧求壺之羃龍紐以其鈕不窮

也複壺士紐士所以生法者複壺制法之器也廢壺鯢紐止水之瀦鯢所伏也銅史令刻執漏政也冬設熅燎以澤凝也注水以龍噣直頸附于壺體直則易浚附于壺體則難敗複壺玉為之喙銜于龍噣謂之權所以權其盈虛也建壺之執窒瓴塗而彌之以重帛窒則不吐也管之善利者水所洩也非玉則不能堅良以久權之所出高則源輕源輕則其委不悍而洩物不利箭不效於璣衡則易權洗箭而改畫覆以璣衡謂之常不弊之術今之下漏者始嘗甚密久復先天者管泐也管泐而器皆弊者無權也弊而不可

復壽者術固也察日之晷以璣衡而制箭以日之晷跡一刻之度以賦餘刻刻有不均者建壺有眚也贅者磨之創者補之百刻一度其壺乃善晝夜已復而箭有餘才者權鄙也晝夜未復而壺吐者權沃也如是則調其權此制器之法也下漏必用甘泉惡其垽之為壺眚也必用一源泉之冽者權之而重重則敏於行而為箭之情慓泉之鹵者權之而輕輕則椎於行而為箭之情鶩一井不可他汲數汲則泉濁陳水不可再注再注則行利此下漏之法也箭一如建壺之長廣寸有五分三分去二以為之厚其陽為百刻為十

二辰博牘二十有一如箭之長廣五分去半以為之後陽為五更為二十有五籌陰刻消長之衰三分箭之廣其中刻契以容牘夜算差一刻則因箭而易牘鏇匏箭舟也其虛五升重一鎰有半鍛而赤柔者金之美者也然後漬而不墨墨者其久必蝕銀之有銅則墨銅之有錫則屑特銅久灊則腹敗而飲皆工之所不材也景表儀曰步景之法惟定南北為難古法置槷為規識日出之景與日入之景晝參諸日中之景夜考之極星極星不當天中而候景之法取晨夕景之最長者規之兩表相去中折以參驗最短之景

為日中然測景之地百里之間地之高下東西不能
無偏其間又有邑屋山林之蔽倘在人目之外則與
濁氛相雜莫能知其所蔽而濁氛又繫其日之明晦
風雨人間烟氣塵坌變作不常臣在本局候景入濁
出濁之節日日不同此又不足以考見出没之實則
晨夕景之短長未能得其極數參考舊聞別立新術
候景之表三其崇八尺博三寸三分殺一以為厚者
圭首剡其南使偏銳其趺方厚各二尺環趺刻渠受
水以為準以銅為之表四方志墨以為中刻之綴四
繩垂以銅丸各當一方之墨先約定四方以三表南

北相重令趺相切表別相去二尺各使端直四繩皆
附墨三表相去左右上下以度量之令相重如一自
日初出則量西景三表相去之度又量三表之端景
之所至各別記之至日欲▇入候東景亦如之長短
同相去之疎密又同則以東西景端隨表景規之半
折以求最短之景五者皆合則半折最短之景為北
表南墨之下為南東西景端為東西五候一有不合
未足以為正既得四方則惟設一表方首表下為石
席以水平之植表于席之南端席廣三尺長如九服
冬至之景自表趺刻以為分分積為寸寸積為尺為容

室以棲表當極為霤以下午景使當表端副表并趺
崇四寸趺博二寸厚五分方首剡其南以銅為之凡
景表景薄不可辨即以小表副之則景墨而易度元
祐間蘇頌更作者上寘渾儀中設渾象旁設昏曉更
籌激水以運之三器一機脗合躔度最為奇巧宣和間
又嘗更作之而此五儀者悉歸于金中興更謀制作
紹興三年正月工部員外郎袁正功獻渾儀木樣太
史局令丁師仁始請募工鑄造且言東京舊儀用銅
二萬斤今請折半用八千斤有奇已而不就蓋在廷諸
臣罕通其制度者乃召蘇頌子攜取頌遺書考質舊法而

攜亦不能通也至十四年▇乃命宰臣秦檜提舉鑄
渾儀而以內侍邵諤專領其事久而儀成三十二年
始出其二寘太史局而高宗先自為一儀寘諸宮中
以測天象其制差小而邵諤所鑄蓋祖是焉後在鍾
鼓院者是也清臺之儀後其　在秘書省按儀制度
表裏凡三重其第一重曰六合儀陽經徑四尺九寸
六分闊三寸二分厚五分南北正位兩面各列周天
度數南北極出入地皆三十一度少度闊三分陰緯
單環大小如陽經闊三寸二分厚一寸八分上置水
平池闊九分深四分沿環通流亦如舊制內外八幹

十二枝畫艮巽坤乾卦於四維第二重曰三辰儀徑四尺三分闊二寸二分厚五分釭釧刻畫如陽經赤道單環徑四尺一寸四分闊一寸徑二分厚五分上列二十八宿均天度數闊二分七氂黃道單環徑四尺一寸四分闊一寸二分厚五分上列七十二候均分卦策與赤道相交出入各二十四度弱百刻單環徑四尺五寸六分闊一寸二分厚五分上列晝夜刻數第三重曰四游儀徑三尺九寸闊一寸九分厚五分釭釧刻畫如璿璣度闊二分半望筩長三尺六寸五分內圓外方中通孔竅四面闊一寸四分七氂窺眼

闊三分夾窺徑五尺三分鼇雲以負龍柱龍柱各高五尺二寸十字平水臺高一尺一寸七分長五尺七寸闊五寸二分水槽闊七分深一寸二分若水運之法與夫渾象則不復設其後朱熹家有渾儀頗考水運制度卒不可得蘇頌之書雖在大抵於渾象以爲詳而其尺寸多不載是以難遽復云舊制有白道儀以考月行在望筩之旁自熙寧沈括以爲無益而去之南渡更造亦不復設焉

極度

極度極星之在紫垣爲七曜三垣二十八宿衆星所拱是謂北極爲天之正中而自唐以來曆家以儀象考測則中國南北極之正實去極星之北一度有半此蓋中原地勢之度數也中興更造渾儀而太史令丁師仁乃言臨安府地勢向南於北極高下當量行移易局官呂璨言渾天無量行更易之制若用於臨安與天參合移之他往必有差忒遂罷議後十餘年邵諤鑄儀則果用臨安北極高下爲之以清臺儀校之實去極星四度有奇也

黃赤道

黃赤道占天之法以二十八宿爲綱維分列四方南

北去極各九十有一度有奇南低而北昂去地各三十有六度一定不易者名之曰赤道以日躔半在赤道內半在赤道外出入內外極遠皆二十有四度以其行赤道之中者名之曰黃道凡五緯皆隨日由黃道行惟月之行有九道四時交會歸於黃道而轉變焉故有青黑白赤四者之異名夫赤道終古不移則星舍宜無盈縮矣然自唐一行作大衍曆以儀揆測之得畢觜參鬼四宿分度與古不同皇祐初日官周琮以新儀測候與唐一行尤異紹聖二年清臺以赤道度數有差復命考正惟牛尾室栁四宿與舊法合其他二十四宿

躔度或多或寡蓋天度之不齊古人特紀其大綱後世漸極於精密也若夫黃道橫絡天體列宿躔度自隨歲差而增減中興以來用統元紀元及乾道淳熙開禧統天會元每一曆更一黃道其多寡之異有不可勝載者而步占家亦隨各曆之躔度焉

中星

中星四時中星見於堯典蓋聖人南面而治天下即日行而定四時虛鳥火昴之度在天夷隩析因之候在人故書首載之以見授時為政之大也而後世考驗冬至之日堯時躔虛至於三代則躔于女春秋時

在牛至後漢永元已在斗矣大略六十餘年輒差一度開禧占測已在箕宿校之堯時幾退四十餘度蓋自漢太初至今已差一氣有餘而太陽之躔十二次大約中氣前後乃得本月宮次蓋太陽日行一度近歲紀元曆定歲差約退一分四十餘秒蓋太陽日行一度而微遲緩一年周天而微差積累分秒而躔度見焉曆家考之萬五千年之後所差半周天寒暑將易位世未有知其說者焉

土圭

土圭周官大司徒以土圭之法正日景以求地中而馮相氏春夏致日秋冬致月以辨四時之敘漢之造曆必先定東西立晷儀唐詔太史測天下之晷蓋校定日景推驗氣節必先乎此也宋朝測景在浚儀之岳臺崇寧間姚舜輔造紀元曆求岳臺晷景冬至後初限六十二日二十二分蓋立八尺之表侯圭尺上正八尺之景去冬至多寡日辰立為初限用減二至得一百二十日四十二分為夏至後初限以為後法蓋冬至之景長短實與歲差相應而地里遠近古今亦不同焉中興後清臺亦立晷圭如汴京之制冬至必測驗焉統天曆開禧曆亦皆以六十二日數分為

冬至初限而議者謂臨安之晷景當與岳臺異或謂當立八尺之表侯圭上景八尺之景在四十九日有奇當用四十九日五分為臨安冬至後初限用減二至限得一百三十三日有奇為夏至後初限參合天道其法為密焉然土圭之法本以致日景求地中而表景不應災祥繫焉占家知之而亦不能知其所以然也

志卷第一

志卷第二　宋史四十九

開府儀同三司上柱國錄軍國重事中書右丞相監修國史領經筵事都總裁臣脫脫等奉

勅修

天文二

紫微垣　太微垣

天市垣

紫微垣

紫微垣東蕃八星西蕃七星在北斗北左右環列翊衛之象也一曰大帝之坐天子之常居也主命主度也東蕃近閶闔門第一星為左樞第二星為上帝三星曰少宰四星曰上弼（一曰上輔）五星為少弼（一曰少輔）六星為上衛七星為少衛八星為少丞（或曰上丞）其西蕃近閶闔門第一星為右樞第二星為少尉第三星為上輔第四星為少輔第五星為上衛第六星為少衛第七星為上丞其占欲均明大小有常則內輔盛垣直天子自將出征門開兵起宮垣兩蕃正南開如門曰閶闔有流星自門出四野者當有中使銜命視其所往分野論之不依門出入者外蕃國使也太陰歲星犯紫微垣有喪太白辰星犯之改世熒惑守宮君失位客星守有不臣國易政國皇星兵彗星犯有異王立流星犯之為兵喪水旱不調使星入北方兵起（石氏云東西兩蕃總十六星西蕃亦八星一右樞二上尉三少尉四上輔五少輔六上衛七少衛八少丞上宰一星上輔二星三公也少宰一星少輔二星三孤也此三公三孤在朝者也左右樞上少丞疑丞輔弼四鄰之謂也尉二星衛四星六軍大副尉四衛將軍也）北極五星在紫微宮中北辰最尊者也其紐星為天樞天運無窮三光迭耀而極星不移故曰居其所而衆星共之樞星在天心四方去極各九十一度賈逵張衡蔡邕王蕃陸績皆以北極紐星之樞是不動處在紐星末猶一度有餘今清臺則去極四度半第一星主月太子也二星主日帝王也亦太一之坐謂最赤明者也第三星主五行庶子也（乾永新星書曰第三星主五行第四星主諸王第五星為後宮閣云北極五星初一曰帝次二曰后次三曰妃次四曰太子次五曰庶子四曰太子者最赤明者也後四星勾曲以抱之者帝星也太公望以為北辰以為耀魄寶以為帝極者是也或以勾陳口中一星為耀魄寶者非是）北極中星不明主不用事右星不明太子憂左星不明庶子憂明大動搖主（好出）游色青微者凶客星入為兵喪彗入為易位流星入兵起地動北斗七星在太微北杓攜龍角衡殷南斗魁枕參首是為帝車運於中央臨制四海以建四時均五行移節度定諸紀乃七政之樞機陰陽之元本也魁第一星曰天樞正星主天又曰樞為天主陽德天子象其分為秦漢志主徐州天象占曰天子不恭宗廟不敬鬼神則不明變色二曰璇法星主地又曰璇為地主陰刑女主象其分為楚

漢志主益州天象占曰若廣營宮室妄鑿山陵則不明變色三曰璣為人主火為令星主中禍其分為梁漢志主冀州若王者不恤民驟征役則不明變色四曰權[illegible]為時主水為伐星主天理伐無道其分為吳漢志主荊州若號令不順四時則不明變色五曰玉衡為音主土為殺星主中央助四方殺有罪其分為燕漢志主兗州若廢正樂務淫聲則不明變色六曰闓陽為律主木為危星主天倉五穀其分為趙漢志主揚州若不勸農桑峻刑法退賢能則不明變色七曰搖光為星主金為部星為應星主兵其分為齊漢

志主豫州王者聚金寶不脩德則不明變色又曰一至四為魁魁為璇璣五至七為杓杓為玉衡是為七政星明其國昌第八曰弼星在第七星右不見漢志主幽州第九曰輔星在第六星左常見漢志主并州晉志輔星傳乎闓陽所以佐斗成功丞相之象也其色在春青黃在夏赤黃秋為白黃冬為黑黃變常則國有兵殃明則臣強斗旁欲多星則安斗中星少則人恐太陰犯之為兵喪大赦白暈貫三星王者惡之星孛于北斗主危彗星犯為易主流星犯主客兵客星犯為兵五星犯之國亂易主

按北斗與輔星為八而漢志云九星武密及楊維德皆采用之史記索隱云北斗星間相去各九千里其二陰星不覩相去八千里而丹元子步天歌亦云九星漢書必有所本矣

勾陳六星在紫宮中五帝之後宮也太帝之正妃也大帝之帝居也樂緯曰主後宮巫咸曰主天子護軍荊州占主大司馬或曰主六軍將軍或曰主三公三師為萬物之母六星比陳象六宮之化其端大星曰元始餘星乘之曰庶妾在北極配六輔甘氏曰勾陳在辰極左是為鈎陳衛六軍將軍或以為後宮非是勾陳口中一星為陽德天皇大帝內坐或即以為天皇大帝非是

其占色不欲甚明明即女主惡之星盛則輔強主不用讒佞人在側則不見客星入之色蒼白將有憂白為立將赤黑將死客星出而色赤戰有功守之後宮有女使欲謀彗星犯之后宮有謀近臣憂流星入為迫主青氣入大將憂

天皇大帝一星在勾陳口中其神曰耀魄寶主御群靈執萬神圖大人之象也客星犯之為除舊布新彗孛犯大臣叛流星犯國有憂雲氣入之潤澤吉黃白氣入連大帝坐臣獻美女出天皇上者改立王

四輔四星又名四弼在極星側是曰帝之四鄰所以

輔佐北極而出度授政也去極星各四度閣云四輔一名中斗或以為後宮非是武密曰光浮而動凶明小吉暗則不理客星犯之大臣憂彗孛犯權臣死流星犯大臣黜黃白氣入四輔有喜白氣入相失位

五帝内坐五星在華蓋下設叙順帝所居也色正吉變色為災客星犯紫宮中坐占為大臣犯主彗孛犯之民饑大臣憂三年有兵起流星犯為兵起臣叛出為有誅戮雲氣入色黃太子即位期六十日赤黃人君有異

六甲六星在華蓋杠旁主分陰陽配節候故在帝旁所以布政教授農時也明則陰陽和不明則寒暑易節星亡水旱不時客星犯之色赤為旱黑為水白則人多疫彗孛犯女主出政令流星犯為水旱術士誅雲氣犯色黃術士與蒼白史官受爵

柱史一星在北極東主記過左右史之象一云在天柱前司上帝之言動星明為史官得人不明反是客星犯之史官有黜者彗孛犯太子憂若百官黜流星犯君有咎雲氣犯色黃史有爵祿蒼白氣入左右史死

女史一星在柱史北婦人之微者主傳漏

天柱五星在東垣下一云在五帝左稍前主建政教一曰法五行主晦朔晝夜之職明正則吉人安陰陽調不然則司歷過客星犯之國中有賊彗孛犯宗廟不安君憂一曰三公當之雲氣赤黃君喜黑三公死

女御四星在大帝北一云在勾陳腹一云在帝坐東北御妻之象也星明多内寵客星犯之後宮有謀一云自戮孛彗後宮有誅流星後宮有[illegible]出者一云外國進美女雲氣化黃為後宮有子喜蒼白多病

尚書五星在紫微東蕃内大理東北晉志在東南維一云在天柱右稍前主納言夙夜咨謀龍作納言之象彗孛犯之官有叛或太子憂流星若出則尚書出使犯之諫官黜八坐憂雲氣入黃為喜黃而赤尚書出鎮黑尚書有坐罪者

大理二星在宮門左一云在尚書前主平刑斷獄明則刑憲平不明則獄有冤酷客星犯之貴臣下獄色黃赦白受戮赤黃無罪守之則刑獄冤滯或刑官有黜彗犯獄官憂流星占同雲氣入黃白為赦黑法官黜

陰德二星巫咸圖有之在尚書西甘氏云陰德外坐在尚書右陽德外坐在陰德右太陰太陽入垣翊衛

也天官書則以前列直斗口三星隨北耑銳若見若不見曰陰德謂施德不欲人知也主周急振撫明則立太子或女主治天下客星犯之爲旱饑守之發粟振給彗孛犯後宮有逆謀流星犯君令不行雲氣入黄爲喜青黒爲憂

天牀六星在紫微垣南門外寢舍解息燕休一曰在二樞之間備幸之所也陶隱居云傾則天王失位客星入宮中有刺客或內侍憂彗孛犯之主憂大臣失位流星犯后妃叛女主立或人君易位雲氣入色黄天子得美女後宮喜有子蒼白主不安青黒憂白凶

華蓋七星杠九星如蓋有柄下垂以覆大帝之坐也在紫微宮臨勾陳之上正吉傾則凶客星犯之王室有憂兵起彗孛犯兵起國易政流星犯兵起宮內以赦解之貫華蓋三公災雲氣入黄白主喜赤黄侯王喜

傳舍九星在華蓋上近河賓客之館主北使入中國客星犯邦有憂一曰客星守之備姦使亦曰北地兵起彗孛犯守之亦爲北兵黒雲氣入北兵侵中國

八穀八星在華蓋西五車北一曰在諸王西武密曰主候歲豐儉一稻二黍三大麥四小麥五大豆六小豆七粟八麻甘氏曰八穀在宮北門之右司親耕司候歲司尚食星明吉一星亡一穀不登八星不見大饑客星入穀貴彗星入爲水黒雲氣犯之八穀不收

內階六星在文昌東北天皇之階也一曰上帝幸文館之內階也明吉傾動憂彗孛客流星犯之人君遜避之象

文昌六星在北斗魁前紫微垣西天之六府也主集計天道一曰上将大将軍建威武二曰次将尚書正左右三曰貴相大常理文緒四曰司祿司中司隸賞功進五曰司命司恠太史主滅咎六曰司寇大理佐理寳所謂一者起北斗魁前近內階者也明潤色黄

大小齊天瑞臻四海安青黒微細則多所殘害動搖三公黜月暈其宿大赦歲星守之兵起熒惑守之将凶太白守入兵興塡星守國安客星守大臣叛彗孛犯大亂流星犯宮內亂

三公三星在北斗杓南及魁第一星西一云在斗柄東爲太尉司徒司空之象在魁西者名三師與三公同皆主宣德化調七政和陰陽之官也移徙不吉居常則安一星亡天下危二星亡天下亂三星不見天下不治客星犯三公憂彗孛及流星犯之三公死

天牢六星在北斗魁下貴人之牢也主繩愆禁暴甘

氏云賤人之牢也月暈入多盜熒惑犯之民相食國有敗兵太白歲星守國多犯法客星彗星犯之三公下獄或將相憂流星犯之有赦宥之令

勢四星在太陽守西北一曰在璣星北勢腐形人也主助宣王命內常侍官也以不明爲吉明則閹人擅權

天理四星在北斗魁中貴人之牢也星不欲明其中有星則貴人下獄客星犯多獄彗孛犯之國危赤雲氣犯之兵大起將相行兵

相一星在北斗第四星南總百司集衆事掌邦典以

佐帝王一曰在中斗文昌之南在朝少師行大宰者明吉暗凶亡則相黜

太陽守一星在相星西北斗第三星西南大將大臣之象主設武備以戒不虞一曰在下台北太尉官也在朝少傅行大司馬者明吉暗凶客彗孛犯之爲易政將相憂兵亂雲氣入黃爲喜蒼白將死赤大臣憂

內廚二星在紫微垣西南外主六宮之內飲食及后妃夫人與太子燕飲彗孛或流星犯之飲食有毒

天廚六星在扶筐北一曰在東北維外主盛饌今光祿廚也星亡則饑不見爲凶客星流星犯之亦爲饑

天一一星在紫微宮門右星南天帝之神也主戰鬭知吉凶明則陰陽和萬物盛人君吉亡則天下亂客星犯五穀貴彗孛犯之臣叛流星犯兵起民流雲氣犯黃君臣和黑宰相黜

太一一星在天一南相近一度亦天帝神也主使十六神知風雨水旱兵革饑饉疾疫災害所在之國也明吉暗凶離位有水旱客星犯兵起民流火災水旱饑饉彗孛犯兵喪流星犯宰相史官黜雲氣犯黃白百官受賜赤爲旱兵蒼白民多疫

天槍三星在北斗杓東一曰天鉞天之武備也故在

紫微宮左右所以禦難也明吉暗小兵敗芒角動兵起客星彗星流星犯皆爲兵饑

天棓五星在女牀北天子先驅也主分爭與刑罰藏兵亦所以禦難備非常也一星不具其國兵起明有憂細微吉客星入兵喪彗星守兵起流星犯諸侯多爭雲氣犯蒼白黑爲凶

天戈一星又名玄戈在招搖北主北方芒角動搖則北兵起客星守之北兵敗彗孛流星犯之占同雲氣犯黑爲北兵退蒼白北人病

太尊一星在中台北貴戚也不見爲憂客彗流星犯

之並爲貴戚将敗之徵

按步天歌載中宮紫微垣經星常宿可名者三十五坐積數一百六十有四而晋志所載太尊天戈天槍天棓皆屬太微垣八穀八星在天市垣與步天歌不同

太微垣

太微垣十星志曰南宮朱鳥權衡晋志曰天子庭也五帝之坐也十二諸侯之府也其外蕃九卿也一曰太微爲衡衡主平也又爲天庭理法平辭監升授德列宿受符諸神考節舒情稽疑也南蕃中二星間曰端

門東曰左執法廷尉之象西曰右執法御史大夫之象執法所以舉刺凶邪左執法東左掖門也右執法西右掖門也東蕃四星南第一曰上相其北東太陽門也第二曰次相其北中華東門也第三曰次将其北東太陰門也第四曰上将所謂四輔也西蕃四星南第一曰上将其北西太陽門也第二曰次将其北中華西門也第三曰次相其北西太陰門也第四曰上相亦曰四輔也漢志環衛十二星蕃臣西将東相南四星執法中端門左右掖門乾象新書十星東西各五在翼軫北其西蕃北星爲上相南門右星爲右執法東西蕃有芒及動摇者諸侯謀上執法移刑罰尤急月五星入太微軌道吉其所犯中坐成刑月犯太微垣輔臣惡之又君弱臣強四方兵不制犯執法誨中占云将相有免者期三年月入東西門左右掖門而南出端門有叛臣君憂入西門出東門君憂大臣假主威月中犯乘守四輔爲臣失禮輔臣有誅月暈天子以兵自衛一月三暈太微有赦月食太微大臣憂王者惡之歲星入有赦犯之執法臣有憂入東門天下有急兵守之将相執法憲臣死入端門守天庭大禍至入南門出東門旱入南門逆出西門國有喪

逆行入東門出西門國破亡填星熒惑犯之逆行入爲兵喪犯上将上将憂守端門國■亡或三公謀上有戮臣犯西上将天子戰于野上相死入太微色白無芒天下饑退行不正有大獄犯太微門左右将死入天庭左屏星南出左掖門左将死右掖門右将死直出端門無咎入太微淩犯留止爲兵入二十日廷尉當之留天庭十日有赦犯太微東南陬歲饑執法大臣憂犯上相大臣死填星犯（入太微有）德令女主執政若逆行執法四輔守之有憂守太微國破守西蕃王者憂太白犯入太微爲兵大臣相殺留守有兵喪與

填星犯太微中王者惡之入右掖門從端門出貴人奪勢晝見太微國有兵喪月掩太白于端門外國受兵辰星犯太微天子當之有內亂入天庭後宮憂大水守左右執法入兵起有赦入西門後宮災大水入西門出東門為兵喪水災客星犯入太微色黃白天子喜出入端門國有憂左掖門旱右掖門國亂出天庭有苛令兵起入太微三十日有赦犯四輔輔臣凶彗星犯太微天下易出太微宮中憂火災犯執法執法者黜犯天庭王者有立孛于翼近太微上將為兵喪孛于西蕃主革命孛五帝亡國殺君流星出太微大

臣有外事出南門甚衆貴人有死者縱橫太微宮主弱臣強由端門入翼光照地有聲有立王雲氣出入色微青君失位青白黑雲氣入左右掖為喪出無咎赤氣入東掖門內兵起黃白雲氣入太微垣人主喜年壽長入左右掖門天子有德令黑及蒼白氣入天子憂出則無咎黑氣如蛇入垣門有喪

內五帝坐五星內一星在太微中黃帝坐含樞紐之神也天子動得天度止得地意從容中道則明以光不明則人主當求賢以輔法不則奪勢四帝星夾黃帝坐四方各去二度東方蒼帝靈威仰之神也南方赤帝赤熛怒之神也西方白帝白招拒之神也北方黑帝叶光紀之神也黃帝坐明天子壽威令行小則反是勢在臣下若亡大人當之月出坐北禍大出坐南禍小近之大臣誅或饑犯黃帝坐有亂臣抵帝坐有土功事月暈帝坐有赦海中占月犯帝坐人主惡之五星守黃帝坐大人憂熒惑太白入有強臣歲星犯有非其主立熒惑犯兵亂入天庭至帝坐有赦太白入之兵在宮中填逆行守黃帝坐亡君之戒五星入色白為亂客星色黃白抵帝坐臣獻美女彗星入宮亂抵帝坐或如粉絮兵喪並起流星犯之大臣憂抵四

帝坐輔臣憂人多死蒼白氣抵帝坐天子有喪青赤近臣欲謀其主黃白天子有子孫喜月犯四帝天下有喪諸侯有憂五星犯四帝為憂

太子一星在帝坐北帝儲也儲有德則星明潤雲氣入黃為喜黑為憂太白熒惑客星流星守犯皆為憂一云金火守之或入太子不發則為篡逆之事

內五諸侯五星在九卿西內侍天子不之國也乾象新書在郎位南辟雍禮得則星明亡則諸侯黜

從官一星在太子北侍臣也以不見為安一曰不見則帝不安如常則吉

幸臣一星在帝坐東北常侍太子以暗爲吉新書在太子東青赤氣入之近臣謀君不成

内屏四星在端門内近右執法屏者所以擁蔽帝庭也

左右執法各一星在端門兩旁左爲廷尉之象右爲御史大夫之象主舉刺凶姦君臣有禮則光明潤澤乾象新書在中台南明則法令平月五星及客星犯守則君臣失禮輔臣黜熒惑太白入爲兵流星犯之尚書憂

郎位十五星在帝坐東北一曰依烏郎府也周之元

士漢之光禄中散諫議議郎郎中是其職主衛守也其星不具后妃災幸臣誅星明大或客星入之大臣爲亂元士憂彗孛犯郎官失勢彗星枉矢出其次郎佐謀叛熒惑守之兵喪赤氣入兵起黄白吉黑凶

郎將一星在郎位北主閲具以爲武備也若今之左右中郎將新書曰在太微垣東北明大臣叛客星犯守郎將誅黄白氣入則受賜流星犯將軍憂

常陳七星如畢狀在帝坐北天子宿衛虎賁之士以設强禦也星揺動天子自出將明則武兵用微則弱客星犯王者行誅

九卿三星在三公北主治萬事今九卿之象也乾象新書在内五諸侯南占與天紀同

三公三星在謁者東北内坐朝會之所居也乾象新書在九卿南其占與紫微垣三公同

謁者一星在左執法東北主贊賓客辨疑惑乾象新書在太微垣門内左執法北明盛則四夷朝貢

三台六星兩兩而居起文昌列抵太微一曰天柱三公之位也在人曰三公在天曰三台主開德宣符西近文昌二星曰上台爲司命主壽次二星曰中台爲司中主宗室東二星曰下台爲司禄主兵所以昭德

塞違也又曰三台爲天階太一躡以上下一曰泰階上階上星爲天子下星爲　女主中階上星爲諸侯三公下星爲卿大夫下階上星爲士下星爲庶人所以和陰陽而理萬物也又曰上台上星主兖豫下星主荆揚中台上星主梁雍下星主冀下台上星主青下星主徐人主好兵則上階上星疏而色赤脩宫廣囿肆聲色則上階合而横君弱則上階迫而色暗公侯背叛率部動兵則中階上星赤外夷來侵邊國騷動則中階下星疏而横色白卿大夫廢正向邪則中階下星疏而色赤民不從令犯刑爲盗則上階下星

色黑去本就末奢侈相尚則下階上星闊而横色白君臣有道賦省刑清則上階為之戚諸侯貢聘公卿盡忠則中階為之比庶人奉化徭役有叙則下階為之密若主奢欲數奪民時則上階為之奪諸侯僭強公卿專貪則中階為之疏士庶逐末豪傑相凌則下階為之闊三階平則陰陽和風雨時穀豐世泰不平則反是三台不具天下失計色明齊等君臣和而政令行微細反是一曰天柱不見王者惡之司命星亡春不得耕司中不具夏不得耨司祿不具秋不得穫一曰三台色青天下疾赤為兵黃潤為德白為喪黑

為憂月入君憂臣亂公族叛月入而暈三公下獄客星入之貴臣賜爵邑出而色蒼臣奪爵守之大臣黜或貴臣多病彗星犯三公黜流星入天下兵將憂抵中台將相憂人主惡之雲氣入蒼白民多傷黃白潤澤民安君喜黃將相喜赤為憂青黑憂在三公蒼白三公黜

按上台二星在柳北其北星入柳六度中台二星其北入張二度下台二星在太微垣西蕃北其北星入翼二度武密書三台屬鬼又屬柳屬張乾象新書上台屬柳中台屬張下台屬翼

長垣四星在少微星南主界域及北方熒惑入之北人入中國太白入九卿謀邊將叛彗孛犯之北地不安流星入北方兵起將入中國

少微四星在太微西士大夫之位也一名處士亦天子副主或曰博士官一曰主衛掖門南第一星處士第二星議士第三星博士第四星大夫明大而黃則賢士舉月五星犯守■處士女主憂宰相易歲犯小人用忠臣危火犯賢德退土犯宰相易女主憂金犯大臣誅又曰以所居主占之客星孛星犯之王者憂姦邪彗星犯功臣有罪一曰法令臣誅流星出賢良進

道術用雲氣入色蒼白賢士憂大臣黜

靈臺三星在明堂西神之■精明曰靈四方而高曰臺主觀雲物察符瑞候災變也武密曰與司怪占同

虎賁一星在下台星南一■曰在太微西蕃北下名南靜室旄頭之騎官也明則臣順與車騎星同占

明堂三星在太微西南角外天子布政之宮明吉暗凶五星客星及彗犯之主不安其宮

右上元太微宮常星一十九坐積數七十有八而晉志所載少微長垣各四星屬天市垣與步天歌不同

天市垣

天市垣二十二星在氐房心尾箕斗內宮之內東蕃十一星南一曰宋二曰南海三曰燕四曰東海五曰徐六曰吳越七曰齊八曰中山九曰九河十曰趙十一曰魏西蕃十一星南一曰韓二曰楚三曰梁四曰巴五曰蜀六曰秦七曰周八曰鄭九曰晉十曰河間十一曰河中象天王在上諸侯朝王王出皐門大朝會西方諸侯在應門左東方諸侯在應門右其率諸侯幸都市也亦然一曰在房心東北主權衡主聚衆又曰天旗庭主斬戮事乾象新書曰市中星衆潤澤則歲實熒惑守之戮不忠之臣彗■星掃之為徙市易都客星入為兵起出為貴喪天文録曰天子之市天下所會也星明大則市吏急商人無利小則反是忽然不明糴貴中多小星則民富月入天市易政更■弊近臣有抵罪兵起月守其中女主憂大臣災五星入將相憂五官災守之主市驚更弊又曰五星入兵起熒惑守大饑火災或芒角色赤如血市臣叛填星守糴貴太白入起兵糴貴辰星守蠻夷君死客星守度量不平星色白市亂出天市有喪彗星守穀貴出天市豪傑起徙易市都掃帝坐出天市除舊布新流星

入色蒼白物貴赤火災民疫一曰出天市為外兵雲氣入色蒼白民多疾蒼黑物貴出物賤黃白物賤黑為嗇夫死

帝坐一星在天市中天皇大帝外坐也光而潤澤主吉威令行微小大人憂月犯之人主憂五星犯臣謀主下有叛熒惑尤甚客星入色赤有兵守之大臣為亂彗孛犯人民亂宮廟徙流星犯諸侯兵起臣謀主貴人更令

候一星在帝坐東北（候一作后）主伺陰陽也明大輔臣強細微國安亡則主失位移則不安居太陰犯之輔臣憂客彗守之輔臣黜孛犯臣謀叛

宦者四星在帝坐西南侍主刑餘之臣也星微吉失常宦者有憂

斗五星在宦者南主平量乾象新書在帝坐西覆則歲熟仰則荒客彗犯為饑

斛四星在斗南主度量分銖筭數其星不明凶亡則年饑一曰在市樓北名天斛

列肆二星在斛西北主貨金玉珠璣

屠肆二星在帛度東北主屠宰烹殺乾象新書在天市垣內十五度

車肆二星在天市門中主百貨星不明則車蓋盡行
明則吉客星彗星守之天下兵車盡發乾象新書在
天市垣南門偏東
宗正二星在帝坐東南宗大夫也武密曰主[illegible]司宗
得失之官乾象新書在宗人西彗星守之若失色宗
正有事客星守之更號令也犯之主不親宗廟星孛
其分宗正黜
宗人四星在宗正東主錄親疏享祀宗族有序則星
如綺文而明正動則天子親屬有變客星守之貴人
死

宗星二星在候星東宗室之象帝輔血脉之臣乾象
新書在宗人北客星守之宗支不和暗則宗支弱
帛度二星在宗星東北主度量買賣平貨易者乾象
新書在屠肆南星明大尺量平商人不欺客星彗星
守之絲綿大貴
市樓六星在天市中臨箕星之上市府也主市賈律
度其陽爲金錢陰爲珠玉變見各以其所占之乾象
新書主闤闠度律制令在天市中星明吉暗則市吏
不理彗星客星守之市門多閉
七公七星在招搖東爲天相三公之象也主七政明

則輔佐強大而動爲兵齊政則國法平戾則獄多囚
連貫索則世亂入河中糴貴民饑太白守之天下亂
兵起客星守歲饑主危流星出其分主將黜
貫索九星在七公星前賤人之牢也一曰連索一曰
連營一曰天牢主法律禁強暴牢口一星爲門欲其
開也■星在天市垣北星皆明天下獄繁七星見小
赦五星六星大赦動則斧鑕用中空改元石申曰一
星亡則有賜爵三星亡大赦遠期八十日入河中爲
饑中星衆則囚多辰星犯之主水米貴彗星出其分
中外豪傑起客星入有枉死者色黃諸侯獻地■青

爲憂赤爲兵白乃爲吉流星入女主憂或赦出則貴
女死雲氣入色蒼白天子亡地青兵起黑獄多枉死
白天子喜
天紀九星在貫索東九卿之象萬事綱紀主獄訟星
明則天下多訟亡則政理壞國紀亂散絕則地震山
崩與女牀合則君失禮女謁行客星守之主危民饑
客星犯諸侯舉兵彗孛犯之地震客星彗星合守天
下獄訟不理
女牀三星在天紀北後宫御女侍從官也主女事明
則宫人恣舒則妾代女主不動則吉不見女子多疾

客星彗星守之宮人誅上客星入女子憂後宮恣動女謁行雲氣出色黃後宮有福白爲喪黑凶青女多疾

右天市垣常星可名者一十七坐積數八十有八而市樓天斛列肆車肆斗帛度屠肆等星晉志皆不載隋志有之屬天市垣與步天歌合又貫索七公女牀天紀晉志屬太微垣按乾象新書天紀在天市垣北女牀屬箕宿貫索屬房宿七公屬氐宿武密以七公屬房又屬尾貫索屬房又屬氐屬心女牀屬於尾箕説皆不同

志卷第二

志卷第三　宋史五十

開府儀同三司上柱國錄軍國重事前中書右丞相監修國史領經筵事都總裁脫脫等奉
勅修

天文三　二十八舍上

三十八舍

東方角宿二星爲天關其間天門也其內天庭也故黃道經其中七曜之所行也左角爲天田爲理主刑其南爲太陽道右角爲將主兵其北爲太陰道蓋天之三門猶房之四表星明大吉王道太平賢者在朝動搖移徙王者行左角赤明獄平暗而微小王道失

陶隱居曰左角天津右角天門中爲天關日食角宿王者惡之暈于角內有陰謀陰國用兵得地又主大赦月犯角大臣憂獄事法官憂黜又占憂在宮中月暈其分兵起右角右將災左亦然或曰主水色黃有大赦月暈三重入天門及兩角兵起將失利歲星犯爲饑熒惑犯之國衰兵敗犯左角有赦右角兵起守之讒臣進政事急居陽有喜填星犯角爲喪一曰兵起太白犯角群臣有異謀辰星犯爲小兵守之大水客星犯兵起五穀傷守左角色赤爲旱守右角大水彗星犯之色白爲兵赤所指破軍出角天下兵亂星孛

于角白爲兵赤軍敗入天市兵喪流星犯之外國使來入犯左角兵起雲氣黃白入右角得地赤入左有兵入右戰勝黑白氣入于右兵將敗

按漢永元銅儀以角爲十三度而唐開元游儀角二星十二度舊經去極九十一度今測九十三度半距星正當赤道其黃道在赤道南不經角中今測角赤道南二度半黃道復經角中即與天象合景祐測驗角二星十二度距南星去極九十七度在赤道外六度與乾象新書合今從新書爲正

南門二星在庫樓南天之外門也主守兵禁星明則遠方來貢暗則夷叛中有小星兵動客彗守之兵起

庫樓十星六大星庫也南四星樓也在角宿南一曰天庫兵車之府也旁十五星三三而聚者柱也中央四小星衡也芒角兵起星亡臣下逆動則將行實爲吉虛乃凶歲星犯之主兵熒惑犯之爲兵旱月入庫樓爲兵彗孛入兵饑客星入夷兵起流星入兵盡出赤雲氣入內外不安天庫生角有兵

平星二星在庫樓北角南主平天下法獄廷尉之象正則獄訟平月暈獄官憂熒惑犯之兵起有赦彗星犯政不行執法者黜

平道二星在角■宿間主平道之官武密曰天子八達之衢主轍軾明正吉動搖法駕有虞歲星守之天下治熒惑太白守爲亂客星守車駕出行流星守去賢用姦

天田二星在角北主畿內封域武密曰天子籍田也歲星守之穀稔熒惑守之爲旱太白守穀傷辰星守爲水災客星守旱蝗

天門二星在平星北武密云在左角南朝聘待客之所星明萬方歸化暗則外兵至月暈其外兵起熒惑入關梁不通守之失禮太白守有伏兵客星犯有謀上者

進賢一星在平道西主卿相舉逸材明則賢人用暗則邪臣進太陰歲星犯之大臣死熒惑犯爲喪賢人隱太白犯之賢者退歲星太白填星辰星守之其占爲天子求賢黃白紫氣貫之草澤賢人出

周鼎三星在角宿上主流亡星明國安不見則運不昌動搖國將移乾象新書引郟鄏定鼎事以周衰秦無道鼎淪泗水其精上爲星李太異曰商巫咸星圖已有周鼎蓋在秦前數百年矣

按步天歌庫樓十星柱十五星衡四星平星平道

天田天門各二星進賢一星周鼎三星俱屬角宿而晉志以左角爲天田别不載天田二星隋志有之平道進賢周鼎晉志皆屬太微垣庫樓并衡星柱星南門天門平星皆在二十八宿之外唐武密及景祐書乃與步天歌合

亢宿四星爲天子内朝總攝天下奏事聽訟理獄録功一曰疏廟主疾疫星明大輔忠民安動則多疾爲天子正坐爲天符秋分不見則穀傷糴貴太陽犯之諸侯謀國君憂日暈其分大臣凶多雨民饑疫月犯之君憂或大臣當之左爲水右爲兵月暈其分先起兵者勝在冬大人憂歲星犯之有赦穀有成守之有兵人多病留三十日以上有赦又曰犯則逆臣爲亂熒惑犯居陽爲喜陰爲憂有芒角大人惡之守之久民憂多雨水又爲兵填星犯穀傷民亡逆行女專政逆臣爲謀守之有兵太白犯之國亡民災逆行爲兵亂有芒角貴臣戮守之有水旱災或爲喪辰星犯之爲水又爲大兵守之米貴民疾歲旱盜起民相惡客星犯國不安色赤爲兵旱黄爲土功青黑使者憂守之穀傷一云有赦令黑民流彗犯國災出則有水兵疫臣叛白爲喪星孛犯國危爲水爲兵入則民流出則

其國饑流星入外國使來穀熟出爲天子遣使赦令出李淳風曰流星入亢幸臣死雲氣犯之色蒼民疫白爲土功黑水赤兵一云白民虐疾黄土功

右亢宿四星漢永元銅儀十度唐開元游儀九度舊去極八十九度今九十一度半景祐測驗亢九度距南[illegible]第二星去極九十五度

大角一星在攝提間天王坐也又爲天棟正經紀也光明潤澤爲吉青爲憂赤爲兵白爲喪黑爲疾色黄而静民安動則人主好游月犯之大臣憂王者惡之月暈其分人主有服五星犯之臣謀主有兵太白守之爲兵彗星出其分主更改或爲兵天子失仁則守之孛星犯爲兵守之主憂客星犯守臣謀上出則人主受制流星入王者惡之犯之邊兵起雲氣青主憂白爲喪黄氣出有喜

折威七星在亢南主斬殺斷軍獄月犯之天子憂五星犯將軍叛彗孛犯邊將死雲氣犯蒼白兵亂赤臣叛主黄白爲和親出則有赦黑氣入人主惡之

攝提六星左右各三直斗杓南主建時節伺機祥其星爲楯以夾擁帝坐主九卿星明大三公恣主弱色温不明天下安近大角近戚有謀太陰入主受制月食

其分主惡之熒惑太白守兵起天下更主彗孛入主自將兵出主受制流星入有兵出有使者出犯之公卿不安雲氣入赤爲兵九卿憂色黃喜黑大臣戮

陽門二星在庫樓東北主守隘塞禦外寇五星入五兵藏彗星守之外夷犯塞兵起赤雲氣入主用兵

頓頑二星在折威東南主考囚情狀察詐僞也星明無咎暗則刑濫彗星犯之貴人下獄

按步天歌大角一星折威七星左右攝提總六星頓頑陽門各二星俱屬角宿而晉志以大角攝提屬太微垣折威頓頑在二十八宿之外陽門則見於隋志而晉史不載武密書以攝提折威陽門皆屬角亢乾象新書以右攝提屬角左攝提屬亢餘與武密書同景祐測驗乃以大角攝提頓頑陽門皆屬於亢其說不同

氐宿四星爲天子舍室后妃之府休解之房前二星適也後二星妾也又爲天根主疫後二星大則臣奉度主安小則臣失勢動則徭役起日食其分卿相有讒諛一曰王者后妃惡之大臣憂日暈女主惡一曰國有憂日下興師月食其宿大臣凶后妃惡之一曰糴貴月暈大將凶人疫在冬爲水主危以赦解之月

犯左右郎將有誅一曰有兵盜犯右星主水掩之有陰謀將軍當之歲星犯有赦或立后守之地動年豐逆行爲兵熒惑犯之臣僭一上云將軍憂守有赦填星犯左右郎將有誅守之有赦色黃后喜或冊太子留舍天下有兵齊明赦太白犯之郎將誅入其分疾疫或云犯之拜將乘右星水災辰星犯貴臣暴憂守之爲水爲旱爲兵入守貴人有獄乘左星天子自將客星犯牛馬貴色黃白爲喜有赦或曰邊兵起後宮亂五十日不去有刺客彗星犯有大赦糴貴滅之大疫入有小兵一云主不安孛星犯糴貴出則有赦入爲

小兵或云犯之臣干主流星犯祕閣官有事在冬夏爲水旱乙巳占後宮有喜色赤黑後宮不安雲氣入黃爲土功黑主水赤爲兵蒼白爲疾疫白後宮憂

按漢永元銅儀唐開元游儀氐宿十六度去極九十四度景祐測驗與乾象新書皆九十八度

天乳一星在氐東北當赤道中明則甘露降彗客入天雨

將軍一星騎將也在騎官東南總領車騎軍將部陣行列色動搖兵外行太白熒惑客星犯之大出兵天下亂

招搖一星在梗河北主北兵芒角變動則兵大行明

則兵起若與楝星梗河北斗相直則北方當來受命
中國又占動則近臣恣離次則庫兵發色青爲憂白爲
君怒赤爲兵黑爲軍破黃則天下安彗星犯北邊兵
動出其分夷兵大起孛犯蠻夷亂客星出蠻夷來貢
一云北地有兵喪流星出有兵雲氣犯色黃白相死
赤爲内兵亂色黃兵罷白大人憂
帝席三星在大角北主宴獻酬酢星明王公災暗天
下安星亡大人失位動搖主危彗犯主憂有亂兵客
星犯主危
亢池六星在亢宿北亢舟也池水也主渡水往來送

迎微細凶散則天下不通移徙不居其度中則宗廟
有恠五星犯之川溢客星犯水蟲多死武密云主斷
軍獄掌棄市殺戮與舊史異說
騎官二十七星在氐南天子虎賁也主宿衞星衆天
下安稀則騎士叛不見兵起五星犯爲兵客星守之
將出有憂士卒發流星入兵起色蒼白將死
梗河三星在帝席北天矛也一曰天鋒主北邊兵又
主喪故其變動應以兵喪星亡國有兵謀彗星犯之
北兵敗客星入兵出陰陽不和一云北兵侵中國流
星出爲兵赤雲氣犯兵敗蒼白將死

車騎三星在騎官南總車騎將主部陣行列變色動
搖則兵行太白熒惑客星犯之大兵出天下亂
陣車三星在氐南一云在騎官東北革車也太白熒
惑守之主車騎滿野内兵無禁
天輻二星在房西斜列主乘輿若周官巾車官也近
尾天下有福五星客彗犯之則輦轂有變一作天福
按步天歌已上諸星俱屬氐宿乾象新書以帝席
屬角亢池屬亢武密與步天歌合皆屬氐而以梗
河屬亢占天録又以陣車屬於亢乾象新書屬氐
餘皆與步天歌合

房宿四星爲明堂天子布政之宫也亦四輔也下第
一星上將也次次將也次次相也上星上相也南二
星君位北二星夫人位又爲四表中爲天衢爲天關
黃道之所經也南間曰陽環其南曰太陽北間曰陰
環其北曰太陰七曜由乎天衢則天下和平由陽道
則旱喪由陰道則水兵亦曰天駟爲天馬主車駕南
星曰左驂次左服次右服次右驂亦曰天廐又主開
閉爲畜藏之所由星明則王者明驂大則兵起星離
則民流左驂服亡則東南方不可舉兵右亡則西北
不可舉兵日食其分爲兵大臣專權日暈亦爲兵君

臣失政女主憂月食其宿大臣憂又爲王者昏大臣專政月暈爲兵三宿主赦及五舍不出百日赦太陰犯陽道爲旱陰道爲雨中道歲稔又占上將誅當天門天駟穀熟歲星犯之更政令又爲兵爲饑民流守之大赦天下和平一云良馬出熒惑犯馬貴人主憂色青爲喪赤爲兵黑將相災白芒火災守之有赦令十日勾己者臣叛塡星犯之女主憂勾己相有誅守之土功興一曰旱兵一曰有赦　太白犯四邊合從守之爲土功出入霜雨不時辰星犯有殃守之水災一云北兵起將軍爲亂客星犯歷陽道爲旱陰道爲水

國空民饑色白有攻戰入爲羅貴彗星犯國危人亂其分惡之孛星犯有兵民饑國災流星犯之在春夏爲土功秋冬相憂入有喪乙巳占出其分天子恤民下德令雲氣入赤黃吉如人形后有子色赤宮亂蒼白氣出將相憂

按漢永元銅儀唐開元游儀房宿五度舊去極百八度今百十度半景祐測驗房距南第二星去極百十五度在赤道外二十三度乾象新書在赤道外二十四度

鍵閉一星在房東北主關籥明吉暗則宮門不禁月犯之大臣憂火災歲星守之王不宜出塡星占同太白犯將相憂熒惑犯主憂彗星客星守之道路阻兵起一云兵滿野

鉤鈐二星在房北房之鈐鍵天之管籥王者至孝則明又曰明而近房天下同心房鉤鈐間有星及疏拆則地動河清月犯之大人憂車駕行月食其分將軍死歲星守之爲饑去其宿三寸王失政近臣起亂熒惑守之有德令太白守喉舌憂塡星守王失土彗星犯宮庭失業客星流星犯王有奔馬之敗

東咸西咸各四星東咸在心北西咸在房西北日月

五星之道也爲房之戶以防淫泆也明則信吉東咸近鉤鈐有讒臣入西咸近上及動有知星者入月五星犯之有陰謀又爲女主失禮民饑熒惑犯之臣謀上與太白同犯兵起歲星塡星犯之有陰謀流星犯后妃恣王有憂客星犯主失禮后妃恣

罰三星在東西咸正南主受金罰贖曲而斜列則刑罰不中彗星客星犯之國無政令憂多枉法

日一星在房宿南太陽之精主昭明令德明大則君有德令月犯之下謀上歲星守王得忠臣陰陽和四夷賓五穀豐太白熒惑犯之主有憂客星彗星犯之

主失位
從官二星在房宿西南主疾病巫醫明大則巫者擅權彗孛犯之巫臣作亂雲氣犯黑爲巫神戮黃則受爵
按步天歌以上諸星俱屬在房日一星晉隋志皆不載以他書考之雖在房宿南實入氐十二度半武密書及乾象新書惟以東咸屬心西咸屬房與步天歌不同餘皆脗合
心宿三星天王正位也中星曰明堂天子位爲大辰主天下之賞罰前星爲太子後星爲庶子星直則王

失勢明大天下同心天下變動心星見祥搖動則兵離民流日食其分刑罰不中將相疑民饑兵喪日暈王者憂之月食其宿王者惡之三公憂下有喪月暈爲旱穀貴蟲生將凶與五星合大凶太陰犯之大臣憂犯中央及前後星主惡之出心大星北國旱出南君憂兵起歲星犯之有慶賀事穀豐華夷奉化色不明有喪旱熒惑犯之大臣憂貫心爲饑與太白俱守爲喪又曰熒惑居其陽爲喜陰爲憂又曰守之主易政犯爲民流大臣惡之守星南爲水■北爲旱逆行大臣亂填星犯之大臣喜穀豐守之有土功留舍三

十日有赦居乂人主賢中犯明堂火災逆行女主干政太白犯羅貴將軍憂有水災不出一年有大兵舍之色不明爲喪逆行環繞大人惡之辰星犯明堂則大臣當之在陽爲燕在陰爲塞北不則地動大雨守之爲水爲盜客星犯之爲旱守之爲火災舍之則羅貴民饑彗星犯之大臣相疑守之而出爲蝗饑又曰爲兵星孛其分有兵喪民流流星犯臣叛入之外國使來色青爲兵爲憂黃有土功黑爲凶雲氣入色黃子孫喜白亂臣在側黑太子有罪
按漢永元銅儀唐開元游儀心三星皆五度去極

百八度景祐測驗心三星五度距西第一星去極百十四度
積卒十二星在房西南五營軍士之象主衞士掃除不祥星小爲吉明則有兵一星亡兵出二星亡兵半出三星亡兵盡出五星守之兵起不則近臣誅彗星客星守之禁兵大出天子自將雲氣犯之青赤爲大臣持政欲論兵事
按步天歌積卒十二星屬心晉志在二十八宿之外唐武密書與步天歌合乾象新書乃以積卒屬房宿爲不同今兩存其説

尾宿九星爲天子後宮亦主后妃之位上第一星后也
次三星夫人次星嬪妾也亦爲九子均明大小相承
則後宮有序子孫蕃昌明則后有喜穀熟不明則后
有憂穀荒日食其分將有疾在燕風沙兵喪後宮有
憂人君戒出日暈女主喪將相憂月食其分貴臣犯
刑後宮有憂月暈有疫大赦將相憂其分有水災后
妃憂太陰犯之臣不和將有憂歲星犯穀貴入之妾
爲嫡臣專政守之旱火災熒惑犯之有兵留二十日
水災留三月客兵聚入之人相食又云宮內亂填星
犯之色黃后妃喜入爲兵饑盜賊逆行妾爲女主守

之而有芒角更姓易政太白犯入大臣起兵久留爲
水災出入舍守糴貴兵起後宮憂失行軍破城亡長
星犯守爲水災民疾後宮有罪者兵起入則萬物不
成民疫客星犯入宮人惡之守之賤女暴貴出則爲
風爲水後宮惡之兵罷民饑多死彗星犯后戚主宮
人出兵起宮門多土功出入貴臣誅有水災孛犯多
土功大臣誅守之宮人出出爲大水民饑流星入犯色
青舊臣歸在春夏後宮有口舌秋冬賢良用事出則
後宮喜有子孫色白後宮妾死出入風雨時穀熟入
后族進祿青黑則后妃喪雲氣入色青外國來降出

則臣有亂赤氣入有使來言兵黑氣入有諸侯客來
按漢永元銅儀尾宿十八度唐開元游儀同舊去
極百二十度一云百四十度今百二十四度景祐
測驗亦十八度距西行從西第二星去極百二十
八度在赤道外二十二度乾象新書二十七度
神宮一星在尾宿第三星旁解衣之內室也
天江四星在尾宿北主太陰明動爲水兵起星不具
則津梁不通參差馬貴月犯爲兵爲臣彊河津不通
熒惑犯大旱守之有立主太白犯暴水彗星犯爲大
兵客星入河津不通流星犯爲水爲饑赤雲氣犯車

騎出青爲多水黃白天子用事兵起入則兵罷
傅說一星在尾後河中主章祝官也一曰後宮女巫
也司天王之內祭祀以祈子孫明大則吉王者多子孫輔
佐出不明則天下多禱祠亡則社稷無主入尾下多
祝詛左氏傳天策焞焞即此星也彗星客星守之天
子不享宗廟赤雲氣入巫祝官有誅者
魚一星在尾後河中主陰事知雲雨之期明大則河
海水出不明則陰陽和多魚亡則魚少動搖則大水
暴出出則河大魚多死月暈或犯之則旱魚死熒惑
犯其陽爲旱陰爲水填星守之爲旱赤雲氣犯出兵

起將憂入兵罷黃白氣出兵起

龜五星在尾南主卜以占吉凶星明君臣和不明則上下乖熒惑犯為旱守為火客星入為水憂流星出色赤黃為兵青黑為水各以其國言之赤雲蝕卜祝官憂

按神宮傳說魚一星天江四星龜五星步天歌與他書皆屬尾而晉志列天江於天市垣以傳說魚龜在二十八宿之外其說不同

箕宿四星為後宮妃后之府亦曰天津一曰天鷄主八風又主口舌主蠻夷星明大穀熟不正為兵離徙

天下不安中星衆亦然糴貴凡日月宿在箕壁翼軫者皆為風起舌動三日有大風日犯或食其宿將疾佞臣害忠良皇后憂大風沙日暈國有妖言月食為風為水旱為饑后惡之月暈為風穀貴大將易又王者納后月犯多風糴貴為旱女主憂君將死后宮干政歲星入宮內口舌歲熟在箕南為旱在北為有年守之多惡風穀貴民饑死熒惑犯地動入為旱出則有赦又守為水逆行諸侯相謀人主惡之填星犯女主憂又留有赦守之后喜有土功色黃光潤則太后喜又守占有水守九十日人流兵起蝗太白犯女主喜入則有赦出為土功糴貴守之為旱為風民疾出入留箕五穀不登多蝗辰星犯有赦守則為旱動搖色青臣自戮又占為水溢旱火災穀不成客星入犯有土功宮女不安民流守之為饑色赤為兵守其北小熟東大熟南小饑西大饑出其分民饑大臣有棄者一云守之秋冬水災彗星犯守東夷自滅出則為旱為兵北方亂孛犯為外夷亂糴貴守之外夷災出為穀貴民死流亡春夏犯之金玉貴秋冬土功興入則多風雨色黃外夷來貢雲氣出色蒼白國災除入則蠻夷來見出而色黃有使者出箕口斂為雨開為多風少雨

按漢永元銅儀箕宿十度唐開元游儀十一度舊去極百十八度今百二十度景祐測驗箕四星十度距西北第一星去極百二十三度

糠一星在箕舌前杵西北明則豐熟暗則民饑流亡

杵三星在箕南主給庖舂動則人失釜甑縱則豐橫則大饑亡則歲荒移徙則人失業熒惑守民流客星犯守歲饑彗孛犯天下有急兵

按晉志糠一星杵三星在二十八宿之外乾象新書與步天歌皆屬箕宿

北方南斗六星天之賞祿府主天子壽筭爲宰相爵祿之位傳曰天廟也丞相太宰之位褒賢進士稟受爵祿又主兵一曰天機南二星魁天梁也中央二星天相也北二星天府廷也又謂南星者魁星也北星杓也第一星曰北亭一曰天開一曰鐵鑕石申曰魁第一主吳二會稽三丹陽四豫章五廬江六九江星明盛則王道和平帝王長齡將相同心不明則大小失次芒角動搖國失忠臣兵起民愁日食在斗將相憂兵起皇后災吳分有兵日暈宰相憂宗廟不安月食其分國饑小兵后夫人憂月暈大將死穀不■生月

犯將臣黜風雨不時大臣誅一歲三入大赦又占入爲女主憂趙魏有兵色惡相死歲星犯有赦又守水災穀貴守及百日兵用大臣死熒惑犯有赦破軍殺將火災入二十日糴貴四十日有德令守之爲兵盜又守災甚出斗上行天下憂不行臣憂入內外有謀守七日太子疾填星犯爲亂入則失地逆行地動出入留二十日有大喪守之大臣叛又占逆行先水後旱守之國多義士太白犯之有兵臣叛留守之破軍殺將與火俱入白爍臣子爲逆又則禍大辰星犯水穀不成有兵守之兵喪客星犯兵起國亂入則諸侯相攻多盜大旱宮廟火穀貴七日不去有赦彗星犯國主憂出則其分有謀又爲水災宮中火下謀上有亂兵入則爲火大臣叛孛犯入下謀上有亂兵出則爲兵爲疾國憂流星入蠻夷來貢犯之宰相憂在春天子壽夏爲水秋則相黜冬大臣逆色赤而出斗者大臣死雲氣入蒼白多風赤旱出有兵起宮廟火入有兩赤氣兵黑主病

按漢永元銅儀斗二十四度四分度之一唐開元游儀二十六度去極百十六度今百十九度景祐測驗亦二十六度距魁第四星去極百二十二度

鼈十四星在南斗南主水族不居漢中川有易者熒惑守之爲旱辰星守爲火客星守爲水流星出色青黑爲水黃爲旱雲氣占同一曰有星守之白衣會主有水

天淵十星一曰天池一曰天泉一曰天海在鼈星東南九坎間又名太陰主灌溉溝五星守之大水河決熒惑入爲旱客星入海魚出彗星守之川溢傷人

狗二星在南斗魁前主吠守以不居常處爲災熒惑犯之爲旱客星入多土功北邊饑守之守禦之臣作亂

建六星在南斗魁東北臨黃道一曰天旗天之都關爲謀事爲天鼓爲天馬南二星天庫也中二星市也鐵鑕也上二星爲旗跗斗建之間三光道也主司七曜行度得失十一月甲子天正冬至大曆所起宿也星動人勞役月犯之臣更天子法掩之有降兵月食其分皇后娣姪當黜月暈大將死五穀不成蛟龍見牛馬疫月與五星犯之大臣相譖有謀亦爲關梁不通大水歲星守爲旱糴貴死者衆諸侯有謀入則有兵熒惑守之臣有黜者諸侯有謀糴貴入則關梁不通馬貴守旗跗三十日有兵塡星守之王者有謀太

白守外國使來辰星守爲水災米貴多病彗孛客星犯之王失道忠臣黜客星守之道路不通多盜流星入下有謀色赤昌

天弁九星弁一作辨在建星北市官之長主列肆闤闠市籍之事以知市珍也明盛則萬物昌不明及彗客犯之糴貴久守之囚徒起兵

天鷄二星在牛西一在狗國北主異鳥一曰主候時熒惑舍之爲旱鷄多夜鳴太白熒惑犯之爲兵塡星犯之民流亡客星犯水旱失時入爲大水

狗國四星在建星東南主三韓鮮卑烏桓玁狁沃且之屬星不具天下有盜不明則安明則邊寇起月犯之烏桓鮮卑國亂熒惑守之外夷兵起太白守之鮮卑受攻客星守其王來中國

天籥八星在南斗杓第二星西主開閉門戶明則吉不備則關籥無禁客星彗星守之關梁閉塞

農丈人一星在南斗西南老農主稼穡者又主先農農正官星明歲豐暗則民失業移徙歲饑客星彗星守之民失耕歲荒

按步天歌已上諸星皆屬南斗晉志以狗國天鷄天弁天籥建星皆屬天市垣餘在二十八宿之外

乾象新書以天籥農丈人屬箕武密又以天籥屬尾互有不同

牛宿六星天之關梁主犧牲事其北二星一曰即路一曰聚火又曰上一星主道路次二星主關梁次三星主南越明大則王道昌關梁通牛貴怒則馬貴動則牛災多死始出而色黃大豆賤赤則豆有蟲青則大豆貴星直糴賤曲則貴日食其分兵起暈爲陰國憂兵起月食有兵暈爲水災女子貴五穀不成牛多暴死小兒多疾月暈在冬三月百四十日外有赦暈中央大星大將被戮月犯之有水牛多死其國有憂

歲星入犯則諸侯失期留守則牛多疫五穀傷在牛東不利小兒西主風雪北爲民流逆行宫中有火居三十日至九十日天下和平道德明[illegible]熒惑犯之諸侯多疾臣謀主守則穀不成兵起入或出守斗南赦填星犯之有土功守之雨雪民人牛馬病太白犯之諸侯不通守則國有兵起入則爲兵謀人多死辰星犯敗軍移將臣謀主客星犯守之牛馬貴越地起兵出牛多死地動馬貴彗星犯之吳分兵起出爲糴貴牛死孛犯改元易號糴貴牛多死吳越兵起下當有自立者流星犯之王欲改事春夏穀熟秋冬穀貴色

黑牛馬昌關梁入貢雲氣蒼白橫貫有兵喪赤亦爲兵黃白氣入牛蕃息黑則牛死

按漢永元銅儀以牽牛爲七度唐開元游儀八度舊去極百六度今百四度景祐測驗牛六星八度距中央大星去極百十度半

天田九星在斗南一曰在牛東南天子畿內之田其占與角北天田同客星犯之天下憂彗孛犯守之農夫失業

河鼓三星在牽牛西北主天鼓蓋天子及將軍鼓也一曰三鼓主天子三軍中央大星爲大將軍左星爲左將軍右星爲右將軍左星南星也所以備關梁而拒難也設守險阻知謀徵也鼓欲正直而明色黃光澤將吉不正爲兵憂星怒則馬貴動則兵起曲則將失計奪勢有芒角將軍凶猛象也動搖差度亂兵起月犯之軍敗亡五星犯之兵起彗星客星犯將軍被戮流星犯諸侯作亂黃白雲氣入之天子喜赤爲兵起出則戰勝黑爲將死青氣入之將憂出則禍除

左旗九星在河鼓左旁右旗九星在牽牛北河鼓西南天之鼓旗旌表也主聲音設險知敵謀旗星明大將吉五星犯守兵起

織女三星在天市垣東北一曰在天紀東天女也主果蓏絲帛珍寶王者至孝神祇咸喜則星俱明天下和平星怒而角布帛貴陶隱居曰常以十月朔至六七日晨見東方色赤精明者女工善星亡兵起女子爲候織女足常向扶筐則吉不向則絲綿大貴月暈其分兵起熒惑守之公主憂絲帛貴兵起彗星犯后族憂星孛則有女喪客星入色青爲饑赤爲兵黃爲旱白爲喪黑爲水流星入有水盜女主憂雲氣入蒼白女子憂赤則爲女子兵死色黃女有進者

漸臺四星在織女東南臨水之臺也主晷漏律呂事

明則陰陽調而律呂和不明則常漏不定客星彗星犯之陰陽反戾

輦道五星在織女西主王者游嬉之道漢輦道通南北宮其象也太白熒惑守之御路兵起

九坎九星在牽牛南主溝渠導引泉源疏瀉盈溢又主水旱星明爲水災微小吉月暈爲水五星犯之水溢客星入天下憂雲氣入青爲旱黑爲水溢

羅堰三星在牽牛東拒馬也主隄塘壅蓄水源以灌溉也星明大則水泛溢

天桴四星在牽牛東北橫列一曰在左旗端鼓桴也

主漏刻暗則刻漏失時武密曰主桴鼓之用動搖則軍鼓用前近河鼓若桴鼓相直皆爲桴鼓用太白熒惑守之兵鼓起客星犯之主刻漏失時

按步天歌已上諸星俱屬牛宿晉志以織女漸臺輦道皆屬太微垣以河鼓左旗右旗天桴屬天市垣餘在二十八宿之外武密以左旗屬箕屬斗右旗亦屬斗漸臺屬斗又屬牛餘與步天歌同乾象新書則又以左旗織女漸臺輦道九坎皆屬於斗

須女四星天之少府賤妾之稱婦職之卑者也主布帛裁製嫁娶星明天下豐女巧國富小而不明反是日食在女戒在巫祝后妃禱祠又占越分饑后妃疾日暈後宮及女主憂月食爲兵旱國有憂月暈有兵謀不成兩重三重女主死月犯之有女惑有兵不戰而降又曰將軍死歲星犯之后妃喜外國進女守之多水國饑喪糴貴民大災熒惑犯之大臣皇后憂布帛貴民大災守之土人不安五穀不熟民疾有女喪又爲兵入則糴貴逆行犯守大臣憂居陽喜陰爲憂填星犯守有奇政山水出壞民舍女謁行后專政多妖女留五十日民流亡太白犯之布帛貴兵起天下多寡女留守有女喪軍發辰星犯國饑民疾守之天

下水有赦南地火北地水又兵起布帛貴客星犯兵起女人爲亂守之宮人憂諸侯有兵江淮不通糴貴彗星犯兵起女爲亂出爲兵亂有水災米鹽貴星孛其分兵起女爲亂有奇女來進出入國有憂王者惡之流星犯天子納美女又曰有貴女下獄抵須女女主死乙巳占出入而色黃潤立妃后白爲後宮妾死雲氣入黃白有嫁女事白爲女多病黑爲女多死赤則婦人多兵死者

按漢永元銅儀以須女爲十一度景祐測驗十二度距西南星去極百五度在赤道外十四度

十二國十六星在牛女南近九坎各分土居列國之象九坎之東一星曰齊齊北二星曰趙趙北一星曰鄭鄭北一星曰越越東二星曰周周東南北列二星曰秦秦南二星曰代代西一星曰晉晉北一星曰韓韓北一星曰魏魏西一星曰楚楚南一星曰燕有變動各以其國占之陶隱居曰越星在婺女南鄭一星在越北趙二星在鄭南周二星在越東楚一星在魏西南燕一星在楚南韓一星在晉北晉一星在代北代二星在秦南齊一星在燕東

離珠五星在須女北須女之藏府女子之星也又曰主天子旒珠后夫人環珮去陽旱去陰潦客星犯之後宮有憂

奚仲四星在天津北主帝車之官凡太白熒惑守之爲兵祥

天津九星在虛宿北横河中一曰天漢一曰天江主四瀆津梁所以度神通四方也一星不備津梁不通明則兵起參差馬貴大則水災移則水溢彗孛犯之津敗道路有賊客星犯橋梁不修守之水道不通船貴流星出必有使出隨分野占之赤雲氣入爲旱黃白天子有德令黑爲大水色蒼爲水爲憂出則禍除

敗瓜五星在瓠瓜星南主修瓜果之職與瓠瓜同占

瓠瓜五星（一作瓠瓜）在離珠北天子果園也其西觜星主後宮不明則后失勢不具或動摇爲盜光明則歲豐暗則果實不登彗孛犯之近臣僣有戮死者客星守之魚鹽貴山谷多水犯之有游兵不戰蒼白雲氣入之果不可食青爲天子攻城邑黃則天子賜諸侯果黑爲天子食果而致疾

扶筐七星爲盛桑之器主勸蠶也一曰供奉后與夫人之親蠶明吉暗凶移徙則女工失業彗星犯將叛流星犯絲綿大貴

按步天歌已上諸星俱屬須女而十二國及奚仲瓠瓜敗瓜等星晉志不載隋志有之晉志又以離珠天津屬天市垣扶筐屬太微垣乾象新書以周越齊趙屬牛秦代韓魏燕晉楚鄭屬女武密以離珠瓠瓜屬牛又屬女以奚仲屬危乾象新書以離珠瓠瓜屬牛敗瓜屬斗又屬牛以天津西一星屬斗中屬牛東五星屬女

虛宿二星爲虛堂冢宰之官也主死喪哭泣又主北方邑居廟堂祭祀祝禱事宋均曰危上一星高旁兩星下似蓋屋也蓋屋之下中無人但空虛似乎殯宮

主哭泣也明則天下安不明爲旱欹斜上下不正享祀不恭動將有喪日食其分其邦有喪日暈民饑后妃多喪月食主刀劒官有憂國有喪月暈有兵謀風起則不成又爲民饑月犯之宗廟兵動又國憂將死歲星犯民饑守之失色天王改服與填星同守水旱不時熒惑犯之流血滿野守之爲旱民饑軍叛入爲火災功成見逐或勾巳大人戰不利填星犯之有急令行疾有客兵入則有赦穀不成人不安守之風雨不時爲旱米貴大人欲危宗廟有客兵太白犯下多孤寡兵喪出則政急守之臣叛君入則大臣下獄辰

星犯春秋有水守之亦爲水災在東爲春水南爲夏水西爲秋水北冬有雷雨水客星犯糴貴守之兵起近期一年遠則二年有哭泣事出爲兵喪彗星犯之國內有叛臣出爲野戰流血出入有兵起芒燄所指國必亡星孛其宿有哭泣事出則爲野戰流血國有叛臣流星犯光潤出入則冢宰受賞有赦令色黑大臣死入而色青有哭泣事黃白有受賜者出則貴人求醫藥雲氣黃入爲喜蒼爲哭赤火黑水白有喪客來

按漢永元銅儀以虛爲十度唐開元游儀同舊去極百四度今百一度景祐測驗距南星去極百三度在赤道外十二度

司命二星在虛北主舉過行罰滅不祥又主死亡逢星出司命王者憂疾一曰宜防袄惑

司祿二星在司命北主增年延德又主掌功賞食料官爵

司危二星在司祿北主矯失正下又主樓閣臺榭死喪流亡

司非二星在司危北主司候內外察愆尤主過失乾象新書命祿危非八星主天子已下壽命爵祿安危

是非之事明大爲災居常爲吉

哭二星在虛南主哭泣死喪月五星彗孛犯之爲喪

泣二星在哭星東與哭同占

天壘城[illegible]十三星在泣南圜如大錢形若貫索主鬼方北邊丁零類所以候興敗存亡熒惑入守夷人犯塞客星入北方侵赤雲氣掩之北方驚滅有疾疫

離瑜三星在十二國東乾象新書在天壘城南離圭衣也瑜玉飾皆婦人見舅姑衣服也微則後宮儉約明則婦人奢縱客星彗星入之後宮無禁

敗臼四星在虛危南兩兩相對主敗亡災害石申曰

一星不具民賣飢釜不見民去其鄉五星入除舊布
新客星彗星犯之民饑流亡黑氣入主憂
按步天歌已上諸星俱屬虛宿司命司祿司危司
非離瑜敗臼晉志不載隋志有之乾象新書以司
命司祿司危司非屬須女泣星敗臼屬危武密書
與步天歌合
危宿三星在天津東南爲天子宗廟祭祀又爲天子
土功又主天府天市架屋受藏之事不明客有誅土
功興動或暗營宮室有兵事日食陵廟摧有大喪有
叛臣日暈有喪月食大臣憂有喪宮殿圯月暈有兵

喪先用兵者敗月犯之宮殿陷臣叛■來歲糴貴有
大喪歲星犯守爲兵役徭多土功有哭泣事又多盜
熒惑犯之有赦守之人多疾兵動諸侯謀叛宮中火
災守上星人民死中星諸侯死下星大臣死各期百
日十日守三十日東兵起歲旱近臣叛入爲兵有變
更之令塡星守之爲旱民疾土功興國大戰犯之皇
后憂兵喪出入留舍國亡地有流血入則大亂賊臣
起太白犯之爲兵一曰無兵兵起有兵兵罷五穀不
成多火災守之將憂又爲旱爲火舍之有急事辰星
犯之大臣誅法官憂國多災守之臣下叛一云皇后

疾兵喪起客星犯有哭泣一曰多雨水穀不收入之
有土功或三日有赦出則多雨水五穀不登守之國
敗民饑彗星犯之下有叛臣兵起出則將軍出國易
政大水民饑孛犯國有叛者兵起流星犯之春夏爲
水災秋冬爲口舌入則下謀上抵危北地交兵乙巳
占流星出入色黃潤人民安穀熟土功與色黑爲水
大臣災雲氣入蒼白爲土功青爲國憂黑爲水爲喪
赤爲火白爲憂爲兵黃出入爲喜
按漢永元銅儀以危爲十六度唐開元游儀十七
度舊去極九十七度距南星去極九十八度在赤

道外七度
虛梁四星在危宿南主園陵寢廟禱祝非人所處故曰
虛梁一曰宮宅星幃帳寢太白熒惑犯之爲兵彗孛
犯兵起宗廟改易
天錢十星在北落師門西北主錢帛所聚爲軍府藏
明則庫盈暗爲虛太白熒惑守之盜起彗孛犯之庫
藏有賊
墳墓四星在危南主山陵悲慘死喪哭泣大曰墳小
曰墓五星守犯爲人主哭泣之事
杵三星在人星東一在臼星北主舂軍糧不具則民

賚餽釜
臼四星在杵星下一在危東杵臼不明則民饑星衆則歲樂疏爲饑動揺亦爲饑杵直下對臼則吉不相當則軍糧絶縱則吉横則荒又臼星覆歲饑仰則歲熟彗星犯之民饑兵起天下急客星守之天下聚會米粟

蓋屋二星在危宿南九度主治宫室五星犯之兵起彗孛犯守兵災尤甚

造父五星在傳舍南一曰在騰蛇北御官也一曰司馬或曰伯樂主御營馬廐馬乗轡勒移處兵起馬貴

星亡馬大貴彗客入之僕御謀主有斬死者一曰兵起守之兵動廐馬出

人五星在虚北車府東如人形一曰主萬民柔遠能邇又曰卧星主夜行以防淫人星亡則有詐作詔者又爲婦人之亂星不具王子有憂客彗守犯人多疾疫

車府七星在天津東近河東西列主車府之官又主賓客之館星光明潤澤必有外賓車駕華潔熒惑守之兵動彗客犯之兵車出

鉤九星在造父西河中如鉤狀星直則地動他星守占同一曰主輦輿服飾明則服飾正

按步天歌已上諸星俱屬危宿晋志不載人星車府隋志有之杵臼星晋隋志皆無造父鉤星晋志屬紫微垣蓋屋虚梁天錢在二十八宿外乾象新書以車府西四星屬虚東三星屬危武密書以造父屬危又屬室餘皆與步天歌合按乾象新書又有天綱一星在危宿南入危八度去極百三十二度在赤道外四十一度晋隋志及諸家星書皆不載止載危室二宿間與北落師門相近者近世天文乃載此一星在鬼柳間與外厨天紀相近然新

書兩天綱雖同在危度其說不同今姑附于此

營室二星天子之宫一曰玄宫一曰清廟又爲軍糧之府主土功事一曰室一星爲天子宫一星爲太廟爲王者三軍之廪故置羽林以衛又爲離宫閣道故有離宫六星在其側一曰定室詩曰定之方中也星明國昌不明而小祠祀鬼神不享動則有土功事不具憂子孫無芒不動天下安日食在室國君憂王者将兵一曰軍絶糧士卒亡日暈國憂女主憂黜月食其分有土功歲饑月暈爲水爲火爲風月犯之爲土功有哭泣事歲星犯之有急而爲兵入天子有赦

爵祿及下舍室東民多死舍北民憂又曰守之宮中多火災主不安民疫熒惑犯歲不登守之有小災爲旱爲火雜貴逆行守之臣謀叛入則創改宮室成勾已者主失宮塡星犯爲兵守之天下不安人主徙宮后夫人憂關梁不通貴人多死久守大人惡之以赦解吉逆行女主出入恣留六十日土功興太白犯五寸許天子政令不行守則兵大急之以赦令解一曰太子后妃有謀若乘守勾已逆行往來主廢后妃有大喪宮人恣去室一尺威令不行留六十日將死入則有暴兵辰星犯之爲水入則后有憂諸侯發動於西北客星犯入天子有兵事軍饑將離外兵來出於室兵先起者敗彗星出占同或犯之則弱不能戰出入犯之則先起兵者勝一曰出室爲大水孛犯或出入先起兵者勝出有小災後宮亂武密曰孛出其分有兵喪道藏所載室專主兵流星犯軍糧在春夏將軍貶秋冬水溢乙巳占曰流星出入色黃潤軍糧豐五穀成國安民樂雲氣入黃爲土功蒼白大人惡之赤爲兵民疫黑則大人憂

按漢永元銅儀營室十八度唐開元游儀十六度舊去極八十五度景祐測驗室十六度距南星去

極八十五度在赤道外六度

雷電六星在室南明動則雷電作

離宮六星兩兩相對爲一坐夾附室宿上星天子之別宮也主隱藏止息之所動搖爲土功不具天子憂太白熒惑入兵起犯或勾已環繞爲后妃咎彗星犯之有修除之事

壘壁陣十二星（壁一作壘）在羽林北羽林之垣壘主天軍營星明國安移動兵起不見兵盡出將死五星入犯皆主兵太白辰星尤甚客星入兵大起將吏憂流星入南色青后憂入北諸侯憂色赤黑入東后有謀入西太子憂黃白爲吉

騰蛇二十二星在室宿北主水蟲居河濱明而微國安移向南則旱向北大水彗孛犯之水道不通客星犯水物不成

土功吏二星在壁宿南一曰在危東北主營造宮室起土之官動搖則版築事起

北落師門一星在羽林軍南北宿在北方落者天軍之藩落也師門猶軍門長安城北門曰北落門象此也主非常以候兵星明大安微小芒角有大兵起歲星犯之吉熒惑入兵弱不可用客星犯之光芒相及

爲兵大将死守之邉人入塞流星出而色黄天子使出入則天子喜出而色赤或犯之皆爲兵起雲氣入蒼白爲疾疫赤爲兵黄白喜黑雲氣入邉将死

八魁九星在北落東南主捕張禽獸之官也客彗入多盗賊兵起太白熒惑入守占同

天綱一星在北落西南一曰在危南主武帳宫舍天子游獵所會客彗入爲兵起一云義兵

羽林軍四十五星三三而聚散出壘壁之南一曰在營室之南東西布列北第一行主天軍軍騎翼衛之象星衆則國安稀則兵動羽林中無星則兵盡出天

下亂月犯之兵起歲星入諸侯悉發兵臣下謀叛必敗伏誅太白入兵起填星入大水五星入爲兵熒惑太白經過天子以兵自守熒惑入而芒赤興兵者亡客星入色黄白爲喜赤爲臣叛流星入南色青后有疾入北諸侯憂入東而赤黒后有謀入西太子憂雲氣蒼白入南后有憂北諸侯憂黒太子諸侯忌之出則禍除黄白吉

斧鉞三星在北落師門東芟刈之具也主斬芻稾以飼牛馬明則牛馬肥腯動揺而暗或不見牛馬死隋志通志皆在八魁西北主行誅拒難斬伐姦謀明大用兵将憂暗則不用移動兵起月入大臣誅歲星犯相誅熒惑犯大臣戮填星入大臣憂太白入将誅客彗犯斧鉞用又占客犯外兵被擒士卒死傷外國降色青憂赤兵黄白吉

按步天歌已上諸星皆屬營室雷電土功吏斧鉞晉志皆不載隋志有之壘壁陣北落師門天綱羽林軍晉志在二十八宿外騰蛇屬天市垣武密書以騰蛇屬營室又屬壁宿乾象新書以西十六星屬尾屬危東六星屬室羽林軍西六星屬危東三十九星屬室以天綱屬危斧鉞屬奎通占録又以

斧鉞屬壁屬奎説皆不同

壁宿二星主文章天下圖書之祕府明大則王者興道術行國多君子星失色大小不同王者好武經術不用圖書廢星動則有土功日食于壁陽消陰壊男女多傷國不用賢日暈名士憂月食其分大臣憂文章士廢民多疫月暈爲風水其分有憂月犯之國有憂爲饑衛地有兵歲星犯之水傷五穀久守或淩犯勾己有兵起熒惑犯之衛地憂守之國旱民饑賢不用一占王有大災填星犯守圖書興國王壽天下豐國用賢一占物不成民多病逆行成勾己者有土功

六十日天下立王太白犯之一二寸許則諸侯用命守之文武並用一曰有軍不戰一曰有兵喪一曰水災多風雨一曰犯之多火災辰星犯國有蓋藏保守之事王者刑法急守之近臣憂一曰其分有喪有兵姦臣有謀逆行守之橋梁不通客星犯之文章士死一曰有喪入爲土功有水守之歲多風雨合則牛馬多死彗星犯之爲兵爲火一曰大水民流孛犯爲兵有火水災流星犯文章廢乙巳占曰若色黃白天下文章士用赤雲氣入之爲兵黑其下國破黃則外國貢獻一曰天下有烈士立

按漢永元銅儀東壁二星九度舊去極八十六度景祐測驗壁二星九度距南星去極八十五度

天廐十星在東壁之北主馬之官若今驛亭也主傳令置驛逐漏馳鶩謂其急疾與晷漏競馳也月犯之兵馬歸彗星入馬廐火客星入馬出行流星入天下有驚

霹靂五星在雲雨北一曰在雷電南一曰在土功西主陽氣大盛擊碎萬物與五星合有霹靂之應

雲雨四星在雷電東一云在霹靂南主雨澤成萬物星明則多雨水辰星守之有大水一占主陰謀殺事孳生萬物

鐵鑕五星在天倉西南刈具也主斬芻飼牛馬明則牛馬肥微暗則牛馬饑餓

按步天歌壁宿下有鐵鑕五星晉隋志皆不載隋志八魁西北三星曰鐵鑕又曰鐵鉞其占與步天歌室宿内斧鉞略同恐即是此誤重出之霹靂五星雲雨四星晉志無之隋志有之武密書以雲雨屬室宿天廐十星晉志屬天市垣其說皆不同

志卷第三

志第四　宋史五十一

開府儀同三司上柱國錄軍國重事中書右丞相監修國史領經筵事都總裁臣脫脫等奉勅修

天文四 二十八舍下

西方奎宿十六星天之武庫一曰天豕一曰封豕主以兵禁暴又主溝瀆西南大星曰天豕目亦曰大將明動則兵水大出日食魯國凶邊兵起及水旱日暈爲兵爲火月食聚歛之臣有憂月暈兵敗糴貴將戮人疾疫月犯之其分亂歲星犯之近臣爲逆守之蟲爲災人飢盜起多獄訟久守北兵降色潤澤大熟守二十日以上兵起魯地逆行守之君好兵民流亡熒惑犯之環繞三十日以上將相凶大水民流守二十日以上魯地有兵動搖進退有赦舍歲大熟留臣下專權多獄訟守百日以上多盜塡星入犯兵越有兵一曰齊魯一曰兵喪守之有貴女執政出入水泉溢太白犯之大水有兵霜殺物入則外兵入國晝見將相死辰星犯之江河决有兵爲旱爲火守之王者憂兵旱客星犯之有溝瀆事守則王者有憂軍敗賊臣在側入之破軍殺將舍留不去人飢出則爲謀臣惑天子彗犯爲飢爲兵喪出則有水災星孛之其下兵出民飢國無繼嗣出則西北有兵起流星入犯之有溝瀆事破軍殺將乙巳占流星

出入色黃白光潤文昌武偃赤如火光作聲爲弓弩用一曰入則有聚衆事赤雲氣入犯爲兵黃爲天子喜黑則大人有憂

按漢永元銅儀以奎爲十七度唐開元游儀十六度舊去極七十六度景祐測驗同

天溷七星在外屏南主天廁養豬之所一曰天之廁溷也暗則人不安移徙則憂

土司空一星在奎南一曰天倉主土事凡營城邑浚溝洫修隄防則議其利建其功四方小大功課歲盡則奏其殿最而行賞罰星大色黃則天下安五星犯之男女不得耕織彗客犯之水旱民流兵大起土功興客星守之有土功哭泣事黃雲氣入土功興移京邑

策一星在王良北天子僕也主執策御流星彗孛客星犯之皆爲大兵起天子自將于野近之下有謀亂者

附路一星附一作傅在閣道南旁别道也一曰在王良東主太僕主禦風雨芒角則車騎在野星亡有道路之變不具則兵起太白熒惑入兵起彗孛犯之道路不通客星入馬賤蒼白雲氣入太僕有憂赤爲太僕誅黃白太僕受賜黑爲太僕死

閣道六星在王良前飛道也從紫宮至河神所乘也一曰

主輦閣之道天子游別宮之道也星不見則輦閣不通動搖則宮掖有兵彗孛客星犯之主不安國有喪白雲氣入有急事黑主有疾黃則天子有喜

王良五星在奎北居河中天子奉車御官也其四星曰天駟旁一星曰王良亦曰天馬星動則車騎滿野一曰爲天橋主禦風雨水道星不具或客星守之津梁不通與閣道近有江河之變星明馬賤暗則馬災太白熒惑入守爲兵彗客犯之爲兵喪天下橋梁不通流星犯大兵將出青雲氣入犯之王良奉車憂墜車雲氣赤王良有斧鑽憂

外屏七星在奎南主障蔽臭穢

軍南門在天大將軍南天大將軍之南門也主誰何出入星不明外國叛動搖則兵起明則遠方來貢

按步天歌以上諸星俱屬奎宿以晉志考之王良附路閣道軍南門策星俱在天市垣別無外屏天溷土司空等星隋志有之而武密以王良外屏天溷皆屬于壁或以外屏又屬奎乾象新書以王良西一星屬壁東四星屬奎外屏西一星屬壁東六星屬奎與步天歌各有不合

婁三星爲天獄主苑牧犧牲供給郊祀亦爲興兵聚衆明大則賦歛以時星直則有主執命者就聚國不安日食于婁宰相大人當之郊祀神不享日暈有兵大人多死月食其分后妃憂民飢月暈在春百八十日有赦又爲糴貴三日內雨解之月犯多畋獵其分憂將死民流一曰多冤獄歲星犯之牛多死米賤有赦守之國安一曰民多疫六畜貴有兵自罷熒惑犯守爲旱爲火穀貴又曰守二十日以上大臣死星動人多死若逆行入成鈎已者國廩災塡星犯之天子戒邊境不可遠行將兵凶守之穀豐民樂若逆行女謁行留舍于婁外國兵來太白犯之有聚衆事守之期三十日有兵民飢辰星犯之刑罰急多水旱大臣憂王者以赦除之守而芒角動搖色赤黑者臣下起兵客星犯

爲大兵守之五穀不成又曰臣惑主專政歲多獄訟環繞三日大赦彗星犯之民飢死出則先旱後水穀大貴六畜疾倉庫空又曰國有大兵星孛其分爲兵爲饑流星出犯之有法令清獄青赤雲氣入爲兵喪黑爲大水

按漢永元銅儀以婁爲十二度唐開元游儀十三度舊去極八十度景祐測驗婁宿十二度距中央大星去極八十度在赤道內十一度

天倉六星在婁宿南倉穀所藏也待邦之用星近而數則歲熟粟聚遠而疏則反是月犯之主發粟五星犯兵起歲饑倉粟出熒惑太白合守軍破將死熒惑入軍轉粟千里

近之天下旱太白犯之外國人相食兵起西北辰星守之大水客彗犯之五穀不成客星入歲饑糴貴流星入色赤爲兵犯之粟以兵出色黄白歲大稔蒼白雲氣入歲饑赤爲兵旱倉廩災黄白歲大熟

右更五星在婁西秦爵名主牧師官星不具天下道不通太白熒惑犯守山澤兵起

左更五星在婁東亦秦爵名山虞之官主山澤林藪竹木蔬菜之屬亦主仁智占同右更

天大將軍十一星在婁北主武兵中央大星天之大將也外小星吏士也動摇則兵起大將出小星動摇或不具亦

爲兵旗直揚者隨所擊勝五星犯守大將憂客星守之大將不安軍吏以飢敗流星入大將憂蒼白雲氣犯之兵多疾赤爲軍出

天庾四星在天倉東南主露積占與天倉同

按晉志天倉天庾在二十八宿之外天大將軍屬天市垣左更右更惟隋志有之乾象新書以天倉屬奎武密亦以屬奎又屬婁步天歌皆屬婁宿

胃宿三星天之廚藏主倉廩五穀府也明則天下和平倉廩實民安動則輸運暗則倉空就聚則穀貴民流中星衆穀聚星小穀散芒則有兵日食大臣誅一曰乏食其分多疾穀不實又曰有委輸事日暈穀不熟月食后王有憂將亡亦爲饑郊祀有咎月暈兵先動者敗妊婦多死又曰國主死天多雨或山崩有破軍歲星在暈內天下有德令月暈在四孟之月有赦熒惑在暈中爲兵月犯之鄰國有暴兵天下饑外國憂穀不實民多疾變色將軍凶歲星犯之大人憂兵起守則國昌入則國令變更天下獄空若逆行五穀不成國無積蓄熒惑犯之兵亂倉粟出貴人憂守之旱饑民疫客軍大敗入則改法令牢獄空進退環繞勾已凌犯及百日以上天下倉庫並空兵起填星犯之大臣爲亂守之無蓄積有德令歲穀大貴若逆行守勾已者有兵

色赤兵起流血青則有德令辰星犯其分不寧守之有兵國有立侯巫咸曰爲旱穀不成有急兵又逆行守之倉空水災客星犯之王者憂倉廩用退行入則有赦守之強臣凌國穀不熟乘之爲火舍而不去人飢出其分君有憂彗星犯之兵動臣叛有水災穀不登星孛其分兵起王者惡之流星犯之倉庫空色赤爲火災蒼白雲氣出入犯之以疫糴粟事黒爲倉穀敗腐青黒爲兵黄白倉實

按漢永元銅儀胃宿十五度景祐測驗十四度

天囷十三星如乙形在胃南倉廩之屬主給御廩粢盛星明則豐稔暗則饑月犯之有移粟事五星犯之倉庫空虛

客彗入倉庫憂水火焚溺青白雲氣入歲饑民流亡
大陵八星在胃北亦曰積京主大喪也中星繁則諸侯喪民
疫兵起月犯之爲兵爲水旱天下有喪月暈前足大赦五
星入爲水旱兵喪熒惑守之天下有喪客彗入民疫流星
出犯之其下有積尸蒼白雲氣犯之天下兵喪赤則人多
戰死
積尸一星在大陵中明則有大喪死人如山月犯之有叛
臣五星犯之天下大疾客彗犯有大喪蒼色雲氣入犯之
人多死黑爲疫
天船九星在大陵北河之中天之船也主通濟利涉石申

曰不在漢中津河不通明則天下安不明及移徙天下兵
喪日犯之百川流溢津梁不通五星犯之水溢民移居彗
星犯之爲大水客星犯爲水爲兵青雲氣入天子憂不可
御船赤爲兵船用黃白天子喜
天廩四星在昴宿南一曰天廥主蓄黍稷以供享祀春秋
所謂御廩此之象也又主賞功掌九穀之要明則國實歲
豐移則國虛黑而希則粟腐敗月犯之穀貴五星犯之歲
饑客星犯倉庫空虛流星入色青爲憂赤爲旱爲火黃白
天下熟青雲氣入蝗饑民流赤爲旱黑爲水黃則歲稔
積水一星在天船中候水災也明動上行舟船用熒惑犯

有水
按晉志大陵積尸天船積水俱屬天市垣天囷天廩在
二十八宿之外武密以天囷大陵屬婁又屬胃天船屬
胃又屬昴乾象新書天囷五星屬婁餘星屬胃大陵西
三星屬婁東五星屬胃與步天歌互有不同
昴宿七星天之耳也主西方及獄事又爲旄頭北星也又
主喪昴畢間爲天街天子出旄頭罕畢以前驅此其義也
黃道所經明則天下牢獄平六星皆明與大星等爲大水
七星皆黃兵大起一星亡爲兵喪搖動有大臣下獄及有
白衣之會大而數盡動若跳躍者北兵大起一星獨跳躍

而動北兵欲犯邊日食王者疾宗姓自立又占邊兵起日
暈陰國失地北主憂趙地凶又云大饑月食大臣誅女主
憂爲饑邊兵起將死北地叛月歲三暈弓弩貴民饑暈在
正月上旬有赦犯之爲饑北主憂天子破北兵變色民流
國亡下有暴兵有赦出昴北天下有福乘之法令峻大水
穀不登歲星犯之獄空乘之陰國有兵北主憂守之王急
刑罰獄空一曰臣下獄有解者守其北有德令又曰水物
不成久守大臣坐法民饑留守破軍殺將熒惑犯守爲兵
爲旱饑守東齊楚越地有兵守南荆楚有兵西則兵起秦
鄭北則兵起燕趙又爲貴人多死北地不寧入則有喜有

赦天下無兵守而環繞勾己爲赦久守羅貴塡星犯或出入守之北地爲亂有土功五穀不成水火爲災民疫又爲女主失勢入則地動水溢宗廟壞留則大將出征太白入犯之大赦在東六畜傷在西六月有兵又曰守之北兵動將下獄晝見邊兵起出入留舍在南爲男喪北爲女喪辰星犯北主憂守之穀不成民饑久守爲水爲兵客星犯貴人有急北兵大敗讒人在内守之臣叛主兵起入則其分有喪彗星犯之大臣爲亂出則邊兵起有赦星孛其分臣下亂有邊兵大臣誅流星出入犯之夷兵起乙巳占流星入北方來朝出則天子有赦令恤民蒼赤雲氣犯之民疫

黑則北主憂青爲水爲兵青白人多喪黃則有喜

按漢永元銅儀昴宿十二度唐開元游儀十一度舊去極七十四度景祐測驗昴宿十一度距西南星去極七十一度

芻藁六星在天苑西一曰在天囷南主積藁之屬一曰天積天子之藏府星明則芻藁貴星盛則百庫之藏存無星則百庫之藏散月犯之財寶出辰星熒惑犯之芻藁有焚溺之患赤雲氣犯之爲火黃爲喜

天陰五星主從天子弋獵之臣不明爲吉明則禁言泄

天河一星（一作天阿）在天廩星北晉志在天高星西主察山林妖變五星客彗犯之主妖言滿路

卷舌六星在昴北主樞機智謀一曰主口語以知讒佞曲而靜則賢人升直而動多讒人兵起天下有口舌之害徙出漢外則天下多妄說星繁人多死月犯之天下多喪五星犯佞人在側彗客犯之侍臣憂

天苑十六星在昴畢南如環狀天子養禽獸之苑明則禽獸牛馬盈不明則多瘠死不具有斬刈事五星犯之兵起客彗犯爲兵獸多死流星入色黑禽獸多死黃則蕃息雲氣占同

天讒一星在卷舌中主巫醫暗爲吉明盛人君納佞言

月一星在昴宿東南蟾蜍也主日月之應女主臣下之象又主死喪之事明大則女生大專太白熒惑守之臣下起兵爲亂彗客犯之大臣黜女主憂

礪石四星在五車星西主百工磨礪鋒刃亦主候伺明則兵起常則吉熒惑入邊兵起守之諸侯發兵客星守之爲兵

按晉志天河卷舌天讒俱屬天市垣天苑在二十八宿之外芻藁天陰月礪石晉志不載隋史有之武密又以芻藁屬胃卷舌屬胃又屬昴乾象新書以芻藁屬婁卷舌西三星屬胃東三星屬昴天苑西八星屬胃南八星

屬昴步天歌以上諸星皆屬昴宿互有不合
畢宿八星主邊兵弋獵其大星曰天高一曰邊將主四夷
之尉也天官書曰畢爲罕車明大則遠人來朝天下安失
色邊兵亂一星亡爲兵喪動揺則邊兵起移徙天下獄亂
就聚則法令酷日食邊王死軍自殺其主遠國有謀亂日
暈有邊兵不則北主憂又占有風雨月食有赦趙分有兵
或趙君憂月暈兵亂饑喪暈三重邊有叛者七日内雨解
之又爲陰國有憂天下赦犯畢大星下犯上大將死陰國
憂入畢口多雨穿畢歲饑盗起失行離于畢則雨居中女
主憂又曰犯北則陰國憂南則陽國憂歲星犯之冬多風

雨又曰爲水入畢口邊兵起民飢有赦守三十日客兵起
出陽爲旱陰爲水熒惑犯右角大戰左角小戰入則邊兵
憂守之爲饑有赦成勾已環繞大赦一曰入畢中有兵兵
罷又曰守之有畋獵事北主憂天下道路不通入畢口有
赦逆行至昴爲死喪已去還守貴臣憂舍畢口趙國憂塡
星犯之兵起西北不戰守之兵有降軍有赦一曰土功徭
役煩兵起入則地震水溢守畢口大人當之出入留舍其
野兵起客軍死太白犯右角戰敗將死入畢口將相爲亂
大赦國易政令諸侯起兵爲水五穀不成貫畢倉廩空四
國兵起辰星犯之邊地災入畢口國易政守之水溢民病

物不成邊兵起守畢口人爲亂客星犯之大人憂無兵兵
起有兵兵罷入則多獄事守之爲饑邊兵起出爲車馬急
行彗星犯之北地爲亂人民憂星孛其分土功興多徭役
色蒼爲饑破軍黃則女爲亂白爲兵喪黑爲水流星犯之
邊兵大戰色赤貫之戎兵大至入而復出爲赦入而黃白
有光外人入貢蒼白雲氣入歲不收赤爲兵旱爲火黃白
天子有喜
按漢求元銅儀畢十六度舊去極七十八度景祐測驗
畢宿十七度距畢口北星去極七十七度
天節八星在畢附耳南主使臣持節宣威四方明大則使

忠不明則奉使無狀熒惑守之臣有謀逆或使臣死太白
守之大將出客彗犯之法令不行客星守持節臣有憂
九州殊口九星在天節南下曉方俗之官通重譯者也常
以十一月候之亡一星一國憂二星以上天下亂兵起太
白熒惑守之亦爲兵客星入民憂水負海國不安有兵
附耳一星在畢下主聽得失伺愆邪察不祥也星盛則中
國微有盗賊邊候警外國反動揺則讒臣在君側歲星犯
之爲兵將相喪太白犯之佞臣在側
九斿九星在玉井西南一曰在九州殊口東南北列主天
下兵旗又曰天子之旗也太白熒惑犯之兵騎滿野客星

犯諸侯兵起禽獸多疾
天街二星在昴畢間一曰在畢宿北爲陰陽之所分大象
占近月星西街南爲華夏街北爲外邦又曰三光之道主
伺候關梁中外之境明則王道正月犯天街中爲中平天
下安寧街外爲漏泄讒夫當事民不得志不由天街主政
令不行月暈其宿關梁不通熒惑守之道路絶久守國絶
禮歲星居之色赤爲殃或大旱太白守之兵塞道路六夷
旄頭滅一曰民飢
天高四星在坐旗西乾象新書在畢口東北臺榭之高主
望八方雲霧氛氣今仰觀臺也不見爲官失禮守常則吉

微暗陰陽不和月五星犯之則水旱不時乘之外臣誅月
暈不出六月有喪熒惑入十日爲小赦留三十日大赦客
彗守之大旱蒼白雲氣犯亦然
諸王六星在五車南主察諸侯存亡明則下附上不明則
下叛不見宗廟危四方兵起熒惑入之諸王妃恣爲下所
謀守之下不信上太白熒惑犯諸王當之一曰宗臣憂客
彗守諸侯黜
五車五星三柱九星在畢宿北五帝坐也又五帝之車舍
也主天子兵起又主五穀豐耗一車主蕡麻一車主麥一
車主豆一車主黍一車主稻米西北大星曰天庫主太白

秦分及雍州主豆東北一星曰天獄主辰星燕趙分及幽
冀主稻東南一星曰天倉主歲星魯分徐州衛分并州主
麻次東南一星曰司空主塡星楚分荆州主黍粟次西南
一星曰卿主熒惑魏分益州主麥天文録曰太白其神令
尉辰星其神風伯歲星其神雨師熒惑其神豐隆塡星其
神雷公此五車有變各以所主占之三柱一曰天淵一曰
天休一曰天旍欲其均明闊狹有常星繁則兵大起石申
曰天庫星中河而見天下多死人河津絶又曰天子得靈
臺之禮則五車三柱均明有常天旍星不見則大風折木
天休動則四國叛一柱出或不見兵半出三柱盡出及不

見兵亦盡出柱外出一月穀貴三倍出二月三月以次倍
貴外出不盡兩間主大水月犯天庫兵起道不通犯天淵
貴人死臣踰主月暈女主惡之在正月爲赦暈一車赦小
罪五車俱暈赦殊罪四七十月暈之爲水暈十一十二月
穀貴五星犯爲旱喪犯庫星爲兵起歲星入之糴貴熒惑
入之爲火或與歲星占同塡星入天庫爲兵爲喪舍中央
爲大旱燕代之地當之舍東北畜蕃帛賤舍西北天下安
太白入之兵大起守五車中國兵所向慴伏舍西北爲疾
疫牛馬死應酒泉分辰星入舍爲水犯之兵以潦起客
星犯則人勞庚寅日候近之爲金車主兵甲寅日候近之

爲木車主樽增價戊寅日候近之爲土車主土功丙寅日候近之爲火車主旱壬寅日候近之爲水車主水溢入之色青爲憂赤爲兵守天淵有大水守天休左爲兵右爲喪黄爲吉彗孛犯之兵起民流流星入甲子日主粟丙午日主麥戊寅日主豆庚申日主蕡壬戌日主黍各以其日占之而粟麥等價增白雲氣入民不安赤爲兵起

天潢五星在五車中主河梁津渡星不見則津梁不通月入天潢兵起五星失度留守之皆爲兵熒惑塡星入之爲大旱爲火熒惑舍之牛馬疫爲兵辰星出天潢有赦客星入爲兵留守則有水害蒼白或黒雲氣入爲喪赤爲兵黄白則天子有喜

咸池三星在天潢南主陂澤池沼魚鼈鳧鴈明大則龍見虎狼爲害星不具河道不通月入爲暴兵五星入爲兵爲旱失忠臣君易政守之爲饑爲兵客星入天下大水流星入爲喪出則兵起雲氣入色蒼白魚多死赤爲旱白爲神魚見黒爲大水

參旗九星一曰天旗一曰天弓司弓弩候變禦難星如弓張則兵起明則邊寇動暗爲吉又曰天弓不具天下有兵五星犯之兵起熒惑守之下謀上諸侯起兵一曰有邊兵太白守之兵亂客星守天下憂流星入北地兵起雲氣犯

之色青入自西北兵來期三年

天關一星在五車南亦曰天門日月之所行主邊方主關閉星芒角爲兵不與五車合大將出月歲三暈有赦犯之有亂臣更法五星守之貴人多死歲星熒惑守之臣謀主爲水爲饑太白熒惑守之大赦關梁有兵太白入則大亂塡星守王者壅蔽犯之臣謀主太白失行兵起客星犯之民多疾關市不通又曰諸侯不通民相攻客星入多盜流星犯之天下有急關梁不通民憂多盜黄雲氣犯四方入貢

天園十三星在天苑南植菜果之處曲而鈎菜果熟白雲氣犯之兵起

按步天歌以上諸星皆屬畢宿武密書以天節屬昴參旗天關五車三柱皆屬觜與步天歌不同乾象新書以天節參旗皆屬畢天園西八星屬昴東五星亦屬畢五車北西南三大星屬畢東二星及三柱屬參説皆不同今皆存之

觜觿三星爲三軍之候行軍之藏府葆旅收斂萬物明則軍糧足將得勢動則盜賊行葆旅起暗則不可用兵日食臣犯主戒在將臣暈及三重其下穀不登民疫五重大赦期六十日月食爲旱大將憂有叛主者正月月暈有赦外

軍不勝大將憂偏裨有死者歲星犯之其分兵起守則農夫失業后有憂丁壯多暴死下有叛者民多疾疫入則多盜天時不和國君誅伐不當則逆行熒惑犯之其分有叛者爲旱爲火爲兵起爲糴貴與觜觿合趙分相憂入則其下有兵塡星入犯爲兵爲土功其分失地女主恣則塡星逆行而色黃太白犯之兵起守之其分易令大臣叛物不成民疫辰星犯之不可舉兵一曰趙地水有叛者守之趙分饑客星出入其宿青爲憂赤爲兵黑爲水白爲喪黃白爲吉彗星犯之兵起出入其分失地民流星孛之爲兵亂軍破其色與客星同占流星入犯之有叛者有破軍雲氣犯之赤爲兵蒼白爲兵憂黑趙地大人有憂色黃有神寶入

按漢永元銅儀唐開元游儀皆以觜觿爲三度舊去極八十四度景祐測驗觜宿三星一度距西南星去極八十四度在赤道內七度

坐旗九星在司怪西北君臣設位之表也星明則國有禮

司怪四星在井鉞星前主候天地日月星辰變異鳥獸草木之妖明主聞灾修德保福星不成行列宮中及天下多怪

按步天歌坐旗司怪俱屬觜宿武密書及乾象新書皆

屬于參

參宿十星一曰參伐一曰天市一曰大辰一曰鈇鉞主斬刈萬物以助陰氣又爲天獄主殺秉威行罰也又主權衡所以平理也又主邊城爲九譯故不欲其動參爲白獸之體其中三星橫列者三將也東北曰左肩主左將西北曰右肩主右將東南曰左足主後將軍西南曰右足主偏將軍參應七將中央三小星曰伐天之都尉主鮮卑外國不欲其明七將皆明大天下兵精王道缺則芒角張伐星明與參等大臣有謀兵起失色軍散敗芒角動邊有急兵起有斬伐之事星移客伐主肩細微天下兵弱左足入玉井中兵起秦有大水有喪山石爲怪星差戾王臣貳左股星亡東南不可舉兵右股則主西北又曰參足移北爲進將出有功徙南爲退將軍失勢三星疏法令急日食大臣憂臣下相殘陰國強日暈有來和親者一曰大饑月食其度爲兵臣下有謀貴臣誅其分大饑外兵大將死天下更令月暈將死人殃亂戰不利月犯貴臣憂兵起民飢犯參伐偏將死歲星犯之水旱不時大疫爲饑守之兵起民疫入則天下更政熒惑犯之爲兵爲內亂秦燕地凶守之爲旱爲兵四方不寧逆行入則大饑塡星犯之有叛臣守之其下國亡姦臣謀逆一云有喪后夫人當之逆行留守兵起

太白犯之天下發兵守之大人爲亂國易政邊民大戰辰星犯之爲水爲兵貴臣黜辰星與參出西方爲旱大臣誅逆守之兵起客星入犯之國內有斬刈事守之邊州失地環繞者邊將有斬刈事彗星犯之邊兵敗君亡遠期三年貫之色白爲兵喪星孛于參君臣俱憂國兵敗流星入犯之先起兵者亡乙巳占曰流星出而光潤邊安有赦獄空青雲氣入犯之天子起邊城蒼白爲臣亂赤爲內兵黃色潤澤大將受賜黑爲水災大臣憂白雲氣出貫之將死天子疾

按漢末元銅儀參八度舊去極九十四度景祐測驗參宿十星十度右足入畢十三度

玉井四星在參左足下主水泉以給庖廚動搖爲憂客星入爲水爲喪國失地出則國得地一云將出流星入爲大水雲氣入而色青井水不可食

屏二星一作天屏在玉井南一云在參右足星不具人多疾不明大人寢疾星亡王多病月五星犯之爲水客星出于屏亦爲大人有疾彗星犯之水旱不時

軍井四星在玉井東南軍營之井主給師濟疲乏月犯芻稾財寶出熒惑入爲水兵多死太白入兵動民不安客星入憂水害

厠四星在屏星東一曰在參右脚南主溷色黃爲吉歲豐青黑人主腰下有疾星不具則貴人多病客星入爲穀貴彗孛入歲饑青雲氣入爲兵黑爲憂黃則天子有喜

天屎一星在天厠南色黃則年豐凡變色爲蝗爲水旱爲霜殺物常以秋分候之星亡不見天下荒星微民多流

按步天歌玉井軍井厠各四星屏二星天屎一星俱屬參宿晉志玉井在參左足武密書屬觜乾象新書屬畢軍井晉志在玉井南武密亦屬觜乾象新書亦屬畢唐開元游儀在玉井東南屏厠天屎晉志皆不載隋志屏在玉井南開元游儀在觜隋志厠在屏東屎在厠南乾象新書皆屬參與步天歌互有不合

南方東井八星天之南門黃道所經七曜常行其中爲天之亭候主水衡事法令所取平也武密占曰井中爲三光正道五緯留守若經之皆爲天下無道不欲明明則大水又占曰用法平井宿明鉞一星附井宿前主伺奢淫而斬之明大與井宿齊則用鉞於大臣月宿其分有風雨日食秦地旱民流有不臣者暈則多風雨有青赤氣在日爲冠天子立侯王月食有內亂大臣黜后不安五穀不登分有兵喪月暈爲旱爲兵爲民流國有憂一曰有赦陰陽不和則暈暈及三重在三月爲大水在十二月日壬癸爲大赦

月犯之將死于兵水官黜刑不平犯井鉞大臣誅有水事歲星犯之王急法多獄訟水溢將軍惡之犯井鉞近臣爲亂兵起逆行入井川流壅塞熒惑犯之兵先起者殃又曰天子以水敗入守經旬下有兵貴人不安守三十日成勾已角動色赤黑貴人當之百川溢兵起塡星入犯之兵起東北大臣憂入井鉞王者惡之在觜而去東井其下亡地太白犯之咎在將久守其分君失政臣爲亂辰星犯之星進則兵進退則兵退刑法平又曰北兵起歲惡芒角動搖色赤黑爲水爲兵起客星犯之穀不登大臣誅有土功小兒妖言彗星犯之民讒言國失政一曰大臣誅其分兵災

流星犯之在春夏則秦地謀叛在秋冬則宮中有憂乙巳占流星色黃潤國安赤黑秦分民流水災蒼黑雲氣入犯之民有疾疫黃白潤澤有客來言水澤事黑氣入爲大水常以正月朔日入時候之井宿上有雲歲多水潦

按漢永元銅儀井宿三十度唐開元游儀三十三度去極七十度景祐測驗亦三十三度距西北星去極六十九度

五諸侯五星在東井北主斷疑刺舉戒不虞理陰陽察得失亦曰主帝心一曰帝師二曰帝友三曰三公四曰博士五曰太史五者常爲帝定疑議星明大潤澤則天下治五禮備則光明不相侵陵暗則貴人謀上芒角禍在中歲星犯之兵起三年熒惑犯之大臣叛不成太白犯之諸侯興兵亡國經天晝見則諸侯受誅客星犯王室亂諸侯亡地秦國殃守之諸侯親屬失位彗孛犯之執法臣誅又曰貴臣當之期一年雲氣犯之色蒼白諸侯有喪不則臣有誅戮

積水一星在北河西北所以供酒食之正也不見爲災歲星犯之水物不成魚鹽貴民飢熒惑犯之爲兵爲水辰星犯之爲水旱客星犯之兵起大水大臣憂期一年蒼白雲氣入犯之天下有水

積薪一星在積水東北供庖廚之正也星不明五穀不登熒惑犯之爲旱爲兵爲火災客星守之薪貴赤雲氣入犯之爲火災

南河三星與北河夾東井一曰天之闕門也主關梁南河曰南戍一曰南宮一曰陽門一曰越門一曰權星主火兩河戍間日月五星之常道也河戍動搖中國兵起河星不具則路不通水泛溢月出入兩河間中道民安歲美無兵出中道之南君惡之大臣不附星明爲吉昏昧動搖則邊兵起遠人叛主憂月犯之爲中邦憂一曰爲兵爲喪爲旱爲疫行西南爲兵旱入南戍則民疫暈則爲土功秉之四

方兵起經南戍南則爲刑罰失歲星犯之北主憂熒惑犯兩河爲兵守三十日以上川溢守南河穀不登女主憂守南戍西果不成在東則有攻戰塡星乘南河爲旱民憂守之爲兵道不通太白舍三十日川溢一曰有姦謀守兩河爲兵起客星守之爲旱爲疫彗孛出爲兵守爲旱流星出爲兵喪邊戍有憂蒼白雲氣入之河道不通出而色赤天子兵向諸侯黃氣入之有德令出爲灾

北河亦三星北河曰北戍一曰北宮一曰陰門一曰胡門一曰衡星主水五星出入留守之爲兵起犯之爲女喪乘之爲北主憂歲星入北戍大臣誅熒惑從西入北戍六十日有喪從東入九十日有兵一曰出北戍北守之邊將有不請于上而用兵外國者勝塡星守之兵起六十日內有赦一曰有土功若守戍西五穀不實太白舍北戍三十日爲女喪有內謀守陰門不出百日天下兵悉起辰星守之外兵起邊臣有謀留止則兵起四方客星入犯之有喪於外姦人在中入自東兵起期九十日入自西有喪期六十日守之爲大水流星經兩河間天下有難入爲北兵入中國關梁不通雲氣蒼白入犯之邊有兵疾疫又爲北主憂

四瀆四星在東井南垣之東江河淮濟之精也明大則百川決

水位四星在積薪東一曰在東井東北主水衡歲星犯之爲大水一曰出南爲旱熒惑守之田不治客星犯之水道不通伏兵在水中一曰客星若水火守犯之百川流溢彗孛出爲大水爲兵穀不成流星入之天下有水穀敗民飢赤雲氣入爲旱饑

天罇三星在五諸侯南一曰在東井北罇器也主盛饘粥以給貧餒明爲豐暗則歲惡

闕丘二星在南河南天子雙闕諸侯兩觀也太白熒惑守之兵戰闕下

軍市十三星狀如天錢天軍貿易之市有無相通也中星衆則軍餘粮小則軍飢月入爲兵起主不安五星守之軍粮絕客星入有刺客起將離卒亡流星出爲大將出

野雞一星在軍市中主變怪出市外天下有兵守靜爲吉芒角爲凶

狼一星在東井東南爲野將主侵掠色有常不欲動也芒角動搖則兵起明盛兵器貴移位人相食色黃白爲凶赤爲兵月犯之有兵不戰一曰有水事月食在狼外國有謀五星犯之兵大起多盜彗孛犯之盜起客星守之色黃潤爲喜黑則有憂赤雲氣入有兵

弧矢九星在狼星東南天弓也主行陰謀以備盜常屬矢

以向狼武密曰天弓張則北兵起又曰天下盡兵動搖明
大則多盜矢不直狼爲多盜引滿則天下盡爲盜月入弧
矢臣逾主月暈其宿兵大起客星入南夷來降若舍其分
秋雨雪穀不成守之外夷飢出入之爲兵出入流星入北
兵起屠城殺將赤雲氣入之民驚一曰北兵入中國
老人一星在弧矢南一名南極常以秋分之旦見于丙候
之南郊春分之夕没于丁見則治平天子壽昌不見則兵
起歲荒君憂客星入爲民疫一曰兵起老者憂流星犯之
老人多疾一曰兵起白雲氣入之國當絶
丈人二星在軍市西南主壽考悼耄矜寡以哀窮人星亡
人臣不得自通
子二星在丈人東主侍丈人側不見爲災
孫二星在子星東以天孫侍丈人側相扶而居以孝愛不
見爲災居常爲無咎
水府四星在東井西南水官也主隄塘道路梁溝以設隄
防之備熒惑入之有謀臣辰星入爲水客星入天下大水
流星入色青主所之邑大水赤爲旱
按步天歌自五諸侯至水府常星二十八坐俱屬東井
武密書以丈人二星子孫各一星屬𠦜宿乾象新書以
丈人與子屬參孫屬井又以水府四星亦屬參武密以
水府屬井餘皆與步天歌合
輿鬼五星主觀察姦謀天目也東北星主積馬東南星主
積兵西南星主積布帛西北星主積金玉隨變占之中央
星爲積尸主死喪祠祀一曰鈇鑕主誅斬星明大穀不成
不明民散鑕欲其忽忽不明明則兵起大臣誅動而光賦
重役煩民懷嗟怨日食國不安有大喪貴人憂暈則其分
有兵大臣有誅廢者月食貴臣皇后憂期一年暈爲旱爲
赦月犯之秦分君憂一曰軍將死貴臣女主憂民疫歲星
犯之穀傷民飢君不聽事犯鬼鑕執法臣誅熒惑犯之忠
臣誅一曰兵起后失勢入則后及相憂一曰賊在君側有
兵喪勾巳國有赦留守十日諸侯當之二十日太子當之
勾巳環繞天子失廟塡星犯之大臣女主憂守之憂在後
宮爲旱爲土功入鑕王者惡之犯積尸在陽爲君在陰爲
后左爲太子右爲貴臣隨所守惡之太白入犯之爲兵亂
臣在內一曰將有誅貴之而怒下有叛臣久守之下有兵
爲旱爲火萬物不成辰星犯之五穀不登守爲有喪憂在
貴人客星犯之國有自立者敗一曰多土功入之有詛盟
祠鬼事彗星犯之兵起國不安星孛其下有喪兵起宜修
德禳之流星犯鬼鑕有戮死者入則四國來貢白雲氣入
有疾疫黑后有憂赤爲旱黄爲土功入犯積尸貴臣有憂

青爲病
按漢永元銅儀輿鬼四度舊去極六十八度景祐測驗
輿鬼三度距西南星去極六十八度
爟四星在鬼宿西北一曰在軒轅西主烽火備邊亭之警
急以不明爲安明大則邊有警赤雲氣入天下烽火皆動
天狗七星在狼星北主守財動移爲兵爲饑多寇盜有亂
兵填星守之人相食客彗守之則群盜起
外廚六星爲天子之外廚主烹宰以供宗廟占與天廚同
積尸氣一星在鬼宿中孛孛然入鬼一度半去極六十九
度在赤道内二十二度主死喪祠祀

天紀一星在外廚南主禽獸之齒太白熒惑守犯之禽獸
死民不安客星守之則政隳
天社六星在弧矢南昔共工氏之勾龍能平水土故祀之
以配社其精上爲星明則社稷安不明動搖則下謀上太
白熒惑犯之社稷不安客星入有祀事于國内出則有祀
事于國外
按晉志爟四星屬天市垣天狗七星在七星北武密以
天狗屬牛宿又屬輿鬼乾象新書屬井外廚六星晉志
在柳宿南武密書亦屬柳乾象新書與步天歌皆屬輿
鬼天紀一星武密書及乾象新書皆屬柳惟步天歌屬

鬼宿天社六星武密書屬井又屬鬼乾象新書以西一
星屬井中一星屬鬼末一星屬柳今從步天歌以諸星
俱屬輿鬼而備存衆説
柳宿八星天之廚宰也主尚食和滋味又主雷雨爾雅曰
咮謂之柳柳鶉火也又主木功一曰天庫又爲鳥喙主草
木明則大臣謹重國家廚食具開張則人飢死亡則都邑
振動直則爲兵日食宫室不安王者惡之廚官橋道隄防
有憂日暈飛鳥多死五穀不成三抱而戴者君有喜月食
宫室不安大臣憂月暈林菀有兵天下有土功廚獄官憂
又爲兵爲饑爲旱疫歲星犯之國多義兵熒惑犯之色赤

而芒角其下君死一曰宫中憂火災守之有兵逆臣在側
逆行守之王不寧填星犯守君臣和天下喜石申曰天子
戒飲食之官出入留舍有急令太白犯之有急兵逆行勾
巳臣謀主晝見爲兵辰星犯之民相仇歲旱君戒在酒食
客星犯之咎在周國守則布帛魚鹽貴色蒼白殺邊地諸
侯彗星犯之大臣誅爲兵爲喪星孛于柳南夷叛甘德曰
爲兵爲喪流星出犯之周分憂色黄爲喜入則王者内有
火災乙巳占出則宗廟有喜賢人用入爲天廚官有憂木
功廢赤雲氣入爲火黄爲赦黄白爲天子有喜起宫室
按漢永元銅儀以柳爲十四度唐開元游儀十五度舊

去極七十七度景祐測驗柳八星一十五度距西頭第三星去極八十三度

酒旗三星在軒轅右角南酒官之旗也主宴享飲食星不具則天下有大喪帝王宴飲沉昏非禮以酒亡國明則宴樂謹五星守之天下大酺有酒肉賜宗室熒惑犯之飲食失度太白犯之三公九卿有謀客彗犯主以酒過爲相所害赤雲氣入君以酒失

按晉志酒旗在天市垣步天歌以酒旗屬柳宿以通占鏡考之亦屬柳又屬七星乾象新書亦屬七星與步天歌不同今並存之

七星七星一名天都主衣裳文繡又主急兵故星明王道昌暗則賢良去天下空動則兵起離則易政蓋天曰七星爲朱雀頸頸者文明之粹羽儀所承日食其宿主不安刑在門户之神又曰文章士受誅其分兵起臣爲亂日暈周邦君憂青色抱而順在兵爲東軍吉月食后及大臣有憂又爲歲饑民流其國更政暈其地旱獄官凶歲星犯之王憂兵五穀多傷熒惑犯之橋梁不通逆行則地動爲火災出入留舍其國失地水決塡星犯守世治平王道興后夫人喜太白犯之兵暴起大臣爲亂經天防詐僞辰星犯之賊臣在側守則其分有憂萬物不成兵從中起貴臣有罪民疫流亡客星犯之爲兵荆州占云河水決民流彗犯有亂兵起貴臣戮武密曰彗星出七星狀如杵爲兵星孛于星有亂兵起宮殿貴臣戮大臣相譖流星犯之爲兵憂又曰入則有急使來乙巳占流星入庫官有喜錦繡進女工用著白雲氣入貴人憂出則天子用急使赤入爲兵黑爲賢士死黃則遠人來貢白爲天子遣使賜諸侯帛

按景祐測驗七星七度距大星去極九十七度

軒轅十七星在七星北后妃之主士職也一曰東陵一曰權星主雷雨之神南大星女主也次北一星夫人也屏也上將也次北一星妃也次將也其次諸星皆次妃之屬也

女主南小星女御也左一星少民后宗也右一星大民太后宗也欲其色黃小而明武密曰后妃後宮之象陰陽交合感爲雷激爲電和爲雨怒爲風亂爲霧凝爲霜散爲露聚爲雲氣立爲虹蜺離爲背璚分爲抱珥此二十四變皆權主之微細則皇后不安黑則憂在大人移徙則民流東西角大張而振后族敗月入之女主失勢或火灾犯左右角大臣以罪免中犯乘守大民爲饑太后宗有罪守少民小有饑女主失勢守御女有憂月暈女主有喪月五星凌犯環繞乘守皆爲女主有禍月食女主憂歲星犯之女主失勢一曰大臣當之乘守大民爲大饑太后宗黜中犯乘

守少民爲小饑後宮有黜者熒惑犯守勾己后妃離德犯御女天子僕妾憂犯大民少民憂在后宗守之宮中有戮者塡星行其中女主失勢有喪太白犯之皇后失勢客星犯之近臣謀滅宗族彗孛犯女主爲寇一曰兵起流星入之後宮多讒亂乙巳占流星出之后有中使出一曰天子有子孫喜

天稷五星在七星南農正也取百穀之長以爲號明則歲豐暗或不具爲饑移徙天下荒歉客星入之有祠事于內出有祠事于國外

天相三星在七星北一曰在酒旗南丞相大臣之象武密曰占與相星同五星犯守之后妃將相憂彗客犯之大臣誅雲氣入黃爲大臣喜黑爲將疾

內平四星在三台南一曰在中台南執法平罪之官明則刑罰平

按軒轅十七星晉志在七星北而列于天市垣武密以軒轅屬七星又屬柳乾象新書以西八星屬柳中屬七星末屬張天稷五星晉志在七星南武密亦以天稷屬七星又屬柳乾象新書以西二星屬柳餘屬七星天相三星晉志在天市垣武密書屬七星乾象新書屬軫宿內平四星晉志在天市垣武密書屬柳乾象新書屬張步天歌屬七星諸說皆不同今並存之

張宿六星主珍寶宗廟所用及衣服又主天廚飲食賞賚之事明則王行五禮得天之中動則賞賚不明王者子孫多疾移徙則天下有逆謀聚則有兵日食爲王者失禮掌御饌者憂甘德曰后失勢貴臣憂期七十日暈及有黃氣抱日主功臣效忠又曰財寶大臣黜將相憂月食其分饑臣失勢皇后有憂暈爲水災陳卓曰五穀魚鹽貴巫咸曰后妃惡之宮中疫月犯之將相死其國憂歲星入犯之天子有慶賀事守之國大豐君臣同心三十日不出天下安寧其國升平熒惑犯之功臣當封入則爲兵起又曰色如四時休王其分貴人安社稷無虞又曰熒惑春守諸侯叛逆行守之爲地動爲火災又曰將軍驚土功作又曰會則不可用兵塡星犯之爲女主飲宴過度或宮女失禮入爲兵出則其分失地守之有土功太白犯之國憂守之其國兵謀不成石申曰國易政舍留其國兵起辰星犯守五穀不成兵起大水貴臣負國民疫多訟芒角臣傷其君入爲火災出則有叛臣客星犯之天子以酒爲憂守之周楚之國有隱士出入于張兵起國饑舍留不去前將軍有謀又曰利先起兵彗星犯之國用兵民亡守爲兵出爲旱又曰犯守君欲移徙宮殿星孛于張爲民流爲兵大起乙巳占

流星出入宗社曰有赦令下臣入賀蒼白雲氣入之庭中觴客有憂黄白天子因喜賜客黑爲其分水災色赤天子將用兵

按漢永元銅儀張宿十七度唐開元游儀十八度舊去極九十七度景祐測驗張十八度距西第二星去極一百三度

天廟十四星在張宿南天子祖廟也明則吉微細其所有兵軍食不通客星中犯之有白衣會兵起又曰祠官有憂武密曰與虚梁同占

按天廟十四星晉志雖列于二十八宿之外而亦曰在

張宿南與隋志所載同兼與步天歌合

翼宿二十二星天之樂府主俳倡戲樂又主外夷遠客負海之賓星明大禮樂興四國賓動揺則蠻夷使來離徙天子將舉兵日食王者失禮忠臣見譖爲旱災暈爲樂官黜上有抱氣三敵心欲和月食亦爲忠臣見譖飛蝗多死比方有兵女主惡之石申曰大臣有謀月犯之國憂其分有兵大將亡女主惡之歲星犯五穀爲風所傷守之王道具將相忠文術用逆行入之君好畋獵熒惑犯之其分民饑臣下不從命邊兵起出入留舍爲兵守之佞臣爲亂塡星犯之大臣憂守之主聖臣賢歲豐后有喜出入留舍兵起逆行則女主失政太白入或犯之皆爲兵起出入留舍大風水災其分君不安舍左爲旱守犯勾己凌突則大臣專君令辰星凌抵下臣爲亂伏誅守之旱饑民流龍蛇見守其中兵大起同見西方大臣憂客星入犯之國有兵大臣憂一曰負海國有使來守之爲兵起彗星犯之大臣憂國有兵喪星孛于翼亦爲大臣憂其分失禮樂出則其地有謀下有兵喪芒所指有降人流星犯之亦爲憂在大臣出則其下有兵入爲貴臣囚繫乙巳占曰流星入天下賢士入見南夷來貢國有賢臣赤雲氣出入有暴兵黄而潤澤諸侯來貢黑爲國憂

按漢永元銅儀翼宿十九度唐開元游儀十八度舊去極九十七度景祐測驗翼宿一十八度距中行西第二星去極百四度

東甌五星在翼南蠻夷星也天文録曰東甌東越也今永嘉郡永寧縣是也芒角動揺則蠻夷叛太白熒惑守之其地有兵

按東甌五星晉志在二十八宿之外乾象新書屬張宿武密書屬翼宿與步歌合

軫宿四星主冢宰輔臣主車騎主載任有軍出入皆占于軫又主風占死喪明大則車駕備移徙天子有憂就聚則

兵起轄二星傅軫兩旁主王侯左轄爲王者同姓右轄爲異姓星明兵大起遠軫凶轄舉南蠻侵車無轄國有憂日食憂在將相戒車駕之官一曰后不安暈而生背氣其下兵起城拔視背所向擊之勝又曰王者惡之月食后及大臣憂月暈有兵歲旱多大風歲星犯之爲大灾爲民疫大臣憂主庫者有罪入則其國將死守之國有喪七日不移有赦又曰君有憂熒惑犯之有亂兵入軫將軍爲亂水傷稼民多妖言逆行爲火爲兵填星犯之爲兵爲土功入則兵敗逆行女主憂出入舍留六十日兵起大旱太白犯之爲兵起得地入爲兵守之亡地將憂起左角逆行至軫失地經天則兵滿野辰星犯之民疫大臣憂中國有貴喪守之大水入則天下以火爲憂一曰國有喪客星犯之爲兵爲喪入則有土功雜貴諸侯使來出則君使諸侯守之邊兵起民飢守轄軍吏憂彗星犯之爲兵爲喪色赤爲君失道又曰天子起兵王公廢黜星孛于軫亦爲兵喪又曰下謀上主憂流星犯之有兵起亦有喪不出一年庫藏空春夏犯之爲皮革用秋冬爲水旱不調

按漢永元銅儀以軫宿爲十八度舊去極九十八度景祐測驗亦十八度去極一百度

長沙一星在軫宿中入軫二度去極百五度主壽命明則君壽長子孫昌

青丘七星在軫東南蠻夷之國號星明則夷兵盛動搖夷兵爲亂守常則吉

軍門二星在青丘西一曰在土司空北天子六宮之門主營候設豹尾旗與南門同占星非其故及客星犯之皆爲道不通

器府三十二星在軫宿南樂器之府也明則八音和君臣平不明則反是客彗犯之樂官誅赤雲氣掩之天下音樂廢

土司空四星在青丘西主界域亦曰司徒均明則天下豐微暗則稼穡不登太白熒惑犯之男女廢耕桑客彗犯之爲兵起民流

按步天歌以左轄右轄二星長沙一星軍門二星土司空四星青丘七星器府三十二星俱屬軫宿晉志惟轄星長沙附于軫餘在二十八宿之外乾象新書以軍門器府土司空屬翼青丘屬軫武密書以軍門屬翼餘皆屬軫今從步天歌而附見諸家之説

宋史天文志卷第四

開府儀同三司上柱國錄軍國重事前中書右丞相監修國史領經筵事都總裁臣脫脫等奉
敕修

天文五

七曜　景星　彗孛　客星
流星　妖星　星變　雲氣
日食　日變　日煇氣
月食　月變　月煇氣

七曜

日爲太陽之精君之象日行一度一年一周天日月
行有道之國則光明君道至大則日色光明動不失
時則日揚光至德之萌日月如連璧君臣有道則日
含王字君亮天工則日備五色有聖人起則日再中

人君有德日有四彗光芒四出日有二彗一年再赦
周禮視祲掌十煇之法一曰祲陰陽五色之氣浸淫
相侵二曰象雲氣成形象三曰鑴日旁氣刺日四曰
監雲氣臨日上五曰闇謂蝕及日光脫六曰瞢不光
明七曰彌白虹貫日八曰序謂氣若山而在日上及
冠珥背璚重疊次序在于日旁九曰隮謂暈及虹也
十曰想五色有形想凡黃氣環在日左右爲抱氣居
日上爲戴氣爲冠氣居日下爲承氣爲履氣居日下
左右爲紐氣爲纓氣抱氣則輔臣忠餘皆爲喜爲得
地吉一珥在日西則西軍勝在東則東軍勝南北亦

然無兵亦有拜將兩珥氣圜而小在日左右主民壽
考三珥色黃白女主喜純白爲喪赤爲兵青爲疾黑
爲水四珥主立侯王有子孫喜日有黃芒君福昌多
黃煇王政太平日無光爲兵喪又爲臣有陰謀日旁
雲氣白如席兵衆戰死黑有叛臣如蛇貫之而青穀
多傷白爲兵赤其下有叛黃臣下交兵黑爲水日始
出黑雲氣貫之三日有暴雨青雲在上下可出兵有
赤氣如死蛇爲饑爲疫雜氣刺日皆爲兵日暈七日
內無風雨亦爲兵甲乙憂火丙丁臣下忠戊巳后族
盛庚辛將利壬癸臣專政半暈相有謀黃則吉黑爲

災暈再重歲豐色青爲兵穀貴赤蝗爲災三重兵起
四重臣叛五重兵饑六重兵喪七重天下亡日並出
諸侯有謀無道用兵者亡日鬬爲兵冦日隕下失政
日中見飛燕下有廢主日中黑子臣蔽主明日晝昏
臣蔽君之明有簒弑赤如血君喪臣叛日夜出兵起
下陵上大水日光四散君失明白虹貫日近臣亂諸
侯叛日赤如火君亡日生牙下有賊臣日食爲陰蔽
陽食既則大臣憂臣叛主兵起日食在正旦王者惡
之日珥甲乙日有二珥四珥而食白雲中出主兵丙
丁黑雲天下疫戊巳青雲兵喪庚辛赤雲天下有火

主壬癸黃雲有土功日食在甲乙日主四海之外不占丙丁江淮海岱也戊己中川河濟也庚辛華山以西壬癸常山以北各以其下所主當之寅卯辰木招謀者司徒也巳午未火招謀者太子也申酉戌金司馬也亥子丑水司空也

月為太陰之精女主之象一月一周天君明則依度臣專則失道或大臣用事兵刑失理則乍南乍北或女主外戚專權則或進或退月變色為殃青饑赤兵旱黃喜黑水晝明則姦邪作月旁瑞氣一珥五穀登兩珥外兵勝四珥及生戴氣君喜國安終歲不暈天

下偃兵晦而明見西方曰朓朔而明見東方曰仄朓匿則政緩仄匿則政急六日而弦臣專政七日而弦主勝客八日而弦天下安十日不弦將死戰不勝兩月並見兵起國亂水溢星入月中亡國破將白暈貫之下有廢主白虹貫之為大兵起生齒則下有叛臣生足則后族專政月珥背璚暈而珥六十日兵起珥青憂赤兵白喪黑國亡黃喜有背璚臣下強縱欲相殘賊不和之氣暈三重兵起四重國亡五重女主憂六重國失政七重下易主八重亡國九重兵起亡地十重天下更始月食從上始則君失道從旁始為相

失令從下始為將失法歲星犯之兵饑民流熒惑犯之大將死有叛臣民饑填星犯之人臣弒主合國饑月食填星民流一曰月犯填女主憂民流太白犯出月右為陰國有謀左為陽國有謀出月下君死民流月戴太白起兵入月將死與太白會太子危辰星犯之天下水月食辰水饑辰入月臣叛主彗星入或犯之兵期十二年大饑貫月臣叛主流星犯之有兵入無光有亡國在月上下國將亂月犯列星其國受兵星食月國相死星見月中主憂

凡月之行歷二十有九日五十三分而與日相會

是謂合朔當朔日之交月行黃道而日為月所揜則日食是為陰勝陽其變重自古聖人畏之若日月同度于朔月行不入黃道則雖會而不食月之行在望與日對衝月入于闇虛之內則月為之食是為陽勝陰其變輕昔朱熹謂月食終亦為灾陰若退避則不至相敵而食所謂闇虛蓋日火外明其對必有闇氣大小與日體同此日月交會薄食之大略也日食修德月食修刑自昔人主遇灾而懼側身修行者此也

歲星為東方為春為木於人五常仁也五事貌也超

舍而前爲贏退舍爲縮色光明潤君壽民富又主福
主大司農主五穀石申曰歲星所在國不可伐如歲
在卯不可東征甘德曰所去國凶所之國吉退行爲
凶災主泰山徐青兖及角亢氐房心尾箕君令不順
則歲星退行入陰爲内事入陽爲外事行陰道爲水
行陽道爲旱星大則喜小則牛馬多死疾疫初見小
而日益大所居國利初出大而日小國耗荆州占歲
星色黑爲喪黄則歲豐白爲兵青多獄君暴則色赤
熒惑相犯爲大戰相去方寸爲犯戰客勝食火國亡邊
侵曰食守之爲賊居之不去爲守觸火則國亂兩體

俱動而直曰觸合鬬爲饑旱離復合合復離曰鬬填
星相犯退犯填太子叛當東反西曰退與填星合爲
内亂民饑芒角相及同光曰合守填星其下城敗太
白相犯大臣黜女主喪觸太白則四邊來侵守太白
爲四序不調合鬬則大將死辰星相犯太子憂觸辰
主憂守憂賊合則君臣和晝見則臣強他星犯之主
不安客星犯守主憂流星犯之色蒼黒大農死赤爲
饑疫黄則歲豐抵之臣叛主
熒惑爲南方爲夏爲火於人五常禮也五事視也晉
灼曰常以十月入太微受制而出行列宿司天道出

入無常二歲一周天出則有兵入則兵散逆行一舍
二舍爲不祥所舍國爲亂賊疾喪饑兵或環遶勾巳
芒角動摇變色乍前乍後爲殃愈甚退行一舍天下
有火災五舍大臣叛星經曰主霍山揚荆交州又輿
鬼柳七星又主大鴻臚又曰主司空爲司馬主楚吳
越以南司天下群臣之過失東行則兵聚東方西行則兵
聚西方天下安則行疾與歲星相犯主册太子有赦
觸歲星有子守之太子危填星相犯兵大起入填星
將爲亂觸之有刀兵守之有内賊太子危與太白相
犯主亡兵起守北太子憂南庶子憂環遶偏將死與

辰星相犯兵敗與辰星相會爲旱秋爲兵冬爲喪守
之太子憂有赦他星相犯兵起祆星犯之爲兵爲火
填星爲中央爲季夏爲土於人五常信也五事思也
常以甲辰元始之歲填行一宿二十八歲而一周天
四星皆失填爲之動所居國吉女子有福不可伐去
之失地天子失信則填大動盈則超舍以德盈則加
福刑盈則不復縮則退舍不及常德縮則迫感刑縮
則不育星經曰主嵩山豫州又主東井行中道則陰
陽和調退行一舍爲水二舍海溢河決經天退行天
下更政地動巫咸曰光明歲熟大明主昌小暗主憂

春青夏赤女主喜春色蒼歲大熟色赤饑有苦兵與
歲星相犯相鬬為内亂合則野有兵熒惑相犯為兵
喪合則為兵為内亂大人忌之太白相犯為内兵有
大戰一曰王者失地合於太微國有大兵一曰國亡
辰星犯為兵為旱祅星犯下臣謀上流星犯則民多
事與月相犯有兵
太白為西方為秋為金於人五常義也五事言也常
以正月甲寅與火晨出東方二百四十日而入入四
十日又出西方二百四十日而入入三十五日而復
出東方出以寅戌入以丑未也一年一周天日方南

太白居其南日方北太白居其北為嬴侯王不寧用
兵進吉退凶日方南太白居其北日方北太白居其
南為縮侯王有憂用兵退吉進凶星經曰主華陰山
梁雍益州又主奎婁胃昴畢觜參出西方失行外國
敗出東方失行中國敗若經天天下革民更主是謂
亂紀人衆流亡晝見與日爭明強國弱女主昌又曰
主大臣巫咸曰光明見影戰勝歲熟狀炎然而上兵
起光如張蓋下有立王凡與歲星相犯兵敗失地犯
熒惑客敗主勝犯塡星太子不安失地犯辰星主兵
入月主死其下兵犯月角兵起在左則中國勝在右

則外國勝當見不見失地破軍他星犯其事恙祅星
犯邊城有戰客星犯主兵將死凡太白至午位避日
而伏若行至未即為經天其災異重也
辰星為北方為冬為水於人五常智也五事聽也常
以二月春分見奎婁五月夏至見東井八月秋分見
角亢十一月冬至見牽牛出以辰戌入以丑未二旬
而入晨候之東方夕候之西方也一年一周天出早
為月食晚為彗星及天祅一時不出其時不和四時
不出天下大饑星經曰主常山冀并幽州又主斗牛
女虛危室壁又曰主燕趙代主廷尉以比宰相之象

石申曰色黃五穀熟黑為水蒼白為喪凡與歲星相
犯皇后有謀熒惑犯妨太子塡星犯兵敗太白亦然
芒角相及同光曰合他星光曜相逮為害客星太陰
流星相犯主内患
凡五星歲星色青比參左肩熒惑色赤比心大星
鎮星色黃比參右肩太白色白比狼星辰星色黑
比奎大星得其常色而應四時則吉變常為凶木
與土合為内亂饑與水合為變謀而更事與火合
為饑為旱與金合為白衣之會合鬬國有内亂野
有破軍為水太白在南歲星在北名曰牝牡年穀

大熟太白在北歲星在南其年或有或無火與金合爲爍爲喪不可舉事用兵從軍爲軍憂離之軍卻出太白陰分地出其陽偏將戰與土合爲憂主孽卿與水合為北軍用兵舉事大敗一曰火與水合爲焠不可舉事用兵土與水合爲壅沮不可舉事用兵有覆軍一曰爲變謀更事必爲旱與金合爲疾爲白衣會爲内兵國亡地與木合國饑水與金合爲變謀爲兵憂木火土金與水鬬皆爲戰兵不在外皆爲内亂三星合是謂驚立絶行其國外内有兵與喪百姓饑之改立侯王四星合是謂大

湯其國兵喪並起君子憂小人流五星若合是謂易行有德受慶改立王者奄有四方子孫蕃昌亡德受殃離其國家滅其宗廟百姓離去被滿四方五星皆大其事亦大皆小事亦小五星俱見其年必惡凡五星與列宿相去方寸爲犯居之不去爲守兩體俱動而直曰觸離復合合復離曰鬬當東反西曰退芒角相及同舍曰合凡五星東行爲順西行曰逆順則疾逆則遲通而率之終於東行不東不西曰留與日相近而不見曰伏伏與日同度曰合凡金水二星行速而不經天自始與日合後行速而先日夕見西方去日前稍遠夕時欲近南方則漸遲遲極則留留而近日則逆行而合日在于日後晨見東方逆極則留留而後遲遲極去日稍遠旦時欲近南方則速行以近日晨伏于東方復與日合度此五星合見遲疾順逆流行之大端也

凡五星之行古法周天之數如歲星謂十二年一周天乃約數耳晉灼謂太歲在四仲則行三宿在四孟四季則行二宿故十二年而行周二十八宿其説亦非夫二十八宿度有廣狹而歲星之行自

有盈縮豈得以十二年一周無差忒乎唐一行始言歲星自商周迄春秋季年率百二十餘年而超一次因以爲常以春秋亂世則其行速時平則其行遲其説尤迂既乃爲後率前率之術以求之則其説自悖矣今紹興曆法歲星每年行一百四十五分是每年行一次之外有餘一分積一百四十四年剩一次矣然則先儒之説安可信乎餘四星之行固無逆順中間亦豈無差忒一行不復詳言蓋亦知之矣

景星

景星德星也一曰端星如半月生於晦朔大而中空其名各異曰周伯其色黃煌煌然所見之國大昌曰含譽光耀似彗喜則含譽射曰格澤狀如炎火下大上銳色黃白起地上見則不種而穫曰歸邪兩赤彗向上有蓋曰天保星有音如炬火下地野雞鳴皆五行沖和之氣所生也其王蓬芮玄保昭明昏昌旬始司危莬昌地維臧光之類亦皆為瑞星然前志以王蓬芮已下星為妖星又奇星古無所考見於仁宗英宗之時故附於景星之末云

彗孛

彗星小者數寸長者或竟天見則兵起大水除舊布新之兆也其體無光傅日而為光故夕見則東指晨見則西指光芒所及則為災有五色各依五行本精所生孛星彗屬偏指曰彗芒氣四出曰孛孛者孛孛然非常惡氣之所生也主大亂主大兵災甚於彗攙頭星玉冊云亦彗屬也

客星

客星有五周伯老子王蓬絮國皇溫星是也周伯大而黃煌煌然所見之國兵喪饑饉民庶流亡老子明大純白出則為饑為凶為善為惡為喜為怒王蓬絮狀如粉絮拂拂然見則其國兵起有白衣之會國皇大而黃白有芒角主兵起水災人主惡之溫星色白狀如風動搖常出四隅皆主兵此五星錯出乎五緯之間其見無期其行無度各以其所在分野而占之又四隅各有三星東南曰盜星主大盜西南曰種陵出則穀貴西北曰天狗見則天下大饑東北曰女帛主有大喪

流星

流星天使也自上而降曰流東西橫行亦曰流流星有八曰天使曰天暉曰天鴈曰天保曰地鴈曰梁星

曰營頭曰天狗流星之為天使者有祥有妖為天暉天鴈夜隕而為天保則祥若夜隕而為地鴈梁星晝隕而為營頭則妖流星之大者為奔星夜隕而為天狗厥妖大自下而升曰飛飛星有五亦有妖祥之分飛星化而為天刑則祥為降石為頓頑為解衔為大瀆則為妖

妖星

妖星五行乖戾之氣也五星之精散而為妖星形狀不同為殃則一各以其所見日期分野形色占為兵饑水旱亂亡星長三尺至五尺期百日等而上之至

一丈期一年三丈期三年五丈期五年十丈期七年十丈已上不出九年蓋妖星長大則期遠而殃深短小則期近而殃淺天棓星乃歲之精主奮爭天槍如彗出西方長二三尺名天槍主破國天猾主招亂天欃出西方長數丈主國亂蚩尤旗類彗而後曲主兵天衝狀如人蒼衣赤首不動主下謀上滅國國皇天而赤去地三丈如炬火主內寇及登主夷分主恣虐旦見則主弱昭明如太白光芒不行主兵喪司危天官書如太白有目去地可六丈大而白其下有兵主擊強五殘如辰星去地六七丈其下有兵主奔亡六賊去地六丈大而赤有光出非其方下有兵喪獄漢青中赤表下有三彗去地可六丈大而赤數動大貴主滅邪暴兵燭星主滅邪紲流主伏逃茀星孛星主災旬始出北斗旁如雄鷄見則更主擊咎主大兵有反者大亂天杵主牂羊天柎主擊殃伏靈見則世亂天敗主鬬衝司姦主見怪天狗有毛旁有短彗下如狗形見則兵饑天殘主貪殘卒起有謀反主驚亡枉矢色黑蛇行望之如有毛目長數匹者見則兵起破女君臣憂上下亂拂樞主制時滅寶主伐亂繞綎主亂擊驚理主相屠大奮祀主昭邪天鋒彗象形似

矛鋒見則兵起有亂臣昭星有三彗兵出有大盜不成又主滅邪蓬星大如二斗器色白出東南方東北主旱或大水長庚星如一匹布著天見則兵起四填大而赤可二丈為兵地維臧光星如月始出大而赤去地二丈東南旱西北兵出東北大水老子星色白為善為惡為饑為凶為喜為怒營頭星有雲如壞山墜所墜下有覆軍流血積陵出西南長三丈主兵小饑昏昌出西北氣青赤色中赤外青主國易政華星出西北狀如環大則諸侯失地白星如削瓜主南夷莵昌有赤青環之主水天下改易濛星赤如牙旗長短四面西南最多亂之象長星出西方歲星之精化為天棓天槍天滑天衝國皇及登蒼彗火星之精化為昭旦蚩尤之旗昭明司危天欃赤彗土星之精化為五殘六賊獄漢大賁昭星紲流茀星旬始蚩尤虹蜺擊咎黃彗太白之精化為天杵天柎伏靈天敗司姦天狗天殘卒起白彗辰星之精化為枉矢破女拂樞滅寶繞綎驚理大奮祀黑彗而月旁祆星亦各有所生天槍天荊真若天猿天樓天垣歲星所生也見以甲寅日有兩青方在其旁天陰晉若官張天惑天雀赤若蚩尤熒惑所生也出在丙寅日有兩赤方在

其旁天上天代從星天樞天翟天沸荆彗墳星所生也出在戊寅日有兩黄方在其旁若星𦏁星若彗竹彗牆星權星白翟太白所生也出在庚寅日有兩白方在其旁天美天毚天社天林天麻天蒿端下辰星所生也出以壬寅日有兩黒方在其旁見則爲水旱兵喪饑亂

雲氣

周禮保章氏以五雲之物辨吉凶水旱降豐荒之祲象故魯僖公日南至登觀臺以望漢明帝升靈臺以望元氣吹時律觀物變蓋古者分至啓閉必書雲物

爲備故也逮乎後世其法寖備瑞氣則有慶雲昌光之屬妖氣則有虹蜺祥雲之類以候天子之符應驗歲事之豐凶明賢者之出處占戰陣之勝負焉

日食

建隆元年五月己亥朔日有食之二年四月癸巳朔日有食之乾德三年二月壬寅朔日當食不食五年六月戊午朔日有食之開寶元年十二月己酉朔日有食之三年四月辛酉朔日有食之四年十月癸亥朔日有食之五年九月丁巳朔日有食之七年二月庚辰朔日有食之八年七月辛未朔日有食之太平興國二年十一月丁亥朔日有食之既六年九月乙未朔日有食之七年三月癸巳朔日有食之八年二月戊子朔日有食之雍熙二年十二月庚子朔日有食之三年六月戊戌朔日有食之淳化二年閏二月辛未朔日有食之三年二月乙丑朔日有食之四年二月己未朔日有食之八月丙辰朔日有食之五年十二月戊寅朔日有食之雲陰不見咸平元年五月戊午朔日有食之十月丙戌朔日有食之二年九月庚辰朔日有食之三年三月戊寅朔日有食之五年七月甲午朔日有食之景德元年十二月庚辰朔日

有食之三年五月壬寅朔日有食之雲陰不見四年五月丙申朔日有食之陰雨不見大中祥符二年三月丙辰朔日有食之陰雨不見五年八月丙申朔日有食之六年十二月戊午朔日有食之七年十二月癸丑朔日當食不食八年六月己酉朔日有食之天禧三年三月戊午朔日有食之五年七月甲戌朔日有食之乾興元年七月甲子朔日食幾盡天聖二年五月丁亥朔日當食不食四年十月甲戌朔日有食之六年三月丙申朔日有食之七年八月丁亥朔日有食之明道二年六月甲午朔日有食之景祐三年

四月己酉朔日當食不食寶元元年正月戊戌朔日有食之康定元年正月丙辰朔日有食之慶曆二年六月癸酉朔日有食之三年五月丁卯朔日有食之四年十一月戊午朔日當食不食五年四月丁亥朔日有食之雲陰不見六年三月辛巳朔日有食之皇祐元年正月甲午朔日有食之四年十一月壬寅朔日有食之五年十月丙申朔日有食之至和元年四月甲午朔日有食之嘉祐元年八月庚戌朔日有食之三年八月己亥朔日有食之四年正月丙申朔日有食之六年六月壬子朔日有食之雲陰不見熙寧元年正月甲戌朔日有食之二年七月乙丑朔日有食之雲陰不見六年四月甲戌朔日有食之雲陰不見八年八月庚寅朔日有食之雲陰不見元豐元年六月癸卯朔日當食不食三年十一月己丑朔日有食之四年十一月癸未朔日當食不食五年四月壬子朔日有食之雲陰不見六年九月癸卯朔日有食之元祐二年七月庚戌朔日有食之陰雨不見六年五月己未朔日有食之紹聖元年三月壬申朔日有食之二年二月丁卯朔日當食不食四年六月癸未朔日有食之雲陰不見元符三年四月丁酉朔日有

食之建中靖國元年四月辛卯朔日有食之雲陰不見大觀元年十一月壬子朔日有食之二年五月庚戌朔日有食之四年九月丙寅朔日有食之政和三年三月壬子朔日有食之五年七月戊辰朔日有食之重和元年五月壬午朔日有食之宣和元年四月丙子朔日有食之五年八月辛巳朔日有食之陰雲不見建炎三年九月丙午朔日食于亢紹興五年正月乙巳朔日食于女七年二月癸巳朔日食于室（是年當金之天會十五年金史不書日食）八年至十二年日食多在夜史家蔽不書十三年十二月癸未朔日食于牛雲霧不見十五年六月乙亥朔日食于井十七年十月辛卯朔日食于氐（是年乃金之皇統七年金史不書日食）十八年四月戊子朔日有食之霧雲不見十九年三月癸未朔日有食之霧雲不見二十四年五月癸丑朔日有食之霧雲不見二十五年五月丁未朔日有食之霧雲不見二十八年三月辛酉朔日有食之霧雲不見三十年八月丙午朔日食于翼三十一年正月甲戌朔太史言日當食而不食三十二年正月戊辰朔日食于女隆興元年六月庚申朔日食于井二年六月甲寅朔日有食之霧雲不見乾道五年八月甲申朔日食在翼霧

雲不見九年五月壬辰朔日食在井霒雲不見淳熈元年十一月甲申朔日食在尾霒雲不見三年三月丙午朔日有食之霒雲不見四年九月丁酉朔日有食之霒雲不見十年十一月壬戌朔日食于心十五年八月甲子朔日食于翼十六年二月辛酉朔日有食之霒雲不見慶元元年三月丙戌朔日食于婁四年正月己亥朔日有食之霒雲不見五年正月癸巳朔日有食之霒雲不見六年六月乙酉朔日有食之霒雲不見（是年乃金承安五年金史不書日食）嘉泰二年五月甲辰朔日食于畢三年四月己亥朔日有食之（金史不書）開禧二年二月壬子朔日當食太史言不見虧分嘉定三年六月丁巳朔日有食之四年十一月己酉朔日當食太史言不見虧分（金史不書）七年九月壬戌朔日食于角九年二月甲申朔日食于室十年七月丙子朔日食于張十一年七月庚午朔日有食之十四年五月甲申朔日食于畢十六年九月庚子朔日食于軫寶慶三年六月戊申朔日有食之紹定元年六月壬寅朔日有食之六年九月壬寅朔日有食之霒雲不見端平二年二月甲子朔日當食不虧嘉熈元年十二月戊寅朔日有食之淳祐二年九月庚辰朔日有食之

三年三月丁丑朔日有食之五年七月癸巳朔日有食之六年正月辛卯朔日有食之九年四月壬寅朔日有食之十二年二月乙卯朔日有食之寶祐元年二月己酉朔日有食之景定元年三月戊辰朔日有食之二年三月壬戌朔日有食之咸淳元年正月辛未朔日有食之三年五月丁亥朔日有食之四年十月戊寅朔日有食之六年三月庚子朔日有食之七年八月壬辰朔日有食之八年八月丙戌朔日有食之德祐元年六月庚子朔日食既星見雞鶩皆歸明年宋亡

日變

周顯德七年正月癸卯日旣出其下復有一日相掩黑光摩盪者久之開寶七年正月丙戌日中有黑子二景德元年十二月甲辰日有二影如三日狀三年九月戊申日赤如赭四年四月甲申日無光寶元二年十二月庚申日赤如朱踰二刻復慶曆八年正月乙未日赤無光熈寧十年二月辛卯日中有黑子如李至乙巳散元豐元年閏正月庚子日中有黑子如李至二月戊午散十二月丙午日中有黑子如李大至丁巳散二年二月甲寅日中有黑子如李至癸亥

散崇寧二年五月癸卯日淡赤無光三年十月壬辰日中有黑子如棗大政和二年四月辛卯日中有黑子乍二乍三如栗大八年十一月辛亥日中有黑子如李大宣和二年正月己未日蒙蒙無光五月己酉日中有黑子如棗大三年十二月辛卯日中有黑子如李大四年二月癸巳日蒙蒙無光靖康元年閏十一月庚申日赤如火無光建炎三年三月己卯日中有黑子至壬寅始消紹興元年二月己卯日中有黑子如李大三日乃伏六年十月壬戌日中有黑子如李大至十一月丙寅始消七年二月庚子日中有黑

子如李大旬日始消四月戊申日中有黑子至五月乃消八年二月辛酉日中有黑子十月乙亥日中有黑子十五年六月丙午日中有黑氣往來丁未日中有黑子日無光乾道五年正月甲申日色黃白昏霧四塞淳熙十二年正月癸巳日中生黑子大如棗戊戌至庚戌日中皆有黑子十三年五月庚辰日中生黑子大如棗紹熙四年十一月辛未日中有黑子至庚辰始消慶元六年八月乙未日中有黑子如棗大至庚子始消十二月乙酉又生至乙巳始消嘉泰二年十二月甲戌日中生黑子大如棗丙戌始消四年

正月癸未開禧元年四月辛丑日中皆有黑子大如棗嘉熙二年十月己巳日中有黑子德祐二年二月丁酉朔日中有黑子如鵝卵相盪

日煇氣

建隆元年迄開寶末凡冠氣七珥百抱氣七承氣六赤黃氣三黃白氣三青氣二纓一暈一百五十六半暈四十五重暈五十九重半暈七交暈一十八背氣二百三十一紐氣戟氣三太平興國迄至道末凡冠氣一十八戴氣三抱氣一十三珥七十七承氣三赤黃氣璚氣一青氣三暈五十九半暈二十三重暈一

十二交暈三背氣四十四紐氣三戟氣一直氣一十五咸平元年迄乾興末凡重輪二十四彗一五色氣一冠氣二百六十六珥四十一戴氣一百九十七抱氣五十七承氣一百八十四直氣七十七光氣一黃氣九赤黃氣四紫氣五赤黃交氣二赤黃綠碧氣二青赤氣二十一黃白氣一黑氣二白氣五纓三戟氣一紐氣二背氣二百九十九暈一千二百三十一半暈六百五十三重暈二十七交暈一十三天聖元年訖嘉祐末凡日黃曜有光一煇氣一十九龍鳳雲一慶雲二五色雲八紫黃雲五赤黃雲一紫雲二青黃紫

暈八百五十五周暈二十六重暈一十六交暈五連環暈一珥八百四十七冠氣一百四十戴氣二百五十六承氣一百重承氣一抱氣一十八負氣一背氣一百七格氣二直氣五白虹貫日四白氣如繩貫日幷暈一治平元年訖四年凡五色雲八煇氣一暈一百二十八周暈三重暈十二交暈二珥八十九冠氣一十一戴氣三十九承氣五背氣三十三白虹貫日一白虹貫珥一治平以後訖元豐末凡日暈一千三百五十六周暈二百七十七重暈七十四交暈四十九連環暈一珥八百八十二冠氣四十二戴氣二百

七十一承氣五十抱氣二背氣二百四十六直氣二戟氣一纓氣五璚氣一白虹貫日九貫珥三五色雲二十六自元豐八年三月五日訖元符三年正月十二日暈五百二十八周暈二百五十七重暈六十八交暈六十七五色氣暈二珥五百五十六冠氣六十一戴氣一百五十承氣三十三背氣一百七十四直氣三戟氣四纓氣一格氣五白虹貫日一十六貫珥一五色雲十二自元符三年正月訖靖康五年四月凡日暈九暈戴三半暈一暈珥背一半暈重背一暈纓一珥背三珥十三暈珥七冠氣七暈背四戴氣六

承氣二抱氣四背氣一十七五色氣暈一直氣四環氣戴氣二戟氣一履氣二半暈重履一半暈再重一建炎三年春明年二月辛丑白虹貫日四年十一月癸卯日生背氣紹興元年正月壬戌日生背氣二年四月壬申五月戊寅日皆生戴氣閏四月丙申日生背氣三年二月乙卯日生戴氣六月甲申朔日生背氣四年正月壬子日生承氣三月壬戌日暈于軫甲子又暈于婁辛未又暈于胃是日日生抱氣五月甲戌日生背氣六月壬辰日暈于井五年正月庚申日有戴氣六年二月丙寅日暈于婁三月戊寅日暈于

張丁亥又暈于胃四月已亥日生戴氣庚子復生仍有承氣十一月庚寅日左右生珥幷背氣癸巳日又生背氣七年二月辛丑氛氣翳日八年二月辛巳白虹貫日二十一年閏四月壬申日生赤黄暈周匝二十七年二月壬寅白虹貫日二十八年二月戊申日生赤黄暈周匝二十九年正月癸酉日連暈上生青赤黄色戴氣日左右生珥三十一年四月戊辰日生赤黄暈周匝六月辛酉日上暈外生赤黄色有背氣七月辛卯日上暈外生背氣隆興二年二月壬申日生赤黄色暈日左右生青赤黄珥癸未日生赤黄色

暈周匝三月庚戌日生赤黃色暈周匝六月甲子日
有戟氣七月甲申朔日生赤黃暈不匝上生重暈又
生背氣及青珥丁亥日生重暈上生青赤黃色背氣
癸卯日生赤黃暈不匝暈外生背氣赤黃兩頭向外
曲乾道元年六月丁未日暈周匝下暈外生格氣橫
在日下二年二月庚辰日左生赤黃色直氣長丈餘
及半暈背氣三年三月丁巳日暈于婁外生赤黃承
氣四月辛卯日暈赤黃色周匝五月戊戌朔日赤黃
暈周匝甲辰日下暈外有青赤黃承氣六月丙子日
赤黃暈周匝四年六月丁巳日赤黃暈周匝五年正
月己巳日生黃色戴氣承氣六年三月丁丑日暈不
匝下生承氣閏五月壬辰日半暈再重生戴氣承氣
丁酉日左生珥八年六月辛丑日暈不匝左右生珥
壬寅日暈周匝丁未日暈不匝外生承氣日下暈九
年二月丙子日暈于奎淳熙元年三月辛丑日暈于
胃二年七月甲辰日生背氣三年二月庚子日暈不
匝外日半暈再重四年二月戊子日暈不匝日上連
暈生戴氣日下暈外生承氣五年三月癸卯四月乙
酉六月庚辰皆日暈周匝十二月乙未日生兩珥一
戴氣六年二月癸丑日半暈再重六月己丑日暈周

匝十二月辛亥日暈外生戴氣八年正月己酉日生
戴氣後日左生青赤黃珥閏三月丙申日暈周匝七
月己卯日半暈外生背氣十一年正月戊申日半暈
再重十三年五月己卯日暈周匝十五年二月己卯
日赤黃暈周匝六月丙申日上生青赤黃色背氣十
六年三月壬寅日半暈再重紹熙元年五月庚辰日
半暈再重六月甲申日生赤黃暈周匝二年二月壬
寅日生戴氣青赤黃色三月辛未日生青赤黃暈周
匝四月癸未日生戴氣七月庚申日暈外生背氣壬
戌日有背氣四年二月癸亥日暈周匝十一月辛巳
日暈外生背氣五年四月乙卯日暈周匝六月丙午
日上暈外生背氣慶元元年正月丙辰白虹貫日二
月辛巳日上暈外生青赤黃背氣四月己未日生赤
黃色格氣二年五月己丑日生背氣其色青黃嘉泰
元年六月辛卯日暈周匝嘉定四年七月己卯巳初
刻日有赤黃暈不匝至酉初後日上暈外生青赤黃
背氣六年四月己卯日赤黃暈周匝七年三月壬申
日生赤黃暈外有青赤黃承氣後暈周匝十一年二月
丙辰日有赤黃暈白虹貫日丙寅日有戴氣十五年
二月己亥日暈于婁周匝有承氣十七年六月辛卯

日生背氣寶慶三年十二月己酉日旁有氣如珥紹定三年二月丙申日有背氣四年七月己丑日生承氣五年三月丁酉日生抱氣承氣端平元年四月甲申日生赤暈六月戊子日生赤黃暈上下有格氣二年六月戊寅日有承氣三年二月辛亥日暈周匝嘉熙元年二月己酉日暈周匝三月癸亥七月壬申日有背氣四年二月丙申朔日生背氣辛丑白虹貫日淳祐元年二月戊寅午後日暈三年七月甲午日生格氣五年五月戊申日生赤黃暈外有背氣六月甲子日暈周匝六年三月癸巳日暈周匝生珥氣四月

丁丑日暈周匝七年二月戊申日暈周匝八年六月己酉日暈于井赤黃周匝寶祐元年正月戊戌日生戴氣二年二月辛酉日暈周匝四年三月乙卯日暈周匝景定四年四月戊辰日生赤黃暈五年三月己丑日暈于婁周匝赤黃自午至申六月庚午日生赤黃暈九月己丑日生格氣咸淳元年六月壬午日生承氣七年春三月辛巳日暈赤黃周匝

月食

開寶元年十一月庚寅月食二年十月戊子月食三年四月乙酉月食五年八月壬寅月食七年八月庚寅月當食不食太平興國二年六月甲辰月食既十一月壬寅月食三年十月丙寅月食雲陰不見五年八月乙卯月食既雍熙元年正月丙寅月食二年七月戊午月當食不食四年五月丁丑月食端拱二年三月丁酉月當食不食淳化元年正月庚寅月食二年八月壬午月食既三年正月癸卯月食八月丙子月食雲陰不見五年六月乙未月食十二月癸巳月食既至道元年六月己丑月食雲陰不見十二月丁亥月食二年十月辛亥月食咸平元年十月庚子月食二年九月乙未月食三年二月壬戌月食八月庚

申月食四年八月甲寅月食五年正月辛亥月食七月戊申月食六年正月甲辰月食七月壬寅月食景德元年十一月乙丑月食二年五月壬戌月食十月庚寅月食三年十一月癸丑月食四年五月辛亥月食雲陰不見九月戊寅月當食不食大中祥符元年九月癸酉月食二年九月丁卯月當食不食三年閏二月甲子月食五年正月甲申月食陰翳不見七月庚辰月食十二月丁丑月食八年十月辛卯月食九年四月己丑月食雲陰不見天禧元年四月壬午月食十月庚辰月食三年二月壬寅月食四年八月癸

巳月食天聖二年五月壬寅月當食不食四年五月戊午月食慶曆二年六月丁亥月食五年四月庚子月食九月戊戌月食六年九月壬辰月食皇祐二年七月庚子月食四年十一月丙辰月食五年十月辛亥月食至和二年九月庚午月食嘉祐元年八月甲子月食既二年二月壬戌月食八月戊午月食三年閏十二月辛巳月食四年六月戊寅月食十二月乙亥月食既五年十二月己巳月食七年十月己丑月食八年十月癸未月食既治平元年四月庚辰月食四年二月甲午月食熙寧元年七月乙酉月食二年

閏十一月丁未月食三年五月乙巳月當食雲陰不見四年五月己亥月食十一月丙戌月食六年三月戊午月食九月乙卯月食七年九月己酉月食既九年正月壬申月食雲陰不見十年正月丙寅月食七月癸亥月食雲陰不見元豐元年正月庚申月當食有雲障之六月戊午月食二年六月壬子月當食雲陰不見三年十月甲戌月食雲陰不見四年四月辛未月食既十月己巳月食五年十月癸亥月食六年八月丁亥月當食不食七年二月乙酉月食雲陰不見八月辛巳月食雲陰不見八年八月丙子月食既元

祐元年十二月戊戌月當食雲陰不見三年六月庚寅月食既十二月丁亥月當食雲陰不見四年五月甲申月食雲陰不見五年五月戊寅月食雲陰不見六年四月癸卯月食雲陰不見七年三月戊戌月食既八年九月己丑月食雲陰不見紹聖三年七月癸卯月食雲陰不見四年正月庚子月食雲陰不見元符元年五月壬戌月當食不食二年五月丙辰月食既十月甲寅月食既三年十月戊申月食崇寧二年二月甲子月食既八月辛酉月食既三年二月己未月食八月丙辰月食四年十二月戊寅月食五年六

月乙亥月食十二月壬申月食既大觀三年十月丙戌月食四年四月甲申月食既九月庚辰月食既政和元年三月戊寅月食九月甲戌月食三年二月丁酉月食十月甲午月食四年正月辛卯月食既六年十一月乙巳月食七年十一月己亥月食重和元年五月丙申月食宣和二年三月丙辰月食六年正月癸亥月食十二月戊午月食既建炎三年二月壬午月食于軫紹興元年八月己卯月當食雲陰不見二年二月丙子月未當闕而闕體如食色黄白七月甲戌月食于室既三年七月戊辰月食于危四年十二

月庚寅月食于井五年十一月乙酉月食于井既六年五月辛巳月食于南斗十一月己卯月當食雲陰不見八年三月辛丑月當食雲陰不見九月丁酉月當食雲陰不見九年九月壬辰月食于胃既十二年七月丙午月食雲陰不見十三年六月庚子月食既十二月戊戌月當食陰雲不見十四年六月甲午月食于女十五年五月己未月當食陰雲不見十六年四月甲寅月食二十一年二月丙辰望月當食陰雲不見二十五年五月壬戌望月當食以山色遮映不見虧分二十七年九月丁丑月食三十年正月甲

午望月當食陰雲蔽之隆興二年五月己亥月當食陰雲蔽之乾道元年四月甲午月當食陰雲蔽之四年二月丁未月食既五年二月辛丑月當食陰雲不見六年十一月辛酉月當食陰雲不見八年六月壬子月當食陰雲不見淳熙元年四月壬申月當食陰雲不見二年四月丙寅月食于房既九月癸亥月當食雲陰不見三年三月庚申月當食雲陰不見五年二月己卯月當食雲陰不見六年正月甲戌月食既八年十一月丁亥月食九年十一月辛巳月食十年五月己卯月食十二年三月戊戌月食九月乙未月

當食雲陰不見十三年三月壬辰月當食陰雲不見八月庚寅月食既十四年八月甲申月當食陰雲不見十六年十二月辛丑月當食陰雲不見紹熙元年六月丁酉月當食陰雲不見十一月乙未月當食陰雲不見二年六月壬辰月當食陰雲不見三年四月乙巳月當食陰雲不見五年九月癸卯月當食陰雲不見慶元二年八月壬戌月食三年七月己未月食既四年七月庚戌月食六年五月庚午月當食陰雲不見嘉泰二年五月己未月當食陰雲不見三年三月癸未月當食陰雲不見開禧元年三月壬申月當

食陰雲不見閏八月己巳月當食陰雲不見三年正月壬辰月食七月戊子月食嘉定元年二月丙戌月當食陰雨不見十二月庚辰月食二年六月丁丑月食三年十一月己亥月食五年十月戊子月食七年二月庚戌月食八月丁未月食八年八月辛丑月食既九年二月己亥月當食雲陰不見閏七月乙未月當食雲陰不見十年十二月戊午月食十一年六月乙卯月食十二月壬子月食既十二年五月庚戌月當食既雲陰不見十一月丙午月食十三年五月甲辰月當食雲陰不見十四年十月丙寅月食十五年

三月癸亥月當食于氐既雲陰不見十六年三月丁巳月當食雲陰不見寶慶元年正月丁丑月食七月癸酉月食陰雨不見二年七月戊辰月食陰雨不見紹定元年十一月甲申月食二年十一月己卯月食四年四月庚午月食五年三月乙未月食六年二月庚寅月食端平二年十二月癸卯月食三年十二月丁酉月食嘉熙元年六月乙未月食三年四月甲寅月食四年四月戊申月食淳祐元年九月庚子月食四年七月癸丑月食五年七月戊申月食七年五月丁卯月食八年十月己丑月食十一年三月乙亥月

食九月壬申月食十二年八月丙寅月食寶祐二年閏六月丙戌月食三年十二月丁丑月食五年十月丁酉月食六年四月癸巳月食十月辛卯月食開慶元年四月戊子月食十月乙酉月食景定二年七月甲戌月食咸淳二年六月丁丑月食十一月甲辰月食四年七月癸亥月食五年九月丁巳月食六年三月乙卯月食九月辛亥月食九年正月戊辰月食十二月壬戌月食

月變

天禧四年四月乙酉西南方兩月重見

月煇氣

建隆元年迄開寶末凡珥一十九煇氣一十三暈二十九重暈一半暈一十四交暈二紐氣二太平興國元年迄至道末凡冠氣一珥六煇氣五赤氣二抱氣一暈八半暈三背氣一咸平元年迄乾興末凡重輪三珥一百二十冠氣十二暈氣十二承氣八抱氣三戴氣九赤黃氣十七五色氣十一青赤氣二黃紅氣一暈三百九十四五色重暈二十背氣一天聖元年訖嘉祐末凡揚光一光芒氣一紅光煇氣一煇氣五五色煇氣一暈二百五十七周暈三十三交暈四連環暈

一珥七十二冠氣五戴氣一十三承氣五背氣一白虹貫月一黃虹貫月二治平元年訖四年凡五色煇氣一五色暈氣一暈五十一珥一十五冠氣一戴氣四背氣二四年訖元豐末凡五色煇氣十一五色暈氣六暈四百二十三周暈二百四十七交暈二珥一百三十四冠氣七戴氣五十承氣五背氣一十白虹貫月五貫珥一自元豐八年三月五日至元符三年正月十二日凡五色暈氣九暈八十九周暈二百五十一重暈一交暈三珥一百三冠氣七戴氣二十七背氣八白虹貫月二貫珥一自元符三年正月迄靖

康二年四月凡暈五暈珥二五色暈五珥二暈冠一交暈一重暈一白虹貫月一五色雲一建炎四年十月己卯暈生五色紹興二年四月壬申暈於軫五月乙亥暈生五色四年六月壬午暈生珥五年正月戊午暈於東井乾道元年三月丁巳暈周匝著太微西扇星三年五月壬午生黃白暈左右珥四年三月壬寅生黃白暈周匝五年二月庚子黃白暈周匝嘉泰三年七月壬午白虹如半暈貫月中淳祐六年閏四月辛丑暈五重十月辛丑生珥八年二月戊子暈生黃白寶祐四年三月乙卯四月庚午景定三年十月甲子十二月辛酉四年二月戊午暈皆周匝德祐二年正月己卯暈東井

志卷第五

志第六

元開府儀同三司上柱國錄軍國重事中書右丞相監修國史領經筵事都總裁臣脫脫等奉勅修

天文六 月犯五緯 月犯列舍

月犯五緯

建隆二年十一月癸未月犯歲星三年二月乙巳又犯開寶三年九月乙卯犯塡星太平興國三年七月己亥掩熒惑八月甲戌與太白合八年七月辛巳凌歲星端拱元年二月戊申犯塡星辛亥犯歲星六月丁卯掩塡星淳化元年十一月丙申與熒惑合二年六月己丑犯歲星三年三月癸亥與太白合九月戊午掩熒惑十二月甲申與熒惑合四年十月癸未與辰星合五年二月己亥犯歲星至道元年三月乙卯又犯三年八月戊申犯塡星十二月癸丑犯歲星咸平元年三月乙丑犯熒惑五月己巳掩歲星七月甲子又犯十二月甲午犯塡星二年二月戊子犯太白十一月乙未犯熒惑三年二月壬子犯太白九月辛丑又犯四年十月辛酉掩熒惑十一月己丑又犯五年二月癸巳犯歲星六年十一月癸卯犯塡星十二月庚午又犯景德元年八月壬申犯塡星二年五月辛卯犯塡星七月庚午犯歲星大中祥符二年十一月丙子犯歲星三年十月

丙辰犯熒惑四年正月丁丑犯太白二月壬辰犯填星八
月丙寅犯太白五年三月癸未犯填星六月乙巳又犯六
年正月壬子犯填星二月丙戌犯歲星四月辛巳又犯七
月癸卯又犯十月甲申犯太白七年十二月丁丑犯填星
八年三月己亥犯填星四月丙辰掩熒惑八月癸未犯填
星九年五月己巳犯歲星十月戊戌犯太白十二月丙戌
犯熒惑天禧元年正月戊申犯歲星三年四月乙未犯熒
惑五月癸亥又犯九月己卯犯歲星四年二月乙未又犯
三月癸亥又犯七月辛亥犯太白八月庚子犯熒惑五年
五月辛卯犯填星九月己卯又犯天聖三年正月丁未犯

熒惑五年七月己未犯歲星八月丁亥犯熒惑十一月戊
申掩歲星六年九月己酉犯填星明道元年九月戊子犯
填星景祐二年四月丁巳掩太白寶元元年三月己酉犯
填星四月庚寅犯歲星慶曆元年八月庚子掩歲星十月
丙申犯填星四年七月壬午犯熒惑六年三月丙申犯歲
星七月乙酉又犯皇祐元年七月丙午犯歲星二年六月
壬申犯填星四年十月己丑犯歲星至和二年五月庚辰
犯填星十一月己酉犯歲星十二月辛丑犯填星甲辰掩
歲星嘉祐元年三月丙寅掩填星閏三月癸巳掩歲星五
月戊子犯填星二年四月庚申犯熒惑六月戊申犯太白

乙卯犯熒惑四年五月丁酉犯太白十月甲戌犯熒惑十
二月甲戌又犯庚午掩之五年三月甲午掩熒惑六年閏
八月辛丑犯填星十一月癸亥又犯八年七月壬戌掩歲
星治平四年正月辛亥犯辰星八月辛未犯太白癸酉犯
歲星九月壬寅犯太白十月戊辰掩填星又犯熒惑熙寧
元年二月丁巳犯填星四月壬子犯歲星五年四月癸亥
犯填星閏七月庚申犯熒惑六年九月甲辰掩太白十年
九月庚午犯歲星十二月壬辰犯歲星元豐七年十月甲
午犯辰星八年八月戊寅犯填星十一月戊戌犯歲星庚
子犯填星元祐三年七月庚午犯太白十月壬辰犯歲星

四年三月丙子又犯七月辛卯犯填星十月癸丑掩填星
六年九月癸卯犯熒惑十二月甲戌掩歲星八年十二月
丁巳犯熒惑紹聖元年六月甲戌犯太白九月辛酉犯填
星十二月癸未又犯二年正月庚戌又犯三月壬申又犯
三年九月戊戌犯歲星四年七月丁丑犯熒惑元符二年
八月壬辰犯歲星十一月辛巳十二月戊申皆犯三年六
月癸卯犯熒惑建中靖國元年五月辛未犯填星崇寧元
年七月丁亥犯太白五年二月戊子犯熒惑大觀二年十
二月戊子犯熒惑四年七月戊午犯歲星政和元年正月
己巳犯歲星宣和元年正月乙卯犯填星三年八月戊申

犯熒惑四年八月庚戌犯填星七年十一月乙酉犯熒惑
建炎四年六月戊寅犯熒惑紹興元年九月己未犯太白
六年五月壬午犯填星十六年六月庚申掩填星二十年
二月己未犯歲星二十四年八月戊子犯歲星二十七年
六月甲辰犯太白三十年六月壬子犯熒惑三十二年正
月癸巳犯太白二月己亥犯歲星隆興元年三月丙申四
月丙子七月戊戌皆犯填星乾道元年十一月庚午犯熒
惑四年十月庚子十一月戊申皆掩犯熒惑七年三月辛
巳又犯淳熙三年五月庚午掩犯太白六年十一月己未
犯歲星九年十一月癸巳犯太白慶元四年七月己亥宿

于歲星嘉泰三年四月犯太白四年十月辛丑掩犯歲星
十二月丙申又掩犯嘉定二年六月甲申掩食填星不見
乙丑掩食熒惑五年九月丁未犯歲星十二年八月甲申
犯熒惑十三年十月辛酉犯太白十五年三月壬子掩食
太白端平二年正月丁酉犯太白嘉熙元年四月丁亥犯
熒惑五月丙辰又犯七月辛酉犯歲星填星淳祐元年二
月癸酉掩食熒惑六年四月壬戌犯太白寶祐四年正月
乙巳掩歲星己酉犯熒惑六年八月癸未又犯景定元年
八月己酉掩填星三年十月己未犯歲星

月犯列舍

建隆三年四月壬辰月犯輿鬼庚子犯氐五月甲子犯左
執法六月丙申犯房第一星十二月庚戌入南斗魁乾德
四年二月癸卯犯五車五年正月壬子犯南斗魁七月丁
未犯昴十月己巳掩昴開寶元年正月辛卯犯昴二年正
月丙戌犯昴三年六月乙未犯東井十月癸未犯天關五
年七月庚辰犯東井六年三月丁巳犯畢大星太平興國
五年七月乙丑掩五諸侯七年二月丙子犯輿鬼三月丙
申犯昴八年三月癸未入南斗魁八月戊寅犯昴壬午犯
輿鬼庚寅犯角十月癸未犯東井乙巳犯心後星九年正
月庚申掩五車東南甲戌入南斗魁二月壬辰犯七星丁

巳犯五諸侯丙午犯輿鬼五月甲寅掩星第三星六月壬
寅犯昴七月甲子又犯癸酉犯五諸侯第三星九月丁未
犯南斗魁甲子犯昴己巳入輿鬼掩積尸十二月丙戌掩
昴雍熙二年正月庚午入南斗魁二月丙戌犯輿鬼西北
星三月戊申犯昴四月己丑掩心後星五月丙辰犯房第
二星閏九月丁亥掩昴十月辛酉犯軒轅掩御女端拱元
年八月壬戌掩建第一星甲戌掩建星十二月乙亥犯房
二年四月辛酉犯角左星淳化元年四月丙辰犯角大星
七月甲午犯畢丙申掩畢左股第二星九月辛巳犯牽牛
十一月乙未犯角大星二年四月庚辰犯氐東南星六月

乙亥入氐十二月乙亥犯畢丙戌入氐三年十一月癸卯入畢掩大星乙卯入氐四年九月癸巳掩牽牛閏十月丁未入太微端門五年正月丙寅犯軒轅大星五月丁未入畢十月庚子凌軒轅大星丙午入氐犯東北星至道元年六月辛巳入太微十一月乙卯犯畢大星甲子入太微三年九月癸未入軒轅咸平元年六月壬辰入太微二年八月戊午入南斗魁九月癸巳犯右執法辛巳犯軒轅十月癸亥犯昴庚午又犯太微屏星三年二月乙丑犯心中星五月壬午犯右執法戊子犯心中星丙申犯太微上相六月丁未與熒惑犯右執法辛未入畢九月庚子入太微十

月己巳犯角右星十二月丙寅掩心四年正月戊子犯太微上將丁酉犯南斗魁四月丁未又犯六月癸丑掩房次相八月乙巳犯心後星丙寅犯軒轅大星九月乙亥犯南斗魁丁酉犯角大星十月乙丑犯五車十一月乙未犯心後星十二月庚戌犯五車巳未犯角壬戌犯心前星五年四月庚辰犯心後星五月戊申犯南斗魁七月壬寅掩箕甲寅犯昴八月庚午犯南斗魁辛丑掩昴丙戌犯五諸侯九月丙辰犯軒轅大星十月壬午犯軒轅小星甲申犯右執法十二月甲申掩心前星六年正月戊戌犯昴辛亥犯房上將次將心小星三月丁未犯心後星五月甲午犯軒

轅大星七月甲寅犯五諸侯東南星八月甲申犯軒轅大星九月癸卯犯昴巳巳犯五車十月庚申犯南斗魁丙子犯輿鬼十一月戊戌犯畢景德元年三月庚戌犯輿鬼四月辛未入南斗魁五月乙丑入太微端門犯屏星六月甲子掩心後星丙子犯昴戊寅犯五車東南星九月戊子犯南斗魁十二月辛丑犯房二年正月乙卯犯昴七月甲寅掩心中星庚午犯東井北轅十一月庚申犯輿鬼辛未犯心前星三年二月巳卯犯昴十一月巳酉又犯四年六月壬午掩南斗戊午犯天關七月庚午掩氐辛未犯房次相八月甲寅犯東井九月巳巳犯建星十一月丙戌犯氐大

中祥符元年六月壬寅犯建星八月丁未犯畢戊申犯天門巳酉掩東井九月癸亥掩南斗杓十一月甲午犯牽牛十二月丁酉犯畢丙午掩角左星巳酉犯房上相二年八月丁亥在氐戊子犯房乙巳在東井九月壬申又入東井乙亥犯軒轅十月丙戌犯建星丁酉犯畢十一月丁卯入東井丙子入氐三年正月壬戌入東井丁卯在執法南庚午犯氐距星丙子犯牽牛二月丁亥犯畢閏二月辛未犯牽牛三月庚辰入太微端門甲申犯東井四月甲寅在軒轅西南五月丁亥在氐西北七月戊戌犯畢大星八月乙丑犯畢戊辰犯東井十月庚申犯畢乙丑在軒轅西南戊

辰犯左執法庚午入亢距星十一月丙申犯進賢十二月丁巳犯東井四年正月壬午犯畢三月乙酉入太微五月癸未在氐戊子犯牽牛六月庚戌入氐戊辰在東井七月戊寅犯西咸癸未犯牽牛癸巳掩畢大星八月乙巳在氐己酉犯建庚戌犯牽牛十月乙卯犯畢辛酉犯軒轅御女十一月乙酉犯東井十二月戊午入太微掩左執法己未在進賢西南辛酉入氐五年二月戊申入東井壬子入太微癸丑犯執法三月庚辰入太微犯屏星五月甲戌犯太微上將壬午犯建癸未犯右執法六月壬寅又犯丙午入氐七月丁丑犯建星戊寅犯牽牛八月己酉犯建星乙卯

犯畢九月乙酉入東井十月庚子犯牽牛庚戌犯畢戊午入太微閏十月丁丑犯畢丙戌入太微端門十一月丁未入東井丁巳入氐十二月庚辰入太微六年正月壬寅入東井二月己巳又入癸酉犯軒轅大星乙亥入太微三月壬寅又入四月甲子在東井戊辰犯軒轅大星庚午入太微犯右執法甲戌入氐五月丁未入太微甲辰昏度犯南斗七月己亥犯牽牛庚戌犯畢癸丑掩東井八月丙戌入太微端門九月丁未犯東井甲寅入太微十月辛未入畢庚辰入太微乙酉入氐十一月己亥犯畢壬寅入東井甲辰犯輿鬼辛亥入氐十二月己巳犯東井七年二月甲子

又入三月庚寅犯天關丁酉入太微四月己巳入氐六月庚申入太微甲子入氐丁卯犯南斗杓庚辰入東井七月丁未九月壬寅又入十一月癸卯入太微癸亥掩天關八年正月己丑犯畢二月己未掩東井乙丑入太微三月乙酉掩天關又入太微閏六月壬寅掩東井七月乙卯犯罰星壬申犯輿鬼八月辛巳入氐壬午犯鉞癸卯入太微十月壬辰入東井辛丑入氐十二月丁酉又入戊戌犯房上相九年正月甲寅在東井庚申犯太微右執法二月戊子在太微三月甲寅又入四月丙子在東井戊寅犯輿鬼癸未入太微己丑掩天江第二星五月甲寅在氐七月乙丑

掩東井八月丙申犯軒轅第五星戊戌犯太微屏星九月丁未犯南斗十月戊子犯五諸侯壬辰犯太微十一月甲子在氐丁卯犯天江十二月丁亥入太微天禧元年三月丙午犯輿鬼戊午犯南斗杓四月丁丑入太微辛巳入氐五月甲辰犯太微六月丙子入氐七月庚子入太微犯上相九月庚申入太微十月甲申犯輿鬼戊子入太微端門十一月丙辰犯太微上相十二月壬午犯右執法二年正月甲寅入氐戊午犯南斗距星二月丁丑犯太微屏星三月乙巳入太微六月壬辰入太微西垣己亥犯房八月乙卯入太微九月癸未入太微犯屏星十月庚戌入太微三

年五月壬戌又入八月壬辰入南斗魁癸卯犯昴九月己
卯入太微十月癸卯犯軒轅次星乙巳犯右執法丙午犯
角大星十一月癸酉入太微戊寅犯房四年正月庚寅掩
昴二月壬寅犯箕癸卯犯南斗三月癸亥犯右執法乙丑
掩角右星戊辰掩心後星庚午入南斗魁四月乙未掩房
次將丙申犯天江丁酉犯箕戊戌掩南斗魁五月癸亥掩
心後星乙丑入南斗魁六月丁亥犯角南星十一月庚申
掩昴丁卯犯軒轅大星辛未掩角距星閏十二月庚申犯
輿鬼戊辰犯房辛未犯南斗魁五年正月壬午掩昴甲申
掩五車東南星壬辰犯房上相丙申掩心後星戊戌入南

斗魁二月己未入太微端門三月丙午犯大微屏星癸巳
犯南斗五月庚子犯五車東南星六月庚午犯五諸侯七
月辛巳掩昴八月壬戌犯五車東南星九月戊子犯昴壬
辰犯五諸侯乙未掩軒轅大星十月乙卯掩昴丁巳犯五
車戊午掩東井乾興二年正月丁丑犯昴己卯又犯五車
東南星辛卯犯房四月丙辰犯南斗魁第二星五月癸未
犯南斗七月戊寅又犯辛卯犯東井癸巳犯輿鬼十一月
己卯犯五車天聖元年正月壬申犯昴丁亥掩心大星五
月丙子掩房六月丙午犯南斗魁閏九月乙巳犯昴二年
二月丁卯犯鬼因掩積尸四月辛未掩房南星六月丁卯

犯天江戊寅犯昴下三星八月己卯掩軒轅大民星十月
庚午犯井鉞辛巳犯氐三年六月甲子犯建丙子犯東井
七月戊子犯房八月丙子又犯九月丁亥犯建十二月辛
酉犯東井四年正月戊子犯東井十月己丑犯東井十二
月丁亥犯畢距星五年九月癸卯犯建丁巳犯東井十月
壬申犯牽牛中星甲申犯東井辛卯掩角南星壬辰入氐
十一月庚申犯氐六年正月癸丑犯角南星二月甲戌犯
東井戊子犯牽牛六月壬申又犯氐七月丙辰犯畢己卯
犯東井七年四月庚子犯氐六月庚戌掩畢九月壬申犯
畢距星八年六月乙巳犯畢十月甲午掩畢柄第二星九

年八月辛丑犯軒轅大星九月壬戌犯畢十月戊戌犯右
執法十一月甲申掩畢大星丁酉犯氐明道元年二月丙
午犯畢大星六月壬戌又犯七月壬辰犯東井九月癸巳
入太微十月乙卯犯鬼西南星十一月戊子犯謁者二年
二月辛丑入畢口八月己亥入氐九月戊子入太微十二
月丁未犯積尸景祐元年閏六月丁卯掩東咸庚辰犯畢
八月甲子犯南斗十一月庚戌犯房十二月壬申入太微
二年二月丙寅又入四月己未犯鬼六月丙辰入太微九
月乙巳又入三年六月己卯犯氐八月乙卯犯南斗四年
六月壬午犯南斗魁寶元元年三月戊申入太微四月丁

丑犯角庚辰犯心前星六月乙亥犯心八月辛未犯箕二年五月癸卯犯心大星十月壬戌犯南斗康定元年四月辛卯犯軒轅大星七月癸亥犯南斗十一月己巳犯軒轅御女十二月己丑犯昴慶曆元年正月辛未犯房次將六月庚子犯昴癸卯犯東井七月丙辰掩心後星戊午掩南斗天相八月庚子犯積尸九月己巳犯軒轅御女二年二月甲申犯輿鬼四月戊子犯房次將三年七月戊子犯東井九月癸未入東井丙戌犯軒轅右角四年七月甲申犯東井八月癸丑十月丙午又犯五年十二月癸酉犯房上相六年七月壬午犯左角丁亥犯斗天府九月甲申犯牛

十一月己丑犯畢距星辛卯犯東井庚子犯氐距星七年七月己卯犯氐八月壬戌犯畢大星乙丑犯東井八年二月癸酉犯畢六月己丑又犯十一月丙午掩畢皇祐元年二月戊辰又掩五月庚子犯太微上相癸卯入氐七月戊戌犯氐九月丙午犯畢十一月辛丑掩畢十二月戊辰犯畢二年三月丁酉犯軒轅大星八月庚申入氐壬申入東井十一月丙申犯畢己酉入氐十二月辛卯犯畢大星三年三月癸丑犯畢四月己丑入太微癸巳入氐六月壬寅犯畢九月甲子犯畢距星四年正月丙辰犯東井八月丙申犯輿鬼五年八月丁巳犯東井至和二年二月辛丑犯

氐壬寅犯心前星閏三月癸巳犯太微左執法丙申犯氐五月壬辰掩心前星七月己丑犯南斗壬辰犯壁壘陣八月甲戌犯軒轅大星上第二星嘉祐元年十一月己丑犯昴庚子犯角左星癸卯犯心十二月犯房二年四月庚申犯心乙卯又犯七月己卯犯角大星九月丁丑犯心後星己丑犯昴戊戌犯太微西垣上將三年正月庚寅犯左角二月癸亥入斗魁三月乙亥犯五車東南星四月乙巳犯五諸侯東星乙卯掩房距星五月乙酉掩南斗距星戊子掩壁壘陣七月庚辰入南斗魁辛卯犯五車東南星八月辛亥犯壁壘陣辛酉犯五諸侯壬戌犯輿鬼甲子犯軒轅

大星九月甲戌掩箕己卯犯壁壘陣甲申犯昴丁亥犯東井十一月甲戌犯壁壘陣己卯犯昴癸未犯五諸侯丙戌掩軒轅大星十二月甲寅犯軒轅左角少民閏十二月己卯犯輿鬼四年正月戊申掩軒轅大星丙辰犯心後星二月庚午犯五車四月庚寅掩昴五月乙巳犯房距星戊申掩南斗魁辛亥犯壁壘陣六月癸酉掩心後星八月癸酉犯壁壘陣九月丁未犯昴十月丁丑犯東井己卯犯輿鬼辛巳犯軒轅御女十一月己酉犯軒轅左角少民十二月己巳掩昴甲戌掩輿鬼五年正月癸卯犯軒轅御女辛亥犯心三月辛卯犯昴乙巳犯心後星戊申犯南斗距星四

月癸亥掩輿鬼西北星癸酉犯心五月庚子犯房距星六
月戊辰犯心七月庚戌掩東井八月壬戌犯房距星乙丑
犯南斗九月庚寅夜漏未上掩心中央大星壬寅掩昴十
一月丁酉犯昴十二月丁卯犯東井己巳犯輿鬼戊寅犯
房距星六年正月丙午掩心大星二月己未犯昴三月己
丑犯東井七月庚寅掩心大星辛卯犯天江癸卯犯昴八
月庚午掩昴癸酉掩東井九月乙丑犯昴十月乙未犯東
井十一月庚申犯昴七年三月乙卯犯軒轅右角六月己
亥犯天街八月己卯犯房距星九月丙寅犯軒轅右角十
二月乙酉犯井鉞八年二月庚辰犯東井庚寅犯房三月

丁未犯井鉞六月癸未犯建七月庚戌又犯八月甲戌犯
房己卯犯牽牛辛卯犯東井九月己未又犯十一月癸丑
又犯治平元年正月丁未掩天關戊申犯東井三月庚戌
犯角丁巳犯牽牛中星四月己巳犯天關庚午犯東井閏
五月戊戌犯氐七月甲申掩畢八月甲寅入東井九月庚
辰犯天關十月丙申犯牽牛中星丙午犯畢戊申犯東井
二年正月戊寅犯左角二月丁未入氐辛亥犯建壬子犯
牽牛三月丙寅犯東井四月癸巳入東井五月己巳掩氐
距星甲申犯畢六月丁酉入氐甲寅入東井七月戊辰犯
建壬午入東井八月丙午犯畢己酉入東井十月庚寅犯

牽牛中星庚子犯畢壬寅犯東井十一月戊辰犯畢辛未
入東井三年十一月癸亥掩畢右股丁丑犯罰十二月甲
辰掩西咸四年正月庚申入東井甲子犯軒轅太民二月
己酉犯畢西第二星戊子入東井癸巳犯靈臺丁酉犯亢
癸卯犯牽牛三月乙卯入東井閏三月庚辰犯畢大星癸
未入東井四月庚戌又入己未犯亢距星庚申入氐壬戌
犯天江甲子犯建乙丑犯牽牛五月甲申犯左執法戊子
入氐辛卯犯建辛丑犯畢北第四星甲辰入東井六月乙
卯入氐己未掩建東第二星辛未入東井八月庚戌犯氐
乙卯犯牽牛癸亥犯畢庚午犯軒轅御女辛未犯靈臺壬

申犯右執法九月庚辰犯南斗西第一星辛巳犯建南第
三星壬午又犯牽牛辛卯犯畢大星癸巳入東井十月戊
午犯畢西第三星辛酉入東井甲子犯軒轅太民丙寅犯
靈臺丁卯犯右執法戊辰犯上相庚午犯亢距星辛未入
氐十一月己卯犯壁壘陣戊子入東井壬辰犯軒轅御女
十二月乙卯犯東井西南第二星庚申犯軒轅少民辛酉
入太微戊辰掩西咸第一星庚午犯建星熙寧元年正月
庚辰犯畢右股第二星二月丁巳入太微庚申入氐三月
癸未入太微四月壬子犯東上相甲寅犯亢第三星乙卯
入氐五月丙子犯軒轅御女癸未掩氐北第二星甲申犯

罰南第一星六月乙巳犯西上相庚戌入氐丙寅入東井七月癸酉入太微垣軌道無所犯丙子犯亢距星甲午入東井八月乙巳掩氐東北星丙午犯罰北第二星辛酉入東井九月戊子入東井壬辰犯軒轅御女甲午入太微十月乙巳犯牽牛丙辰入東井庚申犯軒轅少民辛酉入太微十一月辛巳犯畢大星癸未犯東井西第二星己丑入太微十二月戊申犯畢甲寅犯軒轅御女丙辰入太微辛酉犯氐二年正月戊寅入東井癸未犯西上相戊子入氐二月己酉犯軒轅大星甲寅犯亢距星乙卯入氐三月丙子犯軒轅大星戊寅入太微癸未犯氐東北星四月庚子

入東井庚戌入氐五月甲戌犯東上相壬辰掩畢大星六月乙巳入氐己未犯畢七月壬申入氐辛巳入羽林軍己丑入東井犯東南第二星八月甲寅犯畢大星丙辰入東井九月辛巳犯畢丁亥犯軒轅大星己丑入太微十月壬寅犯壁壘陣辛亥犯東井東北第三星丙申入太微十一月己巳犯壁壘陣丙子犯畢戊寅入東井癸未犯靈臺北第一星甲申入太微閏十一月丙午入東井十二月辛未犯畢大星癸酉犯東井西北第二星戊寅入太微三年正月丙午又入庚戌入氐二月戊辰入東井甲戌入太微戊寅入氐壬午犯建三月癸巳犯畢庚子入太微四月戊辰

又入壬申入氐五月乙未入太微甲辰犯建西第一星六月癸亥入太微丁卯入氐七月己亥犯建辛亥犯東井鉞星八月乙丑犯天籥己卯犯東井東第二星九月乙巳掩天關丙午犯東井距星戊申犯輿鬼東北星辛亥入太微十月丙寅犯羽林軍癸未入氐十一月癸巳入羽林軍辛丑入東井丙午入太微戊申入氐十二月癸酉犯西上將四年正月辛卯犯畢乙未犯天關辛丑入太微癸卯掩犯平道東星甲辰犯亢乙巳入氐二月辛酉犯畢距星北第二星癸亥掩犯東井距星戊辰入太微甲戌犯東咸三月甲午犯軒轅大星北一星庚子入氐四月丁卯又入庚午

犯天江丙子入羽林軍五月庚寅入太微甲辰入羽林軍六月戊午入太微癸亥犯鍵閉七月丙戌入太微己丑入氐八月甲子犯壁壘陣第一星九月乙巳犯軒轅丁未入太微十月辛酉入羽林軍丁卯犯畢北第三星己巳犯東井甲戌入太微丁丑犯亢距星戊寅入氐十一月戊子入羽林軍壬寅入太微十二月壬戌犯畢距星甲子犯東井東北第一星丁卯犯軒轅大星北一星五年正月丁酉入太微庚子入氐二月壬戌犯軒轅大星北一星甲子入太微三月丙戌犯東井東北第一星甲午犯亢距星乙未入氐五月甲申掩軒轅大星丙戌入太微六月乙卯犯平道

東星丙辰掩犯亢距星丁未入氐戊午犯房北第一星辛
酉犯南斗距星七月癸巳犯羽林軍西一星閏七月甲寅
犯天江東第三星辛酉入羽林軍八月癸卯入太微九月
乙卯入羽林軍壬戌犯天街南星十月癸未入羽林軍甲
申犯壁壘陣東第一星乙未掩軒轅大星北一星十一月
庚戌入羽林軍己未犯東井東北一星甲子入太微丁卯
犯亢距星戊辰入氐己巳犯鉤鈐東星六年正月壬子犯
諸王西第一星庚申入太微癸亥入氐甲子犯東咸西南
第二星乙丑犯天江西南第二星二月己卯犯天街西南
星乙酉犯軒轅大星北一星庚寅入氐三月甲寅入太微

戊午入氐四月辛巳入太微癸未犯進賢癸巳犯羽林軍
五月己酉入太微六月辛巳犯東咸西一星七月甲辰入
太微丁未入氐戊申犯房北第二星辛亥掩南斗西第五
星八月癸未入羽林軍甲申犯壁壘陣東第二星戊戌入
太微九月甲辰犯天江南第二星乙丑入太微十月辛巳
犯外屏西第五星甲申犯月星癸巳入太微丙申入氐十
一月丙午犯壁壘陣西北星壬子犯天街南星十二月己
卯掩月星辛巳犯司怪北第二星丁亥入太微七年正月
乙卯入太微二月壬午又入三月己酉又入辛亥犯進賢
癸丑入氐乙卯犯天江南一星四月乙亥掩軒轅大星北

一星五月甲辰入太微六月辛未又入己卯犯南斗西第
五星己丑掩犯天陰北第一星庚寅犯天街北星七月甲
辰犯心大星己酉犯壁壘陣西第一星丙辰犯天陰西南
星八月己卯犯壁壘陣東第四星辛卯犯軒轅大星北一
星九月戊申犯外屏西第三星辛亥犯天陰中央星十月
戊寅犯天陰西南星己卯犯月星戊子入太微十一月丙
辰犯左執法又入太微十二月癸酉掩犯天陰第三星八
年正月癸卯犯司怪北一星乙巳犯五諸侯西第四星庚
戌入太微二月戊辰犯昴距星丁丑入太微戊寅犯左執
法甲申犯箕東北星四月壬申入太微丁丑犯心距星壬

午犯壁壘陣閏四月己亥入太微辛亥入羽林軍壬子犯
壁壘陣東北第一星丙辰犯天陰西南星五月丁卯犯右
執法辛巳犯外屏西第二星六月甲午入太微己亥犯日
星壬寅入南斗魁丙午入羽林軍七月庚午犯狗國西南
星癸酉入羽林軍己卯犯昴西南第二星癸未犯五諸侯
八月甲午犯心距星辛丑入羽林軍十月戊戌犯外屏西
第三星庚子犯天陰西北星己酉犯長垣南一星庚戌犯
西上將十一月丁丑犯靈臺北第一星庚辰犯角距星十
二月庚戌犯日星九年正月辛未犯長垣南一星四月庚
子犯心大星五月丁卯犯房距星壬申犯壁壘陣甲戌又

犯六月乙未掩心東星庚子犯壁壘陣西第五星丙午犯
天陰西北星七月甲戌犯昴東北星戊寅犯五諸侯東一
星八月癸巳掩狗國西北星乙未犯壁壘陣西第五星癸
卯犯五車西南星九月丁巳犯心東星壬戌犯壁壘陣西
南星丙寅犯外屏西第二星辛未犯司怪北第一星丁丑
犯靈臺南第二星十月辛卯犯壁壘陣西第八星庚子犯
五諸侯西第四星十一月庚申犯外屏西第一星十二月
乙未犯五諸侯東一星丙申犯輿鬼東北星戊戌犯軒轅
大星己亥掩靈臺南第二星丙午犯心東星十年正月戊
午犯昴西北一星乙亥犯箕東北星二月庚子犯房距星

癸卯入南斗甲辰犯狗國東北星四月甲辰犯外屏西第
一星六月庚寅犯心東星丙申犯壁壘陣西一星七月癸
酉犯五諸侯東一星八月庚寅犯壁壘陣西第二星戊戌
犯五車東南星九月辛酉犯外屏西第一星丙寅犯司怪
北第一星十月乙酉犯壁壘陣西第四星己亥犯靈臺北
第二星癸亥犯積薪十二月癸未犯外屏西一星丙戌犯
昴西北星辛卯掩輿鬼西北星辛丑犯心東星元豐元年
正月壬戌犯明堂東北星辛未掩南斗西第五星閏正月
戊子犯軒轅少民乙未犯房距星次相二月壬子犯五諸
侯東一星癸亥犯心大星三月癸巳入南斗掩東第二星

四月丁巳犯房南第二星庚申入南斗庚午犯昴西北星
五月乙酉犯心東星六月乙卯犯南斗東南第一星七月
甲午犯司怪北第二星九月癸巳犯軒轅御女十月庚戌
犯雲雨東北星丙辰犯司怪北一星丁巳犯東井東北第
一星戊午犯積薪十一月丙戌犯輿鬼入犯積尸十二月
己酉犯昴西北星癸亥犯心星丙寅犯狗西星二年正月
己卯犯東井東北第一星辛巳犯輿鬼距星又入犯東南
星井積尸甲申犯靈臺二月庚戌犯軒轅御女辛亥犯靈
臺南一星三月辛未犯昴西北星壬午犯天門東星乙酉
犯心大星四月乙卯犯南斗五月己卯犯日星犯房距星

六月甲辰犯天門東星甲寅犯泣西星七月己卯犯羅堰
癸未犯雲雨東北星壬辰犯輿鬼西南星八月辛酉犯軒
轅御女九月庚午犯天江甲戌犯羅堰丙子犯泣西星壬
午犯昴距星十月乙巳犯雲雨西南星庚戌犯天街東北
星十一月丁丑犯昴距星己卯犯司怪庚辰入東井辛巳
犯水位十二月戊申犯天罇東北星庚戌犯軒轅太民又
犯酒旗三年正月壬申掩昴宿東北星甲戌犯司怪乙酉
犯心距星二月壬寅入東井乙巳犯軒轅太民三月庚午
犯天罇南星丁丑犯天門庚辰犯心大星壬午犯南斗四
月丁未犯心距星壬子犯牽牛南星及羅堰五月己巳犯

明堂西第二星甲戌犯日星又犯房己卯犯牽牛壬午犯
虛梁西第一星六月己亥犯泣西星戊午犯東井距星七
月己巳犯心距星戊寅入雲雨癸未犯昴八月丙申犯日
星甲辰犯虛梁九月辛未犯泣西星戊寅犯天街東北星
庚辰犯東井距星辛巳犯天鐏南星閏九月丙申犯牽牛
南星庚子犯雲雨西北星乙巳犯昴丁未犯司怪南第二
星戊申入犯東井東北第三星辛未犯酒旗十月辛酉犯
氐壬申犯天陰西北星十一月乙未犯雲雨庚子犯昴庚
戌犯天門十二月壬戌犯雲雨西北星庚午入東井癸酉
犯軒轅右角乙亥犯明堂辛巳犯天江癸未犯建西第二

星四年三月壬辰入東井五月辛亥犯月星六月己巳犯
羅堰南第二星己卯犯諸王西第二星辛巳入東井七月
戊申犯東井鉞星八月庚申犯天江西南第三星壬戌犯
建西第三星癸酉犯月星己卯犯軒轅太民九月己丑犯
建西第一星庚寅犯天雞東南星辛卯犯羅堰北第二星
十月辛酉掩犯虛梁西第三星壬戌犯雲雨西北星戊辰
犯天街西南星庚午犯東井西北第二星十一月甲午犯
天陰西南星乙未犯月星戊戌入東井癸卯犯明堂西第
二星戊申犯東咸西南第二星己酉犯天江東北第二星
十二月癸亥犯天街西南星乙丑犯東井西北第二星五

年正月辛卯犯諸王東第二星癸巳犯東井東南第二星
二月庚申入東井辛酉犯水位星西第一星三月戊子入
東井庚子犯建西第一星五月乙酉犯酒旗南第二星甲
午犯天籥西北星己亥犯虛梁西第二星六月丙子入東
井七月丁亥犯東咸西第二星辛卯犯牽牛距星甲午犯
虛梁西第三星甲辰入東井八月甲寅犯鉤鈐西星甲子
犯外屏西第一星辛未入東井九月戊戌又入十月壬子
犯建西第五星癸丑犯牽牛距星丁巳犯雲雨西南星甲
子犯諸王西第五星十一月癸未犯虛梁西第三星丙戌
犯外屏西第一星癸巳入東井甲午犯水位星西第一星

十二月己未犯天關庚申入犯東井六年正月己卯犯雲
雨西星乙酉犯畢距星丁亥犯司怪南第一星戊子入東
井二月乙卯又入壬申犯虛梁西第三星三月癸未入東
井四月庚戌又入己未犯氐距星五月乙未入雲雨七月
丙辰犯虛梁西第一星八月丁丑犯鍵閉辛巳犯牽牛距
星乙酉入犯雲雨東北星癸巳犯東井西北第二星九月
辛亥犯虛梁西第三星戊午掩畢距星辛酉入東井甲子
犯酒旗南第二星十月戊子入東井十一月乙卯又入乙
丑入氐丙寅犯房北第一星十二月庚辰掩犯畢距第二
星七年正月辛亥犯水位星西第一星丙辰犯明堂二月

戊寅入東井丁亥入氐辛卯犯建三月壬寅犯畢距星乙巳入東井戊申犯酒旗四月戊寅犯明堂東北第一星壬午入氐丁亥犯羅堰壬辰犯外屏西第二星六月壬午犯羅堰南第二星七月辛酉入東井八月戊子入犯東井九月丙辰入犯東井東南第一星十月壬午犯司怪南第一星癸未入東井己丑犯明堂甲午犯心大星十一月庚戌入東井十二月辛未犯外屏西第二星乙亥入犯畢辛巳犯酒旗戊子入氐己丑犯罰八年正月壬寅犯畢西第二星乙巳入東井乙卯入氐二月壬申入東井甲申犯東咸東第一星三月庚戌入氐辛亥犯罰甲寅犯建星西第五星乙卯犯牛距星庚午犯畢四月丁卯入井五月己酉犯天雞西北星六月壬申入氐丙子犯建星西第四星七月甲辰犯天雞癸丑犯畢又行入畢丙辰入井八月丁卯入氐辛未犯建星西第四星壬申犯牛距星甲戌犯泣東星九月辛亥入井犯東南第一星十月丁卯犯羅堰北一星乙亥犯畢西第二星戊子入氐十一月甲午犯牛距星癸卯入畢又犯畢大星乙巳入井己酉犯軒轅御女癸丑犯進賢十二月丁卯犯外屏庚午掩畢距星

志卷第六

志卷第七　宋史五十四

開府儀同三司上柱國錄軍國重事中書右丞相監修國史領經筵事都總裁臣脫脫等奉

敕修

天文七 月犯列舍下

元祐元年正月丁酉犯畢庚子入井乙巳犯靈臺丙午犯右執法己酉犯亢丁卯入東井戊辰犯水位甲戌犯左執法乙亥犯進賢戊寅犯氐閏二月壬辰掩畢乙未入東井乙巳入氐三月壬申又入戊辰犯右執法戊寅犯羅堰四月癸巳犯軒轅御女辛丑犯罰甲辰犯建五月癸亥入太微丁卯入氐辛巳犯畢六月庚寅入太微辛亥入井七月戊午入太微壬戌入氐八月癸卯入畢犯畢大星九月辛酉犯建星丁丑犯軒轅少民戊寅犯上將又入太微己卯入太微十月丁酉犯天廩戊戌犯畢入畢內庚子犯井乙巳犯靈臺丙午入太微垣犯右執法丁未犯太微垣東扇上相星十一月戊辰入井癸酉行入太微甲戌犯左執法戊寅入氐十二月癸巳犯天高又犯附耳乙巳犯井丙申犯水位己亥犯軒轅左角辛丑入太微壬寅犯太微東扇上相乙巳入氐二年正月壬戌犯井戊辰入太微癸酉入氐犯東北星甲戌犯罰二月庚寅入井乙未犯太微上將庚子入氐三月丁巳入井戊午犯水位辛酉犯軒轅左角

乙丑犯平道丁卯入氐壬申犯建四月戊子犯軒轅大星掩御女己丑犯靈臺庚寅入太微甲午入氐丙申犯罰星五月戊辰犯羅堰辛未犯壁壘陣六月乙酉入太微己丑入氐己亥犯壁壘陣甲辰犯附耳丙午入井七月丁巳犯氐庚午犯天廩辛未入犯畢癸酉犯井丁丑犯軒轅大星八月甲申入氐庚寅犯牛甲午犯壁壘陣乙丑犯天廩丙寅掩犯畢大星戊辰入井壬申犯軒轅左角少民癸酉犯上將甲戌入太微十月乙酉犯羅堰戊子犯壁壘陣辛丑入太微乙巳入氐十一月甲寅犯壁壘陣甲戌犯罰星十二月戊子犯畢乙未犯靈臺又犯上將入太微三年正月

戊午入東井己未犯水位甲子入太微二月乙未入犯氐西北星三月壬子犯東井西扇北第二星丁巳犯靈臺南第三星庚申犯平道四月乙酉入太微犯內屏辛卯犯東咸甲午犯建丁酉犯壁壘陣五月壬子入太微垣辛酉犯建辛未犯天廩六月甲申入氐壬辰犯壁壘陣七月癸丑犯東咸己未犯壁壘陣丁卯犯天高己巳入東井庚午犯水位八月己卯入氐己丑犯壁壘陣庚寅犯天溷癸巳犯天廩甲午入畢乙未犯天關丙申犯東井北第二星戊戌犯鬼距星九月辛酉犯畢癸亥犯司怪甲子犯天罇十月甲申犯壁壘陣己丑犯天高辛卯入東井犯東扇北第三

星壬辰犯水位丙申入太微十一月戊午入東井犯西扇北第二星己未犯天罇西北星庚申入鬼犯積尸氣癸亥入太微十二月辛卯又入之閏十二月辛未入畢癸丑犯東井西扇北第二星甲寅犯天罇戊午入太微犯內屏己未犯太微三公庚申犯平道四年正月丙戌入太微庚寅犯氐辛卯犯罰二月戊申入井壬子犯長垣癸丑入太微犯內屏甲寅犯三公乙卯犯平道東星丁巳入氐三月丙子犯天罇丁丑入鬼犯積尸氣庚辰入太微乙酉入氐丁亥犯天江四月戊申入太微壬子入犯氐乙卯犯天籥壬戌犯壁壘陣五月乙亥入太微丁丑犯平道己卯入氐六

月癸卯入太微丙午入氐己未犯外屏壬戌犯畢甲子犯井乙丑犯天罇七月甲戌入氐乙亥犯罰癸未入羽林軍甲申犯壁壘陣八月辛丑入氐己未入井九月甲申犯畢丙戌入犯井戊子犯鬼辛卯入太微十月癸丑犯井鉞乙卯犯水位己未入太微十一月己卯犯畢辛巳入井丙戌入太微犯內屏十二月丙辰犯亢丁巳入氐五年正月丙子犯東井戊寅犯輿鬼辛巳入太微犯內屏乙酉入氐丙戌犯東咸丁亥犯天江二月癸卯犯鉞又犯東井戊申入太微辛亥犯亢癸丑犯鍵閉乙卯犯天籥三月己巳犯諸王庚午犯司怪丙子入太微犯內屏四月甲辰入太微犯

三公乙巳犯平道庚戌犯天篇丙辰入羽林軍五月庚午入太微庚寅掩畢六月癸卯犯東咸乙巳犯南斗庚戌入犯羽林軍七月乙丑入太微丁卯犯平道己巳入氐犯壁壘陣丁亥入東井己丑犯輿鬼東北星八月丙申入氐癸卯犯壁壘陣壬子犯畢壬申犯羽林軍辛巳犯司怪丁亥入太微十月乙未犯南斗庚子入犯羽林軍辛丑犯壁壘陣己酉入東井庚戌犯五諸侯六年正月丙子入太微戊寅犯平道二月甲辰入太微犯內屏辛亥犯斗四月壬寅入氐五月丙寅入太微戊辰犯平道庚午入氐戊寅入羽林軍戊戌犯鍵閉乙巳入羽林軍七月戊辰犯斗癸酉入

羽林軍甲戌犯壁壘陣八月庚子入羽林軍閏八月戊辰又入辛未犯外屏丙子犯司怪丁丑犯東井戊寅犯五諸侯壬午入太微九月甲午入羽林軍丙申犯壁壘陣戊戌犯外屏壬寅犯諸王庚戌入太微十月壬戌入羽林軍己巳犯天街乙亥犯軒轅大星丁丑入太微犯內屏庚辰犯亢辛巳入氐十一月己丑入犯羽林軍戊戌犯司怪庚子犯五諸侯甲辰犯太微次將丙午犯進賢戊申入氐十二月甲子犯諸王壬申入太微七年正月己亥入太微壬寅犯亢二月戊午犯月星壬戌犯五諸侯丁卯入太微戊辰犯進賢戊寅入羽林軍三月壬辰犯軒轅大星甲午入太

微犯內屏乙未犯太微上相丁酉犯亢戊戌入氐四月壬戌入太微癸亥犯進賢乙丑犯氐距星癸酉入羽林軍內甲戌犯壁壘陣丙子犯外屏五月己丑入太微六月丙辰入太微犯內屏庚申入氐犯東南星壬戌犯天江戊辰入羽林軍甲戌犯月星七月辛卯入南斗壬寅犯諸王八月壬戌入羽林軍九月甲申犯天江戊子犯哭泣辛卯犯壁壘陣乙未犯天陰丙申犯月星戊戌犯司怪庚子犯五諸侯癸卯犯軒轅次北星乙巳入太微犯內屏十月丁巳入羽林軍甲子犯天街又犯諸王癸酉入太微丙子犯氐距星十一月甲申入羽林軍庚寅犯天陰癸巳犯司怪庚子

入太微十二月癸丑犯壁壘陣戊午犯月星壬戌犯五諸侯乙丑犯軒轅次北星丁卯入太微犯內屏庚午犯亢壬申犯房八年正月甲午入太微丙申犯進賢己亥犯日星二月癸亥犯太微上相丁卯犯心大星三月甲申犯五諸侯丁亥犯軒轅大星北第一星己丑入太微犯內屏庚寅犯左執法乙未犯天江丙申犯箕辛丑入羽林軍壬寅犯壁壘陣東北星四月丙辰入太微五月丁亥犯亢甲午犯壁壘陣西南星六月乙酉犯軒轅甲子犯壁壘陣七月己卯入太微甲申犯心距星庚寅犯五諸侯西第三星九月壬午犯狗國庚寅犯天陰壬辰犯司怪乙未犯五諸侯庚

子入太微十月辛亥犯壁壘陣乙卯犯外屏戊午犯天陰壬子入羽林軍壬戌犯五諸侯丁卯入太微犯上將十一月庚辰入羽林軍乙酉犯天陰己亥犯氐十二月壬子犯天陰乙卯犯司怪丁巳犯五諸侯壬戌入太微癸亥犯左執法紹聖元年正月丁亥犯長垣己丑犯太微上將二月庚戌犯坐旗庚申犯角距星甲子犯箕距星乙丑犯斗三月己卯犯五諸侯東第二星四月丙午犯五諸侯西第三星閏四月己卯入太微犯右執法甲申犯房距星丁亥入斗犯東第二星五月壬子犯心距星六月己卯犯房距星辛巳犯箕八月丙子犯箕東北星九月戊申入羽林軍丁

巳犯五諸侯東第二星癸亥犯太微左執法十月甲戌入羽林軍壬辰犯角距星乙未犯房距星十一月壬寅入羽林軍乙巳犯外屏西第二星戊申犯昴西北星壬子犯五諸侯西第四星癸丑犯鬼東北星癸亥犯心大星十二月庚午入羽林軍己卯犯五諸侯西第三星甲申犯太微上將二年正月乙巳犯坐旗南第一星辛亥犯靈臺甲寅犯角距星丁巳犯日星二月庚午犯昴己卯入太微犯右執法乙酉犯心東星三月乙卯入斗己未入羽林軍四月癸酉犯太微西扇上將乙亥犯角南星己卯犯房南第二星五月甲辰犯天門東星己酉犯箕東北星六月甲戌犯房

距星辛巳入羽林軍戊子犯五車東南星七月壬寅犯心東星戊申入羽林軍犯壁壘陣西第六星丙辰犯坐旗南星八月辛未犯箕北第一星戊寅犯外屏西第一星丙戌犯鬼東北星九月癸卯入羽林軍甲辰犯壁壘陣西第八星十月庚午犯屏西第一星丙子犯昴西北星乙巳犯五車東南星丁未犯五諸侯西第五星戊申犯輿鬼東北星辛亥犯靈臺南第二星戊午掩心宿後星三年正月乙未犯外屏戊戌犯昴乙巳犯軒轅左角二月庚午犯鬼西北星壬申掩軒轅大星癸酉犯靈臺四月丁卯犯軒轅左角甲戌犯日星又犯房距星庚辰犯代星辛巳犯壁壘陣五

月乙未犯靈臺壬寅犯心宿東星乙巳犯南斗六月壬午犯昴七月丙午犯外屏癸丑犯五諸侯八月丁卯入犯南斗戊寅犯五車辛巳犯輿鬼甲申犯靈臺九月甲午犯南斗辛丑犯外屏甲辰犯昴丙午犯司怪戊申犯水位壬子犯明堂十月壬戌犯狗星十一月己亥犯昴癸卯犯輿鬼壬子犯日星十二月壬戌入犯雲雨庚午犯五諸侯辛未入輿鬼掩積尸氣四年正月戊戌犯鬼西北星入鬼辛丑犯靈臺南第一星二月乙亥犯心東星閏二月辛卯犯井東扇北第一星壬辰犯五諸侯西第五星癸巳入鬼又犯輿鬼乙未犯軒轅左角己亥犯天門東星乙巳入斗犯斗

西第四星三月癸亥犯靈臺南第一星己巳犯日星又犯房距星壬申犯斗距星戊辰掩雲雨西南星四月己丑犯軒轅御女星丁酉犯心東星庚子犯狗西星庚戌犯昴西北星五月丁卯掩斗西第四星癸酉入犯雲雨六月甲午入斗乙未犯狗東星庚子犯雲雨西南星七月壬戌犯狗西星壬申掩犯昴西北星乙亥犯司怪北第二星丙子犯積薪八月己丑犯斗西第四星癸巳犯哭泣東星乙未掩犯雲雨東北星甲辰入犯鬼及犯積尸氣九月丙辰犯北距星己未犯秦西星十月甲午犯昴西北星丁酉入井犯東扇北第一星戊戌犯積薪又犯水位東第一星庚子犯

四百四十一　志七　八　朱圭

軒轅御女星壬寅犯明堂南第三星十一月丁巳入犯雲雨星十二月辛卯犯司怪北第二星壬辰犯井東扇北第一星乙未犯軒轅太民丙申犯靈臺南第一星丁酉犯明堂壬寅犯心距星癸卯犯天江南第一星元符元年正月庚申犯天罇辛酉入犯鬼己巳犯日星又犯房距星二月丁亥犯天罇辛卯犯靈臺甲辰犯哭泣三月癸丑犯司怪己巳犯羅堰又犯牛癸酉犯雲雨四月癸未犯鬼距星甲申犯酒旗甲午犯斗五月己未犯心距星庚申犯天江戊辰犯雲雨六月乙未又犯庚子犯昴西北星八月壬午犯天江九月丙辰犯虛梁壬戌犯昴甲子犯司怪乙丑入井十

月戊寅犯斗癸未犯虛梁西第二星己丑犯天陰癸巳犯天罇甲午犯鬼距星庚子犯天門十一月戊申犯羅堰壬子犯雲雨丁巳犯昴距星庚申入井庚午犯心大星十二月戊寅犯虛梁丁亥入井戊子犯水位庚寅犯酒旗又犯軒轅右角壬辰犯明堂戊戌犯天江二年正月甲寅犯司怪北第三星丙辰犯水位西第三星壬戌犯天門東星甲子犯日星又犯房距星己巳掩牛南第一星二月己卯犯昴距星壬午入井乙酉犯酒旗南第三星又犯軒轅右角丁亥犯明堂西南第二星壬辰犯心距星癸巳犯天江西南第二星己亥犯虛梁西第一星三月己酉犯井距星庚

四百四十　志七　九　朱圭

戌犯天罇南星丁巳犯天門東星庚申犯天江西南第一星甲子犯羅堰南星戊辰犯雲雨東北星四月丙子犯司怪北第三星丁丑入井又犯井東扇北第三星丁亥犯心距星辛卯犯牛南星甲午犯虛梁西第三星乙未犯雲雨西北星庚子犯天陰北星五月乙巳犯水位西第二星丙辰犯天籥下東星丁巳犯建星西第二星辛酉犯虛梁西南第一星六月辛巳犯日星丙戌犯牛南星又犯羅堰南第二星庚寅犯雲雨東北星丙寅犯天街東北星戊戌入井七月庚戌犯天江西南第四星壬子犯建星西第三星丙辰犯虛梁西第三星丁巳犯雲雨西北星壬戌犯天陰

西北星乙丑犯司怪北第三星丙寅入井犯東扇北第三
星八月癸未犯虛梁西第一星庚寅犯昴東南星辛巳犯
諸王西第二星癸巳入井丙申犯酒旗南第三星九月丁
巳犯天陰北星閏九月甲申犯天陰西北星辛卯犯軒轅
右角十月辛丑犯建西第一星壬寅犯天雞東南星乙巳
犯虛梁西第一星壬子犯月星癸丑犯諸王西第二星乙
卯入犯井東扇北第二星丙辰犯水位西第二星戊午犯
酒旗南第二星庚申犯明堂西第二星十一月壬午犯井
鉞星又犯井距星又入井十二月庚子犯虛梁西第二星
丙午犯天陰西北星丁未又犯月星庚戌入井犯東扇北

第二星辛亥犯水位西第二星癸丑犯酒旗南第二星又
犯軒轅右角太民乙卯犯明堂西第二星三年正月乙亥
犯諸王西第一星丁丑入東井四月庚戌犯東咸西第三
星五月辛卯犯昴七月乙酉犯天陰西南星九月癸未入
東井十二月甲辰犯司怪北第二星丙辰入氐建中靖國
元年正月己巳犯月星二月己亥犯井鉞癸卯犯軒轅右
角太民四月乙巳犯罰星五月丙子犯牛大星六月己酉
犯外屏西第二星七月己巳犯南斗八月丁酉犯建西第
二星九月丁丑犯司怪北第四星十一月癸酉入東井十
二月丁酉犯天街西南星崇寧元年正月丁卯入東井己

巳犯水位西第一星二月癸卯入氐三月庚午犯角距星
六月丁亥犯軒轅大星九月癸巳犯壁壘陣十月乙丑入
畢口二年二月乙卯犯天高四月壬戌入氐五月己亥犯
雲雨東北星七月戊子犯建星西二星九月丙戌犯泣十
一月庚寅入井三年正月乙未入氐丙申犯鍵閉二月辛
酉犯亢距星四月戊午犯房北第一星七月癸未犯建星
西第二星甲申犯牛大星九月辛卯犯井西扇北第二星
十一月己丑入太微四年正月戊寅犯諸王西第二星閏
二月甲戌犯井距星癸卯犯水位五月乙巳犯亢距星丙
午入氐七月丙辰入畢口八月癸酉犯建星西第三星十

月庚辰入井十二月丁丑犯鬼東南星五年正月戊申入
太微三月辛亥犯建距星五月辛丑入氐七月壬寅犯牛
大星甲辰犯壁壘陣西五星九月戊申犯井距星十一月
丁未犯長垣南一星戊申入太微大觀元年正月甲辰入
太微五月甲午犯進賢六月甲子入氐八月乙亥入畢九
月己丑犯天籥癸巳犯壁壘陣十二月丁未犯建二年正
月庚申犯井鉞甲子犯軒轅二月癸巳入太微犯內屏四
月庚子入羽林軍五月己未入氐六月癸巳犯壁壘陣九
月壬申入太微十一月辛酉犯井三年正月辛酉犯太微
西扇次將二月己丑入太微犯內屏三月癸亥犯南斗四

月巳卯犯五諸侯六月庚辰犯平道七月庚戌犯房八月甲午犯井九月壬子入羽林軍十月甲午犯太微西扇次將乙未犯謁者十二月壬辰掩亢四年正月戊申犯天街二月辛卯犯南斗三月甲寅犯亢六月乙亥犯進賢七月戊申犯南斗八月甲戌犯天江十一月己卯犯五諸侯政和元年二月乙卯犯南斗三月庚辰犯東咸六月巳酉入羽林軍七月壬申犯狗八月丙申犯心距星二年三月甲子犯五諸侯三年三月壬戌犯長垣甲子入太微四月丙戌犯五諸侯西第四星五月甲午入南斗丁酉犯壁壘陣七月庚寅犯狗國九月癸巳犯昴十月壬戌犯五車乙丑犯鬼巳巳犯右執法四年二月庚戌犯昴五月巳丑入南斗六月甲寅犯心東星八月癸亥犯司怪五年正月壬辰犯心大星三月丙戌犯房五月庚寅犯雲雨六月壬子犯狗九月甲申犯昴星十月丙辰入鬼星十二月甲寅犯明堂六年閏正月癸卯犯司怪二月辛巳犯房四月巳卯犯南斗六月辛未犯心大星八月乙丑犯日星九月庚戌犯天罇十月乙丑犯羅堰七年正月巳酉犯心甲戌犯天門四月辛未犯日星七月庚子犯哭泣八月乙丑犯牛十月壬申入井十一月丁酉犯天街重和元年二月乙丑犯酒旗六月巳巳犯雲雨八月丙辰犯房宣和元年十一月巳

未犯鬼二年正月巳酉犯畢七月辛亥犯牛九月丁巳入井十二月辛卯犯東咸三年二月壬申掩角五月丙午入氐十一月丙戌犯罰四年七月戊辰犯建十月壬寅入井十一月癸酉犯軒轅御女五年正月壬戌犯畢三月巳巳入氐七月甲子犯牛六年正月巳巳入氐六月辛酉犯壁壘陣十月丁巳犯畢七年正月甲申犯鬼六月丁巳入羽林軍十二月丙辰入太微靖康元年二月庚戌入太微甲寅入氐三月戊寅入太微庚辰入氐四月丁未犯平道巳酉入氐辛亥犯天江五月巳巳犯鬼壬申入太微六月巳未犯畢七月戊辰入太微壬申入氐癸酉犯罰巳卯入羽林軍巳丑入井八月戊戌入氐丙午入羽林軍乙卯犯天關丙辰入東井九月癸未犯井鉞十月辛丑入羽林軍丙辰入太微十一月丁丑犯天關戊寅入井庚辰犯鬼積尸氣十二月癸酉入井乙亥犯鬼積尸氣二年三月乙未入井辛丑入太微四月壬戌犯天關建炎三年三月乙未入氐四年六月辛巳犯心七月辛亥入南斗魁中八月辛卯犯五諸侯十二月壬辰掩心大星紹興元年三月癸卯犯五諸侯西第五星四月癸酉犯軒轅大星辛巳犯心戊子入羽林軍六月丙子犯心癸未犯昴八月辛未犯心宿東星癸未犯昴九月辛丑入南斗乙巳入羽林軍辛巳犯五

諸侯十一月己酉犯五諸侯東第一星十二月癸未犯角
三年二月辛未犯五諸侯西第四星乙亥入太微三月己
酉犯心大星五月戊寅入羽林軍六月乙巳七月癸酉又
入辛丑入南斗魁中七月乙丑犯房距星八月戊申犯司
怪三年四月辛丑入南斗魁中五月丙寅掩心第三星七
月癸亥入南斗魁中九月戊午入南斗犯西第五星十月
壬寅犯軒轅大星十一月丁巳犯壁壘陣西第六星乙丑
犯五車丁卯犯五諸侯西第四星己卯犯斗十二月辛卯
犯昴丙申犯鬼丁酉犯軒轅御女甲辰掩心前星四年正
月壬戌犯五諸侯東第一星癸亥犯鬼西北星三月乙卯

犯司怪四月癸巳犯房八月癸未犯心後星十二月丙戌
犯昴西北星五年四月癸未犯房十月庚辰犯南斗壬戌
入井十一月甲申又入甲午入氐六年正月己卯入井三
月甲申犯心大星四月辛丑入井六月己未犯昴九月戊
子犯軒轅右角大民十月辛亥犯司怪北第二星十二月
丙午入井七年正月辛未犯天街二月辛丑入井三月戊
辰犯井鉞六月丁巳犯井七月甲申又犯九月己卯又犯
十月丁未閏十月甲戌十二月己巳皆犯井三月辛巳犯
斗宿西第一星四月乙未犯司怪閏十月癸酉又犯之五
月丁丑犯建八月己亥又犯丙午犯房北第二星八年三

月癸亥犯井四月戊午七月丁未八月甲戌九月辛丑十
月己巳十二月甲子皆犯井乙亥犯房北第一星九年正
月辛卯入犯東井四月癸丑六月乙亥八月己巳九月丙
申十月甲子十二月己未皆入犯東井二月己巳入氐四
月癸亥六月戊午八月癸丑皆入氐六月乙未犯建西第
四星九月丙辰掩角距星壬戌犯天高十二月丁巳又犯
十年正月丙戌犯入井三月辛巳四月戊申閏六月丁酉
八月辛巳十月丁亥皆犯入井三月辛卯入氐六月癸丑
七月戊申八月乙亥十二月辛卯皆入氐閏六月乙未犯
畢九月丁巳犯畢距星十二月壬子又犯畢十一年正月

戊午犯氐二月甲戌犯畢八月乙酉皆犯畢三月甲辰入
井六月乙亥入氐十一月乙卯入太微垣犯左執法丙辰
犯進賢己未犯氐東北星十二月乙亥入畢掩大星十二
年正月壬寅犯畢距星四月辛未入太微十一月行犯權
大星并掩御女十三年正月癸卯犯權星并御女八月己
酉復掩權大星十四年正月庚申入畢掩大星六月丁亥
犯亢距星十六年八月壬寅犯鉤鈐十七年二月己未入
羽林軍是歲凡六三月己卯入氐五月甲戌六月壬寅十
一月乙酉皆入氐七月癸酉入南斗十月乙未又入十一
月甲戌犯司怪十八年三月乙丑犯五諸侯壬午入羽林

軍是歲凡八四月壬寅入氐五月丙寅入太微犯東上相
六月丁酉入氐七月乙丑犯房戊辰入南斗閏八月癸亥
又入十九年正月辛丑犯亢二月甲戌入南斗丁丑入羽
林軍是歲凡八六月庚申犯房癸亥入南斗八月戊午又
入二十年四月丁巳犯角六月戊午入南斗是歲凡三壬
戌入羽林軍是歲凡五七月己卯犯角距星壬午犯房八
月癸亥犯昴距星十一月乙未犯角距星二十一年正月
丙申入南斗二月辛酉犯心東星三月丙申入羽林軍是
歲凡七閏四月己丑犯壁壘陣八月乙亥入南斗十月癸
未犯壁壘陣十一月戊申犯昴二十二年正月丙辰犯心

東星二月庚午犯昴是歲凡三乙亥犯鬼三月癸丑入南
斗是歲凡四二十三年正月癸卯二月庚午犯輿鬼壬申
犯權御女星三月戊申犯南斗七月乙未犯房距星十月
癸酉犯司怪十一月辛丑入東井二十四年正月庚申犯
昴六月丙午十二月庚寅皆犯司怪戊戌犯昴距星九月
己巳十二月辛卯皆入東井二十五年四月庚辰七月己
巳又入東井是歲凡六六月辛丑犯鉞十月庚寅犯天關
十二月乙酉犯司怪二十六年正月壬子十月乙酉十一
月庚辰皆犯司怪癸丑入東井是歲凡八八月丙子犯房
十月乙亥犯牛二十七年正月甲戌犯天關庚寅犯建二

月癸卯三月庚午皆入東井是歲凡七四月己酉犯房鈎
鈐又犯鍵閉六月甲辰犯罰又犯東井七月庚午入氐丙
子犯羅堰乙酉犯天關十一月乙丑犯牛十二月辛亥犯
角宿距星二十八年正月辛未入東井是歲凡五二月甲
寅犯牛三月庚辰犯建四月己酉犯羅堰五月丙子犯牛
六月丁酉犯氐壬寅掩建八月丁酉又掩八月辛卯犯亢
壬辰入氐丁未入畢口內犯大星九月甲戌掩犯畢十月
癸巳掩牛宿距星癸丑犯氐距星十一月辛巳十二月戊
申入氐丁未犯亢二十九年正月丙寅犯入東井是歲凡
六乙亥犯氐距星二月癸卯入氐方口內是歲凡四甲辰

犯西咸三月己未犯天高壬申犯東咸乙亥犯建星四月
辛卯犯權右角大民甲辰犯羅堰五月甲子犯亢六月戊
申犯附耳庚申入氐丙寅犯羅堰七月癸巳掩牛宿距星
九月丁酉入畢口犯大星十一月壬辰犯畢十二月己巳
犯亢距星壬申犯東咸三十年正月戊戌入氐二月乙丑
又入是歲凡五三月甲申入東井是歲凡三七月戊子犯
牛八月乙卯又犯九月庚辰犯南斗十月庚申掩入畢十
一月庚寅入犯東井三十一年正月甲申犯東井是歲凡
五二月乙卯犯權星御女庚申入氐三月戊子又入是歲
凡五四月辛亥犯太微垣西上將星辛巳犯平道星戊子

犯牛距星戊戌犯畢距星七月丁丑犯西咸癸未犯牛癸
巳入畢大星九月丙申犯太微東左執法星十一月壬午
掩畢辛卯掩太微東上相星十二月壬子甲寅犯輿鬼掩
積尸三十二年正月丁丑掩畢宿大星犯附耳庚辰犯東
井是歲凡七戊子入氐是歲凡二己丑犯西咸二月庚戌
犯酒旗壬子入太微西掩右執法星乙卯犯亢己亥犯太
微西上將庚辰入太微辛巳犯進賢四月癸未犯牛五月
庚午犯太微東上相星庚辰入羽林軍九月壬寅十一月
十二月皆入戊子入畢掩犯大星及附耳七月甲辰掩建
十月丙寅又掩九月庚戌入畢十二月壬申又入十月己

卯犯司怪隆興元年二月己巳入東井是歲凡六癸酉犯
權大星七月丙申十月壬子皆入氐壬寅犯壁壘陣西勝
星十月甲子又犯癸卯入羽林軍是歲凡三十月丙午犯
權十二月丁卯掩天高戊辰犯天關二年正月戊子入羽
林軍是歲凡六甲午掩入畢二月甲子入東井是歲凡五
己巳犯長垣辛未入太微掩犯左執法井上相星三月辛
卯犯東咸四月丙申入氐七月丁亥入太微犯內屏星八
月乙丑犯壁壘陣十月丁卯犯畢庚辰入氐十一月丁亥
入羽林軍丙辰掩司怪己亥犯輿鬼掩積尸丁未入氐戊
申犯西咸閏十一月壬戌犯天高己巳犯長垣乾道元年

二月甲申五月癸酉十月庚寅皆掩犯諸王星戊戌犯東
咸庚申入太微犯內屏六月壬午又如之甲子入氐六月
丙戌又入辛未入羽林軍是歲凡八五月辛酉掩天江七
月丁巳犯南斗八月壬午掩犯鈎鈐十二月戊戌又掩甲
申犯天鑰乙酉掩南斗九月壬子又掩九月庚午入太微
十月丁酉十二月壬辰皆入太微十月庚辰犯狗十一月
丁巳犯天街掩諸王二年正月壬子犯諸王二月己卯又
犯乙卯掩犯五諸侯二月乙酉犯權己亥入羽林軍五月
辛酉又入五月甲寅犯鍵閉六月辛巳入氐八月丙子又
入壬子犯房乙酉犯南斗入魁八月庚辰又入乙未犯月

八月辛巳掩犯狗國九月庚戌犯哭十一月戊午犯權十
二月壬辰入氐三年二月戊子掩犯東咸辛卯入南斗三
月甲寅入氐四月辛巳又入四月壬申犯五諸侯九月癸
未十一月戊寅皆犯五月乙巳入太微癸丑掩犯南斗丁
丑犯房庚辰入南斗魁七月乙巳犯心大星閏七月丁丑
犯周星戊寅犯哭又入羽林軍八月乙巳犯代九月庚辰
犯月星十月戊午犯亢十二月壬寅犯昴甲寅入氐掩東
南星四年正月辛未犯五車二月丁巳入羽林軍是歲凡
九三月庚午犯權四月庚子犯左執法乙巳犯心前星五
月乙亥入南斗十月壬辰又入六月丙申犯角七月壬午

犯五車丙辰入太微八月丁未掩天陰十月乙未犯壁壘
陣戊戌又犯丙午犯五諸侯庚午犯昴壬申犯司怪癸未
犯心十二月乙巳入太微犯左執法丁未掩犯角五年正
月癸酉入太微犯左執法戊寅掩心東星二月壬辰八月
癸卯十一月乙丑皆犯昴乙亥犯長垣三月癸亥六月壬
子九月甲戌十一月己巳皆掩犯五諸侯戊辰犯左執法
己卯入羽林軍是歲凡七四月庚子犯心五月甲子犯角
距星庚午入南斗六月辛亥犯五車九月壬申又犯七月
甲子犯箕十月丁亥入南斗魁又掩第五星六年正月庚
申犯昴戊辰犯右執法癸酉犯心東星二月辛卯犯五諸

侯癸酉入犯南斗丁未入羽林軍是歲凡三三月壬戌犯
霹靂壘庚午入南斗魁五月乙丑七月丁亥皆如之五月壬
戌掩日星又犯房閏五月庚寅犯心東星七月戊戌犯昴
庚子犯五車九月壬午犯狗十月壬戌犯五車東南星七
年正月甲申犯五車三月甲申犯權星御女四月戊午犯
心大星六月癸丑掩心東星乙卯掩犯南斗九月丁丑十
二月丙寅皆如之十月乙卯犯昴十一月乙未犯房宿日
星八年正月辛卯犯心距星三月丁丑犯鬼丙戌犯心大
星四月癸丑犯房九月戊子犯鬼宿距星九年四月丙子
犯心六月辛未掩犯心大星淳熙元年七月戊申入東井

十一月戊戌十二月乙丑皆入八月乙亥犯井鉞十二月
癸亥犯天街二年正月壬辰犯井鉞二月庚申入東井四
月乙卯九月戊戌十月癸巳皆入六月癸亥犯南斗七月
戊子犯房閏九月乙卯犯牛十月癸卯入氐三年正月乙
丑七月巳酉又入氐三月庚戌九月辛酉皆入東井四月
乙酉犯角宿距星七月丁未犯角十一月甲寅犯畢四年
正月庚申入氐二月戊寅入東井七月壬戌十月甲申十
二月己卯皆入七月庚戌犯牛宿距星八月丁亥入畢宿
方口内九月甲寅犯畢五年正月乙卯入氐閏六月己亥
十二月庚戌皆如之三月辛丑入東井是歲凡四閏六月

乙卯入畢宿方口内十一月壬申掩畢宿附耳星六年正
月甲戌犯太微右執法星二月甲午犯畢四月辛卯入東
井是歲凡三五月丁卯入氐十月戊申犯左執法又行入
太微垣乙亥又入十二月丁未犯壁壘陣西七星七年正
月庚午入太微犯左執法癸酉入氐三月戊辰四月乙未
六月庚寅十一月甲戌十二月辛丑皆如之四月壬辰入
太微六月丁亥十二月丁酉皆如之六月乙巳掩畢大星
七月乙亥入東井是歲凡三八月丙午犯權大星十一月
戊辰又犯十月甲午犯畢十二月己丑又犯十一月甲戌
入氐八年正月己未入東井是歲凡六二月丙申入氐四

月戊午六月癸丑皆入三月己未入太微閏三月丁亥入月庚午十月癸巳又入六月丁卯入畢八月壬戌九月己丑皆入九年六月壬戌又入八月己未入東井十二月己未入氐十年正月丙子入東井是歲凡二二月己酉入太微三月丁丑六月庚子七月丙寅十一月壬午閏十一月庚戌皆入三月辛巳入氐六月癸卯七月辛未皆入九月癸酉入羽林軍十二月乙亥犯權大星十一年正月己酉入氐七月癸巳八月庚申皆如之二月甲子犯諸王七月丁酉犯南斗十一月辛卯入羽林軍十二年正月戊申入南斗八月癸酉犯五諸侯十三年四月己巳入羽林軍五

月甲申入太微七月甲申犯心大星八月己卯亦如之丁亥犯南斗十四年三月戊申犯心距星四月甲申行犯房北第三星辛卯入羽林軍是歲凡二五月壬子犯心大星六月庚寅行入斗七月丙午掩犯房九月乙丑掩犯角宿距星十五年正月庚申入南斗魁六月丁丑九月己亥十二月戊子皆如之二月乙酉掩心後星六月己丑犯昴丁巳犯五車東南星十月己卯又犯五車十六年三月庚戌入南斗魁紹熙元年六月乙未宿斗距星西北四年七月丁亥犯天關十月庚戌入東井十二月乙巳又入五年三月丁卯閏十月癸酉皆入十二月丁丑入氐慶元元年六

月辛酉十二月壬申皆入己卯入東井三年二月辛亥入畢四年六月庚寅犯畢西第二星壬申入井壬寅入氐宿方口內九月乙巳犯壁壘陣西第八星甲寅入東井戊午行入太微垣內十月癸酉犯壁壘陣十一月乙卯十二月壬午亦如之五年三月戊戌入東井七月甲寅十二月辛未亦如之四月壬申行入太微六年二月壬申又入嘉泰元年七月乙卯入氐二年四月甲申入太微戊子入氐九月己酉犯斗三年四月辛丑又犯丙午入太微十月癸卯入羽林軍辛酉入氐四年三月壬申犯權六月戊申入羽林軍七月丙子又入羽林軍十月壬子入太微癸丑犯天

江開禧元年正月庚午犯五諸侯三月乙丑又犯三月己巳入太微四月戊申入羽林軍二年六月丙寅又入七月己丑入斗十月辛亥又入三年二月癸丑犯五車東南星乙丑犯心東星六月丁巳入南斗魁丁卯犯昴十二月癸丑犯五車嘉定元年二月丙午犯昴三月乙亥犯五車六月丁丑犯房二年十月乙丑犯斗三年九月庚寅犯心中星四年閏二月己丑入東井五年正月丁巳又入己酉犯南斗六年二月庚辰入東井十月辛亥犯畢庚申犯角宿距星七年六月辛丑入氐八年正月戊辰犯畢七月己卯又犯辛未入東井十一月辛未又如之九年正月丙寅入

東井乙亥入氐十二月戊子犯畢十年三月庚辰入畢五月丁亥入氐十二月丙寅又入十一月壬辰犯權大星十一年二月庚戌入東井九月戊子十二月庚戌皆如之四月辛亥入太微六月庚戌入氐九月丙戌入畢十二年四月癸酉入太微九月丙辰又如之八月癸未入東井十月庚午入羽林軍十三年正月戊戌犯畢九月甲辰又犯二月癸酉入太微九月癸巳犯南斗丙午入東井十四年正月乙巳入氐七月己丑又入三月丙申入太微四月辛未犯南斗八月丙寅入羽林軍十五年五月丁巳入氐八月癸未入南斗十六年六月辛巳犯心前星又犯中星十一

月庚申入太微寶慶三年七月乙酉犯心後星端平元年五月己酉入氐二年六月壬申又入十二月庚子入井三年四月丙申入太微十一月甲戌又入五月辛巳入畢七月壬戌入氐宿戊寅入東井嘉熙元年七月癸酉入井二年四月乙酉入太微閏四月丁未入井三年八月辛丑入氐四年正月辛巳入太微五月庚午又入甲戌入氐宿方口內淳祐元年正月丁未入氐六年七月丁卯犯斗西第五星八月辛卯犯房宿距星七年七月己未犯心宿中央星十一年七月乙丑入氐宿方口內八月癸巳又入十二年五月戊申犯畢宿大星十二月壬申入氐宿方口內寶祐元年九月壬辰入畢三年五月辛酉又入六月甲戌入氐七月辛丑八月己巳皆入四年十月壬戌犯斗五年六月辛卯入氐宿方口內七月丙子入井六年十一月甲子犯權景定元年十一月戊子犯房二年七月辛未犯斗三年二月乙巳入氐六月乙未入氐宿方口內八月癸卯犯昴宿距星十月丁卯犯五車四年四月乙卯犯權五月庚寅入氐宿方口內五年二月甲子犯房丁卯犯斗四月癸丑入太微六月甲寅犯心十月丙午犯斗咸淳十年二月壬子犯畢

志卷第七

志卷第八

開府儀同三司上柱國錄軍國重事前中書右丞相監修國史領經筵事都總裁臣脫脫等奉

勑脩

天文八

五緯犯列舍

歲星建隆二年四月乙巳犯左執法五月己丑犯東井十月乙巳犯亢太平興國八年七月丙寅入張雍熙元年正月辛巳犯靈臺第一星至道元年十一月庚戌犯右執法三年十月丁巳入氐咸平元年三月乙酉退行入氐六月庚戌入亢景德二年八月壬子入太微十二月壬辰犯天鐏三年十月戊寅犯軒轅大星四年閏五月己巳犯軒轅大星九月乙亥入太微大中祥符元年正月甲子犯右執法四月丁未入太微七月己未又在太微二年十月庚戌入氐三年四月庚申退行入氐丙子守氐四年六月己巳犯天江五年三月丁丑犯牽牛六年四月乙丑犯壁壘陣九年五月辛未失度天禧三年九月壬戌入太微丙寅犯右執法十一月乙丑犯右執法四年二月己酉犯右執法三月庚申犯輿鬼積薪又犯哭星五月乙丑七月乙卯犯右執法五年十二月丁未犯房乾興元

年正月丁丑犯鍵閉二月庚午犯房天聖元年八月戊午犯天籥三年五月辛卯犯壁壘陣七月乙未又犯六年八月庚午犯鉞十月丙寅又犯七年八月己亥犯輿鬼九月己未犯積尸八年九月丁未犯軒轅九年十月戊戌犯左執法明道元年正月辛巳掩左執法五月戊戌犯太微左執法景祐元年正月己巳犯東咸四月丙申犯鉤鈐戊申犯房甲寅掩房上相七月戊子又犯房二年五月丁未犯天籥康定元年六月丁未犯井鉞七月戊午犯東井十月庚子又犯慶曆元年八月庚辰犯鬼丙戌犯積尸十一月癸酉退犯輿鬼二年四月乙酉犯輿鬼庚寅犯積尸三年九月庚寅犯左執法四年二月戊午犯左執法嘉祐二年八月乙巳犯氐三年五月乙酉退犯東咸第二星七月辛卯順行又犯四年正月丙申犯建五年七月己亥退犯十二諸國代星治平元年閏五月癸未入東井八月丁未犯天鐏二年四月癸巳犯天鐏七月丙辰犯輿鬼三年九月庚午犯靈臺十月甲午犯太微上將四年正月壬子犯西上將二月戊子犯靈臺四月甲子又犯五月丙申犯西上將六月乙丑入太微十月丁卯犯進賢熙寧元年七月壬申犯進賢

十一月丙戌入氐二年七月辛巳犯氐丁亥入氐八年六月己未犯諸王八月庚戌又犯九年六月辛卯入東井七月丁丑犯天罇西星十月戊戌犯天罇東北星十年三月戊寅犯天罇西星元豐元年八月丁巳犯靈臺北第一星九月乙亥犯西上將十月戊申入太微二年正月己丑又犯三月辛未犯靈臺北星三年十月辛酉犯氐距星庚午入氐四年二月壬午退入氐五年九月癸未犯天江北第一星■七年四月壬午犯壁壘陣西第六星七月癸卯又犯西第五星十一月丙辰又犯十二月庚午犯天罇元祐四年

二月壬子犯天罇五年五月壬辰犯軒轅大星十月癸巳入太微庚戌犯右執法七年十月庚申入氐八年四月癸亥退入氐十二月丁卯犯天江紹聖元年三月乙巳犯天籥三年三月丁未犯壁壘陣四月戊子入羽林軍七月辛丑又犯壁壘陣十一月甲辰又犯元符元年正月己未犯外屏二年六月甲申犯諸王東第一星十一月丁亥又犯建中靖國元年十二月己酉犯軒轅大星崇寧元年六月甲辰犯軒轅左角少民二年正月戊戌退行入端門三年八月乙卯犯亢距星四年正月辛巳犯房北第一星閏二月庚

辰犯房鈎鈐五年十月辛未犯南斗西第二星大觀元年二月庚午犯斗二年十月庚辰犯壁壘陣三年十二月丙申犯外屏四年六月癸未犯天陰政和元年八月甲寅犯鉞二年三月乙亥犯司怪八月丁酉犯積薪九月丁卯犯鬼三年三月戊寅犯積薪閏四月壬戌犯鬼入犯積尸氣八月甲辰犯軒轅四年正月丁亥犯軒轅大星八月己巳入太微垣十月辛酉犯左執法五年正月丁丑又犯二月辛酉入太微六年閏正月己酉犯亢七月辛亥又犯十一月丙辰犯房七年三月丙辰又犯重和元年五月甲午犯斗宣

和元年五月乙亥犯牛二年二月甲戌犯壁壘陣四年三月甲戌犯昴五年八月壬午犯井靖康元年十月癸卯犯左執法二年二月壬戌又犯丁卯入太微六月甲申犯諸王東第一星建炎三年五月丙午逆行犯房七月癸未犯鈎鈐紹興二年八月庚寅逆行犯壁壘陣五年四月壬子犯井鉞七月丁丑十月丙午十一月庚午朔至戊子逆行入井六年三月庚午入井壬辰復入留二十日七月壬辰犯鬼癸巳犯積尸氣十二月壬戌又如之十二月庚申逆行犯鬼東南星辛酉入鬼宿內七年正月癸亥三月壬午逆行

入鬼犯積尸氣八年九月己丑犯太微垣東左執法十年正月戊子七月辛未入氐十一年七月戊午犯東咸西第二星十七年七月壬戌順行入東井不犯星十一月丙戌退行入井二十一年十一月辛丑順行犯氐戊申又入氐二十二年七月辛亥入氐二十八年七月丁丑順行犯諸王二十九年六月己酉閏六月辛酉順行入犯東井七月戊戌順行犯天罇十二月己巳入犯東井三十二年正月戊寅退行入太微二月戊戌朔退行犯太微垣西上將星乙巳退行逆出太微西門五月庚子順行犯太微垣西上將星

乙巳復順行犯太微乙酉順行犯右執法十月庚午順行犯進賢隆興元年十月戊子順行犯氐十一月庚寅又入氐二年二月己卯退行入氐六月壬申癸未犯氐乾道三年十月乙巳犯壁壘陣四年九月丙戌留守壁壘陣六年六月癸丑十一月丁丑犯諸王七年六月癸酉犯天罇十一月癸巳又如之八年三月丁丑犯天罇十一月癸未留守權大星九年五月乙卯犯權大星十月庚午十二月庚午犯太微右執法淳熙元年二月壬午犯太微垣西上將星二年四月庚申犯進賢十月丁亥入氐三年五月己未留守

氐五年四月壬午留守牛六年五月癸亥留入羽林軍六月乙巳十一月壬戌犯壁壘陣西第六星八月丁未留守壁壘陣西第五星九年十一月庚申守諸王星十年七月己巳犯天罇十一年九月癸卯十月辛巳皆犯守權大星十二年十月辛亥犯太微右執法十五年正月壬子犯房北第一星二月己巳留守房五月癸亥留守氐十六年六月乙未留守天江紹熙五年八月壬辰犯司怪十一月庚戌犯諸王慶元二年八月乙亥犯權大星四年三月乙巳入太微犯右執法五年十二月己卯犯房六年三月丙寅犯房

嘉泰二年八月丙戌留守牛三年七月戊午行入羽林軍開禧二年七月乙未犯井鉞八月庚戌犯東井三年九月甲戌順行入鬼在積尸氣鑽星西南嘉定元年閏四月壬申順行入鬼犯積尸氣鑽星七月辛酉順行犯權大星二年二月丙戌犯守權大星三年二月己巳退行入太微犯左執法四月乙亥留守太微四年十一月甲子犯房五年四月乙巳退行犯房宿七月丙辰順行犯房辛酉順行犯鈎鈐六年三月丙寅留守建星八年八月甲午犯壁壘陣入羽林軍十年七月壬寅留守畢十一年七月甲戌順行犯井

鉞八月丙午順行入東井九月己丑留守東井十二
月七月辛酉順行犯鬼十三年二月庚寅順行犯鬼
十四年二月乙丑退行犯權左角少民星十五年三
月甲子退行犯太微左執法十六年正月戊申留守
氐距星紹定三年六月乙酉順行入井十一月丁未
退行入井端平元年四月戊寅退守太微東上相二
年二月癸酉留氐八月癸巳順行入氐宿嘉熙元年
五月庚午朔留守建星二年五月壬寅退行壁壘陣
淳祐二年六月丁丑順行犯井宿六年十一月癸亥
入氐咸淳三年十月甲寅順行犯權大星

熒惑建隆元年十月癸酉犯進賢十一月乙卯犯氐
二年八月戊申犯哭星九月乙酉犯壁壘陣三年十
月甲辰犯氐十二月庚戌入天籥乾德三年九月乙
亥犯司怪四年四月壬子入輿鬼犯積尸五月辛卯
犯軒轅五年九月戊申犯輿鬼十二月戊辰犯五諸
侯開寶元年五月壬子犯太微上將六月壬戌掩心
大星二年七月乙亥犯輿鬼八月戊寅掩積尸三年
八月壬辰犯房五年二月己卯退入太微犯上相七
月甲子入氐太平興國八年七月癸亥入輿鬼雍熙
元年七月乙卯入東井十二月辛巳逆犯軒轅第二

星三年七月癸巳入輿鬼九月乙亥犯軒轅女星端
拱元年六月己丑入輿鬼犯積尸八月戊午又犯軒
轅大星九月甲申犯靈臺壬辰犯太微上將乙巳犯
右執法十月癸亥又犯左執法十一月甲申犯進賢
二年二月辛未退行犯亢六月壬申犯氐東南星八
月丙寅犯天江十一月庚辰犯哭星十二月己巳犯
房又犯鉤鈐淳化元年八月戊申犯軒轅大星壬申
犯靈臺九月庚辰犯太微上將壬辰犯右執法癸巳
犯左執法二年正月丙戌犯房第一星四月丁亥犯
天江三年十月乙巳犯左執法十一月己亥入氐四

年四月戊辰入羽林丙子犯氐五年三月甲戌犯東
井西垣第一星十月己未入氐十一月癸丑犯房第
一星至道二年正月丁卯守昴三月守東井閏七月
丁亥犯畢北小星十月己未入太微甲子入氐十一
月丁亥又入太微三年五月庚午入太微端門八月
庚子掩南斗魁己未入東井咸平元年四月癸巳入
輿鬼二年十一月戊申退行犯輿鬼三年二月癸酉
又犯四月辛酉犯軒轅大星六月丁未犯右執法四
年八月甲子犯輿鬼十月庚子犯軒轅十一月庚寅
犯太微上將五年四月庚辰又犯甲申犯太微西垣

壬辰犯右執法七月丁巳犯氐八月丙子犯房六年七月壬寅犯輿鬼八月庚申犯軒轅大星九月戊申犯靈臺十月己未入太微犯上將十一月庚寅犯左執法壬辰犯進賢甲辰犯太微上相十二月甲子又犯進賢景德元年三月丙申犯太微上將戊戌犯次相己酉犯執法七月乙巳犯氐閏九月庚戌犯南斗二年八月丁丑犯軒轅大星甲戌犯左執法十二月乙酉犯氐三年正月己巳犯房上相庚午犯次相二月甲戌犯鉤鈐丙寅犯房次相三月丁未守心乙丑犯鉤鈐丙寅又退行犯房次相七月丁酉犯天江四

年八月丙申與歲星犯太微上將己酉犯右執法十一月丙寅犯氐丙戌犯西咸大中祥符元年九月戊辰犯壁壘陣二年十一月乙卯犯氐十二月庚寅犯東井三年四月辛卯犯右執法四年三月庚寅犯東井五月乙亥入輿鬼五年七月辛卯犯畢閏十月丁卯在諸王六年正月己亥犯畢丁巳犯司怪二月甲戌掩犯東井三月己未犯輿鬼五月辛丑犯軒轅大星七年七月己酉犯井鉞又犯東井八月己卯犯天鐏八年二月乙亥犯五諸侯三月辛丑犯輿鬼四月癸丑掩井鉞五月丁亥入太微庚寅犯軒轅大星辛丑犯太微上將丙子犯右執法九年七月丁巳犯天鐏八月丙戌犯輿鬼己丑犯積尸十月丁丑犯軒轅大星十二月丁酉又犯軒轅天禧元年五月戊戌犯靈臺己酉掩太微上相丁酉犯右執法六月丙子犯左執法二年五月庚寅入東井七月癸酉犯輿鬼九月辛巳犯靈臺十月壬辰犯太微上將十一月丙寅犯左執法甲申又犯太微上將十二月壬辰又犯乙巳入太微己酉犯氐三年三月戊辰入太微四月己丑又入太微犯右執法四年九月丁卯犯靈臺庚午犯五諸侯十月辛巳入太微丁亥犯右執法辛丑犯

左執法十一月丙寅掩進賢閏十二月辛未入氐五年三月辛卯退行犯亢六月甲寅入氐壬申犯房七月庚子犯天江八月庚戌掩南斗魁第二星壬戌犯南斗乾興元年七月甲午犯軒轅大星九月辛未入太微己丑出太微端門犯左執法十一月庚辰犯亢天聖元年正月丙寅犯房丁卯犯鉤鈐鍵閉癸酉犯罰二月庚申犯天籥四月戊午犯南斗魁八月癸巳又犯南斗距星閏九月乙巳犯壁壘陣二年十一月戊申犯房三年正月辛卯犯天籥三月庚戌又犯壁壘陣五月辛卯犯羽林六月壬戌又犯壁壘陣七月

戊子又犯十一月乙巳犯外屏四年正月己亥犯天陰二月癸酉犯天高八月甲午犯東井九月壬申犯氐十二月戊寅犯天街六年三月甲辰犯東井七年七月壬午犯井鉞丙戌又犯井距八年正月己卯犯東井九年九月犯輿鬼丁巳壬戌犯積尸明道元年正月庚子犯輿鬼東北星二月甲辰掩鬼二年八月癸卯犯積尸景祐元年四月辛亥犯太微上將五月壬申犯右執法丁亥犯左執法八月戊午犯房丁卯犯東咸甲申犯天江九月丙午犯南斗二年七月甲午入鬼九月丁亥犯牽牛甲午犯靈臺己亥入太微

十月庚午犯左執法十二月辛亥犯平道戊辰犯太微上相三年正月壬辰犯亢三月己亥犯進賢七月甲辰犯房次將九月癸巳犯南斗寶元元年正月辛丑犯房三月丙午犯軒轅六月庚午犯心前星七月癸卯犯天江八月辛未犯南斗九月丙申犯天雞康定元年正月乙酉犯建星慶曆五年二月甲寅犯東井四月丙午犯鬼尸五月乙酉犯軒轅大星六年七月乙巳犯東井九月甲午犯輿鬼七年正月壬寅犯諸侯三月丁亥犯鬼積尸六月庚申犯左執法八年八月辛未犯鬼積尸皇祐元年五月甲辰犯右執法

二年八月庚申入鬼犯積尸十月庚午犯大微上將閏十一月丙辰犯太微東上相三年四月丙戌犯左執法七月戊午犯氐八月辛丑犯天江四年十月乙酉犯太微左執法五年六月丙戌犯氐閏七月壬午犯天江八月乙巳犯南斗至和元年十一月犯亢丁丑犯氐距星二年九月甲申犯壁壘陣嘉祐元年十月甲午犯氐二年三月戊子犯壁壘陣五月戊子又犯壁壘陣東星三年三月庚子入東井十一月癸未犯鈎鈐十二月丁未犯天江四年二月丁酉犯羽林七月己酉犯畢距星九月戊午退犯天街十月癸酉

犯月星五年二月丙戌犯東井四月庚午犯輿鬼癸酉掩積尸六月壬戌犯軒轅左角光相接六年八月丁巳犯司怪己巳入東井閏八月癸巳犯天罇十月乙亥退犯五諸侯東壁七年三月乙卯犯輿鬼西北星辛酉犯鬼積尸五月丙寅犯靈臺六月壬午入太微不犯八年六月癸酉犯諸王八月戊戌犯輿鬼辛丑犯積尸十二月甲申犯軒轅治平元年五月己未犯太微西垣上將閏五月癸酉犯右執法七月癸巳入氐二年六月辛丑入東井七月乙酉犯鬼鑕十月壬辰犯靈臺三年三月辛巳犯太微西上將四月己

酉犯右執法七月壬午入氐四年六月辛酉犯積薪七月丁丑犯輿鬼又犯積尸八月辛亥犯軒轅大星癸亥又犯少民九月甲申犯西上將戊戌犯右執法十月壬子犯左執法壬戌犯上相十一月丙子犯進賢十二月乙卯犯亢熙寧元年六月丙寅犯氐東南星丁卯又入氐七月丙戌犯房北第二星乙未犯東咸南第一星八月甲寅犯天江南第二星二年九月甲戌犯西上將丙戌入太微閏十一月乙巳犯氐距星己酉入氐十二月戊寅犯房戊子犯罰（三年正月癸巳）犯東咸第二星二月辛卯入天籥五月癸巳正月乙

巳犯罰八月戊午犯南斗十月戊午犯壁壘陣西北星四年三月乙未犯諸王西第二星十月戊寅犯亢南第一星十一月辛卯犯氐距星乙未入氐十二月戊辰犯罰五年正月己丑犯天江東第一星癸卯入天籥五月丙午入羽林軍十二月戊午犯外屏西第二星六年正月庚戌犯天陰西南第一星庚午犯月星二月丁丑犯天街西南星甲申犯諸王西第二星三月戊辰入東井四月庚子犯積薪十月辛巳犯氐距星癸未入氐十一月戊申犯鈎鈐西第一星七年四月壬申犯壁壘陣西第八星十二月辛巳犯天陰

西南第一星八年正月辛亥犯月星二月甲子犯諸王西第一星三月丁酉犯司怪北第二星丙辰入犯東井東北第一星四月己丑犯積薪閏四月辛丑入輿鬼九年七月壬戌犯諸王東第三星八月戊戌犯井鉞壬寅犯東井距星丁未入東井十月戊戌犯東井東北第一星十一月丁卯犯司怪十年正月丙寅犯司怪第二星四月丙戌又犯輿鬼東北星戊子入輿鬼元豐元年六月己巳犯司怪南二星七月庚辰入井戊戌犯天罇西北星八月戊午犯積薪九月壬申犯輿鬼西北星丁丑入輿鬼犯積尸二年二月壬戌入

犯輿鬼東北星三年七月丁卯入東井甲申犯天罇西北星八月辛丑犯積薪乙卯犯輿鬼積尸閏九月丁巳犯長垣十月戊辰犯靈臺北星癸未入太微四年四月甲申犯右執法七月庚戌入氐五年七月辛丑犯輿鬼西北星乙巳入輿鬼十月癸丑犯西上將丁巳入太微十一月壬午犯左執法甲午犯西上將六年三月戊寅犯進賢己亥犯東上相閏六月戊戌入犯氐東南星七月丙辰犯房北第二星甲子犯東咸西第一星八月癸未犯天江南第二星七年八月己未犯靈臺九月己亥犯西上相丁未入太微乙丑

犯左執法十月己丑犯進賢十一月戊午犯亢距星十二月辛巳入氐八年正月戊午犯房北第一星二月乙丑犯鍵閉癸酉犯罰北第一星乙酉犯東咸三月壬戌犯壁壘陣七月己未犯天江十月戊寅犯秦星十一月丙午犯壁壘陣西第六星十二月壬戌順行犯壁壘陣元祐元年閏二月丙辰犯天街八月甲寅入太微十月丙午犯亢十一月己未犯氐距星入氐十二月丁亥犯房己丑犯鈎鈐辛卯犯鍵閉三年二月乙巳犯天街三月壬子犯諸王四月丙申入犯東井十月丁未犯亢南第一星十一月戊申犯氐距星己酉入氐十二月甲辰犯天江甲寅犯天籥四年二月丁未犯壁壘陣三月丁丑又犯壁壘陣六月甲寅犯外屏八月己未退行又犯外屏十二月己未犯天陰西南星五年二月戊戌犯諸王三月癸未入東井甲申犯之六年八月乙巳犯諸王七年二月戊辰犯東井四月乙卯犯輿鬼丙辰又入輿鬼五月辛亥犯長垣八年四月乙卯犯外屏八月庚戌入東井庚午犯天罇九月乙未犯積薪十月辛酉犯輿鬼紹聖元年二月丙寅犯五諸侯東第一星三月丁酉犯鬼西北星五月戊申犯靈臺北第一星二年七月乙未

入井八月丙戌入鬼三年正月戊戌退犯軒轅五月癸巳犯靈臺辛丑犯太微上將丙辰犯太微右執法八月丁丑入氐四年六月丙戌入犯井己亥犯天罇西北星七月丁巳掩犯積薪丁卯犯鬼西北星庚午入鬼犯積尸氣八月丁未犯軒轅大星十月癸未犯太微西垣上將甲申入太微十一月甲戌犯太微東垣上相丁丑掩之元符元年正月壬戌犯太微東垣上相乙丑入太微垣行執道四月丙午犯太微左執法六月丙午犯亢七月乙丑入氐己巳又犯之八月乙酉犯房南第三星辛卯犯東咸十一月壬戌犯代星十二月戊寅犯壁壘陣乙未又犯壁壘陣二年七月庚申入鬼犯積尸氣八月丙申犯軒轅大星九月丁卯犯太微西垣上相閏九月壬申入太微甲午犯太微左執法十月甲辰犯太微東垣上相己未犯進賢十一月庚寅犯亢距星十二月壬戌入氐三年正月辛未犯氐東南星四月壬寅退行犯亢南第一星八月丁巳犯南斗西第二星建中靖國元年九月己未入太微十月甲辰犯平道西第一星崇寧元年五月丁巳退行入南斗魁戊辰又犯南斗西第二星二年十二月壬戌犯鼎西南星丙子犯天街北星十月甲

子犯亢南第一星三年四月壬子犯壁壘陣西五星四年三月壬寅犯井鉞甲寅犯井距星乙巳又入井五年八月乙卯犯天街南星十月乙丑犯昴東南星甲申犯天陰東北星大觀元年正月辛丑犯畢三月癸巳入井四月癸未犯鬼及犯積尸氣五月己酉犯酒旗六月壬戌犯軒轅大星七月乙酉犯靈臺二年六月辛卯犯天街七月癸酉犯司怪八月己丑入井三年正月庚午又犯井三月丙寅犯鬼六月癸未入太微七月己酉犯太微左執法己巳犯進賢四年六月庚午犯月星七月辛酉入井閏八月丙辰犯鬼又

犯積尸氣政和元年五月乙酉犯右執法二年六月辛亥入井三年正月乙亥犯太微垣内屏四月丙午犯太微上將閏四月乙丑犯太微右執法七月癸巳入氐九月庚辰犯天江四年九月乙未犯上將十月甲子又犯左執法十一月庚寅犯進賢五年正月乙亥犯亢七月庚辰犯氐八月乙丑犯天江六年八月丁丑犯靈臺九月癸巳入太微庚戌又犯太微左執法十二月癸亥入氐七年正月丁酉犯鍵閉七月乙未犯天江重和元年正月丁亥犯外屏閏九月癸亥犯進賢十月戊申又入氐宣和元年九月癸亥犯壁

壘陣二年十月庚辰犯亢三年正月戊申犯南斗丙辰又入南斗四年正月辛未犯天街五年六月乙未犯天陰九月己未犯司怪六年閏三月庚辰犯五諸侯七年九月壬辰犯鬼靖康元年正月乙酉又犯五諸侯丁亥又守五諸侯三月戊寅又入鬼己卯又犯鬼積尸氣建炎三年八月癸丑入鬼犯積尸甲子犯太微垣西上將星丙寅又入太微十月乙巳出太微垣東左掖門己酉犯垣東上相徘徊不去四年三月乙亥犯左執法七月戊辰犯房八月丁丑犯東咸乙未犯天江十一月乙卯入壁壘陣紹興元年正月己

亥朔入羽林九月丙辰入太微十月丁丑犯左執法庚辰順行出太微垣内左掖門十一月辛丑犯進賢二年正月丙申入氐五月乙亥犯氐東南星七月乙丑犯天江八月戊戌犯斗西第二星三年九月壬子順行入太微甲寅犯右執法乙丑出端門丙寅犯左執法十月癸巳犯進賢十一月丁巳犯亢南第一星辛未犯氐甲戌入氐十二月辛丑犯房北第一星壬寅犯鉤鈐癸卯犯鍵閉四年正月辛亥朔犯咸東十月丙子犯壁壘陣戊戌又犯西第六星己亥入羽林軍五年四月甲辰入井十月乙丑入氐十一月丙戌犯

房丁亥犯鉤鈐乙未犯東咸十二月乙卯犯天江六
年五月戊寅犯壁壘陣七年二月己酉犯諸王西第
二星四月甲午入井五月庚辰入鬼犯積尸九年四
月己巳入鬼犯積尸十年十月庚子犯五諸侯十一
年三月乙卯入鬼十二年七月乙未犯司怪丁未入
井八月入鬼犯積尸十二月丙戌逆行犯權大星北
第一星十四年八月庚辰犯積尸十五年九月辛酉
犯天江南第一星十六年十月丙午犯左執法甲寅
出太微左掖門十七年七月己卯順行犯房宿己丑
順行犯東咸八月戊申順行犯天江十月乙酉順行

犯壁壘陣庚寅晦順行入羽林軍十八年閏八月戊
辰順行犯太微西上將九月癸巳犯太微左執法十
一月甲辰順行入氐十二月壬申順行犯房十九年
七月戊申犯南斗十月辛未順行犯壁壘陣入羽林
二十年十一月丙戌順行犯氐二十一年四月戊辰
入羽林庚午行犯壁壘陣二十二年二月壬申順行
犯天街三月丙午順行犯司怪十一月癸卯順行犯
房宿鉤鈐十二月癸酉順行犯天江二十三年三月
戊午順行入羽林二十五年八月壬寅順行入東井
十月壬寅退行犯東井十一月癸酉退行犯司怪二

十六年二月丁亥順行犯東井鉤鈐六月甲午順行犯太
微垣西上將七月庚申順行犯太微左執法二十七
年六月癸亥順行犯司怪七月癸酉又入東井癸巳
順行犯天罇九月乙丑順行犯輿鬼又犯積尸二十
八年二月癸丑順行犯輿鬼乙卯又如之六月乙未
順行犯太微垣西右執法二十九年六月壬子順行
犯司怪閏六月壬戌順行入東井是月戊辰又如之
庚辰順行犯天罇七月戊申順行犯輿鬼辛亥入鬼
犯積尸氣十月辛未順行犯太微垣西上將十二月
辛酉留太微垣內屏西南星十日三十一年四月庚

申犯太微垣西上將八月戊申順行入氐九月庚寅
犯天江十一月乙酉犯牛三十二年閏二月壬午退
行犯進賢五月癸巳順行入犯氐隆興元年八月壬
午犯長垣九月乙未犯太微垣西上將十月庚申入
太微垣東犯左執法癸未犯進賢十二月甲戌入氐
二年正月辛亥犯房甲寅犯鍵閉二月辛未順行犯
東咸三月辛亥退行犯東咸四月戊寅退行犯房七
月壬子犯天江己卯順行犯南斗十月乙丑順行犯
周星己巳犯秦星乙亥犯代星十一月庚子犯壁壘
陣癸卯順行入羽林軍乾道元年三月甲寅犯諸王

星八月乙酉順行犯太微垣西上將星辛丑入太微九月庚戌犯太微垣左執法壬申犯進賢十一月丙辰順行入氐十二月癸未順行犯房又犯鉤鈐二年正月乙卯順行犯天江九月庚戌順行犯壁壘陣西勝星辛亥入壁壘陣丙辰入羽林軍甲子犯壁壘陣十月乙未犯壁壘陣西第八星三年二月壬辰犯月星四月乙亥犯司怪九月庚寅犯亢十月乙巳入氐十一月庚午犯鉤鈐十二月己亥犯天江四年三月甲子犯壁壘陣辛巳犯壁壘陣及入羽林軍七月丙戌留守天囷十二月乙卯犯天陰五年正月乙亥犯月星甲申犯天街三月丁丑犯東井十一月戊子犯天江六年二月甲申犯牛七月己亥犯諸王七年二月壬戌犯東井四月癸丑入鬼犯積尸五月己丑犯權大星八年八月丙午入東井癸亥犯天鐏十月癸卯犯鬼辛亥又犯戊午犯積尸氣十一月己巳又犯鬼九年四月丁丑犯權五月庚戌犯太微垣西上將星六月癸亥犯太微垣西右執法淳熙元年七月辛卯入東井丙午入天鐏八月乙亥犯鬼二年正月庚子犯權大星五月甲午犯太微西上將八月乙亥入氐三年十月乙亥犯太微西上將十一月丙寅犯太

微東上將四年正月己巳入太微七月庚申入氐辛酉犯氐八月己卯犯房五年九月乙亥犯太微右執法十月壬辰出左掖門十二月壬子入氐六年二月己酉入氐三月辛未犯氐宿距星四月丙午守亢六月丙申犯氐七月己未犯房八月己丑犯天江十一月乙亥入羽林軍丁丑犯壁壘陣西第七星七年九月乙丑入太微庚午出十二月壬午犯氐甲申又入八年五月己卯入南斗六月庚戌守箕癸酉犯南斗七月戊寅入南斗庚寅犯狗九月戊寅犯秦星壬辰犯壁壘陣十月辛酉入羽林軍九年十一月庚午犯氐距星辛未入氐十二月戊戌犯鉤鈐十年五月甲子入羽林軍六月庚子入壁壘陣八月癸丑又犯九月戊辰退入羽林軍十一年二月壬戌犯諸王星十二年三月丁未入羽林軍十三年四月丙子犯輿鬼十四年七月壬寅犯諸王星甲子犯司怪癸未入井十月庚辰留守五諸侯十五年六月庚寅犯右執法十六年閏五月丙戌犯諸王六月丙辰入東井八月乙巳犯輿鬼乙卯順行入鬼犯積尸氣紹熙元年五月丙辰犯靈臺二年七月丁未入東井庚寅入鬼犯積尸氣十一月庚戌入太微三年正月己酉入太微

垣内留守三月乙未入太微垣西犯上將星四月丁巳犯太微右執法七月乙酉入氐八月丁未犯房北第二星四年十月丁酉入太微垣内徘徊内屏者凡四閲月十一月己巳犯上相五年七月癸酉犯氐八月壬辰犯房十一月庚寅犯壁壘陣慶元元年九月丙戌入太微垣内戊申始出二年三月癸卯退犯天江五月甲辰守犯心大星十月戊戌犯氐宿距星四年五月庚子入羽林軍五年十一月癸巳入氐嘉泰元年五月丁丑細行不由黄道三年二月壬寅犯井宿開禧元年正月庚辰留守五諸侯西第四星四月

丁巳犯權大星六月丙午犯太微西右執法甲戌入東井十一月甲辰入太微十二月戊午留守太微垣三年二月己未退留守權星嘉定元年九月辛酉入太微順行二年二月乙酉退行犯太微上相三月癸卯退行犯左執法己酉留守太微垣六月壬戌順行入房己丑順行犯天江九月己酉順行犯南斗三年十月己未入太微垣犯右執法四年正月辛卯入氐宿方口内二月丁丑犯房四月丙戌退行入氐五月丙寅犯氐六月乙巳犯東咸八月壬辰犯南斗十一月壬子犯壁壘陣五年八月癸卯入太微九月戊申

又犯右執法十一月丙寅入氐六年閏九月庚午犯壁壘陣十月戊戌入羽林七年十月甲寅順行犯氐八年四月戊午入羽林軍十年九月丁亥留守天關十一月壬午退行犯月星辛卯留守昴宿月星十一年四月壬戌順行入鬼犯積尸氣十二年七月壬戌順行入井十四年七月己丑順行犯司怪十六年十月丁酉入太微十七年正月戊申留守太微垣東上相星寶慶二年正月戊寅入氐紹定元年七月戊戌犯南斗十月戊申犯壁壘陣十一月癸酉順行入羽林軍二年十一月己丑順行入氐三年七月丁巳退

行入羽林軍六年二月癸卯犯東井端平元年九月辛丑入井十二月犯司怪二年六月己丑入太微三年七月庚午入井嘉熙元年正月癸酉守鬼宿四月庚子犯權五月丙子犯將星二年七月壬寅順行入鬼犯積尸氣九月壬午犯權大星十月丁卯入太微三年五月辛未犯太微垣執法星八月己亥入氐丁巳犯房四年八月乙巳犯太微垣左執法十一月辛巳犯太微垣東上相甲子順行入太微垣淳祐元年六月乙酉犯氐宿東南星丙戌入氐宿方口内三年正月庚辰順行入井十一年八月丁酉順行入井十

二年四月壬申犯權寶祐二年二月甲辰又犯三年
十一月丁巳犯太微垣上相星五年十二月丁未入
氐六年三月庚午退行入氐開慶元年閏十一月己
卯入氐十二月丁未入房宿鈎鈐星景定元年五月
壬午退行斗宿三年五月壬戌犯壁壘陣西方勝星
德祐元年四月乙丑犯天江八月戊午犯南斗十月
壬戌犯壁壘陣
塡星開寶五年七月乙丑犯東井端拱元年閏五月
庚寅退行犯建星相去五寸許咸平二年七月辛巳
犯畢四年六月丙申犯東井十月辛丑犯井鉞己未

犯東井五年三月戊戌犯鉞六年九月戊戌守輿鬼
景德二年十月丙子守軒轅三年五月癸亥犯軒轅
九月戊辰犯靈臺四年八月辛亥入太微右掖乙卯
又入太微大中祥符二年正月辛巳入太微十月癸
巳犯進賢十一月乙卯犯平道三年三月辛卯犯進
賢五月癸卯又犯十一月戊寅犯亢四年十二月壬
寅入氐五年正月甲戌守氐九月戊辰入氐十月己
巳又入六年四月癸未入氐十二月丙戌犯東井七
年三月丁未犯罰五月乙酉犯鍵閉丙戌犯輿鬼六
月辛酉犯房上將天禧元年二月癸酉犯建星三年

五月丁卯犯牽牛天聖四年十月庚寅犯右更明道
二年七月癸巳犯鬼十二月壬子又犯景祐元年正
月丁卯犯南斗又犯鬼三月戊子又犯三年九月辛
巳犯太微上相二年十月己卯犯左執法康定元年
三月戊寅犯平道慶曆七年六月庚申犯建嘉祐三
年六月丙寅犯畢九月庚辰犯畢五年六月己巳犯
井鉞甲申犯東井十月甲申退犯東井距星六年七
月己亥犯天鐏七年八月己丑入鬼十一月乙巳退
犯輿鬼距星治平元年七月壬辰犯軒轅大星二年
九月戊辰犯靈臺四年九月癸卯犯東上相熙寧元

年正月庚辰退犯上相二月乙巳入太微十月乙亥
犯東上相二年十一月丙子犯亢距星三年正月丁
巳犯亢十一月壬寅入氐五年五月丙午又入十一
月己酉犯罰南星六年四月戊寅犯罰南第一星五
月庚申又退犯鍵閉八月甲申犯罰七年正月丁未
犯天江東北第一星八年八月丁巳犯天籥西北星九
年正月壬午犯建西第二星元豐二年二月丙午犯十
二國代東星三年七月丙寅犯壁壘陣西第五星十
月丁亥又犯之七年六月乙未犯外屏元祐三年七
月己未犯諸王五年六月乙巳入東井七月甲子十

一月丁亥皆犯東井六年三月庚辰犯東井四月己亥入太微垣行軌道十一月癸巳犯水位七年七月己丑入輿鬼十二月丁丑犯輿鬼八年正月甲申犯輿鬼壬辰退入輿鬼丁酉入鬼犯積尸紹聖二年八月己丑入太微垣上將九月庚申入太微垣軌道三年二月己卯入太微犯上將是月庚戌四月庚辰五月丙申俱犯甲辰入太微垣行軌道九月乙巳又入太微十月甲戌犯太微左執法四年正月丁未又犯十月癸巳犯進賢元符元年正月丙辰又犯七月癸亥又犯建中靖國元年五月辛酉犯氐東南星崇寧元年四月庚戌犯房北第一星四年十二月己卯犯建西第二星五年六月戊辰又犯大觀元年閏八月丙午犯泣星政和七年十月丙辰犯畢重和元年二月甲戌犯天街宣和七年十月庚子入太微靖康二年正月丁巳犯上相建炎三年三月乙未犯亢紹興二年三月己未犯東咸第三星八月戊申復犯第三星五年閏二月庚戌三月癸卯五月丁丑皆犯建星七年六月己未犯牛宿南星十一年八月甲午入羽林軍十八年八月辛丑順行犯東井鉞星二十年正月辛卯退留守東井二十四年八月庚戌順行入太

微二十五年三月戊午退行犯太微垣西上將二十六年十一月庚辰犯平道二十七年正月癸巳退行犯進賢三十年十一月辛巳順行犯房壬寅順行犯鍵閉三十一年三月己亥退行犯鍵閉八月庚戌順行犯房乾道元年七月丙寅留守建星二年二月甲午犯牛三月庚申留守牛宿五月己未掩狗國星三年七月乙丑犯周星四年八月乙卯守壁壘陣五年四月戊子入羽林軍五月丙辰留守羽林軍七月丙戌犯壁壘陣九月甲戌守壁壘陣六年六月戊午退入羽林軍九月庚寅又入守之七年八月丁卯退行犯壁壘陣東勝星十月乙卯十一月庚寅又犯守之淳熙三年十月己丑犯畢四年六月丁丑十月甲申犯天關五年正月壬戌留守諸王五月辛卯入井八月丙辰留守東井十一月辛巳又犯六年正月壬申留守井鉞星是月戊子二月戊申皆犯入東井九月庚午留守水位十二月戊戌犯天罇七年八月壬辰入鬼犯積尸氣戊申犯鬼十一月丙辰又如之八年四月戊午入鬼九年十一月己丑留守權左角十年三月辛巳留守權大星十月癸卯犯太微上將癸丑入太微十二月壬戌犯上將十一年九月甲辰入太

微十一月巳亥留守太微垣十二年四月庚午守太微垣右執法十三年三月壬午犯太微東上相星四月乙丑入太微乙巳留守太微垣十五年三月丁巳五月癸亥犯亢十月辛卯入氐十六年正月辛丑留守氐紹熈三年二月辛丑留守天江慶元四年七月乙丑犯壁壘陣西第五星嘉泰四年七月己卯留守天廩開禧元年八月甲辰留守畢二年八月壬子留守諸王三年七月辛卯犯井鉞九月甲戌留守井嘉定元年四月辛亥犯井二年正月癸亥犯守井六年三月壬戌留守權左角少民星閏九月巳丑順行入

太微十一月丙子留太微垣守右執法七年十二月戊戌留守太微垣東上相星十一年正月辛巳守氐距星六月辛亥留守亢十一月丙子入氐十二年四月壬申退行入氐五月乙卯留守氐十三年七月乙巳犯房端平二年十月巳未退行犯畢宿距星十二月巳亥留守天街三年正月丁卯順行犯畢距星嘉熈元年八月乙酉順行犯井東第二星淳祐四年四月癸未留守太微垣守右執法五年四月甲申退守上相七年四月丁亥犯亢景定元年正月庚辰入尾五年七月甲午留守于畢咸淳二年八月庚午入井

太白建隆二年九月丁丑犯南斗乾德三年八月庚申犯太微上將四年六月辛丑犯右執法五年八月辛酉又犯開寶元年十一月庚寅犯房四年四月己巳犯東井五年十一月巳未犯哭星太平興國六年八月戊子入太微犯右執法雍熈元年二月壬辰犯昴八月壬寅掩軒轅第一星十一月戊戌入氐戊午又犯心前星巳未又犯大星二年閏九月癸未入南斗魁四年十月癸卯犯進賢端拱元年十月辛巳犯哭星癸未犯天壘二年五月巳亥犯畢右股第一星六月乙卯犯天關七月壬申犯輿鬼東南星八月壬

子犯軒轅大星九月庚辰犯左執法淳化元年六月庚申犯太微垣入端門三年九月辛丑犯右執法癸卯犯太微端門十月壬午入氐四年十月乙丑犯南斗魁第二星至道元年三月癸巳凌東井第一星五月壬戌犯軒轅大星相去一尺許十一月庚戌入氐三年八月戊申犯太微上將咸平元年七月癸酉犯角左星八月犯軒轅九月癸亥犯南斗魁庚辰犯太微次將十一月癸酉又入軒轅乙亥入太微二年正月巳卯入南斗魁四月巳未入太微犯次將守屏星甲子又入六月丁丑入東井三年二月甲寅犯昴八

月己未犯軒轅大星九月壬午犯右執法四年九月
乙亥犯房心十月丙午入南斗閏十二月丙戌犯角
大星己酉犯房辛卯犯箕壬辰犯南斗魁五年正月
丁巳犯心後星二月庚申掩昴壬申掩五車六年四
月庚辰犯輿鬼五月乙巳犯軒轅九月戊申犯左執
法十一月癸巳入氐景德元年閏九月丙寅犯南斗
十月丙午犯哭二年五月己未掩心前星六月己丑
犯南斗七月甲寅犯輿鬼積尸八月己丑犯太微上
相三年十一月甲子犯西咸大中祥符元年七月丁
卯犯水位庚辰犯輿鬼丁亥犯權八月辛丑犯軒轅

大星丁未犯軒轅少民二年八月壬寅入氐九月戊
午在心戊辰犯天江五年正月戊辰犯牽牛四年四
月甲子犯輿鬼五月戊子犯軒轅大星丙申犯軒轅
少民九月己丑犯執法乙未犯左執法十月戊申在
進賢西南十一月丁亥犯房上相十二月壬戌犯建
星五年十月戊申犯箕十一月甲辰犯壁壘陣六年
正月丁酉犯右更五月戊午犯天關六月乙丑犯罰
星辛未犯東井己卯犯天罇七月乙未犯輿鬼甲寅
犯軒轅大星八月犯建丁丑掩畢又犯右執法七年
四月甲子犯東井六月甲子犯太微上將辛未犯執

法七月丁酉犯角南星十一月戊子入氐九年二月
己卯犯昴甲辰犯五車八月癸未犯軒轅大星己丑
犯軒轅東南丙申在靈臺南相去一尺九月丙午犯
右執法壬子犯左執法天禧元年七月戊戌犯右執
法八月甲午犯房次相十月己巳入南斗三年九月
己巳犯左執法十月庚寅犯進賢甲辰犯亢十一月
乙卯入氐四年七月丁巳掩房己未犯箕庚申入南
斗魁辛未犯昴八月乙酉犯心後星丁亥入南斗魁
戊戌犯昴庚子掩五車五年六月甲寅入東井七月
戊寅犯輿鬼壬午犯五諸侯箕丙申犯軒轅大星八

月壬子犯太微上相戊午犯右執法乾興元年五月
庚午犯鬼及積尸七月己卯犯角天聖元年正月庚
午犯建二年二月丙戌犯五車八月庚午犯軒轅東
星甲申自右掖門行入太微辛巳犯太微上將九月
戊子犯右執法甲午犯左執法三年六月己卯犯太
微上將十月乙卯犯南斗五年九月辛丑犯靈臺乙
巳犯明堂庚申犯左執法七年五月己巳犯畢距星
八年四月辛亥犯輿鬼明道元年二月庚午犯五車
六月乙丑犯東井八月壬子掩軒轅左角九月丙子
犯左執法二年八月戊午犯房十月癸巳犯南斗十

一月癸亥又犯景祐二年三月壬寅犯東井四月乙卯犯五諸侯己巳入鬼九月甲午犯右執法十一月甲申入氐四年六月癸酉犯東井七月辛丑犯鬼己未犯軒轅大星寶元元年四月己巳犯東井癸巳犯輿鬼七月甲辰犯角南星康定元年正月乙酉犯昴六月丁未犯東井慶曆三年五月己卯犯軒轅大星九月甲申犯左執法五年六月辛酉犯東井六年七月丙戌犯左執法八年閏正月丙寅犯昴二月丁酉犯五車東南星六月庚辰犯東井八月庚午犯軒轅大星皇祐元年九月戊午犯斗天相四年十月丙子犯

南斗五年六月癸酉犯畢乙未犯井鉞政和二年三月壬午犯五車四月辛巳犯畢七月癸巳犯輿鬼八月庚申犯軒轅大星九月庚辰犯太微左執法嘉祐元年十月丁巳入氐戊辰犯房二年九月庚子犯南斗四年八月甲子犯軒轅右角九月丁未犯太微左執法十月癸酉犯亢癸未入氐十月庚子犯罰南星癸卯犯東咸十二月辛未犯建五年九月庚寅犯房乙巳犯天江十一月戊戌犯壁壘陣丁未退犯井鉞六年六月乙卯犯畢距星七月甲申犯東井庚寅犯天鐏甲辰犯輿鬼距星八月甲子犯軒轅大星戊午

犯靈臺北星七年三月癸酉入東井十一月乙巳入氐己未犯西咸南星癸亥犯罰治平元年二月辛卯犯昴閏五月丙寅入畢不犯六月甲子犯東井七月壬申犯輿鬼癸巳犯軒轅大星八月己酉犯靈臺甲寅入太微丙寅犯右執法十月丙申入氐壬子犯心前星二年八月乙未犯氐己酉入太微庚戌犯右執法九月壬午犯斗距星十月庚寅入氐丙午犯心距星四年閏三月庚寅犯東井東第一星癸卯犯五諸侯東第一星四月丁巳犯輿鬼東北星八月丁未犯軒轅太民甲寅犯軒轅女御庚午犯靈臺九月辛巳

犯右執法壬午掩之戊子入太微十月乙卯犯亢丙寅入氐十一月丁丑犯房己卯犯鍵閉丁酉犯天江熙寧元年八月己未入氐十一月辛巳犯壁壘陣西第二星二年六月辛亥犯天關庚申犯東井距星辛酉入東井七月辛未犯天鐏犯輿鬼東南星八月丙午犯軒轅大星三年五月壬子犯靈臺六月乙丑犯右執法十月癸酉犯亢距星十一月庚寅入氐丁未犯罰四年十一月辛丑犯十二國代星庚戌犯壁壘陣西第五星五年二月甲戌犯昴東北第二星六月己酉犯畢距星七月丁亥入東井十月戊寅入氐十

一月己酉犯罰六年六月癸未犯東上相丁酉犯左
執法八月丁丑掩氐東南星九月甲辰犯天江南第
二星丙寅犯南斗距星丁卯入南斗七年二月乙未
犯壁壘陣西第七星八年二月庚寅犯天陰中星三
月戊戌犯月星癸卯犯天街北星辛酉犯司怪北第
二星閏四月戊戌犯輿鬼西北星八月丁酉犯軒轅
御女九月癸亥犯右執法辛未犯左執法十月丁酉
犯亢距星丙午入氐九年九月丁巳犯東咸西第一
星辛巳犯南斗西第二星十月庚寅犯狗國西北星
十一月辛酉犯壁壘陣西北星十年六月壬寅犯東

距星癸卯入東井九月己酉入太微元豐元年十月
丙辰犯亢距星庚午入氐十一月己丑犯罰南第二
星十二月壬戌犯建西第二星二年十一月壬辰犯
壁壘陣西第五星十二月戊戌犯壁壘陣三年正月
甲戌又犯外屏西第二星二月甲寅犯昴距星六月
癸巳犯畢距第二星乙未入畢口七月戊辰犯東井
西北第二星己巳入東井戊子犯水位西第三星八
月丙申犯輿鬼九月戊寅入太微乙酉犯左執法閏
九月丙申犯進賢丁巳犯氐距星十月己未入氐四
年八月甲戌犯心距星九月戊申犯南斗距星庚戌

入南斗六年二月壬申犯天陰東北星三月癸未犯
司怪北第二星四月丁卯犯五諸侯八月己卯犯軒
轅御女九月乙巳犯右執法丁巳犯東上相甲子犯
進賢十月戊寅犯亢距星戊子入氐七年十一月己
酉犯壁壘陣西第五星十二月辛巳犯雲雨八年六
月甲戌順行犯天關癸未順行犯井距星甲申順行
入井七月乙未犯天罇八月甲戌犯軒轅少民辛巳
犯靈臺元祐元年閏二月丙辰犯諸王十月戊戌犯
亢壬子入氐二年十二月己丑犯壁壘陣三年二月
己亥犯昴六月癸未犯天高七月辛亥入東井壬戌

犯天罇庚午犯水位八月丁丑犯鬼戊戌犯軒轅大
星九月甲寅犯太微垣上將庚申入太微犯右執法
丁卯犯左執法十月丁未犯亢南第一星十一月甲
辰入氐丁巳犯罰四年六月丙午犯太微垣西上將
戊申入太微九月壬辰入斗五年正月丁亥犯羅堰
十一月戊戌犯壁壘陣六年正月乙酉犯外屏二月
甲寅犯天陰三月癸酉犯平道丁丑犯天江四月己
酉犯五諸侯閏八月辛酉犯軒轅御女丁卯犯軒轅
左角九月丁亥犯右執法己丑入太微十月庚午入
氐十一月丙戌犯罰七年八月丙寅入氐己巳犯月

星辛未犯司怪丁丑犯房又犯鉤鈐十月庚戌犯南
斗十一月庚辰犯伐甲申犯壁壘陣十一月壬戌犯
雲雨八年六月乙酉犯諸王東第二星丙辰犯天關
丙寅入東井庚午犯東井八月庚戌犯軒轅大星甲
戌入太微紹聖元年五月戊午犯靈臺北第一星十
月甲午入氐十一月丙午犯西咸南第一星癸丑犯
罰南第二星二月乙巳犯羅堰南第一星十一月辛
亥二年犯壁壘陣西星庚申犯壁壘陣西第六星三
年二月庚戌犯昴庚辰入昴五月戊午犯畢六月庚
申又入戊辰入犯天高庚辰犯天關丙戌犯司怪七

月壬辰犯東井癸巳入東井八月庚申犯輿鬼庚辰
犯軒轅大星九月乙酉犯軒轅左角乙未犯太微上
將己亥入太微垣行執道己酉犯太微左執法甲寅
犯太微上相癸未入氐十一月辛丑犯東咸四年四
月壬寅犯五諸侯西第五星五月己卯犯長垣南第
一星六月乙酉犯靈臺北第一星丁亥犯太微垣西
上將星戊子入太微壬寅犯太微左執法八月壬午
犯氐東南星壬辰犯房南第三星庚子犯心大星己
酉犯天江南第一星十二月戊申入建元符元年正
月庚戌犯建丙辰犯天雞己巳犯羅堰二月乙未犯

壁壘陣十二月乙亥犯代星己亥犯壁壘陣二年正
月己酉犯壁壘陣東北星二月乙未犯天陰東南星
三月甲辰犯月星庚戌犯諸王西第一星丁卯犯司
怪北第二星四月辛卯犯五諸侯西第五星五月乙
巳入犯鬼西北星九月癸卯犯軒轅御女丁巳犯靈
臺南第二星戊辰入太微己巳犯太微右執法閏九
月丙子犯左執法十月壬子入氐壬戌犯西咸南第
一星戊辰犯罰星南第一星十二月乙亥犯建西第
二星三年七月己巳犯角南星八月丙申犯亢南第
一星九月丁亥犯南斗西第二星建中靖國元年四

月丁酉犯外屏西第二星六月辛亥入東井崇寧元
年三月壬申犯月星四月戊戌犯井鉞六月庚辰犯
進賢十月甲戌犯亢距星二年正月乙巳犯壁壘陣
西第五星八月丙子入氐九月戊子犯房鈎鈐三年
二月癸亥犯昴距星七月戊戌犯積薪八月壬寅犯
鬼積尸氣四年五月甲寅犯軒轅大星八月庚辰犯
罰十二月庚辰犯建西三星五年正月丁未犯靈臺
犯牛東南星大觀元年正月丁未犯外屏二月丙戌
犯月星三月庚寅犯天街壬辰犯畢四月戊午入井
十月辛酉犯左執法丙子犯角大星閏十月丙戌犯

亢丁未犯房十一月壬子犯心三年七月丁丑犯亢
八月丙戌入氐庚子犯房鈎鈐三年二月癸卯犯壁
壘陣五月辛亥犯天陰六月壬辰入井四年四月己
卯犯井鉞庚辰犯井辛巳入井十月戊午入氐十一
月庚寅犯天江政和元年十一月甲戌犯天江三年
六月戊午入太微垣犯右執法四年十二月乙卯入
羽林軍五年三月辛未犯天街四月乙卯犯五諸侯
十一月壬辰犯罰六年九月庚戌犯南斗十一月庚
寅犯壁壘陣七年八月癸酉入太微重和元年六月
庚午犯上將十一月壬申犯天江宣和二年五月丁

丑犯天陰三年八月己亥犯鈎鈐十月丁未入井四
年二月辛丑犯壁壘陣五年五月甲寅犯鬼十一月
庚午犯房六年七月庚子犯亢七年五月壬辰犯畢
靖康元年四月丁未犯井東扇北第一星五月壬申
入鬼犯積尸氣十一月庚午犯亢壬午入氐閏十一
月戊戌犯鍵閉建炎三年七月辛巳入太微閏八月
丙戌犯心前星四年正月癸亥犯建星紹興元年九
月丁酉犯軒轅左角乙卯入太微丙辰犯右執法癸
亥復犯十月戊辰入太微己丑犯亢南第二星十一
月己亥入氐二年九月庚申犯天江三年六月甲午

入井八月乙酉犯軒轅左角少民星四年四月庚辰
犯司怪五月辛亥犯輿鬼十一月甲子入氐五年正
月乙卯犯建十一月己丑犯壁壘陣庚寅入羽林六
年五月辛卯犯畢六月辛酉入井七月己巳復犯井
東北第二星己卯犯水位八月戊申犯軒轅大星九
月戊辰順行入太微垣乙酉始出丁亥犯進賢十月
辛丑入亢己酉入氐辛亥又如之七年五月辛巳犯
鬼宿西北六月丙辰犯太微垣西上將八年十二月
戊午入羽林軍乙亥經行壁壘陣入羽林軍九年二
月壬申犯月星四月癸亥犯五諸侯西第五星五月

甲申入鬼犯積尸氣九月乙巳入太微垣犯左執法
丁未始出十年四月丙子入氐十一年六月乙亥犯
井距星十二年五月甲午犯鬼西北星乙未犯積尸
氣十七年四月丙午順行犯五諸侯九月己卯順行
入太微垣庚辰順行犯右執法十一月乙丑順行入
氐十九年六月乙卯犯井鉞丙辰犯東井丁巳入東
井二十一年十一月己酉順行入羽林軍二十二年
六月甲子犯東井乙酉入東井七月辛亥順行入鬼
犯積尸氣九月壬辰順行入太微垣庚子犯左執法
十月甲戌入氐二十三年八月辛酉順行犯亢二十

五年四月戊子順行犯五諸侯八月癸卯順行犯權左角少民十月癸卯順行入氐二十六年七月壬戌順行犯太微左執法八月丁亥順行犯亢距星戊戌順行入氐九月乙丑順行犯天江十月甲申順行犯南斗閏十月辛酉順行犯壁壘陣二十七年六月丙申順行犯井鉞己亥甲辰皆入東井七月戊子順行犯權左角少民星二十八年三月甲申犯司怪十一月庚午順行入氐二十九年十一月癸未順行犯壁壘陣西勝星戊戌順行入羽林軍三十年六月丙辰順行犯天關壬申入東井八月癸亥順行犯權大星

丁巳犯權左角少民星十月庚申順行入氐三十一年六月戊辰掩犯太微右執法七月壬辰順行犯角宿距星三十二年正月丁亥順行犯建二月己亥順行犯牛隆興元年六月丙子入東井八月乙酉犯權左角少民星九月辛丑入太微庚戌犯左執法入守垣內壬子始出十月辛酉順行犯進賢十一月戊戌犯房庚子犯鍵閉十二月庚申順行犯天籥辛未犯建二年八月庚辰順行入氐辛巳犯氐十月己卯犯天籥丙寅順行犯南斗己巳順行犯狗十一月甲申順行入天田甲辰順行犯壁壘陣乾道元年五月戊

午順行犯諸王六月辛巳入東井丁未順行犯鬼八月癸未入太微十二月庚子順行入羽林軍二年三月己酉順行犯天街己亥順行入鬼九月己酉犯明堂十一月辛亥順行入氐十二月壬辰順行犯南斗三年十一月丁丑犯羽林軍四年五月己卯犯畢辛巳入畢口內六月丁酉犯天關癸卯犯司怪辛亥入東井七月庚申犯天罇甲戌犯鬼八月己亥犯權丙辰入太微九月丙寅出十月丁酉入氐五年九月庚申犯心宿大星七年八月丁卯犯權左角少民星九月甲申犯右執法入太微垣甲午出十月丁卯入氐

十一月己卯犯房丙戌犯東咸八年八月壬戌入氐甲子犯氐東南星九月癸酉犯房甲戌犯鈎鈐戊子犯天江十一月丁亥犯壁壘陣淳熙元年十一月甲午入氐辛亥犯罰十二月壬午犯建二年十一月丁卯入羽林軍三年五月癸亥犯畢六月己卯犯天關丁亥犯井鉞辛卯入東井八月戊戌入太微犯右執法四年七月乙卯犯角宿距星九月辛丑犯心前星六年六月乙未入東井八月癸卯犯權御女星十月戊申入氐七年八月乙巳入氐八年五月甲辰入東井九年十一月乙亥入氐十年閏十一月己亥犯壁

壘陣十一年七月壬申入東井八月丁巳犯權大星十二年六月癸酉犯太微右執法十四年六月甲戌入井九月丁未入太微戊申順行犯太微右執法丙寅犯進賢十五年九月丙申犯房十月辛未犯南斗魁十六年閏五月丙戌入井紹熙元年十一月戊午入氐三年七月己卯犯天江八月甲辰犯權左角少民星四年九月甲戌犯心東星慶元元年六月丁卯入東井九月戊子入太微戊戌始出嘉泰三年六月甲寅入井十月甲寅入氐四年六月乙未犯斗開禧元年六月壬子入井二年五月辛卯犯權大星十一

月壬戌入氐三年十一月癸巳順行入壁壘陣嘉定元年六月甲戌犯井鉞四年六月庚子入井八月庚寅犯權大星七年十一月丙寅順行入氐十年七月乙酉犯角十二年六月庚辰順行入井八月壬申順行犯權星御女丁丑犯權左角少民星十三年十月丁巳順行犯南斗十五年十一月丙午順行入氐宿方口內紹定五年七月甲申順行入井端平二年七月丙午順行入井八月丁巳犯太微右執法嘉熙二年十月戊辰順行入氐四年六月己亥順行犯畢距星癸丑犯天關七月乙丑順行入井八月己酉順行

犯權大星淳祐元年十月庚辰順行入氐三年閏八月丁丑順行犯權大星十月丙戌順行入氐四年九月癸亥順行犯斗六年五月壬戌順行犯權大星十月己酉順行入氐八年七月戊申入井九年七月癸酉犯進賢十月辛丑十一月辛未順行入氐十一年二月甲寅順行犯鼎七月壬申順行入井閏十月癸亥順行入氐十二年九月丙午順行犯斗宿距星寶祐四年六月丁亥順行入井開慶元年七月辛亥順行入井八月庚子順行犯權景定元年八月壬子犯房三年十月庚午順行入氐五年六月戊午順行犯

天關己巳與太陰並行入井咸淳四年七月庚午順行入斗德祐元年七月丙子入東井十一月辛巳犯房

辰星景德四年九月戊子見東方在亢大中祥符四年六月己巳犯軒轅大星六年十月壬戌入氐天聖八年四月壬寅犯鬼尸熙寧四年十一月丁亥犯罰南第一星五年九月癸酉入氐元豐八年十月癸未入氐元祐五年七月丁亥犯軒轅大星六年十月庚午犯鍵閉元符元年五月戊午入輿鬼犯積尸氣十月辛丑犯西咸二年閏九月壬辰入氐紹興二十一

年十月庚午二十八年十月癸卯俱入氐隆興二年
十月壬申入氐至戊寅出九七日

志卷第八

宋史五十五

字三十七

志卷第九　宋史五十六

開府儀同三司上柱國錄軍國重事中書右丞相兼修國史領經筵事都總裁脫脫等奉

敕修

天文九

歲星晝見　太白晝見經天　五緯相犯　老人星　景星　彗星　客星

歲星晝見

嘉祐五年三月乙未歲星晝見六年六月壬申晝見七年六月丙子晝見八年七月癸亥晝見治平元年六月壬戌晝見元符二年八月癸未晝見

太白晝見經天

開寶元年六月丁丑太白晝見戊寅復見淳化元年六月庚午七月丁丑十一月戊戌皆晝見咸平三年六月己未晝見四年十二月丙寅晝見在南斗六年五月甲午八月庚午皆晝見景德元年十一月辛亥晝見二年四月甲辰晝見三年七月乙巳晝見庚申又見十二月癸酉又見大中祥符元年七月庚申晝見四年六月丙午八月乙巳皆晝見六年四月壬午晝見七年七月癸卯晝見九年五月庚午晝見天禧三年六月辛卯復見四年七月丁巳晝見五年六月丙午晝見乾興元年十一月壬辰又見天聖三年六

月壬戌十二月戊寅皆晝見五年五月壬寅晝見明道元年七月晝見三十日慶曆三年八月甲寅晝見皇祐三年四月丙午晝見至和元年五月壬辰九月己丑十月辛卯皆晝見三年四月己丑晝見嘉祐二年六月己未晝見四年正月庚寅晝見七月辛丑晝見五年九月庚寅晝見六年六月乙丑晝見七年五月戊午晝見七月己酉經天復見十月乙未晝見治平元年正月戊戌晝見六月辛酉晝見二年七月丁丑晝見十二月辛亥又見四年二月丁酉晝見閏三月癸未晝見五月辛巳晝見七月癸卯八月丁未晝

見熙寧元年十一月癸酉晝見二年六月壬戌晝見三年五月癸巳九月壬子五年二月癸亥五月丙午八年三月戊午七月戊寅皆晝見九年十月乙酉晝見十年五月甲戌晝見元豐元年四月癸亥晝見三年七月戊子晝見四年七月己丑晝見六年八月己卯晝見七年十月乙卯晝見元祐元年六月庚戌晝見十月庚寅晝見十三年二月辛丑晝見七月辛未又見六年四月壬寅晝見閏八月乙丑又見七年十一月辛巳晝見八年四月己未晝見紹聖元年五月己酉晝見九月庚申又見二年十一月丙申晝見三

年五月壬子晝見四年六月己酉晝見元符二年五月甲辰晝見八月癸巳又見崇寧元年六月己酉晝見三年正月癸卯晝見大觀二年十一月丁未晝見四年十月戊戌又見政和三年十二月辛酉晝見六年十月乙丑晝見七年三月辛未晝見重和元年十月己卯晝見宣和二年六月丁丑晝見六年十一月丙子晝見建炎元年十月甲戌紹興元年四月壬申晝見四年六月庚子十一月戊申晝見經天六年正月壬辰晝見經天十七年七月辛巳晝見二十八年六月壬辰晝見隆興元年七月丙申經天晝見二年

六月戊辰晝見七月庚子經天晝見乾道元年三月甲寅晝見乙亥晝見經天二年四月甲申晝見五月甲寅經天晝見庚午晝見三年九月戊子四年五月乙丑晝見與日爭明六月辛卯經天五年六月庚寅晝見十一月甲子晝見庚午晝見淳熙三年五月癸酉經天晝見四年十一月壬戌又見六年七月乙丑晝見癸未經天九年六月庚申晝見甲子經天九月癸巳十一年五月乙卯十二年六月戊寅晝見七月丁酉經天晝見至八月壬申始滅十四年六月辛卯晝見七月辛丑經天紹熙元年五月丙子晝見與日

爭明四年七月乙丑十一月甲戌晝見慶元元年三月庚寅經天晝見七月己亥晝見四年九月壬寅晝見癸卯經天嘉泰元年六月丙午經天晝見十一月己巳晝見十二月己卯經天晝見三年六月癸亥經天晝見開禧元年三月庚申二年五月壬寅三年十二月乙巳晝見與日爭明嘉定元年五月甲子四年七月壬戌五年九月丙午六年二月丁丑晝見七年五月丁丑八月乙巳九月壬戌晝見九年五月癸酉十年五月乙丑晝見癸酉經天十一月庚辰晝見戊戌經天十二年二月庚子晝見三月丁亥經天晝見

六月辛未晝見辛亥經天晝見十三年九月甲午十四年三月甲午十五年五月庚戌九月辛未晝見十七年六月丁卯晝見經天寶慶元年六月辛卯晝見紹定五年四月丁丑晝見五月癸巳經天端平元年十一月壬戌經天二年四月丁亥七月戊戌晝見經天嘉熈元年二月己酉二年五月辛巳八月辛酉晝見經天三年十二月辛酉四年二月丁未淳祐元年六月庚寅晝見十月戊戌晝見乙巳經天二年十二月壬戌晝見三年七月己亥四年八月壬辰五年二月辛卯晝見經天六年四月辛酉八月壬子晝見九月戊辰晝見經天七年十月辛巳九年十二月戊申十一年二月乙卯七月癸亥寶祐二年九月丁卯三年十月甲戌四年五月丁未五年七月己未開慶元年六月壬寅景定三年四月庚寅閏九月甲申五年四月戊午晝見五月乙亥咸淳元年七月丁酉四年九月癸酉德祐元年七月丙子晝見

五緯相犯

建隆元年正月甲子太白犯熒惑于婁十月壬申又相犯于軫三年十一月甲戌熒惑犯歲星于房乾德四年六月甲辰太白犯熒惑于張開寶四年十月甲

辰太白犯熒惑于牽牛太平興國八年三月乙巳熒惑犯歲星端拱二年正月丁亥辰星犯歲星于須女十一月壬辰熒惑犯歲星淳化二年三月癸丑太白犯歲星于婁五年六月丙午太白歲星相犯于柳十一月丙子太白犯辰星于虛至道元年五月戊午熒惑犯填星于奎咸平元年二月甲寅太白犯填星三年四月癸亥辰星掩太白六年正月庚戌太白犯填星景德二年六月己亥太白犯歲星三年七月戊辰辰星犯歲星己酉太白犯歲星四年七月癸巳熒惑犯歲星八月乙未熒惑又犯歲星大中祥符元年九

月壬申太白犯填星二年十一月癸亥熒惑犯歲星四年十一月庚午太白犯填星辛未辰星犯填星五年正月壬午熒惑犯歲星七年三月乙巳熒惑犯歲星九年六月甲戌熒惑犯歲星天禧元年四月壬辰太白犯歲星二年六月戊午太白犯歲星七月癸酉辰星犯太白五年九月庚子太白犯歲星十月己巳熒惑犯填星天聖元年三月丁丑熒惑犯歲星二年九月戊申太白犯熒惑十一月壬子辰星犯太白三年五月癸未太白辰星相犯于井五年六月辛卯熒惑犯填星壬辰掩填星七年五月辛未太白犯填星

在畢宿一度半八年六月乙酉太白犯熒惑景祐元年閏六月庚辰太白犯填星十一月甲寅又犯熒惑二年五月丁亥又犯填星九月辛巳熒惑犯填星在張六度四年七月己未太白犯熒惑九月辛亥熒惑犯填星在翼十五度康定元年九月壬申辰星犯填星慶曆三年九月甲申太白犯歲星皇祐三年十一月丁丑熒惑犯填星嘉祐元年九月乙巳太白犯歲星三年閏十二月甲戌熒惑犯歲星躔斗四度五年正月壬辰太白犯歲星六年三月癸巳熒惑犯歲星在營室七月己丑太白犯填星躔井十二度閏八月

己亥太白犯辰星在軫四度七年正月庚申太白犯歲星在營室六月丁丑太白犯熒惑在翼一度半八年四月己丑太白犯歲星在胃是日熒惑晨見東方五月庚辰熒惑犯歲星在昴四度治平元年十一月庚午辰星犯太白在尾十六度二年四月丁巳太白犯歲星五月癸亥辰星犯太白戊子太白犯填星在張五度八月己亥熒惑犯歲星躔柳七度半十月丙申又犯填星在翼二度三年十二月癸卯太白犯熒惑躔危四度四年九月癸巳太白犯填星丙申犯歲星十月甲子熒惑犯填星十一月己卯又犯歲星十

二月丁卯太白犯熒惑熙寧元年十一月己丑太白犯熒惑三年正月己未熒惑犯歲星十月乙酉太白犯填星八年三月庚寅太白犯填星十年七月癸酉太白犯歲星元豐二年五月庚寅熒惑犯歲星四年十月乙亥熒惑犯太白五年三月丙戌太白犯填星十二月丙寅辰星犯歲星七年十一月甲寅太白犯歲星元祐元年閏二月戊申太白犯熒惑八年四月乙卯太白犯熒惑紹聖元年閏四月庚午熒惑犯填星三年九月丙午太白犯填星元符元年十二月乙未太白犯熒惑二年閏九月癸未辰星犯填星十月

乙巳太白犯填星十二月辛亥熒惑犯填星三年四月丙辰熒惑犯填星崇寧元年十一月壬寅太白犯填星三年十一月庚寅太白犯辰星大觀元年十二月乙酉太白犯熒惑二年正月甲寅太白犯歲星二月壬午熒惑犯歲星十月丁酉太白犯填星十一月壬申太白犯歲星三年三月辛未太白犯歲星四年二月辛未太白犯歲星五月甲辰熒惑犯歲星政和元年二月辛丑太白犯填星十二月乙未又犯三年七月乙丑熒惑犯太白四年十月甲子熒惑犯歲星七年正月癸卯熒惑犯歲星宣和二年十月己卯太

白犯熒惑三年閏五月壬午熒惑犯歲星六年二月己卯熒惑犯歲星七年七月乙未太白犯歲星靖康元年六月辛丑太白犯歲星紹興十九年六月壬戌太白犯填星二十年九月戊子熒惑犯歲星二十一年閏四月甲午辰星犯填星二十六年七月癸亥太白犯熒惑二十七年四月壬寅太白犯歲星二十八年十月乙未辰星犯填星三十年七月己亥太白犯歲星隆興元年九月丁酉太白犯熒惑十二月甲子太白犯填星二年正月丁亥至己丑熒惑犯守歲星十一月甲午辰星犯歲星乾道三年十一月乙亥太

白犯歲星四年三月丁卯熒惑犯填星六年七月乙巳熒惑犯歲星於畢八年五月癸巳太白犯歲星九年二月庚申熒惑犯歲星七月丁巳太白犯歲星淳熙二年閏九月丁巳太白犯熒惑八年七月丁丑太白犯填星十一年七月庚戌太白犯歲星十四年十月庚辰填星犯太白十六年五月乙未太白犯熒惑紹熙二年十二月戊子太白犯歲星慶元元年九月戊子太白犯熒惑四年十月壬午太白犯歲星五年十一月辛丑熒惑犯歲星十二月辛未太白犯填星六年四月癸巳熒惑犯填星嘉泰二年五月庚戌熒

惑犯填星開禧二年六月甲寅熒惑犯歲星三年十月丁未太白犯熒惑嘉定十年七月戊子熒惑觸歲星寶慶二年十月辛亥熒惑犯填星十一月辛酉熒惑犯歲星紹定元年十月甲子五年六月乙丑端平元年六月辛巳三年六月丁未嘉熙四年八月癸丑寶祐四年十二月戊午熒惑俱犯填星開慶元年九月戊辰太白犯熒惑咸淳十年十月丙寅熒惑犯填星德祐二年正月癸酉熒惑犯歲星

五緯相合

歲星建隆三年十一月壬申與熒惑合于房開寶元

年正月壬寅與填星太白合于婁淳化五年六月丙午與太白合于柳至道元年五月庚戌與太白太陰同度不相犯景德四年九月戊子與填星合于翼天禧二年八月癸丑與熒惑合于張紹興十六年三月乙丑與填星太白合于昴十月戊戌與填星合于畢十七年七月壬戌與太白合二十二年十二月乙丑與熒惑合于尾三十一年六月甲寅與太白合于張隆興元年十一月庚寅與太白合乾道元年十二月庚子與填星合于南斗二年十一月丁巳與填星合于牛六年五月戊寅與太白合于畢七年六月庚戌

與太白合于井淳熙十四年四月癸未與填星合于軫十月己丑與太白合于氐慶元元年四月辛酉與太白合于井開禧元年七月癸未與填星合二年二月甲子與填星合于昴端平二年十月己未與太白合于心嘉熙四年五月甲子與太白合于婁寶祐三年八月丁卯歲星熒惑在柳景定元年正月庚辰與熒惑行入尾

熒惑雍熙二年七月丙戌與歲星合于軫建炎四年六月戊子與填星合于亢九月壬戌與歲星合于斗紹興二年六月丙午與填星合于房十一月乙亥與

歲星合于室三年八月戊子與太白合于張四年二月戊子與填星合于箕五年閏二月丙午與歲星合于昴六年正月丁亥與填星合于斗七年五月甲申與歲星太白合于柳閏十一月丁卯與辰星合于氐八年二月己未與填星合于女十三年九月辛未與太白合于尾十五年八月庚寅與太白合于氐二十年三月甲午與太白合于畢九月戊子又合于軫十一月戊子與太白行入氐二十二年十月己卯與太白合于氐十一月壬子與歲星合于心二十六年七月庚申與填星合于軫二十九年閏六月己未與歲

星合于井三十年七月庚子與填星合于氐三十一年十一月丁未與歲星合于翼三十二年八月辛未與填星合于尾十一月壬戌與太白合于羽林軍隆興元年七月壬寅與辰星合于柳十二月壬申與歲星合于氐二年四月癸未與歲星合于氐八月癸酉與填星合于箕乾道元年八月辛巳與太白合于翼二年二月乙酉與歲星合于斗三月癸酉與填星合于牛四年二月庚申與填星合五月壬戌與歲星合五年十一月甲子與太白合于房戊辰與辰星合于心辛巳又合于尾六年二月甲申與太白合辛卯合

于女三月戊午合于危丁丑與填星合于室七月辛巳與歲星合于土九月癸卯合于畢八年四月辛丑與填星合于奎九年三月辛丑與歲星合于柳四月乙丑又合星淳熙二年六月丙寅合于軫四年九月己亥合于尾六年十一月甲子合于危九年二月壬寅合于胃十一年三月甲寅合于井紹熙三年九月乙亥與填星合于尾慶元四年五月庚子又合八月甲戌合于虛六年四月癸巳合于室嘉泰四年五月乙亥合于胃開禧三年十月丙辰與太白合于箕嘉定元年五月戊辰與填星合于井八月庚寅與歲星合于張六年三月癸卯合于斗七年三月辛巳與太白合于參八年四月戊午與歲星合于室九年十月庚午與辰星合于房十年七月戊寅與歲星合于昴十五年五月丁丑合于軫寶慶二年十月辛亥與歲星填星合于女紹定元年十月丁巳與填星合于危二年正月丁亥與歲星合于婁三年十月己巳與填星合于室五年六月乙丑與填星合于婁端平元年六月庚午與填星合于胃三年六月癸卯合于畢嘉熙三年八月癸亥與太白合于斗四年七月己丑與太白合于鬼八月己酉與填星合于柳淳祐四年九月

癸丑合于軫寶祐元年五月丁酉與歲星合于昴景定三年四月庚子合于危十一月丁未與填星合于婁五年六月戊辰與歲星合八月壬寅與填星合咸淳十年十月丙寅與填星行在軫

填星端拱二年九月乙巳與熒惑合于危淳化二年正月癸丑與太白合于須女至道元年五月乙卯與熒惑合于東壁紹興十年十二月戊子十一年三月庚子與太白合于室隆興二年十月辛巳合于斗乾道二年五月己未與歲星合于南斗淳熙五年閏六月己酉與熒惑合于井淳祐六年十月乙未與歲星熒惑合于亢寶祐六年十一月甲戌與熒惑順行在危十二月辛丑與太白熒惑合于室太白乾德四年六月己亥與熒惑合于張開寶三年五月庚戌與填星合于畢六月乙未與歲星合于東井五年十月甲辰與熒惑合于牽牛雍熙四年十二月丁巳與填星歲星合于南斗魁淳化二年三月癸丑與歲星合于婁太白在南三年正月丙辰與熒惑合于婁歲星在胃至道元年五月丙辰與歲星合于七星不相犯大中祥符元年九月乙酉與歲星合于角亢建炎四年十一月辛丑與歲星合于南斗十二月壬午與熒惑

合于危紹興元年九月丁酉與熒惑合于張十一月乙卯與塡星合于心二年十一月甲子與熒惑合于危癸未與歲星熒惑合于室三年四月戊子與歲星合于奎四年二月丁酉合于婁五年正月乙卯十月戊申與塡星合于斗六年七月癸酉與歲星合于井七年四月丁巳與熒惑合于東井五月乙亥與熒惑辰星合于井十一月癸巳與熒惑合于尾八年正月乙巳與塡星合于女十一月丙午合于虛九年三月癸卯與熒惑合于井十一月壬申與歲星合于角十年十一月丁未與塡星合于危十三年十二月乙巳合于奎十四年六月癸卯與熒惑合于井十七年二月庚戌與塡星合庚申與歲星合十二月庚戌與辰星合于南斗十九年六月戊午與塡星合于井七月丁未與歲星辰星合于張二十年三月戊寅與熒惑合于昴四月庚戌與塡星合于東井六月甲寅與歲星合于翼十月丙午與歲星熒惑合于軫已巳與熒惑合于角二十二年九月庚申與熒惑辰星合于角十月庚午與熒惑合于亢二十三年六月甲子與塡星合于張九月癸卯與歲星合于尾閏十二月癸卯合于南斗二十五年九月壬申與塡星合于軫十一

月壬申與辰星合于尾二十六年七月丙辰與熒惑合壬戌與熒惑塡星合于軫二十七年三月辛卯與熒惑歲星合于奎二十八年二月丁未與歲星合于胃六月乙未與熒惑合十一月己未與塡星合于亢三十年七月丙申與歲星合于柳三十一年六月壬寅合于星九月庚午與塡星合于房十二月甲辰合于尾隆興元年八月庚辰與熒惑合于張十月丁丑與歲星合于亢十二月辛酉與塡星合于箕二年八月己卯與歲星合于氐十月丙辰與塡星合于箕乾道元年七月乙亥與熒惑合于張三年正月癸亥與塡星歲星合十一月壬申與歲星合五年四月乙巳與熒惑合于井十一月甲子合于房十二月癸巳合于尾六年正月甲子合于斗三月壬戌與塡星合五月乙丑與歲星合于昴七年二月丙寅與歲星合于畢三月甲午與熒惑合于井八年五月癸未與歲星合于井九年三月辛酉與塡星合于奎七月甲寅與歲星合于張淳熙元年正月丁未與塡星合于奎十月乙丑與歲星合于軫二年閏九月甲寅與熒惑合于尾三年二月庚辰與塡星合于胃五月乙丑合于畢六月癸巳與熒惑合于井四年九月壬子與熒惑

歲星合于尾五年正月庚戌與歲星合于斗十一月壬戌合于牛六年三月丁丑六月丁酉與填星皆合于井八年六月壬申合于柳九年二月丙寅與熒惑合于昴五月乙亥與填星合于柳十一月乙亥又與熒惑合于氐十一年七月壬寅與歲星合于柳八月己卯與填星合于翼九月乙卯與辰星熒惑合于亢十二年六月癸酉與填星合于翼十五年六月丙子與填星合于亢甲申與歲星合于氐紹熙元年十一月丁丑與填星合五年十一月庚戌與熒惑合于危慶元元年三月庚寅與歲星合于參六月庚午合于

井八月癸酉與熒惑合于張二年十一月丙子與填星合于牛三年八月甲戌與熒惑歲星合于翼四年十月戊寅與歲星合于角五年十二月辛未與填星合于危嘉泰元年五月戊午與熒惑合于柳二年正月丁巳與熒惑歲星合于南斗十二月癸酉與歲星合于女開禧二年二月壬申與填星歲星合于昴嘉定元年六月戊寅與填星熒惑合于井二年四月丁丑與填星合于井四年八月乙酉與填星合于室五年九月丁未與歲星合于心七年六月庚子與填星合于翼十一月丁卯與熒惑合于氐九年九月庚寅

與填星合于角十二年閏三月甲寅七月壬寅與歲星合于井十三年八月丙戌與填星合于房寶慶二年正月壬午與歲星填星合于女三年八月甲申與熒惑合于星翼紹定三年閏二月乙酉與歲星合于畢五年八月壬申合于張六年五月庚戌與熒惑合在柳端平元年正月丁未合于斗二年二月壬午與填星合于胃三年九月庚申與歲星合在尾嘉熙元年六月乙未與填星合于井四年七月甲戌與熒惑合于井淳祐三年閏八月壬寅與填星合于翼六年三月戊午與熒惑合于畢十年十二月戊戌與歲星

合于危十二年七月庚寅與熒惑合于軫九月戊戌與填星合于箕寶祐五年六月丙戌與歲星合于翼景定五年四月庚午與歲星合于婁咸淳三年七月己亥與填星合于井德祐元年十月丁巳與填星合

辰星景德三年七月己酉與歲星太白合于柳紹興四年三月乙亥與太白合于畢七年五月戊子與熒惑太白合于柳九年九月乙巳與歲星合于角十七年三月乙卯與填星合二十一年閏四月壬辰與填星合于東井二十三年四月丙寅與太白合于畢二十八年十月丙申與填星合于亢隆興二年十一月

庚寅與歲星合十二月丁亥與太白合乾道元年三月甲戌與熒惑合于畢四年二月壬子與太白合于胃五年六月庚寅與歲星合七年四月丙寅淳熙四年五月乙巳與太白合于井十五年六月庚寅與太白合于張十二月壬戌與歲星合于尾紹熙四年三月辛巳與太白會于昴

五緯俱見

乾德五年三月五星如連珠聚於奎婁之次景德四年七月五星當聚鶉火而近太陽同時伏慶曆三年十一月壬辰五星皆見東方靖康元年六月丙辰填

星熒惑太白歲星聚乾道四年二月壬子六月辛丑八月己亥六年五月乙亥十月庚申八年十月癸卯五星俱見淳熙十三年閏七月戊午五星皆伏八月乙亥七曜俱聚於軫

老人星

乾德三年八月辛酉四年八月乙卯六年正月戊申開寶二年七月丁亥太平興國四年八月乙亥五年八月己卯六年八月己卯八年八月辛卯雍熙三年八月己酉四年八月辛亥端拱元年八月乙卯二年八月己亥淳化元年八月丁卯二年八月辛未三年

八月戊寅四年九月己亥五年八月乙丑至道元年八月己亥二年閏七月己亥三年八月辛丑咸平元年八月癸丑二年八月癸亥三年八月丁卯四年八月甲子五年八月乙丑六年八月丙子景德元年八月癸酉二年八月庚辰三年八月庚寅四年二月己卯八月甲午大中祥符元年正月丁亥八月丙申二年二月壬辰八月乙巳三年二月辛巳八月己酉四年正月戊寅八月丙寅七年正月癸丑八月己巳八年七月癸酉九年正月甲寅八月壬午天禧元年八月癸巳二年正月丁巳八月辛卯三年八月己亥四

年八月己亥五年二月丙午八月乙巳老人星皆出丙治平四年二月癸巳八月戊申熙寧元年正月乙未八月己卯二年二月乙卯八月壬戌三年正月甲寅八月癸酉四年二月己未八月丁丑五年二月己未閏七月己亥六年正月庚午八月丁酉七年二月甲申八月庚寅八年二月己丑八月庚戌九年二月丁酉八月庚子十年正月己卯九月戊申元豐元年二月乙酉八月丙午二年二月壬戌八月乙卯三年二月甲寅八月己未四年八月丁卯五年二月甲戌八月己巳六年二月己未八月丁丑七年二月辛巳

八月己卯八年二月庚辰八月辛巳元祐元年二月戊寅八月庚子二年二月庚寅九月辛亥三年二月癸巳八月己亥四年二月壬子八月丁未五年正月甲午八月辛亥六年二月己亥閏八月壬戌七年正月壬子八月壬戌八年二月丙寅八月己巳九年二月乙丑紹聖元年八月丙子二年二月壬午八月丁丑三年二月庚午八月癸未四年二月甲申八月甲申五年二月庚辰元符元年八月辛卯二年二月乙未九月壬辰崇寧元年二月壬寅八月癸未二年二月甲寅八月庚戌三年二月戊午八月辛酉四年二

月庚申八月丙寅五年二月戊辰八月甲戌大觀元年二月乙亥八月丁丑二年二月甲午八月壬午三年二月戊子八月癸巳四年二月乙未閏八月丁酉政和元年二月癸卯八月己亥二年二月乙巳八月己酉三年二月甲午八月己未四年二月己酉八月辛未五年二月庚申八月甲子六年閏正月壬戌八月丁卯七年正月戊午八月丙子重和元年二月壬申八月乙亥宣和元年二月癸未八月癸未二年二月辛巳八月己丑三年二月丙戌八月癸巳四年二月己亥八月辛丑五年二月庚子八月丙午六年二月戊申八月辛亥七年二月癸丑八月庚申建炎四年七月戊辰皆見於丙

景星

開寶四年八月癸卯景星見景德三年四月戊寅周伯星見出氐南騎官西一度狀如半月有芒角煌煌然可以鑒物歷庫樓東八月隨天輪入濁十一月復見在氐自是常以十一月辰見東方八月西南入濁大中祥符七年正月己酉含譽星見其年九月丙戌又見似彗有尾而不長天聖元年二月己亥奇星見二年八月丙子四年七月壬申又見明道二年二月

戊戌含譽星見東北方其色黃白光芒長二尺許景祐二年正月己丑奇星又見政和三年二月辛卯八月己未嘉祐二年八月庚午三年八月丙辰四年正月庚戌八月癸未五年八月庚午六年正月癸丑八月壬辰七年正月辛亥八年正月辛酉治平元年二月己丑七月癸巳二年二月癸巳八月己亥三年正月庚辰八月庚戌奇星皆見

彗孛

彗星開寶八年六月甲子出柳長四丈辰見東方西南指歷輿鬼至東壁凡十一舍八十三日而滅端拱

二年七月戊子又出東井積水西青白色光芒漸長
辰見東北旬日夕見西北歷右攝提凡三十日至亢
沒咸平元年正月甲申又出營室北光芒尺餘至丁
酉凡十四日滅六年十一月辛亥旄頭犯輿鬼甲寅
有彗孛于井鬼大如杯色青白光芒四尺餘歷五諸
侯及五車入參凡三十餘日沒天禧三年六月辛亥
彗出北斗魁第二星東北長三尺許與北斗第一星
齊北行經天牢拂文昌長三丈餘歷紫微三台軒轅
速行而西至七星凡三十七日沒景祐元年八月壬
戌夜有星孛于張翼長七尺闊五寸十二日而沒十

二月己未夜有星出外屏有芒氣皇祐元年二月丁
卯彗出虛晨見東方西南指歷紫微至婁凡一百一
十四日而沒嘉祐元年七月彗出紫微歷七星其色
白長丈餘至八月癸亥滅治平三年三月己未彗出
營室晨見東方長七尺許西南指危洎墳墓漸東速
行近日而伏至辛巳夕見西南北有星無芒彗益東
方別有白氣一闊三尺許貫紫微極星并房宿首尾
入濁益東行歷文昌北斗貫尾至壬午星復有芒彗
長丈餘闊三尺餘東北指歷五車白氣為岐橫天貫
北河五諸侯軒轅太微五帝坐內五諸侯及角亢氐

房宿癸未彗長丈五尺星有彗氣如一升器歷營宿
至張凡一十四舍積六十七日星氣孛皆滅熙寧八
年十月乙未星出軫度中如填青白丙申西北生光
芒長三尺斜指軫若彗丁酉光芒長五尺戊戌長七
尺斜指左轄至丁未入濁不見元豐三年七月癸未
彗出西北太微垣郎位南白氣長一丈斜指東南在
軫度中丙戌向西北行在翼度中戊子長三尺斜穿
郎位癸卯犯軒轅至丁酉入濁不見庚子晨復出於
張度中至戊子凡三十有六日沒不見紹聖四年八
月己酉彗出氐度中如填有光色白氣長三丈斜指

天市左星九月壬子光芒長五尺入天市垣己未犯天市垣宦者庚申犯天市垣帝坐戊辰沒不見崇寧
五年正月戊戌彗出西方如杯口大光芒散出如碎
星長六丈闊三尺斜指東北自奎宿貫婁胃昴畢後
入濁不見大觀四年五月丁未彗出奎婁光芒長六
尺北行入紫微垣至西北入濁不見靖康元年六月
壬戌彗出紫微垣紹興元年九月彗星見十二月戊
寅二年八月甲寅見于胃丙辰行犯土司空至九月
甲戌始滅十五年四月戊寅彗星見東方丙申復見
于參度五月丁巳化為客星其色青白壬戌留守張
至六月丁亥乃消十六年十一月庚寅彗星見西南

危宿二十六年七月丙午彗星見東井約長一丈光芒二尺癸丑又犯五諸侯三十一年六月己巳彗星見北斗天權星東北太史妄稱為含譽淳熙二年七月辛丑有星孛于西北方當紫微垣外七公之上小如營惑森然蓬孛至丙午始消嘉定十五年八月甲午彗星見右攝提光芒三尺餘體類歲星凡兩月歷氐房心乃没紹定三年十一月丁酉有星孛于天市垣屠肆星之下明年二月壬午乃消五年閏九月彗星見東方十月己未始消嘉熙四年正月辛未彗星見于室至三月辛未乃消景定五年七月甲戌彗星

見于柳芒角燭天長十餘丈日高方歛凡月餘己卯退行見于輿鬼辛巳在井丙申見于參戊戌在參宿度內八月末光芒稍減凡四月乃滅

客星建隆二年十二月己酉出天市垣宗人星東微有芒彗三年正月辛未西南行入氐宿二月癸丑至七月没太平興國八年二月甲辰出太微垣端門東近屏星北行端拱二年七月丁亥出北河星西北稍暗微有芒彗指西南淳化元年正月辛巳出軫宿逆至張七十日經四十度乃不見景德二年八月甲辰出紫微天棓側孛孛然如粉絮稍入垣內歷御女華蓋

凡十一日没三年三月乙巳出東南方大中祥符四年正月丁丑見南斗魁前天禧五年四月丙辰出軒轅前星西北大如桃速行經軒轅太星入太微垣掩右執法犯次將歷屏星西北凡七十五日入濁没明道元年六月乙巳出東北方近濁有芒彗至丁巳凡十三日没至和元年五月己丑出天關東南可數寸歲餘稍没熙寧二年六月丙辰出箕度中至七月丁卯犯箕乃散三年十一月丁未出天囷元祐六年十一月辛亥出參度中犯掩側星壬子犯九游星十二月癸酉入奎至七年三月辛亥乃散紹興八年五月守婁

魯分也九年二月壬申守亢陳分也乾道二年三月癸酉出太微垣內五帝坐太星西微小色青白淳熙八年六月己巳出奎宿犯傳舍星至明年正月癸酉凡一百八十五日始滅嘉泰三年六月乙卯出東南尾宿間色青白大如填星甲子守尾嘉定十七年六月己丑守犯尾宿嘉熙四年七月庚寅出尾宿

志卷第九

志卷第十　　宋史五十七

開府儀同三司上柱國録軍國重事前中書右丞相監修國史領經筵事都總裁臣脫脫等奉

勑修

天文十　流隕一

流隕

建隆元年正月戊午有星出東北方青赤色北行初小後大尾跡斷續光燭地四月有星出天市垣六月癸酉有大星赤色出心大星甲申有星色赤出太微垣歷上相乙未有大星色赤流虛東北九月癸亥有星出昴甲子有星如缶出卯光明燭地十二月戊辰

有星青赤色出參旗西南慢行而沒蒼光燭地三年六月丁酉有星出天市入南斗魁乾德元年二月丙午有星如桃色赤出弧矢東南沒有光明二年二月乙丑有星黃白色出太微五帝南速行至外厨沒其體散落光燭地三年六月丁巳有星如桃色黃赤出北斗魁經太微垣北過角宿西漸大行五尺餘沒尾跡凝天有光明十二月丁巳有星出天河青白色南行至天倉沒初小後大光燭地四年正月乙未有星出天社青白色速行尾跡三丈餘初小後大沒有光明四月甲寅有星出天乳青赤色東南行貫房沒光

燭地閏八月己丑有星出天船青白色西北速行沒於文昌開寶元年七月戊子有星出大角青白色北行沒明燭地九月戊子有星出文昌赤黃色東北速行而沒二年六月己卯有星出河鼓慢行明燭地三年九月庚午廣州民見衆星皆北流四年八月辛卯有星出織女西北行尾跡三丈餘沒久有聲五年八月乙巳有星出王良西北行四丈餘有聲而散七年九月甲午有星出室西北行星體散落有聲明燭地太平興國三年十月甲寅有星出天船赤黃色至天棓星體散落明燭地八年三月丙寅有星晝出西南

當未地青白色尾跡二丈餘沒于東南有光明七月辛巳有星如稱權沒于婁八月壬寅有星出紫微鉤陳東赤黃色向北速行近北極沒雍熙元年十月丁酉有星出昴赤色東南蛇行二丈餘沒二年正月壬戌有星出東井其大倍於金星入輿鬼沒四年六月庚戌酉初有星出西北色青白入濁當戌地有聲如雷八月乙亥有星出天關東色赤黃尾貫月端拱元年四月辛亥有星出天津赤黃色蛇行有聲明燭地犯天津東北閏五月辛亥丑時有星出奎如半月北行而沒乙卯有星出紫微鉤陳西色青尾跡短赤光

照地北行而沒九月癸丑有星出西南如太白有尾跡至中天旁出一小星行丈餘又出一小星相隨至五車沒二年四月辛亥戌時有星出東南色白墜于氐房間壬申有星出漸臺血色赤東南急行掩左旗過河鼓沒淳化元年九月辛巳有星出羽林色青南行光奪月十一月壬午流星出天關南行歷東井郎位攝提至大角東北墜於地光芒四照聲如隤牆二年正月丙申有星出水府西色赤黃經參旗分為三星相從至天苑東沒光燭地七月癸酉有星出雲雨側色青白緩行三尺餘沒三年三月己酉未時西北

方有星西北速行色青白有尾跡四月己卯有星出文昌西南速行至柳分為二星而沒六月己丑有星出天市垣屠肆東色青白西北慢行丈餘分為三星從而沒四年五月乙未平明有星東南出南斗色青白西北行而沒五年八月己酉常星未見有星出東方色青白東北謾行至濁沒太約出奎婁間九月庚午有星出昴北緩行過卷舌至礪石沒至道元年四月乙巳常星未見有星出心北色青赤急行而墜七月癸丑有星出危色青白入羽林沒二年五月辛丑有星出紫微北尾跡丈餘如彗而有聲墜于壁室間

五月己未日未及地五尺間有星出中天色赤黃有尾跡東行速行二丈餘沒六月己卯有星出牽牛西歷狗國光芒丈餘墜東南及地無聲又有星出翼貫天廟墜于稷星東光燭地九月丁酉平明有星出北方東行三丈餘分為三星從而沒三年九月丁丑有星二隕于西南一出南斗一出牽牛有光三丈許咸平五年三月丙午有星晝出心至南斗沒赤光丈餘八月辛巳有星出營室色白丙申有星流出東方西南行大如斗有聲若牛吼小星數十隨之而隕戊戌又有星千數入輿鬼至中台凡一大星偕小星數十隨

之其間兩星一至狼星一至南斗沒丁未有星晝出紫微垣貫北斗沒壬子有星出中天尾跡數道如迸火西流至狼弧沒六年五月乙未有星出王良西又出北極稍東北至垣外沒有聲如雷六月庚午有星晝出東北方色黃白有尾跡七月壬辰有星出昴尾跡丈餘色白隱隱有聲至狼星沒十一月癸丑有星出畢至屏星北沒尾跡蛇行屈曲三丈餘久方沒十二月乙酉威虜軍有星歷城西北尾跡長數里光照地落番帳有聲如雷者三景德元年六月戊午有星晝出西南方赤黃有尾跡速流丈餘沒十月戊申天

雄軍有星出北方隕于西北光丈餘十二月庚辰有星出文昌慢行西北分為數星至紫微垣東北沒戊子有星出昴至參旗迸為數星沒二年正月丙子日未沒有星速流西南二月己亥有星出太微上將光燭地四月癸卯有星北流入天倉尾跡丈餘十月戊寅有星出太微垣内昴北至翼分為三星隨而沒尾跡青白色十一月壬子有星出南晝聲如雷光燭地三年五月乙卯有星出天津東北紫微垣北分為四星隨而沒赤黃有尾跡六月乙亥有星出雲雨星北至羽林天軍南迸為三星沒丁酉有星出胃北入天

囷迸為數星光燭地七月庚申有星出靈臺有炬孛聲如雷至南北沒赤光照地十一月辛丑有星出中台東北速流有聲光燭地四年三月庚申有星晝出南方六月丙辰有星出北方慢流至八穀迸為數星沒光燭地己未有星出天市分為三星至尾沒七月辛卯有星出敗瓜南慢流歷河鼓入天市至宗人東北迸為二星沒色赤黃有尾跡十二月癸巳有星出弧矢赤黃色尾跡丈餘光燭地速流入濁大中祥符元年二月戊申有星十餘急流入濁色赤黃有尾跡五月辛未有星如太白出天市垣宗人東南尾跡丈

餘闊三寸向北慢流至女牀西分為數星沒六月戊申有星出北斗魁内赤黃有尾跡稍北速行迸為數星沒八月己丑有星晝出中天如太白有尾跡急流東南近日没九月乙丑有星出天倉急流東南星體散落二年三月己未有星出天津南至離珠沒尾跡五丈餘照地明四月丙申有星出八穀有尾跡速流而西至五車東迸為數星沒五月乙亥有星晝出東方如太白尾跡赤黃流至日北沒八月丙申有星出北斗杓西南急行至郎將西分為數點九月乙丑有星出南河如桃色赤至中台沒三年三月丁未有星

出天市宗人東北尾跡二丈至左旗迸為數星沒光燭地五月丁亥有星出北斗魁如桃色青白尾跡二丈餘六月丁巳有星出文昌至上台沒乙卯有星出傳舍如桃色赤黃至紫微沒壬申有星出建星入南斗沒赤黃有尾跡七月庚辰有星出宗人西北流入濁光照地八月丁未有星出貫索至帝座沒尾跡光明壬戌有星出文昌至北極沒尾跡丈餘九月庚辰有星出軒轅左入太微垣沒十月庚戌有星出東方赤黃無尾跡分為數星稍南沒四年二月辛亥有星出東方尾跡赤黃二丈餘四月乙丑有星出柳色赤

黃至翼沒五月戊子有星出東方赤黃色六月壬戌有星出東蒲北流入濁七月壬申有星出紫微宮速流至天皇沒戊寅有星自内階流經文昌至上台迸為數星隨而沒十月戊午有星出東北入濁又星出七星南至天稷沒尾跡丈餘五年二月戊申有星出貫索經庫樓迸為數星沒八月戊午有星大小二十餘皆有尾跡北流又一星光燭地出紫微垣外尾丈餘闊三寸許東北流至傳舍沒庚申星出天耗北尾跡十丈餘明燭地至文昌沒六年乙巳有星晝出南方赤光迸逸照地明十一月丁巳有星出太微郎位

東色赤黃有尾跡至軫北迸為數星沒十二月癸亥有星出西南色青白入東北沒七年三月丙戌有星出南河大如杯至王井沒四月辛酉星出鉤陳尾跡赤黃七月丁未有星晝出東南方色黃急流而北九月辛亥有星出軍市至柳迸為三星沒十一月癸未有星晝出日西南尾跡二丈餘闊三寸許青白色西流而沒己丑有星出南河至弧矢沒光燭地八年二月丁卯有星出卽將北迸為三星四月癸丑有星出亢西至右攝提迸為數星隨而沒五月乙酉有星青白色出入星至騰蛇沒光燭地丙申有星西南流迸

為數星沒明照地八月己亥有星出參南流入濁九年四月庚子有星晝出赤黃色急流西北沒天禧元年四月己巳有星出軫至器府北沒光照地六月有星出河鼓速流至天田迸為數星沒十二月癸巳有星出東北尾跡赤黃急流西南沒二年八月乙卯有星二有尾跡赤黃一出五車一出狼北入濁戊午有星出酒旗至明堂沒光燭地九月戊子有星出西南至天囷沒十一月辛酉有星出南河色赤黃至柳沒三年六月乙巳有星出昴急流至天倉沒十二月壬寅有星出軒轅尾跡黃慢流至太微垣久之有聲如雷

四年正月丁丑有星出王良明照地至騰蛇沒五年四月丙辰有星出軒轅前星大如桃狀若粉絮犯次將入太微垣歷屏星凡七十五日入濁沒己未有星出南方如二升器色青赤北流入濁尾跡三丈許七月辛巳有星出文昌光明燭地十月乙巳有星出天津西乾興元年三月庚寅夜漏未上星出七星曳尾緩行至翼沒五月己巳星出天棓速行入紫微極星西沒癸酉星出張西北入濁壬午星出危赤黃有尾跡速行而東炸烈如迸火隨至羽林軍南沒明燭地己丑星出北河至軒轅沒九月己巳星出羽林流至

芻槀没已丑星出天市垣旁緩行經天過天市垣至營室没壬辰星出營室行至天倉没十月丁酉星出右旗如太白西南速行至天弁没明燭地十一月壬辰常星未見有星出五車南行至奎没天聖元年正月丙戌星出北斗魁西至八穀没三月戊辰星出貫索至五車没六月戊戌星出天弁至建星没已丑星出北斗星東北入濁没庚寅星出五車至五諸侯没閏九月癸巳星出五車至參没丙申星出東壁至天倉没甲辰常星未見星出營室至外屏没己酉星出翼南行入濁二年辛丑星出五車至畢没六月丁卯晝漏上星出中天赤黃色有尾跡西南緩行入濁辛巳星出牽牛南入濁九月辛卯星出太微没于右執法四年正月壬午星出亢東南流入濁丁巳星出靈臺至翼没丙午星出北斗魁近文昌没其夜又有星出箕南行入濁四月丙寅星出太微從官側南行入濁五月辛巳星出天市垣市樓側東北流入濁閏五月丙辰星出天船没于紫微鉤陳側六月乙亥星出土司空東南入濁八月乙未星出天棓近天倉没九月丁未星出王良西北入濁十一月丙辰星出東井没于南河側十二月丁丑星出鉤陳没于天棓側戊

戌星出太微至文昌没五年正月壬寅星出天社西南入濁九月癸卯星出天廚北流入濁丁未星出北辰没于天牀側甲子有星出北河没于東井六年四月甲申夜漏欲盡有星大如斗器自北方至於西南光照地有聲如雷曳尾跡長數丈久之散為蒼白雲七年二月乙丑星出天乳貫天市入濁八年二月丁酉星出軒轅大星側如杯速行至器府没明道元年三月癸巳星出中台貫北河入東井没炸烈有聲明燭地食頃又有星出天市垣宗人側東流入濁四月乙巳星出貫索大如杯没于鉤陳側光照地八月癸亥星出天船近鉤陳没明燭地乙丑星出胃大如杯有尾跡西北緩行迸為六七小星相隨没于大陵明燭地丙寅星出營室西南速行至危没良久又有星出天園至天社没光燭地九月丙子星出婁没于雲兩側尾跡久方散食頃又有星出天大將軍近奎没尾跡久方散明燭地續又星出北辰西北速行至内階没又有星出天苑没于天園明燭地景祐元年八月己卯星出東井行至厠星没尾跡久方散明燭地乙酉星出北斗魁西北速行入紫微東南垣没又有星出文昌西北速行至紫微鉤陳没尾跡久方散明

燭地九月丁亥星出天津如太白青色有尾跡沒于危良久星出五車沒天廩己丑星出東井如太白赤黄色有尾跡向東速行至柳沒光照地其夜星出婁至奎沒明燭地十一月乙卯星出軒轅大星側如太白赤黄向東速行入濁明照地二年八月庚申星出大陵如太白赤黄色東南緩行沒于昴尾跡久方散明燭地九月丙午常星未見星出婺女緩行近南斗沒十一月辛丑星出五車至觜觿沒明燭地四年閏四月癸未夜漏未上星出天津大如杯東北行入濁己亥星出上台至軒轅沒五月辛亥星出華蓋至北

辰沒六月壬申星出天津入天市垣至宗人沒是夜星出王良如太白青白色有尾跡東南速行至婁沒明燭地己卯星出梗河沒于亢七月戊申有星數百皆西南流其最大者一星至東壁沒光燭地久之不散九月庚子星出南河東南速行近狼星沒青白色有尾跡如太白明燭地己酉星出牽牛如太白青白色西南入濁丁卯星出紫宮沒天棓有尾跡明燭地寶元元年正月戊戌星出左攝提如太白赤黄色至天市西垣沒明燭地二月甲午星出河鼓至七公沒三月辛丑星出東井沒參側庚戌星出大角至氐沒

辛亥星出北斗魁如太白青白色有尾跡東北速行入濁光照地四月壬申有星出中台如太白青白色有尾跡向北速行入濁明燭地又星出天江如太白有尾跡西南速行至房沒八月壬申星出東井如太白東北速行沒輿鬼明燭地十月壬午星出天津至營室沒己丑星出東井如太白赤黄有尾跡至狼側沒明燭地十一月癸丑星出中台至軒轅沒二年正月庚申星出翼如太白行至角沒三月癸丑星出右旗赤黄有尾跡向南速行沒于建星明燭地五月庚戌星出房至積卒沒閏十二月甲寅星出文昌如太

白有尾跡西北速行至五車沒明燭地康定元年三月戊寅有星出文昌如太白青白色北行入濁四月丁未有星出紫宮東垣上衛側至北辰沒癸丑星出北斗北行入濁六月庚戌星出天弁西北入濁明燭地九月戊寅星出天船東行入五車沒十月壬辰星出天津速行至紫宮西垣沒壬戌中天有星大如盌赤黄有尾跡西南速行沒于濁光照地良久有聲如雷十一月乙亥星出文昌北行明燭地入濁慶曆元年八月癸未星出天船如太白東北速行入濁青白色明燭地己亥星出奚仲大如杯色青白西南緩行

没于天津側明燭地辛丑有星經天廩東南緩行入濁乙巳夜漏未上星出營室如太白東行入濁青白色九月己酉星出奎如太白有尾跡西行没于東壁明燭地丙辰星出畢如太白有尾跡西北速行至王良没丁卯星出北辰如太白北行入濁明燭地戊辰星出壁壘陣如太白赤黄有尾跡西南入濁明燭地二年二月庚子星出房如太白赤黄有尾跡西南速行入濁没明燭地三月戊寅星出鉤陳側如太白赤黄有尾跡西行緩行至天棓没明燭地四月丁丑星出貫索大如醆青白色有尾跡東北慢行至閣道没

明燭地丙申星出貫索如太白赤黄色西北速行没于中台側明燭地七月壬寅星出河皷大如杯青白色西速行至牽牛没明燭地己酉星出婺女如太白青白色有尾跡東南慢行入濁明燭地乙丑星出天津如太白赤黄向西速行至貫索没尾跡久方散明燭地八月壬寅星出北斗杓如太白青白色西北行没于濁乙亥夜漏未上星出箕南行入濁又有星出天倉如太白東南入濁没壬午星出危東南行至濁没九月辛亥星出天船如太白東行入濁青白色有尾跡庚申星出婁至東壁没乙丑星出婁至天倉没

丁卯星出五車東北流没于文昌側閏九月辛未星出羽林軍如太白赤黄色西南行入濁乙亥星出婁西行入濁十二月庚申有星出弧矢南行入濁赤黄有尾跡燭地三年二月壬寅星出上台至軒轅没有尾跡明燭地四月戊申夜漏未上中天星出大角如太白西行至軒轅没辛亥星出女牀至天市西垣没丙辰星出牽牛如太白西南緩行至天淵没七月己卯星出北斗魁西北行入濁甲申星出貫索如太白速行至北斗柄没甲寅星出閣道如太白東北速行入濁有尾跡明燭地十月戊申星出柳如太白西南

速行至弧矢没尾跡久方散五年五月辛巳星出紫宫鉤陳側北行入濁六月辛酉星出奎如太白西行至天倉没有尾跡明燭地壬戌星出營室如太白赤黄色東南速行過危至虚没有尾跡明燭地七月甲午星出建星如太白向南速行至濁没乙巳星出牽牛如太白南行至濁没八月甲寅星出八穀東北入濁少頃又星出天将軍如太白西北速行至王良没有尾跡其色赤黄已卯星出文昌大如醆直北速行入濁有尾跡明燭地壬午星出北河至柳没十月甲寅星出畢東南速行至天苑没赤黄有尾跡丙辰星

出張東南速行至濁沒丙寅星出天津大如杯東南速行至危沒赤黃有尾跡明燭地六年三月乙未星出大角如太白西南速行至濁沒庚戌星出文昌如太白向北速行入濁青白色有尾跡明燭地六月丁巳星出營室大如杯光燭地有聲北行至王良沒七月癸巳星出昴至參沒九月辛巳星出王良如太白東北速行入濁乙巳星出南河如太白東北速行沒于輿鬼側七年四月己酉星出營室東北速行入濁戊辰星出郎位如太白至梗河沒有尾跡明燭地六月己巳星出天田赤黃色有尾跡西南緩行至折威沒戊辰星出尾西南速行入濁九月乙亥星出河鼓入天市垣至宗人沒戊寅星出天苑如太白南行至天園沒有尾跡明燭地庚辰星出東井沒于狼丙戌星出北落師門西南緩行至濁沒十二月癸亥星出五車赤黃色西北速行至天船沒八年正月乙酉星出天廁側西南速行入濁有尾跡明燭地丁酉星出柳直南速行入濁二月乙酉星出文昌青白色東北速行至濁沒四月己巳星出奎如太白東北速行至婁沒五月壬寅星出氐如太白向西南速行入濁沒戊午星出房色赤黃東南入濁六月戊寅星出北落

師門西南速行沒于濁己卯星出北斗至郎位沒有尾跡明燭地癸巳星出天津至紫宮西垣沒七月庚申星出七公如太白西北速行入濁沒八月乙亥星出天市西南速行入濁有尾跡色赤黃是夜星出東壁赤黃色東北速行至濁沒九月壬寅星出天倉如太白東北速行至胃沒甲子星出天苑西南速行入濁沒十月乙酉星出匏瓜如太白向東速行至天津沒十二月乙丑星出南河如太白東南行至弧矢沒己丑星出天市垣東南行至濁沒皇祐元年三月庚子星出軫西南速行沒于翼四月辛巳星出織女向南速行入天市垣至宗人沒明燭地甲申星出心如太白東南速行入濁六月丙寅星出紫宮鉤陳側如太白北行入濁己巳星出匏瓜赤黃有尾跡向南速行至建星沒丁丑星出造父如太白向西南速行至天棓沒有尾跡明燭地九月壬子星出閣道東南速行至婁沒有尾跡明燭地十一月癸巳星出文昌向東速行至五車沒有尾跡明燭地十二月乙丑星出亢赤黃色向東北緩行至天市垣西沒丁酉星出文昌向北速行沒于北辰側二年四月癸未星出氐赤黃色東南速行至心沒有尾跡明燭地五月乙巳星

出貫索向東速行至女牀沒七月己丑星出奎赤黄色西南緩行沒于營室側九月辛卯星出織女如太白向西速行入濁沒十二月丁未星出庫樓如太白赤黄色至翼沒三年七月丙辰星出南斗赤黄色尾跡凝天向南緩行至濁沒八月庚辰星出奎如太白西北速行沒于濁九月癸丑星出上台東北入濁十月乙巳星出天槍如太白西北速行入濁四年三月庚申星出郎將東行至貫索沒壬申星出文昌沒于五車側四月辛巳星出天市垣市樓側至南斗沒癸卯星出東壁沒于天船側六月庚子星出危如太白東南速行入濁壬寅星出天船如太白東北入濁八月丁酉星出天倉如太白西南速行至濁沒戊戌星出參旗如太白西南速行至天苑沒九月丙午星出婁西南速行入濁戊申星出紫宫北辰側赤黄色西南速行至貫索沒尾跡凝天明燭地己酉星出營室如太白東南速行入濁是夜星出參如太白東南速行入濁尾跡赤黄甲子有星出南河如太白東北入濁十月丁丑星出天棓西北速行入濁有尾跡明燭地丙申星出天倉如太白西南速行入濁十一月丙申星出北河沒于北斗璇星側五年正月壬寅夜漏未

上星出東井如太白東北速行至濁沒有尾跡明燭地五月庚戌星出北斗魁側西北速行入濁尾跡赤黄庚申星出大角如太白西北行至中台沒青白色有尾跡六月癸酉星出紫宫北辰側赤黄色北行至濁沒七月癸卯星出王良至天津沒甲辰星出奎如太白速行沒于危是夜星出紫宫北辰側色赤黄西南速行至天市垣東沒有尾跡明燭地乙巳星出王良速行至營室沒戊午星出貫索西南速行入天市垣至宦者沒八月丙戌星出紫宫北辰側至王良沒是夜又星出危沒婺女側癸亥星出大陵至營室沒有尾跡明燭地九月乙亥星出參如太白西北速行至昴沒有尾跡明燭地至和元年七月壬戌星出王良色赤黄向北速行至天船沒有尾跡明燭地八月壬寅星出上台東北行入濁二年七月甲申星出牽牛如太白赤黄色南行入濁有尾跡明燭地九月己卯星出弧矢如太白西南速行至丈人沒尾跡青白又有星出軒轅向北速行至中台沒庚辰星出天廩東南緩行至天苑沒十一月戊辰星出南河向南行至弧矢沒辛酉星出弧矢色赤黄南行入濁十二月甲申星出太微東垣如太白赤黄色東南速行至軫

沒辛卯星出柳如太白赤黃色直北速行入濁嘉祐元年三月辛酉星出庫樓沒于尾乙亥星出紫微北辰東如太白色赤黃西南速行至右攝提沒壬午星出張至東甌沒九月壬午星出東井如太白赤黃色向北速行至文昌沒二年正月丁酉星出文昌如太白速行入紫宮北辰沒辛丑星出華蓋緩行至北辰沒甲辰星出觜觿緩行至畢沒二月甲子星出紫宮東垣大如杯東北行入濁七月乙亥星出北斗魁西如太白西北速行入濁丁丑星出王良如太白赤黃色西南緩行至亢沒有尾跡明燭地九月丙子星出

王良如太白赤黃色向西速行至騰蛇沒有尾跡明燭地丁亥星出南河子星側戊戌晝漏上中天有星出狼大如杯東南速行至濁沒尾跡青白三年正月乙未星出參赤黃色向西速行至天廩沒五月甲午星出河鼓如太白赤黃色東北緩行至虛沒七月辛未星出天船東北行至濁沒乙酉星出北河如太白赤黃色東南緩行散為數道至狼沒尾跡凝天丁酉有星出危西南速行入濁其夜又有星出天苑緩行入濁八月丙午星出天綱東南速行入濁尾跡赤黃戊申星出危西南速行入濁有尾跡明燭地己未星

出牽牛西速行至牽牛北沒癸亥星出王良向南速行至天津沒夜漏盡有星出柳如太白赤黃色西北行至北斗沒乙丑星出文昌向西速行至北極沒九月庚午星出婁向南速行至土司空沒甲申出天將軍如太白青白色向西速行至濁沒庚寅星出五車如太白赤黃色東北速行至北河沒有尾跡明燭地辛卯星出王良北行至鉤陳沒四年二月己亥星出翼入濁夜漏盡又有星出營室沒于鉤陳癸卯星出天槍至郎將沒乙卯星出角西行至翼沒五月辛丑星出右攝提西行入濁己酉星出大角至軫沒癸丑

星出營室大如杯赤黃色西南速行至羽林軍沒炸烈有聲六月癸亥星出天倉至天苑沒有尾跡明燭地甲子星出天津至北辰沒辛未星出胃沒于鉤陳又星出天船至王良沒乙亥星出墳墓至北落師門沒又有星出天船東南速行至昴沒癸未星出氐宿西南行入濁己丑星出畢速行至五車沒八月乙亥夜漏盡星出輿鬼速行至五車沒又星出輿鬼速行至太微北落癸未星出軍市速行至弧矢沒己丑星出天囷至天倉沒九月己亥星出紫宮鉤陳側大如盌東北速行曳尾長五尺初直後曲流至北辰東沒

後尾跡凝結如盤食頃散又有星出太微西東北速行入濁辛丑星出天津速行至織女沒癸丑星四皆如太白赤黃色有尾跡明燭地一出天棓西南速行至天市垣候星沒一出危西南速行至女沒一出畢南行沒于天苑側一出五車北速行至鉤陳沒十月乙丑晝漏上星出天大將軍西南行至濁沒色青白尾跡凝天良久散其夜星出參至弧矢沒丁卯星出婺女東南至濁沒戊辰星出東井東行至柳沒戊寅星出狼南行至濁沒丁亥星出天倉乙未星出上台南速行至北河沒十二月甲子星出貫索至女牀沒

五年正月辛卯星出畢大如盌赤黃色速行至天倉沒明燭地尾跡炸烈而散有聲如雷四月辛未星出氐緩行東南入濁沒癸酉星出婺女至羽林軍沒庚辰夜漏盡星出大角西南行至濁沒尾跡青白癸未星出女牀東行至河鼓沒乙酉星出騎官西南行至濁沒甲午星出天市東如太白向東速行至河鼓沒尾跡赤黃丙申星出貫索東北行至北斗柄沒辛亥星出天棓西南行入天市至宦者沒六月己未星出婁東北行至濁沒壬戌星出天倉東南行至濁沒辛巳星出天津西南行至天市垣宦者沒又有星出王

良至土司空沒癸酉星出南斗大如杯行入濁八月庚申星出東壁東行入濁丙寅夜漏未上星出虛大如杯東南入濁甲午星出五車至文昌沒乙卯星出天苑南行入濁十月乙亥星出軒轅星北斗魁旁沒尾跡赤黃十一月壬辰星出五車至畢沒十二月壬申有星出北河至輿鬼沒戊寅星出弧矢至南河沒己卯夜漏未上星出軫至氐側沒六年六月丁巳星出天市垣宦者側沒于氐己巳星出天市垣東肆側西南行至尾沒七月乙酉星出螣蛇至危沒其夜又有星出婁大如杯赤黃色速行入羽林沒丙戌星出

天津至危沒尾跡赤黃庚寅星出文昌北行至濁沒八月丁巳星出婁東北速行至昴沒戊辰星出鉤陳北行入濁己卯星出天市垣北東行入濁沒丁卯星出狼大如杯至天社沒明燭地尾跡凝天良久散九月甲寅星出營室西南行入濁癸亥星出柳東行至翼沒十一月癸丑星出東北維去地五丈許大如盌向東北緩行入濁尾跡青白壬申星出參旗至濁沒丙子星出狼大如杯而赤黃緩行至弧矢沒有尾跡明燭地十二月辛丑星出貫索如太白東北速行入天市至候星沒尾跡青白七年正月乙亥星出下台

至上台沒二月己卯星出北河大如杯色赤黃速行
沒于閣道側有尾跡明燭地壬辰星出東井如太白
至畢沒四月庚子星出太微郎位如太白西南緩行
至張沒尾跡赤黃六月丁丑星出北落師門南行入
濁七月丁未星出牽牛至南斗沒又有星出羽林軍
至北落師門沒己酉星出壁壘陣如太白向西速行
至敗臼沒尾跡赤黃辛酉星出天紀西北速行入濁
八月己卯星出文昌至下台沒乙未星出天苑南行
入濁尾跡赤黃己亥星出天津西南入濁九月丙辰
星出土司空東南入濁丁卯星出東壁大如杯西行

至虛沒有尾跡赤黃明燭地十月丙子星出昴如太
白西北速行至天大將軍沒尾跡赤黃丁丑星出大
陵如太白南行至天倉沒庚寅星出南河至天社沒
明燭地丁酉星出天廟南入濁己亥星出參如太白
西南行至天囷沒尾跡青白八年正月辛酉星出軫
赤黃色東南速行入庫樓沒三月癸卯星出匏瓜東
南至危沒赤黃色有尾跡明燭地癸亥星出文昌北
行入濁有尾跡明燭地又有星出傳舍速行至北辰
沒五月癸卯星出天市垣宗人側東南速行至鼈星
沒己亥星出招搖赤黃色行南向入氐沒七月乙丑

星數百縱橫西流八月庚寅星出閣道東南速行入
濁沒甲子星出上台大如杯赤黃色向東速行至下
台沒治平元年二月丁卯星出紫宮鉤陳側西北入
濁沒明燭地尾跡炸烈有聲六月辛酉夜漏未上星
出河鼓東南速行至危沒七月癸未星出危西南速
行入天市垣沒八月辛亥星出北辰大如杯速行至
鉤陳沒尾跡青黃丁巳星出奎大如盌速行至五車
沒壬戌夜漏盡星出奎西南行至濁沒九月癸酉星
出北斗魁大如醆東北速行至濁沒尾跡赤黃十二
月癸丑星出軍市東南速行至濁沒二年二月丁酉

星出太廟色青白西南入濁乙卯星出中台色赤黃
西北慢行至內階沒五月壬戌星出北斗魁如杯色
青白北行至濁沒六月己丑晝有星出中天大如盌
西速行至濁沒尾跡赤黃八月己未星出河鼓大如
醆色赤黃速行至天市垣內宗星沒丁巳星出危至
濁沒九月癸酉星出北斗魁東北速行至濁沒三年四
月癸巳星出房至濁沒明燭地尾跡炸而散七月庚
申晝漏未上星出紫宮西行曳尾長二丈沒尾跡青
白九月丁丑有星出參至天倉沒十一月己卯星出
王良西北速行至濁沒尾跡青黃

志卷第十

志卷第十一　宋史五十八

開府儀同三司上柱國錄軍國重事前中書右丞相監修國史領經筵事都總裁臣脫脫等奉

勑修

天文十一　流隕二

熙寧元年正月辛卯星出張西南如太白速行入濁沒赤黃乙未星出左攝提西如太白東南急行至庫樓北沒赤黃有尾跡二月戊午星出常陳南如太白西慢行至軒轅東沒赤黃有尾跡辛酉星出北斗魁東如太白南急行至軒轅大星南沒赤黃有尾跡壬戌星出角東如太白西急行至翼沒赤黃有尾跡戊

辰星出大角南如太白東南急行至氐沒赤黃有尾跡己巳星出天市垣內官者如太白西南急流至氐沒青白有尾跡四月壬寅星出軒轅南如太白東南慢行至軫沒赤黃有尾跡己酉星出天市垣內官者西如太白西南慢流至織女沒青白有尾跡壬戌星出天棓東如太白東北慢行至天津沒赤黃有尾跡五月乙亥星出天棓如太白東北急行至天津沒青白有尾跡照地明六月癸卯星出天槍南如太白西南速行至角沒赤黃有尾跡又星出平星南如太白西南急行入濁沒青白有尾跡乙巳星出軫東如太白緩行入濁沒青白有尾跡照地明丁未星出牽牛西如太白東南速行入濁沒赤黃戊申星出騎官北如太白南緩行入濁沒青白又星出壘壁陣如太白東南速行至濁沒戊午星出閣道北如歲星東北緩行入濁沒青白庚申星透雲出天棓西如太白北急行至天市垣西墻沒赤黃有尾跡壬戌星出王良南如歲星東北急行至天大將軍沒赤黃有尾跡有星出紫微垣內至鈎陳沒赤黃有尾跡又星出紫微垣內北極南如太白西北速行至西咸北沒赤黃有尾跡甲子星出尾北如杯口西緩行至平星沒赤黃有

尾跡丙寅星出氐北如歲星西南急流入濁沒赤黃有尾跡七月乙亥星出虛南如歲星西急行至天市垣西墻沒赤黃色有尾跡丙子星出東壁東如太白東南急行入濁沒赤黃有尾跡丙戌星出天大將軍北如歲星東北慢行入濁沒青白乙未星出九坎北如太白西北緩行至牽牛分迸而沒赤黃又星出右旗如太白西緩行入濁沒青白有尾跡照地明己亥星出天廩北如太白南急行至天苑沒赤黃有尾跡照地明八月癸卯星出天棓東如太白北速行入濁沒赤黃有尾跡照地明甲辰星透雲出虛北如歲星

北緩行至奎没赤黄乙巳星出女牀東如杯口西北
急流至天市垣墻河中北没赤黄有尾跡照地明又
星出參北如太白東速行入濁没赤黄有尾跡照地
明又星出王良南如太白西南急行至天津没赤黄
有尾跡照地明丙午星出左攝提南如太白西北慢
行至濁没赤黄有尾跡丁未星出牽牛如杯口東南
緩行入濁没青白有尾跡癸亥星出壘壁陣如太白
西南緩行至狗國没赤黄有尾跡照地明乙丑星出
壘壁陣北如太白西南速行至十二國没赤黄有尾
跡九月甲戌星出上台南如太白東北急行至內平

星没赤黄有尾跡照地明庚辰星出北斗魁中如歲
星西北緩行入濁没青白又星出弧矢西如太白西
南急行至天社没青白有尾跡照地明辛巳星出紫
微垣內北極星北如太白北急行入濁没赤黄有尾
跡照地明癸未星出紫微垣南如太白北急行至北
斗没赤黄有尾跡戊子星出畢南如太白東南慢行
入濁没青白有尾跡照地明癸巳星出織女西如太
白西南慢流入天市垣內没赤黄有尾跡照地明甲
午星出中台北如太白東南急流至下台没青白照
地明丙申星出天津北如歲星西北急流至女牀没

赤黄丁酉星出軒轅如太白西北慢流至紫微垣內
北極没赤黄有尾跡照地明十月庚子星出羽林軍
東如太白東急行入濁没赤黄有尾跡照地明又星
出壘壁陣西如杯口西南速行入濁没青白照地明
壬寅星出鉤陳西如太白北急行至北斗没赤黄有
尾跡又星出東井北如歲星東北急行至柳没赤黄
有尾跡又星出扶筐如太白西北急行至濁没赤黄
有尾跡照地明甲辰星出壘壁陣東如太白南急行
入濁没赤黄有尾跡照地明又星出天津西如太白
西北緩行入濁没青白照地明又星出昴南如太白

西南緩行至天囷没赤黄有尾跡明燭地又星出郎
位東如太白東北速行至右攝提没赤黄明燭地庚
戌星出婁南如歲星西南速行至昴没青白有尾跡
乙卯星出天市垣南墻西如太白西急行入濁没青
白壬戌星出軒轅西如太白東南急行至張没赤黄
有尾跡癸亥星出婁北如太白西急流至濁没赤黄
有尾跡十一月庚午星出鉤陳東如太白東北急流
至北斗魁没青白有尾跡照地明癸未星出營室東
如太白西南急行至羽林軍没赤黄有尾跡十二月
己亥星出王良北如太白東慢行至五車没赤黄有

尾跡照地明庚子星出天倉東如太白東南急行至濁沒青白有尾跡辛酉星出太微垣東墻如太白速行至柳沒黄白有尾跡二年正月庚寅星透雲出紫微垣内鈎陳西如太白西慢行入濁沒青白二月甲辰星出平星南如太白南急行入濁沒赤黄有尾跡三月壬辰星出天市垣西墻東如太白北急行至天紀沒赤黄有尾跡癸巳星出貫索南如太白東南慢行至濁沒四月庚戌星出軒轅東如杯口北慢行至北斗沒赤黄有尾跡辛酉星出閣道西如太白東南速行至東壁沒青白有尾跡五月己丑星出太微垣

内五帝坐如杯口東行至角宿沒青白有尾跡照地明六月己亥星出心西如歲星西南急行至庫樓沒赤黄有尾跡乙巳星出氐南如太白南緩行入濁沒赤黄有尾跡壬子星出天津如太白西北速行至天槍沒青白有尾跡辛酉晝有流星夕有星透雲出織女西南急行入濁沒赤黄有尾跡癸亥星出太微垣東墻如太白西急行入濁沒青白有尾跡甲子星出尾北如太白南急行入濁沒青白七月丁卯星出危南如太白西南急行至壘壁陣沒赤黄有尾跡辛未星出梗河東如太白西北速行至天槍沒赤黄有尾

跡丁亥星出天船西如太白東北速行入濁沒赤黄有尾跡甲午星出天津西如太白西南緩行至心沒赤黄有尾跡八月丁酉星透雲出鈎陳西如太白西南急流至天棓沒赤黄有尾跡癸亥星出北斗魁北如太白北急流入濁沒青白有尾跡九月甲子星出婁北如歲星西北急行至王良沒青白有尾跡甲戌星出右旗如太白西南急行至天市垣西墻沒赤白有尾跡丁丑星出五車東如歲星東北速行至北河沒青白有尾跡十月乙未星出天苑南如太白速行入濁沒赤黄有尾跡甲辰星出畢東如太白南急行

至濁沒赤黄有尾跡癸丑星出胃東如太白西南急流至天苑沒青白有尾跡甲寅星出卷舌西如歲星西南急行至婁沒青白有尾跡十一月丙寅星出織女北如太白西南急行至河鼓沒青白有尾跡照地明壬申星出羽林軍内如歲星西南急行至濁沒青白己卯星透雲出大陵北如太白西南急行至東壁沒青白有尾跡閏十一月辛酉星出天倉如歲星西南緩行至濁沒青白三年正月丙申星出右攝提如太白東北速行入濁沒赤黄有尾跡己未星出畢如杯西南緩行至濁沒青 白有尾跡二月丁卯星出七

星南如太白西南急行至濁沒青白己丑星出太微西翕上將南如盂西急行入濁沒赤黃有尾跡明燭地又星出文昌中如杯西北急行入濁沒赤黃有尾跡明燭地又星出北斗魁南如盂西北急行入濁沒赤黃有尾跡明燭地庚寅星出紫微垣西墻東如杯北慢流至濁沒赤黃有尾跡明燭地三月戊戌星出七公如杯速行入紫微垣中鉤陳沒青白有尾跡明燭地壬寅星出天市垣西墻東如杯東南急流至騎官沒青白有尾跡己未星出軫北如太白西北慢行至明堂沒赤黃有尾跡四月壬戌星出紫微垣內帝星南如太白北急行至鉤陳沒赤黃有尾跡癸未星出文昌南如杯西北慢行至濁沒青白有尾跡照地明甲申星出軒轅東如太白東南慢行至太微垣左執法赤黃六月己巳星出牽牛東如太白東急流至濁沒赤黃有尾跡壬申星出紫微垣西墻北如太白東北慢流至濁沒赤黃庚辰星出羽林軍東如杯東南急流入濁沒青白有尾跡七月庚子星透雲出紫微垣西墻如太白南慢行至天市垣西墻沒青白有尾跡八月丙戌星出紫微垣西墻如杯北急行至濁沒赤黃有尾跡九月己亥星出紫微垣西墻如太白

西北慢流至濁沒青白有尾跡丁未星透雲出天船如太白西慢流至內階沒赤黃有尾跡庚戌星出紫微垣東墻如太白東北急流至鉤陳沒青白有尾跡十月己未星出奎西如太白南慢行至天倉南沒青白有尾跡戊辰星出天囷西如太白西南速行至土司空沒赤黃有尾跡十一月戊戌星出五車如太白西南緩行入濁沒赤黃有尾跡十二月甲子星出外屏如太白西南速行入濁沒赤黃有尾跡四年正月丙午星出五車西如杯南速行入濁沒赤黃照地明二月甲子星出昴西如杯西緩行入濁沒青白三月癸巳星出天市垣內斗星西如太白西北速行至貫索西沒赤黃有尾跡五月己亥星出左攝提如太白東北急行至濁沒赤黃有尾跡六月丁丑星出營室西如太白西南急流至壘壁陣沒赤黃有尾跡辛巳星出造父西如太白東南慢流至天棓沒青白有尾跡七月戊申星出天津東如太白西慢流至天棓沒赤黃有尾跡八月己未星出五諸侯西如太白東南慢流入濁沒青白有尾跡照地明辛酉星出天市垣西墻西如太白西急行入濁沒赤黃有尾跡癸亥星出北河西如太白西北急行至上台沒赤黃乙丑星

出南斗北如太白西南緩行入濁沒赤黃九月甲午星出紫微垣西墻東如太白東北速行入濁沒赤黃有尾跡乙巳星出天廪如太白南緩行至天苑沒青白有尾跡照地明丙午星出北落師門南如太白南緩行至天苑沒青白有尾跡照地明又星出北落師門南如太白南緩行入濁沒青白有尾跡十月壬子星出紫微垣内北極北如太白東北緩行至紫微垣西墻沒青白有尾跡癸丑星出外屏北如太白東緩行至天囷沒赤黃有尾跡甲寅星出文昌西如杯北速行至紫微垣右樞沒青白有尾跡照地明乙卯星

出牽牛如太白南速行入濁沒赤黃有尾跡庚申星出天苑南如太白東南慢行至濁沒赤黃有尾跡戊辰星出天囷東如杯東緩行至濁沒青白有尾跡癸酉星出五車東如太白東北急行至濁沒赤黃有尾跡照地明十一月壬辰星出天棓西如杯西北緩行至濁沒赤黃有尾跡庚子星出太微垣左執法南如太白東南慢行至角沒赤黃有尾跡五年七月己丑星出七公南如太白西南急行至天市垣西墻沒赤黃癸巳星出太微垣東如杯西急行入濁沒青白有尾跡如鈎南行十月戊寅星出紫微垣内後宫東如

杯北慢行入濁沒赤黃照地明又星出文昌西如杯急行至卷舌沒赤黃有尾跡照地明甲申星出天鷄南如杯西慢行至濁沒赤黃丁亥星出紫微垣東如杯北慢行至濁沒青白戊子星出羽林軍如太白西南急行至濁沒赤黃有尾跡乙巳星出婁南如杯西北急行至七公沒赤黃有尾跡照地明十一月甲寅星出七星南如杯西慢行至參旗沒青白有尾跡十二月辛卯星透雲出五車東如太白東北急行至文昌沒赤黃有尾跡壬辰星出招搖東如太白西北急行至濁沒青白丙申星出角南如太白南慢行至庫

樓沒赤黃有尾跡六年正月庚申星出天市垣東如杯東南急行至濁沒青白三月庚午星出氐東如盂西慢行入濁沒赤黃照地明四月丙子星出貫索西如杯北慢行至紫微垣墻上宰沒青白照地明戊寅星出貫索西如太白西南急行至亢沒赤黃有尾跡己卯星出柳北如太白西南急行至南河沒赤黃有尾跡五月癸卯星出騰蛇西如杯西北慢行至濁沒青白照地明六月辛卯星出營室北如杯東南急行至壘壁陣沒赤黃有尾跡照地明庚子星出天市垣吳越東如杯東南急行至牽牛沒青白有尾跡照地

明七月丙寅星出壘壁陣西如杯南緩行至濁沒青白有尾跡戊辰星出天關如杯東南緩行至東井内沒青白有尾跡照地明已巳星出天倉東如太白南速行至天園沒赤黃有尾跡照地明八月庚辰星出天市垣内宗正南如太白西南速行入濁沒赤黃有尾跡壬辰星出羽林軍西如杯南緩行入濁沒青白有尾跡分迸照地明乙未星出河鼓如杯南速行至建沒青白有尾跡照地明九月甲辰星出鉤陳東如杯北速行入濁沒赤黃有尾跡照地明丙午星出天苑南如杯南速行入濁沒青白有尾跡照地明辛亥

星出天船西如杯西速行穿北斗沒赤黃有尾跡照地明辛酉星出鉤陳東如杯西南速行至天紀沒赤黃有尾跡照地明丁卯星出文昌西如杯西北速行至王良沒赤黃有尾跡照地明十一月甲辰出弧矢東如盂西南緩行至天社沒青白有尾跡照地明辛酉出軒轅南如杯南緩行入濁沒赤黃有尾跡照地明七年正月丁未出角南如太白東南速行至濁沒青白丁巳出張南如杯西南緩行至濁沒赤黃有尾跡二月壬申出天棓北如杯東北緩行至造父沒青白有尾跡照地明辛卯出軫北如杯東慢行至角沒

青白有尾跡照地明三月甲子出西咸北如杯南急行至氐沒赤黃有尾跡照地明四月壬申出軒轅西如太白西北慢行至五車沒青白有尾跡又出漸臺南如杯東北急行至天津沒青白有尾跡照地明丙戌星出天市垣蜀星西如杯東北慢行至侯星沒青白有尾跡照地明六月辛未星出輦道東如太白北急行至鉤陳沒赤黃有尾跡又星出狗國南如太白東北慢行至天田南曲尺東行至天壘城沒赤黃已卯星出天市垣内列肆西如太白西南慢行入濁沒赤黃色有尾跡庚辰星出華蓋北如杯東北慢行至

天船沒赤黃有尾跡乙酉星出壘壁陣北如太白東南急行入濁沒赤黃有尾跡庚寅星出梗河西如太白西南急行至氐沒赤黃有尾跡又星出五車北如太白東北急行至北河沒青黃有尾跡照地明辛卯星出危西如太白西南急行至南斗沒赤黃有尾跡壬辰星出紫微垣墻内鉤陳北如太白西北急行至北斗魁内沒赤黃有尾跡照地明七月甲寅星出王良北如盂北慢行至文昌沒赤黃有尾跡丁巳星出天津北如太白北急行至紫微垣墻内沒赤黃有尾跡照地明戊午星出大陵北如太白東北慢行至濁

沒赤黃有尾跡壬戌星出羽林軍東如太白東南急
行入濁沒赤黃有尾跡癸亥星出天倉如杯南急行
入濁沒青白有尾跡八月戊寅星出北斗天樞南如
太白東北慢行至文昌沒青白有尾跡癸未星出羽
林軍內如杯北慢行至大陵沒赤黃有尾跡乙酉星
出天紀西如太白東慢流至奚仲沒赤黃有尾跡九
月丁酉星出羽林軍南如太白南慢流至濁沒赤黃
有尾跡辛丑星出王良西如太白西北急流至濁沒
有尾跡丙午星出天囷東如太白東急流至九斿沒
青白有尾跡照地明戊申星出天倉北如杯東北慢

流至濁沒青黃甲子星透雲出營室東如太白西南
急流至左旗沒赤黃十月丙子星出天倉西如杯西
南慢流至敗臼沒赤黃尾跡分裂照地明又星出軫
東如杯東南急流至濁沒赤黃有尾跡照地明丙戌
星出五車如杯東北慢流至濁沒赤黃有尾跡照地
明戊子星出天苑南如太白西南急流至濁沒赤黃
有尾跡又星出右樞星東如太白東北慢流至濁沒
青白八年正月壬子星出貫索西如杯東北急流至
濁沒赤黃有尾跡照地明二月乙亥星出七星如太
白西緩行至弧矢沒赤黃有尾跡三月丁酉星出積

水東如太白西北速行至五車東沒赤黃有尾跡戊
戌星出貫索東如太白東北速行至織女沒赤黃有
尾跡四月癸亥星出北斗天樞北如杯北速行至鉤
陳沒赤黃閏四月癸巳未昏星出土司空南如太白
西南速行至天廟沒赤黃有尾跡照地明又星出心
東如杯南速行至濁沒赤黃照地明五月壬戌星出
尾東如太白西南速行至濁沒赤黃有尾跡戊寅星
出文昌西如太白西北緩行至濁沒赤黃六月癸巳
星出天市垣西墻西如太白西南緩行入氐沒赤黃
戊戌星出天市垣齊星東如太白西南緩行至濁沒

赤黃有尾跡又星出齊星北如太白西南速行至天
市垣內列肆沒赤黃有尾跡又星出文昌東如太白
北行至濁沒赤黃有尾跡照地明乙巳星出北落師
門南如太白南速行至濁沒赤黃壬子星出北斗魁
東如杯北緩行至濁沒青白有尾跡照地明七月辛
酉星出天津北如太白東北緩行至天船沒赤黃有
尾跡照地明庚午星出北斗搖光西如杯北速行至
濁沒赤黃癸未星出奎北如太白東北速行至大將
軍沒赤黃有尾跡甲申星出天市垣東如太白西南
速行至壘壁陣南如太白

南緩行至濁沒赤黃九月壬戌星出織女南如太白西南緩行至濁沒赤黃乙丑星出織女南如太白西北速行至濁沒赤黃有尾跡丙寅星透雲出河鼓北如太白東南緩行至危沒赤黃又星出天倉南如太白西南速行至濁沒赤黃有尾跡又星出中台東如太白東北速行至濁沒青白有尾跡十月壬辰星出軍市西如太白西南速行至濁沒赤黃有尾跡照地明乙未星出弧矢西北如杯東南緩行至濁沒青白有尾跡照地明丙申星出大陵西如杯西北緩行至閣道沒青白又星出五車西如太白北速行至天船沒青白有尾跡九年正月丙子星出七公北如太白東北急行至濁沒赤黃有尾跡己卯星出天船東如杯西北急行至天大將軍沒赤黃有尾跡照地明三月甲子星透雲出天市垣內宗正西如太白西北慢行至太微垣內五帝坐沒赤黃有尾跡又星透雲出紫微垣西如杯西北急行至濁沒赤黃有尾跡照地明丙子星出卷舌東如太白南慢行至濁沒赤黃有尾跡四月庚寅星出天市垣如杯北急行至紫微垣沒青白有尾跡照地明辛亥星出心南如太白南急行入濁沒赤黃有尾跡五月庚申星出天津如杯東

南慢行入濁沒赤黃有尾跡照地明丁丑星出尾北如太白東南急行入濁沒赤黃有尾跡戊寅星出心南如太白南急行入濁沒赤黃壬午星出天津北如太白西南急行至天江沒赤黃有尾跡六月丙戌星出華蓋西如太白西北急行至濁沒赤黃有尾跡戊子星出車府東如太白東南急行至濁沒赤黃有尾跡壬辰星出牽牛東如太白南慢行至濁沒赤黃有尾跡照地明甲辰星出閣道北如杯西南急行至鈎陳沒赤黃有尾跡照地明乙巳星透雲出虛南如太白南急行入濁沒赤黃有尾跡丙午星出東壁北如杯南急流至羽林軍沒赤黃有尾跡己酉星出閣道南如太白西急行至車府沒赤黃有尾跡辛亥星出天市垣內斛星南如太白東南急流至建沒赤黃有尾跡又星出北斗內大理北如太白東北急行至濁沒赤黃有尾跡又星出天槍南如太白西南急行至濁沒赤黃有尾跡照地明癸丑星出天棓南如太白東南慢行至天津沒赤黃有尾跡七月乙卯星出羽林軍西如太白西南急行至濁沒赤黃有尾跡戊寅星出外屏西如太白東北急行至天囷沒赤黃有尾跡壬午星出王良西如杯東北慢行至濁沒青白有

尾跡八月戊子星出大角東如太白南緩行至氐沒赤黃有尾跡又星出王良北如太白西北急流至天津沒青白有尾跡壬寅星出危北如杯西南急流至濁沒赤黃有尾跡照地明甲辰星出梗河南如太白西急流至濁沒青白有尾跡照地明戊申星出外屏北如太白南急流至土司空沒赤黃有尾跡辛亥星出營室西如太白南急流至墳墓沒赤黃壬子星出參西如太白東南急流至狼星沒赤黃有尾跡照地明又星出紫微垣內後宮東如杯北急流至濁沒赤黃有尾跡照地明癸丑星出天大將軍如太白急流至造父沒赤黃有尾跡照地明九月丁巳星出昴北如杯東北急流至五車沒赤黃有尾跡又星出紫微垣少輔東如杯西北急流至濁沒赤黃有尾跡照地明戊午星出南河東如歲星東慢流至七星沒赤黃有尾跡辛酉星出牽牛西如太白東慢流至危沒赤黃有尾跡戊辰星出王良西如太白西北慢流至北斗沒青白有尾跡丁丑星出危西如太白南慢流至牽牛沒青白有尾跡庚辰星出紫微垣墻右樞北如太白北急流至濁沒赤黃有尾跡照地明十月己酉星出天囷西如太白東南緩行至天苑沒赤黃有尾

跡己丑星出昴南如太白西北緩行至內階沒赤黃有尾跡照地明庚子星出五車西如杯緩行至鉤陳沒赤黃辛丑星出屏星如盂向東速行入濁沒赤黃有尾跡照地明癸卯星出天倉北如太白東北緩行至天囷沒赤黃有尾跡丁未星出柳東如太白東速行入濁沒青白有尾跡十一月甲寅星出參旗西如太白南緩行至天苑內沒赤黃有尾跡庚午星出弧矢東如太白東南緩行入濁沒赤黃有尾跡十二月癸未星出天苑東如太白西南緩行至濁沒赤黃有尾跡庚子星出婁東如杯西南緩行至濁沒青白有尾跡照地明甲辰星出軍井西如太白南緩行至天囷沒赤黃有尾跡十年正月丁丑星出紫微垣內相南如太白南緩行至太微垣右執法沒赤黃有尾跡辛巳星出參西如太白西南速行至天苑沒赤黃有尾跡二月丙戌星出五車大星西如太白赤黃色北急流至大陵沒有尾跡癸巳星透雲出北斗北如太白速行入濁沒青白有尾跡戊申星出天弁東南如杯東速行入濁沒赤黃有尾跡明燭地三月丁巳星出右樞東如太白東北速行至濁沒赤黃有尾跡四月甲申星出河鼓北如太白東速行至濁沒青白有

尾跡甲辰星出郎位北如太白西急流至下台南沒赤黃明燭地己酉星出積卒北如杯南急流至濁沒青白有尾跡明燭地又星出太微垣内屏南如太白西南慢流至翼南沒赤黃有尾跡照地明五月甲戌星出庫樓北如太白西南慢流至濁沒赤黃乙亥星出五車西南如太白西北急流至文昌沒赤黃有尾跡丁丑星出天市垣内侯北如太白東北急流至左旗沒赤黃有尾跡六月辛丑星出天市垣西如杯西北急流至右攝提沒赤黃有尾跡照地明乙巳星出王良東如太白西北急行至紫微垣内鉤陳沒赤黃

有尾跡丙午星出天鷄南如太白南慢流至濁沒青白有尾跡戊申星出南斗南如太白東南急流至濁沒赤黃有尾跡七月庚戌星透雲出北斗南如太白西南急流至氐宿沒赤黃有尾跡又星出天市垣内宗人東如太白南急流至尾沒赤黃有尾跡甲寅星透雲出氐如太白西北急流至濁沒赤黃有尾跡乙亥星出人星西南如太白西北急流至織女沒赤黃有尾跡八月己卯星出左攝提東如杯東慢流至天大將軍沒赤黃有尾跡照地明壬午星出鈎陳東如太白東北慢流至濁沒青白有尾跡照地明壬辰星

出天船西如太白西慢流至紫微垣沒赤黃有尾跡甲辰星出軍市西如太白東南慢流至濁沒青白有尾跡照地明九月庚戌星出内階北如杯北慢流至文昌沒青白有尾跡照地明戊辰星透雲出織女如太白西北急流至紫微垣内北極沒赤黃有尾跡照地明又星出紫微垣内北極東如太白北急流至濁沒青白有尾跡己巳星出司怪西如太白東北急流至濁沒赤黃有尾跡照地明庚午星出天船北如太白西北急流至紫微垣内階沒青白有尾跡壬申星出紫微垣少尉東如杯北急流至濁沒青白有尾跡

照地明丙子星出河鼓北如太白西急行至濁沒青白有尾跡十月己卯星出七星北如太白東急行至濁沒赤黃乙酉星出天紀北如杯西慢行至濁沒赤黃有尾跡照地明丁亥星出昴南如杯西急行至營室北沒赤黃有尾跡照地明又星出東井北如杯東急行至軒轅沒赤黃有尾跡照地明辛卯星出天棓北如太白北急流至濁沒赤黃有尾跡己亥星出霹靂北如太白西北急行至濁沒赤黃有尾跡照地明庚子星出紫微垣内如太白北急流至濁沒青白照地明辛丑星出軒轅西第三星北如杯東南慢流至

天狗沒赤黃有尾跡照地明乙巳星出紫微垣內鈎陳東如太白東北慢行至濁沒青白十一月癸丑星出天廟西如太白西南急行至濁沒赤黃有尾跡照地明甲寅星出天廚北如杯西行至天棓沒赤黃又星出天船北如太白西北急行至騰蛇沒赤黃有尾跡照地明乙卯星出紫微垣內五帝坐南如太白東北急行至角沒青白有尾跡十二月甲申星出天廟東南如杯南急行至濁沒赤黃有尾跡

志卷第十一

志卷第十二　宋史五十九

開府儀同三司上柱國錄軍國重事前中書右丞相監修國史領經筵事都總裁臣脫脫等奉勑修

天文十二　流隕三

元豐元年正月丁卯星出天紀向南速行至天杜北沒赤黃庚午星出天紀南如太白西南慢行至天杜沒赤黃有尾跡閏正月壬寅星出紫微垣內鈎陳北如杯北慢行至濁沒青白有尾跡甲辰星出柳北如杯西急行至天廩沒赤黃有尾跡照地明二月己酉星出太微垣內如杯西南急行至翼沒有尾跡照地

明癸亥星出角南如杯西南急行至土司空沒青白三月丁酉星出箕東如杯西南急行至濁沒赤黃有尾跡照地明四月丙寅星出閣道東如杯北急行入濁沒赤黃有尾跡照地明六月甲辰東南方光燭地有星如盂出瓠瓜至內階沒分裂有聲如雷已星出左攝提西如太白西南急行至太微垣內五諸侯沒赤黃有尾跡照地明辛未星出外屏北如太白東北慢行至濁沒青白有尾跡七月甲申夕星出大角南如太白北慢行至北斗沒赤黃有尾跡庚子星出天市垣內列肆東如杯西慢行至亢沒青白有尾跡

八月已酉星出紫微垣内陰德南如杯北急行至濁沒赤黄有尾跡照地明乙卯星出營室北如盂西北慢行至濁沒赤黄有尾跡照地明丙辰星出貫索西北如太白西慢行至濁沒青白有尾跡甲子星隔雲照地明東北急行至濁沒九月庚辰星出鉤陳北如杯西北急行至濁沒赤黄有尾跡甲申星出七公北如太白西北慢行至濁沒青白有尾跡已亥星出天囷南如杯東南慢行至濁沒青白有尾跡照地明又星出東井西如杯東北急行至濁沒赤黄有尾跡照地明十月乙巳星出天津北如太白西北急行至天

棓沒赤黄有尾跡照地明十二月丙寅星出北河北如杯東南急行至弧矢沒赤黄有尾跡照地明二年三月戊子星出氐内如太白東北緩行至天市垣内候星沒赤黄有尾跡照地明五月戊辰星出軫中如太白西速行至濁沒赤黄有尾跡照地明庚午星出天廚東如太白東北速行至天津沒赤黄有尾跡照地明甲午星出氐南如太白南速行至濁沒青白丙申星出織女北如杯北速行至紫微垣内太子沒赤黄有尾跡照地明丁酉星出紫微垣上宰北如杯北速行至右樞沒青白照地明六月戊戌星出尾東如

杯南速行至濁沒青白照地明庚子星出危東如杯東緩行至濁沒青白有尾跡照地明七月乙巳星出雷電北如太白東速行至霹靂赤黄有尾跡庚子星出氐北如杯西速行至濁沒青白照地明庚寅星出天津西如杯南急行至河鼓沒赤黄有尾跡照地明八月癸卯星出天囷西如太白東南速行至濁沒赤黄有尾跡九月戊辰星出天弁如太白西南速行至天市垣沒青白有尾跡照地明十月丁未星出天船北如太白西南速行至營室沒青白有尾跡乙卯星出北斗西如太白東北速行至濁沒赤黄有尾跡十

二月壬子星出輿鬼東如太白東北速行至軒轅沒赤黄有尾跡照地明三年正月癸未星出右攝提西如太白青白色東北速行至濁沒有尾跡二月辛丑星出弧矢南如太白東南速行至濁沒青白有尾跡五月庚午星出尾南如太白南速行至濁沒青白有尾跡辛未星出中台北如太白東南緩行至天江沒赤黄丁丑星出織女西如杯東北速行至濁沒青白有尾跡六月已亥星出南斗南如杯南速行至鱉星沒青白有尾跡照地明壬子星出天津東如杯東速行至濁沒青白有尾跡照地明七月甲子星出天棓

如杯北急行至濁沒赤黃有尾跡丙寅星出天棓北如杯西南急流至濁沒赤黃有尾跡照地明己丑星出北斗西如太白東北急流至濁沒赤黃有尾跡照地明八月乙卯星出天囷北如太白東南慢流至弧矢沒赤黃有尾跡照地明戊午星出紫微垣內大理西如太白北慢流至濁沒青白有尾跡閏九月辛卯星出輿鬼南如杯急流至軒轅沒赤黃有尾跡照地明庚戌星出紫微垣內鉤陳北如太白北急流至天棓沒青白照地明十月庚申星出狼東如太白東南急流至濁沒青白有尾跡照地明十一月丙辰星出

厠星東如太白東南慢流至濁沒青白四年正月戊戌星出五車北如杯西南急流至天囷沒赤黃有尾跡分裂六月戊寅星出紫微垣內廚南如太白南慢流至大角沒赤黃有尾跡八月丁巳星出壁壘陣南如杯西南慢流至濁沒青白有尾跡照地明癸亥星出文昌北如太白東北慢流至濁沒青白有尾跡癸酉星出貫索南如太白東南至天市垣秦星沒赤黃色有尾跡照地明戊寅星出婁大如太白東急流至濁沒青白己卯星出文昌西如太白北慢流至紫微垣內鉤陳沒赤黃有尾跡九月己酉星出天街如杯

北急行穿五車北沒赤黃有尾跡照地明庚戌星出天倉南如太白南急行至濁沒赤黃有尾跡照地明十一月己丑星出紫微垣內六甲如太白東北慢行入濁沒赤黃有尾跡照地明乙未星出鉤陳北如太白東北慢行至濁沒赤黃有尾跡照地明五年四月庚申星出角東如太白東南急行至濁沒赤黃辛未星出紫微垣內鉤陳北如太白急行至濁沒青白五月己丑星出天津西如太白西北急行至紫微垣內鉤陳沒赤黃有尾跡六月丁卯星出天槍東如太白西急行至天鐏沒赤黃有尾跡照地明己卯星出郎

位如太白東南急行至濁沒赤黃有尾跡照地明七月辛巳星出天市垣內列肆西北如杯西急行至濁沒赤黃有尾跡照地明十月庚戌星出參南如太白東南急行至濁沒青白辛亥星出參旗南如杯東急行至軍井沒青白有尾跡甲寅星出騰蛇西如太白南速行入虛沒赤黃有尾跡照地明甲子星出中台南如太白東北速行至濁沒赤黃有尾跡十一月辛巳星出五車西南如太白西北速行入雲沒赤黃有尾跡照地明甲申星出天津北如太白東北速行至紫微垣內鉤陳沒赤黃有尾跡十二月庚申星出東

壁西如太白西南速行至濁沒赤黃有尾跡戊辰星出畢南如太白西南速行至濁沒赤黃壬申星出中台北如太白東北速行至濁沒赤黃六年四月辛酉星出軒轅西南如杯西緩行至天鐏沒青白有尾跡照地明閏六月丙子星出貫索東北如杯西南急行至濁沒青白有尾跡照地明戊寅星出貫索西如盂西緩行至濁沒赤黃有尾跡照地明己卯星出天槍東如太白西南急行至濁沒赤黃有尾跡癸卯星出壁壘陣西南如太白西南慢行至濁沒青白有尾跡照地明八月癸巳星透雲出王良南如太白西南急

行至室沒青白有尾跡甲午星出騰蛇北如太白西北急行至濁沒青白有尾跡丙申星出天船北如太白西北急流至文昌沒赤黃有尾跡照地明九月癸卯星出五車東如杯北急行至濁沒赤黃照地明乙巳星出輿鬼東北如太白西北速行至紫微垣內文昌沒赤黃有尾跡照地明庚申星出危北如太白西南急行至牽牛沒赤黃有尾跡乙丑星出織女西南如太白西北急行至濁沒青白有尾跡十月辛丑星出大角西如太白南慢行至角距星沒青白有尾跡照地明七年四月辛未星出牛星東如杯西南慢行

至濁沒赤黃有尾跡丙子星出亢如太白西南急行至角沒赤黃有尾跡照地明六月庚辰星出天棓南如太白西南急行入天市垣內侯星沒青白有尾跡癸巳星出紫微垣東如杯東北流行至濁沒赤黃有尾跡戊子星出王良西如杯西北速行至女牀沒赤黃有尾跡照地明丁酉星出鱉星南如太白東南急行至濁沒赤黃有尾跡照地明七月丙午星出閣道北如杯北慢行至濁沒青白已未星出胃東如太白東急行至濁沒青白有尾跡八月辛未星出文昌東如太白西北速行至濁沒青白有尾跡照地明癸巳

星出天津東如太白西南急流至河鼓沒青白有尾跡十一月乙卯星出虛南如杯西南急行至濁沒赤黃有尾跡照地明丁巳星出七星東如太白東南急行入濁沒赤黃有尾跡照地明八年正月丙午星透雲出角南如杯東南速行至濁沒赤黃有尾跡照地明二月丙寅星出婁南如太白西速行至濁沒赤黃有尾跡庚辰星出太微垣左執法北如太白東南速行至濁沒赤黃有尾跡癸巳星出紫微垣內鉤陳東如盂西北速行至濁沒青白有尾跡照地明六月己丑星出右旗西如杯向南急流至濁沒青白有尾跡

明燭地七月庚申星出胃宿如杯急流至天囷沒青白有尾跡明燭地十月壬申透雲星出王良西如太白急流至織女北沒赤黃有尾跡明燭地丁丑透雲星出天囷南如太白東南慢流至濁沒青白有尾跡戊子透雲星出奎東如太白西北急流至濁沒赤黃有尾跡明燭地庚寅星出昴南如太白急流至濁沒青白有尾跡明燭地十二月乙巳星出紫微垣鉤陳東如太白向北速行至太子沒黃赤有尾跡明燭地元祐元年正月癸巳星出狼星南向東南急流至濁沒赤黃有尾跡明燭地癸丑透雲星出近軫南如太

白東南急流至濁沒青白有尾跡明燭地二月丙戌透雲星出近紫微垣文昌西向西北急流至王良北沒赤黃有尾跡明燭地又星出上台北向西北急流至王良南沒赤黃有尾跡明燭地閏二月庚戌星出五車南向西北慢流至濁沒青白五月壬申星出女北向東急流至虗東沒青白有尾跡明燭地六月甲辰星出天津西如太白西南急流至尾北沒赤黃有尾跡明燭地七月丁巳星出墳墓東如太白慢流至壁南沒青白有尾跡明燭地九月庚申星出天苑南如太白向南急流入濁沒赤黃有尾跡明燭地壬戌

星出天津北如太白西北急流至濁沒赤黃有尾跡十月庚寅星出羽林軍南如太白西南急流至濁沒赤黃有尾跡辛丑透雲星出近五車西如太白西南急流至天囷北沒青白有尾跡丙午星出室南如太白西南急流至濁沒赤黃有尾跡明燭地戊申星出紫微垣北如太白西北急流至濁沒青白有尾跡十二月庚寅星出天苑南如太白東北急流至濁沒赤黃有尾跡二年正月癸酉星出柳南如杯東南急流至濁沒赤黃有尾跡照地明辛巳星出軫南如杯向南急流至濁沒赤黃有尾跡照地明壬子星出柱史

西如盂西北急流至鉤陳東沒赤黃有尾跡四月丙午星出天棓南如太白東北急流至天津沒赤黃有尾跡照地明六月壬寅星出文昌東如杯向北急流至濁沒赤黃有尾跡照地明九月甲寅星出天市垣中山北如太白向西急流至天紀西沒赤黃有尾跡照地明丁丑星出雷電南如太白向西急流入天市垣內至宗正東沒赤黃有尾跡照地明三年三月己酉星出亢南如杯向南慢行至濁沒赤黃有尾跡照地明六月壬午晝酉時八刻後星出西南甲位如盂向東急流至卯位沒青白有尾跡庚子星出壁南如

杯東南急流入羽林軍內沒赤黃有尾跡照地明甲辰星出天市垣魏星西如太白西北急流至梗河西沒赤黃有尾跡又有星出霹靂南如杯東南急流至羽林軍東沒赤黃有尾跡照地明八月癸巳夕有星自中天向東急流至濁沒青白有尾跡照地明十一月戊申星出北斗天璇如杯流至南河沒赤黃有尾跡照地明閏十二月甲子星出天廚北如太白向北急流至濁沒赤黃有尾跡四年二月巳酉星出五諸侯西如太白急流至五車北沒赤黃有尾跡明燭地三月戊戌星透雲出織女東如太白速行至天津西

沒赤黃明燭地巳亥星透雲出氐西如太白速行至濁沒赤黃有尾跡明燭地四月壬寅星出車肆南如太白速行至濁沒青白有尾跡明燭地五月癸巳星出天弁南如太白速行至尾北沒赤黃有尾跡明燭地八月甲辰星出天津東如太白慢流至霹靂東沒青白有尾跡九月巳巳星出天津東南如太白速行至女牀西北沒赤黃有尾跡明燭地壬午星透雲出天棓北如太白速行至濁沒赤黃有尾跡十月丁巳星出天津東南如太白速行至濁沒赤黃有尾跡明燭地十一月乙酉星出司怪西南如杯慢流至參旗

沒赤黃有尾跡五年正月巳酉星出右攝提如杯西北緩行至濁沒青白有尾跡明燭地四月癸丑星出天廚如太白急流北至濁沒赤黃有尾跡明燭地又星出天棓如杯急流北至濁沒青白有尾跡明燭地又星出天市垣斗星西北如杯急流至北斗西沒青白有尾跡明燭地五月癸酉星出文昌如太白急流北至濁沒赤黃有尾跡明燭地六月庚申星出室北如太白東北緩行至濁沒青白有尾跡辛酉星出氐如太白西北急流至濁沒青白有尾跡又星出紫微垣少尉如太白西北急流至濁沒赤黃有尾跡明燭地

七月辛未星出危如太白東南急流至濁沒青白有尾跡明燭地癸未星出天市垣屠肆西如太白急流西至貫索南沒赤黃有尾跡明燭地丁亥星出自天市垣市西如太白西南急流至心沒赤黃有尾跡明燭地八月甲午星出房西如太白東南急流至心沒赤黃有尾跡明燭地庚子星出內廚如太白急流至文昌北沒赤黃有尾跡明燭地癸卯星出八穀西如太白東北急流至濁沒青白有尾跡九月辛巳星出軍市西如太白東南急流至濁沒赤黃有尾跡乙酉星出漸臺西如太白急流至濁沒青白有尾跡辛卯

星出羽林軍内如太白西南急流至濁沒赤黄有尾跡明燭地十月甲午星出柳如杯緩北行至濁沒有尾跡明燭地巳未星出車府西如太白急流北至天津西南沒青白有尾跡明燭地又星出紫微垣柱史南如杯西南緩行至天津東沒赤黄有尾跡明燭地十一月壬戌星出紫微垣内極星北如太白急流北至濁沒青白有尾跡十二月巳亥星出柳如太白西北流至北河沒赤黄有尾跡明燭地丙辰星出卷舌西如太白急流西至濁沒青白有尾跡六年二月辛丑星出翼東如杯東南急流至濁沒赤黄有尾跡明

燭地丙辰星透雲出郎将西如太白東北速行至紫微垣内少尉沒赤黄有尾跡明燭地五月乙酉星出天市垣内宗人南如杯西北急流至宋星南沒赤黄有尾跡明燭地丁亥星出貫索東如太白東南急流至候東沒赤黄有尾跡六月丙辰星透雲出太微垣内郎位北如太白西南急流至濁沒赤黄有尾跡七月癸亥透雲星二皆如太白一出天槍東西南急流至亢東沒一出奎東西南急流至壁壘陣東沒赤黄有尾跡九月甲寅星出天津北如太白東北慢流至内階沒赤黄有尾跡明燭地十月壬戌星出婁南如

太白東南慢流至天苑沒赤黄有尾跡明燭地丁卯星出東北方如杯急流至濁沒赤黄有尾跡又星出王良南如太白東南急流至濁沒赤黄有尾跡明燭地七年二月戊午星出敗瓜東南如太白急流至虚東沒赤黄有尾跡明燭地甲戌星出平星西如太白急流至濁沒赤黄有尾跡巳卯星出紫微垣帝星西北如杯急流至濁沒青白有尾跡明燭地癸未星出心東如太白急流至尾南沒青白有尾跡明燭地三月辛亥星出北極天樞北如太白急流至濁沒青白有尾跡明燭地四月癸亥星出輦道東如太白急流

至濁沒青白有尾跡明燭地甲子透雲星出天市垣燕星南如太白急流至濁沒赤黄有尾跡辛巳星出牛西北如杯急流至壁壘陣西沒青白有尾跡明燭地六月庚午星出螣蛇南如太白急流至匏瓜東北沒赤黄有尾跡明燭地乙亥星出閣道東如太白急流至天船北沒赤黄有尾跡明燭地八月辛未星出奎距星西南如太白急流至濁沒青白有尾跡明燭地九月甲辰星出參旗西如太白急流至參東南沒青白有尾跡明燭地八年正月甲申星出天市垣内候南如杯東南急流至箕南沒赤黄有尾跡明燭地

三月庚寅透雲星出左攝提東南如太白東北慢流至濁沒青白有尾跡又星出天市垣內如太白東北急流至漸臺南沒赤黃有尾跡明燭地五月辛丑透雲星出紫微垣天廚西如太白向北急流至濁沒青白有尾跡明燭地六月庚申星出氐北如太白慢流至角西沒赤黃有尾跡明燭地八月壬戌星出中天如太白東南急流至濁沒青白有尾跡庚午星出五車北如太白東北急流至濁沒赤黃有尾跡明燭地九月辛卯星出紫微垣如杯向南急流青白有尾跡明燭地至五車內沒乙未透雲星出羽林軍南如太

白東南急流至濁沒赤黃有尾跡明燭地丁酉星出敗瓜西如太白西南急流至天弁北沒赤黃有尾跡明燭地又星出王良北如太白向北急流至上輔西北沒青白有尾跡己亥透雲星出天苑南如太白東南急流至濁沒赤黃有尾跡明燭地癸卯星出天苑西南如太白西南急流至濁沒赤黃有尾跡明燭地十月乙巳星出營室北如太白西南急流至左旗北沒赤黃有尾跡明燭地戊申星出天棓東南如杯北流至濁沒赤黃有尾跡明燭地又星出壁西如太白向南慢流至羽林軍沒青白有尾跡明燭地紹聖元

年正月壬午晝星出中天如太白西南急流入濁沒赤黃丙戌星出鉤陳北如杯東北急流至北斗沒赤黃有尾跡明燭地丁酉透雲星出北斗揺光西如太白西北速行至鉤陳沒赤黃有尾跡明燭地二月丙午透雲星出壁東如杯西南慢流入濁沒青白有尾跡庚午星出紫微垣內天槍西南如杯急流入濁沒赤黃有尾跡明燭地四月辛酉星出北斗揺光南如太白向南急流至大角沒赤黃有尾跡明燭地六月癸酉星出人星南如太白急流至牛沒赤黃有尾跡明燭地丁丑晝有飛星出東南如太白西北急流至

中天沒青白有尾跡明燭地乙未星出牛東南如太白西南速行入濁沒赤黃有尾跡明燭地丙申透雲星出室北如太白西南速行入天市垣至宗正西沒赤黃有尾跡八月戊戌星出奎南如太白東南速行至天囷沒赤黃有尾跡明燭地九月庚子星出天囷南如太白急流至九州殊口沒赤黃有尾跡明燭地丁巳透雲星出羽林軍南如太白西南急流入濁沒赤黃有尾跡明燭地辛酉星出天弁西如太白慢行至濁沒赤黃有尾跡明燭地丙寅星出室東如太白急流至濁沒青白戊辰星出紫微垣內鉤陳南如杯

急流至濁沒赤黃有尾跡明燭地十月己巳星出紫微垣內如太白慢行至濁沒青白有尾跡癸酉星出軒轅如太白急流至濁沒赤黃有尾跡明燭地甲申星出天倉南如太白慢行至上台沒赤黃有尾跡明燭地辛卯星出鬼東如太白急流至濁沒赤黃有尾跡明燭地十一月庚子星出北斗天樞西北如杯急流至濁沒赤黃有尾跡明燭地壬戌星出星宿如太白急流至天稷西沒赤黃有尾跡明燭地又星出天廟南如杯慢行至濁沒青白照地明十二月辛未透雲星出柳西如太白東南速行至張沒赤黃有尾跡

明燭地壬申星出天廚如太白急流至濁沒青白有尾跡二年三月丁未星出危西如杯西急流至敗瓜南沒赤黃有尾跡明燭地丙辰星出天津東北如杯向東慢流至室北沒青白有尾跡明燭地四月甲申透雲星出上台南如太白西北慢流至濁沒赤黃有尾跡明燭地五月癸卯星出漸臺東如太白東北急流至人星南沒赤黃有尾跡明燭地甲寅星出閣道東北如太白東北急流至濁沒青白有尾跡明燭地辛酉透雲星出建西北如太白西南急流至箕宿南沒赤黃有尾跡明燭地六月壬午透雲星出壁壘陣

北如太白東南急流至濁沒青白有尾跡明燭地七月辛丑星出九州殊口東如太白東南慢流至濁沒赤黃有尾跡明燭地乙巳星出天棓北如杯東北急流至內階東沒赤黃有尾跡明燭地庚申星出天槍西南如太白西南急流至濁沒青白有尾跡明燭地九月乙未星出北斗天樞西南如太白東北急流至濁沒青白有尾跡明燭地丁酉星出左史東如杯東北急流至上台西沒赤黃有尾跡明燭地庚戌星出外廚西南如太白西北急流至濁沒赤黃有尾跡明燭地十月癸亥星出廁星東如太白東南急流至濁

沒青白有尾跡明燭地甲子星出輦道東如太白西南慢流至漸臺南沒赤黃有尾跡又星出騰蛇西北如太白西北急流至濁沒青白有尾跡明燭地丙寅星出天倉南如太白向南急流至濁沒赤黃有尾跡明燭地戊辰星出昴東南如太白向西急流至天陰西沒青白有尾跡明燭地甲戌星出壁南如太白向東南急流至天倉南沒赤黃有尾跡明燭地丙戌透雲星出參旗北如太白向東慢流至觜北沒赤黃有尾跡丁亥透雲星出婁東如杯向東急流至胃北沒青白有尾跡明燭地庚寅透雲星出張南如太白東

南急流至濁沒赤黃有尾跡明燭地十一月癸巳星出外屏西如太白西南急流至羽林軍西沒赤黃有尾跡明燭地庚申星出外屏西南如太白西北慢流至濁沒赤黃有尾跡十二月甲子透雲星出中天如杯西南急流至濁沒赤黃有尾跡明燭地戊辰透雲星出五車北如太白西北急流至濁沒青白有尾跡明燭地三年二月丙子透雲星出太微垣如太白慢流至濁沒赤黃有尾跡四月庚申星出貫索西南如太白急流至女牀東沒赤黃有尾跡明燭地五月乙未星出平星西如杯急流至濁沒青白有尾跡明燭地辛丑星出天棓南如太白急流至漸臺東南沒赤黃有尾跡六月壬戌星出女牀南如太白急流至織女西沒赤黃有尾跡明燭地七月癸丑星出室北如太白急流至天倉東北沒赤黃有尾跡明燭地乙卯透雲星出危南如太白急流至濁沒赤黃有尾跡明燭地丁巳星出左史東如太白慢流至觜北沒青白有尾跡明燭地八月癸亥星出天津南如太白急流至天棓北沒赤黃有尾跡乙酉星出天倉南如太白慢流至濁沒青白有尾跡明燭地九月乙未星出七公北如太白慢流至角北沒青白有尾跡明燭地丁

未星出五車西北如太白急流至文昌南沒青白有尾跡明燭地辛亥星出右史西如太白急流至壁東沒赤黃有尾跡明燭地壬子星出天倉南如太白急流至濁沒赤黃有尾跡明燭地又星出昴南如杯慢流至諸王沒青白癸丑星出北斗天璇東如太白慢流至輦道西南沒赤黃有尾跡明燭地又星出閣道西北如太白急流至大將軍西沒赤黃有尾跡明燭地甲寅星出柳西南如太白急流至昴星沒赤黃有尾跡明燭地又星出文昌西北如杯急流至鈎陳西沒赤黃有尾跡明燭地十月己未星出天市垣吳越星西如太白急流至濁沒赤黃有尾跡明燭地丁丑透雲星出織女西南如太白急流至濁沒青白有尾跡明燭地壬午星出亢池東南如太白急流至濁沒青白有尾跡明燭地十一月癸巳星出五車東南如太白東北慢流至濁沒青白有尾跡明燭地甲午星出太微垣郎位西北如太白急流至周鼎北沒赤黃有尾跡明燭地戊戌星出柳北如太白急流至軒轅西沒赤黃有尾跡明燭地壬子星出紫微垣太一西如太白慢流至鐵鑕南沒赤黃有尾跡明燭地十二月丁巳星出南河北如太白急流至濁沒赤黃有尾

跡明燭地四年正月甲辰星出北斗開陽南如太白東北急流至鉤陳沒青白有尾跡明燭地二月戊午星出井南如太白東南急流至弧矢西北沒赤黃有尾跡明燭地丙子星出星宿北如太白向北急流至紫微垣右樞西沒赤黃有尾跡明燭地三月己未晝星出東南丙位如太白西南急流至西南未位沒赤黃有尾跡四月壬辰星出天淵東南如太白南慢流至濁沒青白有尾跡明燭地五月甲戌星出人星東如太白向東急流至濁沒青白有尾跡明燭地庚辰星出紫微垣鉤陳西南如太白向北慢流至濁沒赤

黃有尾跡明燭地六月甲申星出亢西南向西急流至濁沒色赤黃又星出室西南急流至女西沒色青黃皆如太白有尾跡明燭地乙未星出紫微垣少輔東如太白西北急流至北斗天權西沒赤黃有尾跡明燭地丙午透雲星出王良西北如太白東北急流至濁沒青白有尾跡明燭地戊申星透雲出室西北如太白西北急流至紫微垣內鉤陳南沒赤黃有尾跡明燭地七月丙辰星出天津北如太白東北急流至天棓西沒色赤黃戊午透雲星出匏瓜南如太白向東急流至人星西南沒赤黃有尾跡明燭地丙子

星出匏瓜南如太白西南速行至牛西沒赤黃有尾跡明燭地八月己酉星出天市垣南海向西南慢流至濁沒色青白又星出天大將軍西西北急流至室東沒色赤黃皆如太白有尾跡明燭地九月壬子星出女牀西北如太白西南急流至天市垣內斗星北沒赤黃有尾跡明燭地乙卯星出河鼓西西南急流入天市垣東海西沒色赤黃又星出天園東東南急流入濁沒色青白皆如太白有尾跡明燭地戊午透雲星出牛西大如杯西南急流至建北沒赤黃有尾跡明燭地丁卯星出天棓西如太白西北急流入濁

沒青白有尾跡明燭地十月丁酉星出天關東北如太白東南慢流至濁沒青白有尾跡辛丑透雲星出文昌北如太白向北急流入紫微垣內鉤陳北沒赤黃有尾跡明燭地十二月甲申星出太微垣內五諸侯西如太白西南急流至明堂南沒赤黃有尾跡明燭地癸巳透雲星出天廟東如太白東南慢流至濁沒青白有尾跡明燭地乙巳星出中台南如太白西南慢流至八穀北沒赤黃有尾跡明燭地丁未星出天倉北西南急流至壁壘陣北沒赤黃又星出天倉西北西南急流至濁沒青白皆如太白有尾跡明燭

地元符元年二月丁亥星出井北如太白急流至參沒赤黃有尾跡明燭地戊申星出宗正東如太白急流至天江南沒赤黃有尾跡明燭地三月甲戌星出明堂南急流至土司空西沒又星出天乳北急流至角沒皆如太白赤黃有尾跡明燭地四月乙酉透雲星出卷舌如杯慢流至濁沒青白有尾跡戊子星出氐西如太白慢流至濁沒赤黃有尾跡明燭地丙午星出文昌南慢行至濁沒又星出平星東南急流至濁沒皆如杯青白有尾跡五月庚戌星出斗宿南如太白急流至濁沒赤黃有尾跡明燭地戊辰星出左

旗東南如太白急流至下台東沒赤黃有尾跡明燭地癸酉星出文昌東如太白急流至濁沒青白有尾跡明燭地六月癸巳星出天津東南如杯至室東沒青白有尾跡又星出室如杯至壁東沒青白有尾跡辛丑星出箕如太白急流至尾沒赤黃有尾跡明燭地壬寅星出文昌西如太白慢行至濁沒赤黃有尾跡明燭地七月丁未星出天津西北如太白急流至建東沒赤黃有尾跡明燭地甲寅星出騰蛇東北如太白急流至閣道東沒赤黃有尾跡明燭地乙卯星出大角東北如太白急流至濁沒青白有尾跡丁巳

戌時初刻星出東方如杯急流至濁沒赤黃有尾跡癸亥星出鈎陳南如太白慢行至文昌北沒赤黃有尾跡明燭地八月壬辰西南方有星自濁出如太白慢行經天至紫微垣北斗天樞西北沒赤黃有尾跡明燭地九月癸亥星出天囷東南如太白急流至濁沒青白有尾跡丙寅星出井西如太白急流至室西北沒赤黃有尾跡明燭地十月丁酉星出壁南如太白急流至女西沒赤黃有尾跡明燭地十一月辛未星出胃南如太白慢行至婁西南沒赤黃有尾跡明燭地二年正月辛酉星出太陽守東南如太白慢流

至濁沒青白有尾跡明燭地二月丙申星出鈎陳東如太白西北慢流至濁沒青白壬寅星出天市垣趙星西南如太白急流至吳越星沒赤黃有尾跡明燭地癸卯星出靈臺北如太白向西慢行至軒轅沒赤黃有尾跡明燭地五月戊辰星出氐西南如太白西南速行至濁沒青白有尾跡明燭地六月丁酉星出亢池東如太白西北急流至太微垣東扇上將沒赤黃有尾跡明燭地戊戌透雲星出壁壘陣南如太白東南速行至羽林軍沒赤黃有尾跡八月乙未透雲星出閣道東如太白東北急流至濁沒赤黃有尾跡

明燭地九月己巳星出昴東南如太白向南慢流至天苑沒青白有尾跡明燭地閏九月乙亥星出河鼓西如太白西南急流入天市垣內沒青白有尾跡明燭地又星出天苑東南如太白向南急流至濁沒青黃有尾跡明燭地十月辛丑星出女西北如太白西南急流至牛西北沒青白有尾跡明燭地癸卯星出上台東如太白西北急流至文昌沒青白有尾跡明燭地壬戌星出壁南如太白向南急流入羽林軍沒赤白有尾跡明燭地十一月丙子星出陰德東如太白東北慢行至北斗魁內大理西沒赤黃有尾跡庚寅星出中台東如太白向北急流至濁沒赤黃有尾跡明燭地三年五月癸巳星出織女如杯西北慢流至北斗摇光沒青白有尾跡明燭地

志卷第十二

志卷第十三　宋史六十

開府儀同三司上柱國錄軍國重事前中書右丞相監修國史領經筵事都總裁臣脫脫等奉敕修

天文十三流隕四

建中靖國元年正月癸亥星出西南如盃東北急流入尾距星沒青黑無尾跡明燭地崇寧元年三月庚辰星出張如金星西南急流至濁沒赤黃有尾跡明燭地五月丁卯星出尾如杯西南慢流入濁沒青白有尾跡明燭地閏六月癸酉星出斗向西南慢流至建沒青白有尾跡數小星從之八月己未星出羽林軍如杯急流至濁沒青白有尾跡明燭地十月壬子星出天船如盃急流至五車沒青黑有尾跡聲隆隆然十二月己卯星出婁如金星西南慢流至外屏沒赤黃有尾跡明燭地二年正月戊申星出未位如金星急流至北河沒青白有尾跡明燭地六月戊午星出亢如金星西南急流入濁沒赤黃有尾跡明燭地九月辛巳星出牛如杯西南慢流至狗國沒青白有尾跡明燭地十一月甲辰星出參如金星西南急流至濁沒青白有尾跡明燭地十二月丁未星出大陵如金星至騰蛇沒赤黃有尾跡明燭地三年四月戊申星出軫如杯西北慢流入太微垣內屏星沒赤黃有尾跡明燭地又入太微又入

畢星六月丙午星出氐如金星東北慢流入天市垣赤黃有尾跡明燭地八月己酉星出建如杯西南急流至鼈沒青白有尾跡明燭地十二月甲子星出天大將軍如盂西北急流入王良沒赤黃無尾跡明燭地四年正月甲申星出角如盂西南慢流入濁沒青白無尾跡閏二月壬申星出井如金星西北急流入五車沒青白有尾跡明燭地三月庚子星出紫微垣華蓋如杯至鉤陳大星沒赤黃有尾跡明燭地五月庚申星出河鼓如盂西北急流入濁沒青白無尾跡十二月甲午星出參如杯東南慢流入軍市沒赤黃有尾跡明燭地五年六月庚午星出西咸如金星東

北急流入天市垣內沒青白有尾跡明燭地六月乙酉星出庫樓如杯向西急流入濁沒赤黃有尾跡明燭地九月癸卯星出天船如杯慢流至諸王沒青白有尾跡明燭地十二月壬戌星出奎向南急流入天倉沒青白有尾跡及三丈明燭地聲散如裂帛大觀元年二月丁卯星出參如杯西南急流入濁沒赤黃無尾跡明燭地四月辛未星出軫如盂向南慢流入濁沒青白有尾跡明燭地六月乙亥星出尾西南如杯西南慢流入濁沒青白有尾跡明燭地七月庚戌星出箕如杯西南急流入濁沒赤黃無尾跡照地明二年十二月癸卯星出奎如盂西北急流入造父沒

青白有尾跡照地明有聲政和元年四月丙辰星出亢如盂西北急流至右攝提沒赤黃有尾跡照地明五月辛巳日未中星隕東南二年九月乙卯星出斗如杯西南急流入濁沒赤黃有尾跡照地明三年四月丙申星出心如盂西南急流至積卒沒青白有尾跡照地明四年九月庚子星出墳墓如盂東南急流入羽林軍沒青白有尾跡照地明七年十二月甲子星出胃東南如盂西北急流至天大將軍沒赤黃有尾跡照地明重和元年九月庚辰星出斗魁南如盂東南急流至天淵沒赤黃有尾跡照地明宣和元年三月丁卯星出柳如盂東北急流入太微垣赤黃有

尾跡照地明十月戊子星出雲雨如盂西南慢流入羽林軍內沒青白照地明二年六月庚寅星出氐南如太白東北急流入天市垣無尾跡十二月辛巳星出奎西南如杯西南慢流至北沒赤黃有尾跡照地明三年七月癸未星出斗如太白東南急流入濁沒青白有尾跡照地明四年十一月丙寅星出王良北如杯急流至紫微垣內上輔北沒赤黃有尾跡照地明五年二月丙午星出北河東北如杯東南慢流至軫沒赤黃有尾跡照地明六年七月丁酉星出太陽守如盂東北急流入濁沒赤黃有尾跡照地明七年十一月戊子星出王良北如杯急流入紫微垣上輔

北赤黄有尾跡照地明靖康元年二月丙辰星出張如太白東南急流至濁沒青白有尾跡照地明又星出北河如太白東南慢流至軫東沒赤黄有尾跡照地三月壬辰星出紫微垣內鈎陳東南如金星東北慢流至濁沒赤黄有尾跡照地五月乙未星出權東北如桃西北急流至濁沒青白有尾跡照地六月癸丑星流大如五斗器衆光隨之明照地起東南隆西北有聲如雷庚申星出紫微垣內華蓋東南如金星向北急流至左樞沒二年正月乙未大星出建向西南急流至濁沒赤黄有尾跡照地建炎四年六月乙酉星出紫微垣鈎陳十月辛未星出壁紹興元年四

月甲戌星出東方晝隕七月乙未朔星出河鼓八月辛未星出羽林軍十一月庚戌星出婁宿西南丁巳星出天槍北十二月甲子朔星出大陵西北二年三月甲午星出紫微垣華蓋西南乙卯星出角丁巳星出紫微垣右樞星戊午星出軒轅大星西南閏四月乙巳星出太微垣西右執法北五月癸未星出河鼓五年十月壬戌星出室東南赤黄而大六年十月壬子星出壁西北七年八月壬寅星隕于汴八年十一月乙巳星出天囷東北九年五月癸未星出房宿東南十七年八月己未星出危宿慢流至貫索沒青白色有尾跡照地明大如太白二十六年六月丁亥星

出東北方光明照地二十八年六月戊戌星晝隕有尾長三丈至西北沒二十九年八月戊寅星出紫微垣西南約長三尺赤黄色西南急流至鈎陳大星東北沒三十一年六月乙卯星出右攝提赤白色急流向東南沒有尾跡大如歲星丁巳星出青白色自東北急流向東南沒有尾跡大如盞口甲子星出氐赤黄色慢流至角宿天田沒初小後大如太白後有小星隨之九月壬午星晝隕約長三丈隆興元年六月丁丑星出尾宿青白色向東南慢流沒七月壬寅星出天市垣內赤色向西北慢流至右攝提西南沒炸散小星二十餘顆有聲尾跡大如太白丙午又出天

市垣慢流至氐宿沒青白色微有尾跡小如填星癸丑星出織女急流向貫索西北沒青白色明大如土星照地丙辰星出輦道急流入天棓西南沒赤黄色有尾跡小如土星八月庚申星出羽林軍赤黄色向東南急流至濁沒戊辰星出虛宿赤黄色急流至牛宿西南沒壬申星出天市垣赤青色慢流至西咸西北沒癸酉星出壁宿赤黄色急流犯王良星沒如太白丙子星出羽林軍門青白色慢流委曲行至東南濁沒辛巳星出南斗赤黄色慢流入羽林軍沒有尾跡大如金星次有星一赤黄色有尾跡亦如金星出雲雨星慢流向西南至女宿之下沒戊子星出羽林

軍門東南慢流至濁没青白色有尾跡大如土星又星一
青白色出天倉向東南急流有尾跡小如木星至濁没九
月庚戌星出紫微垣外坐赤黄色向西北急流抵紫微垣
内坐尚書星没十一月庚寅星出軫宿急流向東南騎官
星没赤黄色有尾跡大如木星丁未飛星出天船急流向
紫微垣外坐内厨西北没炸出二小星青白色有尾跡照
地大如木星二年二月辛酉飛星出權星慢流至太微垣
内五帝坐大星西南没青白色微有尾跡大如歲星六月
丁丑星出王良青白色急流犯天津西南没己卯飛星出
造父急流入紫微垣内鉤陳大星東南没青白色大如塡

星辛亥星出天關急流貫入畢口西北没有尾跡照地明
大如太白赤黄色十月丙辰星出趙國向西南慢流犯趙
東星没有尾跡大如塡星赤黄色十一月壬午朔星出卯
位慢流至西南没有尾跡照地明大如太白青白色癸未
星出犯弧矢急流至天廟東南没有尾跡大如太白青白
色丁亥星出天苑向西南慢流至濁没微有尾跡大如太
白色赤黄癸卯星出羽林軍慢流向西南濁没大如太白
色赤黄辛亥星出南河向東南慢流至翼宿没微有尾跡
大如太白色赤黄十二月壬午星出弧矢向東南至濁没
有尾跡照地明大如太白色青白乾道元年三月丙辰星

出周國急流至天雞没微有尾跡大如歲星色黄白甲子
星出張宿慢流向西南至濁没有尾跡照地明大如太白
色赤黄五月丁丑星出河鼓白色向東北慢流至濁没有
尾跡照地明大如太白六月甲辰星出東北慢流向西南
没有尾跡音聲大如太白色赤黄七月壬戌星出西南慢
流至東南没大如歲星色赤黄庚午星出代國慢流至趙
國没大如歲星色青白九月戊申星出王良慢流至尾宿
没十月癸未星出權星東南急流至太微垣没有尾跡照
地明如太白色青白二年二月庚子星出西北方急流至
濁没明大如歲星色青白六月丙子星出角宿急流至軫

宿没有尾跡大如太白色赤黄七月己巳星出織女急流
至天市垣内宗星没有尾跡大如歲星青白色十一月己
未星出急流東南蒼黑雲間没大如歲星色青白十二月
星出天關急流至外屏星没有二小星隨之赤黄色微有
尾跡大如歲星三年九月甲午星出卷舌急流至婁宿没
有尾跡大如歲星黄白色又有星青白色出北斗急流至
少宰西北没大如歲星五年七月甲子星出宗正赤色慢
流至女宿没有尾跡照地明大如歲星九月丙辰星出赤
黄色如蛇入天棓没六年九月辛巳星出狼星入弧矢至
濁没微有尾跡大如塡星赤黄色十月庚戌星出天囷急

流至濁没有尾跡大如歲星赤黃色七年七月戊戌星大如拳急流向西北方至濁没有尾跡照地如雹九月甲午透雲星出急流向西南方至濁没高丈餘有尾跡照地明大如太白色青白淳熙三年正月辛未星出狼星急流至濁没尾跡照地明大如太白四月戊戌星出角宿青白色五年八月乙巳星出狼星急流向東南没微有尾跡大如太白青白色六年八月壬辰星出紫微垣鉤陳大星慢流至濁没有尾跡大如盞口青白色七年五月乙亥星出天市垣內東海星慢流炸作三小星有尾跡照地大如盞口青白色八月丁未星出貫索大星西北急流至濁没有尾

跡照地明大如太白色青白十一年四月乙丑星出自中天慢流向東北方没微有尾跡炸作小星相從有聲明大如太白色青白十五年二月辛未星出太尊大如盞口急流至濁没色青白慶元二年九月甲午四年六月甲午星皆晝隕七月壬寅星出羽林軍下青白色大如椀九月丁巳星出奎宿向壁壘陣没赤白色大如太白五年六月丁丑星出東北慢流至西南方没大如歲星青白色九月壬子星出西南慢流向東北没大如太白青白色嘉泰二年四月辛巳星出西北急流東北至濁没色赤十月乙酉星出五車大如歲星四年十一月庚午星出天津急流入天

市垣没開禧元年正月庚子星出中天赤色大如太白向濁没七月癸亥星出天津入斗宿東南没色赤大如太白二年六月癸丑星出招搖入庫樓色赤大如太白嘉定元年六月辛未星出天津東北慢流向天市垣没二年六月壬午星出織女東南慢流入天市垣没色赤有尾跡照地明大如太白庚寅星出中天急流向東北至濁没三年九月己酉星夕隕五年七月乙巳星出中天慢流向西南方至濁没六年五月癸亥星晝隕九月癸卯星夕隕丁巳星晝隕十月戊戌星出昴宿西南慢流向天廩東南没壬戌星出西南慢流至濁没青白色十二月壬寅星晝隕七年

三月壬午星出軫宿距星東南慢流至濁没五月辛卯星出天津西南慢流向心宿西北没八年七月癸未星出室宿距星東北急流向天倉星西北没乙酉星出織女東南慢流向牛宿西北没有尾跡照地明大如太白青白色八月甲辰星出天津西南慢流向河鼓東北没十二月丙申星出五諸侯東北慢流向天關西南没有聲及尾跡明照地赤黃色九年六月乙巳星出牛宿距星東北慢流至濁没十年五月壬申星出尾宿距星西北慢流向牛宿距星東南没十一年六月乙卯星出河鼓距星西南急流向正西至濁没十二年十一月己亥星出昴宿東南急流至濁

沒十三年十二月丁巳星出參旗東北慢流至濁沒赤黃色十四年二月壬午星出南河距星東南慢流向西南至濁沒赤黃色八月戊午星出房宿距星急流至濁沒有尾跡照地明大如太白赤黃色十一月甲申星出天倉距星西北慢流向東南方至濁沒赤黃色十六年十一月壬戌星出五諸侯東北急流向西北至濁沒色赤黃隆隆有聲及尾跡照地大如盞寶慶二年四月辛亥星出大如太白紹定元年六月己酉星晝隕二年正月庚辰九月壬辰星出大如太白三年十一月丁未星晝隕四年七月庚戌星出大如太白九月甲辰星晝隕五年八月甲寅星夕隕閏

九月己酉星出大如太白端平元年六月丙戌星西南行大如太白有尾跡照地明二年四月戊子星出大如太白六月庚辰星晝隕七月丁酉星出大如太白辛丑星晝隕十月辛卯星出大如太白三年五月庚辰星出心宿大如太白六月癸巳星夕隕嘉熙元年正月壬午星出大如太白二月己丑星夕隕九月癸丑星出七公西至濁沒十月戊戌星出大如桃二年四月甲子七月辛卯九月乙未星出大如太白六月甲辰八月癸亥星晝隕三年三月甲戌星晝隕八月辛丑星出大如太白四年正月辛巳六月戊午星出大如太白二月辛丑三月癸未星晝隕淳祐元年

六月癸酉星出大如太白己卯星晝隕三年六月甲戌星出氐宿距星大如太白八月乙卯星晝隕四年四月丙子星出尾宿距星下大如太白六月乙未星出畢宿大如太白六年七月癸酉星出室宿大如太白九月甲子星出斗宿尾跡青白照地大如太白七年九月丙辰星出室宿八年六月甲辰星出河鼓大如太白十月丙戌星出角宿距星九年六月壬戌其日星自南方急流至濁沒赤黃色大如太白十月壬申星出織女十年四月丁酉朔星夕隕十一年七月丁丑星出畢宿距星赤黃色大如太白八月己丑朔星夕隕十二年四月庚申星出角宿亢星大如太白

八月癸丑星出角色赤照地寶祐元年四月丁巳星出大如太白二年七月庚戌星出大如太白三年七月辛酉星出大如太白十月丁丑星出畢宿距星五年七月丁卯星出大如桃六年九月戊辰透霞星出開慶元年六月己亥星出斗宿河鼓急流向東南至濁沒赤黃色有音聲尾跡照地明大如太白景定元年七月丙子星出東南大如太白十月乙卯星出東北急流向太陰有音聲尾跡照地明大如桃三年四月甲辰星出大如盞六月己酉星出大如熒惑九月丙子星出大如太白閏九月丙戌透霞星出大如太白庚子星出大如太白四年五月戊戌星出角宿距

星六月丁卯星出河鼓八月乙卯星出天倉五年二月壬戌星出畢宿五月甲午星出河鼓大星東南急流向西北至濁沒赤黄有尾跡照地明大如太白七月己卯星出右攝提咸淳二年六月甲戌星出左攝提三年七月庚寅星出昴宿東南急流至濁沒赤黄有尾跡照地明大如太白四年七月戊午星出氐宿距星西北急流入騎官星沒赤黄有尾跡照地明大如桃五年五月庚申星出斗宿距星東北急流向牛至濁沒六月庚寅星出斗宿七月壬戌星出東南河鼓距星西北急流至濁沒德祐元年四月癸亥有大星自心東北流入濁沒

妖星

建隆二年五月己丑天狗墮西南紹興十七年正月乙亥妖星出東北方女宿内小如歲星光芒長五丈二月丙寅始消淳熙十三年九月辛亥星出大如太白色先赤後黄白尾跡約二尺委曲如蛇行類枉矢十四年五月有星出濁隙大如日與日相摩盪而入嘉定十一年五月癸未蚩尤旗竟天端平二年春天狗墜懷安金堂縣聲如雷三州之人皆聞之化爲碎石其色紅咸淳十年九月壬寅有星見西方曲如蚓德祐元年二月丁亥有星二闘于中天頃之一星墜

星變

紹興三十一年六月戊午大角星東北生角隆興二年九月戊戌大角光體搖動十月丙子弧矢九星内矢一星偏西不向狼星乾道元年八月乙巳大角光體搖動淳熙元年七月辛亥奎宿生芒

雲氣

乾德三年七月己卯夜西方起蒼白氣長五十丈貫天船五車亘井宿開寶元年十月己未旦西北起蒼白氣三道長二十丈趨東散太平興國四年四月己巳夜西北有白氣壓北斗雍熙三年正月己未夜赤氣如城四年正月癸

酉夜白氣起角亢經太微垣歷軒轅大星至月傍散端拱元年十月壬申遲明巽上有雲過中天連地濃潤前赤黄後蒼黑色先廣後大行勢如截十一月戊午夜西北方有氣如日脚高二丈至道二年二月丙子夜西方蒼白色氣長短八道如彗掃稍經天漢參錯如交蛇咸平三年十月辛亥黑氣貫北斗十二月庚午黑氣長三丈餘貫心宿入天市垣抵帝坐久方散四年三月丙申白氣二亘天十月辛亥黑氣貫北斗五年正月白氣如虹貫日久而散七月戊戌白氣如陣貫東井六月己巳白氣東西亘天丁丑白氣貫日六年五月辛亥白氣出昴至東壁沒六月辛未赤

氣出貫天丙子白氣出河鼓左右旗分為數道沒七月癸
卯白氣如彗起西南景德元年三月白氣貫軒轅蒼白氣
十餘如布亘天五月乙巳白氣數道如匹帛長七尺許七
月辛亥黃氣出壁長五丈餘十一月癸丑黑氣十餘道衝
日二年正月丙寅黃白氣貫月黑氣環之二月丁丑白氣
五道貫北斗十月丙子白氣出閣東西孛孛有光三年三
月丙辰北方赤氣亘天白氣貫月四月癸卯黃氣如柱貫
月十月甲午黑氣貫北斗魁四年三月己未白氣東西亘
天庚申白氣出南方長二丈許久而不散四月庚午白氣
貫北斗長十丈庚寅白氣如布襲月三丈許甲午南方有

黑氣貫心宿長五丈許十一月己巳中天有赤氣如掃長
七尺在輿鬼南大中祥符九年正月癸亥朔黃氣出於艮
丁丑白氣二東西亘天七月西北方白雲氣如彗幂三十
餘條二年九月戊午黃氣如柱起東南方長五丈許三年
四月丁巳中天黑氣東西亘天十二月癸亥青赤氣貫太
微五年二月壬寅白氣長五丈出東井貫北斗魁及軒轅
七年五月有氣出紫微為宮闕狀光燭地天禧三年四月
黃氣如柱貫月天聖七年二月己卯夜蒼黑雲長三十丈
貫弧矢翼軫明道元年十月庚子夜黃白氣五貫紫微垣
十二月壬戌西北有蒼白氣亘天景祐元年八月壬戌青

黃白氣如彗長七尺餘出張翼之上凡三十三日不見四
年七月戊申夜黑氣長丈餘出畢宿下寶元二年正月壬
子夜蒼黑雲起西北方長三十尺漸東南行歷婁胃昴畢
及火木相次中天而散三月甲寅夜細黑雲起西北方長
三十丈貫王良及營室康定元年三月丙子夜東南方近
濁黑色橫亘數丈闊尺許良久散六月壬子黑氣起心宿
西長五十丈首尾侵濁久之散慶曆元年八月庚辰夜東
方有白氣長十尺許在星宿度中至十日長丈餘衝天相
居星宿大星南九十餘日沒壬午夜黑氣起西南長七丈
貫危宿羽林入濁至天津良久散癸卯夜蒼白雲起西北

闊二尺許首尾至濁良久沒二年十一月壬申黑氣貫北
斗柄八月甲申白雲貫北斗三年正月戊戌中天有白氣
長二十丈向西南行貫日四月癸卯白氣二生西北隅上
三丈許經天而散八月壬子夜白氣貫北斗魁四年五月
中天首尾至濁東南行良久散七月戊辰西南生黑氣長
甲子夜黑氣起東北方近濁長五丈許良久散九月辛巳
夜中天有氣長二丈許貫卷舌南河東北少頃散十一月
甲子夜蒼白雲起南近濁久方散八年正月丁酉夜黑氣
生首尾至濁漸東行久之乃散二月辛卯夜西方近濁生
黑氣長三丈良久散皇祐四年十一月壬寅夜黑氣生東

方南北至濁貫參宿軒轅辛酉夜白氣起北方近濁長五丈許歷北斗久之散治平元年六月戊午夜蒼白雲起東北方長一丈許貫畢二年二月乙未夜蒼黑雲起西北方長五丈許貫東井及北斗良久散四月癸巳夜蒼黑雲起西北方長三十尺西至軒轅太民北抵鈎陳丙午夜西北方有白氣漸東南行首尾至濁貫角宿移西北久方散九月庚申夜西北蒼黑雲長三丈許貫營室壁壘陣及天河三年六月丁未夜東方有蒼白雲長一丈許貫畢四年二月癸巳夜蒼白雲起南方長三丈闊尺貫南門星三月甲寅夜西南方起蒼白雲二長三丈闊尺相距二尺貫東井

南河久之乃散閏三月辛巳夜蒼黑雲起南方兩首至濁闊尺貫尾箕斗牛庫樓騎官五月戊寅夜蒼黑雲起北方長三丈闊尺貫紫微垣王良壬寅夜蒼黑雲起北方長三丈闊尺貫紫微垣甲辰夜蒼黑雲起東方長丈闊尺貫天苑五車參旗六月癸亥夜白雲起東北方長五丈上闊下挾貫天船閣道傳舍紫微垣天棓戊辰夜黑雲起北方長三丈闊尺貫北斗紫微垣王良八月乙亥夜黑氣起西北方長丈闊尺貫北斗十月庚申夜黃氣一上下貫月中十一月丙子夜蒼黑氣起南方長五丈闊二尺東至庫樓北至南河橫貫翼十二月庚戌夜蒼黑雲起南方長三丈闊

二尺貫五車東井五諸侯熙寧元年正月乙酉夜蒼白雲起西南方長四丈闊尺貫月及南河輿鬼軒轅六月己酉夜蒼黑雲起北方長二丈闊尺貫北斗魁東貫文昌十月庚申夜蒼黑雲起北方東西兩首至濁貫織女天棓紫微垣北斗魁二年四月甲辰夜蒼白雲起東南方長三丈闊尺貫天市垣六月辛酉夜蒼黑雲起西南方長四丈闊二尺貫大角左右攝提天市垣斗女牛七月甲申日下有五色雲十一月每夕有赤氣見西北隅如火至人定乃滅三年二月庚申夜蒼黑雲起西北方長三丈闊二尺貫王良扶筐天廚六月己未夜蒼黑雲起西北方長丈闊尺貫五

車又起西北長丈餘貫北斗魁文昌五年七月丁亥夜白雲起南方長丈貫氐房心六年五月庚申夜蒼黑雲起東北方長五丈闊二尺貫雲雨閣道七年三月壬子蒼白雲起西南方長二丈闊尺貫日經中天過白氣如帶四月壬申夜蒼白雲起北方長五丈闊二尺貫北斗魁鈎陳王良閣道東至奎丙戌夜蒼白雲起西北方長三丈闊尺貫東井紫微垣鈎陳六月辛未夜蒼黑雲起天河中長五丈南北兩首至濁貫尾箕又蒼黑雲起東方長五丈貫羽林外屏甲戌蒼白雲起西方長三丈貫軫角太微丙戌夜蒼白雲起南方長二丈貫危室壁及八魁丁亥夜蒼白雲起東

方長二丈貫月及畢奎婁外屏又起南方長二丈貫危室壁及八魁壬辰夜蒼白雲起西南方長二丈貫天棓紫微垣癸巳夜蒼黑雲起東方長五丈貫牛天倉歲太白卷舌七月庚戌夜蒼白雲起東方長丈餘貫參旗及參八年二月己巳夜蒼黑雲起西方長丈貫軫軒轅乙酉夜蒼黑雲起東方長三丈貫心天市垣列肆宗人五月壬戌夜蒼黑雲起西南方長二丈貫氐房心癸亥蒼黑雲起西方長三丈貫軒轅太微垣五帝坐十月庚子夜黑雲起西北方長三丈貫畢大陵鈎星九年四月庚寅夜白氣起東北方天棓入天市垣辛亥夜蒼黑雲起南方長二丈貫庫樓騎官

積卒心尾六月乙未夜蒼白雲起東北方長四丈貫室壁閣道七月己亥夜蒼黑雲起南方長四丈貫軍市天園十月乙酉夜蒼黑雲起西北方長四丈貫北斗鈎車府十年六月癸未夜蒼黑雲起南方長三丈闊尺貫龜鼈天淵乙巳夜蒼白雲起東北方長三丈闊尺貫五車及畢七月丙子夜蒼黑雲起北方長丈貫北斗魁八月庚辰蒼黑雲起東北方長二丈貫參井北河五諸侯九月庚申夜蒼黑雲起北方由北斗魁杓貫紫微垣至天棓十月辛丑夜蒼黑雲起南方長二丈貫斧鉞鈇鑕元豐二年四月戊申夜白雲起南方長三丈貫庫樓積卒龍尾辛亥夜蒼白雲起南

方長三丈貫房五年四月壬申夜蒼白雲起北方長二丈出太微垣貫五帝坐常陳八年十月庚申夜蒼黑雲生北方長三丈闊尺貫北斗文昌天槍元祐三年七月戊辰夜東北方近濁天明照地如月將出偏西北有白氣經天九月己酉夜赤氣起北方漸生白氣數道紹聖二年十一月桂陽監慶雲見元符二年九月戊辰夜赤氣起北方紫微垣北斗星東南次有白氣十道各長五尺崇寧元年十一月己酉赤氣隨日沒二年五月戊子夜蒼白氣起東南方長三丈貫尾箕斗政和元年十一月甲戌夜蒼白氣起紫微垣貫四輔五年四月庚子有白雲自北直徹中天漸成

五色如華蓋七年五月乙卯夜赤雲白氣起東北方宣和元年六月辛巳夜赤氣起北方半天如火七月戊午夜赤雲起東北方貫白氣三十餘道二年二月戊戌夜赤雲起東北漸向西北入紫微垣三年九月壬午夜蒼白氣長三丈貫月四年九月丁丑西方日下有赤氣七年四月壬子夜有赤雲入紫微垣靖康元年正月丁丑夜赤白氣起西方九月戊寅有赤氣隨日出九月乙未西方日下有赤氣十一月乙丑日下有赤氣閏十一月丁酉赤氣亘天二年正月己亥夜西北陰雲中有火光長二丈餘闊數尺時時見二月壬午夜白氣如虹自南亘北漸移西南至東北三

月戊子夜白氣貫斗建炎元年八月壬申東北有赤氣四年五月壬子赤雲亘天中有白氣十餘道貫之如練起於紫微犯北斗及文昌由東南而散紹興元年二月己巳白氣亘天七年正月辛未夜東北赤氣如火出紫微宮二月癸卯又如之十一月癸卯有赤雲如火隨日入八年九月甲申朔夜有赤氣如火出紫微垣內十八年八月丁亥西北方赤氣如火二十七年二月乙酉赤氣出紫微垣十月壬寅赤氣隨日出三十年正月壬申東北方赤氣一帶五處如火影十一月甲午西南方白氣自尾歷壁婁昴宿十二月戊申其夜白氣出尾宿歷心房氐亢角入天市貫太

微至郎位止有類天漢三十一年十二月辛丑其夜白氣出斗宿歷牛女危至婁止約廣六丈類天漢東西亘天隆興元年十二月壬午其夜白氣出危宿歷室壁奎胃婁至昴止二年十一月庚寅其日赤雲氣徧天隨日入乾道元年正月庚午其夜白氣出奎宿漸上經婁胃昴貫畢入參宿內止三月戊辰其夜白氣自參宿至角宿止與天漢相接約廣七丈四月丁酉其夜蒼白氣自西北漸上東北入天市垣辛丑入北斗魁中及入文昌星乙巳入紫微垣內至北極天樞中十月己丑蒼白雲氣長二丈穿入翼宿十一月丙寅白氣出女宿歷虛危室壁奎婁胃宿入昴宿止

二年十二月庚子白氣亘天六年十月庚午赤氣隨日出十一月丁丑赤氣隨日入七年七月壬寅赤氣隨日入十月己未赤氣隨日出八年十月乙巳赤氣隨日入丙午隨日出九年十月壬申其日黃雲見淳熙元年十月戊寅東北方生曲虹三年八月丁酉赤氣隨日入戊戌隨日出五年十月丁巳生曲虹十年正月戊子西南有白氣如天漢而明南北廣六丈東西亘天十四年十一月甲寅赤氣隨日入紹興四年十一月甲戌夜赤雲白氣見五年六月壬寅白氣如帶亘天己酉又如之慶元四年八月庚辰白氣如帶亘天五年二月癸酉夜白氣如帶亘天八月癸亥又

如之嘉泰四年二月庚申赤氣亘天十一月壬申其日白氣如帶亘天癸酉虹見嘉定六年十月乙卯赤氣隨日出十一月辛卯隨日入嘉熙四年二月丙辰白氣亘天淳祐二年二月癸丑朔白氣亘天十年十一月丁丑虹見景定三年七月甲申夜白氣亘天如匹布

志卷第十三

志卷第十四　宋史六十一

開府儀同三司上柱國録軍國重事前中書右丞相監修國史領經筵事都總裁臣脫脫等奉

敕修

五行一上　水上

天以陰陽五行化生萬物盈天地之間無非五行之妙用人得陰陽五行之氣以為形形生神知而五性動五性動而萬事出萬事出而休咎生和氣致祥乖氣致異莫不於五行見之中庸至誠之道可以前知國家將興必有禎祥國家將亡必有妖孽見乎蓍龜動乎四體禍福將至善必先知之不善必先知之人

之一身動作威儀猶見休咎人君以天地萬物為體禎祥妖孽之致豈無所本乎故由漢以來作史者皆志五行所以示人君之戒深矣自宋儒周惇頤太極圖說行世儒者之言五行原於理而究於誠其於洪範五行五事之學雖非所取然班固范曄志五行已推本之及歐陽脩唐志亦采其說且於庻徵惟述災眚而休祥闕焉亦豈無所見歟舊史自太祖而嘉禾瑞麥甘露醴泉芝草之屬不絶於書意者諸福畢至在治世為宜祥符宣和之代人君方務以符瑞文飾一時而丁謂蔡京之姦相與傅會而為欺其應果安在

哉高宗渡南心知其非故宋史自建炎而後郡縣絶無以符瑞聞者而水旱札瘥一切咎徵前史所罕見皆屢書而無隱於是六主百五十年兢兢自保足以圖存易震之彖曰震來虩虩恐致福也人君致福之道有大於恐懼脩省者乎昔禹致群臣於會稽黄龍負舟而執玉帛者萬國孔甲好鬼神二龍降自天而諸侯相繼畔夏桑穀共生于朝雉升鼎耳而雊而大戊武丁復脩成湯之政務王得白狼白鹿而文武之業衰焉徐偃得朱弓矢宋湣有雀生鸇二國以覇亦以之亡大槩徵之休咎猶卦之吉凶占者有德以勝

之則凶可為吉無德以當之則吉乃為凶故德足勝妖則妖不足慮匪德致瑞則物之反常者皆足為妖妖不自作人實興之哉今因先後史氏所紀休咎之徵彚而輯之作五行志

潤下水之性也水失其性則為災沴舊說以恒寒鼓妖魚孽豕禍雷電霜雪雨雹黑眚黑祥皆屬之水今從之醴泉河清雖為瑞應茍非其時未必不為異故雜附于編他如甘露嘉禾芝草一切祥瑞之物見于後者因其事而考其時則休咎自見故亦各以類相從云

建隆元年十月棣州河決壞厭次商河二縣居民廬
舍田疇二年宋州汴河溢孟州壞堤襄州漢水漲溢數
丈四年八月齊州河決九月徐州水損田乾德二年
四月廣陵揚子等縣潮水害民田七月泰山水壞民
廬舍數百區牛畜死者甚衆三年二月全州大雨水
七月蘄州大雨水壞民廬舍開封府河決溢陽武河
中府孟州並河水漲孟州壞中潬軍營民舍數百區
河壞隄岸石又溢于鄆州壞民田泰州潮水損鹽城
縣民田淄州濟州並河溢害鄒平高苑縣民田四年
東阿縣河溢損民田觀城縣河決壞居民廬舍注大

名又靈河縣隄壞水東注衛南縣境及南華縣城七
月滎澤縣河南北隄壞八月宿州汴水溢壞堤淄州
清河水溢壞高苑縣城溺數百家及鄒平縣田舍泗
州淮溢衡州大雨水月餘五年衛州河溢毀州城沒
溺者甚衆開寶元年六月州府二十三大雨水江河
汎溢壞民田廬舍七月泰州潮水害稼八月集州霖
雨河漲壞民廬舍及城壁公署二年七月下邑縣河
決是歲青蔡宿淄宋諸州水真定澶滑博洺齊潁蔡
陳亳宿許州水害秋苗三年鄭澶鄆淄濟虢蔡解徐
岳州水災害民田四年六月汴水決宋州穀熟縣濟

陽鎮及鄆州河及汶清河皆溢注東阿縣及陳空鎮
壞倉庫民舍鄭州河決原武縣蔡州淮及白露舒汝
廬潁五水並漲壞廬舍民田七月青齊州水傷田五
年河決澶州濮陽絳和廬壽諸州大水六月河又決
開封府陽武縣之小劉村宋州鄭州並汴水決忠州
江水漲二百尺六年鄆州河決楊劉口懷州河決獲
嘉縣潁川淮渒水溢溺民舍田疇甚衆七月歷亭縣
御河決單州濮州並大雨水壞州廨倉庫軍營民舍
是秋大名府宋亳淄青汝澶滑諸州並水傷田七年
四月衛亳州水泗州淮水暴漲入城壞民舍五百家

安陽縣河漲壞居民廬舍百區八年五月京師大雨
水濮州河決郭龍村六月澶州河決頓丘縣沂州大
雨水入城壞居舍田苗九年三月京師大雨水淄州
水害田太平興國二年六月孟州河溢壞溫縣堤七
十餘步鄭州壞滎澤縣寧王村堤三十餘步又漲于
澶州壞英公村堤三十步開封府汴水溢壞大寧堤
浸害民田忠州江漲二十五丈興州江漲毀棧道四
百餘間管城縣焦肇水暴漲踰京水濮州大水害民
田凡五千七百四十三頃潁州潁水漲壞城門軍營
民舍七月復州蜀漢江漲壞城及民田廬舍集州江

漲汎嘉川縣三年五月懷州河決獲嘉縣北注又汴水決宋州寧陵縣境六月泗州淮漲入南城汴水又漲一丈塞州北門十月滑州靈河已塞復決四年三月河南府水漲七尺壞民舍泰州雨水害稼宋州河決宋城縣衛州決汲縣壞新場堤八月梓州江漲壞閣道營舍九月澶州河漲鄆州清汶二水漲壞東陽縣民田復州沔陽縣湖昌漲壞民舍田稼五年五月潁州潁水溢壞堤及民舍徐州白溝河溢入州城七月復州江水漲毀民舍堤塘皆壞六年河中府河漲陷連堤溢入城壞軍營七所民舍百餘區鄜延寧州並三河水漲溢入州城鄜州壞軍營建武指揮使李海及老幼六十三人溺死延州壞倉庫軍民廬舍千六百區寧州壞州城五百餘步諸軍營軍民舍五百二十區七年三月京兆府渭水漲壞浮梁溺死五十四人四月耀密博衛常潤諸州水害稼六月均州涓水均水漢江並漲壞民舍人畜死者甚衆又河決臨邑縣漢陽軍江水漲五丈七月大名府御河漲壞濟口南劍州江水漲壞居民舍一百四十餘區京兆府咸陽渭水漲壞浮梁工人溺死五十四人九月梧州江水漲三丈入城壞倉庫及民舍十月河決懷州武

陟縣害民田八年五月河大決滑州房村徑澶濮曹濟諸州浸民田壞居民廬舍東南流入淮六月陝州河漲壞浮梁又永定澗水漲壞民舍軍營千餘區河南府澍雨洛水漲五丈餘壞鞏縣官署軍營民舍殆盡穀洛伊瀍四水暴漲壞京城官署軍營寺觀祠廟民舍萬餘區溺死者以萬計又壞河清縣豐饒務倉庫軍營民舍百餘區雄州易水漲壞民廬舍鄜州河水漲溢入城壞官寺民舍四百餘區荊門軍長林縣山水暴漲壞民舍五十一區溺死五十六人八月徐州清河漲丈七尺溢出塞州三面門以禦之九月宿州睢水漲汎民舍六十里是夏及秋開封浚儀酸棗陽武封丘長垣中牟尉氏襄邑雍丘等縣河水害民田九年七月嘉州江水暴漲壞官署民舍溺者千餘人八月延州南北兩河漲溢入東西兩城壞官寺民舍淄州霖雨孝婦河漲溢壞官寺民田孟州河漲壞浮梁損民田雅州江水漲九丈壞民廬舍新州江漲入南砦壞軍營雍熙二年七月朗江溢害稼八月瀛莫州大水損民田三年六月壽州大水端拱元年二月博州水害民田五月英州江水漲五丈壞民田及廬舍數百區七月磁州漳滏二水漲淳化元年六月吉

州大雨江漲漂壞民田廬舍黃梅縣堀口湖水漲壞民田廬舍皆盡江水漲二丈八尺洪州漲壞州城三十堵民廬舍二千餘區漂二千餘戶孟州河漲二年四月京兆府河漲陝州河漲壞大堤及五龍祠六月乙酉溢于浚儀縣壞連堤浸民田上親臨視督衛士塞之辛卯又決于宋城縣博州大霖雨河漲壞民廬舍八百七十區亳州河溢東流泛民田廬舍七月齊州明水漲壞黎濟砦城百餘堵許州沙河溢雄州塘水溢害民田殆盡嘉州江漲溢入州城毀民舍復州蜀漢二江水漲壞民田廬舍泗州招信縣大雨山河

漲漂浸民田廬舍死者二十一人八月滕州江水漲十餘丈入州城壞官署民田九月卬州蒲江等縣山水暴漲壞民舍七十區死者七十九人是秋荊湖北路江水注溢浸田畝甚衆三年七月河南府洛水漲壞七里鎮國二橋又山水暴漲壞豐饒務官舍民廬死者二百四十人十月上津縣大雨河水溢壞民舍溺者三十七人四年六月隴城縣大雨牛頭河漲二十丈沒溺居人廬舍九月澶州河漲衝陷北城壞居人廬舍官署倉庫殆盡民溺死者甚衆梓州玄武縣涪河漲二丈五尺壁下流入州城壞官私廬舍萬餘

區溺死者甚衆十月澶州河決水西北流入御河浸大名府城知府趙昌言壅城門禦之至道元年四月甲辰京師大雨雷電道上水數尺五月虔州江水漲二丈九尺壞城流入深八尺毀城門二年六月河南瀍澗洛三水漲壞鎮國橋七月建州溪水漲溢入州城壞倉庫民舍萬餘區鄆州河漲壞連堤四處宋州汴河決穀熟縣閏七月陝州河漲是月廣南諸州並大雨水咸平元年七月侍禁閤門祗候王壽求使彭州回至鳳翔府境山水暴漲家屬八人溺死齊州清黃河泛溢壞田廬二年十月漳州山水泛溢壞民舍

千餘區民黃拏等十家溺死三年三月梓州江水漲壞民田五月河決鄆州王陵埽七月洋州漢水溢民有溺死者四年七月同州洿谷水溢夏陽縣溺死者數十人五年二月雄霸瀛莫深滄諸州乾寧軍水壞民田六月京師大雨漂壞廬舍民有壓死者積潦浸道路自朱雀門東抵宣化門尤甚皆注惠民河河復漲溢軍營景德元年九月宋州汴水決浸民田壞廬舍河決澶州橫隴埽二年六月寧州山水泛溢壞民舍軍營多溺死者三年七月應天府汴水決南注亳州合浪宕渠東入于淮八月青州山水壞石橋四年

六月鄭州索水漲高四丈許漂滎陽縣居民四十二戶有溺死者鄧州江水暴漲南劒州山水泛溢漂溺居人七月河溢澶州壞王八埽八月橫州江漲壞營舍大中祥符元年六月開封府尉氏縣惠民河決二年七月徐濟青淄大水八月鳳州大水漂溺民居十月京畿惠民河決壞民田三年六月吉州臨江軍並江水泛溢害民田九月河決河中府白浮梁村四年七月洪江筠袁州江漲害民田壞州城八月河決通利軍大名府御河溢合流壞府城害田人多溺死九月河溢于孟州溫縣蘇州吳江泛溢壞廬舍十一月

楚泰州潮水害田人多溺者五年正月河決棣州聶家口七月慶州淮安鎮山暴漲漂溺居民六年六月保安軍積雨河溢浸城壘壞廬舍判官趙震溺死又兵民溺死凡六百五十人七年六月泗州水害民田河南府洛水漲秦州定西砦有溺死者八月河決澶州十月濱州河溢于定鎮八年七月坊州大雨河溢民有溺死者九年六月秦州獨孤谷水壞長道縣鹽官鎮城橋及官廨民舍二百九十五區溺死六十七人七月延州洎定平安塞門栲栳四砦山水泛溢壞堤城九月雄霸州界河泛溢利州水漂棧閣萬二千

八百間天禧三年六月河決滑州城西南漂沒公私廬舍死者甚衆歷澶州濮鄆濟單至徐州與清河合浸城壁不沒者四板明年既塞六月復決于西北隅乾興元年正月秀州水災民多艱食十月巳酉夜滄州鹽山無棣二縣海潮溢壞公私廬舍溺死者甚衆是歲京東淮南路水災天聖初徐州仍歲水災三年十一月辛卯襄州漢水壞民田四年六月丁亥劒州邵武軍大水壞官私廬舍七千九百餘區溺死者百五十餘人是月河南府鄭州大水十月乙酉京山縣山水暴漲漂死者衆縣令唐用之溺焉是歲汴水溢

決陳留堤又決京城西賈陂入護龍河以殺其勢五年三月襄潁許汝等州水七月辛丑泰州鹽官鎮大水民多溺死六年七月壬子江寧府揚真潤三州江水溢壞官私廬舍是月雄霸州大水八月甲戌臨潼縣山水暴漲民溺死者甚衆是月河決楚王埽七年六月河北大水壞澶州浮橋明道元年四月壬子大名府冠氏等八縣水浸民田景祐元年閏六月甲子泗州淮汴溢七月澶州河決橫隴埽八月庚午洪州分寧縣山水暴發漂溺居民二百餘家死者三百七十餘口三年六月虔吉諸州久雨江溢壞城廬人多

溺死四年六月乙亥杭州大風雨江潮溢岸高六尺壞堤千餘丈八月甲戌越州大水漂溺居民寶元元年建州自正月雨至四月不止谿水大漲入州城壞民廬舍溺死者甚衆康定元年九月甲寅滑州大河泛溢壞民廬舍慶曆元年三月汴流不通八年六月乙亥河決澶州商胡埽是月恒雨七月癸丑衛州大雨水諸軍走避數日絕食是歲河北大水皇祐元年二月甲戌河北黃御二河決並注于乾寧軍河朔頻年水災二年鎮定復大水並邊尤被其害三年七月辛酉河決館陶縣郭固口八月汴河絕流四年八月

鄜州大水壞軍民廬舍嘉祐二年六月開封府界及京東西河北水潦害民田自五月大雨不止水冒安上門門關折壞官私廬舍數萬區城中繫栰渡人七月京東西荊湖北路水災淮水自夏秋暴漲環浸泗州城是歲諸路江河決溢河北尤甚民多流亡三年七月京索廣濟河溢浸民田五年七月蘇湖二州水災六年七月乙酉泗州淮水溢七年六月代州大雨山水暴入城七月賓州山水壞城河決北京第五埽治平元年慶許蔡潁唐泗濠楚廬壽杭宣鄂洪施渝州光化軍水九月陳州水災二年八月庚寅大雨地

上涌水壞官私廬舍漂人民畜產不可勝數是日御崇政殿宰相而下朝參者十數人而已詔開西華門以洩宮中積水水奔激殿侍班屋皆摧沒人畜多溺死官為葬祭其無主者千五百八十人熙寧元年秋霸州山水漲溢保定軍大水害稼壞官私廬舍城壁漂溺居民河決恩冀州漂溺居民二年八月河決滄州饒安漂溺居民移縣治於張為村泉州大風雨水與潮相衝泛溢損田稼漂官私廬舍四年八月金州大水毀城壞官私廬舍七年六月熙州大雨洮河泛溢八年四月潭衡邵道諸州江水溢壞官私廬舍九

年七月太原府汾河夏秋霖雨水大漲十月海陽潮陽二縣海潮溢壞廬舍溺居民十年七月河決曹村下埽澶淵絕流河南徙又東匯于梁山張澤濼凡壞郡縣四十五官亭民舍數萬田三十萬頃洺州漳河決注城大雨水二丈河陽河水湍漲壞南倉溺居民滄衛霖雨不止河濼暴漲敗廬舍損田苗元豐元年章丘河水溢壞公私廬舍城壁漂溺民居舒州山水暴漲浸官私廬舍損田稼溺居民四年四月澶州臨河縣小吳河溢北流漂溺居民五月淮水泛漲五年秋陽武原武二縣河決壞田廬七年六月青田縣大

水損田稼七月河北東西路水北京館陶水河溢入府城壞官私廬舍八月趙邢洺磁相諸州河水汎溢壞城郭軍營是年相州漳河決溺臨漳縣居民懷州黃沁河泛溢大雨水損稼壞廬舍城壁磁州諸縣鎮夏秋漳滏河水泛溢臨漳縣斛律口決壞官私廬舍傷田稼損居民元祐四年夏秋霖雨河流泛漲八年自四月雨至八月晝夜不息畿內京東西淮南河北諸路大水詔開京師宮觀五日所在州令長吏祈禱宰臣呂大防等待罪紹聖元年七月京畿久雨曹濮陳蔡諸州水害稼元符元年河北京東等路大水二

年六月久雨陝西京西河北大水河溢漂人民壞廬舍是歲兩浙蘇湖秀等州尤罹水患大觀元年夏京畿大水詔工部都水監疏導至于八角鎮河北京西河溢漂溺民戶十月蘇湖水災二年秋黃河決陷沒邢州鉅鹿縣三年七月階州久雨江溢四年夏鄧州大水漂沒順陽縣政和五年六月江寧州太平宣州水災八月蘇湖常秀諸郡水災七年瀛滄州河決滄州城不沒者三版民死者百餘萬重和元年夏江淮荊浙諸路大水民流移溺者衆分遣使者振濟發運使任諒坐不奏泗州壞官私廬舍等勒停宣和元年

五月大雨水驟高十餘丈犯都城自西北牟駝岡連萬勝門外馬監居民盡沒前數日城中井皆渾宣和殿後井水溢蓋水信也至是詔都水使者決西城索河堤殺其勢城南居民冢墓俱被浸遂壞藉田親耕之稼水至溢猛直冒安上南薰門城守凡半月已而入汴汴渠將溢於是募人決下流由城北入五丈河下通梁山濼乃平十一月東南州縣水災四年十二月戊戌詔訪聞德州有京東西來流民不少本州振濟有方令保奏推恩餘路遇有流移不即存恤按劾以聞六年秋京畿恒雨河北京東兩浙水災民多流

移建炎二年春東南郡國水紹興二年閏月徽嚴州水害稼三年七月丙子泉州水三日壞城郭廬舍五年秋西川郡國水六年冬饒州雨水壞城四百餘丈十四年五月丙寅婺州水乙丑蘭溪縣水侵縣市丙寅中夜水暴至死者萬餘人十六年潼川府東南江溢水入城浸民廬十八年八月紹興府明婺州水二十二年淮甸水二十三年金堂縣大水潼川府江溢浸城內外民廬宣州大水其流泛溢至太平州七月光澤縣大雨溪流暴湧平地高十餘丈人避不及者皆溺半時即平二十七年鎮江建康紹興府真太平

池江洪鄂州漢陽軍大水二十八年六月丙申興利
二州及大安軍大雨水流民廬壞橋棧死者甚衆九
月江東淮南數郡水浙東西沿江海郡縣大風水平
江紹興府湖常秀潤為甚二十九年七月戊戌福州
水入城閩候官懷安三縣壞田廬官吏不以聞憲臣
樊光遠坐黜三十年五月辛卯夜於潛臨安安吉三
縣山水暴出壞民廬田桑溺死者甚衆三十一年八
月建始縣大水流民廬死者甚衆三十二年四月淮
溢數百里漂民田廬死者尤衆六月浙西郡縣山涌
暴水漂民舍壞田覆舟隆興元年八月浙東西州縣

大風水紹興平江府湖州及崇德縣為甚二年七月
平江鎮江建康寧國府湖常秀池太平廬和光州江
陰廣德壽春無為軍淮東郡皆大水浸城郭壞廬舍
圩田軍壘操舟行市者累日人溺死甚衆越月積陰
苦雨水患益甚淮東有流民乾道元年六月常湖州
水壞圩田二年八月丁亥溫州大風海溢漂民廬鹽
場龍朔寺覆舟溺死二萬餘人江濱胔骼尚七千餘
三年六月廬舒蘄州水壞苗稼漂人畜七月己酉臨
安府天目山湧暴水決臨安縣五鄉民廬二百八十
餘家人多溺死八月湖秀州上虞縣水壞民田廬時

積潦至于九月禾稼皆腐江東山水溢江西諸郡水
隆興府四縣為甚四年七月壬戌衢州大水敗城三
百餘丈漂民廬孳牧壞禾稼諸暨縣大水害稼江寧
建康府水是歲饒信亦水五年七月丁巳建寧府瑞
應場大溪山東等山暴水湧出漂民廬溺死甚衆是
歲夏秋溫台州凡三大風水漂民廬壞田稼人畜溺
死者甚衆黃巖縣為甚郡守王之望陳巖肖不以聞
皆黜削六年五月平江建康寧國府溫湖秀太平州
廣德軍及江西郡大水江東城市有深丈餘者漂民
廬湮田稼潰圩隄人多流徙八年五月贛州南安軍

山水暴出及隆興府吉筠州臨江軍皆大雨水漂民
廬壞城郭潰田害稼六月壬寅四川郡縣大雨水嘉
眉邛蜀州永康軍及金堂縣尤甚漂民廬決田畝九
年五月戊午建康隆興府嚴吉饒信池太平州廣德
軍水漂民居壞圩湮田分水縣沙塞四百餘畝采石
流民多渡江六月湖北郡縣水淳熙元年七月壬寅
癸卯錢塘大風濤決臨安府江隄一千六百六十餘
丈漂居民六百三十餘家仁和縣瀕江二鄉壞田圃
三年八月辛巳台州大風雨至于壬午海濤溪流合
激為大水決江岸壞民廬溺死者甚衆癸未行都大

雨水壞德勝江漲北新三橋及錢塘餘杭仁和縣田
流入湖秀州害稼浙東西江東郡縣多水婺州會稽
嵊廣德軍建平三縣尤甚四年五月庚子建寧府福
南劍州大雨水至于壬寅漂民廬數千家己亥夜錢
塘江濤大溢敗臨安府隄八十餘丈庚子又敗隄百
餘丈明州瀕海大風海濤敗定海縣隄二千五百餘
丈鄞縣隄五千一百餘丈漂没民田九月丁酉戊戌
大風雨駕海濤敗錢塘縣隄三百餘丈餘姚縣溺死
四十餘人敗隄二千五百六十餘丈敗上虞縣隄及
梁湖堰及運河岸定海縣敗隄二千五百餘丈鄞縣

敗隄五千一百餘丈五年六月戊辰古田縣大水漂
民廬圯縣治市橋閏月己亥階州水壞城郭乙巳興
化軍及福清縣及海口鎮大水漂民廬官舍倉庫溺
死者甚衆六年夏衢州水秋寧國府温台湖秀太平
州水壞圩田樂清縣溺死者百餘人七年五月戊戌
分宜縣大水決田害稼八年五月壬辰嚴州大水漂
浸民居萬九千五百四十餘家壘舍六百八十餘區
紹興府大水五縣漂浸民居八萬三千餘家田稼盡
腐漁浦敗隄五百餘丈新林敗隄通運河是歲徽江
二州亦水十年五月辛巳信州大水入城漂廬舍市

井襄陽府大水漂民廬蓋藏為空江東浙東數郡亦
水八月辛酉雷州大風激海濤没瀕海民舍死者甚
衆九月乙丑福漳州大風雨水暴至長溪寧德縣瀕
溪聚落廬舍人舟皆漂入海漳城半没浸八百九十
餘家丁卯吉州龍泉縣大水漂民廬壞田畝溺死者
衆十一年四月和州水湮民廬壞圩田五月丙申階
州白江水溢決隄圯城浸民廬壘舍祠廟寺觀甚多
建康府太平州水六月甲申處州龍泉縣大雨水浸
民舍壞杠梁匯田害稼七月壬辰明州大風雨山水
暴出浸民市圯民廬覆舟殺人十二年六月婺州及

富陽縣皆水浸民廬害田稼八月戊寅安吉縣暴水
發衰園村漂廬舍寺觀壞田稼殆盡溺死千餘人郡
守劉藻不以聞坐黜是歲鄂州自夏徂冬水浸民廬
九月台州水十四年三月辛未汀州水漂百餘家軍
壘六十餘區十五年五月淮甸大雨水淮水溢廬濠
楚州無為安豐高郵盱眙軍皆漂廬舍田稼廬州城
圯荆江溢鄂州大水漂軍民壘舍三千餘江陵常德
德安府復岳澧州漢陽軍水戊午祈門縣群山暴匯
為大水漂田禾廬舍冢墓桑麻人畜什六七浮胔甚
衆餘害及浮梁縣六月建寧隆興府袁撫州臨江軍

水圮民廬七月黃巖縣水敗田瀦番易湖溢番易縣漂民舍田稼有流徙者十六年四月甲戌紹興府新昌縣山水暴作害稼湮田漂民廬五月丙辰沅靖州山水暴溢至辰州常德府城沒一丈五尺漂民廬舍汀州大水浸民廬千五百餘家溺死三千人分宜縣水丁巳階州白江水溢浸城市民廬六月庚寅鎮江府大雨水五日浸軍民壘舍三千餘辛卯潼川府東南二江溢決隄毀橋浸民廬涪城中江射洪通泉郪縣沒田廬紹熙二年三月寧化縣連水漂廬舍田畝溺死二十餘人五月戊申建寧州水己酉福州水浸

附郭民廬懷安侯官縣漂千三百餘家古田閩清縣亦壞田廬庚午利州東江溢壞隄田廬舍辛未潼川府東南江溢六月戊寅又溢再壞隄橋水入城沒廬舍七百四十餘家郪涪射洪通泉縣匯田爲江者千餘畝七月癸亥嘉陵江暴溢興州圮城門郡獄官舍凡十七所漂民居三千四百九十餘潼川崇慶府縣果合金龍漢州懷安石泉大安軍魚關皆水時上流西蕃界古松州江水暴溢龍州敗橋閣五百餘區江油縣溺死者衆三年五月壬辰常德府大雨水浸民田廬乙未潼川府東南江溢後六日又溢浸城外民

廬人徙於山己亥池州大雨水連夕青陽縣山水暴湧漂田廬殺人蓋藏無遺貴池縣亦水庚子涇縣大雨水敗隄圮縣治廬舍六月辛丑建平縣水敗隄入城漂浸民廬甲戌祈門縣水七月壬申天台仙居縣大水連夕漂浸民居五百六十餘壞田傷稼襄陽江陵府大雨水漢江溢敗隄防圮民廬沒田稼者逾旬復州荊門軍水亦如之鎮江府三縣水損下地之稼四年四月上高縣水浸二百餘家五月壬申癸酉奉新縣大雷雨水漂浸八百二十餘家五月辛未丙子鎮江府大雨水浸營壘六千餘區戊寅安豐軍大水

平地三丈餘漂田廬絲麥皆空是月諸暨蕭山宣城寧國縣大水壞田稼廣德軍爲縣水害稼筠州水浸民廬戊寅進賢縣水圮百二十餘家六月丙申興國軍水池口鎮及大冶縣漂民廬有溺死者戊戌靖安縣水漂三百二十餘家是夏江贛州江陵府亦水七月乙酉豐城縣水壬午臨江軍水皆圮民廬丁亥新淦縣漂浸二千三百餘家八月辛丑隆興府水圮千二百七十餘家吉州水漂浸民廬及泰和縣官舍自夏及秋江西九州三十七縣皆水是歲興化軍大風激海濤漂沒田廬尤多五年五月辛未石埭貴池涇

縣皆水圮民廬溺死者衆是月泰州大水七月壬申慈溪縣水漂民廬決田害稼人多溺死乙亥會稽山陰蕭山餘姚上虞縣大風駕海濤壞隄傷田稼八月辛丑錢塘臨安新城富陽於潛縣大雨水餘杭縣尤甚漂沒田廬死者無算安吉縣水平地丈餘平江鎮江寧國府明台溫嚴常州江陰軍皆水是秋武陵縣江溢圮田廬甚衆慶元元年六月壬申台州及屬縣大風雨山洪海濤並作漂沒田廬無算死者蔽川漂沉旬日至于七月甲寅黃巖縣水尤甚常平使者莫漳以緩於振恤坐免七月臨安府水二年秋浙東郡國大水三年九月紹興府屬縣二婺州屬縣二水害稼五年秋台溫衢婺水漂民廬人多溺死衢守張經以匿災怯振坐黜六年五月建寧府嚴衢婺饒信徽南劒州及江西郡縣皆大水自庚午至于甲戌漂民廬害稼嘉泰二年七月丙午上杭縣水圮田廬壞稼民多溺死建安縣漂軍民廬舍百二十餘山摧覆民廬七十七家溺壓死者六十餘丁未長溪縣漂民廬二百八十餘家古田縣漂官舍民廬甚衆溺死者二百七十劒浦縣圮三百五十餘家死者亦衆三年四月江南郡邑水害稼開禧元年九月丙戌漢淮水溢

荊襄淮東郡國水楚州盱眙軍爲甚圮民廬害稼二年五月庚寅東陽縣大水山千七百三十餘所同夕崩洪漂聚落五百四十餘所湮田二萬餘畝溺死者甚衆三年江浙淮郡邑水鄂州漢陽軍尤甚嘉定二年五月己亥連州大水敗城郭百餘丈沒官舍郡庠民廬壞田畝聚落甚多六月辛酉西和州水沒長道縣治倉庫丙子昭化縣水沒縣治漂民廬成州水入城圮壘舍同谷縣及遂寧府閬州皆水七月壬辰台州大風雨激海濤漂圮二千二百八十餘家溺死尤衆三年四月甲子新城縣大水五月嚴衢婺徽州富陽餘杭鹽官新城諸暨淳安大雨水溺死者衆圮田廬市郭首種皆腐行都大水浸廬舍五千三百禁旅壘舍之在城外者半没西湖溢四年七月辛酉慈溪縣大水圮田廬人多溺者八月山陰縣海敗堤漂民田數十里斥地十萬畝五年五月庚戌嚴州水六月丁丑台州及建德諸暨會稽縣水壞田廬六年六月丁丑淳安縣山涌暴水陷清泉寺漂五鄉田廬百八十里溺死者無算巨木皆拔丁亥於潛縣大水戊子諸暨縣風雷大雨山涌暴作漂十鄉田廬溺死者尤多錢塘縣臨安餘杭於潛安吉縣皆水九年五月行

都及紹興府嚴衢婺台處信饒福漳泉州興化軍大水漂田廬害稼十年冬浙江濤溢圮廬舍覆舟溺死甚衆蜀漢二州江没城郭十一年六月戊申武康吉安縣大水漂官舍民廬壞田稼人畜死者甚衆十二年鹽官縣海失故道潮汐衝平野三十餘里至是侵縣治廬州港瀆及上下管黄灣岡等鹽場皆圮蜀山淪入海中聚落田疇失其半壞四郡田後六年始平十四年建康府大水十五年七月蕭山縣大水時久雨衢婺徽嚴暴流與江濤合圮田廬害稼十六年五月江浙淮荊蜀郡縣水平江府湖常秀池鄂楚太平

州廣德軍為甚漂民廬害稼圮城郭隄防溺死者衆鄂州江湖合漲城市沈没累月不泄是秋江溢圮民廬餘杭錢塘仁和縣大水福漳泉州興化軍水壞稼十五六十七年五月福建大水漂水口鎮民廬皆盡候官縣甘蔗砦漂數百家人多溺死建寧府没平政橋入城南劍州圮郡治城樓郡獄官舍城壞民避水樓上者皆死乙卯建昌軍大水城不没者三板漂民廬圮官舍城郭橋梁害稼紹定二年天台仙居縣大水四年沿江水災端平三年三月辛酉蘄州大雨水漂民居是年英德府昭州及襄漢江皆大水嘉熙元年饒信州水二年浙江溢淳祐二年紹興府處婺州水七年福建水十年嚴州水十一年八月甲辰汀州山水暴至漂人民九月江陵水是年江浙多水饒州亦水十二年六月建寧府嚴衢婺信台處南劍州邵武軍大水冒城郭漂室廬死者以萬數寶祐元年七月温台處信饒州大水開慶元年五月己未婺州水漂民廬是歲滁嚴州水景定二年浙東水咸淳六年五月大雨水七年五月甲申諸暨縣大水漂廬舍是月重慶府江水泛溢者三漂城壁壞樓櫓十年三月廬州水四月紹興府大雨水八月臨安府水安吉武

康縣水

太平興國四年八月滑州黎陽縣河清端拱元年二月澶濮二州河清二百餘里大中祥符三年十一月丁酉陝西河清十二月乙巳河再清當汾水合流處清如汾水元豐四年十月環州河水變甘大觀元年八月乾寧軍河清二年十二月陝州河清同州韓城縣郃陽縣至清及百里涉春不變自是迄政和宣和諸路數奏河清輒遣郎官致祭宰臣等率百官拜表賀歲以為常

大中祥符元年二月醴泉出蔡州汝陽鳳原鄉有疾

者飲之皆愈八年十一月通州軍言醴泉出汶山下有疾者飲之皆愈熙寧元年五月京師開化坊醴泉出政和五年正月河陽臺觀醴泉出

志卷第十四

志卷第十五　　宋史六十二

開府儀同三司上柱國錄軍國重事前中書右丞相提調國史領經筵事都總裁臣脫脫等奉

勅修

五行一下　水下

建隆三年春延寧二州雪盈尺溝洫復冰草木不華丹州雪二尺太平興國七年三月宣州霜雪害桑稼雍熙二年冬南康軍大雨雪江水冰勝重載端拱元年閏五月鄆州風雪傷麥淳化三年九月京兆府大雪殺苗稼四年二月商州大雪民多凍死咸平四年三月丁丑京師及近畿諸州雪損桑天禧元年十二月京師大雪苦寒人多凍死路有僵尸遣中使埋之四郊二年正月永州大雪六晝夜方止江陵溪魚皆凍死慶曆三年十二月丁巳大雨雪皇祐四年十二月己丑雪初帝以愆亢責躬減膳每見輔臣憂形於色龐籍等因言臣等不能燮理陰陽而上煩陛下責躬引咎願守散秩以避賢路帝曰是朕誠不能感天而惠不能及民非卿等之過也是夕乃得雪至和元年正月京師大雪貧弱之民凍死者甚衆嘉祐元年正月甲寅朔御大慶殿受朝前一夕殿庭設仗衛既具而大雨雪折宮架是日帝因感風眩促禮行而罷

壬午大雨雪泥塗盡氷都民寒餓死者甚衆元祐二年冬京師大雪連月至春不止久陰恒寒罷上元節游幸降德音諸道八年十一月京師大雪多流民元符二年正月甲辰朔御大慶殿受朝賀以雪罷政和三年十一月大雨雪連十餘日不止平地八尺餘氷滑人馬不能行詔百官乘轎入朝飛鳥多死七年十二月大雪詔收養内外乞丐老幼靖康元年閏十一月大雪盈三尺不止天地晦冥或雪未下時陰雲中有雪絲長數寸墮地二年正月丁酉大雪天寒甚地氷如鏡行者不能定立是月乙卯車駕在青城大雪

數尺人多凍死建炎三年六月寒紹興元年二月寒食日雪五年二月乙巳雨雪六年二月癸卯雪十三年三月癸丑雨雪十七年二月丙申雪十八年二月癸卯雪二十八年三月丙寅雨雪二十九年二月戊戌大雪三十一年正月戊子大雨雪至于己亥禁旅壘舍有壓者寒甚乾道元年二月大雪三月暴寒損苗稼二年春大雨寒至于三月損蠶麥二月丙申雪四年二月癸丑大雪五年二月戊子雪六年五月大風雨寒傷稼七年二月丙辰雨雪淳熙十二年淮水氷斷流是冬大雪自十二月至明年正月或雪或霰或雹或雨水氷沍尺餘連日不解台州雪深丈餘凍死者甚衆十六年四月戊子天水縣大雨雪傷麥紹熙元年三月留寒至立夏不退十二月建寧府大雪深數尺查源洞寇張海起民避入山者多凍死二年正月行都大雪積沍河氷厚尺餘寒甚是春雷雪相繼凍雨彌月四年二月己未雪慶元五年二月庚午雪六年二月乙酉雪五月亡暑氣凜如秋開禧三年二月戊申雪嘉定元年二月甲寅雪四年二月丙子雪六年二月丁亥雪六月亡暑夜寒九年二月乙酉丙申雪十年二月庚申壬戌雪十七年三月癸丑雪

寶慶元年四月辛卯雪紹定四年二月己巳雨雪六年三月壬子雨雪端平元年二月癸酉雨雪二年三月乙未雨雪嘉熙二年二月乙未雨雪淳祐六年二月壬申雨雪寶祐元年二月壬子雨雪二年三月戊子雨雪六年二月雨雪開慶元年二月庚辰雨雪景定五年二月辛亥雨雪

建隆三年春猷次縣隕霜殺桑民不蠶淳化三年三月商州霜花皆死景德四年七月渭州瓦亭砦早霜傷稼大中祥符九年十二月大名澶相州並霜害稼至和二年河東自春隕霜殺桑紹興七年二月庚申

霜殺桑稼淳熙十六年七月階城鳳泗和州霜殺稼
幾盡紹熙三年九月丁未和州隕霜連三日殺稼是
月淮西郡國稼皆傷嘉熙元年三月霜
建隆元年十月臨清縣雨雹傷稼二年七月義川雲
岩二縣大雨雹四年七月海州風雹乾德二年四月
陽武縣雨雹宋州寧陵縣風雨雹傷民田六月潞州
風雹七月同州郃陽縣雨雹害稼八月膚施縣風雹
霜害民田三年四月尉氏扶溝二縣風雹害民田桑
棗十損七八開寶二年風雹害夏苗太平興國二年
六月景城縣雨雹七月永定縣大風雹害稼五年四
月冠氏安豐二縣風雹七年五月蕪湖縣雨雹傷稼
八年五月相州風雹害民田端拱元年三月霸州大
雨雹殺麥苗閏五月潤州雨雹傷麥淳化元年六月
許州大風雹壞軍營民舍千一百五十六區魚臺縣
風雹害稼至道二年十一月代州風雹傷田稼咸平
元年九月定州北平等縣風雹傷稼三年四月丁巳
京師雨雹飛禽有隕者六年四月甲申京師暴雨雹
如彈丸大中祥符三年丙申京師雨雹五年八月丙
辰京師雨雹天禧元年九月鎮戎軍彭城砦風雹害
民田八百餘畝天聖元年五月丙辰大雨雹二年七

月壬午大雨雹六年京師雨雹嘉祐四年四月丙戌
震雷雨雹熙寧元年秋鄜州雨雹三年七月七年四
月五月京師雨雹八年夏鄜州涇州雨雹九年二月
京師雨雹十年夏鄜州雨雹秦州大雨雹紹聖三年
十月辛未西南方有雷聲次大雨雹四年閏二月癸
卯京師雨雹自辰至申建中靖國元年二月丙申京
師雨雹五月辛酉京師大雨雹崇寧三年十月辛丑
京師雨雹大觀元年十月己巳三年五月戊申京師
大雨雹政和七年六月京師大雨雹皆如拳或如一
升器幾兩時而止宣和四年二月癸卯京師雨雹四
年三月朔雨雹靖康元年十二月己卯庚辰京師雨
雹建炎三年八月甲戌大雨雹紹興元年二月壬辰
高宗在越州雨雹震雷二年二月丙子臨安府大雨
雹三年正月雨雹震雷四年三月己未大雨雹傷稼
五年閏月乙巳朔雨雹而雪十月丁未夜秀州華亭
縣大風電雨雹大如荔枝實壞舟覆屋十二月戊辰
雨雹七年二月癸丑雨雹先一夕雷後一日雪癸丑
又雹八年六月丙辰大雨雹九年二月甲戌雨雹傷
麥十二月辛未雨雹十年二月辛亥大雨雹十二月
庚辰雨雹十一年正月辛酉雨雹十三年二月甲子

雨雹傷麥五月戊午夜雹七月庚午壬申雹害稼十一月己未雨雹十七年正月庚辰雨雹五月丙寅又雹二十一年三月己卯雹傷禾麥二十八年四月辛亥雨雹二十九年二月戊戌雹損麥隆興元年三月丙申夜雨雹二年二月丁丑雹與霰俱四月庚午雹六月雨雹七月丁未雨雹十月辛卯雨雹十二月己亥雨雪而雹閏月雨雹乾道元年二月庚寅夜雹二年十月辛卯雨雹三年二月壬午雪癸未雹四年正月癸未夜雹有霰二月丁酉癸丑雨雹乙卯雹而雪五年二月丙午雹損麥六年二月壬午亦如之八年

七月壬辰雨雹淳熙三年四月丁亥雨雹癸巳天台臨海二縣大風雹傷麥四年正月建康府雨雹五月丙寅雨雹五年建康府雨雹者再六年正月丁丑雹傷麥三月壬申夜大雨雹八年十二月甲寅雨雹十二年二月辛酉夜雨雹十三年閏月丙午雨雹十五年二月丁亥雨雪而雹六月丁卯雨雹十六年二月己卯雹而雨紹熙元年二月丙申雪丁酉雹二年正月戊寅大雨雹霰雷電以雨至二月庚辰大雪連數日是月庚寅朔建寧府大風雨雹仆屋殺人三月癸酉大風雨雹大如桃李實平地盈尺壞廬舍五千餘

家禾麻蔬果皆損瑞安縣亦如之壞屋殺人尤衆秋祐川縣大風雹壞粟麥慶元三年二月戊辰雪己巳雹四月乙丑雨雹大如桮破瓦殺燕爵嘉泰元年三月丙寅雨雹三日五月丁丑雨雹七月癸亥大雨而雹二年四月庚寅雨雹傷稼六月庚子大風雹而寒四年正月壬辰雪而雹開禧二年正月己酉雹而雷嘉定元年閏月壬申雨雹害稼二年三月乙未雨雹六年夏江浙郡縣多雨雹害稼十五年九月癸丑大霰雨雹十六年秋雨雹紹定元年五月丁酉雨雹五年九月壬寅雨雹六年三月丙辰大雨雹端平二年

五月乙未雹三年六月庚戌雨雹嘉熙元年二月壬辰雨雹淳祐二年四月壬申雨雹八年二月壬辰雨雹三月乙丑雨雹九年正月雨雹寶祐三年五月嘉定府大雨雹開慶元年五月辛亥雨雹景定元年二月庚申雨雹

建隆四年四月癸巳宿州晝日無雨雷霆暴作軍校傅韜震死是夜夜半雷起于京師開封縣署役夫劉延嗣萬進震死頃之復蘇有煙焰自牖入室因駭仆徧體焦灼乾德二年正月辛巳雷起京師西南東行有電五月戊寅大名府大雨雷震焚藁聚四年七月海

州雷震長吏廳傷刺史梁彥超開寶七年六月易州
雷震死耀武軍士八人八年八月邛州延貴鎮震死
民費貴及其子四人太平興國二年七月景城縣震
死牛商馮異端拱二年八月興化軍民劉政震死有
文在胸曰大不孝淳化三年七月泗州大風雨震僧
伽塔柱至道元年三月甲戌雷未發聲召司天監寺
趙昭問之荅云按占書雷不發聲寬政之應也七月
泗州大風雨雷震僧伽塔及壞鐘樓咸平元年正月
戊寅京師西北有雷雹十一月瀛州順安軍並東北
有雷三年冬黃州西北雷震似盛夏時十二月真定

府東南雷四年十月乙巳京師西南雷雹閏十二月
大名府雷六年十一月甲午京師暴雷震司天言國
家發號布德未及黎庶時議改元肆赦詔宰相增廣
條目采民病悉除之景德三年九月丙寅夕京師大
震雷大中祥符元年正月癸未京師西北方雷五年
十二月己巳京師西北雷雹九年五月殿中張信奉
南海祝版乘驛至唐州震死嘉祐四年四月丙戌大
震雷雨雹慶曆六年五月雷雹地震紹聖三年十月
十五日西南方有雷聲次雨雹大觀三年十月戊子
大雷雹而雨建炎四年正月己未雷時御舟次溫州

章安鎮高宗謂宰臣曰雷聲甚厲前史以爲君弱臣
強四夷兵不制是夕金人破明州壬戌又雷紹興五
年九月戊寅雷十月丁巳雷六年十月丙午雷九年
九月甲午十月丁卯雷十一年十一月己酉雷十五
年十月辛卯十二月甲寅雷十六年溫州大雷雹震
死六人於龍翔寺十八年閏月甲戌雷十九年十月
甲寅雷二十一年二月辛未南安軍大雷雹大庾縣
震死四人十一月辛未夜震雷十二月癸酉雷二十
二年十二月戊寅己卯雷二十六年十二月甲子雷
二十七年九月癸未雷三十一年正月丁丑雷乾道

三年十一月丙寅雷雨不克郊戊辰日南至大震雷
八年九月乙酉雷九年閏月癸卯雷淳熙九年九月
壬午雷十二年十一月戊子雷十二月丁丑雷十三
年正月己丑雷後三十五日雪十四年十一月乙卯
雷十六年七月乙丑大雷震太室齋殿東鴟吻紹熙
元年九月辛酉雷十一月壬午日南至郊祀風雨大
至帝震恐因致疾四年十一月己卯日南至辛巳雷
五年十月癸巳大雷雹慶元二年正月戊子雷十一
月雷三年十月癸亥雷六年九月己未雷嘉泰二年
正月己巳雷三年正月雷四年正月辛卯雷開禧二

年正月雪雷九月雷三年十月辛未癸酉雷嘉定二年九月戊子雷三年正月雷十月壬申雷八月辛丑九月辛酉雷四年九月雷五年七月戊辰雷雨震太室之鴟吻十月丁酉雷六年閏月壬辰雷震電乙未昧爽洊雷七年九月癸亥雷八年九月丙寅雷十一年九月辛巳祀明堂肆赦震雷十四年十月庚午雷十五年九月癸丑雷十六年九月乙卯十二月壬辰雷十七年九月丁亥雷寶慶二年九月庚申十月辛丑雷紹定二年九月庚辰雷五年九月壬寅雷端平二年十二月辛亥雷三年九月庚午雷是月祀明堂

大雨震電十月戊戌雷嘉熙元年九月丁巳雷二年九月己酉十月庚戌雷淳祐元年十二月丙寅雷二年九月己丑雷三年三月丙辰雷十年十一月壬午雷十二年十二月丁丑雷寶祐三年九月雷開慶元年十月乙酉雷景定二年十月戊戌雷電己亥雷電咸淳四年閏月丁巳九月庚申雷九年十月癸亥十二月丙辰壬戌雷建炎七年五月汴京無雲而雷紹興三十年十月壬戌晝漏半無雲而雷癸亥日過中無雲而雷淳熙十四年六月甲申昧爽禱雨太乙宮乘輿未駕有大聲自內發及和寧門人馬辟易相踐有失巾屨者

至道元年十二月廣州大魚擊海水而出魚死長六丈三尺高丈餘政和七年夏中有二魚落殿中省廳屋上宣和二年三月內出魚紕赤色蔡京等乞付史館拜表賀紹興十八年漳浦縣崇照鹽場海岸連有巨魚高數丈割其肉數百車剜目乃覺轉鬣而傍艦皆覆又漁人獲魚長二丈餘重數千斤剖之腹藏人髑髏髮如生二十四年□月海鹽縣海洋有巨鰍群鰕從之聲若謳歌抵岸偃沙上猶揚鬐撥剌其高齊縣門乾道六年行都北闕有鮎魚色黑腹下出人手

於兩傍各具五指七年十一月丁亥洞庭湖巨魚走沙擁舟身廣長皆丈餘升舟以首足壓重艦沒水淳熙十三年二月庚申錢塘龍山江岸有大魚如象隨潮汐復逝十六年六月甲辰錢塘旁江居民得魚備五色鯽首鯉身民詭言憂得魚覺而在手猶躍事聞有司令縱之慶元三年二月饒州景德鎮漁人得魚頳尾鯉鱗而首異常魚鎮之老人言其不祥紹興二年嘗出後為水災蓋是歲五月鎮果大水皆魚孽也嘉定十七年海壞鹽縣鹽官地數十里先是有巨魚橫海岸民臠食之海患共六年而平

建隆元年七月澶州蝗二年五月范縣蝗三年七月
深州蝻蟲生四年六月澶濮曹絳等州有蝗七月懷
州蝗生乾德二年四月相州蝻蟲食桑五月昭慶縣
有蝗東西四十里南北二十里是時河北河南陜西
諸州有蝗三年七月諸路有蝗開寶二年八月冀磁
二州蝗太平興國二年閏七月衛州蝻蟲生六年七
月河南府宋州蝗七年四月北陽縣蝻蟲生有飛鳥
食之盡滑州蝻蟲生是月大名府陜州陳州蝗七月
陽穀縣蝻蟲生雍熙三年七月鄄城縣有蛾蝗自死
淳化元年七月淄澶濮州乾寧軍有蝗滄州蝗蝻蟲

食苗棣州飛蝗自北來害稼三年六月甲申京師有
蝗起東北趣至西南蔽空如雲翳日七月貝許滄沂
蔡汝商兗單等州淮陽軍平定彭城軍蝗蛾抱草自
死至道二年六月亳州宿密州蝗生食苗七月長葛
陽翟二縣有蝻蟲食苗歷城長清等縣有蝗三年七
月單州蝻蟲生景德二年六月京東諸州蝻蟲生三
年八月德博蝝生四年九月宛丘東阿須城三縣蝗
大中祥符二年五月雄州蝻蟲食苗三年六月開封
府尉氏縣蝻蟲生四年六月祥符縣蝗七月河南府
及京東蝗生食苗葉八月開封府祥符咸平中牟陳

留雍丘封丘六縣蝗九年六月京畿京東西河北路
蝗蝻繼生彌覆郊野食民田殆盡入公私廬舍七月
辛亥過京師群飛翳空延至江淮南趣河東及霜寒
始斃天禧元年二月開封府京東西河北河東陜西
兩浙荆湖百三十州軍蝗蝻復生多去歲蟄者和州
蝗生卵如稻粒而細六月江淮大風多吹蝗入江海
或抱草木僵死二年四月江陰軍蝻蟲生天聖五年
七月丙午邢洺州蝗甲寅趙州蝗十一月丁酉朔京
兆府旱蝗六年五月乙卯河北京東蝗景祐元年六
月開封府淄州蝗諸路募民掘蝗種萬餘石寶元二

年六月癸酉曹濮單三州蝗四年淮南旱蝗是歲京師
飛蝗蔽天皇祐五年建康府蝗熙寧元年秀州蝗五
年河北大蝗六年四月河北諸路蝗是歲江寧府飛
蝗自江北來七年夏開封府界及河北路蝗七月咸
平縣鸜鵒食蝗八年八月淮西蝗陳潁州蔽野九年
夏開封府畿京東河北陜西蝗元豐四年六月河北
蝗秋開封府界蝗五年夏又蝗六年夏又蝗五月沂
州蝗元符元年八月高郵軍蝗抱草死崇寧元年夏
開封府界京東河北淮南等路蝗二年諸路蝗令有
司酺祭三年四年連歲大蝗其飛蔽日來自山東及

府界河北尤甚宣和三年諸路蝗五年蝗建炎二年六月京師淮甸大蝗八月庚午令長吏修酺祭紹興二十九年七月盱眙軍楚州金界三十里蝗為風所墮風止復飛還淮北三十二年六月江東淮南北郡縣蝗飛入湖州境聲如風雨自癸巳至于七月丙申徧于畿縣餘杭仁和錢塘皆蝗丙午蝗入京城八月山東大蝗癸丑頒祭酺禮式隆興元年七月大蝗八月壬申癸酉飛蝗過都蔽天日徽宣湖三州及浙東郡縣害稼京東大蝗襄隨尤甚民為乏食二年夏餘杭縣蝗乾道元年六月淮西蝗憲臣姚岳貢死蝗為瑞以佞坐黜淳熙三年八月淮北飛蝗入楚州盱眙軍界如風雷者逾時遇大雨皆死稼用不害九年六月全椒歷陽烏江縣蝗乙卯飛蝗過都遇大雨墮仁和縣界七月淮甸大蝗真揚泰州窖撲蝗五千斛餘郡或日捕數十車群飛絶江墮鎮江府皆害稼十年六月蝗遺種于淮浙害稼十四年七月仁和縣蝗紹熙二年七月高郵縣蝗至于泰州五年八月楚和州蝗嘉定二年浙西諸縣大蝗自丹陽入武進若煙霧蔽天其墮亘十餘里常之三縣捕八千餘石湖之長興捕數百石時浙東近郡亦蝗開禧三年夏秋久旱

大蝗群飛蔽天浙西豆粟皆既于蝗嘉定元年五月江浙大蝗六月乙酉有事于圜丘方澤且祭酺七月又酺頒酺式于郡縣二年四月又蝗五月丁酉令諸郡修酺祀六月辛未飛蝗入畿縣三年臨安府蝗七年六月浙郡蝗八年四月飛蝗越淮而南江淮郡蝗食禾苗山林草木皆盡乙卯飛蝗入畿縣己亥祭酺令郡有蝗者如式以祭自夏徂秋諸道捕蝗者以千百石計饑民競捕官出粟易之九年五月浙東蝗丁巳令郡國酺祭是歲薦饑官以粟易蝗者千百斛十年四月楚州蝗紹定三年福建蝗端平元年五月當塗縣蝗嘉熙四年建康府蝗淳祐二年五月兩淮蝗景定三年八月兩浙蝗

紹興十年春有野豕入海州市民刺殺之時州已陷夏鎮江軍帥王勝攻取之明年以其郡屬金悉空其民乾道六年南雄州民家豕生數豚首各具他獸形有類人者慶元初樂平縣民家豕生豚與南雄同而更具他獸蹄三年四月餘干縣民家豕生八豚其二為鹿古田縣豕食嬰兒淳化三年六月黑風晝晦景祐四年七月黑氣長丈餘出畢宿下康定元年黑風晝晦元豐末嘗有物大如席夜見寢殿上而神宗崩

元符末又數見而哲宗崩至大觀間漸晝見政和元年以後大作每得人語聲則出先若列屋摧倒之聲其形廑丈餘髣髴如龜金眼行動硜硜有聲黑氣蒙之不大了了氣之所及腥血四灑兵刃皆不能施又或變人形亦或為驢自春歷夏晝夜出無時遇冬則罕見多在掖庭宮人所居之地亦嘗及內殿後習以為常人亦不大怖宣和末寖少而亂遂作政和三年夏至宰臣何執中奉祀北郊有黑氣長數丈出自齋宮行一里許入壝壝繞祭所皆近人穿燈燭而過俄又及於壇禮將畢不見宣和中洛陽府畿間忽有物

如人或蹲踞如犬其色正黑不辨眉目始夜則掠小兒食之後雖白晝入人家為患所至喧然不安謂之黑漢有力者夜執槍棒自衛亦有託以作過者如此二歲乃息已而北征事起卒成金人之禍三年春日有眚忽青黑無光其中洶洶而動若鋌金而湧沸狀日旁有黑正如水波周迴旋繞將暮而稍止建炎三年二月甲寅日初出兩黑氣如人形夾日旁至巳時乃散乾道四年春舒州雨黑米堅如鐵破之米心通黑淳熙十一年二月臨安府新城縣深浦天雨黑水終夕十六年六月行都錢塘門啓黑風入揚沙石慶

元元年徽州黃山民家古井風雨夜出黑氣波浪噴湧

咸平元年五月撫州王羲之墨池水色變黑如雲大中祥符元年五月丁丑泰山王母池水變紅紫色四年二月己未河中府寶鼎縣瀵泉有光如燭焰四五炬其聲如雷三年八月解州塩池紫泉場也次二年里許不種自生其味特嘉命屯田員外郎何敏中往祭池廟八月東池水自成塩僅半池潔白成塊晶瑩異常祀汾陰經度制置使陳堯叟繼獻凡四千七百斤分賜近臣及諸列校紹興十四年樂平縣河衝里

田隴數十百頃田中水類為物所吸聚為一直行高平地數尺不假隄防而水自行里南程氏家井水溢亦高數尺夭矯如長虹聲如雷穿墻毀樓二水鬪于杉墩且前且郤約十刻乃解各復故

天聖四年十月甲午昏霧四塞靖康元年正月丁未霧氣四塞對面不見建炎二年十一月甲子北京大霧四塞是夕城陷三年三月車駕發溫州航海乙丑次松門海中白霧晝晦六月久陰四年三月乙丑四方霧下如塵紹興三年自正月陰晦陽光不舒者四十餘日五年正月甲申霧氣昏塞七月劉豫毀明堂

天地晦冥者累日七年氛氣翳日八年三月甲寅晝
晦日無光陰霧四塞乙卯晝夜雲氣昧濁四月積雨
方止氛霧四塞晝日無光隆興元年五月丙午朝霧
四塞二年六月積陰弥月乾道二年十一月久陰五
年正月甲申晝蒙六年五月連陰六月日青無光淳
熙六年十一月乙丑晝蒙十三年正月丁亥亦如之
慶元二年二月己卯晝暝四方昏塞三年二月丁卯
晝晦昏霧四塞六年十二月辛卯嘉定三年正月丙
午十年正月乙未十三年三月壬辰皆晝蒙
建炎四年三月辛亥白虹貫日紹興八年三月辛巳

白虹亘天二十七年二月壬寅白虹貫日三十年十
二月辛酉曲虹見日之西乾道三年十月丙申虹見
淳熙元年十月戊寅曲虹見日東二年十月庚辰虹
見五年十月丁巳曲虹見日東慶元元年正月丙辰
白虹貫日嘉泰三年七月壬午亦如之四年十一月
虹見嘉定十一年二月丙辰白虹貫日嘉熙三年十
月乙丑虹見四年二月辛丑白虹貫日淳祐十年十
二月丁巳虹見寶祐五年十月虹見
太祖從周世宗征淮南戰于江亭有龍自水中向太
祖奮躍乾德五年夏京師雨有黑龍見尾于雲際自

西北趨東南占主大水明年州府二十四水壞田廬
開寶六年四月單父縣民王美家龍起井中暴雨飄
廬舍失族屬及壞舊鎮廨舍三百五十餘區大木皆
折七年六月棣州有火自空墮于城北門樓有物抱
東柱龍形金色足三尺許其氣甚腥旦視之壁上有
煙痕爪跡三十六大中祥符二年八月青蛇出無為
軍廨長數尺宣和元年夏雨晝夜凡數日及霽開封
縣前茶肆中有異物如犬大蹲踞卧榻下細視之身
僅六七尺色蒼黑其首類驢兩頰作魚頷而色正綠
頂有角生極長於其際始分兩歧聲如牛鳴與世所

繪龍無異茶肆近軍器作坊兵卒來觀共殺食之已
而京城大水訛言龍復讐云紹興初朱勝非出守江
州過梁山龍入其舟纔長數寸赤背綠腹白尾黑爪
甲目有光近龍孽也行都柴垛橋旌忠廟三蛇出沒
庭廡大者盈尺方鱗金色首脊有金錢遇霽或變化
數百于蕉卉間廟徙而蛇孽亦絕十一年四月衡山
縣淨居巖有蛇長二丈身圍數尺黑色而方文震死
山水大至先是山氣遇夜輒昏昧蛇斃始明二十五
年六月湖口縣赤龍橫水中如山寒風怒濤覆舟數
十艘士卒溺者數十人三十年春宜黃縣大蛇見于

丞治長二丈捕之縱數里外俄復至者數四乾道五年七月乙亥武寧縣龍鬭于復塘村大雷雨二龍奔逃珠墜大如車輪牧童得之自是連歲有水災

太平興國三年靈州獻官馬駒足有二距雍熈二年虔州吏李祚家馬生駒足有距四年鄜州直羅縣民高英家馬生前兩足如牛端拱二年夏州民程真家馬生二駒大中祥符九年十二月大名監馬生駒赤色肉尾無騣宣和五年馬生兩角長三寸四足皆生距時北方正用兵紹興八年廣西海壖有海獸如馬蹄鬣皆丹夜入民舍聚衆殺之明日海溢環村百餘

家皆溺死近馬禍也五年廣西市馬全綱疫死淳熈六年十二月宕昌西馬金州馬皆大疫十二年黎雅州獻馬有角長二寸京房易傳曰臣易上政不順厥妖馬角茲謂賢士不足紹興元年二月丙申右丞相留正乘馬早朝入禁扉馬斃近馬禍也嘉定五年正月史彌遠入賀于東宮馬驚墮地衣幘皆敗其額微損事與上同

建隆元年雄州歸義軍民劉進妻產三男二年孟州民孟福定州民孟公禮等妻各產三男三年齊州晉州大旱民家多生魃龍岡縣民林嗣妻京師龍捷軍

卒宜超妻產三男乾德三年江陵府民劉暺妻產三男四年安州驍健軍卒趙遠妻產三男五年光州民高輿德州民趙嗣乾寧軍卒王進妻產三男開寶元年沂州民王政澶州民謝興妻產三男二年閬州民孫延廣開州民董遠妻產三男七年青城縣王宥妻產三男河南府民劉元妻產三男太平興國二年邢州招收軍卒李遇汝州歸化軍卒魚覇常州民謝祚妻產三男晉原縣民楊萬妻產三男七年澶州龍衛軍卒靳興普州民鄭彥福妻產三男汾州民鄭訓妻產三女鴈門縣民劉習妻產四男滑州歸化軍卒安

旺妻產二男一女八年揚州順化軍卒俞釗溫州民李遇榮州民李祚妻產三男九年揚子縣民妻生男毛被體半寸餘面長頂高烏肩眉毛麤密近髮際有毛兩道軟長眉紫脣紅耳厚鼻大類西域僧至三歲畫圖以獻雍熈二年奉新縣民何靖妻產三男三年魯山縣民張美相州林慮縣民張欽妻產三男四年晉原縣民周承暺固始縣民楊昇妻產三男端拱元年祁州民馮遇妻產三男二年齊州民徐美并州民侯遠常州卒徐流妻產三男淳化元年正月河陽縣民王斌新息縣民李珪妻產三男八月汾州悉達院

僧智嚴頭生角三寸二年晉陵縣民黄釗南充縣民
彭公覇龍陽縣民周信王屋縣民李清臨清縣民國
忠鄰水縣吏謝元昇奉化縣卒朱旺妻產三男瀛州
民胡立邢州民高德妻產三男四年邯鄲縣民鄭安
河間縣民王希華安州民宋和妻產三男五年雍丘
縣營卒盛泰妻產三男至道元年保州敵軍校李深
宋城縣民王洽臨淮縣民賀用永清縣民董美鄄城
縣民馬方妻產三男二年安豐縣民王構伊陽縣民
張壽成都縣民彭操妻產三男三年汾州民趙演沂
州民李嗣南劒州民劉相饒安縣民睦鸞衛州宣武

軍卒李筠妻產三男咸平元年台州永安縣王旺澶
州靜戎軍卒鄭穗妻產三男華縣民懷梁獲嘉縣民
王貴永康縣民羅彥瑫温縣民楊榮毗陵縣民魏吉
妻產三男三年睢縣民朱進鄆州武威軍卒徐遶深
州民彭遠妻產三男四年望都縣民郭瑩邕州澄海
軍卒梁濟妻產三男五年夏津縣民趙替妻產三男
六年石城縣民劉誂堂邑縣民戴興妻產三男平鄉
縣民郭讓妻產四男景德元年南昌縣民李聰妻產
三男二年奉新縣民魏勇妻產三男四年八作司匠
趙榮南頓縣民任登老棗強縣民張緒妻各產三男

大中祥符元年高郵軍民王言妻產四男二年嶧縣
民張留清平軍民楊泉妻產三男三年獲嘉縣民馮
可妻產三男宋城縣民李悔妻產二男二女四年河
池縣民馮守欽妻產三男五年大名府宣勇軍卒徐
璘贊皇縣民李釗妻產三男七年銅鞮縣民李謙宋
城縣民白德霍丘縣民朱璘平涼縣民焦思順妻產
三男八年河南府民宋冉與眞陽縣民周元歷亭縣
民田用侯言霍丘縣民王忠杜戩濮陽縣民衛志聰
定州驍武軍卒張吉雍丘縣懷勇軍卒黄進妻產三
男永嘉縣民張保妻產四男九年曹州雄勇軍卒聶

德瀛州民劉元澧州民張貴廣州民劉吉妻產三男
天禧元年連江縣民陳覇妻產三男三年錢塘縣民
謝文信遂安縣民李承遇妻產三男四年孝感縣民
杜明平恩縣民劉順妻產三男七月耒陽縣民張中
妻產三男其額有白誌方寸餘上生白髮自天聖迄
治平婦人生四男者二生三男者四十四生二男一
女者一熙寧元年距元豐七年郡邑民家生三男者
八十四而四男者一三男一女者一元豐八年至元
符二年生三男者十八而四男者二三男一女者一
元符三年至靖康生三男者十九而四男者一前志

以為人民蕃息之驗宣和六年都城有賣青果男子孕而生子蓐母不能收易七人始免而逃去豐樂樓酒保朱氏子之妻可四十餘楚州人忽生髭長僅六七寸疏秀而美宛然一男子特詔度為女道士紹興三年建康府桐林灣婦產子肉角有齒是歲人多產鱗毛二十年八月真符縣民家一產三男隆興元年建康民流寓行都而婦產子二首具羽毛之形乾道五年衡湘間人有化為虎者餘杭縣婦產子青而毛二肉角又有二家婦產子亦如之皆連體兩面相鄉三家才相距一二里潮州城西婦孕過期產子如指

大五體皆具者百餘蠕蠕能動淳熙十年番易南鄉婦產子肘各有二臂及長鬭則六臂並運十三年行都有人死十有四日復生十一月辛未鄧家巷婦產肉塊三其一直目而橫口十四年六月臨安府浦頭婦產子生而能言四日暴長四尺紹熙元年三月癸酉行都市人夜以殺相驚奔迸者良久乃定是歲峴山縣工采石而山壓三年六月它工采石鄰山聞其聲呼相應答如平生其家鑿石出之見其妻喜曰久閉乍風肌膚如裂俄頃聲微噤不語化為石人貌如生慶元元年樂平縣民婦產子有尾永州民產子首

有角腋有肉翅二年七月進賢縣婦產子亦如之而面有三目嘉定四年四月鎮江府後軍妻生子一身二首而四臂

淳化五年六月京師疫遣太醫和藥救之至道三年江南頻年多疾疫大觀三年江東疫建炎元年三月金人圍汴京城中疫死者幾半紹興元年六月浙西大疫平江府以北流屍無算秋冬紹興府連年大疫官募人能服粥藥之勞者活及百人者度為僧三年二月永州疫六年四月川疫十六年夏行都疫二十六年夏行都又疫高宗出柴胡製藥活者甚衆隆興二

年冬淮甸流民二三十萬避亂江南結草舍徧山谷暴露凍餒疫死者半僅有還者亦死是歲浙之飢民疫者尤衆乾道元年行都及紹興府飢民大疫浙東西亦如之六年春民以冬燠疫作八年夏行都民疫及秋未息江西飢民大疫隆興府民疫遭水患多死淳熙四年真州大疫八年行都大疫禁旅多死寧國府民疫死者尤衆十四年春都民禁旅大疫浙西郡國亦疫十六年潭州疫紹興二年春涪州疫死數千人三年資榮二州大疫慶元元年行都疫二年五月行都疫三年三月行都及淮浙郡縣疫嘉泰三年五

月行都疫嘉定元年夏淮甸大疫官募掩骼及二百人者度為僧是歲浙民亦疫二年夏都民疫死甚衆淮民流江南者飢與暑并多疫死三年四月都民多疫死四年三月亦如之十五年贛州疫十六年永道二州疫德祐元年六月庚子是日四城遷徙流民患疫而死者不可勝計天寧寺死者尤多二年閏三月數月間城中疫氣薰蒸人之病死者不可以數計

熙寧元年七月戊子夜西南雲間有聲鳴如風水相激寖周四方主民勞兵革歲動六年七月丙寅夜西北雲間有聲如磨物主百姓勞七年七月庚子夜西北天鳴主驚憂之事紹興二十一年八月乙亥天有聲如雷水響于東南四日乃止開禧元年六月壬寅天鳴有聲

天禧三年正月晦沈丘縣民駱新田聞震頃之隕石入地七尺許淳熙十六年三月壬寅隕石于楚州寶應縣散如火甚臭腥慶元二年六月辛未黃巖縣大石自隕雷雨甚至山水瀵湧

志卷第十五

志卷第十六　宋史六十三

開府儀同三司上柱國錄軍國重事前中書右丞相提調國史領經筵事都總裁臣脫脫等奉

敕撰

五行二上　火

炎上火之性也火失其性則為災昔舊說以恒燠草妖羽蟲之孽羊禍赤眚赤祥之類皆屬之火今從之

建隆元年宿州火燔民舍萬餘區二年三月內酒坊火燔舍百八十區酒工死者三千餘三年正月滑州甲仗庫火燔儀門及軍資庫一百九十區兵器錢帛並盡開封府通許鎮民家火燔廬舍三百四十餘區

二月安州牙吏施延業家火燔民舍并顯義軍營六百餘區五月京師相國寺火燔舍數百區海州火燔數百家死者十八人乾德四年二月岳州衙署廩庫火燔市肆民舍殆盡官吏踰城僅免三月陳州火燔民舍數十區潭州火燔民舍五百餘區踰月民周澤家火又燔倉廩民舍數百區死者三十六人是春諸州言火者甚衆八月衡州火燔公署倉庫民舍僅千餘區五年京師建隆觀火開寶三年八月辰州廨火燔軍資庫五年七月忠州火倉庫殆盡七年九月永城縣火燔民舍一千八百餘區八年四月洋州火燔

州廨民舍千七百區永城縣火燔軍營民舍千九百八十區死者九人太平興國七年八月益州西倉災雍熙元年五月丁丑乾元文明二殿災初夕陰雲雷震火起月華門翌日辰巳方止二年九月庚寅夜楚王元佐宮火燔舍數百區王自是以疾廢于家三年光化軍民郤勲家火延燔軍廨舍庫端拱元年二月雲安軍威棹營火二年三月衡州火燔州縣官舍倉庫軍營三百餘區又崇賢坊有烏燔數十處七日不滅淳化三年十月蔡州懷慶軍營火燔汝河橋民居官舍三千餘區死者數人十二月建安軍城西火燔

民舍官廨等殆盡四年二月永州保安津舍火飛焰過江燒州門及民屋三百餘家咸平二年四月池州倉火燔米八萬七千斛景德元年正月平虜軍營火焚民居廬舍甚衆四年十一月鄆州火燔倉庫並盡大中祥符元年正月桂州甲仗庫災二年四月昇州火燔軍營民舍殆盡四年八月徐州草場火十月鎮州城樓戰棚火七月雄州甲仗庫火八年二月甲寅宗正寺火四月壬申夜榮王元儼宮火自三鼓北風甚癸酉亭午乃止延燔左承天祥符門内藏庫朝天殿乾元門崇文院祕閣天書法物内香藏庫九年五

月甲子左天廐坊草場火天禧二年二月戊寅北宅蔡州團練使德雍火延燔數百區三年春京師多火六月永州軍營火延民舍數百餘區五年四月丁巳事材場火天聖三年二月丁卯蘄州榷貨務火五年四月壬辰壽寧觀火七年六月丁未玉清昭應宮災初大中祥符元年詔建宮以藏天書七年宮始成凡二千六百一十楹至是火發夜中大雷雨至曉而盡明道元年八月壬戌修文德殿成是夜禁中火延燔崇德長春滋福會慶崇徽天和承明八殿景祐三年七月庚子太平興國寺火起閣中延燔開先殿及寺

舍數百楹是夕大雨雹十月己酉澶州橫龍水口西岸料物場火焚薪芻一百九十餘萬寶元二年六月丁丑益州火焚民廬舍二千餘區康定元年六月乙未南京鴻慶宮神御殿火慶曆元年五月癸亥慶州草場火延燔州城樓櫓三年十一月丙寅上清宮火四年三月丙戌夜代州五臺山寺火六月丁未開寶寺靈感塔災七月甲子燕王宮火六年七月辛丑洪福禪院火八年正月壬午江寧府火初李景江南大建宮室府寺其制多倣帝室至是一夕而焚唯燭殿獨存皇祐五年正月丁巳會靈觀火至和元年四月

辛丑祥元觀火二年并州太宗神御殿火嘉祐三年正月温州火燔屋萬四千間死者五十人治平四年十二月壬子夜睦親宫火焚九百餘間甲寅廣親宫又火熙寧六年二月丙申永昌陵上宫火燔東城門七年九月壬子三司火自巳至戌焚屋千八百楹案牘殆盡十一月洞真宫火九年十月曾王濮王宫火十年正月仙韶院火撤屋二百五十楹三月丙子開封府火元豐元年八月邕州火焚官舍千三百四十六區諸軍衣萬餘襲穀帛軍器百五十萬四年六月衞州火燒官舍民居七千二百楹欽州大雷震火焚

城屋五年二月洞真宫火八年二月辛巳開寶寺火時寓禮部貢院於寺點校試卷官翟曼陳之方馬希孟焚死吏卒死者十四人元祐元年三月宗室宫院火六年十二月開封府火紹聖三年三月七日内尚書省火尋撲滅上諭執政禁中屢火方醮禳已罷春宴仍不御垂拱殿三日四年七月甲子禁中火元符元年四月宗室宫院火建中靖國元年六月壬寅集禧觀火大雨中久而後滅崇寧二年六月中太乙宫火三年三月辛丑大内火政和三年四月蘇州火延燒公私屋一百七十餘間五月封州火延燒公私屋

六百八十二間五月辛丑京師大盈倉火是歲成都府大慈寺温州絳州皆火重和元年九月掖庭大火自甲夜達曉大雨如傾火益熾凡爇五千餘間後苑廣聖宫及宫人所居幾盡焚死者甚衆靖康元年十二月丙子夜尚書省火延燒禮祠工刑吏部拆尚書省牌擲火中禳之乃息二年三月戊戌天漢橋火焚百餘家頃之都亭驛又火己酉康門火紹興元年十月乙酉臨安府越州大火民多露處十二月辛未越州火焚吏部文書乙酉移蹕錢塘二年正月丁巳宣州火燔民居幾半五月庚辰臨安府大火亘六七里

燔萬數千家十二月甲午行都大火燔吏刑工部御史臺官府民居軍壘盡乙未旦乃熄三年九月庚申行都闕門外火多燔民居四年正月戊寅行都火燔數千家六年二月行都屢火燔千餘家十二月行都大火燔萬餘家人有死者時高宗親征劉豫都民之暴露者多凍死七年正月辛未平江府火二月辛丑鎮江府楚真楊太平州火是歲臨安府火八年二月丁酉太平府大火宣撫司及官舍民居帑藏文書皆盡死者甚衆録事參軍吕應中當塗縣丞李致虚死焉九年二月己卯行都火七月壬寅又火十年十月

行都火燔民居延及省部十一月丁巳溫州大火燔州學酤征舶等務永嘉縣治及民居千餘十一年七月癸亥婺州大火燔州獄倉場寺觀暨民居幾半九月甲寅建康府火燔府治三十餘區民居三千餘家十二年二月辛巳鎮江府火燔倉米數萬石芻六萬東民居尤衆是月太平池州及蕪湖縣皆火三月丙申行都火四月行都又火十四年正月甲子行都火十五年大寧監火燔官舍帑藏文書九月甲子行都火經夕漸近太室而滅十七年八月建康府火十二月辛亥靜江府火燔民舍甚衆二十年正月壬午行

都火燔吏部文書皆盡二十五年汴京宮室悉焚二十六年潭州南嶽廟火二十九年四月鎮江府火焚軍壘民居十二月丙子夔州大火燔官舍民居寺觀人有死者乾道元年正月泰州火燔民舍幾盡是年春德安府應城縣廐驛火二年冬真州六合縣武鋒軍壘火十二月婺州火自是火患不息人火之也三年五月泉州火五年十二月壬申太室東北垣外民舍火七年十一月丁亥禁垣外閹人私舍火延及民居九年九月台州火經夕至于翌日晝漏半燔州獄縣治酒務及居民七千餘家淳熙元年十二月丁巳

泉州火燔城樓及五十餘家二年六月戊午潭州南嶽廟火八月嚴州火十一月癸亥麗正門內東廡災是歲瀘州火坐上焚民居不實守臣貶秩三年九月大內射殿災延及東宮門四年十一月辛酉鄂州南市火暴風通夕燔千餘家五年四月庚寅興州沙市火燔三百四十餘家有死者十一月和州牧營火燔一百六十區七年二月江陵府沙市大火燔數千家延及船艦死者甚衆八月溫州試士火作于貢闈八年正月楊州火九月乙亥行都火九年九月合州大火燔民居幾盡官舍僅有存者十一年二月辛酉興

元府義勝軍壘舍火十二年八月溫州火燔城樓及四百餘家十月鄂州大火燔萬餘家江風暴作結廬隄上泊舟岸下者焚溺無遺十四年五月大內武庫災戎器不害六月庚寅行都寶蓮山民居火延燒七百餘家救焚將校有死者五月成都府市火燔萬餘家十六年九月南劍州大火民居存者無幾紹興元年八月壬寅處州火燔數百家十二月戊申建寧府浦城縣火時查洞寇張海作亂焚五百餘家二年四月行都傳法寺火延及民居言者以戚里土木為孽火數起之應是月徽州大火夜燔州治譙樓官舍獄

宇錢帑庫務凡十有九所五百二十餘區延燒千五百家自庚子至于壬寅乃熄五月己巳金州火燔州治官舍帑藏保勝軍器庫城內外民居甚衆三年正月己巳行都火通夕至于翌日闤闠焚者半十一月又火燔五百餘家十二月甲辰鄂州火至于翌日燔八百家慶元二年八月己酉永州火燔三百家三年閏月甲申金州都統司中軍壘舍火焚千三百餘區閏六月乙酉又火燔二千餘區是冬紹興府僧寺火延燒數百家六年八月戊戌徽州火燔州獄官舍延及八百餘家嘉定元年三月戊寅行都大火至于四

月辛巳燔御史臺司農寺將作軍器監進奏文思御輦院太史局軍頭皇城司法物庫御廚班直諸軍壘延燒五萬八千九十七家城內外亘十餘里死者五十有九人踐死者不可計城中廬舍九燬其七百官多僦舟以居火作於寶蓮山御史臺胥楊浩家諫議大夫程松請戮浩以謝都民疏再上始黥配萬安軍猶免決自是民訛言相驚亡賴因縱火為姦利二年六月己卯臨安府火三年正月丁酉襄陽府火作而風暴選鋒軍校于友直死於救焚止延燒六十餘家帥漕臣上其功贈二秩官其子二十一月甲午福州

火燔四百餘家四年三月丁卯行都大火燔尚書中書省樞密院六部右丞相府制勑糧料院親兵營脩內司延及學士院內酒庫內宮門廡夜召禁旅救撲太室撤廟廡遷神主并冊寶於壽慈宮翼日戊辰旦火及和寧門鴟吻禁卒張隆飛梯斧之門以不焚火作時分數道燔二千七十餘家又翌日己巳神主還太室時省部皆寓治驛寺四月丙申臨安府梵天寺火六月盱眙軍天長縣禁軍營火鎧械為盡八月壬辰鄂州外南市火燔五百餘家開禧二年二月癸丑壽慈宮災四月壬子行都火燔數百家嘉定二年八

月己巳信州火燔二百家九月丁酉吉州火燔五百餘家是歲瀘州火燔千餘家十一月丁亥建寧府政和縣火燔百餘家四年閏二月己卯紹興府嵊縣浦橋火燔百餘家三月除州火燔民居甚多十月撫州火辛卯福州一夕再火燔城門僧寺延燒千餘家死者數人五年五月己未和州火燔二千家八年八月辛丑湖州火燔寺觀延燒三百家九年七月甲戌南劒州沙縣火燔縣門官舍及千一百餘家民有死者十一年二月行都火燔數百家九月己巳禁垣外萬松嶺民舍火燔四百八十餘家十三年二月庚寅安

豐軍故步鎮火燔千餘家死者五十餘人八月庚午
慶元府火燔官舍第宅寺觀民居甚衆十一月壬子
行都火燔城内外數萬家禁壘百二十區十七年四
月丁卯西和州焚軍壘及居民二千餘家人火之也
守臣尚震午誤以為金人至而遁六月丁亥岳州火
燔岳陽樓州獄帑庫延及八十家己丑又火燔百餘
家紹定元年三月行都火燔六百餘家嘉熙元年六
月臨安府火燔三萬家淳祐元年徽州火十二年十
一月丙申行都火至丁酉夜始熄景定四年紹興火
五年臨安府大火德祐元年玉牒所災

乾德二年冬無雪五年冬無雪開寶元年冬京師無
雪二年冬無雪淳化二年冬京師無氷至道元年冬
無雪二年冬無雪大中祥符二年京師冬溫無氷天
聖五年夏秋大暑毒氣中人嘉祐六年冬京師無氷
治平四年冬無雪元豐八年冬無雪元祐元年冬無
雪四年冬京師無雪五年冬無氷雪紹興五年五月
大燠四十餘日草木焦槁山石灼人暍死者甚衆三
十一年冬無雪乾道三年冬溫少雪無氷五年冬溫
無雪六年冬溫無雪氷紹熙三年冬潼川路不雨氣
燠如仲夏日月皆赤榮州尤甚慶元元年冬無雪二

年冬無雪四年冬無雪越歲春燠而雷六年冬燠無
雪桃李華蟲不蟄開禧三年冬少雪嘉定元年春燠
如夏六年冬燠而雷無氷蟲不蟄八年夏五月大燠
草木枯槁百泉皆竭行都斛水百錢江淮杯水數十
錢暍死者甚衆九年冬無雪十三年冬無氷雪越歲
春暴燠土燥泉竭

建隆二年九月亳州獻芝一株乾德四年閏八月黄
岡縣民叚賛屋柱生紫芝一本二莖知州鄧守忠以
獻十二月登州獻芝五莖開寶四年成都府民羅達
家生芝六年正月知梓州趙延通獻芝一本河中府

大明觀殿芝草生節度使陳思讓以聞七年七月陳
州節度党進獻控鶴管卒孫洪家芝二本八月又獻
芝一本四十九莖九月府城縣廨芝生柱上刺史王
明以獻十月梓州獻芝草太平興國二年八月青城
縣民家竹一本上分雙莖三年六月項城縣令王元
正獻芝草七月廣州獻芝草八月功臣堂柱生芝三
本知州范旻畫圖以獻四年八月廣州獻芝草九月
華山道士丁少微獻白芝黝芝各一器五年五月眉
山縣竹一莖十四節上分二枝長丈四尺九月真定
府行宮殿梁生芝如荷花知府趙賢進以圖來上十

月龍水縣華嚴寺舊截竹為筒引水忽生枝葉長二丈許知州姜宣以聞六年三月廣州獻黃芝一本九莖七月新津縣趙豐村竹一莖十二節上分兩岐知州崔憲以聞七年六月知黃州裴仁鳳獻芝草七月知羅江縣陳覃於羅璝山獲芝四本以獻湘陰縣萬壽寺松根芝草二本生轉運副使趙昌獻芝八月冊生四本昌又獻潭州民歐陽進夏侯敏園中芝三本宜興縣民長孫裕家生芝紫莖黃蓋十月雄州實信院竹叢生芝草僧致仁采之復生悉以上獻八年二月知福州何允昭獻芝二本五月漢州獻芝十月乙

酉蜀州獻瑞竹一本十六節上分兩枝知連州史昭文獻芝二莖十一月婺源縣民王化於王陵山石上得紫芝一本叢生五莖金州監軍廨生芝三本九年十月金州獻芝三本永康軍獻芝九莖同日至闕下十一月知梓州沈護獲芝三莖雍熙二年七月靈州芝草生知州侯贇刻木為其狀來獻三年三月殿前承旨張思能使楚泗獻所得芝草五本四月眉山縣獻異竹圖八月刑部尚書宋琪家牡丹三華端拱元年五月知襄州郝正獻芝五本八月廣州鳳集合歡樹下得芝三本二年七月彭山縣民家生異竹舒州

芝草生知州趙孚以獻十月容州獻芝草淳化元年四月永州監軍廨芝草生知州克憲以聞八月黃州刺史魏丕獻芝草二年二月射洪縣安國寺竹二莖同本六月舒州竹連理知州樂史以聞十一月陵州民趙崇家慈竹二莖長六尺許其上別有根柢莖分十枝長丈餘又一本三莖並聳三年十月朗州異竹生京師太平興國寺牡丹生華占云有喪是月恭孝太子薨四年正月知興化軍馮亮獻芝草十月彭門芝草生十二月榮州獻異竹圖五年正月容州獻芝草四本枝葉扶踈二月知溫州何士宗獻芝草五本

十月又獻十本至道元年十一月潭州監軍廨生竹一本長二尺許枝葉萬餘尤為殊異二年六月虔州龍泉縣合龍院一竿分兩枝河南縣民張知遠家芝草生判府呂蒙正表上之閏七月容州獻芝二本三年二月廣東轉運使康戩獻紫芝咸平元年十二月宣化縣保聖山瑞竹生一本二枝二年閏二月宣池歙杭越睦衢婺諸州箭竹生米如稻時民飢采之充食九月劒州驛廳梁上生芝草一枝三朶其色黃白知州李仁衡圖以獻四年正月潍州獻芝草一本如佛狀十二月知淮陽軍王礪獻芝草三本六年五月

導江縣民潘矩田生芝三層黄紫色高五寸許九月
相州牧龍坊生芝一莖色紫黄長尺餘分七枝枝如
手五指狀其最上枝類鳳者知州張鑑以獻景德三
年八月蔡州獻芝草四年十月知廣安軍王奇上芝
草圖十二月蓬州上瑞竹圖大中祥符元年四月温
州獻瑞竹圖五月辛未以東封遣經度制置使王欽
若祭文宣王廟於孔林得芝五株色黄紫如雲色及
人戴冠冕之狀詔內侍楊懷玉祭謝復得芝四本輕
黄如雲氣之狀癸未內侍江德明於白龍潭石上得
紫黄芝一本以獻六月瑕丘縣民宋固於堯祠前得

黄紫芝九本連理者四又縣民蔡珍得芝一本王欽
若以獻欽若又於岱嶽及堯祠前再得芝二十二本
連理者二及有貫草石者七月欽若親獲芝十一本
又州長及民所得二十六本有重臺連理及外白內
紫之狀且言泰山至日生芝草軍民競采請給緡帛
從之兗州獄空司理參軍郭保讓掃除其間得芝四
本八月須城縣民家芝草生乾封縣民家屋柱生芝
滋長連袤色鮮潔如繪畫欽若獻芝草八千一百三
十九本有貫草木附石連理及飾為寶山者黄州獻
異竹一本雙莖九月趙安仁來獻五色金玉丹紫芝

八千七百十一本鞏縣柴務牡丹華十月泰山芝草
再生者甚衆辛丑車駕次鄆州知州馬元方獻芝草
五本甲辰欽若等又獻泰山芝草三萬八千五十本
有並五連三連理者五色重暈如寶蓋下相連帶凡
草木五穀如寶山靈禽瑞獸之象者六百四十二詔
令封禪日列天書輦前又送諸路名山勝景及賜宰
相是月復州獻芝草類神仙佛像河中府酒厨梁上
生芝一本十二葉其色如玉安陽縣段贇家紫芝連
理長尺餘又民李釗屋柱生芝三本霍丘縣河亭及
聖惠坊並有紫芝生十二月福州懷安縣龍眼樹上

紫芝連理温州獻靈芝圖二年正月福州荔枝樹生
連理芝二本二月饒州獻芝草四本七月遂州皇澤
寺芝草生凡五十本九月榮州廨庭中生芝二本十
月果州青居山獻金暈連理芝草十一月華山張超
谷石上生紫芝二本嵩岳生芝草五十本石首縣文
宣王廟殿柱芝草生又龍蓋山萬福里民宗永昌園
藤上芝草生一本雙莖十二月漢州芝草生黔州芝
草一莖十二枝若山鋒狀三年正月井研縣三惠寺
生芝草十本二月昌州廨廳柱芝生四本閏二月饒
州芝草生三月西充縣青蓮塔院太平觀並生芝草

四月京師竹有華占云歲不豐六月緜邵鄂州並芝草生七月虢州聖女觀生芝草三本八月潁縣民得田芝十二本蜀州生芝草一莖九葉江陵縣民張仲家竹自根上分幹其一幹又分三莖九月江陵府永泰寺竹出地七節分為兩莖長丈餘知府陳堯咨以聞華州敷水民侯元則入華陽川石罅得芝一本知州顏端以獻十月內侍任文慶詣茅山設醮洞中獲芝草二十八本有如人手者十一月安鄉縣謝山獲芝二十二本其七狀如珊瑚而色紫十二月神泉縣獲芝四本四年正月知華州崔端獻芝草狀如仙人

掌須城縣民李道安於黃仙公洞臺上得芝草一本以獻二月崔端又獻芝草十本知益州任中正獻芝草二十二本知遂州毋賓古獻芝草四月古田縣僧舍竹一本上分三莖端昌縣民李讓家筆竹一本去地五尺許分為二莖知州范應辰以聞六月夔州芝草生廨舍中七月知亳州徐泌知江州王文震並獻芝草知郴州袁延慶獻芝草十本八月邕州雲封寺栢樹生芝五本知州劉知詰以獻西充縣廣川王廟生芝十本其三連理八月知信州李放獻瑞竹圖三本十一月河中府獻芝草真源縣民王順慈司徒揵

家生芝各一本岳州道州並獻芝草南嶽奉祠使薛映副使錢惟演過荊門軍神林石上獲芝草以獻十二月鉛山縣仁壽僧舍生芝草一本雙枝長尺八寸五年六月潯州六祖院法堂紫芝雙秀知州高志寧以聞八月亳州獻芝草十月澤州廳事梁上生白莖紫蓋芝二十四本閏十月常州芝草生又蕭山縣芝生李樹上十一本十一月廣州獻芝草二百三十七本晉原縣僧舍芝草一本十二月隨州芝草生亳州獻鹿邑縣民所獲芝草四本候官縣山上生芝草五十四本閩縣望泉寺生芝草十本寧德縣支提山石

上生芝草十五本六年二月江州廬山崇聖院生芝九本知州王文震以獻四月饒州承天院東山生芝四本連葉六月壽丘縣獲紫莖金芝一本景陵縣管陽山林中獲芝三十本七月內侍石延福登兗州壽丘獲芝一本貫草而生又旁得三十本亳州團練使高漢英獻芝八本鼎州城門柱下生芝一本八月繼照堂生芝一本紫莖黃蓋奉祀經度制置使丁謂至真源縣太清宮道士瀨陽鄉民繼獲芝八十本以獻乙丑又獲二百五十本有一本三莖一莖如雲氣佛像者九月又得宋城縣民所獲芝五十本獻之十月

丁謂來朝獻芝草三萬七千一百八本飾以仙人寶
禽異獸之狀十一月又獻九萬五千一百本明年車
駕至真源民有詣行闕獻者又一萬八千本是冬兖
州景靈宮芝草生慶成軍大寧廟聖製碑閣生金芝
二本昭州龍獄山資壽寺芝草生潯州廳廨柱芝生
一本上分為二其上又生二本凡三重無錫縣民曹
詵家食案生芝赤黄有光長尺許又知南安軍章得
一獻芝草七年正月明州獻茹侯山石上芝草一本
四莖二月知信州歐陽陟獻芝草七本忠州獻芝五
本四月福州獻芝草二本五月鄭縣西上石崖生紫

芝十五本七月華州民入華山得白石上芝草雙莖
連蓋八月均州獻州獻芝千二百二十七本十月慶
成軍大寧廟石雙莖芝生其上合幹明英二州芝草
生十一月蜀州芝草二本生竹根八年二月青州武
成王廟柱生芝一本知州張知白以圖獻三月榮州
應靈縣彌陀佛舍生紫芝三本其一雙幹上如蓋四
月昌州有芝生石上一本四莖其色黄白四月彰明
縣民家竹一根上分二本十三節又開元寺桃竹一
莖上分十八節皆相對五月道州舜祠旁生芝二十
一本六月盩厔縣民家芝草三莖共成一葉又石芝

十一本晉原縣民栢泉家生芝三根合為一本九年七
月知信州董温獻芝十二本八月知廬州余獻卿獻
芝二本九月涪城縣石壁生芝二本十一月武岡縣
民何文化園竹生兩株同本上分四莖十二月晉原
縣民李彥滔家竹一本雙莖對節知州王世昌圖以
獻天禧元年三月新津縣平蓋下玉皇案下芝草生
鄂州天慶觀聖祖殿芝草生四月邵陽等縣竹生穗
如米民饑食之又浮梁縣竹生穗如米七月漢陽軍
太平興國寺異竹一本生二莖節皆相對十二月庚
午内出芝草如真武像二年正月庚子内出真遊崇

徽二殿梁上芝草圖示宰相五月兖州景靈宮昭慶
殿生金芝二本三年六月漢陽軍芝草生一百五十
餘本七月嵩山崇福宮獲芝草一百本有重臺連理
貫草者知河南府馮拯以獻四年四月梁山軍民王崇
泉竹園生金暈紫芝五本十一月上饒縣民王壽園
中生芝草三本皆金暈其二連理乾興元年六月蘇
秀二州湖田生聖米居民取以食興州竹有實如大
麥民取以食占曰大饑八月洋州民李永負土成母
墳芝生墳上天聖元年五月興州竹有實如大麥民
取以食之占曰竹有實大饑八月甲寅有芝生于天

安殿柱召輔臣觀之九月戊午城西下木場芝草生
三年七月梓州城門生芝二本四年正月梓州民家
生芝四本九月榮州芝生明道元年七月榮州連州
並芝生景祐二年九月嘉州芝草生四年五月丙寅
有芝生于化成殿楹慶曆元年二月丙午京師雨藥
二年八月梓州芝草生五年八月洪州章江禪院堂
柱芝草生高一尺三寸葉二十一層色白黃有紫暈
旁生小芝葉九層上有氣如煙皇祐元年七月福州
生芝一十二本十月湖州芝草生三年六月丁亥無
為軍獻芝草凡三百五十本上曰朕以豐年為上瑞

賢臣為寶至於草木魚蟲之異焉足尚哉五年閏七
月榮州芝草生嘉祐三年十一月河南府芝草生六
年正月清川縣漢光武祠生芝草一本三岐八月施
州歌羅砦生芝四本十月汝州新砦巡檢廨舍生芝
五本熙寧元年益陽縣雷震山裂出米可數十萬斛
賫至京師信米他色黑如炭八年七月鼎州產芝三
本其一類珊瑚枝葉摎結監官廨三月地產物如珠
可食水產菜如菌可為菹饑民賴之九年五月流江
縣產芝二十一本元豐二年四月眉州生瑞竹六月
忠州雨豆七月甲午南賓縣雨豆十一月全州芝生

十二本三年六月安州芝生二十九本其一連理臨
江軍芝生四十三本四年十月鄞縣天慶觀生瑞竹
一本自第九節分莖雙起五年七月永康縣生紫芝
九本十一月閬中縣生紫芝六金芝七永康縣生紫
芝九六年吉州芝生三十三本十二月滕縣官舍生
異草經月不腐七年四月景靈宮芝生六本於天元
殿門五月開化縣芝生九本黃白紫色八月永安陵
下宮芝生一本十月青州芝生二十一本元祐元年
七月武安軍言前秘書省正字鄧忠臣母墳前生芝
草一本紫莖黃蓋三年六月臨江縣塗井鎮雨白黍

七月又雨黑黍四年九月江津縣石上生芝草二本
六莖五年二月晉原縣生芝草四十二本七年十一
月滁州生芝二百餘本紹聖三年九月淄川縣生芝
草有穀十科穿芝草生二枝十月河南府大內地生
芝草元符二年正月處州民田生瑞竹二月瀘州生
芝草一本同根騈幹至蓋復合為一又衡州郡廳生
紫芝一根十六葉崇寧元年八月盤石縣芝草連理
三年十月復州澤州芝草生四年正月戎州宿州芝
草生七月瀘州芝草瑞竹生五年冬澶州安州芝草
生大觀元年三月宣鄆湖潤州皆芝草生廬州雨大

豆九月崇天臺及兗州孔林芝草生二年陳兗鈞州廣德軍芝草生三年秋西京湖海晋渠州南安軍芝草生政和元年正月萊州芝草生十一月虔州聖祖殿芝草生二年二月戊子河南府新安縣蟾蜍背生芝草自是而後祥瑞日聞王芝產禁中殆無虛歲凡殿宇園苑及妃嬪位皆有之外則中書尚書二省太學醫學亦產紫芝四年八月建州境内竹生米數千萬石五年十一月癸酉越州承天寺瑞竹一竿七枝幹相似其華圓細生花結實詔送秘書省仍拜表賀五年五月禁中芭蕉連理八月甲子蘄州進芝草一

萬一千六百枝内一枝紫色九幹十二月己未汝州進六萬本其間連理雙枝者一千八百八十有司不勝其紀初猶表賀後以為常不皆賀也時朱勝非為京東提舉學事行部至密州界見縣令部數百夫入山採芝彌漫山谷皆芝菌也或附木石或出平地有一本數十葉層疊高大衆色咸備郡守李文仲採及三十萬本每萬本作一綱入貢文仲尋進職授本道轉運使建炎二年九月癸卯權知密州杜彥獻芝草五葉如人指掌色赤而澤宰臣黃潛善奏色符火德形像股肱之瑞高宗不啓視却之紹興元年七月乙

未浙西安撫大使劉光世以枯秸生穗奏瑞高宗曰朕在潛邸梁間生芝草官僚皆欲上聞朕手碎之不欲寶此奇恠乃却之十六年正月辛未瀘州天雨豆近草妖也十六年梅州孔子廟生芝二十一年紹興府學御書下生芝番陽縣石門民家籬竹生重萼牡丹又民家竈鼎生金色蓮華房州治所綵山下生蕙萬州虔州放生池生蓮皆同蔕異萼二十三年六月汀州生蓮同蔕異萼者十有二二十五年五月太室楹生芝九莖秦檜帥百官觀之稱賀勾龍廡沈中立以獻頌遷擢周麟之請繪之鹵簿行旗檜孫禮部侍

郎塤請以黎州甘露降草木道州連理木鎮江府瑞瓜南安軍瑞蓮嚴信州瑞芝悉圖之旗是冬檜薨高宗曰比年四方奏瑞文飾取悅若信州林機奏秦檜父祠堂生芝佞諛尤甚明年四月甲午詔郡國無獻瑞乾道元年七月池州竹生穗實如米飢民采之以食守臣魯詧為野穀生竹圖以獻御史劾詧不以民食草木為病坐佞免官慶元五年八月太室西北夾室楹生白芝四葉前史以白芝為喪祥明年八月國連有大喪嘉泰二年十一月秘書省右文殿楹生芝二莖

志卷第十六

開府儀同三司上柱國錄軍國重事中書右丞相監修國史領經筵事都總裁臣脫脫等奉勑修

五行二下 火

乾德二年十月眉州獻禾生九穗圖四年四月府尉氏縣雲陽縣並有麥兩岐五月魚臺縣麥秀三岐六月南充縣民何約田禾一莖十三穗一莖十一穗七月又生一莖九穗開寶二年五月梓蜀二州六年四月東明縣八年五月鄭州梓州合州巴川縣並獻瑞麥太平興國元年九月隰州獻合穗禾長尺餘十月渝州獻九穗禾三年四月夏縣五月舒州六月閬州麥並秀兩岐四年七月洺州獻嘉禾邛資二州禾並九穗八月涇州民田並有嘉禾九月知溫州何士宗獻嘉禾九穗圖五年七月蓬萊縣民王明田穀陽隴合穗相去一尺許八月知慈州張愈獻合穗禾九月流溪縣六年五月汝陰縣九年五月施州麥並秀兩岐端拱元年五月陳州淳化元年四月魏城縣七月閬州二年四月蔡州五月陳州陵州仁壽縣四年五月達州五年四月永城縣並獻瑞麥至道元年六月嘉禾生眉山縣蕭德純田一本二十四穗七月金水縣石腎羅翊田禾生九穗舒州監軍吳光謙廨粟畦兩本岐分十穗臨渙縣民侯正家

二禾合成一穗八月綿竹縣禾生九穗夏州團練使趙光嗣獻嘉禾一函十月濠州獻瑞穀圖二年五月泗州獻瑞麥三年二月洋州嘉禾合穗知州施翊以聞四月唐州遂州磐石縣並獻瑞麥五月黃州建昌軍麥秀二三穟八月雅州禾一莖十四穗雄州嘉禾生九月知代州李允正獻嘉禾穗一匣咸平元年五月曲水縣麥秀二三穗七月嘉禾生後苑一莖二十四穗百丈縣民李文寶禾生一莖十七穗八月蘇州廨後園邠州民田並禾生合穗平夷縣民王義田禾兩穗合爲一化城縣民張羨田禾九穗二年五月華州麥秀二三穗七月資官縣吏董昭美禾一莖九穗者各一棣洺二州嘉禾合穗彭城縣民張福先田粟一莖分四穗八月鄭縣趙範粟一莖九穗玄武縣民李知進田粟一莖上分五苗成二十一穗榆次縣民周貴田禾三莖共穗三年五月鄭縣海陵縣並麥秀二三穗七月真定府禾三莖一穗達州民李國清田禾一苗九穗八月辰州公田禾生一莖三穗者四隰州嘉禾合穗圖以獻四年八月舒州嘉禾生九月知河中府郭堯卿獻嘉禾合穗圖五年八月臨汾縣民吉遇洪洞縣民范思安田並禾生隔二隴上合爲一六年七月涉縣民連罕田隔四壠同穎銅梁縣民楊彥曾禾一莖九穗景德元年正月寧晉縣民耿待問

田禾合穗者三本知州王用和圖以獻二年七月獲鹿縣禾合穗八月滎陽縣及相州嘉禾異畝同穎九月幷州貢嘉禾圖三年八月大名府滄州並嘉禾生真定府禾異畝同穎九月滎州禾一莖十八穗四年六月南雄州保昌民田禾一本九穗以圖來獻七月神泉縣民張篆田禾一苗九穗貝兗二州嘉禾合穗九月衛德二州廣安軍並上嘉禾圖大中祥符元年曲水縣南鄭縣並麥秀二三穗七月乾封縣奉高鄉民田禾異壠同穎判州王欽若以聞八月鄆州獻嘉禾淳化縣民賀行滿田禾隔四壠相去四尺許合爲一穗新平縣民尹遇田禾合穗者二本真定府粟生二穗九月澧州嘉禾一莖十穗虢州團練使綦興獻合穗禾嘉州民潘德麟田禾二莖各九穗麟州嘉禾生二年六月簡州民集若寧家禾九穗七月黔州嘉禾異畝合穗八月嘉州廨有一莖十四穗生庭中岐山縣禾異畝同穎知州施護以聞三年四月同州麥秀二三穗七月冀淄昭三州嘉禾多穗異畝同穎八月寧化軍嘉禾合穗寶鼎縣民張知友田禾隔四壠相去二尺許合穗判府陳堯叟以聞樓煩縣民田禾異本同穎劒州嘉禾生一莖九穗四年三月辛巳帝至西京福昌縣民朱懿文嘉禾一本七穗昌元縣民舒元晃田禾一莖九穗知州柴德方以聞金水縣民

田禾一莖三十六穗四月六安縣麥秀二三穗五月唐汝廬宿泗濠州麥自生八月蜀州禾一莖九穗長壽縣民常自天田禾合穗者二蒲縣禾異畝同穎九月知虢州李昭獻合穗禾五年四月遂州麥秀兩穗或三穗七月華州禾一莖兩穗真定府四縣嘉禾合穗八月京兆府嘉禾生九月巴州禾一莖二十二穗一莖十七穗六年三月邕州麥秀兩穗或三穗七月益州嘉禾九穗至十穗朝邑縣民田禾八莖同穎己未召近臣觀嘉穀于後苑有七穗至四十八穗繪以示百官八月龍門縣永定軍博野縣民田並嘉禾生合穗瀛州嘉禾生知州馮守信以聞忻州秀容定襄二縣民田禾合穗保定軍公田大通監並嘉禾生九月京兆府獻長安縣嘉禾圖一枝雙穗七年通泉縣尉劉定辭官廨禾一本六穗邯鄲縣民馬乂田禾隔壠合穗者二本滁州榷酒署內禾一莖二穗晉原平原二縣民田禾並一本十二穗三月鄜城縣麥秀兩穗三穗八月知亳州李迪獻禾一莖三穗至十穗府谷縣民劉善田禾隔三壠合成一穗嵐州牙吏燕清田禾一莖八穗一莖五穗遼州平城民田禾隔二壠合穗有十三本或二十一本合爲一者九月施州禾一莖九穗至十二穗真定貝州並嘉禾合穗八年湖陽縣麥秀兩穗三穗四月旭川縣民任慶和田禾一

莖九穗閏六月眉山縣民楊文繼邛州李義田禾並一莖九穗七月永静軍禾隔壠合穗者二軍使仲甫以聞八月桂陽監民何文勝田粟一本二穗九年四月建初縣麥秀兩穗或三穗八月判大名府魏咸信獻合穗禾永静軍阜城縣民田穀隔三壠合穗者二本廣州嘉禾生安化縣民吳景延田禾穗長尺五寸九月知鳳翔府趙湘知邠州王守斌並獻嘉禾圖天禧元年七月流江縣禾一莖九穗二年九月河北安撫副使張昭遠獻穀穗三各長尺餘資州禾一莖九穗三年七月饒陽縣民楊宣田禾二壠相去二尺許合爲一穗益州嘉禾一莖九穗四年八月内出玉宸

殿瑞穀圖示近臣每本有九穗十穗者九月鄠縣民岑貫田禾一莖九穗知州蘇維甫以聞五年四月河南府民田嘉禾合穗知府王欽若以聞七月導江縣民趙元賞青城縣民王偉田禾並一莖九穗乾興元年五月南劍州麥一本五穗緜州麥秀兩歧八月洋州嘉禾合穗十一月高陵縣嘉禾合穗天聖二年八月乙酉寧化軍嘉禾異畝同穎四年九月榮州禾一本九穗五年資州禾一本九穗六年忻州禾異本同穎五月乙未陳州瑞麥一莖二十穗六月陳州獻瑞麥圖七年七月河南府嘉禾合穗八年八月壬午召近臣觀瑞穀於元眞殿九年膚施縣禾異畝同穎景

祐元年七月磁州嘉禾合穗八月大名府嘉禾合穗九月涇州磁州保德軍並嘉禾合穗十月孝感應城二縣稻再熟成德軍禾一本九穗三年九月榮州禾一莖九穗四年七月己巳臨清縣穀異畝同穎者六十本康定元年六月蜀州懷安軍並禾九穗慶曆二年壽安縣嘉禾合穗六年五月昭化縣禾一莖兩歧八月趙州懷州並嘉禾異畝同穎九月定襄縣嘉禾隔二壟合穗長江縣禾一莖十穗十二月石照諸縣野穀穭生七年九月邠州榮州德州並嘉禾合穗皇祐元年密州禾合穗者五本永康軍禾一莖九穗二年九月延州石州並嘉禾異畝合穗永康軍嘉禾一

莖九穗十二月密州禾十莖合一穗石州四莖合一穗三年五月彭山縣上瑞麥圖凡一莖五穗者數本帝曰朕嘗禁四方獻瑞今得西川麥秀圖可謂眞瑞矣其賜田夫束帛以勸之是月滁州麥一莖五穗四年八月嘉州蜀州並嘉禾一莖九穗九月南劍州有禾一本雙莖二十穗五年三月資州嘉禾一莖九穗閏六月資州麥秀兩歧七月鄆州祁州禾異畝同穎九月成德軍嘉禾異畝同穎綿州禾一莖九穗至和元年十二月蜀州嘉禾一莖九穗二年五月亳州麥秀兩歧六月應天府貢大麥一本七十穗小麥一本二百穗八月邛州嘉禾一莖九穗嘉祐三年六月綿

州麥一穗兩歧七月泰山上瑞麥圖凡五本五百一穗四年六月彰明縣有麥兩歧百餘本五年三月崇安縣嘉禾一本九十莖七年陵州禾一莖九穗九月平遥縣禾異畝合穗熙寧元年永興軍禾一莖四穗眉州禾一莖九穗四年乾寧軍禾合穗成德軍晋州汾州禾異壟同穗六年南溪縣禾一苗九穗八年懷安軍瀘州渠州各麥秀兩歧安喜縣禾二本間五壟合穗平山縣禾合穗者二保塞縣禾七本間一壟或兩壟合穗潞城縣禾合穗者二九年火山軍禾間五壟東鹿秀容二縣間四壟渤海縣皆異壟同穎流江縣禾一苗九穗譙縣麥一本三穗尉氏縣湖陽縣彭

城縣麥一本兩穗渠州大麥一穗兩歧或三歧四歧者陽翟縣麥秀兩歧天興寶鷄二縣皆麥秀兩歧仍一本有三四穗或六穗者石州安州麥秀兩歧十年磁州禾合穗眉州禾生九穗亳州禾生二穗元豐元年武康軍禾一莖十一穗汝州禾合穗寧江軍禾一莖十穗邢州麥秀兩歧夔州麥一本三穗二年簡州安德軍麥秀兩歧曹州生瑞禾北京安武軍懷州鎮戎軍禾合穗鎮戎軍懷州禾皆異畝同穎袁州禾一莖八穗至十一穗皆層出長者尺餘府州禾異畝同穗三年眉州禾一本九穗齊州禾一莖五穗趙州禾二本合穗安州麥一本三穗至五穗凡十四莖深州

麥秀兩歧或三四穗凡四十畝眉州麥秀兩歧四年徐州麥一本百七十二穗代州禾合穗襄邑縣禾一本九穗五年高邑縣禾一莖五穗青州安肅軍憲州禾皆異畝同穎六年洪州七縣稻已穫再生皆實威勝軍武鄉縣禾二本間五壟合穗歷城縣禾二本合穗趙州禾間三壟合穗唐州禾二穗者四瀘州禾九穗懷青濰三州禾皆異壟同穗府州陝州保平軍禾皆合穗七年蜀州禾生九穗青州禾異畝同穎者十一同州禾異畝同穎合州麥秀兩歧八年亳州麥一莖二穗一莖三穗一莖四穗鎮潼軍秋禾苗異壟同穗岷州禾皆四穗泰寧軍禾異本同穎者三是歲秋

冬保澤趙鄜隰滄濰密簡饒諸州威勝軍禾合穗或異畝同穎元祐元年簡州禾合穗石州禾異畝同穎二年忻隰磁濰懷州禾異畝同穎趙忻州禾合穗三年祁保彭州禾異畝同穎瀛磁代豐州安國軍禾合穗劒州安國軍麥秀兩歧夔州麥一本十二穗四年泰寧軍麥異畝同穎流江縣禾一本二穗榮德縣禾一本九穗青鄭濟趙州禾合穗及有一本三穗峨嵋縣禾異畝同穎又禾登一百五十三穗五年冀州安武軍大名府成德軍禾合穗永寧軍禾二本隔五壟合穗平定軍禾異畝同穗汀州禾生三十六穗劒州禾一本八穗普州麥一莖雙穗夔州麥秀五歧六年

汝陽縣美原縣兗州鄒縣麥一莖數穗南劒州粟一本三十九穗瀛定懷汝晉昌州平定永康軍禾合穗七年均兗祁滄資華柳州禾合穗鄂州禾一本一枝兩穗三本三枝兩穗仙源縣禾異壟合穗耀州粟二莖隔兩壟合爲一穗梁山軍禾一莖九穗固始縣麥有雙穗定陶縣丹陽縣麥秀兩歧紹聖元年博野縣麥一本五穗漢陽軍麥秀兩歧樂壽縣麥一本兩穗或三穗懷安軍禾一本九穗二年青濰果冀德濱嵐濮達州禾合穗三年安武軍禾合穗嵐州禾兩根合穗者二普相青齊嵐州永康軍禾異畝同穎合秀至九穗泉州粟二本五穗八穗瑕丘縣武陟縣陝城小

溪四縣麥合穗良原縣洮丘縣長子縣麥秀兩歧四年河中府麥秀三穗虹縣雲安縣麥秀兩歧茂州一枝兩穗汶山縣一枝三穗至六穗西京鄆齊隰州禾合穗潁昌府禾一莖四穗至五穗元符元年慶州禾異本同穎青晉潞州荆南府永寧鎮戎軍等一十一處禾合穗邢州禾異壟合穗南劒州嘉州禾一莖九穗內鄉縣麥一莖兩穗符離靈壁臨渙蘄虹五縣麥秀兩穗兩當縣麥秀三穗安平縣生瑞麥二年漣水軍麥合穗鄧岷州鎮戎軍禾合穗十一月岷州宕昌砦生瑞麥建中靖國元年沛縣晉州禾合穗崇寧元年淄州禾合穗二年晉寧軍忻州禾合穗五年河南府保德軍慶蘭潭冀府州岢嵐軍禾合穗淮西路民田旣刈復生實大觀元年蜀州粟一莖九穗二年鞏州粟一莖六穗鎮潼軍隆德府保德軍慶蘭州禾合穗武信軍禾一莖九穗簡州麥秀兩歧三年武信軍瀘遂普州麥秀兩歧四年蔡州麥一莖兩歧至七八歧者九十畝九月尚書左僕射張商英表上袁州瑞禾圖及宋大雅彼脩者禾十有三章賜詔褒荅商英請幷寫置中書省右僕射廳壁許之仍許三省樞密院同觀政和元年知河南府鄧洵武言秋禾大稔自雙穗至十穗以上嘉禾無雙滎州粟一莖九穗蔡州麥一莖兩歧或三五歧至八九畝近約十畝遠或連

野二年知定州梁士野奏嘉禾合穗一科相隔五壟計六尺三寸生爲一穗幷中間壟內一科三莖上生粟三穗五年鄧州仙井監嘉禾合穗是冬台州進寧海縣旱禾一稃二米者凡三石時方脩明堂遂協成典禮詔許拜表賀自是史官多記奇祥異瑞謂麥禾爲常事不書惟宣和末郭藥師言嘉禾合穗以新收復特書之

建隆二年七月南唐李景獻鳳卵雍熙四年十月知潤州程文慶獻鶴頸毛如垂纓端拱元年八月清遠縣廨舍有鳳集栢樹高六尺衆禽隨之東北去知州李昌齡圖以獻至道元年九月京師自旦至酉群鳥百餘萬飛翔有聲識

者云突厥雀景德元年五月庚寅午時白州有三鳳自東來入城中衆禽圍繞至萬歲寺棲百尺木上身長九尺高五尺文五色冠如金盃申時北向而去畫圖以聞大中祥符元年春昇州見黃雀群飛蔽日有從空墜者占主民有役事是歲火寶元二年長舉縣有白鵲觜脚紅不類常鵲治平四年五月太子右贊善大夫陳世脩獻白烏熙寧七年六月乙未增城縣鳳凰見元豐三年八月戊寅平棘縣獲白鵲九月丙午趙州獲白烏六年七月壬申丹州生白雀至和三年九月大饗明堂有鶴回翔堂上明日又翔于上清宮是時所在言瑞鶴宰臣等表賀不可勝紀宣和元

年九月戊午蔡京等表賀赤烏又賀白鵲政和後禁苑多爲村居野店又聚珍禽野獸麀鹿鴐鵞禽鳥數百實其中至宣和間每秋風夜靜禽獸之音四徹宛若深山大澤陂野之間識者以爲不祥宣和末南郊禮畢御郊宮端誠殿天未明百辟方稱賀忽有鴞正鳴于殿屋若與贊拜聲相應和聞者駭之時已報女真背盟未踰月內禪明年有青城之難建炎三年高宗在揚州二月辛亥早朝有禽翠羽飛鳴行殿三匝一再止于宰臣汪伯彥朝冠冠草服飛鳥賤之不祥翠羽又青祥也劉向以爲野鳥入宮宮室將空一曰敗亡之應是月金人入揚州有倉卒度江之變未

幾伯彥罷相尋坐貶四年正月丁巳金人圍陝州有烏鴉數萬飛噪城上與戰聲相亂金將婁宿曰城當陷急攻之遂失守近羽孽也七年梟鳴于劉豫後苑又群鳥鳴于內庭如曰休也豫惡之募人獲一梟者予錢五千是歲僞齊亡十七年二月有白烏六集于高禖壇上府尹沈該以瑞奏二十七年饒州番陽縣有妖鳥鳧身雞尾長喙方足赤目止于民屋數日彈矢不能中乾道六年邵武軍泰寧縣有雀飛鳴立死于瑞寧佛刹香爐先是紹興初是邑有雀立死于丹霞佛刹香爐皆羽孽也而浮圖氏因謂之雀化慶元三年春池州銅陵縣鵞鶩雄化爲雌

紹興五年江東西羊大疫十七年汀州羊無角嘉定九年信州玉山縣羊生騈首

端拱元年十一月戊午夜西北方有赤氣如日脚高二丈

咸平六年六月辛未赤氣出婁貫天廪占曰倉廪有火災

景德三年三月丙辰北方赤氣亘天大中祥符三年十二月癸亥青赤氣貫紫微慶曆三年十二月二十六日天雄軍德博州天降紅雪盡血雨熙寧二年十一月每夕有赤氣見西北隅如火至人定乃滅元祐三年七月丁卯夜東北方明如晝俄成赤氣內有白氣經天建中靖國元年正月朔夕有赤氣起東北彌亘西方久之中出白氣二及赤

氣將散復有黑氣在其傍宣和元年四月丙子夜西北赤
氣數十道亘天犯紫宮北斗仰視星皆若隔絳紗拆裂有
聲間以白黑二氣自西北衝入東北延及東南迫曉乃止
靖康元年九月戊寅有赤氣隨日出建炎元年八月庚午
東北方有赤氣占曰血祥四年五月洞庭湖夜赤光如火
見東北亘天俄轉東南此血祥也壬子夜西北方有赤氣
彌天貫以白氣如練者十數犯北斗文昌紫微由東南而
散紹興七年正月乙酉夜北方有赤氣達旦辛卯斗牛間
赤氣如火十一月癸卯南方有赤氣東北皆赤雲自日入
至于甲夜八年九月甲申赤氣出紫微垣十八年八月丁

亥九月甲寅皆有赤氣如火二十年十一月建昌軍新城
縣永安村大風雪夜半若數百千人行聲語笑歌哭雜擾
匆遽而凝寒陰黑咫尺莫辨明旦雪中有人畜鳥獸蹄迹
流血汙染十餘里入山乃絕二十七年三月乙酉赤氣出
紫微垣七月壬申赤氣隨日入十月壬寅赤氣如火三十
年二月壬申亦如之三十二年春淮水溢中有赤氣如凝
血隆興二年十一月庚寅日入後赤雲隨之乾道元年八
月壬午赤氣中天自日入至于甲夜六年十月庚午赤氣
隨日出十一月丁丑赤雲隨日入至于甲夜七年七月壬
寅十月乙巳丙午淳熙三年八月丁酉戊戌皆有赤氣隨

日入出十三年行都民家有血自地中出濺染汙人衣十
四年十一月癸丑甲寅有赤氣隨日入出紹熙三年春潼
川路久旱日月星皆有赤氣四年十一月甲戌赤雲夜見
白氣間之慶元六年十月赤氣夜發横天嘉泰四年二月
庚辰夜有赤雲間以白氣東北亘天後八日國有大火占
者以爲火祥嘉定六年十月乙卯赤氣隨日出十一月辛
卯赤氣隨日入端平三年七月甲申天雨血寶祐二年蜀
雨血

開寶七年六月棣州有火自空墜于城北有物如龍端拱
元年九月瀘州鹽井竭遣匠劉晚入視忽有聲如雷火焰

突出晚被傷建炎元年正月辛卯夜西北陰雲中有如火
光紹興三十二年建昌軍新城縣有巨室簷中時有火光
燔衣帛過半而簷不焚近火孽也

志卷第十七

開府儀同三司上柱國録軍國重事前中書右丞相監脩國史領經筵事都總裁臣脫脫等奉

敕修

五行三 木

曲直，木之性也。木失其性則爲妖祥，舊說以狂咎、木氷、恒雨、服妖、龜孽、雞禍、青眚青祥之類皆屬之木，今從之。

太平興國六年正月，瑞安縣民張度解木五片，皆有天下太平字。至道六年，修昭應宮，有木斷之文如點漆，貫徹上下，體若梵書。十一月，襄州民劉士家生木，有文如龍魚鳳鶴之狀。七年五月，撫州修天慶觀，解木有文如墨畫雲氣峰巒人物衣冠之狀。七月，彰明縣崇仙觀柱有文爲道士形及北斗七星象。大中祥符八年，晉州慶唐觀古柏中別生槐，長丈餘。天聖元年二月，河陽柳二本連理。六月，河陽橿棗各連理。五年正月，綿谷縣松柏同本異榦。九年十月，公井縣冬青木連理。明道元年八月，黃州橘木及柹木連枝。康定元年十月，始興縣柑兩本連理。慶曆三年十二月，澧州獻瑞木，有文曰「太平之道」。六年九月甲辰，登州有巨木浮海而出者三千餘。治平四年六月，汀州進桐木板二，有文曰「天下太平」。熙寧元年三月，簡州木連理。是歲，英州因雷震，一山梓樹盡枯而爲龍腦，價爲之賤，至京師一兩

纔直錢一千。四百二年，建州民楊緯言：元年三月大雷雨，所居之西有黃龍見，下獲一木如龍而形未具。七月，大雷雨，復有龍飛其下，及霽，木龍尾翼足皆具，歸合舊木宛然一體，圖象以進。十年八月乙巳，惠州柚木有文曰「王帝萬年天下太平」。元豐元年五月，劒州木連理。三年六月己未，饒州長山雨木子數畝，狀類山芋子，味香而辛，土人以爲桂子，又曰菩提子，明道中嘗有之，是歲大稔。十二月，泌陽縣甘棠木連理。六年五月，衛眞縣洞霄宮枯槐生枝葉。元祐元年八月己丑，杭州民俞舉慶七世同居，家園木連理。五年四月，德州木連理。元符元年八月，施州李木連理。二年九月，眉山縣榿木二株，異根同榦，木枝相附。崇寧四年正月，襄城縣李棃木連理。大觀元年三月，湟州欄木生葉。八月，瑞州、永興軍竝木連理。二年十二月，嵩嵐軍園池生瑞木。政和三年七月，玉華殿萬年枝木連理；南雄州楓木連理。十月，武義縣木根有「萬宋年歲」四字。四年，建州木連理。六月，沅陵縣江漲，流出楠木二十七，可爲明堂梁柱，蔡京等拜表賀。九月丙申，彭城縣柏開華。十二月辛丑，元氏縣民王寘屋柱槐木再生枝葉，高四十餘尺。是歲，邵州海棠木連理，澤州、台州槐木連理，荆門軍紫薇木連理。六年，坊、宛、洪、明、夔、徐、新、全、隰、太平州竝木連理，梅州枯木生枝。宣

和二年四月永州民劉思析薪有天下太平字紹興十四年四月虔州民毁歙屋析柱木理有文曰天下太平時守臣薛弼上之方大亂近木妖也二十年八月福州冲虛觀皂莢木翠葉再實二十一年建德縣定林寺桑生李實栗生桃實占曰木生異實國主殃二十五年十月贛州獻太平木時秦檜擅朝喜飾太平郡國多上草木之妖以爲瑞紹興間漢陽軍有插榴枝於石罅秀茂成陰歲有華實者初郡獄有誣服孝婦殺姑婦不能自明屬行刑者插髻上華於石隙曰生則可以驗吾冤行刑者如其言後果生淳熙十六年三月揚州桑生瓜櫻桃生茄此草木互爲妖也

七月晉陵縣民析薪中有木字曰紹熙五年如是者二是時紹熙猶未改元其後果止五年此近木妖也紹熙四年富陽縣栗生來禽實五年行都雨木與唐志貞元陳留雨木同占木生于下而自上隕者將有上下易位之象嘉定六年五月己巳嚴州淳安遂安桐廬三縣大木自拔占曰木自拔國將亂景定四年五月成都太祖廟側大木仆忽起立生三芽德祐二年正月戊辰寶應縣民析薪中有天太下趙四字獻之制置使李庭芝賞以錢百千

咸平六年十一月庚戌雨木冰大中祥符五年正月戊寅京師雨木冰天禧五年正月戊寅京師雨木冰慶曆三年十二月丁巳雪木冰占曰兵象也嘉祐元年正月雨木冰治平二年十月乙巳雨木冰熙寧三年十月八年正月九年正月京師雨木冰元祐八年二月京師大寒霰雪雨木冰宣和五年十月乙酉雨木冰靖康元年十月乙卯雨木冰二年正月丁酉雨木冰紹熙五年十一月辛亥雨木冰

宣和六年御樓觀燈時開封尹設次以彈壓於觀下帝從六宮於其上以觀天府之斷决者簾幕深密下無由知衆中忽有人躍出墨色布衣若寺僧童行狀以手畫簾出指斥語執于觀下帝怒甚令中使傳旨治之棰掠亂下又加炮烙詢其誰何略不一語亦無痛楚之狀又斷其足筋俄

施刀臠血肉狼籍帝大不悦爲罷一夕之懽竟不得其何人付獄盡之七年八月都城東門外鬻菜夫至宣德門下忽若迷罔釋荷檐向門戟手出悖詈語且曰太祖皇帝神宗皇帝使我來道尚宜速改也邏卒捕之下開封獄一夕方省則不知向者所爲者乃於獄中盡之建炎二年十一月高宗在揚州郊祀後數日有狂人具衣冠執香爐攜絳囊拜于行宫門外自言天遣我爲官家兒書于囊紙刻於右臂皆是語鞫之不得姓名高宗以其狂釋不問明年二月金人犯惟揚三月有明受之變紹興元年四月庚辰閬州有狂僧裹經哭于郡譙門曰今日佛下世且言且哭實

隆祐太后上仙日云閬距行都萬里逾月而遺詔至淳熙十四年正月紹興府有狂人突入恩平郡王第升堂踐王坐曰我太上皇孫來赴郡鞫訊終不語亦狂咎也是冬高宗崩明年八月王薨紹熙二年十二月庚辰昧爽成都府有人衰服入帳門大呼閫帥京鏜姓名亦狂咎也

建隆元年十月蔡州大霖雨道路行舟開寶二年八月帝駐潞州積雨累日未止九月京師大雨霖五年京師雨連旬不止河南河北諸州皆大霖雨九年秋大霖雨太平興國二年道州春夏霖雨不止平地二丈餘五年五月京師連旬雨不止七年六月齊州遣捕臨邑尉王坦等六人繫

獄未具一夕大風雨壞獄户王坦等六人並壓死雍熙二年八月京師大霖雨淳化元年六月龍城縣大雨壞官私廬舍殆盡溺死者百三十七人三年九月京師霖雨四年七月京師大雨十晝夜不止朱雀崇明門外積水尤甚軍營廬舍多壞是秋陳潁宋亳許蔡徐濮澶博諸州霖雨秋稼多敗五年秋開封府宋亳陳潁泗壽鄧蔡潤諸州雨水害稼咸平元年五月昭州大雨霖害民田溺死者百五十七人景德三年八月青州大雨壞鼓角樓門壓死者四人大中祥符二年八月無為軍大風雨折木壞城門軍營民舍壓溺千餘人十月兖州霖雨害稼三年四月昇州霖雨

五月辛丑京師大雨平地數尺壞軍營民舍多壓者近畿積潦五年九月建安軍大霖雨害農事天禧四年七月京師連雨彌月甲子夜大雨流潦汎溢民舍軍營圮壞大半多壓死者自是頻雨及冬方止乾興元年二月蘇湖秀州雨壞民田天聖四年六月戊寅莫州大雨壞城壁七年自春涉夏雨不止明道二年六月癸丑京師雨壞軍營府庫景祐三年七月庚子大雨震電慶曆六年七月丁亥河東大雨壞忻代等州城壁皇祐二年八月深州大雨壞民廬舍四年八月癸未京城大風雨民廬摧圮至有壓死者嘉祐二年八月河北緣邊久雨瀕河之民多流移五月丁未

晝夜大雨六月乙亥雨壞太社太稷壇三年八月霖雨害稼六年七月河北京西淮南兩浙江南東西霖雨為災閏八月京師久雨是歲頻雨及冬方止治平元年京師自夏歷秋久雨不止摧真宗及穆獻懿三后陵臺熙寧元年八月冀州大雨壞官私廬舍城壁七年六月陝州大雨漂溺陝平陸二縣元豐四年七月泰州海風駕大雨漂浸州城壞公私舍數千楹元祐二年七月丁卯以雨罷集英殿宴元符二年九月以久雨罷秋宴三年七月久雨哲宗大昇轝在道陷泥中建中靖國元年二月久雨時欽聖憲肅皇后欽慈皇后二陵方用工詔京西祈晴崇寧元年七月久

雨壞京城廬舍民多壓溺而死者三年六月久雨四年五月京師久雨又自七月至九月所在霖雨傷稼十月始霽靖康元年四月京師大雨天氣清寒又自五月甲申至六月暴雨傷麥夏行秋令建炎二年春淫雨三年二月癸亥高宗初至杭州久霖雨占曰陰盛下有陰謀時苗傅劉正彥爲亂五月霖雨夏寒紹興元年行都雨壞城三百八十丈是歲婺州雨城壞三年雨自正月朔至于二月七月四川霖雨至于明年正月四年六月淫雨害稼蘇湖二州爲甚九月久雨時劉豫連金人入寇十月高宗親征而霽五年三月霖雨傷蠶麥行都雨甚九月雨至于明年正月六

年五月久雨不止七年十月高宗如建康久雨八年三月積雨至于四月傷蠶麥害稼二十一年夏襄陽府大雨十餘日二十三年六月大雨壞軍壘民田三十年五月久雨傷蠶麥害稼八月施州大風雨三十二年六月浙西大霖雨隆興元年三月霖雨行都壞城三百三十餘丈二月六月陰雨七月浙西江東大雨害稼八月風雨踰月乾道元年二月行都及越湖常潤溫台明處九郡寒敗首種損蠶麥二年正月淫雨至于四月夏寒江浙諸郡損稼蠶麥不登三年五月丙午泉州大雨晝夜不止者旬日八月淫雨江浙淮閩禾麻菽麥粟多腐四年四月陰雨彌月六年

五月連雨六十餘日十一月連雨辛巳郊祀雲開于圜丘百步外有澍雨八年四月四川陰雨七十餘日六月壬寅大雨徹晝夜至于己酉九年閏正月淫雨淳熙二年夏建康府霖雨壞城郭三年五月淮浙積雨損禾麥八月浙東西江東連雨癸未甲申行都大風雨九月久雨十月癸酉孝宗出手詔決獄援筆而風起開霽四年九月丁酉戊戌紹興府餘姚上虞二縣大風雨五年閏六月己亥階州暴雨至于戊申乙巳興化軍福州福清縣暴風雨夜作六年四月衢州霖雨九月連雨己巳將郊而霽八年四月雨腐禾麥五月久雨敗首種十年五月信州霖雨自甲戌至于

辛巳八月福州大雨霖自己未至于九月乙丑吉州亦如之十一年四月淫雨戊寅建康府太平州大雨霖六月甲申處州龍泉縣暴雨十二年五月六月皆霖雨十三年秋利州路霖雨敗禾稼穜稑金洋階成岷鳳六州亦如之十五年五月荆淮郡國連雨戊午祈門縣霖雨十六年四月西和州霖雨害禾麥五月浙西湖北福建淮東利西諸道霖雨紹熙元年春久陰連雨至于三月夏階成岷鳳四州霖雨傷麥二年二月贛州霖雨連春夏不止壞城四百九十丈圮城樓敵樓凡十五所四月福建路霖雨至于五月七月利路久雨傷種麥癸亥興州暴雨連日八月行都久

雨三年五月江東湖北路連雨常德府大雨徹晝夜自壬辰至于庚子寧國府池州廣德軍自巳亥至于六月辛丑朔雨甚祈門縣至于庚戌七月壬申天台仙居二縣大雨連旬淮西路鎮江襄陽府皆害禾麥八月普州雨害稼四年四月霖雨至于五月浙東西江東湖北郡縣壞圩田害蠶麥蔬稑紹興寧國府尤甚鎮江府大雨自辛未至于丙子淮西郡縣自丙子至于戊寅五年八月霖雨饑縣浙東西皆害稼九月雨至于十月癸巳大雨三晝夜不止江東西福建郡縣皆苦雨慶元元年正月霖雨甲辰帝蔬食露禱丙午霽二月又雨至于三月傷麥五月霖雨七月雨至

于八月二年六月壬申台州焱風暴雨連夕八月行都霖雨五十餘日三年七月雨連月四年八月久雨五年五月行都雨壞城夜壓附城民廬多死者六月浙東西霖雨至于八月六年五月庚午嚴州霖雨連五晝夜不止嘉泰二年六月福建路連雨至于七月丁未大風雨爲災三年八月久雨開禧元年七月利路郡縣霖雨害稼閏月盱眙軍陰雨至于九月敗禾稑十月行都淫雨至于明年春二年春淫雨至于三月嘉定二年五月戊戌連州大雨連晝夜六月利閬成西和四州霖雨七月壬辰台州大風雨夜作三年三月陰雨六十餘日五月淫雨至于六月首種多敗

蠶麥不登四年八月霖雨至于九月五年春淫雨至于三月傷蠶麥十一月雨雪積陰至于明年春六年春淫雨至于二月丁亥雨雪集霰五月陰雨經日辛酉嚴州霖雨六月戊子紹興府大風雨浙東西雨至于七月七年九月陰雨至于十月害禾麥九年四月六月大霖雨浙東西郡縣尤甚十年三月連雨至于四月十月霖雨害稼十一年六月霖雨浙西郡縣尤甚十二年六月霖雨彌月十五年七月浙東西霖雨爲災十六年五月霖雨浙西湖北江東淮東尤甚八月大風雨害稼十七年八月霖雨

乾德四年二月長春節甘露降江寧府報恩院五年二月

甘露降江陵府玉泉寺松樹開寶元年十二月甘露降蔡州僧院柏樹太平興國三年正月甘露降壽州廨四年五月甘露降河東縣廨叢竹凡三夜七年四月丙戌知漢州安守亮獻柏葉上甘露一器九年三月丙子甘露降西京南太一宮新城雍熙三年四月庚子甘露降後院草木四年十二月甘露降興化軍羅漢峯前五松端拱二年二月甘露降壽州廨園柏及資聖寺檜淳化二年十二月資州廨及延壽觀德純寺甘露降松柏凡六日三年正月舒州二月衢州四月舒州四年六月舒州並甘露降至道二年四月蘄州三年五月泉州六月蘇州甘露降咸平元年四

月甘露降平戎軍廨果樹凡九十餘本十一月甘露降亳州眞觀靈寶柏樹二年五月太平州潯州三年二月泉州十一月潯州四年二月龔州五年正月桂州十一月許州並甘露降景德元年義寧縣二年正月鬱林州二月晉州及神山縣三年正月梓州四月遂州十二月榮州懷安軍甘露降大中祥符元年十二月上饒縣信陽軍二年正月信陽軍陳鄂二州三月陵昇梓三州三年二月柳州懷安軍閏二月富順監五月澤耀晉益四州四年正月梓州三月澤州四月常州五年四月遂州五月無爲軍六月梓州七月眞定府十一月榮州開元寺六年三月梓州六月鄜

州八月遂州九月信州十月亳州太淸宮十一月潯州十二月榮州南儀州七年二月鳳翔府天慶觀五月鄆州十月亳州太淸宮十一月彭州天慶觀八年正月中江縣二月果州十月衢州九年十一月玉淸昭應宮並甘露降天禧元年正月貴州天慶觀二月玉淸昭應宮三月後苑四月會靈觀五月廬州通判廳及后土祠十二月昭州天慶觀二年十二月榮州開元寺懷安軍天慶觀三年四月舒州五月益州四年三月邵武軍十二月平泉縣五年三月泉州十一月韶州並甘露降天聖元年正月柳州十一月河南府二年五月鳳州十月涇州四年榮州懷安軍六年太

平州七年正月益州九年正月榮州並甘露降明道元年十一月韶州梓州甘露降景祐四年十二月成德軍慶曆四年正月桂州皇祐三年十二月吉州嘉祐七年三月眉州蓬州九月陵州並甘露降熙寧元年距元豐八年甘露降凡二十餘處元祐元年距元符三年亦如之大觀初甘露降于九成宮帝鼐室三年冬降于尚書省及六曹御製七言四韻詩賜執政已下其後內自禁中及宣和殿延福宮神霄宮下至三學開封府大理寺宰臣私第皆有之歲歲拜表稱賀

建隆初蜀孟昶末年婦女競治髮爲高髻號朝天髻未幾

昶入朝京師江南李煜末年有衛士秦友登壽昌堂榻覆其鞾而坐訊之風狂不寤識者云鞾履也李氏將覆於此地而爲秦所有乎履與李友與有同音趙與秦同祖也又煜宮中盛雨水染淺碧爲衣號天水碧未幾爲王師所克士女至京師猶有服之者天水國之姓望也淳化三年京師里巷婦人競剪黑光紙團靨又裝鏤魚腮中骨號魚媚子以飾面黑北方色魚水族皆陰類也面爲六陽之首陰侵於陽將有水災明年京師秋冬積雨衢路水深數尺景德四年春京城小兒裂裳爲小兒旗繫竿首相對揮颭兵鬬之象也是歲宜州卒陳進爲亂出師討平之紹興二十

一年行都豪貴競爲小青蓋飾赤油火珠於蓋之頂出都門外傳呼于道珠者乘輿服御飾升龍用焉臣庶以加于小蓋近服妖亦僭咎也二十三年士庶家競以胎鹿皮製婦人冠山民採捕胎鹿無遺時去宣和未遠婦人服飾猶集翠羽爲之近服妖也二十七年交阯貢翠羽數百命焚之通衢立法以禁紹熙元年里巷婦女以琉璃爲首飾唐志琉璃釵釧有流離之兆亦服妖也後連年有流徙之厄理宗朝宮妃繫前後掩裙而長窣地名趕上裙梳高髻於頂曰不走落束足纖直名快上馬粉點眼角名淚妝剃削童髮必留大錢許於頂左名偏頂或留之頂前束以綵繒宛若博焦之狀或曰鵓角咸淳五年都人以碾玉爲首飾有詩云京師禁珠翠天下盡琉璃

太平興國三年二月鑿金明池既掘地有龜出殆踰萬數大中祥符二年四月有黑龜甚衆沿汴水而下至和元年二月信州貢綠毛龜大觀元年閏十月丙戌都水使者趙霆行河得兩首龜以爲瑞蔡京信之曰此齊小白所謂象罔見之而霸者也鄭居中曰首豈容有二而京主之意殆不可測帝命棄龜金明池政和四年瑞州進六目龜五年博州進白龜紹興八年五月汴京太康縣大雷雨下冰龜數十里隨大小皆龜形具首足卦文乾道五年舒州民獻龜駢生二首不能伸縮郡守張栻縱之灊山近龜孽也嘉定十四年春楚州境上龜大小死者蔽野

咸平三年八月黃州羣雞夜鳴至冬不止紹興初陳州民家雞忽人言近雞禍也松陽縣民家雞生三足縣治有雞伏卵毛生㲉外近雞禍亦毛孽也乾道六年西安縣官塘有物雞首人身高丈餘晝見于野慶元三年饒州軍營雞卵出虵近雞孽亦蛇孽也婺源縣張村民家雌雞化爲雄烹之形冠距而腹卵孕同里洪氏家雄雞伏子中一雛三足咸淳五年常州雞羽生距

建隆元年夏相金均房商五州鼠食苗二年五月商州鼠食苗乾德五年九月金州鼠食苗太平興國七年十月岳州鼠害稼紹興十六年清遠翁源眞陽三縣鼠食稼千萬爲群時廣東久旱凡羽鱗皆化爲鼠有獲鼠於田者腹猶蛇文魚者夜設網旦視皆鼠自夏徂秋爲患數月方息歲爲饑近鼠妖也乾道九年隆興府鼠千萬爲群害稼淳熙五年八月淮東通泰楚高郵黑鼠食禾既歲大饑時江陵府郭外羣鼠多至塞路其色黑白青黃各異爲車馬踐死者不可勝計踰三月乃息紹熙四年饒州民家二小鼠食牛角三徙牛牢不免角穿肉瘠以斃近鼠妖也慶元元年六月番易縣民家一猫帶數十鼠行止食息皆同如母子

相哺者民殺猫而鼠舐其血鼠象盜猫職捕而反相與同處司盜廢職之象也與唐龍朔洛州猫虎同占

紹興三年八月辛亥尚書省後樓無故自壞慶元元年夏建昌軍民居木柱有聲如牛鳴者三日乃止咸淳九年丞相賈似道起復之日在越上私第方拜家廟忽聞内有裂帛聲衆賓愕然密詢左右知家廟棟裂皆逡巡而退

志卷第十八

志卷第十九　　宋史六十六

開府儀同三司上柱國錄軍國重事前中書右丞相監修國史領經筵事都總裁臣脫脫等奉勅修

五行四　金

從革金性也金失其性則爲變怪舊說以僭咎恒陽詩妖民訛毛蟲之孽白眚白祥之類皆屬之金今從之

建隆二年七月晉州神山縣北谷中有鐵隨水流出方二丈三尺其重七千斤太平興國四年九月夾江縣民王詣得黑石二皆丹文其一云君王萬歲其二云趙二十一帝緘其石來獻至道二年二月桂陽監鎔銀自涌成山峰狀

咸平四年十二月亳州太清宮鐘自鳴乾興元年四月甲戌修奉山陵總管言皇堂隧道穿得銅鍋有兩耳又於寢宮三門下穿得銅盂一鐵甕一鐵甲葉三天聖元年三月庚辰涪陵縣相思寺夜有光出阿育王塔之舊址發之得金銅像三百二十七五年七月壬寅遂山縣舊河淩地摧塔獲古錢一百四十六千五百四十三文明道元年五月壬午漢州江岸獲古鍾一慶曆四年五月乙亥金谿縣得生金山重三百二十四兩皇祐四年乾寧軍漁人得小鍾二於河濱五年二月己亥乾寧軍又進古鍾一至和二年四月甲午瀏陽縣得古鍾一熙寧元年至元豐元年橫州

共獲古銅鼓一十七元豐三年八月岳州永慶寺獲銅鐘
一銅磬二六年南溪縣穿土得銅錢五萬四千有奇七年
三月筠州獲古銅鐘一十一月賓州獲銅鼓一八年昌元
縣通鹽井得銅鍋九銅盆一銅盤一崇寧五年十月荆南
獲古銅鼎政和二年玄圭始出晉州上一石緑色方三尺
餘當中有文曰堯天正其字如掌大而端楷類手畫者堯
字居右天正字綴行于左都堂驗視礱石三分而字畫愈
明又於堯字之下隱約出一瑞字位置始均蓋曰天正堯
瑞云或謂晉陽堯都也方玄圭出乃有此瑞四年府畿汝
蔡之間連山大小石皆變爲瑪瑙尚方取爲寶帶器玩甚

富五年正月湖南提舉常平劉欽言盧荻衝出生金重九
斤八兩狀類靈芝祥雲又淘得碎金四百七兩有奇十一
月越州民拾生金湟州丁羊谷金坑僅千餘眼得鑛成金
共四等計一百三十四兩有奇重和元年十二月孝感縣
楚令尹子文廟獲周鼎六宣和四年後御府所藏往往復
變爲石而色類白骨此與周寶圭占略同五年滎陽縣賈
谷山麒麟谷采石修明堂得一石有文曰明百官表賀五
年四月又獲甗鼎三崇寧四年三月鑄九鼎用金甚厚取
九州水土内鼎中既奉安於九成宫車駕臨幸徧禮焉至
北方之寶鼎忽漏水溢于外劉炳謬曰正北在燕山今寶

鼎但取水土於雄州境宜不可用其後竟以北方致亂建
炎元年南京留守朱勝非夜防城見南門外火光燭地掘
之得銅印有文曰朱勝私印火爍金金所畏也後拜相有
明受之變卒坐貶三年吉州修城役夫得髑髏棄水中俄
浮一鍾有銘五十六字大略云唐興元吾子没瘞廬陵西
墅後當火德五九之際世衰道敗浙梁相繼喪亂章貢康
昌之日吾亦復出是邦東平鳩工復使吾子同河伯聽命
水官郡守命録其辭録畢而鍾自碎

紹興十一年三月庚申長安兵刃皆生火光二十六年郢
縣地出銅馬高三尺制作精好風雨夜嘶紹興中耕者得

金甕重二十四鈞於秦檜别業乾道二年三月丙午夜福
清縣石竹山大石自移聲如雷石方可九丈所過成蹊才
四尺而山之木石如故

慶元二年十二月吳縣金鵝鄉銅錢萬百自飛

建隆二年京師夏旱冬又旱三年京師春夏旱河北大旱
霸州苗皆焦仆又河南河中府孟澤濮鄆齊濟滑延隰宿
等州並春夏不雨四年京師夏秋旱又懷州旱乾德元年
冬京師旱二年正月京師旱夏不雨是歲河南府陝虢麟
博靈州旱河中府旱甚四年春京師不雨江陵府華州漣
水軍旱五年正月京師旱秋復旱開寶二年夏至七月京

師不雨三年春夏京師旱邠州夏旱五年春京師旱冬又旱六年冬京師旱七年京師春夏旱冬又旱河南府晉解州夏旱滑州秋旱八年春京師旱是歲關中饑旱甚太平興國二年正月京師旱三年春夏京師旱四年冬京師旱五年夏京師旱秋又旱六年春夏京師旱七年春京師旱孟虢絳密瀛衛曹淄州旱九年夏京師旱秋江南大旱雍熙二年冬京師旱三年冬京師旱四年冬京師旱端拱二年五月京師旱秋七月至十一月旱上憂形於色蔬食致禱是歲河南萊登深冀旱甚民多飢死詔發倉粟貸之淳化元年正月至四月不雨帝蔬食祈雨河南鳳翔大名京

兆府許滄單汝乾鄭同等州旱二年春京師大旱三年春京師大旱冬復大旱是歲河南府京東西河北河東陝西及亳建淮陽等三十六州軍旱四年夏京師不雨河南府許汝亳滑商州旱五年六月京師旱至道元年京師春旱二年春夏京師旱咸平元年春夏京畿旱又江浙淮南荊湖四十六軍州旱二年春京師旱甚又廣南西路江浙荊湖及曹單嵐州淮陽軍旱三年春京師旱江南頻年旱四年京畿正月至四月不雨景德元年京師夏旱人多暍死三年夏京師旱大中祥符二年春夏京師旱河南府及陝西路澶邢州旱三年夏京師旱江南諸路宿州潤州旱八

年京師旱九年秋京師旱大名府澶州相州旱天禧元年京師春旱秋又旱夏陝西旱四年春利州路旱夏京師旱五年冬京師旱天聖二年春不雨五年夏秋大旱六年四月不雨明道元年五月畿縣久旱傷苗二年南方大旱景祐三年六月河北久旱遣使詣北嶽祈雨慶曆元年九月丁未朔遣官祈雨二年六月戊寅祈雨三年遣使詣嶽瀆祈雨四年三月丙寅遣內侍兩浙淮南江南祠廟祈雨五年二月詔天久不雨令州縣決淹獄又幸大相國寺會靈觀天清寺祥源觀祈雨六年四月壬申遣使祈雨七年正月京師不雨二月丙寅遣官嶽瀆祈雨三月辛丑西太乙

宮祈雨皇祐元年五月丁未遣官祈雨三年恩冀諸州旱三月分遣朝臣詣天下名山大川祠廟祈雨至和二年四月甲午遣官祈雨嘉祐五年梓州路夏秋不雨七年三月甲子罷春燕以久旱故也辛丑西太乙宮祈雨治平元年春京師踰時不雨鄭滑蔡汝潁曹濮洺磁晉耀登等州河中府慶成軍旱二年春不雨熙寧二年三月旱甚三年諸路旱六月畿內旱八月衛州旱五年五月北京自春至夏不雨七年自春及夏河北河東陝西京東西淮南諸路久旱九月諸路復旱時新復洮河亦旱羌户多殍死八年四月真定府大旱八月淮南兩浙江南荊湖等路旱九年八

月河北京東京西河東陝西旱十年春諸路旱元豐二年春河北陝西京東西諸郡旱三年春西北諸路旱五年亢旱六年夏畿內旱元祐元年春諸路旱正月帝及太皇太后車駕分日詣寺觀禱雨是冬復旱二年春旱三年秋諸路旱京西陝西尤甚四年春京師及東北旱罷春燕八年秋旱紹聖元年春旱踈決四京畿縣因三年江東大旱溪河涸竭四年夏兩浙旱元符元年東南旱二年春京畿旱建中靖國元年衢信等州旱大觀二年淮南江東西諸路大旱自六月不雨至于十月政和元年淮南旱三年江東旱四年旱詔振德州流民宣和元年二月詔汝潁陳蔡州

飢民流移常平官勸停秋淮南旱四年東平府旱五年夏秦鳳路旱是歲燕山府路旱建炎二年夏旱紹興二年常州大旱帝問致旱之由中書舍人胡交修奏守臣周杞殘酷所致壽以屬吏坐贓及殺不辜竄嶺南三年四月旱至于七月帝蔬食露禱乃雨五年五月浙東西旱五十餘日六月江東湖南旱秋四川郡國旱甚六年夔潼成都郡縣及湖南衡州皆旱七年春旱七十餘日時帝將如建業蹕所在分遣從臣有事于名山大川六月又旱江南尤甚八年冬不雨九年六月旱六十餘日有事于山川十一年七月旱戊申有事于嶽瀆乙卯禱雨于圜丘方澤宗廟十二年三月旱六十餘日秋京西淮東旱十二月陝西旱十八年浙東西旱紹興府大旱十九年常州鎮江府旱二十四年浙東西旱二十九年二月旱七十餘日秋江浙郡國旱三十年春階成鳳西和州旱秋江浙郡國旱浙東尤甚隆興元年江浙郡國旱京西大旱二年台州春旱興化軍漳福州大旱首種不入自春至于八月乾道三年春四川郡縣旱至于秋七月緜劍漢州石泉軍尤甚四年夏六月旱帝將撤蓋親禱于太乙宮而雨時襄陽隆興建寧亦旱八月詔頒皇祐祀龍法于郡縣五年夏秋淮東旱盱眙淮陰爲甚六年夏浙東福建路旱溫台福漳建爲甚七年春江

西東湖南北淮南浙婺秀州皆旱夏秋江洪筠潭饒州南康興國臨江軍尤甚首種不入冬不雨九年婺處溫台吉贛州臨江南諸軍江陵府皆久旱無麥苗淳熙元年浙東湖南郡國旱台處郴桂爲甚蜀關外四州旱二年秋江淮浙皆旱紹興鎮江寧國建康府常和滁真揚州盱眙廣德軍爲甚三年夏常昭復隨郢金洋州江陵德安興元府荆門漢陽軍皆旱四年春襄陽府旱首種不入五年常緜州鎮江府及淮南江東西郡國旱有事于山川群望六年衢永楚州高郵軍旱七年湖南春旱諸道自四月不雨行都自七月不雨皆至于九月紹興隆興建康江陵府台婺常

潤江筠撫吉饒信徽池舒蘄黃和潯衡永州興國臨江南康無爲軍皆大旱江筠徽婺州廣德軍無錫縣尤甚禱雨于天地宗廟社稷山川群望八年正月甲戌積旱始雨七月不雨至于十一月臨安鎮江建康江陵德安府越婺衢嚴湖常饒信徽楚鄂復昌州江陰南康廣德興國漢陽信陽荆門長寧軍及京西淮郡皆旱九年夏五月不雨至于秋七月江陵德安襄陽府潤婺溫處洪吉撫筠袁潭鄂復恭合昌普資渠利閬忠涪萬州臨江建昌漢陽荆門信陽南平廣安梁山軍江山定海象山上虞嵊縣皆旱十年六月旱至于七月江淮建康府和州興國軍恭涪瀘合金州南平軍旱十一年四月不雨至于八月興元府吉贛福泉汀漳潮梅循邕賓象金洋西和州建昌軍皆旱興元吉尤甚冬不雨至于明年二月十四年五月旱六月戊寅有事于山川羣望甲申帝親禱于太乙宮七月己酉大雩于圜丘望于北郊有事于嶽瀆海凡山川之神時臨安鎮江紹興隆興府嚴常湖秀衢婺處明台饒信江吉撫筠袁州臨江興國建昌軍皆旱越婺台處江州興國軍尤甚至于九月乃雨十五年舒州旱紹熙元年重慶府蘄池州旱二年五月眞揚通泰楚滁和普隆涪渝遂高郵盱眙軍富順監皆旱簡資榮州大旱三年夏郢揚和州大旱秋簡資普榮

叙隆富順監亦大旱四年緜州大旱亡麥簡資普渠合州廣安軍旱江浙自六月不雨至于八月鎮江江陵府婺台信州江西淮東旱五年春浙東西自去冬不雨至于夏秋鎮江府常秀州江陰軍大旱廬和濠楚州爲甚江西七郡亦旱慶元二年五月不雨三年潼利夔路十五郡旱自四月至于九月金蓬普州大旱四月壬子禱于天地宗廟社稷六年四月旱五月辛未禱于郊丘宗社鎮江府常州大旱水竭淮郡自春無雨首種不入及京襄皆旱嘉泰元年五月旱丙辰禱于郊丘宗社戊辰大雩于圜丘浙西郡縣及蜀十五郡皆大旱二年春旱至于夏秋七月庚午大雩于圜丘祈于宗社浙西湖南江東旱鎮江建康府常秀潭永州爲甚四年五月不雨至于七月浙東西江西郡國旱開禧元年夏浙東西不雨百餘日衢婺嚴越鼎澧忠涪州大旱二年南康軍江西湖南北郡縣旱三年二月不雨五月己丑禱于郊丘宗社嘉定元年夏旱閏月辛卯禱于郊丘宗社二年夏四月旱首種不入庚申禱于郊丘宗社六月乙酉又禱至于七月乃雨浙西大旱常潤爲甚淮東西江東湖北皆旱四年資普昌合州旱六年五月不雨至于七月江陵德安漢陽軍旱八年春旱首種不入四月乙未禱于太乙宮庚子命輔臣分禱郊丘宗社五月庚申大雩

于圜丘有事于嶽瀆海至于八月乃雨江浙淮閩皆旱建
康寧國府衢婺溫台明徽池眞太平州廣德興國南康盱
眙安豐軍爲甚行都百泉皆竭淮甸亦然十年七月不雨
帝日午曝立禱于宮中十一年秋不雨至于冬淮郡及鎮
江建寧府常州江陰廣德軍旱十四年浙閩廣江西旱明
台衢婺溫福贛吉州建昌軍爲甚十五年五月不雨岳州
旱嘉熙元年夏建康府旱三年旱四年江浙福建旱淳祐
七年旱十一年閩廣及饒州旱咸淳六年江南大旱十年
廬州旱長樂福清二縣大旱
建隆中京師士庶及樂工少年競唱歌曰五來子自建隆

開寳凡平荊湖川廣江南五國皆來朝時西川孟昶賦斂
無度射利之家配率尤甚旣乏緡錢唯仰在質物乃競書
簡札揭於門曰今召主收贖又每歲除日命翰林爲詞題
桃符正旦置寢門左右末年學士幸寅遜撰詞昶以其非
工自命筆題云新年納餘慶嘉節號長春昶以其年正月
降王師即命呂餘慶知成都府而長春乃太祖誕聖節名
也召與趙贖與蜀同音開寳初廣南劉鋹令民家置貯水
桶號防火大桶又鋹末年童謠曰羊頭二四白天雨至後
王師以辛未年二月四日擒鋹識者以爲國家以火德王
房爲宋分羊未神也雨者王師如時雨之義也防與房桶

與宋同音周廣順初江南伏龜山圮得石函長二尺廣八
寸中有鐵銘云維天監十四年秋八月葬寳公于是銘有
引曰寳公嘗爲偈大事書于版帛冪之人欲讀之者必施
數錢乃得讀訖即冪之是時名士陸倕王筠姚察而下皆
莫知其旨或問之云在五百年後至卒乃歸其銘同葬焉
銘曰莫問江南事江南自有馮乗鷄登寳位跨犬出金陵
子建司南位安仁秉夜燈東隣家道闕隨虎遇明興其字
皆小篆體勢完具徐鉉徐鍇韓熙載皆不能解及煜歸朝
好事者云煜丁酉年襲位即乗鷄也開寳八年甲戌江南
國滅是跨犬也當王師圍其城而曹彬營其南是子建司

南位潘美營其北是安仁秉夜燈也其後太平興國三年
淮海王錢俶舉國入覲即東隣也家道闕意無錢也隨虎
遇戊寅年也皇祐五年正月戊午狄青敗儂智高于歸仁
鋪初謡言農家種糴家收至是智高果爲青所破建炎三
年四月鼎州桃源洞大水巨石隨流而下有文曰無爲大
道天知人情無爲窈冥神見人形心言意語鬼閙人聲犯
禁滿盈地収人魂金石同類類金爲變怪者也紹興二年
李綱帥長沙道過建寧僧宗本題邑治之壁曰東燒西燒
日月七七後數日江西盜李仁入境焚其邑七月七日也
淳熙中淮西競歌汪秀才曲曰騎驢度江過江不得又爲

猱舞以和之後舒城狂生汪格謀不軌州兵入其家縛之其子拒殺聚惡少數千爲亂聲言渡江事平格亦伏誅七年正月餘杭門外墻壁有詩其言頗涉恠後廉得主名杖遣之主管城北廂劉君暨以失察異言坐削秩其詩不錄十四年都城市井歌曰汝亦不來我家我亦不來汝家至紹熙二三年其事始應于兩宮紹定三年都城市井作歌詞末句皆曰東君去後花無主朝廷惡而禁之未幾太子詢薨慶元四年三月甲辰有鄭篇置詩達御前者詔窮究其詩不錄嘉泰四年越人盛歌鐵彈子白塔湖曲俄有盜金十一者自號鐵彈子繆傳其鬬死于白塔湖中後獲於諸暨縣

漢乾祐中荆南高從誨鑿池於山亭下得石匣長尺餘扃鐍甚固從誨神之屏左右焚香以啓匣中得石有文云此去遇龍即歇及建隆中從誨孫繼冲入朝改鎮徐州龍隆音相近太平興國中京師兒童以木雕合子中有竅藏捩下有聲號云朕底閙後盧多遜投荒人以爲讖其在肘腋而司國典也天禧二年五月西京訛言有物如烏帽夜飛入人家又變爲犬狼狀人民多恐駭每夕重閉深處至持兵器驅逐者六月乙巳傳及京師云能食人里巷聚族環坐叫譟達曙軍營中尤甚而實無狀意其妖人所爲有詔嚴捕得數輩訊之皆非政和七年詔修神保觀俗所謂二郎神者京師人素畏之自春及夏傾城男女負土以獻揭榜通衢云某人獻土又有飾形作鬼使巡門催納土者或以爲不祥禁絕之後金人斡离不圍京師其國謂之二郎君云紹興元年十二月越州連火民訛言相驚月幾望當再火樞密院以軍法禁之乃定嘉泰二年六月故循王張俊家火後旬日市井訛言相驚絳衣婦人爲火殃下墜都民徙避晝夜弗寧禁之後亦不火慶元六年十月瓊州訛言妖星流墮民郭七家聲如雷通判曾丰暨瓊山縣令移文驚擾後皆坐絀簽書樞密院事林存爲似道所擯道死于漳漳有富民蓄油黏木甚佳林氏子弟求之價高不可得因撫其木曰收取收取待賈丞相用德祐元年似道謫死郡守與之經營竟得此木以殮宋初陳摶有紙錢使不行之說時天下惟用銅錢莫喻此旨其後用交子會子其後會價愈低故有使到十八九紙錢飛上天之謠似道惡十九界之名乃名關子然終爲十九界矣而關子價益低是紙錢使不行也宋以周顯德七年庚申得天下圖讖謂過唐不及漢一汴二杭三閩四廣又有寒在五更頭之謠故宫漏有六更按漢四百二十餘年唐二百八十九年開慶元年宋祚過唐十一年滿五庚申之數至德祐二年正

月降附得三百一十七年而見六庚申如宮漏之數
建隆三年有象至黃陂縣匿林中食民苗稼又至安復襄
唐州踐民田遣使捕之明年十二月於南陽縣獲之獻其
齒革乾德二年五月有象至澧陽安鄉等縣又有象涉江
入華容縣直過闌闠門又有象至澧州澧陽縣城北乾德
四年八月普州兎食禾五年有象自至京師雍熙四年有
犀自黔南入萬州民捕殺之獲其皮角開寶八年四月平
陸縣鷙獸傷人遣使捕之生獻十頭十月江陵府白晝虎
入市傷二人太平興國三年果閬蓬集諸州虎爲害遣殿
直張延鈞捕之獲百獸俄而七盤縣虎傷人延鈞又殺虎

七以爲獻七年虎入蕭山縣民趙馴家害八口淳化元年
十月桂州虎傷人詔遣使捕之至道元年六月梁泉縣虎
傷人二年九月蘇州虎夜入福山砦食卒四人咸平二年
十二月黃州長析村二虎夜鬬一死食之殆半占云守臣
災明年知州王禹偁卒咸平六年十月乙酉有狐出皇城
東北角樓歷軍器庫至夾道獲之大中祥符九年三月杭
州浙江側晝有虎入稅場巡檢俞仁祐揮戈殺之天聖九
年五月宿州獲白兎六月廬州獲白兎明道二年六月唐
州獲白兎皇祐三年十二月泰州獲白兎嘉祐三年六月
丁卯交阯貢異獸二初本國稱貢麒麟狀如牛身被肉甲

鼻端有角食生芻果必先以杖擊其角然後食旣至而樞
密使田況辨其非麟詔止稱異獸熙寧元年九月撫州獲
白兎十二月嵐州獲白鹿四年九月廬州獲白兎政和五
年十二月安化軍獲白兎六月泰州軍獲白兎七年二月
達州獲白兎宣和元年十月淄州獲黑兎宣和七年秋有
狐由艮嶽直入禁中據御榻而坐詔毀狐王廟紹興十一
年海州屬金悉空其民安江後二十年有二虎入城人射
殺之虎亦搏人明年魏勝舉州來歸亦空其民漢龔遂曰
野獸入宮室宮室將空虎豕皆毛孽也十三年南康縣雷
雨群狸震死于巖穴中巖石皆爲碎二十二年劉彭老家

猫產數子皆三足乾道七年潮州野象數百食稼農設穽
田間象不得食率其群圍行道車馬斂穀食之乃去淳熙
二年江州馬當山群狐掠人十年滁州有熊虎同入樵民
舍夜自相搏死紹熙元年三月臨安府民家猫生子一有
八足二尾四年鄂州武昌縣虎爲人患五年八月揚州獻
白兎侍御史章穎劾守臣錢之望以孽爲瑞占曰國有憂
白喪祥也是歲光宗崩慶元三年德興縣群狐入民舍咸
淳九年十一月辛卯黎明有虎出于揚州市毛色微黑都
撥發官曹安國率良家子數十人射之制置使李庭芝占
曰千日之內殺一大將於是臠其肉於城外而厭之紹興

六年四月中京大雪雷震犬數十爭赴土河而死可救者
才二三淳熙元年六月饒州大雷震犬于市之旅舍慶元
二年撫州有犬若人坐于郡守之坐未幾郡守林廷彥卒
于官德祐元年五月壬申揚州禁軍民毋得畜犬城中殺
犬數萬輸皮納官
乾德三年七月己卯夜西方起蒼白氣長五十尺貫天船
五車亘井宿占曰主兵動六年十月己未旦西北起蒼白
氣三道長二十尺趨東散占曰游兵之象太平興國四年
四月己未夜西北有白氣壓北斗四年正月癸酉起角亢
經太微垣歷軒轅大星至月傍散至道二年二月丙子夜

西方有蒼白氣長短八道如彗掃稍經天漢參錯如交蛇
占曰所見之方主兵勝咸平四年三月丙申白氣二亘天
五年正月白氣如虹貫日久而散七月戊戌白氣如陣貫
東井六年四月己巳白氣東西亘天丁丑白氣貫日五月
辛亥白氣出昴至壁沒六月丙子白氣出河鼓左右旗分
爲數道沒七月癸卯白氣如彗起西南方占曰有兵喪景
德元年五月白氣貫軒轅蒼白氣十餘如布亘天二年二
月丁亥白氣五道貫北斗占爲大風宰臣憂十月丙子白
氣出閣道西孛孛有光占曰宮中憂三年三月白氣貫月
四年三月己未白氣東西亘天庚申白氣出南方長二丈

許久而不散四月庚午白氣貫北斗長十丈占爲大風庚
寅白氣如布襲月三丈許大中祥符元年正月丁丑白氣
二東西亘天五年二月壬寅白氣長五丈出東井貫北斗
魁及軒轅占爲兵爲雷雨明道元年十二月壬戌西北有
蒼白氣亘天康定二年八月庚辰夜東方有白氣長十尺
許在星宿度中至十日長丈餘衝天九十餘日沒慶曆八
年甲申白氣貫北斗三年正月戊戌中天有白氣長二十
尺向西南行貫日占曰邊兵憂四月癸卯白氣二生西北
隅上中天首尾至濁東南行良久散占曰其下有兵寇八
月壬子夜白氣貫北斗魁九月辛巳夜中有白氣長二丈

許貫卷宿南河東北行少頃散占曰風雨之候皇祐四年
十一月辛酉夜白氣起北方近濁長五丈許歷北斗久之
散占曰多大風嘉祐七年三月彭城縣白鶴鄉地生麪占
曰地生麪民將飢五月鍾離縣地生麪治平二年四月丙
午夜西北方有白氣漸東南行首尾至濁貫角宿移西北
久方散占曰有兵戰疾疫事熙寧九年四月庚寅夜白氣
長丈起東北方天市垣元祐三年七月戊辰夜西北有白
氣經天主兵宜防西北二鄙元符二年九月戊辰夜有白
氣十道各長五尺主兵及大臣黜二年五月戊子夜蒼白
氣起東南方長三丈貫尾箕斗主蠻夷入貢舊臣來歸宣

和三年九月壬午夜蒼白氣長三丈貫月主其下有亂者靖康元年十二月丙辰白氣出太微垣二年二月壬午夜白氣如虹自南亘北須臾移西南至東北天明而沒二月戊子白氣貫斗建炎二年杜充爲北京留守天雨紙錢于營中厚盈寸明日與金人戰城下敗績紙白祥也三年三月白氣貫日四年五月壬子夜北方有白氣十餘道如練二十六年七月辛酉夜天雨水銀紹興元年潭州得白玉于州城蓮花池中孔彥舟以獻詔却之前史以爲玉變近白祥後彥舟爲劇盜二月己巳夜東南有白氣十一年三月庚申金人居長安油酒皆變白色三十年十一月甲午夜西南有白氣出危入昴十二月戊申白氣出尾入軫貫天市垣三十一年十二月辛丑白氣如帶東西亘天出斗歷牛隆興元年十二月壬午夜白氣見西南方出危入昴二年正月甲寅夜西南有白氣亘天如帶乾道九年正月庚午白氣見西北方出奎入參三月戊辰白氣如帶自參及角東西亘天四月丁酉夜白氣見西北方入天市垣辛丑夜白氣入北斗乙巳夜白氣入紫微垣十月己丑夜蒼白氣見南方入翼十一月丙寅白氣如帶出女入昴東西亘天十二月庚午夜白氣如帶東西亘天出女入昴淳熙十年正月戊子夜西南有白氣如天漢而明南北廣可六丈東西亘天歷壁至畢紹熙五年六月壬寅夜白氣亘天自紫微至亢角己酉日入後白氣亘天須刻而散慶元四年八月庚辰白氣亘天五年二月癸酉夜東北方白氣如帶自角至參八月癸亥東北方有白氣如帶亘天嘉泰四年十一月辛未晝有白氣分數道亘天嘉熙四年二月丙辰白氣亘天淳祐二年四月甲寅白氣亘天景定三年七月甲申白氣如匹布亘天咸淳九年襄陽城中白氣自西而出

紹興二年宣州有鐵佛象坐高丈餘自動迭前迭卻若偃而就人者數日既而郡有火火氣盛金失其性而爲變怪也七月天雨錢或從石甃中涌出有輪郭肉好不分明穿之碎若沙土二月溫州戒福寺銅佛象項珠自動光彩激射經日不少停數日火作寺焚淳熙九年春德興縣民家鏡自飛舞與日光相射慶元二年正月泰寧縣耕夫得鏡厚三寸徑尺有二寸照見水底與日爭輝病熱者對之心骨生寒後爲雷震而碎

志卷第十九

志卷第二十　宋史六十七

開府儀同三司上柱國錄軍國重事前中書右丞相監脩國史領經筵事都總裁臣脫脫等奉

敕修

五行五 土

稼穡作甘土之性也土失其性則為災凶舊說以恒風脂夜之妖華孽蠃蟲之孽牛禍黃眚黃祥皆屬之土今從之

建隆元年河南諸州乏食乾德元年齊隰等州饑二年州府二十二饑開寶四年府州六水一旱諸州民乏食五年大饑六年水民饑九年州府十二饑太平興國四年太平州饑淳化元年開封河南等九州饑五年京東西淮南陝西水潦民饑咸平五年河北及鄭曹滑饑景德元年江南東西路饑二年淮南兩浙荊湖北路饑三年京東西河北陝西饑大中祥符三年陝西饑四年河北陝西劍南饑五年河北淮南饑七年淮南江浙饑八年陝西州府五饑天禧元年饑三年江浙及利州路饑天聖三年晉絳陝解饑明道元年京東淮南江東饑二年淮南江東西川饑寶元二年益梓利夔路饑嘉祐三年夔州路旱饑熙寧三年河北陝西旱四年河北旱饑六年淮南江東劍南西川潤州饑七年京畿河北京東西淮西成都利州延常潤府州威勝保安軍饑八年兩河陝西江南淮浙饑九年雄州饑十

年漳泉州興化軍饑元豐元年河北饑四年鳳翔府鳳階州饑七年河東饑元符二年饑崇寧元年江浙熙河饑大觀三年秦鳳階成饑重和元年京西饑五年河北京東淮南饑建炎元年汴京大饑米升錢三百一鼠直數百錢人食水藻椿槐葉道殣骼無餘胔三年山東郡國大饑人相食時金人陷京東諸郡民聚為盜至車載乾尸為糧紹興元年行在越州及東南諸路郡國饑淮南京東西民流常州平江府者多殍死二年春兩浙福建饑米斗千錢時餫饟繁急民益艱食三年吉郴道州桂陽監饑五年湖南大饑殍死流亡者眾夏潼川路饑米斗二千人食糟糠興元饑民流于果閬秋溫處州饑六年春浙東福建饑湖南江西大饑殍死甚眾民多流徙郡邑盜起夏蜀亦大饑米斗二千利路倍之道殣枕藉是歲果州守臣宇文彬獻禾粟九穗圖吏部侍郎晏敦復言果遂饑民未蘇不宜導諛坐黜爵七年夏欽廉邕州饑九年江東西浙東饑米斗千錢饒信州尤甚十年浙東江南荐饑人食草木十一年京西淮南饑十八年冬浙東江淮郡國多饑紹興尤甚民之仰哺于官者二十八萬六千人不給乃食糟糠草木殍死殆半十九年春夏紹興府大饑明婺州亦如之二十四年衢州饑二十八年平江府饑二十九年紹興府荐饑隆興元

年紹興府大饑四川尤甚平江襄陽府隨泗州棗陽盱眙軍大饑隨棗間米斗六七千二年平江府常秀州饑華亭縣人食粃糠行都及鎮江府興化軍台徽州亦艱食淮民流徙江南者數十萬乾道元年春行都平江鎮江紹興府湖常秀州大饑殍徙者不可勝計是歲台明州江東諸郡皆饑夏亡麥二年夏亡麥三年九月不雨麥種不入四年春蜀邛縣劒漢州石泉軍大饑邛爲甚盜延八郡漢饑民至九萬餘五年夏饒信州荐饑民多流徙徽州大饑人食蕨葛台楚州盱眙軍亦饑秋冬不雨淮郡麥種不入六年冬寧國府廣德軍太平湖秀池徽和州皆饑七年秋江東

西湖南十餘郡饑江筠州隆興府爲甚人食草實流徙淮甸詔出內帑收育棄孩淮郡亦荐饑金人運麥於淮北岸易南岸銅鑞斗錢八千江西饑流光濠安豐間皆效淮人私糴錢爲之耗荊南亦饑八年江西亡麥隆興府荐饑南昌新建縣饑民仰給者二萬八千餘九年春成都永康邛三州饑秋台州饑溫婺州亦饑淳熙元年浙東湖南廣西江西蜀關外皆饑台處郴桂昭賀尤甚二年淮東西江東饑滁眞揚州盱眙軍建康府爲甚是歲鎮江寧國府常州廣德軍亦艱食詔奬建康留守劉珙振濟有方三年淮甸饑夏台州亡麥冬復施隨郢州荊門軍襄陽江陵德安府

大饑四年春尤饑六年冬和州饑泰通楚州高郵軍大饑人食草木七年鎮江府台州無爲廣德軍民大饑是歲江浙荊湘淮郡皆饑八年春江州饑人采葛而食詔罷守臣章騂冬行都寧國建康府嚴婺太平州廣德軍饑徽饒州大饑流淮郡者萬餘人浙東常平使者朱熹進對論荒政請蠲田賦身丁錢詔江浙淮湖北三十八郡並免之九年春大亡麥行都饑於潛昌化縣人食草木紹興府衢婺嚴明台湖州饑徽州大饑穜稑亦絕湖北七郡荐饑蜀潼利夔三路郡國十八皆饑流徙者數千人十年合昌州荐饑民就振相蹂死者三十餘人十一年泉汀漳州興化軍亡

禾邕賓象州饑十二年福建饑亡麥江西廣東西饑金州饑有流徙者十四年金洋階成鳳西和州人乏食七月秀州饑有流徙者臨安府九縣饑十六年夏成州亡麥冬階成鳳西和州荐饑紹熙二年蘄州饑夔路五郡饑渝涪爲甚階成鳳西和州亡麥三年資榮州亡麥普敘簡隆州富順監皆大饑亡麥殍死者衆民流成都府至千餘人威遠縣棄兒且六百人揚州亦饑四年簡資普州饑緜州亡麥夏紹興府亡麥安豐軍大亡麥五年冬亡麥苗行都淮浙西東江東郡國皆饑常明州寧國鎮江府廬滁和州爲甚人食草木慶元元年春常州饑民之死徙者衆楚州饑人

食糟粕淮浙民流行都三年浙東郡國亡麥台州大亡麥民饑多殍襄蜀亦饑四年秋浙東西荐饑多道殣六年冬常州大饑仰哺者六十萬人潤揚楚通泰州建康府江陰軍亦乏食嘉泰元年浙西郡國荐饑常州鎮江嘉興府爲甚二年四川饑廣安懷安軍潼川府大亡麥衡郴州武岡桂陽軍乏食三年春邵永州大饑死徙者衆民多剽盜夏行都艱食四年春撫袁州隆興府臨江軍大饑殍死者不可勝瘞有舉家二十七人同赴水死者開禧二年紹興府衢婺州亡麥湖北京西淮東西郡國饑民聚爲剽盜南康軍忠涪州皆饑嘉定元年淮民大饑食草木流于江浙者百萬人先是淮郡罹兵農久失業米斗二千殍死者十三四炮人肉馬矢食之詔所至郡國振恤歸業時邦儲既匱郡計不支去者多死亦有俘掠而北者是歲行都亦饑米斗千錢二年春兩淮荊襄建康府大饑米斗錢數千人食草木淮民刲道殣食盡發瘞胔繼之人相搤噬流於揚州者數千家度江者聚建康殍死日八九十人是秋諸路復大歉常潤尤甚冬行都大饑殍者橫市道多棄兒三年春建康府大饑人相食五月衢州饑頻聚爲剽盜七年台州大亡麥八年淮浙江東西饑都昌縣爲盜者三十六黨九年行都饑閭巷有殍十年台衢婺饒信州饑剽盜起台爲甚蜀石泉軍饑殍死殆萬人十一年秋淮浙江東饑鏟亡麥苗十二年春潼川府饑而不害十三年春福州饑人食草根十六年春海州新附山東民饑京東河北路新附山西民亦饑湖南永道州大饑是歲行都江淮閩浙郡國皆亡麥禾十七年春餘杭錢塘仁和三縣饑鎮江府饑眞鄂州亦乏食嘉熙四年紹興府荐饑臨安府大饑嚴州饑咸淳七年江南大饑八年冬襄陽饑人相食德祐二年正月揚州饑三月揚州穀價騰踴民相食

乾德二年五月揚州暴風壞軍營舍僅百區三年六月揚州暴風壞軍營舍及城上敵棚開寶二年三月帝駐太原城下大風一夕而止八年十月廣州颶風起一晝夜雨水二丈餘海爲之漲飄失舟檝九年四月宋州大風壞甲仗庫城樓軍營凡四千五百九十六區太平興國二年六月曹州大風壞濟陰縣廨及軍營四年八月泗州大風浮梁竹笮鐵索斷華表石柱折六年九月高州大風雨壞廨宇及民舍五百區七年八月瓊州颶風壞城門州署民舍殆盡八年九月太平軍颶風拔木壞廨宇民舍千八十七區十月雷州颶風壞廨庫民舍七百區九年八月白州颶風壞廨宇民舍端拱二年京師暴風起東北塵沙曀日人不相辨淳化二年五月通利軍大風害稼三年六月丁丑黑

風自西北起天地晦暝雷震有頃乃止先是京師大熱疫死者衆及此風至疫疾遂止至道二年八月潮州颶風壞州廨營砦咸平元年八月涪州大風壞城舍四年八月丙子京師暴風景德二年六月甲午大風吹沙折木八月福州海上有颶風壞廬舍三年七月丙寅京師大風四年三月甲寅夕京師大風黃塵蔽天自大名歷京畿害桑稼唐州尤甚大中祥符二年四月乙未大風起京師西北連日不止五年八月京師大風七年三月戊辰京師大風揚沙礫是日百官習儀恭謝壇有隨仗者八年六月辛亥京師風起巳位吹沙揚塵天禧二年正月永州大風發屋拔木數日止三年五月徐州利國監大風起西南壞廬舍二百餘區壓死十二人四年四月丁亥大風起西北飛沙折木晝晦數刻五月乙卯暴風起西北有聲折木吹沙黃塵蔽天占竝主陰謀姦邪是秋內侍周懷政坐妖亂伏誅天聖九年十二月辛酉大風三日止景祐元年六月己巳無錫縣大風發屋民被壓死者衆九月甲寅夜漏上風自丑起有聲擺木鳴條二年六月戊寅平明風自未來占者以爲百穀豐衍之候皇祐四年七月丁巳大風起西北方拔木嘉祐二年正月元日平旦有風從東北來徧天有蒼黑雲占云大熱多雨熙寧四年二月辛巳京東自濮州至河北

旁邊大風異常百姓驚恐六年四月館陶縣黑風九年十一月海陽潮陽二縣颶風潮害民居田稼十年六月武城縣大風壞縣廨知縣李愈妻主簿寇宗奭妻之母壓死七月溫州大風雨漂城樓官舍元豐四年六月邕州颶風壞城樓官私廬舍七月甲午夜泰州海風作繼以大雨浸州城壞公私廬舍數千間靜海縣大風雨毀官私廬舍二千七百六十三楹丹陽縣大風雨溺民居毀廬舍丹徒縣大風潮飄蕩沿江廬舍損田稼六月邕州颶風壞城樓官私廬舍五年八月朱崖軍颶風毀廬舍元祐八年福建兩浙海風駕潮害民田紹聖元年秋蘇湖秀等州海風害民田靖康元年正月望夜大風起西北有聲吹沙走石盡明日乃止二月戊申大風起東北揚塵翳空三月己巳夜五更大風乍緩乍急聲如叫怒十一月丁亥大風發屋折木閏十一月甲寅大風起北方雪作盈數尺連夜不止二年正月己亥天氣昏曀狂風迅發竟日夜西北陰雲中如有火光長二丈餘闊數尺民時時見之庚戌大風雨二月乙酉大風折木晚尤甚三月己亥大風四月庚申朔大風吹石折木辛酉北風益甚苦寒建炎元年正月丁酉大風吹石折木十二月乙酉大風拔木紹興二十八年七月壬戌平江府大風雨駕潮漂溺數百里壞田廬三十二年七月戊

申大風拔木温州大風壞屋覆舟隆興元年浙東西郡國風水傷稼二年八月大風雨漂蕩田廬乾道二年八月丁亥温州大風雨駕海潮殺人覆舟壞廬舍五年十月台州大風水壞田廬八年六月丙辰惠州颶風壞海艦三十餘時樞密院調廣東經略司水軍四艦覆其三死者百三十餘人淳熙三年六月大風連日四年九月明州大風駕海潮壞定海鄞縣海岸七千六百餘丈及田廬軍壘六月乙巳夜福清縣興化軍大風雨壞官舍民居倉庫及海口鎮人多死者五年正月庚戌大風六年十一月鄂州大風覆舟溺人甚衆七年二月江陵府大風火及舟焚溺死者尤

衆十年八月辛酉雷州颶風大作駕海潮傷人禾稼林木皆折紹熙二年三月癸酉瑞安縣大風壞屋拔木殺人四年七月興化軍海風害稼五年六月丙子大風七月乙亥行都大風拔木壞舟甚衆紹興府秀州大風駕海潮害稼秋明州颶風駕海潮害稼十月甲戌行都大風拔木慶元二年六月壬申台州暴風雨駕海潮壞田廬六年三月甲子大風拔木嘉泰三年十月丁未暴風十一月癸未大風四年正月乙亥亦如之開禧元年四月乙卯九月庚戌大風嘉定元年九月乙丑大風二年二月戊子大風七月壬辰台州大風雨駕海潮壞屋殺人三年八月癸酉大風拔木折禾穗墮果實寧宗露禱至于丙子乃息後御史朝陵于紹興府歸奏風壞陵殿宮墻六十餘所陵木二千餘章四年閏月丁未大風六年十二月餘姚縣風潮壞海隄亘八鄉七年正月庚辰江州放鐙黑雲暴風忽作遊人相踐死者二十餘十年正月乙未大風拔木十一月丁丑大風十一年二月甲寅大風十月戊午大風十三年十一月庚戌壬子大風十二月戊午大風十四年六月辛巳大風十六年秋大風拔木害稼十七年秋福州颶風大作壞田損稼冬鄂州暴風壞戰艦二百餘壽昌軍壞戰艦六十餘江州興國亦如之嘉熙二年風雹三年風雹淳祐十一年泰

州風景定四年十一月福州颶風咸淳四年閏月丁巳大風雷雨居民屋瓦皆動七年五月甲申紹興府大風十年四月紹興府大風拔木

端拱二年京師暴風起東北塵沙曀日人不相辨淳化三年六月丁丑黑風自西北起天地晦冥雷震有頃乃止大中祥符二年九月無為軍城北暴風晝晦不可辨拔木壞城門營壘民舍天聖六年二月庚辰大風晝暝康定元年三月丙子大風晝暝經刻乃復嘉祐八年十一月丙午大風霾治平二年二月乙巳大風晝晦四年正月庚辰朔大風霾是日上尊號廷中仗衛皆不能整時帝已不豫後七

日崩熙寧四年四月癸亥京師大風霾元祐八年二月京師風霾靖康二年正月己亥天氣昏曀風迅發竟日三月丁酉風霾建炎元年正月辛卯朔大風霾丁酉風霾日色薄而有暈三月丁酉汴京風霾日無光是日張邦昌僭位二年七月癸未風雨晝晦是日東京留守宗澤薨紹興十一年三月庚申金人居長安晝晦乾道五年正月甲申晝霾四塞淳熙五年四月丁丑塵霾晝晦日無光慶元九年十二月乙未天雨霾開禧元年正月壬午雨霾嘉定十年正月乙未晝霾二月癸巳日無光德祐元年六月庚子朔日有食之既天地晦冥咫尺不辨人雞鶩歸棲自巳至午

其明始復

至道二年秋九月環慶州梨生花占有兵明年契丹擾北邊景德元年二月保順軍城壕冰陷起文爲桃李華雜樹人物之狀大中祥符九年正月霸州渠冰有如華葩狀大觀二年十月乙巳龔丘縣檜生花蕚如蓮實紹興七年十二月中書門下省檢正官張宗元出撫淮西軍寓建康槃冰有文如畫佳卉茂木華葉相敷日易以水變態奇出春暄乃止二十七年四月徽州祁門縣圃桃已實復華淳熙初秀州呂氏家冰庬有文樓觀車馬人物芙蓉牡丹萱草藤蘿之屬經日不釋淳熙中興化軍仙遊縣九坐山古木

末生花臭如蘭

建隆二年九月渭南縣虸蚄蟲傷稼三年七月兗州濟德磁洺蝝生乾德六年七月階州虸蚄蟲生太平興國二年六月磁州有黑蟲群飛食桑夜出晝隱食葉殆盡七月邢州鉅鹿沙門二縣步屈蟲食桑麥殆盡五年七月濰州虸蚄蟲生食稼殆盡七年九月邠州虸蚄蟲生食稼九年七月泗州蠓蟲食桑雍熙二年四月天長軍蠓蟲食苗端拱二年七月施州虸蚄蟲生害稼淳化元年四月中都縣蝪蟲生七月單州蝪蟲生遇雨死景德元年八月陝濱棣州蟲螟害稼大中祥符四年八月兗州虸蚄蟲生有蟲青色

隨齧之化爲水六年九月陝西同華等州虸蚄蟲食苗天聖五年五月戊辰磁州蟲食桑景祐四年五月滑州靈河縣民黃慶家蠶自成被長二丈五尺闊四尺嘉祐五年深州野蠶成蠒被于原野熙寧九年五月荆湖南路地生黑蟲化蛾飛去全州生黑蟲食苗黃雀來食之皆盡元祐六年閏八月定州七縣野蠶成蠒七年五月北海縣蠶自織如絹成領帶元符元年七月藁城縣野蠶成蠒八月行唐縣野蠶成蠒九月深澤縣野蠶成蠒織紝成萬匹二年六月房陵縣野蠶成蠒政和元年九月河南府野蠶成蠒四年相州野蠶成蠒五年南京野蠶成蠒織紬五匹綿四十

兩聖壐十五兩紹興二十九年秋浙東江東西郡縣螟三十年十月江浙郡國螟蝝隆興元年秋浙東西郡國螟害穀紹興府湖州爲甚二年台州螟乾道三年八月江東郡縣螟螣淮浙諸路多言青蟲食穀穗六年秋浙西江東螟爲害九年秋吉贛州臨江南安軍螟淳熙二年秋浙江淮郡縣螟四年秋昭州螟五年昭州荐有螟螣七年秋永州螟八年秋江州螟十二年八月平江府有蟲聚于禾穗油灑之即墮一夕大雨盡滌之十四年秋江州興國軍螟十六年秋温州螟慶元三年秋浙東蕭山山陰縣婺州浙西富陽鹽官淳安永興縣嘉興府皆螟四年秋鉛山縣蟲食穀無遺穗嘉定十四年明台温婺衢螽螣爲災十五年秋贛州螟十六年永道州螟紹定三年福建螟端平元年五月當塗縣螟淳祐二年五月兩淮螟景定三年八月浙東西螟

乾德三年眉州民王進牛生二犢四年南充縣民馬全信及相如縣民彭秀等家牛生二犢開寶二年九隴縣民王達牛生二犢太平興國三年流溪縣民白延進牛生二犢五年温江縣民趙進牛生二犢六年廣都縣趙全牛生三犢七年什邡縣民王信華陽縣民袁武等牛生二犢八年彭州民彭延閬州民陳則安樂縣民王公泰牛生二犢九年七月知乾州衛昇獻三角牛雍熙三年果州民李昭牛生二犢四年鄞縣民鮮于志鮮于皐眉山縣海羅參仁壽縣民陰饒成都縣民李本成紀縣民王和敏牛生二犢端拱元年眉州民陳希蕳晉原縣民張昭郁魏成縣民鮮于郜羅江縣民袁族河陽縣民李美曲水縣民曾度梓潼縣民文光懿永泰縣民羅德緜竹縣民陳洪牛生二犢淳化元年緜竹縣民李昌遠簿逸閬州民和中忠州民王欽眉州王圖九隴縣民楊皐玄武縣民羊邁達牛生二犢二年永川縣民梁行良仁壽縣民梁仁超牛生二犢三年成都府民彭齊鄉洪雅縣民程讓永昌縣民田昭巴州民杜文宥廬山縣民白閏牛生二犢四年成都府民任順曲水縣民張思方彭山縣民李承逵牛生二犢至道二年新都縣民蹇成美牛生二犢穎陽縣民馮延密牛生三犢其二額有白三年新津縣民文承富赤水縣民蘇福廣安軍吏胥仁迪牛生二犢咸平元年眉山縣民向瓊玫陳元實丹稜縣民劉承鴉通泉縣民王居中曲水縣民楊漢成楊景歡王師讓眉山縣民陳彥宥牛生二犢二年濛陽縣民杜摯九隴縣民楊太眉山縣民蘇仁義洪雅縣吏陸文賛牛生二犢三年敘浦縣民戴昌蘊牛生二犢四年流溪縣民何承添晉原縣民頗全永昌縣民曾嗣犀浦縣民何福彰明

縣民王玘牛生二犢六年渠江縣民王德進魏城民蒲諫王信石照縣民仲漢宗大足縣民劉武牛生二犢景德元年魏城縣民閻明彭州濛陽縣民郭琮牛生三犢二年三泉縣民李景順東海縣民時祐小溪縣劉可赤水縣民羅永並牛生二犢三年長江縣民于承璟牛生二犢四年相如縣民楊漢暉邛州安仁縣民羅瑩九隴縣民白彥成渠江縣民王繼豐家及順安軍屯田務牛生二犢大中祥符元年龔丘縣民李起牛生四犢判州王欽若圖以獻二年立山縣民盧仁依銅山縣民勾熈正什邡縣民杜族南康縣陳邦並牛生二犢三年犍爲縣民陳知進牛生二犢四年東關縣民陳知進牛生二犢五年富順監些井場官楊守忠曲水縣民向平蓬溪縣民蹇知密牛生二犢六年廣安軍依政縣民李福貴溪縣民徐志元牛生二犢七年雙流縣民姚彥信涪城縣民張禮嘉州龍遊縣民張正夾江縣民郭昇天水縣民王吉牛生二犢八年仁壽縣民何志通泉縣民羅永泰成都縣民張進華陽民楊承珂牛生二犢九年平定軍平定縣民范訓臨邛縣民楊暉牛生二犢天禧元年開江縣民冉津及澧州石門縣層山院牛生二犢二年臨邛縣民王道進臨溪縣民王勝西縣民韓光緒牛生二犢四年貴溪縣民葉政牛生二犢五年巴西縣民

向知道牛生二犢自天聖迄治平牛生二犢者三十二生三犢者一自熈寧二年距元豐八年郡國言民家牛生二犢者三十有五生三角者一元祐元年距元符三年郡國言民家牛生二犢者十有五大觀元年閬州達州言牛生二犢四年三月帝謂起居舍人宇文粹中曰牛產二犢亦載之起居注中豈若野蠶成繭之類民賴其利乃爲瑞邪自是史官不復盡書政和五年七月安武軍言郡縣民范濟家牛生麒麟重和元年三月陝州言牛生麒麟宣和二年十月尚書省言歙州歙縣民鮑珙家牛生麒麟三年五月梁縣民邢喜家牛生麒麟紹興元年紹興府有牛戴刃突入城市觸馬裂腹出腸時衛卒多犯禁屠牛牛受刃而逸近牛禍也十六年靜江府城北二十里有奔犢以角觸人於壁腸胃出牛狂走兩日不可執卒以射死十八年五月依政縣牛生二犢二十一年七月遂寧府牛生二犢者三二十五年八月漢中牛生二犢淳熈十二年仁和縣良渚有牛生二首七日而死餘杭縣有犢二首十六年三月池州池口鎮軍屯牛狂走觸人死慶元三年樂平縣田家牛生犢如馬一角鱗身肉尾農以不祥殺之或惜其爲麐同縣萬山牛生犢人首

淳化三年正月乙卯京師雨土占曰小人叛自後李順盜

據益州景德元年七月辛亥黄氣出壁長五尺餘占曰兵出二年正月丙寅黄白氣環之大中祥符元年正月癸亥朔黄氣出於艮占曰主五穀熟二年九月戊午黄氣如柱起東南方長五丈許天禧五年襄州鳳林鎮道側地涌起高三尺闊八尺知州夏竦以聞明道元年十月庚子夜黄白氣五貫紫微垣景祐元年八月壬戌夜有黄白氣如彗長七尺餘出張翼之上凡三十有三日不見治平元年三月壬戌雨土十二月己亥雨黄土熙寧五年十二月癸未七年三月戊午並雨黄土八年五月丁丑雨黄土兼細毛元豐二年十一月丁亥五年三月乙巳六年四月辛未雨

土元祐七年正月戊午天雨塵土主民勞苦宣和元年三月庚午雨土著衣主不肖者食祿紹興十一年三月庚申涇州雨黄沙十八年十一月壬辰肆赦天有雲赤黄近黄祥也太史附秦檜旨奏瑞乾道四年三月己丑雨土若塵淳熙四年二月戊戌雨土五年二月壬午甲申四月丁丑六年十一月乙丑十一年正月辛卯甲寅十三年正月壬寅亦如之十五年九月庚子南方有赤黄氣紹熙四年十月甲寅雨土五年四月癸卯亦如之十月乙未天有赤黄色占曰是爲天變色先赤後黄近黄赤祥也十一月辛亥雨土慶元元年二月己卯十一月己丑天雨塵土三年正

月丙子四月丙午十二月甲申天雨塵土六年正月己巳閏月丁未十月己丑雨土九月辛丑十一月辛卯天雨塵土嘉泰元年六月己卯九月己未十二月辛丑天雨塵土嘉定三年正月丙午天雨塵土八年二月己未五月辛未天雨塵土九年十二月癸巳天雨土十年二月癸巳雨土十二年二月癸巳天雨塵土十三年三月辛卯天雨塵土十六年二月戊子天雨塵土紹定三年三月丁酉雨土嘉熙二年四月甲申雨土三年三月辛卯天雨塵土淳祐五年二月丙寅朔天雨塵土十一年三月乙亥天雨塵寶祐三年三月己未雨土六年二月壬辰天雨塵土開慶元年

三月辛酉雨土景定五年二月辛未雨土德祐元年三月辛巳終日黄沙蔽天或曰喪氛

乾德三年京師地震史失日月五年十一月許州開元觀老君像自動知州宋偓以聞六年正月簡州普通院毗盧佛像自動至道二年十月潼關西至靈州夏州環慶等州地震城郭廬舍多壞占云兵饑是時西夏寇靈州明年遣將率兵援糧以救之關西民饑咸平二年九月常州地震壞鼓角樓羅務軍民廬舍甚衆四年九月慶州地震者再六年正月益州地震景德元年正月丙申夜京師地震癸卯夜復震丁未夜又震屋皆動有聲移時方止癸丑冀州地震

占云土工興有急令兵革興是年契丹犯塞二月益黎雅州地震三月邢州地震不止四月己卯夜瀛州地震五月邢州地復震不止十一月壬子日南至京師地震癸丑石州地震四年七月丙戌益州地震己丑渭州瓦亭砦地震者四大中祥符二年三月代州地震四年六月昌眉州並地震七月眞定府地震壞城壘天聖五年三月秦州地震七年京師地震景祐四年十二月甲子京師地震甲申忻代并三州地震壞廬舍覆壓吏民忻州死者萬九千七百四十二人傷者五千六百五十五人畜擾死者五萬餘代州死者七百五十九人并州千八百九十人寶元元年正

月庚申并忻代三州地震十二月甲子京師地震慶曆三年五月九日忻州地大震說者曰地道貴靜今數震搖兵興民勞之象也四年五月庚午忻州地震西北有聲如雷五年七月十四日廣州地震六年二月戊寅青州地震三月庚寅登州地震岠嵎山摧自是震不已每震則海底有聲如雷五月甲申京師地震七年十月乙丑河陽許州地震皇祐二年十一月丁酉夜秀州地震有聲自北起如雷嘉祐二年雄州北界幽州地大震大壞城郭覆壓者數萬人五年五月己丑京師地震治平四年秋漳泉建州邵武興化軍等處皆地震潮州尤甚拆裂泉涌壓覆州郭及兩

縣屋宇士民軍兵死者甚衆八月己巳京師地震熙寧元年七月甲申地震乙酉辛卯再震八月壬寅甲辰又震是月須城東阿二縣地震終日滄州清池莫州亦震壞官私廬舍城壁是時河北復大震或數刻不止有聲如雷樓櫓民居多摧覆壓死者甚衆九月戊子莫州地震有聲如雷十一月乙未京師及莫州地震十二月癸卯瀛州地大震丁巳冀州地震辛酉滄州地震涌出沙泥船板胡桃螺蚌之屬是月潮州地再震是歲數路地震有一日十數震有踰半年震不止者二年十月庚戌南郊東壝門內地陷有天寶十三年古墓元豐元年邕州佛像動搖初像動而夏

人入寇又動而州大火其後儂智高叛復動於是知州錢師孟投其像于江中八年二月甲戌賓州嶺方縣地陷五月丙午京師地震元祐二年二月辛亥代州地震有聲四年春陝西河北地震七年九月己酉蘭州鎭戎軍永興軍地震十月庚戌朔環州地再震紹聖元年十一月丙戌太原府地震二年十月十一月河南府地震是歲蘇州自夏迄秋地震十三年三月戊戌夜劒南東川地震九月己酉滁州沂州地震四年六月己酉太原府地震有聲元符元年七月壬申夜雲霧蔽天地震良久二年正月壬申恩州地震八月甲戌太原府地震三年五月己巳太原府又震

建中靖國元年十二月辛亥太原府潞晉隰代石嵐等州岢嵐威勝保化寧化軍地震彌旬晝夜不止壞城壁屋宇人畜多死自後有司方言祥瑞郡國地震多抑而不奏政和七年六月詔曰熈河環慶涇原路地震經旬城砦關堡城壁樓櫓官私廬舍竝皆摧塌居民覆壓死傷甚衆而有司不以聞其遣官按視之宣和四年北方用兵雄州地大震玄武見於州之正寢有龜大如錢蛇若朱漆筯相逐而行宣撫使焚香再拜以銀奩貯二物俄俱死六年正月京師連日地震宮殿門皆動有聲七年七月己亥熈河路地震有裂數十丈者蘭州尤甚陷數百家倉庫俱没河東諸郡或震裂建炎二年正月戊戌長安地大震金將婁宿圍城彌旬無外援乘地震而入城遂陷紹興三年八月甲申地震平江府湖州尤甚是歲劉豫陷鄧隨等州金人犯蜀四年四川地震五年五月行都地震六年六月乙巳夜地震自西北有聲如雷餘杭縣爲甚是冬劉麟猊犯順寇濠壽州七年地震二十四年正月戊寅地震二十五年三月壬申地震二十八年八月甲寅夜震三十一年三月壬辰地震三十二年七月戊申地震隆興元年十月丁丑地震六月甲寅又震乾道二年九月丙午地震自西北方四年十二月壬子石泉軍地震三日有聲如雷屋瓦皆落時緜

竹有冤獄云淳熈元年十二月戊辰地震自東北方九年十二月壬寅夜地震十年十二月丙寅地震十二年五月庚寅地震慶元六年九月東北地震十一月甲子地震東北方嘉定六年四月行都地震六月丙子淳安縣地震九年二月辛亥東西川地大震四日十年二月庚申地震自東南十二年五月地震六月西川地震十四年正月乙未夜地震大雷五月丙申西川地震寶慶元年八月己酉地震嘉熈四年十二月丙辰地震淳祐元年十二月庚辰夜地震寶祐三年蜀地震咸淳七年嘉定府城震者三

雍熈三年階州福津縣常峽山圮壅白江水逆流高十許丈壞民田數百里淳化二年五月名山縣大風雨登遼山圮壅江水逆流入民田害稼咸平元年七月庚午寧化軍汾水漲壞北水門山石摧圮軍士有壓死者二年七月庚寅靈寶縣暴雨崖圮壓居民死者二十二户三年三月辛丑夜大澤縣三陽砦大雨崖摧壓死者六十二人四年正月成紀縣山摧壓死者六十餘人景德四年七月成紀縣崖圮壓死居民天熈五年九月丙寅華州少華山前阜頭峯越八盤嶺及谷摧陷於石子坡東西五里南北十里潰散墳裂湧起堆阜各高數丈長若隄岸至陷居民六社凡數百户林木廬舍亦無存者並山之民言數年以來峯上

常有雲每遇風雨即隱隱有聲是夜初昏略無風雨山上忽霧起有聲漸大地遂震動不及食頃而山摧元祐元年十二月鄭縣界小敷谷山頹傷居民紹興十二年十二月陝西不雨五穀焦枯涇渭灞滻皆竭時秦民以饑離散莊者爲北人所買郡邑遂空紹熙四年秋南岳祝融峯山自摧劒門關山摧五年十二月臨安府南高峯山自摧慶元二年六月辛未台州黃巖縣大雨水有山自徙五十餘里其聲如雷草木冢墓皆不動而故址潰爲淵潭時臨海縣清潭山亦自移嘉泰二年七月丁未閩建安縣山摧民廬之壓者六十餘家嘉定六年六月丙子嚴州淳安縣長樂鄉山摧水湧九年黎州山崩咸淳十年天目山崩

熙寧元年荆襄間天雨白氂如馬尾長者尺餘彌漫山谷三月丁酉潭州雨毛八年五月丁丑雨黃毛紹熙四年十一月癸酉地生毛咸淳九年江南平地産白毛臨安尤多

志卷第二十

志卷第二十一　宋史六十八

開府儀同三司上柱國錄軍國重事前中書右丞相監修國史領經筵事都總裁臣脫脫等奉勑修

律曆一 應天乾元儀天曆

古者帝王之治天下以律曆爲先儒者之通天人至律曆而止曆以數始數自律生故律曆既正寒暑以節歲功以成民事以序庶績以凝萬事根本由茲立焉古人自入小學知樂知數已曉其原後世老師宿儒猶或弗習律曆而律曆之家未必知道各師其師岐而二之雖有巧思豈能究造化之統會以識天人之蘊奧哉是以審律造曆更易不常卒無一定之說治效之不古若亦此之由而世豈察及是乎宋初承五代之季王朴制律曆作律準以宣其聲太祖以雅樂聲高詔有司考正和峴等以影表銅臬暨羊頭秬黍累尺制律而度量權衡因以取正然累代尺度與望臬殊黍有巨細縱横容積諸儒異議卒無成說至崇寧中徽宗任蔡京信方士聲爲律身爲度之說始大盩乎古矣顯德欽天曆亦朴所制也宋初用之建隆二年以推驗稍疎詔王處訥等別造新曆四年曆成賜名應天未幾氣候漸差太平興國四年行乾元

曆未幾氣候又差繼作者曰儀天曰崇天曰明天曰奉元曰觀天曰紀元迨靖康丙午百六十餘年而八改曆南渡之後曰統元曰乾道曰淳熙曰會元曰統天曰開禧曰會天曰成天至德祐丙子又百五十年復八改曆使其初而立法脗合天道則千歲日至可坐而致奚必數數更法以求幸合玄象哉蓋必有任其責者矣雖然天步惟艱古今通患天運日行左右既分不能無忒譚七十九年差一度雖視古差密亦僅得其槩耳又況黃赤道度有斜正闊狹之殊日月運行有盈縮朒朓表裏之異測北極者率以千里差

三度有奇晷景稱是古今測驗止於岳臺而岳臺豈必天地之中餘杭則東南相距二千餘里華夏幅員東西萬里發斂晷刻豈能盡諧又造曆者追求曆元踰越曠古抑不知二帝授時齊政之法畢殫於是否乎是亦儒者所當討論之大者諺曰星翁曆生之責可哉至於儀象推測之具雖亦數改若熙寧沈括之議宣和璣衡之制其詳密精緻有出於淳風令瓚之表者蓋亦未始乏人也今其遺法具在方冊惟奉元會天二法不存舊史以乾元儀天附應天今亦以乾道淳熙會元附統元開禧成天附統天大抵數異術同因仍增損以追合乾象俱無以大相過備載其法俾來者有考焉

昔黃帝作律呂以調陰陽之聲以候天地之氣堯則欽若曆象以授人時以成歲功用能綜三才之道極萬物之情以成其政化者也至司馬遷班固叙其指要著之簡策自漢至隋歷代祖述益加詳悉暨唐貞觀迄周顯德五代隆替踰三百年博達之士頗亦詳緝廢墜而律志皆闕宋初混一寓內能士畢舉國經王制悉復古道漢志有備數和聲審度嘉量權衡之目後代因之今亦用次序以志于篇曰備數周禮保

氏教國子以六藝其六曰九數謂方田粟米差分少廣商功均輸方程贏朒旁要是為九章其後又有海島孫子五曹張丘建夏侯陽周髀綴術緝古等法相因而起歷代傳習謂之小學唐試右千牛衛冑曹參軍陳從運著得一算經其術以因折而成取損益之道且變而通之皆合於數復有徐仁美者作增成玄一法設九十三問以立新術大則測於天地細則極於微妙雖粗述其事亦適用於時古者命官屬於太史漢魏之世皆在史官隋氏始置算學博士於國庠唐增其員宋因而不改曰和聲周禮典同掌六律六

同之和凡為樂器以十有二律為之數度古之聖人推律以制器因氣以宣聲和聲以成音比音而為樂然則律呂之用其樂之本歟以其相生損益數極精微非聰明博達則罕能詳究故歷代而下其法或存或闕前史言之備矣周顯德中王朴始依周法以秬黍校正尺度長九寸虛徑三分為黃鐘之管作律準以宣其聲宋乾德中太祖以雅樂聲高詔有司重加考正時判太常寺和峴上言曰古聖設法先立尺寸作為律呂三分損益上下相生取合真音謂之形器但以尺寸長短非書可傳故累秬黍求為準的後代

試之或不符會西京銅望臬可校古法即今司天臺影表銅臬下石尺是也及以朴所定尺比校短於石尺四分則聲樂之高蓋由於此況影表測於天地則管律可以準繩上乃令依古法以造新尺并黃鐘九寸之管命工人校其聲果下於朴所定管一律又內出上黨羊頭山秬黍累尺校律亦相符合遂下尚書省集官詳定衆議僉同由是重造十二律管自此雅音和暢曰審度者本起於黃鐘之律以秬黍中者度之九十黍為黃鐘之長而分寸尺丈引之制生焉宋既平定四方凡新邦悉頒度量於其境其偽俗尺度

踰於法制者去之乾德中又禁民間造者由是尺度之制盡復古焉曰嘉量周禮㮚氏為量漢志云物有多少受以量本起於黃鐘之管容秬黍千二百而龠合升斗斛五量之法備矣太祖受禪詔有司精考古式作為嘉量以頒天下其後定西蜀平嶺南復江表泉浙納土并汾歸命凡四方斗斛不中式者皆去之嘉量之器悉復升平之制焉曰權衡之用所以平物一民知輕重也權有五曰銖兩斤鈞石前史言之詳矣建隆元年八月詔有司按前代舊式作新權衡以頒天下禁私造者及平荊湖即頒量衡於其境淳化

三年三月三日詔曰書云協時月正日同律度量衡所以建國經而立民極也國家萬邦咸乂九賦是均顧出納於有司繫權衡之定式如聞秬黍之制或差毫釐錘鈞為姦害及黎庶宜令詳定稱法著為通規事下有司監內藏庫崇儀使劉承珪言太府寺舊銅式自一錢至十斤凡五十一輕重無準外府歲受黃金必自毫釐計之式自錢始則傷於重遂尋究本末別制法物至景德中承珪重加參定而權衡之制益為精備其法蓋取漢志子穀秬黍為則廣十黍以為寸從其大樂之尺秬黍黑黍也樂尺自黃鐘之管而生也謂以秬黍中者為分寸輕重

之制就成二術二術謂以尺黍而求氂絫因度尺而求氂度者丈尺之總名焉因樂尺之源起於黍而成於寸析寸為分析分為氂析氂為毫析毫為絲析絲為忽十忽為絲十絲為毫十毫為氂十氂為分自積黍而取絫從積黍而取絫則十黍為絫十絫為銖二十四銖為兩錘皆以銅為之以氂絫造一錢半及一兩等二稱各懸三毫以星準之等一錢半者以取一稱之法其衡合樂尺一尺二寸重一錢錘重六分盤重五分初毫星準半錢至稍總一錢半析成十五分分列十氂第一毫下等半錢當五十氂若十五斤稱等五斤也中毫至稍一錢析成十分分列十氂末毫至稍半錢析成五分分列十氂等一兩者亦為一稱之則其衡合樂分尺一尺四寸重一錢半錘

重六錢盤重四錢初毫至稍布二十四銖下別出一星等五絫每銖之下復出一星等五絫則四十八星等二百四十絫計二千四百絫為十兩中毫至稍五錢布十二銖列五星星等二絫布十二銖為五錢之數則一銖等十絫都等一百二十絫為半兩末毫至稍六銖銖列十星星等絫每星等一絫都等六十絫為二錢半以御書真草行三體淳化錢較定實重二銖四絫為一錢者以二千四百得十有五斤為一稱之則其法初以積黍為準然後以分而推忽為定數之端故自忽絲毫氂黍絫銖各定一錢之則謂皆定一錢之則然後制取等稱也忽萬為分以一萬忽為一分之則以十萬忽定為一錢之則忽者吐絲為忽分者始微而著言可以分別也絲則千一千絲為一分以一萬絲

定為一錢之則毫則百一百毫為一分以一千毫定為一錢之則毫者毫毛也自忽絲毫三者皆斷驥尾為之氂則十一十氂為一分以一百氂定為一錢之則氂者氂牛尾毛也曳赤金成絲為也之轉以十倍倍之則為一錢轉以十倍謂自一萬忽至十萬忽之類定為也則黍以二千四百枚為一兩一龠容千二百黍為十二銖則以二千四百黍定為一兩之則兩者以二龠為兩絫以二百四十謂以二百四十絫定為一兩之則銖以二十四轉相因成絫為銖則以二百四十絫定成二十四銖為一兩之則銖者言殊異遂成其稱稱合黍數則一錢半者計三百六十黍之重列為五分則每分計二十四黍又每分析為一十氂則每氂計二黍十分黍之四以十氂分二十四黍則每氂先得二黍都分成四十分則一氂又得四分是每氂得二黍十分黍之四每四毫一絲六忽

有差為一黍則氂絫之數極矣一兩者合二十四銖為二千四百黍之重每百黍為銖二百四十黍為絫二銖四絫為錢二絫四黍為分一絫二黍重五氂六黍重二氂五毫三黍重一氂二毫五絲則黍絫之數成矣其則用銅而鏤文以識其輕重新法既成詔以新式留禁中取太府舊稱四十舊式六十以新式校之乃見舊式所謂一斤而輕者有十謂五斤而重者有一式既若是權衡可知矣又比用大稱如百斤者皆懸鈞於架植鐶於衡鐶或偃手或抑按則輕重之際殊為懸絕至是更鑄新式悉由黍絫而齊其斤石

不可得而增損也又令舟用大稱必懸以絲繩既置其物則却立以視不可得而抑按復鑄銅式以御書淳化三體錢二千四百暨新式三十有三銅牌二十授於太府又置新式於內府外府復須于四方大都凡十有一副先是守藏吏受天下歲貢金帛而太府權衡舊式失準得因之為姦故諸道主者坐逋負而破產者甚衆又守藏更代校計爭訟動必數載至是新制既定奸弊無所指中外以為便度量權衡皆太府掌造以給內外官司及民間之用凡遇改元即差變法各以年號印而識之其印面有方印長印八角印明制度而防僞濫也

宋初用周顯德欽天曆建隆二年五月以其曆推驗稍疎乃詔司天少監王處訥等別造曆法四年四月新法成賜號應天曆太平興國間有上言應天曆氣候漸差詔處訥等重加詳定六年表上新曆詔付本監集官詳定會冬官正吳昭素徐瑩董昭吉等各獻新曆處訥所上曆遂不行詔以昭素瑩昭吉所獻新曆遣內臣沈元應集本監官屬學生參校測驗考其疎密秋官正史端等言昭吉曆差昭素瑩二曆以建隆癸亥以來二十四年氣朔驗之頗為切準復對驗二曆唯昭素曆氣朔稍均可以行用又詔衛尉少卿元象宗與元應等再集明曆術吳昭素劉內真苗守信徐瑩王熙元董昭吉魏序及在監官屬史端等精加詳定象宗等言昭素曆法考驗無差可以施之永久遂賜號為乾元曆應天乾元二曆皆御製序馬真宗嗣位命判官司天監史序等考驗前法研覈舊文取其樞要編為新曆至咸平四年三月曆成來上賜號儀天曆凡天道運行皆有常度曆象之術古今所同蓋變法以從天隨時而推數故法有疎密數有繁簡雖條例稍殊而綱目一也今以三曆參相考校以應天為本乾元儀天附而注之法同者不復重出法殊者備列于後

建隆應天曆

演紀上元木星甲子距建隆三年壬戌歲積四百八十二萬五千五百五十八乾元上元甲子距太平興國六年辛巳積三千五十四萬三千九百七十七儀天自上元土星甲子至咸平四年辛丑積七十一萬六千四百九十七

步氣朔元法一萬二乾元元率九百四十儀天宗法一萬一百又總謂之日法

歲盈二十六萬九千三百六十五乾元歲周二十一萬四千七百六十四儀天歲周三十六萬八千八百九十七儀天有周天三百六十五餘二千四百七十約餘二千四百四十五歲餘五萬二千九百七十餘二千四百七十應天乾元無此法後皆倣此

月率五萬九千七十三乾元不置此法儀天合率二十九萬八千二百五十九又儀天有歲閏一萬九千八百六十二月閏九千一百一十五秒六

會日二十九小餘五千三百七乾元朔策二十九小餘一千五百六十儀天會日二十九小餘五千三百五十七
弦策七小餘三千八百二十七秒六乾元小餘一千一百二十五儀天小餘三千八百六十四秒二十七策並同
望策十四小餘七千六百五十四秒一十二乾元小餘二千二百五十七儀天小餘七千七百二十七秒一十八策並同
氣策十五小餘二千一百八十五秒二十四乾元小餘六百四十二半儀天小餘二千二百一十七秒三策並同又儀天有氣盈四千四百一十四秒六
朔虛分四千六百九十五乾元一千三百八十一儀天四千七百四十一
沒限七千八百一十六秒九乾元二千二百九十七半儀天七千八百九十二又儀天有紀實六十萬六千
秒法二十四乾元一百儀天秒母三十六
紀法六十二曆同
推元積乾元儀天皆謂之求歲積分置所求年以歲盈展之為元積求天正所盈之日及分并冬至大小餘以八十四萬一百六十八去元積不盡者半而進位以元法收為所盈日不滿為小餘日滿六十去之不滿者命從甲子筭外即冬至日辰大小餘也乾元以歲周乘積年為歲積分以七萬五百六十去之不盡以五因滿元率收為日不滿為餘日儀天以歲周乘積年進一位為歲積分盈宗法而一為積日不滿為餘日去命並同應天

求次氣以天正冬至大小餘徧加諸常數盈六十去之不盈者命如前即得諸氣日辰大小餘秒也乾元置中氣大小餘以氣策加之命以前即次氣日辰也儀天置冬至大小餘加氣及餘秒秒盈秒母從小餘盈紀法去之皆命如前法各得次氣常日辰及餘秒
求天正十一月朔中日乾元謂之經朔儀天謂之天正合朔以月率去元積不盡者為天正十一月通餘以通餘減七十三萬六百三十五餘半而進位以元法收為日不滿為分即得所求天正十一月朔中日及餘秒乾元以一萬七千三百六十四去歲積分不盡為朔餘以歲積分為朔積分又倍五萬二千九百二十除之餘以五因滿元率為日不滿為分儀天以合率去歲積分不盡為閏餘滿宗法為閏日不滿為餘以閏日及餘減天正冬大餘小餘為天正合朔大小餘去命如前即得合朔日辰大小餘
求次朔望中日乾元謂之求弦望經朔儀天謂之求次朔置朔中日累加弦策餘秒即得弦望及次朔中日乾元以弦策加經朔大小餘即得次朔經日以弦策及餘秒加經朔得上弦再加得望三之得下弦
求望中月置朔中月加半交盈交正去之餘為望中月二曆不立此法
求朔弦望入氣置朔望中日各以盈縮準去不盡者為入氣日及分二曆不立此法
推沒日置有沒之氣小餘其小餘七千八百一十返六秒九以上者求之也減元法餘以八因之一千九十二秒一十九半除為

沒日命起氣初即得沒日辰其秒不足者退一分加二十四秒然後除之四分之三以上者進（乾元置有沒之氣小餘在二千二百九十七半以上者以十五乘之用減四萬四千七百四十二半餘以六百四十二半除為沒日儀天以秒母通常氣小餘及秒而從之以減歲周餘滿五千二百九十七為沒日去命如前）

推滅日以冬至大小餘徧加朔日中為上位有分為下位在四千六百九十五以下者為有滅之分也置有滅之分進位以一千五百六十五除為滅日以滅日加上位命從甲子筭外即得月內滅日（乾元置有滅之經朔小餘在一千二百八十以下者以八因之滿三百六十八除為滅日儀天經朔小餘在朔虛法以下者三因進位以朔虛分除為滅日）

求發斂

侯策五小餘七百二十八秒二母二十四（乾元侯數五小餘一百一十四秒十二秒母七十二儀天侯率五小餘七百三十五秒二十五秒母三十六）

卦策六小餘八百七十四秒六（乾元卦位六小餘二百五十七秒母六十儀天卦率六小餘八百八十三秒二十）

土王策十二小餘一千七百四十八秒一十二（乾元策三小餘一百二十八半秒母一百一十儀天土王率三小餘四百四十秒五秒母同上）

辰數八百三十三半（乾元辰法二百四十五辰率千五百二十）

刻法一百（乾元一百四十七儀天刻三百）

求七十二侯各因諸氣大小餘秒命之即初侯日也

各以侯策加之得次侯日又加之得末侯日（二曆同法）

求六十四卦各置諸中氣大小餘秒命之即公卦用事日以卦策加之得次卦用事日又加之得終卦用事日十有二節之初皆諸侯外卦用事日（二曆同法）

求五行用事各因四立大小餘秒命之即春木夏火秋金冬水首用事日以土王策加四季之節大小餘秒命從甲子筭外即其月土王用事日（乾元以土王策減四季中氣大小餘儀天以土王率加四季大小餘）

求二十四氣加時辰刻（乾元謂之辰刻儀天謂之求時）各置小餘以辰數除之為時數不滿百收為刻分命起子正筭外即所在（乾元時數同其不盡以五因之以刻法除為刻分儀天以三因小餘以辰率除之為時數不盡者滿刻率除為刻餘為分）

常氣（月中節 四正卦）	初候	中候	末候	始卦	中卦	末卦
冬至（十一月中 坎初六）	蚯蚓結	麋角解	水泉動	公中孚	辟復	侯屯內
小寒（十二月節 坎九二）	鴈北鄉	鵲始巢	雉始雊	侯屯外	大夫謙	卿睽
大寒（十二月中 坎六三）	鷄始乳	鷙鳥厲疾	水澤腹堅	公升	辟臨	侯小過內
立春（正月節 坎六四）	東風解凍	蟄蟲始振	魚上水	侯小過外	大夫蒙	卿益
雨水（正月中 坎九五）	獺祭魚	鴻鴈來	草木萌動	公漸	辟泰	侯需內
驚蟄（二月節 坎上六）	桃始華	倉庚鳴	鷹化為鳩	侯需外	大夫隨	卿晉
春分（二月中 震初九）	玄鳥至	雷乃發聲	始電	公解	辟大壯	侯豫內

清明三月節震六二 桐始華 田鼠化鴽 虹始見 侯豫外 大夫訟 卿蠱

穀雨三月中震六三 萍始生 鳴鳩拂羽 戴勝降桑 公革 辟夬 侯旅内

立夏四月節震九四 螻蟈鳴 蚯蚓出 王瓜生 侯旅外 大夫師 卿比

小滿四月中震六五 苦菜秀 靡草死 小暑至 公小畜 辟乾 侯大有内

芒種五月節震上六 螳螂生 鵙始鳴 反舌無聲 侯大有外 大夫家人 卿井

夏至五月中離初九 鹿角解 蜩始鳴 半夏生 公咸 辟姤 侯鼎内

小暑六月節離六二 溫風至 蟋蟀居壁 鷹乃學習 侯鼎外 大夫豐 卿渙

大暑六月中離九三 腐草為螢 土潤溽暑 大雨時行 公履 辟遯 侯恒内

立秋七月節離九四 涼風至 白露降 寒蟬鳴 侯恒外 大夫節 卿同人

處暑七月中離六五 鷹乃祭鳥 天地始肅 禾乃登 公損 辟否 侯巽内

白露八月節離上九 鴻鴈來 玄鳥歸 群鳥養羞 侯巽外 大夫萃 卿大畜

秋分八月中兌初九 雷乃收聲 蟄蟲坏戶 水始涸 公賁 辟觀 侯歸妹内

寒露九月節兌九二 鴻鴈來賓 雀入大水為蛤 菊有黃華 侯歸妹外 大夫無妄 卿明夷

霜降九月中兌六三 豺乃祭獸 草木黃落 蟄蟲咸俯 公困 辟剝 侯艮内

立冬十月節兌九四 水始冰 地始凍 雉入大水為蜃 侯艮外 大夫既濟 卿噬嗑

小雪十月中兌九五 虹藏不見 天氣上騰地氣下降 閉塞成冬 公大過 辟坤 侯未濟内

大雪十一月節兌上六 鶡鳥不鳴 虎始交 荔挺出 侯未濟外 大夫蹇 卿頤 二曆同

求日躔

天總七十三萬六百五十八秒六十四 乾元軌率二十一萬四千七十七秒七千五百一十小分七十儀天乾元數三百六十八萬九千八十八秒九十九

天度三百六十五小餘二千五百六十三微八十八 乾元周天三百六十五度小餘二千五百六十三儀天乾測三百六十五度小餘二千五百八十八秒九十九應天諸法皆在天總數中乾元儀天各立其法乾元周天策一百七萬三千八百五十三秒七千五百五十三半會周一萬七千三百六十四會餘二十一萬四千七百六十四天中一百八十二六千二百八十一半儀天歲差一百一十八秒九十九一象度九十一餘三千一百四十二秒五十盈初縮末限分八十九萬七千六百九十九秒五十限日八十八餘八千八百九十九秒五十縮初盈末限分九十四萬六千七百八十五秒十五限日九十三餘七千四百八十五秒五十盈縮積二萬四千五百四十三進退率一千八百三十六秒母一百

常氣盈縮準	常數	定日	損益準	先後積
冬至四 千四百五十秒五十五	十五 三千二百八十五秒五十五	十四 五千四百五十五秒五十五	損六十四	後二十
小寒十九 五千二百八十六	三十 四十三百七十一	十四 六千三百二十六秒五十五	損六十九	先五百二十九
大寒四十三 六千七百八十四秒五十五	四十五 六千五百四十六秒五十五	十四 七千四百二十五秒五十五	損七十六	先九百七十五
立春五十八 七千三百四十五	六十 八千七百四十五半	十四 八千六百一十八秒十五	損八十二	先一千三百二十五
雨水七十三 七千二百六十五	七十六 九百二十六	十五 四十二秒五十五	損八十九	先一千六百六
驚蟄八十八 八千六百五十四太	九十一 二千一百二十太	十五 一千四百七十秒十五	損九十七	先一千七百七十一
春分一百四 二千二百四十三九	一百六 五千三百九十七秒九	十五 三千八百九十九秒十五	益九十七	先一千八百一十九
清明一百一十九 六千五百八十五	一百二十一 八千四百四十三秒五十五	十五 四千三百二十八秒五十五	益八十九	先一千七百八十
穀雨一百三十四 一千八百一十五十五	一百三十六 八千六百四十八秒五十五	十五 四千七百五十六秒十五	益八十三	先一千六百五
立夏一百四十九 八千七百四十五五秒六	一百五十二 二千八百四十二秒六	十五 六千九百四十七秒十五	益七十八	先一千三百五十
小滿一百六十四 六千八百四十七十五	一百六十七 四千三百二十秒二十	十五 八千三百二十六秒十五	益七十二	先九百九十五

芒種 二百八十二（六十二百三十三 半）	一百八十二（六十三百二 十二半）	十五（九十三百七十二 秒十五）	益六十六	先五百四十一
夏至 二百九十八（…）	一百九十七（八千四百九 秒 三）	十五（九千三百五十七 秒十五）	損六十五	先五
小暑 三百十四（三千六百八十三 十八）	二百十三（五百九十二 太）	十五（八千二百三十六 秒十五）	損七十二	後五百四十九
大暑 三百二十（六百三十九九）	二百二十八（三千七百五十八 秒九）	十五（八千一百三十六 秒五）	損七十七	後九百八十五
立秋 二百四十五（六千三百八十 六十空）	二百四十三（四千九百六十 四空）	十五（五千七百五十 六秒十五）	損八十三	後一千三百四十六
處暑 二百六十（六千三百三十 十五）	二百五十八（七千三百九十 秒十五）	十五（四千三百二十八 秒十五）	損八十九	後一千六百二十一
白露 二百七十六（…）	二百七十八（七千一百四十九 秒十五）	十五（四千三百二十八 秒十五）	損九十七	後一千七百八十
秋分 二百九十一（…）	二百八十九（… 秒十五）	十五	益九十七	後一千八百二十一
寒露 三百六（… 十二）	三百四（三千七百四十 半）	十五（四千二 秒十五）	益八十九	後一千七百八十六
霜降 三百二十一（… 十三）	三百十九（五千八百九十一 秒三）	十四（八千六百五十六 秒三）	益八十二	後一千六百二十一
立冬 三百三十六（…）	三百三十四（…太）	十四（七千四百五十五 秒十五）	益七十五	後一千三百四十七
小雪 三百五十（… 九）	三百五十（三百九十九 秒十五）	十四（六千二百三十 六秒十五）	益七十	後九百八十八
大雪 三百六十五（… 十五）	三百六十五（二千四百四十五）	十四（五千四百四十五 秒十五）	益六十四	後五百五十

乾元二十四氣日躔陰陽度

	陰陽分	陰陽度	損益率	陰陽差
冬至	陽分二千二百二十六	陽度空	益一百七十	陽差空
小寒	陽分二千七百八十四	陽初度二千二百七十六	益一百三十三	陽差一百七十
大寒	陽分二千三百四十四	陽一度二千一百二十	益一百一	陽差三百三
立春	陽分九百五十六	陽一度二千四百六十四	益七十一	陽差四百四
雨水	陽分五百八十一	陽二度四百八十	益四十三	陽差四百七十五
驚蟄	陽分二百九十三	陽二度一千六十一	益十四	陽差五百十八
春分	陽分一百九十四	陽二度二千二百五十五	損十四	陽差五百三十二
清明	陽分五百八十一	陽二度一千六十一	損四十三	陽差五百一十八
穀雨	陽分九百五十六	陽二度四百八十	損七十一	陽差四百七十五
立夏	陽分一千三百四十四	陽一度二千四百六十四	損一百一	陽差四百四
小滿	陽分一千七百八十四	陽一度二千一百二十	損一百三十三	陽差三百三
芒種	陽分二千二百七十六	陽初度二千二百七十六	損一百七十	陽差一百七十
夏至	陰分二千二百二十六	陰度空	益一百七十	陰差空
小暑	陰分二千七百八十四	陰度二千二百七十六	益一百三十三	陰差一百七十
大暑	陰分一千三百四十四	陰一度二千一百二十	益一百一	陰差三百三
立秋	陰分九百五十六	陰一度二千四百六十四	益七十一	陰差四百四
處暑	陰分五百八十一	陰二度四百八十	益四十三	陰差四百七十五
白露	陰分一百九十四	陰二度一千六十一	益十四	陰差五百一十八
秋分	陰分一百九十四	陰二度二千二百五十五	損十四	陰差五百三十二
寒露	陰分五百八十一	陰二度一千六十一	損四十三	陰差五百一十八
霜降	陰分九百五十六	陰二度四百八十	損七十一	陰差四百七十五
立冬	陰分一千三百四十四	陰一度二千四百六十四	損百一	陰差四百四
小雪	陰分一千七百八十四	陰一度二千一百二十	損一百三十三	陰差三百三
大雪	陰分二千二百七十六	陰初度二千二百七十六	損一百七十	陰差一百七十

應天乾元二曆以常氣求其陰陽差故有二十四氣陰陽差立成儀天以盈縮定分四限直求二十四氣陰陽差

乃更不制二十四氣差法

求日躔損益盈縮度乾元謂之求每日陰陽差儀天謂之求入盈縮分先後定數

各置定日及分以冬至常數相減百收通為分自雨水後十六為法自霜降後十五為法除分為氣中率二相減為合差半之加減率為初末率後多者減為初加為末後少者加為初減為末又法以除合差為日差後少者日損初率後多者日益初率為每日日躔損益率累積其數為盈縮度分乾元各置氣數以一百二十乘之以一千八百二十六除之所得為平行率相減為合差初末並如應天儀天以宗法乘盈縮積以其限分除之為限率分倍之為末限平率日分乘之亦以限分除之為日差半之加減初末限平率在初者減初加末在末者減末加初為末定率每乃以日差累加減限初定率初限以減末限以為每日盈縮定分各隨其限盈加縮減其下先後數為每日先後定數冬至後積盈為先在縮減之夏至後積縮為後在盈減之其進退率昇平積準此求之即各得其限每日進退率昇積也

求日躔先後定數乾元謂之求入氣求弦望氣入求日躔陰陽差各以朔弦望入氣日及減本氣定日及分秒通之下以損益率展以元法為分損減盈加次氣下先後積為定數乾元以其月氣節減經朔大小餘即得入氣日及分以弦策累加天正朔日入氣大小餘滿氣策去之即得弦望經朔入氣日及分以其日損益率乘入氣日餘分所得用損益其日陰陽差為定數儀天法見上又儀天有求四正節定日去冬夏二至盈縮之中先後皆空以常為定其春秋二分盈縮之極以一百乘盈縮積滿宗法為日先減後加去命如前各得定日若求朔弦望盈縮限日以天正閏日及餘減縮末限日及分餘為天正十一月經朔加時入限日及餘以弦策累加之即得弦望及後朔初末限日各置入限日及餘以其日進退率乘之如宗法而所得以進退其日下昇平即各為定

赤道宿度

斗二十六　牛八　女十二　虛十及分

危十七　室十六　壁九二曆同

北方七宿九十八度虛分二千五百六十三秒一十九乾元七千五百三十五秒二十五儀天二千五百八十八秒九十九

奎十六　婁十二　胃十四　昴十一

畢十七　觜一　參十

西方七宿八十一度二曆同

井三十三　鬼三　柳十五　星七

張十八　翼十八　軫十七

南方七宿一百一十一度二曆同

角十二　亢九　氐十五　房五

心五　尾十八　箕十一

東方七宿七十五度二曆同

又儀天云前告赤道度自古以來累依天儀測定用為常準赤道者天中紘帶儀極攸憑以格黃道也

求赤道變黃道度乾元謂之求黃道度儀天謂之推黃道度準二至赤道日躔宿次前後五度為限初限十二每限減半終九限減盡距二立之宿減一度少強又從盡起限每限

增半九限終於十二距二分之宿皆乘限度身外除一餘滿百為度分命曰黃赤道差二至前後各九限以差為減二分前後各九限以差為加各加減赤道度為黃道度有餘分就近收為太半少之數（乾元初率九每限減一末率一儀天初數一百七每限減一十末率二十七其餘限數加減並同應天）

黃道宿度

斗二十三度半　牛七度半（二曆同）　女十一度太（二曆並十一度半）

虛十度少强（二千五百六十三秒十九乾元無分儀天六十三分九十九秒）　危十七度少（乾元同儀天十七度太）

室十六度太　壁十度（乾元九度太儀天同）

北方七宿九十七度二千五百六十三秒十九（乾元九十六度半儀天九十七度半六十三秒九十九）

奎十七度半（二曆同）　婁十二度太（乾元十三度儀天同）　胃十四度少（二曆並十四度太）

昴十一度（二曆同）　畢十六度半（乾元同儀天十六度少）　觜一度

參九度少（二曆並同）

西方七宿八十二度少（乾元八十三度儀天八十二度半）

井三十度　鬼二度太（二曆並同）　柳十四度半（乾元儀天十四度少）

星七度（乾元儀天並六度太）　張十八度少（乾元同儀天十八度太）　翼十九度少（乾元十九度儀天同）

軫十八度太（二曆同）

南方七宿一百一十度半（乾元一百九度太儀天同）

角十三度　亢九度半（二曆並同）　氐十六度少（乾元儀天並十五度半）

房五度（二曆同）　心五度（乾元同儀天四度太）　尾十七度少（乾元同儀天十七度）

箕十度（乾元十度太儀天十度）

東方七宿七十五度少（乾元七十六度儀天七十四度太）

求赤道日度（儀天謂之推日度）以天總除元積為總數不盡半而進位又以一百收總數從之以元法收為度不滿為分秒命起赤道虛宿四度分（乾元以乾率去歲積分餘以五因之滿乾率收為度不滿退除為分餘同儀天以乾數去歲積分宗法收為度命起虛宿二度餘同應天又以一象度及餘秒累加之滿赤道宿度即去之各得四正即初日加時赤道日度也）

求黃道日度置冬至赤道日躔宿度以所入限數乘之所得身外除一滿百為度不滿為分用減赤道日

度為冬至加時黃道日度及分（乾元儀天亦如其法乾元即以八十四儀天以一百一除為度餘同應天）

求朔望弦常日月（乾元謂之求黃道平朔日度）置朔望日躔先後定數進一位倍之身外除之以元法收為度分先加後減朔望中日月為朔望中常日月度分用加冬至黃道之宿命如前即得朔望弦常日月所在（乾元置會周一萬七千三百六十以距十一月後來月數乘之所得減去朔餘加會餘而半之以二百九十四收為度不盡退除為分儀天法在後乾元又有求黃道加時朔日度置平朔日以日躔陽加陰減之又以冬至黃道日度加而命之即其朔加時黃道日度及分也若求弦望日度者以半朔策加之即得弦望日度及分也用陽度即依本術）

每日加時黃道日度（乾元謂之每日行分）以定朔弦望日所在相

减餘以距後日數除之為平行分二行分相减為合差半之加减平行分為初行分後平行多减為初後平行少加為初以距後日數除合差為日差後少者損後多者益為每日行分累加朔望日即得所求乾元同儀天不立此法又儀天有求次正定日加時黃道日度置歲差以限數乘之退一位滿一百一為差秒及小分再析之乃以加一象度所得累加冬至黃道日滿黃道宿次去之各得四正即加時黃道日度也若求四正定日夜半黃道日度置其定日小餘副之以其日盈縮分乘之滿宗法而一盈加縮减其副乃以减其日加時即為夜半黃道日度又有求每日夜半日度因四正初日夜半度累加一象以其日盈縮分盈加縮减滿黃道宿次去之即得每日夜半日度又有求定朔弦望加時日度置定朔望小餘副之以其日盈縮分乘之以宗法收之為分盈加縮减其副以加其日夜半度各得其時加日躔所次如朔望有進退者此術不用

志卷第二十一

志卷第二十二　宋史六十九

開府儀同三司上柱國錄軍國重事前中書右丞相監修國史領經筵事都總裁臣脫脫等奉

敕修

律曆二應天乾元儀天曆

步月離入先後曆乾元謂之月離儀天謂之步月離

離總五萬五千一百二十秒一千二百四十二乾元轉分一萬六千二百秒一千二百四儀天曆終分二十七萬八千三百一秒一百六十五

轉日二十七五千五百四十六秒六千二百一十乾元轉曆二十七一千六百三十秒六千二十儀天曆周二十七五千六百一秒一百六十五

曆中日一十三七千七百七十四秒三千一百五乾元不立此法儀天曆中十三日七千八百五十秒五千八十二半儀天有象限六日八千九百七十五秒二千五百四十一少

朔差日一九千七百六十二秒三千七百九十乾元轉差一三千八百六十九秒三千九百八十儀天會差日一九千八百五十七秒九千八百三十五儀天又有象差日空四千九百八十秒四千九百五十八太望一百八十二度六千三百四十四秒四千九百五十

度母一萬一百

秒法一萬二曆同

求天正十一月朔入先後曆乾元謂之求月離入曆求弦望入曆儀天謂之推天正經朔入曆以通餘减元積餘以離總去之為總數不

盡者半而進位以元法收為日不滿為分如曆中日以下為入先曆以上者去之為入後曆命日筭外即得天正十一月朔入先後曆日分累加七日三千八百二十七分秒六盈曆中日及分秒去之各得次朔望入先後曆日分（乾元以朔餘減歲積分以轉分去之餘以五因之滿元率收之為度以弦策加之即弦望所入以轉差加之得後朔曆累加之即得弦望入曆及分儀天以閏餘減歲積分餘以曆終分去之不滿以宗法除之為日在象限以下為初限以上去之餘為末限各為入遲疾曆初末限）

先後（乾元謂之入轉，儀天謂之離度）	積度（乾元謂之離差）	損益率（乾元同）	先後積（乾元謂之陰陽差）
先一日千三百十（乾元十二度六分）	初度（乾元三百五十五）	損十二（乾元益二百八十七）	後空（乾元陽差空）
先二日千三百二十七（乾元十二度六十二）	十二度（乾元三百六十一）	損百三十六（乾元益二百五十）	先九百八十七（乾元陽差二百八十七）
先三日千三百四十五（乾元十二度三十九）	二十四度二十七（乾元二百六十四）	損百八十六（乾元益二百一十三）	先千八百五十三（乾元陽差五百三十七）
先四日千三百六十二（乾元十二度五十六）	三十六度八十一（乾元三百六十九）	損四百二十九（乾元益一百二十三）	先二千五百七十四（乾元陽差七百五十）
先五日千三百八十（乾元十二度七十七）	四十八度四十四（乾元三百七十五）	損五百九（乾元益一百三十四）	先三千二百五十五（乾元陽差九百二十三）
先六日千三百一（乾元十二度九十六）	六十度二十五（乾元三百八十一）	損七百八十（乾元益九十三）	先三千五百三十六（乾元陽差千五十七）
先七日千三百二十（乾元十二度十七）	七十三度三十六（乾元三百八十七）	初損九百一十二末益九百一十（乾元初益四十六末損六十）	先三千七百三十六（乾元陽差千一百五十）
先八日千三百四十五（乾元十二度四十）	八十六度四十七（乾元三百九十四）	益九百（乾元損六十二）	先三千八百二十（乾元陽差千一百九十）
先九日千三百六十九（乾元十三度六十六）	一百度九十二（乾元四百一）	益七百三十（乾元損二百二）	先二千七百二十（乾元陽差千一百三十八）
先十日千三百九十（乾元十三度八十一）	一百一十三度八十二（乾元四百一十七）	益五百八十五（乾元損一百四十一）	先二千四百八十五（乾元陽差一千二十六）
先十一日千四百一十五（乾元十四度三）	一百二十九度九十一（乾元四百一十三）	益三百九十四（乾元損一百九十三）	先二千三百（乾元陽差八百八十五）
先十二日千四百三十五（乾元十四度二十）	一百四十三度六十六（乾元四百二十七）	益二百三十五（乾元損百二十一）	先一千四百二十四（乾元陽差七百七十二）

先後	積度	損益率	先後積
先十三日千四百四十六（乾元十四度二十五）	一百五十八度（乾元四百一十七）	益百十（乾元損一百五十六）	先六百三十九（乾元陽差四百八十一）
先十四日千四百五十（乾元十四度五十九）	一百七十二度（乾元四百二十七）	初益二百三十八末損百八十三	先七百九十九（乾元陽差三百二十五）
後一日千四百六十四（乾元十四度六十四）	一百八十七度二十七（乾元四百二十七）	損十二（乾元益二）	初先空末後空（乾元陰差六十三）
後二日千四百五十二（乾元十四度四十五）	二百度九十七（乾元四百二十五）	損百三十六（乾元益百四十二）	後九百八十七（乾元陰差二百四十三）
後三日千四百二十二（乾元十四度三十）	二百十六度四十（乾元四百二十）	損二百八十七（乾元益二百五）	後千八百五十三（乾元陰差五百三十五）
後四日千四百六（乾元十四度二十）	二百三十度八十二（乾元四百一十五）	損四百四十七（乾元益二百六十五）	後二千五百六十四（乾元陰差七百五十）
後五日千三百八十（乾元十三度九十一）	二百四十四度八十九（乾元四百一十）	損六百八（乾元益一百四十六）	後三千二百三十五（乾元陰差九百五十五）
後六日千三百五十八（乾元十三度七十四）	二百五十八度八十（乾元四百四）	損七百八十八（乾元八十四）	後三千五百二十八（乾元陰差千八十一）
後七日千三百三十一（乾元十三度五十一）	二百七十二度三十七（乾元三百九十七）	初損九百二十五末益九百二十（乾元初益二十五末損十七）	後三千七百四十四（乾元陰差一千一百五）
後八日千三百三十五（乾元十三度三十八）	二百八十五度六十三（乾元三百九十）	益九百（乾元損七十一）	後三千七百九十五（乾元陰差一千一百三十三）
後九日千二百九十四（乾元十二度七十一）	二百九十八度五十八（乾元三百八十四）	益七百二十一（乾元損二百一十二）	後三千六百九十七（乾元陰差千一百二十二）
後十日千二百七十八（乾元十二度六十三）	三百十一度三十一（乾元三百七十八）	益五百六十四（乾元損一百五十）	後三千四百九十五（乾元陰差一千）
後十一日千二百六十四（乾元十二度四十一）	三百二十四度六十一（乾元三百七十二）	益四百四（乾元損二百九十一）	後二千七百一十二（乾元陰差八百四十三）
後十二日千二百五十六（乾元十二度十七）	三百三十七度四十一（乾元三百六十七）	益二百三十二（乾元損二百二十九）	後二千三百八十七（乾元陰差六百五十七）
後十三日千二百四十（乾元十二度五十二）	三百四十九度九十二（乾元三百六十三）	益百二十（乾元損二百六十六）	後千六百八十三（乾元陰差四百二十八）
後十四日千二百二十（乾元十二度二十七）	三百六十二度六十五（乾元三百五十八）	初益二百三十末損百八十一（乾元損百六十一）	後九百六十九（乾元陰差二百八十一）

七日初數八千八百八十八（乾元初二千六百一十二）末數一千一百一十四（末三百二十八）

十四日初數七千七百七十四（乾元初二千二百八十五）末數二千二百二十八（末六百五十五乾元又有二十一日初一千九百五十八末九百八十二）

二十八日　初一千六百
三十二　末一千三百九

又儀天法

遲疾限日	曆衰	曆定分	曆定度	曆積度	損益率	升平積
疾初初日	疾十五	一千二百五十五	十二度三分	初度	益一千八十六	升初
一日	疾十九	一千二百三十	十二度十八分	十二度三分	益九百一十六	升一千八十六
二日	疾二十一	一千二百四十九	十二度三十七	二十四度二十一	益七百四十六	升二千二
三日	疾二十二	一千二百七十一	十二度五十九	三十六度五十八	益五百七十六	升二千七百四十八
四日	疾二十二	一千二百九十三	十二度八十一	四十九度六十	益四百六	升三千三百二十四
五日	疾二十五	一千三百一十五	十二度三分	六十一度九十七	益二百三十六	升三千七百三十
六日	疾二十四	一千三百三十八	十三度二十二	九十四度九十九	益六十五	升三千九百六十六
疾末初日	疾二十三	一千三百六十二	十三度四十九	八十八度三十	損八十六	升四千三十一
一日	疾二十二	一千三百八十三	十三度七十二	一百度七十二	損三百五十六	升三千九百四十六
二日	疾二十二	一千四百七十五	十三度九十四	一百一十五度四十三	損六四百	升二千七百二十
三日	疾二十二	一千四百二十九	十四度一十五	一百二十九度六十	損五百七十六	升二千三百四
四日	疾十九	一千四百五十一	十四度七三十	一百四十三度五十一	損七百四十六	升二千七百二十八
五日	疾十五	一千四百七十	十四度六五十	一百五十七度八十六	損七百一十二	升一千八百二十
六日	疾十七	一千四百八十五	十四度一七十	一百七十二度三四十	損一千一十二	升一千六十六
遲初初日	遲十五	一千四百八十五	十四度一七十	一百八十七度三二十	益一千八十六	平初
一日	遲十九	一千四百七十	十四度六五十	二百一度四八十	益九百一十六	平一千八十六
二日	遲二十二	一千四百五十一	十四度七三十	二百一十六度九三十	益七百四十六	平二千二
三日	遲二十二	一千四百二十九	十四度十五	二百三十度二十六	益五百七十六	平二千七百四十八
四日	遲二十二	一千四百七	十三度四九十	二百四十四度九十	益四百六	平三千三百二十四
五日	遲二十三	一千三百八十五	十三度七十二	二百五十八度四八十	益三百三十六	平三千七百三十
六日	遲二十四	一千三百六十二	十三度四十九	二百七十二度五五十	益七十五	平三千九百六十六
遲末初日	遲二十三	一千三百三十八	十三度五二十	二百八十六度三	損八十六	平四千三十
一日	遲二十二	一千三百一十五	十三度二	二百九十九度八十	損三百三十六	平三千九百四十六
二日	遲二十二	一千二百九十三	十二度八十一	三百十二度二十一三	損四百六	平三千七百十
三日	遲二十二	一千二百七十一	十二度一十	三百二十五度三十	損五百七	平三千三百四
四日	遲十九	一千二百四十九	十二度三十七	三百三十七度九十六	損七百四十六	平二千七百二十八
五日	遲十五	一千二百三十	十二度一十八	三百五十度五十六	損九百一十六	平一千九百八十二
六日	遲十五	一千二百五十五	十二度三	三百六十二度三十	損一千二	平一千六十六

月離先後度數乾元謂之月離陰陽差儀天謂之求朔弦望升平定數　以月朔弦望入曆先後分通減元法餘進位下以其日損益率展之以元法收為分所得損益次日下先後積為定數其七日十四日如初數以下者返減之以上者去之餘返減末數皆進位下以損益率展之各滿末數為分損益次日下先後積為定數乾元置入曆分以其日損益率收為分損益其下陰陽差為定數如初數已下者以初率乘之如初數而一以損益衍乘之元以上者以初數減之餘乘末率末數除之用減初率餘加陰陽差各為定數

朔弦望定日以日躔月離先後定數先加後減朔弦

望中日為定日二曆法同

推定朔弦望日辰七直以天正所盈之日加定積視朔弦望中日如入大小雪氣即加去年天正所盈之日日分若入冬至氣者即加今年天正所盈之日分滿七十六去之不滿者命從金星甲子筭外即得定朔弦望日辰星直也視朔干名與後朔同者大不同者小其月無中氣者為閏又視朔所入辰分皆與二分相減餘二收用減八分之六其朔定小餘如此以上者進一日朔或有交正見者其朔不進定望小餘在日出分以下者退一日若有虧初在辰分以下亦如之二曆法同

儀天又有求朔弦望加時月度置弦望加時日度其合朔加時月與太陽同度其日度便為月離所次餘加弦望象度及餘秒滿黃道宿次去之即定朔弦望加時日度也

九道宿度乾元儀天皆謂之月行九道凡合朔所交冬在陰曆夏在陽曆月行青道冬至夏至後青道半交在春分之宿出黃道東立夏立冬後青道半交在立春之宿出黃道東南至所衝之宿亦如之冬在陽曆夏在陰曆月行白道冬至夏至後白道半交在秋分之宿出黃道西立冬立夏後白道半交在立秋之宿出黃道西北至所衝之宿亦如之春在陽曆秋在陰曆月行朱道春分秋分後朱道半交在夏至之宿出黃道南立春立秋後朱道半交在立夏之宿出黃道西南至所衝之宿亦如之春在陰曆秋在陽曆月行黑道春分秋分後黑道半交在冬至之宿出黃道北立春立秋後黑道半交在立冬之宿出黃道東北至所衝之宿亦如之四序月離為

八節九道斜正不同所入七十二候皆與黃道相會各距交初黃道宿度每五度為限初限十二每限減半終九限又減盡距二立之宿減一度少強却從減盡起每限減半九限終十二而至半交乃去黃道六度又自十二每限減半終九限又減一度少強更從減盡起每限增半九限終十二復與日軌相會交初交中半交各以限數遇半倍使乘限度為汎差其交中前後各九限以距二至之宿前後候數乘之半交前後各九限各至二分之宿前後候數乘之皆滿百而一為黃道差在冬至之宿後交初前後各九限為

減交中前後各九限為加夏至之宿後交初前後各九限為加交中前後各九限為減大凡月交後為出黃道外交中後為入黃道內半交前後各九限在春分之宿後出黃道外秋分之宿後入黃道內秋分之宿後入黃道內春分之宿後出黃道外皆以差為加在春分之宿後入黃道內秋分之宿後出黃道外皆以差為減倍汎差退一位遇減身外除三遇加身外除一又以黃道差減為赤道差交初交中前後各九限以差加半交前後各九限皆以差減以黃赤道差減黃道宿度為九道宿度有餘分就近收為太半少之數乾元初數九每限減一終於一限數並同即八十四除之儀天初數一百一十七每限減一十終於二十七以一百

一除二曆皆不身外為法初中正交春秋二分冬夏二至前後各九限加減為並同應天又儀天即除法是九十乘黃道汎差一百一收為度乃得月與黃赤道定差以上入交定月出入各六度相較之差黃道隨其日行所向斜正各與餘皆同應天儀天有求定朔望加時入遲疾曆初末限置經朔望入遲疾初末限日及餘秒如求定朔弦望法入之即各得所求又求初中正交入曆置其朔望加時入遲疾曆初末限日及餘秒視其日月行入陰陽曆日及餘秒如近前交者即加近後交者即返減交中日餘乃如之各得初中正交入遲疾曆初末限日及餘秒也其加減滿或不足即進退象限及餘秒各得所求又求朔望加時及初中正交入遲疾限日入曆積度各置小餘以其日曆定分乘之宗法收之為分一百一除之為度以加其日下曆積度各得所求又乾元儀天有求正交黃道月度乾元元率通定交度及分以一百二十七乘之滿九十五而一進一等復收為入交度用減其朔加時日度即朔前月離正交黃道宿度儀天置朔望及正交曆積度以少減多餘為月行去交度及分乃視其朔望在交前者加交後者減朔望加時黃道

月度為初中正交黃道月度也

九道交初月度乾元謂之月離入交九道正交月度九道朔度儀天謂之求月離正交九道宿度

置月離交初黃道宿度各以所入限數乘之遇半倍使如百而一為汎差用求黃赤二道差依前法加減之即月離交初九道宿度乾元以日躔陰陽差陽加陰減為朔望常分又以所入限率乘正交黃道宿度相從之以求黃赤二道差如前加減為月離正交九道宿度以入交定度加而命之即朔月離宿度儀天置正交月離黃道以距度下月九道差宗法乘之以距度所入限數乘度餘從求度數乘滿九十而一為度差依前法加減為正交之為總差半而退位一百一收之又計冬夏二至以月離九道

求九道朔月度百約月離先後定數後加先減四十

二用減中盈而從朔日迺加交初九道宿次即得所

求乾元置九道正交之度及分以入交定度加之命以九道宿次即其朔加時月離宿度及分也儀天法見下乾元又有定交度置月離陰陽定數以七十一乘之滿九百一除之為分用陰減陽加常分為度及分

求九道望月度儀天謂之求定朔望加時日月度以象積加朔九道月度命以其道即得所求乾元置朔望加時日相距之度以天中度及分加之為加時象積用加九道朔月度命以其道宿次去之即望日月度及分也自望推朔亦如之儀天求定朔望加時九道日度以其朔望去交度交前者減之交後者加之滿九道宿度去之即定朔望加時九道日度也求定朔望加時九道月度置其日加時九道日度其合朔者非正交即日在黃道月在九道各入宿度多少不同考其去極若應繩準故云月與太陽同度也如求黃道月度法盈九道宿次去之各得其日

加時九道宿度自此以後皆如求黃道月度法入之依九道宿度行之各得所求也

求晨昏月乾元謂之月離晨昏度儀天謂之求晨昏月度置後曆七日下離分與其日離分相比較取多者乘朔望定分取少者朔望乘晨昏分皆滿元法為分百除為度分仍相減之度多者為後少者為前各得晨昏前後度分前加後減朔望九道月度為晨昏月乾元置其月離差在三百九十三以上者用乘朔望定分以下者只用三百九十三乘為加時分元率除之進一位二百九十四收為度又以離差乘晨昏分亦如前收之為度與加時度相減之加時度多為後少為前即得晨昏前度及分加減如應天儀天以晨昏分減定朔弦望小餘為後不足者返減之為前以乘入曆定分宗法除之一百一約之為度乃以前加後減加時月度為晨昏月度

晨昏象積（儀天謂之求晨昏程積度）：置加時象積，以前象前後度前減後加，又以後象前後度前加後減，即得所求。（乾元法同。儀天以所求朔弦望加時日度餘加弦望度及餘，為加時程積，以後朔弦望加時日度減後朔弦望度及餘，為加時程積，以所求前後分返其加減，又以後朔弦望前後度分依其加減，各為晨昏程積度及餘也。）

求每日晨昏月（儀天謂之求每日入曆定度）：累計距後象離分百除為度分，用減晨昏象積，為加；不足，返減，以距後象日數除之，為日差。用加減每日離分，百除為度分，累加晨昏月命，以九道宿次，即得所求。（乾元法同。儀天累計距後曆每日曆度及分，以減程積，為進；不足，返減之，餘為退。以距後朔弦望日數均之，進加退減每日曆定度及分，各為每日曆定度及分也。）

步晷漏

二十四氣	中晷景（乾元同）	去極度	黃道（乾元謂之距中度）	晨分（乾元同）
冬至	一丈二尺七寸一分（乾元同）	一百一十五	二十（乾元八十二二十二）	二千七百四十八（乾元八百八）
小寒	一丈二尺三寸一分（乾元一丈二尺四寸）	一百一十四	五十八（乾元八十二五十九）	二千七百三十五（乾元八百二）
大寒	一丈一尺三寸一分（乾元同）	一百一十二（乾元）	三十二（乾元八十四八十四）	二千六百八十八（乾元七百八十六）
立春	九尺七寸三分（乾元九尺七寸三分）	一百八	六十七（乾元八十七九十四）	二千六百二十一（乾元七百六十一）
雨水	八尺二寸三分（乾元同）	一百三	八十（乾元九十一六十七）	二千五百八（乾元七百三十二）
驚蟄	六尺七寸四分（乾元六尺七寸三分）	九十七	九十三（乾元九十六一十四）	二千三百八十八（乾元六百九十九）
春分	五尺四寸七分（乾元同）	九十一	三十一（乾元一百度二十四）	二千三百五十（乾元六百六十一）
清明	四尺二寸二分（乾元同）	八十四	三十七（乾元一百五二十四）	二千二百一十二（乾元六百三十四）
穀雨	三尺二寸六分（乾元三尺三寸）	七十八	七十九（乾元一百九五十六）	二千九百九十二（乾元五百八十九）
立夏	二尺五寸三分（乾元二尺五寸）	七十三	九十二（乾元一百十三二十九）	二千九百八十八（乾元五百五十八）
小滿	一尺九寸六分（乾元一尺九寸三分）	七十度	二十七（乾元一百六十一十五）	二千八百七十二（乾元五百三十四）
芒種	一尺六寸（乾元同）	六十八	二（乾元一百一十八一十四）	二千八百六十五（乾元五百十九）
夏至	一尺四寸八分（乾元一尺四寸七分）	六十七	三十九（乾元一百十八五十八）	二千八百六十二（乾元五百一十五）
小暑	一尺六寸（乾元同）	六十八	二（乾元一百十八一十四）	二千八百六十五（乾元五百十九）
大暑	一尺九寸六分（乾元一尺九寸五分）	七十度	二十七（乾元一百十六一十五）	二千八百七十二（乾元五百三十）
立秋	二尺五寸三分（乾元同）	七十三	九十二（乾元一百十三三十）	二千九百八十八（乾元五百五十八）
處暑	三尺二寸六分（乾元三尺三寸）	七十八	七十九（乾元一百九五十六）	二千九百九十二（乾元五百八十五）
白露	四尺二寸二分（乾元同）	八十四	七十七（乾元一百五十六九）	二千二百一十二（乾元六百十四）

二十四氣	中晷景	去極度	黃道	晨分
秋分	五尺四寸七分（乾元同）	九十一	三十一（乾元一百度二十四）	二千三百五十（乾元六百六十六）
寒露	六尺七寸四分（乾元六尺七寸三分）	九十七	九十一（乾元九十六十六）	二千三百八十八（乾元六百九十九）
霜降	八尺二寸三分（乾元同）	一百三	八十二（乾元九十一六十九）	二千五百八（乾元六百三十）
立冬	九尺七寸三分（乾元九尺七寸三分）	一百八	六十七（乾元八十七九十五）	二千六百二十一（乾元七百六十二）
小雪	一丈一尺三寸一分（乾元同）	一百一十二	三十二（乾元八十四八十四）	二千六百八十八（乾元七百八十六）
大雪	一丈二尺三寸一分（乾元同）	一百一十四	五十八（乾元八十一五十九）	二千七百三十五（乾元八百二，儀天與大成法）

求每日晷景去極度晨分（乾元謂之晷景距中度，晨分儀天別立法，具後）：各以氣數相減為分，自雨水後法十六，霜降後法十五除分為中率，二率相減為合差，半之，加減中率為初末率（前多者加為初，減為末；前少者減為初，加為末），又以法除合差為日差

後多者累益初率後少者累減初率為每日損益率以其數累積之各

得諸氣初數也乾元法同

求昏分以晨分減元法為昏分乾元謂之元率儀天謂之宗法

求每日距中度乾元同儀天謂之求每日距子度以百乘晨分如二

千七百三十八為度不盡退除為距子度用減半周

天度餘為距中星度分倍距子度分五等除為每更

度分乾元百約晨分進一位以三千六百五十三乘如元率收為度餘同應天儀天置晝漏毋五因進一位以一千三百八十二小分五十五微分三十五除為度不盡以一千三百六十八小分八十六退除皆為距子度餘同應天

求每日昏明中星乾元謂之昏曉率星置其日赤道日躔宿次

以距南度分加而命之即其日昏中星以距子度分

加之為夜半中星又加之為曉中星二曆法同

求五更中星置昏中星為初更中星以每更度分加

之得二更初中星又加之得三更初中星累加之各

得五更初中星所臨二曆法同

求日出入時刻乾元謂之求晝夜出入辰刻儀天謂之求日出入晨刻及分以二

百五十加晨減昏為出入分以八百三十三半除為

時不滿百除為刻分如前即得所求乾元以七十三半加晨減昏為出入分各以辰法除之為辰數不盡以五因之滿刻法為刻命辰數起子正筭外即日出入辰刻也儀天置其日晝漏毋以加昏明餘以三因滿辰法除為辰數餘以刻法除為刻不滿為分辰數命子正筭外即

日出辰刻及分乃置日出辰刻及分以加晝刻及分滿辰法及分除為辰數不滿為入時之刻及分乃置其辰數命子正筭外即得日入辰刻及分

晝夜分乾元謂之晝夜刻儀天謂之求每日夜半定漏求每日晝夜刻倍日出分為

夜分減元法為晝分百約為晝夜分乾元置日入分以日出分減之為晝分以減元率為夜分以五因之以刻法除為晝夜刻分儀天先求夜半定漏置其日晷漏毋以刻法除之為刻不滿三因為分為夜半定漏及分置夜半定漏刻及分倍之其分滿刻法為刻不滿為分即得夜刻及分以夜刻減一百刻餘者為晝刻及分減晝五刻加夜刻為日出沒刻之數

更籌乾元謂之更點差分倍晨分以五收為更差又五收為籌

差乾元法同儀天不立此法

步晷漏

冬至後初夏至後次象八十八日小餘八千八百九

十九半約餘八千八百一十一分

夏至後初冬至後次象九十三日小餘七千四百八

十五半約餘七千四百一十二分

前限一百八十八十一日小餘六千二百八十五約

餘六千二百二十二太

辰法八百四十一分三分之二

刻法一百一分

辰八刻三十三分三分之二

昏明二百五十二分半

冬至後上限五十九日下限一百二十三日小餘六千二百八十五約餘六千二百二十二太

中晷一丈二尺七寸一分半

冬至後上差夏至後下差二千一百三十分

昇法一十五萬六千四百二十八分

冬至後下差夏至後上差四千八百一十二分

平法一十七萬四千三分

夏至後上限同冬至後下限夏至後下限同冬至後上限

中晷一尺四寸七分小分八十四

儀天求每日陽城晷景常數置入冬夏二至後來日數及分以所入象日數下盈縮分盈減縮加之為其日定積又以減其象小餘為夜半定積及分以隔位除一用若夜半定積及分在二至上限以下者為入上限之數以上者以返減前限日及約餘為入下限日及分若冬至後上限夏至後下限以十四乘之所得以減上下限差分為定差法以所入上下限日數再乘之所得滿一百萬為尺不滿為寸及分以減冬至晷影餘為其日中晷常數也若夏至後上限冬至後下限以三十五乘之以上下差分為定法以入上下限日數再乘之退一等滿一百萬為尺不滿尺為寸及分用加夏至晷景即得其日中晷景常數

儀天求晷景每日損益差以其日晷景與次日晷景相減其日景長於次日晷影為損短於次日晷景為益

儀天求陽城中晷景定數置五千分以其日晷景定數損益差乘之所得以萬約之為分冬至後用減夏至後用加冬至一日有減無加夏至一日有加無減

儀天求晷漏損益度入前後限數置入冬至後來日數在前限以下者為損以上者減去前限餘為入後

限日數者為益若筭立成自冬至後一日日加滿初象即加象下約餘為一象之數

儀天求每日晷漏損益數置入前後限損益日數及分如初象以下為在上限以上者返減前限餘為下限皆自相乘之其分半以下棄半以上收之以一百通日內其分逈乘之所得在冬至後初象夏至後次象以昇法除之若冬至後次象夏至後初象以平法除之皆為分不滿退除為小分所得置於上位又別置五百五分於下以上減下以下乘上用在昇法者以二千八百五十除之用在平法者以五千五百五

十二除之皆為分不滿退除為小分所得以加上位
為其日損益數
儀天求每日黃道去極度及赤道內外度分若春分
後置損益差以五十乘之以一千五十二除之為度
不滿以一千四十二除之為分以加六十七度三千
八百四十五若秋分後置損益差以五十乘之以一
千六十除之為度不滿以一千五十退除為分以減
一百一十五度二千二百二十二分即得黃道去極
度置去極度分與九十一度三千八百四十五相減
餘者為赤道內外度分若黃道去極度分在九十一
度三千八百四十五以下者為內若在以上者為外

度及分
儀天求每日晷漏母各以其日損益差自春分初日
以後加一千七百六十八自秋分初日以後減二千
七百七十七各得其日晷漏母又曰晨分
儀天求每日昏分及距午分置日元分以其日晷漏
母減之餘者為昏分又以其日晷漏母減五千五十
分餘者為其日距午分
月離九道交會 乾元謂之交會儀天謂之步交會
交總七十一萬七千八百一秒八十二

正交三百六十三度八千二百八十三秒七
半交一百八十一度九千一百四十二秒五十三半
少交九十度九千五百二十一秒二十六太
平朔一度四千六百三十二
平望空七千三百一十六
朔差二度八千八百四十一
望差二度一千五百二十五
初準一萬六千六百四十一
中準一萬八千一百九十一
末準一千五百五十

乾元交會
交率一萬六千秒七千八百九十一
交策二十七餘六百二十三秒九千四百五十五
朔準二九百三十六秒五百四十五
望準十四二千二百五十
初限三萬六千五百九十四
中限四萬二
末限三千四百八
儀天步交會
交終分二十七萬四千八百四十三秒二千二百七

十九
交終日二十七餘二千一百四十三秒二千二百七
十九
交中日一十三餘六千一百二十一秒六千一百二
十一
交朔日二餘三千二百一十五秒七千七百二十一
交望日一十四餘七千七百二十九秒五千
前限日一十二餘四千五百一十三秒七千二百七
十九
後限日一餘一千六百七秒八千八百六十半

交差四十五
交數五百七十二
秒母一萬
陰限七千二百八十六
交日空小餘六千一百四十六秒三百七十三
陽限三千一百七十四
月食既限二千五百八十二
月食分法九百一十二半
中盈度乾元謂之求平交朔日儀天謂之求天正朔入交以通餘減元積七
十五辰之以四百六十七除為分滿交總去之為總
數不盡半而進位倍總數百收為分用減之餘以元
法收為度不滿為分命曰中盈度及分乾元置朔分以交率去之餘以五因之滿元率收為日即得平交朔日及分次朔望以朔望準加之即得所求儀天置天正朔積分以交終分去之滿宗法為日即得所求
求次朔望中盈儀天謂之求次朔入交各置天正經朔中盈度
分視十一月望十二月朔望中日如二十九日五千
三百七以下者即加朔望差度分秒餘月即加平朔
望度分秒即得所求乾元法見上儀天置天正朔入交汎日餘秒如交朔及交望餘秒皆滿交終日及餘秒即去之各得朔望入交汎日及餘秒
月離朔交初度分乾元謂之求朔望交分儀天謂之求入交常日置其朔中

盈度分常與其朔常日度分合之如正交以下者減半法以上者倍而加之加減訖為
定用減天正加時黃道宿度分餘命起天正之宿初
筭即得所求乾元置平交朔望日及分以元率通之以日躔陰陽差陽加陰減為朔望交分儀天以其日入盈朔限昇平定數昇加平減入交汎日即為其朔望入交常日也儀天又有求朔望入定交日以其日入遲疾限昇平定數以交差乘之如交數而一昇加平減入交常日即為入定交日
月入陰陽曆乾元謂之求朔望陰陽定分儀天謂之求月行陰陽曆以月離先
後定數先加後減朔望中盈用加朔望常日月分分即百除度即百通如中準以下者為月出黃道外以上者去之
餘為月入黃道內乾元以一百四十二乘陰陽差一千八百二除陽加陰減朔望交分為度定分中限以上為陽以下為陰儀天視入交定日及餘秒在交中日以下為陽以上者去之餘為月

入陰曆

求食甚定餘置朔定分如半法以下者返減半法餘為午前分前以上者減去半法餘為午後分以乘三百如半晝分而一為差午後加之午前半而減之加減定朔分為食定餘以差皆加午前後分為距中分其望定分便為食定餘乾元以半晝刻約刻法為時差乃視定朔小餘在半法以下為用減半法為午前分以上者去之為午後分以時差乘五因之如刻法而一午前減午後加又皆加午前後分為距日分刻法而一為距午刻分月只以定朔小餘為食定餘儀天置月行去交黄赤道差視月道差如黄赤道交者依其加減不如黄赤道交者返其加減定朔望小餘為食甚餘亦返其加減去交定分其日食則又以其日晝刻其三百五十四為時差乃視食甚餘如半法以下返減半法餘為初率半法以上者半法去之餘為

末率滿一百一收之為初率以減末率倍之以加食甚餘為食定餘亦加減初末率為距午退分置之皆如求發斂加時術入之即日月食甚辰刻及分也

入食限置黄道內外分如初準已上末準已下為入食限望入食限則月食朔入食限則日食月在黄道內則日食在外則不食望則無問內外皆食末準已下為交後分初準以上者返減中準為交前分乾元置陰陽定分在初限以上末限以下為入食限餘同應天儀天置朔望入交月行陰陽曆日及餘秒如前限以上後限以下者為入食限望入食限則月食朔入食限月入陰曆則日食如後限以下為交後限以上以減交中日及餘秒為交前限各得所求

入盈縮曆乾元儀天不立此法置朔定積如一百八十二日六千二百二十三以下為入盈日分以上者去之餘為入縮日分黄道差乾元謂之求晷差儀天謂之求黄道食差置其朔入曆盈縮日及分如四十五日以上一百三十七日以下皆以一千五百乘為泛差如四十五日以下返減之餘為初限日一百三十七日以上者減去之餘為末限日及分以六十七乘半之用減泛差以乘距午分以元法收為黄道定分入盈以定分午前內減外加午後內加外減入縮以定分午前內加外減午後內減外加乾元置入氣日以距冬至之氣以十五乘之以所入氣日通之以一百八十二日以下為陽曆以上者去之為入陰曆置入曆分在四十五日以下以三十七乘五除退一等為泛差在四十五日

以上一百三十七日以下只用三十三秒三十為泛差一百三十七以上者去之餘以三十七乘五除退一位用減三十三秒三十為泛差皆以距午分乘為晷差儀天二至後日盈差至立春立秋得一百一十三小分六十二半立夏立冬後每日損以宗法乘之冬至立冬後三氣用四十四萬二千三百八十四夏至立夏後各三氣用二十七萬九千八百五十八除為食差以食甚距午正刻乘其日食差為定差冬至後甚在午正東陰減陽加甚在午正西陰加陽減夏至後即返此立冬初日後每氣盈差二十秒四十四至冬至初日加六十二秒三十二自後每氣損差二十秒四十四終於大寒甚在午正西即每刻累益其差陰曆加陽曆減

赤道差乾元謂之求離差儀天謂之求赤道食差置入盈縮曆日及分如九十一日以下返減之為初限日以上者用減一百八十二日半餘為末限日及分四因之用減三百七

十四為泛差以乘距中分如半晝分而一用減泛差為赤道定分盈初縮末內減外加縮初盈末內加外減乾元計春秋二分後日加入氣日以十五乘在九十以下以九十一分乘退為泛差九十一以上去之餘以九十一乘退一等以減八百一十九為泛差二分氣內置入氣日以九十一乘退為泛差以半晝刻而一以乘距午分用加減泛差為離差食甚在出沒以前者不用求離差只用泛差春分後陰加陽減秋分後陰減陽加儀天二分後益差至二至積日差皆二千八百二十六自後累減至二分空冬至後日損三十一小分八十夏至後日益三十小分十五又以宗法乘積差各以盈縮初末限分除之為日差乃以末限累增初限累損各為每日食差又以半晝刻數約其日食差以乘食甚距午正刻所得以減食差餘為定數餘同乾元

日食差依黃赤二差同名相從異名相消為食差二曆法同

距交分乾元謂之去交分儀天謂之去交定分置交前後分以黃赤二差加減之為距交分如月在內道不足減者返減入外道不食如月在外道不足減返減食差為返減入內道即有食乾元置陰陽曆去交前後分以食差合加減者依其加減所得為去交前後定分月在陰曆去交前後分不足減者即返減食差交前減之餘者為得陽曆交後得減之餘者為陽曆交前定分並不入食限月在陽曆去交前後分不足減者亦返減食差交前減之餘者為陰曆交後定分交後減之餘者為陰曆交前定分並入食限儀天應食差同名相從異名相消餘同乾元法

日食分置距交分如四百二十以下者類同陽曆分以上者去之為陰曆分又以食定餘減四分之三午前倍之午後半之皆退一等用減陰陽曆分為食定分如不足減即返減之餘進一位加陰曆分為食定分陽以四十二除為食之大分陰九百六十以下返減之如九十六而一為食之大分命十為限乾元置交前後分以食差加減之為定交分在九百二十以下為陽以上去之為陰在陽以九十四在陰以二百一十三除為大分餘同應天儀天置入限去交定分減七百二十八陽限以上為陰曆食以陽限去之餘減陰限為陰曆食分以下者為陽曆食分亦減三百一十七如限除之皆進一位各命十為限餘同應天

月食分置黃道內外前後分如食限三百四十以下者食既以上者返減末準餘以一百二十一除為月食之大分其食五分以下在子正前後八刻內以其二百四十二除為食之大分命十為限前後分以九百以上入或食或不食之限乾元交定分在七百五十二以下食既以上返減末限以二百六十四除之為大分儀天陽減陰加前後定分九百一十二半在既限以下食既以上以去交分減之以月食法除之為大分

日月食虧初復末乾元謂之求定用刻儀天謂之求日月泛用分求虧初復末百通日月食之大小分以一千三百三十七乘之各如其日離分為定用分加食定餘為復末定分減之為虧初定分其月食以食限減定用分用減食甚為虧初定分如不足減者即以食限分如望定餘為食定分餘却依日食加減各得月食虧初復末定分也乾元月以五百八十八日以五百二十九秒二十乘所食分退一等半之為定用刻儀天日以五百四十五秒四十月以六百六皆乘所食分其小分以本母除從之為泛用分其食又視去交定分在一千七百二十

六以下增半刻八百五十六以下又增半刻以一千三百五十乘以辰定分除為定用刻皆減定朔望小餘為虧初加之為復末
日食起虧儀天謂之求日食初起視距交分如四百二十以上
者初起西北甚於正北復於東北如以下者初起西
南甚於正南復於東南九食八分以上者皆初起正
西復於正東儀天乾元日在陰曆初起西北在陽曆初起西南餘並同應天
月食起虧乾元謂之月食初定儀天謂之月食初起月在內道初起東南
甚於正南復於西南月在外道初起東北甚於正北
復於西北九食八分以上者初起正東復於正西乾元儀天以內道為陰曆外道為陽曆餘皆同應天而儀天又法云此法據古經所載以究天體食在午中前

後一辰之內其餘方若要的驗當視日月食時所在方位高下審詳黃道斜正月行所向起虧復滿皆可
知也
帶食出入儀天謂之求帶食出入見食分數視其日出入分如在虧
初定分以上復末定分以下即帶食出入食甚在出
入分以下以出入分減復末定分為帶食差食甚在
出入分以上者以虧初定分減出入分為帶食差以
乘食定分滿定用而一日陽以四十二陰以九十六
月一百二十一除之為帶食之大分餘為小分乾元各以食甚餘與其日晨昏分相減餘為帶食差其帶食差在定用刻以下者即帶食出入以上者即不帶食出入也以帶食差乘所食之分滿定用刻而一所得以減所食之分即帶食出入所見之分也其朔日食甚

在晝者晨為已食之分昏為所殘之分若食甚在夜昏為已食之分晨為所殘之分其月食見此可以知之也儀天以食甚餘減晨昏分餘為出入前分不足者返減食甚餘為出入後分以乘所食之分其食分以本母通之從其小分滿定用分除之所得以本母約之不滿者半以上為半強半以下為半弱即得帶食出入之分數也其日月食甚在出入前者為所殘之分在出入後者為已退之分
更點乾元儀天謂之月食入定點各置虧初食甚復末定分如晨
分以下者加晨分昏分以上者減去昏分皆以更分
除為更數不盡以點分除之為點數命初更筭外即
得所求乾元法同儀天倍其日晨分以五除之為更分又以五除之為點分乃視所求小餘如晨分以下加晨分昏分以上減去昏分求更點並同應天
日月食宿分乾元謂之日月食宿以天正冬至黃道日度加朔

望常日月度命起斗初筭外即日月食在宿分也乾元以距日沒辰至食甚辰之數約其日躔差用加昏度儀天用加時定月度也

志卷第二十二

開府儀同三司上柱國錄軍國重事中書右丞相監修國史領經筵事都總裁臣脫脫等奉敕修

律曆三 應天乾元儀天曆

步五星

歲星總七十九萬七千九百三十一秒五 乾元率二十三萬四千五百三十五秒五千七百二十五儀天木星周率四百二萬八千五百八十七秒七千五百六十

平合三百九十八日八千八百五十七秒二十八 乾元餘二千五百五十五秒八千六百二十五約分八十七儀天餘八千七百八十七秒七千五百六十二曆平合皆謂之周日數同應天

變差空秒一十六 乾元差二十八秒九千四百二十三半秒毋一萬儀天歲差九十八秒九千五百上限二百五度下限一百六十度二十五分秒六十三

熒惑總一百五十六萬一百五十二秒三 乾元率四十五萬八千五百九十二秒九千一百八十三十四儀天火星周率七百八十七萬七千一百九十一秒一千一百

平合七百七十九日九千二百二秒一十八 乾元餘二千七百四秒六千九百一十七約分九十二儀天餘九千二百九十一秒一千一百二曆平合皆謂之周日數同應天

變差三秒空 乾元差二十九秒一千一百三十五儀天歲差九十八餘三千八百上限一百九十六度八十下限一百六十八度四十五秒六十三

鎮星總七十五萬六千三百一十一秒八十五 乾元率二十二萬二千三百一十一秒二千一百六十四二十儀天土星周率三百八十一萬八千六百八秒三千五百

平合三百七十八日八百六秒五十一 乾元餘二百三十六秒八百三十一約分八儀天餘八百八秒三千五百二曆平合皆謂之周日數同應天

變差五秒七十九 乾元差二十八秒九千五百三儀天歲差一百秒一千一百上限一百八十二度六十三分秒八十一下限同上限

太白總一百一十六萬八千三百三十二秒四十二 乾元率三十四萬三千三百三十九秒一千五百四十七儀天金星周率五百八十九萬七千四百八十九秒五千四百

平合五百八十三日八千九百九十六秒一十 乾元餘二千六百七十五秒一千七百三十五約分九十一儀天餘九千一百八十九秒五千四百二曆平合皆謂之周日數同應天

再合二百九十一日九千四百九十九秒五 乾元儀天不立此法

變差二秒三十六 乾元差二十九秒一千七百九十八儀天歲差一百二十餘八千三百九上限一百九十七度一十六下限一百六十八度秒六十三

辰星總二十三萬一千八百六秒四十二八十 乾元率八萬八千一百三十七秒四千四百一十八十儀天水星周率一百一十七萬三百八十七秒二千八百

平合一百一十五日八千八百二秒三十 乾元餘二千五百八十七秒二千九十四約分八十八儀天餘八千八百八十七秒二千八百二曆平合皆謂之周日數同應天

再合五十七日九千四百二秒一十五 乾元儀天不立此法

變差三秒七十八 乾元差二十九秒一千一百三十八儀天歲差九十八秒三十上限一百八十三度六十二分下限一百八十二度六十二分秒六十三

求五星天正冬至後加時平合日度分秒 乾元謂之五星平合變日儀天謂之常合日中度 各以星總除元積爲總數不盡者返減星總餘

半而進位又置總數木火三之土如其數皆百而從之以元法收之爲天正冬至後平合日度及分（乾元置歲積分各以星率去之不盡用減星率餘以五因之萬元率收爲日不滿退除爲分儀天各以其星周率去歲積分不滿者返減其周率餘以宗法收爲日不盡退除爲分）

求平合入曆分（乾元謂之入曆儀天謂之推五星常合入曆度分）各以其星變差展所求積年滿三百六十五萬三千二百九十三秒一十九去之不盡以元法收爲度不滿爲分以減平合日爲入曆度分（乾元以積年乘星差以周天策去之不盡以元率收爲度不滿退除爲分用減平合變日爲入曆分儀天各置其星歲差以積年乘之滿三百六十八萬九千八百八秒九千九百去之不盡以宗法收爲度不滿退收爲分）

求入陰陽變分在陽末變分以下爲入陽曆以上去之餘爲入陰曆置入陰陽曆分以陰陽變數去之不盡爲入陰陽數及變分（乾元歲星前限二萬五百五中限一萬二百四十八後限一萬六千二十熒惑前限一萬九千六百八十二中限六千五百六十四後限一萬六千八百四十鎮星前限一萬八千二百六十二中限九千一百二十六後限同前限前後中皆半周天太白前限一萬九千七百一十六中限九千八百五十八後限一萬六千八百九辰星前中後與鎮星同又歲星前法一千七百八後法一千三百三十四熒惑前法一千六百四十一後法一千四百三鎮星辰星前後法皆一千五百二十二太白前法一千六百四十三後法一千四百二儀天各置常合入曆度分如在上限末數已下者爲增數以上者減去上限末數下度分餘爲入下限減數又各置所入上下限度分以上下限度分相近者減之餘爲入次限下限度及分）

歲星陽變分		損益率	陽積	陰變分	損益率	陰積
初	一千七百九	損八十九	陽六	一千三百三十五	損九十三	陰一
二	三千四百二十七	損八十九	陽一百八十八	二千六百七十	損八十七	陰九十三
三	五千一百七十六	損九十二	陽三百七十六	四千六	損八十五	陰一百八十七
四	六千七百三十四	損九十一	陽五百一十三	五千三百四十二	損八十八	陰四百六十七
五	八千五百四十三	損九十六	陽六百六十七	六千六百七十六	損九十四	陰六百二十七
六	一萬三百五十二	損九十八	陽七百三十五	八千一十一	損九十四	陰七百七
七	一萬一千九百八十	益九十八	陽七百六十九	九千三百四十六	損九十九	陰七百五十四
八	一萬三千六百六十九	益九十一	陽七百二十五	一萬六百八十二	損九十九	陰七百六十七
九	一萬五千三百二十七	益九十五	陽五百八十一	一萬二千一十七	益八十九	陰七百八十
十	一萬七千八十六	益八十九	陽四百九十六	一萬三千三百五十三	益八十	陰七百六十七
十一	一萬八千七百八十四	益九十	陽三百八	一萬四千六百八十七	益八十一	陰五百
末	二萬五百三	益九十二	陽一百三十七	一萬六千二十二	益八十二	陰二百四十六

熒惑陽變分		損益率	陽積	陰變分	損益率	陰積
初（變度）	一千五百二十二	損二十一	陽一	一千五百二十一	損七十三	陰二
二	三千四十四	損四十七	陽一千二百一	三千四十四	損七十二	陰四百四十四
三	四千五百六十六	損六十九	陽二千	四千五百六十六	損七十二	陰八百一十七
四	六千八十七	損八十五	陽二千四百七十七	六千八十七	損六十九	陰一千三百四十七
五	七千六百九	益九十八	陽二千六百九十九	七千六百九	損七十四	陰一千七百一十四
六	九千一百三十一	益八十八	陽二千六百八十八	九千一百三十一	損七十九	陰二千一百一十五

七	一萬六百五十三	益八十	陽一千四百八十六	一萬六百五十三	損八十六	陰一千四百三十九
八	一萬二千一百七十五	益七十四	陽一千二百八十	一萬二千一百七十五	損九十七	陰一千六百四十七
九	一萬三千六百九十七	益七十二	陽一千七百九十	一萬三千六百九十七	益八十九	陰一千七百
十	一萬五千二百一十九	益七十	陽一千五百六十	一萬五千二百一十九	益七十三	陰一千五百三十二
十一	一萬六千七百四十一	益七十一	陽九百一	一萬六千七百四十一	益五十一	陰一千一百六
末	一萬八千二百六十三	益六十九	陽四百六十五	一萬八千二百六十三	益十	陰一千三百六十一

鎮星陽變分		損益率	陽積	陰變分	損益率	陰積
初	一千五百二十二	損八十四	陽空	一千五百二十二	損八十六	陰一
二	三千四十四	損八十五	陽二百八十九	三千四十四	損八十七	陰二百一十三
三	四千五百六十六	損八十九	陽五百一十七	四千五百六十六	損九十	陰四百二十一
四	六千八十七	損九十三	陽六百八十四	六千八十七	損九十一	陰五百六十三
五	七千六百九	損九十七	陽七百九十一	七千六百九	損九十四	陰七百
六	九千一百三十一	損九十九	陽八百三十七	九千一百三十一	損九十七	陰七百九十一
七	一萬六百五十三	益九十七	陽八百五十三	一萬六百五十三	損九十九	陰八百三十七
八	一萬二千一百七十五	益九十四	陽八百六	一萬二千一百七十五	益九十七	陰八百五十三
九	一萬三千六百九十七	益九十二	陽七百一十五	一萬三千六百九十七	益九十四	陰八百六
十	一萬五千二百一十九	益九十	陽五百九十三	一萬五千二百一十九	益九十	陰七百一十五
十一	一萬六千七百四十一	益八十八	陽四百四十一	一萬六千七百四十一	益八十五	陰五百六十三
末	一萬八千二百六十三	益八十三	陽二百五十	一萬八千二百六十三	益七十八	陰三百三十五

太白陽變分		損益率	陽積	陰變分	損益率	陰積

初	一千六百四十四	損九十一	陽空	一千四百	損九十五	陰二
二	三千二百八十七	損九十三	陽一百八十二	二千八百	損九十二	陰七十
三	四千九百三十一	損九十五	陽三百二十九	四千二百	損九十三	陰一百八十三
四	六千五百七十四	損九十七	陽四百四十四	五千六百一	損九十三	陰二百八十
五	八千二百一十八	損九十八	陽五百二十六	七千一	損九十三	陰三百七十八
六	九千八百六十一	損九十八	陽五百七十五	八千四百一	損九十五	陰四百七十六
七	一萬一千五百五	益九十八	陽六百八	九千八百一	損九十七	陰五百四十六
八	一萬三千一百四十八	益九十七	陽五百七十五	一萬一千二百一	損九十九	陰五百八十八
九	一萬四千七百九十二	益九十五	陽五百二十六	一萬二千六百一	益九十七	陰六百二
十	一萬六千四百三十五	益九十三	陽四百四十四	一萬四千二	益九十二	陰五百六十
十一	一萬八千七十九	益九十一	陽三百二十九	一萬五千四百二	益八十七	陰四百四十八
末	一萬九千七百二十三	益八十九	陽一百八十三	一萬六千八百三	益八十一	陰二百六十六

辰星陰陽變分		損益率	陰陽積
初	一千五百二十二	損九十四	空
二	三千四十四	損九十五	九十一
三	四千五百六十六	損九十六	一百六十八
四	六千八十七	損九十七	二百二十五
五	七千六百九	損九十八	二百七十一
六	九千一百三十一	損九十九	三百
七	一萬六百五十三	益九十九	三百一十四

八	二萬二千一百七十五	益九十八	三百
九	一萬二千六百九十七	益九十七	二百七十一
十	一萬五千二百一十九	益九十六	二百二十五
十一	一萬六千七百四十	益九十五	一百六十八
末	一萬八千三百六十三	益九十四	九十二

乾元五星

	歲星		熒惑		鎮星		太白	
	差分	差度	差分	差度	差分	差度	差分	差度
前限初	九空	一少	空	十五少	空	九	空	
一	九半	一度八十八	二	十五度十五	十一太	一度二	十一	一度八十
二	十一半	三度六十八	三半	二十度二十三	九	二度二十八	十四	三度五十一
三	十二少	五度二十九	八	二十四度九十二	七	四度二	十九太	四度四十八
四	二十四半	六度五十八	四十九太	二十七度三	十二半	六度三十九	三十二太	五度三十一
五	三十八	七度二十八	八少	三十度六十四	四十三少	七度三十八	九十六半	五度八十一
末限初	三十八	七度七十三	五	三十四度七十二	六十太	七度七十三	九十六半	六度二
一	十二	七度二十九	四	三十度四十五	十二半	七度三十七	三十二太	五度七十九
二	二十	五度八十三	三太	十度四十	七	六度一十八	十九太	五度十三
三	八半	五度二	三半	十三度一	九	四度二	十四	四度四十七
四	十太	三度二	三半	八度四十	十一太	二度三十一	十一	三度十三
五	十二少	一度三十八	四	三度九十八	十五少	一度三	九	一度七十九十

後初	十四太	限度空	三半	初空	五	空	二十三半	一空
一	七太	空分八	三少	三度九十八	四太	三度	十一太	一度
二	八少	二度三十九	三	八度四十	七半	五度二十四	十三太	一度八十一
三	八少	四度六十八	三	十三度一	三十半	七度三十三	十四	二度八十三
四	十六半	六度二十九	三半	十七度四十	十四十三半	七度七十三	十五半	三度八十六
五	三十二半	七度八	四少	二十一度四十五	七十六	七度三十九	十九半	四度七十三
六	八十九	七度八十四	六半	二十四度七十一	一百一半	七度十七	三十一少	五度四十
七	一百二十三半	十七度六十三	八十七半	二十六度六十四	三百四	七度三	九十三少	五度八十七
末限初	一百二十三半	七度七十二	七	二十七度三	九半	七度一	末初九十三半	六度三
一	五	七度六十六	三	二十四度九十	九	五度三十七	十三少	五度五十一
二	五少	五度三	一太	二十度三十三	八半	三度六十八	七太	四度半
三	五半	二度三十八	一少	十二度十五	八	一度八十八	五	二度七十

辰星陰陽差分并陰陽差度並同初末

前限後初限同	差分	差度
初	一十六半	空
一	二十少	九十八九十
二	二十六半	一度六十五
三	三十七	二度六十一
四	六十太	二度八十九
五	一百六十九	二度

末限後末限同	差分	差度
初	一百六十九	三度二
一	六十太	二度八十九
二	三十七	二度六十一
三	二十六半	二度二十五
四	二十少	一度六十三
五	十六半	空度九十

儀天五星

木星限數	上限度分	損益率	增定度	下限度分	損益率	減定度
一	十七度八少	益一百二十一	空	十三度三十五半	益六十八	空
二	三十四度十六半	益一百六	一度八十九半	二十六度七十一	益一百二十七	空九十一
三	五十一度二十五	益八十八	三度十七半	四十度六少	益一百二十八	二度六十
四	六十八度三十三少	益八十二	五度二十半	五十三度四十一太	益一百二十	四度十二
五	八十五度四十一半	益四十一	六度六十半	六十七度七十七半	益六十	六度三十一
六	一百度半	益二十六	七度三十半	八十度十二太	益三十	七度一十一
七	一百十九度五十八少	損二十六	七度太	九十三度四十二半	益一十一	七度五十一
八	一百三十六度六十六半	損八十四	七度三十半	一百六度八十二半	益七	七度六十五半
九	一百五十二度太	損五十	五度八十七	一百二十度十九	損七	七度一十四半
十	一百七十度八十三少	損一百二十八	五度一半	一百三十二度五十八半	損一百九十九	七度六十五
十一	一百八十七度九十八半	損八十一	一度三十八	一百四十六度九十	損一百九十五	四度九十九半
末	二百五度	損八十一	一度三十八	一百六十七度二十五分六十三	損一百七十九	二度五十九

火星	上限度分	損益率	增定度	下限度分	損益率	減定度
一	十六度四十	益七百四十一	空	十四度四	益三百八十三	空
二	三十二度八十	益四百九十五	十二度一十七	二十八度七十	益三百五十五	三度九十三
三	四十九度二十	益三百八十七	二十度二十七	四十二度十一少	益三百二十七	八度二十九
四	六十五度六十	益一百二十二	二十四度九十八	五十六度十五	益三百二十六	十二度九十八
五	八十二度	損二十一	二十六度九十八	七十度十八太	益二百八十七	十七度四十二
六	九十七度四十	損一百五十九	二十六度六十四	八十四度二十一半	益三百三十二	二十二度四十五
七	一百一十四度八十一	損一百五十六	二十四度六十九	九十八度二十六少	益一百四十五	三十二度七十一
八	一百三十度十二	損一百四十八	三十度四十八	一百十度十三	益十九	三十度七十五
九	一百四十七度十六	損一百六十八	二十七度四十一	一百二十六度四十三	損一百四十六	二十七度二
十	一百六十四度	損一百八十一	二十三度二	一百四十一度三十七太	損三百二十七	二十四度九十七
十一	一百八十度四十	損一百七十一	八度四十七	一百五十四度四十一半	損五百七十八	二十度二十四
末	一百九十一度十八	損一百四十二	三度九十七	一百六十八度四十五秒六十三	損八百六十四	一十二度一十三

土星	上限度分（下限同）	損益率	增定度	損益率	減定度
一	十五度二十二	益六十七	增空	益一百九十八	減空
二	三十度二十二太	益八十五	一度二	益一百四十八	三度一
三	四十五度六十五太	益一百一十一	二度三十一	益一百三十	五度二十六
四	六十度八十七半	益一百四十四	四度	益三十三	七度二十四
五	七十六度九十	益七十九	六度十九	損二十三	七度七十四
六	九十度三十一半	益二十三	七度三十九	損十三	七度三十九
七	一百度五十三少	損二十三	七度七十四	損十	七度十九
八	一百二十度十五五少	損七十九	七度三十九	損四	七度四
九	一百三十六度九十七	損一百四十四	六度十九	損一百五	六度九十八
十	一百五十二度二十九	損一百一十一	四度	損一百一十一	五度三十八
十一	一百六十七度四十一	損八十五	二度三十一	損一百一十八	三度六十九
末	一百八十二度六十二分八十二	損六十七	一度二	損一百二十五	一度

金星上限度	損益率	增定度	下限度	損益率	減定度
一	十六度四十三	益一百五十一	增空	十四度一	益一百四十	減空
二	三十二度八十六	益一百三十二	二度四十八	二十八度一	益一百三十	二度三十八
三	四十九度二十九	益五十	四度六十五	四十二度二	益八十	四度二十
四	六十五度七十二	益十九	五度四十七	五十六度三	益三十	五度三十一
五	八十二度十五	益九	五度七十八	七十度四	益十六	五度七十四
六	九十八度五十八	益五	五度九十二	八十四度五	益五	五度九十四
七	一百十五度一	損五	六度一	九十八度五	損五	六度一
八	一百三十一度四十四	損九	五度九十三	一百十二度六	損十六	五度九十四
九	一百四十七度八十七	損十九	五度九十八	一百二十六度七	損三十	五度七十四
十	一百六十四度三十	損五十	五度四十七	一百四十度八	損八十	五度三十二
十一	一百八十度七十三	損一百三十二	四度六十五	一百五十四度九	損一百三十	四度二十
末	一百九十七度十六太	損一百五十一	二度四十八	一百六十八度[illegible]	損一百七十	二度三十八

水星上下限	損益率	增減度
一	十五度二十一	益六十	增減空
二	三十度四十二	益五十	九十一
三	四十五度六十六	益三十八	一度六十七
四	六十度八十八	益二十七	二度二十五
五	七十六度十一	益十六	二度六十六
六	九十一度三十一	益六	二度九十
七	一百六度五十四	損六	二度九十九
八	一百二十度七十六	損十六	二度九十
九	一百三十六度九十八	損二十七	二度六十六
十	一百五十二度二十	損三十八	二度二十五
十一	一百六十七度四十二	損五十	一度六十七
末	一百八十二度六十三	損六十	九十一

入陰陽定分（乾元謂之入諸曆變分，儀天謂之求五星常合入增減定數）以入變分各減初變分，餘却以其變下損益率展之，百而一，爲分損益次變下陰陽積，爲定分（乾元置平合入曆分，以其星入段前後限分加減之，如不足，加周天以減之，餘却依入曆分入初末限，各置其段入曆分，前限以下爲在前，以上者去之，爲後限分，在中限以下爲初限，以上去之爲末限。分置初末，以前後限星分除之，爲限數；不滿，爲初末限日。各以其限差分約之，爲差，初限以加，末限以減，用加減前後限度，爲定度。儀天各置常合所入限下度數及分，以其限下損益率乘之，退一等，以百約之，爲度；不滿，爲分；以損益其限下增減積度及分。若求諸變增減定度者，置其變入上下限，準此求之）。

定合積日（乾元謂之求定日，儀天謂之求五星定合積日）百除陰陽定分爲日，陽加陰減平合日，爲定積日及分（乾元置變日，以前後限度前加後減，爲定日。儀天各置其星常合中日及餘，以入曆增減度，增者增之，減者減之；金水逐而加減之，以日躔定差先減後加之；金水則先加後減，即得定合積日及分。又儀天求入盈縮初末限，皆以半周天爲準）。

入氣盈縮度分（乾元謂之入氣，儀天謂之求入盈縮初末限）置定積以常數去之，不盡者爲入氣日分，置入氣日分，如求朔望盈縮術入之，即得入氣盈縮度分（乾元置定日，以氣策去之，爲氣數，不盡爲入氣日，命以冬至算外，即

得入氣日及分，儀天各置定合積日，在半周天以下者，去之，餘爲在縮；乃視在盈縮初限日及約餘以下者，便爲在盈縮初限，以上者，減去盈縮初限日及約餘，爲在盈縮末限日及餘。

定合日辰乾元謂之日辰，儀天同。應天以其大小餘加入氣日命從甲子，筭外，即得所求。乾元、儀天以冬至大小餘加定日，各滿紀法去之，餘並同。應天、乾元以冬至小餘以元率退收，百爲母，又有日躔陰陽度，置其氣，陰陽分如求朔日度分術入之，即得所求。

求入月日數儀天謂之求定合在何月日。置定合日辰大餘，以定朔大餘減之，餘命筭外，即得所求。二曆法同。

定合定星乾元同，儀天謂之求日躔先後定數，求五星定合定度及分。各以其星入氣盈縮度分，盈加縮減之；又以百除陰陽定分爲度分，陽加陰減，皆加減平合，爲定星。用加天正黃道日度，滿宿去之，不滿宿即得所求。乾元各置其星平合中星，以日躔陰陽度，陰減陽加之；又以其星入曆限度前加後減之，即爲其星定合定星餘，同應天。儀天置所入限日下小餘，以其日盈縮率乘，以宗法除，爲分，以盈朔其日下先後定分，爲日躔先後定度及分，又各置其星常合中度及分，以入限增定度及分，增減之。金、水二星增者減、者增。又以日躔先後定度及分，木、火、土即先減後加，金、水先加後減其日躔差。木星二因，退位；火星除二，土星退位，從下加三。金、水倍用，即得定度及分。餘同應天。

歲星入段 亦名入變

段名	平日乾元謂之變日，儀天謂之常日	平度乾元謂之變度，儀天謂之常度	陰陽曆分乾元謂之前後限分，儀天謂之上下限
晨見	十七半 二曆同	三半 二曆同	三百五十 乾元三度盡同陰陽度與躔度 儀天度半 用躔差

段名	平日	平度	陰陽曆分
前疾	九十八 乾元八十一半 儀天八十一	十八半 乾元儀天並十五	一千一百五十一 乾元六十度 九十八 儀天五十度
前遲	一百三十二半 乾元儀天並三十三半	二十一半 乾元儀天各四度	三千三百四十九 乾元三度 九十八 儀天三度
前留	一百五十八 乾元二十六半 儀天二十七	空 乾元儀天同	空 乾元儀天同
前退	一百九十九半 乾元四十一半 儀天四十一	十六太 乾元儀天各五度太減	二千二百 乾元空 四十九減 儀天一度半
後退	二百四十 乾元儀天各四十半	十一 乾元儀天五度太減	二千三百五十五 乾元空 五十五 儀天一度 四十六
後留	二百六十七半 乾元儀天各二十七	空 乾元儀天同	空 乾元儀天同
後遲	三百一 乾元三十三半 儀天二十三半	十四半 乾元儀天各三度半	一千四百八半 乾元八度 五八分減 儀天二度 六十三
後疾	三百八十一 乾元八十三半 儀天八十半	三十二半 乾元十三度 六十二半 儀天十三度 六十三	三千三百十二 乾元十三度六十用陰陽度盈縮 儀天十二用躔差
夕合	三百九十八 乾元十七 三十七半 八十九 儀天十七 三十七分秒	三十三 乾元三度 五十半 六十四 儀天二度 四十九小分五十六	三千一百六十四 乾元二度 五十三半用陰陽度 儀天度五十二 小分五十六 用躔差

熒惑入段

段名	平日乾元謂之變日，儀天謂之常日	平度乾元謂之變度，儀天謂之常度	陽曆分乾元謂之前限分，儀天謂之上限分	陰曆分乾元謂之後限度，儀天謂之下限度
晨見	七十二 乾元儀天並同	五十五 乾元儀天並同	五千五百 乾元五十五 五百八 儀天五十五度 六	四千三百 乾元四十二 百五用盈縮度 儀天四十二 用躔差

段名	平日	平度	陽分	陰分
前疾	一百十 乾元一百十三 儀天一百十二	一百二十 乾元七十七半 儀天七十七度三十三	一萬三千一百五十 乾元七千七百九十九 儀天七十七度半	一萬三千一百五十 乾元八千二百四十九 儀天八十一半
前次	三百二十六 乾元儀天各一百二	一百九十八 乾元六十 儀天六十半	一萬三千一百 乾元四千八百四十九 儀天四十八半	一萬七千一百 乾元四千八百八十半 儀天四十八半
前遲	三百二十 乾元六十四 儀天六十四半	二百二十六 乾元二十四 儀天二十三	一萬四千二十 乾元三千三百二十半 儀天三十三半	二萬五百 乾元三千四百 儀天三十三度九十六
前留	三百三十九 乾元儀天各九	空	空	空 二曆同
前退	三百八十九 乾元儀天各五十六 二十四 十六	三百七十三 乾元儀天各減九度少	二萬四百三十二 乾元二百八十一 儀天二度十二	二萬七百三十二 乾元二百三十 儀天二百三十二
後退	四百二十 乾元二十四 十六 九十六 儀天二十四 十五	一百九十七 五十一 乾元儀天各減九度半	一萬三千二百 乾元三百六十 儀天三度五十九	一萬三千三百二十六 乾元四百八十三 儀天四度八十三
後留	四百三十九 九十二 乾元儀天各九	空	空	空 二曆同
後遲	四百九十四 九十二 乾元六十五 儀天六十四半	二百十九 九十 乾元二十三 儀天二十三	二萬三千二百九十七 乾元三千九百七十 儀天三十六九十三	二萬四千三百二十六 乾元三千三百十 儀天三十三度四十九
後次	五百九十七 九十二 乾元一百三 儀天一百三	三百八十四 六十四半 乾元儀天各六十四	一萬六千九百十六 乾元三千二百十五 儀天三十二十六	一萬四千九百十六 乾元四千六百 儀天四十六
後疾	七百七 九十二 乾元一百十 儀天一百十二	三百五十九 六十六 乾元七十七半 儀天七十七	一萬三千一百六十 乾元七千三百三 儀天七十七度三	一萬三千二百十 乾元三千二百 儀天七十七度用躔差
夕合	七百七十九 九十二 乾元七十二 儀天十六分	四百三十四 六十六 乾元二十五 二十六 儀天十六分	四萬九千二百十 乾元萬二千百 儀天十三小分六	四萬九千百四十 乾元二百十五 儀天十六分

鎮星入段

段名	平日	平度	陽分	陰分
晨見	十九 二曆同	三十 乾元度十九 儀天度十五分半	一百二十 乾元度十九 儀天度二十	一百二十五 乾元度二十用陰陽度 儀天度二十用躔差
前疾	八十四 乾元儀天各六十五半	八十六 乾元儀天各六 度五十六	四百六十 乾元三度六十八 儀天三度六十五	四百六十八 乾元三度六十五 儀天三度六十八
前遲	一百三 乾元儀天各二十九	九半 乾元空八十七 儀天空八十八	五百三十九 乾元空五十七 儀天空五十八	五百四十 乾元空五十四 儀天空五十五
前留	一百四十 乾元儀天各二十七	空	空	空 二曆同
前退	一百八十九 乾元四十九 四分半 四 儀天四十九 四分半	六 四十一 乾元三度八分減 儀天減三度七分	六百四十三 乾元一百七 儀天度十四	六百四十 乾元一百 儀天度十五
後退	二百二十八 八 乾元儀天各四十九 四分	三 五十四 乾元減三度八分 儀天減三度七分	七百四十五 乾元一百七 儀天度十四	七百二十 乾元一百八 儀天度十五
後留	二百十五 八 乾元儀天各三十七	空	空	空 二曆並同
後遲	二百九十四 八 乾元儀天各十九	四十 乾元空八十七 儀天空八十八	七百九十四 乾元空四十七 儀天空四十八	七百八十 乾元空三十二 儀天空二十三
後疾	三百五十九 八 乾元儀天各六十四半	七十四 乾元儀天各六度五十六	一千一百六十四 乾元三度六十八 儀天三度六十五	一千一百二十 乾元三度用陰陽度 儀天三度大用躔差
夕合	三百七十八 八 乾元儀天各十九	十一 八十四 乾元二度七分 儀天度四分小分五	一千一百八十四 乾元度十九 儀天度六分五十九	一千一百二十八 乾元二百二十五用陰陽度 儀天度十五分用躔差

太白入段

段名	平日 乾元謂之變日 儀天謂之常日	平度 乾元謂之變度 儀天謂之常度	陰陽曆分
夕見	四十二 二曆同	五十三 乾元五十三 一分 儀天五十三 [illegible]分	五千[illegible]百二十 乾元[illegible] 用盈縮度 儀天四十六 用躔差
夕疾	一百四十五 乾元一百二 儀天一百三	一百一十半 乾元一百二十七半 儀天一百二十七 四十八	萬[illegible] 乾元[illegible] 用盈縮度 儀天一百十三
夕次	二百一十九 乾元儀天各七十四	二百六十五 乾元儀天各八十四半	萬[illegible] 乾元[illegible] 用盈縮度 儀天十六
夕遲	二百六十九 乾元儀天各四十九	三百二十半 乾元三十七半 儀天三十七	萬一百二十 乾元三千七百一十 九十六 儀天四十六
夕留	二百七十五 乾元儀天各七	空	空
夕退	二百八十五 乾元儀天各	二百九十六 乾元六度半 儀天減六度	[illegible] 乾元[illegible] 用盈縮度 儀天四 用躔差
再合	乾元謂之夕合 儀天無此法		
	二百九十六 九五 乾元六 九十五半	二百九十一 九五 乾元四度 五分減	[illegible] 乾元[illegible] 用盈縮度 儀天六十 用躔差
晨見	二百九十八 十九 乾元六 九十五半 儀天十三 九十一	二百八十七 九十 乾元四度 五分減 儀天減八度 一十	[illegible] 乾元[illegible] 用盈縮度 儀天六十 用躔差
晨退	三百八十 九十 乾元儀天各十	三百八十一 乾元儀天各六度半	萬[illegible]千一百九十一 乾元減六百 儀天四
晨留	三百一十五 九十 乾元儀天各七	空	空 二曆並同
晨遲	三百六十四 九十 乾元儀天各四十九	三百六十八 九十 乾元儀天各三十七	萬[illegible] 乾元[illegible] 九十八 儀天四十七
晨次	四百三十八 九十 乾元七十五 儀天七十四	四百三十四 乾元儀天各八十四半	三千[illegible]百一十五 乾元減三萬八千六 十六 儀天七十八
晨疾	五百四十一 九十 乾元儀天各一百三	五百三十 九十 乾元一百二十七半 儀天一百二十七 四十八	萬[illegible] 乾元[illegible] 用盈縮度 儀天一百十三 用躔差
晨合	五百八十三 九十 乾元儀天各四十二	五百八十三 九十 乾元五十三 一分 儀天五十三 三分	萬[illegible] 乾元[illegible] 用盈縮度 儀天四十 [illegible] 用躔度

辰星入段

段名	平日 乾元變度 儀天常度	陰陽曆分 乾元前後限分 儀天上下限	陰陽曆分 乾元前後限分 儀天上下限
夕見	十七 二曆同	三十四 二曆同	三百四十一 乾元[illegible] 不用盈度 儀天七十七 九十四 用躔差
夕疾	三十九 乾元十七 儀天二十七	五十一 乾元二十二 儀天三十二	[illegible] 乾元[illegible] 用躔差 儀天三十九
夕遲	四十四 乾元十 儀天無此法	六十四 乾元八	[illegible] 乾元[illegible] 用躔差
夕留	四十七 乾元儀天各三	空	空 二曆並同
再合	五十七 九十四 乾元五十一 謂之夕合	五十七 九十四 乾元減六度	[illegible] 乾元[illegible] 用盈縮度
晨見	六十八 八十八 乾元十一 儀天一十二	五十一 八十八 乾元減六度 儀天減十二度	[illegible] 乾元[illegible] 不用盈縮度 儀天二 用躔差

晨留	十三 八十八 乾元儀天各三	空 二曆並同	空
晨遲	八十六 八十八 乾元十 儀天無此法	六十四 八十八 乾元加八	六千四百八十八 乾元[illegible]盈縮度
晨疾	九十八 八十八 乾元十七 儀天二十七	八十一 八十八 乾元二十三 儀天二十	八千一百八十七 乾元[illegible]盈縮度 儀天二十七度九十四 用曆差
晨合	一百十五 八十八 乾元十六 八十八 儀天十六 八千七百九	一百十五 八十八 乾元三十三 八十三 儀天二十 八千七百九	[illegible] 乾元[illegible]度 儀天[illegible]九十四 用曆差

諸段平日平度乾元謂之諸星變中日中度、儀天謂之諸星變定積。置平合日度以諸段下平日平度加之，即得所求。乾元各置其星變日前後加減之其太白辰星夕見變及晨疾變皆以返用加減熒惑晨見變定置定差以進一位滿十一除之爲定差

各依加減，即得所求。在留變者置其變定積以前變前後度前加後減之，其火星三因之，後退者倍之。儀天各置其星常合中日中度及分，以其星諸變段下常加合中日變度加減中星，即得諸變中日中度及分。

諸段入曆儀天謂之求五星諸變入限及增減定度置平合入陰陽曆分各以逐段陰陽曆分加之，爲諸段入曆分。乾元以在諸變曆分中入曆名曰限變度。儀天各置其星常合入曆度分，以其星諸變段下上下限度分累加之，滿周天去之，餘依常合術入之，各得增減定度。其金星在晨疾晨合夕見變者，置增減定度及分，以四乘三除爲金星變定差。其火星在晨見變者，以九乘增減定度及分退一位爲晨星變定差。

諸段入變分置入曆分，各以變分去之，餘爲入變分。求陰陽定分依平合術入之。乾元諸段變分在入變前述儀天即同應天

五星諸段定積日乾元謂之求五星諸變定日置其入陰陽定分，百除爲日分，陽減陰減諸段平日。其金水夕見晨疾返爲之定積，其金星晨次晨遲更用盈縮度，縮加盈減定積爲定。求其入氣月日如平合術入之。又熒惑前遲定積置平合入陰陽曆分加二萬一千六百七十五，盈三萬六千五百二十五半去之，餘與見求入陰陽曆同者更不求之。如不同曆者，即依平合術入所得，用加前遲留退後退留平日，爲定積入氣月日如前。又五星定用盈縮差及陰陽定分，歲熒惑鎮星晨見夕疾定合太白定合夕見夕退再合晨見及後晨疾皆用盈縮定差，太白定合晨夕見及後疾皆用盈縮定差，內歲星後疾不用盈縮定差，辰星諸段總用盈縮定差盈加縮減，熒惑晨見陰陽定分身外加一，前疾陽定分再析各爲定分。乾元諸變定日在入變前儀天各置其星入變中日以其星所入變限增減定度及分增者減之，減者增之，其金星定合夕見夕順疾夕次疾晨次疾水星定合夕見晨疾變皆以增減定度及分增者增之，減者減之，各得定日合用日躔差者乃以日躔先後定差先減後加，乃爲定日及分，其日躔差金水定合夕見晨疾以日躔差先加後減，乃爲定日及分，天之度數。

定星乾元謂之求五星諸變定星儀天謂之求五星諸變定度以合用盈縮定差加減平度分，又以陰陽定分陽加陰減，其金水夕見晨疾返用爲定星。求宿度加平合入之熒惑前遲後退差度以二百三十六度加前遲定星，二百五十七度加後退定星，如半周天以下爲陽度，以上者去之，餘爲陰度。前遲陰陽度在

一百一十度以上者返減半周天餘以五因之後退入陰陽度在七十四度以下者亦五因之皆滿百爲度分陽減陰加定星爲前遲後退定星求宿度加平合入之乾元置其星其變中星以入曆前後度前加後減之又合用陰陽度者陰減陽加之爲定星以冬至黃道日度加之命從斗宿算外即其變所入宿次也若在留變者更不求定星也只用前變定星爲留變定星又熒惑留差以一百一十九度減前遲定星以一百三十四度減後退定星在一百八十二度半以下爲前以上者去之爲後置前後度在七十三度以下爲在前以上者返減一百八十三度半餘爲後度皆倍之百除爲度命曰留差度及分也又前退定星度以一百二十三度減前退定星又以一百三十一度減後退定星在一百八十二度半以下者爲前以上者去之爲後視前後度在七十三度以下爲前以上者返減一百八十二度半爲後皆以倍之百除爲度即得前後退差度及分也用前減後加其段定星爲定星又五星用陰陽度歲星熒惑鎮星晨星見後疾夕合太白夕見退夕合晨見後疾平合皆用日躔陰陽度其辰星諸段皆用之儀天各置其星其變中度及分以其變入限增減定度及分增者增之減者減之其金星定合夕見夕定度及分增者減之減者增之各得定日次定日各加減訖後合用日躔先後定差者以日躔先後定差及分先減後加之即各得定度及分其日躔差木星定合五因半而退位晨見先二因退位後五因半而退位後定疾先差五因半而退位定差二因退位火星定合身外除二晨見先差七因退位後差身外除二後差七因退位土星定合退位從下加三晨見先差退位後差從下加三退位後差退位金星定合二因之夕見先差伏倍用後差從下加三晨疾伏先差從下加二後差二因夕退伏晨退見六因先後退位水星夕見後差從下加三先差二因晨疾先差從下加三後差倍用定合乃用加減次定度爲定度置定度及分以加天正冬至加時黃道日度及分命從斗宿初度起算至不滿宿算外即得其變加時宿度其火星前後退及前遲變皆爲次定星又置之以留退定差度及分增者增之減者減之得爲前後退定度前遲置前留定差以三除之乃用增減前遲定度也又火星留差以一百二十四半減前遲次定度又以二百四十六度火加後退定度若在一百八十二度六十二分以下

爲入在增以上者以減去一百八十二度六十二分爲入在減置入在增減度及分如在七十二度以下者爲上限以上者返減一百八十二度六十二分餘爲下限各置所入上下限增減度及分在上限四因之在下限倍身外加三皆以一百約之爲度及分若在後留者三因之爲定差度及分又儀天有火星退定差度及分以二百四十一度少加前退後次定度又以一百一十九度減退次定度及分餘在一百八十二度六十二分以下者爲入在增以上者減去一百八十二度六十二分餘爲入在減又置入上下限度分若在七十二度以下者爲上限如在七十二度以上者爲減一百八十二度六十二分餘爲下限又置上下限增減度分在上爲度不滿爲分即各得退定差度及分其定差如在後退者倍之爲定差又有火星留定日各置前後留常中日前留以前遲變入限增減定度及分增者增之減者減之各以前後留定差度及分增者加之減者損之即得前後留定日其增減差通入曆用之又有火星前後退定度各置前後變次定度及分以前後退定差度及分如在增者加之在減者損之即得定度及分置定度及分以加天正冬至黃道日度及分命從斗宿初度去之至不滿宿算外即得退行所在宿度及分也其增減定度三除乃用之

日率度率以本段定積減後段定積爲泛日率以本段定星減後段定星爲定度率又置後段甲子以前段甲子減之餘爲距後實日率乾元以前段定積減後段定積爲日率以其段定星減後段定星爲度率儀天各置其段定日定度以前段定日定度減之餘者爲其段日率度率其退行段置前段定度減之餘爲退行度率

平行分儀天謂之求每日平行度及分以距後日率除度率爲平行分乾元以日率除度率爲行分儀天各置其段度率及分以其段日率除之即得其星平行分

初末行分儀天謂之求每段初末日度及分置其段平行分與後段平行分相減爲合差半之加減平行分爲初末行分後多者減

平行分為初加平行分為末後少者加平行分為初減平行分為末乾元法同儀天各以其段平行分與後段平行分相減餘為會差半會差以加減其段平分餘同應天又五星前留一段及後退段皆加為初減為末後留一段及前退段皆以半總差減為初加為末其總差消息前後段初末分令衰殺等以用總差即得前後段初末行分相應也

求日差以距後日除合差為日差乾元以日率除合差為日差儀天置其段總差以減其日率一百除之即為每日差行之分

求每日行分以日差後多者益後少者損初日行分為每日行分乾元儀天法同

求每日星所在以每日行分順加逆減其星命如前即得所求其木火土水前後遲段平行分倍之前為初後為末分各以距後日除為日差前遲日損後遲日益為每日行分乾元以日差累損益初日行分累加其段宿次即得每日星行宿次及分儀天求每日差行度及分各置其段總差以減其日率一日以餘之即為每日差行之分以每日差分累損益初日行分為每日行度及分初日行分多於末日行分累損初日行分少於末日行分累益初日行分將其每日行度及分累加其星初日所在宿次各得每日所在宿次及分如是退行段將每日行分累減其初日宿次及分即得退行所在宿度及分又儀天有直求其日星所在宿次置其所求日減一以乘每日差分所得為積差以積差加減初日行分初日多於末日減之末日多於初日加之即得其日行分以初日行分併之乃半之為平行分置平行分以求日數乘之為積度及分以其積度及分加其星初日星度命去之即其星其日所在宿次及分如是退行段以其積度及分減其星初日宿度餘為其星所在宿度及分

漏刻周禮挈壺氏主挈壺水以為漏以水火守之分以日

夜所以視漏刻之盈縮辨昏旦之短長自秦漢至五代典其事者雖立法不同而皆本於周禮惟後漢隋五代著于史志其法甚詳而歷載既久傳用漸差國朝復挈壺之職專司辰刻署置於文德殿門內之東偏設鼓樓鐘樓於殿庭之左右其制有銅壺水稱渴烏漏箭時牌契之屬壺以貯水烏以引注稱以平其漏箭以識其刻牌以告時於晝牌有七自卯至酉用之制以牙刻字填金契以發鼓於夜契有二一曰放鼓二曰止鼓制以木刻字於上常以卯正後一刻為禁門開鑰之節盈八刻後以為辰時每時皆然以至於酉每一時直官進牌奏時正雞人引唱擊鼓一十五聲惟午正擊鼓一百五十聲至昏夜雞唱放鼓契出發鼓擊鐘一百聲然後下漏每夜分為五更更分為五點更以擊鼓為節點以擊鐘為節每更初皆雞唱轉點即移水稱以至五更二點止鼓契出凡放鼓契出禁門外擊鼓然後衙鼓作止鼓契出亦然而更鼓止焉五點擊鐘一百聲雞唱擊鼓是謂攢點至八刻後為卯時正四時皆用此法禁中又別有更點在長春殿門之外玉清昭應宮景靈宮會靈觀祥源觀及宗廟陵寢亦皆置焉而更以鼓為節點以鉦為節大中祥符三年春官正韓顯符上銅渾儀法要其中有二十四氣晝夜進退日出沒刻數立成之法合於宋朝曆象今取其氣節之初載之于左

二十四氣	日出	日沒	晝刻	夜刻
冬至	卯四刻一百四十四半	申三刻五十五半	四十刻五	五十九刻一百四十二
小寒	卯四刻一百十九半	申三刻七十六半	四十刻五十五	五十九刻九十二
大寒	卯四刻三十四半	申四刻十四半	四十一刻七十八	五十八刻六十九
立春	卯三刻五十六半	申四刻一百三十九半	四十三刻三十四	五十六刻一百二十三
雨水	卯二刻五十八半	申五刻一百二十七半	四十五刻三十	五十四刻一百十七
驚蟄	卯一刻四十半	申七刻八十半	四十七刻六十六	五十二刻八十一
春分	卯初空	酉初空	五十刻空	五十刻空
清明	寅七刻八	酉一刻四十半	五十二刻八十一	四十七刻六十六
穀雨	寅五刻一百二十七半	酉二刻六十八半	五十四刻一百三十七	四十五刻十
立夏	寅四刻一百四十九半	酉三刻七十六半	五十七刻六	四十二刻一百四十二
小滿	寅三刻一百四十六半	酉四刻四十九半	五十八刻九十九	四十一刻四十八
芒種	寅三刻七十一半	酉四刻一百二十四半	五十九刻一百二	四十刻四十五
夏至	寅三刻五十一半	酉四刻一百四十四半	五十九刻一百四十二	四十刻五
小暑	寅三刻七十一半	酉四刻一百二十四半	五十九刻一百二	四十刻四十五
大暑	寅三刻一百四十六半	酉四刻四十九半	五十八刻九十九	四十一刻四十八
立秋	寅四刻一百十九半	酉三刻七十六半	五十七刻六	四十二刻一百四十二
處暑	寅五刻一百二十七半	酉二刻六十八半	五十四刻一百三十七	四十五刻十
白露	寅七刻八十半	酉一刻四十半	五十二刻八十一	四十七刻六十六
秋分	卯初空	酉初空	五十刻空	五十刻空
寒露	卯一刻四十半	申七刻八十半	四十七刻六十六	五十二刻八十一
霜降	卯二刻五十八半	申五刻一百二十七半	四十五刻三十	五十四刻一百十七
立冬	卯三刻五十六半	申四刻六十九半	四十三刻三十四	五十六刻一百二十三
小雪	卯四刻三十四半	申四刻十四半	四十一刻七十八	五十八刻六十九
大雪	卯四刻一百十九半	申三刻七十六半	四十刻五十五	五十九刻九十二

殿前報時雞唱唐朝舊有詞朱梁以來因而廢棄止唱和音景德四年司天監請復用舊詞遂詔兩制詳定付之習唱每大禮御殿登樓入閤內宴晝改時夜改更則用之常時改刻改點則不用

五更五點後發鼓曰

朝光發萬戶開群臣謁平旦寅朝辨色泰時昕日出卯瑞露晞祥光繞食時辰登六樂薦八珍禺中巳少陽時大繩紀日南午天下明萬物覩日昳未飛夕陽清晚氣晡時申聽朝暇湛凝神日入酉群動息嚴扃守

初夜發鼓曰

日欲暮魚鑰下龍韜布甲夜巳設鉤陳備蘭錡乙夜庚杓位易太階平丙夜辛清鶴唳夢良臣丁夜壬丹禁靜漏更深戊夜癸曉奏闌求衣始

端拱中翰林天文鄭昭晏上言唐貞觀三年三月朔日有食前志不書分數宿度分野虧初復末時刻臣以乾元曆

法推之得其歲戊子其朔戊申日所食五分一分在未出時前四分出後其時出在寅六刻虧在三刻食甚在八刻復在卯四刻當降婁九度又言按曆書云凡欲取驗將來必在考之既往謹按春秋交食及漢氏以來五星守犯以新曆及唐麟德開元二曆覆驗三十事以究其疏密

日食

春秋魯僖公十二年春三月庚午朔日有食之其年五月庚午朔去交入食限誤爲三也文公元年春二月癸亥朔日有食之其年三月癸巳朔去交入食限誤爲二也文公十五年夏六月辛丑朔日有食之是月汎交分入食限前

漢元光元年七月癸未晦日有食之今按曆法當以癸未爲八月朔蓋日食朔月食望自爲常理今云晦日食者蓋司曆之失也征和四年八月辛酉晦日有食之辛酉亦當爲九月朔又失之

五星守犯

後漢永元五年七月壬午歲星犯軒轅大星麟德星五度開元張五度乾元張八度

元初三年七月甲寅歲星入輿鬼麟德井二十九度開元鬼一度乾元柳五度

後魏太延二年八月丁亥歲星入鬼麟德井二十八度開元鬼二度乾元柳三度

正始二年六月己未歲星犯昴麟德昴二度開元昴三度乾元昴四度

宋大明三年五月戊辰歲星犯東井鉞麟德參四度開元參六度乾元井初度

後漢永和四年七月壬午熒惑入南斗犯第三星麟德箕七度開元斗一度乾元斗十二度

魏嘉平三年十月癸未熒惑犯亢南星麟德角六度開元亢五度乾元亢三度

晉永和七年五月乙未熒惑犯軒轅大星麟德星七度開元張二度乾元張二度

後魏太常二年五月癸巳熒惑犯右執法麟德翼六度開元翼十二度乾

元翼十三度

陳天嘉四年八月甲午熒惑犯軒轅大星麟德張二度開元張五度乾元張四度

後魏延光三年九月壬寅鎮星犯左執法麟德翼十九度開元軫二度乾元翼五度

晉永和十年正月癸酉鎮星掩鉞星麟德參六度開元參七度乾元井三度

後魏神瑞二年三月己卯鎮星再犯輿鬼積尸麟德井二十八度開元井三十度乾元柳初度

齊永明九年七月庚戌鎮星逆在泣星東北麟德危二度開元虛九度乾元危四度

陳永定三年六月庚子鎮星入參麟德參七度開元參八度乾元井二度

後漢永初四年六月癸酉太白入鬼麟德參五度開元井三十度乾元鬼初度

延光三年二月辛未太白入昴麟德晨伏開元昴六度乾元昴一度

魏黃初三年閏六月丁丑太白晨伏麟德丁亥晨伏後十日開元同丁丑晨伏乾元十月置閏七月丁丑晨伏

晉咸康七年四月巳丑太白入輿鬼麟德柳三度開元鬼一度乾元柳一度

晉永和十一年九月巳未太白犯天江麟德尾四度開元尾九度乾元尾十二度

漢太始二年七月辛亥辰星夕見麟德伏末見開元夕見軫九度乾元夕軫九度

後漢元初五年五月庚午辰星犯輿鬼麟德井二十七度開元井二十八度

乾元井二十九度

漢安二年五月丁亥辰星犯輿鬼麟德夕見井二十二度開元夕見鬼二度乾元夕見鬼一度

晉隆安三年五月辛未辰星犯軒轅大星麟德夕見星五度開元夕見星三度乾元夕見星五度

後魏太和十五年六月丙子辰星隨太白於西方麟德張二度開元星五度乾元張初度

端拱二年四月巳未翰林祗候張玭夜直禁中太宗手詔曰覽乾元曆細行此夕熒惑當退軫宿乃順行今止到角宿即順行得非曆差否奏曰今夕一鼓占熒惑在軫末角

初順行也據曆法今月甲寅至軫十六度乙卯順行驗天差二度臣占熒惑明潤軌道兼前歲逆出太微垣按曆法差疾者八日此皆上天祐德之應非曆法之可測也至道元年昭晏又上言承詔考驗司天監丞王睿雍熙四年所上曆以十八事按驗所得者六所失者十二太宗嘉之謂宰相曰昭晏曆術用功考驗否臧昭然無隱由是賜昭晏金紫令兼知曆筭二年屯田員外郎呂奉天上言按經史年曆自漢魏以降雖有編聯周秦以前多無甲子太史公司馬遷雖言歲次詳求朔閏則與經傳都不符合乃言周武王元年歲在乙酉唐兵部尚書王起撰五位圖言周桓

王十年歲在甲子四月八日佛生常星不見又言孔子生於周靈王庚戌之歲卒於周悼王四十一年壬戌之歲皆非是也馬遷乃古之良史王起又近世名儒後人因循莫敢改易臣竊以史氏凡編一年則有一十二月月有晦朔氣閏則須與歲次合同苟不合同何名歲次本朝文教聿興禮樂咸備惟此一事久未刊詳臣探索百家用心十載乃知唐堯即位之年歲在丙子迄太平興國元年亦在丙子凡三千三百一年奚虞夏之間未有甲子可證成湯既没太甲元年始有二月乙丑朔旦冬至伊尹祀于先王至武王伐商之年正月辛卯朔二十有八日戊午二月五日

甲子眛爽又康王十二年六月戊辰朔三日庚午朏王命
作冊畢自堯即位年距春秋魯隱公元年凡一千六百七
年從隱公元年距今至道二年凡一千七百一十五年從
太甲元年距今至道二年凡二千七百三十二年從魯莊
公七年四月辛卯夜常星不見距今至道二年凡一千六
百八十一年從周靈王二十年孔子生其年九月庚戌十
月庚辰兩朔頻食距今至道二年凡一千五百四十五年
從魯哀公十六年四月乙丑孔子卒距今至道二年凡一
千四百七十二年以上並據經傳正文用古曆推校無不
符合乃知史記及五位圖所編之年殊爲闊略諸如此事

觸類甚多若盡披陳恐煩聖覽臣耽研既久引證尤明起
商王小甲七年二月甲申朔旦冬至自此之後每七十六
年一得朔旦冬至此乃古曆一蔀每蔀積月九百四十積
日二萬七千七百五十九率以爲常直至春秋魯僖公五
年正月辛亥朔旦冬至了無差爽用此爲法以推經傳纔
小有增減抑又經傳之誤皆可以發明也古曆到齊梁以
來或差一日更用近曆校課亦得符合伏望聖慈許臣撰
集不出百日其書必成儻有可觀願藏秘府詔許之書終
不就又司天冬官正楊文鑑上言新曆甲子請以百二十
年事下有司以其無所依據議寢不行太宗曰支干相承

雖止於六十儻再周甲子成上壽之數使期頤之人得見
所生之年不亦善乎遂詔新曆甲子所紀百二十歲國初
有司上言國家受周禪周木德木生火則本朝運膺火德
色當尚赤臘以戌日詔從之雍熙元年四月布衣趙垂慶
上書言本朝當越五代而上承唐統爲金德若梁繼唐傳
後唐至本朝亦合爲金德矧自國初符瑞色白者不可勝
紀皆金德之應也望改正朔易車旗服色以承天統事下
尚書省集議常侍徐鉉與百官奏議曰五運相承國家大
事著於前載具有明文頃以唐末喪亂朱梁簒弒莊宗早
編屬籍親雪國讎中興唐祚重新土運以梁室比羿浞王

莽不爲正統自後數姓相傳晉以金漢以水周以木天造
有宋運膺火德況國初祀赤帝爲感生帝于今二十五年
豈可輕議改易又云梁至周不合迭居五運欲國家繼唐
統爲金德且五運迭遷親承曆數質文相次間不容髮豈
可越數姓之上繼百年之運此不可之甚也按唐書天寶
九載崔昌獻議自魏晉至周隋皆不得爲正統欲唐遠繼
漢統立周漢子孫爲王者後備三恪之禮是時朝議是非
相半集賢院學士衛包上言符同李林甫遂行其事至十
二載林甫卒復以魏周隋之後爲三恪崔昌衛包由是遠
貶此又前載之甚明也伏請祗守舊章以承天祐從之大

中祥符三年開封府功曹參軍張君房上言自唐室下衰土德隤圮朱梁氏彊稱金統而莊宗旋復舊邦則朱梁氏不入正統明矣晉氏又復稱金蓋謂乘于唐氏殊不知李昪建國于江南耳漢家二主共止三年紹晉而興是爲水德洎廣順革命二主九年終于顯德以上三朝七主共止二十四年行運之間陰隱而難隤伏自太祖承周木德而王當於火行上繫于商開國在宋自是三朝迄今以爲然矣愚臣詳而辨之若可疑者太祖禪周之歲歲在庚申夫庚者金也申亦金位納音是木蓋周氏稱木爲二金所勝之象也太宗登極之後詔開金明池於金方之上此誰啓

之乃天之靈符也陛下履極當彊圉之歲握符在作噩之春適宋道之隆興得金天之正氣臣試以瑞應言之則當年丹徒貢白鹿姑蘇進白龜條支之雀來頻川之雉至臣又聞當封禪之時魯郊貢白兎鄆上得金龜皆金符之至驗也願以臣章下三事大臣參定其事疏奏不報天禧四年光禄寺丞謝絳上書曰臣按古誌凡帝王之興必推五行之盛德所以配天地而符陰陽也故神農氏以火德聖祖以土德夏以木德商以金德周以火德自漢之興王火德者以謂承堯之後且漢堯之裔也五帝之大莫大於堯漢能因之是不墜其緒而善繼其盛德也國家膺開光之

慶執敦厚之德宜以土瑞而王天下然其推終始傳承周之木德而火當其次且朱梁不預正統者謂莊宗復興于後自石晉漢氏以及于周則李昪建國于江左而唐祚未絕是三代者亦不得正其統矣昔者秦祚促而德暴不入正統考諸五代之際亦是類矣國家誠能下黜五代紹唐之土德以繼聖祖亦猶漢之黜秦興周之火德以繼堯者也夫五行定位土德居中國家飛運于宋作京于汴誠萬國之中區矣傳曰土爲群物主故曰后土洪範曰土爰稼穡稼穡作甘方今四海給足嘉生蕃衍邇年京師甘露下泰山醴泉湧作甘之兆斯亦見矣矧靈木異卉資生於土

千品萬類不可勝道非土德之驗乎臣又聞之太祖生于洛邑而胞絡惟黄鴻圖既建五緯聚於奎躔而鎮星是主及陛下升中之次日抱黄珥朝祀于太清宮有星曰含譽其色黄而潤澤斯皆凝命有表盛德攸屬天意人事響效之大者則土德之符在矣是故天心之在兹陛下拒而罔受民意之若是陛下謙而弗答氣壅未宣河決遂潰豈不神哉然則天淵之勃流水德之浸患考六府之厭鎮驗五行之勝尅亦宜興土之運禦時之災伏望順考符應詳習法度惟陛下時而行之大理寺丞董行父又上言曰在昔泰皇以萬物生於東至仁體乎木故德始於木木以生火

神農受之爲火德火以生土黄帝受之爲土德土以生金少昊受之爲金德金以生水顓頊受之爲水德水以生木高辛受之爲木德木以生火唐堯受之爲火德火以生土虞舜傳之爲土德土以生金夏爲金德金以生水商爲水德水以生木周爲木德木以生火漢應圖讖爲火德火以生土唐受曆運爲土德陛下紹天之統受天之命固當上繼唐祚以金爲德顯黄帝之嫡緒彰聖祖之丕烈臣又按聖祖先降於癸酉太祖受禪於庚申陛下即位於丁酉天書下降於戊申庚金也申酉皆金也天之體也陛下紹唐漢之運繼黄帝之後三世變道應天之統正金之德斯又

順也詔兩制詳議旣而獻議曰竊詳謝絳所述以聖祖得瑞宜承土德且引漢承堯緒爲火德之比雖班彪叙漢祖之興有五其一曰帝堯之苗裔及序承正統乃越秦而繼周非用堯之行今國家或用土德即當越唐上承於隋彌以非順失其五德傳襲之序又據董行父請越五代紹唐爲金德若其虔越累世上承百代之統則晉漢洎周咸帝中夏太祖實受終於周室而陟于元后豈可弗遵傳繼之序續於遐邈之統三聖臨御六十餘載登封告成昭姓紀號率循火行之運以輝炎靈之曜兹事體大非容輕議矧雍熙中徐鉉等議之詳矣其謝絳董行父等所請難以施

行詔可

志卷第二十三

開府儀同三司上柱國錄軍國重事前中書右丞相監修國史領經筵事都總裁臣脫脫等奉

敕修

律曆四 崇天曆

道體為一天地之元萬物之祖也散而為氣則有陰有陽動而為數則有奇有偶凝而為形則有剛有柔發而為聲則有清有濁其著見而為器則有律有呂凡禮樂刑法權衡度量皆出于是自周衰樂壞而律呂候氣之法不傳西漢劉歆揚雄之徒僅存其說京房作準以代律分六十聲始於南事終於去滅然聲細

而難分世不能用歷晉及隋唐律法微隱宋史止載律呂大數不獲其詳今掇仁宗論律及諸儒言鐘律者記于篇以補續舊學之闕仁宗著景祐樂髓新經凡六篇述七宗二變及管分陰陽剖析清濁歸之于本律次及間聲合古今之樂參之以六壬遁甲其一釋十二均曰黃鐘之宮為子為神后為土為雞緩為正宮調太簇商為寅為功曹為金為般頡為大石調姑洗角為辰為天剛為木為嗢沒斯為小石角林鐘徵為未為小吉為火為雲漢為黃鐘徵南呂羽為酉為從魁為水為滴為般涉調應鐘變宮為亥為登明為日為密

為中管黃鐘宮蕤賓變徵為午為勝先為月為莫為應鐘徵大呂之宮為大吉為高宮夾鐘商為大衝為高大石仲呂角為太一為中管小石調夷則徵為傳送為大呂徵無射羽為河魁為高般涉黃鐘變宮為正宮調林鐘變徵為黃鐘徵大簇之宮為中管高宮姑洗商為高大石蕤賓角為歇指角南呂徵為大簇徵應鐘羽為中管高般涉大呂變宮為高宮夷則變徵為大呂徵夾鐘之宮為中呂宮仲呂商為雙調林鐘角在今樂亦為林鐘角無射徵為夾鐘徵黃鐘羽為中呂調大簇變宮為中管高宮南呂變徵為大簇徵姑洗之宮為中管中呂宮蕤賓商為中管商調夷

則角為中管林鐘角應鐘徵為姑洗徵大呂羽為中管中呂調夾鐘變宮為中呂宮無射變徵為夾鐘徵仲呂之宮為道調宮林鐘商為小石調南呂角為越調黃鐘徵為中呂徵大簇羽為平調姑洗變宮為中管中呂宮應鐘變徵為姑洗徵蕤賓之宮為中管道調宮夷則商為中管小石調無射角為中管越調大呂徵為蕤賓徵夾鐘羽為中管平調中呂變宮為道調宮黃鐘變徵為仲呂徵林鐘之宮為南呂宮南呂商為歇指調應鐘角為大石調大簇徵為林鐘徵姑洗羽為高平調蕤賓變宮為中管道調宮大呂變徵為蕤賓徵夷則之宮為仙呂無射商為林鐘商黃鐘

角為高大石調夾鐘徵為夷則徵仲呂羽為僊呂調林鐘變宮為南呂宮大簇變徵為林鐘徵南呂之宮為中管僊呂宮應鐘商為中管林鐘商大呂角為中管高大石角姑洗徵為南呂徵蕤賓羽為中管僊呂調夷則變宮為僊呂宮夾鐘變徵為夷則徵無射之宮為黃鐘宮黃鐘商為越調大簇角為變角仲呂徵為無射徵林鐘羽為黃鐘羽南呂變宮為中管僊呂宮姑洗變徵為南呂徵應鐘之宮為中管黃鐘宮大呂商為中管越調夾鐘角為中管雙角蕤賓徵為應鐘徵夷則羽為中管黃鐘羽無射變宮為黃鐘宮仲呂變徵為無射徵一明所

主事調五聲為五行五事四時五帝五神五嶽五味五色為生數一二三四五成數六七八九十為五藏五官及五星三辯音聲曰宮聲沈厚麤大而下為君聲調則國安亂則荒而危合口通音謂之宮其聲雄洪屬平聲西域言婆陁力（一曰婆陁力）商聲勁凝明達上而下歸於中為臣聲調則刑法不作威令行亂則其宮壞開口吐聲謂之商音將將倉倉然西域言稽識稽識猶長聲也角聲長而通徹中平而正為民聲調則四民安亂則人怨聲出齒間謂之角喔喔確確然西域言沙識猶質直聲也徵聲抑揚流利從下而上歸

於中為事聲調則百事理亂則事隳齒合而脣啓謂之徵倚倚巇巇然西域言沙臘沙臘和也羽聲嚶嚶而遠徹細小而高為物聲調則倉廩實庶物備亂則匱竭齒開脣聚謂之羽詡兩酏芋然西域言般贍變宮西域言侯利箑猶言斛律聲也變徵聲西域言沙侯加濫猶應聲也其四明律呂相生祭天地宗廟配律陽之數曰太空育五太太易太初太始太素太極也分為七政陽數七所以齊律呂均節度不可加減也以育六甲六甲天之使行風雹筴鬼神為歲日時有善惡故為九宮九者陽數變化之道也為四正卦五

行十幹陰陽錯綜律呂相叶命宮而商者應循下而高者降下生隔八上生隔六皆圖于左其五著十二管短長其六出度量衡辯古今尺命律呂真聲本陰陽之氣可以感格天地在於符合尺寸短長宜因聲以定之因聲定律則庶幾為得以尺定聲則乖陽甚矣初馮元等上新修景祐廣樂記時鄧保信阮逸胡瑗等奏造鐘律詔翰林學士丁度知制誥胥偃右司諫高若訥韓琦取保信逸瑗等鐘律詳考得失度等上議曰保信所製尺用上黨秬黍圓者一黍之長累而成尺律管一據尺裁九十黍之長空徑三分空圍

九分容秬黍千二百遂用黍長為分再累成尺校保
信尺律不同其龠合升斗深闊推以筭法類皆差舛
不合周漢量法逸瑗所製亦上黨秬黍中者累廣求
尺製黃鍾之律今用再累成尺比逸瑗所製又復不
同至於律管龠合升斗斛豆區鬴亦率類是蓋黍有
圓長大小而保信所用者圓黍又首尾相銜逸等止
用大者故再攷之即不同尺既有差故難以定鍾磬
謹詳古今之製自晉至隋累黍之法但求尺裁管不
以權量累黍參校故歷代黃鍾之管容黍之數不同
惟後周掘地得古玉斗據斗造律兼制權量亦不同

周漢制度故漢志有備數和聲審度量權衡之說悉
起於黃鍾今欲數器之制參互無失則班志積分之
法為近逸等以大黍累尺小黍實龠自戾本法保信
黍尺以長為分雖合後魏公孫崇所說然當時已不
施用況保信今尺以圓黍累之及首尾相銜有與實
龠之黍再累成尺不同其量器分寸既不合古即權
衡之法不可獨用詔悉罷之又詔度等詳定太府寺
并保信逸瑗所制尺度等言尺度之興尚矣周官璧
羨以起度（廣徑八寸袤一尺）禮記布手為尺淮南子十二粟
為一寸孫子十氂為分十分為寸雖存異說莫可適

從漢志元始中召天下通知鍾律者百餘人使劉歆
典領之是時周滅二百餘年古之律度當有考者以
歆之博貫藝文曉達曆筭有所制作宜不凡近其審
度之法云一黍之廣為分十分為寸十寸為尺先儒
訓解經籍多引以為義歷世祖襲著之定法然而歲
有豐儉地有磽肥就令一歲之中一境之內取以校
驗亦復不齊是蓋天物之生理難均一古之立法存
其大槩爾故前代制尺非特累黍必求古雅之器以
雜校焉晉泰始十年荀勖等校定尺度以調鍾律是
為晉之前尺勖等以古物七品勘之一曰姑洗玉律

二曰小呂玉律三曰西京銅望臬四曰金錯望臬五
曰銅斛六曰古錢七曰建武銅尺當時以勖尺揆校
古器與本銘尺寸無差前史稱其用意精密隋志所
載諸代尺度十有五等然以晉之前尺為本以其與
姬周之尺劉歆銅斛尺建武銅尺相合竊惟周漢二
代享年永久聖賢制作可取則焉而隋氏銷毀金石
典正之物罕復存者夫古物之有分寸明著史籍可
以酬驗者惟有法錢而已周之圜法歷載曠遠莫得
而詳秦之半兩實重八銖漢初四銖其文亦曰半兩
孝武之世始行五銖下暨隋朝多以五銖為號既歷

代尺度屢改故大小輕重鮮有同者惟劉歆置銅斛世之所鑄錯刀并大泉五十王莽天鳳元年改鑄貨布貨泉之類不聞後世復有两者臣等檢詳漢志通典唐六典云大泉五十重十二銖徑一寸二分錯刀環如大泉身形如刀長二寸貨布重二十五銖長二寸五分廣一寸首長八分有奇廣八分足股長八分間廣二分圍好徑二分半貨泉重五銖徑一寸今以大泉錯刀貨布貨泉四物相參校分寸正同或有大小輕重與本志微差者蓋當時盜鑄既多不必皆中法度但當較其首足肉好長廣分寸皆合正史者用

之則銅斛之尺從可知矣況經籍制度皆起周世以劉歆術業之博祖沖之筭數之妙荀勗揆較之詳密校之既合周尺則最為可法兼詳隋牛弘等議稱後周太祖敕蘇綽造鐵尺與宋尺同以調中律以均田度地唐祖孝孫云隋平陳之後廢周玉尺用此鐵尺律然比晉前尺長六分四釐今司天監影表尺和峴所謂西京銅望臬者蓋以其洛都舊物也（晉荀勗所用西京銅望臬者蓋西漢之物和峴謂洛陽為西京乃唐東都爾）今以貨布錯刀貨泉大泉等校之則景表尺長六分有奇略合宋周隋之尺由此論之銅斛貨布等尺寸昭然可驗有唐享國三

百年其間制作法度雖未逮周漢然亦可謂治安之世矣今朝廷必求尺之中當依漢錢分寸若以為太祖膺圖受禪創制垂法嘗詔和峴等用影表尺與典修金石七十年間薦之郊廟稽合唐制以示詒謀則可且依影表舊尺俟有妙達鐘律之學者俾考正之以從周漢之制王朴律準尺比漢錢尺寸長二分有奇比影表尺短四分既前代未嘗施用復經太祖朝更易其逸瑗保信及照所用太府寺等尺其制彌長出古遠甚又逸進周禮度量法議欲且鑄嘉量然後取尺度權衡其說踈舛不可依用謹考舊文再造影

表尺一校漢錢尺二并大泉錯刀貨布貨泉總十七校上進詔度等以錢尺影表尺各造律管比驗逸瑗并太常新舊鐘磬考定音之高下以聞度等言前承詔考太常等四尺定可用者止按典故及以漢志古錢分寸參校影表尺略合宋周隋之尺謂宜準影表尺施用今被旨造律管驗音高下非素所習乞別詔曉音者總領校定詔乃罷之而若訥卒用漢貨泉度尺寸依隋書定尺十五種之上藏于太常寺一周尺與漢志劉歆銅斛尺後漢建武中銅尺晉前尺同二晉田父玉尺與梁法尺同比晉前尺為一尺七釐三

梁表尺比晉前尺為一尺二分二釐一毫有奇四漢
官尺比晉前尺為一尺三分七毫五魏尺杜夔之所
用也比晉前尺為一尺四分七釐六晉後尺晉江東
用之比晉前尺為一尺六分二釐七魏前尺比晉前
尺為一尺一寸七釐八中尺比晉前尺為一尺二寸
一分一釐九後尺同隋開皇尺周市尺比晉前尺為
一尺二寸八分一釐十東魏後尺比晉前尺為一尺
三寸八毫十一蔡邕銅籥尺同後周玉尺比晉前尺
為一尺一寸五分八釐十二宋氏尺與錢樂之渾天
儀尺後周鐵尺同比晉前尺為一尺六分四釐十三

太府寺鐵尺制大樂所裁造尺也十四雜尺劉曜渾
儀土圭尺也比晉前尺為一尺五分十五梁朝俗尺
比晉前尺為一尺七分一釐大常所掌又有後周王
朴律準尺比晉前尺長二分一釐比梁表尺短一釐
有司天監影表尺比晉前尺長六分三釐同晉後尺
有中黍尺亦制樂所新造也其後宋祁田况薦益州
進士房庶曉音祁上其樂書補亡三卷召詣闕庶自
言嘗得古本漢志云度起於黃鐘之長以子穀秬黍
中一黍之起積一千二百黍之廣度之九十分黃鐘
之長一為一分今文脫之起積一千二百黍八字故

自前世以來累黍為尺以製律是律生於尺尺非起
於黃鐘也且漢志一為一分者蓋九十分之一後儒
誤以一黍為分其法非是當以秬黍中者一千二百
實管中黍盡得九十分為黃鐘之長九寸加一以
為尺則律定矣直祕閣范鎮是之乃為言曰照以縱
黍累尺管空徑三分容黍千七百三十䅵以橫黍累
尺管容黍一千二百而空徑三分四釐六毫是皆以
尺生律不合古法今庶所言實一千二百黍於管以為
黃鐘之長就取三分以為空徑則無容受不合之差
校前二說為是蓋累黍為尺始失之於隋書當時議

者以其容受不合棄而不用及隋平陳得古樂器高
祖聞而歎曰華夏舊聲也遂傳用之至唐祖孝孫張
文收號稱知音亦不能更造尺律止沿隋之古樂制
定聲器朝廷久以鐘律未正屢下詔書博訪羣議冀
有所獲今庶所言以律生尺誠衆論所不及請如其
法試造尺律更以古器參考當得其真乃詔王洙與
鎮同於脩制所如庶說造律尺籥律徑三分圍九分
長九十分籥徑九分深一寸尺起黃鐘之長加十分
而律容千二百黍初庶言太常樂高古樂五律比律
成才下三律以為今所用黍非古所謂一稃二米黍

也尺比橫黍所累者長一寸四分庶又言古有五音
而今無正徵音國家以火德王徵屬火不宜闕今以
五行旋相生法得徵音又言尚書同律度量衡所以
齊一風俗今太常教坊鈞容及天下州縣各自為律
非書同律之義且古者帝王巡狩方岳必考禮樂同
異以行誅賞謂宜頒格律自京師及州縣毋容輒異
有擅高下者論之帝召輔臣觀庶所進律尺龠又令
庶自陳其法因問律呂旋相為宮事令撰圖以進其
說以五正二變配五音迭相為主衍之成八十四調
舊以宮徵商羽角五音次第配七聲然後加變宮變
徵二聲以足其數推以旋相生之法謂五行相戾非
是當改變徵為變羽易變宮為閏隨音加之則十二月
各以其律為宮而五行相生終始無窮詔以其圖送
詳定所庶又論吹律以聽軍聲者謂以五行逆順可
以知吉凶先儒之說略矣是時瑗逸制樂有定議乃
補庶試祕書省校書郎遣之鎮為論於執政曰今律
之與尺所以不得其真累黍為之也累黍為之者史
之脫文也古人豈以難曉不合之法書之於史以為
後世惑乎殆不然也易曉而必合也房庶之法是矣
今庶自言其法依古以律而起尺其長與空徑與容

受與一千二百黍之數無不合之差誠如庶言此至
真之法也且黃鍾之實一千二百黍積實分八百一
十於算法圓積之則空徑三分圍九分長九十分積
實八百一十分此古律也律體本圓圓積之是也今
律方積之則空徑三分四釐六毫比古大矣故圍十
分三釐八毫而其長止七十六分二釐積實亦八百
一十分律體本不方方積之非也其空徑三分圍九
分長九十分積實八百一十分非外來者也皆起於
律也以一黍而起於尺與一千二百黍之起於律皆
取於黍今議者獨於律則謂之索虛而求分亦非也
其空徑三分圍九分長九十分之起於律與空徑三
分四釐六毫圍十分三釐八毫長七十六分二釐之
起於尺古今之法疏密之課其不同較然可見何所
疑哉若以謂工作既久而復改為則淹引歲月計費
益廣又非朝廷制作之意也其淹久而計費廣者為
之不敏也今庶言太常樂無姑洗夾鍾太簇等數律
就令其律與其說相應鍾磬每編才易數三因舊而
新敏而為之則旬月功可也又何淹久而廣費哉執
政不聽四年鎮又上書曰陛下制樂以事天地宗廟
以揚祖宗之休茲盛德之事也然自下詔以來及今

三年有司之論紛然未決蓋由不議其本而爭其末也切惟樂者和氣也發和氣者聲音也聲音之生生於無形故古人以有形之物傳其法俾後人參考之然後無形之聲音得而和氣可道也有形者秬黍也律也尺也龠也鬴也斛也筭數也權衡也鍾也磬也是十者必相合而不相戾然後為得今皆相戾而不相合則為非是矣有形之物非是而欲求無形之聲音和安可得哉謹條十者非是之驗惟裁擇焉按詩誕降嘉種維秬維秠誕降者天降之也許慎云秬一稃二米又云一秬二米後漢任城縣產秬黍二斛八

斗實皆二米史官載之以為嘉瑞又古人以秬黍為酒者謂之秬鬯宗廟降神惟用一尊諸侯有功惟賜一卣以明天降之物世不常有而可貴也今秬黍取之民間者動至數百斛秬皆一米河東之人謂之黑米設有真黍以為取數至多不敢送官此秬黍為非是一也又按先儒皆言律空徑三分圍九分長九十分容千二百黍積實八百一十分今律空徑三分四氂六毫圍十分二氂八毫是為九分外大其一分三氂八毫而后容千二百黍除其圍廣則其長止七十六分二氂矣說者謂四氂六毫為方分古者以竹

圍為律竹形本圓今以方分置筭此律之為非是二也又按漢書分寸尺丈引本起黃鍾之長又云九十分黃鍾之長者據千二百黍而言也千二百黍之施於量則曰黃鍾之龠施於權衡則曰黃鍾之重施於尺則曰黃鍾之長今遺千二百之數而以百黍為尺又不起於黃鍾此尺之為非是三也又按漢書言龠其狀似爵謂爵琖其體正圓故龠當圓徑九分深十分容千二百黍積實八百一十分與律分正同今龠乃方一寸深八分一氂容千二百黍是亦以方分置筭者此龠之非是四也又按周禮鬴法方尺圓其外

深尺容六斗四升方尺者八寸之尺也深尺者十寸之尺也何以知尺有八寸十寸之別按周禮璧羨度尺好三寸以為尺璧羨之制長十寸廣八寸同謂之度尺以為尺則八寸十寸俱為尺矣又王制云古者以周尺八尺為步今以六尺四寸為步八尺者八寸之尺也六尺四寸者十寸之尺也同謂之周尺者是周用八寸十寸尺明矣故知八寸尺為鬴之方十寸尺為鬴之深而容六斗四升千二百八十龠也積實一百三萬六千八百分今鬴方尺積千寸此鬴之非是五也又按漢書斛法方尺圓其外容十斗旁有庣焉

當隋時漢斛尚在故隋書載其銘曰審律嘉量斛方尺圜其外庣旁九釐五毫冪百六十二寸深尺容一斛今斛方尺深一尺六寸二分此斛之非是六也又按算法圓分謂之徑圍方分謂之方斜所謂徑三圍九方五斜七是也今圓分而以方法算之此算數非是七也又按權衡者起千二百黍而立法也周之鬴其重一鈞聲中黃鍾漢之斛其重二鈞聲中黃鍾鬴斛之制有容受有尺寸又取其輕重者欲見薄厚之法以考其聲也今黍之輕重未真此權衡爲非是八也又按鳧氏爲鍾大鍾十分其鼓間之以其一爲之厚

小鍾十分其鉦間之以其一爲之厚今無大小薄厚而一以黃鍾爲率此鍾之非是九也又按磬氏爲磬倨句一矩有半其博爲一股爲二鼓爲三蓋各以其律之長短爲法也今亦以黃鍾爲變而無長短厚薄之別此磬之非是十也前此者皆有形之物也可見者也使其一不合則未可以爲法況十者之皆相戾乎臣固知其無形之聲音不可得而和也請以臣章下有司問黍之二米與一米孰是律之空徑三分與三分四釐六毫孰是律之起尺與尺之起律孰是龠之圓制與方制孰是鬴之方尺圓其外深尺與方尺

孰是斛之方尺圓其外庣旁九釐五毫與方尺六寸二分孰是算數之以圓分與方分孰是權衡之重以二米秬黍與一米孰是鍾磬依古法有大小輕重長短薄厚而中律孰是是不是定然後制龠合升斗鬴斛以校其容受容受合然後下詔以求眞黍眞黍至然後可以爲量爲鍾磬量與鍾磬合於律然後可以爲樂也今尺律本未定而詳定脩制二局工作之費無慮千萬計矣此議者所以云云也然議者不言有司論議依違不決而顧謂作樂爲過舉又言當今宜先政令而禮樂非所急此臣之所大惑也儻使有司

合禮樂之論是其所是非其所非陛下親臨決之顧於政令不已大乎昔漢儒議鹽鐵後世傳鹽鐵論方今定雅樂以求廢墜之法而有司論議不著盛德之事後世將何考焉願令有司人人各以經史論議條上合爲一書則孰敢不自竭盡以副陛下之意如以臣議爲然伏請權罷詳定脩制二局俟眞黍至然後爲樂則必至當而無事於浮費也詔送詳定所鎮說自謂得古法後司馬光數與之論難以爲弗合世鮮鍾律之學卒莫辯其是非焉

宋興百餘年司天數改曆其說曰曆者歲之積歲者

月之積月者日之積日者分之積又推餘分置閏以定四時非博學妙思弗能考也夫天體之運星辰之動未始有窮而度以一法是以久則差差則敝而不可用曆之所以數改造也物銖銖而較之至石必差況於無形之數哉乾興初議改曆命司天役人張奎運等其術以八千為日法一千九百五十八為斗分四千二百九十九為朔距乾興元年壬戌歲三千九百萬六千六百五十八為積年詔以奎補保章正又推擇學者楚衍與曆官宋行古集天章閣詔内侍金克隆監造曆至天聖元年八月成率以一萬五百九

十為樞法得九鉅萬數既上奏詔翰林學士晏殊制序而施行焉命曰崇天曆曆法曰演紀上元甲子距天聖二年甲子歲積九千七百五十五萬六千三百四十上考往古歲減一算下驗將來歲加一算

步氣朔

崇天樞法一萬五百九十

歲周三百八十六萬七千九百四十

歲餘五萬五千五百四十

氣策一十五餘五千三百一十四秒六

朔實三十一萬二千七百二十九

歲閏一十一萬五千一百九十二

朔策二十九餘五千六百一十九

望策一十四餘八千一百四秒一十八

弦策七餘四千五十二秒九

中盈分四千六百二十八秒一十二

朔虛分四千九百七十一

閏限三十萬三千一百二十九秒二十四秒法三十六

旬周六十三萬五千四百

紀法六十

推天正冬至置距所求積年以歲周乘之為氣積分

滿旬周去之不盡以樞法約之為大餘不滿為小餘大餘命甲子筭外即所求年天正冬至日辰及餘若從後合用約分即以樞法退除為分秒各以一百為母

求次氣置天正冬至大小餘以氣策秒累加之秒盈秒法從小餘小餘滿樞法從大餘滿紀法去之不盡命甲子筭外即各得次氣日辰及餘秒

推天正十一月經朔置天正冬至氣積分朔實去之不盡為閏餘以減天正冬至氣積分為天正十一月經朔加時及分滿旬周去之不盡以樞法約之為大餘不滿為小餘大餘命甲子筭外即所求年天正十一月

經朔日辰及餘

求弦望及次朔經日置天正十一月經朔大小餘以弦策累加之去命如前即各弦望及次朔經日及餘秒

求沒日置有沒之氣小餘三百六十乘之其秒進一位從之用減歲周餘滿歲餘為日不滿為餘命其氣初日筭外即其氣沒日日辰（凡二十四氣小餘滿八千二百六十五秒三十以上為有沒之氣）

求減日置有減經朔小餘三十乘之滿朔虛分為日不滿為餘命經朔初日筭外即為其朔減日日辰（凡經朔小餘不滿朔虛分為有減之朔）

步發斂

候策五餘七百七十一秒一十四

卦策六餘九百二十五秒二十四

土王策三餘四百六十二秒三十

辰法八百八十二半

刻法一千五十九

秒法三十六

推七十二候各因中節大小餘命之為其氣初候日也以候策加之為次候又加之為末候

求六十四卦各因中氣大小餘命之為公卦用事日以卦策加之得次卦用事日以土王策加諸侯之卦得十有二節之初外卦用事之日

推五行用事日各因四立日大小餘命之即春木夏火秋金冬水首用事日以土王策減四季中氣大小餘命甲子筭外即其月土始用事日

七十二候及卦日與應天同

求發斂去經朔置天正十一月閏餘以中盈及朔虛分累益之即每月閏餘滿閏法除之為閏日不盡為小餘即各得其月中氣去經朔日及餘秒（其閏餘滿閏限至閏月仍先見定朔大小其月內無中氣乃為閏月）

求卦候去經朔各以卦候策及餘秒累加減之（中氣前以減中氣右以加）即各得卦候去經朔日及餘秒

求發斂加時置小餘以辰法除之為辰數進一位滿刻法為刻不滿為刻分其辰數命子正筭外即各加時所在辰刻及分

志卷第二十四

開府儀同三司上柱國錄軍國重事前中書右丞相監修國史領經筵事都總裁臣脫脫等奉

勅修

律曆五

步日躔

周天分三百八十六萬八千六百六十五秒二

周天度三百六十五度（虛分二千七百一十五秒二約分二十五秒六十四）

歲差一百二十五秒二

乘法三十二

除法四百八十七

秒法一百

常氣中積	昇降分	盈縮分	損益率	朓朒積
冬至空	昇七千三百四十七	盈空	益五百八十二	朒空
小寒一十五（二千三百一十四 六）	昇六千二十一	盈七千三百四十七	益四百七十七	朒五百八十二
大寒三十（四千六百二十八 十二）	昇四千六百九十六	盈一萬三千三百六十八	益三百七十二	朒一千五十九
立春四十五（六千九百四十二 十八）	昇三千三百八十六	盈一萬八千六十四	益二百六十九	朒一千四百三十一
雨水六十（九千二百五十六 二十四）	昇二千七十	盈二萬一千四百五十	益一百六十四	朒一千七百
驚蟄七十六（九百八十 三十）	昇七百七十五	盈二萬三千五百二十	益六十	朒一千八百六十四
春分九十一（三千二百九十五 空）	降七百七十五	盈二萬四千二百九十五	損六十	朒一千九百二十四
清明一百六（五千六百九 六）	降二千七十	盈二萬三千五百二十	損一百六十四	朒一千八百六十四
穀雨一百二十一（七千九百二十三 十二）	降三千三百八十六	盈二萬一千四百五十	損二百六十九	朒一千七百
立夏一百三十六（一萬二百三十七 十八）	降四千六百九十六	盈一萬八千六十四	損三百七十二	朒一千四百三十一
小滿一百五十二（一千九百六十一 二十四）	降六千二十一	盈一萬三千三百六十八	損四百七十七	朒一千五十九
芒種一百六十七（四千二百七十五 三十）	降七千三百四十七	盈七千三百四十七	損五百八十二	朒五百八十二
夏至一百八十二（六千五百九十 空）	降七千三百四十七	縮空	益五百八十二	朓空
小暑一百九十七（八千九百四 六）	降六千二十一	縮七千三百四十七	益四百七十七	朓五百八十二
大暑二百一十三（六百二十八 十二）	降四千六百九十六	縮一萬三千三百六十八	益三百七十二	朓一千五十九
立秋二百二十八（二千九百四十二 十八）	降三千三百八十六	縮一萬八千六十四	益二百六十九	朓一千四百三十一
處暑二百四十三（五千二百五十六 二十四）	降二千七十	縮二萬一千四百五十	益一百六十四	朓一千七百
白露二百五十八（七千五百七十 三十）	降七百七十五	縮二萬三千五百二十	益六十	朓一千八百六十四
秋分二百七十三（九千八百八十五 空）	昇七百七十五	縮二萬四千二百九十五	損六十	朓一千九百二十四
寒露二百八十九（一千六百九 六）	昇二千七十	縮二萬三千五百二十	損一百六十四	朓一千八百六十四
霜降三百四（三千九百二十三 十二）	昇三千三百八十六	縮二萬一千四百五十	損二百六十九	朓一千七百
立冬三百一十九（六千二百三十七 十八）	昇四千六百九十六	縮一萬八千六十四	損三百七十二	朓一千四百三十一
小雪三百三十四（八千五百五十一 二十四）	昇六千二十一	縮一萬三千三百六十八	損四百七十七	朓一千五十九
大雪三百五十（二百七十五 三十）	昇七千三百四十七	縮七千三百四十七	損五百八十二	朓五百八十二

求每日盈縮定數：以乘法乘所入氣昇降分，如除法而一，為其氣中平率；與後氣中平率相減，為差率；半差率，加減其氣中平率，為其氣初末汎率（至後加為初，減為末；分後減為初，加為末）。又以乘法乘差率，除法而一，為日差，半之

加減初末汎率為初末定率（至後減初加末，分後加初減末）以日差累加減氣之定率為每日昇降定率（至後減，分後加）以每日昇降定率冬至後昇加降減夏至後昇減降加其氣初日盈縮分為每日盈縮定數（其分至前一氣先後率相減以前末汎率為其氣和汎率以半日差至前加之分前減之）為其氣初日定率餘依本術

求朓朒準此

求經朔弦望入氣　置天正閏日及餘如氣策及餘秒以下者以減氣策及餘秒為入大雪氣已上者去之餘以減氣策及餘秒為入小雪氣即得天正十一月經朔入大小雪氣日及餘秒（求弦望及後朔入氣以弦策累加之滿氣策及餘秒去之即得）

求定氣日　冬夏二至以常氣為定餘即以其氣下盈縮分盈加縮減常氣約餘為定氣滿若不足進退大餘命甲子筭外即定氣日及分

求經朔弦望入氣朓朒定數　各以所入氣小餘乘其日損益率如樞法而一即得

求赤道宿度

斗二十六度　牛八度　女十二度　虛十度（及分）

危十七度　室十六度　壁九度

北方七宿九十八度（虛分二千七百一十五秒二約分二十五秒六十四）

奎十六度　婁十二度　胃十四度　昴十一度

畢十七度　觜一度　參十度

西方七宿八十一度

井三十三度　鬼三度　柳十五度　星七度

張十八度　翼十八度　軫十七度

南方七宿一百一十一度

角十二度　亢九度　氐十五度　房五度

心五度　尾十八度　箕十一度

東方七宿七十五度

前皆赤道度其畢觜參及輿鬼四宿度數與古度不同自大衍曆依渾天儀以測定為用紘帶天中儀極是憑以格黃道

推天正冬至赤道日度　以歲差乘距所求積年滿周天分去之不盡用減周天分餘以樞法除之為度不盡為餘秒其度命以赤道虛宿七度外起筭依宿次去之不滿者即得天正冬至加時赤道日躔所距宿度及餘秒（其餘以樞法退除為分及秒各以一百為度）

求二十四氣赤道日度　置天正冬至加時赤道日度及餘秒以氣策及餘秒累加之（先以三十六乘赤道秒以一百乘氣策秒然後加之即秒母皆同三千六百）滿赤道宿次去之即各得二十四

氣加時赤道日躔宿度及餘秒

求二十四氣昏後半赤道日度各以其氣小餘減樞法其秒亦以一百乘然乃減之餘加其氣加時赤道日躔宿度及餘秒即其氣初日昏後夜半赤道日度及餘秒求次日累加一度滿宿次去之各得所求

求赤道宿積度置冬至加時日躔赤道宿全度以冬至加時日躔赤道宿度及約分秒減之餘為距後度及分秒以赤道宿度累加距後度即得各赤道宿積度及分秒

求赤道宿積度入初末限各置赤道宿積度及分秒滿九十一度三十一分秒一十一去之餘四十五度六十六分以下為入初之限已上者用減九十一度三十一分餘為入末限度及分秒

求二十八宿黃道度各置赤道宿入初末限度及分用減一百二十五餘以初末限度及分乘之十二除為分分滿百為度命為黃赤道差度及分至後分前以減分後至前以加赤道宿積度為其宿黃道積度以前宿黃道積度減其宿黃道積度為其宿黃道度及分其分就近約為太半少

黃道宿度

斗二十三太　牛七半　女十一半　虛十秒六十四

危十七太　室十七　壁九少

北方七宿九十七度半秒六十四

奎十七半　婁十二太　胃十四太　昴十一

畢十六　觜一　參九少

西方七宿八十二度

井三十　鬼二　柳十四　星七

張十八太　翼十九少　軫十八

南方七宿一百一十度

角十三　亢九半　氐十五半　房五

心四　尾十七　箕十

東方七宿七十四度

求冬至加時黃道日躔宿次以冬至加時赤道日躔宿度用減一百二十五餘以冬至加時赤道度及分乘之十二除為分分滿百為度用減冬至加時赤道日度及分即冬至加時黃道日躔宿度及分

求二十四氣初日加時黃道日躔宿次置所求年冬至日躔黃道赤道差以次年黃赤道差減之餘以所氣數乘之二十四而一所得以加其氣下中積及約分又以其氣初日盈縮分盈加縮減之用加冬時黃

道日度依宿次命之即各得其氣初日加時黃道日躔所在宿度及分若其年冬至加時赤道日躔度空分秒在歲差已下者即如前宿全度乃求黃赤道差以次年冬至加時黃赤道差減之餘依本術各得所求此術以究算理之微亟求其當止以盈縮分加減中積以天正冬至加時黃道日度加而命之

求二十四氣初日晨前夜半黃道日躔宿次置二百分分以一百約其氣初日昇降分昇加降減之一日所行之分乘其初日約分所得滿百爲分分滿百爲度不滿百分爲秒以減其初日黃道加時日躔宿次即其日晨前夜半黃道日躔宿次

求每日晨前夜半黃道日躔宿次各因二十四氣初

日晨前夜半黃道日躔宿次日加一度以一百約每日昇降爲分秒昇加降減之以黃道宿次命之即每日晨前夜半黃道日躔所距宿度及分

步月離

轉周分二十九萬一千八百三秒五百九十四

轉周日二十七餘五千八百七十三秒五百九十四

朔差日一餘一萬三百三十五秒九千四百六

望差一十四餘八千一百四秒五千

弦策七餘四千五十二秒二千五百

七日初數九千四百四十一初約分八十九　末數一千一百七十九末約分一十一

十四日初數八千二百三十二初約分七十八　末數二千三百五十八末約分二十二

二十一日初數七千五十二初約分六十九　末數三千五百三十八末約分二十三

二十八日初數五千八百七十三初約分五十六

已上秒法一萬

上弦九十一度三十一分秒四十一

望一百八十二度六十二分秒八十二

下弦二百七十三度九十四分秒二十三

平行一十三度三十六分秒八十七半

已上秒母一百

推天正十一月經朔入轉置天正十一月經朔積分

以轉周分秒去之不盡以樞法除之爲日不滿爲餘秒命日筭外即所求天正十一月經朔加時入轉日及餘秒若以朔差日及餘秒加之滿轉周日及餘秒去之即次日加時入轉

求弦望入轉因天正十一月經朔加時入轉日及餘秒以弦策累加之去命如前即上弦望及下弦加時入轉日及餘秒若以經朔弦望小餘減之各得其日夜半入轉日及餘秒

轉日	進退差	轉定分	轉積度	增減差	遲疾度	損益率	朓朒積
一日	進十二	千二百五	空	增百二十	遲空	益五百三十三	朒空
二日	進九	千二百十七	十二度五	增百八	遲一度二十	益四百八十	朒五百三十三

日	進退	轉積	轉度	增減	遲疾度	損益	朏朒積
三日	進二十三	一千二百三十六	二十三度二十二	增百一	遲一度二十一	益八百二	朒三千九百九
四日	進二十二	一千二百五十八	三十五度五十八	增七十九	遲二度二十五	益六百三十	朒四千七百二十一
五日	進二十二	一千二百八十	四十四度二十六	增五十七	遲三度一十三	益四百五十	朒五千三百五十一
六日	進二十四	一千三百三	五十八度六十六	增三十三	遲四度八十	益二百五十一	朒五千八百二十一
七日	進二十五	一千三百二十七	七十四度九十九（初增十一 末減一）	增十一	遲四度二十	益八十三（初益八十三 末損一十）	朒六千一百二十四
八日	進二十四	一千三百五十二	八十八度二十六	減一十五	遲四度三十一	損百二十七	朒六千一百七十
九日	進二十二	一千三百七十六	一百度七十八	減三十九	遲五度十六	損三百七	朒六千九十
十日	進二十二	一千三百九十九	一百十五度六十四	減六十二	遲四度七十七	損四百九十三	朒五千七百八十三
十一日	進二十	一千四百二十二	一百二十九度六十五	減八十五	遲四度十五	損六百七十二	朒五千二百九十
十二日	進十八	一千四百四十二	一百四十四度五十	減一百五	遲三度十三	損八百三十六	朒四千六百一十八
十三日	進八	一千四百六十	一百五十九度七	減百二十三	遲二度二十五	損九百七十二	朒三千七百八十二
十四日	退二	一千四百六十八	一百七十二度七十一（初減百三 末增三十九）	減百三	遲一度二	初損八百十一 末益二百二十三	朒百十一
十五日	退十四	一千四百六十六	一百八十七度五十四	增一百九	疾空九十	益八百二十三	朏八百二十三
十六日	退十九	一千四百五十二	二百一度八十一	增百一十五	疾一度八十	益九百一十四	朏一千七百三十六
十七日	退二十一	一千四百三十三	二百一十六度三	增九十七	疾二度三十	益七百九十四	朏二千六百五十
十八日	退二十三	一千四百一十二	二百三十度十六	增七十五	疾三度十七	益六百一十一	朏三千四百四十四
十九日	退二十四	一千三百八十九	二百四十四度八	增五十一	疾四度五	益四百九	朏四千五十五
二十日	退二十四	一千三百六十五	二百五十八度四	增二十八	疾四度六	益二百二十	朏四千四百六十四
二十一日	退二十四	一千三百四十一	二百七十二度七十五（初增八 末減四）	增四	疾四度四十四	初益三十三 末減三十一	朏四千六百八十四
二十二日	退二十四	一千三百一十七	二百八十六度二十三	減二十	疾四度八十	損一百六十九	朏四千七百一十六
二十三日	退二十四	一千二百九十三	三百度九十二	減四十四	疾四度八十	損三百六十九	朏四千五百二十七
二十四日	退二十二	一千二百六十九	三百一十五度三十二	減六十七	疾四度三十四	損五百三十二	朏四千二百二十八
二十五日	退十八	一千二百四十六	三百二十九度六十二	減九十	疾三度七十七	損七百一十	朏三千六百二十七
二十六日	退十七	一千二百二十八	三百四十三度八十二	減一百九	疾三度七	損八百六十七	朏二千九百二十七
二十七日	退四	一千二百一十一	三百四十九度八十六	減百二十六	疾一度九十六	初損九百九十三出	朏二千五十
二十八日	退三	一千二百七	三百七十一度七	初減百二十二	疾空七十二	初損九百一十八出	朏九百一十八

求朔弦望入轉朏朒定數：置所入轉餘，乘其日損益率，樞法而一，所得，以損益其下朏朒積，為定數。其四七日下餘，如初數下，以初率乘之，初數而一，以損益朏朒為定數；若初數已上者，以初數減之，餘乘末率，末數而一，用減初率，餘加朏朒，各為定數。其十四日下餘若在初數已上者，初數減之，餘乘末率，末數而一，為朏朒定數。

求朔弦望定日：各以入氣入轉朏朒定數，朏減朒加經朔弦望小餘，滿若不足，進退大餘，命甲子，筭外，各得定日及餘。若定朔干名與後朔同者大，不同者小，其月無中氣者為閏月。凡注曆觀朔小餘，如日入分已上者，進一日；朔或當定有食應見者，其朔不進。弦望定小餘不滿日出分，退一日；其望定小餘雖滿此數，若有交食虧初起在日出已前者，亦如之。有月行九道遲疾，曆有三大二小，若行盈縮累增損之，則有四大三小，理數然也。若循常儀，當察加時早晚，隨其所近而進退之，不過三大二小。若正朔有加交時虧在晦二正見者，消息前後一兩月，以定大小。

求定朔弦望加時日所在度置定朔弦望約分副之以乘其日昇降分一萬約之所得昇加降減其副以加其日夜半日度命如前各得其日加時日躔黃道宿次

推月行九道凡合朔所交冬在陰曆夏在陽曆月行青道冬夏至後青道半交在春分之宿當黃道東立冬立夏後青道半交在立春之宿當黃道東南至所衝之宿亦如之冬在陽曆夏在陰曆月行白道冬夏至後白道半交在秋分之宿當黃道西立冬立夏後白道半交在立秋之宿當黃道西北至所衝之宿亦如之春在陽曆秋在陰曆月行朱道春秋分後朱道半交在夏至之宿當黃道南立春立秋後朱道半交在立夏之宿當黃道西南至所衝之宿亦如之春在陰曆秋在陽曆月行黑道春秋分後黑道半交在冬至之宿當黃道北立春立秋後黑道半交在立冬之宿當黃道東北至所衝之宿亦如之四序月離雖為八節至陰陽之所交皆與黃道相會故月行有九道各視月所入正交積度㴲象度及分去之入交積度及象度並在交會術中若在半象以下者為入初限已上者復減象度餘為入末限用減一百二十五餘以所入初末限度及分乘之㴲二十四而一為分分㴲百為度所得為月行與黃道差數距半交後正交前以差數為減距正交後半交前以差數為加此加減出入六度單與黃道相較之數若較赤道則隨氣遷變不常計去冬夏至以來度數乘黃道所差九十而一為月行與赤道

差數凡日以赤道內為陰外為陽月以黃道內為陰外為陽故月行宿度入春分交後行陰曆秋分交後行陽曆皆為同名春分交後行陽曆秋分交後行陰曆皆為異名其在同名以差數加者加之減者減之其在異名以差數加者減之減者加之皆以增損黃道宿積度為九道宿積度以前宿九道積度減之為其九道宿度及分其分就近約為少半太之數

推月行九道平交入氣各以其月閏日及餘加經朔加時入交汎日及餘秒盈交終日去之乃減交終日及餘秒即各平交入其月中氣日及餘秒㴲氣策及餘秒去之餘即平交入後月節氣日及餘秒日求次交者以交終日及餘秒加之㴲氣策及餘秒去之餘為平交入其氣日及餘秒若求其氣朏朒定數如求朔弦望經日術入之各得所求也

求平加入轉朏朒定數置所入氣餘加其日夜半入轉餘以乘其日損益率樞法而一所得以損益其下朏朒積乃以交率乘之交數而一為定數

求正交入氣以平交入氣入轉朏朒定數朏減朒加平交入氣餘㴲若不足進退其日即正交入氣日及餘秒

求正交加時黃道宿度置正交入氣餘副之以乘其日昇降分一百約之昇加降減其副乃一百乘之樞

法而一以加其日夜半日度即正交加時黃道日度及分秒

求正交加時月離九道宿度以正交度及分減一百二十五餘以正交度及分乘之滿二十四餘為定差以差加黃道宿度仍計去冬夏至以來度數乘差九十而一所得依名同異而加減之滿若不足進退其度命如前即正交加時月離九道宿度及分

推定朔弦望加時月所在度各置其日加時日躔所在變從九道循次相當凡合朔加時月行潛在日下與太陽同度是為加時月離宿次（先置朔弦望加時黃道日度以正交

加時黃道宿度減之餘以加其正交加時九道宿度命起正交宿度筭外即朔弦望加時所當九道宿度其合朔加時若非正交則日在黃道月在九道各入宿度雖多少不同考其去極若應繩準故云月行潛在日下與太陽同度）各以弦望度及分秒加其所當九道宿度滿宿次去之命如前即各得加時九道月離宿次

求定朔夜半入轉各視經朔夜半入轉若定朔大餘有進退者亦加減轉日不則因經為定

求次定朔夜半入轉因定朔夜半入轉大月加二小月加一餘皆四千七百一十六秒九千四百六滿轉周日及餘秒去之即次定朔夜半入轉累加一日去命如前各得次日夜半轉日及餘秒

求月晨昏度以晨昏乘其日轉定分樞法而一為晨轉分減轉定分餘為昏轉分乃以朔弦望定小餘乘轉定分樞法而一為加時分以減晨昏轉分餘為前不足覆減餘為後仍前加後減加時月即晨昏月在所度

求朔弦望晨昏定程各以其朔昏定月減上弦昏定月為朔後定程以上弦昏定月減望日昏定月為上弦後定程以望日晨定月減下弦晨定月為望後定程以下弦晨定月減後朔晨定月為下弦後定程

求每日轉定度累計每程相距日轉定分以減定程為盈不足覆減為縮以相距日均其盈縮盈加縮減每日轉定分為每日轉定度及分

求每日晨昏月因朔弦望晨昏月加每日轉定度及分盈宿次去之為每日晨昏月（凡注曆自朔日注昏望後次日注晨）已前月度並依九道所推以究筭理之精微如求其速要即依後術求之

推天正經朔加時平行月置歲周以天正閏餘減之餘以樞法除之為度不盡退除為分秒即天正經朔加時平行月積度

求天正十一月定朔夜半平行月置天正經朔小餘

以平行分乘之樞法而一為度不盡退除為分秒所
得為加時度用減天正經朔加時平行月即經朔晨
前夜半平行月（其定朔有進退者即以平行度分加減之）即天正十一月
定朔晨前夜半平行月積度
求次定朔夜半平行月置天正定朔夜半平行月大
月加三十五度八十分秒六十一小月加二十二度
四十三分秒七十三半滿周天度分去之即每月定
朔晨前夜半平行月積度及分
求定望夜半平行月計定朔距定望日數以乘平行
度及分秒所得加其定朔夜半平行月積度及分即

定望夜半平行月積度及分
求天正定朔夜半入轉因天正經朔夜半入轉若定
朔大餘有進退者亦進退之不則因經而定即所求
年天正定朔晨前夜半入轉及其餘以樞法退除為
約分及秒皆一百為母
求定望及次定朔夜半入轉因天正定朔夜半入轉
及分秒以朔望相距日累加之滿轉周日二十七及
分五十五秒四十六去之即各得定望及次定朔晨
前夜半入轉日及分秒
求定朔望夜半定月置定朔望夜半入轉分乘其日

增減差一百約之為分分滿百為度增減其下遲疾
度為遲疾定度遲減疾加夜半平行月為朔望夜半
定月以冬至加時黃道日度加而命之即朔望夜半
月離宿次（其入轉若在四七日下如求朏朒術入之即得所求）
求朔望定程以朔定月減望定月為朔後定程以望
定月減次朔定月即望後定程
求朔望轉積計朔至望轉定分為朔後轉積自望至
次朔亦如之為望後轉積
求每日夜半月離宿次各以其朔望定程與轉積相
減餘為程差以距後程日數除之為日差加減轉定

分為每日行度及分（定程多加之定程少減之）以每日行度及分
累加朔望夜半宿次命之即每日晨前夜半月離宿
次（若求晨昏月以其日晨昏分乘其日轉定度及分以樞法而一以加夜半月即晨昏月所在度及分若以四象為程兼求弦日平行積餘各依次入之若以九終轉定分累加之依宿次命之亦得所求）

步晷漏

二至限一百八十二六十二分
一象九十一三十二分
消息法七千八百七十三
辰法八百八十二半八刻三百五十三
昏明刻一百二十九半

昏明餘數二百六十四太
冬至陽城晷景一丈二尺七寸一分半初限六十二
末限一百二十六十二分
夏至陽城晷景一尺四寸七分小分八十初限一百
二十六十二分末限六十二
求陽城晷景入二至後日數各計入二至後日數乃
如半日之分五十又以二至約分減之即入二至後
来午中日數及分
求陽城晷景入初末限定日及分置其日中入二至後
求日數及分以其日午中入氣盈縮分盈加縮減之

各如初限巳下為在初限巳上覆減二至限餘為入
末限定日及分（求盈縮分置入二至後來午中日數及分以氣策入約分除之為氣數不盡為入氣以來日數及分加其氣數命以冬夏至筭外即其日午中所入氣日及分置所入氣日約分如出朓朒術入之即得所求）
求陽城每日中晷定數置入二至初末限定日及分
如冬至後初限夏至後末限者以初末限日及分減
一百四十六餘退一等為定差又以初末限日及分
自相乘以乘定差滿六千六百四十五為尺不滿退
除為寸分命曰晷差以晷差減冬至晷數即其日陽
城午中晷景定數如冬至後末限夏至後初限者以

初末限日及分減一千二百一十七餘再退為定差
亦以初末限日及分自相乘以乘定差滿二萬四千
九百三十餘為尺不滿退除為寸分命曰晷差以晷
差加夏至晷數即其日陽城中晷定數（若以中積求之即得每日晷影常數）
求每日消息定數以所入氣日及加其氣下中積一
象巳下自相乘已上者用減二至限餘亦自相乘皆
五因之進二位以消息法除之為消息常數副置常數
用減五百二十九半餘乘其副以二千三百五十除
之加於常數為消息定數（冬至後為消夏至後為息）

求每日黃道去極度及赤道內外度置其日消息數
十六乘之以三百五十三除為度不滿退除為分所
得在春分後加六十七度三十一分秋分後減一百
一十五度三十一分即每日黃道去極度分度又以
每日黃道去極度及分與一象度相減餘為赤道內
外度若去極度少為日在赤道內去極度多為日在
赤道外即各得所求（其赤道內外度為黃赤道相去度分）
求每日晨昏分日出入分及半晝分以每日消息定
數春分後加一千八百五十三少秋分後減二千九
百一十二少各為每日晨分用減樞法為昏分以昏

明餘數加晨分為日出分減昏分為日入分以日出分減半法為晝分

求每日距中度置每日晨分三因進二位以八千六百九十八除為度不滿退除為分即距子度用減半周天餘為距中度又倍距子度五除為每更差度及分

求夜半定漏置晨分進一位以刻法除為刻不滿為分即每日夜半定漏

求晝夜刻及日出入辰刻倍夜半定漏加五刻為夜刻減一百刻餘為晝刻以昏明刻加夜半定漏命子正算外即日出辰刻以晝刻加之命如前即日入辰刻

求更籌辰刻倍夜半定漏二十五而一為籌差刻五乘之為更差刻以昏明刻加日入辰刻即甲夜辰刻以更籌差刻累加之滿辰刻及分去之各得每更籌所入辰刻及分

求每日昏明度置距中度以其日昏後夜半赤道日度加而命之即昏中星所格宿次又倍距子度加昏中星命之即曉中星所格宿次

求五更中星皆以昏中星為初更中星以每更差加而命之即乙夜所格宿次累加之各得五更中星所格宿次

求九服距差日各於所在立表候之若地在陽城北測冬至後與陽城冬至晷景同者累冬至後至其日為距差日若地在陽城南測夏至後與陽城夏至晷景同者累夏至後至其日為距差日

求九服晷景若地在陽城北冬至前後者置冬至前後日數用減距差日為餘日以餘日減一百四十六餘退一等為定差以餘日自相乘而乘之滿六千六百四十五除之為尺不滿退除為寸分加陽城冬至晷景為其地其日中晷常數若冬至前後日多於距

差日即減去距差日餘依陽城法求之各其地其日中晷常數若地在陽城南夏至前後者以夏至前後日數減距差日為餘日以減一千二百一十七餘再退為定差以餘日自相乘而乘之滿二萬四千九百三十為尺不滿退除為寸分以減陽城夏至晷數即其地其日中晷常數如不及減乃減去陽城夏至日晷景餘即晷在表南也若夏至前後日多於距差日即減去距差日餘依陽城法求之各其地其日中晷常數若求中晷定數先以盈縮分加減之乃用法求之即各得其地其日中晷定數

求九服所在晝夜漏刻冬夏至各於所在下水漏以

定其處二至夜刻數相減爲冬夏至差刻乃置陽城其日消息定數以其處二至差刻乘之如陽城二至差刻二十而一所得爲其地其日消息定數乃倍消息定數進一位滿刻法約之爲刻不滿爲分乃加減其處二至夜刻秋分後春分前減冬至夜刻春分後秋分前加夏至夜刻爲其地其日夜刻用減一百刻餘爲晝刻求日出入辰刻及距中度五更中星皆依陽城法

志卷第二十五

志卷第二十六　宋史七十三

開府儀同三司上柱國錄軍國重事前中書右丞相監修國史領經筵事都總裁臣脫脫等奉
勅修

律曆六 崇天曆

步交會

交終分二千八萬八千一百七十七秒四千二百七十七

交終日二十七餘二千二百四十七秒四千二百七十七

交中日一十三餘六千四百一十八秒七百三十八半

朔差日二餘三千三百七十一秒五千七百二十三

後限日一餘一千六百八十五秒七千八百六十一半

望策十四餘八千一百四秒五十

前限日十二餘四千七百三十二秒九千二百七十七

交率一百四十一

交數一千七百九十六

交終度三百六十三度七十六分

交象九十度九十四

半交一百八十一度八十八

陽曆食限四千二百

陽曆定法四百二十

陰曆食限七千

陰曆定法七百

推天正十一月經朔加時入交置天正十一月朔積分以交終分秒去之不盡滿樞法為日不滿為餘秒即天正經朔加時入交汎日及餘秒

求次朔及望入交因天正經朔加時入交汎日及餘秒求次朔以朔差日及餘秒加之求望以望策及餘秒加之滿交終日及餘秒皆去之即次朔及望加時所入若以經朔望小餘減之即各得朔望夜半入交汎日及餘秒

求定朔夜半入交因經朔望夜半入交若定朔望大

餘有進退者亦進退交日不則因經為定各得所求

求次定朔夜半入交各因前定朔夜半入交大月加日二小月加日一餘皆加八千三百四十二秒五千七百二十三若求次日累加一日滿交終日及餘秒皆去之即得次定朔及每日夜半入交汎日及餘秒

求朔望加時入交常日置經朔望入交汎日及餘秒以其朔望入氣朓朒定數朓減朒加之即朔望入交常日及餘秒

求朔望加時入交定日置其朔望入轉朓朒定數以交率乘之如交數而一所得以朓減朒加入交常日餘滿若不足進退其日即朔望加時入交定日及餘秒

求月行入陰陽曆視其朔望入交定日及餘秒在中日及餘秒以下者為月在陽曆如中日及餘秒已上者減去之為月在陰曆凡入交定日陽初陰末為交初陰初陽末為交中

求朔望加時月入陰陽曆積度置其月入陰陽曆日及餘其餘先以一百乘之樞法除為約分以九百九乘之六十八除為度不盡退除為分即朔望加時月入陰陽曆積度及分其月在陽曆即為入陽曆積度月在陰曆即為入陰曆積度

求朔望加時月去黃道度置入陰陽曆積度及分如交象以下為在少象已上覆減半交餘為入老象置所入老少象度及分以五因之用減一千一十餘以老少象度及分乘之八十四而一列於上位又置所入老少象度及分如半象以下為在初限已上減去半象餘為入末限置初末限度及分於上列半象度及分於下以上減下餘以乘上四十而一所得初限以減末限以加上位滿百為度不滿為分即朔望加時月去黃道度數及分

求食定餘置定朔小餘如半法以下覆加半法餘為

午前分已上減去半法餘為午後分置午前後分於
上列半法於下以上減下以下乘上午前以三萬一
千七百七十餘午後以一萬三千八百八十五除之
各為時差午前以減午後以加定朔小餘各為食定
小餘以時差加午前後分為午前後定分（其月食直以定望小餘便為食定小餘）
求日月食甚辰刻置其食定小餘以辰法除之為辰數
不滿進一位刻法除之為刻不滿為刻分其辰數命
子正筭外即食甚辰刻及分
求氣差置其朔中積滿二至限去之餘在一象以下

為在初已上覆減二至限餘為在末皆自相乘進二
位滿二百三十六除之用減三千五百三十三為氣
差以乘距午定分半晝分而一所得以減氣差為定
數（春分後交初以減交中以加秋分後交初以加交中以減）
求刻差置其朔中積滿二至限去之餘列二至限於
下以上減下餘以乘上進二位滿二百三十六除之
為刻差以乘距午定分四因之樞法而一為定數冬
至後食甚在午前夏至後食甚在午後（交初以加交中以減）
冬至後食甚在午後夏至後食甚在午前（交初以減交中以加）
求日入食限置入交定日及餘秒以氣刻時三差定

數各加減之如中日及餘秒以下為不食已上者減
去中日及餘秒如後限以下前限已上為入食限後
限以下為交後分前限以上覆減中日餘為交後分
求日食分置入交前後分如陽曆食限以下者為陽
曆食定分已上者覆減一萬一千二百餘為陰曆食
定分（不足減者不食）各如陰陽曆定法而一為食之大分不
盡退除為小分半已上為半強半以下為半弱命大
分以十為限得日食之分
求日食汎用法置朔入陰陽曆食定分一百約之在
陽曆者列八十四於下在陰曆者列一百四十於下

各以上減下餘以乘上進二位陽曆以一百八十五
除陰曆以五百一十四除各為日食汎用分
求月入食限視月入陰陽曆日及餘如後限以下前
限已上覆減中日為交前分
求月食分置交前後分如三千二百以下者食既已
上用減一萬二百不足減者不食餘以七百除之為
大分不盡退除為小分小分半已上為半強半已下
為半弱命大分以十為限得月食之分
求月食汎用分置望入交前後分退一等自相乘交
初以九百三十五除交中以一千一百五十六除之

得數用減刻率（交初以一千一百一十二爲刻率交中以九百爲刻率）各得所求
求日月食定用分置日月食汎用分以一千三百三十七乘之以所食日轉定分除之即得所求
求日月食虧初復滿小餘各以定用分減食甚小餘爲虧初加食甚小餘爲復滿即各得虧初復滿小餘（若求時刻者依食甚術入之）
求月食更籌定法置其望晨分四因之退一等爲更法倍之退一等爲籌法
求月食入更籌置虧初食甚復滿小餘在晨分以下加晨分昏分已上減去昏分餘以更法除之爲更數不滿以籌法除之爲籌數其更數命初更算外即各得所入更籌
求朔望食甚宿次置其經朔望入氣小餘以入氣入轉朏朒定數朏減朒加之乘其日升降分樞法而一加減其日盈縮分（至後分前以加分後至前以減）一百約之爲分分滿百爲度以盈加縮減其定朔望加時中積以天正冬至加時黃道日度及分加而命之即定朔望加時日躔宿次其望加半周天命如前即朔望食甚宿次
求月食既內外刻分置月食交前後分覆減三千二百（不及減者爲食下既）一百約之列六十四於下以上減下餘以乘上進二位交初以　百九十三除交中以三百六十五除所得以定用分乘之如汎用分而一爲月食既內刻分覆減定用分即既外刻分
求日月帶食出入分數各以食定小餘與日出入分相減餘爲帶食差（其帶食差滿定用分已上者不帶食出入也）以帶食差乘所食分滿定用分而一（若月食既者以既內刻分減帶食差餘所食分以既外刻分而一不及減者爲帶食既出入也）各以減所食分即帶出入所見之分（其朔日食甚在晝者晨爲漸進之分昏爲已退之分若食甚在夜者晨爲已退之分昏爲漸進之分其月食者見此可知也）

求日食所起日在陰曆初起西北甚於正北復於東北日在陽曆初起西南甚於正南復於東南其食八分已上者皆起正西復於正東（此據午地而論之其餘方位審黄道斜正月行所向可知方向）
求月食所起月在陰曆初起東南甚於正南復於西南月在陽曆初起東北甚於正北復於西北其食八分已上皆起正東復於正西（此亦據午地而論之其餘方位依日食所向即知既虧復滿）
步五星
五星會策十五度（二十一分秒九十）
木星周率四百二十二萬四千五十八秒三十二

周日三百九十八餘九千二百三十八秒三十二

歲差一百三秒六

伏見度一十三

變目	變日	變度	限度	初行率
前伏	一十六日八十	三度八十	二度八十五	二十二
前疾初	二十八日	六度六十	四度五十五	二十二
前疾末	二十八日	五度五十二	四度一十五	二十二
前遲初	二十八日	四度四十一	三度三十三	一十八
前遲末	二十八日	二度二十二	一度六十五	一十三
前留	二十四日			
前退	四十六日六十四	五度一十八	空度二十九	空
後退	四十六日六十四	五度一十八	空度二十九	一十六
後留	二十四日			
後遲初	二十八日	二度二十一	一度六十六	空
後遲末	二十八日	四度四十一	三度三十二	一十三
後疾初	二十八日	五度五十二	四度一十五	一十八
後疾末	二十八日	六度六十	四度五十五	二十
後伏	一十六日八十	三度八十	二度八十五	二十二

木星盈縮曆

會數	損益率	盈積度	會數	損益率	縮積度
初	益一百六十三	盈空	初	益二百	縮空
一	益一百四十九	盈一度	一	益一百八十四	縮空一
二	益一百二十六	盈三度一十二	二	益一百五十九	縮三度八十五
三	益九十五	盈四度三十八	三	益一百二十七	縮五度四十五
四	益五十五	盈五度三十三	四	益八十八	縮六度七十二
五	益二十二	盈五度八十八	五	益三十八	縮七度五十七
六	損三十九	盈六度一十	六	損一十五	縮七度九十五
七	損六十五	盈五度七十一	七	損七十三	縮七度八十
八	損九十六	盈五度六	八	損一百二十六	縮七度七
九	損一百二十	盈四度一十	九	損一百六十七	縮五度八十一
十	損一百三十九	盈二度九十	十	損一百八十八	縮四度一十四
十一	損一百五十一	盈一度五十一	十一	損二百二十六	縮二度二十六

火星周率八百二十五萬九千三百六十六秒五十九

周日七百七十九餘九千七百五十六秒五十九

歲差一百三秒五十三

伏見度二十

變目	變日	變度	限度	初行率
前伏	六十九日	四十九度空	四十六度四十六	七十一
前疾初	六十一日	四十二度五十	四十一度二十三	七十一
前疾末	四十三日五十	三十度一十	二十八度五十六	七十

前次疾初	四十三日五十	二十九度三	二十七度五十二	六十八
前次疾末	四十三日五十	二十六度九十二	二十五度五十四	六十三
前遲初	四十三日五十	二十二度七十二	二十一度五十四	五十七
前遲末	四十三日五十	一十四度二十八	一十三度五十五	四十三
前留	一十三日			
前退	二十八日九十六	八度二十一	二度九十二	空
後退	二十八日九十六	八度二十一	二度九十二	二十九
後留	一十三日			
後遲初	四十三日五十	一十四度二十八	一十三度五十五	空
後遲末	四十三日五十	二十二度七十二	二十一度五十四	四十三
後次疾初	四十三日五十	二十六度九十二	二十五度五十四	五十七
後次疾末	四十三日五十	二十九度三	二十七度五十二	六十三
後疾初	四十三日五十	三十度一十	二十八度五十六	六十八
後疾末	六十一日五十	四十三度五十	四十二度二十五	七十
後伏	六十九日	四十九度空	四十六度四十六	七十一

火星盈縮曆

會數	損益率	盈積度	會數	損益率	縮積度
初	益一千一百三十五	盈空	初	益四百一十二	縮空
一	益八百七十六	盈一十一度	一	益四百三十三	縮四度一十二
二	益四百一十七	盈二十度一十一	二	益四百五十五	縮八度四十五
三	益一百四十五	盈二十四度二十八	三	益四百三十七	縮一十三度空
四	損二十四	盈二十五度七十三	四	益四百一	縮一十七度三十七
五	損一百四十六	盈二十五度四十九	五	益三百四	縮二十一度三十八
六	損二百九十六	盈二十四度三	六	益一百八十二	縮二十四度四十二
七	損三百八十八	盈二十一度七	七	益二十六	縮二十六度二十四
八	損四百五十八	盈一十七度一十九	八	損一百五十二	縮二十六度五十
九	損四百四十五	盈一十二度六十一	九	損四百三十八	縮二十四度九十八
十	損四百二十	盈八度一十六	十	損九百	縮二十度六十
十一	損三百九十六	盈三度九十六	十一	損一千一百六十	縮一十一度六十

土星周率四百萬三千八百七十二秒三十九

周日三百七十八餘八百五十二秒三十九

歲差一百三秒七十八

伏見度一十六

變目	變日	變度	限度	初行率
前伏	一十八日三十四	二度三十四	一度四十六	一十二
前疾	二十八日	三度二十九	二度五	一十二
前次疾	二十八日	二度七十三	一度七十一	一十一
前遲	二十八日	一度六十四	一度二	八
前留	三十六日			
前退	五十日七十	三度五十八	度空二十八	空

後退	五十日七十	三度五十八	度空一十八	一十
後留	三十六日			
後遲	二十八日	一度六十四	一度二	空
後次疾	二十八日	二度七十三	一度七十一	八
後疾	二十八日	三度二十九	二度五	一十一
後伏	一十八日三十四	二度三十四	一度四十六	一十二

土星盈縮曆

會數	損益率	盈積度	會數	損益率	縮積度
初	益一百八十七	盈空	初	益一百九十一	縮空
一	益一百七十一	盈一度八十七	一	益一百七十六	縮一度九十一
二	益一百四十四	盈三度五十八	二	益一百五十三	縮三度六十八
三	益一百一十二	盈五度二	三	益一百三十	縮五度二十
四	益六十七	盈六度一十四	四	益七十九	縮六度四十
五	益二十	盈六度八十一	五	益三十一	縮七度一十九
六	損二十九	盈七度一	六	損二十一	縮七度五十
七	損七十四	盈六度七十二	七	損七十二	縮七度二十九
八	損一百一十二	盈五度九十八	八	損一百一十九	縮六度五十七
九	損一百四十三	盈四度八十六	九	損一百五十五	縮五度三十八
十	損一百六十四	盈三度四十三	十	損一百八十三	縮三度八十三
十一	損一百七十九	盈一度九十七	十一	損二百	縮二度

金星周率六百一十八萬二千五百九十九秒一十六

周日五百八十三餘九千六百二十九秒一十六

歲差一百三十秒八十

夕見晨伏度一十一

晨見夕伏度九

變目	變日	變度	限度	初行率
前伏合	三十八日五十	四十九度五十	四十七度六十	一度二十七
夕疾初	六十二日	七十八度四十六	七十五度四十三	一度二十七
夕疾末	三十二日五十	四十一度七十	四十度一十	一度二十五
夕次疾初	三十二日五十	四十度三十六	三十八度八十	一度二十二
夕次疾末	三十二日五十	三十七度六十七	三十六度三十二	一度一十六
夕遲初	三十二日五十	三十二度二十九	三十一度四	一度五
夕遲末	三十二日五十	二十七度五十二	二十六度六十九	八十五
夕留	八日			
夕退	十日九十五	五度五十五	一度二十二	
夕伏退	五日	四度	度空八十六	七十三
再合退	五日	四度	度空八十六	八十三
晨退	十日九十五	五度五十五	一度二十一	七十三
晨留	八日			
晨遲初	三十二日五十	二十七度五十二	二十六度六十九	

晨遲末 三十三日半 三十二度三十九 三十一度四 八十五
晨疾初 三十三日半 三十七度六十七 三十六度三十五 一度五
晨疾末 三十三日半 四十度三十六 三十八度八十 一度十五
晨疾初 三十三日五十 四十二度七十 四十度一十 一度十五
晨疾末 六十二日 七十八度四十六 七十五度四十二 一度二十五
後伏 三十八日 四十九度半 四十七度六十 一度二十五

金星盈縮曆

會數 損益率 盈積度 會數 損益率 縮積度
初 益五十三 盈空 初 益五十二 縮空
一 益四十八 盈空五十三 一 益四十八 縮空五十二
二 益四十一 盈一度 二 益四十一 縮一度
三 益三十一 盈一度四十一 三 益三十一 縮一度四十一
四 益二十一 盈一度七十二 四 益二十一 縮一度七十二
五 益七 盈一度九十三 五 益七 縮一度九十三
六 損七 盈二度 六 損七 縮二度
七 損二十一 盈一度九十三 七 損二十一 縮一度
八 損三十一 盈一度七十二 八 損三十一 縮一度七十二
九 損四十一 盈一度四十一 九 損四十一 縮一度四十一
十 損四十八 盈一度 十 損四十八 縮一度
十一 損五十二 盈空 十一 損五十二 縮五十二

水星周率一百二十二萬七千一百七十秒二十八
周日一百一十五餘九千三百二十秒二十八
歲差一百三秒九十四
夕見晨伏度一十四
晨見夕伏度二十一

變目 變日 變度 限度 初行率
前伏合 一十六日 三十度 二十六度八 一度九十五
夕疾 一十三日 二十一度一十五 一十八度三十八 一度七十九
夕遲 一十三日 一十四度八十五 一十二度 一度四十七
夕留 三日

夕伏退 一十二日九十四 八度六 一度三十二
再合退 一十二日九十四 八度六 一度三十二 九十三
晨留 三日
晨遲 一十三日 一十四度八十五 一十二度一十六
晨疾 一十三日 二十一度一十五 一十八度三十八 一度四十七
後伏 一十六日 三十度 二十六度八 一度七十九

水星盈縮曆

會數 損益率 盈積度 會數 損益率 縮積度
初 益五十七 盈空 初 益五十七 縮空
一 益五十三 盈空五十七 一 益五十三 縮空五十七

二	益四十五	盈一度一十	二	益四十五	縮一度一十
三	益三十五	盈一度五十五	三	益三十五	縮一度五十五
四	益二十二	盈一度九十	四	益二十二	縮一度九十
五	益八	盈二度一十二	五	益八	縮二度一十二
六	損八	盈二度二十	六	損八	縮二度二十
七	損二十二	盈二度一十二	七	損二十二	縮二度一十二
八	損三十五	盈一度九十	八	損三十五	縮一度九十
九	損四十五	盈一度五十五	九	損四十五	縮一度五十五
十	損五十三	盈一度一十	十	損五十三	縮一度一十
十一	損五十七	盈空五十七	十一	損五十七	縮空五十七

推五星天正冬至後諸變中積中星置其氣積分各以其星周率去之不盡覆減周率餘滿樞法除之為日不滿退除為分即天正冬至後平合中積命之積平合中星以諸段變日變度累加之即諸變中積中星其經退行者即其變度累減之即其星其變中星

求五星諸變入曆以其星歲差乘積年滿周天分去之不盡以樞法除之為度不滿退除為分以減其星平合中星即平合入曆以其星其變限度依次加之各得其星諸變入曆度分

求五星諸變盈縮定差各置其星其變入曆度分半周天以下為在盈以上減去半周天餘為在縮置盈縮限度及分以五星會策除之為會數不盡為入會度及分以其會下損益率乘之會策除之為分分滿百為度以損益其下盈縮積度即其星其變盈縮定差若用五歲者以其所入會度下差而用之其木火土三星後退後留者置盈縮差各列其星盈縮極度於下皆以上減下餘以乘上八十七除之所得木土三因火直用之在盈益減損加在縮益加損減其段盈縮差為後退後留定差因為後遲初段定差各須類會前留定差觀其盈縮初末審察降殺皆衰多益少而用之

求五星諸變定積各置其星其變中積以其變盈縮定差盈加縮減之即其星其變定積及分以天正冬至大餘及分加之即其星其變定日及分以紀法去定日不盡命甲子筭外即得日辰

求五星諸變在何月日各置諸變定日以其年天正經朔大餘及分減之若冬至大餘少加經朔大餘者加紀法乃減之餘以朔策及分除之為月數不滿為入月日數及分其月數命以天正十一月筭外即其星其變入其月經朔日數及分若置定積以天正閏月及分加之朔策除為月數亦得所求

求五星諸變入何氣日置定積以氣策及約分除之

為氣數不盡為入氣已來日數及分其氣數命起天
正冬至筭外即五星諸變入其氣日及分（其定積滿歲周日及分即去之餘在來年天正冬至後）
求五星諸變定星各置其變中星以其變盈縮定差
盈加縮減之（其金水二星金以倍之水以三之乃可加減）即五星諸變定
星以天正冬至加時黃道日度加而命之即其星其
變加時定星宿次及分（五星皆以前留為前退初日定星後留為後退初日定星）
求五星諸變初日晨前夜半定星以其星其變盈縮
所入會度下盈縮積度與次度下盈縮積度相減餘為
其度損益分乘其變初行率一百約之所得以加減

其日初行率（在盈益加損減在縮益減損加）為初行積率又置一百
分亦依其數加減之以除初行積率為初日定行率
以乘其率初日約分一百約之順減退加其日加時
定星為其變晨前夜半定星加冬至時日度命之即
所在宿次
求諸變日度率置後變定日以其變定日減之餘為
其變日率又置後變夜半定星以其變夜半定星及
分減之餘為其變度率及分
求諸變平行分各置其變度率及分以其變日率除
之為平行分不滿退除為秒即各得平行度及分秒

求諸變總差各以其段平行分與後段平行分相減
餘為汎差併前段汎差四因之九而一為總差若前
段無平行分相減為汎差者（各因後段初日行分與其段平行分相減為半總差倍之為總差）
若後段無平行分相減為汎差者（各因前段末日行分與其段平行分相減為半總差）其前後退行者各置本段平行分
十四乘十五除為總差（其金星夕退夕伏晨合晨退各依順段術入之即得所求）
求諸段初末日行分各半其段總差加減其段平行
分（後段行分多者減之為初加之為末後段行分少者加之為初減之為末）即各得其星
其段初末日行度及分秒（凡前後段平行分俱多或俱少乃平注之及本段總差不滿大分者亦平注之其退行段各以半總差前變減之為初加之為末後變加之為初減之為末）

求每日晨前夜半星行宿次置其段總差減其段日
率一以除之為日差以日差累損益初日行分（後段行分少日損之後段行分多日益之）為每日行度及分以每日行度及分
累加其星其段初日晨前夜半宿次命之即每日星
行宿次（遇退行者以每日行分累減之即得所求）
徑求其日宿次置所求日減一日差乘之加減初日
行分（後行分少即減之後行分多即加之）為所求日行分加日行分而
半之以所求日乘之為徑求積度加其星初日宿次
命之即其日星行宿次
求五星定合日定星以其星平合初日行分減一百

分餘以約其日太陽盈縮分為分分滿百為日不滿為分命為距合差日以盈縮分減之為距合差度以差日差度縮加盈減平合定積定星為其星定合日定積定星（其金水二星以一百分減初日行分餘以除其日太陽盈縮分為距合差日以盈縮分加之為距合差度以差日差度盈加縮減之）金水二星退合者（以初日行分加一百分以除太陽盈縮分為距合差日以距合差日減盈縮分為距合差度以差日差度盈減縮加再合定積定星為其星再合定日定積定星）其金水二星定積（各依見伏術先以盈縮差求其加減訖然後以距合差日差度加減之）

求木火土三星晨見夕伏定日各置其星其段定積乃加減一象度（晨見加之夕伏減之）半周天已下自相乘半周

天已上覆減周天度及分餘亦自相乘一百約為分以其星伏見度乘之十五除之為差乃以其段初日行分覆減一百分餘以除其差為日不滿退除為分所得以加減定積（晨見加之夕伏減之）各得晨見夕伏定積加天正冬至大餘及分命甲子筭外即得日辰

求金水二星夕見晨伏定日各置其星其段定積其定積先倍其段盈縮差縮加盈減之然加減一象度（夕見減之晨伏加之）半周天已下自相乘已上覆減周天度餘亦自相乘一百約為分以其星伏見度乘之十五除為差乃置其段初日行分減去一百分餘以除其差為日不滿退除為分所得以加減定積（夕見加之晨伏減之）各得夕見晨伏定積

求金水二星晨見夕伏定日置其星其段定積其定積先以一百乘其段盈縮差乃以一百分加其日行分以除其差所得盈加縮減然加減一象度（晨見加之夕伏減之）半周天已下自相乘已上覆減周天度餘亦自相乘一百約為分以其星伏見度乘之十五除為差乃置其段初日行分如一百以除其差為日不滿退除為分所得以加減定積（晨見加之夕伏減之）各為其星晨見夕伏定積

曆既成以来年甲子歲用之是年五月丁亥朔日食不效（筭食二分半候之不食）詔候驗至七年命入內都知江德明集曆官用渾儀較測時周琮言古之造曆必使千百年間星度交食若應繩準今曆成而不驗則曆法為未密又有楊皞于淵者與琮求較驗而皞術於木為得淵於金為得琮於月土為得詔增入崇天曆其改用率數如後

周天分三百八十六萬八千六十六秒一十七

周天三百六十五度（虛分二千七百一十六秒十七約分二十五秒六十一）

歲差一百二十六秒一十七

木星

會數	損益率	盈積度
初	益一百五十	盈空
一	益一百三十六	盈一度五十
二	益一百一十六	盈二度八十六
三	益八十七	盈四度二
四	益五十一	盈四度八十九
五	益二十	盈五度四十
六	損三十六	盈五度六十
七	損六十	盈五度二十四

會數	損益率	盈積度
八	損八十八	盈四度六十四
九	損一百一十	盈三度七十六
十	損一百二十八	盈二度六十六
十一	損一百三十八	盈一度三十八

求諸變總差：各以其段平行分與後段平行分相減，餘為汎差；併前段汎差，四因之，退一等，為總差。若前段無平行分相減為汎差者，各因後段末日行分與其段平行分相減為半總差，倍之為總差。若後段無平行分相減為汎差者，各因前段末日行分與其段平行分相減為半總差，倍之為總差。其前後退行者，各置本段平行分，十四乘，十五為總差。其金星夕退、夕伏、再合、晨退，各依順段術入之，即得所求。

求五星定合及見伏汎用積：其木火土三星，各以平合及前疾後伏定積為汎用積。金水二星平合及夕見晨伏者，置其星其段盈縮差，金以倍之，水以三之，列於上位；又置盈縮差，以其段初行率乘之，退二等，以減上位；又置初行率，減去一百分，餘以除之為日，不滿退除為分，乃盈減縮加中積，為其星其變汎用積。金水二星再合及夕伏晨見者，其星其段盈縮差，金星直用，水以倍之，進一位，以其段初行率加一百分以除之，所得并盈縮差，以盈加縮減中積，為其星其段汎用積。

求五星定合定積定星：其木火土三星平合者，以平合初日行分減一百分，餘以約其日太陽盈縮分為分，滿百為日，不滿為分，命為距合差日；以盈縮分減之，為距合差度；以差日差度盈加縮減其星平合汎用積，為其星定合日定積定星。金水二星平

合者，以一百分減初日行分，餘以除其日太陽盈縮分，為距合差日；以盈縮分加之，為距合差度；以差日差度盈加縮減平合汎用積，為其星定合日定積定星也。金水二星退合者，以初日行分一百分以除太陽盈縮分為距合差日，以距合差日減盈縮分為距合差度，以差日盈減縮加再合汎用積，為其星再合定日定積；差度盈加縮減再合汎用積，為其星再合日定星。各加冬至大小餘及黃道加時日躔宿次命之，即得其日日辰及宿次。

求木火土星晨見夕伏定用積：各置其星其段汎用積，乃加減一象度，晨見加之，夕伏減之。半周天已下自相乘，已上覆減周天度，餘亦自相乘，各三因，百約之。在一百六十七已上，以一百約其日太陽盈縮分，減之；不滿一百六十七者，即加之，以其星本伏見度乘之，十五

除為差乃置其段初日行分覆減一百分餘以除其差為日不滿退除為分所得以加減汎用積晨見加之夕伏減之各得其星晨見夕伏定用積加天正冬至大餘命甲子筭外即得日辰

求金水二星夕見晨伏定用積各置其星其段汎用積乃加減一象度夕見減之晨伏加之半周天已下自相乘已上覆減周天度餘亦自相乘二因百約之滿一百六十七已上以一百約太陽盈縮分減之不滿一百六十七者即加之以其星本伏見度乘之十五除為差乃置其段初日行分減去一百分餘以除其差為日

不滿退除為分所得以加減汎用積晨見加之夕伏減之各得夕見晨伏定用積加命如前即得日辰

求金水二星晨見夕伏定用積各置其星其段汎用積乃加減一象度晨見加之夕伏減之半周天以下自相乘已上覆減周天度餘亦自相乘二因百約之在一百六十七已上以百約太陽盈縮分減之不滿一百六十七者即加之以其星本伏見度乘之十五除為差金星者直以一百除其差為日不滿退除為分所得以加減汎用積晨見加之夕伏減之各為其星晨見夕伏定用積加命如前即得日辰

景祐元年七月日官張奎言自今月朔或遇節即首勿避詔中書集曆官參議而丁慎言請如舊制有詔卒從奎議

志卷第二十六

志卷第二十七　　宋史七十四

開府儀同三司上柱國錄軍國重事前中書右丞相監修國史領經筵事都總裁脫脫等奉

勅修

律曆七（明天曆）

崇天曆行之至于嘉祐之末英宗即位命殿中丞判司天監周琮及司天冬官正王炳丞王棟主簿周應祥周安世馬傑靈臺郎楊得言作新曆三年而成琮言舊曆氣節加時後天半日五星之行差半次日食之候差十刻既而司天中官正舒易簡與監生石道李遘更陳家學於是詔翰林學士范鎮諸王府侍講孫

思恭國子監直講劉攽考定是非上推尚書辰弗集于房與春秋之日食參今曆之所候而易簡道遘等所學踈闊不可用新書為密遂賜名明天曆詔翰林學士王珪序之而琮亦為義略冠其首今紀其曆法于後

調日法（朔餘周天分斗分歲差日度母附）

造曆之法必先立元元正然後定日法法定然後度周天以定分至三者有程則曆可成矣日者積餘成之度者積分成之蓋日月始離初行生分積分成日百四分曆洎古之六曆皆以九百四十為日法率由

日行一度經三百六十五日四分之一是為周天月行十三度十九分之七經二十九日有餘與日相會是為朔策史官當會集日月之行以求合朔自漢太初至于今冬至差十日如劉歆三統復強於古故先儒謂之最疎後漢劉洪考驗四分於天不合乃減朔餘苟合時用自是已降率意加減以造日法宋世何承天更以四十九分之二十六為強率十七分之九為弱率於強弱之際以求日法承天日法七百五十二得一十五強一弱自後治曆者莫不因承天法累強弱之數皆不悟日月有自然合會之數今稍悟其

失定新曆以三萬九千為日法六百二十四萬為度母九千五百為斗分二萬六百九十三為朔餘可以上稽於古下驗於今反覆推求若應繩準又以二百三十萬一千為月行之餘（月行十三度之餘）以一百六十萬四百四十七為日行之餘（日行周天之餘）乃會日月之行以盈不足平之并盈不足是為一朔之法（月法也名元法）今乃以大月乘不足之數以小月乘盈行之分平而并之是為一朔之實（周天分也）以法約實得日月相會之數皆以等數約之悉得今有之數（盈為朔虛不足為朔餘）又二法相乘為本母各母互乘以減周天餘則歲差生焉亦以

等數約之即得歲差度母周天實用之數此之一法理極幽眇所謂反覆相求潛遁相通數有冥符法有偶會古曆家皆所未達（以等數約之得三萬九千為元法九千五百為斗分三萬六百九十三為朔餘六百二十四萬為日度母二十二億七千七百二十萬四百四十七為周天分八萬四百四十七為歲差）

歲餘九千五百（古曆曰斗分）

古者以周天三百六十五度四分度之一是為斗分夫舉正於中上稽往古下驗當時反覆參求合符應準然後施行于百代為不易之術自後治曆者測今冬至日晷用校古法過盈皆萬為母課諸氣分率二千

五百以下二千四百二十八已上為中平之率新曆斗分九千五百以萬平之得二千四百二十五半盈得中平之數也而三萬九千年冬至小餘成九千五百日滿朔實一百一十五萬一千六百九十三年齊于日分而氣朔相會

歲周一千四百二十四萬四千五百以元法乘三百六十五度內斗分九千五百得之即為一歲之日分故曰歲周（若以二十四均之得一十五日餘八千五百二十秒一十五為一氣之策也）

朔實一百一十五萬一千六百九十三本會日月之行以盈不足平而得二萬六百九十三是為朔餘（在備調日法術中）是則四象全策之餘也今以元法乘四象全策二十九總而并之是為一朔之實也古曆以一百萬平朔餘之分得五十三萬六百以下五百七十已上是為中平之率新曆以一百萬平之得五十三萬五百八十九得中平之數也（若以四象均之得七日餘一萬四千九百二十三秒是為弦策也）

中盈朔虛分（閏餘附）日月以會朔為正氣亭以斗建為中是故氣進而盈分存焉置中節兩氣之策以一月之全策三十減之每至中氣即一萬七千四十秒十二是為中盈分朔退而虛分列焉置一月之全策三

十以朔策及餘減之餘一萬八千三百七是為朔虛分綜中盈朔虛分而閏餘章焉（閏餘三萬五千三百四十五秒一十三）從消息而自致以盈虛名焉

紀法六十易乾象之文九分象之爻六震坎艮象之爻皆七巽離兌象之爻皆八綜八卦之數凡六十又六旬之數也紀者終也數終八卦故以紀名焉

天正冬至大餘五十七小餘一萬七千先測立冬晷景次取測立春晷景取近者通計半之為距至汎日乃以晷數相減餘者以法乘之滿其日晷差而一為差刻乃以差刻（求冬至視其前晷多則為減少則為加求夏至者反之）加減距

至汎日為定日仍加半日之刻命從前距日辰筭外即二至加時日辰及刻分所在如此推求則加時與日晷相協今須積歲四百一年（治平元年甲辰歲氣積年也）則冬至大小餘與今適會

天正經朔大餘三十四（小餘三萬一千閏餘八十八萬三千九百九十）此乃檢括日月交食加時早晚而定之損益在夜半後得戊戌之日以方程約而齊之今須積歲七十一萬一千七百六十一（治平元年甲辰歲朔積年也）則經朔大小餘與今有之數偕閏餘而相會

日度歲差八萬四百四十七書舉正南之星以正四方盖先王以明時授人奉天育物然先儒所述互有同異虞喜云堯時冬至日短星昴今二千七百餘年乃東壁中則知每歲漸差之所至又何承天云堯典日永星火以正仲夏宵中星虛以正仲秋今以中星校之所差二十七八度即堯時冬至日在須女十度故祖冲之脩大明曆始立歲差率四十五年九月却一度虞鄺劉孝孫等因之各有增損以創新法若從虞喜之驗昴中則五十餘年日退一度若依承天之驗火中又不及百年日退一度後皇極綜兩曆之率而要取其中故七十五年而退一度此乃通其意未盡其微今則別調新率改立歲差大率七十七年七月日退一度上元命於虛九可以上覆往古下逮於今自帝堯以來循環考驗新曆歲差皆得其中最為親近

周天分二十二億七千九百二十萬四百四十七本齊日月之行會合朔而得之（在調日法）使上考仲康房宿之交下驗姜岌月食之衝三十年間若應準繩則新曆周天有自然冥符之數最為密近

日躔盈縮定差張胄玄名損益率曰盈縮數劉孝孫以盈縮數為朓朒積皇極有陟降率遲疾數麟德曰

先後盈縮數大衍曰損益朓朒積崇天曰損益盈縮積所謂古曆平朔之日而月或朝覿東方夕見西方則史官謂之朓朒今以日行之所盈縮月行之所遲疾皆損益之或進退其日以為定朔則舒亟之度乃勢數使然非失政之致也新曆以七千一為盈縮之極其數與月離相錯而損益盈縮為名則文約而義見

升降分皇極躔衰有陟降率麟德以日景差陟降率日晷景消息為之義通軌漏夫南至之後日行漸升去極近故晷短而萬物皆盛北至之後日行漸

降去極遠故晷長而萬物寖衰自大衍以下皆從麟德今曆消息日行之升降積而為盈縮焉

赤道宿漢百二年議造曆乃定東西立晷儀下漏刻以追二十八宿相距於四方赤道宿度則其法也其赤道斗二十六度及分牛八度女十二度虛十度危十七度室十六度壁九度奎十六度婁十二度胃十四度昴十一度畢十六度觜二度參九度井三十三度鬼四度柳十五度星七度張十八度翼十八度軫十七度角十二度亢九度氐十五度房五度心五度尾十八度箕十一度自後相承用之至唐初李淳風造渾儀亦無所改

開元中浮屠一行作大衍曆詔梁令瓚作黃道游儀測知畢觜參及輿鬼四宿赤道宿度與舊不同（畢十七度觜一度參十度鬼三度）自一行之後因相沿襲下更五代無所增損至仁宗皇祐初始有詔造黃道渾儀鑄銅為之自後測驗赤道宿度又一十四宿與一行所測不同（斗二十五度牛七度女十一度危十六度室十七度胃十五度畢十八度井三十四度鬼二度柳十四度氐十六度心六度尾十九度箕十度）蓋古今之人以八尺圓器欲以盡天體決知其難矣又況圖本所指距星傳習有差故今赤道宿度與古不同自漢太初後至唐開元治曆之初凡八百年間悉無更易今雖測驗與舊不同亦

歲月未久新曆兩備其數如淳風從舊之意

月度轉分洪範傳曰晦而月見西方謂之朓月未合朔在日後今在日前太疾也朓者人君舒緩臣下驕盈專權之象朔而月見東方謂之側匿合朔則月與日合今在日後太遲也側匿者人君嚴急臣下危殆恐懼之象盈則進縮則退躔離九道周合三旬考其變行自有常數傳稱人君有舒疾之變未達月有遲速之常也後漢劉洪粗通其旨爾後治曆者多循舊法皆考遲疾之分增損平會之朔得月後定追及日之際而生定朔焉至於加時早晚或速或遲皆

由轉分強弱所致舊曆課轉分以九分之五為強率一百一分之五十六為弱率乃於強弱之際而求秒焉新曆轉分二百九十八億八千二百二十四萬二千二百五十一以一百萬平之得二十七日五十五萬四千六百二十六家得中平之數舊曆置日餘而求朓朒之數衰次不倫今從其度而遲疾有漸用之課驗稍符天度

轉度母（轉法會周附）本以朔分并周天是為會周（一朔之月常度也）去其朔差為轉終（朔差乃終外之數也）各以等數約之（各用本母）即得實用之數乃以等數約本母為轉度母（齊數也）又

以等數約月分為轉法（亦名轉日法也）以轉法約轉終得轉日及餘本曆剏立此數皆古曆所未有（約得八千一百一十二萬為轉度母二百九十八億八千二百二十四萬二千二百五十一為轉終分三百二十億二千五百一十二萬九千二百五十一為會周一十億八千四百四十七萬三千為轉法二十一億四千二百八十八萬七千為朔差）

月離遲疾定差皇極有加減限朓朒積麟德曰增減率遲疾積大衍曰損益率朓朒積崇天亦曰損益率朓朒積所謂日不及平行則損之過平行則益之從陽之義也月不及平行則益之過平行則損之御陰之道也陰陽相錯而以損益遲疾為名新曆以一萬

四千八百一十九為遲疾之極而得五度八分其數與躔相錯可以知合食加時之早晚也

進朔進朔之法與于麟德自後諸曆因而立法互有不同假令仲夏月朔月行極疾之時合朔當於亥正若不進朔則晨而月見東方若從大衍當戌初進朔則朔日之夕月生於西方新曆察朔日之餘驗月行徐疾變立法率參驗加時常視定朔小餘秋分後四分法之三已上者進一日春分後定朔晨分差如春分之日者三約之以減四分之二定朔小餘如此數已上者亦進以來日為朔俾循環合度月不見於朔晨交會無差明必藏於朔夕加時在於午中則晦日之晨同二日之夕皆合月見加時在於酉中則晦日之晨尚見二日之夕未生加時在於子中則晦日之晨不見二日之夕以生定晦朔乃月見之晨夕可知課小餘則加時之早晏無失使坦然不惑觸類而明之

消息數因漏刻立名義通晷景麟德曆差曰屈伸率天晝夜者易進退之象也冬至一陽爻生而晷道漸升夜漏益減象君子之道長故曰息夏至一陰爻生而晷道漸降夜漏益增象君子之道消故曰消表景

與陽為衡從晦者也故與夜漏長短今以屈伸象太陰之行而刻差曰消息數黃道去極日行有南北故晷漏有長短然景差徐疾不同者句股使之然也景直晷中則差遲與句股數齊則差急隨北極高下所遇不同其黃道去極度數與日景漏刻昏曉中星反覆相求消息用率步日景而稽黃道因黃道而生漏刻而正中星四術旋相為中以合九服之變約而易知簡而易從

六十四卦十二月卦出於孟氏七十二候原於周書後宋景業因劉洪傳卦李淳風據舊曆元圖皆未覩

陰陽之賾至開元中浮屠一行考楊子雲太玄經錯綜其數索隱周公三統紀正時訓參其變通著在爻象非深達易象孰能造於此乎今之所脩循一行舊義至於周策分率隨數遷變夫六十卦直常度全次之爻者諸侯卦也竟六日三千四百八十六秒而大夫受之次九卿受之次三公受之次天子受之五六相錯復協常月之次凡九三應上九則天微然以静六三應上六則地鬱然而定九三應上六即温六三應上九即寒上爻陽者風陰者雨各視所直之爻察不刋之象而知五等與君辟之得失過與不及焉

七十二候李業興以來迄于麟德凡七家曆皆以雞始乳為立春初候東風解凍為次候其餘以次承之與周書相校二十餘日舛訛益甚而一行改從古義今亦以周書為正

岳臺日晷岳臺者今京師岳臺坊地曰浚儀近古候景之所尚書洛誥稱東土是也禮玉人職土圭長尺有五寸以致日此即日有常數也司徒職以圭正日晷日至之景尺有五寸謂之地中此即是地土中致日景與土圭等然表長八尺見於周髀夫天有常運地有常中曆有正象表有定數言日至者明其日至

此也景尺有五寸與圭等者是其景晷之真效然夏至之日尺有五寸之景不因八尺之表將何以得故經見夏至日景者明表有定數也新曆周歲中晷長短皆以八尺之表測候所得名中晷常數交會日月成象於天以辯尊卑之序日君道也月臣道也謫食之變皆與人事相應若人君脩德以禳之則或當食而不食故太陰有變行以避日則不食五星潛在日下為太陰禦侮而扶救則不食涉交數淺或在陽曆日光著盛陰氣衰微則不食德之休明而有小眚焉天為之隱是以光微蔽之雖交而不見食此四者皆德感之所繇致也按大衍曆議開元十二年七月戊午朔當食時自交阯至朔方同日度景測候之際晶明無雲而不食以曆推之其日入交七百八十四分當食八分半十三年天正南至東封禮畢還次梁宋史官言十二月庚戌朔當食帝曰予方脩先后之職謫見于天是朕之不敏無以對揚上帝之休也於是徹膳素服以俟之而卒不食在位之臣莫不稱慶以謂德之動天不俟終日以曆推之是月入交二度弱當食十五分之十三而陽光自若無纖毫之變雖筭術乖舛不宜若是凡治曆之道定分寂微故損益毫釐未

得其正則上考春秋以來日月交食之載必有所差假令治曆者因開元二食變交限以從之則所協甚少而差失過多由此明之詩云此日而微乃非天之常數也舊曆直求月行入交令則先課交初所在然後與月行更相表裏務通精數

四正食差正交如累璧漸減則有差在內食分多在外食分少交淺則間遙交深則相薄所觀之地又偏所食之時亦別苟非地中皆隨所在而漸異縱交分正等同在南方冬食則多夏食乃少假均冬夏早晚又殊處南辰則高居東西則下視有斜正理不可均

月在陽曆校驗古今交食所虧不過其半合置四正食差則斜正於卯酉之間損益於子午之位務從親密以考精微

五星立率五星之行亦因日而立率以示尊卑之義日周四時無所不照君道也星分行列宿臣道也陰陽進退于此取儀刑焉是以當陽而進當陰而退皆得其常故加減之古之推步悉皆順行至秦方有金火逆數大衍曰木星之行與諸星稍異商周之際率一百二十年而超一次至戰國之時其行寖急速中平之後八十四年而超一次自此之後以為常率其

行也初與日合一十八日行四度乃晨見東方而順行一百八日計行二十二度強而留二十七日乃退行四十六日半退行五度強與日相望旋日而退又四十六日半退五度強復留二十七日而順行一百八日行十八度強乃夕伏西方又十八日行四度復與日合

火星之行初與日合七十日行五十二度乃晨見東方而順行二百八十日計行二百一十六度半弱而留十一日乃退行二十九日退九度與日相望旋日而退又二十九日退九度復留十一日而順行二百

八十日行一百六十四度半弱而夕伏西方又七十日行五十二度復與日合

土星之行初與日合二十一日行二度半乃晨見東方順行八十四日計行九度半強而留三十五日乃退行四十九日退三度半與日相望乃旋日而退又四十九日退三度少復留三十五日又順行八十四日行七度強而夕伏西方又二十一日行二度半復與日合

金星之行初與日合三十八日半行四十九度太而夕見西方乃順行二百三十一日計行二百五十一

度半而留七日乃退行九日退四度半而夕伏西方又六日半退四度太與日再合又六日半退四度太而晨見東方又退九日逆行四度半而復留七日而復順行二百三十一日行二百五十一度半乃晨伏東方又三十八日半行四十九度太復與日會

水星之行初與日合十五日行三十三度乃夕見西方而順行三十日計行六十六度而留三日乃夕伏西方而退十日退八度與日再合又退十日退八度乃晨見東方而復留三日又順行三十三日行三十三度而晨伏東方又十五日行三十三度與日復會

一行云五星伏見留逆之效表裏盈縮之行皆係之於時驗之於政小失則小變大失則大變事微而象微事章而象章蓋皇天降譴以警悟人主又或算者昧於象占者迷於數覩五星失行悉謂之曆舛以數象相參兩喪其實大凡校驗之道必稽古今注記使上下相距反覆相求苟獨異常則失行可知矣

星行盈縮五星差行惟火尤甚乃有南侵狼坐北入匏瓜變化超越獨異於常是以日行之分自有盈縮此乃天度廣狹不等氣序升降有差致令升降之分積為盈縮之數凡五星入氣加減興于張子信以後方士各自增損以求親密而開元曆別為四象六爻均以進退今則別立盈縮與舊異

五星見伏五星見伏皆以日度為規日度之運既進退不常星行之差亦隨而增損是以五星見伏先考日度之行今則審日行盈縮究星躔進退五星見伏率皆密近舊說水星晨應見不見在雨水後穀雨前夕應見不見在處暑後霜降前又云五星在卯酉南則見遲伏早在卯酉北則見早伏遲蓋天勢使之然也

步氣朔術

演紀上元甲子歲距治平元年甲辰歲積七十一萬一千七百六十算外上驗往古每年減一算下算將來每年加一算

元法三萬九千

歲周一千四百二十四萬四千五百

朔實一百一十五萬一千六百九十三

歲周三百六十五日餘九千五百

朔策二十九餘二萬六百九十三

望策一十四餘二萬九千八百四十六半

弦策七餘一萬四千九百二十三秒

氣策一十五餘八千五百二十秒一十五

中盈分一萬七千四十一秒一十二

朔虛分一萬八千三百七

閏限一百一十一萬六千三百四十四秒六
歲閏四十三萬四千一百八十四
月閏三萬五千三百四十八秒一十二
没限三萬四百七十九秒三
紀法六十秒母一十八
求天正冬至置所求積年以歲周乘之為天正冬至氣積分滿元法除之為積日不滿為小餘日盈紀法去之不盡命甲子筭外即得所求年前天正冬至日辰及餘
求次氣置天正冬至大小餘以氣策加之即得次氣大小餘若秒盈秒母從小餘小餘滿元法從大餘大餘滿紀法即去之命大餘甲子筭外即次氣日辰及餘餘氣累而求之
求天正經朔置天正冬至氣積分滿朔實去之為積月不盡為閏餘盈元法為日不盈為餘以減天正冬至大小餘為天正經朔大小餘大餘不足減加紀法小餘不足減退大餘加元法以減之命大餘甲子筭外即得所求年前天正經朔日辰及餘
求弦望及次朔經日置天正經朔大小餘以弦策累加之命如前即得弦望及次朔經日日辰及餘
求没日置有没之氣小餘二十四氣小餘在没限已上者為有没之氣以秒母乘之其秒從之用減七十一萬二千二百二十五餘以一萬二百二十五除之為没日不滿為餘以没日加其氣大餘命甲子筭外即其氣没日日辰
求減日置有減經朔小餘經朔小餘不滿朔虛分者為有減之朔以三十乘之滿朔虛分為減日不滿為餘以減日加經朔大餘命甲子筭外即其月減日日辰

步發斂術

候策五餘二千八百四十秒五
卦策六餘三千四百八秒六
土王策三餘一千七百四秒三

辰法三千二百五十刻法三百九十
半辰法一千六百二十五秒母一十八
求七十二候各置中節大小餘命之為初候以候策加之為次候又加之為末候各命甲子筭外即得其候日辰
求六十四卦各因中氣大小餘命之為公卦用事日以卦策加之即次卦用事日以土王策加諸侯之卦得十有二節之初外卦用事日
求五行用事日各因四立之節大小餘命之即春木夏火秋金冬水首用事日以土王策減四季中氣大

小餘命甲子筭外即其月土始用事日也

求發斂加時各置小餘滿辰法除之為辰數不滿者刻法而一為刻又不滿為分命辰數從子正筭外即得所求加時辰時若以半辰之數加而命之即得辰初後所入刻數

求發斂去經朔置天正經朔閏餘以月閏累加之即每月閏餘滿元法除之為閏日不盡為小餘即得其月中氣去經朔日及餘秒其閏餘滿閏限即為置閏以月內無中氣為定

求卦候去經朔各以卦候策及餘秒累加減之中氣前減中氣後加即各得卦候去經朔日及餘秒

步日躔術

日度母六百二十四萬

周天分二十二億七千九百二十萬四百四十七

周天三百六十五度餘一百六十四萬四百四十七約分二千五百六十四秒八十二

歲差八萬四百四十七

二至限一百八十二度餘二萬四千二百五十約分六千二百一十八

一象度九十一餘一萬二千一百二十五約分三千一百九

求朔弦望入盈縮度置二至限度及餘以天正閏日及餘減之餘為天正經朔入縮度及餘以弦策累加之滿二至限度及餘去之則盈入縮縮入盈而互得之即得弦望及次經朔日所入盈縮度及餘其餘以一萬乘之元法除之即得約分

求朔弦望盈縮差及定差各置朔弦望所入盈縮度及約分如在象度分以下者為在初已上者覆減二至限餘為在末置初末度分於上列二至於下以上減下餘以下乘上為積數滿四千一百三十五除之為度不滿退除為分命曰盈縮差度及分若以四百乘積數滿五百六十七除之為盈縮定差若用立成者以其度損益率乘度除滿元法而一所得以損益其下盈縮積為定差度其損益初末分為二日者各隨其初末以乘除其後皆如此例

求定氣日冬夏二至盈縮之端以常為定餘者以其氣所得盈縮差度及分盈減縮加常氣日及約分即為其氣定日及分

赤道宿度

斗二十六　牛八　女十二　虛十及分

危十七　室十六　壁九

北方七宿九十八度餘一百六十萬四百四十七約分二千五百六十四

奎十六　婁十二　胃十四　昴十一

畢十七　觜一　參十

西方七宿八十一度

井三十三　鬼三　柳十五　星七

張十八　翼十八　軫十七

南方七宿一百一十一度

角十二　亢九　氐十五　房五

心五　尾十八　箕十一

東方七宿七十五度

前皆赤道度自大衍以下以儀測定用為常數赤道者常道也紘於天半以格黃道

求天正冬至赤道日度以歲差乘所求積年滿周天分去之不盡用減周天分餘以度母（除之一度）為度不滿為餘（餘以一萬乘之度母退除為約分）命起赤道虛宿六度去之至不滿宿即所求年天正冬至加時赤道日躔所在宿度及分

求夏至赤道加時日度置天正冬至加時赤道日度以二至限度及分加之滿赤道宿度去之即得夏至加時赤道日度（若求二至昏後夜半赤道日度者各以二至之日約餘減一萬分餘以加二至加時赤道日度即為二至初日昏後夜半赤道日度每日加一度滿赤道宿度去之即得每日昏後夜半赤道日度）

求赤道宿積度置冬至加時赤道宿全度以冬至赤道加時日度減之餘為距後度及分以赤道宿度累加之即各得赤道其宿積度及分

求赤道宿積度入初末限各置赤道宿積度及分滿九十一度三十一分去之餘在四十五度六十五分半以下（分以日為母）為在初限以上者用減九十一度三十一分餘為入末限度及分

求二十八宿黃道度各置赤道宿入初末限度及分用減一百一十一度三十七分餘以乘初末限度及分進一位以一萬約之所得命曰黃赤道差度及分在至後分前減在分後至前加皆加減赤道宿積度及分為其宿黃道積度及分以前宿黃道積度減其宿黃道積度為其宿黃道度及分（其分就近為太半少）

黃道宿度

斗二十三半　牛七半　女十一半　虛十少秒六十四

危十七太　室十七少　壁九太

北方七宿九十七度半秒六十四

奎十七太　婁十二太　胃十四半　昴十太

畢十六　觜一　參九少

西方七宿八十一度

井三十　鬼二太　柳十四少　星七

張十八太　翼十九半　軫十八太

南方七宿一百一十一度

角十三　亢九半　氐十五半　房五

心四　尾十七　箕十

東方七宿七十四度太

七曜循此黃道宿度，準今曆變定。若上考往古，下驗將來，當據歲差，每移一度，乃依法變從當時宿度，然後可步日月五星，知其守犯。

求天正冬至加時黃道日度：以冬至加時赤道日度及分減二百一十一度三十七分，餘以冬至加時赤道日度及分乘之，進一位，滿一萬約之為度，不滿為分，命曰赤道差；用減冬至赤道日度及分，即為所求年天正冬至加時黃道日度及分。

求冬至之日晨前夜半日度：置一萬分，以其日升分加之，以乘冬至約餘，以一萬約之，所得以減冬至加時黃道日度，即為冬至之日晨前夜半黃道日度及分。

求逐月定朔之日晨前夜半黃道日度：置其朔距冬至日數，以其度下盈縮積度盈加縮減之，餘以加天正冬至夜半日度，命之，即其月定朔之日晨前夜半日躔所在宿次。

求每日夜半黃道日度：各置其定朔之日晨前夜半黃道日度，每日加一度，以其日升降分升加降減之，滿黃道宿度去之，即各得每日晨前夜半黃道日躔所在宿度及分。若次年冬至小餘滿法者，以昇分極數加之。

志卷第二十七

開府儀同三司上柱國錄軍國重事前中書右丞相監脩國史領經筵事都總裁臣脫脫等奉敕修

律曆八　明天曆

步晷漏術

二至限一百八十二日六十二分

一象度九十一度三十一分

消息法一萬六百八十九

辰法三千二百五十

刻法三百九十

半辰法一千六百二十五

昏明刻分九百七十五

昏明二刻一百九十五分

冬至岳臺晷景常數一丈二尺八寸五分

夏至岳臺晷景常數一尺五寸七分

冬至後初限夏至後末限四十五日六十二分

夏至後初限冬至後末限一百三十七日

求岳臺晷景入二至後日數計入二至後來日數以二至約餘減之仍加半日之分即爲入二至後來日午中積數及分

求岳臺晷景午中定數置所求午中積數加初限以下者爲在初已上者覆減二至限餘爲在末其在冬至後初限夏至後末限者以入限日減一千九百三十七半爲汎差仍以入限日分乘其日盈縮積（盈縮積在日度術中）五因百約之用減汎差爲定差乃以入限日分自相乘以乘定差滿一百萬爲尺不滿爲寸爲分及小分以減冬至常晷餘爲其日午中晷景定數若所求入冬至後末限夏至後初限者乃三約入限日分以減四百八十五少餘爲汎差仍以盈縮差減極數餘者若在春分後秋分前者直以四約之以加汎差爲定差若春分前秋分後者以去二分日數及分乘之滿六百而一以減汎差餘爲定差乃以入限日分自相乘以乘定差滿一百萬爲尺不滿爲寸爲分及小分以加夏至常晷即爲其日午中晷景定數

求每日消息定數置所求日中日度分如在二至限以下者爲在息以上者去之餘爲在消又視入消息度加一象以下者爲在初已上者覆減二至限餘爲在末其初末度自相乘以一萬乘而再折之滿消息法除之爲常數乃副之用減一千九百五十餘以乘其副滿八千六百五十除之所得以加常數爲所求消息定數

求每日黃道去極度及赤道內外度置其日消息定數以

四因之滿三百二十五除之爲度不滿退除爲分所得在春分後加六十七度三十一分在秋分後減一百一十五度三十一分即爲所求日黄道去極度及分以黄道去極度與一象度相減餘爲赤道內外度若去極度少爲日在赤道內若去極度多爲日在赤道外

求每日晨昏分及日出入分以其日消息定數春分後加六千八百二十五秋分後減一萬七百二十五餘爲所求日晨分用減元法餘爲昏分以昏明分加晨分爲日出分減昏分爲日入分

求每日距中距子度及每更差度置其日晨分以七百乘之滿七萬四千七百四十二除爲度不滿退除爲分命曰距子度用減半周天餘爲距中度若倍距子度五除之即爲每更差度及分若依司辰星漏曆則倍距子度減去待旦三十六度五十二分半餘以五約之即每更差度

求每日夜半定漏置其日晨分以刻法除之爲刻不滿爲分即所求日夜半定漏

求每日晝夜刻及日出入辰刻倍夜半定漏加五刻爲定刻用減一百刻餘爲晝刻以昏明刻加夜半定漏滿辰法除之爲辰數不滿刻法除之爲刻又不滿爲刻分命辰數從子正筭外即日出辰刻以晝刻加之命如前即日入辰刻若以半辰刻加之即命從辰初也

求更點辰刻倍夜半定漏二十五而一爲點差刻五因之爲更差刻以昏明刻加日入辰刻即甲夜辰刻以更點差刻累加之滿辰刻及分去之各得更點所入辰刻及分若同司辰星漏曆者倍夜半定漏減去待旦一十刻餘依術求之即同內中更點

求昏曉及五更中星置距中度以其日昏後夜半赤道日度加而命之即其日昏中星所格宿次其昏中星便爲初更中星以每更差度加而命之即乙夜所格中星累加之得逐更中星所格宿次又倍距子度加昏中星命之即曉中星所格宿次若同司辰星漏曆中星則倍距子度減去待旦十刻之度三十六度五十二分半餘約之爲五更即同內中更點中星

求九服距差日各於所在立表候之若地在岳臺北測冬至後與岳臺冬至晷景同者累冬至後至其日爲距差日若地在岳臺南測夏至後與岳臺晷景同者累夏至後至其日爲距差日

求九服晷景若地在岳臺北冬至前後者以冬至前後日數減距差日爲餘日以餘日減一千九百三十七半爲汎差依前術求之以加岳臺冬至晷景常數爲其地其日中晷常數若冬至前後日多於距差日乃減去距差日餘依前術求之即得其地其日中晷常數若地在岳臺南夏至前後者以夏至前後日數減距差日爲餘日乃三約之以

減四百八十五少爲汎差依前術求之以減岳臺夏至晷景常數即其地其日中晷常數如夏至前後日數多於距差日乃減岳臺夏至常晷餘即晷在表南也若夏至前後日多於距差日即減去距差日餘依前術求之各得其地其日中晷常數若求定數依立成以求午中晷景定數

求九服所在晝夜漏刻冬夏二至各於所在下水漏以定其地二至夜刻乃相減餘爲冬夏至差刻置岳臺其日消息定數以其地二至差刻乘之如岳臺二至差刻二十而一所得爲其地其日消息定數乃倍消息定數滿刻法約之爲刻不滿爲分乃加減其地二至夜刻秋分後春分前減冬至夜刻春

分後秋分前加夏至夜刻爲其地其日夜刻用減一百刻餘爲晝刻其日出入辰刻及距中度五更中星並依前術求之

步月離術

轉度母八千一百一十二萬

轉中分二百九十八億八千二百二十四萬二千二百五十一

朔差二十一億四千二百八十八萬七千

朔差二十六度餘三千三百七十六萬七千約餘四千一百六十二半

轉法一十億八千四百四十七萬三千

會周三百二十億二千五百一十二萬九千二百五十一

轉終三百六十八度餘三十八萬二千二百五十一約餘三千七百八

轉終二十七日餘六億一百四十七萬一千二百五十一約餘五千五百四十六

中度一百八十四度餘一千五百四萬一千一百二十五半約餘一千八百五十四

象度九十二度餘七百五十二萬五百六十二太約分九百二十七

月平行十三度餘二千九百九十一萬三千約分三千六百八十七半

望差一百九十七度餘三千一百九十二萬四千六百二十五半約分三千九百三十四

弦差九十八度餘五千六百五十二萬二千三百一十二太約分六千九百六十七

日衰一十八小分九

求月行入轉度以朔差乘所求積月滿轉終分去之不盡爲轉餘滿轉度母除爲度不滿爲餘其餘若以一萬乘之滿轉度母除之即得

約分若以轉法除轉餘即爲入轉日及餘即得所求月加時入轉度及餘若以弦度及餘累加之即得上弦望下弦及後朔加時入轉度及分其度若滿轉終度及餘去之其入轉度如在中度以下爲月行在疾曆如在中度已上者乃減去中度及餘爲月入遲曆

求月行遲疾差度及定差置所求月行入遲速度如在象度以下爲在初已上覆減中度餘爲在末其度餘用約分百爲母置初末度於上列二百一度九分於下以上減下餘以下乘上爲積數滿一千九百七十六除爲度不滿退除爲分命曰遲疾差度在疾爲減在遲爲加以一萬乘積數滿六千七百七十三半除之爲遲疾定差疾加遲減若用立成者以其度下損益率乘度餘滿轉度母而一所

得隨其損益即得遲疾及定差其遲疾初末損益分爲二日者各加其初末以乘除

求朔弦望所直度下月行定分置遲疾所入初末度分進一位滿七百三十九除之用減一百二十七餘爲衰差乃以衰差疾初遲末減遲初疾末加皆加減平行度分爲其度所直月行定分其度以百分命爲分

求朔弦望定日各以日躔盈縮月行遲疾定差加減經朔弦望小餘滿若不足進退大餘命甲子筭外各得定日日辰及餘若定朔干名與後朔干名同者月大不同月小月內無中氣者爲閏月凡注曆觀定朔小餘秋分後四分之三已上者進一日若春分後其定朔晨分差如春分之日者三約之以減四分之三如定朔小餘及此數已上者進一日朔或當交有食初虧在日入已前者其朔不進弦望定小餘不滿日出分者退一日其望或當交有食初虧在日出已前其定望小餘雖滿日出分者亦退之又月行九道遲疾曆有三大二小日行盈縮累增損之則有四大三小理數然也若循其常則當察加時早晚隨其所近而進退之使月之大小不過連三舊說正月朔有交必須消息前後一兩月移食在晦二之日且日食當朔月食當望蓋自然之理夫日之食蓋天之垂誡警悟時政若道化得中則變咎爲祥國家務以至公理天下不可私移晦朔宜順天誡故春秋傳書日食乃紀正其朔不可專移食於晦二其正月朔有交一從近典不可移避

求朔定弦望加時日度置朔弦望中日及約分以日躔盈縮度及分盈加縮減之又以元法退除遲疾定差疾加遲減之餘爲其朔弦望加時定日以天正冬至加時黃道日度加而命之即所求朔弦望加時定日所在宿次朔望有交則依後術

求月行九道凡合朔所交冬在陰曆夏在陽曆月行青道冬至夏至後青道半交在春分之宿當黃道東立夏立冬後青道半交在立春之宿當黃道東南至所衝之宿亦如之冬在陽曆夏在陰曆月行白道冬至夏至後白道半交在秋分之宿當黃道西立冬立夏後白道半交在立秋之宿當黃道西北至所衝之宿亦如之春在陽曆秋在陰曆月行朱道春分秋分後朱道半交在夏至之宿當黃道南立春立秋後朱道半交在立夏之宿當黃道西南至所衝之宿亦如之春在陰曆秋在陽曆月行黑道春分秋分後黑道半交在冬至之宿當黃道正北立春立秋後黑道半交在立冬之宿當黃道東北至所衝之宿亦如之四序離爲八節至陰陽之所交皆與黃道相會故月行九道各視月所入正交積度視正交九道宿度所入節候即其道其節所起滿象度及分去之餘者入交積度及象度並在交會術中若在半象以下爲在初已上覆減

象度及分爲在末限用減一百一十一度三十七分餘以所入初末限度及分乘之退位半之滿百爲度不滿爲分所得爲月行與黃道差數距半交後正交前以差數減距正交後半交前以差數加此加減出入六度單與黃道相較之數若較之赤道隨數遷變不常計去二至以來度數乘黃道所差九十而一爲月行與黃道差數凡日以赤道內爲陰外爲陽月以黃道內爲陰外爲陽故月行宿度入春分交後行陰曆秋分交後行陽曆皆爲同名若入春分交後行陽曆秋分交後行陰曆皆爲異名其在同名以差數加者加之減者減之其在異名以差數加者減之減者加之皆加減黃道宿積度爲九道

宿積度以前宿九道宿積度減其宿九道宿積度餘爲其宿九道宿度及分其分就近約爲太半少三數

求月行九道入交度置其朔加時定日度以其朔交初度及分減之餘爲其朔加時月行入交度及餘其餘以一萬乘之以元法退除之即爲約餘以天正冬至加時黃道日度加而命之即正交月離所在黃道宿度

求正交加時月離九道宿度以正交度及分減一百一十一度三十七分餘以正交度及分乘之退一等半之滿百爲度不滿爲分所得命曰定差以定差加黃道宿度計去冬夏至以來度數乘定差九十而一所得依同異名加減

之滿若不足進退其度命如前即正交加時月離九道宿度及分

求定朔弦望加時月離所在宿度各置其日加時日躔所在變從九道循次相加凡合朔加時月行潛在日下與太陽同度是爲加時月離宿次先置朔弦望加時黃道宿度以正交加時黃道宿度減之餘以加其正交加時九道宿度命起正交宿次筭外即朔弦望加時所當九道宿度其合朔加時若非正交則日在黃道月在九道各入宿度雖多少不同考其去極若應繩準故云月行潛在日下與太陽同度各以弦望度及分如其所當九道宿度滿宿次去之各得加時九道月離宿次

求定朔夜半入轉以所求經朔小餘減其朔加時入轉日餘其經朔小餘以二萬七千八百七乘之即母轉法爲其經朔夜半入轉若定朔大餘有進退者亦進退轉日無進退則因經爲定其餘以轉法退收之即爲約分

求次月定朔夜半入轉因定朔夜半入轉大月加二日小月加一日餘分皆加四千四百五十四滿轉終日及約分去之即次月定朔夜半入轉累加一日去命如前各得逐日夜半入轉日及分

求定朔弦望夜半月度各置加時小餘若非朔望有交者有用定朔弦望小餘以其日月行定分乘之滿元法而一爲度不滿退除爲分命曰加時度以減其日加時月度即各得所求夜半月

度

求晨昏月以晨昏乘其日月行定分元法而一爲晨度用減月行定分餘爲昏度各以晨昏度加夜半月度即所求晨昏月所在宿度

求朔弦望晨昏定程各以其朔昏定月減上弦昏定月餘爲朔後昏定程以上弦昏定月減望昏定月餘爲上弦後昏定程以望晨定月減下弦晨定月餘爲望後晨定程以下弦晨定月減次朔晨定月餘爲下弦後晨定程

求轉積度計四七日月行定分以日衰加減之爲逐日月行定程乃自所入日計求之爲其程轉積度分其四七日月行定分

者初日益遲一千二百一十七日漸疾一千三百四十一十四日損疾一千四百六十一二十一日漸遲一千三百二十八乃觀其遲疾之極差而損益之以百爲分母

求每日晨昏月以轉積度與晨昏定程相減餘以距後程日數除之爲日差定程多爲加定程少爲減以加減每日月行定分爲每日轉定度及分以每日轉定度及分加朔弦望晨昏月滿九道宿次去之即爲每日晨昏月離所在宿度及分凡注曆朔後注昏望後注晨已前月度並依九道所推以究筭術之精微若注曆求其速要者即依後術以推黄道月度

求天正十一月定朔夜半平行月以天正經朔小餘乘平行度分元法而一爲度不滿退除爲分秒所得爲經朔加

時度用減其朔中日即經朔晨前夜半平行月積度若定朔有進退即以平行度分加減之即爲天正十一月定朔之日晨前夜半平行月積度及分

求次月定朔之日夜半平行月置天正定朔之日夜半平行月大月加三十五度八十分六十一秒小月加二十二度四十三分七十三秒半滿周天度分即去之即每月定朔之晨前夜半平行月積度及分秒

求定弦望夜半平行月計弦望距定朔日數以乘平行度及分秒以加其定朔夜半平行月積度及分秒即定弦望之日夜半平行月積度及分秒亦可直求朔望不復求度從簡易也

求天正定朔夜半入轉度置天正經朔小餘以平行月度及分乘之滿元法除爲度不滿退除爲分秒命爲加時度以減天正十一月經朔加時入轉度及約分餘爲天正十一月經朔夜半入轉度及分若定朔大餘有進退者亦進退平行度分即爲天正十一月定朔之日晨前夜半入轉度及分秒

求次月定朔及弦望夜半入轉度因天正十一月定朔夜半入轉度分大月加三十二度六十九分一十七秒小月加十九度三十二分二十九秒半即各得次月定朔夜半入轉度及分各以朔弦望相距日數乘平行度分以加之滿轉終度及秒即去之如在中度以下者爲在疾已上者去之餘爲入遲曆即各得次朔弦望定日晨前夜半入轉度及分若以平行月度及分收之即爲定朔弦望入轉日

求定朔弦望夜半定月以定朔弦望夜半入轉度分乘其度損益衰以一萬約之爲分百約爲秒損益其度下遲疾度爲遲疾定度乃以遲加疾減夜半平行月爲朔弦望夜半定月積度以冬至加時黄道日度加而命之即定朔弦望夜半月離所在宿次若有求晨昏月以其日晨昏分乘其日月行定分元法而一所得爲晨昏度以加其夜半定月即得朔弦望晨昏月度

求朔弦望定程各以朔弦望定月相減餘爲定程若求晨昏定程

則用晨昏定月相減朔後用昏望後用晨

求朔弦望轉積度分計四七日月行定分以日衰加減之爲逐日月行定分乃自所入日計之爲其程轉積度分其四七日月行定分者初日益遲一千二百一十七日漸疾一千三百四十一十四日損疾一千四百六十一二十一日漸遲一千三百二十八乃視其遲疾之極差而損益之分以百爲母

求每日月離宿次各以其朔弦望定程與轉積度相減餘爲程差以距後程日數除之爲日差定程多爲益差定程少爲損差以日差加減月行定分爲每日月行定分以每日月行定分累加定朔弦望夜半月在宿次命之即每日晨前夜半月離宿次如晨昏宿次即得每日晨昏月度

步交會術

交度母六百二十四萬

周天分二十二億七千九百二十萬四百四十七

朔差九百九十萬一千一百五十九

朔差一度餘三百六十六萬一千一百五十九

望差空度餘四百九十五萬五百七十九半

半周天一百八十二度餘三百九十二萬二百二十三半約分六千二百八十二

日食限一千四百六十四

月食限一千三百三十八

盈初限縮末限六十度八十七分半

縮初限盈末限一百二十一度七十五分

求交初度置所求積月以朔差乘之滿周天分去之不盡覆減周天分滿交度母除之爲度不滿爲餘即得所求月交初度及餘以半周天加之滿周天去之餘爲交中度及餘若以望差減之即得其月望交初度及餘以朔差減之即得次月交初度及餘以交度母退除即得餘分若以天正黃道日度加而命之即各得交初交中所在宿度及分

求日月食甚小餘及加時辰刻以其朔望月行遲疾定差疾加遲減經朔望小餘若不足減者退大餘一加元法以減之若加之滿法者但積其數以一千三百三十七乘之滿其度所直月行定分除之爲月行差數乃以日躔盈定差盈加縮減之餘爲其朔望食

甚小餘凡加減滿若不足進退其日此朔望加時以究月行遲疾之數若非有交會直以經定小餘爲定置之如前發斂加時術入之即各得日月食甚所在晨刻視食甚小餘如半法以下者覆減半法餘爲午前分半法已上者減去半法餘爲午後分

求朔望加時日月度以其朔望加時小餘與經朔望小餘相減餘以元法退收之以加減其朔望中日及約分經朔望少加經朔望多減爲其朔望加時中日乃以所入日昇降分乘所入日約分以一萬約之所得隨以損益其日下盈縮積爲盈縮定度以盈加縮減加時中日爲其朔望加時定日望則更加半周天爲加時定月以天正冬至加時黃道日度加而命之即得所求朔望加時日月所在宿度及分

求朔望日月加時去交度分置朔望日月加時定度與交初交中度相減餘爲去交度分就近者相減之其度以百通之爲分加時度多爲後少爲前即得其朔望去交前後分交初後交中前爲月行外道陽曆交中後交初前爲月行內道陰曆

求日食四正食差定數置其朔加時定日如半周天以下者爲在盈已上者去之餘爲在縮視之如在初限以下者爲在初已上者覆減二至限餘爲在末置初末限度及分盈初限縮末限者倍之置於上位列二百四十三度半於下以上減下餘以下乘上以一百六乘之滿三千九十三除之爲東西食差汎數用減五百八餘爲南北食差汎數其求南北

食差定數者乃視午前後分如四分法之一以下者覆減之餘以乘汎數若已上者即去之餘以乘汎數皆滿九千七百五十除之爲南北食差定數盈初縮末限者食甚在卯酉以南內減外加食甚在卯酉以北內加外減縮初盈末限者食甚在卯酉以南內加外減食甚在卯酉以北內減外加其求東西食差定數者乃視午前後分如四分法之一以下者以乘汎數已上者覆減半法餘乘汎數皆滿九千七百五十除之爲東西食差定數盈初末限者食甚在子午以東內減外加食甚在子午以西內加外減縮初末限者食甚在子午以東內加外減食甚在子午以西內減外加即得其朔四正食差加減定數

求日月食去交定分視其朔四正食差加減定數同名相從異名相消餘爲食差加減總數以加減去交分餘爲日食去交定分其去交定分不足減乃覆減食差總數若陽曆覆減入陰曆爲入食限若陰曆覆減入陽曆爲不入食限凡加之滿食限已上者亦不入食限其望食者以其望去交分便爲其望月食去交定分

求日月食分日食者視去交定分如食限三之一以下者倍之類同陽曆食分已上者覆減食限餘爲陰曆食分皆進一位滿九百七十六除爲大分不滿退除爲小分命十爲限即日食之大小分月食者視去交定分如食限三之一以下者食既已上者覆減食限餘進一位滿八百九十二除之爲大分不滿退除爲小分命十爲限即月食之大

小分其食不滿大分者雖交而數淺或不見食也

求日食汎用刻分置陰陽曆食分於上列一千九百五十二於下以上減下餘以乘上滿二百七十一除之爲日食汎用刻分

求月食汎用刻分置去交定分自相乘交初以四百五十九除交中以五百四十除之所得交初以減三千九百交中以減三千三百一十五餘爲月食汎用刻分

求日月食定用刻分置日月食汎用刻分以一千三百三十七乘之以所直度下月行定分除之所得爲日月食定用刻分

求日月食虧初復滿時刻以定用刻分減食甚小餘爲虧初小餘加食甚爲復滿小餘各滿辰法爲辰數不盡滿刻法除之爲刻數不滿爲分命辰數從子正筭外即得虧初復末辰刻及分若以半辰數加之即命從時初也

求日月食初虧復滿方位其日食在陽曆者初食西南甚於正南復於東南日在陰曆者初食西北甚於正北復於東北其食過八分者皆初食正西復於正東其月食者月在陰曆初食東南甚於正南復於西南月在陽曆初食東北甚於正北復於西北其食八分已上者皆初食正東復於正西此皆審其食甚所向據午正而論之其食餘方察其斜正則初虧復滿乃可知矣

求月食更點定法倍其望晨分五而一爲更法又五而一爲點法若依司辰星注曆同内中更點則倍晨分減去待旦十刻之分餘五而一爲更法又五而一爲點法

求月食入更點各置初虧食甚復滿小餘如在晨分以下者加晨分如在昏分以上者減去昏分餘以更法除之爲更數不滿以點法除之爲點數其更數命初更筭外即各得所入更點

求月食既内外刻分置月食去交分覆減食限三之一不及減者爲食不既餘列於上位乃列三之二於下以上減下餘以下乘上以一百七十除之所得以定用刻分乘之滿汎用刻分除之爲月食既内刻分用減定用刻分餘爲既外刻分

求日月帶食出入所見分數視食甚小餘在日出分以下者爲月見食甚日不見食甚以日出分減復滿小餘若食甚小餘在日出分已上者爲日見食甚月不見食甚以初虧小餘減日出分各爲帶食差若月食既者以既内刻分減帶食差餘乘所食分既外刻分而一不及減者即帶食既出入也以乘所食之分滿定用刻分而一即各爲日帶食出月帶食入所見之分凡虧初小餘多如日出分爲在晝復滿小餘多如日出分爲在夜不帶食出入也若食甚小餘在日入分以下者爲日見食甚月不見食甚以日入分減復滿小餘若食甚小餘在日入分已上者爲月見食甚日不見食甚以初虧小餘減日入分各爲帶食差若月食既者以既内刻分減帶食差餘乘所差分既外刻分而一不及減者即帶食既出入也以乘所食之分滿定用刻分而一即各爲日帶食入月帶食出所見之分凡虧初小餘多如日入分爲在夜復滿小餘少如日入分爲在晝並不帶食出入也

步五星術

木星終率一千五百五十五萬六千五百四

終日三百九十八日餘三萬四千五百四約分八千八百四十七

曆差六萬一千七百五十

見伏常度一十四度

變段	變日	變度	曆度	初行率
前一	一十八日	四度	二度九十二	二十二六十四

前二	三十六日	七度四十七	五度四十六	二十一六十四
前三	三十六日	六度四十	四度六十八	一十九五十五
前四	三十六日	四度二十七	三度一十二	一十五四十二
前留	二十七日			
前退	四十六日四十四	五度三十二	空度六十四	
後退	四十六日四十四	五度三十二	空度六十四	一十四八十九
後留	二十七日			
後四	三十六日	四度二十七	三度一十二	
後三	三十六日	六度四十	四度六十八	一十五九十九
後二	三十六日	七度四十七	五度四十六	一十九八十六
後一	一十八日	四度	二度九十二	二十一八十

火星終率三千四十一萬七千五百三十六

終日七百七十九日餘三萬六千五百三十六約分九千三百六十八

曆差六萬一千二百四十

見伏常度一十八度

變段	變日	變度	曆度	初行率
前一	七十日	五十二度三十三	四十九度二十九	七十五空
前二	七十日	五十度三十三	四十七度七十	七十三三十三
前三	七十日	四十六度九十七	四十四度五十二	六十九九十八
前四	七十日	四十度二十六	三十八度一十六	六十三六十六

前五	七十日	二十六度八十四	二十五度四十四	四十七二十四
前留	一十一日			
前退	二十八日九十七	九度五	二度二十四	
後退	二十八日九十七	九度五	二度二十四	四十六十四
後留	一十一日			
後五	七十日	二十六度八十四	二十五度四十四	
後四	七十日	四十度二十六	三十八度一十六	五十一度三十六
後三	七十日	四十六度九十七	四十四度五十二	六十四二十二
後二	七十日	五十度三十三	四十七度七十	七十四十六
後一	七十日	五十二度	四十九度二十九	七十三五十六

土星終率一千四百七十四萬五千四百四十六

終日三百七十八日餘三千四百四十六約分八百八十三

曆差六萬二千三百五十

見伏常度一十八度半

變段	變日	變度	曆度	初行率
前一	二十一日	二度五十	一度五十四	一十二四十一
前二	四十二日	四度二十九	二度六十四	一十一二十三
前三	四十二日	二度八十六	一度七十六	八八十五
前留	三十五日			
前退	四十九日四	三度二十三	空度四十八	

後退	四十九日四	三度二十三	空度四十八	八五十七
後留	三十五日			
後三	四十二日	二度八十六	一度七十六	
後二	四十二日	四度二十九	二度六十四	九一十九
後一	二十一日	二度五十	一度五十四	一十一三十九

金星終率二千二百七十七萬二千一百九十六

終日五百八十三日餘三萬五千一百九十六約分九千二十四

見伏常度一十一度少

變段	變日	變度	初行率
前一	三十八日五十	四十九度七十五	一百二十九五十二
前二	三十八日五十	四十九度三十七	一百二十八八十三
前三	三十八日五十	四十八度五十九	一百二十六四十三
前四	三十八日五十	四十七度二	一百二十四五十七
前五	三十八日五十	四十三度九十九	一百一十八八十八
前六	三十八日五十	三十七度六十二	一百七四十八
前七	三十八日五十	三十五度八	八十四六十八
夕留	七日		
夕退	八日九十五	四度六十二	
夕伏退	六日五十	四度七十五	六十二二十
晨伏退	六日五十	四度七十五	八十三九十四

晨退	八日九十五	四度六十二	六十二二十
晨留	七日		
後七	三十八日五十	三十五度八	
後六	三十八日五十	三十七度六十二	八十七九十四
後五	三十八日五十	四十三度八十九	一百九一十二
後四	三十八日五十	四十七度二	一百一十九九十九
後三	三十八日五十	四十八度五十九	一百二十四九十九
後二	三十八日五十	四十九度三十七	一百二十七六十三
後一	三十八日五十	四十九度七十五	一百二十八九十二

水星終率四百五十一萬九千一百八十四秒九千一百九十四

終日一百一十五日餘三萬四千一百八十四約分八千七百六十五

見伏常度一十八度

變段	變日	變度	初行率
前一	一十五日	三十三度	二百四十七五十
前二	三十日	三十三度	一百七十六
前留	三日		
夕伏退	九日九十四	八度六	
晨伏退	九日九十四	八度六	一百三十六七十二
後留	三日		
後二	三十日	三十三度	

後一	一十五日	三十三度	一百九十二	五十

求五星天正冬至後諸段中積中星置氣積分各以其星終率去之不盡覆減終率餘滿元法爲日不滿退除爲分即天正冬至後其星平合中積重列之爲中星因命爲前一段之初以諸段變日變度累加減之即爲諸段中星變日加減中積變度加減中星

求木火土三星入曆以其星曆差乘積年滿周天分去之不盡以度母除之爲度不滿退除爲分命曰差度以減其星平合中星即爲平合入曆度分以其星其段曆度加之滿周天度分即去之各得其星其段入曆度分金水附日而行更不求曆差其木火土三星前變爲晨後變爲夕金水二星前變爲夕後變爲晨

求木火土三星諸段盈縮定差木土二星置其星其段入曆度分如半周天以下者爲在盈以上者減去半周天餘爲在縮置盈縮度分如在一象以下者爲在初限以上者覆減半周天餘爲在末限置初末限度及分於上列半周天於下以上減下以下乘上木進一位土九因之皆滿百爲分分滿百爲度命曰盈縮定差其火星置盈縮度分如在初限以下者爲在初以上者覆減半周天餘爲在末以四十五度六十五分半爲盈初縮末限度以一百三十六度九十六分半爲縮初盈末限度分置初末限度於上盈初縮末三因之列二百七十三度九十三分於下以上減下餘以下乘上以一十二乘之滿萬爲度不滿百約爲分命曰盈縮定差若用立成法以其度下損益率乘度下約分滿百者以損益其度下盈縮差度爲盈縮定差若在留退段者即在盈縮泛差

求木火土三星留退差置後退後留盈縮泛差各列其星盈縮極度於下木極度八度三十三分火極度二十二度五十一分土極度七度五十分以上減下餘以下乘上水土三因之火倍之皆滿百爲度命曰留退差後退初半之後留全用其留退差在盈益減損加在縮損減益加其段盈縮泛差爲後退後留定差因爲後遲初段定差名須類會前留定差觀其盈縮察其降差也

求五星諸段定積各置其星其段中積以其段盈縮定差盈加縮減之即其星其段定積及分以天正冬至大餘及約分加之滿紀法去之不盡命甲子算外即得日辰其五星合見伏即爲推算段定日後求見伏合定日即曆注其日

求五星諸段所在月日各置諸段定積以天正閏日及約分加之滿朔策及分去之爲月數不滿爲入月以來日數及分其月數命從天正十一月算外即其星其段入其月經朔日數及分定朔有進退者亦進退其日以日辰爲定若以氣策及約分去定積命從冬至算外即得其段入氣日及分

求五星諸段加時定星各置其星其段中星以其段盈縮定差盈加縮減之即五星諸段定星若以天正冬至加時

黃道日度加而命之即其段加時定星所在宿次五星皆以前留為前退初定星後留為後順初定星

求五星諸段初日晨前夜半定星木火土三星以其星其段盈縮定差與次度下盈縮定差相減餘為其度損益差以乘其段初行率一百約之所得以加減其段初行率在盈益加損減在縮益減損加以一百乘之為初行積分又置一百分亦依其數加減之以除初行積分為初日定行分以乘其段初日約分以一百約之順減退加其段定星為其段初日晨前夜半定星以天正冬至加時黃道日度加而命之即得所求金水二星直以初行率便為初日定行分

求太陽盈縮度各置其段定積如二至限以下為在盈已上者去之餘為在縮又視入盈縮度如一象以下者為在初已上者覆減二至限餘為在末置初末限度及分如前日度術求之即得所求若用立成者直以其度下損益分乘度餘百約之所得損益其度下盈縮差亦得所求

求諸段日度率以二段日辰相距為日率又以二段夜半定星相減餘為其段度率及分

求諸段平行分各置其段度率及分以其段日率除之為其段平行分

求諸段汎差各以其段平行分與後段平行分相減餘為汎差併前段汎差四因之退一等為其段總差五星前留前後留後一段皆以六因平行分退一等為其段總差水星為半總差其在退行者木火土以十二乘其段平行分退一等為其段總差金星退行者以其段汎差為總差後變則又用初末水星退行者以其段平行分為總差若在前後順第一段者乃半次段總差為其段總差

求諸段初末日行分各半其段總差加減其段平行分為其段初末日行分前變加為初減為末後變減為初加為末其在退段者前則減為初加為末後則加為初減為末若前後段行分多少不倫者乃平注之或總差不滿大分者亦平注之皆類會前後初末不可失其衰殺

求諸段日差減其段日率一以除其段總差為其段日差後行分少為損後行分多為益

求每日晨前夜半星行宿次置其段初日行分以日差累損益之為每日行分以每日行分累加減其段初日晨前夜半宿次命之即每日星行宿次

徑求其日宿次置所求日減一以乘日差以加減初日行分後少減之後多加之為所求日行分乃加初日行分而半之以所求日數乘之為徑求積度以加減其段初日宿次命之即徑求其日星宿次

求五星定合定日木火土三星以其段初日行分減一百分餘以除其日太陽盈縮分為日不滿退除為分命曰距合差日及分以差日及分減太陽盈縮分餘為距合差度

以差日差度盈減縮加金水二星平合者以一百分減初日行分餘以除其日太陽盈縮分爲日不滿退除爲分命曰距合差日及分以減太陽盈縮分餘爲距合差度以差日差度盈加縮減金水星再合者以初日行分加一百分以除其日太陽盈縮分爲日不滿退除爲分命曰再合差日以減太陽盈縮分餘爲再合差度以差日差度盈加縮減差度則反其加減皆以加減定積爲再合定日以天正冬至大餘及約分加而命之即得定合日辰

求五星定見伏木火土三星各以其段初日行分減一百分餘以除其日太陽盈縮分爲日不滿退除爲分以盈減

縮加金水二星夕見晨伏者以一百分減初日行分餘以除其日太陽盈縮分爲日不滿退除爲分以盈加縮減其在晨見夕伏者以一百分加其段初日行分以除其日太陽盈縮分爲日不滿退除爲分以盈減縮加皆加減其段定積爲見伏定日以加冬至大餘及約分滿紀法去之命從甲子筭外即得五星見伏定日日辰

琮又論曆曰古今之曆必有術過於前人而可以爲萬世之法者乃爲勝也若一行爲大衍曆議及略例校正歷世以求曆法强弱爲曆家體要得中平之數劉焯悟日行有盈縮之差舊曆推日行平行一度至此方悟日行有盈縮冬至前後定日八十八日八十九分夏至前後定日九十三日七十四分冬至前後日行一度有餘夏至前後日行不及一度李淳風悟定朔之法幷氣朔閏餘皆同一術舊曆定朔平注一大一小至此以日行盈縮月行遲疾加減朔餘餘爲定朔望加時以定大小不過三數自此後日食在朔月食在望更無晦二之差舊曆皆須用章歲章月之數使閏餘有差淳風造麟德曆以氣朔閏餘同歸一母張子信悟月行有交道表裏五星有入氣加減北齊學士張子信因葛榮亂隱居海島三十餘年專以圓儀揆測天道始悟月行有交道表裏在表爲外道陽曆在裏爲內道陰曆月行在內道則日有食之月行在外道則無食若月外之人北戶向日之地則反觀有食又舊曆五星率無盈縮至是始悟五星皆有盈縮加減之數宋何承天始悟測景以定氣序景極長冬至景極短夏至始立八尺之表連測十餘年即知舊景初曆冬至常遲天三日乃造元嘉曆冬至加時比舊退減三日晉姜岌始悟以月食所衝之宿爲日所在之度日所在不知宿度至此以月食之宿所衝爲日所在宿度後漢劉洪作乾

象曆始悟月行有遲疾數舊曆月平行十三度十九分度之七至是始悟月行有遲疾之差極遲則日行十二度强極疾則日行十四度太其遲疾極差五度有餘宋祖沖之始悟歲差書堯典曰日短星昴以正仲冬宵中星虛以正仲夏至今三千餘年中星所差三十餘度則知每歲有漸差之數造大明曆率四十五年九月而退差一度唐徐昇作宣明曆悟日食有氣刻差數舊曆推日食皆平求食分多不允合至是推日食以氣刻差數增損之測日食分數稍近天驗明天曆悟日月會合爲朔所立日法積年有自然之數及立法推求晷景知氣節加時所在自元嘉曆後所立日法以四十九分之二十六爲强率以十七分之九爲弱率併强弱之數爲日法朔餘自後諸曆効之殊不知日月會合爲朔併朔餘虛分爲日法蓋自然之理其氣節加時晉漢以來約而要取有差半日今立法推求得盡其數後之造曆者莫不遵用焉其疏謬之甚者即苗守信之乾元曆馬重績之調元曆

郭紹之五紀曆也大槩無出於此矣然造曆者皆須會日月之行以爲晦朔之數驗春秋日食以明强弱其於氣序則取驗於傳之南至其日行盈縮月行遲疾五星加減二曜食差日宿月離中星晷景立數立法悉本之於前語然後較驗上自夏仲康五年九月辰弗集于房以至於今其星辰氣朔日月交食等使三千年間若應準繩而有前有後有親有跡者即爲中平之數乃可施於後世其較驗則依一行孫思恭取數多而不以小得爲親密較日月交食若一分二刻以下爲親二分四刻以下爲近三分五刻以上爲遠以曆注有食而天驗無食或天驗有食而曆注無食者爲失其較星度則以差天二度以下爲親三度以下爲近四度以上爲遠其較晷景尺寸以二分以下爲親三分以下爲近四分以上爲遠若較古而得數多又近於今兼立法立數得其理而通於本者爲最也琮自謂善曆嘗曰世之知曆者尠近世獨孫思恭爲妙而思恭又嘗推劉羲叟爲知曆焉

志卷第二十八

志第二十九

開府儀同三司上柱國錄軍國重事中書右丞相監修國史領經筵事都總裁臣脫脫等奉 修

律曆九 皇祐渾儀

堯敕羲和制璣衡以考察星度其機衡用玉欲其燥濕不變運動有常堅久而不能廢也至于後世鑄銅爲圓儀以法天體自洛下閎造太初曆用渾儀及東漢孝和帝時太史惟有赤道儀歲時測候頗有進退帝以問典星待詔姚崇等皆曰星圖有規法日月實從黃道今無其器是以失之至永元十五年賈逵始設黃道儀桓帝延熹七年張衡更制之以四分爲度其後陸績王蕃孔挺斛蘭梁令瓚李淳風並嘗制作五代亂亡遺法蕩然矣真宗祥符初韓顯符作渾儀但遊儀雙環夾望筩旋轉而黃赤道相固不動皇祐初又命日官舒易簡于淵周琮等參用淳風令瓚之制改鑄黃道渾儀又爲漏刻圭表詔翰林學士錢明逸詳其法內侍麥允言總其工既成置渾儀於翰林天文院之候臺漏刻於文德殿之鐘鼓樓圭表於司天監帝爲製渾儀總要十卷論前代得失已而留中不出今具黃道遊儀之法著于此焉

第一重名六合儀

陽經雙環外圍二丈三尺二寸八分直徑七尺七寸六分闊六寸厚六分南北並立兩面各列周天三百六十五度少強北極出地三十五度少強陰緯單環外圍徑闊與陽經雙環等外厚二寸五分內厚一寸九分上列十幹十二支八卦方位以正地形上有池沿環流轉以定平準天常單環外圍二丈四寸六分直徑六尺八寸二分闊厚一寸二分上列十幹十二支四維時刻之數以測辰刻與陽經陰緯環相固如卵之轂幕然

第二重名三辰儀

璇璣雙環外圍一丈九尺五寸六分直徑六尺五寸二分

闊一寸四分厚一寸兩面各均周天三百六十五度少強作二樞對兩極赤道單環外圍一丈九尺六寸八分直徑六尺五寸六分闊一寸一分厚六分上列二十八宿距度周天三百六十五度少強附於璇璣之上黃道單環外圍一丈九尺二分直徑六尺三寸四分闊一寸二分厚一寸上列周天三百六十五度少強均分二十四氣七十二候六十四卦三百六十策出入赤道二十四度與赤道相交每歲退差一分有餘白道單環外圍一丈八尺六寸三分直徑六尺二寸一分闊一寸一分厚五分上列交度置於黃道環中入黃道六度每一交終退行黃道一度半弱皆旋轉於六合之內

第三重名四遊儀

璇樞雙環外圍一丈八尺二寸一分直徑六尺七分闊二寸厚七分兩面各列周天三百六十五度少強挾直距以對樞軸東西運轉於三辰儀內以格星度横簫望筩長五尺七寸外方內圓中通望孔其徑六分周於日輪在璇樞直距之中使南北遊仰以窺辰宿無所不至十字水平槽長九尺四寸八分首闊一尺二寸七分身闊九寸二分高七尺水槽闊一寸深八分四柱各長六尺七寸八分植於水槽之末以輔天體皆以銅為之乃格七曜遠近盈縮以

知晝夜長短之効其所測二十八舍距度著于後其周天星入宿去極所主吉凶則具在天文志

角十二度亢九度氐十六度房五度心四度尾十九度箕十度斗二十五度牛七度女十一度虛十度危十六度室十七度壁九度奎十六度婁十二度胃十五度昴十一度畢十八度觜一度參十度井三十四度鬼二度柳十四度星七度張十八度翼十八度軫十七度

皇祐漏刻

自黃帝觀漏水制器取則三代因以命官則挈壺氏其職也後之作者或下漏或浮漏或輪漏或權衡制作不一宋

舊有刻漏及以水爲權衡置文德殿之東廡景祐三年再加考定而水有遲疾用有司之請增平水壺一渴烏二晝夜箭二十一然常以四時日出傳卯正一刻又每時正已傳一刻至八刻已傳次時即二時初末相侵殆半皇祐初詔舒易簡于淵周琮更造其法用平水重壺均調水勢使無遲疾分百刻於晝夜冬至晝漏四十刻夜漏六十刻夏至晝漏六十刻夜漏四十刻春秋二分晝夜各五十刻日未出前二刻半爲曉日没後二刻半爲昏減夜五刻以益晝漏謂之昏旦漏刻皆隨氣增損焉冬至夏至之間晝夜長短凡差二十刻每差一刻別爲一箭冬至互起其首凡

有四十一箭晝有朝有禺有中有晡有夕夜有甲乙丙丁戊昏旦有星中每箭各異其數凡黃道升降差二度四十分則隨曆增減改箭每時初行一刻至四刻六分之一爲時正終八刻六分之二則交次時今列二十四氣晝夜日出入辰刻昏曉中星以備參合

氣	晝夜刻	分	日後	日出入	分	中星
冬至	晝四十刻	分空		日出卯正五刻	分空	昏中星壁初度
	夜六十刻	分空		日入申正三刻	二十分	曉中星角初度
小寒	晝四十刻	一十九分	三日後晝四十一刻	日出卯正四刻	五十分	昏中星奎六度
	夜五十九刻	四十一分		日入申正三刻	三十分	曉中星亢二度
大寒	晝四十一刻	十九分	三日後晝四十二刻	日出卯正四刻	二十分	昏中星婁八度
	夜五十八刻	四十一分	十一日後晝四十三刻	日入申正四刻	分空	曉中星氐七度
立春	晝四十二刻	五十四分	三日後晝四十四刻	日出卯正三刻	三十三分	昏中星昴初度
	夜五十七刻	六分	十一日後晝四十五刻	日入申正四刻	四十八分	曉中星房四度
雨水	晝四十四刻	五十八分	昏中星畢八度	日出卯正二刻	三十分	昏中星畢八度
	夜五十五刻	五十七分	曉中星尾五度	日入申正五刻	五十分	曉中星尾五度
驚蟄	晝四十七刻	二十四分	五日後晝四十九刻	日出卯正一刻	十七分	昏中星參九度
	夜五十二刻	三十六分	十一日後晝五十刻	日入申正七刻	三分	曉中星尾十六度
春分	晝五十刻	分空	三日後晝五十一刻 九日後晝五十二刻	日出卯正初刻	分空	昏中星井十九度
	夜五十刻	分空	十三日後晝五十五刻	日入酉正初刻	分空	曉中星箕九度

氣	晝夜刻	分	日後	日出入	分	中星
清明	晝五十二刻	三十五分	六日後晝五十四刻	日出寅正七刻	三分	昏中星柳三度
	夜四十七刻	二十五分	十三日後晝五十五刻	日入酉正一刻	十七分	曉中星斗八度
穀雨	晝五十五刻	三分	四日後晝五十六刻	日出寅正五刻	五十分	昏中星張一度
	夜四十四刻	五十七分	十一日後晝五十七刻	日入酉正二刻	二十分	曉中星斗十九度
立夏	晝五十七刻	五分	四日後晝五十八刻	日出寅正四刻	四十八分	昏中星翼十度
	夜四十二刻	五十五分	十四日後晝五十九刻	日入酉正三刻	三十二分	曉中星牛四度
小滿	晝五十八刻	四十分	十四日後晝六十刻	日出寅正四刻	分空	昏中星軫三度
	夜四十一刻	二十分		日入酉正四刻	二十分	曉中星女九度
芒種	晝五十九刻	四十分		日出寅正三刻	三十分	昏中星角二度
	夜四十刻	二十分		日入酉正四刻	五十分	曉中星危初度

李章

夏至	晝六十刻	分空		日出寅正三刻	二十分	昏中星亢六度
	夜四十刻	分空		日入酉正五刻	分空	曉中星危十四度
小暑	晝五十九刻	四十分		日出寅正三刻	三十分	昏中星氐十二度
	夜四十刻	二十分		日入酉正四刻	五十分	曉中星室十三度
大暑	晝五十八刻	四十分	四日後晝五十八刻	日出寅正四刻	分空	昏中星尾初度
	夜四十一刻	二十分	十一日後晝五十七刻	日入酉正四刻	二十分	曉中星奎五度
立秋	晝五十七刻	五分	八日後晝五十六刻	日出寅正四刻	四十分	昏中星尾十二度
	夜四十二刻	五十五分	十五日後晝五十五刻	日入酉正三刻	三十六分	曉中星婁七度
處暑	晝五十五刻	三分	七日後晝五十四刻	日出寅正五刻	五十分	昏中星箕六度
	夜四十四刻	五十七分	十三日後晝五十三刻	日入酉正三刻	三十分	曉中星昴初度
白露	晝五十二刻	三十五分	五日後晝五十二刻	日出寅正七刻	三分	昏中星斗五度
	夜四十七刻	二十五分	十三日後晝五十一刻	日入酉正一刻	十七分	曉中星畢九度
秋分	晝五十刻	分空	初日後晝五十刻	日出卯正初刻	分空	昏中星斗六度
	夜五十刻	分空	七日後晝四十九刻 十三日後晝四十八刻	日入酉正初刻	分空	曉中星井一度
寒露	晝四十七刻	二十四分	四日後晝四十七刻	日出卯正一刻	十七分	昏中星牛初度
	夜五十二刻	三十六分	十日後晝四十六刻	日入申正七刻	三分	曉中星井二十度
霜降	晝四十四刻	五十八分	初日後晝四十五刻	日出卯正二刻	三十分	昏中星女三度
	夜五十五刻	二分	八日後晝四十四刻 十四日後晝四十三刻	日入申正五刻	五十分	曉中星柳五度
立冬	晝四十二刻	五十四分	八日後晝四十二刻	日出卯正三刻	三十二分	昏中星虛三度
	夜五十七刻	六分		日入申正四刻	四十二分	曉中星張二度

小雪	晝四十二刻	十九分	三日後晝四十一刻	日出卯正四刻	二十分	昏中星危五度
	夜五十七刻	四十八分	十五日後晝四十刻	日入申正四刻	分空	曉中星翼二度
大雪	晝四十刻	十九分		日出卯正四刻	五十分	昏中星室一度
	夜五十九刻	四十一分		日入申正三刻	三十分	曉中星軫一度

皇祐圭表

觀天地陰陽之體，以正位辨方，定時考閏，莫近乎圭表。宋何承天始立表候日景，十年間知冬至比舊用景初曆常後天三日。又唐一行造大衍曆，用圭表測知舊曆氣節常後天一日。今司天監圭表，乃石晉時天文參謀趙延乂所建，表既欹傾，圭亦墊陷，其於天度無所取正。皇祐初，詔周琮于淵、舒易簡改製之，乃考古法，立八尺銅表，厚二寸，博四寸，下連石圭一丈三尺，以盡冬至景長之數，面有雙水溝為平準，於溝雙刻尺寸分數，又刻二十四氣岳臺晷景所得尺寸，置於司天監。候之三年，知氣節比舊曆後天半日，因而成書三卷，命曰岳臺晷景新書，論前代測候是非、步筭之法頗詳。既上奏，詔翰林學士范鎮為序以識。琮以謂二十四氣所得尺寸比顯德欽天曆王朴筭為密，今載氣之盈縮，備採用焉。

小雪皇祐元年己丑十月十九日戊寅

新表測景長一丈一尺三寸五分，王朴筭景長一丈

一尺三寸九分新法筭景長一丈一尺三寸四分小分四十八
二年庚寅十月二十九日癸未雲霧不測
三年辛卯十月十日戊子
新表測景長一丈一尺三寸王朴筭景長一丈一尺四寸七分新法筭景長一丈一尺二寸九分小分九十八
大雪元年己丑十一月四日癸巳雲霧不測
二年庚寅十一月十五日戊戌
新表測景長一丈二尺四寸五分半王朴筭景長一丈二尺四寸五分新法筭景長一丈二尺四寸四分小分二十五

冬至元年己丑十一月十九日戊申
新表測景長一丈二尺八寸五分王朴筭景長一丈二尺八寸六分新法筭景長一丈二尺八寸五分
二年庚寅十一月三十日癸丑
新表測景長一丈二尺八寸四分王朴筭景長一丈二尺八寸六分新法筭景長一丈二尺八寸五分
三年辛卯十一月十二日己未雲霧不測
小寒元年己丑十二月四日癸亥
新表測景長一丈二尺四寸王朴筭景長一丈二尺四寸八分新法筭景長一丈二尺四寸小分十五
二年庚寅閏十一月十五日戊辰雲霧不測
三年辛卯十一月二十七日甲戌
新表測景長一丈二尺三寸七分王朴筭景長一丈二尺四寸八分小分二十六
大寒元年己丑十二月十九日戊寅雲霧不測
二年庚寅十二月一日甲申
新表測景長一丈一尺一寸七分王朴筭景長一丈一尺四寸四分新法筭景長一丈一尺一寸八分小分四十

三年辛卯十二月十二日己丑雲霧不測
立春元年己丑正月六日甲午雲霧不測
二年庚寅十二月十六日己亥雲霧不測
三年辛卯十二月二十七日甲辰
新表測景長九尺六寸七分半王朴筭景長一丈一寸五分新法筭景長一丈六寸八分小分七
雨水二年庚寅正月二十一日己酉雲霧不測
三年辛卯正月二日甲寅
新表測景長八尺一寸半分王朴筭景長八尺五寸
新法筭景長八尺九寸小分七十六

四年壬辰正月十二日己未

新表測景長八尺一寸二分半王朴筭景長八尺六寸一分新法筭景長八尺一寸二分 小分一十八

驚蟄二年庚寅二月七日甲子

新表測景長六尺六寸三分王朴筭景長六尺八寸五分新法筭景長六尺六寸三分 小分三十九

三年辛卯正月十七日己巳

新表測景長六尺六寸五分王朴筭景長六尺八寸五分新法筭景長六尺六寸五分 小分六十八

四年壬辰正月二十八日乙亥 雲霧不測

春分二年庚寅二月二十三日己卯

新表測景長五尺三寸五分王朴筭景長五尺二寸七分新法筭景長五尺三寸四分 小分七十七

三年辛卯二月四日乙酉 雲霧不測

四年壬辰二月十四日庚寅

新表測景長五尺三寸一分王朴筭景長五尺二寸七分新法筭景長五尺三寸 小分七十三

清明二年庚寅三月八日乙未

新表測景長四尺二寸王朴筭景長三尺八寸九分

新法筭景長四尺一寸八分 小分六十一

三年辛卯二月十九日庚子 雲霧不測

四年壬辰二月二十九日乙巳

新表測景長四尺二寸二分王朴筭景長三尺九寸六分新法筭景長四尺二寸一分 小分八十五

穀雨二年庚寅三月二十三日庚戌 雲霧不測

三年辛卯三月四日乙卯

新表測景長三尺三寸王朴筭景長二尺九寸六分

新法筭景長三尺二寸九分 小分八十六

四年壬辰三月十五日庚申

新表測景長三尺三寸一分半王朴筭景長三尺一寸新法筭景長三尺三寸一分 小分一十六

立夏二年庚寅四月九日乙丑

新表測景長二尺五寸七分王朴筭景長二尺三寸

新法筭景長二尺五寸六分 小分二十八

三年辛卯三月十九日庚午

新表測景長二尺五寸七分半王朴筭景長二尺三寸新法筭景長二尺五寸七分 小分四十二

四年壬辰三月三十日乙亥

新表測景長二尺五寸八分半王朴筭景長二尺三寸四分新法筭景長二尺五寸八分 小分四十四

小滿二年庚寅四月二十四日庚辰
新表測景長二尺三分王朴算景長一尺八寸六分
新法算景長二尺三分 小分五十一
三年辛卯四月五日乙酉
新表測景長二尺三分半王朴算景長一尺八寸六
分新法算景長二尺三分 小分五十一
四年壬辰四月十六日辛卯 雲霾不測
芒種二年庚寅五月九日乙未
新表測景長一尺六寸九分王朴算景長一尺六寸
新法算景長一尺六寸半分 小分九十七

三年辛卯四月二十一日辛丑
新表測景長一尺六寸七分王朴算景長一尺五寸
九分新法算景長一尺六寸七分 小分八十四
四年壬辰五月二日丙午
新表測景長一尺六寸八分半王朴算景長一尺六
寸新法算景長一尺六寸八分 小分二十
夏至二年庚寅五月二十五日辛亥
新表測景長一尺五寸七分半王朴算景長一尺五
寸一分新法算景長一尺五寸七分
三年辛卯五月七日丙辰 雲霾不測

四年壬辰五月十七日辛酉
新表測景長一尺五寸七分王朴算景長一尺五寸
一分新法算景長一尺五寸七分
小暑二年庚寅六月十一日丙寅 雲霾不測
三年辛卯五月二十二日辛未
新表測景長一尺六寸九分半王朴算景長一尺六
寸新法算景長一尺六寸九分 小分七十五
四年壬辰六月三日丙子 雲霾不測
大暑二年庚辰六月二十六日辛巳
新表測景長二尺四寸王朴算景長一尺八寸五分

新法算景長二尺四分 小分九十七
三年辛卯六月七日丙戌
新表測景長二尺二分太王朴算景長一尺八寸五
分新法算景長二尺四分 小分二十四
四年壬辰六月十九日壬辰
新表測景長二尺五分王朴算景長一尺八寸七分
新法算景長二尺六分 小分五十三
立秋二年庚寅七月十一日丙申
新表測景長二尺五寸九分王朴算景長二尺二寸
九分新法算景長二尺五寸九分 小分五十一

三年辛卯六月二十三日壬寅

新表測景長二尺六寸一分半王朴筭景長二尺三寸三分新法筭景長二尺六寸二分 小分七十三

處暑二年庚寅七月二十七日壬子 雲霿不測

三年辛卯七月九日丁巳

新表測景長三尺三寸六分王朴筭景長三尺新法筭景長三尺三寸六分 小分六十五

四年壬辰七月十九日壬戌 雲霿不測

白露二年庚寅八月十三日丁卯 雲霿不測

三年辛卯七月二十四日壬申 雲霿不測

四年壬辰八月五日丁丑 雲霿不測

秋分二年庚寅八月二十八日壬午 雲霿不測

三年辛卯八月九日丁亥

新表測景長五尺三寸八分王朴筭景長五尺二寸一分新法筭景長五尺三寸八分 小分六十九

四年壬辰八月二十日壬辰 雲霿不測

寒露二年庚寅九月十三日丁酉 雲霿不測

三年辛卯九月二十四日壬寅

新表測景長六尺七寸七分王朴筭景長六尺八分

新法筭景長六尺六寸七分 小分八十八

四年壬辰九月六日戊申

新表測景長六尺七寸三分半王朴筭景長六尺九寸一分新法筭景長六尺七寸四分 小分八十四

霜降二年庚寅九月二十八日壬子

新表測景長八尺一寸六分王朴筭景長八尺四寸五分新法筭景長八尺一寸四分 小分七十

三年辛卯九月十日戊午 雲霿不測

四年壬辰九月二十一日癸亥

新表測景長八尺二寸王朴筭景長八尺五寸六分

新法筭景長八尺一寸九分 小分六十六

立冬二年庚寅十月十四日戊辰

新表測景長九尺八寸半分王朴筭景長一丈一寸

新法筭景長九尺八寸一分 小分二十五

三年辛卯九月二十五日癸酉

新表測景長九尺七寸九分王朴筭景長一丈一寸

新法筭景長九尺七寸八分 小分六十三

四年壬辰十月六日戊寅

新表測景長九尺七寸六分王朴筭景長一丈一寸

新法筭景長九尺七寸六分 小分一十

測景正加時早晚

後漢熹平三年四分曆志立冬中景長一丈立春中景長九尺六寸尋冬至南極日晷最長二氣去至日數既同則中景應等而前長後短頓差四寸此曆景冬至後天之驗也二氣中景日差九分半弱進退均調略無盈縮以率計之二氣各退二日十二刻則晷景之數立冬更短立春更長並差二寸二氣中景俱長九尺八寸矣即立冬立春之正日也以此推之曆置冬至後天亦二日十二刻也熹平三年時曆丁丑冬至加時正在日中以二日十二刻減之定以乙亥冬至加時在夜半後三十八刻宋志大明五年十月十日景一丈七寸七分半十一月二十五日景一丈八寸一分太二十六日一丈七寸五分強折取其中則中天冬至應在十一月三日求其早晚令後二日景相減則一日差率也倍之為法前二日減以百刻乘之為實以法除實得冬至加時在夜半後三十一刻在元嘉曆後一日天數之正也量檢彌年則加減均同異歲相課則遠近應率觀二家之說略而未通熹平乃要取其中而失於至前至後之餘大明則左右率而失於為實為法之數若夫較景定氣曆家最為急務觀古較驗止以冬至前後數日之間以定加時早晚且景之差行當二至前後進退在微芒之間又日有變行盈縮稍異若以為準則加時相背又晉漢曆術多以前後所測晷要取其中此亦差過半日今比歲較驗在立冬立春景移過寸若較取加時則宜以其相近者通計半之為距至汎日乃以其晷數相減餘者以法乘之滿其日晷差而一為刻乃以差刻求冬至視其前晷多則為減少則為加求夏至返之加減距至汎日為定日仍加半日之刻命從前距日辰筭外即二至加時日辰及刻分如此推求則二至加時早晚可驗矣

皇祐岳臺晷景法

按大衍載日及崇天定差之率雖號通密然未能盡上下交應之理則晷度無由合契今立新法使上符盈縮之行下參句股之數所筭尺寸與天測驗無有先後其術曰計二至後日數乃減去二至約餘仍加半日之分即所求日午中積數而置之以求進退差分求進退差分者置中積之數如一象九十一日三十一分以下為在前如一象以上返減二至限一百八十二日六十二分餘為在後置前後度於上列二百於下以上減下餘以下乘上滿四千一百三十五除之為分不滿退除為小分在冬至後即為進差在夏至後即為退差仍別初末二限求入初末限者置所求日午中積數日在冬至後初限夏至後末限之數四十五日六十二分以下即為所求在初限如在已上者乃返減二至限餘即為所求入末限其冬至後末限夏至後初限以一百三十七日為率用求午中晷數求午中晷數者視所求如入冬至後初限夏至後末限者以入限日減一千九百三十七半餘為汎差仍以限日分乘其進退差五因百約之用減汎差為定差乃以入限日分自

相乘以乘定差滿一百萬爲尺不滿爲寸爲分及小分以減冬至常晷一丈二尺八寸五分餘爲其日午中晷數若所求入冬至後末限夏至後初限者乃三約入限日分以減四百八十五少餘爲汎差仍以進退差減極數餘者若在春分後秋分前者直以四約之以加汎差爲定差若在春分前秋分後者乃以去二分日數及分乘之滿六百而一以減汎差餘爲定差乃以入限日分自相乘以乘定差滿一百萬爲尺不滿爲寸爲分及小分以加夏至常晷一尺五寸七分即爲其日午中晷數若用周歲曆直以其日晷景損益差分乘其日午中之餘滿法約之乃損益其下晷數即其日午中定晷如此推求則上下通應之理句股斜射之原皆可視驗乃具岳臺晷景周歲筭數

冬至後	每日損差	每日午中晷景常數
初日	空分小分一十九	一丈二尺八寸五分
一日	空分小分五十八	一丈二尺八寸四分小分八十一
二日	空分小分九十六	一丈二尺八寸四分小分二十三
三日	一分小分三十五	一丈二尺八寸三分小分二十七
四日	一分小分七十二	一丈二尺八寸一分小分九十二
五日	二分小分一十一	一丈二尺八寸小分一十九
六日	二分小分四十八	一丈二尺七寸八分小分八
七日	二分小分八十五	一丈二尺七寸五分小分六十
八日	三分小分二十一	一丈二尺七寸七分小分七十五
九日	三分小分五十八	一丈二尺六寸九分小分五十四
十日	三分小分九十二	一丈二尺六寸五分小分九十六
十一日	四分小分二十八	一丈二尺六寸二分小分三
十二日	四分小分六十二	一丈二尺五寸七分小分七十五
十三日	四分小分九十六	一丈二尺五寸三分小分一十三
十四日	五分小分二十九	一丈二尺四寸八分小分一十七
十五日	五分小分六十一	一丈二尺四寸二分小分八十八
十六日	五分小分九十一	一丈二尺三寸七分小分二十七
十七日	六分小分二十三	一丈二尺三寸一分小分三十五
十八日	六分小分五十二	一丈二尺二寸五分小分一十二
十九日	六分小分八十一	一丈二尺一寸八分小分六十
二十日	七分小分九	一丈二尺一寸七分小分七十九
二十一日	七分小分三十六	一丈二尺四分小分七十
二十二日	七分小分六十二	一丈一尺九寸七分小分三十四
二十三日	七分小分八十七	一丈一尺八寸九分小分七十二
二十四日	八分小分一十一	一丈一尺八寸一分小分八十五
二十五日	八分小分三十四	一丈一尺七寸三分小分七十四
二十六日	八分小分五十五	一丈一尺六寸五分小分四十
二十七日	八分小分七十三	一丈一尺五寸六分小分八十五
二十八日	九分小分空	一丈一尺四寸八分小分一十三
二十九日	九分小分一十四	一丈一尺三寸九分小分一十二
三十日	九分小分三十二	一丈一尺二寸九分小分九十八
三十一日	九分小分四十八	一丈一尺二寸小分六十六

三十二日	九分小分六十二	一丈一尺一寸一分小分一十八
三十三日	九分小分七十六	一丈一尺一分小分五十五
三十四日	九分小分八十九	一丈九寸一分小分七十八
三十五日	一寸小分一	一丈八尺一寸小分六十九
三十六日	一寸小分一十二	一丈七寸一分小分八十八
三十七日	一寸小分二十	一丈六寸一分小分七十六
三十八日	一寸小分二十八	一丈五寸一分小分五十六
三十九日	一寸小分三十五	一丈四寸一分小分二十八
四十日	一寸小分四十	一丈三寸小分九十三
四十一日	一寸小分四十四	一丈二寸小分五十三
四十二日	一寸小分四十八	一丈一寸小分九
四十三日	一寸小分四十九	九尺九寸九分小分六十一
四十四日	一寸小分五十	九尺八寸九分小分一十二
四十五日	一寸小分五十七	九尺七寸八分小分六十二
四十六日	一寸小分六十七	九尺六寸八分小分五
四十七日	一寸小分六十一	九尺五寸七分小分三十八
四十八日	一寸小分六十	九尺四寸六分小分七十七
四十九日	一寸小分五十六	九尺三寸六分小分一十七
五十日	一寸小分五十二	九尺二寸五分小分六十一
五十一日	一寸小分四十九	九尺一寸五分小分九

五十二日	一寸小分四十五	九尺一寸五分小分九
五十三日	一寸小分四十一	八尺九寸四分小分一十八
五十四日	一寸小分三十八	八尺八寸三分小分七十七
五十五日	一寸小分三十二	八尺七寸三分小分三十九
五十六日	一寸小分二十七	八尺六寸三分小分七
五十七日	一寸小分二十三	八尺五寸二分小分八十
五十八日	一寸小分一十九	八尺四寸二分小分五十七
五十九日	一寸小分一十二	八尺三寸二分小分三十八
六十日	一寸小分八	八尺二寸小分二十六
六十一日	一寸小分三	八尺一寸二分小分一十八
六十二日	九分小分九十七	八尺二分小分一十五
六十三日	九分小分九十一	七尺九寸二分小分一十八
六十四日	九分小分八十六	七尺八寸二分小分二十五
六十五日	九分小分八十一	七尺七寸二分小分三十九
六十六日	九分小分七十五	七尺六寸二分小分五十八
六十七日	九分小分六十九	七尺五寸二分小分八十三
六十八日	九分小分六十二	七尺四寸三分小分一十四
六十九日	九分小分五十七	七尺三寸三分小分五十二
七十日	九分小分五十一	七尺二寸三分小分九十五
七十一日	九分小分四十九	七尺一寸四分小分四十四

四百廿 志二十九 二十二

日	分	尺寸
七十二日	九分小分三十八	七尺四分小分九十七
七十三日	九分小分三十一	六尺九寸五分小分六十一
七十四日	九分小分二十五	六尺八寸六分小分三十
七十五日	九分小分一十七	六尺七寸七分小分五
七十六日	九分小分一十三	六尺六寸七分小分八十八
七十七日	九分小分六	六尺五寸八分小分七十五
七十八日	八分小分九十七	六尺四寸九分小分六十九
七十九日	八分小分九十	六尺四寸小分七十三
八十日	八分小分八十三	六尺三寸一分小分八十三
八十一日	八分小分七十七	六尺二寸三分小分空
八十二日	八分小分六十八	六尺一寸四分小分二十三
八十三日	八分小分六十二	六尺五分小分五十五
八十四日	八分小分五十五	五尺九寸六分小分九十三
八十五日	八分小分四十七	五尺八寸八分小分三十八
八十六日	八分小分三十九	五尺七寸九分小分九十一
八十七日	八分小分三十三	五尺七寸一分小分五十二
八十八日	八分小分二十五	五尺六寸三分小分二十
八十九日	八分小分一十七	五尺五寸四分小分九十五
九十日	八分小分九	五尺四寸六分小分七十八
九十一日	七分小分九十六	五尺三寸八分小分六十九

四·廿一 志二十九 二十三 李重

日	分	尺寸
九十二日	七分小分八十三	五尺三寸小分七十三
九十三日	七分小分七十六	五尺二寸二分小分九十
九十四日	七分小分六十七	五尺一寸五分小分一十四
九十五日	七分小分五十九	五尺七分小分四十七
九十六日	七分小分五十	四尺九寸九分小分八十八
九十七日	七分小分四十二	四尺九寸二分小分三十八
九十八日	七分小分三十四	四尺八寸四分小分九十六
九十九日	七分小分二十六	四尺七寸七分小分六十二
一百日	七分小分一十七	四尺七寸小分三十六
一百一日	七分小分九	四尺六寸三分小分一十九
一百二日	七分小分一	四尺五寸六分小分一十
一百三日	六分小分九十三	四尺四寸九分小分九
一百四日	六分小分八十五	四尺四寸二分小分一十六
一百五日	六分小分七十七	四尺三寸五分小分三十一
一百六日	六分小分六十九	四尺二寸八分小分五十四
一百七日	六分小分六十	四尺二寸一分小分八十五
一百八日	六分小分五十	四尺一寸五分小分二十五
一百九日	六分小分四十五	四尺八分小分七十四
一百十日	六分小分三十七	四尺二分小分二十九
一百十一日	六分小分二十九	三尺九寸五分小分九十二

一百十二日	六分小分二十一	三尺八寸九分小分六十三
一百十三日	六分小分一十二	三尺八寸三分小分四十二
一百十四日	六分小分四	三尺七寸七分小分三十
一百十五日	五分小分九十七	三尺七寸一分小分二十六
一百十六日	五分小分八十九	三尺六寸五分小分二十九
一百十七日	五分小分八十	三尺五寸九分小分四十
一百十八日	五分小分七十三	三尺五寸三分小分六十
一百十九日	五分小分六十五	三尺四寸七分小分八十七
一百二十日	五分小分五十七	三尺四寸二分小分二十三
一百二十一日	五分小分四十九	三尺三寸六分小分六十五
一百二十二日	五分小分四十	三尺三寸一分小分一十六
一百二十三日	五分小分三十二	三尺二寸五分小分七十六
一百二十四日	五分小分二十六	三尺二寸小分四十四
一百二十五日	五分小分一十七	三尺一寸五分小分一十八
一百二十六日	五分小分九	三尺一寸小分二
一百二十七日	五分小分一	三尺四分小分九十二
一百二十八日	四分小分九十三	二尺九寸九分小分九十一
一百二十九日	四分小分八十五	二尺九寸四分小分九十八
一百三十日	四分小分七十七	二尺九寸小分一十三
一百三十一日	四分小分六十九	二尺八寸五分小分三十六

四·五十九
志二十九
二十四

一百三十二日	四分小分六十一	二尺八寸小分六十七
一百三十三日	四分小分五十二	二尺七寸六分小分六
一百三十四日	四分小分四十五	二尺七寸一分小分五十四
一百三十五日	四分小分三十六	二尺六寸七分小分九
一百三十六日	四分小分二十九	二尺六寸二分小分七十三
一百三十七日	四分小分二十	二尺五寸八分小分四十四
一百三十八日	四分小分一十一	二尺五寸四分小分二十四
一百三十九日	四分小分四	二尺五寸小分一十三
一百四十日	三分小分九十五	二尺四寸六分小分九
一百四十一日	三分小分八十七	二尺四寸二分小分一十四
一百四十二日	三分小分七十九	二尺三寸八分小分二十七
一百四十三日	三分小分七十	二尺三寸四分小分四十八
一百四十四日	三分小分六十二	二尺三寸小分七十八
一百四十五日	三分小分五十二	二尺二寸七分小分一十六
一百四十六日	三分小分四十五	二尺二寸三分小分六十三
一百四十七日	三分小分三十七	二尺二寸小分一十八
一百四十八日	三分小分二十九	二尺一寸六分小分八十一
一百四十九日	三分小分一十八	二尺一寸三分小分五十二
一百五十日	三分小分一十	二尺一寸小分三十四
一百五十一日	三分小分二	二尺七分小分二十四

四百五十三
志二十九
二十五
李章

日	損益差	午中晷景
一百五十二日	二分小分九十三	二尺四分小分二十三
一百五十三日	二分小分八十四	二尺一分小分二十九
一百五十四日	二分小分七十六	一尺九寸八分小分四十五
一百五十五日	二分小分六十六	一尺九寸五分小分六十九
一百五十六日	二分小分五十八	一尺九寸三分小分三
一百五十七日	二分小分四十九	一尺九寸小分四十五
一百五十八日	二分小分三十九	一尺八寸七分小分九十六
一百五十九日	二分小分三十	一尺八寸五分小分五十七
一百六十日	二分小分二十二	一尺八寸三分小分二十七
一百六十一日	二分小分一十一	一尺八寸一分小分五

日	損益差	午中晷景
一百六十二日	二分小分三	一尺七寸八分小分九十四
一百六十三日	一分小分九十三	一尺七寸六分小分九十一
一百六十四日	一分小分八十四	一尺七寸四分小分九十八
一百六十五日	一分小分七十五	一尺七寸三分小分一十四
一百六十六日	一分小分六十四	一尺七寸一分小分三十九
一百六十七日	一分小分五十五	一尺六寸九分小分七十五
一百六十八日	一分小分四十六	一尺六寸八分小分二十
一百六十九日	一分小分三十六	一尺六寸六分小分四十七
一百七十日	一分小分三十五	一尺六寸五分小分三十八
一百七十一日	一分小分一十六	一尺六寸四分小分一十三

日	損益差	午中晷景
一百七十二日	一分小分六	一尺六寸三分小分九十七
一百七十三日	空分小分九十六	一尺六寸一分小分九十一
一百七十四日	空分小分八十六	一尺六寸小分九十五
一百七十五日	空分小分七十五	一尺六寸小分九
一百七十六日	空分小分六十五	一尺五寸九分小分三十四
一百七十七日	空分小分五十五	一尺五寸八分小分六十九
一百七十八日	空分小分四十四	一尺五寸八分小分一十四
一百七十九日	空分小分三十三	一尺五寸七分小分七十
一百八十日	空分小分二十三	一尺五寸七分小分三十七
一百八十一日	空分小分一十二	一尺五寸七分小分一十四

日	損益差	午中晷景
一百八十二日	空分小分三	一尺五寸七分小分二
夏至後	每日益差	每日午中晷景常數
初日	空分小分五	一尺五寸七分小分空
一日	空分小分一十六	一尺五寸七分小分五
二日	空分小分二十七	一尺五寸七分小分二十一
三日	空分小分三十八	一尺五寸七分小分四十九
四日	空分小分四十八	一尺五寸七分小分八十六
五日	空分小分五十九	一尺五寸八分小分三十四
六日	空分小分六十九	一尺五寸八分小分九十三
七日	空分小分七十九	一尺五寸九分小分六十二

四百卅

日	分	尺
八日	空分小分八十九	一尺六寸小分四十一
九日	一分小分空	一尺六寸一分小分三十
十日	一分小分一十	一尺六寸二分小分三十
十一日	一分小分一十九	一尺六寸三分小分四十
十二日	一分小分三十	一尺六寸四分小分五十九
十三日	一分小分三十九	一尺六寸五分小分八十九
十四日	一分小分四十九	一尺六寸七分小分二十八
十五日	一分小分五十九	一尺六寸八分小分七十七
十六日	一分小分六十九	一尺七寸小分三十六
十七日	一分小分七十八	一尺七寸二分小分五
十八日	一分小分八十七	一尺七寸三分小分八十五
十九日	一分小分九十八	一尺七寸五分小分七十
二十日	二分小分六	一尺七寸七分小分六十七
二十一日	二分小分一十五	一尺七寸九分小分七十三
二十二日	二分小分二十五	一尺八寸一分小分八十八
二十三日	二分小分三十四	一尺八寸四分小分一十三
二十四日	二分小分四十三	一尺八寸六分小分四十七
二十五日	二分小分五十二	一尺八寸八分小分九十
二十六日	二分小分六十一	一尺九寸一分小分四十二
二十七日	二分小分七十	一尺九寸四分小分三

志二十九　二十八

四百三十一

日	分	尺
二十八日	二分小分七十九	一尺九寸六分小分七十三
二十九日	二分小分八十七	一尺九寸九分小分五十二
三十日	二分小分九十七	二尺二分小分三十九
三十一日	三分小分五	二尺五分小分三十六
三十二日	三分小分一十四	二尺八分小分四十一
三十三日	三分小分二十二	二尺一寸一分小分五十五
三十四日	三分小分三十一	二尺一寸八分小分七十七
三十五日	三分小分四十	二尺一寸八分小分八
三十六日	三分小分四十八	二尺二寸一分小分四十八
三十七日	三分小分五十七	二尺二寸四分小分九十六
三十八日	三分小分六十五	二尺二寸八分小分五十三
三十九日	三分小分七十三	二尺三寸二分小分一十八
四十日	三分小分八十二	二尺三寸五分小分九十一
四十一日	三分小分九十	二尺三寸九分小分七十三
四十二日	三分小分九十九	二尺四寸三分小分六十三
四十三日	四分小分六	二尺四寸七分小分六十二
四十四日	四分小分一十五	二尺五寸一分小分六十八
四十五日	四分小分二十三	二尺五寸五分小分八十三
四十六日	四分小分三十三	二尺六寸小分六
四十七日	四分小分三十九	二尺六寸四分小分三十八

志二十九　二十九　李章

四十八日	四分小分四十八	二尺六寸八分小分七十七
四十九日	四分小分五十五	二尺七寸三分小分二十五
五十日	四分小分六十四	二尺七寸七分小分八十
五十一日	四分小分七十二	二尺八寸二分小分四十四
五十二日	四分小分七十九	二尺八寸七分小分一十六
五十三日	四分小分八十九	二尺九寸一分小分六十五
五十四日	四分小分九十六	二尺九寸六分小分八十四
五十五日	五分小分四	三尺一分小分八十
五十六日	五分小分一十二	三尺六分小分八十四
五十七日	五分小分二十	三尺一寸一分小分九十六
五十八日	五分小分二十八	三尺一寸七分小分一十六
五十九日	五分小分三十六	三尺二寸二分小分四十四
六十日	五分小分四十四	三尺二寸七分小分八十
六十一日	五分小分五十二	三尺三寸三分小分二十四
六十二日	五分小分六十	三尺三寸八分小分七十六
六十三日	五分小分六十八	三尺四寸四分小分三十六
六十四日	五分小分七十五	三尺五寸小分四
六十五日	五分小分八十四	三尺五寸五分小分七十九
六十六日	五分小分九十二	三尺六寸一分小分六十三
六十七日	五分小分九十九	三尺六寸七分小分五十五

六十八日	六分小分八	三尺七寸三分小分五十四
六十九日	六分小分一十六	三尺七寸九分小分六十二
七十日	六分小分二十三	三尺八寸五分小分七十八
七十一日	六分小分三十二	三尺九寸二分小分一
七十二日	六分小分三十九	三尺九寸八分小分三十三
七十三日	六分小分四十八	四尺四分小分七十二
七十四日	六分小分四十五	四尺一寸七分小分七十五
七十五日	六分小分六十四	四尺一寸七分小分七十五
七十六日	六分小分七十一	四尺二寸四分小分三十九
七十七日	六分小分八十	四尺三寸一分小分一十
七十八日	六分小分八十八	四尺三寸七分小分九十
七十九日	六分小分九十七	四尺四寸四分小分七十八
八十日	七分小分三	四尺五寸一分小分七十五
八十一日	七分小分一十三	四尺五寸八分小分七十八
八十二日	七分小分二十	四尺六寸五分小分九十一
八十三日	七分小分二十九	四尺七寸三分小分一十一
八十四日	七分小分三十七	四尺八寸小分四十
八十五日	七分小分四十四	四尺八寸七分小分七十七
八十六日	七分小分五十四	四尺九寸五分小分二十一
八十七日	七分小分六十三	五尺二分小分七十五

李章

日	分	尺寸
八十八日	七分小分六十九	五尺一寸小分三十八
八十九日	七分小分七十七	五尺一寸八分小分七
九十日	七分小分九十	五尺二寸五分小分八十四
九十一日	八分小分一	五尺三寸三分小分七十四
九十二日	八分小分一十三	五尺四寸一分小分七十五
九十三日	八分小分二十	五尺四寸九分小分八十八
九十四日	八分小分二十七	五尺五寸八分小分八
九十五日	八分小分三十五	五尺六寸六分小分三十五
九十六日	八分小分四十四	五尺七寸四分小分七十
九十七日	八分小分四十七	五尺八寸三分小分一十四

日	分	尺寸
九十八日	八分小分五十八	五尺九寸一分小分六十一
九十九日	八分小分六十六	六尺小分一十九
一百日	八分小分七十	六尺八分小分八十五
一百一日	八分小分八十	六尺一寸七分小分五十五
一百二日	八分小分八十六	六尺二寸六分小分三十五
一百三日	八分小分九十三	六尺三寸五分小分二十一
一百四日	九分小分空	六尺四寸四分小分一十四
一百五日	九分小分八	六尺五寸三分小分一十四
一百六日	九分小分一十三	六尺六寸二分小分二十二
一百七日	九分小分二十一	六尺七寸一分小分三十五

日	分	尺寸
一百八日	九分小分二十七	六尺八寸小分五十六
一百九日	九分小分三十五	六尺八寸九分小分八十三
一百十日	九分小分四十	六尺九寸九分小分一十八
一百十一日	九分小分四十七	七尺八分小分五十八
一百十二日	九分小分五十四	七尺一寸八分小分五
一百十三日	九分小分六十	七尺二寸七分小分五十九
一百十四日	九分小分六十四	七尺三寸七分小分一十九
一百十五日	九分小分七十	七尺四寸六分小分八十三
一百十六日	九分小分七十八	七尺五寸六分小分五十三
一百十七日	九分小分八十三	七尺六寸六分小分三十一

日	分	尺寸
一百十八日	九分小分八十七	七尺七寸六分小分一十四
一百十九日	九分小分九十六	七尺八寸六分小分一
一百二十日	九分小分九十九	七尺九寸五分小分九十七
一百二十一日	一寸小分四	八尺五分小分九十六
一百二十二日	一寸小分九	八尺一寸六分小分空
一百二十三日	一寸小分一十七	八尺二寸六分小分九
一百二十四日	一寸小分一十九	八尺三寸六分小分二十六
一百二十五日	一寸小分二十五	八尺四寸六分小分四十五
一百二十六日	一寸小分二十九	八尺五寸六分小分七十
一百二十七日	一寸小分三十三	八尺六寸六分小分九十九

一百十八日	一寸小分三十八	八尺七寸七分小分三十二
一百十九日	一寸小分四十三	八尺八寸七分小分七十
一百二十日	一寸小分四十五	八尺九寸八分小分一十三
一百二十一日	一寸小分五十一	九尺八分小分五十八
一百二十二日	一寸小分五十四	九尺一寸九分小分九
一百二十三日	一寸小分五十五	九尺二寸九分小分六十三
一百二十四日	一寸小分六十二	九尺四寸小分一十八
一百二十五日	一寸小分六十四	九尺五寸小分八十
一百二十六日	一寸小分六十六	九尺六寸一分小分四十四
一百二十七日	一寸小分五十二	九尺七寸二分小分一十

一百二十八日	一寸小分五十	九尺八寸二分小分六十二
一百二十九日	一寸小分四十八	九尺九寸三分小分一十二
一百三十日	一寸小分四十六	一丈三分小分六十
一百三十一日	一寸小分四十三	一丈一寸四分小分六
一百三十二日	一寸小分三十九	一丈二寸四分小分四十九
一百三十三日	一寸小分三十二	一丈三寸四分小分八十八
一百三十四日	一寸小分二十五	一丈四寸五分小分二十
一百三十五日	一寸小分一十七	一丈五寸五分小分四十五
一百三十六日	一寸小分八	一丈六寸五分小分六十二
一百三十七日	九分小分九十六	一丈七寸五分小分七十

一百四十八日	九分小分八十五	一丈八寸五分小分六十六
一百四十九日	九分小分七十二	一丈九寸五分小分五十一
一百五十日	九分小分五十七	一丈一尺五分小分二十三
一百五十一日	九分小分四十三	一丈一尺一寸四分小分八十
一百五十二日	九分小分二十五	一丈一尺二寸四分小分二十二
一百五十三日	九分小分七	一丈一尺三寸三分小分四十七
一百五十四日	八分小分九十	一丈一尺四寸二分小分五十四
一百五十五日	八分小分六十八	一丈一尺五寸一分小分四十四
一百五十六日	八分小分四十八	一丈一尺六寸小分一十二
一百五十七日	八分小分二十五	一丈一尺六寸八分小分六十

一百五十八日	八分小分二	一丈一尺七寸六分小分八十五
一百五十九日	七分小分七十七	一丈一尺八寸四分小分八十七
一百六十日	七分小分五十二	一丈一尺九寸二分小分六十四
一百六十一日	七分小分二十七	一丈二尺小分一十六
一百六十二日	六分小分九十八	一丈二尺七分小分四十三
一百六十三日	六分小分六十七	一丈二尺一寸四分小分四十二
一百六十四日	六分小分四十五	一丈二尺二寸一分小分二
一百六十五日	六分小分一十一	一丈二尺二寸七分小分五十三
一百六十六日	五分小分八十	一丈二尺三寸三分小分六十四
一百六十七日	五分小分四十九	一丈二尺三寸九分小分四十四

日	損益	晷景
一百六十八日	五分小分十六	一丈二尺四寸四分小分九十三
一百六十九日	四分小分八十三	一丈二尺五寸小分九
一百七十日	四分小分五十	一丈二尺五寸四分小分九十二
一百七十一日	四分小分一十四	一丈二尺五寸九分小分四十二
一百七十二日	三分小分八十	一丈二尺六寸三分小分五十六
一百七十三日	三分小分四十五	一丈二尺六寸七分小分三十六
一百七十四日	三分小分七	一丈二尺七寸小分八十一
一百七十五日	二分小分七十一	一丈二尺七寸三分小分八十八
一百七十六日	二分小分三十四	一丈二尺七寸六分小分五十九
一百七十七日	二分小分三	一丈二尺七寸八分小分九十三
一百七十八日	一分小分五十二	一丈二尺八寸小分九十六
一百七十九日	一分小分二十	一丈二尺八寸二分小分四十八
一百八十日	空分小分八十二	一丈二尺八寸三分小分六十八
一百八十一日	空分小分四十三	一丈二尺八寸四分小分五十
一百八十二日	空分小分七	一丈二尺八寸四分小分九十三

志卷第二十九

志卷第三十　宋史七十七

開府儀同三司上柱國録軍國重事前中書右丞相監修國史領經筵事都總裁臣脫脫等奉
勑修

律曆十　觀天曆

元祐觀天曆演紀上元甲子距元祐七年壬申歲積五百九十四萬四千八百八筭上考往古每年減一下驗將來每年加一

步氣朔

統法一萬二千三十

歲周四百三十九萬三千八百八十

歲餘六萬三千八十

氣策一十五餘二千六百二十八秒一十二

朔實三十五萬五千二百五十三

朔策二十九餘六千三百八十三

望策一十四餘九千二百六秒一十八

弦策七餘四千六百三秒九

歲閏一十三萬八百四十四

中盈分五千二百五十六秒二十四

朔虛分五千六百四十七

没限分九千四百二

閏限三十四萬四千二百四十九秒一十二

旬周七十二萬一千八百
紀法六十
以上秒母同三十六
推天正冬至置距所求積年以歲周乘之為氣積分滿旬周去之不盡以統法約之為大餘不滿為小餘其大餘命甲子筭外即所求年天正冬至日辰及餘
求次氣置天正冬至大小餘以氣策及餘秒累加之（秒盈秒法從小餘一小餘盈統法從大餘一大餘盈紀法去之）命甲子筭外即各得次氣日辰及餘秒

推天正經朔置天正冬至氣積分以朔實去之不盡為閏餘以減天正冬至氣積分餘為天正十一月經朔加時積分滿旬周去之不盡以統法約之為大餘不滿為小餘其大餘命甲子筭外即所求年天正十一月經朔日辰及餘
求弦望及次朔經日置天正十一月經朔大小餘以弦策累加之去命如前即各得弦望及次朔經日及餘秒
求没日置有没之氣小餘以三百六十乘之其秒進一位從之用減歲周餘滿歲餘除之為日不滿為餘其日命其氣初日日辰筭外即為其氣没日日辰（凡氣小餘在没限以上者為有没之氣）
求滅日置有滅之朔小餘以三十乘之滿朔虛分除之為日不滿為餘其日命其月經朔初日日辰筭外即為其月滅日日辰（凡經朔小餘不滿朔虛分者為有滅之朔）

步發斂

候策五餘八百七十六秒四
卦策六餘一千五十一秒一十二
土王策三餘五百二十五秒二十四
月閏一萬九百三秒二十四
辰法二千五

半辰法一千二半
刻法一千三百三
秒母三十六
推七十二候各因中節大小餘命之為初候以候策加之為次候又加之為末候
求六十四卦各因中氣大小餘命之為初卦用事日以卦策加之為中卦用事日又加之得終卦用事日以土王策加諸侯內卦得十有二節之初外卦用事日又加之得大夫卦用事日復以卦策加之得卿卦用事日

推五行用事各因四立之節大小餘命之即春木夏火秋金冬水首用事日以土王策減四季中氣大小餘命甲子筭外爲其月土始用事日

求中氣去經朔置天正冬至閏餘以月閏累加之滿統法約之爲日不盡爲餘即各得每月中氣去經朔日及餘秒（其閏餘滿閏限者爲月内有閏也仍定其朔内無中氣者爲閏月）

求卦候去經朔以卦候策累加減中氣去經朔日及餘秒（中氣前減中氣後加）即各得卦候去經朔日及餘秒

求發斂加時倍所求小餘以辰法除之爲辰數不滿五因之滿刻法爲刻不滿爲餘其辰數命子正筭外

即各得所求加時辰刻及分

步日躔

周天分四百三十九萬四千三十四秒五十七

周天度三百六十五餘三千八十四秒五十七

歲差一百五十四秒五十七

二至限日一百八十二餘七千四百八十

冬至後盈初夏至後縮末限日八十八餘一萬九百五十八

夏至後縮初冬至後盈末限日九十三餘八千五百五十二

求每日盈縮分置入二至後全日各在初限已下爲初限已上用減二至限餘爲末限列初末限日及分於上倍初末限日及約分於下相減相乘求盈縮分者在盈初縮末以三千二百九十四除之在盈末縮初以三千六百五十九除之皆爲度不滿退除爲分秒

求朓朒積者各進二位在盈初縮末以三百六十六而一在盈末縮初以四百七而一各得所求以盈縮相減餘爲升降分（盈初縮末爲升縮初盈末爲降）以朓朒積相減餘爲損益率（在初爲益在末爲損）

求經朔弦望入盈縮限置天正閏日及餘減縮末限

日及餘爲天正十一月經朔入縮末限日及餘以弦策累加之滿盈縮限日去之即各得弦望及次朔入盈縮限日及餘秒

求經朔弦望朓朒定數各置所入盈縮限日下餘以其日下損益率乘之如統法而一所得損益其下朓朒積爲定數

求定氣冬夏二至以常氣爲定氣自後以其氣限日下盈縮分盈加縮減常氣約餘即爲所求之氣定日及分秒

赤道入度

斗二十六　牛八　女十二　虛十少秒六十四

危十七　室十六　壁九

北方七宿九十八度少秒六十四

奎十六　婁十二　胃十四　昴十一

畢十七　觜一　參十

西方七宿八十一度

井三十三　鬼三　柳十五　星七

張十八　翼十八　軫十七

南方七宿一百一十一度

角十二　亢九　氐十五　房五

心五　尾十八　箕十一

東方七宿七十五度

前皆赤道宿度與古不同自大衍曆依渾儀測為定用紘帶天中儀極攸憑以格黃道

推天正冬至加時赤道日度以歲差乘所求積年滿周天分去之不盡用減周天分餘以統法除之為度不滿為餘命起赤道虛宿四度外去之至不滿宿即為所求年天正冬至加時赤道日度及餘秒

求夏至赤道日度置天正冬至加時赤道日度以二至限及餘加之滿赤道宿次去之即得夏至加時赤道日度及餘秒因求後昏後夜半赤道日度者以二至小餘減統法餘以加二至赤道日度之餘即二至初日昏後夜半赤道日度以每日累加一度去命如前各得所求

求二十八宿赤道積度置二至加時日躔赤道全度以二至加時赤道日度及約分減之餘為距後度以赤道宿次累加之即得二十八宿赤道積度及分秒

求二十八宿赤道積度入初末限各置赤道積度及分秒滿象限九十一度三十一分秒九即去之若在四十五度六十五分秒五十四半已下為初限已上用減象限餘為末限

求二十八宿黃道度各置赤道宿入初末限度及分

三之為限分用減四百餘以限分乘之一萬二千而一為度命曰黃赤道差至後以減分後以加赤道宿積度為黃道積度以前宿黃道積度減之餘為二十八宿黃道度及分其分就近約為太半少若二至之宿不足減者即加二至限然後減之餘依術算

黃道宿度

斗二十三半　牛七半　女十一半　虛十少秒六十四

危十七太　室十七少　壁九太

北方七宿九十七度半秒六十四

奎十七太　婁十二太　胃十四半　昴十一太

畢十六　觜一　參九少

西方七宿八十二度

井三十　鬼二太　柳十四少　星七

張十八太　翼十九半　軫十八太

南方七宿一百一十一度

角十三　亢九半　氐十五半　房五

心四太　尾十七　箕十

東方七宿七十四度太

前黃道宿度乃依今曆歲差變定若上考往古下驗將來當據歲差每移一度依曆推變然後可步七曜知其所在

求天正冬至加時黃道日度置天正冬至加時赤道日度及約分三之為限分用減四百餘以限分乘之一萬二千而一為度命曰黃赤道差用減天正冬至加時赤道日度及分即為所求年天正冬至加時黃道日度及分（夏至日度準此求之）

求二至初日晨前夜半黃道日度置一萬分以其日升降分升加降減之以乘二至小餘如統法而一所得以減二至加時黃道日度餘為二至初日晨前夜半黃道日度及分

求每日晨前夜半黃道日度置二至初日晨前夜半黃道日度及分每日加一度百約其日下升降分升加降減之滿黃道宿次去之即各得二至後每日晨前夜半黃道日度及分

求太陽過宮日時刻置黃道過宮宿度以其日晨前夜半黃道宿度及分減之餘以統法乘之如其太陽行分而一為加時小餘如發斂求之即得太陽過宮日時刻及分

黃道過宮（太史局吳澤等補治有此一段開封進士吳時舉國學進士程喜常州百姓張文進本並無之）

危宿十五度少入衛之分　亥　奎宿二度半入魯之分　戌

胃宿五度半入趙之分　酉　畢宿十度半入晉之分　申

井宿十二度入秦之分　未　柳宿七度半入周之分　午

張宿十七度少入楚之分　巳　軫宿十二度入鄭之分　辰

氐宿三度少入宋之分　卯　尾宿八度入燕之分　寅

斗宿九度入吳之分　丑　女宿六度少入齊之分　子

步月離

轉周分三十三萬一千四百八十二秒三百八十九

轉周日二十七餘六千六百七十二秒三百八十九

朔差日一餘一萬一千七百四十秒九千六百一十一

弦策七餘四千六百三秒二千五百

望策一十四餘九千二百六秒五千

以上秒母同一萬

七日初數一萬六百九十初約八十九末數一千三百四十末約一十一

十四日初數九千三百五十一初約七十八末數二千六百七十九末約二十二

二十一日初數八千一十一初約六十七末數四千一十九末約三十三

二十八日初數六千六百七十二初約五十五

上弦九十一度三十一分秒四十一

望一百八十二度六十二分秒八十二

下弦二百七十三度九十四分秒二十三

平行一十三度三十六分秒八十七半

以上秒母同一百

求天正十一月經朔加時入轉置天正十一月經朔加時積分以轉周分秒去之不盡以統法約之為日不滿為餘命日筭外即得所求年天正十一月經朔加時入轉日及餘秒若以朔差日及餘秒加之滿轉周日及餘秒去之即其朔加時入轉日及餘秒各以其月經朔小餘減之餘為其月經朔夜半入轉

求弦望入轉因天正十一月經朔加時入轉日及餘秒以弦策累加之去命如前即得弦望入轉日及餘秒

轉日	轉定分	增減差	遲疾度	損益率	朓朒積
一日	一千二百六	增百三十一	遲空度	益千一百八十七	朒空
二日	一千二百一十五	增百二十二	遲一度三十一	益千八十九	朒千一百八十七
三日	一千二百三十三	增一百四	遲二度五十三	益九百四十五	朒二千二百七十六
四日	一千二百五十一	增八十六	遲三度五十七	益七百六十五	朒三千二百二十一
五日	一千二百七十五	增六十二	遲四度四十三	益五百六十	朒三千九百八十六
六日	一千三百一	增三十六	遲五度五	益三百二十二	朒四千五百四十六
七日	一千三百二十七	初增一十 末減	遲五度四十一	初益九十九 末損九	朒四千八百六十九
八日	一千三百五十四	減一十七	遲五度五十一	損一百五十四	朒四千九百五十九
九日	一千三百七十八	減四十一	遲五度三十四	損三百六十九	朒四千八百五
十日	一千四百三	減六十一	遲四度九十三	損五百九十四	朒四千四百三十六
十一日	一千四百二十七	減九十	遲四度二十七	損八百一十	朒三千八百四十二
十二日	一千四百四十六	減一百九	遲三度三十七	損九百七十九	朒三千三十二
十三日	一千四百五十七	減一百二十三	遲二度二十八	損一千九十九	朒二千五十三
十四日	一千四百七十三	初減一百六 末增三十	遲一度六	初損九百五十四 末益二百七十	朒九百五十四
十五日	一千四百六十六	增一百二十九	疾空度三十	益一千一百六十一	朓二百七十
十六日	一千四百五十四	增一百一十七	疾一度五十九	益一千五十二	朓一千四百三十一

十七日	一千四百三十七	增一百	疾二度七十六	益九百	朓二千四百八十三
十八日	一千四百一十六	增七十九	疾三度七十六	益七百一十一	朓三千三百八十三
十九日	一千三百九十四	增五十七	疾四度五十五	益五百一十二	朓四千九十四
二十日	一千三百六十八	增三十一	疾五度一十二	益二百七十九	朓四千六百六
二十一日	一千三百四十一	初增九末減五	疾五度四十三	初益八十二末損四十五	朓四千八百八十五
二十二日	一千三百一十五	減二十二	疾五度四十七	損一百九十八	朓四千九百二十二
二十三日	一千二百九十	減四十七	疾五度二十五	損四百二十三	朓四千七百二十四
二十四日	一千二百六十五	減七十三	疾四度七十八	損六百五十七	朓四千三百一
二十五日	一千二百四十三	減九十四	疾四度五	損八百四十六	朓三千六百四十四
二十六日	一千二百二十五	減一百一十二	疾三度二十一	損一千八	朓二千七百九十八
二十七日	一千二百一十三	減一百二十四	疾一度九十九	損一千一百一十六	朓一千一百一十六
二十八日	一千二百六	初減七十五	疾空度七十五	損六百七十四	朓六百七十四

求朔弦望入轉朓朒定數：置入轉餘，乘其日算外損益率，如統法而一，所得以損益其下朓朒積，為定數。其在四七日下餘，如初數已下，初率乘之，初數而一，以損益其下朓朒積為定數；若初數已上者，以初數減之，餘乘末率，末數而一，用減初率，餘加其日下朓朒積為定數。其十四日下餘若在初數已上者，初數減之，餘乘末率，末數而一，便為朓定數。

求朔弦望定日：各以入限入轉朓朒定數，朓減朒加經朔弦望小餘，滿若不足，進退大餘，命甲子算外，各得定日及餘。若定朔干名與後朔干名同者月大，不同者月小，其月內無中氣者為閏月。凡注曆觀定朔小餘，秋分後在統法四分之三已上者，進一日；若春分後，定朔晨昏差如春分之日者，三約之，用減四分之三；定朔小餘在此數已上者，亦進一日；或當交虧初在日入已前者，其朔不進。弦望定小餘不滿日出分者，退一日；望若有交虧初在日出已前者，其定望小餘雖滿日出分，亦退一日。又有月行九道遲疾，曆有三大二小者，依盈縮累增損之，則有四大三小，理數然也。若循常儀，當察加時早晚，隨其所近而進退之，使不過三大二小。

求定朔弦望加時日度：置定朔弦望約分，副之，以乘其日升降分，一萬約之，所得，升加降減其副，以加其日夜半日度，命如前，各得定朔弦望加時日躔黃道

宿度及分秒。

求月行九道：凡合朔初交，冬入陰曆，夏入陽曆，月行青道。冬至、夏至後，青道半交在春分之宿，出黃道東；立冬、立夏後，青道半交在立春之宿，出黃道東南；至所衝之宿亦如之。冬入陽曆，夏入陰曆，月行白道。冬至、夏至後，白道半交在秋分之宿，出黃道西；立冬、立夏後，白道半交在立秋之宿，出黃道西北；至所衝之宿亦如之。春入陽曆，秋入陰曆，月行朱道。春分、秋分後，朱道半交在夏至之宿，出黃道南；立夏、立秋後，朱道半交在立夏之宿，出黃道西南；至所衝之宿亦如之。春入陰曆，秋入陽曆，月行黑道。春分、秋分後，黑道半交在冬至之宿，出黃道北；立春、立秋後，黑道半交在立冬之宿，出黃道東北；至所衝之宿亦如之。四序離為八節，至陰陽之所交，皆與黃道相會，故月行有九道。各視月行所入

正交積度滿交象去之入交積度及交象度並在交會術中若在半交
象已下為初限已上覆減交象餘為末限置初末限
度及分三之為限分用減四百餘以限分乘之二萬
四十而一為度命曰月道與黃道差數距正交後半
交前以差數加距半交後正交前以差數減此加減出入黃
道六度單與黃道相校之數若校赤道則隨氣遷變不常仍計去冬夏二至已來
度數乘差數如九十而一為月道與赤道差數凡日以赤
道內為陰外為陽月以黃道內為陰外為陽故月行宿度入春分交後行陰曆秋分交後行陽曆皆為同
名入春分交後行陽曆秋分交後行陰曆皆為異名其在同名者以差數加者
加之減者減之其在異名者以差數加者減之減者

加之二差皆增益黃道宿積度為九道宿積度以前
宿九道積度減之為其宿九道度及分秒其分就近約之為太
半少
求月行九道平交入氣各以其月閏日及餘加經朔
加時入交汎日及餘秒盈交終日及餘秒去之乃減
交終日及餘秒即各得平交入其月中氣日及餘秒
若滿氣策即去之餘為平交入後月節氣日及餘秒
若求朓朒定數如求朔望朓朒術入之即得所求
求平交入轉朓朒定數置所入氣餘加其日夜半入
轉餘乘其日筭外損益率如統法而一所得以損益

其下朓朒積乃以交率乘之交數而一為定數
求正交入氣以平交入氣入轉朓朒定數朓減朒加
平交入氣餘滿若不足進退其日即正交入氣日及
餘秒
求正交加時黃道日度置正交入氣餘副之以乘其
日升降分一萬約之升加降減其副乃以一百乘之
如統法而一以加其日夜半日度即正交加時黃道
日度及分秒
求正交加時月離九道宿度置正交度加時黃道日
及分三之為限分用減四百餘以限分乘之二萬四

千而一命曰月道與黃道差數以加黃道宿度仍計
去冬夏二至已來度數以乘差數如九十而一為月
道與赤道差數同名以加異名以減二差皆增損正
交度即正交加時月離九道宿度及分秒
求定朔弦望加時月離黃道宿度置定朔弦望加時
日躔黃道宿度及分凡合朔加時月行潛在日下與
太陽同度是為加時月度各以弦望度加其所當日
度滿黃道宿次去之即各得定朔弦望加時月離黃
道宿度及分秒
求定朔弦望加時月離九道宿度置定朔弦望加時

月離黄道宿度及分秒加前宿正交後黄道積度如前求九道術入之以前定宿正交後九道積度減之餘為定朔弦望加時月離九道宿度及分秒（凡合朔加時若非正交即日在黄道月在九道所入宿度雖多少不同考其去極若應繩準故日加時九道）

求定朔午中入轉各視經朔夜半入轉日及餘秒以半法加之若定朔大餘有進退者亦進退轉日否則因經為定（因求次日累加一日滿轉周日及餘秒去之即每日午中入轉）

求晨昏月度以晨分乘其日筭外轉定分如統法而一為晨轉分用減轉定分餘為昏轉分乃以朔弦望小餘乘其日筭外轉定分如統法而一為加時分以

減晨昏轉分餘為前不足減者覆減之餘為後以前加後減定朔弦望月度即晨昏月所在度

求朔弦望晨昏定程各以其朔昏定月減上弦昏定月餘為朔後昏定程以上弦昏定月減望昏定月餘為上弦後昏定程以望晨定月減下弦晨定月餘為望後晨定程以下弦晨定月減後朔晨定月餘為下弦後晨定程

求每日轉定度數累計每程相距日轉定分以減定程餘為盈不足減者覆減之餘為縮以相距日除之所得盈加縮減每日轉定分為每日轉定度及分秒

求每日晨昏月置朔弦望晨昏月以每日轉定度及分加之滿宿次去之為每日晨昏月（凡注暦自朔日注昏月望後一日注晨月）已前月度並依九道所推以究筭術之精微如求速要即依後術求之

求天正十一月經朔加時平行月置歳周以天正閏餘減之餘以統法約之為度不滿退除為分秒即天正十一月經朔加時平行月積度及分秒

求天正十一月定朔夜半平行月置天正經朔小餘以平行月度分秒乘之如統法而一為度不滿退除為分秒以減天正十一月經朔加時平行月積度即

天正十一月經朔晨前夜半平行月其定朔大餘有進退者亦進退平行度否則因經為定即天正十一月定朔晨前夜半平行月積度及分秒

求次定朔夜半平行月置天正十一月定朔晨前夜半平行月積度及分秒大月加三十五度八十分秒六十一小月加二十二度四十三分秒七十三半滿周天度及約分秒去之即得次定朔晨前夜半平行月積度及分秒

求弦望定日夜半平行月各計朔弦望相距之日乘平行度及分秒以加其月定朔晨前夜半平行月積

度及分秒即其月弦望定日晨前夜半平行月積度及分秒

求定朔晨前夜半入轉置其月經朔晨前夜半入轉日及餘秒若定朔大餘有進退者亦進退轉日否則因經為定其餘如統法退除為分秒即得其月定朔晨前夜半入轉日及分秒（因求次日累加一日滿轉周二十七日五十五分秒四十六去之即每日晨前夜半入轉）

求定朔弦望晨前夜半定月置定朔弦望晨前夜半入轉分乘其日筭外增減差百約為分分滿百為度增減其下遲疾度為遲疾定度遲減疾加定朔弦望

晨前夜半平行月積度及分秒以天正冬至加時黃道日度加而命之即各得定朔弦望晨前夜半月離宿度及分秒（如求每日晨昏月依前術入之即得所求）

步晷漏

二至限一百八十二日六十二分

一象九十一日三十一分

消息法九千七百三

半法六千一百五

辰法二十五

半辰法一十二半

刻法一千二百三

辰刻八餘四百一

昏明分三百太

昏明刻二餘六百一半

冬至岳臺晷影常數一丈二尺八寸五分

夏至岳臺晷影常數一尺五寸七分

冬至後初限夏至後末限四十五日六十二分

冬至後末限夏至後初限一百三十七日空分

求岳臺晷影入二至後日數計入二至以來日數以二至約分減之乃加半日之分五十即入二至後來

午中日數及分

求岳臺午中晷影定數置入二至後日及分如初限已下者為初已上覆減二至限餘為末其在冬至後初限夏至後末限者以入限日及分減一千九百三十七半為汎差仍以入限日及分乘其日盈縮積（其盈縮積者以入盈縮限日及分與二百相減相乘為盈縮積也）五因百約用減汎差為定差乃以入限日及分自相乘以定差乘之滿一百萬為尺不滿為寸分以減冬至岳臺晷影常數餘為其日午中晷影定數其在冬至後末限夏至後初限者以三約入限日及分減四百八十五少為汎差

仍以盈縮差度減去極度餘者春分後秋分前四約以加汎差為定差春分前秋分後以去二分日數乘之六百而一以減汎差為定差乃以入限日及分自相乘以定差乘之滿一百萬為尺不滿為寸分以加夏至岳臺晷影常數為其日午中晷影定數

求每日午中定積日置其日午中入二至後來日數及分以其日盈縮分盈加縮減之即每日午中定積日及分

求每日午中消息定數置定積日及分在一象已下自相乘巳上用減二至限餘亦自相乘七因進二位

以消息法除之為消息常數副置之用減六百一半餘以乘其副以二千六百七十除之以加常數為消息定數（冬至後為息夏至後為消）

求每日黄道去極度置其日消息定數十六乘之滿四百一除之為度不滿退除為分春分後加六十七度三十一分秋分後減一百一十五度三十一分即每日午中黄道去極度及分

求每日太陽去赤道内外度置其日黄道去極度及分與一象度相減餘為太陽去赤道内外度及分（去極多為日在赤道外去極少為日在赤道内）

求每日晨昏分及日出入分半晝分置其日消息定數春分後加二千一百少秋分後減三千三百八少各為其日晨分用減統法餘為昏分以昏明分加晨分為日出分減昏分為日入分以日出分減半法餘為半晝分

求每日距中度置其日晨分進位十四因之以四千六百一十一除之為度不滿退除為分即距子度用減半周天餘為距中度五而一為每更差數

求每日夜半定漏置晨分進一位如刻法而一為刻不滿為刻分即每日夜半定漏

求每日晝夜刻及日出入辰刻置夜半定漏倍之加五刻為夜刻減百刻為晝刻以昏明刻加夜半定漏命子正筭外得日出辰刻以晝刻加之命如前即日入辰刻（其辰數依發斂術求之）

求更點辰刻置其日夜半定漏倍之二十五而一為籌差半之進位為更差以昏明刻加日入辰刻即甲夜辰刻以更籌差累加之滿辰刻及分去之各得每更籌所在辰刻及分（若用司辰漏者倍夜半定漏減去待旦十刻餘依術筭即得內中更籌也）

求每日昏曉中星及五更中星置距中度以其日昏

後夜半赤道日度加而命之即得其日昏中星所格宿次命之曰初更中星以每更差度加而命之即乙夜中星以更差度累加之去命如前即五更及曉中星（若依司辰星漏倍距子度減去待旦三十六度五十二分半餘依術求更點差度即內中昏曉五更及攢點中星也）

求九服距差日各於所在立表候之若地在岳臺北測冬至後與岳臺冬至晷影同者累冬至後至其日為距差日若地在岳臺南測夏至後與岳臺晷影同者累夏至後至其日為距差日

求九服晷影若地在岳臺北冬至前後者以冬至前

後日數減距差日為餘日以餘日減一千九百三十七半為汎差依前術求之以加岳臺冬至晷影常數為其地其日午中晷影定數冬至前後日多於距差日者乃減去距差日餘依法求之即得其地其日午中晷影定數若地在岳臺南夏至前後者以夏至前後日數減距差日為餘日乃三約之以減四百八十五少為汎差依前術求之以減岳臺夏至晷影常數即其地其日午中晷影定數如夏至前後日數多於距差日乃減去距差日餘依法求之即得其地其日午中晷影定數即晷在表南也

求九服所在晝夜漏刻各於所在下水漏以定二至夜刻乃相減餘為二至差刻乃置岳臺其日消息定數以其處二至差刻乘之如岳臺二至差刻二十除之所得為其地其日消息定數乃倍消息定數進位滿刻法約之為刻不滿為分以加減其處二至夜刻（春分後秋分前以加夏至夜刻秋分後春分前以減冬至夜刻）為其地其日夜刻以減百刻餘為晝刻（求日出入差刻及五更中星並依岳臺法求之）

志卷第三十

志卷第三十一　宋史七十八

開府儀同三司上柱國錄軍國重事前中書右丞相監修國史領經筵事都總裁臣脫脫等奉

敕修

律曆十一 觀天曆

步交會

交終分三十二萬七千三百六十一秒九千九百四十四

交終日二十七餘二千五百五十一秒九千九百四十四

交終日一十三餘七千二百九十秒九千九百七十二

朔差日二餘三千八百三十一秒五十六

望策一十四餘九千二百六秒五千

後限日一餘一千九百一十五秒五千二十八

前限日一十二餘五千三百七十五秒四千九百四十四

以上秒母同一萬

交率一百八十三

交數二千三百三十一

交終度三百六十三分七十六

交中度一百八十一分八十八

交象度九十分九十四

半交象度四十五分四十七

陽曆食限四千九百定法四百九十

陰曆食限七千九百定法七百九十

求天正十一月經朔加時入交汎日　置天正十一月經朔加時積分以交終分及秒去之不盡滿統法為日不滿為餘秒即天正十一月經朔加時入交汎日及餘秒

求次朔及望加時入交汎日　置天正經朔加時入交汎日及餘秒求朔以朔差加之求望以望策加之滿交終日及餘秒去之即次朔及望加時入交汎日及餘秒若以經朔小餘減之餘為夜半入交汎日

求定朔望夜半入交汎日　置經朔望夜半入交汎日若定朔望大餘有進退者亦進退交日否則因經為定即定朔望夜半入交汎日及餘秒

求次朔夜半入交汎日　置定朔夜半入交汎日及餘秒大月加二日小月加一日餘皆加九千四百七十八秒五十六求次日累加一日滿交終日及餘秒去之即次定朔及每日夜半入交汎日及餘秒

求朔望加時入交常日　置經朔望入交汎日及餘秒以其朔望入盈縮限朏朒定數朏減朒加之即朔望加時入交常日及餘秒

求朔望加時入交定日　置其朔望入轉朏朒定數以

交率乘之交數而一所得以朓減朒加入交常日及餘秒滿與不足進退其日即朔望加時入交定日及餘秒

求月行入陰陽曆置其朔望入交定日及餘秒在交中已下為月行陽曆已上去之餘為月行陰曆

求朔望加時月行入陰陽曆積度置月行入陰陽曆日及餘秒以統法通日內餘九而一為分分滿百為度即朔望加時月行入陰陽曆積度及分

求朔望加時月去黃道度置入陰陽曆積度及分如交象已下為入少象已上覆減交中度餘為入老象皆列於上下列交中度相減相乘進位如一百二十八而一為汎差又視入老少象度如半交象已下為初已上去之餘為末皆二因退位初減末加汎差滿百為度即朔望加時月去黃道度及分

求日月食甚定餘置定朔小餘如半統法已下與半統法相減相乘如三萬六千九十而一為時差以減如半統法已上減去半統法餘亦與半統法相減相乘如一萬八千四十五而一為時差午前以減午後以加皆加減定朔小餘為日食甚小餘與半法相減餘為午前後分其月食者以定望小餘為月食甚小

餘

求日月食甚辰刻各置食甚小餘倍之以辰法除之為辰數不滿五因滿刻法而一為刻不滿為分其辰數命子正筭外即食甚辰刻及分若加半辰即命起子初

求氣差置其朔盈縮限度及分自相乘進二位盈初縮末一百九十七而一盈末縮初二百一十九而一皆用減四千一十為氣汎差以乘午前後分如半晝分而一所得以減汎差為定差春分後交初以減交中以加秋分後交初以加交中以減如食在夜反用之

求刻差置其朔盈縮限度及分與半周天相減相乘進二位二百九而一為刻汎差以乘午前後分如三千七百半而一為定差冬至後午前夏至後午後交初以加交中以減冬至後午後夏至後午前交初以減交中以加

求日入食限交前後分置朔入交定日及餘秒以氣刻時三差各加減之如交中日已下為不食已上去之如後限已下為交後分前限已上覆減交中日餘為交前分

求日食分置交前後分如陽曆食限已下為陽曆食定分已上用減一萬二千八百餘為陰曆食定分如不

足減者日不食各如定法而一為大分不盡退除為小分小
分半已上為半強已下為半弱命大分以十為限即
得日食之分
求日食汎用分置日食定分退二位列於上在陽曆
列九十八於下在陰曆列一百五十八於下各相減
相乘陽以二百五十而一陰以六百五十而一各為
日食汎用分
求月入食限交前後分置望月行入陰陽曆日及餘
秒如後限已下為交後分前限已上覆減交中日餘
為交前分求月食分置交前後分如三千七百已下

宋史七十八　三百四十八　宋史志卷三十一　五　湯　陳　刻　宮　州

為食既已上覆減一萬一千七百不足減者為不食餘以八
百而一為大分不盡退除為小分小分半已上為半
強已下為半弱命大分以十為限即得月食之分
求月食汎用分置望交前後分自相乘退二位交初
以一千一百三十八而一用減一千二百三交中以
一千二百六十四而一用減一千八十三各為月食
汎用分
求日月食定用分置日月食汎用分以一千三百三
十七乘之以定朔望入轉筭外轉定分而一所得為
日月食定用分

求日月食虧初復滿小餘置日月食甚小餘以定用
分減之為虧初加之為復滿即各得所求小餘若求刻依食甚術入之
求月食更籌法置望晨分四因退位為更法五除之
為籌法
求月食入更籌置虧初食甚復滿小餘在晨分已下
加晨分昏分已上減去昏分皆以更法除之為更數
不盡以籌法除之為籌數其更籌數命初更筭外即
各得所入更籌
求日月食甚宿次置朔望之日晨前夜半黃道日度

宋史七十八　二百八十五　宋史志卷三十一　六　湯　陳　刻　宮　州

及分以統法約日月食甚小餘加之內月食更加半
周天各依宿次去之即日月食甚所在宿次
求月食既內外刻分置月食交前後分覆減三千七
百如不足減者為食不既退二位列於上下列七十四相減相
乘進位如三十七而一所得以定用分乘之如汎用
分而一為既內分以減定用分餘為既外分
求日月帶食出入所見之分各以食甚小餘與日出
入分相減餘為帶食差其帶食差在定用分已上為不帶食出入以乘所
食之分滿定用分而一若月食既者以既內分減帶食差餘乘所食之分如既外
分而一所得以減既分如不足減者為帶食既出入以減所食之分餘為帶食

出入所見之分

求日食所起日在陽曆初起西南甚於正南復滿東南日在陰曆初起西北甚於正北復滿東北其食八分已上者皆起正西復滿正東（此據午地而論之當審黃道斜正可知）

求月食所起月在陽曆初起東北甚於正北復滿西北月在陰曆初起東南甚於正南復滿西南其食八分已上者皆起正東復滿正西（此據午地而論之當審黃道斜正可知）

步五星

五星曆策一十五度約分二十一秒九十

木星周率四百七十九萬八千五百二十六秒九十二

周日三百九十八餘一萬五百八十六秒九十二

歲差一百一十六秒七十二

伏見度一十三半

變目	變日	變度	限度	初行率
晨伏	一十七日	三度七十五	二度七十三	二十三
晨疾初	二十八日	六度二	四度三十九	二十三
晨疾末	二十八日	五度六十	四度八	二十二
晨遲初	二十八日	四度六十二	三度三十七	一十九
晨遲末	二十八日	一度九十	一度三十八	一十四
晨留	二十四日			
晨退	四十六日五十	五度七	空度八十七	空
夕退	四十六日五十	五度七	空度八十七	一十六
夕留	二十四日			
夕遲初	二十八日	一度九十	一度三十八	空
夕遲末	二十八日	四度六十二	三度三十七	一十四
夕疾初	二十八日	五度六十	四度八	一十九
夕疾末	二十八日	六度二	四度三十九	二十二
夕伏	一十七日	三度七十五	二度七十三	二十三

木星盈縮曆

策數	損益率	盈積度	損益率	縮積度
初	益一百七十二	空	益一百七十二	空
一	益一百四十三	一度七十二	益一百四十三	一度七十二
二	益一百一十四	三度一十五	益一百一十四	三度一十五
三	益八十五	四度二十九	益八十五	四度二十九
四	益五十四	五度一十四	益五十四	五度一十四
五	益二十二	五度六十八	益二十二	五度六十八
六	損二十二	五度九十	損二十二	五度九十
七	損五十四	五度六十八	損五十四	五度六十八
八	損八十五	五度一十四	損八十五	五度一十四
九	損一百一十四	四度二十九	損一百一十四	四度二十九

十　損一百四十三　三度一十五　損一百四十三　三度一十五
十一　損一百七十二　一度七十二　損一百七十二　一度七十二
火星周率九百三十八萬二千五百六十秒七十六
周日七百七十九餘一萬一千一百九十秒七十六
伏見度一十八　歲差一百一十六秒一十三
變目　變日　變度　限度　初行率
晨伏　六十八日　五十度空分　四十七度五十　七十四
晨疾初　五十五日　三十九度五　三十七度九　七十二
晨疾末　五十五日　三十八度九十四　三十七度空　七十
晨次疾初　四十七日　三十一度二　三十九度四十六　六十八

晨次疾末　四十七日　二十八度二十　一十六度七十九　六十四
晨遲初　三十九日　一十八度七十二　一十七度七十八　五十六
晨遲末　三十九日　一十度空分　九度五十　四十
晨留　一十一日
晨退　二十八日九十六　八度五十九　二度二十二　空
夕退　二十八日九十六　八度五十九　二度二十二　四十五
夕留　一十一日
夕遲初　三十九日　一十度空分　九度五十　空
夕遲末　三十九日　一十八度七十二　一十七度七十八　四十
夕次疾初　四十七日　二十八度二十　二十六度七十九　五十六

夕次疾末　四十七日　三十一度二　二十九度四十六　六十四
夕疾初　五十五日　三十八度九十四　三十七度空分　六十八
夕疾末　五十五日　三十九度五　三十七度九　七十
夕伏　六十八日
火星盈縮曆
策數　損益率　盈積度　損益率　縮積度
初　益一千一百六十　空　益四百四　空
一　益八百八十　一十一度六十　益四百三十六　四度四
二　益四百三十　二十度四十　益四百五十　八度三十
三　益一百五十五　二十四度七十　益四百八十五　一十三度八十

四　損五十　二十六度二十五　益三百八十五　一十七度六十五
五　損一百二十　二十五度七十五　益三百五　二十一度五十
六　損三百五　二十四度五十五　益一百二十　二十四度五十五
七　損三百八十五　二十一度五十　益五十　二十五度七十五
八　損四百八十五　一十七度六十五　損一百五十五　二十六度二十五
九　損四百五十　一十三度八十　損四百三十　二十四度七十
十　損四百三十六　八度三十　損八百八十　二十度四十
十一　損四百四　四度四　損一千一百六十　一十一度六十
土星周率四百五十四萬八千四百三十一秒八十五
周日三百七十八餘一千九十一秒八十五

歲差一百一十六秒三十

伏見度一十六半

變目	變日	變度	限度	初行率
晨伏	十九日	二度五十	一度五十	一十四
晨疾初	二十八日	三度二十二	一度九十三	一十二
晨疾末	二十八日	二度八十	一度六十八	一十一
晨遲	二十八日	一度四十	空度八十四	九
晨留	三十六日			
晨退	五十日四	三度五十	空度四十七	空
夕退	五十日四	三度五十	空度四十七	一十

變目	變日	變度	限度	初行率
夕留	三十六日			
夕遲	二十八日	一度四十	空度八十四	空
夕疾初	二十八日	二度八十	一度六十八	九
夕疾末	二十八日	三度二十二	一度九十三	一十一
夕伏	一十九日	二度五十	一度五十	一十二

土星盈縮曆

策數	損益率	盈積度	損益率	縮積度
初	益二百二十	空二度	益二百二十	空
一	益一百八十	二度二十	益一百八十	二度二十
二	益一百四十	四度	益一百四十	四度
三	益一百	五度四十	益一百	五度四十
四	益六十	六度四十	益六十	六度四十
五	益二十	七度	益二十	七度
六	損二十	七度二十	損二十	七度二十
七	損六十	七度	損六十	七度
八	損一百	六度四十	損一百	六度四十
九	損一百四十	五度四十	損一百四十	五度四十
十	損一百八十	四度	損一百八十	四度
十一	損二百二十	二度二十	損二百二十	二度二十

金星周率七百二萬四千三百二十一秒三十四

周日五百八十三餘一萬八百三十一秒三十四

歲差一百一十六秒六十九

伏見度一十一半

變目	變日	變度	限度	初行率
夕伏	三十九日五十	五十度空分	四十八度空分	一百三十
夕疾初	五十日	六十三度七十五	六十一度二十	一百三十
夕疾末	五十日	六十一度二十五	五十八度八十	一百二十五
夕次疾初	四十日	四十六度空分	四十四度一十八	一百二十
夕次疾末	四十日	四十二度空分	四十度三十二	一百一十
夕遲初	三十日	二十六度二十五	二十五度二十	一百

夕遲末　二十日　一十二度空分　一十一度圭　七十五
夕留　七日
夕退　九日九十五　四度三十二　一度二十二　空
夕伏退　六日五十　五度空分　一度五十　七十三
伏合退　六日五十　五度空分　一度五十　八十一
晨退　九日九十五　四度三十一　一度二十三　七十三
晨留　七日
晨遲初　二十日　一十二度空分　一十一度五十二　空
晨遲末　三十日　二十六度圭　二十五度二十　七十五
晨次疾初　四十日　四十二度空分　四十度五十二　一百

晨次疾末　四十日　四十六度空分　四十四度三十八　一百一十
晨疾初　五十日　六十一度二十五　五十八度八十　一百二十
晨疾末　五十日　六十三度七十五　六十一度二十　一百二十五
晨伏　三十八日五十　五十度空分　四十八度空分　一百三十
金星盈縮曆
策數　損益率　盈積度　損益率　縮積度
初　益五十三　空　益五十三　空
一　益四十九　空度五十三　益四十九　空度五十三
二　益四十二　一度二　益四十二　一度二
三　益三十二　一度四十四　益三十二　一度四十四
四　益二十二　一度七十六　益二十二　一度七十六
五　益七　一度九十八　益七　一度九十八
六　損七　二度五　損七　二度五
七　損二十二　一度九十八　損二十二　一度九十八
八　損三十二　一度七十六　損三十二　一度七十六
九　損四十二　一度四十四　損四十二　一度四十四
十　損四十九　一度二　損四十九　一度二
十一　損五十三　空度五十三　損五十三　空度五十三
水星周率一百三十九萬四千二秒七
周日一百一十五餘一萬五百五十二秒七

歲差一百一十六秒四十
夕見晨伏度一十五
晨見夕伏度二十一
變目　變日　變度　限度　初行率
夕伏　一十五日　三十度空分　二十五度二十　二百二十二
夕疾　一十四日　二十三度空分　一十九度五十五　一百七十八
夕遲　一十三日　一十三度空分　一十度九十二　一百五十一
夕留　三日
夕伏退　十二日九十三　八度七　二度二十六
晨伏退　十二日九十三　八度七　二度二十六　一百五

晨留	三日			
晨遲	一十三日	一十三度空分	十度九十二	空
晨疾	一十四日	二十三度空分	一十九度五十五	一百五十一
晨伏	一十五日	三十度空分	二十五度二十	一百二十九

水星盈縮曆

策數	損益率	盈積度	損益率	縮積度
初	益五十九	空	益五十九	空
一	益五十四	空度五十九	益五十四	空度五十九
二	益四十六	一度一十二	益四十六	一度一十二
三	益三十六	一度五十九	益三十六	一度五十九
四	益二十四	一度九十五	益二十四	一度九十五
五	益八	二度一十九	益八	二度一十九
六	損八	二度二十七	損八	二度二十七
七	損二十四	二度一十九	損二十四	二度一十九
八	損三十六	一度九十五	損三十六	一度九十五
九	損四十六	一度五十九	損四十六	一度五十九
十	損五十四	一度一十五	損五十四	一度一十二
十一	損五十九	空度五十九	損五十九	空度五十九

求五星天正冬至後平合中積中星：置天正冬至氣積分，各以其星周率去之，不盡用減周率，餘滿統法約之為度，不滿退除為分秒，命之為平合中積，因而重列之為平合中星。各以前段變日加平合中積，又以前段變度加平合中星，其經退行者即減之，得五星諸變中積中星。

求五星入曆：各以其星歲差乘所求積年，滿周天分去之，不盡以統法約之為度，不滿退除為分秒，以減平合中星為平合入曆度及分秒。求諸變者，各以前段限度累加之，為五星諸變入曆度及分秒。

求五星諸變盈縮定差：各置其星其變入曆度及分秒，如半周天已下為盈，已上去之為縮。以五星曆策度除之為策數，不盡為入策度及分秒。以其策下損益率乘之，如曆策而一，為分，分滿百為度，以損益其下盈縮積度，即五星諸段盈縮定差。

求五星平合及諸變定積：各置其星其變中積，以其段盈縮定差盈加縮減之，即其段定積日及分。以天正冬至大餘及約分加之，滿統法去之，不盡命甲子筭外，即定日辰及分。

求五星諸變入所在月日：各置其星其變定積，以天正閏日及約分加之，滿朔策及約分除之為月數，不盡為入月已來日數。命月數起天正十一月筭外，即

其星其段入其月經朔日數及分乃以其朔日辰相距即所在月日

求五星平合及諸變加時定星各置其星其變中星以盈縮定差盈加縮減之內金倍之水三之然後加減即五星諸段定星以天正冬至加時黃道日度加時命之即其星其段加時所在宿度及分秒五星皆因留為後段初日定星餘依術算

求五星諸變初日晨前夜半定星各以其段初行率乘其段加時分百約之以順減退加其日加時定星即為其星其段初日晨前夜半定星加命如前即得所求

求諸變日率度率各以其段日辰距至後段日辰為其段日率以其段夜半定星與後段夜半定星相減餘為其段度率

求諸變平行分各置其段度率以其段日率除之為其段平行度及分秒

求諸變總差各以其段平行分與後段平行分相減餘為汎差併前段汎差四因退一位為總差若前段無平行分相減為汎差者因後段初日行分與其段平行分相減為半總差倍之為總差若後段無平行分相減為汎差者因前段末日行分與其段平行分相減為半總差倍之為總差其在再行者以本段平行分十四乘之十五而一為總差內金星依順段術求之

求初末日行分各半其段總差加減其段平行分後行分少加之為初減之為末後行分多減之為初加之為末退行者前段減之為初加之為末後段加之為初減之為末為其星其段初末日行分

求每日晨前夜半星行宿次置其段總差減日率一以除之為日差累損益初日行分後行分少損之後行分多益之為每日行度及分秒乃順加退減其星其段初日晨前夜半定星命之即每日夜半星行所在宿次

徑求其日宿次置所求日減一半之以日差乘而加減初日行分後行分少減之後行分多加之筭以所求日乘之為積度以順加退減其星其段初日夜半宿次即所求日夜半宿次

求五星合見伏行差木火土三星以其段初日星行分減太陽行分為行差金水二星順行者以其段初日太陽行分減星行分為行差金水二星退行者以其段初日星行分并太陽行分為行差內水星夕伏晨見直以太陽行分為行差

求五星定合見伏汎用積木火土三星各以平合晨疾夕伏定積便為定合見伏汎用積金水二星各置其段盈縮定差内水星倍之以其段行差除之為日不滿退除為分在平合夕見晨伏者盈減縮加定積為定合見伏汎用積在退合夕伏晨見者盈加縮減定積為定合見伏汎用積

求五星定合定積定星木火土三星以平合行差除其日盈縮分為距合差日以盈縮分減之為距合差度以差日差度盈減縮加其星定合汎用積為其星定合積定星金水二星順合者以平合行差除其日

盈縮分為距合差日以盈縮分加之為距合差度以差日差度盈加縮減其星定合汎用積為其星定合定積定星金水二星退合者以平合行差除其日盈縮分為距合差日以減盈縮減之分為距合差度以差日盈減縮加以差度盈加縮減再定合汎用積為其星再定合定積定星各以天正冬至大餘及約分加定積滿統法去之命甲子筭外即得定合日辰以天正冬至加時黃道日度加定星依宿次去之即得定合所在宿次

求五星定見伏定積木火土三星以汎用積晨加夕減一象如半周天巳下自相乘巳上覆減一周天餘亦自相乘七十五而一所得以其星伏見度乘之十五而一為差如其段行差除之為日不滿退除為分見加伏減汎用積為其星定見伏定積金水二星以行差除其日盈縮分為日在夕見晨伏盈加縮減汎用積為常用積夕伏晨見盈減縮加汎用積為常用積如常用積在半周天巳下為冬至後巳上去之餘為夏至後各在一象巳下自相乘巳上覆減一周天餘亦自相乘冬至後晨夏至後夕以十八而一冬至後夕夏至後晨以七十五而一所得以其星伏見度

乘之十五而一為差如其段行差除之為日不滿退除為分冬至後晨見夕伏夏至後夕見晨伏以加常用積為其星定見伏定積冬至後夕見晨伏夏至後晨見夕伏以減常用積為其星定見伏定積加命如前即得定見伏日辰

志卷第三十一

志卷第三十二　　宋史七十九

開府儀同三司上柱國録軍國重事前中書右丞相監修國史領經筵事都總裁臣脱脱等奉

敕修

律曆十二 紀元曆

崇寧紀元曆演紀上元上章執徐之歲距元符三年庚辰歲積二千八百六十一萬三千四百六十筭至崇寧五年丙戌歲積二千八百六十一萬三千四百六十六筭

步氣朔第一

日法七千二百九十

朞實二百六十六萬二千六百二十六

朔實二十一萬五千二百七十八

歲周三百六十五日餘一千七百七十六

氣策一十五餘一千五百九十二太

朔策二十九餘三千八百六十八

望策一十四餘五千五百七十九

弦策七餘二千七百八十九半

中盈分三千一百八十五半

朔虛分三千四百二十二

没限五千六百九十七少

旬周四十三萬七千四百

紀法六十

求天正冬至置上元距所求積年以朞實乘之爲天正冬至氣積分滿旬周去之不滿如日法而一爲大餘不盡爲小餘其大餘命己卯筭外即所求年天正冬至日辰及餘

求次氣置天正冬至大小餘以氣策加之（四分之一爲少之二爲半之三爲太如滿秒母收從小餘小餘滿日法從大餘大餘盈紀法乃去之）去命如前即次氣日辰及餘

求天正經朔置天正冬至氣積分以朔實去之不盡爲天正閏餘用減氣積分餘爲天正十一月經朔加時積分滿旬周去之不滿如日法而一爲大餘不盡爲小餘其大餘命己卯筭外即所求年天正十一月經朔日辰及餘

求弦望及次朔經日置天正經朔大小餘以弦策累加之去命如前即各得弦望及次朔經日辰及餘

求没日置有没常氣小餘（凡常氣小餘在没限已上者爲有没之氣）六十乘之用減四十四萬三千七百七十一餘滿六千三百七十一而一爲日不滿爲餘命日起其氣初日辰筭外即爲氣内没日辰

求減日置有減經朔小餘（凡經朔小餘不滿朔虛分者為有減之朔）三十乘之滿朔虛分而一為日不滿為餘命日起其月經朔日辰算外即為月內減日辰

步發斂

候策五餘五百三十秒五十五

卦策六餘六百三十七秒六

土王策三餘三百一十八秒三十三

歲閏七萬九千二百九十

月閏六千六百七半

閏限二十萬八千六百七十半

辰法一千二百一十五

半辰法六百七半

刻法七百二十九

秒法六十

求七十二候各置中節大小餘命之為初候以候策加之為次候又加之為末候各命己卯算外即得所求日辰

求六十四卦各置中氣大小餘命之為公卦用事日以卦策加之得辟卦用事日又加之得諸侯內卦用事日以土王策加之得十有二節之初諸侯外卦用事日又加之得大夫卦用事日復以卦策加之得卿卦用事日各命己卯算外即得所求日辰

求五行用事各因四立之節大小餘命之即春木夏火秋金冬水首用事日以土王策減四季中氣大小餘即其季土始用事之日各命己卯算外即得所求日辰

七十二候及卦目（與前曆同）

求中氣去經朔置天正閏餘以月閏累加之滿日法為閏日不滿為餘即其月中氣去經朔日算因求卦候者各以卦候策依次累加減之（中氣前減中氣後加）各得其

月卦候去經朔日算

求發斂加時置所求小餘倍之加辰法而一為辰數不滿五因之如刻法而一為刻不盡為分命辰數起子正算外即各得加時所在辰刻及分（如半辰數即命起子初）

步日躔

周天分二億一千三百一萬八千一十七

歲差七千九百三十七

周天度三百六十五約分二十五秒七十二

象限九十一約分三十一秒九

乘法一百一十九

除法一千八百一十一

秒法一百

常氣	中積日	盈縮分	先後數	損益率	朒朓積
冬至	空	盈七千六十	先初	益三百八十五	朒積空
小寒	一十五 [illegible]	盈五千九百二十	先七千六十	益三百二十三	朒三百八十五
大寒	三十 [illegible]	盈四千七百七十	先萬二千九百八十	益二百五十七	朒七百八
立春	四十五 [illegible]	盈三千四百五十一	先萬七千六百九十七	益一百八十七	朒九百六十五
雨水	六十 [illegible]	盈二千一百二十一	先二萬一千一百四十八	益一百一十六	朒一千一百五十三
驚蟄	七十六 [illegible]	盈七百二十	先二萬三千二百八十	益四十	朒一千二百六十九
春分	九十一 [illegible]	縮七百二十	先二萬四千	損四十	朒一千三百九
清明	一百六 [illegible]	縮二千一百二十一	先二萬三千二百八十	損一百一十六	朒一千二百六十九
穀雨	一百二十一 [illegible]	縮三千四百五十一	先二萬一千一百四十八	損一百八十八	朒一千一百五十三
立夏	一百三十六 [illegible]	縮四千七百七十	先萬七千六百九十七	損二百五十七	朒九百六十五
小滿	一百五十二 [illegible]	縮五千九百二十	先萬二千九百八十	損三百二十三	朒七百八
芒種	一百六十七 [illegible]	縮七千六十	先七千六十	損三百八十五	朒三百八十五
夏至	一百八十二 [illegible]	縮七千六十	後初	損三百八十五	朓空
小暑	一百九十七 [illegible]	縮五千九百二十	後七千六十	益三百二十三	朓三百八十五
大暑	二百一十三 [illegible]	縮四千七百七十	後萬二千九百八十	益二百五十七	朓七百八
立秋	二百二十八 [illegible]	縮三千四百五十一	後萬七千六百九十七	益一百八十八	朓九百六十五
處暑	二百四十三 [illegible]	縮二千一百二十一	後二萬一千一百四十八	益一百一十六	朓一千一百五十三
白露	二百五十八 [illegible]	縮七百二十	後二萬三千二百八十	益四十	朓一千二百六十九
秋分	二百七十三 [illegible]	盈七百二十	後二萬四千	損四十	朓一千三百九
寒露	二百八十九 [illegible]	盈二千一百二十一	後二萬三千二百八十	損一百一十六	朓一千二百六十九
霜降	三百四 [illegible]	盈三千四百五十一	後二萬一千一百四十八	損一百八十八	朓一千一百五十三
立冬	三百一十九 [illegible]	盈四千七百七十	後萬七千六百九十七	損二百五十七	朓九百六十五
小雪	三百三十四 [illegible]	盈五千九百二十	後萬二千九百八十	損三百二十三	朓七百八
大雪	三百五十 [illegible]	盈七千六十	後七千六十	損三百八十五	朓三百八十五

求每日盈朒分先後數：置所求盈縮分，以乘法乘之，如除法而一，爲其氣中平率；與後氣中平率相減，爲合差；半合差，加減其氣中平率，爲初末汎率（至後加爲初，減爲末；分後減爲初，加爲末）。又以乘法乘合差，如除法而一，爲日差；半日差，加減初末汎率，爲末定率（至後分後加，至後分後減）；以日差累加減其氣初定率，爲每日盈縮分（至後減，分後加）。各以每日盈縮分加減氣下先後數（冬至後積盈爲先，在縮減之；夏至後積縮爲後，在盈減之），爲每日先後數（其分至前一氣無後氣相減，皆因前氣合差爲其氣合差，餘依前術）。求朓朒，倣此。

求經朔弦望入氣：置天正閏日及餘，如氣策以下者，以減氣策，爲入大雪氣；以上者，去之，餘以減氣策，爲入小雪氣，即天正十一月經朔入氣日及餘（求弦望及後朔，以弦策累加之，滿氣策去之，即各得弦望及次朔入氣日及餘）。

求經朔弦望入氣朓朒定數：各以所入氣小餘乘其

日損益率如日法而一所得以損益其日下朓朒積各爲定數

赤道宿度

斗二十五　牛七少　女十一少　虛九少秒七十二

危十五半　室十七　壁八太

北方七宿九十四度秒七十二

奎十六半　婁十二　胃十五　昴十一少

畢十七少　觜半　參十半

西方七宿八十三度

井三十三少　鬼二半　柳十三太　星六太

張十七少　翼十八太　軫十七

南方七宿一百九度少

角十二　亢九少　氐十六　房五太

心六少　尾十九少　箕十半

東方七宿七十九度

按諸曆赤道宿次就立全度頗失眞數今依宋朝渾儀校測距度分定太半少用爲常數校之天道最爲密近如考唐用唐所測考古用古所測即各得當時宿度

求冬至赤道日度以歲差乘所求積年滿周天分去之不滿覆減周天分餘如五千八百三十二而一爲分不盡退除爲秒其分滿百爲度命起赤道虛宿七度外去之至不滿宿即所求年天正冬至加時日躔赤道宿度及分秒

求春分夏至秋分赤道日度置天正冬至加時赤道日度累加象限滿赤道宿次去之即各得春分夏至秋分加時日在宿度及分秒

求四正後赤道宿積度置四正赤道宿全度以四正赤道日度及分減之餘爲距後度以赤道宿度累加之各得四正後赤道宿積度及分

求赤道宿積度入初末限視四正後赤道宿積度及分在四十五度六十五分秒五十四半已下爲入初限已上用減象限餘爲入末限

求二十八宿黃道度以四正後赤道宿入初末限度及分減一百一度餘以初末限度及分乘之進位滿百爲分分滿百爲度至後以減分後以加赤道宿積度爲其宿黃道積度以前宿黃道積度減之爲其宿其四正之宿先加象限然後以前宿減之爲其宿黃道度分其分就近約爲太半少

黃道宿度

斗二十三　牛七　女十一　虛九少秒七十二

危十六　室十八　壁九半

北方七宿九十三度太秒七十二

奎十八　婁十二太　胃十五半　昴十一

畢十六半　觜半　參九太

西方七宿八十四度

井三十半　鬼二半　柳十三少　星六太

張十七太　翼二十　軫十八半

南方七宿一百九度

角十二太　亢九太　氐十六少　房五太

心六　尾十八少　箕九半

東方七宿七十八度少

前黄道宿度依今曆歲差所在筭定如上考往古下驗將來當據歲差每移一度依術推變當時宿度然後可步七曜知其所在如徑求七曜所在積度以前黄道宿積度減之爲所在黄道宿度及分

求天正冬至加時黄道日度以冬至加時赤道日度及分秒減一百一度餘以冬至加時赤道日度及分秒乘之進位滿百爲分分滿百爲度命曰黄赤道差用減冬至赤道日度及分秒即所求年天正冬至加時黄道日度及分秒

求二十四氣加時黄道日度置所求年冬至日躔黄道差以次年黄赤道差減之餘以所求氣數乘之二十四而一所得以加其氣中積及約分又以其氣初日先後數先加後減之用加冬至加時黄道日度依宿次去之即各得其氣加時黄道日躔宿度及分秒如其年冬至加時赤道宿度空分秒在歲差已下者即加前宿全度然求黄赤道差餘依術筭

求二十四氣晨前夜半黄道日度置日法以其氣小餘減之餘副置之以其氣初日盈縮分乘之如萬約之所得盈加縮減其副滿日法爲度不滿退除爲分秒以加其氣加時黄道日度即各得其氣一日晨前夜半黄道日度及分秒每日加一度以百約每日盈縮分爲分秒盈加縮減之滿黄道宿次去之即每日晨前夜半黄道日躔宿度及分秒其二十四氣初日晨前夜半黄道日度係隔前氣自前氣躔筭即各得所求

求每日午中黄道日度置一萬分以所入氣日盈縮分盈加縮減而半之滿百爲分不滿爲秒以加其日晨前夜半黄道日度即其日午中日躔黄道宿度及分

求夏至加時黄道日度置天正冬至加時黄道日度及分秒以二至限及分秒加之滿黄道宿次去之不

滿爲夏至加時黄道日度及分秒
求每日午中黄道積度以二至加時黄道日度距至所求日午中黄道日度爲入二至後黄道積度及分
求每日午中黄道入初末限視二至後黄道積度在四十三度一十二分秒八十七以下爲初限以上用減象限餘爲入末限其積度滿象限去之爲二分後黄道積度在四十八度一十八分秒二十二以下爲初限以上用減象限餘爲入末限
求每日午中赤道日度以所求日午中黄道積度入至後初限分後末限度及分秒進三位加二十萬二

千五十少開平方除之所得減去四百四十九半餘在初限者直以二至赤道日度加而命之在末限者以減象限餘以二分赤道日度加而命之即每日午中赤道日度以所求日午中黄道積度入至後末限分後初限度及分秒進三位用減三十萬三千五十少開平方除之所得以減五百五十半餘在初限者直以二分赤道日度加而命之在末限者以減象限餘以二至赤道日度加而命之即每日午中赤道日度
求太陽入宮日時刻及分各置入宮宿度及分秒以

其日晨前夜半日度減之餘以二十四乘爲時實以其日太陽行度及分秒爲法實如法而一爲半時數不滿進二位爲刻實以二十四乘前法除之爲刻不滿退除爲分其半時命起子正筭外即得太陽入宮初正時刻及分其逐日時刻及分舊曆均其日數從其簡略未盡其詳今但依入宮正術求之即允協天道

步晷漏

二至限一百八十二分六十二秒一十八
象限九十一分三十一秒九
一象度九十一分二十一秒四十三

冬至後初限夏至後末限六十二日分二十
夏至後初限冬至後末限一百二十日分四十二
已上分秒毋各同一百
冬至岳臺晷影常數一丈二尺八寸三分
夏至岳臺晷影常數一尺五寸六分
昏明分一百八十二少
昏明刻二分三百六十四半
辰刻八分二百四十三
半辰刻四分一百二十一半
刻法七百二十九

求午中入氣置所求日大餘及半法以所入氣大小餘減之爲其日午中入氣日及餘

求午中中積置其氣中積以午中入氣日及餘加之其餘以日法退除爲分秒爲所求日午中中積及分秒

求午中入二至後初末限置午中中積及分爲入冬至後滿二至限去之爲入夏至後其二至後如在初限已下爲入初限已上覆減二至限餘爲入末限

求岳臺晷影午中定數冬至後初限夏至後末限以百通日内分自相乘爲實置之以七百二十五除之所得加一十萬六百一十七併入限分折半爲法實如法而一爲分不滿退除爲小分其分滿十爲寸寸滿十爲尺用減冬至岳臺晷影常數即得所求午中晷影定數夏至後初限冬至後末限以百通日内分自相乘爲實乃置入限分九因再折加一十九萬八千七十五爲法其夏至前後日如在半限以上者減去半限餘置於上列半限於下以上減下餘以乘上進二位七十七之所得加法爲定法然後除之除實如法而一爲分不滿退除爲小分其分滿十爲寸寸滿十爲尺以加夏至岳臺晷影常數即得所求日午中晷影定數

求每日日行積度以午中入氣餘乘其日盈縮分日法而一冬至後盈加縮減夏至後縮加盈減先後數以先加後減中積日及分秒滿與不足進退其日爲所求日行積度及分秒

求每日赤道内外度置所求日午中日行積度及分如不滿二至限在象限已下爲冬至後度象限已上用減二至限爲夏至前度如滿二至限去之餘在象限以下爲夏至後度象限以上用減二至限爲冬至前度並置之於上列象限於下以上減下餘以乘上冬至前後五百一十七而一夏至前後四百而一爲度不滿退除爲分以加二至前後度所得用減象限餘置於上列二至限於下以上減下餘以乘上其度分秒皆以百通然後乘之退一位如三十四萬八千八百五十六而一爲秒滿百爲分分滿百爲度即所求日黃道去赤道内外度及分冬至前後爲外夏至前後爲内

求每日午中太陽去極度以每日午中黃道去赤道内外度及分内減外加一象度及分爲每日午中太陽去極度及分

求每日日出入分晨昏分半晝分置所求日黃道去赤道内外度及分以三百六十三乘之進一位如二百三十九而一所得以加減一千八百二十二半赤道内以減赤道外以加爲所求日日出分用減日法爲入日分以

昏明分減日出分爲昏辰分加日入分爲昏分以日出
分減半法爲半晝分
求每日晝夜刻日出入辰刻置日出分倍之進一位
滿刻法爲刻不滿爲分即所求日夜刻以減百刻餘
爲晝刻半夜刻滿辰刻爲辰數命子正筭外即日出
辰刻（以半辰刻加之即命起時初）以晝刻加之滿辰刻爲辰數命
日出筭外即日入辰刻及分
求每更點差刻及逐更點辰刻置夜刻減去十五刻
五而一爲更差又五而一爲點差以昏明刻加日入
辰刻即初更辰刻以更點差刻累加之滿辰刻及分

去之各得更點所入辰刻及分
求每日距中度及每更差度置所求日黃道去赤道
內外度及分以四千四百三十五乘之如五千八百
一十二而一爲度不滿退除爲分以內加外減一百
度七十二分秒七爲距中度用減一百六十四度八
十一分秒五十七餘四因退一位爲每更差度
求昏曉五更及攢點中星置距中度以其日午中赤
道日度加而命之即昏中星所格宿次命爲初更中
星以每更差度加而命之即二更中星以每更差度
累加之滿赤道宿度去之即逐更及攢點中星加三

十六度六十二分秒五十七滿赤道宿度去之即曉
中星
求九服晷景各於所在測冬夏二至晷數乃相減之
餘爲二至差數如地在岳臺南測夏至晷景在表南
者倂冬夏二至晷數爲二至差數其所求日在冬至
後初限夏至後末限者置岳臺冬至晷景常數以所
求日岳臺午中晷景定數減之餘以其處二至差數
乘之如岳臺二至差數一丈一尺二寸七分而一所
得以減其處冬至晷數即其地其日中晷定數所求
日在夏至後初限冬至後末限者置所求日岳臺午

中晷景定數以岳臺夏至晷景常數減之餘以其處
二至差數乘之如岳臺二至差數而一所得以加其
處夏至晷數即其地其日中晷定數如其處夏至景
在表南者以所得之數減其處夏至晷數餘爲其地
其日中晷定數亦在表南也其所得之數多於其處
夏至晷數即減去夏至晷數餘爲其地其日中晷定
數在表北也
求九服所在晝夜漏刻各於所在下水漏以定其處
冬夏二至夜刻（但得一至可矣不必須要冬夏二至）乃與五十刻相減
餘爲至差刻置所求日黃道去赤道內外度及分以

至差刻乘之進一位如二百三十九而一為刻不盡以刻法乘之復八而一為分内減外加五十刻即所求日夜刻減百刻餘為晝刻其日日出入辰刻及更點差刻每更點辰刻並依岳臺術求之

步月離

轉周分二十萬八百七十三秒九百九十

轉周日二十七餘四千四十三秒九百九十

朔差日一餘七千一百一十四秒九千一十

望策一十四餘五千五百七十九

弦策七餘二千七百八十九半

已上秒母一萬

七日 初數六千四百七十八初約分八十九 末數八百一十二末約分一十一

十四日 初數五千六百六十六初約分七十八 末數一千六百二十四末約分二十二

二十一日 初數四千八百五十四初約分六十七 末數二千四百三十六末約分三十三

二十八日 初數四千四十三初約分五十五

上弦九十一度分三十一秒四十三

望一百八十二度分六十二秒八十六

下弦二百七十三度分九十四秒二十九

月平行十三度分三十六秒八十七太

已上分秒母皆同一百

求天正十一月經朔入轉 置天正十一月經朔加時積分以轉周分及秒去之不盡滿日法除之為日不滿為餘秒命日算外即所求年天正十一月經朔加時入轉日及餘秒若以朔差日及餘秒加之滿轉周日及餘秒去之即次朔加時入轉日

求弦望入轉 各因其月經朔加時入轉日及餘秒以弦策累加之去命如前即上弦望及下弦經日加時入轉日及餘秒

轉日	進退衰	轉定分	加減差	遲疾度	損益率	朓朒積
一日	退一十	一千四百六十八	加一百三十一	疾初	益七百一十四	朓初
二日	退十五	一千四百五十七	加一百二十	疾一度三十一	益六百五十四	朓七百一十四
三日	退二十	一千四百四十二	加一百五	疾二度五十一	益五百七十三	朓一千三百六十八
四日	退二十三	一千四百二十二	加八十五	疾三度五十六	益四百六十四	朓一千九百四十一
五日	退二十六	一千三百九十九	加六十二	疾四度四十一	益三百三十八	朓二千四百五
六日	退二十六	一千三百七十三	加三十六	疾五度三	益一百九十六	朓二千七百四十三
七日	退二十六	一千三百四十七	初加一十一 末減一	疾五度三十九	初益六十 末損五	朓二千九百三十九
八日	退二十六	一千三百二十一	減一十六	疾五度四十九	損八十八	朓二千九百九十四
九日	退二十四	一千二百九十五	減四十二	疾五度三十三	損二百二十九	朓二千九百六
十日	退二十四	一千二百七十一	減六十六	疾四度九十一	損三百六十	朓二千六百七十七
十一日	退十九	一千二百四十七	減九十	疾四度二十五	損四百九十	朓二千三百一十七
十二日	退十四	一千二百二十八	減一百九	疾三度三十五	損五百九十五	朓一千八百二十七

十三日退十	千二百十四	減百三十二	疾度二十六	損六百十	朓千二百三十二
十四日進四	千二百四	初減一百三 末加二十	疾度三	初損五百六十三 末益二百六十四	朓五百六十二
十五日進十一	千二百八	加百三十九	遲度三十	益七百三	朒百六十四
十六日進十七	千二百十九	加百十八	遲度五十九	益六百四十二	朒八百六十七
十七日進二十二	千二百三十六	加百	遲度七十七	益五百三十二	朒千五百十
十八日進二十三	千二百五十八	加七十九	遲度七十八	益四百二十一	朒千六十二
十九日進二十六	千二百八十一	加五十六	遲度四十七	益三百五	朒二千四百九十
二十日進二十六	千三百七	加三十	遲度五十三	益百六十四	朒二千七百九十七
二十一日進二十六	千三百三十三	初加七 末減三	遲度四十三	初益三十八 末損一十六	朒二千九百六十一
二十二日進二十五	千三百五十九	減二十二	遲度四十七	損百二十	朒二千九百八十三

二十三日進二十四	千三百八十四	減四十七	遲度五十五	損二百五十六	朒二千八百六十三
二十四日進二十三	千四百八	減七十一	遲度四十八	損三百八十八	朒二千六百七
二十五日進十八	千四百三十一	減九十四	遲度七	損五百十二	朒二千二百十九
二十六日進十四	千四百四十九	減百二十一	遲度二十三	損六百二十一	朒千七百七
二十七日進九	千四百六十三	減百三十六	遲度一	損六百八十七	朒千九十六
二十八日退四	千四百七十二	初減七十五	遲度五十五	初損四百九	朒四百九

求朔弦望入轉朓朒定數 置入轉餘，以其日算外損益率乘之，如日法而一，所得以損益其下朓朒積，為定數。其四七日下餘如初數已下者，初率乘之，初數而一，以損益朓朒為定數；如初數已上者，以初數減之餘，乘末率，末數而一，用減初率，餘加朓朒為定數。其十四日下餘如初數已上者，初數減之，餘乘末率，末數而一，為朓朒定數。

求朔弦望定日 各置經朔弦望小餘，以入氣入轉朓朒定數，朓減朒加之，滿與不足，進退大餘，命己卯算外，各得定日日辰及餘。定朔幹名與後朔幹名同者月大，不同者月小，其月內無中氣者為閏月。凡注曆，觀定朔小餘，秋分後在日法四分之三已上者，進一日；春分後定朔日出分差，如春秋之日者，三約之，用減四分之三；定朔小餘及此數已上者，亦進一日，或當交虧初在日入已前者，其朔不進。弦望定小餘不滿日出分者，退一日；望若有食，虧初在日出已前者，定望小餘進滿日出分，亦退一日。又月行九道遲疾，有三大二小，日行盈縮累增損之，則有四大三小，理數然也。若俯循常儀，當察加時早晚，隨其所近而進退之，使不過三大二小。

求定朔弦望加時日所在度 置定朔弦望約餘，副之，以乘其日盈縮分，萬約之，所得盈加縮減其副，滿百為分，分滿百為度，以加其日夜半日度，命之，各得其日加時日躔黃道宿次。

求平交日辰 置交終日及餘秒，以其月經朔加時入交汎日及餘秒減之，餘為平交入其月經朔加時後日算及餘秒；以加減其月經朔大小餘，其大餘命己卯算外，即平交日辰及餘秒。求次交者，以交終日及餘秒加之，大餘滿紀法

去之命如前即次平交日辰及餘秒

求平交入轉朏朒定數置平交小餘加其日夜半入轉餘以乘其日損益率日法而一所得以損益其下朏朒積為定數

求正交日辰置平交小餘以平交入轉朏朒定數朏減朒加之滿與不足進退日辰即正交日辰及餘秒與定朔日辰相距即所在月日

求經朔加時中積各以其月經朔加時入氣日及餘加其氣中積及餘其日命為度其餘以日法退除為分秒即其月經朔加時中積度及分秒

求正交加時黃道月度置平交入經朔加時後日筭及約餘秒以日法通日內餘進一位如五十四百五十三而一為度不滿退除為分秒以加其月經朔加時中積然後以冬至加時黃道日度加而命之即得其月正加時月離黃道宿度及分秒如求次交者以交終度及分秒加而命之即得所求

求黃道宿積度置正交加時黃道宿全度以正交加時月離黃道宿度及分秒減之餘為距後度及分秒以黃道宿度累加之即各得正交後黃道宿積度及分秒

求黃道宿積度入初末限各置黃道宿積度及分秒滿交象去之在半交象已下為初限已上者以減交象度餘為入末限入交積度交象度並在交會術中

求月行九道宿度凡月行所交冬入陰曆夏入陽曆月行青道冬至夏至後青道半交在春分之宿當黃道東立冬立夏後青道半交在立春之宿當黃道東南至所衝之宿亦如之冬入陽曆夏入陰曆月行白道冬至夏至後白道半交在秋分之宿當黃道西立冬立夏後白道半交在立秋之宿當黃道西北至所衝之宿亦如之春入陽曆秋入陰曆月行朱道春分秋分後朱道半交在夏至之宿當黃道南立春立秋後朱道半交在立夏之宿當黃道西南至所衝之宿亦如之春入陰曆秋入陽曆月行黑道春分秋分後黑道半交在冬至之宿當黃道北立春立秋

後黑道半交在立冬之宿當黃道東北至所衝之宿亦如之四序離為八節至陰陽之所交皆與黃道相會故月行有九道各以所入初末限度及分減一百一度餘以所入初末限度及分乘之半而退位為分分滿百為度命為月道與黃道泛差凡日以赤道內為陰外為陽月以黃道內為陰外為陽故月行正交入夏至後宿度內為同名入冬至後宿度內為異名其在同名者置月行與黃道泛差九因八約之為定差半交後正交前以差減正交後半交前以差加此加減出入六度正如黃赤道相交同名之差若較之漸異則隨交所在遷變不常仍以正交度距秋分度數乘定差如象限

而一所得爲月道與赤道定差前加者爲減減者爲加其在異名者置月行與黄道汎差七因八約之爲定差半交後正交前以差加正交後半交前以差減此加減出入六度異如黄赤道相交異名之差若較之漸同則隨交所在遷變不常仍以正交度距春分度數乘定差如象限而一所得爲月行與赤道定差前加者爲減減者爲加皆加減黄道宿積度爲九道宿積度以前宿九道積度減之爲其宿九道度及分其分就近約爲太半少論春夏秋冬以四時日所在宿度爲正

求正交加時月離九道宿度以正加時黄道日度及分減一百一度餘以正交度及分乘之半而退位爲

分分滿百爲度命爲月道與黄道汎差其在同名者置月行與黄道汎差九因八約之爲定差以加仍以正交度距秋分度數乘定差如象限而一所得爲月道與赤道定差以減其在異名者置月行與黄道汎差七因八約之爲定差以減仍以正交度距春分度數乘定差如象限而一所得爲月道與赤道定差以加置正交加時黄道月度及分以二差加減之即正交加時月離九道宿度及分

求定朔弦望加時月所在度置定朔加時日躔黄道宿次凡合朔加時月行潛在日下與太陽同度是爲加時月離宿次各以弦望度及分秒加其所當弦望加時日躔黄道宿度滿宿次去之命如前各得定朔弦望加時月所在黄道宿度及分秒

求定朔弦望加時九道月度各以定朔弦望加時月離黄道宿度及分秒如前宿正交後黄道積度爲定朔弦望加時正交後黄道積度如前求九道積度以前宿九道積度減之餘爲定朔弦望加時九道月離宿度及分秒其合朔加時若非正加則日在黄道月在九道所入宿度雖多少不同考其兩極若應繩準故云月行潛在日下與太陽同度

求定朔午中入轉以經朔小餘與半法相減餘以加

減經朔加時入轉經朔小餘少如半法加之多如半法減之爲經朔午中入轉若定朔大餘有進退亦加減轉日否則因經爲定命日筭外即得所求次月倣此求之

求每日午中入轉因定朔午中入轉日及餘秒每日累加一日滿轉周日及餘秒去之命如前即得每日午中入轉日及餘秒

求晨昏月度置其日晨分乘其日筭外轉定分日法而一爲晨轉分用減轉定分餘爲昏轉分又以朔弦望定小餘乘轉定分日法而一爲加時分以減晨昏轉分爲前不足覆減之餘爲後乃前加後減加時月

度即晨昏月所在宿度及分秒

求朔弦望晨昏定程各以其朔昏定月減上弦昏定月餘爲朔後昏定程以上弦昏定月減望昏定月餘爲上弦後昏定程以望晨定月減下弦晨定月餘爲望後晨定程以下弦晨定月減後朔晨定月餘爲下弦後晨定程

求每日轉定度累計每程相距日轉定分與晨昏定程相減餘以相距日數除之爲日差（定程多爲加定程少爲減）以加減每日轉定分爲每日轉定度及分秒

求每日晨昏月因朔弦望晨昏月加每日轉定度及分秒滿宿次去之爲每日晨昏月（凡注曆日朔日注昏月望後次日注晨月）已前月度以究筭術之精微如求其速要即依後術徑求

求經朔加時平行月各以其月經朔入氣日及餘秒（其餘以日法退除爲分秒）加其氣中積日及約分命日爲度即爲經朔加時平行月積度及分秒

求所求日加時平行月置所求日大餘及加時小餘以其月經朔大小餘減之餘爲入經朔加時後日數及餘以其日乘月平行度及分秒列於上位又以其餘乘月平行度及分秒滿日法除之爲度不滿退除爲分秒併上位用加經朔加時平行月滿周天度及分秒去之即得所求日加時平行月積度及分秒

求所求日加時入轉以所求日加時入經朔加時後日數及餘加經朔加時入轉日及餘秒滿轉周日及餘秒去之命日筭外即得所求（其餘先以日法退除爲分秒）

求所求日加時定月置所求日加時入轉分以其日筭外加減差乘之百約爲分分滿百爲度加減其下遲疾度爲遲疾定度乃以遲減疾加所求日加時平行月爲定月各以天正冬至加時黃道日度加而命之即得所求日加時月離黃道宿度及分秒（其入轉若在四七日者如求朓朒術入之）

志卷第三十二

開府儀同三司上柱國錄軍國重事前中書右丞相監修國史領經筵事都總裁臣脫脫等奉

勑修

律曆十三　紀元曆

步交會

交終分一十九萬八千三百七十七秒八百八十

交終日二十七餘一千五百四十七秒八百八十

交中日一十三餘四千四百一十八秒五千四百四十

朔差日二餘二千三百二十秒九千一百二十

望策一十四餘五千五百七十九

已上秒母一萬

交率三百二十四

交數四千一百二十七

交終度三百六十三約分七十九秒四十四

交中度一百八十一約分八十九秒七十二

交象度九十約分九十四秒八十六

半交象度四十五約分四十七秒四十三

日食陽曆限三千四百定法三百四十

陰曆限四千三百定法四百三十

月食限六千八百定法四百四十

已上分秒母各同一百

推天正十一月經朔加時入交置天正十一月經朔加時積分以交終分及秒去之不盡滿日法為日不滿為餘秒即天正十一月經朔加時入交汎日及餘秒

求次朔及望入交置天正十一月經朔加時入交汎日及餘秒求次朔以朔差加之求望以望策加之滿交終日及餘秒去之即各得次朔及望加時入交汎日及餘秒若以經朔望小餘減之各得朔望夜半入交汎日及餘秒

求定朔望夜半入交因經朔望夜半入交汎日及餘秒視定朔望日辰有進退者亦進退交日否則因經為定各得所求

求次定朔夜半入交各因定朔夜半入交汎日及餘秒大月加二日小月加一日餘皆加五千七百四十二秒九千一百二十即次朔夜半入交若求次日累加一日滿交終日及餘秒皆去之即每日夜半入交汎日及餘秒

求定朔望加時入交置經朔望加時入交汎日及餘秒以入氣入轉朓朒定數朓減朒加之即得定朔望加時入交汎日及餘秒

求定朔望加時月行入交積度置定朔望加時入交汎日及餘秒以日法通日內餘進一位如五千四百五十三而一為度不滿退除為分即定朔望加時月行入交積度及分（每日夜半準此求之）

求定朔望加時月行入交定積度置定朔望加時入轉遲疾度遲減疾加之（滿與不足進退交終度及分）即定朔望加時月行入交定積度及分（每日夜半準此求之）

求定朔望加時月行入陰陽曆積度置定朔望加時月行入交定積度及分如在交中度及分已下為入

陽曆積度已上者去之餘為入陰曆積度（每日夜半準此求之）

求定朔望加時月去黃道度視月入陰陽曆積度及分如交象已下為在少象已上覆減交中度餘為入老象置所入老少象度及分於上列交象度於下以上減下餘以乘上五百而一所得用減所入老少象度及分餘列交中度於下以上減下餘以乘上滿一千三百七十五而一所得為度不滿退除為分即為定朔望加時月去黃道度及分（每日夜半準此求之）

求朔望加時入交常日置其月經朔望加時入交汎日及餘秒以其月入氣朏朒定數朏減朒加之滿與不足進退其日即得朔望加時入交常日及餘秒（近交初為交初在二十六日二十七日為交初近交中為交中在十三日十四日為交中）

求日月食甚定數以其朔望入氣入轉朏朒定數同名相從異名相消副置之以定朔望加時入轉筭外損益率乘之如日法而一（其定朔望如筭外在四七日者視其餘在初數已下初率乘之初數而一初數已上以末率乘之末數而一）所得視入轉應朒者依其損益應朏者益減損加其副以朏減朒加經朔望小餘為汎餘（滿與不足進退大餘）日食者視汎餘如半法已下為中前列半法於下以上減下餘以乘上如一萬九百三十五而一所得為差以減汎餘為食甚定餘用

減半法為午前分如汎餘在半法已上減去半法為中後列半法於下以上減下餘以乘上如日法而一所得為差以加汎餘為食甚定餘乃減去半法為午後分月食者視汎餘如半法已上減去半法餘在一千八百二十二半已下自相乘已上者覆減半法餘亦自相乘如三萬而一所得以減汎餘為食甚定餘如汎餘不滿半法在日出分三分之二已下列於上位已上者用減日出分餘倍之亦列於上位乃四因三約日出分列之於下以上減下餘以乘上如一萬五千而一所得以加汎餘為食甚定餘

求日月食甚辰刻倍食甚定餘以辰法除之爲辰數不盡五因之滿刻法除之爲刻不滿爲分命辰數起子正筭外即食甚辰刻及分若加半辰命起子初

求日月食甚入氣食甚大小餘及食定小餘并定朔望大餘以此與經朔望大小餘相減置其朔望食甚大小餘與經朔望大小餘相減之餘以加減經朔望入氣日餘經朔望少即加之多即減之爲日月食甚入氣日及餘秒各置食甚入氣及餘秒加其氣中積其餘以日法退除爲分即爲日月食甚中積及分

求日月食甚日行積度置食甚入氣餘以所入氣日盈縮分乘之日法而一加減其日先後數至後加分後減先加後減日月食甚中積即爲日月食甚日行積度及分

求氣差置日食甚日行積度及分滿二至限去之餘在象限已下爲在初已上覆減二至限餘爲在末皆自相乘進二位滿三百四十三而一所得用減二千四百三十餘爲氣差以午前後分乘之如半晝分而一以減氣差爲氣差定數在冬至後末限夏至後初限交初以減交中以加夏至後末限冬至後初限交初以加交中以減如半晝分而一所得在氣差已上者即以氣差覆減之餘應加者爲減減者爲加

求刻差置日食甚日行積度及分滿二至限去之餘列二至限於下以上減下餘以乘上進二位滿三百四十三而一所得爲刻差以午前後分乘而倍之如半法而一爲刻差定數冬至後食甚在午前夏至後食甚在午後交初以加交中以減冬至後食甚在午後夏至後食甚在午前交初以減交中以加如半法而一所得在刻差已上者即倍刻差以所得之數減之餘爲刻差定數依其加減

求朔入交定日置朔入交常日及餘秒以氣刻差定數各加減之交初加三千一百交中減三千爲朔入交定日及餘秒

求望入交定日置望入轉朓朒定數以交率乘之如交數而一所得以朓減朒加入交常日之餘滿與不足進退其日即望入交定日及餘秒

求月行入陰陽曆視其朔望入交定日及餘秒如在中日及餘秒已下爲月在陽曆如中日及餘秒已上減去中日爲月在陰曆

求入食限交前後分視其朔望月行入陰陽曆不滿日者爲交後分在十三日上下者覆減交中日爲交

前分視交前後分各在食限已下者爲入食限
求日食分以交前後分各減陰陽曆食限餘如定法而一爲日食之大分不盡退除爲小分命大分以十爲限即得日食之分其食不及大分者行勢稍近交道光氣微有映蔽其日或食或不食
求月食分視其望交前後分如二千四百已下者食既已上用減食限餘如定法而一爲月食之大分不盡退除爲小分命大分以十爲限得月食之分
求日食汎用分置交前後分自相乘退二位陽曆一百九十八而一陰曆三百一十七而一所得用減五

百八十三餘爲日食汎用分
求月食汎用分置交前後分自相乘退二位如七百四而一所得用減六百五十六餘爲月食汎用分
求日月食定用分置日月食汎用分副之以食甚加時入轉筭外損益率乘之如日法而一如筭外在四七日者依食定餘求之所得應朒者依其損益應朓者益減損加其副即爲日月食定用分
求月食既內外分置月食交前後分自相乘退二位如二百四十九而一所得用減二百三十一餘以定用分乘之如汎用分而一爲月食既內分用減定用

分餘爲既外分
求日月食虧初復滿小餘置日月食甚小餘各以定用分減之爲虧初加之爲復滿其月食既者以既內分減之爲初既加之爲生光即各得所求小餘如求時刻依食甚術入之
求月食更點法置月食甚所入日晨分倍之減去七百二十九餘五約之爲更法又五除之爲點法
求月食入更點置虧初食甚復末小餘在晨分已下加晨分昏分已上減去昏分餘以更法除之爲更數不滿以點法除之爲點數其更數命初更筭外即各

得所入更點
求日食所起日在陽曆初起西南甚於正南復於東南日在陰曆初起西北甚於正北復於東北其食八分已上皆起正西復於正東此據午地而論之
求月食所起月在陽曆初起東北甚於正北復於西北月在陰曆初起東南甚於正南復於西南其食八分已上皆起正東復於正西此亦據午地而論之
求日月出入帶食所見分數各以食甚小餘與日出入分相減餘爲帶食差以乘所食之分滿定用分而一如月食既者以既內分減帶食差餘進一位如既內分而一所得以減既分即月帶食出入所見之

分不及減者爲帶食既出入以減所食分即日月出入帶食所見之分其食甚在晝晨爲漸進昏爲已退其食甚在夜晨爲已退昏爲漸進

求日月食甚宿次置食甚日行積度望即更加半周天以天正冬至加時黃道日度加而命之即各得日月食甚宿度及分

步五星

木星周率二百九十萬七千八百七十九秒六十四

周差二十四萬五千二百五十三秒六十四

曆率二百六十六萬二千六百三十六秒二十二

周日三百九十八約分八十八秒六十

曆度三百六十五約分二十四秒五十

曆中度一百八十二約分六十二秒二十五

曆策度一十五約分二十一秒八十五

伏見度一十三

段目	常日	常度	限度	初行率
合伏	十六日八十六	三度八十六	二度九十三	二十三二十五
晨疾初	二十八日	六度一十一	四度六十四	二十二五十四
晨疾末	二十八日	五度五十一	四度一十九	二十一一十一
晨遲初	二十八日	四度三十一	三度三十八	一十八二十五
晨遲末	二十八日	一度九十一	一度四十五	一十二五十三
晨留	二十四日			
晨退	四十六日五十八三十八	四度八十七八十八	度空三十三一十二	一十五
夕退	四十六日五十八三十八	四度八十七八十八	度空三十三一十二	一十五七十五
夕留	二十四日			
夕遲初	二十八日	一度九十一	一度四十五	
夕遲末	二十八日	四度三十八	三度三十八	一十二五十三
夕疾初	二十八日	五度五十一	四度一十九	一十八二十五
夕疾末	二十八日	六度一十一	四度六十四	二十二一十一
夕伏	十六日八十六	三度八十六	二度九十三	二十二五十四

木星

策數	損益率	盈積度	損益率	縮積度
一	益一百五十九	初	益一百五十九	初
二	益一百四十二	一度五十九	益一百四十二	一度五十九
三	益一百二十	三度一	益一百二十	三度一
四	益九十三	四度二十一	益九十三	四度二十一
五	益六十一	五度一十四	益六十一	五度一十四
六	益二十四	五度七十五	益二十四	五度七十五
七	損二十四	五度九十九	損二十四	五度九十九
八	損六十一	五度七十五	損六十一	五度七十五
九	損九十三	五度一十四	損九十三	五度一十四

十	損一百二十	四度二十一	損一百二十	四度二十一
十一	損一百四十二	三度一	損一百四十二	三度一
十二	損一百五十九	一度五十九	損一百五十九	一度五十九

火星周率五百六十八萬五千六百八十七秒六十四

周差三十六萬四百一十四秒四十四

曆率二百六十六萬二千六百四十七秒二十

周日七百七十九約分九十二秒九十七

曆度三百六十五約分二十四秒六十五

曆中度一百八十二約分六十二秒三十二半

曆策度二十五約分二十一秒八十六

伏見度一十九

段目	常日	常度	限度	初行率
合伏	六十七日	四十八度	四十五度四十八	七十一九十二
晨疾初	六十三日	四十四度六十	四十二度二十六	七十一三十六
晨疾末	五十八日	四十度九	三十七度九十九	七十二十四
晨次疾初	五十三日	三十四度六	三十二度三十二	六十八
晨次疾末	四十五日	二十六度三十二	二十四度九十九	六十三
晨遲初	三十七日	十六度六十八	十五度八十	五十四
晨遲末	二十八日	五度七十五	五度四十五	三十七二十六
晨留	十一日			
晨退	二十八日九十六四十八半	八度一十五六十九半	三度五三十半	
夕退	二十八日九十六四十八半	八度一十五六十九半	三度五三十半	四十一三十
夕留	十一日			
夕遲初	二十八日	五度七十五	五度四十五	
夕遲末	三十七日	十六度六十八	十五度八十	三十七二十六
夕次疾初	四十五日	二十六度三十二	二十四度九十九	五十四
夕次疾末	五十三日	三十四度六	三十二度三十二	六十三
夕疾初	五十八日	四十度九	三十七度九十九	六十八
夕疾末	六十三日	四十四度六十	四十二度二十六	七十二十四
夕伏	六十七日	四十八度	四十五度四十八	七十一三十六

火星盈縮曆

策數	損益率	盈積度	損益率	縮積度
一	益千一百六十	初	益四百五十八	初
二	益八百	十一度六十	益四百五十三	四度五十八
三	益四百六十四	十九度六十	益四百二十三	九度一十一
四	益一百五十二	二十四度二十四	益三百九十六	十三度四十
五	損五十七	二十五度七十九	益三百四十一	十七度四十
六	損一百七十二	二十五度一十九	益二百六十六	二十度八十一
七	損一百六十六	二十三度二十七	益一百七十二	二十三度四十七
八	損二百四十一	二十度八十一	益五十七	二十五度一十九

九　損三百九十六　十七度四十　損一百五十二　二十五度七十六
十　損四百三十三　十三度四十四　損四百六十四　二十四度二十四
十一　損四百五十三　九度一十一　損八百　一十九度六十
十二　損四百五十八　四度五十八　損千一百六十　十一度六十

土星周率二百七十五萬六千二百八十八秒七十八
周差九萬三千六百六十二秒七十八
曆率二百六十六萬九千九百二十五秒九十
周日三百七十八約分九秒一十七
曆度三百六十六約分二十四秒四十九
曆中度一百八十三約分一十二秒二十四半

曆策度一十五約分二十六秒二
伏見度一十七

段目	常日	常度	限度	初行率
合伏	十九日四十八	二度四十八	一度五十六	一十三 二十
晨疾	二十七日五十	三度二十二	二度二	一十二 四十
晨次疾	二十七日五十	二度六十四	一度六十五	一十一
晨遲	二十七日五十	一度四十八	空度九十一	八 三十
晨留	三十六日			
晨退	五十一日六五十八	三度三十九六十	空度二十八四十	
夕退	五十一日六五十八	三度三十九六十	空度二十八四十	九七十五
夕留	三十六日			
夕遲	二十七日五十	一度四十八	空度九十一	
夕次疾	二十七日五十	二度六十四	一度六十五	八三十
夕疾	二十七日五十	三度二十二	二度二	一十一
夕伏	十九日四十八	二度四十八	一度五十六	一十二四十

土星盈縮曆

策數	損益率	盈積度	損益率	縮積度
一	益二百一十三	初	益一百六十三	初
二	益一百九十七	二度一十三	益一百四十九	一度六十三
三	益一百六十八	四度一十	益一百二十八	三度一十二
四	益一百二十八	五度七十八	益一百	四度四十
五	益八十一	七度六	益六十五	五度四十
六	益三十三	七度八十七	益二十三	六度五
七	損三十三	八度二十	損二十三	六度二十八
八	損八十一	七度八十七	損六十五	六度五
九	損一百二十八	七度六	損一百	五度四十
十	損一百六十八	五度七十八	損一百二十八	四度四十
十一	損一百九十七	四度一十	損一百四十九	三度一十二
十二	損二百一十三	二度一十三	損一百六十三	一度六十三

金星周率四百二十五萬六千六百五十一秒四十二半

合日二百九十一約分九十五秒一十四

曆率二百六十六萬二千六百九十六秒一十六

周日五百八十三約分九十秒二十八

曆度三百六十五約分二十五秒三十二

曆中度一百八十二約分六十二秒六十六

曆策度一十五約分二十一秒八十九

伏見度一十半

段目	常日	常度	限度	初行率
合伏	三十九日二十五	四十九度七十五	四十七度七十六	一百二十七
夕疾初	四十七日七十五	六十一度一十六 五十	五十七度七十六	一百二十六 五十
夕疾末	四十七日七十五	五十九度三十九	五十七度一	一百二十五 五十
夕次疾初	四十七日七十五	五十七度空	五十四度七十二	一百二十三 三十五
夕次疾末	三十九日二十五	四十二度二十九	四十度六十	一百一十五 五十
夕遲初	二十九日二十五	二十四度七十二	二十三度七十三	一百
夕遲末	一十六日二十五	六度九十三 五十	六度六十六	六十九
夕留	七日			
夕退	九日七十 一十四	三度七十九 八十六	一度六十九 一十四	
夕伏退	六日	四度五十	二度二	六十八
合伏退	六日	四度五十	二度二	八十二
晨退	九日七十 一十四	三度七十九 八十六	一度六十九 一十四	六十八
晨留	七日			
晨遲初	一十六日二十五	六度九十三 五十	六度六十六	空
晨遲末	二十九日二十五	二十四度七十二	二十三度七十三	六十九
晨次疾初	三十九日二十五	四十二度二十九	四十度六十	一百
晨次疾末	四十七日七十五	五十七度空	五十四度七十二	一百一十五 五十
晨疾初	四十七日七十五	五十九度三十九	五十七度一	一百二十三 三十五
晨疾末	四十七日七十五	六十一度一十六 五十	五十七度七十六	一百二十五 五十
晨伏	三十九日二十二	四十九度七十五	四十七度	一百二十六 五十

金星盈縮曆

策數	損益率	盈積度	損益率	縮積度
一	益五十二	初	益五十二	初
二	益四十八	空度五十二	益四十八	空度五十二
三	益四十二半	一度	益四十二半	一度
四	益三十二半	一度四十二半	益三十二半	一度四十二半
五	益二十一	一度七十四	益二十一	一度七十四
六	益七	一度九十五	益七	一度九十五
七	損七	二度二	損七	二度二
八	損二十一	一度九十五	損二十一	一度九十五
九	損三十二半	一度七十四	損三十二半	一度七十四
十	損四十二半	一度四十二半	損四十二半	一度四十二半

十一	損四十八	一度	損四十八	一度
十二	損五十二	空度五十二	損五十二	空度五十二

水星周率八十四萬四千七百三十八秒五

合日五十七約分九十三秒八十一

曆率二百六十六萬二千七百九十四秒九十五

周日一百一十五約分八十七秒六十二

曆度三百六十五約分二十六秒六十八

曆中度一百八十二約分六十三秒三十四

曆策度一十五約分二十一秒九十四半

晨伏夕見一十四

夕伏晨見一十九

段目	常日	常度	限度	初行率
合伏	十五日	二十九度	二十四度三十六	二百五
夕疾	十五日	二十三度七十五	一十九度九十五	一百八十一六十六
夕遲	十五日	一十三度二十五	一十一度一十三	一百三十五
夕留	二日			
夕伏退	一十日	八度	二度	
合伏退	一十日	八度	二度	一百八
晨留	二日			
晨遲	一十五日	一十三度二十五	一十一度一十三	
晨疾	一十五日	二十三度七十五	一十九度九十五	一百三十五
晨伏	一十五日	二十九度	二十四度三十六	一百八十一

水星盈縮曆

策數	損益率	盈積度	損益率	縮積度
一	益五十七	空度	益五十七	空度
二	益五十三	空度五十七	益五十三	空度五十七
三	益四十五	一度一十	益四十五	一度一十
四	益三十五	一度五十五	益三十五	一度五十五
五	益二十二	一度九十	益二十二	一度九十
六	益八	二度一十二	益八	二度一十二

七	損八	二度二十	損八	二度二十
八	損二十二	二度一十二	損二十二	二度一十二
九	損三十五	一度九十	損三十五	一度九十
十	損四十五	一度五十五	損四十五	一度五十五
十一	損五十三	一度一十	損五十三	一度一十
十二	損五十七	空度五十七	損五十七	空度五十七

推五星天正冬至後平合及諸段中積中星：置氣積分，各以其星周率除之，所得周數不盡者，爲前合；以減周率，餘滿日法爲日，不滿，退除爲分秒，即其星天正冬至後平合中積，命之爲平合中星。以諸段常日

常度累加之即諸段中積中星其段退行者以常度減之即其段中星

求木火土三星平合諸段入曆置其星周數（求冬至後合皆加一數置之）以周差乘之滿其星曆率去之不盡滿日法為度不滿退除為分秒即為其星平合入曆度及分秒以其段限度依次累加之即得諸段入曆

求金水二星平合及諸段入曆置氣積分各以其星曆率去之不盡滿日法除之為度不滿退除為分秒以加平合中星即為其星天正冬至後平合入曆度及分秒以其星其段限度依次累加之即得諸段入曆

求五星平合及諸段盈縮定差各置其星其段入曆度及分如曆中已下為在盈已上減去曆中餘為在縮以其星曆策除之為策數不盡為入策度及分命策數筭外以其策損益率乘之如曆策而一為分分滿百為度以損益其下盈縮積即其星其段盈縮定差

求五星平合及諸段定積各置其星其段中積以其段盈縮定差盈加縮減之即其段定積日及分以天正冬至大餘及約分加之即為定日及分盈紀法六十去之不盡命己卯筭外即得日辰

求五星平合諸段所在月日各置其段定積以天正閏日及約分加之滿朔策及約分除之為月數不盡為入月已來日數及分其月數命天正十一月筭外即其星其段入其月經朔日數及分乃以日辰相距為定朔月日

求五星平合及諸段加時定星各置其段中星以其段盈縮定差盈加縮減之（金星倍之水星三之乃可加減）即五星諸段定星以天正冬至加時黃道日度加而命之即其星其段加時所在宿度及分秒五星皆因前留為前段初日定星後留為後段初日定星餘依術筭

求五星諸段初日晨前夜半定星各以其段初行率乘其段加時分百約之乃以順減退加其日加時定星即為其段初日晨前夜半定星加命如前即得所求

求諸段日率度率各以其段日辰距至後段日辰為其段日率以其段夜半定星與後段夜半定星相減為其段度率及分秒

求諸段平行度各置其段度率及分秒以其段日率除之為其段平行度及分秒

求諸段總差各以其段平行分與後段平行分相減
餘爲汎差併前段汎差四因退一位爲總差若前段
無平行分相減爲汎差者因後段初日行分與其段
平行分相減餘爲半總差倍之爲總差若後段無平
行分相減爲汎差者因前段末日行分與其段平行
分相減餘爲半總差倍之爲總差晨遲末段視段無
平行分因前初段末日行分與晨遲末段平行分相
減爲半總差其退行者各置本段平行分十四乘之
十五而一爲總差內金星依順段術入之即得所求
夕遲初段視前段無平行分因後末段初日行分與夕遲初段平行分相減爲半總差

求諸段初末日行分各半其段總差加減其段平行
分後段平行分多者減之爲初加之爲末後段平行分少者加之爲初減之爲末其在退行者前減之爲初加之爲末後加之爲初減之爲末各爲其星其段初末日行度及
分秒如前後段平行分俱多俱少者平注之本段總差不滿大分者亦平注之
求每日晨前夜半星行宿次置其段總差減日率一
以除之爲日差累損益初日行分後行分少損之後行分多益之爲
每日行度及分秒乃順加退減其段初日晨前夜半
宿次命之即每日晨前夜半星行所在宿次
徑求其日宿次置所求日減一半之以日差乘而加
減初行日分後行分少減之後行分多加之以所求日乘之爲積度

乃順加退減其段初日宿次即得所求日宿次
求五星平合及見伏入氣置定積以氣策及約分除
之爲氣數不盡爲入氣已來日數及分秒其氣數命
天正冬至筭外即五星平合及見伏入氣日及分秒
其定積滿歲周日及分去之餘在來年冬至後
求五星合見伏行差木火土三星以其段初日星行
分減太陽行分餘爲行差金水二星順行者以其段
初日太陽行分減星行分餘爲行差金水二星退行
者以其段初日星行分併太陽行分爲行差
求五星定合及見伏汎積木火土三星各以平合晨

疾夕伏定積便爲定合定見定伏汎積金水二星各
置其段盈縮定差內水星倍之以其段行差除之爲
日不滿退除爲分秒在平合夕疾晨伏者乃盈減縮
加定積爲定合定見定伏汎積在退合夕伏晨見者
乃盈加縮減定積爲定合定見定伏汎積
求五星定合定積定星木火土三星以平合行差除
其日先後數爲距合差日以先後數減之爲距合差
度以差日差度後加先減其星定合汎積爲其星定
合日定積定星金水二星順合者以平合行差除其
日先後數爲距合差日以先後數加之爲距合差度

以差日差度先加後減其星定合汎積爲其星定合日定積定星金水二星退合者以退合行差除其日先後數爲距合差日以減先後數爲距合差度以差日先減後加以差度先加後減再定合汎積爲其星再定合積星各以冬至大餘及約分加定積滿紀法去之命己卯筭外即得定合日辰以冬至加時黄道日度加定星依宿次去之即得定合所在宿次

求木火土三星定見伏定積日各置其星定見伏汎積晨加夕減象限日及分秒如二至限已下自相乘已上覆減歲周餘亦自相乘百約爲分以其星伏見度乘之十五除之爲差其差如其段行差而一爲日不滿退除爲分秒見加伏減汎積爲定積如前加命即得日辰

求金水二星定見伏定日夕見晨伏以行差除其日先後數爲日先加後減汎用積爲常用積晨見夕伏以行差除其日先後數爲日先減後加汎用積爲常用積如常用積在二至限已下爲冬至後已上去之餘爲夏至後其二至後日及分在象限已下自相乘已上用減二至限餘亦自相乘如法而一所得爲分（冬至後晨夏至後夕以十八爲法冬至後夕夏至後晨以七十五爲法）以伏見度乘之

十五除之爲差滿行差而一爲日不滿退除爲分秒加減常用積爲定用積加命如前即得定見伏日辰（冬至後晨見夕伏加之夕見晨伏減之夏至後晨見夕伏減之夕見晨伏加之）其水星夕疾在大暑氣初日至立冬氣九日三十五分已下者不見晨留在大寒氣初日至立夏氣九日三十五分已下者春不晨見秋不夕見

熙寧六年六月提舉司天監陳繹言渾儀尺度與法要不合二極赤道四分不均規環左右距度不對游儀重澀難運黄道映蔽橫簫遊規璺裂黄道不合天體天樞内極星不見天文院渾儀尺度及二極赤道四分各不均黄道天常環月道映蔽橫簫及月道不與天合天常環相攻難轉天樞内極星不見皆當因舊修整新定渾儀改用古尺均賦辰度規環輕利黄赤道天常環並側置以北際當天度省去月道令不蔽橫簫增天樞爲二度半以納極星規環二極各設環樞以便遊運詔依新式製造置於司天監測驗以較疎密七年六月司天監呈新製渾儀浮漏於迎陽門帝召輔臣觀之數問同提舉官沈括具對所以改更之理尋又言準詔集監官較其疎密無可比較詔置於翰林天文院七月以括爲右正言司天秋官正

皇甫愈等嘗有差初括上渾儀浮漏景表三議見天
文志朝廷用其說令改造法物曆書至是渾儀浮漏
成故賞之元豐五年正月翰林學士王安禮言詳定
渾儀官歐陽發所上渾儀浮漏木樣具新器之宜變
舊器之失臣等竊詳司天監浮漏疎謬不可用請依
新式改造其至道皇祐渾儀景表亦各差舛請如法
條奏修正從之元祐四年三月翰林學士許將等言
詳定元祐渾天儀象所先奉詔製造水運渾儀木樣
如試驗候天不差即別造銅器今校驗皆與天合詔
以銅造仍以元祐渾天儀象為名將等又言前所謂

渾天儀者其外形圓可徧布星度其內有璣有衡可
仰窺天象今所建渾儀象別為二器而渾儀占測天
度之真數又以渾象置之密室自為天運與儀參合
若并為一器即象為儀以同正天度則渾天儀象兩
得之矣請更作渾天儀從之七年四月詔尚書左丞
蘇頌撰渾天儀象銘六月元祐渾天儀象成詔三省
樞密院官閱之紹聖元年十月詔禮部祕書省即詳
定製造渾天儀象所以新舊渾儀集局官同測驗擇
其精密可用者以聞宣和六年七月宰臣王黼言臣
崇寧元年邂逅方外之士于京師自云王其姓面出

素書一道璣衡之制甚詳比嘗請令應奉司造小樣
驗之踰二月乃成璿璣其圓如丸具三百六十五度
四分度之一置南北極崑崙山及黃赤二道列二十
四氣七十二候六十四卦十干十二支晝夜百刻列
二十八宿并內外三垣周天星日月循黃道天行每
天左旋一周日右旋一度冬至南出赤道二十四度
夏至北入赤道二十四度春秋二分黃赤道交而出
卯入酉月行十三度有餘生明于西其形如鉤下環
西見半規及望而圓既望西缺下環東見半規及晦
而隱某星始見某星已中某星將入或左或右或遲

或速皆與天象脗合無纖毫差玉衡植於屏外持扼
樞斗注水激輪其下為機輪四十有三鈎鍵交錯相
持次第運轉不假人力多者日行二千九百二十八
齒少者五日行一齒疾徐相遠如此而同發于一機
其密殆與造物者侔焉自餘悉如唐一行之制然一
行舊制機關皆用銅鐵為之澀即不能自運今制改
以堅木若美玉之類舊制外絡二輪以綴日月而二
輪蔽虧星度仰視躔次不審今制日月皆附黃道如
蟻行磑上舊制雖有合望而月體常圓上下弦無辨
今以機轉之使圓缺隱見悉合天象舊制止有候刻

辰鐘鼓晝夜短長與日出入更籌之度皆不能辨今
制爲司辰壽星運十二時輪所至時刻以手指之又
爲燭龍承以銅荷時正吐珠振荷循環自運其制皆
出一行之外即其器觀之全象天體者璿璣也運用
水斗者玉衡也昔人或謂璣衡爲渾天儀或謂有璣
而無衡者爲渾天象或謂渾儀望筒爲衡皆非也甚
者莫知璣衡爲何器唯鄭康成以運轉者爲璣持正
者爲衡以今制考之其説最近又月之晦明自昔弗
燭厥理獨楊雄云月未望則載魄于西既望則終魄
于東其遡於日乎京房云月有形無光日照之乃光

始知月本無光遡日以爲光本朝沈括用彈况月粉
塗其半以象對日之光正側視之始盡圓缺之形今
制與三者之説若合符節宜命有司置局如樣製相
阯於明堂或合臺之内築臺陳之以測上象又别製
三器一納御府一置鐘鼓院一備車駕行幸所用仍
著爲成書以詔萬世詔以討論制造璣衡所爲名命
黼總領内侍梁師成副之

志卷第三十三

志卷第三十四　宋史八十一

開府儀同三司上柱國録軍國重事前中書右丞相監修國史領經筵事都總裁臣脱脱等奉
勅修

律曆十四

中原既失禮樂淪亡高宗時胡銓者審律論曰臣聞
司馬遷有言曰六律爲萬事根本其於兵械尤所重
望敵知吉凶聞聲效勝負百王不易之道也臣嘗深
愛遷之言律於兵械爲尤重而深惜後之談兵者止
以戰鬬擊刺奇謀此律之所以汨陳而學者未嘗道
也夫律度量衡古也淵源於馬遷濫觴於班固劉昭

挹其流孟康京房錢樂之之徒汨其泥而揚其波遷
之言曰黄鐘之實八十一以爲宫而以九爲法實如
法得長一寸則黄鐘爲九寸矣黄鐘之實十七萬七
千一百四十七而以一萬九千六百八十三爲法實
如法亦得長一寸亦黄鐘爲九寸也然則十七萬七
千一百四十七與夫所謂八十一者雖多少之不同
而其實一也萬九千六百八十三與夫所謂九者雖
多少之不同而其法一也又曰丑二寅八卯十六辰
六十四夫丑與卯陰律也寅與辰陽律也生陰律者
皆二所謂下生者倍其實生陽律者皆四所謂上生

者四其實遷之言財數百可謂簡矣而後之言律者祖焉是不亦淵源於馬遷乎固之言曰黃鍾之實八百一十分蓋遷意也然以林鍾之實五百四十而乃以為六百四十林鍾太蔟之實以其長自乘則聲雖有小同於黃鍾之宮耳然則魏曹王製律而與黃鍾商徵不合其失兆此矣夫自子一分終於亥十七萬七千一百四十七分蓋遷術也而固亦曰太極元氣函三為一始動於子參之於丑歷十二辰之數而得黃鍾之實以為陰陽合德化生萬物其說蓋有本矣然其言三分甤賓損一下生大呂而不言夫所謂濁

倍之變何夫甤賓之比於大呂則甤賓清而大呂濁今又損二分之一以生大呂則大呂之聲乃清於甤賓是不知夫倍大呂之濁然則蕭衍之論至於夾鍾而裁長三寸七分其失兆此矣是不亦濫觴於班固乎昭之言曰推林鍾之實至十一萬八千九十八太蔟之實至十五萬七千四百六十四二乘而三約之者為下生之實四乘而三約之者為上生之實此遷固之意昭則詳矣然以甤賓為上生大呂而大呂乃下生夷則何也蓋昭之說陽生陰為下生陰生陽為上生今以甤賓為上生大呂則是陽生陰乃上生也

以大呂為下生夷則是陰生陽乃下生也其蔽亦由不知夫大呂有濁倍之變則其視遷固去本遠矣是不亦揠其流於劉昭乎若夫孟康京房錢樂之之徒則又大不然矣夫班固以八十一分為黃鍾之實起十二律之周徑度其長以容其實初未嘗有徑三圍九之說也康之徒惑於八十一分之實以一寸為九十分而不察方圓之異於是有徑三圍九之論與為天律之形圜如以為徑三圍九則刓其四用之方而不足於九分之數以之容黍豈能至於千二百哉然則所謂圍九方分也何以知之知龠之方則知黃鍾

之分亦方也固雖無明說其論洛下閎起曆之法曰律容一龠積八十一寸則一日之分也夫八十一寸者是乃八百一十分以千二百黍納之龠中則不搖而自滿是無異黃鍾之容也龠之制方寸而深八分一龠之方則黃鍾之分安得而不方哉圜九方分而圜之則徑不止於三分矣故夫徑三圍九之說孟康為之也然由律生呂數十有二止矣京氏演為六十錢樂之廣為三百六十則與黃帝之說悖矣蓋樂之用淮南之術一律而生五音十二律而為六十音而六之故三百六十音以當一歲之日以黃鍾太蔟姑

洗林鍾南呂生三十有四以大呂夾鍾中呂蕤賓夷則無射生二十有七應鍾生二十有八始於包育而終於安運然由黃鍾迄于壯進百有五十則三分損一焉以下生由依行迄于億兆二百有九則三分益一焉以上生惟安運爲終而不生其言與黃帝之法大相牴牾自遷固而下至是雖然莫適爲主至五季王朴而後議少定沈括蔣之奇論之當矣是不亦汩其泥而揚其波乎嗚呼律也者固以實爲本而法爲末陛下修其實於上而有司方定其法於下以協天地中和之聲則夫數子者其說有可考焉臣敢輕議

哉淳熙間建安布衣蔡元定著律呂新書朱熹稱其超然遠覽奮其獨見爬梳剔抉參互考尋推原本根比次條理管括機要闡究精微其言雖多出於近世之所未講而實無一字不本於古人之成法其書有律呂本原律呂證辨本原者黃鍾第一黃鍾之實第二黃鍾生十二律第三十二律之實第四變律第五律生五聲圖第六變聲第七八十四聲圖第八六十調圖第九候氣第十審度第十一嘉量第十二謹權量第十三證辨者造律第一律長短圍徑之數第二黃鍾之實第三三分損益上下相生第四和聲第五

權臣既誣元定以僞學貶死舂陵雖有其書卒爲空言嗚呼惜哉久之宜春歐陽之秀復著律通其自序曰自律呂之度數不見於經而釋經者反援漢志以爲據蓋濫觴於管子呂氏春秋流衍於淮南子司馬遷之書而波助於劉歆京房之學班固漢志盡歆所出也司馬彪志盡房所出也後世協律者類皆執守以爲定法歷代合樂不爲無人而終不足以得天地陰陽之和聲所以不能追還於隆古之盛者大抵由三分損益之說拘之也夫律固不能舍損益之說以求之由其有損有益而後有上生下生之異至其專用

三分以爲損益之法則失之未免乎聲與數之不相合有非天成之自然耳蓋嘗因其損益上下生之義而去其專用三分之蔽乃多爲分法以求之自黃鍾以往其下生者盈十而上生者止一而已此其數之或損或益出於自然而與舊法固不侔矣若謂相生之法一下必一上既上而復下則其法之窮也於蕤賓大呂間見之夫黃鍾而降轉以相生至於姑洗則下生應鍾而應鍾之上生蕤賓者法也今乃蕤賓之生大呂又從而上生焉此班志所載所以變其說爲下生大呂而大呂之長遂用倍法矣夫律之相生而

用倍法猶爲有理獨專用三分以爲損益則律之長短不中乎天地自然之數爾生律之分蓋不止於三分損益之一端以一律而分爲三此生律之極數特一求徵聲之法耳苟以三分損益一下生而一上生則聲律殆無窮矣何至於十二而止也乎夫十二律之生也十律皆下生一律獨上生唯其下生者損之極也而後上生者益焉上生則律窮矣此窮上反下窮下反上之理也琴一弦之間具十二律皆用下生之法而末以上生法終之若以七弦而緊慢之爲旋宮之法則應鐘一均之律宮聲之外多用倍法生一

律矣此天地聲音自然而然不可拘於一而不知通變也故正律止於十二而已竊意十二律之度數當具於周禮之冬官如考工記鳬氏爲鐘磬氏爲磬之類各有一職然冬官一篇既亡則世無以考其度數之詳而三分損益之說散見於書傳者恐或得之目擊而不及識其全或得之口授而未能究其誤或求諸耳決而不能究其真因是遂著爲定論夫人皆以爲法之盡善矣豈知三分損益所生之律乃僅得其聲之近似而未真蓋非師曠之聰則耳不能齊其聲之近似者足以惑人之聽是以不復求其法之未盡

善者此蔡邕所以不如一目決之明者亦不能盡信其法也後世之制樂者不知律法之固有未善而每患其聲音高下之不協以至取古昔遺亡之器而求之蓋亦不知本矣聲以數而傳數以聲而定二者皆有自然之則如侈者聲必咋弇者聲必鬱高者數必短下者數必長侈弇者數也未聞其聲而已知其有咋鬱之分高下者聲也未見其數已知其有長短之異故不得其自然之聲則數不可得而考不得其自然之數則聲不可得而言今之制律者不知出此而顧先區區於秬黍之縱横古尺之脩短斛斗之廣狹鍾

磬之高下謀之是何足以得其聲之和哉邵雍曰世人所見者漢律曆耳然則三分損益之法爲未善亦隱然矣近世蔡元定特著一書可謂究心然其說亦有可用與否其可用者多其所自得而又有證於古凡載於吾書者可見矣其否者皆由習熟於三分上下生之說而不於聲器之近似者察之也豈嘗察之而未有法以易之乎此律通之所以作也蓋律之所以長短不止乎三分損益之一端自四分以往推而至於有二十分之法管之所以廣狹必限於千二百黍之定數因其容受有方分圜分之異與黍體不相

合而遂分辨其空龠有實積隙積之理其還相爲宮之法有以推見其爲一陰一陽相繼之道而非一上一下相生之謂也嗟乎觀吾書者能知其數之出於自然而然則知由先漢以前至于今日上下幾二千年凡史傳所述三分損益一定之說者可以刪而去之矣使其說之可用也則累世律可協樂可和何承天劉焯輩不改其法矣故京房六十律不足以和樂而況錢樂之衍爲三百六十之非法徒增多而無用乎是其數非出於自然之無所加損而徒欲傅會於當期之日數云爾古之聖人所以定律止於十二者

自然之理數也苟不因自然之理數則以三分損益之法衍之聲律殆不特三百六十而已也而況京房之六十乎且房之律吾意其自爲之也而託言受之焦延壽以欺乎人以售其說使律法之善何必曰受諸人律法不善矣雖焦延壽何益哉所謂善不善者亦顧其法之可用與否耳曩者魏漢津嘗創用指尺以制律乃竊京房之故智上以取君之信下以逼人之議能行之於一日豈能使一世而用之乎今律通之作其數之損益可以互相生總爲百四十四以爲之體或變之又可　得二百一十有六以爲之用乾

坤之策具矣世不用則已用則聲必和亦因古黃鍾九寸法審之以人物之聲而稍更定之耳或曰律止十二胡爲復衍百四十四律乎應之曰十二者正聲也百四十四者變聲也使不爲百四十四者何以見十二宮七聲長短之有定數而宮商角徵羽清濁之有定分乎其要主於和而已故有正聲則有變聲也通其變然後可與論律矣律通上下二篇十二律名數第一黃鍾起數第二生律分正法第三生律分變法第四正變生律分起算法第五十二宮百四十四律數第六律數傍通法第七律數傍通別法第八九

分爲寸法辨第九第十五十九律會同第十一空圍龠實辨第十二十二律分陰陽圖說第十三陽聲陰聲配乾坤圖第十四五聲配五行之序第十五七聲配五行之序第十六七聲分類第十七十二宮七聲倡和第十八六十調圖說第十九辨三律聲法第二十眞德秀趙以夫皆盛稱之舒州桐城縣丞李如篪作樂書評司馬光范鎮所論律曰鎮得蜀人房庶言尺法庶言嘗得古本漢書云度起於黃鍾之長以子穀秬黍中者一黍之起積一千二百黍之廣度之九十分黃鍾之長一爲一分今文脫去之起積一千二

百黍八字故自前世累黍爲之縱置之則太長橫置之則太短今新尺橫置之不能容一千二百黍則大其空徑四釐六毫是以樂聲太高皆由儒者誤以一黍爲一分其法非是不若以千二百黍實管中隨其短長斷之以爲黃鍾九寸之管九十分其長一爲一分取三分以度空徑數合則律正矣鎮盛稱此論以爲先儒用意皆不能到其意謂制律之法必以一千二百黍實黃鍾九寸之管九十分其管之長一爲一分是度由律起也光則據漢書正本之度起於黃鍾之長以子穀秬黍中者一黍之廣九十分黃鍾之長

一爲一分本無之起積一千二百黍八字其意謂制律之法必以一黍之廣定爲一分九十分則得黃鍾之長是律由度起也書云同律度量衡先言律而後及度量衡是度起於律信矣然則鎮之說是而光之說非也然庶之論積一千二百黍之廣之說則非必如其說則是律非起於度而起於量也光之說雖非先王作律之本而後之爲律者不先定其分寸亦無以起律又其法本之漢志之文則光之說亦不得謂其非是也故嘗論之律者述氣之管也其候氣之法十有二月每月爲管置於地中氣之來至有淺有深

而管之入地者有短有長十二月之氣至各驗其當月之管氣至則灰飛也其爲管之長短與其氣至之淺深或不相當則不驗上古之聖人制爲十二管以候十二辰之氣而十二辰之音亦由之而出焉以十二管較之則黃鍾之管最長應鍾之管至短以林鍾比於黃鍾則短其三分之一以太簇比之林鍾則長其三分之一其餘或長或短皆上下於三分之一之數其默符於聲氣自然之應者如此也當時惡睹所謂三分損益哉又惡睹夫一千二百黍爲黃鍾容受之量與夫一黍之廣一爲一分之說哉古之聖人既

爲律矣欲因之以起度量衡之法遂取秬黍之中者以實黃鍾之管滿龠傾而數之得黍一千有二百因以制量以一黍之廣而度之得黃鍾管九十分之一因以起度以一龠之黍之重而兩之因以生衡去古既遠先王作律之本始其法不傳而猶有所謂一千二百黍爲一龠容受之量與夫一黍之廣一爲一分者可考也推其容受而度其分寸則律可得而成也先王之本於律以起度量衡者自源而生流也後人以度量衡而起律者尋流而及源也光鎮爭論往復前後三十年不決大槩言以律起度以度起律之不

同鎮深闡光以度起律之説不知後世舍去度數安得如古聖人黙符聲氣之驗自然而成律也哉至若庶之增益漢志八字以爲脱誤及其他紛紛之議皆穿鑿以爲新奇雖鎮力主之非至當之論有補於律法者也如虎書曰樂本曰樂章沙隨程迥著三器圖議曰體有長短所以起度也受有多寡所以生量也物有輕重所以用權也是器也皆準之上黨羊頭山之秬黍焉以之測幽隱之情以之達精微之理推三光之運則不失其度通八音之變則可召其和以辨上下則有品以分隆殺則有節凡朝廷之出治生民

之日用未有須刻不資焉者也古人以度定量以量定權必參相得然後黃鐘之律可求八音五聲從之而應也皇祐中阮逸胡瑗累黍定尺既大於周尺姑欲合其量也然竟於權不合乃謂黍稱二兩已得官稱一兩反疑史書之誤及韓琦丁度詳定知逸瑗之失亦莫能以三器參相攷也先是鎮上封事曰樂者和氣也發和氣者音聲也音聲生於無形故古人以有形之物傳其法俾後人參攷之有形者何秬黍也律也尺也龠也鬴也斛也筭數也權稱也鐘也磬也是十者必相合而不相戾而後爲得也迥謂以黍定

三器則十者無不該三者尺爲之本周尺也者先儒攷其制脗合者不一至宋祁取隋書大業中歷代尺十五等獨以周尺爲之本以攷諸尺韓琦嘉祐累黍尺二其一亦與周尺相近司馬備刻之於石光舊物也苟以是定尺又以是參定權量以合諸器如挈裘而振其領其順者不可勝數也迥博學好古朱熹深禮敬之其後江陵府學教授盧陵彭應龍既注漢律曆志設爲問答著鐘律辨疑三卷至爲精密發古人所未言者宋曆在東都凡八改曰應天乾元儀天崇天明天奉元觀天紀元星翁離散紀元曆亡紹興二

年高宗重購得之六月甲午語輔臣曰曆官推步不精今曆差一日近得紀元曆自明年當改正協時月正日蓋非細事是歲始議製渾儀十一月工部言渾儀法要當以子午爲正今欲定測樞極合差局官二員詔差李繼宗等充測驗定正官俟造畢進呈日同參詳指説制度官丁師仁李公謹入殿安設三年正月壬戌進呈渾儀木樣壬申太史局令丁師仁等言省識東都渾儀四座在測驗渾儀刻漏所曰至道儀在翰林天文局曰皇祐儀在太史局天文院曰熙寧儀在合臺曰元祐儀每座約銅二萬餘斤今若卒之

當萬餘斤且元祐製造有兩府提舉時都司覆實用
銅八千四百斤詔工部置物料臨安府傭工匠仍令
工部長貳提舉五年日官言正月朔旦日食九分半
虧在辰正常州布衣陳得一言當食八分半虧在巳
初其言卒驗侍御史張致遠言今歲正月朔日食太
史所定不驗得一嘗爲臣言皆有依據蓋患筭造者
不能通消息盈虛之與進退遲疾之分致立朔有訛
凡定朔小餘七千五百以上者進一日紹興四年十
二月小餘七千六百八十太史不進故十一月小盡
今年五月小餘七千一百八十少三百二十乃爲進

朔四月大盡建炎三年定十一月三十日甲戌爲臘
陰陽書曰臘者接也以故接新在十二月近大寒前
後戌日定之若近大寒戌日在正月十一日若即用
遠大寒戌日定之庶不出十二月如宣和五年十二
月二十七日丙午大寒後四日庚戌雖近緣在六年
正月一日此時以十九日戊戌爲臘得一於歲旦日
食嘗預言之不差氂刻願詔得一改造新曆委官專
董其事仍盡取其書參校太史有無以補遺闕擇曆
筭子弟粗通了者授演撰之要庶幾日官無曠曆法
不絶二月丙子詔祕書少監朱震即祕書省監視得

一改造新曆八月曆成震請賜名統元從之詔翰林
學士孫近爲序以六年頒行遷震一秩賜得一通微
處士官其一子道士裴伯壽等受賞有差得一等上
推甲子之歲得十一月甲子朔夜半冬至日度起於
虛中以爲元著曆經七卷曆議二卷立成四卷考古
春秋日食一卷七曜細行二卷氣朔入行草一卷詔
付太史氏副藏祕府紹興九年史官重脩神宗正史
求奉元曆不獲詔陳得一裴伯壽赴闕補脩之十四
年太史局請製渾儀工部員外郎謝伋言臣嘗詢渾
儀之法太史官生論議不同鑄作之工今尚闕焉臣

愚以爲宜先詢訪制度數求通曉天文曆數之學者
參訂是非斯合古制蘇頌之子應詔赴闕請訪求其
父遺書考質制度宰相秦檜曰在廷之臣罕能通曉
高宗曰此闕典也朕已就宮中製造範制雖小可用
窺測日以晷度夜以樞星爲則非久降出第當廣其
尺寸尔於是命檜提舉時内侍邵諤善運思專令主
之累年方成統元曆頒行雖久有司不善用之暗用
紀元法推步而以統元爲名乾道二年日官以紀元
曆推三年丁亥歲十一月甲子朔將頒行裴伯壽詣
禮部陳統元曆法當進作乙丑朔於是依統元曆法

正之光州士人劉孝榮言統元曆交食先天六刻火
星差天二度嘗自著曆期以半年可成願改造新曆
禮部謂統元曆法用之十有五年紀元曆法經六十
年日月交食有先天分數之差五星細行亦有二三
度分之殊算造曆官拘於依經用法致朔日有進退
氣節日分有誤于時宜改造伯壽言造曆必先立表
測景驗氣庶幾精密判太史局吳澤私於孝榮且言
銅表難成木表易壞以沮之乃詔禮部尚書周執羔
提領改造新曆執羔亦謂測景驗氣經涉歲月孝榮
乃采萬分曆作三萬分以爲日法號七曜細行曆上

之三年執羔以曆來上孝宗曰日月有盈縮須隨時
脩改執羔對曰舜協時月正日正爲積久不能無差
故協正之孝宗問曰今曆與古曆何如對曰堯時冬
至日在牽牛今冬至日在斗一度孝榮七曜細行曆
自謂精密且預定是年四月戊辰朔日食一分日官
言食二分伯壽並非之既而精明不食孝榮又定八
月庚戌望月食六分半候之止及五分又定戊子歲
二月丁未望月食九分已上出地其光復滿伯壽言
當食既復滿在戌正三刻侍御史單時言比年太史
局以統元曆稍差而用紀元曆紀元浸差適者劉孝

榮議改曆四月朔日食不驗日官兩用統元紀元以
定晦朔二曆之差歲益已甚非所以明天道正人事
也如四月朔之日不食雖爲差誤然一分之說猶爲
近焉八月望之月食五分新曆以爲食六分亦爲近
焉間欲以明年二月望月食爲驗是夜或有陰晦風
雨願令日官與孝榮所定七政躔度其說異同者俟
其可驗之時以渾象測之察其稍近而屢中者從其
說以定曆庶幾不致甚差詔從之十一月詔國子司
業權禮部侍郎程大昌監察御史張敦實監太史局
驗之時孝宗務知曆法疏密詔太史局以高宗所降

小渾儀測驗造曆四年二月十四日丁未望月食生
光復滿如伯壽言時等又言去年承詔十二月癸卯
乙巳兩夜監測太陰太白新曆爲近今年二月十四
日望月食臣與大昌等以渾儀定其光滿則舊曆差
近新曆差遠若遽以舊曆爲是則去年所測四事皆
新曆爲近今者所定月食乃復稍差以是知天道之
難測儒者莫肯究心一付之星翁曆家其說又不精
密願令繼宗孝榮等更定三月一日內七政躔度之
異同者仍令臣等往視測驗而造曆焉三月詔時與
大昌同驗之太史局止用紀元曆與新曆測驗未嘗

參以統元曆臣等先求判太史局李繼宗天文官劉孝榮等統元紀元新曆異同於三月初九日夜十一日早十四日夜二十日早詣太史局召三曆官上臺用銅儀窺管對測太陰木火土星昏晨度經歷度數參稽所供監視測驗初九日昏度舊曆太陰在黃道張宿十二度八十七分在赤道張宿十度新曆在黃道張宿十四度四十分在赤道張宿十五度太臣等驗得在赤道張宿十五度半今考之新曆稍密舊曆皆疏十一日早晨度木星在黃道室宿十五度七分在赤道室宿十三度少土星在黃道虛宿七度三分

在赤道虛宿七度彊新曆木星在黃道室宿十五度四十四分在赤道室宿十四度少弱土星在黃道虛宿六度二十一分在赤道虛宿六度少弱臣等驗得五更三點土星在赤道虛宿六度弱五更五點木星在赤道室宿十四度今考之新曆稍密舊曆皆疏十二日都省令定驗統元紀元及新曆疏密統元曆昏度太陰在黃道氐宿初度九十四分在赤道氐宿三度少紀元曆在黃道氐宿初度八十三分在赤道氐宿二度太新曆在黃道亢宿八度七十一分在赤道亢宿九度少弱三曆官以渾儀由南數之其太陰比

去角宿距星二十一度少弱新舊曆官稱昏度亢宿未見秖以窺管測定角宿距星復以曆書考東方七宿角占十二度亢占九度少既亢宿未見當除角宿十二度即太陰此時在赤道亢宿九度少弱今考之新曆全密紀元統元曆皆疏二十日早晨度統元曆太陰在黃道斗宿十一度九十一分在赤道斗宿十二度少火星在黃道危宿七度九十一分在赤道危宿七度少土星在黃道虛宿八度八十二分在赤道虛宿八度太彊紀元曆太陰在黃道斗宿十一度四十分在赤道斗宿十一度半火星在黃道危宿六度

在赤道危宿六度太土星在黃道虛宿七度三十九分在赤道虛宿七度半弱新曆太陰在黃道斗宿十度六十一分在赤道斗宿十度少火星在黃道危宿七度二十分在赤道危宿六度土星在黃道虛宿六度五十三分在赤道虛宿六度半三曆官驗得太陰在赤道斗度宿十度火星在赤道危宿六度彊土星在赤道虛宿六度半今考之太陰紀元曆疏火星新曆紀元曆全密統元曆疏土星新曆全密紀元統元曆疏又詔時與尚書禮部員外郎李燾同測驗時等言先究統元紀元新曆異同召三曆官上臺用銅儀

窺管對測太陰土火木星晨度經歷度數參稽所供監視測驗二十四日早晨度統元曆太陰在黄道危宿十一度九十分在赤道危宿九度木星在黄道室宿十八度一十五分在赤道壁宿初度少火星在黄道危宿十度七十分在赤道危宿十度土星在黄道虚宿八度九十五分在赤道虚宿九度紀元曆太陰在赤道危宿十度五十三分在赤道危宿八度半木星在黄道室宿十七度六十八分在赤道室宿十六度少火星在黄道危宿九度八十四分在赤道危宿九度土星在黄道留在虚宿七度四十分在赤道虚

宿七度半新曆太陰在黄道危宿十三度五分在赤道危宿十二度木星在黄道室宿十八度一十分在赤道室宿十六度半彊火星在黄道危宿十度八分在赤道危宿九度土星在黄道虚宿六度六十分始留在赤道虚宿六度半彊始留三曆官驗得太陰在赤道危宿十度木星在赤道室宿十六度太火星在赤道危宿九度半土星在赤道虚宿六度半弱今考之太陰統元曆精密紀元曆新曆皆踈木星新曆稍密紀元統元曆皆踈火星紀元新曆皆稍密統元曆踈土星新曆稍密紀元統元曆皆踈二十七日早晨

度統元曆木星在黄道壁宿初度四十六分在赤道壁宿初度太彊火星在黄道危宿十二度九十二分在赤道危宿十二度彊土星留在黄道虚宿八度九十八分在赤道虚宿九度紀元曆木星在黄道壁宿初度二十五分在赤道壁宿初度分空火星在黄道危宿十二度九十七分在赤道危宿十一度土星留在黄道虚宿七度四十八分在赤道虚宿七度半新曆木星在黄道壁宿初度四十四分在赤道壁宿初少彊火星在黄道危宿十二度二十二分在赤道危宿十一度半土星留在黄道虚宿六度六十分在赤

道虚宿六度半彊三曆官驗得木星在赤道壁宿初度少火星在赤道危宿十一度土星在赤道虚宿六度半今觀木星新曆稍密紀元統元曆皆踈火星紀元曆全密統元新曆皆踈土星新曆稍密紀元統元曆皆踈由是朝廷始知三曆異同迺詔太史局以新舊曆參照行之禮部言新舊曆官互相異同參照實難新曆比之舊曆稍密詔用新曆名以乾道曆已丑歲頒行孝榮有考春秋日食一卷漢魏周隋日月交食一卷唐日月交食一卷宋朝日月交食一卷氣朔入行一卷彊弱日法格數一卷

志卷第三十四

開府儀同三司上柱國錄軍國重事前中書右丞相監修國史領經筵事都總裁脫脫等奉

勅修

律曆十五

乾道四年禮部員外郎李燾言統元曆行之既久與天不合固宜大衍曆最號精微用之亦不過三十餘年後之欲行遠也難矣抑曆未差無以知其失未驗無以知其是仁宗用崇天曆天聖至皇祐四年十一月日食二曆不效詔以唐八曆及宋四曆參定皆以景福爲密遂欲改作而劉羲叟謂崇天曆頒行逾三

年所差無幾距可偶緣天變輕議改移又謂古聖人曆象之意止於敬授人時雖則預考交會不必脗合辰刻或有遲速未必獨是曆差迺從羲叟言復用崇天曆羲叟曆學爲宋第一歐陽脩司馬光輩皆遵用之崇天曆既復用又十三年治平二年始改用明天曆曆官周琮皆遷官後三年驗熙寧三年七月月食不效迺詔復用崇天曆奪琮等所遷官熙寧八年始更用奉元曆沈括實主其議明年正月月食遂不效詔問脩曆推恩者姓名括具奏辨得不廢識者謂括彊辨不許其深於曆也然後知羲叟之言然頗申飭

曆官加意精思勿執今是益募能者熟復討論更造密度補治新曆緣燾嘗承詔監視測驗値新曆太陰熒惑之差恐書成所差或多見識能者迺詔諸道訪通曆者久之福州布衣阮興祖上言新曆差謬荊大聲不以白部即補興祖爲局生初新曆之成也大聲孝榮共爲之至是大聲乃以太陰九道變赤道別演一法與孝榮立異于後祕書少監崇政殿說書兼權刑部侍郎汪大猷等言承詔於御史臺監集局官參筭明年太陰宿度簽注御覽詣實今大聲等推筭明年正月至月終九道太陰變赤道限十二月十五日

以前具稾成至正月内臣等召曆官上臺用渾儀監驗踈密從之五年國子司業兼權禮部侍郎程大昌侍御史單時祕書丞唐孚祕書郎李木言都省下靈臺郎充曆筭官蓋堯臣皇甫繼明宋允恭等言曆今更造乾道新曆朝廷累委官定驗得見日月交食密近天道五星行度允協躔次惟九道太陰間有未密搜訪能曆之人補治新曆半年未有應詔者獨荊大聲別演一法與劉孝榮乾道曆定驗正月内九道太陰行度今来二法皆未能密於天道乾道太陰一法與諸曆比較皆未盡善今撮其精微撰成一法其先

推步到正月内九道太陰正對在赤道宿度願委官與
孝榮大聲驗之如或精密即以所修九道經法請得與
定驗官吏集孝榮大聲等同赴臺推步明年九道太陰
正對在赤道宿度點定月分定驗從其善者用之大昌
等從大聲孝榮所供正月内太陰九道宿度已赴太史
局測驗上中旬畢及取大聲孝榮堯臣等三家所供正
月下旬太陰宿度參照覽視測驗踈密堯臣繼明允恭
請具今年太陰九道宿度欲依逐人所請限一月各具
今年太陰九道變黄道正對赤道其宿某度依經具臺
送御史臺測驗官不時視驗然後見其踈密裴伯壽上
書言孝榮自陳預定丁亥歲四月朔日食八月望月食
俱不驗又定去年二月望夜二更五點月食九分以上
出地復滿臣嘗言於宰相是月之食當食既出地紀元
曆亦食既出地生光在戌初二刻復滿在戌正三刻是
夕月出地時有微雪至昏時見月已食既至戌初三刻
果生光即食既出地可知復滿在戌正三刻時二更二
點臣所言卒驗孝榮言見行曆交食先天六刻今所定
月食復滿乃後天四刻新曆繆誤爲甚其一曰步氣朔
孝榮先言氣差一日觀景表方知其失此不知驗氣者
也臣之驗氣差一二刻亦能知之紀元節氣自崇寧間

測驗逮今六十餘載不無少差苟非測驗安知其失凡
日月合朔以交食爲驗今交食既差朔亦弗合矣其二
曰步發斂止言卦候而已其三曰步日躔新曆乃用紀
元二十八宿赤道度暨至分宮遽減紀元過宮三十餘
刻殊無理據而又赤道變黄道宿度婁胃二宿頓減紀
元半度在術則婁胃二宿合二十八度婁當十二度太
今新曆婁作十二度半乃棄四分度之一室軫二宿虚
收復多少數變宿分宮既訛是以乾道己丑歲太陽過
宮差誤其四曰步晷漏新曆不合前史唐開元十二年
測景于天下安南測夏至午中晷在表南三寸三分新
曆算在表北七寸其鐵勒測冬至午中晷長一丈九尺
二寸六分新曆算晷長一丈四尺九寸九分乃差四尺
二寸七分其謬蓋若此其五曰步月離諸曆遲疾朓朒
極數一同新曆朓之極數少朒之極四百九十三分疾
之極數少遲之極數二十分不合曆法其六曰步交會
新曆妄設陽準陰準等差蓋欲苟合已往交食其間復
有不合者則遷就天道所以預定丁亥戊子二歲日月
之食便見差違其七曰步五星以渾儀測驗新曆星度
與天不合蓋孝榮與同造曆人皆不能探端知緒乃先
造曆後方測驗前後倒置遂多差失夫立表驗氣窺測

七政然後作曆豈容擬拾緒餘超接舊曆以爲新術可乎新曆出於五代民間萬分曆其數朔餘太彊明曆之士往往鄙之今孝榮乃三因萬分小曆作三萬分爲日法以隱萬分之名三萬分曆即萬分曆也緣朔餘太彊孝榮遂減其分乃增立秒不入曆格前古至于宋諸曆朔餘並皆無秒且孝榮不知王處訥於萬分增二爲應天曆日法朔餘五千三百七自然無秒而去王朴用秒之曆臣與造統元曆之後潛心探討復三十餘年考之諸曆得失曉然誠假臣演撰之職當與太史官立表驗氣窺測七政運筭立法當遠

過前曆詔送監視測驗官詳之逵于尚書省時談天者各以技術相高互相詆毀諫議大夫單時祕書少監汪大猷國子司業權禮部侍郎程大昌祕書丞唐孚祕書郎李木言乾道新曆判大聲劉孝榮同主一法自初測驗以至權行施用二人無異議後緣新曆不密詔訪求通曆者孝榮乃訟阮興祖緣大聲補局生自是紛紛不已大聲官以判局提點曆書爲名乃言不當責以立法起筭不知起曆授時何所憑據且正月內五夜比較孝榮所定五日並差大聲所定五日內三日的中兩日稍疏繼伯壽進狀獻術時等將求其曆書上臺測驗務求至當而大聲等正居其官乃飾辭避事測驗弗精且大聲孝榮同立新法今猶反覆苟非各具所見他日曆成大聲妄有動搖即前功盡廢請令孝榮大聲堯臣伯壽各具乾道五年五月已後至年終太陰五星排日正對赤道躔度上之御史臺令測驗官參考詔從之六年日官言比詔權用乾道曆推筭今歲頒曆于天下明年用何曆推筭詔亦權用乾道曆一年秋成都曆學進士賈復自言詔求推明熒惑太陰二事轉運使資遣至臨安願造新曆畢還蜀仍進曆法九議孝宗嘉其志館于京學

賜廩給太史局李繼宗等言十二月望月食大分七小分九十三曹復劉大中等各虧初食甚分夜不同詔禮部侍郎鄭聞監李繼宗等測驗是夜食八分祕書省言靈臺郎宋允恭國學生林永叔草澤祝斌黃夢得吳時舉陳彥健等各推筭日食時刻分數異同乃詔諫議大夫姚憲監繼宗等測驗五月朔日食憲奏時刻分數皆差舛繼宗澤大聲削降有差太史局春官正判太史局吳澤等言乾道十年頒賜曆日其中十二月已定作小盡乾道十一年正月一日注癸未朔畢乾道十一年正月一日崇天統元二曆筭得

甲申朔紀元乾道二曆筭得癸未朔今乾道曆正朔小餘約得不及進限四十二分是爲疑朔更考日月之行以定月朔大小以此推之則當是甲申朔今曆官弗加精究直以癸未注正朔竊恐差誤請再推步於是俾繼宗監視皆以是年正月朔當用甲申兼今歲五月朔太陽交食本局官生瞻視到天道日食四分半虧初西北午時五刻半食甚正北未初二刻復滿東北申初一刻後令永叔等五人各言五月朔日食分數并虧初食甚復滿時刻皆不同并見行乾道曆比之五月朔天道日食多筭二分少彊虧初少筭

四刻半食甚少筭三刻復滿少筭二刻已上又考乾道曆比之崇天紀元統元三曆日食虧初時刻爲近較之乾道日食虧初時刻爲不及繼宗等參考來年十二月係大盡及十一年正月朔當用甲申而太史局丞同判太史局荆大聲言乾道曆加時係不及進限四十二分定今年五月朔日食虧初在午時一刻今測驗五月朔日食虧初在午時五刻半乾道曆加時弱四百五十分苟以天道時刻預定乾道十二年正月朔已過甲申日四百五十分大聲今再指定乾道十一年正月合作甲申朔十年十二月合作大盡

請依太史局詳定行之五月詔曆官詳定淳熙元年禮部言今歲頒賜曆書權用乾道新曆推筭明年復欲權用乾道曆詔從之十一月詔太史局春官正吳澤推筭太陽交食不同令祕書省敕責之并罰造曆者三年判太史局李繼宗等奏令集在局通筭曆人重造新曆今撰成新曆七卷推筭備草二卷校之紀元統元乾道諸曆新曆爲密願賜曆名於是詔名淳熙曆四年頒行令禮部祕書省參詳以聞淳熙四年正月太史局言三年九月望太陰交食以紀元統元乾道三曆推之初虧在攢點九刻食二分及三分已

上以新曆推之在明刻內食大分空止在小分百分中二十七是夜瞻候月體盛明雖有雲而不翳至旦不見虧食於是可見紀元乾道三曆不逮新曆之密今當預期推筭淳熙五年曆蓋舊曆疏遠新曆未行請賜新曆名付下推步禮部驗得孟邦傑李繼宗等所定五星行度分數各有異同繼宗云六月癸酉木星在氐宿三度一十九分邦傑言夜昏度瞻測得木星在氐宿三度半半係五十分雖見月體而西南方有雲翳之繼宗云是月戊寅木星在氐宿三度四十一分邦傑言四望有雲雖雲間時露月體所可測者

木星在氐宿三度太太係七十五分繼宗云庚辰土星在畢宿三度二十四分金星在參宿五度六十五分火星在井宿七度二十七分邦傑言五更五點後測見土星入畢宿二度半半係五十分金星入參宿六度半火星入井宿八度多三分繼宗云七月辛丑太陰在角宿初度七十一分木星在氐宿五度七十六分邦傑言測見昏度太陰入軫宿十六度太太係七十五分木星入氐宿六度少少係二十五分孝宗曰自古曆無不差者況近世此學不傳求之草澤亦難其人詔以淳熙曆權行頒用一年五年金遣使來

朝賀會慶節妄稱其國曆九月庚寅晦爲己丑晦接伴使檢詳丘崈辨之使者辭窮於是朝廷益重曆事李繼宗吳澤言今年九月大盡係三十日於二十八日早晨度瞻見太陰離東濁高六十餘度則是太陰東行未到太陽之數然太陰一晝夜東行十三度餘以太陰行度較之又減去二十九日早晨度太陰所行十三度餘則太陰尚有四十六度以上未行到太陽之數九月大盡明矣其金國九月作小盡不當見月體今既見月體不爲晦日乞九月三十日十月一日差官驗之詔遣禮部郎官呂祖謙祖謙言本朝十

月小盡一日辛卯朔夜昏度太陰躔在尾宿七度七十分以太陰一晝夜平行十三度三十一分至八日上弦日太陰計行九十一度餘按曆法朔至上弦太陰平行九十一度三十一分當在室宿一度太金國十月大盡一日庚寅朔夜昏度太陰約在心宿初度三十一分太陰一晝夜亦平行十三度三十一分自朔至本朝八日爲金國九日太陰已行一百四度六十二分比之本朝十月八日上弦太陰多行一晝夜之數今測見太陰在室宿二度計行九十二度餘始知本朝十月八日上弦密於天道詔祖謙復測驗是

夜邦傑用渾天儀法物測驗太陰在室宿四度其八日上弦夜所測太陰在室宿二度按曆法太陰平行十三度餘行遲行十二度今所測太陰比之八日夜又東行十二度信合天道十年十月詔甲辰歲曆字誤令禮部更印造頒諸安南國繼宗澤及荊大聲削降有差十二年九月成忠郎楊忠輔言淳熙曆簡陋於天道不合今歲三月望月食三更二點而曆在二更二點數虧四分而曆虧幾五分四月二十三日水星據曆當夕伏而水星方與太白同行東井間昏見之時去濁猶十五餘度七月望前土星已伏而曆猶

注見八月未弦金已過氐矣而曆猶在亢此類甚多
而朔差者八年矣夫守疏敝之曆不能革舊其可哉
忠輔於易粗窺大衍之旨創立日法撰演新曆不敢
以言者誠懼太史順過飾非恃刻漏則水有增損遲
疾恃渾儀則度有廣狹斜正所賴今歲九月之交食
在晝而淳熙曆法當在夜以晝夜辨之不待紛爭而
決矣輒以忠輔新曆推筭淳熙十二年九月定望日
辰退乙未太陰交食大分四小分八十五晨度帶入
漸進大分一小分七虧初在東北卯正一刻一十一
分係日出前食甚在正北辰初一刻一十分復滿在

西北辰正初刻並日出後其日日出卯正二刻後與
虧初相去不滿一刻以地形論之臨安在岳臺之南
秋分後晝刻比岳臺差長日當先曆而出故知月起
虧時日光已盛必不見食以淳熙曆推之九月望夜
月食大分五小分二十六帶入漸進大分三小分四
十七虧初在東北卯初三刻係攢點九刻後食甚在
正北卯正三刻後復滿在西北辰正初刻後並在晝
禮部迺考其異同孝宗曰日月之行有疏數故曆久
不能無差大抵月之行速多是不及無有過者可遣
臺官禮部官同驗之詔遣禮部侍郎顔師魯其夜戍

正二刻陰雲蔽月不辨虧食師魯請詔精於曆學者
與太史定曆孝宗曰曆久必差聞來年月食者二可
俟驗否十三年右諫議大夫蔣繼周言試用民間有
知星曆者遴選提領官以重其事如祖宗之制孝宗
曰朝士鮮知星曆者不必專領迺詔有通天文曆筭
者所在州軍以聞八月布衣皇甫繼明等陳今歲九
月望以淳熙曆推之當在十七日實曆敝也太史乃
注於十六日之下徇私遷就以掩其過請造新曆而
忠輔乞與曆官劉孝榮及繼明等各具己見合用曆
法指定今年八月十六日太陰虧食加時早晚有無

帶出所見分數及節次生光復滿方面辰刻更點同
驗之仰合乾象折衷疏密再請今年八月二十九日
驗月見東方一事苟見月餘光則其日不當以為晦
也又今年九月十六日驗月未盈一事苟見月體東
向之光猶薄則其日不當為望也知晦望之差則朔
之差明矣必使氣之與朔無毫髮之差始可演造新
曆付禮部議各具先見指定太陰虧食分數方面辰
刻定驗折衷詔師魯繼周監之既而孝榮差一點繼
明等差二點忠輔差三點迺罷遣之十四年國學進
士會稽石萬言淳熙曆立元非是氣朔多差不與天

合按淳熙十四年曆清明夏至處暑立秋四氣及正月望二月十二月下弦六月八月上弦十月朔並差一日如卦候盈虛沒滅五行用事亦各隨氣朔而差南渡以來渾儀草刱不合制度無圭表以測日景長短無機漏以定交食加時設欲考正其差而太史局官尚如去年測驗太陰虧食自一更一點還光一分之後或一點還光二分或一點還光三分以上或一點還光三分以下使更點乍疾乍徐隨景走弄以肆欺蔽若依晉泰始隋開皇唐開元課曆故事取淳熙曆與萬所造之曆各推而上之於千百世之上以求交食與夫歲月日星辰之著見於經史者爲合與否然後推而下之以定氣朔則與前古不合者爲差合者爲不差甚易見也然其差謬非獨此耳冬至日行極南黃道出赤道二十四度晝極短故四十刻夜極長故六十刻夏至日行極北黃道入赤道二十四度晝極長故六十刻夜極短故四十刻春秋二分黃赤二道平而晝夜等故各五十刻此地中古今不易之法至王普重定刻漏又有南北分野冬夏晝夜長短三刻之差今淳熙曆皆不然冬至晝四十刻極短夜六十刻極長乃在大雪前二日所差一氣以上自冬

至之後晝當漸長夜當漸短今過小寒晝猶四十刻夜猶六十刻所差七日有餘夏至晝六十刻極長夜四十刻極短乃在芒種前一日所差亦一氣以上自夏至之後晝當漸短夜當漸長今過小暑晝猶六十刻夜猶四十刻所差亦七日有餘及晝夜各五十刻又不在春分秋分之下至於日之出入人視之以爲晝夜有長短有漸不可得而急與遲也急與遲則爲變今日之出入增減一刻近或五日遠或三四十日而一急一遲與日行常度無一合者請考正淳熙曆法之差俾之上不違於天時下不乖於人事送祕書省禮部詳之皇甫繼明史元寔皇甫迨龐元亨等言石萬所撰五星再聚曆乃用一萬三千五百爲日法特竊取唐末崇元舊曆而婉其名爾淳熙曆立法乖疏丙午歲定望則在十七日太史知其不可遂注望於十六日下以掩其過臣等嘗陳請於太史局官對辯置局更曆迄今未行今考淳熙曆經則又差於將來戊申歲十一月下弦則在二十四日太史局官必俟頒曆之際又將妄退於二十三日矣法不足恃必假遷就而朔望二弦曆法綱紀苟失其一則五星盈縮日月交會與夫昏旦之中星晝夜之晷刻皆不可

得而正也渾儀景表壷漏之器臣等私家無之是以
曆之成書猶有所待國朝以來必假刱局而曆始成
請依旼造大曆故事置局更曆以袪太史局之敝事
上聞宰相王淮奏免送後省看詳孝宗曰使祕書省
各司同察之亦免有異同之論六月給事中兼修玉
牒官王信亦言更曆事以為曆法深奧若非詳加測
驗無以見其疏密乞令繼明與萬各造來年一歲之
曆取其無差者詔從之十二月進所造曆淮等奏萬
等曆日與淳熙十五年曆差二朔淳熙曆十一月下
弦在二十四日恐曆法有差孝宗曰朔豈可差朔差

則所失多矣乃命吏部侍郎章森祕書丞宋伯嘉參
定以閏十五年禮部言萬等所造曆與淳熙曆法不
同當以其年六月二日十月晦日月不應見而見為
驗兼論淳熙曆下弦不合在十一月二十四日是日
請遣官監視詔禮部侍郎尤袤與森監之六月二日
森奏是夜月明至一更二點入濁十月晦袤奏晨前
月見東方孝宗問諸家孰為疏密周必大等奏三人
各定二十九日早月體尚存一分獨忠輔萬謂既有
月體不應小盡孝宗曰十一月合朔在申時是以二
十九日尚存月體耳十六年承節郎趙渙言曆象大

法及淳熙曆今歲冬至幷十二月望月食皆後天一
辰請遣官測驗詔禮部侍郎李巘祕書省鄭駉等視
之巘等請用太史局渾儀測驗如乾道故事差祕書
省提舉一員專監之詔差祕書丞黃艾校書郎王叔
簡紹熙元年八月詔太史局更造新曆頒之二年正
月進立成二卷紹熙二年七曜細行曆一卷賜名會
元詔巘序之紹熙四年布衣王孝禮言今年十一月
冬至日景表當在十九日壬午會元曆注乃在二十
日癸未係差一日崇天曆癸未日冬至加時在酉初
七十六分紀元曆在丑初一刻六十七分統元曆在

丑初二刻二分會元曆在丑初一刻三百四十分迨
今八十有七年常在丑初一刻不減而反增崇天曆
寔天聖二年造紀元曆崇寧五年造計八十二年是
時測景驗氣知冬至後天乃減六十七刻半方與天
道協其後陳得一造統元曆劉孝榮造乾道淳熙會
元三曆未嘗測景苟弗立表測景莫識其差乞遣官
令太史局以銅表同孝禮測驗朝廷雖從之未暇改
作慶元四年會元曆占候多差日官草澤互有異同
詔禮部侍郎胡紘充提領官正字馮履充參定官監
楊忠輔造新曆右諫議大夫兼侍講姚愈言太史局

文籍散逸測驗之器又復不備幾何而不疏略哉漢
元鳳間言曆者十有一家議久不決考之經籍驗之
帝王録然後是非洞見元和間以太初違天益遠晦
朔失實使治曆者備之以無文證驗雜議蠭起越三
年始定此無他不得儒者以總其綱故至于此也周
官馮相氏保章氏志日月星辰之運動而冢宰實總
之漢初曆官猶宰屬也熙寧間司馬光沈括皆嘗提
舉司天監故當是時曆數明審法度嚴密乞命儒臣
常兼提舉以專其責五年監察御史張巖論馮復唱
爲詖辭罷去詔通曆筭者所在具名来上及忠輔曆

成宰臣京鏜上進賜名統天頒之凡曆經三卷八曆
冬至考一卷三曆交食考三卷晷景考一卷考古今
交食細草八卷盈縮分損益率立成二卷日出入晨
昏分立成一卷岳臺日出入晝夜刻一卷赤道内外
去極度一卷臨安午中晷景常數一卷禁漏街鼓更
點辰刻一卷禁漏五更攢點昏曉中星一卷將来十
年氣朔二卷已未庚申二年細行二卷總三十二卷
慶元五年七月辛卯朔統天曆推日食雲隂不見六
年六月乙酉朔推日食不驗嘉泰二年五月甲辰朔
日有食之詔太史與草澤聚驗於朝太陽午初一刻

起虧未初刻復滿統天曆先天一辰有半遂罷楊忠
輔詔草澤通曉曆者應聘修治開禧三年大理評事
鮑澣之言曆者天地之大紀聖人所以觀象明時倚
數立法以前民用而詔方来者自黄帝以来至於秦
漢六曆具存其法簡易同出一術既久而與天道不
相符合於是太初三統之法相繼改作而推步之術
愈見闊疏是以劉洪祖冲之減破斗分追求月道
而推測之法始加詳焉至于李淳風一行而後總氣
朔而合法效乾坤而擬數演筭之法始加備焉故後
世之論曆轉爲精密非過於古人也蓋積習考驗而

得之者審也試以近法言之自唐麟德開元而至於
五代所作者國初應天而至於紹熙會元所更者十
二書無非推求上元開闢爲演紀之首氣朔同元而
七政會於初度從此推步以爲曆本未嘗敢輙爲截
法而立加減數於其間也獨石晋天福間馬重績更
造調元曆不復推古上元甲子七曜之會施於當時
五年輙差遂不可用識者咎之今朝廷自慶元三年
以来測驗氣景見舊曆後天十一刻改造新曆賜名
統天進曆未幾而推測日食已不驗此猶可也但其
曆書演紀之始起於唐堯二百餘年非開闢之端也

氣朔五星皆立虛加減之數氣朔積分乃有泛積定積之繁以外筭而加朔餘以距筭而減轉率無復彊弱之法盡廢方程之舊其餘差漏不可備言以是而爲術乃民間之小曆而非朝廷須正朔授民時之書也漢人以謂曆元不正故盜賊相續言雖迂誕然而曆紀不治實國家之重事願詔有司選演撰之官募通曆之士置局討論更造新曆庶幾并智合議調治日法追迎天道可以行遠漸之又言當楊忠輔演造統天曆之時每與議論曆事今見統天曆舛近亦私成新曆誠改新曆容臣投進與太史草澤諸人所著之曆參攷之七月漸之又言統天曆來年閏差願以諸人所進曆令祕書省參考須用祕書監兼國史院編修官實録院檢討官曾漸言改曆重事也昔之主其事者無非道術精微之人如太史公洛下閎劉歆張衡杜預劉焯李淳風一行王朴等然猶久之不能無差其餘不過遞相祖述依約乘除捨短取長移疎就密而已非有卓然特達之見也一時偶中即復舛戾宋朝敉在數改曆法統天曆頒用之初即已測日食不驗因仍至今置閏遂差一月其爲當改無疑然朝廷以一代鉅典責之專司必其人確然著論破

見行之非服衆多之口庶幾可見按乾道淳熙慶元凡三改曆皆出劉孝榮一人之手其後遂爲楊忠輔所勝久之忠輔曆亦不驗故孝榮安職至今紹熙以來王孝禮者數以自陳每預測驗或中或不中李孝節陳伯祥本皆忠輔之徒趙達卜筮之流石如愚獻其父書不就測驗晷景止定月食分數其術最踈陳光則并與交食不論愈無憑依此數人者未知孰爲可付故鮑澣之屢以爲請令若降旨開局不過收聚此數人者和會其說使之無爭來年閏差其事至重今年八月便當頒曆外國而三數月之間急遽成書結局推賞討論未盡必生詆訾今劉孝榮王孝禮李孝節陳伯祥所擬改曆及澣之所進曆皆已成書願以衆曆參攷擇其與天道最近且密者頒用庶幾來年置閏不差請如先朝故事搜訪天下精通曆書之人用沈括所議以渾儀浮漏圭表測驗每日記録積三五年前後參較庶幾可傳永久漸又言慶元三年以後氣景比舊曆有差至四年改造新曆未成時當須五年曆迺差官以測筭晷景氣朔加時辰刻附會元曆頒賜今若須來年氣朔既有去年十月以後今年正月以前所測晷景已見天道冬至加時分數來

年置閏比之統天曆亦已不同兼諸所進曆並可參攷請速下本省集判局官於本省參攷使澣之覆考以最近之曆推筭氣朔須用於是詔漸充提領官澣之充參定官草澤精筭造者嘗獻曆者與造統天曆者皆延之於是開禧新曆議論始定詔以戊辰年權附統天曆頒之既而婺州布衣阮泰發獻渾儀十論且言統天開禧曆皆差朝廷令造木渾儀賜文解罷遣之嘉定三年鄒淮言曆書差忒當改造試太子詹事兼同修國史實錄院同修撰兼祕書監戴溪等言請詢漸澣之造曆故事詔溪充提領官澣之充參定

官鄒淮演撰王孝禮劉孝榮提督推筭官生十有四人日法用三萬五千四百四年春曆成未及頒行溪等去國曆亦隨寢韓侂胄當國或謂非所急無復敢言曆差者於是開禧曆附統天曆行於世四十五年嘉泰元年中奉大夫守祕書監俞豐等請改造新曆監察御史施康年劾太史局官吳澤荆大聲周端友循默尸祿言災異不及時詔各降一官臣僚言須正朔所以前民用也比曆書一日之間吉凶並出異端並用如土鬼暗金兀之類則添注於凶神之上猶可也而其首則揭九良之名其末則出九曜吉凶之法

勘昏行嫁之法至於周公出行一百二十歲宮宿圖凡閭閻鄙俚之說無所不有是豈正風俗示四夷之道哉願削不經之論從之二年五月朔日食太史以爲午正草澤趙大猷言午初三刻半日食三分詔著作郎張嗣古監視測驗大猷言然曆官乃抵罪嘉定四年祕書省著作郎兼權尚左郎丁端祖請考試司天生十三年監察御史羅相言太史局推測七月朔太陽交食至是不食願令與草澤新曆精加討論於是澤等各降一官淳祐四年兼崇政殿說書韓祥請召山林布衣造新曆從之五年降筭造成永祥一官

以元筭日食未初三刻今未正四刻元筭虧八分今止六分故也八年朝奉大夫太府少卿兼尚書左司郎中兼敕令所删修官尹渙言曆者所以統天地侔造化自昔皆擇聖智典司其事後世急其所當緩緩其所當急以爲利吾國者惟錢穀之務固吾圉者惟甲兵是圖至於天文曆數一切付之太史局荒蕪乖謬安心爲欺朝士大夫莫有能詰之者請召四方之通曆筭者至都使曆官學焉十一年幾中侍御史陳垓言曆者天地之大紀國家之重事今淳祐十年冬所頒十一年曆稱成永祥等依開禧新曆推筭辛亥

歲十二月十七日立春在酉正一刻今所頒曆迺相
師堯等依淳祐新曆推算到壬子歲立春日在申正
三刻質諸前曆迺差六刻以此頒行天下豈不貽笑
四方且許時演撰新曆將以革舊曆之失又考驗所
食分數開禧舊曆僅差三刻而李德卿新曆差六刻
二分有奇與今頒行前後兩曆所載立春氣候分數
亦差六刻則同由此觀之舊曆差少未可遽廢新曆
差多未可輕用一旦廢舊曆而用新曆不知何所憑
據請參考推算頒行十二年秘書省言太府寺丞張
湜同李德卿算造曆書與譚玉續進曆書頗有牴牾

省官參訂兩曆得失疏密以聞其一曰玉訟德卿竊
用崇天曆日法三約用之考之崇天曆用一萬五百
九十為日法德卿用三千五百三十為日法玉之言
然其二曰玉訟積年一億二千二十六萬七千六百
四十六不合曆法今考之德卿用積年一億以上其
三曰玉訟壬子年六月癸丑年二月六月九月丙辰
七月置閏皆差一日今秘書省檢閱林光世用二家
曆法各為推算其四曰德卿曆與玉曆壬子年立春
立夏以下十五節氣時刻皆同雨水驚蟄以下九節
氣各差一刻其五曰德卿推壬子年二月乙卯朔日

食帶出巳退所見大分八玉推日食帶出巳退所見
大分七辰當壁宿六度同其六曰德卿曆斗分作三
百六十五日二十四分二十八秒玉曆斗分作三百
六十五日二十四分二十九秒二曆斗分僅差一秒
惟二十八秒之法起於齊祖沖之而德卿用之使沖
之之法可久何以歷代增之玉既指其謬又多一秒
豈能必其天道合哉請得商確推算合衆長而為一
然後賜名頒行十二年曆成賜名會天寶祐元年行
之史闕其法咸淳六年十一月三十日冬至至後為
閏十一月既已頒曆浙西安撫司準備差遣臧元震

言曆法以章法為重章法以章歲為重蓋曆數起於
冬至卦氣起於中孚十九年謂之一章一章必置七
閏必第七閏在冬至之前必章歲至朔同日故前漢
志云朔旦冬至是謂章月後漢志云至朔同日謂之
章月積分成閏閏七而盡其歲十九名之曰章唐志
曰天數終於九地數終於十合二終以紀閏餘章法
之不可廢也若此今所頒庚午歲曆乃以前十一月
三十日為冬至又以冬至後為閏十一月莫知其故
蓋庚午之閏與每歲閏月不同庚午之冬至與每歲
之冬至又不同蓋自淳祐壬子數至咸淳庚午凡十

九年是爲章歲其十一月是爲章月以十九年七閏
推之則閏月當在冬至之前不當在冬至之後以至
朔同日論之則冬至當在十一月初一日不當在三
十日今以冬至在前十一月三十日則是章歲至朔
不同日矣若以閏月在冬至後則是十九年之内止
有六閏又欠一閏且一章計六千八百四十日於内
加七閏月除小盡積日六千九百四十日或六千九
百三十九日約止有一日今自淳祐十一年辛亥章
歲十一月初一日章月冬至後起筭十九年至咸淳
六年庚午章歲十一月初一日當爲冬至方管六千

八百四十日今筭造官以閏月在十一月三十日冬
至之後則此一章止有六閏更加六閏除小盡外實
積止六千九百十二日比之前後章歲之數實欠二
十八日曆法之差莫甚於此況天正冬至乃曆之始
必自冬至後積三年餘分而後可以置第一閏今庚
午年章歲丙寅日申初三刻冬至去第二日丁卯僅
有四分日之一且未正日安得遽有餘分未有餘分
安得遽有閏月則是後一章之始不可推筭其謬可
知矣今欲改之有簡而易行之說蓋曆法有平朔有
經朔有定朔一大一小此平朔也兩大兩小此經朔

也三大三小此定朔也今正以定朔之說則當以前
十一月大爲閏十月小以閏十一月小爲十一月大
則丙寅日冬至即可爲十一月初一以閏十一月初
一之丁卯爲十一月初二日庶幾遞遷下一日置閏
十一月二十九日丁未始爲大盡然則冬至既在十
一月初一則至朔同日矣閏月既在至節前則十九
年七閏矣此昔人所謂晦節無定由時消息上合履
端之始下得歸餘於終正謂此也夫曆久未有不差
差則未有不改者後漢元和初曆差亦是十九年不
得七閏曆雖已頒亦改正之顧今何靳於改之哉元

震謂某儒者豈欲與曆官較勝負既知其失安得默
而不言邪於是朝廷下之有司遣官偕元震與太史
局辨正而太史之詞窮元震轉一官判太史局鄧宗
文譚玉等各降官有差因更造曆六年曆成詔試禮
部尚書馮夢得序之七年頒行即成天曆也德祐之
後陸秀夫等擁立益王走海上命禮部侍郎鄧光薦
與蜀人楊某等作曆賜名本天曆今亡

志卷第三十五

開府儀同三司上柱國錄軍國重事前中書右丞相監脩國史領經筵事都總裁臣脫脫等奉

敕修

律曆十六紹興統元乾道淳熙會元曆

演紀上元甲子距紹興五年乙卯歲積九千四百二十五萬一千五百九十一乾道上元甲子距乾道三年丁亥歲積九千一百六十四萬五千八百二十三淳熙上元甲子距淳熙三年丙申歲積五千二百四十二萬一千九百七十二會元上元甲子距紹熙二年辛亥歲積二千五百四十九萬四千七百六十七

步氣朔

元法六千九百三十乾道三萬淳熙五千六百四十會元統率三萬八千七百

歲周二百五十三萬一千一百三十八歲周日三百六十五餘一千六百八十八乾道基實一千九十五萬七千三百八歲周三百六十五餘七千三百八淳熙歲實二百五萬九千九百七十四歲周日三百六十五餘一千三百七十四會元氣率一千四百一十三萬四千九百三十二

氣策一十五日餘一千五百一十四秒十五乾道餘六千五百五十四半淳熙餘一千二百三十二秒二十五會元餘八千四百五十五半

朔實二十萬四千六百四十七乾道八十八萬五千九百一十七秒七十六淳熙一十六萬六千五百五十二秒五十六會元朔率一百一十四萬二千八百三十四

歲閏七萬五千三百七十四乾道三十二萬六千二百九十四秒八十八又有閏限八十五萬八千七百二十六秒五十二月閏二萬七千一百九十一秒二十四會元四十二萬九百二十四又有閏限七十二萬一千九百一十乾道又有沒限二萬三千四百四十五半淳熙四千四百七秒七十五會元三萬二百四十四半

朔策二十九日餘三萬六千七十七乾道餘一萬五千九百一十七秒七十六淳熙餘三千九百九十二秒五十六會元餘二萬五百三十四約分五十三秒五

望策十四日餘五千三百三半乾道餘一萬二千九百五十八秒八十八淳熙餘四千三百一十六秒二十八會元餘二萬九千六百一十七

弦策七日餘二千六百五十一太乾道餘一萬一千四百七十九秒四十四淳熙餘二千一百五十八秒一十四會元餘一萬四千八百八半

中盈分三千三百二十八秒三十乾道一萬三千一百九淳熙二千四百六十四秒五十會元一萬六千九百一十一

朔虛分三千二百五十三乾道一萬四千八十二秒二十四淳熙二千六百四十七秒四十四會元一萬八千一百六十六

旬周四十一萬五千八百乾道一百八十萬淳熙三十三萬八千四百秒一會元二百三十二萬二千

紀法六十三曆同

推天正冬至：置距所求積年，以歲周乘之，為氣積分；以旬周去之，不盡，總法約之為大餘，不滿為小餘。大餘命甲子，算外，即得所求年天正冬至日辰及餘。其小餘總法退除為約分，即百為母

求次氣：置冬至大小餘，以氣策及餘秒加之，秒盈秒法從一小餘，小餘滿總法從一大餘，滿紀法去命甲子，算外合

得次氣日辰及餘秒

求天正經朔置天正冬至氣積分以朔實去之不盡爲閏餘以減冬至氣積分餘爲天正十一月經朔加時朔積分以旬周去之不滿總法約之爲大餘不滿爲小餘命甲子筭外即得所求年天正十一月經朔加時朔積分以旬周去之不滿總法約之爲大餘不滿爲小餘大餘命甲子筭外即得所求天正十一月經朔日辰及餘

求弦望及次朔經日置天正十一月經朔大小餘以弦策加之爲上弦累加之去命如前各得弦望及次月朔經日及餘也

求沒日置有沒之氣小餘以一百八十乘之秒從之用減一百二十六萬五千五百六十九餘以一萬八千一百六十九除之爲日不滿爲餘命其氣初日筭外即得其氣辰（凡二十四氣小餘五千四百一十五秒一百六十五）

求滅日置有經朔小餘三十乘之滿朔虛分除爲日不滿爲餘命經朔初日筭外即得其月滅日辰（經朔小餘不滿朔虛分者爲有滅之朔）

步發斂

候策五日餘五百四秒一百二十五（乾道餘二千一百八十四秒二十五淳熙餘四百一十秒七十五會元餘二千八百二十二秒五十）

卦策六日餘六百五秒一百一十四（乾道餘二千六百二十一秒二十四淳熙餘四百九十二秒九十會元餘三千三百八十二秒二十）

土王策三日餘三百二秒一百四十七（乾道餘二千三百一十秒二十七淳熙餘二百四十六秒四十五會元一千六百九十一秒一十）

辰法五百七十七半（乾道二千五百淳熙四百七十會元三千二百二十五）

半辰法二百八十八太（乾道一千二百五十淳熙二百三十五會元一千六百一十二半）

刻法六百九十三（乾道三百淳熙五百六十四會元三百八十七）

秒法一百八十（乾道三十淳熙會元同一百淳熙又有月閏五千一百一十一秒九十四）

求六十四卦五行用事日二十四氣七十二候（四曆俱與前曆同此不載）

求發斂去經朔日置天正閏餘以中盈及朔虛分累益之即每月閏餘滿總法除之爲閏日不盡爲小餘即各得其月中氣去經朔日辰因求卦候者各以卦候土王策依次累加減之（中氣前減中氣後加）各得其月卦候去經朔日筭

求發斂加時置所求小餘以辰除之爲辰數不滿進一位以刻法而一爲刻不盡爲刻分其辰數命子正筭外各得加時所在辰刻及分（如辰刻即命起子初）

步日躔

周天分二百五十三萬一千二百二十六秒八十七（乾道分一千九十五萬七千七百一十七秒五）

歲差八十八秒八十七（乾道四百九秒五，淳熙一萬一千五百一十三，會元軌差五百二十五秒一十三）

周天度三百六十五約分二十五秒六十四（三曆同）

乘法五十五（乾道八十七，淳熙一百一十九，會元一百一十九）

除法八百三十七（乾道一千三百二十四，淳熙一千八百一十二，會元一千八百一十一）

秒法一百（三曆同）

乾道又有象限九十一度分三十一秒九，淳熙、會元同。淳熙又有乾實三億九百萬七千六百一十三，半周天一百八十二度分二十五秒七十二，會元半周天度同，分六十二秒八十六。

常氣	中積及餘	盈縮分	升降差	損益率	朓朒積
冬至	空	統元空 乾道空 淳熙空 會元空	升七千二百五十六 升七千二百六十七 升七千六十 升七千一百八	益三百七十二 益一千六百三十 益二百九十八 益二千五十七	朒空 同 同 朒初
小寒	十五 統元一千五百一十四秒二十五 乾道六千五百五十四半 淳熙一千二百五十二秒二十五 會元八千四百五十五半	盈七千二百五十六 盈七千二百六十七 盈七千六十	升五千九百八十 升五千九百八十一 升五千九百二十 升五千七百七十三	益三百一十 益一千二百四十三 益二百五十 益一千六百七十三	朒三百七十二 朒一千六百三十 朒二百九十八 朒二千五十七
大寒	三十 統元三千二十八秒三十 乾道一萬三千一百九 淳熙二千四百六十四秒 會元一萬六千九百一十一	盈一萬三千二百三十六 盈一萬三千二百四十八 盈一萬二千九百八十	升四千七百七十二 升四千六百八十 升四千七百一十九 升四千四百五十六	益二百四十七 益一千五十 益一百九十九 益一千二百九十一	朒六百八十二 朒二千九百七十三 朒五百四十八 朒三千七百三十九

常氣	中積及餘	盈縮分	升降差	損益率	朓朒積
立春	四十五 統元四千五百四十二秒四十五 乾道一萬九千六百六十三半 淳熙三千六百九十六秒 會元二萬五千三百六十六半	盈一萬七千九百七 盈一萬七千九百二十八 盈一萬七千六百九十七	升三千四百九十三 升三千三百六十三 升三千四百五十一 升三千一百五十九	益一百八十一 益七百五十五 益一百四十五 益九百一十四	朒九百二十八 朒四千二十三 朒七百四十七 朒五千一十九
雨水	六十 統元六千五十六秒六十 乾道二萬六千二百一十八半 淳熙四千九百二十八秒 會元三萬三千八百二十二	盈二萬一千四百 盈二萬一千二百 盈二萬一千二百四十八	升二千一百五十八 升二千二十九 升二千一百二十二 升一千八百八十一	益一百一十二 益四百五十五 益九十 益五百四十四	朒一千一百九 朒四千七百七十八 朒八百九十二 朒五千九百三十三
驚蟄	七十六 統元六百四十秒七十五 乾道二千七百七十二半 淳熙五百二十秒二十五 會元三千五百七十七半	盈二萬三千五百五十八 盈二萬三千三百二十 盈二萬三千二百二十	升七百三十 升六百八十 升七百三十 升六百二十三	益三十八 益一百五十二 益三十一 益一百八十一	朒一千二百二十一 朒五千二百三十三 朒九百八十二 朒六千四百七十七
春分	九十六 統元二千二百五十四秒九十 乾道九千三百二十七 淳熙一千七百五十三秒 會元一萬二千三十三	盈二萬四千二百八十八 盈二萬四千 盈同乾道	降七百三十 降六百八十 降同統元 降六百二十二	損三十八 損一百五十二 損三十一 損一百八十一	朒一千二百五十九 朒五千三百八十五 朒一千一十三 朒六千六百五十八
清明	一百六 統元三千六百六十八秒 乾道一萬五千八百八十八半 淳熙二千九百八十五秒 會元二萬四百八十八半	盈二萬三千五百五十八 盈二萬三千三百二十 盈二萬三千二百二十	降二千一百五十八 降二千二十九 降二千一百二十三 降一千八百八十一	損一百一十二 損四百五十五 損九十 損五百四十四	朒一千二百二十一 朒五千二百三十三 朒九百八十二 朒六千四百七十七
穀雨	一百二十一 統元五千一百八十二秒 乾道二萬二千四百二十六 淳熙四千二百一十八秒 會元二萬八千九百四十四	盈二萬一千四百 盈二萬一千二百九十一 盈二萬一千二百四十八	降三千四百九十三 降三千三百六十三 降三千四百五十一 降三千一百五十九	損一百八十一 損七百五十五 損一百四十五 損九百一十四	朒一千一百九 朒四千七百七十八 朒八百九十二 朒五千九百三十三

節氣	日數	統元	乾道	淳熙	會元	盈縮分	升降	損益	朓朒
立夏	一百三十六	統元六千九百九十六秒百[illegible]	乾道二萬八千九百九十半	淳熙五千四百五十八秒[illegible]	會元三萬七千三百九十六半	盈一萬七千九百七；盈一萬八千九百二十八；盈一萬七千六百六十七	降四千七百七十二；降四千六百八十；降四千七百一十七；降四千四百五十六	損二百四十七；損一千五十；損一百九十九；損一千二百九十	朒九百二十八；朒四千二十三；朒七百四十七；朒五千一十九
小滿	一百五十二	統元一千二百八十秒一百五十	乾道五千五百四十五	淳熙一千四十二秒五十 十八 四十八	會元七千一百五十五 一十八 四十八	盈一萬三千一百三十六；盈一萬三千二百四十八；盈一萬二千九百八十	降五千九百八十；降五千九百八十一；降五千九百二十；降五千七百七十三	損萬三千一百三十六；損一千三百四十三；損二百五十；損一千六百七十三	朒六百八十一；朒二千九百七十三；朒五百四十八；朒三千七百二十九
芒種	一百六十七	統元二千七百九十四秒二百七十五	乾道一萬二千九十九半	淳熙二千二百七十四秒[illegible]	會元一萬三千六百二十半	盈七千一百五十六；盈七千二百六十七；盈七千六十	降七千一百五十六；降七千二百六十七；降七千六十；降七千一百八	損三百七十一；損一千六百三十；損二百九十八；損二千五十七	朒三百七十一；朒一千六百三十；朒二百九十八；朒二千五十七
夏至	一百八十二	統元四千三百九秒空	乾道一萬八千六百五十四	淳熙三千五百七秒空	會元二萬四千六十六	空；空	降七千一百五十六；降七千二百六十七；降七千六十；降七千一百八	益三百七十一；益一千六百三十；益二百九十八；益二千五十七	朓空；朓空；朓空；朓空
小暑	一百九十七	統元五千八百二十三秒十五	乾道二萬五千二百八半	淳熙四千七百五十九秒[illegible]	會元三萬二千五百二十[illegible]	縮七千一百五十六；縮七千二百六十七；縮七千六十	降五千九百八十；降五千九百八十一；降五千九百二十；降五千七百七十三	益三百一十；益一千三百四十三；益二百五十；益一千六百七十三	朓三百七十一；朓一千六百三十；朓二百九十八；朓二千五十七
大暑	二百十三	統元四百七秒三十	乾道一千七百六十三	淳熙三百三十二秒[illegible]	會元二千二百七十七 五 八十八	縮一萬三千一百三十六；縮一萬三千二百四十八；縮一萬二千九百八十	降四千七百七十二；降四千六百八十；降四千七百一十七；降四千五百五十六	益二百四十七；益一千五十；益一百九十九；益一千二百九十	朓六百八十一；朓二千九百七十三；朓五百四十八；朓三千七百二十九

節氣	日數	統元	乾道	淳熙	會元	盈縮分	升降	損益	朓朒
立秋	二百二十八	統元一千九百一十二秒四十五	乾道八千三百十七半	淳熙一千五百六十二秒[illegible]	會元一萬七百三十二半 二十七 七十三	縮一萬七千九百七；縮一萬七千九百二十八；縮一萬七千六百六十七	降三千四百九十三；降三千三百六十三；降三千四百五十一；降三千一百五十九	益一百八十一；益七百五十五；益一百四十五；益九百一十四	朓九百二十八；朓四千二十三；朓七百四十七；朓五千一十九
處暑	二百四十三	統元三千四百三十五秒六十	乾道一萬四千八百七十二	淳熙二千七百九十六秒空	會元一萬九千二百八十八	縮二萬一千四百；縮二萬一千三百九十二；縮二萬一千一百四十八	降二千一百五十八；降二千二十九；降二千一百二十二；降一千八百八十一	益一百一十二；益四百五十五；益九十；益五百四十四	朓一千一百九；朓四千七百七十八；朓八百九十二；朓五千九百六十三
白露	二百五十八	統元四千九百四十九秒七十五	乾道二萬一千四百二十六半	淳熙四千二十八秒三十五 七十二 四十三	會元二萬七千六百四十三半 七十二 四十三	縮二萬三千五百五十八；縮二萬三千三百二十；縮二萬三千二百七十	降七百三十；降六百八十；降七百三十；降六百二十三	益三十八；益一百五十二；益三十一；益一百八十一	朓一千二百二十一；朓五千二百三十三；朓九百八十二；朓六千四百七十七
秋分	二百七十三	統元六千四百六十三秒九十	乾道二萬七千九百八十一	淳熙五千二百六十秒[illegible]	會元三萬六千九十九 九十三 二十七	縮二萬四千二百八十八；縮二萬四千；縮二萬四千	升七百三十；升六百八十；升七百三十；升六百二十三	損三十八；損一百五十二；損三十一；損一百八十一	朓一千二百五十九；朓五千三百八十五；朓一千一十三；朓六千六百五十八
寒露	二百八十九	統元一千四十七秒一百五	乾道四千五百三十五半	淳熙八百五十二秒[illegible]	會元五千八百五十四半	縮二萬三千五百五十八；縮二萬三千三百二十；縮二萬三千二百七十	升二千一百五十八；升二千二十九；升二千一百二十二；升一千八百八十一	損一百一十二；損四百五十五；損九十；損五百四十四	朓一千二百二十一；朓五千二百三十三；朓九百八十二；朓六千四百七十七
霜降	三百四	統元二千五百六十一秒一百二十	乾道一萬一千九十	淳熙二千八十五秒空	會元一萬四千三百十	縮二萬一千四百；縮二萬一千三百九十二；縮二萬一千一百四十八	升三千四百九十三；升三千三百六十三；升三千四百五十二；升三千一百五十九	損一百八十一；損七百五十五；損一百四十五；損九百一十四	朓一千一百九；朓四千七百七十八；朓八百九十二；朓五千九百六十三

氣	曆	數	縮	升	損	朒
立冬	統元四千七十五秒百三十五	三百十九	縮一萬七千九百七	升四千七百七十一	損二百四十七	朒九百二十
	乾道一萬七千六百四十四半		縮一萬七千九百三十八	升四千六百八十	損一千五十	朒四千二十三
	淳熙三千三百二十七秒七十五分七十六		縮一萬七千六百九十七	升四千七百一十七	損一百九十九	朒七百四十七
	會元二萬二千一百六十五半秒七十六			升四千四百五十六	損一千二百九十	朒五千一十九
小雪	統元五千五百八十九秒百三十五半	三百三十四	縮一萬三千一百三十六	升五千九百八十	損三百一十	朒六百八十一
	乾道二萬四千一百九十九		縮一萬三千二百四十八	升五千九百八十一	損一千三百四十三	朒二千九百十三
	淳熙四千五百四十八秒七十五分八十		縮一萬二千九百八十	升五千九百二十	損三百五十	朒五百四十八
	會元三萬三千二百二十一八十六十七			升五千七百七十三	損一千六百七十三	朒三千七百二十九
大雪	統元一百七十三秒百六十五	三百五十	縮七千一百五十六	升七千一百五十六	損三百七十一	朒三百七十一
	乾道七百五十三半		縮七千二百六十七	升七千二百六十七	損一千六百三十	朒一千六百三十
	淳熙二百四十二秒七十五五十二		縮七千六十	升七千六十	損二百九十八	朒二百九十八
	會元九百七十六半五十二			升七千一百八	損二千五十七	朒二千五十七

求每月盈縮分朔弦望入氣朓朒定數赤道宿度冬至赤道日度赤道宿積度入初末限二十八宿黃道度天正冬至加時黃道日度二十四氣加時黃道日度二十四氣初日晨前夜半黃道日躔宿次晨前夜半黃道日躔宿次太陽入宮日時刻及分〔法同前曆此不載〕

步月離

轉周分一十九萬九百五十三秒二千五百六十三〔乾道八十二萬六千六百三十七秒七千三百九十五淳熙一十五萬五千四百七秒九千七百四十會元轉率一百六萬六千三百六十一秒七千三百一十〕

轉周日二十七餘三千八百四十三秒二千五百六十三〔乾道餘一萬六千六百三十七秒七千三百九十五淳熙餘三千一百二十七秒九千七百四會元餘二萬一千四百六十一秒七千三百一十〕

朔差日一餘六千七百六十三秒七千四百三十七〔乾道餘二萬九千二百八十秒二百五淳熙餘五千五百四秒五千八百六十會元餘三萬七千七百七十二秒二千六百一十〕

望策一十四餘五千三百三秒五千

弦策七餘二千六百五十一秒七千五百〔乾道餘一萬一千四百七十九秒四千四百淳熙餘二千一百五十八秒一千四百會元一萬四千八百八秒五十〕

七日初數六千一百五十八約分八十九末數七百七十二約分一十一

十四日初數五千三百八十七約分七十八末數一千五百四十三約分二十二

二十一日初數四千六百一十五約分六十七末數二千三百一十五約分三十三

二十八日初數三千八百四十三約分五十五末數空

以上秒母一萬

以下秒母一百

上弦九十一度三十一分秒四十一〔三曆同〕

望一百八十二度六十二分秒八十二〔三曆秒八十六〕

下弦二百七十三度九十四分秒二十三〔三曆秒二十九〕

平行分一十三度三十六分秒八十七半

推天正十一月經朔入轉經弦望及次朔入轉 法同前曆此不載

入轉日	進退差	轉定分	損益率	朓朒數	轉日度	加減差	遲疾度
一日	統元退十三；淳熙退十二	一千四百六十八；乾道一千四百六十四；一千四百六十八；會元一千四百六十七	益六百八；益二千八百五十；益五百五十三；益三千七百六十三	朓空；朓空；朓空；朓初	空	加一百三十二；加一百二十七；加一百三十	疾空；疾空；疾空；疾初
二日	統元退十八；淳熙退十五	一千四百五十六；乾道一千四百五十五；一千四百五十七；會元一千四百五十四	益六百一十八；益二千六百三；益五百六；益三千三百八十七	朓六百八十；朓二千八百五十；朓五百五十三；朓三千七百六十三	十四度六十八	加一百十九；加一百十六；加一百一十七	疾一度三十二；疾一度二十七；疾一度三十一；疾一度三十
三日	統元退二十二；淳熙退二十	一千四百三十八；乾道一千四百三十八；一千四百三十二；會元一千四百四十	益五百一十三；益二千二百六十六；益四百四十三；益二千九百八十二	朓一千二百九十八；朓五千四百五十三；朓一千五十九；朓七千一百五十	二十九度二十四	加一百一；加一百一；加一百三	疾二度五十；疾二度四十三；疾二度五十一；疾二度四十七
四日	統元退二十三；淳熙退二十三	一千四百一十七；乾道一千四百二十六；一千四百二十二；會元一千四百二十二	益四百一十一；益一千七百七十三；益三百五十八；益二千四百六十一	朓一千八百二十一；朓七千七百一十九；朓一千五百二；朓一萬一百三十二	四十三度六十三	加八十；加七十九；加八十五	疾三度五十七；疾三度四十四；疾三度五十六；疾三度五十
五日	統元退二十四；淳熙退二十六	一千三百九十四；乾道一千三百九十四；一千三百九十九；會元一千四百一	益二百九十三；益一千二百七十九；益二百六十三；益一千八百五十三	朓二千二百二十二；朓九千四百九十二；朓一千八百六十；朓一萬二千五百九十三	五十七度七十九	加五十七；加五十七；加六十四	疾四度；疾四度二十三；疾四度四十二；疾四度三十五
六日	統元退二十四；淳熙退二十六	一千三百七十；乾道一千三百七十三；一千三百七十三；會元一千三百七十六	益一百七十二；益八百八；益一百五十二；益一千一百二十九	朓二千五百一十五；朓一萬七百七十一；朓二千一百二十三；朓一萬四千四百四十六	七十一度七十三	加三十三；加三十六；加三十九	疾四度[illegible]；疾四度八十；疾四度三十；疾四度九十九
七日	統元退二十四；淳熙退二十六	一千三百四十六；乾道一千三百四十七；一千三百四十七；會元一千三百四十九	初益二十四末損七；初益二百四十七末損二十三；初益四十六末損四；初益三百二十六末損一百七十九	朓二千六百八十七；朓一萬一千五百七十九；朓二千二百七十四；朓一萬五千五百七十五	八十五度四十三	初加一末減一；初加三末減一	疾五度一十三；疾五度一十六；疾五度三十九；疾五度三十八
八日	統元退二十四；淳熙退二十六	一千三百二十二；乾道一千三百二十三；一千三百二十二；會元一千三百二十九	損七十六；損三百一十四；損六十七；損五百二十一	朓二千七百四十四；朓一萬一千八百三；朓二千三百一十六；朓一萬五千九百二十二	九十八度八十九	減十五；減一十四；減一十八	疾五度二十；疾五度二十五；疾五度四十九；疾五度五十
九日	統元退二十三；淳熙退二十四	一千二百九十八；乾道一千二百九十九；一千二百九十五；會元一千二百九十二	損二百；損八百三十九；損一百七十八；損一千三百二	朓二千六百六十八；朓一萬一千四百八十九；朓二千二百四十九；朓一萬五千四百	一百十二度十二	減三十九；減三十八；減四十五	疾五度五；疾五度一十六；疾五度三十三；疾五度三十二
十日	統元退二十三；淳熙退二十四	一千二百七十五；乾道一千二百七十五；一千二百七十一；會元一千二百六十六	損三百二十一；損一千四百五；損二百七十八；損一千九百九十七	朓二千四百六十八；朓一萬六百五十；朓二千七十一；朓一萬四千九十七	一百二十五度	減六十二；減六十二；減六十八	疾四度七十六；疾四度七十四；疾四度九十一；疾四度八十七
十一日	統元退二十；淳熙退十九	一千二百五十二；乾道一千二百五十四；一千二百四十七；會元一千二百四十八	損四百三十八；損一千八百六十三；損三百八十；損二千五百七十七	朓二千一百四十七；朓九千二百四十五；朓一千七百九十三；朓一萬二千一百	一百三十七度八十四	減八十五；減八十三；減八十九	疾四度一十四；疾四度一十三；疾四度二十五；疾四度一十八

日	統元	乾道	淳熙	會元
十二日	統元退十七		淳熙退十四	
	一千二百三十二	乾道一千二百四十八	一千二百二十六	會元一千二百三十
	損五百四十五	損三千二百七十六	損四百六十	損三千九十七
	朓一千七百九	朓七千三百八十二	朓一千四百一十三	朓九千五百二十三
	一百五十度三十六			
	減一百五	減九十七		減一百七
	疾度二十九	疾三度二十九	疾三度三十五	疾三度二十九
十三日	統元退九		淳熙退十	
	一千二百一十五	乾道一千二百三十五	一千二百一十四	會元一千二百四十七
	損六百三十六	損二千七百三十八	損五百一十八	損三千四百七十三
	朓一千一百六十四	朓五千一百六	朓九百五十三	朓六千四百二十六
	一百六十六度六十六			
	減一百一十三	減一百二十三		減一百二十
	疾度二十四	疾度二十三	疾度二十六	疾度二十三
十四日	統元進二		淳熙進四	
	一千二百六	乾道一千一百九十八	一千二百四	會元一千二百六
	[illegible]	[illegible]	[illegible]	[illegible]
	朓五百三十一	朓二千四百六十八	朓四百三十五	朒一千九百五十三
	一百七十四度八十五			
	初減[illegible]	初減[illegible]		
	疾度二	疾度十	疾度三	疾度二
十五日	統元進十四		淳熙進十二	
	一千二百八	乾道一千二百二十三	一千二百八	會元一千二百四十九
	益六百六十九	益二千七百八十三	益五百四十四	益三千七百五
	朓一百五十一	朒六百五十	朒一百二十七	朒八百三十九
	一百八十六度九十九			
	加一百二十九	加一百二十四		加一百二十八
	遲初度三十九	遲空三十九	遲空三十	遲空三十九
十六日	統元進十九		淳熙進十七	
	一千二百二十二	乾道一千二百三十三	一千二百一十九	會元一千二百三十三
	益五百九十八	益二千五百八十二	益四百九十八	益三千三百二十九
	朒八百二十	朒三千四百三十三	朒六百七十一	朒四千五百四十四
	一百九十八度九十七			
	加一百一十五	加一百一十五		加一百一十五
	遲度三十六	遲度三十三	遲度三十九	遲度三十七
十七日	統元進二十二		淳熙進二十三	
	一千二百四十一	乾道一千二百五十六	一千二百三十六	會元一千二百六十八
	益四百九十九	益二千二百六十六	益四百二十六	益二千八百六十六
	朒一千四百一十八	朒六千一十四	朒一千一百六十九	朒七千八百七十三
	二百一十一度十九			
	加九十六	加一百一		加九十九
	遲度七十三	遲度六十六	遲度七十七	遲度七十二

日	統元	乾道	淳熙	會元
十八日	統元進二十三		淳熙進二十三	
	一千二百六十二	乾道一千二百五十七	一千二百五十八	會元一千二百五十七
	益三百八十六	益一千七百九十六	益三百二十三	益二千三百一十六
	朒一千九百一十七	朒八千二百八十	朒一千五百九十五	朒一萬七百三十九
	二百二十三度六十			
	加七十五	加八十		加八十
	遲三度六十九	遲三度六十九	遲三度七十八	遲三度七十二
十九日	統元進二十四		淳熙進二十六	
	一千二百八十五	乾道一千三百一十六	一千二百八十一	會元一千三百一十六
	益二百六十七	益一千三百二十三	益二百三十六	益一千七百八
	朒二千三百三	朒一萬七十六	朒一千九百一十八	朒一萬三千五十五
	二百三十五度六十五			
	加五十二	加五十九		加五十九
	遲四度四十四	遲四度四十九	遲四度五十七	遲四度五十一
二十日	統元進二十四		淳熙進二十六	
	一千三百九	乾道一千三百三十三	一千三百七	會元一千三百三十三
	益一百四十一	益七百六十三	益一百二十七	益九百八十四
	朓二千五百七十	朒一萬一千三百九十九	朒二千一百六十四	朒一萬四千七百六十三
	二百四十九度			
	加二十七	加三十四		加三十四
	遲四度九十六	遲五度八	遲五度一十三	遲五度一十
二十一日	統元進二十四		淳熙進二十六	
	一千三百三十三	乾道一千三百六十二	一千三百三十三	會元一千三百六十三
	初益四十末損二十	初益二百五十七末損二十三	初益二十九末益十二	初益[illegible]
	朒二千七百一十二	朒一萬二千一百六十二	朒二千二百九十三	朒一萬五千七百四十七
	二百六十二度十六			
	初加八末減四	初加七末減一		初加七末減二
	遲五度二十三	遲五度四十三	遲五度四十三	遲五度四十四
二十二日	統元進二十四		淳熙進二十五	
	一千三百五十七	乾道一千三百六十二	一千三百五十九	會元一千三百六十三
	損	損五百二十九	損九十三	損七百二十四
	朒二千七百三十九	朒一萬二千三百九十七	朒二千三百八	朒一萬五千八百六十二
	二百七十五度			
	減二十	減二十四		減二十五
	遲五度二十七	遲五度四十	遲五度四十七	遲五度四十九
二十三日	統元進二十三		淳熙進二十三	
	一千三百八十一	乾道一千三百八十七	一千三百八十四	會元一千三百八十八
	損二百一十八	損一千一百二十三	損一百九十八	損一千四百七十六
	朒二千六百二十七	朒一萬一千七百	朒二千二百一十五	朒一萬五千一百二十六
	二百八十六度六			
	減四十四	減五十		減五十一
	遲五度七	遲五度二十四	遲五度二十五	遲五度二十四

劉士中

二十四日	統元進二十二	一千四百四	損三百四十八	朒二千三百九十九	三百三度八十七	減六十七	遲四度六十三
		乾道一千四百二十三	損一千六百八十三	朒一萬六百三十六		減七十五	遲四度七十四
	淳熙進二十三	一千四百八	損三百	朒二千一十七			遲四度七十八
		會元一千四百二十	損二千一百一十三	朒一萬三千六百八十三		減七十三	遲四度五十三
二十五日	統元進二十一	一千四百二十六	損四百六十三	朒二千五百一十一	三百一十六度八十一	減八十九	遲八十六
		乾道一千四百三十七	損一千一十九	朒八千五百九十三		減九十	遲九十九
	淳熙進十八	一千四百三十	損三百九十七	朒一千七百一十七			遲七
		會元一千四百三十三	損二千六百九十二	朒萬三千五百三十九		減九十三	遲空
二十六日	統元進十四	一千四百四十七	損五百六十七	朒一千五百八十八	三百二十三度七	減一百九	遲七
		乾道一千四百五十六	損二千四百四十六	朒八千九百三十四		減一百九	遲九
	淳熙進十四	一千四百四十九	損四百七十二	朒一千三百二十			遲三十三
		會元一千四百四十九	損三千一百八十五	朒八千八百八十七		減一百一十	遲七
二十七日	統元進十一	一千四百六十一	損六百四十四	朒一千二十二	三百三十度八十六	減一百二十四	遲一度九十六
		乾道一千四百六十三	損二千八百五	朒四千四百八十八		減一百二十五	遲一度八十
	淳熙進九	一千四百六十三	損五百三十二	朒八百四十八			遲一度一
		會元一千四百六十二	損三千五百八十九	朒五千七百二		減一百二十三	遲一度九十七
二十八日	統元退四	一千四百七十二	損三百七十七	朒三百七十七	三百三十八度五十五	減七十四	遲空七十四
		乾道一千四百七十	初損一千六百八十三	朒一千六百八十三		初減七十五	遲空七十五
	淳熙退四	一千四百七十三	初損三百一十六	朒三百一十六			遲空七十五
		會元一千四百七十九	初損二千一百一十三	朒二千一百一十三		初減七十三	遲空七十三

乾道又有七日初數二萬六千六百五十九初約八十九末數三千三百四十一末約一十一十四日初數二萬二千三百一十九初約七十八末數六千六百八十一末約二十三二十一日初數一萬九千九百九十八初約六十七末數一萬二十二末約三十三二十八日初數一萬六千六百三十七初約五十五末數空末約空淳熙七日初數五千一十一末數六百二十初約八十九末約一十二十四日初數四千三百八十三末數一千二百五十七初約七十八末約二十二十一日初數三千七百五十五末數一千八百八十五初約六十七末約三十三二十八日初數三千一百二十七初約五十五會元七日初數三萬四千三百九十初約八十九末數四千三百一十末約一十一十四日初數三萬八千初約七十八末數八千六百二十末約二十二二十一日初數二萬五千七百七十一初約六十七末數一萬二千九百二十九末數三十三二十八日初數二萬一千四初約五十五末數一百六十一

求朔弦望入轉朓朒定數朔弦望定日朔弦望加時日所在度推月行九道求九道宿度月行九道平交入氣平定入轉朓朒定數正交入氣正交加時黃道日度正交加時月離九道宿度定朔弦望月所在宿度定朔夜半入轉次

朔夜半入轉月晨昏度朔弦望晨昏定程轉定度晨昏月天正十一月經朔加時平行月天正十一月定朔日晨前夜半平行月朔次夜半平行月定弦望夜半平行月天正定朔夜半入轉弦望及後朔定日夜半入轉定朔弦望夜半月度法同前曆此不載

步晷漏

二至限一百八十二六十二分乾道分同秒一十八淳熙會元同

象限九十一三十一分三曆同秒九

消息法一萬二千三十一

辰法五百七十七半計八刻二百三十一分乾道餘一百淳熙餘一百

八十八會元餘一百二十九

昏明刻三百四十六半乾道餘一百五十淳熙餘二百八十二

昏明餘數一百七十三少乾道昏明分七百五十淳熙昏明分一百四十一會元九百六十七半

冬至岳臺晷一丈二尺八寸三分

夏至岳臺晷景一尺五寸六分

冬至後初限夏至後末限六十二日分空

夏至後初限冬至後末限一百二十日六十二分

求每日消息定數黃道去極度及赤道內外度晨昏日出入分及半晝分每日距中度夜半定漏晝夜刻及日出入辰刻更籌辰刻昏明度五更攢點中星九服距差日九服晷景九服所在晝夜漏刻法與前曆同此不載

步交會

交終分一十八萬八千五百八十秒六千四百五十七乾道八十一萬六千三百六十六秒六千三百四十四淳熙交實一十五萬三千四百七十六秒九千五百四十三會元交率一百五萬三千一百一十三秒二千一百四十

交終日二十七餘一千四百七十秒六千四百五十七乾道餘六千三百六十六秒六千三百三十四淳熙餘一千一百九十六秒九千五百四十三會元餘八千二百一十三秒二千一百四十

交中日一十三餘四千二百秒三千二百二十八半乾道餘一萬八千一百八十三秒三十七淳熙餘三千四百一十八秒四千七百七十一半會元餘二萬三千四百五十六秒六千七十

朔差二日餘二千二百六秒三千五百四十三乾道餘九千五百五十一秒一千五百六十六淳熙餘一千七百九十五秒六千五十七會元餘一萬二千三百二十秒七千八百六十

後限一日餘一千一百三秒一千七百七十一半乾道餘四千七百七十五秒五千七百八十三

前限十二日餘三千九百七十七秒一千四百五十乾道餘一萬三千四百七秒七千二百三十四

望策十四日餘五千三百三秒五千乾道餘二萬二千九百五十八秒八千八百淳熙餘四千三百一十六秒二千八百會元餘二萬九千六百一十七

交率四十二乾道八十淳熙六十一會元五百七

交數五百三十五乾道一千一十九淳熙七百七十七

交終度三百六十三度七十六分乾道分七十九秒四十淳熙同會元分同秒四十四

交象度九十度九十四分乾道分同秒八十五淳熙同會元分同秒八十六

半交象度一百八十一度八十八分乾道度四十五分四十七秒四十二半淳熙同會元秒四十三

陽曆食限二千七百四十五乾道一萬四千四百淳熙二千六百三十會元一萬八千

陽曆定法二百七十四半乾道一千四百四十淳熙二百六十二

陰曆食限四千五百八十五乾道一萬八千淳熙二千二百四十一會元二萬二千五百

陰曆定法四百五十八半乾道三百二十四乾道又有月食限二萬九千一百淳熙五千四百六十會元三萬六千乾道月食定法一千八百淳熙三百五十六乾道月食既限一萬一千一百淳熙月食既限一千九百

推天正十一月加時入交汎日求次朔及望入交汎日定朔望夜半交汎次朔夜半入交汎日朔望加時入交常日朔望加時入交定日月行陰陽曆朔望加時入陰陽曆積度朔望加時月去黃道度食甚定餘日月食甚入氣日月食甚中積氣差刻差日入食限日入食分日食汎用分月入食限月入食分月食汎用分日月食定用分日月食虧初復滿小餘月食既內外分日月食所起月食更點定法

月食入更點日月帶食出入所見分數日月食甚宿次法同

前曆此不載

步五星

五星會策一十五度二十一分秒九十

木星終率二百七十六萬四千二百三十八秒三十二乾道一千一百九十六萬六千五百八十一秒五十五淳熙周實二百二十四萬九千七百一十五秒六十五會元周率一千五百四十三萬六千八百三十四秒九十八

終日三百九十八約分八十八秒七十九乾道分八十八秒六十淳熙約分八十八秒五十七會元分八十八秒四十六

歲差六十七秒九十八乾道周差一百萬八千八百六十四秒五十淳熙一十八萬九千七百四十一秒六十五

伏見度一十三乾道曆率一千九十五萬七千二百四十九秒九淳熙二百五萬九千九百八十一秒一十會元一千四百一十三萬五千四百五十六秒九乾道曆中度一百八十三分六十二秒二十四淳熙同會元秒八十六乾道曆策度一十五分二十一秒八十五淳熙同會元秒九十

段目	常日	常度	限度	初行率
晨伏	十六日	三度	二度	統元分二十三 乾道分二十三秒七十四 淳熙分同統元 會元分同乾道秒七十五
晨疾	統元三十七日 乾道三十一日 淳熙二十九日 會元同乾道	七度 六度 度同乾道 度同乾道	五度 度同統元 四度 度同統元	分二十二 分同統元 分同統元 分二十
晨次疾	統元三十七日 乾道二十九日 淳熙二十九日 會元三十日	六度六十六 五度五十八 五度五十九 五度八十五	五度空 四度二十四 四度二十四 四度四十四	二十 二十六十四 二十七十 二十二
晨遲	統元三十七日 乾道二十七日 淳熙二十八日 會元二十八日	三度 四度 四度 四度	二度六十 三度八 三度二十 三度八	十五 一十七八十四 一十七九十 一十八

晨留	統元二十五日 乾道二十四日 淳熙二十二日 會元二十二日	空 空	空 空	空 空
晨退	統元四十六日五十六 乾道四十六日六十九三十 淳熙四十六日六十九三十八半 會元四十六日六十九三十三	五度二十六 四度八十四 八十八 四度八十一 四度九十二 九十三半	空 三十二 五十三半 空 三十五 四十四 空 四十一 十半 空 三十 三十二	 空 空 空
夕退	統元四十六日一十六 乾道四十六日六十九三十 淳熙四十六日六十九三十八半 會元四十六日六十九三十三	五度一十六 四度八十四 八十八 四度八十一 八十九半 四度九十二 九十三半	空 三十一 空 三十五 四十四 空 四十 一十半 空 三十 二十七	十六 一十五 五十九 一十五 四十八 一十六
夕留	統元二十五日 乾道二十四日 淳熙二十二日 會元二十二日	空 空	空 空	 空
夕遲	統元三十七日 乾道二十五日 淳熙二十八日 會元二十五日	三度四十六 一度六十六 四度八十八 一度	二度六十 一度二十六 一度四十二	
夕次疾	統元三十七日 乾道三十一日	六度六十六 六度六十二	五度 空 五度 三	十五 二十 六十四

夕疾	統元三十七日 乾道二十九日 淳熙二十九日 會元三十日	七度九十八 五度五十八 五度五十九 五度八十五	五度九十九 四度二十四 四度二十四 四度四十四	二十 一十七 八十四 二十七 九十七 一十八
夕伏	統元十六日八十八 乾道十六日 淳熙十六日七十五 會元十六日七十五	三度八十八 三度七十五 三度七十五 三度七十五	二度九十一 二度八十五 二度八十五 二度八十五	一十二 二十一 四 二十一 二十二

歲星盈縮曆

策數	損益率	盈積度	損益率	縮積度
初	統元益一百四十五 乾道益一百五十九 淳熙益一百五十二 會元益一百五十	盈空 盈空 盈空 初	益一百七十八 益二百二 益一百七十二 益七十五	縮空 縮空 縮空 初
一	統元益一百三十五 乾道益一百四十三 淳熙益一百三十五 會元益一百三十七	盈一度四十五 盈一度五十九 盈一度五十一 盈一度五十	益一百六十一 益一百八十一 益一百五十六 益一百五十八	縮一度七十八 縮二度二 縮一度七十二 縮一度七十五
二	統元益一百一十四 乾道一百二十 淳熙益一百一十四 會元益一百一十六	盈二度八十 盈三度一 盈二度八十六 盈二度八十七	益一百四十 益一百五十三 益一百三十五 益一百二十五	縮三度一十九 縮三度八十三 縮三度二十八 縮三度三十三

五、卄三 志三十六 二十三 李友文

三	四	五	六	七	八
統元益八十七 乾道九十三 淳熙益八十八 會元益九十一	統元益五十一 乾道益六十 淳熙益五十七 會元益五十九	統元益十九 乾道益二十一 淳熙益二十 會元益二十二	統元損三十六 乾道損二十一 淳熙損二十 會元損二十二	統元損五十八 乾道損六十 淳熙損五十七 會元損五十九	統元損八十六 乾道損九十三 淳熙損八十八 會元損九十一
盈三度九十四 盈四度二十一 盈四度空 盈四度三	盈四度八十一 盈五度一十四 盈四度八十八 盈四度九十四	盈五度二十三 盈五度七十四 盈五度四十五 盈五度五十三	盈五度五十一 盈五度九十五 盈五度六十五 盈五度七十五	盈五度十五 盈五度七十四 盈五度四十五 盈五度五十三	盈四度五十七 盈五度一十四 盈四度八十八 盈四度九十四
益一百一十一 益一百一十八 益一百二 益一百五	益七十三 益七十六 益六十九 益六十九	益二十五 益二十八 益二十四 益二十五	損十 損二十八 損二十四 損二十五	損五十五 損七十六 損六十九 損六廿九	損一百一十七 損一百八 損一百二 損一百五
縮四度七十九 縮五度三十六 縮四度六十三 縮四度六十八	縮五度九十 縮六度五十四 縮五度六十五 縮五度七十三	縮六度六十三 縮七度三十 縮六度三十四 縮六度四十二	縮六度八十八 縮七度五十八 縮六度五十八 縮六度六十七	縮六度七十八 縮七度三十 縮六度三十四 縮六度	縮六度二十三 縮六度五十四 縮五度六十五 縮五度七十三

五、七十八 志三十六 二十四

九	十	十一
統元損一百八 乾道損一百二十 淳熙損一百一十四 會元損一百一十六	統元損一百三十 乾道損一百四十二 淳熙損一百三十五 會元損一百三十七	統元損一百三十三 乾道損一百五十九 淳熙損一百五十一 會元損一百五十
盈三度九十三 盈四度二十一 盈四度空 盈四度三	盈二度六十三 盈三度一 盈二度八十六 盈二度八十七	盈一度三十五 盈一度五十九 盈一度五十一 盈一度五十
損一百四十七 損一百五十三 損一百三十五 損一百三十五	損一百七十四 損一百八十一 損一百五十六 損一百五十八	損一百九十一 損二百二 損一百七十二 損一百七十五
縮五度一十二 縮五度三十六 縮四度六十三 縮四度六十八	縮三度六十五 縮三度八十三 縮三度二十八 縮三度三十八	縮一度九十一 縮二度二 縮一度七十二 縮一度七十五

火星終率五百四十萬四千八百四十六秒三十九乾道二千三百三十九萬一千九百八秒一十八淳熙周實四百三十九萬八千八百一秒六十五會元周率三千一十八萬三千二百六十八秒八十七

終日七百七十九約分九十二秒一乾道七百七十七分九十三秒二淳熙七百七十九約分九十二秒九十五會元七百七十九分九十二秒九十四

歲差六千七秒九乾道周差一百四十八萬二千七百八十八淳熙二十七萬八千八百三十秒七十五

伏見度十九二曆同會元二十

乾道曆率一千九十五萬七千四百二秒二十一淳熙二百五萬九千九百八十九秒九十會元一千四百一十三萬五千四百五十五秒四十七乾道曆中度一百八十二分六十二秒三十三淳熙秒三十二會元秒八

十六乾道曆策度一十五分二十一秒八十六淳熙同會元秒九十

段目	常日	常度	限度	初行率
晨伏	統元六十七日 乾道六十七日 淳熙六十七日二十五 會元六十九日七十五	四十八度 四十八度 十八度二十五 四十九度七十五	四十五度五十一 四十五度二十六 四十五度五十九 四十六度七十六	七十二 七十一九十二 七十二 七十二
晨疾初	統元六十五日 乾道五十九日 淳熙六十一日 會元五十八日	四十六度三 四十一度七十八 四十三度三十一 四十度八十九	四十三度六十三 三十九度四十 四十度九十一 三十八度四十三	七十一 七十一三七 七十二 七十一
晨疾末	統元四十八日 乾道五十七日 淳熙六十一日 會元五十五日	三十三度二十四 三十九度四十三 四十二度九 三十八度二十二	三十一度五十一 三十七度一十五 三十九度七十七 三十五度九十一	七十 七十二七 七十一 七十
晨次疾初	統元四十八日 乾道五十六日 淳熙四十八日 會元五十一日	三十一度九十 三十四度九十一 三十一度六十八 三十四度一七	三十度二十四 三十二度九十二 二十九度九十三 三十二度一十一	六十八 六十六七 六十八 六十九
晨次疾末	統元四十八日 乾道四十七日 淳熙四十八日 會元四十六日	二十九度二十 二十七度二十六 二十八度五十六 二十七度八十三	二十七度六十八 二十六度二十七 二十六度九十八 二十六度一十六	六十四 六十三六七 六十四 六十五

段目	常日	常度	限度	初行率
晨遲初	統元四十一日 乾道三十九日 淳熙三十三日 會元四十日	十九度九十二 一十七度九十七 一十五度三十四 一十八度八十	十八度八十八 一十六度九十五 一十四度四十九 一十七度六十七	五十七 五十四八十七 五十五 五十六
晨遲末	統元三十三日 乾道二十九日 淳熙三十三日 會元三十三日	七度三十一 五度七十 六度二十七 六度九	六度八十三 五度三十七 五度九十二 五度七十二	四十一 三十七二十七 三十八 三十八
晨留	統元十二日 乾道一十日 淳熙一十日 會元七日	空 空	空 空	空 空
晨退	統元二十八日九十六 乾道二十八日九十六五十二 淳熙二十八日十二四十三半 會元三十三日三十四十七	八度十六十七 八度三十六十七 八度一十五七十半 八度四十十一半	三度六十八半 四度一六十五 三度十五二十九半 四度五十六六十一	 空 空
夕退	統元二十八日九十六 乾道二十八日九十六五十二 淳熙二十八日十二四十三半 會元三十三日三十四十七	八度十六十七 八度三十六十七 八度一十五七十半 八度四十十一半	三度六十八半 四度一六十五 三度十五二十九半 四度五十六六十一	四十 四十三一 四十二六 四十二
夕留	統元十二日 乾道一十日 淳熙一十日 會元七日	空 空	空 空	空 空

段	曆	日	度	度	分
夕遲初	統元	三十二日	七度 二十一	六度 八十三	空
	乾道	二十九日	五度 七十	五度 三十七	空
	淳熙	三十三日	六度 二十七	五度 九十二	空
	會元	三十三日	六度 九	五度 七十三	空
夕遲末	統元	四十一日	十九度 九十二	十八度 八十八	四十一
	乾道	三十九日	一十七度 九十七	一十六度 九十五	三十七 二十七
	淳熙	三十三日	一十五度 三十四	一十四度 四十九	三十八
	會元	四十一日	一十八度 八十	一十七度 六十七	三十八
夕次疾初	統元	四十八日	二十九度 二十	二十七度 六十七	五十七
	乾道	四十七日	二十七度 八十六	二十六度 二十七	五十四 八十七
	淳熙	四十八日	二十八度 五十六	二十六度 九十八	五十五
	會元	四十六日	二十七度 八十三	二十六度 一十六	五十六
夕次疾末	統元	四十八日	三十一度 九十	三十度 二十四	六十四
	乾道	五十三日	三十四度 九十一	三十二度 九十二	六十三 六十七
	淳熙	四十八日	三十一度 六十八	二十九度 九十三	六十四
	會元	五十一日	三十四度 一十七	三十二度 一十一	六十五
夕疾初	統元	四十日	三十三度 二十四	三十一度 五十一	六十八
	乾道	五十七日	三十九度 四十三	三十七度 一十五	六十八 七
	淳熙	六十一日	四十二度 九	三十九度 七十七	六十八
	會元	五十五日	三十八度 二十七	三十五度 九十二	六十九
夕疾末	統元	六十五日	四十六度 三	四十三度 六十三	七十
	乾道	五十九日	四十一度 一十八	三十九度 四十	七十 二十七
	淳熙	六十一日	四十三度 三十一	四十度 九十一	七十一
	會元	五十八日	四十度 八十九	三十八度 四十三	七十
夕伏	統元	六十七日	四十八度	四十五度 五十一	七十一
	乾道	六十七日	四十八度	四十五度 二十六	七十一 三十七
	淳熙	六十七日 二十五	四十八度 二十五	四十五度 五十九	七十二
	會元	六十六日 七十五	四十九度 七十五	四十六度 七十六	七十一

火星盈縮曆

策數	曆	損益率	盈積度	損益率	縮積度
初	統元	益一千一百三十	盈空	益四百一十	縮空
	乾道	益一千一百四十五	盈空	益四百八十	縮空
	淳熙	益一千一百五十	初	益四百八十	初
	會元	益一千一百三十七	初	益五百四	初
一	統元	益八百七十二	十一度 三十	益四百二十一	四度 十
	乾道	益七百八十五	一十一度 四十五	益四百五十六	四度 八十
	淳熙	益七百八十	一十一度 五十	益四百五十八	四度 八十
	會元	益七百八十六	一十一度 三十七	益四百七十	五度 四
二	統元	益四百一十五	二十度 二	益四百五十三	八度 三十一
	乾道	益四百五十二	一十九度 三十	益四百二十五	九度 三十八
	淳熙	益四百五十二	一十九度 三十	益四百二十五	九度 三十八
	會元	益四百五十六	一十九度 二十三	益四百二十八	九度 七十四
三	統元	益一百四十五	二十四度 十七	益四百六十五	十二度 八十四
	乾道	益一百四十四	二十三度 八十二	益三百七十九	一十三度 六十三
	淳熙	益一百四十四	二十三度 八十三	益三百七十九	一十三度 六十三
	會元	益一百四十七	二十三度 七十九	益三百七十四	一十四度 二

四	統元損二十四	二十五度 六十二	益四百	十七度 四十九
	乾道損五十六	二十五度 二十六	益三百二十	一十七度 四十二
	淳熙損五十六	二十五度 二十六	益三百三十	一十七度 四十二
	會元損五十三	二十五度 二十六	益三百二十一	一十七 七十六
五	統元損一百四十六	二十五度 三十六	益三百四	二十一 四十九
	乾道一百六十	二十四度 七十	益三百四十八	二十度 六十二
	淳熙損一百六十	二十四度 七十	益二百四十八	二十度 六十二
	會元損一百五十	二十四度 七十三	益二百三十六	二十度 八十七
六	統元損二百九十五	二十三度 九十二	益一百五十二	二十四度 五十三
	乾道二百四十八	二十三度 一十	益一百六十	二十三度 一十
	淳熙損二百四十八	二十三度 一十	益一百六十	二十三度 一十
	會元損二百三十六	二十三度 二十二	益一百五十	二十三度 二十三
七	統元損三百八十七	二十度 九十七	益二十六	二十六度 五
	乾道三百二十	二十度 六十三	益五十六	二十四度 七十
	淳熙三百二十	二十度 六十二	益五十六	二十四度 七十
	會元損二百一十二	二十度 八十七	益五十三	二十四度 七十三
八	統元損四百五十六	十七度 十	損一百五十二	二十六度 三十一
	乾道三百七十九	一十七度 四十二	損一百四十四	二十五度 二十六
	淳熙損三百七十九	一十七度 四十二	損一百四十四	二十五度 二十六
	會元損三百七十四	一十七度 七十六	損一百四十七	二十五度 二十六
九	統元損四百四十四	十二度 五十四	損四百三十六	二十四度 七十九
	乾道四百二十五	一十三度 六十三	損四百五十二	二十三度 八十二
	淳熙損四百二十五	一十三度 六十三	損四百五十二	二十三度 八十二
	會元損四百三十八	一十四度 二	損四百五十六	二十三度 七十九

十	統元損四百三十六	八度 十	損八百八十六	二十度 四十三
	乾道四百五十八	九度 三十八	損七百八十五	一十九度 三十
	淳熙損四百五十八	九度 三十八	損七百八十	一十九度 三十
	會元損四百七十	九度 七十四	損七百八十六	一十九度 二十三
十一	統元損三百九十二	三度 九十二	損一千一百五十七	一十一度 五十七
	乾道損四百八十	四度 八十	損一千一百四十五	一十一度 四十五
	淳熙損四百八十	四度 八十	損一千一百五十	一十一度 五十
	會元損五百四	五度 四	損一千一百三十七	

土星終率二百六十二萬九十四秒三十三乾道一千一百三十四萬二千七百四十六秒一十五淳熙周實二百一十三萬二千四百三十八秒六會元周率一千四百六十三萬二千一百四十七秒七十一

終日三百七十八約分七秒九十九乾道分九秒一十五淳熙約分九秒一十

八會元分同淳熙秒一十六

歲差六十七秒三十四

伏見度十七

乾道曆率一千九十八萬七千三百五十一秒七十四淳熙一千四百一十三萬五千四百五十五秒一十會元二百六萬五千六百二十二秒七十四乾道曆中度一百八十三分一十二秒二十五淳熙同會元分六十二秒八十六乾道曆策度一十五分二十六秒二淳熙同會元分二十一秒九十。

段目	常日	常度	限度	初行率
晨伏	統元十九日四十八	二度 四十八	一度 五十四	一十三
	乾道一十九日 五十	二度 五十	一度 五十五	一十三 一十八
	淳熙一十九日 七十五	二度 七十五	一度 六十七	一十四 四十五
	會元二十日 七十五	二度 七十五	一度 七十	一十三

段目	日	平度	限度	初行率
晨疾	統元二十八日 乾道三十日 淳熙二十九日 會元三十一日	三度二十八 三度五十二 三度六十 三度五十六	二度四 二度一十八 二度一十九 二度二十	十二 一十二 四十六 一十三 四十二 一十二
晨次疾	統元二十八日 乾道二十八日 淳熙二十八日 會元二十八日	二度六十七 二度六十八 二度六十三 二度六十六	一度六十五 一度六十六 一度六十 一度六十四	十一 一十一 二 一十一 四十二 一十一
晨遲	統元二十八日 乾道二十六日 淳熙二十七日 會元二十五日	一度五十一 一度二十三 空 九十五 一度三	空 九十三 空 空 空	八 八、一十四 七 四十二 八
晨留	統元三十五日 乾道三十五日 淳熙三十五日 會元三十三日	空 空	空 空	空 空
晨退	統元五十二日五十六 乾道五十二日五十四五十七 淳熙五十二日二十九五十九 會元五十二日二十九五十九	三度五十二 一十八 三度五十 六十半 三度五十 五十九 三度五十七 六十半	空 二十五 十七半 空 二十六 十二半 空 三十九 四十一	空 空 空
夕退	統元五十二日五十六 乾道五十二日五十四五十七 淳熙五十二日二十九五十九 會元五十二日二十九五十八	三度五十二 一十八 三度五十 六十半 三度五十 五十九 三度五十七 六十半	空 二十五 十七半 空 二十六 五十二半 空 三十九 四十二 空 二十四 七十二	

四五十九 志三十六 三十一

段目	日	平度	限度	初行率
夕留	統元三十五日 乾道三十五日 淳熙三十五日 會元三十三日	空 空	空 空	
夕遲	統元二十八日 乾道二十六日 淳熙二十七日 會元二十五日	一度五十一 一度二十五 空 九十五 一度三	空 九十三 空 七十六 空 五十七 空 六十三	空 空 空 空
夕次疾	統元二十八日 乾道二十八日 淳熙二十八日 會元二十八日	二度六十七 二度六十八 二度六十三 二度六十六	一度六十五 一度六十六 二度六十 一度六十四	八 八 一十四 七 四十二 八
夕疾	統元二十八日 乾道三十日 淳熙二十九日 會元三十一日	三度二十八 三度五十二 三度六十 三度五十六	二度四 二度一十八 二度一十九 二度二十	一十一 一十一 二 一十一 四十二 一十一
夕伏	統元十九日四十八 乾道十九日五十 淳熙十九日七十五 會元二十日七十五	二度四十八 二度五十 二度七十五 二度七十五	一度五十四 一度五十五 一度六十七 一度七十	十二 一十二 四十六 一十三 四十二 一十二

三百三十六 志三十六 三十二 弓自新

土星盈縮曆

策數	損益率	盈積度	損益率	縮積度
初	統元益一百八十九 乾道益一百九十五 淳熙益一百九十五 會元益一百九十四	盈空 盈空 初 初	益一百三十二 益一百九十五 益一百六十三 益一百三十七	空 空 初 初
一	統元益一百七十三 乾道益一百七十七 淳熙益一百七十一 會元益一百八十六	一度八十九 一度九十五 一度九十五 一度九十四	益一百二十五 益一百七十七 益一百四十九 益一百三十一	一度三十二 一度九十五 一度六十三 一度
二	統元益一百四十六 乾道益一百五十三 淳熙益一百五十三 會元益一百六十七	三度六十三 三度七十二 三度七十二 三度八十	益一百十九 益一百五十三 益一百二十八 益一百十八	二度五十七 三度七十二 三度一十二 二度六十八
三	統元益一百十三 乾道益一百十九 淳熙益一百十九 會元益一百二十六	五度八 五度二十五 五度二十五 五度四十七	益九十八 益一百一十九 益一百 益九十六	三度七十六 五度二十五 四度四十 三度八十六
四	統元益六十七 乾道益七十八 淳熙益七十八 會元益九十六	六度二十一 大度四十四 大度四十四 六度八十六	益六十六 益七十八 益六十五 益九十二	四度七十四 六度四十四 五度四十 六度八十三

策數	損益率	盈積度	損益率	縮積度
五	統元益二十一 乾道益二十八 淳熙益二十八 會元益三十五	六度八十八 七度二十二 七度二十二 七度七十五	益二十六 益二十八 益二十三 益二十五	五度四十 七度二十二 六度五 五度四十七
六	統元損三十 乾道損二十八 淳熙損二十八 會元損三十四	七度九 七度五十 七度五十 八度九	損二十六 損二十八 損二十三 損二十五	五度六十六 七度五十 六度二十八 五度七十二
七	統元損七十五 乾道損七十八 淳熙損七十八 會元損九十二	六度七十九 七度二十二 七度二十二 七度七十五	損六十六 損七十八 損六十五 損六十五	五度四十 七度二十二 六度五 五度四十一
八	統元損一百十一 乾道損一百十九 淳熙損一百十九 會元損一百二十六	六度四 六度四十四 六度四十四 六度八十三	損九十八 損一百一十九 損一百 損九十六	四度七十四 六度四十四 五度四十 四度八十一
九	統元損一百四十五 乾道損一百五十三 淳熙損一百五十三 會元損一百六十七	四度九十三 五度二十五 五度二十五 五度四十七	損一百一十九 損一百五十三 損一百二十八 損一百一十八	三度七十六 五度二十五 四度四十 三度八十六
十	統元損一百六十八 乾道損一百七十七 淳熙損一百七十七 會元損一百八十六	三度四十八 三度七十二 三度七十二 三度八十	損一百二十五 損一百七十七 損一百四十九 損一百三十一	二度五十七 三度七十二 三度一十二 二度六十八

十一	統元損一百八十	一度八十	損一百三十二	一度三十二
	乾道損一百九十五	一度九十五	損一百九十五	一度九十五
	淳熙損一百九十三	一度九十三	損一百六十三	一度六十三
	會元損一百九十四	一度九十四	損一百三十七	一度三十七

金星終率四百四萬六千四百九十六秒三十三乾道一千七百五十一萬六千八百七十二淳熙周實三百二十九萬三千一百七十秒五十會元周率二千二百五十九萬七千三十九秒三十七

終日五百八十三約分九十一乾道分八十九秒五十七淳熙分同乾道秒五十四會元分九十秒二十八

段目	常日	常度	限度	初行率
夕伏	統元三十九日 乾道三十八日五十 淳熙三十八日五十 會元三十八日二十五	四十九度五十 五十度 五十度空 四十九度二十五	四十七度五十二 四十八度五十 四十八度空 四十七度二十八	一百二十七 一百二十六九十一 一百二十七 一百二十六
夕疾初	統元五十八日 乾道五十日 淳熙五十一日 會元五十二日	七十三度一十五 六十二度七十四 六十四度空 六十四度七十四	七十度二十二 六十度八十六 六十一度四十四 六十二度一十五	一百二十六 一度一十六三十二 一百二十六 一百二十五
夕疾末	統元四十日 乾道四十八日 淳熙五十一日 會元四十八日	四十九度八十二 五十九度一十四 六十三度九十八 五十九度二十八	四十七度八十二 五十七度三十七 六十度四十六 五十六度九十	一百二十五 一度二十四七十五 一百二十五 一百二十四
夕次疾初	統元四十日 乾道四十四日 淳熙四十一日 會元四十三日	四十八度二十六 五十一度一十一 四十八度五十八 五十一度八十	四十六度三十三 五十度五十五 四十六度六十三 四十九度七十三	一百二十三 一度二十二六十六 一百二十二 一百二十三
夕次疾末	統元四十日 乾道三十八日 淳熙四十一日 會元三十七日	四十四度二十 四十七度一十九 四十四度二十八 四十度八十八	四十二度四十三 三十九度九十五 四十三度五十 三十九度二十四	一百一十七 一度一十五一十九 一百一十五 一百一十八
夕遲初	統元三十二日 乾道三十日 淳熙二十三日 會元三十日	二十七度六十二 二十六度一十九 二十度一 二十五度八十	二十六度五十二 二十五度四十 一十九度二十 二十四度七十六	一百 一度一五十八 一百一 一百三
夕遲末	統元二十一日 乾道二十日 淳熙二十三日 會元二十一日	八度二十 八度六十一 一十度三十三 八度九十九	七度九十三 八度三十五 九度九十一 八度六十三	七十一 空七十二二 七十三 六十九
夕留	統元七日 乾道七日 淳熙七日 會元五日	空 空	空 空	空 空
夕退	統元十日九十五五十 乾道十日四十四七十八 淳熙十日四十四七十七 會元一十日	四度三十四五十 三度五十三二十八 三度七十三二十三 四度五十	一度五十六五十 空四十二七十八 一度八十七十五 一度七十五	空 空 空 空

段目	日	平度	限度	初行率
伏合退	統元六日 乾道六日 淳熙六日 會元五日七十一十四	四度 五十 四度 五十 四度 五十 四度三十九 八十六	一度 六十三 空 五十四 二度 空 一度五十一 一十四	六十六 空 六十九 空 六十九 六十九
晨退	統元九日九十五五十 乾道九日四十四七十八 淳熙九日四十四七十七 會元一十日	四度 三十四 五十 三度 五十三 二十半 三度 七十三 二十三 四度 五十	一度 五十六 五十 空 四十二 七十八半 一度 八十 七十七 一度 七十五	六十二 空 六十九 六十九 六十九
晨留	統元七日 乾道七日 淳熙七日 會元五日	空 空	空 空	空 空
晨遲初	統元二十日 乾道二十日 淳熙二十三日 會元二十二日	八度 二十六 八度 六十一 一十度 三十三 八度 九十九	七度 九十三 八度 三十五 九度 九十一 八度 六十三	空 空 空 空
晨遲末	統元三十一日 乾道三十日 淳熙二十三日 會元三十日	二十七度 六十二 二十六度 一十九 二十度 二十五度 八十	二十六度 五十二 二十五度 四十 一十九度 二十 二十四度 七十六	七十一 空 七十一二 七十三 六十九
晨次疾初	統元四十日 乾道三十八日 淳熙四十一日 會元三十七日	四十四度 二十 四十二度 一十九 四十四度 二十八 四十度 八十八	四十三度 四十三 三十九度 九十五 四十二度 五十 三十九度 二十四	一百 一度 一 五十八 一百一 一百二

段目	日	平度	限度	初行率
晨次疾末	統元五十八日 乾道五十日 淳熙五十一日 會元五十二日	七十三度 一十五 六十三度 七十四 六十四度 空 六十四度 七十四	七十度 二十三 六十度 八十六 六十一度 四十四 六十二度 一十五	一百二十五 一度 二十四 七十五 一百二十五 一百二十四
晨疾初	統元四十日 乾道四十八日 淳熙五十一日 會元四十八日	四十九度 八十一 五十九度 一十四 六十二度 九十八 五十九度 二十八	四十七度 八十二 五十七度 三十七 六十度 四十六 五十六度 九十	一百二十三 一度 二十一 六十六 一百二十二 一百二十三
晨疾末	統元五十八日 乾道五十日 淳熙五十一日 會元五十二日	七十三度 一十五 六十二度 七十四 六十四度 空 六十四度 七十四	七十度 二十二 六十度 八十六 六十一度 四十四 六十二度 一十五	一百二十五 一度 二十四 七十五 一百二十五 一百二十四
晨伏	統元三十九日 乾道三十九日 淳熙三十九日 會元三十九日	四十九度 五十 五十度 五十度 空 四十九度 二十五	四十七度 五十二 四十八度 五十 四十八度 空 四十七度 二十八	一百二十六 一度 二十六 二十一 一百二十六 一百二十五

金星盈縮曆

策數	損益率	盈積度	損益率	縮積度
初	統元益五十 乾道益五十三 淳熙益五十二 會元益五十三	空 空 初 初	益五十 益五十三 益五十三 益五十九	空 初 初

	一	二	三	四	五	六
統元	益四十五	益三十九	益二十九	益二十一	益六	損六
乾道	益四十八	益四十一	益三十二	益二十一	益八	損八
淳熙	益四十七	益四十一	益三十一	益	益七	損七
會元	益四十八	益四十一	益三十二	益二十	益八	損八
統元	空五十	空九十五	一度三十四	一度六十三	一度八十四	一度九十
乾道	空五十三	一度一	一度四十二	一度七十四	一度九十五	二度三
淳熙	空五十三	一度空	一度四十一	一度七十二	一度九十五	二度空
會元	空五十三	一度一	一度四十二	一度七十四	一度九十五	二度三
統元	益四十五	益三十九	益二十九	益二十一	益六	損六
乾道	益四十八	益四十一	益三十二	益二十一	益八	損八
淳熙	益四十一	益四十一	益三十一	益二十一	益七	損七
會元	益三十六	益三十一	益二十四	益十六	益五	損五
統元	空五十	空九十五	一度三十四	一度六十三	一度八十四	一度九十
乾道	空五十三	一度一	一度四十	一度七十四	一度九十五	二度三
淳熙	空五十三	一度空	一度四十一	一度七十二	一度九十三	二度空
會元	空三十九	一度七十五	一度六	一度三十	一度四十六	一度五十一

	七	八	九	十	十一
統元	損七十二	損三十九	損三十九	損四十五	損五十
乾道	損二十一	損三十二	損四十一	損四十八	損五十三
淳熙	損二十一	損三十一	損四十一	損四十七	損五十二
會元	損二十一	損三十一	損四十一	損四十八	損五十三
統元	一度八十四	一度六十三	一度三十四	空九十五	空五十
乾道	一度九十五	一度七十四	一度四十二	一度一	空五十三
淳熙	一度九十三	一度七十二	一度四十一	一度空	空五十二
會元	一度九十五	一度七十四	一度四十二	一度一	空五十三
統元	損二十一	損二十九	損三十九	損四十五	損五十
乾道	損二十一	損三十二	損四十一	損四十八	損五十三
淳熙	損二十一	損三十一	損四十一	損四十七	損五十三
會元	損一十六	損二十四	損三十一	損三十六	損五十九
統元	一度八十四	一度六十三	一度三十四	空九十五	空五十
乾道	一度九十五	一度七十四	一度四十一	一度一	空
淳熙	一度九十三	一度七十二	一度四十一	一度空	空五十三
會元	一度四十六	一度三十	一度六	空七十五	空三十九

水星終率八十萬三千四十八秒八十三乾道三百四十七萬六千二百八十四秒五十淳熙周實六十五萬三千五百四十五秒五十一會元周率四百四十八萬四千四百四秒四十三

終日一百一十五約分八十八乾道分八十七秒六十一曆分同乾道淳熙秒六十一

八會元秒六十

歲差六十七秒六十九

晨伏夕見一十四度半乾道同淳熙度一十五會元度一十六

夕伏晨見一十九度乾道淳熙同會元度二十一

乾道曆率一千九十五萬八千秒九十六淳熙二百六萬一百一秒一十一會元周率一千四百一十三萬五千四百五十六秒七十五乾道曆中度一百八十二分六十三秒三十三淳熙秒三十會元分六十二秒八十六乾道曆策度一十五秒九十四淳熙分二十一秒同乾道會元分同淳熙秒九十

段目	常日	常度	限度	初行率
夕伏	統元十六日 乾道一十六日 淳熙一十五日 會元二十四日二十五	三十度五十 三十度五十 三十度空 三十三度二十五	二十三度九十二 二十五度六十二 二十五度一十 二十七度九十三	一度九十八 二度二十 二百五三十 二百
夕疾	統元十四日 乾道一十五日 淳熙一十五日 會元一十四日	二十二度六十八 二十三度三十九 二十二度八十三 二十二度八十二	一十九度二十八 一十九度六十五 一十九度一十八 一十九度一十六	一度八十三 一度九十六 一百八十四一十 一百八十六
夕遲	統元十四日 乾道一十四日 淳熙一十五日 會元一十二日	十二度八十二 一十二度一十一 一十三度一十七 一十度一十八	十度八十九 一十度一十七 一十六度六 八度五十五	一度四十一 一度三十二七十八 一百二十五十 一百四十
夕留	統元二日 乾道二日 淳熙二日 會元二日	空 空 空 空	空 空 空 空	空 空 空 空
夕退	統元十日九十四 乾道一十日五十三八十半 淳熙一十日九十三八十四 會元一十一日六十八八十	八度六 八度六一十九半 八度六一十六 八度三十一二十	一度八十五 二度四十九八十半 二度四十九八十四 二度二十九八十	空 空 空 空
再合退	統元十日九十四 乾道一十日五十三八十半 淳熙一十日九十三八十四 會元一十一日六十八八十	八度六 八度六一十九半 八度六一十六 八度三十一二十	一度八十五 二度四十九八十半 二度四十九八十四 二度二十九八十	空九十八 一度 一百一十五十五 九十八

段目	常日	常度	限度	初行率
晨留	統元三日 乾道二日 淳熙二日 會元二日	空 空	空 空	空
晨遲	統元十四日 乾道一十四日 淳熙一十五日 會元一十二日	十二度八十九 一十二度一十一 一十三度一十七 一十度一十八	十度八十九 一十度一十七 一十度六 八度五十五	空 空 空 空
晨疾	統元十四日 乾道一十五日 淳熙一十五日 會元一十四日	二十二度六十八 二十三度三十九 二十二度八十三 二十二度八十二	一十九度二十八 一十九度六十五 一十九度一十八 一十九度一十六	一度四十一 一度三十二七十八 一百二十五十 一百四十

晨伏	統元十六日 乾道一十六日 淳熙一十五日 會元一十七日二十五	三十度五十 三十度五十 三十度空 三十三度二十五	二十五度九十二 二十五度六十二 二十五度二十 二十七度九十三	一度八十二 一度七十九六 一百八十四一十 一百八十六

水星盈縮曆

策數	損益率	盈積度	損益率	縮積度
初	統元益五十四 乾道益五十七 淳熙益五十八 會元益五十七	空 空 初 初	益五十四 益五十七 益五十八 益五十七	空 空 初 初
一	統元益五十 乾道益五十二 淳熙益五十四 會元益五十二	空五十四 空五十七 空五十八 空五十七	益五十 益五十二 益五十四 益五十二	空五十四 空五十七 空五十八 空五十七
二	統元益四十三 乾道益四十五 淳熙益四十六 會元益四十五	一度四 一度九 一度一十二 一度九	益四十三 益四十五 益四十六 益四十五	一度四 一度九 一度一十二 一度九
三	統元益三十三 乾道益三十四 淳熙益三十五 會元益三十四	一度四十七 一度五十四 一度五十八 一度五十四	益三十三 益三十四 益三十五 益三十四	一度四十七 一度五十四 一度五十八 一度五十四
四	統元益二十一 乾道益二十三 淳熙益二十三 會元益二十三	一度八十 一度八十八 一度九十三 一度八十八	益二十一 益二十三 益二十三 益二十三	一度八十 一度八十八 一度九十三 一度八十八
五	統元益八 乾道益八 淳熙益八 會元益八	二度一 二度一十一 二度一十六 二度一十一	益八 益八 益八 益八	二度一 二度一十一 二度一十六 二度一十一
六	統元損八 乾道損八 淳熙損八 會元損八	二度九 二度一十九 二度二十四 二度一十九	損八 損八 損八 損八	二度九 二度一十九 二度二十四 二度一十九
七	統元損二十一 乾道損二十三 淳熙損二十三 會元損二十三	二度一 二度一十一 二度一十六 二度一十一	損二十一 損二十三 損二十三 損二十三	二度一 二度一十一 一度一十六 二度一十九
八	統元損三十三 乾道損三十四 淳熙損三十五 會元損三十四	一度八十 一度八十八 一度九十三 一度八十八	損三十三 損三十四 損三十五 損三十四	一度八十 一度八十八 一度九十三 一度八十八
九	統元損四十三 乾道損四十五 淳熙損四十六 會元損四十五	一度四十七 一度五十四 一度五十八 一度五十四	損四十三 損四十五 損四十六 損四十五	一度四十七 一度五十四 一度五十八 一度五十四

十	統元損五十	一度四	損五十	一度九
	乾道損五十二	一度九	損五十二	一度九
	淳熙損五十四	一度一十二	損五十四	一度一十二
	會元損五十二	一度九	損五十二	一度九
十一	統元損五十四	空五十四	損五十四	空五十四
	乾道損五十七	空五十七	損五十七	空五十七
	淳熙損五十八	空五十八	損五十八	空五十八
	會元損五十七	空五十七	損五十七	空五十七

志卷第三十六

志卷第三十七 宋史八十四

[illegible]儀同三司上柱國録軍國重事前中書右丞相監修國史領經筵事都總裁臣脫脫等奉敕修

律曆十七 紹熙統天開禧成天曆附

演紀上元甲子歲距紹熙五年甲寅歲積三千八百三十至慶元己未歲積三千八百三十五開禧上元甲子至開禧三年丁卯歲積七百八十四萬八千一百八十三成天上元甲子距咸淳七年辛未歲積七千一百七十五萬八千一百四十七

步氣朔

策法萬二千開禧日法一萬六千九百成天七千四百二十

歲分四百三十八萬二千九百一十餘六萬二千九百一十開禧歲率六百一十七萬二千六百八成天二百七十一萬一百一

氣策十五餘二千六百二十一少二十一分秒八十四開禧餘三千六百九十二成天餘一千六百二十秒七

朔實三十五萬四千三百六十八開禧朔率四十九萬九千六十七成天二十一萬九千一百一十七

朔策二十九餘六千三百六十八五十三分秒六開禧餘八千九百六十七成天餘三千九百三十七

望策一十四餘九千一百八十四開禧餘一萬二千九百三十三半成天餘五千六百七十八秒四

弦策七餘四千五百九十二開禧餘六千四百六十六太成天餘二千八百三十九秒

二

氣差二十三萬七千八百一十一

閏差二萬一千七百四 開禧歲閏一十八萬三千八百四又月閏一萬五千三百一十七閏限三十一萬五千二百六十三成天歲閏八萬六百九十七月閏六千七百二十四秒六閏限一十三萬八千四百

二十

斗分差百二十七

没限九千三百七十八太 開禧一萬三千二百八成天五千七百九十九秒一

滅限五千六百三十二

紀實七十二萬 開禧紀率一百一萬四十成天四十四萬五千二百

紀策六十 貳曆同

開禧又有中盈分七千三百八十四成天三千二百四十秒開禧朔虛分三千四百八十三

求天正冬至置上元距所求年積筭以歲分乘之減去氣差餘為氣汎積以積筭與距筭相減餘為距差以斗分差乘之萬約為躔差 小分半已上從秒一 復以距差乘之 秒半已上從分一後皆準此 以減氣汎積餘為氣定積 如其平無躔差及以距差乘躔差不滿秒半已上者以汎為定 滿紀實去之不滿如策法而一為大餘不盡為小餘其大餘命甲子筭外即得日辰因求次氣以氣策累加之小餘滿策法從大餘大餘滿紀策去之命日辰如前 如求已徑以躔差加減歲餘距差乘之紀實去之餘以加減氣積差二十萬七千四百八十九如策法而一餘同上法其加減躔差乘積筭少如距筭者加之多如距筭者減之其加減氣積差即反用之

求天正經朔置天正冬至氣定積以閏差減之滿朔實去之不滿為天正閏汎餘用減氣定積餘為天正十一月朔汎積以百五乘距差退位減之為朔定積 積筭少如距筭者加之無距差可乘者以汎為定求轉交準此 滿紀實去之不滿如策法而一為大餘不盡為小餘其大餘命甲子筭外即得日辰因求弦望及次朔以弦策累加之求朔望以望策累加之去命如前 開禧若在閏限已上者為其年有閏月用減朔率以月閏而一所得命天正十一月筭外即得經閏月因求次年以閏歲加之命如前即得所求朔積分若滿四十七萬三千二百去之不滿如日法而一所得命起箕宿筭外即得天正十一月經朔直日之星成天朔積若滿二十萬七千七百六十去之不滿如日法而一所得命箕宿筭外即得天正十一月經朔直日之星

步發斂

候策五餘八百七十三太 開禧餘一千二百三十秒一十成天餘五百四十秒三十五

卦策六餘一千四百十八半 開禧餘一千四百七十六秒一十二成天餘六百四十八秒四

十二

土王策三餘五百二十四少 開禧餘七百三十八秒六成天餘三百二十四秒二十一

月閏一萬八百七十四

辰法一千 開禧四千二百二十五成天一千八百五十五

半辰法五百 開禧二千一百一十二半成天九百二十七半

刻法一百二十 開禧五百七成天一千一百一十三

刻分法二十 開禧八十四半成天一百八十五半

求五行用事二十四氣七十二候六十四卦中氣去經朔發斂加時與前曆同此不載

步日躔

周天分四百三十八萬三千九十開禧周天率六百一十七萬二千八百五十九秒一成天二百七十一萬二百一十秒六十一

周天差三十三萬八千九百二十

周天度三百六十五餘一千九百一十秒六十一約分二十五秒七十五開禧餘四千三百五十九秒七十九成天餘一千九百一十秒六十一約分二十五秒七十五

半周天度百八十二約分六十二秒八十七

象限九十一約分三十一秒六開禧秒八成天秒七

乘法三百八十一開禧二百六成天三百二十五

除法五千七百八十三開禧三千一百三十五成天四千九百四十六開禧又有歲差二百五十一秒一成天一百九秒一成天又有半象限四十五約分三十一秒七

常氣	中積日及餘	盈縮分	升降分	損益率	朓朒積
冬至	空	統天盈七千 開禧盈初 成天盈初	升空 升七千四百四十五 升七千二百二十五	益六百二十八 益九百四十一 益四百	朒初 同 同
小寒	一十五 統天二千六百二十一 開禧三千六百九十二八十四 成天一千六百三十秒七	盈五千八百四十 盈七千四百四十五 盈七千二百二十五	升七千 升五千九百五十二 升五千八百八十五	益五百二十四 益七百五十二 益三百二十七	朒六百二十八 朒九百四十一 朒四百
大寒	三十 統天三千四百四十三六十九 開禧七千二百八十四 成天三千二百四十一秒六	盈四千六百三十 盈一萬三千三百九十六 盈一萬三千一百	升一萬二千八百四十 升四千五百二十四 升四千五百六十八	益四百十六 益五百七十三 益二百五十四	朒一千一百五十一 朒一千六百九十三 朒七百二十七
立春	四十五 統天七千八百六十三六十五 開禧一萬一千七十六 成天四千八百六十三秒五	盈三千三百七十 盈一萬七千九百二十 盈一萬七千六百六十八	升一萬七千四百十 升三千一百六十四 升三千二百六十四	益三百二 益四百 益一百八十一	朒一千五百六十八 朒二千二百六十五 朒九百八十一
雨水	六十 統天一萬四百八十五八十七 開禧一萬四千七百八十 成天六千四百八十三秒四	盈二千六十 盈二萬一千八十四 盈二萬九百三十二	升二萬八百四十 升一千八百七十一 升一千九百七十三	益一百八十五 益二百三十六 益一百九	朒一千八百七十 朒二千六百六十五 朒一千一百六十二
驚蟄	七十六 統天一千一百六少九二十二 開禧一千五百六十九 成天六百八十四秒三	盈七百 盈二萬三千九百五十五 盈二萬三千九百五	升二萬二千九百 升六百四十五 升六百九十五	益六十三 益八十二 益三十九	朒二千五十五 朒二千九百一 朒一千二百七十一
春分	九十一 統天三千七百二十七半 開禧二千五百六十九 成天二千三百五	縮七百 盈二萬三千六百 盈與開禧同	升二萬三千六百 降六百四十五 降六百九十五	損六十三 損八十二 損三十九	朒二千一百十八 朒二千九百八十三 朒一千三百一十

七百七

志三十七

六

清明	一百六			
統天六千三百四十分六秒十二	縮二千六十	升二萬三千九百	損一百八十五	朓二千五十五
開禧八千九百九十四	盈二萬三千九百五十五	降一千八百七十一	損二百三十六	朒二千九百一
成天三千九百三十二秒一	盈二萬二千九百五	降一千九百七十三	損一百九	朒一千二百七十一

穀雨	一百二十二			
統天八千九百七十七秒七十五	縮三千三百七十	升二萬八百四十	損三百二	朒一千八百七十
開禧一萬二千六百三十六	盈二萬一千八十四	降三千一百六十四	損四百	朒二千六百六十五
成天五千五百四十七秒二十三	盈二萬九百三十二	降三千二百六十四	損一百八十一	朒一千一百六十二

立夏	一百三十六			
統天一萬一千五百九十少	縮四千六百三十	升一萬七千四百五十二	損四百一十六	朒一千五百六十八
開禧一萬六千二百五十六太六十五	盈一萬七千九百二十	降四千五百二十四	損五百七十一	朒二千二百六十五
成天七千一百六十七秒七	盈一萬七千六百六十八	降四千五百六十八	損二百五十四	朒九百八十一

小滿	二百五十三			
統天二千二百十三半四十八	縮五千八百四十	升一萬二千八百四十	損五百二十四	朒一千一百五十二
開禧三千二百二十	盈一萬三千三百九十六	降五千九百五十一	損七百五十二	朒一千六百九十三
成天三千三百六十八秒六	盈一萬三千一百	降五千八百八十五	損三百二十七	朒七百二十七

芒種	二百六十七			
統天四千八百三十一太四十九	縮五千八百四十	降七千	損六百二十八	朒六百二十八
開禧六千八百十三	盈七千四百四十五	降五千九百五十二	損九百四十一	朒九百四十一
成天二千九百八十九秒五	盈七千二百一十五	降七千二百一十五	損四百	朒四百

夏至				
統天七千四百五十五太六十三	縮七千	降空	益六百二十八	朓空
開禧一萬五百四	縮初	降七千四百四十五	益九百四十一	朓初
成天四千六百一十秒四	縮初	降七千二百一十五	益四百	朓初

七百十三

志三十七

七

小暑	一百九十七			
統天一萬七十六少九十七	縮五千八百四十	降七千	益五百二十四	朓六百二十八
開禧一萬四千二百九十六太八十四	縮七千四百四十五	降五千九百五十一	益七百五十二	朓九百四十一
成天六千二百三十一秒二	縮七千二百一十五	降五千八百八十五	益三百二十七	朓四百

大暑	二百十三			
統天六百九十七半五八十二	縮四千六百三十	降一萬二千八百四十	益四百一十六	朓一千二百五十二
開禧九百八十八五八十五	縮一萬三千三百九十六	降四千五百五十四	益五百七十二	朓一千六百九十三
成天四百三十二	縮一萬三千一百	降四千五百六十八	益二百五十四	朓七百二十七

立秋	二百二十八			
統天二千三百七十八太六十七	縮三千三百七十	降一萬七千四百五十二	益三百二	朓一千五百六十八
開禧四千六百八十六十九	縮一萬七千九百二十	降三千一百六十四	益四百	朓二千二百六十五
成天二千五十三秒三六十七	縮一萬七千六百六十八	降三千二百六十四	益一百八十一	朓九百八十一

處暑	二百四十三			
統天六千九百四十	縮二千六十	降二萬八百四十	益一百八十五	朓一千八百七十
開禧八千三百三十三	縮二萬一千八十四	降一千八百七十一	益二百三十六	朓二千六百六十五
成天三千六百七十四	縮二萬九百三十二	降一千九百七十三	益一百九	朓一千一百六十二

白露	二百五十八			
統天八千五百六十六少	縮七百	降二萬三千九百	益六十三	朓二千五十五
開禧一萬四千六十四	縮二萬二千九百五十五	降六百四十五	益八十二	朓二千九百一
成天五千三百九十	縮二萬二千九百五	降六百九十五	益三十九	朓一千二百七十一

秋分	二百七十三			
統天一萬二千一百八十二半	盈七百	降二萬三千六百	益六十三	朓二千一百六十八
開禧一萬五千七百八十六	縮二萬三千六百	升六百四十五	損八十二	朓二千九百八十三
成天七千九百二十五	縮二萬三千六百	升六百九十五	損三十九	朓一千三百六十

寒露	三百八十九				
統天一千一百三太 三十五	盈二千六十	降二萬二千九百	益一百八十五	朓二千五十五	
開禧二千五百四十八 八十五	縮萬二千九百五十五	升千八百七十一	損二百三十六	朒二千九百五	
成天一千一百十六秒五十 四十五	縮二萬二千九百五	升千九百七十三	損一百九	朒一千二百七十一	

霜降	三百四				
統天四千四百二十五 三十六 八十八	盈三千三百七十	降二萬八百四十	損三百二	朒一千八百七十	
開禧六千二百四十四 三十六 九十二	縮二萬一千八百四	升三千二百六十四	損四百	朒二千六百五十五	
成天二千七百二十七秒四十四 三十五 六十九	縮二萬九百三十二	升三千二百六十四	損一百八十一	朒一千二百六十三	

立冬	三百十九				
統天七千四百十六少 七十三 五十六	盈四千六百三十	降一萬七千四百七十	損四百一十六	朒一千五百八十六	
開禧八千九百三十二 七十七 五十八	縮一萬七千九百二十	升四千五百二十四	損五百七十二	朒二千二百六十五	
成天四千三百一十二秒三十一 五十八 三十八	縮一萬七千六百六十八	升四千五百六十八	損二百五十四	朒九百八十一	

小雪	三百三十四				
統天九千六百六十半 八十六 八十	盈五千八百四十	降一萬二千八百四十	損五百二十四	朒一千一百五十二	
開禧一萬一千六百四 八十 八十二	縮一萬三千三百九十六	升五千九百五十二	損七百五十二	朒一千六百九十三	
成天五千九百七十九秒二十 八十 七十六	縮一萬三千一百	升五千八百八十五	損三百二十七	朒七百二十七	

大雪	三百五十				
統天二百八十八太 四十二 二	盈五千八百四十	降七千	損六百二十八	朒六百二十八	
開禧四百二十六 四十六 二	縮七千四百四十五	升五千九百五十二	損九百四十一	朒九百四十一	
成天一百八十秒一 四十二 二	縮七千二百一十五	升七千二百一十五	損四	朒四百	

求每日盈縮分升降數經朔弦望加時入氣入氣朓朒數

赤道宿度天正冬至加時赤道日度夏至春秋分加時赤道日度分至後赤道宿積度赤道宿積入初末限二十八

宿黃道度天正冬至加時黃道日度二十四氣加時黃道日度二十四氣初日夜半黃道日度二十四氣夜半黃道日度午中黃道日度午中赤道日度與前曆同

赤道過宮

危十二度	九十六分	秒一十六	入衛分陬訾之次	在亥	用甲丙庚壬
奎二度	十四分	秒九十八	入魯分降婁之次	在戌	用艮巽坤乾
胃四度	八分	秒八十	入趙分大梁之次	在酉	用癸乙丁辛
畢八度	二十七分	秒六十二	入晉分實沈之次	在申	用甲丙庚壬
井十度	四十六分	秒四十四	入秦分鶉首之次	在未	用艮巽坤乾
柳五度	一十五分	秒二十六	入周分鶉火之次	在午	用癸乙丁辛
軫九度	五十二分	秒九十	入鄭分壽星之次	在辰	用艮巽坤乾
氐一度	七十一分	秒七十二	入宋分大火之次	在卯	用癸乙丁辛
尾四度	十五分	秒五十四	入燕分析木之次	在寅	用甲丙庚壬
斗四度	八十四分	秒三十六	入吳分星紀之次	在丑	用艮巽坤乾
女三度	三分	秒十八	入齊分玄枵之次	在子	用癸乙丁辛

右赤道過宮宿度依今曆上元命日所起虛宿七度爲子正玄枵之中以曆策累加之滿赤道宿次去之即得十二辰次初中宿度及分秒

求黃道過宮各置赤道所入辰次宿度及分秒以其宿黃年黃道全度乘之如其宿赤道全度而一即各得所求此法

見於大衍曆以本曆所起赤道日躔宿度爲子正玄枵之中紀元曆起虛宿七度與今曆同所以變從黃道皆在危宿十三度半上下入亥末陬訾之次舊曆有起虛四度亦在危十三半上下蓋遷就也今載赤道起宿過宮於經俾將來推變者有所本焉

黃道過宮

危十三度 四十七分 秒十七 入衛分陬訾之次在亥用甲丙庚壬

奎一度 三十七分 秒二十五 入魯分降婁之次在戌用艮巽坤乾

胃四度 十九分 秒十五 入趙分大梁之次在酉用癸乙丁辛

畢七度 八十二分 秒四 入晉分實沈之次在申用甲丙庚壬

井九度 四十二分 秒八十九 入秦分鶉首之次在未用艮巽坤乾

柳五度 分空 秒二十七 入周分鶉火之次在午用癸乙丁辛

張十五度 六十二分 秒四十四 入楚分鶉尾之次在巳用甲丙庚壬

軫九度 六十五分 秒空 入鄭分壽星之次在辰用艮巽坤乾

氐一度 七十四分 秒五十一 入宋分大火之次在卯用癸乙丁辛

尾三度 八十六分 秒六十四 入燕分析木之次在寅用甲丙庚壬

斗四度 三十五分 秒九十二 入吳分星紀之次在丑用艮巽坤乾

女二度 九十五分 秒七 入齊分玄枵之次在子用癸乙丁辛

步月離

轉實三十二萬六百五十五開禧轉率四十六萬五千六百七十二秒五千三百九十六成天轉周分二十萬四千四百五十五秒二千六百四十一

轉策二十七餘六千六百五十五開禧餘九千三百七十二秒五千三百九十六

成天餘四千一百一十五秒一千六百四十一

轉差十八萬八千八百

朔差日一餘一萬一千七百一十三開禧餘一萬六千四百九十四秒四千六百四成天餘七千二百四十一秒八千三百五十九

上弦度九十一約分三十一秒四十四開禧秒四十五成天秒四十五

望度一百八十二約分六十二秒八十七開禧秒九十成天秒八十七

下弦度二百七十二約分九十四秒三十二開禧秒三十四成天秒三十一

平行度一十三約分三十六秒八十七

七日初數萬六百六十四約分八十九末數一千三百

何達

十六約分一十一

十四日初數九千三百二十八約分七十八末數二千六百七十二約分二十三

二十一日初數七千九百九十二約分六十七末數四千八約分二十三

二十八日初數六千六百五十五約分五十五末數空

入轉日	進退差	轉定分	加減差	遲疾度	損益率	朓朒積
一日	統天退十二	一千四百七十	加一百三十三	疾度空	益一千一百九十四	朒空
	開禧退十	一千四百六十六	加一百二十九	疾初	益一千六百三十二	朒初
	成天退十二	一千四百六十五	加一百二十八	疾初	益七百一十	朒初

二日	統天退十六	一千四百五十八	加一百二十一	疾一 三十三	益一千八十六	朏一千一百九十四
	開禧退十六	一千四百五十六	加一百十九	疾一度 二十九	益一千五百四	朏一千六百三十一
	成天退十五	一千四百五十三	加一百十六	疾一度 二十八	益六百四十四	朏七百一十
三日	統天退十九	一千四百四十二	加一百五	疾二 五十四	益九百四十二	朏二千二百八十
	開禧退十九	一千四百四十	加一百三	疾二度 八十四	益一千三百二	朏三千一百三十五
	成天退十八	一千四百三十八	加一百	疾二度 四十四	益五百六十一	朏一千三百五十四
四日	統天退二十二	一千四百二十二	加八十六	疾三 五十九	益七百七十二	朏三千二百二十二
	開禧退二十二	一千四百二十一	加八十四	疾三度 五十一	益一千六十二	朏四千四百三十七
	成天退二十一	一千四百三十	加八十三	疾二度 四十五	益四百六十一	朏一千九百一十五
五日	統天退二十五	一千四百一	加六十四	疾四 四十五	益五百七十四	朏三千九百六十四
	開禧退二十四	一千三百九十九	加六十二	疾四度 三十五	益七百八十四	朏五千四百九十九
	成天退二十四	一千三百九十九	加六十二	疾四度 二十八	益三百四十四	朏二千三百一十六
六日	統天退二十八	一千三百七十六	加三十九	疾五 九	益三百五十	朏四千五百六十八
	開禧退二十七	一千三百七十五	加三十八	疾四度 九十七	益四百八十	朏六千二百八十三
	成天退二十六	一千三百七十五	加三十八	疾四度 九十	益二百一十一	朏二千七百二十
七日	統天退二十九	一千三百四十八	初加十二 末減一	初益一百八	末損九	朏四千九百一十八
	開禧退二十八	一千三百四十九	初加十三 末減二	疾五度 二十五	初益一百五十四 末損十三	朏六千七百六十三
	成天退二十九	一千三百四十九	初加十三 末減二	初疾五度[illegible]	初益七十二 末損五	初朏[illegible]

八日	統天退二十七	一千三百一十九	減十八	疾五 五十九	損一百六十二	朏五千一十七
	開禧退二十八	一千三百二十七	減十六	疾五度 四十七	損二百二	朏六千九百一十四
	成天退二十六	一千三百二十	減二十七	疾五度 四十	損九十四	朏二千九百九十八
九日	統天退二十四	一千二百九十二	減四十五	疾五 四十一	損四十四	朏四千八百五十五
	開禧退二十四	一千二百九十五	減四十二	疾五度 三十一	損五百三十一	朏六千七百一十三
	成天退二十三	一千二百九十四	減四十三	疾五度 二十三	損三百三十九	朏二千九百四
十日	統天退二十一	一千二百六十八	減六十九	疾四 九十六	損六百十九	朏四千四百五十二
	開禧退二十二	一千二百七十一	減六十六	疾四度 八十九	損八百三十四	朏六千二百八十一
	成天退二十	一千二百七十一	減六十六	疾四度 八十	損三百六十六	朏二千六百五十六
十一日	統天退十八	一千二百四十七	減九十	疾四 二十七	損八百七	朏三千八百三十三
	開禧退十九	一千二百四十九	減八十八	疾四度 二十三	損一千一百十二	朏五千三百四十七
	成天退十八	一千二百五十一	減八十六	疾四度 一十四	損四百七十七	朏二千三百九十九
十二日	統天退十五	一千二百二十九	減一百八	疾三 三十七	損九百六十九	朏三千二十四
	開禧退十六	一千二百三十	減一百七	疾三度 二十五	損一千三百五十三	朏四千六百三十五
	成天退十六	一千二百二十三	減一百四	疾三度 二十八	損五百七十八	朏一千八百二十三
十三日	統天退十二	一千二百十四	減一百二十三	疾二 二十九	損一千一百四	朏二千五十五
	開禧退十二	一千二百十四	減一百三十三	疾二度 二十九	損一千五百五十五	朏三千二百八十二
	成天退十四	一千二百十七	減一百十	疾二度 二十四	損六百六十六	朏一千二百四十四

何建

日	曆	進	日行	加減	遲疾	損益	朏朒
十四日	統天	進五	一千二百二	初減[illegible] 末加二十九	疾一 六	初損[illegible] 末益[illegible]	朏七百五十一
	開禧	進七	一千二百二	初減[illegible] 末加三十	疾一度 五	初損[illegible] 末益[illegible]	朏一千三百二十七
	成天	進八	一千二百三	初減[illegible] 末加二十	初疾一度四 末遲[illegible]	初損[illegible] 末益[illegible]	初朏[illegible] 末朒初
十五日	統天	進十三	一千二百七	加一百三十	遲空	益二千一百六十七	朒二百六十
	開禧	進十三	一千二百九	加一百二十八	遲初度 三十	益二千六百十八	朒三百七十九
	成天	進十二	一千二百二十一	加一百二十六	遲初度 三十	益六百九十九	朒一百六十六
十六日	統天	進十六	一千二百十九	加一百十八	遲一 五十九	益二千五十九	朏二千四百二十七
	開禧	進十六	一千二百二十一	加一百二十六	遲一度 五十九	益一千四百六十六	朒一千九百九十七
	成天	進十六	一千二百三十三	加一百八十四	遲一度 五十六	益六百三十三	朒八百六十五
十七日	統天	進二十	一千二百三十五	加一百二	遲二 十七	益九百一十五	朏二千四百八十六
	開禧	進二十	一千二百三十七	加一百	遲二度 七十四	益一千三百六十四	朒三千四百七十三
	成天	進二十	一千二百三十九	加九十八	遲二度 七十	益五百四十四	朒一千四百九十八
十八日	統天	進二十三	一千二百五十五	加八十二	遲三 七十九	益七百三十六	朒三千四百一
	開禧	進二十三	一千二百五十七	加八十	遲三度 七十四	益一千十七	朒四千七百三十七
	成天	進二十二	一千二百五十九	加七十八	遲三度 六十八	益四百二十三	朒二千四十二
十九日	統天	進二十六	一千二百七十八	加五十九	遲四	益五百三十	朒四千一百二十七
	開禧	進二十六	一千二百八十	加五十七	遲四度 五十四	益七百二十一	朒五千七百二十八
	成天	進二十四	一千二百八十一	加五十六	遲四度 四十六	益三百十一	朒二千四百六十五

日	曆	進	日行	加減	遲疾	損益	朏朒
二十日	統天	進二十八	一千三百四	加三十三	遲五 二十一	益二百九十六	朒四千六百六十七
	開禧	進二十七	一千三百六	加三十一	遲五度 二十一	益三百九十二	朒六千四百五十九
	成天	進二十七	一千三百五	加三十二	遲五度 二	益一百七十八	朒二千七百八十六
二十一日	統天	進二十九	一千三百三十二	初加七 末減二	遲五 五十三	初益[illegible] 末損十八	朒四千九百六十三
	開禧	進二十八	一千三百三十三	初加六 末減二	遲五度 四十二	初益七十六 末損十三	朒六千八百五十一
	成天	進二十九	一千三百三十二	初加七 末減二	初遲[illegible]	初益三十九 末損十二	初朒[illegible]
二十二日	統天	進二十七	一千三百六十一	減二十四	遲五 五十八	損二百一十五	朒五千八
	開禧	進二十六	一千三百六十一	減二十四	遲五度 四十六	損三百三	朒六千九百一
	成天	進二十七	一千三百六十一	減二十四	遲五度 三十九	損一百三十三	朒二千九百九十二
二十三日	統天	進二十四	一千三百八十八	減五十一	遲五 三十四	損四百五十八	朒四千七百九十三
	開禧	進二十四	一千三百八十七	減五十	遲五度 二十二	損六百三十二	朒六千五百九十九
	成天	進二十二	一千三百八十八	減五十一	遲五度 十五	損二百八十三	朒二千八百五十九
二十四日	統天	進二十一	一千四百一十二	減七十五	遲四 八十三	損六百七十三	朒四千三百三十三
	開禧	進二十	一千四百十一	減七十四	遲四度 七十二	損九百二十六	朒五千九百六十七
	成天	進十九	一千四百十	減七十三	遲四度 六十四	損四百五	朒二千五百七十六
二十五日	統天	進十七	一千四百三十三	減九十六	遲四 八	損八百六十二	朒三千六百六十二
	開禧	進十六	一千四百三十一	減九十四	遲三度 九十八	損一千一百八十八	朒五千三十一
	成天	進十五	一千四百二十九	減九十二	遲三度 九十二	損五百一十	朒二千一百七十

二十六日	統天進十三	一千四百五十	減一百十三	遲三 十三	損一千十四	朒二千八百
	開禧進一十二	一千四百四十七	減一百十	遲三度 四分	損一千三百九十	朒三千八百四十二
	成天進一十二	一千四百四十四	減一百七	遲三度 九十九	損五百九十四	朒一千六百六十
二十七日	統天進八	一千四百六十三	減一百二十六	遲一 九十九	損一千一百三十一	朒一千七百八十六
	開禧進八	一千四百五十九	減一百二十二	遲一度 九十四	損一千五百四十二	朒二千四百五十二
	成天進一十	一千四百五十七	減一百二十	遲一度 九十二	損六百六十六	朒一千六十六
二十八日	統天退一	一千四百七十一	初減七十三 末加[illegible]	遲空 七十三	損[illegible]	朒六百五十五
	開禧退一	一千四百六十七	初減七十二	遲初度七十二	初損九百一十	朒九百一十
	成天退二	一千四百六十七	初減七十二	遲初度七十二	初損四百	朒四百

求天正十一月經朔加時入轉經朔弦望入轉朏朒數朔弦望定日定朔弦望加時黃道日度平交日辰平交加時入轉朏朒定數正交日辰經朔加時中積正交加時黃道月度四象加時黃道月度四象後黃道積度四象後黃道積度入初末限月行九道月行去黃道差月行去赤道差月行九道宿度正交加時月離九道宿度定朔弦望加時黃道月度定朔弦望加時九道月度定朔弦望午中入轉每日午中入轉晨昏月度朔弦望晨昏定程每日轉定數每日晨昏月所求日加時平行月積度所求日加時定月法同前曆此不載

步晷漏

二至限一百八十二分六十二秒開禧秒一十五成天秒一十四

一象度九十一分三十一秒四十四

冬至後初限夏至後末限六十二日分六十開禧分九成天分八

夏至後初限冬至後末限一百二十日分五十六開禧分五十三成天分五十四

冬至岳臺中晷常數一丈二尺八寸五分

臨安中晷常數一丈八寸二分

夏至岳臺中晷常數一尺五寸七分二曆六分

臨安中晷常數九寸一分

太法九千開禧一萬二千六百七十五成天五千五百六十五

半法六千開禧四百五十成天三千七百一十

少法三千開禧四千二百二十五

昏明分三百開禧四百二十二半成天一百八十五半

昏明刻二餘六十開禧餘二百五十三半成天餘五百五十六半

辰刻八餘四十開禧餘一百六十九成天餘三百七十一

半辰刻四餘二十開禧餘八十四半成天餘一百八十五半

求午中入氣及中積午中定積入二至後初末限岳臺午中晷景定數九服午中晷景定數臨安午中晷景定數每日赤道內外度每日午中太陽去極度日出入晨昏半晝

分晝夜刻日出入辰刻更點差刻及辰刻每日距中度及每更差度昏曉五更中星九服晝夜刻臨安日出入分臨安距中度法在前曆此不載

步交會

交實三十二萬六千五百四十七開禧交率四十五萬九千八百八十六秒四千八百二十五成天交終分二十萬一千九百一十四秒七千五十一

交策二十七餘三千五百八十六秒四千八百二十五開禧餘二千五百四十七成天餘一千五百七十四秒七千五十一

交中策一十三餘七千二百七十三半開禧餘一萬二千四百一十

交差八萬二百九十八

朔差日二餘三千八百二十一開禧餘五千三百八十秒五千一百七十五成天二千三百六十二秒二千九百四十九

交率十九

秒母一萬

交數二百四十二

交終度三百六十二約分七十九秒二十四開禧秒四十四成天約分七十九秒四十六

交中度一百八十一約分八十九秒六十二開禧秒七十二成天約分八十九秒七十三

交象度九十約分九十四秒八十一開禧秒八十六成天同開禧

半交象度四十五約分四十七秒四十半成天秒四十三

日食岳臺陽曆限五千六百定法五百六十開禧七千八百九十定法七百八十九成天三千四百七十定法三百四十七

臨安陽曆限五千六百八十定法五百六十

岳臺陰曆限七千一百定法七百一十開禧九千七百四十定法九百七十四成天四千二百八十定法四百二十八

臨安陰曆限六千七百定法七百一十

月食限一萬一千二百定法七百三十開禧一萬五千七百八十定法一千五十二成天六千九百四十定法四百六十三

既限三千九百成天四千六百三十

求天正十一月經朔加時入交定朔望夜半入交每日夜半入交定朔望加時入交定朔望加時月行入交積度定朔望加時月行入交定積度定朔望加時月行入陰陽曆積度定朔望加時月去黃道度日月食甚轉定分日月食甚入轉朓朒數入交數常望定日日月食甚泛大小餘日食甚定大小餘月食甚定大小餘日月食甚入氣日月食甚日月積度至差分差立差朔入交定日日月食甚月行入陰陽曆交前後分日食分月食分日食泛用分月食泛用分日月食定用分月食既內外分日月食虧初復滿小餘月食更點法月食入更點日月食帶出入及虧後滿前

所見分日月食甚宿次日食所起月食所起日月食甚九服加時差日月九服食分差此法同前曆不載

步五星

歲策三百六十五約分二十四秒二十五

氣策一十五約分二十一秒八十四

朔策二十九約分五十三秒六

曆策一十五約分二十一秒九十一

木星周實四百七十八萬六千六百一十九開禧周率六百七十四萬一千一百七十二秒八十七成天二百九十五萬九千七百三十二秒三十二

周策三百九十八約分八十八秒四十九開禧餘一萬四千九百七十二秒八十七約分八十八秒六十成天餘六千五百七十二約分八十八秒五十七

周差一百三十八萬三千六十五

歲差十九萬六千二百

伏見度一十三

開禧曆率六百一十七萬一千八百五十九秒八十九成天二百七十一萬二百一十秒六十九開禧曆中度一百八十三約分六十二秒九十成天秒八十七開禧曆策度一十五約分二十一秒九十一成天同

段目	常日	常度	限度	初行率
晨疾初	統天三十 開禧三十日 成天三十日	六 四十三 六度 三十六分 六度 八十九分	四 九十 四度 八十三分 五度 二十一分	二十二 二十九 二十二分 秒二十四 二十三分 秒五十八

段目	常日	常度	限度	初行率
晨疾末	統天二十九 開禧二十九日 成天二十九日	五 五十七 五度 三十七分 五度 三十九	四 二十四 四度 七分 四度 八分	二十 五十三 二十分 秒一十八 二十分 秒八十六
晨遲初	統天二十八 開禧二十八日 成天二十八日	四 七十四 四度 七 三度 八十五分	三 七十五 三度 九 二度 九十一分	十七 四十四 一十六分 八十六 一十六分 秒四十四
晨遲末	統天二十六 開禧二十六日 成天二十六日	一 五十三 二度 三分 一度 四十四分	一 十六 一度 五十四分 一度 九分	十 八十七 一十二分 秒三十二 一十一分 秒六
晨留	統天二十三日 開禧二十三日 成天二十二日	空	空	空
晨退	統天四十六日四十四分秒七十五 開禧四十六日五十五分秒七十二 成天四十六日二十五分秒二十九	四 八十四分 秒七十八 四 九十 八十五 空 三十四 四十七半	空 三十三 三十七 空 三十二 四十 十五	空
夕退	統天四十六 四十四 二十四半 開禧四十六日五十四分 秒二十二 成天四十六 二十四分 二十九	四 八十四 八八 四度 九十分 四度 九十四分 秒八十四半	空 三十三 三十七 度空 秒八十五半 三十二分 秒四十 度空 三十四 四十七半	十五 三十一 一十五 四十四 一十五 秒四十八

段目	段日	平度	限度	初行率
夕留	統天三十三 開禧二十三 成天二十二日	空	空	空
夕遲初	統天二十六 開禧二十六日 成天二十六日	一　五十三 二度　三分 一度　四十四分	一　十六 一度　五十分 一度　九分	空 空 空
夕遲末	統天二十八 開禧二十八日 成天二十八日	四　十四 四度　七分 三度　八十五分	三　十五 三度　九分 二度　九十一	十　八十七 一十二分　二十二 一十一分、秒六
夕疾初	統天二十九 開禧二十九 成天二十九日	五　五十七 五度　三十七分 五度　三十九分	四　二十四 四度　七分 四度　八分	十七　四十四 一十六分　八十六 一十六分　秒四十四
夕疾末	統天三十 開禧三十日 成天三十一日	六　四十四 六度　三十六分 六度　八十九	四　九十 四度　八十三分 五度　二十一分	二十　五十三 二十分　一十八 二十分　秒八十八
夕伏	統天十七 開禧十六日 成天一十七日　二十分	四　空 三度　九十分 四度　二十分	三　五 三度　九十六分 三度　一十八分	二十二　二十九 二十二　二十四 二十二分　秒五十八

木星盈縮曆

策數	損益率	盈積度	損益率	縮積度
初	統天益二百四十八 開禧益一百五十三 成天益一百五十三	空 初 初	益一百七十五 益一百七十九 益一百七十五	度 初 初
一	統天益一百三十五 開禧益一百三十七 成天益一百三十五	一度 一度　五十三 一度　五十二	益一百三十五 益一百六十 益一百五十六	一度　七十五 一度　七十九分 一度　七十五分
二	統天益一百十六 開禧益一百十六 成天益一百十四	二度　八十三 二度　九十七分 二度　八十七分	益一百二十七 益一百三十五 益一百三十三	三度　二十八 三度　三十九分 三度　三十一分
三	統天益九十一 開禧益九十 成天益八十九	三度　九十九 四度　六分 四度　一分	益九十七 益一百四 益一百三	四度　五十五 四度　七十四分 四度　六十三分
四	統天益六十 開禧益五十九 成天益六十	四度　九十 四度　九十六 四度　九十分	益六十三 益六十七 益六十九	五度　五十二 五度　七十八分 五度　六十六分

	統天						開禧						成天					
五	益二十三	五度	五十	益二十五	六度	十五	益二十二	五度	五十五分	益二十四	六度	四十五分	二十七	五度	五十分	益三十	六度	三十五分
六	損二十三	五度	七十三	損二十五	六度	四十	損二十三	五度	七十	損二十四	六度	六十九分	損二十七	五度	七十七分	損三十	六度	六十五分
七	損六十	五度	五十	損六十三	六度	十五	損五十九	五度	五十五分	損六十七	六度	四十五分	損六十	五度	五十分	損六十九	六度	三十五分
八	損九十一	四度	九十	損九十七	五度	五十二	損九十	四度	九十六	損一百四	五度	七十六分	損八十九	四度	九十分	損一百三	五度	六十六分
九	損一百十六	三度	九十九	損一百二十七	四度	五十五	損一百十六	四度	六分	損一百三十五	四度	七十四分	損一百十四	四度	一分	損一百三十二	四度	六十三分
十	損一百三十五	三度	八十三	損一百五十三	三度	二十八	損一百三十五	三度	九十分	損一百六十	三度	三十九分	損一百三十五	二度	八十七分	損一百五十六	三度	三十一
十一	損一百四十八	一度	四十分	損一百五十七	一度	七十五	一百五十三	一度	五十三分	損一百七十九	一度	七十九分	損一百五十二	一度	五十三分	損一百七十五	一度	七十五分

火星周實九百三十五萬九千一百五十五開禧周率一千三百一十八萬八百四秒一成天五百七十八萬七千七十二秒八十八

周策七百七十九約分九十二秒九十六開禧餘一萬五千七百四秒一約分九十二秒九十二成天餘六千八百九十二秒八十八約分九十二秒九十

周差二百二十六萬四千二十五

歲差四百四萬六千四百

伏見度十九半

開禧曆率六百一十七萬二千九百五十九秒一成天二百七十一萬二百一十秒二十七開禧曆中度一百八十二約分六十二秒九十成天秒八十七開禧曆策度一十五約分二十一秒九十一成天同開禧

段目		常日	常度	限度	初行率
合伏	統天	六十九日 二十五	四十八度 七十五	四十六度 一分	七十一 八十二
	開禧	六十七日 八十分	四十八度 八十分	四十六度 四分	七十二 六十八
	成天	六十九 二十五分	五十度 二十五分	四十七度 四十分	七十三分 秒二十四
晨疾初	統天	六十三	四十四 二十七	四十一 八十八	七十 九十一
	開禧	六十一日	四十三度 六十一分	四十一度 一十五分	七十一分 二十六
	成天	六十二日	四十三度 八十八分	四十一度 四十六分	七十一分 秒八十

段	統天	開禧	成天
晨疾末	五十八；三十九 九十八；三十七 七十四；六十九 八十四	五十八日；三十九度 五十九；三十七度 三十五；六十九 四十二	五十八；三十九度 六十分；三十七度 四十三；六十九分 秒七十六
晨次疾初	五十一；三十三 五十八；三十二 七十；六十七 九十七	五十二日；三十四度 一分；三十二 九；六十七 八	五十二日；三十三度 一分；三十二度 十九分；六十六分 秒八十四
晨次疾末	四十五；二十六度 十三；二十四 七十六；六十二 四十	四十四日；二十五度 六十七；二十四度 二十二；六十三 七十四	四十四；二十五度 五十四分；二十四度 一十三；六十二分 秒六十二
晨遲初	三十八；十七 十八；十六 二十二；五十二 六十四	四十日；一十八度 九；一十七 七；五十二 九十六	三十九；一十七度 四十四分；一十六度 四十九分；五十三分 秒四十八
晨遲末	二十九；六度 十五；五 八十；三十四 四十六	二十八；六度 三十八；六度 二；三十七 四十八	二十九；六度 一十四分；五度 八十分；三十五分 秒九十二
晨留	九	八日	九日；空；空；空

段	統天	開禧	成天
晨退	四十六 七十七；四十八 八；八十九 六十三；二十二 六十五；空	四十六 一十六；四十六 八度 八十；十二 三度；三十九 五十五；空	四十六日 十二分 秒五十五；八度 五十三分 秒八十三；三度 三十六分 秒五十五；空
夕退	四十六 十二；四十八 八；八十九 六十三；二十二 六十五；四十五 四十三	四十九 一十六；四十六 八度 八十分；秒七十三 三度；三十分 秒五十五；四十四分 秒十三	四十六日 十二分 秒五十五；八度 五十三；六十八 三度；三十六 三十五；四十四分 十二
夕留	九	九	九；空；空；空
夕遲初	二十九；六 十五；五 八十；空	二十八；六度 三十八；六度 二分；空	二十九；六度 一十四分；五度 八十分；空
夕遲末	三十八；十七 十八；十六 二十二；三十四 四十六	四十日；一十八 九分；一十七 七分；三十七分 四十八	二十九；一十七度 四十四分；一十六度 四十九；三十五 九十二
夕次疾初	四十五；二十六 二十三；二十四 七十六；五十二 六十四	四十四日；二十五 六十七；二十四 二十二；五十三 九十六	四十四日；二十五度 五十四；二十四度 一十三；五十三分 秒四十一

夕次疾末	統天五十一 開禧五十二日 成天五十一日	統天三十三 五十八 開禧三十四 一分 成天三十三度 一分	統天三十一 七十 開禧三十二 九分 成天三十一度 十九分	統天六十二 四十 開禧六十三 七十四 成天六十二分 六十二
夕疾初	統天五十八 開禧五十八 成天五十八	統天三十九 九十八 開禧三十九度 五十九 成天三十九度 六十一	統天三十七 七十四 開禧三十七 三十五 成天三十七 四十三	統天六十七 九十六 開禧六十七 八 成天六十六 八十四
夕疾末	統天六十三 開禧六十二日 成天六十二	統天四十四 三十七 開禧四十三度 六十一 成天四十三度 八十八分	統天四十一 八十八 開禧四十一度 一十五 成天四十一度 四十六分	統天六十九 八十四 開禧六十九 四十二 成天六十九分 七十六
夕伏	統天六十八 二十五 開禧六十七 八十 成天六十九 二十五	統天四十八 七十五 開禧四十八 八十 成天五十度 二十五	統天四十六 一分 開禧四十六 四分 成天四十七度 四十八	統天七 九十一 開禧七十一分 二十六 成天七十一分 八十

火星盈縮曆

策縮	損益率	盈積度	損益率	縮積度
初	統天益二千五百五十二 開禧益二千一百四十二 成天益二千一百五十六	度空 初 初	益四百五十八 益五百二十五 益五百三十六	度空 初 初
一	統天益七百九十二 開禧益七百九十七 成天益七百九十六	十二 五十二 一十一 四十二 一十七度 五十六	益四百五十二 益四百九十 益四百九十	四 五十八 五度 二十五 五度 三十六
二	統天益四百五十六 開禧益四百七十五 成天益四百五十八	十九 四十四 一十九 三十九 一十九度 五十二	益四百三十三 益四百五十五 益四百三十六	九 十一 一十 一十五 一十度 二十六
三	統天益二百四十四 開禧益二百七十六 成天益二百四十二	二十四 空 二十四 一十四 二十四度 一十分	益三百九十六 益三百八十五 益三百一十四	十三 四十四 一十四 七十 一十四度 六十二分
四	統天損三十八 開禧三十五 成天損三十九	二十五 四十四 二十五 九十 二十五度 五十二	益三百四十 益三百一十五 益三百四	十七 四十 一十八 五十五 一十七度 三十六分
五	統天損一百六十三 開禧損一百四十 成天損一百三十七	二十五 六 二十五 五十五 二十五度 一十三分	益二百六十三 益二百四十五 益二百二十六	二十 八十 二十一 七十 二十度 四十分
六	統天損二百六十三 開禧損二百四十五 成天損二百二十六	二十三 四十三 二十四 一十五 二十三度 七十六分	益一百六十三 益一百四十 益一百四十	二十三 四十三 二十四 一十五 二十三度 六十六分

段目					
七	統天損三百四十	二十 八十	益三十八	二十五	六
	開禧損三百二十五	二十一 七十	益三十五	二十五	五十五
	成天損三百六	二十度 五十分	益四十六	二十五度	六分
八	統天損三百九十六	十七 四十	損四百四十	二十五	四十四
	開禧損三百八十五	一十八 五十五	損一百七十六	二十五	九十
	成天損三百七十七	一十八度 四十四	損一百四十五	二十五度	五十三分
九	統天損四百三十三	十三 四十四	損四百五十六	二十四	空
	開禧損四百五十五	一十四 七十	損四百七十五	二十四	一十四
	成天損四百三十九	一十四度 六十七分	損四百五十七	二十四度	七分
十	統天損四百五十三	九 二十一	損七百九十二	十九	四十四
	開禧損四百九十	一十 一十五	損七百九十七	一十九	三十九
	成天損四百九十二	一十度 二十八分	損七百九十四	一十九度	五十分
十一	統天損四百五十八	四 五十八	損一千一百五十二	十一	五十二
	開禧損五百二十五	五 二十五	損一千一百四十二	一十一	四十二
	成天損五百三十六	五度 三十六	損一千一百五十六	一十一度	五十六分

土星周實四百五十三萬七千一百開禧周率六百三十八萬九千七百四十八秒九十一成天二百八十萬五千四百四十秒二十一

周策三百七十八約分九秒十六開禧餘一千五百四十八秒九十一成天餘六百八十秒二十一

周差三百五十五萬一百

歲差一百一十一萬五千四百

伏見度十八開禧曆率六百一十七萬二千八百五十九秒一成天二百七十一萬二百二十一開禧曆中度一百八十二約分六十二秒九十成天一百八十二分同開禧秒八十七開禧曆策度一十五約分二十二秒九十一成天同開禧

段目	常日	常度	限度	初行率
合伏	統天二十 六十七	二 六十七	一 六十三	二十三 三十三
	開禧六十七 八十	四十八 八十	四十六 四	七十二 六十八
	成天二十一 二十分	二度 七十	一度 六十五分	十三分 三十四
晨疾	統天三十	三 四十九	二 十三	十二 三十七
	開禧六十二	四十三 六十一	四十一 一十五	七十一 二十六
	成天二十九	三度 二十五	一度 九十八分	一十二分 二十二
晨次疾	統天二十八	二 六十六	一 六十三	十 四十七
	開禧五十二	三十四 一	三十二 九	六十七 八
	成天二十八	二度 五十分	一度 五十三	一十分 二十八
晨遲	統天二十五	一 二十八	空 七十八	七 三十二
	開禧四十	一十八 九	二十七 七	五十二 九十六
	成天二十七日	一度 五十四分	度空 九十四	七分 秒六十六

晨留
統天三十四 空 空 空
開禧九
成天三十三日

晨退
統天五十一 三百七 五十八 三 六十七 五十四 空 二十五 七十一 空
開禧三十九 一千六 四十六 八 八十 七十二 三 三十九 五十六 空
成天六十 八十四 五十八 三度 五十七 五十五 度空 三十一 七十 空

夕退
統天五十一 三百七 五十八 三 六十七 五十四 空 二十五 七十一 十 四十七
開禧三十九 一千六 四十六 八 八十 七十二 三 三十九 五十六 四十四 二十三
成天六十 八十四 五十八 三度 五十七 五十五 度空 七十一 七十 九分 七十八

夕留
統天三十四 空 空 空
開禧九
成天三十三

夕遲
統天二十五 一 二十八 空 七十八 空
開禧二十八 六 三十八 六 二 空
成天二十七 一度 五十四分 度空 九十四 空

夕次疾
統天二十八 二 六十六 一 六十二 七 三十二
開禧四十四 二十五 六十七 二十四 二十二 五十三 九十六
成天二十八 二度 五十一分 一度 五十三分 七分 六十六

夕疾
統天三十 三 四十九 二 十三 十 四十七
開禧五十八 三十九 五十九 三十七 三十五 六十七 八
成天二十九 三度 二十五分 一度 九十八分 一十分 二十八

夕伏
統天二十 六十七 二 六十七 一 六十二 十二 三十七
開禧六十二 四十三 六十一 四十一 四 七十一 二十六
成天二十一 二十分 二度 七十分 一度 六十五分 一十二分 一十二

土星盈縮曆

策數	損益率	盈積度	損益率	縮積度
初	統天益二百八	度 空	益一百五十八	度 空
	開禧益三百二十二	初	益一百六十五	初
	成天益二百二十五	初	益一百六十	初
一	統天益一百九十三	二 八	益一百四十五	一 五十八
	開禧益一百九十五	三 二十三	益一百五十一	一 六十五
	成天益一百九十五	二度 二十五分	益一百五十二	一度 六十七分
二	統天益一百六十八	四 一	益一百二十五	三 三
	開禧益一百六十二	四 一十八	益一百三十	三 一十六
	成天益一百六十一	四度 二十分	益一百三十八	三度 一十二分

段	損益	度	損益	度
三	統天益一百三十三	五 六十九	益九十八	四 二十八
	開禧益一百二十四	五 八十	益一百二	四 四十六
	成天益一百二十三	五度八十一	益一百一十一	四度五十分
四	統天益八十八	七 二	益六十四	五 二十八
	開禧益八十一	七 四	益六十七	五 四十八
	成天益八十一	七度四分	益七十八	五度六十二分
五	統天益三十三	七 九十	益二十三	五 九十
	開禧益三十三	七 八十五	益二十五	六 一十五
	成天益三十五	七度八十五分	益三十五	六度四十分
六	統天損三十三	八 二十三	損二十三	六 十三
	開禧損二十三	八 二十八	損二十五	六 四十
	成天損三十五	八度二十分	損三十五	六度七十五分
七	統天損八十八	七 九十	損六十四	五 九十
	開禧損八十一	七 八十五	損六十七	六 一十五
	成天損八十五	七度八十五	損七十四	六度四十分
八	統天損一百三十三	七 二	損九十八	五 二十六
	開禧損一百二十四	七 四	損一百二	五 四十八
	成天損一百二十八	七度分空	損一百七	五度六十六分

段	損益	度	損益	度
九	統天損一百六十八	五度 六十九	損一百二十五	四 二十八
	開禧損一百六十一	五度 八十	損一百二十	四 四十六
	成天損一百六十四	五度十二分	損一百三十四	四度五十九分
十	統天損一百九十三	四 一	損一百四十五	三 三
	開禧損一百九十五	四 一十八	損一百五十一	三 十六
	成天損一百九十三	四度八分	損一百五十五	三度二十五
十一	統天損二百八	二 八	損一百五十八	一 五十八
	開禧損二百二十三	二 二十三	損一百六十五	一 六十五分
	成天損二百一十五	二度一十五分	損一百七十	度七十分

金星周實七百萬六千八百三十三開禧周率九百八十六萬七千九百五十六秒一十，成天四百三十三萬二千五百五十六秒九十五

周策五百八十三約分九十秒二十八開禧餘一萬五千二百五十六秒一十分秒同，成天餘六千六百九十六秒九十五約分九十秒二十六

周差一百二萬三千六百七十一

歲差三百三十一萬二千三百

伏見度十半

開禧曆率六百一十七萬二千八百五十八秒八十八，成天二百七十一萬二百一十秒十三。開禧曆中度一百八十二約分六十二秒九十，成天秒八十七。開禧曆策度一十五約分二十一秒九十一，成天同。

段目	常日	常度	限度	初行率
合伏	統天三十九 開禧三十九日 成天三十九日	四十九 五十 四十九 五十 四十九度 五十分	四十七 五十二 四十七 五十一 四十七度 五十四分	一 二十七 六十九 一 二十七 六十八 一度 二十八分 秒六十八
夕疾初	統天五十二 開禧五十二 成天五十一	六十五 十一 六十五 一十三 六十三度 三十三分	六十二 五十 六十二 三十八 六十度 八十二	一 二十五 九十五 一 二十六 一十六 一度 二十五分 秒二十六
夕疾末	統天四十八 開禧四十八 成天四十九	五十九 十四 五十九度 八分 五十九度 七十六分	五十六 七十七 五十六 五十九 五十七度 四十分	一 二十四 三十五 一 二十四 三十四 一度 二十三分 秒七十六
夕次疾初	統天四十二 開禧四十四 成天四十三日	五十 十七 五十二度 五十三分 五十度 八十分	四十八 十六 五十度 三十二分 四十八度 七十九分	一 二十二 二 一 二十一 八十二 一度 二十分 秒三十六
夕次疾末	統天三十七 開禧三十七 成天三十九日	四十 八十三 四十二度 二十五分	三十九 十九 四十度 五十八	一 十六 六十六 一度 一十五分 秒五十七
夕遲初	統天三十 開禧三十二日 成天三十二日	二十六 三十七 三十七 二十二 二十七度 九分	二十五 三十一 二十六度 七分 二十六度 二分	一 一 五十九 一 空 四十八 一度 一分 秒一十四

段目	常日	常度	限度	初行率
夕遲末	統天二十二 開禧一十八 成天二十七日	九 二十一 七度 二十六 七度 六十六分	八 八十四 六度 九十五分 七度 三十六分	空 六十七 七十二 六十九 六十四 六十八分 秒二十六
夕留	統天六 開禧六 成天六日	空	空	空
夕退	統天九 九十五 十四 開禧一十日 成天一十日	三 八十七 八十六 四度 四十四 三度 八十九分	一 七十 十四 一度 八十四 一度 六十九分	空 空 空
夕伏退	統天六 開禧五 九十五 一十二半 成天五日 九十五分 秒十三	四 五十 四 五十四 八十六半 四度 五十四分 八十五	一 九十六 一 八十八 二十六半 一度 七十八 秒十二	空 六十七 七十九 六十九 五十三 六十七分 秒五十二
合伏退	統天六 開禧五 九十五 秒十二半 成天五日 九十五分 秒十三	四 五十 四 五十四 八十六半 四度 五十四分 秒七十五	一 九十六 一 八十八 一十三半 一度 七十八分 秒一十三	空 八十二 二十 八十三分 二十六 八十五分 秒一十四
晨退	統天九 九十四 十四 開禧十 成天十日	三 八十七 八十六 四度 四十四 三度 八十九分	一 七十 十四 度 八十四 一度 六十六分	空 六十七 七十九 六十九 五十二 六十七分 秒十二

晨留	統天六 開禧六 成天六	空	空	空
晨遲初	統天二十二 開禧二十八 成天二十七日	九　二十一 七　三十六 七度六十六分	八　八十四 六 七度三十六分	空 空
晨遲末	統天三十 開禧三十二 成天三十二	二十六　三十七 二十一　二十二 二十七度九分	二十五　三十一 二十一　七 二十六度二分	空　六十七　七十三 六十七　六十四 六十八分秒二十六
晨次疾初	統天三十七 開禧三十七 成天三十九	四十　八十三 四十　二十二 四十二度二十五分	三十九　十九 三十八　五十三 四十度三十八分	一　一　五十九 一度　六十五　秒四十八 一度一分秒四十四　五十一
晨次疾末	統天四十二 開禧四十四 成天四十三日	五十　十七 五十二　五十三 五十度八十分	四十八　十六 五十　三十一 四十八度七十九分	一　十六　六十六 一　二十六　九十四 一度二十五分秒二十三
晨疾初	統天四十八 開禧四十八 成天四十九	五十九　十四 五十九　八 五十九度七十六分	五十六　七十七 五十六　五十九 五十七度四十分	一　二十二　二 一　二十一　八十二 一度二十分秒七十五

晨疾末	統天五十二 開禧五十二 成天五十一	六十五　十一 六十五　十三 六十五度三十三分	六十二　五十 六十二　三十八 六十度八十二	一　二十四　三十五 一　二十四　三十四 一度二十三分秒七十八
晨伏	統天三十九 開禧三十九 成天三十九	四十九　五十 四十九　五十 四十九　五十分	四十七　五十二 四十七　四十一 五十四分	一　二十五　九十五 一　二十六　二十六 一度二十五　秒二十六

金星盈縮曆

策數	損益率	盈積度	損益率	縮積度
初	統天益五十三 開禧益五十二 成天益五十四	度空 初 初	益五十三 益五十二 益五十四	度空 初 初
一	統天益四十九 開禧益四十九 成天益四十九	空　五十三 初度　五十二分 初度　五十四分	益四十八 益四十九 益四十九	空　五十一 初　五十二 初度　五十四分
二	統天益四十二 開禧益四十三 成天益四十二	 一　一分 一度　三分	益四十一 益四十三 益四十二	一　一 一　一 一度　三分

日	曆	度分	損益	度分
三	統天益三十七	一 四十二	益三十二	一 四十二
	開禧益三十四	一 四十四	益三十四	一 四十四
	成天益三十三	一度 四十五分	益三十三	一 四十六分
四	統天益三十一	一 七十四	益三十一	一 七十四
	開禧益三十二	一 七十八	益三十二	一 七十
	成天益三十二	一度 七十六分	益三十二	一度 七十六分
五	統天益八	一 九十五	益八	一 九十五
	開禧益七	二 分空	益七	二 分空
	成天益九	二度 分空	益九	二 分空
六	統天損八	二 三	損八	二 三
	開禧損七	二 七	損七	二 七
	成天損九	二度 九分	損九	二度 九分
七	統天損二十一	一 九十五	損二十一	一 九十一
	開禧損二十三	二 分空	損二十二	二 分空
	成天損二十一	二度 分空	損二十二	二度 分空
八	統天損三十二	一 七十四	損三十二	一 七十四
	開禧損二十四	一 七十八	損三十四	一 七十八
	成天損三十三	一度 七十六分	損三十三	一度 七十六分

日	曆	度分	損益	度分
九	統天損四十二	一 四十二	損四十二	一 四十二
	開禧損四十三	一 四十四	損四十三	一 四十四
	成天損四十二	一度 四十五分	損四十二	一度 四十五分
十	統天損四十八	一 一	損五十八	一 一
	開禧損四十九	一	損四十九	一 一
	成天損四十九	一度 三分	損四十九	一度 三分
十一	統天損五十三	空 五十三	損五十三	空 五十三
	開禧損五十二	初度 五十二	損五十三	初度 五十二
	成天損五十四	初度 五十四分	損五十四	初度 五十四分

水星周實一百三十九萬五百一十四開禧周率一百九十五萬八千三百五秒一十成天八十五萬九千七百九十九秒九十

曆策一百一十五約分八十七秒六十二開禧餘一萬四千八百五秒一十約分八十七秒六十成天餘六千四百九十九秒九十

周差八十九萬五千一百六十二

歲差一百一萬二千八百

夕見晨伏度十五半

晨見夕伏度二十半開禧曆率六百一十七萬二千八百六十秒四成天二百七十一萬二百一十一秒一十五開禧曆中度一百八十二約分六十二秒九十成天秒八十七開禧曆策度一十五約分二十一秒九十一成天同

段目	常日	常度	限度	初行率
合伏	統天十六 開禧十七 六十五 成天十七 二十五分	三十一 五十 三十六 六十五 三十三度 二十五分	二十六 三十 二十八 三十三 二十七度 六十二分	二 二度 秒二分 二度 九分 五十分 二度 三十五分 秒三十四
夕疾	統天十五 開禧十五 成天十五日	二十二 二十四 二十二 四十 二十三度 八十六分	十八 五十七 十八 七十九 十八度 二十五分	一 六十八 一 七十一 七十八 一度 七十分 秒三十六分
夕遲	統天十三 開禧十二 成天十二日	十二 七十六 十 十 十一度 六十四分	十 六十五 八 四十七 九度 六十七分	一 七十 一 二十六 八十六 一度 二十二分 三十
夕留	統天二 開禧二 成天二日	空	空	空
夕伏退	統天十一 九十三 八十二 開禧十一 二十六 八十 成天十一 六十六分 秒八十	八 五十六 十九 八 二十二 二十 八度 八十二分 秒二十	二 四十二 八十二 二 四十五 八十 二度 五十六分 秒八十	空 空 空
合伏退	統天十一 九十三 八十二 開禧十一 二十八 八十 成天十一日 六十六分 八十	八 五十六 十九 八度 二十二 二十 八度 八十一分 秒二十	二 四十二 八十一 二 四十五 八 二度 五十六分 秒八十	一 五十七 一 六 五十六 一度 五分 秒五十五

四百廿五　志三十七　四十二　徐汝舟

段目	常日	常度	限度	初行率
晨留	統天二 開禧二 成天二日	空	空	空
晨遲	統天十三 開禧十二 成天十二日	十二 七十六 十 十 十一度 六十四分	十 六十五 十度 四十七 九度 六十七分	空 空 空
晨疾	統天十五 開禧十五 成天十五日	二十二 二十四 二十二 四十分 二十三度 八十六分	十八 五十七 十八 七十九 十八度 二十五分	一 二十七 空 一 二十六 八十六 一度 二十二分 秒三十
晨伏	統天十六 開禧十七 六十五 成天十七 二十五分	三十一 五十 三十三度 六十五 三十三度 二十五分	二十六 三十 二十八度 二十二 二十七度 六十二分	一 六十八 空 一 七十一 七十八 二度 十二分 秒三十六

二百七十九　志三十七　四十三　陸大誠

水星盈縮曆

策數	損益率	盈積度	損益率	縮積度
初	統天益五十八 開禧益五十七 成天益五十九	度空 初	益五十八 益五十七	度空 初

段	曆	盈縮分	積度	損益	積度
一	統天	益五十三	空 五十八	益五十三	空五十八
	開禧	益五十三	初 五十七	益五十三	初五十七
	成天	益五十五	初度 五十九分	益五十五	初
二	統天	益四十四	一 十	益四十四	一 十
	開禧	益四十六	一 二十	益四十六	一 二十
	成天	益四十八	一度 十四分	益四十八	一度 十四分
三	統天	益三十四	一 五十四	益三十四	一 五十四
	開禧	益三十六	一 五十六	益三十六	一 五十六
	成天	益三十八	一度 六十二分	益三十八	一度 六十二分
四	統天	益二十二	一 八十八	益二十二	一 八十八
	開禧	益二十三	一 九十二	益二十三	一 九十二
	成天	益二十五	二度 分空	益二十五	二度 分空
五	統天	損八	二 十	益八	二 十
	開禧	益七	二 二十三	益七	二 二十五
	成天	益九	二度 二十五分	益九	二度 二十五分
六	統天	損八	二度 十八	損八	二十八
	開禧	損七	二度 二十二	損七	二度 二十二
	成天	損九	二度 三十四分	損九	二度 三十四分

段	曆	盈縮分	積度	損益	積度
七	統天	損二十二	二十	損二十二	二十
	開禧	損二十三	二度 二十五	損二十三	二度 一十五
	成天	損二十五	二度 二十五分	損二十五	二度 二十五
八	統天	損三十四	一 八十八	損三十四	一 八十八
	開禧	損三十六	一度 九十二	損三十六	一度 九十二
	成天	損三十八	二度 分空	損三十八	二度 分空
九	統天	損四十四	一 五十四	損四十四	一 五十四
	開禧	損四十六	一度 五十六	損四十六	一度 五十六
	成天	損四十八	一度 六十二分	損四十八	一度 六十二分
十	統天	損五十二	一十	損五十二	一十
	開禧	損五十三	一度 二十	損五十三	一度 一十
	成天	損五十五	度 一十四分	損五十五	度 一十四分
十一	統天	損五十八	空 五十八	損五十八	空 五十八
	開禧	損五十七	初度 五十七	損五十七	初度 五十七
	成天	損五十九	初度 五十九分	損五十九	初度 五十九分

求五星天正冬至後平合及諸段中積中星五星平合及諸段入曆五星平合及諸段盈縮差五星平合及諸段定積五星平合及諸段定日五星平合諸段所在月日五星

董

平合及諸段加時定星五星平合及諸段初日夜半定星諸段平行分諸段總差諸段初末日行分諸段每日夜半星行宿次徑求其日宿次五星平合見伏入氣五星平合見伏行差五星定合定見定伏汎積五星定合用積用星木火土三星定見定伏用積金水二星定見定伏用積（法同前曆此不載）

志卷第三十七

志第三十八

[illegible]上柱國錄軍國重事中書右丞相監修國史領經筵事臣脫脫等奉勅修

地理一（京城 京東路 京畿路 京西路）

唐室既衰五季迭興五十餘年更易八姓寓縣分裂莫之能一宋太祖受周禪初有州百一十一縣六百三十八戶九十六萬七千三百五十三建隆四年取荊南得州府三（江陵府歸峽）縣一十七戶一十四萬二千三百平湖南得州一十五監一（潭衡邵郴道永全岳澧朗蔣辰錦溪敘桂陽監）縣六十六戶九萬七千三百八十八乾德三年平蜀得州府四十六（益彭眉嘉邛蜀綿漢資簡梓遂黎雅陵戎瀘維茂昌榮果閬渠合龍普利興文巴劍蓬壁夔忠萬集開渝涪黔施達洋興元府）縣一百九十八戶五十三萬四千三十九開寶四年平廣南得州六十（廣韶潮循封端英連雄龔惠康恩春瀧勤新高潘雷羅辯桂賀昭梧蒙恭象富融宜柳嚴思唐邕澄貴[illegible]横賓欽潯容牢白廉黨繡鬱林藤竇義禺順瓊崖儋萬安振）縣二百一十四戶一十七萬二百六十三八年平江南得州一十九軍三（昇宣歙池洪潤常鄂筠饒信虔吉袁撫江汀建劍江陰雄遠建昌軍）縣一百八戶六十五萬五千六十五計其末年凡有州二百九十七縣一千八十六戶三百九萬五百四太宗太平興國三年陳洪進獻地得州二（漳泉）縣十四戶十五萬一千九百七十八錢俶入朝得州十三軍一（杭蘇越湖衢婺台明溫秀睦福處衣錦）縣八十六戶五十五萬六百八

十四年平太原得州十軍一（并汾嵐憲忻代遼沁隆石寶興）縣四十戶三萬五千二百二十五年李繼捧來朝得州四（夏銀綏宥雍熙元年復以四州授繼捧自後不復領職方）縣八（雍熙中天下上閏年圖州府軍監幾於四百）至是天下既一疆理幾復漢唐之舊其未入職方氏者唯燕雲十六州而已至道三年分天下為十五路天聖析為十八元豐又析為二十三曰京東東西曰京西南北曰河北東西曰永興曰秦鳳曰河東曰淮南東西曰兩浙曰江南東西曰荊湖南北曰成都梓利夔曰福建曰廣南東西東南際海西盡巴僰北極三關東西六千四百八十五里南北萬一千六百二十里崇寧四年復置京畿路大觀元年別置黔南

路三年并黔南入廣西以廣西黔南為名四年仍舊為廣南西路當是時天下有戶二千八十八萬二千二百五十八口四千六百七十三萬四千七百八十四（天下主客戶自至道末四百一十三萬二千五百七十六天禧五年主戶六百三萬九千三百三十一客戶不預焉至嘉祐八年主戶一千二百四十六萬二千三百一十一口二千六百四十二萬一千六百五十一至治平三年天下主客戶一千四百一十八萬一千四百八十六口二千五十萬六千九百八十熙寧十年戶一千四百二十四萬五千二百七十口三千八十萬七千二百一十一元祐元年戶一千七百九十五萬七千九十二口四十七萬二千六百六紹聖元年戶一千九百一十二萬九百二十一口四千二百五十六萬六千二百四十三元符三年戶一千九百九十六萬八百一十二口四千四百九十一萬四千九百九十一崇寧元年戶二千二十六萬四千三百七口四千五百三十二萬四千一百五十四各府州下戶口與總數少異姑兩存之）視西漢盛時蓋有加焉隋唐疆

理雖廣而戶口皆有所不及迨宣和四年又置燕山府及雲中府路天下分路二十六京府四府三十州二百五十四監六十三縣一千二百三十四可謂極盛矣大抵宋有天下三百餘年孫建隆初訖治平末一百四年州郡沿革無大增損熙寧始務闢土而种諤先取綏州韓絳繼取銀州王韶取熙河章惇取懿洽謝景溫取徽誠熊本取南平郭逵取廣源最後李憲取蘭州沈括取葭蘆米脂浮圖安疆等砦雖嘗以河東邊界七百里地與遼人當時王安石議蓋曰吾將取之寧姑與之也迨元祐更張葭蘆等四砦給賜夏人而分畫又不能定紹聖遂罷分畫督諸路各乘

勢攻討進築自三年秋八月訖元符二年冬凡陝西河東建州一（西安）軍二（晉寧綏德）關三（龍平會寧金城）城九（安西平夏威戎興平定邊威羌金湯白豹會川）砦二十八（平羌平戎珍羌暖泉米脂克戎安疆橫山綏遠寧羌靈平高平西平新泉盪羌通峽天都臨羌定戎龕谷大和通秦寧河彌川寧遠神泉烏龍）堡十（開光通塞石門通會大和通泰寧河彌川寧川三交）又取青唐（鄯）邈川（湟）寧塞（廓）龍支（宗哥）等城建中靖國悉還吐蕃故壞稍紓民力崇寧亟變前議專以紹述為事蔡京始任童貫王厚更取湟鄯廓三州二十餘壘陶節夫鍾傳邢恕胡宗回曾孝序之徒又相與鑿空駕虛馳騖於元符封域之表訖於重和既立靖夏（涇原）制戎（鄜延）制羌（西寧）三城雖夏人浸衰而民力亦弊西事甫定北釁旋起蓋自崇寧

以來益梓夔黔廣西荆湖南北迭相視効斥大土宇靡有寧歲凡所建州軍關城砦堡紛然莫可勝紀厥後建燕山雲中兩路粗閱三歲禍變旋作中原版蕩故府淪没職方所記漫不可攷高宗蒼黄渡江駐蹕呉會中原陝右盡入于金東畫長淮西割商秦之半以散關爲界其所存者兩浙兩淮江東西湖南北西蜀福建廣東廣西十五路而已有户一千二百六十六萬九千六百八十四此寧宗嘉定十一年數

建國江左又百五十年迨德祐丙子遂併歸于我

皇元版圖而天下始復合爲一焉今據元豐所定併京畿爲二十四路首之以京師重帝都也終之以燕雲以其既

志 志三十八 四 沈 四百八十三

得而旋失故附見于後而凡四京之城闕宫室及南渡行在之所其可考者冠于篇首爲地理志云

東京汴之開封也梁爲東都後唐罷晉復爲東京宋因周之舊爲都建隆三年廣皇城東北隅命有司畫洛陽宫殿按圖修之皇居始壯麗矣雍熙三年欲廣宫城詔殿前指揮使劉延翰等經度之以居民多不欲徙遂罷宫城周迴五里南三門中曰乾元宋初依梁晉之舊名曰明德太平興國三年改丹鳳大中祥符八年改正陽明道二年改宣德雍熙元年改今名東曰左掖西曰右掖東西面門曰東華西華舊名寛仁神獸開寶三年改今名熙寧十年又改東華門北曰謻門北一門曰拱宸舊名玄武大中祥符五年改今名熙寧十年改門内西横門曰臨華乾元門内正南門曰

大慶東西横門曰左右升龍左右北門内各二門曰左右長慶熙寧閤改左右長慶闕門曰左右嘉肅左右銀臺東華門内一門曰左承天祥符乾德六年賜名大中祥符元年正月天書降其上詔加祥符二字而增葺之西華門内一門曰右承天左承天門内道北門曰宣祐舊名光天大中祥符八年改大寧明道元年改今名正南門内正殿曰大慶東西門曰左右太和宋初曰日華月華大中祥符八年改今名正衙殿曰文德宋初曰文明雍熙元年改今名熙寧閤改南門曰端禮兩掖門曰東西上閤東西門曰左右嘉福宋初曰左右勤政明道元年十月改今名大慶殿舊名崇元乾德四年重修改曰乾元太平興國九年改朝元大中祥符八年改天安明道三年改今名北有紫宸殿舊名崇德明道元年改視朝之前殿也西有垂拱殿舊名長春明道元年改常日視朝之所也次西有皇

志 志三十八 五 沈德中 六百十一

儀殿開寶四年賜名滋福明道元年十月改又次西有集英殿舊名廣政開寶三年曰大明淳化間曰含光大中祥符八年名會慶明道元年十月改今名宴殿也殿後有需雲殿舊名玉華後改瓊華熙寧初改今名東有昇平樓舊名紫雲明道元年改宮中觀宴之所也宮後有崇政殿舊名簡賢講武太平興國二年改今名熙寧閤改北横門曰通極閲事之所也殿後有景福殿殿西有殿北向曰延和便坐殿也大中祥符七年建後苑東門洎北向便殿成賜名宣和門承明殿明道元年改端明二年改今名凡殿有門者皆隨殿名宮中又有延慶舊名萬歲大中祥符七年改安福觀文舊名集聖明道二年改肅儀慶曆八年改今名清景慶雲玉京等殿壽寧堂舊名清淨明道元年改延春閣舊名萬春寶元元年改福寧殿即延慶明道元年改東西有門曰左右昭慶觀文殿西門曰延眞其東眞君殿曰積慶

前建咸眞閣又有龍圖閣下有資政崇和宣德述古四殿
天章閣下有群玉蘂珠二殿後有寶文閣即壽昌閣慶曆元年改
東西有嘉德延康二殿前有景耀門後苑東門曰寧陽即宣
和門明道元年改苑內有崇聖殿太清樓其西又有宜聖化成即玉
宸殿明道元年改金華西涼清心等殿翔鸞儀鳳二閣華景翠芳
瑤津三亭延福宮有穆清殿延慶殿北有柔儀殿初有殿無名章
獻太后名曰崇徽明道元年改寶慈景祐二年改今名崇徽殿北有欽明殿舊名天和明道
元年改觀文又改清居治平三年改今名延福宮北有廣聖宮天聖二年建名長寧景祐二年
改內有太清玉清沖和集福會祥五殿建流盃殿於後苑
明道元年八月修文德殿成是夜禁中火延燔崇德長春滋福會慶延慶崇徽天和承明八殿命宰相呂夷簡爲修
葺大內使樞密副使楊崇勳副之發京東西河北淮南江東西路工匠給役內出乘輿物左藏庫易緡錢二十萬助
其費以故改諸殿名又有慈德殿楊太后所居景祐元年賜名觀稼殿在後苑觀種稻景祐
二年創建延義閣在崇政殿西邇英閣在崇政殿西南蓋侍臣講讀之所也與延義同景祐三年
賜名隆儒殿在邇英閣後小殿皇祐三年始賜名慈壽殿皇太后所居治平元年賜名慶壽
宮保慈宮熙寧二年建玉華殿在後苑基春殿熙寧七年建在玉華殿後睿思
殿八年建承極殿元豐三年建崇慶隆祐二宮元祐元年建睿成宮神宗
所居東宮紹聖二年賜名宣和殿在睿思殿後紹聖二年四月殿成其東側別有小殿曰凝芳其西曰瓊芳
前曰重熙後曰環碧元符三年廢崇寧初復作大觀三年徽宗製記刻石實蔡京爲之聖瑞宮皇太妃所
居因以名宮顯謨閣元符元年建藏神宗御集建中靖國元年改曰熙明尋復舊玉虛殿元符
初建玉華閣大觀初建在宣和殿後親蠶宮政和元年建燕寧殿在延福北奉安仁宗

慈聖光獻皇后御容延福宮政和三年春新作於大內北拱宸門外舊宮在後苑之西南今其地乃百司供
應之所凡內酒坊裁造院油醋柴炭鞍轡等庫悉移它處又遷兩僧寺兩軍營而作新宮焉始南向殿因宮名曰延
福次曰蕊珠有亭曰碧琅玕其東門曰晨暉其西門曰麗澤宮左復列二位其殿則有穆清成平會寧睿謨凝和崑
玉羣玉其東閣則有蕙馥報瓊蟠桃春錦疊瓊芬芳麗玉寒香拂雲偃蓋翠葆鉛英雲錦蘭薰摘金其西閣有繁英
雪香披芳鉛華瓊華文綺絳萼穠華綠綺瑤碧清陰秋香叢玉扶玉絳雲會寧之北疊石爲山山上有殿曰翠微旁
爲二亭曰雲歸曰層巘凝和之次閣曰明春其高踰一百一十尺閣之側爲殿二曰玉英曰玉澗其背附城築土植
杏名杏岡覆茅爲亭脩竹萬竿引流其下宮之右爲佐二閣曰宴春廣十有二丈舞臺四列山亭三峙鑿圓池爲海
跨海爲二亭架石梁以升山亭曰飛華橫度之四百尺有奇縱數之二百六十有七尺又疏泉爲湖湖中作隄以接
亭隄中作梁以通湖梁之上又爲茅亭鶴莊鹿砦孔翠諸柵蹄尾動數千嘉花名木類聚區別幽勝宛若生成西抵
麗澤不類塵境初蔡京命童貫楊戩賈詳藍從熙何訢等分任宮役五人者因各爲制度不務沿襲故號延福五位
東西配大內南北稍劣其東直景龍門西抵天波門宮東西二橫門皆視禁門法所謂晨暉麗澤者也而晨暉門出
入最多其後又跨舊城脩築號延福第六位跨城之外浚壕深者水三尺東景龍門橋西天波門橋二橋之下疊石
爲固引舟相通而橋上人物外自通行不覺也名曰景龍江其後又闢之東過景龍門至封丘門○景龍江北有龍
德宮初元符三年以懿親宅潛邸爲之及作景龍江江夾岸皆奇花珍木殿宇比比對峙中塗曰壺春堂絕岸至龍
德宮其地歲時次第展拓後盡都城一隅焉名曰擷芳園山水美秀林麓暢茂樓觀參差猶艮岳延福也宮在舊城
因附見此保和殿政和三年四月作九月殿成總爲屋七十五間玉清神霄宮政和三年建舊
名玉清和陽在福寧殿東七年改今名上清寶籙宮政和五年作在景龍門東對景暉門既又作仁
濟輔正二亭於宮前命道士施民符藥徽宗時登皇城下視之又開景龍門城上作複道通寶籙宮以便齋醮之路
徽宗數從複道上往來是年十二月始張燈於景龍門上下名曰預賞其明年乃有期門之事萬歲山艮
嶽政和七年始築於上清寶籙宮之東作萬歲山山周十餘里其最高一峯九十步上有亭曰介亭分東西二嶺直接

南山之東有萼綠華堂有書館八仙館紫石巖䌫眞嶝覽秀軒龍吟堂山之南則壽山兩峯並峙有鴈池噰噰亭北直絳霄樓山之西有藥寮有西莊有巢雲亭有白龍沜濯龍峽蟠秀練光跨雲亭羅漢巖又西有萬松嶺半嶺有樓曰倚翠上下設兩關關下有平地鑿大方沼中作兩洲東爲蘆渚亭曰浮陽西爲梅渚亭曰雪浪西流爲鳳池東出爲鴈池中分二館東曰流碧西曰環山有閣曰巢鳳堂曰三秀東池後有揮雪廳復由磴道上至介亭亭左復有亭曰極目曰蕭森右復有亭曰麗雲半山北俯景龍江引江之上流注山間西行爲漱瓊軒又行石間爲煉丹凝觀圜山亭下視江際見高陽酒肆及清澌閣北岸有勝筠庵躡雲臺蕭閒館飛岑亭支流別爲山莊爲回溪又於南山之外爲小山橫亘二里曰芙蓉城窮極巧妙而景龍江外則諸館舍尤精其北又因瑤華宮火取其地作大池名曰曲江池中有堂曰蓬壺東盡封丘門而止其西則自天波門橋引水直西殆半里江乃折南又折北折南者過閶闔門爲複道通茂德帝姬宅折北者四五里屬之龍德宮宣和四年徽宗自爲艮嶽記以爲山在國之艮故名艮嶽蔡條謂初名鳳凰山後神降其詩有艮嶽排空霄因改名艮嶽宣和六年詔以金芝產于艮嶽之萬壽峯又改名壽嶽

蔡條謂南山成又改名壽嶽嶽之正門名曰陽華故亦號陽華宮自政和訖靖康積累十餘年四方花竹奇石悉聚于斯樓臺亭館雖略如前所記而月增日益殆不可以數計宣和五年朱勔於太湖取石高廣數丈載以大舟挽以千夫鑿河斷橋毀堰拆牐數月乃至賜號昭功敷慶神運石是年初得燕地故也勔緣此授節度使大抵羣閹興築不肯已徽宗晚歲患苑囿之衆國力不能支數有厭惡語由是得稍止及金人再至圍城日久欽宗命取山禽水鳥十餘萬盡投之汴河聽其所之拆屋爲薪鑿石爲砲伐竹爲笓籬又取大鹿數百千頭殺之以啗衛士云

舊城周迴二十里一百五十五步東二門北曰望春宋初名和政南曰麗景南面三門中曰朱雀東曰保康大中祥符五年創建西曰崇明西二門南曰宜秋北曰閶闔北三門中曰景龍東曰安遠西曰天波以上宋初仍梁晉舊名至太平興國四年改今名

新城周迴五十里百六十五步大中祥符九年增築元豐元年重修政和六年詔有司度國之南展築京城移置官司軍營舊城周四十八里二百三十三步周顯德三年築南三門中曰南薰東曰宣化西曰安上東二門南曰朝陽北曰含輝太平興國四年改寅賓後復西二門南曰順天北曰金耀北四門中曰通天天聖初改寧德後復東曰長景次東曰永泰西曰安肅初號衞州門以上皆因周舊名至太平興國四年改今名汴河上水門南曰大通太平興國四年賜名天聖初改順濟後復今名北曰宣澤舊南北水門皆曰大通熙寧十年改汴河下南曰上善北曰通津天聖初改廣津熙寧十年復惠民河上曰普濟下曰廣利廣濟河上曰咸豐下曰善利舊名咸通上南門曰永順熙寧十年賜名其後又於金耀門南置開遠門舊名通遠以上皆太平興國四年賜名天聖初改今名

西京唐顯慶間爲東都開元改河南府宋爲西京山陵在

焉宮城周迴九里三百步城南三門中曰五鳳樓東曰興教西曰光教因隋唐舊名東一門曰蒼龍西一門曰金虎北一門曰拱宸舊名玄武大中祥符五年改五鳳樓內東西門曰左右永泰門外道北有鸞和門太平興國三年以車輅院門改右永泰門西有永福門興教光政門內各三門曰左右安禮左右興善左右銀臺蒼龍金虎門內第二隔門曰膺福千秋膺福門內道北門曰建禮正殿曰太極舊名明堂太平興國三年改殿前有日月樓日華月華門又有三門曰太極殿門後有殿曰天興次北殿曰武德西有門三重曰應天乾元敷教內有文明殿旁有東上閤門西上閤門前有左右延福門後又有殿曰垂拱

殿北有通天門柱廊北有明福門門內有天福殿殿北有寢殿曰太清第二殿曰思政第三殿曰延春東又有廣壽殿視朝之所也北第二殿曰明德第三殿曰天和第四殿曰崇徽天福殿西有金鑾殿對殿南廊有彰善門殿北第二殿曰壽昌第三殿曰玉華第四殿曰長壽第五殿曰甘露第六殿曰乾陽第七殿曰善興西有射弓殿千秋門內有含光殿拱宸門內西偏有保寧門門內有講武殿北又有殿相對內園有長春殿淑景亭十字亭九江池砌臺娑羅亭宮城東西有夾城各三里餘東二門南曰賓曜北曰啓明西二門南曰金曜北曰乾通宮室合九千九百九十

餘區（夾城內及內城北皆左右禁軍所處）皇城周迴十八里二百五十八步南面三門中曰端門東西曰左右掖門東一門曰宣仁西三門南曰麗景與金曜相直中曰開化與乾通相直北曰應福內皆諸司處之京城周五十二里九十六步（隋大業元年築唐長壽二年增築）南三門中曰定鼎東曰長夏西曰厚載東三門中曰羅門南曰建春北曰上東西一門曰關門北二門東曰安善西曰徽安（政和元年十一月重修大內至六年九月畢工朱勝非言政和間議朝謁諸陵敕有司預為西幸之備以蔡攸妻兄宋昪為京西都漕修治西京大內合屋數千間盡以真漆為飾工役甚大為費不貲而漆飾之法須骨灰為地科買督迫灰價日增一斤至數千於是四郊塚墓悉被發掘取人骨為灰矣）

南京大中祥符七年建應天府為南京宮城周二里三百一十六步門曰重熙頒慶殿曰歸德（元豐六年賜度僧牒修外城門及西橋等）京城周迴一十五里四十步東二門南曰延和北曰昭仁西二門南曰順成北曰回鑾南一門曰崇禮北一門曰靜安中有隔城又有門二東曰承慶西曰祥耀其東又有關城南北各一門

北京慶曆二年建大名府為北京宮城周三里一百九十八步即真宗駐蹕行宮城南三門中曰順豫東曰省風西曰展義東一門曰東安西一門曰西安順豫門內東西各一門曰左右保成次北班瑞殿殿前東西門二東曰凝祥西曰麗澤殿東南時巡殿門次北時巡殿次靖方殿次慶

寧殿時巡殿前東西門二東曰景清西曰景和京城周四十八里二百六步門一十七（熙寧九年改正南南河門曰景風南塼曰亨嘉鼓角曰阜昌正北北河門曰安平北磚曰耀德正東冠氏門曰華景冠氏第二重曰春祺子城東曰泰通正西魏縣門曰寶成魏縣第二重曰利和子城西曰宣澤東南朝城門曰安流朝城第二重曰巽齊西南觀音門曰安正觀音第二重曰靜方上水關曰善利下水關曰永濟內城創置北門曰靖武○元豐七年廢善利永濟關）

行在所建炎三年閏八月高宗自建康如臨安以州治為行宮宮室制度皆從簡省不尚華飾垂拱大慶文德紫宸祥曦集英六殿隨事易名實一殿重華慈福壽慈壽康四宮重壽寧福二殿隨時異額實德壽一宮延和崇政復古選德四殿本射殿也慈寧殿（紹興九年以太后有歸期建）欽先孝思殿

十五年建在崇政殿東翠寒堂孝宗作損齋紹興末建貯經史書爲燕坐之所東宮在麗正門內孝宗莊文景獻光宗皆常居之講筵所資善堂在行宮門內因書院而作天章龍圖寶文顯猷徽猷敷文煥章華文寶謨九閣實天章一閣

京畿路皇祐五年以京東之曹州京西之陳許鄭滑州爲輔郡隸畿內并開封府合四十二縣置京畿路轉運使及提點刑獄總之至和二年罷京畿路轉運使提點刑獄其曹陳許鄭滑各隸本路爲輔郡如故崇寧四年京畿路復置轉運使及提點刑獄先是改開封府界爲京畿路是年又於京畿四面置四輔郡潁昌府爲南輔鄭州爲西輔澶州爲北輔建拱州於開封襄邑縣爲東輔並屬京畿大觀四年罷四輔許鄭澶州還隸京西及河北路廢拱州復以襄邑縣隸開封府政和四年襄邑縣復爲拱州後與潁昌府鄭州開德府復爲東南西北輔宣和二年罷四輔潁昌府鄭州開德府各還舊隸拱州隸京東西路舊開封府界依舊爲京畿

開封府崇寧户二十六萬一千一百一十七口四十四萬二千九百四十貢方紋綾方紋紗蔗席麻黄酸棗仁縣十六開封赤祥符赤東魏浚儀縣大中祥符二年改尉氏畿陳留畿雍丘畿封丘畿中牟畿宣和三年改紆王城爲青陽城陽武畿延津畿舊酸棗縣政和七年改長垣畿本匡城縣建隆元年改爲鶴丘後又改東明畿本東昏鎮乾德元年置扶溝畿鄢陵畿考城畿崇寧四年與太康同隸拱州大觀四年廢拱州二縣復來隸太康畿宣和二年復隸拱州六年仍隸京畿咸平畿舊通許鎮隸陳留咸平五年置縣

京東路至道三年以應天兗徐曹青鄆密齊濟沂登萊單濮濰淄淮陽軍廣濟軍清平軍宣化軍萊蕪監利國監爲京東路熙寧七年分爲東西兩路以青淄濰萊登密沂徐州淮陽軍爲東路鄆兗齊濮曹濟單州南京爲西路元豐元年割京西路齊州屬東路割東路徐州屬西路元祐元年諸提點刑獄不分路京東西路京東東路並爲京東路京西南路京西北路並爲京西路秦鳳等路永興軍等路並爲陝府西路河北西路河北東路並爲河北路淮南西路淮南東路並爲淮南路其後仍分爲兩路

東路府一濟南州七青密沂登萊濰淄軍一淮陽縣三十八

青州望北海郡鎮海軍節度建隆三年以北海縣置軍淳化五年改軍名慶曆二年初置京東東路安撫使崇寧户九萬五千一百五十八口一十六萬二千八百三十七貢仙紋綾梨棗縣六益都望壽光望臨朐緊博興上千乘上臨淄上

密州上本防禦州建隆元年復爲防禦開寶五年升爲安化軍後降防禦六年復爲節度崇寧户一十四萬四千五

百六十七口三十二萬七千三百四十貢絹牛黃縣五諸
城望安丘望唐輔郡梁改安丘晉膠西縣開寶四年復今名莒望高密上膠西元祐
三年以板橋鎮爲膠西縣兼臨海軍使
濟南府上濟南郡興德軍節度本齊州先屬京東路咸平
四年廢臨濟縣元豐元年割屬京東東路政和六年升爲
府崇寧戶一十三萬三千三百二十一口二十一萬四千
六十七貢綿絹陽起石防風縣五歷城緊禹城緊章丘中景
德三年以章丘縣置清平軍熙寧三年廢軍即縣治置軍使長清中至道二年徙城於刺榆臨邑中建
隆元年河決公乘渡口壞城三年移治孫耿鎮政和元年升爲望
沂州上琅琊郡防禦崇寧戶八萬二千八百九十三口一
十六萬五千二百三十貢仙靈脾紫石英茯苓鍾乳石縣
五臨沂望承望沂水望費望新泰中
登州上東牟郡防禦崇寧戶八萬一千二百七十三口一
十七萬三千四百八十四貢金牛黃石器縣四蓬萊望文
登中黃望牟平緊有乳山閶家口二砦
萊州中東萊郡防禦崇寧戶九萬七千四百二十七口一
十九萬八千九百八貢牛黃海藻牡蠣石器縣四掖望萊
陽望膠水望即墨中
濰州上團練建隆三年以青州北海縣建爲北海軍置昌
邑縣隸之乾德三年升爲州又增昌樂縣崇寧戶四萬四

千六百七十七口一十萬九千五百四十九貢綜絲素絁
縣三北海望昌邑望本隋都昌縣後廢建隆三年復置昌樂緊本唐營丘縣後廢乾德中復
置安仁縣後又改
淄州上淄川郡軍事崇寧戶六萬一千一百五十二口九
萬八千六百一十貢綾防風長理石縣四淄川望長山中
鄒平中下景德元年移治濟陽廢縣高苑下景德三年以縣置宣化軍熙寧三年廢軍爲縣隸州即縣治
置軍使
淮陽軍同下州太平興國七年以徐州下邳縣建爲軍并
以宿遷來屬崇寧戶七萬六千八百八十七口一十五萬
四千一百三十貢絹縣二下邳望宿遷中
西路府四應天襲慶興仁東平州五徐濟單濮拱軍一廣
濟縣四十三
應天府河南郡歸德軍節度本唐宋州至道中爲京東路
景德三年升爲應天府大中祥符七年建爲南京熙寧七
年分屬西路崇寧戶七萬九千七百四十一口一十五萬
七千四百四貢絹縣六寧陵緊與楚丘同隸拱州大觀四年復來隸政和四年又隸
拱州宣和六年復來隸宋城赤穀熟畿下邑畿虞城畿楚丘畿
襲慶府魯郡泰寧軍節度本兗州大中祥符元年升爲大
都督政和八年升爲府崇寧戶七萬一千七百七十七口
二十一萬七千七百三十四貢大花綾墨雲母紫石英防

風茯苓縣七瑕(上大觀四年以瑕丘縣爲瑕縣)奉符(上本漢乾封縣開寶五年移治岱岳鎮大
中祥符元年改)泗水(上)龔(上大觀四年以龔丘縣爲龔縣)仙源(中上魏曲阜縣大中祥符五年改)
萊蕪(中)鄒(下熙寧五年省爲鎮入仙源元豐七年復)監一萊蕪(主鐵治)
徐州大都督彭城郡武寧軍節度本屬京東路元豐元年
割屬京東西路崇寧戶六萬四千四百三十口一十五萬
二千二百三十七貢雙絲綾紬絹縣五彭城(望)沛(望)蕭(望)
滕(緊)豐(緊)監二寶豐(元豐六年置鑄銅錢八年廢)利國(主鐵治)
興仁府輔濟陰郡彰信軍節度本曹州建中靖國元年改
賜軍額曰興仁崇寧元年升曹州爲興仁府復還舊節大
觀二年以拱州爲東輔升督府政和元年罷督府復爲輔

郡崇寧戶三萬五千九百八十口六萬六千九百三十一
貢絹葶藶子縣四濟陰(望)宛亭(望元祐元年改宛句縣爲宛亭)乘氏(緊)南
華(上)
東平府東平郡天平軍節度本鄆州慶曆二年初置京東
西路安撫使大觀元年升大都督府政和四年移安撫使
於應天府宣和元年改爲東平府崇寧戶一十三萬三百
五口三十九萬六千六十三貢絹阿膠縣六須城(望)陽穀
(望景德三年徙孟店)中都(緊)壽張(上)東阿(緊)平陰(上)監一東平(宣和二年復置政和三年罷)
濟州上濟陽郡防禦崇寧戶五萬七百一十八口一十五萬九
千一百三十七貢阿膠縣四鉅野(望)任城(望)金鄉(望)鄆城
(望)
單州上碭郡建隆元年升爲團練崇寧戶六萬一千四百
九口一十一萬六千九百六十九貢蛇床防風縣四單父
(望)碭山(望)成武(緊)魚臺(上)
濮州上濮陽郡團練崇寧戶三萬一千七百四十七口五
萬二千六百八十一貢絹縣四鄄城(望)雷澤(緊)臨濮(上)范
(上)
拱州保慶軍節度本開封府襄邑縣崇寧四年建爲州賜
軍額爲東輔以開封之考城太康南京之寧陵楚丘柘城

來隸大觀四年廢拱州復爲襄邑縣還隸開封政和四年
復爲州又復爲輔郡宣和二年罷輔郡仍隸京東西路以
襄邑太康寧陵爲屬縣餘歸舊隸六年又以寧陵歸南京
太康歸開封復割柘城來隸縣二襄邑柘城(畿)
廣濟軍乾德元年置發運務開寶九年改轉運司太平興
國二年建爲軍四年割曹澶濮濟四州地復置縣以隸焉
熙寧四年廢軍以定陶縣隸曹州元祐元年復爲軍縣一
定陶(上)
開封府京東路分爲東西兩路得兗豫青徐之域當虛危
房心奎婁之分西抵大梁南極淮泗東北至于海有鹽鐵

絲石之饒其俗重禮義勤耕紝浚郊處四達之會故建爲都政教所出五方雜居睢陽當漕舟之路定陶乃東運之衝其後河截清水頗涉艱阻兖濟山澤險迥盜或隱聚營丘東道之雄號稱富衍物產尤盛登萊高密負海之北楚商兼湊民性愎戾而好訟鬬大率東人皆朴魯純直甚者失之滯固然尊經之士爲多下邳俗尚頗類淮楚爲

京西路舊分南北兩路後併爲一路熙寧五年復分南北兩路

南路府一襄陽州七鄧隨金房均郢唐軍一光化縣三十一

襄陽府望襄陽郡山南東道節度本襄州宣和元年升爲府崇寧戶八萬七千三百七口一十九萬二千六百五貢麝香白穀漆器縣六襄陽緊鄧城望穀城緊宜城中下中盧中下隋義清縣太平興國元年改紹興五年省入南漳南漳中下

鄧州望南陽郡武勝軍節度舊爲上郡政和二年升爲望郡建隆初廢臨瀨縣崇寧戶一十一萬四千一百二十七口二十九萬七千五百五十貢白菊花縣五穰上南陽中下慶曆四年廢方城縣爲鎮入焉元豐元年改爲縣隷唐州內鄉中下順陽中下太平興國六年升順陽鎮爲縣

隨州上漢東郡崇信軍節度乾德五年升爲崇義軍節度太平興國元年改今名崇寧戶三萬八百四口六萬七千二十一貢綃綾葛穫盆子縣三隨上熙寧元年廢光化縣爲鎮入焉唐城中下棗陽中下

金州上安康郡乾德五年改昭化軍節度崇寧戶三萬九千六百三十六口六萬五千六百七十四貢麩金麝香枳殼實杜仲白膠香黃蘗縣五西城下洵陽中乾德四年廢淯陽縣入焉漢陰中石泉下平利下熙寧六年省爲鎮入西城元祐復

房州下房陵郡保康軍節度開寶中廢上庸永清二縣雍熙三年并爲軍崇寧戶三萬三千一百五十一口四萬七千九百四十一貢麝香紵布鍾乳石筍縣二房陵上竹山下

均州上武當郡武當軍節度本防禦乾德六年移入上州防禦宣和元年賜軍額崇寧戶三萬一百七口四萬四千七百九十六貢麝香縣二武當上鄖鄉上

郢州上富水郡防禦崇寧戶四萬七千二百八十一口七萬八千七百二十七貢白紵縣二長壽上京山下

唐州上淮安郡建隆元年升爲團練開寶五年廢平氏縣崇寧戶八萬九千九百五十五口二十萬二千一百七十二貢絹縣五泌陽中湖陽中下有銀場比陽中下桐柏下開寶六年移治淮瀆故廟方城下後魏縣慶曆四年廢爲鎮入鄧州南陽縣元豐元年復爲縣隷州

光化軍同下州乾德二年以襄州陰城鎮建爲軍析穀城縣三鄉置乾德縣隸焉熙寧五年廢軍改乾德爲光化縣隸襄州元祐初復爲軍縣一乾德望

北路府四河南潁昌淮寧順昌州五鄭滑孟蔡汝軍一信陽縣六十三

河南府洛陽郡因梁晉之舊爲西京熙寧五年分隸京西北路崇寧戶一十二萬七千七百六十七口二十三萬三千二百八十貢蜜蠟甆器縣十六河南赤洛陽赤熙寧五年省入河南元祐二年復永安赤奉陵寢景德四年升鎮爲縣偃師畿慶曆三年廢四年復熙寧五年省入緱氏八年復置省緱氏縣爲鎮隸焉潁陽畿慶曆三年廢爲鎮四年復熙寧二年省入登封元祐二年復置鞏畿密畿崇寧四年割隸鄭州宣和二年還隸府新安畿福昌畿熙寧五年省入壽安元祐元年復爲縣伊陽畿熙寧二年割欒川治鎮入虢州盧氏縣五年廢伊闕縣爲鎮入河南六年改隸伊陽澠池畿景祐四年改鐵門鎮曰延禧永寧畿長水畿壽安畿慶曆三年廢爲鎮四年復河清畿開寶元年移治白波鎮熙寧八年閏四月置鐵監登封畿監一阜財熙寧七年置鑄銅錢

潁昌府次府許昌郡忠武軍節度本許州元豐三年升爲府崇寧四年爲南輔隸京畿大觀四年罷輔郡政和四年復爲輔郡隸京畿宣和二年復罷輔郡依舊隸京西北路崇寧戶六萬六千四十一口一十六萬一百九十三貢絹蓆縣六長社次赤熙寧四年省許田縣爲鎮入焉郾城次畿陽翟次畿長葛次畿臨潁次畿舞陽次畿郟中元隸汝州崇寧四年來隸

鄭州輔滎陽郡奉寧軍節度熙寧五年廢州以管城新鄭隸開封府省滎陽滎澤縣爲鎮入管城原武縣爲鎮入陽武元豐八年復州元祐元年還舊節復以滎陽滎澤原武爲縣與滑州並隸京西路崇寧四年建爲西輔大觀四年罷輔郡政和四年又復宣和二年又罷崇寧戶三萬九百七十六口四萬一千八百四十八貢絹麻黃縣五管城望滎澤中原武上新鄭上滎陽緊

滑州輔靈河郡太平興國初改武成軍節度熙寧五年廢州縣並隸開封府元豐四年復舊縣復來隸元祐元年還舊節度崇寧戶二萬六千五百二十二口八萬一千九百八十八貢絹縣三白馬中熙寧三年廢靈河縣隸焉韋城望胙城緊

孟州望河陽三城節度政和二年改濟源郡崇寧戶三萬三千四百八十一口七萬一百六十九貢梁米縣六河陽望濟源望溫望汜水上熙寧五年省入河陰元豐二年復置大中祥符四年改武牢關曰行慶河陰中王屋中熙寧五年自河南來隸

蔡州緊汝南郡淮康軍節度崇寧戶九萬八千五百二口十八萬五千一十三貢綾縣十汝陽上上蔡上新蔡中褒信中遂平中新息中確山中隋朗山縣大中祥符五年改真陽中西平中平輿

淮寧府輔淮陽郡鎮安軍節度本陳州政和二年改輔爲

上宣和元年升爲府崇寧戶三萬二千九十四口一十五萬九千六百一十七貢紬絹縣五宛丘緊項城上商水中西華中南頓中熙寧六年省爲鎮入商水項城二縣元祐元年復

順昌府上汝陰郡舊防禦後爲團練開寶六年復爲防禦元豐二年升順昌軍節度舊潁州政和六年改爲府崇寧戶七萬八千一百七十四口一十六萬六百二十八貢紬絁綿縣四汝陰望開寶六年移治於州城東南十里泰和望潁上緊沈丘緊

汝州輔臨汝郡陸海軍節度本防禦州政和四年賜軍額崇寧戶四萬一千五百八十七口一十七萬一千四百九十五貢絁紬縣五梁中襄城緊葉上魯山中寶豐中舊名龍興熙寧五年省爲鎮入魯山元祐元年復宣和二年改爲寶豐縣

信陽軍同下州開寶九年降爲義陽軍廢鍾山縣太平興國元年改爲信陽軍崇寧戶九千九百五十四口二萬五千貢紵布縣二信陽中下羅山中下開寶九年廢雍熙二年復置

京西南北路本京西路蓋禹貢冀豫荊兗梁五州之域而豫州之壤爲多當井柳星張角亢氐之分東暨汝潁西被陝服南略鄢郢北抵河津絲枲漆纊之所出而洛邑爲天地之中民性安舒而多衣冠舊族然土地褊薄迫於營養盟津滎陽滑臺宛丘汝陰潁川臨汝在二京之交其俗頗同唐鄧汝蔡率多曠田蓋自唐季之亂土著者寡太宗遷晉雲朔之民於京洛鄭汝之地墾田頗廣民多致富亦由儉嗇而然乎襄陽爲汴南巨鎮淮安隨棗陽西城武當上庸東梁信陽其習俗近荊楚

志卷第三十八

開府儀同三司上柱國錄軍國重事前中書右丞相監修國史領經筵事都總裁臣脫脫等奉

敕修

地理二（河北路　河東路）

河北路舊分東西兩路後併為一路熙寧六年再分為兩路

東路府三大名開德河間州十一滄冀博棣莫雄霸德濱恩清軍五德清保順永靜信安保定縣五十七

大名府魏郡慶曆二年建為北京八年始置大名府路安撫使統北京澶懷衛德博濱棣通利保順軍熙寧以來並因之六年分屬河北東路崇寧戶一十五萬五千二百五十三口五十六萬八千九百七十六貢花紬綿紬平紬紫草縣十二元城（赤熙寧六年省大名縣為鎮入焉）莘（畿）大名（次赤熙寧六年省入元城紹聖三年復政和六年徙治南樂鎮）內黃（畿）成安（畿熙寧六年省洹水縣為鎮入焉）魏（次畿）館陶（畿熙寧五年省永濟縣為鎮入焉尋復舊）臨清（次畿）夏津（畿）清平（畿宋初自博州來隸熙寧二年又割博平縣明靈砦隸焉本縣移置明靈砦）冠氏（畿）宗城（畿熙寧五年省臨清縣為鎮入焉當年復舊尋以永濟隸臨清熙寧六年又省經城縣為鎮入焉）

開德府上澶淵郡鎮寧軍節度本澶州崇寧四年建為北輔五年升為府宣和二年罷輔郡仍隸河北東路崇寧戶三萬一千八百七十八口八萬二千八百二十六貢莨莠

蓆南粉縣七濮陽（中）觀城（望皇祐元年省入濮陽頓丘四年復置）臨河（緊）清豐（中慶曆四年徙治德清軍即縣置軍使隸州熙寧六年省頓丘縣入清豐）衛南（中）朝城（畿舊隸大名府崇寧四年與南樂來隸）南樂（畿）德清軍（見上）

滄州上景城郡橫海軍節度崇寧戶六萬五千八百五十二口一十一萬八千二百一十八貢大絹大柳箱縣五清池（望熙寧四年省饒安縣為鎮入清池有乾符巷姑三女泥姑小南河五砦政和三年改巷姑曰海清三女曰三河泥姑曰河平）無棣（望治平中徙無棣縣治保順軍即縣治置軍使隸州）鹽山（緊）樂陵（緊熙寧二年徙治咸平鎮）南皮（中熙寧六年省臨津縣入焉）

保順軍（周置軍於滄州無棣縣南二十里開寶三年又以滄棣二州界保順吳橋二鎮之地益焉仍隸滄州）

冀州上信都郡舊團練慶曆八年升安武軍節度崇寧戶六萬六千二百四十四口一十萬一千三十貢絹縣六信都（望）蓨（上）南宮（上皇祐四年升新河鎮為縣南宮六年省新河為鎮入焉）棗強（上熙寧元年省為鎮入信都十年復置）武邑（上）衡水（中）

河間府上河間郡瀛海軍節度至道三年以高陽隸順安軍舊名關南太平興國元年改名高陽關慶曆八年始置高陽關路安撫使統瀛莫雄貝冀滄永靜保定乾寧信安一十州軍本瀛州防禦大觀二年升為府賜軍額崇寧戶三萬一千九百三十口六萬二百六貢絹縣三河間（望雍熙中即縣西置平虜砦景德二年改為肅寧城）樂壽（望至道三年自深州來隸熙寧六年省景城為鎮入焉）東城（上熙寧六年省為鎮入河間元祐元年復）

博州上博平郡防禦淳化三年河決移治於孝武渡西崇寧戶四萬六千四百九十二口九萬一千三百二十三貢平絹縣四聊城望高唐望堂邑望博平緊熙寧二年割明靈砦隸北京清平

棣州上樂安郡防禦建隆二年升爲團練俄爲防禦大中祥符八年移治陽信縣界八方寺崇寧戶三萬九千一百三十七口五萬七千二百三十四貢絹縣三猒次上商河中陽信下

莫州上文安郡防禦熙寧六年省長豐縣爲鎮又省鄭縣入任丘元祐二年復鄭縣尋又罷爲鎮崇寧戶一萬四千五百六十口三萬一千九百九十二貢綿縣一任丘上有馬村王家二砦政和三年改馬村砦曰定安王家砦曰定平

雄州中防禦本唐涿州瓦橋關政和三年賜郡名曰易陽崇寧戶一萬三千一十三口五萬二千九百六十七貢紬縣二歸信中有張家木場三橋雙柳大渦七姑垣紅城新垣八砦容城中建隆四年復置

霸州中防禦本唐幽州永清縣地後置益津關周置霸州以鄭之文安瀛州之大城來屬政和三年賜郡名曰永清崇寧戶一萬五千九百一十八口二萬一千五百一十六貢絹縣二文安上景祐二年廢永清縣入焉有劉家渦刀魚莫金口阿翁鴈頭黎陽喜渦鹿角八砦元豐四年割鹿角砦隸信安軍政和三年改劉家渦砦曰安平阿翁曰仁孝鴈頭曰和寧喜渦曰喜安大城上

德州上平原郡軍事宋初省歸化縣景祐二年廢安陵縣入將陵後割屬永靜軍熙寧六年省德平縣爲鎮入安德崇寧戶四萬四千五百九十一口八萬二千二十五貢絹縣二安德望平原緊

濱州上軍事大觀二年賜渤海郡名大中祥符五年廢蒲臺縣崇寧戶四萬九千九百九十一口一十一萬四千九百八十四貢絹縣二渤海望招安上慶曆二年升招安鎮爲縣熙寧六年省爲鎮入渤海元豐二年復爲縣

恩州下清河郡軍事唐貝州晉永清軍節度周爲防禦宋初復爲節度慶曆八年改州名罷節度崇寧戶五萬一千三百四十二口八萬五千九百八十六貢絹白氊縣三清河望端拱元年徙治永寧鎮淳化五年徙今治熙寧四年省清陽縣入焉武城望歷亭緊至和元年廢漳南縣入焉

永靜軍同下州唐景州太平興國六年以軍直屬京淳化元年以冀州阜城來屬景德元年改軍名崇寧戶三萬四千一百九十三口三萬九千二十二貢簟絹縣三東光緊將陵望景祐元年移治于長河鎮阜城中嘉祐八年省爲鎮入東光熙寧十年復爲縣

清州下本乾寧軍幽州蘆臺軍之地晉陷契丹周平三關置永安縣屬滄州太平興國七年置軍改縣曰乾寧隸焉大觀二年升爲州政和三年賜郡名曰乾寧崇寧戶六千

六百一十九口一萬二千七十八貢絹縣一乾寧熙寧六年省爲
鎮元符二年復崇寧三年再省政和五年又復砦六約臺獨流北獨流東當城沙渦百萬
信安軍同下州太平興國六年以霸州淤口砦建破虜軍
景德二年改爲信安崇寧戶七百一十五口一千四百三
十七貢絹砦七周河刀魚田家狼城佛聖渦鹿角李詳元豐四年霸州鹿角砦始隸軍
保定軍同下州太平興國六年以涿州新鎮建平戎軍景
德元年改爲保定軍景祐元年析霸州文安大成二縣五
百戶隸軍宣和七年廢保定軍爲保定縣隸莫州知縣事
仍兼軍使尋依舊崇寧戶一千二十九口二千四百八十
四貢絁砦二桃花父母政和三年改父母砦曰安寧

五ㄱ廿八 志三十九 五 朱子明

西路府四眞定中山信德慶源州九相濬懷衛洺深磁祁
保軍六天威北平安肅永寧廣信順安縣六十五
眞定府次府常山郡唐成德軍節度本鎮州漢以趙州之
元氏欒城二縣來屬開寶六年廢九門石邑二縣端拱初
以鼓城隸祁州淳化九年以東鹿隸深州慶曆八年初置
眞定府路安撫使統眞定府磁相邢趙洺六州崇寧戶九
萬二千三百五十三口一十六萬三千一百九十七貢羅
縣九眞定次赤槀城次畿欒城次畿元氏次畿井陘次畿熙寧六年省入獲鹿平山
八年復置從治天武軍即縣治置軍使隸府有天威軍小作口王家谷三砦獲鹿次畿平山次畿有甘
泉嵐州沂州檀明夫婦栢嶺黃岡烘山赤箭抱兒石虎中子雕拱東臨山西臨山十五砦行唐次畿靈壽

次畿熙寧六年省爲鎮入行唐八年復有赤陘飛具二砦砦一北砦咸平二年置熙寧八年析行唐縣二
鄉隸砦天威軍見上
相州望鄴郡彰德軍節度崇寧戶三萬六千三百四十口
七萬一千六百三十五貢暗花牡丹花紗知母胡粉絹縣
四安陽緊熙寧五年省永和縣入焉湯陰緊宣和二年以湯陰縣隸濬州尋復來隸臨漳緊熙
寧五年省鄴縣入焉林慮中
中山府次府博陵郡建隆元年以易北平並來屬太平興
國初改定武軍節度本定州慶曆八年始置定州路安撫
使統定保深祁廣信安肅順安永寧八州政和三年升爲
府改賜郡名曰中山崇寧戶六萬五千九百三十五口一

四ㄱ八十三 志三十九 六 朱子明

十八萬六千三百五貢羅大花綾縣七安喜緊無極緊曲
陽上唐上望都中新樂中北平中下砦一軍城隸曲陽縣北平軍
慶曆二年以北平砦建軍四年復隸州即北平縣治置軍使隸州
信德府次府鉅鹿郡後唐安國軍節度本邢州宣和元年
升爲府崇寧戶五萬三千六百一十三口九萬五千五百
五十二貢絹白磁盞解玉砂縣八邢臺上宣和二年改龍岡縣爲邢臺沙
河上任中堯山中平鄉上熙寧六年省平鄉縣爲鎮入鉅鹿元祐元年復內丘上熙
寧六年省堯山縣入焉元祐元年復南和中熙寧五年省任縣爲鎮入焉元祐元年復鉅鹿上
濬州平川軍節度本通利軍端拱元年以滑州黎陽縣爲
軍天聖元年改通利爲安利四年以衛州衛縣隸軍熙寧

三年廢爲縣隸衛州元祐元年復爲軍政和五年升爲州
號濬川軍節度改今額崇寧戶三千一百七十六口三千
二百二縣二衛上熙寧六年廢爲鎮入黎陽後復黎陽中
懷州雄河內郡防禦建隆元年升爲團練俄爲防禦崇寧
戶三萬二千三百一十一口八萬八千一百八十五貢牛
膝皂角縣三河內緊熙寧六年省武德縣爲鎮入焉修武上熙寧六年省爲鎮入武陟元
祐元年復武陟中
衛州望汲郡防禦崇寧戶二萬三千二百四口四萬六千
三百六十五貢絹綿縣四汲中新鄉緊熙寧六年廢爲鎮入汲元祐二年復
獲嘉上天聖四年自懷州來隸共城中監一黎陽熙寧七年置鑄銅錢
洺州望廣平郡建隆元年升爲防禦熙寧三年省曲周縣
爲鎮入雞澤六年省臨洺縣爲鎮入永年元祐二年曲周
臨洺復爲縣尋復爲鎮四年曲周雞澤依舊別爲兩縣崇
寧戶三萬八千八百一十七口七萬三千六百貢紬縣五
永年上肥鄉望平恩緊雞澤中曲周中
深州望饒陽郡防禦雍熙四年廢陸澤縣崇寧戶三萬八
千三十六口八萬三千七百一十貢絹縣五靜安望本漢下博縣
周置靜安軍以縣隸俄復焉太平興國七年又隸靜安軍雍熙二年廢還屬三年廢四年復置改今名東鹿
望淳化中自眞定來屬安平望饒陽望武強望
磁州上滏陽郡團練舊名慈政和三年改作磁崇寧戶三

萬六千四百九十一口九萬六千九百二十二貢磁石縣
三滏陽上熙寧六年省昭德縣爲鎮入焉邯鄲上武安上有固鎮永安黃澤梅回四砦
祁州中蒲陰郡團練端拱初以鎮州鼓城來屬景德元年
移治於定州蒲陰以無極隸定熙寧六年省深澤縣爲鎮
入鼓城元祐元年復崇寧戶二萬四千四百八十四口四
萬九千九百七十五貢花絁縣三蒲陰望鼓城緊深澤中
慶源府望趙郡慶源軍節度本趙州軍事大觀三年升爲
大藩崇寧四年賜軍額宣和元年升爲府崇寧戶三萬四
千一百四十一口六萬一百三十七貢絹綿縣七平棘望
寧晉望臨城上唐縣熙寧六年省隆平縣爲鎮入焉元祐元年復高邑中熙寧五年省柏鄉贊皇
二縣爲鎮入焉元祐元年皆復隆平中柏鄉中贊皇下
保州下軍事本莫州清苑縣建隆初置保塞軍太平興國
六年建爲州政和三年賜郡名曰清苑崇寧戶二萬七千
四百五十六口二十三萬二百三十四貢絹縣一保塞望太
平興國六年析易州滿城之南境入焉
安肅軍同下州本易州遂城縣太平興國六年建爲靜戎
軍析易州遂城三鄉置靜戎縣隸焉景德元年併縣改安
肅軍宣和七年廢軍爲安肅縣知縣事仍兼軍使尋依舊
崇寧戶七千一百九十七口一萬四千七百五十一貢素
絁縣一安肅中

永寧軍同下州雍熙四年以定州博野縣建寧邊軍景德元年改永寧軍宣和七年廢爲博野縣知縣事仍兼軍使尋依舊縣一博野(望)

廣信軍同下州太平興國六年改易州遂城縣爲威勇軍景德元年改廣信軍崇寧戶四千四百四十五口八千七百三十八貢紬栗縣一遂城(中)

順安軍同下州本瀛州高陽關砦太平興國七年置唐興砦淳化三年建爲順安軍至道三年以瀛州高陽來屬熙寧六年省高陽縣爲鎮十年復爲縣崇寧戶八千六百五口一萬六千五百七十八貢絹縣一高陽(中)

河北路蓋禹貢兗冀青三州之域而冀兗爲多當畢昴室東壁尾箕之分南濱大河北際幽朔東瀕海西壓上黨繭絲織紝之所出人性質厚少文多專經術大率氣勇尚義號爲強忮土平而近邊習尚戰鬭有河漕以實邊用商賈貿遷芻粟峙積宋初募置鄉義大修戰備爲三關置方田以資軍廩契丹數來侵擾人多去本及蒔修戎好益開互市而流庸復來歸矣大名澶淵安陽臨洺汲郡之地頗雜斥鹵宜於畜牧浮陽際海多鬻鹽之利其控帶北地鎮魏中山皆爲雄鎮云

河東路府三太原隆德平陽州十四絳澤代忻汾遼憲嵐石隰慈麟府豐軍八慶祚威勝平定岢嵐寧化火山保德晉寧縣八十一

太原府太原郡河東節度太平興國四年平劉繼元降爲緊州軍事毀其城移治於榆次縣又廢太原縣以平定樂平二縣屬平定軍交城屬大通監七年移治唐明監舊領河東路經略安撫使元豐爲次府大觀元年升大都督府崇寧戶一十五萬五千二百六十三口一百二十四萬一千七百六十八貢大銅鑑甘草人參礬石縣十陽曲(次赤有百井陽興二砦)太谷(次畿)榆次(次畿)壽陽(次畿)盂(次畿)交城(次畿開寶元年自大通監來隸)文水(次畿)祁(次畿)清源(次畿)平晉(中熙寧三年廢入陽曲政和五年復)監二大通

永利

隆德府大都督府上黨郡昭義軍節度太平興國初改昭德舊領河東路兵馬鈐轄兼提舉澤晉絳州威勝軍屯駐泊本城兵馬巡檢事本潞州建中靖國元年改爲軍崇寧三年升爲府仍還昭德舊節崇寧戶五萬二千九百九十七口一十三萬三千一百四十六貢人參蜜墨縣八上黨(望)屯留(上)襄垣(上)潞城(上)壺關(中)長子(中)涉(中)黎城(中天聖三年徙治涉之東南白馬驛熙寧五年省入潞城縣元祐元年復)

平陽府望平陽郡建雄軍節度本晉州政和六年升爲府崇寧戶七萬五千九百八口一十八萬三千一百五十四

貢蜜蠟燭縣十臨汾望洪洞緊襄陵緊熙寧五年廢慈州鄉寧縣分隸焉有鵰
掌豹尾二砦神山上有韓買安國史壁疊頭等堡趙城上熙寧五年省為鎮隸洪洞元豐三年復為縣
汾西中有厚啇青岸石橋青山邊柏五砦霍邑中冀氏中有府城永興二砦陶川白練當谷橫嶺
四堡岳陽中下和川中下太平興國六年廢沁州以縣來屬熙寧五年省為鎮入冀氏元祐元年復為縣
務二煉礬礬山
慶祚軍政和三年以趙城造父始封之地升為軍以軍事領之
絳州雄絳郡防禦崇寧戶五萬九千九百三口九萬四千
二百三十七貢防風蠟燭墨縣七正平望曲沃望大平望熙
寧五年廢慈州以鄉寧縣分隸大平稷山翼城上稷山中絳中有中山花崖華山三砦垣曲下有銅
錢一監

澤州上高平郡崇寧戶四萬四千一百三十三口九萬一
千八百五十二貢白石英禹餘粮人參縣六晉城緊高平
上陽城上端氏中陵川中沁水中下關一雄定舊天井關屬晉城縣靖康
元年改今名
代州上鴈門郡防禦景德二年廢唐林縣舊置沿邊安撫
司崇寧戶三萬三千二百五十八口一十五萬九千八百五
十七貢麝香青碌縣四鴈門中下有西陘胡谷鴈門三砦崞中下有樓板陽武石
峽土墱四砦五臺中下繁畤下有繁畤茹越大石義興冶寶興軍瓶形梅回麻谷八砦
忻州下定襄郡團練崇寧戶一萬八千一百八十六口四
萬二千二百三十二貢解玉砂麝香縣二秀容緊熙寧五年省定襄入焉

元祐元年定襄復為縣有石嶺關忻口雲內徒合四砦定襄中下
汾州望西河郡軍事崇寧戶五萬一千六百九十七口一
十八萬五千六百九十八貢土綿石膏縣五西河望有永利西監
平遙望介休上靈石中有陽涼南關陽涼北關孝義上太平興國元年改為中陽後復為
孝義熙寧五年省為鎮入介休元祐元年復
遼州下樂平郡熙寧七年州廢省平城和順二縣為鎮入
遼山縣隸平定軍省榆社縣為鎮入威勝軍武鄉縣元豐
八年復置州縣鎮並復來隸元祐元年復置和順榆社平
城縣崇寧戶七千三百一十五貢人參縣四遼山下有黃澤砦
和順下榆社中下平城中

憲州中汾源郡軍事初治樓煩咸平五年移治靜樂軍縣
遂廢軍又廢樓煩改隸嵐州熙寧三年廢憲州以靜樂縣
隸嵐州十年復憲州仍領靜樂縣政和五年賜郡名崇寧
戶二千七百二十二口七千四百四十四貢麝香縣一靜
樂中咸平五年廢天池玄池二縣入焉
嵐州下樓煩郡軍事太平興國五年以嵐谷隸岢嵐軍崇
寧戶一萬三千二百六十九口六萬六千二百二十四貢
麝香縣三宜芳中有飛鳶堡合河中下有乳浪砦樓煩下咸平五年自憲州來隸
石州下昌化郡軍事舊帶嵐石隰三州都巡檢使元豐五
年置葭蘆吳堡二砦隸州因置二砦沿邊都巡檢使遂令

三州各帶沿邊都巡檢使初領縣五元符二年升葭蘆砦為晉寧軍以州之臨泉縣隸焉大觀三年復以定胡縣隸晉寧軍崇寧戶一萬五千八百九口七萬二千九百二十九貢蜜蠟縣三離石中平夷中有伏落津砦方山下

隰州下大寧郡團練熙寧五年廢慈州以吉鄉縣隸州即縣治置吉鄉軍使仍省文城縣為鎮隸焉元祐元年復慈州七年以州之上平永寧兩關僻逼西界以州為次邊崇寧戶三萬八千二百八十四口一十三萬八千四百三十九貢蜜蠟縣六隰川上溫泉上有碌礬一務水頭白壁先鋒三砦蒲中大寧中石樓中有上平永寧二砦永和中

慈州下團練舊領吉鄉文城鄉寧三縣熙寧五年廢州以吉鄉隸隰州即縣治置吉鄉軍使仍省文城為鎮隸焉又以鄉寧隸晉州襄陵縣元祐元年復吉鄉軍為慈州戶口闕縣一吉鄉中

麟州下新秦郡乾德初移治吳兒堡五年升建寧軍節度端拱初改鎮西軍節度崇寧戶三千四百八十二口八千六百八十四貢柴胡縣一新秦上政和四年廢銀城連谷二縣入焉有神堂靜羌二砦惠寧鎮川二堡銀城有屈野川五原塞銀城神木建寧三砦肅定神木通津闌干四堡連谷有屈野川橫陽堡大和砦地名大和谷元符二年進築賜名東至神木砦五十五里南至彌川砦三十里西至饒咩浪界堠七十里北至清水谷二十里大和堡地名麻乜娘元符二年進築賜名東至肅定堡界二十五里南至清水谷二十里西至松木骨堆界六十五里北至銀城砦二十五里

府州中靖康軍節度本永安軍崇寧元年改軍額政和五年賜郡名曰榮河舊置麟府路軍馬司以太原府代州路鈐轄領之崇寧戶一千二百四十二口三千一百八十五貢甘草縣一府谷下有安豐寧府百勝三砦河濱斥堠靖安西安三堡寧川堡府州安豐砦外第九砦元符元年賜名東至斥堠堡三十五里南至安豐砦界四十五里西至豐州寧豐砦四十里北至青沒怒川界堠一百五十里寧邊砦地名端正平元符二年進築賜今名東至寧府砦界三十里南至靖化堡界三十里西至吳龐烽一十五里北至保寧砦界三十里寧疆堡宣和六年獨移莊嶺建堡賜名寧疆震威城宣和六年鐵爐骨堆建砦賜名

豐州下慶曆元年元昊攻陷州地嘉祐七年以府州蘿泊

川掌地復建為州令軍事政和五年賜郡名寧豐崇寧戶一百五十三口四百一十一貢甘草柴胡砦二永安保寧

威勝軍同下州太平興國三年於潞州銅鞮縣亂柳石圍中建為軍崇寧戶一萬九千九百六十二口三萬七千七百二十六貢土絁縣四銅鞮中太平興國初與武鄉自潞州來隸武鄉上熙寧七年廢遼州以榆社縣為鎮入焉元豐八年復置遼州以榆社往隸沁源中下太平興國六年廢沁州以縣來隸綿上中下寶元二年自大通監來隸慶曆六年徙治軍西北大覺寺地

平定軍同下州太平興國二年以鎮州廣陽砦建為軍四年以并州平定樂平二縣來屬崇寧戶九千三百六口二萬八千六百七貢絹縣二平定中唐廣陽縣太平興國四年改有故井陘關百井砦

樂平 中有靜陽砦

岢嵐軍同下州太平興國五年以嵐州嵐谷縣建為軍崇寧戶二千九百一十七口六千七百二十貢絹縣一嵐谷 下熈寧三年廢元豐六年復置有永和洪谷等六砦

寧化軍同下州崇寧戶一千七百一十八口三千八百二十一貢絹縣一寧化 熈寧三年廢元祐元年復崇寧三年又廢為鎮有西陽腦子細腰窟谷四砦

火山軍同下州本嵐州之地太平興國七年建為軍治平四年置火山縣四年廢之崇寧戶五千四十五口九千四百八十貢柴胡砦一下 鎮 火山軍舊領雄勇偏頭董家橫谷桔槹護水六砦慶曆初置下鎮砦嘉祐六年廢偏頭砦熈寧元年廢桔槹砦元豐九域志領砦一

保德軍同下州淳化四年析嵐州地置定羌軍景德元年改崇寧戶九百六十三口四千五十貢絹津二 大堡 沙谷

晉寧軍本西界葭蘆砦元豐五年收復六月并吳堡砦並隸石州元祐四年以葭蘆砦給賜西人紹聖四年收復元符二年以葭蘆砦為晉寧軍割石州之臨泉隸焉知軍領嵐石路沿邊安撫使兼嵐石隰州都巡檢使大觀三年復以石州定胡縣來隸東至剋胡砦隔河五里南至吳堡砦一百七十里西至神泉砦二十五里北至通秦砦二十里領縣二定胡 中舊領定胡天渾津吳堡三砦按吳堡砦元豐四年收復東至黃河南至綏德軍白草砦九十里西至綏德軍義合砦六十里北至晉寧軍一百七十里 臨泉 中下舊領剋胡葭蘆二砦按葭蘆砦乃元豐五年收復後為晉寧軍 神泉砦 地名榆木川在廢葭蘆砦北元符元年賜今名東至晉寧軍二十五里南至烏龍砦二十五里西至隔祚嶺界堠五十里北至通秦砦四十里 三交堡 地名三交川嶺元符元年神泉砦築堡畢工賜名 烏龍砦 元符二年進築賜名東至神泉砦二十五里南至暖泉砦二十里西至暖泉砦三十里北至女萌烽一十七里 通秦砦 地名昇囉嶺元符二年賜今名東至黃河二十九里南至神泉砦四十二里西至女萌骨堆界堠五十里北至通秦堡一十七里 寧河砦 地名窟薛嶺元符二年賜名東至黃河三十里南至通秦堡一十七里西至尹遇合一十三里北至章堡二十五里 彌川砦 地名彌勒川元符二年賜名東至黃河六十里南至彌川堡十五里西至砦浪骨堆界堠七十里北至麟州大和砦三十里 通秦堡 地名精移堡元符二年同砦賜名東至黃河一十七里一百二十步南至通秦砦一十七里西至龍移川界堠五十里北至寧河砦一十一里 寧河堡 地名哥崖嶺元符二年同砦賜名 彌川堡 地名小紅崖元符二年同砦賜名東至黃河四十里南至寧河砦一十五里西至祖平四十里北至泰平堡一十里 靖川堡 東至黃河三十里南至寧河砦十四里西至界首立子谷四十五里北至彌川堡一十三里

河東路蓋禹貢冀雍二州之域而冀州為多當觜參之分其地東際常山西控党項南盡晉絳北控雲朔當太行之險地有鹽鐵之饒其俗剛悍而朴直勤農織之事業寡桑柘而富麻苧善治生多藏蓄其靳嗇尤甚朔方樓煩馬之所出歲增貿市以充監牧之用太宗平太原慮其恃險徙城而治焉然猶為重鎮屯精兵以控邊部云

開府儀同三司上柱國録軍國重事前中書右丞相監修國史領經筵事都總裁臣脱脱等奉
勅修

地理三　陝西

陝西路慶曆元年分陝西沿邊為秦鳳涇原環慶鄜
延四路熙寧五年以熙河洮岷州通遠軍為一路置
馬步軍都總管經略安撫使又以熙河等五州軍為
一路通舊鄜延等五路共三十四州軍後分永興保
安軍河中陝府商解同華耀虢鄜延丹坊環慶邠寧
州為永興軍等路轉運使於永興軍提點刑獄於河

中府置司鳳翔府秦階隴鳳成涇原渭熙河洮岷州
鎮戎德順通遠軍為秦鳳等路轉運使於秦州提點
刑獄於鳳翔府置司仍以永興鄜延環慶秦鳳涇原
熙河分六路各置經略安撫司

永興軍路府二京兆河中州十五陝延同華耀邠鄜
解慶虢商寧坊丹環軍一保安縣八十三其後延州
慶州改為府又增銀州醴州及定邊綏德清平慶成
四軍凡府四州十五軍五縣九十

京兆府京兆郡永興軍節度本次府大觀元年升大
都督府舊領永興軍路安撫使宣和二年詔永興軍
守臣等銜不用軍額稱京兆府崇寧户二十三萬四
千六百九十九口五十三萬七千二百八十八貢華
鐔蠟席酸棗仁地骨皮縣十三長安次赤樊川次赤舊萬年縣
宣和七年改鄠次畿藍田次畿咸陽次畿涇陽次畿櫟陽次畿高陽次畿
興平次畿臨潼次畿唐昭應縣大中祥符改醴泉次畿武功次畿政和八年同醴
泉縣入醴州乾祐次畿監二熙寧四年置鑄銅錢八年置鑄鐵錢

河中府次府河東郡護國軍節度舊兼提舉解州慶
成軍兵馬巡檢事大中祥符中以榮河為慶成軍崇
寧户七萬九千九百六十四口二十二萬七千三十
貢五味子龍骨縣七河東次赤隋縣熙寧三年省西河縣六年省永樂縣為鎮

入焉臨晉次畿猗氏次畿虞鄉次畿萬泉次畿龍門次畿元祐二年置鑄錢監
二榮河次畿舊隸慶成軍熙寧元年廢以榮河隸府即縣治置軍使

慶成軍見上

解州中防禦崇寧户三萬二千三百五十六口一十
一萬三千三百二十一貢鹽花縣三解中聞喜望安
邑緊

陝州大都督府陝郡太平興國初改保平軍舊兼提
舉商虢州兵馬巡檢事崇寧户四萬七千八百六口
一十三萬五千七百一貢紬絁栝蔞根栢子仁縣七
陝中熙寧六年省硤石縣為石壕鎮入焉平陸上夏上靈寶上熙寧四年省湖城

縣入焉芮城中湖城中下元豐元年復置縣閿鄉中下太平興國三年自虢州與
湖城二縣來隸監二熙寧三年置鑄銅錢八年置鑄鐵錢
商州望上洛郡軍事崇寧戶七萬三千一百二十九
口一十六萬二千五百三十四貢麝香枳殼實縣五
上洛中商洛中洛南中下豐陽中上津中下
虢州雄虢郡軍事崇寧戶二萬二千四百九十口四
萬七千五百六十三貢麝香地骨皮硯縣四盧氏中熙
寧二年以西京伊陽縣欒川冶鎮隸焉虢略中唐弘農縣建隆初改常農至道三年改今名熙寧
四年省玉城縣爲鎮入焉朱陽中乾德六年廢入常農太平興國七年復置欒川元祐二年
以欒川冶爲鎮崇寧三年改爲縣

同州望馮翊郡定國軍節度崇寧戶八萬一千一十
一口二十三萬三千九百六十五貢白蒺藜生熟乾
地黃縣六馮翊緊澄城緊朝邑緊郃陽上熙寧四年省夏陽縣爲
鎮入焉白水中韓城中元祐二年置鑄錢監監一沙苑
華州望華陰郡建隆初爲鎮國軍節度皇祐五年改
鎮潼軍節度崇寧戶九萬四千七百五十口二十六
萬九千三百八十貢茯苓細辛茯神縣五鄭上下邽
望蒲城望唐奉先縣開寶四年改建隆中自京兆隸同州天禧四年自同州來隸華陰緊
渭南上熙寧六年省爲鎮入鄭元豐元年復爲縣舊自京兆府來隸監二熙寧四年置鑄銅錢
八年置鑄鐵錢

耀州緊華原郡開寶五年爲感義軍節度太平興國
初改感德軍崇寧戶一十萬二千六百六十七口三
十四萬七千五百三十五貢瓷器縣六華原上富平
望三原望雲陽上同官上美原中
清平軍本鳳翔府盩厔縣清平鎮大觀元年升爲軍
復置終南縣隸京兆府清平軍使兼知終南縣專管
勾上清太平宮縣一終南
延安府中都督府延安郡彰武軍節度本延州元祐
四年升爲府舊置鄜延路經略安撫使統延州鄜州
丹州坊州保安軍四州一軍其後增置綏德軍又置

銀州凡五州二軍銀州尋廢崇寧戶五萬九百二十
六口一十六萬九千二百一十六貢黃蠟麝香縣七
膚施中熙寧五年省豐林縣爲鎮金明縣爲砦並入焉有金明龍安二砦安塞一堡元豐四年又收
復塞門砦宣和二年改龍安曰德安砦延川中熙寧八年省延水縣爲鎮入焉有丹頭綏平懷寧
順安白草永平六砦安定黑水二堡及永寧關元豐四年收復置細浮圖義合米脂三砦七年以米脂義
合浮圖懷寧順安綏平六城砦隸綏德城元符二年廢順安白草丹頭三砦延長中門山
中臨真中敷政中有招安萬安二砦元符二年廢招安砦爲驛甘泉中下城
二治平四年收復綏州熙寧中改爲綏德城四年置羅兀城撫寧賓草二堡尋廢元豐五年置永樂城
賜名銀川砦尋廢青澗城元符二年隸綏德城綏德城元符二年改爲軍監一
熙寧八年置鑄鐵錢塞門砦延州北蕃部舊砦至道後與蘆關石堡安遠砦俱廢元豐四年收復

仍隸延州膚施縣東至珍羌砦五十里西至平戎砦六十里南至安塞堡四十里北至烏延口九十里

平羌砦地本克胡山砦紹聖四年賜名東至安定堡六十里西至安塞堡三十五里南至龍安砦五十四里北至珍羌砦六十里

威戎城地本界平塔紹聖四年賜名東至臨夏城四十里西至威羌砦七十里南至黑水堡六十里北至界臺七十里

平戎砦地本杏子河東山紹聖四年賜名東至塞門砦六十里西至順寧砦七十里南至園林堡五十一里北至杏子堡四十里

開光堡紹聖四年修築元符元年賜名二年隸綏德城

珍羌砦地名那娘山元符元年進築賜名東至威羌砦四十里西至塞門砦五十里南至平羌砦六十里北至御謀城三十五里

威羌砦地名白洛蕉元符元年進築賜名東至威戎城七十里西至珍羌砦四十里南至安定堡七十里北至蘆移堡七十里

御謀城崇寧三年進築賜名東至蘆移堡三十五里西至界臺三十五里南至珍羌砦三十五里北至界臺二十里

石堡砦崇寧三年進築賜名威德軍五年復為砦國初嘗置城至道後廢之

地在延州北制戎城政和八年賜鄜延路天降山新城改今名

新砦蘆移堡東至屈丁堡五十里西至御謀城三十五里南至威羌砦七十里北至界臺一十三里

屈丁堡

萬安堡東至威戎城六十里西至蘆移堡四十里南至威羌砦四十里北至屈丁堡五十一里

丹頭堡　青石崖堡　塞囉堡

鄜州上洛交郡保大軍節度崇寧戶三萬五千四百一口九萬二千四百一十五貢麝香今改貢蠟燭縣一

宜川上後魏義川縣太平興國中改名以鄜州廢咸寧縣入焉熙寧三年省汾川縣七年省雲巖縣為鎮八年析同州韓城縣新封鄉並入焉

坊州上中部軍州事崇寧戶一萬三千四百八口四萬一百九十一貢弓弦麻席縣二中部緊宜君中熙寧元年省昇平縣為鎮入焉有蓍場

保安軍同下州崇寧戶二千四十二口六千九百三十一貢毛段氈砦二

德靖東至保安軍八十里西至慶州蕩原堡六十里南至慶州平戎鎮五十里北至金湯城六十里

順寧東至平戎砦七十里西至金湯城九十里南至保安軍四十里北至萬全砦四十里

堡一

園林東至安塞堡七十里西至保安軍四十里南至招安驛七里北至平戎堡五十一里

金湯城舊金湯砦在德靖砦西南元符二年進築東至順寧砦九十里西至慶州白豹城四十里南至德靖砦六十里北至通慶城六十里

威德軍保安軍之北兩界上有浹流名藏底河夏人近是築城為要害必爭之地政和三年賈炎乞進築不果七年知慶州姚古克之即威德軍

綏德軍唐綏州熙寧三年收復廢為城隸延州在州東北三十里元豐七年以延州米脂義合浮圖懷寧順安綏平六城砦隸綏德城元符二年改為軍弁將暖泉米脂開光義合懷寧克戎臨夏綏平砦青澗城永寧關白草順安砦並隸軍

暖泉砦元符二年進築賜名東至河東為龍砦二十里西至米脂砦四十五里南至義合砦八十里北至清邊砦七十里

米脂砦本西夏砦元豐四年收復為米脂城後復為砦隸延州延川縣七年改隸綏德城元祐四年給賜夏人元符元年收復仍賜舊名東至暖泉砦四十五里西至克戎城六十里南至開光堡三十里北至嗣武城二十里

開光堡紹聖四年修築元符元年賜名二年自延安府來屬東至暖泉砦六十里西至克戎砦五十里南至綏德軍三十里北至米脂砦三十里

義合砦本夏人砦元豐四年收復隸延州延川縣七年改隸綏德城東至晉寧軍六十里西至綏德軍四十里南至順安寨六十里北至暖泉砦八十里

懷寧砦延州延川縣舊砦東至綏德軍四十里西至綏平砦四十里南至青澗城七十里北至克戎砦六十里

克戎城本西人細浮圖砦元豐四年收復隸延州延川縣七年改隸綏德城元祐四年給賜夏人紹聖四年收復賜名東至綏德軍六十里西至臨夏砦三十里南至懷寧砦六十里北至鎮邊砦六十五里

臨夏城地名囉嵬谷嶺元符元年築城賜今名東至克戎砦三十里西至威戎城四十里南至綏平砦六十里北至界堠八十二里

綏平砦延州延川縣舊砦元符二年割隸綏德軍東至懷寧砦四十里南至黑水堡四十里西至丹頭驛四十里北至臨夏砦六十里

青澗城延州舊城東至永寧縣七十里西至來平砦七十里南至延川縣四十里北至懷寧軍七十里

永寧關延州延川縣舊關

白草砦延州延川縣舊砦元符二年廢後復置

順安砦延州延川縣舊砦元符二年廢後復置

嗣武砦舊羅兀城屬延州元豐四年置尋廢崇寧三年修復賜名東至清邊砦二十里西至鎮邊砦二十里南至來脂砦三十里北至龍泉砦二十里

龍泉砦宣和二年改名通泉尋復故東至清邊砦二十里西至鎮邊砦四十里南至嗣武城二十里北至中山堡八里

清邊砦東至河東界五十里西至龍泉砦二十里南至暖泉砦七十里北至生界堠一十三里以下砦堡凡不書年月者皆未詳建置本末

鎮邊砦東至龍泉砦四十里西至大虫坑二十五里南至克戎城六十五里北至生界堠二十五里

龍安砦本屬延安府膚施縣不詳何年來屬東至安定堡八十里西至招安驛四十里南至金明驛三十五里北至御安堡四十里

海末堡海末至柏林十六堡黑水安定安塞本延安舊堡

窰兒堡　大厥堡　花

佛嶺堡　臨川堡　定遠堡　馬欄堡　中山堡

黑水堡　安定堡　佛堂堡　唐推堡　雙林堡

安塞堡　浮圖堡　柏林堡

銀州銀川郡領儒林撫寧真鄉開光四縣五代以來為西夏所有熙寧三年收復尋棄不守元豐四年收復五年即永樂小川築新城距故銀州二十五里前據銀州大川賜名銀川砦旋被西人陷沒崇寧四年收復仍為銀州五年廢為銀川城

慶陽府中安化郡慶陽軍節度本慶州建隆元年升團練乾德元年復為軍事政和七年升為節度軍額曰慶陽宣和七年改慶州為府舊置環慶路經略安撫使統慶州環州邠州寧州乾州凡五州其後廢乾州置定邊軍已而復置醴州凡統三州一軍崇寧戶二萬七千八百五十三口九萬六千四百三十三貢紫茸白花氈麝香黃蠟縣三

安化中有大順一城府城東谷柔遠人順四砦元豐四年廢府城砦金村堡平戎鎮五年收復囉詐砦賜名安疆砦元祐元年復平戎鎮

合水望熙寧四年始置省華池樂蟠二縣為鎮七年改華池鎮為華池砦有東華池西華池二砦荔原一堡

彭原熙寧三年自寧州來隸

安疆砦本西人囉詐砦元豐五年收復賜名元祐四年給賜夏人紹聖四年修復東至德靖砦九十里西至東谷砦六十里南至大順城四十里北至白豹城四十里又隸定邊軍

橫山砦地名西撩㗑元符元年進築賜名東至東谷砦界撩㗑四十五里西至寧羌砦七十里南至通塞堡三十里北至定邊軍三十里

通塞堡元符元年進築東至東谷砦二十里西至西谷口砦二十里南至懷安鎮四十里北至橫山砦三十里

定邊城元符二年修築後別為定邊軍

白豹城舊屬西界元符二年修復賜舊名東至安疆砦四十里西至東谷砦二十里南至柔遠砦五十里北至勝羌堡五十里別見定邊軍

綏遠砦地本駱駝巷元符二年進築賜

名東至定邊軍二十里西至寧羌砦六十里南至橫山砦五十里北至神堂砦約五十里寧羌砦
地本萌門三岔元符元年進築賜名東至綏遠砦六十里西至安塞砦五十里南至西谷砦三十里北至
王尚原界堠五十里鎮安城政和六年進築東至鄜延路通慶城三十里西至九陽堡二十里南
至威邊砦三十里北至西界地名蒼雞二十里麥川堡本名麥經嶺政和六年賜名係環慶路未
詳屬何州軍姑附于此東至懷威砦二十里西至矜戎堡二十里南至威邊砦一十五里北至鎮安城一
十里威寧堡本名衡家堡政和六年賜名係環慶路未詳屬何州軍姑附于此東至九陽堡一十
五里西至定邊軍一十五里南至矜戎堡一十里北至七逋哆移塔五里矜戎堡東至懷威堡四
十里西至定邊軍約二十里南至胡博川二十里北至通祖盧門城砦五十里府城砦元豐二年
已廢不知何年修復金村堡同上勝羌堡東至洛河川二十里西至通塞堡約五十里南
至白豹城五十里北至威邊砦二十里定戎堡東至啓祖峯二十里西至鄜丁原五里南至興

平城二十里北至清平關一十里威邊砦東至洛河川二十里西至橫山砦三十五里南至勝
羌堡二十里北至鎮安城三十里懷威堡東至鄜延路通慶城十五里西至矜戎堡約四十里
南至威寧砦約二十里北至西界羅輕嵴約五十里
環州下軍事舊降為通遠軍淳化五年復為州崇寧
戶七千一百八十三口一萬五千五百三十二貢甘
草縣一通遠上有烏崙蕭遠洪德永和平遠定邊團堡安塞八砦興平城地名灰家
觜元符元年築賜名東至賀子兒一十里西至流井堡四十里南至洪德砦二十里北至清平關三十里
清平關地名之字平元符二年進築賜名東至鬼通砦二十五里西至安邊城四十里南至興平
城三十里北至陷道口鋪二十七里安邊城地名徐丁臺崇寧五年築賜名東至清平關四十里
西至折薑和市賊砦八十里南至廢肅遠砦一百餘里北至牛圈界堠二十里羅溝堡朱灰臺至

綏遠砦中路地名火羅溝及阿原烽政和三年建築賜名東南至綏遠砦約二十里西南至寧羌砦約六
十里南至阿原堡約四十里西至朱臺堡約一十五里阿原堡地名見羅溝堡政和三年賜名
東至綏遠砦三十里西至寧羌砦三十里南至西谷砦四十里北至羅溝堡約四十里朱臺堡
本朱灰臺政和三年建築賜名東至雞觜堡約一十八里西至木瓜堡約五十里南至阿原堡約四十一里
北至雞毛觜約二百步安邊砦大拔砦元豐二年已廢不知何年復修方渠
砦流井堡東至興平城四十里西至安邊城三十里南至党羅原五里北至萌井約五十
餘里歸德堡東至木瓜堡五十里西至定戎堡約三十里南至洪德砦四十里北至蝦蟆和市賊
砦約四十里木瓜堡東至寧羌砦二十五里西至歸德堡五十里南至惠丁堡四十里北至界
堠裏羅節硯五里麝香堡東至龍扎谷五里西至打米谷八里南至木瓜原一十五里北至烏
丁原二十里通歸堡東至歸德堡二十里西至興平城約三十餘里南至洪德砦二十里北至

堡子谷約一十里惠丁堡東至寧羌砦約四十里西至麝香堡約三十里南至安塞砦約三十
五里北至木瓜堡四十里
邠州緊新平郡靜難軍節度崇寧戶五萬八千二百
五十五口一十六萬二千一百六十一貢火筯蓽豆
剪刀縣五新平望宜祿望三水上定平緊熙寧五年隸寧州政和
七年自寧州來隸淳化中淳化四年升耀州雲陽黎國鎮為縣熙寧八年置鑄錢監元豐三年廢
宣和元年自耀州來隸
寧州望彭原郡興寧軍節度本軍事州宣和元年賜
軍額崇寧戶三萬七千五百五十八口一十二萬二
千四十一貢菴閭荊芥硯席縣三定安緊襄樂上真

寧下
醴州本京兆府奉天縣舊置乾州熙寧五年廢以奉
天還隸府政和七年復以縣為州更名醴八年割屬
環慶路縣五奉天次畿永壽下乾德三年自邠州來隸熙寧五年廢乾州永壽及
麻亭常寧二砦俱隸邠州政和八年復來隸武功醴泉二縣本屬京兆府政和八年三
月割屬醴州好畤本屬鳳翔府政和八年三月割屬醴州
定邊軍元符二年環慶路進築定邊城後改為軍東至
九陽堡三十五里西至綏遠砦二十里南至橫山砦三十里北至通化堡二十里縣一定邊
政和六年陝西河東路宣撫使童貫奏環慶路已進築勒敀臺等處新城正據控扼包古邊面乞依姚古
所請於定邊軍置倚郭一縣詔賜令名白豹城元符二年進築賜舊名已見慶陽府東谷

砦舊砦已見慶陽府安化縣綏遠砦地名駱駝巷元符二年進築賜名東至定邊軍二十里西
至寧羌砦六十里南至橫山砦五十里北至神堂堡約五十里神堂堡大觀二年進築賜名東至
觀化堡三十里西至綏遠砦多移嶺界堠十三里南至綏遠砦三十里北至勒崖原卓望處三里觀
化堡東至通祖嶺界堠約一十五里西至鷄嘴堡約三十里南至通化堡二十里北至甜井嶺約一
十里通化堡東至通祖嶺平界堠約三十里西至綏遠砦二十餘里南至定邊軍二十里北至觀
化堡十里九陽堡東至鎮安城二十里西至定邊軍三十五里南至東谷砦九十里北至界
堠裏乾谷三里雞嘴堡東至通化堡約二十里西至多移嶺界堠約一十里南至綏遠砦一十六
里北至神堂堡約一十四里
秦鳳路府一鳳翔州十二秦涇熙隴成鳳岷渭原階
河蘭軍三鎮戎德順通遠縣三十八其後增積石震

武懷德三軍西寧樂鄯西安洮會六州又改通遠軍
為鞏州凡府一州十九軍五縣四十八
秦州下府天水郡雄武軍節度舊置秦鳳路經略安
撫使統秦州隴州階州成州鳳州通遠軍凡五州一
軍其後割通遠軍屬熙河凡統州五崇寧戶四萬八
千六百四十八口一十二萬三千二十二貢席芎藭
縣四成紀上有渭水三陽上鍋牛下鍋牛堡子伏歸小三陽照川土門四顧平戎赤崖湫西青
遠近湫定西小定西下硤注鹿原上硤圓川伏羌得勝揄林大像菜園探長新水谷舊水谷欕林丙能石
人鋪驄項永寧鹽泉小永寧吟水泉雙泉新土舊土三十九砦隴城中有靜戎永固定平長山白揄
林郭馬安塞七砦清水中有弓門鐵窯研鞍堡子小弓門坐交得鐵冶坊橋子李子古道永安四

顧威塞床穰鎮邊和戎安遠拱河定川中城東城西城靜邊臨川德威廣武寧遠長燋二十九砦天
水上監一太平城二伏羌熙寧三年廢丹山納述乾川三堡增伏羌砦為城有
得勝揄林大像菜園探長新水握林丙龍石人驄項舊水一十一堡甘谷熙寧元年置有吹藏大甘
隴諾三堡四年置尖竿隴陽二堡砦七治平四年置雞川熙寧元年改嶔珠堡為通渭堡五年改
古渭砦為通遠軍發者達李當七麻三堡改通渭堡為砦割永寧寧遠威遠熟羊來遠並隸軍尋改綏遠
定邊二砦為鎮隸隴州定西領寧西牛鞍上硤下硤注鹿原圓川六堡三陽領渭濱武安上
下鍋牛閶喜伏歸硤口照川土門四顧平戎赤崖湫西青遠近湫十四堡弓門領東鞍安人斫鞍上
下鐵窯坐交得鐵冶坊七堡靜戎領白揄林長山郭馬靜塞定平永固邦遵寧塞長燋九堡安
遠隴城雞川堡三熙寧三年改床穰為鎮五年改冶坊砦為冶坊堡八
年改床穰鎮為堡床穰領白石古道中城東城西城定戎定安雄邊臨川德威廣武定川拱河鎮

邊一十四堡冶坊領橋子古道永安博望威塞李子六堡達隆堡川城政和
六年於秦鳳東西川口進築賜名東至甘泉堡一十八里西至熙河路安西城管下龜兒鎮一十二里南
至甘谷城一百一十里北至會川城一百二十里甘泉堡東至涇原路第十七堡五十里西至
堡川城一十八里南至涇原路治平砦一百五十里北至涇原路通安砦一百五十里別見渭州安
遠砦吏部通用酬賞格秦州又有安遠等五砦定邊綏遠二砦熙寧八年廢為鎮屬隴州其後復為
砦定邊砦綏遠砦小落門砦保安砦弓鍾
砦董哥平堡
鳳翔府次府扶風郡鳳翔軍節度乾德初置崇信縣
淳化中割崇信屬儀州熙寧五年廢乾州以好畤縣
來隸政和八年又以好畤隸醴州崇寧戶一十四萬

三千三百七十四口三十二萬二千三百七十八貢
蠟燭榛實蓆縣九天興次赤岐山次畿扶風次畿盩厔次畿大觀
元年以縣清平鎮置軍郿次畿有鐵冶務寶雞次畿虢次畿麟遊次畿普潤次畿
監一司竹
隴州上汧陽郡防禦崇寧戶二萬八千三百七十口
八萬九千七百五十貢蓆縣四汧源望有古道銀場熙寧八年改秦
州定邊砦為隴西鎮隸縣汧陽緊吳山中隴安中開寶二年折汧陽縣四鄉置縣
成州中下同谷郡開寶六年升為團練崇寧戶一萬
二千九百六十四口三萬三千九百九十五貢蠟燭
鹿茸縣二同谷上有骨鹿馬邑赤土平泉滑山胡桃六砦栗亭中

鳳州下河池郡團練本防禦乾德元年降為團練崇
寧戶三萬七千七百九十六口六萬一千一百四十
五貢蠟燭縣三梁泉上河池緊開寶五年移治固鎮有水銀務兩當
上至道元年移治唐郷鎮監一開寶建隆二年於兩當縣置銀治開寶五年升為監治平元年
罷置官以監隸兩當縣元豐六年廢
階州中下武都郡軍事本唐武州陷西戎後復其地
改置馬崇寧戶二萬六百七十四口四萬九千五百
二十貢羚羊角蠟燭縣二福津中下領貼峯峽武平沙灘三砦團城堡平
定關將利中下砦一故城本故城鎮不知何年建為砦
渭州下隴西郡平涼軍節度本軍事政和七年升為

節度舊置涇原路經略安撫使涇州原州渭州儀州
德順軍鎮戎軍皆屬熙寧五年廢儀州元符二年增
置西安州崇寧三年又以熙河路會州來屬大觀三
年又增置懷德軍凡統五州三軍崇寧戶二萬六千
五百八十四口六萬三千五百一十二貢絹蓯蓉縣
五平涼中有瓦亭砦潘原中安化中熙寧七年廢制勝關移縣於關地以舊地為
鎮崇信中華亭中下熙寧五年廢儀州與安化崇信同來隸靖夏城政和六年
賜涇原路蓆葦平新城名曰靖夏未詳何軍州姑附此甘泉堡崇寧五年涇原路經略司於徹
井子修築守禦賜名未詳屬何州軍姑附此別見秦州
涇州上安定郡太平興國元年改彰化軍節度崇寧

户二萬八千四百一十一口八萬八千六百九十九貢紫茸毛毼段縣四保定望有武砦靈臺上良原上長武望咸平四年升長武鎮為縣五年省為砦屬保定縣大觀二年復以砦為縣

原州望平涼郡軍事崇寧户二萬三千三十六口六萬三千四百九十九貢甘草縣二臨涇中彭陽中唐豐業縣太平興國初改至道三年自寧州來隸鎮二新城熙寧三年廢截原砦入焉柳泉領耳朵城一砦砦五開邊熙寧三年廢新門砦入焉西壕平安綏寧領羌城南山頗倒三堡靖安領中普吃囉岔中嶺張岔常理新勒雞川立馬城殺獐川九堡安羌堡新城堡

德順軍同下州慶曆三年即渭州隴干城建為軍崇

寧户二萬九千二百六十九口一十二萬六千二百四十一貢甘草縣一隴干元祐八年以外底堡置城一水洛領王家城石門堡砦五静邊別見鎮戎軍得勝領開邊堡隆德通遠治平治平四年置領牧龍堡懷遠砦東至鎮戎砦六十里西至得勝砦三十里南至張義堡四十里北至鎮羌砦二十七里中安堡威戎堡東至章川堡三十里西至同家堡二十五里南至治平砦四十里北至静邊砦三十里

鎮戎軍同下州本原州高縣之地至道三年建為軍崇寧户一千九百六十一口八千五十七貢白氊城一彭陽砦七治平四年置信岔堡凉棚堡熙寧元年置熙寧砦硝坑堡東西水口堡元豐四年廢東水口堡六年置故砦堡東山乾興天聖有信岔凉棚二堡三

川高平有故砦堡定川熙寧有硝坑堡堡二開遠張義熙寧四年廢安邊堡入開遠五年置張義平夏城舊石門城紹聖四年賜名大觀二年升為懷德軍靈平砦舊好水砦紹聖四年賜名大觀二年割屬懷德軍鎮羌砦紹聖四年賜名高東至三川堡二十一里西至寺子岔堡二十五里南至懷遠砦二十七里北至九羊砦二十五里平堡元符元年修復賜舊砦名威川砦政和七年賜名本啗多臺飛泉砦政和七年賜名本飛井嵶飛井堡乾興砦管下狼井堡熙寧砦管下狼井安遠寶信梅谷開疆凡五堡安遠堡寶信岔堡梅谷堡開疆堡李家堡肅遠堡埈地平堡鎮西堡水口堡懷遠城別見德順軍德靖砦保安軍舊有德靖砦自鄜延路静邊砦天禧舊砦屬德順軍東至德順軍七十里西至第十七堡三十五里南至威戎堡三十里北至隆德砦五十里

會州元豐五年熙河路加蘭會二字時未得會州元符二年始進築割西安城以北六砦隸州崇寧三年置倚郭縣曰敷文又以會州隸涇原路縣一敷文

安西城舊名汝遮紹聖三年進築賜名屬熙河路東至秦鳳路界六十二里西至原川子一百里南至定西砦二十七里北至平西砦三十三里平西砦紹聖四年賜名地本青石硤屬熙河路東至秦鳳路界三十餘里西至勝如堡一百一十里南至安西城三十三里北至會寧關四十四里會寧關舊名顛耳關元符元年建築賜名通會未幾改今名屬秦鳳路東至涇原路元和市七里西至熙河路定遠城分界五十里南至熙河路平西砦四十里北至黃河南岸古烽臺一百餘里會川城舊名青南訥心元符二年建築賜名屬秦鳳路東至涇原路通安砦六十里西至熙河路定遠城一百五十里南至會寧關六十里北至新泉砦四十里新泉砦舊名東北冷牟元符元年賜名屬秦

鳳路東至懷戎堡界白草原三十里西至會川城界龕兒原三十五里南至會川城三十里北至會州四十里懷戎堡崇寧二年築屬秦鳳路東至涇原路分界定戎砦地分二十二里半西至本堡管下界水泉堡二十里由香谷至會州共六十里南至會川城分界三十五里北至柔狼山界堠四十里係與夏國西壽監軍地對境經由枯柴谷至柔狼山有險隘去處德威城政和六年築清水河新城賜名屬秦鳳路東至麻累山二十五里西至黃河四里北倚卓羅監軍地分水賊作過去處南至羅迷口新河移正堡二十五里北至北浪口至馬練二賊城約二十餘里靜勝堡政和六年賜清水河新城接應堡名靜勝會川城管下新修築靜勝堡不係守禦處在黃河南石嘴上至本城一百二十里河北岸與夏國卓羅監軍地分相對通泉堡屬秦鳳路新泉砦管下不係守禦處在黃河南嶺上至本砦四十里與河北岸夏國卓羅監軍地分相對水泉堡係懷戎堡管下距本堡二十里不係守禦處正川堡係德威城管下羅迷谷口新移正川堡距本處二十五里不係守禦處

懷德軍本平夏城紹聖四年建築大觀二年展城作軍名曰懷德以盪羌靈平通峽鎮羌九羊通遠勝羌蕭關隸之增置將兵與西安鎮戎互為聲援應接蕭關初名威德又改今名東至結溝堡一十五里西至石門堡一十八里南至靈平砦一十二里北至通峽砦一十八里盪羌砦故沒煙後峽元符元年進築賜名東至通峽砦一十八里西至正原堡四十里南至石門堡三十里北至蕭關一百三十五里通峽砦故沒煙前峽元符元年建築賜名東至東灣堡七里西至盪羌砦一十八里南至懷德軍一十八里北至勝羌砦八十里靈平砦故好水砦紹聖四年賜名大觀二年自鎮戎軍來屬東至古高平堡一十五里西至九羊砦三十二里南至熙寧砦二十八里北至懷德軍一十二里硤口堡東河灣堡古高平堡惠民堡結溝堡係通峽砦管下五堡鎮羌堡東至三川堡二十八里西至寺子岔堡二十五里南至懷遠砦二十七里北至九羊砦二十五里九羊砦故九羊谷元符元年建築賜名東至靈平砦三十里西至寧安砦六十六里南至三川砦五十里北至臨羌砦八十里石門堡故石門峽東塔子嘴元符元年建築賜名通遠砦東至龍泉谷三十五里西至臨羌砦六十五里南至通峽砦五十里北至勝羌砦三十三里龍泉堡通遠砦管下勝羌砦東至漫夥口七十里西至寗韋堡四十里南至通峽砦八十里北至蕭關六十里蕭關崇寧四年建築東至葫蘆河一十五里西至綏寧堡三十里南至勝羌砦六十里北至臨川堡一十八里臨川堡通關堡山西堡係蕭關管下

西安州元符二年以南牟會新城建為西安州東至天都砦二十六里西至通會堡五十五里南至寧安砦一百里北至羅沒寧堡三十五里盪羌砦地名沒煙峽元符元年進築賜名後屬懷德軍通會堡元符元年賜名係熙河蘭會路修築地名祭廝堅谷口不知何年撥屬涇原路西安州天都砦元符二年西水平新砦賜名天都東至臨羌砦二十里西至西安州二十六里南至天都山一十里北至綏戎堡六十五里臨羌砦元符二年新秋葦平砦賜名臨羌東至通遠砦六十五里西至天都砦二十里南至定戎砦八十里北至綏戎砦七十里橫嶺堡係天都砦管下寗韋堡定戎堡元符二年賜名地本[illegible]限川東至山前堡三十里西至秦鳳路分界堠一十二里南至通安砦一百里北至劈通流界堠五十里劈通川堡羅沒寧堡北嶺上堡山前堡高峯堡寧安砦崇寧五年武延川𡵙朱龍山下新砦賜名寧安東至九羊砦六十六里西至通安砦六十一里南至得勝砦九十里北至西安州一百里那羅牟堡寺子岔堡石

棚泉堡 通安砦崇寧五年烏雞三岔新砦賜名通安東至寧安砦六十一里西至同安堡三十五里南至甘泉堡一百五里北至定戎砦一百里 同安堡係通安砦管下 綏戎堡管下秋葦川口堡鍬钁川中路堡征通谷中路東水泉堡皆不詳建置始末東至蕭關三十里西至山前堡三十五里南至臨羌砦七十里北至枅㭰嶺界堠五十里 秋葦川堡 鍬钁川中路堡 征通谷中路東水泉堡

熙州上臨洮郡鎮洮軍節度本武勝軍熙寧五年收復始改爲尋爲州初置熙河路經略安撫使熙州河州洮州岷州通遠軍五州屬焉後得蘭州因加蘭會字元祐改熙河蘭會路爲熙河蘭岷路元符復故會州既割屬涇原又改爲熙河蘭廓路宣和又改爲熙

河湟廓路又改湟州爲樂州又改爲熙河蘭樂路尋復改爲熙河蘭廓路舊統五州軍蘭廓西寧震武積石六州軍相繼來屬又改通遠軍爲鞏州凡統九州三軍崇寧戶一千八百九十三口五千二百五十四貢毛毼段麝香縣一狄道中下熙寧六年置九年省元豐二年復置砦一康樂熙寧六年置康樂城爲砦省馬䮍砦馬䮍砦舊屬秦州長道縣堡九熙寧五年置慶平通谷渭源北關六年改劉家川爲當川置南關南川七年置結河元豐七年置臨洮通谷 慶平 渭源 結河 南川 當川 南關 北關 臨洮東至定遠城四十里西至定羌城界三十五里南至熙州六十五里北至阿干堡七十里 安羌城宣和六年賜熙河蘭廓路新建盜鑾堡名爲安羌城不知屬何州軍姑附于此 廣平堡

河州上安鄉郡軍事熙寧六年收復崇寧戶一千六十一口三千八百九十五貢麝香縣一寧河熙寧六年置枹罕縣九年省崇寧四年升寧河砦爲縣舊香子城城一定羌熙寧七年改河諸城爲定羌城砦一南川熙寧七年置南山堡尋改爲南川砦堡四熙寧七年置東谷八年置閻精元豐三年置西原北河二堡東谷 閻精 西原 北河 關一通會熙寧七年置 循化城舊一公城崇寧二年收復改今名別見樂州東至懷羌城四十五里西至積石軍界一百餘里南至下橋家族地分一百餘里北至同來堡大十五里 大通城舊達南城崇寧二年收復改今名別見樂州東至通津堡界十五里西至菊花河六十里南至樸求原二十一里北至寧塞堡界十五里 安疆砦舊名當摽城崇寧二年收復改今名別見樂州東至來同堡三十三里西至通津堡五十里南至循化城一百一十里北至黃河二十里 懷羌城崇寧三年王厚

收復東至南川砦六十里西至循化城六十五里南至洮州界一百七十餘里北至安疆砦一百一十七里 來羌城崇寧三年王厚收復東至安鄉關七十里西至大通城界三十八里南至南川界四十八里北至黃河二十里 講朱城元符二年洮西安撫司收復河南講朱一公錯鑿當摽形撒東迎六城尋棄之崇寧二年再收復除一公改循化城當摽改安疆砦餘四城皆未詳按講朱錯鑿一公當摽皆在河州之南元符二年邊廝波結先以此四城來降未幾王贍乃進據之 錯鑿城 形撒城 東迎城 寧河砦崇寧四年已升寧河砦爲縣別有寧河砦東至定羌城三十里西至河州四十五里南至通會關三十里北至河州界二十里 來同堡舊名甘撲堡崇寧三年築賜今名東至南川砦九十里西至安疆砦三十五里南至懷羌城三十五里北至來羌城三十里 通津堡舊名南達堡崇寧三年賜今名東至安疆砦四十五里西至大通城界二十五里南至循化城一百三十里北至大通城界二十里 南山堡元豐九域志原州燉寧縣屬 安鄉

關舊城橋關元符三年賜名東至京玉關界四十里西至臨灘堡四十里南至河州界三十五里北至安川堡界一十五里臨灘堡東至安鄉關四十里西至古雞山二十里南至南川砦界二十里北至黃河四十里

鞏州下本通遠軍熙寧五年以秦州古渭砦為軍崇寧三年升為州崇寧戶四千八百七十八口一萬一千八百五十七貢麝香縣三隴西元祐五年增置永寧寧遠崇寧三年升永寧砦為縣又升寧遠砦為縣城一定西元豐四年以蘭州西使城為定西城五年改定西城為通遠軍以汝遮堡為定西城屬通遠軍崇寧二年廢定西城管下熨斗平堡通西砦管下榆木岔堡并安西城別見蘭州東至龜兒蒲鎮六十五里西至龕谷堡一百一十五里南至通西砦四十六里北至安西城二十七里砦六熙寧五年割秦州永寧寧遠威遠通渭熟羊來遠六砦隸

軍六年置鹽川砦八年廢威遠砦為鎮元豐五年收通西砦七年廢來遠砦為鎮屬永寧崇寧五年通渭縣復為砦未詳何年以砦為縣永寧寧遠崇寧三年與永寧同升為縣通渭東至甘泉城五十五里西至鞏州六十四里南至來遠鎮一百里北至甘泉城界六十里熟羊鹽川熙寧六年九月置砦後改為鎮通西東至甘泉城一百二十里西至熟羊砦七十里南至三岔堡四十八里北至定西砦四十八里堡七熙寧五年割秦州三岔乜羊廣吳渭川啞兒五堡隸軍七年以岷州遮羊堡來隸元豐元年遮羊復隸岷州五年置榆木岔熨斗平二砦堡七年乜羊廢廣吳渭川啞兒四堡三岔舊堡熙寧四年置榆木岔崇寧二年置熨斗平崇寧二年置者達堡秦州熙寧五年改古渭砦為通遠軍廢者達本當七麻堡今通渭乃須七麻堡不知何年復置者達當堡本七麻堡本當堡撲麻龍堡

岷州下和政郡團練熙寧六年收復崇寧戶四萬五百七十口六萬七千七百三十一貢甘草縣三祐川唐縣崇寧三年復大潭中建隆三年合良恭大潭兩鎮置縣隸秦州熙寧七年自秦州來隸長道緊熙寧七年自秦州來隸砦五秦州臨江砦熙寧六年割隸州七年置荔川床川閭川又置宕昌臨江荔川床川閭川宕昌堡三熙寧六年以秦州馬務堡隸州七年置遮羊堡尋改為鎮十年置鐵城堡元豐元年遮羊堡復隸于州遮羊鹽藏並熙寧七年置鐵城熙寧十年置監一滔山熙寧九年置鑄鐵錢

蘭州下金城郡軍事元豐四年收復崇寧戶三百九十五口九百八十一貢甘草縣一蘭泉崇寧三年置倚郭砦一元豐四年置龕谷吹龍二砦七年割吹龍隸阿千堡龕谷元祐七年廢紹聖三年復修為堡東至定遠砦一百里西至阿千堡七十里南至通谷堡一百二十里北至定邊城三十里堡二元豐

四年置皐蘭堡鞏哥關五年置西關勝如質孤堡六年改鞏哥關作東關堡廢西關勝如質孤堡置阿千堡七年廢皐蘭堡元祐五年復修勝如質孤二堡尋廢東關東至質孤堡三十六里西至蘭州一十八里南至龕金支山三十里北至黃河不及里阿千有阿千水東至龕金支山二十五里西至西關堡界二十里南至臨洮堡七十里北至蘭州界三十七里定西城元豐四年以蘭州西使城為定西城五年改定西城為通遠軍以汝遮堡為定西城屬通遠軍別見鞏州定遠城元祐七年築舊名李諾平本龕谷砦因地窄及無水故廢之改築為定遠軍城東至安西城八十里西至東關堡五十里南至龕谷堡三十里北至黃河一百七里金城關紹聖四年進築南距蘭州約二里崇寧三年王厚乞移置斫龍谷口不行京玉關元符三年賜名本號把撈橋東至西關堡四十里西至通川堡四十里南至臨洮堡一百三十九里北至乩六嶺分界三十里通川堡元符三年自京玉關至羅吼抹通城中路鎹斷孤川新築堡賜名尋棄之崇寧二年再收復東至京玉關四十里西至通湟砦

四十里南至圓子堡約九里北至乱六嶺分界八十里別見樂州
洮州唐末陷于吐蕃號臨洮城熈寧五年詔以熈河
洮岷通遠軍為一路時未得洮州元符二年得之尋
棄不守大觀二年收復改臨洮城仍舊為洮州三年
升團練東至岷州界一百一十三里西至喬家族生
界二百里南至魯黎族生界一百五里北至河州界
一百二十里通岷砦東至鐸龍橋六十七里西至洮州四十里南至洮河二十里北至熈州界五十五里
廓州元符二年以廓州為寧塞城崇寧三年棄之是
年收復仍為廓州城下置一縣五年罷大觀三年為

宋史八十七　五百八
宋史志卷第四十　二十三
李浚寫　吳惠刊

防禦東至寧塞砦一十七里西至同波北堡不及里
南至黃河不及里北至賡公城界十五里賡公城舊名結羅城崇寧三年收復後改今名王厚云結羅城至廓州約三十餘里東至來賓城界一百三里西至懷和砦界五十七里南至同波北堡界一十三里北至綏平堡界二十五里綏平堡舊名保敦谷崇寧三年興築賜名東至保塞砦界二十里西至清平砦界二十里南至賡公城界二十里北至保塞砦界一十七里米川城舊米川縣崇寧三年修築王厚云米川沿河西至廓州約六十里過河取正路至結羅城約三程本城至廓州約三十餘里寧塞砦東至河北堡界四十五里西至廓州巡檢界一十三里南至黃河一十五里北至龍支城界五十里同波堡東至廓州巡檢界二十里西至賡公城界一十五里南至黃河不及里北至賡公城一十五里
樂州舊邈川城元符二年收復建為湟州建中靖國

元年棄之崇寧二年又復三年置倚郭縣五年罷大
觀三年加嚮德軍節度宣和元年改為樂州東至把
拶宗六十里西至龍支城界六十里南至來羌城界
一百四十里北至界首賒吼嶺一百一十里通湟砦故羅吼抹通城元符二年收復三年賜名東至通川堡四十里西至湟州三十五里南至安隴砦二十五里北至臨宗砦界六十里別見蘭州寧洮砦故瓦吹砦元符二年收復三年賜名東至通湟砦四十五里西至來賓城一十七里南至來賓城界二十里北至安隴砦界一十七里安隴砦故隴朱黑城元符二年收復三年賜名東至赤沙嶺三十里西至麻宗山脚二十五里南至聳藏嶺三十五里北至湟州四十五里安川堡故藏哥堡在巴金嶺上元符二年收復三年賜名東至湟州界七十里西至來賓城界四十里南至安鄉關三十里北至寧川堡四十里寧川堡元符二年收復三年

宋史八十七　六百五十
宋史志卷第四十　二十四
李俊寫　梁保刊

賜名尋棄之崇寧二年再收復綏遠關舊名酒金平崇寧二年進築賜今名東至湟州二十里西至勝宗谷口三十里南至麻宗山脚五十五里北至丁星原四十里來賓城舊名乱當川崇寧三年賜名東至安川堡分界七十里西至青丹谷三十里南至黃河一十里北至安隴砦七十里大通
城舊名達南城東至通津堡界十五里西至薊花河六十里南至撲水原二十一里北至寧川堡界一十五里循化城舊名一公城別見河州東至懷羌城四十五里西至積石軍界一百餘里南至下喬家族地分一百餘里北至來同堡六十五里安疆砦舊名當標砦與大通循化砦崇寧二年改別見河州東至來同堡三十三里西至通津堡五十里南至循化城一百一十里北至黃河二十里德固砦舊名勝鐸谷崇寧三年築五百步城後賜名德固砦東至綏遠關界一十里西至龍支城界二十里南至渴驢嶺一十里北至清江山脚二十里臨宗砦崇寧三年賜名南宗堡稍南一十五里乳駱河之西東至三諾聳哥嶺五十餘里西至丁星原約三十餘里南至湟州分界二十一里北

至界首抹牟嶺七十里通川堡崇寧二年王厚收復係湟州管下別見蘭州東至京玉關四十
里西至通湟砦四十里南至圓子堡約九里北至亂六嶺分界八十里南宗堡元符二年與羅
吭抹通城同收復尋棄之後再收復峽口堡與通川南宗堡昔崇寧二年王厚收復
西寧州舊青唐城元符二年隴拶降建為鄯州仍為
隴右節度三年棄之崇寧三年收復建隴右都護府
改鄯州為西寧州又置倚郭縣賜郡名曰西平升中
都督府三年加賓德軍節度五年罷倚郭縣東至保
塞砦五十七里西至寧西城四十里南至清平砦五
十里北至宣威城五十里龍支城舊宗哥城元符二年改今名尋棄之
崇寧三年收復東至德固砦界一十八里西至保塞砦藥邦硤二十二里南至廓州界分水嶺四十里北
至習令波族分界八十五里寧西城舊名林金城改今名東至湯廝甘二十里西至廝哥羅川
一百里南至京鵰嶺二十里北至金谷堍四十里清平砦舊名溪蘭宗堡後改賜砦名東至廓
州綏平堡界三十五里西至赤嶺鐵堠子一百二十里南至懷和砦界二十五里北至西寧州界二十五
里保塞砦舊名安兒城以上城砦昔崇寧三年收復賜名東至龍支城界二十二里西至西寧
州界三十里南至廓州界二十里北至青歸族一十五里宣威城舊名犛牛城崇寧三年改今名
東至綏邊砦四十里西至寧西城界三十五里南至西寧州界二十五里北至南宗嶺九十里綏邊
砦舊名宗谷崇寧三年建築後改今名東至龍支城界六十里西至宣威城界三十里南至西寧州界
三十二里北至乳洛河界南一里懷和砦舊名丁令谷崇寧三年置砦賜名又隸積石軍東至
鄯州界八十五里西至青海一百三十餘里南至順通堡界一十三里北至清平砦界二十五里制
羌砦政和八年賜名地名亂氈嶺屬西寧州

震武軍政和六年進築古骨龍城賜名震武城未幾
改為震武軍不見四至據童貫奏古骨龍元屬湟州
通濟橋震武城浮橋政和六年賜名善治堡政和六年震武城通濟橋堡賜名大
同堡本名古骨龍城應接堡政和六年賜名德通城本瞎令古城政和七年劉法既解震
武軍圍進築賜名石門堡瞎令古城北地名石門子政和七年賜名
積石軍本溪哥城元符間為吐蕃溪巴溫所據大觀
二年臧征撲哥以城降即其地建軍東至廓州界八
十里西至青海一百餘里南至蓋龍峗八十里北至
西寧州界八十里懷和砦已見西寧州東至廓州界八十五里西至青海一百
三十餘里南至順通堡界一十二里北至清平砦界二十五里順通堡東至臨松堡一十二里西
至本軍一十八里南至臨松堡二十五里北至懷和砦界一十二里臨松堡東至廓州界五十里
西至順通堡界一十二里南至把拶公原界約六十里北至黃河一十五里
陝西路蓋禹貢雍梁冀豫四州之域而雍州全得焉
當東井輿鬼之分西接羌戎東界潼陝南抵蜀漢北
際朔方有銅鹽金鐵之產絲枲林木之饒其民慕農
桑好稼穡鄠杜南山土地膏沃二渠灌溉兼有其利
大抵夸尚氣勢多游俠輕薄之風甚者好鬭輕死蒲
解本隸河東故其俗頗純厚被邊之地以鞍馬射獵
為事其人勁悍而質木梁泉少桑麻之利布泉鹽酪
資於他郡上洛多淫祀申以科禁故其俗稍變秦隴

儀渭涇原邠寧鄜延環慶等皆分兵屯守以備不虞

云

志卷第四十　宋史八十七

志卷第四十一　宋史八十八

開府儀同三司上柱國錄軍國重事前中書右丞相監修國史領經筵事都總裁臣脫脫等奉

敕修

地理四

兩浙　淮南東路　淮南西路

江南東路　江南西路　荊湖南路

荊湖北路

兩浙路熙寧七年分為兩路尋合為一九年復分十年復合府二平江鎮江州十二杭越湖婺明常溫台處衢嚴秀縣七十九南渡後復分臨安平江鎮江嘉興四府安吉常嚴三州江陰一軍為西路紹興慶元瑞安三府婺台衢處四州為東路紹興三十二年戶二百二十四萬三千五百四十八口四百三十二萬七千三百二十二

臨安府大都督府本杭州餘杭郡淳化五年改寧海軍節度大觀元年升為帥府舊領兩浙西路兵馬鈐轄建炎元年帶本路安撫使領杭湖嚴秀四州三年升為府帶兵馬鈐轄紹興五年兼浙西安撫使崇寧戶二十萬三千五百七十四口二十九萬六千六百一十五貢綾藤紙縣九錢塘望有鹽監仁和望梁錢江縣太平興國四年改紹興中與錢塘並升赤餘杭望臨安望錢鏐奏改衣錦軍太平興國四年改順化軍

縣復舊名五年軍廢富陽緊於潛緊新城上梁改新登太平興國四年復淳化五年
升南新場為縣熙寧五年省南新縣為鎮入焉鹽官上昌化中唐唐山縣太平興國四年改
有紫溪鹽場紹興中七縣並升畿
紹興府本越州大都督府會稽郡鎮東軍節度大觀
元年升為帥府舊領兩浙東路兵馬鈐轄紹興元年
升為府崇寧戶二十七萬九千三百六口三十六萬
七千三百九十貢越綾輕庸紗紙縣八會稽望山陰
望嵊望舊剡縣宣和八年改諸暨望有龍泉一銀坑餘姚望上虞望蕭
山緊新昌緊乾道八年以楓橋鎮置義安縣淳熙元年省
平江府望吳郡太平興國三年改平江軍節度本蘇

州政和三年升為府紹興初節制許浦軍崇寧戶一
十五萬二千八百二十一口四十四萬八千三百一
十二貢葛蛇床子白石脂花席縣六吳望長州望崑
山望常熟望吳江緊嘉定上嘉定十五年析崑山縣置以年為名
鎮江府望丹陽郡鎮江軍節度開寶八年改本潤州
政和三年升為府建炎三年置帥四年加大使兼沿
江安撫以浙西安撫復還臨安崇寧戶六萬三千六
百五十七口一十六萬四千五百六十六貢羅綾縣
三丹徒緊有圌山砦丹陽緊熙寧五年省延陵縣為鎮入焉金壇緊
湖州上吳興郡景祐元年升昭慶軍節度寶慶元年

改安吉州崇寧戶一十六萬二千三百三十五口三
十六萬一千六百九十八貢白紵漆器縣六烏程望
歸安望太平興國七年析烏程地置縣安吉望長興望德清緊武康
上太平興國三年自杭州來隸
婺州上東陽郡淳化元年改保寧軍節度崇寧戶一
十三萬四千八十口二十六萬一千六百七十八貢
綿藤紙縣七金華望義烏望永康緊武義上浦江上唐
浦陽縣梁錢鏐奏改蘭溪望東陽望
慶元府本明州奉化郡建隆元年升奉國軍節度本
上州大觀元年升為望紹興初置沿海制置使八年

以浙東安撫使兼制司十一年罷隆興元年復置淳
熙元年魏惠憲王自宣州移鎮置長史司馬紹熙五
年以寧宗潛邸升為府崇寧戶一十一萬六千一百
四十口二十二萬一十七貢綾乾山蕷烏鰂魚骨縣
六鄞望奉化望慈溪上定海上象山下昌國下熙寧六年析
鄞縣地置有鹽監紹興間升望
常州望毗陵郡軍事崇寧戶一十六萬五千一百一
十六口二十四萬六千九百九貢白紵紗席縣四晉
陵望武進望宜興望唐義興縣太平興國初改無錫望
江陰軍同下州熙寧四年廢江陰軍為縣隸常州建

炎初以江陰縣復置軍紹興二十七年廢三十一年
復置縣一江陰下
瑞安府本温州永嘉郡太平興國三年降為軍政和
七年升應道軍節度建炎三年罷軍額咸淳元年以
度宗潛邸升府崇寧户一十一萬九千六百四十口
二十六萬二千七百一十貢鮫魚皮蠲糨紙縣四永
嘉緊有永嘉鹽場平陽望有天富鹽場瑞安緊有雙穗鹽場樂清上唐樂成縣梁錢鏐
改
台州上臨海郡軍事崇寧户一十五萬六千七百九
十二口三十五萬一千九百五十五貢甲香金漆鮫

魚皮縣五臨海望黃巖望有于浦杜瀆二鹽場寧海緊天台上
仙居上唐樂安縣梁錢鏐改永安景德四年改今名
處州上縉雲郡軍事崇寧户一十萬八千五百二十
三口一十六萬五百三十六貢綿黃連縣六麗水望
龍泉望宣和三年改為劍川縣紹興元年復故有高亭一鹽場松陽上梁錢鏐奏改長松錢元
瓘奏改白龍咸平二年復故遂昌上有永豐銀場縉雲上青田中南渡後
增縣一慶元中慶元三年分龍泉松源鄉置縣因以年紀名
衢州上信安郡軍事崇寧户一十萬七千九百三口
二十八萬八千八百五十八貢綿藤紙縣五西安望
禮賢緊本江山縣南渡後改龍遊上唐龍丘縣宣和三年改為盈川縣紹興初復改信

安中本常山縣咸淳三年改開化中太平興國六年升開化場為縣
建德府本嚴州新定郡遂安軍節度本睦州軍事宣
和元年升建德軍節度三年改州名軍額咸淳元年
升府崇寧户八萬二千三百四十一口一十萬七千
五百二十一貢白紵簟縣六建德望淳安望舊青溪縣宣和初
改淳化南渡改今名桐廬上太平興國三年自杭州來隸分水中遂安中壽昌
中監一神泉熙寧七年置鑄銅錢尋罷慶元三年復
嘉興府本秀州軍事政和七年賜郡名曰嘉禾慶元
元年以孝宗所生之地升府嘉定元年升嘉興軍節
度崇寧户一十二萬二千八百一十三口二十二萬

八千六百七十六貢綾縣四嘉興望華亭緊海鹽上有
鹽監沙腰蘆瀝二鹽場崇德中
兩浙路蓋禹貢揚州之域當南斗須女之分東西際
海西控震澤北又濱于海有魚鹽布帛秔稻之產人
性柔慧尚浮屠之教俗奢靡而無積聚厚於滋味善
進取急圖利而奇技之巧出焉餘杭四明通蕃互市
珠貝外國之物頗充於中藏云
淮南路舊為一路熙寧五年分為東西兩路
東路州十揚亳宿楚海泰泗滁真通軍二高郵漣水
縣三十八南渡後州九揚楚海泰泗滁淮安真通軍

四高郵招信淮安清河為淮東路宿亳不與焉紹興
三十二年户一十一萬八百九十七口二十七萬八千
九百五十四
揚州大都督府廣陵郡淮南節度熙寧五年廢高郵
軍並以縣隸州元祐元年復高郵軍舊領淮南東路
兵馬鈐轄建炎元年升帥府二年高宗駐蹕四年為
真揚鎮撫使尋罷嘉定中淮東制置開幕府於楚州
仍兼安撫崇寧户五萬六千四百八十五口十萬七
千五百七十九貢白苧布莞席銅鏡縣一江都緊熙寧五
年省廣陵縣入焉南渡後增縣二廣陵緊泰興中舊隸泰州紹興五年來
屬十年又屬泰州十二年又來隸以柴墟鎮延冷村隸海陵二十九年盡仍舊

亳州望譙郡本防禦大中祥符七年建為集慶軍節
度南渡後沒于金崇寧户一十三萬一百一十九口
一十八萬三千五百八十一貢縐紗絹縣七譙望城
父望酇望永城望衛真望唐真源縣大中祥符七年改鹿邑緊蒙城
宿州上符離郡建隆元年升防禦開寶元年建為保
靜軍節度元領五縣紹興中割虹縣隸楚州後沒于
金崇寧户九萬一千四百八十三口一十六萬七千
三百七十九貢絹縣四符離望蘄望臨渙緊大中祥符七年割
隸亳州天禧七年來隸靈壁元祐元年以虹之零壁鎮為縣七月復為鎮七年二月零壁復為縣

政和七年改零壁為靈壁
楚州緊山陽郡團練乾德初以盱眙屬泗州開寶七
年以鹽城還隸太平興國二年又以鹽城監來隸熙
寧五年廢漣水軍以漣水縣隸州元祐二年復為漣
水軍建炎四年置楚泗承州漣水軍鎮撫使淮東安
撫制置使京東河北鎮撫大使紹興五年權廢承州
兩縣和盧濠黃滁楚州各一縣置鎮官三十二年漣
水復來屬嘉定初節制本路沿邊軍馬十年制置安
撫司公事寶慶三年升寶應縣為州紹定元年升山
陽縣為淮安軍端平元年改軍為淮安州崇寧户七

萬八千五百四十九口二十萬七千二百二貢苧布
縣四山陽望建炎間沒于金紹興元年收復紹定元年升淮安軍改縣為淮安鹽城上有
九鹽場建炎間入于金紹興元年隸漣水三年又來屬淮陰中紹興五年廢為鎮六年復嘉定七
年徙治八里莊寶應緊寶慶三年升為寶應州而縣如故
海州上東海郡團練建炎間入于金紹興七年復隆
興初割以界金隸山東路以漣水縣來屬嘉定十二
年復寶慶末李全據之紹定四年全死又復端平二
年徙治東海縣淳祐十二年全子璮又據之治朐山
景定二年璮降置西海州崇寧户五萬四千八百三
十口九萬九千七百五十貢絹獐皮鹿皮縣四朐山

緊懷仁中沭陽中東海中

泰州上海陵郡本團練乾德五年降為軍事建炎三年入于金尋復四年置通泰鎮撫使紹興十年移治泰興沙上時泰興隸海陵復舊治元領四縣紹興十二年割泰興隸揚州建炎四年又以興化隸高郵軍崇寧戶五萬六千九百七十二口一十一萬七千二百七十四貢隔織縣二海陵望如皋中下開寶七年以海陵監移治

泗州上臨淮郡建隆二年廢徐城縣乾德元年以楚州之盱眙濠州之招信來屬建炎四年復屬濠州紹興十二年入金後復崇寧戶六萬三千六百三十二

口一十五萬七千三百五十一貢絹縣三臨淮上虹中紹興九年自宿州來隸淮平上紹興二十一年地入于金析臨淮地置今縣南渡後有淮平無盱眙蓋盱眙縣即招信軍也

滁州上永陽郡軍事建炎間置滁濠鎮撫使尋廢嘉熙中移治王家沙景定五年復舊治崇寧戶四萬二十六口九萬七千八十九貢絹縣三清流望全椒緊來安望唐永陽縣南唐改紹興五年廢入清流十八年復乾道九年廢為鎮淳熙二年復

真州望軍事本上州乾德三年升為建安軍至道二年以揚州之六合來屬大中祥符六年為真州大觀元年升為望政和七年賜郡名曰儀真建炎三年入于金尋復崇寧戶二萬四千二百四十二口八萬二千四十三貢麻紙縣二揚子中本揚州永正縣之白沙鎮南唐改為迎鑾鎮建炎元年升軍四年廢為縣紹興十一年復升軍十二年復為縣六合望

通州中軍事政和七年賜郡名曰靜海建炎四年入于金尋復崇寧戶二萬七千五百二十七口四萬三千一百八十九貢獐皮鹿皮鰾膠縣二靜海望周屬揚州析其地為縣與海門同來隸海門望監一利豐掌煎鹽太平興國八年移治於州西南四里

高郵軍同下州高沙軍事開寶四年以揚州高郵縣為軍熙寧五年廢為縣隸揚州元祐元年復為軍建

炎四年升承州割泰州興化縣來屬置鎮撫使紹興五年廢為縣復隸揚州以知縣兼軍事使三十一年復為軍仍以興化來屬崇寧戶二萬八百一十三口三萬八千七百五十一縣一今縣二高郵望興化緊舊隸揚州改隸泰州建炎四年來隸紹興五年廢為鎮十九年復縣隸泰州乾道二年還隸尋又隸泰州淳熙四年復舊

安東州本漣水軍太平興國三年以泗州漣水縣置軍熙寧五年廢為縣隸楚州元祐二年復為軍紹興五年廢為縣三十二年復為軍紹定元年屬寶應州端平元年復為軍景定初升安東州崇寧戶一萬九

千五百七十九口四萬七百八十五縣一漣水望
招信軍本泗州盱眙縣建炎三年升軍四年為縣隸濠州紹興二年復隸泗州七年仍舊隸京東十一年隸天長軍十二年復升軍以天長來屬寶慶三年入于金紹定四年復仍為招信軍縣二天長望舊天長軍至道二年軍廢復為縣隸揚州建炎元年升軍紹興元年為縣十一年復升軍十三年復為縣隸招信建炎四年隸濠州紹興四年復十一年隸天長軍十二年復來隸
淮安軍本泗州五河口端平二年金亡遺民來歸置臨使屯田咸淳七年六月置軍縣一五河咸淳七年置有澮沱漴淮五河故名

清河軍咸淳九年置縣一清河
西路府壽春州七廬蘄和舒濠光黃軍二六安無為縣三十三南渡後府二安慶壽春州六廬蘄和濠光黃軍四安豐鎮巢懷遠六安為淮西路
壽春府壽春郡緊忠正軍節度本壽州開寶中廢霍山盛唐二縣政和六年升為府八年以府之六安縣為六安軍紹興十二年升安豐為軍以六安霍丘壽春三縣來隸三十二年升壽春為府以安豐軍隸焉隆興二年軍使兼知安豐縣事乾道三年罷壽春復為安豐軍崇寧戶一十二萬六千三百八十三口二十四萬六千三百八十二貢葛布石斛縣四下蔡緊安豐望霍丘望壽春緊紹興初隸安豐三十二年為府乾道三年為倚郭
六安軍政和八年升縣為軍紹興十三年廢為縣景定五年復為軍端平元年又為縣後復為軍縣一六安中
廬州望保信軍節度大觀二年升為望舊領淮南西路兵馬鈐轄建炎二年兼本路安撫使紹興初寄治巢縣乾道二年置司于和州五年復舊崇寧戶八萬三千五十六口一十七萬八千三百五十九貢紗絹蠟石斛縣三合肥上舒城下梁中本慎縣紹興三十二年避孝宗諱改今

名
蘄州望蘄春郡防禦建炎初為盜所據紹興五年收復景定元年移治龍磯崇寧戶一十一萬四千九十七口一十九萬三千一百一十六貢苧布簟縣五蘄春望嘉熙元年治宿松景定二年隨州治泰和門外蘄水望廣濟望黃梅上羅田縣元祐八年以蘄水石橋為羅田縣
和州上歷陽郡防禦南渡後為姑熟金陵藩蔽也淳熙二年兼管內安撫崇寧戶三萬四千一百四口六萬六千三百七十一貢苧布練布縣三歷陽緊有梁山柵江二砦含山中有東關砦烏江中紹興五年廢為鎮七年復

安慶府本舒州同安郡德慶軍節度本團練州建隆
元年升為防禦政和五年賜軍額建炎間置舒蘄鎮
撫使紹興三年舒黃蘄三州仍聽江南西路安撫司
節制十七年改安慶軍慶元元年以寧宗潛邸升為
府端平三年移治羅刹洲又移楊槎洲景定元年改
築宜城舊屬沿江制置使司崇寧戶一十二萬八千
三百五十口三十四萬一千八百六十六貢白朮縣
五懷寧上桐城上宿松上望江上太湖上監一同安熙寧八年置鑄銅錢
濠州上鍾離郡團練乾道初移戍藕塘嘉定四年始

城定遠縣復舊崇寧戶六萬四千五百七十口一十
五萬三千四百五十七貢絹糟魚縣二鍾離望定遠
望
光州上弋陽郡光山軍節度本軍事州宣和元年賜
軍額紹興二十八年避金太子光瑛諱改蔣州嘉熙
元年兵亂徙治金剛臺尋復故崇寧戶一萬二千二
百六十八口一十五萬六千四百六十貢石斛葛布
縣四定城上固始望光山中下同上避諱改期思尋復故仙居中下南渡
無
黃州下齊安郡軍事建炎隸沿江制置副使司崇寧

戶八萬六千九百五十三口一十三萬五千九百一
十六貢苧布連翹縣三黃岡望黃陂上端平三年寓治青山磯麻
城中端平三年治什子山
無為軍同下州太平興國三年以廬州巢縣無為鎮
建為軍以巢廬江二縣來屬建炎二年入于金尋復
景定三年升巢縣為鎮巢軍崇寧戶六萬一百三十
八口一十一萬二千一百九十九貢絹縣三無為望熙
寧三年析巢廬江二縣地置縣巢望至道二年移治郭下紹興五年廢六年復十一年隸廬州十二年復來屬景定三年升軍屬沿江制置使司廬江望有崑山礬場
懷遠軍寶祐五年五月置縣一荊山

淮南東西路本淮南路蓋禹貢荊徐揚豫四州之域
而揚州為多當南斗須女之分東至于海西抵灘渙
南濵大江北界清淮土壤膏沃有茶鹽絲帛之利人
性輕揚善商賈鄽里饒富多高貲之家揚壽皆為巨
鎮而真州當運路之要符離譙亳臨淮朐山皆便水
運而隸淮服其俗與京東西略同
江南東西路建炎元年以江寧府洪州並升帥府四
年合江東西為江南路以鄂岳來屬又置三帥鄂州
路統鄂岳筠袁虔吉州南安軍江西路統江洪撫信
州興國南康臨江建昌軍建康府路統建康府池饒

宣徽太平州廣德軍紹興初復分東西以建康府池饒徽宣信撫太平州廣德建昌軍為江南東路以江洪筠袁虔吉州興國南康臨江南安軍為江南西路尋以撫州建昌軍還隸西路南康軍還隸東路置帥于池江二州未幾以二州地僻臨復還建康府洪州東路府一江寧州七宣徽江池饒信太平軍二南康廣德縣四十三南渡後府二建康寧國州五徽池饒信太平軍二南康廣德為東路紹興三十二年戸九十六萬六千四百二十八口一百七十二萬四千一百三十七

江寧府上開寶八年平江南復為昇州節度天禧二年升為建康軍節度舊領江南東路兵馬鈐轄建炎元年為帥府三年復為建康府統太平宣徽廣德五月高宗即府治建行宮紹興八年置主管行宮留守司公事三十一年為行宮留守乾道三年兼沿江軍尋省崇寧戸一十二萬七百一十三口二十萬二百七十六貢筆縣五上元次赤江寧次赤句容次畿天禧四年改名常寧溧水次畿溧陽次畿

寧國府本宣州宣城郡寧國軍節度乾道二年以孝宗潛邸升為府七年魏惠憲王出鎮置長史司馬崇寧戸十四萬七千四百四十口四十七萬七百四十九貢紵布黄連筆縣六宣城望南陵望寧國緊旌德緊太平中涇緊

徽州上新安郡軍事宣和三年改歙州為徽州崇寧戸一十萬八千三百一十六口一十六萬七千八百九十六貢白苧紙縣六歙望休寧望祁門望婺源望績溪望黟緊

池州上池陽郡軍事建炎四年分江東西置安撫使領建康太平宣徽饒廣德後以建康路安撫使兼知池州崇寧戸一十三萬五千五十九口二十萬六千

九百三十二貢紙紅白薑縣六貴池望青陽上開寶末自昇州與銅陵並來隸銅陵上建德上唐至德縣吳改石埭上東流中下太平興國三年自江州來隸監一永豐鑄銅錢

饒州上鄱陽郡軍事崇寧戸一十八萬一千三百口三十三萬六千八百四十五貢麩金竹簟縣六鄱陽望餘干望浮梁望樂平望德興緊安仁中開寶八年以餘干縣地置安仁場端拱元年升為縣監一永平鑄銅錢

信州上上饒郡軍事崇寧戸一十五萬四千三百六十四口三十三萬四千九百七十七貢蜜葛粉水晶器縣六上饒望玉山望弋陽望淳化五年升弋陽之寶豐場為縣景德元年廢寶豐縣

為鎮康定中復慶曆三年又廢貴溪望鉛山中開寶八年平江南以鉛山直屬京後還隸
永豐中舊永豐鎮隸上饒熙寧七年為縣
太平州上軍事開寶八年改南平軍太平興國二年
升為州崇寧户五萬三千二百六十一口八萬一百
三十七貢紗縣三當塗上蕪湖中開寶末自建康軍與繁昌同隸宣州太
平興國三年與繁昌復來隸繁昌中
南康軍同下州太平興國七年以江州星子縣建為
軍本隸西路紹興初來屬崇寧户七萬六百一十五
口一十一萬二千三百四十三貢茶芽縣三星子上太
平興國三年升星子鎮為縣七年與都昌同來隸建昌望太平興國七年自洪州來隸都昌
上以縣有都村南接南昌西望建昌故名紹興七年自江州來隸

廣德軍同下州太平興國四年以宣州廣德縣為軍
崇寧户四萬一千五百口一十萬七百二十二貢茶
芽縣二廣德望開寶末自江寧府隸宣州建平望端拱元年以郎步鎮為縣來隸
西路州六洪虔吉袁撫筠軍四興國南安臨江建昌
縣四十九南渡後府一隆興州六江贛吉袁撫筠軍
四興國建昌臨江南安為西路紹興三十二年户一
百八十九萬一千三百九十二口三百二十二萬一
千五百三十八
隆興府本洪州都督府豫章郡鎮南軍節度舊領江
南西路兵馬鈐轄紹興三年以淮西屯兵聽江西節
制兼宣撫舒蘄光黄安復州壽罷四年止稱安撫制
置使八年復兼安撫制置大使隆興三年以孝宗潛
藩升為府崇寧户二十六萬一千一百五口五十三
萬二千四百四十六貢葛縣八南昌望新建望太平興國六
年置縣奉新望唐新吴縣南唐改豐城望分寧望建炎間升義寧軍尋復武寧
緊靖安中南唐改進賢崇寧二年以南昌縣進賢鎮升為縣
江州上潯陽郡開寶八年降為軍事大觀三年升為
望郡舊隸江南東路建炎元年升定江軍節度二年
置安撫制置使以江池饒信為江州路紹興元年復

為二路本路置安撫大使嘉熙四年為制置副使司
治所咸淳四年移制置司黄州十年還舊治崇寧户
八萬四千五百六十九口一十三萬八千五百九十
貢雲母石斛縣五德化望唐潯陽縣南唐改德安緊瑞昌中湖
口中彭澤中監一廣寧鑄銅錢
贛州上本虔州南康郡昭信軍節度大觀元年升為
望郡建炎間置管内安撫使紹興十五年罷復置江
西兵馬鈐轄兼提舉南安軍南雄州兵甲司公事二
十二年改今名崇寧户二十七萬二千四百三十二
口七十萬二千一百二十七貢白紵縣十贛望有鉛湖銀場

虔化望紹興二十三年改寧都有寶積鉛場興國望太平興國中析贛縣之七鄉置信
豐望雩都望會昌望太平興國中析雩都六鄉於九州鎮置有銀場瑞金望有
九龍銀場石城緊安遠上龍南中南唐縣本名龍南宣和三年改虔南紹興二十三
年改龍南取百丈龍灘之南為義

吉州上廬陵郡軍事崇寧戶三十三萬五千七百一
十口九十五萬七千二百五十六貢紵布葛縣八廬
陵望吉水望雍熙元年析廬陵地置縣安福望太和望龍泉望宣和三
年改泉江紹興復舊永新望至和元年徙吉水縣地置永新縣永豐望萬安望熙寧四
年以龍泉縣萬安鎮置

袁州上宜春郡軍事崇寧戶一十三萬二千二百九

十九口三十二萬四千三百五十三貢紵布縣四宜
春望分宜望雍熙元年置有貴山鐵務萍鄉望萬載緊開寶末自筠州來屬宣
和三年改名建城紹興元年復今名

撫州上臨川郡軍事建炎四年隸江南東路紹興四
年復來隸崇寧戶一十六萬一千四百八十口三十
七萬三千六百五十二貢葛縣五臨川望紹興十九年析惠安潁
秀二鄉入崇仁崇仁望宜黃望開寶三年升宜黃場為縣金谿緊開寶五年升金谿
場為縣樂安紹興十九年置割崇仁吉水四鄉隸之二十四年以雲蓋鄉還隸永豐

瑞州上本筠州軍事紹興十三年改高安郡寶慶元
年避理宗諱改今名崇寧戶一十一萬一千四百二

十一口二十萬四千五百六十四貢紵縣三高安望
上高望新昌望太平興國六年析高安地置縣

興國軍同下州太平興國二年以鄂州永興縣置永
興軍三年改興國崇寧戶六萬三千四百二十二口
一十萬五千三百五十六貢紵縣三永興望大冶緊南
唐縣自鄂州與通山並來隸有富民錢監及銅場磁湖鐵務通山中太平興國二年升羊頭鎮為
縣紹興四年又為鎮五年復

南安軍同下州淳化元年以虔州大庾縣建為軍崇
寧戶三萬七千七百二十一口五萬五千五百八十
二貢紵縣三南康望元豐九域志南安軍領縣二崇寧地理不載南康縣據元豐志南
康係望縣有瑞陽錫務不知併於何時大庾中淳化元年自虔州與上猶南康並來隸上猶
上有上田鐵務嘉定四年改南安

臨江軍同下州淳化三年以筠州之清江建軍崇寧
戶九萬一千六百九十九口二十萬二千六百五十
六貢絹縣三清江望新淦望淳化三年自吉州來隸新喻望淳化三年自
袁州來隸

建昌軍同下州舊建武軍太平興國四年改崇寧戶
一十一萬二千八百八十七口一十八萬五千三十
六貢絹縣二南城望淳化二年自撫州來隸有太平等四銀場南豐望南
渡後增縣二新城紹興八年析南城五鄉置廣昌紹興八年析南豐南境三鄉置

江南東西路蓋禹貢揚州之域當牽牛須女之分東限七閩西略夏口南抵大庾北際大江川澤沃衍有水物之饒永嘉東遷衣冠多所萃止其後文物頗盛而茗荈冶鑄金帛秔稻之利歲給縣官用度蓋半天下之入焉其俗性悍而急喪葬或不中禮尤好爭訟其氣尚使然也

荆湖南北路紹興元年以鄂岳潭衡永郴道州桂陽軍為東路鄂州置安撫司鼎澧辰沅靖邵全州武岡軍為西路鼎州置安撫司二年罷東西路仍分南北路安撫司南路治潭州北路治鄂尋治江陵

北路府二江陵德安州十鄂復鼎澧峽岳歸辰沅靖軍二荆門漢陽縣五十六南渡後府三江陵常德德安州九鄂岳歸峽復澧辰沅靖軍三漢陽荆門壽昌紹興三十二年户二十五萬四千一百一口四十四萬五千八百四十四

江陵府次府江陵郡荆南節度舊領荆湖北路兵馬鈐轄兼提舉本路及施夔州兵馬巡檢事建炎二年升帥府四年置荆南府歸峽州荆門公安軍鎮撫使紹興五年罷始制安撫使兼營田使六年為經略安撫使七年罷經略止除安撫使淳熙元年還為荆南

府未幾復為江陵府制置使景定元年移治于鄂咸淳十年荆湖四川宣撫使兼江陵府事崇寧户八萬五千八百一口二十二萬三千一百八十四貢綾紵碧澗茶芽柑橘縣八江陵(赤)公安(次畿)潛江(次畿乾德三年升白伏巡為縣)監利(次畿至道三年以玉沙隸復州熙寧六年廢復州以玉沙縣入監利縣尋復其舊)松滋(次畿)石首(次畿)枝江(次畿熙寧六年省入松滋元祐元年復建炎四年江陵寄治紹興五年還舊嘉熙元年移漸湦洲咸淳六年移江南白水鎮下沱市)建寧(次畿乾德三年升白舊巡為縣并置萬庾縣萬庾尋廢熙寧六年省建寧入石首元祐元年復南渡後省)

鄂州緊江夏郡武昌軍節度初為武清軍至道二年始改建炎二年兼鄂岳制置使四年兼江南鄂州路安撫尋改鄂州路安撫紹興二年改兼荆湖北路安撫六年管内安撫十一年罷嘉定十一年置沿江制置副使淳祐五年兼荆湖北路安撫使九年罷景定元年改荆湖制置使咸淳七年罷崇寧户九萬六千七百六十九口二十四萬七百六十七貢銀縣七江夏(緊)崇陽(望唐縣開寶八年又改今名)武昌(上)蒲圻(中)咸寧(中)通城(中熙寧五年升崇陽縣通城鎮為縣紹興五年廢為鎮十七年復)嘉魚(下熙寧六年析復州地入焉)監一寶泉(熙寧七年置鑄銅錢)南渡後升昌武縣為壽昌軍

德安府中安陸郡安遠軍節度本安州天聖六年隸

京西路慶曆元年還本路宣和元年升為府開寶中廢吉陽縣建炎四年為安陸漢陽鎮撫使紹興三年復來屬咸淳中徙治漢陽城頭山崇寧戶五萬九千一百八十六口一十四萬三千八百九十二貢青紵縣五安陸中熙寧二年省雲夢縣為鎮入焉元祐元年復應城中孝感中建炎間移治紫資砦應山下雲夢中紹興七年移治件落市十八年復舊南渡後無應山

復州上景陵郡防禦建炎四年置德安復州漢陽軍鎮撫使紹興三年置荊湖北路安撫使端平三年移治沔陽鎮貢闕縣二景陵緊晉縣熙寧六年廢州以景陵屬安州元祐元年復玉沙下至道二年自江陵來隸寶元二年廢沔陽入焉熙寧六年又隸江陵府元祐元年與景陵皆復

常德府本鼎州武陵郡常德軍節度乾德二年降為團練本朗州大中祥符五年改今名熙寧七年廢桃源陽口白崖三砦元豐三年廢白壋黃石二砦政和七年升為軍建炎四年升鼎澧州鎮撫使紹興元年置荊湖北路安撫使治鼎州領鼎澧辰沅靖州三十二年罷乾道元年以孝宗潛藩升府八年依舊提舉五州崇寧戶五萬八千二百九十七口一十三萬八百六十五貢紵布練布縣三武陵望桃源望乾德中析武陵地置縣龍陽中大觀中改辰陽紹興三年復舊五年升軍使移治黃城砦三十年復縣南渡後增縣一沅江中下自岳州來隸乾道中割隸岳州今復來隸

澧州上澧陽郡軍事建炎四年寓治陶家市山砦隨復舊崇寧戶八萬一千六百七十三口二十三萬六千九百二十一貢綾竹簟縣四澧陽望安鄉中下石門中下有臺宜砦慈利下有索口安福西牛武口澧州五砦

峽州中峽字舊從硤今從山夷陵郡軍事建炎中移治石鼻山紹興五年復舊端平元年徙治于江南縣崇寧戶四萬九百八十口一十一萬六千四百貢五加皮芒硝杜若縣四夷陵中有漢流巴山麻溪魚陽長樂梅子六砦及鉛錫場宜都中長楊中下有漢流飛魚二鹽井元豐五年廢新安長楊二砦遠安中下

岳州下巴陵郡岳陽軍節度本軍事州宣和元年賜軍額建炎間岳鄂二州各帶沿江管內安撫司公事紹興二十五年改州曰純改軍曰華容三十一年復舊崇寧戶九萬七千七百九十一口一十二萬八千四百五十貢紵縣四巴陵上華容望有占樓砦平江上臨湘淳化元年升王朝場為縣尋改

歸州下巴東郡軍事建炎四年隸夔路紹興五年復三十一年又隸夔淳熙十四年復明年又隸夔端平三年徙郡治于南浦縣崇寧戶二萬一千五十八口

五萬二千一百四十七貢紵縣三秭歸下熙寧五年省興山縣為
鎮入焉元祐元年復有擬禮砦青林鹽井巴東下有折疊砦興山下開寶元年移治昭君院
端拱二年又徙香溪北
辰州下盧溪郡軍事太平興國七年置招諭縣熙寧
七年以麻陽招諭二縣隸沅州廢慢水砦龍門水浦
銅安龔溪木砦九年廢明溪豐溪佘溪新興鳳伊鐵
爐竹平木樓烏速驛子酉溪砦堡崇寧戶一萬七百
三十口二萬三千三百五十貢朱砂水銀縣四沅陵
中敘浦中下有懸鼓砦元豐二年置龍潭堡辰溪下有龍門銅安二砦盧溪下城
一會溪熙寧八年十二月置砦三池蓬鎮溪黔安嘉祐三年置池蓬熙寧三

年置鎮溪八年置黔安
沅州下潭陽郡軍事本懿州熙寧七年收復以潭陽
縣地置盧陽縣以辰州麻陽招諭二縣隸州八年併
錦州砦人戶及廢招諭縣入麻陽為一縣元豐三年
併鎮江砦人戶入黔江城為黔陽縣尋廢鎮江砦為
鋪五年升舊渠陽砦為縣元祐六年省為砦崇寧二
年復為縣崇寧戶九千六百五十九口一萬九千一
百五十七貢朱砂水銀縣四盧陽下有蔣州西縣八洲長宜洄溪鎮江
龍門懷化八鋪麻陽下有錦州砦龔溪龍家竹砦晃踵齊天又溪六鋪龔溪砦熙寧六年賜名其後
為鋪未詳黔陽下有竹砦煙溪無狀木州洪江五鋪渠陽砦八熙寧間復硤中騰雲鶴綉

勝五州富錦圓三州六年以硤州新城為安江砦富州新城為鎮江砦七年廢慢水砦龍家堡以辰州龍
門鎮安二砦隸州尋廢為鋪宣和元年復置銅安砦元豐三年置托口砦四年以古誠州貫保新砦為貫
保砦奉愛豐山新堡為豐山新堡小由長渡村堡為小由砦安江有洪江銅安二鋪托口
有竹灘一鋪元豐八年罷貫保元豐三年置六年隸誠州元祐六年廢崇寧二年復置渠陽
元祐三年以渠陽軍改來隸竹灘洪江並元祐五年置隸黔陽縣若溪崇寧三年置
便溪崇寧三年以蔣州改
靖州下軍事熙寧九年收復唐溪洞誠州元豐四年
仍建為誠州五年沅州貫保砦改為縣總治本砦并
托口小由豐山四堡砦戶口以渠陽縣為名隸州六
年移托口小由兩砦却屬沅州析郡州蒔竹縣隸州

移渠陽縣為州治七年沅州小由砦復隸州尋廢小
由砦豐山堡元祐二年廢為渠陽軍三年廢軍為砦
屬沅州元祐五年復以渠陽砦為誠州崇寧二年改
為靖州大觀元年為望郡崇寧戶一萬八千六百九
十二口關貢白綃縣三永平下本渠陽縣崇寧二年改名紹興八年移入州
會同下本三江縣崇寧二年改通道下本羅蒙縣崇寧二年改砦四狼江收溪
貫保羅蒙元豐六年置收溪復以沅州貫保來隸七年置羅蒙元祐三年廢收溪羅蒙崇寧二
年又置若豐山二砦水堡五石家滻村多星大由天村元豐四年置石
家滻村六年置多星七年置大由天村元祐三年廢多星大由天村等堡崇寧三年復置又置羊鎮堡木
砦堡大觀二年又置飛山堡政和三年又置零溪堡八年又置通平堡

荊門軍開寶五年長林當陽二縣自江陵來隸熙寧六年廢軍縣復隸江陵府元祐三年復為軍端平三年移治當陽縣縣二長林次畿當陽次畿紹興十四年廢入長林十六年復

漢陽軍同下州熙寧四年廢為縣以漢川縣為鎮屬鄂州元祐元年復置紹興五年又廢為縣七年復為軍縣二漢陽緊漢川下太平興國二年自德安來隸紹興五年廢七年復

壽昌軍下本鄂州武昌縣嘉定十五年升壽昌軍使續升軍端平元年以武昌縣還隸鄂州縣一武昌以上武昌山為名孫權所都南渡後為江州治所後復故

南路州七潭衡道永邵郴全軍一武岡監一桂陽縣三十九南渡後增茶陵軍紹興三十二年戶九十六萬八千九百三十口二百一十三萬六千七百六十七

潭州上長沙郡武安軍節度乾德元年平湖南降為防禦端拱元年復為軍舊領荊湖南路安撫使大觀元年升為帥府建炎元年復為總管安撫司紹興元年兼東路兵馬鈐轄二年復為安撫司崇寧戶四十三萬九千九百八十八口九十六萬二千八百五十三貢葛茶縣十二長沙望開寶中廢長豐縣入焉衡山望淳化四年以衡山

岳州湘陰並來隸有黃簳銀場安化望熙寧六年置改七星砦為鎮入焉廢首溪砦元祐三年置博易場醴陵緊攸上湘鄉中湘潭中益陽中瀏陽中有永興及舊溪銀場湘陰中乾德二年自鼎州隸岳州俄而來隸寧鄉中善化元符元年以長沙縣五鄉湘潭縣兩鄉為善化縣

衡州上衡陽郡軍事崇寧戶一十六萬八千九百十五口三十萬八千二百五十三貢麩金犀縣五衡陽緊有熙寧錢監耒陽中常寧中下熙寧六年廢常寧縣與中砦有茭源銀場安仁中下乾德二年升安仁場為縣南渡後升茶陵為軍

道州中江華郡軍事乾德三年廢大歷縣熙寧六年廢揚梅勝岡綿田三砦紹興元年隸荊湖東路二年

復舊崇寧戶四萬一千五百三十五口八萬六千五百五十三貢白紵零陵香縣四營道緊熙寧五年省永明縣為鎮入焉元祐元年復江華緊有黃富鐵場寧遠緊唐延唐縣乾德三年改永明上

永州中零陵郡軍事熙寧六年廢福田樂山二砦八年廢零陵砦崇寧戶八萬九千三百八十七口二十四萬三千三百二十二貢葛石燕縣三零陵望祁陽中東安中雍熙元年升東安場為縣有東安砦

郴州中桂陽郡軍事紹興初改隸荊湖東路二年仍來屬崇寧戶三萬九千三百九十三口一十三萬八千五百九十九貢紵縣四郴緊有新塘浦溪二銀坑桂陽中唐義昌

縣後唐改郴義太平興國初又改有延壽銀坑宜章中唐義章縣太平興國初改永興中舊高亭縣熙寧六年改南渡後增縣二興寧嘉定二年析郴縣資興程水二鄉置資興縣後改今名桂東本郴縣地嘉定四年析桂陽之零陵宜城二鄉置今縣於上猶砦

寶慶府本邵州邵陽郡軍事大觀九年升為望郡寶慶元年以理宗潛藩升府淳祐六年升寶慶軍節度崇寧戶九萬八千八百六十一口二十一萬八千一百六十貢犀角銀縣二邵陽望新化望熙寧五年收復梅山以其地置縣有惜溪柘溪藤溪深溪雲溪五砦

全州下軍事紹興元年聽廣西路經略安撫司節制崇寧戶三萬四千六百六十三口一十萬六千四百三十二貢葛零陵香縣二清湘望有香煙祿塘長烏羊狀硤石磨石獲源七砦灌陽中有洮水灌水吉寧砦

茶陵軍紹興九年升縣為軍仍隸衡州嘉定四年析康樂雲陽常平三鄉置酃縣亦嘗隸衡州縣一酃下因酃湖為名

桂陽軍本桂陽監同下州紹興元年隸荊湖東路二年復故三年升軍崇寧戶四萬四百七十六口一十一萬五千九百貢銀縣二平陽上隋縣晉廢天禧三年置有大富等九銀坑熙寧七年復藍山中景德三年自郴州來隸南渡後增縣一臨武中自石晉廢紹興十一年復

武岡軍崇寧五年以邵州武岡縣升為軍縣三武岡中有山塘一砦熙寧六年廢白沙砦置關硤武陽城步三砦元祐四年置赤木砦紹聖元年置神山砦崇寧二年置通硤大觀元年置峽口砦綏寧中本邵州蒔竹縣地熙寧九年廢崇寧九年復紹興十一年移治武陽砦二十五年還舊後廢臨岡來入臨岡本蒔竹縣元豐四年以溪洞徽州為縣隸邵州八年建臨口砦崇寧五年改砦為縣隸武岡軍南渡後廢臨岡增新寧下漢夷地紹興二十五年於水頭江北立今縣

荊湖南北路蓋禹貢荊州之域當張翼軫之分東界鄂渚西接溪洞南抵五嶺北連襄漢唐末藩臣分據宋初下之鄂岳本屬河南安復中土舊地今以壤制而分隸焉江陵國南巨鎮當荊江上游西控巴蜀澧鼎辰三州皆旁通溪洞置兵戍守潭州為湘嶺要劇鄂岳處江湖之都會全邵屯兵以扼蠻獠大率有材木茗荈之饒金鐵羽毛之利其土宜穀稻賦入稍多而南路有袁吉壤接者其民往往遷徙自占深耕概種率致富饒自是好訟者亦多矣北路農作稍惰多曠土俗薄而質歸峽信巫鬼重淫祀故嘗下令禁之

志卷第四十一

開府儀同三司上柱國錄軍國重事中書右丞相監修國史領經筵事都總裁臣脫脫等奉

敕修

地理五

福建路　成都府路　潼川府路　利州路　夔州路

福建路州六福建泉南劍漳汀軍二邵武興化縣四
十七南渡後升建州為府紹興三十二年戶一百三
十九萬五百六十五口二百八十二萬八千八百五
十二

福州大都督府長樂郡威武軍節度舊領福建路鈐

轄建炎三年升帥府崇寧戶二十一萬一千五百五
十二貢荔枝鹿角菜紫菜元豐貢紅花蕉布縣十二
閩望侯官望福清望古田望唐縣有寶興銀場古田金坑永福望有黃洋
保德二銀場長溪望有玉林銀場及鹽場長樂緊有海壇山鹽場羅源中舊永正
縣閩清中寧德中王審知時置懷安望太平興國五年析閩縣置連江望

建寧府上本建州建安郡舊軍事端拱元年升為建
寧軍節度紹興三十二年以孝宗舊邸升府崇寧戶
一十九萬六千五百六十六貢火箭石乳龍茶元豐
貢龍鳳等茶縣七建安望漢縣有北苑茶焙龍焙監庫及石舍永興丁地三
銀場浦城望有余生蕉溪勳竹三銀場嘉禾望本建陽縣有瞿嶺四銀場景定元年改今名

松溪緊崇安望淳化五年升崇安場為縣政和緊咸平三年升關隸鎮為縣政和五
年改關隸為政和縣有天受銀場甌寧望熙寧三年廢元祐四年復監一豐國咸平
二年置鑄銅錢

泉州望清源郡太平興國初改平海軍節度本上郡
大觀元年升為望郡崇寧戶二十萬一千四百六貢
松子元豐貢綿蕉葛縣七晉江望有豐亭一百六十一南安中
同安中有安仁上下馬栅莊坂四鹽場惠安望太平興國六年析晉江置縣有鹽亭一百二
十九永春中閩桃源縣有倚洋一鐵場安溪下有青陽鐵場德化下有赤水鐵場

南劍州上劍浦郡軍事太平興國四年加南字崇寧
戶一十一萬九千五百六十一貢土茴香元豐貢茶

縣五劍浦緊舊龍津縣南唐改有大演石城二銀場雷大等五茶焙將樂上太平興國四
年自建州來隸有石牌安福二銀場順昌上南唐升永順場為縣沙中有龍泉銀場尤溪
上有尤溪寶應等九銀場

漳州下漳浦郡軍事崇寧戶一十萬四百六十九貢
甲香鮫魚皮縣四龍溪望有吳慣沐犢中栅三鹽場漳浦望有黃敦鹽場
龍巖望有大濟寶興二銀場長泰望太平興國五年自泉州來隸

汀州下臨汀郡軍事淳化五年以上杭武平二場並
為縣元符元年析長汀寧化置清流縣崇寧戶八萬
一千四百五十四貢蠟燭縣五長汀望有上寶錫場歸禾拔口二銀
務莒溪鐵務寧化望有龍門新舊二銀坑上杭上有鍾寮金場天聖二年徙治鍾寮場東

乾道四年洪治郡下武平上清流南渡後增縣一蓮城本長汀蓮城堡
邵武軍同下州太平興國五年以建州邵武縣建爲
軍仍以歸化建寧二縣來屬崇寧戶八萬七千五百
九十四貢紵縣四邵武望有黃土等三鹽場龍須銅場寶積等三鐵場光澤
望太平興國六年析邵武置縣有太平銀場新安鐵場泰寧望南唐歸化縣元祐元年改爲泰寧
有螺蠊金場江源銀場建寧望有龍門等三銀場
興化軍同下州太平興國四年以泉州游洋百丈二
鎭地置太平軍尋改戶六萬三千一百五十七貢綿
葛布縣三莆田望自泉州與仙遊同來隸仙遊望興化中太平興國四年析
莆田置縣
福建路蓋古閩越之地其地東南際海西北多峻嶺
抵江王氏竊據垂五十年三分其地宋初盡復之有
銀銅葛越之產茶鹽海物之饒民安土樂業川源浸
灌田疇膏沃無凶年之憂而土地迫陿生籍繁夥雖
磽确之地耕耨殆盡畝直寖貴故多田訟其俗信鬼
尚祀重浮屠之教與江南二浙略同然多嚮學喜講
誦好爲文辭登科第者尤多
成都府路府一成都州十二眉蜀彭綿漢嘉邛簡黎
雅茂威軍二永康石泉監一仙井縣五十八南渡後

府三成都崇慶嘉定州十一眉彭綿漢邛黎雅茂簡
威隆軍二永康石泉淳熙二年戶二百五十八萬口
七百四十二萬
成都府次府本益州蜀郡劒南西川節度太平興國
六年降爲州端拱元年復爲劒南西川成都府淳化
五年降爲節度嘉祐五年復爲府六年復節度舊領
成都府路兵馬鈐轄建炎三年罷兼利州路紹興元
年領成都路安撫使五年兼西路安撫制置大使十
年置宣撫罷制置司知府帶本路安撫使十八年罷
宣撫復制置司乾道六年又罷併歸安撫司知府仍
帶本路安撫使淳熙二年復制置司罷宣撫司開禧
元年置宣撫罷制置司未幾兩司並置後罷宣撫仍
置制置大使嘉定七年去大字崇寧戶一十八萬二千
九十口五十八萬九千九百三十貢花羅錦高紵布
牋紙縣九成都次赤華陽次赤新都次畿郫次畿熙寧五年省犀浦爲鎭入焉
雙流次畿溫江次畿新繁次畿漢繁縣前蜀改廣都次畿熙寧五年廢陵州以貴平
籍二縣爲鎭入焉靈泉次畿舊名靈池天聖四年改
眉州上通義郡至道二年升爲防禦崇寧戶七萬二
千八百九口一十九萬二千三百八十四貢麩金巴
豆縣四眉山望隋通義縣太平興國初改彭山望丹稜望青神緊

崇慶府緊本蜀州唐安郡軍事紹興十年以高宗潛
藩升崇慶軍節度淳熙四年升府崇寧戶六萬七千
八百三十五口二十七萬三千五十貢春羅單絲羅縣
四晉源望新津望江原望唐唐安縣開寶四年改永康望蜀析青城地置縣
彭州緊濛陽郡軍事崇寧戶五萬七千五百二十四
貢羅縣三九隴望唐縣熙寧二年置堋口縣四年省爲鎮入焉有鹿角砦堋口木頭二茶
場崇寧望唐唐昌縣崇寧元年改濛陽望
綿州上巴西郡軍事紹興三年以知州事兼綿威茂
州石泉軍沿邊安撫使節制屯戍軍馬五年川峽宣
撫副使移司綿州六年罷二十一年罷沿邊安撫使
嘉熙元年爲四川制置副使治所崇寧戶一十二萬
二千九百一十五口二十三萬四百九貢綾紵布縣
五巴西望彰明望魏城緊羅江緊鹽泉中
漢州上德陽郡軍事戶一十二萬九百口五十二萬
七千二百五十二貢紵布縣四雒望什邡望綿竹望
德陽望
嘉定府上本嘉州犍爲郡軍事乾德四年廢綏山羅
目玉津三縣慶元二年以寧宗潛邸升府開禧元年
升嘉慶軍節度崇寧戶七萬一千六百五十二口二
十一萬四百七十二貢麩金縣五龍遊上宣和元年改曰嘉祥後

復故熙寧五年省平羌縣入焉洪雅上淳化四年自眉州來隸夾江中峨眉中犍
爲下大中祥符四年移治懲非鎮監一豐遠鑄鐵錢
邛州上臨邛郡軍事崇寧戶七萬九千二百七十九
口一十九萬三千三十二貢絲布縣六臨邛望熙寧五年省
臨溪縣爲鎮入焉併入依政蒲江火井依政望安仁望有延貢砦大邑望有思安
砦蒲江上有鹽井監鹽井砦火井中開寶三年移治平樂鎮至道三年復舊監一惠
民鑄鐵錢建炎三年罷
簡州下陽安郡軍事崇寧戶四萬一千八百八十八
口九萬五千六百一十九貢綿紬麩金縣二陽安上
平泉中
黎州上漢源郡軍事崇寧戶二千七百二十二口九
千八十貢紅椒縣一漢源下慶曆六年廢通望縣入焉舊廢飛越縣有博易務
領羈縻州五十四羅巖州索古州秦上州合欽州劇川州輒柴州蓬口州栢坡州博盧
州明川州施肱州蓬矢州大渡州米川州木屬州河東州諾筰州甫嵐州昌化州歸化州栗川州叢夏
州和良州和都州附木州東川州上貴州滑川州北川州吉川州甫萼州北地州蒼柴州野川州邛陳州貴
林州護川州滕琮州浪灑州郎郭州上欽州時蓬州儼馬州儼查州邛川州護邛州腳川州開望州上蓬
州比蓬州剝重州乂護州雄劍州明昌州
雅州上盧山郡軍事崇寧戶二萬七千四百六十四
口六萬二千三百七十八貢麩金縣五嚴道中有碉門砦
盧山上有靈關砦名山中熙寧五年省百丈縣爲鎮入焉元祐二年復榮經下中百

戎(中下)州城內一茶場(熙寧九年置)領羈縻州四十四(當馬州三井州來鋒州名配州鉗泰州隸恭州畫重州羅林州籠羊州林波州林燒州龍蓬州敢川州驚川州禍眉州木燭州百坡州當品州嚴城州中川州鉗矣州昌磊州鉗并州百頓州會野州當仁州推梅州作重州禍林州金林州諾祚州三恭州布嵐州欠馬州羅蓬州論川州讓川州遠南州卑盧州變龍州耀川州金川州東嘉梁州西嘉梁州)

茂州上通化郡軍事熙寧九年即汶川縣置威戎軍使以石泉縣隸綿州崇寧戶五百六十八口一千三百七十七貢麝香縣一汶山(下)砦一鎮羌(熙寧九年置)關一雞宗(熙寧九年置)南渡後增縣一汶川(下有博馬場)領羈縻州十(塔州直州時州塗州遠州飛州乾州可州向州居州)春祺城本羈縻保州

政和四年建爲祺州縣曰春祺宣和三年廢爲城隸茂州壽寧砦本羈縻直州政和六年建壽寧軍在大皂江外距茂州五里八年廢爲砦宣和三年廢砦爲堡又廢敷文關爲敷文堡延寧砦本威戎軍熙寧間所建政和六年湯延俊等納土重築軍城改名延寧宣和三年廢爲砦隸茂州四年又廢砦及壽寧堡入汶川縣

威州下維川郡軍事本維州景德三年以與濰州聲相亂改今名崇寧戶二千二十口三千一十三貢當歸羌活縣二保寧(下唐薛城縣南唐改)通化(下天聖元年改途川景祐四年復治)平三年省通化軍隸縣有博易場領羈縻州二(保州霸州)嘉會砦本羈縻霸州政和四年建爲亨州縣曰嘉會宣和三年廢州以縣爲砦隸威州通化軍熙寧間所建在保霸二州之間政和三年董舜咨納土因舊名重築軍城宣和三年省軍使爲監押隸威州

永康軍同下州本彭州導江縣灌口鎮唐置鎮靜軍乾德四年改爲永康軍以蜀川之青城及導江縣來隸太平興國三年改爲永康軍熙寧五年廢爲砦九年復即導江軍治置永康軍使隸彭城元祐初復故縣二導江(望乾德中自彭州來隸熙寧五年軍廢復隸彭州後復於此置軍有博馬場)青城

(望乾德中自蜀州來隸熙寧五年軍廢還隸蜀州不知何年復來隸)

仙井監同下州本陵州至道三年升爲團練咸平四年廢始建縣熙寧五年廢爲陵井監宣和四年改爲仙井監隆興元年改爲隆州崇寧戶三萬二千八百五十三口一十萬四千五百四十五貢苦藥子續隨子縣二仁壽(中)井研(中下)南渡後增縣二貴平(中下熙寧五年廢入廣都乾道六年復)籍(中下廢復同上)鎮一大安(舊永安鎮崇寧二年改)鹽井一

石泉軍本綿州石泉縣政和七年建爲軍割蜀之永康綿之龍安神泉來隸宣和三年降爲軍使縣皆還

舊隷宣和七年復爲軍領縣三石泉下神泉上有石關砦
龍安上有三盤砦及茶場宣和元年改曰安昌後復故寶祐後爲軍治所龍安堡九重和
元年置會同靖安嘉平通津橫望平隴凌霄聳翠連雲
潼川府路府二潼川遂寧州九果資普昌敘瀘合榮
渠軍三長寧懷安廣安監一富順紹興三十二年戶
八十萬五千三百六十四口二百六十三萬六千四
百七十六
潼川府緊梓潼郡劍南東川節度本梓州乾德四年
改靜戎軍置東關縣太平興國中改靜安軍端拱二
年爲東川元豐三年復加劍南二字重和元年升爲

府舊兼提舉梓州果渠懷安廣安軍兵馬巡檢盜賊
公事乾道六年升瀘南爲潼川府路安撫使崇寧戶一
十萬九千六百九口四十四萬七千五百六十五貢
綾曾青空青縣九郪有三十四鹽井中江望隋玄武縣大中祥符五年改有鹽
井涪城望有四鎮二十七鹽井射洪緊有鹽井鹽亭緊熙寧五年省永泰縣爲鎮入
焉有六鹽井通泉上有三鐵冶飛烏中有五鹽井銅山中有銅冶東關中下
有四鹽井永泰中下本尉司南渡後爲縣
遂寧府都督府遂寧郡武信軍節度本遂州政和五
年升爲府宣和五年升大藩端平三年兵亂權治蓬
溪砦崇寧戶四萬九千一百三十二口一十萬二千

五百五十五貢樗蒲綾縣五小溪望隋方義縣太平興國初改蓬
溪望長江緊端平三年以下三縣俱廢青石緊遂寧中唐縣熙寧六年省青石
縣入焉七年復置
順慶府中本果州南充郡團練寶慶三年以理宗初
潛之地升府隸劍南東路端平三年兵亂淳祐九年
徙治青居山崇寧戶五萬五千四百九十三口一十
三萬三百一十三貢絲布天門冬縣三南充望熙寧六年省
流溪縣爲鎮入焉紹興二十七年復爲縣西充望流溪望
資州上資陽郡軍事乾德五年廢月山丹山銀山清
溪四縣宣和二年改龍水爲資州後復故淳祐三年

廢崇寧戶三萬二千二百八十七口四萬七千二百
一十九貢麩金縣四盤石緊有一十八鹽井一鐵冶資陽緊龍水
中下內江下有六十六鹽井
普州上安岳郡軍事乾德五年廢崇龕普慈二縣端
平三年兵亂淳祐三年據險置治寶祐以後廢崇寧
戶三萬二千一百一十八口七萬三千二百二十一
貢葛天門冬縣三安岳中下熙寧五年廢普康縣入焉安居中樂至
下
昌州上昌元郡軍事崇寧戶三萬六千四百五十六
口九萬三千五十五貢麩金綃縣三大足上昌元上

平四年移治羅市永川上
叙州上南溪郡軍事乾德中廢開邊歸順二縣本戎
州政和四年改咸淳三年徙治登高山崇寧戶一萬
六千四百四十八口三萬六千六百六十八貢葛縣
四宜賓中唐義賓縣太平興國元年改熙寧四年省舊奮入僰道爲鎮政和四年改僰道爲宜賓
南溪中乾德中移治舊奮城有塩井宣化唐義賓縣太平興國元年改熙寧四年改爲鎮隸僰
道宣和元年復以鎮爲縣改今名慶符本叙州徼外地政和三年建爲祥州置慶符來附二縣宣
和三年州廢併來附縣入慶符縣隸叙州砦五柔遠樂從清平石門懷遠靖康元年廢柔遠樂從二砦隸
懷遠羈縻州三十建州照州獻州南州洛州盈州德州爲州移州扶德州播浪州鶴州武昌州
志州已上皆在南廣溪洞商州驯州浪川州騁州已上皆在馬湖江協州切騎州靖州曲江州哥陵州品州

柯建州礦衛州澋州從州播陵州鉗州巳上皆在石門路
瀘州上瀘川郡瀘川軍節度本軍事州宣和元年賜軍
額乾道六年升本路安撫使嘉熙三年築合江之榕
山再築江安之三江磧四年又築合江之安樂山爲
城淳祐三年又城神臂崖以守景定二年劉整以城
歸
大元後復取之改江安州崇寧戶四萬四千六百一
十一口九萬五千四百一十貢葛縣三乾德五年廢綿水富義置上監
州治平四年廢羊稚砦元豐二年廢白芀砦三年廢平夷堡於羅池改築安遠砦廢大硐武寧二砦五年
復置武寧砦隸長寧軍

瀘川中江安中有寧遠安夷西寧遠南田武寧安遠等砦合江中有遥垻青山安溪
小溪帶頭使君六砦大觀三年以安溪砦爲縣隸純州後廢純州復爲砦宣和三年廢遥垻四年復南
渡後增縣一納溪皇祐三年納溪口置砦紹定五年升爲縣監一南井城
三樂共城元豐四年置堡砦四江門砦鎮溪堡梅嶺堡大洲堡九
支城大觀三年建純州置九支安溪兩縣及美利城宣和三年廢純州及九支縣爲九支城以安溪
美利城爲砦改悉竹砦爲堡武都城大觀三年建滋州置承流仁懷兩縣宣和三年廢州爲武
都城以仁懷爲堡承流縣併入仁懷安遠砦元豐三年置大觀四年廢政和五年復博望
砦政和七年置板橋堡政和堡政和六年置綏遠砦前隸武都城宣和三
年隸州領羈縻州十八納州薛州晏州鞏州奉州悅州思峩州長寧州能州淯州浙州
定州宋州順州藍州溱州高州姚州

長寧軍本羈縻州熙寧八年夷人得箇祥獻長寧晏
奉高薛鞏淯思峩等十州因置淯井監隸瀘州政和
四年建爲長寧軍領砦堡六梅洞砦政和五年置清平砦舊隸
祥州政和二年建築賜今名宣和三年廢祥州以砦隸軍武寧砦熙寧七年置舊名小溪口十年
改今名元豐四年廢五年復置政和四年建長寧軍以武寧爲倚郭縣宣和三年廢縣爲堡四年復爲砦
寧遠砦皇祐元年置三江砦三年改今名宣和三年以砦爲堡四年復爲砦安夷砦熙寧
六年置舊名婆娑大觀四年廢政和六年復置石筍堡政和五年置初名梅頼後賜今名南
渡後縣一安寧嘉定四年升安夷砦爲縣有武寧寧遠二砦
合州中巴川郡軍事淳祐三年移州治于釣魚山崇
寧戶四萬八千二百七十七口八萬四千四百八十

四貢牡丹皮白藥子縣五石照中觀石鑑縣乾德三年改漢初中巴川中赤水中下銅梁中下熙寧四年省赤水入焉七年復置

榮州下和義郡軍事乾德五年廢和義縣端平三年擇地僑治寶祐後廢崇寧戶一萬六千六百六十七口五萬二千八十七貢班布縣四榮德中下舊名旭川治平四年改熙寧四年省公井縣為鎮入焉有鹽監一端平三年廢威遠中資官中有鹽井應靈中下有鹽井

渠州下隣山郡軍事寶祐三年徙治禮義山崇寧戶三萬二千八百七十七口六萬三千八百三十貢綿紬買子木縣三流江中下西魏縣景祐三年廢大竹縣入焉紹興三年復分置隣水下唐縣乾德四年移治崑櫳鎮隣山下梁縣乾德三年移治故隣州城南渡後增縣一大竹

懷安軍同下州乾德五年以簡州金水縣建為軍崇寧戶二萬九千六百二十五口一十七萬四千九百八十五貢紬縣二金水望金堂望乾德五年自漢州來隸

寧西軍本廣安軍同下州開寶二年以合州儂洄新明二鎮建為軍淳祐三年城大良平為治所寶祐末歸大元景定初復取之咸淳二年改軍名崇寧戶四萬七千五十七口一十一萬一千七百五十四貢絹縣三渠江中開寶二年自渠州來隸岳池緊開寶二年自果州來隸新明中開寶二年自合州來屬大年移治單溪鎮南渡後增縣一和溪開禧三年升鎮為縣

富順監同下州本瀘州之富義縣掌煎鹽乾德四年升為富義監太平興國元年改治平元年置富順縣熙寧元年省嘉熙元年蜀亂監廢咸淳元年徙治虎頭山崇寧戶一萬一千二百四十一口二萬三千七百一十六貢葛領鎮十三鹽井一

利州路府一興元州九利洋閬劍文興蓬政巴縣三十八關一劍門南渡後府三興元隆慶同慶州十二利金洋閬巴沔文蓬龍階西和鳳軍二大安天水紹

興三十二年戶三十七萬一千九十七口七十六萬九千八百五十二

興元府次府梁州漢中郡山南西道節度舊兼提舉利州路兵馬巡檢事建炎二年升本路鈐轄四年兼本路經略安撫使後分利州路為東西路興元劍利閬金洋巴蓬大安為東路治興元階成和鳳文龍興為西路治興州又置利州路階成和鳳州制置使涇原秦鳳路經略安撫使乾道四年合為一路興元帥兼領之淳熙二年復分三年又合五年復分紹興五年再合慶元二年又分嘉定三年復合崇寧戶六萬

三百八十四口一十二萬三千五百四十貢䴡脂紅花縣四南鄭次赤城固次畿褒城次畿西次畿至道二年割隸大安軍三年還隸有錫治一務茶場一熙寧八年置南渡後增縣一廉水次畿紹興四年析南鄭縣置以廉水為名

利州都督府益川郡寧武軍節度舊昭武軍景祐四年改紹興十四年分東西兩路紹熙五年復合為一慶元二年復分嘉定三年復合十一年又分端平三年兵亂廢崇寧戶二萬五千三百七十三口五萬一千五百三十九貢金銅鐵縣四綿穀中葭萌中嘉川中下咸平五年自鎮州來隸熙寧三年省平蜀縣入焉昭化下後周益昌縣開寶五年改

洋州望洋川郡武康軍節度舊武定軍景祐四年改建炎以後嘗置蓬巴洋州安撫使尋罷崇寧戶四萬五千四百九十口九萬八千五百六十七貢隔織縣三興道望西鄉上真符中

閬州上閬中郡乾德四年改安德軍節度紹興十四年隸東路端平三年兵亂淳祐三年移治大獲山崇寧戶四萬三千九百三十六口一十萬九千七百貢蓮綾縣七閬中望閬水迂曲繞縣三面故名紹興十八年省玉井鎮入焉蒼溪緊南部緊新井緊奉國中熙寧四年省岐平縣為鎮入焉新政中西水中下熙寧四年省晉安縣為鎮入焉

隆慶府本劍州上普安郡軍事乾德五年廢永歸縣隆興二年以孝宗潛邸升普安軍節度紹熙元年升府端平三年兵亂崇寧戶三萬五千二十三口一十萬七千五百七十三貢巴戟縣六普安中熙寧五年省臨津縣為鎮入焉梓潼上陰平中武連中普成中下劍門中下熙寧五年以劍門關劍門縣復隸州有小劍白綿砲砍粮谷龍聚托溪六砦

巴州中清化郡軍事乾德四年廢盤道歸仁始寧三縣咸平五年以清化屬集州熙寧五年廢集州又廢壁州以其縣來隸建炎三年兼管內安撫嘉熙四年兵亂民散崇寧戶二萬三千三百三十七口四萬一千五百一十六貢綿紬縣五化城中下省集州清化縣為鎮入焉難江上舊隸集州恩陽中下熙寧三年省七盤縣為鎮入焉曾口下熙寧五年省其章縣為鎮入焉通江下省壁州白石符陽二縣入焉

文州中下陰平郡軍事建炎後帶沿邊管內安撫尋罷隸利西路紹定末置司成都端平後兵亂州廢崇寧戶一萬二千五百三十一口二萬二千七十八貢麝香縣一曲水中下西魏縣有重石毗谷張磨蓮留拳羅移思村戍門黃波綠南十砦水銀一務

沔州下順政郡軍事本興州紹興十四年為利西路治所開禧三年吳曦僭改開德府曦誅改沔州崇寧

戶一萬二千四百三十口一萬九千六百七十三貢
蜜蠟縣二順政中開禧三年改爲畧陽長舉中下監一濟衆鑄鐵錢
蓬州下咸安郡軍事乾德三年廢宕渠縣淳祐三年
置司古渝縣崇寧戶二萬七千八百二十七口五萬
一千四百七十二貢紵絲綾綿紬縣四蓬池中儀隴
中營山中唐朗池縣大中祥符五年改熈寧三年省蓬山縣爲鎮入焉伏虞中下熈寧五年
省梁山縣爲鎮入焉南渡後增縣二良山中下建炎三年復相如望以南有
司馬相如故宅而名嘉熈間兵亂寶祐六年自興州來屬
政州下江油郡軍事本龍州政和五年改爲政州紹
興元年復爲龍州端平三年兵亂寶祐六年徙治雍

村崇寧戶三千五百二十三口九千二百九十四貢
麩金羚羊角天雄縣二江油中有乾坡砦清川下本馬盤砦改今名
嘉定初增戍兵端平三年兵亂地廢
大安軍中本三泉縣舊屬興元府乾德三年平蜀以
縣直屬京至道二年建爲大安軍三年軍廢縣仍舊
屬京紹興三年復升軍崇寧戶六千七十五口一萬
八百九十一領鎮二金牛青烏南渡後復置三泉縣
隷軍
金州上安康郡昭化軍節度前宋隷京西南路惟此
一州未沒于金建炎四年屬利州紹興元年置金均

房州鎮撫使六年復隷京西南路九年隷西川宣撫
司十年置金房開達安撫使十三年隷利州路又以
商州上津豐陽兩縣來屬乾道四年兼管內安撫縣
六西城下漢陰中下紹興二年遷治新店以舊縣爲鎮嘉定三年升漱口鎮爲縣有饒風
鎮洵陽中石泉下平利下南渡後增縣一上津中下本平
利縣地紹興十六年以鶻嶺關卓歇平爲界
階州中下武都郡軍事本隷秦鳳路紹興初陝西地
盡入于金惟階成岷鳳洮五郡鳳翔府和尚原隴州
方山原存紹興初以楊家崖爲家計砦縣二福津中下
將利中下

同慶府中下同谷郡軍事本成州隷秦鳳路紹興十
四年來屬寶慶元年以理宗潛邸升同慶府縣二同
谷中栗亭中
西和州下和政郡團練本隷秦鳳路紹興元年入于
金改祐州舊名岷州十二年與金人和以岷犯金太
祖嫌名改西和州因郡名和政云以淮西有和州故
加西字開禧二年又入于金縣三長道緊大潭中祐
川■
鳳州下河池郡團練舊屬秦鳳路紹興十四年來隷
縣三梁泉上兩當上河池緊

天水軍同下州紹興初秦州入于金分置南北天水縣十三年隸成州後以成紀之太平社隴成之東阿社來屬嘉定元年升軍九年移于天水縣舊治仍置縣一天水紹興十五年廢成紀隴西二縣來入

夔州路州十夔黔施忠萬開達涪恭珍軍三雲安梁山南平監一大寧縣三十二南渡後府三重慶咸淳紹慶州八夔達涪萬開施播思軍三雲安梁山南平監一大寧紹興三十二年戶三十八萬六千九百七十八口一百一十三萬四千三百九十八

夔州都督府雲安郡寧江軍節度州初置在白帝城

景德三年徙城東建炎三年升夔利兵馬鈐轄淳熙十五年帥臣帶歸峽州兵馬司元豐戶一萬一千二百一十三貢蜜蠟縣二奉節中巫山中下

紹慶府下本黔州黔中郡軍事武泰軍節度紹定元年升府紹熙三年移巡檢治增潭元豐戶二千八百四十八貢朱砂蠟縣二彭水中嘉祐八年廢洪杜洋水都濡信寧四縣入焉有洪杜小洞界出難溪四砦紹興二年以元隸珍州戶四十九還隸黔江下有白石門閬佐水永安安樂雙洪射營右水豐塚浴水踏平鹿角萬就六堡白水土溪小溪石柱高望木孔東流李昌僕射相陽小村石門郭田木柵虎眼二十九砦羈縻州四十九南寧州遠州鍵州清州將州知州蠻州襲州峩州邦州鶴州勞州義州福州儒州令州郝州普寧州緣州那州鸞州絲州卭州敷州晃州侯

州焚州添州璡州雙城州訓州鄉州茂龍州整州樂善州撫水州思元州逸州思州南平州勳州姜州稜州鴻州和武州驛州亳州鼓州懸州南渡後羈縻州五十六

施州下清江郡軍事元豐戶一萬九千八百四貢黃連木藥子縣二清江中下有歌羅永寧細沙寧邊尖木夷平六砦熙寧六年五月省施州永興砦置夷平砦元豐三年七月廢永寧砦置行廊安確二砦建始中下有連天一砦監一廣積紹聖三年置鑄鐵錢

咸淳府下本忠州南賓郡軍事咸淳元年以度宗潛邸升府元豐戶三萬五千九百五十貢綿紬縣三臨江中下墊江中下熙寧五年省桂溪縣入焉南賓下南渡後增縣二豐都下龍渠下

萬州下南浦郡軍事開寶三年以梁山爲軍元豐戶二萬五百五十五貢金木藥子縣二南浦下有平雲砦武寧下

開州下盛山郡軍事崇寧戶二萬五千貢白紵車前子縣二開江上慶曆四年廢新浦縣入焉清水中舊名萬歲縣後改

達州上通川郡軍事本通州乾德三年改乾德五年廢閬英宣漢二縣熙寧六年省山剛縣七年省石鼓縣分隸通川新寧永睦三縣元豐戶四萬六百四十貢紬縣五通川中巴渠中永睦下隋永穆縣今改新寧下東鄉下南渡後增縣一通明下舊通明院

涪州下涪陵郡軍事熙寧三年廢溫山縣爲鎮大觀
四年廢白馬砦咸淳二年移治三台山元豐戶一萬
八千四百四十八貢絹縣三涪陵下有白馬鹽場樂溫下武
龍下宣和元年改武龍縣爲枳縣紹興元年依舊
重慶府下本恭州巴郡軍事舊爲渝州崇寧元年改
恭州後以高宗潛藩升爲府舊領萬壽縣乾德五年
廢雍熙中又廢南平縣慶曆八年以黔州羈縻南溱
二州來隸皇祐五年以南州置南川縣熙寧七年以
南川縣隸南平軍元豐戶四萬二千八十貢葛布牡
丹皮縣三巴中有石英峯王藍溪新興四鎮江津中下乾德五年移治馬騣鎮壁

山下羈縻州一溱州領榮懿扶歡二縣以酋首領之後隸南平軍
雲安軍同下州開寶六年以夔州雲安縣建爲軍建
炎三年爲軍使元豐戶一萬一千七十五貢絹縣一
雲安望有思問捍抜平南三砦玉井鹽場圖雲鹽井監一雲安熙寧四年以雲安監戶口
析置安義縣八年戶還隸雲安縣復爲監
梁山軍同下州高梁郡開寶二年以萬州丕氏屯田
務置軍撥梁山縣來隸熙寧五年又析忠州桂溪地
益軍元祐元年還隸萬州尋復故元豐戶一萬二千
二百七十七貢綿縣一梁山中下
南平軍同下州熙寧八年收西番部以恭州南川縣

銅佛垻地置軍領縣二南川中下熙寧八年省入隆化元豐元年復置有榮
懿開邊通安安穩歸正五砦溱川堡隆化下熙寧八年自涪州來隸有七渡水砦大觀四年砦廢
溱溪砦本羈縻溱州領榮懿扶歡二縣熙寧七年招
納置榮懿等砦隸恭州後隸南平軍大觀二年別置溱
州及溱溪夜郎兩縣宣和二年廢州及縣以溱溪砦
爲名隸南平軍
大寧監同下州開寶六年以夔州大昌縣鹽泉所建
爲監元豐戶六千六百三十一貢蠟縣一大昌中下端拱元年自夔州來隸舊在監南六十里嘉定八年徙治水口監
珍州唐貞觀中開山洞置唐末沒於夷大觀二年大

駱解上下族帥獻其地復建爲珍州宣和三年承州
廢以綏陽縣來隸縣二樂源綏陽本羈縻夷州大觀
三年酋長獻其地建爲承州領綏陽都上義泉寧夷
洋川五縣宣和三年廢州及都上等縣以綏陽隸珍
州遵義砦大觀二年播州楊文貴獻其地建遵義軍
及遵義縣宣和三年廢州及縣以遵義砦爲名隸珍
州
思州政和八年建領務川邛水安夷三縣宣和四年
廢州爲城及務川縣以務川城爲名邛水安夷二縣
皆作堡並隸黔州紹興元年復爲思州縣三務川安

夷玶水宣和四年並廢隸黔州紹興二年復

播州樂源郡大觀二年南平夷人楊文貴等獻其地建爲州領播川琅川帶水三縣宣和三年廢爲城隸南平軍端平三年復以白綿堡爲播州三縣仍廢嘉熙三年復設播州充安撫使咸淳末以珍州來屬縣一樂源中有遵義砦開禧三年升軍嘉定十一年復爲砦

川峽四路蓋禹貢梁雍荊三州之地而梁州爲多天文與秦同分南至荊峽北控劍棧西南接蠻夷土植宜柘繭絲織文纖麗者窮於天下地狹而腴民勤耕作無寸土之曠歲三四收其所獲多爲遨遊之費踏青藥市之集尤盛焉動至連月好音樂少愁苦尚奢靡性輕揚喜虛稱庠塾聚學者衆然懷土罕趨仕進涪陵之民尤尚鬼俗有父母疾病多不省視醫藥及親在多別籍異財漢中巴東俗尚頗同淪於偏方殆將百年孟氏既平聲教被暨文學之士彬彬輩出焉

志卷第四十二

志卷第四十三　宋史九十

開府儀同三司上柱國錄軍國重事前中書右丞相監修國史領經筵事都總裁臣脫脫等奉敕修

地理六 廣南東路 廣南西路 燕山府路

廣南東路府一肇慶州十四廣韶循潮連梅南雄英賀封新康南恩惠縣四十三南渡後府二肇慶德慶英德州十一廣韶循潮連封新南恩梅雄惠紹興三十二年戶五十一萬三千七百一十一口七十八萬四千七百七十四

廣州中都督府南海郡清海軍節度開寶五年廢咸寧番禺蒙化游水四縣大觀元年升爲帥府舊領廣南東路兵馬鈐轄兼本路經略安撫使元豐戶一十四萬三千二百六十一貢胡椒石髮糖霜檀香肉豆蔻丁香母子零陵香補骨脂舶上茴香沒藥沒石子元豐貢沉香甲香詹糖香石斛龜殼水馬鼊皮藤簟縣八南海望隋縣後改常康開寶五年復番禺上開寶中廢入南海皇祐三年復置有銀爐鐵場增城中清遠中有大冨銀場靜定鐵場錢紏鉛場懷集中有大利銀場東莞中下開寶五年廢入增城六年復置有桂角等二銀場靜康等三鹽場海南黃田等三鹽柵新會下有千歲錫場海晏等六鹽場信安下本義寧縣開寶五年廢入新會六年復置太平興國初改信安熙寧五年省爲鎮入新州新興縣元祐元年復爲縣紹聖元年復省爲鎮後復爲縣還隸廣州

南渡後無信安增縣一香山紹興三十二年以東莞香山鎮為縣
韶州中始興郡軍事元豐户五萬七千四百三十八
貢絹鍾乳縣五曲江望有永通鐵監靈源等三銀場中子銅場翁源望有大湖
銀場大富鉛場樂昌中有黃坑等二銀場太平鉛場仁化中開寶五年廢入樂昌咸平三年後
置有大殷多田二鐵場多寶鉛場建福宣和三年以岑水場析曲江翁源地置縣南渡後
無建福增縣一乳源乾道二年析曲江之樂昌依化鄉於州頭津置監一永
通
循州下海豐郡軍事元豐户四萬七千一百九十二
貢絹藤盤縣三龍川望有大有鉛場宣和三年改龍川曰雷江紹興元年復舊興
寧望晉縣天禧三年移治長樂有夜明銀場長樂上熙寧四年析興寧縣置有羅翊等四錫場

潮州下潮陽郡軍事元豐户七萬四千六百八十二
貢蕉布甲香鮫魚皮縣三海陽望有海門等三岩三河口豐場豐濟銀場
橫衡等二鹽場潮陽中下本海陽縣地紹興二年廢入海陽八年後揭陽宣和三年割海陽三
鄉置揭陽縣紹興二年廢入海陽八年復仍移治吉帛村是謂三陽
連州下連山郡軍事元豐户三萬六千九百四十三
貢苧布官桂元豐貢鍾乳縣三桂陽望有同官銀場陽山中有
銅坑錫場連山中紹興六年廢為鎮十八年復
梅州下軍事本潮州程鄉縣南漢置敬州開寶四年
改熙寧六年廢元豐五年復宣和二年賜郡名義安
紹興六年廢州為程鄉縣仍帶程江軍事十四年復

為州元豐户一萬二千三百七十貢銀布縣一程鄉
中有樂口銀場石坑鉛場龍坑鐵場
南雄州下本雄州軍事開寶四年加南字宣和二年
賜郡名保昌元豐户二萬三百三十九貢絹縣二保
昌望始興中舊隸韶州開寶四年來隸
英德府下本英州軍事宣和二年賜郡名曰真陽慶
元元年以寧宗潛邸升府元豐户三千一十九貢紵
布縣二真陽望有鍾峒銀場禮平銅場浛光上開寶四年自廣州隸連州六年自連州
來隸有賢德等三銀場

賀州下臨賀郡軍事開寶四年廢蕩山封陽馮乘三
縣本屬東路大觀二年五月割屬西路户四萬二百
五貢銀縣三臨賀緊有太平銀場富川上桂嶺中南渡後屬
廣西路
封州望臨封郡軍事本下郡大觀元年升為望郡紹
興七年省州以二縣隸德慶府十年復舊元豐户二
千七百七十九貢銀縣二封川下開建下開寶五年廢入封川六
年復置
肇慶府望高要郡肇慶軍節度本端州軍事元符三
年升興慶軍節度大觀元年升下為望重和元年賜
肇慶府名仍改軍額元豐户二萬五千一百三貢銀

石硯縣二高要（中有沙利銀場淥蘆鐵場）四會（中舊隸廣州熙寧六年來屬有金場銀場）

新州下新興郡軍事開寶五年廢平興縣元豐户一萬三千六百四十一貢銀縣一新興（中咸平六年移治州城西）

德慶府望本康州晉康郡軍事開寶五年廢州及悅城晉康都城並入端溪以隸端州尋復為州大觀四年升為望郡紹興元年以高宗潛邸升為府十四年置永慶軍節度元豐户八千九百七十九貢銀縣二端溪（下有雲烈錫場）瀧水（下舊隸瀧州州廢以縣來隸有羅磨護峒二銀場）

南恩州下恩平郡軍事舊恩州開寶三年廢恩平杜

陵二縣慶曆八年以河北路有恩州延加南字元豐户二萬七千二百一十四貢銀縣二陽江（中有海口海陵博臘遂訓等四砦有鉛場）陽春（下熙寧六年廢春州併銅陵縣入陽春來隸有攬徑鐵場）

惠州下軍事宣和二年賜郡名博羅元豐户六萬一千一百二十一貢甲香藤箱縣四歸善（中有阜民錢監西平流坑二銀場永吉信上永安三錫場三豐鐵場淡水鹽場）海豐（下有雲溪楊安勞謝三錫場古龍石橋二鹽場）河源（緊有立溪和溪永安三錫場）博羅（中有鐵場）

廣南西路大觀元年割融柳宜及平允從庭孚觀九州為黔南路融州為帥府宜州為望郡三年以黔南路併入廣西以廣西黔南路為名四年依舊稱廣南西路州二十五桂容邕融象昭梧藤龔潯柳貴宜賓橫化高雷欽白鬱林廉瓊平觀軍三昌化萬安朱崖縣六十五南渡後府二靜江慶遠州二十容邕象融昭梧藤潯貴柳賓橫化高雷欽廉賀瓊鬱林軍三南寧萬安吉陽紹興三十二年户四十八萬八千六百五十五口一百三十四萬一千五百七十二

靜江府本桂州始安郡靜江軍節度大觀元年為大都督府又升為帥府舊領廣南西路兵馬鈐轄兼本路經略安撫使紹興三年以高宗潛邸升府寶祐六年改廣西制置大使後四年廢復為廣西路經略安

撫使元豐户四萬六千三百四十三貢銀桂心縣十一臨桂（緊嘉祐六年廢慕化縣入焉）興安（望唐全義縣晉置溥州乾德元年州廢太平興國初改今名）靈川（望）荔浦（望）永福（下）脩仁（中熙寧四年廢脩仁縣為鎮入荔浦元豐元年復）義寧（中下本義寧鎮馬氏奏置開寶五年廢入廣州新會六年復置）理定（下）古（下）永寧（中唐豐水縣熙寧四年廢為鎮入荔浦元祐元年復）南渡後無永寧縣

容州下都督府普寧郡寧遠軍節度開寶五年廢欣道渭龍陵城三縣元豐户一萬三千七百七十六貢銀珠砂縣三普寧（上開寶五年廢繡州以常林阿林羅繡三縣並入焉）陸川（中開寶五年廢順州省龍豪溫水龍水南河四縣入焉九年移治公平淳化五年又徙治於舊溫水縣北）

流中開寶五年廢高禺州以峩石欽萊灑辨陵城四縣地入焉
邕州下都督府永寧郡建武軍節度開寶五年廢朗
寧封陵思龍三縣大觀元年升為望郡紹興三年置
司市馬于橫山砦以本路經略安撫總州事同提點
買馬專任武臣隆興後文武通差寶祐元年兼邕管
欽融鎮撫使元豐戶五千二百八十八貢銀縣二宣
化下景祐二年廢如和縣入焉武緣下景祐二年廢樂昌縣入焉砦一太平舊領
永平太平古萬橫山四砦元豐九域志止存太平一砦金場一鎮乃熙寧六年置羈
縻州四十四縣五洞十一忠州凍州江州萬承州思陵州左州思誠州譚州渡
州龍州七源州思明州西平州上思州祿州石西州思浪州思同州安平州員州廣源州勤州南源州西
農州萬崖州覆利州溫弄州及武黎縣羅陽陀陵縣永康縣武盈洞古甑洞憑祥洞鏵洞卓洞龍英洞龍
聳洞佃洞武德洞古佛洞八射洞並屬左江道思恩州鶼州思城州勤州歸樂州武峩州倫州萬德州蕃
州昆明州婪鳳州侯唐州歸恩州田州功饒州歸城州武籠州及龍川縣並屬右江道初安平州曰波州
皇祐元年改元祐三年又改懷化洞為州
融州融水郡清遠軍節度本軍事州大觀二年升為
帥府三年罷帥府賜軍額又升為下都督府崇寧元
年置武陽砦羅城堡二年置樂善砦廢羅城堡四年
郎融水縣王口砦置平州政和元年廢平州仍為王
口砦與融江文村潯江臨溪四堡砦來隸尋後故紹
興四年復廢平州為王口砦觀州為高峯砦元豐戶

五千六百五十八貢金桂心縣一融水中開寶五年置羅城縣熙
寧七年廢武功羅城二縣為鎮來隸砦一融江南渡後增縣一懷遠下紹
興四年州廢復為砦來隸十四年復為縣有臨溪文村潯江三堡高峯砦羈縻州一樂善
州
象州下象郡景德四年升防禦景定三年徙治來賓
縣之蓬萊元豐戶八千七百一十七貢金藤器穗子
縣四陽壽中來賓中下舊隸嚴州州廢來屬開寶七年又以廢巖州之歸化入焉武
化下熙寧七年廢武化縣入來賓元祐元年復武仙下南渡後無武化縣
昭州下平樂郡軍事開寶五年廢永平縣元豐戶一
萬五千八百八十貢銀縣四平樂中大中祥符元年移治州城東立

山中熙寧五年廢蒙州以東區蒙山二縣入焉龍平中開寶五年廢富州以縣來隸又以思勤
馬江入焉熙寧八年又隸梧州元豐八年復來隸宣和中改昭平淳熙六年復今名恭城下太平興
國元年徙治于北鄉龍諸市景定五年復舊
梧州下蒼梧郡軍事元豐戶五千七百二十貢銀白
石英縣一蒼梧下熙寧四年省戎城縣為鎮入蒼梧
藤州下感義郡軍事開寶三年廢寧風感義義昌三
縣元豐戶六千四百二十二貢銀縣二鐔津中岑溪
下熙寧四年廢南儀州為縣隸州
龔州下臨江郡軍事開寶五年廢陽川武陵隨建大
同四縣政和元年州廢隸潯州三年復紹興六年復

廢，仍隸潯州。元豐戶八千三十九。貢銀。縣一：平南。中。開寶五年，以思明州之武郎來屬，嘉祐二年廢武郎縣入焉。

潯州，下，潯江郡，軍事。開寶五年，廢皇化縣，俄又廢州，以桂平隸貴州，六年復置。元豐戶六千一百四十一。貢銀。縣一：桂平。下

柳州，下，龍城郡，軍事。咸淳元年，徙治柳城縣之龍江。元豐戶八千七百三十。貢銀。縣三：馬平，中。洛容，中。嘉祐四年廢象縣入洛容。柳城。中。梁龍城縣，景德三年改。

貴州，下，懷澤郡，軍事。元豐戶七千四百六十。貢銀。縣一：鬱林。中下。隋鬱平縣，開寶四年改。

宋史九十 四百八十字 宋史志卷第四十三 八 宋凌寫 肖發刊

慶遠府，下，本宜州，龍水郡，慶遠軍節度。舊軍事州。景祐三年，廢崖山縣。宣和元年，賜軍額。河池縣，不詳何年併省。咸淳元年，以度宗潛邸，升慶遠府。元豐戶一萬五千八百二十三。貢生豆蔻、草豆蔻。元豐貢銀。縣四：龍水，上。淳化五年，以撫州洛曹來隸，嘉祐七年廢入龍水。熙寧八年二月，廢羈縻懷遠軍古陽縣為懷遠砦，迷昆縣為鎮，并思立砦並入焉。有懷遠、思立二砦，後改宜山。天河，下。大觀元年六月，以天河縣并德謹砦、江堡隸融州。靖康元年九月復來隸。有德謹一砦。忻城，中下。慶曆三年，以羈縻芝忻、歸恩、紆等州地置縣。思恩，下。熙寧八年，自環州來隸，徙治帶溪砦，省鎮寧州禮丹縣入焉。元豐六年復徙舊治。有普義、帶溪、鎮寧三砦。南渡後增縣一：河池。下。有銀場。羈縻州十，軍一，監二。溫泉州、環州、鎮寧州，領縣二；蕃州、金城州、文州、蘭州，領縣三；安化州，領縣四；述昆州、智州，領縣五；懷遠軍，領縣一。又有富仁、富安二監。舊領思順、歸化二州，慶曆四年併入柳州、馬平縣。

賓州，下，安城郡，軍事。開寶五年，廢州，琅琊、石城二縣以領方隸邕州，六年，以領方復置州。元豐戶七千六百二十。貢銀、藤器。縣三：領方，下。遷江，中。本邕州羈縻州，天禧四年置。上林。中下。開寶五年，自邕州來屬，廢澄州，止戈、賀水、無虞入焉。

橫州，下，寧浦郡，軍事。開寶五年，廢巒州，樂山、從化二縣，又以廢巒州永定來屬。元豐戶三千四百五十一。貢銀。縣二：寧浦，下。永定。下。開寶六年，廢巒州，武羅、靈竹二縣入焉；熙寧四年，省入靈浦，元祐三年復置，後更名永淳。

宋史九十 四百三十八个 宋史志卷第四十三 九 宋凌寫 王甲真刊

化州，下，陵水郡，軍事。本辯州，太平興國五年改。開寶中，廢陵羅縣。元豐戶九千三百七十三。貢銀、高良薑。縣二：石龍，下。吳川。下。本屬羅州，州廢，開寶五年來隸。南渡後增縣一：石城。乾道三年析吳川西鄉置，因石城岡為名。

高州，下，高涼郡，軍事。開寶五年，廢良德縣，景德元年併入竇州，移治茂名，三年復置，以二縣還隸。元豐戶一萬一千七百六十六。貢銀。縣三：電白，下。信宜，中下。唐信儀縣，太平興國初改信宜。熙寧四年，廢竇州，以信宜縣來隸。有銀場。茂名。下。開寶五年，自潘州來隸。

雷州，下，海康郡，軍事。開寶五年，廢徐聞、遂溪二縣。元豐戶一萬三千七百八十四。貢良薑。元豐貢斑竹。縣

一海康下有冠頭砦南渡後復二縣遂溪紹興十九年復置徐聞乾道七年復置

欽州下寧越郡軍事開寶五年廢遵化欽江內亭三縣天聖元年徙州治南賓砦元豐戶一萬五百五十二貢高良薑翡翠毛縣二靈山望有咄步砦安遠下唐保京縣宋初改安京景德中改今名有如洪如昔二砦

白州下南昌郡軍事開寶五年廢南昌建寧周羅三縣政和元年廢州以其地隸鬱林三年復南渡後復廢入鬱林元豐戶四千五百八十九貢銀縮砂縣一博白中南渡後隸鬱林州

鬱林州下鬱林郡軍事州開寶中廢鬱平興德二縣州初治興業至道二年徙今治政和元年廢白州博白來隸三年復置白州以博白還舊隸南渡後廢白州以博白來隸元豐戶三千五百六十四貢縮砂元豐貢銀縣二南流中下舊隸牢州州廢來隸又以廢牢州之定川宕川黨川容山懷義撫康善牢入焉興業下以廢鬱平興德入焉

廉州下合浦郡軍事開寶五年廢封山蔡龍大廉三縣移州治於長沙場置石康縣太平興國八年改太平軍移治海門鎮咸平元年復元豐戶七千五百貢銀縣二合浦上有二砦石康下本常樂州宋併為縣

瓊州下瓊山郡靖海軍節度本軍州事大觀元年以黎母山夷峒建鎮州賜軍額為靖海政和元年鎮州廢以其地及軍額來歸元豐戶八千九百六十三貢銀檳榔縣四瓊山中熙寧四年省舍城入焉有感恩英田場二柵澄邁下開寶五年廢崖州與舍城文昌並來隸文昌下臨高下紹興初移于莫村樂會下唐置環以黎峒寄治南管大觀三年割隸萬安軍後復來屬

南寧軍舊昌化軍同下州本儋州熙寧六年廢州為軍紹興六年廢昌化萬安吉陽三軍為縣隸瓊州十三年為軍使十四年復為軍以屬縣還隸本軍後改今名元豐戶八百三十三貢高良薑元豐貢銀縣三

宜倫下隋義倫縣太平興國初改昌化下熙寧六年省元豐三年復有昌化砦感恩下熙寧六年省元豐四年復

萬安軍同下州舊萬安州萬安郡熙寧七年廢為軍紹興六年廢軍為萬寧縣以軍使兼知縣事隸瓊州十三年復為軍元豐戶二百七十貢銀縣三萬寧下後復名萬安陵水下熙寧七年為鎮元豐三年復紹興六年隸瓊州十三年復來隸

吉陽軍同下州本朱崖軍即崖州熙寧六年廢為軍紹興六年廢軍為寧遠縣十三年復後改名吉陽軍元豐戶二百五十一貢高良薑鎮二臨川藤橋熙寧六年省寧遠吉陽二縣為臨川藤橋二鎮寧遠即臨川南渡後縣二寧遠下紹興六年復

縣隷瓊州十三年復來屬吉陽下。熙寧六年廢為藤橋鎮隷瓊州紹興六年復

平州崇寧四年三月王江古州蠻户納土於王口砦建軍以懷遠為名割融州融江文村潯江臨溪四堡砦並隷軍尋改懷遠軍為平州仍置倚郭懷遠縣又置百萬砦及萬安砦又於安口隘置允州及安口縣又於中古州置格州及樂古縣五年改格州為從州政和元年廢平州依舊為王口砦并融江文村潯江臨溪四堡砦並依舊隷融州廢懷遠縣又廢從州為樂古砦并通靖鎮安百萬砦並撥隷允州又廢允州權留平州又權置百萬砦宣和二年賜平州郡名曰懷遠紹興四年廢平州仍為王口砦隷融州十四年復以王口砦為懷遠縣

從州廢置見平州

允州廢置同上

庭州大觀元年以宜州河池縣置庭州倚郭縣曰懷德又於南丹州中平縣置砦曰靖南尋撥隷庭州大觀二年置安遠砦大觀四年廢庭州移靖南砦於廢孚州宣和五年移安遠砦於平安山置

孚州大觀元年以地州建隆縣置孚州倚郭縣曰歸仁四年廢孚州及歸仁縣為靖南砦先於南丹州中平縣置靖南砦今移置此政和七年復置孚州及綏

仁縣仍移靖南砦歸舊處宣和三年復廢孚州及歸仁縣置靖南砦大觀四年隷觀州紹興四年廢靖南砦

溪州大觀元年以宜州思恩縣帶溪砦置溪州四年廢

鎮州大觀元年置鎮州於黎母山心倚郭縣以鎮寧為名升鎮州為都督府賜靜海軍額政和元年廢鎮州以靜海軍額為瓊州

延德軍崇寧五年初置延德縣於朱崖軍黃流白沙側浪之間大觀元年改為軍又置倚郭縣曰通遠政和元年廢延德軍為感恩縣昌化軍通遠縣為通遠鎮隷朱崖軍政和六年置延德砦又以通遠鎮為砦

地州崇寧五年納土大觀元年以地州建隆縣置孚州

文州崇寧五年納土大觀元年置綏南砦紹興四年廢

蘭州崇寧五年納土

那州崇寧五年納土

觀州大觀元年克南丹州以南丹州為觀州置倚郭縣大觀四年以南丹州還莫公晟復於高峯砦置觀州紹興四年廢觀州為高峯砦存留木門馬臺平洞黃泥中村等堡砦

隆州

兊州政和四年置隆州兊州并興隆縣萬松縣宣和

三年廢隆州又與隆縣為威遠砦兗州又萬松縣為靖遠砦二州先置思忠安江鳳憐金斗朝天等五砦並廢各隷新砦仍並隷邕州

廣南東西路蓋禹貢荊揚二州之域當牽牛婺女之分南濵大海西控夷洞北限五嶺有犀象瑇瑁珠璣銀銅果布之產民性輕悍宋初以人稀土曠併省州縣然歲有海舶貿易商賈交湊桂林邕宜接夷獠置守戍大率民婚嫁喪葬衣服多不合禮尚淫祀殺人祭鬼山林翳密多瘴毒凡命官吏優其秩奉春梅諸州炎癘頗甚許土人領任景德中令秋冬赴治使職

巡行皆令避盛夏瘴霧之患人病不呼醫服藥儋崖萬安三州地狹户少常以瓊州牙校典治安南數郡土壤遐僻但羈縻不絕而已

燕山府路府一燕山州九涿檀平易營順薊景經縣二十宣和四年詔山前收復州縣合置監司以燕山府路為名山後别名雲中府路

燕山府唐幽州范陽郡盧龍軍節度石晉以賂契丹契丹建為南京又改號燕京金人滅契丹以燕京及涿易檀順景薊六州二十四縣來歸宣和四年改燕京為燕山府又改郡曰廣陽節度曰永清軍領十二縣五年童貫蔡攸入燕山七年郭藥師以燕山叛金人復取之 析津 廣平 都市(賜名廣寧) 昌平 良鄉 潞 武清 安次 永清 三河 香河(賜名清化) 漷陰

涿州唐置石晉以賂契丹宣和四年金將郭藥師以州降賜郡名曰涿水升威行軍節度縣四范陽 歸義 同安 新城(賜名威城)

檀州隋置石晉以賂契丹宣和四年金人以州來歸賜郡名曰横山升鎮遠軍節度七年金人復破之縣二密雲 行唐(賜名威塞)

平州隋置後唐時為契丹所陷改遼興府以營灤二州隷之宣和四年賜郡名漁陽升撫寧軍節度五年遼將張覺據州來降尋為金所破縣三盧龍(賜名盧城) 石城(賜名臨關) 馬城(賜名安城)

易州唐置雍熙四年陷于契丹宣和四年金人以州來歸賜郡名曰遂武防禦縣三易水 淶水 容城

營州隋置後唐時為契丹所陷宣和四年賜郡名曰平盧防禦縣一都城(賜名鎮山)

順州唐置石晉以賂契丹宣和四年金人以州來歸賜郡名曰順興團練縣一懷柔

薊州唐置石晉以賂契丹宣和四年金人以州來歸賜郡名曰廣川團練七年金人破之縣三漁陽(賜名平盧)三河 玉田

景州契丹置宣和四年金人以州來歸賜郡名曰灤川軍事縣一遵化

經州本薊州玉田縣宣和六年建為州七年陷于金

雲中府路

雲中府唐雲州大同軍節度石晉以賂契丹契丹號為西京宣和三年始得雲中府武應朔蔚奉聖歸化儒媯等州所謂山後九州也

武州唐置石晉以賂契丹宣和五年金人以州來歸六年築固疆堡尋復為金人所取

應州故屬大同軍節度後唐置彰國軍石晉以賂契丹宣和五年契丹將蘇京以州來降金人尋逐京復取之

朔州唐置後唐為振武軍石晉以賂契丹宣和五年守將韓正以州來降金人尋逐正復取之

蔚州唐置石晉以賂契丹宣和五年守將陳翊以州來降六年翊為金人所殺復取之

奉聖州唐新州後唐置威塞軍節度石晉以賂契丹在雲中府之東契丹改為奉聖州

歸化州舊毅州後唐改為武州石晉以賂契丹契丹改為歸化州

儒州唐置石晉以賂契丹

媯州唐置石晉以賂契丹契丹改為可汗州

志卷第四十三

開府儀同三司上柱國錄軍國重事前中書右丞相監修國史領經筵事都總裁臣脫脫等奉
勑修

河渠一　黃河上

黃河自昔為中國患河渠書述之詳矣探厥本源則慱望之說猶為未也大元至元二十七年我世祖皇帝命學士蒲察篤實西窮河源始得其詳今西蕃朶甘思南鄙曰星宿海者其源也四山之間有泉近百泓匯而為海登高望之若星宿布列故名流出復瀦曰哈剌海東出曰赤賓河合忽闌也里术二河東北

流為九渡河其水猶清騎可涉也貫山中行出西戎之都會曰闊即曰闊提者合納憐河所謂細黃河也水流已濁繞昆侖之南折而東注合乞里馬出河復繞昆侖之北自貴德西寧之境至積石經河州過臨洮合洮河東北流至蘭州始入中國北繞朔方北地上郡而東經三受降城豐東勝州折而南出龍門過河中抵潼關東出三門集津為孟津過虎牢而後奔放平壤呑納小水以百數勢益雄放無崇山巨磯以防閑之旁激奔潰不遵禹蹟故虎牢迤東距海口三二千里恒被其害宋為特甚始自滑臺大伾嘗兩經汎溢復禹蹟矣一時姦臣建議必欲回之俾復故流竭天下之力以塞之屢塞屢決至南渡而後貽其禍於金源氏由不能順其就下之性以導之故也若江若淮若洛汴衛漳暨江淮以南諸水皆有舟楫溉灌之利者歷叙其事而分紀之為河渠志

河入中國行太行西曲折山間不能為大患既出大伾東走赴海更平地二千餘里禹迹既湮河并為一特以隄防為之限夏秋霖潦百川衆流所會不免決溢之憂然有司所以備河者亦益工矣自周顯德初大決東平之楊劉宰相李穀監治隄自楊穀抵張秋

口以遏之水患少息然決河不復故道離而為赤河太祖乾德二年遣使案行將治古隄議者以舊河不可卒復力役且大遂止但詔民治遥隄以禦衝注之患其後赤河決東平之竹村七州之地復罹水災三年秋大雨霖開封府河決陽武又孟州水漲壞中灣橋梁澶鄆亦言河決詔發州兵治之四年八月滑州河決壞靈河縣大隄詔殿前都指揮使韓重贇馬步軍都軍頭王廷義等督士卒丁夫數萬人治之被泛者蠲其秋租五年正月帝以河堤屢決分遣使行視發畿甸丁夫繕治自是歲以為常皆以正月首事季

春而畢是月詔開封大名府鄆澶滑孟濮齊淄滄棣濱德博懷衛鄭等州長吏並兼本州河隄使蓋以謹力役而重水患也開寶四年十一月河決澶淵泛數州官守不時上言通判司封郎中姚恕棄市知州杜審肇坐免五年正月詔曰應緣黃汴清御等河州縣除準舊制種蓺桑棗外委長吏課民別樹榆柳及土地所宜之木仍案户籍高下定為五等第一等歲樹五十本第二等以下遞減十本民欲廣樹蓺者聽其孤寡惸獨者免是月澶州修河卒賜以錢鞵役夫給以茶三月詔曰朕每念河渠潰決頗為民患故署使

職以總領焉宜委官聯佐治其事自今開封等十七州府各置河堤判官一員以本州通判充如通判闕員即以本州官充五月河大決濮陽又決陽武詔發諸州兵及丁夫凡五萬人遣潁州團練使曹翰護其役翰辭太祖謂曰霖雨不止又聞河決朕信宿以來焚香上禱于天若天災流行願在朕躬勿延于民也翰頓首對曰昔宋景公諸侯耳一發善言災星退舍今陛下憂及兆庶懇禱如是固當上感天心必不為災六月下詔曰近者澶濮等數州霖雨荐降洪河為患朕以屢經決溢重困黎元每閱前書詳究經瀆至

若夏后所載但言導河至海隨山濬川未聞力制湍流廣營高岸自戰國專利堙塞故道小以妨大私而害公九河之制遂隳歷代之患弗弭凡搢紳多士草澤之倫有素習河渠之書深知疏導之策若為經久可免重勞並許詣闕上書附驛條奏朕當親覽用其所長勉副詢求當示甄獎時東魯逸人田告者纂禹元經十二篇帝聞之召至闕下詢以治水之道善其言將授以官以親老固辭歸養從之翰至河上親督工徒未幾決河皆塞太宗太平興國二年秋七月河決孟州之温縣鄭州之滎澤澶州之頓丘皆發緣河

諸州丁夫塞之又遣左衛大將軍李崇矩騎置自陝西至滄棣案行水勢視隄岸之缺亟繕治之民被水災者悉蠲其租三年正月命使十七人分治黃河隄以備水患滑州靈河縣河塞復決命西上閤門使郭守文率卒塞之七年河大漲蹙清河凌鄆州城將陷塞其門急奏以聞詔殿前承旨劉吉馳往固之八年五月河大決滑州韓村泛澶濮曹濟諸州民田壞居人廬舍東南流至彭城界入于淮詔發丁夫塞之隄久不成乃命使者按視遥堤舊址使回條奏以為治遥堤不如分水勢自孟抵鄆雖有隄防唯滑與澶最

為隘狹於此二州之地可立分水之制宜於南北岸各開其一北入王莽河以通于海南入靈河以通于淮節減暴流一如汴口之法其分水河量其遠邇作為斗門啓閉隨時務乎均濟通舟運溉農田此富庶之資也不報時多陰雨河久未塞帝憂之遣樞密直學士張齊賢乘傳詣白馬津用太牢加璧以祭十二月滑州言決河塞群臣稱賀九年春滑州復言房村河決帝曰近以河決韓村發民治隄不成安可重困吾民當以諸軍代之乃發卒五萬以侍衛步軍都指揮使田重進領其役又命翰林學士宋白祭白馬津沈以太牢加璧未幾役成淳化二年三月詔長吏以下及巡河主埽使臣經度行視河堤勿致壞隳違者當寘于法四年十月河決澶州陷北城壞廬舍七千餘區詔發卒代民治之是歲巡河供奉官梁睿上言滑州土脉疏岸善潰每歲河決南岸害民田請於迎陽鑿渠引水凡四十里至黎陽合大河以防暴漲帝許之五年正月滑州言新渠成帝又案圖命昭宣使羅州刺史杜彥鈞率兵夫計功十七萬鑿河開渠自韓村埽至州西鐵狗廟凡十五餘里復合于河以分水勢貞宗咸平三年五月河決鄆州王陵埽浮鉅野入淮泗水

勢悍激侵迫州城命使率諸州丁男二萬人塞之踰月而畢始赤河決擁濟泗鄆州城中常苦水患至是霖雨彌月積潦益甚乃遣工部郎中陳若拙經度徙城若拙請徙於東南十五里陽鄉之高原詔可是年詔緣河官吏雖秩滿須水落受代知州通判兩月一巡隄縣令佐迭巡隄防轉運使勿委以他職又申嚴盜伐河上榆柳之禁景德元年九月澶州言河決橫壠埽四年又壞王八埽並詔發兵夫完治之大中祥符三年十月判河中府陳堯叟言白浮圖村河水決溢為南風激還故道明年遣使滑州經度西岸開減水河九月棣州河決聶家口五年正月本州請徙城帝曰城去決河尚十數里居民重遷命使完塞既成又決於州東南李民灣環城數十里民舍多壞又請徙於商河役興踰年雖扞護完築裁免決溢而湍流益暴壖地益削河勢高民屋殆踰丈矣民苦久役而終憂水患八年乃詔徙州於陽信之八方寺著作佐郎李垂上導河形勝書三篇幷圖其略曰臣請自汲郡東推禹故道挾御河較其水勢出大伾上陽太行三山之間復西河故瀆北注大名西館陶南東北合赤河而至于海因於魏縣北析一渠正北稍西逕衞

漳直北下出邢洺如夏書過洚水稍東注易水合百
濟會朝河而至于海大伾而下黄御混流薄山障隄
勢不能遠如是則載之高地而北行百姓獲利而契
丹不能南侵矣禹貢所謂夾右碣石入于海孔安國
曰河逆上此州界其始作自大伾西八十里曹公所
開運渠東五里引河水正北稍東十里破伯禹古隄
逕牧馬陂從禹故道又東三十里轉大伾西通利軍
北挾白溝復回大河北逕清豐大名西歷洹水魏縣
東暨館陶南入屯氏故瀆合赤河而北至于海既而
自大伾西新發故瀆西岸析一渠正北稍西五里廣

深與汴等合御河道逼大伾北即堅壤析一渠東西
二十里廣深與汴等復東大河兩渠分流則三四分
水猶得注澶淵舊渠矣大都河水從西大河故瀆東
北合赤河而達于海然後於魏縣北發御河西岸析
一渠正北稍西六十里廣深與御河等合衡漳水又
冀州北界深州西南三十里決衡漳西岸限水為門
西北注滹沱潦則塞之使東漸渤海旱則決之使西
灌屯田此中國禦邊之利也兩漢而下言水利者屢
欲求九河故道而疏之今考圖志九河並在平原而
北且河壞澶滑未至平原而上已決矣則九河奚利

哉漢武捨大伾之故道發頓丘之暴衝則濫兖泛齊
流患中土使河朔平田膏腴千里縱容邊寇劫掠其
間今大河盡東全燕陷北而禦邊之計莫大於河不
然則趙魏百城富庶萬億所謂誨盜而招寇矣一日
伺我饑饉乘虛入寇臨時用計者實難不如因人足
財豐之時成之為易詔樞密直學士任中正龍圖閣
直學士陳彭年知制誥王曾詳定中正等上言詳垂
所述頗為周悉所言起滑臺而下派之為六則緣流
就下湍急難制恐水勢聚而為一不能各依所導設
或必成六派則是更增六處河口悠久難於隄防亦

慮入滹沱漳河漸至二水淤塞益為民患又築堤七
百里役夫二十一萬七千工至四十日侵占民田頗
為煩費其議遂寢七年詔罷葺遥堤以養民力八月
河決澶州大吳埽役徒數千築新隄亘二百四十步
水乃順道八年京西轉運使陳堯佐議開滑州小河
分水勢遣使視利害以聞及還請規度自三迎楊村
北治之復開汊河於上游以泄其壅溢詔可天禧三
年六月乙未夜滑州河溢城西北天臺山旁俄復潰
于城西南岸摧七百步漫溢州城歷澶濮曹鄆注梁
山泊又合清水古汴渠東入于淮州邑罹患者三十

二即遣使賦諸州薪石楗橛芟竹之數千六百萬發兵夫九萬人治之四年二月河塞群臣入賀上親為文刻石紀功是年祠部員外郎李垂又言疏河利害命垂至大名府滑衛德貝州通利軍與長吏計度垂上言臣所至並稱黄河水入王莽沙河與西河故瀆注金赤河必慮水勢浩大蕩浸民田難於隄備臣亦以為河水所經不無為害今者決河而南為害既多而又陽武埽東石堰埽西地形汙下東河泄水又艱或者云今決處漕底坑深舊渠逆上若塞之旁必復壞如是則議塞河者誠以為難若決河而北為害雖

少一旦河水注御河蕩易水逕乾寧軍入獨流口遂及契丹之境或者云因此摇動邊鄙如是則議疏河者又益為難臣於兩難之間輒畫一計請自上流引北載之高地東至大伾瀉復於澶淵舊道使南不至滑州北不出通利軍界何以計之臣請自衛州東界曹公所開運渠東五里河北岸凸處就岸實土堅引之正北稍東十三里破伯禹古隄注裴家潭逕牧馬陂又正東稍北四十里鑿大伾西山釃為二渠一逼大伾南足決古隄正東八里復澶淵舊道一逼通利軍城北曲河口至大禹所導西河故瀆正北稍東五

里開南北大隄又東七里入澶淵舊道與南渠合夫如是則北載之高地大伾二山脽股之間分酌其勢浚瀉兩渠匯注東北不遠三十里復合于澶淵舊道而滑州不治自涸矣臣請以兵夫二萬自來歲二月興作除三伏半功外至十月而成其均厚埤薄俟次年可也疏奏朝議慮其煩擾罷之初滑州以天臺決口去水稍遠聊興葺之及西南堤成乃於天臺口旁築月隄六月望河復決天臺下走衛南浮徐濟害如三年而益甚帝以新經賦率慮殫困民力即詔京東西河北路經水災州軍勿復科調丁夫其守扞隄防

役兵仍令長吏存恤而番休之五年正月知滑州陳堯佐以西北水壞城無外禦築大隄又疊埽於城北護州中居民復就鑿横木下垂木數條置水旁以護岸謂之木龍當時頼焉復並舊河開枝流以分導水勢有詔嘉奬說者以黄河隨時漲落故舉物候為水勢之名自立春之後東風解凍河邊人候水初至凡一寸則夏秋當至一尺頗為信驗故謂之信水二月三月桃華始開冰泮雨積川流猥集波瀾盛長謂之桃華水春末蕪菁華開謂之菜華水四月末龍麥結秀擢芒變色謂之麥黄水五月瓜實延蔓謂之瓜

蔓水朔野之地深山窮谷固陰沍寒氷堅晚泮逮乎盛夏消釋方盡而沃蕩山石水帶礬腥併流于河故六月中旬後謂之礬山水七月菽豆方秀謂之豆華水八月菼薍華謂之荻苗水九月以重陽紀節謂之登高水十月水落安流復其故道謂之復槽水十一月十二月斷氷雜流乘寒復結謂之蹙凌水水信有常率以為準非時暴漲謂之客水其水勢凡移谼橫注岸如剌毀謂之劄岸漲溢踰防謂之抹岸埽岸故朽潛流漱其下謂之塌岸浪勢旋激岸土上隤謂之淪捲水侵岸逆漲謂之上展順漲謂之下展或水乍

落直流之中忽屈曲橫射謂之徑穿水猛驟移其將澄處望之明白謂之拽白亦謂之明灘湍怒略渟勢稍汩起行舟值之多溺謂之薦浪水水退淤澱夏則膠土肥腴初秋則黃滅土頗為疏壤深秋則白滅土霜降後皆沙也舊制歲虞河決有司常以孟秋預調塞治之物梢芟薪柴楗橛竹石茭索竹索凡千餘萬謂之春料詔下瀕河諸州所產之地仍遣使會河渠官吏乘農隙率丁夫水工收采備用凡伐蘆荻謂之芟伐山木榆柳枝葉謂之梢辮竹糾芟為索以竹為巨索長十尺至百尺有數等先擇寬平之所為埽場

埽之制密布芟索鋪梢梢芟相重壓之以土雜以碎石以巨竹索橫貫其中謂之心索卷而束之復以大芟索繫其兩端別以竹索自內旁出其高至數丈其長倍之凡用丁夫數百或千人雜唱齊挽積置於卑薄之處謂之埽岸既下以橛臬閡之復以長木貫之其竹索皆埋巨木於岸以維之遇河之橫決則復增之以補其缺凡埽下非積數疊亦不能遏其迅湍又有馬頭鋸牙木岸者以蹙水勢護隄焉凡緣河諸州孟州有河南北凡二埽開封府有陽武埽滑州有韓房二村憑管石堰州西魚池迎陽凡七埽舊有七里曲埽後廢

通利軍有齊賈蘇村凡二埽澶州有濮陽大韓大吳商胡王楚橫隴曹村依仁大北岡孫陳固明公王八凡十三埽大名府有孫杜侯村二埽濮州有任村東西北凡四埽鄆州有博陵張秋關山子路王陵竹口凡六埽齊州有采金山史家渦二埽濱州有平河安定二埽棣州有聶家梭堤鋸牙陽成四埽所費皆有司歲計而無闕焉仁宗天聖元年以滑州決河未塞詔募京東河北陝西淮南民輸薪芻調兵伐瀕河榆柳賙溺死之家二年遣使詣滑衛行視河勢五年發丁夫三萬八千卒二萬一千緡錢五十萬塞決河轉

運使五日一奏河事十月丙申塞河成以其近天臺山麓名曰天臺埽宰臣王曾率百官入賀十二月濬魚池歸減水河六年八月河決于澶州之王楚埽凡三十步八年始詔河北轉運司計塞河之備良山令陳曜請疏鄆滑界糜丘河以分水勢遂遣使行視遥隄明道二年徙大名之朝城縣于杜婆村廢鄆州之王橋渡淄州之臨河鎮以避水景祐元年七月河決澶州橫隴埽慶曆元年詔權停修決河自此久不復塞而議開分水河以殺其暴未興工而河流自分有司以聞遣使特祠之三月命築隄于澶以扞城八年六月癸酉河決商胡埽決口廣五百五十七步

乃命使行視河隄皇祐元年三月河合永濟渠注乾寧軍二年七月辛酉河復決大名府館陶縣之郭固四年正月乙亥塞郭固而河勢猶壅議者請開六塔以披其勢至和元年遣使行度故道且詣銅城鎮海口約古道高下之勢二年翰林學士歐陽修奏疏曰朝廷欲俟秋興大役塞商胡開橫隴回大河於古道夫動大衆必順天時量人力謀於其始而審於其終然後必行計其所利者多乃可無悔比年以來興役動衆勞民費財不精謀慮於厥初輕信利害之偏說舉事之始既已蒼皇群議一搖尋復悔罷不敢遠引他事且如河決商胡是時執政之臣不慎計慮遽

謀修塞凡科配梢芟一千八百萬騷動六路一百餘軍州官吏催驅急若星火民庶愁苦盈於道塗或物已輸官或人方在路未及興役尋已罷修虛費民財為國斂怨舉事輕脫為害若斯今又聞復有修河之役三十萬人之衆開一千餘里之長河計其所用物力數倍往年當此天災歲旱民困國貧之際不量人力不順天時知其有大不可者五蓋自去秋至春半天下苦旱京東尤甚河北次之國家常務安靜振恤之猶恐民起為盜況於兩路聚大衆興大役乎此其必不可者一也河北自恩州用兵之後繼以凶年人戶流亡十失八九數年以來人稍歸復然死亡之餘所存

者幾瘡痍未斂物力未完又京東自去冬無雨雪麥不生苗將踰暮春粟未布種農心焦勞所向無望若別路差夫又遠者難為赴役一出諸路則兩路力所不任此其必不可者二也往年議塞滑州決河時公私之力未若今日之貧虛然猶儲積物料誘率民財數年之間始能興役今國用方乏民力方疲且合商胡塞大決之洪流此一大役也鑿橫隴開久廢之故道又一大役也自橫隴至海千餘里埽岸久已廢頓須興緝又一大役也往年公私有力之時興一大役尚須數年今猝興三大役於災旱貧虛之際此其必不可者三也就令商胡可塞故

道未必可開鯀障洪水九年無功禹得洪範五行之書知水潤下之性乃因水之流疏而就下水患乃息然則以大禹之功不能障塞但能因勢而疏決爾今欲逆水之性障而塞之奪洪河之正流使人力斡而回注此大禹之所不能此其必不可者四也橫隴湮塞已二十年商胡決又數歲故道已平而難鑿安流已久而難回此其必不可者五也臣伏思國家累歲災譴甚多其於京東變異尤大地貴安靜而有聲巨嵎山摧海水搖蕩如此不止者僅十年天地警戒宜不虛發臣謂變異所起之方尤當過慮防懼今乃欲

於凶艱之年聚三十萬之大衆於變異最大之方臣恐災禍自茲而發也況京東赤地千里饑饉之民正苦天災又聞河役將動往往伐桑毀屋無復生計流亡盜賊之患不可不虞宜速止罷用安人心九月詔自商胡之決大河注食堤埽為河北患其故道又以河北京東饑故未興役今河渠司李仲昌議欲納水入六塔河使歸橫隴舊河舒一時之急其令兩制至待制以上臺諫官與河渠司同詳定修又上疏曰伏見學士院集議修河未有定論豈由賈昌朝欲復故道李仲昌請開六塔互執一說莫知孰是臣愚皆謂

不然言故道者未詳利害之原述六塔者近乎欺罔之繆今謂故道可復者但見河北水患而欲還之京東然不思天禧以來河水屢決之因所以未知故道有不可復之勢臣故謂未詳利害之原也若言六塔之利者則不待攻而自破矣今六塔既已開而恩冀之患何為尚告奔騰之急此則減水未見其利也又開六塔者云可以全回大河使復橫隴故道今六塔止是別河下流已為濱棣德博之患若全回大河顧其害如何此臣故謂近乎欺罔之繆也且河本泥沙無不淤之理淤常先下流下流淤高水行漸壅乃決

上流之低處此勢之常也然避高就下水之本性故河流已棄之道自古難復臣不敢廣述河源且以今所欲復之故道言天禧以來屢決之因初天禧中河出京東水行於今所謂故道者水既淤澀乃決天臺埽尋塞而復故道未幾又決於滑州南鐵狗廟今所謂龍門埽者其後數年又塞而復故道已而又決王楚埽所決差小與（故道分流然而故道之水終以）壅淤故又於橫隴大決是則決河非不能力塞故道非不能力復所復不久終必決於上流者由故道淤而水不能行故也及橫隴既決水流就下所以十餘年間河未為患至

慶曆三四年橫隴之水又自海口先淤凡一百四十餘里其後游金赤三河相次又淤下流既梗乃決於上流之商胡口然則京東橫隴兩河故道皆下流淤塞河水已棄之高地京東故道屢復屢決理不可復不待言而易知也昨議者度京東故道功料但云銅城已上乃特高爾其東北銅城以上則稍低比商胡已上則實高也若云銅城以東地勢斗下則當日水流宜決銅城已上何緣而頓淤橫隴之口亦何緣而大決也然則兩河故道既皆不可為則河北水患何為而可去臣聞智者之於事有所不能必則較其利

害之輕重擇其害少者而為之猶愈害多而利少何況有害而無利此三者可較而擇也又商胡初決之時欲議修塞計用梢芟一千八百萬科配六路一百餘州軍今欲塞者乃往年之商胡則必用往年之物數至於開鑿故道張奎所計工費甚大其後李參減損猶用三十萬人然欲以五十步之狹容大河之水此可笑者又欲增一夫所開三尺之方倍為六尺且濶厚三尺而長六尺自一倍之功在於人力已為勞苦云六尺之方以開方法算之乃八倍之功此豈人力之所勝是則前功既大而難興後功雖小而不實

大抵塞商胡開故道凡二大役皆困國勞人所舉如此而欲開難復屢決已驗之故道使其虛費而商胡不可塞故道不可復此所謂有害而無利者也就使幸而暫塞以紓目前之患而終於上流必決如龍門橫隴之比此所謂利少而害多也若六塔者於大河有減水之名而無減患之實今下流所散為患已多若全回大河以注之則濱棣德博河北所仰之州不勝其患而又故道淤澀上流必有他決之虞此直有害而無利耳是皆智者之不為也今若因水所在增治隄防疏其下流浚以入海則可無決溢散漫之虞

今河所歷數州之地誠為患矣隄防歲用之夫誠為勞矣與其虛費天下之財虛舉大衆之役而不能成功終不免為數州之患勞歲用之夫則此所謂害少者乃智者之所宜擇也大約今河之勢負三決之虞復故道上流必決開六塔上流亦決河之下流若不浚使入海則上流亦決臣請選知水利之臣就其下流求入海路而浚之不然下流梗澀則終虞上決為患無涯臣非知水者但以今事可驗者較之耳頃下臣議裁取其當焉預議官翰林學士承旨孫抃等言開故道誠久利然功大難成六塔下流可導而東去

以紓恩冀金堤之患十二月中書上奏曰自商胡決為大名恩冀患先議開銅城道塞商胡以功大難卒就緩之而憂金堤汎溢不能捍也願備工費因六塔水勢入橫隴宜令河北京東預完堤埽上河水所居民田數詔下中書奏以知澶州事李璋為總管轉運使周沆權同知澶州內侍都知鄧保吉為鈐轄殿中丞李仲昌提舉河渠內殿承制張懷恩為都監而保吉不行以內侍押班王從善代之以龍圖閣直學士施昌言總領其事提點開封府界縣鎮事蔡挺勾當河渠事楊緯同修河決脩又奏請罷六塔之役時宰

相富弼尤主仲昌議疏奏亦不省嘉祐元年四月壬子朔塞商胡北流入六塔河不能容是夕復決溺兵夫漂芻藁不可勝計命三司鹽鐵判官沈立往行視而修河官皆謫官者劉恢奏六塔之役水死者數千萬人穿土干禁忌且河口乃趙征村於國姓御名有嫌而大興臿斲非便詔御史吳中復內侍鄧守恭置獄于澶劾仲昌等違詔旨不俟秋冬塞北流而擅進約以致決潰懷恩仲昌仍坐取河材為器懷恩流潭州仲昌流英州施昌言李璋以下再謫蔡挺奪官勒停仲昌垂子也由是議者久不復論河事五年河流

派別于魏之第六埽曰二股河其廣二百尺自二股河行一百三十里至魏恩德博之境曰四界首河七月都轉運使韓贄言四界首古大河所經即溝洫志所謂平原金堤開通大河入篤馬河至海五百餘里者也自春以丁壯三千浚之可一月而畢支分河流入金赤河使其深六尺為利可必商胡決河自魏至于恩冀乾寧入于海今二股河自魏恩東至于德滄入于海分而為二則上流不壅可以無決溢之患乃上四界首二股河圖七年七月戊辰河決大名第五埽英宗治平元年始命都水監浚二股五股河以紓

恩冀之患初都水監言商胡堙塞冀州界河淺房家武邑二埽由此潰慮一旦大決則甚於商胡之患乃遣判都水監張鞏戶部副使張燾等行視遂興工役卒塞之神宗熙寧元年六月河溢恩州烏欄堤又決冀州棗彊埽北注瀛七月又溢瀛州樂壽埽帝憂之顧問近臣司馬光等都水監丞李立之請於恩冀深瀛等州創生堤三百六十七里以禦河而河北都轉運司言當用夫八萬三千餘人役一月成今方災傷願徐之都水監丞宋昌言謂今二股河門變移請迎河港進約簽入河身以紓四州水患遂與屯田都監

内侍程昉獻議開二股以導東流於是都水監奏慶曆八年商胡北流于今二十餘年自澶州下至乾寧軍創堤千有餘里公私勞擾近歲冀州而下河道梗澀致上下埽岸屢危今東籓抹岸衝奪故道雖創新堤終非久計願相六塔舊口并二股河導使東流徐塞北流而提舉河渠王亞等謂黃御河帶北行入獨流東砦經乾寧軍滄州等八砦邊界直入大海其近海口闊六七百步深八九丈三女砦以西闊三四百步深五六丈其勢愈深其流愈猛天所以限契丹議者欲再開二股漸閉北流此乃未嘗覩黃河在界河

内東流之利也十一月詔翰林學士司馬光入内内侍省副都知張茂則乘傳相度四州生堤回日兼視六塔二股利害二年正月光入對請如宋昌言策於二股之西置上約擗水令東俟東流漸深北流淤淺即塞北流放出御河胡盧河下紓恩冀深瀛以西之患初商胡決河自魏之北至恩冀乾寧入于海是謂北流嘉祐八年河流派于魏之第六埽遂為二股自魏恩東至于德滄入于海是謂東流時議者多不同李立之力主生堤帝不聽卒用昌言說置上約三月光奏治河當因地形水勢若彊用人力引使就高橫

立堤防則逆激旁潰不惟無成仍敗舊績臣慮官吏見東流已及四分急於見功遂塞北流而不知二股分流十里之内相去尚近地勢復東高西下若河流併東一遇盛漲水勢西合入北流則東流遂絕或於滄德堤埽未成之處決溢橫流雖除西路之患而害及東路非策也宜專護上約及二股堤岸若今歲東流止添二分則此去河勢自東近者二三年遠者四五年候及八分以上河流衝刷已闊滄德堤埽已固自然北流日減可以閉塞兩路俱無害矣會北京留守韓琦言今歲兵夫數少而金堤兩埽修上下約甚

急深進馬頭欲奪大河緣二股及嫩灘舊闊千一百步是以可容漲水今截去八百步有餘則將東大河於二百餘步之間下流既壅上流蹙遏湍怒又無兵夫修護堤岸其衝決必矣況自德至滄皆二股下流既無堤防必侵民田設若河門東狹不能容納漲水上下約隨流而脫則二股與北流為一其患愈大又恩深州所創生堤其東則大河西來其西則西山諸水東注腹背受水兩難扞禦望選近臣速至河所與在外官合議帝在經筵以琦奏諭光命同茂則再往四月光與張鞏李立之宋昌言張問呂大防程昉行

視上約及方鋸牙濟河集議於下約光等奏二股河
上約並在灘上不礙河行但所進方鋸牙已深致北
流河門稍狹乞減折二十步令近後仍作蛾眉埽裹
護其滄德界有古遥堤當加葺治所修二股本欲疏
導河水東去生堤本欲捍禦河水西來相為表裏未
可偏廢帝因謂二府曰韓琦頗疑修二股趙抃曰人
多以六塔為戒王安石曰異議者皆不考事實故也
帝又問程昉宋昌言同修二股如何安石以為可治
帝曰欲作簽河甚善安石曰誠然若及時作之往往
河可東北流可閉因言李立之所築生堤去河遠者

至八九十里本計以禦漫水而不可禦河南之向著
臣恐漫水亦不可禦也帝以為然五月丙寅乃詔立
之乘驛赴闕議之六月戊申命司馬光都大提舉修
二股工役呂公著言朝廷遣光相視董役非所以褒
崇近職待遇儒臣也乃罷光行七月二股河通快北
流稍自閉戊子張鞏奏上約累經泛漲并下約各已
無虞東流勢漸順快宜塞北流除恩冀深瀛永靜乾
寧等州軍水患又使御河胡盧河下流各還故道則
漕運無壅遏郵傳無滯留塘泊無淤淺復於邊防大
計不失南北之限歲減費不可勝數亦使流移歸復

實無窮之利且黄河所至古今未嘗無患較利害輕
重而取舍之可也惟是東流南北隄防未立閉口修
堤工費甚夥所當預備望選習知河事者與臣等講
求具圖以聞乃復詔光茂則及都水監官河北轉運
使同相度閉塞北流利害有所不同各以議上八月
己亥光入辭言鞏等欲塞二股河北流臣恐勞費未
易或幸而可塞則東流淺狹隄防未全必致決溢是
移恩冀深瀛之患於滄德等州也不若俟三二年東
流益深闊隄防稍固北流漸淺薪芻有備塞之便帝
曰東流北流之患孰輕重光曰兩地皆王民無輕重

然北流已殘破東流尚全帝曰今不俟東流順快而
塞北流他日河勢改移柰何光曰上約固則東流日
增北流日減何憂改移若上約流失其事不可知惟
當併力護上約耳帝曰上約安可保光曰今歲創修
誠為難保然昨經大水而無虞來歲地脚已牢復何
慮且上約居河之側聽河北流猶懼不保今欲横截
使不行庸可保乎帝曰若河水常分二流何時當有
成功光曰上約苟存東流必增北流必減借使分為
二流於張鞏等不見成功於國家亦無所害何則西
北之水併於山東故為害大分則害小矣鞏等亟欲

塞北流皆爲身謀不顧國力與民患也帝曰防捍兩河何以供億光曰併爲一則勞費自倍分二流則勞費減半今減北流財力之半以備東流不亦可乎帝曰御等至彼視之時二股河東流及六分鞏等因欲閉斷北流帝意嚮之光以爲須及八分乃可仍待其自然不可施功王安石曰光議事屢不合今令視河後必不從其議是重使不安職也庚子乃獨遣茂則茂則奏二股河東傾已及八分北流止二分張鞏等亦奏丙午大河東從北流淺小戊申北流閉詔獎諭司馬光等仍賜衣帶馬時北流既塞而河自其南四十里許家港東決汎濫大名恩德滄永靜五州軍境三年二月命茂則鞏相度澶滑州以下至東流河勢隄防利害時方濬御河韓琦言事有緩急工有後先今御河漕運通駛未至有害不宜減大河之役乃詔輟河夫卒三萬三千專治東流

志卷第四十四

志卷第四十五　　宋史九十二

開府儀同三司上柱國錄軍國重事中書右丞相監修國史領經筵事都總裁臣脫脫等奉

勅修

河渠二 黃河中

熙寧四年七月辛卯北京新堤第四第五埽決漂溺館陶永濟清陽以北遣茂則乘驛相視八月河溢澶州曹村十月溢衛州王供時新堤凡六埽而決者二下屬恩冀貫御河奔衝爲一帝憂之自秋迄冬數遣使經營是時人争言導河之利茂則等謂二股河地最下而舊防可因今堙塞者纔三十餘里若度河之湍浚而逆之又存清水鎮河以析其勢則悍者可回決者可塞帝然之十二月令河北轉運司開脩二股河上流并脩塞第五埽決口五年二月甲寅興役四月丁卯二股河成深十一尺廣四百尺方浚河則稍障其決水至是水入于河而決口亦塞六月河溢北京夏津閏七月辛卯帝語執政聞京東調夫脩河有壞產者河北調急夫尤多若河復決奈何且河決不過占一河之地或西或東若利害無所較聽其所趨如何王安石曰北流不塞占公私田至多又水散漫久復澱塞昨脩二股費至少而公私田皆出向之潟鹵

俱為沃壤庸非利乎況急夫已減於去歲若復葺理堤防則河北歲夫愈減矣六年四月始置疏濬黃河司先是有選人李公義者獻鐵龍爪揚泥車法以濬河其法用鐵數斤為爪形以繩繫舟尾而沈之水篙工急櫂乘流相繼而下一再過水已深數尺宦官黃懷信以為可用而患其太輕王安石請令懷信公義同議增損乃别制濬川杷其法以巨木長八尺齒長二尺列於木下如杷狀以石壓之兩旁繫大繩兩端碇大船相距八十步各用滑車絞之去來撓蕩泥沙已又移船而濬或謂水深則杷不能及底雖數往來

無益水淺則齒礙沙泥曳之不動卒乃反齒向上而曳之人皆知不可用惟安石善其法使懷信先試之以濬二股又謀鑿直河數里以觀其效且言於帝曰開直河則水勢分其不可開者以近河每開數尺即見水不容施功爾今第見水即以杷濬之水當隨杷改趨直河苟置數千杷則諸河淺澱皆非所患歲可省開濬之費幾百千萬帝曰果爾甚善聞河北小軍壘當起夫五千計合境之丁僅及此數一夫至用錢八緡故歐陽脩嘗謂開河如放火不開如失火與其勞人不如勿開安石曰勞人以除害所謂毒天下之

民而從之者帝乃許春首興工而賞懷信以度僧牒十五道公義與堂除以杷法下北京令虞部員外郎都大提舉大名府界金堤范子淵與通判知縣共試驗之皆言不可用會子淵以事至京師安石問其故子淵意附會遽曰法誠善第同官議不合耳安石大悅至是乃置濬河司將自衛州濬至海口差子淵都大提舉公義為之屬許不拘常制舉使臣等人船木鐵工匠皆取之諸埽官吏奉給視都水監丞司行移與監司敵體當是時北流閉已數年水或橫决散漫常虞壅遏十月外監丞王令圖獻議於北京第四第

五埽等處開脩直河使大河還二股故道乃命范子淵及朱仲立領其事開直河深八尺又用杷疏濬二股及清水鎮河凡退背魚肋河則塞之王安石乃盛言用杷之功若不輟工雖二股河上流可使行地中七年都水監丞劉璯言自開直河閉魚肋水勢增漲行流湍急漸塌河岸而許家港清水鎮河極淺漫幾於不流雖二股深快而蒲泊已東下至四界首退出之田略無固護設遇漫水出岸牽迴河頭將復成水患宜候霜降水落閉清水鎮河築縷河堤一道以遏漲水使大河復循故道又退出良田數萬頃俾民耕

種而博州界堂邑等退背七埽歲減脩護之費公私兩濟從之是秋判大名文彥博言河溢壞民田多者六十村戶至萬七千少者九村戶至四千六百頃蠲租稅從之又命都水詰官吏不以水災聞者外都水監丞程昉以憂死十月安石去位吳充為相十年五月滎澤河堤急詔判都水監俞光往治之是歲七月河復溢衛州王供及汲縣上下埽懷州黃沁滑州韓村己丑遂大決於澶州曹村澶淵北流斷絕河道南徙東匯于梁山張澤濼分為二派一合南清河入于淮一合北清河入于海凡灌郡縣四十五而濮齊鄆徐

尤甚壞田逾三十萬頃遣使脩閉八月又決鄭州滎澤於是文彥博言臣正月嘗奏德州河底淤澱泄水稽滯上流必至壅遏又河勢變移四散漫流兩岸俱被水患若不預為經制必溢魏博恩澶等州之境而都水略無施設止固護東流北岸而已適累年河流低下官吏希省費之賞未嘗增修堤岸大名諸埽皆可憂虞謂如曹村一埽自熙寧八年至今三年雖每計春料當培低怯而有司未嘗如約其埽兵又皆給他役實在者十有七八今者果大決溢此非天災實人力不至也臣前論此并乞審擇水官今河朔京東

州縣人被患者莫知其數嗸嗸籲天上軫聖念而水官不能自訟猶汲汲希賞臣前論所陳出於至誠本圖補報非敢激訐也元豐元年四月丙寅決口塞詔改曹村埽曰靈平五月甲戌新堤成閉口斷流河復歸北初議塞河也故道堙而高水不得下議者欲自夏津縣東開簽河入董固以護舊河袤七十里九十步又自張村埽直東築堤至龐家莊古堤袤五十里二百步詔樞密都承旨韓縝相視縝言瀕水衝刷新河已成河道河勢變移無常雖開河就堤及於河身剏立生堤枉費功力惟增脩新河乃能經久詔可十一

月都水監言自曹村決溢諸埽無復儲蓄乞給錢二十萬緡下諸路以時市梢草封椿詔給十萬緡非朝旨及埽岸危急毋得擅用二年七月戊子范子淵言因護黃河岸畢工乞中分為兩埽詔以廣武上下埽為名三年七月澶州孫村陳埽及大吳小吳埽決詔外監丞司速修閉初河決澶州也北外監丞陳祐甫謂商胡決三十餘年所行河道填淤漸高堤防歲增未免泛濫今當修者有三商胡一也橫壠二也禹舊迹三也然商胡橫壠故道地勢高平土性疏惡皆不可復復亦不能持久惟禹故瀆尚存在大伾太行之

間地卑而勢固故秘閣校理李垂與今知深州孫民先皆有修復之議望召民先同河北漕臣一員自衛州王供埽按視訖于海口從之四年四月小吳埽復大決自澶注入御河恩州危甚六月戊午詔東流已填淤不可復將來更不修閉小吳決口候見大河歸納應合修立堤防令李立之經畫以聞帝謂輔臣曰河之為患久矣後世以事治水故常有礙夫水之趨下乃其性也以道治水則無違其性可也如能順水所向遷徙城邑以避之復有何患雖神禹復生不過如此輔臣皆曰誠如聖訓河北東路提點刑獄劉定

言王莽河一徑水自大名界下合大流注北冀州又臨清徐曲御河決口恩州趙村埧子決口兩徑水亦注冀州城東若遂成河道即大流難以西傾全與李垂孫民先所論違背望早經制詔送李立之八月壬午立之言臣自決口相視河流至乾寧軍分入東西兩塘次入界河於劈地口入海通流無阻宜修立東西堤詔覆計之而言者又請自王供埽上添修南岸於小吳口北創修遥堤候將來礬山水下決王供埽使直河注東北於滄州界或南或北從故道入海不從九月庚子立之又言北京南樂館陶宗城魏縣淺口

永濟延安鎮瀛州景城鎮在大河兩堤之間乞相度遷於堤外於是用其說分立東西兩堤五十九埽定三等向著河勢正著堤身為第一河勢順流堤下為第二河離堤一里內為第三退背亦三等堤去河最遠為第一次遠者為第二次近一里以上為第三立之在熙寧初已主立堤今竟行其言五年正月己丑詔立之凡為小吳決口所立堤防可按視河勢向背應置埽處毋虛設巡河官毋橫費工料六月河溢北京內黃埽七月決大吳埽堤以紓靈平下埽危急八月河決鄭州原武埽溢入利津陽武溝刀馬河歸納

梁山濼詔曰原武決口已引奪大河四分以上不大治之將貽朝廷巨憂其輟修汴河堤岸司兵五千併力築堤脩閉都水復言兩馬頭墊落水面闊二十五步天寒乞候來春施工至臘月竟塞云九月河溢滄州南皮上下埽又溢清池埽又溢永靜軍阜城下埽十月辛亥提舉汴河堤岸司言洛口廣武埽大河水漲塌岸壞下牐斗門萬一入汴人力無以枝梧密邇都城可不深慮詔都水監官速往護之丙辰廣武上下埽危急詔救護尋獲安定七年七月河溢元城埽決橫堤破北京帥臣王拱辰言河水暴至數十萬衆

號叫求救而錢穀禀轉運常平歸提舉軍器工匠隸
提刑埽岸物料兵卒即屬都水監逐司在遠無一得
專倉卒何以濟民望許不拘常制詔專干機速奏覆牒禀
所屬不及者如所請戊申命拯護陽武埽十月冀州
王令圖奏大河行流散漫河内殊無緊流旋生灘磧
宜近澶州相視水勢使還復故道會明年春宫車晏
駕大抵熙寧初專欲導東流閉北流元豐以後因河
決而北議者始欲復禹故迹神宗愛惜民力思順水性
而水官難其人王安石力主程昉范子淵故二人尤
以河事自任帝雖藉其才然每抑之其後元祐元年

子淵已改司農少卿御史呂陶劾其修堤開河縻費
巨萬護堤壓埽之人溺死無數元豐六年興役至七
年功用不成乞行廢放於是黜知兖州尋降知峽州
其制略曰汝以有限之材興必不可成之役驅無辜
之民置之必死之地中書舍人蘇軾詞也八年三月
哲宗即位宣仁聖烈皇后垂簾河流雖北而孫村低
下夏秋霖雨漲水往往東出小吳之決既未塞十月
又決大名之小張口河北諸郡皆被水災知澶州王
令圖建議濬迎陽埽舊河又於孫村金堤置約復故
道本路轉運使范子奇仍請於大吳北岸修進鋸牙

擗約河勢於是回河東流之議起元祐元年二月乙
丑詔未得雨澤權罷修河放諸路兵夫九月丁丑詔祕
書監張問相度河北水事十月庚寅又以王令圖領
都水同問行河十一月丙子問言臣至滑州決口相
視迎陽埽至大小吳水勢低下舊河淤仰故道難復
請於南樂大名埽開直河并簽河分引水勢入孫村
口以解北京向下水患令圖亦以為然於是減水河
之議復起既從之矣會北京留守韓絳奏引河近府
非是詔問別相視二年二月令圖問欲必行前說朝
廷又從之三月令圖死以王孝先代領都水亦請如

令圖議右司諫王覿言河北人户轉徙者多朝廷責
郡縣以安集空倉廩以振濟又遣專使察視之恩德
厚矣然耕耘是時而流轉於道路者不已二麥將熟
而寓食於四方者未還其故何也蓋亦治其本矣今
河之為患三泛濫渟滀漫無涯涘吞食民田未見窮
巳一也緣邊漕運獨賴御河今御河淤澱轉輸艱梗
二也塘泊之設以限南北濁水所經即為平陸三也
欲治三患在遴擇都水轉運而責成耳今轉運使范
子奇反覆求合都水使者王孝先暗繆望別擇人時
知樞密院事安燾深以東流為是兩疏言朝廷久議

回河獨憚勞費不顧大患蓋自小吳未決以前河入海之地雖屢變移而盡在中國故京師恃以北限彊敵景德澶淵之事可驗也且河決每西則河尾每北河流既益西決固已北抵境上若復不止則南岸遂屬遼界彼必為橋梁守以州郡如慶曆中因取河南熟戶之地遂築軍以窺河外已然之效如此蓋自河而南地勢平衍直抵京師長慮郤顧可為寒心又朝廷捐東南之利半以宿河北重兵備預之意深矣使敵能至河南則邈不相及今欲便於治河而緩於設險非計也王巖叟亦言朝廷知河流為北道之患日

深故遣使命水官相視便利欲順而導之以拯一路生靈於墊溺甚大惠也然昔者專使未還不知何疑而先罷議專使反命不知何所取信而議復興既敕都水使者總護役事調兵起工有定日矣已而復罷數十日間變議者再三何以示四方今有大害七不可不早為計北塞之所恃以為險者在塘泊黃河堙之猝不可濬浸失北塞險固之利一也橫遏西山之水不得順流而下蹙溢於千里使百萬生齒居無廬耕無田流散而不復二也乾寧孤壘危絕不足道而大名深北冀腹心郡縣皆有終不自保之勢三也滄州扼北敵

海道自河不東流滄州在河之南直抵京師無有限隔四也并吞御河邊城失轉輸之便五也河北轉運司歲耗財用陷租賦以百萬計六也六七月之間河流交漲占沒西路阻絕遼使進退不能兩朝以為憂七也非此七害委之可緩而未治可也且去歲之患已甚前歲今歲又甚焉則柰何望深詔執政大臣早決河議而責成之太師文彥博中書侍郎呂大防皆主其說中書舍人蘇轍謂右僕射呂公著曰河決而北先帝不能回而諸公欲回之是自謂智勇勢力過先帝也盍因其舊而修其未備乎公著唯唯於是三

省奏自河北決恩冀以下數州被患至今未見開修的確利害致妨興工乃詔河北轉運使副限兩月同水官講議聞奏十一月講議官皆言令圖問相度開河取水入孫村口還復故道處測量得流分尺寸取引不過其說難行十二月張景先復以問說為善果欲回河惟北京已上滑州而下為宜仍於孫村濬治橫河舊堤止用逐埽人兵物料并年例客軍春天漸為之可也朝廷是其說三年六月戊戌乃詔黃河未復故道終為河北之患王孝先等所議已嘗興役不可中罷宜接續工料向去決要回復故道三省樞密

院速與商議施行右相范純仁言聖人有三寶曰慈曰儉曰不敢為天下先蓋天下大勢惟人君所向群下競趨如川流山摧小失其道非一言一力可回故居上者不可不謹也今聖意已有所向而為天下先矣乞諭執政前日降出文字却且進入免希合之臣妄測聖意輕舉大役尚書王存等亦言使大河決可東回而北流遂斷何惜勞民費財以成經久之利今孝先等自未有必然之論但僥幸萬一以冀成功又預求免責若遂聽之將有噬臍之悔乞望選公正近臣及忠實內侍覆行按視審度可否興工未晚庚子

三省樞密院奏事延和殿文彥博呂大防安燾等謂河不東則失中國之險為契丹之利范純仁王存胡宗愈則以虛費勞民為憂存謂今公私財力困匱惟朝廷未甚知者賴先帝時封樁錢物可用耳外路往往空乏奈何起數千萬物料兵夫圖不可必成之功且御契丹得其道則自景德至今八九十年通好如一家設險何與焉不然如石晉末耶律德光犯闕豈無黃河為阻況今河流未必便衝過北界耶太后曰且熟議明日純仁又畫四不可之說且曰北流數年未為大患而議者恐失中國之利先事回改正如頃

西夏本不為邊患而好事者以為不取恐失機會遂興靈武之師也臣聞孔子論為政曰先有司今水官未嘗保明而先示決欲回河之旨他日敗事是使之得以藉口也存宗愈亦奏昨親聞德音更令熟議然累日猶有未同或令建議者結罪任責臣等本謂建議之人思慮有所未逮故乞差官覆按若但使之結罪彼所見不過如此後或誤事加罪何益臣非不知河決北流為患非一淤治邊塘泊斷御河漕運失中國之險遏西山之流若能全回大河使由孫村故道豈非上下通願但恐不能成功為患甚於今日故欲

選近臣按視若孝先之說決可成則積聚物料接續興役如不可為則令沿河踏行自恩魏以北塘泊以南別求可以疏導歸海去處不必專主孫村此亦三省共會商量望賜詳酌存又奏自古惟有導河并塞河導河者順水勢自高導令就下塞河者為河堤決溢修塞令入河身不聞幹引大河令就高行流也於是收回戊戌詔書戶部侍郎蘇轍中書舍人曾肇各三上疏轍大略言黃河西流議復故道事之經歲役兵二萬聚梢樁等物三十餘萬方河朔災傷困弊而興必不可成之功吏民竊歎今回河大議雖寢然聞

議者固執來歲開河分水之策今小吳決口入地已深而孫村所開丈尺有限不獨不能回河亦必不能分水況黄河之性急則通流緩則淤澱既無東西皆急之勢安有兩河並行之理縱使兩河並行未免各立隄防其費又倍矣今建議者其說有三臣請折之一曰御河湮滅失饋運之利昔大河在東御河自懷衛經北京漸歷邊郡饋運既便商賈通行自河西流御河湮滅失此大利天實使然今河自小吳北行占壓御河故地雖使自北京以南折而東行則御河湮滅已一二百里何由復見此御河之說不足聽也二

曰恩冀以北漲水為害公私損耗臣聞河之所行利害相半蓋水來雖有敗田破稅之害其去亦有淤厚宿麥之利況故道已退之地桑麻千里賦役全復此漲水之說不足聽也三曰河徙無常萬一自契丹界入海邊防失備按河昔在東自河以西郡縣與契丹接境無山河之限邊臣建為塘水以捍契丹之衝今河既西則西山一帶契丹可行之地無幾邊防之利不言可知然議者尚恐河復北徙則海口出契丹界中造舟為梁便於南牧臣聞契丹之河自北南注以入于海蓋地形北高河無北徙之道而海口深浚勢

無徙移此邊防之說不足聽也臣又聞謝卿材到闕昌言黄河自小吳決口乘高注北水勢奔決上流隄防無復決怒之患朝廷若以河事付臣不役一夫不費一金十年保無河患大臣以其異己罷歸而使王孝先俞瑾張景先三人重畫回河之計蓋由元老大臣重於改過故假契丹不測之憂以取必於朝廷雖已遣百祿等出按利害然未敢保其不觀望風旨也願亟回收買梢草指揮來歲勿調開河役兵使百祿等明知聖意無所偏係不至阿附以誤國計肇之言曰數年以來河北京東淮南災傷今歲河北並邊稍

熟而近南州軍皆旱京東西淮南饑殍瘡痍若來年雖未大興河役止令修治舊隄開減水河亦須調發丁夫本路不足則及鄰路鄰路不足則及淮南民力果何以堪民力未堪則雖有回河之策及梢草先具將安施乎會百祿等行視東西二河亦以為東流高仰北流順下決不可回即奏曰往者王令圖張問欲開引水簽河導水入孫村口還復故道議者疑焉故置官設屬使之講議既開撅井筒折量地形水面尺寸高下顧臨王孝先張景先唐義問陳祐之皆謂故道難復而孝先獨叛其說初乞先開減水河俟行流通快新河勢緩人工

物料豐備徐議閉塞北流已而召赴都堂則又請以二年為期及朝廷詰其成功遽云來年取水入孫村口若河流順快工料有備便可閉塞回復故道是又不竢新河勢緩矣回河事大寧容異同如此蓋孝先俞瓘等知合用物料五千餘萬未有指擬見買數計經歲未及毫釐度事理終不可為故為大言又云若失此時或河勢移背豈獨不可減水即永無回河之理臣等竊謂河流轉徙迺其常事水性就下固無一定若假以五年休養數路民力沿河積材漸濬故道葺舊堤一旦流勢改變審議事理釃為二渠分派行流

均減漲水之害則勞費不大功力易施安得謂之一失此時永無回河之理也四年正月癸未百祿等使回入對復言修減水河役過兵夫六萬三千餘人計五百三十萬工費錢糧三十九萬二千九百餘貫石匹兩收買物料錢七十五萬三百餘緡用過物料二百九十餘萬條束官員使臣軍大將凡一百一十餘員請給不預焉頓罷有害無利之役那移工料繕築西堤以護南決口未報己亥乃詔罷回河及修減水河四月戊午尚書省言大河東流為中國之要險自大吳決後由界河入海不惟淤壞塘濼兼濁水入界

河向去淺澀則河必北流若河尾直注北界入海則中國全失險阻之限不可不為深慮詔范百祿趙君錫條畫以聞百祿等言臣等昨按行黃河獨流口至界河又東至海口熟觀河流形勢并緣界河至海口鋪砦地分使臣各稱界河未經黃河行流已前闊一百五十步下至五十步深一丈五尺下至一丈自黃河行流之後今闊至五百四十步次亦三二百步深者三丈五尺次亦二丈乃知水性就下行疾則自刮除成空而稍深與前漢書大司馬史張戎之論正合自元豐四年河出大吳一向就下衝入界河行流勢

如傾建瓴今八年不捨晝夜衝刷界河兩岸日漸開闊連底成空趨海之勢甚迅雖遇元豐七年八年元祐泛漲非常而大吳以上數百里終無決溢之害此迺下流歸納處河流深快之驗也塘濼有限遼之名無禦遼之實今之塘水又異昔時淺足以褰裳而涉深足以維舟而濟冬寒冰堅尤為坦途如滄州等處商胡之決即已淤澱今四十二年迄無遽警亦無人言以為深憂自回河之議起首以此動煩聖聽殊不思大吳初決水未有歸猶不北去今入海湍迅界河益深尚復何慮藉令有此則中國據上游契丹豈不

慮乘流擾之乎自古朝那蕭關雲中朔方定襄鴈門上郡太原右北平之間南北往來之衝豈塘濼界河之足限哉臣等竊謂本朝以來未有大河安流合於禹迹如此之利便者其界河向去只有深闊加以朝夕海潮往來渲蕩必無淺澱河尾安得直注北界中國亦無全失險阻之理且河遇平壤灘慢行流稍遲則泥沙留淤若趨深走下湍激奔騰惟有刮除無由淤積不至上煩聖慮七月己巳朔冀州南宮等五埽危急詔撥提舉修河司物料百萬與之甲午都水監言河為中國患久矣自小吳決後汎濫未著河槽前

後遣官相度非一終未有定論以為北流無患則前二年河決南宮下埽去三年決上埽今四年決宗城中埽豈是北流可保無虞以為大河卧東則南宮宗城皆在西岸以為卧西則冀州信都恩州清河武邑或決皆在東岸要是大河千里未見歸納經久之計所以昨相度第三第四鋪分決漲水少紓目前之急繼又宗城決溢向下包蓄不定雖欲不為東流之計不可得也河勢未可全奪故為二股之策今相視新開第一口水勢湍猛發泄不及已不候工畢更撥沙河隄第二口泄減漲水因而二股分行以紓下流之

患雖未保冬夏常流已見有可為之勢必欲經久遂作二股仍較今所修利害孰為輕重有司具析保明以聞八月丁未翰林學士蘇轍言夏秋之交暑雨頻併河流暴漲出岸由孫村東行蓋每歲常事而李偉與河埽使臣因此張皇以分水為名欲發回河之議都水監從而和之河事一興求無不可況大臣以其符合己說而樂聞乎臣聞河道西行孫村側左大約入地二丈以來今所報漲水出岸由新開口地東入孫村不過六七尺欲因六七尺漲水而奪入地二丈河身雖三尺童子知其難矣然朝廷遂為之遣都

水使者興兵功開河道進鋸牙欲約之使東方河水盛漲其西行河道若不斷流則遏之東行實同兒戲臣願急命有司徐觀水勢所向依累年漲水舊例因其東溢引入故道以紓北京朝夕之憂故道隄防壞決者第略加修葺免其決溢而已至於開河進約等事一切毋得興功俟河勢稍定然後議不過一月漲水既落則西流之勢決無移理兼聞孫村出岸漲水今已斷流河上官吏未肯奏知耳是時吳安持與李偉力主東流而謝卿材謂近歲河流稍行地中無可回之理上河議一編召赴政事堂會議大臣不以為

然癸丑三省樞密院言繼日霖雨河上之役恐煩聖慮太后曰訪之外議河水已東復故道矣乙丑李偉言已開撥北京南沙河直堤第三鋪放水入孫村口故道通行又言大河已分流即更不須開淘因昨來一決之後東流自是順快渲刷漸成港道見今已為二股約奪大河三分以來若得夫二萬於九月興工至十月寒凍時可畢因引導河勢豈止為二股通行而已亦將遂為回奪大河之計今來既因擗撥東流修全鋸牙當迤邐增進一埽而取一埽之利比至來年春夏之交遂可全復故道朝廷今日當極力必閉

北流乃為上策若不明詔有司即令回河深恐上下遷延議終不決觀望之間遂失機會乞復置修河司從之五年正月丁亥梁燾言朝廷治河東流北流本無一偏之私今東流未成邊北之州縣未至受患其役可緩北流方悍邊西之州縣日夕可憂其備宜急今傾半天下之力專事東流而不加一夫一草於北流之上得不誤國計乎去年屢決之害全由堤防無備臣願嚴責水官修治北流埽岸使二方均被惻隱之恩二月己亥詔開修減水河辛丑乃詔三省樞密院去冬愆雪今未得雨外路旱暵闊遠宜權罷修河

戊申蘇轍言臣去年使契丹過河北見州縣官吏訪以河事皆相視不敢正言及今年正月還自契丹所過吏民方舉手相慶皆言近有朝旨罷回河大役命下之日北京之人讙呼鼓舞惟減水河役遷延不止耗蠹之事十存四五民間竊議意大臣業已為此勢難遽回既為聖鑒所臨要當迤邐盡罷今月六日果蒙聖旨以旱災為名權罷修黃河候今秋取旨大臣覆奏盡罷黃河東北流及諸河功役民方憂旱聞命踴躍實荷聖恩然臣竊詳聖旨上合天意下合民心因水之性功力易就天語激切中外聞者或至泣下

而大臣奉行不得其平由此觀之則是大臣所欲雖害物而必行陛下所為雖利民而不聽至於委曲回避巧為之說僅乃得行君權已奪國勢倒植臣所謂君臣之間逆順之際大為不便者此事是也黃河既不可復回則先罷修河司只令河北轉運司盡將一道兵功修貼北流堤岸罷吳安持李偉都水監差遣正其欺罔之罪使天下曉然知聖意所在如此施行不獨河事就緒天下臣庶自此不敢以虛誕欺朝廷弊事庶幾漸去矣八月甲辰提舉東流故道李偉言大河自五月後日益暴漲始由北京南沙堤第七鋪

決口水出於第三第四鋪并清豐口一併東流故道河槽深三丈至一丈以上比去年尤為深快頗減北流橫溢之患然今已秋深水當減落若不稍加措置慮致斷絕即東流遂成淤澱望下所屬官司經畫沙堤等口分水利害免淤故道上誤國事詔吳安持與本路監司北外丞司及李偉按視具合措置事連書以聞九月中丞蘇轍言修河司若不罷李偉若不去河水終不得順流河朔生靈終不得安居乞速罷修河司及檢舉六年四月庚子敕竄責李偉七年三月以吏部郎中趙偁權河北轉運使偁素與安持等議

不協嘗上河議其略曰自頃有司回河幾三年功費騷動半天下復為分水又四年矣故所謂分水者因河流相地勢導而分之今乃橫截河流置埽約以扼之開濬河門徒為淵潭其狀可見況故道千里其間又有高處故累歲漲落輒復自斷夫河流有逆順地勢有高下非朝廷可得而見職在有司朝廷任之亦信矣患有司不自信耳臣謂當繕大河北流兩堤復修宗城棄堤閉宗城口廢上下約開闞村河門使河流湍直以成深道聚三河工費以治一河一二年可以就緒而河患庶幾息矣願以河事并都水條例一付轉運司而總以

工部罷外丞司使措置歸一則職事可舉弊事可去四月詔南北外兩丞司管下河埽今後令河北京西轉運使副判官府界提點分認界至內河北仍於衘內帶兼管南北外都水公事十月辛酉以大河東流賜都水使者吳安持三品服北都水監丞李偉再任

志卷第四十五

志卷第四十六　宋史九十三

開府儀同三司上柱國錄軍國重事前中書右丞相監修國史領經筵事都總裁臣脫脫等奉

勅修

河渠三　黃河下　汴河上

元祐八年二月乙卯三省奉旨北流軟堰並依都水監所奏門下侍郎蘇轍奏臣嘗以謂軟堰不可施於北流利害甚明蓋東流本人力所開闊止百餘步冬月河流斷絕故軟堰可為今北流是大河正溜比之東流何止數倍見今河水行流不絕軟堰何由能立蓋水官之意欲以軟堰為名實作硬堰陰為回河之計耳朝廷既已覺其意則軟堰之請不宜復從趙偁亦上議曰臣竊謂河事大利害有三而言者互進其說或見近忘遠徼倖盜功或取此捨彼譸張眛理遂使大利不明大害不去上惑朝聽下滋民患橫役枉費殆無窮已臣切痛之所謂大利害者北流全河患水不能分也東流分水患水不能行也宗城河決患水不能閉也是三者去其患則為利未能去則為害今不謀此而議欲專閉北流止知一日可閉之利而不知異日既塞之患止知北流伏槽之水易為力而不知闕村方漲之勢未可併以入東流也夫欲合河

以為利而不恤上下壅潰之害是皆見近忘遠徼倖盜功之事也有司欲斷北流而不執其咎乃引分水為說姑為軟堰知河衝之不可以軟堰禦則又為決堰之計臣恐枉有工費而以河為戲也請俟漲水伏槽觀大河之勢以治東流北流五月水官卒請進梁村上下約東狹河門既涉漲水遂壅而潰南犯德清西決內黃東淤梁村北出闕村宗城決口復行魏店北流因淤遂斷河水四出壞東郡浮梁十二月丙寅監察御史郭知章言臣比緣使事至河北自澶州入北京渡孫村口見水趨東者河甚闊而深又自北京往洺州過楊家淺口復渡見水之趨北者纔十之二三然後知大河宜閉北行東乞下都水監相度於是吳安持復兼領都水即建言近準朝旨已堰斷魏店刺子向下北流一枝斷絕然東西未有堤岸若漲水稍大必披灘漫出則平流在北京恩州界為害愈甚乞塞梁村口縷張包口開青豐口以東雞爪河分殺水勢呂大防以其與己意合向之詔同北京留守相視時范純仁復為右相與蘇轍力以為不可遂降旨令都水監與本路安撫轉運提刑司共議可則行之有異議速以聞紹聖元年正月也是時轉運使趙偁

深不以為然提刑上官均頗助之偁之言曰河自孟津初行平地必須全流乃成河道禹之治水自冀北抵滄棣始播為九河以其近海無患也今河自橫壠六塔商胡小吳百年之間皆從西決蓋河徙之常勢而有司置埽創約橫截河流回河不成因為分水初決南宫再決宗城三決内黄亦皆西決則地勢西下較然可見今欲弭息河患而逆地勢戾水性臣未見其能就功也請開闞村河門修平鄉鉅鹿埽焦家等堤濬澶淵故道以備漲水大名安撫使許將言度今之利若舍故道止從北流則慮河下已湮而上流橫

潰為害益廣若直閉北流東徙故道則復慮受水不盡而被隄為患竊謂宜因梁村之口以行東因内黄之口以行北而盡閉諸口以絶大名諸州之患俟春夏水大至乃觀故道足以受之則内黄之口可塞不足以受之則梁村之役可止定其成議則民心固而河之順復有時可以保其無害詔令吳安持同都水監丞鄭佑與本路安撫轉運提刑司官具圖狀保明聞奏即有未便亦具利害來上三月癸酉監察御史郭知章言河復故道水之趨東已不可遏近日遣使按視遂司議論未一臣謂水官朝夕從事河上望專

委之乙亥呂大防罷相六月右正言張商英奏言元豐間河決南宫口講議累年先帝歎曰神禹復生不能回此河矣乃勅自今後不得復議回河閉口蓋探用漢人之論俟其泛濫自定也元祐初文彥博呂大防以前敕非是拔吳安持為都水使者委以東流之事京東河北五百里内差夫五百里外出錢雇夫及支借常平倉司錢買梢草斬伐榆柳凡八年而無尺寸之效乃還安持太僕卿王宗望代之宗望至則劉奉世猶以彥博大防餘意力主東流以梁村口吞納大河今則梁村口淤澱而開沙堤兩處決口以泄水矣

前議累七十里堤以障北流今則云俟霜降水落興工矣朝廷咫尺不應九年為水官蔽欺如此九年之内年年礬山水漲霜降水落豈獨今年始有漲水而待水落乃可以興工耶乞遣使按驗虛實取索回河以來公私費錢粮梢草依仁宗朝六塔河施行會七月辛丑廣武埽危急詔王宗望亟往救護壬寅帝謂輔臣曰廣武去洛河不遠須防漲溢下灌京師已遣中使視之輔臣出圖狀以奏曰此由黄河北岸生灘水趨南岸今雨止河必減落已下水官與洛口官同行按視為簽堤及去北岸嫩灘令河順直則無患矣

八月丙子權工部侍郎吳安持等言廣武埽危急刷
塌堤身二千餘步處地形稍高自鞏縣東七里店至
見今洛口約不滿十里可以別開新河引導河水近
南行流地步至少用功甚微王宗望行視并開井筒
各稱利便外其南築大堤工力浩大乞下合屬官司
躬往相度保明從之十月丁酉王宗望言大河自元
豐潰決以來東北兩流利害極大頻年紛爭國論不
決水官無所適從伏自奉詔凡九月上稟成算自闞
村下至栲栳堤七節河門並皆閉塞築金堤七十里
盡障北流使全河東還故道以除河患又自闞村下

至海口補築新舊堤防增修疏濬河道之淤淺者雖
盛夏漲潦不至壅決望付史官紀紹聖以來聖明獨
斷致此成績詔宗望等具析修閉北流部役官等功
力等第以聞然是時東流堤防未及繕固瀕河多被
水患流民入京師往往泊御廊及僧舍詔給券諭令
還本土以就振濟己酉安持又言準朝旨相度開濬
澶州故道分減漲水按澶州本是河行舊道頃年曾
乞開修時以東西地形高仰未可興工欲乞且行疏
導燕家河仍令所屬先次計度合增修一十一埽所
用工料詔令都水監候來年將及漲水月分先具利

害以聞癸丑三省樞密院言元豐八年知澶州王令
圖議乞修復大河故道元祐四年都水使者吳安持
因紓南宮等埽危急遂就孫村口為回河之策及梁
村進約東流孫村口窄狹德清軍等處皆被水患今
春王宗望等雖於內黃下埽閉斷北流然至漲水之
時猶有三分水勢而上流諸埽已多危急下至將陵
埽決壞民田近又據宗望等奏大河自閉塞闞村而下
及創築新堤七十餘里盡閉北流全河之水東還故
道今訪聞東流向下地形已高水行不快既閉斷北
流將來盛夏大河漲水全歸故道不惟舊堤損缺怯

薄而闞村新堤亦恐未易枝梧兼京城上流諸處埽
岸慮有壅滯衝決之患不可不豫為經畫詔權工部
侍郎吳安持都水使者王宗望監丞郭祐同北外監
丞司自闞村而下直至海口逐一相視增修疏濬不
致壅滯衝決丙辰張商英又言今年已閉北流都水
監長貳交章稱賀或乞付史官則是河水已歸故道
止宜修緝堤埽防將來衝決而已近聞王宗望李仲
却欲開澶州故道以分水吳安持乞候漲水前相度
緣開澶州故道若不與今東流底平則纔經水落立
見淤塞若與底平則從初自合閉口回河何用九年

費財動衆安持稱候漲水相度乃是悠悠之談前來漲水并今來漲水各至澶州德清軍界安持首尾九年豈得不見更欲延至明年乃是狡兔三穴自為潛身之計非公心為國事也况立春漸近調夫如是時不早定議又留後說邦財民力何以支持訪聞先朝水官孫民先元祐六年水官賈種民各有河議乞取索照會召前後本路監司及經歷河事之人與水官詣都堂反覆詰難務取至當經久可行定議歸一庶免以有限之財事無涯之功二年七月戊午詔沿黃河州軍河防決溢並即申奏元符二年二月乙亥北

外都水丞李偉言相度大小河門乘此水勢衰弱並先修閉各立鐵眉埽鎮壓乞次於河北京東兩路差正夫三萬人其他夫數令修河官和雇三月丁巳偉又乞於澶州之南大河身内開小河一道以待漲水紓解大吳口下注北京一帶向著之患並從之六月末河決内黃口東流遂斷絶八月甲戌詔大河水勢十分北流其以河事付轉運司責州縣共力救護隄岸辛丑左司諫王祖道請正吳安持鄭佑李仲李偉之罪投之遠方以明先帝北流之志詔可三年正月己卯徽宗即位鄭佑吳安持輩皆用登極大赦次第牽

復中書舍人張商英繳奏祐等昨主回河皆違神宗北流之意不聽商英又嘗論水官非其人治河當行其所無事一用堤障猶塞兒口止其啼也三月乃以商英為龍圖閣待制河北都轉運使兼專功提舉河事商英復陳五事一曰行古沙河口二曰復平恩四埽三曰引大河自古漳河浮河入海四曰築御河西堤而開東堤之積五曰開木門口泄徒駭河東流大要欲隨地勢疏濬入海會四月河決蘇村七月詔商英毋治河止釐本職其因河事差辟官吏並罷復置北外都水丞司建中靖國元年春尚書省言自去夏

蘇村漲水後來全河漫流今已淤高三四尺宜立西堤詔都水使者魯君貺同北外丞司經度之於是左正言任伯雨奏河為中國患二千歲矣自古竭天下之力以事河者莫如本朝而徇衆人偏見欲屈大河之勢以從人者莫甚於近世臣不敢遠引秪如元祐末年小吳決溢議者乃譎謀異計欲立奇功以邀厚賞不顧地勢不念民力不惜國用力建東流之議當洪流中立馬頭設鋸齒梢芻材木耗費百倍力遏水勢使之東注陵虛駕空非特行地上而已增堤益防惴惴恐決澄沙淤泥久益高仰一旦決潰又復北流此

非堤防之不固亦理勢之必至也昔禹之治水不獨行其所無事亦未嘗不因其變以導之蓋河流混濁泥沙相半流行既久迤邐淤澱則久而必決者勢不能變也或北而東或東而北亦安可以人力制哉為今之策正宜因其所向寬立堤防約攔水勢使不至大段漫流若恐北流淤澱塘泊亦秖宜因塘泊之岸增設堤防乃為長策風聞近日又有議者獻東流之計不獨比年災傷居民流散公私匱竭百無一有事勢窘急固不可為抑亦自高注下湍流奔猛潰決未久勢不可改設若興工公私徒耗殆非利民之舉實

自因之道也崇寧三年十月臣僚言昨奉詔措置大河即由西路歷沿邊州軍回至武強縣循河堤至深州又北下衡水縣乃達于冀又北渡河過遠來鎮及分遣屬僚相視恩州之北河流次第大抵水性無有不下引之就高決不可得況西山積水勢必欲下各因其勢而順導之則無壅遏之患詔開修直河以殺水勢四年二月工部言乞修蘇村等處運糧河堤為正堤以支漲水較修棄堤直堤可減工四十四萬料七十一萬有奇從之閏二月尚書省言大河北流合西山諸水在深州武強瀛州樂壽埽俯瞰雄霸莫州

及沿邊塘濼萬一決溢為害甚大詔增二埽堤及儲蓄以備漲水是歲大河安流五年二月詔滑州繫浮橋於北岸仍築城壘置官兵守護之八月葺陽武副堤大觀元年二月詔於陽武上埽第五鋪開修直河至第十五鋪以分減水勢有司言河身當長三千四百四十步面闊八十尺底闊五丈深七尺計役十萬七千餘工用人夫三千五百八十二凡一月畢從之十二月工部員外郎趙霆言南北兩丞司合開直河者凡為里八十有七用緡錢八九萬異時成功可免河防之憂而省久遠之費詔從之二年五月霆上免

夫之議大略謂黃河調發人夫修築埽岸每歲春首騷動數路常至敗家破產今春滑州魚池埽合起夫役嘗令送免夫之直用以買土增貼埽岸比之調夫反有贏餘乞詔有司應堤埽合調春夫並依此例立為永法詔曰河防夫工歲役十萬濱河之民困於調發可上户出錢免夫下户出力充役其相度條畫以聞丙申邢州言河決陷鉅鹿縣詔遷縣於高地又以趙州隆平下濕亦遷之六月己卯都水使者吳玠言自元豐間小吳口決北流入御河下合西山諸水至清州獨流砦三叉口入海雖深得保固形勝之策而

歲月寖久侵犯塘堤衝壞道路齧損城砦臣奉詔修治隄防禦捍漲溢然築八尺之堤當九河之尾恐不能敵若不遇有損缺逐旋增修即又至隳壞使與塘水相通於邊防非計也乞降旨修葺從之庚寅冀州河溢壞信都南宮兩縣三年八月詔沈純誠開撩兔源河兔源在廣武埽對岸分減埽下漲水也政和四年十一月都水使者孟昌齡言今歲夏秋漲水河流上下並行中道滑州浮橋不勞解拆大省歲費詔許稱賀官吏推恩有差昌齡又獻議導河大伾可置永遠浮橋謂河流自大伾之東而來直大伾山西而止

數里方回南東轉而過復折北而東則又直至大伾山之東亦止不過十里耳視地形水勢東西相直徑易曾不十餘里間且地勢低下可以成河倚山可為馬頭又有中潬正如河陽若引使穿大伾大山及東北三小山分為兩股而過合於下流因是三山為趾以繫浮梁省費數十百倍可寬河朔諸路之役朝廷喜而從之五年置提舉修繫永橋所六月癸丑降德音于河北京東京西路其略曰鑿山釃渠循九河既道之迹為梁跨趾成萬世永賴之功役不踰時慮無愆素人絕往來之阻地無南北之殊靈祇懷柔黎庶呼

舞眷言朔野爰暨近畿畚鍤繁興薪芻轉徙民亦勞止朕甚憫之宜推在宥之恩仍廣蠲除之惠應開河官吏令提舉所具功力等第聞奏又詔居山至大伾山浮橋屬濬州者賜名天成橋大伾山至汶子山浮橋屬滑州者賜名榮光橋俄改榮光曰聖功七月庚辰御製橋名磨崖以刻之方河之開也水流雖通然湍激猛暴遇山稍隘往往泛溢近砦民夫多被漂溺因亦及通利軍其後遂注成巨濼云是月昌齡遷工部侍郎八月己亥都水監言大河以就三山通流正在通利之東慮水溢為患乞移軍城於大伾山居山

之間以就高仰從之十月丁巳中書省言冀州棗強埽決知州辛昌宗武臣不諳河事詔以王仲元代之十一月丙寅都水使者孟揆言大河連經漲淤灘面已高致河流傾側東岸今若修閉棗強上埽決口其費不貲兼冬深難施人力縱使極力修閉東堤上下二百餘里必須盡行增築與水爭力未能全免決溢之患今漫水行流多鹹鹵及積水之地又不犯州軍止經數縣地分迤邐纏御河歸納黃河欲自決口上恩州之地水堤為始增補舊堤接續御河東岸簽合大河從之乙亥臣僚言禹跡湮沒於數千載之遠陛

下神智獨運一旦興復導河三山長堤盤固橫截巨浸依山為梁天造地設威示南北度越前古歲無解繫之費人無病涉之患大功既成頭申飭有司以日繼月視水向著隨為隄防益加增固每遇漲水水官漕臣不輟巡視詔付昌齡六年四月辛卯高陽關路安撫使吳玠言冀州棗強縣黃河清詔許稱賀七月戊午太師蔡京請名三山橋銘閣曰纘禹繼文之閣門曰銘功之門十月辛卯蔡京等言冀州河清乞拜表稱賀七年五月丁巳臣僚言恩州寧化鎮大河之側地勢低下正當灣流衝激之處歲久堤岸怯薄沁水透堤甚多近鎮居民例皆移避方秋夏之交時雨霈然一失堤防則不惟東流莫測所向一隅生靈所係甚大亦恐妨阻大名河間諸州往來邊路乞付有司貼築固護從之六月癸酉都水使者孟揚言舊河陽南北兩河分流立中潬繫浮梁頃緣北河淤澱水不通行止於南河修繫一橋因此河項窄狹水勢衝激每遇漲水多致損壞欲措置開修北河如舊修繫南北兩橋從之九月丁未詔揚專一措置而令河陽守臣王序營辦錢糧督其工料重和元年三月己亥詔滑州濬州界萬年堤全藉林木固護堤岸其廣行

種植以壯地勢五月甲辰詔孟州河陽縣第一埽自春以來河勢湍猛侵嚙民田迫近州城止二三里其令都水使者同漕臣河陽守臣措置固護是秋雨廣武埽危急詔內侍王仍相度措置宣和元年九月辛未蔡京等言南丞管下三十五埽今歲漲水之後岸下一例生灘河行中道實由聖德昭格神祇順助望宣付史館詔送秘書省十二月開修兔源河并直河畢工降詔獎諭二年九月己卯王黼言昨孟昌齡計議河事至滑州韓村埽檢視河流衝至寸金潭其勢就下未易禦遏近降詔旨令就畫定港灣對開直河方議開鑿忽自成直河一道寸金潭下水即安流在役之人聚首仰嘆乞付史館仍帥百官表賀從之三年六月河溢冀州信都十一月河決清河埽是歲水壞天成聖功橋官吏行罰有差四年四月壬子都水使者孟揚言奉詔修繫三山東橋凡役工十五萬七千八百今累經漲水無虞詔因橋壞失職降秩者俱復之揚自正議大夫轉正奉大夫七年欽宗即位靖康元年二月乙卯御史中丞許翰言保和殿大學士孟昌齡延康殿學士孟揚龍圖閣直學士孟揆父子相繼領職二十年過惡山積妄設堤防之功多張梢

椿之數窮竭民力聚歛金帛交結權要内侍王仍為之奥主趣付名位不知紀極大河浮橋歲一造舟京西之民猶憚其役而昌齡首建三山之策回大河之勢頓取百年浮橋之費僅為數歲行路之觀漂没生靈無慮萬計近輔郡縣蕭然破殘所辟官吏計金敘績冨商大賈争注名牒身不在公進分爵賞每興一役乾没無數省部御史莫能鈎考陛下方將澄清朝著建立事功不先誅竄昌齡父子無以昭示天下望籍其姦贓以正典刑詔並落職昌齡在外宫觀揚依舊權領都水監職事撥俟措置橋船畢取旨幹復請

鈎考簿書發其姦贓乃詔昌齡與中大夫揚撥與中奉大夫三月丁丑京西轉運司言本路歲科河防夫三萬溝河夫一萬八千緣連年不稔群盗刼掠民力困弊乞量數減放詔減八千人

汴河自隋大業初疏通濟渠引黄河通淮至唐改名廣濟宋都大梁以孟州河陰縣南為汴首受黄河之口屬于淮泗每歲自春及冬常於河口均調水勢止深六尺以通行重載為準歲漕江淮湖浙米數百萬及至東南之産百物衆寶不可勝計又下西山之薪炭以輸京師之粟以振河北之急内外仰給焉故於諸水莫此為重其淺深有度置官以司之都水監總察之然大河向背不常故河口歲易易則度地形相水勢為口以逆之遇春首輒調數州之民勞費不貲役者多溺死吏又並緣侵漁而京師常有決溢之虞

太祖建隆二年春導索水自旃然與須水合入于汴三年十月詔緣汴河州縣長吏常以春首課民夾岸植榆柳以固堤防太宗太平興國二年七月開封府言汴水溢壞開封大寧堤浸民田害稼詔發淮孟丁夫三千五百人塞之三年正月發軍士千人復汴口六月宋州言寧陵縣河溢堤決詔發宋亳丁夫四千

五百人分遣使臣護役四年八月又決于宋城縣以本州諸縣人夫三千五百人塞之淳化二年六月汴水決浚儀縣帝乘步輦出乾元門宰相樞密迎謁帝曰東京養甲兵數十萬居人百萬家天下轉漕仰給在此一渠水朕安得不顧車駕入泥淖中行百餘歩從臣震恐殿前都指揮使戴興叩頭懇請回馭遂捧輦出泥淖中詔興督步卒數千塞之日未旰水勢遂定帝始就次太官進膳親王近臣皆泥濘沾衣知縣宋炎亡匿不敢出特赦其罪是月汴又決于宋城縣發近縣丁夫二千人塞之至道元年九月帝以汴河

歲運江淮米五七百萬斛以濟京師問侍臣汴水疏鑿之由令參知政事張洎講求其事以聞其言曰禹導河自積石至龍門南至華陰東至砥柱又東至于孟津東過洛汭至于大伾即今成皐是也或云黎陽山也禹以大河流泛中國為害最甚乃於貝丘疏二渠以分水勢一渠自舞陽縣東引入漯水其水東北流至千乘縣入海即今黃河是也一渠疏畎引傍西山以東北形高敝壞堤水勢不便流溢夾右碣石入于渤海書所謂北過降水至于大陸降水即濁漳大陸則邢州鉅鹿澤播為九河同為逆河入于海河自

魏郡貴鄉縣界分為九道下至滄州今為一河言逆河者謂與河水往復相承受也齊桓公塞以廣田居唯一河存焉今其東界至莽梧河是也禹又於滎澤下分大河為陰溝引注東南以通淮泗至大梁浚儀縣西北復分為二渠一渠元經陽武縣中牟臺下為官渡水一渠始皇疏鑿以灌魏郡謂之鴻溝莨菪渠自滎陽五出池口來注之其鴻溝即出河之溝亦曰莨菪渠漢明帝時樂浪人王景謁者王吳始作浚儀渠蓋循河溝故瀆也渠成流注浚儀故以浚儀縣為名靈帝建寧四年於敖城西北壘石為門以遏渠口

故世謂之石門渠外東合濟水濟與河渠渾濤東注至敖山北渠水至此又兼邲之水即春秋晉楚戰于邲邲又音汳即汴字古人避反字改從汴字渠水又東經滎陽北旃然水自縣東流入汴水鄭州滎陽縣西二十里三皇山上有二廣武城二城相去百餘步汴水自兩城間小澗中東流而出而濟流自茲乃絕唯汴渠首受旃然水謂之鴻渠東晉大和中桓溫北伐前燕將通之不果義熙十三年劉裕西征姚秦復浚此渠始有端流奔注而岸善潰塞裕更疏鑿而漕運焉隋煬帝大業三年詔尚書左丞相皇甫誼發河

南男女百萬開汴水起滎澤入淮千餘里乃為通濟渠又發淮南兵夫十餘萬開邗溝自山陽淮至于揚子江三百餘里水面闊四十步而後行幸焉自後天下利於轉輸昔孝文時賈誼言漢以江淮為奉地謂魚鹽穀帛多出東南至五鳳中耿壽昌奏故事歲增關東穀四百萬斛以給京師亦多自此渠漕運唐初改通濟渠為廣濟渠開元中黃門侍郎平章事裴耀卿言江淮租船自長淮西北泝鴻溝轉相輸納於河陰含嘉太原等倉凡三年運米七百萬石實利涉於此開元末河南採訪使汴州刺史齊澣以江淮漕運

經淮水波濤有沉損遂浚廣濟渠下流自泗州虹縣至楚州淮陰縣北八十里合于淮踰時畢功既而水流迅急行旅艱險尋乃廢停却由舊河德宗朝歲漕運江淮米四十萬石以益關中時叛將李正己田悅皆分軍守徐州臨渦口梁崇義阻兵襄鄧南北漕引皆絕於是水陸運使杜佑請改漕路自浚儀西十里疏其南涯引流入琵琶溝經蔡河至陳州合潁水是秦漢故道以官漕久不由此故填淤不通若畎流培岸則功用甚寡又廬壽之間有水道而平岡亘其中曰雞鳴山佑請疏其兩端皆可通舟其間登陸四十

里而已則江湖黔嶺蜀漢之粟可方舟而下由是白沙趨東關經廬壽浮潁步蔡歷琵琶溝入汴河不復經泝淮之險徑於舊路二千里功寡利博朝議將行而徐州順命淮路乃通至國家膺圖受命以大梁四方所湊天下之樞可以臨制四海故卜京邑而定都漢高帝云吾以羽檄召天下兵未至孝文又云吾初即位不欲出虎符召郡國兵即知兵甲在外也唯有南北軍期門郎羽林孤兒以備天子扈從藩衛之用唐承隋制置十二衛府兵皆農夫也及罷府兵始置神武神策為禁軍不過三數萬人亦以備扈從藩衛

而已故祿山犯闕驅市人而戰德宗蒙塵扈駕四百餘騎兵甲皆在郡國額軍存而可舉者除河朔三鎮外太原青社各十萬人邠寧宣武各六萬人潞徐荊揚各五萬人襄宣壽鎮海各二萬人自餘觀察團練據要害之地者不下萬人今天下甲卒數十萬衆戰馬數十萬匹並萃京師悉集七亡國之士民於輦下比漢唐京邑民庶十倍甸服時有水旱不至艱歉者有惠民金水五丈汴水等四渠派引脉分咸會天邑舳艫相接贍給公私所以無匱乏唯汴水橫亘中國首承大河漕引江湖利盡南海半天下之財賦并山澤

之百貨悉由此路而進然則禹力疏鑿以分水勢煬帝開畎以奉巡游雖數湮廢而通流不絕於百代之下終為國家之用者其上天之意乎真宗景德元年九月宋州言汴河決浸民田壞廬舍遣使護塞踰月功就三年六月京城汴水暴漲詔覘候水勢并工修補增起堤岸工畢復遣使致祭大中祥符二年八月汴水漲溢自京至鄭州浸道路詔選使乘傳減汴口水勢既而水減阻滯漕運復遣浚汴口八年六月詔自今後汴水添漲及七尺五寸即遣禁兵三千沿河防護八月太常少卿馬元方請浚汴河中流闊五丈

深五尺可省修堤之費即詔遣使計度修浚使還上言泗州西至開封府界岸闊底平水勢薄不假開浚請止自泗州夾岡用功八十六萬五千四百三十八以宿亳丁夫充計減功七百三十一萬仍請於沿河作頭踏道擗岸其淺處為鋸牙以束水勢使其浚成河道止用河清下卸卒就未放春水前令逐州長吏令佐督役自今汴河淤澱可三五年一浚又於中牟滎澤縣各置開減水河並從之天禧三年十二月都官員外郎鄭希甫言汴河兩岸皆是陂水廣浸民田堤脚並無流泄之處今汴河南省自明河接澳入淮

望詔轉運使規度以聞仁宗天聖三年汴流淺特遣使疏河注口四年大漲堤危衆情恟恟憂京城詔度京城西賈陂岡地洩之于護龍河六年句當汴口康德輿言行視陽武橋萬勝鎮宜存斗門其梁固斗門三宜廢去祥符界北岸請為別竇分減溢流而句當汴口王中庸欲增置孫村之石限悉從其請七年德輿言修河芟地為並灘農戶所侵詔限一月使自實檢括以還縣官皇祐二年命使詣中牟治堤明年八月河涸舟不通令河渠司自口浚治歲以為常舊制水增七尺五寸則京師集禁兵八作排岸兵負土列

河上以防河滿五日賜錢以勞之曰特支而或數張數防又不及五日而罷則軍士屢疲而賜予不及是歲七月始制防河兵日給錢薄其數才比特支十分之一軍士便之明年遣使行河相利害嘉祐六年汴水淺澁常稽運漕都水奏河自應天府抵泗州直流湍駛無所阻惟應天府上至汴口或岸闊淺漫宜限以六十步闊於此則為木岸狹河扼束水勢令深駛梢伐岸木可足也遂下詔興役而衆議以為未便宰相蔡京奏祖宗時已嘗狹河矣俗好沮敗事宜勿聽役既半岸木不足募民出雜梢岸成而言者始息舊

曲灘漫流多稽留覆溺處悉為駛直平夷操舟往來便之神宗熙寧四年創開訾家口日役夫四萬饒一月而成纔三月已淺澱乃復開舊口役萬工四日而水稍順有應舜臣者獨謂新口在孤栢嶺下當河流之衝其便利可常用勿易水大則泄以斗門水小則為輔渠於下流以益之安石善其議五年先是宣徽北院使中太一宮使張方平嘗論汴河曰國家漕運以河渠為主國初浚河渠三道通京城漕運自後定立上供年額汴河斛斗六百萬石廣濟河六十二萬石惠民河六十萬石廣濟河所運止給太康咸平尉氏

等縣軍糧而已惟汴河專運粳米兼以小麥此乃大倉蓄積之實今仰食于官廩者不惟三軍至于京師士庶以億萬計太半待飽于軍稍之餘故國家於漕事至急至重然則汴河乃建國之本非可與區區溝洫水利同言也近歲已罷廣濟河而惠民河斛斗不入太倉大衆之命惟汴河是賴今陳說利害以汴河為議者多矣臣恐議者不已屢作改更必致汴河日失其舊國家大計殊非小事願陛下特回聖鑒深賜省察留神遠慮以固基本方平之言為王安石發也

六年夏都水監丞侯叔獻乞引汴水淤府界閑田安

石力主之水既數放或至絕流公私重舟不可盪有閣折者帝以人情不安嘗下都水分析并詔三司同府界提點官往視十一月范子奇建議冬不閉汴口以外江綱運直入汴至京廢運般安石以為然詔汴口官吏相視卒用其說是後高麗入貢令泝汴赴闕

七年春河水壅溢積潦敗堤八月御史盛陶謂汴河開兩口非便命同判都水監宋昌言視兩口水勢檄同提舉汴口官王珫珫言訾家口水三分輔渠七分昌言請塞訾家口而留輔渠時韓絳呂惠卿當國許之八年春安石再相叔獻言昨疏濬汴河自南京至泗州槩深三尺至五尺惟虹縣以東有礓石三十里餘不可疏濬乞募民開修詔檢計工糧以聞七月叔獻又言歲開汴口作生河侵民田調夫役今惟用訾家口減人夫物料各以萬計乞減河清一指揮從之未幾汴水大漲至深一丈二尺於是復請權閉汴口

九年十月詔都水度量疏濬汴河淺深仍記其地分

十年范子淵請用濬川杷以六月興工自謂功利灼然請候今冬疏濬畢將杷具舟船等分給逐地分使臣於閉口之後檢量河道淤澱去處至春水接續疏導大抵皆無甚利已而清汴之役興

志卷第四十六

志卷第四十七　宋史九十四

開府儀同三司上柱國錄軍國重事前中書右丞相監修國史領經筵事都總裁臣脫脫等奉勑修

河渠四

汴河下　洛河　蔡河　廣濟河　金水河　白溝河　京畿溝渠　白河　三白渠　鄧許諸渠附

元豐元年五月西頭供奉官張從惠復言汴口歲開閉修堤防通漕纔二百餘日往時數有建議引洛水入汴患黃河嚙廣武山須鑿山嶺十數丈以通汴渠功大不可為去年七月黃河暴漲水落而稍北距廣武山麓七里退灘高闊可鑿為渠引洛入汴范子淵

知都水監丞畫十利以獻又言汜水出玉仙山索水出嵩渚山合洛水積其廣深得二千一百三十六尺視今汴流尚嬴九百七十四尺以河洛湍緩不同得其嬴餘可以相補猶慮不足則旁堤為塘滲取河水每百里置木牐一以限水勢兩旁溝湖陂濼皆可引以為助禁伊洛上源私引水者大約汴舟重載入水不過四尺今深五尺可濟漕運起鞏縣神尾山至士家堤築大堤四十七里以捍大河起沙谷至河陰縣十里店穿渠五十二里引洛水屬于汴渠疏奏上重其事遣使行視二年正月使還以為工費浩大不可為上復遣入內供奉宋用臣還奏可為請自任村沙谷口至汴口開河五十里引伊洛水入汴河每二十里置束水一以芻楗為之以節湍急之勢取水深一丈以通漕運引古索河為源注房家黃家孟家三陂及三十六陂高仰處瀦水為塘以備洛水不足則決以入河又自汜水關北開河五百五十步屬于黃河上下置牐啟閉以通黃汴二河船筏即洛河舊口置水澾通黃河以泄伊洛暴漲古索河等暴漲即以魏樓滎澤孔固三斗門泄之計工九十萬七千有餘仍乞修護黃河南堤埽以防侵奪新河從之三月庚寅

以用臣都大提舉導洛通汴四月甲子興工遣禮官祭告河道侵民冢墓給錢徙之無主者官為瘞藏六月戊申清汴成凡用工四十五日自任村沙口至河陰縣瓦亭子幷汜水關北通黃河接運河長五十一里兩岸為堤總長一百三里引洛水入汴七月甲子閉汴口徙官吏河清卒於新洛口戊辰遣禮官致祭十一月辛未詔差七千人赴汴口開修河道三年二月宋用臣言洛水入汴至淮河道漫闊多淺澁乞狹河六十里為二十一萬六千步詔四月興役五月癸亥罷草屯浮堰五年三月宋用臣言金水河透水槽

阻礙上下汴舟宜廢撤從之十月狹河畢工六年八月范子淵又請於武濟山麓至河岸并嫩灘上修堤及壓埽堤又新河南岸築新堤計役兵六千人二百日成開展直河長六十三里廣一百尺深一丈役兵四萬七千有奇一月成從之十月都提舉司言汴水增漲京西四斗門不能分減致開決堤岸今近京惟孔固斗門可以泄水下入黃河若孫賈斗門雖可泄入廣濟然下尾窄狹不能盡吞宜於萬勝鎮舊減水河汴河北岸修立斗門開淘舊河創開生河一道下合入刁馬河役夫一萬三千六百四十三人一月畢

工詔從其請仍作二年開修七年四月武濟河潰八月詔罷營閉縱其分流止護廣武三埽哲宗元祐元年閏二月辛亥右司諫蘇轍言近歲京城外創置水磨因此汴水淺澀阻隔官私舟船其東門外水磨下流汗漫無歸浸損民田一二百里幾敗漢高祖墳賴陛下仁聖惻怛親發德音令執政共議營救尋詔撤縣於黃河春夫外更調夫四萬開自盟河以疏洩水患計一月畢工然以水磨供給京城內外食茶等其水止得五日閉斷以此工役重大民間每夫日顧二百錢一月之費計二百四十萬貫而汴水渾濁易至

填淤明年又須開淘民間歲歲不免此費聞水磨歲入不過四十萬貫前戶部侍郎李定以此課利惑誤朝聽依舊存留且水磨興置未久自前未有此錢國計何闕而小人淺陋妄有靳惜傷民辱國不以為愧況今水患近在國門而恬不為怪甚非陛下勤卹民物之意而又減耗汴水行船不便乞廢罷官磨任民磨茶三月轍又乞令汴口以東州縣各具水匱所占頃畝每歲有無除放二稅仍具水匱可與不可廢罷如決不可廢當如何給還民田以免怨望八月辛亥轍又言昨朝旨令都水監差官具括中牟管城等縣

水匱元浸壓者幾何見今積水所占幾何退出頃畝幾何凡退出之地皆還本主水占者以官地還之無田可還即給元直聖恩深厚棄利與民所存甚遠然臣聞水所占地至今無可對還而退出之田亦以迫近水匱為雨水浸淫未得耕鑿知鄭州岑象求近奏稱自宋用臣興置水匱以來元未曾取以灌注清汴水流自足不廢漕運乞盡廢水匱以便失業之民十月遂罷水匱四年冬御史中丞梁燾言嘗求世務之急得導洛通汴之實始聞其說則可喜及考其事則可懼竊以廣武山之北即大河故道河常往來其間

夏秋漲溢每抵山下舊㕍来洛水至此流入於河後欲導以趨汴渠乃乘河未漲就嫩灘之上峻起東西堤闢大河於堤北攘其地以引洛水中間缺為斗門名通舟楫其實盜河以助洛之淺涸也洛水本清而今汴常黃流是洛不足以行汴而所以能行者附大河之餘波也增廣武三埽之備竭京西所有不足以為支費其失無慮數百萬計從来上下習為欺罔朝廷惑於安流之說税屋之利恬不為慮而不知新沙疎弱力不能制悍河水勢一薄則爛熳潰散將使怒流循洛而下直冒京師是甘以數百萬日增之費養異

時萬一之患亦已誤矣夫歲傾重費以坐待其患何若折其奔衝以終除其害哉為今之計宜復為汴口仍引大河一支啓閉以時還祖宗百年以来潤國養民之賜誠為得策汴口復成則免廣武傾注以長為京師之安省數百萬之費以紓京西生靈之困牽大河水勢以解河北決溢之災便東南漕運以蠲重載留滯之弊時節啓閉以除蹙淩打淩之苦通江淮八路商賈大舶以供京師之饒為甚大之利者六此不可忽也惟拆去兩岸舍屋盡廢僦錢為害者一而甚小所謂損小費以成大利也臣之所言特其大略爾

至於考究本末措置纖悉在朝廷擇通習之臣付之無牽浮議責其成功又言臣聞開汴之時大河曠歲不決盖汴口析其三分之水河流常行七分也自導洛而後頻年屢決雖洛口竊取其水率不過一分上下是河流常九分也猶幸流勢卧北故潰溢北出自去歲以来稍稍卧南此其可憂而洛口之作理須早計竊以開洛之役其功甚小不比大河之上但闢百餘步即可以通水三分既永為京師之福又減河北屢決之害兼水勢既已牽動在於回河尤為順便非獨孫村之功可成澶州故道亦有自然可復之理望

出臣前章面詔大臣與本監及知水事者按地形水勢具圖以聞不報至五年十月癸巳乃詔導河水入汴紹聖元年帝親政復召宋用臣赴闕七月辛丑廣武埽危急壬寅帝語輔臣埽去洛河不遠須防漲溢下灌京師明日乃詔都水監丞馮忱之相度築欄水簽堤丁巳帝諭執政曰河埽久不修昨日報洛水又大溢注于河若廣武埽壞河洛為一則清汴不通矣京都漕運殊可憂宜亟命吳安持王宗望同力督作苟得不壞過此須圖久計丙寅吳安持言廣武第一埽危急決口與清汴絕近緣洛河之南去廣武山千餘

步地形稍高自鞏縣東七里店至今洛口不滿十里可以別開新河導洛水近南行流地里至少用功甚微詔安持等再按視之十一月李偉言清汴導溫洛貫京都下通淮泗爲萬世利自元祐以來屢危急而今歲特甚臣相視武濟山以下二十里名神尾山乃廣武埽首所起約置刺堰三里餘就武濟河下尾廢堤枯河基址增修疏導回截河勢東北行留舊埽作遙堤可以紓清汴下注京城之患詔宋用臣陳祐甫覆按以聞十二月甲午戶部尚書蔡京言本部歲計皆藉東南漕運今年上供物至者十無二三而汴口

已閉臣責問提舉汴河堤岸司楊琰乃稱自元豐二年至元祐初八年之間未嘗塞也詔依元豐條例明年正月庚戌用臣亦言元豐間四月導洛通汴六月放水四時行流不絕遇冬有凍即督沿河官吏伐冰通流自元祐二年冬深輒閉塞致河流涸竭殊失開道清汴本意今欲卜日伐冰放水歸河永不閉塞及凍解止將京西五斗門減放以節水勢如惠民河行流自無壅遏之患從之三年正月戊申詔提舉河北西路常平李仲罷歸吏部仲在元祐中提舉汜水輦運建言西京鞏縣河陽汜水河陰縣界乃沿黃河地

分北有太行南有廣武二山自古河流兩山之間乃緣禹跡昨自宋用臣創置導洛清汴於黃河沙灘上節次創置廣雄武等堤埽到今十餘年間屢經危急況諸埽在京城之上若不別爲之計患起不測思之寒心今如棄去諸埽開展河道講究興復元豐二年以前防河事不惟省歲費寬民力河流且無壅遏決溢之患望遣諳河事官相視施行又乞復置汴口依舊以黃河水爲節約之限罷去清汴牐口四年閏二月楊琰乞依元豐例減放洛水入京西界大白龍坑及三十六陂充水匱以助汴河行運詔賈種民同琰

相度合占頃畝及所用功力以聞五月乙亥都提舉汴河堤岸賈種民言元豐改汴口爲洛口名汴河爲清汴者凡以取水於洛也復匱清水以備淺澁而助行流元祐間却於黃河撥口分引渾水令自澾上流入洛口比之清洛難以調節乞依元豐已修狹河身丈尺深淺檢計物力以復清汴立限修濬通放洛水及依舊置洛斗門通放西河官私舟船從之帝嘗謂知樞密院事曾布曰先帝作清汴又爲天源河蓋有深意元祐中幾廢近賈種民奏若盡復清汴不用濁流乃當世靈長之慶布對曰先帝以天源河爲國姓

福地此衆人所知何可廢也十二月詔京城内汴河兩岸各留堤面丈有五尺禁公私侵牟元符三年徽宗即位無大改作汴渠稍湮則浚之大觀中言者論胡師文昨爲發運使創開四州直河及築簽堤阻遏汴水尋復淤澱遂行廢拆然後併役數郡兵夫其間疾苦竄殁無慮數千費錢穀累百萬計狂妄生事誣奏罔功官員冒賞至四十五人師文由是自知州降充宫觀宣和元年五月都城無故大水浸城外官寺民居遂破汴堤汴渠將溢諸門皆城守起居郎李綱奏國家都汴百有六十餘載未嘗少有變故今事起

倉猝遐邇驚駭誠大異也臣嘗躬詣郊外竊見積水之來自都城以西漫爲巨浸東拒汴堤停蓄深廣湍悍浚激東南而流其勢未艾■或淹浸旬時因以風雨不可不慮夫變不虛發必有感召之因願詔廷臣各具所見擇其可採者施行之詔都城外積水緣有司失職隄防不修非災異也罷綱送吏部而募人決水下流由城北注五丈河下通梁山濼乃已七月壬子都提舉司言近因野水衝蕩沿汴堤岸及河道淤淺若止役河清功力不勝望俟農隙顧夫開修從之五年十二月庚寅詔沿汴州縣創添欄河鎖柵歲額

公私不以爲便其遵元豐舊制靖康而後汴河上流爲盜所決者數處決口有至百步者塞久不合乾涸月餘綱運不通南京及京師皆乏糧責都水使者措置凡二十餘日而水復舊綱運沓來兩京糧始足又擇使臣八員爲沿汴巡檢每兩員各將兵五百人自洛口至西水門分地防察決溢云

洛水貫西京多暴漲漂壞橋梁建隆二年留守向拱重修天津橋成甃巨石爲脚高數丈銳其前以疏水勢石縱縫以鐵鼓絡之其制甚固四月具圖來上降詔褒美開寶九年郊祀西京詔發卒五千自洛城菜

市橋鑿渠抵漕口三十五里饋運便之其後導以通汴

蔡河貫京師爲都人所仰兼閔水洧水潩水以通舟閔水自尉氏歷祥符開封合于蔡是爲惠民河洧水自許田注鄢陵東南歷扶溝合于蔡潩水出鄭之大隗山注臨潁歷鄢陵扶溝合于蔡凡許鄭諸水合堅白鴈丈八溝京索合西河褚河湖河雙河欒霸河皆會焉猶以其淺澀故植木橫棧棧爲水之節啓閉以時太祖建隆二年四月命中使浚蔡河設斗門節水自京距通許鎮二年詔發畿甸陳許丁夫數萬浚蔡

水南入潁川乾德三年二月令陳承昭率丁夫數千鑿渠自長社引潩水至京師合閔水潩水本出密縣大隗山歷許田會春夏霖雨則泛溢民田至是渠成無水患閔河益通漕焉太宗淳化二年以汜水汎溢浸許州民田詔自長葛縣開小河導潩水分流二十里合于惠民河真宗咸平五年七月京師霖雨溝洫壅惠民河溢泛道路壞廬舍知開封府寇準治丁岡古河泄導之大中祥符元年六月開封府言尉氏縣惠民河決遣使督視完塞二年四月陳州言州地洿下苦積潦歲有水患請自許州長葛縣浚減水河及

補棗村舊河以入蔡河從之九年知許州石普請於大流堰穿渠置二斗門引沙河以漕京師遣使按視四月詔遣中使至惠民河規畫置壩子以通舟運仁宗天聖二年二月崇儀副使巡護惠民河田承說獻議重修許州合流鎮大河堰斗門刱開減水河通漕省迂路五百里詔遣使按視以聞五年八月都大巡護惠民河王克基言先準宣惠民京索河水淺小緣出源西京鄭許州界惠民河下合橫溝白鴈溝京索河下合西河湖河雙河欒霸河丈八溝各為民間截水時稍灌園宜令州縣巡察七年王克基言按舊制

蔡河斗門棧板須依時啓閉調停水勢嘉祐三年正月開京城西葛家岡新河以有司言至和中大水入京城請自祥符縣界葛家岡開生河直城南好草陂北入惠民河分注魯溝以紓京城之患神宗熙寧四年七月程昉請開宋家等堤畎水以助漕運八月三班借職楊琰請增置上下壩牐蓄水以備淺涸詔琰掌其事六年九月戊辰將作監尚宗儒言議者請置蔡河木岸計功頗大詔修固土岸八年詔京西運米于河北於是侯叔獻請因丁字河故道鑿堤置牐引汴水入于蔡以通舟運河成舟不可行尋廢十月詔

都水監展惠民河欲便修城也九年七月提轄修京城所請引霧澤陂水至咸豐門合京索河由京索簽入副堤河下合惠民都水監謂不若於順天門外簽直河身及於染院後簽入護龍河至咸豐門南復入京索河實為長利從之徽宗崇寧元年二月都水監言惠民河修簽河次下硬堰畢工詔立捕獲盜泄賞大觀元年十二月開潩河入蔡河從京畿都轉運使吳擇仁之請也政和元年十月己酉詔差水官同京畿監司視蔡河隄防及淤淺者來春併工治之廣濟河導菏水自開封歷陳留曹濟鄆其廣五丈歲

漕上供米六十二萬石太祖建隆二年正月遣使往定陶規度發曹單丁夫數萬浚之三月幸新水門觀放水入河先是五丈河泥淤不利行舟遂詔左監門衛將軍陳承昭於京城之西夾汴水造斗門引京索蔡河水通城濠入斗門俾架流汴水之上東進於五丈河以便東北漕運公私咸利三年正月遣右龍武統軍陳承昭護修五丈河役車駕臨視賜承昭錢二十萬乾德三年京師引五丈河造西水磑太宗太平興國三年正月命發近縣丁夫浚廣濟河真宗景德二年六月開封府言西京沿汴萬勝鎮先置斗門以

減河水令汴河分注濁水入廣濟河堙塞不利帝曰此斗門本李繼源所造屢詢利害以爲始因京索河遇雨即汎流入汴遂置斗門以便通洩若遽壅塞復慮決溢因令多用巨石高置斗門水雖甚大而餘波亦可減去三年內侍趙守倫建議自京東分廣濟河由定陶至徐州入清河以達江湖漕路役既成遣使覆視繪圖來上帝以地有隆阜而水勢極淺雖置堰埭又歷呂梁灘磧之險非可漕運罷之仁宗天聖六年七月尚書駕部員外郎閻貽慶言五丈河下接濟州之合蔡鎮通利梁山濼近者天河決蕩溺民田壞

道路合蔡而下漫散不通舟請治五丈河入夾黄河因詔貽慶與水官李守忠規度計功料以聞神宗熙寧七年趙濟言河淺廢運自此物賤傷農宜議興復以便公私詔張士澄楊琰修治八月都提舉汴河堤岸司言欲於通津門汴河岸東城裏三十步內開河下通廣濟以便行運從之八年又遣琰同陳祐甫因汴河置滲水塘又自孫賈斗門置虛堤八滲水入西賈陂由減水河注霧澤陂皆爲河之上源九年詔依元額漕粟京東仍修壩牐爲啓閉之節九年三月詔遣官修廣濟河壩牐元豐五年三月癸亥罷廣濟輦

運司移上供物自淮陽軍界入汴以清河輦運司爲名命張士澄都大提舉七月御史王植言廣濟安流而上與清河泝流入汴遠近險易較然廢之非是詔監司詳議七年八月都大提舉汴河堤岸司言京東地富穀粟可漕獨患河溢若因修京城令役兵近汴穴土使之成渠就引河水注之廣濟則漕舟可通是一舉而兩利也從之哲宗元祐元年詔斥祥符霧澤陂募民承佃增置水匱又即宣澤門外仍舊引京索源河置槽架水流入咸豐門皆以爲廣濟淺澁之備三月三省言廣濟河輦運近因言者廢罷改置清河輦

運迂遠不便詔知棣州王諤措置興復都水監亦言廣濟河以京索河爲源轉漕京東歲計今欲依舊即令於宣澤門外置槽架水流入咸豐門裏由舊河道復廣濟河源以通漕運從之

金水河一名天源本京水導自滎陽黃堆山其源曰祝龍泉太祖建隆二年春命左領軍衛上將軍陳承昭率水工鑿渠引水過中牟名曰金水河凡百餘里抵都城西架其水橫絶於汴設斗門入浚溝通城濠東匯于五丈河公私利焉乾德三年又引貫皇城歷後苑内庭池沼水皆至焉開寶九年帝步自左掖按

地勢命水工引金水由承天門鑿渠爲大輪激之南注晉王第真宗大中祥符二年九月詔供備庫使謝德權決金水自天波門並皇城至乾元門歷天街東轉繚太廟入后廟皆甃以礲甓植以芳木車馬所經又累石爲間梁作方井官寺民舍皆得汲用復引東由城下水竇入于濠京師便之神宗元豐五年金水河透水槽阻礙上下汴舟遣宋用臣按視請自板橋別爲一河引水北入于汴後卒不行乃由副堤河入于蔡以源流深遠與永安青龍河相合故賜名曰天源先是舟至啓槽頗滯舟行既導洛通汴遂自城西超宇坊引洛水由咸豐門立堤凡三千三十步水遂入禁中而槽廢然舊惟供洒掃至徽宗政和間容佐請於七里河開月河一道分減此水灌溉內中花竹命宋昇措置導引四年十一月畢工重和元年六月復命藍從熙孟揆等增堤岸置橋槽壩牐濬澄水道水入内内庭池籞既多患水不給又於西南水磨引索河一派架以石渠絶汴南北築堤導入天源河以助之

白溝無山源每歲水潦甚則通流纔勝百斛船踰月不雨即竭至道二年三月内殿崇班閻光澤國子博

士邢用之上言請開白溝自京師抵彭城呂梁口凡六百里以通長淮之漕詔發諸州丁夫數萬治之以光澤護其役議者非之會宋州通判王矩上表極陳其不可且言用之田園在襄邑歲苦水潦私幸渠成遂罷其役咸平六年用之爲度支員外郎又令自襄邑下流治白溝河導京師積水而民田無害神宗熙寧六年都水監丞侯叔獻請儲三十六陂及京索二水爲源倣真楚州開平河置牐則四時可行舟因廢汴渠帝曰白溝功料易耳第汴渠歲運甚廣河北陝西資馬又京畿公私所用良材皆自汴口而至何可

遷廢王安石曰此役苟成亦無窮之利也當別爲漕河引黄河一支乃爲經久馮京曰若白溝成與汴蔡皆通漕爲利誠大恐汴終不可廢帝然之詔劉璯同叔獻覆視八月都水監言白溝自濉河至于淮八百里乞分三年興修其廢汴河俟白溝畢功别相視仍請發穀熟淤田司幷京東汴河所隷河清兵赴役從之七年正月都水監言自盟河畎導汴南諸水近者失於疏浚爲害甚大於是輟夫修治而白溝之役廢初王安石欲罷白溝修汴南水利帝曰人多以白溝不可爲而卿獨見可爲安石曰果不可爲罷之誠宜

若可爲即俟時爲之何必計校人言也徽宗政和二年十月都水監丞孟昌齡言開濬舍䁆門外白溝河開堰放水仍舊通流

京畿溝洫汴都地廣平賴溝渠以行水潦真宗景德二年五月詔開京城濠以通舟檝毁官水磑三所三年分遣入内内侍八人督京城内外坊里開濬溝渠先是京都每歲春濬溝瀆而勢家豪族有不卽施工者帝聞之遣使分視自是不復有稽遲者以至雨潦暴集無所壅遏都人賴之大中祥符三年遣供備庫使謝德權治溝洫導太一宮積水抵陳留界入亳州渦河五年三月帝宣示宰臣曰京師所開溝渠雖屢鈐轄仍令内侍分察吏擾仁宗天聖元年八月東西八作司與内殿承制閤門祗候劉永崇等言内外八厢劄置八字水口通流雨水入渠甚利慮所置處豪富及勢要阻抑乞下令巡察從之二年七月内殿崇班閤門祗候張君平等言準敕按視開封府界至南京宿亳諸州溝河形勢疏决利害凡八事一商度地形高下連屬開治水勢依尋古溝洫浚之州縣計力役均定置籍以主之二施工開治後按視不如元計狀及水壅不行有害民田者按官吏之罪令償其費

三約束官吏毋斂取夫衆財貨入己四縣令佐州守倅有能勸課部民自用工開治不致水害者叙爲勞績替日與家便官功績尤多別議旌賞五民或於古河渠中修築堰堨截水取魚漸至澱淤水潦暴集河流不通則致深害乞嚴禁之六開治工畢按行新舊廣深丈尺以校工力以所出土於溝河岸一步外築爲堤埒七凡溝洫上廣一丈則底廣八尺其深四尺地形高處或至五六尺以此爲率有廣狹不等處折計之則畢工之日易於覆視八古溝洫在民田中久已淤平今爲賦籍而須開治者據所占地步爲除其

賦詔令須行神宗熙寧元年三月都水監言畿內溝河至多而諸縣各役人夫開淘十纔二三須二三年方可畢工請令府界提點司選官與縣官同定緊慢功料據合差夫數以五分夫役十分工依年分開淘提點司通行點校從之二年閏十一月詔以府界道路積水妨民輸納命都水監差官講畎元豐五年詔開在京城濠闊五十步深一丈五尺地脉不及者至泉止徽宗大觀元年七月以京城霖雨水浸居民道路不通遣官分督疏導是月又詔自京至八角鎮積水妨行旅轉運司選官疏導修治橋梁毋使病涉

白河在唐州南流入漢太平興國三年正月西京轉運使程能獻議請自南陽下向口置堰迴水入石塘沙河合蔡河達于京師以通湘潭之漕詔發唐鄧汝潁許蔡陳鄭丁夫及諸州兵凡數萬人以弓箭庫使王文寶六宅使李繼隆內作坊副使李神祐劉承珪等護其役塹山堙谷歷博望羅渠少柘山凡百餘里月餘抵方城地勢高水不能至能獻復多役人以致水然不可通漕運會山水暴漲石堰壞河不克就卒堙廢焉端拱元年供奉官閤門祗候閻文遜苗忠俱上言開荆南城東漕河至師子口入漢江可通荆峽

漕路至襄州又開古白河可通襄漢漕路至京詔八作使石全振往視之遂發丁夫治荆南漕河至漢江可勝二百斛重載行旅者頗便而古白河終不可開

三白渠在京兆涇陽縣淳化二年秋縣民杜思淵上書言涇河內舊有石翣以堰水入白渠溉雍耀田歲收三萬斛其後多歷年所石翣壞三白渠水少溉田不足民頗艱食乾德中節度判官施繼業率民用梢穰笆籬棧木截河爲堰壅水入渠緣渠之民頗獲其利然凡遇暑雨山水暴至則堰輒壞至秋治堰所用復取於民民煩數役終不能固乞依古制調丁夫修

疊石翣可得數十年不撓所謂暫勞永逸矣詔從之遣將作監丞周約已等董其役以用功尤大不能就而止至道元年正月度支判官梁鼎陳堯叟上鄭白渠利害按舊史鄭渠元引涇水自仲山西抵瓠口並北山東注洛三百餘里溉田四萬頃畝收一鍾白渠亦引涇水起谷口入櫟陽注渭水長二百餘里溉田四千五百頃兩渠溉田凡四萬四千五百頃今所存者不及二千頃皆近代改修渠堰浸隳舊防繇是灌溉之利絕少於古矣鄭渠難爲興工今請遣使先詣三白渠行視復修舊迹於是詔大理寺丞皇甫選光

祿寺丞何亮乘傳經度選等使還言周覽鄭渠之制用功最大並仲山而東鑿斷岡阜首尾三百餘里連亘山足岸壁頹壞堙廢已久度其制置之始涇河平淺直入渠口暨年代浸遠涇河陡深水勢漸下與渠口相懸水不能至峻崖之處渠岸摧毀荒廢歲久實難致力其三白渠溉涇陽櫟陽高陵雲陽三原富平六縣田三千八百五十餘頃此渠衣食之源也望令增築堤堰以固護之舊設節水斗門一百七十有六皆壞請悉繕完渠口舊有六石門謂之洪門今亦隤圮若復議興置則其功甚大且欲就近度其岸勢別開

渠口以通水道歲令渠官行視岸之缺薄水之淤填即時浚治嚴豪民盜水之禁涇河中舊有石堰修廣皆百步捍水雄壯謂之將軍翼廢壞已久杜思淵嘗請興修而功不克就其後止造木堰凡用梢樁萬一千三百餘數歲出於緣渠之民涉夏水潦木堰遽壞漂流散失至秋復率民以葺之數斂重困無有止息欲令自今溉田既畢命水工拆堰木寘於岸側可充二三歲修堰之用所役緣渠之民計田出丁凡調萬三千人疏渠造堰各獲其利固不憚其勞也選能吏司其事置署於涇陽縣側以時行視往復甚便又言

鄧許陳潁蔡宿亳七州之地有公私閑田凡三百五十一處合二十二萬餘頃民力不能盡耕皆漢魏以來召信臣杜詩杜預任峻司馬宣王鄧艾等立制墾闢之地內南陽界鑿山開道疏通河水散入唐鄧襄三州以溉田又諸處陂塘防埭大者長三十里至五十里闊五丈至八丈高一丈五尺至二丈其溝渠大者長五十里至百里闊三丈至五丈深一丈至一丈五尺可行小舟臣等周行歷覽若皆增築陂堰勞費頗甚欲隄防未壞可興水利者先耕二萬餘頃他處漸圖建置時著作佐郎孫冕總監三白渠詔冕依選

等奏行之後自仲山之南移治涇陽縣其七州之田令選於鄧州募民耕墾皆免賦入復令選等舉一人與鄧州通判同掌其事選與亮分路按察未幾而罷景德三年鹽鐵副使林特度支副使馬景盛陳關中河渠之利請遣官行鄭白渠興修古制乃詔太常博士尚賓乘傳經度率丁夫治之賓言鄭渠久廢不可復令自介公廟迴白渠洪口直東南合舊渠以畎涇河灌富平櫟陽高陵等縣經久可以不竭工既畢而水利饒足民獲數倍

志卷第四十七

河渠五 漳河 滹沱河 御河 塘濼緣邊諸水 河北諸水 岷江

漳河源於西山由磁洺州南入冀州新河鎮與胡盧河合流其後變徙入于大河神宗熙寧三年詔程昉同河北提點刑獄王廣廉相視四年開修役兵萬人袤一百六十里帝因與大臣論財用文彥博曰足財用在乎安百姓安百姓在乎省力役且河久不開不出於東則出於西利害一也今發夫開治徙東從西何利之有王安石曰使漳河不由地中行則或東或西爲害一也治之使行地中則有利而無害勞民先王所謹然以佚道使民雖勞不可不勉會京東河北大風三月詔曰風變異常當安靜以應天災漳河之役妨農來歲爲之未晚中書格詔不下尋有旨權令罷役程昉憤恚遂請休退朝廷令以都水丞領淤田事於河上五月御史劉摯言昉等開修漳河凡用九萬夫物料本不預備官私應急勞費百倍逼人夫夜役踐蹂田苗發掘墳墓殘壞桑柘不知其數愁怨之聲流播道路而昉等妄奏民間樂於工役河北廂軍剗刷都盡而昉等仍乞於洺州調急夫又欲令役兵不分番次其急切擾擾至於如

此乞重行貶竄以謝疲民中丞楊繪亦以爲言王安石爲昉辨説甚力後卒開之五年工畢昉與大理寺丞李宜之知洺州黄秉推恩有差七年六月知冀州王慶民言州有小漳河向爲黄河北流所壅今河已東乞開濬詔外都水監相度而已

滹沱河源於西山由真定深州乾寧與御河合流神宗熙寧元年河水漲溢詔都水監河北轉運司疏治六年深州祈州永寧軍修新河八年正月發夫五千人并胡盧河增治之元豐四年正月北外都水丞陳祐甫言滹沱自熙寧八年以後汎濫深州諸邑爲患甚大諸司累相度不決謂其下流舊入邊吳宜子淀最爲便順而屯田司懼填淤塘濼煩文往復無所適從昨差官計之若障入胡盧河約用工千六百萬若治程昉新河約用工六百萬若依舊入邊吳等淀約用工二十九萬其工費固已相遠乞嚴立期會定歸一策詔河北屯田轉運司同北外都水丞司相視五年八月癸酉前河北轉運副使周革言熙寧中程昉於真定府中渡創繫浮梁增費數倍既非形勢控扼請歲八九月易以版橋至四五月防河即拆去權用船渡從之

御河源出衞州共城縣百門泉自通利乾寧入界河達于海神宗熙寧二年九月劉彝程昉言二股河北流今已閉

塞然御河水由冀州下流尚當疏導以絶河患先是議者欲於恩州武城縣開御河約二十里入黄河北流故道下五股河故命彞昉相度而通判冀州王庠謂第開見行流處下接胡盧河尤便近彞等又奏如庠言雖於河流爲順然其間漫淺沮洳費工猶多不若開烏欄堤東北至大小流港横截黄河入五股河復故道尤便遂命河北提舉糴便糧草皮公弼提舉常平王廣廉按視二人議協詔調鎮趙邢洺磁相州兵夫六萬濬之以寒食後入役三年正月韓琦言河朔累經災傷雖得去年夏秋一稔瘡痍未復而六州之人奔走河役遠者十一二程近者不下七八程此

常歲勞費過倍兼鎮趙兩州舊以次邊未嘗差夫一旦調發人心不安又於寒食後入役比滿一月正妨農務詔河北都轉運使劉庠相度如可就寒食前入役即亟興工仍相度最遠州縣量減差夫而輟修塘堤兵千人代其役二月琦又奏御河漕運通流不宜減大河夫役於是止令樞密院調兵三千并都水監卒二千三月又益發壯城兵三千仍詔提舉官程昉等促迫功限六月河成詔昉赴闕遷宮苑副使四年命昉爲都大提舉黄御等河八年昉與劉璯言衛州沙河湮没宜自王供埽開濬引大河水注之御河以通江淮漕運仍置斗門以時啓閉其利有五王供危

急免河勢變移而别開口地一也漕舟出汴横絶沙河免大河風濤之患二也沙河引水入于御河大河漲溢沙河自有限節三也御河漲溢有斗門啓閉無衝注淤塞之弊四也德博舟運免數百里大河之險五也一舉而五利附焉請發卒萬人一月可成從之九年秋昉奏畢功中書欲論賞帝令河北監司案視保明大名安撫使文彦博覆實十月彦博言去秋開舊沙河取黄河行運欲通江淮舟檝徹於河北極邊自今春開口放水後來漲落不定所行舟栰皆輕載有害無利枉費功料極多今御河上源止是百門泉水其勢壯猛至衛州以下可勝三四百斛之舟四時

行運未嘗阻滯隄防不至高厚亦無水患今乃取黄河水以益之大即不能吞納必致決溢小則緩漫淺澀必致淤澱凡上下千餘里必難歲歲開濬況此河穿北京城中利害易覩今始初冬已見阻滯恐年歲間反壞久來行運儻謂通江淮之漕即尤不然自江浙淮汴入黄河順流而下又合於御河大約歲不過一百萬斛若自汴順流徑入黄河達于北京自北京和雇車乘陸行入倉約用錢五六千緡却於御河裝載赴邊城其省工役物料及河清衣糧之費不可勝計又去冬外監丞欲於北京黄河新堤開置水口以通行運其策尤疎此乃熙寧四年秋黄河下注御河

之處當時朝廷選差近臣督役修塞所費不貲大名恩冀之人至今瘡痍未平今奈何反欲開口導水耶都水監雖令所屬相視而官吏恐忤建議之官止作遷延回報謂俟修固御河堤防方議開置河口況御河堤道僅如蔡河之類若欲吞納河水須如汴岸增修猶恐不能制蓄乞別委清彊官相視利害并議可否又言今之水官尤為不職容易建言僥倖恩賞朝廷便為主張中外莫敢異議事若不效都無譴罰臣謂更當選擇其人不宜令狂妄輩橫費生民膏血已而都水監言運河乞置雙牐例放舟船實便與孝博所言不同十二月命知制誥熊本與都水監河北轉

運司官相視本奏河北州軍賞給茶貨以至應接沿邊榷場要用之物並自黃河運至黎陽出卸轉入御河費用止於客軍數百人添支而已向者朝廷曾賜米河北亦於黎陽或馬陵道口下卸倒裝轉致費亦不多昨因程昉等擘畫於衛州西南循沙河故迹決口置牐鑿堤引河以通江淮舟檝而實邊郡倉廩自興役至畢凡用錢米功料二百萬有奇今後每歲用物料一百一十六萬廂軍一千七百餘人約費錢五萬七千餘緡開河行水纔百餘日所過船栰六百二十五而衛州界御河淤淺已及三萬八千餘步沙河左右民田渰浸者幾千頃所免租稅二千貫石有餘

有費無利誠如議者所論然尚有大者衛州居御河上游而西南當王供向著之會所以捍黃河之患者一堤而已今穴堤引河而置牐之地纔及隄身之半詢之土人云自慶曆八年後大水七至方其盛時游波有平堤者今河流安順三年矣設復礬水暴漲則河身乃在牐口之上以湍悍之勢而無隄防之阻泛濫衝溢下合御河臣恐墊溺之禍不特在乎衛州而瀕御河郡縣皆罹其患矣夫此河之興一歲所濟船栰其數止此而萌每歲不測之患積無窮不貲之費豈陛下所以埀世裕民之意哉臣博采衆論究極利病咸以謂葺故堤堰新口存新牐而勿治庶可以銷

淤澱決溢之患而省無窮之費萬一他日欲由此河轉粟塞下則暫開亟止或可紓飛輓之勞未幾河果決衛州元豐五年提舉河北黃河堤防司言御河狹隘堤防不固不足容大河分水乞令綱運轉入大河而閉截徐曲既從之矣明年戶部侍郎蹇周輔復請開撥以通漕運及令商旅舟船至邊是時每有一議朝廷輒下水官相度或作或輟迄莫能定大抵自小吳埽決大河北流御河數為漲水所冒亦或湮沒哲宗紹聖三年四月河北都轉運使吳安持始奏大河東流御河復出詔委前都水丞李仲提舉開導徽宗崇寧元年冬詔侯臨同北外都水丞司開臨清縣壩

子口增修御河西堤高三尺并計度西堤開置斗門決北京恩冀滄州永静軍積水入御河枯源明年秋黄河漲入御河行流浸大名府館陶縣敗廬舍復用夫七千役二十一萬餘工修西堤三月始畢漲水復壞之政和五年閏正月詔於恩州北增修御河東堤爲治水隄防令京西路差借來年分溝河夫千人赴役於是都水使者孟揆移撥十八埽官兵分地步修築又取棗彊上埽水口以下舊堤所管榆柳爲椿木

塘濼緣邊諸水所聚因以限遼河北屯田司緣邊安撫司皆掌之而以河北轉運使兼都大制置凡水之淺深屯田

司季申工部其水東起滄州界拒海岸黒龍港西至乾寧軍沿永濟河合破船淀灰淀方淀爲一水衡廣一百二十里縱九十里至一百三十里其深五尺東起乾寧軍西信安軍永濟渠爲一水西合鵝巢淀陳人淀燕丹淀大光淀孟宗淀爲一水衡廣一百二十里縱三十里或五十里其深丈餘或六尺東起信安軍永濟渠西至霸州莫金口合水汶淀得勝淀下光淀小蘭淀李子淀大蘭淀爲一水衡廣七十里或十五里或六里其深六尺或七尺東北起霸州莫金口西南保定軍父母砦合糧料淀廻淀爲一水衡廣二十七里縱八里其深六尺霸州至保定軍並塘岸水最淺故咸平景德中契丹南牧以霸州信安軍爲歸路東南起保安軍西北雄州合百世淀黒羊淀小蓮花淀爲一水衡廣六十里縱二十五里或十里其深八尺或九尺東起雄州西至順安軍合大蓮花淀洛陽淀牛横淀康池淀疇淀白羊淀爲一水衡廣七十里縱三十里或四十五里其深一丈或六尺或七尺東起順安軍西邊呉淀至保州合齊女淀勞淀爲一水衡廣三十餘里縱百五十里其深一丈三尺或一丈起安肅廣信軍之南保州西北畜沈苑河爲塘衡廣二十里縱十里其深五尺淺或三尺曰沈苑泊自保州西合鷄距泉尚泉爲稻田方田衡廣十里其深

五尺至三尺曰西塘泊自何承矩以黄懋爲判官始開置屯田築堤儲水爲阻固其後益增廣之凡並邊諸河若滹沱胡盧永濟等河皆匯于塘天聖以後相循而不廢仍領于沿邊屯田司而當職之吏各從其所見或曰有兵將在契丹來云無所事塘自邊呉淀西望長城口尚百餘里皆山阜高仰水不能至契丹騎馳突得此路足矣塘雖距海亦無所用夫以無用之塘而廢可耕之田則邊穀貴自困之道也不如勿廣以息民爲根本或者則曰河朔幅員二千里地平夷無險阻契丹從西方入放兵大掠由東方而歸我嬰城之不暇其何以禦之自邊呉淀至泥姑海口綿

亘七州軍屈曲九百里深不可以舟行淺不可以徒涉雖有勁兵不能度也東有所阻則甲兵之備可以專力于其西矣孰謂無益論者自是分爲兩岐而朝廷以契丹出没無常阻固終不可以廢也仁宗明道二年劉平自雄州徙知成德軍奏曰臣嚮爲沿邊安撫使與安撫都監劉志嘗陳備邊之略臣今徙眞定路由順安安肅保定州界自邊吳淀望趙曠川長城口乃契丹出入要害之地東西不及一百五十里臣竊恨聖朝七十餘年守邊之臣何可勝數皆不能爲朝廷預設深溝高壘以爲扼塞臣聞太宗朝嘗有建請置方田者今契丹國多事兵荒相繼我乘此以引水植稻爲名開方田隨田塍四面穿溝渠縱廣一丈深二丈鱗次交錯兩溝間屈曲爲徑路才令通步兵引曹河鮑河徐河鷄距泉分注溝中地高則用水車汲引灌溉甚便願以劉志知廣信軍與楊懷敏共主其事數年之後必有成績帝遂密敕平與懷敏漸建方田侍禁劉宗言又奏請種木于西山之麓以法榆塞云可以限契丹也後劉平去眞定懷敏猶領屯田司塘日益廣至吞没民田蕩瀁丘墓百姓始告病乃有盜決以免水患者懷敏奏立法依盜決堤防律景祐二年懷敏知雄州又請立木爲水則以限盈縮寶元元年十一月己未河北屯田司言欲於石塚口導

永濟河水以注緣邊塘泊請免所經民田稅從之時歲旱塘水涸懷敏慮契丹使至測知其廣深乃壅界河水注之塘復如故慶曆二年三月己巳契丹遣使致書求關南十縣且曰營築長堤塡塞隘路開決塘水添置邊軍既潛稔於猜嫌慮難敦於信睦四月庚辰復書曰營築堤埭開決陂塘昨緣霖潦之餘大爲衍溢之患既非疏導當稍繕防豈蘊猜嫌以虧信睦遼使劉六符嘗謂賈昌朝曰南朝塘濼何爲者哉一葦可杭投箠可平不然決其堤十萬土囊遂可踰矣時議者亦請涸其地以養兵帝問王拱辰對曰兵事尚詭彼誠有謀不應以語敵此六符誇言爾設險守國先王不廢且祖宗所以限遼騎也帝深然之七月契丹復議和好約兩界河淀已前開畎者並依舊外自今已後各不添展其見堤堰水口逐時決洩壅塞量差兵夫取便修疊疏導非時霖潦别至大段漲溢並不在關報之限是歲劉宗言知順安軍上言屯田司濬塘水漂招賢鄉六千户五年七月初與契丹約罷廣兩界塘淀約既定朝廷重生事自是每邊臣言利害雖聽許必戒之以毋張皇使契丹有詞而葛懷敏獨治塘益急是月懷敏密奏曰前轉運使沈邈開七級口泄塘水臣已亟塞之知順安軍劉宗言閉五門幞頭港下赤大渦柳林口漳河水不使入塘臣已

復通之令注白羊淀矣邈宗言朋黨沮事如此不謹誅無
以懲後詔從懷敏奏自今有妄乞改水口者重責之嘉祐
中御史中丞韓絳言宣祖已上本籍保州懷敏廣塘水侵
皇朝遠祖墳近聞詔旨以錢二百千賜本宗使易葬此虧
薄國體尤甚物論駭嘆願請州縣屏水患而已知雄州趙
滋言屯田司當徐河間築堤斷水塘堤具存可覆視也宜
關水竇六十尺修石限以節之咸可其奏八年河北提點
刑獄張問言視八州軍塘出土爲堤以畜西山之水涉夏
河溢而民田無患亦施行焉神宗熙寧元年正月復汾州
西河濼濼舊在城東圍四十里歲旱以溉民田雨以瀦水

又有蒲魚茭芡之利可給貧民前轉運使王沿廢爲田人
不以爲便至是知雜御史劉述請復之是歲又遣程昉諭
邊臣營治諸濼以備守禦五年東頭供奉官趙忠政言界
河以南至滄州凡二百里夏秋可徒涉遇冬則冰合無異
平地請自滄州東接海西抵西山植榆柳桑棗數年之閒
可限契丹然後施力耕種益出租賦以助邊儲詔程昉察
視利害以聞六年五月帝與王安石論王公設險守國安
石曰周官亦有掌同之官但多侵民田恃以爲國亦非計
也太祖時未有塘泊然契丹莫敢侵軼他日樞密院官言
程昉放滹沱水大懼填淤塘濼失險固之利安石謂滹沱

舊入邊吳淀新入洪城淀均塘濼也何昔不言而今言乎
蓋安石方主昉等故其論如此六年十二月癸酉命河北
同提點制置屯田使閻士良專興修樸椿口增灌東塘淀
濼先是滄州北三堂等塘濼爲黃河所注其後河改而濼
塞程昉嘗請開琵琶灣引河水而功不成至是士良請堰
水絕御河引西塘水灌之故有是命七年六月丁丑河北
沿邊安撫司上制置沿邊浚陂塘築堤道條式圖請付邊
郡屯田司又言於沿邊軍城植柳蒔麻以備邊用並從之
九年六月高陽關言信安乾寧塘濼昨因不收獨流決口
至今乾涸於是命河北東西路分遣監司視廣狹淺深具

圖本上十年正月甲子詔比修築河北破缺塘堤收匱水
勢其信安軍等處因塘水減涸退出田土已召人耕佃者
復取之元豐三年詔諭邊臣曰比者契丹出沒不常不可
全恃信約以爲萬世之安況河朔地勢坦平略無險阻殆
非前世之比惟是塘水實爲礙塞卿等當體朕意協力增
修自非地勢高仰人力所不可施者皆在滋廣用謹邊防
蓋功利近在目前而不爲良可惜也六年十二月定州路
安撫使韓絳言定州界西自山麓東接塘淀綿地百餘里
可瀦水設險詔以引水灌田陂爲名哲宗元祐中大臣欲
回河東流者皆以北流壞塘濼爲言事見前篇徽宗大觀

二年十二月詔曰瀦水爲塘以備洳濫留屯營田以實塞下國家設官置吏專總其事州縣習玩歲久隳壞其令屯田司循祖宗以來塘堤故迹修治之毋得增益生事上

河北塘濼東距海西抵廣信安肅深不可涉淺不可舟故指爲險固之地其後淤澱乾涸不復開濬官司利於稻田往往淺去積水自是堤防壞矣

河北諸水有通轉餉者有爲方田限遼人者太宗太平興國六年正月遣八作使郝守濬分行河道抵于遼境者皆疏導之又於清苑界開徐河雞距河五十里入白河自是關南之漕悉通濟焉端拱二年以左諫議大夫陳恕爲河北東路招置營田使魏羽爲副使右諫議大夫樊知古爲河北西路招置營田使索湘爲副使欲大興營田也先是自雄州東際于海多積水契丹患之未嘗敢由此路入每歲數擾順安軍議者以爲宜度地形高下因水陸之便建阡陌濬溝洫益樹五稼所以實邊廩而限契丹雍熙後數用兵歧溝君子館敗衂之後河朔之民農桑失業多閑田且戍兵增倍故遣恕等經營之恕密奏戍卒皆惰游仰食縣官一旦使冬被甲兵春執耒耜恐變生不測乃詔止令葺營保壍營田之議遂寢淳化二年從河北轉運使請自深州新砦鎮開新河導胡盧河分爲一派凡二百里抵常山

以通漕運胡盧河源於西山始自冀州新河鎮入深州武彊縣與滹沱河合流其後變從入大河至神宗熙寧中內侍程昉請開決引水入新河故道詔本路遣官按視永靜軍判官林伸東光縣令張言舉言新河地形高仰恐害民田昉言地勢最順宜無不便乃復遣劉璯李直躬考實璯等卒如昉言伸等坐貶官四年春詔六宅使何承矩等督戍兵萬八千人自霸州界引滹沱水灌稻爲屯田用實軍廩且爲備禦焉初臨津令黃懋上封事盛稱水田之利乃以承矩泊內供奉官閻承翰殿直張從古同制置河北緣邊屯田事仍以懋爲大理寺丞充屯田判官其所經畫悉如懋奏眞宗咸平四年知靜戎軍王能請自姜女廟東決鮑河水北入閻臺淀又自靜戎之東引北注三臺小李村其水溢入長城口而南又壅使北流而東入于雄州五年順安軍兵馬都監馬濟復請自靜戎軍東擁鮑河開渠入順安軍又自順安軍之西引入威虜軍置水陸營田於渠側濟等言役成可以達糧漕隔遼騎帝許之獨鹽臺淀稍高恐決引非便不從其議因詔莫州部署石普幷護其役踰年功畢帝曰普引軍壁馬村以西開鑿深廣足以張大軍勢若邊城壕溝悉如此則遼人倉卒難馳突而易追襲矣其年河北轉運使耿望開鎮州常山鎮南河水入洨

河至趙州有詔襃之三月西京左藏庫使舒知白請於泥姑海口章口復置海作務造舟令民入海捕魚因偵平州機事異日王師征討亦可由此進兵以分敵勢先是置船務以近海之民與遼人往還遼人嘗泛舟直入千乘縣亦疑有鄉導之者故廢務至是令轉運使條上利害旣而以為非便罷之景德元年北面都鈐轄閻承翰自嘉山東引唐河三十二里至定州釃而為渠直蒲陰縣東六十二里會沙河徑邊吳泊遂入于界河以達方舟之漕又引保州趙彬堰徐河水入鷄距泉以息挽舟之役自是朔方之民灌溉饒益大蒙其利矣八月詔滄州乾寧軍謹視斗門水

口壅潮水入御河東塘淀以廣溉鹵四年五月知雄州李允則決渠為水田帝以渠接界河罷之因下詔曰頃修國好聽其盟約不欲生事姑務息民自今邊城止可修葺城壕其餘河道不得輒有濬治大中祥符七年四月涇原都鈐轄曹瑋言渭北有古池連帶山麓今濬為渠令民導以溉田六月知永興軍陳堯咨導龍首渠入城民庶便之並詔嘉獎天禧末諸州屯田總四千二百餘頃而河北屯田歲收二萬九千四百餘石保州最多逾其半焉江淮兩浙承僞制皆有屯田克復後多賦與民輸租第存其名在河北者雖有其實而歲入無幾利在畜水以限遼騎而已仁

宗天聖四年閏五月陝西轉運使王博文等言準敕相度開治解州安邑縣至白家場永豐渠行舟運鹽經久不至勞民按此渠自後魏正始二年都水校尉元清引平坑水西入黃河以運鹽故號永豐渠周齊之間渠遂廢絕隋大業中都水監姚暹決堰濬渠自陝郊西入解縣民賴其利及唐末至五代亂離迄今湮沒水甚淺涸舟楫不行詔三司相度以聞神宗即位志在富國故以劭農為先熙寧元年六月詔諸路監司比歲所在陂塘湮沒瀕江圩垾浸壞沃壤不得耕宜訪其可興者勸民興之具所增田畝稅賦以聞二年十月權三司使吳充言前宜城令朱紘治平間

修復木渠不費公家束薪斗粟而民樂趨之渠成溉田六千餘頃數邑蒙其利詔遷紘大理寺丞知比陽縣或云紘之木渠繞山度溪以行水數勸民而終無功十一月制置三司條例司具農田利害條約詔頒諸路凡有能知土地所宜種植之法及修復陂湖河港或元無陂塘圩垾堤堰溝洫而可以創修或水利可及衆而為人所擅有或田去河港不遠為地界所隔可以均濟流通者縣有廢田曠土可糾合興修大川溝瀆淺塞荒穢合行濬道及陂塘堰埭可以取水灌溉若廢壞可興治者各述所見編為圖籍上之有司其土田迫大川數經水害或地勢汙下雨潦所鍾

要在修築圩埠堤防之類以障水潦或疏導溝洫畎澮以泄積水縣不能辦州為遣官事關數州具奏取旨民修水利許貸常平錢穀給用初條例司奏遣劉彝等八人行天下相視農田水利又下諸路轉運司各條上利害又詔諸路各置相度農田水利官至是以條約頒焉秘書丞侯叔獻言汴岸沃壤千里而夾河公私廢田略計二萬餘頃多用牧馬計馬而牧不過用地之半則是萬有餘頃常為不耕之地觀其地勢利於行水欲於汴河兩岸置斗門泄其餘水分為支渠及引京索河幷三十六陂以灌溉田詔叔獻提舉開封府界常平使行之而以著作佐郎楊汲同提

舉叔獻又引汴水淤田而祥符中牟之民大被水患都水監或以為非三年三月帝謂王安石韓絳曰都水沮壞淤田者以侵其職事爾安石曰必欲任屬當以楊汲為都水監今每事稟於洮立張鞏何能辦集七月帝聞淤田多浸民田稼屋宇令內侍馮宗道往視宗道以說者為妄八月叔獻汲並權都水監丞提舉沿汴淤田九月戊申遣殿中丞陳世修乘驛經度陳潁州八丈溝故迹初世修言陳州項城縣界蔡河東岸有八丈溝或斷或續迤邐東去由潁及壽綿亘三百五十餘里乞因其故道量加濬治興復大江次河射虎流龍百尺等陂塘導水行溝中散布灌溉俾

數百里復為稻田則其利百倍繪圖來上帝意向之王安石曰世修言引水事即可試八丈溝新河則不然昔鄧艾不賴蔡河漕運故能并水東下大興水田厥後既分水以注蔡河又有新修陴以限之與昔不同惟無所用水即水可并而溝可復矣故先命世修相度四年三月帝語侍臣中人視麥者言淤田甚佳有未淤不可耕之地一望數百里獨樞密院以淤田無益謂其薄如餅安石曰就令薄固可再淤厚而後止是月帝以慶州軍亂召執政對資政殿馮京曰府界既淤田又行免役作保甲人極勞弊帝曰淤田於百姓何苦聞土細如麪王安石曰慶卒之變陛下旰

食大臣宜於此時共圖消弭乃合為浮議歸咎淤田保甲了不相關此非待至明而後察也十月前知襄州光祿卿史炤言開修古淳河一百六里灌田六千六百餘頃修治陂堰民已獲利慮州縣遽欲增稅詔三司應興修水利墾開荒梗毋增稅五年二月侯叔獻等言民願買官淤田者七十餘戶已分赤淤花淤等及定其直各有差仍於次年起稅若願增錢者不以挍狀先後給之五月御史張商英言嘗聞獻議者請開鄧州穰縣永國渠引湍河水灌溉民田失邵信臣故道鑿焦家莊地勢偏仰水不通流詔京西路覆實遣程昉領其事昉剗河去疏土築為巨堰水行再

歲會霖雨谿谷合流大漲堰下土疏惡莫能禦由此廢不
復治閏七月程昉奏引漳洛河淤地凡二千四百餘頃帝
曰灌溉之利農事大本但陝西河東民素不習此苟享其
利後必樂趨三白渠為利尤大有舊跡可極力修治凡疏
積水須自下流開導則畎澮易治書所謂濬畎澮距川是
也時人人爭言水利提舉京西常平陳世修乞於唐州引
淮水入東西邵渠灌注九子等十五陂溉田二百里提舉
陝西常平沈披乞復京兆府武功縣古迹六門堰於石渠
南二百步傍為土洞以木為門回改河流溉田三百四十
里大抵迂闊少效披坐前為兩浙提舉開常州五瀉堰不

當法寺論之至是降一官十一月陝西提舉常平楊蟠議
修鄭白渠詔都水丞周良孺相視乃自石門堰涇水開新
渠至三限口以合白渠王安石請捐常平息錢助民興作
帝曰縱用內帑錢亦何惜也六年三月程昉言得共城縣
舊河槽若疏導入三渡河可灌西垙稻田從之五月詔諸
創置水磑碾碓妨灌溉民田者以違制論命贊善大夫蔡
朦修永興軍白渠八月程昉欲引水淤漳旁地王安石以
為長利須及冬乃可經畫九月丙辰賜侯叔獻楊汲府界
淤田各十頃十月命叔獻理提點刑獄資序周良孺與升
一任皆賞淤田之勞也陽武縣民邢晏等三百六十四戶

言田沙鹹瘠薄乞淤溉候淤深一尺計畝輸錢以助興修
詔與淤溉勿輸錢十二月河北提舉常平韓宗師論程昉
十六罪盛陶亦言昉帝以問安石安石請令昉宗師及京
東轉運司各差官同考實以聞還奏得良田萬頃又淤四
千餘頃於是進呈宗師疏至言昉奏百姓乞淤田實未嘗
乞帝曰此小失何罪但不知淤田如何爾安石曰今檢到
好田萬頃又淤田四千餘頃陛下以為不知臣實未喻帝
曰昉修漳河漳河歲決修滹沱又無下尾安石力為辨說
已而宗師與昉皆放罪他日帝論唐太宗能受諫安石因
言陛下判功罪不及太宗如程昉開閉四河除漳河黃河

外尚有溉淤及退出田四萬餘頃自秦以來水利之功未
有及此止轉一官又令與韓宗師同放罪臣恐後世有以
議聖德安石佑昉大率類此是時原武等縣民因淤田壞
廬舍墳墓妨秋稼相率詣闕訴使者聞之急責縣令追呼
將杖之民謬云詣闕謝耳使者因為民謝表遣二吏詣鼓
院投之安石大喜久之帝始知雍丘等縣淤田清水頗害
民田詔提舉常平官視民耕地蠲稅一料樞密院奏淤田
役兵多死每一指揮僅存軍員數人下提點司密究其事
提點司言死事者數不及三釐七年正月程昉言滄州增
修西流河堤引黃河水淤田種稻增灌塘泊并深州開

引滹沱水淤田及開回胡盧河并回滹沱河下尾六月金州西城縣民葛德出私財修長樂堰引水灌漑鄉户土田授本州司士參軍八月甲戌詔司農寺具所興修農田水利次第九月又詔籍所興水利自今遣使體訪其不實不當者案驗以聞從侍御史張琥請也十一月壬寅知諫院鄧潤甫言淤田司引河水於酸棗陽武縣田已役夫四五十萬後以地下難淤而止相度官吏初不審議妄興夫役乞加絀罰詔開封劾元檢計按覆官丁未同知諫院范百祿言向者都水監丞王孝先獻議於同州朝邑縣界畎黄河淤安昌等處鹻地及放河水而鹹地高原不能及乃灌

注朝邑縣長豐鄉永豐等十社千九百户秋苗田三百六十餘頃詔蠲被水户夏税是歲知耀州閻充國募流民治漆水堤八年正月程昉言開滹沱胡盧河直河淤田等部役官吏勞績别爲三等乞推恩從之三月庚戌發京東常平米募饑民脩水利四月管轄京東淤田李孝寛言礬山漲水甚濁乞開四斗門引以淤田權罷漕運再旬從之深州静安令任迪乞俟來年刈麥畢全放滹沱胡盧兩河又引永静軍雙陵口河水淤溉南北岸田二萬七千餘頃河北安撫副使沈披請治保州東南沿邊陸地爲水田皆從之閏四月丁未提點秦鳳等路刑獄鄭民憲請於熙州南

關以南開渠堰堰引兆水並東山直北通下至北關并自通遠軍熟羊砦導渭河至軍溉田詔民憲經度如可作陂即募京西江南陂匠以往五月乙酉右班殿直幹當修内司楊琰言開封陳留咸平三縣種稻乞於陳留界舊汴河下口因新舊二堤之間修築水塘用碎甓築虚堤五步以來取汴河清水入塘灌溉從之七月江寧府上元縣主簿韓宗厚引水溉田二千七百餘頃遷光禄寺丞太原府草澤史守一修晉祠水利溉田六百餘頃八月知河中府陸經奏管下淤官私田約二年餘頃下司農覆實九月癸未提舉出賣解鹽張景温言陳留等八縣鹻地可引黄汴河

水淤溉詔次年差夫十二月癸丑侯叔獻言劉瑾相度淮南合興修水利僅十萬餘頃皆並運河乞候開河畢工以水利司錢募民修築圩埠九年八月程師孟言河東多土山高下旁有川谷每春夏大雨衆水合流濁如黄河礬山水俗謂之天河水可以淤田絳州正平縣南董村旁有馬壁谷水嘗誘民置地開渠淤瘠田五百餘頃其餘州縣有天河水及泉源處亦開渠築堰凡九州二十六縣新舊之田皆爲沃壤嘉祐五年畢功績成水利圖經二卷迨今十七年矣聞南董村田畝舊直三兩千收穀五七斗自灌淤後其直三倍所收至三兩石今臣權領都水淤田竊見累

歲淤京東西鹹鹵之地盡成膏腴爲利極大尚慮河東猶有荒瘠之田可引大河淤漑者於是遣都水監丞耿琬淤河東路田十年六月師孟琬引河水淤京東西沿汴田九千餘頃七月前權提點開封府界劉淑奏淤田八千七百餘頃三人皆減磨勘年以賞之九月入內內侍省都知張茂則言河北東西路夏秋霖雨諸河決溢占壓民田詔委官開畎元豐元年二月都大提舉淤田司言京東西淤官私瘠地五千八百餘頃乞差使臣管幹許之四月詔開廢田興水利建立堤防修貼圩埠之類民力不給者許貸常平錢穀六月京東路體量安撫黃廉言梁山張澤兩濼十

數年來淤澱每歲泛浸近城民田乞自張澤濼下流濬至濱州可泄壅滯從之十二月壬申二府奏事語及淤田之利帝曰大河源深流長皆山川膏腴滲漉故灌漑民田可以變斥鹵而爲肥沃朕取淤土親嘗極爲潤膩二年導洛通汴六月罷沿汴淤田司十二月辛酉置提舉定州路水利司三年知濰州楊采開白浪河哲宗元祐以後朝廷方務省事水利亦浸緩矣四年二月甲辰詔瀕河州縣積水占田在任官能爲民溝畎疏導退出良田百頃至千頃以上者遞賞之功利大者取特旨四年六月乙丑知陳州胡宗愈言本州地勢卑下秋夏之間許蔡汝鄧西京及開封諸處大雨則諸河之水並由陳州沙河蔡河同入潁河不能容受故境內瀦爲陂澤今沙河合入潁河處有古八丈溝可以開濬分決蔡河之水自爲一支由潁壽界直入于淮則沙河之水雖甚洶湧不能壅遏詔可徽宗建中靖國元年十一月庚辰赦書略曰熙寧元豐中諸路專置提舉官兼領農田水利應民田堤防灌漑之利莫不脩舉近多因循廢弛慮歲久日更隳壞命典者以時檢舉推行崇寧二年三月宰臣蔡京言熙寧初修水土之政元祐例多廢弛紹復先烈當在今日如荒閑可耕瘠鹵可腴陸可爲水水可爲陸陂塘可修灌漑可復積潦可泄圩埠可興許民

具陳利害或官爲借貸或自備工力或從官辦集如能興修依格酬獎事功顯著優與推恩從之三年十月臣僚言元豐官制水之政令詳立法之意非徒爲穿塞開導修舉目前而已凡天下水利皆在所掌在今尤急者如浙右積水比連震澤未有歸宿此最宜講明而未之及者也願推廣元豐修明水政條具以聞從之

岷江水發源處古導江今爲永康軍漢史所謂秦蜀守李冰始鑿離堆辟沫水之害是也沫水出蜀西徼外今陽山江大皂江皆爲沫水入于西川始嘉眉蜀益間夏潦洋溢必有潰暴衝決可畏之患自鑿離堆以分其勢一派南流

于成都以合岷江一派由永康至瀘州以合大江一派入東川而後西川沫水之害減而耕桑之利博矣皂江支流迤北曰都江口置大堰疏北流爲三曰外應溉永康之導江成都之新繁而達于懷安之金堂東北曰三石洞溉導江與彭之九隴崇寧濛陽而達于漢之雒東南曰馬騎溉導江與彭之崇寧成都之郫温江新都新繁成都華陽三流而下派別支分不可悉紀其大者十有四自外應而分曰保堂曰倉門自三石洞曰將軍橋曰灌田曰雒源自馬騎曰石址曰豉彘曰道溪曰東穴曰投龍曰北曰樽下曰玉徙而石渠之水則自離堆別而東與上下馬騎乾溪合

凡爲堰九曰李光曰膺村曰百丈曰石門曰廣濟曰顏上曰弱水曰濟曰導皆以隄攝北流注之東而防其決離堆之南實支流故道以竹籠石爲大隄凡七壘如象鼻狀以捍之離堆之趾舊鑱石爲水則則盈一尺至十而止水及六則流始足用過則從侍郎堰減水河泄而歸于江歲作侍郎堰必以竹爲繩自北引而南準水則第四以爲高下之度江道既分水復湍暴沙石填委多成灘磧歲暮水落築隄壅水上流春正月則役工濬治謂之穿淘元祐間差憲臣提舉守臣提督通判提轄縣各置籍凡堰高下闊狹淺深以至灌溉頃畝夫役工料及監臨官吏皆注於籍歲

終計效賞如格政和四年又因臣僚之請檢計修作不能如式以致決壞者罰亦如之大觀二年七月詔曰蜀江之利置堰溉田旱則引灌澇則疏導故無水旱然歲計修堰之費斂調於民工作之人並緣爲姦濱江之民困於騷動自今如敢妄有檢計大爲工費所剩坐贓論入己準自盜法許人告興元府褒斜谷口古有六堰澆溉民田頃畝浩瀚每春首隨食水户田畝多寡均出夫力修葺後經靖康之亂民力不足夏月暴水衝損堰身紹興二十二年利州東路帥臣楊庚奏謂若全資水户修理農忙之時恐致重困欲過夏月於見屯將兵内差不入隊人併力修治庶幾

便民從之興元府山河堰灌溉甚廣世傳爲漢蕭何所作嘉祐中提舉常平史炤奏上堰法獲降敕書刻石堰上詔中興以來户口凋疎堰事荒廢累曾修葺旋即決壞乾道七年遂委御前諸軍統制吴珙經理發卒萬人助役盡修六堰濬大小渠六十五復見古跡並用水工準法修定凡溉南鄭褒城田二十三萬餘畝昔之瘠薄今爲膏腴四川宣撫王炎表稱珙宣力最多詔書褒美焉

志卷第四十九　　宋史九十六

開府儀同三司上柱國録軍國重事前中書右丞相監修國史領經筵事都總裁臣脱脱等奉
敕修

河渠六 東南諸水上

開寶間議征江南詔用京西轉運使李符之策發和州丁夫及鄉兵凡數萬人鑿橫江渠於歷陽令符督其役渠成以通漕運而軍用無闕八年知瓊州李易上言州南五里有度靈塘開修渠堰溉水田三百餘頃居民賴之初楚州北山陽灣尤迅急多有沈溺之患雍熙中轉運使劉蟠議開沙河以避淮水之險未克而受代喬維岳繼之開河自楚州至淮陰凡六十里舟行便之天禧元年知昇州丁謂言城北有後湖往時歲旱水竭給為民田凡七十六頃出租錢數百萬蔭溉之利遂廢今欲改田除租迹舊制復治岸畔疏為塘陂以畜水使負郭無旱歲廣植蒲芡養魚鼈縱貧民漁采又明州請免濠池及慈溪鄞縣陂湖年課許民射利詔並從之二年江淮發運使賈宗言諸路歲漕自真陽入淮汴歷堰者五糧載煩於剝卸民力罷於牽挽官私船艦由此速壞今議開揚州古河繚城南接運渠毀龍舟新興茱萸三堰鑿近堰漕路

以均水勢歲省官費十數萬功利甚厚詔屯田郎中梁楚閤門祗候李居中按視以為當然明年役既成而水注新河與三堰平漕船無阻公私大便四年淮南勸農使王貫之導海州石闥堰水入漣水軍溉民田知定遠縣江澤知江陰軍崔立率民修廢塘濬古港以灌高仰之地並賜詔獎焉神宗熙寧元年十月詔杭之長安秀之杉青常之望亭三堰監護使臣並以管幹河塘繫銜常同所屬令佐巡視修固以時啓閉從提舉兩浙開修河渠胡淮之請也二年三月甲申先是凌民瞻建議廢呂城堰又即望亭堰置牐而不用及因濬河隳敗古涇函石牐石礎河流益阻百姓勞弊至是民瞻等貶降有差六年五月杭州於潛縣令郟亶言蘇州環湖地卑多水沿海地高多旱故古人治水之迹縱則有浦橫則有塘又有門堰涇瀝而棊布之今總二百六十餘所欲略循古人之法七里為一縱浦十里為一橫塘又因出土以為堤岸度用夫二十萬水治高田旱治下澤不過三年蘇之田畢治矣十一月命亶興修水利然措置乖方民多愁怨僅及一年遂罷兩浙工役又數月中書檢正沈括復言淛西涇浜淺涸當濬淛東堤防川瀆堙沒當修

請下司農貸緡募役從之仍命括相度兩浙水利九年正月壬午劉瑾言揚州江都縣古鹽河高郵縣陳公塘等湖天長縣白馬塘沛塘楚州寶應縣泥港射馬港山陽縣渡塘溝龍興浦淮陰縣青州澗宿州虹縣萬安湖小河壽州安豐縣芍陂等可興置欲令逐路轉運司選官覆按從之元豐五年九月淮南監司言舒州近城有大澤出灊山注北門外比者暴水漂居民知州楊希元築捍水堤千一百五十丈置洩水斗門二遂免浸潦入城之患並璽書獎諭六年正月戊辰開龜山運河二月乙未告成長五十七里闊十

五丈深一丈五尺初發運使許元自淮陰開新河屬之洪澤避長淮之險凡四十九里久而淺澀熙寧四年皮公弼請復濬治起十一月壬寅盡明年正月丁酉而畢人便之至是發運使羅拯復欲自洪澤而上鑿龜山裏河以達于淮帝深然之會發運使蔣之奇入對建言上有清汴下有洪澤而風浪之險止百里淮邇歲溺公私之載不可計凡諸道轉輸涉湖行江已數千里而覆敗於此百里間良為可惜宜自龜山蛇浦下屬洪澤鑿左肋為複河取淮為源不置堰牐可免風濤覆溺之患帝遣都水監丞陳祐甫經度祐

甫言往年田棐任淮南提刑嘗言開河之利其後淮陰至洪澤竟開新河獨洪澤以上未克興役今既不用牐蓄水惟隨淮面高下開深河底引淮通流形勢為便但工費浩大帝曰費雖大利亦博矣祐甫曰異時淮中歲失百七十艘若捐數年所損之費足濟此役帝曰損費尚小如人命何乃調夫十萬開治既成命之奇撰記刻石龜山後至建中靖國初之奇同知樞密院奏淮水浸淫衝刷堤岸漸成墊缺請下發運司及時修築自是歲以為常是年將作監主簿李湜言鼎澧等州宜開溝洫置斗門以便民田詔措置以

聞七年十月濬真楚運河哲宗元祐四年知潤州林希奏復呂城堰置上下牐以時啟閉其後京口瓜洲犇牛皆置牐是歲知杭州蘇軾濬茆山鹽橋二河分受江潮及西湖水造堰牐以時啓閉初杭近海患水泉鹹苦唐刺史李泌始導西湖作六井民以足用及白居易復濬西湖引水入運河復引溉田千頃湖水多葑自唐及錢氏後廢而不理至是葑積二十五萬餘丈而水無幾運河失湖水之利取給於江潮潮水淤河泛溢闤闠三年一濬為市井大患故六井亦幾廢軾既濬二河復以餘力全六井民獲其利十二月

京東轉運司言清河與江浙淮南諸路相通因徐州呂梁百步兩洪湍淺險惡多壞舟楫由是水手牛驢牽戶盤剝人等邀阻百端商賈不行朝廷已委齊州通判滕希靖知常州晉陵縣趙竦度地勢穿鑿令若開修月河石堤上下置牐以時開閉通放舟船實為長利乞遣使監督興修從之紹聖二年詔武進丹陽丹徒縣界沿河堤岸及石䃮石木溝並委令佐檢察修護勸誘食利人戶修葺任滿稽其勤惰而賞罰之從工部之請也四年四月水部員外郎趙竦請濬十八里河令賈種民相度呂梁百步洪添移水磨詔發

運并轉運司同視利害以聞元符元年正月知潤州王念建言呂城牐常宜車水入澳灌注牐身以濟舟若舟沓至而力不給許量差牽駕兵卒併力為之監官任滿水無走泄者賞水未應而輒開牐者罰守貳令佐常覺察之詔可三月甲寅工部言淮南開河所開修楚州支家河導漣水與淮通賜名通漣河二年閏九月潤州京口常州奔牛澳牐畢工先是兩浙轉運判官曾孝蘊獻澳牐利害因命孝蘊提舉興修仍相度立啓閉日限之法三年二月詔蘇湖秀州凡開治運河港浦溝瀆修疊堤岸開置斗門水堰等許役

開江兵卒徽宗崇寧元年十二月置提舉淮浙澳牐司官一員掌杭州至揚州瓜州澳牐凡常潤杭秀揚州新舊等牐通治之崇寧二年初通直郎陳仲方別議濬吳松江自大通浦入海計工二百二十二萬七千有奇為緡錢糧斛十八萬三千六百乞置幹當官十員朝廷下兩浙監司詳議監司以為可行時又開青龍江役夫不勝其勞而提舉常平徐確謂三州開江兵卒千四百人使臣二人請就令護察已開之江遇潮沙淤澱隨即開淘若他役者以違制論確與監司往往被賞人以為濫十二月詔淮南開修遇明河

自真州宣化鎮江口至泗州淮河口五年畢工明年三月詔曰昨二浙水災委官調夫開江而總領無法役人暴露飲食失所疾病死亡者衆水仍為害未嘗究實按罪反蒙推賞何以厭塞百姓怨咨乃下本路提刑司體量提刑司言開濬吳松青龍江役夫五萬死者千一百六十二人費錢米十六萬九千三百四十一貫石積水至今未退於是元相度官轉運副使劉何等皆坐貶降四年正月以倉部員外郎沈延嗣提舉開修青草洞庭直河大觀元年五月中書舍人許光凝奏臣向在姑蘇徧詢民吏皆謂欲去水患莫

若開江濬浦蓋太湖在諸郡間必導之海然後水有所歸自太湖距海有三江有諸浦能疏滌江浦除水患猶反掌耳今境內積水視去歲損二尺視前歲損四尺良由初開吳松江繼濬八浦之力也吳人謂開一江有一江之利濬一浦有一浦之利願委本路監司與諳曉水勢精彊之吏徧詣江浦詳究利害假以歲月先為之備然後興夫調役可使公無費財而歲供常足人不告勞而民食不匱是一舉而獲萬世之利也詔吳擇仁相度以聞開江之議復興矣十一月詔曰禹貢三江既導震澤底定今三江之名既失其

所水不趨海故蘇湖被患其委本路監司選擇能臣檢按古迹循導使之趨下并相度圩岸以聞於是復詔陳仲方為發運司屬官再相度蘇州積水二年八月詔常潤歲旱河淺留滯運船監司督責濬治三年兩浙監司言承詔案古迹導積水今請開淘吳松江復置十二牐其餘浦牐溝港運河之類以次增修若田被水圍勸民自行修治章下工部工部謂令所具三江或非禹迹又吳松江散漫不可開淘泄水遂命諸司再相度以聞四年八月臣僚言有司以練湖賜茅山道觀緣潤州田多高仰及運渠夾岡水淺易涸

賴湖以濟請別用天荒江漲沙田賜之仍令提舉常平官考求前人規畫修築從之十月戶部言乞如兩浙常平司奏專委守令籍古潴水之地立堤防之限俾公私毋得侵占凡民田不近水者略倣周官遂人稻人溝防之制使合衆力而為之詔可政和元年知陳州霍端友言陳地汙下久雨則積潦害稼比疏新河八百里而去淮尚遠水不時洩請益開二百里起西華循宛丘入項城以達于淮從之政和元年十月詔蘇湖秀三州治水剏立圩岸其工費許給越州鑑湖租賦已而升蘇州為平江府潤州為鎮江府二年

七月兵部尚書張閣言臣昨守杭州聞錢塘江自元豐六年泛溢之後潮汛往來率無寧歲而比年水勢稍改自海門過赭山即回薄巖門白石一帶北岸壞民田及鹽亭監地東西三十餘里南北二十餘里江東距仁和監止及三里北趣赤岸瓲口二十里運河正出臨平下塘西入蘇秀若失障禦恐他日數十里膏腴平陸皆潰于江下塘田廬莫能自保運河中絕有害漕運詔亟修築之四年二月工部言前太平州判官盧宗原請開修自江州至真州古來河道湮塞者九七處以成運河入浙西一百五十里可避一千

六百里大江風濤之患又可就土興築自古江水浸沒膏腴田自三百頃至萬頃者九九所計四萬二千餘頃其三百頃以下者又過之乞依宗原任太平州判官日已興政和圩田例召人戶自備財力興修詔沈鑄等相度措置六年閏正月知杭州李偃言湯村巖門白石等處並錢塘江通大海日受兩潮漸致侵齧乞依六和寺岸用石砌疊乃命劉既濟修治八月詔鎮江府傍臨大江無港澳以容舟檝三年間覆溺五百餘艘聞西有舊河可避風濤歲久湮廢宜令發運司濬治是年詔曰聞平江三十六浦內自昔置牐

隨潮啓閉歲久堙塞致積水為患其令守臣莊徽專委戶曹趙霖講究利害導歸江海依舊置牐於是發運副使應安道言凡港浦非要切者皆可徐議惟當先開崑山縣界茜涇塘等六所秀之華亭縣欲並循古法盡去諸堰各置小斗門常州鎮江府望亭鎮仍舊置牐八月詔戶曹趙霖相度役興而兩浙擾甚七年四月己未尚書省言盧宗原濬江慮成擾擾詔權罷其役趙霖別與差遣重和元年二月前發運副使柳庭俊言真揚楚泗高郵運河堤岸舊有斗門水牐等七十九座限則水勢常得其平比多損壞詔檢計

修復六月詔兩浙霖雨積水多浸民田平江尤甚由未濬港浦故也其復以趙霖為提舉常平措置救護民田振恤人戶毋令流移失所八月詔加霖直秘閣宣和元年二月臣僚言江淮荆漢間荒瘠彌望率古人一畝十鍾之地其堤閼水門溝澮之跡猶存近絳州民呂平等詣御史臺訴乞開濬熙寧舊渠以廣浸灌頗加稅一等則是近世陂池之利且廢矣何暇復古哉願詔常平官有興修水利功効明白者亟以名聞特與褒除以勵能者從之八月提舉專切措置水利農田所奏浙西諸縣各有陂湖溝港涇浜湖濼自

來蓄水灌溉及通舟檝望令打量官按其地名丈尺四至並鐫之石從之三月趙霖坐增修水利不當降兩官六月詔曰趙霖興修水利能募被水艱食之民凡役工二百七十八萬二千四百有奇開一江一港四浦五十八瀆已見成績進直徽猷閣仍復所降兩官宣和二年九月以真揚等州運河淺澀委陳亨伯措置三年春詔發運副使趙億以車畎水運河限三月中三十綱到京官者李琮言真州乃外江綱運會集要口以運河淺澀故不能速發按南岸有泄水斗門八去江不滿一里欲開斗門河身去江十丈築軟

壩引江潮入河然後倍用人工車畎以助運水從之
四月詔曰江淮漕運尚矣春秋時吳穿邗溝東北通
射陽湖西北至末口漢吳王濞開邗溝通運海陵隋
開邗溝自山陽至揚子入江雍熙中轉運使劉蟠以
山陽灣迅急始開沙河以避險阻天禧中發運使賈
宗始開揚州古河繚城南接運渠毀三堰以均水勢
今運河歲淺澀當詢訪故道及今河形勢與陂塘瀦
水之地講究措置悠久之利以濟不通可令發運使
陳亨伯內侍譚稹條具措置以聞六月臣僚言比緣
淮南運河水澀逾半歲禁綱舟篙工附載私物今河

水增漲其今如舊初淮南連歲旱漕運不通揚州尤
甚詔中使按視欲濬運河與江淮平會兩浙有方臘
之亂內侍童貫為宣撫使譚稹為制置使貫欲海運
陸輦稹欲開一河自盱眙出宣化朝廷下發運司相
度陳亨伯遣其屬向子諲視之子諲曰運河高江淮
數丈自江至淮凡數百里人力難濬昔唐李吉甫廢
埭置堰治陂塘泄有餘防不足漕運通流發運使曾
孝蘊嚴三日一啓之制復作歸水澳惜水如金比年
行直達之法走茶鹽之利且應奉權倖朝夕經由或
啓或閉不暇歸水又頃毀朝宗埭自洪澤至召伯數

百里不為之節故山陽上下不通欲救其弊宜於真
州太子港作一壩以復懷子河故道於瓜洲河口作
一壩以復龍舟堰於海陵河口作一壩以復茱萸待
賢堰使諸塘水不為瓜洲真泰三河所分於北神相
近作一壩權閉滿浦埭復朝宗埭則上下無壅矣亨
伯用其言是後滯舟皆通利云三年二月詔越之鑑
湖明之廣德湖自措置為田下流堙塞有妨灌溉致
失常賦又多為權勢所占兩州被害民以流徙宜令
陳亨伯究實如租稅過重即裁為中制應妨下流灌
溉者並弛以予民五年三月詔呂城至鎮江運河淺

澀狹隘監司坐視無所施設兩浙專委王復淮南專
委向子諲同發運使呂淙措置車水通濟舟運四月
又命王仲閎同廉訪劉仲元漕臣孟庾專往來措置
常潤運河又詔東南六路諸埭啓閉有時比聞綱舟
及命官妄稱專承指揮抑令非時啓版走泄河水妨
滯綱運誤中都歲計其禁止之五月詔以運河淺涸
官吏互執所見州縣莫知所從其令發運司提舉等
官同廉訪使者參訂經久利便列奏是月臣僚言鎮
江府練湖與新豐塘地理相接八百餘頃灌溉四縣
民田又湖水一寸益漕河一尺其來久矣今堤岸損

鉄不能貯水乞候農隙次第補葺詔本路漕臣并本州縣官詳度利害檢計工料以聞六年九月靈宗原復言池州大江乃上流綱運所經其東岸皆暗石多至二十餘處西岸則沙洲廣二百餘里諺云拆船灣言舟至此必毀拆也今東岸有車軸河口沙地四百餘里若開通入杜湖使舟經平水徑池口可避二百里風濤拆船之險請措置開修從之七年九月丙子又詔宗原措置開濬江東古河自蕪湖由宣溪溧水至鎮江渡揚子趨淮汴免六百里江行之險並從之靖康元年三月丁卯臣僚言東南瀕江海水易泄而多旱歷代皆有陂湖蓄水祥符慶曆間民始盜陂湖為田後復田為湖近年以來復廢為田雨則澇旱則涸民久承佃所收租稅無計可脫悉歸御前而漕司之常賦有虧民之失業無筭可乞盡括東南廢湖為田者復以為湖庶幾凋瘵之民稍復故業詔相度利害聞奏八月辛丑戶部言命官在任興修農田水利依元豐賞格千頃以上該第一等轉一官下至百頃皆等第酬奬紹聖亦如之緣政和續附常平格千頃增立轉兩官減磨勘三年實為太優詔依元豐紹聖舊格

志卷第四十九

志卷第五十　　宋史九十七

開府儀同三司上柱國錄軍國重事中書右丞相監修國史領經筵事都總裁臣脫脫等奉

勑修

河渠七 東南諸水下

淮郡諸水紹興初以金兵蹂踐淮南猶未退師四年詔燒毀揚州灣頭港口閘泰州姜堰通州白莆堰其餘諸堰並令守臣開決焚毀務要不通敵船又詔宣撫司毀拆真陽堰閘及真州陳公塘無令走入運河以資敵用五年正月詔淮南宣撫司募民開濬瓜州至淮口運河淺澀之處乾道二年以和州守臣言開鑿姥下河東接大江防捍敵人檢制盜賊六年淮東提舉徐子寅言淮東鹽課全仰河流通快近運河淺澀自揚州灣頭港口至鎮西山光寺前橋垛頭計四百八十五丈乞發五千餘卒開濬從之七年二月詔令淮南漕臣自洪澤至龜山淺澀之處如法開撩淳熙三年四月詔築泰州月堰以遏潮水從守臣張子正請也八年提舉淮南東路常平茶鹽趙伯昌言通州楚州沿海舊有捍海堰東距大海北接鹽城袤一百四十二里始自唐黜陟使李承實所建遮護民田屏蔽鹽竈其功甚大歷時既久頹圮不存至本朝天

聖改元范仲淹爲泰州西溪鹽官日風潮泛溢渰没田產毀壞亭竈有請于朝調四萬餘夫修築三旬畢工遂使海瀕沮洳潟鹵之地化爲良田民得奠居至今賴之自後寖失修治纔遇風潮怒盛即有衝决之患自宣和紹興以來屢被其害阡陌洗蕩廬舍漂流人畜喪亡不可勝數每一修築必請朝廷大興工役然後可辦望令淮東常平茶鹽司今後捍海堰如有塌損隨時修葺務要堅固可以經久從之九年淮南漕臣錢冲之言真州之東二十里有陳公塘乃漢陳登濬源爲塘用救旱飢大中祥符間江淮制置發運

置司真州歲藉此塘灌注長河流通漕運其塘周回百里東西北三面倚山爲岸其南帶東則係前人築疊成堤以受啓閉廢壞歲久見有古來基址可以修築爲旱乾溉田之備凡諸場鹽綱糧食漕運使命往還舟艦皆仰之以通濟其利甚博本司自發卒貼築周回塘岸建置斗門石礎各一所乞於揚子縣尉階銜内帶兼主管陳公塘六字或有損壞隨時補築庶幾久遠責有所歸十二年和州守臣請於千秋澗置斗門以防麻澧湖水洩入大江遇歲旱灌溉田疇實爲民利十四年揚州守臣熊飛言揚州運河惟藉瓜

州真州兩牐瀦積今河水走泄緣瓜州上中二牐久不修治獨潮牐一坐轉運提鹽及本州共行修整然迫近江潮水勢衝激易致損壞真州二牐亦復損漏令有司葺理上下二牐以防走泄從之紹熙五年淮東提舉陳損之言高郵楚州之間陂湖渺漫茭葑彌滿宜刱立堤堰以爲瀦泄庶幾水不至於泛溢旱不至於乾涸乞興築自揚州江都縣至楚州淮陰縣三百六十里又自高郵興化至鹽城縣二百四十里其隄岸傍開一新河以通舟船仍存舊堤以捍風浪栽柳十餘萬株數年後隄岸亦牢其木亦可備修補之

用兼揚州墟鎮舊有隄牐乃泰州泄水之處其牐壞久亦於此刱立斗門西引盱眙天長以來衆湖之水起自揚州江都經由高郵及楚州寶應山陽北至淮陰西達于淮又自高郵入興化東至鹽城而極於海又泰州海陵南至揚州泰興而徹于江共爲石礎十三斗門七乞以紹熙堰爲名鑱諸堅石淮田多沮洳因損之築隄捍之得良田數百萬頃奏聞除直秘閣淮東轉運判官

淛江通大海日受兩潮梁開平中錢武肅王始築捍海塘在候潮門外潮水晝夜衝激版築不就因命彊

弩數百以射潮頭又致禱胥山祠既而潮避錢塘東擊西陵遂造竹器積巨石植以大木堤岸既固民居乃奠逮宋大中祥符五年杭州言浙江擊西北岸益壞稍逼州城居民危之即遣使者同知杭州戚綸轉運使陳堯佐畫防捍之策綸等因率兵力籍梢楗以護其衝七年綸等既罷去發運使李溥內供奉官盧守懃經度以為非便請復用錢氏舊法實石於竹籠倚疊為岸固以樁木環亘可七里斬材役工凡數百萬踰年乃成而鉤末壁立以捍潮勢雖湍湧數丈不能為害至景祐中以浙江石塘積久不治人患墊溺

工部郎中張夏出使因置捍江兵士五指揮專採石修塘隨損隨治衆賴以安邦人為之立祠朝廷嘉其功封寧江侯及高宗紹興末以錢塘石岸毀裂潮水漂漲民不安居令轉運司同臨安府修築孝宗乾道九年錢塘廟子灣一帶石岸復毀於怒潮詔令臨安府築塡江岸增砌石塘淳熙改元復令有司自今江岸衝損以乾道修治為法理宗寶祐二年十二月監察御史兼崇政殿說書陳大方言江潮侵齧堤岸乞戒飭殿步兩司帥臣同天府守臣措置修築留心任責或有潰決斂有攸歸三年十一月監察御史兼崇政殿說書李衢言國家駐蹕錢塘今踰十紀惟是浙江東接海門胥濤澎湃稍越故道則衝齧堤岸蕩析民居前後不知其幾慶曆中造捍江五指揮兵士每指揮以四百人為額今所管纔三百人乞下臨安府拘收不許占破及從本府收買樁石沿江置場樁管不得移易他用仍選武臣一人習於修江者隨其資格或以副將或以路分鈐轄繫銜專一鈐束修江軍兵值有摧損隨即修補或不勝任以致江潮衝損堤岸即與責罰

臨安西湖周回三十里源出於武林泉錢氏有國始

置撩湖兵士千人專一開濬至宋以來稍廢不治水涸草生漸成葑田元祐中知杭州蘇軾奏謂杭之為州本江海故地水泉鹹苦居民零落自唐李泌始引湖水作六井然後民足於水井邑日富百萬生聚待此而食今湖狹水淺六井盡壞若二十年後盡為葑田則舉城之人復飲鹹水其勢必耗散又放水溉田瀕湖千頃可無凶歲今雖不及千頃而下湖數十里間茭菱穀米所獲不貲又西湖深闊則運河可以取足於湖水若湖水不足則必取足於江湖潮之所過泥沙渾濁一石五斗不出三載輒調兵夫十餘萬開

濬。又天下酒官之盛，如杭歲課二十餘萬緡，而水泉之用，仰給於湖，若湖漸淺狹，少不應溝，則當勞人遠取山泉，歲不下二十萬工。因請降度牒減價出賣，募民開治。禁自今不得請射、侵占、種植及臠葑為界。以新舊菱蕩課利錢送錢塘縣收掌，謂之開湖司公使庫，以備逐年雇人開葑撩淺。縣尉以管勾開湖司公事繫銜。軾既開湖，因積葑草為堤，相去數里，橫跨南北兩山，夾道植柳，林希榜曰蘇公堤，行人便之，因為軾立祠堤上。紹興九年，以張澄奏請，命臨安府招置廂軍兵士二百人，委錢塘縣尉兼領其事，專一濬湖；若

包占種田，沃以糞土，重寘于法。十九年，守臣湯鵬舉奏請重開。乾道五年，守臣周淙言：「西湖水面唯務深闊，不容填溢，并引入城內諸井，一城汲用，尤在涓潔。舊招軍士止有三十餘人，今宜增置撩湖軍兵，以百人為額，專一開撩。或有種植茭菱，因而包占，增疊堤岸，坐以違制。」二十九年，臨安守臣言：「西湖冒佃侵多，葑茭蔓延，西南一帶，已成平陸。而瀕湖之民，每以葑草圍裹，種植荷花，駸駸不已。恐數十年後，西湖遂廢，將如越之鑑湖，不可復矣。乞一切芟除，務令淨盡，禁約居民不得再有圍裹。」從之。

臨安運河在城中者，日納潮水，沙泥渾濁，一汛一淤，比屋之民，委棄草壤，因循填塞。元祐中，守臣蘇軾奏謂：「熙寧中，通判杭州時，父老皆云苦運河淤塞，率三五年常一開濬。不獨勞役兵民，而運河自州前至北郭，穿闤闠中蓋十四五里，每將興工，市肆洶動，公私騷然。自胥吏、壕砦兵級等，皆能恐喝人戶，或云當於某處置土，某處過泥水，則居者皆有失業之憂。既得重賂，又轉而之他。及工役既畢，則房廊邸舍，作踐狼籍，園圃隙地，例成丘阜，積雨蕩濯，復入河中，居民患厭，未易悉數。若三五年失開，則公私壅滯，以尺寸水

行數百斛舟，人牛力盡，跬步千里，雖監司使命，有數日不能出郭者。詢其所以頻開屢塞之由，皆云龍山、浙江兩閘，泥沙渾濁，積日稍久，便及四五尺，其勢當然，不足怪也。尋剗刷捍江兵士及諸色廂軍得一千人，七月之間，開濬茆山、鹽橋二河，各十餘里，皆有水八尺。自是公私舟船通利，三十年以來，開河未有若此深快者。然潮水日至，淤塞猶昔，則三五年間，前功復棄。今於鈐轄司前置一牐，每遇潮上，則暫閉此牐，候潮平水清復開，則河過闤闠中者，永無潮水淤塞、開淘騷擾之患。」詔從其請，民甚便之。紹興三年十一

月宰臣奏開修運河淺澀帝曰可發旁郡廂軍壯城捍江之兵至於廪給之費則不當吝宰臣朱勝非等曰開河非今急務而餽餉艱難爲害甚大時方盛寒役者良苦臨流居人侵塞河道者悉當遷避至於畚鍤所經沙泥所積當預空其處則居人及富家以僦屋取貲者皆非便恐議者以爲言帝曰禹卑宮室而盡力於溝洫浮言何恤焉八年又命守臣張澄發廂軍壯城兵千人開濬運河堙塞以通往來舟楫隆興二年守臣吳芾言城裏運河先已措置北梅家橋仁和倉斜橋三所作壩取西湖六處水口通流灌入府

河積水至望仙橋以南至都亭驛一帶河道地勢自昔高峻今欲先於望仙橋城外保安牐兩頭作壩却於竹車門河南開掘水道車戽運水引入保安門通流入城遂自望仙橋以南開至都亭驛橋可以通徹積水以備緩急計用工四萬從之乾道三年六月知荆南府王炎言臨安居民繁夥河港堙塞雖屢開導緣裁減工費不能迄功臣嘗措置開河錢十萬緡乞候農暇特詔有司用此專充開河支費庶幾河渠復通公私爲利上俞其請四年守臣周淙出公帑錢招集游民開濬城內外河疏通淤塞人以治辦稱之淳

熙二年兩浙漕臣趙磻老言臨安府長安牐至許村巡檢司一帶漕河淺澀請出錢米發兩岸人戶出力開濬又言欲於通江橋置板牐遇城中河水淺涸啓板納潮繼即下板固護水勢不得通舟若河水不乏即收牐板聽舟楫往還爲便七年守臣吳淵言萬松嶺兩旁古渠多被權勢及百司公吏之家造屋侵占及內砦前石橋都亭驛橋南北河道居民多拋糞土瓦礫以致填塞流水不通今欲分委兩通判監督地分廂巡遞時點檢勿令侵占幷拋飏糞土秩滿若不淤塞各減一年磨勘違展一年以示勸懲十四年七

月不雨臣僚言竊見奉口至北新橋三十六里斷港絕潢莫此爲甚今宜開濬使通客船以平穀直從之

鹽官海水嘉定十二年臣僚言鹽官去海三十餘里舊無海患縣以鹽竈頗盛課利易登去歲海水泛漲湍激橫衝沙岸每一潰裂常數十丈日復一日浸入鹵地蘆洲港瀆蕩爲一壑今聞潮勢深入逼近居民萬一春水驟漲怒濤奔湧海風佐之則呼吸蕩出百里之民寧不俱葬魚腹乎況京畿赤縣密邇都城內有二十五里塘直通長安牐上徹臨平下接崇德漕運往來客船絡繹兩岸田畝無非決壞若海水徑入

于塘不惟民田有鹹水淹没之患而裏河堤岸亦將有潰裂之憂乞下淛西諸司條具築捺之策務使捍堤堅壯土脉充實不爲怒潮所衝從之十五年都省言鹽官縣海塘衝决命淛西提舉劉垕專任其事既而垕言縣東接海鹽西距仁和北抵崇德德清境連平江嘉興湖州南瀕大海元與縣治相去四十餘里數年以來水失故道早晚兩潮奔衝向北遂致縣南四十餘里盡淪爲海近縣之南元有捍海古塘亘二十里今東西兩段並已淪毀侵入縣兩旁又各三四里止存中間古塘十餘里萬一水勢衝激不已不惟

鹽官一縣不可復存而向北地勢卑下所慮鹹流入蘇秀湖三州等處則田畝不可種植大爲利害詳今日之患大槩有二一曰陸地淪毀二曰鹹潮泛溢陸地淪毀者固無力可施鹹潮泛溢者乃因捍海古塘衝損遇大潮必盤越流注北向宜築土塘以捍鹹潮所築塘基址南北各有兩處在縣東近南則爲六十里鹹塘近北則爲袤花塘在縣西近南亦曰鹹塘近北則爲淡塘亦嘗驗兩處土色虛實則袤花塘淡塘差勝鹹塘且各近裏未至與海潮爲敵勢當東就袤花塘西就淡塘修築則可以禦縣東鹹潮盤溢之患

其縣西一帶淡塘連縣治左右共五十餘里合先修築兼縣南去海一里餘幸而古塘尚存縣治民居盡在其中未可棄之度外今將見管椿石就古塘稍加工築疊一里許爲防護縣治之計其縣東民戶日築六十里鹹塘萬一又爲海潮衝損當計用椿木修築袤花塘以捍之上以爲然

明州水紹興五年明州守臣李光奏明越陂湖專溉農田自慶曆中始有盜湖爲田者三司使切責漕臣嚴立法禁宣和以來王仲嶷守越樓异守明刱爲應奉始廢湖爲田自是歲有水旱之患乞行廢罷盡復

爲湖如江東西之圩田蘇秀之圍田皆當講究興復詔逐路轉運司相度聞奏乾道五年守臣張津言東錢湖容受七十二溪方圓廣闊八百頃傍山爲固疊石爲塘八十里自唐天寶三年縣令陸南金開廣之國朝天禧元年郡守李夷庚重脩之中有四牐七堰凡遇旱涸開牐放水溉田五十萬畝比因豪民於湖塘淺岸漸次包占種植菱荷障塞湖水紹興十八年雖曾檢舉約束盡罷請佃歲久菱根蔓延滲塞水脉致妨蓄水兼塘岸間有低塌處若不淘濬修築不惟寖失水利兼恐塘埂相繼摧毀乞候農隙趂時開鑿

因得土修治堤岸實爲兩便從之
鄞縣水嘉定十四年慶元府言鄞縣水自四明諸山溪澗會至它山置堰小涇下江入河所入上河之水專溉民田其利甚溥比因淤塞堰上山觜少有溪水流入上河自春徂夏不雨令官吏發卒開淘沙觜及濬港汊又於堰上壘疊沙石逼使溪流盡入上河其他山水入府城南門一帶有碶牐三所曰烏金曰積瀆曰行春烏金碶又名上水碶昔因倒損遂捺爲壩以致淤沙在河或遇溪流聚湧時復衝倒所捺壩走泄水源行春橋又名南石碶碶面石板之下歲久損

壞空虛每受潮水演溢奔突出於石縫以致鹹潮衮入上河其縣東管有道士堰至白鶴橋一帶河港堙塞又有朱賴堰與行春等碶相連堰下江流通徹大海今春闕雨上河乾淺堰身塌損以致鹹潮透入上河使農民不敢車注溉田乞修砌上水烏金諸處壩堰仍選清彊能幹職官專一提督
潤州水紹興七年兩浙轉運使向子諲言鎮江府呂城夾岡形勢高仰因春夏不雨官漕艱勤尋遣官屬李瀾詢究練湖本末始知此湖在唐永泰間已廢而復興今堤岸弛禁致有侵佃冒決故湖水不能瀦蓄舟楫不通公私告病若夏秋霖潦則丹陽金壇延陵一帶良田亦被渰沒臣已令丹陽知縣朱穡等增置二斗門一石䃮及修補隄防盡復舊蹟庶爲永久之利乾道七年以臣僚言丹陽練湖幅員四十里納長山諸水漕渠資之故古語云湖水寸渠水尺在唐之禁甚嚴盜決者罪比殺人本朝寖緩其禁以惠民然修築嚴甚春夏多雨之際瀦蓄盈滿雖秋無雨漕渠或淺但泄湖水一寸則爲河一尺矣兵變以後多廢不治堤岸圮闕不能貯水彊家因而專利耕以爲田遂致淤澱歲月既久其害滋廣望責長吏濬治堙塞

立爲盜決侵耕之法著於令庶幾練湖漸復其舊民田獲灌溉之利漕渠無淺涸之患詔兩浙漕臣沈度專一措置修築慶元五年兩浙轉運浙西提舉言以鎮江府守臣重修呂城兩牐畢再造一新牐以固隄防庶爲便利從之
浙西運河自臨安府北郭務至鎮江江口牐六百四十一里淳熙七年帝因輔臣奏金使往來事曰運河有淺狹處可令守臣以漸開濬庶不擾民至十一年冬臣僚言運河之濬自北關至秀州杉青各有牐堰自可瀦水惟沿河上塘有小堰數處積久低陷無以

防遏水勢當以時加修治兼沿河下岸涇港極多其水入長水塘海鹽塘華亭塘由六里堰下私港散漫悉入江湖以私港深運河淺也若修固運河下岸一帶涇港自無走泄又自秀州杉青至平江府盤門在太湖之際與湖水相連而平江閶門至常州有楓橋許墅烏角溪新安溪將軍堰亦各通太湖如遇西風湖水由港而入皆不必濬惟無錫五瀉牐損壞累年常是開堰徹底放舟更江陰軍河港勢低水易走泄若從舊修築不獨潴水可以通舟而無錫晉陵間所有楊湖亦當積水而四傍田畝皆無旱暵之患獨自

常州至丹陽縣地勢高仰雖有犇牛呂城二牐別無湖港潴水自丹陽至鎮江地形尤高雖有練湖緣湖水日淺不能濟遠兩晴未幾便覺乾涸運河淺狹莫此爲甚所當先濬上以爲然至嘉定間臣僚又言國家駐蹕錢塘綱運糧餉仰給諸道所繫不輕水運之程自大江而下至鎮江則入牐經行運河如履平地川廣巨艦直抵都城蓋甚便也比年以來鎮江牐口河道淤塞不復通舟乞令漕臣同淮東總領及本府守臣公共措置開撩

越州水鑑湖之廣周迴三百五十八里環山三十六源自漢永和五年會稽太守馬臻始築塘溉田九千餘頃至宋初八百年間民受其利歲月寖遠濬治不時日久堙廢瀕湖之民侵耕爲田熙寧中盜爲田九百餘頃嘗遣廬州觀察推官江衍經度其宜凡爲湖田者兩存之立碑石爲界內者爲田外者爲湖政和末爲郡守者務爲進奉之計遂廢湖爲田賦輸京師自時姦民私占爲田益衆湖之存者亡幾矣紹興二十九年十月帝諭樞密院事王綸曰往年宰執嘗欲盡乾鑑湖云可得十萬斛米朕謂若遇歲旱無湖水引灌則所損未必不過之凡事須遠慮可也隆興元

年紹興府守臣吳芾言鑑湖自江衍所立碑石之外今爲民田者又一百六十五頃湖盡堙廢今欲發四百九十萬工於農隙接續開鑿又移壯城百人以備撩漉濬治差彊幹使臣一人以巡轄鑑湖隄岸爲名二年芾又言修鑑湖全藉斗門堰牐蓄水都泗堰牐尤爲要害凡遇綱運及監司使命舟船經過堰兵避免車拽必欲開牐通放以致啓閘無時失泄湖水且都泗堰因高麗使往來宣和間方置牐今乞廢罷其後芾爲刑部侍郎復奏自開鑑湖溉廢田二百七十頃復湖之舊又修治斗門堰牐十三所夏秋以來時雨

雖多亦無泛溢之患民田九千餘頃悉獲倍收其為利較然可見乞将江衍原立禁牌别定界至則隄岸自然牢固永無盜決之虞紹興初高宗次越以上虞縣梁湖堰東運河淺澁令發六千五百餘工委本縣令佐監督濬治既而都省言餘姚縣境内運河淺澁壩牐隳壞阻滯綱運遂命漕臣發一萬七千餘卒自都泗堰至曹娥塔橋開撩河身夾塘詔漕司給錢米蕭山縣西興鎮通江兩牐近為江沙壅塞舟楫不通乾道三年守臣言募人自西興至大江疏沙河二十里并濬牐裏運河十三里通便綱運民旅皆利復恐

潮水不定復有填淤且通江六堰綱運至多宜差注指使一人專以開撩西興沙河繫銜及發捍江兵士五十名專充開撩沙浦不得雜役仍從本府起立營屋居之

常州水隆興二年常州守臣劉唐稽言申利二港上自運河發流經營回復至下流析為二道一自利港一自申港以達于江緣江口每日潮汐帶沙填塞上流游泥淤積流沺不通而申港又以江陰軍釘立標楬拘攔稅船每潮來則沙泥為木標所壅淤塞益甚今若相度開此二河但下流申利二港並隸江陰軍若議定深闊丈尺各於本界開淘庶協力皆辦又孟瀆一港在犇牛鎮西唐孟簡所開并宜興縣界沿湖舊百瀆皆通宜興之水藉以疏洩近歲阻於吳江石塘流行不快而沿湖河港所謂百瀆存者無幾今若開通委為公私之便至乾道二年以漕臣姜詵等請造蔡涇牐及開申港上流橫石次濬利港以洩水勢六年三月又命兩浙運副劉敏士浙西提舉芮輝於新涇塘置牐堰以捍海潮楊家港東開河置牐通行鹽船仍差牐官一人兵級十五人以時啓閉挑撩五月又以兩浙轉運司并常州守臣言填築五瀉上下

兩牐及修築牐裏堤岸仍於郭瀆港口舜郎廟側水聚會處築捺硬壩以防走泄運水委無錫知縣主掌鑰匣遇水深六尺方許開牐通放客舟淳熙五年以漕臣陳峴言於十月募工開濬無錫縣以西橫林小井及犇牛呂城一帶地高水淺之處以通漕舟九年知常州章沖奏常州東北曰深港利港黃田港夏港五斗港其西曰竈子港孟瀆泰伯瀆烈塘江陰之東曰趙港白沙港石頭港陳港蔡港私港令節港皆古人開導以為溉田無窮之利者也今所在堙塞不能灌溉臣嘗講求其說抑欲不勞民不費財而漕渠旱

不乾水不溢用力者而見功速可以爲悠久之利者在州之西南曰白鶴溪自金壇縣洮湖而下今淺狹特七十餘里若用工濬治則漕渠一帶無乾涸之患其南曰西蠡河自宜興太湖而下止開濬二十餘里若更令深遠則太湖水來漕渠一百七十餘里可免濬治之擾至若望亭堰牐置於唐之至德而徹於本朝之嘉祐至元祐七年復置未幾又毀之臣謂設此堰牐有三利焉陽羨諸瀆之水奔趨而下有以節之則當潦歲平江三邑必無下流泛溢之患一也自常州至望亭一百三十五里運河一有所節則沿河之

田旱歲資以灌溉二也每歲冬春之交重綱及使命往來多苦淺涸今啓閉以時足通舟楫後免車畝灌注之勞三也詔令相度開濬嘉泰元年守臣李珏言州境北邊揚子大江南並太湖東連震澤西據滆湖而漕渠界乎其間漕渠兩傍曰白鶴溪西蠡河南戚氏北戚氏直湖州港通于二湖曰利浦孟瀆烈塘橫河五瀉諸港通于大江而中間又各自爲支溝斷汊曲繞參錯不以數計水利之源多於他郡而常苦易旱之患何哉臣嘗詢訪其故漕渠東起望亭西上呂城一百八十餘里形勢西高東下加以歲久淺淤自河岸至底其深不滿四五尺常年春雨連綿江湖泛漲之時河流忽盈驟減連歲雨澤愆闕江湖退縮渠形尤亢間雖得雨水無所受旋即走泄南入于湖北歸大江東徑注于吳江晴未旬日又復乾涸此其易旱一也至若兩傍諸港如白鶴溪西蠡河直湖烈塘五瀉堰日爲沙土淤漲遇潮高水泛之時尚可通行舟楫若值小汐久晴則俱不能通應自餘支溝別港皆已堙塞故雖有江湖之浸不見其利此其易旱二也況漕渠一帶綱運於是經由使客于此往返每遇水澀綱運便阻一入冬月津送使客作堰車水科役

百姓不堪其擾豈特溉田缺事而已望委轉運提舉常平官同本州相視漕渠并徹江湖之處如法濬治盡還昔人遺跡及於望亭修建上下二牐固護水源從之

昇州水乾道五年建康守臣張孝祥言秦淮之水流入府城別爲兩派正河自鎮淮新橋直注大江其爲青溪自天津橋出栅寨門亦入於江緣栅寨門地近爲有力者所得遂築斷青溪水口剏爲花圃每水流暴至則泛溢浸蕩城內居民尤被其害若訪古而求使青溪直道大江則建康永無水患矣既而汪澈奏

於西園依舊時河道開濬使水通柵門入從之先是孝祥又言秦淮水三源一自華山由句容一自廬山由溧水一自溧水由赤山湖至府城東南合而爲一縈廻綿亘三百餘里溪港溝澮之水盡歸焉流上水門由府城入大江舊上下水門展闊自兵變後砌疊稍狹雖便於一時防守實遏水源流通不快兼兩岸居民填築河岸添造屋宇若禁民不許侵占秦淮既復故道則水不泛溢矣又府東門號陳二渡有順聖河正分秦淮之水每遇春夏天雨連綿上源奔湧則分一派之水自南門外直入於江故秦淮無泛濫之

患今一半淤塞爲田水流不通若不惜數畒之田疏導之以復古跡則其利尤倍其後汪澈言水潦之害大抵緣建康地勢稍低秦淮既泛又大江湍漲其勢湓溢非由水門窄狹居民侵築所致且上水門砌疊處正不可闊闊則春水入城益多自今指定上下水門砌疊處不動夾河居民之屋亦不毀除止去兩岸積壤使河流通快況城中繫行宮東南王方不宜開鑿從之嘉定五年守臣黃度言府境北據大江是爲天險上自采石下達瓜步千有餘里共置六渡一曰烈山渡籍于常平司歲有河渡錢額五曰南浦渡龍

灣渡東陽渡大城堽渡岡沙渡籍于府司亦有河渡錢額六渡歲爲錢萬餘緡歷時㝡久舟楫廢壞官吏篙工初無廩給民始病濟而官漫不省遂致姦豪冒法別置私渡左右旁午由是官渡濟者絕少乃聽吏卒苛取以充課徒手者猶憚往來而車檐牛馬幾不敢行甚者扼之中流以邀索錢物竊以爲南北津渡務在利涉不容簡忽而但求征課臣已爲之繕治舟艦選募篙梢使遠處巡檢兼監渡官於諸渡月解錢則例量江面闊狹計物貨重輕斟酌裁減率三之一或四之一自人車牛馬皆有定數雕榜約束不得過

收邀阻乞覓梟一歲之入除烈山渡常平錢如額解送其餘諸渡以二分充修船之費而以其餘給官吏篙梢水手食錢令監渡官逐月照數支散有餘則解送府司然後盡絕私渡不使姦民踰禁從之

秀州水秀州境內有四湖一曰柘湖二曰澱山湖三曰當湖四曰陳湖東南則柘湖自金山浦小官浦入于海西南則澱山湖自蘆歷浦入于海西北則陳湖自大姚港朱里浦入于吳松江其南則當湖自月河南浦口澉浦口亦達于海支港相貫乾道二年守臣孫大雅奏請於諸港浦分作𡋯或斗門及漲涇堰兩

堋築月河置一牐其兩柱金口基址並以石為之啓閉以時民賴其利十三年兩浙轉運副使張叔獻言華亭東南枕海西連太湖北接松江江北復控大海地形東南最高西北稍下柘湖十有八港正在其南故古來築堰以禦鹹潮元祐中於新涇塘置牐後因沙淤廢毀今除十五處築堰及置石磋外獨有新涇塘招賢港徐浦塘三處見有鹹潮奔衝淹塞民田今依新涇塘置牐一所又於兩旁貼築鹹塘以防海潮透入民田其相近徐浦塘元係小派自合築堰又欲於招賢港更置一石磋兼楊湖歲久今稍淺澱自當

開濬上曰此牐須當為之方今邊事寧息惟當以民事為急民事以農為重朕觀漢文帝詔書多為農而下今置牐其利久遠不可憚一時之勞十五年以兩浙路轉運判官吳坰奏請命浙西常平司措置錢穀勸諭人戶於農隙併力開濬華亭等處沿海三十六浦堙塞決泄水勢為永久利乾道七年秀州守臣丘崈奏華亭縣東南大海古有十八堰捍禦鹹潮其十七久皆捺斷不通裏河獨有新涇塘一所不曾築捺海水往來遂害一縣民田緣新涇舊堰迫近大海潮勢湍急其港面闊難以施工設或築捺決不經久運

港在涇塘向裏二十里比之新涇水勢稍緩若就此築堰決可永久堰外凡管民田皆無鹹潮之害其運港止可捺堰不可置牐不惟瀕海土性虛燥難以建置兼一日兩潮通放鹽運不減數十百艘先後不齊比至通放盡絕勢必晝夜啓而不閉則鹹潮無緣斷絕運港堰外別有港汊大小十六亦合興脩從之八年崈又言興築捍海塘堰今已畢工地理闊遠全藉人力固護乞令本縣知佐兼帶主管塘堰職事繫銜秩滿視有無損壞以為殿最仍令巡尉據地分巡察詔特轉丘崈左承議郎令所築華亭捍海塘堰趂時

栽種蘆葦不許樵採九年又命華亭縣作監牐官招收土軍五十人巡邏堤堰專一禁戢將卑薄處時加修捺令知縣縣尉並帶主管堰事則上下協心不致廢壞淳熙九年又命守臣趙善悉發一萬工修治海鹽縣常豐牐及八十一堰埧務令高牢以固護水勢遇旱可以瀦積十年以浙西提舉司言命秀州發卒濬治華亭鄉魚祈塘使接松江太湖之水遇旱即開西牐堰放水入泖湖為一縣之利

蘇州水乾道初平江守臣沈度兩浙漕臣陳彌作言疏濬崐山常熟縣界白茆等十浦約用三百萬餘工

其所開港浦並通徹大海遇潮則海內細沙隨泛以入潮退則沙泥沉墜漸致淤塞今依舊招置闕額開江兵卒次第開濬不數月諸浦可以漸次通徹又用兵卒駕船遇潮退搖蕩隨之常使沙泥隨潮退落不致停積實爲久利從之淳熙元年詔平江府守臣與許浦駐劄戚世明同置措開濬許浦港三旬訖工

黄巖縣水淳熙十二年浙東提舉勾昌泰言黄巖縣舊有官河自縣前至溫嶺凡九十里其支流九百三十六處皆以溉田元有五牐久廢不修今欲建一牐約費二萬餘緡乞詔兩浙運司於窠名錢內支撥明

年六月昌泰復言黄巖縣東地名東浦紹興中開鑿置常豐牐名爲決水入江其實縣道欲令舟船取徑通過每船納錢以充官費一日兩潮一潮一淤纔遇旱乾更無灌溉之備已將此牐築爲平陸乞戒自今永不得開鑿放入江湖庶絕後患

荆襄諸水紹興二十八年監察御史都民望言荆南江陵縣東三十里沿江北岸古隄一處地名黄潭建炎間邑官開決放入江水設以爲險阻以禦盜既而夏潦漲溢荆南復州千餘里皆被其害去年因民訴始塞之乞令知縣遇農隙隨力修補勿致損壞從之

淳熙八年襄陽府守臣郭杲言本府有木渠在中廬縣界擁鄢水東流四十五里入宜城縣後漢南郡太守王寵嘗鑿之以引蠻水謂之木里溝可溉田六千餘頃歲久堙塞乞行修治既而杲又修護城隄以捍江流繼築救生堤爲二牐一通于江一達于濠當水涸時導之入濠水漲時放之于江自是水雖至隄無湍悍泛溢之患焉十年五月詔疏木渠以渠傍地爲屯田尋詔民間侵耕者就給之毋復取慶元二年襄陽守臣程九萬言募工修作鄧城永豐堰可防金兵衝突之患且爲農田灌溉之利三年臣僚言江陵府

去城十餘里有沙市鎮據水陸之衝熙寧中鄭獬作守始築長隄捍水緣地本沙渚當蜀江下流每遇漲潦奔衝沙水相蕩摧圮動輒數十丈見存民屋岌岌危懼乞下江陵府同駐劄副都統制司發卒修築庶幾遠民安堵免被墊溺從之

廣西水靈渠源即離水在桂州興安縣之北經縣郭而南其初乃秦史祿所鑿以下兵於南越者至漢歸義侯嚴出零陵離水即此渠也馬伏波南征之師饟道亦出於此唐寶曆初觀察使李渤立斗門以通漕舟宋初計使邊詡始修之嘉祐四年提刑李師中領

河渠事重闗敎近縣夫千四百人作三十四日乃成紹興二十九年臣僚言廣西舊有靈渠抵接全州大江其渠近百餘里自靜江府經靈川興安兩縣昔年並令兩知縣繫銜兼管靈渠遇堙塞以時疏導秩滿無闕例減舉員兵興以來縣道苟且不加之意吏部差注亦不復繫銜渠日淺澀不勝重載乞令廣西轉運司措置脩復俾通漕運仍俾兩邑令繫銜兼管務要脩治從之

志卷第五十　宋史九十七

志卷第五十一　宋史九十八

開府儀同三司上柱國錄軍國重事中書右丞相監修國史領經筵事都總裁脫脫等奉勅修

禮一 吉禮一

五代之衰亂甚矣其禮文儀注往往多草創不能備一代之典宋太祖興兵間受周禪收攬權綱一以法度振起故弊即位之明年因太常博士聶崇義上重集三禮圖詔太子詹事尹拙集儒學之士詳定之開寶中四方漸平民稍休息乃命御史中丞劉溫叟中書舍人李昉兵部員外郎知制誥盧多遜左司員外郎知制誥扈蒙太子詹事楊昭儉左補闕賈黃中司勳員外郎和峴太子中舍陳鄂撰開寶通禮二百卷本唐開元禮而損益之既又定通禮義纂一百卷太宗尚儒雅勤於治政脩明典章大抵曠廢舉矣真宗承重熙之後契丹既通好天下無事於是封泰山祀汾陰天書聖祖崇奉迭興專置詳定所命執政翰林禮官參領之尋改為禮儀院仍歲增脩纖微委曲緣情稱宜蓋一時彌文之制也自通禮之後其制度儀注傳於有司者殆數百篇先是天禧中陳寬編次禮院所承新舊詔敕不就天聖初王皡始類成書盡乾興

為禮閣新編大率吏文無著述體而本末完具有司便之景祐四年賈昌朝撰太常新禮及祀儀止於慶曆三年皇祐中文彥博又撰大享明堂記二十卷至嘉祐中歐陽脩纂集散失命官設局主通禮而記其變及新禮以類相從為一百卷賜名太常因革禮異於舊者蓋十三四焉熙寧十年禮院取慶曆以後奉祀制度別定祀儀其一留中其二付有司知諫院黃履言郊祀禮樂未合古制請命有司考正群祀詔履與禮官講求以聞元豐元年始命太常寺置局以樞密直學士陳襄等為詳定官太常博士楊完等為檢

討官襄等言國朝大率皆循唐故至於壇壝神位法駕輿輦仗衛儀物亦兼用歷代之制其間情文訛舛多戾於古蓋有規摹苟略因仍既久而重於改作者有出於一時之儀而不足以為法者請先條奏候訓敕以為禮式未幾又命龍圖直學士宋敏求同御史臺閤門禮院詳定朝會儀注總四十六卷曰閤門儀曰朝會禮文曰儀注曰徽號寶冊儀祭祀總百九十一卷曰祀儀曰南郊式曰大禮式曰郊廟奉祀禮文曰明堂祫享令式曰天興殿儀曰四孟朝獻儀曰景靈宮供奉敕令格式曰儀禮敕令格式祈禳總四十卷曰祀賽式曰齋醮式曰金籙儀蕃國總七十一卷曰大遼令式曰高麗入貢儀曰女真排辦儀曰諸蕃進貢令式喪葬總百六十三卷曰葬式曰宗室外臣葬敕令格式曰孝贈式其損益之制視前多矣紹聖而後累詔續編起治平訖政和凡五十一年為書三百卷今皆不傳而大觀初置議禮局於尚書省命詳議檢討官具禮制本末議定請旨三年書成為吉禮二百三十一卷祭服制度十六卷頒焉議禮局請分秩五禮詔依開寶通禮之序政和元年續脩成四百七十七卷且命倣是脩定儀注三年五禮新儀成凡

二百二十卷增置禮直官許士庶就問新儀而詔開封尹王革編類通行者刋本給天下使悉知禮意其不奉行者論罪宣和初有言其煩擾者遂罷之初議禮局之置也詔求天下古器更制尊爵鼎彝之屬其後又置禮制局於編類御筆所於是郊廟禋祀之器多更其舊既有詔討論冠服遂廢韠用履其他無所改議而禮制局亦罷大抵累朝典禮講議最詳祀禮脩於元豐而成於元祐至崇寧復有所增損其存於有司者惟元豐郊廟禮文及政和五禮新儀而已乃若圜丘之罷合祭天地明堂專以英宗配帝悉罷從

祀羣臣大蜡分四郊壽星改祀老人禧祖已祧而復遂為始祖即景靈宮建諸神御殿以四孟薦享虚禘祭去牙槃食郤尊號罷入閤儀并常朝及正衙横行此熙寧元豐變禮之最大者也元祐用后政和冠皇子元符創景靈西宮崇寧親祀方澤作明堂立九廟鑄九鼎祀熒惑大觀受八寶大祀皆前期十日而戒凡此蓋治平以前所未嘗行者欽宗即位嘗詔春秋釋奠改從元豐儀罷新儀不用而未暇也靖康之厄蕩析無餘南渡中興鋭意脩復高宗嘗謂輔臣曰晉武平吳之後上下不知有禮旋致禍亂周禮不秉其

何能國孝宗繼志典章文物有可稱述治平日久經學大明諸儒如王普董弅等多以禮名家當時嘗續編太常因革禮矣淳熙復有編輯之旨其後朱熹講明詳備嘗欲取儀禮周官二戴記為本編次朝廷公卿大夫士民之禮盡取漢晉而下及唐諸儒之説考訂辨正以為當代之典未及成書而沒理宗四十年間屢有意乎禮文之事雖曰崇尚理學所謂禮云禮云玉帛云乎哉蓋可三歎咸淳以降無足言者今因前史之舊芟其繁亂彙為五禮以備一代之制使後之觀者有足徵焉

五禮之序以吉禮為首主邦國神祇祭祀之事凡祀典皆領於太常歲之大祀三十正月上辛祈穀孟夏雩祀季秋大享明堂冬至圜丘祭昊天上帝正月上辛又祀感生帝四立及土王日祀五方帝春分朝日秋分夕月東西太一臘日大蜡祭百神夏至祭皇地祇孟冬祭神州地祇四孟季冬薦享太廟后廟春秋二仲及臘日祭太社太稷二仲九宮貴神中祀九仲春祭五龍立春後丑日祀風師亥日享先農季春巳日享先蠶立夏後申日祀雨師春秋二仲上丁釋奠文宣王上戊釋奠武成王小祀九仲春祀馬祖仲夏

享先牧仲秋祭馬社仲冬祭馬步季夏土王日祀中霤立秋後辰日祀靈星秋分享壽星立冬後亥日祠司中司命司人司禄孟冬祭司寒其諸州奉祀則五郊迎氣日祭岳鎮海瀆春秋二仲享先代帝王及周六廟並如中祀州縣祭社稷奠文宣王祀風雨並如小祀凡有大赦則令諸州祭岳瀆名山大川在境內者及歷代帝王忠臣烈士載祀典者仍禁近祠廟咸加祭有不剋定時日者太卜署預擇一季祠祭之日謂之畫日凡壇壝牲器玉帛饌具齋戒之制皆具通禮後復有高禖大小酺神之屬增大祀為四十二焉

其後神宗詔改定大祀太一東以春西以秋中以夏冬增大蜡爲四東西蜡主日配月太廟月祭朔而中祀四望南北蜡小祀以四立祭司命戶竈中霤門厲行以藏氷出氷祭司寒及月薦新太廟歲通舊祀凡九十二惟五享后廟馬政和中定五禮新儀以熒惑陽德觀帝鼐坊州朝獻聖祖應天府祀大火爲大祀雷神歷代帝王寶鼎牡鼎蒼鼎岡鼎彤鼎阜鼎晶鼎魁鼎會應廟慶成軍祭后土爲中祀山林川澤之屬州縣祭社稷祀風伯雨師雷神爲小祀餘悉如故建炎四年十一月權工部尚書韓肖胄言祖宗以來每

歲大中小祀百有餘所罔敢廢闕自車駕巡幸惟存宗廟之祭至天地諸神之祀則廢而不舉今國步尚艱天未悔禍正宜齋明恭肅通于神明而忽大事弃重禮恐非所以消弭天災導迎景貺雖小祀未可徧舉如天地五帝日月星辰社稷欲詔有司以時舉行所有器服并牲牢禮料恐國用未充難如舊制乞下太常寺相度裁定省繁就簡庶幾神不乏祀仰副陛下昭事懷柔爲民求福之意尋命禮部太常裁定每歲以立春上辛祈穀孟夏雩祀季秋及冬至日四祀天夏至日一祀地立春上辛日祀感生帝立冬後祀

神州地祇春秋二社及臘前一日祭太社太稷免牲玉權用酒脯仍依方色奠幣以輔臣爲初獻禮官爲亞終獻紹興三年復大火祀配以閼伯以辰戌出納之月祀之二十七年禮部太常寺言每歲大祀三十六除天地宗廟社稷感生帝九宮貴神高禖文宣王等已行外其餘並乞寓祠齋宮自紹興以來大祀所行二十有三而已至是乃悉復之

舊制郊廟祝文稱嗣皇帝諸祭稱皇帝著作局準開元禮全稱帝號真宗以兼秘書監李至請改從舊制又諸祭祝辭皆臨事撰進多違典禮乃命至增撰舊

辭八十四首爲正辭錄三卷既復命知制誥李宗諤楊億直史館陳彭年詳定之以爲永式祝版當進署者並命秘閣吏書上親署訖御寶封給之凡先代帝王祝文止稱廟號凡親行大祀則皇子弟爲亞獻終獻五代以來宰相爲大禮使太常卿爲禮儀使御史中丞爲儀仗使兵部尚書爲鹵簿使京府尹爲橋道頓遞使至是大禮使或用親王禮儀使專命翰林學士儀仗鹵簿使亦或以他官太平興國九年始鑄五使印太宗將封泰山以儀仗使兼判橋道頓遞事大中祥符後凡有大禮以中書樞密分爲五使仍特鑄

印景祐二年詔有司皇地祇神州舊常祭官攝事非所以尊神自今命兩省歲九大祠宰臣攝事者祭知政事尚書丞郎學士奉祠於是祭知政事盛度享太廟已受誓戒除知樞密院乃不奉祠又故事三歲一親郊不郊輒代以他禮慶賞與郊同而五使皆以輔臣不以官之高下天聖中乃以翰林學士領儀仗御史中丞領鹵簿始用官次又每歲大祀皆遣臺省近臣攝太尉其後或委他官大中祥符始復舊制又國朝沿唐制以太尉掌誓戒令議太尉三公非其所任請以吏部尚書掌誓戒詔用左僕射闕則用右僕射

刑部尚書一員涖之

熙寧四年參知政事王珪言南郊乘輿所過必勘箭然後出入蹕師行之法不可施於郊祀禮院亦言於是凡車駕出入門皆罷之六年以詳定所請又罷太廟及宣德朱雀南薰諸門勘契又皇帝自大次至版位內臣二人執翟羽前導號曰拂翟失禮尤甚請除之

凡郊壇值雨雪即齋宮門望祭殿望拜祭日不設登歌祀官以公服行事中祀以上皆給明衣

開寶元年十一月郊以燎壇稍遠不聞告燎之聲始用爟火令光明遠照通於祀所

又太廟初獻依開寶例以玉斝玉瓚亞獻以金斝終獻以瓢斝外壇器亦如之慶曆中太常請皇帝獻天地配帝以匏爵亞獻以木爵親祠太廟酌以玉斝亞獻以金斝郊廟飲福皇帝皆以玉斝詔飲福唯用金斝亞終獻酌以銀斝至飲福尚食奉御酌上尊酒投溫器以進

凡常祀天地宗廟皆內降御封香仍製漆匱付光祿司農寺每祠祭命判寺官緘署禮料送祀所凡祈告亦內出香遂為定制嘉祐中裴煜請大祠悉降御封

香中小祠供太府香中祠減大祠之半小祠減中祠之半東西太一宮係大祠歲太府供香非時祈請降御封香準大祠例及皇地祇五方帝百神文宣武成從配神位牲牢寡薄呂公著亦論廟牲未備悉加其數元符元年左司員外郎曾旼言周人以氣臭事神近世易之以香按何佟之議以為南郊明堂用沉香本天之質陽所宜也北郊用上和香以地於人親宜加雜馥令令文北極天皇而下皆用濕香至於衆星之位香不復設恐於義未盡於是每陛各設香又言先儒以為實柴所祀者無玉槱燎所祀者無幣今太

常令式衆星皆不用幣蓋出於此然考典瑞玉人之官皆曰圭璧以祀日月星辰則實柴所祀非無玉矣槱燎無幣恐或未然至是遂命衆星隨其方色用幣慶曆三年禮官余靖言祈穀祀感生帝同日其禮當異不可皆用四圭有邸色尚赤乃定祈穀明堂蒼璧尺二寸感生帝四圭有邸朝日日圭夕月月圭皆五寸從祀神州無玉報社稷兩圭有邸祈不用玉明年祀儀成比通禮多所更定云嘉祐中集賢校理江休復言六典大祀養牲在滌三月祫享日近已踰其期而牲牢未供乞依漢唐置廩犧局下禮院議歲大小

祀幾百數而牲盛之事儲養無素宜如休復言乃置廩犧局設牢預養籍田舊地種植粢盛納于神倉以待祭祀之用元豐六年詳定禮文所言本朝昊天上帝皇地祇太祖位各設三牲非尚質貴誠之義請親祠圜丘方澤正配位皆用犢不設羊豕俎及鼎匕有司攝事亦如之又簠簋尊豆皆非陶器及用龍杓請改用陶以樿為杓又請南北郊先行升煙瘞血之禮至薦奠畢即如舊儀於壇坎燔瘞牲幣又北郊皇地祇及神州地祇當為坎瘞今乃建壇燔燎非是請今祭地祇版牲幣並瘞於坎又祀儀惟昊天上帝皇地

祇高禖燔瘞犢首自感生帝神州地祇而下皆不燔瘞牲體殊不應典禮請自今昊天上帝感生帝皆燔牲首以報陽皇地祇神州太社太稷凡地之祭皆瘞牲之左髀以報陰薦享太廟亦皆升首於室又言古者祭祀用牲有豚解有體解薦腥則解為十一體今親祠南郊正配位之俎不殊左右胖不分貴賤無豚解體解之別請郊廟薦腥解其牲兩髀兩肩兩脅并脊為七體左右胖俱用其載于俎以兩髀左端兩肩兩脅次之脊居中皆進末至薦熟沉肉於湯止用右胖髀不升俎前後肱骨離為三曰肩臂臑後髀股骨

去體離為二曰肫胳前脊謂之正脊次直謂之脡脊關於脡脊謂之橫脊皆二骨脅骨最後二為短脅旁中二為正脅最前二為代脅若升俎則肩臂臑在上端膊胳在下端脊脅在中央其俎之序則肩臂臑正脊脡脊代脅短脅膊胳凡十一體而骨體升俎進神坐前如少牢禮皆進下其牲體各預以半為腥俎半為熟俎腸胃膚俎亦然又請親祠飲福酒訖倣儀禮佐食摶黍之說命太官令取黍于簋摶以授祝祝受以豆以嘏乎皇帝而無嘏辭又本朝親祠南郊習儀於壇所明堂習儀於大慶殿皆近於瀆伏請南郊習

儀於青城明堂習儀於尚書省以遠神爲恭又賜胙三師三公侍中中書令門下中書侍郎尚書左右丞知樞密同知院事禮儀儀仗鹵簿頓遞使牛羊豕肩臂臑各五太子三師三少特進觀文大學士學士御史大夫六尚書金紫銀青光祿大夫節度使資政殿大學士觀文翰林資政端明龍圖天章寶文承旨侍講侍讀學士左右散騎常侍尚書列曹侍郎龍圖天章寶文直學士光祿正議通議大夫御史中丞太子賓客詹事給事中中書舍人節度觀察留後左右諫議龍圖天章寶文待制太中中大夫秘書殿中丞太

常宗正卿牛豕肩臂臑各三入内内侍省押班副都知光祿卿監禮官博士牛羊脊脇各三太祝奉禮司尊彝郊社太廟宮闈令監牲牢供應祠事内官羊髀膊胳三應執事職掌樂工門幹宰手馭馬馭車人並均給脾肫胳骰及腸胃膚之類

慶曆元年判太常寺呂公綽言舊禮郊廟尊罍數皆準古而不實三酒五齊明水明酒有司相承名爲看器郊廟配位惟用祠祭酒分大中祠位二升小祠位一升止一尊酌獻一尊飲福宜詔酒官依法制齊酒分實之壇殿上下尊罍有司毋設空器並如唐制以井水代明水明酒正配位酌獻飲福酒用酒二升者各增二升從祀神位用舊升數

志卷第五十一

志卷第五十二　　宋史九十九

開府儀同三司上柱國錄軍國重事前中書右丞相監修國史領經筵事都總裁脫脫等奉

勑修

禮二吉禮二

南郊

南郊壇制梁及後唐郊壇皆在洛陽宋初始作壇於東都南薰門外四成十二陛三壝設燎壇於內壇之外丙地高一丈二尺設皇帝更衣大次於東壝東門之內道北南向仁宗天聖六年始築外壝周以短垣置靈星門親郊則立表於青城表三壝神宗熙寧七

年詔中書門下參定青城殿宇門名先是每郊撰進至是始定名前門曰泰禋東偏門曰迎禧正東門曰祥曦正西門曰景曜後三門曰拱極內東側門曰夤明西側門曰肅成殿曰端誠殿前東西門曰左右嘉德便殿曰熙成後園門曰寶華著為定式元豐元年二月詔內壝之外衆星位周環每二步植一杙繚以青繩以為限域既而詳定奉祀禮文所言周官外祀皆有兆域後世因之稍增其制國朝郊壇率循唐舊雖儀注具載圜丘三壝每壝二十五步而有司乃以青繩代內壝誠不足以等神位序祀事嚴內外之限

也伏請除去青繩為三壝之制從之徽宗政和三年詔有司討論壇壝之制十月禮制局言壇舊制四成一成二十丈再成十五丈三成十丈四成五丈成高八尺一寸十有二陛陛十有二級三壝二十五步古所謂地上圜丘澤中方丘皆因地形之自然王者建國或無自然之丘則於郊澤吉土以兆壇位為壇之制當用陽數今定為壇三成一成用九九之數廣八十一丈再成用六九之數廣五十四丈三成用三九之數廣二十七丈每成高二十七尺三成總二百七十有六乾之策也為三壝壝三十六步亦乾之策也

成與壝俱三參天地之數也詔行之建炎二年高宗至揚州庶事草創築壇於州南門內江都縣之東南詔東京所屬官吏奉祭器大樂儀仗法物赴行在所紹興十三年太常寺言國朝圜壇在國之東南壇側建青城齋宮以備郊宿今宜於臨安府行宮東南脩建於是遂詔臨安府及殿前司脩建圜壇第一成縱廣七丈第二成縱廣一十二丈第三成縱廣一十七丈第四成縱廣二十二丈一十二陛每陛七十二級每成一十二綴三壝第一壝去壇二十五步中壝去內壝外壝去中壝各半之燎壇方一丈高一丈二尺

開上南出戶方六尺三出陛在壇南二十步丙地其青城及望祭殿與行事陪祠官宿齋幕次並令絞縛更不脩蓋先是張杓為京尹議築齋宮可一勞永逸宇文价曰陛下方經略河南今築青城是無中原也遂罷役

神位元豐元年十一月詳定郊廟奉祀禮文所言按東漢壇位天神從祀者至千五百一十四故外設重營以為等限日月在中營內南道而北斗在北道之西至於五星中宮宿之屬則其位皆中營二十八宿外官星之屬則其位皆外營然則為重營者所以等

神位也唐因隋制設為三壝天神列位不出內壝而御位特設於壇下之東南若夫公卿分獻文武從祀與夫樂架饌幔則皆在中壝之內而大次之設乃在外壝然則為三壝者所以序祀事也景德三年鹵簿使王欽若言漢以五帝為天神之佐今在第一龕天皇大帝在第二龕與六甲岳瀆之類接席帝座天市之尊今與二十八宿積薪騰蛇杵臼之類同在第三龕卑主尊臣甚未便也若以北極帝坐本非天帝蓋是天帝所居則北極在第二帝坐在第三亦高下未等又太微之次少左右執法子星之次少孫星望令

司天監參驗乃詔禮儀使太常禮院司天監檢定之禮儀使趙安仁言按開寶通禮元氣廣大則稱昊天據遠視之蒼然則稱蒼天人之所尊莫過於帝託之於天故稱上帝天皇大帝即北辰耀魄寶也自是星中之尊易曰日月麗乎天百穀草木麗乎土又曰在天成象在地成形蓋明辰象非天草木非地是則天以蒼昊為體不入星辰之列又郊祀錄壇第二等祀天皇大帝北斗天一太一紫微五帝坐差在行位前餘內官諸位及五星十二辰河漢都四十九坐齊列俱在十二陛之間唐建中間司天冬官正郭獻之奏

天皇北極天一太一准天寶敕並合升第一等貞元二年親郊以太常議詔復從開元禮仍為定制郊祀錄又云壇第三等有中宮天市垣帝坐等十七坐並在前開元禮義羅云帝有五坐一在紫微宮一在大角一在太微宮一在心一在天市垣即帝坐者非直指天帝也又得判司天監史序狀天皇大帝一星在紫微勾陳中其神曰耀魄寶即天皇是星五帝乃天帝也北極五星在紫微垣內居中一星曰北辰第一主月為太子第二主日為帝王第三為庶子第四為嫡子第五為天子之樞蓋北辰所主非一又非帝坐

之比太微垣十星有左右執法上將次將之名不可備陳故總名太微垣星經舊載孫星而壇圖止有子星辨其尊卑不可同位竊惟壇圖舊制悉有明據天神定位難以躋升望依星經悉以舊禮爲定欽若復言舊史天文志並云北極北辰最尊者又勾陳口中一星曰天皇大帝鄭玄注周禮謂禮天者冬至祭天皇於北極也後魏孝文禋六宗亦升天皇五帝上按晉天文志帝坐光而潤則天子吉威令行既名帝坐則爲天子所占列于下位未見其可又安仁議以子孫二星不可同位陛下方洽高禖之慶以廣維城之

基茍因前代闕文便爲得禮實恐聖朝茂典尤未適中詔天皇北極特升第一龕又設孫星于子星位次帝坐如故欽若又言帝坐止三紫微太微者已列第二等唯天市一坐在第三等按晉志大角及心中星但云天王坐實與帝坐不類詔特升第二龕舊郊丘神位版皆有司題署命欽若改造之至是欽若奉板便殿壇上四位塗以朱漆金字餘皆黑漆第一等金字第二等黃字第三等以降朱字悉貯漆匣覆以黃縑帊帝降階觀之即付有司又以新定壇圖五帝五岳中鎮河漢合在第三等四年判太常禮院孫奭言

準禮冬至祀圜丘有司攝事以天神六百九十位從祀今惟有五方上帝及五人神十七位天皇大帝以下並不設位且太昊勾芒惟孟夏雩祀季秋大享及之今乃祀於冬至恐未協宜翰林學士晁迥等言按開寶通禮圜丘有司攝事祀昊天配帝五方帝日月五星中官外官衆星總六百八十七位雩祀大享昊天配帝五天帝五人帝五官總十七位方丘祭皇地祇配帝神州岳鎮海瀆七十一位今司天監所設圜丘雩祀明堂方丘並七十位即是方丘有岳瀆從祀圜丘無星辰而反以人帝從祀望如奭請以通禮及

神位爲定其有增益者如後敕從之政和三年議禮局上五禮新儀皇帝祀昊天上帝太史設神位版昊天上帝位于壇上北方南向席以槀秸太祖位于壇上東方南向席以蒲越天皇大帝五帝大明夜明北極九位于第一龕北斗太一帝坐五帝內坐五星十二辰河漢等內官神位五十有四于第二龕二十八宿等中官神位百五十有九于第三龕外宮神位一百有六十于內壝之內衆星三百有六十于內壝之外第一龕席以槀秸餘以莞席皆內向配位太祖乾德元年始有事於南郊自五代以來喪亂相繼典章制

度多所散逸至是詔有司講求遺逸遵行典故以副寅恭之意是歲十一月十六日合祭天地于圜丘初有司議配享請以禧祖升配張昭獻議曰隋唐以前雖追立四廟或六七廟而無徧加帝號之文梁陳南郊祀天皇配以皇考北齊圜丘祀昊天以神武升配隋祀昊天於圜丘以皇考配唐貞觀初以高祖配圜丘梁太祖郊天以皇考烈祖配恭惟宣祖皇帝積累勳伐肇基王業伏請奉以配享從之九年正月詔以四月幸西京有事於南郊自國初以來南郊四祭及感生帝皇地祇神州凡七祭並以四祖迭配太祖親

郊者四並以宣祖配太宗即位其七祭但以宣祖太祖更配是歲親享天地始奉太祖升侑雍熙元年冬至親郊從禮儀使扈蒙之議復以宣祖配四年正月禮儀使蘇易簡言親祀圜丘以宣祖配此則符聖人大孝之道成嚴父配天之儀太祖皇帝光啓丕圖恭臨大寶以聖授聖傳於無窮按唐永徽中以高祖太宗同配上帝欲望將來親祀郊丘奉宣祖太祖同配其常祀祈穀神州明堂以宣祖崇配圜丘北郊雩祀以太祖崇配奏可真宗至道三年十一月有司言冬至圜丘孟夏雩祀夏至方丘請奉太宗配上辛祈穀

季秋明堂奉太祖配上辛祀感生帝孟冬祭神州地祇奉宣祖配其親郊奉太祖太宗並配詔可乾興元年真宗崩詔禮官定遷郊祀配帝乃請祈穀及祭神州地祇以太祖配雩祀及昊天上帝及皇地祇以太宗配感生帝以宣祖配明堂以真宗配親祀郊丘以太祖太宗配奏可景祐二年郊詔以太祖太宗真宗三廟萬世不遷南郊以太祖定配二宗迭配親祀皆侑常祀圜丘皇地祇配以太祖祈穀雩祀神州配以太宗感生帝明堂以宣祖真宗配如舊慶曆元年判太常寺呂公綽言歷代郊祀配位無側向真宗示輔

臣封禪圖曰嘗見郊祀昊天上帝不以正坐盖皇地祇次之今脩登封上帝宜當子位太祖太宗配位宜比郊祀而斜置之其後有司不諭先帝以告成報功酌宜從變之意每郊儀範既引祥符側置之文又載西向北上之禮臨時擇一未嘗考定乃詔南郊祖宗之配並以東方西向為定皇祐五年郊詔自今圜丘三聖並侑嘉祐六年諫官楊畋論水災繇郊廟未順禮院亦言對越天地神無二主唐始用三祖同配後遂罷之皇祐初詔三聖並侑後復迭配未幾復並侑以為定制雖出孝思然頗違經典當時有司失於講

求下兩制議翰林學士王珪等曰推尊以享帝義之至也然尊尊不可以瀆故郊無二主今三后並侑欲以致孝也而適所以瀆乎享帝非無以寧神也請如禮官議七年正月詔南郊以太祖定配高宗建炎二年車駕至揚州築壇於江都縣之東南是歲冬至祀昊天上帝以太祖配度宗咸淳二年將舉郊祀時復議以高宗參配吏部侍郎兼中書門下省檢正洪燾等議以為物無二本事無二初舜之郊嚳商之郊契周郊后稷皆所以推原其始也禮者所以別等差視儀則遠而尊者配於郊近而親者配於明堂明有等

也臣等謂宜如紹興故事奉太宗配將來明堂遵用先皇帝彝典以高宗參侑庶於報本之禮奉先之孝為兩盡其至詔恭依

儀注乾德元年八月禮儀使陶穀言饗廟郊天兩日行禮從祀官前七日皆合於尚書省受誓戒自來一日之内受兩處誓戒有虧虔潔今擬十一月十六日行郊禮望依禮文於八日先受從享太廟誓戒九日別受郊天誓戒其日請放朝參從之自後百官受誓戒於朝堂宗室受於太廟祭之日均用丑時秋夏以一刻春冬以七刻前二日遣官奏告配帝之室儀鸞司設大次小次乃設文武侍臣蕃客之次太常設樂位神位版位等事前一日司尊彝帥其屬以法陳祭器于堂東僕射禮部尚書視滌濯告絜禮部尚書侍郎省牲光祿卿奉牲告充告備禮部尚書視鼎鑊禮部侍郎視腥熟之節祭之旦光祿卿率其屬取籩豆簠簋實之及薦腥禮部尚書帥其屬薦籩豆簠簋戶部兵部工部尚書薦三牲之腥熟俎禮畢各徹而有司受之以出餔後郊社令帥其屬掃除御史按視之奏中嚴外辦以禮部侍郎請解嚴以禮部郎中贊者設亞終獻位於小次之南宗室位於其後設公卿位於

亞終獻之南分獻官位於公卿之後執事者又在其後俱重行西向北上其致福也太牢以牛左肩臂臑折九箇少牢以羊左肩七箇犆豕以左肩五箇有司攝事進胙皆如禮太尉展視以授使者再拜稽首既享大宴號曰飲福自宰臣而下至應執事及樂工馭車馬人等並均給有差以為定式是歲十一月日至皇帝服衮冕執圭合祭天地于圜丘還御明德門樓肆赦仁宗天聖二年詔加真宗謚上謂輔臣曰郊祀重事朕欲就禁中習儀其令禮官草具以聞先郊三日奉謚冊寶于太廟次日薦享玉清昭應景靈宮宿

太廟既享赴青城至大次就更衣壇改服袞冕行事五年郊後擇日恭謝大禮使王曾請飾廟樂帝曰三年一享不敢憚勞也三獻終增禮生七人各引本室太祝升殿徹豆三日又齋長春殿謝玉清昭應宮禮畢賀皇太后比籍田勞酒儀略如元會其恭謝云臣某虔遵舊典郊祀禮成中外協心不勝懽抃宣答曰皇帝德備孝恭禮成嚴配萬國稱頌懽豫增深帝再拜還內樞密使以下稱賀閤門使宣答樞密副使升殿侍立百官稱賀酒三行還內殿受命婦賀司賓自殿側幕次引內命婦於殿庭北向立尚儀奏請皇太

后即御坐司賓贊再拜引班首升自西階稱封號妾某氏等言郊祀再舉福祚咸均凡在照臨不勝忻抃降再拜尚宮承旨降自東階稱皇太后聖旨又再拜司賓宣答曰已成鉅禮歡豫良深皆再拜次外命婦賀如內命婦儀退皆赴別殿賀皇帝惟不致詞不宣答神宗元豐六年十一月二日帝將親郊奉仁宗英宗徽號冊寶于太廟是日晚齋于大慶殿三日薦享于景靈宮齋于太廟四日朝享七室齋于南郊之青城五日冬至祀昊天上帝于圜丘以太祖配是日帝服鞾袍乘輦至大次有司請行禮服大裘被袞冕以

出至壇中壝門外殿中監進大圭帝執以入宮架樂作至午階下版位西向立樂止禮儀使贊曰有司謹具請行事宮架奏景安之樂文舞作六成止帝再拜詣罍洗宮架樂作至洗南北向樂止帝搢圭盥帨訖樂作至壇下樂止升午階登歌樂作至壇上樂止殿中監進鎮圭嘉安樂作詣上帝神坐前北向跪奠鎮圭於繅藉執大圭俛伏興搢圭跪三上香奠玉幣執圭俛伏興再拜內侍舉鎮圭授殿中監樂止廣安樂作詣太祖神坐前東向奠圭幣如上帝儀登歌樂作帝降壇樂止宮架樂作還位西向立樂止禮部尚書戶

部尚書以下奉饌俎宮架豐安樂作奉奠訖樂止再詣罍洗帝搢大圭盥帨洗爵拭爵訖執大圭宮架樂作至壇下樂止升自午階登歌樂作至壇上樂止登歌禧安樂作詣上帝神坐前搢圭跪執爵祭酒三奠訖執圭俛伏興樂止太祝讀冊帝再拜訖樂作次詣太祖神坐前如前儀登歌樂作帝降自午階樂止宮架樂作還位西向立樂止文舞退武舞進宮架正安之樂作樂止亞獻盥帨訖正安樂作禮畢樂止終獻行禮並如上儀獻畢宮架樂作帝升自午階樂止登歌樂作至飲福位樂止禧安樂作帝再拜搢圭跪受

爵祭酒三啐酒奠爵受俎奠俎受搏黍豆再受爵飲
福訖奠爵執圭俛伏興再拜樂作帝降還位如前儀
禮部戶部尚書徹俎豆禮直官曰賜胙行事陪祀官
再拜宮架宴安樂作一成止宮架樂作帝詣望燎位
南向立樂止禮直官曰可燎侯火燎半柴禮儀使跪
奏禮畢宮架樂作帝出中壝門殿中監受大圭歸大
次樂止有司奏解嚴帝乘輿還青城百官稱賀於端
誠殿有司轉仗衛奏中嚴外辦帝服通天冠絳紗袍
乘輿以出至玉輅所侍中跪請降輿升輅帝升輅門
下侍郎奏請進行又奏請少駐宣侍臣乘馬將至宣

德門奏采薺一曲入門樂止侍中請降輅赴幄次有
司奏解嚴帝常服乘輿御宣德門肆赦羣臣稱賀如
常儀初淳化三年將以冬至郊前十日皇子許王薨
有司言王薨在未受誓戒之前準禮天地社稷之祀
不廢詔下尚書省議吏部尚書宋琪等奏以許王薨
謝去郊禮裁十日又詔輟十一日以後五日朝參且
至尊成服百僚皆當入慰有司又以十二十三日受
誓戒接令式受誓戒後不得弔喪問疾今若皇帝既
輟朝而未成服則全爽禮文百僚既受誓而入奉慰
又違令式況許王地居藩戚望著親賢於昆仲為大

宗於朝廷為冢嗣遽茲薨逝朝野同哀伏想聖情豈
勝追念當愁慘之際行對越之儀臣等實慮上帝之
弗歆下民之斯惑況祭天之禮歲有四焉載於禮經
非有差降請以來年正月上辛合祭天地從之神宗
之嗣位也英宗之喪未除是歲當郊帝以為疑以問
講讀官王珪司馬光王安石皆對以不當廢珪又謂
喪三年不祭惟天地社稷為越紼而行事傳謂不敢
以卑廢尊也景德二年真宗居明德太后之喪即易
月而服除明年遂享太廟而合祀天地於圜丘請冬
至行郊廟之禮其服冕車輅儀物音樂緣神事者皆

不可廢詔用景德故事惟郊廟及景靈宮禮神用樂
鹵簿鼓吹及樓前宮架諸軍音樂皆備而不作警場
止鳴金鉦鼓角仍罷諸軍呈閱騎隊故事齋宿必御
樓警嚴幸後苑觀花作水戲至是悉罷之有司言故
事當謁謝於祖宗神御殿獻享月吉禮以禮官攝詔
遣輔臣仍罷詣佛寺是後國有故皆遣輔臣高宗紹
興十二年臣僚言自南巡以來三歲之祀獨於明堂
而郊天之禮未舉來歲乞行大禮詔建圜壇於臨安
府行宮東城之外自是凡六郊焉孝宗隆興二年詔
曰朕恭覽國史太祖乾德詔書有云務從省約無至

勞煩仰見事天之誠愛民之仁所以垂萬世之統者在是今歲郊見可令有司除禮物軍賞其餘並從省約初降詔以十一月行事以冬至適在晦日以至道典故改用獻歲上辛遂改來年元爲乾道乃以正月一日有事南郊禮成進胙于德壽宮以牛腥體肩三臂上臑二導駕官自端誠殿簪花從駕至德壽宮上壽飲福稱賀陳設儀注並同上壽禮皇帝致詞曰皇帝臣某言享帝合宮受天純嘏臣某與百僚不勝大慶謹上千萬歲壽自後郊祀明堂進胙飲福並如上儀光宗紹熙二年十一月郊以值雨行禮于望祭殿帝

遂感疾理宗四十一年一郊而已度宗咸淳二年權工部尚書趙汝暨等奏今歲大禮正在先帝大祥之後臣等竊惟帝王受命郊見天地不可緩也古者有改元即郊不用前郊三年爲計況今適在當郊之歲既踰大祥之期圜丘之祀豈容不舉於是降禮以十一月十七日欵謁南郊適太史院言十六日太陰交蝕遂改來年正月一日南郊行禮太常寺言皇帝既已從吉請依儀用樂其十二月二十九日朝獻景靈宮三十日朝享太廟尚在禫制之內所有迎神奠幣酌獻送神作樂外其盥洗升降行步等樂備而不作

志卷第五十二

志卷第五十三　宋史一百

開府儀同三司上柱國録軍國重事前中書右丞相監修國史領經筵事都總裁臣脫脫等奉

勅修

禮三 吉禮三

北郊　祈穀　五方帝　感生帝

北郊宋初方丘在宫城之北十四里以夏至祭皇地祇別爲壇於北郊以孟冬祭神州地祇建隆以來迭奉四祖崇配二壇太平興國以後但以宣祖太祖更配真宗乃以太宗配方丘宣祖配神州地祇皇祐初禮官言皇地祇壇各再成面廣四丈九尺東西四丈

六尺上成高四尺五寸下成高五尺方五丈三尺陛廣三尺五寸卑陋不應典禮請如唐制增廣之五年諸壇皆改嘉祐配位七十一加羊豕各五慶曆用犢羊豕各一既而諫官司馬光奏大行請謚于南郊而皇地祇止於望告失尊卑之序下禮院定非次祭告皇地祇請差官詣北郊行事其神州之壇方三丈一尺皇祐增高三尺廣四十八步内壝四面以青繩代之仍遣内臣降香有司攝事如儀神宗元豐元年二月郊廟奉祀禮文所言古者祀天於地上之圜丘在國之南祭地于澤中之方丘在國之北其牲幣禮樂亦皆不同所以順陰陽因高下而事之以其類也由漢以來乃有夫婦共牢合祭天地之説殆非所謂求神以類之意本朝親祀上帝即設皇地祇位稽之典禮有所未合遂詔詳定更改以聞於是陳襄王存李清臣張璪黄履陸佃何洵直楊完等議或以當郊之歲冬夏至日分祭南北郊各一日而祀徧或於圜丘之旁別營方丘而望祭或以夏至盛暑天子不可親祭改用十月或欲親郊圜丘之歲夏至日遣上公攝事於方丘議久未決三年翰林學士張璪言先王順陰陽之義以冬至祀天夏至祀地此萬世不可易之

理議者乃欲改用他月無所據依必不得已宜即郊祀之歲於夏至之日盛禮容具樂舞遣冢宰攝事雖未能皆當於禮庶幾先王之遺意猶存焉於是禮官請如璪議設宮架樂文武二舞改製樂章用竹冊匏爵增配帝犢及捧俎分獻官廣壇壝齋宮備定儀注上之既而曾肇言今冬至若罷合祭而夏至又以有司攝事則不復有親祭地祇之時於父天母地之義若有隆殺請遇親祀南郊之歲以夏至日備禮躬款北郊以存事地之義四年四月乃詔親祀北郊並依南郊之儀有故不行即以上公攝事六年禮部太常

寺上親祀儀並如南郊其攝事唯改舞名及不備官其籩豆樂架玉幣之數盡如親祠是歲十一月甲辰冬至祀昊天上帝以太祖配始罷合祭不設皇地祇位哲宗初立未遑親祀有司攝事如元豐儀元祐五年夏至祭皇地祇命尚書右丞許將攝事將言王者父天母地三歲冬至天子親祠徧享宗廟祀天圜丘而夏至方澤之祭乃止遣上公則皇地祇遂永不在親祠之典此大闕禮也望博詔儒臣講求典故明正祀典為萬世法禮部尚書趙彥若請依元豐所定郊祀之歲親祀方丘及攝事已合禮之正更不須聚議

禮部郎中崔公度請用陳薦議仍合祭天地從祀百神復詔尚書侍郎兩省及侍從臺諫禮官集議於是翰林學士顧臨等八人請合祭如故事俟將來親祠北郊則合祭可罷宋興一祖六宗皆合祭天地其不合祭者惟元豐六年一郊爾去所易而就所難廬地祇之大祭失今不定後必悔之吏部侍郎范純禮等二十二人皆主北郊之議中書舍人孔武仲又請以孟冬純陰之月請北郊親祠如神州地祇之祭彭汝礪曾肇復上疏論合祭之非文多不載九月三省上顧臨等議太皇太后曰宜依仁宗皇帝故事呂大防

言諸儒獻議欲南郊不設皇地祇位於祖宗之制未覩其可范百祿以圜丘無祭地之禮記曰有其廢之莫可舉也先帝所廢稽古據經未可輕改大防又言先帝因禮文所建議遂令諸儒定北郊祀地之禮然未經親行今皇帝臨御之始當親見天地而獨不設地祇位恐亦未安況祖宗以恩霈四方慶賚將士非三歲一行則國力有限今日宜為勉行權制俟北郊議定及太廟享禮行之未晚太皇太后以大防之言為是而蘇頌鄭雍皆以古者人君嗣位之初必郊見天地今皇帝初郊而不祀地恐未合古乃下詔曰國

家郊廟特祀祖宗以來命官攝事惟三歲一親郊則先享清廟冬至合祭天地于圜丘元豐間有司援周制以合祭不應古義先帝乃詔定親祀北郊之儀未之及行是歲郊祀不設皇地祇位而宗廟之享率如權制朕方脩郊見天地之始其冬至日南郊宜依熙寧十年故事設皇地祇位以嚴並況之儀厥後躬行方澤之祀則備元豐六年五月之制俟郊禮畢集官詳議典禮以聞十一月冬至親祠南郊遂合祭天地而詔罷飲福宴八年禮部尚書蘇軾復陳合祭六議令禮官集議以聞已而下詔依元祐七年故事合祭

天地于南郊仍罷集議紹聖元年以右正言張商英言先帝制詳定禮文所謂合祭非古据經而正之元祐之臣乃復行合祭請再下禮官議御史中丞黃履謂南郊合祭因王莽諂事元后遂躋地位同席共牢逮先帝親郊大臣以宣仁同政復用莽意合祀瀆亂典禮帝以詢輔臣章惇曰北郊止可謂之社黃履曰郊者交於神明之義所以天地皆稱郊社者土之神爾豈有祭大祇亦可謂之社乎乃以履奏送禮部太常寺權禮部侍郎盛陶太常丞王誼等言宜用先帝北郊儀注以時躬行罷合祭禮已而三省言合祭既

非禮典但盛夏祭地祇必難親行詔令兩省臺諫禮官同議可親祀北郊然後罷合祭之禮曾布錢勰范純禮韓宗師王古井亮采常安民李琮虞策劉定傅楫黃裳豐稷葉祖洽等言互有是否蔡京林希蔡卞黃履吳安持晁端彥翟思郭知章劉拯黃慶基董敦逸等請罷合祭詔從之然北郊親祀終帝之世未克舉云建中靖國元年命禮部太常寺詳定北郊儀制殿中侍御史彭汝霖又請改合祭之禮韓忠彥以為不可曾布力主北郊之說帝亦然之遂罷合祭政和三年詔禮制局議方壇制度是歲新壇成初元豐三

年七月詔改北郊圜壇為方丘六年命禮部太常定北郊壇制哲宗紹聖三年權尚書侍郎黃裳等言南郊青城至壇所五百一十八步自瑞聖園至皇地祇壇之東壇五百五十六步相去不遠其壇係國初所建神靈顧享已久元豐間有司請地祇神州並為方壇壇之外為坎詔止改圜壇為方請下有司比類南郊增飾制度除治四面稍令低下以應澤中之制詔禮部再為詳定指畫興築至是禮制局言方壇舊制三成第一成高三尺第二成第三成皆高二尺五寸上廣八丈下廣十有六丈夫圜壇既則象於乾則方壇當

效法於坤今議方壇定為再成一成廣三十六丈再成廣二十四丈每成崇十有八尺積三十六尺其廣與崇皆得六六之數以坤用六故也為四陛陛為級一百四十有四所謂坤之策百四十有四者也為再壝壝二十有四步取坤之策二十有四也成與壝俱再則兩地之義也齋宮大內門曰廣禋東偏門曰東秩西偏門曰西平正東門曰含光正西門曰咸亨正北門曰至順南內大殿門曰厚德東曰左景華西曰右景華正殿曰厚德便殿曰受福曰坤珍曰道光亭曰承休後又增四角樓為定式其神位崇寧初禮部

員外郎陳暘言五行於四時有帝以爲之主必有神以爲之佐今五行之帝既從享於南郊第一成則五行之神亦當列於北郊第一成天莫尊於上帝而五帝次之地莫尊於大祇而嶽帝次之今尚與四鎮海瀆並列請升之於第一成至是議禮局上新儀皇地祇位於壇上北方南向席以槀秸太祖皇帝位於壇上東方西向席以蒲越木神句芒東嶽於壇第一龕東鎮海瀆於第二龕東山林川澤於壇下東丘陵墳衍原隰於內壝之内皆在卯階之北以南爲上神州地祇火神祝融南嶽於壇第一龕南鎮海瀆於第二

龕南山林川澤於壇下南丘陵墳衍原隰於内壝之内皆在午階之東以西爲上土神后土中嶽於壇第一龕中鎮於第二龕中山林川澤於壇下中丘陵墳衍原隰於内壝之内皆在午階之西以西爲上金神蓐收西嶽於壇第一龕西鎮海瀆於第二龕崐崙西山林川澤於壇下西丘陵墳衍原隰於内壝之内皆在酉階之南以北爲上水神玄冥北嶽於壇第一龕北鎮海瀆於第二龕北山林川澤於壇下北丘陵墳衍原隰於内壝之内皆在子階之西以東爲上神州地祇席以槀秸餘以莞席皆内向其餘並如元豐儀

壇壝之制其位板之制上帝位板長三尺取參天之數厚九寸取乾元用九之數廣尺二寸取天之備數書徽號以蒼色取蒼璧之義皇地祇位板長二尺取兩地之數厚六寸取坤元用六之數廣一尺取地之成數書徽號以黄色取黄琮之義皆以金飾配位板各如天地之制又言大禮格皇地祇玉用黄琮神州地祇五嶽以兩圭有邸今請二者並施於皇地祇求神以黄琮薦獻以兩圭有邸神州惟用圭邸餘不用玉琮之制當用坤數宜廣六寸爲八方而不剡兩圭之長宜共五寸並宿一邸色與琮同牲幣如之又言常

祭地祇配位各用冰鑑一今親祀盛暑請增正配及從祀位冰鑑四十一並從之四年五月夏至親祭地于方澤以皇弟燕王俁爲亞獻越王偲爲終獻皇帝散齋七日于别殿致齋七日于内殿一日於齋宫前一日告配太祖室其有司陳設及皇帝行事並如郊祀之儀是後七年至宣和二年五年親祀者凡四高宗紹興初惟用酒脯鹿臡行一獻禮二年太常少卿程瑀言皇地祇當一依祀天儀式詔從之又言國朝祀皇地祇設位於壇之北方南向政和四年設於南方北向今北面望祭北向爲難且於經典無據請仍南

向淳熙中朱熹為先朝南北郊之辯曰禮郊特牲而社稷太牢書用牲于郊牛二及社于新邑此明驗也本朝初分南北郊後復合而為一周禮亦只說祀昊天上帝不說祀后土故先儒言無北郊祭社即是祭地古者天地未必合祭日月山川百神亦無一時合祭共享之禮古之時禮數簡而儀從省必是天子躬親行事豈有祭天却將上下百神重沓累積併作一祭耶且郊壇陛級兩邊上下皆是神位中間恐不可行或問郊祀后稷以配天宗祀文王以配上帝帝即是天天即是帝却分祭何也曰為壇而祭故謂之天

祭於屋下而以神祇祭之故謂之帝

祈穀雩祀宋之祀天者凡四孟春祈穀孟夏大雩皆於圜丘或別立壇季秋大饗明堂惟冬至之郊則三歲一舉合祭天地焉開寶中太祖幸西京以四月有事南郊躬行大雩之禮淳化至道太宗亦以正月躬行祈穀之祀悉如圜丘之禮景德三年龍圖閣待制陳彭年言伏覩畫日來年正月三日上辛祈穀至十日始立春按月令正月元日注為祈穀郊祀昊天上帝春秋傳曰啓蟄而郊郊而後耕蓋春氣初至農事方興郊祀昊天以祈嘉穀當在建寅之月迎春之後自晉泰始二年始用上辛不擇立春之先後齊永明元年立春前郊議欲遷日王儉曰宋景平元年元嘉六年並立春前郊遂不遷日具操之云應在立春前然則左氏所記乃三代彝章王儉所言乃後世變禮來年正月十日立春三日祈穀斯則襲王儉之末議違左氏之明文望以立春後上辛行祈穀禮因詔有司詳定諸祠祭祀有司言今年四月五日雩祀上帝十三日立夏祀赤帝按月令立夏之日天子迎夏于南郊注云為祀赤帝於南郊又云是月也大雩注云春秋傳曰龍見而雩龍星謂角亢也立夏後昏見於

東方按五禮精義云自周以來歲星差度今之龍見或在五月以祈甘雨於時已晚但四月上旬卜日今則惟用攺朔不待得御祭於立夏之前殊違舊禮之意苟或龍見於仲夏雩祀於季春相去遼闊於禮未周欲請並■於立夏後卜日如立夏在三月則待攺朔天禧元年十二月禮儀院言準畫日來年正月十七日祈穀前二日奏告太祖室緣歲以正月十五日朝拜玉清昭應宮景德四年以前祈穀止用上辛其後用立春後辛日蓋當時未有朝拜宮觀禮王儉啓云近代明例不以先郊後春為嫌又宋武朝有司奏

魏代郊天值雨更用後辛或正月上辛事有相妨並許互用在於禮典固亦無嫌初祈穀大雩皆親祀上帝由熙寧迄靖康惟有司攝事而已元豐中禮官言昊天上帝止用犢一請依雩祀大享明堂牲牢儀用犢羊豕各一四年十月詳定郊廟奉祀禮文所言近詔宗祀明堂以配上帝其餘從祀羣神悉罷今祈穀大雩猶循舊制皆羣神從祀恐與詔旨相戾請孟春祈穀孟夏大雩惟祀上帝以太宗皇帝配餘從祀羣神悉罷又請改築雩壇於國南門以嚴祀事並從之

五年七月禮部言雩壇當立於圜丘之左巳地其高一丈廣輪四丈周十二丈四出陛爲三壝各二十五步周垣四門一如郊壇之制從之大觀四年二月禮局議以立春後上辛祈穀詔以今歲孟春上辛在丑次辛在亥遇丑不祈而祈於亥非禮也乃不果行政和祈穀儀前期降御札以來年正月上辛祈穀祀上帝前祀十日太宰讀誓於朝堂刑部尚書涖之少宰讀誓於太廟齋房刑部侍郎涖之皇帝散齋七日致齋三日前祀一日服通天冠絳紗袍乘玉輅詣青城祀日自齋殿服通天冠絳紗袍乘輿至大次服衮冕

執圭入正門宮架儀安之樂作禮儀使奏請行事宮架作景安之樂帝臨降康之舞六成止太常升烟禮儀使奏請再拜盥洗升壇上登歌嘉安之樂作皇帝搢大圭執鎮圭詣上帝神位前北向奠鎮圭於繅藉執大圭俛伏興又奏請搢大圭跪受玉幣奠訖詣太宗神位前東向奠幣如上儀登歌作仁安之樂皇帝降階有司進熟禮儀使奏請執大圭升壇登歌歆安之樂作皇帝詣上帝神位前酌獻執爵祭酒讀冊文訖奏請皇帝再拜詣太宗神位前酌獻並如上儀登歌作紹安之樂皇帝降階入小次文舞退武舞進宮

架容安之樂作亞獻酌獻宮架作隆安之樂神保錫羨之舞終獻如之禮儀使奏請皇帝詣飲福位宮架禧安之樂作皇帝受爵又請再拜有司徹俎登歌成安之樂作送神宮架景安之樂作皇帝詣望燎位禮畢還大次雩祀上帝儀亦如之惟太宗神位奠幣作獻安之樂酌獻作感安之樂南渡後以四祀二在南郊圜壇三在城西惠照院齋宮紹興十四年始具樂舞用政和儀增籩豆之數乾道五年太常少卿林栗乞四祭並即圜壇禮部侍郎鄭聞謂明堂當從屋祭不當在壇有司攝事當於望祭殿行禮從之淳熙十

六年光宗受禪始奉高宗配焉

五方帝宋因前代之制冬至祀昊天上帝于圜丘以五方帝日月五星以下諸神從祀又以四郊迎氣及土王日專祀五方帝以五人帝配五官三辰七宿從祀各建壇于國門之外青帝之壇其崇七尺方六步四尺赤帝之壇其崇六尺東西六步三尺南北六步二尺黄帝之壇其崇四尺方七步白帝之壇其崇七尺方七步黑帝之壇其崇五尺方三步七尺天聖中詔太常葺四郊宮以府監遣吏齋祭服就給祠官光禄進胙監祭封題慶曆用羊豕各一正位大尊著尊

各二不用犧尊增山罍爲二壇上簠簋俎各增爲二皇祐定壇如唐郊祀録各廣四丈其崇用五行八七五九六爲尺數嘉祐加羊豕各二元祐六年知開封府范百禄言每歲迎氣於四郊祀五帝配以五神國之大祠也古者天子皆親帥三公九卿諸侯大夫以虔恭重事而導四時之和氣焉今吏所差三獻皆常參官其餘執事贊相之人皆班品卑下不得視中祠行事者之例請下禮部與太常議宜以公卿攝事從之景德中南郊鹵簿使王欽若言五方帝位板如靈威仰赤熛怒含樞紐白招拒叶光紀恐是五帝之名理當恭避禮官言開寶通禮義纂五者皆是帝號漢書注自有名即蒼帝靈符赤帝文祖白帝顯紀黑帝玄矩黄帝神斗是也既爲美稱不煩回避嘉祐元年以集賢校理丁諷言按春秋文耀勾爲五帝之名始下太常去之其祀儀皇帝服衮冕祀黑帝則服裘被衮配位登歌作承安之樂餘並如祈穀禮立春祀青帝以帝太昊氏配勾芒氏歲星三辰七宿從祀勾芒位壇下卯階之南歲星析木大火壽星位壇下子階之東西上角亢氐房心尾箕宿位于壇下子階之西東上立夏祀赤帝以帝神農氏配祝融氏熒惑三辰七宿從祀祝融位壇下卯階之南熒惑鶉首鶉火鶉尾位子階之東西上井鬼柳星張翼軫宿位于壇下

子階之西東上季夏祀黄帝以黄帝氏配后土鎮星從祀后土位壇下卯階之南鎮星位壇下子階之東立秋祀白帝以帝少昊氏配蓐收太白三辰七宿從祀蓐收位壇下卯階之南太白大梁降婁實沈位壇下子階之東西上奎婁胃昴畢觜參宿位于子階之西東上立冬祀黑帝以帝高陽氏配玄冥辰星三辰七宿從祀玄冥位壇下卯階之南辰星娵訾玄枵星紀位子階之東西上斗牛女虛危室壁宿位子階之西東上紹興仍舊制祀五帝于郊

感生帝即五帝之一也帝王之興必感其一北齊隋唐皆祀之而隋唐以祖考升配宋因其制乾德元年太常博士聶崇義言皇帝以火德上承正統請奉赤

帝為感生帝每歲正月別壇而祭以符火德事下尚書省集議請如崇義奏乃酌隋制為壇于南郊高七尺廣四丈日用上辛配以宣祖牲用騂犢二玉用四圭有邸幣如方色明年正月有司言上辛祀昊天上帝五方帝從祀今既奉赤帝為感生帝一日之內兩處俱祀似為煩數況同時並祀在禮非宜昊天從祀請不設赤帝坐從之乾興元年九月太常丞同制禮院謝絳言伏覩本院與崇文院檢討官詳定以宣祖配感生帝竊尋宣祖非受命開統義或未安唐武德初圜丘方丘雩祀並以景帝配祈穀大享並以元帝

配太宗初奉高祖配圜丘明堂北郊元帝配感生帝高宗永徽二年祀高祖於圜丘祀太宗於明堂兼感生帝作主又以景帝元帝稱祖萬代不遷停配以符古義臣以為景帝厥初受封為唐始祖蓋與宣帝不侔宣祖於唐是為元帝之比唐有天下裁越三世而景元二祖已停配典有宋受命既自太祖于今四聖而宣祖侑祀未停恐非往典之意請依永徽故事停宣祖配仍用太宗故事宗祀真宗於明堂兼感生帝作主若據鄭氏說則曰五帝迭王王者因所感別祭尊於南郊以祖配之今若不用武德永徽故事請以

太祖兼配正符鄭說詳鄭之意非受命始封之祖不得配故引周后稷配靈威仰之義為證惟太祖始造基業躬受符命配侑感帝處理甚明如恐祠日相妨當以太宗配祈穀太祖配雩祀亦不失尊嚴之旨臣以為宣廟非惟不遷而迭用配帝於古為疑禮祖有功宗有德但非受命之祖親盡必毀況配享乎翰林承旨李維等議按禮祭法正義曰郊謂夏正建寅之月祭感生帝於南郊此則崇配之文也竊惟感帝比祈穀禮秩差輕宣祖比太祖功業有異今以太祖配祈穀宣祖配感帝稱情立文於禮斯協詔從所定其

祀儀皇帝散齋七日致齋三日太史設帝位於壇上北方南向席以藁秸配帝位于壇上東方西向席以蒲越配位奠幣作皇安之樂酌獻作肅安之樂餘如祈穀祀上帝儀紹興十八年臣僚言我朝祀赤帝為感生帝世以僖祖配之祖宗以來奉事尤謹故子孫衆多與天無極中興浸久祀秩咸備惟感生帝有司因循尚淹小祀寓於招提酒脯而已宜詔有司升為大祀庶幾天意潛孚永錫蕃衍詔禮官議之遂躋大祀禮行三獻用籩豆十二設登歌樂舞望祭於齋宮

志卷第五十三

開府儀同三司上柱國錄軍國重事前中書右丞相監修國史領經筵事都總裁臣脫脫等奉

敕修

禮四　吉禮四

明堂

明堂宋初雖有季秋大享之文然未嘗親祠命有司攝事而已真宗始議行之屬封岱宗祀汾陰故亦未遑皇祐二年三月仁宗謂輔臣今年冬至日當親祀圜丘欲以季秋行大享明堂禮然自漢以來諸儒各為論議駁而不同夫明堂者布政之宮朝諸侯之位天子之路寢乃今之大慶殿也況明道初合祀天地於此今之親祀不當因循尚於郊壇寓祭也其以大慶殿為明堂分五室於內仍詔所司詳定儀注以聞禮院請依周禮設五室於大慶殿舊禮明堂五帝位皆為幔室今旁帷上幕宜用青繒朱裏四戶八牖赤綴戶白綴牖宜飾以朱白繒詔曰祖宗親郊合祭天地祖宗並配百神從祀今祀明堂正當親郊之期而禮官所定祭天不及地祇配坐不及祖宗未合三朝之制且移郊為大享蓋亦為民祈福宜合祭皇地祇奉太祖太宗真宗並配而五帝神州亦親獻之日月河海

諸神悉如圜丘從祀之數禮官議諸神位未決帝諭文彥博等曰郊壇第一龕者在堂第二第三龕設於左右夾廡及龍墀上在壝內外者列於堂東西廂及後廡以象壇壝之制仍先繢圖令輔臣禮官視設神位昊天上帝堂下山罍各四皇地祇大尊著尊犧尊山罍各二在堂上室外神坐左象尊二壺尊二山罍四在堂下中陛東三配帝五方帝山罍各二於室外神坐左神州大尊著尊山罍各二在堂上神坐左牲各用一犢毛不能如其方以純色代籩豆數用大祠日月天皇大帝北極大尊各二在殿上神坐左籩豆數用中祠五官數用小祠內官象尊各二每方岳鎮海瀆山尊各二在堂左右中官壺尊各二在冊墀龍墀上外官每方丘陵墳衍原隰概尊各二衆星散尊各二在東西廂神坐左右配帝席蒲越五人帝莞北極以上藁秸加褥五官五星以下莞不加褥餘如南郊景靈宮升降置黃道褥位致齋日陳法駕鹵簿儀仗壝門大次之後設小次知廟卿酌奠七祠文臣分享奉慈后廟近侍宿朝堂行事及從升堂百官分宿昇龍門外內庭省司宿本所諸方客宿公館設宿爟火於望燎位東南牲增四犢羊豕依郊各十六以薦

從祀帝謂前代禮有祭玉燔玉今獨有燔玉命擇良玉爲琮璧皇地祇黃琮黃幣神州兩圭有邸黑幣日月圭璧皆置神坐前燔玉加幣上五人帝五官白幣日月內官以下幣從方色九月二十四日未漏上水一刻百官朝服齋于文德殿明日未明二刻鼓三嚴帝服通天冠絳紗袍玉輅警蹕赴景靈宮即齋殿易衮圭薦享天興殿畢詣太廟宿齋其禮具太廟未明三刻帝鞾袍小輦殿門契勘門下省奉寶輿先入及大次易衮圭入至版位樂舞作沃盥自大階升禮儀使導入太室詣上帝位奠玉幣於神坐次皇地祇五

方帝神州次祖宗奠幣酌獻之叙亦然皇帝降自中階還版位樂止禮生引分獻官奉玉幣祝史齋郎助奠諸神坐乃進熟諸太祝迎上帝皇地祇饌升自中階青帝赤帝神州配帝大明北極太昊神農氏饌升自東階黃帝白帝黑帝夜明天皇大帝軒轅少昊高陽氏饌升自西階內中官五官外官五星諸饌隨便升設亞獻將升禮生分引獻官俱詣罍洗各由其階酌獻五人帝日月天皇北極下及左右夾廡丹墀龍墀庭中五官東西廂外官衆星坐禮畢帝還大次解嚴改服乘輦御紫宸殿百官稱賀乃常服御宣德門肆

赦文武內外官遞進官有差宣制畢宰臣百僚賀于樓下賜百官福胙及內外致仕文武升朝官以上粟帛羊酒嘉祐七年七月詔復有事於明堂有司言皇祐參用南郊百神之位不應祭法宜如隋唐舊制設昊天上帝五方帝位以真宗配而五人帝五官神從祀皆罷又前一日親享太廟當停孟冬之薦考詳典禮宗廟時祭未有因嚴配而輟者今明堂去孟冬畫日尚遠請復薦廟前者祖宗並侑今用典禮獨配前者地祇神州並享今以配天而罷是皆變於禮中之大者也開元開寶二禮五帝無親獻儀舊禮先詣昊

天奠獻五帝並行分獻以侍臣奠幣皇帝再拜次詣真宗神坐於禮爲允而帝欲盡恭於祀事五方帝位並親獻焉朝廟用犢一羊七豕七昊天上帝配帝犢各一羊豕各二五方五人帝共犢五豕五羊五五官從祀共羊豕十英宗即位禮官議仁宗配明堂知制誥錢公輔等言孝經曰昔者周公郊祀后稷以配天宗祀文王於明堂以配上帝又曰孝莫大於嚴父嚴父莫大於配天則周公其人也以周公言之則嚴父以成王言之則嚴祖方是時政則周公祭則成王亦安在必嚴其父哉我將之詩是也真宗則周之武王

仁宗則周之成王雖有配天之業而無配天之祭未聞成康以嚴父之故廢文王配天之祭而移之以孔子之心推周公之祭則嚴父也以周公之心攝成王之祭則嚴祖也嚴祖嚴父其義一也漢明始建明堂以光武配當始配之代適符嚴父之說章安二帝亦弗之變最為近古而合乎禮唐中宗時則以高宗配在玄宗時則以睿宗配在永泰時則以肅宗配禮官不能推明經訓務合古初反雷同其論以惑時主延及於今牢不可破真宗嗣位之初儻有建是論者則配天之祭常在乎太宗矣願詔有司博議使配天之祭不繆於嚴父而嚴父之道

不專乎配天觀文殿學士孫抃等曰易稱先王作樂崇德薦之上帝以配祖考蓋祖考並可配天符於孝經之說不可謂必嚴其父也祖考皆可配郊與明堂而不同位不可謂嚴祖嚴父其義一也雖周家不聞廢文配而移於武廢武配而移於成然易之配考孝經之嚴父歷代循守不為無說魏明帝祀文帝於明堂以配上帝史官謂是時二漢之制具存則魏所損益可知亦不可謂章安之後配祭無傳遂以為未嘗嚴父也唐至本朝講求不為少所以不敢異者舍周孔之言無所本也今以為我將之詩祀文王於明堂而歌者安知非

孔子刪詩存周全盛之頌被於管弦者獨取之也仁宗繼體守成置天下於泰安四十二年功德可謂極矣今祔廟之始抑而不得配帝甚非所以宣章嚴父之大孝諫官司馬光呂誨曰孝子之心孰不欲尊其父聖人制禮以為之極不敢踰也詩曰思文后稷克配彼天又我將祀文王於明堂下此皆不見於經前漢以高祖配天後漢以光武配明堂以是觀之自非建邦啓土造有區夏者皆無配天之文故雖周之成康漢之文景明章德業非不美也然而不敢推以配天避祖宗也孔子以周公有聖人之德成太平之業

制禮作樂而文王適其父故引以證聖人之德莫大於孝答曾子非謂凡有天下者皆當尊其父以配天然後為孝也近代祀明堂者皆以其父配上帝此乃誤釋孝經之義而違先王之禮也景祐中以太祖為帝者之祖比周之后稷太宗真宗為帝者之宗比周之文武然則祀真宗於明堂以配上帝亦未失古禮仁宗雖豐功美德洽於四海而不在二祧之位議者乃欲舍真宗而以仁宗配恐於祭法不合詔從抃議御史趙鼎請遷太宗配雩祭太宗配祈穀神州用唐故事學士王珪等以為天地大祭有七皆以始封

受命創業之君配神作主明堂用古嚴父之道配以近考故在真宗時以太宗配在仁宗時以真宗配今則以仁宗配仁宗始罷太宗明堂之配太宗先已配雩祀祈穀及神州之祭本非遞遷今明堂既用嚴父之道則真宗配天之祭於禮當罷不當復分雩祭之配也治平四年九月大享明堂以英宗配元豐詳定禮文所言祀帝南郊以天道事之則雖配帝用犢禮所謂帝牛不吉以為稷牛是也享帝明堂以人道事之則雖天帝用太牢詩所謂我將我享維羊維牛是也自梁用特牛隋唐因之皆用特牲非所謂以人道享

上帝之意也皇祐熙寧所用犢與羊豕皆未應禮今親祠上帝配帝五方帝五人帝請用牛羊豕各一太常禮院言今歲明堂尚在慈聖光獻皇后三年之内請如熙寧元年南郊故事惟祀事用樂鹵簿鼓吹宮架諸軍音樂皆備而不作警場止鳴金鉦鼓角而已自是凡國有故皆用此制六月詔曰歷代以來合宮所配雜以先儒六天之說朕甚不取將來祀英宗皇帝於明堂惟以配上帝餘從祀群神悉罷詳定所言按周禮有稱昊天上帝有稱上帝有稱五帝者一帝而已將來祀英宗於明堂合配昊天上帝及五帝欲以

此修入儀注并據知太常禮院趙君錫等狀按周官掌次職曰王大旅上帝則張氈案祀五帝則設大次小次又司服職曰祀昊天上帝則服大裘而冕祀五帝亦如之明上帝與五帝異則宗祀文王以配上帝者非可兼五帝也自鄭氏之學興乃有六天之說而事非經見晉泰始初論者始以為非遂於明堂惟設昊天上帝一坐而已唐顯慶禮亦然請如詔祀英宗於明堂惟配上帝以稱嚴父之意又請以莞席代稾秸蒲越以玉爵代匏爵其豆登簠簋俎尊罍並用宗廟之器第以不祼不用彝瓚罷爟火及設褥

上帝席以稾秸配帝席以蒲越皆加褥其上飲福受胙俟終三獻並從之監察御史裏行王祖道言前詔以六天之說為非古今復欲兼祀五帝是亦六天也禮官欲去四圭而廢祀神之玉殊失事天之禮望復舉前詔以正萬世之失仍并詔詳定合用圭璧詳定所言宋朝祀天禮以蒼璧則燎玉亦用蒼璧禮神以四圭有邸則燎玉亦用四圭有邸而議者欲以蒼璧禮神以四圭有邸從燎義無所主開寶開元禮祀昊天上帝及五帝於明堂禮神燔燎皆用四圭有邸今詔唯祀上帝則四圭有邸

自不當設宜如南郊禮神燔燎皆用蒼璧又請宿齋於文德殿祭之旦服通天冠絳紗袍至大次改祭服行事如郊廟之禮先是三省言按天聖五年南郊故事禮畢行勞酒之禮如元會儀今明堂禮畢請太皇太后御會慶殿皇帝於簾內行恭謝禮百僚稱賀訖升殿賜酒太皇太后不許詔將來明堂禮畢更不受賀百官並於內東門拜表九月辛巳大享于明堂禮畢詣景靈宮及諸寺觀行恭謝禮元符元年尚書左丞蔡卞言每歲大享明堂即南郊望祭殿行禮制度隘窄未足以仰稱嚴事之意今新作南郊齋宮端誠

殿實天子潔齋奉祠及見群臣之所高明邃深可以享神即此行禮於義為合初元豐禮官以明堂寓大慶路寢別請建立以盡嚴奉而未暇講求至是蔡京為相始以庫部員外郎姚舜仁明堂圖議上詔依所定營建明年正月以彗出東方罷大觀元年九月辛亥大享于明堂猶寓大慶殿政和五年詔宗祀明堂以配上帝寓於寢殿禮蓋云闕崇寧之初嘗詔建立去古既遠歷代之模無足循襲朕剌經稽古度以九筵分其五室通以八風上圓下方參合先王之制相方視址于寢之南僝工鳩材自我作古以稱朕昭事上

帝率見昭考之心既又以言者明堂基宜正臨丙方近東以據福德之地乃徙秘書省宣德門東以其地為明堂又詔明堂之制朕取考工互見之文得其制作之本夏后氏曰世室脩二七廣四脩一五室三四步四三尺九階四旁兩夾窻考夏后氏之制名曰世室又曰堂者則世室非廟堂脩二七廣四脩一則度以六尺之步其堂脩十四步廣十七步之半又曰五室三四步四三尺者四步益四尺中央土室也三步益三尺木火金水四室也每室四戶戶兩夾窻此夏制也商人重屋堂脩七尋崇三尺四阿重屋而又曰堂者非寢

也度以八尺之尋其堂脩七尋又曰四阿重屋阿者屋之曲也重者屋之複也則商人有四隅之阿四柱複屋則知下方也周人明堂度以九尺之筵三代之制不相襲夏曰世室商曰重屋周曰明堂則知皆室也東西九筵南北七筵堂崇一筵五室凡室二筵者九筵則東西長七筵則南北狹所以象天則知上圓也名不相襲其制則一唯步尋筵廣狹不同而已朕益世室之度兼四阿重屋之制度以九尺之筵上圓象天下方法地四戶以合四序八窻以應八節五室以象五行十二堂以聽十二朔九階四阿每室四戶

夾以八窻享帝嚴父聽朔布政于一堂之上於古皆合其制大備宜令明堂使司遵圖建立於是內出圖式宣示于崇政殿命蔡京為明堂使開局興工日役萬人京言三代之制脩廣不相襲夏度以六尺之步商度以八尺之尋而周以九尺之筵世每近制每廣今若以二筵為太室方一丈八尺則室中設版位禮器已不可容理當增廣今從周制以九尺之筵為度太室脩四筵三丈六尺廣五筵四丈五尺共為九筵木火金水四室各脩三筵益四五三丈一尺五寸廣四筵三丈六尺共七筵益四尺五寸十二堂古無脩廣之數今亦廣以九尺

之筵明堂玄堂各脩四筵三丈六尺廣五筵四丈五尺左右箇各脩廣四筵三丈六尺青陽總章各脩廣四筵三丈六尺左右箇各脩四筵三丈六尺廣三筵益四五三丈一尺五寸四阿各四筵三丈六尺堂柱外基各一筵九尺堂總脩一十九筵一十七丈一尺廣二十一筵一十八丈九尺蔡攸言明堂五門諸廊結瓦古無制度漢唐或蓋以茅或蓋以瓦或以木為瓦以夾紵漆之今酌古之制適今之宜蓋以素瓦而用瑠璃緣裹及頂蓋鴟尾綴飾上施銅雲龍其地則隨所向甃以五色之石欄楯柱端以銅為文鹿或辟邪象明堂設飾雜以五色而各以其方所尚之色八窻八

柱則以青黃綠相間堂室柱門欄楯並塗以朱堂階為三級級崇三尺共為一筵庭樹松梓檜門不設戟殿角皆垂鈴詔以玄堂祀祖諱取平在朔易之義改為平朔門亦如之仍改敷祐門曰左敷佑左承天門曰右敷佑右承天門曰平秩更衣大次曰齋明殿七年四月明堂成有司請頒常視朔聽朝詔明堂專以配帝嚴父餘悉移於大慶文德殿群臣五表陳請乃從之禮制局言祀天神於冬至祀地祇於夏至乃有常日無所事卜季秋享帝以先王配則有常月而未有常日禮不卜常祀而卜其日所謂卜日者卜其辛

爾蓋月有上辛次辛請以吉辛為正又言周禮祀昊天上帝則大裘而冕祀五帝亦如之享先王則袞冕蓋於大裘舉正位以見配位於袞冕舉配位以見正位以天道事之則舉卑明尊大裘象道袞冕象德明堂以人道享上帝請服袞冕祀正位設蒲越明堂正配位以莞蓋取禮記所謂莞簟之安請明堂正配位並用莞簟又周禮以蒼璧禮天又曰四圭有邸以祀天旅上帝然說者謂禮神在求神之前祀神在禮神之後蓋一祭而並用也夏祭方澤兩圭有邸與黃琮並用明堂大享蒼璧及四圭有邸亦宜並用圜丘方澤執玄圭則搢大

圭執大圭則奠玄圭禮經祀大神祇享先王一如明堂親祠宜如上儀其正配二位請各用籩二十六豆二十六簠八簋八登三鉶三柶槃神位席幣篚祝篚玉爵反坫瑳爵牛羊豕鼎鼒各一幷扃匕畢茅羃俎六大尊山尊著尊犧尊象尊各二壺尊六皆設而弗酌尊加羃犧尊象尊壺尊犧罍象罍壺罍各五加勺羃御槃匜一幷篚勺巾飲福受黍豆一以玉飾飲福受胙俎一亞獻終獻盥洗罍爵洗爵幷篚勺巾各一神廚鸞刀一又言明堂用牲而不設庶羞之鼎按元豐禮明堂牲牢正配各用牛一羊一豕一宗祀止用三鼎而

不設庶羞之鼎其俎亦止合用六宗廟祭祀五齊三酒有設而弗酌者若酒正所謂以法共五齊三酒以實八尊是也有設而酌者若司尊彝所謂醴齊縮酌盎齊涚酌凡酒脩酌是也今太廟明堂之用請以大尊實泛齊山尊實醴齊著尊實盎齊犧尊實緹齊象尊實沉齊壺尊實三酒皆為弗酌之尊又以犧尊實醴齊為初獻象尊實盎齊為亞獻並陳於阼階之上犧在西象在東壺尊實清酒為終獻陳於阼階之下皆為酌尊尊三其貳以備乏匱明堂雖嚴父然配天與上帝所以求天神而禮之宜同郊祀用禮天神六變之樂以天

帝為尊焉皇祐以來以大慶殿為明堂奏請致齋於文德殿禮成受賀於紫宸殿今明堂肇建宜於大慶殿奏請致齋於文德殿禮成受賀宿齋奏嚴本以警備仁宗詔明堂直端門故齋夕權罷今明堂在寢東南不與端門直將來宗祀大慶殿齋宿皇城外不設鹵簿儀仗其警場請列於大慶殿門之外王者祀上帝于郊配以祖祀於明堂配以禰今有司行事乃寓端誠殿未盡禮意請非親祀歲有司行事亦於明堂改儀仗使曰禮儀使鹵簿使曰禮器橋道頓遞使曰禮頓大禮禮儀二使仍舊制又設季秋大享登歌並用

方士初禮部尚書許光凝等議明堂五室祀五帝而王安石以五帝為五精之君昊天之佐故分位於五室與享於明堂神宗詔唯以英宗配帝悉去從祀群神陛下肇新宏規得其時制位五帝於五室既無以禰槩配之嫌止祀五帝又無群神從祀之瀆則神考絀六天於前陛下正五室於後其揆一也至是詔罷從祀而親祠五室焉尋詔每歲季秋大享親祠明堂如孟月朝獻禮罷有司攝事及五使儀仗等已而太常寺上明堂儀皇帝散齋七日於別殿致齋三日於內殿有司設大次於齋明殿設小次於明堂東階下

祀日行事執事陪祠官立班殿下東西相向皇帝服袞冕太常卿東上閤門官太常博士前導禮部侍郎奏中嚴外辦太常卿奏請行禮太常卿奏禮畢禮部郎中奏解嚴其禮器牲牢酒饌奠獻玉幣升烟燔首祭酒讀冊飲福受胙并樂舞等並如宗祀明堂儀其行事執事陪祠官並前十日受誓戒於明堂行事執事官致齋三日前一日並服朝服立班省饌祀日並祭服陪位官致齋一日祀前二日仍奏告神宗配侑自是迄宣和七年歲皆親祀明堂高宗紹興元年禮部尚書秦檜等言國朝冬祀大禮神位六百九十行

事官六百七十餘員今鹵簿儀仗祭器法物散失殆盡不可悉行宗廟行禮又不可及天地明堂之禮可舉而行乞詔有司討論以聞禮部御史太常寺言仁宗明堂以大慶殿為之今乞於常御殿設位行禮乃下詔曰肇稱吉禮已見于三歲之郊載考彝章當間以九筵之祀因秋成物輯古上儀會天地以同禋升祖宗而並配乃以九月十八日行事四年太常寺看詳國子監丞王普言明堂有未合禮者十一事其一謂陶匏用於郊丘玉爵用於明堂今茲明堂實兼郊禮宜用陶匏他日正宗祀之禮當奉玉爵其二禮經

太牢當以牛羊豕為序今用我將之詩遂以羊豕牛為序所謂以辭害意豈有用大牲作元祀而反在羊豕之後者其三陳設尊罍宜倣周官司尊彝秋嘗之制其四泛齊醴齊宜代以今酒而不易其名其五其六祭器冕服當從古制其七皇帝未後詣齋室則是致齋二日有半乞用質明以成三日之禮其八齋不飲酒茹葷乞罷官給酒饌俾得專心致志交於神明其九設神位版及升煙奠冊不當委之散吏其十十一皆論樂並從之三十一年以欽宗之喪用元祐故事前期朝獻景靈宮朝享太廟皆遣大臣攝事唯親

行大享之禮禮畢宣赦樂備不作附廟畢如故事享罷合祭奉徽宗配祀五天帝五人帝于堂上五官神於東廂仍罷從祀諸神位用熙寧禮也孝宗淳熙六年以群臣議復合祭天地並侑祖宗從祀百神如南郊十五年九月有事于明堂上問宰執配位周必大奏昨己申請高宗几筵未除用徽宗故事未應配坐且當以太祖太宗並配留正亦言之上曰有紹興間典故可參照無疑嘉定十七年閏八月理宗即位大享當用九月八日在寧宗梓宮未發之前下禮官及臺諫兩省詳議吏部尚書羅點等言本朝每三歲一

行郊祀皇祐以來始講明堂之禮至今遵行稽之禮經有越紼行事之文既殯而祭之說則雖未葬以前可以行事且紹熙五年九月在孝宗以日易月釋服之後未發引之前慶元六年九月亦在光宗以日易月釋服之後未發引之前今來九月八日前祀十日皇帝散齋別殿百官各受誓戒係在閏八月二十七日即當在以日易月未釋服之內乞下太史局於九月內擇次辛日行禮則在釋服之後正與前史相同乃用九月二十八日辛卯前二日朝獻景靈宮前一日享太廟遣官攝事皇帝親行太

享禮成不賀淳祐三年將作少監權樞密都承旨韓祥言竊以明堂之禮累聖不廢嚴父配侑之典南渡以來事頗不同高廟中興徽宗北狩當時合祭天地於明堂以太祖太宗配非廢嚴父之祀以父在故也及紹興末乃以徽廟配孝宗在位二十八年娛奉堯父故無祀父之典南郊明堂惟以太祖太宗配沿襲至今遂使陛下追孝寧考之心有所未盡時朝散大夫康熙亦援倪思所著合宮嚴父為言上曰三后並侑之說最當是後明堂以太祖太宗寧宗並侑寶祐五年九月辛酉復奉高宗升侑於是明堂之禮一祖

三宗並配度宗咸淳五年明堂大享又去寧宗奉理宗與祖宗並配先是紹興初權禮部尚書胡直孺等言國朝配祀自英宗始配以近考司馬光呂誨爭之以為詘祖進父然卒不能奪王珪孫抃之諂辭其後神宗謂周公宗祀在成王之世成王以文王為祖則明堂非以考配明矣王安石亦對以誤引孝經嚴父之說惜乎當時無有辨正之者今或者曰后稷為周之祖文王武王是為二祧高祖為漢之祖孝文孝武特崇兩廟皆子孫世世所奉承者太祖為帝者祖太宗真宗宜為帝者宗皇祐以一祖二宗並配議出於

此直孺等聞前漢以高祖配天後漢以光武配明堂蓋古之帝王非建邦啓土者皆無配天之祭故雖周之成康漢之文景明章其德業非不美也然而子孫不敢推以配天者避祖宗也有宋肇基創業之君太祖是已太祖則周之后稷配祭於郊者也太宗則周之文王配祭於明堂者也此二祭者萬世不遷之法皇祐宗祀合祭天地固宜以太祖太宗配當時蓋拘於嚴父故配帝并及於真宗今主上紹膺大統自真宗至於神宗均為祖廟獨躋則患在於無名並配則幾同於祫享今參酌皇祐詔書請合祭昊天上帝皇地祇于明堂

奉太祖太宗以配惟禮專而事簡庶幾可以致力於神萬世行之可也七年徽宗哀聞是歲九月中書舍人傅崧卿援嚴父之說不幸太上諱問奄至而太享不及理實未安吏部尚書孫近事言元年以來祖宗並配今論者乃欲祖宗並配之外增道君皇帝一位不合典禮權禮部侍郎陳公輔言今梓宫未還廟社未定疆土未復臣竊意祖宗上皇神靈所望於陛下者必欲興衰撥亂恢復中原迎還梓宫歸藏陵寢以隆我宋無疆之業若如議者之言以陛下貴為天子上皇北狩十有一年未獲天下之養今不幸而崩且欲因明堂之禮追配上帝謂是足以盡人子之孝則於陛下之志恐亦小矣宜依故事合祭天地祖宗並侑太上升配似未可行至嘉定四年遂以太祖太宗高宗寧宗並侑至度宗復以太祖太宗高宗理宗並配焉

志卷第五十四

志卷第五十五　宋史一百二

開府儀同三司上柱國錄軍國重事中書右丞相監修國史領經筵事都總裁臣脫脫等奉敕修

禮五 吉禮五

社稷　先蠶　嶽瀆　奏告　籍田　祈禜

社稷自京師至州縣皆有其祀歲以春秋二仲月及臘日祭太社太稷州縣則春秋二祭刺史縣令初獻上佐縣丞亞獻州博士縣簿尉終獻如有故以次官攝若長吏職官或少即許通攝或別差官代之牲用少牢禮行三獻致齋三日其禮器數正配坐尊各二籩豆各八簠簋各二俎三從祀籩豆各二簠簋俎各一太社壇廣五丈高五尺五色土爲之稷壇在西如其制社以石爲主形如鐘長五尺方二尺剡其上培其半四面宫垣飾以方色面各一屋三門每門二十四戟四隅連飾罘罳如廟之制中植以槐其壇三分宫之一在南無屋慶曆用羊豕各二正配位籩豆十二山罍簠簋俎二祈報象尊一元豐三年詳定所言社稷祝版牲幣瘞物請並瘞於坎更不設燔燎又周禮大宗伯以血祭社稷社爲陰祀血者幽陰之物是以類求神之意郊天先薦血次薦腥次薦爓次薦熟

社稷五祀先薦爛次薦熟至於群小祀薦熟而已今
社稷不用血祭又不薦爛皆違經禮請以埋血爲始
先薦爛次薦熟古者祭社君南向於北墉下所以荅
陰也今社稷壝內不設北墉而有司攝事乃設東向
之位非是請設北墉以備親祠南向荅陰之位有司
攝事則立北墉下少西王制曰天子社稷皆太牢諸
侯社稷皆少牢今一用少牢殊不應禮夫為一郡邑
報功者當用少牢為天下報功者當用太牢所有春
秋祈報太社太稷請於羊豕外加角握二牛又言社稷
之祭有瘞玉而無禮玉開元禮奠太社太稷並以兩

圭有邸請下有司造兩圭有邸二以為禮神之器仍
詔於壇側建齋廳三楹以備望祭先是州縣社主不
以石禮部以謂社稷不屋而壇當受霜露風雨以達
天地之氣故用石主取其堅久又禮諸侯之壇半天
子之制請令州縣社主用石尺寸廣長亦半太社之
制遂下太常脩入祀儀元祐中又從博士孫諤言祭
太社太稷皆設登歌樂大觀議禮局言太社獻官太
祝奉禮皆以法服至于郡邑則用常服請下祭服制
度於郡縣俾其自製帑則聽改造之紹興元年以春
秋二仲及臘前祭太社太稷於天慶觀又望祭於臨

安天寧觀十四年始築壇壝於觀橋之東立石主置
太社令一員備牲牢器幣進熟望燎如儀
嶽鎮海瀆之祀太祖平湖南命給事中李昉祭南嶽
繼令有司製諸嶽神衣冠劍履遣使易之廣南平遣
司農少卿李繼芳祭南海除去劉鋹所封偽號及官
名易以一品服又詔嶽瀆并東海廟各以本縣令兼
廟令尉兼廟丞專掌祀事又命李昉盧多遜王祐扈
蒙等分撰嶽瀆祠及歷代帝王碑遣翰林待詔孫崇
望等分詣諸廟書于石六年遣使奉衣冠劍履送西
鎮吳嶽廟太平興國八年河決滑州遣樞密直學士

張齊賢詣白馬津以一太牢沈祠加璧自是凡河決
溢修塞皆致祭祕書監李至言按五郊迎氣之日皆
祭逐方嶽鎮海瀆自兵亂後有不在封域者遂闕其
祭國家克復四方間雖奉詔特祭未著常祀望遵舊
禮就迎氣日各祭於所隸之州長吏以次為獻官其
後立春日祀東嶽岱山於兗州東鎮沂山於沂州東
海於萊州淮瀆於唐州立夏日祀南嶽衡山於衡州
南鎮會稽山於越州南海於廣州江瀆於成都府立
秋日祀西嶽華山於華州西鎮吳山於隴州西海河
瀆並於河中府西海就河瀆廟望祭立冬祀北嶽恒

山北鎮醫巫閭山並於定州北鎮就北嶽廟望祭北海濟瀆並於孟州北海就濟瀆廟望祭土王日祀中嶽嵩山於河南府中鎮霍山於晉州真宗封禪畢加號泰山為仁聖天齊王遣職方郎中沈維宗致告又封威雄將軍為炳靈公通泉廟為靈派侯亭山神廟為廣禪侯嶧山神廟為靈巖侯各遣官致告詔泰山四面七里禁樵採給近山二十戶以奉神祠社首徂徠山並禁樵採車駕次澶州祭河瀆廟詔進號顯聖靈源公遣右諫議大夫薛映詣河中府比部員外郎丁顧言詣澶州祭告祕書丞董溫其言漢以霍山為

南嶽望令壽州長吏春秋致祭禮官言雖前漢嘗以霍山為南嶽緣今嶽廟已在衡山難於改制其霍山如遇水旱祈求及非時準別勑致祭即委州縣奉行詔封江州馬當上水府福善安江王太平州采石中水府順聖平江王潤州金山下水府昭信泰江王及祀汾陰命陳堯叟祭西海曹利用祭汾河車駕至潼關遣官祠西嶽及河瀆並用太牢備獻禮庚午親謁華陰西嶽廟群臣陪位廟垣內外列黃麾仗遣官分奠廟內諸神加號嶽神為順聖金天王還至河中親謁奠河瀆廟及西海望祭壇五月乙未加上東嶽曰

天齊仁聖帝南嶽曰司天昭聖帝西嶽曰金天順聖帝北嶽曰安天元聖帝中嶽曰中天崇聖帝命翰林禮官詳定儀注及冕服制度崇飾神像之禮其玉冊制如宗廟謚冊帝自作奉神述備紀崇奉意俾撰冊文有司設五嶽冊使一品鹵簿及授冊黃麾仗載冊輅袞冕輿於乾元門外各依方所群臣朝服序班仗衛如元會儀改服袞冕御乾元殿中書侍郎引五嶽玉冊尚衣奉袞冕升殿上為之輿奉冊使副班于香案前侍中宣制曰今加上五嶽帝號遣卿等持節奉冊展禮咸承制冊拜奉冊使以次升自東階受冊御坐

前降西階副使受袞冕輿于冊轝隨冊使降立冊轝西玉冊發至于朝元門外帝復坐冊升奉冊使輅鼓吹振作而行東嶽北嶽冊次于瑞聖園南嶽冊次于玉津園西嶽中嶽冊次于瓊林苑及廟內外列黃麾仗設登歌奉冊於車奉袞冕於輿使副袴褶騎從遣官三十員前導及門奉置幄次以州長吏以下充祀官致祭畢奉玉冊袞冕置殿內又加上五嶽帝后號東曰淑明南曰景明西曰肅明北曰靖明中曰正明遣官祭告詔嶽瀆四海諸廟遇設醮除青詞外增正神位祝文又改唐州上源桐柏廟為淮瀆長源公加

守護者帝自制五嶽醮告文遣使醮告即建壇之地構亭立石柱
刻文其上天禧四年從靈臺郎皇甫融請凡修河致
祭增龍神及尾宿天江天記天社等諸星在天河內
者凡五十位仁宗康定元年詔封江瀆為廣源王河
瀆為顯聖靈源王淮瀆為長源王濟瀆為清源王加
東海為淵聖廣德王南海為洪聖廣利王西海為通
聖廣潤王北海為沖聖廣澤王皇祐四年又以靈臺
郎王大明言汴口祭河無祠箕斗奎與東井天津天
江咸池積水天淵天潢水位水府四瀆九坎天船王
良羅堰等十七星在天河內者五年以儂智高遁益

封南海洪聖廣利昭順王其五鎮沂山舊封東安公
政和三年封王會稽舊封永興公政和封永濟王吳
山舊封成德公元豐八年封王醫巫閭舊封廣寧公
政和封王霍山舊封應聖公政和封應靈王東海大
觀四年加號助順廣德王紹興七年太常博士黃積
厚言嶽鎮海瀆請以每歲四立日分祭東西南北如
祭五方帝禮詔從之乾道五年太常少卿林栗言國
家駐蹕東南東海南海實在封域之內自渡江以後
惟南海王廟歲時降御書祝文加封至八字王爵如
東海之祠但以萊州隔絕未嘗致祭殊不知通泰明

越温台泉福皆東海分界也紹興中金人入寇李寶
以舟師大捷於膠西神之助順為有功矣且元豐間
嘗建廟於明州定海縣請依南海特封八字王爵遣
官詣明州行禮詔可

籍田之禮歲不常講雍熙四年始詔以來年正月擇
日有事於東郊行籍田禮所司詳定儀注依南郊置
五使除耕地朝陽門七里外為先農壇高九尺四陛
周四十步飾以青二壝寬博取足容御耕位觀耕臺
大次設樂縣二舞御耕位在壝門東南諸侯耕位次
之庶人又次之觀耕臺高五尺周四十步四陛如壇

色其青城設於千畝之外又言隋以青箱奉穜稑唐
廢其禮青箱舊無其制請用竹木為之而無蓋兩端
設襻飾以青中分九隔隔盛一種覆以青帊穜稑即
早晚之種不定穀名請用黍稷秫稻粱大小豆大小
麥陳於箱中大禮使李昉言按通禮乘耕根車今請
改乘玉輅載耒耜於耕根車又前典不載告廟及稱
賀之制今請前二日告南郊太廟耕禮畢百官稱賀
於青城禮有勞酒合設會於還宮之翼日望如親祀
南郊之制擇日大宴詳定所言御耒耜二具並盛以
青絹準唐乾元故事不加雕飾禮畢收於禁中以示

稼穡艱難之意其祭先農用純色犢一如郊祀例進胙餘並權用大祠之制皇帝散齋三日致齋二日百官不受誓戒神農后稷冊學士院撰文進書以鹵簿使賈黃中言復用象輅載耒耜以重其事五年正月乙亥帝服袞冕執鎮圭親享神農以后稷配備三獻遂行三推之禮畢事解嚴還行宮百官稱賀帝改御大輦服通天冠絳紗袍鼓吹振作而還御乾元門大赦改元端拱文武遞進官有差二月七日宴群臣於大明殿行勞酒禮景德四年判太常禮院孫奭言來年晝日正月一日享先農九日上辛祈穀祀上帝春秋傳曰啓蟄而郊郊而後耕月令曰天子以元日祈穀于上帝乃擇元辰親載耒耜躬耕帝籍先儒皆云元日謂上辛郊天也元辰謂郊後吉亥享先農而耕籍也六典禮閣新儀並云上辛祀昊天次云吉亥享先農望改用上辛後亥日用符禮文明道元年詔以來年二月丁未行籍田禮而罷冬至親郊遣官奏告天地宗廟諸陵景靈宮州郡就告嶽瀆宮廟其禮一如端拱之制而損益之禮成遣官奏謝如告禮元豐二年詔於京城東南度田千畝為籍田置令一員徙先農壇於中神倉於東南取卒之知田事者為籍田

兵乃以郊社令辛公佑兼令公佑請因舊鍛麥殿規地為田引蔡河水灌其中并植果蔬冬則藏冰凡一歲祠祭之用取具焉先薦獻而後進御有餘則貿錢以給雜費輸其餘於內藏庫著為令權管幹籍田王存等議以南郊鍛麥殿前地及玉津園東南菱地并民田共千一百畝充籍田外以百畝建先農壇兆開阡陌溝洫置神倉齋宮并耕作人牛廬舍之屬繪圖以進已而殿成詔以思文為名政和元年有司議享先農為中祠命有司攝事帝止行耕籍之禮罷命五使及稱賀肆赦之類太史局擇日不必專用吉亥耕籍所乘改用耕根車罷乘玉輅躬耕之服止用通天冠絳紗袍百官並朝服倣雍熙儀注九卿以左右僕射六尚書御史大夫攝諸侯以正員以三品官及上將軍攝設庶人耕位於諸侯耕位之南以成終畝之禮備青箱設九穀如隋之制尋復以耕籍為大祠依四孟朝享例行禮又命禮制局脩定儀注孟春之月太史擇上辛後吉日皇帝親耕籍田命有司以是日享先農后稷于本壇如常儀前期殿中監設御坐于思文殿儀鸞司設文武官次殿門外之左右其日早奉禮郎設御耕耨位于耕籍所尚舍設觀耕御坐於

壇上南向典儀設侍耕群臣位於御耕之東西設從耕群臣位於御耕之東南西向北上奉禮郎設御耒席於三公之北稍西南向太僕設御耕牛於御壇之西稍北太僕卿位於耕牛之東稍前南向太常設左輔位於御耕之東稍南西向設司農位二一在左輔之後一在其南並西向籍田令三皆位司農卿南少退北上奉青箱官位於後諸執耒耜者位公卿耕者後侍耕者前西向三公三少[illegible]宰臣親王等每員三人執政二人從耕群官一名助耕並服絳衣介幘三公以次群官耒耜各一

具每一具正副牛二隨牛二人庶人耕位在從耕官位之南西向庶人百人並青衣耕牛二百每兩牛用隨牛一人耒耜百具畚五十具鍤二十五具以木為刃耆老百人常服陪位於庶人位南西向司農少卿位二於庶人位前太社令位司農少卿之西少退俱北向畿內諸令位庶人之東西向尚輦局設玉輅於仗內前期三日司農以青箱奉九穀種稑之種進內前二日皇后率六宮獻于皇帝受于內殿前一日降出付司農其日質明左輔奉耒耜載于玉輅乞耕籍使朝服乘車用本品鹵簿以儀仗二千人衛耒耜先

詣壇所尚輦奉御設平輦於祥曦殿皇帝鞾袍出自內東門從駕臣僚禁衛並起居如常儀將至耕所文武侍耕從耕以下及耆老庶人俱詣籍田西門外立班再拜奉迎訖各就次從耕陪耕等官服朝服以俟耕車駕至思文殿進膳訖左輔以御耒耜授籍田令橫執之詣耕籍所置于席遂守之九執耒耜者橫執之受則先其耒後其耜諸縣令率終畝庶人陪耕耆老先就位司農卿籍田令太社令奉青箱官諸執耒耜者以次就位御史臺引殿中侍御史一員先入就位次禮直官宣贊舍人等分引侍耕從耕群官各就

位尚輦奉御進輦思文殿左輔奏請中嚴少頃奏外辦皇帝通天冠絳紗袍乘輦出將至御耕位尚舍先設黃道太常請降輦就位既降輦太常卿前導至褥位南向立奏請行禮禮直官請籍田令進詣御耒席南向引司農卿詣籍田令東西向籍田令俛伏跪執事者以綃受之籍田令解綃出耒執耒興東向立以授司農卿司農卿西向立以授左輔左輔詣御耕位前少東北向太常卿奏請受耒耜左輔執以進執耒者助執之皇帝受以三推左輔前受耒耜授司農卿以授籍田令各復位籍田令跪而納於綃執耒興以

授執事者退復位皇帝初耕諸執耒耜者以耒耜各授從耕者禮直官引太常卿詣御位前北向奏請皇帝升壇觀耕復位立前導官導皇帝升壇即御坐南向禮直官太常博士太常卿近東西向北上立禮直官引三公三少宰臣親王各五推餘從耕官各九推訖執耒耜者前受耒耜禮直官引司農少卿帥庶人以次耕于千畝候耕少頃禮直官引左輔詣御坐前跪奏禮畢降壇乘輦還思文殿左輔奏解嚴侍耕從耕官皆退次籍田令以青箱授司農卿詣耕所出種稑播之次司農少卿帥太社令檢校終畝次司農卿詣

御前北向俛伏跪奏省功畢退所司放仗以俟皇帝常服還內侍衞如常儀紹興七年始舉享先農之禮以立春後亥日行一獻禮十六年皇帝親耕籍田並如舊制

先蠶之禮久廢真宗從王欽若請詔有司檢討故事以聞按開寶通禮季春吉巳享先蠶於公桑前享五日諸與享官散齋三日致齋二日享日未明五刻設先蠶氏神坐於壇上北方南向尚宮初獻尚儀亞獻尚食終獻女相引三獻之禮女祝讀文飲福受胙如常儀又按唐會要皇帝遣有司享先蠶如先農可也

乃詔自今依先農例遣官攝事禮院又言周禮蠶於北郊以純陰也漢蠶於東郊以春桑生也請約附故事築壇東郊從桑生之義壇高五尺方二丈四陛陛各五尺一壝二十五步祀禮如中祠慶曆用羊豕各一攝事獻官太尉太常光祿卿不用樂元豐詳定所言季春吉巳享先蠶氏唐月令注以先蠶為天駟按先蠶之義當是始蠶之人與先農先牧先炊一也開元享禮為瘞坎於壇之壬地而郊祀錄載先蠶祀文有肇興蠶織之語禮儀羅又以享先蠶無燔柴之儀則先蠶非天駟星明矣今請就北郊為壇不設燎壇

但瘞埋以祭餘如故事政和禮局言禮天子必有公桑蠶室以興蠶事歲既畢則奉繭而繅遂朱綠之玄黃之以為郊廟之祭服今既開籍田以供粢盛而未有公桑蠶室以供祭服尚為闕禮請倣古制於先蠶壇側築蠶室度地為宮四面為牆高仞有三尺上被棘中起蠶室二十七別構殿一區為親蠶之所倣漢制置繭館立織室於宮中養蠶於薄以上度所用之數為桑林築採桑壇於先蠶壇南相距二十步方三丈高五尺四陛凡七事置蠶官令丞以供郊廟之祭服又周官內宰詔后帥內外命婦蠶於北郊鄭氏謂婦

人以純陰為尊則蠶為陰事可知開元禮享先蠶幣以黑蓋以陰祀之禮祀之也請用黑幣以合至陰之義詔從其議命親蠶殿以無斁為名又詔親蠶所供不獨衮服凡施於祭祀者皆用之宣和元年三月皇后親蠶即延福宮行禮其儀季春之月太史擇日皇后親蠶命有司享先蠶氏于本壇前期殿中監帥尚舍設坐殿上南向前楹施簾設東西閣殿後之左右又設內命婦妃嬪以下次於殿之左右外命婦以下次於殿門內外之左右隨地之宜量施帷幄於採桑壇外四面開門設皇后幄次

於壇壝東門之內道北南向其日有司設褥位壇上少東東向設內命婦位壇下東北南向設外命婦位壇下東南北向俱異位重行西上內外命婦一品各二人二品三品各一人又設從採桑內命婦等位於外命婦之東南向以內命婦一員充請蠶室授蠶母桑以食蠶設從採桑外命婦等位於外命婦東北向俱異位重行西上設執皇后鉤箱者位於內命婦之西少南西上尚功執鉤司製執箱內外命婦鉤箱者各位於後典製執鉤女史執箱又於壇上設執皇后鉤箱位於皇后採桑位之北稍

東南向西上前出宮一日兵部率其屬陳小駕鹵簿於宣德門外太僕陳厭翟車東偏門內南向其日未明外命婦應採桑及從採桑者先詣親蠶所幕次以俟起居各令其女侍者進鉤箱載至親蠶所授內謁者監以授執鉤箱者前一刻內命婦各服其服內侍引內命婦妃嬪以下俱詣殿庭起居訖內侍奏請中嚴少頃又奏外辦皇后首飾鞠衣乘龍飾肩輿如常儀障以行帷出內東門至左昇龍門內侍跪奏具官臣某言請降肩輿升厭翟車訖俛伏興少退御者執綏升厭翟車內侍詣車前奏請車進發出宣德東偏

門執事者進鉤箱載之車至親蠶所殿門降車乘肩輿入殿後西閤門侍衞如常儀內侍先引內外命婦及從採桑者俱就壇下位諸執鉤箱者各就位內侍奏請中嚴少頃奏外辦皇后首飾鞠衣乘肩輿內侍前導至壇東門華蓋仗衞止於門外近侍者從之入內侍奏請降肩輿至幄次內下簾又內侍至幄次請行禮導皇后詣壇升自南陛東向立執鉤箱者自北陛以次升壇就位次內侍引尚功詣採桑位前西向奉鉤以進皇后受鉤採桑司製奉箱進以受桑皇后採桑三條止以鉤授尚功尚功受鉤司製奉箱俱退復位

初皇后採桑典製各以鈎授內外命婦皇后採桑訖內外命婦以次採桑女使執箱者受之內外命婦一品各採五條二品三品各採九條止典製受鈎與執箱者退復位內侍各引內外命婦退復位內侍請皇后前奏禮畢退復位內侍引皇后降自南陛歸幄次少頃奏請乘肩輿如初內侍前導皇后歸殿後閤內侍奏解嚴初皇后降壇內侍引內命婦詣蠶室尚功帥執鈎箱者以次從至蠶室尚功以桑授蠶母蠶母受桑縷切之授內命婦蠶洒一薄訖內侍引內外命婦各還次皇后還宮宣和重定親蠶禮外命婦宰執

并一品夫人升壇侍立餘品列於壇下六年閏二月皇后復行親蠶之禮焉紹興七年始以季春吉巳日享先蠶視風師之儀乾道中升為中祀

告禮古者天子將出類于上帝命史告社稷及圻內山川又天子有事必告宗廟歷代因之宋制凡行幸及封泰山祠后土謁太清宮皆親告太廟三歲郊祀每歲祈穀上帝祀感生帝雩祀祭方丘明堂神州地祇圜丘並遣官告祖宗配侑之意他大事即位改元更御名上尊號尊太后立皇后太子皇子生籍田親征納降獻俘朝陵肆赦河平及大喪上謚山陵園陵

祔廟奉遷神主皆遣官奏告天地宗廟社稷諸陵嶽瀆山川宮觀在京十里內神祠其儀用犧尊邊豆各一實以酒脯醢宮寺以素饌時果代用祝幣行一獻禮若車駕出京則有軷祭用羝羊一所過州郡橋梁山川帝王名臣陵廟去路十里內者各令本州以香酒脯祭告建隆元年太祖平澤潞仍祭祆廟泰山城隍征揚州河東並用此禮四年脩葺太廟遣官奏告四室及祭本廟土神凡脩葺同如遷神主脩畢奉安是歲十一月詔以郊祀前一日遣官奏告東嶽城隍浚溝廟五龍廟及子張子夏廟他如儀太平興國五

年十一月車駕北征前一日遣官祭告天地於圜丘用特牲太廟社稷用太牢望祭嶽瀆名山大川於四郊礫風於風伯壇祀雨師於本壇禱馬於馬祖壇祭蚩尤禡牙於北郊並用少牢祭北方天王於北郊迎氣壇用香柳枝燈油乳粥酥蜜餅果仍遣內侍一人監祭咸平中北征禮同八年滑州合河口畢工遣官告天地嶽瀆後天禧中又遣謝玉清昭應景靈上清太一宮會靈祥源觀及諸陵雍熙四年詔以親耕籍田遣官奏告外又祭九龍黃溝扁鵲吳起信陵張耳單雄信七廟後又增祭德安公嶽臺諸神廟為定式

淳化三年十二月將郊常奏告外又告太社太稷及文宣武成等廟景德三年契丹遣使脩好遣官奏告諸陵五年二月次西京遣告汾陰中嶽太行河洛啓母少姨廟東還奏告如常儀大中祥符元年天書降及封禪告天地宗廟社稷及諸祠廟宮觀其在外者乘傳以往澶鄆兗州高陽帝嚳帝堯亦皆告之四年加五嶽帝號告天地宗廟社稷五年聖祖降告如封禪禮六年宮庭嘉禾生遣官告廟及玉皇聖祖天尊大帝天禧元年奉迎太祖聖容赴西京遣官奏告如常儀及經由五里內并西京城內外神祠天聖七年

王清昭應宮火遣告諸陵十年大內火遣告天地廟社明道二年詔以蟲螣為沴減尊號四字告天地宗廟熙寧七年南郊雅飾奏告太廟后廟八年以韓琦配享告英宗廟元符三年四月朔太陽虧遣官告太社大觀元年十二月以恭受八寶告天地宗廟社稷政和二年冬至受元圭禮同三年二月以太平告成冊告諸陵四年二月皇長子冠告天地宗廟社稷諸陵五年建明堂告如上禮及宮觀嶽瀆高宗建炎巳後事有關於國體者皆告紹興九年金人遣使議和割地十一年詔撰講和誓文二十四年進徽宗御集二十六年進太后回鑾事實二十七年進玉牒仙源類譜明年進神宗寶訓進祖宗仙源積慶圖進徽宗實錄進祐陵迎奉錄三十一年金人叛盟興師開禧二年吳曦伏誅嘉定七年進高宗中興經武要略十三年進宗藩慶系錄刊正憲聖慈烈皇后聖德事跡進光宗玉牒十四年進孝宗寶訓十五年得玉璽明年上玉璽端平元年獲完顏守緒函骨淳祐五年進光宗寧宗兩朝寶訓經武要略玉牒日曆會要寶祐元年皇女延昌公主進封瑞國公主又封昇國五年進中興四朝史景定二年進孝宗光宗實錄皇女周

國公主下降咸淳四年安奉寧宗理宗實錄御集會要經武要略皆告天地宗廟社稷攢陵其餘即位改元受禪冊寶皇子生冠及巡幸納降獻俘之屬並仍舊制

祈報周官太祝掌六祝之辭以事鬼神示其福祥於是歷代皆有禬禜之事宋因之有祈有報祈用酒脯醢郊廟社稷或用少牢其報如常祀或親禱諸寺觀或再幸或徹樂減膳進蔬饌或分遣官告天地太廟社稷嶽鎮海瀆或望祭于南北郊或五龍堂城隍廟九龍堂浚溝廟諸祠如子張子夏信陵君段干木扁

鵠張儀吳起單雄信等廟亦祀之或啓建道場於諸
寺觀或遣內臣分詣州郡如河中之后土廟太寧宮
亳之太清明道宮兗之會真景靈宮太極觀鳳翔之
太平宮舒州之靈僊觀江州之太平觀泗州之延祥
觀皆函香奉祝驛往禱之凡旱蝗水潦無雪皆禱
焉咸平二年旱詔有司祠雷師雨師內出李邕祈雨
法以甲乙日擇東方地作壇取土造青龍長吏齋三
日詣龍所汲流水設香案茗果餈餌率群吏鄉老日
再至祝酹不得用音樂巫覡雨足送龍水中餘四方
皆如之飾以方色大凡日干及建壇取土之里數器

之大小及龍之脩廣皆以五行成數焉詔頒諸路景
德三年五月旱又以畫龍祈雨法付有司刊行其法
擇潭洞或湫濼林木深邃之所以庚辛壬癸日刺史
守令帥耆老齋潔先以酒脯告社令訖築方壇三級
高二尺闊一丈三尺壇外二十步界以白繩壇上植
竹枝張畫龍其圖以縑素上畫黑魚左顧環以天黿
十星中為白龍吐雲黑色下畫水波有龜左顧吐黑
氣如綫和金銀朱丹飾龍形又設皂幡刎鵝頸血置
槃中楊枝洒水龍上俟雨足三日祭以一豭取畫龍
投水中大中祥符二年旱遣司天少監史序祀玄冥

五星於北郊除地為壇望告已而雨足遣官報謝及
社稷初學士院不設配位及是間禮官言祭必有配
報如常祀當設配坐又諸神祠天齊五龍用中祠祆
祠城隍用羊一八籩八豆舊制不祈四海帝曰百谷
之長潤澤及物安可闕禮特命祭之天禧四年四月
大風飛沙折木晝晦數刻命中使詣宮觀建醮禳之
天聖三年九月帝宣諭近內臣南中勾當迴言諸處
名山洞府投送金龍玉簡開啓道場頗有煩擾速令
分祈投龍處不得開建道場康定二年三月以黃河
水勢甚淺致分流入汴未能通濟遣祭河瀆及靈津

廟又澶州曹村埽方閉減水直河而水自流通遣使
祭謝後脩塞禮同治平四年十二月詔以來歲正旦
日食命翰林學士承旨王珪祭社熙寧元年正月帝
親幸寺觀祈雨仍令在京差官分禱各就本司先致
齋三日然後行事諸路擇端誠脩潔之士分禱海鎮
嶽瀆名山大川潔齋行事毋得出謁宴飲賈販及諸
煩擾令監司察訪以聞諸路神祠靈跡寺觀雖不係
祀典祈求有應者並委州縣差官潔齋致禱已而雨
足復幸西太一宮報謝九年十一月以安南行營將
士疾病者衆遣同知太常禮儀院王存詣南嶽齋潔

致禱仍建祈福道場一月又以西江運粮獲應命本州長吏往祭龍祠十年四月以夏旱内出蜥蜴祈雨法捕蜥蜴數十納甕中漬之以雜木葉擇童男十三歲下十歲上者二十八人分兩番衣青衣以青飾面及手足人持柳枝霑水散洒晝夜環繞誦呪曰蜥蜴蜥蜴興雲吐霧雨令滂沱令汝歸去雨足元豐元年十月太皇太后違豫命輔臣以下分禱天地宗廟社稷及都内諸神祠又作祈福道場於寺觀及五嶽四瀆凡靈跡所在八年帝疾分禱亦如之又以京城火災建醮於集禧觀且為民祈福元祐元年十二月以

華州鄭縣山摧命太常博士顏復往祭西嶽七年詔太皇太后本命歲正月一日京師及天下州軍各齋僧尼道士女冠一日在京宮觀寺院開建道場七晝夜内外獄囚並設食三日八年太皇太后違豫祈禱如元豐仍致禱諸陵又令南京等處長吏詣祖宗神御所在建置道場紹興二年三月苦雨命往天竺山祈晴即日雨止四年知樞密院張浚言四川自七月以來霖雨地震乞製祝文名山大川祈禱上曰霖雨地震之災豈非兵久在蜀調發供餽民怨所致當脩德以應之又可禱乎七年正月一日詔朕痛兩宮北

狩道君皇帝春秋益高念無以見勤誠之意可遣官往建康府元符萬歲宮脩建祈福道場三晝夜務令嚴潔庶稱朕心又謂輔臣曰宣和皇后春秋浸高朕朝夕思之不遑安處已遣人於三茅山設黃籙醮仰祝聖壽是歲七月張浚等言雨澤稍愆乞禱上曰朕患不知四方水旱之實宮中種稻兩區其一地下其一地高高者其苗有槁意矣須精加祈禱以救旱暵八年宰臣奏積雨傷蠶上曰朕宮中自蠶一薄欲知農桑之候久雨葉濕豈不有損乃命往天竺祈晴三十二年太常少卿王普言逆亮誅夷虜騎遁去兩淮

無警舊疆寖歸茲者回鑾臨安當行報謝之禮從之嘉定八年八月蝗禱于霍山九年六月蝗禱群祀淳祐七年六月大旱命侍從禱于天竺觀音及霍山祠

志卷第五十五

開府儀同三司上柱國錄軍國重事中書右丞相監脩國史領經筵事都總裁臣脫脫等奉勅修

禮六 吉禮六

朝日夕月　九宮貴神　高禖
大火　壽星靈星　風伯雨師
司寒　蜡　七祀
馬祖　酺神

朝日夕月。慶曆用羊豕各二，籩豆十二，簠簋俎二。天禧初，太常禮院以監察御史王博文言，詳定準禮春分朝日於東郊，秋分夕月於西郊。國語「太采朝日，少采夕月」。又曰：「春朝朝日，秋夕夕月。」唐柳宗元論云：「夕之名者，朝拜之偶也。古者旦見曰朝，暮見曰夕。」按禮，秋分夕月，蓋其時晝夜平分，太陽當午而陰魄已生，遂行夕拜之祭，以祀日未前十刻，太官令率宰人割牲，未後三刻行禮，蓋是古禮以夕行朝祭之儀。又按禮云：「從子至巳爲陽，從午至亥爲陰。」參詳典禮，合於未後三刻行禮。皇祐五年，定朝日壇舊高七尺，東西六步一尺五寸，增爲八尺，廣四丈，如唐郊祀錄。夕月壇與隋、唐制度不合，從舊則壇小，如唐則坎深，今定坎深三尺，廣四丈，壇高一尺，廣二丈，四方爲陛，降入坎，深然後升壇，壇皆兩壝，壝皆二十五步，增大明、夜明壇山罍二，籩豆十二。禮生引司天監官分獻，上香，奠幣爵，再拜。嘉祐加羊豕各五，五禮新儀定二壇高廣、坎深如皇祐，無所改。中興同。

太一九宮神位在國門之東郊，壇之制，四陛，外西南又爲一陛，曰坤道，俾行事者升降由之。其九宮神壇，再成，第一成東西南北各百二十尺，再成東西南北各一百尺，俱高三尺。壇上置小壇九，每壇高一尺五寸，縱廣八尺，各相去一丈六尺。初用中祀，咸平中改爲大祀，壇增兩壝，玉用兩圭有邸，藉用稾秸，加褥如幣色。其御書祝禮如社稷。尋以封禪，別建九宮壇泰山下行宮之東，壇三成，成一尺，面各長五丈二尺，四陛及坤道各廣五丈。上九小壇，相去各八尺，四隅各留五尺，壇下兩壝，依大祠禮。及祀汾陰，亦遣使祀焉。自後親郊恭謝，皆遣官於本壇別祭。景祐二年，學士章得象等定司天監生于淵、役人單訓所請祀九宮太一依逐年飛移位次之法，案鄭良遇九宮法有飛棊立成圖，每歲一移，推九州所主災福事。又唐術士蘇嘉慶始置九宮神壇，一成，高三尺，四陛，上依位次置九壇，東南曰招搖，正東曰軒轅，東北曰太陰，正南曰天一，中央曰天符，北曰太一，西南曰攝提，正西曰咸池，西北曰青龍。五數爲中，戴九履一，左三右七，二四爲上，六八爲下，符於遁甲。此則九宮定位。歲祭以四孟，隨歲改位行棊，謂之飛位。自乾元以

後止依本位祭之遂不飛易仍減冬夏二祭國朝因之今于淵等所請合天寶初祭之理又合良遇飛棊之圖然其法本術家時祭之文經理不載議者或謂不必飛宮若日月星辰躔次周流而祭有常所此則定位之祀所當從也若其推數於回復候神於恍忽因方弭沴隨氣考神則飛位之文固可尊用請依唐禮遇祭九宮之時遣司天監一員詣祠所隨每年貴神飛棊之方旋定祭位仍自天聖已已入曆太一在一宮歲進一位飛棊巡行周而復始詔可慶曆儀每坐籩豆十二簠簋俎二皇祐增壇三成又禮官言歲雩祀外水旱稍久皆遣官告天地宗廟社稷及諸寺

觀宮廟九宮貴神今列大祀亦宜準此熙寧四年司天中官正周琮言太一經推筭七年甲寅歲太一陽九百六之數復元之初故經言太歲有陽九之災太一有百六之厄皆在入元之初終今陽九百六當癸丑甲寅歲爲災厄之會然五福太一移入中都可以消異爲祥竊詳五福太一自國朝雍熙元年甲申歲入東南巽宮時修東太一宮天聖七年己巳歲五福太一入西南坤位修西太一宮請稽詳故事崇建祠宇迎之京師詔建中太一宮於集禧觀十太一神並用通天冠絳紗袍元豐中太常博士何洵直言熙寧祀儀九宮貴神祝文稱嗣天子臣某以禮秩論之當

與社稷爲比請依祀儀爲大祠其祝版即依會昌故事及開寶通禮書御名不稱臣又近制諸祠祭牲數正配以全體解割各用一牢貴神九位悉是正坐異壇別祝尊爲大祠而共用二少牢於腥熟之俎骨體不備謂宜每位一牢凡九少牢詔下太常修入祀儀元祐七年監察御史安鼎言按漢武帝始祠太一一位唐天寶初兼祀八宮謂之九宮貴神漢祀太一日用一犢凡七日而止唐祀類於天地今春秋祀九宮太一用羊豕其四立祭太一宮十神皆無牲以素饌加酒焉載詳星經太一一星在紫宮門右天一之南號曰天之貴神其佐曰五帝飛行諸方躡三能以上

下以天極星其一明者爲常居主使十六神知風雨水旱兵革饑饉疫疾災害之事唐書曰九宮貴神實司水旱太一掌十六神之法度以輔人極國朝會要亦云天之尊神及十精十六度並主風雨由是觀之十神太一九宮太一與漢所祀太一共是一神今十神皆用素饌而九宮並薦羊豕似非禮意詔禮官詳定十神九宮太一各有所主即非一神故自唐迄今皆用牲牢別無祠壇用素食禮遂依舊制崇寧三年太常博士羅畸言九宮諸神位無禮神玉惟有燔玉竊謂宜用禮神玉少做其幣之色薦於神坐議禮局言先王制禮用圭璧以祀日月星辰所謂圭璧者圭

其邸爲璧以取殺於上帝也今九宮神皆星名而其玉用兩圭有邸夫兩圭有邸祀地之玉以祀星辰非周禮也乞改用圭璧以應古制政和新儀立春日祀東太一宮立夏季夏土王日祀中太一宮立秋日祀西太一宮立冬日祀中太一宮宮之眞室殿五福太一在中君基太一在東太游太一在西俱南向延休殿四神太一承鑾殿臣基太一在東西向北上凝祐殿直符太一臻福殿民基太一在西東向北上膺慶殿小游太一在中天一太一在東地一太一在西靈貺殿太歲在中太陰在西俱南向三皇五方帝日月五星二十八宿十日十二辰天地水三官五行九宮

八卦五嶽四海四瀆十二山神等並爲從祀東西太一宮準此東太一宮大殿五福太一在東君基太一在西俱南向大游太一殿在大殿之北南向臣基太一殿在南北向小游太一直符太一四神太一殿在大殿之東西向北上天一太一民基太一地一太一在大殿之西東向北上西太一宮黃庭殿五福在中君基在東大游在西均福殿小游在中俱南向延貺殿天一在中四神在南臣基在北俱西向資祐殿地一在中四神在南臣基在北俱西向資祐殿地一在中民基在南直符在東北俱東向九宮貴神壇三成成縱廣十四丈再成縱廣十二丈三成縱廣十丈各

高三尺上依方位置小壇九各高一丈五寸縱廣八尺四陛坤道兩壝每壝二十五步如舊制紹興十一年太常丞朱輅言九宮貴神所主風雨霜雪雹疫所係甚重請舉行祀典太常寺主簿林大鼐亦言十神太一九宮太一皆天之貴神國朝分爲二並爲大祀比一新太一宮而九宮貴神尚寓屋而不壇乃詔臨安府於國城之東建築九宮壇壝其儀如祀上帝其太一宮初議者請即行宮之北隅建祠後命禮官考典故擇地建宮十八年宮成御書其榜十太一位於殿上南面西上從祀東廡九十有八西廡九十有七皆北上孝宗受禪又建本命殿名曰崇禧光宗又遷

介福殿像於挾室而名新殿曰崇福

高禖初仁宗未有嗣景祐四年二月以殿中侍御史張奎言詔有司詳定禮官以爲月令雖可據然周官闕其文漢志郊祀不及禖祠獨枚皋傳言皇子禖祝而已後漢至江左褎見其事而儀典委曲不可周知惟高齊禖祀最顯妃嬪參享黷而不蠲恐不足爲後世法唐明皇因舊月令特存其事開元定禮已復不著朝廷必欲行之當築壇於南郊春分之日以祀青帝本詩克禋以祓之義也配以伏羲帝嚳伏羲本始嚳著祥也以禖從祀報古爲禖之先也以石爲主牲用太牢樂以升歌儀視先蠶有司攝事祝版所

載具言天子求嗣之意乃以弓矢弓韣致神前祀已與胙酒進内以禮所御使齊戒受之仍歲令有司申請俟旨命曰特祀即用其年春分遣官致祭爲圜壇高九尺廣二丈六尺四陛三壝陛廣五尺壝各二十五步主用青石長三尺八寸用木生成之數形準廟社主植壇上稍北露其首三寸青玉青幣牲用牛一羊一豕一如盧植之說樂章祀儀並準青帝尊器神坐如勾芒惟受福不飲回授中人爲異祀前一日内侍請皇后宿齋於别寢内臣引近侍宮嬪從是日量地設香案褥位各二重行南向於所齋之庭以望禖壇又設褥位於香案北重行皇后服褘衣褥位以緋

宮嬪服朝賀衣服褥位以紫祀日有司行禮以福酒胙肉弓矢弓韣授内臣奉至齋所置弓矢等於箱在香案東福酒於坫胙肉於俎在香案西内臣引宮嬪詣褥位東上南向乃請皇后行禮導至褥位皆再拜導皇后詣香案位上香三請帶弓韣受弓矢轉授内臣置於箱又再拜内臣進胙皇后受訖轉授内臣次進福酒内臣曰請飲福飲訖請再拜乃解弓韣内臣跪受置於箱導皇后歸東向褥位又引宮嬪最高一人詣香案上香二帶弓韣受弓矢轉授左右及飲福解弓韣如皇后儀惟不進胙又引以次官嬪行禮亦然俟俱復位内侍請皇后詣南向褥位皆再拜退是

歲宮中又置赤帝像以祈皇嗣寶元二年皇子生遣參知政事王鬷以太牢報祠準春分儀惟不設弓矢弓韣著爲常祀遣兩制官攝事慶曆三年太常博士余靖言皇帝嗣續未廣不設弓矢弓韣非是詔仍如景祐之制熙寧二年皇子生以太牢報祀高禖惟不設弓矢弓韣既又從禮官言按祀儀青帝壇廣四丈高八尺今祠高禖既以青帝爲主其壇高廣請如青帝之制又祀天以高禖配今郊禖壇祀青帝於南郊以伏羲高辛配復於壇下設高禖位殊爲爽誤請準古郊禖改祀上帝以高禖配改伏羲高辛位爲高禖而徹壇下位詔高禖典禮仍舊壇制如所議改犢爲

角握牛高禖祝版與配位並進書焉又言伏羲高辛配祀文並云作主配神神無二主伏羲既爲主其高辛祝文請改云配食于神元祐三年太常寺言祀儀高禖壇上正位設青帝席配位設伏羲高辛氏席壇下東南設高禖從祀席正配位各六俎實以羊豕腥熟高禖位四俎實以牛腥熟祀日兵部工部郎中奉羊豕俎升壇諸正配位高禖位俎則執事人奉焉竊以青帝爲所祀之主而牲用羊豕禖神因其嘉祥從祀而牲反用牛又牛俎執事者陳之而羊豕俎皆奉以郎官輕重失當請以三牲通行解割正配從祀位並用皆以六曹郎官奉俎令羊俎以兵部豕俎以工

部牛俎請以戶部郎官政和新儀春分祀高禖以簡狄姜嫄從配皇帝親祠並如祈穀祀上帝儀惟配位作承安之樂而增簡狄姜嫄位牛羊豕各一紹興元年太常少卿趙子畫言自車駕南巡雖多故之餘禮文難備至於祓無子祝多男所以係萬方之心蓋不可闕乞自來歲之春復行高禖之祀十七年車駕親祀高禖如政和之儀

大火之祀康定初南京鴻慶宮災集賢校理胡宿請修其祀而以閼伯配焉禮官議閼伯爲高辛火正實居商丘主祀大火後世因之祀爲貴神配火侑食如周棄配稷后土配社之比下歷千載遂爲重祀祖宗以來郊祀上帝而大辰已在從祀閼伯之廟每因赦文及春秋委京司長吏致奠咸秩之典未始云闕然國家有天下之號實本於宋五運之次又感火德宜因興王之地商丘之舊爲壇兆祀大火以閼伯配建辰建戌出內之月內降祝版留司長吏奉祭行事乃上壇制高五尺廣二丈四陛陛廣五尺一壝四面距壇各二十五步位牌以黑漆朱書曰大火位配位曰閼伯位牲用羊豕一器準中祠歲以三月九月擇日令南京長吏以下分三獻州縣官攝太祝奉禮慶曆獻官有祭服建中靖國元年又建陽德觀以祀熒惑因翰林學士張康國言天下崇寧觀並建火德眞君殿仍詔正殿以離明爲名太常博士羅畸請宜倣太一宮遣官薦獻或立壇於南郊如祀靈星壽星之儀有司請以閼伯從祀離明殿又請增閼伯位按春秋傳曰五行之官封爲上公祀爲貴神祝融高辛氏之火正也閼伯陶唐氏之火正也祝融既爲上公則閼伯亦當服上公袞冕九章之服既又建熒惑壇於南郊赤帝壇壝外令有司以時致祭增用圭璧火德熒惑以閼伯配俱南向五方火精神等爲從祀壇廣四丈高七尺四陛兩壝壝二十五步從新儀所定紹興三年詔祀大火太常寺言應天府祀大火今道路未通宜於行在春秋設位乾道五年太常少卿林栗等言本寺已擇九月十四日依旨設位望祭應天府大火以商丘宣明王配二十一日內火祀大辰以閼伯配大辰即大火閼伯即商丘宣明王也緣國朝以宋建號以火紀德推原發祥之所自崇建商丘之祠府曰應天廟曰光德加封王爵錫謚宣明所以追嚴者備矣今有司旬日之間舉行二祭一稱其號一斥其名義所未安乞自今祀熒惑大辰其配位稱閼伯祝文位板並依應天府大火禮例改稱宣明王以稱國家崇奉火正之意

諸星祠有壽星周伯靈星之祭大中祥符二年翰林天文邢中和言景德中周伯星出亢宿下按天文志角亢爲太

山之根果符上封之應望於親郊日特置周伯星位於亢
宿間詔禮官與司天監定議且言周伯星出氐三度然亢
氐相去不遠並鄭分兗州壽星之次宜如中和奏設位氐
宿之間以爲永式景德三年詔定壽星之祀太常禮院言
按月令八月命有司享壽星於南郊注云秋分日祭壽星
於南郊壽星南極老人星也爾雅云壽星角亢也注云數
起角亢列宿之長故云壽星唐開元中特置壽星壇常以
千秋節日祭老人星及角亢七宿請用祀靈星小祠禮其
壇亦如靈星壇制築於南郊以秋分日祭之元豐中禮文
所言時令秋冬享壽星于南郊熙寧祀儀於壇上設壽星

志五十六 十一

一位南向又於壇下卯陛之南設角亢氐房心尾箕七位
東向按爾雅所謂壽星角亢非此所謂秋分所享壽星也
令於壇下設角亢位以氐房心尾箕同祀亢爲無名又按
晉天文志老人一星在弧南一曰南極常以秋分之旦見
于丙春分之夕沒于丁見則治平主壽昌常以秋分候之
南郊後漢於國都南郊立老人星廟常以仲秋祀之則壽
星謂老人矣請依後漢於壇上設壽星一位南向祀老人
星其壇下七宿位不宜復設慶曆以立秋後辰日祀靈星
其壇東西丈三尺南北丈二尺壽星壇方丈八尺皇祐定
如唐制二壇皆周八步四尺其享禮籩八豆八在神位前

左右重三行俎二在籩豆外簠簋一在二俎間象尊二在
壇上東南隅北向西上七宿位各設籩一豆一在神位前
左右俎一在籩豆外中設簠一簋一在俎左右爵一在神
位正前犧尊二在神位右光祿實以法酒政和新儀改定
壇高三尺東西袤丈三尺南北袤丈二尺四出陛一壝二
十五步初乾興祀靈星值屠牲有禁乃屠於城外至是敕
有司凡祭祀牲牢無避禁日著爲令南渡後靈星壽星風
師雨師雷師及七祀司寒馬祖並仍舊制
風伯雨師諸州亦致祭大中祥符初詔惟邊地要劇者令
通判致祭餘皆長吏親享未幾澤州請立風伯雨師廟乃

志五十六 十二

令禮官考儀式頒之有司言唐制諸郡置風伯壇社壇之
東雨師壇于西各稍北數十步卑下於社壇祠用羊一籩
豆各八簠簋各二元豐詳定局言周禮小宗伯之職兆五
帝於四郊四類亦如之鄭氏曰兆爲壇之營域四類日月
星辰運行無常以氣類爲之位兆日於東郊兆月與風師
於西郊兆司中司命於南郊兆雨師於北郊各以氣類祭
之謂之四類漢儀縣邑常以丙戌日祠風伯於戌地以己
丑日祀雨師於丑地亦從其類故也熙寧祀儀兆日東郊
兆月西郊是以氣類爲之位至於兆風師於國城東北兆
雨師於國城西北司中司命於國城西北亥地則是各從

其星位而不以氣類也請稽舊禮兆風師於西郊祠以立春後丑日兆雨師於北郊祠以立夏後申日兆司中司命司禄於南郊祠以立冬後亥日其壇兆則從其氣類其祭辰則從其星位仍依熙寧儀以雷師從雨師之位以司民從司中司命司禄之位舊制風師壇高四尺東西四步三尺南北減一尺皇祐定高三尺周三十三步雨師壇雷師壇高三尺方一丈九尺皇祐定周六步政和之制風壇廣二十三步雨雷壇廣十五步皆高三尺四陛並一壝二十五步其雨師雷師二壇同壝司中司命司禄爲四壇各廣二十五步同壝又言周禮大宗伯以槱燎祀司中司命風

師雨師所謂周人尚臭升陽以報陽也今天神之祀皆燔牲首風師雨師請用柏柴升煙以爲歆神之始又言周禮樂師之職曰凡國之小事用樂者令奏鐘鼓說者曰小祀也小師職注小祭祀謂司中司命風師是也既已有鐘鼓則是有樂明矣請有司祀司中司命風師雨師用樂仍製樂章以爲降神之節又言周禮小司徒之職凡小祭祀奉牛牲羞其肆又肆師云小祭祀用牲所謂小祭祀即司中司命司民司禄宮中七祀之類是也後世以有司攝事難於純用太牢猶宜下同大夫禮用羊豕可也今祀儀馬祖先牧司中司命司民司禄司寒歲用羊豕一祠令小祠牲

入滌一月所以備潔養之法今每位肉以豕又取諸市與令文相戾請諸小祠祭以少牢仍用體解又言社稷五祀先薦爓次薦孰至於羣小祀薦孰而已請四方百物宮中七祀司中司命風師雨師止薦孰並從之

司寒之祭常以四月命官率太祝用牲幣及黑牡秬黍祭玄冥之神乃開冰以薦太廟建隆二年置藏冰署而修其祀焉祕書監李至言案詩豳七月曰四之日獻羔祭韭蓋謂周以十一月爲正其四月即今之二月也春秋傳曰日在北陸而藏冰謂夏十二月日在危也獻羔而啓之謂二月春分獻羔祭韭始開冰室也火出而畢賦火星昏見謂

四月中也又案月令天子獻羔開冰先薦寢廟詳其開冰之祭當在春分乃有司之失也帝覽奏曰今四月韭可苫屋矣何謂薦新遂正其禮天聖新令春分開冰祭司寒於冰井務卜日薦冰於太廟季冬藏冰設祭亦如之元豐詳定所言熙寧祀儀孟冬選吉日祀司寒按古享司寒惟以藏冰啓冰之日孟冬非有事於冰則不應祭享今請惟季冬藏冰則享司寒牲用黑牡羊穀用黑秬黍仲春開冰則但用羔孔頴達注月令曰藏冰則用牡黍啓唯告而已祭禮大告禮小故也且開冰將以御至尊當有桃弧棘矢以禳除凶邪設於神坐則非禮也當從孔氏說出冰之時置

弓矢於凌室之戶大觀禮局言春秋左氏傳以火昊有四叔其二爲玄冥杜預鄭玄皆以玄冥爲水官故歷代祀爲司寒則玄冥非天神矣今儀注禮畢有司取祝幣座次贊者贊幣燔燎是以祀天神之禮享人鬼也請罷燔燎而埋祝幣詔從其請

大蜡之禮自魏以來始定議王者各隨其行社以其盛臘以其終建隆初以有司言周木德木生火宜以火德王色尚赤遂以戌日爲臘三年戊戌臘有司畫日以七日辛卯和峴奏議曰按蜡始於伊耆後歷三代及漢其名雖改而其實一也漢火行用戌臘臘者接也新故相接畋獵禽獸以享百神報終成之功也王者因之上享宗廟旁及五祀展其孝心盡物示恭也魏晉以降悉沿其制唐乘土德貞觀之際以前寅日蜡百神卯日祭社宮辰日享宗廟開元定禮三祭皆於臘辰以應土德今以戌日爲臘而以前七日辛卯行蜡禮恐未爲宜況宗廟社稷並遵臘享獨蜡不以臘請下禮官議議如峴言今後蜡百神祀社稷享宗廟皆用戌臘一日天聖三年同知禮院陳詁言蜡祭一百九十二位祝文內載一百八十二位唯五方田畯五方郵表畷一十位不載祝文又郊祀錄正辭錄司天監神位圖皆以虎爲於菟乃避唐諱請仍爲虎五方祝文衆族之下增入田畯郵表畷云元豐詳定所言記曰八蜡以祀四方年不順成八蜡不通歷代蜡祭獨在南郊爲一壇惟周隋四郊之兆乃合禮意又禮記月令以蜡與息民爲二祭故隋唐息民祭在蜡之後日請蜡祭四郊各爲一壇以祀其方之神有不順成之方則不修報其息民祭仍在蜡祭之後先是太常寺言四郊蜡祭宜依百神制度築壇其東西有不順成之方即祭日月其神農以下更不設祭又舊儀神農后稷並設位壇下當移壇上按禮記正義伊耆氏神農也今壇下更設伊耆氏位合除去之政和新儀臘前一日蜡百神四方蜡壇廣四丈高八尺四出陛兩壝每壝二十五步東方設大明位西方設夜明位以神農氏后稷氏配配位以北爲上南北壇設神農位以后稷配五星二十八宿十二辰五官五嶽五鎮四海四瀆及五方山林川澤丘陵墳衍原隰井泉田畯倉龍朱鳥麒麟白虎玄武五水庸五坊五虎五鱗五羽五介五毛五郵表畷五羸五猫五昆蟲從祀各依其方設位中方鎮星后土田畯設於南方蜡壇酉階之西中方嶽鎮以下設於南方蜡壇午階之西伊耆設於北方蜡壇卯階之南其位次於辰星紹興十九年有司檢會五禮新儀臘前一日蜡東方西方爲大祀蜡南方北方爲中祀並用牲牢乾道四年太常少卿王瀹又請

於四郊各爲一壇以祀其方之神東西以日月爲主各以
神農后稷配南北皆以神農爲主以后稷配自五帝星辰
嶽鎮海瀆以至猫虎昆蟲各隨其方分爲從祀其後南蜡
仍於圓壇望祭殿北蜡於餘杭門外精進寺行禮
太廟司命户竈中霤門厲行七祀熙寧八年始置位版太
常禮院請禘享徧祭七祀詳定所言周禮天子六服自鷩
冕而下各隨所祭而服今既不親祀則諸臣攝事曰當從
王所祭之服其攝事之臣不繫其官又言禮記祭法曰王自
爲立七祀曰司命曰中霤曰國行曰泰厲曰門曰户曰竈
孟春祀户祭先脾孟夏祀竈祭先肺中央土祀中霤祭先

心孟秋祀門祭先肝孟冬祀行祭先腎又傳曰春祀司命
秋祠厲此所祀之位所祀之時所用之俎也周禮司服掌
王之吉服祭羣小祀則服玄冕注謂宮中七祀之屬禮記
曰一獻熟注謂宮中羣小神七祀之等周禮大宗伯若王
不與祭祀則攝位此所祀之服所獻之禮所攝之官也近
世因禘祫則徧祭七祀其四時則隨時享分祭攝事以廟
卿行禮而服七旒之冕分太廟牲以爲俎一獻而不薦熟
皆非禮制請以立春祭户於廟室户外之西祭司命於廟
門之西制脾於俎立夏祭竈於廟門之東制肺於俎季夏
土王日祭中霤於廟庭之中制心於俎立秋祭門及厲於

廟門外之西制肝於俎立冬祭司命及行於廟門外之西
制腎於俎皆用特牲更不隨時享分祭有司攝事以太廟
令攝禮官服必玄冕獻必薦熟親祀及臘享卽依舊禮徧
祭之政和新儀定太廟七祀四時分祭如元豐儀臘享祫
享則徧祭設位於殿下横街之北道西東向北上
馬祖祀典仲春祀馬祖仲夏享先牧仲秋祭馬社仲冬祭
馬步並擇日壇壝之制三壇各廣九步高三尺四陛一壝
又有酺神之祀慶曆中上封事者言螟蝗爲害乞内外並
修祭酺禮院言按周禮族師春秋祭酺酺爲人物災害之
神鄭玄云校人職有冬祭馬步則未知此酺者蝝螟之酺

歟人鬼之步歟蓋亦爲壇位如雩禜云然則校人職有冬
步是與馬爲害者此酺蓋人物之害也漢有蝝螟之酺神
又有人鬼之步神歷代書史悉無祭酺儀式欲準祭馬步
儀壇在國城西北差官就馬壇致祭稱爲酺神若外州者
卽略依禜禮其儀注先擇便方除地設營纘爲位營纘謂
立表施繩以代壇其致齋行禮器物並如小祠先祭一日
致齋祭日設神坐内向用尊及籩一豆一實以酒脯設於
神坐左又設罍洗及篚於酒尊之左俱内向執事者位於
其後皆以近神爲上薦神用白幣一丈八尺在篚將祭贊
祀官拜就盥洗訖進至神坐前上香奠幣退詣罍盥洗實

以酒再詣神坐前奠爵讀祝再拜退而瘞幣其酺神祝文曰維年歲次月朔某日州縣具官某敢昭告于酺神蝗螟荐生害於嘉穀惟神降祐應時消殄請以清酒制幣嘉薦昭告于神尚享紹興祀令蟲蝗爲害則祭酺神嘉定八年六月以飛蝗入臨安界詔差官祭告又詔兩浙淮東西路州縣遇有蝗入境守臣祭告酺神

志卷第五十六

志卷第五十七　宋史一百四

開府儀同三司上柱國録軍國重事中書右丞相監修國史領經筵事都總裁臣脫脫等奉勅修

禮七　吉禮七

封禪　汾陰后土　朝謁太清宮　天書九鼎

封禪太宗即位之八年泰山父老千餘人詣闕請東封帝謙讓未遑厚賜以遣之明年宰臣宋琪率文武官僧道耆壽三上表以請乃詔以十一月二十一日有事于泰山命翰林學士扈蒙等詳定儀注既而乾元文明二殿災詔停封禪而以是日有事于南郊真宗大中祥符元年兗州父老呂良等千二百八十七人及諸道貢舉之士八百四十六人詣闕陳請而宰臣王旦等又率百官諸軍將校州縣官吏蕃夷僧道父老二萬四千三百七十人五上表請始詔今年十月有事于泰山遣官告天地宗廟社稷太一宮及在京祠廟嶽瀆命翰林太常禮院詳定儀注知樞密院王欽若參知政事趙安仁爲封禪經度制置使並判兗州三司使丁謂計度糧草引進使曹利用宣政使李神福修行宮道路皇城使劉承珪等計度發運詔禁緣路採捕及車騎蹂踐田稼以行宮側官舍佛寺爲百官宿頓之所調兗鄆兵充山下丁役行宮除前後殿外並張幕爲屋覆以油

帊仍增自京至泰山驛馬令三司泝汴蔡御河入廣濟河運儀仗什物赴兖州發上供木由黄河浮筏至鄆州給置頓費用省輦送之役以王旦爲大禮使王欽若爲禮儀使參知政事馮拯爲儀仗使知樞密院陳堯叟爲鹵簿使趙安仁爲橋道頓遞使仍鑄五使印及經度制置使印給之遣使詣岳州采三脊茅三十束有老人黄皓識之補州助教賜以粟帛初太平興國中有得唐玄宗社首玉册蒼璧至是令瘞於舊所其前代封禪壇址摧圮者命修完之山上置圓臺徑五丈高九尺四陛上飾以青四面如其方色一壝廣一丈圜以青繩三周燎壇在其東南高丈二尺方

一丈開上南出户方六尺山下封祀壇四成十二陛如圜丘制上飾以玄四面如方色外爲三壝燎壇如山上壇制社首壇八角三成每等高四尺上闊十六步八陛上等廣八尺中等廣一丈下等廣一丈二尺三壝四門如方丘制又爲瘞埳於壬地外壝之内以玉爲五牒牒各長尺二寸廣五寸厚一寸刻字而填以金聯以金繩緘以玉匱置石碱中（金牒難用以金塗繩代之）正坐配坐用玉册六副每簡長一尺二寸廣一寸二分厚三分簡數量文多少匱長一尺三寸檢長如匱厚二寸闊五寸纏金繩五周當纏繩處刻爲五道而封以金泥（泥和金粉乳香爲之）印以受命寶封匱當寶處刻深二

分用石碱藏之其碱用石再累各方五尺厚一尺鑿中廣深令容玉匱碱旁施檢處皆刻深七寸闊一尺南北各三東西各二去隅皆七寸纏繩處皆刻三道廣一寸五分深三分爲石檢十以擫碱皆長三尺闊一尺厚七寸刻三道廣深如纏繩其當封處刻深二寸取足容寶皆有小石蓋與封刻相應其檢立碱旁當刻處又爲金繩三以纏碱皆五周徑三分爲石泥封碱（泥用石末和方色土爲之）用金鑄寶曰天下同文如御前寶以封碱際距石十二分距四隅皆闊二尺厚一尺長一丈斜刻其道與碱隅相應皆再累爲五色土圜封碱上徑一丈二尺下徑三丈九尺命直史館劉鍇内

侍張承素領徒封圜臺石碱直集賢院宋皐内侍郝昭信封社首石碱並先往規度之詳定所言朝覲壇在行宫南方九丈六尺高九尺四陛陛南面兩陛餘三面各一陛一壝二分在南一分在北又按唐封禪備法駕準故事乘輿出京並用法駕所過州縣不備儀仗其圜臺上設登歌鍾磬各一具封祀壇宫架二十虡四隅立建鼓二舞社首壇設登歌如圜臺壇下宫架二舞如封祀壇朝覲壇宫架二十虡不用熊羆十二案又按六典南郊合祀天地服袞冕垂白珠十有二黝衣纁裳十二章欲望封禪日依南郊例洎禮畢御朝覲壇諸州所貢方物陳列如元正儀令尚

書戶部告示並先集泰山下仍詔出京日具小駕儀仗太常寺三百二十五人兵部五百六十六人殿中省九十一人太僕寺二百九十九人六軍諸衛四百六十八人左右金吾仗各一百七十六人司天監三十七人有司言南郊惟昊天皇地祇配帝日月五方神州各用幣內官而下別設六十六段分充按開寶通禮嶽鎮海瀆幣從方色即明皆有制幣今請封祀壇內官至外官三百一十八位社首壇嶽鎮以下一十八位並用方色幣又南郊牲正坐配坐用犢五方帝日月神州共用羊豕二十二從祀七百三十七位仍以前數分充今請神州而上十二位用犢其舊供羊豕改充從祀牲又景德中升天皇北極在第一等今請亦於從祀牲內體薦舊制郊祀正坐配坐褥以黃皇帝拜褥以緋至是詔配坐以緋拜褥以紫又以靈山清潔命祀官差減其數或令兼攝有期喪未滿餘服未卒哭者不得預祭內侍諸司官除掌事宿衛外從升者裁二十四人諸司職掌九十三人其文武官升山者皆公服詳定所言漢書八神與歷代封禪帝王及所禪山並於前祀七日遣官致祭以太牢祀泰山少牢祀社首九月詔審刑院開封府毋奏大辟案帝習儀于崇德殿初禮官言無帝王親習之文帝曰朕以達寅恭之意豈憚勞也既畢帝見禮文有未

便論宰臣與禮官再議於是詳定所言按開寶禮則燔燎畢封冊開元故事則封磩後燔燎今如不對神封冊則未稱寅恭或封磩後送神則併為誼瀆欲望俟終獻畢皇帝升壇封玉匱置磩中泥印訖復位飲福送神樂止舉燎火次天書降次金匱降禮儀使奏禮畢皇帝還大次俟封磩畢皇帝再升壇省視緣祀禮已畢更不舉樂省訖降壇仍詔山上亞獻終獻登歌作樂十月戊子朔禁天下屠殺一月帝自告廟即屏葷蔬食自進發至行禮前並禁音樂有司請登封日圜臺立黃麾仗至山下壇設權火將行禮然炬相屬又出朱字漆牌遣執仗者傳付山下牌至公卿就位皇帝就望燎位山上傳呼萬歲下即舉燎皇帝還大次解嚴又傳呼而下祀官始退社首瘞坎亦設權火三為準遣司天設漏壺山之上下命中官覆校日景復於壇側擊板相應自太平頂天門黃峴嶺岱嶽觀各竪長竿揭籠燈下照以相參候辛卯發京師以玉輅載天書先行次日如之至鄆州令從官衛士蔬食丁未次奉高宮戊申齋于穆清殿諸升山者官給衣令祀日沐浴服之庚戌帝服通天冠絳紗袍乘金輅備法駕至山門幄次改服鞾袍乘步輦登山鹵簿儀衛列山下天書仗不上山與法駕仗間立知制誥朱巽奉玉冊牒及圜臺行事官先升且以回馬嶺至

天門路峻絕人給橫板二長三尺許繫絛兩端施於背膺
選從卒推引而上衛士皆給釘鞵供奉馬止於中路自山
趾盤道至太平頂凡兩步一人絛繡相間樹當道者不伐
止縈以繒帝每經陿險必降輦徒步亞獻寧王元偓終獻
舒王元偁鹵簿使陳堯叟從祀官黜饌習儀於圜壇是夕
山下罷警場辛亥設昊天上帝位于圜臺奉天書于坐左
太祖太宗並配西北側向帝服衮冕升臺奠獻悉去侍衛
拂翟止於壝門籠燭前導亦徹之玉冊文曰嗣天子臣某
敢昭告于昊天上帝臣嗣膺景命昭事上穹昔太祖揖讓
開基太宗憂勤致治廓清寰宇混一車書固抑升中以延
積慶元符錫祚衆寶效祥異域咸懷豐年屢應虔修封祀
祈福黎元謹以玉帛犧牲粢盛庶品備茲禋燎式薦至誠
皇伯考太祖皇帝皇考太宗皇帝配神作主尚饗玉牒文
曰有宋嗣天子臣某敢昭告于昊天上帝啓運大同惟宋
受命太祖肇基功成治定太宗膺圖重熙累盛粤惟沖人
丕承列聖寅恭奉天憂勤聽政一紀于茲四隩來曁丕貺
殊尤元符章示儲慶發祥清淨可致時和年豐群生咸遂
仰荷顧懷敢忘繼志僉議大封聿申昭事躬陟喬嶽對越
上天率禮祇肅備物吉蠲以仁守位以孝奉先祈福逮下
侑神昭德惠綏黎元懋建皇極天祿無疆靈休允迪萬葉

其昌永保純錫命群官享五方帝及諸神於山下封祀壇
上飲福酒攝中書令王旦跪稱曰天賜皇帝太一神策周
而復始永綏兆人三獻畢封金玉匱王旦奉玉匱置於石
𥔲攝太尉馮拯奉金匱以降將作監領徒封𥔲帝登圜臺
閱視訖還御幄宰臣率從官稱賀山下傳呼萬歲聲動山
谷即日伏還奉高宮百官奉迎于谷口帝復齋于穆清殿
壬子禪祭皇地祇于社首山奉天書升壇以祖宗配玉冊
文曰嗣天子臣某敢昭告于皇地祇無私垂祐有宋肇基
命惟天啓慶賴坤儀太祖神武威震萬寓太宗聖文德綏
九土臣恭膺寶命纂承丕緒穹昊降祥靈符下付景祚延
鴻祕文昭著八表以寧五兵不試九穀豐穰百姓親比方
輿所資涼德是愧溥率同詞搢紳協議因以時巡亦旣肆
類躬陳典禮祇事厚載致孝祖宗潔誠嚴配以伸大報聿
修明祀本支百世黎元受祉謹以玉帛犧牲粢盛庶品備
茲禋瘞式薦至誠皇伯考太祖皇帝皇考太宗皇帝配神
作主尚饗帝至山下服鞾袍步出大次癸丑有司設仗衛
宮縣于壇下帝被衮冕御封禪壇上之壽昌殿受朝賀大
赦天下文武遞進官勳減免賦稅工役各有差改乾封縣
曰奉符縣宴百官卿監以上于穆清殿泰山父老于殿門
甲寅發奉符始進常膳帝之巡祭也往還四十七日未嘗

遇雨雪嚴冬之候景氣恬和祥應紛委前祀之夕陰雺風
勁不可以燭及行事風頓止天宇澄霽燭焰凝然封瘞訖
紫氣蒙壇黃光如帛繞天書匣悉縱四方所獻珍鳥異獸
山下法駕還奉高宮日重輪五色雲見鼓吹振作觀者塞
路歡呼動天地改奉高宮曰會真宮九天司命上卿加號
保生天尊青帝加號廣生帝君天齊王加號仁聖各遣使
祭告詔王旦撰封祀壇頌王欽若撰社首壇頌陳堯叟撰
朝覲壇頌園臺奉祀官並於山上刻名封祀九宮社首壇
奉祀官並於社首頌碑陰刻名扈從升朝官及內殿崇班
軍校領刺史以上與蕃夷酋長並於朝覲頌碑陰刻名明

四ㄱ三五　志五十七　八

年二月詔知兖州李迪京東轉運使馬元方等同修園封
以呂良首請命攝兖州助教政和三年兖鄆耆壽道釋等
及知開德府張爲等五十二人表請東封優詔不允六年
知兖州宋康年請下祕閣檢尋祥符東封典故付臣經畫
時蔡京當國將講封禪以文太平預具金繩玉檢及他物
甚備造舟四千艘雨具亦千萬計迄不能行
汾陰后土眞宗東封之又明年河中府言進士薛南及父
老僧道千二百人列狀乞赴闕請親祠后土詔不允已而
南又請河南尹寧王元偓亦表請文武百僚詣東上閤門
三表以請詔明年春有事於汾陰后土命知樞密院陳堯

叟爲祀汾陰經度制置使翰林學士李宗諤副之樞密直
學士戚綸昭宣使劉承珪計度發運河北轉運使李士衡
鹽鐵副使林特計度糧草龍圖閣待制王曙西京左藏庫
使張景宗供備庫使藍繼宗修治行宮道路宰臣王旦爲
大禮使知樞密院王欽若爲禮儀使參知政事馮拯爲儀
仗使趙安仁爲鹵簿使陳堯叟爲橋道頓遞使又以旦爲
天書儀衛使欽若安仁副之丁謂爲扶侍使藍繼宗爲扶
侍都監內侍周懷政皇甫繼明爲夾侍發陝西河東兵五
千人赴汾陰給役出廐馬增傳置命翰林禮院詳定儀注
造玉冊祭器先令堯叟詣后土祠祭告分遣常參官告天

四ㄱ四十　志五十七　九　青思貿

地廟社嶽鎮海瀆詳定所言祀汾陰后土請如封禪以太
祖太宗並配其方丘之制八角三成每等高四尺上闊十
六步八陛上陛廣八尺中廣一丈下廣一丈二尺三重壝
四面開門爲瘞坎於壇之壬地外壝之內方深取足容物
其后土壇別無方色正坐玉冊玉匱一副配坐玉冊金匱
二副金泥金繩所用石匱并蓋三層方廣五尺下層高二
尺上開牙縫一周闊四寸深五寸中容玉匱其闊一尺長
一尺六寸匱刻金繩道三周各相去五寸每纏繩處闊一
寸深五分上增厚一尺仍於上四角更刻牙縫長八寸深
四寸每纏金繩處深四寸方三寸五分取容封寶先即廟

庭規地爲坎深五尺闊容石匱及封固者先以金繩三道南北絡石匱條祀畢封匱訖中書侍郎奉匱至廟與太尉同置石匱中將作監加蓋繫金繩畢各塡以石泥印以天下同文之寶如社首封禪制帝省視後將作監率執事吏加蓋頂石蓋然後封固如法上爲小壇如方丘狀廣厚皆五尺經度制置使請脽上築壇如方丘廟北古雙柏旁有堆阜卽其地爲之有司請祭前七日遣祀河中府境內伏羲神農帝舜成湯周文武漢文帝周公廟及於脽下祭漢唐六帝四年正月帝習儀于崇德殿丁酉法駕發京師二月丙辰至寶鼎縣奉祇宮戊午致齋己未遣入內都知鄧

永遷詣祠上衣服供具庚申百官宿祀所是夜一鼓扶侍使奉天書升玉輅先至脽上二鼓帝乘金輅法駕詣壇夾路設燎火盤道回曲周以黃麾仗初路出廟南帝以未修謁不欲乘輿輦過其前令鑿路由廟後至壇次翼日帝服衮冕登壇祀后土地祇備三獻奉天書於神坐之左次以太祖太宗配侑冊文曰維大中祥符四年歲次辛亥二月乙巳朔十七日辛酉嗣天子臣某敢昭告于后土地祇恭惟位配穹昊化敷品彙瞻言汾壤是宅景靈備禮親祠抑惟令典肇啓皇宋混一方輿祖禰紹隆承平茲久眇躬纘嗣勵翼靡遑厚德資生緜區允穆清寧孚祐戴履蒙休申

錫寶符震以珍物虔遵時邁已建天封明察禮均有所未答櫛沐祇事用致其恭東夏駿奔瑄牲以薦肅然鄈上對越坤元式祈年豐楙昭政本兆民樂育百福蕃滋介祉無疆敢忘祇畏恭以琮幣犧牲粢盛庶品備玆瘞禮皇伯考太祖皇帝皇考太宗皇帝侑神作主尚饗親封玉冊正坐於玉匱配坐於金匱攝太尉奉之以降置於石匱將作監封固之帝還次改服通天冠絳紗袍乘輦詣后土廟設登歌奠獻遣官分奠諸神至庭中視所封石匱還奉祇宮鈞容樂太常鼓吹始振作是日詔改奉祇曰太寧宮壬戌御朝覲壇受朝賀肆赦宴群臣于穆清殿父老于宮門穆清

殿奉祇宮之前殿也詔五使從臣刻名碑陰謁西嶽廟從官皆刻名廟中仗衛儀物大略如東封之制命薛南試將作監主簿以首請祠汾陰故也

太清宮大中祥符六年亳州父老道釋舉人三千三百十六人詣闕請車駕朝謁太清宮宰臣帥百官表請詔以明年春親行朝謁禮命參知政事丁謂爲奉祀經度制置使判亳州翰林學士陳彭年副之權三司使林特計度糧草禮儀院言按唐太清宮令奠獻用碧幣同人靈故不用玉今詳太上老君宜同天神用玉昨薦獻聖祖大帝用四圭有邸詔用蒼璧太清宮用竹冊一副丁謂言太清宮封藏

太上老君寶冊請用玉匱各一副長廣一尺高如之檢厚一寸二分長廣如匱刻金繩道五封處深二分方取容受命寶石匱三層各長五尺三寸闊四尺二寸下層高二尺中容玉匱蓋深尺二寸長二尺五寸闊尺三寸中層高一尺爾北刻金繩道三相距各五寸闊一寸深五分繫金繩處各深四分方取容天下同文寶上層爲盝頂蓋以王旦爲奉祀大禮使向敏中爲儀仗使王欽若爲禮儀使陳堯叟爲鹵簿使丁謂爲橋道頓遞使又以王旦爲天書儀衛使王欽若同儀衛使丁謂副之兵部侍郎趙安仁爲扶侍使入內副都知張繼能爲扶侍都監帝朝謁玉清昭應宮賜亳州眞源縣行宮名曰奉元殿曰迎禧七年正月十五日發京師十九日至奉元宮齋于迎禧殿二十一日帝服通天冠絳紗袍奉上太上老君混元上德皇帝加號冊寶夜漏上五刻天書扶侍使奉天書赴太清宮二鼓帝乘玉輅駐大次三鼓奉天書升殿改服衮冕行朝謁之禮相王元偓爲亞獻榮王元儼爲終獻帝還大次太尉奉冊寶于玉匱纏以金繩封以金泥印以受命之寶納於醮壇石匱將作監加石蓋其上群臣稱賀於大次分命輔臣薦獻諸殿改奉元宮曰明道宮奉安玉皇大帝像改眞源曰衛眞縣車駕次亳州城西詣新立聖祖殿朝拜至應天府朝拜聖祖殿詔號曰鴻慶宮仍奉安太祖太宗像駕至自亳州百官迎對于太一宮西之幄殿有司以衛眞靈芝二百輿洎白鹿前導天書而入帝服鞾袍乘大輦備儀衛還宮先是大中祥符元年正月乙丑帝謂輔臣曰朕去年十一月二十七日夜將半方就寢忽室中光曜見神人星冠絳衣告曰來月三日宜於正殿建黃籙道場一月將降天書大中祥符三篇朕竦然起對已復無見命筆識之自十二月朔即齋戒於朝元殿建道場以佇神貺適皇城司奏左承天門屋南角有黃帛曳鴟尾上帛長二丈許緘物如書卷纏以青縷三道封處有字隱隱蓋神人所謂天降之書也王旦等皆再拜稱賀帝即步至承天門瞻望再拜遣二內臣升屋奉之下旦跪奉而進帝再拜受之親奉安輿導至道場付陳堯叟啓封帛上有文曰趙受命興於宋付於眘居其器守於正世七百九九定緘書甚密抉以利刀方起帝跪受復授堯叟讀之其書黃字三幅詞類書洪範老子道德經始言帝能以至孝至道紹世次諭以清淨簡儉終述世祚延永之意讀訖帝復跪奉韞以所緘帛盛以金匱旦等稱賀於殿之北廡丙寅群臣入賀於崇政殿賜宴帝與輔臣皆蔬食遣官奏告天地宗廟社稷及京城祠廟丁卯有司設大次朝元殿之西廊黃麾仗宮縣登歌文武官

陪列帝服鞾袍升殿酌獻三清天書禮畢步導入內戊辰
大赦改元百官並加恩改左承天門爲左承天祥符四月
辛卯朔天書再降內中功德閣六月八日封祀制置使王
欽若言泰山西南垂刀山上有紅紫雲氣漸成華蓋至地
而散其日木工董祚於靈液亭北見黃素書曳林木之上
有字不能識言於皇城使王居正居正覩上有御名馳告
欽若遂迎至官舍授中使捧詣闕帝御崇政殿趣召輔臣
曰朕五月丙子夜復夢鄉者神人言來月上旬當賜天書
於泰山宜齋戒祗受朕雖荷降告未敢宣露惟密諭王欽
若等凡有祥異即上聞朕今得其奏果與夢協上天眷佑

惟懼不稱王旦等曰陛下至德動天感應昭著臣等不勝
大慶再拜稱賀己亥迎導天書安於含芳園之正殿辛丑
帝致齋翼日備法駕詣殿再拜受授陳堯叟啓封其文曰
汝崇孝奉吾育民廣福錫爾嘉瑞黎庶咸知祕守斯言善
解吾意國祚延永壽歷遐歲讀訖復奉以升殿九月甲子
告太廟奉安天書朝元殿建道場扶侍使上香庭中奏法
曲將行禮詣幄殿酌獻訖奉以玉輅中設几褥夾侍立旁
周以黃麾仗前後部鼓吹道門威儀扶侍使以下前導封
禪日皆奉以升壇置正位之東自是凡舉大禮皆如此制
於是製行殿供物定儀仗千六百人每歲元日召宰臣宗

室至禁中朝拜前一日卻去葷茹帝自製誓文刻石寘玉
清昭應宮寶符閣下摹刻天書奉安昭應宮刻玉殿行酌
獻禮令刻玉使日赴殿行香副使已下日莅事焉天禧元
年正月詔以十五日行宣讀天書之禮前二日齋于長春
殿以王欽若爲宣讀天書禮儀使有司設次天安殿中位
玉皇像置錄本天書於東聖祖板位于西建金籙道場三
晝夜其日三鼓帝服通天冠絳紗袍詣道場焚香再拜西
向立百官朝服升殿攝中書令任中正跪奏嗣天子臣某
謹與宰臣等宣讀天書講求聖意虔恩睿訓撫育生民儀
衛使王旦跪取左承天門天書置案上攝殿中監張景宗

張繼能捧案攝司徒王曾攝司空張知白跪展天書攝太
尉向敏中宣讀每句已即詳繹其旨言上天訓諭之意攝
中書令王欽若錄之宣讀畢攝侍中張旻跪奏嗣天子臣
某敢不虔遵天命儀衛使受天書跪納匣中又取功德閣
天書泰山天書宣讀如上儀王欽若跪進所錄天書帝跪
受之登歌酌獻禮畢奉天書還內帝自作欽承寶訓述以
示中外是月之朔又奉天書升太初殿恭上玉皇大天帝
聖號寶冊袞服焉帝於大中祥符五年十月語輔臣曰朕
夢先降神人傳玉皇之命云先令汝祖趙某授汝天書令
再見汝如唐朝恭奉玄元皇帝翼日復夢神人傳天尊言

吾坐西斜設六位以候是日即於延恩殿設道場五鼓一籌先聞異香頃之黄光滿殿蔽燈燭覩靈仙儀衛天尊至朕再拜殿下俄黄霧起須臾霧散由西陛升見侍從在東陛天尊就坐有六人揖天尊而後坐朕欲拜六人天尊止令揖命朕前曰吾人皇九人中一人也是趙之始祖再降乃軒轅皇帝凡世所知少典之子非也母感電夢天人生於壽丘後唐時奉玉帝命七月一日下降總治下方主趙氏之族今已百年皇帝善爲撫育蒼生無怠前志即離坐乘雲而去王旦等皆再拜稱賀即召旦等至延恩殿歷觀臨降之所并布告天下命參知政事丁謂翰林學士李宗

謂龍圖閣待制陳彭年與禮官修崇奉儀注閏十月制九天司命保生天尊號曰聖祖上靈高道九天司命保生天尊大帝聖祖母號曰元天大聖后遣官就南郊設昊天及四位告之七年九月即滋福殿設玉皇像奉聖號匣安於朝元殿後天書刻玉幄次詔以來年正月上玉帝聖號帝親撰文及天書下亦以此日奏告仍定儀式班之以王旦爲奏告大禮使向敏中爲儀仗使冦準爲鹵簿使丁謂爲禮儀使王嗣宗爲橋道頓遞使八年正月朔駕詣玉清昭應宮奉表奏告上玉皇大帝聖號曰太上開天執符御曆含眞體道玉皇大天帝奉刻玉天書安於寶符閣以帝御

容侍立于側升閣酌獻復朝拜明慶二聖殿禮畢還宮易常服御崇德殿百官稱賀九年詔以來年正月朔詣玉清昭應宮上玉皇聖號寶册二日詣景靈宮上聖祖天尊大帝徽號十二月己亥奉寶册仙衣安于文德殿廼齋于天安殿後室四鼓帝詣天安殿酌獻天書畢大駕赴玉清昭應宮袞冕升太初殿奉册訖奠玉幣薦饌三獻飲福登歌二舞望燎如祀昊天上帝儀畢詣二聖殿奉上絳紗袍奉幣進酒分遣攝殿中監上紫微大帝絳紗袍七元輔弼眞君紅綃衣翊聖保德眞君皁袍帝改服鞾袍詣紫微殿寶符閣焚香群臣詣集禧殿門表賀是日天書赴景靈宮大

駕次至齋于明福殿二日帝服袞冕詣天興殿奉上聖祖天尊大帝册寶仙衣薦獻如上儀廼改服詣保寧閣焚香還宮群臣入賀于崇德殿命諸州設羅天大醮先建道場二十七日命王旦爲兗州太極觀奉上寶册使趙安仁副之遣官攝中書侍郎殿中監押當册寶仙衣二月丁亥帝齋于長春殿翼日有司設聖母板位文德殿行酌獻禮拜授册寶于王旦仙衣于趙安仁以升金輅具鹵簿儀衛所過禁屠宰三月乙巳旦等詣觀奉册上懿號曰聖祖母元天大聖后其日帝不視朝禮畢群臣入賀賜飲崇德殿徽宗政和六年九月朔復奉玉册玉寶上玉帝尊號曰太上

開天執符御曆含真體道昊天玉皇上帝蓋以論者析玉皇大天帝昊天上帝言之不能致一故也又詔以王者父天母地乃者祇率萬邦毅庶強為之名以玉冊玉寶昭告上帝而地祇未有稱謂謹上徽號曰承天效法厚德光大后土皇地祇明年五月詣玉清和陽宮奉上寶冊所用之禮以瘞坎易燎柴設望瘞位玉以黃琮及兩珪有邸幣以黃舞以八成其餘並如奉上玉皇尊號之儀徽宗崇尚道教制郊祀大禮以方士百人執威儀前引分列兩序立於壇下政和三年十一月五日恭上神宗哲宗徽號于太廟翌日祀昊天上帝于圜丘太師蔡京奏天神降格實為大

慶乞付史館帝出手詔播告天下群臣詣東上閤門拜表稱賀御製天真示現記尋以天神降日為天應節即其地建迎真宮明年夏至躬祀方丘又製神應記略云羽衛多士奉輦武夫與陪祀官顧瞻中天有形有象若人若鬼持矛執戟列於空際見者駭愕仍遣使奏告陵廟詔天下又用方士魏漢津之說備百物之象鑄鼎九於中太一宮南為殿奉安之各周以垣上施埤堄墁如方色外築垣環之曰九成宮中央曰帝鼐其色黃祭以土王日為大祠幣用黃樂用宮架北方曰寶鼎其色黑祭以冬至幣用皁東北方曰牡鼎其色青祭以立春幣用皁東方曰蒼鼎其色碧

祭以春分幣用青東南曰岡鼎其色綠祭以立夏幣用緋南方曰彤鼎其色紫祭以夏至幣用緋西南曰阜鼎其色黑祭以立秋幣用白西方曰晶鼎其色赤祭以秋分幣用白西北曰魁鼎其色白祭以立冬幣用皁八鼎皆為中祠樂用登歌享用素饌復於帝鼐之宮立大角鼎星祠崇寧四年八月奉安九鼎以蔡京為定鼎禮儀使帝幸九成宮酌獻九月朔百官稱賀于大慶殿如大朝會儀鄭居中言亳州太清宮道士王與之進黃帝崇天祀鼎儀訣皆本於天元玉冊九宮太一合於漢津所授上帝錫夏禹隱文同修為祭鼎儀範修成鼎書十七卷祭鼎儀範六卷先是詔

曰九鼎以奠九州以御神姦其用有法後失其傳閱王與之所上祀儀推鼎之意施於有用蓋非今人所能作去古綿邈文字雜糅可擇其當理合經修為定制班付有司至是書成并以每歲祀鼎常典付有司行之又詔以鑄鼎之地作寶成宮總屋七十一區中置殿曰神靈以祠黃帝東廡殿曰成功祀夏后氏西廡殿曰持盈祠周成王及周公召公後置堂曰昭應祀唐李良及隱士嘉成侯魏漢津太常禮部言每歲欲於大樂告成崇政殿元進樂日秋八月二十七日舉祀事祀黃帝依感生帝神州地祇為大祠幣用黃樂用宮架祝文依祀聖祖稱嗣皇帝臣名其成功持

盈二殿禮用中祀幣各用白昭應堂禮用小祀並以素饌
從之政和六年用方士王仔昔議定鼎閣於天章閣自九
成宮徙九鼎奉安之又詔改帝鼐爲隆鼐正南彤鼎爲明
鼎西南阜鼎爲順鼎正西晶鼎爲蘊鼎西北魁鼎爲健鼎
正北寶鼎如舊東北牡鼎爲餘鼎正東蒼鼎爲育鼎東南
岡鼎爲潔鼎鼎角爲圜象徽調之閣閣上神像左周鼎星
君中帝席星君右大角星君閣下鼎鼐神像各守遂鼎布
列亦用仔昔議也駕詣鼎閣奉安神像明日復詣閣行香
百僚陪位其後又詔九鼎新名乃狂人妄改皆無依據宜
復舊名惟圜象徽調閣仍舊八年用方士言鑄神霄九鼎

成曰太極飛雲洞劫之鼎蒼壺祀天貯醇酒之鼎山嶽五
神之鼎精明洞淵之鼎天地陰陽之鼎混沌之鼎浮光洞
天之鼎靈光晃耀煉神之鼎蒼龜火蛇蟲魚金輪之鼎奉
安於上清寶籙宮神霄殿與魏漢津所鑄凡十八鼎焉

志卷第五十七

志卷第五十八　宋史一百五

開府儀同三司上柱國錄軍國重事前中書右丞相監修國史領經筵事都總裁臣脫脫等奉敕修

禮八　吉禮八

文宣王廟　武成王廟
先代陵廟　諸神祠

至聖文宣王唐開元末升爲中祠設從祀禮令攝三
公行事朱梁喪亂從祀遂廢後唐長興二年仍復從
祀周顯德二年別營國子監置學舍宋因增脩之塑
先聖亞聖十哲像畫七十二賢及先儒二十一人像
于東西廡之木壁太祖親撰先聖亞聖贊十哲以下
命文臣分贊之建隆中凡三幸國子監謁文宣王廟

太宗亦三謁廟詔繪三禮器物制度于國學講論堂
木壁又命河南府建國子監文宣王廟置官講說及
賜九經書眞宗大中祥符元年封泰山詔以十一月
一日幸曲阜備禮謁文宣王廟內外設黃麾仗孔氏
宗屬並陪位帝服鞾袍行酌獻禮又幸叔梁紇堂命
官分奠七十二弟子先儒洎叔梁紇顏氏初有司定
儀肅揖帝特展拜以表嚴師崇儒之意親製贊刻石
廟中復幸孔林以樹擁道降輿乘馬至文宣王墓設
奠再拜詔追謚曰玄聖文宣王祝文進署祭以太牢

脩飾祠宇給便近十戶奉塋廟仍追封叔梁紇爲齊
國公顏氏魯國夫人伯魚母开官氏鄆國夫人二年
五月乙卯詔追封十哲爲公七十二弟子爲侯先儒爲
伯或贈官親製玄聖文宣王贊命宰相等撰顏子以
下贊留親奠祭器於廟中從官立石刻名既以國諱
改謚至聖文宣王賜孔氏錢帛録親屬五人並賜出
身又賜太宗御製御書一百五十卷銀器八百兩詔
太常禮院定州縣釋奠器數先聖先師每坐酒尊一
籩豆八簠二簋二俎三罍一洗一篚一尊皆加勺冪
各置於坫巾共二燭二爵共四坫有從祀之處諸坐

各籩二豆二簠一簋一俎一燭一爵一仁宗再幸國
子監謁文宣王廟皆再拜焉熙寧七年判國子監常
秩等請立孟軻揚雄像於廟廷仍賜爵號又請追尊
孔子以帝號下兩制禮官詳定以爲非是而止京兆
府學教授蔣夔請以顏回爲兗國公毋稱先師而祭
不讀祝儀物一切降殺而進閔子騫九人亦在祀典
禮官以孔子顏子稱號歷代各有據依難輒更改儀
物祝獻亦難降殺所請九人已在祀典熙寧祀儀十
哲皆爲從祀惟州縣釋奠未載請自今三京及諸州
春秋釋奠並準熙寧祀儀詔封孟軻鄒國公晉州州

學教授陸長愈請春秋釋奠孟子宜與顏子並配議
者以謂凡配享從祀皆孔子同時之人今以孟軻並
配非是禮官言唐貞觀以漢伏勝高堂生晉杜預范
甯之徒與顏子俱配享至今從祀豈必同時孟子於
孔門當在顏子之列至於荀況揚雄韓愈皆發明先
聖之道有益學者久未配食誠闕典也請自今春秋
釋奠以孟子配食荀況揚雄韓愈並加封爵以世次
先後從祀於左丘明二十一賢之間自國子監及天
下學廟皆塑鄒國公像冠服同兗國公仍繪荀況等
像於從祀荀況左丘明下揚雄劉向下韓愈范甯下

冠服各從封爵詔如禮部議荀況封蘭陵伯揚雄封
成都伯韓愈封昌黎伯令學士院撰贊文又詔太常
寺脩四孟釋菜儀元祐六年幸太學先詣國子監至
聖文宣王殿行釋奠禮一獻再拜崇寧初封孔鯉爲
泗水侯孔伋爲沂水侯詔古者學必祭先師況都城
近郊大闢黌舍聚四方之士多且數千宜建文宣王
廟以便薦獻又詔王安石可配享孔子廟位於鄒國
公之次國子監丞趙子櫟言唐封孔子爲文宣王其
廟像內出王者袞冕衣之今乃循五代故制服上公
之服七十二子皆周人而衣冠率用漢制非是詔孔

子仍舊七十二子易以周之冕服又詔辟廱文宣王殿以大成爲名帝幸國子監謁文宣王殿皆再拜行酌獻禮遣官分奠兖國公而下國子司業蔣靜言先聖與門人通被冕服無别配享從祀之人當從所封之爵服周之服公之衮冕九章侯伯之鷩冕七章衮公服也達於上鄭氏謂公衮無升龍誤矣考周官司服所掌則公之冕與王同弁師所掌則公之冕與王異今既考正配享從祀之服亦宜考正先聖之冕服於是增文宣王冕爲十有二旒大觀二年從通仕郎侯孟請繪子思像從祀於左丘明二十四賢之間議

禮局言建隆三年詔國子監廟門立戟十六用正一品禮大中祥符二年賜曲阜廟桓圭從上公之制又史記弟子傳曰受業身通六藝者七十有七人自顔回至公孫龍三十五人頗有年名及受業見於書傳四十二人姓名僅存家語曰七十二弟子皆升堂入室者按唐會要七十七人而開元禮止七十二人又復去取不一本朝議臣斷以七十二子之說取琴張等五人而去公夏首等十人今以家語史記參定公夏首后處公肩定顔祖鄡單罕父黑秦商原抗樂欬廉絜唐會要開元禮亦互見之皆有伯爵載於祀典

請追贈侯爵使預祭享詔封公夏首鉅平侯后處膠東侯公肩定梁父侯顔祖富陽侯鄡單聊城侯罕父黑祈鄉侯秦商馮翊侯原抗樂平侯樂欬建成侯廉絜胙城侯又詔改封曾參武城侯顓孫師潁川侯南宫縚汝陽侯司馬耕睢陽侯琴張陽平侯左丘明中都伯穀梁赤睢陵伯戴聖考城伯以所封犯先聖諱也政和三年詔封王安石舒王配享安石子雱臨川伯從祀新儀成以孟春元日釋菜仲春仲秋上丁日釋奠以兖國公顔回鄒國公孟軻舒王王安石配享殿上琅邪公閔損東平公冉耕下邳公冉雍臨淄公

宰予黎陽公端木賜並西向彭城公冉求河内公仲由丹陽公言偃河東公卜商武城侯曾參並東向東廡潁川侯顓孫師以下至成都伯揚雄四十九人並西向西廡長山侯林放以下至臨川伯王雱四十八人並東向頒辟雍大成殿名於諸路州學五年太常寺言兖州鄒縣孟子廟詔以樂正子配享公孫丑以下從祀皆擬定其封爵樂正子克利國侯公孫丑壽光伯萬章博興伯告子不害東阿伯孟仲子新泰伯陳臻蓬萊伯充虞昌樂伯屋廬連奉符伯徐辟仙源伯陳代沂水伯彭更雷澤伯公都子平陰伯咸丘蒙

須城伯高子泗水伯桃應膠水伯盆成括萊陽伯季孫豐城伯子叔承陽伯大晟樂成詔下國子學選諸生肄習上丁釋奠奏于堂上以祀先聖靖康元年右諫議大夫楊時言王安石學術之謬請追奪王爵明詔中外毀去配享之像使邪說淫辭不爲學者之惑詔降安石從祀廟廷尚書傅墨卿言釋奠禮饌宜依元豐祀儀陳設其五禮新儀勿復遵用時又有筭學大觀三年禮部太常寺請以文宣王爲先師兗鄒荊三國公配享十哲從祀自昔著名筭數者畫像兩廡請加賜五等爵隨所封以定其服於是中書舍人張邦昌定筭學封風后上谷公箕子遼東公周大夫商高郁夷公大撓涿鹿公隸首陽周公容成平都公常儀原都公鬼俞區宣都公商巫咸河東公晉史蘇晉陽伯秦卜徒父穎陽伯晉卜偃平陽伯魯梓慎汝陽伯晉史趙高都伯魯卜楚丘昌衍伯鄭裨竈滎陽伯趙史墨易陽伯周榮方美陽伯齊甘德菑川伯魏石申隆慮伯漢鮮于妄人清泉伯耿壽昌安定伯夏侯勝任城伯京房樂平伯翼奉良成伯李尋平陵伯張衡西鄂伯周興慎陽伯單颺湖陸伯樊英魯陽伯晉郭璞聞喜伯宋何承天昌盧伯北齊宋景業廣宗伯

隋蕭吉臨湘伯臨孝恭新豐伯張胄玄東光伯周王朴東平伯漢鄧平新野子劉洪蒙陰子魏管輅平原子吳趙達穀城子宋祖冲之范陽子後魏商紹長樂子北齊信都芳樂城子北齊許遵高陽子隋耿詢湖熟子劉焯昌亭子劉炫景城子唐傅仁均博平子王孝通介休子瞿曇羅居延子李淳風昌樂子王希明瑯琊子李鼎祚贊皇子邊岡成安子漢郎顗觀陽子襄楷隰陰子司馬季主夏陽男落下閎閬中男嚴君平廣都男魏劉徽淄鄉男晉姜岌成紀男張丘建信成男夏侯陽平陸男後周甄鸞無極男隋盧大翼成平男尋詔以黃帝爲先師禮部員外郎吳時言書畫之學教養生徒使知以孔子爲師此道德之所以一也若每學建立殿宇則配食從祀難於其人請春秋釋奠止令書畫博士量率職事生員陪預執事庶使知所宗師醫學亦準此詔皆從之其釋奠之禮景德四年同判太常禮院李維言按開寶通禮諸州釋奠並刺史致齋三日從祭之官齋於公館祭日刺史爲初獻上佐爲亞獻博士爲終獻今諸州長吏不親行祀非尊師重教之道詔太常禮院檢討以聞按五禮精義州縣釋奠刺史縣令初獻上佐縣丞亞獻州博

士縣主簿終獻有故以次官攝之大中祥符三年判
國子監孫奭言上丁釋奠舊禮以祭酒司業博士充
三獻官新禮以三公行事近歲止命獻官兩員臨時
通攝未副崇祀向學之意望自今備差太尉太常光
禄卿以充三獻又命崇文院刊釋奠儀注及祭器圖
頒之諸路熙寧五年國子監言舊例遇貢舉歲禮部
貢院集諸州府所貢第一人謁奠先聖如春秋釋奠
儀況春秋自有釋奠禮請罷貢舉人謁奠崇寧議禮
局言太學獻官太祝奉禮皆以法服至於郡邑則用
常服望命有司降祭服于州縣凡獻官祝禮各服其

服以盡事神之儀詔以衣服制度頒使州縣自造焉
其謁先師之禮建隆二年禮院準禮部貢院移牒禮
閣新儀云舊儀無貢舉人謁先師之文開元二十六
年詔諸州貢舉人見訖就國子監謁先師官爲開講
質問疑義所司設食昭文崇文兩館學士及監內諸
舉人亦準此自後諸州府貢舉人十一月朔日正衙
見訖擇日謁先師遂爲常禮大觀初大司成強淵明
言考之禮經士始入學有釋菜之儀請自今每歲貢
士始入辟雍並以元日釋菜于先聖其儀獻官一員
以丞或博士分奠官八員以博士正録大祝一員以

正録應祀官前釋菜一日赴學各宿其次至日詣文
宣王殿常服行禮貢士初入學者陪位于庭其他亦
畧倣釋奠之儀紹興十年詔與大社大稷並爲大祀
淳熙四年去王雱畫像淳祐元年正月理宗幸太學
詔以周敦頤張載程顥程頤朱熹從祀黜王安石景
定二年皇太子詣學請以張栻呂祖謙從祀從之咸
淳三年詔封曾參郕國公孔伋沂國公配享先聖封
顓孫師陳國公升十哲位復以邵雍司馬光列從祀
其序兗國公郕國公沂國公鄒國公居正位之東面
西向北上爲配位費公閔損薛公冉雍黎公端木賜

衛公仲由魏公卜商居殿上東面西向北上鄆公冉
耕齊公宰予徐公冉求吳公言偃陳公顓孫師居殿
上西面東向北上爲從祀東廡金鄉侯澹臺滅明任
城侯原憲汝陽侯南宮适萊蕪侯曾點須昌侯商瞿
平輿侯漆雕開睢陽侯司馬耕平陰侯有若東阿侯
巫馬施陽穀侯顏辛上蔡侯曹卹枝江侯公孫龍馮
翊侯秦祖雷澤侯顏高上邽侯壤駟赤成邑侯石作
蜀鉅平侯公夏首膠東侯后處濟陽侯奚容點富陽
侯顏祖滏陽侯句井疆鄄城侯秦商即墨侯公祖句
茲武城侯縣成汧源侯燕伋宛句侯顏之僕建成侯

樂欬堂邑侯顏何林慮侯狄墨鄆城侯孔忠徐城侯
公西點臨濮侯施之常華亭侯秦非文登侯申棖濟
陰侯顏噲泗水侯孔鯉蘭陵伯荀况睢陵伯穀梁赤
萊蕪伯高堂生樂壽伯毛萇彭城伯劉向中牟伯鄭
衆緱氏伯杜子春良鄉伯盧植滎陽伯服虔司空王
肅司徒杜預昌黎伯韓愈河南伯程顥新安伯邵雍
溫國公司馬光華陽伯張栻凡五十二人並西向西
廡單父侯宓不齊高密侯公冶長北海侯公晳哀曲
阜侯顏無繇共城侯高柴壽張侯公伯寮益都侯樊
須鉅野侯公西赤千乘侯梁鱣臨沂侯冉孺沭陽侯
伯虔諸城侯冉季濮陽侯漆雕哆高苑侯漆雕徒父
鄡平侯商澤當陽侯任不齊牟平侯公良孺新息侯
秦冉梁父侯公肩定聊城侯鄡單祁鄉侯罕父黑淄
川侯申黨厭次侯榮旂南華侯左人郢朐山侯鄭國
樂平侯原亢胙城侯廉潔博平侯叔仲會高堂侯邽
巽臨朐侯公西輿如內黃侯蘧瑗長山侯林放南頓
侯陳亢陽平侯琴張博昌侯步叔乘中都伯左丘明
臨淄伯公羊高乘氏伯伏勝考城伯戴聖曲阜伯孔
安國成都伯揚雄歧陽伯賈逵扶風伯馬融高密伯
鄭玄任城伯何休偃師伯王弼新野伯范甯汝南伯

周敦頤伊陽伯程頤郿伯張載徽國公朱熹開封伯
呂祖謙凡五十二人並東向
昭烈武成王自唐立太公廟春秋仲月上戊日行祭
禮上元初封爲武成王始置亞聖十哲等後又加七
十二弟子梁廢從祀之祭後唐復之太祖建隆三年
詔修武成王廟與國學相對命左諫議大夫崔頌董
其役仍令頌檢閱唐末以來謀臣名將勳績尤著者
以聞四年四月帝幸廟歷觀圖壁指白起曰此人殺
已降不武之甚何受享於此命去之景德四年詔西
京擇地建廟如東京制大中祥符元年加謚昭烈初
建隆議升歷代功臣二十三人舊配享者退二十二
人慶曆儀自張良管仲而下依舊配享不用建隆升
降之次元豐中國子司業朱服言釋奠文宣王以國
子祭酒司業爲初獻丞爲亞獻博士爲終獻大祝奉
禮並以監學官充及上戊釋奠武成王以祭酒司業
爲初獻其亞獻終獻及讀祝捧幣令三班院差使臣
充之官制未行武學隸樞密院學官員數少故差右
選今武學隸國子監長貳丞簿官屬已多請並以本
監官充攝行事仍令太常寺修入祀儀政和二年武
學諭張滋言詩云赫赫南仲維師尚父文武吉甫顯

允方叔王命召虎程伯休父是均為周將功著聲詩今昔所尊惟一尚父而南仲吉甫之徒不預配食餘如郤縠之閱禮樂敦詩書尉繚以言為學者師法不當棄而不錄請並配食博士孫宗鑑亦請以黃石公配後有司討論不定國子監丞趙子崧復言之宣和五年禮部言武成王廟從祀除本傳已有封爵者其未經封爵之人齊相管仲擬封涿水侯大司馬田穰苴橫山侯吳大將軍孫武滬瀆侯越相范蠡遂武侯燕將樂毅平虜侯蜀丞相諸葛亮順興侯魏西河守吳起封廣宗伯齊將孫臏武清伯田單昌平伯趙將

廉頗臨城伯秦將王翦鎮山伯漢前將軍李廣懷柔伯吳將軍周瑜平虜伯於是釋奠日以張良配享殿上管仲孫武樂毅諸葛亮李勣並西向田穰苴范蠡韓信李靖郭子儀並東向東廡白起孫臏廉頗李牧曹參周勃李廣霍去病鄧禹馮異吳漢馬援皇甫嵩鄧艾張飛呂蒙陸抗杜預陶侃慕容恪宇文憲韋孝寬楊素賀若弼李孝恭蘇定方王孝傑王晙李光弼並西向西廡吳起田單趙奢王翦彭越周亞夫衛青趙充國寇恂賈復耿弇段熲張遼關羽周瑜陸遜羊祜王濬謝玄王猛王鎮惡斛律光王僧辯于謹吳明

徹韓擒虎史萬歲尉遲敬德裴行儉張仁亶郭元振李晟並東向凡七十二將云紹興七年五月太常博士黃積厚乞以仲春仲秋上戊日行禮十一年五月國子監丞林保奏竊見昭烈武成王享以酒脯而不用牲牢雖曰時方多事禮用綿蕝然非所以右武而勵將士也乞今後上戊釋奠用牲牢以管仲至郭子儀十八人祀於殿上從之乾道六年詔武成王廟升李晟於堂上降李勣於李晟位次仍以曹彬從祀先是紹興間右正言都民望言李勣邪說誤國唐祀幾滅李晟有再造王室之勳宜升李晟于堂上置李勣

於河間王孝恭之下至是著作郎傅伯壽言武成廟從祀出於唐開元間一時銓次失於太雜如尹吉甫之伐玁狁召虎之平淮夷寔亞鷹揚之烈陳湯傅介子馮奉世班超之流皆為有漢之雋功在晉則謝安祖逖在唐則王忠嗣張巡輩皆不得預從祀之列竊聞邇日議臣請以本朝名將從祀謂宜併詔有司討論歷代諸將為之去取然後與本朝名將繪於殿廡亦乞取建隆建炎以來驍俊忠槩之臣功烈暴于天下者參陪廟祀故有是命

先代陵廟又錄名臣後建隆元年詔前代帝王陵寢

忠臣賢士丘壟或樵采不禁風雨不芘宜以郡國置戶以守隳毀者修葺之乾德初詔歷代帝王國有常享著于甲令可舉而行自五代亂離百司廢墜匱神乏祀闕孰甚焉按祠令先代帝王每三年一享以仲春之月牲用太牢祀官以本州長官有故則上佐行事官造祭器送諸陵廟又詔先代帝王載在祀典或廟貌猶在久廢牲牢或陵墓雖存不禁樵采其太昊炎帝黃帝高辛唐堯虞舜夏禹成湯周文王武王漢高帝光武唐高祖太宗各置守陵五戶歲春秋祠以太牢商中宗太戊高宗武丁周成王康王漢文帝宣

帝魏太祖晉武帝後周太祖隋高祖各置三戶歲一享以太牢秦始皇帝漢景帝武帝明帝章帝魏文帝後魏孝文帝唐玄宗憲宗肅宗宣宗梁太祖後唐莊宗明宗晉高祖各置守陵兩戶三年一祭以太牢周桓王景王威烈王漢元帝成帝哀帝平帝和帝殤帝安帝順帝沖帝質帝獻帝魏明帝高貴鄉公陳留王晉惠帝懷帝愍帝西魏文帝東魏孝靜帝唐高宗中宗睿宗德宗順宗穆宗代宗敬宗文宗武宗懿宗僖宗昭宗哀帝後唐末帝諸陵常禁樵采尋又禁河南府民耕晉漢廟壖地凡諸陵有經開發者有司造

衮冕服常服各一襲具棺槨以葬掩次日所在長吏致祭又詔前代功臣烈士詳其勳業優劣以聞有司言齊孫臏晏嬰晉程嬰公孫杵臼燕樂毅漢曹參陳平韓信周亞夫衛青霍去病霍光蜀昭烈帝關羽張飛諸葛亮唐房玄齡長孫無忌魏徵李靖李勣尉遲恭渾瑊段秀實等皆勳德高邁為當時之冠晉趙簡子齊孟嘗君趙趙奢漢邴吉唐高士廉唐儉岑文本馬周為之次南燕慕容德唐裴寂元稹又次之詔孫臏等各置守冢三戶趙簡子等各二戶慕容德等禁樵采其有開毀者皆具棺槨朝服以葬掩次日致祭

長吏奉行其事景德元年詔前代帝王陵寢名臣賢士義夫節婦墳壟並禁樵采摧毀者官為脩築無主者碑碣石獸之類敢有壞者論如律仍每歲首所在舉行此令鄭州給唐相裴度守墳三戶賜秦國忠懿王錢俶守墳三戶加謚太公望昭烈武成王建廟青州周公旦追封文憲王建廟兗州春秋委長吏致祭熙寧元年從知濮州韓鐸請堯陵在雷澤縣東穀林山陵南有堯母慶都靈臺廟請敕本州春秋致祭置守陵五戶免其租奉洒掃又以中丞鄧潤甫言唐諸陵除已定頃畝外其餘許耕佃為守陵戶餘並禁止

先是仁宗嘗録唐張九齡九代孫錫狄仁傑裔孫國實郭子儀孫元亨長孫無忌孫宏皆命以官神宗又録魏徵孫道嚴段秀實十二世孫昊八世孫文酉仍復其家元祐六年詔相州商王河亶甲冢沂州費縣顔真卿墓並載祀典先是乾德中定先代帝王配享儀下諸州以時薦祭牲用羊豕政和議禮局遂爲定制紹興元年命祠禹於越州及祠越王句踐以范蠡配淳熙四年静江守臣張栻奏初領州有唐帝祠其山曰堯山有虞帝祠其山曰虞山請著之祀典十四年衡州守臣劉清之奏史載炎帝陵在長沙茶陵祖

宗時給近陵七戸守視禁其樵牧宜復建廟給戸如故事淳祐八年湖南安撫大使知潭州陳韡乗言從之初紹興二年駕部員外郎李愿奏程嬰公孫杵臼於趙最爲功臣神宗皇嗣未建封嬰爲成信侯杵臼爲忠智侯命絳州立廟歲時奉祀其後皇嗣衆多今廟宇隔絶祭亦弗舉宜於行在所設位望祭從之十一年中書舍人朱翌言謹按晉國屠岸賈之亂韓厥正言以拒之而嬰杵臼皆以死匿其孤卒立趙武而趙祀不絶厥之功也宜載之祀典與嬰杵臼並享春秋之祀亦足爲忠義無窮之勸禮寺亦言崇寧間已

封厥義成侯今宜依舊立祚德廟致祭十六年加嬰忠節成信侯杵臼通勇忠智侯厥忠定義成侯後改封嬰彊濟公杵臼英畧公厥啓佑公升爲中祀

諸祠廟自開寶皇祐以來凡天下名在地志功及生民宮觀陵廟名山大川能興雲雨者並加崇飾增入祀典熙寧復詔應祠廟祈禱靈驗而未有爵號並以名聞於是太常博士王右請自今諸神祠無爵號者賜廟額已賜額者加封爵初封侯再封公次封王生有爵位者從其本封婦人之神封夫人再封妃其封號者初二字再加四字如此則錫命馭神恩禮有序

欲更增神仙封號初眞人次眞君大觀中尚書省言神祠加封爵等未有定制廼並給告賜額降敕已而詔開封府毁神祠一千三十八區遷其像入寺觀及本廟仍禁軍民擅立大小祠祕書監何志同言諸州祠廟多有封爵未正之處如屈原廟在歸州者封清烈公在潭州者封忠潔侯永康軍李冰廟已封廣濟王近乃封靈應公如此之類皆未有祀典致前後差誤宜加稽考取一高爵爲定悉改正之他皆倣此故凡祠廟賜額封號多在熙寧元祐崇寧宣和之時其新立廟若何承矩李允則守雄州曹瑋帥秦州李繼

和節度鎮戎軍則以有功一方者也韓琦在中山范仲淹在慶州孫冕在海州則以政有威惠者也王承偉築祁州河隄工部員外郎張夏築錢塘江岸則以爲人除患者也封州曹覲德慶府趙師旦邕州蘇緘恩州通判董元亨指揮使馬遂則死於亂賊者也若王韶於熙河李憲於蘭州劉滬於水洛城郭成於懷慶軍折御卿於嵐州作坊使王吉於麟州神堂砦各以功業建廟寇準死雷州人憐其忠而趙普祠中山韓琦祠相州則以鄉里皆載祀典焉其他州縣嶽瀆城隍仙佛山神龍神水泉江河之神及諸小祠皆由禱祈感應而封賜之多不能盡録云

志卷第五十八

志卷第五十九　宋史一百六

開府儀同三司上柱國録軍國重事前中書右丞相監修國史領經筵事都總裁臣脫脫等奉
勑修

禮九　吉禮九

宗廟之制

宗廟之制建隆元年有司請立宗廟詔下其議兵部尚書張昭等奏謹案堯舜禹皆立五廟蓋二昭二穆與其始祖也有商建國改立六廟蓋昭穆之外祀契與湯也周立七廟蓋親廟之外祀太祖與文王武王也漢初立廟悉不如禮魏晉始復七廟之制江左相承不改然七廟之室隋文但立高曾祖禰四廟而已唐因立親廟梁氏而下不易其法稽古之道斯爲折衷伏請追尊高曾四代崇建廟室於是判太常寺竇儼奏上皇高祖文安府君曰文獻皇帝廟號僖祖皇曾祖中丞府君曰惠元皇帝廟號順祖皇祖驍衛府君曰簡恭皇帝廟號翼祖皇考武清府君曰昭武皇帝廟號宣祖皇高祖妣崔氏曰文懿皇后皇曾祖妣桑氏曰惠明皇后皇祖妣京兆郡太夫人劉氏曰簡穆皇后太祖御崇元殿備禮冊四親廟奉安神主行上謚之禮二年十月祔明憲皇后杜氏於宣祖室太

平典國二年有司言唐制長安太廟凡九廟同殿異室其制二十一間皆四柱東西夾室各一前後面各三階東西各二側階本朝太廟四室室三間今太祖升祔共成五室請依長安之制東西留夾室外餘十間分爲五室室二間從之四月己卯奉神主祔廟以孝明皇后王氏配至道三年十一月甲子奉太宗神主祔廟以懿德皇后符氏配咸平元年判太常禮院李宗訥等言僖祖稱曾高祖太祖稱伯文懿惠明簡穆昭憲皇后並稱祖妣孝明孝惠孝章皇后並稱伯妣按爾雅有考妣王父母曾祖王父母高祖王父母

及世父之别以此觀之唯父母得稱考妣今請僖祖止稱廟號順祖而下即依爾雅之文事下尚書省議戸部尚書張齊賢等言王制天子七廟謂三昭三穆與太祖之廟而七前代或有兄弟繼及亦移昭穆之列是以漢書爲人後者爲之子所以尊本祖而重正統也又云天子絶朞喪安得宗廟中有伯氏之稱乎其唐及五代有所稱者蓋禮官之失非正典也請自今有事於太廟則太祖幷諸祖室稱孝孫孝曾孫嗣皇帝太宗室稱孝子嗣皇帝其爾雅考妣王父之文本不爲宗廟言也歷代既無所取於今亦不可行詔

下禮官議議曰按春秋正義躋僖公云禮父子異昭穆兄弟昭穆同此明兄弟繼統同爲一代又魯隱桓繼及皆當穆位又尚書盤庚有商及王史記云陽甲至小乙兄弟四人相承故不稱嗣子而曰及王明不繼兄之統也又唐中睿皆處昭位敬文武昭穆同爲一世伏請僖祖室止稱廟號后曰祖妣順祖室曰高祖后曰高祖妣翼祖室曰曾祖后曰曾祖妣祝文皆稱孝曾孫宣祖室曰皇祖考后曰皇祖妣祝文稱孝孫太祖室曰皇伯考妣太宗室曰皇考妣每大祭太祖太宗昭穆同位祝文並稱孝子其別廟稱謂亦

請依此詔都省復集議曰古者祖有功宗有德皆先有其實而後正其名今太祖受命開基太宗纘承大寶則百世不祧之廟矣豈有祖宗之廟已分二世昭穆之位翻爲一代如臣等議禮爲人後者爲之子以正父子之道以定昭穆之義則無疑也必若同爲一代則太宗不得自爲世數而何以得爲宗乎不得爲宗又何以得爲百世不祧之主乎春秋正義亦不言昭穆不可異此又不可以爲證也今若序爲六世以一昭一穆言之則上無毀廟之嫌下有善繼之美於禮爲大順於時爲合宜何嫌而謂不可乎翰林學士

宋湜言三代而下兄弟相繼則多昭穆異位未之見也今詳都省所議皇帝於太祖室稱孫竊有疑焉詔令禮官再議禮官言按祭統曰祭有昭穆者所以別父子遠近長幼親疏之序而無亂也公羊傳公孫嬰齊為兄歸父之後春秋謂之仲嬰齊何休云弟無後兄之義為亂昭穆之序失父子之親故不言仲孫明不以子為父孫晉賀循議兄弟不合繼位昭穆云商人六廟親廟四并契湯而六比有兄弟四人相襲為君者便當上毀四廟乎如此四世之親盡無復祖禰之神矣溫嶠議兄弟相繼藏主夾室之事云若以一

帝為一世則當不得祭於禰乃不及庶人之祭也夫兄弟同世於恩既順於義無否玄宗朝禘祫皇伯考中宗皇考睿宗同列於穆位德宗亦以中宗為高伯祖晉王導荀崧議大宗無子則立支子又曰為人後者為之子無兄弟相為之文所以舍至親取遠屬者蓋以兄弟一體無父子之道故也竊以七廟之制百王是尊至於祖有功宗有德則百世不遷之廟也父為昭子為穆則千古不刊之典也今議者引漢書曰為人後者為之子殊不知弟不為兄後子不為父孫春秋之深旨父謂之昭子謂之穆禮記之明文也又

按太宗享祀太祖二十有二載稱曰孝弟此不易之制又安可追改乎唐玄宗謂中宗為皇伯考德宗謂中宗為高伯祖則伯氏之稱復何不可臣等參議自今合祭日太祖太宗依典禮同位異坐皇帝於太祖仍稱孝孫並遵舊制景德元年有司詳定明德皇太后李氏升祔之禮按唐睿宗昭成肅明二后先天初以昭成配開元末以肅明祔此時儒官名臣安武相接宗廟重事必有據依推之閨門亦可擬議晉驃騎將軍溫嶠有三夫人嶠薨詔問學官陳舒舒謂秦漢之後廢一娶九女之制妻卒更娶無復繼室生既加

禮亡不應貶朝旨以李氏卒於嶠之微時不霑贈典王何二氏追加章綬唐太子少傅鄭餘慶將立家廟祖有二夫人禮官韋肅議與舒同晷稽禮文參諸故事二夫人並祔於理為宜恭惟懿德皇后久從升祔雖先後有殊在尊親則一請同列太宗室以先後次之詔尚書省集議咸如禮官之請祔神主於太廟乾興五年十月奉真宗神主祔廟以章穆皇后郭氏配康定元年直秘閣趙希言奏太廟自來有寢無廟因堂為室東西十六間內十四間為七室兩首各一夾室按禮天子七廟親廟五祧廟二據古則僖順二祖

當遷國家道觀佛寺並建別殿奉安神御豈若每主爲一廟一寢或前立一廟以今十六間爲寢更立一祧廟逐室各題廟號釦寶神御物宜銷毀之同判太常寺宋祁言周制有廟有寢以象人君前有朝後有寢也廟藏木主寢藏衣冠至秦乃出寢於墓側故陵上更稱寢殿後世因之今宗廟無寢蓋本於茲鄭康成謂周制立二昭二穆與太祖文武共爲七廟此一家之說未足援正自荀卿王肅等皆云天子七廟諸侯五大夫三士一降殺以兩則國家七世之數不用康成之說也僖祖至真宗方及六世不應便立祧廟

自周漢每帝各立廟晉宋以來多同殿異室國朝以七室代七廟相承已久不可輕改周禮天府掌祖廟之守藏寶物世傳者皆在焉其神御法物寶盝釦床請別爲庫藏之自是室題廟號而建神御庫焉嘉祐年仁宗將祔廟脩奉太廟使蔡襄上八室圖爲十八間初禮院請增廟室孫抃等以爲七世之廟據父子而言兄弟則昭穆同不得以世數之廟有始祖有太祖有太宗有中宗若以一君爲一世則小乙之祭不及其父故晉之廟十一室而六世唐之廟十一室而九世國朝太祖之室太宗稱孝弟真宗稱孝子大行

稱孝孫而禘祫圖太祖太宗同居昭位南向真宗居穆位北向蓋先朝稽用古禮著之祀典大行神主祔廟請增爲八室以備天子事七世之禮盧士宗司馬光以爲太祖已上之主雖屬尊於太祖親盡則遷故漢元之世太上廟主瘞於寢園魏明之世處士廟主遷於園邑晉武祔廟遷征西府君惠帝祔廟遷豫章府君自是以下大抵過六世則遷蓋太祖未正東向故上祀三昭三穆已正東向則并昭穆爲七世唐初祀四世太宗增祀六世及太宗祔廟則遷弘農府君高祖祔廟又遷宣帝皆祀六世前世成法也玄宗

立九室祀八世事不經見若以太祖太宗爲一世則大行祔廟僖祖親盡當遷夾室祀三昭三穆於先王典禮及近世之制無不符合抃等復議曰自唐至周廟制不同而皆七世自周以上所謂太祖非始受命之主特始封之君而已今僖祖雖非始封之君要爲立廟之祖方廟數未過七世遽毀其廟遷其主攷之三代禮未有此漢魏及唐一時之議恐未合先王制禮之意乃存僖祖室以備七室治平四年英宗將祔廟太常禮院請以神主祔第八室祧藏僖祖及文懿皇后神主於西夾室自仁宗而上以次遞遷翰林

承旨張方平等議同堂八室廟制已定僖祖當祧合於典禮乃於九月奉安八室神主祧僖祖及后祔英宗罷僖祖諱及文懿皇后忌日熙寧五年中書門下言僖祖以上世次不可得而知則僖祖有廟與商周契稷疑無以異今毀其廟而藏主夾室替祖考之尊而下祔于子孫殆非所以順祖宗孝心事亡如存之義請以所奏付兩制議取其當者時王安石爲相不主祧遷之說故復有是請翰林學士元絳等上議曰自古受命之王既以功德享有天下皆推其本統以尊事其祖故商周以契稷有功於唐虞之際故謂之

祖有功者必以有功而爲祖則夏后氏不郊鯀矣今太祖受命之初立親廟自僖祖以上世次既不可知則僖祖之爲始祖無疑矣儻謂僖祖不當比契稷爲始祖是使天下之人不復知尊祖而子孫得以有功加其祖考也傳曰毀廟之主陳于太祖未毀廟之主皆升合食于太祖今遷僖祖之主藏于太祖之室則是四祖祫祭之日皆降而合食也請以僖祖之廟爲太祖則合於先王禮意翰林學士韓維議曰昔先王有天下迹其基業之所起奉以爲太祖故子夏序詩稱文武之功起於后稷後世有天下者特起無所因

故遂爲一代太祖太祖皇帝功德卓然爲宋太祖無少議者僖祖雖爲高祖然仰跡功業未見所因上尋世系又不知所以始若以所事契稷奉之竊恐於古無攷而於今亦所未安今之廟室與古殊制古者每廟異宮今祖宗同處一室而西夾室在順祖之右攷之尊卑之次似亦無嫌天章閣待制孫固請特爲僖祖立室由太祖而上親盡迭毀之主皆藏之當禘祫時以僖祖權居東向之位太祖順昭穆之列而從之取毀廟之主而合食則僖祖之尊自有所申以僖祖立廟爲非則周人別廟姜嫄不可謂非禮秘閣校理王

介請依周官守祧之制剏祧廟以奉僖祖庶不下祔子孫夾室以替遠祖之尊帝以維之說近是而安石以維言夾室在右爲尊爲非理帝亦然之又安石以尊僖祖爲始祖則郊祀當以配天若宗祀明堂則太祖太宗當迭配帝又疑明堂以英宗配天與僖祖爲非始祖之說遂下禮官詳定同判太常寺兼禮儀事張師顏等議昔商周之興本於契稷故奉之爲太祖後世受命之君功業特起不因先代則親廟迭毀身自爲祖鄭玄云夏五廟無太祖禹與二昭二穆而已張薦云夏后以禹始封遂爲不遷之祖是也若始封

世近上有親廟則擬祖上遷而太祖不毀魏祖武帝則處士迭毀唐祖景帝則弘農迭毀此前世祖其始封之君以法契稷之明例也唐韓愈有言事異商周禮從而變晉琅邪王德文曰七廟之義自由德厚流光享祀及遠非是爲太祖申尊祖之祀其說是也禮天子七廟而太祖之遠近不可以必但云三昭三穆與太祖之廟而七未嘗言親廟之首必爲始祖也國家以僖祖親盡而祧之奉景祐之詔以太祖爲帝者之祖是合於禮矣張昭任徹之徒不能遠推隆極之制因緣近比請建四廟遂使天子之禮下同諸侯若

使廟數備六則更當上推兩世而僖祖次在第三亦未可謂之始祖也謹按建隆四年親郊崇配不及僖祖開國以來大祭虛其東向斯乃祖宗已行之意請略倣周官守祧之制築別廟以藏僖祖神主大祭之歲祀於其室太廟則一依舊制虛東向之位郊配之禮則仍其舊同知太常禮院蘇稅請即景靈宮祔僖祖即與唐祔獻懿二祖於興聖明德廟禮意無異同判禮院周孟陽等言自僖祖而上世次莫知則僖祖爲始祖無疑宜以僖祖配感生帝章衡請尊僖祖爲始祖而次祧順祖以合子爲父屈之義推僖祖侑感

生之祀而罷宣祖配位以合祖以孫尊之義餘且如舊制而馮京欲以太祖正東向之位安石力主元絳初議遂從之帝問配天孰始安石曰宣祖見配感生帝欲改以僖祖配帝然之於是請奉僖祖神主爲從祖遷順祖神主夾室以僖祖配感生帝祀詔下太常禮院詳定儀注安石本議以僖祖配天帝不許故更以配感生帝焉元豐元年詳定郊廟禮文所圖上八廟異宮之制以始祖居中分昭穆爲左右自北而南僖祖爲始祖翼祖太祖太宗仁宗爲穆在右宣祖眞宗英宗爲昭在左皆南面北上陸佃言太祖之廟

百世不遷三昭三穆親盡則迭毀如周以后稷爲太祖王季爲昭文王爲穆武王爲昭成王爲穆康王爲昭昭王爲穆其後穆王入廟王季親盡而遷則文王宜居昭位武王宜居穆位成王昭王宜居昭位康王穆王宜居穆位所謂父昭子穆是也說者以昭常爲昭穆常爲穆則尊卑失序復圖上八廟昭穆之制以翼祖太祖太宗仁宗爲昭在左宣祖眞宗英宗爲穆在右皆南面北上何洵直圖上八廟異宮引熙寧儀僖祖正東向之位順祖宣祖眞宗英宗南面爲昭翼祖太祖太宗仁宗北面爲穆正得祖宗繼序德厚流

光之本意又以晉孫毓唐賈公彥言始祖居中三昭
在左南面西上三穆在右南面東上爲兩圖上之又
援祭法言翼祖宣祖在二祧之位猶同祖禰之廟皆
月祭之與親廟一等無親踈遠近之殺順祖實去祧
之主若有四時祈禱猶當就壇受祭請自今二祧神
主殺於親廟四時之祭享嘗乃止不及大烝不薦新
物去祧神主有禱則爲壇而祭庶合典禮又請建新
廟於始祖之西略如古方明壇制有詔俟廟制成日
取旨三年禮文所言古者宗廟爲石室以藏主謂之
宗祏夫婦一體同几共牢一室之中有左主右主之

別正廟之主各藏廟室西壁之中遷廟之主藏於太
祖太室北壁之中其埳去地六尺一寸今太廟藏主
之室帝后異處遷主仍藏西夾室求之於禮有所未
合請新廟成並遵古制從之二月慈聖光獻皇后祔
廟前二日告天地社稷太廟皇后廟如故事至日奉
神主先詣僖祖室次翼祖室次宣祖室次太祖室次
太宗室次太宗與懿德皇后明德皇后同一祝次享
元德皇后慈聖光獻皇后異饌位異祝行祔謁禮次
眞宗室次仁宗室次英宗室禮畢奉神主歸仁宗室
元豐六年六月孝惠孝章淑德章懷四后升祔準章

獻明肅章懿二后升祔禮畢徧享太廟止行升祔享
禮及祭七祀權罷孟冬薦享仍以配繼先後爲序八
年禮部太常寺言詔書定七世八室之制今神宗皇
帝崇祔翼祖在七世之外與簡穆皇后祧藏於西夾
室置石室中十一月丁酉祔神宗神主于第八室自
英宗上至宣祖以次升遷紹聖元年二月祔宣仁聖
烈皇后于太廟元符三年禮部太常寺言哲宗升祔
宜如晉成帝故事於太廟殿增一室候祔廟日神主
祔第九室詔下侍從官議皆如所言蔡京議以哲宗
嗣神宗大統父子相承自當爲世今若不祧遠祖不

以哲宗爲世則三昭四穆與太祖之廟而八宜深攷
載籍遷祔如禮陸佃曾肇等議國朝自僖祖而下始
備七廟故英宗祔廟則遷順祖神宗祔廟則遷翼祖
今哲宗於神宗父子也如禮官議則廟中當有八世
况唐文宗即位則遷肅宗以敬宗爲一世故事不遠
哲宗祔廟當以神宗爲昭上遷宣祖以合古三昭三
穆之義先是李清臣爲禮部尚書首建增室之議侍
郎趙挺之等和之會清臣爲門下侍郎論者多從其
議惟京佃等議異二議既上清臣辯說甚力帝迄從
焉六月禮部請用太廟東夾室奉安哲宗神主太常

少卿孫傑言先帝神主錯之夾室卽是不得祔於正廟與前詔增建一室之議不同昨用嘉祐故事專置使脩奉請以夾室奉安神主亦與元置使之意相違請如太常前議增建一室尚書省以廟室未備行禮有期權宜升祔隨卽增脩比之前代設幄行事者不爲不至詔依初旨行之廼祔哲宗神主于夾室崇寧二年祧宣祖與昭憲皇后神主藏西夾室居翼祖簡穆皇后石室之次五年詔曰去古既遠諸儒之說不同鄭氏謂太祖及文武不祧之廟與親廟四爲七是不祧之宗在七廟之內王氏謂非太祖而不毀不爲

常數是不祧之宗在七廟之外本朝今已五宗則七廟當祧者二宗而已遷毀之禮近及祖考殆非先王尊祖之意宜令有司復議禮官言先王之制廟止於七後王以義起禮乃有增置九廟者禮部尚書徐鐸又言唐之獻祖中宗代宗與本朝僖祖皆嘗祧而復今存宣祖於當祧之際復翼祖於已祧之後以備九廟禮無不稱乃命鐸爲脩奉使增太廟殿爲十室四年十二月復翼祖宣祖廟行奉安禮惟不用前期誓戒及亞終獻之樂舞高宗建炎二年奉太廟神主于揚州壽寧寺三年幸杭州奉安于溫州紹興五年

司封郎中林待聘言太廟神主宜在國都今新邑未奠當如古行師載主之義遷之行闕以彰聖孝於是始建太廟于臨安奉迎安置

志卷第五十九

志卷第六十　宋史一百七

開府儀同三司上柱國錄軍國重事前中書右丞相監修國史領經筵事臣脫脫等奉

勑修

禮十　吉禮十

禘祫

宗廟之禮每歲以四孟月及季冬凡五享朔望則上
食薦新三年一祫以孟冬五年一禘以孟夏唯親郊
封祀又有朝享告謝及新主祔謁皆大祀也二薦則
行一獻禮其祔祭春祀司命及戶夏祀竈季夏祀中
霤秋祀門及厲冬祀行惟臘享禘祫則徧祀焉禘祫

之禮眞宗咸平二年八月太常禮院言今年冬祭畫
日以十月六日薦享太廟按禮三年一祫以孟冬又
疑義云三年喪畢遭禘則禘遭祫則祫宜改孟冬薦
享為祫享仁宗天聖元年禮官言眞宗神主祔廟已
行吉祭三年之制又從易月之文自天禧二年四月
禘享至今已及五年合行禘禮遂以孟夏薦享為禘
享八年九月太常禮院言自天聖六年夏行禘享之
禮至此年十月請以孟冬薦享為祫享詔恭依嘉祐
四年十月仁宗親詣太廟行祫享禮以宰臣富弼為
祫享大禮使韓琦為禮儀使樞密使宋庠為儀仗使

參知政事曾公亮為橋道頓遞使樞密副使程戡為
鹵簿使同判宗正寺趙良規請正太祖東向位禮官
不敢決觀文殿學士王舉正等議曰大祫之禮所以
合昭穆辨尊卑必以受命之祖居東向之位本朝以
太祖為受命之君然僖祖以降四廟在上故每遇大
祫止列昭穆而虛東向魏晉以來亦用此禮今親享
之盛宜如舊便禮官張洞韓維言國朝每遇禘祫奉
別廟四后之主合食太廟唐郊祀志載禘祫祝文自
獻祖至肅宗所配皆一后惟睿宗二后蓋昭成明皇
母也續曲臺禮有別廟皇后合食之文蓋未有本室

遇祫享即祔祖姑下所以大順中三太后配列禘祭
議者議其非禮臣謂每室既有定配則餘后不當參
列義當革正學士孫抃等議春秋傳曰大祫者何合
祭也未毀廟之主皆升合食于太祖是以國朝事宗
廟百有餘年至祫之日別廟后主皆升合食非無典
據大中祥符中已曾定議禮官著酌中之論先帝有
恭依之詔他年有司攝事四后皆預今甫欲親祫而
四后見黜不亦疑於以禮之煩故耶宗廟之禮至尊
至重苟未能盡祖宗之意則莫若守舊禮臣等愚以
謂知故便學士歐陽脩等曰古者宗廟之制皆一帝

一后後世有以子貴者始著並祔之文其不當祔者則有別廟之祭本朝禘祫乃以別廟之后列于配后之下非惟於古無文於今又四不可淑德太宗之元配列于元德之下章懷真宗之元配列于章懿之下一也升祔之后統以帝樂別廟之后則以本室樂章自隨二也升祔之后同牢而祭牲器祝冊亦統于帝別廟諸后乃從專享三也升祔之后聯席而坐別廟之后位乃相絕四也章獻章懿在奉慈廟每遇禘祫本廟致享最為得禮若四后各祭于廟則其尊自申而於禮無失以為行之已久重於改作則是失禮之

舉無復是正也請從禮官詔四后祫享依舊須大禮畢別加討論仍詔祫享前一日皇帝詣景靈宮如南郊禮衛士毋得迎駕呼萬歲有司言諸司奉禮攝廩犧令省牲依通禮改正祀儀散齋四日於別殿致齋二日於大慶殿一日于太廟尚舍直殿下設小次御坐不設黃道褥位七室各用一太牢每坐簠簋二㽅鉶三籩豆為後無黼扆席几出三閣瑞石篆書玉璽印青玉環金山陳于庭別廟四后合食牲樂奠拜無異儀故事七祀功臣無牲止於廟牲肉分割知廟卿行事請依續曲臺禮共料一羊而獻官三員功臣單

席如大中祥符加褥十月二日命樞密副使張昪望告昊天上帝皇地祇帝齋大慶殿十一日服通天冠絳紗袍執圭乘輿至大慶殿門外降輿乘大輦至天興殿薦享畢齋于太廟明日帝常服至大次改衮冕行禮畢質明乘大輦還宮更服鞾袍御紫宸殿宰臣百官賀升宣德門肆赦二十一日詣諸觀寺行恭謝禮二十六日御集英殿為飲福宴治平元年有司準畫日孟冬薦享改為祫祭按春秋閔公喪未除而行吉禘三傳譏之真宗以咸平二年六月喪除至十月乃祫祭天聖元年在諒陰有司誤通天禧舊禘之數

在再期內按行禘祭以理推之是二年冬應祫而誤禘於元年夏故四十九年間九禘八祫例皆太速事失於始則歲月相乘不得而正今在大祥內禮未應祫明年未禫亦未應禘至六月即吉十月合行祫祭乞依舊時享庶合典禮二年二月翰林學士王珪等上議曰同知太常禮院呂夏卿狀古者新君踐阼之三年先君之喪二十七月為禫祭然後新主祔廟特行禘祭謂之始禘是冬十月行祫祭明年又行禘祭自此五年再為禘祫喪除必有禘祫者為再大祭之本也今當祫祭緣陛下未終三年之制納有司之說

十月依舊時享然享廟祫祭其禮不同故事郊享之
年遇祫未嘗權罷唯罷臘祭是則孟享與享廟嘗併
行於季冬矣其禘祫年數乞一依太常禮院請令年
十月行祫祭明年四月行禘祭仍如夏卿議權罷今
年臘享熙寧八年有司言已尊僖祖為太廟始祖孟
夏禘祭當正東向之位又言太廟禘祭神位已尊
始祖居東向之位自順祖而下昭穆各以南北為序
自今禘祫著為定禮元豐元年詳定郊廟禮文所言
禘祫之義存於周禮春秋而不著其名行禮之年經
皆無文唯公羊傳曰五年而再盛祭禮緯曰三年一

祫五年一禘而又分為二說鄭氏則曰前三後二謂
禘後四十二月而祫祫後十八月而禘徐邈則曰前
二後三謂二祭相去各三十月以二說考之惟鄭氏
曰魯禮三年喪畢祫於太廟明年禘于群廟自後五
年而再盛祭一祫一禘實為有據本朝慶曆初用徐
邈說每三十月一祭熙寧八年既禘而祫此有司之
失也請今十八月而禘禘四十二月而祫庶幾舉禮
不煩事神不瀆太常禮院言本朝自慶曆以來皆三十
月而一祭至熙寧五年後始不通計遂至八年禘祫
併在一歲昨元豐三年四月已行禘禮今年若依舊

例十月行祫享即此年頻祫復踵前失請依慶曆以
來之制通計年數皆三十月而祭詔如見行典禮詳
定所又言古者祼獻饋食禴祠烝嘗並為先王之享
未嘗廢一時之祭故孔氏正義以為天子夏為大祭
之禘不廢時祭之初秋為大祭之祫不廢時祭之嘗
則王禮三年一祫與禘享更為時祭本朝沿襲故常
久未釐正請每禘祫之月雖已大祭仍行時享以嚴
天子備禮所以丕崇祖宗之義其郊禮親祠準此又
言禮不王不禘虞夏商周四代所禘皆以帝有天下
其世系所出者明故追祭所及者遠也太祖受命祭

四親廟推僖祖而上所自出者譜失其傳有司因仍
舊說禘祫皆合群廟之主綴食於始祖失禮莫甚今
國家世系與四代不同既求其祖之所自出而不得
則禘禮當闕必推見祖系乃可以行神宗謂輔臣曰
禘者本以審禘祖之所自出故禮不王不禘秦漢以
後譜牒不明莫知其祖之所自出則禘禮可廢也已
而詳定所言古者天子祭宗廟有堂事焉有室事焉
按禮祝延尸入奧灌後乃出迎牲延尸主出于室坐
于堂上始祖南面昭在東穆在西乃行朝踐之禮是
堂事也設饌于堂復延主入室始祖東面昭南穆北

徙堂上之饌于室中乃行饋食之禮是室事也請每行大祫堂上設南面之位室中設東面之位禮部言合食之禮始祖東面昭南穆北者本室中之位也今設位戶外祖宗昭穆別為幄次殆非合食之義請自今祫享即前楹通設帳幕以應室中之位大觀四年議禮局請每大祫堂上設南面之位室中設東面之位始祖南面則昭穆東西相向始祖東面則昭穆南北相向以應古義又請陳瑞物及代國之寶輿貢物可出而陳者並令有司依嘉祐元豐詔旨凡親祠太廟準此從之南渡之後有祫而無禘高宗建炎二年

祫享于洪州紹興二年祫享于溫州時儀文草創奉遷祖宗及祧廟神主別廟神主各設幄合食于太廟始祖東向昭穆以次南北相向五年吏部員外郎董棻言臣聞戎祀國之大事而宗廟之祭又祀之大者也大祀禘祫為重祫大禘小則祫為莫大焉今戎事方殷祭祀之禮未暇徧舉然事有違經戾古上不當天地神祇之意下未合億兆黎庶之心特出於一時大臣好勝之臆說而行之六十年未有知其非者頃雖治兵禦戎之際正厥違誤宜不可緩仰惟太祖受天明命混一區宇即其功德所起宜祫享以正東向

之尊逮至仁宗親行祫享嘗議太祖東向用昭正統之緒當時在廷之臣僉謂自古必以受命之祖乃居東向之位本朝太祖乃受命之君若論七廟之次有僖祖以降四廟在上當時大祫上列昭穆而虛東向蓋終不敢以非受命之祖而居之也暨熙寧之初僖祖以世次當祧禮官韓維等據經有請適王安石用事奮其臆說乃俾章衡建議尊僖祖為始祖肇居東向馮京奏謂士大夫以太祖不得東向為恨安石肆言以折之已而又欲罷太祖郊配神宗以太祖開基受命不許安石終不以為然元祐之初翼祖既祧正

合典禮至於崇寧宣祖當祧適蔡京用事一遵安石之術乃建言請立九廟自我作古其已祧翼祖宣祖並即依舊循沿至今太祖尚居第四室遇大祫處昭穆之列今若正太祖東向之尊委合禮經太常寺丞王普又言棻所奏深得禮意而其言尚有未盡臣竊以古者廟制異宮則太祖居中而群廟列其左右後世朝制同堂則太祖居右而諸室皆列其左右者祫享廟踐于堂則太祖南向而昭穆位于東西饋食于室則太祖東向而昭穆位于南北後世祫享一于堂上而用室中之位故唯以東向為太祖之尊焉若夫

群廟迭毀而太祖不遷則其禮尚矣臣故知太祖即
廟之始祖是爲廟號非謚號也惟我太宗嗣服之初
太祖廟號已定雖更累朝世次猶近每於祫享必虚
東向之位以其非太祖必不可居也迨至熙寧又尊
僖祖爲廟之始祖百世不遷祫享東向而太祖常居
穆位則名實舛矣儻以熙寧之禮爲是僖祖當稱太
祖而太祖當改廟號然則太祖之名不正前日之失
大矣今宜奉太祖神主居第一室永爲廟之始祖每
歲五享告朔薦新止於七廟三年一祫則太祖正東
向之位太宗仁宗神宗南向爲昭真宗英宗哲宗北

向爲穆五年一禘則迎宣祖神主享于太廟而以太
祖配焉如是則宗廟之事盡合禮經無復前日之失
矣上曰太祖皇帝開基創業始受天命祫享宜居東
向之位宰相趙鼎等奏曰三昭三穆與太祖之廟而
七載在禮經無可疑者紹熙五年九月太常少卿曾
三復亦言請祧宣祖就正太祖東向之位其言甚切
既而吏部尚書鄭僑等亦乞因大行祔廟之際定宗
廟萬世之禮慰太祖在天之靈破熙寧不經之論今
太祖爲始祖則太宗爲昭真宗爲穆自是而下以至
孝宗四昭四穆與太祖之廟而九上參古禮而不廢

崇寧九廟之制於義爲允又言治平四年僖祖祧遷
藏在西夾室至熙寧五年王安石以私意使章衡等
議乃復祔僖祖以爲始祖又將推以配天欲罷太祖
郊配韓維司馬光等力爭而安石主其說愈堅孫固
慮其罷太祖配天建議以僖祖權居東向之位既曰
權居則當釐正明矣詔從之閏十月權禮部侍郎許
及之言僖順翼宣四祖爲太祖之祖考所遷之主恐
不得藏于子孫之廟今順翼二祖藏于西夾室實居
太廟太祖之右遇祫享則於夾室之前設位以昭穆
焉於是詔有司集議吏部尚書兼侍讀鄭僑等言僖

祖當用唐興聖之制立爲別廟順祖翼祖宣祖之主
皆祔藏焉如此則僖祖自居別廟之尊三祖不祔子
孫之廟自漢魏以來太祖而上毀廟之主皆不合食
今遇祫則即廟而享於禮尤稱諸儒如樓鑰陳傅良
皆以爲可詔從之時朱熹在講筵獨入議狀條其不
可者四大畧云準尚書吏部牒集議四祖祧主宜有
所歸今詳群議雖多而皆有可疑若曰藏之夾室則
是以祖宗之主下藏於子孫之夾室至於祫祭設幄
於夾室之前則亦不得謂之祫欲別立一廟則喪事
即遠有毀無立欲藏之天興殿則宗廟原廟不可相

維議者皆知其不安特以其心欲尊奉太祖三年一祫時暫東向之故其實無益於太祖之尊而徒使僖祖太祖兩朝威靈相與校強弱于冥冥之中今但以太祖當日追尊帝號之令而黙推之則知今日太祖在天之靈必有所不忍而不敢當矣又況僖祖祧主遷於治平不過數年神宗復奉以爲始祖已爲得禮之正而合於人心所謂有其舉之莫敢廢者又言當以僖祖爲始祖如周之后稷太祖如周之文王太宗如周之武王與仁宗之廟皆萬世不祧昭穆而次以至高宗之廟亦萬世不祧又言元祐大儒程頤以爲

王安石言僖祖不當祧復立廟爲得禮竊詳頤之議論與安石不同至論此事則深服之足以見義理人心之所同固有不約而合者特以司馬光韓維之徒皆是大賢人所敬信其議偶不出此而安石乃以變亂穿鑿得罪於公議故欲堅守二賢之說并安石所當取者而盡廢之今以程頤之說考之則是非可判矣議既上召對令細陳其說熹先以所論畫爲圖本貼説詳盡至是出以奏陳久之上再三稱善且曰僖祖自不當祧高宗即位時不曾祧壽皇即位太上即位亦不曾祧今日豈不容易可於榻前撰數語徑自

批出熹方懲内批之弊因乞降出劄子再令臣僚集議上亦然之熹既退即進擬詔意以上意諭廟堂則聞已毀四祖廟而遷之矣時宰臣趙汝愚既以安石之論爲非異議者懼其軋已藉以求勝事竟不行熹時以得罪遺汝愚書曰相公以宗子入輔王室而無故輕納妄議拆祖宗之廟以快其私欲望神靈降歆垂休錫羨以永國祚於無窮其可得乎時太廟殿已爲十二室故孝宗升祔而東室尚虚熹以爲非所以祝延壽康之意深不然之因自劾不堪言語侍從之選乞追奪待制不許及光宗祔廟遂復爲九世十二

室蓋自昌陵祔廟踰二百年而後正太祖之位慶元二年四月禮部太常寺言已於太廟之西别建僖祖廟及告遷僖順翼宣帝后神主諸僖祖廟奉安所有今年孟冬祫享先詣四祖廟室行禮次詣太廟遂幄次行禮理宗紹定四年九月丙戌京師大火延及太廟太常少卿度正言伏見近世大儒侍講朱熹詳考古禮尚論宗廟之制畫而爲圖其說甚備然其爲制務倣於古而頗更本朝之制故學士大夫皆有異論遂不能行今天降災異火發民家延及宗廟舉而行之莫此時爲宜臣於向來備聞其說今備

貟禮寺適當此變若遂隱默則為有負謹為二說以獻其一純用朱熹之說謂本朝廟制未合於古因畫為圖謂僖祖如周后稷當為本朝始祖夫尊僖祖以為始祖是乃順太祖皇帝之孝心也始祖之廟居于中左昭右穆各為一廟門皆南向位皆東向祧廟之主藏于始祖之廟夾室昭常為昭穆常為穆自不相亂三年合食則併出祧廟之主合享於始祖之廟始祖東向群昭之主皆位北而南向群穆之主皆位南而北向昭穆既分尊卑以定其說合于古而宜于今盡美盡善舉而行之祖宗在天之靈必歆享于此而

垂祐于無窮也其一說則因本朝之制而參以朱熹之說蓋本朝廟制神宗嘗命禮官陸佃討論欲復古制未及施行渡江以來稽古禮文之事多所未暇今欲驟行更革恐未足以成其事而徒為紛紛或且仍遵本朝之制自西徂東並為一列惟於每室之後量展一間以藏祧廟之主每室之前量展二間遇三年祫享則以帷幄幕之通為一室盡出諸廟主及祧廟主並為一列合食其上前乎此廟為一室凡遇祫享合祭於其室名為祫享而實未嘗合今量展此三間後有藏祧主之所前有祖宗合食之地於本朝之制

初無大段更革而頗已得三年大祫之義今來朝廷若能舉行朱熹前議固無以加如其不然姑從後說亦為允當不失禮意然宗廟之禮儻無其故何敢妄議今因大火之後若加損益亦惟其時乞賜詳議有旨令侍從禮部太常集議後竟不行

志卷第六十

開府儀同三司上柱國録軍國重事前中書右丞相監修國史領經筵事都總裁臣脫脫等奉
敕修

禮十一　吉禮十一

時享　薦新　加上祖宗謚號　廟諱

時享太祖乾德六年十月判太常寺和峴上言按禮閣新儀唐天寶五年詔享太廟宜祭料外每室加常食一牙盤將來享廟欲每室加牙盤食禘祫時享亦準此制太宗太平興國六年十二月太常禮院言今月二十三日臘享太廟緣孟冬已行時享冬至又嘗

親祀按禮每歲五享其禘祫之月即不行時享慮成煩數有爽恭虔今請罷臘日薦享之禮其孝惠別廟即如式從之淳化三年十月八日太常禮院言今年冬至親祀南郊前期朝享太廟及奏告宣祖太祖室常例每遇親祀設朔望兩祭乃是十一月內三祭太廟兩室又行奏告之禮煩則不恭又十一月二十日皇帝朝享去臘享日月相隔未為煩數欲望權停是月朔望之祭其臘享如常儀從之真宗景德三年正月晝日乙卯孟享太廟其日以鄆王外攢攺用辛酉十月十日孟冬薦享其月明德皇后園陵有司言故

事太祠與國忌日同日者其樂備而不作今請如例從之四年七月以莊穆皇后祔享權停孟享大中祥符三年十二月帝謂王旦等言來年正月十一日孟享太廟而有司擇八日宴已在享廟致齋中又七日上辛祀昊天上帝王欽若言若移宴日避祀事即自天慶節以來皆有所妨馮拯言上辛不可移薦享宗廟是有司擇日於禮無嫌帝曰當詢禮官終以契丹使發有常期又將西巡故不及改八年兼宗正卿趙安仁言準詔以太廟朔望上食品味令臣詳定望自今委御厨取親享廟日所上牙盤例參以四時珍膳

選上局食手十人赴廟饌造上副聖心式表精慤詔所上食味委宮闈令監造訖安仁省視之神宗元豐三年十月詳定郊廟奉祀禮文所言祠禴嘗蒸之名春夏則物未成而祭薄秋冬則物成而祭備今太廟四時雖有薦新而孟享禮料無祠禴蒸嘗之別伏請春加韭卵夏加麥魚秋加黍豚冬加稻鴈當饋熟之節薦於神主其籩豆於常數之外別加時物之薦豐約各因其時以應古禮從之六年十一月帝親祠南郊前期三日奉仁宗英宗徽號冊寶于太廟是日齋于大慶殿翌日薦享于景靈宮禮畢帝服通天冠絳

紗袍乘玉輅至太廟宰臣百官班迎于廟門侍中跪請降輅帝却乘輿步入廟趍至齋宫晝日帝服韈袍至大次有司奏中嚴外辦禮儀使跪奏請行事帝服衮冕以出至東門外殿中監進大圭帝執以入宫架樂作升東階樂止登歌樂作至位樂止太祝宫闈令奉諸室神主于坐禮儀使贊曰有司謹具請行事帝再拜詣罍洗登歌樂作降階樂止宫架樂作至洗南北向樂止帝搢圭盥帨洗瓚拭瓚訖執圭宫架樂作升堂樂止登歌樂作殿中監進鎮圭帝搢大圭執鎮圭詣僖祖室樂止登歌奏瑞安之曲至神坐前北向

跪奠鎮圭于繅藉執大圭跪三上香執瓚祼地奠瓚奉帛奠訖執圭俛伏興出戶外北向再拜內侍舉鎮圭以授殿中監至次室行事皆如前儀帝還位登歌樂作至位樂止宫架興安之樂作文舞九成止禮部戶部尚書以次官奉逐室俎豆宫架豐安樂作奠訖樂止帝再詣罍洗登歌樂作降階樂止宫架樂作至洗南北向立樂止帝搢圭盥帨洗爵拭爵訖執圭宫架樂作帝升東階樂止登歌樂作至禧祖室樂止宫架樂作帝搢圭跪受爵祭酒三奠爵執圭俛伏興出戶外北向立樂止太祝讀冊文帝再拜詣次室皆如

前儀帝還位登歌樂作至位樂止文舞退武舞進宫架正安之樂作亞獻以次行事如前儀樂止帝詣飲福位登歌樂作至位樂止宫架僖安樂作帝再拜搢圭跪受爵祭酒三啐酒奠爵受俎奠俎受摶黍奠黍豆再受爵飲福酒訖奠爵執圭俛伏興再拜樂止帝還位登歌樂作至位樂止太常博士徧祭七祀配享功臣戶部禮部尚書徹俎豆登歌豐安樂作徹訖樂止禮直官曰賜胙行事陪祠官皆再拜宫架興安樂作一成止太祝宫闈令奉神主入諸祏室禮儀使跪奏禮畢登歌樂作帝降階樂止宫架樂作出東門殿

中監受大圭歸大次樂止有司奏解嚴轉仗赴南郊

初國朝親享太廟儀物有制熙寧以來率循舊典元豐命官詳定始多損益元年詳定郊廟禮文所言古者納牲之時王親執鸞刀啓其毛而祝以血毛詔於室今請改正儀注諸太祝以毛血薦於神坐訖徹之而退唐崔沔議曰毛血盛於盤開元開寶通禮及今儀注皆盛以豆禮以豆盛菹醢其薦毛血當盛以盤又言三牲骨體俎外當加牛羊腸胃豕膚俎各一又古者祭祀無迎神送神之禮其初祭及末皆不當拜又宜令戶部陳歲貢以充庭實如古禮仍以龜為前

金次之玉帛又次之餘居後又周禮大宗伯之職凡享涖玉鬯今以門下侍郎取瓚進皇帝侍中酌鬯進瓚皆未合禮請命禮部尚書奉瓚臨鬯禮部侍郎奉槃以次進皇帝酌鬯祼地訖侍郎受瓚并槃而退又言皇帝至阼階乃令太祝宫闈令始奉神主置于坐行禮畢皇帝俟納神主然後降階並從之又言神坐當陳于室之奧東面當行事時皇帝立于戶內西向即拜于戶內有司攝事晨祼饋食亦立于戶內西向更不出戶而拜其堂上薦腥則設神坐于扆前南向皇帝立于中堂北向有司攝事同此詔俟廟制成取旨又請諸廟各設莞筵紛純加繅席畫純于戶內之東西面皇帝行三獻禮畢於此受嘏又言每室所用几席當如周禮改用莞筵紛純加繅席畫純加次席黼純左右玉几凡祭祀皆繅次各加一重并莞筵一重爲五重又言古者宗廟九獻皇及后各四諸臣一自漢以來爲三獻后無入廟之事沿襲至今若時享則有事於室而無事於堂禘祫則有事於堂而無事於室室中神位不在奧堂上神位不當扆有饋食而無朝踐度今之宜以備古九獻之意請室中設神位于奧東面堂上設神位于戶外之西南面皇帝立于

戶內西面祼鬯爲一獻出戶立于扆前北向行朝踐薦腥之禮爲再獻皇帝立于戶內西面行饋食薦熟之禮爲三獻詔並俟廟制成取旨又請三年親祠并祫享及有司攝事每室並用太牢及制幣宗廟堂上焫蕭以求陽而有司行事焫茅香宜易用蕭灌鬯於地以求陰宜束茅沃酒以象神之飲凡幣皆埋于西階東册則藏有司之匱又請除去殿上板位及小次而設皇帝板位于東階之上西向又請凡奏告祈禱報謝用牲牢祭饌並出帝后神主以明天地一體之義又古者祭祀兼薦上古中古及當世之食唐天寶中始詔薦享每室加常食一牙盤議者以爲宴私之饌可薦寢宮而不可瀆於太廟宜罷之古者吉祭必以其妃配不特拜請奠副爵無特拜儀禮曰嗣舉奠請皇帝祭太廟既祼之後太祝以斝酌奠于鉶之南俟正祭嘏訖命皇子舉奠而飲又請命刑部尚書一員以奉太牲兵部尚書一員奉魚十有五仍令腥熟之薦朝享及四孟臘享皆設神位于戶內南向其祼將于室朝踐于堂饋熟于室則於奧設莞筵紛純加繅席畫純加次席黼純左右玉几當筵前設饋食之豆八加豆八以南爲上鉶三設于豆之南南陳牛鉶

居北羊鉶在牛鉶之南豕鉶在羊鉶之南羞豆二曰酏食糝食設于薦豆之北大羹湆盛以登設于羞豆之北九俎設于豆之東三三爲列以南爲上肵俎一當腊俎之北縱設之牲首俎在北牖下簠簋設于俎南西上籩十有八設于簠簋之南北上戸外之東設尊彝西上南肆胙階之東設六罍其三在西以盛玄酒其三在東以盛三酒堂下陳鼎之位在東序之南居洗之西皆西面北上七皆加于鼎之東俎皆設于鼎之西西肆肵俎在北亦西肆若廟門外則陳鼎于東方各當其鑊而在其鑊之西皆北面北上又請既

晨祼諸太祝入以血毛奠神坐太官令取肝以鸞刀制之洗于鬱鬯貫以膋燎于爐炭祝以肝膋入詔神于室又出以墮祭于戸外之左三祭于茅菹當饋熟之時祝取菹擩于醢祭于神坐前豆閒三又取黍稷肺祭祭如初藉以白茅既祭宮闈令束而瘞之于西階東若郊祀天地則當進熟之時祝取菹及黍稷肺祭于正配神坐前各三祭畢郊社令束茅菹而燔瘞之祀天燔祭地瘞縮酒之茅或燔或瘞當與墮祭之菹同又言古者吉祭有配皆一尸其始祝洗酌奠奠于鉶南止有一爵及主人獻尸主婦亞獻賓長三獻

亦止一爵請罷諸室奠副爵其祫享別廟皇后自如常禮應祠告天地宗廟社稷並用牲幣如唐置太廟局令以宗正丞充罷攝知廟少卿而宮闈令不預祠事又言晨祼之時皇帝先搢大圭上香祼鬯復位俟作樂饋食畢再搢大圭執鎮圭奠於繅藉次奠幣執爵庶禮神並在降神之後從之八年太常寺言故事山陵前宗廟輟祭享朔望以内臣行薦食之禮俟祔廟畢仍舊令景靈宮神御殿已行上食太廟朔望薦食自當請罷從之元祐七年詔復用牙盤食舊制並於禮饌外設元豐中罷之禮官呂希純建議曰先王

之祭皆備上古中古及今世之食所設禮饌即上古中古之食牙盤常食即今世之食議者乃以爲宗廟牙盤原於秦漢陵寢上食殊不知三代以來自備古今之食請依祖宗舊制薦一牙盤從之乃更其名曰薦羞希純又請帝后各奠一爵后爵謂之副爵今帝后惟奠一爵共享瀆禮莫甚請設副爵亦如其儀大觀四年議禮局言太廟每享各設太尊二則是以追享朝享之尊施之於禴祠蒸嘗失禮尤甚請令四時之享不設太尊又言圭瓚之制親祀以塗金銀瓚有司行事以銅瓚其大小長短之制皆不如禮請改以

應古制又言太廟圭瓚別廟璋瓚舊用珉石請改用玉又言新定太廟陳設之儀盡依周制籩豆各用二十有六簠簋各八以籩二十有六為四行以右為上羞籩二為第一行朝事籩八次之饋食籩八又次之加籩八又次之豆二十有六為四行以左為上羞豆二為第一行朝事豆八次之饋食豆八又次之加豆八又次之簠八為二行在籩之外簋八為二行在豆之外籩豆所實之物悉如周禮籩人醢人之制惟簠以稻粱簋以黍稷而茅菹以蕁蚳醢以蜯子代之又言宗廟之祭用太牢而三鉶實牛羊豕之羹固無可論者至於大羹止設一登以少牢饋食禮考之則少牢者羊豕之牲也佐食羞兩鉶司士進湆二豆三牲之祭鉶既設三則登亦如其數請太廟設三登實牛羊豕之湆以為太羹明堂亦如之高宗建炎四年奉安神主于溫州權用酒脯紹興五年臨安府建太廟始用特羊十年改用少牢其廟享之禮七年祀明堂于建康以徽宗之喪太常少卿吳表臣援熙寧故事謂當時英宗喪未除不廢景靈宮太廟之禮翰林學士朱震以為不然謂王制喪三年不祭惟天地社稷越紼行事孰謂三年之喪而可以見宗廟行吉禮乎

吏部尚書孫近等言按春秋君薨卒哭而祔祔而作主特祀於寢烝嘗禘於廟杜預謂新主既特祀於寢則宗廟常祀自當如舊又熙寧元年神宗諒闇用景德故事躬行郊廟之禮今明堂大禮已在以日易月服除之後皇帝合享太廟所有鹵簿鼓吹及樓前宮架諸軍音樂皆備而不作三十二年孝宗即位擇日朝享太廟禮部言牲牢禮料酒齊等物並如五享行之紹熙五年寧宗即位時有孝宗之喪閏十月浙東提舉李大性言自漢文帝以來皆即位而謁廟陛下龍飛已閱三月未嘗一至宗廟行禮鑾輿屢出過太廟門而不入揆之人情似為闕典乞早擇日恭謁太廟詔迺遵用三年之制吏部員外郎李謙請以來年正月上日躬行告廟之禮禮寺以為俟皇帝從吉討論施行理宗即位行三年之喪初行明堂朝享以大臣攝事即吉後始行親享之禮

薦新太宗雍熙二年十一月宗正寺言準詔送兔十頭充享太廟按開寶通禮薦新之儀詣僖祖室戶前盥洗酌獻訖再拜次獻諸室如上禮遂詔曰夫順時蒐狩禮有舊章非樂畋遊將薦宗廟乆隳前制闕孰甚焉爰遵時令暫狩近郊既躬獲禽用以薦俎其今

月十一日畋獵親射所獲田禽並付所司以備太廟四時薦享著爲令景祐三年宗正丞趙良規言通禮著薦新凡五十餘物今太廟祭享之外唯薦氷其餘薦新之禮皆寢不行宜以品物時新所司送宗正令尚食簡擇滋味與新物相宜者配以薦之於是禮官宗正條定逐室時薦以京都新物略依時訓協用典章請每歲春孟月薦蔬以韭以菘配以卵仲月薦氷季月薦蔬以筍果以含桃夏孟月嘗麥配以彘仲月薦果以瓜以來禽季月薦果以芡以菱秋孟月嘗粟嘗穄配以鷄果以棗以梨仲月嘗酒嘗稻蔬以茭筍季月嘗豆嘗蕎麥冬孟月羞以兎果以栗蔬以諸蕷仲月羞以鴈以麞季月羞以魚凡二十八種所司烹治自彘以下令御厨於四時牙盤食烹饌卜日薦獻一如開寶通禮又太常禮院言自來薦氷惟薦太廟逐室帝主后主皆闕謹按朔望每室牙盤食帝后同薦又按禮有薦新如朔奠詳此獻祀帝后主別無異等之義今後前廟逐室后主欲乞四時薦新並如朔望牙盤例后廟奉慈廟如太廟之禮皇祐三年太常寺王洙言每内降新物有司皆擇吉日至涉三四日而物已損敗自今令禮部預爲關報於次日薦之更

不擇日元豐元年宗正寺奏據太常寺報選日薦新兎諸蕷栗黃今三物久鬻於市而廟猶未薦頗違禮意蓋節序有蚤晏品物有後先自當變通安能齊一又唐開元禮薦新不出神主今兩朝薦新及朔望上食並出神主請下禮官參定所宜詳定所言古者薦新于廟之寢無尸不卜日不出神主奠而不祭近時擇日而薦非也天子諸侯物熟則薦不以孟仲季爲限呂氏月令一歲之間八薦新物開元禮加以五十餘品景祐中禮官議以呂紀簡而近薄唐令雜而不經於是更定四時所薦凡二十八物除依時禮月令外又增多十有七品雖出一時之議然歲時登薦行之已久依於古則太略違於經則無法今欲稍加刋定取其間先王所嘗享用膳羞之物見於經者存之不經者去之請自今孟春薦韭以卵羞以葑仲春薦冰季春薦筍羞以含桃孟夏嘗麥以彘仲夏嘗雛以黍羞以瓜季夏羞以芡以菱孟秋嘗粟與稷羞以棗以梨仲秋嘗麻嘗稻羞以蒲季秋嘗菽羞以兎以栗孟冬羞以鴈仲冬羞以麕季冬羞以魚今春不薦鮪誠爲闕典請季春薦鮪無則闕之舊有林檎蕎麥諸蕷之類及季秋嘗酒並合删去凡新物及時出者即

日登獻既非正祭則不當卜日漢儀嘗韭之屬皆於廟而不在寢故韋玄成傳以為廟歲二十五祠而薦新在焉自漢至于隋唐因仍其失薦新雖在廟然皆不出神主今出神主失禮尤甚請依五禮精義但設神主仍俟廟成薦新于寢詔依所定如鮪闕即以魴鯉代之既而知宗正丞趙彥若言禮院以仲秋羨萌不經易以蒲白今仲秋蒲無白改從春獻大觀禮局亦言薦新雖繫以月如櫻筍三月當進或萌實未成轉至孟夏之類自當隨時之宜取新以薦政和四年比部員外郎何天衢言祭不欲數數則煩祭不欲疏疏則怠先王建祭祀之禮必得疏數之中未聞一日之間遂行兩祭者也今太廟薦新有與朔祭同日者夫朔祭行於一月之首不可易也若夫薦新則未嘗卜日一月之內皆可薦也新物未備猶許次月薦之亦何必同朔日哉自是薦新偶與朔祭同日詔用次日焉中興仍舊制

加上祖宗謚號太祖建隆元年九月太常禮院言謹按唐大中初追尊順宗憲宗謚號皇帝於宣政殿授王冊遣宰臣以下持節奉冊赴太廟授冊日帝既御殿百僚拜訖降階跪授冊於太尉候太尉奉冊出宣

政門然後升殿凡皇帝行禮皆太常卿贊導奉引奏可是月二十七日帝御崇元殿備禮遣使奉冊上四廟謚號皇帝高祖府君冊曰孝曾孫嗣皇帝臣某再拜稽首上言伏以昊天有命皇宋勃興括厚載以開階宅中區而撫運夷夏蠻貊罔不獻誠山川鬼神罔不受職非臣否德肇此丕圖實賴先正儲休上玄降鑒既虔膺於太寶乃眇覿於遐源敢遵歷代之規式薦配天之號謹遣使司空兼門下侍郎同中書門下平章事王溥副使兵部尚書李濤奉寶冊上尊謚曰文獻皇帝廟號僖祖皇帝高祖母崔氏曰懿文皇后皇曾祖府君冊曰伏以天命匪忱惟歸於有德人文設教必始於貽謀乘時既肇於興王報本敢稽於尊祖非隆徽稱則大享何以配神非鏤良珉則洪烈何由垂世方作倚那之頌永嚴昭穆之容謹遣使王溥副使李濤奉冊寶上尊謚曰惠元皇帝廟號順祖皇曾祖母桑氏曰惠明皇后皇祖驍衛府君冊曰伏以人瞻烏止運叶龍飛非發源之長析泒不能通上漢非積基之厚嗣孫不能有中區令人紀肇脩孝思罔極酌百王之損益薦四廟之蒸嘗謹遣使王溥副使李濤奉實冊上尊謚曰簡恭皇帝廟號翼祖皇祖母

京兆郡太夫人劉氏曰簡穆皇后聖考太尉府君冊曰昔者流火開祥周發薦文王之號黃星應運曹丕揚魏祖之功咸因致孝之誠式展尊親之義爰遵大典亟上尊稱謹遣使王溥副使李濤奉冊寶上尊謚曰昭武皇帝廟號宣祖禮畢群臣進表奉慰太宗太平興國二年正月甲戌上太祖英武聖文神德皇帝真宗大中祥符元年十一月二十七日帝於朝元殿備禮奉祖宗尊謚冊寶再拜授攝太尉王旦奉之以出安太祖冊寶於玉輅太宗冊寶於金輅詣太廟奉上太祖曰啓運立極英武聖文神德玄功大孝皇帝

太宗曰至仁應道神功聖德文武大明廣孝皇帝禮畢親行朝享之禮天禧元年正月九日加上六室尊謚二字僖祖曰文獻睿和皇帝順祖曰惠元睿明皇帝翼祖曰簡恭睿德皇帝宣祖曰昭武睿聖皇帝太祖曰啓運立極英武睿文神德聖功至明大孝皇帝太宗曰至仁應道神功聖德睿烈大明廣孝皇帝禮畢群臣拜表稱賀十一日帝行朝享之禮仁宗天聖二年十一月二十五日加上真宗謚曰文明武定章聖元孝皇帝慶曆七年十一月二十五日加上真宗謚曰膺符稽古成功讓德文明武定章聖元孝皇帝

神宗元豐六年五月改加上尊謚作奉上徽號十一月二日奉上仁宗徽號曰體天法道極功全德神文聖武濬哲明孝皇帝又上英宗徽號曰體乾膺曆隆功聖德憲文肅武睿神宣孝皇帝哲宗紹聖二年正月帝謂輔臣曰祖宗謚號各加至十六字神宗皇帝今止初謚尚未增加宜考求典故以聞宰臣章惇等對曰祖宗加謚歲月不定真廟初加八字是天聖二年今神宗附廟已十年故事加徽號必在南郊前謹如聖旨討閱以聞四月二十七日詔加上神宗皇帝徽號於大禮前三日行禮九月十六日奉上冊寶曰

神宗紹天法古運德建功英文烈武欽仁聖孝皇帝徽宗崇寧三年十一月二十三日更定神宗徽號曰體元顯道帝德王功英文烈武欽仁聖孝皇帝又奉哲宗徽號曰憲元繼道顯德定功欽文睿武齊聖昭孝皇帝大觀元年九月加上僖祖徽號為十六字曰立道肇基積德起功懿文憲武睿和至孝皇帝政和三年十一月五日加上神宗哲宗徽號前二日皇帝御大慶殿奉神宗冊寶授太師魯國公蔡京載以玉輅奉哲宗冊寶授少師太宰何執中載以金輅並詣太廟幄殿奉安以俟四日皇帝詣景靈宮行禮赴太

廟宿齋五日服衮冕恭上神宗册寶于本室曰體元顯道法古立憲帝德王功英文烈武欽仁聖孝皇帝又上哲宗册寶于本室曰憲元繼道世德揚功欽文睿武齊聖昭孝皇帝次行朝享禮畢赴南郊青城宮紹興十二年十一月詔議加上徽宗徽號曰體仁合道駿烈遜功聖文仁德憲慈顯孝皇帝十三年正月九日皇帝御文德殿命宰臣秦檜奏請太廟十日内殿宿齋文武百僚集於發册寶殿門幕次次禮儀使閤門官太常博士禮直官分立御幄前次分引百僚入就殿下東西相向立定禮直官引奉册寶使侍中中書令舉寶舉册官詣殿下西階之西東向立俟齋室簾降皇帝服通天冠絳紗袍禮部侍郎奏中嚴外辦次禮直官太常博士引禮儀使當幄前俛伏跪奏禮儀使臣某言請皇帝行奉上徽宗皇帝發册寶之禮奏訖俛伏興簾卷前導官前導皇帝出幄執大圭詣册寶幄東褥位西向立禮儀使奏請再拜皇帝再拜三上香再拜在位官皆再拜前導還褥位西向立侍中中書令舉册舉寶官升殿入册寶幄舉册寶官俱搢笏跪舉册寶與侍中中書令奉册寶進行皇帝後從降自西階至殿下褥位南向立禮儀使奏皇帝

再拜舉册官奉册舉寶官奉寶皇帝搢大圭跪奉受册寶使皇帝執大圭再拜在位官皆再拜持節者持節導册寶進行出殿正門禮儀使奏禮畢皇帝釋大圭升自東階入齋室禮部郎中奏解嚴次册寶出北宮門奉册寶使以下騎從至太廟靈星門外下馬步從至太廟南神門外次日文武百僚集於太廟幕次分引詣殿下再拜册寶使詣各室行奠獻禮次贊者引舉册官舉册舉寶官舉寶禮直官引侍中中書令前導册寶入自南正門至殿西階下權置定各再拜次詣徽宗室册寶使俛伏跪奏稱嗣皇帝臣某謹遣臣等奉徽號册寶奏訖俛伏興舉册官舉册進中書令跪讀册文舉寶官舉寶進侍中跪讀寶文册寶使以下各再拜至册寶幄安奉禮畢以次退次文武百僚奉表稱賀紹熙二年八月詔上高宗徽號曰受命中興全功至德聖神武文昭仁憲孝皇帝慶元三年上孝宗徽號曰紹統同道冠德昭功哲文神武明聖成孝皇帝嘉泰三年上光宗徽號曰循道憲仁明功茂德温文順武聖哲慈孝皇帝寶慶三年上寧宗徽號曰法天備道統德茂功仁文哲武聖睿恭孝皇帝咸淳二年上理宗徽號曰建道備德大功復興烈文

仁武聖明安孝皇帝並如紹興十三年儀注

廟諱紹興二年十一月禮部太常寺言淵聖皇帝御名見於經傳義訓者或以威武爲義或以回旋爲義又爲植立之象又爲亭郵表名又爲圭名又爲姓氏又爲木名當各以其義類求之以威武爲義者今欲讀曰威以回旋爲義者今欲讀曰旋以植立爲義者今欲讀曰植若姓氏之類欲去木爲亘又緣漢法邦之字曰國盈之字曰滿止是讀曰國曰滿其本字見於經傳者未嘗改易司馬遷漢人也作史記曰先王之制邦内畿服邦外侯服又曰盈而不持則傾於邦

字盈字亦不改易今來淵聖皇帝御名欲定讀如前外其經傳本字即不當改易庶幾萬世之下有所考證推求義類別無未盡三十二年正月禮部太常寺言欽宗祔廟翼祖當遷於正月九日告遷翼祖皇帝簡穆皇后神主奉藏於夾室所有以後翼祖皇帝諱依禮不諱詔恭依紹熙元年四月詔今後臣庶命名並不許犯祧廟正諱如名字見有犯祧廟正諱者並合改易嘉定十三年十月司農寺丞岳珂言孝宗舊諱從伯從玉從宗玫國朝之制祖宗舊諱二字者皆著令不許並用又言欽宗舊諱二字其一從亘從旦其一從火從亘皆合回避乞併下禮寺討論頒降施行既而禮寺討論所有欽宗孝宗舊諱若二字連用並合回避宜從本官所請刊入施行從之

志卷第六十一

志卷第六十二　宋史一百九

開府儀同三司上柱國錄軍國重事前中書右丞相監修國史領經筵事都總裁臣脫脫等奉

勅修

禮十二　吉禮十二

后廟　景靈宮　神御殿　功臣配侑　群臣家廟

后廟之制建隆三年追冊會稽郡夫人賀氏曰孝惠皇后止就陵所置祠殿奉安神主薦常饌不設牙盤祭器乾德元年孝明皇后王氏崩始議置廟及二后先後之次太常博士和峴請共殿別室以孝明正位內朝請居上室孝惠緣改葬不造虞主與孝明同祔

宜居次室禮院又言后廟祀事一準太廟亦當立戟及太祖祔廟有司言合奉一后配食按唐睿宗追謚肅明昭成二后至睿宗崩獨昭成以帝母之重升配肅明止享於儀坤廟近周世宗正惠宣懿二后並先崩正惠無位號宣懿居正位遂以配食今請以孝明皇后配忌日行香廢務其孝惠皇后享於別廟從之太平興國元年追冊越國夫人符氏為懿德皇后尹氏為淑德皇后並祔后廟至道三年孝章皇后宋氏祔享有司言孝章正位中壼宜居上室懿德追崇后號宜居其次詔孝章殿室居懿德下六月禮官議按

太平興國中追冊定謚皆以懿德居上淳化初宗正少卿趙安易言別廟祭享懿德在淑德之上未測升降之由其時敕旨依舊懿德在上按江都集禮晉景帝即位夏侯夫人應合追尊散騎常侍任茂傅玄等議云夏侯夫人初歸景帝未有王基之道不及景帝統百揆而亡后妃之化未著遠通追尊無經義可據今之所議正與此同且淑德配合之初潛躍之符未兆懿德輔佐之始藩郡之位已隆然未嘗正位中宮母臨天下豈可生無尊極之位沒升配享之崇於人情不安於典籍無據唐順宗祔廟後十一年始以莊

憲皇后升配憲宗祔廟後二十五年始以懿安皇后升配今請虛位允協舊儀再詔尚書省集議及禮官同詳定上議曰淑德皇后生無位號沒始追崇況在初潛早已薨謝懿德皇后享封大國作配先朝雖不及臨御之期且夙彰賢懿之美若以升祔當歸懿德又詳周世宗正惠宣懿配食故事當時議以正惠追尊位號請以宣懿為配是時以太后在位疑宣懿祔廟之後立忌非便議者引晉哀帝時何太后在上尊所生周氏為太妃封其子為琅邪王及太妃薨帝奔喪琅邪第七月而葬此則奔喪行服尚不敢降即其

日廢務於理無嫌今禮官引唐順憲二宗廟享虛位之文夫既追冊二后即虛室亦爲非便請奉懿德神主升配又按議者以周世宗神主祔廟必若宣懿同祔即正惠神主請加太字今升祔懿德請即加淑德太字仍舊別廟詔以懿德配享至於太者尊極之稱加于母后施之宗廟禮所未安迺不加太字仍別廟配享十二月追尊賢妃李氏爲元德皇太后有司言按周禮春官大司樂之職奏夷則歌仲呂以享先妣謂姜嫄也是帝嚳之妃后稷之母特立廟曰閟宮晉簡文宣后以不配食築室於外歲時享祭唐先天元年始祔昭成肅明二后于儀坤廟又玄宗元獻楊后立廟於太廟之西稽於前文咸有明據望令宗正寺於后廟內脩奉廟室爲殿三間設神門齋房神厨以備薦享咸平元年判太常禮院李宗訥等言元德皇太后別建廟室淑德皇后亦在別廟同是帝母而無太字按唐穆宗三后除宣懿升祔正獻恭懿二后並立別廟各有太字又開元初太常議昭成皇太后請不除太字云入廟稱后義繫於夫在朝稱太后義繫於子如謚冊入陵神主入廟則當去太字按神主入廟之說蓋爲祔享太廟以尉降故不加太字則本朝

文懿諸后是也如別建廟室不可但稱皇后則唐正獻恭僖二太后是也淑德皇后亦請加太字既加之後望遷就元德新廟居第一室以元德次之仍遷莊懷又次之詔下中書集議兵部尚書張齊賢等奏宗廟神靈務乎安靜況懿德作合之始逮事舅姑躬執婦道祔享之禮宜從後先伏請仍舊又漢因秦制帝母稱皇太后撿詳去歲議狀請加淑德太字而詔不加之者緣當時元德皇太后未行追冊今冊命已畢望依禮官所言三年四月乙卯祔葬元德皇太后于永熙陵有司言元德神主祔廟準禮當行祔謁載稽前典有未安者伏以追薦尊稱奉加太字崇建別廟以備蒸嘗況當禘祫之時不預合食之列廟享之制與諸后不同俟神主還京即祔廟室薦獻安神更不行祔謁之禮每歲五享禘祫如太廟儀景德四年奉莊穆皇后郭氏神主謁太廟祔享于昭憲皇后享畢祔別廟殿室在莊懷之上帝祀汾陰謁廟畢親詣元德皇太后廟躬謝自門降輦步入酌獻如太廟設登歌兩省御史宗室防禦使以上班廟內餘班廟外遣官分告孝惠諸后廟詔太廟元德皇后廟享用犢諸后廟親享用犢攝事用羊豕五年龍圖閣直學士陳

彭年言禘祫日孝惠淑德二后神主自別廟赴太廟祔簡穆皇后神主之下太祖神主之上此蓋用曲臺禮別廟皇后禘祫祔享太廟之說竊慮明靈合享神禮未安望詔禮官再加詳定有司言按曲臺禮載禘祫之儀則如皇后先祔別廟遇禘祫祔享於太廟如是昭后即坐於祖姑之下南閒如是穆后即坐於祖姑之下北閒又按博士殷盈孫議云別廟皇后禘祫於太廟祔於祖姑之下者此乃皇后先沒已造神主如昭成肅明之沒也睿宗在位元獻之沒也玄宗在位昭德之沒也德宗在位四后於太廟未有本室故

創別廟當爲太廟合食之主故禘祫乃奉以入享此明其後太廟有本室即當遷祔帝方在位故皇后薨立別廟禮本合食故禘祫乃升太廟以未有位故列祖姑之下擬開寶通禮與曲臺禮同今有司不達禮意遇禘祫歲尚以孝惠孝章淑德三后神主祔享祖姑之下乃在太祖太宗之上按禮稱婦祔祖姑謂既卒哭之明日此正禮也稱祖姑有三人則祔於親者注玄謂舅之母死而又有繼室二人親者謂舅所生然則祖姑有三人同在祖室明婦有數人亦當同在夫之本室不可久祔於祖姑也故開元禮但載肅明

皇后別廟時享之儀而無禘祫之禮即知別廟時享及禘祫皆於本廟也孝惠孝章淑德禘祫既祔太廟則自今禘祫祔享本室次於正主庶協典禮二年升祔元德皇后太宗廟室詔以祔廟歲時爲合享次序而位明德皇后之次明道二年判河南府錢惟演請以章獻章懿二后並祔眞宗之室太常禮院議夏商以來父昭子穆皆有配坐每室一帝一后禮之正儀唐開元中昭成肅明二后始並祔於睿宗今惟演引唐武宗母韋太后升祔穆宗本朝孝明懿德祔太祖故事按穆宗惟韋后祔太祖未嘗以懿德配伏尋先

帝以孝章配享太宗及明德園陵禮畢遂得升祔元德太后自追尊後凡十七年始克升配今章穆皇后著位長秋祔食眞宗斯爲正禮章獻太后母儀天下與明德例同若從古禮止應祀后廟若便升祔似非先帝慎重之意又況前代無同日並祔之比惟上裁之乃詔有司更議皆謂章穆位崇中壼與懿德有異已祔廟室自協一帝一后之文章獻輔政十年章懿誕育帝躬功德莫與爲比退就后廟未厭衆心按周官大司樂職奏夷則歌小呂以享先妣者姜嫄也帝嚳之妃后稷之母特立廟曰閟宮宜別立新廟奉安

二太后神主同殿異室歲時薦享用太廟儀别立廟
名自爲樂曲以崇世享忌前一日不御正殿百官奉
慰著之令甲乃作新廟兩廟間名曰奉慈慶曆四年
從吕公綽言先帝特謚二后莊懷莊穆及上真宗文
明武定章聖元孝之謚郭后升祔當正徽號宜於郊
禮前遣官先上寶册改莊爲章止告太廟更不改題
遂如故事將郊所司導五后寶册赴三廟各於神門
外幄次以待奏告畢皆納於室儀又詔中書門下令
禮官攷故事升祔章懿神主禮院言章獻章懿宜序
章穆之次章惠先朝遺制嘗踐太妃至明道中始加

懿號與章懷頗同請序章懷之次太者生事之禮不
當施於宗廟章獻以顧託之重臨御之勞欲稱别廟
義無所嫌屬之配室禮或未順學士王堯臣等言章
獻明肅盛烈丕功非一惠可舉謚告於廟册藏於陵
無容追減章惠擁祐帝躬並均顧復故景祐中膺保
慶之册義專繫子禮須别祠章穆升附歲月已深奉
慈三室先後已定若再議升降則情有重輕請如舊
制中書門下覆議成憲在前文考之意配食一體二
慈之宜奉承無私陛下之孝請如禮官及學士議案
祥符詔繫章聖特旨位叙先後乞聖制定數昭示無

窮詔依所議十月文德殿奉安寶册帝服通天冠絳
紗袍執圭太常奏樂百官宿廟堂次日有司薦享諸
廟寅時復詣正衙宰臣行事官贊導册寶至大慶殿
庭發册出宣德門攝太尉賈昌朝陳執中受以赴奉
慈廟上寶册告遷二主皆塗太宇祔於太廟至和元
年七月有司奉詔立溫成皇后廟享祭器數視皇后
廟後以諫官言改爲祠殿歲時令宮臣薦以常饌治
平元年同判太常寺吕公著言按喪服小記慈母不
世祭章惠太后仁宗嘗以母稱故加寶慶之號蓋生
有慈保之勤故沒有廟享之報今於陛下恩有所止

禮難承祀其奉慈廟乞依禮廢罷熙寧二年命攝太
常卿張掞奉章惠太后神主瘞陵園元豐六年詳定
所言按禮夫婦一體故昏則同牢合巹終則同穴祭
則同几同祝饌未嘗有異廟者也惟周人以姜嫄爲
媒神而帝嚳無廟又不可下入子孫之廟乃以别廟
而祭故魯頌謂之閟宮周禮謂之先妣可也自漢以
來不祔不配者皆援姜嫄爲比或以其微或以其繼
而已蓋其間有天下者起於側微而其后不及正位
中宮或以嘗正位矣有所不幸則當立繼以奉宗廟
故有祖姑三人則祔於親者之說立繼之禮其來尚

矣始徹終顯皆嫡也前娶後繼皆嫡也後世乃以始徹後繼寘之別廟不得伸同几之義則非禮意恭惟太祖孝惠皇后太宗淑德皇后真宗章懷皇后實皆元妃而孝章則太宗繼后乃皆祭以別廟在禮未安請升祔太廟增四室以時配享七月遂自別廟升祔焉政和四年有司言政和元年孟冬祫享奉惠恭神主入太廟祔于祖姑之下今歲當祫而明達皇后神主奉安陵祠緣在城外三代之制未有即陵以為廟者今明達皇后追正典冊歲時薦享並同諸后宜就惠恭別廟增建殿室迎奉神主以祔又言明達神主

祔謁日於英宗室增設宣仁聖烈皇后明達皇后二位及徧祭七祀配享功臣并別廟祔享惠恭明達二位紹興七年惠恭改謚為顯恭以上徽宗聖文仁德顯孝之謚故也十二年五月禮部侍郎施坰言懿節皇后神主候至卒哭擇日祔廟合依顯恭皇后禮於太廟內脩建殿室以為別廟安奉又言將來祔廟其虞主合於本室後瘞埋緣別係行在祔廟欲於本室冊寶殿收奉候回京日依別廟故事從之七月有司行九虞之祭奉安三十二年禮部太常言故妃郭氏追冊為皇后合依懿節皇后祭于別廟所有廟殿見安懿節皇后神主行禮狹隘乞分為二室以西為上各置戶牖及擗截本廟齋宮權安懿節神主工畢還殿王普又請各置祏室並從之乾道三年閏七月安恭皇后神主祔于別廟為三室

景靈宮剏於大中祥符五年聖祖臨降為宮以奉之天聖元年詔脩宮之萬壽殿以奉真宗署曰奉真明道二年又建廣孝殿奉安章懿皇后治平元年又詔就宮之西園建殿以奉仁宗署曰孝嚴奉安御容親行酌獻命大臣分詣諸神代御行禮翼日太后酌獻皇后大長公主以下內外命婦陪位于廷詔每歲下

朝謁如奉真殿儀有期以上喪或災異則命輔臣攝事名齋殿曰迎釐宮西門曰廣祐四年建英德殿奉英宗神御凡七十年間神御在宮者四寓寺觀者十有一元豐五年始就宮作十一殿悉迎在京寺觀神御入內盡合帝后奉以時王之禮十一月百官班于集英殿廷帝詣蘂珠凝華等殿行告遷廟禮禮儀使奉神御升綵輿出殿明日復行薦享如禮禮儀使奉神輿行帝出幄導至宣德門外親王使相宗室正任以上前引望參官及諸軍都虞侯宗室副率以上陪位內侍省押班整儀衛以從奉安神御于十一殿明

日帝詣宮朝獻先謁天興殿以次行禮並如四孟儀詔自今朝獻孟春用十一日孟夏擇日孟秋用中元日孟冬用下元日天子常服行事薦聖祖殿以素饌神御殿以膳羞器服儀物悉從今制天興殿門以奉天神不立戟諸神御門置親事官五百人立戟二十四累朝文武執政官武臣節度使以上並圖形於兩廡凡執政官除拜赴宮恭謝其後南郊先詣宮行薦享禮並如太廟儀元祐元年太常寺言季秋有事于明堂其朝享景靈宮親享太廟當用三年不祭之禮遣大臣攝事禮部言景靈宮天興殿用天地之禮即

非廟享於典禮無違詔明堂前二日朝享景靈宮天興殿明年奉安神宗神御于景靈宮如十一殿奉安之禮舊制車駕上元節以十一日詣興國寺啓聖院朝謁太祖太宗神宗神御下元節詣景靈宮朝拜天興殿朝謁真宗仁宗英宗神御至是詔分每歲四孟月拜謁之所自孟秋始其不當親獻則遣官分詣初詣天興殿保寧閣天元殿太始殿次詣皇武殿儷極殿大定殿輝德殿次詣熈文殿衍慶殿美成殿次詣治隆殿宣光殿（宣光後改曰顯承徽宗又改大明殿）仍自來年孟春爲始皇太后崩三省請奉安神御于治隆殿以遵元祐

初詔復以御史劉極之言特建原廟廟成名神御殿曰徽音山殿曰寧真紹聖二年奉安神宗神御于顯承殿元豐中每歲四孟月天子徧詣諸殿朝獻元祐初議者請以四孟分獻一歲而徧至是復用舊儀詔自今四孟朝獻分二日先日詣天興殿保寧閣天元太始皇武儷極大定德輝諸殿次日詣熈文衍慶美成繼仁治隆徽音顯承七殿三年十月帝詣天興諸殿朝獻翼日大雨詔差已致齋官分獻熈文七殿自是雨雪用爲例云徽宗即位宰臣請特建景靈西宮奉安神宗于顯承殿爲館御之首昭示萬世尊異之

意建哲宗神御殿於西以東偏爲齋殿乃給度僧牒紫衣牒千道爲營造費戶牖工巧之物並置於荆湖北路已而右正言陳瓘言五不可且論蔡京矯誣不從建中靖國元年詔建欽聖憲肅皇后欽慈皇后神御殿于大明殿北名曰柔明（尋改欽儀又改坤元）又名哲宗神御殿曰觀成（尋改重光）詔自今景靈宮並分三日朝獻崇寧三年奉安欽成皇后神御坤元殿欽聖憲肅皇后之次欽慈皇后又次之政和三年奉安哲宗神御于重光殿昭懷皇后神御殿成詔名正殿曰柔儀山殿曰靈娭於是兩宮合爲前殿九後殿八山殿十六閣

一鍾樓一碑樓四經閣一齋殿三神厨二道院一及齋宫廊廡共爲二千三百二十區初東京以來奉先之制太廟以奉神主歲五享宗室諸王行事朔祭而月薦新則太常卿行事景靈宫以奉塑像歲四孟皇帝親享帝后大忌則宰相率百官行香后妃繼之遇郊祀明堂大禮則先期二日親詣景靈宫行朝享禮紹興十三年二月臣僚言竊見元豐五年神宗始廣景靈宫以奉祖宗衣冠之游即漢之原廟也自艱難以來庶事草創始建宗廟而原廟神游猶寄永嘉乃者權時之宜四孟薦獻旋即便朝設位以享未副廣

孝之意乞命有司擇爽塏之地倣景靈宫舊規隨宜建置俟告成有日迎還睟容奉安新廟庶幾四孟躬行獻禮用副罔極之恩從之初築三殿聖祖居前宣祖至祖宗諸帝居中殿元天大聖后與祖宗諸后居後掌宫内侍七人道士十人吏卒二百七十六人上元結燈樓寒食設鞦韆七夕設摩睺羅簾幕歲時一易歲用酌獻二百四十羊凡帝后忌辰用道釋作法事十八年增建道院初本劉光世賜第後以韓世忠第增築之天興殿五楹中殿七楹後殿十有七楹齋殿進食殿皆備焉

神御殿古原廟也以奉安先朝之御容宣祖昭憲皇后於資福寺慶基殿太祖神御之殿七太平興國寺開先殿景靈宫應天禪院西院南京鴻慶宫永安縣會聖宫揚州建隆寺章武殿滁州大慶寺端命殿太宗神御之殿七啓聖禪院壽寧堂景福殿鳳翔上清太平宫并州崇聖寺統平殿及西院鴻慶宫會聖宫真宗神御之殿十有四景靈宫奉真殿玉清昭應宫安聖殿洪福院壽寧堂福聖殿崇先觀永崇殿萬壽觀延聖殿澶州信武殿西京崇福宫保祥殿華州雲臺觀集真殿及西院鴻慶宫會聖宫鳳翔太平宫仁

宗英宗神宗哲宗四朝神御於景靈宫應天院章獻明肅皇后於慈孝寺彰德殿章懿皇后於景靈宫廣孝殿明德章穆二后於普安院重徽殿章惠太后於萬壽觀廣慶殿景德四年奉安太祖御容應天禪院以宰臣向敏中爲奉安聖容禮儀使權安于文德殿百官班列帝行酌獻禮鹵簿導引升綵輿進發帝辭于正陽門外百官辭于瓊林苑門外遣官奏告昌陵畢群臣稱賀皇祐中以滁州通判王靖請滁并澶三州建殿奉神御乃宣諭曰太祖擒皇甫暉于滁州是受命之端也大慶寺殿名曰端命以奉太祖太宗取

劉繼元于并州是太平之統也即崇聖寺殿名曰統平以奉太宗真宗歸契丹于澶州是偃武之信也即舊寺殿名曰信武以奉真宗既而統平殿災諫官范鎮言并州素無火災自建神御殿未幾而輒焚天意若曰祖宗御容非郡國所宜奉安者近聞下并州復加崇建是徒事土木重困民力非所以荅天意也自并州平七十七年故城父老不入新城宜寬其賦輸緩其徭役以除其患使河東之民不忘太宗之德則陛下孝思豈特建一神御殿比哉先是睦親廣親二宅並建神御殿翰林學士歐陽脩言神御非人臣私

家之禮下兩制臺諫禮官議以為漢用春秋之義罷郡國廟今睦親宅廣親宅所建神御殿不合典禮宜悉罷詔以廣親宅置已乆唯罷脩睦親宅熈寧二年奉安英宗御容於景靈宮帝親行酌獻仍詔歲以十月望朝享有期以上喪或災異則命輔臣攝事知大宗正丞事李德芻言禮法諸侯不得祖天子公廟不設於私家今宗室邸第並有帝后神御非所以明尊卑崇正統也望一切廢罷下禮官詳定請如所奏詔諸宗室宮院祖宗神御迎藏天章閣自是臣庶之家凡有御容悉取藏禁中元豐五年作景靈宮十一殿

而在京宮觀寺院神御皆迎入禁中所存惟萬壽觀延聖廣愛寧華三殿而已宣和元年禮部奏太常寺參酌立到諸州府有祖宗御容所在朔日諸節序降到御封香表及下降香表行禮儀注朔日諸節序奉香表行禮儀注齋戒朝拜前一日朝拜官及讀表文官早赴齋所俟禮備禮生引讀表文官賫香表官集朝拜官聽執事者以香表呈視禮生請讀表文官稍前習讀表或客詞即讀封題訖禮生贊復位次以御封香禮饌等呈視訖各復齋所朝拜官用長吏闕以次官充讀表文亦以次官充執事者以有服色者充

有司設香案時果牙盤食神御前又設奠酹茗之器於香案前之左置御封香表案上設朝拜官位於殿下西向讀表文官位於殿之南北向陪位官位於其後設焚表文位於殿庭東南向朝拜日質明前香火官先詣殿下北向拜訖升殿東向侍立有司陳設訖禮生先引陪位官入就位北向次引讀表文官入就位次引朝拜官就位西向立定禮生贊有司謹具請行事禮生贊再拜拜訖引讀表文官先升殿於香案之右東向立次引朝拜官詣香案前贊搢笏上香奠酒茗拜興少立禮生贊搢笏跪讀表文或客詞即讀

封題執笏興降復位朝拜官再拜降復位禮生贊再拜訖引朝拜官讀表文官詣焚表文位南向立焚訖退一遇旦望諸節序下降香表薦獻行禮儀注一如上儀惟禮生引獻官上香訖跪執事者以所薦之物授薦獻官受獻訖復授執事者置於神御前興拜退一如上儀詔頒行之東京神御殿在宮中舊號欽先孝思殿建炎二年閏四月詔迎溫州神御赴闕先是神御於溫州開元寺暫行奉安章聖皇帝與后像皆以金鑄置外方弗便因愀然謂宰輔曰朕播遷至此不能以時薦享祖宗神御越在海隅念之坐不安席

故有是命三年二月上覽禁中神御薦享禮物謂宰臣曰朕自省閱神御每位各用羊胃一湏二十五羊祖宗仁厚豈欲多害物命謹以別味代之在天之靈亦必歆享呂頤浩曰陛下寅奉宗廟罔不盡禮而又仁愛及物天下幸甚紹興十五年秋復營建神御殿于崇政殿之東朔望節序帝后生辰皇帝皆親酌獻行香用家人禮其殿名徽宗曰承元欽宗曰端慶高宗曰皇德孝宗曰系隆光宗曰美明寧宗曰垂光理宗曰章熈度宗曰昭光

功臣配享真宗咸平二年始詔以太師贈尚書令韓王趙普配享太祖廟庭繼以翰林承旨宋白等議又以故樞密使贈中書令濟陽郡王曹彬配享太祖以司空贈太尉中書令薛居正忠武軍節度使贈中書令潘美尚書右僕射贈侍中石熈載配享太宗廟庭仍奏告本室禘祫皆配之祀日有司先事設幄次布褥位於廟庭東門內道南當所配室西向設位板方七寸厚一寸半籩豆各二簠簋俎各一知廟卿奠爵再拜乾興元年詔從翰林禮官參議以右僕射贈太尉中書令李沆贈太師尚書令王旦忠武軍節度使贈中書令李繼隆配享真宗嘉祐八年詔以尚書右

僕射贈尚書令王曾太尉贈尚書令呂夷簡彰武軍節度使贈侍中曹瑋配享仁宗熈寧八年詔以司徒兼侍中贈尚書令韓琦配享英宗元豐元年又以贈太師中書令曾公亮配焉熈寧末嘗詔太常禮院講求親祠太廟不及功臣禮例至是禘祫外親享太廟並以功臣與又從太常禮院請配享功臣以見贈官書板位元祐初從吏部尚書孫永等議以故司徒贈太尉富弼配享神宗紹聖初又以守司空贈太傅王安石配三年罷富弼配謂弼得罪於先帝也崇寧元年詔以觀文殿大學士贈太師蔡確配享哲宗五禮

新儀配享功臣之位設於殿庭之次趙普曹彬位於橫街之南道西東向第一次薛居正石熙載潘美位于第二次李沆王旦李繼隆位於第三次俱北上王曾呂夷簡曹瑋位於橫街之南道東西向第一次韓琦曾公亮位於第二次王安石位於第三次蔡確位於第四次俱北上惟冬享祫享徧設祭位迨建炎初詔奪蔡確所贈太師汝南郡王追貶武泰軍節度副使更以左僕射贈太師司馬光配享哲宗既又罷王安石復以富弼配享神宗紹興八年以尚書左僕射贈太師韓忠彥配享徽宗十八年二月監登聞鼓院

徐璉言國家原廟佐命配享當時輔弼勳勞之臣繪像廟庭以示不忘累朝不過一十餘人今之臣僚與其家之子孫必有存其繪像者望詔有司尋訪復摹於景靈宮庭之壁非獨假寵諸臣之子孫所以增重祖宗之德業以為臣子勸遂下諸路轉運司委所管州軍尋訪各家韓王趙普周王曹彬太師薛居正石熙載鄭王潘美太師李沆王旦李繼隆王曾呂夷簡侍中曹瑋司徒韓琦太師曾公亮富弼司馬光韓忠彥各令摹寫貌像投納繪於景靈宮之壁乾道五年九月太常少卿林栗等言欽宗皇帝廟庭尚虛配享

當時遭值艱難淪胥莫救罕可稱述而以身徇國名節暴著不無其人雖生前官品不應配享之科事變非常難拘定制乞特詔集議吏部尚書汪應辰奏當時死事之臣皆有次第褒贈若令配享欽廟典故所無如創行之又當訪究本末差次輕重有所取舍尤不可輕易竊謂配享功臣若依唐制各廟既無其人則當缺之迺罷集議欽宗一廟遂無配享淳熙中高宗祔廟翰林學士洪邁言配食功臣先期議定臣兩蒙宣諭欲用文武臣兩人文臣故宰相贈太師秦國公謚忠穆呂頤浩特進觀文殿大學士謚忠簡趙鼎

武臣太師蘄王謚忠武韓世忠太師魯王謚忠烈張浚此四人皆一時名將相合於天下公論議者皆以為宜遂從之祕書少監楊萬里獨謂丞相張浚不得配食為非爭之不得因去位焉紹熙五年十二月以左丞相贈太師魯國公陳康伯配享孝宗廟庭嘉泰元年正月以右丞相贈太師葛邲配享光宗廟庭嘉定十四年八月追封右丞相史浩為越王改謚忠定配享孝宗廟庭端平二年八月以太師趙汝愚配享寧宗廟庭初仁宗天聖中郊祀詔錄故相李昉宋琪呂端張齊賢畢士安王旦執政李至王沔溫仲舒及

陳洪進等子孫以官元豐中詔景靈宮繪像舊臣推恩本支下兩房以上取不食祿者均有無取齒長者若子孫亦繪像本房不食祿更不取別房紹聖初林希請稽考慶曆以後未經編次臣僚其子孫應錄用者以次編定尋詔趙普社稷殊勳其諸孫有無食祿者各官其一子以長幼爲序毋過三人崇寧初詔哲宗繪像文武臣僚並與子若孫一人初品官若子孫衆多無過家一人又錄藝祖功臣呂餘慶族孫偉及司徒富弼孫直柔直道以官使奉其祀靖康初臣僚言司馬光之後再絕復立族子稹稹亦卒今雖有子而光遺表恩澤已五十年不可復奏請許移奏見存曾孫使之世祿從之

群臣家廟本於周制適士以上祭於廟庶士以下祭於寢唐原周制崇尚私廟五季之亂禮文大壞士大夫無襲爵故不建廟而四時寓祭室屋慶曆元年南郊赦書應中外文武官並許依舊式立家廟已而宋庠又以爲言乃下兩制禮官詳定其制度官正一品平章事以上立四廟樞密使知樞密院事參知政事樞密副使同知樞密院事簽書院事見任前任同宣徽使尚書節度使東宮少保以上皆立三廟餘官祭

於寢凡得立廟者許適子襲爵以主祭其襲爵世降一等死即不得作主祔廟別祭於寢自當立廟者即祔其主其子孫承代不計廟祭寢祭並以世數䟽數遷祧始得立廟者不祧以比始封有不祧者通祭四廟五廟廟因衆子立而適長子在則祭以適長子主之適長子死即不傳其子而傳立廟者之子凡立廟聽於京師或所居州縣其在京師者不得於裏城及南郊御路之側仍別議襲爵之制既以有廟者之子孫或官微不可以承祭而朝廷又難盡推襲爵之恩事竟不行大觀二年議禮局言所有臣庶祭禮請參酌古今討論條上斷自聖衷於是議禮局議執政以上祭四廟餘通祭三廟古無祭四世者又侍從官以至士庶通祭三世無等差多寡之別豈禮意乎古者天子七世今太廟已增爲九室則執政視古諸侯以事五世不爲過矣先王制禮以齊有萬不同之情賤者不得僭貴者不得踰故事二世者雖有孝思追遠之心無得而越事五世者亦當跂以及焉今恐奪人之恩而使通祭三世徇流俗之情非先王制禮等差之義可文臣執政官武臣節度使以上祭五世文武升朝官祭三世餘祭二世應有私第者立廟於門內

之左如狹隘聽於私第之側力所不及仍許隨宜又詔古者寢不踰廟禮之廢失久矣士庶堂寢踰度僭禮有七楹九楹者若一旦使就五世三世之數則當徹毀居宇以應禮制豈得爲易行可自今立廟其間數視所祭世數寢間數不得踰廟事二世者寢聽用三間議禮局言禮記王制諸侯五廟二昭二穆與太祖之廟而五所謂太者蓋始封之祖不必五世又非臣下所可通稱今高祖以上一祖未有名稱欲乞稱五世祖其家廟祭器正一品每室籩豆各十有二簠簋各四壺尊罍鉶鼎俎篚各二尊罍加勺冪各一爵

各一諸室共用胙俎罍洗一從一品籩豆簠簋降殺以兩正二品籩豆各八簠簋各二餘皆如正一品之數詔禮制局製造仍取旨以給賜之紹興十一年二月癸丑詔太師左僕射魏國公秦檜合建家廟命臨安守臣營之太常請建於其私第中門之左一堂五室五世祖居中東二昭西二穆堂飾以黝堊神板長一尺博四寸五分厚五寸八分大書某官某大夫之神坐貯以帛囊藏以漆函歲四享用孟月柔日行之具三獻有司言時享用常器常饌帝倣政和故事命製祭器賜之其後太傅昭慶節度平樂郡王韋淵太尉保慶節度吳益少傅寧遠節度楊存中並請建家廟賜以祭器隆興二年四月庚辰少卿四川宣撫使吳璘請用存中例從之乾道八年九月詔有司賜少保武安節度四川宣撫使虞允文家廟祭器如故事淳熙五年七月戶部尚書韓彥古請以賜第進父世忠家廟如存中十二月少傅保寧節度衛國公史浩請建家廟量賜祭器嘉泰元年太傅永興平原郡王韓侂胄奏曾祖琦效忠先朝奕世侑食家廟猶闕請下禮官攷其制建之二年循忠烈王張俊開禧三年鄜武僖王劉安世子孫相繼有請皆從之嘉定十四

年八月詔右丞相史彌遠賜第遵淳熙故事賜家廟命臨安守臣營之禮官討論祭器並如侂胄之制彌遠請併生母齊國夫人周氏及祔妻魯國夫人潘氏於生母別廟皆下有司賜器景定三年詔丞相賈似道賜家廟命臨安守漕營度禮官討論賜祭器並如儀

志卷第六十二

[illegible]六十三　　宋史一百十

開府儀同三司上柱國錄軍國重事中書右丞相監修國史領經筵事都總裁臣脫脫等奉敕修

禮十三　嘉禮一

上尊號儀　高宗內禪儀　上皇太后太妃冊寶儀

舊史以飲食婚冠賓射饗宴脹膰慶賀之禮爲嘉禮又以歲時朝會養老宣赦拜表臨軒命官附之今依政和禮分朝會爲賓禮餘如其舊云

尊號之典唐始載於禮官宋每大祀群臣詣東上閤門拜表請上尊號或三上或五上多謙抑弗許如允所請即奏命大臣撰冊文及書冊寶其受冊多用祀禮畢日御正殿行禮禮畢有司以冊寶詣閤門奉進入內建隆四年羣臣三上表上尊號詔俟郊畢受冊前三日遣官奏告天地宗廟社稷遂爲定制其儀有司宿設崇元殿仗衛文武百官並集朝堂之次攝太尉奉冊於案吏部侍郎一員押司徒奉寶於案禮部侍郎一員押以五品六品清資官充舉冊舉寶官皆承之以匣覆之以帊俱詣殿門外之東太尉之前大樂令帥工人入就位諸侍衛官及宰執兩制供奉官等立於殿階下香案前左右如常入閤儀侍中奏中嚴外辦所司承旨索扇扇上皇帝袞冕御輿出自西房樂作即御坐扇開樂止符寶郎奉寶如常儀禮直官通事舍人分引太尉以下文武羣官應北面位者各就橫行位太常卿於冊案前導至丹墀西階上少東北向置訖太尉司徒吏部禮部侍郎各入本班立定典儀贊百官再拜舞蹈三稱萬歲又再拜起居訖又再拜分班序立禮直官引太常卿隨行吏部侍郎押冊案以次序行太尉從之禮部侍郎次押寶案行司徒從之詣西階至解劍褥位其讀冊中書令讀寶侍中俟冊案將至先升於前楹間第一柱北對立太尉解劍脫舄訖吏部侍郎押冊案先升太尉從升當御坐前太尉搢笏北面奉冊案稍前跪置訖俛伏興少退東向立中書令進當冊案前讀冊訖俛伏興又搢笏奉冊於褥東向冊函北向進跪置御坐前與舉冊官降還侍立位太尉亦降納舄帶劍禮部侍郎押寶案升司徒隨升北面跪置侍中讀寶訖置冊之南俱復位其納舄帶劍俛伏一如上儀典儀贊在位官皆再拜禮直官通事舍人引太尉至西階下解劍舄升當御坐前跪賀（其詞中書門下撰）賀訖復位皆再拜如讀冊寶儀侍中升至御坐前承旨退臨階西向稱有制典儀贊再拜訖宣曰朕以鴻儀昭舉保命會昌迫於羣情祇膺顯號退循寡昧惕懼增深所賀知宣訖復位典儀贊再拜舞蹈三稱萬歲又再拜訖侍中升階奏禮畢降

復位扇上樂作帝降坐御輿入自東房扇開樂止侍中版奏解嚴中書侍郎帥奉寀官升殿跪奉冊置於寀次門下侍郎奉寶如奉冊禮通事舍人贊引詣東上閤門狀進所司承旨放仗百官再拜訖退如常儀自後受冊皆如之禮畢賜百官食于朝堂熙寧元年宰臣曾公亮等上表請加尊號詔不允先是翰林學士司馬光言尊號起唐武后中宗之世遂爲故事先帝治平二年辭尊號不受天下莫不稱頌聖德其後佞臣建言國家與契丹常有往來書彼有尊號而中國獨無足爲深恥於是羣臣復以非時上尊號論者甚爲朝廷惜之今羣臣以故事上尊號臣愚以爲陛

下聰明睿知雖宜享有鴻名然踐祚未久又在亮陰之中考之事體似未宜受陛下誠能斷以聖意推而不居仍令更不得上表請則頌歎之聲將洋溢四海矣詔賜光曰覽卿來奏深諒忠誠朕方以頻日淫雨甲申地震天威彰著日虞傾禍被此鴻名有靦面目況在亮陰亦難當是盛典今已批降指揮可善爲答辭使中外知朕至誠勲懼非欺衆邀名其後宰臣數上表請終不允徽宗內禪欽宗上尊號曰教主道君太上皇帝居龍德宮靖康元年正月朔朝賀畢車駕詣龍德宮賀百官班門外宰執進見如儀

高宗內禪紹興三十二年六月十日御札皇太子可卽皇帝位朕稱太上皇帝退處德壽宮皇后稱太上皇后應軍國事並聽嗣君處分十一日行內禪之禮有司設仗紫宸殿宰臣文武百僚立班皇帝出宮鳴鞭禁衛諸班直親從儀仗幷內侍省執骨朶使臣等並迎駕自贊常起居皇帝升御坐知閤門官以下幷內侍都知御帶以下一班起居次管軍一班起居次宰執以下常起居訖左僕射陳康伯知樞密院事葉義問參知政事汪澈同知樞密院事黃祖舜升殿奏曰臣等不才輔政累年罪戾山積乃蒙容貸不賜誅責今陛下超然獨斷高蹈堯舜之舉臣等心實欽仰但自此不獲日望清光犬馬之情不勝依戀因再拜辭相

與泣下幾至號慟帝亦爲之流涕曰朕在位三十六年今老且病久欲閑退此事斷自朕心非由臣下開陳卿等當悉力以輔嗣君康伯等復奏曰皇太子仁聖天下所共知似聞謙遜太過未肯便御正殿帝曰朕前此固嘗與之言早來禁中又面諭之卽步行徑趨側殿門欲還東宮已再三敦勉邀留今在殿後矣宰執降階皇帝降坐鳴鞭還內宰臣文武百僚並退立班聽宣詔訖再拜舞蹈三稱萬歲再拜訖班權退復追班入詣殿下立班少頃新皇帝服履袍涕泣出宮禁衛諸班直親從儀仗等迎駕起居鳴鞭內侍扶掖皇帝至御榻涕泣再三不坐內侍傳太上皇帝聖

旨請皇帝升御坐皇帝升御坐東側坐知閤門官以下一班起居稱賀次管軍官一班起居稱賀次文武百僚橫行北向立舍人當殿稱文武百僚宰臣陳康伯以下起居稱賀皇帝降御坐側身西向不坐俟宰臣以下再拜舞蹈三稱萬歲起居稱賀畢康伯等升殿奏臣等言願陛下即御坐以正南面上副太上皇帝傳授之意帝愀然曰君父之命出於獨斷此大位懼不敢當尚容辭避康伯等再奏茲者伏遇皇帝陛下應天順人龍飛寶位第以駑下之材恐不足以仰輔新政然依乘風雲千載之遇實與四海蒼生不勝幸慶再拜賀畢奏事而退宰執下殿皇帝還內鳴鞭

宰執文武百僚赴祥曦殿候太上皇帝登輦扈從至德壽宮而退翌日詣德壽宮朝見前期儀鸞司設大次於德壽宮門內小次於殿東廊西向其日俟皇帝出即御坐從駕臣僚禁衛等起居如常儀皇帝降御坐乘輦至德壽宮文武百僚詣宮門外迎駕起居訖前導官太常卿閤門官太常博士禮直官先入詣大次前分左右立定俟皇帝降輦入次御史臺閤門太常寺報文武百僚入詣殿庭北向立定前導官導皇帝入小次簾降俟太上皇帝即御坐小次簾捲前導官導皇帝升殿東階詣殿上折檻前奏請拜皇帝再拜訖前導官導皇帝稍前躬奏聖躬萬福訖復位再拜訖導皇帝詣太上皇帝御坐之東西向立殿下在位官皆再拜搢笏三舞蹈三叩頭出笏就拜又再拜班首不離位奏聖躬萬福又再拜班退前導官以次退從駕官歸幕次以俟從駕太上皇帝駕興皇帝從入見太上皇后如宮中之儀皇帝還內如來儀每遇正旦冬至及朔望並依上儀十二日帝詣德壽宮以兩百僚免入見上就宮中行禮自後詣宮若行宮中禮即不集百官陪位十三日詔令宰臣率百官於初二日十六日詣德壽宮起居又詔朕欲每日一朝德壽宮修晨昏之禮面奉慈訓恐廢萬機勞煩羣下不蒙賜許禮官宜重定其期如前代朝朔望甚爲踈闊

朕不敢取於是禮部太常寺言漢書高皇帝五日一朝太上皇乞依此故事每五日一次詣德壽宮朝見如宮中禮帝始御後殿宰臣陳康伯等奏臣等朝德壽宮太上皇宣諭車駕每至宮必於門外降輦已再三勉諭既行家人之禮自宜至殿上降輦帝曰太上有旨不須五日一朝只朝朔望朕心未安宜令有司詳議如宮門降輦臣子禮所當然於是禮部太常言除朝朔望外乞於每月初八二十三日詣德壽宮起居如宮中儀自後皆遵此制如值兩盛暑祁寒臨期承太上特旨乃免十一月冬至上詣德壽宮稱賀上壽禮畢入見太后如宮中禮自後冬至並同隆興元

年正月朔帝率百官詣德壽宮如冬至儀自後正旦並同乾道元年二月朔帝詣德壽宮恭請太上太后至延祥觀燒香太上與帝乘馬太后於後乘輿次幸聚景園次幸玉津園自後帝詣德壽宮恭請太上太后至南内或幸延祥觀靈隱寺天竺寺恭進太上聖政冊命皇太子起居稱謝遇游幸則宰執以下從駕至游幸所除管軍環衛官等俟駕還護從還内宰執以下並免護從先退淳熙十六年孝宗内禪皇太子即皇帝位紹熙五年光宗内禪皇子嘉王即皇帝位並如紹興三十二年故事

太皇太后皇太后皇太妃冊禮建隆元年詔尊母南陽郡太夫人爲皇太后仍令所司追冊四親廟後不果行至道三年四月尊太宗皇后李氏爲皇太后宰臣等詣崇政殿門表賀皇帝又詣内東門表賀皇太后乾興元年眞宗遺制尊皇后劉氏爲皇太后淑妃楊氏爲皇太妃亦不果行冊禮天聖二年宰臣王欽若等五表請上皇太后尊號十一月郊祀畢帝御天安殿受冊百官稱賀畢再序班侍中奏中嚴外辦禮儀使奏發冊寶帝服通天冠絳紗袍秉珪以出禮儀使閤門使導帝隨冊寶降自西階内臣奉至殿庭置橫街南東向褥位冊在北寶在南帝立殿庭北向褥位奉冊寶官奉冊寶案太常卿吏部禮部侍郎引置當中

褥位禮儀使奏請皇帝再拜在位官皆再拜太尉司徒就冊寶位帝搢珪跪奉冊授太尉又奉寶授司徒皆搢笏東向跪受興奉冊寶案置於近東西向褥位禮儀使奏請皇帝歸御幄易常服乘輿赴文德殿後幄百官班退赴朝堂太尉司徒奉冊寶至文德殿外幄太尉以下各就次以俟侍中奏中嚴外辦太后服儀天冠袞衣以出奏隆安之樂行障步障方團扇侍衛垂簾即御坐南向樂止太常卿導冊案至殿西階下各歸班在位者皆再拜太尉押冊司徒奉冊中書令讀冊訖侍中押寶案司徒奉寶侍中讀寶畢太尉司徒詣香案前分班東西序立尚宮贊引皇帝詣皇太后坐前帝服鞾袍簾内行稱賀禮跪曰嗣皇帝臣某言皇太后陛下顯崇徽號昭煥寰瀛伏惟與天同壽率土不勝欣抃俛伏興又再拜尚宮詣御坐承旨退西向稱皇太后答曰皇帝孝思至誠貫于天地受茲徽號感慰良深帝再拜尚宮引歸御幄太尉率百官稱賀奏隆安之樂太后降坐還幄樂止侍中奏解嚴所司放仗百官再拜退太后還内内外命婦稱賀太后皇帝於内殿在外命婦及兩京留司官並奉表稱賀自是上皇太后尊號禮皆如之熙寧二年神宗尊皇太后曹氏爲太皇太后詣文德殿跪奉玉冊授攝太尉曾公亮金寶授攝司徒韓絳又跪奉皇太后

高氏玉冊授攝太尉文彥博金寶授司徒趙抃禮畢百官
稱賀哲宗即位詔尊太后高氏爲太皇太后皇后向氏爲
皇太后德妃朱氏爲皇太妃禮部議皇太妃生日節序物
色其冠服之屬如皇后例稱慈旨慶賀用牋太皇太后皇
太后於皇太妃稱賜皇帝稱奉百官不稱臣皇帝問皇太
妃起居用牋皇太妃答皇帝用書宰臣請特建太皇太后
宮曰崇慶殿曰崇慶曰壽康皇太后宮曰隆祐殿曰隆祐
曰慈徽元祐二年詔太皇太后受冊依章獻明肅皇后故
事皇太后受冊依熙寧二年故事皇太妃與皇太后同日
受冊令太常禮官詳定儀注右諫議大夫梁燾請對文德
殿太皇太后曰大臣欲行此禮予意謂必難行燾對曰誠
如聖慮願堅執勿許且母后權同聽政蓋出一時不得已
之事乞速罷之中書舍人曾肇亦言太皇太后聽政以來
止於延和殿受遼使朝見亦止於御崇政殿未嘗踐外朝
今皇帝述仁祖故事以極崇奉之禮太皇太后儻以此時
特下明詔發揚皇帝孝敬之誠而固執謙德止於崇政殿
受冊則皇帝之孝愈顯太皇太后之德愈尊兩義俱得顧
不美歟太皇太后欣然納之廼詔將來受冊止於崇政殿
尋以天旱權罷未幾太師文彥博等以時雨溥澍秋稼有
望請舉行冊禮凡三請乃從九月六日發太皇太后冊寶

于大慶殿發皇太后太妃冊寶于文德殿行禮如儀紹聖
元年詔奉太皇太后旨皇太妃特與立宮殿名坐六龍輿
張繖出入由宣德正門有司請應宮中並依稱臣妾外命
婦入內準此百官拜牋稱賀稱殿下徽宗即位加哲宗太
妃號曰聖瑞既又御文德殿冊命元符皇后劉氏爲太后
並依皇后禮制建炎元年五月冊元祐皇后爲隆祐太后
令所司擇日奉上冊寶時方巡幸不克行禮遥尊韋賢妃
爲宣和皇后紹興七年三月詔略曰宣和皇后夙擁慶羨
是生眇沖廼骨肉之至親偕父兄而時邁十年地阻懷陟
岵凱風之思萬里使還奉上皇寧德之諱宜尊爲皇太后
令所司擇日奉上冊寶太常寺言請依祖宗故事俟三年
之喪終制然後行禮時翰林學士朱震言唐德宗建中上
太后沈氏尊號時沈太后莫知所在猶供張含元殿具袞
冕出左序立東方再拜奉冊今太后聖體無恙信使相望
豈可不舉揚前憲臣又聞三年之制惟天地社稷越紼行
事德宗以大曆四年即位明年改元建中時行易月之制
故以冕服行事今陛下退朝之服盡如禮制謂當供張別
殿遣三公奉冊冊藏于有司恭俟來歸願下禮官講明詔
從之禮部太常言寶文欲乞以皇太后寶四字爲文合差
撰冊文官一員書冊文官一員書篆寶文官一員並差執

政十年營建皇太后宮以慈寧爲名十二月帝自常御殿詣慈寧殿遥賀皇太后奉上册寶十二年八月皇太后還慈寧宮十月十八日奉進册寶其日張設慈寧殿設坐殿中皇太后服褘衣即御坐本殿官設册寶於殿下慈寧宮事務官并本殿官並朝服詣殿下再拜搢笏舉册寶奉進先進册次進寶進畢降坐易褘衣服常服皇帝詣慈寧殿賀如宮中儀次宰臣率百僚拜表稱賀三十二年六月詔上太上皇帝太上皇后尊號集議以聞左僕射陳康伯等言五帝之壽惟堯最高百王之聖惟堯獨冠今兹高世之舉視堯有光恭請上太上皇帝尊號曰光堯壽聖太上皇帝太上皇后尊號曰壽聖太上皇后詔恭依仍令禮部太常討論禮儀以聞左僕射陳康伯撰太上皇帝册文兼禮儀使參政汪澈書册文并篆寶知樞密院葉義問撰太上皇后册文同知樞密院事黄祖舜書册文八月十四日奉上册寶是日陪位文武百僚太傅以下行事官並朝服入詣大慶殿下立班皇帝自内服履袍入御幄服通天冠絳紗袍出至大慶殿詣册寶褥位前再拜在位官皆再拜訖皇帝行發册寶授太傅之禮如儀禮畢皇帝還幄服履袍還内文武百僚退儀仗鼓吹備而不作護衛册寶太傅以下行事官導從册寶至德壽宮皇帝自祥曦殿服履袍乘輦至

德壽宮大次降輦陪位文武官入殿庭立班定太傅以下行事官從册寶入殿皇帝服通天冠絳紗袍升殿詣西向褥位立太上皇帝自宮服履袍即坐皇帝北向四拜起居訖次太傅以下皆四拜起居次行奉册之禮中書令參知政事史浩讀册攝侍中葉義問讀寶讀訖退復位皇帝再拜稱賀曰皇帝臣某稽首言伏惟光堯壽聖太上皇帝陛下册寶告成鴻名肇正與天同壽率土均懽皇帝再拜次侍中承旨宣答曰皇帝孝通天地禮備古今勉受鴻名良深感慰皇帝再拜訖西向立次太傅以下再拜稱賀致詞曰攝太傅尚書左僕射臣康伯等稽首言伏惟光堯壽聖太上皇帝陛下肅臨寶位誕受丕稱獨推天父之尊普慰帝臣之願奏訖再拜舞蹈次侍中承旨宣答曰光堯壽聖太上皇帝聖旨倦勤滋久佚老是圖勉受嘉名但增感慰又再拜舞蹈次太上皇帝降坐入宮皇帝後從壽聖太上皇后册寶入宮皇帝詣太上皇后坐前北向立太上皇后升坐皇帝四拜起居行奉上册寶之禮讀册官陳子常讀册讀寶官洪康民讀寶讀訖復位皇帝再拜稱賀致詞曰皇帝臣某稽首言伏惟壽聖太上皇后殿下德茂坤元禮崇大號寶書肅受懽抃無疆皇帝再拜次宣答官承旨宣答曰壽聖太上皇后教旨皇帝愉容載虔顯號來膺誠孝

通天但深感惕皇帝再拜訖太上皇后降坐入宮次太傅以下文武百僚就德壽殿下拜牋稱賀以俟皇帝服履袍乘輦還内十六日宰臣率文武百僚詣文德殿拜表稱賀

志卷第六十三

開府儀同三司上柱國錄軍國重事中書右丞相監修國史領經筵事都總裁臣脫脫等奉

敕修

禮十四 嘉禮二

冊立皇后儀　冊命皇太子儀
冊皇太子妃儀　公主受封儀
冊命親王大臣儀

冊立皇后建隆元年立瑯邪郡夫人王氏爲皇后命所司擇日備禮冊命自後凡制書云冊命者多不行冊禮后妃皆寫冊命告身以金花龍鳳羅紙金塗標袋有司進入學士院草制宣於正殿近臣牧守宗室皆脩貢禮群臣拜表稱賀又詣内東門奉牋賀皇后眞宗冊德妃劉氏爲皇后不欲令藩臣貢賀不降制於外廷止命學士草詞付中書仁宗冊皇后曹氏其冊制如皇太子玉用珉五五十簡匣依冊之長短寶用金方一寸五分高一寸其文曰皇后之寶盤螭紐綬并緣冊寶法物約舊制爲之匣盝並朱漆金塗銀裝其禮與通禮異不立仗不設縣前一日守宮設次於朝堂設冊寶使副次於東門外命婦次於受冊寶殿門外設皇后受冊寶位於殿庭階下北向奉禮設冊寶使位於内東門外副使内侍位於其南差退東向北上冊寶案位於使前南向又設内給事位於北廂南向其日百官常

服早入次禮直官通事舍人先引中書令侍中門下侍郎中書侍郎及奉册寶官執事人絳衣介幘詣垂拱殿門就次以俟册降禮直官通事舍人分引宰臣樞密册寶使副百官詣文德殿立班東西相向内侍二員自内承旨降皇后册寶出垂拱殿奉册寶官俱搢笏率執事人禮直官導中書侍郎押册中書令後從門下侍郎押寶侍中後從由東上閤門出至文德殿庭權置禮直官通事舍人引使副就位次引侍中於使前西向稱有制典儀曰再拜贊者承傳使副在位官皆再拜宣曰贈尚書令冀王曹彬孫女册爲皇后命公等持節展禮使副再拜侍中還位門下侍郎帥主節者詣使東北主節以節授門下侍郎門下侍郎執節授册使册使跪受興付主節幡隨節立於使左次引中書令侍中詣册寶東北西向立中書侍郎引册案立於中書令右中書令取册授册寶使使跪受興置於案中書令中書侍郎退復班門下侍郎引寶案於侍中之右取寶授册寶使如上儀退復位典儀贊拜訖禮直官通事舍人引使副押册寶持節者前導奉册寶官奉舁擭衛如式以次出朝堂門詣内東門附内臣入進内臣引内外命婦入就位内侍詣閤請皇后服褘衣册寶至使副俱東向内給事前北向跪稱册寶使李迪副使王隨奉制授皇后册寶俛

伏興退復位内給事入詣受册寶殿門皇后前跪奏訖内侍進詣使前西面跪受册寶以授内謁者監使退復位内謁者監主當内臣持册寶入内東門内侍從之以次入詣殿庭内侍贊引皇后降立庭中北向位内侍跪取册次内侍跪取寶興立皇后右少前西向内侍二員進立皇后左少前東向内侍稱有制内侍贊皇后再拜内侍奉册進授皇后皇后受以授内侍次内侍奉寶亦然復贊再拜訖導皇后外坐内臣引内外命婦稱賀如常儀禮畢内侍導皇后降坐還閤内外命婦班退皇后易常服謝皇帝皇太后用常禮百官詣東上閤門表賀元祐五年八月太皇太后詔以皇帝納后令翰林學士御史中丞兩省與太常禮官檢詳古今六禮沿革參考通禮典故具爲成式群臣又議勘昏御史中丞鄭雍等請不用陰陽之説呂大防亦言不可太后納之六年八月三省樞密院言六禮命使納采問名納吉納成告期差執政官攝太尉充使侍從官或判宗正官攝宗正卿充副使以舊尚書省權爲皇后行第納采問名同日次日納吉納成告期納成用穀圭爲贄不用鴈請期依開寶禮改爲告期親迎爲命使奉迎納采前擇日告天地宗廟皇帝臨軒發册同日先遣册禮使副次遣奉迎使令文武百官詣行第班迎又言據開元禮納采問名

合用一使納吉納成各別日遣使今未委三禮共遣一使
或各遣使又合依發冊例立仗詔各遣使文德殿發制依
發冊立仗七年正月詔尚書左丞蘇頌撰冊文并書學士
院上六禮辭語其納采制文略曰太皇太后曰咨某官封
姓名渾元資始肇經人倫爰及夫婦以奉天地宗廟社稷
謀于公卿咸以為宜率由舊典今遣使持節太尉某宗正
卿某以禮納采其答文曰太皇太后嘉命訪婚陋族備數
采擇臣之女未閑教訓衣履若而人欽承舊章肅奉典制
某官封糞土臣姓某稽首再拜承制詔問名制曰兩儀合
德萬物之統以聽內治必咨令族重宣舊典今遣使持節

某官以禮問名答曰使者重宣中制問臣名族臣女夫婦
所生先臣故某官之遺微孫先臣故某官之遺曾孫先臣
故某官之遺孫先臣故某官之外孫女年若干欽承舊章
肅奉典制納吉制曰人謀龜筮同符元吉恭順典禮令使
某官以禮納吉答曰使者重宣中制臣陋族卑鄙憂懼不
堪欽承舊章肅奉典制納成制曰咨某官某之女孝友恭
儉實維母儀宜奉宗廟永承天祚以黝纁穀圭六馬以章
典禮令使某官以禮納成答曰使者重宣中制降婚卑陋
崇以上公寵以豐禮備物典策欽承舊章肅奉典制告期
制曰謀于公卿大筮元龜罔有不臧吉日惟某月某甲子

可迎率遵典禮令遣某官以禮告期答曰使者重宣中制
以某月某甲子吉日告期臣欽承舊章肅奉典制奉迎制
曰禮之大體欽順重正其期維吉典圖是若今遣某官以
禮奉迎答曰使者重宣中制令日吉辰備禮以迎螻蟻之
族猥承大禮憂懼戰悸欽率舊章肅奉典制餘如式三月
禮部太常寺上納后儀注發六禮制書太皇太后御崇慶
殿內外命婦立班行禮畢內給事出殿門置六禮制書案
上出內東門禮直官通事舍人引由宣祐門至文德殿後
門入權置案於東上閤門命使納采問名文德殿宰臣親
王執政官宗室百僚大小使臣易朝服樂備而不作班定

內給事奉制書案置橫街北稍東西向北上禮直官通事
舍人引門下中書侍郎次引使副就橫街南承制位北向
東上內給事詣使者東北面稱太皇太后有制典儀曰再
拜在位官皆再拜宣制曰皇帝納后命公等持節行禮典
儀曰再拜使副皆再拜授制書訖典儀曰再拜在位官皆
再拜禮直官通事舍人太常博士引使副從制案出載於
油絡網犢車出宣德門鼓吹備而不作至皇后行第大門
外令史二人對奉制案立主人立大門內儐者立主人之
左北面進受命出曰敢請事使者曰某奉制納采儐者入
告主人曰某之女若而人既蒙制訪臣某不敢辭儐者出

告入引主人出大門外再拜使者先入使者曰太皇太后制主人再拜宣制書畢主人再拜受訖主人進表訖再拜使者出問名同上儀使者曰將加卜筮奉制問名主人曰臣某之女若而人既蒙制命臣某不敢辭命使納吉納成告期並同命使納采問名儀納吉使者曰加請卜筮占曰從制使某納吉主人曰臣某之女若而人龜筮云吉臣預有爲臣某謹奉典制告期使者曰某奉制告期主人曰臣某謹奉典制以上納吉納成告期請見授制接表並如納采儀臨軒命使册后及奉迎於文德殿百官朝服皇帝常服乘輦至殿後閤侍中奏中嚴外辦乃服通天冠絳紗袍

乘輦出自西房降輦即御坐兩省官及待制權侍郎觀察使以上分東西入殿門各就位東西相向立奉寶置御坐前奉宣后册由東上閤門出至文德殿庭橫行典儀曰拜在位官皆再拜使副受册宣制曰册某氏爲皇后命公等持節展禮典儀曰拜使副再拜受册寶訖典儀贊百官再拜宣制曰太皇太后制命公等持節奉迎皇后典儀贊使副再拜受節又贊百官再拜侍中奏禮畢解嚴百官再拜出皇帝常服還内册寶至皇后行第如納采儀使者曰某奉制授皇后備物典册皇后受册寶内外命婦序立如儀主人以書奉使者奉迎百官常服班宣德門外行第儐者

請使者曰某奉制以禮奉迎儐者入告主人曰臣某謹奉典制儐者出告入引主人出大門外再拜使者先入曰有制主人再拜使者宣制畢主人再拜受制答表又再拜姆導皇后尚宫前引升堂出立房外典儀贊使副再拜使者曰今月吉日某等承制以禮奉迎内侍受以入使副退主人以書授使者奉於司言受以奏聞皇后降立堂下再拜訖外堂主人外自東階西向曰戒之戒之夙夜無違命主人退母進西階上東向施衿結帨曰勉之戒之夙夜無違命皇后升輿至中門外車出大門使副及群臣前引將至宣德門百官宗室班迎再拜訖分班皇后入門鳴鐘鼓班

迎官退廼降車入次外輿入端禮門文德殿東上閤門出文德殿後門入至内東門内降輿司輿前導詣福寧殿門大次以俟晡後皇后車入宣德門侍中版奏請中嚴内侍轉奏皇帝服通天冠絳紗袍御福寧殿尚宫引皇后出次詣殿庭之東西向立尚儀跪奏外辦請皇帝降坐禮迎尚宫前引詣庭中之西東面揖皇后以入導升西階入室各就榻前立尚食跪奏具皇帝揖皇后皆坐尚食進饌食三飯尚食進酒受爵飲尚食以饌從再飲如初三飲用巹如再飲尚儀跪奏禮畢俱興尚宫請皇帝御常服尚寢請皇后釋禮服入幄次日以禮朝見太皇太后皇太后參皇太

妃如宮中之儀詔從之四月太皇太后手書曰皇帝年長
中宮未建歷選諸臣之家以故侍衛親軍馬軍都虞候贈
太尉孟元孫女爲皇后制詔六禮尚書左僕射兼門下侍
郎呂大防攝太尉充奉迎使同知樞密院事韓忠彥攝司
徒副之尚書左丞蘇頌攝太尉充發冊使簽書樞密院事
王巖叟攝司徒副之尚書左丞蘇轍攝太尉充告期使皇
叔祖同知大宗正事宗景攝大宗正卿副之皇伯祖判大
宗正事高密郡王宗晟攝太尉充納成使翰林學士范百
祿攝宗正卿副之吏部尚書王存攝太尉充納吉使權戶
部尚書劉奉世攝宗正卿副之翰林學士梁燾攝太尉充

納采問名使御史中丞鄭雍攝宗正卿副之五月甲午行
納采問名禮丁酉行納吉納成告期禮戊戌帝御文德殿
發冊及命使奉迎皇后己亥百官表賀于東上閤門次詣
內東門賀太皇太后又上牋賀皇后上牋賀皇太妃皇后
擇日詣景靈宮行廟見禮大觀四年冊貴妃鄭氏爲皇后
議禮局重定儀注臨軒冊使皇帝御文德殿服通天冠絳
紗袍百官朝服陳黃麾細仗依古用宮架冊使出殿門依
近儀不乘輅權以穆清殿爲受冊殿其日皇后服褘衣其
奉冊寶授皇后皆用內侍受冊訖皇后上表謝皇帝內外
命婦立班稱賀群臣入殿賀皇帝於內東門上牋賀皇后

其上禮儀注乞依進馬條令施行其會群臣及皇后會外
命婦儀注並依開元開寶禮受冊之殿陳宮架用女工外
降行止並以樂節而別定樂名樂章皇后上表乞免受冊
排黃麾仗及乘重翟車陳小駕鹵簿等而於延福宮受冊
其朝謁景靈宮亦止依近例云紹興十三年閏四月十七
日冊貴妃吳氏爲皇后前期於文德殿內設東西房東西
閣凡香案宮架冊寶幄次舉麾位押案位權置冊寶褥位
受制承制宣制位奉節位贊者位奉冊寶位舉冊舉寶官
位及文武百僚應行事官執事官位皆儀鸞司太常典儀
分設之以俟臨軒發冊其日質明皇帝服通天冠絳紗袍

出西閤協律郎舉麾奏乾安之樂皇帝降輦即御坐樂止
冊使副以下應在位官皆再拜侍中宣制曰冊貴妃吳氏
爲皇后命公等持節展禮冊使副再拜參知政事以節授
冊使冊使跪受以授掌節者中書令以冊授冊使侍中以
寶授副使並權置于案冊使副以下應在位官皆再拜冊
使押冊副使押寶持節者前導正安之樂作出文德殿門
樂止至穆清殿門外幄次權置以俟皇后首飾褘衣出閤
協律郎舉麾坤安之樂作皇后至殿上中間南向立定樂
止冊使副就內給事前東向跪稱冊使副姓某奉制授皇
后備禮典冊內給事入詣皇后前北向奏訖冊使舉冊授

內侍內侍轉授內謁者監副使舉寶授內侍內侍轉授內謁者監掌節者以節授掌節內侍內侍持節前導冊寶并案進行入詣殿庭冊寶初入門宜安之樂作至位樂止皇后降自東階至庭中北向位初行承安之樂作至位樂止皇后再拜舉冊官搢笏跪舉冊讀冊官搢笏跪宣冊內謁者監奉冊進授皇后皇后受以授司言又奉寶進授皇后皇后受以授司寶司言司寶置冊寶于案舉冊寶官并舉案官俱搢笏舉冊寶并案與詣東階之東西向位置定皇后初受冊寶成安之樂作受訖樂止皇后再拜禮畢

冊皇太子至道元年八月壬辰詔立皇太子命有司草具

冊禮以翰林學士宋白爲冊皇太子禮儀使有司言前代無太子執圭之文請如王公之制執桓圭餘如舊制九月丁卯太宗御朝元殿陳列如元會儀帝袞冕設黃麾仗及宮縣之樂於庭百官就位太子常服乘馬就朝元門外幄次易遠遊冠朱明衣所司贊引三師三少導從至殿庭位再拜起居畢分班立太常博士引攝中書令就西階解劍履升殿詣御坐前俛伏興奏宣制降就劍履位由東階至太子位東南向稱有制太子再拜中書侍郎引冊案就太子東中書令北面跪讀冊畢太子再拜受冊以授右庶子門下侍郎進寶授中書令中書令授太子太子以授右庶子各置於案由黃道出太子隨案南行樂奏正安之曲至殿門樂止太尉升殿稱賀侍中宣制答如儀皇太子易服乘馬還宮百官賜食於朝堂中書門下樞密院師保而下詣太子參賀皆序立於宮門之外庶子版奏外備內臣褰簾太子常服出次坐中書門下文武百官樞密師保賓客而下再拜並荅拜四品以下官參賀升坐受之越三日具鹵簿謁太廟常服乘馬出東華門升輅儀仗內行事官乘車者並服禮衣餘皆袴褶乘馬導從有司言唐禮宮臣參賀皆舞蹈開元始罷之故事百官及東宮接見祇呼皇太子上牋啓稱皇太子殿下百官稱名宮官稱臣常行用左

春坊印宮中行令又按唐制凡東宮處分論事之書太子並畫令左右庶子以下署名姓宣奉行書按畫日其與親友師傅不用此制令請如開元之制宮臣止稱臣不行舞蹈之禮令皇太子兼判開封府其所上表狀即署太子之位其當申中書樞密院衹判官等署餘斷案及處分公事並畫諾惟改諾爲準餘並從之其朝皇后儀止用宮中常禮時真宗以壽王爲皇太子兼判開封請見僚屬稱名而免稱臣神宗未及受冊禮而即位乃以冊寶送天章閣遂爲故事紹興三十二年五月詔曰朕以不德躬履艱難三十有六年憂勞萬機宵旰靡怠屬時多故未能雍容釋

頁退養壽康今邊鄙粗寧可遂如志皇子毓德允成神器有託朕心庶幾可立爲皇太子仍改名所司擇日備禮冊命未及行禮六月十一日内禪乾道元年八月十日制立皇子鄧王愭爲皇太子十月詔以知樞密院洪适爲禮儀使撰冊文簽書樞密院事葉顒書冊工部侍郎王弗篆寶十六日皇帝御大慶殿行冊禮皇太子服遠遊冠朱明衣執桓圭前期習儀禮官及有司並先一日入宿衛展宮架樂設太子次冊寶幄次百官次又設皇太子受冊位典寶褥位應行禮等皆有位列黃麾半仗於殿門内外質明百官就次皇太子常服詣幕次符寶郎陳八寶於御位之左

右有司奉冊寶至幄次百官朝服入班殿庭有司自幄次奉冊寶至褥位參知政事中書令導從退各就位侍中外殿俟宣制皇太子易服執圭俟於殿門外樂正撞黃鍾之鍾乾安之樂作皇帝即御坐殿上侍臣起居樂止行禮官贊引皇太子入就殿庭東宮官從初入殿門明安之樂作樂止皇太子起居次百官起居各拜舞如儀皇太子詣受冊位侍中前承旨降階宣制曰冊鄧王愭爲皇太子皇太子拜舞如儀侍中外殿復位中書令詣讀冊位捧冊官奉冊至中書令跪讀畢與皇太子再拜有司奉冊至皇太子位中書令跪以冊授皇太子皇太子跪受以授右庶子置

於案次侍中以寶授皇太子皇太子跪受以授左庶子如上儀皇太子再拜中書舍人押冊中允押寶以出次皇太子出如來儀初行樂作出殿門樂止次百官稱賀樂正撞蕤賓之鐘乾安之樂作皇帝降坐樂止放仗在位官再拜以出禮畢百官易常服赴内東門司拜箋賀皇后次赴德壽宮拜表箋賀諸路監司守臣等並奉表稱賀明日車駕詣德壽宮謝又明日上御紫宸殿引皇太子稱謝還東宮百官赴東宮參賀皇太子擇日先朝謁景靈宮次日朝謁太廟別廟又擇日詣德壽宮稱謝先是禮官言皇太子朝謁景靈宮無所服典故乞止用常服次朝謁太廟別廟當

兖冕乘金輅設仗從之皇太子言乘輅設仗雖有至道天禧故事非臣子所安詔免

冊皇太子妃政和五年三月詔選皇太子妃六年六月詔選少傅恩平郡王朱伯材女爲皇太子妃令所司備禮冊命庚辰帝服通天冠絳紗袍御文德殿發冊先是議禮局上五禮新儀皇太子納妃乘金輅親迎皇太子三奏辭乘輅及臨軒冊命詔免乘輅而發冊如禮焉

公主受封降制有冊命之文多不行禮惟以綸告進内至嘉祐二年封福康公主爲兖國公主始備禮冊命前一日百官班文德殿内降冊印宣制冊案援衛一如冊皇后儀

有司先設冊使等幕於内東門外命婦次公主本位門之外公主受冊印位於本位庭階下北向冊使位於内東門副使及内給事於其南差退並東向設冊印案位於冊使前南向内給事位於冊使北南向自文德殿奉冊印將至内東門内給事詣本位請公主服首飾褕翟冊印至内東門外褥位置訖内臣引内命婦入就位禮直官引冊使副等俱就東向位内給事就南向位通事舍人博士引冊使就内給事前東向躬稱冊使某副使某奉制授公主冊印退復位内給事入詣所設受冊印位公主前言訖退内給事進詣冊使前西向冊使跪以冊印授内給事内給事跪授内謁者内謁者及主當内臣等持入内東門内給事從入詣本位贊公主降詣庭中北向立跪取冊與立公主右少前西向又内給事立公主左少前東向稱有制贊者曰拜公主再拜右給事奉冊跪授之公主受以授左給事右給事又奉印授公主如上儀贊者曰拜公主再拜畢引公主外位次内臣引内命婦賀畢遂引公主謝皇帝皇后一如内中之儀群臣進名賀其冊印如貴妃有匣文曰兗國公主之印遂爲定制神宗進封邠國大長公主魯國公主皆請免冊禮止進告入内云

冊命親王大臣之制具開寶通禮雖制書有備禮冊命之文多上表辭免而未嘗行每命親王宰臣使相樞密使西京留守節度使並翰林草制夜中進入翼日自内置於箱黄門二人舁之立御坐東内朝退乃奉箱出殿門外宣付閤門降置於案俟文德殿立班閤門使引制案置于庭宣付中書門下宰相跪受復位以授通事舍人赴宣制位唱名訖奉詣宰相宰相受之付所司若立后妃封親王公主即先稱有制百官再拜宣制訖復再拜舞蹈稱賀若宰相加恩制書即宣付通事舍人引宰相於宣制石東北向再拜立聽訖拜舞復位若百官受制即自班中引出聽麻文班於宣制石東武班於西並如宰相儀聽訖出赴朝堂其罷相者即引出赴朝堂金吾仗舍諸王宰相朝謝前一日内降官告從内出東上閤門外宣詞以賜授節者仍交旌節授者俛伏執旌節交於頸上者三參知政事宣徽使樞密使大兩省兩制祕書監上將軍觀察使以上授官告敕牒者皆拜敕舞蹈若止授敕或宣頭者止再拜餘官悉不拜敕不舞蹈惟御史大夫中丞拜授東上閤門使又引至殿門外中籠門再拜親王節度使相官告並載以綵輿迎歸第親王輿中設銀師子香合輦官十二人並幞頭緋繡寬衣旌節各二馬四爆稍官十六人執旌節攏馬對引由乾元門西偏門出至門外馬技騎士五十人槍牌步兵六十人教坊樂工

六十五人及百戲蹴鞠鬬雞角觝次第迎引左右軍巡使具軍容前導至本宮使相輿中用銀香鑪轝官十二人金鵞帽錦絡縫紫絁寬衣旌節各一馬二纛矟官八人馬技騎士二十人槍牌步兵二十四人軍巡使不前導餘如親王制有故則罷凡諫舍刺史以上在外任加恩者悉令其親屬乘傳齎詔就以告牒賜之政和禮局上冊命親王大臣儀迄不果行

志卷第六十四

志卷第六十五　宋史一百十二

開府儀同三司上柱國錄軍國重事中書右丞相監修國史領經筵事都總裁臣脫脫等奉

敕修

禮十五 嘉禮三

聖節　諸慶節

聖節建隆元年群臣請以二月十六日為長春節正月十七日於大相國寺建道場以祝壽至日上壽退百僚詣寺行香尋詔今後長春節及諸慶節常參官致仕官僧道百姓等毋得進奉太宗以十月七日為乾明節後改為壽寧節真宗以十二月二日為承天節其儀帝先御長春殿諸王上壽次樞密使副宣徽三司使次使相次管軍節度使兩使留後觀察使次節度使至觀察使次皇親任觀察使以下各上壽仍以金酒器銀馬袖表為獻既畢咸赴崇德殿叙班宰相率百官上壽賜酒三行皆用教坊樂賜衣一襲文武群臣方鎮州軍皆有貢禮前一月百官內職牧伯各就佛寺修齋祝壽罷日以香賜之仍各設會賜上尊酒及諸果百官兼賜教坊樂景德二年始令樞密三司使副學士復赴百官齋會少卿監刺史以上及近職一子賜恩僧道則賜紫衣師號禁屠輟刑仁宗以四月十四日為乾元節正月八日皇太后為長寧節詔定長寧節上壽儀太

后垂簾崇政殿百官及契丹使班庭下宰臣以下進奉上壽閤門使於殿上簾外立侍百官再拜宰臣升殿跪進酒簾外內臣跪承以入宰臣奏曰長寧節臣等不勝歡抃謹上千萬歲壽復降再拜三稱萬歲內臣承旨宣曰得公等壽酒與公等同喜咸再拜宰臣升殿內侍出簾外跪授虛醆宰臣跪受降再拜舞蹈三稱萬歲內侍承旨宣群臣升殿再拜升陳進奉物當殿庭通事舍人稱宰臣以下進奉客省使殿上喝進奉出內謁者監進第二醆賜酒三行侍中奏禮畢皆再拜舞蹈太后還內百官詣內東門拜表稱賀其外命婦舊入內者即入內上壽不入內者進表內侍引內命婦上壽次引外命婦如百官儀次日大宴英宗以

正月三日為壽聖節禮官奏故事聖節上壽親王樞密於長春殿宰臣百官於崇德殿天聖諒闇皆於崇政殿於是紫宸上壽群臣升殿間飲獻一觴而退又一日賜宴於錫慶院神宗以熙寧元年四月十日為同天節以宅憂罷上壽惟拜表稱賀明年親王樞密使管軍駙馬諸司使副詣垂拱殿宰臣百官大國使詣紫宸殿上壽命坐賜酒三行不舉樂明年以大旱罷同天節上壽群臣赴東上閤門表賀中書門下言同天節上壽班自今樞密使副宣徽三司使殿前馬步軍副都指揮使以上共作一班進酒一醆親

王宗室使相至觀察駙馬管軍觀察使以上皆赴紫宸殿依本班序立上壽更不赴垂拱殿蓋以管軍觀察使以上及親王駙馬並於垂拱殿以官序高下各班進酒畢而日晏外朝有班者仍詣紫宸殿議者以為近瀆故焉而詔祖免以上宗婦聽班賀于禁中哲宗即位詔以太皇太后七月十六日為坤成節宰臣請以十二月八日為興龍節哲宗本七日生以避僖祖忌故後一日徽宗以十月十日為天寧節定上壽儀皇帝御垂拱殿群臣通班起居畢分班從義郎以下醫官待詔等先退知引進司官一員讀奏目知東上閤門官一員奏進壽酒由東階升舍人通教坊使

以下贊再拜奏聖躬萬福又再拜復位次看醆人稍前舍人贊再拜贊上殿祗候分東西兩陛立俟進酒升殿次舍人引親王入殿庭北向立贊再拜班首奏萬福舍人引進奉西入列於親王後酒器擔床置馬前揖天武躬奏萬福進奉馬先出內侍進御茶床殿中監酌酒訖知東上閤門官殿上躬奏親王某以下進壽酒舍人揖親王以下躬贊再拜乃引親王二員升殿知東上閤門官引詣御坐前舍人東階下西向立後準此尚醞典御奉槃醆授班首搢笏受槃醆西向立奉御啓醆親王一員搢笏注酒班首奉詣御坐東進訖少退虛跪興以槃授典御退閤門引降階舍人引當殿北

向立東上贊拜興搢笏跪奉表舍人接表一員在東餘詣親王西置表笏上授引進知引進司官殿上讀奏自退親王以下俛伏興躬舍人贊再拜引班首升東階餘殿下分立閤門引詣御坐東北向搢笏尚醞典御如前奉槃立樂作皇帝飲訖受醆復位再拜如上儀知引進司官詣折檻東西向宣曰進奉收贊拜舞蹈又再拜西出親王以下赴紫宸殿立班引進官宣進奉出天武奉進奉以出閤門復立殿上教坊使贊送御酒又再拜教坊致語訖贊再拜退次樞密官上壽次管軍觀察以上上壽進奉並如儀內侍舉御茶牀舍人贊教坊使以下謝祗應再拜訖閤門側奏

無公事皇帝赴紫宸殿後閤受群臣上壽賀明三公以下百僚並於殿門外就次東上閤門御史臺太常寺分引入詣殿庭東西立閤門附內侍進班齊牌皇帝出閤禁衛諸班親從迎駕自贊常起居皇帝升坐鳴鞭禮直官通事舍人引三公至執政官御史臺東上閤門分引百官並橫行北向立典儀贊再拜舞蹈班首奏萬福又再拜訖分東西立禮直官引殿中監少監升東階詣酒尊所稍西南向西上立舍人揖教坊使以下通班大起居次看醆人謝升殿贊再拜內侍進御茶床殿侍酧酒訖禮直官通事舍人分引三公至執政官御史臺東上閤門分引百僚並橫行北

向立典儀贊再拜贊者承傳在位官皆再拜禮直官通事舍人引上公升東階東上閤門官接引升殿授醆啓醆如上儀上公詣御坐俛伏跪奏文武百僚上公具官臣某等稽首言天寧令節臣等不勝大慶謹上千萬歲壽俛伏興退降階舍人接引復位典儀贊再拜訖禮直官引知樞密院官詣御坐前承旨退詣折檻稍東西向宣曰得公等壽酒與公等內外同慶典儀贊拜如儀百官分東西立禮直官通事舍人引上公升東階東上閤門官接引詣御坐東搢笏殿中監授盤上公奉進御坐東北向樂作皇帝飲訖閤門引接醆降復位典儀贊拜如上儀宗室遙郡以下先

退禮直官引樞密院官詣御坐前承旨退詣折檻稍東宣曰宣群官升殿典儀贊拜訖禮直官通事舍人分引三公以下升東階親王使相以下升西階御史臺東上閤門分引祕書監以下升兩朶殿并東西廊席後立尚醞典御以醆授殿中監奉御啓醆殿中監西向立殿中少監以酒注于醆（第二第三準此）奉詣御坐前躬進訖少退奉盤西向立樂作皇帝飲訖殿中監接醆退授奉御出笏復位通事舍人分引殿上官橫行北向舍人贊再拜典儀曰再拜贊者承傳皆再拜舍人贊就坐各立席後復贊就坐群官皆坐酒初行先宰臣次百官皆作樂尚食典御奉御進食太官設群

官食皇帝再舉酒群官興立席後樂作飲訖舍人贊就坐再行群官酒皇帝三舉酒並如第二之儀酒三行舍人曰可起群官興立席後若宣示醆即隨東上閤門官以下揖稱宣示醆躬贊就坐若宣勸即立席後躬飲訖贊再拜內侍舉御茶床禮直官引左輔詣御坐前北向俛伏跪奏左輔具官臣某言禮畢俛伏興退復位禮直官通事舍人分引三公以下文武百僚降階橫行北向立樞密院官在親王後典儀贊再拜皆舞蹈再拜退靖康元年四月十三日太宰徐處仁等表請為乾龍節至日皇帝帥百官詣龍德宮上壽畢即本宮賜侍從官以上宴建炎元年五月宰臣

等上言請以五月二十一日為天申節詔曰朕承祖宗遺澤獲託士民之上求所以扶危持顛之道未知攸濟念二聖鑾輿在遠萬民失業將士暴露夙夜痛悼寢食幾廢況以眇躬之故聞樂飲酒以自為樂乎非惟深拂朕志實增感于朕心所有將來天申節百官上壽常禮可令寢罷至是止就佛寺啓散祝壽道場詣閤門或後殿拜表稱賀紹興十三年二月臣僚奏臣聞孝理天下者帝王之盛德歸美報上者臣子之至誠是皆因性自然發於觀感必各盡其至然後為稱恭惟陛下撫艱難之運憂勤在御兢兢業業圖濟中興孝德通于神明皇天為之悔禍長樂還闕適

當誕節之前陛下以天下養獲伸宮闈上壽之儀臣民得於觀聽天下無不欣慶所以崇大養而成孝理之功者既已盡善盡美矣陛下誕聖佳辰乃臣子所願奉觴上壽以盡歸美之意其可不舉而行之乎臣愚欲望將來天申節許令有司舉行舊典至日百官得以奉萬年之觴仰祝聖壽天下幸甚太常禮部討論每遇聖節樞密院以下先詣垂拱殿上壽畢宰臣率百僚於紫宸殿上壽前一月分日啓建道場至前一日樞密院官蒲散依例作齋筵至日三省官上壽立班訖次赴蒲散作齋筵後二日大宴於集英殿時命御史臺太常寺修立儀注孝宗隆興元年太上皇

帝天申節皇帝及宰臣文武百僚詣德壽宮上壽是日以欽宗大祥前一日皇帝起居如宮中儀百僚拜表稱賀乾道八年立皇太子皇帝率皇太子及文武百僚詣德壽宮上壽前期儀鸞司陳設德壽宮殿門之內外設御坐於殿上當中南向設大次於德壽宮門內南向小次於殿東廊西向設皇帝褥位二一於御坐東南西向一於御坐之南北向尚醞設御酒尊酒器於御坐之東有司又設御茶床於御坐之西俱稍北其日文武百僚內不係從駕者並先赴德壽宮門外以俟迎駕起居質明皇帝服鞾袍出即御坐從駕臣僚禁衛起居如常儀皇帝降坐乘輦將至德壽

宫文武百僚迎駕再拜起居訖前導官太常卿閤門官太常博士禮直官先入詣大次前分左右立定皇帝降輦入次御史臺閤門太常寺分引皇太子并文武百僚入詣殿廷東西相向立定前導官導皇帝入小次簾降皇太子并文武百僚並橫行北向立太上皇帝出宫升御坐鳴鞭小次簾捲前導官導皇帝升殿東階詣殿折檻前北向褥位再拜躬奏聖躬萬福再拜皇帝詣太上皇帝御坐之東褥位西向立前導官於殿上隨地之宜立次舍人揖皇太子并文武百僚躬典儀曰再拜贊者承傳在位官皆再拜搢笏舞蹈又再拜皇太子不離位奏聖躬萬福各再拜直身

分東西相向立禮直官引奉盤醆官受盤醆官承旨宣答官奏禮畢官殿中監少監升殿内侍進御茶牀尚醖典御以盤醆酒注授殿中監少監次禮直官引奉盤醆官詣尊所北向殿中監啓醆殿中少監注酒奉盤醆官奉酒詣皇帝前北向禮直官引受盤醆官詣太上皇帝御坐前西向立皇太子并文武百僚橫行北向立奉盤醆官躬進皇帝皇帝奉酒前導官導皇帝詣太上皇帝御坐前躬進訖少後以盤授盤醆官前導官導皇帝詣太上御坐前褥位北向俛伏跪殿下皇太子并百僚皆躬身皇帝奏臣某謹率文武百僚稽首言天申令節臣某與百僚等不勝大慶謹上千萬歲壽

奏訖伏興再拜在位官皆再拜承旨宣答官宣曰得皇帝壽酒與皇帝并百僚内外同慶皇帝再拜在位官皆再拜訖分東西相向立皇帝詣御坐東西向立奉盤醆官以盤北向恭進皇帝奉盤樂作俟太上皇帝飲酒皇帝躬接醆訖皇帝少後以盤醆授受盤醆官以授殿中監各復位立皇太子并文武百僚橫行北向皇帝詣褥位北向再拜在位官皆再拜皇帝詣太上御坐東褥位西向立皇太子文武百僚再拜搢笏舞蹈又再拜訖内侍舉茶牀奏禮畢官北向俛伏跪奏具官臣某言禮畢在位官再拜太上皇帝駕與皇帝從入文武百僚以次退淳熙二年十一月詔太

上皇帝聖壽無疆新歲七十以十一日冬至加上尊號册寶十二月十七日立春行慶壽禮是日早文武百僚並簪花赴文德殿立班聽宣慶壽赦宣赦訖從駕至德壽宮行慶壽禮致詞曰皇帝臣某言天祐君親錫兹難老維春之吉年德加新臣某與群臣等不勝大慶謹上千萬歲壽餘與前上壽儀注同禮畢從駕官應奉宮禁衛等並簪花從駕還内文武百僚文德殿拜表稱賀十年十二月以太上皇后新年七十詔以立春日行慶賀之禮十三年春正月朔以太上皇帝聖壽八十帝率群臣詣德壽宮行禮其儀注恩赦並如淳熙二年典故孝宗以十月二十二日爲會

慶節光宗以九月四日爲重明節寧宗以十月十九日爲天祐節尋改爲瑞慶節理宗以正月五日爲天基節度宗以四月九日爲乾會節瀛國公以九月二十八日爲天瑞節其上壽稱賀之禮大略皆如天申節儀

諸慶節古無是也眞宗以後始有之大中祥符元年詔以正月三日天書降日爲天慶節休假五日兩京諸路州府軍監前七日建道場設醮斷屠宰節日士庶特令宴樂京師然燈又以六月六日爲天貺節京師斷屠宰百官行香上淸宮又以七月一日聖祖降日爲先天節十二月二十四日降延恩殿日爲降聖節休假宴樂並如天慶節中書親王節度樞密三司以下至駙馬都尉詣長春殿進金縷延壽帶金絲續命縷上保生壽酒改御崇德殿賜百官飲如聖節儀前一日以金縷延壽帶金塗銀結續命縷緋綵羅延壽帶綵絲續命縷分賜百官節日戴以入禮畢宴百官於錫慶院天禧初詔以大中祥符元年四月一日天書再降內中功德閣爲天禎節一如天貺節尋以仁宗嫌名改爲天祺節政和三年十一月五日以修祀事天眞示見詔爲天應節又以五月十二日祭方丘日爲寧貺節旣又以二月十五日太上混元上德皇帝降聖日爲眞元節八月九日靑華帝君生辰爲元成節正月四日有太祖神御之州府宮殿行香爲開基節十月二十五日爲天符節皆如天慶節著爲令高宗建炎元年十一月五日詔政和以來添置諸節除開基節外餘並依祖宗法

志卷第六十五

志卷第六十六　宋史一百十三

開府儀同三司上柱國錄軍國重事前中書右丞相提舉國史領經筵事都總裁脫脫等奉

敕修

禮十六 嘉禮四

宴饗 賜酺 游觀

宴饗之設所以訓恭儉示惠慈也宋制嘗以春秋之季仲及聖節郊祀籍田禮畢巡幸還京凡國有大慶皆大宴遇大災大札則罷天聖後大宴率於集英殿次宴紫宸殿小宴垂拱殿若特旨則不拘常制凡大宴有司預於殿庭設山樓排場為群僊隊仗六蕃進

貢九龍五鳳之狀司天雞唱樓於其側殿上陳錦繡帷帟垂香毬設銀香獸前檻內藉以文茵設御茶床酒器於殿東北楹間群臣醆斝於殿下幕屋設宰相使相樞密使知樞密院參知政事樞密副使同知樞密院宣徽使三師三公僕射尚書丞郎學士直學士御史大夫中丞三司使給諫舍人節度使兩使留後觀察團練使待制宗室遙郡團練使刺史上將軍統軍軍廂指揮使坐於殿上文武四品以上知雜御史郎中郎將禁軍都虞候坐於朶殿自餘升朝官諸軍副都頭以上諸蕃進奉使諸道進奉將軍以上分於兩廡宰臣使相坐以繡墩曲宴行幸用杌子參知政事以下用二蒲墩加罽毯曲宴樞密使副並同軍都指揮使以上用一蒲墩自朶殿而下皆緋緣氈條席殿上器用金餘以銀其日樞密使以下先起居訖當侍立者升殿宰相率百官入宣徽閤門通唱致辭謝宰相升殿進酒各就坐酒九行每上舉酒群臣立侍次宰相次百官舉酒或傳旨命釂即搢笏起飲再拜曲宴多令不拜或上壽朝會止令滿酌不勸中飲更衣賜花有差宴訖蹈舞拜謝而退建隆元年大宴於廣德殿酒九行而罷乾德元年十一月南郊禮成大宴廣德殿謂之飲福是後

三年開寶三年五年六年七年八年並設秋宴于大明殿以長春節在二月故也太平興國之後止設春宴在大明者十一在含光者六宴日親王樞密使副宣徽三司使駙馬都尉皆侍立軍校自龍武四廂都指揮使以上立於庭其宴契丹使亦於崇德殿但近臣及刺史郎中而上預焉淳化四年正月以南郊禮成大宴含光殿直史館陳靖上言古之饗宴者所以省禍福而觀威儀也故宴以禮成賓以賢序風雅之作茲為盛焉伏見近年內殿賜宴群臣當坐於朶殿兩廊者拜舞方畢趨馳就席品列之序糾紛無別及

至尊舉爵群臣起立先後不整俯仰失節欲望自今令有司預依品位告諭其有踰越班次拜起失節喧譁過甚者並令糾舉又惟飫賜之典以寵武夫大烹之餘故為盛饌計一飯所費可數人之屬厭而將校輩或至終宴之時尚有欲炙之色蓋執事者失於察視不及潔豐而使然也伏望並申嚴制至道元年三月御史中丞李昌齡亦言廣宴之設以均飫賜得陞高會宜乎盡禮而有位之士鮮克致恭當糾其不恪又供事禁庭當定員數籍姓名以謹其出入酒殽之司或虧精潔望分命中使巡察並從之咸平三年二

月大宴含光殿自是始備設春秋大宴五年御史臺言大宴起居舍人司諫正言三院使御史並坐于殿廊望自今移升朶殿自餘依舊十二月詔凡內宴宗正卿令升殿坐班次依合班儀翰林學士梁顥請以春秋大宴小宴賞花行幸次為四圖須下閤門遵守從之景德二年九月詔曰朝會陳儀衣冠就列將以訓上下彰文物宜慎等威用符紀律况屢須於條令宜自顧於典刑稍歷歲時漸成懈慢特申明制以儆具僚自今宴會宜令御史臺預定位次各令端肅不得諠譁違者殿上委大夫中丞朶殿委知雜御史侍

御史廊下委左右巡使察視彈奏內職殿直以上赴起居入殿庭行私禮者委閤門彈奏其軍員令殿前侍衛司各差都校一人提轄但虧失禮容即送所屬勘斷訖奏仍令閤門宣徽使互相察舉敢蔽匿者糾之大中祥符元年十二月詔宣徽院御史臺閤門殿前馬步軍司凡內宴臣僚軍員并祗候使臣等並以前後儀制曉諭務令遵稟違者密具名聞其軍員有因酒言詞失次及醉仆者即先扶出或遣殿前司量添巡檢軍士護送歸營又詔臣僚有託故請假不赴宴者御史臺糾奏天禧四年直集賢院祖士衡言大

宴將更衣群臣下殿然後更衣更衣後再坐則群臣班于殿庭候上升坐起居謝賜花再拜升殿仁宗天聖三年監察御史朱諫言伏見大宴宗室先退允為得禮尚有文武臣僚父子兄弟者皆預再坐欲望自今內宴百官有父子兄弟叔姪同赴再坐時卑者先退慶曆七年御史言凡預大宴并御筵其所賜花並須戴歸私第不得更令僕從持戴違者糾舉熙寧二年正月閤門言準詔裁定集英殿宴入殿人數中書二十二人樞密院三十人宣徽院八人親王八人昭德軍節度使兼侍中曹佾三人皇親使相三人皇親

正剌史已上至節度使并駙馬都尉各一人翰林司一百七十八人御厨六百人儀鸞司一百五十人祗候庫二十人内衣物庫七人新衣庫七人内弓箭庫三人鈐轄教坊所三人鐘鼓樓一十六人御藥院八人内物料庫九人法酒庫一十六人内酒坊八人入内内侍省前後行親事官共五人皇城司職員手分二人御史臺知班一十一人灑掃親從官人員已下一百人兩廊觀妛親從官四十二人提舉司勾押官手分三人提舉火燭巡檢人員一十人快行親從官一十一人支散兩省花後苑造作所工匠等四人客

省承授行首八人四方館職掌二人閤門承受行首已下一十八人是歲十一月以皇子生宴集英殿七年九月詔自今大宴親王皇親使相樞密使副使宣徽使駙馬都尉並於殿門外幕次就賜酒食舊制會食集英西廊之廡下喧卑爲甚權發遣宣徽院吳充奏其事故有是命元豐七年二月大宴集英殿命皇子延安郡王侍立宰相王珪等率百官廷賀詔曰皇家慶事與卿等同之珪等再拜稱謝久之王乃退時王未出閤帝特令侍宴以見群臣九年閤門言大宴不用兩軍妓女只用教坊小兒之舞王拱辰請以女

童代之八年詔罷獨看故事大宴前一日御殿閱百戲謂之獨看脩國史范祖禹言是日進神宗紀草陛下覽先帝史冊甫畢即觀百戲理似未安故請罷之元祐二年九月經筵講論語徹章賜宰臣執政經筵官宴于東宮帝親書唐人詩分賜之三年六月罷春宴八月罷秋宴以魏王出殯翰林學士蘇軾不進教坊致語故也是後以時雨未足集英殿試舉人尚書省火禁中祈禳邠國公主未葬皆罷宴凡大宴有故而罷則賜預宴官酒餼于閤門朝堂升殿官雖假故不從游宴亦遣中使就第賜馬親王中書樞密宣徽

三司使副學士步軍都虞候以上三師三公東宮三師三公以下曾任中書門下致仕者亦同凡外國使預宴者祥符中宴崇德殿夏使於西廊南赴坐交使以次歇空進奉押衙次交州契丹舍利從人則於東廊南赴坐四年又升甘州交州於朵殿夏州押衙於東廊南頭歇空坐七年龜茲進奉人使歇空坐於契丹舍利之下其後又令龜茲使副於西廊南赴坐進奉押衙重行於後瓜州沙州使副亦於西廊之南赴坐其餘大略以是爲準大觀三年議禮局上集英殿春秋大宴儀其日預宴文武百僚詣殿庭東西相向

立皇帝出御需雲殿閤門内侍管軍等起居皇帝降
坐御集英殿鳴鞭殿中監已下通班起居殿中監少
監升殿通喚閤門官升殿攝左右軍巡使鞹笏起居
訖繫鞵執杖侍立餘非應奉官分出次鐘鼓樓節級
就位四拜起居次舍人通喚訖分引群官横行北向
東上閤門官賛大起居班首出班俛伏跪致辭訖俛
伏興復位群官再拜舞蹈又再拜賛各就坐再拜舍
人分引升殿席前相向立朶殿兩廡官立於席後有
遼使則舍人引大遼舍利西入大起居賛各就坐賛
再拜賛就坐引升西廊次舍人傳事引從人分入四

拜起居謝坐並同舍利儀教坊使以下通班大起居
看醆人謝升殿再拜内侍進御茶床殿侍斟酒訖次
賛天武門外祗候東上閤門官詣御坐奏班首姓名
以下進酒舍人分引殿上臣僚横行北向賛再拜舍
人引班首稍前東上閤門官接引詣御坐東北向搢
笏殿中監奉盤醆授班首少監啓醆以酒注之班首
奉詣御前進訖少退虛跪興以盤授殿中監出笏東
上閤門官引退舍人接引復位賛再拜舍人引班首
稍前殿上臣僚席前相向立東上閤門官接引詣御
坐東北向搢笏殿中監授槃奉詣御前西向立樂作

皇帝飲訖舍人分引殿上臣僚横行北向東上閤門
引班首接醆退虛跪興授醆殿中監出笏引退舍人
接引復位賛再拜賛各賜酒群臣再拜賛各就坐群
官皆立席後復賛就坐酒初行群官搢笏受酒先宰
相次百官皆作樂皇帝再舉酒殿中監少監進群臣俱立
席後樂作飲訖賛各就坐復行群臣酒飲訖皇帝三
舉酒皆如第一之儀尚食典奉御進食太官設群臣
食樂作賜祗應臣僚酒食賛謝拜訖復位皇帝四舉
酒亞典御進酒樂工致語群官皆立席後致語訖賛百官
再拜就坐樂作皇帝五舉酒樂工奏樂庭下舞隊致

詞樂作舞隊出東上閤門奏再坐時刻俟放隊訖内
侍舉御茶床皇帝降坐鳴鞭群臣退賜花再坐前二
刻御史臺東上閤門催班群官戴花北向立内侍進
班齊牌皇帝詣集英殿百官謝花再拜又再拜就坐
内侍進御茶床皇帝舉酒殿上奏樂庭下作樂皇帝
再舉酒殿上奏樂庭下舞隊前致語樂作出皇帝三
舉酒四舉酒皆如上儀若宣示醆即隨所向閤門官
以下揖稱宣示醆躬賛就坐若宣勸即立席後躬飲
訖賛再拜内侍舉御茶床舍人引班首以下降階再
拜舞蹈又再拜訖分班出閤門官側奏無公事皇帝

降坐鳴鞭集英殿飲福大宴儀初大札畢皇帝逐頓飲福餘酒封進入內宴日降出酒既三行泛賜預坐臣僚飲福酒各一醆群臣飲訖宣勸各興立席後贊再拜謝訖復坐飲並如春秋大宴之儀紹興十三年三月三日詔宴殿陳設止用緋黃二色不用文繡令有司遵守更不製造五月閤門修立集英殿大宴儀注乾道八年十二月詔今後前宰相到闕如遇赴宴賜茶其合坐墩杌非特旨並依官品又行門禁衛諸色祗應人依紹興例並賜絹花自是惟正旦生辰郊祀及金使見辭各有宴然大宴視東京時則亦簡矣曲宴凡幸苑囿池籞觀稼畋獵所

至設宴惟從官預謂之曲宴或宴大遼使副于紫宸殿則近臣及刺史正郎都虞候以上預暮春後苑賞花釣魚則三館祕閣皆預太祖建隆元年七月親征澤潞宴從臣于河陽行宮又宴韓令坤已下於禮賢講武殿賜襲衣器幣鞍馬以賞澤潞之功也四年四月宴從臣於玉津園乾德三年七月六日詔皇弟開封尹宰相樞密使翰林學士中書舍人泛舟後苑新池張樂宴飲極歡而罷是歲重陽宴近臣於長春殿太宗太平興國九年三月十五日詔宰相近臣賞花於後苑帝曰春氣暄和萬物暢茂四方無事朕以天下之樂為樂宜令侍從詞臣各賦詩帝習射于水心殿雍熙二年四月二日詔輔臣三司使翰林樞密直學士尚書省四品兩省五品以上三館學士宴于後苑賞花釣魚張樂賜飲命群臣賦詩習射賞花曲宴自此始三年十二月一日大雨雪帝喜御玉華殿詔宰臣及近臣謂曰春夏以來未嘗飲酒今得此嘉雪思與卿等同醉又出御製雪詩令侍臣屬和後凡曲宴不盡載真宗咸平元年二月二十二日宴群臣于崇德殿不作樂二年八月七日再宴用樂二月晦賞花宴于後苑帝作中春賞花釣魚詩儒臣皆賦遂射于水殿盡歡而罷自是遂為

定制四年十一月二十日御龍圖閣曲宴詔近臣觀太宗草行飛白篆籀八分書及畫景德二年十二月五日宴尚書省五品諸軍都指揮使以上契丹使于崇德殿不舉樂以明德太后喪制故也時契丹初來賀承天節擇膳夫五人齎本國異味就尚食局造食詔賜膳夫衣服銀帶器帛六年七月二十九日詔輔臣觀粟于後苑御山子觀御製文閣御書及嘉禾圖賜飲是日皇子從游四年七月十一日詔近臣及寇準馮拯觀內苑穀遂宴于玉宸殿十月二十九日詔皇太子宗室近臣諸帥赴玉宸殿群芳亭觀稻賜宴

仍以稻分賜之仁宗天聖二年既禫除百官五表請聽樂而秋燕用樂之半詔輔臣曰昨日宴宮中朕數四上勉皇太后聽樂王欽若以聞太后太后曰自先帝棄天下吾終身不欲聽樂皇帝再三為請其可重違乎明年上元節乃朝謁景靈上清宮啓聖院相國寺還御正陽門宴從官觀燈次日太后召命婦臨觀及春秋大宴歲為常夏觀南御莊刈麥秋瑞聖園刈穀並宴從官或射不為常皇祐五年後苑寶政殿刈麥謂輔臣曰朕新作此殿不欲植花歲以種麥庶知穡事不易也自是幸觀穀麥惟就後苑春夏賞花釣

魚則歲為之嘉祐七年十二月特召兩府近臣三司副使臺諫官皇子宗室駙馬都尉管軍臣僚至龍圖天章閣觀三聖御書及寶文閣為飛白分賜下逮館閣官製觀書詩賜韓琦以下和進遂宴群玉殿傳詔學士王珪撰詩序刊石于閣數日再會天章閣觀三朝瑞物復宴群玉殿酒行上曰天下久無事今日之樂與卿等共之宜盡醉勿復辭因召韓琦至御榻前別賜一大卮出禁中名花金盤貯香樂令各持歸莫不霑醉至暮而罷熙寧元年四月御史中丞滕甫言臣聞君命召不俟駕此臣子所以恭其上也今錫宴

而有託詞不至者甚非恭上之節也請自今宴設群臣非大故與實有疾病無得託詞仍令御史臺糾舉二年八月實錄書成皆宴垂拱殿十月修定閤門儀制所言垂拱殿曲宴當直翰林學士與觀文資政龍圖寶文樞密直龍圖天章寶文閣直學士並赴坐而翰林學士兼他職者不預考之官制似未齊一請自今曲宴翰林學士與雜學士並赴從之元豐五年七月以兩朝國史書成宴于垂拱殿十一月宴景靈宮祠官于紫宸殿元祐二年九月經筵講論語徹章賜宰臣執政經筵官宴于東宮帝親書唐人詩賜之紹聖

三年十一月以進神宗皇帝實錄畢曲宴宰臣執政文臣試侍郎武臣觀察使以上并修國史官赴坐元符元年五月詔受寶畢宴于紫宸殿宰臣以下文臣職事官六曹員外郎監察御史以上武臣郎將諸軍副指揮使以上預坐政和二年三月上巳御筵詔令移用他日以國有故宰臣請罷宴故也大觀三年議禮局上垂拱殿曲宴儀皇帝視事畢東上閤門進呈坐圖舍人奏閤門無公事皇帝降坐鳴鞭入殿後閤諸司排設備東上閤門附內侍奏班齊皇帝出閤升坐鳴鞭三公直學士以上親王使相至觀察使以上

分東西入詣殿庭横行北向立定班首奏聖躬萬福
舍人贊各就坐再拜訖分引詣東西階升殿席前相
向立次教坊使以下常起居次看醆人謝升殿次內
侍進御茶床殿侍酙酒訖閤門詣御坐躬奏班首姓
名以下進酒舍人分引殿上臣僚横行北向贊再拜
班首奉酒躬進樂作皇帝飲訖舍人贊各賜酒群官
俱再拜贊各就坐群官皆立席後復贊就坐酒初行
先宰相次百官皆作樂此後準 尚食典奉御進食太官
令設群官食酒五行若宣示醆即隨所向閤門揖稱
宣示醆躬贊就坐若宣勸即立席後躬飲贊再拜內

侍舉御茶床舍人引班首以下降階横行北向再拜
分班出皇帝降坐上巳重陽賜宴儀其日預宴官以
下並赴宴所就次諸司排設備預宴官以下詣庭中
望闕位立次中使詣班首之左稍前立中使宣曰有
敕在位官皆再拜訖中使宣曰賜卿等御筵在位官
皆再拜搢笏舞蹈又再拜中使退預宴官分東西升
階就坐酒行樂作飲訖食畢樂止酒五行預宴官並
興就次賜花有差少頃戴花畢興宴官詣望闕位立
謝花再拜訖復升就坐酒行樂作飲訖食畢樂止酒
四行而退

游觀天子歲時游豫則上元幸集禧觀相國寺御宣
德門觀燈首夏幸金明池觀水嬉瓊林苑宴射大祀
禮成則幸太一宮集禧觀相國寺恭謝或詣諸寺觀
焚香或至近郊閱武觀稼其事蓋不一焉太祖建隆
元年四月幸玉津園是後凡十三臨幸九月幸宜春
苑是後觀習水戰者二十有八幸大相國寺封禪寺
者各五龍興寺及皇弟開封尹園各三幸太清觀建
隆觀者再崇夏寺廣化寺等覺寺者各一觀水磑者
八閱砲車觀水櫃觀稼幸飛龍院幸開封府幸都亭
驛幸禮賢院幸茶庫染院幸河倉幸金鳳園皆一再

至焉太宗太平興國二年二月幸新鑿池賜役卒錢
布有差六月幸飛龍院是後凡四幸三年四月觀刈
麥九年正月六日幸景龍門外水磑帝臨水而坐召
從臣觀之因謂曰此水出於山源清澄甘潔近河之
地水味皆甘豈河潤所及乎宋琪等曰亦猶人性善
惡染習致然帝曰卿言是也四月幸金明池習水戰
帝御水殿召近臣觀之謂宰相曰水戰南方之事也
今其地已定不復施用時習之示不忘戰耳因幸講
武臺閱諸軍都試軍中之絶技者遞加賜賚遂登瓊
林苑樓陳百戲擲金錢令樂人爭之極歡而罷五月

二日出南薰門觀稼召從官列坐田中令民刈麥咸賜以錢帛回幸玉津園觀漁張樂習射既宴而歸明年五月幸城南觀麥賜田夫布帛有差雍熙四年四月幸金明池觀水嬉賜從官飲帝曰雨霽天凉中外無事宜勿惜醉因登苑中樓盡歡而罷淳化三年三月幸金明池命爲競渡之戲擲銀甌於波間令人泅波取之因御船奏教坊樂岸上都人縱觀者萬計帝顧視高年皓首者就賜白金器皿九月幸潛龍園駐輦池東岸臨水謂近臣曰朕不至此已十年昔尹京日無事常痛飲池上今池邊之木已成林矣因顧教

坊使郭守忠等數人曰汝等前日以樂童從我今亦皓首光陰迅速如此嗟嘆久之帝親引滿舉白群臣盡醉真宗咸平元年八月幸諸王宮二年九月幸開寶寺福聖院是後二寺臨幸者凡十有四三年五月幸金明池觀水戲揚旗鳴鼓分左右翼植木繫綵以爲標識方舟疾進先至者賜之移幸瓊林苑登露臺鈞容直奏樂臺下百戲競集從臣皆醉自是凡四臨幸九月幸大相國寺是後再幸者九幸上清宮者十有二幸玉津園者十幸太一宮玉清昭應宮各六餘不盡載大中祥符八年正月十九日中書門下上言

伏觀今月十四日皇帝詣諸宮寺焚香總三十餘處過百拜以上臣等侍從倍增憂灼昨崇政殿已面奏陳臣聞尊事萬靈固先精意登用百禮乃貴時中在經久之從宜必裁正而惟允伏望特命攸司載詳定式自今車駕幸諸宮觀寺院正殿再拜及諸殿令群臣以下分拜庶垂億載允叶通規乃詔禮儀院詳定差減焉仁宗景祐三年詔閤門詳定車駕幸宮觀寺院支賜茶絹等第哲宗紹聖四年三月八日詔自今遇車駕出新城令殿前馬步軍司取旨權差馬步軍赴新城外四面廵檢下祗應每壁馬軍二百人步軍

三百人並於城外廵警

三元觀燈本起於方外之說自唐以後常於正月望夜開坊市門然燈宋因之上元前後各一日城中張燈大內正門結綵爲山樓影燈起露臺教坊陳百戲天子先幸寺觀行香遂御樓或御東華門及東西角樓飲從臣四夷蕃客各依本國歌舞列於樓下東華左右掖門東西角樓城門大道大宮觀寺院悉起山棚張樂陳燈皇城雉堞亦徧設之其夕開舊城門達旦縱士民觀後增至十七十八夜太祖建隆二年上元節御明德門樓觀燈召宰相樞密宣徽三司使端

明翰林樞密直學士兩省五品以上官見任前任節度觀察使飲宴江南吳越朝貢使預焉四夷蕃客列坐樓下賜酒食勞之夜分而罷三年正月十三夜然燈罷內前排場戲樂以昭憲皇太后喪制故也太平興國二年七月中元節御東角樓觀燈賜從官宴飲五年十月下元節依中元例張燈三夜雍熙五年上元節不觀燈躬耕籍田故也後凡遇用兵及災變諸臣之喪皆罷真宗景德元年正月十四日賜大食三佛齊蒲端諸國進奉使緡錢令觀燈宴飲大中祥符元年十一月二十五日詔天慶節聽京城然燈一晝

夜六年四月十六日先天降聖節亦如之天聖二年六月罷降聖節然燈政和三年正月詔放燈五日五年十二月二十九日詔景龍門預為元夕之具實欲觀民風察時態黼飾太平增光樂國非徒以遊豫為事特賜公師宰執以下宴及御製詩四韻賜太師蔡京六年正月七日御筆令歲閏餘候晚猶未春和慮短氣寒於宴集無舒緩之樂景靈宮朝獻移十四日東宮十五日西宮畢詣上清儲祥宮燒香十六日詣醴泉觀等處燒香上元節移於閏正月十四日為始宣和六年十二月二十四日賜太師蔡京以下應兩府赴睿謨殿宴景龍門觀燈續有旨宣太傅王黼赴宴七年正月十八日宴輔臣觀燈

賜酺自秦始秦法三人以上會飲則罰金故因事賜酺吏民會飲過則禁之唐嘗一再舉行太宗雍熙元年十二月詔曰王者賜酺推恩與眾共樂所以表升平之盛事契億兆之歡心累朝以來此事久廢蓋逢多故莫舉舊章今四海混同萬民康泰嚴禋始畢慶澤均行宜令士庶之情共慶休明之運可賜酺三日二十一日御丹鳳樓觀酺召侍臣賜飲自樓前至朱雀門張樂作山車旱船往來御道又集開封府諸縣及

諸軍樂人列於御街音樂雜發觀者溢道縱士庶遊觀遷市肆百貨於道之左右召畿甸耆老列坐樓下賜之酒食明日賜群臣宴於尚書省仍作詩以賜明日又宴群臣獻歌詩賦頌者數十人真宗景德三年九月詔許群臣士庶選勝宴樂御史臺皇城司毋得糾察四年二月甲申上御五鳳樓觀酺宗室近臣侍坐樓前露臺奏教坊樂召父老五百人列坐賜飲於樓下後二日上復御樓賜宗室文武百官宴於都亭驛賜諸班諸軍將校羊酒大中祥符元年正月詔應致仕官並令赴都亭驛酺宴御樓日合預坐者亦聽

又詔朝臣已辭未見並聽赴會凡賜酺命內諸司使三人主其事於乾元樓前露臺上設教坊樂又騈繫方車四十乘上起綵樓者二分載鈞容直開封府爲棚車二十四每十二乘爲之皆駕以牛被之錦繡縈以綵絧分載諸軍京畿伎樂又於中衢編木爲欄處之徙坊市邸肆對列御道百貨騈布競以綵幄鏤版爲飾上御乾元門召京邑父老分番列坐樓下傳旨問安否賜以衣服茶帛若五日則第一日近臣侍坐特召丞郎給諫上舉觴教坊樂作二大車自昇平橋而北又有旱船四挾之以進棚車由東西街交騖並

往復日再爲東距望春門西連閶闔門百戲競作歌吹騰沸宗室親王近列牧伯洎舊臣宗室官爲設綵棚於左右廊廡士庶縱觀車騎塡溢歡呼震動第二日宴群臣百官於都亭驛宗室於親王宫第三日宴宗室內職於都亭驛近臣於宰相第第四日宴百官於都亭驛宗室於外苑第五日復宴宗室內職於都亭驛近臣於外苑上多作詩賜令屬和及別爲勸酒詩禁軍將校日會於殿前馬步軍之廨是歲東封泰山所過州府上御子城門樓設山車綵船載樂從臣侍坐本州父老進奉使蕃客悉預兗州駐蹕仍賜群臣會於延壽寺所在改賜門名兗州曰回鑾重慶鄆州曰升中延福濮州曰告成延慶澶州以行宫迫隘當衢結綵爲殿名曰延禧幸汾陰亳州皆如東封路河中府門名曰韶畢宣恩陝州曰需澤惠民鄭州曰回鑾慶賜西京將議改五鳳樓名上曰此太祖所建因瑞應不可更也華陰就行宫宴父老賜驛亭名曰宣澤至鄭州以太宗忌日甫過罷會賜與如例亳州曰奉元均慶南京曰重熙頌慶天禧五年以畿縣追集老人疲勞之故止召兩赤縣坊縣父老預會其不預名亦聽給以賜物天下賜酺各令州府會官屬父

老邊州或遣中使就賜又詔開封府賜酺日罪人酗酒而不傷人者咸釋之再犯論如法後賜酺皆準此宋之繁庶於斯爲盛後遂爲定制云

志卷第六十六

志卷第六十七　　宋史一百十四

開府儀同三司上柱國錄軍國重事前中書右丞相監修國史領經筵事都總裁脫脫等奉

勑修

禮十七 嘉禮五

巡幸　養老　視學

賜進士宴　幸祕書省　進書儀

大射儀

鄉飲酒禮

巡幸之制唐開元禮有告至肆覲考制度之儀開宝通禮因之太祖幸西京所過賜夏秋田租之半真宗朝諸陵及奉大礼塗中皆服折上巾窄袍出京過京城服鞾袍具鑾駕群臣公服繫鞵供奉班及内朝官

前導凡從官並日赴行宮合班起居晚朝視事群臣不赴中頓侍食百官就宿頓迎駕訖先發或道塗隘遠則免迎駕將進發近臣諸軍賜裝錢出京留司馬歩諸軍夾道左至新城門外奉辭留守辭於門内百官父老辭於苑前召留守等賜飲苑中州縣長吏留司官待于境所過賜巡警兵守津梁行郵治道卒時服錢履父老綾袍茶帛塗中賜衛士緡錢所幸寺觀賜道釋茶帛或加紫衣師號吏民有以饗饌酒果方物獻者計直荅之命官籍所過繫囚遞負者日引對多原釋仍採訪民間疾苦振恤鰥寡孤獨車服度量權衡有不如法則舉儀制禁之有奇材異徳及政事尤異者孝子順孫義夫節婦為郷里所稱者其不守廉隅昧於正理者並條析以聞官吏知民間疾苦者亦許録奏所過州府結綵為樓陳音樂百戲道釋以威儀奉迎者悉有賜東京留守遣官表請還京優詔荅之駕還京大陳兵衛以入凡行幸太祖太宗不常其數自咸平中車駕每出金吾將軍帥士二百人執檛周遶謂之禁圍春夏緋衣秋冬紫衣郊祀省方並增二百服錦襖出京師則加執劍親王中書樞密宣徽行圍内餘官圍外大禮備儀衛則有司先布土為

黃道自宮至祀所左右設香臺畫瓮青繩闌干巡省在塗則不設凡巡省翰林進號傳詩付樞密院每夕摘字令衛士相應為識東京舊城城門西京皇城司並契勘内外城宮廟門並勘箭出入皆然入藩鎮外城子城門亦勘箭朝陵定扈從官人數入柏城者僕射以上三人丞郎以上二人餘各一人東封定仗内導駕官從人數親王中書樞密宣徽三司使四人學士尚書丞郎節度使三人大兩省大卿監三司副使樞密承旨客省閤門使副金吾大將軍押仗鳴珂内殿崇班以上二人餘各一人命諸司巡察之自後舉大禮皆

循此制建炎元年七月詔曰祖宗都汴垂二百年比
年以來圖慮弗臧禍生所忽肆朕纂承顧瞻宮室何
以爲懷是用權時之宜法古巡狩駐蹕近甸號召軍
馬朕將親督六師以援京城及河北河東諸路與之
決戰歸宅故都迎還二聖以稱朕夙夜憂勤之意十
月一日車駕登舟巡幸淮甸率執侍從百司三衙禁
旅五軍將佐扈衛以行駐蹕揚州三年幸杭州自杭
州幸江寧府尋幸浙西自浙西幸浙東乃下詔曰國
家遭金人侵逼無歲無兵朕纂承以來深軫念慮謂
父兄在難而吾民未撫不欲使之陷於鋒鏑故包羞

忍耻爲退避之謀冀其逞志而歸稍得休息自南京
移淮甸自淮甸移建康而會稽播遷之遠極于海隅
卑詞厚禮使介相望以至願去尊稱甘心貶屈請用
正朔比於藩臣遣使哀祈無不曲盡假使金石無情
亦當少動累年卑屈卒未見從生民嗷嗷何時寧息
今諸路之兵聚於江浙之間朕不憚親行據其要害
如金人尚容朕爲汝兵民之主則朕於事大之禮敢
有不恭或必用兵窺我行在傾我宗社塗炭生靈竭
取東西金帛子女則朕亦何愛一身不臨行陣以踐
前言以保群生朕已取十一月二十五日移蹕前去

浙西爲迎敵計惟我將士人民念國家涵養之恩二
聖拘縶之辱悼殺戮焚殘之禍與其束手待斃曷若
并計合謀同心戮力奮勵而前以存家國乃詔御前
應奉官司自合扈從外內太常寺據實用人數扈從
餘接續起發四年正月次台州二月次温州三月幸
浙西紹興元年詔移蹕臨安府六年詔周視軍師車
駕進發遣官奏告天地社稷宗廟自臨安幸平江尋
幸建康八年二月還臨安三十一年九月詔金人背
盟失信今率精兵百萬躬行天討用十二月十日車
駕進發應行宮臨安府文武百僚城北奉辭其日應

文武百僚先詣城北幕次俟車駕御舟將至御史臺
閤門太常寺分引文武百僚立班定兩拜訖俟御舟
過班退三十二年正月詔視師江上北騎遁去兩淮
無警已委重臣統護諸將經畫進討今暫還臨安畢
恭文祔廟之禮宜令有司增脩建康百官吏舍諸軍
營砦以備往來巡幸可擇日進發車駕還宮
養老於太學皇帝服通天冠絳紗袍乘金輅至太學
酌獻文宣王三祭酒再拜歸御幄比車駕初出量時刻
遣使迎三老五更於其第三老五更俱服朝服乘安車
導從至太學就次國老庶老有司預戒之各服朝服集

於其次大樂正帥工人二舞入立於庭東上閤門御史臺太常寺客省四方館自下分引百官宗室客使學生等以次入就位如視學班太常博士贊三老五更俱出次引國老庶老立於後重行異位禮直官通事舍人引左輔奏請中嚴少頃又奏外辦皇帝出大次侍衛如常儀大樂正令撞黃鐘之鐘右五鐘皆應協律郎跪俛伏舉麾興宮架乾安之樂作皇帝即御坐樂止典儀曰再拜在位官皆再拜三老五更杖而入各左右二人夾扶太常博士前引史臣執筆以從三老五更入門宮架和安之樂作至宮架北北向立

以東為上奉禮郎引群老隨入位於其後樂止博士揖進三老在前五更在後仍杖夾扶宮架和安之樂作至西階下樂止博士揖三老五更自西階升堂國老庶老立堂下三老五更當御坐揖群老亦揖皇帝為興次奉禮郎揖国老升堂博士引三老五更奉礼郎引国老以下各於席後立典儀贊各就坐贊者承傳宮架尊安之樂作三老五更就坐三公授几九卿正履訖殿中監尚食奉御進珍羞及黍稷等先詣御坐前進呈遂設於三老前樂止尚食奉御詣三老坐前執醬而饋訖尚醞奉御詣酒尊所取爵酌酒奉御

執爵奉於三老次太官良醞令以次進珍羞酒食於五更群老之前皆食大樂正引工人升登歌奏惠安之樂三終史臣既録三老所論善言善行宮架作申安之樂憲言成福之舞畢文舞退作受成告功之舞畢三老以下降筵博士引三老五更於堂下當御坐前奉禮郎引群老復位俱揖皇帝為興三老五更降階至堂下宮架和安之樂作出門樂止禮直官通事舍人引左輔前奏禮畢退復位典儀贊拜訖皇帝降坐太常卿導還大次百僚以次退車駕還宮三老五更升安車導從還翼日詣闕表謝

視學哲宗始視學遂幸國子監詣至聖文宣王殿行釋奠禮一獻再拜御敦化堂召從官賜坐禮部太常寺本監官承事郎以上侍立承務郎以下三學生坐于東西廡侍講吳安詩執經祭酒豐稷講尚書無逸終篇復命宰臣以下至三學生坐賜茶豐稷賜三品服本監官學官等賜帛有差遂幸昭烈武成王廟酌獻肅揖徽宗幸太學遂幸辟雍奠獻如上儀詔司業吳絪等轉官改秩循資賜章服文武學生授官免省試文解賜帛有差所司預設次於敦化堂後又於堂上稍北當中兩間設次南向設御坐又設從官及講

筵講書執經官并太學官坐御坐之南東西重行異位太學生坐於兩廡相向並北上宰臣以下從官之次設於中門外皇帝酌獻文宣王畢幸太學降輦入次簾垂更衣礼直官通事舍人引講官與侍立官入就堂下皆繫鞵講書執經官學生各立堂下東西相向俟報班齊皇帝升坐班首奏萬福在位者皆應喏訖閤門使承旨臨階宣升堂通事舍人喝拜應在位者再拜訖分左右升堂各就位少立起居郎舍人分左右侍立禮直官通事舍人引講書及執經官就北向位班首奏萬福閤門使宣升堂舍人喝再拜訖分

東西升堂立於御坐左右講書官在西東向執經官在東西向學生就北向位舍人喝拜在位者皆再拜立於東西兩廡內侍進書案以經授執經官稍前進於案上舍人喝拜就坐宰臣以下並堂上坐如閤門所進坐位圖講書畢通事舍人曰可起群臣皆起降階立執經官降講書官於御坐前致辭訖亦降舍人喝拜如有宣答即再喝拜閤門宣坐賜茶舍人喝拜訖宰臣以下升堂各立於位後學生各就北向位舍人喝拜在位者俱拜訖各分東西廡以北爲上下舍人喝就坐上下皆就坐賜茶畢礼直官通事舍人引堂

上官降階就位舍人喝拜在位者俱拜訖禮直官引之以次出學生就位舍人喝拜學生俱再拜退紹興十三年七月国學大成殿告成奉安廟像明年二月國子司業高閌請幸學上從之詔略曰偃革息民恢儒建學聲明丕闡輪奐一新請既方堅理宜從欲將款謁於先聖仍備舉於舊章三月上服鞾袍乘輦入監止輦于大成殿門外入幄群臣列班於庭帝出幄升東階跪上香執爵三祭酒再拜群臣皆再拜上降入幄分奠從祀如常儀尚舍先設次於崇化堂之後及堂上之中南向設御坐閤門設群臣班於堂下如

月朔視朝之儀宰輔從臣次於中門之外上乘輦幸太學降輦於堂入次更衣講官入就堂下講位北向執經官學生皆立於堂下東西相向帝出次升御坐群臣起居如儀乃命三公宰輔以下升堂皆就位左右史侍立講書及執經官北面起居再拜皆命之升立於御坐左右學生北面再拜分立兩廡北上內侍進書案牙籤以經授執經官賜三公宰輔以下坐講畢群臣皆起降階東西相向立執經官降講官進前致詞乃降北面再拜左右史降乃賜茶三公以下北面再拜升各立於位後學生北面再拜分兩廡立上

下就坐賜茶畢三公以下降階學生自兩廡降皆北面再拜群臣以次出上降坐還次乘輦還宮時命禮部侍郎秦熺執經司業高閌講易之泰遂幸養正持志二齋賜閌三品服學官迁秩諸生授官免举賜帛有差上既奠拜注視貌象翼翼欽慕覽唐明皇及太祖真宗徽宗所製贊文命有司悉取從祀諸贊皆錄以進帝遂作先聖及七十二子贊冠以序文親灑翰墨以方載之五月丙辰登之緑殿備儀衛作樂命監學之臣自行宮北門迎置學宮揭之大成殿上及二廡序曰朕自睦鄰息兵首開學校教養多士以遂忠

良繼幸太學延見諸生濟濟在庭意甚嘉之因作文宣王贊機政餘間歷取顏回而下七十二人亦為製贊用廣列聖崇儒右文之声復知師弟子間纓弁森森覃精繹思之訓其於世道人心庶幾焉二十六年十二月言者謂陛下崇儒重道製為贊辭刻宸翰于琬琰光昭往古寰宇儒紳孰不顧瞻雲漢之章請奉石刻于國子監以碑本徧賜郡學從之淳熙四年孝宗幸太學如紹興之儀命礼部侍郎李燾執經祭酒林光朝講太學尋幸武學如太學之儀帝肅揖武成王不拜嘉泰三年正月寧宗幸太學如淳熙之儀淳祐元年正月

理宗幸太學宗武兩學官屬生員並赴太學階位俟車駕至學詣先聖文宣王位三上香執爵三祭酒俛伏興再拜在位官皆再拜皇帝至崇化堂宰臣使相執政並起居執經官由東階講官由西階並升堂於御前分東西相向立次引國子監三學學官學生一班北面再拜贊各就坐賜茶俟講書畢起立班再拜禮成執經官講書官國子監三學官生員各推恩轉官有差咸淳三年正月戊辰度宗幸太學祗謁禮部尚書陳宗禮執經國子祭酒雷宜中講中庸餘並如儀

賜貢士宴名曰聞喜宴政和新儀押宴官以下及釋褐貢士班首初入門正安之樂作至庭中望闕位立樂止預宴官就位再拜訖押宴官西向立中使宣曰有敕在位者皆再拜訖中使宣曰賜卿等聞喜宴在位者皆再拜搢笏舞蹈又再拜次引押宴官稍前謝坐再拜在位者皆再拜若賜敕書即引貢士班首稍前中使宣曰有敕貢士再拜中使宣曰賜卿等敕書班首稍前搢笏跪中使授敕書訖以退班首以敕書加笏上俛伏興歸位再拜在位者皆再拜凡預宴官分東西升階就坐貢士以齒酒初行賓興賢能之樂

作飲訖食畢樂止酒再行於樂辟廱之樂作酒三行樂育人材之樂作酒四行樂且有儀之樂作酒五行正安之樂作再坐酒行樂作節次如上儀皆飲訖食畢樂止押宴官以下俱興就次賜花有差少頃戴花畢次引押宴官以下幷釋褐貢士詣庭中望闕位立謝花再拜復升就坐酒行樂作飲訖食畢樂止酒四行訖退次日預宴官及釋褐貢士入謝如常儀寧宗慶元五年五月賜新及第進士曾從龍以下聞喜宴于禮部貢院上賜七言四韻詩祕書監楊王休以下繼和以進自後每舉並如之

幸祕書省紹興十四年七月新建祕書省成祕書少監游操等援宣和故事請車駕臨幸詔從之二十七日幸祕書省至右文殿降輦攽手詔曰蓋聞周建外史掌三皇五帝之書漢選諸儒定九流七畧之奏文德之盛後世推焉仰惟祖宗建開册府凡累朝名世之士由是以興而一代致治之原蓋出於此朕嘉與學士大夫共宏斯道迺一新史觀新御榜題肆從望幸之忱以示右文之意嗚呼士習爲空言而不爲有用之學久矣爾其勉脩術業益勵猷爲一德一心以共赴亨嘉之會用丕承我祖宗之大訓顧不善歟遂

陳累朝御書御製晉唐書畫三代古器次宣皇太子宰臣以下觀訖退遂賜宴于右文殿酒五行群臣再拜退車駕還内賜少監游操三品服御書扇餘官筆墨館閣官各轉一官淳熙五年九月十三日孝宗幸祕書省如紹興十四年之儀帝賦詩群臣皆屬和

進書儀紹興二十年五月八日進呈中興聖統太常博士丁婁明言乞比附進呈玉牒行禮二十四年進呈徽宗御集禮部言昨紹興十年徽宗御製擬以數文名閣今乞權安奉於天章閣續俟崇建二十六年十月進呈太后回鑾事實二十七年三月宰臣沈該

言玉牒所官陳康伯等先次編脩太祖皇帝玉牒自誕聖至即位自建隆元年至開寶九年通脩一十七年開基玉牒舊制以梅紅羅面簽金字今欲題曰皇宋太祖皇帝玉牒又編脩今上皇帝玉牒自誕聖之後聖德祥瑞建大元帥府事蹟至即帝位二十餘年又自即位後編脩至紹興二年通脩二十六年中興玉牒今欲題曰皇宋今上皇帝玉牒宣祖太祖太宗魏王下各宗仙源類譜五世昭穆今已脩寫進本乞擇日進呈詔從其請前期儀鸞司臨安府於玉牒殿上南向設權安奉玉牒類譜幷中興聖統幄次又於

玉牒所向外設騎從官及文武百官等待班幕次又於景靈宫内外設騎從官幕次進呈前一日俟朝退玉牒所提領官都大提舉諸司官承受官玉牒所官等赴本所幕次宿衛儀仗樂人等排立御史臺閤門太常寺分引玉牒所官詣玉牒殿下北向立禮直官引提領官詣玉牒殿下北向立禮直官揖躬拜提領官拜在位官皆再拜訖次引提領官詣香案前搢笏三上香執笏退復位皆再拜訖班退歸幕次宿衛儀仗樂人作樂晝夜更互排立其日五更御史臺閤門太常寺分引提領官宰執使相侍從臺諫兩省官

知閤禮官南班宗室詣玉牒殿北向立禮直官揖躬拜提領官拜在位官皆再拜訖次引提領官詣玉牒類譜香案前搢笏三上香執笏退復位禮直官引提領官詣幄前西向立次騎從官分左右乘馬俟玉牒所率輦官奉擎玉牒類譜腰輿進行樂人作樂儀衛儀仗迎引次引提領官宰執使相侍從臺諫兩省官知閤禮官南班宗室騎從至和寧門下馬執笏步從玉牒類譜至垂拱殿門外幄次步從官權歸幕次樂止儀衛樂人等並於幄次前排立俟進呈玉牒類譜並如閤門儀訖俟玉牒類譜出殿門御史臺閤門太

常寺分引提領官宰執使相侍從臺諫兩省官知閤禮官南班宗室分左右執笏步從儀衛樂人前引迎奉出皇城北宫門步從等官上馬騎從至和寧門外前引將至玉牒所御史臺閤門太常寺分引文武百官於玉牒所門内殿門外立班内文臣釐務通直郎以上及承務郎見任寺監主簿執事官以上武臣脩武郎以上迎拜訖如值雨地下沾濕迎拜官吏不迎拜騎從官至玉牒所並下馬執笏步從詣玉牒殿下分東西相向立禮直官引提領官詣玉牒類譜幄前西向立定俟玉牒所率輦官奉擎玉牒類譜入幄儀

仗儀衛輦官樂人更互排立提領官宰執使相侍從臺諫兩省官知閤禮官南班宗室及玉牒所官分官赴景靈宫迎奉皇帝中興聖統赴玉牒殿同時安奉俟安奉時將至設香案畢次御史臺閤門太常寺分引文武百官詣玉牒殿下並北向立班定禮直官引提領官詣幄前西立俟日官報時及次玉牒所安奉玉牒類譜訖次引提領官復位北向立定禮直官揖躬拜提領官拜在位官皆再拜訖禮直官引提領官詣香案前搢笏三上香執笏退復位立定在位皆再拜訖退儀衛樂人等以次退自是凡進書並倣此惟

進太上皇聖政則有詣德壽宮之儀淳祐五年二月
十二日進孝宗光宗兩朝御集寧宗實錄及理宗玉
牒日曆其日皇帝御垂拱殿提舉官禮儀使宗室使
相宰執以下赴實錄院右文殿玉牒所經武閣並行
燒香禮畢奉迎諸書至和寧門步導至垂拱殿以俟
班齊各隨腰輿入殿下東西向立皇帝服鞾袍出宮
殿下鳴鞭禁衛諸班直親從等并入內省執骨朶使
臣國史實錄院日曆所編脩經武要畧所玉牒所點
檢文字以下并腰輿下人並迎駕自贊常起居內擎腰輿
人不拜止應喏皇帝即御坐先知閤門官以下各班起居如

常儀次日內官下殿各取合進呈書匣升殿於殿上
東壁各置案上以南為上知閤門官二員自御坐前
導皇帝起詣三朝諸書香案前褥位東向立閤門提
點奏請上香三上香訖又奏請皇帝再拜訖知閤門
官前導皇帝復歸御坐知閤門官歸東朶殿上侍立儀鸞司徹香案拜褥降東朶
殿次舍人請國史實錄院以下提舉官禮儀使宰執
并進讀官升殿於御坐東面西立國史實錄院國史日曆所編脩經武
要畧所玉牒所官殿下依舊立俟入內官進御案孝宗御集提舉官
并進讀御集官稍前立分進讀御集官於御前過西
壁面東立御集提舉諸司官於孝宗御集匣前搢笏

啓封開鑰訖出笏歸侍立位御集承受官搢笏於御
集匣內取冊轉授提舉官搢笏接訖承受出笏提舉
官奉冊置御案上出笏皇帝起前立提舉諸司官承
受官分東西相向立並搢笏揭冊訖各出笏進讀御
集官搢笏稍前取筬子指讀逐段揭冊指讀並如上儀俟進讀畢
皇帝復坐進讀御集官置筬子於御案上出笏却於
御前東壁面西立以俟提舉官搢笏收冊復授承受
官搢笏接訖提舉官出笏稍後立承受官奉冊入匣訖出笏提舉諸司
官搢笏鎖匣訖出笏歸侍立位次讀光宗御集寧宗實錄光宗經武
要略並同上儀次玉牒提舉官并進讀玉牒官稍前

立分進讀玉牒官於御前過西壁面東立玉牒提舉
諸司官於玉牒匣前搢笏啓封鑰訖出笏歸侍立位
玉牒承受官搢笏取冊授提舉官置御案上進讀亦
如前儀讀畢鎖匣出笏歸侍立位次日曆提舉官并
進讀日曆官啓封鑰進讀亦同俱畢入內官徹案承受
官奉冊入匣訖出笏提舉諸司官搢笏鎖匣訖出笏歸侍立位儀鸞司徹卓子降東朶殿奉書匣
下殿各置腰輿上國史實錄院日曆所編脩經武要
略所玉牒所提舉官禮儀使宰執並降東階下殿東
壁面西立舍人引各官及禮儀使一班當殿面北立
定引各直身出班歛身稱謝訖歸位立揖躬身贊拜

兩拜訖贊各祗候直身立宣答御藥下殿宣答提舉官禮儀使並歛身聽宣答訖（御藥升殿）揖躬身贊拜兩拜訖贊各祗候直身立舍人引赴東壁面西立次引國史實録院日曆所編脩經武要略所玉牒所官一班首直身出班歛身稱謝訖歸位立揖躬身贊拜兩拜訖贊各祗候直身立如傳旨謝恩知閤門官承旨訖於折檻東面西立傳與舍人承旨訖再揖躬身贊謝恩拜兩拜訖贊各祗候直身立（官不該賜茶先退）次引國史實録院日曆所編脩經武要略所玉牒所提舉諸司官并承受官以下一班當殿面北立定揖躬身贊謝

恩拜兩拜訖贊各祗候直身立各歸位立次引國史實録院日曆所編脩經武要略所玉牒所點檢文字以下一班當殿面北立定揖躬身贊謝恩拜兩拜訖贊各祗候直身立各歸位立傳旨宣坐賜茶訖舍人奏閤門無公事皇帝起還宮百官導送奏安兩朝御集實録於天章閣經武要略於經武閣玉牒於玉牒所日曆於秘閣如儀

大射之禮廢於五季太宗始命有司草定儀注其群臣朝謁如元會酒三行有司言請賜王公以下射侍中稱制可皇帝改服武弁布七埒於殿下王公以次射開樂縣東西廂設熊虎等侯陳賞物於東階以賚能者設豐爵於西階以罰否者并圖其冠冕儀式表著埒之位以進帝覽而嘉之謂宰臣曰俟弭兵當與卿等行之凡游幸池苑或命宗室武臣射每帝射中的從官再拜奉觴貢馬爲賀預射官中者帝爲之解賜襲衣金帶散馬不解則不賜苑中皆有射堋畫暈的射則用招箭班三十人服緋紫繡衣帕首分立左右以唱中否節序賜宴則宗室禁軍大校牧伯諸司使副皆令習射遂爲定制外國使入朝亦令帥臣伴賜射於園苑政和宴射儀皇帝御射殿侍宴官公

服鞾鞢射官窄衣奏聖躬萬福再拜升殿酒三行引射官降階執弓矢謝恩再拜三公以下在右射官在左不射者依坐次分立皇帝初射中舍人贊拜凡左右祗應臣僚除内侍外並階上下再拜行門禁衛諸班親從諸司祗應人並自贊再拜招箭班殿上躬奏訖跪進擫射官先傳弓箭與殿侍側立内侍接擫訖就拜起降階再拜有司進御茶牀天武引進奉馬列射垛前員僚奏聖躬萬福東上閤門官詣御前躬奏班首姓名以下進酒班首以下横行立贊再拜班首奉酒進樂作飲畢殿上臣僚再拜舍人贊各賜酒群

官俱再拜賛各就坐群官皆立席後引進司官臨階
宣進奉出天武奉馬出樂合復賛就坐飲訖揖輿諸
司收坐物等射官左側臨階取弓箭侍立皇帝再射
中的或雙中如上儀進酒臨時取旨得旨進酒更不進奉中扁梳及解中更不賀不
進酒臣僚射中引降階再拜訖殿下側立御箭解中招
箭班進梳如上儀舍人再引射中官當殿揖躬宣有
敕賜窄衣金帶䩞受箱過再拜過殿側服所賜訖再
引當殿再拜更不射如宣再射或更賜箭令射如未退即就位再拜如再射中御箭
再解中賜鞍轡馬如上儀臣僚射中御箭不解引降階再拜立招
箭班殿上躬奏訖下殿舍人宣有敕賜銀梳䩞受執

梳弃箭就拜起再拜如合賜散馬即同宣賜宣有敕
賜銀梳兼賜散馬若干匹射訖進御茶床諸司復陳
坐物等群官各立席後賛就坐群官俱坐酒五行宣
示醆宣勸如儀皆作樂宴畢內侍舉御茶床三公以
下降階再拜退乾道二年二月四日車駕幸玉津園
皇帝射訖次命皇太子次慶王次恭王次管軍臣僚
等射如是者三每射四發帝前後四中的淳熙元年
九月車駕幸玉津園命從駕文武官行宴射之禮皇
太子宰執以下酒三行樂作皇帝臨軒有司進弓矢
皇帝中的皇太子進酒率宰執以下再拜稱賀宣皇

太子射射中賜宣預射臣僚射使相鄭藻起居舍人
王卿月環衛官蕭奪里懶射中各賜襲衣金帶
鄉飲之禮有三周禮鄉大夫三年大比興賢者能者
鄉老及鄉大夫帥其吏與其衆寡以禮賓之一也黨
正國索鬼神而祭祀則禮屬民而飲酒于序以正齒
位二也州長春秋習射于序先行鄉飲禮三也後世
臘蜡百神春秋習射序賓飲酒之儀不行於郡國唯
貢士日設鹿鳴宴猶古者賓興賢能行鄉飲之遺禮
也然古禮有賓主僎介與今之禮不同罷以尊俎與
今之罷不同賓坐於西北介坐於西南主人坐東南

僎坐東北與今之位不同主人獻賓賓酢主人主人
酬賓次主人獻介介酢主人次主人獻衆賓與今之
儀不同今制州軍貢士之月以禮飲酒且以知州軍
事為主人學事司所在以提舉學事為主人其次本
州官八行上舍生當貢者與州之群老為衆賓亦古
者序賓養老之意也是月也會凡學之士及武士習
射亦古者習射于序之意也唐貞觀所效禮惟明州
獨存淳化中會例行之政和禮局定飲酒登降之節
與舉酒作樂罷用之屬並參用辟廱宴貢士儀其有
古樂處令用古樂既又以河北轉運判官張孝純之

言周官以六藝教士必射而後行古者諸侯貢士天子試諸射宮請詔諸路州郡每歲宴貢士於學因講射禮於是禮官參定射儀鄉飲酒前一日本州於射亭東西序量地之宜設提舉學事諸監司知州通判州學教授應赴鄉飲酒官貢士幕次本州兵馬鈐轄備弓矢應用物設樂其日初筵提舉學事知州軍通判帥應赴鄉飲酒官貢士詣射亭執弓矢揖人射乘矢若中則守帖者舉獲唱獲執筭者以筭投壺畢多筭勝少筭射畢贊者贊揖酬酢如儀畢揖退飲如鄉飲酒紹興七年郡守仇悆置田以供費十三年比部

郎中林保乞脩定鄉飲儀制遍下郡國於是國子祭酒高閌草具其儀上之僎介之位皆與古制不合諸儒莫解其指意慶元中朱熹以儀禮改定知學者皆尊用之主賓僎介之位始有定說其主則州以守縣以令位于東南賓以里居年高及致仕者位于西北僎則州以倅縣以丞或簿位東北介以次長位西南三賓以賓之次者司正以衆所推服者相及贊以士之熟於禮儀者其日質明主人率賓以下先釋菜于先聖先師退各就次以俟肅賓介與衆賓既入主人序賓祭酒再拜詣罍洗洗觶至酒尊所酌實觶授執事者至賓席前跪以獻賓賓酬主人主人酬介介酬衆賓賓主以下各就席坐訖酒再行次沃洗贊者請司正揚觶致辭司正復位主人以下復坐主人興復至阼階楣下僎從賓介復至西階下立三賓至西階立並南向主人拜賓介以下再拜賓介與衆賓先自西趨出主人少立自東出賓以下立于庠門外之右東鄉主人立于門外之左西鄉僎從主人再拜賓介以下皆再拜退

志卷第六十七

志卷第六十八　　宋史一百十五

開府儀同三司上柱國録軍國重事前中書右丞相監修國史領經筵事都總裁臣脫脫等奉

勑修

禮十八 嘉禮六

皇太子冠禮皇子附　公主笄禮

公主下降儀宗室附　親王納妃

品官婚禮　士庶人婚禮

皇太子冠儀嘗行於大中祥符之八年徽宗親製冠禮沿革十一卷命儀禮局倣以編次其儀前期奏告天地宗廟社稷諸陵宮觀殿中監帥尚舍張設垂拱文德殿門之内設香案殿下螭陛間又為房於東朶

殿大晟展宮架樂於横街南太常設太子冠席東階上東宮官位於後設褥位陳服於席南東領北上遠遊冠簪導衮冕簪導同箱在服南設罍洗阼階東罍在洗東篚在洗西實巾一加勺冪光禄設醴席西階上南面實側尊在席南又設饌于席加冪執事者並公服立罍洗酒饌之所九旒冕遠遊冠折上巾各一匴奉禮郎三人執以侍於東階之東西北上設典儀位於宮架東北贊者二人在南西向禮直官通事舍人太常博士引太子詣朶殿東房皇帝乘輦駐垂拱殿百官起居如月朔視朝儀左輔版奏中嚴内外符

寶郎奉寶先出左輔奏外辦皇帝服通天冠絳紗袍詣文德殿簾捲大樂正令撞黄鐘之鐘右五鐘皆應殿上鳴鞭皇帝出西閤乘輦協律郎俛伏跪舉麾興工鼓柷奏乾安之樂殿上扇合禮直官太常博士引禮儀使導皇帝出降輦即坐簾捲扇開鞭鳴樂止爐煙升符寶郎奉寶陳於御坐左右禮直官通事舍人太常博士引掌冠贊冠者入門肅安之樂作至位樂止典儀曰再拜在位者皆再拜左輔詣御坐前承制降東階詣掌冠者前西向稱有制典儀贊在位官再拜訖宣制曰皇太子冠命卿等行禮掌冠贊冠者再

拜訖文臣侍從官宗室武臣節度使以上升殿東西立應行禮官詣東階下立東宮官入請太子東房次禮直官等引太子内侍二人夾侍東宮官後從欽安之樂作即席西向坐樂止引掌冠贊冠者以次詣罍洗樂作搢笏盥帨訖出笏升樂止執折上巾者升掌冠者降一等受之右執項左執前進皇太子席前北向立祝曰咨爾元子肇冠於阼筮日擇賓德成禮具於萬斯年承天之祜乃跪冠順安之樂作掌冠者興席南北面立後準此贊冠者進席前北面跪正冠興立於掌冠者之後太子興内侍跪進服服訖樂止掌冠者揖太

子復坐禮直官等引掌冠者降詣罍洗如上儀賛冠者進席前北向跪脫折上巾置于匴興内侍跪受興置于席執遠遊冠者升掌冠者降二等受之右執項左執前進太子席前北向立祝曰爰即令辰申加元服崇學以讓三善皆得副予一人受天百福乃跪冠訖安之樂作掌冠者興賛冠者進跪簪結紘興太子興内侍跪進服服訖樂止掌冠者揖太子復坐掌冠者降詣罍洗及賛冠者跪脫遠遊冠並如上儀執衮冕者升掌冠者降三等受之右執項左執前進太子席前北向立祝曰三加彌尊國本以正無疆惟休有

室大競懋昭厥徳保茲永命乃跪冠成安之樂作掌冠者興賛冠者如上儀跪簪結紘内侍進服服訖樂止禮直官等引太子降自東階樂作由西階升即醴席南向坐樂止又引掌冠者詣罍洗樂作盥帨訖升酌醴樂止賛冠者跪取爵内侍注酒掌冠者受爵跪進太子席前北向立祝曰旨酒嘉薦有飶其香拜受祭之以定爾祥令徳壽豈日進無疆太子搢圭跪受爵正安之樂作飲訖奠爵執圭大官令徹饌席前太子搢圭食訖樂止執圭興大官令徹饌爵禮直官等引自西階詣東房易朝服降立横街南北向東宮官復位西向太子初行樂作至位樂止禮直官等引掌冠賛冠者詣前西向掌冠者少進字之曰始生而名為實之賔旣冠而字以益厥文永受保之奉天之慶奉敕字某太常博士請再拜太子再拜訖搢笏舞蹈再拜奏聖躬萬福又再拜左輔承旨降自東階詣太子前西向宣曰有敕太子再拜宣敕曰事親以孝接下以仁遠佞近義禄賢使能古訓是式大猷是經宣訖太子再拜訖禮直官等引太子前俛伏跪奏稱臣雖不敏敢不祗奉奏訖典復位再拜訖引出殿門樂作出門樂止侍立官並降復位典儀曰拜賛者承傳在位者皆再拜禮儀使奏禮畢鳴鞭大樂正令撞蕤賔之鐘左五

鐘皆應乾安之樂作皇帝降坐左輔奏解嚴放仗在位官皆再拜退太子入内朝見皇后如宮中儀迺擇日謁太廟别廟宿齋於本宮質明服遠遊冠朱明衣乘金輅至廟改服衮冕執圭行禮群臣稱賀皇帝賜酒三行

皇子冠前期擇日奏告景靈宮太常設皇子冠席文徳殿東階上稍北東向設饌席陳服于席南東領北上九旒冕服七梁進賢冠服折上巾公服七梁冠簪導九旒冕簪導同箱在服南設罍洗酒饌旒冕冠巾及執事者並如皇太子儀其日質明皇帝通天冠絳

紗袍御文德殿皇子自東房出內侍二人夾侍王府官從恭安之樂作即席南向坐樂止掌冠者進折上巾北向跪冠脩安之樂作賛冠者進北面跪正冠皇子興內侍跪進服訖樂止掌冠者揖皇子復坐以爵跪進祝曰酒禮和旨籩豆靜嘉授爾元服兄弟具來永言保之降福孔皆皇子搢笏跪受爵翼安之樂作飲訖太官令進饌訖再加七梁冠進安之樂作掌冠者進爵祝曰賓贊既成肴核惟旅申加厥服禮儀有序允觀爾成承天之祜皇子跪受爵輔安之樂作太官奉饌三加九旒冕廣安之樂作掌冠者進爵祝曰旨酒嘉栗甘薦令芳三加爾服眉壽無疆永承天休俾熾而昌皇子跪受爵賢安之樂作太官奉饌饌徹皇子降易朝服立橫階南北向位掌冠者字之曰歲日云吉威儀孔時昭告厥字君子攸宜順爾成德永受保之奉敕字某皇子再拜舞蹈又再拜奏聖躬萬福又再拜左輔宣敕戒曰好禮樂善服儒講藝蕃我王室友于兄弟不溢不驕惟以守之皇子再拜進前俛伏跪稱臣雖不敏敢不祗奉俛伏興復位再拜出殿上侍立官並降復位再拜放仗明日百僚詣東上閤門賀

公主笄禮年十五雖未議下嫁亦笄笄之日設香案於殿庭設冠席於東房外坐東向西設醴席於西階上坐西向東設席位於冠席南西向其裙背大袖長裙褕翟之衣各設於椸陳于庭冠笄冠朵九翬四鳳冠各置于槃蒙以帕首飾隨之陳于服椸之南執事者三人掌之櫛總置于東房內執事宮嬪盛服旁立侯樂作奏請皇帝升御坐樂止提舉官奏曰公主行笄禮樂作賛者引公主入東房次行尊者為之總髻畢出即席西向坐次引掌冠者東房西向立執事奉冠笄以進掌冠者進前一步受之進公主席前北向立樂止祝曰令月吉日始加元服棄爾幼志順爾成德壽考綿鴻以介景福祝畢樂作東向冠之冠畢席南北向立賛冠者為之正冠施首飾畢揖公主適房樂止執事者奉裙背入服畢樂作公主就醴席掌冠者揖公主坐賛冠者執酒罍執事者酌酒授於掌冠者執酒北向立樂止祝曰酒醴和旨籩豆靜嘉受爾元服兄弟具來與國同休降福孔皆祝畢樂作進酒公主飲畢賛冠者受酒罍執事者奉饌食訖徹饌復引公主至冠席坐樂止賛冠者至席前賛冠者脫冠置于槃執事者徹去樂作執事者奉冠以進掌冠者

進前二步受之進公主席前北向立樂止祝曰吉月令辰乃申爾服飾以威儀淑謹爾德眉壽永年享受遐福祝畢樂作東向冠之冠畢席南北向立賛冠者爲之正冠施首飾畢揖公主適房樂止執事奉大袖長裙入服畢樂作公主至醴席掌冠者揖公主坐賛冠者執酒盞執事者酌酒授于掌冠者執酒北向立樂止祝曰賓賛既戒殽核惟旅申加爾服禮儀有序允觀爾成永天之祜祝畢樂作進酒公主飲畢賛冠者受酒盞執事者奉饌食訖徹饌復引公主至冠席坐樂作賛冠者至席前賛冠者脫冠置于櫛執事者徹去樂作執事奉九翬四鳳冠以進掌冠者進前三步受之進公主席前向北而立樂止祝曰以歲之吉以月之令三加爾服保茲永命以終厥德受天之慶祝畢樂作東向冠之冠畢席南北向立賛冠者爲之正冠施首飾畢揖公主適房樂止執事者奉褕翟之衣入服畢樂作公主至醴席掌冠者揖公主坐賛冠者執酒盞執事者酌酒授于掌冠者執酒北向立樂止祝曰旨酒嘉薦有飶其香咸加爾服眉壽無疆永承天休俾熾而昌祝畢樂作進酒公主飲畢賛冠者受酒盞執事者奉饌食訖徹饌復引公主至席位立樂止掌冠者詣前相對致辭曰歲日具吉威儀孔時昭告厥字令德攸宜表爾淑美永保受之可字曰某辭訖樂作掌冠者退引公主至君父之前樂止再拜起居謝恩再拜少俟提舉進御坐前承旨訖公主再拜提舉乃宣訓辭曰事親以孝接下以慈和柔正順恭儉謙儀不溢不驕毋詖毋欺古訓是式爾其守之宣訖公主再拜前奏曰兒雖不敏敢不祗承歸位再拜見后母之禮如之禮畢公主復坐皇后稱賀次妃嬪稱賀次掌冠賛冠者謝恩次提舉衆內臣稱賀其餘班次稱賀並依常式禮畢樂作駕興樂止

公主下降初被選尚者即拜駙馬都尉賜玉帶襲衣銀鞍勒馬采羅百匹謂之繫親又賜辦財銀萬兩進財之數倍於親王聘禮出降賜甲第餘如諸王夫人之制掌扇加四引障花燭籠各加十皆行舅姑之禮諸親遞加賜賚其縣主繫親以金帶賜辦財銀五千兩納財賜賚大率三分減其二宗室女特封郡君者又差降焉嘉祐初禮官言禮閣新儀公主出降前一日行五禮古者結婚始用行人告以夫家采擇之意謂之納采問女之名歸卜夫廟吉以告女家謂之問名納吉今選尚一出朝廷不待納采公主封爵已行

誕告不待問名若納成則既有進財請期則有司擇日宜稍依五禮之名存其物數俾知婚姻之事重而夫婦之際嚴如此亦不忘古禮之義也時兖國公主下嫁李瑋詔賜出降日令夫家主婚者具合用鴈幣玉馬等物陳於内東門外以授内謁者進入内侍掌事者受唯馬不入神宗即位詔以昔侍先帝恭聞德音以舊制士大夫之子有尚帝女者輒皆升行以避舅姑之尊豈可以富貴之故屈人倫長幼之序宜詔有司革之以厲風俗於是著為令仍命陳國長公主行舅姑之禮駙馬都尉王師約更不升行公主見舅

姑行禮自此始舊例長公主凡有表章不稱妾禮院議謂男子婦人凡於所尊稱臣若妾義實相對今宗室伯叔近臣悉皆稱臣即公主理宜稱妾況家人之禮難施於朝廷請自大長公主而下凡上牋表各据國封稱妾從王師約之請也康國公主下降太常寺言按令公主出降申中書省請皇后帥宫闈掌事人送至第外命婦從今請如令詔出降日婉儀帥宫闈掌事者送至第外命婦免從徽宗改公主為姬下詔曰在熙寧初有詔釐改公主郡主縣主名稱當時群臣不克奉承近命有司稽考前世周稱王姬見於詩

雅姬雖周姓考古立制宜莫如周可改公主為帝姬郡主為宗姬縣主為族姬其稱大長者為大長帝姬仍以美名二字易其國號内兩國者以四字其出降日壻家具五禮修表如上儀太史局擇日告廟親迎前一日所司於内東門外量地之宜西向設壻次其壻父醮子如上儀乃命之曰往迎爾雍以昭惠宗祏子再拜曰祗率嚴命又再拜降出乘馬至東華門内下馬禮直官引就次有司陳帝姬鹵簿儀仗於内東門外候將升厭翟車引壻出次於内東門外躬身西向掌事者執鴈内謁者奉鴈以進俟帝姬升車壻再拜

先還第同牢其日初昏掌事者設巾洗各二於東階東南一於室北水在洗東尊於室中實四爵兩巹於篚壻至本第下馬以俟帝姬至降車贊者引壻揖之以入及寢門又揖導之升階入室盥洗掌事者布對位又揖帝姬皆即坐受醮三飲俱興再拜贊者徹酒見舅姑夙興帝姬著花釵服褕翟以俟見贊者設舅姑位於堂上舅位於東姑位於西各服其服就位女相者引帝姬升自西階詣舅位前再拜贊者以棗㮚授帝姬奉置舅位前舅即坐贊者進徹以東帝姬退復位又再拜女相者引詣姑位前再拜贊者以腶脩

授帝姬奉置姑位前姑即坐贊者亦徹以東帝姬退復位又再拜次醴婦盥饋饗婦如儀

諸王納妃宋朝之制諸王聘禮賜女家白金萬兩敵門納采（即古之納采）用羊二十口酒二十壺綵四十匹定禮羊酒綵各加十茗百斤頭帬巾段綾絹三十匹黃金釵釧四雙條脫一副真珠虎魄瓔珞真珠翠毛玉釵朶各二副銷金生色衣各一襲金塗銀合二錦繡綾羅三百匹果槃花粉花羃眠羊卧鹿花餅銀勝小色金銀錢等物納財用金器百兩綵千匹錢五十萬錦綺綾羅絹各三百匹銷金繡畫衣十襲真珠翠毛玉釵

朶各三副函書一架纏束帛押馬函馬二十匹羊五十口酒五十壺繫羊酒紅絹百匹花粉花羃果盤銀勝羅勝等物親迎用塗金銀裝肩輿一行障坐障各一方團掌扇四引障花十樹生色燭籠十高髻釵插并童子八人騎分左右導扇輿其宗室子聘禮賜女家白金五千兩其敵門定禮納財親迎禮皆減半遠屬族卑者又減之政和三年四月議禮局上皇子納夫人儀采擇使者曰奉制某王之儷屬于懿淑謹之重之使某行采擇之禮儐者入告主人曰臣某之子顓愚不足以備采擇恭承制命臣某不敢辭問名使者曰某王之儷采擇既諧將加官占奉制問名儐者入告主人曰制以臣某之子可以奉侍某王臣某不敢辭告吉使者曰官占既吉奉制以告儐者入告主人曰臣某之子愚弗克堪占既之吉臣與有幸臣某謹奉典制告成使者曰官占云吉嘉偶既定制使某以儀物告成儐者入告主人曰奉制賜臣以重禮臣某謹奉典制告期使者曰涓辰之良某月某日吉制使某告期儐者入告主人曰臣某謹奉典制前期太史局擇日奏告景靈宮賜告前一日主人設使者次如常儀（使者以內侍為之）又設告箱之次於中門外北向隨關

所向設香案於寢庭其日大昕使者公服至主人出迎於大門外北向再拜使者不答拜謁者引使者入門而左主人入門而右舉告箱者同入主人立香案左使者在右舉告箱者以告置于香案女相者引夫人出面關立使者稱有制女相者贊再拜使者曰賜某國夫人告又贊再拜退使者出皇帝醮戒於所御之殿皇子乘象輅親迎同牢夫人朝見盥饋皇帝皇后饗夫人如儀其諸王以下納采賓曰某官以伉儷之重施於某王（某官謂主人某王謂壻）某王率循彝典以某將事敢請納采（某王謂壻父某謂賓）儐者入告主人曰某之子弗

問於姆訓維是服脩棗㮚之饋未知所以告虔也某聽命于廟敢不拜嘉問名賓曰合二姓之好必稽諸龜筮敢請問名儐者入告主人曰某王恭謹重正昏禮將以加諸卜某敢不以告納吉賓曰某王承嘉命稽諸卜筮龜筮協從使某以告儐者入告主人曰某王不忘寒素欲施德於某未教之女而卜以吉告其曷敢辭納成賓曰某官以伉儷之重施於某王某王（上謂壻下謂壻父）率循彝典有不腆之幣以某將事敢請納成儐者入告主人曰某王順彝典申之以備物某敢不重拜嘉請期賓曰某王謹重嘉禮將卜諸近日使

某請期儐者入告主人再辭儐者出告賓曰某既不獲受命於某官某王得吉卜曰某日敢不以告儐者入告主人曰謹奉命以從親迎前一日主人設賓次（賓謂壻）如常儀其日大昕壻之父服其服告於禰廟（無廟者設神位於廳東不應設位者不設）子將行父醮之於廳事贊者設父位中間南向設子位父位之西近南東向父即坐子公服升自西階進立位前贊者注酒於醆西向授子子再拜跪受贊者又設饌父位前子舉酒興即坐飲食訖降再拜進立於父位前命之曰躬迎嘉偶釐爾內治子再拜曰敢不奉命又再拜降出詣女家主人

服其服告於禰廟如請期之儀賓將至主人設神位於寢戶外之西設醴女位於戶內南向具酒饌賓至贊者引就次女盛服於房中就位南向立姆位於右從者陪其後父公服升自東階立於寢戶外之東西向內贊者設酒饌女就位坐飲食訖降再拜內贊者徹酒饌主人降立東階東南西面贊者引賓出次立於門西東面儐者進受命出請事賓曰某受命於父以茲嘉禮躬聽成命儐者入告主人曰某固願從命儐者出告訖入引主人迎賓大門外之東西面揖賓賓報揖主人入門而右賓入門而左執鴈者從入陳

鴈於庭三分庭一在南北向主人升立于東階上西面賓升西階進當寢戶前北面再拜降出主人不降送賓初入門母出立於寢戶外之西南面賓拜訖姆引女出於母左父命之曰往之汝家以順為正無忘肅恭母戒之曰必恭必戒無違舅姑之命庶母申之曰爾誠聽於訓言無作父母羞女出門壻先還第其同牢廟見見舅姑諸禮皆如儀凡宗室婚姻治平中宗正司言宗室女舅姑夫族未立儀制皆當糊法詔壻家有二世食祿即許娶宗室女未仕者與判司簿尉已任者隨資序推恩即壻別祖女別房舊為婚姻

而於今卑尊不順者皆許壻之三代鄉貫坐月人材
書劄止令婚主問驗以告宗正寺大宗正司寺司詳
視如條保明所進財皆賜壻家令止於本宮納財媒
妁使令之人非理求匄許告宗室女事舅姑及見夫
之族親皆如臣庶之家其後又令宗室女再嫁者祖
父有二代任殿直若州縣官已上即許為婚姻熙寧
十年又詔應袒免以上親不得與雜類之家婚嫁謂
舅嘗為僕姑嘗為娼者若父母係化外及見居沿邊
兩屬之人其子孫亦不許為婚緦麻以上親不得與
諸司胥吏出職納粟得官及進納伎術工商雜類惡

宋史一百十五 四百八　宋史志卷六十八　十五　李後寫 王品刪

逆之家子孫通婚（後又禁刑徒人子孫為婚）應婚嫁者委主婚宗
室擇三代有任州縣官或殿直以上者列姓名家世
州里歲數奏上宗正司驗實召保付內侍省宣繫聽
期而行嫁女則令其壻召保其冒妄成婚者以違制
論主婚宗室與媒保同坐不以赦降自首者減罪告
者有賞非袒免親者依庶姓法宗室離婚委宗正司
審察若於律有可出之實或不相安方聽若無故捃
拾者劾奏如許聽離追完賜予物給還嫁資再娶者
不給賜非袒免以上親與夫聽離再嫁者委宗正司
審核其恩澤已追奪而乞與後夫者降一等尋詔宗

女毋得與嘗娶人結婚再適者不用此法
品官婚禮納采問名納吉納成請期親迎同牢廟見
見舅姑姑醴婦盥饋饗婦送者並如諸王以下婚四
品以下不用盥饋饗婦禮
士庶人婚禮并問名於納采并請期於納成其無鴈
奠者三舍生聽用羊庶人聽以雉及雞鶩代其辭稱
吾子親迎賓明掌事者設禰位廳事東間南向壻之
父服其服北面再拜祝曰某子某年若干禮宜有室
聘某氏第幾女以某日親迎敢告子將行父坐廳事
南向子服其服（三舍生及品官子孫假九品服餘並皂衫衣折上巾）立父位西

宋史一百十五 四百八　宋史志卷六十八　十六　李俊寫 王品刪

少南東向贊者注酒於醆授子子再拜跪受贊者又
以饌設位前子舉酒興即坐飲食訖降再拜進立父
位前命之曰釐爾內治往求爾匹子再拜曰敢不奉
命又再拜降出初婚掌事者設酒饌室中置二醆於
槃壻服其服如前服至女家贊者引就次掌事者設
禰位主人受禮如請期之儀（主人謂女父）女盛服立房中
父升階立房外之東西向（非南向者各隨其所向立於門外之左餘放此）父
贊者注酒於醆授女女再拜受醆贊者又以饌設於
位前女即坐飲食訖降再拜父降立東階下賓出次
贊謁主人迎于門揖賓入賓報揖從入主人升東階

西面賓升西階進當房戶前北面掌事者陳鴈于階賓曰某受命於父以茲嘉禮躬聽成命主人曰某固願從命賓再拜降出主人不降送初女出父戒之曰往之汝家無忘爾恭毋戒之曰夙夜以思無有違命諸母申之曰無違爾父母之訓女出壻先還俟于門外婦至贊者引就北面立壻南面揖以入至於室掌事者設對位室中壻婦皆即坐贊者注酒於醆授壻及婦壻及婦受醆飲訖迎設饌再飲三飲並如上儀壻及婦皆興再拜贊者徹酒饌見祖禰見舅姑禮婦饗送者如儀

志卷第六十八

志卷第六十九　宋史一百十六

開府儀同三司上柱國錄軍國重事前中書右丞相監修國史領經筵事都總裁臣脫脫等奉勑修

禮十九 賓禮一

大朝會儀 常朝儀

周官司儀掌九儀賓客擯相詔王南鄉以朝諸侯大行人掌大賓之禮大客之儀以親諸侯蓋君臣之際體統雖嚴然而接以仁義攝以威儀實有賓主之道焉是以小雅鹿鳴燕其臣下皆以嘉賓稱之宋之朝儀政和詳定五禮列為賓禮今修宋史存其舊云

大朝會宋承前代之制以元日五月朔冬至行大朝會之禮太祖建隆二年正月朔始受朝賀於崇元殿服衮冕設宮縣仗衛如儀仗退群臣詣皇太后宮門奉賀帝常服御廣德殿群臣上壽用教坊樂五月朔受朝賀於崇元殿帝服通天冠絳紗袍宮縣儀仗如元會儀乾德三年冬至受朝賀於文明殿四年於朝元殿賀畢常服御大明殿群臣上壽始用雅樂登歌二舞群臣酒五行罷太宗淳化三年正月朔命有司約開元禮定上壽儀皆以法服行禮設宮縣萬舞酒三行罷真宗咸平三年五月朔雨命放仗百官常服

起居於長春殿退詣正衙立班宣制仁宗天聖四年十二月詔明年正月朔先率百官赴會慶殿上皇太后壽酒畢乃受朝天安殿仍令太常禮院修定儀制五年正月朔曉漏未盡三刻宰臣百官與遼使諸軍將校並常服班會慶殿內侍請皇太后出殿後幄鳴鞭升坐又詣殿後皇帝幄引皇帝出帝服鞾袍於簾內北向褥位再拜跪稱臣某言元正啓祚萬物惟新伏惟尊號皇太后陛下膺時納祐與天同休內常侍承旨答曰履新之祐與皇帝同之帝再拜詣皇太后御坐稍東內給侍酌酒授內謁者監進帝跪進訖以

盤興內謁者監承接之帝却就褥位跪奏曰臣某稽首言元正令節不勝大慶謹上千萬歲壽再拜內常侍宣答曰恭舉皇帝壽酒帝再拜執盤侍立教坊樂止皇帝受虛盞還幄通事舍人引百官橫行典儀贊再拜舞蹈起居太尉升自西階稱賀簾外降還位皆再拜舞蹈侍中承旨曰有制皆再拜宣曰履新之吉與公等同之皆再拜舞蹈閤門使簾外奏宰臣某以下進壽酒皆再拜太尉升自東階翰林使酌御酒盞授太尉執盞盤跪進簾外內謁者監跪接以進太尉跪奏曰元正令節臣等不勝慶抃謹上千萬歲壽降

還位皆再拜宣徽使承旨曰舉公等觴皆再拜太尉升立簾外樂止內謁者監出簾授虛盞太尉降階橫行皆再拜舞蹈宣徽使承旨宣群臣升殿再拜升及東西廂坐酒三行侍中奏禮畢退樞密使以下迎乘輿於長春殿起居稱賀百官就朝堂易朝服班天安殿朝賀帝服袞冕受朝禮官通侍舍人引中書令門下侍郎各於案取所奏文詣褥位脫劒舄以次升分東西立諸方鎮表祥瑞案先置門外左右令使絳衣對舉給侍中押祥瑞中書侍郎押表案入分詣東西階下對立既賀更服通天冠絳紗袍稱觴上壽止舉

四爵乘輿還內恭謝太后如常禮神宗元豐元年詔龍圖閣直學士史館脩撰宋敏求等詳定正殿御殿儀注敏求遂上朝會儀二篇令式四十篇詔頒行之其制元正冬至大朝會有司設御坐大慶殿東西房于御坐之左右少北東西閣于殿後百官宗室客使次于朝堂之內外五輅先陳于庭兵部設黃麾仗于殿之內外大樂令展宮架之樂于橫街南鼓吹令分置十二案于宮架外協律郎二人一位殿上西階之前楹一位宮架西北俱東向陳輿輦御馬于龍墀繖扇于沙墀貢物于宮架南冬至不設貢物餘則列大慶門外

陳布將士于街左右金吾六軍諸衛勒所部列黃麾大仗于門及殿庭百僚客使等俱入朝文武常參官朝服陪位官公服近仗就陳于閤外大樂令樂工協律郎入就位中書侍郎以諸方鎮表案給事中以祥瑞案俟于大慶門外之左右（冬至不設給事中位祥瑞案）諸侍衛官各服其器服輦出至西閤降輦符寶郎奉寶詣閤門奉迎百官客使陪位官俱入就位侍中版奏中嚴又奏外辦殿上鳴鞭宮縣撞黃鐘之鐘右五鐘皆應內侍承旨索扇扇合帝服通天冠絳紗袍御輿出協律郎舉麾奏乾安樂鼓吹振作帝出自西房降輿即坐扇開殿下鳴鞭協律郎偃麾樂止爐煙升符寶郎奉寶置御坐前中書侍郎給事中押表案祥瑞案入詣東西階下對立百官宗室及遼使班分東西以次入正安樂作就位樂止押樂官歸本班起居畢復案位三師親王以下及御史臺外正任遼使俱就北向位典儀贊在位者皆再拜起居訖太尉將升中書令門下侍郎俱降至兩階下立（凡太尉行則樂作至位樂止）太尉詣西階下解劍脫舄升殿中書令門下侍郎各於案取所奏之文詣褥位解劍脫舄以次升分東西立以俟太尉詣御坐前北向跪奏文武百寮太尉具官臣某

等言元正啓祚萬物咸新（冬至易為律運推移日南長至）伏惟皇帝陛下膺乾納祐與天同休俛伏興降階佩劍納舄（餘準此）還位在位官俱再拜舞蹈三稱萬歲再拜侍中進當御坐前承旨退臨階西向稱制宣答曰履新之慶（冬至易曰履長之慶）與公等同之贊者曰拜舞蹈三稱萬歲橫行官分班立中書令門下侍郎升詣御坐前各奏諸方鎮表及祥瑞訖戶部尚書就承制位俛伏跪奏諸州貢物請付所司禮部尚書奏諸蕃貢物如之司天監奏雲物祥瑞請付史館皆如上儀侍中進當御坐前奏禮畢殿上承旨索扇殿下鳴鞭宮縣撞蕤賓之鐘左五鐘皆應協律郎舉麾宮縣奏乾安樂鼓吹振作帝降坐御輿入自東房扇開偃麾樂止侍郎奏解嚴百官退還次客使陪位官並退有司設食案大樂令設登歌殿上二舞入立于架南預坐當升殿者位御坐之前文武相向異位重行以北為上非升殿者位于東西廊下尚食奉御設壽尊于殿東楹少南設坫于尊南加爵一有司設上下群臣酒尊殿下東西廂侍衛官及執事者各立其位仗衛仍立俟上壽百官立班如朝賀儀侍中版奏中嚴外辦聞鳴鞭索扇帝服通天冠絳紗袍御輿出東房樂作帝即坐扇開

樂止贊拜畢光祿卿詣橫街南跪奏具官臣某言請允群臣上壽輿侍中承旨稱制可少退舍人曰拜光祿卿再拜訖復位三師以下就位贊者曰拜在位者皆拜舞三稱萬歲太尉升殿詣壽尊所北向尚食奉御酌御酒一爵授太尉搢笏執爵詣前跪進帝執爵太尉出笏俛伏興少退跪奏文武百寮太尉具官臣某等稽首言元正首祚臣等不勝大慶謹上千萬壽俛伏興降復位贊者曰拜在位者皆再拜三稱萬歲侍中承旨退西向宣曰舉公等觴贊者曰拜在位者皆再拜三稱萬歲北向班分東西序立太尉自東階

侍立舉第一爵和安樂作飲畢樂止太尉受虛爵復於坫降階三師以下贊拜舞蹈稱萬歲如上儀侍中進奏侍中具官臣某言請延公王等升殿俛伏興降復位侍中承旨退稱有制贊者曰拜在位者皆再拜宣曰延公等升殿贊者曰拜在位者皆再拜公王等詣東階升立於席後尚食奉御進酒殿中監省酒以進帝舉第二爵登歌作甘露之曲飲訖殿中監受爵樂止群臣升殿就橫行位舍人曰各賜酒贊者曰拜群官皆再拜三稱萬歲舍人曰就坐太官令行酒搢笏受酒宮縣作正安之樂文舞入立宮架北觴行一

周凡行酒訖並太官令奏巡周樂止尚食進食升階以次置御坐前又設群官食訖太官令奏食徧太樂丞引盛德升聞之舞入作三變止出殿中監進第三爵群官立席後登歌作瑞木成文之曲飲訖樂止殿中丞受虛爵舍人曰就坐群官皆坐又行酒作樂進食如上儀太樂丞引天下大定之舞作三變止出殿中監進第四爵登歌奏嘉禾之曲如第三爵太官令行酒又一周樂止舍人曰可起百寮皆立席後侍中進御坐前跪奏禮畢俛伏興與群官俱降階復位贊者曰拜皆再拜舞蹈三稱萬歲起分班立殿上索扇

扇合殿下鳴鞭太樂令撞蕤賓之鐘左右鐘皆應協律郎俛伏舉麾太樂令令奏乾安之樂鼓吹振作帝降坐御輿入自東房扇開樂止侍中奏解嚴所司承旨放仗百寮再拜相次退舊制朝賀上壽帝執鎮圭至是始罷不用元祐八年太常博士陳祥道言貢入賤馬古今所同故覲禮馬在庭而侯氏升堂致命聘禮馬在庭而賓升堂私覿今元會儀御馬立於龍墀之上而特進以下立於庭是不稱尊賢才體群臣之意請改儀注以御馬在庭於義為允舊制五月朔受朝熙寧二年詔罷之元符元年四月得傳國受命寶

禮官言五月朔於故事當大朝會乞就是日行受寶之禮依上尊號寶冊儀前一日帝齋于殿內翼日服通天冠絳紗袍御大慶殿降坐受寶群臣上壽稱賀其後徽宗以元日受八寶及定命寶冬至日受元圭皆于大慶殿行朝賀禮新儀成改元豐儀太尉為上公侍中為左輔中書令為右弼太樂令為大晟府盛德升聞為天下化成之舞天下大定為四夷來王之舞及增刑部尚書奏天下斷絕請付史館餘並如舊儀凡遇國恤則廢若無事不視朝則下敕云不御殿群臣進表稱賀于閤門紹興十二年十月臣僚言竊以元正一歲之首冬至一陽之復聖人重之制為朝賀之禮焉自上世以來未之有改也漢高祖以五年即位而七年受朝于長樂宮我太祖皇帝以建隆元年即位受朝于崇元殿主上臨御十有六年正至朝賀初未嘗講艱難之際宜不遑暇茲者太母還宮國家大慶四方來賀豈惟其時欲望自今元正冬至舉行朝賀之禮以明天子之尊庶幾舊典不至廢墜禮部太常寺考定朝會之禮依國故事設黃麾大仗車輅法物樂舞等百寮服朝服再拜上壽宣王公升殿間飲三周詔自來年舉行十一月權禮部侍郎王賞

等言朝會之制正旦冬至及大慶受朝受賀係御大慶殿其文德紫宸垂拱殿禮制各有不同月朔視朝則御文德殿謂之前殿正衙仍設黃麾半仗紫宸垂拱皆係側殿不設儀仗元正在近大慶殿之禮事務至多乞候來年冬至別行取旨詔從之明年閤門言依汴京故事遇行大禮則冬至及次年正旦朝會皆罷十四年九月有司言明年正旦朝會請權以文德殿為大慶殿合設黃麾大仗五千二十七人欲權減三分之一合設八寶於御坐之東西及登歌宮架樂舞諸州諸蕃貢物行在致仕官諸路貢士舉首並令立班詔從之十五年正旦御大慶殿受朝文武百官朝賀如儀

常朝之儀唐以宣政為前殿謂之正衙即古之內朝也以紫宸為便殿謂之入閤即古之燕朝也而外又有含元殿含元非正至大朝會不御正衙則日見群臣百官皆在謂之常參其後此禮漸廢後唐明宗始詔群臣每五日一隨宰相入見謂之起居宋因其制皇帝日御垂拱殿文武官日赴文德殿正衙曰常參宰相一人押班其朝朔望亦於此殿五日起居則於崇德殿或長春殿中書門下為班首長春即垂拱也

至元豐中官制行始詔侍從官而上日朝垂拱謂之
常參官百司朝官以上每五日一朝紫宸爲六參官
在京朝官以上朔望一朝紫宸爲朔參官望參官遂
爲定制
正衙常參國朝之制兩省臺官文武百官每日赴文
德殿立班宰臣一員押班常朝官有詔旨免常朝及
勾當更番宿者不赴遇假併三日以上即横行參假
宰臣參知政事及免常朝者悉集事務急速赴横行不及者牒報臺如
遇親王使相過正衙則取別旨群官見謝辭者皆赴正衙其日文武
班尚書上將軍以下並先叙立於殿門之外東西相

向文班一品二品不叙立正衙見謝辭官立於大班之南右巡
使立正衙位南北向臺官大夫中丞三院御史各就
揖班位再揖三院不全即不揖揖訖臺官與左巡使先入各
就位左右巡使立鐘鼓樓下左巡使奏武班右巡使奏文班如只巡使一員即就入班南立單奏如
俱闕即於臺官或員外郎以下差攝次兩班及右巡使入次見謝辭官
入次兩省官入兩省官自殿西偏門入於右勤政門北偏門立候文武班將至循午階就
位次文班一品二品入次宰臣出東上閤門就位通
事舍人一員立於閤門外北向四色官立其後舍人
通承旨奏敕不坐四色言應喏急趨至放班位宣敕
在位官皆再拜而退其應横行者班定通事舍人揖

群官轉班北向舍人揖再拜復位如常朝之儀兩省官幕
次舊在中書門外近制就使權就朝堂門南上將軍幕次凡見謝辭官新受加恩出使到闕
者宰臣親王使相候班定引贊引出東上閤門至押班位西向立定先赴午階南中書
門下正衙位再拜却還押班位樞密使副使知院同知院簽書院事
參知政事宣徽使宗室節度使以下至刺史將軍候班
定四方館吏引出東上閤門至殿庭由東黃道赴正衙位北向以西爲首將軍以東爲首正衙畢宰臣樞
密出西便門親王宗室入東上閤門觀文殿大學士資政殿大學士觀
文殿學士三司使翰林資政侍講侍讀學士直學士
知制誥待制直學士以上集丞郎幕次待制集上將軍幕次候班定四方館吏引入殿西便
門赴班於大門夫中丞前出門下中書侍郎至正言四方館吏引先集勤政門北候

班定於一品二品官未就位前先就位放班訖由西偏門出御史大夫至御史序班
如常朝三師三公僕射東宮三師三少班入殿門朝堂吏引入殿東便
門赴班於兩省臺官前出尚書丞郎左右金吾上將軍至將軍序班
如常朝節度使至刺史軍職兩廂都指揮使以上三司
副使文班京朝官武官郎將以上分司官樞密都承
旨諸使副醫官帶正員官者並文東武西相向重行序立餘如常朝其
權三司使開封府吏部銓祕書監修撰直館閣校理
檢討三司判官主判官開封府判官推官僚內職
軍校領郡者內客省使至通事舍人節度行軍司馬
至團練副使幕職上佐州縣官諸司勒留官新受者

京朝官改賜章服者致仕責授降授並謝(行軍副使仍辭)京朝官貢舉發解畢者亦見(準儀制知貢舉官合謝辭近歲皆即時鎖宿故謝辭皆停)

垂拱殿起居則內侍省都知押班率內供奉官以下并寄班等先起居次客省閤門使以下(呈進目者)次三班使臣(節度觀察防禦團練刺史等子弟充供奉官侍禁殿直有皆令內朝起居者)次內殿當直諸班(殿前指揮使左右班都虞候以下內殿直散員散指揮散都頭金槍班等)次長入祗候東西班殿侍次御前忠佐次殿前都指揮使率軍校至副指揮使次駙馬都尉(任刺史以上者綴本班)次諸王府僚次殿前都軍使都頭次皇親將軍以下至殿

直次行門指揮使率行門起居(以上並內侍贊喝)如傳宣前殿不坐即宰相樞密使文明殿學士三司使翰林樞密直學士中書舍人三司副使知起居注皇城內監庫藏朝官諸司使副內殿崇班供奉官侍禁殿直翰林醫官待詔等同班入次親王侍衞親軍馬步軍都指揮使率軍校至副都指揮使次使相次節度使次統軍次兩使留後觀察使次團練防禦使刺史次侍衞馬步軍使都頭起居畢見謝班入如御崇德殿(即紫宸殿也)即樞密使以下先就班候升坐(諸司使副以下至殿直分東西對立餘皆北面長春殿階北面)宰相參知政事最後入(以上並閤門贊喝)日止再拜朔望及三日假樞密使以下皆舞蹈早朝則宰相樞密宣徽使起居畢升殿問聖體宰相奏事樞密宣徽使退候宰相對畢樞密使復入奏事次三司開封府審刑院及群臣以次登殿(大兩省以上領務京師有公事許即時請對自餘受使出入要切者欲回奏事則聽先進取旨)其見謝辭官以次入于庭凡見者先之謝次之辭又次之(出使閒慢或未升朝官或止拜於門外自祕書監上將軍觀察使內以上得拜殿門階上及升殿止拜御坐前餘皆庭中班次)惟宰相親王使相赴崇德殿即宣徽使通喚餘皆側立候通再拜舞蹈致辭即不舞蹈見即將相升殿問聖體其賜分物酒食及收進奉物皆舞蹈稱謝(凡收進奉物皆入謝)幕

職州縣官謝辭即判銓官引對無於殿門外宣辭戒勵凡國有大慶瑞及出師勝捷樞密使率內職軍校入賀致辭閤門使宣答宰相致辭宣徽使宣答如賜酒即預坐官後入作樂送酒如曲宴之儀晚朝則宰相樞密翰林學士當直者洎近侍執事之臣皆赴乾德六年九月始以旬假日御講武殿(殿名數改)近臣但赴早參(宰相以下鞾笏諸司使以下繫鞋)其節假及大祀並令如式開寶九年四月詔旬休日不視事及太宗即位復如舊視朝退進食訖則易服御崇政殿先群臣告謝次軍頭引見司奏事于殿下次三班審官院流內銓刑部

及諸司引見官吏如假日起居辭見畢即移御坐臨軒視事既退復有奏事或閱器物之式者謂之後殿再坐淳化三年令有司申舉十五條常參文武官或有朝堂行私禮跪拜待漏行立失序談笑喧譁入正衙門執笏不端行立遲緩至班列行立不正趨拜失儀言語微喧穿班仗出閤門不即就班無故離位廊下食行坐失儀入朝及退朝不從正衙門出入非公事入中書犯者奪奉一月有司振舉拒不伏者録奏貶降景德二年光禄寺丞錢易言竊覩文德殿常朝班不及三四十人蓋以凡掌職務止赴五日起居頗

遠舊章望令並赴朝參乃詔應三館祕書閣尚書省二十四司諸司寺監朝臣内殿起居外並赴文德殿常參其審刑院大理寺臺直官開封府判官推官司録兩縣司天監翰林天文監倉場庫務等仍免大中祥符二年御史知雜趙湘言伏見常參官每日趨朝多不整肅舊制並早赴待漏院候開内門齊入伏緣每日追辰以朝以故後時方入又風雨寒暑即多稱疾宜令知班驅使官視其入晚者申奏疾者遣醫親視天禧四年十月中書門下言唐朝故事五日一開延英隻日視事雙日不坐方今中外晏寧政刑清簡

望準舊事三日五日一臨軒聽政隻日視事雙日不坐至於刑章錢穀事務遣差臣僚除急切大事須面對外餘並令中書樞密院附奏詔禮儀院詳定雙日前後殿不坐隻日視事或於長春殿或於承明殿應内殿起居群臣並依常日起居餘如中書門下之儀俄又請隻日承明殿常朝依假日便服視事不鳴鞭詔可康定初詔中書樞密三司大節大忌給假一日小節旬休並後殿奏事前後毋得過五班餘聽後殿對御廚給食假日崇政殿辰漏上入内進食俟再坐復對神宗即位御史中丞王陶以皇祐編敕宰臣押

班儀制移中書謂天子新即位大臣不應隳廢朝儀不報舊制祖宗以來日御垂拱殿待制諸司使以上俱赴而百官班文德殿曰常朝五日皆入曰起居平時宰相垂拱殿奏事畢赴文德殿押班或日昃未退則閤門傳宣放班多不復赴王陶以韓琦曾公亮違故事不押班爲不恭劾之琦公亮上表待罪且言唐及五代會要月九開延英則餘日宰相當押正衙班及延英對日未御内殿前傳宣放班則宰相不押正衙班明矣自祖宗繼日臨朝宰相奏事至祥符初始詔循故事押文德班以妨職浸廢乃至今日請下太

常禮院詳定陶坐糾司馬光代為中丞請令宰相遵國朝舊制押班不須詳定尋詔宰相春分辰初秋分辰正垂拱殿未退聽勿赴文德殿令御史臺放班先又言垂拱奏事畢春分以後鮮有不過辰初秋分以後鮮有不過辰正然則自今宰臣常不至文德殿押班請春分辰正秋分巳初奏事未畢即如今詔廢幾此禮不至遂廢迺詔春秋分率以辰正熙寧六年正月西上閤門副使張誠一言垂拱殿常朝先內侍唱內侍都知以下至宿衛行門計一十八班起居後通事舍人引宰執樞密使以下大班入次親王次侍衛

馬步軍都指揮以下次皇親使相以下十班入方引見謝辭或遇百官起居日自行門後通事舍人引樞密以下次親王使相以下至刺史十班入方奏兩巡使起居立定方引兩省官入次閤門引宰臣以下大班入起居畢候百官出絕兩省班出次兩巡使出中書樞密方奏事已是日高況大班本不分別丞郎給諫臺省及常參官今獨使相以下曲為分別虛占時刻請遇垂拱殿百官起居日將親王以下十班合為四班親王為一班侍衛馬步軍都指揮使為一班皇親使相以下至刺史重行異位為兩班可減六班如

垂拱殿常朝不係百官起居或紫宸殿百官起居其親王使相以下班並依舊儀序入起居從之九月引進使李端懿言近朔望御文德殿視朝祁寒盛暑數煩清蹕而紫宸之朝歲中罕御請朔日御文德既望坐紫宸廢幾正衙內殿朝儀並舉從之元豐八年二月詔諸三省御史臺寺監長貳開封府推判官六參職事官赤縣丞以上寄祿升朝官在京釐務者望參不釐務者朔參哲宗元祐四年十月以戶部尚書呂公孺言詔朔參官兼赴望參望參官兼赴六參五年詔權侍郎並日參紹聖四年十月御史臺言外任官

到闕朝見訖並令赴朔望參尋又言元豐官制朝參班序有日參六參望參朔參已著為令元祐中改朔參兼赴望參望參兼赴六參有失先朝分別等差之意止依元豐儀令從之政和詳定五禮新儀有文德殿月朔視朝儀紫宸殿望參儀垂拱殿四參儀紫宸殿日參儀垂拱殿日參儀崇政殿再坐儀崇政殿假日起居儀其文不載中興仍舊制乾道二年九月閤門奏垂拱殿四參（四參官謂宰執侍從武臣正任文臣卿監員郎監察御史已上）皇帝坐先讀奏目知閤以下次御帶環衛官以下次忠佐殿前都指揮使以下次殿前司員僚次皇太子次

行門已上逐班並常起居次樞密學士待制樞密都承旨以下知閤并祗應武功大夫以下通班常起居次親王次馬步軍都指揮使次使相次馬步軍員僚已上逐班並常起居次殿中侍御史入側宣大起居訖歸侍立位次宰執以下並兩省官文臣百官入相向立定通班面北立大起居訖（凡常起居兩拜大起居七拜）三省升殿侍立次兩省官出次殿中侍御史對揖出三省樞密院奏事次引見謝辭次引臣僚奏事訖皇帝起詔令後遇四參日分起居班次可移殿中侍御史及宰執以下百官班令次樞密以下班起居却令親王

并殿前都指揮使以下殿前司員僚逐班於宰執以下班後起居餘並從之淳熙七年九月詔自今垂拱殿日參宰臣特免宣名嘉定十二年正月臣僚奏竊見皇帝御正殿或御後殿固可間舉四參官亦有定日近者每日改常朝為後殿四參之禮亦多不講正殿後殿四參間免陛下臨朝之日固未嘗輟而外廷不知聖意或謂姑從簡便非所以肅百執事也常朝之禮止於從臣後殿之儀從臣不與四參止及卿郎而乃累月僅或一舉咫尺天威疎簡至此非所以尊君上而勵百辟也伏願陛下嚴常朝後殿四參之禮

起群下肅謹之心彰明時厲精之治豈不偉哉從之初群臣見辭謝皆赴正衙淳化二年知雜御史張郁言正衙之設謂之外朝凡群臣辭見及謝先詣正衙見訖御史臺具官位姓名以報閤門方許入對此國家舊制也自乾德後始詔先赴中謝後詣正衙而文武官中謝後次日並赴正衙内諸司遥領刺史閤門通事舍人以上新授者亦赴正衙辭謝出使急速免衙辭者亦具狀報臺違者罰奉一月其内諸司職官并將校至刺史以上新授者欲望同百官例赴正衙謝從之元豐既定朝參之制侍御史知雜事蒲中行

上言文德正衙之制尚存常朝之虛名襲橫行之謬例有司失於申請未能釐正兩省臺官文武百官赴文德殿東西相向對立宰臣一員押班聞傳不坐則再拜而退謂之常朝遇休假併三日以上應内殿起居官畢集謂之橫行自宰臣親王以下應見謝辭者皆先赴文德殿謂之過正衙然在京釐務之官例以別敕免參宰臣押班近年已罷而武班諸衛本朝又不常置故今之赴常朝者獨御史臺官與審官待次階官而已今垂拱内殿宰臣以下既已日參而文德常朝仍復不廢舛謬倒置莫此為甚至於橫行參假

與夫見謝辭官先過正衙雖沿唐之故事然必俟天子御殿之日行之可也詔下詳定官制所言今天子日聽政於垂拱以接執政官及内朝之臣而更於別殿宣敕不坐實為因習之誤兼有執事升朝官五日一赴起居而未有執事者反謂之參踈數之節尤為未當又辭見謝自已入見天子則前殿正衙對拜為虛文其連遇朝假則百官司赴大起居不當復有橫行參假宜如中行言於是常朝正衙横行之儀俱罷

志卷第六十九

志卷第七十　宋史一百十七

開府儀同三司上柱國錄軍國重事前中書右丞相監修國史領經筵事都總裁臣脫脫等奉
勑修

禮二十　賓禮二

入閤儀　明堂聽政儀　肆赦儀附
皇太后垂簾儀　皇太子正至受賀儀
皇太子與百官師保相見儀

入閤儀唐制天子日御正衙以見群臣必立仗朔望薦食陵寢不能臨前殿則御便殿乃自正衙喚仗由宣政兩門而入是謂東西上閤門群臣俟於正衙者因隨以入故謂之入閤五代以來正衙既廢而入閤亦希闊不講宋復行之建隆元年八月朔太祖常服御崇元殿設仗衛文武百官入閤始置待制候對官乃以工部尚書竇儼待制太常卿邊光範候對仗退賜食廊下乾德四年四月朔帝服通天冠絳紗袍御崇元殿視朝設金吾仗衛群臣入閤太宗淳化二年十一月詔以十二月朔御文德殿入閤令史館修撰楊徽之張洎定為新儀前一日有司供帳於文德殿宋初曰文明是日既明先列文武官于殿庭之東西百官軍校行軍副使等序班於正衙門外屏南階下次御史中丞三院御史序立中丞獨穿金吾班過揖兩班

一揖歸本位次監察御史兩員監閤於正衙門外并北階上北面立次中書門下文明翰林樞密直學士兩省官分班立次司天奏辰刻次閤門版奏班齊皇帝服鞾袍乘輦至長春殿駐輦樞密使以下奏謁前導至文德殿殿上承旨索扇捲簾皇帝升位扇卻儀鸞使焚香次文武官等拜次司天鷄唱次閤門勘契次閤門使承旨呼四色官喚仗南班有辭謝者再拜先退中書門下班對揖序立正衙門外并北階上次翰林學士兩省官中丞侍御史序立次金吾將軍押細仗入正衙門後橫行拜訖分行上黃道仗隨入金吾將軍至龍墀分班揖訖序立次吏部侍郎執文武班簿入對揖立次中書門下學士兩省御史臺官入北面拜訖上黃道將至午階嚴鞾急趨赴丹墀彈奏御史至吏部侍郎南便落黃道急趨就位起居郎舍人至兵部吏部侍郎後急趨而進飛至香案前皆揖訖序立次金吾大將軍先對揖並鞠躬嚴鞾行至折方石位又對揖北行至奏事石位鞠躬一員奏軍國內外平安倒行就位次引文武班就位揖訖鞠躬嚴鞾急趨入沙墀次引侍從班橫行宰相祝月起居畢分班序立文武兩班出序立於衙門外刑法待制官

封監奏位中書門下夾香案侍立兩省御史臺官學士兵部吏部侍郎金吾將軍監閤御史並相次出就衙門外立惟學士立門側北候宰相中書門下詣香案前奏曰中書公事臣等已具奏聞訖乃退揖殿出次刑法官待制官各奏事並宣徽使答訖乃出就班次彈奏官左右史出閤內失儀者彈糾如式彈奏官失儀起居郎糾之起居郎失儀閤門使糾之閤門使失儀宣徽使糾之凡出者皆嚴鞾急趨揖殿次中書門下學士就位閤門使宣放仗再拜賜廊下食又再拜次閤門使奏閤內無使文武官出殿上索扇垂簾輦還宮其賜廊下食自左右勤政門北東西兩廊文東武西以北為上立定中丞至本位面南一揖乃就坐食至臺吏贊乃搢笏食食訖復贊食畢而罷五月朔命有司增黃麾仗二百五十人令文武官隨中書門下橫行起居從翰林學士位于參知政事後與節度使分東西揖殿出真宗凡三行之景德以後其禮不行仁宗從知制誥李淑議仍讀時令詔禮官詳定儀注以言者謂未合典禮而罷熙寧三年知制誥宋敏求等言奉詔重修定閤門儀制內文德殿入閤儀按今文德殿唐宣政殿也紫宸殿唐紫宸殿也然祖宗視朝皆嘗

御文德殿入閤唐制常設仗衛于宣政殿或遇上坐紫宸即喚仗入閤如此則當御紫宸殿入閤方合舊典翰林學士王珪等議按入閤者乃唐舊日紫宸殿受常朝之儀也唐紫宸與今同宣政殿即今文德殿唐制天子坐朝必立仗于正衙若止御紫宸即喚正衙仗自宣政殿東西閤門入故為入閤五代以來遂廢正衙立仗之制今閤門所載入閤儀者止是唐常朝之儀非盛禮也自是入閤之禮遂罷敏求又言本朝惟入閤乃御文德殿視朝今既不用入閤儀即文德遂闕視朝之禮請下兩制及太常禮院約唐制御

宣政殿裁定朔望御文德殿儀以備正衙視朝之制學士韓維等以入閤圖增損裁定上儀曰朔日不值假前五日閤門移諸司排辦前一日有司供帳文德殿其日金吾將軍常服押本衛仗判殿中省官押細仗先入殿庭東西對列文武官東西序立諸軍將校分入北向立朝堂引贊官引彈奏御史二員入殿門踏道當下殿北向立次催文武班分入並東西相向立諸軍將校即於殿庭北向立班皇帝服鞾袍御垂拱殿鳴鞭內侍閤門管軍依朔望常例起居次引樞密宣徽三司使副樞密直學士內客省使以下至醫

官待詔及修起居注官二員並大起居諸司使以下退排立帝輦至文德殿後閤門奏班齊帝出殿上索扇升榻鳴鞭扇開捲簾儀鸞使焚香喝文武官就位四拜起居雞人唱時舍人於彈奏御史班前西向喝大起居御史由文武班後至對立位次引左右金吾將軍合班於宣制石南大起居班首出班躬奏軍國內外平安歸位再拜各歸東西押仗位通喝舍人於宣制石南北向對立舍人退於西階次揖宰臣親王以下躬奏文武百僚宰臣某姓名以下起居分引群臣以下橫行諸軍將校仍舊立閤門使喝大起居舍

人引宰臣至儀石北俛伏跪致詞祝月朔其詞云文武百僚宰臣全銜臣某姓名等言孟春之吉伏惟皇帝陛下膺受時祉與天無窮臣等無任歡呼抃蹈之至歸位五拜閤門使揖中書由東階升殿樞密使帶平章事以上由西階升殿侍立給事中一員歸左省位立轉對官立於給事中之南如罷轉對官每遇御史臺前期牒請文官二員並依轉對官例先於閤門投進奏狀吏部侍郎及刑法官立於轉對官南兵部侍郎於右省班南與吏部侍郎東南相向立搢笏各出班藉置笏上吏部兵部侍郎以知審刑官東西院官充刑法官以知審刑大理寺官充親王使相以下分班出引轉對官於宣制

石南宣徽使殿上承旨宣答如儀次吏部兵部侍郎
及刑法官對揖出次彈奏御史無彈奏對揖出（如有彈奏並如儀）
引給事中至宣制石南揖躬奏殿中無事喝祗
候揖西出次引修起居注官次引排立供奉官以下
各合班於宣制石南躬喝祗候揖分班出喝文武官
等門外祗候出索扇垂簾皇帝降坐鳴鞭舍人當殿
承旨放仗四色官嚴韡急趨至宣制石南稱奉敕放
仗金吾將軍并判殿中省官對拜訖隨仗出親王使
相節度使至刺史學士臺省官諸軍將校等並序班
朝堂謝賜茶酒帝復御垂拱殿中書樞密及請對官

奏事不引見謝辭班後殿坐臨時取旨其日遇有德
音制書御札仍候退御垂拱殿坐制箱出外應正衙
見謝辭文武臣僚並依御史臺儀制喚班依序分入
於文武班後以北為首分東西相向重行異位依見
辭謝班序位餘押班臣僚於班稍前押班候刑法官
對揖出分引近前揖躬舍人當殿宣班引轉對班見
謝辭並如紫宸儀樞密使不帶平章事參知政事至
同簽書樞密院事宣徽使並立於宣制石稍北宰臣
親王樞密使帶平章事使相係押班者立於儀石南
餘官並立於宣制石南如合通喚閤門使引並如儀

贊喝訖係中書樞密並揖升殿辭謝揖西出其合問
聖體者並如儀餘官分班出（彈奏御史候見謝辭班絕對揖出其朝見如謝）
（都城門外御筵及召赴闕謝茶藥撫問之類不可合班者各依別班中謝對賜酒食等並門賜其係正衙見門謝辭亦門外唱放）應正衙見謝辭臣僚前一日於閤門投
諳正衙榜子閤門上奏目又投正衙狀於御史臺四
方館應朔日或得旨罷文德殿視朝止御紫宸殿起
居其已上奏目正衙見謝辭班並放免依官品隨赴
紫宸殿引或值改依常朝文德殿自有百官班日並
如舊儀應外國蕃客見辭候喚班先引赴殿庭東係
本國職次重行異位立候見辭謝班絕西向躬舍人

當殿通班轉於宣制石南北向立贊喝如儀西出其
酒食分物並門賜如有進奉候彈奏御史出進奉入
（唯御馬及擔床自殿西偏門入東偏門出其進奉出入文武官起居舍人通某國進奉宣徽使喝進奉出）
（節次如紫宸儀）候進奉出給事中奏殿中無事出其後殿再
坐合引出者從別儀其日賜茶酒宰臣樞密於閤子
親王於本廳使相宣徽使兩省官待制三司副使文
武百官皇親使相以下至率府副率及四廂都指揮
使以下至副都頭並於朝堂（班朝堂位次不足即於朝堂門外敘次）管
軍節度使至四廂都指揮使節度使兩使留後至刺
史並於客省廳詔從所定

徽宗初建明堂禮制局列上七議一曰古者朔必告廟示不敢專請視朝聽朔必先奏告以見繼述之意二曰古者天子負扆南向以朝諸侯聽朔則各隨其方請自今御明堂正南向之位布政則隨月而御堂其閏月則居門焉三曰禮記月令天子居青陽總章每月異禮請稽月令十二堂之制修定時令使有司奉而行之四曰月令以季秋之月為來歲受朔之日請以每歲十月於明堂受新曆退而頒之郡國五曰古者天子負扆公侯伯子男蠻夷戎狄四塞之國各以內外尊卑為位請自今元正冬至及大朝會並御

明堂設使依賓禮蕃國各隨其方立於四門之外六曰古者以明堂為布政之宮自今若有御劄手詔並請先於明堂宣示然後榜之朝堂頒之天下七曰赦書德音舊制宣於文德殿自今非御樓肆赦並於明堂宣讀政和七年九月一日詔頒朔布政自十月為始是月一日上御明堂平朔左个頒天運政治及八年戊戌歲運曆數于天下自是每月朔御明堂布是月之政先是群臣五上表請負扆聽朝詔弗允至是復再請始從之十一月一日上御明堂南面以朝百辟退坐于平朔頒政其禮百官常服立明堂下乘輿

自內殿出負斧扆坐明堂大晟樂作百官朝于堂下大臣升階進呈所頒布時令左右丞一員跪請付外施行宰相承制可之左右丞乃下授頒政官頒政官受而讀之訖出閤門奏禮畢帝降坐百官乃退自是以為常其歲運曆數天運政治之辭文多不載是後則各隨歲月星曆氣運推移沿改而易其辭焉初尚書左丞薛昂請凡崇寧以來紹述熙豐政事各條其節目繫之月令頒于明堂每詔月之朔使民知寒暑燥濕之化而萬里之遠雖驛置日行五百里已不及時其千里外當前期十日進呈取旨頒布諸州長吏

封掌俟月朔宣讀之宣和元年蔡攸言周觀治象於正月之始和以十二月頒告朔于邦國皆不在十月後世以十月者祖秦朔故也秦以十月為歲首故月令以孟冬頒來歲之朔今不當用請以季冬頒歲運于天下詔自今以正月旦進呈宣讀四年二月太常王黼編類明堂頒朔布政與詔書條例氣令應驗凡六十三冊上之靖康元年詔罷頒朔布政

御樓肆赦每郊祀前一日有司設百官親王蕃國諸州朝貢使僧道耆老位宣德門外太常設宮縣鉦鼓其日刑部錄諸囚以俟駕還至宣德門內幄次改常

服群臣就位帝登樓御坐樞密使宣徽使侍立仗衛如儀通事舍人引群官橫行再拜訖復位侍臣宣曰承旨舍人詣樓前侍臣宣敕立金雞舍人退詣班南宣付所司訖太常擊鼓集囚少府監立雞竿於樓東南隅竿末伎人四面緣繩爭上取雞口所銜絳幡獲者即與之樓上以朱絲繩貫木鶴仙人乘之奉制書循繩而下至地以畫臺承鶴有司取制書置案上閤門使承旨引案宣付中書門下轉授通事舍人北面宣云有制百官再拜宣赦訖還授中書門下付刑部侍郎承旨放囚百官稱賀閤門使進詣前承旨宣答

訖百官又再拜舞蹈退若德音赦書自內出者並如文德殿宣制之儀其降御劄亦閤門使跪授殿門外置箱中百官班定閤門授宰臣讀訖傳告百僚皆拜舞稱萬歲真宗宣制有司請用儀仗四千人自承天殿設細仗導衛近臣起居訖則分左右前導之

皇太后臨朝聽政乾興元年真宗崩遺旨以皇帝尚幼軍國事兼權取皇太后處分宰相率百官稱賀復前奏慰又慰皇太后於簾前有司詳定儀式內東門拜表合差入內都知一員跪授傳進皇太后所降批荅首書覽表具之末云所請宜許或不許初丁謂定皇太后稱予中書與禮院參議每下制令稱予便殿處分稱吾皇太后詔止稱吾與皇帝並御承明殿垂簾決事百官表賀英宗即位輔臣請與皇太后權同聽政禮院議自四月內東門小殿垂簾兩府合班起居以次奏事非時召學士亦許至小殿時帝以疾權居柔儀殿東閤西室太后垂簾處分稱吾唯兩府日入候問聖體因奏政事退詣小殿簾外覆奏太后帝疾間御前後殿聽政兩府退朝循於小殿覆奏哲宗即位太皇太后權同聽政三省樞密院按儀注未釋服以前遇隻日皇帝御迎陽門日參官並赴起居依

例奏事每五日遇隻日於迎陽門垂簾皇帝坐於簾內之北宰執奏事則權升去左右侍衛事有機速許非時請對及賜宣召亦許升殿禮部御史臺閤門奏討論御殿及垂簾儀制每朔望六參皇帝御前殿百官起居三省樞密院奏事應見謝辭班退各令詣內東門進牓子皇帝雙日御延和殿垂簾日參官起居太皇太后移班少西起居皇帝並再拜三省樞密院奏事三日以上四拜不舞蹈候祔廟畢起居如常儀簾前通事以內侍殿下以閤門吏部磨勘奉舉人垂簾日引應見謝辭臣僚遇朔望參日不坐並先詣殿

門次內東門應擡賜者並門賜之於是帝御迎陽門幄殿同太皇太后垂簾宰臣親王以下合班起居當制分班十六至是合班以閤門奏請故也禮官請如有祥瑞邊捷宰臣以下紫宸殿稱賀皇帝畢赴內東門賀太皇太后從之徽宗即位皇太后權同聽政三省樞密院聚議故事嘉祐末英宗請慈聖同聽政五月同御內東門小殿垂簾至七月十三日英宗間日御前後殿輔臣奏事退詣內東門簾前覆奏又故事唯慈聖不立生辰節名不遣使契丹若天聖元豐則御殿垂簾立生辰節名遣使與契丹往還及避家諱

宋史一百十七 四百二十八 宋史志卷七十 十二 李俊寫

等曾布曰今上長君豈可垂簾聽政請如嘉祐故事蔡卞曰天聖元豐與今日皆遺制處分非嘉祐比布曰今日之事雖載遺制實出自德音又皆長君正與嘉祐事相似有旨依嘉祐治平故事布語同列曰奏事先太后次覆奏皇帝如今日所得旨遂為定式矣尋以哲宗靈駕發引太后手書罷同聽斷焉

皇太子元正冬至受群臣賀儀政和新儀前一日有司於東門外量地之宜設三公以下文武群官等次如常儀典儀設皇太子答拜褥位於階下南向又設文武群官版位於門之外其日禮直官舍人先引三公以下文武群臣以次入就位立定禮直官舍人引左庶子詣皇太子前跪請內嚴少頃又言外備內侍褰簾皇太子常服出次左右侍衛如常儀皇太子降階詣南向褥位典儀曰再拜贊者承傳曰再拜三公以下皆再拜皇太子答拜班首少前稱賀云元正首祚（冬至云天正長至）景福維新伏惟皇太子殿下與時同休賀訖少退復位左庶子前承令詣群臣前答云元正首祚（冬至云天正長至）與公等均慶典儀曰再拜班首以下皆再拜皇太子答拜訖禮直官通事舍人引三公以下文武百官以次出內侍引皇太子升階還次降簾

宋史一百十七 四百二十八 宋史志卷七十 十三 李俊寫

侍衛如常儀少頃禮直官舍人引知樞密院官以下入就位立定內侍引皇太子降階詣南向褥位樞密以下參賀如上儀訖退次引師傅保賓客以下入就位參賀如上儀師傅保以下以次出內侍引皇太子升坐禮直官引文武宮官入就位重行北向立典儀曰再拜在位官皆再拜左庶子少前跪言具官某言元正首祚（冬至云天正長至）伏惟皇太子殿下與時同休俛伏興復位典儀曰再拜在位者皆再拜分東西序立左庶子少前跪言禮畢左右近侍降簾皇太子降坐宮官退左右侍衛以次出

皇太子與百官相見至道元年有司言百官見皇太子自兩省五品尚書省御史臺四品諸司三品以下皆答拜餘悉受拜宮官自左右庶子以下悉用參見之儀其宴會位在王公上與師傅保相見政和新儀前一日府司設師傅保以下次於宮門外道西南向設軒架之樂於殿庭近南北向其日質明諸衛率各勒所部屯門列仗典謁設皇太子位於殿東階下西向設師傅保位於殿西階之西三少位於傅保之南稍却俱東向北上師傅保以下俱朝服至宮門通事舍人引就次左庶子請內嚴通事舍人引師傅保立

於正殿門之西三少在其南稍却俱東向北上左庶子言外備諸侍奉之官各服其器服俱詣閤奉迎皇太子朝服以出左右侍衛如常儀軒架作翼安之樂至東階下西向立樂止通事舍人引師傅保及三少入就位軒架作正安之樂至位樂止皇太子再拜師傅保以下答拜若三少特見則三少先拜通事舍人引師傅保以下出軒架正安之樂作出門樂止左庶子前跪稱左庶子某言禮畢皇太子入左右侍衛及樂作如來儀

志卷第七十

志卷第七十一　宋史一百十八

開府儀同三司上柱國錄軍國重事中書右丞相監修國史領經筵事都總裁臣脫脫等奉　敕修

禮二十一 賓禮三

朝儀班序　百官相見儀制　百官轉對

朝儀班序太祖建隆三年三月有司上合班儀太師太傅太保太尉司徒司空太子太師太傅太保嗣王郡王左右僕射太子少師少傅少保三京牧大都督大都護御史大夫六尚書常侍門下中書侍郎太子賓客太常宗正卿御史中丞左右諫議大夫給事中

中書舍人左右丞諸行侍郎秘書監光祿衛尉太僕大理鴻臚司農太府卿國子祭酒殿中少府將作監前任節度使開封河南太原尹太子詹事諸王傅司天監五府尹國公郡公中都督上都護下都督太子左右庶子五大都督府長史中都護下都護太常宗正少卿秘書少監光祿等七寺少卿司業三少監三少尹少詹事左右諭德家令率更令僕諸王府長史司馬司天少監起居舍人侍御史殿中侍御史左右補闕拾遺監察御史郎中員外郎太常博士五府少尹五大都督府司馬通事舍人國子博士五經博士

都水使者四赤令太常宗正秘書丞著作郎殿中丞尚食尚藥尚舍尚乘尚輦奉御大理正太子中允贊善中舍洗馬諸王友諮議參軍司天五官正凡雜坐者以此為準詔曰尚書中臺萬事之本而班位率次兩省官節度使出總方面古諸侯也又其檢校兼守官多至師傅三公而位居九寺卿監之下甚無謂也其給事諫議舍人宜降於六曹侍郎之下補闕次郎中拾遺監察次員外郎節度使升於六曹侍郎之上中書侍郎之下餘悉如故乾德元年閏十二月詔自今一品致仕官曾帶平章事者朝會宜綴中書門下

班二年二月詔重定內外官儀制有司請令上將軍在中書侍郎之下大將軍在少卿監之下諸衛率副率在東宮五品之下內客省使視太卿客省使視太監引進使視庶子判四方館事視少卿閤門使視少監諸司使視郎中客省引進閤門副使視員外郎諸司副使視太常博士通事舍人從本品供奉官視諸衛率殿直視副率樞密承旨視四品朝官兼南班官諸司使者從本品副承旨視寺監丞諸房副承旨視南省都事凡視朝官者本品下視京官在其上開寶六年九月詔曰周之宗盟異姓為後此先王所以睦

九族而和萬邦也晉王親賢莫二位望俱崇方資夾輔之功俾先三事之列宜位宰相上九年十一月詔齊王廷美武功郡王德昭位在宰相上大中祥符元年正月有司上酺宴班位駙馬都尉宮僚員僚皇親大將軍已下行門宰臣樞密使已下頡王皇親郡王侍衛馬軍都指揮使已上以皇親使相皇親節度使皇親觀察留後已下皇親防禦團練刺史三班合為一節度使觀察留後已下防禦團練刺史三班合為一並重行異位詔依所定既而武康軍節度使李端愿言使相亦當合為一班不當獨行尊異詔令閤門

再定而閤門引儀制及以前議為是端愿復伸其議自劾妄言乃詔太常禮院與御史臺同詳定禮院言常朝起居班次緣祖宗舊制不宜併合從之四年閏三月太常禮院閤門言準詔同詳定閤門使李端愍所奏閤門儀制宰臣與親王立班坐位分左右各為班首宰臣樞密使帶使相或帶郡王并使相作一行總為中書門下班其親王獨行一班者準封爵令兄弟皇子皆封國謂之親王所以他官不可參綴撿會坐次圖直將宗室使相輒綴親王蓋更張之時未見親王遂致失於講求近見朝拜景靈宮東陽郡王顥

亦緩親王班竊恐未安今取到閤門儀制其合班宰臣使相在東親王在西分班立又祥符元年宴坐次圖宰臣王旦與使相石保吉在東寧王元偓舒王元偁廣陵郡王元儼節度使惟吉在西分班坐其元儼惟吉是郡王與節度使許緩親王班竊慮當時出自特旨今來檢尋元初文字不見在先朝只依祥符元年宴坐次圖子親王及帶使相郡王在西為一班臣等參詳請依閤門儀制親王在西獨為一班宗室郡王帶使相許緩親王立班坐次即係臨時特旨從之熙寧二年四月國信所言大遼賀同天節左番使耶

律萌赴文德殿拜表言南使到北朝綴翰林學士班今來却在節度使之下館伴者諭之始就班時下御史臺閤門同詳定奏稱人使不知本朝翰林學士班自在節度使之下如遇合班即節度使在翰林學士之西差前別為一班立俱不相壓欲且依久來儀制體例詔依所定是月編修閤門儀制所言慶曆中改文明殿學士為觀文殿學士又置大學士按文明殿即今文德殿乃正衙前殿也後唐始置學士序位樞密副使之下每遇紫宸殿坐朝則升殿侍立蓋文德紫宸通謂之前殿故學士侍立為宜其觀文殿深在

禁中乃與資政端明殿相類而資政端明學士並不侍立竊詳慶曆所改職名雖用舊之班著而殿之次序與舊義理不同其觀文殿大學士自今遇紫宸殿坐朝請更不升殿侍立從之元祐元年五月詔太師平章軍國重事文彥博已降旨令獨班起居自今赴經筵都堂同三省樞密院事並序位在宰臣之上百官轉對自建隆詔內殿起居日令百官以次轉對限以二人其封章於閤門通進復鞠躬自奏宣徽使承旨宣答拜舞而出著為閤門儀制淳化二年詔自今內殿起居日復令常參官二人次對閤門受其章大

中祥符末罷不復行景德三年復詔群臣轉對其在外京官內殿崇班以上候得替先具民間利害實封於閤門上進方得朝見治平中命御史臺每遇起居日令百官轉對御史臺言舊制起居日輪兩省及文班秩高者二員轉對若兩省官有充學士待制則綴樞密班起居內朝臣僚不與尋詔遇轉對日增二員熙寧初閤門言舊制中書省樞密院奏事退再引三班假日則兩班或再御後殿引對多及午刻遇開經筵即至申末恐久勞聖躬請遇經筵日自二府奏事外止引一班或有急奏及言事官請對即取旨俟罷

經筵日仍舊又言假日御崇政殿每遇辰時則隔班過延和殿再引不待進食至巳刻隔班取旨尚許引對請自今隔班過延和殿俟巳進食再引遇寒暑大風雨雪即令次日引對詔自今授外任者許令轉對訖朝辭監察御史裏行張戩程顥言每欲奏事必俟朝旨或朝政有闕及聞外事而機速後時則已無所及況往復俟報必由中書萬一事干政府則或致阻格請依諫官例牒閤門求對或有急奏即許越次登對庶幾遇事入告無憂失時又以編修閤門儀制所言三衙有急奏許於後殿登對若別有奏陳則報閤

門如常制或假日御崇政殿則於巳得旨對班後續引且許兩制以上同班奏事元豐中詔尚書侍郎同郎官一員奏事郎中員外郎番次隨之不許獨留身侍郎以下亦不許獨請奏事其左右選非尚書通領者聽侍郎以上郎官自隨秘書殿中省諸寺監長官視尚書貳丞以下視侍郎又詔三省樞密院獨班奏事日無得過三班若三省俱獨班則樞密院當請奏事其見任官召對訖次日即朝辭回任聽旨元祐中宰臣呂大防言昨垂簾聽政惟許臺諫以二人同對故不正之言無得以入今陛下初見群臣請對者必衆既人人得進則善惡相雜故於采納尤難帝曰人君以納諫為上然邪正則不可不辨遂詔上殿班當直牒及帥臣國信使副許依元豐八年以前儀制紹聖初臣僚言文德殿視朝輪官轉對蓋襲唐制故祖宗以來每遇轉對侍從之臣亦皆與焉元祐間因言者免侍從官轉對續詔職事官權侍郎以上並免自此轉對止於卿監郎官而已請自今視朝轉對依元豐以前條制又詔自今三省樞密院進擬在京文臣開封府推判官武臣橫行使副在外文臣諸路監司藩郡知州武臣知州軍巳下取旨召對臣僚言每緣

職事請對待次旬日遇有急奏深恐失事請自今後許依六曹開封例先次挑班上殿仍不隔班又言諸路監司朝廷所選以推行法令省問風俗朝辭之日當令上殿六曹尚書如有職事奏陳許獨員上殿其群臣請對雖遇休假特御便殿聽納既又詔應節鎮郡守住令陛辭歸許登對不特審觀人材亦所以重外任也可於監司不許免對條下增入節鎮郡守依此重和元年臣僚言比年以來二三大臣奏對留身譏疏善良請求相繼甚非至公之體詔自今惟蔡京五日一朝許留身餘非除拜遷秩因謝及陳乞免罷

並不許獨班奏事令閤門報御史臺彈劾又詔寺監職事上部部上省故得上下維持綱紀所出今後雖係兩制職司寺監不許獨對臣僚言祖宗舊制有五日一轉對者今惟月朔行之有許朝官轉對者今惟待制以上預焉自明堂行視朔禮歲不過一再則是畢歲而論思者無幾請遇不視朔即令具章投進以備覽觀又諸路監司未經上殿者雖從外移先赴闕引對方得之官並從其議

百官相見儀制乾德二年詔曰國家職位肇分軌儀有序蕞等威之斯辨在品式之惟明矧著位之庶官及內司之諸使以至軒墀引籍州縣命官凡進見於宰相或參候於長吏既為總攝合異禮容稽於舊儀且無定法或傳冒天福周顯德中以廷臣內職賓從將校比其品數著為綱條載於刑統未為詳悉宜令尚書省集臺省官翰林秘書國子司業太常博士等詳定內外群臣相見之儀翰林學士承旨陶穀等奏兩省官除授假使出入並參宰相起居郎以下參同舍人五品以上官遇於塗斂馬側立須其過常侍以下遇三公三師尚書令引避其值僕射斂馬側立御史大夫中丞皆分路行起居郎以下避僕射遇大夫

斂馬側立中丞分路尚書丞郎郎中員外並參三師三公令僕郎中員外兼參左右丞本行尚書侍郎及本轄左右司郎中員外御史大夫以下參三師三公尚書令中丞兼參大夫知雜事參中丞三院御史兼知雜及本院之長大夫避尚書令以上遇僕射斂馬側立而避大夫遇尚書丞郎兩省官諸司三品以上金吾大將軍統軍上將軍皆分路餘官遇中丞悉引避知雜兼避中丞遇左右丞斂馬側立餘皆分路郎中及少卿監大將軍以下皆避知雜三院同行如知雜之例少卿監並參本司長官丞參少卿諸司三品遇僕射於塗皆引避諸衛大將軍參本衛上將軍東宮官參隔品凡參者若遇於塗皆避公參之禮列拜堂上位高受參者答焉四赤縣令初見尹趨庭受拜後升廳如客禮內客省使謁宰相樞密使以客禮閤門使以上列拜皆答客省副使至通事舍人諸司使樞密承旨不答焉自樞密使副宣徽使皆差降其禮供奉官殿直教坊使副辭令官伎術官並趨庭俟受諸司副使參大使通事舍人參閤門使防禦團練刺史謁本道節帥節度防禦團練副使謁本使並具軍容趨庭延以客禮少尹幕府於本院長官悉拜防禦

團練判官謁本道節帥並趨庭上佐州縣官見宰相
樞密使及本屬長官並拜於庭天長雄武等軍使見宰相樞密亦如之
參本府賓幕官及曹掾縣簿尉參令皆拜王府官見
親王如賓職見使長府縣官兼三館職者見大尹同
赤縣令六品以下未嘗參官見宰相樞密及本司長
官並拜階上流外見流內品官並趨庭諸司非相統
攝皆稱移牒分路者不得籠街及占中道依秩序以
分左右遇於驛舍非相統攝及名位懸隔先至者居
之臺省官當通官呵止者如舊式文武官不得假借
呼稱以紊朝制當避路者若被宣召及有所捕逐許

横度焉又令諸司使副使通事舍人見宰相樞密使
升階連姓通名展拜不答拜其見樞密副使參知政
事宣徽使以客禮展拜太平興國以後又制京朝官
知令録者見本州長吏以客禮三司判官推官主判
官見本使如郎中員外見尚書丞郎之儀咸平中又
詔開封府左右軍巡使京官知司録及諸曹參軍到
職縣見京尹並趨庭設拜六年命翰林學士梁顥等
詳定閤門儀制成六卷因上言三司副使序班朝服
比品素無定列至道中筵會在知制誥後郎中前今
請同諸司少卿監班位在上如官至給諫卿監者自

如本品朝會大宴隨判使赴長春殿起居引駕其朝
會引駕至前殿與諸司使同退大中祥符五年復命
翰林學士李宗諤等詳定儀制文武百官遇宰相樞
密使參知政事並避起居郎以下遇給舍以上歛馬
御史大夫遇東宮三師尚書丞郎兩省侍郎分路而
行中丞遇三師三少太常卿金吾上將軍並分路而
行知雜御史遇尚書侍郎諸司三品金吾大將軍統
軍諸位上將軍分路而行三院同行如知雜例不同
行遇左右丞則避尚書丞郎郎中員外遇三師三公
尚書令則避郎中員外遇丞郎則避太常博士以下

朝官遇本司長官三師三公僕射尚書丞郎大夫中
丞知雜御史並避權知判者不避遇兩省給舍以上
歛馬京官遇丞郎給舍大卿監祭酒以上及本寺少
監卿司業並避諸軍衞大將軍以下遇上將軍統軍
亦避詹事遇上臺官如卿監之例庶子少詹事至太
子僕遇東宮三師三少並避遇上臺官如少卿監例
中允以下遇東宮三師三少並避遇賓客詹事歛馬
遇上臺官如太常博士例應合避尚書者並避三司
使其權知開封府如本官品避其臺省官雖不合避
而職在統臨者並避武班內職並依此品大觀二年

定王嘉王府侍講沈錫等奏二王出就外學其初見
及侍王禮儀講說疏數之節請如故事手詔按祥符
故事記室翊善見諸王皆下拜真宗特以張士遜為
王友命王答拜以示賓禮今講讀輔翊之官職在訓
道亦王友傳也可如例令王答拜群臣赴臺參謝辭
者（新授加恩出使者）尚書侍郎則三院御史各一員中丞大
夫皆對拜（三院仍班迎不出班即不赴）節度使賓客太常宗正卿
則御史一員中丞大夫皆對拜兩使留後至刺史秘
書監至五官正上將軍至郎將四廂都指揮使及內
職軍校遥郡以上樞密都承旨及內職帶正員官者

四赤縣令三京司録節度行軍至團練副使幕職官
任憲銜者皆御史一員對拜中丞大夫對揖（亦令讀講說諱）
（得參風憲乖指而退）若曾任中書門下及左右丞皆不赴加階
勳食邑章服館閣三司開封府職事及內職轉使額
軍額亦不赴臺謝僕射過正衙日臺官大夫以下與
百官並詣幕次致賀（文官一品二品曾任中書樞密院者不赴）大夫中丞
則郎中少卿監大將軍以下亦然（本官約止則不赴僕射赴上都省者）
（罷此儀）

志卷第七十一

志卷第七十二　宋史一百十九

開府儀同三司上柱國録軍國重事中書右丞相兼修國史領經筵事都總裁臣脫脫等奉
勅修

禮二十二　賓禮四

録周後　録先聖後　羣臣朝使宴餞
朝臣時節餽廩　外國君長來朝
契丹夏國使副見辭儀　高麗附
金國使副見辭儀　諸國朝貢

昔周滅殷封微子為殷後俾修其禮物作賓于王家
與國咸休宋以柴周之後為二恪又録孔子之後亦
先王崇德象賢之意也故皆為賓禮其餘則有朝使
之宴餞歲時之廩餽及外國之使聘遠方之朝貢著

其迓餞宴賚之式登降揖遜之儀備一代之制焉
太祖建隆元年正月四日詔曰封二王之後備三恪
之賓所以示子傳孫興滅繼絕夏商之居杞宋周隋
之啓介鄰古先哲王實用茲道矧予涼德歷試前朝
雖周德下衰勉從於禪讓而虞賓在位豈忘於烝嘗
其封周帝為鄭王以奉周嗣正朔服色一如舊制又
詔曰矧惟眇躬逮事周室謳歌獄訟雖歸新造之邦
廟貌園陵豈忘舊君之禮其周朝嵩慶二陵及六廟
宜令有司以時差官朝拜祭饗永為定式仍命周宗
正卿郭玘行禮乾德六年八月詔於周太祖世宗陵

寢側各設廟宇塑像命右賛善大夫王碩管句修葢開寶六年三月周鄭王殂詔輟朝十日帝素服發哀於便殿十月四日葬周恭帝於順陵詔特輟四日五日朝參仁宗天聖六年録故虢州防禦使柴貴子肅爲三班奉職七年録故太子少傅柴守禮孫詠爲三班奉職其後又録柴氏之後曰熈曰愈曰若拙曰上善並爲三班奉職曰餘慶曰織爲州長史助教曰貽廓等十一人復其身仍各賜錢一萬又録世宗曾孫揆柔及貴曾孫日宣守禮曾孫若訥皆爲三班奉職嘉祐四年著作郎何鬲言昔舜受堯禹受舜之天下

而封丹朱商均以爲國賓周漢以降以及於唐莫不崇奉先代逮及苗裔本朝受周天下而近代之盛莫如唐自梁以下皆不足以崇襲臣願玫求唐周之裔以備二王之後授以爵命封縣立廟世世承襲永爲國賓事下太常議曰古者立二王後不惟繼絶無取其明德可法五代草創載祀不永文章制度一無可攷上取唐室世數已遠於經不合惟周則我受禪之所自義不可廢宜訪求子孫如孔子後衍聖公授一京官爵以公號使專奉廟饗歲時存問賜之粟帛牲器祭服每遇時祀並從官給其廟宇亦加嚴飾如此則上不失繼絶之義度之於今亦簡而易行從之四月詔曰先王推紹天之序尚尊賢之義褒其後嗣賓以殊禮豈非聖人稽古報功之大典我國家受命之元繼周而王雖民靈欣戴曆數允集而虞賓將遜德義丕顯頃者推命本始褒及支庶每遇南郊許奏白身一名充班行恩則厚矣而義未稱將上采姚姒之舊略循周漢之典詳其世嫡優以公爵異其仕進之路申以土田之錫俾廟寢有奉饗祀不輟庶幾乎春秋通三統厚先代之制矣宜令有司取柴氏譜系於諸房中推最長一人令歲時親奉周室祀事如白身即

與京主簿如爲班行者即比類换文資仍封崇義公與河南府鄭州合入差遣給公田十頃專管句陵廟應緣祭饗禮料所須皆從官給如至知州資序即別與差遣却取以次近親令襲爵授官永爲定式八月太常禮院定到内殿崇班相州兵馬都監柴詠於柴氏諸族最長詔換殿中丞封崇義公簽書奉寧軍節度判官事以奉周祀又以六廟在西京而歲時祭饗無器服之數令有司以三品服一四品服二及所當用祭器給之熈寧四年西京留司御史臺司馬光言崇義公柴詠祭祀不以儀式周本郭姓世宗后姪爲

郭氏後今存周後則宜封郭氏子孫以奉周祀帝閱
奏問王安石安石曰宋受天下於世宗柴氏也帝曰
為人後者為之子安石曰為人後於異姓非禮也雖
受天下於郭氏豈可以天下之故而易其姓氏所出
帝然之五年正月柴詠致仕詠長子早亡嫡孫夷簡
當襲太常禮院言夷簡有過合以次子西頭供奉官
若訥承襲詔以若訥為衛尉寺丞襲封崇義公簽書
河南府判官廳公事政和八年徽宗詔曰昔我藝祖
受禪于周嘉祐中擇柴氏旁支一名封崇義公議者
謂不當封周然禪國者周而三恪之封不及禮蓋未

盡除崇義公依舊外擇柴氏最長見在者以其祖父
為周恭帝後以其孫世世為宣義郎監周陵廟與知
縣請給以示繼絕之仁為國二恪永為定制紹興五
年詔周世宗玄孫柴叔夏為右承奉郎襲封崇義公
奉周後二十六年叔夏升知州資序別與差遣以子
國器襲封令居衢州朝廷有大禮則入侍祠如故事
其柴大有柴安宅亦各補官淳祐九年又以世宗八
世孫柴彥穎特補承務郎襲封崇義公時又求隋唐
及朱氏李氏石氏劉氏郭氏之後及吳越荆南湖南
蜀漢諸國之子孫皆命以官使守其祀具見本紀世

家
錄先聖後仁宗景祐二年詔以孔子四十六世孫北
海尉宗愿為國子監主簿襲封文宣公皇祐三年七
月詔曰國朝以來世以孔氏子孫知仙源縣使奉承
廟祀近歲廢而不行非所以尊先聖也宜以孔氏子
孫知仙源縣事至和初太常博士祖無擇言按前史
孔子後襲封者在漢魏曰褒成褒尊宗聖在晉宋曰
奉聖後魏曰崇聖北齊曰恭聖後周隋並封鄒國唐
初曰褒聖開元中始追謚孔子為文宣王又以其後
為文宣公不可以祖謚而加後嗣遂詔有司定封宗

愿衍聖公令世襲焉治平初用京東提點王綱言自
今勿以孔氏子弟知仙源縣其襲封人如無親屬在
鄉里令常任近便官不得去家廟熙寧中以四十八
代孫若蒙為沂州新泰縣主簿襲封元祐初朝議大
夫孔宗翰辭司農少卿請依家世例知兗州以奉祀
又言孔子後襲封號爵本為侍祠今乃兼領他官不
在故郡請自今襲封者無兼他職終身使在鄉里朝
議依所請命官以司其用度立學以訓其子孫襲封
者專主祠事增賜田百頃共祭祀之餘許均贍族人
其差墓戶並如舊法賜書置教授一員教諭其家子

弟鄉鄰或碩學者聽改衍聖公為奉聖公及刪定家祭冕服等制度須賜之其後通直郎孔宗壽等舉若蒙弟若虛襲封仍請自今衆議擇承襲之人不必子繼庶幾留意祖廟惇睦族人宣和三年詔宣議郎孔端友襲封衍聖公為通直郎直秘閣仍許就任關升以示崇奬端友言詔敕文宣王後與親屬一人判司簿尉令孔若采當承繼推恩詔補迪功郎高宗紹興二年以四十九代孫孔玠襲封衍聖公其後以搢以文遠以萬春以洙終宋世皆襲封主祀事

群臣朝覲出使宴餞之儀太祖太宗朝藩鎮牧伯沿

五代舊制入覲及被召使回客省齎餼賜酒食節度使十日留後七日觀察使五日代還節度使五日留後三日觀察一日防禦使團練使刺史並賜生料節度使以私故到闕下及步軍都虞候以上出使回者亦賜酒食熟羊群臣出使回朝見日面賜酒食中書樞密宣徽使使相並樞密使伴三司使學士東宮三師僕射御史大夫節度使並宣徽使伴兩省五品以上侍御史中丞三司副使東宮三少尚書丞郎卿監上將軍留後觀察防禦團練使刺史宣慶宣政昭宣使並客省使伴少卿監大將軍諸司使以下任發運轉運提點刑獄知軍州通判都監巡檢回者即賜並通事舍人伴客省引進四方館閤門使並本廳就食群臣賀賜衣奉慰並特賜茶酒或賜食外任遣人進奉亦賜酒食或生料自十月一日後盡正月每五日起居百官皆賜茶酒諸軍分校三日一賜冬至二社重陽寒食樞密近臣禁軍大校或賜宴其第及府署中率以為常大中祥符五年詔自今兩省五品尚書省四品諸司三品以上官同列出使並許醵錢餞飲仍休假一日餘官有親屬僚友出行任以休務日餞送故事樞密節度使使相還朝咸賜宴於外苑見辭

日長春殿賜酒五行仍設食當直翰林龍圖閣學士以上皇親觀察使預坐八年四月侍衛步軍副都指揮使王能自鎮定來朝宴於長春殿閤門言舊制節度使掌兵無此禮例既赴坐則殿前馬軍都校當侍立於品秩非便遂令皆預位中興仍舊制凡宰相樞密執政使相節度外國使見辭及來朝皆賜宴内殿或都亭驛或賜茶酒並如儀

時節餽廩大中祥符五年十一月以宰相王旦生日詔賜羊三十口酒五十壺米麪各二十斛令諸司供帳京府具衛前樂許宴其親友旦遂會近列及丞郎

給諫修史屬官餞又賜樞密使副參知政事羊三十口酒三十壺米麪各三十斛其後以務非便奏罷會而賜如故又制僕射御史大夫中丞節度留後觀察內客省使權知開封府正至寒食並客省簽賜羊酒米麪立春賜春盤寒食神餤餳粥端午糉子伏日蜜沙冰重陽糕並有酒三伏日又五日一賜冰四廂及廂都指揮使中書舍人統軍防禦團練使刺史客省使樞密都承旨知銀臺司審刑院三司三司勾院諸司使禁軍校忠佐海外諸蕃進奉領刺史以上至寒食並賜節料立春奉內朝者皆賜幡勝元祐二

年十一月冬至詔賜御筵於呂公著私第遣中使賜上尊酒香藥果實縷金花等以御飲罷勸酒遣教坊樂工給內帑錢賜之及暮賜燭傳宣令繼燭皆異恩也紹興十三年十二月二十三日高宗賜宰臣秦檜詔曰省所奏辭免生日賜宴朕聞賢聖之興必五百歲君臣之遇蓋亦千載夫以不世之英值難逢之會則其始生之日可不為天下慶乎式燕樂衎所以示慶也非喬嶽之神無以生申甫非宣王之能任賢無以暢與今日之事不亦臣主俱榮哉宜服異恩毋守沖節所請宜不允

宋朝之制凡外國使至及其君長來朝皆宴于內殿近臣及刺史正郎都虞候以上皆預太祖建隆元年八月三日宴近臣於廣政殿江南吳越朝貢使皆預乾德三年五月十六日宴近臣及孟昶于大明殿開寶四年五月七日宴近臣及劉鋹于崇德殿十一月五日江南李煜吳越錢俶各遣子弟來朝宴于崇德殿八年三月晦宴契丹使于長春殿太平興國二年二月十一日宴兩浙進奉使契丹國信使及李煜劉鋹禁軍都指揮使以上于崇德殿不舉樂酒七行而罷契丹遣使賀登極也五月十一日再宴契丹使

于崇德殿酒九行而罷以其貢助山陵也三年正月十六日宴劉鋹李煜契丹使諸國蕃客于崇德殿以契丹使來賀正故也三月二十五日吳越錢俶來朝宴于長春殿親王宰相節度使劉鋹李煜皆預十月十六日宴宰相親王以下及契丹使高麗使諸州進奉使於崇德殿以乾明節罷大宴故也是後宴外國使為常其君長來朝先遣使迎勞於候館使者朝服稱制曰奉制勞其主國主迎於門外與使者俱入升階使者執束帛稱有制國主北面再拜稽首受幣又再拜稽首以土物儐使者再拜受國主送使者出鴻

臚引詣朝堂所司奏聞通事舍人承敕宣勞再拜就館翌日遣使戒見日如儀又次日奉見于乾元殿設黄麾仗及宮縣大樂典儀設國主位於縣南道西北向又設其國諸官之位於其後所司迎引國主服其國服至明德門外通事舍人引就位侍中奏中嚴皇帝服通天冠絳紗袍出自西房即御位典儀贊拜國主再拜稽首侍中承制降勞皆再拜稽首敕升坐又再拜稽首至坐俛伏避席侍中承制曰無下拜國主復位次引其國諸官以次入就位再拜並如上儀侍中又承制勞還館通事舍人引國主降復位再拜稽

首出其國諸官皆再拜以次出侍中奏禮畢皇帝降坐其錫宴與受諸國使表及幣皆有儀具載開寶通禮

契丹國使入聘見辭儀自景德澶淵會盟之後始有契丹國信使副元正聖節朝見大中祥符九年有司遂定儀注前一日習儀于驛見日皇帝御崇德殿宰臣樞密使以下大班起居訖至員僚起居後館伴使副一班入就位東面立次接書匣閤門使升殿立次通事入不通喝拜兩拜奏聖躬萬福又喝兩拜隨呼萬歲喝祇候赴東西接引使副位舍人引契丹使副

自外捧書匣入當殿前立天武官擡禮物分東西面入列於殿下以東為上舍人喝天武官起居兩拜隨呼萬歲奏聖躬萬福喝各祇候閤門從東階降至契丹使位揖使跪進書匣閤門側身搢笏跪接舍人受之契丹使立閤門執笏捧書匣升殿當御前進呈訖授內侍都知都知拆書以授宰臣宰臣樞密進呈訖遂擡禮物出舍人與館伴使副引契丹使副至東階下閤門使下殿揖引同升立御前至國信大使傳國主問聖體通事傳譯舍人當御前鞠躬傳奏訖揖起北使皇帝宣閤門迴問國主北使跪奏舍人當御前

鞠躬奏訖遂揖北使起却引降階至辭見位面西揖躬舍人當殿通北朝國信使某官某祇候見應喏絕引當殿喝拜大起居（其拜舞並依本國禮）出班謝面天顏歸位喝拜舞蹈訖又出班謝沿路驛館御筵茶藥及傳宣撫問復歸位喝拜舞蹈訖舍人宣有敕賜窄衣一對金蹀躞子一金塗銀冠一鞾一兩衣着三百匹銀二百兩鞍轡馬一（每句應喏）跪受起拜舞蹈訖喝祇候應喏西出（凡傳語并奏聖躬萬福致辭並通事傳譯舍人當殿鞠躬奏聞後同）次通北朝國信副使某官某祇候見其拜舞謝賜致詞並如上儀西出（其敕賜衣一對金腰帶一幞頭靴笏衣着二百匹銀器一百兩鞍轡馬一）次通事及

舍人引舍利已下分班入不通便引合班贊喝大起居拜舞如儀舍人喝有敕賜衣服束帶衣着銀器分物應喏跪授擡擔床跪起舞蹈拜訖喝各祇候分班引出次引差來通事以下從人分班入不通便引合班喝兩拜奏聖躬萬福又拜隨呼萬歲喝有敕各賜衣服腰帶衣着銀器分物應喏跪授起喝兩拜隨拜萬歲喝各祇候唱喏分班引出次行門殿直入起居訖殿上侍立文明殿樞密直學士三司使內客省使下殿舍人合班奏報閤門無事唱喏訖卷班西出客省閤門使以下東出其排立供奉官已下橫行合班

宣徽使殿上喝供奉官已下各祇候分班出並如常儀皇帝降坐還內宴日契丹使副以下服所賜承受引赴長春殿門外幷侍宴臣僚宰執親王樞密使以下祇候俟長春殿諸司排當有備閤門使附入內都知奏班齊皇帝坐鳴鞭宰臣親王以下並宰執分班舍人引入其契丹使綴親王班入舍人通某甲以下唱喏班首奏聖躬萬福喝各就坐兩拜隨呼萬歲喝就坐分班引上殿或皇帝撫問契丹使副舍人便引下殿喝兩拜隨拜萬歲喝各就坐次舍人通事分引舍利以下東西分班喝兩拜喝就坐分引赴兩廊下

次舍人引差來通事從人東西分班入合班喝兩拜隨拜萬歲喝就坐分引赴兩廊次喝教坊已下兩拜班首奏聖躬萬福又喝拜兩拜隨拜萬歲喝各祇候次引看盞二人稍近前喝拜兩拜隨拜萬歲喝上殿祇候分東西上殿立有司進茶床內侍酹酒訖閤門使殿上御前鞠躬奏某甲已下進酒餘如常儀宴起宰臣已下降階舍人喝兩拜搢笏舞蹈喝各祇候分班出次舍利合班喝兩拜舞蹈三拜拜謝訖喝各祇候分引出次通事從人合班喝兩拜隨拜萬歲喝各祇候分班引出次喝教坊使已下兩拜隨拜萬歲喝

各祇候如傳宣賜茶酒又喝謝茶酒拜兩拜隨拜萬歲喝各祇候出閤門使殿上近前側奏無事皇帝降坐鳴鞭還內辭日皇帝坐內殿起居班欲絕諸司排當有備催合侍宴臣僚東西相向班立崇德殿庭俟奏班齊舍人喝拜東西班殿侍兩拜奏聖躬萬福喝各祇候次舍人通館伴使副某甲以下常起居次通契丹使某甲常起居次通副使某甲常起居俱引赴西面立次通宰臣以下橫行通某甲以下應喏奏聖躬萬福喝各就坐應喏兩拜呼萬歲分升殿東西向立次通事舍人引契丹舍利以下次差來通事從人

倶分班入當殿兩拜奏聖躬萬福喝各就坐兩拜呼萬歲分引赴兩廊立次通教坊使看盏及進茶床酹酒并閤門奏進酒並如長春宴日之儀酒五巡起宰臣以下降階班立兩拜搢笏舞蹈三拜喝各祗候宰臣以下并三司使文明殿學士樞密直學士升殿侍立其餘臣僚并契丹使並出次引舍利及差來從人倶兩拜萬歲訖分班引出如傳宣賜茶酒更喝謝拜如前儀已上班絶舍人再引契丹使人西面揖躬舍人當殿通北朝國信使某祗候辭通訖引當殿兩拜出班致辭歸位又兩拜訖宣有勑賜跪受拜舞訖喝

好去遂引出次引副使致詞受賜拜舞如前儀亦出次引舍利已下次引差來通事從人倶分班入舍人喝有勑賜衣服衣着銀器分物各應喏跪受候擡擔床絶就拜起又兩拜萬歲喝好去分班引出其使副各服所賜再引入當殿兩拜萬歲訖喝祗候引升殿當御前立皇帝宣閤門使授旨傳語國主舍人揖國信使跪閤門使傳旨通譯訖揖國信使起立閤門使御前搢笏於内侍都知處捧授書匣舍人揖國信使跪閤門使跪分付訖揖起下殿西出政和詳定五禮有紫宸殿大遼使朝見儀紫宸殿正旦宴大遼使儀

紫宸殿大遼使朝辭儀崇政殿假日大遼使朝見儀崇政殿假日大遼使朝辭儀其紫宸殿赴宴遼使副位御坐西諸位上將軍之南夏使副在東朶殿並西向北上高麗交阯使副在西朶殿並東向北上遼使舍利從人各在其南夏使從人在東廊舍利之南諸蕃使副首領高麗交阯從人溪峒衙内指揮使在西廊舍利之南又至各就位有分引兩廊班首詣御坐進酒樂作賛各賜酒群官倶再拜就坐酒五行皆作樂賜華皇帝再坐赴宴官行謝華之禮

夏國進奉使見辭儀夏國歲以正旦聖節入貢元豐

八年使來詔夏國見辭儀制依嘉祐八年見于皇儀殿門外朝辭詣垂拱殿政和新儀夏使見日俟見班絶謝班前使奉表函引入殿庭副使隨入西向立舍人揖躬舍人當殿躬奏夏國進奉使姓名以下祗候見引當殿前跪進表函舍人受之副入内侍省官進呈使者起歸位四拜起居舍人宣有勑賜其物兼賜酒饌跪授箱過俛伏興再拜舍人曰各祗候揖西出次從人入不奏即引當殿四拜起居舍人宣賜分物兼賜酒食跪授箱過俛伏興再拜舍人曰各祗候揖西出辭日引使副入殿庭西向立舍人揖躬舍人當

殿躬奏夏國進奉使姓名以下祗候辭引當殿四拜
宣賜其物酒饌再拜如見儀凡蕃使見辭同日者先
夏國次高麗次交阯次海外蕃客次諸蠻
高麗進奉使見辭儀見日使捧表函引入殿庭副使
隨入西向立舍人鞠躬當殿前通高麗國進奉使姓
名以下祗候見引當殿使稍前跪進表函俛伏興訖
歸位大起居班首出班躬謝起居歸位再拜又出班
謝面天顏沿路館券都城門外茶酒歸位再拜搢笏
舞蹈俛伏興再拜舍人宣有敕賜其物兼賜酒食搢
笏跪授箱過俛伏興再拜舍人曰各祗候揖西出次

押物以下入不通即引當殿四拜起居宣有敕賜其
物兼賜酒食跪授箱過俛伏興再拜起居舍人曰各
祗候揖西出辭日引使副入殿庭西向立舍人揖躬
舍人當殿躬通高麗進奉使姓名以下祗候辭引當
殿四拜起居班首出班致詞歸位再拜舍人宣有敕
賜其物兼賜酒食搢笏跪授箱過俛伏興再拜舍人
曰好去揖西出次從人入辭如見政和元年詔高麗
在西北二國之間自今可依熙寧十年指揮隸樞密
院明年入貢詔復用熙寧例以文臣充接伴使副仍
往還許上殿七年賜以籩豆各十二簠簋各四登一

鉶二鼎二罍洗一尊二銘曰惟爾令德孝恭世稱東
蕃有來顯相予一人嘉之用錫爾寶尊以寧爾祖考
子子孫孫其永保之紹興二年高麗遣使副來貢並
賜酒食于同文館
金國聘使見辭儀宣和元年金使李善慶等來遣直
秘閣趙有開偕善慶等報聘已而金使復至用新羅
使人禮引見宣政殿徽宗臨軒受使者書自後屢遣
使來帝待之甚厚時引上殿奏事賜予不貲禮遇並
用契丹故事紹興三年十二月宰臣進呈金使李永
壽等正旦入見故事百官俱入上曰全盛之時神京

會同朝廷之尊百官之富所以夸示今暫駐於此事從
簡便舊日禮數豈可盡行無庸俱入使人見辭並賜
食于殿門外八年金國遣使副來就驛議和詔王倫
就驛賜宴十一年十一月金國遣審議使來入見時
殿陛之儀議猶未決議者謂兵衛單弱則非所以隆
國體欲設仗衛恐駭虜情乃設黃麾仗千五百人于
殿廊蔽以帟幙班定徹帷十二年扈從徽宗梓宮皇
太后使副來十三年十一月有司言賀正旦使初至
於盱眙軍賜宴未審回程合與不合筵待詔內侍省
差使臣二員沿路賜御筵一員於平江府一員於鎮

江府一員於盱眙軍尋詔金國賀正旦人使到闕赴宴等坐次令與宰臣相對稍南使副上下馬於執政官上下馬處三節人從並於宮門外上下馬立班則於西班與宰臣相對立仍權移西班使相在東壁宰臣之東十四年正月一日宴金國人使于紫宸殿文臣權侍郎已上武臣刺史已上赴坐自後正旦賜宴倣此五月金國始遣賀天申節使來有司言合照舊例北使賀生辰聖節使副隨宰臣紫宸殿上壽進壽酒畢皇帝宰臣以下同使副酒三行教坊作樂三節人從不赴既而三節人從有請乞隨班上壽詔許之

仍賜酒食遇賀正人使朝辭在上辛祠官致齋之內仍用樂二十九年以皇太后崩其賀正使副止就驛賜宴見辭日賜茶酒並不舉樂大率北使至闕先遣伴使賜御筵于班荊館（在赤岸去府五十里）酒七行翌日登舟至北郭稅亭茶酒畢二馬入餘杭門至都亭驛賜褥被鈔鑼等明日臨安府書送酒食閤門官入位具朝見儀投朝見榜子又明日入見伴使至南宮門外下馬北使至隔門內下馬皇帝御紫宸殿六參官起居北使見畢退赴客省茶酒遂宴垂拱殿酒五行惟從官已上預坐是日賜茶器名果又明日賜生餼見之

二日與伴使偕往天竺燒香上賜沉香乳糖齋筵酒果次至冷泉亭呼猿洞而歸翌日賜內中酒果風藥花餳赴守歲夜筵酒五行用傀儡正月朔旦朝賀禮畢上遣大臣就驛賜御筵中使傳旨宣勸酒九行三日客省簽賜酒食內中賜酒果遂赴浙江亭觀潮酒七行四日赴玉津園燕射命諸校善射者假管軍觀察使伴之上賜弓矢酒行樂作伴射官與大使並射弓館伴副使並射弩酒九行退五日大宴集英殿尚書郎監察御史已上皆預學士撰致語六日朝辭退賜襲衣金帶大銀器臨安府書送贐儀復遣執政官

就驛賜宴曉赴解換夜筵伴使與北使皆親勸酬且以衣物為侑次日加賜龍鳳茶金鍍合乘馬出北闕門登舟宿赤岸又次日復遣近臣押賜御筵自到闕朝見射射朝辭共賜大使金千四百兩副使金八百八十兩衣各三襲金帶各三條都管上節各賜銀四十兩中下節各三十兩衣一襲塗金帶一條使人到闕筵宴凡用樂人三百人百戲軍七十人築毬軍三十二人起立毬門行人三十二人旗鼓四十人並下臨安府差相撲一十五人於御前等子內差並前期教習之

諸國朝貢其交州宜州黎州諸國見辭並如上儀惟
廷勞宴賚之數則有殺焉其授書皆令有司付之又
有西蕃唃氏西南諸蕃占城回鶻大食于闐三佛齊
邛部川蠻及溪峒之屬或比間數歲入貢層檀日本
大理注輦蒲甘龜茲佛泥拂菻真臘羅殿渤泥邈黎
闍婆甘眉流諸國入貢或一再或三四不常至注輦
三佛齊使者至以真珠龍腦金蓮花等登陛跪散之
謂之撒殿元祐二年知潁昌府韓縝言交阯小國其
使人將及境臣嘗近弼難以抗禮按元豐中廷以兵
官餞以通判使副詣府其犒設令兵官主之請如故

事仍詔所過郡凡前宰相執政官知判者亦如之又
詔立回賜于闐國信分物法歲遣貢使雖多止一加
則又命于闐國使以表章至則間歲聽一入貢餘令
於熙秦州貿易禮部言元豐著令西南五姓蕃每五
年許一貢今西蕃泰平軍入貢期限未及詔特許之
學士院言諸蕃初入貢者請令安撫鈐轄轉運等司
體問其國所在遠近大小與見今入貢何國為比保
明聞奏庶待遇之禮不致失當宣和詔蕃國入貢令
本路驗實保明如涉詐偽以上書詐不實論建炎三
年占城國王遣使進貢適遇大禮遂加恩特授檢校

少傅加食邑自後明堂郊祀並倣此紹興二年占城
國王遣使貢沉香犀象玳瑁等答以綾錦銀絹建炎
四年南平王薨差廣南西路轉運副使尹東珣充弔
祭使賜絹布各五百疋羊酒寓錢寓綵寓金銀等就
欽州授其國迎接人制贈侍中進封南越王封其子
為交阯郡王遇大禮並加恩如占城國王淳熙元年
賜安南國王印銅鑄塗以金紹興七年三佛齊國乞
進章奏赴闕朝見詔許之令廣東經略司斟量只許
四十人到闕進貢南珠象齒龍涎珊瑚琉璃香藥詔
補保順慕化大將軍三佛齊國王給賜鞍馬衣帶銀

器賜使人宴于懷遠驛淳熙五年再入貢計其直二
萬五千緡回賜綾錦羅絹等物銀二千五百兩紹興
三十一年正月安南獻馴象帝曰蠻夷貢方物乃其
職但朕不欲以異獸勞遠人其令帥臣告諭自今不
必以馴象入貢三十二年孝宗登極詔曰比年以來累
有外國入貢太上皇帝沖謙弗受況朕涼菲又何以
堪自今諸國有欲朝貢者令所在州軍以理諭遣毋
得以聞淳祐三年安南國主陳日煚來貢加賜功臣
號十一年再來貢景定三年六月日煚上表貢獻乞
授其位於其子陳威晃咸淳元年二月加安南大國

王陳日煚功臣增安善二字安南國王陳威晃功臣增守義二字各賜金帶鞍馬衣服二年復上表進貢禮物賜金五百兩賜帛一百匹降詔嘉奬

志卷第七十二

志卷第七十三 宋史一百二十

開府儀同三司上柱國錄軍國重事前中書右丞相監修國史領經筵事都總裁臣脫脫等奉

勅修

禮二十三 賓禮五 附錄

羣臣上表儀 宰臣赴上儀

朝省集議班位 臣僚上馬之制

臣僚呵引之制

群臣上表儀通禮守宮設次于朝堂文東武西相對為首設中書令位于群臣之北禮曹掾舉表案入引中書令出就南面立禮部郎中取表授中書令令即受表入奏其禮凡正至不受朝及邦國大慶瑞上尊號請舉行大禮宰相率文武群臣暨諸軍將校蕃夷酋長道釋耆老等詣東上閤門拜表知表官跪授表於宰臣宰臣跪授於閤門使乃由通進司奏御凡有荅詔亦拜受於閤門獲可奏者奉表稱賀其正至樞密使率内班拜表長春殿門外亦閤門使受之又西京留守拜表儀制留司百官每五日一上表起居賀明並集長壽寺立班置表于案再拜以遣其春秋賜服及大慶瑞並如之或令分司官齋詣行在或止驛付南京留司約用此制若巡幸東京則留司百官亦五日一上表起居並集大相國寺其制群臣詣閤拜

奏者首云文武百僚具官臣某等言常奏御者止云臣某言並稱尊號已有功臣爵邑者具之狀奏者前後列銜不稱尊號亦云功臣爵邑其外又有書疏奏劄牓子之類乾德二年令有司詳定表首太常禮儀院言僕射兩省官品第二太子三師官品第一品位雖高而南省上臺為尊合以僕射充首若專以品秩為定則諸行侍郎品第四列於諸司三品卿監之上不可以品序為準按唐貞元六年詔毋有慶賀及諸臣上表並合上公為首如三公闕以令僕行之中書門下列貢章表則僕射是百僚師長難同官僚之例

詔百官集議翰林學士陶穀等曰按唐制上臺東宮並是廷臣當時左右僕射侍中中書令為正宰相貞觀末帶同中書門下三品者方為宰相今僕射既非宰相合在太子三師之下理固不疑若以官僚非廷臣即宰相豈當兼領今若先二品而後一品升後列而退前班紊其等威事恐非順請以太子三師為表首賓儀等曰東宮三師為表首論討故典實皆無據左僕射當為表首者其事有六按六典尚書為百官之本今自一品至六品常參官皆以尚書省官為首則僕射合為表首一也又唐制上表無上公即尚書令僕以下行之其嗣王合隨宗正若有班位合依王品則嗣王雖一品不得為表首二也僕射位次三公合為表首三也況僕射為百僚師長東宮三師非師長之任四也晉天福中詔謝賀上表上公行之如闕即令僕射行之五也立制之班卑者先入後出尊者後入先出今東宮一品立定僕射乃入僕射既退東宮一品乃出且在兩省之後六也詔從儀等議以僕射為表首焉

宰臣赴上儀開元禮有任官初上相見之儀宋制凡牧守赴上多仍州府舊禮臺省之制宰相親王使相

正衙謝訖出文德殿便門至西廊堂後官兩省雜事迎參至中書便門兩省官迎班升都堂與送上官對揖見任侍中中書令同平章事者降階又與送上官對拜訖分東西升坐于牀兩省雜事讀案堂後官接案揩笏頂筆判署凡三道一司天監壽星見二開封府嘉禾合穗三澶州黃河清並判準始謝送上官訖三司使學士兩省官待制三司使副升堂展賀百官先班中書門外上事官降階百官入直省官通班賛致賀歸後堂與參知政事樞密副使宣徽使相見會食訖退建隆三年中書門下言準唐天成元年詔故事藩鎮帶平章

事合於都堂視事刋石以記官族輸禮錢三千貫近年頗隳曩制自今藩鎮帶平章事者輸禮錢五百千刻石記歲月其錢以給兩省公用望舉行之詔自今宰相及樞密使兼平章事侍中中書令者輸禮錢三百千藩鎮五百千刻石以記如舊制增秩者不再輸舊相復入者輸如其數乾德二年置參知政事就宣徽院赴上而樞密使副止上事于本廳後以曹彬兼侍中為樞密使特令赴中書上事大中祥符中詔自今宰相官至僕射者並于中書都堂赴上不帶平章事亦令赴上有司上儀注宰相用常儀僕射本省上

日郎中員外班迎于都堂門內尚書丞郎于東廊階上稍近班迎揖金吾將軍升階展拜賀禮生贊引主事讀案見任中書樞密使相前任中書門下並不赴餘如宰相之儀上訖與本省御史臺四品兩省五品諸司三品以上會食右僕射王旦充玉清昭應宮使有司按故事宰相凡有吉慶百官皆班賀詔以耒葺攸司其班賀權罷旦赴上修宮所特賜會丞郎三司副使以上悉預自是宮觀使副上日皆賜會作樂天禧初太保平章事王旦為太尉國朝以來三公不兼宰相無赴上儀特詔有司詳定就尚書省赴上百官班迎宰相而下悉集御史大夫中丞知雜三院御史皆僚屬送上判案三道中丞以上即京府尹赤縣令諸曹節度刺史皇城宮苑使悉集翰林學士入院日賜設惟學士中書舍人赴坐又資政侍讀侍講龍圖閣學士直學士兼秘書監並赴上秘閣及兩省五品以上任三館學士判館修撰者皆賜設焉

朝省集議前代不載其儀宋初刑政典禮之事當集議者先下詔都省省吏以告當議之官悉集都堂設左右丞于堂之東北南向御史中丞于堂之西北南向尚書侍郎于堂東廂西向兩省侍郎常侍給事諫

舍于堂之西廂東向知名表郎官于堂之東南北向監議御史于堂之西南北向又設左右司郎中員外于左右丞之後三院御史于中丞之後郎中員外于尚書侍郎之後起居司諫正言于諫舍之後如有僕射御史大夫即于左右丞中丞之前如更有他官即諸司三品于侍郎之南東宮一品于尚書之前武班二品於諫舍之南皆重行異位卑者先就席左右丞升廳省吏抗聲揖群官就坐知名表郎官以所議事授所司奉詔左右丞執卷讀訖授中丞中丞授于尚書侍郎以次讀訖復授知名表郎官將畢左

右丞奉筆叩頭揖群官以一副紙書所議事衘署字于下授四坐監議御史命吏告云所見不同者請不署字以官高者為表首如止集本省官坐如常儀其知名表郎官監議御史坐仍北向惟僕射以上得乘馬至都堂他官雖同平章事亦止屏外明道二年尚書議莊獻莊懿太后升祔省官帶内外制兼三司副使承例移文不赴監議御史段少連以為官帶近職一時之選宜有建明不當反自高異乃奏議事不集以違制論從之集賢校理趙良規言國朝政事令敕儀制別有學士知制誥待制三司副使著位視品與

前朝異固無在朝叙職入省叙官之說若全不論職則後行員外郎兼學士在朝立丞郎上入省居比駕下知制誥待制入朝與待制同列入省分廁散郎員外郎任三司副使郎中任判官在三司為參佐入本省為正員所以舊來議事集尚書省官帶職者不赴別詔三省悉集則及大小兩省内朝官悉集則及學士待制三司副使更集他官則諸司三品武官二品各以本司長官故事尚書省官帶知制誥中書省奏班簿是于尚書省御史臺了不著籍故有絶曹之語又凡定學士舍人兩省著位除先後入外若有升降

皆特稟朝旨豈有在朝入省迭為高下御史臺禮院詳定久不決判禮院馮元等曰會議之文由來非一或出朝廷別旨或循官司舊規故集本省者即南省官集學士兩省臺官者容有兩制給舍中丞集學士臺省及諸司四品以上者容有卿監集文武百官者容有諸衛蓋謀事有小大集官有等差率繫詔文乃該餘職少連以太常易名之細考功覆議之常誤謂群司皆當會席列為具奏擧以嚴科遂使絶曹清列還入本行分局常員略無異等請臣僚從諡止集南省官屬或事緣體大臨時敕判無召三省臺寺即依

舊例御史臺言今尚書省官任兩制者係臺省之籍無坐曹之實論職官之言正為絶曹者設豈可受祿則繫官定奉議事則絶曹為辭況王旦王化基趙安仁晁迥杜鎬楊億皆嘗預議於尚書省故相李昉為主客郎中知制誥日晏經都省議事又議大事僕射御史大夫入省唯僕射至廳下馬于今行之所以重本省也故都堂會議列狀以品就坐以官忽此更張恐非通理禮官吴育曰兩省各有未安尚書省制度雖崇亦天子之有司在朝廷既殊班列入有司輒易尊卑是以朝省為彼我官職分二事也兩制近職若

有事議而去絶班不赴非所以求至當且知制誥中
書省奏班簿是謂絶班翰林學士亦知制誥不絶班
簿此因循之制非確據也縱絶班有例而絶官無闕
一人命書三省連判而都無所繫止為奉錢豈命官
之禮今取典故中最明一事足以質定祥符五年僕
射上事議絶班之官別頭贊引不與本省官同在迎
班請凡會議省官帶近職者別作一行而坐自為序
別非以相壓若招兩制臺省諸司諸衛官畢集則各
從其類自作一行書議如其位次詔尚書省議事應
帶職官三司副使以上並不赴如遇集議大事令赴

別設坐次是歲紫宸垂拱殿刋石為百官表位三司
使內朝班學士右獨立石位門外亦班其上
熙寧二年御史臺太常禮院詳定臣僚御路上馬之
制近上臣僚及北使到闕並于御路上行馬中書樞
密院執政官宣徽院御史中丞知雜御史左右金吾
攝事官清道者導從呵止依舊式其三司副使以上
亦許出節正任觀察使以上與合出節臣僚並許自
宣德門外至天漢橋北御路上行馬如從駕出入及
宗室內庭諸宮院車騎並不在此限御史臺又言舊
制百官臺參辭謝臣僚于朝堂先赴三院御史幕次

又赴中丞幕次得以體按老疾令止于御史廳一員
對拜不惟有失舊儀兼恐不能公共參驗請如舊制
朝堂拜揖遇放常朝即詣御史臺已而詔宰臣親王
使相兩府宣徽使遇入樞密院門許至從南第二門
外上下馬又詔宰臣上馬樞密院次之諸司又次之
左右丞上下馬處並同兩省侍郎御史臺言左丞蒲
宗孟右丞王安禮賀僕射上尚書省于都堂下馬按
左右丞上下馬于本廳請付有司推治安禮爭論上
前以為今日置左右丞為執政官不應有尊薄左右
丞于都堂上下馬自此始尋詔執政官退朝上馬宰

臣于樞密院餘於隔門外都堂聚議退左丞于門下
侍郎廳右丞于中書侍郎廳品官詣尚書省上下馬
依雜壓太中大夫以上就第一貯廊監察御史以上
就過道諸六曹尚書侍郎即太中大夫以上就本廳
監察御史以上就客位餘並過道門外政和朝參臣
僚上馬次序俟皇城門開樞密入次三省執政官次
一品二品文臣六曹侍郎殿中監開封尹大司成侍
從官兩省次百官御史臺編攔以次入其宰相罷政
韓琦以司徒節度判相州曾公亮以司空節度為集
禧觀使王安石以觀文殿大學士吏部尚書知江寧

府曹佾以中書令節度充景靈宮使韓絳以觀文殿大學士吏部侍郎知大名府致仕太師文彥博來朝其大朝會班位儀物如之吳育以觀文殿大學士吏部尚書爲西太一宮使大朝會綴中書門下班而已自是舊相按例重輕以特旨行之

治平四年御史臺言慶曆中有詔詳定武臣出節呵引之制節度使在尚書下三節節度觀察留後在諸行侍郎下兩節觀察使在中書舍人下諸衛大將軍防禦團練使在大卿監下內客省使比諸司大卿景福殿使比將作監引進使比庶子在防禦使下以上各二節諸州刺史諸衞將軍在少卿監下宣慶四方館使比少卿宣政昭宣閤門使比司天監少監諸衞將軍上皇城使以下諸司使比郎中客省引進閤門副使比員外郎樞密都承旨在司天少監下閤門使上副都承旨在閤門使下樞密副承旨諸房副承旨在諸司使下以上並兩人呵引當時已施行矣而皇祐編敕刪去此制請復舉行

志卷第七十三

志卷第七十四

開府儀同三司上柱國錄軍國重事前中書右丞相監修國史領經筵事都總裁臣脫脫等奉敕修

禮二十四 軍禮

禡祭 閱武 受降 獻俘
田獵 打毬 救日伐鼓

禡師祭也宜居軍禮之首講武次之受降獻俘又次之田獵以下亦各以類附焉軍前大旗曰牙師出必祭謂之禡後魏出師又建纛頭旗上太宗征河東出京前一日遣右贊善大夫潘慎修出郊用少牢一祭蚩尤禡牙遣著作佐郎李巨源即北郊望氣壇用香柳枝燈油乳粥酥蜜餅果祭北方天王咸平中詔太常禮院定禡儀所司除地爲壇兩壝繞以青繩張幄帟置軍牙六纛位版方七寸厚三分祭用剛日具饌牲用太牢以羊豕代其幣長一丈八尺軍牙以白六纛以皁都部署初獻副都部署亞獻部署三獻皆戎服清齋一宿將校陪位禮畢焚幣釁鼓以一牢文擇日祭馬祖馬社

閱武仍前代制太祖太宗征伐四方親講武事故不盡用定儀亦不常其處鑿講武池朱明門外以習水戰復築講武臺城西楊村秋九月大閱與從臣登臺觀焉眞宗詔有司擇地含輝門外之東武村爲廣場馮高爲臺臺上設屋

搆行宮其夜三鼓殿前侍衛馬步諸軍分出諸門詰旦帝
乘馬從官並戎服賜以窄袍至行宮諸軍陣臺前左右相
向步騎交屬亘二十里諸班衛士翼從于後有司奏成列
帝外臺東向御戎帳召從臣坐觀之殿前都指揮使王超
執五方旗以節進退又於兩陣中起候臺相望使人執旗
如臺上之數以相應初舉黃旗諸軍旅拜舉赤旗則騎進
舉青旗則步進每旗動則鼓駴士譟聲震百里外皆三挑
乃退次舉白旗諸軍復再拜呼萬歲有司奏陣堅而整士
勇而厲欲再舉詔止之遂舉黑旗以振旅軍於左者略右
陣以還由臺前出西北隅軍於右者略左陣以還由臺前
出西南隅並凱旋以退乃召從臣宴教坊奏樂回御東華
門閱諸軍還營鈞容奏樂於樓下復召從臣坐賜飲明日
又賜近臣飲於中書諸軍將校飲於營中內職飲於軍器
庫諸班衛士飲於殿門外神宗閱左藏庫副使开斌所教
牌手於崇政殿乃命殿前步軍司擇驍健者依法教習自
是營屯及更戍諸軍畿甸三路民兵皆隨伎藝召見親閱
焉凡閱試禁衛戍軍民兵總率第其精惰賜以金帛而超
等高者至命爲吏選官其典領者優加職秩涇原經略蔡
挺肄習諸將軍馬點閱周悉隊伍有法入爲樞密副使因
言於上而引試之舊以七軍營陣校試而分數不齊前後

牴牾命校試官采摭定爲八軍法及軍法成頒行諸路既
又定九軍法以一軍營陣即城南好草陂閱之皆有賞賚
其按閱砲場連弩及便坐日閱召募新軍時令習戰如故
事建炎三年六月高宗諭輔臣曰朕欲親閱武宰臣呂頤
浩曰方右武之時理當如此祖宗時不忘武備如鑿金明
池益欲習水戰張浚曰祖宗每上巳游幸必命衛士馳射
因而激賞亦所以講武也帝曰朕非久命諸將各閱所部
人馬當召卿等共觀足以知諸將能否後以巡幸不果行
紹興五年正月始御射殿閱諸班直殿前司諸軍指教使
臣親從宿衛親兵并援轄部押親兵使臣射射共一千二
百六十人每六十人作一撥遂詔戶部支金千兩付樞密
院激賞庫充犒用三月御射殿閱等子趙青等五十人角
力轉資支賜錢銀有差八月御射殿閱廣東路經略司解
發到韶州士庶子弟陳裕試神臂弓特補進武校尉賜紫
羅窄衫銀束帶差充本路經略司指使十四年十一月閱
殿前馬步軍將士藝精者賞有差自是歲以冬月行之號
曰冬教三十年十月御射殿引三衙統制同統制統領同
統領入內射射詔餘合赴內殿教人依年例支降例物令
逐司自行按試等第給散（舊例每歲引三衙官兵教是日止引統制統領故有是詔）三
十二年四月二十五日御射殿隔門特坐引呈新舊行門

射射乾道二年十一月幸候潮門外大教場次幸白石教場應從駕臣僚自祥曦殿並戎服起居從駕往回內管軍御帶環衛官從駕宰執以下免從就逐幕次賜食俟進晚膳畢免奏萬福并免茶從駕還內二十四日幸候潮門外大教場進早膳次幸白石教場閱兵三衙率將佐等導駕詣白石皇帝登臺三衙統制統領官等起居畢舉黃旗諸軍皆三呼萬歲拜訖三衙管軍奏報取旨馬軍上馬打圍教場舉白旗三司馬軍首尾相接舉紅旗向臺合圍聽一金止軍馬各就圍地作圓形排立射生官兵隨鼓聲出馬射獐兔一金止疊金射生官兵各歸陣隊舉黃旗射生官兵就御臺下獻所獲帝遂慰勞賜賚諸將鞍馬金帶以及士卒諸軍懽騰鼓舞就列百姓觀者如山時久陰曀暨帝出郊雲霧解駁風日開霽帝遣諭主管殿前司王琪等曰前日之教師律整嚴人無譁囂分合應變朕甚悅之皆卿等力也琪等曰此陛下神武之化六軍恭謹所致臣願得以此爲陛下勸絕姦宄四年十月殿前司言相視龍王堂北江岸以東茅灘一帶平地可作教場已修築將壇將來三司馬步軍並各全裝披帶衣甲執色器械至日先赴教場下營排辦俟駕登臺聽金鼓起居畢依資次變陣教閱所有聖駕出郊除禁衛外欲於本司入陣馬軍內摘差護

聖馬軍八百人騎弓箭器械作十六隊於儀衛前後引從各分八隊隊各五十人往回沿路各奏隨軍鼓笛大樂及摘差本司入教陣隊內諸軍步親隨一千人并統領將官三員至日先赴將臺下各分左右於後壁周圍留空地三十步以容禁衛外作三重環立十六日車駕至灘上諸軍人馬前一日於教場東列幕宿營是日三衙管軍與各軍統領將佐導駕乘馬至護聖步軍大教場亭更御甲冑至灘上皇帝登臺三衙起居畢權主管殿前司王逵奏三司人馬齊舉黃旗諸軍呼拜者三逵奏請從頭教中軍鳴角倒門角旗出營馬步軍簇隊成收鼓訖連三鼓馬軍上馬步人撮起旗槍四鼓舉白旗中軍鼓聲旗應變方陣爲備敵之形別高一鼓步軍四向作禦敵之勢且戰且前馬軍出陣作戰鬬之勢別高一鼓各分歸地分五鼓舉黃旗變圓陣爲自環內固之形如前節次訖三鼓舉赤旗變銳陣諸軍相屬魚貫斜列前利後張爲衝敵之形亦依前節次訖王逵奏人馬教絕取旨舉青旗變放教直陣收鼓訖一金止重鼓三馬軍下馬步人撮落旗槍皆應規矩帝大悅犒賞倍之士卒懽呼謝恩如儀鳴角聲簇隊訖放教拽隊步人分東西引拽馬軍交頭於御臺下隨隊呈試驍鋭大刀武藝繼而進呈車砲火砲煙槍及捕山打圍射生馬步

軍統制官蕭鷓巴以所獲獐鹿等就御臺下進獻人馬挩絶皇帝復御常服乘馬至車子院宣喚殿前司撥發官馬定遠侯彥昌各賜馬一匹彥昌仍自準備將特升副將進御酒上謂王逵曰今日教閱進止分合軍律整肅皆卿之力也逵奏陛下神武四海共知六師軍容孰敢不肅時賜酒俱以十分逵奏以軍馬事不敢飲帝曰少飲之親減太半飲畢謝恩退又宣問主管侍衛馬軍司李舜舉今日按閱之兵比向時所用之師何如舜舉奏曰今日所治之兵皆陛下平時躬親訓練撫以深恩賜之重賞忠勇百倍非昔日可比其儀皇帝至祥曦殿行門禁衛等並戎服迎駕常起居皇帝至知閤門官以下並戎服常起居訖皇帝乘馬出從駕官從駕至候潮門外大教場御幄殿下馬入幄更衣訖皇帝被金甲出幄行門禁衛等迎駕奏萬福皇帝乘馬至教場臺下馬升臺入幄從駕官宰執親王使相正任知閤御帶環衛官升臺於幄殿分東西相向立管軍並令全裝衣甲帶御器械執骨朶升臺於幄殿指南面西立俟入內官喝排立皇帝出幄行門禁衛等迎駕奏萬福皇帝出閤門分引殿前馬步三司統制統領官常起居訖次三司將佐以下聽鼓聲常起居次殿帥執骨朶赴御坐前奏教直陣俟教閱畢再赴御坐前奏教圓陣俟教閱畢再赴御坐前奏教鋭陣俟教閱畢再赴御坐前奏教閱畢歸侍立內侍傳旨與殿前太尉某諸軍謝恩承旨訖轉與撥發官引三司統制統領將佐再拜謝恩訖各歸本軍皇帝起入幄更衣訖皇帝出幄皇帝坐舍人引宰執整後立俟進御茶床舍人贊就坐宰執躬身應喏訖直身立就坐進第一盞酒起立盞後俟皇帝飲酒訖舍人贊就坐躬身應喏訖直身立俟宰執酒至接盞飲酒訖盞付殿侍次舍人贊食並如儀至第四盞傳旨宣勸訖御藥傳旨不拜舍人承旨贊不拜贊就坐第五盞宣勸如第四盞儀酒食畢舉御茶床舍人分引宰執於幄殿重行立御藥傳旨不食拜舍人承旨訖揖宰執躬身贊不拜各祗候直身立

降踏道歸幕次皇帝起乘馬至車子院下馬皇帝出幄至車子院門樓上出賜親王酒再拜謝訖次賜使相正任并管軍知閤御帶環衛官酒訖逐班再拜謝訖依舊向立次親王執盞進皇帝酒皇帝飲酒訖一班再拜謝訖俟皇帝觀畢起降車子院門樓歸幄親王以下退皇帝乘馬出車子院門行門禁衛等迎駕奏萬福皇帝乘馬至候潮門外大教場應從駕官並戎服乘馬從駕回皇帝乘馬入和寧門至祥曦殿上下馬還宮餘做此淳熙四年十二月大閱于茅灘十年十一月大閱于龍山十六年十月大閱于城南大教場並如上儀慶元元年十月以在諒闇令宰執於大教場教閱二年十月大閱于茅灘嘉泰二年十二月幸候潮門外教場大閱端平二年四月大閱以時暑不及行

受降獻俘太祖平蜀孟昶降詔有司約前代儀制爲受降

禮昶至前一日設御坐仗衛于崇元殿如元會儀至日大陳馬步諸軍于天街左右設昶及其官屬素案席褥于明德門外表案于橫街北通事舍人引昶及其官屬素服紗帽北向序立昶跪奉表授閤門使復位待命表至御前侍臣讀訖閤門使承旨出昶等俯伏通事舍人掖昶起官屬亦起宣制釋罪昶等再拜呼萬歲衣庫使導所賜襲衣冠帶陳於前昶等又再拜跪受改服乘馬至昇龍門下馬官屬至啓運門下馬就次帝常服升坐百官先入起居班立閤門使引昶等入舞蹈拜謝召昶升殿閤門使引自東階升宣撫使承旨安撫之昶至御坐前躬承問訖還位與官

屬舞蹈出中書率百官稱賀遂宴近臣及昶于大明殿嶺南平劉鋹就擒詔有司撰獻俘禮鋹至上御明德門列仗衛諸軍百官常服班樓前別設獻俘位于東西街之南北向其將校位於獻俘位前北上西向有司率武士係鋹等白練露布前引至太廟西南門鋹等並下馬入南神門北向西上立監將校官次南立候告禮畢於西南門出乘馬押至太社如上儀乃押至樓南御路之西下馬立候獻俘將校戎服帶刀攝侍中版奏中嚴百官班定版奏外辦帝常服御坐百官舞蹈起居畢通事舍人引鋹就獻俘位將校等詣樓前舞蹈訖次引露布案詣樓前北向宣付中書

門下如宣制儀通事舍人跪受露布轉授中書門下轉授攝兵部尚書次攝刑部尚書詣樓前跪奏以所獻俘付有司上召鋹詰責鋹伏地待罪詔誅其臣龔澄樞等特釋鋹縛與其弟保興等罪仍賜襲衣冠帶鞾笏器幣鞍馬各服其服列謝樓下百官稱賀畢放仗如儀南唐平帝御明德門露布引李煜及其子弟官屬素服待罪初有司請如獻劉鋹帝以煜奉正朔非若鋹拒命寢露布弗宣還閤門使承制釋之太宗征太原劉繼元降帝幸城北陳兵衛張樂宴從臣于城臺繼元帥官屬素服臺下遣閤門使宣制釋罪召繼元親勞之從臣詣行宮稱賀時以在軍中故不備

禮繼元至京師詔告獻太廟前一日所司陳設如常告廟儀告日黎明博士引太尉就位通事舍人引繼元西階下東向立其官屬重行立贊者贊太尉再拜訖博士引就盥爵如常儀詣東階解劒脫舄升第一室進奠再拜太祝跪讀祝文訖又再拜通事舍人引繼元及官屬詣室前西階下北向立舍人贊云皇帝親征收復河東僞主劉繼元及僞命官見贊者曰再拜拜訖退位次至第二第三第四第五室皆如第一室博士引太尉降階佩劒納履復位贊者曰再拜太尉與繼元等皆再拜退焚祝版於齋坊繼元既命以官故不稱俘焉元符二年西蕃王隴拶邈川首領瞎

征等降詔具儀注以受降日御宣德門設諸班直上四軍仗衛諸軍素服陳列降者各服蕃服以見審問訖有旨放罪各等第賜首服袍帶百官稱賀而再御紫宸殿賜宴會哲宗崩樞密院留隴拶等西京聽旨詔罷御樓立仗但引見于後殿隴拶一班契丹公主一班夏國回鶻公主次之瞎征一班邊廝波結并族屬次之應族屬首領各從其長以次起居僧尼公主皆蕃服蕃拜並賜冠服謝訖賜酒饌橫門外政和初議禮局上受降儀皇帝乘輿升宣德門樓降輿坐御幄百官與降王蕃官各班樓下如大禮肆赦儀東上閤門以紅條袋班齊牌引升樓樓上東上閤門官附

内侍承旨索扇扇合帝即御坐簾卷内侍又贊扇開侍衛如常儀諸班親從并裹圍降王人等迎駕自贊常起居次舍人贊執儀將士常起居次管幹降王使臣并隨行舊番官常起居次禮直官舍人引百官横行北向贊者曰拜在位官皆再拜舞蹈三稱萬歲又再拜班首奏聖躬萬福又再拜退百官各就東西位舍人引降王服本國衣冠詣樓前北向女婦少西立僧又少西尼立於後入内省官詣御坐前承旨傳樓上東上閤門官承旨録訖以紅絛袋降制樓下東上閤門官承旨退降王以下俯伏東上閤門官至令通事舍人掖之起首領以下皆起鞠躬閤門宣有敕降

王以下再拜僧尼止躬呼萬歲閤門録敕旨付管幹官降王等躬聽詔問如有復奏閤門録訖仍以紅絛袋引升樓如無復奏入内省官詣御坐承旨傳樓上閤門官稱有敕放罪訖舍人贊謝恩降王以下再拜稱萬歲復序立入内省官詣御坐承旨傳樓上閤門官稱有敕各賜首服袍帶樓下閤門官承旨引所賜檐床陳于西舍人宣曰有敕降王以下再拜鞠躬舍人稱各賜某物賜物畢又再拜稱萬歲若賜官即贊謝再拜並歸次易所賜服舍人先引降王以下至授遥郡以上當樓前北向東上立贊再拜稱萬歲又再拜次贊服冠帔婦女再拜僧尼别謝引還次贊樓上

侍立官稱賀再拜禮直官舍人分引百官横行北向立贊拜訖班首少前俛伏跪稱賀其詞中書隨事撰述賀訖復位在位者又再拜舞蹈三稱萬歲又再拜東上閤門官進詣樓前承旨就班首宣曰有制贊者曰拜在位官皆再拜宣答其詞學士院隨事撰述又贊再拜三稱萬歲又再拜樓上樞密院前跪奏稱某官臣某言禮畢内侍索扇扇合簾垂帝降坐内侍贊扇開所司承旨放仗樓下鞭鳴百官再拜退開禧三年三月四川宣撫副使安丙函逆臣吳曦首并違制刱造法物所受金國加封蜀王詔及金印來獻四月三日禮部太常寺條具獻馘典故俟逆曦首函至日

臨安府差人防守殿前司差甲士二百人同大理寺官監引赴都堂審驗奏獻太廟别廟差近上宗室南班奏獻太社太稷差侍從官各前一日赴祠所致齋至日行奏獻之禮大理寺殿前司計會行禮時刻監引首函設置以俟奏獻禮畢梟於市三日付大理寺藏於庫端平元年金亡四月京湖制置司以完顏守緒函骨來上差官奏告宗廟社稷如儀

田獵太祖建隆二年始校獵于近郊先出禁軍爲圍場五坊以鷙禽細犬從帝親射走兔三從官貢馬稱賀其後多以秋冬或正月田於四郊從官或賜窄袍煖靴親王以下

射中者賜以馬太宗將北征因閱武獵近郊以多盜獵狐兔者命禁之有衛士奪人獐當死帝曰若殺之後世必謂我重獸而輕人特貰其罪帝常以臘日校獵諭從臣曰臘日出狩以順時令綏鑾從禽是非荒也回幸講武臺張樂賜群臣飲其後獵西郊親射走兔五詔以古者蒐狩以所獲之禽薦享宗廟而其禮久廢今可復之遂爲定式帝雅不好弋獵詔除有司行禮外罷近甸游畋五坊所畜鷹犬並放之諸州不得以鷹犬來獻已而定難軍節度使趙保忠獻鶻一號海東青詔還賜之臘日但命諸王略畋近郊而五坊之職廢矣眞宗復詔教駿所養鷹鶻量留十餘以備諸王從時展禮禁圍草地許民耕牧至仁宗時言者言校獵之制所以順時令訓戎事請修此禮於是詔樞密院奏定制度獵日五鼓帝御内東門賜從官酒三行奏鈞容樂幸瓊林苑門賜從官食遂獵于楊村宴于幄殿奏教坊樂遣使以所獲馳薦太廟既而召父老臨問賜以飲食茶絹及五坊軍士銀絹有差宰相賈昌朝等曰陛下暫幸近郊順時田獵取鮮殺而登廟俎所以昭孝德也即高原而閱軍實所以講武事也問耆老而秩飲所以養老也勞田夫而賜惠所以勸農也乘輿一出而四美皆具伏望宣付史館從之明年復獵於城南東韓村自玉津園去輦乘馬

分騎士數千爲左右翼節以鼓旗合圍場徑十餘里部隊相應帝按轡中道親挾弓矢屢獲禽焉是時道傍居人或畜狐兔鳧雉驅場中帝謂田獵以訓武事非專所獲也悉縱之免圍内民田一歲租仍召父老勞問其後以諫者多罷獵近甸自是終靖康不復講

打毬本軍中戲太宗令有司詳定其儀三月會鞠大明殿有司除地豎木東西爲毬門高丈餘首刻金龍下施石蓮華坐加以采繢左右分朋主之以承旨二人守門衛士二人持小紅旗唱籌御龍官錦繡衣持哥舒棒周衛毬場殿階下東西建日月旗教坊設龜茲部鼓樂於兩廊鼓各五又於東西毬門旗下各設鼓五閤門豫定分朋狀取裁親王近臣節度觀察防禦團練使刺史駙馬都尉諸司使副使供奉官殿直悉預其兩朋官宗室節度以下服異色繡衣左朋黃襴右朋紫襴打毬供奉官左朋服紫繡右朋服緋繡烏皮鞾冠以華插脚折上巾天廐院供馴習馬并鞍勒帝乘馬出教坊大合涼州曲諸司使以下前導從臣奉迎既御殿群臣謝宣召以次上馬馬皆結尾分朋自兩廂入序立於西廂帝乘馬當庭西南駐内侍發金合出朱漆毬擲殿前通事舍人奏云御朋打東門帝擊毬教坊作樂奏鼓毬既度颭旗鳴鉦止鼓帝回馬從臣奉觴上壽貢物

以賀賜酒即列拜飲畢上馬帝再擊之始命諸王大臣馳
馬爭擊旗下擂鼓將及門逐厢急鼓毬度殺鼓三通毬門
兩旁置繡旗二十四而設虛架於殿東西階下每朋得籌
即揷一旗架上以識之帝得籌樂少止從官呼萬歲群臣
得籌則唱好得籌者下馬稱謝凡三籌畢乃御殿召從臣
飲又有步擊者乘驢騾擊者時令供奉者朋戲以爲樂云
救日伐鼓建隆元年司天監言日食五月朔請掩藏戈兵
鎧冑事下有司有司請皇帝避正殿素服百官各守本司
遣官用牲太社如故事景德四年五月朔日食上避正殿
不視事至和元年四月朔日食旣內降德音改元易服避

正殿減膳百官詣東上閤門拜表請御正殿復常膳三表
乃從至日遣官祀太社而陰雨以雷至申乃見食九分之
餘百官稱賀先是皇祐初以日食三朝不受賀百官拜表
嘉祐四年詔正旦日食毋拜表自十二月二十一日不御
前殿減常膳宴遼使罷作樂至日仍遣官祀太社百官三
表乃御正殿復膳六年六月朔日食詔禮官驗詳典故皇
帝素服不御正殿毋視事百官廢務守司合朔前二日郊
社令及門僕守四門巡門監察鼓吹令率工人如方色執
麾斿分置四門屋下龍蛇鼓隨設於左東門者立北塾南
面南門者立東塾西面西門者立南塾北面北門者立西

塾東面隊正一人執刀率衛士五人執五兵之器立鼓外
矛處東戟處南斧鉞在西矟在北郊社令立穳於壇四隅
縈朱絲繩三匝又於北設黃麾龍蛇鼓一次之弓一矢四
次之諸兵鼓俱靜立俟司天監告日有變工舉麾乃伐鼓
祭告官行事太祝讀文其詞以責陰助陽之意司天官稱
止乃罷鼓如霧晦不見即不伐鼓自是日有食之皆如其
制治平四年詔古者日食百司守職蓋所以祗天戒而備
非常今獨闕之甚非王者小心寅畏之道可令中書議舉
行熙寧六年四月朔日食詔易服避殿減膳如故事降天
下死刑釋流以下罪政和上合朔伐鼓儀有司陳設太社

玉幣籩豆如儀社之四門及壇下近北各置鼓一並植麾
斿各依其方色壇下立黃麾麾杠十尺斿八尺祭告日於
時前太官令帥其屬實饌具畢光祿卿點視次引監察御
史奉禮郎太祝太官令先入就位次引告官就位皆再拜
次引御史奉禮郎太祝升就位太官令就酌尊所告官盥
洗詣太社三上香奠幣玉再拜復位少頃引告官再盥洗
執爵三祭酒奠爵俛伏興少立引太祝詣神位前跪讀祝
文告官再拜退伐鼓其日時前太史官一員立壇下視日
鼓吹令率工十人如色服分立鼓左右以俟太史稱日有
變工齊伐鼓明復太史稱止乃罷鼓其日廢務而百司各

守其職如舊儀

志卷第七十四

志卷第七十五　　宋史一百二十二

開府儀同三司上柱國錄軍國重事前中書右丞相監修國史領經筵事都總裁臣脫脫等奉

敕修

禮二十五　凶禮一

山陵

山陵諡祔服紀葬儀與士庶之喪制爲凶禮其上陵忌日漢儀如吉祭宋制是日禁屠殺設素饌輟樂舉哭素服行事因以類附焉太祖建國號僖祖曰欽陵順祖曰康陵翼祖曰定陵宣祖曰安陵安陵在京城東南隅乾德初改卜河南府鞏縣西南四十里訾鄉鄧封村以司徒范質爲改卜安陵使學士竇儀禮儀使中丞劉温叟儀仗使樞密直學士薛居正鹵簿使太宗時尹開封爲橋道頓遞使質尋免相以太宗兼轄五使事修奉新陵皇堂下深五十七尺高三十九尺陵臺三層正方下層每面長九十尺南神門至乳臺乳臺至鵲臺皆九十五步乳臺高二十五尺鵲臺增四尺神墻高九尺五寸環四百六十步各置神門角闕有司言改卜陵寢宣祖合用哀冊及文班官各撰歌辭二首吉仗用大駕鹵簿凶仗用大升輿龍輴鵝茸纛魂車香輿銘旌哀謚冊寶車方相買道車白幰弩素信幡錢山輿黃白紙帳暖帳夏帳千味臺盤衣輿拂纛明器輿漆梓宮

衷衾儀椁素髮包牲倉瓶五穀輿粢瓶瓦瓶辟惡車進玄
宫有鐵帳覆梓宫藉以棧欄椁鐵盆鐵山用然漆燈宣祖
衮冕昭憲皇后花釵翬衣贈玉十二神當壙當野祖明祖
思地軸及留陵刻漏等並制如儀有司又言按儀禮改葬
緦注云臣爲君子爲父妻爲夫也必服緦者親見尸柩不
可以無服緦三月而除之又五禮精義云改葬無祖奠蓋
祖奠設於柩車之前以爲行始至於改葬告遷而已今請
皇帝服緦皇親及文武官護送靈駕者亦服緦既葬而除
不設祖奠止於陵所行一虞之祭宣祖謚册謚寶舊藏廟
室合遷置陵内改葬之禮與始葬同几筵宜新明器壞者

改作凡斂衣斂物並易之其皇堂贈玉鎮圭劒佩旒冕玉
寶並以珉玉藥玉綬以青錦安陵中玉圭佩劒玉寶等皆
用于闐玉孝明孝惠陵内用珉玉藥玉啓故安陵奉安宣
祖昭憲孝惠二后梓宫于幄殿靈駕發引所過州府縣鎮
長吏令佐素服出城奉迎并辭皆哭自發引至掩皇堂皆
廢朝禁京城音樂順祖翼祖皆葬幽州至真宗始命營奉
二陵遂以一品禮葬河南縣制度比安陵減五分之一石
作減三分之一尋改上定陵名曰靖陵

開寶九年十月二十日太祖崩遺詔以日易月皇帝三日
而聽政十三日小祥二十七日大祥諸道節度防禦團練
使刺史知州等不得輒離任赴闕諸州軍府臨三日釋服
群臣叙班殿庭宰臣宣制發哀畢太宗即位號哭見群臣
群臣稱賀復奉慰盡哀而退禮官言群臣當服布斜巾四
脚直領布襴腰絰命婦布帕首裙帔皇弟皇子文武二品
以上加布冠斜巾帽首絰大袖裙袴竹杖士民縞素婦人
素縵諸軍就屯營三日哭群臣屢請聽政始御長春殿群
臣衰服就列帝去杖絰服斜巾垂帽卷簾視事小祥改布
服四脚直領布襴腰絰布袴二品以上官亦如之大祥帝
服素紗軟脚折上巾淺黄衫緅皮鞓黑銀帶群臣及軍校
以上皆本色慘服鐵帶鞾笏諸王入内服衰出則服慘又

成服後群臣朝晡臨三日大小祥禫除朔望皆入臨奉慰
内出遺留物頒賜諸臣親王遣使賞賜方鎮二十七日命
宰臣撰陵名哀册文明年三月十七日群臣奉謚號册寶
告于南郊明日讀于靈坐前四月十日啓攢宫帝與群臣
皆服如初喪朝晡臨殿中退易常服出宫城十三日發引
帝衰服啓奠哭群臣入臨升梓宫于龍輴祖奠徹設次明
德門外行遣奠禮讀哀册帝哭盡哀再拜辭釋衰還宫百
官辭於都城外二十五日掩皇堂二十九日虞主至奉安
于大明殿五月十九日祔廟之第五室以孝明皇后王氏
升配禮畢群臣奉慰其吉凶仗如安陵惟增轀輬車神帛

肩輿鹵簿三千五百三十九人陵在鞏縣祔宣祖曰永昌
至道三年三月二十九日太宗崩于萬歲殿眞宗散髮號
擗奉遺詔即位於殿之東楹制永熙陵皇堂深百尺方廣
八十尺陵臺方二百五十尺大駕鹵簿用玉輅一葦車五
外凡用九千四百六十八人有司定散髮之禮皇帝皇后
諸王公主縣主諸王夫人六宮内人並左被髮皇太后全
被髮帝服布斜巾四脚大袖裙袴帽竹杖腰絰首絰直領
布襴衫白綾襯服諸王皇親以下如之加布頭冠絹襯服
皇太后皇后内外命婦布裙衫帔帕頭首絰絹襯服宮人
無帔文武二品以上布斜巾四脚頭冠大袖襴衫裙袴腰

絰竹杖絹襯服自餘百官並布幞頭襴衫腰絰省五品御
史臺尚書省四品諸司三品以上見任前任防禦團練刺
史内客省閤門入内都知押班等布頭冠幞頭大袖襴衫
裙袴腰絰諸軍庶民白衫紙帽婦人素縵不花釵三日哭
而止山陵前朔望不視事六月詔翰林寫先帝常服及絳
紗袍通天冠御容二奉帳坐列于大升輿之前仍以太宗
玩好弓劍筆硯琴碁之屬蒙組繡置輿中陳於仗内十月
三日靈駕發引其凶仗法物擎舁牽駕兵士力士凡用萬
一千一百九十三人挽郎服白練寬衫練裙勒帛絹幘餘
並如昌陵制十一月二日有司奉神主至太廟近臣題謚

號祔於第六室以懿德皇后符氏升配置衛士五百人于
陵所作殿以安御容朝暮上食四時致祭焉
乾興元年二月十九日眞宗崩仁宗即位二十日禮儀院
言準禮例差官奏告天地社稷太廟諸陵應祠祭惟天地
社稷五方帝諸大祠宗廟及諸中小祠並權停俟祔廟禮
畢仍舊是日命閤門使薛貽廓告哀于契丹宣慶使韓守
英爲大内都巡檢内侍分領宮殿門衛士屯護閤門使王
遵度爲皇城四面巡檢新舊城巡檢各權添差益以禁兵
器仗城門亦設器甲以辨姦詐二十一日群臣入臨見帝
于東序閤門使宣口敕曰先皇帝奄棄萬國凡在臣僚畢

同號慕及中外將校並加存撫群臣拜舞稱萬歲復哭盡
哀退是日上表請聽政凡三上始允二十三日陳先帝服
玩及珠襦玉匣含襚應入梓宮之物於延慶殿召輔臣通
觀明日大斂成服二十五日有司設御坐垂簾崇政殿之
西廡簾幕皆縞素群臣敘班殿門外帝衰服杖絰侍臣扶
升坐通事舍人引群臣入殿庭西向合班俟簾捲群臣再
拜班首奏聖躬萬福隨班三呼萬歲退宰臣升殿奏事如
儀三月一日小祥帝行奠釋衰服群臣入臨退赴内東門
進名奉慰自是每七日皆臨至四十九日止十三日大祥
帝釋服服慘十四日司天監言山陵斬草用四月一日丙

時吉十六日山陵按行使藍繼宗言據司天監定永安縣東北六里曰卧龍岡堪充山陵詔雷允恭覆按以聞皇堂之制深八十一尺方百四十尺制陵名曰永定九月十一日召輔臣赴會慶殿觀入皇堂物皆生平服御玩好之具帝與輔臣議及天書皆先帝尊道膺受靈貺殊尤之瑞屬于元聖不可留于人間宜於永定陵奉安二十三日奉導天書至長春殿帝上香再拜奉辭二十四日天書先發帝啓奠梓宮讀哀冊禮畢具吉凶儀仗百官素服赴順天門外至板橋立班奉辭還詣西上閤門進名奉慰十月十三日掩皇堂十八日虞主至京十九日群臣詣會慶殿行九

虞祭二十三日祔太廟第七室

嘉祐八年三月晦日仁宗崩英宗立喪服制度及修奉永昭陵並用定陵故事發諸路卒四萬六千七百人治之宣慶使石全彬提舉制梓宮畫様以進命務堅完毋過華飾三司請内藏錢百五十萬貫紬絹二百五十萬匹銀五十萬兩助山陵及賞賚遣使告哀遼夏及賜遺留物又遣使告諭諸路又以聽政奠告大行近臣告升遐於天地社稷宗廟宮觀又告嗣位賜兩府宗室近臣遺留物五月翰林學士王珪言天子之謚當集中書門下御史臺五品以上尚書省四品以上諸司三品以上於南郊告天議定然後

連奏近制唯詞臣撰議即降詔命庶僚不得參聞頗違稱天之義臣擬上先帝尊謚望詔有司稽詳舊典先之郊而後下臣之議七月宰臣以下宿尚書省宗室團練使以上宿都亭驛請謚于南郊八月告于福寧殿天地宗社宮觀九月二十八日啓菆宮以初喪服日一臨易常服出十月六日靈駕發引天子啓奠梓宮升龍輴祖奠徹與皇太后步出宣德門群臣辭于板橋十五日奉安梓宮陵側十七日開皇堂十一月二日虞主至皇太后奠于瓊林苑天子步出集英門奉迎奠于幄七日祭虞主二十九日祔太廟主如漢制不題謚號及終虞而行卒哭之祭禮院言故事

大祥變除服制以三月二十九日祥至五月二十九日禫六月二十九日禫除至七月一日從吉巳蒙降敕謹按禮學王肅以二十五月爲畢喪而鄭康成以二十七月通典用其說又加至二十七月終則是二十八月畢喪而二十九月始吉蓋失之也天聖中更定五服年月敕斷以二十七月今士庶所同遵用夫三年之喪自天子達不宜有異請以三月二十九日爲大祥五月擇日而爲禫六月一日而從吉於是大祥日不御前後殿開封府傳決大辟及禁屠至四月五日待制觀察使以上及宗室管軍官日一奠二十八日而群臣俱入奠二十九日禫除群臣皆奉慰爲

治平四年正月八日英宗崩神宗即位十一日大斂二月三日殯四月三日請謚十八日奏告及讀謚册于福寧殿七月二十五日啓菆八月八日靈駕發引二十七日葬永厚陵禮院準禮群臣成服後秉布㡇鞍韉小祥臨訖除頭冠方裙大袖大祥臨訖褁素紗軟脚幞頭慘公服乘皁鞍韉禫除訖素紗幞頭常服黑帶二日改吉服去佩魚虞主至自掩壙五虞皆在途四虞於集英殿曲赦兩京畿内鄭孟等州如故事

元豐八年三月五日神宗崩十三日大歛帝成服十七日小祥四月一日禫除七月五日請謚于南郊九月八日讀

謚寶册于福寧殿二十三日啓菆十月一日靈駕發引二十一日葬永裕陵二十九日虞主至十一月一日虞祭于集英殿自復土六虞在途太常卿攝事三虞行禮于殿四日卒哭五日祔廟祕書正字范祖禹言先王制禮以君服同于父皆斬衰三年蓋恐爲人臣者不以父事其君此所以管乎人情也自漢以來不惟人臣無服而人君遂亦不爲三年之喪唯國朝自祖宗以來外廷雖用易月之制而宫中實行三年之喪且易月之制前世所以難改者以人君自不爲服也今群臣易月而人主實行三年之喪故十二日而小祥而朞又小祥二十四日大祥再朞而又大祥夫練祥不可以有二也既以日爲之又以月爲之此禮之無據者再朞而大祥中月而禫禫者祭之名非服之色也今乃爲之慘服三日然後禫此禮之不經者也既除服至葬而又服之蓋不可以無服也祔廟而後即吉財八月矣而遽純吉無所不佩此又禮之無漸也易月之制因襲已久既不可追宜令群臣朝服止如今日而未除衰至朞而服之漸除其重者再朞而又服之乃釋衰其餘則君服斯服可也至於禫不必爲之服惟未純吉以至於祥然後無所不佩則三年之制略如古矣詔禮官詳議禮部尚書韓忠彦等議朝廷典禮時世異宜不必循古若先王之制不

可盡用則當以祖宗故事爲法今言者欲令群臣服喪三年民間禁樂如之雖過山陵不去衰服庶協古制緣先王恤典節文甚多必欲循古又非特如所言而已今既不能盡用則當循祖宗故事及先帝遺制詔從其議神主祔廟是月冬至百官表賀崇政殿說書程頤言神宗喪未除節序變遷時思方切恐失居喪之禮無以風化天下乞改賀爲慰不從紹聖四年太史請遷去永裕陵禁山民塚一千三百餘以便國音帝曰遷墓得無擾乎若無所害則令勿遷果不便國音當給官錢以資葬費

元符三年正月十二日哲宗崩徽宗即位詔山陵制度並

如元豐七月十一日啓菆二十日靈駕發引八月八日葬
永泰陵九月一日以升祔畢群臣吉服如故事太常寺言
太宗皇帝上繼太祖兄弟相及雖行易月之制實斬衰三
年以重君臣之義公除巳後庶事相稱具載國史今皇帝
嗣位哲宗實承神考之世巳用開寶故事爲哲宗服衰重
令神主巳祔百官之服並用純吉皇帝服御宜如太平興
國二年故事禮部言太平興國中宰臣薛居正表稱公除
以來庶事相稱獨命徹樂誠未得宜即是公除後除不舉
樂外釋衰從吉事理甚明今皇帝當御常服素紗展脚幞
頭淡黄衫黑犀帶請下有司裁製宰臣請從禮官議乃詔

候周朞服吉時詔不由門下徑付有司給事中龔原言喪
制乃朝廷大事令行不由門下是廢法也臣爲君服斬衰
三年古未嘗改且陛下前此議服禮官持兩可之論陛下
旣察見其姦其服遂正今乃不得巳從之臣竊爲陛下惜
開寶時并汾未下兵革未弭祖宗櫛風沐雨之不暇其服
制權宜一時非故事也原坐黜知南康軍於是詔依元降
服喪三年之制其元符三年九月自小祥從吉指揮改正
紹興五年四月甲子徽宗崩于五國城七年正月問安使
何蘚等還以聞宰執入見帝號慟擗踊終日不食宰臣張
浚等力請始進麋粥成服于几筵殿文武百僚朝晡臨於

行宮自聞喪至小祥百官朝晡臨自小祥至禫祭朝一臨
太常等言舊制沿邊州軍不許舉哀緣諸大帥皆國家腹
心爪牙之臣休戚一體至於將佐皆懷忠憤宜就所屯自
副將而上成服日朝晡臨故按哭於本營命徽猷閣待制
王倫等爲奉迎梓宫使時知邵州胡寅上疏略曰三年之喪
自天子至於庶人一也及漢孝文自執謙德用日易月至今
行之子以便身忘其親臣以便身忘其君心知其非而不
肯改自常禮言之猶且不可況變故特異如今日者又當
如何恭惟大行太上皇帝大行寧德皇后蒙塵北狩永訣
不復實繇粘罕是有不共戴天之讎考之於禮讎不復則

服不除寢苫枕戈無時而終所以然者天下雖大萬事雖
衆皆無以加於父子之恩君臣之義也伏覩某月某日聖
旨緣國朝故典以日易月臣切以爲非矣自常禮言之猶
須大行有遺詔然後遵承今也大行詔旨不聞而陛下降
旨行之是以日易月出陛下意也大行幽厄之中服御飲
食人所不堪疾病粥藥必無供億崩殂之後衣衾斂藏豈
得周備正棺卜兆知在何所茫茫沙漠瞻守爲誰伏惟陛
下一念及此荼毒摧割備難堪忍縱未能遵春秋復讎之
義俟讎殄而後除服猶當革漢景之薄喪紀以三年爲斷
不然以終身不可除之服二十七日而除之是薄之中又

加薄焉必非聖人之所安也又曰雖宅憂三祀而軍旅之事皆當決於聖裁則諒闇之典有不可舉蓋非枕塊無聞之日是乃枕戈有事之辰故魯侯有周公之喪而徐夷並興東郊不開則是墨衰即戎孔子取其誓命令六師戒嚴方將北討萬幾之衆孰非軍務陛下聽斷平決得禮之變卒哭之後以墨衰臨朝合於孔子所取其可行無疑也如合聖意便乞直降詔旨云恭惟太上皇帝寧德皇后誕育眇躬大恩難報欲酬罔極百未一伸鑾輿遠征遂至大故訃音所至痛貫五情想慕懇顔杳不復見怨讎有在朕敢忘之雖軍國多虞難以諒闇然衰麻枕戈非異人任以日

易月情所不安興自朕躬致喪三年即戎衣墨況有權制布告中外昭示至懷其合行典禮令有司集議來上如敢沮格是使朕爲人子而忘孝之道當以大不恭論其罪陛下親御翰墨自中降出一新四方耳目以化天下天地神明亦必有以佑助臣不勝大願六月張浚請謚于南郊戶部尚書章誼等言梓宮未還久廢謚冊之禮請依景德元年明德皇后故事行埋重虞祭祔廟之禮及依嘉祐八年治平四年虞祭畢而後卒哭卒哭而後祔廟仍於小祥前卜日行之異時梓宮之至宜遵用安陵故事行改葬之禮更不立虞主從之九月甲子上廟號曰徽宗九年正月太常寺言徽宗及顯肅皇后祔及大祥雖皇堂未置若不先建陵名則春秋二仲有妨薦獻請先上陵名宰臣秦檜等請上陵曰永固徽宗與顯肅初葬五國城十二年金人以梓宮來還將至帝服黃袍乘輦詣臨平奉迎登舟易緦服百官皆如之既至行在安奉于龍德別宮帝后異殿禮官請用安陵故事梓宮入境即承之以槨有司預備袞冕翬衣以往至則納之槨中不復改斂秦檜白令侍從臺諫禮官集議靈駕既還當崇奉陵寢或稱欑宮禮部員外郎程敦厚希檜意獨上奏言仍欑宮之舊稱則莫能示通和之大信而用因山之正典則若亡存本之後圖臣以爲宜勿徇虛名當示大信於是議者

工部尚書莫將等乃言太史稱歲中不利大葬請用明德皇后故事權欑從之以八月奉迎九月發引十月掩欑在昭慈欑宮西北五十步用地二百五十畝十三年改陵名曰永祐紹興三十一年五月金國使至以欽宗訃聞詔朕當持斬衰三年之服以申哀慕是日文武百僚並常服黑帶去魚詣天章閣南空地立班聽詔旨舉哭畢次赴後殿門外進名奉慰次詣几筵殿焚香舉哭六月權禮部侍郎金安節等請依典故以日易月自五月二十二日立重安奉几筵至六月十七日大祥所有衰服權留以待梓宮之還從之七月宰臣陳康伯等率百官詣南郊請謚廟號欽宗遂上

陵名曰永獻其餘並如徽宗典禮
淳熙十四年十月八日高宗崩孝宗號慟擗踊踰二日不進膳尋諭宰執王淮欲不用易月之制如晉武魏孝文實行三年之喪自不妨聽政淮等奏通鑑載晉武帝雖有此意後來只是宮中深衣練冠帝曰當時群臣不能將順其美司馬光所以譏之後來武帝竟欲行之淮曰記得亦不能行帝曰自我作古何害淮曰御殿之時人主衰絰群臣吉服可乎帝曰自有等降乃出內批朕當衰絰三年群臣自行易月之令其合行儀制令有司討論詔百官於以日易月之內衰服治事二十日丁亥小祥帝未改服王淮等

乞俯從禮制上流涕曰大恩難報情所未忍二十一日車駕還內帝衰絰御輦設素仗軍民見者往往感泣詔令自五日一詣梓宮前焚香帝欲衰服素幄引輔臣及班次而禮官奏謂苴麻三年難行於外庭奏入不出十一月戊戌朔禮官顏師魯尤袤等奏乞禮畢改服小祥之服去杖絰禫祭禮畢改服素紗軟脚折上巾淡黃袍黑銀帶神主祔廟畢改服幞頭黑鞓犀帶遇過宮燒香則於宮中衰絰行禮二十五月而除帝批淡黃袍改服白袍二日己亥大祥四日辛丑禫祭禮畢五日壬寅百官請聽政不允八日百官三上表引康誥被冕服出應門等語以證九日詔可十

五年正月十八日甲寅百日帝過宮行焚香禮二十一日丁巳諭輔臣曰昨內引洪邁見朕已過百日猶服衰麤因奏事應以漸今宜服如古人墨衰之義而巾則用縉或羅朕以羅綃非是若用細布則可王淮等言尋常士大夫丁憂過百日巾衫皆用細布出而見客則以黲布今陛下舉曠古不能行之禮足爲萬世法帝又曰晚間引宿直宿之類如何淮曰布巾布背子便是常服上不以爲然自是每御延和殿止服白布折上巾布衫過宮則衰絰而杖三月壬子啓攢帝服初喪之服甲寅發引丙寅掩攢甲戌親行第七虞祭大臣言虞祭乃吉禮合用韡袍上曰只用布折

上巾黑帶布袍可也二十日丙戌神主祔廟是日詔曰朕昨降旨揮欲衰絰三年緣群臣屢請御殿易服故以布素視事內殿雖有俟過祔廟勉從所請之詔稽諸典禮心實未安行之終制乃爲近古宜體至意勿復有請於是大臣乃不敢言蓋三年之制斷自帝心執政近臣皆主易月之說諫官謝鍔禮官尤袤心知其不可而不敢盡言惟敕令所刪定官沈清臣再上書願堅主聽大事於內殿之旨將來祔廟畢日預降御筆截然示以終喪之志杜絕輔臣方來之章勿令再有奏請力全聖孝以示百官以刑四海帝納用焉仍詔欑宮遵遺誥務從儉約凡修營百費並從內

庫毋侵有司經常之費諸路監司州軍府監止進慰表其餘禮並免不得以進奉攢宮爲名有所貢獻上陵名曰永思

紹熙五年六月九日孝宗崩太皇太后有旨皇帝以疾聽在內成服太皇太后代皇帝行禮慶元二年六月九日大祥八月十六日禫祭時光宗不能執喪寧宗嗣服欲大祥畢更服兩月曰但欲禮制全盡不較此兩月於是監察御史胡紘言孫爲祖服已過朞矣議者欲更持禫兩月不知用何典禮若曰嫡孫承重則太上聖躬亦已康復於宮中自行二十七月之重服而陛下又行之是喪有二孤也自

古孫爲祖服何嘗有此禮詔侍從臺諫給舍集議吏部尚書葉翥等言孝宗升遐之初太上聖體違豫就宮中行三年之喪皇帝受禪正宜倣古方喪之服以爲服昨來有司失於討論令胡紘所奏引古據經別嫌明微委爲允當欲從所請參以典故六月六日大祥禮畢皇帝及百官並純吉服七月一日皇帝御正殿饗祖廟將來禫祭令禮官檢照累朝禮例施行四月庚戌詔群臣所議雖合禮經然於朕追慕之意有所未安早來奏知太皇太后面奉聖旨以太上皇帝雖未康愈宮中亦行三年之制宜從所議朕躬奉慈訓敢不遵依初高宗之喪孝宗爲三年服及孝宗之喪有司請於易月之外用漆紗淺黃之制蓋循紹興以前之舊朱熹初至不以爲然奏言今已往之失不及追改惟有將來啟攢發引禮當復用初喪之服則其變除之節尚有可議望明詔禮官稽考禮律豫行指定其官吏軍民方喪之服亦宜稍爲之制勿使肆爲華靡其後詔中外百官皆以涼衫視事蓋用此也方朱熹上議時門人有疑者未有以折之後讀禮記正義喪服小記爲祖後者條因自識於本議之末其略云準五服年月格斬衰三年嫡孫爲祖謂承重者法意甚明而禮經無文但傳云父沒而爲祖後者服斬然而不見本經未詳何據但小記云祖父沒而爲祖母

後者三年可以傍照至爲祖後者條下疏中所引鄭志乃有諸侯父有廢疾不任國致不任喪事之問而鄭荅以天子諸侯之服皆斬之文方見父在而承國於祖服向來上此奏時無文字可檢又無朋友可問故大約且以禮律言之亦有疑父在不當承重者時無明白證驗但以禮律人情大意荅之心常不安歸來稽考始見此說方得無疑乃知學之不講其害如此而禮經之文誠有闕略不無待於後人向使無鄭康成則此事終未有所斷決不可直謂古經定制一字不可增損也已而詔于永思陵下宮之西修奉攢宮上陵名曰永阜

慶元六年光宗崩上陵名曰永崇
嘉定十七年寧宗崩上陵名曰永茂
景定五年理宗崩上陵名曰永穆
咸淳十年度宗崩上陵名曰永紹自孝宗以降外庭雖用易月之制而宮中實行三年之喪云

志卷第七十五

志第七十六　宋史一百二十二

開府儀同三司上柱國錄軍國重事中書右丞相監修國史領經筵事都總裁臣脫脫等奉勑修

禮二十六 凶禮二

皇后園陵太祖建隆二年六月二日皇太后杜氏崩于滋德殿三日百官入臨明日大歛欑于滋福宮百姓成服中書門下文武百僚諸軍副兵馬使以上並服布斜巾四脚直領襴衫外命婦帕頭帔裙衫九日帝見百官于紫宸門太常禮院言皇后燕國長公主高氏皇弟泰寧軍節度使光義嘉州防禦使光美並服齊衰三年準故事合隨皇帝以日易月之制二十五日釋服二十七日禫除畢服吉心喪終制從之七月太常禮院言準詔議定皇太后謚按唐憲宗母王太后崩有司集議以謚狀讀于太廟然後上之尚宣懿皇后謚即有司撰定奏聞未常集議制下之日亦不告郊廟修謚冊畢始告廟還讀于靈坐前詔從周制於是太常少卿馮吉請上尊謚曰明憲皇后九月六日群臣奉冊寶告于太廟翌日上于滋福宮十月十六日葬安陵十一月四日神主祔太廟宣祖室乾德二年改卜安陵于

河南府鞏縣三月二十五日奉寶册改上尊謚曰昭憲皇太后讀于陵次二十六日啓故安陵二十七日靈駕發引命攝太尉開封尹光義遣奠讀哀册四月九日掩皇堂

太祖孝明孝惠二后乾德元年十二月七日皇后王氏崩二十五日命樞密承旨王仁贍爲園陵使時議改卜安陵于鞏并以二后陪葬焉皇堂之制下深四十五尺上高三十尺陵臺再成四面各長七十五尺神墻高七尺五寸四面各長六十五步南神門至乳臺四十五步高二丈三尺吉仗用中宮鹵簿凶仗名物悉如安陵而差減其數孝惠又減孝明焉二年三月二十七日孝明皇后啓攢宮群臣

服初喪之服明日孝惠皇后自幄殿發引皆設遣奠讀哀册四月九日葬孝惠于安陵之西北孝明于安陵之北二十六日皆祔于別廟其後孝明升祔太祖室

太祖皇后宋氏太宗至道元年四月二十八日崩帝出次素服舉哀輟朝五日六月六日上謚曰孝章皇后以歲在未有忌權攢于趙村沙臺三年正月二十日祔葬永昌陵之北皇堂陵臺神墻乳臺鵲臺並如孝明園陵制度仍以故許王及夫人李氏魏王夫人王氏楚王夫人馮氏皇太子亡妻莒國夫人潘氏將軍惟正亡妻裴氏陪葬二月二日祔神主于別廟莒國潘氏至道三年六月追册爲莊懷皇后陵曰保泰神主祔后廟

太宗賢妃李氏眞宗至道三年十二月追尊爲皇太后謚曰元德祔葬永熙陵大中祥符六年升祔太宗室

太宗明德皇后李氏眞宗景德元年三月十五日崩十七日群臣上表請聽政凡五上始允帝去杖經服衰即御坐哀動左右太常禮院言皇后宜準昭憲皇太后禮例合隨皇帝以日易月之制宗室雍王以下禫除畢吉服心喪終制五日詳定園陵宜在元德皇太后陵西安葬八月十二日上謚九月二十二日遷坐于沙臺攢宮十月七日祔神主太宗室二年十月十五日帝詣攢宮致奠十六日發引

二十九日掩皇堂

眞宗章穆皇后郭氏景德四年四月十五日崩皇帝七日釋服後改用十三日群臣三日釋服諸道州府官吏訃到日舉哀成服三日而除二十一日司天監詳定園陵帝令祔元德皇太后陵側但可安厝不必寬廣其棺槨等事無得鐫刻花樣務令堅固二十五日殯于萬安宮之西階詔兩制三館祕閣各撰挽詞閏五月十三日上謚曰莊穆六月二十一日葬永熙陵之西北七月有司奉神主謁太廟祔享于昭憲皇后享畢祔別廟大中祥符二年四月十五日大祥詔特廢朝群臣奉慰

眞宗宸妃李氏仁宗明道元年二月二十六日薨初葬洪
福禪院之西北命晏殊撰墓銘二年四月六日追册爲莊
懿皇太后十月五日改葬永定陵之西北隅十七日祔神
主于奉慈廟
眞宗章獻明肅皇后劉氏明道二年三月二十七日崩于
寳慈殿遷坐于皇儀殿三十日宣遺誥群臣哭臨見帝于
殿之東廂奉慰宗室削杖不散髮中書樞密使相比宗室
去斜巾垂帽首絰及杖翰林學士至龍圖閣直學士已上
幷節度使文武二品已上又去中單及袴兩省御史臺中
丞文武百官以下四脚幅巾連裳腰絰館閣讀書翰林待

詔伎術官幷給孝服宰相百官朝晡臨三日內外命婦朝
臨三日四月遣使告哀遼夏及賜遺留物十日司天監詳
定山陵制度皇堂深五十七尺神墻高七尺五寸四面各
長六十五步乳臺高一丈九尺至南神門四十五步鵲臺
高二丈三尺至乳臺四十五步詔下宮更不修蓋餘依二
十七日以宰臣張士遜爲山園使是日翰林學士馮元請
上尊謚九月四日讀于靈坐十月五日葬永定陵之西北
隅十七日祔神主于奉慈廟
眞宗章惠皇后楊氏明道三年十一月五日保慶皇太后
崩太常禮院言皇帝本服緦麻三月皇帝皇后服皆用細

布宗室皆素服吉帶大長公主以下亦素服並常服入內
就次易服三日而除詔以保祐沖人加服爲小功五日而
除四年正月十六日上謚二月六日葬永定陵之西北隅
十六日升祔奉慈廟
仁宗慈聖光獻皇后曹氏神宗元豐二年十月二十日太
皇太后崩于慶壽宮是日文武百官入宮宰臣王珪升西
階宣遺誥已內外舉哭盡哀而出二十六日大斂命韓縝
爲山陵按行使二十九日皇帝成服十一月韓縝言永昭
陵北稍西地二百十步內取方六十五步可爲山陵上以
迫隘縝言若增十步合徵火相主及中五之數詔增十步

十二月中書言先是司天監選年月遷祔濮安懿王三夫
人今大行太皇太后山陵濮三夫人亦當舉葬於是詔宗
室正任防禦使以上許從靈駕已從濮安王夫人者免從
三年正月十四日上謚太常禮院言大行太皇太后雖已
有謚然山陵未畢俟掩皇堂去大行稱慈聖光獻太皇太
后祔廟題神主仍去二太字祕閣校理何洵直言按禮既
葬日中還虞于正寢蓋古者之葬近在國城之北故可以
平旦而往至日中即虞於寢所謂葬日虞弗忍一日離也
後世之葬其地既遠則禮有不能盡如古者今大行太皇
太后葬日至第六虞自當行之於外如舊儀其七虞及九

虞卒哭謂宜行之於慶壽殿又按春秋公羊傳曰虞主用桑士虞禮曰桑主不文伏請罷題虞主太常言洵直所引乃士及諸侯之禮況嘉祐治平並虞于集英殿宜如故事又嘉祐治平虞主已不書謚當依所請太常禮院又言慈聖光獻皇后祔廟前二日告天地社稷太廟皇后廟如故事至日奉神主先詣僖祖室次翼祖宣祖太祖太祖后太宗皇帝懿德皇后明德皇后同一祝次饗元德皇后慈聖光獻皇后異饌異祝行祔廟之禮次眞宗仁宗英宗室禮畢奉神主歸仁宗室如此則古者祔謁之禮及近代徧饗故事並行不廢從之三月十日葬永昭陵二十二日祔于

太廟

英宗宣仁聖烈皇后高氏哲宗元祐八年九月三日崩于崇慶宮遺誥皇帝成服三日內聽政群臣十三日諸州長吏以下三日而除釋服之後勿禁作樂園陵制度務遵儉省餘並如章獻明肅皇太后故事十四日詔園陵依慈聖光獻太皇太后之制紹聖元年正月二十八日禮部言將題神主謹按章獻明肅皇后神主書姓劉氏詔依故事四月一日葬永厚陵

神宗欽聖憲肅皇后向氏建中靖國元年正月十三日崩二月太常寺言大行皇太后山陵一行法物宜依元豐二年慈聖光獻皇后故事皇堂之制下深六十九尺面方二丈五尺石地穴深一丈明高二丈一尺鵲臺二各高四十一尺乳臺二各高二丈七尺神墻高一丈三尺五月六日葬永裕陵二十六日祔于神宗廟室先是元祐四年美人陳氏薨贈充儀又贈貴儀徽宗入繼大統詔有司議追崇之典上尊謚曰欽慈皇后祔葬永裕陵與欽聖同祔神宗室崇寧元年二月聖瑞皇太妃朱氏薨制追尊爲皇太后遂上尊謚曰欽成皇后五月祔葬永裕陵祔神主於神宗室皆備禮如故事

哲宗皇后劉氏政和三年二月九日崩詔崇恩太后合行

禮儀可依欽成皇后及開寶皇后故事參酌裁定閏四月上謚曰昭懷皇后五月葬永泰陵祔神主於哲宗廟室

徽宗皇后王氏大觀二年九月二十六日崩尚書省言章穆皇后故事眞宗服七日從之十月太史局言大行皇后園陵斬草用十月二十四日斥土用十一月十三日葬用十二月二十七日諸宗室合祔葬者並依大行皇后月日時刻十一月宰臣蔡京等請上謚曰靖和皇后十二月奉安梓宮于永裕陵之下宮神主祔別廟四年十二月改謚曰惠恭其後高宗復改曰顯恭

哲宗昭慈聖獻皇后孟氏紹興元年四月崩詔以繼體之

重當承重服以遺誥擇近地權殯俟息兵歸葬園陵梓宮取周身勿拘舊制以爲他日遷奉之便六月殯于會稽上亭鄉欑宮方百步下宮深一丈五尺明器止用鉛錫置都監巡檢一員衛卒百人生日忌辰旦望節序排辦如天章閣儀虞主還州行祔廟禮

徽宗顯仁皇后韋氏紹興二十九年崩祔于永祐陵欑宮

高宗憲聖慈烈皇后吳氏慶元三年崩時光宗以太上皇承重寧宗降服齊衰朞四年三月甲子權欑于永思陵

孝宗成肅皇后夏氏開禧三年崩殯于永阜陵正北吏部尚書陸峻言伏覩列聖在御間有諸后上仙緣無山陵可祔是致別葬若上仙在山陵已卜之後無有不從葬者其他諸后葬在山陵之前神靈既安並不遷祔惟元德章懿二后方其葬時名位未正續行追冊其成穆皇后孝宗登極即行追冊改殯所爲欑宮典禮已備與元德章懿事體不同所以更不遷祔竊稽前件典禮秖緣葬有前後勢所當然其於禮意却無隆殺今來從葬阜陵爲合典故從之

寧宗恭聖仁烈皇后楊氏紹定五年十二月崩祔葬茂陵

濮安懿王園廟治平三年詔置園令一人以大使臣爲之募兵二百人以奉園爲額置柏子户五十人廟三間二廈神門屋二所及齋院神廚靈星門其告祭濮安懿王及諸神祝文並本宮教授撰河南府給香幣酒脯禮物太祝奉禮則命永安縣尉主簿攝如闕官以本府曹官凡祭告及四仲饗並依此制奉安神主三獻命西京差判官一員亞獻朝臣一員終獻攝知園令出納神主廟制用一品夫人任氏墳域亦稱爲園元豐詔曰濮安懿王先帝斟酌典禮即園立廟詔王子孫歲時奉祀義協恩稱後世無得議焉令三夫人名位或未正塋域或異處有司置而不講曷足以彰明先帝甚盛之德仰承在天之志乎三夫人可並稱曰王夫人命主司擇歲月遷祔濮園俾其子孫以時奉主與王合食而致孝思焉禮官奏請王夫人遷葬給鹵簿全

仗用鼓吹至國門外減半喪行與四時告享並令嗣濮王主之南渡後主奉祠事以嗣濮王爲之園令一員以宗室爲之祠堂主管兼園廟香火官一員以武臣爲之紹興二年九月詔每歲給降福建度牒一十道充祠堂仲饗忌祭五年二月嗣濮王仲湜言被旨迎奉濮安懿王神主至行在今已至紹興府欲權就本處奉安從之先是神主神貌在廬州嗣濮王士從乞奉遷於穩便州郡安奉故也十三年五月知大宗正事權主奉濮安懿王祠堂士㒟言濮安懿王祠貌神主權於紹興府光孝寺仲享薦祭其獻官牲牢料禮並多簡略乞令有司討論舊制行下禮部太常寺

令參酌欲令士㝝攝初獻仍差士㝝子或從子二人攝亞終獻其合用牲牢羊豕各一籩豆各十設禮料初獻合服八旒冕亞獻終獻合服四旒冕奉禮郎太祝太官令服無旒冕並以舊制從事從之二十六年二月嗣濮王士㒟言濮安懿王祠堂外無門牖內闕龕帳別無供具望下紹興府置造修奉淳熙五年四月詔濮安懿王祠堂園廟自今實及三年令本堂牒紹興府檢計修葺從嗣濮王士輵請也

秀安僖王園廟紹熙元年三月詔秀王襲封等典禮禮部太常寺乞依濮安懿王典禮避秀安僖王名一字詔恭依

仍置園廟四月詔皇伯榮陽郡王伯圭除太保依前安德軍節度使充萬壽觀使嗣秀王以奉王祀六月禮部太常寺言濮安懿王園廟制度廟堂神門宜並用獸所安木主石埳于室中西壁三分之一近南去地四尺開埳室以石爲之其中可容神主趺匱今來秀安僖王及夫人神主欲乞並依上件典禮四仲饗廟三獻官并奉禮郎等係嗣秀王充初獻本位姪男攝亞終獻其奉禮郎等乞湖州差官充攝行禮合用牲牢羊豕湖州排辦祭器祭服工部下文思院製造每遇仲饗本府前期牒報湖州排辦所有行禮儀注乞從太常寺參照濮安懿王儀注修定並從之其園

廟差御帶霍漢臣同湖州通判一員相度聞奏八月霍漢臣暨通判湖州朱僎言奉詔相度園廟以圖來上十月詔委通判一員提督修造祠堂如法修蓋十一月禮工部太常寺言濮安懿王園廟三間二厦神門屋二坐齋院神廚靈星門欲令湖州照應建造從之三年正月一日嗣秀王伯圭奏建造秀安僖王園廟近巳畢工所有修製神主儀式令所司檢照典故修製委官題寫詔差權禮部尚書李巘題寫二月伯圭又奏秀安僖王祠堂園廟乞從濮安懿王例每三年一次從本所移牒所屬州府檢計修造從之

莊文太子喪禮乾道三年七月九日皇太子薨設素幄于

太子宮正廳之東皇帝自內常服至幄俟時至易服皁幞頭白羅衫黑銀帶絲鞋就幄發哀是日皇后服素詣宮臨時發哀如宮中之禮合赴陪位官並常服吉帶入麗正門詣宮幕次俟時至常服黑帶立班俟發哀畢易吉服退自發哀至釋服日皇帝不視事權禁行在音樂仍命諸寺院聲鐘其小斂大斂合祭告以本宮主管春坊官一員行禮其餘祭告以諸司官行禮差護喪葬事一員左藏庫出錢二萬貫銀五千兩絹五千匹成服日皇帝服期次麤布幞頭襴衫腰絰絹襯衫白羅鞵以日易月十三日而除皇后服次麤布蓋首長衫裙帔絹襯服白羅鞵六宮人不從服

皇太子妃及本宮人並斬衰三年文武百官成服一日而除其文武合赴官及御史臺閤門太常寺引班祗應人並服布幞頭襴衫腰繫布帶本宮官僚並服齊衰三日服臨七日而除釋衰服後藏其服至葬日服葬畢而除十二日詔故皇太子攢所就安穆皇后攢宮側近擇地繼而都大主管所言太史局官等選到寶林院法堂堪充皇太子攢所從之十三日以皇太子薨告天地宗廟社稷宮觀十八日賜謚莊文閏七月一日遣攝中書令尚書右僕射魏杞奉謚冊寶于皇太子靈柩前百官常服入次易黑帶行禮畢常服赴後殿門外進名奉慰是夕皇帝詣東宮行燒香

之禮如宮中之儀二日出葬宰臣葉顒等詣靈柩前行燒香之禮輿靈訖行事官陪位親王南班宗室東宮官僚入班廳下再拜宰臣升詣香案前上香酹茶奠酒訖舉冊官舉哀冊讀冊官跪讀讀訖宰臣再拜各降階立在位官皆再拜靈柩進行文武百僚奉辭于城外親王宗室並騎從至葬所掩壙畢辭訖退是日百僚進名奉慰四年五月禮部太常寺言國朝典故即無皇太子小祥典禮今參酌討論將來莊文太子小祥日乞皇帝前後殿特不視事其日先命侍從官一員常服詣太子神坐前行奠酹禮令本宮官僚常服陪位奠酹畢退次慶王恭王常服赴神坐前奠

酹畢退次太子妃并榮國公以下行家人禮至大祥日太子妃榮國公以下及本宮人行禮畢焚燒神帛衰服間月妃及榮國公行禫祭家人禮從之明年七月九日大祥是日皇帝不視事差簽書樞密院事梁克家詣太子宮行奠酹禮如前儀

景獻太子嘉定十三年八月六日薨其發哀制服並如莊文太子之禮九日詔護喪視殯所于莊文太子攢宮之東並依其制建造九月十日賜謚景獻遣攝中書令知樞密院事鄭昭先奉謚冊寶于皇太子靈柩前讀冊讀寶如儀訖班退至輿靈日宰臣詣皇太子柩前行禮畢柩行其宗

室使相南班官常服黑帶並赴陪位騎從至葬所俟掩攢畢奉辭訖退其日皇帝不視事百司赴後殿門外立班進名奉慰十四年七月二日小祥差知樞密院事鄭昭先充奠酹官十五年八月六日大祥九月十五日詔景獻太子几筵已徹高平郡夫人傅氏可特封信國夫人仍令主奉祭祀

上陵之禮古者無墓祭秦漢以降始有其儀至唐復有清明設祭朔望時節之祀進食薦衣之式五代諸陵遠者令本州長吏朝拜近者遣太常宗正卿或因行過親謁宋初春秋命宗正卿朝拜安陵以太牢春祠乾德三年始令宮

人詣陵上冬服歲以爲常開寶九年太祖幸西京過鞏縣謁安陵奠獻雍熙二年宗正少卿趙安易言昨朝拜安陵永昌陵有司止設酒脯香以未明行事不設燭燎又先赴永昌陵後赴安陵及帝后二位不徧拜頗愆於禮事下有司議曰按開元禮春秋二仲月司徒司空廵陵不設牲牢之祀今請如宗廟薦享少加裁減除不設登鉶牙槃食及太常登歌外餘悉如大祠朝拜日有司豫于陵南百步道東設次具翦除器以備洒掃設宗正卿位于兆外之左西向陵官位於卿之東南執事官又於其南俱西向北上設祭器禮料酒饌于兆門内宗正卿以下各就位再拜盥手奠酒讀祝冊再拜先赴安陵次永昌陵次孝明孝惠懿德淑德皇后陵從之景德三年眞宗將朝諸陵以宰臣王旦爲朝拜諸陵大禮使太常禮院言朝陵故事合排小駕鹵簿唐太宗朝獻陵宿設黄麾仗周衛陵寢今請周設黄麾仗又唐制前一日陵令以玉冊進御親書近臣奉出陵令受之今請造竹冊四副祝畢焚之其百官位舊設陵所從祝官及皇親客使分於神道左右貞觀中並陪列司馬門内今望準舊儀施行又舊儀詣寢宮至大次之時設百官位奏請行禮望令先入赴寢殿立班貞觀中皇帝至小次素服乘馬檢會今年正月車駕朝拜明德攢宮止服素白

衣當時皇帝在大祥之内今既服除望止服淺黄袍又按貞觀永徽故事朝陵皆先親後尊拜辭訖出還大次便進發今望先朝永熙陵行事及辭皇帝皆兩次再拜陪位官每陵亦各兩次再拜今請皇帝詣安陵參辭四度再拜永昌永熙陵各兩度設拜舊儀遂寢殿上食備太牢之饌珍羞庶品近以羊豕代太牢今請備少牢之祭設奠讀冊畢復詣寢宮上珍羞庶品別行致奠之禮又舊儀前發二日太尉告太廟今請依禮徧告六室詔特服素白衣行事次序如告太廟餘依所請四年正月車駕次鞏縣罷鳴鞭及太常奏嚴金吾傳呼既至齋于永安鎮行宮太官進蔬膳是夜漏未盡三鼓帝乘馬却輿輦繖扇至安陵素服步入司馬門行奠獻禮諸陵亦然又詣下宮凡上宮用牲牢祝冊有司奉事下宮備膳羞内臣執事百官陪位又詣元德太后陵奠獻別于陵西南設幄殿祭如下宮禮畢徧詣孝明孝惠孝章懿德淑德明德莊懷七后陵遂單騎從内臣廵視陵闕而親奠夔魏岐鄆安周六王及恭孝太子諸墳其三陵陪葬皇子皇孫公主之未出閤者及諸王夫人之蚤亡者各設位次諸陵下宮之東序安陵百二十一墳量設三十位男子女子共祝版二昌陵十五墳量設十位熙陵八墳量設五位並祝版一以致祭焉辰後暫詣幄次更

衣復詣諸陵奉辭有司以朝拜無辭禮帝不忍故復往仍遣官祭一品皇親諸親墓大中祥符四年正月祀汾陰經鞏縣有司請于訾村王臺設幄殿置三陵神坐皇帝鞾袍就幄設香酒時果牙盤食奠獻而命大臣以香幣酒脯詣諸陵致告駕還復行親謁之禮帝素服乘馬至永安縣齋于行宮夜漏未盡二鼓詣三陵及元德太后明德皇后陵奠獻哀慟未明禮畢復詣四陵奉辭省視几筵奠獻如初禮又徧詣諸后陵諸王墳致奠命中使徧祭皇親諸親墳及汝州秦王墳是歲命禮官定春秋二仲遣官朝陵儀注以祭服行事專差宗正卿一員朝拜三陵別遣官二員分

拜諸陵又製長竿檐床二副置陵表祝版遣寬衣軍士三十二人輿送陵下其後添差陵廟行禮官四員選朝官京官宗姓者充翰林學士錢惟演言春秋朝陵載于舊式公卿親往蓋表至恭唐顯慶中始詔三公行事天寶以後亦遣公卿巡謁蓋取朝廷大臣不必須同國姓後參用太常宗正卿晉開運中亦命吏部侍郎近年以來止遣宗正寺官人輕位卑實虧舊制望自今于丞郎諸司三品內遣官闕則差兩省諫舍以上所冀仰副追孝之心以成稽古之美景祐初滄州觀察使守節言寒食節例遣宗室拜陵而十月令內司賓往非所以致恭乃詔宗室正刺史以上一

員朝拜四年減柏子戶安陵永昌永熙各留四十戶永定五十戶會聖宮十戶慶曆二年寒食十月朔宗室刺史以上聽更往朝陵皇祐三年太常博士李壽朋奏帝后諸陵薦饗皆有時獨昭憲皇后以合葬安陵不及時祭禮院言朝拜儀注牲牢並如太廟常饗例諸陵止奠一爵而安陵奠兩爵兩贊再拜惟祭饌不兼設蓋有司相承失之於是詔安陵昭憲皇后祝版牲幣御封香依太廟同室禮更造諸陵祭器財別庫三陵皆置卒五百人唯定陵以章獻太后故別置一指揮昭陵使甘昭吉引定陵例請置守陵奉先兩指揮京西轉運司請減定陵卒半以奉昭陵詔選募

一指揮額五百人初永安縣官月朔朝定陵望朝三陵韓琦言昭陵未有朝日乃令縣官朔望分朝諸陵熙寧中詔文臣大兩省武臣閤門使以上經過陵下並許朝拜又詔自今臣僚朝拜諸陵除見任嘗任執政官許進湯餘止奠獻薦新不特拜初故事車駕詣陵謂之親謁南渡之後此禮不舉故上陵或曰省視或曰保護或曰薦獻或曰祭告或曰致祭或曰望祭或曰修奉悉遣官不專於行禮也建炎元年五月一日詔應永安軍祖宗陵寢可差西京留守及臺臣一員躬親省視如有合修奉去處措置奏聞仍詔鄜延路副總管劉光世充省視陵寢使又詔河南府鎮撫

使翟興團結本處義兵保護祖宗陵寢四年六月詔令禮部給降度牒一百道充祭告諸陵禮料仍令翟興所差來人賫祭告表以行紹興元年九月起居郎陳與義言陛下躬履艱難之運駐蹕東南列聖陵邑遠在洛師顧瞻山川未得時省雖欲遣使道路不通聖懷日憤近聞道路少通差易前日願詔執事每半年擇遣使臣兩員往省諸陵詔令樞密院每半年差使臣兩員前去三年正月禮部太常寺言春秋二仲薦獻諸陵乞于行在法惠寺設位望祭行禮從之自是每歲薦獻率循此制五月詔令戶部支金一百兩付河南府鎮撫使司幹辦公事任直清充祭告永安

軍諸陵九年正月上謂輔臣曰祖宗陵寢久淪異域今金國既割還故地便當遣宗室使相與臣僚前去修奉洒掃尋命同判大宗正事士㒟兵部侍郎張燾前去河南府祗謁修奉六月太常丞梁仲敏等言春秋二仲遣宗室遥郡防禦使薦獻諸陵太常少卿薦獻永祐陵權宜于行在設位行禮今道路既通望依舊遣官前詣詔令西京留守司候仲秋就便選官前詣諸陵薦獻士㒟張燾回言諸陵下石澗水自兵興以來涸竭幾十五年二使到日水即大至父老驚嘆以爲中興之祥十年三月禮部言池州銅陵縣丞呂和問進宮陵儀制望付太常寺以備檢照永安軍等處今已收復遂委知軍詣諸陵逐位檢視除永定永昭永厚永裕永泰陵園廟並無損動內永安永昌永熙陵神臺壘裂未敢一面擅行補飾太常寺看詳若行補修合就差所委修飾官奏告行禮詔令河南府委官如法補飾不得滅裂其後兵部侍郎兼史館修撰張燾言伏見宣諭官方庭實有請乞將來先帝山陵一依永安陵等制度臣區區愚忠願明詔有司異時永固陵凡金玉珍寶盡斥不用播告天下咸使聞知如是自然可保無虞上嘉納之三十二年六月詔祖宗陵寢令本處招討使同本處官吏躬親朝謁如法修奉務在嚴潔以稱孝思之意乾道六年八月詔

承信郎劉湛特轉兩官右迪功郎劉師顏特與右承務郎升擢差遣秦世輔特轉一官升充正將以湛等歸正結義保護陵寢故也端平元年正月京西湖北安撫制置使史嵩之露布以滅金聞二月御筆國家南渡以後八陵迥隔常切痛心今京湖帥臣以圖來上恭覽再三悲喜交集凡在臣子諒同此情可令卿監郎官以上詣尚書省恭眡集議遂遣太常寺主簿朱揚祖閤門祗候林拓朝謁八陵紹興元年六月太常寺言昭慈獻烈皇太后欑宮在越州會稽縣合依四孟朝獻禮例差宰執一員前一日赴欑宮泰寧寺宿齋至日行朝拜之禮詔同知樞密院事李回行禮

二年三月知紹興府張守言昭慈獻烈皇后欑宮近在府界望許臣以時朝謁從之自是守臣皆許朝謁十七年十一月殿中侍御史余堯弼言望舉行舊制於春秋二仲遣官詣永祐陵欑宮薦獻臣僚又言陵廟之祭月有薦新著在令典方今宗廟久已遵奉惟是永祐陵闕而未講望令有司討論舉而行之太常寺討論欲依政和五禮依典故令兩欑宮遵依每月檢舉差官行禮其新物令逐宮預行關報紹興府排辦從之二十七年六月詔永祐陵及昭慈聖獻皇后欑宮檢察承受以檢察宮陵所爲名三十年九月吏部言紹興府會稽知縣依倣陵臺令典故於階銜內

帶兼主管欑宮事務量加優異淳熙元年正月禮部太常寺言春秋二仲差太常少卿薦獻永祐陵欑宮并周視陵域如遇少卿有闕乞從本寺前期取指揮差本寺以次官充攝所有今年仲春薦獻即日見闕少卿詔差太常丞錢良臣自後春秋遇少卿闕率以爲例慶元元年六月詔永阜陵孝宗皇帝欑宮每歲秋季一就令所差監察御史恭詣朝拜檢察從御史臺申請諸陵亦如之

忌日唐初始著罷樂廢務及行香修齋之文其後又朔望停朝令天下上州皆準式行香天祐初始令百官詣閣奉慰宋循其制惟宣祖昭憲皇后爲大忌前一日不坐群臣詣西上閤門奉慰移班奉慰皇太后退赴佛寺行香凡大忌中書悉集小忌差官一員赴寺如車駕巡幸道遇忌日皆不進名奉慰留守自於寺院行香仍不得在拜表之所天下州府軍監亦如之建隆二年宣祖忌日時明憲太后在殯群臣止詣閤奉慰而罷行香乾德二年禘于太廟其日惠明皇后忌有司言唐開成四年正月二十二日祀先農與穆宗忌同日大和七年十二月八日蜡百神與敬宗忌同日詔以近廟忌辰作樂非便宜令縣而不作竊以農蜡之祭猶避廟忌而不作樂況僖祖同廟連室而在諱辰詎可輒陳金石之奏伏望依禮縣而不作其後宣祖昭憲

忌日詔準太祖太宗奉翼祖禮前一日更不廢務咸平中有司將設春宴金明池習水戲開瓊林苑縱都人游賞帝以是月太宗忌月命詳定故事以聞史館檢討杜鎬等言按晉穆帝納后月是康帝忌月禮官荀訥議有忌日無忌月若有忌月即有忌時忌歲益無所据當時從訥所議唐武后神功元年建安王攸宜破契丹詣闕獻捷軍人入城例有軍樂內史王及善以國家忌月請備而不奏鳳閣侍郎王方慶奏按禮經有忌日而無忌月遂舉樂憲宗時太常博士韋公肅言禮無忌月禁樂今太常教坊以正月爲忌月停郊廟饗宴之昔中外士庶咸罷宴樂竊恐乖宜時

依公肅所奏伏以忌日不樂嘗載禮經忌月徹縣實無典故況前代鴻儒議論足據其春宴及池苑並合舉樂景德元年北征凱旋京師是日以懿德皇后忌詔徹鹵簿鼓吹禮官議曰班師振旅國之大事后之忌日家之私事今大駕凱旋軍容宜肅昔武王伐紂在諒闇中猶前歌後舞夫諒闇是重遠忌是輕以此而論舉樂無爽況春秋之義不以家事辭王事其還京日法駕鼓吹音樂並請振作奉詔自今宗廟忌日西京及諸節鎮給錢十千防團禦練州七千軍事州五千以備齋設元德皇后忌日舊制樞密使依內諸司例惟進名不赴行香知樞密院王欽若以爲言自

是三司使副翰林樞密龍圖直學士並赴焉眞宗崩元德明德皇后忌日在禫制內乃停進名行香凡奉慰宰相樞密使各帥百官內職共進名節度使留後觀察使各進名忌日前後各禁刑三日如天慶節釋杖以下情輕者復斷屠宰不視事前後各三日禁樂各五日其後以歲月漸遠禁刑不視事各二日禁樂各三日章憲明肅太后忌辰禮官請依章懿太后禮例前後各二日不視事一日禁屠宰各三日禁樂詔應大忌日行香臣僚並素食復立孝惠孝章淑德章懷章惠溫成諸后爲小忌未幾罷神宗即位太常禮院言僖祖及文懿皇后神主既祧準禮不諱忌日亦請依唐睿宗祧遷故事廢之初神御殿酌獻設皇帝位于庭下而忌日兩府列于殿上寺院行香左右巡使兩赤縣令于中門相向分立俟宰臣至立位前直省官贊通揖于禮無據乃命行香群臣班殿下宰相一員升殿跪爐而罷通揖又詔大忌日不爲假執政官番出禮部言順祖及惠明皇后既葬遷主罷行香忌日請于永昌院佛殿之東張幄齋薦乃詔僖祖翼祖并六位忌日咸如之先是翼祖簡穆皇后神主奉藏夾室依禮不忌後復詔還本室而忌日亦如舊焉政和新儀群臣進名奉慰其日質明文武朝參官入詣朝堂就次御史臺先引殿中侍御史一員入就位

次西上閤門御史臺分引朝參官及諸軍將校次禮直官引三公以下在西上閤門南階下每等重行異位並北向東上知西上閤門官于班前西向立搢笏執名紙躬三公以下文武百僚俱再拜俟閤門官執笏置名紙笏上入西上閤門訖退群臣奉慰詣景靈宮每等重行異位並北向東上禮直官揖班首以下再拜訖引班首自東階升殿舍人接引同升詣香案前搢笏上香跪奠茶訖執笏興降階復位又再拜次引班首以下分左右搢笏行香宰相執政官分左右行香訖執笏俱復位次引班首升殿詣香案前俛伏跪搢笏執爐俟讀疏畢執笏俛伏興降階復位又再

拜退中興之制忌日百僚行香在外州軍亦詣寺院行香如在以日易月服制之内並依禮例權停大祥後次年於曆日内箋注立忌辰禁音樂一日紹興元年二月太常少卿蘇遲等以徽宗欽宗留北有朔望遥拜之禮乃言凡遇祖宗帝后忌前一日并忌日皇帝自内先服紅袍遥拜訖易服行禮從之二年八月詔應諸路州軍見屯軍馬統兵官每遇國忌免行香十三年正月御史臺言正月十三日欽聖憲肅皇后忌其日立春準令諸臣僚及將校立春日賜幡勝遇稱賀等拜表忌辰奉慰退即戴欲乞俟十三日忌辰行香退即行戴插從之三十一年六月禮部侍郎金

安節等言六月二十八日欽慈皇后忌辰係在淵聖皇帝以日易月釋服之外百官行香宜如常制詔依三十二年正月禮部太常寺言已降旨欽宗祔廟翼祖當遷於正月九日告遷翼祖皇帝簡穆皇后神主奉藏于夾室所有以後翼祖皇帝忌及諱簡穆皇后忌欲乞依禮不諱不忌詔恭依淳熙元年十一月詔文武百僚詣景靈宫國忌立班行香自今如遇宰執俱致齋不及趂赴于東班從上引官一員升殿跪爐行香以次官一員詣西班行香先是閤門得旨國忌行香宰執致齋不赴其西壁武臣關官押班已降旨揮差使相或太尉節度使等押班可令文武班内班上一員東壁押班止令西壁散香今後準此至是禮部太常寺重別指定來上故有是命四年十月太常少卿齊慶胄言每遇國忌文臣班列莫敢不肅唯是武臣一班員數絶少或以疾病在告多不趂赴詔閤門御史臺申嚴行下如有違戾彈劾聞奏九年十月侍御史張大經奏比來國忌行香日分合赴官類多託疾在告以免夙興拜跪之勞乞自今如遇行香日有稱疾託故不赴者從本臺彈奏乞置典憲從之

群臣私忌開寶敕文應常參官及内殿起居職官等自今刺史郎中將軍以下遇私忌請準式假一日忌前之夕聽

還私第其後有司言臣僚忌日恩賜其間甚有無名者如劉繼元李煜劉鋹之類皆身爲降俘亡没已久而尚霑恩賜及周朝忌日尚有追薦本朝亦有追尊皇后生日道場并諸神祠亦有爲生日者請付禮官詳議不經之物一切省去詔周朝忌日仍舊餘罷之

志卷第七十七　　宋史一百二十四

開府儀同三司上柱國錄軍國重事前中書右丞相監修國史領經筵事都總裁脫脫等奉

勑修

禮二十七　凶禮三

外國喪禮及入弔儀

諸臣喪葬等儀

凡外國喪告哀使至有司擇日設次於內東門之北隅命官攝太常卿及博士贊禮儐太常卿奏請即向其國而哭之五舉音而止皇帝未釋素服人使朝見不宣班不舞蹈不謝面天顏引當殿喝拜兩拜奏聖躬萬福又喝拜兩拜隨拜萬歲或增賜茶藥及傳宣

撫問即出班致詞訖歸位又喝拜兩拜隨拜萬歲喝祇候退大中祥符二年十二月北朝皇太后凶訃遣使來告哀詔遣官迓之廢朝七日擇日備禮舉哀成服禮官詳定儀注以聞其日皇帝常服乘輿詣幕殿俟時釋常服服素服白羅衫黑銀帶素紗軟脚幞頭太常卿跪奏請皇帝為北朝皇太后凶訃至掛服又奏請五舉音文武百僚進名奉慰退幕殿仍遣使祭奠弔慰三年正月契丹賀正使為本國皇太后成服所司設幕次香酒及衰服絰杖等禮直官引使副已下詣位北向再拜班首詣前執盞跪奠俛伏興歸位

皆再拜俟使已下俱衰服絰杖成服訖禮直官再引各依位北向舉哭盡哀班首少前去杖跪奠酒訖執杖俛伏興歸位焚紙馬皆舉哭再拜畢各還次服吉服歸驛天聖八年六月契丹使來告哀禮官詳定北朝凶訃宜於西上閤門引來使奉書令閤門使一員跪受承進宰臣樞密使已下待制已上並就都亭驛弔慰七月一日使者耶律乞石至帝與皇太后發哀苑中使者自驛赴左掖門入至左昇龍門下馬入北偏門階下行至右昇龍北偏門入朝堂西偏門至文德殿門上奉書太常博士二員與禮直官贊引入文

德殿西偏門階下行至西上閤門外階下面北跪進書閤門使跪受承進太常博士禮直官退使者入西上閤門殿後偏門入宣祐西偏門行赴內東門柱廊中間過幕次祇候朝見訖赴崇政殿門幕次祇候朝見皇太后訖出三日近臣慰乞石于驛嘉祐三年正月契丹告國母哀使人到闕入見皇帝問云卿離北朝日姪皇帝悲苦之中聖躬萬福朝辭日即云皇帝傳語北朝姪皇帝孀太皇太后上僊遠勞人使訃告春寒善保聖躬中書樞密以下待制已上赴驛弔慰云竊審北朝太皇太后上僊伏惟悲苦五月獻遺留

物明道元年十一月二十四日敕夏王趙德明薨特輟朝三日令司天監定舉哀掛服日辰其日乘輿至幕殿服素服太常博士引太常卿當御坐前跪奏請皇帝為夏王趙德明薨舉哀又奏請十五舉音又奏請可止文武百僚進名奉慰告哀使副已下朝見首領并從人作兩班見先首領見兩拜後班首奏聖躬萬福又兩拜隨拜萬歲喝賜例物酒食跪受起又兩拜隨拜萬歲喝各祗候退從人儀同是日皇太后至幕殿釋常服白羅大袖白羅大帶舉哀如皇帝儀其遣使致祭弔慰如契丹

其入弔奠之儀乾興元年真宗之喪契丹遣殿前都點檢崇義軍節度使耶律三隱翰林學士工部侍郎知制誥馬貽謀充大行皇帝祭奠使副左林牙左金吾衛上將軍蕭日新利州觀察使馮延休充皇太后弔慰使副右金吾衛上將軍耶律寧引進使姚居信充皇帝弔慰使副所司預於滋福殿設大行皇帝神御坐又於稍東設御坐祭奠弔慰使副並素服由西上閤門入陳禮物於庭中書門下樞密院並立於殿下再拜訖升殿分東西立禮直官閤門舍人贊引耶律三隱等詣神御坐前階下俟殿上簾捲使副等並舉哭殿上皆哭再拜訖引升殿西階詣神御坐前上香奠茶酒貽謀跪讀祭文畢降階復位又舉哭再拜訖稍東立俟皇太后升坐中書樞密院起居畢簾外侍立舍人引弔慰祭奠使副朝見殿上舉哭左右皆哭弔慰使副蕭日新等升殿進書訖降坐俟皇帝升坐中書樞密院起居畢升殿侍立舍人引弔慰祭奠使副朝見皇帝舉哭左右皆哭弔慰使副耶律寧等升殿進書訖賜三隱等襲衣冠帶器幣鞍馬隨行舍利牙校等衣服銀帶器幣有差弔慰使副蕭日新等復詣承明殿俟皇太后升坐中書樞密院侍立如儀

舍人引蕭日新等升殿進問聖侯書畢賜銀器衣著有差仍就客省賜三隱等茶酒又令樞密副使張士遜別會三隱等伴宴於都亭驛英宗即位契丹使來賀乾元節命先進書奠梓宮見于東階故夏國使人見客省以書幣入後弔慰使見殿門外契丹祭奠使見于皇儀殿東廂群臣慰于門外使人辭于紫宸殿命坐賜茶故事賜酒五行自是終諒闇皆賜茶神宗之喪夏國陳慰使丁努嵬名謨鐸副使呂則陳聿精等進慰表于皇儀門外退赴紫宸殿門賜帛有差元祐初高麗入貢有太皇太后表及進奉物樞密院請

遵故事惟荅以皇帝回諭敕書已而宣仁聖烈太后崩禮部太常閤門同詳定高麗奉慰使人於小祥前後到闕令於紫宸殿門見客省受表以進賜器物酒饌退並常服黑帶不佩魚候見罷純吉服淳熙十四年金國弔祭使到闕惟皇帝先詣梓宮行燒香禮及使入門祭訖皆就幄舉哭外陳設行事並如先朝舊儀其奉辭日有司亦先設神御坐及設香桉茶酒果食盤臺於几筵殿上宰執升殿分東西立侍從官於殿下西面立使副入門殿上下皆哭使副升殿哭止使副詣神坐前一拜上香奠茶三奠酒畢拜興讀祭

文官跪讀祭文一拜興殿上下皆哭使副俱降歸位立又再拜訖退

諸臣之喪國制諸王公主宗室將軍以上有疾皆乘輿臨問如小疾在家或幸其第有至三四者其宮邸在禁中多不時而往惟宰相使相駙馬都尉疾亟幸其第或賜勞加禮焉建隆元年七月宰相范質有疾太祖親幸其第賜黃金銀絹有差開寶二年趙普有疾帝再往視賜銀器絹甚厚太平興國中鎮寧軍節度楊信久病瘖忽能言帝異之遽幸其第加賜賚大中祥符三年三月鎮安軍節度使駙馬都尉石保吉疾亟帝將臨視之其日大忌宰相言於禮非便遂遣內侍以諭保吉明日始臨省焉六月幸翰林侍講學士邢昺第視疾賜白金千兩衣著千匹名藥一奩熙寧七年十二月詔頒新式凡臨幸問疾者賜銀絹宰臣及樞密使帶使相者二千五百兩匹樞密使使相二千兩匹知樞密院事參知政事樞密副使同知樞密院事一千五百兩匹簽書樞密院事同簽書樞密院事宣徽使七百五十兩匹殿前都指揮使一千五百兩匹駙馬都尉任使相以下者二千五百兩匹任節度觀察留後以下者一千五百兩匹並入內內侍

省取賜

車駕臨奠太常新禮宰相樞密宣徽使參知政事樞密副使駙馬都尉薨皆臨幸奠酹及發引乘輿或再往咸平二年工部侍郎樞密副使楊礪卒即日冒雨臨其喪大中祥符元年殿前都虞候端州防禦使李繼和卒真宗將臨其喪以問宰臣對曰繼和以品秩實無此禮陛下敦序外族先朝亦嘗臨杜審瓊之喪於禮無嫌帝然之即日幸其第康定二年右正言知制誥吳育奏臣竊見車駕每有臨奠臣僚宗戚之家皆即時出幸道路不戒羽衛不全從官奔馳衆目驚

異萬乘法駕豈慎重之意乎雖震悼方切於皇慈而
舉動貴合乎經禮臣竊詳通禮舊儀蓋俟喪家成服
然後臨奠於事不迫在禮亦宜臣愚欲乞今後車駕
如有臨奠去處乞俟本家既斂成服然後出幸則恩
意容典詳而得中警蹕羽儀備之有素事下禮官議
遭喪之家有出殯日乃成服者恐至時難行臨奠請
自今聖駕臨奠臣僚宗戚之家若奏訃在交未前即
傳宣閤門只於當日令所屬候儀衛備奏請車駕出
幸若奏訃在交未後即次日臨奠庶使羽衛整肅於
事為宜詔可其儀乘輿自內出千牛將軍四人執戈

一人執桃一人執茢前導車駕將至所幸之第贊禮
者引喪主哭於大門內望見乘輿止哭再拜立於庭
皇帝至幕殿改素服就臨喪主內外再拜皇帝哭十
五舉音喪主內外皆哭皇帝詣祭所三奠酒喪主已
下再拜皇帝退止哭從官進名奉慰皇帝改常服還
內通禮著皇帝臨諸王妃主外祖父母皇后父母宗
戚貴臣等喪出宮服常服至所臨處變服素服天聖
喪葬令皇帝臨臣之喪一品服錫衰三品已上緦衰
四品已下疑衰皇太子臨弔三師三少則錫衰宮臣
四品已上緦衰五品已下疑衰

輟朝之制禮院例冊文武官一品二品喪輟視朝二
日於便殿舉哀掛服文武官三品喪輟視朝一日不舉
哀掛服然其車駕臨問并特輟朝日數各繫聖恩一
品二品喪皆以翰林學士已下為監護葬事以內侍
都知已下為同監護葬事葬日輟視朝一日皆取旨
後行慶曆五年四月禮院奏準度支員外郎集賢校
理知院曾公亮奏朝廷行輟朝禮並乞以聞哀之明
日輟朝其假日便以充數仍為永例如值其日前殿
須坐則禮有重輕自可略輕而為重更不行輟朝之
禮臣今看詳公亮所奏誠於輟朝之間適宜順變然

慮君臣恩禮之情有所未盡欲乞除人使見辭春秋
二宴合當舉樂即於次日輟朝餘乞依公亮所奏詔
可太平興國六年守司空兼門下侍郎平章事薛居
正薨準禮一品喪合輟二日詔特輟三日其後鄧王
錢俶太師趙普右僕射李沆薨皆一品合輟二日詔
並特輟五日二品三品者亦有特輟焉太平興國九
年右諫議大夫參知政事李穆卒準禮諫議大夫不
合輟朝特輟一日開寶三年羅彥瓌魏仁浦薨以郊
祀及軍事不輟朝景德四年同平章事王顯薨以皇
帝朝拜諸陵吉凶難於相干更不輟朝康定元年光

禄卿鄭立卒禮官舉故事輟朝其臺官言卿監職任疎
遠恩禮不稱自後遂不輟朝孝宗乾道三年四月一
日太常寺言皇伯母秀王夫人薨輟朝五日内二日
不視事乞自今月二日為始輟朝至六日止其二日
三日並不視事從之
舉哀掛服尚舍設次於廣德殿或講武殿大明殿其
後皆於後苑壬地前一日所司預設舉哀所幕殿周
以簾帷色用青素其日皇帝常服乘輿詣幕殿侍臣
奏請降輿俟時釋常服服素服白羅衫黑銀腰帶素
紗軟脚幞頭太常博士引太常卿當御坐前跪奏請

皇帝為其官薨舉哀又請舉哭十五舉音又奏請可
止中書門下文武百官進名於崇政殿門外奉慰皇
帝釋素服服常服乘輿還内建隆四年山南東道節
度使慕容延釗卒太祖素服發哀其後趙普薨太宗
亦如之景德四年李沆薨禮官言舉哀品秩雖載禮
典伏緣國朝惟趙普曹彬曾行兹禮今望裁自聖恩
詔特擇日舉哀自後宰臣薨皆用此禮真宗乳母秦
國延壽保聖夫人卒以太宗喪始朞疑舉哀禮官言
通禮皇帝為乳母緦麻按喪葬令皇帝為緦一舉哀
止秦國夫人保傅聖躬宜備哀榮況太宗之喪已終

易月之制令為乳母發哀合於禮典從之鄭國長公
主薨禮官言降服大功擇日成服緣居大行皇太后
大祥之内衰服未除典禮舊章以輕包重酌情順變
禮當厭降望不成服皇親諸親亦不制服帝曰宗室
諸王皆不制服情所未忍至期當遣諸王就其第成
服及令皇后臨奠餘如所請皇從弟右監門衛大將
軍德鈞卒以皇帝恭謁陵寢不能舉哀成服天禧元年
太尉王旦薨時季秋大享明堂其日發哀真宗疑之
禮官言祠事在質明之前成服於既祠之後於禮無
嫌詔可康定二年皇子壽國公昕薨年二歲禮官言

已有爵命宜同成人遂發哀成服熙寧十年永國公
薨係無服之殤詔特舉哀成服元祐元年王安石薨
在神宗大祥之内司馬光薨亦在諒闇中皆不舉哀
成服高宗於劉光世張俊秦檜之喪皆為臨奠然設
幄舉哀成服之禮未之行也孝宗乾道三年始為皇
伯母秀王夫人薨設幕殿後苑壬地舉哀成服復舉
行焉皇太后皇后為本族之喪孝明皇后姊太原郡
君王氏卒中書門下據太常禮院狀準禮例皇后合
出就故彰德軍節度使王饒第發哀成服文武百僚
詣其第進名奉慰從之章穆太后母楚國太夫人吳

氏薨太常禮院言皇帝為外祖母本服小功詳開寶通禮即有舉哀成服之文又緣近儀大功以上方成服今請皇太后擇日就本宮掛服雍王以下為外祖母給假其後太后嫡母韓國太夫人薨亦用此制焉章獻明肅皇后改葬父母前一日皇后詣攢所俟時詣成服所改服緦尚儀奏請詣靈柩發哭奠酒退六宮內人立班奉慰掩壙畢皇后詣墳奠獻再拜釋服還宮外命婦進名奉慰如儀

輟樂太平興國七年十月中書言今月七日乾明節選定二十二日大宴二十日參知政事竇偁卒明日

皇帝親幸其第臨喪慟哭設奠還宮即令罷宴有司奏伏以百司告備六樂在庭睿聖至仁聞哀而罷是以顯君父愛慈之道勵臣子忠孝之心伏請宣付史館傳録美實詔可天禧二年九月十一日宴近臣于長春殿既河陽三城節度使張旻赴任以王旦在殯不舉樂嘉祐六年三月五日宰臣富弼母秦國太夫人薨十七日春宴禮院上言君臣父子家國均同元首股肱相濟成體貴賤雖異哀樂則同一人向隅滿堂嗟戚今宰臣新在苫塊欲乞罷春宴聲樂以表聖人憂恤大臣之意詔下并春宴寢罷

賻贈凡近臣及帶職事官薨非詔葬者如有喪訃及遷葬皆賜賻贈鴻臚寺與入內內侍省以舊例取旨其嘗踐兩府或任近侍者多增其數絹自五百匹至五十匹錢自五十萬至五萬又賜羊酒有差其優者仍給米麥香燭自中書樞密而下至兩省五品三司三館職事內職軍校并執事禁近者亡歿及父母近親喪皆有贈賜宗室朞功袒免乳母殤子及女出適者各有常數其特恩加賜者各以輕重為隆殺焉建隆元年十月詔有死于矢石者人給絹三匹仍復其家三年長吏存撫之慶曆二年詔陣亡軍校無子孫

者賜其家錢指揮使七萬副指揮使六萬軍使都頭副兵馬使副都頭五萬熙寧七年參酌舊制著為新式諸臣喪兩人以上各該支賜孝贈只就數多者給官與職各該賻贈者從多給差遣權并同權發遣並與正同諸兩府使相宣徽使并前任宰臣問疾或澆奠已賜不願敕葬者并宗室不經澆奠支賜雖不係敕葬並支賻贈餘但經問疾或澆奠支賜或敕葬者更不支賻贈前兩府如澆奠只支賻贈仍加絹一百布一百羊酒米麪各一十諸支賜孝贈在京羊每口支錢一貫以折第二等絹充每匹折錢一貫三百文

餘支本色在外米支白秔米麪每石支小麥五斗酒支細色餘依價錢諸文臣卿監以上武臣元係諸司使以上分司致仕身亡者其賻贈並依見任官三分中給二限百日內經所在官司投狀召命官保關申限外不給待制觀察使以上更不召保元豐五年詔鄜延路沒於王事有家屬見今在本路欲歸鄉者給賻外其大使臣以上更支行李錢百千小使臣五十千差使殿侍三十千其餘比類支給紹興二十六年詔今後命官實因幹辦公事避追非理致死者並遵依舊法所有李光申請於紹興條內添注日限指揮

更不施行舊法非理致死者謂焚溺墜壓之類通判以上賜銀五百兩餘三百兩職司已上取旨初紹興二年五月吏部侍郎李光申明立定折跌骨五十餘日三十日內身亡之人並支前項銀數至是戶部侍郎宋貺言自立定日限後來多是因他病身故之人子孫規圖賞給計會所屬旋作差出名目陳乞保奏誠為欺罔故有是命

詔葬禮院例冊諸一品二品喪敕備本品鹵簿送葬者以少牢贈祭於都城外加璧束帛深青三纁二諸重一品柱鬲六五品已上四六品已下二諸銘旌三品已上長九尺五品已上八尺六品已上七尺皆書某官封姓之柩諸輀車三品已上油幰朱絲絡網施襈兩廂畫龍幰竿諸末垂六旒蘇七品已上油幰施襈兩廂畫雲氣垂四旒蘇九品已上無旒蘇庶人鼈甲車無幰襈畫飾諸引披鐸翣挽歌三品已上四引四披六鐸六翣挽歌六行三十六人四品二引二披四鐸四翣挽歌者四行十六人五品六品挽歌八人七品八品挽歌六人六品九品謂非升朝者挽歌四人其持引披者皆布幘布深衣挽歌白練幘白練褠衣皆執鐸綍並鞵襪諸四品已上用方相七品已上用魌頭諸

纛五品已上其竿長九尺已下五尺已上諸葬不得以石為棺槨及石室其棺槨皆不得雕鏤彩畫施方牖檻棺內不得藏金寶珠玉又按會要勳戚大臣薨卒多命詔葬遣中使監護官給其費以表一時之恩凡凶儀皆有買道方相引魂車香蓋紙錢鵝毛影輿錦繡虛車大轝銘旌儀棺行幕各一挽歌十六其明器牀帳衣輿結綵牀皆不定數墳所有石羊虎望柱各二三品以上加石人二人入墳有當壙當野祖思祖明地軸十二時神誌石券石鐵券各一殯前一日對靈柩及至墳所下事時皆設敕祭監葬官行禮熙寧

初又著新式頒于有司乾德六年三月中書令秦國公孟昶薨其母李氏繼亡命鴻臚卿范禹偁監護喪事仍詔禮官議定吉凶儀仗禮例以聞太常禮院言檢詳故事晉天福十二年葬故魏王周廣順元年葬故樞密使楊邠侍衛使史弘肇三司使王章例並用一品禮墓方圓九十步墳高一丈八尺明器九十事石作六事音身隊二十人當壙當野祖明祖思地軸十二時神蚊廚帳暖帳各一輀車一挽歌三十六人拂一纛一翣六輴車魂車儀槨車買道車誌石車各一方相氏鵝毛纛銘旌香輿影輿蓋輿錢輿五穀輿

酒醢輿衣物輿庖牲輿各一黃白紙帳園宅象生什物行幕并誌文挽歌詞啓攢啓奠祝文並請下有司修製其儀太僕寺革輅兵部本品鹵簿儀仗太常寺本品鼓吹儀仗殿中省繖一曲蓋二朱漆團扇四自第導引出城量遠近各還贈玉一纁二贈祭少牢禮料亦請下光禄太府寺少府監諸司依禮供應又楚王母依子官一品例準令文外命婦一品侍近二人青衣六人偏扇方扇各十六行鄣三坐鄣二白銅飾犢車駕牛馭人四從人十六夾車從車六繖一大扇一團扇二戟六十伏緣久不施用如特賜施行即合

於孟昶吉凶仗內相參排列詔並令排列祇應仍侯導引至城外分半導至西京墳下及葬畢令供奉官周貽慶押奉議軍士二指揮防護至洛陽又賜子玄喆墳莊一區開寶四年建武軍節度使何繼筠卒詔遣中使護葬仍賜寶劍甲冑同葬咸平元年護國軍節度使駙馬都尉王承衍葬鹵簿鼓吹備而不作以在太宗大祥忌禁內也元豐五年崇信軍節度使華陰郡王宗旦薨聽以旌節牌印葬尋又詔不即隨葬者徙二年因而行用者罷之紹興二十四年太師清河郡王張俊葬上曰張俊極宣力與他將不同恩數務

從優厚仍賜十梁額花冠貂蟬籠巾朝服一襲水銀二百兩龍腦一百五十兩其後楊存中薨孝宗令諸寺院聲鐘仍賜水銀龍腦以斂熙寧新式先是知制誥曾布言竊以朝廷親睦九族故於死喪之際臨弔賻恤至於窀穸之具皆給於縣官又擇近臣專董其事所以深致其哀榮而盡其送終之禮近世使臣沿襲故常過取饋遺故私家之費往往倍於公上祥符中患其無節嘗詔有司定其數皇祐中又著之編敕令使臣所受無過五百朝臣無過三百有遠之者御史奏劾伏見比歲以來不復循守其取之者不啻十倍於

著令乞取舊例裁定酌中之數以爲永式詔令太常禮院詳定令布裁定以聞嘉祐七年詔大宗正自今皇親之喪五年以上未葬者不以有無尊親新喪並擇日葬之初龍圖閣直學士向傳式言故事皇親係節度使以上方許承凶營葬其卑幼喪皆隨葬之自慶曆八年後積十二年未葬者幾四百餘喪官司難於卒辦致濮王薨百日不及葬請自今兩宅遇有尊屬之喪不以官品爲限而葬之下判大宗正司太常禮儀院司天監議而有是詔元祐中又詔御史臺臣僚父母無故十年不葬即依條彈奏及令吏部候限滿檢察尚有不葬父母即未得與關升磨勘如失檢察亦許彈奏

追封冊命通禮策贈貴臣守官於主人大門外設使副位使人公服從朝堂受策載於犢車各備鹵簿至主人之門降車使者稱有制主人降階稽顙內外皆哭讀冊訖主人拜送之國朝之制有於私第冊之者有於本道冊之者私第冊之者乾德三年正衙命使冊贈孟昶尚書令追封楚王是也本道冊者建隆元年故特進檢校太師南平王高保勗奉敕贈太尉端拱元年故守太師尚書令鄧王錢俶特追封秦王是也其儀與通禮大略相類不復錄

定謚王公及職事官三品以上薨（贈官同）本家錄行狀上尚書省考功移太常禮院議定博士撰議考功審覆判都省集合省官參議具上中書門下宰臣判准始錄奏聞敕付所司即考功錄牒以未葬前賜其家省官有異議者聽具議聞蘊德丘園聲實明著雖無官爵亦奏賜謚曰先生太平興國八年詔增周公謚法五十五字美謚七十一字爲一百字平謚七字爲二十字惡謚十七字爲三十字其沈約賀琛續廣謚盡廢後以直史館胡旦言舊制文武官臣僚皆以功行上下各賜謚法近朝以來遂成闕典建隆以後臣僚三品以上合賜謚者百餘人望令史館編錄行狀送禮官定謚付館修入國史詔令後並令禮官取行狀定謚送考功詳覆關送史館求爲定式直集賢院王皞言謚者行之表也善行有善謚惡行有惡謚蓋聞謚知行以爲勸戒六典太常博士掌王公以下擬謚皆跡其功德爲之褒貶近者臣僚薨卒雖官該擬謚其家自知父祖別無善政慮定謚之際斥其繆戾皆不請謚竊惟謚法自周公以來垂爲不刊之典蓋以彰善癉惡激濁揚清使其身沒之後是非較然用

為勸懲今若任其遷避則為惡者肆志而不悛乞自今後不必俟其請謚並令有司舉行如此則隱慝無行之人有所沮勸若須行狀申乞方行擬謚考諸方冊別無明證惟衞公叔文子卒其子戍請謚臣謂春秋之時禮壞樂闕公叔之卒有司不能明舉舊典故至將葬始請謚於君且周制太史掌小喪賜謚小史掌卿大夫之家賜謚讀誄以此知有司之職自當舉行明矣詔下有司詳定如皡請焉禮院吏議贈安遠軍節度使馬懷德已葬請謚乃言自古作謚皆在葬前唐開元三品以上將葬既啓殯告贈謚於柩前無

贈者設啓奠即告謚既葬加謚出於唐時如顏杲卿盧奕盡忠王室當時置而不議至郭知運死五十餘年乃始請謚右司員外郎崔原以為非旌善之禮而太常博士獨孫及謂新制死不必有謚又謂有故闕禮追遠請謚順也及長於開元之世親聞啓奠告謚而為新制不必有謚豈非誣哉又有故闕禮追遠請謚皆遺禮經何順之有國家給謚一用唐令然請謚之家例供尚書省官酒食撰議官又當有所贈遺故或闕而不請景祐四年宋綬建議令官給酒食其後又罷贈遺自此既葬請謚者甚衆歲月浸久官閥行跡士大夫所不能知子孫與其門生故吏志在虛美隱惡而有司据以加謚是廢聖人之法而徇唐庸有司之議也詔自今得謚者令葬前奏請或其家不請則尚書太常合議定謚前葬牒史館及付其家即徇私謚不以實論如選舉不以實法既葬請謚者不定謚

志卷第七十七

志卷第七十八　宋史一百二十五

開府儀同三司上柱國録軍國重事前中書右丞相監修國史領經筵事都總裁脫脫等奉勅修

禮二十八 凶禮四

士庶人喪禮　服紀

士庶人喪禮開寶三年十月詔開封府禁喪葬之家不得用道釋威儀及裝束異色人物前引太平興國七年正月命翰林學士李昉等重定士庶喪葬制度昉等奏議曰唐大曆七年詔喪葬之家送葬祭盤只得於喪家及塋所置祭不得於街衢張設又長慶三

年令百姓喪葬祭奠不得以金銀錦繡為飾及陳設音樂葬物稍涉僭越並勒毀除臣等參詳子孫之葬父祖卑幼之葬尊親全尚樸素即有傷孝道其所用錦繡伏請不加禁斷其用音樂及欄街設祭身無官而葬用方相者望嚴禁之其詔葬設祭者不在此限又準後唐長興二年詔五品六品常參官喪轝舁者二十人挽歌八人明器三十事共置八牀七品常參官舁者十六人挽歌六人明器二十事置六牀六品以下京官及檢校試官等舁者十二人挽歌四人明器十五事置五牀並許設紗籠二庶人舁者八人明

器十二事置兩牀悉用香轝魂車其品官葬祖父母父母品卑者聽以子品葬妻子者遞降一等其四品以上依令式施行望令御史臺街司頒行限百日率從新制限滿違者以違禁之物給巡司為賞喪家輒舉樂者譴伶人他不如制者但罪下里工作從之九年詔曰訪聞喪葬之家有舉樂及令章者蓋聞鄰里之內喪不相舂苴麻之旁食未嘗飽此聖王教化之道治世不刊之言何乃匪人親罹釁酷或則舉奠之際歌吹為娛靈柩之前令章為戲甚傷風教實紊人倫今後有犯此者並以不孝論預坐人等第科斷所

在官吏常加覺察如不用心並當連坐景德二年開封府言文武官亡歿諸寺擊鐘未有定制欲望自今大卿監大將軍觀察使命婦郡夫人已上即據狀聞奏許於天清開寶二寺擊鐘其聲數旋俟進止自餘悉禁從之紹興二十七年監登聞鼓院范同言今民俗有所謂火化者生則奉養之具唯恐不至死則燔爇而棄捐之何獨厚於生而薄於死乎甚者焚而置之水中識者見之動心國朝著令貧無葬地者許以係官之地安葬河東地狹人衆雖至親之喪悉皆焚棄韓琦鎮并州以官錢市田數頃給民安葬至今為

美談然則承流宣化使民不畔於禮法正守臣之職也方今火葬之慘日益熾甚事關風化理宜禁止仍飭守臣措置荒閑之地使貧民得以收葬火禪風化之美從之二十八年戶部侍郎榮薿言比因臣僚陳請禁火葬令州郡置荒閑之地使貧民得以收葬誠為善政臣聞吳越之俗葬送費廣必積累而後辦至於貧下之家送終之具唯務從簡是以從來率以火化為便相習成風勢難遽革況州縣休息之久生聚日繁所用之地必須寬廣仍附郭近便處官司以艱得之故有未行標撥者既葬埋未有處所而行火化之禁恐非人情所安欲乞除豪富士族申嚴禁止外貧下之民幷客旅遠方之人若有死亡姑從其便候將來州縣標撥到荒閑之地別行取旨詔依仍令諸州依已降指揮措置標撥

服紀宋天子及諸臣服制前史皆散記諸禮中未嘗特錄之也後史則表而出之高宗於外廷以日易月於內廷則行三年之禮御朝則淺素淺黃孝宗又力持三年之制皇帝未成服則素紗軟脚幞頭白羅袍黑銀帶絲鞋成服日布梁冠（朱熹云當用十二梁）首絰直領布大袖衫（朱熹云不當用襴蓋下已有裙）布裙袴腰絰竹杖白綾襯衫或斜巾帽子視事白去杖首絰小祥日改服布幞頭襴衫腰絰布袴大祥畢服素紗軟脚幞頭白羅袍黑銀帶禫祭畢素紗軟脚幞頭淺色黃羅袍黑銀帶祔廟日服履黃袍紅帶御正殿視事則皁幞頭淡黃袍黑鞓犀帶素絲鞋此中興後制也孝宗居憂再定三年之制其服布冠直領大袖衫布裙首絰腰絰竹杖小祥不易服大祥禮畢始去杖去絰禫祭畢始服素紗軟脚幞頭白袍黑銀帶祔廟畢服皁幞頭黑鞓犀帶每遇過宮廟謁則衰絰行禮二十五月而除三年之內禁中常服布巾布衫背子視事則御內殿服白布幞頭白布袍黑銀帶殿設素幄

每五日一次過宮則衰絰而杖虞祭則布折上巾黑帶布袍受金使弔則衰絰御德壽殿東廊之素幄受賀節使則御垂拱殿東楹之素幄是時宰執近臣皆不肯行惟斷自上心堅不可奪大臣乃不敢言贊其決者惟敕局下僚沈清臣一人而已

臣為君服宋制有三等中書門下樞密使副尚書翰林學士節度使金吾上將軍文武二品以上布梁冠直領大袖衫布裙袴腰絰竹杖或布幞頭襴衫布斜巾絹襯服文武五品以上幷職事官監察御史以上內客省宣政昭宣知閤門事前殿都知押班布梁冠

直領大袖衫裙袴腰經或幞頭襴衫白餘文武百官布幞頭襴衫腰絰而已入局治事並不易服宰執奏事去杖小祥去冠餘官奏事如之大祥素紗軟脚折上巾黲公服白鞓錫帶禫除畢去黲服常服仍黑帶皂鞓鞾祔廟畢始純吉服宗室出則常服居則衰麻以終制光宗居孝宗之憂趙汝愚當國始令群臣服白涼衫皂帶治事逮終制乃止寧宗居光宗之憂復令百官以日易月禫除畢服紫衫皂帶以治事從禮部侍郎陳宗召請也諸路監司州軍縣鎮長吏以下服布四脚直領布襴衫麻腰絰朝晡臨三日除之內

外命婦當入臨者布裙衫帔首絰絹襯衫帕首士庶於本家素服三日而除婚嫁服除外不禁文武臣僚之家至山陵祔畢乃許嫁娶仍不用花綵及樂淳熙十四年十月以將作監韋璞充金國告哀使閤門舍人姜特立副之禮部太常寺言告哀使副并三節人從禮例如在大祥內合服布幞頭襴衫布袴腰經布涼繖鞍鞾在禫服內合服素紗軟脚幞頭黲色公服黑鞓犀帶青繖皂鞍鞾候禫除即從吉服仍繫黑帶去魚涼繖鞾並從禫制并去紋座三節人衣紫衫黑帶並不聽樂不射弓弩候過界聽使副審度隨宜改易服用從之或遺留遺信物使同上服

喪服雜議慶曆七年侍御史吳鼎臣言武班及諸職司人吏曾因親喪出入禁門甚有褁素紗幞頭者殊失肅下尊上之禮欲乞文武兩班除以官品起復許褁素紗外其餘臣僚并諸職司人吏雖有親喪服未除並須光紗加首不得更褁素紗詔送太常禮院禮官言準令文凶服不入公門其遭喪被起在朝參處常服各依品服惟色以淺無金玉飾在家依其服制其被起者及朞喪以下居式假者衣冠朝集皆聽不預令鼎臣所奏有礙令文詔依所定如遇筵宴其服淺

色素紗人更不令祗應

丁父母憂淳化五年八月詔曰孝為百行之本喪有三年之制著于典禮以厚人倫中外文武官子弟或父兄之淪亡蒙朝廷之齒叙未及卒哭已闌莅官遽忘哀戚頗玷風教自今文武官子弟有因父亡兄歿特被叙用未經百日不得趣赴公參御史臺專加糾察并有冒哀求仕釋服從吉者並以名聞咸平元年詔任三司館閣職事者丁憂並令持服又詔川峽廣南福建路官丁憂不得離任既受代而喪制未畢者許其終制尋令川峽官除州軍長吏奏裁餘並許解

官大中祥符九年殿中侍御史張廓言京朝官丁父母憂者多因陳乞與免持服且忠孝恩義士所執守一悖于禮其何能立今執事盈庭各務簡易況無金革之事中外之官不闕不可習以為例望自後並依典禮三年服滿得赴朝請天禧四年御史臺言文武官併丁憂者相承服五十四月別無條例下太常禮官議曰按禮喪服小記云父母之喪偕先葬者不虞祔待後事其葬服斬衰注謂同月若同日死也先葬者母也其葬服斬衰者喪之隆哀宜從重也假令父死在前月而同月葬猶服斬衰不葬不變服也言其

葬服斬衰則虞祔各以其服矣及練祥皆然卒事反服重雜記云有父之喪如未沒喪而母死其除父之喪也服其除服卒事反喪服注云沒猶終也除服謂祥祭之服卒事既祭反喪服服後死者之服又杜預云若父母同日卒其葬先母後父皆服斬衰其虞祔先父後母各服其服卒事反服父服若父已葬而母卒則服母之服虞訖反服父之服既除練則服母之服喪可除則服父之服以除之訖則服母之服賀循云父之喪未終又遭母喪當父服應終之月皆服祥祭之服如除喪之禮卒事反母之服臣等參考典故

則是隨其先後而除之無通服五十四月之文請依舊禮改正慶曆三年太常禮院議禮記父母之喪無貴賤一也又曰三年之喪人道之至大也請不以文武品秩高下並聽終喪時以武臣入流者雜難盡解官詔自今三司副使已上非領邊寄並聽終制仍續月奉武臣非在邊而願解官者聽凡奪情之制文臣諫舍以上牧伯刺史以上皆卒哭後恩制起復其在切要者不候卒哭內職遭喪但給假而已願終喪者亦聽惟京朝幕職州縣官皆解官行服亦有特追出者凡公除與祭景祐二年禮儀使言天聖五年太常

禮院言自來宗廟祠祭皆宰臣參知政事行事每有服制旋復改差多致妨闕檢會唐會要貞元六年詔百官有私喪公除者聽赴宗廟之祭監祭御史以禮有緦麻已上喪不得饗廟移牒吏部詰之吏部奏准禮諸侯絕周大夫絕緦者所以殺旁親不敢廢大宗之祭事則緦不祭者謂同宮未葬欲人吉凶不相黷也魏晉已降變而從權緦已上喪服假滿即吉謂之公除凡既葬公除則無事不可故於祭無妨乞今凡有慘服既葬公除及聞哀假滿許吉服赴祭同宮未葬雖公除依前禁之詔從又王涇郊祀録緦麻已上

喪不行宗廟之祭者以明吉凶不相干也貞元吏部奏請得許權改吉服以從宗廟之祭此一時之事非舊典也今本院省詳律稱如有緦麻已上喪遣充掌事者笞五十此唐初所定吏部起請皆援引典故奏詔百官有私喪公除者聽赴宗廟之祭後雖王涇著郊祀録是一時之事非舊典也又別無詔敕改更是以歷代止依貞元詔命施行至大中祥符中詳定官請依郊祀録緦麻以上喪不預宗廟之祭今詳貞元起請證據分明王涇所說別無典故望自今後有私喪公除者聽赴宗廟之祭免致廢闕慶曆七年禮官

郊必言古之臣子未有居父母喪而輙與國家大祭者今但不許入宗廟至於南郊壇景靈宫皆許行事按唐吏部所請慘服既葬公除者謂周以下也前後相承誤以為三年之喪得吉服從祭失之甚也又據律文諸廟享有緦麻以上喪不許執事祭天地社稷不禁此唐之定律者不詳經典意也王制曰喪三年不祭惟天地社稷為越紼而行事注云不敢以卑廢尊也是指王者不敢以私親之喪廢天地社稷之祭非謂臣下有父母喪而得從天子祭天地社稷也兼律文所以不禁者亦止謂緦麻以上周以下故也南

郊太廟俱為吉祀奉承之意無容異禮今居父母喪不得入太廟至南郊則為愈重朝廷每因大禮侍祠之官普有霑賚使居喪之人得預祠事是不欲慶澤之行有所不被柰何以小惠而傷大禮近歲兩制以上並許終喪惟於武臣尚仍舊制是亦取古之墨縗從事金革無避之義也然於郊祀吉禮則為不可下禮院議曰郊祀大禮國之重事百司聯職僅取濟集若居喪被起之官悉不與事則或有妨闕但不以慘麤之容接於祭次則亦可行請依太常新禮宗室及文武官有遭喪被起及卒哭赴朝參者遇大朝會聽

不入若緣郊廟大禮惟不入宗廟其郊壇景靈宫得權從吉服陪位或差攝行事詔可天聖五年侍講學士孫奭言伏見禮院及刑法司外州執守服制詞旨俚淺如外祖卑於舅姨大功加於嫂叔顛倒謬妄難可遵言臣於開寶正禮録出五服年月并見行喪服制度編祔假寧令請下兩制禮院詳定翰林學士承旨劉筠等言奭所上五服制度皆應禮經然其義簡奥世俗不能盡通今解之以就平易若兩相為服無所降殺舊皆言服者具載所為服之人其言周者本避唐諱今復為期又節取假寧令附五服敕後以便

有司仍板印頒行而喪服親疎隆殺之紀始有定制
矣
子為嫁母景祐二年禮官宋祁言前祠部員外郎集
賢校理郭稹幼孤母邊更嫁有子稹無伯叔兄弟獨
承郭氏之祭令邊不幸而稹解官行服按五服制度
勑齊衰杖朞降服之條曰父卒母嫁及出妻之子為
母其左方注謂不為父後者若為父後者則為嫁母
無服詔議之侍御史劉夔曰按天聖六年勑開元五
服制度開寶正禮並載齊衰降服條例雖與祁言不
異然假寧令諸喪斬齊三年並解官齊衰杖期及為

人後者為其父母若庶子為後為其母亦解官申心
喪母出及嫁為父後者雖不服亦申心喪注云皆為
生己者律疏云心喪者為妾子及出妻之子合降其
服二十五月內為心喪載詳格令子為嫁母雖為父
後者不服亦當申心喪又稱居心喪者釋服從吉及
忘哀作樂冒哀求仕者並同父母正服今龍圖閣學
士王博文御史中丞杜衍嘗為出嫁母解官行喪若
使生為母子沒同路人則必虧損名教上玷孝治且
杖朞降服之制本出開元禮文逮乎天寶降勑俾終
三年然則當時已悟失禮晉袁準謂為人後猶服嫁

母據外祖異族猶廢祭行服知父後應服嫁母劉智
釋云雖為父後猶為嫁母齊衰讎周云非父所絕為
之服周可也昔孔鯉之妻為子思之母鯉卒而嫁於
衛故檀弓曰子思之母死柳若謂子思曰子聖人之
後也四方於子乎觀禮子盍慎諸子思曰吾何慎哉
喪之禮如子云子聖人之後即父後也石苞問淳于
睿為父後者不為出母服嫁母猶出母也或者以為
嫁與出不異不違禮意雖執從重之義而以廢祭見
譏君為詳正睿引子思之義為荅且言聖人之後服嫁母
明矣稹之行服是不為過詔兩制御史臺禮院再議

曰按儀禮父卒繼母嫁為之服朞謂非生己者故父
卒改嫁降不為己母唐上元元年勑父在為母尚許
服三年今母嫁既是父終得申本服唐紹議曰為父
後者為嫁母杖周不為父後者請不降服至天寶六
載勑五服之紀所宜企及三年之數以報免懷其嫁
母亡宜終三年又唐八坐議吉凶加減禮云凡父卒
親母嫁齊衰杖期為父後者亦不服不以私親廢祭
祀惟素服居堊室心喪三年免役解官母亦心服之
母子無絕道也按通禮五服制度父卒母嫁及出妻
之子為母及為祖後祖在為祖母雖周除仍心喪三

年侍講學士馮元言儀禮禮記正義古之正禮闕實通禮五服年月敕國朝見行典制為父後者為出母無服惟通禮義纂引唐天寶六年制出母嫁母並終服三年又引劉智釋議雖為父後猶為出母嫁母齊衰卒哭乃除盖天寶之制言諸子為出母嫁母故云並終服三年劉智言為父後者為出母嫁母故云猶為齊衰卒哭乃除各有所謂固無疑也況天聖五服年月敕父卒母嫁及出妻之子為母降杖朞則天寶之制已不可行又但言母出及嫁為父後者雖不服亦申心喪即不言解官若專用禮經則是全無服式

若俯同諸子杖朞又於條制相戾請凡子為父後無人可奉祭祀者依通禮義纂劉智釋議服齊衰卒哭乃除踰月乃祭仍申心喪則與儀禮禮記正義通典通禮五服年月敕為父後為出母嫁母無服之言不遠如諸子非為父後者為出母嫁母依五服年月敕降服齊衰杖朞亦解官申心喪則與通禮五服制度言雖周除仍心喪三年及刑統言出妻之子合降其服皆二十五月內為心喪其義一也郭稹應得子為父後之條緣其解官行服已過朞年難於追改後當依此施行詔自今並聽解官以申心喪

子為生母大中祥符八年樞密使王欽若言編修册府元龜官太常博士祕閣校理聶震丁所生母憂嫡母尚在望特免持服禮官言按周制庶子在父之室則為其母不禪晉解遂問蔡謨曰庶子喪所生嫡母尚存不知制服輕重答云士之妾子服其母與凡人喪母同鍾陵胡濟所生母喪自有嫡兄承統而嫡母存疑不得三年問范宣答曰為慈母且猶三年況親所生乎嫡母雖尊然厭降之制父所不及婦人無專制之事豈得引父為比而屈降支子也南齊褚淵遭庶母郭氏喪葬畢起為中軍將軍後嫡母吳郡公主

薨葬畢令攝職則震當解官行服心喪三年若特有奪情之命望不以追出為名自今顯官有類此者亦請不稱起復第遣蒞職熙寧三年詔御史臺審决秀州軍事判官李定追服所生母喪御史臺言在法庶子為父後如嫡母存為所生母服緦三月仍解官申心喪若不為父後為所生母持齊衰三年正服而禫今定所生仇氏亡日定未嘗請解官持心喪止以父老乞還侍養宜依禮制追服緦麻而解官心喪三年時王安石庇定擢為太子中允而言者俱罷免

婦為舅姑乾德三年判大理寺尹拙言按律及儀禮

喪服傳開元禮儀纂五禮精義三禮圖等書所載婦為舅姑服周近代時俗多為重服劉岳書儀有奏請之文禮圖刑統乃邦家之典豈可守書儀小說而為國章邪判少卿事薛允中等言戶婚律居父母及夫喪而嫁娶者徒三年各離之若居周喪而嫁娶者杖一百又書儀舅姑之服斬衰三年亦準敕行用律敕有差望加裁定右僕射魏仁浦等二十一人奏議曰謹按禮內則云婦事舅姑如事父母則舅姑與父母一也而古禮有朞年之說至於後唐始定三年之喪在理為當況五服制度前代增益甚多按唐會要嫂叔無服太宗令服小功曾祖父母舊服三月增為五月嫡子婦大功增為朞衆子婦小功增為大功父在為母服朞高宗增為三年婦為夫之姨舅無服玄宗令從夫服又增姨舅同服緦麻及堂姨舅袒免至今遵行況三年之內几筵尚存豈可夫處苫塊之中婦被綺紈之飾夫婦齊體哀樂不同求之人情實傷理本況婦為夫有三年之服於舅姑止服朞年乃是尊夫而卑舅姑也況孝明皇后為昭憲太后服喪三年足以為萬世法欲望自今婦為舅姑服並如後唐之制其三年齊斬一從其夫

嫡孫承重天聖四年大理評事杜杞言祖母潁川郡君鍾歿並無服重子婦餘孤孫七人臣最居長今已服斬衰即未審解官以否禮院言按禮喪服小記曰祖父卒而後為祖母後者三年正義曰此論適孫承重之服祖父卒者謂適孫無父而為祖後祖父已卒今遭祖母喪故云為祖母後也父卒為母故三年若祖父卒時父已先亡亦為祖父三年若祖卒時父在已雖為祖朞今父歿祖母亡時已亦為祖母三年也又按令文為祖後者卒為祖母祖父歿嫡孫為祖母承重者齊衰三年並解官合依禮令寶元二年度支判官集賢校理薛紳言祖母萬壽縣太君王氏卒是先臣所生母服紀之制罔知所適乞降條制庶知遵守詔送太常禮院詳定禮官言五服年月敕齊衰三年為祖後者祖卒則為祖母又曰齊衰不杖朞為祖父母注云父之所生庶母亦同惟為祖後者不服又按通禮義纂為祖後者父所生庶母亡合三年否記云為祖母也為後三年不言嫡庶然奉宗廟當以貴賤為差庶祖母不祔於皇姑已受重於祖當為祭主不得申於私恩若受重於父代而養為後可也又曰庶祖母合從何服通禮無服庶祖母之文有為祖庶母

後者之服晉王廙議曰受命為後則服之無嫌婦人無子託後族人猶為之服況其子孫乎人莫敢卑其祖也且妾子父歿為母得申三年孫無由獨屈當服之也看詳五服年月敕不載持重之文於義纂即有所據今薛紳不為祖後受重於父合申三年之制史館檢討同知太常禮院王洙言五服年月敕與新定令文及通禮正文內五服制度皆聖朝典法此三處並無為父所生庶母服三年之文唯義纂者是唐世蕭嵩王仲丘等撰集非創修之書未可據以決事且所引兩條皆近世諸儒之說不出於六經臣已別狀奏駮今薛紳為映之孫耀卿為別子始祖紳繼別之後為大宗所守至重非如次庶子等承傳其重者也不可輒服父所生庶母三年之喪以廢始祖之祭也臣謹按禮經所謂重者皆承後之文據義纂稱重於父亦有二說一者嫡長子自為正體受重可知二者或嫡長亡取嫡或庶次承傳父重亦名為受重也若繼別子之後自為大宗所承至重不得更遠係庶祖母為之服三年惟其父以生己之故為之三年可也詳義纂所謂受重於父者指嫡長子亡次子承傳父重者也但其文不同耳詔太常禮院與御史臺詳定

聞奏眾官參詳耀卿王氏子紳王氏孫尤親於慈母庶母祖母庶祖母也耀卿既亡紳受重代養當服之也又薛紳頃因籍田覃恩乞將叙封母氏恩澤迴授與故父所生母王氏其薛紳官爵未合叙封祖母蓋朝廷以耀卿已亡紳是長孫敦以孝道特許封邑豈可王氏生則輒邀國恩歿則不受重服況紳被王氏鞠育之恩體尊義重合令解官持齊衰三年之服詔從之皇祐元年大理評事石祖仁奏叔從簡為祖父中立服後四十日亡乞下禮院定承祖父重服禮官宋敏求議曰自開元禮以前嫡孫卒則次孫承重況從簡為中子已卒而祖仁為嫡孫乎古者重嫡正貴所傳其為後者皆服三年以主虞練祥禫之祭且三年之喪必以日月之久而服之者有變也今中立未及卒哭從簡已卒是日月未久而服未經變也或謂已服朞不當改服斬而更為重制按儀禮子嫁反在父之室為父三年鄭氏注謂遭喪而出者始服齊衰朞出而虞則以三年之喪是服可再制明矣今祖仁宜解官因其葬而制斬衰三年後有如其類而已葬者用再喪制服遂著為定式熙寧八年禮院請為祖承重者依封爵令立嫡孫以次立嫡子同母弟無母

弟立庶子無庶子立嫡孫同母弟如又無之即立庶長孫行斬衰服於是禮房詳定古者封建國邑而立宗子故周禮適子死雖有諸子猶令嫡孫傳重所以一本統明尊尊之義也至於商禮則嫡子死立衆子然後立孫今既不立宗子又未甞封建國邑則嫡孫喪祖不宜純用周禮若嫡子死無衆子然後嫡孫承重即嫡孫傳襲封爵者雖有衆子猶承重時知廬州孫覺以嫡孫解官持祖母服覺叔父在有司以新令乃改知潤州元豐三年太常丞劉次莊請祖母亡有嫡曾孫次莊為嫡孫同母弟在法未有庶孫承重之

文詔下禮官立法自令承重者嫡子死無諸子即嫡孫承重無嫡孫嫡孫同母弟承重無母弟庶孫長者承重曾孫以下準此其傳襲封爵自依禮令

雜議大中祥符八年廣平公德彝聘王顯孫女將大歸而德彝卒疑其禮制禮官言按禮曾子問曰娶女有吉日而女死如之何孔子曰壻齊衰而弔既葬而除之夫死亦如之注云謂無朞三年之恩也女服斬衰又刑統云依禮有三月廟見有未廟見就婚等三種之文妻並同夫法其有克吉日及定婚夫等惟不得違約改嫁自餘相犯並同凡人今詳女合服斬衰

於室既葬而除或未葬但出攢即除之天聖七年興化軍進士陳可言臣昨與本軍進士黃價同保臣預解送之後本軍言黃價昨赴舉時有叔為僧喪服未滿臣例當駮放竊思出家制服禮律俱無明文況僧犯大罪並無緣坐犯事還俗準敕不得均分父母田園又釋門儀式見父母不拜居父母喪不經死則法門弟子為之制服其於本族並無服式望下禮官詳議許其赴試太常禮院言檢會敕文朞周尊長服不得取應又禮為叔父齊衰朞外繼者降服大功九月其黃價為叔僧合比外繼降服大功皇祐四年吉州

司理參軍祝紳幼孤鞠於兄嫂已甞為嫂持服兄喪又請解官持喪有司以為言仁宗曰近世蓋有匿親喪而干進者紳雖所服非禮然不忘鞠養恩亦可勸也俟服闋日與幕職知縣

繼絕熙寧二年同修起居注直史館蔡延慶父褒故太尉齊之弟也齊初無子子延慶後齊有子而褒絕請復本宗禮官以請許之紹聖元年尚書省言元祐南郊赦文戶絕之家近親不為立繼者官為施行今戶絕家許近親尊長命繼已有著令即不當官為施行四年右武衛大將軍克務乞故登州防禦使東牟

侯克端子叔傳為嗣請赴期朝參起居而不為克端服大宗正司以聞下禮官議宜終喪三年遂詔宗室居父母喪者毋得乞為繼嗣大觀四年詔曰孔子謂興滅繼絕天下之民歸心王安石子雱無嗣有族子棣已嘗用安石孫恩例官可以棣為雱後以稱朕善善之意先是元豐國子博士孟開請以姪孫宗顏為孫據晉侍中荀顗無子以兄之孫為孫其後王彥林請以弟彥通為叔母宋繼絕孫詔皆如所請淳熙四年十月二十七日戶部言知蜀州吳擴申明乞自今養同宗昭穆相當之子夫死之後不許其妻非理遣

還若所養子破蕩家產不能侍養實有顯過即聽所養母經官近親尊長證驗得實依條遣還仍公共繼嗣

志卷第七十八

三司上柱國錄軍國重事前中書右丞相監修國史領經筵事都總裁臣脫脫等奉　勅修

樂一

有宋之樂自建隆訖崇寧凡六改作始太祖以雅樂聲高不合中和乃詔和峴以王朴律準較洛陽銅望臬石尺爲新度以定律呂故建隆以來有和峴樂仁宗留意音律判太常燕肅言器久不諧復以朴準考正時李照以知音聞謂朴準高五律與古制殊請依神瞽法鑄編鐘既成遂請改定雅樂乃下三律鍊白石爲磬範中金爲鐘圖三辰五

靈爲器之飾故景祐中有李照樂未幾諫官御史交論其非竟復舊制其後詔侍從禮官參定聲律阮逸胡瑗實預其事更造鐘磬止下一律樂名大安乃試考擊鐘聲弇鬱震掉不和滋甚遂獨用之常祀朝會焉故皇祐中有阮逸樂神宗御歷嗣守成憲未遑制作間從言者緒正一二知禮院楊傑條上舊樂之失召范鎮劉几與傑參議几傑請遵祖訓一切下王朴樂二律用仁宗時所制編鐘追考成周分樂之序辨正三舞容節而鎮欲求一稃二米眞黍以律生尺改修鐘量廢四清聲詔悉從几傑議樂成奏之郊廟故元豐中有楊傑劉几樂范鎮言其聲雜鄭衛請太府

銅制律造樂哲宗嗣位以樂來上按試於庭比李照樂下一律故元祐中有范鎮樂楊傑復議其失謂出於鎮一家之學卒置不用徽宗鋭意制作以文太平於是蔡京主魏漢津之說破先儒累黍之非用夏禹以身爲度之文以帝指爲律度鑄帝鼐景鐘樂成賜名大晟謂之雅樂頒之天下播之教坊故崇寧以來有魏漢津樂夫韶濩之音下逮戰國歷千數百年猶能使人感嘆作興當是時桑間濮上之音已作而古帝王之樂猶存豈不以其制作有一定之器而授受繼承亦代有其人歟由是論之鄭衛風雅不異器也知此道也則雖百世不易可也禮樂道喪久矣故宋

之樂屢變而卒無一定不易之論考諸家之說累黍既各執異論而身爲度之說尤爲荒唐方古制作欲垂萬世難哉觀其高二律下一律之說雖賢者有所未知直曰樂聲高下於歌聲則童子可知矣八音克諧之說智者有所未諭直以歌聲齊簫聲以簫聲定十六聲而齊八器則愚者可諭矣審乎此道以之制作器定聲應自不奪倫移宮換羽特餘事耳去沾懘靡曼而歸之和平澹泊大雅之音不是過也南渡之後大抵皆用先朝之舊未嘗有所改作其後諸儒朱熹蔡元定輩出乃相與講明古今制作之本原以究其歸極著爲成書理明義析具有條制粲然使人知禮樂之不難行也惜乎宋祚告終天下未一徒亦空言而已今集累朝制作損益因革議論是非悉著于編俾來者有考焉爲樂志

王者致治有四達之道其二曰樂所以和民心而化天下也歷代相因咸有制作唐定樂令惟著器服之名後唐莊宗起於朔野所好不過北鄙鄭衛而已先王雅樂殆將掃地晉天福中始詔定朝會樂章二舞鼓吹十二案周世宗嘗觀樂縣問工人不能答由是患雅樂淩替思得審音之士以考正之乃詔翰林學士竇儼兼判太常寺與樞密使王朴同詳定朴作律準編古今樂事爲正樂宋初命儼仍

兼太常建隆元年二月儼上言曰三五之興禮樂不相沿襲洪惟聖宋肇建皇極一代之樂宜乎立名樂章固當易以新詞式遵舊典從之因詔儼專其事儼乃改周樂文舞崇德之舞爲文德之舞武舞象成之舞爲武功之舞改樂章十二順爲十二安蓋取治世之音安以樂之義祭天爲高安祭地爲靜安宗廟爲理安天地宗廟登歌爲嘉安皇帝臨軒爲隆安王公出入爲正安皇帝食飲爲和安皇帝受朝皇后入宮爲順安皇太子軒縣出入爲良安正冬朝會爲永安郊廟俎豆入爲豐安祭享酌獻飲福受胙爲禧安祭文宣王武成王同用永安籍田先農用靜安五月有

司上言僖祖文獻皇帝室奏大善之舞順祖惠元皇帝室奏大寧之舞翼祖簡恭皇帝室奏大順之舞宣祖昭武皇帝室奏大慶之舞從之乾德元年翰林學士承旨陶穀等奉詔撰定祀感生帝之樂章曲名降神用大安太尉行用保安奠玉幣用慶安司徒奉俎用咸安酌獻用崇安飲福用廣安亞獻用文安送神用普安五代以來樂工未具是歲秋行郊享之禮詔選開封府樂工八百三十人權隸太常習鼓吹四年春遣拾遺孫吉取成都孟昶僞宮縣至京師太常官屬閱視考其樂器不協音律命毀棄之六月判太常寺和峴言大樂署舊制宮縣三十六虡設於庭登歌

兩架設於殿上望詔有司別造仍令徐州求泗濱石以充磬材許之先是晉開運末禮樂之器淪陷至是始令有司復二舞十二案之制二舞郎及引舞一百五十人按視教坊開封樂籍選樂工子弟以備其列冠服準舊制鼓吹十二案其制設氈牀十二爲熊羆騰倚之狀以承其下每案設大鼓羽葆鼓金錞各一歌簫笳各二凡九人其冠服同引舞之制十月峴又言樂器中有叉手笛樂工考驗皆與雅音相應按唐呂才歌白雪之琴馬滔進太一之樂當時得與宮縣之籍況此笛足以協十二旋相之宮亦可通八十四調其制如雅笛而小長九寸與黃鍾管等其竅有六

左四右二樂人執持兩手相交有拱揖之狀請名之曰拱宸管望於十二案十二編磬并登歌兩架各設其一編於令式詔可太祖每謂雅樂聲高近於哀思不合中和又念王朴竇儼素名知樂皆已淪沒因詔峴討論其理峴言以朴所定律呂之尺較西京銅望臬古制石尺短四分樂聲之高良由於此乃詔依古法別創新尺以定律呂自此雅音和暢事具律曆志自國初已來御正殿受朝賀用宮縣次御別殿群臣上壽舉教坊樂是歲冬至上御乾元殿受賀畢群臣詣大明殿行上壽禮始用雅樂登歌二舞是月和峴又上言郊廟殿庭通用文德武功之舞然其綴兆未

稱武功文德之形容又依古義以揖讓得天下者先奏文舞以征伐得天下者先奏武舞陛下以推讓受禪宜先奏文舞按尚書舜受堯禪玄德升聞乃命以位請改殿庭所用文舞爲玄德升聞之舞其舞人約唐太宗舞圖用一百二十八人以倍八佾之數分爲八行行十六人皆著履執拂服袴褶冠進賢冠引舞二人各執五采纛其舞狀文容變數聊更增改又陛下以神武平一宇內即當次奏武舞按尚書周武王一戎衣而天下大定請改爲天下大定之舞其舞人數行列悉同文舞其人皆被金甲持戟引舞二人各執五采旗其舞六變一變象六師初舉二變象上黨

克平三變象淮揚底定四變象荆湖歸復五變象卭蜀納款六變象兵還振旅乃别撰舞曲樂章其鐃鐸雅相金錞鼗鼓并引二舞等工人冠服即依樂令而文德武功之舞請於郊廟仍舊通用又按唐貞觀十四年景雲見河水清張文收採古朱鴈天馬之義作景雲河清歌名讌樂元會第二奏者是也伏見今年荆南進甘露京兆果州進嘉禾黄州進紫芝和州進緑毛龜黄州進白兎欲依月律撰神龜甘露紫芝嘉禾玉兎五瑞各一曲每朝會登歌首奏之有詔二舞人數衣冠悉仍舊制樂章如所請六年峴又言漢朝獲天馬赤鴈神鼎白麟之瑞並爲郊歌國朝合州進

瑞木成文馴象由遠方自至秦州獲白烏黄州獲白雀並合播在笙絃薦于郊廟詔峴作瑞文馴象玉烏皓雀四瑞樂章以備登歌未幾峴復言按開元禮郊祀車駕還宫入嘉德門奏采茨之樂入太極門奏太和之樂今郊祀禮畢登樓肆赦然後還宫宫縣但用隆安不用采茨其隆安樂章本是御殿之辭伏詳禮意隆安之樂自内而出采茨之樂自外而入若不並用有失舊典今大樂署丞王先裕誦得唐日采茨曲望依月律别撰其辭每郊祀畢車駕初入奏之御樓禮畢還宫即奏隆安之樂並從之太常寺又言準令宗廟殿庭宫縣三十虡郊社二十虡殿庭加鼓吹十二案開寳四年郊祀誤用宗廟之數今歲親郊欲用舊禮有詔圜丘增十六虡餘依前制

太宗太平興國二年冬至上壽復用教坊樂九年嵐州獻祥麟雍熙中蘇州貢白龜端拱初澶州河清廣州鳳凰集諸州麥兩穗三穗者連歲來上有司請以此五瑞爲祥麟丹鳳河清白龜瑞麥之曲薦于朝會從之淳化二年太子中允直集賢院和嶼上言兄峴嘗於景德中約唐志故事請改殿庭二舞之名舞有六變之象每變各有樂章歌詠太祖功業今覩來歲正會之儀登歌五瑞之曲已從改製則文武二舞亦當定其名周易有化成天下之辭謂文德

也漢史有威加海内之歌謂武功也望改殿庭舊用玄德升聞之舞爲化成天下之舞天下大定之舞爲威加海内之舞其舞六變一變象登臺講武二變象漳泉奉土三變象杭越來朝四變象克殄并汾五變象肅清銀夏六變象兵還振旅每變樂章各一首詔可三年元日朝賀畢再御朝元殿羣臣上壽復用宫縣二舞登歌五瑞曲自此遂爲定制嶼又請取今朝祥瑞之殊尤者作爲四瑞樂章備郊廟奠獻以代舊曲詔從之有司雖承詔不能奉行故今闕其曲太宗嘗謂舜作五絃之琴以歌南風後王因之復加文武二絃至道元年乃增作九絃琴五絃阮别造新譜三

十七卷凡造九絃琴宮調鳳吟商調角調徵調羽調龍仙羽調側蜀調黃鍾調無射商調瑟調變弦法各一制宮調鶴唳天弄鳳吟商調鳳來儀弄龍仙羽調八仙操凡三曲又以新聲被舊曲者宮調四十三曲商調十三曲角調二十三曲徵調十四曲羽調二十六曲側蜀調四曲黃鍾調十九曲無射商調七曲瑟調七曲造五弦阮宮調商調鳳吟調角調徵調羽調黃鍾調無射商調瑟調碧玉調慢角調金羽調變弦法制宮調鶴唳天弄鳳吟商調鳳來儀弄九二又以新聲被舊曲者宮調四十四曲商調十三曲角調十一曲徵調十曲羽調十曲黃鍾十九曲無射商調七

曲瑟調七曲碧玉調十四曲慢角調十曲金羽調三曲阮成以示中書門下因謂曰雅樂與鄭衛不同鄭聲淫非中和之道朕常思雅正之音可以治心原古聖之旨尚存遺美琴七弦朕今增之爲九其名曰君臣文武禮樂正民心則九奏克諧而不亂矣阮四絃增之爲五其名曰水火金木土則五材並用而不悖矣因命待詔朱文濟蔡裔齎琴阮詣中書彈新聲詔宰相及近侍咸聽焉由是中外獻賦頌者數十人二年太常音律官田琮以九弦琴五弦阮均配十二律旋相爲宮隔八相生並協律呂冠于雅樂仍具圖以獻上覽而嘉之遷其職以賞焉自是遂廢拱宸管

眞宗咸平四年太常寺言樂工習藝匪精每祭享郊廟止奏黃鍾宮一調未嘗隨月轉律望示條約乃命翰林侍讀學士夏侯嶠判寺郭贄同按試擇其曉習月律者悉增月奉自餘權停廩給再俾學習以獎勵之雖頗振綱紀然亦未能精備蓋樂工止以年勞次補而不以藝進至有抱其器而不能振作者故難於驟變景德二年八月監察御史艾仲孺上言請修飾樂器調正音律乃詔翰林學士李宗諤權判太常寺及令內臣監修樂器後復以龍圖閣待制戚綸同判寺事乃命太常樂鼓吹兩署工校其優劣黜去濫吹者五十餘人宗諤因編次律呂法度樂物名數目曰

樂纂又裁定兩署工人試補條式及肄習程課明年八月上御崇政殿張宮縣閱試召宰執親王臨觀宗諤執樂譜立侍先以鍾磬按律準次令登歌鍾磬塤篪琴阮笙簫各二色合奏箏瑟筑三色合奏迭爲一曲復擊鎛鍾爲六變九變又爲朝會上壽之樂及文武二舞鼓吹導引警夜之曲頗爲精習上甚悅舊制巢笙和笙每變宮之際必換義管然難於遽易樂工單仲辛遂改爲一定之制不復旋易與諸宮調皆協又令仲辛誕唱八十四調曲遂詔補副樂正賜袍笏銀帶自餘皆賜衣帶緡錢又賜宗諤等器幣有差自是樂府制度頗有倫理先是惟天地感生帝宗廟用

樂親祀用宮縣有司攝事止用登歌自餘大祀未暇備樂時既罷兵垂意典禮至是詔曰致恭明神邦國之重事升薦備樂方冊之彝章矧在尊神固當嚴奉舉行舊典用格明靈自今諸大祠並宜用樂皆同感生帝六變八變如通禮所載大中祥符元年四月詳定所言東封道路稍遠欲依故事山上圜臺及山下封祀壇前俱設登歌兩架壇下設二十架并二舞其朝覲壇前亦設二十架更不設熊羆十二案從之九月都官員外郎判太常禮院孫奭上言按禮文饗太廟終獻降階之後武舞止太祝徹豆豐安之樂作一成止然後理安之樂作是謂送神論語曰三家者以雍徹又周禮樂師職曰及徹帥學士而歌徹鄭玄曰謂歌雍也郊祀錄載登歌徹豆一章奏無射羽然則宗廟之樂禮有登歌徹豆今於終獻降階之後即作理安之樂誠恐闕失望依舊禮增用詔判太常寺李宗諤與檢討詳議以聞宗諤等言國初撰樂章有徹豆豐安曲辭樂署因循不作望如奭所奏從之時以將行封禪詔改酌獻昊天上帝禧安之樂為封安皇地祇禧安之樂為禪安飲福禧安之樂為祺安別製天書樂章瑞安靈文二曲每親行禮用之又作醴泉神芝慶雲靈鶴瑞木五曲施於朝會宴享以紀瑞應十月眞宗親習封禪儀于崇德殿觀亞獻終獻皆不

作樂因令檢討故事以聞有司按開寶通禮親郊壇上設登歌皇帝升降奠獻飲福則作樂壇下設宮縣降神迎俎退文舞引武舞迎送皇帝則作亞獻終獻升降在退文舞引武舞之間有司攝事不設宮架二舞故三獻升降並用登歌今山上設登歌山下設宮縣二舞其山上圜臺亞獻終獻準親祠例無用樂之文於是特詔亞終獻並用登歌五年聖祖降有司言按唐太清宮樂章皆明皇親製其崇奉玉皇聖祖及祖宗配位樂章並望聖製詔可之聖製薦獻聖祖文舞曰發祥流慶之舞武舞曰降眞觀德之舞自是玉清昭應宮景靈宮親薦皆備樂用三十六虡景靈宮以庭狹止用二十虡上又取太宗所撰萬國朝天曲曰同和之舞平晉曲曰定功之舞親作樂辭奏于郊廟自時厥後仁宗以大明之曲尊眞宗英宗以大仁之曲尊仁宗神宗以大英之曲尊英宗

仁宗天聖五年十月翰林侍講學士孫奭言郊廟二舞失序願下有司考議於是翰林學士承旨劉筠等議曰周人奏清廟以祀文王執競以祀武王漢高帝文帝亦各有舞至唐有事太廟每室樂歌異名蓋帝王功德既殊舞亦隨變屬者有司不詳舊制奠獻止登歌而樂舞不作其失明甚請如舊制宗廟酌獻復用文舞皇帝還版位文舞退武

舞入亞獻酌醴已武舞作至三獻已奠還位則止蓋廟室
各頌功德故文舞迎神後各奏逐室之舞郊祀則降神奏
高安之曲文舞已作及皇帝酌獻惟登歌奏禧安之樂而
縣樂舞綴不作亞獻終獻仍用武舞詔從之是時仁宗始
大朝會群臣上壽作甘露瑞木嘉禾之曲明道初章獻皇
太后御前殿見群臣作玉芝壽星奇木連理之曲厚德無
疆四海會同之舞明年太后躬謝宗廟帝耕籍田享先農
率有樂歌其後親祀南郊享太廟奉慈廟大享明堂祫享
帝皆親製降神送神奠幣瓚祼酌獻樂章餘詔諸臣爲之
至於常祀郊廟社稷諸祠亦多親製景祐元年八月判太

常寺燕肅等上言大樂制器歲久金石不調願以周王朴
所造律準考按修治并閱樂工罷其不能者乃命直史館
宋祁內侍李隨同肅等典其事又命集賢校理李照預焉
於是帝御觀文殿取律準閱視親篆之以屬太常明年二
月肅等上考定樂器并見工人帝御延福宮臨閱奏郊廟
五十一曲因問照樂音高命詳陳之照言朴準視古樂高
五律視教坊樂高二律蓋五代之亂雅樂廢壞朴剏意造
準不合古法用之本朝卒無福應又編鐘鎛磬無大小輕
重厚薄長短之差銅錫不精聲韻失美大者陵小者抑非
中度之器也昔軒轅氏命伶倫截竹爲律後令神瞽協其

中聲然後聲應鳳鳴而管之參差亦如鳳翅其樂傳之亘
古不刊之法也願聽臣依神瞽律法試鑄編鐘一虡可使
度量權衡協和乃詔於錫慶院鑄之既成奏御照遂建議
請改制大樂取京縣秬黍累尺成律鑄鐘審之其聲猶高
更用太府布帛尺爲法乃下太常制四律別詔潞州取羊
頭山秬黍上送於官照乃自爲律管之法以九十黍之量
爲四百二十星率一星占九秒一黍之量得四星六秒九
十黍得四百二十星以爲十二管定法乃詔內侍鄧保信
監視羣工照并引集賢校理聶冠卿爲檢討雅樂制度故
實官入內都知閻文應董其事中書門下總領焉凡所改

制皆關中書門下詳定以聞別詔翰林侍讀學士馮元同
祁冠卿照討論樂理爲一代之典又詔天下有深達鐘律
者在所亟以名聞於是杭州鄭向言阮逸蘇州范仲淹言
胡瑗皆通知古樂詔遣詣闕其他以樂書獻者悉上有司
五月照言既改制金石則絲竹匏土革木亦當更制以備
獻享奏可照乃鑄銅爲龠合升斗四物以興鐘鎛聲量之
法龠之率六百三十黍爲黃鐘之容合三倍於龠升十二
倍於合斗十倍於升乃改造諸器以定其法俄又以鎛之
容受差大更增六龠爲合十合爲升十升爲斗銘曰樂斗
後數月潞州上秬黍照等擇大黍縱累之檢考長短尺成

與太府尺合法乃定先時太常鍾磬每十六枚爲簴而四清聲相承不擊照因上言十二律聲已備餘四清聲乃鄭衛之樂請於編縣止留十二中聲去四清聲則哀思邪僻之聲無由而起也元等駮之曰前聖制樂取法非一故有十三管之和十九管之巢三十六簧之竽二十五弦之瑟十三弦之筝九弦七弦之琴十六枚之鍾磬各自取義寧有一之於律呂專爲十二數者且鍾磬八音之首絲竹以下受之於均故聖人尤所用心焉春秋號樂總言金奏詩頌稱美實依磬聲此二器非可輕改今照欲損爲十二不得其法稽諸古制臣等以爲不可且聖人既以十二律各

配一鍾又設黃鍾至夾鍾四清聲以附正聲之次原四清之意蓋爲夷則至應鍾四宮而設也夫五音宮爲君商爲臣角爲民徵爲事羽爲物不相凌謂之正迭相凌謂之慢百王所不易也聲重濁者爲尊輕清者爲卑卑者不可加於尊古今之所同也故列聲之尊卑者事與物不與焉何則事爲君治物爲君用不能尊於君故也惟君臣民三者則自有上下之分不得相越故四清聲之設正謂臣民相避以爲尊卑也今若止用十二鍾旋相考擊至夷則以下四管爲宮之時臣民相越上下交戾則凌犯之音作矣此甚不可者也其鍾磬十六皆本周漢諸儒之說及唐家典

法所載欲損爲十二惟照獨見臣以爲且如舊制便帝令權用十二枚爲一格且詔曰俟有知者能考四鍾協調清濁有司別議以聞鍾舊飾旋蟲改爲龍乃遣使採泗濱浮石千餘段以爲縣磬先是宋祁上言縣設建鼓初不考擊又無三鼗且舊用諸鼓率多陋敝於是敕元等詳求典故而言曰建鼓四今皆具而不擊別設四散鼓於縣間擊之以代建鼓乾德四年秘書監尹拙上言散鼓不詳所置之由且於古無文去之便時雖奏可而散鼓于今仍在又雷鼓靈鼓路鼓雖擊之皆不成聲故常賴散鼓以爲樂節而雷鼗靈鼗路鼗闕而未製今既修正雅樂謂宜申敕大匠改作

諸鼓使擊考有聲及創爲三鼗如古之制使先播之以通三鼓罷四散鼓如乾德詔書奏可時有上言以爲雷鼓八面前世用以迎神不載考擊之法而大樂所製以柱貫中故擊之無聲更令改造山趺上出雲以承鼓刻龍以飾柱面各一工擊鼓一工左執鞉以先引凡圜丘降神六變初八面皆三擊推而左旋三步則止三者取陽數也又載擊以爲節率以此法至六成靈鼓路鼓亦如之植建鼓于四隅皆有左鞞右應乾隅左鞞應鍾亥之位也中鼓黃鍾子之位也右應大呂丑之位也艮隅左鞞太簇寅之位也中鼓夾鍾卯之位也右應沽洗辰之位也巽隅右應仲呂巳

之位也中鼓蕤賓午之位也左鞞林鍾未之位也坤隅右應夷則申之位也中鼓南吕酉之位也左鞞無射戌之位也宜隨月建依律吕之均擊之後照等復以殿庭備奏四隅既隨月協均顧無以節樂而周官鼓人以晉鼓鼓金奏應以施用詔依周官舊法製焉於是縣內始有晉鼓矣右者鎛鍾擊爲節檢而無合曲之義大射有二鎛皆亂擊焉後周以十二鎛相生擊之景德中李宗諤領太常總考十二鎛鍾而樂工相承殿庭習用三調六曲三調者黄鍾太簇蕤賓也六曲者調别有隆安正安二曲郊廟之縣則環而擊之宗諤上言曰金部之中鎛鍾爲難和一聲不及則宮商失序使十二鎛工皆精習則遲速有倫隨月用律諸曲無不通矣真宗因詔黄鍾太簇二宮更增文舞武舞福酒三曲至是詔元等詢考擊之法元等奏言後周嘗以相生之法擊之音韻克諧國朝亦用隨均合曲然但施殿庭未及郊廟謂宜使十二鍾依辰列位隨均爲節便於合樂仍得并施郊廟若軒縣以下則不用此制所以重備樂尊王制也詔從焉隋制內宮縣二十虡以大磬代鎛鍾而去建鼓唐武后稱制改用鍾因而莫革及是乃詔訪元等曰大磬應何法考擊何禮應用元等具言古者特磬以代鎛鍾本施內宮遂及柔祀隋唐之代繼有因改先皇帝東禪

梁甫西瘞汾陰並仍舊章陳於縣奏若其所用吉禮則中宮之縣祀禮則皇地祇神州地祇先蠶今之奉慈廟后廟皆應陳設宮縣則三十六虡去四隅建鼓如古便若考擊之法謂宜同於鎛鍾比緣詔旨不俾循環互擊而立依均合曲之制則特磬固應不出本均與編磬相應爲樂之節也詔可九月翰林學士承旨章得象等言宋祁所上大樂圖義其論武舞所執九器經禮但舉其凡而不著言其用後先故旅進輩作而無終始之别且鼗者所謂導舞也鐸者所謂通鼓也錞者所謂和鼓也鐃者所謂止鼓也相者所謂輔樂也雅者所謂陔步也寧有導舞方始而參以止鼓止鼓既揺而亂以通鐸臣謂當舞入之時左執干右執戚離爲八列别使工人執旌最前鼗鐸以發之錞以和之左執相以輔之右執雅以節之及舞之將成也則鳴鐃以退行列築雅以陔步武鼗鐸錞相皆止而不作如此則庶協舞儀請如祁所論其冬帝躬款奉慈廟樂縣罷建鼓始以磬代鎛鍾禮官又言春秋隱公五年考仲子之宮初獻六羽何休范甯等咸謂不言佾者明佾則干舞在其中婦人無武事獨奏文樂也江左宋建平王宏皆據以爲説故章皇后廟獨用文舞至唐垂拱以來中宮之縣既用鎛鍾其後相承故儀坤等廟獻武舞備鍾石之樂尤爲失禮前

詔議奉慈之樂有司援舊典已用特磬代鎛鍾取陰教尚柔以静爲體今樂去大鍾而舞進干盾頗戾經旨請止用文德之舞奏可大樂埍舊以漆飾敕令黄其色以本土音或奏言柷舊以方畫木爲之外圖以時卉則可矣而中設一色非稱也先儒之説曰有柄連底挏之鄭康成以爲設椎其中撞之今當捌法垂乆用明制作之意有所本焉柷之中東方圖以青隱而爲青龍南方圖以赤隱而爲丹鳳西方圖以白隱而爲騶虞北方圖以黒隱而爲靈龜中央圖以黄隱而爲神螾撞擊之法宜用康成之説從之又詔以新製雙鳳管付大樂局其制合二管以足律聲管端刻

飾雙鳳施兩簧焉照因自造葦籥清管簫管清笛大笙大竽宮琴宮瑟大阮大稽凡十一種求備雅器詔許以大竽大笙二種下大樂用之時又出兩儀琴及十二弦琴二種以備雅樂兩儀琴者施兩弦十二弦琴者如常琴之制而增其弦皆以象律呂之數又敕更造七弦九弦琴皆令圓其首者以祀天方其首者以祀地帝乃親製樂曲以夾鍾之宫黄鍾之角太簇之徵姑洗之羽作景安之曲以祀昊天更以高安祀五帝日月作太安以享景靈宫罷舊真安之曲以黄鍾之宫大吕之角太簇之徵應鍾之羽作興安以獻宗廟罷舊理安之曲景安興安惟乘輿親行則用之

以姑洗之角林鍾之徵黄鍾之宫太蔟之角南吕之羽作祐安之曲以酌獻五帝以林鍾之宫太蔟之角姑洗之徵南宫之羽作寧安之曲以祭地及太社太稷罷舊靖安之曲于時制詔有司以太祖太宗真宗三聖並侑乃以黄鍾之宫作廣安之曲以奠幣彰安之曲以酌獻又詔躬謁奉慈廟章獻皇后之室作達安之曲以奠瓚厚安以酌獻章懿皇后之室作報安之曲以奠瓚衍安以酌獻皇帝入出作乾安罷舊隆安之曲常祀至日祀圜丘太祖配以黄鍾之宫作定安以奠幣英安以酌獻孟春祀感生帝宣祖配以太蔟之宫作皇安以奠幣肅安以酌獻祈穀祀昊天太

祖配作仁安以奠幣紹安以酌獻孟夏雩上帝太祖配以仲吕之宫作獻安以奠幣感安以酌獻夏至祭皇地祇太祖配以蕤賓之宫作恭安以奠幣英安以酌獻季秋大饗明堂真宗配以無射之宫作誠安以奠幣德安以酌獻孟冬祭神州地祇太宗配以應鍾之宫作化安以奠幣韶安以酌獻又造冲安之曲以七均之爲八十四皆作聲譜以授有司冲安之曲獨未施行親製郊廟樂章二十一曲財成頌體告于神明詔宰臣吕夷簡等分造樂章參施群祀又爲景祐樂髓新經凡六篇第一釋十二均第二明所主事第三辨音聲第四圖律吕相生并祭天地宗廟用律及

陰陽數配第五十二管長短第六歷代度量衡皆本之於陰陽配之於四時建之於日辰通之於鞮竺演之於壬式遁甲之法以授樂府以考正聲以賜羣臣焉初照等改造金石所用員程凡七百十四攻金之工百五十三攻木之工二百十六攻皮之工四十九刮摩之工九十一摶埴之工十六設色之工百八十九起五月止九月成金石具七縣至於鼓吹及十二案悉脩飾之令冠卿等纂景祐大樂圖二十篇以載鎔金鑴石之法歷世八音諸器異同之狀新舊律管之差是月與新樂并獻於崇政殿詔中書門下樞密院大臣預觀焉自董監而下至工徒凡七百餘人進

秩賞賜各有差其年十一月有事南郊悉以新樂并聖製及諸臣樂章用之先是左司諫姚仲孫言照所製樂多詭異至如煉白石以爲磬範中金以作鍾又欲以三辰五靈爲樂器之飾臣愚竊有所疑自祖宗考正大樂薦之郊廟垂七十年一旦黜廢而用新器臣竊以爲不可御史曹脩睦亦爲言帝既許照制器且欲究其術之是非故不聽焉

志卷第七十九

志卷第八十　宋史百二十七

開府儀同三司上柱國錄軍國重事中書右丞相監脩國史領經筵事都總裁臣脫脫等奉

勅修

樂二

景祐三年七月馮元等上新修景祐廣樂記八十一卷詔翰林學士丁度知制誥胥偃直史館高若訥直集賢院韓琦取鄧保信阮逸胡瑗等鍾律詳定得失可否以聞九月阮逸言臣等所造鍾磬皆稟於馮元宋祁其分方定律又出於胡瑗筭術而臣獨執周禮嘉量聲中黃鍾之法及國語鈞鍾絃準之制皆抑而不用臣前蒙召對言王朴律高

而李照鍾下竊覩御製樂髓新經歷代度量衡篇言隋書依漢志黍尺制管或不容千二百或不啻九寸之長此則明班志已後歷代無有符合者惟蔡邕銅龠本得於周禮遺範邕自知音所以只傳銅龠積成嘉量則是聲中黃鍾而律本定矣謂管有大小長短者蓋嘉量既成即以量聲定尺明矣今議者但爭漢志黍尺無準之法殊不知鍾有鈞石量衡之制況周禮國語姬代聖經翻謂無憑孰爲稽古有唐張文收定樂亦鑄銅甌此足驗周之嘉量以聲定律明矣臣所以獨執周禮鑄嘉量者以其方尺深尺則度可見也其容一鬴則量可見也其重均則衡可見也聲中

黃鍾之宮則律可見也既律度量衡如此符合則制管歌聲其中必矣臣昧死欲乞將臣見鑄成銅甌再限半月內更鑄嘉量以其聲中黃鍾之宮乃取李照新鍾就加修整務合周制鍾量法度文字已編寫次未敢具進詔送度等并定以聞十月度等言據鄧保信黍尺二其一稱用上黨秬黍圓者一黍之長累百成尺與蔡邕合臣等檢詳前代造尺皆以一黍之廣爲分唯後魏公孫崇以一黍之長爲寸法太常劉芳以秬黍中者一黍之廣即爲一分中尉元匡以一黍之廣度黍二縫以取一分三家競不能決而蔡邕銅籥本志中亦不明言用黍長廣累尺今將保信黃鍾

管內秬黍二百粒以黍長爲分再累至尺二條比保信元尺一長五黍一長七黍又律管黃鍾籥一枚容秬黍千二百粒以元尺比量分寸略同復將實籥秬黍再累者校之即又不同其籥合升斗亦皆類此又阮逸胡瑗鍾律法黍尺其一稱用上黨羊頭山秬黍中者累廣求尺制黃鍾之聲臣等以其大黍百粒累廣成尺復將管內二百粒以黍廣爲分再累至二尺比逸等元尺一短七黍一短三黍蓋逸等元尺並用一等大黍其實管之黍大小不均遂致差異又其銅律管十二枚臣等據楚衍等圍九方分之法與逸等元尺及所實籥秬黍再累成尺者校之又各不同又

所製銅稱二量亦皆類此臣等看詳其鍾磬各一架雖合典故而黍尺一差難以定奪又言太祖皇帝嘗詔和峴等用景表尺典修金石七十年間薦之郊廟稽合唐制以示詒謀則可且依景表舊尺俟天下有妙達鍾律之學者俾考正之以從周漢之制其阮逸胡瑗鄧保信并李照所用太府寺等尺及阮逸狀進周禮度量法其說疏舛不可依用五年五月右司諫韓琦言臣前奉詔詳定鍾律嘗覽景祐廣樂記覩照所造樂不依古法皆率己意別爲律度朝廷因而施用識者非之今將親祀南郊不可重以違古之樂上薦天地宗廟竊聞太常舊樂見有存者郊廟大禮請

復用之詔資政殿大學士宋綬三司使晏殊同兩制官詳定以聞七月綬等言李照新樂比舊樂下三律衆論以爲無所考據願如琦請郊廟復用和峴所定舊樂鍾磬不經鐫磨者猶存三縣奇七虡郊廟殿庭可以更用太常亦言舊樂宮縣用龍鳳散鼓四面以應樂節李照廢而不用止以晉鼓一面應節舊樂建鼓四并鞞應共十二面備而不擊李照以四隅建鼓與鎛鍾相應擊之舊樂雷鼓兩架各八面止用一人考擊李照別造雷鼓每面各用一人椎鼓順天左旋三步一止又令二人摇鞉以應之又所造大竽大笙雙鳳管兩儀琴十二絃琴並行今既復用舊樂未審

照所作樂器制度合攷與否詔悉仍舊制其李照所作勿
復施用康定元年阮逸上鍾律制議并圖三卷皇祐二年
五月明堂禮儀使言明堂所用樂皆當隨月用律九月以
無射爲均五天帝各用本音之樂於是內出明堂樂曲及
二舞名迎神曰誠安皇帝升降行止曰儀安昊天上帝皇
地祇神州地祇位奠玉幣曰鎭安酌獻曰慶安太祖太宗
眞宗位奠幣曰信安酌獻曰孝安司徒奉俎曰饎安五帝
位奠玉幣曰鎭安酌獻曰精安皇帝飮福曰胙安退文舞
迎武舞亞獻終獻皆曰穆安徹豆曰歆安送神曰誠安歸
大次曰憩安文舞曰右文化俗武舞曰威功睿德又出御

撰樂章鎭安慶安信安孝安四曲餘詔輔臣分撰庚戌詔
御所撰樂曲名與常祀同者更之遂更常所用圜丘寓祭
明堂誠安之曲曰宗安祀感生帝慶安之曲曰光安奉慈
廟信安之曲曰慈安六月內出御撰明堂樂八曲以君臣
民事物配屬五音凡二十聲爲一曲用宮變徵變者天地
人四時爲七音凡三十聲爲一曲以子母相生凡二十八
聲爲一曲皆黃鍾爲均又明堂月律五十七聲爲二曲皆
無射爲均又以二十聲二十八聲三十聲爲三曲亦無射
爲均皆自黃鍾宮入無射如合用四十八或五十七聲即
依前譜次第成曲其徵聲自同本律及御撰鼓吹警嚴曲

合宮歌並肄于太常是月翰林學士承旨王堯臣等言奉
詔與參議阮逸所上編鍾四淸聲譜法請用之於明堂者
竊以律呂旋宮之法既定以管又制十二鍾準爲十二正
聲以律計自倍半說者云半者準正聲之半以爲十二子
聲之鍾故有正聲子聲各十二子聲即淸聲也其正管長
者爲均自用正聲正管短者爲均則通用子聲而成五音
然求聲之法本之於鍾故國語所謂度律均鍾者也其編
金石之法則歷代不同或以十九爲一虡者蓋取十二鍾
當一月之辰又加七律焉或以二十一爲一虡者以一均
聲更加濁倍或以十六爲一虡者以均淸正爲十四宮商

各置一是謂縣八用七也或以二十四爲一虡則淸正之
聲備故唐制以十六數爲小架二十四爲大架天地宗廟
朝會各有所施今太常鍾縣十六者舊傳正聲之外有黃
鍾至夾鍾四淸聲雖於圖典未明所出然考之實有義趣
蓋自夷則至應鍾四律爲均之時若盡用正聲則宮輕而
商重緣宮聲以下不容更有濁聲一均之中宮弱商彊是
謂陵僭故須用子聲乃得長短相叙自角而下亦循茲法
故夷則爲宮則黃鍾爲角南呂爲宮則大呂爲角無射爲
宮則黃鍾爲商太簇爲角應鍾爲宮則大呂爲商夾鍾爲
角蓋黃鍾大呂太簇夾鍾正律俱長並當用淸聲如此則

音律相諧而無所抗此四清鍾可用之驗也至他律爲宮其長短尊卑自序者不當更以清聲間之自唐末世樂文墜缺考擊之法久已不傳今若使匏土絲竹諸器盡求清聲即未見其法又據大樂諸工所陳自磬簫琴和巢笙五器本有清聲塤篪竽筑瑟五器本無清聲五絃阮九絃琴則有太宗皇帝聖制譜法至歌工引音極唱止及黃鍾清聲臣等參議其清正二聲既有典據理當施用自今大樂奏夷則以下四均正律爲宮之時商角依次並用清聲自餘八均盡如常法至於絲竹等諸器舊有清聲者令隨鍾石教習本無清聲者未可刱意求法且當如舊惟歌者本

用中聲故夏禹以聲爲律明人皆可及若彊所不至足累至和請止以正聲作歌應合諸器亦自是一音別無差戾其阮逸所上聲譜以清濁相應先後互擊取音靡曼近於鄭聲不可用詔可七月御撰明堂無射宮樂曲譜三皆五十七字五音一曲奉俎用之二變七律一曲飲福用之七律相生一曲退文舞迎武舞及亞獻終獻徹豆用之是月上封事者言明堂酌獻五帝精安之曲並用黃鍾一均聲此乃國朝常祀五時迎氣所用舊法若於親行大饗即所未安且明堂之位木室在寅火室在巳金室在申水室在亥蓋木火金水之始也土室在西南蓋土王之次也既皆

用五行本始所王之次則獻神之樂亦當用五行本始月律各從其音以爲曲其精安五曲宜以無射之均太簇爲角獻青帝仲呂爲徵獻赤帝林鍾爲宮獻黃帝夷則爲商獻白帝應鍾爲羽獻黑帝詔兩制官同太常議而堯臣等言大饗日迫事難猝更詔俟過大禮詳定以聞九月帝服鞾袍御崇政殿召近臣宗室館閣臺諫官閱雅樂自宮架登歌舞佾之奏凡九十一曲徧作之因出太宗琴阮譜及御撰明堂樂曲音譜并按習大樂新録賜群臣又出新製頌塤匏笙洞簫仍令登歌以八音諸器各奏一曲遂召鼓吹局按警場賜大樂鼓吹令丞至樂工徒吏緡錢有差帝

既閱雅樂謂輔臣曰作樂崇德薦之上帝以配祖考今將有事于明堂然世鮮知音其令太常並加講求時言者以爲鎛鍾特磬未協音律詔令鄧保信阮逸盧昭序同太常檢詳典禮別行鑄造太常薦太子中舍致仕胡瑗曉音詔同定鍾磬制度閏十一月詔曰朕聞古者作樂本以薦上帝配祖考三五之盛不相襲沿然必太平始克明備周武受命至成王時始大合樂漢初亦沿舊樂至武帝時始定泰一后土樂詩光武中興至明帝時始改大予之名唐高祖造邦至太宗時孝孫文收始定鍾律明皇方成唐樂是知經啓善述禮樂重事須三四世聲文乃定國初亦循用

王朴竇儼所定周樂太祖患其聲高遂令和峴減一律眞宗始議隨月轉律之法屢加按覈然念樂經久墜學者罕專歷古研覃亦未完緒頃雖博加訪求終未有知聲知經可信之人嘗爲改更未適茲意中書門下其集兩制及太常禮樂官以天地五方神州日月宗廟社蜡祭享所用登歌宮縣審定聲律是非按古合今調諧中和使經久可用以發揚祖宗之功德朕何憚改爲但審聲驗書二學鮮並互誑肓臆無所援據慨然希古靡忘于懷於是中書門下集兩制太常官置局於祕閣詳定大樂王堯臣等言天章閣待制趙師民博通今古願同詳定及乞借參知政事高

若訥所校十五等古尺並從之三年正月詔徐宿泗耀江鄭淮陽七州軍采磬石仍令諸路轉運司訪民間有藏古尺律者上之二月詔兩制及禮官參稽典制議定國朝大樂名中書門下審加詳閱以聞初胡瑗請太祖廟舞用干戚太宗廟兼用干羽眞宗用羽籥以象三聖功德然議者謂國朝七廟之舞名雖不同而干羽並用又廟制與古異及瑗建言止降詔定樂名而已七月堯臣等言按太常天地宗廟四時之祀樂章凡八十九曲自景安而下七十五章率以安名曲豈特本道德政教嘉靖之美亦緣神靈祖考安樂之故臣等謹上議國朝樂宜名大安詔曰朕惟古

先格王隨代之樂亦旣制作必有稱謂緣名以討義繇義以知德蓋名者德之所載而行遠垂久之致焉故韶以紹堯夏以承舜濩以救民武以象伐傳之不朽用此道也國家纂墜正失典章交備獨斯體大而有司莫敢易言之朕憫然念茲大懼列聖之休未能昭揭於天下之聽是用申敕執事遠求博講而考定其衷今禮官學士迨三有事之臣同寅一辭以大安之議來復且謂藝祖之戡暴亂也安天下之未安其功大二宗之致太平也安天下之旣安其德盛洎朕之承聖烈也安祖宗之安其仁厚祗覽所議熟復于懷恭惟神德之造基神功之戡武章聖愜清淨之治

冲人蒙成定之業雖因世之迹各異而靖民之道同歸以之播鍾球文羽籥用諸郊廟告於神明曰大且安誠得其正十二月召兩府及侍臣觀新樂于紫宸殿凡鎛鍾十二黃鍾高二尺二寸半廣一尺二寸鼓六鉦四舞六甬衡并旋蟲高八寸四分遂徑二寸二分深一寸二釐篆帶每面縱者四橫者四枚景挾鼓與舞四處各有九每面共三十六兩欒間一尺四寸容九斗九升五合重一百六斤大呂以下十一鍾並與黃鍾同制而兩欒間遞減至應鍾容九斗三升五合而其重加至應鍾重一百四十八斤並中新律本律特磬十二黃鍾大呂股長二尺博一尺鼓三尺博

六寸九分寸之六絃三尺七寸五分大簇以下股長尺八寸博九寸鼓二尺七寸博六寸絃三尺三寸七分半其聲各中本律黃鍾厚二寸一分大吕以下遞加其厚至應鍾厚三寸五分詔以其圖送中書議者以爲周禮大鍾十分其鼓間以其一爲之厚小鍾十分其鉦間以其一爲之厚則是大鍾宜厚小鍾宜薄今大鍾重一百六斤小鍾乃重一百四十八斤則小鍾厚非也又磬氏爲磬倨句一矩有半博爲一股爲二鼓爲三參分其股博去其一以爲鼓博三分其鼓博以其一爲之厚今磬無博厚無長短亦非也五年四月命參知政事劉沆梁適監議大樂是月知制誥

王洙奏黃鍾爲宮最尊者但聲有尊卑耳不必在其形體也言鍾磬依律數爲大小之制者經典無正文惟鄭康成立意言之亦自云假設之法孔穎達作疏因而述之據歷代史籍亦無鍾磬依數大小之說其康成穎達等即非身曾制作樂器至如言磬前長三律二尺七寸後長二律一尺八寸是磬有大小者據此以黃鍾爲律臣曾依此法造黃鍾特磬者止得林鍾律聲若隨律長短爲鍾大小之制則黃鍾長二尺二寸半減至應鍾則形制大小比黃鍾才四分之一又九月十月以無射應鍾爲宮即黃鍾大吕反爲商聲宮小而商大是君弱臣彊之象今參酌其鑄鍾特

磬制度欲且各依律數筭定長短大小容受之數仍以皇祐中黍尺爲法鑄大吕應鍾鍾磬各一即見形制聲韻所歸奏可五月翰林學士承旨王拱辰言奉詔詳定大樂比臣至局鍾磬已成竊緣律有長短磬有大小黃鍾九寸最長其氣陽其象土其正聲爲宮爲諸律之首蓋君德之象不可並也今十三鍾磬一以黃鍾爲率與古爲異臣等亦嘗詢逸瑗等皆言依律大小則聲不能諧故臣竊有疑請下詳定大樂所更稽古義參定之是月知諫院李兊言曩者紫宸殿閱太常新樂議者以鍾之形制未中律度遂斥而不用復詔近臣詳定竊聞崇文院聚議而王拱辰欲更

前史之義王洙不從議論喧嘖夫樂之道廣大微妙非知音入神豈可輕議西漢去聖尚近有制氏世典大樂但能紀其鏗鏘而不能言其義况今又千餘年而欲求三代之音不亦難乎且阮逸罪廢之人安能通聖明述作之事務爲異說欲規恩賞朝廷制樂數年當國財匱乏之時煩費甚廣器既成矣又欲改爲雖命兩府大臣監議然未能裁定其當請以新成鍾磬與祖宗舊樂參校其聲但取諧和近雅者合用之六月帝御紫宸殿奏太常新定大安之樂召輔臣至省府館閣預觀焉賜詳定官器幣有差八月詔南郊姑用舊樂其新定大安之樂常祀及朝會用之翰林

學士胡宿上言自古無並用二樂之理今舊樂高新樂下相去一律難並用且新樂未施郊廟先用之朝會非先王薦上帝配祖考之意帝以爲然九月御崇政殿召近臣宗室臺諫省府推判官觀新樂并新作晉鼓乃以瑗爲大理寺丞逸復尚書屯田員外郎保信領榮州防禦使入內東頭供奉官賈宣吉爲內殿承制並以制鍾律成特遷之至和元年言者多以陰陽不和由大樂未定帝曰樂之不合於古久矣水旱之來繫時政得失豈樂所召哉二年灃州上瀏陽縣所得古鍾送太常初李照斥王朴樂音高乃作新樂下其聲太常歌工病其太濁歌不成聲私賂鑄工使

減銅齊而聲稍清歌乃協然照卒莫之辨又朴所制編鍾皆側垂照瑗皆非之及照將鑄鍾給銅於鑄瀉務得古編鍾一工人不敢毀乃藏於太常鍾不知何代所作其銘云粤朕皇祖寶龢鍾粤斯萬年子子孫孫永寶用叩其聲與朴鍾夷則清聲合而其形側垂瑗後改鑄正其鈕使下垂叩之弇鬱而不揚其鎛鍾又長甬而震掉聲不和著作佐郎劉羲叟謂人曰此與周景王無射鍾無異上將有眩惑之疾嘉祐元年正月帝御大慶殿受朝前一夕殿庭設仗衛既具而大雨雪至壓宮架折帝於禁中跣而告天遂暴感風眩人以羲叟之言爲驗八月御製恭謝樂章是月詔

恭謝用舊樂四年九月御製祫享樂舞名僖祖奏大基順祖奏大祚翼祖奏大熙宣祖奏大光太祖奏大統太宗奏大昌眞宗奏大治孝惠皇后奏淑安孝章皇后奏靜安淑德皇后奏柔安章懷皇后奏和安迎神送神奏懷安皇帝升降奏肅安奠瓚奏顧安奉俎徹豆奏充安飲福奏禧安亞獻終獻奏祐安退文舞迎武舞奏顯安皇帝歸大次奏定安登樓禮成奏聖安駕回奏采茨文舞曰化成治定武舞曰崇功昭德帝自製迎神送神樂章詔宰臣富弼等撰大祚至采茨曲詞十八七年八月御製明堂迎神樂章皆肄于太常翰林學士王珪言昔之作樂以五聲播於八音

調和諧合而與治道通先王用於天地宗廟社稷事于山川鬼神使鳥獸盡感況於人乎然則樂雖盛而音虧未知其所以爲樂也今郊廟外歌之樂有金石絲竹匏土革而無木音夫所謂柷敔者聖人用以著樂之始終顧豈容有缺耶且樂莫隆於韶書曰戛擊是柷敔之用既云下而擊鼗知鳴球與柷敔之在堂故傳曰堂上堂下各有柷敔也今陛下躬祠明堂宜詔有司考樂之失而合八音之和於是下禮官議而堂上始置柷敔又祕閣校理裴煜奏大祠與國忌同者有司援舊制禮樂備而不作忌日必哀志有所至其不有樂宜也然樂所以降格神祇非以適一已之

私也謹案開元中禮部建言忌日享廟應用樂裴寬立議廟尊忌卑則作樂廟卑忌尊則備而不奏中書令張說以寬議爲是宗廟如此則天地日月社稷之祠用樂明矣臣以爲凡大祠天地日月社稷與忌日同者伏請用樂其在廟則如寬之議所冀略輕存重不失其稱下其章禮官議曰傳稱祭天以煙爲歆神之始以血爲陳饌之始祭地以埋爲歆神之始以血爲陳饌之始宗廟以灌爲歆神之始以腥爲陳饌之始然則天地宗廟皆以樂爲致神之始故曰大祭有三始謂此也天地之間虛豁而不見其形者陽也鬼神居天地之間不可以人道接也聲屬於陽故樂之音聲號呼召於天地之間庶幾神明聞之因而來格故祭必求諸陽商人之祭先奏樂以求神先求於陽也次灌地求神於陰達于淵泉也周人尚臭四時之祭先灌地以求神先求諸陰也然則天神地祇人鬼之祀不可去樂明矣今七廟連室難分廟忌之尊卑欲依唐制及國朝故事廟祭與忌同日並縣而不作其與別廟諸后忌同者作之若祠天地日月九宮太一及蜡百神並請作樂社稷以下諸祠既卑於廟則樂可不作翰林學士王珪等以爲社稷國之所尊其祠日若與別廟諸后忌同者伏請亦不去樂詔可

英宗治平元年六月太常寺奏仁宗配饗明堂奠幣歌誠安酌獻歌德安二年九月禮官李育上言南郊太廟二舞郎總六十八文舞罷含羽籥執干戚就爲武舞臣謹按舊典文武二舞各用八佾凡祀圜丘祀宗廟太樂令率工人以入就位文舞入陳於架北武舞立於架南又文舞出武舞入有送迎之曲名曰舒和亦曰同和凡三十一章止用一曲是進退同時行綴先定步武容體各應樂節夫至德升聞之舞象揖讓天下大定之舞象征伐柔毅舒急不侔而所法所習亦異不當中易也竊惟天神皆降地祇皆出八音克諧祖考來格天子親執珪幣相維辟公嚴恭寅畏可謂極矣而舞者紛然縱橫於下進退取舍變迫如是豈明有德象有功之誼哉國家三年而躬一郊同殿而享八室而舞者闕如名曰二舞實一舞也且如大朝會所以宴臣下而舞者備其數郊廟所以事天地祖考而舞者減其半殊未爲稱事有近而不可迹禮有繁而不可省所繫者大而有司之職不敢廢也伏請南郊太廟文武二舞各用六十四人以備帝王之禮樂以明祖宗之功德奏可四年八月學士院建言國朝宗廟之樂各以功德名舞洪惟英宗繼天遵業欽明勤儉不自暇逸踐祚未幾而恩行威立固已超軼百王之上今厚陵復土祔廟有期而樂名未立

亡以詔萬世請上樂章及名廟所用舞曰大英之舞自後禮官御史有所建明而詳定朝會及郊廟禮文官於樂節有議論率以時考正之

神宗熙寧九年禮官以宗廟樂節而有請者三其一今祠太廟興安之曲舉柷而聲已過擧敔而聲不止則始終之節未明請祠祭用樂一奏將終則戞敔而聲少止擊柷則樂復作以盡合止之義其二大樂降神之樂均聲未齊短長不協故舞行疾徐亦不能一請以一曲爲一變六變用六九變用九則樂舞始終莫不應節其三周人尚臭蓋先灌而後作樂本朝宗廟之禮多從周請先灌而後作樂元

豐二年詳定所以朝會樂而有請者十其一唐元正冬至大朝會迎送王公用舒和開元禮以初入門舒和之樂作至位樂止蓋作樂所以待王公今中書門下親王使相先於丹墀上東西立皇帝升御坐乃奏樂引三品以上官未爲得禮請侍從及應赴官先就立位中書門下親王使相諸司三品尚書省四品及宗室將軍以上班分東西入正安之樂作至位樂止其二今朝會儀舉第一爵宮縣奏和安之曲第二第三第四登歌作慶雲嘉禾靈芝之曲則是合樂在前登歌在後有違古義請第一爵登歌奏和安之曲堂上之樂隨歌而發第二爵笙入奏慶雲之曲止吹笙

餘樂不作第三爵堂上歌嘉禾之曲堂下吹笙瑞木成文之曲一歌一吹相間第四爵合樂奏靈芝之曲堂上下之樂交作其三定文舞武舞各爲四表表距四步爲酇綴各六十四舞者服進賢冠左執籥右秉翟分八佾二工執纛引前衣冠同之舞者進蹈安徐進一步則兩兩相顧揖三步三揖四步爲三辭之容是爲一成餘成如之自南第一表至第二表爲第一成至第三表爲再成至北第一表爲三成覆身卻行至第三表爲四成至第二表爲五成復至南第一表爲六成而武舞入今文舞所秉翟羽則集雉尾置於髹漆之柄求之古制實無所本聶崇義圖羽舞所執

類羽葆幢析羽四重以結綬系於柄此纛翳之謂也請按圖以翟羽爲之其四武舞服平巾幘左執干右執戈二工執旌居前執鼗執鐸各二工金錞二四工舉二工執鐲執鐃執相在左執雅在右亦各二工夾引舞者衣冠同之分八佾於南表前先振鐸以通鼓乃擊鼓以警戒舞工聞鼓聲則各依酇綴總干正立定位堂上長歌以詠嘆之於是播鼗以導舞舞者進步自南而北至最南表以見舞漸然後左右夾振鐸次擊鼓以金錞和之以金鐲節之以相而輔樂以雅而陔步舞者發揚蹈厲爲猛賁趫速之狀每步一進則兩兩以戈盾相嚮一擊一刺爲一伐四伐爲一成

成謂之變至第二表爲一變至第三表爲二變至北第一表爲三變舞者覆身翻空卻行而南至第三表爲四變乃擊刺而前至第二表回易行列舂雅節步分左右而跪以右膝至地左足仰起象以文止武爲五變舞蹈而進爲兵還振旅之狀振鐸搖鼗擊鼓和以金錞廢鐲鳴鐃復至南第一表爲六變而舞畢古者人君自舞大武故服冕執干戚若用八佾而爲擊刺之容則舞者執干戈說者謂武舞戰象樂六奏每一奏之中率以戈矛四擊刺戈則擊兵矛則刺兵玉戚非可施於擊刺今舞執干戚蓋沿襲之誤請左執干右執戈其五古之鄉射禮三笙一和而成聲謂三

人吹笙一人吹和今朝會作樂丹墀之上巢笙和笙各二人其數相敵非也蓋鄉射乃列國大夫士之禮請增倍爲八人丹墀東西各三巢一和其六今宮縣四隅雖有建鼓鞞應相傳不擊乾德中詔四建鼓并左右鞞應合十有二依李照所奏以月建爲均與鎛鍾相應鞞應在建鼓旁是亦朔鼙應鼙之類請將作樂之時先擊鼙次擊應然後擊建鼓其七今樂縣四隅設建鼓不擊别施散鼓於樂縣內代之乾德中尹拙奏宜去散鼓詔可而樂工積習亦不能廢李照議作晉鼓以爲樂節請樂縣內去散鼓設晉鼓以鼓金奏其八古者瞽矇眡瞭皆掌播鼗所以節一唱之終

請宮縣設鼗以爲樂節其九以天子禮求之凡樂事播鼗擊頌磬笙磬以鍾鼓奏九夏是皆在庭之樂戛擊則柷敔球則玉磬搏拊所以節樂琴瑟所以詠詩皆堂上樂也磬本在堂下尊玉磬故進之使在上若擊石拊石則當在庭後世不原於此以春秋鄭人賂晉侯歌鍾二肆遂於堂上設歌鍾歌磬蓋歌鍾則堂上歌之堂下以鍾鼓應之耳歌必金奏相和名曰歌鍾則以節歌是已豈堂上有鍾邪歌磬之名本無所出晉賀循奏置登歌簨虡采玉造小磬蓋取舜廟鳴球之制後周登歌備錄鍾磬隋唐迄今因襲行之皆不應禮請正至朝會堂上之樂不設鍾磬其十古者

歌工之數大射工六人四瑟則鼓以四人歌以二人天子八人則瑟與歌皆四人矣魏晉以來登歌五人隋唐四人本朝因之是循用周制也禮登歌下管貴人聲也故儀禮瑟與歌工皆席于西階上隋唐相承庭中磬虡之下繫以偶歌琴瑟非所謂升歌貴人聲之義今堂上琴瑟比之周制不啻倍蓰而歌工止四人音高下不相權蓋樂有八音所以行八風是以舞佾與鍾磬俱用八爲數請罷庭中歌者堂上歌爲八琴瑟之數放此其箏阮筑悉廢太常以謂堂上鍾磬去之則歌聲與宮縣遠漢唐以來宮室之制寖廣堂上益遠庭中其上下樂節苟不相應則繁亂而無序

况朝會之禮起於西漢則後世難以純用三代之制其堂上鍾磬庭中歌工與箏筑之器從舊儀便遂如太常議

志卷第八十

志卷第八十一　宋史一百二十八

開府儀同三司上柱國錄軍國重事前中書右丞相監修國史領經筵事都總裁臣脫脫等奉

樂三

元豐三年五月詔秘書監致仕劉几赴詳定所議樂以禮部侍郎致仕范鎮與几參考得失而几亦請命楊傑同議且請如景祐故事擇人修製大樂詔可初傑言大樂七失一曰歌不永言聲不依永律不和聲蓋金聲舂容失之則重石聲溫潤失之則輕土聲函胡失之則下竹聲清越失之則高絲聲纖微失之則

細革聲隆大失之則洪匏聲叢聚失之則長木聲無餘失之則短惟人稟中和之氣而有中和之聲八音律呂皆以人聲爲度言雖永不可以逾其聲今歌者或詠一言而濫及數律或章句已闋而樂音未終所謂歌不永言也請節其煩聲以一聲歌一言且詩言人志詠以爲歌五聲隨歌是謂依詠律呂協奏是謂和聲先儒以爲依人音而制樂託樂器以寫音樂本效人非人效樂者此也今祭祀樂章並隨月律聲不依詠以詠依聲律不和聲以聲和律非古制也二曰八音不諧鍾磬闕四清聲虡樂九成以簫爲主商樂

和平以磬為依周樂合奏以金為首鐘磬簫者衆樂之所宗則天子之樂用八鐘磬簫衆樂之本乃倍之為十六且十二者律之本聲而四者應聲也本聲重大爲君父應聲輕清爲臣子故其四聲曰清聲或曰子聲也李照議樂始不用四清聲是有本而無應八音何從而諧哉今巢笙和笙其管十九以十二管發律呂之本聲以七管爲應聲用之已久而聲至和則編鐘磬簫宜用四子聲以諧八音三曰金石奪倫樂奏一聲諸器皆以其聲應既不可以不及又不可以有餘今琴瑟塤篪笛簫笙阮箏筑奏一聲則鎛鐘特

磬編鐘磬擊三聲聲煩而掩衆器遂至奪倫則鎛鐘特磬編鐘編磬節奏與衆器同宜勿連擊四曰舞不象成國朝郊廟之樂先奏文舞次奏武舞而武舞容節六變一變象六師初舉二變象上黨克平所向宜北三變象維揚底定所向宜東南四變象荆湖來歸所向宜南五變象邛蜀納欵所向宜西六變象兵還振旅所向宜北而南今舞者發揚蹈厲進退俯仰既不足以稱成功盛德失其所向而文舞容節尤無法度則舞不象成也五曰樂失節奏樂之始則翕然如衆羽之合縱之純如也節奏明白皦如也往來條理

繹如也然後成今樂聲不一混殽無叙則失於節奏非所謂成也六曰祭祀饗無分樂之序盖金石衆作之謂奏詠以人聲之謂歌陽律必奏陰呂必歌陰陽之合也順陰陽之合所以交神明致精意今冬至祀天不歌大呂夏至祭地不奏太簇春饗祖廟不奏無射秋饗后廟不歌小呂而四望山川無專祠用樂之制則何以賛導宣發陰陽之氣而生成萬物哉七曰鄭聲亂雅然朱紫有色而易別雅鄭無象而難知聖人懼其難知也故定律呂中正之音以示萬世今古器尚存律呂悉備而學士大夫不講考擊奏作變之

賤工則雅鄭不得不雜願審係鐘琯用十二律還宮均法令上下通習則鄭聲莫能亂雅遂爲十二均圖并上之其論以爲律各有均有七聲更相爲用協本均則樂調非本均則樂悖今黄鐘爲宮則太簇姑洗林鐘南呂應鐘蕤賓七聲相應謂之黄鐘之均餘律爲宮同之宮爲君商爲臣角爲民徵爲事羽爲物君者法度號令之所出故宮生徵法度號令所以授臣而承行之故徵生商君臣一德以康庶事則萬物得所民遂其生故商生羽羽生角然臣有常職民有常業物有常形而遷則失常故商角羽無變聲君總萬

化不可執以一方事通萬務不可滯於一隅故宮徵有變聲凡律呂之調及其宮樂章具著於圖帝取所上圖考其說乃下鎮凡參定而王朴阮逸之黃鐘乃當李照之太簇其編鐘編磬雖有四清聲而黃鐘大呂正聲舛誤照之編鐘編磬雖有黃鐘大呂而全闕四清聲非古制也朴之太簇夾鐘則聲失之高歌者莫能追逐平時設而不用聖人作樂以紀中和之聲所以導中和之氣清不可太高重不可太下必使八音協諧歌者從容而能永其言鎮等因請擇李照編鐘編磬十二參於律者增以王朴無射應鐘及黃鐘

大呂清聲以爲黃鐘大呂太簇夾鐘之四清聲俾衆樂隨之歌工詠之中和之聲庶可以考請下朴二律就太常鐘磬擇其可用者用之其不可修者別製之而太常以爲大樂法度舊器乞留朴鐘磬別製新樂以驗議者之術詔以朴樂鐘爲清聲毋得銷毀凡等謂新樂之成足以薦郊廟傳萬世其明堂景靈宮降天神之樂六奏舊用夾鐘之均三奏謂之夾鐘爲宮夷則之均一奏謂之黃鐘爲角林鐘之均二奏謂之太簇爲徵姑洗爲羽而大司樂凡樂圜鐘爲宮黃鐘爲角太簇爲徵姑洗爲羽而圜鐘者夾鐘也用夾鐘

均之七聲以其宮聲爲始終是謂圜鐘爲宮用黃鐘均之七聲以其角聲爲始終是謂黃鐘爲角用太簇均之七聲以其徵聲爲始終是謂太簇爲徵用姑洗均之七聲以其羽聲爲始終是謂姑洗爲羽今用夷則之均一奏謂之黃鐘爲角林鐘之均二奏謂之太簇爲徵姑洗爲羽則祀天之樂無夷則林鐘而用之有太簇姑洗而去之矣唐典祀天以夾鐘宮黃鐘角太簇徵姑洗羽乃周禮也宜用夾鐘爲宮其黃鐘爲角則用黃鐘均以其角聲爲始終太簇爲徵則用太簇均以其徵聲爲始終姑洗爲羽則用姑洗均以其

羽聲爲始終祭地祇享宗廟皆視此均法以度曲凡等又以太常磬三等王朴磬厚李照磬薄惟阮逸胡瑗磬形制精密而聲太高以磬氏之法摩其旁輕重與律呂相應鐘三等王朴鐘所謂聲疾而短聞者也阮逸胡瑗鐘所謂聲舒而遠聞者也惟李照鐘有旋蟲之制鐘聲皆三十有六架架各十有六則正律相應清聲自足其堂上堂下笙笛率從新制而調琴瑟阮筑塤諸器隨所下律詔悉從之乃緝新器用從置太常闢屋以貯藏之考選樂工汰其推鈍癃老而優募能者補其闕員立爲程度以時習焉初皇祐中益

州進士房庶論尺律之法以爲嘗得古本漢書言在律曆志范鎮以其說爲然請依法作爲尺律然後別求古樂參考於是庶奉詔造律管二尺量龠各一而殿中丞胡瑗以爲非詔鎮與凡等定樂鎮曰定樂當先正律帝然之鎮作律尺等欲圖上之而凡之議律主於人聲不以尺度求合其樂大抵即李照之舊而加四清聲遂奏樂成第加恩賚而鎮謝曰此劉凡樂也臣何預焉乃復上奏曰太常鎛鐘皆有大小輕重之法非三代莫能爲者禁中又出李照胡瑗所鑄銅律及尺付太常按照黃鐘律合王朴太簇律仲呂律

合王朴黃鐘律比朴樂纔下半律外有損益而內無損益鐘聲鬱而不發無足議者照之律雖是然與其樂校三格自相遠戾且以太簇爲黃鐘則是商爲宮也方劉凡奏上時臣初無所預臣頃造律內外有損益其聲和又與古樂合今若將臣所造尺律依大小編次太常鎛鐘可以成一代大典又太常無雷鼓靈鼓路鼓而以散鼓代之開元中有以畫圖獻者一鼓而爲八面六面四面明皇用之國朝郊廟或考或不考宮架中惟以散鼓不應經義又八音無匏土二音笙竽以木斗攢竹而以匏裹之是無匏音也塤器以

木爲之是無土音也八音不具以爲備樂安可得哉不報四年十一月詳定所言搏拊琴瑟以詠則堂上之樂以象朝廷之治下管鼗鼓合止柷敔笙鏞以間則堂下之樂以象萬物之治後世有司失其傳歌者在堂兼設鐘磬宮架在庭兼設琴瑟堂下匏竹寘之於床並非其序請親祠宗廟及有司攝事歌者在堂不設鐘磬宮架在庭不設琴瑟堂下匏竹不寘於床其郊壇上下之樂亦以此爲正而有司攝事如之又言以小胥宮縣推之則天子鐘磬鎛十二虡爲宮縣明矣故或以爲配十二辰或以爲配十二次則虡無

過十二先王之制廢學者不能考其數隋唐以來有謂宮縣當二十虡甚者又以爲三十六虡方唐之盛日有司攝事樂並用宮縣至德後太常聲音之工散亡凡郊廟有登歌而無宮縣後世因仍不改請郊廟有司攝事改用宮架十二虡則律呂均聲不足不能成均請如禮宮架四面如辰位設鎛鐘十二虡而甲丙庚壬設鐘乙丁辛癸設磬位各一虡四隅植建鼓以象二十四氣宗廟郊丘如之五年正月開封布衣葉防上書論樂器律曲不應古法復下揚傑議傑論防增編鐘編磬二十有四

為簨制僧簫視鐘磬數登歌用玉磬去樂曲之近清聲者舞不互表皆非是其言均律差互與劉几同請以晉鼓節金奏考經禮制簨虡教國子宗子舞用之郊廟為何所取而范鎮亦言自唐以來至國朝三大祀樂譜並依周禮然其說有黃鐘為角黃鐘之角黃鐘為角者夷則為宮黃鐘之角者姑洗為角十二律之於五聲皆如此率而世俗之說乃去之字謂太簇曰黃鐘商姑洗曰黃鐘角林鐘曰黃鐘徵南呂曰黃鐘羽今葉防但通世俗夷部之說而不見周禮正文所以稱本寺均差互其說難行帝以樂律絕學防草

萊中習之尤難乃補防為樂正六年春正月御大慶殿初用新樂二月太常言郊廟樂虡若遇雨雪望祭即設於殿上三月禮部言有司攝事昊天舞名請初獻曰帝臨嘉至亞終曰神娭錫羡太廟初獻曰孝熙昭德亞終獻曰禮洽儲祥詔可九月禮部言周禮凡大祭祀王出入則奏王夏明入廟門已用樂矣今既移祼在作樂之前皇帝詣罍洗奏乾安則入門亦當奏乾安庶合古制其入景靈宮及南郊壝門乞如之七年正月詔從協律郎榮咨道請於奉宸庫選玉造磬令太常審定音律六月禮部言親郊之歲夏至祀

皇地祇於方丘遣冢宰攝事禮容樂舞謂宜加於常祀而其樂虡二十樂工百五十有二舞者六十有四與常歲南北郊上公攝事無異未足以稱欽崇之意乞自今準親祠用二十六虡工人三百有六舞人百二十有四詔可元祐元年咨道又言先帝詔臣製造玉磬將用于廟堂之上依舊同編鐘以登歌今年親祠明堂請用之以章明盛典從之三年范鎮樂成上其所製樂章三鑄律十二編鐘十二鎛鐘衡一尺一斛一響石為編磬十二特磬一簫笛塤箎巢笙和笙各二并書及圖法帝與太皇太后御延和殿詔執政

侍從臺閣講讀官皆往觀焉賜鎮詔曰朕惟春秋之後禮樂先亡秦漢以來韶武僅在散樂工於河海之上往而不還聘先生於齊魯之間有莫能致魏晉以下曹鄶無譏豈徒鄭衛之音已雜華戎之器間有作者猶存典刑然銖黍之一差或宮商之易位惟我四朝之老獨知五降之非審聲知音以律生尺覽詩書之來上閱簨虡之在廷君臣同觀父老太息方詔學士大夫論其法工師有司考其聲上追先帝移風易俗之心下慰老臣愛君憂國之志究觀所作嘉歎不忘鎮為樂論其自叙曰臣昔為禮官從諸儒難問樂

之差謬凡十餘事厥初未習不能不小牴牾後考周
官王制司馬遷書班氏志得其法流通貫穿悉取舊
書去其牴牾掇其要作爲八論其論律論黍論尺論
量論聲器言在律曆志論鐘曰夫鐘之制周官鳧氏
言之甚詳而訓解者其誤有三若云帶所以介其名
也介在于鼓鉦舞甬衡之間介于鼓鉦舞之間則然
非在甬衡之上其誤一也又云舞上下促以橫爲修
從爲廣舞廣四分今亦去徑之二分以爲之間則舞
間之方常居銑之四也舞間方四則鼓間六亦其方
也鼓六鉦六舞四旣言鼓間與舞脩相應則鼓與舞

皆六所云鉦六舞四其誤二也又云鼓外二鉦外一
彼旣以鉦鼓皆六無厚薄之差故從而穿鑿以遷就
其說其誤三也今臣所鑄編鐘十二皆從其律之長
故鐘口十者其長十六以爲鐘之身鉦者正也居鐘
之中上下皆八下去二以爲之鼓上去二以爲之舞
則鉦居四而鼓與舞皆六是故于鼓鉦舞篆景欒隧
甬衡旋蟲鐘之文也著於外者也廣長空徑厚薄大
小鐘之數也起於內者也若夫金錫之齊與鑄金之
狀率按諸經差之毫釐則聲有高下不可不審其鑄
鐘亦以此法而四倍之今太常鐘無大小無厚薄無

金齊一以黃鐘爲率而磨以取律之合故黃鐘最薄
而輕自大呂以降迭加重厚是以卑陵尊以小加大
其可乎且清聲者不見於經惟小胥注云鐘磬者編
次之二八十六枚而在一虡謂之堵至唐又有十二
清聲其聲愈高尤爲非是國朝舊有四清聲置而弗
用至劉几用之與鄭衛無異論磬曰臣所造編磬皆
以周官磬氏爲法若黃鐘股之博四寸五分股九寸
鼓一尺三寸五分鼓之博三寸而其厚一寸其弦一
尺三寸五分十二磬各以其律之長而三分損益之
如此其率也今之十二磬長短厚薄皆不以律而欲

求其聲不亦遠乎鐘有齊也磬石也天成之物也以
其律爲之長短厚薄而其聲和此出於自然而聖人
者能知之取以爲法後世其可不考正乎考正而非
是則不足爲法矣特磬則四倍其法而爲之國朝祀
天地宗廟及大朝會宮架內止設鎛鐘惟后廟乃用
特磬非也今已升祔后廟特磬遂爲無用之樂臣欲
乞凡宮架內於鎛鐘後各加特磬貴乎金石之聲小
大相應論八音曰匏土革木金石絲竹是八物者生
天地間其體性不同而至相戾之物也聖人制爲八
器命之商則商命之宮則宮無一物不同者能使天

地之間至相戾之物無不同此樂所以爲和而八音所以爲樂也樂下太常而楊傑上言元豐中詔范鎮劉几與臣詳議郊廟大樂既成而奏稱其和協今鎮新定樂法頗與樂局所議不同且樂經仁宗制作神考睿斷奏之郊廟朝廷蓋已久矣豈可用鎮一說而遽改之遂著元祐樂議以破鎮說其議樂章曰國朝大樂所立曲名各有成憲不相淆雜所以重正名也故廟室之樂皆以大名之如大善大仁大英之類是也今鎮以文明之曲獻祖廟以大成之曲進皇帝以萬歲之曲進太皇太后其名未正難以施於宗廟朝

廷議宮架加磬曰鎮言國朝祀天地宗廟及大朝會宮架內止設鎛鐘惟后廟乃用特磬非也今已升后廟特磬遂爲無用之樂欲乞凡宮架內於鎛鐘後各加特磬貴乎金石之聲小大相應按唐六典天子宮架之樂鎛鐘十二編鐘十二編磬十二凡三十有六虡宗廟與殿庭同凡中宮之樂則以大磬代鐘餘如宮架之制今以鎛鐘特磬並設之則爲四十八架於古無法皇帝將出宮架撞黃鐘之鐘右五鐘皆應皇帝與宮架撞蕤賓之鐘左五鐘皆應未聞皇帝出入以特磬爲節議十六鐘磬曰鎮謂清聲不見於經惟

小胥注云鐘磬者編次之十六枚而在一虡謂之堵至唐又有十二清聲其聲愈高尤爲非是國朝舊有四清聲置而弗用至劉几用之與鄭衛無異按編鐘編磬十六其來遠矣豈徒見於周禮小胥之注哉漢成帝時犍爲郡於水濱得古磬十六枚帝因是陳禮樂雅頌之聲以風化天下其事載於禮樂志不爲不詳豈因劉几然後用哉且漢承秦秦未嘗制作禮樂其稱古磬十六者乃二帝三王之遺法也其王朴樂內編鐘編磬以其聲律太高歌者難逐故四清聲置而弗用及神宗朝下三律則四清聲皆用而諧協矣

周禮曰鳧氏爲鐘薄厚之所震動清濁之所由出則清聲豈不見於經哉今鎮簫笛塤篪巢笙和笙獻於朝廷簫必十六管是四清聲在其間矣自古無十二管之簫豈簫韶九成之樂已有鄭衛之聲乎禮部太常亦言鎮樂法自係一家之學難以參用而樂如舊制四年十二月始命大樂正葉防撰朝會二舞儀武舞曰威加四海之舞第一變舞人去南表三步總干而立聽舉樂三鼓前行三步及表而蹲再鼓皆舞進一步正立再鼓皆持干荷戈相顧作猛賁趫速之狀再鼓皆轉身向裏以干戈相擊刺足不動再鼓皆回

身向外擊刺如前再鼓皆正立舉手蹲再鼓皆舞進一步轉面相向立干戈各置腰再鼓各前進以左足在前右足在後左手執干當前右手執戈在腰為進旅再鼓各相擊刺再鼓各退身復位整其干為退旅再鼓皆正立蹲再鼓皆舞進一步正立再鼓皆轉面相向秉干持戈坐作再鼓各相擊刺再鼓皆起收其干戈為克捷之象再鼓皆正立遇節樂則蹲第二變聽舉樂依前蹲再鼓皆舞進一步正立再鼓皆正面作猛賁趫速之狀再鼓各轉身向裏相擊刺足不動再鼓各轉身向外擊刺如前再鼓皆正立蹲再鼓皆

舞進一步陳其干戈左右相顧為猛賁趫速之狀再鼓皆併入行以八為四再鼓皆兩兩對相擊刺再鼓皆回易行列左在右右在左再鼓皆舉手蹲再鼓皆舞進一步正立再鼓各分左右再鼓各揚其干戈再鼓交相擊刺再鼓皆總干正立遇節樂則蹲第三變聽舉樂則蹲再鼓皆舞進一步轉面相向再鼓整干戈以象登臺講武再鼓皆擊刺於東南再鼓皆按盾舉戈東南嚮而望以象漳泉奉土再鼓皆擊刺於正南再鼓皆按盾舉戈南嚮而望以象杭越來朝再鼓皆舞進一步正立再鼓皆擊刺於西北再鼓皆按盾

舉戈西北嚮而望以象克殄并汾再鼓皆擊刺於正西再鼓皆按盾舉戈西嚮而望以象肅清銀夏再鼓皆舞進一步正跪右膝至地左足微起再鼓皆置干戈于地各拱其手象其不用再鼓皆左右舞蹈象以文止武之意再鼓皆就拜收其干戈起而躬立再鼓皆舞退鼓盡即止以象兵還振旅文舞曰化成天下之舞第一變舞人立南表之南聽舉樂則蹲再鼓皆舞進一步正立再鼓皆稍前而正揖合手自下而上再鼓皆左顧左揖再鼓皆右顧右揖再鼓皆開手蹲再鼓皆舞進一步正立再鼓皆少郤身初辭合手自

上而下再鼓皆右顧以右手在前左手推出為再辭再鼓皆左顧以左手在前右手推出為固辭再鼓皆合手蹲再鼓皆舞進一步正立再鼓皆俛身相顧初讓合手當胷再鼓皆右側身左垂手為再讓再鼓皆左側身右垂手為三讓再鼓皆躬而授之遇節樂則蹲第二變聽舉樂則蹲再鼓皆舞進一步轉面相嚮再鼓皆稍前相揖再鼓皆左顧左揖再鼓開手蹲正立再鼓皆舞進一步復相嚮再鼓皆郤身為初辭再鼓皆舞辭如上儀再鼓皆再辭再鼓皆固辭再鼓皆合手蹲正立再鼓皆舞進一步再鼓相嚮再鼓皆顧

爲初譏再鼓皆再譏再鼓皆三譏再鼓皆躬而授之正立遇節樂則蹲第三變聽舉樂則蹲再鼓皆舞進一步兩兩相嚮再鼓皆相趨揖再鼓皆左揖如上再鼓皆右揖再鼓皆開手蹲正立再鼓皆舞進一步復相嚮再鼓皆卻身初辭再鼓皆再辭再鼓皆固辭再鼓皆合手蹲正立再鼓皆舞進一步兩兩相嚮再鼓皆相顧初譏再鼓皆再譏再鼓皆三譏躬而授之正立節樂則蹲凡二舞綴表器及引舞振作並與大祭祀之舞同協律郎陳沂按閱以謂節奏詳備自是朝會則用之八年太常博士孫諤言臣嘗奉社稷之祠

親覩陳設初疑其闕略而不備退而考元祐祀儀乃與所親見者合焉其登歌之樂雖有鐘磬簨虡搏拊柷敔之屬獨陳太社壇上而太稷闕焉夫宮架不備非所以重社稷也周官制祭祀之法則有靈鼓以鼓之有帗舞以舞之有太蔟應鐘咸池以極其歌舞之節此樂文之備也唐社稷用二十架至於開元亦循三代之遺法於壇之北宮架備陳別異天神中建靈鼓歌鍾歌虡各設二壇下舞上歌何其盛也臣稽考典禮凡祭太社太稷宜倣周官及開元禮文於壇之北備設宮架鐘鎛竹各列二壇南架之內更植靈鼓

於是集侍從禮官議增稷壇樂而添用宮架之說不行元符元年十一月詔登歌鐘磬並依元豐詔旨復先帝樂制也二年正月詔前信州司法參軍吳良輔按協音律改造琴瑟教習登歌以太常少卿張商英薦其知樂故也初良輔在元豐中上樂書五卷其書分爲四類以謂天地兆分氣數爰定律厥氣數通之以聲於是撰釋律律爲經聲爲緯律以聲爲文聲以律爲質旋相爲宮七音運生於是撰釋聲聲生於日律生於辰故經之以六律緯之以五聲聲律相協和而無乖播之八音八音以生於是撰釋音四物兼采

八器以成度數施設象隱於形考器論義道德以明於是撰釋器類各有條凡四十四篇大抵考之經傳精以講思頗益於樂理文多故弗著焉崇寧元年詔宰臣置僚屬講議大政以大樂之制訛繆殘闕太常樂器弊壞琴瑟制度參差不同簫篴之屬樂工自備每大合樂聲韻淆雜而皆失之太高筝筑阮秦晉之樂也乃列於琴瑟之間熊羆按梁隋之制也乃設於宮架之外笙不用匏舞不象成曲不協譜樂工率農夫市賈遇祭祀朝會則追呼於阡陌閭閻之中教習無成費不知音議樂之臣以樂經散亡無所據依秦

漢之後諸儒自相非議不足取法乃博求知音之士而魏漢津之名達於上焉漢津至是年九十餘矣本剩員兵士自云居西蜀師事唐仙人李良授鼎樂之法皇祐中漢津與房庶以善樂被薦既至黍律已成阮逸始非其說漢津不得伸其所學後逸之樂不用乃退與漢津議指尺作書二篇敘述指法漢津嘗陳於太常樂工僤改作皆不主其說或謂漢津舊嘗執役於范鎮見其制作略取之蔡京神其說而託於李良二年九月禮部員外郎陳暘上所撰樂書二百卷命吏部尚書何執中看詳以謂暘欲考定音律以正中聲頗送講議司令知音律者參驗行之暘之論曰漢津論樂用京房二變四清蓋五聲十二律樂之正也二變四清樂之蠹也二變以變宮爲君四清以黃鍾清爲君事以時作固可變也而君不可變太簇大呂夾鍾或可分也而黃鍾不可分豈古人所謂尊無二上之旨哉壬辰詔曰朕惟隆禮作樂實治內修外之先務損益述作其敢後乎其令講議司官詳求歷代禮樂沿革酌古今之宜修爲典訓以貽永世致安上治民之至德著移風易俗之美化迺稱朕咨諏之意焉三年正月漢津言曰臣聞黃帝以三寸之器名

爲咸池其樂曰大卷三三而九乃爲黃鍾之律禹效黃帝之法以聲爲律以身爲度用左手中指三節三寸謂之君指裁爲宮聲之管又用第四指三節三寸謂之臣指裁爲商聲之管又用第五指三節三寸謂之物指裁爲羽聲之管第二指爲民爲角大指爲事爲徵民與事君臣治之以物養之故不用爲裁管之法得三指合之爲九寸即黃鍾之律定矣黃鍾定餘律從而生焉臣今欲請帝中指第四指第五指各三節先鑄九鼎次鑄帝坐大鐘次鑄四韻清聲鐘次鑄二十四氣鐘然後均弦裁管爲一代之樂制其後十三年帝一日忽夢人言樂成而鳳凰不至乎蓋非帝指也帝寤大悔歎謂崇寧初作樂請吾指寸而內侍黃經臣執謂帝指不可示外人但引吾手略比度之曰此是也蓋非人所知今神告朕如此且柰何於是再出中指寸付蔡京密命劉昺試之時昺終匿漢津初說但以其前議爲度作一長笛上之帝指寸既長於舊而長笛殆不可易以動人觀聽於是遂止蓋京之子絛云秋七月景鐘成景鐘者黃鍾之所自出也垂則爲鐘仰則爲鼎鼎之大終於九斛中聲所極製煉玉屑入於銅齊精純之至音韻清越其高九尺拱

以九龍惟天子親郊乃用之立於宮架之中以為君圍於是命翰林學士承旨張康國為之銘其文曰天造我宋於穆不已四方來和十有二紀樂象厥成維其時矣迪惟有夏度自禹起我龍受之天地一指於論景鐘中聲所止有作于斯無襲于彼九九以生律呂根柢維此景鐘非弇非侈在宋之庭屹然中峙天子萬年既多受祉維此景鐘上帝命爾其承伊何以燕翼子永言寶之宋樂之始

志卷第八十一

志卷第八十二　宋史一百二十九

開府儀同三司上柱國錄軍國重事中書右丞相兼修國史領經筵事都總裁脫脫等奉
敕修

樂四

崇寧四年七月鑄帝鼐八鼎成八月大司樂劉昺言大朝會宮架舊用十二熊羆按金錞簫鼓觱篥等與大樂合奏今所造大樂遠稽古制不應雜以鄭衛詔罷之又依昺改定二舞各九成每三成為一變執籥秉翟揚戈持盾威儀之節以象治功庚寅樂成列于崇政殿有旨先奏舊樂三闋曲未終帝曰舊樂如泣聲揮止之既奏新樂天顏和豫百僚稱頌九月朔以鼎樂成帝御大慶殿受賀是日初用新樂太尉率百僚奉觴稱壽有數鶴從東北來飛度黃庭回翔鳴唳乃下詔曰禮樂之興百年於此然去聖愈遠遺聲弗存迺者得隱逸之士於草茅之賤獲英莖之器於受命之邦適時之宜以身為度鑄鼎以起律因律以制器按協於庭八音克諧昔堯有大章舜有大韶三代之王亦各異名今追千載而成一代之制宜賜新樂之名曰大晟朕將薦郊廟享鬼神和萬邦與天下共之其舊樂勿用先是端州上古銅器有樂鐘驗其款

讖乃宋成公時帝以端王繼大統故詔言受命之邦而隱逸之士謂漢津也朝廷舊以禮樂掌于太常至是專置大晟府大司樂一員典樂二員並為長貳大樂令一員協律郎四員又有製撰官為制甚備於是禮樂始分為二五年九月詔曰樂不作久矣朕承先志述而作之以追先王之緒建官分屬設府庀徒以成一代之制二月嘗詔省內外冗官大晟府亦併之禮官夫舜命夔典樂命伯夷典禮禮樂異道各分所守豈可同職其大晟府名可復仍舊又詔曰樂作已久方薦之郊廟施於朝廷而未及頒之天下宜令大晟府議頒新樂使雅正之聲被於四海先降三京四輔次帥府大觀二年詔曰自唐以來正聲全失無徵角之音五聲不備豈足以道和而化俗哉劉詵所上徵聲可令大晟府同教坊依譜按習仍增徵角二譜候習熟來上初進士彭几進樂書論五音言本朝以火德王而羽音不禁徵調尚闕禮部員外郎吳時善其說建言乞召几至樂府朝廷從之至是詵亦上徵聲乃降是詔三年五月詔今學校所用不過春秋釋奠如賜宴辟廱乃用鄭衛之音雜以俳優之戲非所以示多士其自今用雅樂四年四月議禮局言國家

崇奉感生帝神州地祇為大祠以僖祖太祖配侑而有司行事不設宮架二舞殊失所以尊祖侑神作主之意乞皆用宮架二舞詔可六月詔近選國子生教習二舞以備祠祀先聖本周官教國子之制然士子肄業上庠頗聞恥於樂舞與樂工為伍坐作進退蓋今古異時致於古雖有其迹施於今未適其宜其罷習二舞願習雅樂者聽八月帝親製大晟樂記命太中大夫劉昺編修樂書為八論其一曰樂由陽來陽之數極於九聖人攝其數於九鼎寓其聲於九成陽之數復而為一則寶鼎之卦為坎極而為九則彤鼎之卦為離離南方之卦也聖人以光明盛大之業如日方中嚮明而治故極九之數則曰景鐘大樂之名則曰大晟日王於午火明於南乘火德之運當豐大之時擬擴規模增光前烈明盛之業永觀厥成樂名大晟不亦宜乎其二曰後世以黍定律其失樂之本也遠矣以黍定尺起於西漢蓋承六經散亡之後聞古人之緒餘而執以為法聲既未協乃屢變其法而求之此古今之尺所以至於數十等而至和之聲愈求而不可得也傳曰萬物皆備於我矣反身而誠樂莫大焉秬黍云乎哉其三曰焦急之聲不可用於隆

盛之世昔李照欲下其律乃曰異日聽吾樂當令人物舒長照之樂固未足以感動和氣如此然亦不可謂無其意矣自藝祖御極和樂之聲高歷一百五十餘年而後中正之聲乃定蓋奕世修德和氣薰蒸一代之樂理若有待其四曰盛古帝王皆以明堂爲先務後世知爲崇配布政之宮然要妙之旨秘而不傳徒區區於形制之末流而不知帝王之所以用心也且盛德在木則居青陽角聲乃作盛德在火則居明堂徵聲乃作盛德在金則居總章商聲乃作盛德在水則居玄堂羽聲乃作盛德在土則居中央宮聲乃作其應時之妙不可勝言一歲之中兼總五運凡麗於五行者以聲召氣無不總攝鼓宮宮動鼓角角應彼亦莫知所以使之者則永曆壽考曆數過期不亦宜乎其五曰魏漢津以太極元氣函三爲一九寸之律三數退藏故八寸七寸爲中聲正聲得正氣則用之中聲得中氣則用之宮架環列以應十二辰中正之聲以應二十四氣加四清聲以應二十八宿氣不頓進八音乃諧若立春在歲元之後則迎其氣而用之餘悉隨氣用律使無過不及之差則所以感召陰陽之和其法不亦密乎其六曰乾坤交於亥而子生

於黃鍾之宮故稟於乾交於亥任於壬生於子自乾至子凡四位而清聲具焉漢津以四清爲至陽之氣在二十八宿爲虛昴星房四者居四方之正位以統十二律每清聲皆有三統申子辰屬於虛而統於子巳酉丑屬於昴而統於丑寅午戌屬於星而統於寅亥卯未屬於房而統於卯中正之聲分爲二十四宿統於四清焉其七曰昔人以樂之器有時而弊故律失則求之於鍾鍾失則求之於鼎得一鼎之龠則權衡度量可考而知故鼎以全渾淪之體律呂以達陰陽之情天地之間無不統攝機緘運用萬物振作則樂之感人豈無所自而然邪其八曰聖上稽帝王之制而成一代之樂以謂帝舜之樂以教胄子乃須之於宗學成周之樂掌於成均乃須之府學辟廱太學而三京藩邸凡祭祀之用樂者皆賜之於是中正之聲被天下矣漢施鄭聲於朝廷唐升夷部於堂上至於房中之樂唯恐淫哇之聲變態之不新也聖上樂聞平淡之音而特詔有司制爲宮架施之於禁庭房中用雅樂自今朝始云又爲圖十二一曰五聲二曰八音三曰十二律應二十八宿四曰七均應二十八宿五曰八十四調六曰十二律所生七曰十二律應

二十四氣八曰十二律鐘正聲九曰堂上樂十曰金鐘玉磬十一曰宮架十二曰二舞圖雖不能具載觀其所序亦可以知其旨意矣天地相合五數乃備不動者爲五位常動者爲五行五行發而爲五聲律呂相生五聲乃備布於十二律之間猶五緯往還於十有二次五運斡旋於十有二時其圖五聲以此兩儀既判八卦肇分氣盈而動八風行焉顓帝乃令飛龍效八風之音命之曰承雲方是時金石絲竹匏土革木之音未備後聖有作以八方之物全五聲者制而爲八音以聲召氣八風從律其圖八音以此上象著

明器形而下以聲召氣胎合元精其圖十二律應二十八宿以北斗在天中周制四方猶宮聲處中爲四聲之綱二十八舍列在四方用之於合樂者蓋東方七角屬木南方七徵屬火西方七商屬金北方七羽屬水四方之宿各有所屬而每方之中七均備足中央七宮管攝四氣故二十八舍應中正之聲者制器之法也二十八舍應七均之聲者和聲之術也其圖七均應二十八宿以此合陰陽之聲而文之以五聲則九六相交均聲乃備黃鐘爲宮是謂天統林鐘爲徵是謂地統太簇爲商是謂人統南呂爲羽於時屬

秋姑洗爲角於時屬春應鐘爲變宮於時屬冬蕤賓爲變徵於時屬夏旋相爲宮而每律皆具七聲而八十四調備焉其圖八十四調以此自黃鐘至仲呂則陽數極而爲乾故其位在左蕤賓至應鐘則陰數極而爲坤故其位在右陰窮則歸本故應鐘自生陰律陽窮則歸本故仲呂自歸陽位律呂相生起於復而成於乾終始皆本於陽故曰樂由陽來六呂則同之而已相生之位分則爲乾坤之交合則爲既濟未濟之卦自黃鐘至仲呂爲既濟故屬陽而居左自蕤賓至應鐘爲未濟故屬陰而居右易始於乾坤而終於

既濟未濟天地辨位而水火之氣交際於其中造化之原皆自此出其圖十二律所主以此二十四氣差之毫釐則或先天而太過或後天而不及在律爲聲在曆爲氣若氣方得節乃用中聲氣已及中猶用正律其圖十二律應二十四氣以此漢津曰黃帝夏禹之法簡捷徑直得於自然故善作樂者以聲爲本若得其聲則形數制度當自我出令以帝指爲律正聲之律十二中聲之律十二清聲凡四共二十有八云其圖十二律以此堂上之樂以人聲爲貴歌鐘居左歌磬居右近世之樂曲不協律歌不擇人有先製譜

而後命辭奉常舊工村野癃老者斥之升歌之工選
擇惟艱故堂上之樂鏗然特異焉其圖堂上樂以此
金玉之精稟氣於乾故堂上之樂鐘必以金磬必以
玉歷代樂儀曰歌磬次歌鐘之西以節登歌之句則
周官頌磬也神考肇造玉磬聖上紹述先志而堂上
之樂方備非聖智兼全金聲而玉振之者安能與於
天道哉其圖金鐘玉磬以此大晟之制天子親祀圜
丘則用景鐘爲君圜鎛鐘特磬爲臣圜編鐘編磬爲
民圜非親祀則不用君圜漢津以謂宮架總攝四方
之氣故大晟之制羽在上而以四方之禽獸在下而

以四方之獸以象鳳儀獸舞之狀龍簨崇牙制作華
煥其圖宮架以此新樂肇興法夏籥九成之數文舞
九成終於垂衣拱手無爲而治武舞九成終於偃武
修文投戈講藝每成進退疾徐抑揚顧揖皆各象方
今之勳烈文舞八佾左執籥右秉翟盖籥爲聲之中
翟爲文之華秉中聲而昌文德武舞八佾執干戈而
進以金鼓爲節其圖二舞以此又列八音之器金部
有七曰景鐘曰鎛鐘曰編鐘曰金錞曰金鐲曰金鐃
曰金鐸其説以謂景鐘乃樂之祖而非常用之樂也
黄帝五鐘一曰景鐘景大也鐘四方之聲以象厥成

惟功大者其鐘大世莫識其義久矣其聲則黄鐘之
正而律呂由是生焉平時弗考風至則鳴鎛鐘形聲
宏大各司其辰以管攝四方之氣編鐘隨月用律雜
比成文聲韻清越錞鐲鐃鐸古謂之四金鼓屬乎陽
金屬乎陰陽造始而爲之倡故以金錞和鼓陽動而
不知已故以金鐲節鼓陽之用事有時而終故以金
鐃止鼓時止則止時行則行天之道也故以金鐸通
鼓金乃兊音兊爲口舌故金之屬皆象之石部有二
曰特磬曰編磬其説以謂依我磬聲以石有一定之
聲衆樂依焉則鐘磬未嘗不相須也往者國朝祀天

地宗廟及大朝會宮架内止設鎛鐘惟后廟乃用特
磬若巳升祔后廟遂置而不用如此則金石之聲小
大不侔大晟之制金石並用以諧陰陽漢津之法以
聲爲主必用泗濱之石故禹貢必曰浮磬者遠土而
近於水取之實難昔奉常所用乃以白石爲之其聲
沉下製作簡質理宜改造焉絲部有五曰一弦琴曰
三弦琴曰五弦琴曰七弦琴曰九弦琴曰瑟其説以
謂漢津誦其師之説曰古者聖人作五等之琴琴主
陽一三五七九生成之數也師延拊一弦之琴昔人
作三弦琴盖陽之數成於三伏羲作琴有五弦神農

氏為琴七弦琴書以九弦象九星五等之琴額長二寸四分以象二十四氣嶽闊三分以象三才嶽內取聲三尺六寸以象朞三百六十日龍齗及折勢四分以象四時共長三尺九寸一分成於三極於九九者究也復變而為一之義也大晟之瑟長七尺二寸隂爻之數二十有四極三才之隂數而七十有二以象一歲之候旣罷箏筑阮絲聲稍下乃增瑟之數為六十有四則八八之數法乎隂琴之數則九十有九而法乎陽竹部有三曰長篴曰箎曰簫其說以謂篴以一管而兼律呂衆樂由焉三竅成籥三才之和寓焉

六竅為篴六律之聲備焉箎之制採竹竅厚均者用兩節開六孔以備十二律之聲則箎之樂生於律樂始於律而成於簫律準鳳鳴以一管為一聲簫集衆律編而為器參差其管以象鳳翼簫然清亮以象鳳鳴匏部有六曰竽笙曰巢笙曰和笙曰閏餘匏曰九星匏曰七星匏其說以謂列其管為簫聚其管為笙鳳凰于飛簫則象之鳳凰戾止笙則象之故內皆用簧皆施匏於下前古以三十六簧為竽十九簧為巢十三簧為和皆用十九數而以管之長短聲之大小為別八音之中匏音廢絕久矣後世以木代匏乃更

其制下皆用匏而并造十三簧者以象閏餘十者土之成數三者木之生數木得土而能生也九簧者以象九星物得陽而生九者陽數之極也七簧者以象七星笙之形若鳥歛翼鳥火禽火數七也土部有一曰壎其說以謂釋詩者以壎箎異器而同聲然八音孰不同聲必以壎箎為況嘗博詢其旨蓋八音取聲相同者惟壎箎為然壎箎皆六孔而以五竅取聲十二律始於黃鍾終於應鍾二者其竅盡合則為黃鍾其竅盡開則為應鍾餘樂不然故惟壎箎相應革部十有二曰晉鼓曰建鼓曰鼗鼓曰靁鼓曰靁鼗曰靈

鼓曰靈鼗曰路鼓曰路鼗曰雅鼓曰相鼓曰搏拊其說以謂凡言樂者必曰鐘鼓蓋鐘為秋分之音而屬陰鼓為春分之音而屬陽金奏待鼓而後進者雷發聲而後群物皆鳴也鼓復用金以節樂者雷收聲而後蟄蟲坯戶也周官以晉鼓鼓金奏陽為陰唱也建鼓少昊氏所造以節衆樂夏加四足謂之足鼓商貫之以柱謂之楹鼓周縣而擊之謂之縣鼓鼗者鼓之兆也天子錫諸侯樂以柷將之賜伯子男樂以鼗將之柷先衆樂鼗則先鼓而已以靁鼓鼓天神因天聲以祀天也以靈鼓鼓社祭以天為神則地為靈也以

路鼓鼓鬼享人道之大也以舞者迅疾以雅節之故曰雅鼓相所以輔相於樂今用節舞者之步故曰相鼓登歌今奏擊拊以革爲之實之以糠升歌之鼓節也木部有二曰柷曰敔其說以謂柷之作樂敔之止樂漢津嘗問於李良良曰聖人制作之旨皆在易中易曰震起也艮止也柷敔之義如斯而已柷以木爲底下實而上虛震一陽在二陰之下象其卦之形也擊其中聲出虛爲衆樂倡震爲雷雷出地奮爲春分之音故爲衆樂之倡而外飾以山林物生之狀艮位寅爲虎虎伏則以象止樂背有二十七刻三九陽數之窮戛之以竹裂而爲十古或用十寸或裂而爲十二陰數十二者二六之數陽窮而以陰止之又有度量權衡四法候氣運律教樂運譜四議與律曆運氣或相表裏甚精微矣茲獨採其言樂事顯明者凡爲書二十卷說者以謂蔡京使昺爲緣飾之以布告天下云政和二年賜貢士聞喜宴于辟廱仍用雅樂罷瓊林苑宴兵部侍郎劉煥言州郡歲貢士例有宴設名曰鹿鳴乞於斯時許用雅樂易去倡優淫哇之聲八月太常言宗廟太社太稷並爲大祠今太社太稷登歌而不設宮架樂舞獨爲未備請迎神送神詣罍

洗歸復位奉俎退文舞迎武舞亞終獻望燎樂曲並用宮架樂設於北墉之北詔皆從之三年四月議禮局上親祠登歌之制（大朝會同）金鐘一在東玉磬一在西俱北向柷一在金鐘北稍西敔一在玉磬北稍東搏拊二一在柷北一在敔北東西相向一弦三弦五弦七弦九弦琴各一瑟四在金鐘之南西上玉磬之南亦如之東上又於午階之東（太廟則於泰階之東宗祀則於東階之西大朝會則於丹墀香案之東）設篴二篪一巢笙二和笙二爲一列西上（大朝會和笙在篴南）塤一在篴南（大朝會在篪南）閏餘匏一簫各在巢笙南又於午階之西（太廟則於泰階之西宗祀則於西階之東大朝會則於丹墀香案之西）設篴二篪一巢笙二和笙二爲一列東上塤一在篴南七星匏一九星匏一在巢笙南簫一在九星匏西鐘磬柷敔搏拊琴瑟工各坐於壇上（太廟宗祀大朝會則於殿上）塤篪笙篴簫匏工並立於午階之東西（太廟則於泰階之東西宗祀則於兩階之間大朝會則於丹墀香案之東西）樂正二人在鐘磬南歌工四人在敔東俱東西相向執麾挾仗色掌事一名在樂虡之西東向樂正紫公服（大朝會服絳朝服方心曲領緋白大帶金銅革帶烏皮履）樂工黑介幘執麾人平巾幘並緋繡鸞衫白絹夾袴抹帶（大朝會同）又上親祠宮架之制（景靈宮宣德門大朝會附）四方各設編鐘三編磬三東方編鐘起北編磬

間之東向西方編磬起北編鐘間之西向南方編磬起西編鐘間之北方編鐘起西編磬間之俱北向設十二鎛鐘特磬於編架內各依月律四方各鎛鐘三特磬三東方鎛鐘起北特磬間之東向西方特磬起北鎛鐘間之西向南方特磬起西鎛鐘間之北方鎛鐘起西特磬間之皆北向景靈宮天興殿鎛鐘編鐘編磬如每歲大祠宮架陳設植建鼓鞞鼓應鼓於四隅建鼓在中鞞鼓在左應鼓在右設柷敔於北架內柷一在道東敔一在道西設瑟五十二朝會五十六宣德門五十四列爲四行二行在柷東二行在敔西次一弦琴七左四右三次三弦琴一十有八宣德門二十次五弦琴一十有八宣德門二十並分左右次七弦琴二十有三次九弦琴二十有三並左各十有二右各十有一宣德門七弦九弦各二十五並左十有三右十有二次巢笙二十有八分左右宣德門三十二次匏笙三在巢笙之間左二右一次簫二十有八宣德門大朝會二十次竽二十次篪二十有八宣德門三十六朝會篪三十三左十有七右十有六次塤一十有八宣德門朝會二十次篴二十有八並分左右宣德門篴三十六朝會三十三左十有七右十有六雷鼓雷鼗各一在左又雷鼓雷鼗各一在右地祇靈鼓靈鼗各二太廟路鼗各二大朝會晉鼓二宣德門不設並在三弦五弦琴之間東西相向晉鼓一在匏笙間少南北向副樂正

二人在柷敔之前北向歌工三十有二宣德門四十朝會三十有六次柷敔東西相向列爲四行左右各二行樂師四人在歌工之南北東西相向運譜二人在晉鼓之左右北向執麾挾仗色掌事一名在樂虡之右東向副樂正同樂正服大朝會同樂正朝服樂師緋公服運譜綠公服大朝會介幘絳韝衣白絹抹帶樂工執麾人並同登歌執麾人服朝會同又上親祠二舞之制大朝會同文舞六十四人執籥翟武舞六十四人執干戚俱爲八佾文舞分立於表之左右各四佾引文舞二人執纛在前東西相向舞色二人在執纛之前分東西若武舞則在執旌之前引武舞執旌

二人鼗二人雙鐸二人單鐸二人鐃二人持金錞四人奏金錞二人鉦二人相二人雅二人各立於宮架之東西北向北上武舞在其後舞色長幞頭抹額紫繡袍引二舞頭及二舞郎並紫平冕皁繡鸞衫金銅革帶烏皮履大朝會引文舞頭及文舞郎並進賢冠黃鸞衫銀褐裙綠褠襠革帶烏皮履引武舞頭及武舞郎並平巾幘緋鸞衫黃畫甲身紫褠襠豹文大口袴起梁帶烏皮鞾引武舞人武弁緋繡鸞衫抹額紅錦臂韝白絹袴金銅革帶烏皮履大朝會同又上大祠中祠登歌之制編鐘一在東編磬一在西俱北向柷一在編鐘之北稍西敔一在編磬之北稍東搏拊二一在柷北一在敔北俱東西向

一弦三弦五弦七弦九弦琴各一瑟一在編鐘之南西上編磬之南亦如之東上壇下午階之東（太廟別廟則於殿下泰階之東明堂祠廟則於東階之西）設遂一篪一塤一爲一列西上和笙一在遂南巢笙一在篪南簫一在塤南午階之西亦如之東上（太廟別廟則於泰階之西明堂祠廟則於西階之東）鐘磬柷敔搏拊琴瑟工各坐於壇上（明堂太廟別廟於殿上祠廟於堂上）塤篪笙遂簫工並立於午階東西（太廟別廟於太階之東西明堂祠廟於兩階之間若不用宮架即登歌工人並坐）樂正二人在鐘磬南歌工四人在敔東俱東西相向執麾挾仗色掌事一名在樂虡之西東向樂正公服執麾挾仗色掌事平巾幘樂工黑介幘並緋繡鸞衫白絹抹帶（三京帥府等每歲祭社稷祀風師雨師雷神釋奠文宣王用登歌樂陳設樂器並同每歲大中祠登歌）又上大祠宮架二舞之制四方各設鎛鐘三各依月律編鐘一編磬一北方應鐘起西編鐘次之黃鐘次之編磬次之大呂次之皆北向東方太簇起北編鐘次之夾鐘次之編磬次之姑洗次之皆東向南方仲呂起東編鐘次之蕤賓次之編磬次之林鐘次之皆北向西方夷則起南編鐘次之南呂次之編磬次之無射次之皆西向設十二特磬各在鎛鐘之內植建鼓鞞鼓應鼓於四隅設柷敔於北架內柷在左敔在右雷鼓雷鼗各二（地祇以靈鼓靈

鼗太廟別廟以路鼓路鼗）分東西在歌工之側瑟二在柷敔次一絃三絃五絃七絃九絃琴各一各為一列敔西亦如之巢笙竽篪塤遂各四為四列在雷鼓之後（若地祇即在靈鼓後太廟別廟在路鼓後）晉鼓一在遂之後俱北向副樂正二人在柷敔之北歌工八人左右各四在柷敔之南東西相向執麾挾仗色掌事一名在宮架西北向副樂正本色公服執麾挾仗色掌事及樂正平巾幘服同登歌樂工（凡軒架之架三面其制去宮架之南面判架之樂二面而其制又去軒架之北面特架之樂一面）文武二舞並同親祠惟二舞郎並紫平冕皁繡袍銀褐裙白絹抹帶與親祠稍異詔並頒行五月帝御崇政殿親按宴樂召侍從以上侍立詔曰大晟之樂已薦之郊廟而未施於宴饗比詔有司以大晟樂播之教坊試於殿庭五聲既具無惉懘焦急之聲嘉與天下共之可以所進樂頒之天下其舊樂悉禁於是令尚書省立法新徵角二調曲譜已經按試者並令大晟府刊行後續有譜依此其宮商羽調曲譜自從舊新樂器五聲八音方全塤篪匏笙石磬之類已經按試者大晟府畫圖疏說頒行教坊鈞容直開封府各須降二副開封府用所須樂器明示依式造粥教坊鈞容直及中外不得違令輒高下其聲或別為他

聲或移改增損樂器舊有淫哇之聲如打斷哨笛呀
鼓十般舞小鼓腔小笛之類與其曲名悉行禁止違
者與聽者悉坐罪八月大晟府奏以雅樂中聲播於
宴樂舊闕徵角二調及無土石匏三音今樂并已增
入詔頒降天下九月詔大晟樂頒於太學辟雍諸生
習學所服冠以弁袍以素紗皂緣紳帶佩玉從劉昺
製也昺又上言曰五行之氣有生有尅四時之禁不
可不頒示天下盛德在木角聲乃作得羽而生以徵
為相若用商則刑用宮則戰故春禁宮商盛德在火
徵聲乃作得角而生以宮為相若用羽則刑用商則

戰故夏禁商羽盛德在土宮聲乃作得徵而生以商
為相若用角則刑用羽則戰故季夏土王宜禁角羽
盛德在金商聲乃作得宮而生以羽為相若用徵則
刑用角則戰故秋禁徵角盛德在水羽聲乃作得商
而生以角為相若用宮則刑用徵則戰故冬禁宮徵
此三代之所共行月令所載深切著明者也作樂本
以導和用失其宜則反傷和氣夫淫哇褻雜干犯四
時之氣久矣陛下親灑宸翰發為詔旨淫哇之聲轉
為雅正四時之禁亦右所頒協氣則粹美繹如以成
詔令大晟府置圖頒降四年正月大晟府言宴樂諸

宮調多不正如以無射為黃鐘宮以夾鐘為中呂宮
以夷則為仙呂宮之類又加越調雙調大食小食皆
俚俗所傳今依月律改定詔可六年詔先帝嘗命儒
臣肇造玉磬藏之樂府久不施用其令略加磨礱俾
與律合并造金鐘專用於明堂又詔大晟雅樂頃歲
已命儒臣著樂書獨宴樂未有紀述其令大晟府編
集八十四調并圖譜令劉昺撰以為宴樂新書十月
臣僚乞以崇寧大觀政和所得珍瑞名數分命儒臣
作為頌詩協以新律薦之郊廟以告成功詔送禮制
局七年二月典樂裴宗元言乞按習虞書賡載之歌

夏五子之歌商之那周之關雎麟趾騶虞鵲巢鹿鳴
文王清廟之詩詔可中書省言高麗賜雅樂乞習教
聲律大晟府撰樂譜辭詔許教習仍賜樂譜三月議
禮局言先王之制舞有小大文舞之大用羽籥文舞
之小則有羽無籥謂之羽舞武舞之大用干戚武舞
之小則有干無戚謂之干舞武舞又有戈舞焉而戈
不用於大舞近世武舞以戈配干未嘗用戚乞武舞
以戚配干置戈不用庶協古制又言伶州鳩曰大鈞
有鎛無鐘鳴其細也細鈞有鐘無鎛昭其大也然則
鐘大器也鎛小鐘也以宮商為鈞則謂之大鈞其聲

大故用鎛以鳴其細而不用鐘以角徵羽爲鈞則謂之小鈞其聲細故用鐘以昭其大而不用鎛然後細大不踰聲應相保和平出焉是鎛鐘兩器其用不同故周人各立其官後世之鎛鐘非特不分大小又混爲一器復於樂架編鐘編磬之外設鎛鐘十二配十二辰皆非是蓋鎛鐘猶之特磬與編鐘編磬相須爲用者也編鐘編磬其陽聲六以應律呂旣應十二辰矣復爲鎛鐘十二以配之則於義重複乞宮架樂去十二鎛鐘止設一大鐘爲鐘一小鐘爲鎛一大磬爲特磬以爲衆聲所依詔可四月禮制局言尊祖配天

者郊祀也嚴父配天者明堂也所以來天神而禮之其義一也則明堂宜同郊祀用禮天神六變之樂其宮架赤紫用雷鼓雷鼗又圜丘方澤各有大樂宮架自來明堂就用大慶殿大朝會宮架今明堂肇建欲行朔置十月皇帝御明堂平朔左个始以天運政治須于天下是月也凡樂之聲以應鐘爲宮南呂爲商林鐘爲角仲呂爲閏徵姑洗爲徵太簇爲羽黃鐘爲閏宮旣而中書省言五聲六律十二管還相爲宮若以左旋取之如十月以應鐘爲宮則南呂爲商林鐘爲角仲呂爲閏徵姑洗爲徵太簇爲羽黃鐘爲閏宮

若以右旋七均之法如十月以應鐘爲宮則當用大呂爲商夾鐘爲角仲呂爲閏徵蕤賓爲徵夷則爲羽無射爲閏宮明堂須朔用左旋取之非是欲以本月律爲宮右旋取七均之法從之仍改正詔書行下自是而後樂律隨月右旋仲冬之月皇帝御明堂南面以朝百辟退坐于平朔授民時樂以黃鐘爲宮太簇爲商姑洗爲角蕤賓爲閏徵林鐘爲徵南呂爲羽應鐘爲閏宮調以羽使氣適平季冬之月御明堂平朔右个樂以大呂爲宮夾鐘爲商仲呂爲角林鐘爲閏徵夷則爲徵無射爲羽夾鐘爲閏宮客氣少陰火調

以羽尚羽而抑徵孟春之月御明堂青陽左个樂以太簇爲宮姑洗爲商蕤賓爲角夷則爲閏徵南呂爲徵應鐘爲羽大呂爲閏宮客氣少陽相火與歲運同火氣太過調宜羽致其和仲春之月御明堂青陽樂以夾鐘爲宮仲呂爲商林鐘爲角南呂爲閏徵無射爲徵黃鐘爲羽太簇爲閏宮調以羽季春之月御明堂青陽左个樂以姑洗爲宮蕤賓爲商夷則爲角無射爲閏徵應鐘爲徵大呂爲羽夾鐘爲閏宮客氣陽明尚徵以抑金孟夏之月御明堂左个樂以仲呂爲宮林鐘爲商南呂爲角應鐘爲閏徵黃鐘爲徵太簇

爲羽姑洗爲閏宮調宜尚徵仲夏之月御明堂樂以蕤賓爲宮夷則爲商無射爲角黄鍾爲閏徵大吕爲徵夾鍾爲羽仲吕爲閏宮客氣寒水調宜尚宮以抑之季夏之月御明堂右个樂以林鍾爲宮南吕爲商應鍾爲角大吕爲閏徵太蔟爲徵姑洗爲羽蕤賓爲閏宮調宜尚宮以致其和孟秋之月御明堂總章左个樂以夷則爲宮無射爲商黄鍾爲角太蔟爲閏徵夾鍾爲徵仲吕爲羽林鍾爲閏宮調宜尚商仲秋之月御明堂總章樂以南吕爲宮應鍾爲商大吕爲角夾鍾爲閏徵姑洗爲徵蕤賓爲羽夷則爲閏宮調宜

尚商季秋之月御明堂總章右个樂以無射爲宮黄鍾爲商太蔟爲角姑洗爲閏徵仲吕爲徵林鍾爲羽南吕爲閏宮調宜尚羽以致其平閏月御明堂闔左扉樂以其月之律十一月知永興軍席旦言太學辟廱士人作樂皆服士服而外路諸生尚衣襴幞望下有司考議爲圖式以頒外郡八年八月宣和殿大學士蔡攸言九月二日皇帝躬祀明堂合用大樂按樂書正聲得正氣則用之中聲得中氣則用之自八月二十八日巳得秋分中氣大饗之日當用中聲樂今看詳古之神瞽考中聲以定律中聲謂黄鍾也黄鍾即中聲非别有一中氣之中聲也考閱前古初無中正兩樂若以一黄鍾爲正聲又以一黄鍾爲中聲則黄鍾君聲不當有二况帝指起律均法一定大吕居黄鍾之次陰吕也臣聲也今減黄鍾三分則入大吕律矣易其名爲黄鍾中聲不唯紛更帝律又以陰吕臣聲僭竊黄鍾之名若依樂書正聲得正氣則用之中聲得中氣則用之是冬至祀天夏至祭地常不用正聲而用中聲也以黄鍾爲正聲易大吕爲中聲之黄鍾是帝律所起黄鍾常不用而大吕常用也抑陽扶陰退律進吕爲害斯大無甚於此今來宗祀明堂

緣八月中氣未過而用中聲樂南吕爲宮則本律正聲皆不得預欲乞廢中聲之樂一遵帝律止用正聲協和天人刋正訛謬著於樂書詔可攸又乞取已頒中聲樂在天下者宣和元年四月攸上書奏詔製造太少二音登歌宮架用於明堂漸見就緒乞報大晟府者凡八條一太正少鍾三等舊制編鍾編磬各一十六枚應鍾之外增黄鍾大吕太蔟夾鍾四清聲今既分大少則四清聲不當兼用止以十二律正聲各爲一架其二太正少琴三等舊制一三五七九弦凡五等今來討論並依律書所載止用五弦弦大者爲

宮而居中央君也商張右傍其餘大小相次不失其序以爲太正少之制而十二律舉無遺音其一三五七九弦太少樂內更不製造其三太正少籥三等謹按周官籥章之職龡以迎寒暑王安石曰籥三孔律呂於是乎生而其器不行於世久矣近得古籥嘗以頒行今如爾雅所載製造太正少三等用爲樂本設於衆管之前其四太正少篴塤箎簫各三等舊制簫一十六管如鐘磬之制有四清聲今旣分太少其四清聲亦不合兼用止用十二管其五大晟匏有三色一曰七星二曰九星三曰閏餘莫見古制匏備八音不

可闕數今已各分太正少三等而閏餘尤無經見唯大晟樂書稱匏造十三簧者以象閏餘十者土之成數三者木之生數木得土而能生也故獨用黃鐘一清聲黃鐘清聲無應閏之理今去閏餘一匏止用兩色仍改避七星九星之名止曰七管九管其六舊制有巢笙竽笙和笙巢笙自黃鐘而下十九管非古制度其竽笙和笙並以正律林鐘爲宮三笙合奏曲用兩調和笙奏黃鐘曲則巢笙奏林鐘曲以應之宮徵相雜器本宴樂今依鐘磬法裁十二管以應十二律爲太正少三等其舊笙更不用其七柷敔晉鼓鎛鐘

特磬雖無太少係作止和樂合行備設其八登歌宮架有搏拊二器按虞書戛擊鳴球搏拊琴瑟王安石解曰或戛或擊或搏或拊與虞書所載乖戾今欲乞罷而不用詔悉從之攸之弟絛曰初漢津獻說請帝三指之三寸三合而爲九爲黃鐘之律又以中指之徑圍爲容盛度量權衡皆自是而出又謂有太聲有少聲太者清聲陽也天道也少者濁聲陰也地道也中聲其間人道也合三才之道備陰陽之奇偶然後四序可得而調萬物可得而理當時以爲迂怪劉昺之兄煒以曉樂律進未幾而卒昺始主樂事乃建白

謂太少不合儒書以太史公書黃鐘八寸七分琯爲中聲奏之於初氣班固書黃鐘九寸琯爲正聲奏之於中氣因請帝指時止用中指又不得徑圍爲容盛故後凡制器不能成劑量工人但隨律調之大率有非漢津之本說者及政和末明堂成議欲爲布政調變事乃召武臣前知憲州任宗堯換朝奉大夫爲大晟府典樂宗堯至則言太少之說本出於古人雖王朴猶知之而劉昺不用乃自剏黃鐘爲兩律黃鐘君也不宜有兩蔡攸方提舉大晟府不喜佗人預樂有士人田爲者善琵琶無行攸乃奏爲大晟府典樂遂

不用中聲八寸七分琯而但用九寸琯又為一律長尺有八寸曰太聲一律長四寸有半曰少聲是為三黃鍾律矣律與容盛又不翅數倍黃鍾既四寸有半則圍鍾幾不及二寸諸器大小皆隨律蓋但以器大者為太小者為少樂始成試之于政事堂執政心知其非然不敢言因用之於明堂布政望鶴愈不至修又曰宴樂本雜用唐聲調樂器多夷部亦唐律徵角二調其均自隋唐間已亡政和初命大晟府改用大晟律其聲下唐樂已兩律然劉昺止用所謂中聲八寸七分琯為之又作匏笙塤篪皆入夷部至於徵招

角招終不得其本均大率皆假之以見徵音然其曲譜頗和美故一時盛行於天下然教坊樂工嫉之如讎其後蔡攸復與教坊用事樂工附會又上唐譜徵角二聲遂再命教坊制曲譜既成亦不克行而止然政和徵招角招遂傳於世矣二年八月罷大晟府製造所并協律官四年十月洪州奏豐城縣民鋤地得古鍾大小九具狀制奇異各有篆文驗之考工記其制正與古合令樂工擊之其聲中律之無射繪圖以聞七年十二月金人敗盟分兵兩道入詔革弊事廢諸局於是大晟府及教樂所教坊額外人並罷靖康二年金人取汴凡大樂軒架樂舞圖舜文二琴教坊樂器樂書樂章明堂布政閏月體式景陽鍾并簴九鼎皆亡矣

志卷第八十二

志卷第八十三　宋史一百三十

開府儀同三司上柱國錄軍國重事前中書右丞相監修國史領經筵事都總裁脫脫等奉

勅修

樂五

高宗南渡經營多難其於稽古飾治之事時靡遑暇建炎元年首詔有司曰朕承祖宗遺澤獲託臣民之上扶顛持危夙夜痛悼況於聞樂以自爲樂實增感于朕心二年復下詔曰朕方日極憂念屏遠聲樂不令過耳承平典故雖實廢名存亦所不忍悉從減罷是歲始據光武舊禮以建武二載剏立郊祀乃十一

月壬寅祀天配祖勑東京起奉大樂登歌法物等赴行在所就惟揚江都築壇行事凡鹵簿樂舞之類率多未備嚴更警場至就取中軍金鼓權一時之用紹興元年始饗明堂時初駐會稽而渡江舊樂復皆燬散太常卿蘇遲等言國朝大禮作樂依儀合於壇殿上設登歌壇殿下設宮架今親祠登歌樂器尚闕宣和添用簫色未及頒降州郡無從可以剏製宜權用望祭禮例止設登歌用樂工四十有七人乃訪舊工以備其數四年再饗國子丞王普言按書舜典命夔曰詩言志歌永言聲依永律和聲蓋古者既作詩從

而歌之然後以聲律協和而成曲自歷代至于本朝雅樂皆先製樂章而後成譜崇寧以後乃先製譜後命詞於是詞律不相諧協且與俗樂無異乞復用古製又按周禮奏黃鍾歌大呂以祀天神黃鍾堂下之樂大呂堂上之樂也郊祀之禮皇帝版位在午階下故還位之樂當奏黃鍾明堂版位在阼階上則還位當歌大呂今明堂禮不下堂而襲郊祀還位例並奏黃鍾之樂於義未當悉皆如普議先是帝嘗以時難備物禮有從宜勑戒有司參酌損益務崇簡儉仍權依元年例令登歌通作宮架其押樂舉麾官及樂工器

服等裁省甚多既而國步漸安始以保境息民爲務而禮樂之事寖以興矣十年太常卿蘇攜言將來明堂行禮除登歌大樂已備見闕宮架樂舞諸路州軍先有頒降登歌大樂乞行搜訪應用丞周執羔言大樂兼用文武二舞今殿前司將下任道係前大晟府二舞色長深知舞儀宜令赴寺教習卿陳桷言前期五使例合按閱仍詔應侍祠執事朝臣並作樂教習禮儀博士周林復言神位席地陳設至尊親行酌獻堂上下皆地坐作樂而鍾磬工乃設木小榻當教習日使立以考擊屏革循習簡陋之弊初上居諒闇臣

僚有請罷明堂行禮奏樂受胙等事上諭禮官詳定太常寺檢照景德熈豐親郊典故除郊廟景靈宮並合用樂其鹵簿鼓吹及樓前宮架諸軍音樂皆備而不作每處警場止鳴金鉦鼓角而已即無去奏樂受胙之文大饗為民祈福為上帝宗廟而作樂禮不敢以卑廢尊書歛五福錫庶民況熈寧禮尤可考其赦文有曰六樂備舞祥祉來臻是也於是詔遵行之其後禮部侍郎施坰奏禮經蕃樂出於荒政蓋一時以示貶抑胙内外暫止用樂今徽考大事既畢慈寧又已就養其時節上壽理宜舉樂一如舊制禮部尋言

太母還宮國家大慶四方來賀自今冬至元正舉行朝賀之禮依國朝故事合設大仗及用樂舞等庶幾明天子之尊舊典不至廢墜有詔俟來年舉行十有三年郊祀詔以祐陵深弓劒之藏長樂遂晨昏之養貽答神天就臨安行在所脩建圓壇於是有司言大禮排設備樂宮架樂辦一料外登歌樂依在京夏祭例合用兩料其樂器登歌則用編鍾磬各一架柷敔二搏拊鼓二琴五色自一二三五七至九絃各二瑟四篴四塤篪簫並二巢笙和笙各四并七星九曜閏餘匏笙各一麾幡一宮架則用編鍾編磬各十二架

柷敔二琴五色各十瑟二十六巢笙及簫並一十四七星九曜閏餘匏笙各一竽笙十塤一十二篪一十八篴二十晉鼓一建鼓四麾幡一乃從太常下之兩浙江南福建州郡又下之廣東西荊湖南北括取舊管大樂上于行都有闕則下軍器所製造增脩雅飾而樂器浸備矣其樂工詔依太常寺所請選擇行止畏謹之人合登歌宮架凡用四百四十人同日分詣太社太稷九宮貴神每祭各用樂正二人執色樂工掌事掌器三十六人三祭共一百一十四人文舞武舞計用一百二十八人就以文舞番充其二舞引頭

二十四人皆召募補之樂工舞師照在京例分三等廩給其樂正掌事掌器自六月一日教習引舞色長文武舞頭舞師及諸樂工等自八月一日教習於是樂工漸集十四年太常寺言將來大禮見闕玉磬十六枚其所定聲律係於玉分厚薄取聲高下正聲凡十有二黃鍾厚八分進而為大呂太簇夾鍾姑洗仲呂蕤賓林鍾夷則南呂無射應鍾每律增一分至應鍾一寸九分而止清聲夾鍾厚二寸三分退而為太簇大呂黃鍾共四清聲各減一分至黃鍾二寸而止乃下之四川茶馬司寬數增分市易以供用太常博

士張晟又言大樂所用武舞之飾以干配刀周禮司兵祭祀授舞者兵先儒謂授以朱干玉戚郊特牲朱干玉戚冕而舞大武乃從所請倣三禮圖令造玉戚以配舞干是歲始上徽宗徽號特製顯安之樂至於奉皇太后冊寶于慈寧宮樂用聖安皇后受冊寶于穆清殿樂用坤安亦皆先後參次而舉顯安以無射夾鍾為宮周大司樂饗先王奏無射而歌夾鍾夾鍾之六五上生無射之上九夾鍾卯之氣二月建焉而辰在降婁無射戌之氣九月建焉而辰在大火無射陽律之終夾鍾實為之合蓋取其相親合而萃祖考

之精神于假廟也聖安純用大呂坤安純用中呂大呂陰律之首崇母儀也中呂陰律之次明婦順也明年正旦朝會始陳樂舞公卿奉觴獻壽據元豐朝會樂第一爵登歌奏和安之曲堂上之樂隨歌而發第二爵笙入乃奏瑞曲惟吹笙而餘樂不作第三爵奏瑞曲堂上歌堂下笙一歌一吹相間第四爵合樂仍奏瑞曲而上下之樂交作今悉倣舊典首奏和安次奏嘉木成文滄海澄清瑞粟呈祥三曲其樂專以太簇為宮太簇之律生氣湊達萬物於三統為人正於四時為孟春故元會用之時給事中段拂等討論景

鍾制度按大晟樂書黃鍾者樂所自出而景鍾又黃鍾之本故為樂之祖惟天子郊祀上帝則用之自齋宮詣壇則擊之以召至陽之氣既至聲闋衆樂乃作祀事既畢升輦又擊之蓋天者群物之祖今以樂之祖感之則天之百神可得而禮音韻清越拱以九龍立于宮架之中以為君圍環以四清聲鍾磬鎛鍾特磬以為臣圍編鍾編磬以為民圍內設寶鍾球玉外為龍虡鳳琴景鍾之高九尺其數九九實高八尺一寸垂則為鍾仰則為鼎鼎之大中於九斛退藏實八斛有一焉內出皇祐大樂中黍尺參以太常舊藏黃

鍾律編鍾高適九寸正相脗合遂遵用黍尺製造鍾成命左僕射秦檜為之銘其文曰皇宋紹興十六年中興天子以好生大德既定寰宇乃作樂以暢天地之化以和神人維茲景鍾首出衆樂天子專用禋祀謹拜手稽首而獻銘其銘曰德純懿兮舜文繼躋壽域兮孰內外薦上帝兮偉茲器聲氣應兮同久視貽子孫兮彌萬世旋又命禮局造鎛鍾四十有八編磬一百八十七特磬四十八及添製編鍾等命軍器所造建鼓八雷鼓二晉鼓一靁鼗二柷敔各四尋製金鍾玉磬二架初元豐本虡庭鳴球及晉賀循采玉造

磬之義命榮咨道肇造玉磬元祐親祠嘗一用之久
藏樂府至政和加以磨礲俾協音律并造金鍾專用
於明堂蓋堂上之樂歌鍾居左歌磬居右金玉稟氣
於乾純精至貴故鍾必以金磬必以玉始備金聲玉
振之全此中興所以繼作也於是帝諭輔臣以鍾磬
音律其餘皆和惟黃鍾大呂猶未應律宜熟加攷究
詔禮官以鑄造鎛鍾更須詳審令聲和而律應乃可
奉祀命太常前期按閱仍用皇祐進呈雅樂禮例皇
帝御射殿召宰執侍從臺諫寺監館閣及武臣刺史
以上閱視新造景鍾及禮器皇帝即御坐撞景鍾用

正旦朝會三曲奏宮架之樂其製造官推恩有差添
置景鍾樂正一鎛鍾樂工十有二特磬樂工亦如之
次降下古制銅鎛一增造其二古銅鐃一增造其六
改造登歌夷則律玉磬降到長遂二十有四並付太
常寺掌之專候大禮施用既而刑部郎官許興古奏
比歲休祥協應靈芝產於廟楹瑞麥秀於留都昔乾
德六年嘗詔和峴作瑞木騶象及玉烏皓雀四瑞樂
章以備登歌頌依典故製為樂章登諸郊廟詔從其
請命學士沈虛中作歌曲以薦于太廟圜丘明堂尋
又內出御製郊祀大禮天地宗廟樂章及詔宰執學

士院兩省官删脩郊祀大禮樂章付太常肄習天子
親祀南郊圜鍾為宮三奏樂凡六成歌景安用文德
武功之舞饗明堂夾鍾為宮三奏樂凡九成歌誠安
用佑文化俗威功睿德之舞前二日朝獻景靈宮圜
鍾為宮三奏凡六成所奏樂與南郊同歌興安用發
祥流慶降真觀德之舞前一日朝饗太廟黃鍾為宮
三奏樂凡九成歌興安所用文武二舞與南郊同僖
祖廟用基命之樂舞翼祖廟用大順之樂舞宣祖廟
用天元之樂舞太祖廟用皇武之樂舞太宗廟用大
定之樂舞真宗仁宗廟樂舞曰熙文曰美成英宗神

宗廟樂舞曰治隆曰大明哲宗徽宗欽宗廟樂舞曰
重光曰承元曰端慶皆以無射宮奏之每歲祀昊天
上帝者凡四正月上辛祈穀孟夏雩祀季秋饗明堂
冬至祀圜丘是也圜鍾為宮樂奏六成與南郊同乃
用景安之歌帝臨嘉至神娭錫羨之舞祀地祇者夏
至祀皇地祇樂奏八成乃用寧安之歌儲靈錫慶嚴
恭將事之舞立冬後祀神州地祇樂奏八成歌寧安
與祀皇地祇同名而異曲廣生儲祐厚載凝福之舞
孟春上辛祀感生帝其歌大安其樂舞則與歲祀昊
天同三年一祫及時饗太廟九成之樂與安之歌與

大禮前事朝饗同而用孝熙昭德禮洽儲祥之舞太社太稷用寧安八成之樂與歲祀地祇同至於親製賛宣聖及七十二弟子以廣崇儒右文之聲親視學行酌獻定釋奠為大祀用凝安九成之樂郡邑行事則樂止三成他如親饗先農親祀高禖則敞壇壝奏樂舞按習於同文館法恵寺親耕籍田則據宣和舊制陳設大道而引呈耒耜護衛耕根車儀仗鼓吹至以二千人為率先農樂用靜安高禖樂用景安皇帝親行三推禮樂用乾安其補苴軼典蒐講彌文者至矣先朝凡雅樂皆以安名中興一遵用之南郊樂其

宮圜鍾明堂樂其宮夾鍾圜鍾即夾鍾也夾鍾生於房心之氣實為天帝之堂故為天宮祭地祇其宮函鍾即林鍾也林鍾生於未之氣未為坤位而天社地神實在東井輿鬼之外故為地宮饗宗廟其宮用黃鍾黃鍾生於虛危之氣虛危為宗廟故為人宮此三者各用其聲類求之然天宮取律之相次圜鍾為陰聲第五陰將極而陽生故取黃鍾為角黃鍾陽聲之首也太簇陽聲之第二故太簇為徵姑洗陽聲之第三故姑洗為羽天道有自然之秩序乃取其相次者以為聲地宮取律之相生函鍾上生太簇故太簇為

角太簇下生南呂南呂上生姑洗故南呂為徵姑洗為羽地道資生而不窮乃取其相生者以為聲人宮取律之相合黃鍾子大呂丑故黃鍾為宮大呂為角子合丑也太簇寅應鍾亥故太簇為徵應鍾為羽寅合亥也人道以合而相親乃取其合者以為聲周之降天神出地示禮人鬼樂之綱要實在於此獨商聲置而不用蓋商聲剛而主殺實鬼神之所畏也樂奏六成者即倣周之六變八成九成亦如之文武二舞皆用八佾國初始改崇德之舞曰文德改象成之舞曰武功其發祥流慶降真觀德則祥符所製以薦獻

聖祖其佑文化俗威功睿德則皇祐所製以奉明禋其祀帝有司行事以帝臨嘉至神娭錫羡與夫獻太廟以孝熙昭德禮洽儲祥則製於元豐其廣生儲佑厚載凝福以祀方澤則製於宣和至紹興祀皇地祇易以儲靈錫慶嚴恭將事而用宣和所製舞以分祀神州地祇轉相緝熙樂舞寖備至中興而賡續裁定實集其成中祀而下多有樂而無舞則在禮凡小祭祀不興舞之義也紹興三十一年有詔教坊日下蠲罷各令自便蓋建炎以來畏天敬祖虔恭祀事雖禮樂煥然一新然其始終常以天下為憂而未嘗以位

為樂有足稱者

孝宗初踐大位立班設仗于紫宸殿備陳雅樂禮官尋請車駕親行朝饗用登歌金玉大樂及綵繪宮架樂舞仗內鼓吹以欽宗喪制不用迨安穆皇后祔廟禮部侍郎黃中首言國朝故事神主升祔係用鼓吹導引前至太廟乃用樂舞行事宗廟薦享雖可用樂鼓吹施於道路情所未安請備而不作續下給舍詳議謂薦享宗廟為祖宗也故以大包小則別廟不嫌於用樂今祔廟之禮為安穆而行豈可與薦享同日語將來祔禮謁祖宗諸室當用樂舞至別廟奉安宜

停而不用蓋用樂於前殿是不以欽宗而廢祖宗之禮停樂於別廟是安穆為欽宗喪禮而屈也如此則於禮順於義允遂俞其請既而右正言周操上言祖宗前殿尊無二上其於用樂無復有嫌然用之享廟行禮之日則可而用於今日之祔則不可蓋祔禮為安穆而設則其所用樂是為安穆而用雖曰停於別廟而為祔后用樂之名猶在也孰若前後殿樂俱不作為無可議哉詔從之隆興元年天申節率群臣詣德壽宮上壽議者以欽宗服除當舉樂事下禮曹黃中復奏曰臣事君猶子事父也春秋賊未討不書葬以明臣子之責況欽宗實未葬而可遽作樂乎事遂寢

乾道改元始郊見天地太常洪适奏聖上踐阼務崇乾德郊丘講禮專以誠意交於神明竊謂古今不相沿樂金石八音不入俗耳通國鮮習其藝而聽之則倦且寖獨以古樂嘗用之郊廟爾昔者竽工鼓員不應經法孔光何武嘗奏罷於漢代前史是之今樂工為數甚夥其鹵簿六引前後鼓吹有司已奏明詔三分減一惟是肄習尚踰三月之淹夫驅游手之人擬金擊石安能盡中音律使鳳儀而獸舞而日給虛費總為緡錢近二鉅萬若從裁酌用一月教習自可

應聲合節不至關事於是詔郊祀樂工令肄習一月太常寺復言郊祀合用節奏樂工登歌宮架樂工引舞舞工其分諸社稷及別廟並番輪應奉更不添置尋以禮官裁減壇下宮架二百七人省十之一琴二十人瑟十二人各省其半笙簫篴可省者十有八人篪塤可省者十人其分詣給祠凡一百十四止用八十人鍾磬凡四十八架止設三十有二人其宮架鍾磬仍舊排殿門慢樂色量省人數悉報如章禮部郎官蕭國梁又言議禮者嘗援紹興指揮時饗亞獻既入太室即引終獻行事雖便於有司侍祠免至跛倚而

其流將至於簡宗廟用之郊饗尤為非宜蓋有獻必有樂卒爵而後樂闋今亞終獻樂舞雖同而其作有始其成有終不可亂也若使之相繼行事雜然於酌獻之間則其為樂舞者不知亞獻之樂耶終獻之樂耶詔從其請訂定淳熙六年始舉明堂禋禮命五使按雅樂并嚴更警場于貢院奉詔將樂器依堂上堂下儀制排設五使及應赴官僚從旁立觀按閱仍聽往來察視時大禮使趙雄言前例閱樂至皇帝詣飲福位一曲即五使以下皆立而每閱奠玉幣及酌獻等樂皆坐自如於禮未盡不當襲用前例故有是詔

既而禮官討論自紹興以來凡五饗明堂禮畢還輦並未經用樂即無作樂節次可考乃參酌禮例成禮稱賀及肆赦用樂導駕並用皇祐大饗典故施行其南郊明堂儀注實述紹興成憲又命有司兼酌元豐大觀舊典為後世法程其用樂作止之節粲然可觀前三日太常設登歌樂於壇上稍南北向設宮架於壇南內壝之外立舞表於酇綴之間（明堂登歌設於堂上前楹間宮架設於庭中）前一日設協律郎位二一於壇上樂虡西北一於宮架西北押樂官二太常丞於登歌樂虡北太常卿於宮架北省牲之夕押樂太常卿及丞入行樂架協律郎展視樂器杞之日樂正帥工人二舞以次入皇帝乘輿自青城齋殿出樂正撞景鍾降輿入大次景鍾止（明堂不用景鍾）服大裘袞冕自正門入協律郎跪俯伏舉麾興工鼓柷宮架乾安之樂作凡升降行止皆奏之（明堂儀安）至午階版位西向立協律郎偃麾戛敔樂止（明堂至阼階下樂止）凡樂皆協律郎舉麾而後作偃麾而後止禮儀使奏請行事宮架作景安之樂（明堂作誠安）文舞進左丞相等升詣神位前樂作六成止皇帝執大圭再拜內侍進御匜帨宮架樂作帨手畢樂止禮儀使前導升壇宮架樂作至壇下樂止升自午階（明堂並升自阼階）

登歌樂作至壇上樂止登歌嘉安之樂作（明堂至堂上作鎮安）奠鎮圭奠玉幣于上帝樂止詣皇地祇太祖太宗神位前如上儀禮儀使導還版位登歌樂作降階樂止（明堂降自阼階）宮架樂作至版位樂止奉俎官入正門宮架豐安之樂作（明堂作禧安）跪奠俎訖樂止內侍以御匜帨進宮架樂作帨手拭爵樂止禮儀使導升壇宮架樂作至午階樂止升自午階登歌樂作至壇上樂止（明堂升壇無）登歌禧安之樂作（明堂作慶安）詣神位前三祭酒少立樂止讀冊皇帝再拜每詣神位並如之禮儀使導還版位登歌樂作降階樂止宮架樂作至版

位樂止奏請還小次宮架樂作入小次樂止武舞進
宮架正安之樂作（明堂作穆安）舞者立定樂止亞獻升詣
酌尊所西向立宮架正安之樂作（明堂皇太子為亞獻作穆安）三
祭酒以次酌獻如上儀樂止終獻亦如之奏請詣飲
福位宮架樂作至午階樂止升自午階登歌樂作將
至位樂止登歌禧安之樂作（明堂作胙安）飲福禮畢樂止
禮儀使導還版位登歌樂作降階樂止宮架樂作至
版位樂止（明堂不降階）徹豆登歌熙安之樂作（明堂作歆安）送
神宮架景安之樂作一成止（明堂作誠安）詣望燎望瘞位
宮架樂作至位樂止（明堂有燎無瘞）燎瘞畢還大次宮架乾
安之樂作（明堂作懿安）至大次樂止皇帝乘大輦出大次
樂正撞景鍾（明堂不用景鍾）鼓吹振作降輦還齋殿景鍾止
百官宗室班賀于端誠殿奏請聖駕進發軍樂導引
至麗正門大樂正令奏采茨之樂入門樂止（明堂就賀于紫
宸殿不奏采茨）乃御麗正門肆赦前期太常設宮架樂于門
之前設鉦鼓于其西皇帝升門至御閣大樂正令撞
黃鍾之鍾右五鍾皆應乾安之樂作升御坐樂止金
雞立太常擊鼓因集鼓聲止宣制畢大樂正令撞蕤
賓之鍾左五鍾皆應皇帝還御幄樂止乘輦降門作
樂導引至文德殿降輦樂止按大禮用樂凡三十有

四色歌色一遂色二塤色三篪色四笙色五簫色六
編鍾七編磬八鎛鍾九特磬十琴十一瑟十二柷敔
十三搏拊十四晉鼓十五建鼓十六鞞應鼓十七雷
鼓（祀天神用）十八雷鼗鼓（同上）十九靈鼓（祭地祇用）二十靈鼗
鼓（同上）二十一露鼓（饗宗廟用）二十二露鼗鼓（同上）二十三雅
鼓二十四相鼓二十五單鼗鼓二十六旌纛二十七
金鉦二十八金錞二十九單鐸三十雙鐸三十一鐃
鐸三十二奏坐三十三麾幡三十四此國樂之用尤
大者故具載于篇初紹興崇建皇儲詔有司備禮冊
命然在欽宗恤制未及製樂乾道初元詔立皇太子
命禮部太常寺討論舊禮以聞受冊日陳黃麾仗于
大慶殿設宮架樂于殿庭皇帝升御坐作乾安之樂
升用黃鍾宮降用蕤賓宮皇太子入殿門作明安之
樂受冊出殿門亦如之皆用應鍾宮至七年易應鍾
而奏以姑洗古者太子生則太師吹管以度其聲觀
所協之律有虞典樂教胄子自天子之元子皆以樂
為教所以養其性情之正蕩滌邪穢消融查滓而和
順於道德則陳金石雅奏以重元良冊拜宜倣古誼
式昭盛禮繇唐季世儲貳罕定國家益多故而禮廢
樂闕至于建隆定樂雖詔皇太子出入奏良安至道

始冊皇太子有司言太子受冊宜奏正安之樂百年曠典至是舉行中外胥悅至天禧冊命禮儀院復奏改正安之樂乾道之用明安實祖述天禧而以姑洗爲宮則唐東宮軒垂奏樂舊貫云孝宗素恭儉每賀正使赴宴作樂多遇上辛齋禁有司條治平用樂典故以進及生辰使上壽適親郊散齋樞密副使陳俊卿請以禮諭北使毋用樂不得已則上壽之日設樂而宣旨罷之及宴使人然後用之庶存事天之誠上可其奏且曰宴殿雖進御酒亦勿用宰相葉顒魏杞方主用樂之議以爲樂奏於紫宸乃使客之禮俊卿

獨奏曰適奉詔旨仰見聖學高明過古帝王遠甚彼初未嘗必欲用樂而我乃望風希意自爲失禮以徇之他日輕侮何所不至尋詔垂拱上壽止樂正殿猶爲北使權用後三年賀使當朝辭復值散齋上乃諭館伴以決意去樂及議所以處之者如使人必以作樂爲言則移茶酒就驛館領遂有更不用樂之詔其後因雨澤愆期分禱天地宗廟精修雩祀按禮大雩帝用盛樂而唐開元祈雨雩壇謂之特祀乃不以樂薦於是太常朱時敏言通典載雩禮用舞僮歌雲漢晉蔡謨議謂雲漢之詩興於宣王歌之者取其脩德

禳災以和陰陽之義乞用舞僮六十四人衣玄衣歌雲漢之詩詔亟從之淳熙二年詔以上皇加上尊號立春日行慶壽禮有司尋言乾道加尊號用宮架三十六樂工共一百一十三人今來加號慶壽事體尤重合依大禮例用四十八架樂正樂工用一百八十八人庶得禮樂明備仍令分就太常寺貢院前五日教習前期太常設宮架之樂于大慶殿協律郎位於宮架西北東向押樂太常卿位於宮架之北北向皇太子及文武百僚並位於宮架之北東西相向又設宮架于德壽殿門外協律郎太常卿位如之及發冊

寶日儀仗鼓吹列于大慶殿門樂正師二人以次入贊者引押樂太常卿協律郎入就位奏中嚴外辦訖禮儀使奏請皇帝恭行發冊寶之禮太常卿導冊寶正安之樂作中書令奉寶侍中奉冊進行禮安之樂作發寶冊畢鼓吹振作儀衛等以次從行皇帝自祥曦殿輦至德壽宮行禮冊寶入殿門作正安之樂上皇出宮作乾安之樂升御坐奉上冊寶作聖安之樂降御坐作乾安之樂太后冊寶進行用正安出閤升坐用坤安降坐入閤復作坤安之樂禮部尚書趙雄等言國朝舊制車駕出奏樂今慶典之行亘古未有自非

禮儀詳備無以副中外歡愉之心請慶壽行禮日聖駕往還並用樂及簪花詔從之既而太常又言郊禋禮成宜進胙慈闈行上壽飲酒禮所有上壽合辦仙樓仍用樂其樂人照天申節禮例凡上詣德壽宮或恭請上皇游幸或至南内或上皇命同宴游或時序賞適過宮侍宴或聖節張樂珥花奉玉巵爲上皇壽率從容竟日隆養至樂備極情文及高宗之喪孝宗力行三年之制有司雖未嘗別設樂禁而過期不忍聞樂金使以會慶節來賀稽之舊典引對使人或許上壽惟輟樂不舉孝宗斷以禮典郤其書幣就館遣

行次年再至始用紹興故事移宴于館而不作樂高宗升祔太常言祔饗行禮當設登歌宮架樂舞晨祼饋食其用樂如朝饗之制於是高宗廟眆奏大德之樂舞禮部言今虞祔之行純用古禮導引神主自有衛仗及太常鼓吹而雜用道釋於禮非經乞行蠲免詔從其請既而大享明堂起居舍人鄭僑奏祭祀於事爲大禮樂於用爲急然先王處此有常變之不同各務當其禮而已昔舜居堯喪三載遏密後世既用漢文以日易月之文又用漢儒越紼行事之制循習既久不特用禮而又用樂去古逾遠聖主躬服通喪有司請舉大禮屈意從之且大饗之禮祭天地也聖主身親行之行禮作樂似不可廢其他官分獻與夫先期奏告例用樂者權宜蠲寢不亦可乎今若因明堂損益而裁定之亦足爲將來法乃命太常討論始詔除降神奠玉幣奉俎酌獻換舞徹豆送神依典禮作樂外所有皇帝及獻官盥洗登降等樂皆備而不作云

志卷第八十三

志卷第八十四　　宋史一百三十一

開府儀同三司上柱國錄軍國重事前中書右丞相監修國史領經筵事都總裁脫脫等奉勑修

樂六

光宗受禪崇上壽皇聖帝壽成皇后暨壽聖皇太后尊號壽皇樂用乾安壽聖壽成樂用坤安三殿慶禮在當時侈為盛儀尋以禮部太常寺言國朝歲饗上帝太祖肇造王業則配冬饗于圜丘太宗混一區宇則春祈穀夏大雩秋明堂俱配焉高宗身濟大業功德茂盛所宜奉侑仰繼祖宗以協先儒嚴祖之議以彰文祖配天之烈乃季秋升侑于明堂奠幣用宗安之樂酌獻用德安之樂並登歌作大呂宮及加上高宗徽號奉冊寶以告用顯安之樂紹熙元年始行中宮冊禮發冊于文德殿皇帝升降御坐用乾安之樂持節展禮官出入殿門用正安之樂受冊于穆清殿皇后出就褥位用坤安至位用承安受冊寶用成安受內外命婦賀就坐用和安內命婦進行賀禮用惠安外命婦進行賀禮用咸安皇后降坐用徽安歸閤用泰安冊寶入殿門用宜安宋初立后自景祐始行冊命之禮元祐納后典章彌盛而六禮發制書曰樂

備不作惟皇后入宣德門朝臣班迎鳴鍾鼓而已崇寧中乃陳宮架用女工皇后升降行止並以樂為節至紹興復製樂以重褘翟詔執色勿用女工令太常止於門外設樂隆興冊禮時則國樂未舉淳熙始遵用之而紹熙敷賁舊典於此特加詳備紹興樂奏仲呂宮仲呂為陰紹興樂奏太簇宮太簇為陽用樂同而揆律異焉明年郊祀太常丞秉奏致敬鬼神以禮樂為本樂欲其備音欲其和今所用雷鼓之屬正所以祀天致神而皮革虛緩聲不能振應登歌大樂樂器及樂舞工人冠服有積歲久而損弊者宜葺新之太常在籍樂工不給於役召募百姓伞能習熟郊祀事重其樂工親扈乘輿和樂雅奏期以接天地享祖宗請優其日廩以籍田司錢給之樂藝稍精仍加賞勸其緣託權要送名充數者嚴戢絕之又言大禮前期皇帝朝饗太廟別廟內安穆安恭皇后二室前此係大臣分詣行事今既親詣室祼其酌獻升殿所奏樂曲恐不相協宜命有司更製皆從之寧宗即位孝宗升祔祧僖祖立別廟禮官言僖祖既倣唐興聖立為別廟遇祫則即廟以饗孟冬祫饗日合先詣僖祖廟室行禮其樂舞欲依每歲別廟五饗設樂禮例於

僖祖添設登歌樂如僖廟行禮就廟殿依次作登歌
樂其宮架樂則於太廟殿上通作詔從之既而臣僚
言皇帝因重明聖節詣壽康宮上壽舉樂仰體聖主
事親盡孝之志俯遂臣子尊君親上之忱此國家典
禮之大者也檢照典故天申節賜御筵在上壽次日
今乃於前一日賜文武百僚宴重明上壽用樂攸始
而臣下聽樂乃在君父之先義有未安遂命改用次
日凡奉上冊寶于慈福壽康宮者再備樂行禮一用
乾道舊制尋御文德殿制冊皇后有司請設宮架之
樂依儀施行慶元六年瑞慶節金使至以執光宗慈

懿皇后喪詔就驛賜御筵並不作樂嘉定二年明堂
大饗禮部尚書章頴奏太常工籍闕少率差借執役
當親行薦饗或容不根游手出入殿庭非所以肅儀
衛嚴禁防也乞申紹興開禧已行禁令不許用市井
替名顯示懲戒庶俾駿奔之人小大嚴潔以稱精禋
臣僚又奏郊祀登歌列于壇上適于上龠龍蓋在天地
祖宗之側也宮架列于午階下則百神所同聽也夫
樂音莫尚於和今絲竹管絃類有闕斷拊搏俏舞賤
工窶人往往垢翫攙雜宜申嚴以肅祀事皆俞其請
至十四年詔山東河北連城慕義殊俗效順奉玉寶

來獻其文曰皇帝恭膺天命之寶實惟我祖宗之舊
乃明年元日上御大慶殿受寶用鼓吹導引備陳宮
架大樂奏詩三章一曰恭膺天命二曰舊疆來歸三
曰永清四海並奏以太簇宮理宗享國四十餘年凡
禮樂之事式遵舊章未嘗有所改作先是孝宗廟用
大倫之樂光宗廟用大和之樂至是寧宗祔廟用大
安之樂紹定三年行中宮冊禮並用紹熙元年之典
及奉上壽明仁福慈睿皇太后冊寶始新製樂曲行
事當時中興六七十載之間士多嘆樂典之久墜類
欲蒐講古制以補遺軼於是姜夔乃進大樂議于朝

夔言紹興大樂多用大晟所造有編鍾鎛鍾景鍾有
特磬玉磬編磬三鍾三磬未必相應塤有大小簫篪
篴有長短笙竽之簧有厚薄未必能合度琴瑟絃有
緩急燥濕軫有旋復柱有進退未必能合調總衆音
而言之金欲應石石欲應絲絲欲應竹竹欲應匏匏
欲應土而四金之音又欲應黃鍾不知其果應否樂
曲知以七律為一調而未知度曲之義知以一律配
一字而未知永言之旨黃鍾奏而聲或林鍾林鍾奏
而聲或太簇七音之協四聲各有自然之理今以平
入配重濁以上去配輕清奏之多不諧協八音之中

琴瑟尤難琴必每調而改絃瑟必每調而退柱上下相生其理至妙知之者鮮又琴瑟聲微常見蔽於鍾磬鼓簫之聲匏竹土聲長而金石常不能以相待往往考擊失宜消息未盡至於歌詩則一句而鍾四擊一字而竽一吹未協古人槁木貫珠之意況樂工苟焉占籍擊鍾磬者不知聲吹匏竹者不知穴操琴瑟者不知絃同奏則動手不均迭奏則發聲不屬比年人事不和天時多忒由大樂未有以格神人召和氣也宮為君為父商為臣為子宮商和則君臣父子和徵為火羽為水南方火之位北方水之宅常使水聲衰火聲盛則可助南而抑北宮為夫徵為婦商雖父宮實徵之子常以婦助夫子助母而後聲成文徵盛則宮唱而有和商盛則徵有子而生生不窮休祥不召而自至災害不祓而自消聖主方將講禮郊見願詔求知音之士考正太常之器取所用樂曲條理五音隱括四聲而使協和然後品擇樂工其上者教以金石絲竹匏土詩歌之事其次者教以戛擊干羽四金之事其下不可教者汰之雖古樂未易遽復而追還祖宗盛典實在茲舉其議雅俗樂高下不一宜正權衡度量自尺律之法亡於漢魏而十五等尺雜出

於隋唐正律之外有所謂倍四之器銀字中管之號今大樂外有所謂下宮調又有中管倍五者有曰羌笛㧜笛曰雙韻十四弦以意裁聲不合正律繁數悲哀棄其本根失之太清有曰夏笛鷓鴣曰胡盧琴渤海琴沉滯抑鬱腔調含糊失之太濁故聞其聲者性情蕩於內手足亂於外禮所謂慢易以犯節流湎以忘本廣則容姦狹則思欲者也家自為權衡鄉自為尺度乃至於此謂宜在上明示以好惡凡作樂製器者一以太常所用及文思所頒為準其他私為高下多寡者悉禁之則斯民順帝之則而風俗可正其議古樂止用十二宮周六樂奏六律歌六呂惟十二宮也王大食三侑注云朔日月半隨月用律亦十二宮也十二管各備五聲合六十聲五聲成一調故十二調古人於十二宮又特重黃鍾一宮而已齊景公作徵招角招之樂師涓師曠有清商清角清徵之操漢魏以來燕樂或用之雅樂未聞有以商角徵羽為調者惟迎氣有五引而已隋書云梁陳雅樂並用宮聲是也若鄭譯之八十四調出於蘇祗婆之琵琶大食小食般涉者胡語伊州石州甘州婆羅門者胡曲綠腰誕黃龍新水調者華聲而用胡樂之節奏惟瀛

府獻仙音謂之法曲即唐之法部也凡有催衮者皆胡曲耳法曲無是也且其名八十四調者其實則有黃鍾太簇夾鍾仲呂林鍾夷則無射七律之宮商羽而已於其中又闕太簇之商羽焉國朝大樂諸曲多襲唐舊名謂以十二宮爲雅樂周制可舉以八十四調爲宴樂胡部不可雜郊廟用樂咸當以宮爲曲其間皇帝升降盥洗之類用黃鍾者群臣以太簇易之此周人王用王夏公用驁夏之義也其議登歌當與奏樂相合周官歌奏取陰陽相合之義歌者登歌徹歌是也奏者金奏下管是也奏六律主乎陽歌六呂主乎陰聲不同而德相合也自唐以來始失之故趙慎言云祭祀有下奏太簇上歌黃鍾俱是陽律既違禮經抑乖會合今太常樂曲奏夾鍾者奏陽歌陰其合宜歌無射乃或歌大呂奏函鍾者奏陰歌陽其合宜歌甤賓乃或歌應鍾奏黃鍾者奏陽歌陰其合宜歌大呂乃雜歌夷則夾鍾仲呂無射矣苟欲合天人之和此所當改其議祀享惟登歌徹豆當歌詩古之樂或奏以金或吹以管或吹以笙不必皆歌詩周有九夏鍾師以鍾鼓奏之此所謂奏以金也大祭祀登歌既畢下管象武管者簫篪篴之屬象武皆詩而吹其

聲此所謂吹以管者也周六笙詩自南陔皆有聲而無其詩笙師掌之以供祀饗此所謂吹以笙者也周升歌清廟徹而歌雍詩一大祀惟兩歌詩漢初此制未改迎神曰嘉至皇帝入曰永至皆有聲無詩至晉始失古制既登歌有詩夕牲有詩饗神有詩迎神送神又有詩隋唐至今詩歌愈富樂無虛作謂宜倣周制除登歌徹歌外繁文當刪以合乎古其議作鼓吹曲以歌祖宗功德古者祖宗有功德必有詩歌七月之陳王業是也歌於軍中周之愷樂愷歌是也漢有短簫鐃歌之曲凡二十二篇軍中謂之騎吹其曲曰戰城南聖人出之類是也魏因其聲製爲克官渡等曲十有二篇晉亦製爲征遼東等曲二十篇唐柳宗元亦嘗作爲鐃歌十有二篇述高祖太宗功烈我朝太祖太宗平僭僞一區宇真宗一戎衣而却契丹仁宗海涵春育德如堯舜高宗再造大功上儷祖宗願詔文學之臣追述功業之盛作爲歌詩使知樂者協以音律領之太常以播于天下夔乃自作聖宋鐃歌曲宋受命曰上帝命平上黨曰河之表定維揚曰淮海清取湖南曰沅之上得荊州曰皇威暢取蜀曰蜀土邃取廣南曰時雨霈下江南曰望鍾山吳越獻國

曰大哉仁渾泉獻土曰謳歌歸克河東曰伐功繼征澶淵曰帝臨墉羙仁治曰維四葉歌中興曰炎精復凡十有四篇上于尚書省書奏詔付太常然變言爲樂必定黃鍾迄無成說其議今之樂極爲詳明而終謂古樂難復則於樂律之原有未及講其後朱熹深悼先王制作之湮泯與其友武夷蔡元定相與講明反覆參訂以究其歸極著在慶元經筵嘗草奏曰自秦滅學禮樂先壞而樂之爲教絶無師授律尺短長聲音清濁學士大夫莫知其說而不知其爲闕也望明詔許臣招致學徒聚禮樂諸書編輯別爲一書以

補六藝之闕後修禮書定爲鍾律樂制等篇垂憲言以貽後人蓋宋之樂議因時迭出其樂律高下不齊俱有原委建隆初用王朴樂藝祖一聽嫌其太高近於哀思詔和峴考西京表尺令下一律比舊樂始和暢至景祐皇祐間訪樂議樂之詔屢頒於是命李照改定雅樂比朴下三律照以縱黍累尺雖律應古樂而所造鍾磬才中太簇樂與器自相矛盾阮逸胡瑗復定議止下一律以尺生律而黃鍾律短所奏樂聲復高元豐中以楊傑條樂之疵召范鎮劉几參定几傑所奏下舊樂三律范鎮以爲聲雜鄭衛且律有四

釐六毫之差太簇爲黃鍾宮商易位欲求真黍以正尺律造樂來獻復下李照一律至元祐廷奏而詔獎之初鎮以房庶所得漢書其言黍律異於他本以大府尺爲黃帝時尺司馬光力辨其不然鎮以周驌漢斛爲據光謂驌本考工所記斛本劉歆所作非經不足法鎮以所收開元中笛及方響合於仲呂校太常樂下五律教坊樂下三律光謂此特開元之仲呂未必合於后夔力止鎮勿奏所爲樂光與鎮平生大節不謀而同惟鍾律之論往返爭議凡三十餘年終不能以相一是時濂洛關輔諸儒繼起遠派聖傳義理

精究周惇頤之言樂有曰古者聖王制禮法修教化三綱正九疇叙百姓大和萬物咸若乃作樂以宣八風之氣樂聲淡而不傷和而不淫淡則欲心平和則躁心釋德盛治至道配天地古之極也後世禮法不修刑政苛紊代變新聲導欲增悲故有輕生敗倫不可禁者矣樂者古以平心今以助欲古以宣化今以長怨不復古禮不變今樂而欲至治者遠哉程頤有曰律者自然之數先王之樂必須律以考其聲尺度權衡之正皆起於律律管定尺以天地之氣爲準非秬黍之比也律取黃鍾黃鍾之聲亦不難定有知音

者參上下聲考之自得其正張載有曰聲音之道與
天地通蠶吐絲而商弦絶木氣盛則金氣衰乃此理
自相應今人求古樂太深始以古樂為不可知律呂
有可求之理惟德性深厚者能知之此三臣之學可
謂窮本知變達樂之要者矣熹與元定蓋深講於其
學者而研覃真積述為成書元定先究律呂本原分
其篇目又從而證辨之其黃鍾篇曰天地之數始於
一終於十其一三五七九為陽九者陽之成也其二
四六八十為陰十者陰之成也黃鍾者陽聲之始陽
氣之動也故其數九分寸之數具于聲氣之先不可

得而見及斷竹為管吹之而聲和候之而氣應而後
數始形焉均其長得九寸審其圍得九分積其實得
八百一十分長九寸圍九分積八百一十分是為律
本度量權衡於是而受法十一律由是損益焉其證辨曰古者考聲候氣皆以聲之清濁氣之先後求黃鍾也夫律長則聲濁而氣先至律短則聲清而氣後至極長極短則不成聲而氣不應今欲求聲氣之中而莫適為準莫若且多截竹以擬黃鍾之管或極其短或極其長長短之內每差一分而為一管皆即以其長權為九寸而度圍徑如黃鍾之法焉更迭以吹則中聲可得淺深以列則中氣可驗苟聲和氣應則黃鍾之為黃鍾者信矣黃鍾信則十一律與度量權衡者得矣後世不知出此而惟尺之求晉氏而下多求之金石梁隋以來又參之秬黍至王朴專恃累黍金石亦不復考夫金石真偽固難盡信而秬黍長短小大不同尤不可恃古人謂子穀秬黍中者實其龠是先

得黃鍾而後度之以黍以見周徑之度以生度量權衡之數而已非律生於黍也百世之下欲求百世之前之律者亦求之聲氣之元而毋必之於秬黍斯得之矣黃鍾生十一律篇曰子
寅辰午申戌六陽辰皆下生丑卯巳未酉亥六陰辰
皆上生陽數以倍者三分本律而損其一也陰數以
四者三分半律而增其一也六陽辰當位自得六陰
位以居其衡其林鍾南呂應鍾三呂在陰無所增損
其大呂夾鍾仲呂三呂在陽則用倍數方與十二月
之氣相應蓋陰陽自然之理也其證辨曰按呂氏淮南子上下相生與司馬氏律書漢前志不同雖大呂夾鍾仲呂用倍數則一然呂氏淮南不過以數之多寡為生之上下律呂陰陽錯亂而無倫非其本法也十二律篇曰按十二律之實約以寸

法則黃鍾林鍾太簇得全寸約以分法則南呂姑洗
得全分約以氂法則應鍾蕤賓得全氂約以毫法則
大呂夷則得全毫約以絲法則夾鍾無射得全絲約
至仲呂之實十三萬一千七十二以三分之不盡二
筭其數不行此律之所以止於十二也其證辨曰黃鍾為十二律之首他律無大於黃鍾故其正聲不為他律役至於大呂之變宮夾鍾之羽仲呂之徵蕤賓之變徵夷則之角無射之商自用變律半聲非復黃鍾矣此其所以最尊而為君之象然亦非人所能為乃數之自然他律雖役之而不可得也此一節最為律呂旋宮用聲之綱領也變律篇曰十二律
各自為宮以生五聲二變其黃鍾林鍾大簇南呂姑
洗應鍾六律則能具足至蕤賓大呂夷則夾鍾無射

仲呂六律則取黃鍾林鍾太簇南呂姑洗應鍾六律之聲少下不和故有變律律之當變者有六黃鍾林鍾太簇南呂姑洗應鍾變律者其聲近正律而少高於正律然後洪纖高下不相奪倫變律非正律故不為宮其證辨曰十二律循環相生而世俗不知三分損益之數往而不返仲呂再生黃鍾止得八寸七分有奇不成黃鍾正聲京房覺其如此故仲呂再生別名執始轉生四十八律不知變律之數止於六者出於自然不可復加雖強加之亦無所用也房之所傳出於焦氏焦氏卦氣之學亦去四而為六十故其推律必求合此數不知數之自然在律不可增於卦不可減也何承天劉焯譏房之病乃欲增林鍾已下十二律之分使至仲呂反生黃鍾還得十七萬七千一百四十七之數則是惟黃鍾一律成律他十一律皆不應三分損益之數其失又甚於房律生五聲篇曰宮聲八十一商

聲七十二角聲六十四徵聲五十四羽聲四十八按黃鍾之數九九八十一是為五聲之原三分損一以下生徵徵三分益一以上生商商三分損一以下生羽羽三分益一以上生角至角聲之類六十四以三分之不盡一筭數不可行此聲之數所以止於五也其證辨曰通典曰黃鍾為均用五聲之法以下十一辰辰各有五聲其為宮商之法亦如之辰各有五聲合為六十聲是十二律之正聲也夫黃鍾一均之數而十一律於此取法焉以十二律之宮長短不同而其臣民事物尊卑莫不有序而不相亂良以是耳洗括不知此理乃以為五十四在黃鍾為徵在夾鍾為角在仲呂為商者其亦誤矣俗樂之有清聲略知此意但不知仲呂反生黃鍾黃鍾又次林鍾再生太簇皆為變律已非黃鍾太簇之清聲耳胡瑗於四清聲皆小其圍徑則黃鍾太簇二聲雖合而大呂夾鍾二聲又非半律之半且自夷則至應鍾四律皆以次而小其徑圍以就之遂使十二律五聲皆有不得其正者李照范鎮止用十二律則又未知此理蓋樂之和者在於三分損益樂之辨者在於上下相生若李照范鎮之法其合於三分損益者則和矣自夷則已降其臣民事物豈能尊卑有辨而不相凌犯乎晉荀勗之笛梁武帝之通皆不知而作者也變聲篇曰變宮聲四十二變徵聲五十六五聲宮與商商與角徵與羽相去各一律至角與徵羽與宮相去乃二律相去一律則音節和相去二律則音節遠故角徵之間近徵收一聲比徵少下故謂之變徵羽宮之間近宮收一聲少高於宮故謂之變宮角聲之實六十有四以三分之不盡一筭既不可行當有以通之聲之變者二故置一而兩三

之得九以九因角聲之實六十有四得五百七十六三分損益再生變徵變宮二聲以九歸之以從五聲之數存其餘數以為彊弱至變徵之數五百一十二以三分之又不盡二筭其數又不行此變聲所以止於二也變宮變徵宮不成宮徵不成徵淮南子謂之和謬所以濟五聲之不及也變聲非正聲故不為調其證辨曰宮羽之間有變宮角徵之間有變徵此亦出於自然左氏所謂七音漢前志所謂七始是也然五聲者正聲故以起調畢曲為諸聲之綱至二變聲則不比於正音但可濟其所不及而已然有五聲而無二變亦不可以成樂也八十四聲篇曰黃鍾不為他律役所用七聲皆正律無空積忽微自林鍾而下則有半聲大

呂太簇一半聲夾鍾姑洗二半聲蕤賓林鍾四半聲夷則南呂五半聲無射應鍾為六半聲中呂為十二律之窮三變聲也自蕤賓而下則有變律蕤賓一變律大呂二變律夷則三變律夾鍾四變律無射五變律中呂六變律也皆有空積忽微不得其正故黃鍾獨為聲氣之元雖十二律八十四聲皆黃鍾所生然黃鍾一均所謂純粹中之純粹者也八十四聲正律六十三變律二十一六十三者九七之數也二十一者三七之數也六十調篇曰十二律旋相為宮各有七聲合八十四聲宮聲十二商聲十二角聲十二徵聲十

二羽聲十二凡六十聲為六十調其變宮十二在羽聲之後宮聲之前變徵十二在角聲之後徵聲之前宮徵皆不成凡二十四聲不可為調黃鍾宮至夾鍾羽並用黃鍾起調黃鍾畢曲大呂宮至姑洗羽並用大呂起調大呂畢曲太簇宮至仲呂並用太簇起調太簇畢曲夾鍾宮至蕤賓羽並用夾鍾起調夾鍾畢曲姑洗宮至林鍾羽並用姑洗起調姑洗畢曲仲呂宮至夷則羽並用仲呂起調仲呂畢曲蕤賓宮至南呂羽並用蕤賓起調蕤賓畢曲林鍾宮至無射羽並用林鍾起調林鍾畢曲夷則宮至應鍾羽並用夷則

起調夷則畢曲南呂宮至黃鍾羽並用南呂起調南呂畢曲無射宮至大呂羽並用無射起調無射畢曲應鍾宮至太簇羽並用應鍾起調應鍾畢曲是為六十調六十調即十二律也十二律即一黃鍾也黃鍾生十二律十二律生五聲二變五聲各有紀綱以成六十調六十調皆黃鍾損益之變也宮商角三十六調老陽也其徵羽二十四調老陰也調成而陰陽備也或曰日辰之數由天五地六錯綜而生律呂之數由黃鍾九寸損益而生二者不同至數之成則日有六甲辰有五子為六十日律呂有六律五聲為六十

調若合符節何也曰即所謂調成而陰陽備也夫理必有對待數之自然也以天五地六合陰與陽言之則六甲五子究於六十其三十六為陽二十四為陰以黃鍾九寸紀陽不紀陰言之則六律五聲究於六十亦三十六為陽二十四為陰蓋一陽之中又自有陰陽也非知天地之化育者不能與於此其證辨曰禮運五聲六律十二管還相為宮孔氏疏曰黃鍾為第一宮至中呂為第十二宮各有五聲凡六十聲聲者所以起調畢曲為諸聲之綱領正禮運所謂還相為宮也周禮大司樂祭祀不用商惟宮角徵羽四聲古人變宮變徵不為調左氏傳曰中聲以降五降之後不容彈矣以二變聲之不可為調也後世以變宮變徵參而為八十四調其亦不考矣候氣篇曰以十二律分配節氣按曆而

倏之其氣之升分毫絲忽隨節各異夫陽生於復陰生於姤如環無端今律呂之數三分損益終不復始何也曰陽之升始於子午雖陰生而陽之升於上者未已至亥而後窮上反下陰之升始于午子雖陽生而陰升於上亦未已至巳而後窮上反下律於陰則不書故終不復始也是以升陽之數自子至巳差彊在律為尤彊在呂為差弱自午至亥漸弱在律為尤弱在呂為差彊分數多寡雖若不齊然而絲分毫別各有條理此氣之所以飛灰聲之所以中律也或曰易以道陰陽而律不書陰何也曰易盡天下之變善

惡無不備律致中和之用止於至善者也以聲言之大而至於雷霆細而至於蠛蠓無非聲也易則無不備也律則寫其所謂黃鍾一聲而已雖有十二律六十調然實一黃鍾也是理也在聲為中聲在氣為中氣在人則喜怒哀樂未發與發而中節此聖人所以一天人贊化育之道也其譜辨曰律者陽氣之動陽聲之始必聲和氣應然後可以見天地之心今不此之務乃區區於秬黍之縱橫古律之大小其亦難矣然非精於曆數則氣節亦未易正至於審度量謹權衡會粹古今辨析尤詳皆所以參伍而定黃鍾為中聲之符驗也朱熹深好其書謂國家行且平定中原必將審音協律以諧神人受詔

典領之臣宜得此書奏之以備東都郊廟之樂熹定鍾律詩樂樂制樂舞等篇彙分於所修禮書中皆聚古樂之根源簡約可觀而鍾律分前後篇其前篇為條凡七一曰十二律陰陽辰位相生次第之圖二曰十二律寸分釐毫絲忽之數三曰五聲五行之象清濁高下之次四曰五聲相生損益先後之次五曰變宮變徵二變相生之法六曰十二律正變倍半之法七曰旋宮八十四聲六十調之圖其後篇為條凡六一曰明五聲之義二曰明十二律之義三曰律寸舊法四曰律寸新法五曰黃鍾分寸數法六曰黃鍾生

十一律數大槩率本元定所著更互演繹尤為明邃其樂制彙于王朝禮其樂舞彙于祭禮上下千載旁搜遠紹昭示前聖禮樂之非迂而將期古樂之復見於今熹蓋深致意焉其詩樂篇別系于後

志卷第八十四

志卷第八十五　宋史一百三十二

開府儀同三司上柱國錄軍國重事前中書右丞相監修國史領經筵事都總裁臣脫脫等奉
敕修

樂七

樂章一

郊祀　祈穀　雩祀
五方帝　感生帝

建隆郊祀八曲

降神高安　在國南方時維就陽以祈帝祉式致民康豆籩鼎俎金石絲簧禮行樂奏皇祚無疆

皇帝升降隆安　步武舒遲陞壇肅祗其容允若于禮攸宜

奠玉幣嘉安　嘉玉制幣以通神明神不享物享于克誠

奉俎豐安　笙鏞備樂繭栗陳牲乃迎芳俎以薦高明

酌獻禧安　丹雲之爵金龍之杓挹于尊罍是曰清酌

飲福禧安　潔茲五齊酌彼六尊致誠斯至率禮彌敦以介景福永隆後昆重熙累洽帝道攸尊

亞獻終獻正安　謂天蓋高其聽孔卑聞樂歆德介以福禧

送神高安　倏兮而來忽兮而迴雲馭杳邈天門洞開

咸平親郊八首

降神高安　圜丘何方在國之陽禮神合祭運啓無疆祖考來格籩豆成行其儀肅肅降福穰穰

皇帝升降隆安　禮備樂成乾健天行帝容有穆佩玉鏘鳴

奠玉幣嘉安　定位燔祀告于神明嘉玉量幣享于克誠

奉俎豐安　有牲斯純有俎斯陳進于上帝昭報深仁

酌獻禧安　大報于帝盛德升聞醴齊良潔粢盛苾芬

飲福禧安　祀帝圜丘九州獻力禮行于郊百神受職靈祇格思享我明德天鑒孔章玄祉昭錫

亞獻終獻正安　羽籥云罷干戚載揚揆神有恪錫羡無疆

送神高安　神駕來思風舉雲飛神馭歸止天空露晞

景祐親郊三聖並侑二首

奠幣廣安　千齡啓運三后在天嘉壇竝侑億萬斯
年
酌獻彰安　皇基締構帝系靈長躬薦鬱鬯子孫保
昌
常祀二首
太祖配位奠幣定安　翕受駿命震疊群方侑祀上
帝德厚流光
酌獻英安　誕受靈符肇基丕業配享潔尊永隆萬
葉
元符親郊五首　餘同咸平凡闕者皆用舊詞

降神景安　六變辭同　無為靡遠深厚廣圻祭神恭
在弁冕衮衣粲盛豐美明德馨輝以祥以佑非耻專
祈
升降乾安　盥洗飲福並奏　神靈擁衛景從雲隨玉色溫粹
天步舒遲周旋陟降皇心肅祗千靈是保百福攸宜
退文舞迎武舞正安　左手執籥右手秉翟進旅退
旅萬舞有奕
徹豆熙安　陟彼郊丘大祀是承其豆孔庶其香始
升上帝時歆以我齊明卒事而徹福祿來成
送神景安　馨遺八尊罷空二簋至祝至虔穹祇貺

社
政和親郊三首
皇帝升降乾安　因山為高爰陟其首玉趾蹕如在
帝左右帝謂我王予懷仁厚眷言顧之永綏九有
配位酌獻大寧　於穆文祖妙道九德默契靈心肇
基王迹啓佑後人垂俗罔極合食昭薦孝思維則
於皇順祖積德累祥發源深厚不耀其光基天明命
厥厚克昌是孝是享申錫無疆
高宗建炎初國步尚艱乃詔有司天帝地祇及他大
祀先以時舉太常尋奏近已增募樂工干羽簨虡亦

備始循舊禮用登歌樂舞其祀昊天上帝
降神用景安圜鍾為宮三奏　蒐講上儀式修毖祀
日吉辰良禮成樂備風馭雲旗聿來歆止嘉我馨德
介茲繁祉
黃鍾為角一奏　我將我享洎選休成執事有恪惟
寅惟清樂既六變肅雍和鳴高高在上庶幾是聽
太簇為徵一奏　禮崇禋祀備物薦誠昭格穹昊明
德惟馨風馬雲車肸蠁居歆申錫無疆賚我思成
姑洗為羽一奏　惟天為大物始攸資恭承禋祀以
報以祈神不可度日監在茲有馨明德庶其格思

皇帝盥洗正安　靈承上帝厲意専精設洗于阼罍
水以清盥以致潔感通神明無遠弗屆其饗茲誠
升壇正安　皇矣上帝神格無方一陽肇復典祀有
常豆登豐潔薦德馨香棐忱居歆降福穰穰
上帝位奠玉幣嘉安　治極發聞不瑕有芬嘉玉陳
幣神屆欣欣誠心昭著欽恭無文以妥以侑篤祜何
垠
太祖位奠幣定安　茫茫蒼穹孰知其紀精意潛通
雖遠而邇量幣薦誠有實斯篚睠然顧之永錫繁祉
皇帝還位正安　典祀有常昭事上帝奉以告虔逮

迄奠幣鍾鼓既設禮儀既備神之格思恭承貺賜
捧俎豐安　祀事孔明禮文惟楙爰潔犧牲載登俎
豆或肆或將無聲無臭精祲潛通永綏我后
上帝酌獻嘉安　氣萌黃鍾萬物資始欽若高穹吉
蠲時祀神筴泰元增授無已群生熙熙函蒙繁祉
太祖位酌獻英安　赫赫翼祖受命于天德邁三代
威加八埏陟配上帝明禋告虔流光垂裕於萬斯年
文舞退武舞進正安　大德曰生陰陽寒暑樂舞形
容干戚籥羽一弛一張退旅進旅神安樂之祉錫綿
宇

亞終獻文安　惟聖嚮臨順皇之德典禮有彝享祀
不忒籩豆靜嘉降登肸飭神具醉止景貺咸集
徹豆肅安　內心齊誠外物蠲潔神來迪嘗俎豆既
徹燕及群生靡或夭閼降福穰穰時萬時億
送神景安　於赫上帝乘龍御天惟聖克事明饗斯
虔薦豆云徹靈㷡且旋載錫休祉其惟有年
望燎正安　靈承上帝精意感通馨香旁達粢盛既
豐登降有儀祀備樂終神之聽之福祿來崇
紹興十三年初舉郊祀命學士院製宮廟朝獻及圜
壇行禮登門肆赦樂章凡五十有八至二十八年以

臣僚有請改定於是御製樂章十有三及徽宗元御
製仁宗廟樂章一共十有四篇餘則分命大臣與兩
制儒館之士一新撰述并懿節別廟樂曲凡七十有
四俱彙見焉其祀圜丘
皇帝入中壝乾安　帝出于震巽惟齊明律曰姑洗
以示潔清我交于神蠲意必精既盥而往祈鑒斯誠
降神景安　陽動黃宮日旋南極天門蕩蕩百神受
職爰熙紫壇熉黃殊色神哉沛來蓋親有德
盥洗乾安　帝顧明德監于克誠齊戒滌濯式示潔
清郊丘合祛享意必精既盥而薦熙事備成

升壇乾安　帝臨崇壇媼神其從稽古合祛竝侑神
宗升階奠玉誠意感通旣施鼎來受福無窮
昊天上帝位奠玉幣嘉安御製　上穹昊天日星垂曜
照臨下土王國是保維玉與帛寅恭昭報永左右之
欽若至道
皇地祇位奠玉幣嘉安御製　至哉坤厚隤然止靜柔
載動植資始成性玉光幣色璨若其映式恭禋祀有
邦之慶
太祖皇帝位奠幣廣安御製　明明翼祖竝侑泰壇肇
造綿宇王業孔艱表正封略上際下蟠躬以大報亦

止于燔
太宗皇帝位奠玉幣化安御製　赫赫巍巍及時純熙昊
天成命后則受之登邁邈古光被聲詩有幣陟配孫
謀所貽
降壇乾安　躬展盛儀天步逡巡樂備禮交嘉玉既
陳神方安坐薦祉紛綸陟降有容皇心載動
還位乾安　克昭王業命成昊天泰時禋燎八陛惟
圓肅然威儀登降周旋是謂精享神監吉蠲
奉俎豐安　至大惟天云何稱德展誠致薦牲用博
碩誠以牲寓帝由誠格居歆降祥時萬時億

再詣盥洗乾安　帝出于震巽惟潔齊神明其德迺
稱禋祡惟茲吉蠲昭事聿懷重盥而祀敷錫孔皆
再升壇與初升同惟易奠玉作奠酌
昊天上帝位酌獻禧安御製　謁款壇陛祇祀泰禋丘
圜自然可格至神桂尊登酌嘉薦芳新靡福菲耿敷
佑下民
皇地祇位酌獻光安御製　厚德光大承元之明茲潛
孳吹升于昭清氷天桂海咸資化成恭酌纍醪報本
惟精
太祖皇帝位酌獻彰安御製　於赫皇祖創業立極肅

肅靈命蕩蕩休德嘉觴精潔雅奏金石丕顯神謨惟
後之則
太宗皇帝位酌獻韶安御製　丕鑠帝宗復受天命群
陰猶黷一戎大定奠宅斯馨功歌在詠佑啓後人文
軌蚤正
還位乾安　肆類上帝懷柔百神禀秸既設珪幣既
陳精誠潛交已事而竣佑我億載基圖日新
入小次乾安　恭展美報聿修上儀禮樂和節登降
適宜德焉斯親神靡不娭海內承福式固邦基
文舞退武舞進正安　泰元尊臨富媼繁祉於皇祖

宗既胎格止奏舞象功靈其有喜永言孝思盡善盡
美
亞獻正安　陽丘其高神祇並位既奠厥玉既奉厥
醴亦有嘉德克相毖祀旨酒載爵以成熈事終獻同止易再酌為三酌
出小次位乾安　爰熈紫壇天地並貺來燕來寧畢
陳鬱鬯承神至尊精意所鄉告靈饗矣祉福其暢
詣飲福位乾安　帝臨崇壇媪神其從祖宗並歆福
禄攸同兵寢刑措時和歲豐其膺受之將施無窮降壇同止易將作以

飲福禧安　八音克諧降神出祇風馬雲車陟降在
茲錫我純嘏我膺受之一人有慶燕及群黎
還位乾安　帝出于震孝奏上儀燔燎羶薌神徠燕
娭肅若舊典罔或不祇既右饗之翕受蕃釐
徹豆熈安　燎薌既升焫膋以潔于豆于登烝嘗有
飶紫幄熉黃神其安悅將以慶成薄言盍徹
送神景安　九霄眇邈神不可求何以降之監德之
修三獻備成神不可留何以送之保天之休
望燎乾安　謂天蓋高陽噓而生日月列宿皆天之
神肆求厥類與陽俱升視燎于壇以終其勤

望瘞乾安　謂地蓋厚陰翕而成社稷群望皆地之
靈肆求厥類與陰俱凝視瘞于坎以終其勤
還大次乾安　舞具八佾樂備六成大矣孝熈厲意
專精已事而竣回軫還衞我膺受之以莫不增
還內采茨　五輅鳴鑾八神警蹕天官景從莫不祗
栗祲威盛容昭哉祖述祚我無疆吁氣充溢
寧宗郊祀二十九首
皇帝入中壝乾安　合祀丘澤登侑祖宗顧諟惟精
靈承惟恭有嚴皇儀有莊帝容監于克誠肅肅雍雍
降神景安圜鍾為宮　天門蕩蕩雲車陰陰百神咸

秩三靈顧歆神哉來娭神哉溥臨饗時宋德翼翼小
心
黃鍾為角　華蓋既動紫微洞開星樞周旋日車徘
徊靈兮顧佑靈兮沛來載燕載娭式時壇垓
太蔟為徵　黍尊媪鼈祖功宗德辰躔陪營嶽瀆受
職神哉來下神哉來格饗德惟馨留虞嘉席
姑洗為羽　金石宣昭羽旄紛綸潔火夕照明水夜
陳娭哉惟靈娭哉惟神風馬祫摇惟德之親
皇帝盥洗乾安　皇帝僉勤盥用陶瓦禮神頌祇奠
幣獻斈月鑑陰肅醴液融治挹彼注茲禮無違者

升壇乾安　崇臺穹窿高靈下墮慶陰彷彿從坐嶫
峨宵畀于丘時通權火維天之命百禄是荷
降壇　帝饗于郊一精二純紫觚陟降嘉玉妥陳神
方留娭瑞既紛綸申錫無疆螽斯振振
還位　肅肅禮度鎗鎗宮奏天行徐謐皇儀貽懋光
連重璧物備簠豆於皇以饗無聲無臭
尚書奉俎　列俎孔陳嘉籩維實鼎煁陽燧玉流星
液我牲既碩我薦既苾神監下貽安坐翔吉
再詣盥洗　帝登初觴禮嚴再盥精明顯昭齊顯洞
貫靈娭留俞神光炳煥我宋受福永壽於萬

再升壇　紫壇嶽立神光夜燭有儼旒采有鸞佩玉
霄垠顧佑祖宗熙穆對越不忘俾爾戩穀
降壇乾安　天容澄謐景氣晏和瓚斝薦醇鎗璆叶
歌帝降庭止夜其如何神助之休宜爾衆多
還位乾安　甘露流英卿雲舒釆靈俞有喜神光曮
晙穆穆來蒞洋洋如在帝用居歆澤及四海
入小次乾安　聽惟饗德監惟棐忱顧諟思明靈承
思欽永言端蒞肅對下臨上帝是皇毋貳爾心
文舞退武舞進正安　羽籥陳容干戚按節德閑而
泰功勞而決虞我神祇揚我謨烈盡美盡善福流有

截
亞獻正安　帝臨中壇神從八陛華玉展瑞明馨薦
醴亦有嘉德克相盛禮獻茲重觴降福瀰瀰
終獻正安　敬事天地升侑祖宗陳盥于三介觴之
重秉德翼翼有來雍雍相予祀事福蝦日溶
出小次乾安　孝奏展成熙儀畢薦光流桂俎祥衍
椒奠風管晨凝雲容天轉拜貺于郊右序詒燕
詣飲福位乾安　所饗惟清所欽惟馨靈喜留俞天
景窈冥福禄來成福禄來寧皇用時歆壽我慈庭
飲福禧安　瓚斝觩觩觥罍氤氳有醴惟香有酒惟

欣胗蠁豐融懿懿芬芬我龍受之如川如雲
降壇乾安　天錫多祉皇受五福言瞻瑶壇迄奉瑄
玉貽星炳燿元氣回復帝儀載旋有嘉穆穆
還位乾安　璇圖天深鼎文日輝慶流皇家象炳紫
微乾回晃旒雲煥袞衣何千萬年式于九圍
尚書徹豆熙安　蘭豆既升簠簋既登禮備俎實饗
貴牲縣時乃告徹罷用畢輿祚我皇基介福是膺
送神景安　神輔有德來燕來娭禮薦熙成三靈逆
鑾神饗有道言旋言歸福祉咸蒙百世本支
詣望燎位乾安　莫神乎天陽噓而生日月星辰皆

乾之精肆求厥類與陽俱升眂燎于壇展也大成
詣望瘞位乾安　地載萬物陰翕而成山嶽河瀆皆
坤之靈克肖其象與陰俱凝眂瘞于坎恩求厥成
還大次乾安　福方流胙祈方欽崇卣罇載肅球架
允諧帝祉具臨皇靈允懷遹御于次降福孔皆
還內乾安　八神呵蹕千官景從回軫還衛祲威盛
容姿飾芝鳳御朝雲龍歸壽慈闈敷時民雍
景祐上辛祈穀仁宗御製二首
太宗配位奠幣仁安　天祚有開文德來遠祈穀日
辛侑神禮展

酌獻紹安　於穆神宗惟皇永命薦醴六尊聲歌千
詠
紹興祈穀三首
降神盥洗升壇還位及上帝奠玉幣奉俎並同圜丘
太宗位奠幣宗安　於穆思文克配上帝涓選休成
遹揚嚴衛祗薦明誠肅陳量幣享茲吉蠲申錫來脊
上帝位酌獻嘉安　三陽肇新萬物資始精誠祈天
其聽斯邇願均兩暘田疇之喜如坻如京以備百禮
太宗位酌獻德安　天錫勇智允惟太宗功隆德盛
與帝比崇禮嚴陟配誠達精衷尚其錫祉歲以屢豐

孟夏雩祀仁宗御製二首
太祖配坐奠幣獻安　昊天蓋高祀事為大嚴配皇
靈億福來介
酌獻感安　龍見而雩神之來格蠲象精良感靈赫
奕
紹興雩祀一首
上帝位酌獻嘉安　蒼蒼昊穹覆臨下土欽惟歲事
民所依怙爰竭精虔禮典斯舉甘澤以時介我稷黍
冬至孟春孟夏季秋四祀上公攝事七首
降神景安二章　天何言哉至清而徤默定幽賛降

祥福善夙設圜壇恭陳嘉薦貞馭下臨儲休錫羡
生物之祖與益之宗于國之陽以禋昊穹六變降神
於論鼓鍾親德享道錫羨無窮
太尉行正安　禮經之重祭典為宗上公攝事登降
彌恭庶品豐潔令儀肅雍百神萃止惟吉之從
司徒奉俎豐安　禮崇禋祀神鑒孔明牲牷博腯以
炰以烹馨香蠲潔品物惟精錫以純嘏享茲至誠
飲福廣安　簠簋既陳吉蠲登薦洗心防邪肅祗祭
典陟降惟寅籩豆有踐百福咸宜溥耀丕顯
亞終獻文安　秩秩禮文肅肅嚴祀仰洽神休式協

民紀灌獻有容叙其爼簋明德惟馨以介丕祉
送神景安　帝臨中壇肅恭禋祀靈景舒光飛龍旋
軔送神有章神心具醉輔德惟仁永錫元祉
景德以後祀五方帝十六首
青帝降神高安六變　四序伊始三陽肇新氣迎東郊
蟄戶咸春功宣播殖澤被生民祝史正辭貽事惟寅
奠玉幣酌獻並用嘉安　條風始至盛德在木平秩
東作種獻穜稑律應青陽氣和玉燭惠彼兆民以介
景福
送神高安　備物致用薦羞神明禮成樂舉克享克

禋
酌獻祐安　條風斯應候曆維新陽和咨蟄品物皆
春箎簧協奏簠簋畢陳精羞豐薦景福攸臻
赤帝降神高安　長嬴戒序候正南訛功資蕃育氣
應清和鼎實嘉俎樂備登歌神其來享降福孔多
奠玉幣酌獻嘉安景祐用祐安辭亦不同　象分離位德配炎
精景風協律化神含生百嘉茂育乃順高明神無常
享享于克誠
送神高安　籩豆有踐黍稷惟馨禮終三獻神歸杳
冥

黃帝降神高安　坤輿厚載黃裳元吉宅中居正含
章抱質分王四季其功靡秩育此群生首茲六律
奠玉幣酌獻嘉安景祐用祐安辭亦不同　中央定位厚德惟
新五行攸正四氣爰均笙鏞以間簠簋斯陳為民祈
福肅奉明禋
送神高安　土德居中方輿配位樂以送神式申貽
事
白帝降神高安　西顥騰晶天地始肅盛德在金百
嘉茂育穫弩射牲築場登穀明靈格思旌罕紛屬
奠玉幣酌獻嘉安景祐用祐安辭亦不同　博碩肥腯以炰以
亨嘉栗旨酒有彌斯盈肴核惟旅肅肅烝烝吉蠲備

物享于克誠
送神高安　飈輪忽止景燭靈壇金奏繹如白露溥
溥
黑帝降神高安　隆冬戒序歲曆順成一人有慶萬
物由庚有旨斯酒有碩斯牲報功崇德正直聰明
奠玉幣酌獻嘉安景祐用祐安辭亦不同　大儀斡運星紀環
周三時不害黍稷盈疇克誠致享品物咸羞禮成樂
變錫祚貽休
送神高安　管磬咸和禮獻斯畢靈馭言旋神降之

吉

紹興以後祀五方帝六十首

青帝降神高安圜鍾宫三奏　於神何司而德于木肅然顧歆則我斯福我祀孔時我心載祗匪我之私神來不來

黄鍾為角一奏　神兮焉居神在震方仁以為宅秉天之陽神之來矣道脩以阻望神未來使我心苦

太簇一奏　神在途矣習習以風百靈後先敢一不恭奔走鶩疫祓除菑凶顧瞻下方逍遥從容

姑洗羽一奏　温然仁矣熙然春矣龍駕帝服穆將臨矣我酒清矣我肴烝矣我樂備矣我神顧矣

升殿正安　在國之東有壇崇成節以和樂式降式登潔我珮服璆琳鏘鳴匪壇斯高曷妥厭靈

青帝奠玉幣嘉安　物之熙熙胡為其然蒙神之休迺敢報禴有邸斯珪有量斯幣于以奠之格此精意

太昊氏位奠幣嘉安　卜歲之初我迎春祇孰克侑饗曰古宓戲於皇宓戲萬世之德再拜稽首敢愛斯璧

奉俎豐安　靈兮安留煙燎既升有碩其牲有俎斯承匪牲則碩我德惟馨綏節安歌庶幾是聽

青帝酌獻祐安　百末布蘭我酒伊旨酌以匏爵洽我百禮帝居青陽顧予嘉觴右我天子宜君宜王

太昊酌獻祐安　五德之王誰實始之功括造化與天無期酌我清酤盟獻載飭神鑒孔饗天子之德

亞終獻文安　貳觴具舉承神嘉虞神具醉止眷焉此都我歲方新我畝伊殖時暘時雨緊神之力

送神高安　忽而來兮格神鴻休忽而往兮神不予留神在天兮福我壽我千萬春兮高靈下墮

赤帝降神高安圜鍾為宫　離明御正德協于火有感其生維帝是何帝圖炎炎貽福錫我鑒于安處高靈下墮

黄鍾為角　赤精之君位于朱明茂育萬物假然長嬴我潔我盛我籩我誠神其下來雲車是承

太簇為徵　八卦相盪一氣散施隆熾恢台職神尸之肅肅飈御神來于天於昭神休天子萬年

姑洗為羽　燁燁其光炳炳其靈胥其如容欻其如聲翕以景風導以朱旂我德匪類神其安留

升殿正安　除地國南有基崇崇載陟載降式虔式恭燎煙既燔巖冕斯容神如在焉肆予幽通

赤帝奠玉幣嘉安　太微呈祥炎德克彰佑我基命

格于明昌一純二精有嚴典祀于以奠之以介蘩祉

神農氏奠幣嘉安　練以纁黃有篚將之肸蠁斯荅

有神昭之維神於民實始貨食歸德報功敢怠王國

奉俎豐安　有牲在滌從以騂牡或肆或將有潔其

俎神嗜飲食飶飶芬芬莫腆于誠神其顧歆

赤帝酌獻祐安　四月維夏兆于重離帝執其衡物

無癘疵於皇帝功思樂旨酒奠爵既成垂福則有

神農氏酌獻祐安　猗歟先農肇茲黍稷既殖既播

有此粒食秬鬯潔清彝鐏疏冪竭我瑤斝莫報嘉績

亞終獻文安　盥爵奠斝載虔載恭籩豆靜嘉於樂

鼓鍾禮備三獻神具醉止孰顯神德揚光紛委

送神高安　神來何從駁然靈風神去何之杳然幽

蹤伊神去來霧散雲烝獨遺休祥山崇川增

黃帝降神高安圜鍾為宮　維帝奠位乃咸于時孰

主張是而樞紐之轂我腹我比予于皃告我冠服迨

其委蛇

黃鍾角　蓀無不在日與我居孰不可來肸蠁斯湏

象服龍駕淵淵鼓桴蓀不汝多多汝意乎

太簇徵　樂哉帝居逝留無常爾信我宅爾中我鄉

乃眷茲土於赫君王翩然下來去未遽央

姑洗羽　澹兮撫琴啾兮吹笙神之未來肅穆以聽

繽紛羽旄姣服在中神既來止亦無惰容

升殿正安　民生地中動作食息與我周旋莫匪爾

極捕鱗東海搴芽南山彼勞如何矧升降間

黃帝奠玉幣嘉安　萬積之寶一絢之絲孕之育之

誰為此施歸之后神神曰何為不宰之功蕩然四垂

有熊氏位奠幣嘉安　維有熊氏以土勝王其後皆

沿茲德用壯黼黻幅舄裳衣是創幣之元纁對此昭

亮

奉俎豐安　王曰欽哉無愛斯牲登我元祀亦有皇

靈以將以享或剝或烹大夫之俎天子之誠

黃帝酌獻祐安　黍以為翁鬱以為婦以侑元功以

酌大斗伊誰歆之皇皇帝后伊誰嘏之天子萬壽

有熊氏酌獻祐安　昔在縣邈有人公孫登政撫辰

節用良勤所蓄既大所行宜遠載其華鐏從以簫管

亞終獻文安　羽觴更陳厭厭味清涼飲之不煩又有

蕉漿夜未艾止明星浮浮頎言妥靈靈兮淹留

送神高安　靈不肯留沛兮將歸玉節森遊翠旗並

馳顧瞻佇立悵然佳期蹇千萬年無斁人斯

白帝降神高安圜鍾為宮　白藏啓序庶彙向成有

嚴禋祀用荅幽靈風馬雲車來燕來寧洋洋在上休
福是承
黃鍾角　素精肇節金行固藏氣沖炎伏明河翻霜
功收有年禮薦有章祇越耿冥鴻基永昌
太簇徵　昊天之氣揫歛萬彙消日潔齋有嚴厥祀
有牲維肥有酒維旨神之燕娭錫茲福祉
姑洗羽　執矩斯允實惟素靈受職儲休萬寶以成
饗于西郊奠玉陳牲侑以雅樂來歆克誠
升殿正安　素焱諧律西顥隋靈肇復元祀晨煬肅
清下土層陔嘉薦芳馨以御蕃祉介我西成

白帝奠玉幣嘉安　惟時素秋肇舉元祀禮備樂作
降登有數洋洋在上神既來止神之格思錫我繁祉
少昊氏位奠幣嘉安　西顥肅清群生茂遂有嚴報
典孔明祀事珪幣告虔神靈燕喜賚我豐年以錫民
祉
奉俎豐安　洽禮既陳諧音具舉有滌斯牲孔碩為
俎維帝居歆介我稷黍樂哉有秋緊神之祐
白帝酌獻祐安　徂商肇祀靈蓋孔饗恭承嘉禧湛
澹秬鬯監此馨香靈其安留疇惠下民匪靈之休
少昊氏位酌獻祐安　沆碭西顥功載萬世乘金宅

允侑我明祀嘉觴布蘭牲玉潔精神之燕虞肅用有
成
亞終獻文安　肅成萬物沉寥其秋惟茲祀事戾止
靈斿酌獻具舉典禮是求冀福斯民黍稷盈疇
送神高安　沆碭白藏順成萬寶有來德馨於昭神
妥露華晨晞飈馭聿還介我嗣歲澤均幅員
黑帝降神高安圜鍾為宮　吉日壬癸律中應鍾國
有故常北郊迎冬乃蕆祀事必祗必恭明德雖異感
而遂通
黃鍾為角　良月盈數四氣推遷帝於是時典司其

權高靈下墮降祉幅員神之聽之祀事罔愆
太簇為徵　北方之神執權司冬三時務農於焉告
功禮備樂作歸功于神風馬來游永錫斯民
姑洗為羽　天地閉塞盛德在水黑精之君降福羨
祉洋洋在上若或見之齋莊承祀其敢斁思
升殿正安　昧爽昭事煌煌露光滌溉蠲潔容儀肅
莊牲肥酒旨薦此芬芳降陟有序禮無越常
黑帝奠玉幣嘉安　晨曦未升天宇肅穆祗若元祀
將以幣玉神之格思三獻茅縮明靈懌豫下土是福
高陽氏位奠幣嘉安　飈馭雲蓋神之顧歆丕昭禮

容發揚樂音祀事既舉仰當神心申以嘉幣式薦誠
諶
奉俎豐安　辰牲孔碩奉牲以告祕祝非祈豐年宜
報至意昭徹交乎神明降福穰穰用燕群生
黑帝酌獻祐安　赫赫神游周流八極德馨上聞於
焉來格不腆酒醴用伸悃愊神其歆之民用饗德
高陽氏酌獻祐安　十月納禾民務藏蓋不有神休
民罔攸賴孟冬之吉禮行不昧神降百祥昭著蓍蔡
亞終獻文安　萬彙揫歛時惟冬序蠢爾黎氓入此
室處酌獻告神禮以時舉賴此陰騭民有所怙

送神高安　神之來止天門夜開禮備告成雲軿亟
回旗纛𩆜靇萬靈喧豗獨遺祉福用澤九垓
乾德以後祀感生帝十首
降福大安　和均玉管政協璿衡四序資始萬物含
生皇猷允洽至德惟明為民祈福克致精誠
太保行保安　衣冠儼若步武有容公卿濟濟率禮
惟恭
罍洗正安　昊天降康云何以報斯謀斯惟雍雍雝
邕身之潔兮神斯來止神之享兮民斯福矣
奠玉幣慶安　籩豆有踐玉帛斯陳神無常享享于
精純
奉俎咸安　俎實具列明德惟馨肅容祗薦神其降
靈
酌獻崇安　樂調鳳律酒泛犧尊至靈斯御盛德彌
敦
飲福廣安　三陽戒律萬彙騰精既蘇昆蟲畢達勾
萌具陳犧象式薦誠明錫以蕃祉永保咸平
亞終獻文安　大君有命祀典咸脩薦獻式叙淑慎
優柔
徹豆肅安以下二首政和中製　奉承明祀惟羊惟牛卬盛于

豆備陳庶羞鍾鼓喤喤神具醉止其徹嘉籩永綏福
祉
送神普安　既臨下土復歸于天神之報貺受福無
邊
景祐祀感生帝二首
宣祖配位奠幣皇安　濬發長源粵惟始祖五運協
圖萬靈來護
酌獻肅安　龍德而隱源流則長宜乎億祀侑享彌
昌
元符祀感生帝五首

降神大安六變　二儀交泰七政順行四序資始萬物含生皇朝創業盛德致平爲民祈福潔此精誠

初獻升降保安　冕旒儼若步武有容公卿濟濟韶濩邕邕

帝位酌獻　樂和鳳律酒奠犧尊神明斯享禮盛難論

亞終獻文安　大君有命闕典咸脩帝歆明祀佑聖千秋

送神普安　俯臨下土迴復上天觸類而長荷福無邊

帝位奠玉幣同前慶安禧祖奠幣同景祐皇安酌獻同景祐宣祖肅安奉俎同熈寧咸安

紹興以後祀感生帝十六首

降神大安圜鍾爲宮　炎精之神飛軿碧落駕以浮雲丹書赤雀禮備豆籩樂諧簫勺神具醉止佑我景鑠

黄鍾爲角　宋德惟火神實司之上儀申蕆迎方重離瑶幣告潔秀華金支啾啾神龍來介繁禧

太簇爲徵　於物司火於方峙南璇霄來下羽衛毵毵祠官祝鬯聯珮合簪本支有衍則百斯男

姑洗爲羽　惟神之安方解羽鑾赤旂霞戟從以炎官居歆嘉薦肸蠁靈壇神之格矣民訖多盤

盥洗保安　銜牙鏘鳴肅容專精交神之義罔敢弗誠設洗于阼罍水惟清盥以致潔感通神明

升殿保安　三陽交泰日新惟良大建厥祀茲報典王禮嚴陟降德薦馨香聿懷嘉慶降福穰穰

感生帝位奠玉幣光安　肅肅嚴祀神幽必聞騁駕臨饗將歆飶芬嘉玉陳幣欽恭無文永綏多祜國祚何垠

僖祖位奠幣皇安　於穆文獻景炎發祥啓茲皇運

垂慶無疆篚幣有陳式昭肅莊神之格思如在洋洋

奉俎咸安　籩豆大房秩秩在列奉牲以告既全既潔樂均無斁牲醴攸設神兮燕娭霓旌孑孑

感生帝位酌獻崇安　盛德在火相我炎祚典祀有常牲玉維具風馬雲車翩翩來顧式蕃帝祉後昆有裕

僖祖位酌獻肅安　皇矣文獻開國有先德配感生對越在天練日得辛來止靈壇神其錫羨瑞應猗蘭

文舞退武舞進正安　苾苾芬芬神具醉止笙磬鏗鏘干旄旖旎駿假無言神靈惟喜申錫蕃釐暨我孫

子

亞終獻文安　偉炎厥初緣感而系慶衍式崇昭融有契樂功既諧觴獻斯繼歆類不違克昌百世

徹豆肅安　潔陳斯備昭格惟禋神歆以飫宰徹其飫清歌振曉叶氣流春永錫祚嗣以渥烝民

送神大安　豐祀孔飾肅來自天蘭尊既徹飈馭載遄騎雲縹緲聆樂流連惟邁惟顧降福緜緜

望燎普安　禮文既洽熏燎聿升嘉氣四塞丹誠上騰惟類之應惟福之興永熾天統億載靈承

志卷第八十五

志卷第八十六　宋史一百三十三

開府儀同三司上柱國録軍國重事前中書右丞相監修國史領經筵事都總裁臣脱脱等奉勅修

樂八　樂章二

明堂大饗　皇地祇　神州地祇　朝日夕月　高禖　九宫貴神

景祐大享明堂二首

真宗配位奠幣誠安　思文聖考對越在天侑神作主奉幣申虔

酌獻德安　偃革興文封巒考瑞威烈巍巍允膺宗祀

皇祐親享明堂六首

降神誠安　維聖享帝維孝嚴親肇圖世室躬展精禋鏞鼓既設籩豆既陳至誠攸感保格上神

奠玉幣鎮安　乾亨坤慶育函生路寢明堂致潔誠玉帛非馨期感格降康億載保登平

酌獻慶安　肅肅路寢相維明堂二儀鑒止三聖侑旁靈期訢合祠節齊莊至誠並貺降福無疆

三聖配位奠幣信安　祖功宗德啓隆熙嚴配交修太室祠圭幣薦誠知顧享本支錫羨固邦基

酌獻孝安　藝祖造邦二宗紹德肅雍孝享登配圜

極先訓有開菲躬何力歆馨香錫羡保民麗億
送神誠安　我將我享辟公顯助獻終豆徹禮成樂
具飭駕上遊升煙高騖神保聿歸介茲景祚
嘉祐親享明堂二首
降神誠安　爗爗旁心下照重屋我嚴帝親匪配之
瀆西顥沆碭夕景已肅靈其來娭嘉薦芳郁
送神誠安　明明合宮莫尊享帝禮樂熙成精與神
契桂尊初闌羽駕倏逝遺我嘉祥於顯萬世
熙寧享明堂二首
英宗奠幣誠安　於皇聖考克配上帝永言孝思貽

薦嘉幣
酌獻德安　英聲邁古德施在民允秩宗祀賓延上
神
元符親享明堂十一首
皇帝升降儀安　嚴父配天孝乎明堂與奠升階降
音以將天步有節帝容必莊辟公憲之禮無不臧
上帝位奠玉幣鎮安　聖能享帝孝克事親於皇宗
祀盛節此陳何以薦虔二精有燁何以致祥上天鑒
止
神宗奠幣信安　合宮禮備時維哲王堂筵四敞明

德馨香聖考來格降福穰穰承承繼繼萬祀其昌
奉俎禧安　奕奕明堂天子即事奠我聖考配于上
帝凡百有職疇敢不祗俎潔牲肥其登有儀
上帝位酌獻慶安　惟禮不瀆所以嚴親惟孝不匱
所以教民陟配文考享于大神重禧累福祚裔無垠
配位酌獻德安　隆功駿德兩有烈光陟配宗祀惠
我無疆
退文舞迎武舞穆安　舞以象功樂惟崇德文經萬
邦武靖四國一張一弛其儀不忒神鑒孔昭孝思維
則

亞獻穆安　於昭盛禮嚴父配天盡物盡誠莫匪吉
蠲重觴既薦九奏相宣神介景福億萬斯年
飲福胙安　莫尊乎天莫親乎父既享既侑誠申禮
舉戞擊堂上八音始具天子億齡飲神之胙
徹豆欽安　穆穆在堂肅肅在庭於顯辟公來相思
成神既歆止有闋無聲錫我休嘉燕及群生
歸大次憩安　有奕明堂萬方時會宗子聖考作帝
之配樂酌虞典禮從周志鬯事既成於皇來暨
大觀宗祀明堂五首
奠玉幣鎮安　交于神明內心為貴外致其文亦效

精意嘉玉既陳將以量幣肅肅雝雝惟帝之對
有邦事神享帝為尊內心致德外示彌文嘉玉效珍
薦以量幣恭欽伊何惟以宗祀
配位奠幣信安　肇祀明堂告成大報顒顒祗祗率
見昭考消選休辰齊明朝夕於惟皇王孝思罔極
酌獻孝安　若昔大猷孝思維則永言孝思丕承其
德於昭明威侑于上帝賚我思成永綏福祉
配位酌獻大明　於昭皇考大明體神憲章文思宜
民宜人嚴父之道陟配于天躬行孝告有孚于先
紹興親享明堂二十六首

皇帝入門儀安　惟我有宋昊天子之三年卜祀百
世承基施及沖眇奉牲以祠敢忘齋栗徧舉上儀
升堂儀安　於赫明堂肇稱禋祀祖宗來游亦侑于
帝九州駿奔百辟咸事歆時純休錫我萬世
降神誠安　噫神何親惟德是輔玉牲具陳誠則來
顧我開明堂遵國之故尚蒙居歆以篤宗祜
盥洗儀安　肇開九筵維古之倣皇皇大神來顧來
享燕儀交修百辟顯相徽誠自中交際天壤
上帝位奠玉幣鎮安　皇皇后帝周覽四方眷我前
烈燕娭此堂金支秀發黼帳高張世歆明祀曰宋是

常
皇地祇位奠玉幣嘉安　至哉坤元持載萬物繼天
神聖觀世治忽頌祇之堂薦以圭幣孰為邦休四海
無拂
太祖位奠幣廣安　推尊太元重屋為盛誰其配之
我祖齊聖開基握符正位凝命於萬斯年孝孫有慶
太宗位奠幣化安　帝神來格靡祀不從侑坐而食
獨升祖宗在庭祗肅展采錯重三獻之禮百年之容
徽宗位奠幣泰安　於穆帝臨至矣元造克配其儀
惟我文考仁恩廣覃奕葉永保宗祀惟初以揚孝道

皇帝還位儀安　耳聽鏘玉目瞻煩珠樂備周奏儀
參漢圖神人並況天地同符亦既見帝王心則愉
尚書捧俎禧安　展牲登俎簫韶在庭羞陳五室意
徹三靈匪物斯享惟誠則馨永作祭主神其億寧
昊天上帝位酌獻慶安　日在東陸維時上辛肇開
陽館恭禮尊神蒼玉輝夜紫煙煬晨祖宗並配天地
同禋
皇地祇位酌獻彰安　地祺泰折歌同我將黝牲純
潔絲竹發揚博厚而久含洪以光扶持宗社曰篤不
忘

太祖位酌獻孝安　一德開基百年垂統中天禘郊
薄海朝貢寶龜相承琨鼎加重澤深慶綿帝復命宋
太宗位酌獻韶安　紹天承業繼世立功帷幄奮勝
車書始同武揚氛霧文垂日虹遺澤所及孰知其終
徽宗位酌獻成安　欽惟合宮承神至尊祗戒專精
儼然若存奠斝嘉觴芑蘭其芬發祉隤祥以子以孫
皇帝還小次儀安　匏尊既舉鞂席未移有德斯顧
靡神不娭物情肅穆天宇清夷宅中受命永復邦基
文舞退武舞進穆安　神之歘至慶陰杳冥風馬雲
車怳若有承備形聲容於昭文明庶幾嘉饗來享來

寧
亞獻穆安　四阿有嚴神既妥止備物雖儀潔誠惟
已有來振振相我熙事載酌陶匏以成禋祀
終獻穆安　誠一為專禮三而稱孰陪邦祠惟我同
姓金絲奮調圭玉交映是謂懋成福來神聽
皇帝飲福胙安　孰謂天遠至誠則通孰謂地厚與
天則同惠我純嘏克成大功握圖而治如日之中
徹豆歆安　工祝告休笙鏞云闋酒茅既除牲俎斯
徹幽明罔間中外咸悅禮成伊何天地同節
送神誠安　奕奕宗祀煌煌禮文高靈下墮精意升

聞熙事既畢忽乘青雲敢拜明貺永清世氛
望燎儀安　載酌載獻以純以精歌傳夜誦物備秋
成報本斯極聽卑則明顧儲景貺福我群生
望瘞儀安　禮協豐融誠交彷彿辟公受膰宗祀臨
瘞貽我來牟以興嗣歲山川出雲天地同氣
還大次慈安　應天以實已事而竣鐘業朝帝竹宮
拜神靈光下燭協氣斯陳福祿時萬基圖日新
紹興淳熙分命館職定撰十七首
降神景安圜鍾為宮　上直房心時惟明堂配天享
親宗祀有常盛德在金日吉辰良享我克誠來格來

康
黃鍾為角　合宮盛禮金商令時備成熙事蒐揚上
儀駿奔在庭精意肅祗來享嘉薦神靈燕娭
太簇為徵　休德孔昭靈承上帝孝極尊親嚴配于
位嘉薦芬芳禮無不備神其格思享茲誠至
姑洗為羽　霜露既降孝思奉先陟降上帝禮隆九
筵有馨黍稷有肥牲牷神來燕娭想像肅然
盥洗正安　禮經之重祭典為宗上公攝事進退彌
恭粢品豐潔令儀肅雍百祥萃止惟吉之從
升殿正安　皇祖配帝歲祀明堂冕服陟降玉佩瑲

瑲疾徐有節進止克莊維時右享日靖四方

上帝位奠玉幣嘉安　大享季秋百執揚厲明明太宗赫赫上帝祇薦忱誠式嚴圭幣祚我明德錫茲來裔

太宗位奠幣宗安　穆穆皇祖丕昭聖功聲律身度樂備禮隆祗薦量幣祀于合宮玉帛萬國驩心載同

捧俎豐安　備物昭陳工祝告具維羊維牛孔碩孔庶有嘉維馨加食宜飫歆時五福永膺豐胙

上帝位酌獻嘉安　燁彼旁心明明有融維聖享帝禮行合宮祀事時止粢盛潔豐昭受申命萬福攸同

太宗位酌獻德安　受命溥將勲高百王寰宇大定聖治平康有嚴陟配宗祀明堂神保是格申錫無疆

文舞退武舞進正安　溫厚嚴凝於皇上帝文德武功列聖並配舞綴象成肅雍進退秉翟蹈踐總干蹈厲

亞終獻文安　總章靈承維國之常禮樂宣鬯降升齊莊竭誠盡志薦茲累觴於昭在上申錫無疆

徹豆肅安　於皇上帝肅然來臨恭薦芳俎以達高明亯飪既事享于克誠以介景福惟德之馨

送神景安　帝在合宮鑒觀盛禮黍稷惟馨神心則喜禮備樂成亦既歸止億萬斯年以貺多祉

高宗位奠幣宗安　赫赫高廟于堯有光覆被萬祀冠冕百王有量斯幣蠲潔是將在帝左右維時降康

酌獻德安　炎運中興蒼生載寧九秩燕豫三紀豐凝精祀上帝陟配威靈錫羡胙祉萬世承承

孝宗親享明堂樂曲並同惟天地位奠幣酌獻及太祖酌獻皇帝入小次還大次亞獻送神等篇各有刪潤又以太祖奠幣曲改名廣安酌獻改名恭安太宗奠幣改名化安酌獻改名英安

景德祀皇地祇三首

降神靜安　至哉厚德陟配天長沈潛剛克廣大無疆資生萬物神化含章同和八變神靈效祥

奠玉幣酌獻嘉安　於昭祀典致享坤儀備物咸秩柔祇格思功宣斂樹日益鴻禧持載品彙率土攸宜

送神靜安　妙用無方倏來忽逝蠲潔寅恭式終禋瘞

景祐夏至祀皇地祇二首 仁宗御製

太祖奠幣恭安　赫奕溥耀俶載帝基一戎以定萬國來儀寅恭潔祀博厚皇祇威靈攸在福祿如茨

酌獻英安　丕命惟皇萬物咸覩卜年邁周崇功冠

禹有爆炎精大昌聖祚酌鬯祈年永錫繁祜

熙寧祀皇地祇十二首

迎神導安　昭靈積厚混混坤輿配天作極陰慘陽
舒齊明薦享百福其儲庶幾來止風馬雲車

升降靖安　有來穆穆臨此方丘其行風動其止霆
收躬事匪懈豐盛潔羞百昌咸殖允矣神休

奠幣肇安　純誠昭顯芳羨嘉薦肅將二精以享以
奠休光四充靈祇來燕其祥伊何永世錫羨

太祖肇安　於皇烈祖維帝所興光輝宗祀如日之
升告靈作配孝享烝烝錫茲祉福百世其承

司徒奉俎承安　我修祀事於何致誠罔敢怠佚視
茲碩牲納亨薦俎侑以和聲格哉休應世濟皇明

酌獻和安　猗嗟富媼博厚含弘發榮敷秀動植茲
豐爰酌茲酒肸蠁交通衆祥萃止垂祐無窮

太祖侑安　光大含弘坤元之力海宇咸寧烈祖之
德作配方壇不僭不忒子孫其承毋替厥則

飲福禔安　載登壇阼載酌尊彝牲酒嘉旨福祿純
熙其福維何萬物咸宜其祿維何永承神禧

退文舞迎武舞威安　雍雍肅肅建我采旄舞以玉
戚不吳不敖其將其肆脾臄嘉肴何以侑樂鍾鼓管

籥

亞終獻儀安　折俎在籩截羨在豆何以酌之酒醴
是侑何以錫之貽爾眉壽何以格之求爾康阜

徹豆豐安　曳我黼黻履舄接武鏘我珩璜降升圜
圜其將肆兮既曰不侮其終徹兮恭欽惟主

送神皐安　神兮來下享此苾芬酌獻雍雍執事孔
勤神之還矣忽乘飛雲遺我祺祥物象忻忻

常祀皇地祇五首

迎神寧安八變　坤元之德光大無疆一氣交感百物
阜昌吉蠲致享精明是將介茲景福纂祚靈長

升降正安　禮經之重祭典為宗上公攝事登降彌
恭庶品豐潔令儀肅雍百祥萃止維吉之從

奉俎豐安　禮崇禋祀神鑒孔明牲牷博腯以烝以
享聲香蠲潔品物惟精錫以純嘏享茲至誠

退文舞迎武舞威安　進旅退旅載揚干揚不愆于
儀容服有章式綏式侑神保是聽鼓之舞之神求安

寧

送神寧安　物備百嘉樂周八變克誠是享明德斯
薦神鑒孔昭蕃禧錫羨回馭飄然邈不可見

紹興祀皇地祇十五首

迎神寧安 函鍾爲宮　至哉厚德物生是資直方維
則翕闢攸宜於昭祀典致享坤儀禮罔不荅神之格
思
太簇爲角　蕆事方丘舊典時式至誠感神馨香非黍
稷肹蠁來臨鑒茲明德永錫坤珍時萬時億
姑洗爲徵　至哉坤元乃順承天厚德載物含洪八
埏日北多暑祀儀吉蠲式昭毋事敢告恭虔
南呂爲羽　蕆事方丘情文孔時名山大澤侑祭無
遺牲陳黝犢樂備咸池柔祇皆出介我繁禧
盥洗正安　於穆盛禮肅肅在宮蕆事有初直于東

滌濯是謹惟寅惟清祇薦柔嘉享茲克誠
升殿正安　景風應時聿嚴毖祀用事方丘鏘鏘濟
濟登降有節三獻成禮神其格思錫我繁祉
正位奠玉幣嘉安　坤元博厚對越天明展事方澤
亶惟顧歆嘉玉量幣祇薦純精錫我繁祉燕及函生
太祖位奠幣定安　毖祀泰圻柔祇是承於赫藝祖
道格三靈式嚴配侑厚德惟寧爰昭薦幣享于克誠
捧俎豐安　玉咨靈貺蕆事方丘豆登在列鼎鼐俎斯
儔牲牷告具寅畏彌周柔祇昭格飈至雲流
正位酌獻光安　祇事坤元飭躬敢憚爰潔粢盛載

嚴圭瓚清明內融嘉音外發介我繁釐時億時萬
太祖位酌獻英安　皇矣藝祖九圍是式至哉柔祇
萬彙允殖保茲嘉邦介我黍稷酌鬯告虔作配無極
文舞退武舞進正安　於穆媼神媲德彼天我修毖
祀以奠不虔肆陳時夏干羽相宣靈其來游降福綿
綿
亞終獻文安　禮有祈報國惟典常籩豆豐潔降升
齊莊備物致志式薦累觴昭格來享自天降康
徹豆娛安　承天效法其道貴誠牲羞黃犢薦德之
馨芳俎告畢禮備樂盈既靜既安庶物霑生

送神寧安　至厚至深其動也剛精誠默通或出其
藏神之言歸化斯有光相我炎圖萬世無疆
宋初祀神州地祇三首
降神靜安　膴膴郊原茫茫寓縣畫野分疆禹功疏
奠靈祇是臻豆籩祇薦幽贊皇圖視之不見
奠玉幣酌獻嘉安　肹蠁儲靈肅恭用幣鏘洋導和
洪休允契嘉氣雲烝浹于華裔式薦坤珍聿符明世
送神靜安　獻奠云畢純嘏祁祁威靈藏用邈矣何
之
景祐孟冬祭神州地祇二首

太宗位奠幣化安　削平僞邦嗣興鴻業禮樂交修仁德該洽柔祇薦享量幣攸攝侑坐迎靈神休允答

酌獻韶安　有煒彌文克隆宏構貽此燕謀具膺多祐嶰律吹葦甕尊奠酒佐乃沈潛來祈豐楙

元符祭神州地祇二首

迎神寧安八變　膴膴浚邦皇天是宅必有幽贊聰明正直布列籩豆考擊金石中外謐寧緊神之力

送神寧安　都邑浩穰民物富盛主以靈祇昭乃丕應玉帛牲牷鼓鍾莞磬祇薦攸歆歸于至靜

紹興祀神州地祇十六首

迎神寧安函鍾為宮　芒芒下土㤥㤥方儀富媼統攝潛運八維爰稱元祀告備吉時揭茲虔恭僾其格思

太簇為角　洪惟坤元道著品物上配紫旻厚載其德良月肇蕆祭器布列必先皇祇以迓景福

姑洗為徵　坱圠無垠磅礴罔測山盈川沖自生自殖其報惟何率禮靡忒億萬斯年功被無極

南呂為羽　翕闢以時協氣陶蒸播之金石鏘厥和聲冥冥聊聊孔享純誠是聽是娭邦基永寧

盥洗正安　晨煬致煙淳然四施飄飄風馬彷彿來斯祀事維清沃之盥之載涓載肅罔有愧辭

升殿正安　崇崇其壇屹矣層級佩約步趨降登中節左瞻右睨祥風藹集旂旆羽紛昭鑒翊翊

神州地祇位奠玉幣嘉安　璇璣諧序籍歛薦嘉昭荅柔祇迭奏雅歌幣琮以侑儀腆氣和靈其溥臨容與燕嘉

太宗位奠幣嘉安　穆穆令聞溥博有容澤被萬宇靡不率從恭陳量幣明薦其衷禮亦宜之享德攸同

奉俎豐安　肅肅嘉承唯德其物工祝以告緊民之力神哉廣生孔蕃且碩奠于嘉壇吐之則茀

神州地祇位酌獻嘉安　恭承明祀嘉薦令芳亦有桂酒誠慤是將瑟瓚以酌效懽歆觴庶乎燕享永懷不忘

太宗位酌獻化安　宗德含洪方祇可儗闢土開疆八埏同軌是用作配有永無紀祼獻以享茂格蕃祉

文舞退武舞進文安　奕奕綴兆咸池孔彰丕闡文德靡忘發揚進退有節乃容之常樂備爾奏煒煒榮光

亞終獻文安　縮酌以祼既旨且多三獻有序情文愈加黄祇臨享錫以休嘉廣茲靈禔畢及邇遐

徹豆成安　展牲告全洒登于俎竣事而徹侑以樂
語奉釐宣室祚我神主歆數庶民並受其祜
送神寧安　雲馭洋洋既歆既顧悠然聿歸曷求厥
路欽想頌堂跛立以慕賚我肸蠁莫不懌豫
望瘞正安　神罔怨恫燕其有喜蔵事告成爰修瘞
禮樂闋儀備休氣四起尚謹不愆念終如始
景德朝日三首
降神高安大變　陽德之母羲御寅賓得天久照首茲
三辰正辭備物肅肅振振淪精降監克享明禋
奠玉幣酌獻嘉安　醴齊良潔有牲斯純大采玄冕

乃昭其文王宮定位粢盛苾芬民事以叙盛德升聞
送神高安　縣象著明照臨下土降福穰穰德施周
普
夕月三首
降神高安大變　凝陰稟粹照臨八埏麗天垂象繼日
代明一氣資始四時運行靈祇昭格備物薦誠
奠玉幣酌獻嘉安　夕耀乘秋功存寓縣金奏在縣
以時致薦祀事孔寅明靈降眷潔粢豐盛倉箱流衍
送神高安　夙陳籩豆潔誠致祈垂休保佑景祚巍
巍

大觀秋分夕月四首
降神高安　至陰之精虧而復盈輪高僊桂階應祥
蓂玉兎影孤金莖露溢其駕星車顧于茲夕
奠玉幣　玉鈎初彎氷盤乍圓扇掩秋後烏飛枝邊
精凝蟾蜍輝光嬋娟歆于明祀彌芳節焉
酌獻　名稽漢儀歌參唐宗往于卿少乘秋氣中周
天而行如娣之崇可飛霞佩下瑠璃宮
送神　四扉大開五雲車立霓裾娣從風翻童執搖
曳習來鏘洋爰集歆我嚴禋西面以揖
紹興朝日十首

降神高安圜鍾為宮　玄鳥既至序屬春分朝于太
陽厥典備存載嚴大采示民有尊揚光下燭煜爚東
門
黃鍾為角　升暉麗天陽德之母率無頗偏燕燭下
土恭事崇壇禮樂具舉頓御六龍裴回容與
太簇為徵　周祀及闇漢制中營肸蠁是屆禮神以
兄我潔斯璧我肥斯牲神兮燕享鑒觀孔明
姑洗為羽　屹爾王宮泛臨翊翊惠此萬方豈惟五
色以修陽政以習地德雲景杳冥施祥無極
初獻升殿正安　天宇四霽嘉壇聿崇肅祇嚴祀登

降有容仰瞻曜靈位居其中既安既妥沛哉豐融
奠玉幣嘉安　物之備矣以交於神時惟炎精不忘
顧歆經緯之文璆琳之質爛然相輝其儀秩秩
奉俎豐安　扶桑朝暾和氣肸飭奉此牲牢為俎孔
碩芬馨進聞介我黍稷所將以誠兹用享德
酌獻嘉安　匏爵斯陳百味旨酒勺以獻之再拜稽
首鍾鼓在列靈方安留眷然加薦惟時之休
亞終獻文安　禮罄沃盥誠意肅將包茅是縮粢盛畢
重觴煥矣情文既具醉止熙事備成靈其有喜
送神禮安　羲和駕兮其容杲杲將安之兮言歸黃

道光赫萬物無古無今人君之表咸仰照臨
夕月十首
降神高安圜鍾為宮　金行告遒玉律分秋禮蔵西
郊蕆祀聿修精意潛達求孚于休神之聽之爰格飈
斿
黃鍾為角　時維秋仲夜寂天清實嚴娣事用荅陰
靈壇壝斯設黍稷惟馨雲車來下庶歆厥誠
太蔟為徵　逝日著明麗天作配潔誠以祠禮行肅
拜光凝晃服氣肅環珮庶幾昭格祇而不懈
姑洗為羽　穆穆流輝太陰之精盈虧靡忒寒暑以

均克禋克祀揆日涓辰牲碩酒旨來燕來寧
升殿正安　猗歟崇基右平左城祇率典常屆兹秋
夕陟降惟寅威儀抑抑神其鑒觀穰簡是集
奠玉幣嘉安　少采陳儀實曰坎祭禮備樂舉嚴恭
將事于以奠之嘉玉量幣神兮昭受陰隲萬彙
奉俎豐安　穀旦其差有牲在滌工祝致告為俎孔
碩肸蠁是期祚我明德備兹孝欽式和民則
酌獻嘉安　白藏在序享惟其時躬即明壇禮惟載
祇斟以瑤爵神靈燕娭歆馨顧德錫我蕃釐
亞終獻文安　肅雍嚴祀聖治昭彰清酒既載或肆

或將禮匝三獻終然允臧神具醉止其樂且康
送神理安　歆奏云闋式禮莫愆以我齊明罄其吉
蠲神保聿歸降康自天蘿圖永固億萬斯年
熙寧以後祀高禖六首
降神高安六變　容臺講禮禖宮立祠司分屆候帶韣
陳儀嘉祥萃止靈馭來思皇支蕃衍永固邦基
升降正安　郊禖之應肇自生商誕膺寶命濬發其
祥天材蕃衍德稱君王本支萬世與天無疆
奠玉幣嘉安　昔帝高辛先禖肇祀爰揆仲陽式祈
嘉祉陳之犧牲授以弓矢敷祐皇宗施于孫子

酌獻祐安　昭薦精衷靈承端命青帝顧懷神祺儲
慶祚以蕃昌協于熙盛螽斯衆多流于雅詠
亞終獻文安　赫赫高禖萬世所祀其德不回錫茲
福祉蕃衍椒聊和平芣苢傳類降康世濟其美
送神理安　禮奠蠲衷祭儀竣事丕擁靈休蕃衍皇
嗣
紹興祀高禖十首
降神高安圜鍾爲宮　聿分春氣施生在時禖宮肇
啓精意以祠禮儀告備神其格思歆靈有赫錫我繁
釐

黃鍾爲角　眷此尊祀實惟仲春青圭束帛克祀克
禋庶蒙嘉惠嗣續詵詵神之降鑒雲車來臻
太簇爲徵　猗歟禖宮祀典所貴粵自艱難禮或弗
備以迄于今始建壇壝顧戒雲車歆此誠意
姑洗爲羽　春氣肇分萬類滋榮惟此祀事昔象發
生求神以類式昭至誠庶幾來格子孫繩繩
升壇正安　有奕禖宮在國之南壇壝既設威儀孔
嚴登祀濟濟神考顧瞻佑我皇祚宜百斯男
奠玉幣嘉安　青律戴陽有虯頡頏祈我繁祉立子
生商三牲既薦玉帛是將克禋克祀有嘉其祥

奉俎豐安　柢祓禖壇潔蠲羊豕博碩肥腯爰具牲
醴執事駿奔肅將俎几神其顧歆永錫多子
青帝位酌獻祐安 伏羲高辛酌獻並同　瑞虯至止祀事孔時
酌以清酒祼獻載柢神具醉止介我蕃禧乃占吉夢
維熊維羆
亞終獻文安　中春肖吉蕆事禖祠禮備樂作籩豆
孔時貳觴畢舉薦獻無違庶幾神惠祥啓熊羆
送神理安　嘉薦令芳有嚴禋祀神來燕娭亦既醉
止風馭言還栗然欻起以祓以除錫我蕃祉
景德祀九宮貴神三首

降神高安　倬彼垂象照臨下土躔次運行功德周
普九宮既位惟德是輔神之至上皇皇斯覩
奠玉幣酌獻嘉安　靈禋既肅明神既秩在國之東
協日之吉升歌有儀六變中律懷和萬靈降茲陰隲
送神高安　祇薦有常惟神無方回飈整馭垂休降
祥
元祐祀九宮貴神二首
降神景安 六變　上天貴神九宮設位功德及物乃秩
明祀望拜紫壇赫然靈氣奠玉薦幣歆之無愧
送神景安　天之貴神推移九宮厥位靡常降康則

同來集于壇顧歆恪恭歌以送之飈靜旋穹

紹興祀九宮貴神十首

降神景安圜鍾爲宮　紫闕幽宏惟神靈尊輔成泰元贊役乃坤曰雨曰暘緼豫調紛享薦隕光豢祉如屯

黃鍾爲角　載陽衍德農祥孔昭賚兹元嘏穰穰泰苗象輿耿冥金奏遠姚無閑厥靈丹衷匪恌

太簇爲徵　於赫九宮天神之貴煌煌彪列下土是蒞幽贊髙穹陰隲萬類肅若舊典有嚴祗事

姑洗爲羽　練時吉良聿崇明祀粢盛潔豐牲碩酒旨肅唱和聲來燕來止嘉承天休賚及含齒

初獻升壇正安　於昭毖祀周旋有容歷階將事趨進鞠躬改步如初沒階彌恭左墄右平陟降雍雍

太一位奠玉幣嘉安　煌煌九宮照臨下土陰隲庶類功施周普恪修祀典禮備樂舉嘉玉量幣馨非稷黍攝提權星招搖天符青龍咸池太陰天乙位樂曲並同

奉俎豐安　靈鑒匪遠誠心肅祗是烝是享俎實孔時禮行樂奏肸蠁是期雲車風馬神其燕娭

太一位酌獻嘉安　惟天至胄彪列九神財成元化陰隲下民有酒斯旨登薦苾芬昭哉降鑒茀祿來臻九位並同

亞終獻文安　均調大化陰隲下民駿功有赫誕舉明禋嘉觴中貳執事惟寅清明豈矣福祿攸臻

送神景安　薦獻有序降登無遠禮樂備舉昭格燕娭雲車縹緲神曰還歸報以景貺翊我昌期

志卷第八十六

開府儀同三司上柱國録軍國重事前中書右丞相監修國史領經筵事都總裁臣脫脫等奉

勑修

樂九　樂章二

太廟常享　禘祫　加上徽號
郊前朝享　皇后別廟

建隆以來祀享太廟一十六首

迎神禮安　肅肅清廟奉祠來詣格思之靈如在之祭克謹威儀載嚴容衛降福孔皆以克永世

皇帝行隆安　工祝升階賓尸在位秪逹孝思允修苾祀顯相有儀克恭乃事儼恪其容通此精意

奠瓚用瑞木　木符啓瑞著象成文於昭大號協應明君靈命有屬鴻禧洞分歌以升薦休嘉洽聞

又馴象　嘉彼馴象來歸帝鄉南州毓質中區效祥仁格巨獸德柔遐荒有感斯應神化無方

又玉烏　素烏爰止淳精允臧名符瑞牒色應金方潔白容與翹英奮揚孝思攸感皇德逾張

奉俎豐安　維犧維牲以炰以烹植其鞉鼓潔彼鉶羮孔碩苾俎於穆厥聲肅雍顯相福禄來成

酌獻僖祖室大善　湯湯洪河經啓長源鬱鬱嘉木挺生本根大哉崇基出乎慶門發祥垂裕永世貽孫

順祖室大寧　元鍾九千生於仲呂崇臺九層起於累土赫日之升明夷為主孝孫作帝式由祖武

翼祖室大順　明明我祖積德攸宜肇繼瓜瓞將隆本支爰資慶緒式昭帝基於穆清廟永洽重熈

宣祖室大慶　艱難積行緜長鍾慶同人之時得主乃定既叙宗祧乃修舞詠經武開先永昭丕命

太祖室大定　猗歟太祖受命于天化行區宇功溢簡編武威震耀文德昭宣開基垂統億萬斯年

太宗室大盛　赫赫皇運明明太宗四隩咸暨一變時雍睿文炳煥聖德温恭千齡萬祀永播笙鏞

亞獻正安　巳象文治乃觀武成進退可度威儀克明

飲福禧安　嘉粟旨酒博腯牲牷神鑒孔昭享茲吉蠲夙夜毖祀孝以奉先永錫純嘏功格于天

終獻正安　常武徂征詩人所稱總干山立厥象伊凝

徹豆豐安　肥腯之牲既析既薦鬱鬯之酒已酌已獻祝辭亦陳和奏斯徧享禮具舉徹其有踐

攝事十三首

降神理安　肅肅清廟昭事祖禰粢盛苾芬四海來

禘皇靈格思令容有睟降福孔皆以克永世
太尉行正安　祼鬯溥將賓尸在位帝德升聞孝思
光被公卿庶正傳御師氏至誠感神福祿來塈
奠瓚瑞安　淳清育物瑞木成文元氣陶冶非煙郁
氛玄貺昭格至和所熏登歌祼獻肸蠁如聞
奉俎豐安　麗碑割牲以炰以烹博碩肥腯薦羞神
明祖考來格享于克誠如聞謦欬式燕以寧
酌獻禧祖室大善　肅肅藝祖肇基鴻源權輿光大
燕翼貽孫載杞惟永慶流後昆威靈在天顧我思存
順祖室大寧　思文聖祖長發其祥錫羡蕃衍德厚

流光眷命自天卜世聿昌祇肅孝享降福無疆
翼祖室大順　明明我祖積德累仁居晦匿曜邁種
惟勤帝圖天錫輝光日新寢廟繹繹昭事同寅
宣祖室大慶　洸洸我祖時惟鷹揚潛德弗耀發源
靈長肆類配天永思不忘來顧來享百福是將
太祖室大定　赫赫太祖受命于天赤符啓運威加
八埏神武戡難功無間然翼翼丕承億萬斯年
太宗室大盛　穆穆太宗與天合德昧旦丕顯乾乾
翼翼敷佑下民時帝之力永懷聖神孝思罔極
真宗室大明　煌煌真宗善繼善承經武耀德臻于

治平封祀禮樂丕昭鴻名陟配文廟皇圖永寧
徹豆豐安　鼎俎既陳豆籩既設金石在庭工師就
列備物有嚴著誠致潔孝惟時思禮以雍徹
送神理安　神之來兮風肅然神之去兮升九天排
凌兢兮還恍惚羽旄紛兮蕭燔煙
真宗御製二首
奠瓚用萬國朝天　鴻源濬發睿圖誕彰高明錫羡
累洽延祥巍巍藝祖溥率賓王煌煌文考區宇大康
珍符昭顯寶曆綿長物性茂遂民俗阜昌甫田多稼
禾黍穰穰含生嘉育鳥獸蹌蹌八紘統域九服要荒

沐浴惠澤祇畏典常隅谷分壤皇斗辨方並襲冠帶
來奉圭璋莪莪雙闕濟濟明堂諸侯執帛天后當陽
何以辨等袞衣繡裳何以褒德輅車乘黄聲明煥赫
雅頌汪洋啓兹丕緒佑我無疆大統斯集大樂斯揚
俯隆宗祏仰繼穹蒼
亞獻終獻用平晉樂　五代衰替六合携離封疆竊
據兵甲競馳天顧黎獻塗炭可悲帝啓靈命濬哲應
期皇祖丕變金鈇俄麾率土執贄獷俗來儀瞻彼大
鹵竊此餘基獨迷文告莫畏天威神宗繼統瑲圖有
輝尚安蠢爾罔懷格思六飛夙駕萬旅奉辭徯來發

詠不陣行師雲旗先路壺漿塞岐天臨日照宸慮通
微前歌後舞人心悅隨要領自得智力何施風移僭
冐政治淳熈書文混一盛德咸宜干戈倒載振振言
歸誕昭七德永定九圍
真宗告饗六首
告受天書瑞安　寶命自天鴻禧錫祚昭晰綠文氤
氳黃素玄感薦彰靈休誕布寅奉琮符聿懷來慕
太祖太宗加上尊謚顯安　報貺陟封聿昭典禮讓
德穹厚歸功祖禰丕顯尊稱盡善盡美寅威孝思以
介蕃祉

東封畢躬謝酌獻封安　奕奕清廟錫羨詒謀升中
神嶽顯允皇猷歸格藝祖昭報靈休奉先追遠盛德
益修
祀汾陰畢躬謝酌獻顯安　於昭列聖休德清明威
靈如在享于克誠報功厚載馨薦惟精歸格歆至禮
備樂成
聖祖降親告瑞安　於赫聖祖景靈在天神遊來暨
晬容穆然誨言昭示帝胄開先齊明欽若延鴻億年
六室加謚顯安　欽崇太霄肅奉徽冊大禮克誠鴻
猷有赫令芳爰薦明靈斯格昭謝垂祥來懷何極

景祐親享太廟二首
迎神興安　追養奉先納孝練主金奏鳳鳴關雎樂
舞眞鬯恭神肥腯展俎積慶聰明降景寰宇
酌獻真宗室大明　於穆真皇宅心道粹和戎偃革
煥乎文治操瑞拜圖封天祀地盛德為宗烝嘗萬世
至和祫享三首
迎神興安　濡露降霜永懷孝思祫食諦敘再閏之
期歌德詠功八音播之歆神惟始靈其格茲
奠瓚嘉安　昭穆親祖自室徂堂禮備樂成肅然祼
將瑟瓚黃流條鬯芬芳氣達淵泉神乎來享

送神興安　四祖基慶三后在天薦侑備成靈娭其
旋孝孫應嘏受福永年送之懷之明發惻然
嘉祐祫享二首
迎神懷安　躬茲孝享禮備樂成神登于祖祝導于
祊展牲肥腯奏格和平靈其昭格肅僾凝情
送神懷安　靈神歸止光景肅然福祥裕世明威在
天孝孫有慶駿烈推先佑茲基緒彌萬斯年
熈寧以後享廟五首
酌獻英宗室大英　在宋五世天子嗣昌躬發英斷
若乾之剛聲容沄沄被于八荒垂千萬年永烈有光

送神興安　鍾鼓惟旅籩豆孔時衎我祖宗既右享
之神亟來止孝孫之喜神保聿歸孝孫之思
禘祫孟享臘享宗正卿升殿正安　進退有容服章
有儀匪亟匪遲降登孔時
祫享仁宗大和　於穆仁廟聖澤滂流華夷用乂動
植蒙休徽名冠古奕世垂謨帝躬祼獻盛典昭修
英宗大康　赫赫英皇總提邦紀濬發神功恢張聖
理仙馭雖遥鴻徽不弭永言孝思竭誠躬祀
常祀五享三首
迎神興安九變　奕奕清廟昭穆定位霜露增感粢盛

潔粢神靈來格福祉攸曁追孝奉先本支百世
太尉奠瓚嘉安　有秩時祀匪怠匪瀆有來宗工載
祗載肅厥作祼將流黃瓚玉是享是宜永綏多福
送神興安　皇祖皇考配帝配天駿奔顯相神保言
旋祝以孝告嘏以慈宣去來永慕宗事惟虔
紹興以後時享二十五首
迎神興安黃鍾為宮　奉先嚴祀牽禮大經時思致
享肅薦芳馨竭誠備物樂奏和聲真馭來止熙事克
成
大呂為角　聖靈在天九閽崇深風馬雲車紛其顧

臨擁祥儲休昭答孝心孝孫受祉萬福是膺
太簇為徵　嘉承和平秩祀為先乃練休辰祝史告
虔內心齊明祀具吉蠲交際恍惚如在後前
應鍾為羽　道信於神神靈燕娭酒有嘉德物惟其
時綏節安歌樂奏具宜欣欣樂康福祿綏之
奉俎豐安　王假有廟子孫保光奉牲以告玉俎膏
香專精厲意神其迪嘗休承靈意申錫無疆
初獻盥洗正安　恪恭祀典涓選休成設洗致潔直
于東粢嘉觴祗薦明德惟馨祖考來格享茲孝誠
升殿正安　冠佩雍容時惟上公享于清廟陟降彌

恭籩豆靜嘉粢盛潔豐孝孫有慶萬福來同
僖祖室酌獻基命　於穆文獻自天發祥肇基明命
錫羨無疆子孫千億宗社靈長神之格思如在洋洋
宣祖室酌獻天元　天啓炎曆集我大命長發其祥
篤生上聖夷亂芟荒乾坤以定時祀聿修孝孫有慶
太祖室酌獻皇武　赫赫藝祖受天明命威加八紘
德垂累聖祀事孔明有嚴笙磬對越在天延休錫慶
太宗室酌獻大定　明明在上時維太宗允武允文
丕基紹隆於肅清廟昭報是豐皇靈格思福祿來同
真宗室酌獻熙文　於穆真皇繼烈有光丕承二后

奄奠萬方威加戎狄道格穹蒼歆時禋祀降福無疆
仁宗室酌獻美成　至哉帝德乃聖乃神恭已南面
天下歸仁歷年長久垂裕後人祀修舊典寶命維新
英宗室酌獻洽隆　炎基克鞏赫赫英宗紹休前烈
仁化彌隆篤生聖子堯湯比蹤烝嘗萬世福祿來崇
神宗室酌獻大明　於昭神祖運撫明昌肇新百度
克配三王遐荒厎績聖武維揚永言執競上帝是皇
哲宗室酌獻重光　於皇濬哲遹駿有聲率時昭考
丕顯儀刑功光大業道協三靈永綏厥後來燕來寧
徽宗室酌獻承元　天錫神聖徽柔懿恭垂衣拱手

遵制揚功配天立極體道居中佑我烈考萬福攸同
欽宗室端慶　於皇欽宗道備德宏允恭允儉克類
克明孝通前烈仁翊函生歆茲肆祀永燕宗祊
高宗室大德　於皇時宋自天保定高宗受之再僕
景命紹開中興翼善傳聖何千萬年永綏厥慶
孝宗室大倫　聖人之德無加於孝思皇孝宗覆行
立教始終純誠非曰笑貌於萬斯年是則是傚
光宗室大和　維宋洽熙帝繼于理萬姓尊生三辰
順軌對時天休以燕翼子肅唱和聲神其有喜
文舞退武舞進正安　肅肅清廟於穆維德我祀孔

時我奏有翼秉翟載駿有來千戚神之燕娭休祥允
格
亞終獻文安　觀德宗祏奕世烈光有嚴祀典粤循
舊章樂諧九變獻舉重觴燕娭如在戩穀穰穰
徹豆恭安　禮備樂成物稱誠竭相維辟公神人以
說歌雍一章諸宰斯徹天子萬年無競維烈
送神興安　霜露既降時思展禋在天之御睠然顧
歆樂成禮備言歸靡停既安既樂福祿來成
祫享八首
迎神興安黄鍾宮　時維孟冬霜露既零合食盛禮

以時以行孝心翼翼惟神來寧肅倡斯舉神具是聽
太呂角　於穆孝思嘉薦維時誠通茲格咸來燕娭
神之聽之申錫蕃釐於萬斯年永保丕基
太簇徵　於昭孝治通乎神明寒暑不忒熙事備成
牲牷孔碩黍稷惟馨以享以祀來燕來寧
應鍾羽　苾芬孝祀薦灌肅雍致力於神明信咸通
靈之妥留惠我龐鴻賚被萬寓福祿攸同
初獻順祖酌獻大寧　於赫皇祖濬發其祥德盛流
遠奕世彌昌孝孫有慶嘉薦令芳神保是享錫羨無
疆

翼祖酌獻興安　上天眷命佑我丕基翼翼皇祖不
耀其輝積厚流長福祿攸宜祀事孔時曾孫篤之
先宗室酌獻大承　於皇先宗握符御極昭哉嗣服
惟仁與德勤施於民靡有暇逸萬年之思永眞宗祏
送神興安　合祭大事因時發天翼翼孝思三獻禮
慶神兮樂康颷馭言旋永福後人於千萬年
上仁宗英宗徽號一首
入門升殿顯安　於穆仁祖寵綏萬方執競英考迄
用成康圖徽寶冊有烈其光庶幾億載與天無疆
上英宗尊號一首

入門正安　在宋五世天子神明群公奉冊迺揚鴻
名金書煌煌適昭厥成思皇多祜與天同聲
增上神宗徽號一首 哲宗朝製
升殿顯安　於惟禰廟乃聖乃神秉文之士作起惟
新建宮稽古一視同仁庶幾備號以尊天人
紹興十四年奉上徽宗冊寶三首
冊寶入門顯安　於鑠徽考如天莫名迨茲丕揚擬
純粹精溫玉鏤文來至于枋有嚴奕奕禮備樂成
冊寶升殿顯安　金字煌煌瑤光爍爍群工奉之登
此寶殿對越祖宗式遵成憲威靈在天來止來燕

上徽號顯安　惟精惟一乃聖乃神鴻名克揚茂實
斯賓如禹之功如堯之仁孝思永慕用詔無垠
淳熙十五年上高宗徽號三首
冊寶入門顯安　於穆高皇功德兼隆稱天以誄初
諡未崇載稽禮典揚徽垂鴻涓日之良登進廟宫
冊寶升殿顯安　有璟斯寶有編斯冊導以麾仗奏
以金石稜威盛容煌煌赫赫臣工奉之高靈來格
上徽號顯安　中興之烈高掩商宗揖遜之美放勳
比隆字十有六擬諸形容威靈在天裕後無窮
慶元三年奉上孝宗徽號三首

冊寶入門顯安　巍巍孝廟聖德天通同符藝祖克
紹高宗有儀有冊載推載崇鏤玉繩金登奉祏宫
冊寶升殿顯安　文金晶熒冊玉輝潤統紹乎堯德
全于舜勤崇推高子孝孫順冠德百王萬年垂訓
上徽號顯安　金石充庭珩璜在列繪畫乾坤形容
日月巍巍功德顯顯謨烈垂億萬年鴻徽昭揭
高宗郊祀前朝享太廟三十首
皇帝入門乾安 後還前殿並同　於皇我后祗戒專精假于
有廟祖考是承趨進惟肅僾思惟誠神之聽之來燕
來寧

皇帝升殿乾安（諸室降殿並同） 皇皇大宮丕顯於穆休德
昭清元氣回復芝葉蔓茂桂華馮翼孝孫假斯受茲
介福
盥洗乾安 維皇齊精駿假于廟觀盥之初惟以潔
告衎承祖宗恤祀昭孝誠心有孚介福斯報
迎神興安 秬鬯既將黃鍾具奏肅我祖考祇栗以
俟監觀于茲雲車來下
尚書奉俎豐安 有碩其牲登于大房肅展以享庶
幾迪嘗匪腯是告我民其康保艾爾後垂休無疆
皇帝再盥洗乾安 盥至于再潔誠愈孚帝用祗薦

靈咸嘉虞騰歌臚歡會于軒朱觀厥顯若受福之符
僖宗室酌獻基命 思文僖祖基德之元皇武大之
受命于天積厚流光不已其傳曾孫篤之於萬斯年
翼祖室酌獻大順 天命有開維仁是依迺睠冀邦
于以顧之其顧伊何發祥肇基施于孫子虔奉孝思
宣祖室天元 貽哉皇祖源深流長離戈圭瓚休有
烈光天祐潛德繼世其昌永懷積累嘉薦令芳
太祖室皇武 為民請命皇祖赫臨天地並貺億萬
同心造邦以德介福宜深挹彼惟旨真游居歆
太宗室大定 皇矣太宗嗣服平成益奮神旅再征

不庭文武秉德仁孝克明以聖傳聖對越紫清
真宗室熙文 思文真宗體道之崇儋威赫靈遵制
揚功真符鼎來告成登封盛德百世於昭無窮
仁宗室美成（徽宗御製） 仁德如天徧覆無偏功濟九有
恩涵八埏齊民受康朝野晏然擊壤歌謠四十二年
英宗室治隆 穆穆英宗持盈守成世德作求是纘
是承齊家睦族偃武修文於薦清酤酌之欣欣
神宗室大明 烝哉維后繼明體神稽古行道文物
一新潤色鴻業垂裕後人靈斿沛然來燕來寧
哲宗室重光 明哲煌煌照臨無疆紹述先志寔宣

重光詒謀燕翼率由舊章苾芬孝祀降福穰穰
徽宗室承光（御製） 於皇烈考道化聖神堯聰舜孝文
恬武忻命子出震遺駿上賓罔極之哀有古莫倫
降殺乾安 明德惟馨進止回復裼襲安恭嚴若惟
谷誠意昭融群工秩屬成此禮容生乎齊肅
入小次乾安 於皇我后祗戒專精躬製聲詩文思
聰明雍容矣止玉立端誠神聽如在福祿來寧
文舞退武舞進正安 八音諧律綴兆充庭進旅退
旅肅恭和平盛薦祖宗靈監昭升象功崇德適觀厥
成

亞獻正安　威神在天享于克誠申以貳觴式昭德馨籩豆孔嘉樂舞具陳庶幾是聽福禄來成

終獻正安　疏冪三舉誠意一純孰陪于祀公族振振神具醉止燕娭窈冥於萬斯年綏我思成

皇帝出小次乾安　夙戒告備禮節俯成妥侑惟乾氛氲夜澄有嚴有翼列聖靈承於穆清閟肅肅無聲

皇帝再升殿詣飲福位乾安　維皇親享至再至三禮備樂奏層陛森嚴粢盛芳潔酒醴旨甘雲車風馬從衛觀瞻

飲福禧安　赫赫明明維祖維宗鑒于文孫維德之

同日靖四方亦同其功德萬斯年以承家邦

還位乾安　帝既臨享步武鳴鸞陟降規矩顒昂周旋登歌一再典禮莫愆神之聽之祉福緜緜

尚書徹豆豐安　熈事既成嘉籩告徹洋洋來臨藹藹布列配帝其功在天對越允集叢釐萬邦和悅

送神興安　神之來游風馬雲車淹留彷彿顧瞻歆歆神之還歸鈞天帝居監觀于下何福不除

降殿乾安　於皇上天欽哉成命集于沖人丕承列聖爰熈紫壇于廟告慶肹蠁潛通休祥荐應

還大次乾安　盛德豐功一祖六宗欽翼燕詒裡享是崇屬意齊精假廟惟恭率禮周旋福禄來同

寧宗朝享三十五首

皇帝入門乾安　王假有廟四極駿奔鼎俎宵嚴虡簨雲屯積厚流廣德隆慶蕃是則是繩保我子孫

升殿乾安　於穆清宮奕奕孔碩芝莖蔓秀桂華凞翼八籩登列六瑚貢室皇代擁慶啓佑千億

盥洗乾安　天一以清地一以寧維皇精專承神明靈娥御墮津瀆祗揚濱盥事允嚴先祖是聽

詣室乾安　丹楹雲傑芳勺宵奠樂華淳鬯禮文炳絢有容有儀載肅載見維時緝熈世世以燕

還位乾安　旅楹有閑人神允叶福以德昭饗以誠接六樂宣揚百禮煒煒對越在天流祚萬葉

迎神興安九變　黃鍾為宮　咸英備樂籥席列笋詩歌安世聲叶皇雅翠旗羽蓋雲車風馬神其來兮以燕以下

大呂為角　勾陳旦闢閶闔夜分軫風挾月車駟淩雲瑞景曈矓神光耀熀神其來兮以留以忻

太簇為徵　穆穆紫幄璸璸清宮旱麓流詠鳧鷖叶工道閟詒燕業綿垂鴻神其來兮以康以崇

應鍾為羽　文以謨顯武以烈承聖訓之保祖武之

繩有肅孝假式嚴衎烝神其來兮以宜以寧
捧俎豐安　簠簋薦牲鉶籩實饋其俎孔庶吉蠲為
饎惟德達馨以忱以貴神既佑享祉貺來曁
再詣盥洗乾安　精粹象天明清鑒月再御茲盥益
致其潔齋容顒若誠意洞徹百禮允洽率禮不越
真宗室熙文　天地熙泰躋時昇平闓符建壇聲容
文明君臣賡載夷夏肅清本支百世持盈守成
仁宗室美成　在宋四世天子聖神用賢致治約已
裕民海內富庶裔夷肅賓四十二年堯舜之仁
英宗室治隆　明明英后仁孝儉恭丕顯丕承增光

祖宗繼志述事遵制揚功萬邦作孚盛德形容
神宗室大明　厲精基治大哉乾剛信賞必罰內修
外攘禮樂法理號令文章作新之功度越百王
哲宗室重光　於皇我宋世有哲明元祐用人通駿
有聲紹述先志恩監于成受天之祐王配于京
徽宗室承元　帝撫熙運晏粲協期禮明樂備文恬
武嬉道光授受謀深燕詒駿命不易子孫保之
欽宗室端慶　顒顒令主輝光日新奉親以孝綏下
以仁兢兢業業誕保庶民於穆不已之德之純
高宗室大德　昊天有命中興復古治定功成偃文

偃武德隆商宗業闓漢祖付託得人系堯之緒
孝宗室大倫　藝祖有孫聰睿神武紹興受禪歸尊
于父行道龔爵百度脩舉聖德曰孝光于千古
光宗室大和　維宋洽熙帝繼于理萬姓厚生三辰
順軌對時天休以燕翼子肅唱和聲神其有喜
還位乾安　在周之庭設業設虡酒醴惟醹爾殽伊
脯帝觴畢勺天步旋舉丕顯丕承念茲皇祖
降殿乾安　黼幄蟬蜎飈斿寧燕尊彝獻祼瑚簋陳
薦貺儀天旋淳音韶變適求厥寧福祿流羨
入小次乾安　皇容肅祗天步舒遲對越惟恭敬事

不遺陟降莅止永言孝思上帝臨女日監于茲
文舞退武舞進正安　明庭承神鞉磬柷敔玉梢飾
歌佾綴維旅既肖厥文復象乃武祖德宗功惟帝時
舉
亞獻正安　尊斝星陳罍冪雲舒來貳鸞觴玉佩瓊
琚相予嚴祀秉德有初對揚王休何福不除
終獻正安　秉德翼翼顯相肅雝疏冪三舉誠意益
恭光燭黼繡和流笙鏞子孫衆多福祿來從
出小次乾安　廟楹邃嚴夜景藻清文物炳彪禮儀
熙成帷宮載敞珮珩有聲帝復對越將受厥明

再升殿乾安　明明維后詒厥孫謀系隆我漢陳錫
哉周以孝以饗世德作求介以繁祉萬邦咸休
飲福乾安　王瓚黃流有飶其香來假來享降福穰
穰我應受之湯孫之將有百斯男福禄無疆
還位乾安　聖圖廣大宗枋光輝假于有廟帝命不
違優若有慕夙夜畏威嘉樂君子福禄祁祁
徹豆豐安　升饌有章卒食攸序庭鏘金奏凱收鉶
管其獻惟成其餕維旅禮洽慶流皇祖之祜
送神興安　珠幄煩黃神既燕娭監觀于下福禄來
宜雲車風馬神保聿歸答佑我後福禄來為

降殿乾安　聖有謨訓詒謀燕翼奉天酌祖萬世維
則維皇孝熙乾乾夕惕禮既式旋惟福之錫
還大次乾安　王假有廟對越在天帷宮旋御率禮
不愆恭時展祠雲陽奉瑄齊居精明益用告虔
理宗朝享三首
皇帝升降乾安　於皇祖宗清廟奕奕威靈在天不
顯惟德垂裕鴻延詒謀燕翼孝孫格斯受祉罔極
迎神興安九奏　秬鬯既將黃鍾具奏瞻望真游僾
若有慕於皇列聖在帝左右雲車具來以妥以侑
寧宗室大安　帝德之休恭儉淵懿三十一年謹終

如始升祔在宮祖功並美民懷有仁何千萬世
高宗祀明堂前朝享太廟二十一首
皇帝入門乾安　於皇我后祗戒專精齊肅有容祖
考是承造次匪懈孝思純誠神聽有格福禄來寧
升殿乾安　肅哉清宮煩珠照幄神之來思八音振
作赤舄龍章奉玉惟恪匪今斯今先民時若
盥洗乾安　於皇維后觀盥之初精意昭著既順既
愉圭鬯承祀卿士咸趨目視心化四方其孚
迎神興安　涓選休成祖考是享夙夜專精求諸惚
恍洋洋在上惟神之仰鬯矣清明應之如響

捧俎豐安　來相于庭鳴銷鏘鏘奉牲而告登彼雕
房非牲之備民庶是康神依民聽上帝斯皇
僖祖室酌獻基命　何慶之長實兆于商由商太戊
子孫其昌皇基成命宋道用光詒厥孫謀膺受四方
翼祖室大順　上帝監觀維仁是依繼世脩德皇心
顧之其顧伊何在彼冀方施于子孫降福穰穰
宣祖室酌獻天元　昭哉皇祖駿發其祥雕戈圭瓚
盛烈載揚天錫寶符俾熾而昌神聖應期赫然垂光
太祖室皇武　猗歟皇祖下民攸歸膺帝之命龍翔
太微戎車雷動天地清夷截截奉璋萬世無違

太宗室大定　煌煌神武再御戎軒時惠南土旋定太原車書混同聲教布宣維天佑之億萬斯年

真宗室熙文　於皇真宗體道之崇游心物外應迹寰中四方既同化民以躬清淨無爲盛德之容

仁宗室曲同郊祀送神亦同

英宗室治隆　噫我大君嗣世修文維文維武謨繼虞勳天錫丕祚施于後昆於薦清酤酌之欣欣

神宗室大明　烝哉維后繼明體神憲章文武宜民宜人經世之道功格于天子孫嚴祀無窮之傳

哲宗室重安　明哲煌煌照臨無疆丕承先志嘉靖多方朝廷尊榮民庶樂康珍符來應錫茲重光

徽宗室承元　聖考巍巍光紹丕基禮隆樂備時維純熙天仁兼覆皇化無爲功成弗處心潛希夷

文舞退武舞進正安　作樂合祖簨簴在庭衆奏具舉肅雝和鳴神靈來格庶幾是聽皦繹以終永觀厥成

亞獻正安　威神在天來格于誠既載清酤有聞無聲相予熙事時賴宗英肅肅雝雝允協思成

終獻正安　疏冪三舉誠意一純孰陪予祀公族振振明靈來娭樂舞具陳奉神所佑昭孝息民

飲福禧安　赫赫明明德與天通施于孫子福祿攸同日靖四方民和年豐有秩斯祜申錫無窮

徹豆豐安　歆我齊明威德如存牲牷是享圭玉其溫群公執事亦既駿奔禮成告徹咸福黎元

還大次乾安　神明既交怳若有承欽翼齊莊福祿具膺王業是興祖武是繩佑我億年以莫不增

孝宗明堂前享太廟三首

徽宗室酌獻承元　明明徽祖撫世升平制禮作樂發政施仁聖靈在天德澤在民億萬斯年保佑後人

高宗室大德　於皇時宋自天保定高宗受之再僕景命紹開中興巽善傳聖何千萬年永綏厥慶

還大次乾安　禮既行矣樂既成矣維祖維妣安且寧矣皇輿玉趾佩鏘鳴矣拜貺總章于厥明矣

理宗明堂前朝享二首

寧宗室奠幣定安　皇矣昭考聖靈在天稱秩宗祀有嚴恭先奉幣以薦見之僾然仁深澤厚厥光以延

酌獻考安　假哉皇考必世後仁嘉靖我邦與物皆春之純之德克配穹旻餘慶淵如佑我後人

皇后廟十五首

迎神肅安　閟宮翼翼雅樂洋洋牲器肅設几筵用

張飾以明備秩其令芳神兮來格風動雲翔
太尉行舒安　服章觀象山龍是則容止蹌蹌威儀
翼翼
司徒捧俎豐安同徽　恪恭奉祀祗薦犧牲九成爰奏
有俎斯盈
酌獻孝明皇后室惠安　祀事孔明廟室惟肅鉶登
籩豆金石絲竹既灌既薦允恭允穆奉神如在以介
景福
孝惠皇后室奉安　初陽作配內助惟賢柔順中積
英徽外宣神宮有侐明祀惟虔歆誠降祐於萬斯年

孝章皇后室懿安　猗那淑聖象應資生配天作合
與日齊明椒宮垂範彤史揚名聿修毖祀永奉粢盛
懿德皇后室順安　王門稟慶帝族惟賢功存內治
德協靜專流芳圖史垂範紘綖新廟有侐祀禮昭然
淑德皇后室嘉安　明明英媛德備椒庭籩豆有踐
黍稷匪馨靜嘉致薦容與昭靈精意以達顧享來寧
莊穆皇后室理安　曾孫襲慶柔祗育德正位居體
其儀不忒教被宮壼化行邦國祝史正辭垂裕無極
莊懷皇后室永安　淑德昭著至樂和平登豆在列
膋香薦誠六變合禮八音諧聲穰穰景福佑我休明

元德皇后廟興安　為太宗后為天下母誕聖繼明
膺乾作主玉振金相蘭芬桂芳於萬斯年永奉烝嘗
飲福禧安　彝尊旨酒慶佑遂行介以純嘏允荅明
誠
亞獻恭安　宗臣率禮步玉鏘鏘吉蠲斯獻百祿是
將
終獻順安　薦獻有終禮容斯穆以奉嘉觴以膺多
福
送神歸安　明禋告畢靈輅難留升雲杳邈整馭優
游誠深嘉栗禮罄欽修豐融垂佑以永洪休

景祐以後樂章六首
章獻明肅皇太后室奠瓚達安　肅肅閟宮順時薦
事醑旨馨香如見於位
酌獻厚安　祥標魯麓德合方儀萬邦長養九御蒙
慈孝恭礿祏美播聲詩淑靈顧享申錫維祺
章懿皇太后室奠瓚報安　青金玉瓚祼將于京永
懷罔極夙夜齊明
酌獻衍安　翊佐先朝章明壼教淑順謙勤徽音在
劭樹風不止劬勞匪報黍稷令芳嘏茲乃告
奉慈廟章惠皇太后室奠瓚翕安　祼圭既陳酌旨

斯醇音容彷彿真獻惟寅

酌獻昌安　内輔先猷夙昭壼則保祐之勞慈惠其德榮養有終芳風無極享獻閟宫載懷悽惻

真宗汾陰禮畢親謝元德皇后室三首

迎神肅安　閟宫奕奕韶樂洋洋牲幣虔布几筵肅張醴泉淳美嘉肴潔香侯神來格降彼帝鄉

奉俎豐安　樂鏗金石俎奉犧牲九成斯奏五教爰行

送神理安　鸞驂復整鶴駕難留白雲縹緲紫府深幽廟雖載止神無不游垂佑皇宋以永鴻休

元德皇后升祔一首

顯安之曲　顯矣皇妣德侔柔祇升祔太室恊禮之宜耀彼寶冊列之尊彝惟誠是孚永佑慶基

崇恩太后升祔十四首

入門顯安　俔天生德作配元符儀刑壼則輔佐帝圖登崇廟祏勒號璠璵烝嘗億載皇極之扶

神主升殿顯安　曰嬪于京天作之配進賢審官克勤其志於穆清廟本仁祖義億萬斯年神靈攸暨

迎神興安四章黄鍾宫二奏　閟宫有侐堂筵屹崇靈徽匪遐精誠感通苾芬維時登茲明祀洽然雲車有來其馭

大吕角二奏　羽旄風翔翠蕤飄舉儼其音徽登茲位處笙鏞始奏合止柷敔是享是宜永求伊祜

太簇徵二奏　孜孜閟宫鼎俎肆陳烝畀明靈登其嘉薦鼓鍾既戒旨酒既醇攸介攸止純禧荐臻

應鍾羽二奏　旨酒嘉肴于登于豆是享是宜樂既合奏衎我懿德執事温恭靈兮允格有翼其從

罍洗嘉安　列爵陳俎芬芳和羹撰金擊石洋洋和聲禮行伊始我德惟明既盥而往於昭斯誠

升降殿儼安　笙簫紛如陟彼廟庭鏘鏘佩玉懷茲

先靈神保聿止音容杳冥繁禧是介萬年惟寧

酌獻茲安　雝雝玉佩清酤惟良粢盛具列有飶其香懷其徽範德洽無疆於茲燕止降福穰穰

亞獻神安　嬪于潛邸爰正坤儀關雎化被思齊名垂柔德益茂家邦以熙皇心追崇永羞牲粢

退文舞進武舞昭安　翩然干戚揚庭陳階文以經緯武以威懷其張其弛節與音諧迄茲獻享妥靈綏來

終獻儀安　珩璜之貴褘褕之尊天作之合内治慈温元良鍾慶祉福乾坤以享以祀事亡如存

徹豆成安　鏘洋純繹於論鼓鍾周旋陟降齊莊肅
容維罍既旨維籩伊豐歌徹以雍介福來崇
送神與安　黍稷維馨虡業充庭既歆既戒靈心是
承顧予烝嘗言從之邁申錫無疆是用大介
上冊寶十三首
冊寶入門隆安　威儀皇止庶尹在庭爰舉徽章適
觀厥成勤崇揚休寫之瓊瑛迄于萬祀發聞惟馨
冊寶升殿崇安　有猶有言順承天則聿崇號名再
揚典冊朱英寶函左右翼翼千秋萬歲保茲無極
迎神歆安黃鍾宮　籩豆大房犧尊將將馨香既登

明靈迪嘗其樂伊何吹笙鼓簧靈來燕娭降福無疆
大呂角二奏　吉蠲惟時禮儀既備奉璋峩峩群公
在位神之格思永錫爾類展彼令德於焉來暨
太簇徵二奏　雍雍在宮翼翼在庭顯相休嘉肅雍
和鳴神嗜飲食明德惟馨綏我思成式燕以寧
應鍾羽二奏　犧牲既成籩豆有楚摐金擊石式歌
且舞追懷懿德令聞令儀靈兮來格是享是宜
罍洗嘉安　嘉肴旨酒潔粢豐盛既盥而往以我齊
明有孚顒若黍稷非馨神之格思享于克誠
升降熙安　佩玉鏘鏘其來雝雝陟降孔時步武有

容恪茲祀事神罔時恫綏我邦家福祿來崇
酌獻明安　旨酒嘉栗有飶其香衎我淑靈歆此令
芳德貽彤管號正椒房神具醉止降福穰穰
退文舞進武舞昭安　籥翟既陳干戚斯揚進旅退
旅一弛一張其儀不忒容服有光以宴以娭德音不
忘
亞終獻和安　望高六宮位應四星輔佐君子警戒
相成褘衣褒崇琛冊追榮于以奠之有椒其馨
徹豆成安　濯濯其英殖殖其庭有來群工賚我思
成嘉肴既將旨酒既清雍徹不遲福祿來寧

送神歆安　禮儀既備神保聿歸洋洋在上不可度
思神之來兮肸蠁之隨神之去兮休嘉是貽
上欽成皇后冊寶六首
入門升殿顯安　上帝錫羡寔生婉淑輔佐神皇寵
膺天祿誕育泰陵劬勞顧復於昭徽音久而彌郁
迎神歆安　於顯惟德徽柔懿明嬪于初載有聞惟
馨肆我鼓鍾萬舞在庭神保是格來止來寧
盥洗嘉安　有煒柔儀率履不越恵于初終既明且
達我將我享相盥乃登胡臭亶時攸介攸寧
升降熙安　苾苾其芳殽核維旅陟降孔時有秩斯

所雍容内化維神之明明則不渝綏我思成
酌獻明安　天維顯思有相于内右賢去邪夙夜儆
戒猗歟追册重翟褘衣既右享之百世是儀
亞終獻和安　酌彼玉瓚有椒其馨駿假無言雍容
在庭生莫與崇於赫厥聲祀事孔明神格是聽
上明達皇后册寶五首
迎神歆安　恭儉宜家柔順承天德昭彤管憂在進
賢寶册褘翟追榮壽原四時祼享何千萬年
酌獻明安　清宫有嚴廣樂在庭鍾鼓筦磬九變既
成縮茅以獻潔秬惟馨靈遊可想來燕來寧

退文舞進武舞昭安　秉翟竣事萬舞摐金總干揮
戚節以鼓音禮容有煒肹蠁來歆淑靈是聽雅奏愔
愔
徹豆成安　登獻罔愆俎豆斯徹神具醉止禮終樂
闋御事既退珊珊佩玦介我繁祉歆此蠲潔
送神歆安　備成熙事虛徐翠搖神保聿歸雲車夙
征鑒我休德神交惚恍留祉降祥千秋是享
紹興别廟樂歌五首
升殿崇安　新廟肅肅蒇事以時陟降階墄雍容有
儀鞠躬周旋罔敢不祗祝史正辭靈其格思

奉俎肅安　肇嚴廟祀爰圖遺芳物必稱德或陳或
將有縟其儀有苾其香靈兮來下割烹是嘗
懿節皇后室酌獻明安　曾沙表慶正位椒庭徽音
杳邈宫壼儀刑屢修祀事清酤惟馨縮以包茅昭格
明靈
亞終獻嘉安　霄漢月墮郊原露晞徽音如在延佇
來歸有酒既清累觴載祗神具醉止燕衎怡怡
徹豆寧安　仙馭弗返耿邈清都薦此嘉殽既豐既
腆眞享有成鼓樂愉愉徹我豆籩率禮無踰
乾道别廟樂歌三首

諸廟乾安　涓選休辰于秋之杪既齊既戒爰假祖
廟有侐儀坤舊章是傚享祀奚為天子純孝
升殿乾安　宗祀九筵先薦閟宫陟自東階煌煌袞
龍於穆聖善監茲禮容是享是宜介福無窮
懿節皇后室酌獻歆安　丕顯文母厚德維坤仙馭
雖邈徽音固存瑟彼玉瓚酌此欝尊簡簡穰穰裕我
後昆
紹興别廟二首
安穆皇后室酌獻歆安　祥發俔天符彰夢日有懷
慈容孝享廟室泰尊是酌旨酒嘉栗靈其格思作以

元吉

安恭皇后室酌獻歆安　美詠河洲德嬪嬀汭徽音如存肇修祀事縮以包茅酌以醴齊靈來顧歆降福攸備

紹興二十九年顯仁皇后祔廟一首

酌獻歆安　恭惟聖母躋祔孔時陳羞宗祏徽福坤儀鍾鼓惟序牲玉載祗於皇來格永介丕基

開禧三年成肅皇后祔廟一首

酌獻歆安　天合重華內治昭融承承繼繼保佑恩隆歸從阜陵登祔太宮燕我後人福祿來崇

志卷第八十七

志卷第八十八　宋史一百三十五

開府儀同三司上柱國錄軍國重事前中書右丞相監修國史領經筵事都總裁臣脫脫等奉勅修

樂十　樂章五

朝謁玉清昭應宮　太清宮
朝享景靈宮　封禪
祀汾陰　奉天書
祭九鼎

真宗奉聖祖玉清昭應宮御製十一首

降聖真安　巍巍真宇奕奕殊庭規模太紫炳煥冊青元命祇荅大猷是經多儀有踐丕應無形肆設金石聲聞杳冥佇迴飈馭永祐基扃

奉香靈安　芳氣上浹飈馭下臨紹承丕緒永勵精明氤氳成霧蔥鬱垂陰虔恭對越介祉攸欽

奉饌吉安　發祥有自介福無疆紛綸丕應保佑下方嘉薦斯備雅奏具揚寅威洞達監眄昭章

玉皇位酌獻慶安　無體之體強名之名監觀萬寓統治九清真期保祐瑞命昭明乾乾翼翼祇荅財成

聖祖位酌獻慶安　於昭靈貺誕啓鴻源功濟庶彙慶流後昆蘭肴登俎桂酒盈尊俯迴飈駕永庇雲孫

太祖位酌獻慶安　赫赫藝祖受命高穹威加海外化浹區中發祥宗祏錫祐眇沖欽承積德勵翼精衷

太宗位酌獻慶安　明明文考儲精上蒼禮樂明備溥率賓王功德累洽歷數會昌孝思罔極丕祐無疆

亞終獻沖安　太初非有體至道本無聲降迹臨下土成功陟上清至仁敦動植丕緒啓宗枋紫禁承來格鴻基保永寧發祥垂誕告致孝薦崇名廣樂伸欽奉儲休固太平

飲福慶安　明明始祖誕啓慶基翼翼後嗣虔奉孝思精潔斯達祉福咸宜于以報貺于以受釐

徹饌吉安　雕俎在御飈駕聞聲真遊斯降旨酒斯盈大樂云闋大禮云成徹彼常薦釐此明誠

送聖真安　精心既達真遊允臻禮容斯舉福應惟醇將整僊馭言還上旻永存嘉貺用泰烝民

迎奉聖像四首 並用慶安

玉皇位　玉扆上帝金像睟容宅真雲構練日龜從維皇對越率禮寅恭靈心丕應福祿來崇

聖祖位　綏化在天保昌厥緒降格皇闈瓊輪載御藻仗星陳睟容金鑄佑我慶基宅茲靈宇

太祖位　烝哉大君聿懷帝祖鎔範真儀奉尊靈宇至感祥開洪輝物覩瞻謁盡恭飛英率土

太宗位　於顯神宗德洽區中祥金爍冶範茲睟容殊庭胥宇備物致恭明威有赫降福來同

玉清昭應宮上尊號三首

奉告隆安　登隆妙號欽翼淵宗茂宣德禮有恪其容奉璋升薦垂佩彌恭揚休詠美以間笙鏞

太初殿奉冊寶登安　皇靈垂祐洪福彌隆祗率緜寓潔祀真容嚴恭奉冊對越清躬睟容肅穆懿號尊崇禮成樂舉福祿來同

二聖殿奉絳紗袍登安　赫赫列聖盛德巍然彤彤靈宇睟儀在焉奉以龍衮被之象天重慶宗稷億萬斯年

太尉奉聖號冊寶真安　上旻降監介祉實繁邦家脩報妙道歸尊增名胥極奉冊靈軒茂宣聖典永祐黎元

寶冊升殿大安　圖書昭錫典禮紹成烝民何幸敎父儲靈欽承景貺祗奉崇名致虔寶冊垂祐基扃

降神真安　猶龍之聖降生厲鄉教流清淨道符混茫大君肅謁威儀允臧森羅羽衛躬薦蕭薌瞥綏濟濟鍾石洋洋髙真至止介福誕祥

奉玉幣靈安　琳宮奕奕黼坐煌煌玉帛成禮飈馭延祥鴻儀有則景福無疆嘉應昭協丕猶誕揚

奉饌吉安　金奏以諧飈遊斯格靈監章明皇心勵
翼肅奉雕俎来升絲席享德有孚㷫禧無斁
酌獻大安　欽崇至道肅謁殊庭順風而拜明德惟
馨飈馭来格尊酒斯盈是酌是獻心通杳冥
飲福大安　彼渦之壖指李之區千乘萬騎来朝蜜
都躬陳芳薦款接仙輿飲酒受福永耀鴻圖
亞終獻正安　邈矣道祖冥幾惚恍常德不離至真
無象引位清穹降祥神壤酌醴薦誠控飈来享
送神真安　醴酸在戶金奏在庭籩豆有踐黍稷非
馨義盡𩒨潔誠通杳冥言旋風馭祚我脩齡

太極觀奉冊寶一首
登安之曲　薦號穹冥登名祖禰陟配陽郊恊宣典
禮感電靈區誕聖鴻懿冊寶斯陳福禄来暨
景靈宮奉冊寶一首
登安之曲　穆穆真宗錫羨蕃昌飈輪臨睨諄誨洞
彰虔崇懿號祗荅景祥至誠致享降福無疆
景祐元年親享景靈宮二首
降真大安　真館奉幣潔齋致馨靈因斯格社稷慶
寧
送真大安　椒漿尊享琡饌精祈晬容杳邈瑶輅霞

飛
大觀三年朝獻景靈宮二首
奉饌吉安　威靈洋洋靡有常嚮於惟欽承来假来
饗傳碩芬香是烝是享奉器有虔載德無斁
兩牲既充是烹是肆爾肴既具是羞是饋非物之重
惟德之備神之格思歆我精意
高宗郊前朝獻景靈宮二十一首
皇帝入門乾安　維皇齊居承神其初顒顒昂昂龍
步雲趨景鍾鏗如肅覲清都肸蠁之交神人用孚
升殿乾安　帝既臨饗盤盥茲精意對越在天爰升紫

陛孔容翼翼保承丕緒孝奉天儀永錫爾類
降聖太安　惟德馨香升聞八方粤神臨之来從帝
鄉萬靈景衛有爗其光監我精純降福穰穰
盥洗乾安　齋居皇皇瓊琚鏘鏘承祭之初其如在
旁挹彼注茲儲禧迎祥神之聽之欣欣樂康
聖祖位乾安　湑選休辰有事嘉薦琅琅瓊珮陟降
巖殿其陟伊何幣玉斯奠周旋中禮千億儲羨
聖祖位奉玉幣靈安　上靈始祖雲景元尊巖祀夙
展六樂朱軒明玉之潔豐帛之温暢乃繼序承德不
愆

還位乾安　我后臨饗奠幣攸畢式旋其趨集度有
式禮容齋莊孝思純實天休滋至時萬時億
奉饌吉安　百職駿奔來相于庭奉盛以告登茲芳
馨際天蟠地默運三靈神兮來歆祚我休平
再盥洗乾安　有嚴大禮對時休明情文則粲蠲潔
必清再臨觀盥以專以精真游來格永觀厥成
再詣聖祖位乾安　於赫炎宋十葉華耀屬茲郊報
陟降在廟其降伊何椒漿桂酒再拜斟酌永御九有
聖祖位酌獻祖安御製　璒源誕啓玉牒肇榮覆育群
有監觀圓清酒醴既洽登薦惟誠無有後艱駿惠雲仍

還位乾安　奠鬯告成式旋厥位天步雍容神人燕
喜九廟觀德百靈薦祉子孫其昌垂千萬祀
文舞退武舞進正安　於皇樂舞進旅退旅一弛一
張笙磬具舉豈惟玩聲象德是似神鑒孔昭福祿來
予
亞終獻沖安　五音飭奏神既億康濟其容與薦此
嘉觴有來顯相鋗玉鏘鏘奉承者宥罔不齋莊
飲福報安　嘉薦既終神貺斯復賚我思成靈光下
燭孝孫承之載祗載肅敷錫庶民亟蒙祉福
還位乾安　帝臨閟庭逆釐上靈神鶵安坐肅若有

承嘉觴既申德聞惟馨靈光留俞祚我億齡
徹饌吉安　晉淖既薦苾芬孔時神嗜而顧有來燕
娭饗矣將徹載歆載祗展詩以侑益臻厥熙
送真太安　雍歌既徹熙事備成神夕奄虞忽乘青
冥靈心回睠監我精禋誕降嘉祉休德昭清
降殿乾安　我秩元祀上推靈源展事有恤稷威肅
然丹墀既降秉心益虔荷天之休于千萬年
望燎乾安　奕奕靈宮有嚴毖祀燔燎具揚禮儀既
備帝心肅祗天步旋止對越在天永膺蕃祉
還大次乾安　帝將于郊昭事上祀爰茲畢觴復即

于此飈游載旋容旌沓騎維皇嘉承錫祚昌熾
高宗明堂前朝獻景靈宮十首
降聖大安　德惟馨香升聞八方粤神之從爗然有
光驂飛乘蒼啾啾蹌蹌消搖從容顧予不忘
升殿乾安　帝既臨享龍馭華耀孝孫承之陟降在
廟誠意上交㶑陰下冒天休駢至千億克紹
聖祖位奠玉幣靈安　玉氣如虹豐縟充罰既奉既
將亦奠在位有永群后實相祀事何以臨下心意不
貳
奉饌吉安　瓊琚鏘鏘玄衣繡裳薦嘉升香粢盛芬

芳禮儀莫愆鼓鐘喤喤曾孫之常綏福無疆
聖祖位酌獻祖安　棐回若留靈其有喜薦我馨香
挹盎酒醴我祖在天執道之紀申佑無疆奏神稱禮
文舞退武舞進正安　進旅退旅載執干戚不愆于
儀容服有赫式妥式侑神保是格靈鑒孔昭孝思維
則
亞終獻冲安用舊辭
飲福報安　於赫大神總司元化監我純精威光來
下延昌之貺千億馮藉曾孫保之丕平是迓
徹饌吉安　洋洋降臨肅肅布列熈事既成嘉籩告

徹九天儲慶垂佑無鈌寖明寖昌綿綿瓜瓞
送真太安　高飛安翔持御陰陽幽贊圓穹監觀四
方元精回復奄屢孔良畢觴降嘏偃蹇于驤
望燎乾安　奕奕原祠有嚴苾祀禮儀孔宣燔燎斯
暨帝心肅祗天步旋止熈事既成永膺蕃祉
孝宗明堂前朝獻景靈宮八首
盥洗乾安　合宮之饗報本奉先欽惟道祖濬發璿
源駕言謁欵其盥惟虔尚監精衷錫祚綿綿
聖祖乾安　駿命有開慶基無窮祗率百辟仰瞻睟
容鼓鐘斯和黍稷斯豐靈其居歆福禄來崇

還位乾安　嘉玉既設量幣既陳髣髴靈游來顧來
寧對越伊何厥惟一純佑我熈事以迄于成
奉饌吉安　發祥仙源流澤萬世曷其報之親饗三
歲相維列御潔粢是饋匪物之尚誠之為至
再詣盥洗乾安　華燈熒煌瑞煙氤氳威神如在蠲
潔必親再盥于罍再帨于巾皇心肅祗其敢憚勤
再詣聖祖位乾安　歲逢有年月旅無射我將我饗
如幾如式肅爾臣工諧爾金石本原休功垂裕罔極
還位乾安　旨酒思柔神具醉止工祝既告孝孫旋
位何以酢之純嘏來備燕及雲來蕃衍無巳

文舞退武舞進正安　象德之成有奕其舞一弛一
張進旅退旅嘒以管簫和以鏞鼓神其樂康永錫多
祐
寧宗郊前朝獻景靈宮二十四首
皇帝入門乾安　閟幄邃深雲景杳冥天清日睟展
容玉庭締基發祥希夷降靈神其來燕是饗是聽
升殿乾安　帝居瑶圖璇題玉京日月經振列宿上
熒桂篕飶芬瑚器華晶黄承禋祀用戒昭明
降神太安六變圜鐘為官　四靈晨耀五緯夕明風
雲晏和天地粹清靈兮來迎靈兮來迎啓我子孫饗

于純精
黃鍾爲角　芬枝揚烈煩珠叶陶閶珍闌符展詩舞
箾神哉来下神哉来翺肅若有承靈心招搖
太簇爲徵　龍車既奏鳳馭載翔帝幄佇靈天衢騰
芳神来留俞神来蹇驤禮卺樂明奏假孔將
姑洗爲羽　虹旌蜺旄鸞旗翠蓋星樞扶輪月御叶
衛靈至陰陰靈般裔裔来格来饗福流萬世
盥洗乾安　禮文有俶祀事孔明將以潔告允惟齊
精自盥而往聿觀厥成靈監下臨天德其清
詣聖祖位乾安　維宋肖德欽天顧右於皇道祖丕

鼇靈祐蕃藟殖繁亾姓孕茂克昌厥後世世孝奏
聖祖位奉玉幣靈安高宗御製見前
皇帝還位乾安　桂宮眈眈藻儀穆穆天回衮彩風
韶璜玉咸英皦亮容典炳煜假我上靈景命有僕
奉饌吉安　我簋斯盈我簠斯實或剥或亨或燔或
炙有殽既將爲俎孔碩禮儀卒度永錫爾極
再盥洗乾安　觴濬初勺禮戒重盥假廟以莘取象
于觀清明外暢精肅中貫我儀圖之三靈攸贊
再詣聖祖位乾安　肇基駿命肇右鴻業鼎玉龜符
垂固萬葉靈貺具臻神光燁燁暉祚無疆規重矩疊

聖祖位酌獻祖安高宗御製見前
還位乾安　皇帝瑞慶長發其祥綦系悠遠邇源靈
長德之克明休烈有光配天作極孝饗是將
文舞退武舞進正安　持翟成象秉朱就列旄乘整
溢鳳儀諧節揮舒皇文歌昭先烈合好効懽福流有
截
亞獻沖安　光熉紫幄神流玉房秉文偷儀嘉虞貳
觴震濬醉喜彷彿迪嘗璇源之休地久天長
終獻沖安　靈輿蹇驤畢觴泰進貳饗允穆祼將克
竣垂恩儲祉錫羡永年將以慶成燕及皇天

詣飲福位乾安　若木露英清雲流霞葛蔓芝之秀馮
馮桂華綿瑞無疆産嘏孔奢皇則受之肇我帝家
飲福酒報安　旨酒惟蘭勺漿惟椒福流瓚斝光燭
琨琖拜貺清官凝輝慶霄神其如在徘徊招搖
還位乾安　烝哉我皇繼天毓聖逆釐元都對越靈
慶如天斯久如日斯盛琖圖濬邈永隆駿命
徹饌吉安　房劍陳列室簋登奉告饗具歆展徹惟
拱祥光奕奕嘉氣憹憹受嘏不貲燕天之寵
送真太安　雲車風馬靈其來游天門軼蕩神其莫
留遺慶陰祉發祥流康我有宋與天匹休

降殿乾安　璇庭爛景紫殿流光禮洽乾回福應日
昌聖系彪鴻景命溥將德茂功成率祀無疆
詣望燎位乾安　厥初生民淵濬唯祖芳薦既輟明
燎具舉德馨升聞靈貺蕃諭懷濡上靈佑周之祜
還大次乾安　帝假于宮彝承清祀天蹕臨幄宸衛
森崎行縣大室旋趨紫時率禮不違式夷靈祉
理宗明堂前朝獻景靈宮二首 餘用舊辭
升殿登歌乾安　我享我將鑿茲精意陟降左右維
天與契齋明乃心祇肅在位於萬斯年百福來備
亞獻宮架沖安　慶雲郁郁鳴璆琅琅濟其容與申

薦貳觴奉承若宥神其樂康錫以多祉源深流長
大中祥符封禪十首 餘同南北郊
山上圜臺降神高安　巖巖泰山配德于天奉符展
采翼翼乾乾滌濯靜嘉罔有弗蠲上帝顧諟冷風肅
然
昊天上帝坐酌獻奉安　皇天上帝陰隲下民道崇
廣覆化洽鴻鈞靈文誕錫寶命惟新增高欽事式奉
嚴禋
太祖配坐酌獻封安　於穆聖祖肇開鴻業我武惟
揚皇威有曄四隩混同百靈褱疊陟配高穹明靈是

接
太宗配坐酌獻封安　祇若封祀神宗配天禮樂明
備真獻精虔昊靈來格休祥藹然於昭垂慶億萬斯
年
亞獻恭安　因高定位禮備物備薦卺卜牲虔恭寅
畏八音克諧天神咸暨降福穰穰永錫爾類
終獻順安　浩浩元精無臭無聲臨下有赫得一以
清備物致享薦茲至誠恭尊真獻夙夜齊明
社首壇降神靖安　至哉坤元資生伊始博厚稱德
沈潛柔止降禪方位聿脩明祀寅恭吉蠲永錫蕃祉

皇地祇坐酌獻禪安　坤德直方博厚無疆秉陰得
一靜而有常寶藏以發乃育百昌肅祇禪祭錫祉穰
穰
太祖配坐酌獻禪安　皇矣聖祖丕赫神武秉運宅
中威加九土德厚功崇頌聲載路陟配方祇對天之
祜
太宗配坐酌獻禪安　毖祀柔祇報功厚載思文太
宗侑神嚴配鐘石斯和籩豆咸在永錫坤珍資生為
大
汾陰十首

降神靖安　茫茫坤載粤惟太寧資生光大品物流
形瞻言汾曲允宅神靈聖皇躬享明德惟馨
奠玉幣登歌嘉安　至誠旁達柔祇格思奉以琮幣
致誠在茲
奉俎豐安　博碩肴牲載純其色體薦登俎聿崇坤
德
右土地祇坐酌獻博安　秉陰成德敏樹宣功應變
審諦神力無窮沈潛剛克流謙示中潔茲奠獻妙物
玄通
太祖配坐酌獻博安　坤元茂育植物成形於穆聖

祖功齊三靈嚴恭配侑厚德攸寧永懷錫羨歆此惟
馨
太宗配坐酌獻博安　報功厚載祀事惟明思文烈
考道濟群生侑神定位協德安平馨潔並薦享于克
誠
飲福博安　寅威寶命明祀惟虔協神備物罔不吉
蠲右祇格思靈飈肅然誕受景福遐哉億年
亞終獻正安　至哉柔祇滋生蕃錫滌濯靜嘉寅恭
夕惕金奏純如萬舞有奕立我烝民莫匪爾極
右土廟降神靖安　博厚流形秉陰成德柔順利正

直方維則明祇格思素汾之側祇載吉蠲宸心翼翼
酌獻博安　至哉物祖設象隆脽動靜之德翕闢攸
宜嘉粟以薦精禱洪釐茂宣陰貺五穀蕃滋
祗奉天書六首
朝元殿酌獻瑞文　妙道非常神變無方惟天輔德
靈貺誕章玄文昭錫寶曆彌昌禮崇明祀式薦馨香
含香圍瑞文　運格熈盛將封介丘禮神之域瑞命
殊尤靈文荐降丕顯皇猷聖心肅奉永洽鴻休
泰山社首壇升降瑞文　玄穹眷懷寶符申錫垂露
騰文粲然靈迹發祥吉圖純熈寫奕登薦欽崇式昭

天曆
奉香酌獻瑞安　謂天蓋高惟皇合德倬彼靈章圖
書是錫眷命諄諄被以遐曆膺籙告成虔恭欽翼
地屆興王祥開圖籙典禮昭成祺祥交屬大輅逶迤
御雲紛郁祐我含靈錫茲介福（祥符七年奉祀畢天書迴至應天府有雲
物之瑞命製是曲以紀休應）
升降靈文　旻穹無聲惟德是輔降監錫符垂文篆
素孝瑞紀封英聲載路既壽而昌篤天之祜
祭九鼎十二首
帝鼐（土王日祀）降神景安　日號丙丁方號中央德惟其

時躅吉是將夫何飲之黄流玉瓚夫何食之有陳伊
饌
奉饌豐安　粢盛既豐牲牢既充展兹熙事温温其
恭惟明欣欣燔炙芬芬保乎天子緐祉荐臻
亞終獻文安　工祝致辭黄流㶇鬯爰登清歌載期
神享噫予誠心精禋是虔嘉予陳祀豐盈豆籩
春分蒼鼎亞終獻成安　法乾剛兮鑄鼎奠方消嘉
旦兮齊明迎祥胡爲持幣維箱及筥胡爲和羹有錡
維釜

立夏罔鼎迎神凝安　我方東南我日朱明爰因其
時鼎以罔名粢盛既馨牲牷既盈佑我皇家巽令風
行
亞終獻成安　黄流在中惟馨香祀於薦于神爰祗
厥事禮從多儀以進爲文尊斝三獻昭示孔勤
夏至彤鼎酌獻成安　犧尊將將俎基自堂牲牷肥
腯鼓鐘喤喤肆予醴齊椒馨餕香聿來歆顧天祚永
昌
立秋阜鼎酌獻成安　明德崇享磬筦鏘鏘鏗兮佩
舉我冠齊莊肆陳有序承箱是將其牲伊何籩豆大
房

秋分晶鼎亞終獻成安　神宮巍巍庭燎有煇聲諧
備樂物陳豐儀清酤既載酌言獻之惟神醉止聿來
蕃釐
立冬魁鼎迎神凝安　時運而冬乃神玄冥陰陽相
推豐年以成越陳嘉薦牲牢粢盛來享來依監于明
誠
酌獻成安　罍之初登其儀昭陳罍之既祼其香升
聞神心嘉止於焉欣欣貽我有年穰穰其仁
冬至寶鼎奠幣明安　秉心齊明奉牲博碩匏絲鏗
陳冠佩儼飾其肆其將明神來格執奠維何猗歟幣帛

志卷第八十八

開府儀同三司上柱國錄軍國重事前中書右丞相監修國史領經筵事都總裁臣脫脫等奉
勅修

樂十一

樂章六

祀嶽鎮海瀆　祀大火
祀大辰

太中祥符五嶽加帝號祭告八首

迎神靜安　鍾石既作俎豆在前雲旗飛揚神光肅然當駕飈欻来乎青圓言備縟禮享茲吉蠲

冊入門正安　節彼喬嶽神明之府秩秩威儀肅肅靈宇懿號克崇庶物咸覩帝籍升名式綏九土

酌獻東嶽嘉安　節彼岱宗有嚴廟貌惟辟奉天依神設教帝典焜煌嘉薦普淳至靈格思殊祥是效

南嶽　作鎮炎夏含茲靈光敷與萬物既阜既昌爰刻温玉式薦徽章昭暇神意福熙穰穰

西嶽　瞻言太華奠方作鎮典冊是膺等威以峻上公奉儀祀宗薦信介祉萬邦永配坤順

北嶽　仰止靈嶽鎮于朔方增崇懿號度越彝章祗薦嘉樂式陳令芳永資純佑國祚蕃昌

中嶽　巍巍神嶽作鎮中央肅奉徽冊尊名孔章聿降飈駕載獻蘭觴熙事允洽寶祚彌昌

送神靜安　祗薦鴻名寅威明祀有楚之儀如在之祭奠獻既終禮容克備神鑒孔昭福禧溥来暨

天安殿冊封五嶽帝一首

冊出入正安　名嶽奠方帝儀充舉吉日惟良九賓咸旅温玉鏤文纁裳正宁禮備樂成篤神之祜

熙寧望祭嶽鎮海瀆十七首

東望迎神凝安　盛德惟木勾芒御神沂岱淮海厥功在民爰熙壇坎裒對庶神于以歆格靈貽具臻

升降同安　紳韠襜兮玉珮鏘兮于我将事神燕喜兮帝命望祀敢有不共往返于位肅肅雍雍

奠玉幣明安　祀以崇德幣則有儀肅我将事登降孔時精明純潔罔有弗祗史辭無愧神用来娭

酌獻成安　肇茲東土含潤無疆維時發春嘉薦令芳祭用鬱流順性含藏不涸不童誕降祺祥

送神凝安　神之至止熙壇爲春神之将歸旂服振振欻兮迴飈宜兮旋雲祐于東方永施厥仁

南望迎神凝安　嵩嶽衡霍曁厥海江時維長養惠我南邦肆嚴牲幣神式来降以侑以妥百福是龐

酌獻成安　景風應律朱鳥開辰肅肅明祀嘉薦列陳牲用牷物樂奏蕤賓克綏永福莅此下民

送神凝安　鼖鍾云云歆管伊伊神旣醉飽曰送言
歸山有厚藏水有靈德物其求依往奠兹宅
中望迎神凝安　維土作德維帝御行含養載育萬
物以成有嚴祀典薦我德馨神其歆止永用億寧
酌獻成安　高廣融結實維中央宣氣報功利彼一
方坎壇以祀六樂鏘鏘靈其有喜酌以大璋
送神凝安　言旋其處以奠中域無替歆靈四方是
則神永不息祀永不愆以享以報于萬斯年
西望迎神凝安　品物順說時司金行于郊迎氣以
望庶靈雅歌維樂圭薦惟牲作民之祉永相歆成

酌獻成安　西顥沆碭執矩司秋諏言恊靈時祀孔
脩禮有薦獻爰視公侯秩而祭之百福是遒
送神凝安　我樂我神簋俎腥饗曰神之還西土是
宮于蕃禽魚于衍草木富我藪隰滋我高陸
北望迎神凝安　帝德乘坎時御閉藏爰絜牲醴兆
兹北方海山攸宅神施無疆具享蠲吉降福孔穰
酌獻成安　凄寒凝陰隕籜滌塲百物順成黍稷馨
香款于北郊爰因其方何以侑神薦此嘉觴
送神凝安　維山及川奠宅幽方我度其靈降止靡
常肅肅坎壇旣迎旣將促樂徹俎是送是望

紹興祀嶽鎮海瀆四十三首
東方迎神凝安　帝奠九壤孰匪我疆繄我東土山
川相望祀事孔時肅雍不忘業我濛鴻郁哉洋洋
初獻盥洗同安　青陽肇開祀事孔飭爵入贊溉其
馨苾苾敬爾威儀亦孔之則神之格思無我有斁
奠玉幣明安　司曆告時惟孟之春爰舉時祀旅于
有神鼖鍾旣設珪帛具陳阜蕃庶物以福我民
東嶽位酌獻成安　巖巖天齊自古在昔膚寸之雲
四方其澤惟時東作祀事迺飭惠我無疆恩霑動植
東鎮位　惟山有鎮雄於其方東孰為雄于沂之疆

祀事有時爰舉舊章我望匪遙庶幾燕饗
東海位　灝洞鴻濛天與無極導納江漢節宣南北
順助其功善下惟德我祀孔時以介景福
東瀆位　我祀伊何于彼長淮導源桐柏委注蓬萊
扞齊護楚宣威示懷豆籩列陳亦孔之偕
亞終獻酌獻四位並同　我祀孔肅神其安留容與裴回
若止若浮洽此重觴申以百羞無我斁遺萬邦之休
送神凝安　蹇兮紛紛神實戾止以飲以食以享以
祀晻兮冥冥神亦歸止以醉以飽以錫爾祉
南方迎神凝安　朱明盛長我祀用飭歆祀伊何山

川咸秩如將見之繩繩齋粟神共沛兮消搖來格
初獻盥洗升降同安　爰熈嘉壇揭虔苾祀爵人沃
盥薦我裸事于降于登以作以止莫不肅雍告靈饗
矣
奠玉幣明安　我祀我享儀物孔周一純斯舉二精
聿脩璞兮其溫絲兮其紑是薦潔蠲神兮安留
南嶽位酌獻成安　神曰司天居南之衡位焉則帝
于以奠方南訛秩事望禮有常庶幾嘉虞介福無疆
南鎮位　維南有山于彼會稽作鎮在昔神則司之
歟有舊典以祀以時百味維旨靈其燕娭

南海位　維水善下利物曰功逶迤百川誰歟朝宗
蕩蕩大受於焉會同肸蠁列陳以答鴻濛
南瀆位　四瀆之利經營中國南曰大江險兮天設
維爾有神陰其廟食望秩孔時我心翼翼
亞終獻酌獻　神之游兮洋洋對越濟乎容與肸蠁
斯答乃奏既備八音攸節重觴申陳百禮以洽
送神曲同迎神　薦徹豆籩熈事備成靈兮將歸羽旄紛
紜飄其逝矣浮空藹雲悵然顧瞻有撫懷心
中央迎神凝安　天作高山屹然中峙經營厥宇萬
億咸遂火僊土王爰舉時祀繩繩宣延彷彿來止

初獻盥洗升降同安　思來感格肅雍不忘禮儀既
備濟濟蹌蹌潔蠲致敬往薦其芳交若有承神兮孔
饗
奠玉幣明安　練日有望高靈來下何以告誠心惟
物假有篚斯實有實斯籍于以奠之神光燭夜
中嶽位酌獻成安　與天齊極伊嵩之高顯靈效異
神休孔昭飭我祀事實俎籩豆以侑旨酒其馨有椒
中鎮位　禹畫九州河內曰冀霍山崇崇作鎮積勢
我祀如何百末旨味承神燕娭諸神畢至
亞終獻酌獻　禮樂既成肅容有常奄留消搖申畢

重觴仰臚所求降福滂洋師象山則以況皇章
送神曲同迎神　虞至旦兮靈亦有喜蹇欲驟兮象輿已
轙粥音送兮靈聿歸矣長無極兮錫我以祉
西方迎神凝安　有炎斯安有涵斯洽聿相厥成允
祀是答爰飭迺奏迺奏既協於昭降止是遵是接
初獻盥洗升降同安　靡實不新靡陳不濯人之弗
蠲矧敢將酌載晞之恍載濡之勺洗儀告備陟降時
若
奠玉幣明安　彼林有嚴彼澤有沈猗與西望弗菲
弗溪迺追斯邸迺陟斯尋卬禮既卒是用是歆

西嶽位酌獻成安　屹削厥方風雲斯所陰邑有宮侐侐俣俣清酤在尊靈眷在下于俎獻兮則莫我吐

西鎮位　維吳崇崇于汧之西瞻彼有隴赫赫不迷充禋于嶽我酌傚齊於凡有祭祇公維躋

西海位　奄浸坤軸滋殖其濊而典斯稽有陸有壝弗暨時舉元犖斯酹胡先于河實委之會

西瀆位　自彼崐虛于以潛流念茲誕潤豈俟不猶在昔中府暨海聿脩迄既望止神保先占

亞終獻　肅肅其乂既旨既溢迨其畢酌徧茲博碩祀事既遂不敢諄射神或醉止我心斯懌

送神曲同迎神　迺蓋既徹迺奏及闋無餕斯俎式聽致謁不蹇不蹶不沸不決厲魃其祛永庇有截

北方迎神凝安　我土綿綿孰匪疆理惟時幽都匪日喻只滌我良月朔風其同曷阻曷深其亦來降

初獻盥洗升降同安　壽宮煇煌聿脩時祀縝其臨奠吉蠲以娛居乎昂昂行乎遂遂敬爾攸司展采錯事

奠玉幣明安　相予陰威厥功浩浩一歲之功何以為報府有珪幣我其敢私肅肅孔懷于以將之

北嶽位酌獻成安　瞻彼芒芒曰北之常既高既厚

迺紀迺綱薦卷伊始靈示孔將玄服鐵驪覽此下方

北鎮位　赫赫作鎮幽朔之垂兼福我民食我具宜克配彼岳有嚴等衰蠲我濯禮其敢不祗

北海位　八裔皆水此一會同沄沄天墟洞蕩洪漾至我維坎不有斯功所秩伊何黃流在中

北瀆位　水星之精播液發靈不晉于河既介以清翼翼與薦椒精芬馨載止載留爰弭翠旌

亞終獻　俎豆紛披金石繁會侑以貳尊匪瀆匪怠我儀既周我心孔戒憯兮容與彷彿如在

送神曲同迎神　靈既醉飽禮斯徹兮靈亦樂康樂斯闋兮雲征飈舉不可尼兮薦福錫祉曷有極兮

淳祐祭海神十六首

迎神延安宮一曲　堪輿之間最鉅惟瀛包乾括坤吐日滔星祀典載新禮樂孔明鑒吾嘉賴來燕來寧

角一曲　四溟廣矣八紘是紀我宅東南迴復萬里洪濤飄風安危所倚祀事特隆神其戾止

徵一曲　若稽有唐克致崇極祝禴既升爰增祭式從享于郊神斯受職我祀肇新式祈陰騭

羽一曲　猗與祀禮四海會同靈之來沛鞭霆馭風將鑾彷彿在位肅雍佑我烝民式徽神功

升降欽安　靈之來至垂慶陰陰靈之已坐飭茲五
音壇殿聿嚴陟降孔欽靈宜安留鑒我德心
東海位奠玉幣德安　百川所歸天地之左澒洞鴻
濛功髙善下行都攸依百禄是荷制幣嘉玉以侑以
安
南海位奠玉幣瀛安　祝融之位貴乎三神吞納江
漢廣大無垠長為委輸祐我黎民敬陳明享允鑒恭
勤
西海位奠玉幣潤安　蒲昌之澤泒引天潢羲娥出
入浩溔微茫盖髙斯覆猶隅封疆我思六合肇正吉
呂
北海位奠玉幣瀚安　翰海重潤地紀亦歸吞受百
瀆限制北陲一視同仁我心則怡嘉薦玉幣神其格
思
捧俎豐安　昭格靈貺祀典肇升牲拴告充雕俎是
承薦羞芬物有德惟馨靈其有喜萬宇肅澄
東海位奠酌獻熙安　滄溟之德東南具依熬波出
素國計攸資石臼卻敵濟我王師神其享錫益畀燕
綏
南海位酌獻貴安　南溟浮天旁通百蠻風檣迅疾
琛舶來還民商永頼坐消寇姦薦茲嘉觴弭矣驚瀾
西海位酌獻類安　積流疏泒被于流沙布潤施澤
功均近遐我秩祀典四海一家祗薦令芳靈其享嘉
北海位酌獻溥安　倏忽會同裴回安留牲肥酒香
長事聿脩惟德之涼島奄九州帝命是祗多福自求
亞終獻饗安　籩豆有楚貳觴斯旅神其醉飽式燕
以序百靈秘怪蜿蜒飛舞錫我祺祥有永終古
送神成安　告靈饗矣錫我嘉祚乾端坤倪開豁呈
露玄雲聿收羣龍咸騖滅除凶災六幕清豫
紹興祀大火十二首
降神高安圜鍾為宮　五緯相天各率其職司禮與
視則維熒惑至陽之精扃我長嬴于以求之祀事孔
明
黃鍾為角　有出有藏伏見靡常相我國家鑒觀四
方視罔不正終然允臧神其來格明德馨香
太蔟為徵　小大率禮不愆于儀展采錯事秩祀孔
時維今之故閱我數度脩厥典常神其來顧
姑洗為羽　於赫我宋以火德王永永丕圖繄神之
相神之來矣維其時矣禮脩樂奏神其知矣
升殿正安　有儼其容有潔其衷屹屹崇壇伊神與

通神肯降格嘉神之休慶恭降登神乎安留
熒惑位奠玉幣嘉安　馨香接神肸蠁恍惚求神以
誠薦誠以物有籍斯玉有篚斯幣是用薦陳昭兹精
意
商丘宣明王位奠幣嘉安　熒惑在天惟火與合繫
神主火純一不雜作配熒惑祀功則然不腆之幣于
以告虔
捧俎豐安　火導其令無物不長視此牲牢務得其
養豢以祀神有腯其肥非神之宜其將曷歸
熒惑位酌獻祐安　皇念有神介我戩穀登時休明

有此美祿酌言獻之有飶其香神兮燕娭醉此嘉觴
宣明王位酌獻祐安　誰其祀神神知神嗜好閼伯祀
火爲神所勞饎言配食既與火俱於樂旨酒承神嘉
虞
亞終獻文安　神既貺施嗜我飲食申以累獻以承
靈億神方常羊咸畢我觴于再于三于誠之將
送神用理安　登降上下奠璧獻斝音送粥粥禮無
違者已虞至旦神其將歸顧我國家遺以繁釐
出火祀大辰十二首
降神高安圜鍾爲宮　熚熚我宋火德所畀用火紀
時允惟象類神㠯類歆誠繇類至有感斯通乎我陽
燧
黃鍾爲角　樂音上達粤惟出虛火性炎上亦生於
無我鏞我磬我笙我竽氣同聲應昭我合符
大蔟爲徵　火在六氣獨處其兩感生維君繫辰克
相何以驗之占茲垂象騰駕蒼虯焱其來饗
姑洗爲羽　星入於戌與火俱詘火出於辰與星俱
伸一伸一詘孰操縱之利用出入民咸用之
升殿正安　屹彼嘉壇赤伏始屆掞光耀明洋乎如
在俛仰重離默與精會隨我降升肅聽環珮

大辰位奠玉幣嘉安　維莫之春五陽發舒日之夕
矣三星在隅奠量匪幣奠嘉匪玉明薦孔時神光下
矚
商丘宣明王奠幣嘉安　二七儲神與天地並孰儷
厥德聿惟南正功楙陶唐澤流億姓作配嚴禋贊列
惟稱
捧俎豐安　有嚴在滌陳彼牲牢孔碩其俎薦此血
毛厥初生民飲茹則然以燔以炙伊誰云先
大辰位酌獻祐安　孰爲大辰維北有斗曾是尊星
斯名孔有幽榮報功潔齊敢後容與嘉觴式歆旨酒

宣明王位酌獻祐安　周設司爟雖列夏官仍襲孔
昜閼端實難相彼商丘永懷初造不腆桂椒匪以為
報
亞終獻文安　潛之伏矣柞檟既休有俶其来揄柳
是求靈駕紛羽尚其安留飲我三爵言言油油
送神理安　五運惟火寔宗衆陽宿壯用明千載僉
光神保聿歸安處火房鬱攸不作炎圖永昌
納火祀大辰十二首
降神高安圜鍾為宮　赫赫皇圖炎炎火德後神之
賜奄有方國粢盛既豐俎豆有飶於萬斯年報祀無

斁
黄鍾為角　火星之躔有煒其光表于辰位伏于戌
方時和歲稔仁顯用藏告爾萬民出納有常
太簇為徵　季秋之月律中無射農事備收火功告
畢克禋克祀有嚴有翼風馬雲車尚其来格
姑洗為羽　明明我后重祭欽祠有司肅事式薦晨
儀禮惟其稱物惟其時神之聽之福禄来為
升殿正安　猗與明壇右平左墄冕服斯皇玉珮有
節陟降惟寅匪徐匪疾式崇大祀禮文咸秩
大辰位奠玉幣嘉安　金行序晚玉露晨清齊戒豐

絜肅恭神明嘉幣惟量嘉玉惟精于以奠之庶幾来
聽
商丘宣明王位奠幣嘉安　恭惟火正自陶唐氏邑
于商丘配食辰祀有功在民有德在位敢替典常惟
恭奉幣
捧俎豐安　萬彙攸成四方寧謐工祝致告普存民
力迺薦斯牲為俎孔碩介以繁祉式和民則
大辰位酌獻祐安　庶功備矣休德昭明天地釀和
鬱鬯斯清玉瓚以酌瑤觴載盈周流常羊来燕来寧
宣明王位酌獻祐安　廣大建祀式崇其配馨香在

兹清酒既載穆穆有暉洋洋如在聿懷嘉慶繄神之
賚
亞終獻文安　幣玉肅陳笙簧具舉桂酳浮觴瓊羞
溢俎禮有三獻式和且序神具醉止慶流寰宇
送神理安　神靈降鑒天地回旋惟馨薦矣既醉歆
焉諸宰斯徹式禮莫愆隤祉降祥天子萬年

志卷第八十九

開府儀同三司上柱國錄軍國重事前中書右丞相監脩國史領經筵事都總裁臣脫脫等奉 勅修

樂十二 樂章六

祭太社太稷 祭風雨雷師
祭先農先蠶 親耕藉田蜡祭
釋奠文宣王 武成王
祭祚德廟 祭司中司命

景德祭社稷三首

降神靜安 百穀蕃滋麗乎下土聿崇明祀垂之千古育物惟茂粒民斯普報本攸宜國章咸覩

奠玉幣酌獻嘉安 於穆大祀功利相宣靈壇美報歷代昭然介以蕃祉祚以豐年土爰稼穡允恊民天

送神靜安 制幣犧齊正辭無愧樂以送之畢其精意

景祐祀社稷三首

迎神寧安 五祀之本百貨何極道著開闢惠周動植國崇美穀民資力穡奠獻惟寅神靈來格

初獻升降正安太社后土太稷后稷奠玉幣並嘉安奉俎豐安前同

亞終獻文安送神寧安 神之來兮降茲下土神之去兮杳無處所壇壝肅然瘞幣徹俎乃粒之功冠于萬古

奉俎豐安神州地祇皇地祇與社稷通用 禮崇明禋維馨香斯酒潔粢豐盛殺時犉牡齊莊嚴祇升燎于檟其報伊何如山如阜

大觀祀社稷九首

迎神寧安黃鍾二奏 惟土之尊民食資焉陰祀昭格牲牢腥羶有功于民告其吉蠲神之來享雲車翩翩

太簇角二奏 惟穀之神函育無窮百嘉蕃殖民依厥功嚴飾壇壝威儀肅雍神之來享祈于登豐

姑洗徵二奏 猗歟那歟生養斯民家給人足時底熙純祗嚴明禋於薦苾芬粢盛豐潔神乃有聞

南呂羽二奏 籩豆斯陳三牲告幽報本之禮答神之休來歆苾香豐登於秋倉箱千萬治符成周

初獻升降正安 崇崇廣壇嚴恭祀事威儀孔時周旋進止鏘若環佩誠通于幽相于農植邦其咸休

奠幣嘉安 於嘻陰祀封土惟崇于時之吉歆予鼓鍾柔靜化光人賴其功陳茲量幣百貨是隆

酌獻嘉安 坤元生物功利相宣蠲茲祀事美報致虔清酤芬如靈壇鏘然酌尊奠觴神其格焉

亞終獻文安 薦嘉豐時洋洋來格載登茲壇齊明維敕神用居歆順成農穡其崇若墉其比如櫛

送神寧安 尊罍芬香威儀肅雍靈心嘉止洋洋交通神歸降禧年斯屢豐倉箱千萬慰予三農

紹興祀太社太稷十七首
迎神用寧安函鍾爲宮（春社用） 五祀之本社稷有嚴芟作
伊始夫敢不虔吉日惟戊式薦豆籩神其來格用介有年
函鍾爲宮（秋社臘用） 功烈在民誕受靈雨良耜既歌乃揚帳
舞是奉是尊厚禮斯舉相其豐年多稌多黍
太簇爲角 是尊是奉茲率舊章樂音純繹薦溢圜方情
文備矣神其迪嘗求觀錫羨多穡穰穰
姑洗爲徵 穀資土養民賴穀生功利之博莫之與京式
嚴祠壇因物薦誠禮具樂奏惟神顧歆
南呂爲羽 國主社稷時祀有常肅若舊典報本不忘粢

盛豐潔歆吟青黃尊神倏來百物賓將
盥洗正安 祭重齊肅神格專精沃洗于作洎潔着誠清
明皀矣熙事備成以似以續如坻如京
升壇正安 神地之道粒食有先歲謹祈報禮嚴豆籩降
登裸薦罔或不虔以似以續宜屢豐年
太社位奠玉幣嘉安（春秋太稷土正后稷通用） 土發而祭農祥是祈
籩豆加篚典禮有彝惟茲珪幣用告肅祇神靈降鑒錫我
繁釐
太社位奠玉幣嘉安（秋臘太稷土正后稷通用） 赫赫媼神稼穡是司
方是藉歛報本攸宜嘉壇建祀玉帛陳儀明靈昭格以介

蕃釐
還位正安 國主太祀地道聿神稷司百穀利毓惟均練
日新吉粢盛飶芬神燕娭矣福此下民
捧俎豐安 嘉承天和黍稷翼翼黙相農功緊神之德俎
實犧牲舊章是式嗣有豐年我庚維億
太社位酌獻嘉安（春社太稷土正后稷通用） 封土崇祀有烈在民千
載不昧福此人群洗爵奠斝有酒其芬神具醉止愷樂欣
欣
太社位酌獻嘉安（秋社臘太稷土正后稷通用） 叶氣嘉生年穀順成
萬億及秭如坻如京奉時犉牡告於神明歌此良耜於昭

德馨
亞終獻文安 風雨時若自天降康稼穡滋殖自神發祥
穀我婦子豐年穰穰報本嚴祀齊明允臧
徹豆娭安 報本之禮載于甲令靈壇昭告神既來聽徹
彼豆籩精誠斯馨實惟豐年農夫之慶
送神寧安 乃粒烝民功昭萬古國有常祀薦獻式叙肅
肅雍雍舊章咸舉神保聿歸介我稷黍
望瘞正安 地載萬物民資迺功報本稱祀太稷攸同禮
樂既備訖埋愈恭神其降嘏時和歲豐
熙寧祭風師五首

迎神欣安　飄飄而來淅瀝而下爰張其旂爰整其駕有豆有登有兆有壇弭旌梶輈降止且安

升降欽安　盥帨于下有盤有匜饋酌于上有登有彝服容柔止進退優止即事寅恭神其休止

奠幣容安　育我嘉生神惠是仰載致斯幣庶幾用享鼓之舞之式䮏爾神錫福無疆佑此下民

亞終獻雍安　栗栗壇坫載是豆觴醇烈氤氳普薦芬芳酌之維宜獻之維時民有報侑靈用安之

送神欣安　奠獻紛紛靈心欣欣超然而返衆御如雲其旆伊何多黍多稌其祥伊何不愆厥敘

大觀祭風師六首

降神欣安　羽旗雲車飄飄自天猗歟南箕歆嘉升煙牲饌粢盛俎簋鉶籩維神戾止從空泠然

初獻升降欽安　明昭惟馨威儀孔時鏘鏘鳴佩欽薦牲犧惟恭惟祗無愆無違周旋中禮肅恭委蛇

奠幣容安　吹噓于喁披拂氤氲衆竅咸作潛運化鈞恩大功豐酬神維恭嘉贈盈篚于物有容

酌獻雍安　犧尊斯陳清酤盈中芬芬苾苾馨香交通明靈來思歆我精衷維千萬祀品物芃芃

亞終獻雍安　清酤洋洋虔恭注茲倏忽敷宣神用歆之尊罍靜嘉金奏諧熙於皇肆祀休我羣黎

送神欣安　窈冥無窮肸蠁斯融來終嘉薦歸返遺空惟神之歸欣安導和惟神之澤于彼滂沲

雨師五首

迎神欣安　神之無象亦可思索維雲陰陰維風莫莫降止壇宇來顧芳馨侑以鼓歌薦此明誠

升降欽安　佩玉璆如黼黻襜如承神不懈訖獲嘉虞聖皇命祀臣敢弗恭凡爾在位翼翼雍雍

奠幣容安　崇崇壇壝靈既降止有嚴執奠承祀茲始明靈在天式顧庶察澤潤以時永拂荒札

酌獻亞終獻雍安　寅恭我神惟上之使俾成康年民保休祉折俎既登醴酒既盈匪薦是專配以明誠

送神欣安　牲俎告徹嘉樂休成卒事有嚴燕虞高靈蕃我民人育我稷黍萬有千祀承神之祜

紹興祭風師六首

迎神欣安　夫物絪縕神氣撓之誰歟其司維南之箕俶哉明庶我祀維時我心孔勞神其下來

初獻升降盥洗欽安　神哉沛矣厥靈載揚揚靈如何剡剡皇皇我其承之繩繩齋莊往從欝人爰俠斯芳

奠幣容安　物之流形其畏瘥癘八風平矣嘉生以遂絲

縷之積有量斯幣惟本之報匪物之貴
酌獻雍安　我求於神無臭無聲神之燕饗惟時專精大
磬在列檟燎在庭侑我桂酒娭其以聽
亞終獻　禮有三祀儀物視帝神臨消揺嘻敢跛倚重觴
載申百味孔旨神兮樂康答我以祉
送神曲同迎神　埜其止乎總總其容奄櫎四海褰莫之窮時
不驟得禮焉有終埜其行乎余心懰懰
兩師雷神七首
迎神欣安　衆萬之託動之潤之昭格孔時維神之依泠
然後先肆我肯顧是耶非耶紛其來下

初獻盥洗升降欽安　言言祠宮爰考我禮維西有罍維
東有洗爰潔爰滌載薦其醴神在何斯匪遠具邇
奠幣容安　霈兮隱兮瞰其陰威相我有終胡寧不知我
幣有陳我邸斯珪豈維有陳于以奠之
兩師位酌獻雍安　山川出雲脩脩而縷載霆載濛其德
廼溥自古有年胡然莫祖無簡我觴無急我俎
雷神位酌獻曲同兩師　瞻彼南山有虺其出維蟄之奮維厲
之息眷焉顧饗在夏之日觴豆匪報皇忍忘德
亞終獻曲同初獻　作解之德形聲一兮爰展獻侑酌則三兮
我與有假云胡有私下土是冒庶其遠而

送神曲同迎神　陰旆載旋鼓車其輾閶神安歸冥然而天皇
有正命祀事孔蠲其臨其歸億萬斯年
雍熙享先農六首餘同祈穀
降神靜安　先農播種九穀務滋靈壇致享良耜陳儀吉
日惟亥運屬純熙樂之作矣神其格思
奠玉幣敷安　親耕展祀明靈來格九有駿奔百司庀職
獻奠肅肅登降翼翼祈彼豐穰福流萬國
奉俎豐安　肅陳韶舞祗薦犧牲乃逆黃俎以率躬耕
亞獻正安　祀惟古典食乃民天歆茲潔祀以應祈年
終獻正安　式陳芳薦爰致虔誠神其降鑒求福黎甿

送神靜安　明禋紺壇靈風肅然登歌已闋神馭將旋道
光帝籍禮備公田鑒茲躬稼求賜豐年
明道親享先農十首
迎神靜安　稼政之本民食惟天甫田兆歲后稷其先靈
壇既祀黛耜攸虔乃聖能享億萬斯年
皇帝升降隆安　冕服在御壇壝有儀陟降左右天惟顯
思
奠玉幣嘉安　將躬黛耜先陟靈壇嘉玉量幣樂舉禮殫
神既至止福亦和安千斯積詠萬國多歡
奉俎豐安　將迎景福乃薦嘉牲籍于千畝用此精誠

皇帝初獻禧安　雲罍已實玉爵有舟薦于靈籍佇乃神休

飲福禧安　神旣至饗福亦來酬申錫純嘏旨酒惟柔思文后稷貽我來牟子孫千億丕荷天休

退文舞進武舞正安　羽籥有奕文武交相周旋合度福祿無疆

亞獻正安　豆籩雖薦黍稷非馨惠我豐歲歆茲至誠

終獻正安　歆我嘉薦錫我蕃禧多黍多稌如京如坻

送神靜安　獻終豆徹禮備樂成祠容肅肅風馭冥冥三時務本一墢躬耕人祇胥悅祉福是膺

景祐饗先農五首

迎神凝安　在昔神農首茲播殖無有汙萊盡爲稼穡乃粒斯民實惟帝力嘉薦令芳佇瞻來格

升降同安　居德之厚厥祀攸陳土膏初脈農事先春鎡錤金奏儼若華紳陟降于阼福祿惟神

奠幣明安　農爲政本食乃民天苾芬明祀薦祼良田陳茲量幣望彼豐年茂介福祉來歆吉蠲

酌獻成安　農祥晨正平秩東作倬彼大田庤乃錢鎛酒醴盈尊金璆合樂期茲萬年充于六幕

送神凝安　務嗇之本恤祀惟馨神斯至止降福攸寧崇茲稼政合于禮經俎徹樂闋邈仰迴靈

先蠶六首

迎神明安　生民之朔衣皮而羣惟聖有作被冒以文禮樂以成貴賤以分欲報之德金石諧均

升降翊安　掩抑笙簫鏗鍧金石神來宴娭嘉我休德奉祀之臣洗心翊翊錫茲福禧以惠四國

奠幣娭安　皇天降物屢化若神聖實先識躬以教民功被天下爲萬世文幣以達志庶幾徹聞

酌獻美安　美哉聖神成功微妙迺衣迺裳以供郊廟百末旨酒嘉觴自炤靈徠宴饗不嚬以笑

亞終獻惠安　神之徠駕蹌蹌紫壇熙燭夜光會竽瑟鳴球琅薦旨酒雜蘭芳佑明德錫百祥

送神祥安　神之功兮四海所宗古五帝兮莫與比崇倏徃來兮旌騎容容恭明祀兮萬世無窮

紹興享先農十一首

皇帝入內壝盥洗隆安　大事在祀齊潔爲先旣盥而升奉以周旋下觀而化無敢不蠲惟神降格監厥精虔

迎神靜安　猗歟田祖粒食之宗世世仰德青壇載崇時惟后稷躬稼同功作配並祀以詔無窮

神農后稷位奠幣嘉安　制爲量幣厚意是將求之以類

各因其方于以奠之精誠允彰神其享止惠我無疆

尚書奉俎豐安　柔毛剛鬣或剥或烹爲俎孔碩登薦厥誠

酌獻禧安　蠲潔醆斝市帨而升挹彼注茲酒醴維清洋洋在上享于克誠神其孚佑以厚民生

文舞退武舞進正安　羽毛干戚張弛則殊進旅退旅匪棘匪舒

亞獻正安　顯相祀事濟濟鏘鏘舉斝酌醴神其允臧

終獻正安　殽核維旅酒醴維馨于再于三禮則有成

飲福禧安　幽明位異施報理同克恭明神降福乃豐我膺受之來燕來宗豈伊專饗于彼三農

徹豆歆安　莫重於祭非禮不成籩豆有踐爾殽既馨神具醉止薦以齊明贊徹孔時釐事斯成

送神静安　神之來止風馭雲翔神之旋歸有迎有將歌以送之磬筦鏘鏘何以惠民豐年穰穰

親耕籍田七首

皇帝出大次乾安　勤勞稼穡必躬必親爲耤千畝以教導于民帝出乎震時惟上春天顔咫尺望之如雲

親耕　元辰既擇禮備樂成洪縻在手祗飾專精三推一墢端冕朱紘靡辭染屨以示黎甿

升壇　方壇屹立陛級而登玉色下照臨觀耦耕萬目咸覩如日之升成規成矩百禄是膺

公卿耕籍　羣公顯相奉事齋莊率時農夫舉耜載揚播厥百穀以佑我皇多黍多稌丕應農祥

羣官耕籍　畟畟良耜我田既臧土膏其動春日載陽執事有恪于此中邦農夫之慶棲畝餘糧

降壇　肇新帝籍率我農人三推終畝祗事咸均陟降孔時粲然有文受天之祜多稼如雲

歸大次　教民稼穡不令而行進退有度琚瑀鏘鳴言還熉幄禮則告成帝命率育明德惟馨

紹興祀先農攝事七首

迎神凝安　青陽開動土膏脉起日練吉亥爲農祈祉典秩增峻儀物具美幄光熉黄庶幾戾止

初獻升殿同安（盥洗同）　率職咸造禮容晬然澡身端意陟降靡愆神心嘉虞饗茲潔蠲敷錫純佑屢登豐年

奠幣明安　靈斿載臨見先陳贄有嚴篚實式將純意肸蠁既接禮行有次神兮安留歆我禋祀

神農位酌獻成安　耒耜之教帝寔開先致養畜利古今民天嘉薦報本于以祈年誠格和應神娭福延

后稷位酌獻成安　有周膺曆實起后稷相時豐功率由

稼穡振古稱祀先農並食旱我昌我時萬時億

亞終獻同安　旨具百味酌備三疇貳觴旣畢禮洽意周庶幾嘉饗格神之幽相我穡事錫以有秋

送神凝安　熙事成兮始終潔齊籩豆徹兮摶節靡垂靈有嘉兮降福孔皆票然逝兮我心孔懷

祀先蠶六首

迎神明安　功被寰宇儀蟲之靈有神司之以生以成典禮有初祀事講明孔蓋翠旌降集于庭

初獻盥洗升殿翊安同降　靈脩戾止詔以毛血旣盥而帨尊罍蠲潔金石諧宛登降有節宜顧宜饗情文不越

奠幣娛安　化日初長時當暮春蠶事方興惟后惟嬪絲纊御冬殘生濟人敢忘報本篚幣是陳

酌獻美安　盛服承祀出自公桑衣不羽皮利及萬方百味旨酒有飶其香神其歆止洋洋在傍

亞終獻惠安　日吉辰良禮備樂作精誠內乎俎豆交錯升歌清越侑此三爵黎民不寒幽顯同樂

送神祥安　神之來矣靈風肅然云胡不留歸瓶有翩乃舉舊典歲以告虔降福我邦於萬斯年

景德蜡祭百神三首

降神高安　百物蕃阜四方順成通其八蜡合乃嘉平旨酒斯醇大庖孔盈萬靈來格威儀以成

奠玉幣酌獻嘉安　肅肅靈壇昭昭上天潔粢豐盛以享以虔百神咸萃六樂斯縣介茲景福期於有年

送神高安　來顧來享禮成樂備靈馭翩翩雲行雨施

熙寧蜡祭十三首

東西郊降神熙安　天錫康年四方順成乃通蜡祭索享于明金石四作羽旄翠旌神來宴娭澤被羣生

升降肅安　惟蜡有祭報神之功合聚萬物來享來宗承詔攝事不忘肅雍靈之格思福祿來崇

奠幣欽安　穰穰豐年繄侯休德帥承天和欽象古則嘉玉量幣奠容翼翼靈施暨民罔有終極

奉俎承安　禮崇明祀必先成民奉牲以告備腯其均炮炙芬芬俎豆莘莘錫之純嘏以佑斯人

酌獻懌安　秩秩禮文爲壇四方嘉栗旨酒百神迪嘗敷與萬物旣阜旣昌伊樂厥福傳世無疆

亞終獻慶安　禮文備矣肅肅無譁金石諧節圭璧光華粢以告豐醴以告嘉錫茲福祉以澤幽遐

送神宣安　靈之來下擴景秉光靈之廻御景龍以驂鸞我休德降嘏產祥大田多稼以惠無疆

南北方迎神簡安　美若休德民和歲豐稼穡雲施其積

如墉惠我四國先嗇之功祭之百種來享來宗
升降穆安　皇皇靈德經緯萬方承詔禰事陟降以莊高
冠岌我長佩鏘洋嘉承神貺令聞不忘
奠幣吉安　於穆明祀莫如報功靈之利澤惠我無窮齋
以滌志幣以達衷撫寧四極永錫登豐
酌獻禔安　英英禮文既備而全嚴嚴四郊屹屹紫壇百
末旨酒其歎若蘭何以畀民既壽而安
亞終獻曼安　林林生民含哺而嬉教之稼穡實神之爲
圖報厚德萬祀無期以假以享錫我繁禧
送神成安　嘉薦芳羞靈來宴娭旂車結雲若風馬馳既

至而喜錫我蕃禧嘉承天貺曼壽無期
大觀蜡祭二首
東郊亞終獻慶安　震乘春陽仁司生殖錫我歲豐裹我
民力誰其尸之宗子先嗇億萬斯年懷神罔極
南郊升降穆安　穆如薰風敷舒文藻氣蒸消除豐予黍
稻神之聽之鍾鼓咸考於萬斯年惟皇之報
紹興以後蜡祭四十二首
東方百神降神熈安園鍾爲宮　玄冥凌厲歲聿其周天
地閉藏農且息休古大蜡禮伊耆肇修爰薦飶馨以迓飈
游

黃鍾爲角　惟大明尊實首三辰功赫庶物光被廣輪歲
方索饗咸秩羣神靈旂來下尸此明禋
太簇爲徵　三時不害四方順成酬功報始以我齊明盛
頌土鼓樂此嘉平降祥幅貟惠于函生
姑洗爲羽　日昱乎晝容光必照肸蠁之交惟人所召有
監在下視茲升燎肅若其承雲駢星曜
初獻升降肅安　禮儀告具心儼容莊工歌屢奏聲和義
章崇壇陟降濟濟蹌蹌靈光共仰嘉薦芬芳
大明位奠玉幣欽安　晨曦未融天宇澄穆有虔秉誠將
以幣玉如在左右罔不祗肅神兮安留錫以祉福

帝神農氏位奠幣曲同大明　農爲政本食乃民天神農氏作
民始力田先嗇之配禮報則然有幣將之維以告虔
后稷氏位奠幣曲同大明　播種之功時惟后稷推以配天莫
匪爾極崇侑清祀是爲司嗇陳幣奠將永祚王國
奉俎承安　享以精禋馨非稷黍工祝致告孔碩爲俎執
事駿奔繩繩具舉神之嘉虞介福是與
大明位酌獻擇安　肇禋備祀教民美報時和歲豐奉醴
以告惟照臨功等於載熹酌獻云初明神所勞
神農位酌獻曲同大明　惟酒欣欣惟神冥冥是顧是饗來燕
來寧耒耜之利神所肇興萬世永賴無斁其承

后稷位酌獻（曲同大明）　釋之烝之爲酒爲醴推本所由於焉
洽禮周邦開基邰家是啓獻兹嘉觴拜下首稽
亞終獻慶安　申以貳觴百味且旨禮告三終神具醉止
旌容騎沓揚光紛委降福穰穰被大豐美
送神宣安　禮樂既成神保聿歸言歸何所地紀天維豈
惟屢豐嗣歲所祈億萬斯年神來燕娭
西方百神降神熙安圜鍾爲宮　玄冬肇祀始于伊耆歲
事聿成庸答蕃釐眷言西顧匪神司之歸功爾神翩其下
來
黃鍾爲角　魄生自西照望太陽下暨諸神貺施萬方節

適風雨富我囷箱共承嘉祀惟以迪嘗
太簇爲徵　神罔小大奠方兹土祭列坊庸禮迨猫虎有
功斯民祀乃其所非稷馨香厥福周溥
姑洗爲羽　豐年穰穰美芳職職籩豆方圓其儀孔碩風
馬在御雲車載飭來顧來饗維侯休德
初獻升降肅安　盥獻恭莊燎煙芬酷載陟載降禮容可
度欽惟爾神上下肅肅成我稷黍鑒此牲玉
夜明位奠玉幣欽安　穆穆太陰禮嚴娣事璧玉華光推
以哀對十二周天歲乃有終盡我備物莫報元功
神農位奠幣（曲同夜明）　耒耜肇興自神農氏稼穡滋殖爲農

者始作配明祀奠以告虔萬世佃漁帝功卓然
后稷位奠幣（曲同夜明）　明明周祖惟民之恤播種爲教下民
迺粒曾是索饗而匪先公萬物難報仟佰之功
奉俎承安　時和歲登物亡疵癘實俎間膏報神之福匪
神福之昌成且豐肥腯咸有惟神之功
夜明位酌獻擇安　除壇西郊坎其擊鼓百靈至止結璘
作主秬鬯湛淡玉斝觩觩是謂嘉德神其安留
神農位酌獻（曲同夜明）　蕩蕩鴻明稱秩羣祀配以昔帝式重
農事潔我圭瓚黃流在中靈其監兹肸蠁豐融
后稷位酌獻（曲同夜明）　歲十二月祀有常典祭列司嗇言反

其本酌彼泰尊百末蘭生承神嘉虞鑒此德馨
亞終獻慶安　歌磬臚驩骨蕭激香飈御奄留申以貳觴
相與震澹告靈其醉庶幾聽之成我熙事
送神宣安　禮備樂成澹然將歸其留消搖象輿已轙偃
蹇欲驤羽毛紛委忽乘杳冥遺此福祉
南方百神迎神簡安　維物之精散乎太空維索之饗合
聚而同迺擊土鼓于歲之終格彼幽矣肸蠁其通
初獻盥洗升降穆安　有恍其新有匜其潔言念清祀弗
簡弗褻誠意既交品物斯列是用告虔靡神不説
奠幣吉安　百室機杼衣褐具宜民以卒歲神實惠之言

舉祀典答神之釐有簠斯陳振古如茲

神農位酌獻穆安　肇降生民有不粒食維時神農迺爲先嗇爾耒爾耨云誰之因酌以汙尊我思古人

后稷位酌獻穆安　維后之功配天其大祀而稷之萬世如在黃冠野服駿奔皇皇自古有年神其降康

亞終獻曼安　豐年孔多百禮以洽匪極神歡何以昭答載酌之酒用申其勤神具醉止與物交欣

送神成安　卒爵樂闋禮儀告備神保聿歸敢以辭致順成之方其蜡乃通自今以始八方攸同

北方百神迎神簡安　蕩蕩閶決氣清沆寥彷彿象輿麗乎穹霄褰其來下肅然風票神乎安留於焉消搖

初獻盥洗升降穆安　齋誠揭虔敬恭祀事維儼之容維潔之器雍雍樂成肅肅禮備神其燕娭錫祉庶類

奠幣吉安(配位同)　神宅于幽昒昒沈沈至和塞明考我德音神聽靜嘉儼乎若臨幣以薦誠敢有弗欽

神農氏位酌獻禔安　先嗇之功神實稱首以耜以耒俶載南畝列籍皇墳億世是守何以爲報爰潔茲酒

后稷氏位酌獻禔安　煌煌后稷實配于天司嗇作稼民以有年匪神之私歲以禮告酌彼泰尊于德之報

亞終獻曼安　蘭生百末申以貳觴神具醉止爛其容光遺我豐年萬億及秭俾民雍康以洽百禮

送神成安　靈之來兮蚪龍沓沓下土光景馮陵閶闔靈之旋兮羽衛委蛇偃蹇高驤遺此蕃釐

景祐祭文宣王廟六首

迎神凝安　大哉至聖文教之宗紀綱王化丕變民風常祀有秩備物有容神其格思是仰是崇

初獻升降同安　右文興化憲古師今明祀有典吉日惟丁豐犧在俎雅奏來庭周旋陟降福祉是膺

奠幣明安　一王垂法千古作程有儀可仰無德而名齊以滌志幣以達誠禮容合度黍稷非馨

酌獻成安　自天生聖垂範百王恪恭明祀陟降上庠酌彼醇旨薦此令芳三獻成禮率由舊章

飲福綏安　犧象在前豆籩在列以享以薦既芬既潔禮成樂備人和神悅祭則受福率遵無越

兗國公配位酌獻成安(此揩宗朝增一曲)　無疆之祀配侑可宗事舉以類與享其從嘉栗旨酒登薦惟恭降此遐福令儀肅雍

送神凝安　肅肅庠序祀事惟明大哉宣父將聖多能歆馨肸蠁迴馭凌兢祭容斯畢百福是膺

大觀三年釋奠六首

迎神凝安　仰之彌高鑽之彌堅於昭斯文被于萬年峩
峩膠庠神其來止思款無窮敢忘于始
升降同安　生民以來道莫與京溫良恭儉惟神惟明我
潔尊罍陳兹芹藻言升言旋式崇斯教
奠幣明安　於論鼓鍾于兹西雍粢盛肥碩有顯其容其
容洋洋咸瞻像設幣以達誠歆我明潔
酌獻成安　道德淵源斯文之宗功名糠粃素王之風碩
兮斯牲芬兮斯酒綏我無疆與天爲久
配位酌獻成安　儼然冠纓崇然廟庭百王承祀涓辰惟
丁于牲于醑其從予享與聖爲徒其德不爽

志九十　二十一　徐汝舟

送神凝安　肅莊紳緌吉蠲牲犧於皇明祀薦登惟時神
之來兮肹蠁之隨神之去兮休嘉之貽
大晟府擬撰釋奠十四首
迎神凝安黄鍾爲宮　大哉宣聖道德尊崇維持王化斯
民是宗典祀有常精純並隆神其來格於昭盛容
大呂爲角　生而知之有教無私成均之祀威儀孔時維
兹初丁潔我盛粢永適其道萬世之師
大蔟爲徵　巍巍堂堂其道如天清明之象應物而然時
維上丁備物薦誠維新禮典樂諧中聲
應鍾爲羽　聖王生知闡迺儒規詩書文教萬世昭垂良

日惟丁靈承不爽揭此精虔神其來饗
初獻盥洗同安　右文興化憲古師經明祀有典吉日惟
丁豐犧在俎雅奏在庭周旋陟降福祉是膺
升殿同安　誕興斯文經天緯地功加于民寔千萬世笙
鏞和鳴粢盛豐備肅肅降登歆兹秩祀
奠幣明安　自生民來誰底其盛惟王神明度越前聖粢
幣具成禮容斯稱黍稷非馨惟神之聽
奉俎豐安　道同乎天人倫之至有饗無窮其興萬世既
潔斯牲粢明醑旨不懈以忱神之來暨
文宣王位酌獻成安　大哉聖王實天生德作樂以崇時

志九十　二十二

祀無斁清酤惟馨嘉牲孔碩薦羞神明庶幾昭格
兖國公位酌獻成安　庶幾屢空淵源深矣亞聖宣猷百
世宜祀吉蠲斯辰昭陳尊簋旨酒欣欣神其來止
鄒國公位酌獻成安　道之由興於皇宣聖惟公之傳人
知趨正與饗在堂情文寔稱萬年承休假哉天命
亞終獻用文安　百王宗師生民物軌瞻之洋洋神其寧
止酌彼金罍惟清且旨登獻惟三於嘻成禮
徹豆娛安　犧象在前豆籩在列以饗以薦既芬既潔禮
成樂備人和神悅祭則受福率遵無越
送神凝安　有嚴學宮四方來宗恪恭祀事威儀雍雍歆

茲惟馨馝馭旋復明禋斯畢咸膺百福
景祐釋奠武成王六首
迎神凝安　維師尚父四履分封靈神峻密祀事寅恭肅
薌祇薦飈馭排空如幾如式福禄來崇
太尉升降同安　上公攝事袞服斯皇禮容濟濟佩響鏘
鏘靈斿惚怳嘉薦令芳神具醉止降福穰穰
奠幣明安　四嶽之裔涼彼武王發揚蹈厲周室用昌追
封廟食簡冊增芳升幣以奠磬筦鏘鏘
酌獻成安　獵渭之陽理冥嘉應非龍非彪聿求元聖平
易近民五月報政祀典之崇於斯爲盛

飲福綏安　神機經武隆周之寓表海分封邁燕超魯貺
貺廟貌俎豆有序薦福邦家維師尚父
送神凝安　聖朝稽古崇茲武經禮交樂舉于神之庭嘉
栗旨酒既饗芳馨永嚴列象劍舄簪纓
熙寧祀武成王一首
初獻升降同安　武德洸洸日靖四方百王所祀休有烈
光命官攝事佩玉鏘鏘思皇多祜以惠無疆
太觀祀武成王一首
酌獻成安　涼彼周王君臣相遇終謀其成諸侯來許洋
洋神靈尊載酒醑新聲爲侑笙簫備舉

紹興釋奠武成王七首
迎神凝安姑洗爲宮　於赫烈武光昭古今載嚴祀事敕
備惟欽既潔其牲既諧其音神之格思來顧來歆
初獻升殿同安　肅肅廟中有嚴階墄匪棘匪徐進退可
則冕服是儀環珮有節神之鑒觀率履不越
奠幣明安　祀率舊典禮崇駿功齊明衷正肹蠁豐融量
幣肅備周旋鞠躬神其昭受幽賛無窮
正位酌獻成安　赫赫尚父時維鷹揚神潜韜略襟抱帝
王談笑致主竹帛流芳國有嚴祀載稽典常
留侯位酌獻　眷彼留侯奇籌賛漢依乘風雲勒成功旦

克配明禋儀刑有煥英氣如生來格來衎
亞終獻正安　道助文德言爲世師功名不泯祀事無遺
旨酒惟馨具醉在茲有嘉累獻神其燕娭
送神　日惟上戊神顴精純禮備三獻樂成七均奄留洋
洋流福無垠言還恍惚空想如存
紹興祀祚德廟八首
迎神凝安姑洗爲宮　匿孤立後惟義惟忠昔者神考追
録乃功祀典載加進爵錫公神兮降格尚鑒衷崇
初獻升降同安　廟宇更新輪奐豐敞神靈如在英姿颯
爽執事進趨降升俯仰威儀翼翼虔祈歆饗

奠幣明安　牲薦碩大幣致精純聿升祀事茲用兼陳箱篚既實奠獻惟寅饗我至意福禄來成

彊濟公位酌獻成安　以身託孤實惟死友撫嫗長之若父若母潛授于韓克興厥後崇廟以獻德侈報厚

英略公位酌獻成安　立孤固難死亦匪易義輕一身開先趙嗣肅穆廟貌烈有餘氣式旋嘉薦昭哉祀事

啓佑公位酌獻成安　於皇時宋永祚有基始繄覆護扶而立之敢忘昭答牲分酒醴靈其燕饗益相本支

亞終獻用正安　昒昒靈宇神安且翔三哲鼎峙中薦嘉觴禀若義氣千載彌光猗其祐之錫羨無疆

送神凝安　禮樂云備畢觴爾神翊翊音送轙輿若聞駕言歸兮靈斿結雲祚我千億介福來臻

司中司命五首

迎神欣安　冠義義兮服章粲粲靈來下兮進止委蛇我消我壇我潔我俎降興卻旌於茲享御

升降欽安　紳綏舒舒佩環鏗鏗陟降上下壇燎光明有盥于罍有帨于巾不吴不敖庶以安神

奠幣容安　我誠既潔我豆既豐神來降斯有儼其容薦此嘉幣肅肅雍雍何以侑之於樂鼓鍾

酌獻雍安　酌茲旨酒既盈且芬式用來歆衎衎熏熏何以寧神薦有嘉籩何以錫民曰惟豐年

送神欣安　雲兮飄飄風兮稜稜颷馭返空杲日來昇歸斾揚揚衆樂鏘鏘我神式懽惠我嘉祥

五龍六首

迎神禧安　靈之智兮躍漢潛幽欲豢擾兮無董與劉陳金石兮佐侑牢羞庶燕享兮澤應民求

升降雅安　靈之至兮逸駕騰驤噓雲吸氣承祀日光展詩鳴律肅莊琳琅何以膺神貺惠無疆

奠幣文安　維靈德兮變化不常沛天澤兮周流八荒奠嘉幣兮肅雍不忘永佑民兮錫以豐穰

酌獻愷安　練吉日兮進神之堂牲既陳兮粢盛既香奠桂酒兮容與嘉觴靈安留兮錫我福祥

亞終獻嘉安　明明天子禮文咸秩矧神之功橫被九域雲施穡民物産滋殖嘉承惠和罔有終極

送神登安　靈之來下以雨先驅靈之旋馭五雲結車操環應夏發匣端虞眞人在御來獻珍符

志卷第九十

開府儀同三司上柱國録軍國重事前中書右丞相監脩國史領經筵事都總裁臣脫脫等奉

敕修

樂十三　樂章七

朝會　御撰肆赦

恭上皇帝皇太后尊號上

建隆乾德朝會樂章二十八首

皇帝升坐隆安　天臨有赫上法乾元鍾鏘六樂儼恪千官皇儀允肅玉坐居尊文明在御禮備誠存

公卿入門正安　堯天恊紀舜日揚光淑慎爾止率由舊章佩環濟濟金石鏘鏘威儀炳煥至德昭彰

上壽禧安　乾健爲君坤柔曰臣惟其臣子克奉君親永御皇極以綏兆民稱觴獻壽山岳嶙峋舜韶更奏堯酒浮觴皇情載懌洪筭無疆基隆郏鄏德茂陶唐山巍日煥地久天長

皇帝舉酒第一盞用白龜　聖德昭宣神龜出焉載白其色或游于川名符在治瑞應巢蓮登歌丹陛紀異靈篇

第二盞甘露　天德冥應仁澤載濡其甘如醴其凝若珠雲表潛結顥英允敷降于竹栢永昭瑞圖

第三盞紫芝　煌煌茂英不根而生蒲葺奪色銅池著名晨敷表異三秀分榮書于瑞典光我文明

第四盞嘉禾　嘉彼合穎致貢升平異標南畝瑞應西成德至于地皇祇效靈和同之象煥發祥經

第五盞玉兎　盛德好生網開三面明視標奇昌辰乃見育質雪園淪精月殿著於樂章色含江練

群臣舉酒正安　户牖嚴丹扆鵷鷺造紫庭懇祈南岳壽勢拱北辰星得士於茲盛基邦固以寧誠明一何至金石與丹青

簪紱若雲屯辰趨閶闔門侁侁羅禹會濟濟奉堯罇周禮覩明備天儀仰睟温高卑陳表著同拱帝王尊

待漏造王庭威儀盛莫京紛綸簪組列清越佩環聲禮飲

終三爵韶音畢九成永同鳬藻樂千載奉升平

群臣第一盞畢作玄德升聞　治定資神武功成顯曆文貢輸庭實旅朝會羽儀分偃革千年運垂衣萬乘君孰知堯舜力明德自升聞

約法皇綱正崇文寶曆昌道人振木鐸農器鑄干將瑞日含王宇卿雲藹帝鄉萬邦成一統鴻祚與天長

六變　宸扆威容盛聲明禮樂宣九州臻禹會萬國戴堯天貢職輸琛賮皇猷煥簡編含和均暢茂鴻慶結非煙

朝會儼威儀司常建九旗舞容分綴兆文物辨威蕤運格桃林牧祥開洛水龜帝功潛日用化俗自登熈

螭陛聊載筆紀瑞軼唐虞丹鳳儀金奏黃龍負寶圖群材
新棫樸仁政煦蒲盧蕩蕩巍巍德豚魚信自孚
接聖宅神都方來五達區國賢熙帝載靈命握乾符至化
當純被斯文益誕敷車書今混一聖治奉三無
聖皇臨大寶八表湊才賢經緯文天賦剛柔德日宣建邦
隆柱石造物運陶甄共致外平業綿長保億年
神化妙無方巍巍邁百王鶴書搜隱逸龍陛策賢良拱揖
朝群后賓筵闢四方洪圖基億載淳曜德彌光
第二盞畢天下大定　皇猷敷八表武誼肅三邊蘭錡韜
兵日靈臺偃伯年奉珍皆述職削衽盡朝天功德超前古

音徽播管弦
伐叛天威震恢疆帝業多削平俘肅殺涵煦極陽和蹈厲
覩周舞風雲入漢歌功成推大定歸馬偃琱戈
六變　惕厲日乾乾潛蟠或躍淵伐謀參上策受鉞總中
堅田訟歸周日民謠戴舜年風雲自冥感嘉會翼飛天
壺關方逆命投袂起親征虎旅聊攻伐梟巢遽蕩平天威
清朔漠仁澤被黎氓按節皇輿復洋洋載頌聲
蠢茲淮海帥保據毒黎苗不悟龍興漢猶同犬吠堯六師
方雨施孤壘自冰消千載逢嘉運華夷奉聖朝
上游荆楚要澤國洞庭深自識同文世皆廻拱極心一戎

聊杖鉞九土盡輸金大定功成後薰風入舜琴
席卷定巴邛西遐盡率從岷峨難負阻江漢自朝宗述職
方舟集驅車九折通粲然書國史冠古耀豐功
銳旅慶回旋邊防盡晏然鞬櫜方偃武飛將亦韜弦震曜
資平壘文明協麗天洸洸成大業赫奕在青編
淳化中朝會二十三首
上壽和安　四序伊始三陽肇開條風入律玉琯飛灰望
雲肅謁鳴佩斯來稱觴獻壽瞻拱星廻
一陽應候萬國同文天正紀節太史書雲凝旒在御列叙
爰分壽觴斯薦祝慶明君

皇帝初舉酒用祥麟　聖皇御寓仁獸誕彰在郊旅貢游
時呈祥星辰是禀草木無傷紀異信史登歌太常
再舉酒丹鳳　九苞薦瑞戴德膺仁藻翰爰奮靈音載振
非時不見有道則臻降岐匪匹儀舜爲隣
三舉酒河清　沔彼涇瀆澄明鑑如清應寶運光涵帝居
洞分泚璧徹見游魚聖祚無極神休偉與
四舉酒白龜　猗彼靈物允昭聖皇浮石可躡巢蓮益光
金方正色介族殊祥信書氷耀帝德無疆
五舉酒瑞麥　芃芃嘉麥擢秀分岐甘露夕洒惠風晨吹
良農告瑞循吏稱奇歸美英主折而貢之

群臣初舉酒畢作化成天下　軒昊方同德成康祖比肩
柔風惟普暢皇道本無偏陰魄重輪滿陽精五色圓要荒
咸率服卓越聖功全
聖德比陶唐千年祚運昌茂功雖不宰鴻業自無疆極塞
成清謐齊民盡阜康文明同日月遐邇仰輝光
六變　蕩蕩無私世巍巍至聖君山河分國寶日月耀人
文厭浥凝甘露輪囷吐慶雲正聲兼大雅洋溢應南薰
鴻範合彝倫調元四序均歲功天吏正御苑物華新底貢
陳方物來賓列遠人奉常呈九奏嘉貺動穹旻
大君隆至化與運契千齡覲禮儀班瑞夷賓盡實庭成文

調露樂奏聖拱辰星舞佾方更進朝陽上楚萍
禮樂昭王業寰區致太平華車停北狩雲稼憂西成國有
詳廷詔鄉聞講誦聲已華融五色遐邇仰文明
亭障戢干戈人心浹太和務農登寶穀識後設雲羅儀鳳
書良史祥麟載雅歌嘉辰資宴喜星拱弁峩峩
冠古耀鴻徽深仁及隱微二南　江漢詠九奏鳳凰飛設虞
羅鐘律盈庭列舞衣文明資厚德怡懌兆民歸
再舉酒畢威加海內　華輅征汾晉聽城比燎毛桓桓勗
軍旅將將御英豪神武誠無敵天威詎可逃王師宣利澤
霈若沃春膏

振萬方明德疾徐咸可觀鏗鏘動金奏蹈厲總朱干夾進
昭威武申嚴警宴安守方推猛士當用鷂為冠
六變　宣榭始觀兵桓桓稱皷行一戎期大定載纘議徂
征善政從師律神功冀武成勗哉勤誓衆王業自經營
聲教方柔遠廱闇禮可招獻圖連日際歸國象江潮撫運
重熙盛提封萬里遙還同有虞氏文德格三苗
南暨宣皇化東吳奉乃神舞干方耀德執玉自來賓巢伯
朝丹陛韓侯覲紫宸古今歸一揆懷遠道彌新
遺俗續陶唐來蘇徯聖皇布昭湯弔伐恢復漢封疆金鉞
申戡剪朱干示發揚宜哉七德頌千載播洋洋

乃眷嘗西顧偏師暫首征靈旗方直指獷俗自亡精禹叙
終馴致堯封漸化成不須嚴尉候於廓海彌清
干戚有司傳威容著凱旋象成王業盛役輟武功全兵寢
西郊閱書惟北闕縣聖神膺景命卜世萬斯年
景德中朝會一十四首
皇帝升坐隆安　金奏在庭群后在位天威煌煌繹明負
扆高拱穆清弁冕端委盛德日新禮容有煒
公卿入門正安　萬邦來同九賓在位奉璋薦紳陟降庭
止文思安安威儀棣棣臣哉鄰哉介爾蕃祉
上壽和安　天威煌煌山龍采章庭實旅百上公奉觴拱

揖群后端委垂裳永錫難老萬壽無疆

皇帝初舉酒祥麟　帝圖會昌二獸效祥雙角共觝示武不傷四靈為畜玄枵耀芒公族信孚元元阜康

再舉酒丹鳳　矯矯長離振羽來儀和音中律藻翰揚輝珍符沓至品物攸宜至德玄感受天之祺

三舉酒河清　德水湯湯發源靈長皎鑒澄徹千年效祥積厚流濕資生阜昌朝宗潤下善利無疆

群臣舉酒正安　思皇多士靖恭著位鳴玉飛緌鏘鏘濟濟宴有折俎以示慈惠罔敢不祗福禄來塈金奏在庭有酒斯旨顒顒卬卬嚮明負扆湛湛露斯式宴以喜佩玉蕤兮罔不由禮酒以成禮樂以侑食露湛朝陽星環紫極淑慎爾容既飽以德進退周旋威儀抑抑

初舉酒畢盛德升聞　八佾具呈萬舞有奕既以象功又以觀德進旅退旅執籥秉翟至化懷柔遠人來格閶闔天開群后在位設業設虡庭燎晰晰斧扆當陽虎賁夾陛舞之蹈之四隩來塈

再舉酒畢天下大定　武功既成綴兆有翼以節八音以象七德偲偲蹲蹲朱干玉戚發揚蹈厲其儀不忒偃伯靈臺功成作樂以昭德容以清戎索萬邦會同邪慝銷鑠盡善盡美侔彼韶箾

降坐隆安　被袞當陽穆穆皇皇聲若拊石頌聲揚揚和樂優洽終然允臧禮成而退荷天百祥

大中祥符朝會五首

皇帝舉酒醴泉　感沸檻泉寒流清泚地不愛寶其旨如醴上善至柔靈休所啓利澤無疆允資岱禮

再舉酒神芝　彼茁者芝茂英煌煌數秀喬嶽寔繁其芳適符脩貢封巒允臧永言登薦抑惟舊章

三舉酒慶雲　惟帝佑德卿雲發祥紛紛郁郁五色成章奉日迎蹕回風載翔歌薦郊廟播厥無疆

四舉酒靈鶴　玄文申錫嘉祥紹至偉茲胎禽羽族之異翩翰來儀徘徊嘹唳祚聖儲休聿昭天意

五舉酒瑞木　天生五材木曰曲直維帝順天厚其生植連理效祥成文表德總萃坤珍永光秘刻

熙寧中朝會六首

皇帝初舉酒慶雲　乾坤順東皇有嘉德爰施慶雲承日五色輪囷下乘萬物皆飾惟天作休長彼無極

再舉酒嘉禾　彼美嘉禾一莖九穗農疇告祥史牒書瑞擊壤歡歌如京委積留獻春種昭錫善類

三舉酒靈芝　皇仁溥博品物蕃滋慶祥回復秀發神芝

靈華儺衆連葉四施披圖按牒永享純禧

元符大朝會三首

皇帝初舉酒靈芝　嘉瑞降臨應我皇德煒煒神芝不根而植春秋三秀晝夜一色物播詩歌聲被金石

再舉酒壽星　倬彼星象於昭于天維南有極離丙之躔既明且大應聖乘乾誕受景福億萬斯年

三舉酒甘露　泫泫零露雲英醴溢和氣凝津流甘委白飴泛泮林珠聯竹栢天不愛道聖功允格

哲宗傳受國寶三首與大朝會兼用

永昌　於穆我王繼序不忘明昭上帝上帝是皇長發其祥惠我無疆受命于天既壽永昌

神光　惟皇上德伊嘏我王將受厥明載錫之光於昭于天曄曄煌煌緝熙欽止其永無疆

翔鶴　彼鳴在陰亦白其羽聲聞于天來集斯所勉勉我王咸遂厥宇播于異物受天多祜

紹興朝會十三首

皇帝升坐乾安　鈞陳肅列金奏充庭顒卬南面如日之昇垂衣拱手治無能名順履獻歲太安大榮

公卿入門正安同升降　天子當陽臣工率職流水朝宗衆星拱極環佩鏘鏘威儀抑抑上下交欣同心同德

上公上壽和安　八音克諧萬舞有奕上公奉觴率茲百辟聲效呼嵩祝聖人壽億載萬年天長地久

皇帝初舉酒瑞木成文　厚地效珍嘉木紀瑞匪刻匪雕具文見意三登太平允協聖治詩雅詠歌有光既醉

再舉酒滄海澄清　百谷王符聖治不揚波效殊祉德淪淵滄海清應千秋叙五行

三舉酒瑞粟呈祥　至治發聞惟馨香播厥百穀臻穰穰農夫之慶歲其有禾易長畝盈倉箱時和物阜粟滋茂嘉生駢穗來呈祥自今以始大豐美行旅不用齎餱糧

群臣酒行正安　群公卿士咸造在庭式燕以衎思均露零穆穆明明於斯為盛歸美報上一人有慶

明明天子萬福來同嘉賓式燕曷不肅雍燕以示慈式禮莫愆樂胥君子容止可觀

酒一行文舞　帝德誕敷銷爍群慝近悅遠來惟聖時克王振金聲治功興起韶箾象之盡善盡美文物以紀藻色以明禮備樂舉遹觀厥成睿知有臨誕敷文德教兩化風洽此四國

酒載行武舞　用戒不虞誰能去兵師出以律動必有名折彼遐衝布昭聖武和衆安民時惟多助止戈曰武惟聖為能御得其道無敢不庭整我六師稽諸

七德不吳不揚有嚴有翼

皇帝降坐乾安　帝坐熒煌廷紳肅穆對揚天休各恭爾服頌聲洋洋彌文郁郁禮備樂成永膺多福

建隆御樓三首

南郊回仗駕至樓前采茨　高煙升太一明祀達乾坤天仗回嶢闕皇輿入應門簪裳如霧集車騎若雲屯兆庶皆翹首巍巍萬乘尊

升坐隆安　禋祀畢圓丘嘉辰慶澤流天儀臨觀魏盛禮藹風猷洋溢歡聲動氛氳瑞氣浮上穹垂眷佑邦國擁鴻休

降坐隆安　華纓就列左社來王帝儀炳煥大樂鏗鏘禮成嶢闕言旋未央一人有慶萬壽無疆

咸平御樓四首

采茨　禮成于郊迎日之至時乘六龍天旋象魏端門九重虎賁萬騎四夷來王群后輯瑞

索扇隆安　應門有翼羽衛斯陳山龍袞冕律度聲身我我奉璋肅肅九賓清明在躬志氣如神

升坐隆安　圜丘類上帝六變降天神禋燔禮云畢仗衛肅以陳天顏瞻咫尺王澤溥陽春玉帛臻禹會動植霑堯仁

降坐隆安　肆眚云畢淳熈溥將雷雨麗澤雲物效祥禮容濟濟天威皇皇大賚四海富壽無疆

咸平籍田回仗御樓二首

采茨　農皇既祀禮畢躬耕商輅旋軫周頌騰聲觀魏將陟服御爰更輿人瞻仰如日之明

升坐隆安　應門斯御雉扇爰開人瞻日月澤動雲雷同風三代均禧九垓歡心允洽時詠康哉

乾興御樓二首

升坐隆安　夾鐘紀月初吉在辰青炎流慶有德推仁采章震耀典禮具陳茂昭丕貺永芘斯民

降坐隆安　皇衢赫敞黼坐穹崇華纓在列嚴令發中王制鉅麗寶瑞豐融均禧縣寓萬壽無窮

紹興登門肆赦二首

升坐乾安　拜況于郊皇哉唐哉熈事休成六騑鼎來天閶以決地垠以開隤祉發祥如登春臺

降坐乾安　鴻霈普洽言歸端門蕩蕩巍巍旋乾轉坤穆然宣室儲思垂恩於萬斯年敷錫群元

寧宗登門肆赦二首

升坐乾安　帝饗于郊荷天之休五福敷錫皇明燭幽雲行雨施仁翔德游聖人多男歌頌九州

降坐乾安　天日清晏朝野靖安三靈荅祉萬國騰懽帝
命不違王業艱難天子萬年永迪監觀

皇帝上尊號一首

冊寶入門正安　於穆元后天臨紫宸飛綾星拱建羽林
芬徽冊是奉鴻名愈新荷茲介祉永永無垠

明道元年章獻明肅皇太后朝會十五首

皇太后升坐聖安　聖母有子重光類禋聖皇事母感極
天人百辟在庭九儀具陳禮容之盛萬國咸賓

公卿入門禮安　帝率四海承顏盡恭端闈肅設群后來
同玉佩鏘鳴衣冠有容英韶節步磬管雍雍

皇帝上壽酒崇安　天子之德形于四方尊親立愛化洽
風揚聖母褘衣明君黼裳因時獻壽克盛朝章

上壽福安　盛禮煌煌六衣有光千官在位百福稱觴乾
德慈仁邦斯淑祥如山之壽佑聖無疆

皇太后初舉酒玉芝　燁燁靈芝生于殿闈照映華拱紛
敷玉粲感召元和光符聖期祥篇協吉百福咸宜

再舉酒壽星　現彼南極昭然瑞文騰光丙位薦壽中宸
太史騂奏升歌有聞軒宮就養億萬斯春

三舉酒奇木連理　王化無外坤珍效靈旁枝内附直幹
來并群分非一祺祥紹登至誠攸感海縣斯寧

群臣酒行禮安　肅肅臨下有威有容循循事上惟信惟
忠盛禮興樂示慈訓恭君臣協吉惟道之從
湛湛零露晞于載陽我有旨酒群臣樂康既飲以德亦圖
爾良永言修輔用協天常
禮均孝慈樂合韶武至德光矣鴻恩亦溥上下和濟華夷
樂清醆斝三行盛儀斯舉

酒一行畢作厚德無疆之舞　堯母之聖攸勛爲子同心
協謀柔遠能邇以德康俗以文興治斯焉象功罔不昭濟
至矣坤元道符惟聖就養宸極助隆善政翟籥紛舉笙鏞
協應翺翔有容表德之盛

酒再行四海會同之舞　七德之舞四朝用康有如姬姒
助集周邦威克厥愛居安不忘風旋山立濟濟皇皇
左秉朱干右揮玉戚以象武綴以明皇德天子榮養群臣
述職四夷賓附罔不承式

降坐聖安　長樂居尊盛容有煒文王事親萬國歸美朝
會之則邦家之紀受福于天克昭隆禮

治平皇太后皇后冊寶三首

皇帝升坐乾安　王化之始治繇内孚時庸作命玉簡金
書磬筦在庭其縱繹如天臨法扆禮與誠俱

太尉等奉冊寶入門正安　睟儀臨拱丕命明敷鸞回寶

勢鴻賁瑶光禮成樂備徳裕名芳肇基王化永懋天祥
皇帝降坐乾安　袞衣繡裳嚴威肅莊八音具張巽虡龍
驤玉簡瑶章金書煌煌壽千萬年與天比長
熙寧皇太后冊寶三首
出入正安　煌煌鳳字玉氣宛延天門崛岉飛驂後先龍
纛四合奏鼓淵淵母儀天下何千萬年
升坐乾安　莪莪綉扆旋佩以登如彼杲日凌天而升玉
色下照亹亹繩繩猗歟大孝四海其承
降坐乾安　皇帝降帟流雲四闢堯趨舜步下躡天堦恭
授寶冊翠旄裴回明明純孝鴻鳌大來

哲宗上太皇太后冊寶五首
皇帝升坐乾安　大矣孝熙帥民以躬奉承寶冊欽明兩
宮萬樂具舉一人肅雍化繇上始四海來同
降坐乾安　皇帝仁孝總臨萬方褒顯其親日嚴以莊龍
袞翼翼玉書煌煌傳之億世休有烈光
太皇太后升坐乾安　總裁庶政擁佑嗣皇金書玉簡爛
其文章衆歌警作筦磬將將保安四極降福無疆
降坐乾安　塗山之徳渭涘之祥圖徽寶冊玉色金相管
弦煒煜鐘鼓喤喤天之所啓既壽而昌
太尉等奉冊寶出入門正安　玉車臨御鳳蓋棽麗奉承

寶冊彌文盛儀抗聲極律助我孝熙天之所佑萬壽無期
紹興十一年發皇太后冊寶八首
皇帝隨冊寶降殿聖安　景祚有開符天娩昊誕毓聖神
是崇位號星拱天隨祗嚴冊寶還御慈寧增光舜道
中書令奉冊詣皇帝褥位禮安　聲樂備陳禮容罔忒相
維辟公虔奉玉冊皇則受之慕形於色既壽且康與天無
極
侍中奉寶詣皇帝褥位禮安　祖啓瑤光誕生明聖尊極
母儀帝庸作命寶章煌煌導以笙磬還燕慈寧邦家後慶
太傅奉冊寶出門聖安　肅肅東朝帝隆孝治猗歟丕稱

寶冊斯備皇扉四闢導迎慶瑞徳邁大任有周卜世
太傅奉冊寶入門聖安　靜順坤儀聖神是育懿鑠昭陳
鏤文華玉樂奏既備禮儀不瀆導迎善祥翟車歸輦
太傅奉冊授提點官禮安　孝奉天儀信維休徳發越徽
音禮文靡忒永保嘉祥時萬時億歸于東朝含飴燕息
太傅奉冊授提點官禮安　肅雍長樂克篤其慶河洲茂
徳沙麓啓聖是生睿哲丕隆丕運欽稱鴻寶永膺天命
冊寶升慈寧殿幄聖安　禮行東朝樂奏大吕羽衛森陳
簪紳式序雲幄邃嚴宏典是舉天子萬年母儀寰宇
乾道七年恭上太上皇帝太上皇后尊號十一首

冊寶降殿正安　元祀介福孰綏孰將歸于尊親孝哉君
王載鏤斯牒載瑑斯章得名得壽如虞如唐
中書令侍中奉冊寶詣殿下正安　宗郊斯成交舉典冊
汝輔汝弼威儀是力陳于廣庭迨此上日巍巍煌煌烏覩
在昔
皇帝奉太上皇帝冊寶授太傅用禮安奉太上皇帝同　儀物陳
矣禮樂明矣天子戾止詔爾臣矣陟降維則恭且勤矣莅
莅四海德教形矣
冊寶出門正安　天門九重蕩蕩開徹金支秀華垂紳佩
玦或導或陪率履不越莅民耳目四表胥悅

冊寶入德壽宮門正安　禮神頌祇福祿來下不有榮名
孰維伊暇千乘萬騎魚魚雅雅皇扉洞開鞠躬如也
太上皇帝升御坐降同　穆穆聖顏安安天步有縟者儀以
莫不舉夫人和同恩澤洋普億載萬年為衆父父
太傅奉太上皇帝冊寶升殿用聖安　大哉堯乎南嚮垂
裳君哉舜也拜而奉觴纍藉光華鼓鐘鏗鏘三事稽首宋
德無疆
太傅奉上皇右冊寶升殿用聖安　乾元資始坤元資生
允也聖德同實異名春王三朝典冊並行咨爾上公相儀
以登

皇帝從太上皇右冊寶詣宮中用正安　維冊伊何鏤玉
垂鴻維寶伊何範金鈕龍翊以簪御閤以笙鏞誰敢不恭
天子寔從
太上皇后出閤升御坐坤安降同　帝膺永福功靡尊有既
尊聖父亦燕壽毋怡怡在宮大典時受彤管紀之天長地
久
內侍官舉太上皇后冊詣讀冊位用聖安　欽福于郊逢
時之泰揭名日月侔德覆載自我作古域中有大永言保
之眉壽無害
淳熙二年發太上皇帝太上皇右冊寶十一首

冊寶降殿正安　高明者乾博厚者坤以清以寧資始資
生壽胡可度德胡可評願言從欲誕受強名
中書令侍中奉冊寶詣殿下正安　受命既長福祿既康
如日之升如月之常追瑑其章金玉其相君子萬年保其
家邦
皇帝奉太上皇帝冊寶授太傅禮安奉太上皇右同　翠華之旗
靈鼉之鼓陳于廣宇相我盛舉來汝公傅肅乃儀矩毋愆
于素以篤多祜
冊寶出門正安　蚴蟉青龍婉嬗象輿其載伊何煌煌金
書乃由端門乃行康衢于以榮親振古所無

册寶入德壽宮門正安　惟天爲大其德日誠惟堯則之其性日仁迺文迺武得壽得名於萬斯年以莫不增

太上皇帝升御坐乾安同降　天行惟健天步惟安聖子中立臣工四環民無能名威不違顏宋德宜頌漢儀可刪

太傅奉太上皇帝册升殿聖安同奉寶　天畀遐福允彰父慈維昔曠典我能舉之徐爾陟降敬爾威儀申錫無疆永言保之

太傅奉太上皇后册寶升殿聖安　乾健坤從陽剛陰相迨玆受祉允也並況虞業在下儀物在上洛時三公執事無斁

皇帝從太上皇后册寶詣宮中用正安　丕顯文王之德之純亦有太姒式揚徽音維册維寶迺玉迺金伊誰從之一人事親

太上皇后出閤升御坐坤安同降　重翟出房褘衣被躬委委佗佗河潤山容聖皇臨軒聖母在宮並受鴻名與天無窮

內侍官舉太上皇后册詣讀册位用聖安同舉寶　琱玉玢豳褎蹄精良既刻厥文亦鑄之章象德維何至靜而方輔我光堯萬壽無疆

淳熙十二年加上太上皇帝太上皇后尊號十一首

大慶殿發册寶降殿正安　維天蓋高維地克承父尊母親天地難名疆名廣大建號安榮衍登壽域闡繹皇明

中書令侍中奉太上皇后册寶詣殿下用正安　二儀同尊兩耀齊光巍巍煌煌不顯亦彰實茂號榮玉振金相於萬斯年既壽且昌

皇帝奉太上皇帝册寶授太傅太上皇后册寶同　我尊我親承天之祉壽名兼美家國咸喜公傅秉禮寶册有煒惟千萬祀令聞不已

册寶出門正安　羽衛有嚴寶書有輝昭衍尊名鋪張上儀出其端闡由于康逵比屋延瞻歌之舞之

德壽宮册寶入殿門正安　南山之華皇壽無窮太極之尊皇名是崇奉玆寶册于皇之宮皇則受之於昭盛容

太上皇帝出宮升御坐乾安同降坐　聖明太上天子有尊玉坐高拱慈顏睟溫霞禁嘉承朝弁卯分盛禮縟典邈古未聞

太傅中書令侍中奉太上皇帝册寶升殿用聖安　天錫伊嘏地效其珍誕作寶典奉于尊親爾公爾相爾恭爾寅協舉令儀適臻厥成

太傅中書令侍中奉太上皇后册寶升殿用聖安　坤載有元乾行是順施生萬彙厥德彌盛翼翼母道贊我皇訓

相維群公奉典斯敬

皇帝從太上皇后冊寶詣宮中用正安　大矣母慈德備且純思古齊敬佐我皇文明章茂典金玉其音帝親奉之以翼以欽

太上皇后出閤升御坐用坤安降坐同　天相慈皇慶臻壺闈徽柔内修壽與天齊既承皇歡載覩母儀懿典鴻名永綏多祺

内侍舉太上皇后冊寶詣讀冊寶位用聖安　有美英瑶於昭祥金爲策爲葷並著徽音德聖而尊備舉彌文億載萬年永輔堯勛

志卷第九十一

宋史一百三十九

志第九十二

元……中書右丞相監修國史領經筵事都總裁臣脫脫等奉勅修

樂十四　樂章八

恭上皇帝皇太后尊號下　冊皇太子　皇子冠　冊立皇后　聞喜宴　鹿鳴宴　鄉飲酒

紹熙元年恭上壽聖皇太后至尊壽聖皇帝壽成皇后尊號冊寶十四首

大慶殿發冊寶降殿正安　帝受内禪紀元紹熙欽崇慈親孝心肅祗廼建顯號廼蔵丕儀發冊廣庭聲歌侑之

中書令侍中奉三宮冊寶詣東階下用禮安　鐘鼓交作文物咸備彤庭玉階天子是莅咨爾輔臣展采錯事輔臣稽首敢不率禮

冊寶出門正安　巍巍天宮洞開閶闔旂常蔵蕤翕佩雜沓寶冊啓行法駕繼發鏘哉盛典快覩胥悅

冊寶入重華宮正安　仰止皇居九門載闢麗日重光非煙五色雷動萬乘雲從百辟咫尺重霄鞠躬屏息

至尊壽聖皇帝升坐乾安降同　玉璽瑶編禮容畢具穆穆至尊華殿是御德配有虞紹唐授禹於萬斯年受天之祜

太傅中書令奉至尊壽聖皇帝冊升殿用聖安　慈皇天

臨睟表怡怡欽哉聖子親奉玉巵懽抃嵩呼歡浹華夷通
臣捧冊是格是祗
太傅侍中奉至尊壽聖皇帝寶升殿用聖安　瑟彼華玉
篆魚鈕龍與冊並登咨爾上公詠以歌詩協之鼓鐘是陟
是降靡有弗恭
太傅中書令侍中奉壽聖皇太后冊寶升殿用聖安　天
祐皇家慶集重闈寶兮揚名冊兮流徽金支秀華盛容襮
威詔我近弼相禮不違
太傅中書令侍中奉壽成皇后冊寶升殿用聖安　大哉
乾元既極形容坤元德至寶與比隆寶冊並登勤崇垂鴻
相我縟儀肅肅雍雍
皇帝從壽聖皇太后冊寶詣慈福宮用正安　涓辰協吉
時維春元上冊三殿曠古無前思齊重闈積慶有源是尊
是崇帝心載虔
壽聖皇太后出閤升坐坤安同降　丕赫有宋三聖授受誰
其助之繄我太母東朝受冊飲此春酒聖子神孫密侍左
右
內侍官舉壽聖皇太后冊寶詣讀冊寶位用聖安　坤德
益崇天壽平格慶流萬世子孫千億刻玉範金鋪張赫奕
惟昔姜任則莫我匹

皇帝詣壽成殿壽成皇后出閤升坐坤安同降　鞠育保護
母道備矣密贊親傳德其至矣絲服來朝慈容有喜既受
鴻名又多受祉
內侍官舉壽成皇后冊寶詣讀冊寶位用聖安　仰瞻慈
闈登進寶冊惟時辟御祗率厥職曰壽曰名母兮兼得儷
我尊父億載無極
紹熙四年加上壽聖皇太后尊號八首
大慶殿發冊寶降殿正安　德厚重闈沖澹粹穆何以名
之惟慈惟福寶鏤精鏐冊鐫華玉物盛禮崇丕昭群目
中書令侍中奉壽聖皇太后冊寶詣東階下禮安　於皇
帝室休運貽孫重熙疊慶祗進號榮爰授茲冊必躬必親
天子聖孝萬邦儀刑
冊寶出門正安　煌煌冊寶天子受之言徐其行肅展迺
儀其儀維何紉佩黃麾鑾駕清蹕聳瞻九逵
冊寶入慈福宮殿門正安　熙辰禮備濟濟雍雍言奉斯
冊重親之宮宮帷既敞協氣感通皇儀親展壽祉無窮
太傅中書令侍中奉壽聖皇太后冊寶升殿聖安　既肅
琨庭載升金戺迺導迺陪威儀濟濟天步繼臨孝誠備矣
聲容孔昭中外悅喜
冊寶詣宮中正安　琱輿彩仗祗詣慈宮寶冊前奉龍挾

雲從言備茲禮于宮之中惟天子孝於昭禩容
壽聖皇太后出閤升御坐坤安同降　懿典大冊陳儀邃深
怡怡愉愉實坐是臨重綵儼侍采展肅心三宮協慶永播
徽音
內侍官舉壽聖皇太后冊寶詣讀冊寶位用聖安　寶冊
既奉祗誦延言仁深慶衍益顯益尊和聲協氣充溢乾坤
並受伊嘏聖子神孫
慶元二年恭上太皇太后皇太后太上皇帝太上皇后尊
號二十四首
冊寶降殿　天擁帝家澤流子孫三宮燕胥四海崇尊聲

諧韶濩輝燭瑤琨維皇緝熙耀德乾坤
冊寶授太傅奉詣東階下　祖后重壽親闈並崇駢慶聯
休申景鋪鴻疊璧交輝多儀煥叢億萬斯年福祿攸同
冊寶出門　太任媚姜塗山翼禹慈祥曼衍鴻儀迭舉寶
章奕奕禩宮俁俁帝用將之于彼宮所
慈福宮寶冊入門　東朝層邃端闈靖深列仗節鑾鏤玉
繩金來奉來崇載祗載欽曾孫之慶世世徽音
冊寶升殿　純佑我宋母儀四朝擁翼孫謀如虞承堯仁
覃函夏喜浮慶霄福祿萬年金玉孔昭
冊寶詣宮中　神人和懌天日淑清王母來燕必壽而名

琨庭璈音五雲佩聲勉勉我皇適昭厥成
太皇太后出閤升坐　曾孫致養五福駢臻太極所運兩
儀三辰輝光日新啓佑後人永翼瑤圖億萬竟春
冊寶詣讀冊寶位　徽光宣華仁聲流文曠儀合沓泰和
絪縕慈顏有喜祚我聖君珠宮含飴坐閱來雲
太皇太后降坐歸閤　縟儀既登寶冊既膺喜洽祥流雲
烝川增天子萬年鳴玉慈庭惠我無疆詵詵繩繩
壽慈宮冊寶入門　新庭靖安祖后燕怡有開聖謀累崇
天基典章文明聲容葳蕤御于邦家曰壽曰慈
冊寶升殿　三禮崇容八鑾警衛有來辰儀闈徽嬀汭璇

宮肅雍藻景澄霽文子文孫本支百世
冊寶詣宮門　堯門疊瑞姒幄齊輝重坤靖夷麗冊華徽
天子仁聖禮文弗違福壽康寧同燕層闈
皇太后出閤升坐　文母曼壽載錫之光總集瑞命宜君
宜王惠以仁顯慈以德彰保佑子孫受福無疆
冊寶詣讀冊寶位　華鸞編玉文螭液金頌德摛英揚徽
嗣音紫幄天開翠華日臨歲歲年年如周太任
皇太后降坐歸閤　宋有明德天保佑之以壽繼壽以慈
廣慈聲文宣昭福祉茂綏神孫之休燕及華夷
壽康宮冊寶入門正安　大安耽耽興慶崇崇維皇之尊

與天比隆非心閒燕文命延鴻欲報之恩禮縟儀豐
太上皇帝升御坐乾安　上帝有赫百靈效祥儲祉垂恩
錫年降康皇儀晬溫帝躬肅莊三宮齊懽地久天長
太上皇帝冊寶升殿聖安　夏典稽瑞禹玉含淳追琢有
章溫潤孔純聖底于安壽綿於仁太上立德自天其申
太上皇后冊寶升殿聖安　父尊母親天涵地育燕我翼
子景命有僕得名得壽如金如玉子孫千億成其厚福
太上皇帝降御坐乾安　天地清寧日月華光歸尊慈極
嵩呼未央慶函百嘉壽躋八荒上皇萬歲俾熾俾昌
冊寶詣宮中正安　晨趨慈幄佳氣鬱葱受帝之祉配天

其崇璧華金精禮敷樂充天子是若懽聲融融
太上皇后出閤升坐坤安　文物流彩鑾輅靖陳龜瑞薦
祉坤儀效珍比皇之壽翼帝以仁和氣致祥與物爲春
讀冊寶聖安　黼黻其文金玉其相永壽於萬合德無疆
福緒祥源厥後克昌天維格斯祚我聖皇
太上皇后降坐歸閤坤安　榮懷之慶莫盛於斯三宮四
冊五葉一時德阜而豐福大而滋子子孫孫于時保之
嘉泰二年恭上太皇太后尊號八首
冊寶降殿　思齊太任嬪于周京至哉坤元萬物資生不
可儀測矧可強名鏤玉繩金昭哉號榮

冊寶詣東階　鼓鐘喤喤儀物載陳儀物陳矣爛其瑤琨
咨爾上公相予文孫勿亟勿徐奉我重親
冊寶出門　蕩蕩天門金鋪玉戶釆旄翠旌流蘇葆羽千
官影從廼導廼輔都人縱觀塡道呼舞
壽慈宮冊寶入門　煌煌寶書玉篆金縷曷爲來哉自天
子所自天子所以燕文母婉嫕祥雲日正當午
冊寶升殿　文物備矣三事其承崇牙高張樂充宮庭耽
耽廣殿左墄右平敬爾威儀攝齊以登
冊寶詣宮中　維壽伊何聖德日新維慈伊何祐于後人
廼范斯金廼鏤斯珉皇輿奉玉趾從于堯門

太皇太后升御坐同降　侍中版奏辦外嚴中出自玉房褘
褕被躬我龍受之褆威盛容皇帝聖孝其樂融融
冊寶詣讀冊寶位　麟趾褭蹄我寶斯刻碝礛釆繳載備
斯冊眉壽萬年詒謀燕翼於赫湯孫克綿永福
紹定三年壽明仁福慈睿皇太后冊寶九首
文德殿冊寶降殿　思齊聖母媲于周任體乾履坤博厚
洪深七褒既啓萬壽自今昕庭發號式昭德音
冊寶詣東階　煌煌儀物繹繹鼓鐘奉茲寶冊至于階東
上公相儀列辟盡恭拜手慈宸福如華嵩
冊寶出門　帝闕肅開天階坦履霓旌羽葢導儀護衛匪

誇雕瑑匪矜繁麗茲謂盛儀億載千歲
慈明殿冊寶入門　金堅玉純文郁禮縟來從帝所作瑞
王國天開地闢日熙春煥茲謂盛事永燕茀祿
冊寶升殿　皇儀有煒緌舁次升沈沈邃殿穆穆天廷坤
德罙隆皇圖永寧洽爾廷臣攝齊以登
冊寶詣宮中　壽爲福先明燭物表仁沾動植福齊穹昊
曰慈與睿並崇丕號演而申之萬世永保
皇太后升御坐　邇臣跪奏嚴辦必恭乃御褘褕升于殿
中慈顏雍穆和氣沖融芳流清史傳之無窮
冊寶詣讀冊寶位　徽音孔昭寶傳斯刻金昭玉粹有煒

斯冊載祈載祝以燕以翼寶之萬年與宋無極
皇太后降御坐　皇文既舉慶禮告虔肇自宮闈格于幅
員子稱母壽母謂子賢陟降在茲隆名際天
哲宗發皇后冊寶三首
皇帝升坐乾安　既登乃依如日之升有嚴有翼丕顯丕
承天作之合家邦其興朱芾斯皇子孫繩繩
降坐乾安　我禮嘉成我駕言旋降坐而蹕奏鼓淵淵景
命有僕保佑自天永錫祚嗣何千萬年
太尉等奉冊寶出入正安　宣哲維公就位肅莊冊寶具
舉丕顯其光出于宸闈鼓鐘喤喤母儀天下萬壽無疆

紹興十三年發皇后冊寶十三首
皇帝升坐乾安　天地奠位乾坤以分夫婦有別父子相
親聖王之治禮重婚姻端冕從事是正大倫
使副入門正安　天子當陽群工就列冊寶既陳鍾鼓備
設上公奉事容莊心協克相盛禮光昭玉牒
冊寶出門正安　穆穆睟容如天之臨赫赫明命如玉之
音虔恭出門禮容兢兢塗山生啓夏道以興
皇帝降坐乾安　朝陽已升薰風習至樂奏既成禮容亦
備玉佩鏘鳴帝徐舉趾壼政穆宣以聽內治
皇后出閤乾安　猗歟賢后德本性成承天致順迺日爲

明作配儷極王化以行萬有千歲奉祀宗祊
冊寶入門宜安　款承祗事時惟肅雍跪奉冊寶陳于法
宮以俯以仰有儀有容明神介之福祿來崇
皇后降殿承安　溫惠之德褘翟之衣行中采薺禮無或
違降于丹陛有容有儀委委蛇蛇誰其似之
皇后受冊寶成安　鏤蒼玉兮盛德載揚鑄南金兮作鎮
椒房虔受賜兮有煒有光宜室家兮朱芾斯皇
皇后升坐和安　禮既行兮厥位孔安母儀正兮容止可
觀奉東朝兮常得其歡求淑女兮豈樂多般
內命婦入門惠安　素月澄輝衆星顯列炳爲天文各有

攸別椒房既正陰教斯設關雎麟趾應如響捷

外命婦入門成安　窈窕其容淑嫕其姿爛其如雲瞻言我母儀曰天之妹作合惟宜粲然舞抃疇不肅祗

皇后降坐徽安　寶字煌煌冊書粲粲副笄加飾褘褕有爛祗若帝休委蛇樂衎億萬斯年永膺宸翰

皇帝歸閣泰安　太任徽音太姒是嗣則百斯男周室以熾天子萬年受茲女士如姒事任從以孫子

淳熙三年發皇后冊寶十三首

皇帝升坐乾安　赫赫惟皇如日之光肅肅惟后如月之常禮行一時明照無疆天子涖止疇敢不莊

冊寶入門正安　卜月惟良練辰斯臧臣工在庭劍佩瑲瑲來汝疑丞明命是將有淑其儀無或怠遑

冊寶出門正安　刻簡以珉鑄寶以金持節伊誰時惟四鄰自我文德達之穆清委蛇委蛇往迄于成

皇帝降坐乾安　冊行何鄉于門東偏禮備樂成合翕鳴鞭皇舉玉趾如天之旋燕及家邦億萬斯年

皇后出閣坤安　椒塗蘭馭河潤山容副笄在首褘衣被躬靜女其姝實翼實從自彼西閣聿來殿中

冊寶入門宜安　德隆位尊禮厚文縟乃篆斯金乃鏤斯玉群公盈門執事有肅願言保之永鎮坤軸

皇后降殿承安　規殿沉沉叶氣旼旼明章婦順表正人倫躡是左墄暨于中庭尚宮顯相罔有弗欽

皇后受冊寶成安　備物典冊樂之鼓鐘拜而受之極其肅雍司言司寶各以職從行地有慶與天無窮

皇后升坐和安　容典既膺壼儀既正羽衛外列揚顏中映如帝如天以莊以靚六宮承式二南流詠

內命婦入門惠安　葛覃節用樛木逮下形爲嬪則夙已心化茲臨長秋遂正諸夏以慶以祈百祥來迓

外命婦入門咸安　碩人其頎公侯之妻翟茀以朝象服是宜如星之共遡月之輝母儀既瞻群心則夷

皇后降坐徽安　窈窕淑女備六服兮陟降多儀聳群目兮內治允備陰教肅兮宜君宜王綏有福兮

皇后歸閣泰安　天監有周是生太任亦有太姒嗣其徽音孰如兩宮慈愛相承思齊之盛復見于今

淳熙十六年皇后冊寶十三首

皇帝升坐乾安　乾位既正坤斯順承日麗于天月斯遡明惟帝受命惟帝並登黼扆尊臨典冊是行

冊寶入門正安　迺協良辰維春之宜迺詔近弼來汝相儀九門洞開文物華輝聲詩載歌于以侑之

冊寶出門正安　有璽範金有冊鏤瓊汝使汝介持節以

行禮始文德達于穆清是恪是虔依我和聲

皇帝降坐乾安　鼓鐘喤喤磬筦鏘鏘劒佩充庭濟濟洋洋禮典告備皇心樂康於萬斯年受福無疆

穆清殿受冊寶皇后出閤坤安　懿範柔容如月斯輝駕厥翟輅被以褘衣九御從之如雲祁祁典冊是承心焉肅祇

冊寶入門宜安　華縟璧璫有馨椒殿備物來陳多儀式煥曰冊曰寶是刻是瑑並舉以行皇矣懿典

皇后降殿承安　褘褕盛服有恪其容是陟是降相以尚宮金殿玉階聿來于中展詩應律載詠肅雝

皇后受冊寶成安　帝有顯命稟于親慈后德克承拜而受之人倫既正王化是基億載萬年永祚坤儀

皇后升坐和安　帝慶三宮膺受寶冊御于中闈載欣載惕迺孚陰教迺明內則翼翼魚貫罔不承式

內命婦入門惠安　掖庭頒官于位有四嘒彼小星撫以德惠熙焉如春育焉如地慶禮聿成靡弗咸喜

外命婦入門咸安　魚軒鼎來象服是宜班于內庭率禮惟祇化以婦道時惟母儀是慶是類于胥樂兮

皇后降坐徽安　正位長秋容典備矣王假有家人倫至矣儷極俔天多受祉矣蟄蟄螽斯宜孫子矣

皇后歸閤泰安　維天佑宋盛事相仍崇號三宮甫茲浹辰肇正中闈縟禮載陳邦家之慶曠古無倫

皇帝升坐乾安　乾健坤順群生首資日常月升四時叶熙帝嗣天歷后崇母儀黼黻承暉王化是基

使副入門正安　熛闕蟺蛸璧門雲龍烈文維輔翊奉有容典章煇明彝度肅雍蔵時縟儀登于瑤宮

冊寶出門正安　金晶麗輝璧葉含春贊襄之冀繹虞之嬪樂序韶亮禮文藻新辟公相成物釆彬彬

皇帝降坐乾安　帝旒雲舒金秀充庭璇衛鑾華倩佩垂緌皇容熙備柔儀順承三宮齊懽萬福昭膺

皇后出閤坤安　騋翟崇容褘鞠陳衣戾止蘭殿夙興椒闈淑正宣華粹明騰煇欽若有承嗣音之徽

冊寶入門宜安　褘帟流光沙祥增衍編玉鏤德螭金溢篆粹猷藻黼黻文華顯二南聲詩于時昭闡

皇后降殿承安　翬珩煥釆趨節風韶陟降蛾陛奉將英瑤辟道承薰嬪儀揚翹是敬是祇德音孔昭

皇后受冊寶成安　帝奉太室后儀成之帝養三宮后志承之德如關雎盛如螽斯宜君宜王百世本支

皇后升坐和安　肅肅壼彝雍雍陰教險詖自防警戒是儆中闈端委列御胥告其思輔順永翼帝孝

內命婦入門惠安　天子九嬪王宮六寢有煒令儀載秩
華品福履綏將節用躬儉矢其德音于以來諗
外命婦入門咸安　象服之文鵲巢之風化以婦道覲于
內宮采蘋澗濱采藻澗中夙夜在公贊彼累功
皇后降坐和安　光佑晏寧惠慈燕喜壽仁並崇家邦均
祉懿文交舉壹冊嗣美維億萬年愛敬惟似
皇后歸閤泰安　天心仁佑坤德世昭灼有懿範著于累
朝儉以贊虞勤以承堯是用則倣共勵夙宵
嘉泰三年皇后冊寶十三首
皇帝升坐乾安　茂建坤極容典聿新天命所贊慈訓是
遵肅消穀旦躬御紫宸鴻禧累福駢賚翕臻
使副入門正安　端門曉闢瑞氣雲凝有儼良輔踵武造
廷肅肅王命是將是承登冊穆清萬歲永膺
冊寶出門正安　瑤冊玉寶爛然瑞輝旁翼絳節上承紫
微璆鳴朝佩徐出獸扉登進坤極益彰典徽
皇帝降坐乾安　天臨黼扆雲集弁纓金石遞奏典禮備
成玉趾綏步龍駕翼行言旋北極永燕西清
皇后出閤乾安　日薰椒屋雲靄璧門有華瑞節來自帝
閽統天惟乾合德者坤我龍受之福祿永繁
冊寶入門宜安　虹輝燦爛雲篆綢繆絳節前導瑞光上

浮瑤階玉扉既集長秋欽承天寵永荷帝休
皇后降殿承安　瑤殿清閟玉墄坦夷褘衣副珈陟降不
遲寶冊聿至載肅載祗禮儀昭備福履永綏
皇后受冊寶成安　日月臨燭乾坤覆持明並二曜德合
兩儀光媲宸極共恢化基膺受茂典億載永宜
皇后升坐和安　寶璽瑤冊既祗既承繡裀藻席載躋載
升柔儀肅穆瑞命端凝永膺多福如川方增
內命婦入門惠安　服煥盛儀班分華綴九嬪婦職六寢
內治參差荇菜求勤寤寐烝然來思相禮贊祭
外命婦入門咸安　婦榮於室通籍禁中班列有次車服
有容佐我關雎鵲巢之風被之僮僮曷不肅雍
皇后降坐徽安　金石具舉典禮茂明淑慎其止適觀厥
成瓊琚微動鳳輦翼行儀光媲極德邁嬪京
皇后歸閤泰安　寶坐既興鳳輿戒行奏解嚴辦歸燕邃
清問安壽慈奉蠶宗祊彌千萬年內助聖明
嘉定十五年皇帝受恭膺天命之寶三首
恭膺天命之曲太蔟宮　我祖受命恭膺于天爰作玉
寶載祗載虔申錫無疆神聖有傳昭茲興運於萬斯年
舊疆來歸之曲太蔟宮　於穆我皇之德之純涵濡群生
矧我遺民連齊跨晉輸貢效珍土宇日闢一視同仁

永清四海之曲太蔟宮　我祖我宗德厚澤深於皇繼序益單厥心天人協扶一統有臨乾坤清夷振古斯今

至道元年冊皇太子二首

太子出入正安　主鬯之重允屬賢明承華肇啓上嗣騰英禮修樂舉育德開榮一人元良萬邦以寧

群臣稱賀正安　皇儲既建聖作無疆鸞旌列敘維戟分行前星有爛瑞日重光際天接聖溫文允臧

天禧三年冊皇太子一首

太子出入明安　明離之象少陽之位固邦爲本體天作貳儀範堯溫禮章斯備丕宣令猷恭守宗器

乾道元年冊皇太子四首

皇帝升坐乾安　宋受天命聖緒無疆惟懷永圖乃登元良涓選休辰冊書是將黼坐天臨穆穆皇皇

太子入門明安　於維皇儲玉潤金聲體震之洊重離之明冊寶具舉環佩鏘鳴守器承祧惟邦之榮

太子出門明安　樂備既奏和聲沖融玉簡金書翔鸞戲鴻下拜登受旋于青宮儀辰作貳垂休無窮

皇帝降坐乾安　我禮備成我駕言旋降坐而蹕奏鼓淵淵國本既定保佑自天克昌厥後何千萬年

乾道七年冊皇太子四首

皇帝升坐乾安　建儲以賢闢宮于東典冊既備筮占既從濟濟卿士鏘鏘鼓鐘天子戾止盛哉禮容

太子入門明安　琱琨瑳瑳篆金煌煌對揚于庭是承是將星重其暉日重其光觀瞻以懌國有元良

太子出門明安　淵中象德玉裕凝姿進退周旋有爾其儀既定國本益隆慶基燕及兩宮福祿如茨

皇帝降坐乾安　儲副豫定器之公兮冊授孔時禮之隆兮天步遲遲旋九重兮壽祉萬年德無窮兮

嘉定二年冊皇太子四首

皇帝升坐　於皇我宋受命于天升儲主鬯衍慶卜年典冊告備庭式載虔萬乘涖止端冕邃延

太子入門受冊寶　太極端御少陽肅祗琨簡斯鏤袞服孔宜式奏備樂廼陳盛儀下拜登受永言保之

太子受冊寶出門　明兩承曜作貳宣猷茂德金昭令譽川流豫定厥本永貽廼謀三朝致養問寢龍樓

皇帝降坐　震洊體象我儲明兮渙揚顯冊我禮成兮大駕言旋蹕鳴兮燕祉無疆邦之榮兮

寶祐二年皇子冠二十首

皇帝將出文德殿隆安　於皇帝德乃聖乃神本支百世立愛惟親敬共冠事以明人倫承天右序休命用申

賓贊入門　祗安　豐芑詒謀建爾元子揆禮儀年筮賓敬
事八音克諧嘉賓至止于以冠之成其福履
賓贊出門　祗安　禮國之本冠禮之始賓升自西維賓之
位于著於阼維子之義厥惟欽哉敬以從事
皇帝降坐　隆安　路寢闢門黼坐恭己群公在庭所重維
禮正心齊家以燕翼子於萬斯年王心載喜
皇子初行　有來振振月重輪兮瑜玉在佩綦組明兮左
徵右羽德結旌兮步中采薺矩矱循兮
賓贊入門　我有嘉賓直大以方亦既至止厥德用光冠
而字之厥義孔彰表裏純備黃耇無疆

皇子詣受制位　吉圭休成其日南至天子有詔冠爾皇
嗣爲國之本隆邦之禮拜而受之式共敬止
皇子升東階　兹惟阼階厥義有在歷階而升敬謹將冠
經訓昭昭邦儀粲粲正纚賓筵壽考來艾
皇子升筵　秩秩賓筵籩豆孔嘉帝子至止衿纓振華周
旋陟降禮行三加成人有德匪驕匪奢
初加　帝子惟賢懋昭厥德跪冠于房玄冠有特鼓鐘喤
喤威儀抑抑百禮既洽祚我王國
初醮　有賓在筵有尊在戶磬管將將醮禮時舉跪觴祝
辭以永燕譽寶祚萬年磐石鞏固

再冠　復文肇祥震維標德乃共皮弁其儀不忒體正色
齊維民之則璇霄眷佑國壽箕翼
再醮　冠醮之義匪酬匪酌于戶之西敬共以恪金石相
宣冠醮相錯帝祉之受施及家國
三加　善頌善禱三加彌尊爵弁峩峩介珪溫溫陽德方
長成德允存燕及君親厥祉孔蕃
三醮　席于賓階禮義以興受爵執爵多福以膺匪惟服
加德加愈升匪惟德加壽加愈增
皇子降　命服煌煌趾步中度慶輯皇闈化行海宇禮具
樂成惕若戒懼寶璐厥躬有秩斯祜

朝謁皇帝將出　皇王烝哉令聞不已燕翼有謀冠醮有
禮百僚在庭適相厥事頌聲所同嘉受帝祉
皇子再拜　青社分封前星啓餤繁弱綏章厥光莫揜容
穪其德蓄學之驗芳譽敷華大圭無玷
皇子退　玄衮黼裳垂徽永世勉勉成德是在元子胙土
南賓厥旨孔懿充一忠字作百無愧
皇帝降坐　愛始於親聖盡倫兮元子冠字邦禮成兮天
步舒徐皇心寧兮家人之吉億萬春兮
淳化鄉飲酒三十三章
鹿鳴呦呦命侶與儔宴樂嘉賓既獻且醻獻醻有序休祉

無疆展矣君子邦家之光　鹿鳴呦呦在彼中林宴樂嘉賓式昭德音德音愔愔既樂且湛允矣君子實慰我心　鹿鳴呦呦在彼高岡宴樂嘉賓吹笙鼓簧幣帛戔戔禮儀蹡蹡樂只君子利用賓王　鹿鳴相呼聚澤之蒲我樂嘉賓鼓瑟吹竽我命旨酒以燕以娛何以贈之玄纁粲如　鹿鳴相邀聚場之苗我美嘉賓令名孔昭我命旨酒以歌以謡何以置之大君之朝　鹿鳴相應聚山之荆我燕嘉賓鼓簧吹笙我命旨酒以逢以迎何以薦之揚于王庭

右鹿鳴六章章八句

瞻彼南陔時物嘉良有泉清泚有蘭馨香晨飲是汲夕膳是嘗慈顏未悅我心靡遑　嬉嬉南陔眷眷慈顏和氣怡色奉甘與鮮事親是宜事君是思虔勗忠孝邦家之基

右南陔二章章八句

洋洋嘉魚佇以美眾君子有道嘉賓式燕以娛　洋洋嘉魚佇以芳署君子有德嘉賓式歌且舞　我有宮沼龜龍擾之君子有禮嘉賓式貴表之　我有宮藪麟鳳來思君子有樂嘉賓式慰勤思　相彼嘉魚爰縱之壑我有旨酒嘉賓式燕以樂　相彼嘉魚在漢之梁我有旨酒嘉賓式燕以康　森森喬木美蔓縈之我有旨酒嘉賓式燕宜之　喈喈黃鳥載飛載止我有旨酒嘉賓式燕且喜

右嘉魚八章章四句

崇丘峩峩動植斯屬高既自遂大亦自足和風斯扇膏雨斯沐我仁如天以亭以育　崇丘巍巍動植其依高大之性各極爾宜王道坦坦皇猷熙熙仁壽之域烝民允躋

右崇丘二章章八句

關雎于飛洲渚之湄自家刑國樂且有儀　郁郁芳蘭幽人擷之溫溫恭人哲后求之　求之無斁寤寐所屬罄爾一心受天百祿　郁郁芳蘭雨露滋之溫溫恭人圭組縻之　郁郁芳蘭佩服珍之溫溫恭人福履綏之　關雎蹌蹌集水之央好求賢輔同揚德光　蘋蘩芳滋同誰掇之願言賢德靡日不思　偶其賢德輔成己職永配王音服之無斁　潔其粢盛中心匪寧薦於宗廟助君德馨　賢淑來思人之表儀風化天下何樂如之

右關雎十章章四句

彼鵲成巢爾類攸處之子有歸瓊瑤是祖　彼鵲成巢爾類攸匹之子有行錦繡是飾　彼鵲成巢爾類攸共之子有從蘭蓀是奉　伊鵲成巢珍禽戾止婉彼佳人配于君子　伊鵲營巢珍禽攸處內助賢侯弼于明主　伊鵲營巢珍禽輯睦均養嘉雛致于蕃育

右鵲巢六章章四句

大觀聞喜宴六首

狀元以下入門正安　多士濟濟于彼西雍欽肅威儀亦有斯容烝然來思自西自東天畀爾祿惟王其崇

初舉酒賓興賢能　明明天子率由舊章思樂泮水光于四方薄采其芹用賓于王我有好爵賓彼周行

再酌於樂辟雍　樂只君子式燕又思服其命服攝以威儀鐘鼓既設一朝醻之德音是茂邦家之基

三酌樂育英才　聖謨洋洋綱紀四方烝我髦士觀國之光遐不作人而邦其昌以燕天子萬壽無疆

四酌樂且有儀　我求懿德烝然來思籩豆靜嘉式燕綏

之温温其恭莫不令儀追琢其章髦士攸宜

五酌正安　思皇多士揚于王庭鐘鼓樂之肅雝和鳴威儀抑抑既安且寧天子萬壽永觀厥成

政和鹿鳴宴五首

初酌酒正安　思樂泮水承流辟雍思皇多士賁然來從雝雝濟濟四方攸同登于天府維王是崇

再酌樂育人才　鐘鼓皇皇磬筦鏘鏘登降維時利用賓王髦士攸宜邦家之光媚于天子事舉言揚

三酌賢賢好德　鳴鹿呦呦載弁俅俅烝然來思旨酒思柔之子言邁泮渙爾游于彼西雍對揚王休

四酌烝我髦士　首善京師灼于四方烝我髦士金玉其相飲酒樂曲吹笙鼓簧勉戒從御觀國之光

五酌利用賓王　遐不作人天下喜樂何以況之鳶飛魚躍既勸之駕獻酬交錯利用賓王縻以好爵

志卷第九十二

開府儀同三司上柱國錄軍國重事前中書右丞相監修國史領經筵事都總裁臣脫脫等奉

敕修

樂十五　鼓吹上

鼓吹者軍樂也昔黃帝涿鹿有功命岐伯作凱歌以建威武揚德風厲士諷敵其曲有靈夔競鵰鶚爭石墜崖壯士怒之名周官所謂師有功則凱歌者也漢有朱鷺等十八曲短簫鐃歌序戰伐之事黃門鼓吹爲享宴所用又有騎吹二曲說者謂列於殿庭者爲鼓吹從行者爲騎吹魏晉而下莫不沿尚始有鼓吹之名江左太常有鼓吹之樂梁用十二曲陳二十四曲後周亦十五曲唐制大駕法駕小駕及一品而下皆有焉宋初因之車駕前後部用金鉦節鼓㭊鼓大鼓小鼓鐃鼓羽葆鼓中鳴大橫吹小橫吹觱篥桃皮觱篥簫笳笛歌導引一曲又皇太子及一品至三品皆有本品鼓吹凡大駕用一千五百三十人爲五引司徒六十四人開封牧太常卿御史大夫兵部尚書各二十三人法駕三分減一用七百六十一人爲引開封牧御史大夫各一十六人小駕用八百一十六人太常鼓吹署樂工數少每大禮皆取之於諸軍一品巳下喪葬則給之亦取於諸軍又大禮車駕宿齋所止夜設警場用一千二百七

十五人奏嚴用金鉦大角大鼓樂用大小橫吹觱篥簫笳笛角手取於近畿諸州樂工亦取於軍中或追府縣樂工備數歌六州十二時每更三奏之（大中祥符六年以其煩擾詔罷追集悉以禁兵充常隸太常閱集七年親享太廟登歌始作闕廟外奏嚴遂詔行禮之次權罷嚴警禮畢仍復故）凡祀前一日上御青城門觀奏嚴若車駕巡幸則夜奏於行宮前人數減於大禮凡用八百八十人（眞宗崇奉聖祖亦設儀衛別作導引曲今附之）兩朝志云大駕千七百九十三人法駕千三百五人小駕千三十四人（人數多於前）鑾駕九百二十五人迎奉祖宗御容或神主祔廟用小鑾駕三百二十五人上宗廟謚冊二百人其曲即隨時更製自天聖已來帝郊祀躬耕籍田皇太后恭謝宗廟悉用正宮導引六州十二時凡四曲景祐二年郊祀減導引第二曲增奉禋歌初李照等撰警嚴曲請以振容爲名帝以其義無取故更曰奉禋其後祫享太廟亦用之大享明堂用黃鍾宮增合宮歌凡山陵導引靈駕章獻章懿皇后用正平調仁宗用黃鍾羽增昭陵歌神主還宮用大石調增虞神歌凡迎奉祖宗御容赴宮觀寺院并神主祔廟悉用正宮惟仁宗御容赴景靈宮改用道調皆止一曲皇祐中大饗明堂帝謂輔臣曰明堂直端門而致齋於內奏嚴於外恐失靖恭之意詔禮官議之咸言警場本古之鼜鼓所謂夜戒守鼓者也王者師行吉行皆用

之今乘輿宿齋本緣祀事則警場亦因以警衆非徒取觀聽之盛恐不可廢若以奏嚴之音去明堂近則請列於宣德門百步之外俟行禮時罷奏一嚴亦足以稱虔恭之意帝曰既不可廢則祀前一夕邇於接神宜罷之熙寧中親祠南郊曲五奏正宮導引奉禋降仙臺祠明堂曲四奏黃鍾宮導引合宮歌皆以六州十二時永厚陵導引警場及神主還宮皆四曲虞主祔廟奉安慈聖光獻皇后山陵亦如之諸后告遷升祔上仁宗英宗徽號迎太一宮神像亦以一曲導引奉因事隨時定所屬宮調以律和之元豐中言者以鼓吹害雅樂欲調治之令與正聲相得楊傑言正

樂者先王之德音所以感召和氣格降上神移變風俗而鼓吹者軍旅之樂耳蓋鼓角橫吹起於西域聖人存四夷之樂所以一天下也存軍旅之樂示不忘武備也鞮鞻氏掌夷樂與其聲歌祭祀則龡而歌之燕亦如之今大祀車駕所在則鼓吹與武嚴之樂陳於門而更奏之以備警嚴大朝會則鼓吹列於宮架之外其器既異先代之器而施設縣與正樂不同國初以來奏大樂則鼓吹備而不作同名為樂而用實異雖其音聲間有符合而宮調稱謂不可淆混故大樂以十二律呂名之鼓吹之樂則曰正宮之類而已乾德中設鼓吹十二案制氊床十二為熊羆騰倚之狀每案設大鼓羽葆鼓金錞各一歌簫笳各二又有叉手笛名曰拱宸管考驗皆與雅音相應列於宮縣之籥編之令式若以律呂變夷部宮調則名混同而樂相紊亂矣遂不復行元符三年七月學士院奏太常寺鼓吹局應奉大行皇帝山陵鹵簿鼓吹儀仗并嚴更警場歌詞樂章依例撰成靈駕發引至陵所仙呂調導引等九首已令樂工協比聲律從之政和七年三月議禮局言古者鐃歌鼓吹曲各易其名以紀功烈今所設鼓吹唯備警衛而已未有鐃歌之曲非所以歎休德揚偉績也乞詔儒臣討論撰述因事命名審協聲律播之鼓吹俾工師習之凡王師大獻則令鼓吹具奏以聳群聽從之十二月詔六州改名崇明祀十二時改名稱吉禮導引改

名熙事備成六引內者設而不作紹興十六年臣僚言國家大饗乘輿齋宿必設警場肅儀衛而嚴祀事樂工隸太常歌詞備三疊累朝以來皆用之比者郊廟行事率代以鉦鼓取諸殿司夫軍旅祭祀事既異宜樂聲清濁用以殊尚鉦鼓鳴角列於鹵簿中所以示觀德之盛宜詔有司更製兼籍鼓吹樂工以時閱習遇熙事出而用之有司請下軍器所造鉦鼓一奏嚴鼓一百二十鳴角亦如之金鉦二十有四太常前後部振作通用一千八百五十七人而鼓吹益盛孝宗隆興二年兵部言奉明詔大禮乘輿服御除玉輅平輦等外所用人數並從省約內鼓吹合用八百四

十一人止用五百八十八人警場合用二百七十五人止用一百三十人淳熙中大閱帝自祥曦殿戎服而出皇太子親王執政以下並從諸將皆介冑乘馬道駕軍器分衛前後奏隨軍鼓管大樂上尋易金甲乘馬升將臺殿帥舉黃旗諸軍呼拜奏發嚴中軍鳴角馬步簇隊連三鼓至四鼓舉白旗中軍鼓聲旗應乃變方陣別髙一鼓馬步軍出陣別髙一鼓各歸部隊五鼓舉黃旗變員陣又鼓舉赤旗變鋭陣青旗變直陣收鼓訖一金止重鼓鳴角簇隊放教此其凡也

開寶元年南郊三首

導引　氣和玉燭睿化著鴻明緹管一陽生郊禋盛禮燔柴畢旋軫鳳凰城森羅儀衛振華纓載路溢歡聲皇圖大業超前古垂象泰階平　歲時豐衍九土樂升平覩寰海澄清道髙堯舜垂衣治日月並文明嘉禾甘露登歌薦雲物煥祥經兢兢惕惕持謙德未許禪云亭

六州　嚴夜警銅蓮漏遲遲清禁肅森陛戟羽衛儼皇闈角聲勵鉦鼓攸宜金管成雅奏逐吹逶迤薦蒼璧郊祀神祇屬景運純禧京坻豐衍群材樂育諸侯述職盛德服蠻夷　殊祥萃九苞丹鳳來儀膏露降和氣洽三秀煥靈芝鴻猷播史冊相耀張四維卜世永固丕基敷玄化蕩蕩無為合堯舜文思混并寰宇休牛歸馬銷金偃革蹈詠慶昌期

十二時　承寶運馴致隆平鴻慶被寰瀛時清俗阜治定功成遐邇詠由庚嚴郊祀文物聲明會天正星拱奏嚴更布羽儀簪纓宸心虔潔明德播惟馨動蒼冥神降享精誠

燔柴半萬乘移天仗肅鑾輅旋衡千官雲擁群后葵傾玉帛旅明庭韶濩薦金奏諧聲集休享皇澤浹黎庶普率洽恩榮仰欽元后睿聖貫三靈萬邦寧景貺福千齡

真宗封禪四首

導引　民康俗阜萬國樂升平慶海晏河清唐堯虞舜垂衣化詎比我皇明九天寶命垂丕貺雲物效祥英星羅羽衛登喬嶽親告禪云亭汾陰云星羅羽衛臨汾曲親享答資生　我皇垂拱惠化洽文明盛禮慶重行登封降禪燔柴畢汾陰云告虔睢上皇儀畢天仗入神京雲雷布澤徧寰瀛遐邇振歡聲巍巍聖壽南山固千載賀承平

六州　良夜永玉漏正遲遲丹禁肅周廬列羽衛遶皇闈嚴鼓動畫角聲齊金管飄雅韻遠逐輕飈薦嘉玉躬祀神祇祈福爲黔黎升中盛禮增髙益厚登封檢玉時邁合周詩汾陰云方丘盛禮精嚴越古陳牲瘞玉時邁展鴻儀　玄文錫慶雲五色相隨甘露降醴泉涌汾陰云嘉禾合三秀發靈芝皇猷播史冊光耀受鴻禧萬年永固丕基吾君德蕩蕩巍巍邁堯舜文思從今寰

宇休牛歸馬耕田鑿井鼓腹樂昌期
十二時　聖明代海縣澄清惠化洽寰瀛時康歲足治定
武成遐邇賀升平嘉壇上昭事神靈薦明誠報本禪云亭（汾陰云緇霈吝鴻寧）俎豆列犧牲宸心蠲潔明德薦惟馨紀鴻名千
載播天聲　燔柴畢（汾陰云親祀畢）雲罕回仙仗慶鑾輅還京八
神扈蹕四隩來庭嘉氣覆重城殊常禮曠古難行邁文明
仁恩蘇品彙沛澤被簪纓祥符錫祚武庫永銷兵育群生
景運保千齡
告廟導引　明明我后至德合高穹祗翼勵精衷上真紫
殿回飇馭示聖冑延鴻躬承寶訓表欽崇慶澤布寰中告

虔備物朝清廟荷景福來同
奉祀太清宮三首
導引　穹旻錫祐盛德日章明見地平天成垂衣恭己干
戈偃億載祐黎甿羽旄飾駕當春候歆謁届殊庭精衷昭
感膺多福黃夏保咸寧　聖君御宇祗翼奉三靈巳偃華
休兵區中海外溥禧浹恭館勵虔誠九斿七萃着聲明後
后徇輿情丕圖寶緒承繁祉率土仰隆平
六州　千載運寶業正遐昌欽至道崇明祀盛禮邁前王
鑾輅動萬騎騰驤馳道紛綵仗瑞日煌煌奉秘檢玉羽羣
翔非霧滿康莊躬朝真館齊心繹思順風俯拜奠酒藹蕭

鄉　精忠達飇輪降格昭彰回羽旆駐瑚璽舊地訪睢陽
享清廟孝德輝光届靈場星羅萬國珪璋陳牲幣金石鏘
洋景福降穰穰垂衣法坐恩覃羣品慶均海寓聖壽保無
疆
十二時　乾坤泰帝壽遐昌寓縣樂平康真遊降格賓誨
昭彰宸蹕造仙鄉崇妙道精意齋莊款靈場潔豆薦苾芳
備樂奏鏗鏘猶龍垂裕千古播休光極褒揚明號洽徽章
朝修展春豫諧民望覩文物煌煌言旋羽衞肅設壇場
報本達薌薌申嚴祀禮備烝嘗荅穹蒼純禧需品彙慶賚
浹窮荒封人獻壽德化掩陶唐保綿長錫祐永無疆

亳州廻詣玉清昭應宮一首
導引　祕文鏤玉金闕奉安時旌蓋儼仙儀珠旒俯拜陳
章奏精意達希夷卿雲郁郁曜晨曦玉羽拂華枝靈心報
貺垂繁祉寶祚永隆熙
親享太廟一首
導引　躬朝太室列聖大功宣綵仗耀甘泉祕文升輅空
歌發一路覆祥煙珠旒薦獻極精虔列侍儼貂蟬穰穰降
福均寰宇垂拱萬斯年
南郊恭謝三首
導引　重熙累盛睿化暢真風尊祖奉高穹林麓綵仗明

初日瑞氣滿晴空玉鑾徐動出環宮虔肇罄宸衷禮成均
慶人神悅聖壽保無窮
六州　承天統聖主應昌辰寶籙降飈游至瑞命慶惟新
崇大號仰奉高真獻歲當初吉天下皆春謁祕宇藻衞星
陳薌靄極紛綸瓊編焜燿仙衣綷縩垂旒俯拜薦獻禮惟
寅　芬芳備精衷上達穹旻尊道祖享清廟助祭萬方臻
升泰時縟典彌文侍羣臣漢庭儒雅彬彬煙飛火舉畢嚴
禋天地降氤氳高臨華闕恩覃動植慶延宗社聖壽比靈
椿
十二時　亨嘉會萬寓歡康聖化邁陶唐元符錫命天鑒

昭彰徽號奉琳房陳縟禮獻歲惟良燿旂章翠輦駐仙鄉
睿意極齊莊仙衣濕彩玉冊共熒煌芬芳飈馭降靈場
回雲罕尊祖趣仙宇金石韻鏘洋聿朝清廟躬奠瑶觴報
本國之陽執籩豆列侍貂璫對穹蒼洪恩霈夷夏大慶浹
家邦垂衣紫極聖壽保遐昌集祺祥地久與天長
天書導引七首
詣泰山　我皇纘位屢豐穰合穹旻祕籙示靈文齊居紫殿
膺玄貺降寶命氤氳奉符讓德事嚴禋檢玉陟天孫垂鴻
紀號光前古邁八九爲君汾陰云后祇坤德宅河汾瘞玉考前聞垂休紀績超唐漢光監
格鴻懋靈臺偃武書軌慶同文奄六合居尊圓穹錫命垂真

籙清曉降金門升中報本禪云云汾陰云方丘報本務精勤嚴祀事惟
寅無爲致治臻清淨見反朴還淳
詣太清宮　寶圖熙盛登格聖功全瑞命集靈篇欽修祀
典成明察道祖降雲軿類鄉真館宅真仙朝謁帝心虔尊
崇教父膺鴻福綿亘萬斯年
猶龍勝境真宇儼靈姿肅謁展皇儀寶符先路嘉祥應雲
物煥金枝紛紜紫節閒黃麾藻衞極葳蕤高穹報貺延休
祉仁壽協昌期
詣玉清昭應宮　紫霄金闕重疊降元符億兆祚皇圖雲
章焜耀傳溫玉寶閣起清都奉迎絳仗溢天衢觀者競歡

呼明君欽翼承鴻蔭億載御中區　寶符錫祚慶壽命惟
新餞降格飈輪巍巍帝德增虔奉懿號薦穹旻精齋祕館
奉嚴禋文物耀昌辰升煙太一修郊報鴻祉介烝民
詣南郊　聖神纘緒赫奕帝圖昌寶籙降穹蒼宸心勵翼
修郊報絳仗列康莊祥煙瑞靄雜天香瑩磬發聲長升壇
禮畢膺繁祉睿算保無疆
建安軍迎奉聖像導引四首
玉皇大帝　太霄玉帝總御冠靈真威德聳天人寶文瑞
命符皇運緜遠慶維新洞開霞館法虛晨八景降飈輪含
生普洽　鴻福聖壽比仙椿

聖祖天尊　至真降鑒飈馭下皇闈清漏正依依範金肖像申嚴奉仙館壯翬飛萬靈拱衛瑞煙披岸柳映黃麾九清祚聖鴻基永堯德更巍巍

太祖皇帝　元符錫命祇受慶誠明恭館法三清開基盛烈垂無極金像儼天成奉迎霞布甘泉仗簫瑟振和聲靈辰協吉鴻儀畢萬國保隆平

太宗皇帝　膺乾撫運垂慶洽重熙元聖嗣鴻基發揮寶緒靈仙降感吉夢先期良金璀璨範真儀精意答蕃釐閟宮神館崇嚴配萬祀播葳蕤

聖像赴玉清昭應宮導引四首

玉皇大帝　先天氣祖睨寶御中宸列位冠高真綠符錫瑞昭元聖寶曆亘千春琳宮壯麗儼嚴閟璇碧照龍津珍金鑄像靈儀睟集福庇烝民

聖祖天尊　僊宗靈祖御氣降中宸孚宥慶惟新國工鎔範成金像儀炳動威神玉虛聖境絕纖塵歡抃洽羣倫導迎雲駕歸琳館恭肅奉高真

太祖皇帝　石文應瑞真主御寰瀛慈儉撫羣生巍巍威德超千古大業保盈成神皐福地開恭館靈貺日昭明鑄金九牧天儀睟紺殿矗千楹

太宗皇帝　乘雲英聖千載仰皇靈垂法藹朝經禹金鎔範肖儀刑日角煥珠庭琳宮翠殿鳳文屏迎奉慶安寧孝思瞻謁薦惟馨誠慤貫青冥

奉寶冊導引三首

玉清昭應宮　太霄垂佑緜寓洽祺祥崧檢煥雲章宸心虔奉崇徽號茂典邁前王霞明藻衛列通莊寶冊奉琳房都人震抃騰誦頌億載保歡康

景靈宮　明明道祖金闕冠仙真清禁降飈輪遐源始悟垂鴻慶億兆賚羣倫虔崇徽號盛儀陳寶冊奉良辰邦家億載衆祉聖壽保無垠

太廟　祖宗垂佑昌會協重熙德澤被烝黎虔崇尊謚陳

徽冊藻衛列葳蕤宸心致孝極孜孜展禮詔台司祥煙瑞靄浮清廟縣寓被純禧

治平四年英宗祔廟導引一首

壽原初掩歸蹕九虞終仙馭更無蹤思皇孝慕追來孝作廟繼三宗旌旗居外擁千重延望想威容寶輿迎引歸新殿奏享備欽崇

熙寧二年仁宗英宗御容赴西京會聖宮應天禪院奉安導引一首

九清三境飈馭杳難追功烈並巍巍洛都不及西巡到猶識睟容歸三條馳道隱金椎仙仗共逶迤珠宮紺宇申嚴

奉億載固皇基

章惠皇太后神主赴西京導引一首

祥符盛際二鄙正休兵瑞應蒲󠄁褱瀛東封西祀鳴鑾輅從

幸見升平仙遊一去上三清廟食享隆名寢園松柏秋風

起簫吹想平生

中太一宮奉安神像導引一首

九霄仙馭四紀樂西清游衍遍黄庭雲駢萬里歸眞室上

應泰階平金輿玉像下瑤京絲仗擁霓旌天人感會千年

運福祚永昌明

四年英宗御容赴景靈宮奉安導引一首

鼎湖龍去仙仗隔蓬萊輦路已蒼苔漢家原廟臨清渭還

泣玉衣來鳳簫鸞扇共徘徊帳殿倚雲開春風不向天袍

動空繞翠輿回

十年南郊皇帝歸青城導引一首

降仙臺　清都未曉萬乘並駕煌煌擁天行祥風散瑞靄

華蓋聳旂常建耀層城四列兵衞爟火映金支翠旌衆樂

警作充宮庭曒繹成紺幄掀衮冕明安帖壇陛霄升振珩

璜神格至誠雲車下冥冥儲祥降嘏莫可名御端闕肹蠁

號榮澤翔施溥茂祉均被含生

元豐二年慈聖光獻皇后發引四首

儀仗内導引一首　駕班龍忽儼金母轉仙仗去瑤宮縴

闕深沉杳無蹤漸塵空絲網瓊林花似怨東風垂清露啼

紅猶想舊春中獻萬壽寶觴空

警場内三曲　六州　九龍輿記春暮幸蓬壺瓊圃啟繡

仗趨年華與逝水俱瑤京遠信息斷無寶津池面落花鋪

愁睨容車來禁塗鳳簫鸞晏西指昭陵去舊賞蟠桃熟又

見漲海枯應共靈眞母曳霞裾　宴清都恨蒲山隅春城

翠柏藏烏扃戶劒照燈魚人間一夢覺餘泉宮窈窕鏁夜

龍銀江澄潛浴仙鳬煙冷金爐玉殿虛緑苔新長雕輦曾

行處夜夜東朝月似舊照錦疏侍女盈盈淚珠

十二時　治平時暫垂簾佑聖子解疮疑坐安天下踰歲

厭避萬機退處宸闈殿開慶養志入希夷扶皓日浴咸池

看神孫撫御千載重雍累熙四方欽仰洪慈陰德遠仁功

積歡養蹔九域禮無違事難期乘霞去乍覩升仙詰下九

闉泣血漣如更鸞車動春曉霧晴翠旂路指嵩伊薤歌鳳

吹悠颺逐風悲珠殿悄網塵垂空坐濕罔極吾皇孝思鏤

玉寫音徽彤管煒青編紀寧更羨周雅播聲詩

祔陵歌　眞人地瑞應待聖時鞏原西滎河會澗洛與瀍

伊衆水縈回嵩高映抱幾疊昇幃秀嶺參差遶山羣鳳隨

共瞻陵寢浮佳氣非煙朝暮飛龜筮告前期冥收玉斝筵

卷時衣鑾輅曉駕載龍旂路逶遲鈴歌然盡翠引華芝霧
薄風微眞游遠閟寶閣金扉侍女悲啼玉堦春草滋露桃
結子靈椿翠青車何日歸街恨望西畿便一房鑠夜臺曉
無期

虞主回京四首

儀仗內導引一曲　龍輿春晚曉日轉三川鼓吹慘寒煙
清明過後落花天望池館依然東風百寶泛樓船共薦壽
當年如今又到苑西邊但寃斷香軿

警場內三曲六州　慶深恩寶曆正乾坤前帝子後聖孫
援立兩儀軒西宮大母朝寢門皇椒闈常溫芳時媚景有

三千宮女相將奉玉輦金根上林紅英繁縹緲鈞天奏梨
園望絕瑤池影斷桃源恨難論開禁闈春風丹旐翩翩飛
翠蓋駕琱輼容衛入西原管簫動地清喧陵上柏煙昏殘
霞弄影孤蟾浮天外行人觸目是消寃問蒼天塵世光陰
去如奔河洛潺湲此恨長存

十二時　望嵩邙永昭陵畔王氣壓龍岡鞏洛靈光鬱鬱
起嘉祥虛綵帟轉哀仗閟幽堂歎仙鄉路長景霞飛松上
珠襦宵掩細翁晨歸崑閬茫茫滿目東郊好紅葩鬬芳韶
景空駘蕩對春色倍淒涼最情傷從輦嬪嬙指瑤津路淚
雨泣千門翠珥璫曾憶薦瓊觴春又至人何往事難忘向

斜陽斷腸聽鈞天寮亮清都風細朱欄花滿誰奏清商紫
幄重簾外時飄寶香環佩珊珊響閟何日反琱房

虞主歌　轉紫芝指東都帝畿愁霧裏簫聲苑轉輦路逶
迤那堪見郊原芳菲日遲遲對列鳳翣龍旗輕陰黯四垂
樓臺綠瓦沍琉璃仙仗歸壽原清夜寒月掩褕褘翠幰琱
輪空反靈螭憩長岐嵩峯遠伊川渺瀰此時還帝里旌旛
上下葆羽葳蕤天街迥垂楊依依過端闈閶闔正闢金扉
觚稜射暖暉虞神寶篆散輕絲空滯漠皇陵宮女嗟物是
人非萬古千秋煙慘風悲

虞主祔廟儀仗內導引一首

輕輿小輦曾宴玉欄秋慶賞殿宸遊傷心處歎香散盡一
夜入丹丘翠簾人靜月光浮但半捲銀鉤誰知道桂華今
夜卻照鵲臺幽

五年景靈宮神御殿成奉迎導引一首

新宮翼翼鉅麗冠神京金虬蟠繡楹都人瞻望洪紛慶陸
海湧蓬瀛仙輿縹緲下圓清彩仗擁天行熉黃珠幄承靈
德錫羡永升平

慈孝寺彰德殿還章獻明肅皇后御容赴景靈宮衍慶殿
奉安導引一首

九清雲杳飈馭邈難追功化盛當時保扶仁聖成嘉靖形

管載音徽天都左界抗華榱仙仗下逶迤寶楹黼帳承神貺萬壽永無期

八年神宗靈駕發引四首

導引　金殿晚注目望宮車忽聽受遺書白雲縹緲帝鄉去抱弓空慕龍湖瑶津風物勝蓬壺春色至望瑶輿花飛人寂寂淒涼一夢清都

六州　炎圖盛六葉正協重光膺寶瑞更法度智勇軼超成湯昭回雲漢爛文章震揚威武懾多方生民帖泰攤殊祥封人祝頌萬壽與天長豈知丹鼎就龍下五雲旁飄然真馭游衍仙鄉泣彤裳伊洛洋洋嵩峯少室相望藏弓劍游衣冠儔功盛德難忘泉臺寂魚燭熒煌銀海深鳧鴈翔翔想像平居護焚香望陵人散翠栢忽成行獨餘嵩峯月夜夜照幽堂千秋陳迹淒涼

十二時　珍符錫佑啓真人儲思在斯民勤勞日升萬物皆入陶鈞收威柄更法令鼎從新東風吹百卉上苑正青春流虹節近衣冠玉帛交奏嚴宸萬壽祝堯仁忽聽宮車晚出但號慕瞻雲路企龍鱗窮天英冠古精神杳然上儐人空望屬車巡虛仗星陳畫翣環攤龍輴泉宮掩帝鄉遠邈難親反瑶輪飛羽蓋還渡天津霧迷朱服風搖細翣觸目悲辛列嬪嬙垂紅淚浥行塵相將問何日下青旻

永裕陵歌　升龍德當位富春秋受天球膺駿命玉帛走諸侯寶閣珠樓臨上苑百卉弄春柔隱約瀛洲旦旦想宸遊那知羽駕忽難留八馬入丹丘哀仗出神州笳聲凝咽旌旆去悠悠碧山頭真人地龜洛奧鳳臺幽繞伊流嵩峯岡勢結蛟虬皇堂一閟威顏杳寒霧帶天愁守陵嬪御想像奉龍輴牙盤赭案肅神休何日覲雲裘紅淚滴衣襟那堪風點綴栢城秋

虞主回京四首

導引　上林寒早仙仗轉郊圻笳鼓入雲悲逶迤輦路過西池樓閣鎖參差都人瞻望意如疑猶想翠華歸玉京傳信杳無期空掩赭黃衣

六州　承聖緒垂意在升平驅貔虎策豪英號令肅天兵四方無復羽書征德澤浸羣生睿謀雄傑紹漢高狹陋慕三皇二帝登閎緝樂綴文明將升岱嶽告功成玉牒金繩騰寶飛聲事難評軒鼎就清都一夢俄頃飛霞佩乘龍馭羽衛入高清祥光浮動五色迎鸞鳳雜簫笙因山功就同軌人至銘旌畫翣行背重城楚笳凝咽漢儀雄盛攀慕傷情惟餘內傳知向蓬瀛

十二時　太平時御華夷躬聽斷破危疑春秋鼎盛紹鴻業遊嬉日昃繁機長駕遠馭垂意在軒羲恢六典斥三垂

有殊尤絶迹盛德旁魄周施方將綴緝聲詩擴皇綱明帝典紹累聖重熈高拱無爲事難知春色盛逼千秋嘉節忽聞憑玉几領命彤闈厭世御雲歸翊翠鳳駕文螭縹緲難追侍臣宮女但攀慕號悲玉輪動指蒿伊龍轜日益遠空游漢廟冠衣惟盛德巍巍鏤玉冊傳青史昭示無期

虞神　復土初明旌下儲胥回虛仗簫笳互奏旌旆隨驅豈知飈御在蓬壺道縈紆風日慘六馬躊躇留恨滿山隅不堪回首翠柏已扶疎帝城漸邇愁霧鎖天衢公卿百辟鱗集雲敷迓龍輿端門闢金碧凌虛此時還帝都嚴清廟入空時升文物燦爛極嘉娛配三宗號稱神古所無帝德協唐虞九歌畢奏斐然殊會軒朱神具燕喜錫福集皇居更千萬祀佑啓邦圖

神主祔廟導引一首

歲華婉娩侍宴玉皇宮珮輦出房中豈知軒后丹成去望絶鼎湖龍壽原初掩九虞終歸躋五雲重惟餘寶冊書鴻烈清廟配三宗

政和三年追冊明達皇后導引一首

來嬪初載令德冠層城柔範藹徽聲熊羆夢應芳蘭郁佳氣擁雕楹珠宮縹緲泛蓬瀛脫屣世緣輕空餘寶冊光瓊玖千古仰鴻名

神主祔別廟導引一首

柔容懿範蚤歲藹層闈蘭夢結芳時秋風一夜驚羅幕鸞扇影空迴榮追褘翟盛威儀遺像掩瑤扉春來只有芭蕉葉依舊倚晴暉

景靈西宮坤元殿奉安欽成皇后御容導引一首

雲軿芝蓋仙路去難攀海浪濺三山重迎遺像臨馳道還似在人間西宮瑤殿指坤元璇榜聳飛鸞移升寶殿從新詔盛典永流傳

別廟導引一首

蓬萊遂館金碧照三山眞境勝人間秋風又見芭蕉長遺迹在人寰雲軒一去杳難攀班竹彩輿還深宮舊監閒簫鼓悵望慘朱顏

元中書右丞相總裁脫脫等奉勑修

樂十六 鼓吹下

高宗郊祀大禮五首

導引　聖皇巡狩清蹕駐三吳十世嗣瑤圖邊塵不動千戈戢文德溥天敷灰飛緹室氣潛噓郊見紫壇初歸來赦令樓前下喜氣溢寰區　六州　雙鳳落佳氣鬱龍山澄江左清湖右日夜海潮翻因吉地卜築圜壇宏基隆陛級神位周環邊陲靜掛起橐鞬莫枕海隅安三年親祀一陽初動虔修大報高處紫煙燔肴鳴鑾鈞陳肅天仗轉朔風寒孤竹管雲和瑟樂奏徹天關嘉薦玉奠瓛璠奉神懽九霄瑞氣起祥煙來如風馬欻然還留福已滋繁回龍馭升丹闕布皇澤春色滿人間

十二時　日將旦陰曀潛消天宇廓祥飇邊陲靜謐夜熄鳴刁文教普旁昭興太學多士舒翹奉宗祧新廟榜宸毫配侑享於郊慈寧萬壽四海仰東朝男女正中壼致桃夭年屢稔漕舟銜尾彩高扈接艫艦廟堂自有擎天一柱功比漢庭蕭多少羣工同德俊乂旁招吉祥諸福集燮理四時調三年郊見六變奏咸韶望雲霄降福與唐堯

奉禋歌　蒼蒼天色是邪非視下應疑亦若斯統元氣覆無私四時寒暑推移物蕃滋造化有誰知嚴大報反本始禮重祀神祇律管灰吹黃宮動陽來復景長時車陳法駕仗列黃麾帝心祗紫霄霽霜華薄星爛明垂祥煙起紛敷浮衮冕六變筌鏞迭奏一誠幣玉交持宮漏聲遲千官顯相多儀百神嬉風馬雲車來止來綏誕降純禧受神策萬年無極歌頌昊天成命周詩　降僊臺　升煙既罷良夜未曉天步下神丘鏘鏘鳴玉佩煒煒照金蓮杳靄雲裘綵仗初轉回龍馭旌旆悠悠星影踈動與天流漏盡五更籌大明升東海頭杲杲靈曜倒影射旗旒輦路且脩鬱葱瑞光浮歸來雙闕肴御樓有僊鶴銜書赦囚萬方喜氣均祉福播歌謳

孝宗郊祀大禮五首

導引　重華天子長至奉神虞九奏會軒朱星暉雲潤東方曉拜貺竹宮初歸來千乘護皇輿瑞景集金鋪雞竿高唱恩書下惠露匝中區　六州　嚴更永今夕是何年玉衡正鉤陳粲天宇起祥煙協風應江海安瀾重規仍疊矩聖主乘乾舜授禹盛事光前稱壽玉卮邊三年親祀一陽回律八鄉承宇觚陛紫爲壇仰天顏齋居寂誠心肅禮容專鳴鍾石擁輿衛五輅列騑闐聽金鑰虎旅無眠儼千官

須期顯相嘉籩一人儉德動天淵賁減大農錢神示格宗
祧燕人民悅祉福正緜緜
十二時　庭有燎疊鼓鳴鼉更問夜如何信星彪列天象
森羅虡直閟宮畢觴清廟祼柘樽犧繼猗那嘉頌可同科
扈聖萬肩摩飭躬三宿奉時縟儀多丘澤合嶽瀆從義娥
神光燭雲車風馬芝作蓋玉爲珂奉瑄成禮燔柴竣事休
嘉砰隱丹關湛恩波共願乾坤隤祉邊鄙投戈霽霧孟連瀚
海洗甲挽天河欣欣喜色長遇六龍過奏雲和三脊薦嘉
禾
奉禋歌　吹葭緹籥氣潛分雲采宜書瓌效珍長日至一

陽新四時玉燭和均物欣欣化轉洪鈞郊之祭孤竹管六
變舞雲門自古嚴禋犧牲具粢盛潔豆籩陳袞龍陟降幣
玉紛綸徹高閣靈之斿神哉沛排歷昆侖九歌畢盈郊瞻
槱燎斗轉參橫將旦天開地闢如春清蹕移輪闐然鼓吹
相聞簫韶祥雲驪驢八陛鑾迸三神聖矣吾君華封祝慈宮
萬壽椒掖多男六合同文
降僊臺　漏殘柝靜雞聲遠到高燎入層霄雲裒蟠瑞靄
天步下嘉壇旗旆飄搖黃麾列仗貔貅整氣壓江潮導前
從後盛官僚玉佩間金貂望扶桑日漸高陰霾霽相雲底處
不潛消輦路祥飇披拂絳紗袍雲間端闕仰岧嶢挾春澤

喜浹黎苗禮成大慶鼇三抃受昕朝
寧宗郊祀大禮四首
六州　皇撫極明德貫乾坤信星列卿雲爛輝亘紫微垣
恩報覲明詔祠宮練時涓曠典紫時觚壇昭孝德親御和
鑾振鷺鳶玉珊珊精純謁款肸蠁熾煬黃流湛滄百末布生
蘭扣天閭延飛駕相彷彿降雲端神光集嘉響應靄靄萬
衣冠竣熙事清曉輕寒未榮觀華衣霧縠般般乾坤並貺
慶君歡翹首聖恩寬遵皇極沛天澤靈心懌龜鼎永尊安
十二時　宵景霽河漢清夷曠典講明時合祛升侑孝德
爰熙陳祼閟宮滄觴太室來奏天儀駟蒼螭玉輅馭騤綏

觚陛展躬祠長梢飾玉翠羽秀金支華始倡雅韻出宮垂
神來下雲車風馬繽晻藹宴棲遲畢觴流胙柴煙竣事棠
黎迴謁宣室受蕃釐盛德無心專饗端爲民祈雲恩有截
兩澤霈無涯君王愉樂斂氣溢瑶卮壽天齊長擁神基
奉禋歌　飯飛璇籥孚初陽雲絕清臺薦景祥風應律日
重光歲功順底金穰壽而康庭壺樂無疆皇展報新禮樂
觚陛詠賓鄉珠幄煩黃登瑞纚陳俎豆滄嘉觴袞衣煇煥
寶珮琳琅奠椒漿慶陰陰神來下鳳翥龍驤靈燕喜錫符
仍降嘏鏞管琳琅懽亮神之出被蘭堂輦路天香輕煙半
籠鬱祈常祉滂洋受釐宣室返馭齋房恩與風翔華封祝皇

來有慶八荒同壽寶歷無疆

降僊臺　星芒收采雲容放曉羲馭漸揚明舩壇竣事鑾風龍袞衣輕鑾路塵清甘泉鹵簿禮威肅回軫旋衡千官導從翳簪纓鈞奏間韶英瞻龍闈近鳳城都人雲會芬華夾道懽迎宸極尊榮卮玉慶熙成瓊樓天上起和聲布春澤洪暢寰瀛嵩呼萬歲鼇三抃頌昇平

明堂大禮四首

合宮歌　聖明朝曠典乘秋舉大饗本仁祖九室八牖四户敕躬齋戒格堪輿盛牲實俎並侑總稽古玉露乍肅天宇氷輪下照金鋪燎煙噓鬱尊香雲門舞髣髴翔坐靈心

咸嘉娛衆星俞羨光屬照熉珠清曉御舟鳳湛恩徧浹率溥歡聲雷動嶽鎮呼徐命法駕萬騎花盈路萬姓齊祝壽同天地事超唐虞看平燕雲從此興文偃武待重會諸侯舊東都

六州　商秋肅嘉會協中辛涓路寢修禋祀聖德昭清端志慮磬竭齋精錦繡排天仗羽衛繽紛朝太室返中宸被袞接神明時平天地俱清晏兼金行萬寶物盛謁清馨瞻熉座春容娭燕三靈奠瑤爵薦量幣清思窈冥冥望崑崙輸嘉祥塞絪緼誠殫禮洽慶休成潤澤被生民端門肆眚昕庭稱賀俱將戩穀萬壽祝明君

十二時　炎圖鞏天祚昌期聖德茂重離英明經遠濬哲昭微寶儉更深慈觀萬國累洽重熙對時報禮秩神祇玉帛湊華夷肅雍顯相百辟盡欽祇奄嘉虞英璧奠華滋神安坐景氣澄虛極光燄燭長麗展詩應律萬舞遂遲三獻洽皇儀垂靈禧慶祐來宜禮無違鳴鑾臨帝闕飛鳳下天倪清和寰宇霈澤一朝馳醇化無爲萬祀鞏丕基

導引　合宮親饗青女肅長空精意與天通后皇臨顧誰爲侑文祖暨神功函蒙祉福歲常豐聲教被華戎兩宮眉壽同榮樂戩穀永來崇

乾道發太上皇帝太上皇后册寶導引一首

重華真主晨夕奉庭闈禋祀慶成時乾元坤載同歸美寶册兩光輝斑衣何似赭黃衣此事古今稀都人歡樂嵩呼震聖壽總天齊

淳熙發太上皇帝太上皇后册寶導引一首

新陽初應樂事起彤庭和氣滿吴京帝家來慶東皇壽西母共長生金書玉篆粲龍文前導沸懽聲脩齡無極名無盡一歲一回增

加上太上皇帝太上皇后册寶導引一首

皇家多慶親壽與天長德業播輝光焜煌寶册來清禁玉篆映金相庭闈尊奉會明昌佳氣溢康莊洪禧申輯名增

衍億載頌無疆

恭上壽聖皇太后至尊壽皇聖帝壽成皇后尊號冊寶導引一首

皇家盛事三殿慶重重聖主極推崇瑤編寶列相輝映歸美意何窮鈞韶九奏度春風彩仗煥儀容懽聲和氣彌寰宇皇壽與天同

加上壽聖皇太后尊號冊寶導引一首

重親萬壽八帙衍新元禮典備文孫溫溫和氣迎長日寶冊煥瑤琨徽音顯號自堯門德行已該存更期昌算齊箕翼愈久愈崇尊

嘉泰二年加上壽成太皇太后冊寶導引一首

思齊文母盛德比姜任擁佑極恩深湯孫歸美熙鴻號鏤玉更繩金虞廷萬辟萃華簪法仗儼天臨閶闔慶典年年舉千古播徽音

親耕籍田四首

導引　春融日暖四野瑞煙浮柳苑更桑柔土膏脉起條風扇宿雪潤田疇金根轂轉如雷動羽衛擁貔貅扶攜老稚康衢滿延跂望凝旒斗移星轉一氣又環周六府要時脩務農重穀人胥勸耕籍禮殊尤壇壝嶽峙文明地黛耜駕青牛雍容南畝三推了玉趾更遲留

六州　昭聖武不戰屈人兵干戈戢烽燧息海宇清寧民豐業歌詠昇平願咸歸畎畝力穡爲甿經界正東作西成農務軫皇情躬親耒耜相勸深耕人心感悅擊壤沸歡聲乘鸞輅羽旗綵仗鮮明傳清蹕行黃道緹騎出重城仰瞻日表映朱紘環佩更鏘鳴百執公卿不辭泥履意專精準擬奉粢盛田多稼風行遐邇家家給足胥慶三登

十二時　臨寰宇恭己巖廊屬意在耕桑愛民利物德邁陶唐躋俗盡淳厖開千畝帝籍神倉舉彝章祇祓壇場爲農事祈祥涓辰行禮節物值春陽鑾齋莊明德薦馨香宮禁邃嬪妃并御侍穜稑獻君王中闈表率陰教逾光帳殿

靄煙黃幄桓設翠幕高張慶雲翔罇罍陳酒醴金石奏宮商神靈感格歲歲富倉箱慶明昌行旅不齎糧

奉禋歌　吾皇端立太平基奉祀肅雍格神祇撫御耦降嘉種何辭手攬洪縻命太史視日祇告前期驗穹象天田入望更光輝掌禮陳儀蒐鉅典迎春令須宣溫詔遍九圍人盡熙熙仰明時黻垂衣佳氣氤氳表厖禧豐年屢大田生異粟含滋吐秀九穗傳圖盡來丹闕瑞應昌時亨運正當攜提衍見詠京坻躬稼穡重耘耔盛禮興行光百姓崇本業憂勤如禹稷播在聲詩

顯仁皇后上僊發引三首

導引　長樂晚綵戲萊衣奄忽夢報僊期帝鄉渺渺乘鸞去啼紅嬪御不勝悲蒼梧煙水杳難追腸斷處過江時銀濤千萬疊不知何處是瑤池

六州　中興運孝治格昇平廻馭弭鳳駕冊寶初上鴻名龍樓問寢候雞鳴更翻來戲綵衣輕坤蹕夜照老人星金觴上壽長願燕慈寧乘雲何處去愁斷紫簫聲追思金殿椒壁丹楹又誰知勤儉仁明風行化被宮庭佑聖主厎明時陰功暗及生靈離宮晚花卉娉婷甲觀高潮海崢嶸往事回頭忽飄零空留嬪御掩泣望霓旌會稽山翠永祐陵高而今便是蓬瀛

十二時　炎圖景運正延鴻文思坐深宮慈寧大養樂事時奏宸聰皇齡永恩霈下遍寰中君王乘綵服嬪御上瑤鍾年年誕節就盈吉月交慶流虹權洽意方濃不覺僊遊渺邈但號泣蒼穹追慕念音容詩書慈儉配古追蹤躬行四德誰知繼二南風移眄俄空寶鑑脂澤塵封清都遠帝鄉遙杳難通想雲軿還上瀛蓬稽山何在當年禹宅萬古葱葱最難堪潮頭定海波融

顯仁皇后神主祔太廟導引一首

返虞長樂猶是憶賓天何事駕仙軿簫笳儀衛辭宮闕移仗入雲煙於皇清廟敞華筵昭穆謹承先千秋長奉烝嘗孝永享中興年

欽宗皇帝導引一首

鼎湖龍遠九祭畢嘉觴遙望白雲鄉簫笳淒咽離天闕千仗儼成行聖神昭穆盛重光寶室萬年藏皇心追慕思無極孝饗奉烝嘗

安穆皇后導引一首

鳳簫聲斷縹緲遡丹丘猶是憶河洲熒煌寶冊來天上何處訪僊遊葱葱鬱鬱瑞光浮嘉酌侑芳羞珊輿繡幰歸新廟百世與千秋

景靈宮奉安神御三首

徽宗皇帝導引　中興復古孝治日昭鴻原廟飾瑰宮金璧千門磻萬礎楹桷競穹崇亭童芝蓋擁旌龍列聖儼相從共錫神孫千萬壽龜鼎亘衡嵩

顯仁皇后導引　坤儀厚載遺德藹寰中歸御廣寒宮玉容如在飇輿遠長樂起悲風霓旌絳節下層空雲闕曉曈曨真游千載安原廟聖孝與天通

欽宗皇帝導引　深仁厚德流澤自無窮仙馭倏賓空衣冠未返蒼梧遠遙望鼎湖龍人間髣髴認天容縹緲五雲中帝城猶有遺民在垂淚向西風

安恭皇后上僊發引一首

金殿晚愁結坤寧天下毋忽僊昇雲山浩浩歸何處但聞
空際絲鸞聲紫簫斷後無蹤跡煙靄夜澄澄曉夢到瑤城
當時花木正冥冥

高宗梓宮發引三首

導引　寒日短草露朝晞僊鶴下夢雲歸大椿亭畔蒼蒼
柳悵無由挽住天衣昭陽深暝鵷飛愁帶箭戀恩禍茄簫
三疊奏都人悲淚袂成帷

六州　堯傳舜盛事千古難并回龍馭辭鳳掖北内別有
蓬瀛爲天子父冊鴻名萬年千歲福康寧春秋不說楚宮
靈萊衣絲戲漢殿玉卮輕宸游今不見煙外落霞明前回

丁未霧塞神京正同符光武中興擎天獨力扶傾定宗廟
保河山乾坤整頓庚庚功成了脫屣遺榮訪崆峒容與丹
庭笑挹塵寰不留行吾皇哀戀淚血灑神旌腸斷濤江渡
明日稽山暮雲東望元陵

十二時　璧門雙闕轉蒼龍德壽儼祇宮軒屏正坐天子
親拜天公儀紳笏羅鵷鷺簉庭中僊家歡不盡人世壽無
窮誰知雲路玉京成就催返璇穹轉手萬緣空見說煙霄
好處不與下方同塵合霧迷濛笙簫家亮樓閣玲瓏中興
大業巍巍稽古成功事去孤鴻忍聽宵柝晨鐘靈轝駕系
幃低杳庵茸浙江潮萬神護川后滋恭因山祇事崔嵬禹

穴此日重逢柏城封愁長夜起悲風歌清廟千古誦高宗

虞主赴德壽宮導引一首

上皇天大華旦煥堯文鴻福浩無垠羽龍俄駕靈輴去空
鑠鼎湖雲稽山翠擁浙江濆歸旆捲繽紛僊游指日巖升
祔萬載頌高勳

祔廟導引一首

虞觴奉主僊馭返皇宮禮典極欽崇雲旗前導開清廟龍
管咽薰風巍巍堯父告神功追慕孝誠通千秋萬歲中興
統宗祀與天同

淳熙十六年高宗神御奉安導引一首

中興揖遜功德仰兼隆仁澤被華戎鼎湖俄痛遺弓噎如
日想威容柔儀懿範與堯同飈馭儼相從靈宮眞館偕來
燕垂裕永無窮

紹熙五年孝宗皇帝虞主還宮導引一首

孝宗純孝前聖更何加高蹈處重華丹成僊去龍輴遠越
岸暮山遐波臣先爲捲寒沙來往護靈槎九虞禮舉神祇
樂萬世佑皇家

祔廟導引一首

吾皇盡孝宗廟務崇尊鉅典備彌文巍巍東向開基主七
世祔神孫追思九閏整乾坤寰宇慕洪恩從今寤邇高宗

室千載事如存

慶元六年光宗皇帝發引一首

笳鼓發雲慘寒空丹旐去搼悲風憂勤六載親幾務有巍巍聖德仁功褰裳尊處大安宮荆鼎就遠遺弓僊游攀不及臣民號慟訴蒼穹

神御奉安導引一首

龜書昇奴曆數在皇躬揖遜仰高風鼎湖龍去遺弓墮冠劒鑠深宮塗山齊德翊成功僊魄賓空珍臺閒館棲神地歆饗永無窮

寧宗皇帝發引三首

導引　三弄曉雲顰天低攀六引轉悲悽儉慈孝指鍾天性深仁厚澤徧羣黎東西南北僕商霓功甫就别宸闈臣民千古恨幾時羽衛帶潮歸

六州　明天子昔日丕纂鴻圖躬道德崇學問稽古訓訪羣儒日親廣廈論唐虞講求政治想都俞君臣一德志交孚外夷效順猶自選車徒仁恩霑四國固結藩寰區千年宗社萬歲規摹重新天命出乾符老瘁策杖相扶顧覩德化徧方隅幸無死須史謂宜聖壽等嵩呼遽登雲輿上龍湖宸居幽寂紫雲孤宸章寶畫但與日星俱龍帷鳳翣已載塗忍聽笳鼓嗟吁

十二時　弋綈華舄最仁賢儉德自躬全憂勤庶政三十餘年金風肅秋漸老攝調愆忱恂徧羣祀號泣訴旻天綴衣將出神凝玉几一夜登僊弓墮隔蒼煙七月有來同軌引綍動靈輲悽愴淚潸然行號巷哭薤露聲傳東城去路驚濤忍見江船憔悴山川不禁簫鼓咽山陰處茂林脩竹芊芊望陵宮應弗遠金粟堆前人徒慕戀百神警侍盤爇驅先戴鴻恩空痛慕淚珠漣千秋歲功德寄華編

神主祔廟導引一首

中興四葉休德繼昭清王度日熙平氣調玉燭金穰應八表頌聲騰中原圖籍入宸廷列聖慰真靈衮龍登廟游仙闕億萬載尊承

寶慶三年奉上寧宗徽號導引一首

中興五葉天子肇明禋一德格高旻寧皇至聖功超古萬國慕深仁徽稱顯號又還新功德粲雕珉乾坤繪畫終難盡遺澤在斯民

莊文太子薨導引一首

秋月吟秋鶴無聲清禁曉動皇情玉笙忽斷今何在不知誰報玉樓成七星授轡驂鸞種人不見恨難平何以返霓旌一天風露苦淒清

景獻太子薨導引一首

霜月苦宮鼓鼕鼕竟旗啓鶴闌空洞簫聲斷知何處海山
依約五雲東玉符龍節參神閟昭聖眷慘天容千古恨無
窮徧山松栢撼悲風

志卷第九十四

志卷第九十五　宋史一百四十二

開府儀同三司上柱國錄軍國重事中書右丞相監修國史領經筵事都總裁臣脫脫等奉

敕修

樂十七

詩樂　琴律　燕樂　教坊
雲韶部　鈞容直　四夷樂

詩樂虞庭言樂以詩爲本孔門禮樂之教自興於詩始記曰十有三年學樂誦詩詠歌以養其性情舞蹈以養其血脉此古之成材所以爲易也宋朝湖學之興老師宿儒痛正音之寂寥嘗擇取二南小雅數十篇寓之塤籥使學者朝夕詠歌自爾聲詩之學爲儒者稍知所尚張載嘗慨然思欲講明作之朝廷被諸郊廟矣朱熹述爲詩篇彙于學禮將使後之學者學焉

小雅歌凡六篇

朱熹曰傳曰大學始教宵雅肄三謂習小雅鹿鳴四牡皇皇者華之三詩也此皆君臣宴勞之詩始學者習之所以取其上下相和厚也古鄉飲酒及燕禮皆歌此三詩及笙入六笙間歌魚麗南有嘉魚南山有臺六笙詩本無辭其遺聲亦不復傳矣小雅爲諸侯之樂大雅頌爲天子之樂

二南國風歌凡六篇

朱熹曰周南召南正始之道王化之基故用之鄉人焉用之邦國焉鄉飲酒及鄉射禮合樂周南關雎葛覃卷耳召南鵲巢采蘩采蘋燕禮云遂歌鄉樂即此六篇也合樂謂歌舞與衆聲皆作周南召南古房中之樂歌也關雎言后妃之志鵲巢言國君夫人之德采蘩言夫人之不失職采蘋言卿大夫妻能循法度夫婦之道生民之本王化之端此六篇者其教之原也故國君與其臣下及四方之賓燕用之合樂也

小雅詩譜鹿鳴四牡皇皇者華魚麗南有嘉魚南山有臺皆用黃鐘清宮俗呼為正宮調

二南國風詩譜關雎葛覃卷耳鵲巢采蘩采蘋皆用無射清商俗呼為越調

朱熹曰大戴禮言雅二十六篇其八可歌其八廢不可歌本文頌有闕誤漢末杜夔傳舊雅樂四曲一曰鹿鳴二曰騶虞三曰伐檀又加文王詩皆古聲辭其後新辭作而舊曲遂廢唐開元鄉飲酒禮乃有此十二篇之目而其聲亦莫得聞此譜相傳即開元遺聲也古聲亡滅已久不知當時工師何所考而為此竊疑古樂有唱有歎唱者發歌句也和者繼其聲也詩詞之外應更有疊字散聲以歎發其趣故漢晉間舊曲既失其傳則其詞雖存而世莫能補如此譜直以一聲協一字則古詩篇篇可歌又其以清聲為調似亦非古法然古聲既不可考姑存此以見聲歌之彷彿俟知樂者考焉

琴律賾天地之和者莫如樂暢樂之趣者莫如琴八音以絲為君絲以琴為君衆器之中琴德最優白虎通曰琴者禁止於邪以正人心也宜衆樂皆為琴之臣妾然八音之中金石竹匏土木六者皆有一定之聲革為燥濕所薄絲有絃柱緩急不齊故二者其聲難定鼓無當於五聲此不復論惟絲聲備五聲而其變無窮五絃作於虞舜七絃作於周文武此琴制之古者也厥後增損不一至宋始製二

絃之琴以象天地謂之兩儀琴每絃各六柱又為十二絃以象十二律其倍應之聲靡不畢備太宗因大樂雅琴加為九絃按曲轉入大樂十二律清濁互相合應大晟樂府嘗罷一三七九惟存五絃謂其得五音之正最優於諸琴也今復俱用太常琴制其長三尺六寸三百六十分象周天之度也姜夔樂議分琴為三準自一暉至四暉謂之上準四寸半以象黃鐘之半律自四暉至七暉謂之中準中準九寸以象黃鐘之正律自七暉至龍齦謂之下準下準一尺八寸以象黃鐘之倍律三準各具十二律聲按絃附木而取然須轉絃合本律所用之字若不轉絃則誤觸散

聲落別律矣每一絃各具三十六聲皆自然也分五七九絃琴各述轉絃合調圖五絃琴圖說曰琴爲古樂所用者皆宮商角徵羽正音故以五絃散聲配之其二變之聲惟用古清商謂之側弄不入雅樂七絃琴圖說曰七絃散而扣之則間一絃於第十暉取應聲假如宮調五絃十暉應七絃散聲四絃十暉應六絃散聲二絃十暉應四絃散聲大絃十暉應三絃散聲惟三絃獨退一暉於十一暉應五絃散聲古今無知之者竊謂黃鐘大呂並用慢角調故於大絃十一暉應三絃散聲太蔟夾鐘並用清商調故於二絃十二暉應四絃散聲姑洗仲呂蕤賓並用宮調故於三

絃十一暉應五絃散聲林鐘夷則並用慢宮調故於四絃十一暉應六絃散聲南呂無射應鐘並用蕤賓調故於五絃十一暉應七絃散聲以律長短配絃大小各有其序九絃琴圖說曰絃有七有九實即五絃七絃倍其二九絃倍其四所用者五音亦不以二變爲散聲也或欲以七絃配五音二變以餘兩絃爲倍若七絃分配七音則是今之十四絃也聲律訣云琴瑟擬四者律法上下相生也若加二變則於律法不諧矣或曰如此則琴無二變之聲乎曰附木取之二變之聲固在也合五七九絃琴總述取應聲法分十二律十二均每聲取絃暉之應皆以次列按古者大

琴則有大瑟中琴則有中瑟有雅琴頌琴則雅瑟頌瑟實爲之合夔乃定瑟之制桐爲背梓爲腹長九尺九寸首尾各九寸隱間八尺一寸廣尺有八寸岳崇寸有八分中施九梁皆象黃鐘之數梁下相連使其聲沖融首尾之下爲兩穴使其聲條達是傳所謂大瑟達越也四隅刻雲以緣其武象其出於雲和漆其壁與首尾腹取椅桐梓漆之全設二十五絃絃一柱崇二寸七分別以五色五五相次蒼爲上朱次之黃次之素與黔又次之使肄習者便於擇絃絃八十一絲而朱之是謂朱絃其尺則用漢尺凡瑟絃具五聲五聲爲均凡五均其二變之聲則柱後抑角羽而取

之五均凡三十五聲十二律六十均四百二十聲瑟之能事畢矣夔於琴瑟之議其詳如此朱熹嘗與學者共講琴法其定律之法十二律並用太史公九分寸法爲準損益相生分十二律及五聲位置各定按古人以吹管聲傳於琴上如吹管起黃鐘則以琴之黃鐘聲合之聲合無差然後以次偏合諸聲則五聲皆正唐人紀琴先以管色合字定宮絃乃以宮絃下生徵徵上生商上下相生終於少商下生者隔二絃上生者隔一絃取之凡絲聲皆當如此今人苟簡不復以管定聲其高下出於臨時非古法也調絃之法散聲隔四而得二聲中暉亦如之而得四聲八暉隔

三而得六聲九暉按上者隔二而得四聲按下者隔一而得五聲十暉按上者隔一而得五聲按下者隔一而得四聲每疑七絃隔一調之六絃皆應於第十暉而第三絃獨於第十一暉調之乃應及思而得之七絃散聲爲五聲之正而大絃十二律之位又衆絃散聲之所取正也故逐絃之五聲皆自東而西相爲次第其六絃會於十暉則一與三者角與散角應也二與四者徵與散徵應也四與六者宮與散少宮應也五與七者商與散少商應也其第三第五絃會於十一暉則羽與散羽應也義各有當初不相須故不同會於一暉也旋宮諸調之法旋宮古有隨月用律之說今乃謂不必轉軫促絃但依旋宮之法而抑按之恐難如此泛論當每宮指定各以何聲取何絃爲唱各以何絃取何律爲均乃見詳實又以禮運正義推之則每律各爲一宮每宮各有五調而其每調用律取聲亦各有法此爲琴之綱領而說者罕及乃闕典也當爲一圖以宮統調以調統聲令其次第賓主各有條理仍先作三圖一各具琴之形體暉絃尺寸散聲之位二附按聲聲律之位三附泛聲聲律之位列于宮調圖前則覽者曉然可爲萬世法矣觀熹之言其於琴法本融末粲至疏達而至縝密蓋所謂識其大者歟

燕樂古者燕樂自周以來用之唐貞觀增隋九部爲十部以張文收所製歌名燕樂而被之管絃厥後至坐伎部琵琶曲盛流于時匪直漢氏上林樂府縵樂不應經法而已宋初置教坊得江南樂已汰其坐部不用自後因舊曲創新聲轉加流麗政和間詔以大晟雅樂施於燕饗御殿按試補徵角二調播之教坊須之天下然當時樂府奏言樂之諸宮調多不正皆俚俗所傳及命劉昺輯燕樂新書亦惟以八十四調爲宗非復雅音而曲燕昵狎至有援君臣相說之樂以藉口者末俗漸靡之弊愈不容言矣紹興中始蠲省教坊樂凡燕禮屏坐伎乾道繼志述事間用雜攢以充教坊之號取具臨時而廷紳祝頌務在嚴恭亦明以更不用女樂須旨子孫守之以爲家法於是中興燕樂比前代猶簡而有關乎君德者良多蔡元定嘗爲燕樂一書證俗失以存古義今采其略附于下黃鍾用合字大呂太蔟用四字夾鍾姑洗用一字夷則南呂用工字無射應鍾用凡字各以上下分爲清濁其中呂蕤賓林鍾不可以上下分中呂用上字蕤賓用勾字林鍾用尺字其黃鍾清用六字大呂太蔟夾鍾清各用五字而以下上緊別之緊五者夾鍾清聲俗樂以爲宮此其取律寸律數用字紀聲之略也一宮二商三角四變爲宮五徵六羽七閏爲角五聲

之號與雅樂同惟變徵以於十二律中陰陽易位故謂之變變宮以七聲所不及取閏餘之義故謂之閏四變居宮聲之對故爲宮俗樂以閏爲正聲以閏加變故閏爲角而實非正角此其七聲高下之略也聲由陽來陽生於子終於午燕樂以夾鍾收四聲曰宮曰商曰羽曰閏閏爲角其正角聲變聲徵聲皆不收而獨用夾鍾爲律本此其夾鍾收四聲之略也宮聲七調曰正宮曰高宮曰中呂宮曰道宮曰南呂宮曰僊呂宮曰黃鍾宮皆生於黃鍾商聲七調曰大食調曰高大食調曰雙調曰小食調曰歇指調曰商調曰越調皆生於太簇羽聲七調曰般涉調曰高般涉調

曰中呂調曰正平調曰南呂調曰僊呂調曰黃鍾調皆生於南呂角聲七調曰大食角曰高大食角曰雙角曰小食角曰歇指角曰商角曰越角皆生於應鍾此其四聲二十八調之略也竊考元定言燕樂大要其律本出夾鍾以十二律兼四清爲十六聲而夾鍾爲最清此所謂靡靡之聲也觀其律本則其樂可知變宮變徵既非正聲而以變徵爲宮以變宮爲角反紊亂正聲若此夾鍾宮謂之中呂宮林鍾宮謂之南呂宮者燕樂聲高實以夾鍾爲黃鍾也所收二十八調本萬寶常所謂非治世之音俗又於七角調各加一聲流蕩亡反而祖調亦不復存矣聲之感人如風

偃草宜風俗之日衰也夫姦聲亂色不留聰明淫樂慝禮不接心術使心知百體皆由順正以行其義此正古君子所以爲治天下之本也紹興乾道教坊迭弛不復置云

教坊自唐武德以來置署在禁門內開元後其人寖多凡祭祀大朝會則用太常雅樂歲時宴享則用教坊諸部樂前代有宴樂清樂散樂本隸太常後稍歸教坊有立坐二部宋初循舊制置教坊凡四部其後平荆南得樂工三十二人平西川得一百三十九人平江南得十六人平太原得十九人餘藩臣所貢者八十三人又太宗藩邸有七十一人由是四方執藝之精者皆在籍中每春秋聖節三大

宴其第一皇帝升坐宰相進酒庭中吹觱栗以衆樂和之賜羣臣酒皆就坐宰相飲作傾盃樂百官飲作三臺第二皇帝再舉酒羣臣立於席後樂以歌起第三皇帝舉酒如第二之制以次進食第四百戲皆作第五皇帝舉酒如第二之制第六樂工致辭繼以詩一章謂之口號皆述德美及中外蹈詠之情初致辭羣臣皆起聽辭畢再拜第七合奏大曲第八皇帝舉酒殿上獨彈琵琶第九小兒隊舞亦致辭以述德美第十雜劇罷皇帝起更衣第十一皇帝再坐舉酒殿上獨吹笙第十二蹴踘第十三皇帝舉酒殿上獨彈箏第十四女弟子隊舞亦致辭如小兒隊第十五雜

劇第十六皇帝舉酒如第二之制第十七奏鼓吹曲或用法曲或用龜茲第十八皇帝舉酒如第二之制食罷第十九用角觝宴畢其御樓賜酺同大宴崇德殿宴契丹使惟無後場雜劇及女弟子舞隊每上元觀燈樓前設露臺臺上奏教坊樂舞小兒隊臺南設燈山燈山前陳百戲山棚上用散樂女弟子舞餘曲宴會賞花習射觀稼凡游幸但奏樂行酒惟慶節上壽及將相入辭賜酒則止奏樂都知色長二人攝太官令升殿對立奏巡周大宴則酒唱徧曲宴宰相雖各舉酒通用慢曲而舞三臺所奏凡十八調四十六曲一曰正宮調其曲三曰梁州瀛府齊天樂二曰中呂宮其曲二曰萬年歡劒器三曰道調宮其曲三曰梁州薄媚大聖樂四曰南呂宮其曲二曰瀛府薄媚五曰仙呂宮其曲三曰梁州保金枝延壽樂六曰黃鍾宮其曲三曰梁州中和樂劒器七曰越調其曲二曰伊州石州八曰大石調其曲二曰清平樂大明樂九曰雙調其曲三曰降聖樂新水調採蓮十曰小石調其曲二曰胡渭州嘉慶樂十一曰歇指調其曲三曰伊州君臣相遇樂慶雲樂十二曰林鍾商其曲三曰賀皇恩泛清波胡渭州十三曰中呂調其曲二曰綠腰道人歡十四曰南呂調其曲二曰綠腰罷金鉦十五曰仙呂調其曲二曰綠腰綵雲歸十六曰黃鍾羽其曲一曰千春樂十七曰般涉調其曲二曰長

壽仙滿宮春十八曰正平調無大曲小曲無定數不用者有十調一曰高宮二曰高大石三曰高般涉四曰越角五曰商角六曰高大石角七曰雙角八曰小石角九曰歇指角十曰林鍾角樂用琵琶箜篌五弦琴箏笙觱栗笛方響羯鼓杖鼓拍板法曲部其曲二一曰道調宮望瀛二曰小石調獻仙音樂用琵琶箜篌五弦箏笙觱栗方響拍板龜茲部其曲二皆雙調一曰宇宙清二曰感皇恩樂用觱栗笛羯鼓腰鼓揩鼓雞樓鼓鼗鼓拍板鼓笛部樂用三色笛杖鼓拍板

隊舞之制其名各十小兒隊凡七十二人一曰柘枝隊衣五色繡羅寬袍戴胡帽繫銀帶二曰劒器隊衣五色繡羅襦裹交脚幞頭紅羅繡抹額帶器仗三曰婆羅門隊紫羅僧衣緋掛子執錫鐶拄杖四曰醉胡騰隊衣紅錦襦繫銀鞊鞢戴氊帽五曰諢臣萬歲樂隊衣紫緋綠羅寬衫諢裹簇花幞頭六曰兒童感聖樂隊衣青羅生色衫繫勒帛總兩角七曰玉兔渾脫隊四色繡羅襦繫銀帶冠玉兔冠八曰異域朝天隊衣錦襖繫銀束帶冠夷冠執寶盤九曰兒童解紅隊衣紫緋繡襦繫銀帶冠花砌鳳冠綬帶十曰射鵰回鶻隊衣盤鵰錦襦繫銀鞊鞢射鵰盤女弟子隊凡一百五十三人一曰菩薩蠻隊衣緋生色窄砌衣冠卷雲冠

二曰感化樂隊衣青羅生色通衣背梳髻繫綬帶三曰拋毬樂隊衣四色繡羅寬衫繫銀帶奉繡毬四曰佳人剪牡丹隊衣紅生色砌衣戴金冠剪牡丹花五曰拂霓裳隊衣紅僊砌衣碧霞帔戴仙冠紅繡抹額六曰採蓮隊衣紅羅生色綽子繫暈裙戴雲鬟髻乘綵船執蓮花七曰鳳迎樂隊衣紅僊砌衣戴雲鬟鳳髻八曰菩薩獻香花隊衣生色窄砌衣戴寶冠執香花盤九曰綵雲仙隊衣黃生色道衣紫霞帔冠仙冠執旌節鶴扇十曰打毬樂隊衣四色窄繡羅襦繫銀帶裹順風脚簇花幞頭執毬杖大抵若此而復從宜變易百戲有蹴毬踏蹻藏擫雜旋獅子弄鎗鈴瓶茶

盌氈齪碎劒踏索上竿筋斗擎戴拗腰透劒門打彈丸之類（錫慶院宴會諸王賜食及宰相筵設時賜樂者第四部充）建隆中教坊都知李德昇作長春樂曲乾德元年又作萬歲升平樂曲明年教坊高班都知郭延美又作紫雲長壽樂鼓吹曲以奏御焉太宗洞曉音律前後親制大小曲及因舊曲捌新聲者總三百九十凡制大曲十八正宮平戎破陣樂南呂宮平晉普天樂中呂宮大宋朝歡樂黃鍾宮宇宙荷皇恩道調宮垂衣定八方仙呂宮甘露降龍庭小石調金枝玉葉春林鍾商大惠帝恩寬歇指調大定寰中樂雙調惠化樂堯風越調萬國朝天樂大石調嘉禾生九穗南呂宮調文興禮樂歡

仙呂調齊天長壽樂般涉調君臣宴會樂中呂調一斛夜明珠黃鍾羽降聖萬年春平調金觴祝壽春曲破二十九正宮宴鈞臺南呂宮七盤樂仙呂宮王母桃高宮靜三邊黃鍾宮採蓮回中呂宮杏園春獻玉杯道調宮折枝花林鍾商宴朝簪歇指調九穗禾高大石調囀春鶯小石調舞霓裳越調九霞觴雙調朝八蠻大石調清夜遊林鍾角慶雲見越角露如珠小石角龍池柳高角陽臺雲歇指角金步搖大石角念邊功雙角宴新春南呂調鳳城春仙呂調夢鈞天中呂調採明珠平調萬年枝黃鍾羽賀回鑾般涉調鬱金香高般涉調會天仙琵琶獨彈曲破十五鳳鸞商

慶成功應鍾調九曲清金石角鳳來儀芙蓉調蘂宮春蘂賓調連理枝正仙呂調朝天樂蘭陵角奉宸歡孤鴈調賀昌時大石調寰海清玉仙商玉芙蓉林鍾角泛仙槎無射宮調帝臺春龍仙羽宴蓬萊聖德商美時清仙呂調壽星見小曲二百七十正宮十一陽生玉總寒念邊戍玉如意瓊樹枝鸂鶒裘塞鴻飛漏丁丁息鼙鼓勸流霞南呂宮十一仙盤露冰盤果芙蓉園林下風風雨調開月幌鳳來賓落梁塵望陽臺慶年豐青驄馬中呂宮十三上林春春波綠百樹花壽無疆萬年春擊珊瑚柳垂絲醉紅樓折紅杏一園花花下醉遊春歸千樹柳仙呂宮九折紅蕖鵲填河

紫蘭香喜堯時猗蘭殿步瑤階千秋樂百和香佩珊珊黃
鍾宮十二菊花杯翠幕新四塞清蒲簾霜畫屏風折茱萸
望春雲苑中鶴賜征袍望回戈稻稼成泛金英高宮九嘉
順成安邊塞獵騎還遊兎園錦步帳博山鑪煖寒杯雲紛
紜待春來道調宮九會燮龍泛仙杯披風襟孔雀扇百尺
樓金尊滿奏明庭拾落花聲聲好越調八翡翠帷玉照臺
香旖旎紅樓夜朱頂鶴得賢臣蘭堂燭金鏑流雙調十六
宴瓊林汎龍舟汀洲綠登高樓麥隴雉柳如煙楊花飛玉
澤新玳瑁簪玉階曉喜清和人歡樂征戍回一院香一片
雲千萬年小石調七滿庭香七寶冠玉唾盂辟塵犀喜新

晴慶雲飛太平時林鍾商十採秋蘭紫絲囊留征騎塞鴻
度回鶻朝汀洲鴈風入松蓼花紅曳珠佩遵渚鴻歇指調
九愉塞清聽秋風紫玉簫碧池魚鶴盤旋湛恩新聽秋蟬
月中歸千家月高大石調九花下宴甘雨足畫秋千夾竹
桃攀露桃燕初來踏青回拋繡毬潑火雨大石調八賀元
正待花開採紅蓮出谷鶯遊月宮望回車塞雲平秉燭遊
小石調九月宮春折仙枝春日遲綺筵春登春臺紫桃花
一林紅喜春雨汎春池雙角九鳳樓燈九門開落梅香春
冰拆萬年安催花發降眞香迎新春望蓬島高角九日南
至帝道昌文風盛琥珀杯雪花飛皂貂裘征馬嘶射飛鴈

雪飄飄大石角九紅鑪火翠雲裘慶成功冬夜長金鸚鵡
玉樓寒鳳戲雛一鑪香雲中鴈歇指角九玉壺冰卷珠箔
隨風簾樹青葱紫桂叢五色雲玉樓宴蘭堂宴千千歲越
角九望明堂華池露貯香囊秋氣清照秋池曉風度靖邊
塵聞新鴈吟風蟬林鍾角九慶時康上林果畫簾垂水精
簟夏木繁暑氣清風中琴轉輕車清風來仙呂調十五喜
清和芰荷新清世歡玉鉤欄金步搖金錯落燕引雛草芊
芊步玉砌整華裾海山青旋絮綿風中帆青絲騎喜聞聲
南呂調七春景麗牡丹開展芳茵紅桃露囀林鶯滿秋花
風飛花中呂調九宴嘉賓會羣仙集百祥凭朱欄香煙細

仙洞開上馬杯拂長袂羽觴飛高般涉調九喜秋成戲馬
臺汎秋菊芝殿樂鸂鶒杯玉芙蓉偃干戈聽秋砧秋雲飛
般涉調十玉樹花望星斗金錢花玉牕深萬民康瑤林風
隨陽鴈倒金罍鴈來賓看秋月黃鍾羽七宴鄉校雲中樹
燎金鑪澗底松嶺頭梅玉鑪香瑞雪飛平調十萬國朝獻
春盤魚上冰紅梅花洞中春春雪飛飜羅袖落梅花夜遊
樂闘春雞因舊曲造新聲者五十八正宮南呂宮道調宮
越調南呂調並傾杯樂三臺仙呂宮高宮小石調大石調
高大石調小石角雙角高角大石角歇指角林鍾角高般
涉調黃鍾羽平調並傾杯樂中呂傾杯樂劒器感皇化三

臺黃鍾宮傾杯樂朝中措三臺雙調傾杯樂攤破拋毬樂醉花間小重山三臺林鍾商傾杯樂洞中仙望行宮三臺歇指調傾杯樂洞仙歌三臺仙呂調傾杯樂月宮仙戴仙花三臺中呂調傾杯樂菩薩蠻瑞鷓鴣三臺般涉調傾桮樂望征人嘉宴樂引駕回拜新月三臺若宇宙賀皇恩降聖萬年春之類皆藩邸所作以述太祖美德諸曲多秘而平晉普天樂者平河東回所製萬國朝天樂者又明年所製每宴享常用之然帝勤求治道未嘗自逸故舉樂有度雍熙初教坊使郭守中求外任止賜束帛眞宗不喜鄭聲而或爲雜詞未嘗宣布于外太平興國中伶官蔚茂多侍

大宴聞雞唱殿前都虞候崔翰問之曰此可被管弦乎茂多即法其聲製曲曰雞叫子又民間作新聲者甚衆而教坊不用也太宗所製曲乾興以來通用之凡新奏十七調總四十八曲黃鍾道調仙呂中呂南呂正宮小石歇指高平般涉大石中呂仙呂雙越調黃鍾羽其急慢諸曲幾千數又法曲龜茲鼓笛三部凡二十有四曲仁宗洞曉音律每禁中度曲以賜教坊或命教坊使撰進凡五十四曲朝廷多用之天聖中帝嘗問輔臣以古今樂之異同王曾對曰古樂祀天地宗廟社稷山川鬼神而聽者莫不和悅今樂則不然徒虞人耳目而蕩人心志自昔人君流連荒亡

者莫不繇此帝曰朕於聲技固未嘗留意內外宴遊皆勉強耳張知白曰陛下盛德外人豈知之願備書時政記世號太常爲雅樂而未嘗施於宴享豈以正聲爲不美聽哉夫樂者樂也其道雖微妙難知至於奏之而使人悅豫和平則不待知音而後能也今太常樂縣鍾磬塤篪搏拊之器與夫舞綴羽籥干戚之制類皆倣古逮振作之則聽者不知爲樂而觀者厭焉古樂豈眞若此哉孔子曰惡鄭聲恐其亂雅亂之云者似是而非也孟子亦曰今樂猶古樂而太常乃與教坊殊絶何哉昔李照胡瑗阮逸改鑄鍾磬處士徐復笑之曰聖人寓器以聲不先求其聲而更其器

其可用乎照瑗逸制作久之卒無所成蜀人房庶亦深訂其非是因著書論古樂與今樂本末不遠其大略以謂上古世質器與聲朴後世稍變焉金石鍾磬也後世易之爲方響絲竹琴簫也後世變之爲箏笛匏笙也攢之以斗塤土也變而爲甌革麻料也擊而爲鼓木柷敔也貫之爲板此八音者於世甚便而不達者指廟樂鎛鍾鎛磬宮軒爲正聲而槩謂夷部鹵部爲淫聲殊不知大輅起於椎輪龍艘生於落葉其變則然也古者食以俎豆後世易以杯盂簟席以爲安後世更以榻桉使聖人復生不能舍杯盂榻桉而復俎豆簟席之質也八音之器豈異此哉孔子曰鄭

聲淫者豈以其器不若古哉亦疾其聲之變爾試使知樂者由今之器寄古之聲去惉懘靡曼而歸之中和雅正則感人心導和氣不曰治世之音乎然則世所謂雅樂者未必如古而教坊所奏豈盡爲淫聲哉當數子紛紛銳意改制之後廢之論指意獨如此故存其語以俟知者教坊本隸宣徽院有使副使判官都色長色長高班大小都知天聖五年以內侍二人爲鈐轄嘉祐中詔樂工每色額止二人教頭止三人有闕即填異時或傳詔增置許有司論奏使副歲閱雜劇把色人分三等遇三殿應奉人闕即以次補諸部應奉及二十年年五十已上許補廟令或鎮將官

制行以隸太常寺同天節寶慈慶壽宮生辰皇子公主生凡國之慶事皆進歌樂詞熙寧九年教坊副使花日新言樂聲高歌者難繼方響部器不中度絲竹從之宜去噍殺之急歸嘽緩之易請下一律改造方響以爲樂準絲竹悉從其聲則音律諧協以導中和之氣詔從之十一月奏新樂於化成殿帝諭近臣曰樂聲第降一律已得寬和之節矣增賜方響爲架三十命太常下法駕鹵部樂一律如教坊云初熙寧二年五月罷宗室正任以上借教坊樂人至八年復之許教樂政和三年五月詔比以大晟樂播之教坊嘉與天下共之可以所進樂頒之天下八月尚書省言

大晟府宴樂已撥歸教坊所有諸府從來習學之人元降指揮令就大晟府教習今當並就教坊習學從之四年正月禮部奏教坊樂春或用商聲孟或用季律甚失四時之序乞以大晟府十二月所定聲律令教坊閱習仍令祕書省撰詞高宗建炎初省教坊紹興十四年復置凡樂工四百六十人以內侍充鈐轄紹興末復省孝宗隆興二年天申節將用樂上壽上曰一歲之間只兩宮誕日外餘無所用不知作何名色大臣皆言臨時點集不必置教坊上曰善乾道後北使每歲兩至亦用樂但呼市人使之不置教坊止令修內司先兩旬教習舊例用樂人三百人百戲軍

百人百禽鳴二人小兒隊七十一人女童隊百三十七人築毬軍三十二人起立門行人三十二人旗鼓四十人(以上並臨安府差)相撲等子二十一人(御前忠佐司差)命罷小兒及女童隊餘用之

雲韶部者黃門樂也開寶中平嶺表擇廣州內臣之聰警者得八十人令於教坊習樂藝賜名簫韶部雍熙初改曰雲韶每上元觀燈上巳端午觀水嬉皆命作樂於宮中遇南至元正清明春秋分社之節親王內中宴射則亦用之奏大曲十三一曰中呂宮萬年歡二曰黃鍾宮中和樂三曰南呂宮普天獻壽此曲亦太宗所製四曰正宮梁州五

曰林鍾商汎清波六曰雙調大定樂七曰小石調喜新春八曰越調胡渭州九曰大石調清平樂十曰般涉調長壽仙十一曰高平調罷金鉦十二曰中吕調綠腰十三曰仙吕調綵雲歸樂用琵琶箏笙觱篥笛方響杖鼓羯鼓大鼓拍板雜劇用傀儡後不復補

鈞容直亦軍樂也太平興國三年詔籍軍中之善樂者命曰引龍直每巡省遊幸則騎導車駕而奏樂若御樓觀燈賜酺則載第一山車端拱二年又選捧日天武拱聖軍曉暢音律者增多其數以中使監視藩臣以樂工上貢者亦隸之淳化四年改名鈞容直取鈞天之義初用樂工同雲

韶部大中祥符五年因鼓工溫用之請增龜茲部如教坊其奉天書及四宮觀皆用之有指揮使一人都知二人副都知二人押班三人應奉文字一人監領內侍二人嘉祐元年係籍三百八十三人六年增置四百三十四人詔以爲額闕即補之七年詔隸班及二十四年年五十以上者聽補軍職隸軍頭司其樂舊奏十六調凡三十六大曲鼓笛二十一曲并他曲甚衆嘉祐二年監領內侍言鈞容直與教坊樂並奏聲不諧詔罷鈞容舊十六調取教坊十七調肄習之雖間有損益然其大曲曲破并急慢諸曲與教坊頗同矣紹興中鈞容直舊管四百人楊存中請復收補權以舊管之半爲額尋聞其召募騷擾降詔止之及其以應奉有勞進呈推賞又申諭止於支賜一次庶杜其日後希望紹興三十年復詔鈞容班可蠲省令殿司比擬一等班直收頓內老弱癃疾者放停教坊所管援祖宗舊典點選入教雖暫從其請紹興三十一年有詔教坊即日蠲罷各令自便

東西班樂亦太平興國中選東西班習樂者樂器獨用銀字觱篥小笛小笙每騎從車駕而奏樂或巡方則夜奏於行宮殿庭

諸軍皆有善樂者每車駕親祀回則衣緋綠衣自青城至朱雀門列於御道之左右奏樂迎奉其聲相屬聞十數里

或軍宴設亦奏之

棹刀槍牌翻歌等不常置

清衞軍習樂者令鈞容直教之內侍主其事園苑賜會及館待契丹使人

又有親從親事樂及開封府衙前樂園苑又分用諸軍樂

諸州皆有衙前樂

四夷樂者元豐六年五月召見米脂砦所降戎樂四十二人奏樂於崇政殿以三班借職王恩等六人差監在京開慢庫務門及舊城門敢勇三十六人與茶酒新任殿侍大

晟樂書曰前此宫架之外列熊羆案所奏皆夷樂也豈容淆雜大樂乃奏罷之然古鞮鞻氏掌四夷樂韎師旄人各有所掌以承祭祀以供宴享蓋中天下而立得四海之歡心使鼓舞焉先王之所不廢也漢律曰每大朝會宜設於殿門之外天子御樓則宫架之外列於道側豈可施於廣庭與大樂並奏哉

志九十五　二十二

百衲本

宋史

（元）脱脱等撰

2

國家圖書館出版社

百衲本

宋史

（元）脫脫等撰

3

國家圖書館出版社

志第九十六

開府儀同三司上柱國録軍國重事前中書右丞相監修國史領經筵事都總裁臣脱脱等奉敕修

儀衛一 殿庭立仗

夫天下之貴一人而已是故環拱而居備物而動文謂之儀武謂之衛一以明制度示等威一以慎出入遠危疑也昔書載弁戈冕劉虎賁車輅周官旅賁王出入執盾以夾王車朝儀之制固已粲然降及秦漢始有周廬陛戟鹵簿金根大駕法駕千乘萬騎之盛歷代因之雖或損益然不過為尊大而已宋初因唐五代之舊講究修葺尤為詳備其殿庭之儀則有黃麾大仗黃麾半仗黃麾角仗黃麾細仗凡正旦冬至及五月一日大朝會大慶冊受賀受朝則設大仗月朔視朝則設半仗外國使來則設角仗發冊授寶則設細仗其鹵簿之等有四一曰大駕郊祀大饗用之二曰法駕方澤明堂宗廟籍田用之三曰小駕朝陵封祀奏謝用之四曰黃麾仗親征省方還京用之南渡之後務為簡省此其大較也若夫臨時增損用置不同則有國史會要禮書具在今取所載撮其凡為儀衛志

殿庭立仗本充庭之制唐禮殿庭屯門皆列諸衛黃麾大仗宋興太祖增創錯繡諸旗幷幡氅等著于通禮正至五月一日御正殿則陳之青龍白虎旗各一分左右五嶽旗五在左五星旗五在右五方龍旗二十五在右五方鳳旗二十五在右紅門神旗二十八分左右朱雀眞武旗各一分左右皁纛十二分左右（以上金吾）天一太一旗各一分左右攝提旗二分左右五辰旗五北斗旗一分左右（木火北斗在左金水土在右）二十八宿各一（角宿至壁宿在左奎宿至軫宿在右）風伯雨師旗各一分左右白澤馴象仙鹿玉兔馴犀金鸚䳇瑞麥孔雀野馬犛牛旗各二分左右日月合璧旗一在左五星連珠旗一在右雷公電母旗各一分左右軍公旗六分左右黃鹿飛麟兕騶牙白狼蒼烏辟邪綱子貔旗各二分左右信幡二十二分左右傳教告止幡各十二分左右黃麾二分左右（以上兵部）日旗月旗各一分左右君王萬歲旗一在左天下太平旗一在右獅子旗二分左右金鸞金鳳旗各一分左右五方龍旗各一（青赤在左黃白黑在右以上龍墀）龍君虎君旗各五分左右赤豹黃羆旗各五分左右小黃龍旗一在左天馬旗一在右吏兵力士旗各五分左右天王旗四分左右太歲旗十二分左右天馬旗六分左右排欄旗六十分左右左右幡氅各五行行七十五大黃龍旗二分左右大神旗六分左右（以上六軍）神宗元豐二年詳定所言正旦御殿合用黃麾仗案唐開元禮冬至朝會及皇太子受冊加元服冊命諸

王大臣朝宴外國亦皆用之故事皇帝受群臣上尊號諸衞各率其屬勒所部屯門殿庭列仗衞今獨修正旦儀注而餘皆未及欲乞冬會等儀悉加詳定詔從之又言御殿儀仗有黃麾幡三而無黃麾請製大麾一注旄於干首以取夏制黃色以取漢制用十二幅以取唐制用一旒以取今龍墀旗之制建於當御廂之前以爲表識其當御廂之後則建黃麾幡二上謂蔡確等曰黃麾制度終有可疑今鑿而爲植於大庭夷夏共瞻或致博聞多識者譏議非善宜姑闕之乃止三年詳定所言昨定朝會圖於大慶殿橫街北止陳大輦逍遙平輦而輿未陳也當大輦之南增腰

輿一小輿一古者扇翣皆編次雉羽或尾爲之故於文從羽唐開元改爲孔雀凡大朝會陳一百五十有六分居左右國朝復雉尾之名而四面略爲羽毛之形中繡雙孔雀又有雙盤龍扇皆無所本遂改製偏扇團扇方扇爲三等繡雉凡朝會平輦逍遙並陳於東西龍墀上徽宗政和三年議禮局上大慶殿大朝會儀衞黃麾大仗五千二十五人仗首左右廂各二部絳引幡十（執各一人）第一部左右領軍衞大將軍各一員第二部左右領軍衞折衝掌鼓一人帥兵官一十人次執儀刀部十二行每行持各十人（後部並仗同）第一行黃雞四角氅（凡氅皆持以龍頭竿）第二儀鍠五色幡第三青孔雀五角氅第四烏戟第五緋鳳六角氅第六細弓矢第七白鵝四角氅第八朱縢絡盾刀第九皁鷄六角氅第十細弓矢第十一矟第十二綠縢絡盾刀揭鼓二掌鼓二人（後部同）以上排列左右廂第一部各於軍員之南居次廂第一部稍前第二部於第一部之後並相向次廂左右各三部第一左右屯衞第二左右武衞並大將軍第三左右衞將軍各一員第一果毅第二第三折衝各一員於仗首左右廂第一部之南相向持黃麾幡二人在當御廂前分立當御廂左右各一部左右衞果毅各一人於玉輅之前分左右並北向次後廂左右各三部第一左右驍衞將軍第二

左右領軍衞折衝第三左右領軍衞果毅各一員第一部分於當御廂之左右差後第二部左在金輅之後西偏右在象輅之後東偏第三部左在革輅之後西偏右在木輅之後東偏並北向次左右廂各三部第一左右武衞將軍第二左右屯衞將軍第三左右領軍衞折衝各一員各在綱子鶡雞貔旗之前東西相向左右廂各步甲十二隊第一隊左右衞果毅第二左右衞第四左右驍衞第六左右武衞第八左右屯衞第十第十二左右領軍衞並折衝第三左右驍衞第五左右武衞第七左右屯衞第九第十一左右領軍衞並果毅各一員每隊旗一貔鶡雞傌鹿金鸚

鵕瑞麥孔雀野馬犛牛甘露網子內第十二隊旗同第一隊刀盾弓矢相間分十二隊每隊三十人五重第一至第六隊在仗首第二部北第七至第十二隊在仗首第一部南東西相向左右廂後部各十二隊第一第二左右衛第五第七左右武衛第十第十二左右領軍衞並折衝第三第四左右驍衛第八第九左右屯衛並果毅每隊旗二角觿赤熊兕太平馴犀鵕鸃騼騳騶牙蒼烏白狼龍馬金牛次弩五人爲一列弓矢十人爲二重矟二十人爲四重以上在大慶殿門外第一至第四隊在前第五至第八隊在後第九至第十二隊又在後東西相向眞武隊金吾折衝都尉一員仙童眞武螣蛇神龜旗各一執各一人犦矟二人弩五人爲一列弓矢二十人爲四重矟二十五人爲五重以上在大慶門外中道北向排列殿中省尚輦陳孔雀扇四十於簾外執各一人陳輦輿於龍墀大輦在東部押執擎人二百二十有二人腰輿在南一十有七人小輿又在南二十有五人皆西向平輦在西逍遙在南共三十七人皆東向設繖扇於沙墀方繖二分左右執繖將校四人團龍扇四分左右執扇都將四人方雉扇一百分繖扇之後爲五行執扇長行一百人押當職掌二人各立團龍扇之北金吾引駕官二人分立團扇之南

文德殿入閤之制唯殿中省細仗與兩省供奉官班於庭

太宗淳化三年增黃麾仗二百五十人神宗熙寧三年修閤門儀制宋敏求言本朝惟入閤乃御文德殿視朝今既不用入閤儀即文德殿遂闕視朝之禮乞下兩制及太常禮院約唐御宣政殿制裁定以備朔望正衙視朝之禮詔學士院詳定學士韓維等上其儀朔前一日有司供張於文德殿庭東面左金吾引駕官一人四色官二人各帶儀刀被金甲天武官一人判殿中省一人排列官一人扇二方繖一金吾仗碧欄十二各執儀刀兵部儀仗排列職掌一人押隊員僚二人黃麾幡一告止幡傳教幡信幡各八龍頭竿戟各五十西面右金吾引駕官以下皆如東面天武官東西總百人門外立仗其東青龍旗一五嶽旗五五龍旗十其西白虎旗一五星旗五五鳳旗十御馬東西皆五匹每匹人員二人御龍官四人設御幄於殿後閤其日左右金吾將軍常服押本衞仗殿中省官押細仗東西對列俟皇帝受朝降坐放仗乃退徽宗政和三年議禮局上文德殿視朝之制黃麾半仗共二千二百六十五人殿內仗首左右廂各一部每部一百二十四人在金吾仗南東西相向絳引幡十執各一人分部之南北爲五重當御廂左右部同左部在帥兵官東右部在帥兵官西各爲十重左右領軍衞大將軍各一員居部之中次廂左右第一第二第三部同掌鼓一

人次大將軍後（次廂左右第一部并當御廂左右部次果毅次廂左右第二第三部次折衝次後廂左右部次將軍）帥兵官十人分部之南北爲五重北在絳引幡之南南在絳引幡之北次廂左右第一第二第三部在部之南北當御廂次後廂左部在黃麾東右部在黃麾西執儀刀部十行行十人每色兩行爲五重（次廂左右第一第二第三部同當御廂次後廂左右部每色一行爲十重左部以東爲首右部以西爲首並次帥兵官）第一行龍頭竿黃雞四角（凡氅皆持以龍頭竿）氅第二儀鍠五色幡第三青孔雀五角氅第四烏戟第五緋鳳六角氅第六細弓矢第七白鵝四角氅第八朱縢絡盾刀第九皁鵝六角氅第十稍揭鼓三掌揭鼓二人（分立緋氅烏戟後當中次廂左右第一第二第三部同當御廂次後廂並一在儀鍠青氅

志　五百三十五　志九十六　七

間一在弓矢白氅間與後行齊）次廂左右各三部每部一百一十五人次左右廂仗首之南東西相向第一部左右屯衛大將軍及果毅各一員第二部左右武衛大將軍第三部左右衛將軍各一員折衝各一員黃麾幡二分立當御左右廂前中間北向當御廂左右各一部每部一百二十四人在殿門內中道分東西並北向（次後廂左右部同大慶殿列於樂架之南）左右衛果毅各一員（左在部西右在部東次後左右廂將軍准此）次後廂左右各一部每部一百一十四人次當御廂南左右驍衛將軍各一員左右廂各步軍六隊（第一隊每隊三十三人第二至第六隊每隊各二十七人）分東西在仗隊後第一左右衛第三左右武衛第五左右領軍衛並果

毅各一員第二左右驍衛第四左右屯衛第六左右領軍衛並折衝各一員每隊旗二貔金鸚鵡瑞麥犛牛甘露鶡雞（執各一人）刀盾弓矢相間人數行列同前左右廂步軍殿門外左右廂後部各六隊每隊三十八人在部下親從後東西相向第一隊左右衛第三左右武衛第五左右領軍衛並折衝各一員第二左右驍衛第四第六左右屯衛並果毅各一員角觽（太平馴犀騶牙白狼蒼烏等旗各二）弩五人爲一列弓矢十人爲二重稍二十人爲四重眞武隊五十七人在端禮門內中道北向（大慶殿殿門外）於前有金吾折衝都尉一員僊童眞武騰蛇神龜等旗各一犦稍二人弩五

志　四百五十字　志九十六　八

人爲一列弓矢二十人爲四重稍二十五人爲五重排列仗隊職掌六人分立仗隊之間殿內四人殿外二人殿中省尚輦陳扇二十於簾外執扇殿侍二十人陳腰輿小輿於東西朶殿腰輿在東小輿在西人員都將各一人輦官共四十人陳繖扇於殿下方繖二團龍扇四並分左右夾繖（執扇各一人將校或節級）方雉扇六十作三重在繖扇之後輦官長行各一人金吾左右將軍各一員在繖扇之南稍前四色官四人二人立於將軍之南與繖扇一列宣敕放仗二人在引駕官南執儀刀引駕官二人在親從官後長行二十四人在四色官之南排列官二人在長行之南次金甲天

武官二人在長行南以上並分東西相向立設旗於殿門之外青龍旗一在左五嶽神旗各一次之五方色龍旗各一次之五方色龍旗各一又次之白虎旗一在右五星神旗各一次之五方色鳳旗各一次之五方色鳳旗各一又次之詔頒行之（大慶殿冊命諸王大臣黃麾仗準文德殿視朝）

政和中大祀饗立仗大黃龍負圖旗一執絣二百人陳于闕庭赤龍旗南少西大黃龍旗之北宣和冬祀陳于大內前大黃龍旗一執絣六十人陳于逐頓宮門外宣德門次大黃龍負圖旗之南宣和此旗下又有日月五星連珠北斗招摇蒼龍白虎朱雀玄武君王萬歲獅子金鸞金鳳五方龍天下太平等旗凡二十一正至受朝同龍墀旗陳於殿庭太廟在西櫺星門外路南次赤龍旗少北青城在泰禋門外夏祭大禮在明禋門外赤龍旗之南（宗祀袷饗大禮不設大黃龍負圖旗大黃龍旗）大神旗六執絣各九十人宣德門泰禋門並陳于大黃龍旗之南東西相望太廟陳于西櫺星門外大黃龍旗之西少南視赤龍旗爲列南北相望龍墀旗執絣各十二人左右有日月旗各一次君王萬歲旗一宣德門泰禋門在路東太廟在門外路南次獅子旗二左右有金鸞金鳳旗各一次五方龍旗各一青黃赤龍旗宣德泰禋門在東太廟在南黑白龍旗宣德泰禋門在西太廟在北次天下太平旗一宣德泰禋門在路西太廟在路北以上旗皆在車駕前發仗內執絣人並錦帽五色絁繡寶相花衫錦臂韝革帶

政和中遼使朝紫宸殿用黃麾角仗共一千五十六人殿內黃麾幡二次四色官之南分左右仗首左右廂各一部每部一百四十人朵殿下稍南絳引旛十分部之南北各爲五重左右領軍衛大將軍各一員在部中稍南（次廂左右第一第二部同）掌鼓一人次大將軍後（次廂左右第一部次果毅第二部次折衝）帥兵官十人分部之南北（北在絳引旛之南南在絳引旛之北次廂左右第一第二部在部之南北）各爲五重執儀刀部九行每行持各十人第一龍頭竿黃雞四角氅（皆持以龍頭竿）第二儀鍠五色幡第三青孔雀五角氅第四烏戟第五緋鳳六角氅第六細弓矢第七白鵝四角氅第八稍第九皁鵰六角氅掌揭鼓一人在緋氅烏戟之後（次廂左右第一第二部同）次廂左右各二部每部一百五人次左右廂仗首之南第一部左右屯衞大將軍果毅各一員第二左右武衛大將軍折衝各一員掌鼓以下至掌揭鼓人數並同仗首殿外左右廂各步甲三隊每隊三十三人第一左右衞第三左右武衞並果毅第二左右驍衞折衝並各一員貔金鸚鵡瑞麥旗各二以次分在三隊刀盾三十人爲五重（內第二隊引矢）左右廂後部各三隊（第一隊每隊三十八人第二隊每隊三十三人）

第一左右衛第三左右武衛並折衝第二左右驍衛果毅角觽太平騶牙旗各二以次分在三隊弩五人爲一列弓矢十人爲二重（第二第三隊爲一列）矟二十人爲四重排列仗隊職掌二人次廂第二部之南分左右以上殿内仗隊東西相向排列殿中省尚輦陳輿輦於東西朶殿平輦在東西向逍遥輦在西東向設繖扇於殿下方繖二分左右團龍扇四分左右夾方繖方雉扇二十四分左右各二重在繖扇之後金吾四色官一人

政和中文德殿發冊用黃麾細仗共一千四百二人設日旗君王萬歲旗獅子旗金鸞旗青龍旗赤龍旗各一在殿

東階之東以西爲上月旗天下太平旗獅子旗金鳳旗白龍旗黑龍旗各一在殿西階之西以東爲上（每旗執擡四人）俱北向立押當職掌二人分左右立於日月旗南次方繖二團龍扇四夾方繖次金吾上將軍二人將軍四人引駕官四人次金甲二人次四色官六人内二人執笏餘執金銅儀刀次碧襴二十四人内執金銅儀刀左右各六人在北次都押衙二人立於碧襴之南少退次皂纛旗一十二（每旗執擡五人）左右金吾仗司貟僚各一人押纛立於旗南次青龍旗一在東白虎旗一在西（每旗執擡六人）貟僚二人押旗在旗之北以上並分左右東西向次五方龍旗在東五方鳳旗在西

各二十五每五旗相間各依方色排列次五嶽神旗五在東五星神旗五在西各依方位排列（每旗執擡三人）次朱雀旗一在東眞武旗一在西（每旗執擡六人）以上並北向貟僚二人押旗在旗之南分左右次紅門旗二十八分左右（每旗執擡二人）次寅卯辰巳午未旗六在東申酉戌亥子丑旗六在西天王旗四分左右夾辰旗次龍君赤豹吏兵旗各五每旗各爲一列在東每列掩尾天馬旗一以次在東次虎君黃熊力士旗各五每旗各爲一列每列掩尾天馬旗一以次在西（每旗執擡三人）貟僚六人押仗各分立旗前次貟僚四人押旗分左右東西爲一列（每列一貟）左廂第一隊鵕鸃白澤玉馬貔旗四

瀆旗各一爲一列（下至第九隊旗行列準此）第二隊角亢氐房心宿旗各一第三隊虛危室壁奎宿旗各一第四隊參井鬼柳宿駃騠旗各一第五隊三角獸黃鹿苣文騶象飛麟旗各一第六隊辟邪玉兔吉利仙鹿祥雲旗各一第七隊花鳳飛黃野馬金鸐鵕瑞麥旗各一第八隊孔雀兕甘露網子角觽旗各一並各爲一列第九隊犛牛旗一設於孔雀旗後右廂第一隊同左廂第一第二隊尾箕斗牛女宿旗各一第三隊婁胃昴畢觜宿旗各一第四隊星張翼軫駃騠旗各一第五至第八隊並同左廂第五至第八第九隊騶牙旗蒼烏旗各二相間爲一列（每旗執擡三人）俱北向貟僚二人押

黃麾立於龍鳳旗之北左右廂五色龍鳳旗之東西各設黃麾幡二次告止幡傳教幡信幡各五次絳麾幡二次絳引幡五負𢒗五人押黃麾立於龍鳳旗北少東排闌旗三十自黃麾幡東西排列以次於南（每旗執擔三人）俱北向鐙杖哥舒各三十於殿東西兩廂排列鐙杖起北哥舒間之俱東西相向左右廂執白柯槍各七十五人東西相向又於騶牙旗南設大黃龍旗一在殿門裏少西執擔二十人小黃龍旗一在大黃龍旗後少西執擔三人次大神旗六分左右衞尉寺押當儀仗職掌四人排列通直官二人大將二人節級二人檢察六人左右金吾仗司押當職掌排列官各一人職掌大將檢察凡大朝會儀衞有司皆依令式陳設

初宋制有黃麾大仗半仗角仗細仗南渡後儀仗尤簡惟造黃麾半仗角仗細仗而大仗不設中興大朝會四朝惟一講紹興十五年正月朔旦是也然止以大仗三分減一用三千三百五十人自是正旦冬至俱免大朝賀以爲定例焉黃麾半仗者大慶殿正旦受朝兩宮上冊寶之所設也用二千四百一十五人其內儀仗官兵等一千八百三人兵部職掌五人統制官二人皆幞頭公裳腰帶靴笏金吾司碧襴三十二人幞頭碧襴衫銅革帶執儀刀將官二

人幞頭緋抹額紫繡羅袍背𦩷蛇銅革帶執儀刀旁頭一十人素帽紫紬衫纈衫黃勒帛執銅仗子金銅甲二人兜鍪甲衫錦臂衣執金銅鉞斧絳引幡十告止幡傳教幡信幡各二執幡人皆武弁緋寶相花衫勒帛黃麾幡二執幡人武弁黃寶相花衫銅革帶小行旗三百人素帽五色抹額緋寶花衫勒帛五色小氅三百人儀鍠四十人皆纈帽五色寶相花衫勒帛金節一十二人武弁青寶相花衫銅革帶殳叉三十人素帽五色寶相花衫勒帛綠稍二百一十人素帽緋寶相花衫勒帛烏戟二百一十人纈帽緋寶相花衫勒帛白柯槍六十人素帽子銀褐寶相花衫勒帛

儀弓二百七十人纈帽青寶相花衫勒帛儀弩六十人平巾幘緋寶相花衫勒帛銅仗子二十人素帽紫紬衫黃勒帛儀刀百八十四人平巾幘緋寶相花衫內大旗下六百一十二人大旗三十四龍旗一十鳳旗一十五星旗五嶽旗各五青龍旗白虎旗朱雀旗玄武旗各一每旗扶拽一十七人搭材一名武弁五色寶相花衫勒帛其外殿中輿輦繖扇百三十三人逍遙平輦各一每輦人員八人帽子宜男纈羅單衫塗金銀柘枝腰帶輦官二十七人幞頭白獅子纈羅單衫塗金銀海捷腰帶紫羅重夾三襜中道繖扇六十六輦官七十人素方繖四十四人弓脚幞頭碧襴衫

塗金銅革帶烏皮履繡紫方繖六花團扇十二十八人雉扇二十二人準備四人皆武弁緋寶相花袍銅革帶鳳扇二十二人黃抹額黃寶相花袍黃勒帛緋排儀仗職掌五人立殿下繖扇後烏皮介幘緋羅寬衫白羅大帶其黃麾小半仗者大慶殿冊皇太子及穆清殿皇后受冊之所設也用一千四百九十九人其內儀仗官兵等八百八十七人兵部職掌十二人金吾司碧襴三十人絳引幡二告止幡一傳教幡一信幡一用十五人黃麾幡一三人小行旗百八十人五色小氅子百八十人金節十二人儀鍠斧二十三人緑䙓七十五人烏戟七十五人白柯槍八十一人

儀弓六十三人儀弩四十五人銅仗子一十人儀刀六十七人統制官將官牽頭金銅甲皆與前半仗同內大旗下六百一十二人殿中輿輦繖扇百三十二人皆同前半仗其黃麾角仗者大慶殿冬至受朝紫宸殿即位兩宮賀節慶壽紫宸殿受金使朝之所設也用一千五十六人內金吾司放仗官二人統制官一人攝大將軍六人旁頭五人黃麾幡一三人絳引幡八二十四人金節十二人儀弓七十人儀弩五十人儀刀七十人儀鍠斧一十三人白柯槍三十人緑䙓七十人烏戟七十人小行旗三百人五色小氅三百人銅仗子三十人其黃麾細仗者大慶殿文德殿

發冊及進國史之所設也東都用一千四百二人中興後或用百人至五百人隨事增損而其執仗有四小行旗五色小氅儀刀銅仗子其服色有四緋帽子素帽子平巾幘武弁冠五色寶相花衫勒帛○大朝會之外有日參四參六參朔參望參朔參用鑾務不鑾務通直郎已上望參用鑾務通直郎已上宣制非時慶賀以望參官餘以朔參官四參官謂宰執侍從武臣正任文臣卿監員郎監察御史已上四參遇雨則改日參在京宮觀奉朝請者赴六參高宗移蹕臨安殿無南廊遇雨雪則日參官於南閤內起居宰執使相立簷下侍從兩省臺諫官以下立南閤內卿監

郎官武功大夫以下立東西廊紹興十二年十月有司請行正至朝賀禮及講求祖宗故實常朝視朝正衙便殿之儀乃討論朔日文德殿視朝紫宸殿日參望參垂拱殿日參四參假日崇政殿坐聖節垂拱紫宸殿上壽之制請先御正殿視朝十一月禮部侍郎王賞言正至及大慶賀受朝係御大慶殿與文德紫宸垂拱殿禮制不同月朔視朝則御文德殿謂之前殿正衙設黃麾半仗其餘紫宸垂拱皆係別殿不設儀仗今大慶殿朝會禮文繁多欲先舉行文德殿視朝之制時行宮止一殿乃更作崇政垂拱二殿御史臺請以射殿為崇政殿朔望權置帳門以為紫宸殿

宣赦書德音麻制以爲文德殿群臣拜表聽御札批答權作文德殿東上閤門其垂拱殿四參於殿門外設位版十三年始視朝于文德殿設黃麾半仗二千四百十五人六月紫宸殿望參設黃麾角仗一千五十六人自是後殿坐及射殿引呈公事以日晷已高依舊制設衛士青涼繖十淳熙十四年詔引呈射殿公事殿門外排立御馬如後殿之儀○大朝會儀舊制垂拱殿設簾殿上駐輦候起居稱賀班絶乘輦樞密知閤門官樞密都副承旨諸房副都承旨前導管軍引駕至大慶殿後幄降輦入次更衣紹興十五年正月朔旦以二殿經涂與東都異乃以常御殿爲垂

拱殿免駐輦設簾帷設椅子稱賀畢過大慶殿後幄前期儀鸞司設御榻於大慶殿中南向設東西房於御榻左右稍北設東西閤於殿後左右殿上前楹施簾設香案於殿下太常展宮架樂於殿庭橫街之南其日御輦院陳輿輦繖扇於殿下東西相向兵部陳五輅於皇城南門外俱北向騏驥院列御馬於殿門外東西相向兵部帥屬設黃麾仗三千三百五十人於殿門內外以殿狹輦出房不鳴鞭淳熙十六年正旦行稱賀禮比政和五禮月朔視朝儀皇帝御大慶殿服韡袍即御坐皇太子文武百僚常服稱賀而設黃麾半仗二千四百十五人及冬至朝賀設黃麾角仗一千五十六人著爲令而大朝會儀自紹興十五年以後不設

志卷第九十六

開府儀同三司上柱國錄軍國重事前中書右丞相監脩國史領經筵事都總裁臣脫脫等奉　敕修

儀衛二（宮中導從　行幸儀衛　太上皇儀衛　后妃儀衛）

宮中導從之制，唐已前無聞焉。五代漢乾祐中，始置主輦十六人，捧足一人，掌扇四人，持踏牀一人，並服文綾袍、銀葉弓脚幞頭。尚宮一人，寶省一人，高髻紫衣；書省二人，紫衣弓脚幞頭；新婦二人，高髻青袍；大將二人，紫衣弓脚幞頭；童子執紅絲拂二人，高髻青衣；執犀盤二人，帶鬅頭黃衫；執翟尾二人，帶鬅頭黃衫；雞冠二人，紫衣分執金灌器唾壺；女冠二人，紫衣執香爐香盤：分左右以次奉引。太宗太平興國初，增主輦二十四人，改服高脚幞頭。輦頭一人衣紫繡袍，持金塗銀仗以督領之。奉珍珠七寶翠毛華樹二人，衣緋袍；奉金寶山二人，衣綠繡袍；奉龍腦合二人，衣緋銷金袍，並高脚幞頭；執拂翟四人，騶頭衣黃繡袍。舊衣綾袍紫衣者，悉易以銷金及繡。復增司簿一人，內省一人，司儀一人，司給一人，皆分左右前導，凡一十七行。每正至御殿、祀郊廟，步輦出入至長春殿用之。其乘輦則屈右足，垂左足而憑几，蓋唐制也。眞宗時加四面內官周衛。大中祥符三年，內出繪圖以示宰相

行幸儀衛。宋初，三駕皆以待禮事，車駕近出，止用常從以行其舊儀。殿前司隨駕馬隊：凡諸班直，內殿前指揮使全班祗應，左班七十六人，二十四人在駕前左邊引駕，五十二人作兩隊馬隨駕；右班七十七人，二十四人在駕前右邊引駕，五十三人在駕後作兩隊隨駕，二十七人第一隊，二十六人第二隊。內殿直五十四人，散員六十四人，散指揮六十四人，散都頭五十四人，散祗候五十四人，金槍五十四人，茶酒班祗應殿侍百五十七人，東第二班長入祗候殿侍十八人，駕後動樂三十一人，馬隊弩手分東西八十五人，招箭班三十五人，散直百七人，鈞容直三百二十人，御龍直百四十二人，御龍骨朵子直二百二十人，並全班祗應。御龍弓箭直百三十三人，御龍弩直百三十三人，寬衣天武指揮二百一十六人（各有都虞候、指揮使、員僚）。若隨馬不使馬隊，即減內殿直、散員、散指揮、散都頭、散祗候、金槍等直，仍減東西班馬隊弩手八十五人，餘並同上。凡皇城司隨駕人數：崇政殿祗應親從四指揮，共二百五十二人，執擎骨朵，充禁衛；崇政殿門外快行祗候親從第四指揮五十四人；車駕導從兩壁隨行親從親事官共九十六人，並於駕前先行；行幸所到之處，充行宮司把門灑掃祗應（各有正副都頭、節級、十將）。尚書兵部供黃麾仗內法物罕畢各一，五色繡鸞

子並龍頭竿挂第一青繡孔雀氅第二緋繡鳳氅第三青
繡孔雀氅第四皁繡鵞鸑氅第五白繡鵞鸑氅第六黃繡雞氅
右六軍儀仗司供儀仗法物內獅子旗四口充門旗二口
各一人執分左右二口各十人執擔分左右擔人執弓箭
又左金吾引駕仗供牙門旗十四口十口開五門每門二
口每口一人執二人夾計三十人並騎夾人執弓箭監門
校尉二十人每門四人並帶儀刀騎二口係前步甲第七
隊前二口係前部黃麾第一隊前二口係後部黃麾第一
隊前二口係後步甲第一隊前二口係後步甲第七隊前
四口開二門每門二口每口一人執二人夾計十二人並
騎監門校尉六人並帶儀刀騎二口係兵部班劒儀刀隊
後二口係真武隊前又右金吾引駕仗供牙門旗十四口
制同左仗仁宗康定元年參知政事宋庠言車駕行幸非
郊廟大禮具陳鹵簿外其常日導從惟前有駕頭後擁繖
扇而已殊無禮典所載公卿奉引之盛其侍從及百司官
屬下至廝役皆雜行道中步輦之後但以親事官百餘人
執檛以殿謂之禁衛諸班勁騎頗與乘輿相遠士庶觀者
率隨扈從之人夾道馳走喧呼不禁所過旗亭市樓垂簾
外蔽士民憑高下瞰莫爲嚴憚邏司街使恬不呵止威令
弛闕玩習爲常非所謂旄頭先驅清道後行之慎也且自

黃帝以神功盛德猶假師兵營衛則防微御變古今一體
案漢魏以降有大駕小駕之儀至唐又分殿中諸衛黃麾
等仗名數次序各有施設國朝承五姓荒殘之弊事從簡
略每鳴鑾游豫盡去戈戟旌旗之制儀衛寡薄頗同藩鎮
此皆制度放失僤于改作之咎宜委一二博學近臣討繹
前代儀注及鹵簿令以乘輿常時出入之儀比之三駕諸
仗酌取其中稍增儀物具嚴法禁以示尊極以防未然華
去因循其在今日詔太常禮院與兩制詳定參以舊儀別
加新制兩制同禮官議略準小駕制度添清道馬罕畢旗
氅等物別爲常行禁衛儀加清道馬百匹並帶器械分五
行行二十人（諸下殿前司於諸班內差）罕畢各一分左右並騎牙門旗
前後各四分左右並騎緋繡鳳氅二十四分左右並騎（以上
諸下殿前司於諸班內差充）雉扇十二分左右（諸於親從官內差充）以上新添百
六十二人凡天武官舊二百一十六人空行今添執哥舒
爲一重親從官舊百四十五人今添百五十五人通爲三
百人爲一重殿前指揮使舊四十八人今添百三十二人
通爲二百人或於近上諸班相兼差充並騎爲一重以上
因舊人數添舊（四百九人新添三百七人共七百一十六人）凡駕前殿前指揮使
親從官爲二重左右相對各開二門約二丈每門並差人
員二人押當第一門與通事舍人相對第二門與閤門使

相對每有臣僚迎駕起居並令中道候起居畢於左右門出其諸色人止令於牙門旗前道傍起居不得便入禁衛中（每門外重令殿前指揮使執旗二面以表門用轉光錯綵旗通上計五重皆掩後圍轉）凡百司祗應人於禁衛内無執掌者及隨駕臣僚除合將入禁衛隨從人數外餘並令於殿前指揮使行外左右前後行凡前牙門旗以後後牙門旗以前屬禁衛中不得輙入凡中書樞密院臣僚並於從内第三重寬衣天武内行馬其餘隨駕文武臣僚並在從内第四重殿前指揮使内分左右依官位行馬凡車駕經歷去處若有樓閣並不得垂簾障蔽及止絶士庶不許臨高瞰下止於街兩傍立觀即不得夾

路喧呼馳走（前牙門以前後牙門以後不在此限）凡車駕未出皇城門宣德左右掖東華拱宸門及已至所幸處即自有門禁不用牙門旗約束凡車駕已在道前牙門旗雖行後牙門旗未行除止絶閑雜行人外其隨駕臣僚官司人等並依常例次第起合隨從及行馬去處凡前牙門旗在清道馬後約十步已來後牙門旗在駕後殿前指揮使之後凡街巷寬闊處儀衛並依新圖排列如遇窄狹街巷禁衛止用親從官二重御龍直二重雉扇隨輦其後前指揮使天武官並權分於駕前後隨行後至寬闊處乗輿徐行儀仗依舊排列或駕幸園苑宮觀寺院并臣僚宅即清道馬儀仗殿前指揮使天武官更不入惟於外排立其隨駕臣僚及諸司人自依常例隨從候駕行依次排列或臣僚宅在巷内前去不通人行處其儀仗殿前指揮使等各於巷口排立止絶行人餘並如故時詳定閲習既畢或言新制嚴密慮違犯者衆因不果行嘉祐六年先是幸睦親宅抱駕頭内臣墜馬壞駕頭太常禮院閤門及整肅禁衛所請自今車駕出以閤門祗候并内臣各二員分駕頭左右扇筤後編欄仍以皇城司親從官二十人隨之哲宗紹聖二年詔車駕行幸儀衛駕後東西班殿侍馬兩隊撥充駕前編欄分兩壁行於前引行門之前隨身器械各别給銀骨朶一駕後馬

隊殿前指揮使馬以百人分四隊不足據人數均差仍别差人員六人内殿直散員散指揮散都頭散祗候並增作一百四人分四隊内人員各四人金槍班添一隊作七十八人内人員三人弩手班添兩隊充填撥過東西班殿侍馬兩隊禁衛御龍直弓箭直弩直長行仍各添給銀骨朶禁衛外添差編欄天武人員長行共二百人揀選有行止舊人充出入止於宣德門外至行在所即止於行宫門外南渡後乗輿出入初未有儀高宗將迎韋太后于郊因製常行儀仗用黄麾仗二千二百六十五人孝宗朝德壽宫減一千人用殿前司六百二十九人皇城在内巡檢司三

百九十一人崇政殿四百四十九人凡一千四百六十九人四孟詣景靈宮用殿前司八百七十五人皇城在內巡檢司五百二十八人崇政殿五百二十一人凡一千九百二十四人九年正月詔駕出御後殿坐宰執百官儀衛等赴後殿起居殿上登輦出後殿門駕回入祥曦殿門

太上皇儀衛隆興元年孝宗嗣位詔有司討論德壽宮輿輦儀衛先是紹興三十二年六月詔上皇日常朝殿差御龍直四十三人執仗排立并設繖扇鳴鞭宰執退朝仍赴德壽宮起居如遇行幸令禁衛所隨以衹應兩奉上皇旨却而不受故復有是詔尋有司上言漢之未央唐之興慶

其車輦儀衛不載今父堯子舜事親典禮凡往古來今所未備者當以義起極其尊崇爲萬世法遂定宰執百官詣德壽宮起居則禁衛所依後殿坐儀排列禁衛二百九十七人衹應行幸則禁衛所差行門禁衛諸班直天武親從官及繖扇鳴鞭燭阜等合五百人隨行扈從前引七十人內行宮殿前崇政殿親從一十人都下親從二十人快行親從二十人殿前指揮使二十人中道六十人編排禁衛行子一十人執從物御龍直三十人執繖扇天武一十人崇政殿親從攔前一十人禁衛圍子四重四百人第一崇政殿親從一百人第二御龍直骨朶直弓箭直三十人東西班七十人第三執燭阜都下親從一百人第四內殿直一十人散員散指揮散都頭散祗候金鎗銀鎗班各一十人後從殿前指揮使二十人

皇太后儀衛自乾興元年仁宗即位章獻太后預政侍衛始盛用禮儀院奏製皇太后所乘輿名之曰大安輦天聖元年有司言皇太后車駕出合設護衛御龍直都虞候一人都頭二人副都頭一人長行五十人十將已下骨朶子直都虞候一人都頭二人副都頭二人十將長行八十人弓箭直指揮使一人都頭二人副都頭二人十將長行五十人弩直指揮使一人都頭二人副都頭二人十將長行

五十人殿前指揮使兩班左班都虞候一人都知一人行門三人長行二十人帶器械右班指揮使一人都知一人行門三人長行二十人帶器械皇城司禁衛二百人寬衣天武二百人供御輦官六十二人寬衣天武百人餘諸司衹應鳴鞭侍衛如乘輿之儀詔依嘉祐八年英宗即位太常禮院言準詔再詳定皇太后出入儀衛御龍直都頭二人長行二十五人骨朶子直都頭二人長行四十人弓箭直都頭二人長行二十五人弩直都頭二人長行二十五人殿前指揮使兩班各都知一人行門各二人長行各一十人帶器械皇城司禁衛一百人寬衣天武一百五十人

打燈籠子親事官八十人入內都知御藥院官各一員內
東門司使臣二員御輦院短鐙教駿攏馬親事官入內院
子諸司并入內內侍省祗應內品人數不定詔依治平元
年詔太皇后出入唯不鳴鞭他儀衛如章獻明肅故事四
年神宗嗣位詔太皇太后儀範已定皇太后合設儀衛御
龍直骨朶子直差都虞候都頭副都頭各一人十將長行
各共三十人弓箭直弩直差指揮使都頭副都頭各一人
十將長行各共二十人皇城司親從官一百人執骨朶寬
衣天武官百五十人充圍子行官司人員共二百人入內
院子五十人充圍子皇城司親事官八十人打燈籠短鐙

馬攏馬親從官金銅車稜車隨車子祗應人擎檐子供御
輦官執擎從物等供御次供御并下都輦直等人數不定
都知一員御藥院使臣二員內東門司使臣二員內酒坊
御廚法酒庫儀鸞司乳酪院翰林司翰林院車子院御膳
素廚化成殿果子庫並從遇出新城門添差帶器械內臣
哲宗即位元祐元年詔太皇太后出入儀衛並依章獻明
肅皇后故事其不可考者則依慈聖光獻皇后之例既而
又詔太皇太后出入儀衛添御龍骨朶子直三十六人御
龍弓箭直四十五人御龍弩直四十五人皇城司禁衛五
十人馬隊三百五十人東西班茶酒班殿侍共一百人快

行增至二十人軍頭引見司監官二員並將帶承局等子
依隨駕例祗應鈞容直并動樂殿侍則候開樂取旨仁英
哲之世太后臨朝垂簾儀從亦不崇侈止曰儀衛無鹵簿
名也南渡後尤簡其車以輿不以輦餘惟繖扇而已紹興
奉迎太母極意備禮然猶曰太后天性朴素不敢過飾儀
從器物惟塗金輿前用黃羅繖扇二緋黃繡雉扇六紅黃
緋金拂扇二黃羅暖扇二朝謁景靈宮太廟則用禁衛諸
班直天武親從五百人其前引中道圍子同上皇儀衛而
差省焉

皇太妃出入儀衛哲宗紹聖元年三省樞密院言增崇皇

太妃出入儀衛龍鳳扇二十侍從官入內省都知或押班
一員內侍省都知或押班一員皇城司御藥院內東門司
各一員帶御器械內侍八員引喝內侍一員殿前指揮使
三十二人內人員二人御龍直三十三人骨朶子直三十
三人弓箭直二十三人弩直二十三人天武官一百五十
四人皇城司禁衛一百人入內院子五十人行宮司一百
人輦官供御六十二人次供御四十九人下都五十八人
燭籠七十諸司御燎子茶牀快行親從四人禮部太常寺
又言元祐三年詔皇太妃繖用紅黃羅衆議得皇太后出
入兼用紅黃今皇太妃若亦用黃則非差降之意伏請紅

黄兼用從皇太后出入則止用紅徽宗崇寧元年臣僚言元符皇后先帝皇后也其典禮宜極褒崇於是約聖瑞皇太妃之制出入由宣德正門增龍鳳扇二十御龍直十二人御龍骨朶子直十七人御龍弓箭直十二人御龍弩直二十二人殿前指揮十三人皇城司禁衛二十人快行親從官四人執燭皇城司親從官金銅車并棱車隨時定數供須行幸藥架一坐句當官吏人二負封題一負藥童三人擡槃藥架輦官十一人秤庫子親事官量差人數秖應從之二年臣僚又言元符皇后元符未嘗預定策之勳以承神宗哲宗之志禮部太常寺奏典禮準聖瑞皇太妃例

侍從官入內內侍省都知或押班一負皇城御藥內東門司官各一負御輦院輪官隨從諸司御燎子茶牀帶御器械內侍十人引喝內侍一人輿用龍鳳繖紅黄兼用出入由宣德東門今欲出入由宣德正門龍鳳扇二十柄今添作三十柄輦官供御六十二人次供御四十九人都下五十八人御龍直三十三人今添作四十五人御龍骨朶子直三十三人今添作五十人御龍弓箭直三十三人今添作四十五人御龍弩直二十三人今添作四十五人殿前指揮三十二人今添作四十五人內臣二人皇城司一百人禁衛今添作一百二十人天武官一百五十四人行官司一百人入內院子五十人快行親從官四人今添作八人執燭皇城司親從官金銅車并棱車遂時內中批出合要數供須行幸藥架一坐句當官一負吏人二負封題一負藥童三人擡槃藥架輦官十一人秤庫子親事官量差人數秖應從之

皇后儀衛惟東都政和禮有鹵簿他無鹵簿之名惟曰儀衛而已中興後皇太后既尚簡素后尤簡焉出入朝謁宮廟用應奉御輦官一負人吏三人供應六十三人內人負十五人頭帽紫羅四褛單衫金塗銀柘枝腰帶肩輦輦官四十八人幞頭緋羅單衫金塗海捷腰帶紫羅表夾三襜

緋羅看帶次供應十四人內人負一人服同上惟海捷帶輦官一十三人服同肩輦官惟行獅帶都下五十四人內人負一人帽服同前輦官五十三人服同上輦官惟雲鶴帶

志卷第九十七

開府儀同三司上柱國録軍國重事前中書右丞相監修國史領經筵事都總裁脫脫等奉

勑修

儀衛三　國初鹵簿

國初鹵簿太祖建隆四年將郊祀大禮使范質與鹵簿使張昭儀仗使劉溫叟同詳定大駕鹵簿之制惟得唐長興南郊鹵簿字圖校以令文頗有闕畧遂戾者禮儀使陶穀建議金吾及諸衛將軍導駕及押仗舊服紫衣請依開元禮各服本色繡袍金吾以辟邪左右衛以瑞馬驍衛以雕虎威衛以赤豹武衛以瑞

鷹領軍衛以白澤監門衛以師子千牛衛以犀牛六軍以孔雀爲文舊執仗軍士悉衣五色畫衣隨人數給之無有準式請以五行相生之色爲次黑衣先之青衣次之赤黃白又次之大駕五輅各有副車近代寖廢請依令文增造又案明宗舊圖導駕三引而儀仗法物人數多周太祖鹵簿六引而人數少請準令文用六引其鹵簿各依本品以給從之舊清游隊有甲騎具裝亡其制度穀以其所記造之又作大輦皆率意定其制穀又取天文大角攝提列星之象作攝提旗及北斗旗二十八宿旗十二辰旗龍墀十三旗

五方神旗五方鳳旗四瀆旗時有黃鸚鵡白兎及馴象自來又作金鸚鵡玉兎馴象旗太祖又詔別造大黃龍負圖旗一大神旗六日旗一月旗一君王萬歲旗一天下太平旗一師子旗二金鸞旗一金鳳旗一五龍旗五凡二十一旗皆有架南郊用之大黃龍負圖旗陳於明德門前餘二十旗悉立於宿頓宮前遇朝會用禮亦皆陳於殿庭凡馬步儀仗共一萬一千二百二十二人悉用禁軍大將軍將軍以軍主都虞候攝事中郎將都尉以指揮使副指揮使攝事校尉主帥以軍使副兵馬使都頭副都頭十將攝事乾德

三年蜀平命左拾遺孫逢吉收蜀法物其不中度者悉毀之是歲太祖親閱鹵簿四年始令改畫衣爲繡衣至開寶三年而成謂之繡衣鹵簿其後郊祀皆用之軍衛羽儀自是寖甚每大祀命大禮儀儀仗鹵簿橋道頓遞五使鹵簿使專掌定字圖排列儀仗使糾督之大禮及餘使同按閱致齋日巡仗又命殿前大校管勾捧日奉宸隊侍衛大校勾當儀仗兵隊捧日天武廂主四人編排捧日奉宸隊及執仗人內諸司使副使三員同押儀仗別二員編排導引官六年詔節度使已下除在京巡檢及押儀仗外並令服袴褶

衣導引太宗至道中令有司以絹畫爲圖圖凡三幅中幅車輅六引及導駕官外兩幅儀衛其警場青城又别爲圖圖成以藏秘閣凡仗内自行事官排列職掌弁捧日奉宸散手天武外步騎一萬九千一百九十八人此極盛也真宗咸平五年詔南郊儀仗引駕官不得多帶從人宰臣親王樞密宣徽使參知政事樞密副使三司使各四人尚書節度使翰林學士侍讀侍講學士各三人給事諫議知制誥大卿監金吾大將軍樞密都承旨副承旨客省閤門使副使諸司使副使至内殿崇班各二人少卿監諸行郎中已下閤門

祗候已下各一人又詔南郊引駕官中書樞密院一行在東親王一行在西餘依官次大中祥符元年改小駕爲鑾駕自太祖易繡衣鹵簿後太宗真宗皆增益之仁宗即位儀典多襲前世宋綬定鹵簿爲圖記十卷上之詔以付秘閣凡大駕用二萬六十一人大率以太僕寺主車輅殿中省主輿輦繖扇御馬金吾主纛矟十六騎引駕細仗牙門六軍主檜仗尚書兵部主六引諸隊大角五牛旗門下省主寶棱司天臺主鐘漏太常主鼓吹朝服法物庫出旗器名物衣冠幰蓋軍器庫出箙弩矢内弓箭庫出戎裝雜仗凡六

引導駕太僕卿千牛將軍殿中侍御史司天監少府監僚佐局官乘黄令大將軍金吾上將軍將軍六統軍皆以京朝官内諸司使副使以下攝事仗内用禁軍諸班直捧日天武拱聖神勇宣武驍騎武勝寧朔虎翼兵大將軍將軍以軍主都虞候攝中郎將郎將都尉以指揮使副指揮使攝校尉主帥旅帥隊正以軍使副兵馬使都頭副都頭十將攝餘法駕鑾駕黄麾仗則遞減其數景祐五年賈昌朝言儀衛三事一曰南郊鹵簿車駕出宫詣郊廟日執毬杖供奉官於導駕官前分列迎引至於齋宫夫毬杖非古盖唐世

尚之以資玩樂其執之者皆褻服錦繡珠玉過於侈麗既不足以昭文物又不可以備軍容常時豫游或宜施用方今夙夜齋戒親奉大祀端冕顒昂鼓吹不作而乃陳戲賞之具參簪紳之列導迎法駕入于祠官稽諸典儀未爲允稱況導駕官兩省員數悉備何煩更有此色供奉官請宜徹去毬杖俟禮畢還宫鼓吹振作即復使就列二曰大駕鹵簿有羊車前列臣案羊車本漢晉之代乘於後宫隋大業中增金寶之飾駕以小駟馭以丱童自是以來遂爲法從唐制無有輦車副車之名國朝因循尚未改革竊以郊祭天

地廟見祖宗車服所陳動必由禮至於四望耕根之屬兼包歷代皆或有因豈容後宮所乘參陪五輅欲望大駕不用羊車所冀肅恭稽合典禮三曰南郊大駕鹵簿儀衛甚衆有司雖依典禮名物次第兵杖數目預先分布及五使量行案閱其如被差執掌吏員兵伍素不閑習行列先後多失次序所持名物亦或差互押當官但以行事爲名從便趍進失其處守竊謂三載親郊國之大事旁陳象物仰法乾行四方之人觀禮於是宜詳制度以示光華請大駕鹵簿前後仗衛次第於致齋前命儀仗鹵簿使令有司執簿籍

卒押當官暨諸衛諸有執仗士卒將領者自殿門至郊廟分列之處詳視先後及器仗名品無令差忒詔禮儀使宋綬與太常禮院同詳定以奏綬奏鹵簿內有諸司供奉蓋資備物以奉乘輿今昌朝言宿齋之時不可陳玩樂之具請郊祀前一日應供奉官等令宿幕次俟皇帝行禮畢降壇導至青城由青城前導歸大內後漢劉熙釋名曰贏車羊車各以所駕名之也隋禮儀志曰漢氏或以人牽或駕果下馬此乃漢代已有晉武偶取乘於後宮非特爲掖庭制也況歷代載於輿衛志自唐至今著之禮令宜且仍舊其鹵

簿儀仗遇南郊前五使預閱素備願依昌朝所奏下儀仗鹵簿使加點閱使之齊肅皇祐二年將享明堂鹵簿使奏法駕減大駕三分之一而兵部亡字圖故本且文牘散逸雖粗有名數較之禮令未有以裁其中詔禮官與兵部加考正爲圖以奏及上圖法駕鹵簿用萬有一千八十八人嘉祐二年祫享用禮儀使奏南郊仗金吾上將軍六統軍左右千牛皆服紫繡戎服珂珮騎而前節度使亦衣袴褶導駕如舊例是月禮官奏南郊還在禮當乘金輅而或詔乘大輦宜著于令常以大輦從六年幸睦親宅內侍抱駕頭墮

馬駕頭壞御史中丞韓絳奏請嚴儀衛事下閤門太常禮院議遂合奏車駕出請以閤門祗候及內侍各二員扶駕頭左右次扇筤以皇城親從兵二十人從其後神宗熙寧七年詔太常看詳兵部大駕鹵簿字圖遂奏言制器尚象有其數者必有其義後世車駕儀仗多雜秦漢制度當華其尤者周禮車僕凡師共革車各以其萃萃副車也諸輅之副宜次正輅羊車前代宮中所乘五牛旗蓋古之五時副車也以木牛載旗用人輿之失其本制宜除去從之元豐元年詳定所言大駕輿輦仗衛儀物無取歷代所用其間

情文詭舛甚衆或規摹苟簡而因循已久或事出一
時而不足爲法詔令更定於是請去二十八宿五星攝
提旗所繪人形及龍虎仙童大神金鸚䳇黄鸚䳇網
子幐蛇神龜等旗舊制親祠南郊皇帝自大次至版
位内侍二人執翟羽前導號曰拂翟拂翟不出禮典
乃漢乾祐中宮中導從之物不宜用諸郊廟詔可又
禮文所言近制金輅不以金飾諸末象輅不以象飾
諸末革輅不鞔木輅不漆請改飾四輅大常則繪三
辰加升龍降龍大旂則繪交龍大赤鳥隼大白熊虎
大麾龜蛇而去其雲龍使之應禮又古者五輅皆載

旗謂之道德之車考工記車戟崇於殳酋矛崇於戟
各四赤戟矛皆挿車騎謂之兵車戰國尚武故增挿
四戟謂之闟戟則知德車武車固異用矣漢鹵簿前
驅有鳳凰闟戟猶未施於五輅江左以來五輅乃加
棨戟於車之右韜以黼繡之衣後周司輅左建旗右
建闟戟闟戟方六尺而被之以黼皆戾於古請去五
輅闟戟以應道德之稱而建太常於車後之中央升
輅則由左又按周禮大馭掌馭玉輅以祀則祀乘玉
輅也齋僕掌馭金輅齋右充金輅之右則齋乘金輅
也齋祀之車異用而不相因國朝親祠太廟致齋文

德殿翌日即進玉輅非制請進金輅俟太廟祠畢翌
日御玉輅詣郊又周禮戎右職曰會同充革車儀禮
曰貳車畢乘禮記曰乘君之乘車不敢曠左左必式
蓋古者後車餘輅不敢曠空必使人乘之所以別曠
左之嫌也自秦兼九國車服西漢因之大駕屬車八
十一乘後漢志云尚書御史所載揚雄曰鴟夷國器
託於屬車則是漢之屬車非獨載人又以載物亦儀
禮所謂畢乘之義也國朝鹵簿車十二乘虛設於法
駕之後實近曠左之嫌請令尚書御史乘之或以載
乘輿服御又言法駕之行必有共輿者蓋以承清問

周官有太僕齋僕道僕所以御車至參乘則其禮盍
重故道德之車則有齋右道右武車則有戎右皆以
士大夫爲之國朝之制乘輿有太僕而無參乘請增
近臣一員立車右其後詔增製五輅及參乘玉輅建
太常金輅建大旂象輅建大赤革輅建大白木輅建
大麾諸輅之副各次正輅仍存闟戟焉時大駕鹵簿
仗下官一百四十六員執仗押引從軍員職掌諸軍
諸司二萬二千二百二十一人初玉輅自唐顯慶中
傳之號顯慶輅神宗更製新玉輅六年正月御大慶
殿受朝先夕陳諸庭夜半微篝屋壓焉自是竟乘舊

輅徽宗建中靖國元年太常寺狀具南郊儀仗人兵二萬一千五百七十五人政和四年禮制局言鹵簿六引儀仗信幡承以雙龍大角黑漆畫龍紫繡龍袋長鳴次鳴大小橫吹五色衣幡緋掌畫交龍按樂令三品以上緋掌畫蹲豹蓋唯乘輿器用並飾以龍今六引內係群臣鹵簿而旗物通畫交龍非便合釐正七年兵部尚書蔣猷請令有司取天聖鹵簿圖記更加考正可否而因革之詔如其請宣和元年蔡攸被旨改修凡人物器服盡從古制飾以冊朱三十有三卷

高宗初至南京孟太后以乘輿服御及御輦儀仗來進建炎初詔東京所屬起發祭器法服儀仗赴行在所十一月帝郊於揚州儀仗用一千三百五十五人倉卒渡江皆爲金兵所焚紹興十二年有司言天子起居當備法駕況太母回鑾將奉郊迎遂令工部尚書莫將等檢會本朝文德大慶殿舊儀下太常定用二千二百六十五人於是始備黃麾仗慶冊親饗皆用焉是年冬玉輅成明年郊準國初大駕之數一萬一千二百二十二人內舊用錦襖子者以纈繒代用銅革帶者以勒帛代而指揮使都頭仍舊用錦帽子錦臂袖者以方勝練鵲羅代用絁者以紬代禁衛班直服色用錦繡金銀真珠北珠者七百八十人以頭帽銀帶纈羅衫代旗物用繡者以錯采代東路院香鐙案衣褥睥睨御輦院華蓋曲蓋及仗內幢角等袋用繡者以生色代殿前司仗內金鎗銀鎗旗幹易以漆飾而拂翳坐褥以珠飾者去之帝曰事天貴質若惟事華麗非初意矣十月鹵簿器物及金象革木四輅大安輦皆成太常又奏前後六引鼓吹八百八十四人舊制騎今路狹擁遏欲止令步導從之十六年始增捧日奉宸隊合一萬五千五十人鹵簿之制

備矣三十一年九月行明堂禮儀物視郊祀省三之一用一萬一十五人孝宗隆興二年正月以鹵簿勞民乃令有司條具其可省者次年郊祀止用六千八百八十九人蓋減紹興二十八年人數之半也乾道六年之郊雖仍備五輅大安輦六象而人數則如舊焉自後終宋之世雖微有因革大抵皆如乾道六年之制若明堂則四輅大安輦皆省止用三千三百十九人故事祀前二日詣景靈宮皆備大駕儀仗乘輅中興後以行都與東都不同前二日止乘輦次日自太廟詣青城始登輅設鹵簿自紹興十三年始也車

駕遇雨玉輅施障從駕臣僚賜雨具中道遇晴則撤郊壇遇雨則就青城放御仗逍遥子還宮導駕官免步導

大駕鹵簿象六中道分左右次六引中道第一開封令第二開封牧駕從餘州縣由者所在刺史縣令導駕準此第三太常卿第四司徒第五御史大夫第六兵部尚書以上各用本品鹵簿次纛十二每纛一人持一人托四人擎騎二人押次檂稍騎八押衙四人騎引左右金吾上将軍四人将軍四人大将軍各一人折衝都尉一人大将軍都尉並夾以檂稍二每稍一人執二人夾纛稍皆中道次清游隊左右道白澤旗二一人執二人引二人夾左右金吾折衝都尉各一人領弩八弓箭三十二稍

四十次左右金吾十六騎左右道主帥各一人分領弩八弓箭十二稍十二次夾道佽飛騎左右金吾果毅都尉各二人分領虞候佽飛四十八人鐵甲佽飛二十四人次前隊殳仗左右道左右領軍衛将軍各一人檂稍四人主帥四人殳八十叉八十相間左右武衛屯衛主帥各四人殳叉各十人叉各五十人左右驍衛主帥四人殳四十叉四十次朱雀旗一中道一人持二人引二人夾弩四弓箭十六次龍旗十二中道並一人執二人引二人護後副竿二皆騎左右金吾果毅都尉各一人領風伯雨師旗各一雷公電母旗各一木火土金水星旗各一左右攝提旗各一北斗旗一次指南記里鼓白鷺鸞旗

崇德皮軒車左右金吾衛果毅都尉各一人來往檢校次引駕十二里中道並騎弩八弓箭八稍八次太常前部鼓吹令二人府史四人從掆鼓十二在左主帥四人騎領金鉦十二在右主帥四人騎領大鼓百二十主帥二十人騎領長鳴百二十主帥六人騎領鐃鼓十二主帥四人騎領歌二十四拱宸管二十四簫二十四笳二十四大横吹百二十主帥十人騎領節鼓二笛二十四簫二十四觱篥二十四笳二十四桃皮觱篥二十四掆鼓十二在左主帥二人騎領金鉦十二在右主帥二人騎領小鼓百二十主帥十人騎領中鳴百二十主帥六人騎領羽葆鼓十二主帥四人騎領歌二十四拱宸管二十四簫二十四笳二十四次司天

監一人騎引相風刻漏中道令史一人排列官二人騎從相風烏輿匠一人交龍鉦鼓各一司晨典事各一人騎從鐘樓鼓樓各一行漏輿一漏刻生四人從清道二人十二神輿一司天官一人押次持鈒前隊中道左右武衛果毅都尉各一人分領校尉二人絳引幡一金節十二罕一在左罼一在右朱雀幢一叉一青龍白虎幢各一分左右叉各一導蓋一叉一稱長一人鈒戟二百八十人分左右左右武衛将軍各一人校尉四人分左右次殿中侍御史二人黃麾一騎二夾次前部馬隊左右隊第一隊角宿亢宿斗宿牛宿旗各一執次同龍墀旗角亢在左斗牛在右餘隊同此左右金吾衛折衝

都尉各一人分領弩十弓箭二十矟四十並分左右餘隊皆同
第二隊氐宿房宿女宿虛宿旗各一左右領軍衛果
毅都尉各三人分領兼第三第四隊第三隊心宿危宿旗各
一第四隊尾宿室宿旗各一第五隊箕宿壁宿旗各
一左右領軍衛折衝都尉各一人分領第六隊奎宿
井宿旗各一左右屯衛折衝都尉各一人分領第七
隊婁宿鬼宿旗各一左右武衛果毅都尉各三人分
領兼第八第九隊第八隊胃宿柳宿旗各一第九隊昴宿星
宿旗各一第十隊畢宿張宿旗各一左右驍衛折衝
都尉各三人分領兼第十一第十二隊第十一隊觜宿翼宿旗

各一第十二隊參宿軫宿旗各一次步甲前隊左右道
犦矟四左右領軍衛將軍各一人檢校第一隊鵰鷄
旗二引執同馬隊左右領軍衛折衝都尉各一人分領赤
甃甲弓箭六十第二隊貔旗二左右領軍衛果毅都
尉各一人分領赤甃甲刀盾六十第三隊玉馬旗二
左右領軍衛折衝都尉各一人分領青甃甲弓箭六
十第四隊三角獸旗二左右領軍衛果毅都尉各一
人分領青甃甲刀盾六十第五隊黃鹿旗二左右屯
衛折衝都尉各一人分領黑甃甲弓箭六十第六隊
飛麟旗二左右屯衛果毅都尉各一人分領黑甃甲

刀盾六十第七隊駃騠旗二左右武衛折衝都尉各
一人分領白甃甲弓箭六十第八隊鸞旗二左右武
衛果毅都尉各一人分領白甃甲刀盾六十第九隊
麟旗二左右驍衛折衝都尉各一人分領黃甃甲弓箭
六十第十隊馴象旗二左右驍衛果毅都尉各一人
分領黃甃甲刀盾六十第十一隊玉兕旗二左右衛折
衝都尉各一人分領黃甃甲弓箭六十第十二隊辟
邪旗二左右衛果毅都尉各一人分領黃甃甲刀盾
六十次前部黃麾仗左右道絳引幡二十第一部左右
領軍衛大將軍各一人檢校兼檢校第二部折衝都尉各一

人分領主帥二人龍頭竿赤氅二十揭鼓二儀鍠五色幢
二十龍頭竿小孔雀氅二十小戟二十揭鼓二龍頭
竿五色鵝毛氅二十弓箭二十龍頭雞毛氅二十朱
縢盾二十龍頭竿繡氅二十弓箭二十矟二十揭鼓
二綠縢盾二十第二部左右領軍衛折衝都尉各一
人分領主帥及氅鍠等並同第一部餘準此第三部左右屯衛大將軍
各一人檢校果毅都尉各一人分領第四部左右武
衛大將軍各一人檢校折衝都尉各一人分領第五
部左右驍衛大將軍各一人檢校兼檢校第六部折衝都尉各一人分
領第六部左右衛果毅都尉各一人分領次六軍儀

仗（中道在殿中黄麾後）左右神武軍統軍各一人本軍旗二（一人
執一人引二人夾都頭各一人騎押）吏兵力士旗各五白幹槍五十柯
舒十鐙仗八（相間）排闌旗二十掩尾天馬旗二左右羽
林軍左右龍武軍並同神武軍（惟羽林用赤豹黄熊旗各五龍武用龍君
虎雲旗各五）次引駕旗十六（中道執人同六軍旗）十二辰旗各一天
王旗四（排仗通直官二人騎領）次龍墀旗十三（中道各一人執二人引二人夾）
（排仗將二人騎領）天下太平旗一青龍赤龍黄龍白龍黑龍
旗各一金鸞金鳳旗各一獅子旗二日旗月旗各一
君王萬歲旗一次御馬二十四匹（中道並以天武官二人執轡）尚
乘奉御二人從次日月合璧旗一次苣文旗二次五

星連珠旗一次祥雲旗二（以上並一人執二人引二人夾佩横刀執弓箭）次
長壽幢一次青龍白虎旗各一（左右道）左右衛果毅都
尉各一人分領七十騎弩八弓箭二十二矟四十次
班劍儀刀隊（左右道）左右衛将軍各一人親衛郎将各
二人班劍二百二十爲第一第二行勳衛郎将各二
人班劍二百二十爲第三第四行翊衛郎将各三人
儀刀三百七十八爲第五第六第七行左右驍衛翊
衛郎将各一人儀刀一百三十四爲第八行左右武
衛翊衛郎将各一人儀刀一百三十八爲第九行左
右屯衛翊衛郎将各一人儀刀一百四十二爲第十

行左右領軍衛翊衛郎将各一人儀刀一百四十六
爲第十一行左右金吾衛翊衛郎将各一人儀刀一
百五十爲第十二行次五仗（左右道）左右衛供奉中郎
将各二人親勳翊衛各二十四人左右衛郎将各一
人散手翊衛各三十人左右驍衛郎将各一人翊衛
各二十八人次左右驍衛翊衛三隊第一隊花鳳旗
二大将軍各一人弩十弓箭二十矟四十第二隊飛
黄旗二将軍各一人（弩弓箭矟同第一隊下倣此）第三隊吉利旗
二郎将各一人次金吾細仗殿中繖扇千牛（中道）青龍
白虎旗各一（一人執三人引騎二人押當）五嶽神旗各一五方神

旗各一五方龍旗二十五五方鳳旗二十五四瀆神
旗各一（各一人執二人引二人夾四旗屬兵部每行次五方鳳旗）援寶三十二人
香案一符寶郎一人寶案一寶輿一（輿士十二人）碧襴二
十四人騎（内十四人執儀刀）方繖二雉扇四四色官六人押
仗二人金甲天武官二人進馬四人千牛将軍一人
千牛八人中郎将二人長史二人引駕官四人天武
官三百人次毬仗供奉官一百人次左右衛夾轂隊
（左右道）第一第四隊朱鍪甲刀盾各六十折衝都尉各
一人檢校第二第五隊白鍪甲刀盾各六十果毅都
尉各一人檢校第三第六隊黑鍪甲刀盾各六十果

毅都尉各一人檢校次捧日奉宸隊左右道捧日三十五隊隊四十人騎奉宸二十五隊隊四十人並五重相間次導駕官中道通事舍人八人分左右侍御史二人分左右御史中丞二人分左右正言二人分左右司諫二人分左右起居郎二人在左起居舍人二人在右諫議大夫四人分左右給事中四人在左中書舍人六人在右散騎四人分左右門下侍郎二人在左中書侍郎二人在右侍中二人在左中書令二人在右次鳴鞭二中道次宮苑馬二中道次殿中省仗大繖二方雉尾扇四腰輿一排列官一人騎領小雉尾扇四方雉尾扇十

二華蓋二香鐙一次誕馬二玉輅皇帝升輅則太僕卿御千牛大將軍二人夾輅將軍二人陪乘前有誕馬二教馬官二人次諸司隨駕供奉次大輦掌輦四人導尚輦奉御二人騎從殿中少監二人騎本省供奉二人騎從次御馬二十四並以天武官二人執轡尚輦直長二人騎從次持鈒後隊中道左右武衛族帥各一人大繖二大雉尾扇二夾大雉尾扇四小雉尾扇十二朱團扇十二華蓋二叉二睥睨十二御刀大玄武幢一叉一絳麾二細矟十二次大角百二十左右金吾果毅都尉各一人騎從次後部鼓吹中道鼓吹丞二人騎典事四人騎從羽葆鼓十二主帥四人騎從歌二十四拱宸管二十四簫二十四笳二十四主帥二人騎領鐃鼓十二主帥四人騎領歌二十

四簫二十四笳二十四小橫吹百二十主帥八人騎領笛二十四簫二十四觱篥二十四笳二十四桃皮觱篥二十四次黃麾幡二騎二夾殿中侍御史二人騎令史四人騎從次芳亭輦一鳳輦一小輿一尚輦直長二人騎檢校書令史四人騎從次五牛旗輿各一左右屯衛隊正各一人騎檢校並執銀裝長刀次乘黃令丞二人府史四人騎從次金象革木輅次五副輅次耕根車次進賢明遠羊車次屬車十二次中書門下祕書殿中省局官各一騎次黃鉞豹尾車次後部黃麾仗左右道與殿中黃麾相並第一部左右驍衛將軍各一人檢校折衝都尉各一人分領主帥鑾鈴等並

同前部下皆準此第二部左右武衛將軍各一人檢校折衝都尉各一人分領第三部左右屯衛將軍各一人檢校折衝都尉各一人分領第四部左右領軍衛折衝都尉各一人分領第五部左右驍衛折衝都尉各一人分領第六部左右驍衛折衝都尉各一人分領絳引幡二十護後主帥二十人次步甲後隊左右道第一隊貔旗二執引並同前左右衛果毅都尉各一人分領鍪甲弓盾同前隊第十二第二隊鶡雞旗二左右衛折衝都尉各一人分領鍪甲弓箭同前隊第十一第三隊仙鹿旗二左右驍衛果毅都尉各一人分領鍪甲刀盾同前隊第十第四隊金鸚鵡旗

二左右驍衛折衝都尉各一人分領（鍪甲弓箭同前隊第九）第五隊瑞麥旗二左右武衛果毅都尉各一人分領（鍪甲刀盾同前隊第八）第六隊孔雀旗二左右武衛折衝都尉各一人分領（鍪甲弓箭同前隊第七）第七隊野馬旗二左右屯衛果毅都尉各一人分領（鍪甲刀盾同前隊第六）第八隊犛牛旗二左右屯衛折衝都尉各一人分領（鍪甲弓箭同前隊第五）第九隊甘露旗二左右領軍衛果毅都尉各一人分領（鍪甲刀盾同前隊第四）第十隊網子旗二左右領軍衛折衝都尉各一人分領（鍪甲弓箭同前隊第三）第十一隊鶡雞旗二左右領軍衛果毅都尉各一人分領（鍪甲刀盾同前隊第二）第十二隊貔旗二左右領軍衛折衝都尉各一人分領（鍪甲弓箭同前隊第一）次後部馬隊（左右道）第一隊角端旗二左右衛折衝都尉各三人分領（兼第二第三隊每隊弩子箭矟並同前隊）第二隊赤熊旗二第三隊兕旗二左右驍衛果毅都尉各三人分領（兼第四隊）第四隊太常旗二第五隊馴象旗二左右武衛折衝都尉各三人分領（兼第六第七隊）第六隊鵕鸃旗二第七隊騼騳旗二第八隊騶牙旗二左右屯衛果毅都尉各二人分領第九隊蒼烏旗二第十隊白狼旗二第十一隊龍馬旗二左右領軍折衝都尉各二人分領第十二隊金牛旗二次後隊殳仗（左右道）

左右領軍衛主帥四人殳八十叉八十左右武衛主帥四人殳五十叉五十左右屯衛驍衛主帥各四人殳四十叉四十次掩後隊（中道）左右屯衛折衝都尉各一人大戟五十刀盾五十弓箭五十矟五十次真武隊（中道）金吾折衝都尉一人仙童騰蛇真武神龜旗各一（十人執二人引二人夾）矟二十五弓箭二十弩五

車駕至青城則周衛行宮及壝內外其青城坐甲布列三百三十六鋪殿前指揮使二十四鋪四百七十七人內殿直一十鋪一百四十一人散員一十鋪一百四十二人散指揮一十鋪一百四十一人散都頭一十鋪一百四十三人散祗候一十鋪一百四十人金槍一十鋪一百五十人銀槍一十鋪一百五十人東第一班三鋪五十二人東第二班三鋪五十三人東第三班六鋪九十一人東第四班五鋪八十四人東第五班二鋪二十二人下茶酒班一鋪三十一人散直一十鋪一百四十九人鈞容直一十鋪二百人御龍直二十二鋪三百八十五人御龍骨朶子直一十二鋪二百一十二人御龍弓箭直一十八鋪二百九十六人御龍弩直二十二鋪三百五十六人把天門天武一鋪八人駕頭扇筤天武一鋪三十二人禁

衛天武六鋪三百一十人約攔天武三十鋪三百一十人方圍子親從三十四鋪三百六十人禁衛崇政殿親從四十鋪幷提舉人員共四百六十三人行宮司親從一十二鋪一百八十人快行親從四鋪八十六人行宮殿門崇政殿親從四十六人行宮殿門親從幷提舉人員二百四十人把街約攔親事官貼諸處韱門一十隊及提舉人員一百三人殿前指揮使巳下看守馬火甲隊一千一百七十一人右禁衛諸班共六千七百二十有四人圍壝東門外中道夾立諸班直主首引駕人員九人御龍四直門旗六十人

御龍伏劒六人天武把門長行八人大次前外圍親從四隊三十八人執燭親從八十六人行宮殿門一十二人御龍直四十人大次後把街約攔執事官五十一人大次兩壁快行六十九人於禁衛外排立壝周圍守踏道裏圍親從十將節級二十二人壝從裏第二重方圍親從三百二十四人大次及外壝外諸門行宮司共一百六十人宮架及壝東幄幕宰臣百官幕次共六十人右自大次前外圍至百官幕次共八百六十二人凡詣小次行禮不須隨從大次前裏圍幷攔前一百七十一人執燭一百二十九人外圍

一百八十人行宮門及快行二十四人（右自裏圍至行宮快行共五百四人）凡詣小次行禮隨從祗應圓壝從外壝下分作九重從中第一重殿前指揮使等七百四十四人第二重御龍直等六百九十五人第三重散員等六百四十二人第四重散都頭等七百一十人第五重天武骨朶大劒約攔五百八十一人第六重御營四面巡檢下步軍八百六十七人第七重御營四面幷青城圓壝巡檢下步軍八百六十七人第八重御營四面巡檢下馬軍四百三十三人第九重御營四面巡檢及青城圓壝巡檢下馬軍四百三十四人壝四門

殿前指揮使行門三十五人內人員一十五人壝東門夾立簭鞭長行一十人（右自青城赴壇諸班親從文武及御營圍壝巡檢下總七千四百六十七人）駕至太廟環衛如郊壇坐甲布列二百六十三鋪殿前指揮使二十四鋪四百七十七人內殿直散員散指揮散都頭散祗候散直各一十鋪一百二十人共六十鋪七百二十人金槍一十鋪一百五十人銀槍一十鋪一百五十人東第一第二班各二鋪三十人共四鋪六十人東第三第四班各四鋪六十人共八鋪一百二十人東第五班二鋪二十二人下茶酒班一鋪三十一人御龍直八鋪三百八十

五人御龍骨朶子直四鋪二百一十二人御龍弓箭直六鋪二百九十六人御龍弩直八鋪三百五十六人把行門天武一鋪八人駕頭扇筤天武一鋪三十二人禁衛天武六鋪三百一十人禁衛崇政殿親從四十鋪并提舉人員共四百六十三人行宮司親從一十二鋪一百八十人快行親從四鋪八十六人方圍親從二十四鋪三百六十人約攔天武三十鋪三百一十人行宮殿門崇政殿親從及提舉人員二百八十六人把街約攔親事官貼諸處觑門一十二隊并提舉人員一百三人御營四面巡檢六員下步軍九

百一十八人親從四十八人青城內至圜壇巡檢下親從四十人右禁衛諸班直等御營四面巡檢軍兵及青城至圜壇巡檢下親從總六千一百四十五人山左商氏家藏宋人青城圜壇太廟三圖其布置行列極為詳備因附鹵簿之後庶覽之者可以考一代之制云

凡鹵簿內牙門旗中道四分二門左右道各十分五門中道一門在金吾細仗前一門在掩後隊後左右廂第一門在步甲前隊第六後第二門在前部黃麾仗前第三門在後部黃麾仗前第四門在黃麾仗後第五門在步甲後隊第六後每旗二人執四人夾並騎分左右每門監門校尉六人領又大駕郊祀籍田薦獻玉清昭應景靈宮用之迎奉聖像亦用大駕惟不設象及六引導駕官法駕減太常卿司徒兵部尚書白鷺崇德車大輦五副輅進賢明遠車又减屬車四餘並三分减一泰山下汾陰行禮明堂大慶殿恭謝用之凡一萬一千八十八人鑾駕又减縣令州牧御史大夫指南記里鸞旗皮軒車象輅革輅木輅耕根車羊車黃鉞車豹尾車屬車小輦小輿餘並减半朝陵迎泰山天書東封西祀朝謁太清宮奏告玉清昭靈宮奉迎刻玉天書躬謝太廟皆用之鑾駕舊用

二千人大中祥符五年真宗告太廟增至七千人兵部黃麾仗用太常鼓吹太僕寺金玉輅殿中省大輦其制無定然皆减於小駕御樓車駕親征或省方還京迎禁中天書五嶽上冊建安軍迎奉聖像太廟上冊皆用之

志卷第九十八

志卷第九十九　　宋史一百四十六

開府儀同三司上柱國錄軍國重事前中書右丞相監修國史領經筵事都總裁脫脫等奉

勑修

儀衛四（政和大駕鹵簿并宣和增減小駕附）

政和大駕鹵簿，象六分左右，次六引：開封令、開封牧、大司樂、少傅、御史大夫、兵部尚書（各用本部鹵簿）。次金吾纛矟左右皁纛各六（執扎各一人護四人），押衙四人（並騎），㩧矟八（執各一人），本衛上將軍、將軍各四人，本衛大將軍二人（並騎），㩧矟四，夾大將軍（執各一人夾二人並騎）。法駕㩧矟減二，本衛上將軍、將軍各減二人。次朱雀旗隊（並騎），金吾衛折衝都

尉一人引隊，㩧矟二，夾都尉（執旗一人引夾各二人凡仗內引夾執人數準此），弩四，弓矢十六，矟二十，左右金吾衛果毅都尉二人押隊。法駕弩減二，弓矢減六，矟減八。宣和引隊改天武都指揮使，押隊改天武指揮使。次龍旗隊，大將軍一員，檢校騎，引旗十二人（並騎），風伯、雨師、雷公、電母旗各一，五星旗五，左右攝提旗二，北斗旗一，護旗十二人，副竿二（執人並騎）。法駕引旗、護旗人各減四。宣和檢校改左右衛大將軍，雷公電母旗去公母二字。次指南、記里鼓車各一，駕馬各四，駕士各三十人；白鷺、鸞旗、崇德皮軒車各一，駕士各十八人。法駕無白鷺、崇德

車。宣和有青旌、青雀、鳴鳶、飛鴻、虎皮、貔貅六車，在記里鼓之下，崇德之前。減白鷺、鸞旗、皮軒三車駕士之數，如前。次金吾引駕騎，本衛果毅都尉二人，儀刀、弩、弓矢、矟各減二。宣和改都尉爲神勇都指揮使。次大晟府前部鼓吹，令二人，府史四人，管押指揮使一人，㧊鼓、金鉦各十二（帥兵官八人領），大鼓一百二十（帥兵官二十人領），長鳴一百二十（帥兵官六人領），鐃鼓十二（帥兵官四人領），歌、工、拱宸管、簫、笳各二十四，大橫吹一百二十（帥兵官十人領），節鼓二，笛、簫、觱篥、笳、桃皮觱篥各二十四，㧊鼓、金鉦各十二（帥兵官四人領），小鼓、中鳴各一百二十（帥兵官八人領），羽葆鼓十二（帥兵

官四人領），歌、工、拱宸管、簫、笳各二十四。法駕前後㧊鼓、金鉦各減四，大鼓減四十，長鳴減四十，鐃鼓減四，拱宸管、後簫、笳各減八，大橫吹減四十，節鼓、後笛、簫、觱篥、笳、桃皮觱篥各減八，小鼓、中鳴各減四十，羽葆鼓減四，最後簫、笳各減八，帥兵共減十八人。次太史相風、行漏等輿，太史令及令史各一人（並騎），相風烏輿一（輿士四人），交龍鉦鼓各一（輿士各六人），司辰、典事各一人（並騎），漏刻生四人，鼓樓、鐘樓、行漏輿各一（輿士各一百人），太史正一人，清道二人，十二神輿一（輿士十四人）。法駕行漏輿一（輿士各四十人），神輿一（輿士多大駕二人）。宣和鼓鐘樓並改爲輿，太史正

前有棒日副指揮使二人棒日節級十人神輿輿士
增十次持鈒前隊左右武衛果毅都尉二人引隊左
右武衛校尉二人絳引幡一（人紼二）左右有金節十二
（執人並騎）罕畢各一朱雀幢义導蓋青龍白虎幢各一义
三（執人並騎）稱長一人鈒戟二百八十八左右武衛將軍
二人檢校左右武衛校尉四人押隊法駕金節減四
鈒戟減七十二宣和引隊改驍騎都指揮使武衛校
尉改驍騎軍使增朱雀旗後之义一去龍虎旗後之
义三檢校改用左右驍騎將軍次黃麾幡一（執一人騎紼二）
人法駕前有殿中侍御史二員次六軍儀仗左右神

武軍左右羽林軍左右龍武軍各有統軍二員都頭
二人（羽林又有節級二人）押仗本軍旗各一排闌旗各二十合
有吏兵力士旗各五掩尾天馬旗二（羽林有赤豹黃熊旗龍武有龍）
（君虎君旗各一）白柯槍五十哥舒棒十鐙仗八法駕神武軍
減排闌旗十羽林龍武軍各減四吏兵力士旗減一
宣和統軍改軍將神武軍旗改熊虎排闌旗改平列
哥舒棒改戈戟鐙杖改矛戟羽林隊無節鈒黃熊旗
改黃羆龍武旗改熊虎次引駕旗天王旗二排仗通
直官二人押旗十二辰旗各一法駕同次龍墀旗天
下太平旗一排仗大將二人夾旗五方龍旗各一金

鸞金鳳旗各一師子旗二君皇萬歲旗二日月旗各一法
駕減鸞鳳師子旗次御馬二十四控馬每匹天武二人
御馬直二人為十二重法駕減八為八重宣和御馬直改
為習馭次中道隊大將軍一員檢校法駕同宣和大
將軍改為左右驍衛大將軍次日月合璧旗一苣文
旗二五星連珠旗一祥雲旗二長壽旗二宣和苣文
改慶雲祥雲改祥光次金吾細仗青龍白虎旗各一
五嶽神旗五方神旗五方龍旗五方鳳旗各五（已上執各）
（一人紼各三人）法駕五方龍鳳旗各減二宣和改校尉為使
臣五嶽神旗去神字次八寶鎮國神寶皇帝之寶皇

帝行寶皇帝信寶在左受命寶天子之寶天子行寶
天子信寶在右為四重香案八各以二列於寶輿之
前碧襴二十四人符寶郎行於碧襴之間法駕減碧
襴八人宣和增引職掌二人香案職掌六人援衛傳
喝親從一百人奉寶輦官每寶二十八人節級一人
奉寶一十二人舁香案行馬執燭籠各四人持席褥
油衣共三人香案寶輿各九燭籠二十六碧襴之數
同前次方繖二大雉尾扇四夾（執繖扇各一人以下準此）法駕同
次金吾四色官六人押仗二人法駕減押仗次金甲
二人宣和改為銅甲次太僕寺進馬四人（並騎）次引駕

千牛衛上將軍一員千牛八人中郎將二人並乘珂馬千牛二人並騎宣和引駕改爲千牛衛大將軍中郎將改爲捧日都虞候次長史二人並騎宣和無次金吾引駕官四人並騎次導駕官執政以上人從六人侍制諫議防禦使以上五人監察御史刺史諸衛將軍以上四人次繖扇輿輦大繖二中雉尾扇四夾腰輿一小雉尾扇四夾應奉人員一人十將將虞候節級二人長行十六人排列官二人中雉尾扇十二華蓋二執各二人香蹬一執擎八人小輿一應奉人逍遙平輦下人長行二十四人逍遙子一應奉人十將虞候節級共九人長行二十六人平輦一應奉人員七人餘同上法駕排列官後中雉尾扇減四宣和去小雉尾扇四腰輿一綠管押人員二人御將四人無押小

輿排列官二人小輿一奉輿二十四人御將九人逍遙子改爲逍遙輦奉輦一十六人平輦一奉輦人同上後有上輦奉御二人騎小輿前又有大輅一駕馬大太僕卿御駕士一百二十人次駕前東第五班開道旗一皁纛旗十二引駕六十二人鈞容直三百人引駕回作樂五方色龍旗五門旗四十御龍四直步執門旗六十天武駕頭下一十二人茶酒班執從物一十一人御龍直仗劍六人天武把行門八人纛旗一殿前班擊鞭一十人簇輦龍旗八日月麟鳳旗四青白赤黑龍旗各一御龍直四十人踏路馬二夾輅大將軍二員進輅職掌二員部押二人教馬官二員法駕同宣和無鈞

容直開道旗內增押班一人殿侍二人皁纛旗十二殿侍十二人執引駕人員二人長行六十人五方色言字旗殿侍三人管押十人門旗殿侍二人管押四十人又八門旗六十御龍直一十二人骨朵直十二人御龍弓箭直弩直各十八人御龍直仗劍六人執纛旗殿侍二人管押龍旗人員二人都知副都知各一人執骨朵殿侍十六人內大將軍改爲千牛衛大將軍朝服步從將軍二人朝服陪乘掌輦四人皇帝乘玉輅駕青馬六駕士一百二十八人扶駕八人骨朵直一百三十四人行門三十五人分左右陪乘將軍二員法駕同宣

和駕士增爲二百三十四人次奉宸隊御龍直左廂骨朵子直右廂弓箭直弩直御龍四直並以逐班直所管人數列爲五重天武骨朵大劍三百一十人次駕後東第五班大黃龍旗一鈞容直三十一人扇筤下天武二十人茶酒班簇輦三十一人招箭班三十三人法駕同宣和止用黃龍旗餘並無次副玉輅一駕青馬六駕士四十人法駕無宣和駕士一百人內人員二人次大輦一掌輦四人應奉人員十二人十將將虞候節級共十人長行三百五十五人尚輦奉御二人殿中少監供奉職官三員令史四人書令史四人法駕同

宣和增奉輦為九十人次太僕御馬二十四為十二重法駕減八為八重宣和無太僕次持鈒後隊左右武衛旅帥二人法駕同宣和改為神勇都指揮使次重輪旗二大繖二大雉尾扇四小雉尾扇朱團扇各十二華蓋二叉二睥睨十二御刀六真武幢一絳麾二叉一細矟十二法駕小雉尾扇朱團扇睥睨矟各減四華蓋減一御刀減二宣和真武幢改為玄武次左右金吾衛果毅都尉二人（並騎）總領大角一百二十法駕減四十宣和改都尉為驍騎都指揮使次大晟府後部鼓吹丞二人典事四人管轄指揮使一人羽

葆鼓十二（帥兵官四人領）歌工拱宸簫管笳各二十四（帥兵官二人領）鐃鼓十二（帥兵官四人領）歌工簫笳各二十四小橫吹一百二十（帥兵官八人領）笛簫觱篥笳桃皮觱篥各二十四法駕羽葆鼓減四簫笳笛觱篥桃皮觱篥各減八鐃鼓減四小橫吹減四十（帥兵官減二人）並宣和帥兵官改為天武神勇宣武虎翼四都頭次黃麾一（執綽人數同前部法駕亦同）有（殿中侍御史二員在黃麾前）芳亭輦一（奉輦六十人）鳳輦一（奉輦五十人）法駕去鳳輦宣和芳亭奉輦六十二人次金象革木四輅並有副輅金輅踏路赤馬二正副各駕赤馬六駕士六十人餘輅正副駕馬數同而色異象輅以赭白

華輅以騮木輅以黑駕士各四十人法駕前副輅宣和駕馬之色又異金以騮象以赤革以赭白木以烏駕士正百五十人副一百人管押人員各二人畊根車一駕青馬六駕士四十人法駕同宣和無進賢車一駕士二十四人明遠車一駕士四人法駕無宣和各增駕馬四次屬車十二乘每乘駕牛三駕士十人法駕減四乘宣和增衙官二人管押節級一人次門下中書秘書殿中四省局官各二員法駕同次黃鉞車豹尾車各一各駕赤馬二駕士十五人法駕除進賢明遠車外並同宣和有黃鉞天武副都頭及神勇

副都頭各一次掩後隊左右威衛折衝都尉二人領隊大戟刀盾弓矢矟各五十法駕各減十六宣和押隊改用宣武都指揮使二人次真武隊金吾衛折衝都尉一人犦矟二儛童旗一真武旗一螣蛇神龜旗各一矟二十五弓矢二十弩五法駕矟減六弓矢減五弩減一宣和改為玄武隊改真武為玄武又去儛童龜蛇旗改都尉為虎翼都指揮使政和大駕外仗清游隊次第六引外仗白澤旗二左右金吾衛折衝都尉二人弩八弓矢三十二矟四十法駕次第三引外弩減二弓矢減八矟減十宣和改都尉為捧日都

指揮使左右金吾各十六騎帥兵官二人弩八弓矢
矟各十二法駕金吾騎及弓矢矟各減四宣和改金
吾為天武都頭次佽飛隊左右金吾衛果毅都尉二
人分領並騎虞候佽飛四十八人並騎鐵甲佽飛二十四
人並甲騎法駕前減十八人後減八人宣和改金吾衛
為拱聖都指揮使改都尉為都指揮使次前隊殳仗
左右領軍衛將軍二人檢校並騎㯹矟四殳义分五隊
第一一百六十人第二八十人第三一百人第四第
五各八十人逐隊有帥兵官左右領軍衛左右威衛
左右武衛左右驍衛左右衛各四人法駕殳义第一

隊減六十第二第三各減三十第四第五各減二十
宣和改檢校為左右衛將軍領軍衛為天武都頭威
衛為神勇都頭武衛為宣武都頭驍衛為虎翼都頭
殳义第一隊減六十增第二隊至第五隊為一百次
後隊殳仗殳义分五隊第一第二八十人第三一百
人第四八十人第五一百六十人帥兵官左右衛左
右驍衛左右武衛左右威衛左右領軍衛凡前後隊
殳仗前接中道北斗旗後盡鹵簿後隊法駕殳义第
一第二隊各減二十四第三第四各減三十第五減
六十宣和殳义各一百天武神勇宣武虎翼廣勇都

頭次前部馬隊凡二十皆以都尉二人分領第一前
左右金吾衛折衝領角亢斗牛宿旗四弩十弓矢二
十矟四十第二氐房女虛宿旗四第三心危宿旗第
四尾室宿旗各二以上四隊各以左右領軍衛果毅
領第五箕壁宿旗第六奎井宿旗各二各以左右威
衛折衝領第七婁鬼宿旗第八胃柳宿旗第九昴星
宿旗各二各以左右武衛果毅領第十畢張宿旗第
十一觜翼宿旗第十二參軫宿旗各二各以左右驍
衛折衝領弩弓矢矟人數同第一隊法駕分二十八
宿旗為十隊逐隊弩減四弓矢減六矟減二十宣和

棒日拱聖神勇驍衛宣武四都指揮使分領上十隊
以虎翼廣勇都指揮使分領下二隊次步甲前隊凡
十二左右領軍衛將軍二人檢校並騎㯹矟四逐隊皆
有都尉二人分領第一第三各以左右領軍衛第五
以左右威衛第七以左右武衛第九以左右驍衛第
十一以左右衛並折衝第二第四各以左右領軍衛
第六以左右威衛第八以左右武衛第十以左右驍
衛第十二以左右衛並果毅內有鶡雞玉馬三角獸
黃鹿飛麟駃騠鸞麟馴象玉兎辟邪等旗各二以序
居都尉之後逐隊有弓矢刀盾相間各六十人居旗

之後法駕止十隊每隊弓矢各減二十宣和檢校改用左右衛將軍又去㩧矟分領並改為都指揮使第一第二並捧日第三第四並天武第五第六並拱聖第七第八並神勇第九驍騎第十宣武第十一虎翼第十二廣勇次前部黃麾仗絳引幡二十下分六部第一左右威衛第二左右領軍衛第三左右威衛第四左右武衛第五左右驍衛第六左右衛諸部各有殿中侍御史兩員本衛大將軍二人檢校本衛折衝都尉二人分領又各有帥兵官二十人龍頭竿六重重各二十揭鼓三重重各二儀鍠五色幡小戟矟各

一重重各二十弓矢二重重各二十朱綠縢絡盾并刀二重重各二十法駕止五部絳引幡帥兵官龍頭竿幡戟弓矢盾刀矟並減六宣和六部驍衛武衛屯衛領軍衛監門衛千牛衛皆左右上將軍天武神勇宣武虎翼廣勇皆都指揮都頭逐部上將軍都頭各一人次青龍白虎旗各一左右衛果毅都尉二人分押旗及領後七十騎弩八弓矢二十二矟四十法駕減後騎三十弩減二弓矢減八矟減二十宣和改都尉為虎翼都指揮使次班劍儀刀隊並騎左右衛將軍二人分領郎將二十四人左右親衛勳衛各四人

每衛班劍二百二十人諸翊衛左右衛六人領儀刀四百八人左右驍衛二人領儀刀一百三十六人左右武衛左右威衛左右領軍衛左右金吾衛各二人法駕親勳衛班劍減八十四人翊衛儀刀減一百三十二人增左右驍衛四人班劍儀刀九十二人宣和分領改左右武衛將軍及捧日天武指揮四人拱聖六人神勇驍騎驍勝宣武虎翼指揮使各二人次親勳散手驍衛翊衛隊騎並左右衛供奉中郎將四人分領親勳翊衛四十八人左右衛郎將二人分領散手翊衛六十人左右驍衛郎將二人分領驍衛翊衛五

十六人法駕親勳減十六人散手驍衛各減二十人宣和改為中衛翊衛親衛隊中衛郎四人分領衛兵四十八人翊衛郎二人分領衛兵六十人親衛郎二人分領衛兵五十六人次左右驍衛翊衛三隊騎並各有二人分領第一本衛大將軍第二本衛將軍第三本衛郎將花鳳飛黃吉利旗各二分爲三隊逐隊弩十弓矢二十矟四十法駕弩減四弓矢矟各減半宣和分領第一第二隊左右驍衛大將軍將軍第三廣勇指揮使改花鳳旗為雙蓮旗次夾轂隊凡六逐隊都尉二人檢校第一第四左右折衝第二第三第五

第六並左右衛果毅逐隊刀盾各六十人內第一第四有寶符旗二法駕各減刀盾二十宣和檢校改為捧日天武拱聖三指揮使次捧日隊逐隊引一人押二人長行殿侍二十八人旗頭三人槍手五人弓箭手二十人左右廂天武約攔各一百五十五人法駕同次後部黃麾仗分六部左右衛左右驍衛左右武衛左右威衛左右領軍衛左右武衛部內殿中侍御史大將軍都尉帥兵官絳引幡龍頭竿等並同前部法駕減第六部絳引幡減六宣和六部第一改為左右驍衛大將軍自二至六改為天武神勇宣武虎翼廣勇五指揮次步甲後隊凡十二皆有都尉二人分領第一以左右衛第三以左右驍衛第五以左右武衛第七以左右威衛第九第十一各以左右領軍衛以上並果毅第二以左右衛第四以左右驍衛第六以左右武衛第八以左右威衛第十第十二各以左右領軍衛以上並折衝內有貔鶡鷄僊鹿金鸚鵡瑞麥孔雀野馬犛牛甘露網子祥光翔鶴等旗各二以序居都尉之後逐隊有弓矢刀盾相間各六十人居旗之後法駕止十隊宣和自第七隊以下分領改用都指揮使七八並神勇九驍騎十宣武十一虎翼十

二廣勇旗亦改其半七天正堯瑞八日有戴承十翔鶴十一紅光十二文石次後部馬隊凡十二皆以都尉二人分領第一第二各以左右衛第五第六第七各以左右武衛第十至十一十二各以左右領軍衛並折衝第三第四各以左右驍衛第八第九各以左右威衛並果毅內有角觿赤熊兕天下太平馴犀鵕鸃騼䮷騶牙蒼烏白狼龍虎金牛等旗各二以序居都尉之後每隊弩十弓矢二十䂍四十法駕止十隊弩減四弓矢減六䂍減十二宣和改都尉為指揮使一二並以捧日三四並以天武五六並以拱聖七八並以神勇九以驍騎十以宣武十一以虎翼十二以廣勇內六有芝禾並秀旗七有萬年連理木旗以上鹵簿凡門有六中道之門二第一門居日月合璧等旗之後法駕居龍墀旗之後第二門居掩後隊之後法駕同各有金吾衛門旗四監門校尉六人左右道之門四第一居步甲前隊第六隊之後第二居第十二隊之後第三居夾轂隊之後第四居步甲後隊第六隊之後法駕同各有監門校尉四人宣和改校尉為使臣

政和小駕減大駕六引及象木革輅五副輅小輿小

輦又减指南記里白鷺鸞旗崇德皮軒畊根進賢明
遠黄鉞豹尾屬車等十一餘並减大駕之半

志卷第九十九

宋史一百四十七

志第一百

儀同三司上柱國錄軍國重事中書右丞相監修國史領經筵事都總裁臣脫脫等奉敕修

儀衛五（紹興鹵簿 皇太后皇后鹵簿 皇太子鹵簿 妃附 王公以下鹵簿）

紹興鹵簿宋初大駕用一萬一千二百二十二人宣和增用二萬六十一人建炎初裁定一千三百三十五人紹興初用宋初之數十六年以後遂用一萬五千五十人明堂三分省一用一萬一十五人孝宗用六千八百八十九人明堂用三千三百十九人以後並用孝宗之數紹興用象六副象一（乾道用象一淳熙用象六而不設副紹熙如乾道慶元後不設）　六引第一引清道二人（孝宗省之）幰弩一人騎方繖一雜花扇二曲蓋一外仗青衣二人車輻棒二告止傳教信幡各二戟十第二引清道二人（孝宗省之）幰弩一人騎鼓一鉦一大鼓十節一矟二皆騎方繖一雜花扇四（孝宗省為二）曲蓋一幢一麾一皆騎大角四鐃一簫二笳二横吹二笛一簫一觱栗一笳一外仗青衣四人（孝宗省為二）車輻棒四（孝宗省為二）告止傳教信幡各二儀刀十戟二十弓矢二十（孝宗皆省為十六）刀盾二十矟二十（孝宗並省）第三第四第五第六引並同第二引内花扇大角各二青衣二人（孝宗朝第三第四第五第六引内大角省為二餘並同第二引已省之數）　金吾纛

稍隊纛十二孝宗省為六押纛二人孝宗省為一押衙四人孝宗省為二上將軍四人將軍四人孝宗省之大將軍二人孝宗省為一爆稍十二並騎孝宗省為八 朱雀隊朱雀旗一爆稍二弩四隊前後引押各天武都指揮使一人騎 龍旗隊引旗一風師兩師雷旗電旗各一五星旗五攝提旗二北斗旗一護旗一左右衛大將軍一人 金吾引駕騎神勇都指揮使次弩弓矢稍各四並騎 太常前部鼓吹鼓吹令二府史四人管轄指揮使一人帥兵官三十六人孝宗省作十四人㭎鼓十二金鉦十二孝宗鼓鉦並省為十大鼓六十孝宗省作二十四小鼓六十孝宗省作三十節鼓一鐃鼓六羽葆鼓六歌工二十四拱宸管二十四孝宗歌工管並省為十八簫笳各三十六孝宗朝簫十八笳二十四長鳴六十中鳴六十孝宗朝並省為十八大橫吹六十孝宗省為二十四笛十二孝宗增為十八觱栗十二桃皮觱栗十二 持鈒前隊驍騎都指揮使一人將軍二人軍使四人並騎稱長一人靈芝旗二瑞瓜旗二雙蓮花旗二太平瑞木旗二朱雀旗一甘露旗二嘉禾旗二芝草旗二絳引幡一孝宗省之黃麾幡一青龍白虎幢各一金節十二罕畢各一叉一鈒戟五十孝宗省為四十八 六軍儀仗第一隊軍將二卒長二騎熊虎旗二赤豹旗二吏兵旗力士旗二戈六矛四戟四鉞四白柯槍五十平列旗二十在仗外分夾旗槍第二隊軍將二卒長二騎龍君旗虎君旗

各三黃熊旗四赤豹旗二吏兵旗力士旗各一戈六矛四戟四鉞四白柯槍四十平列旗二十分仗外第三隊軍將二卒長二騎道眞官二吏兵旗力士旗各一熊虎旗二龍君旗虎君旗各一天王旗四十二辰旗各一戈六矛戟鉞各四白柯槍三十平列旗二十分夾仗外孝宗朝第一隊軍將卒長各一龍虎旗赤豹旗吏兵旗力士旗各二矛四戈四戟二鉞二白柯槍三十平列旗十四餘同第二隊軍將卒長各一龍君虎君黃熊赤豹旗同戟六鉞六戈四矛四白柯槍二十第三隊軍將卒長各一吏兵力士熊虎龍君虎君天王旗並同十二辰旗十二通直官二白柯槍十平列旗十二 龍墀旗隊天下太平旗一排仗大將二人夾之五方龍旗各一為三重 赤在前黃在中黑在後青左白右次金鸞旗一左金鳳旗一右獅子旗二君王萬歲旗一日旗一左月旗一右 御馬十匹分左右為五重 中道隊左右衛大將軍一人檢校騎日月合璧旗一慶雲旗二五星連珠旗一祥光旗長壽幢各一 金吾牙門第一門牙門旗四次監門使臣六分左右騎孝宗省旗為二監門為三 金吾細仗青龍旗一左白虎旗一右五嶽神旗五分前中後左右為三列五方神旗五陳列亦如之五方龍旗二十五相間為五隊每隊赤前黃中黑後青左白右五方鳳旗二十五相間為五隊陳列亦如之五嶽旗在左五方旗在右五龍旗在左五鳳旗在右四瀆旗江淮在左河濟在右押二人分左右騎孝宗五龍五鳳旗止各一隊共省四十旗餘同 八寶

輿鎮國神寶左受命之寶右皇帝之寶左天子之寶右皇帝信寶左天子信寶右皇帝行寶左天子行寶右爲四列每寶一輿每輿一香案輿案前燭罩三十二引寶職掌八人侍寶官一人内外符寶郎各二人扈衛一百人碧欄二十人夾扈衛之外（孝宗省碧欄爲十二餘同）殿中繖扇輿輦方繖二（孝宗省一）朱團扇四（孝宗省二）金吾四色官六人（孝宗省爲二）押仗二人騎金甲二人執鉞進馬官四人騎千牛衛大將軍一人（孝宗省之）千牛衛將軍八人（孝宗省爲二）金吾引駕官二人導駕官四人並騎導大繖二（孝宗省一）鳳扇四（孝宗省二）夾繖而行（前同）腰輿一鳳扇十六夾輿（孝宗省爲四）華蓋二排列官一人香凳一火燎一小輿一　逍遙子　平輦駕前諸班直　駕頭　鳴鞭誕馬　燭罩三百三十人（孝宗省爲二百一十人）前驅都下親從官一百五十人（孝宗省爲四十五人）東西班六人（孝宗省爲二十二人約攔）殿前指揮使四十人東第三班長入祗候五十二人班直主首九人（孝宗省爲三人）茶酒新舊班一百六人（孝宗省爲四十四人）開道旗一纛一十二鈞容直二百七十人（駕回則作樂孝宗乾道元年省之乾道六年以後再用）吉利旗五五方龍旗五龍旗二十（孝宗省之）門旗六十（孝宗省爲三十）殿前指揮使引駕骨朵子直四十人（分左右夾門旗外）駕頭駕頭下天武官二十二人（孝宗省爲十七人）都下親從一十六人（孝宗省爲八人）茶酒班執從物殿侍二十二人又都下親從二十二

人（孝宗省爲十七人）劒六人（孝宗省爲三人）纛旗一人貟一（孝宗省之）殿前指揮使行門二十二人鳴鞭十二人（孝宗增爲一十四人）次御龍直百二十人（孝宗省爲八十六人）快行五十人日月麟鳳旗各一青龍白龍赤龍黑龍旗四人貟二引駕千牛上將軍一人　玉輅奉宸隊分左右充禁衛圍子八重崇政殿親從圍子二百人爲第一重（從裏數出）御龍直二百五十人爲第二重崇政殿親從外圍子二百五十人爲第三重御龍直骨朵子直二百五十人爲第四重御龍弓箭直二百五十人爲第五重御龍弩直二百五十人爲第六重禁衛天武二百五十人爲第七重都下親從圍子三百人爲第八重（孝宗以上並同）天武約攔二百人（孝宗省作百八十八人）在禁衛圍子外編排禁衛行子二十一人快行五十九人（孝宗省爲四十二）管押相視御龍四直八人（孝宗省爲四人）照管行子御龍四直二十四人（孝宗省爲八人）天武六人（孝宗省之）禁衛内攔前崇政殿親從三十二人（孝宗省作二十五人）

駕後部　扇筤大黄龍旗一駕後樂東西班三十六人鈞容直三十一人並騎（孝宗此下增招箭班三十四人）扇筤扇筤下天武二十二人（孝宗省作一十七人）都下親從十六人（孝宗省作八人）茶酒班執從物五十人騎（孝宗省爲三十人）大輦輦下應奉并人貟合六百一十四人分五番（孝宗乾道元年省之六年以後復設）御馬十疋爲五重　持鈒後隊神勇都指揮使二人騎重輪旗二

人大繖二(孝宗省為一)朱團扇八(孝宗省為四)鳳扇二小雉扇二十
二(孝宗省鳳扇而減雉扇為六)華蓋二(孝宗省為一)俾倪十二(孝宗省為六)御刀
六玄武幢一絳麾二叉細矟十二(孝宗省為六)驍騎都指揮使
一人騎(總領大角)大角四十(孝宗省為二十)太常後部鼓吹鼓吹丞二
人典吏四人(孝宗省為三人)管轄指揮使一人羽葆鼓六歌工二
十四拱宸管十二簫三十六笳二十四鐃鼓六小橫吹六
十笛十二觱栗十二帥兵官十人(孝宗歌工十八拱宸管十二簫十八笳二十四)
(鐃鼓六笛十八節鼓一小橫吹三十觱栗十八桃皮觱栗十二羽葆鼓吹六帥兵官八人)黃麾幡一
(中道)金輅象輅革輅木輅各一每輅誕馬各六在輅前駕士
各百五十四人(乾道元年省之六年以後復用)掩後隊(中道)宣武都指揮使

二人大戟刀盾弓矢矟各十五　金吾牙門第二門(中道)牙
門旗四分左右(孝宗省之)監門使臣六分左右騎(孝宗省為三)玄武
隊(並騎中道)虎翼都指揮使一人爆矟二玄武旗一矟弓矢各
十(孝宗並省為五)弩五　外仗(分左右道以夾中道儀仗)清游隊(並騎)白澤旗二
捧日指揮使二弩四弓矢十矟十六　左右金吾十六騎
天武都頭二人弩八弓矢十二矟十二(孝宗弩弓矢矟並省為六)佽
飛隊(並騎)拱聖指揮使二虞候佽飛二十鐵甲佽飛十二
前隊殳仗都頭六人騎殳叉六十　後隊殳仗都頭四人
騎殳叉四十　前部馬隊第一隊捧日都指揮使二人角
斗亢牛旗各一弩四弓矢十矟八第二隊捧日都指揮使

二人氐女房虛旗各一弩弓矢矟如第一隊第三隊天武
都指揮使二人心危旗各一弩弓矢如第二隊第四隊天
武都指揮使二人尾室旗各一弓矢矟如三隊第五隊拱聖
指揮使二人箕畢旗各一弩弓矢矟如第四隊第六隊拱
聖都指揮使二人奎井旗各一弩弓矢矟如第五隊第七
隊神勇都指揮使二人婁鬼旗各一弩弓矢矟如第六隊
第八隊神勇都指揮使二人胃柳旗各一弩弓矢矟如第
七隊第九隊驍騎都指揮使二人昴星旗各一弩弓矢矟
如第八隊第十隊宣武都指揮使二人畢張旗各一弩弓
矢矟如第九隊第十一隊虎翼都指揮使二人觜翼旗各

一弩弓矢矟如第十隊第十二隊廣勇都指揮使二人參
軫旗各一弩弓矢矟如第十一隊(孝宗省為七隊二十八宿旗每隊四弓矢矟每
隊六餘同)　步甲前隊第一隊捧日指揮使都頭各二人騎(下同)
鶡雞旗二青氅甲刀盾二十(孝宗刀盾省為十二下並同)　第二隊捧日
指揮使都頭貔旗朱氅甲刀盾第三隊天武指揮使都頭
萬年連理木旗黃氅甲刀盾第四隊天武指揮使都頭
芝禾並秀旗白氅甲刀盾第五隊拱聖指揮使都頭祥
鶴旗黑氅甲刀盾第六隊拱聖指揮使都頭犀旗黃氅
甲刀盾(孝宗改黃氅甲為青氅甲餘並同)　金吾左右道牙門第一門牙
門旗四分左右監門使臣八人並騎(孝宗旗省為二使臣省為四人)　步

甲前隊第七隊神武指揮使都頭鶡鷄旗青鍪甲刀盾第
八隊神武指揮使都頭、麟旗朱鍪甲刀盾第九隊驍騎指
揮使都頭白狼旗黃鍪甲刀盾第十隊驍騎指揮使都頭
蒼烏旗次白鍪甲刀盾第十一隊虎翼指揮使都頭鸚鵡
旗黑鍪甲刀盾第十二隊廣勇指揮使都頭太平旗黃鍪
甲刀盾自二至十二隊人旗刀盾數列如第一隊（孝宗內去鶡鷄旗麟
旗而用慶雲旗瑞麥旗）　金吾左右道牙門第二門牙門旗四分左
右監門使臣八人並騎（孝宗旗省為二監門省為四人）前部黃麾仗第一
部殿中侍御史二員騎（下同）絳引幡二十（孝宗省為十）㯮矟二
捧日指揮使二都頭、五並騎（下同）黃氅五十（孝宗省為二十）鼓四

斧十戟弓矢二十矟三十（孝宗省為二十）弩十第二部殿中侍御
史天武指揮使都頭青氅鼓斧戟弓矢矟弩第三部殿
中御史拱聖指揮使都頭、緋氅鼓斧戟弓矢矟弩（孝宗省作三
部）第四部殿中御史神勇指揮使都頭黃氅鼓斧戟弓矢
矟弩第五部殿中御史驍騎指揮使都頭白氅鼓斧戟弓
矢矟弩第六部殿中御史廣勇指揮使都頭黑氅鼓斧戟
弓矢矟弩自二至六部數列並如初部　青龍白虎隊（並騎）
青龍旗一白虎旗一虎翼都指揮使二弩四弓矢十矟八
　班劒儀刀隊（並騎）武衛將軍二人捧日天武拱聖神勇指
揮使各二人班劒六十儀刀六十次驍騎驍勝宣武虎翼

指揮使各二人班劒六十儀劒六十　親勳散手驍衛翊
衛隊（並騎）中衛郎四人翊衛郎二人親衛郎二人衛兵四十
甲騎四十在衛兵外　左右驍衛翊衛三隊（並騎）第一隊左
右驍衛大將軍二人雙蓮花旗二弩四弓矢十（孝宗減弓矢為六下
同）矟十六（孝宗減矟為八下同）第二隊廣勇指揮使二人吉利旗弩
弓矢矟數如初隊　金吾左右道牙門第三門牙門旗四
分左右監門八人並騎（孝宗旗減為二監門減為四人）捧日隊三十四
隊左右各十七隊（孝宗減為十隊左右各五隊）每隊引一人押一人旗
三人槍五人弓箭二十人　後部黃麾仗凡六部第一部
至六部並同前部黃麾仗惟無絳引幡㯮矟（孝宗減為三部仗數

亦同前部黃麾已減之數併去㯮矟絳引幡）絳引幡二十（孝宗減為十）　金吾左
右道牙門第四門牙門旗四監門八人騎（孝宗旗減為二監門減為四人）
步甲後隊第一隊捧日指揮使都頭各二人騎鶡旗鶡
鷄旗各二青鍪甲刀盾二十（孝宗減刀盾為十六逐隊並同）第二隊天武指
揮使都頭芝禾並秀旗萬年連理木旗朱鍪甲刀盾第三
隊拱聖指揮使都頭犀旗鶴旗黃鍪甲刀盾第四隊神武
指揮使都頭蒼烏旗白狼旗白鍪甲刀盾第五隊驍騎指
揮使都頭天下太平旗鸚鵡旗黑鍪甲刀盾第六隊虎翼
指揮使都頭鶡鷄旗鶡旗黃鍪甲刀盾自二至六隊數列
並如初隊　金吾左右道牙門第五門牙門旗四監門八

人騎（孝宗減旗爲二減監門爲四）後部馬隊第一隊捧日都指揮使
二角端旗二弩四弓矢十稍十六（孝宗弓矢減爲六稍減爲八）第二隊
捧日都指揮使（孝宗更用天武）赤熊旗弩弓矢稍第三隊天武都
指揮使（孝宗更用拱聖）兕旗弩弓矢稍第四隊天武指揮使（孝宗時更
神勇）天下太平旗弩弓矢稍第五隊拱聖都指揮使犀旗（孝宗
用龍馬旗）弩弓矢稍第六隊拱聖都指揮使芝禾並秀旗（孝宗用金
牛旗）弩弓矢稍第七隊神勇都指揮使萬年連理旗弩弓矢
稍第八隊神勇都指揮使騶牙旗弩弓矢稍第九隊驍騎
都指揮使蒼烏旗弩弓矢稍第十隊宣武都指揮使白狼
旗弩弓矢稍第十一隊虎翼都指揮使龍馬旗弩弓矢
稍第十二隊廣勇都指揮使金牛旗弩弓矢稍自二至
十二隊數列並如初隊

皇太后皇后鹵簿皆如禮令徽宗政和元年詔皇后受冊
排黃麾仗及重翟車陳小駕鹵簿后謙避於是詔延福
宮受冊仍舊而小駕鹵簿端禮門外黃麾仗紫宸殿臣僚
稱賀上禮並罷其景靈宮朝謁則依近例三年議禮局上
皇后鹵簿之制清游隊旗一（執一人引二人夾二人並騎）金吾衛折衝
都尉一員騎（執槊稍二人夾）領四十騎執稍二十人弩四人橫刀
一十六人次虞候佽飛二十八騎次內僕內僕丞各一員
（各書令史二人並騎）次正道黃麾一（執一人夾二人並騎）次左右廂黃麾仗廂

各三行行一百人第一行短戟五色氅第二行戈五色氅
第三行儀鍠五色幡左右領軍衛左右威衛左右武衛左
右驍衛左右衛等各三行行二十人各帥兵官六人領內
左右領軍衛帥兵官各三人各果毅都尉一員檢校（各一人步
從）左右領軍衛絳引旗引前掩後各六次內謁者監四人
給事內常侍內侍各二人並騎（內給使各一人步從）次內給使一百
二十人次偏扇團扇方扇各二十四次香鐙一次執擎內
給使四人（在重翟車前）次重翟車駕青馬六駕士二十四人行
障六坐障三夾車並宮人執次內寺伯二人騎領寺人六
人分左右夾重翟車次腰輿一（輿士八人）團雉尾扇二夾輿次
大繖四大雉尾扇八錦花蓋二小雉尾扇朱畫團扇各十
二錦曲蓋二十錦六柱八扇（自厭翟以下並內給使執）次宮人車次絳
麾二（各一人執）次正道後黃麾一（執一人夾二人並騎）次供奉宮人次厭
翟車駕赤騮翟車駕黃騮安車駕赤騮各四駕士各二
十四人四望車金根車各駕牛三駕士各一十二人次左
右廂各置牙門二（每門執二人夾四人一在前黃麾前一在後黃麾後）次左右領軍
衛每廂各一百五十人執殳帥兵官四人檢校次左右領
軍衛折衝都尉各一員檢校殳仗（各一人騎後）次後殳仗內
正道置牙門一每門監門校尉二人騎每廂各巡檢校尉
一員騎來往檢校前後部鼓吹金鉦掆鼓大鼓長鳴中鳴

鐃吹羽葆鼓吹節鼓御馬並減大駕之半

皇太子鹵簿禮令三師詹事率更令家令各用本品鹵簿前導太宗至道中真宗升儲事多謙抑謁廟日止用東宮鹵簿六引官但乘車而不設儀仗天禧二年仁宗爲皇太子亦依此制政和三年議禮局上皇太子鹵簿之制家令率更令詹事各乘輅車太保太傅太師乘輅各正道威儀鹵簿依本品次清游隊旗（執一人引二人夾二人）並正道清道率府折衝都尉一貟領二十騎執矟一十八人弓矢九人弩三人二人騎從折衝次左右清道率府率各一貟領清道直盪及檢校清游隊龍旗等執𥎞矟各二人次外

清道直盪二十四人騎次正道龍旗各六（執一人前二人引後二人護）副竿二（執各人騎）一次正道細仗引爲六重每重二人自龍旗後均布至細仗矟與弓箭相間並騎每廂各果毅都尉一貟領次率更丞一貟次正道前部鼓吹府史二人領鼓吹並騎掆鼓金鉦各二（執各一人夾二人以下准此）帥兵官二人次大鼓三十六橫行（長鳴以下准此）帥兵官八人長鳴三十六帥兵官二人鐃吹一部鐃鼓二（各執一人夾二人後部鐃節鼓准此）簫笳各六帥兵官二人掆鼓金鉦各二帥兵官二人次小鼓三十六帥兵官四人中鳴三十六帥兵官二人以上並騎次誕馬十（每匹二人控餘准此）廐牧令丞各一貟（各府史二人騎從）次左右翊府郎將各一貟領班劒左右翊衛執班劒二十四人通事舍人四人司直二人文學四人洗馬司議郎太子舍人中允中舍左右諭德各二人左右庶子四人並騎（自通事舍人以後各步從一人）次左右衛率府副率各一貟步從親勳翊衛每廂各中郎將郎將一貟並領六行儀刀第一行親衛二十三人曲折三人第二行親衛二十五人曲折四人第三行勳衛二十七人曲折五人第四行勳衛二十九人曲折六人第五行翊衛三十一人曲折七人第六行翊衛三十三人曲折八人（曲折人並陪後門）以上三衛並騎次三衛一十八人騎中郎將二人夾輅在六行儀刀仗內金輅駕馬四僕寺僕馭左右率府率一

貟駕士二十二人夾輅左右衛率府率各一貟（各步從一人）次左右內率府率各一貟副率各一貟並騎（各步從一人）次千騎執細刀弓矢三衛儀刀仗後開牙門次左右監門率府直長各六人監後門（並騎）次左右衛率府每廂各翊衛二隊（並騎）次厭角隊各三十人執旗一人（引二人夾二人）執矟一十五人弓矢七人弩三人每隊各郎將一貟領次正道繖二雉尾扇四夾繖次腰輿一輿士八人團雉尾扇二小方雉尾扇八夾（執各一人）次內直郎令史各二人騎從檢校次誕馬十典乘二人府史二人騎從次左右司禦率府校尉各一人（並騎從）領團扇曲蓋次朱團扇紫曲蓋各六（執各）

一人次諸司供奉官人次左右清道率府校尉各一人並騎領大角三十六鐃鼓二簫笳各六帥兵官二人橫吹十節鼓一笛簫觱栗五帥兵官二人並騎次管轄指揮使二人檢校次副輅駕四馬駕士二十人軺車駕一馬駕士十四人四望車駕一馬駕士一十人次左右廂步隊凡十六每隊各果毅都尉一人領並騎隊三十人執旗一人引二人夾二人並帶弓矢騎步二十五人前一隊執矟一隊帶弓矢以次相間左右司禦率府左右衛率府廂各四隊二在前二在後 次左右司禦率府副率各一員檢校步隊各二人執𥷚矟騎從次儀仗左右廂各六色色九行行六人前第一行戟赤氅第二行弓矢第三行儀鋋并毦第

四行刀盾第五行儀鍠五色幡第六行油戟次前仗首左右廂各六色色三行行六人左右司禦率府各一員果毅都尉各一員帥兵官各六人領次左右廂各六色色三行行六人左右衛率府副率各一員果毅都尉各一員帥兵官各六人領次盡後鹵簿左右廂各六色色三行行六人左右司禦率府副率各一員步從各一人 果毅都尉各一人帥兵官各六人領左右司禦率府率兵官各六人護後並騎每廂各絳引幡十二執各一人引前旗六引後旗六 掆鼓十二掆鼓左右司禦率府四重左右衛率府二重 次左右廂殳各一百五十人左右司禦率府各八十六人左右衛率府各六十四人 並分前後在步隊儀仗外馬隊內前接六旗後盡鹵簿曲折至門每廂各司禦率府果毅都尉一員檢校各一人從每廂各帥兵官七人並騎左右司禦率府各四人左右率府各三人 次馬隊左右廂各十隊每隊帥兵官以下三十一人旗一執一人引二人夾二人 執矟十六人弓矢七人弩三人前第一隊左右清道率府果毅都尉各一員領第二第三第四隊左右司禦率府果毅都尉各一員領第五第六第七隊左右衛率府果毅都尉各一員領第八第九第十隊左右司禦率府果毅都尉各一員領次後拒隊旗一執一人引二人夾二人清道率府果毅都尉一員領四十騎執矟二十人弓矢十六人弩四人叉二人騎從次後拒隊前當正道殳仗行

內開牙門次左右廂各開牙門三前第一門左右司禦率府步隊後左右率府步隊前第二門左右衛率府步隊後司禦率府儀仗前第三門左右司禦率府儀仗後左右衛率府步隊前每開牙門執旗二人夾四人並騎 監門率府直長各二人並騎次左右監門率府副率各一員騎來往檢校諸門各一人騎從次左右清道率府副率各三人仗內檢校并糾察各一人騎從次少師少傅少保正道乘輅威儀鹵簿各依本品次文武官以次陪從

皇太子妃鹵簿之制政和三年議禮局上清道率府校尉六人騎次青衣十人次導客舍人四人內給使六十人偏

扇團扇方扇各十八(並宮人執)行障四坐障二夾車(宮人執)典內二人騎厭翟車駕三馬駕士十四人次閤帥二人領內給使十八人夾車六柱二扇內給使執次供奉內人乘檐車次繖一正道雉尾扇二團扇四曲蓋二(執繖扇各內給使一人)次戟九十宋制臣子無鹵簿名遇升儲則草具儀注政和禮雖創具鹵簿然未及行也南渡後雖嘗討論然皇太子皆沖挹不受朝謁宮廟及陪祀及常朝皆乘馬止以宮僚導從有繖扇而無團子用三接青羅繖一紫羅障扇四人從指使二人直省官二人客司四人親事官二十人輦官二十人翰林司四人儀鸞司四人厨子六人教駿四人背印二人步軍司宣效一十人步司兵級七十八人防警兵士四人朝位在三公上凪從在駕後方團子內

皇太子妃政和亦有鹵簿南渡後亦省之妃出入惟乘檐子三接青羅繖一黃紅羅障扇四人從以皇太子府親事官充輦官前執從物檐子前小殿侍一人抱塗金香毬先驅則教駿兵士呵止

王公以下鹵簿九大駕六引用本品鹵簿奉冊充使及詔葬皆給之親王用一品之制加告止幡傳教幡信幡各二其葬日用六引內儀仗眞宗咸平二年王承衍出葬日在禁樂禮官請鹵簿鼓吹備而不作從之景德二年南

郊鹵簿使王欽若言鄆王攢日所給鹵簿與南郊儀仗吉凶相參望依令別制王公車輅所有鼓吹儀仗亦請增置以備拜官朝會婚葬之用從之於是儀服悉以畫其葬日在途以革車代輅徽宗政和三年議禮局上王公鹵簿之制中道清道六人次幰弩一騎次大晟府前部鼓吹令及職掌局長院官各一人㧏鼓金鉦各一大鼓長鳴各一十八㧏鼓金鉦各一次引樂官二人小鼓中鳴各十次麾幢各一節一夾矟二誕馬八(每四控馬各二人)革車一乘駕赤馬四駕士二十五人散扇十方繖二朱團扇四夾方繖曲蓋各二次大角八次後部鼓吹丞一員錄事一人次鐃鼓一簫四笳四大橫吹六節鼓一夾色二笛簫觱栗笳各四次外仗青衣十二車輻棒十二戟九十絳引幡六刀楯矟弓矢各八十儀刀十八信幡八告止幡傳教幡各四儀鉞二儀鍠斧挂五色幡六油戟十八儀矟十二細矟十二次左右衛尉寺押當職掌一十一人騎部轄步兵部轄騎兵太僕寺部押人員各一人教馬官一人押當職掌四人騎

公主鹵簿惟葬日給之秦國成聖繼明夫人葬日亦給外命婦一品鹵簿自餘未嘗用

一品鹵簿(命婦同)中道清道四人幰弩一騎大晟府前部

鼓吹令一職掌一人局長院官各一人掆鼓金鉦各一大鼓長鳴各一十六麾幢節各一矟二誕馬六次革車一乘駕赤馬四駕士二十五人（命婦厭翟車駕士二十三人二品三品准此）散扇八（二品減四三品減六命婦散扇五十行陣五行於車前二品三品准此）方繖二朱團扇四曲蓋二大角八（命婦屬車六駕黃牛十八駕士五十九人行大角前二品三品准此）次後部鼓吹丞一貟錄事一人引樂官二貟鐃鼓一簫笳大橫吹各四節鼓一笛簫觱篥笳各四外仗青衣十人車輻棒十戟九十刀盾矟各八十弓矢六十儀刀三十信幡八告止幡傳教幡儀鍠斧挂五色幡各四次衛尉寺排列押當職掌一十一人部轄人貟太僕寺部押人貟教馬官各一人押當職掌四人（命婦加二人）

二品鹵簿（命婦同）中道清道二人幰弩一大晟府前部鼓吹令一及職掌局長院官各一人掆鼓金鉦各一大鼓十四麾幢節各一夾矟二誕馬四次革車一乘駕赤馬四駕士二十五人散扇四方繖朱團扇曲蓋各二次大角八次後部鼓吹丞一錄事引樂官各一人鐃鼓一簫笳各二大橫吹四笛簫觱篥笳各二外仗青衣八人車輻棒八戟七十刀盾矟弓矢各六十儀刀十四信幡四告止傳教幡各二次衛尉寺排列押當職掌九人部轄人貟太僕寺部押人貟教馬官各一人押當職掌四人（命婦加二人）

三品鹵簿（命婦同）中道清道二幰弩一麾幢各一節一夾矟二誕馬四次革車一乘駕赤馬四駕士二十五人散扇二方繖二曲蓋一大角四外仗青衣八人車輻棒六戟六十刀盾矟弓矢各五十儀刀十二信幡四告止傳教幡各二次衛尉寺排列押當職掌七人部轄人貟太僕寺部押人貟教馬官各一人押當職掌四人（命婦加二人）以上皆政和所定也

志卷第一百

開府儀同三司上柱國錄軍國重事前中書右丞相監修國史領經筵事都總裁臣脫脫等奉

敕修

儀衛六 鹵簿儀服

鹵簿儀服自漢鹵簿象最在前晉平吳後南越獻馴象作大車駕之以載黃門鼓吹數十人使越人騎之以試橋梁宋鹵簿以象居先設木蓮花坐金蕉盤紫羅繡襜絡腦當胷後鞦並設銅鈴杏葉紅犛牛毛拂跋塵每象南越軍一人跨其上四人引並花腳幞頭緋繡窄衣銀帶太宗太平興國六年兩莊養象所奏詔以象十於南郊引駕開寶九年南郊時其象止在六引前排列詔鹵簿使領其事

旗皆錯采爲之漆竿鏡首纛頭錦帶青火燄腳白澤攝提金鸞金鳳師子苣文天下太平君王萬歲仙童騰蛇神龜及在步甲前後隊後馬隊三隊六軍儀仗內並以赤日月及合璧連珠風雨雷電五星二十八宿祥雲並以青北斗以黑五岳四瀆五方四神十二辰五龍五鳳龍虎君並以方色天王以赤黃二色排欄以黃紫赤三色元豐三年詳定郊廟奉祀禮文所言鹵簿前用二十八宿五星攝提旗有司乃取方士之說繪爲人形於禮無據伏請改製各著其象以則天文從之元祐七年太常寺言二十八宿旗五星攝提旗按鹵簿圖畫人形及牛虎頭婦人小兒之類於禮無據元豐三年禮文所上言乞改製各著其象以則天文後有司循舊儀未曾改正今欲改造從之元符二年徽宗即位兵部侍郎黃裳言南郊大駕諸旗名物除用典故制號外餘因時事取名伏見近者璽授元符茅山之上日有重輪太上老君眉間發紅光武夷君廟有仙鶴臣請制爲旗號曰寶符曰重輪曰祥光曰瑞鶴從之政和四年禮制局言鹵簿大黃龍負圖旗畫八卦乞改畫九一三七二四六八五之數仙童綱子大神三旗無所經見乞除去從之初大觀三年西京穎陽縣大慶觀聖祖殿東有嘉禾芝草並生其嘉禾一本四穗芝草葉圓而重起至是詔製芝禾並秀旗又以是年二月日上生青赤黃戴氣後日下生青赤黃承氣詔製日有戴承旗又以元符二年武夷君廟有仙鶴迎詔政和二年延福宮宴輔臣有群鶴自西北來盤旋於睿謨殿上及奏大晟樂而翔鶴屢至詔製瑞鶴旗八年禮部侍郎張邦昌奏太祖時甘露降於江陵者十日瑞麥秀於濮陽者六歧獲金鸚鵡於隴坻得三玉兔於鄆封馴象至而五嶺平瓊管族而白鹿出皆命製爲旗章陳之望詔有司取自崇觀至今凡中外所上瑞應悉擬其尤殊者增製旗物上以丕承天貺下以聳動民瞻從之初宋

制旗物尤盛中興後惟務簡約雖參用舊制然亦不無因革其太常青質夾羅惟繡日月星而無龍下有網髾謂之旆而竿頭爲龍首銜青結綬垂青旄緌十二謂之旒蓋幅下無斿而竿首垂旒抑又取古者注旄及羽於竿首之遺制竿用裯木護以剖竹膠以髹飾以藻玉輅建之大旂黃質九幅每幅繡升龍一側幅二下垂黃絲網緌九金輅建之大赤朱質七幅每幅繡鳥隼二側幅如之下垂朱絲網緌七象輅建之大白素質五幅每幅繡熊一虎一側幅如之下垂淺黃絲網緌五革輅建之大麾皂質四幅每幅繡五采龜蛇一側幅繡龜二下垂皂絲網緌四木輅建之其

黃龍負圖旗建隆初捌爲大制有架旗力重以百九十人維之今用七十人其君王萬歲天下太平日月五星北斗招搖青龍朱雀白虎玄武等十旗皆以十七人維之其祥瑞旗八紹興二十五年所制也是歲適當郊祀而太廟生靈芝九莖贛州進太平瑞木道州連理木遂寧府嘉禾鎮江府瑞瓜南安軍雙蓮花嚴州垙率寺信州玉山芝草黎州甘露禮部侍郎王珉等請繪之華旗以紀盛美焉

五牛旗依方色皆小輿上刻木爲牛背插旗錯采爲牛旗竿上有小盤盤衣及輿衣亦並繡牛形輿士各四人服繡五色牛衣自太祖時詔用之神宗熙寧七年太常寺言大駕鹵簿羊車本前代宮中所乘五牛旗蓋古之五時副車也以木牛載旗用人輿之失其本制宜省去從之

牙門旗古者天子出建大牙今制赤質錯采爲神人象中道前後各一門左右道五門門二旗蓋取周制樹旗表門及天子五門之制

駕頭一名寶床正衙法坐也香木爲之四足瑑山以龍卷之坐面用藤織雲龍四圍錯采繪走龍形微曲上加緋羅繡褥裹以緋羅繡帕每車駕出幸則使老內臣馬上擁之爲前驅焉不設則以朱匣韜之

幡本幟也貌幡幡然有告止傳教信幡皆絳帛錯采爲字

上有朱綠小蓋四角垂羅文佩繫龍頭竿上其錯采字下告止爲雙鳳傳教爲雙白虎信幡爲雙龍又有絳引幡制頗同此作五色間暈無字兩角垂佩中興爲六角蓋垂珠佩下有橫木板作碾玉文三幡亦以錯采篆書告止傳教信幡

幢制如節而五層韜以袋繡四神隨方色朱漆柄取曲禮行前朱雀而後玄武左青龍而右白虎之義王公所給幢黑漆柄紫綾袋中興用生色袋

皂纛本後魏纛頭之制唐衛尉器用纛居其一蓋旄頭之遺象制同旗無文采去鑣首六脚後志云今制皂邊皂斿

斿爲火焰之形金吾仗主之每纛一人持一人拓之乘輿
行則陳於鹵簿左右各六
絳麾如幢止三層紫羅囊蒙之王公麾以紫綾袋
黄麾古有黄朱纁三色所以指麾也漢鹵簿有前黄麾護
駕御史宋制絳帛爲之如幡錯采成黄麾字下繡交龍朱
漆竿金龍首上垂朱緑小蓋神宗元豐二年詳定朝會御
殿儀注所言按周禮木輅建大麾以田鄭氏曰大麾不在
九旗之中以正色言之則黑夏后氏所建禮記曰有虞氏
之旂夏后氏綏鄭氏曰綏謂注旄牛尾於杠首所謂大麾
書曰王右秉白旄以麾孔穎達曰虞世但注旄夏世始加

旒縿西京雜記漢大駕有前黄麾崔豹古今注麾所以指
麾乘輿以黄諸公以朱刺史二千石以纁開元禮義纂曰
唐太宗法夏后之斾制取中方之正色故制大麾色黄今
禮有黄麾其制十二幅開寶通禮義纂曰黄中央之色此
仗最近車輅故以應象取其居中導達四方含光大也今
鹵簿黄麾以夏制言之則狀不類旗以漢制言之則色又
不黄伏請製大麾一注麾於竿首則法夏后氏之制其色
正黄則用漢制以十二幅爲旗則取唐制以一旒爲之則
取今龍墀旗之制當元會陳仗衞建大黄麾一於當御廂
之前以爲表識其當御廂之後則建黄麾幡二并上大黄

麾黄麾旛制度神宗批曰黄麾制度考詳前志終是可疑
令鑾而爲之植於大庭中外共瞻之地或爲博聞多識者
所識宜且闕之更俟討求黄麾幡仍舊
氅本緝鳥毛爲之唐有六色孔雀大小鵞毛雞毛之制後
志云今制有青緋皂白黄五色上有朱蓋下垂帶帶繡禽
羽末綴金鈴青則繡以孔雀五角蓋緋則繡以鳳六角蓋
皂則繡以鵞六角蓋白亦以鵞四角蓋黄則以雞四角蓋
每角綴垂佩揭以朱竿上如戟加横木龍首以繫之
金節隋制也黑漆竿上施圓盤周綴紅絲拂八層黄繡龍
袋籠之王公以下皆有節制同金節韜以碧油

繖古張帛避雨之制今有方繖大繖皆赤質紫表朱裏四
角銅螭首六引内者其制差小哲宗元祐七年太常寺言
開元禮大駕八角紫繖王公已下四角青繖今鹵簿圖但
引紫繖而無青繖之文詔改用紹興十三年將郊詔繖扇
如舊制拂扇等不以珠飾
蓋本黄帝時有雲氣爲花藹之象因而作也宋有花蓋導
蓋皆赤質如繖而圓瀝水繡花龍又有曲蓋差小惟乘輿
用之人臣則親王或賜之而以青繒繡瑞草焉
睥睨如華蓋而小
扇筤緋羅繡扇二緋羅繡曲蓋一並内臣馬上執之駕頭

在細仗前扇筤在乘輿後大駕法駕鑾駕常出並用之扇圜徑四尺二寸柄長八尺三寸黄茸繡團龍仍用金塗銅飾扇有朱團及雉尾四等朱團繡雲鳳或雜花黑漆柄金銅飾雉尾皆方繡雉尾之狀有三等大雉扇長五尺二寸闊三尺七寸中扇小扇遞減二寸下方上殺以緋羅繡雉尾之狀中有雙孔雀雜花下施黑漆横木長柄以金塗銅飾乘輿出入必以前持鄣蔽凡朔望朝賀行冊禮皇帝升御坐必合扇坐定去扇禮畢駕退又索扇如初蓋謂天子升降俯仰衆人皆得見之非肅穆之容故必合扇以鄣焉

罕畢象畢昂爲天堦故爲前引皆赤質金銅飾朱藤結網金獸面旱方上有二螭首銜紅絲拂畢圜如扇

香鐙唐制也朱漆案緋繡花龍衣上設金塗香爐燭臺長竿二輿士八人金塗銀火鐐香匙副之

大角黑漆畫龍紫繡龍袋

長鳴吹鳴大小横吹五色衣幡緋掌畫交龍樂令三品已上緋掌畫蹲豹

爆矟爆擊聲也一云象爆牛善鬬字從牛唐金吾將軍執之宋制如節有袋上加碧油常置朝堂車駕鹵簿出則八枚前導又四枚夾大將軍者名衛司爆矟

矟長矛也木刃黑質畫雲氣又有細矟制同而差小

戟有枝兵也木爲刃赤質畫雲氣上垂交龍掌五色帶帶末綴銅鈴又鈒戟無掌而有小横木鈒插也制本插車旁又小戟與鈒戟同

殳义戟之類殳無刃而短黑飾兩末义青飾兩末並中白畫雲氣各綴朱絲拂

槍矟也唐羽林所執制同矟而鐵刃上綴朱絲拂

儀鍠鉞屬也秦漢有之唐用爲儀仗刻木如斧塗以青柄以黄上綴小錦幡五色帶

班劒本漢朝服帶劒晉以木代之亦曰象劒取裝飾班爛之義鞘以黄質紫斑文金銅飾紫絲條帉錔

御刀晉宋以來有之黑鞘金花銀飾鞾鞦紫絲條帉錔又儀刀制同此悉以銀飾王公亦給之

刀盾刀本容刀也盾旁排也一人分持刀以木爲之無鞘有環紫絲條帉錔盾赤質畫異獸又朱藤絡盾制悉同唯綠藤綠質皆特執之

檍弩漢京尹司隷前驅持弓以射窺者宋制每弩加箭二有韔畫雲氣仗内弩皆同

弓箭每弓加箭二有韔同檍弩

車輻棒也形如車輪輻宋制朱漆八稜白幹

柯舒黑漆棒也制同車軸以金銅釘飾

鐙杖黑漆弩柄也以金銅爲鐙及飾其末紫絲條繫之

鳴鞭唐及五代有之周官條狼氏執鞭趨辟之遺法也内侍二人執之鞭鞘用紅絲而漬以蠟行幸則前騎而鳴之大祀禮畢還宫亦用焉視朝宴會則用於殿庭

誕馬散馬也加金塗銀鬧裝鞍勒乘輿以紅繡韉六鞘王公以下用紫繡及剜花韉哲宗元祐七年太常寺言誕馬按鹵簿圖曰舊並施鞍韉景祐五年去之昨納后誕馬猶施鞍韉今欲乞除去仍依鹵簿圖用纓轡緋屜

御馬鞍勒之制有金玉水晶金塗四等鬧裝鞊鞢促結爲坐龍暈鍜鏤壓沙面平面窪面方團寸節卷荷校具皆垂

六鞘金銀裹鞍橋銜鐙朱黄絲條轡鞦緋黄織繡或素團韉襤襆用金銀綫織或緋黄絁鞭用紫竹紅黄絲鞘纓以紅黄犛牛尾金爲鈌每日馬五匹供奉鞍用玉及金塗襤襆皆素行幸則十四匹加眞金水晶之飾太宗至道二年詔先是御馬以織成帊覆鞍勒今後以廣絹代之

馬珂之制銅面鵰翎鼻拂攀胷上綴銅本葉紅絲拂又胷前及腹下皆有攀綴銅鈴後有跋塵錦包尾獨鹵簿中金吾衛將軍導駕者皆有之

甲騎具裝甲人鎧也具裝馬鎧也甲以布爲裏黄絁表之青綠畫爲甲文紅錦緣青絁爲下帬絳韋爲絡金銅鈌長短至膝前膺爲人面二自背連膺纏以錦騰蛇具裝如常馬甲加珂拂於前膺及後鞦

毬杖金塗銀裹以供奉官騎執之分左右前導大禮用百人花脚幞頭紫繡袴袍襖常出三十人公服皆騎導

鷄竿附竿爲鷄形金飾首銜絳旛承以綵盤維以絳索揭以長竿募衛士先登爭得鷄者官給以纈襖子或取絳旛而已大禮畢麗正門肆赦則設之其義則鷄爲巽神巽主號令故宣號令則象之陽用事則鷄鳴故布宣陽澤則象之一曰天鷄星動爲有赦故王者以天鷄爲度金鷄事六朝已有之或謂起于西京南渡後則自紹興十三年始也

大駕鹵簿巾服之制金吾上將軍將軍六統軍千牛中郎將服花脚幞頭抹額紫繡袍佩牙刀珂馬諸衛大將軍將軍中郎將折衝果毅散手翊衛服平巾幘紫繡袍大口袴錦䐢蛇銀帶佩橫刀執弓箭千牛將軍服平幘巾紫繡袍大口袴銀帶鞾靿橫刀執弓箭珂馬千牛服花脚幞頭緋繡袍抹額大口袴銀帶鞾靿前馬隊内折衝及執矟者服錦帽緋繡袍銀帶監門校尉六軍押仗服幞頭紫繡裲襠隊正服平巾幘緋繡袍大口袴諸衛主率都尉引駕騎持鈒隊内校尉旅帥執衛司殳仗爆矟金吾十六騎班劒儀刀隊親勳翊衛執大角人並服平巾幘緋繡裲襠大口袴

佩横刀執弓箭金吾押牙服金鵞帽紫繡袍銀帶儀刀金吾持纛者服烏紗帽皂衣袴鞾韈金吾押纛服幞頭皂繡衫大口袴銀帶烏皮鞾執金吾爆矟服錦袍帽臂鞲銀帶烏皮鞾清遊隊佽飛執副仗矟服甲騎具裝錦臂鞲横刀執弓箭白袴朱雀隊執旗及執牙門旗執絳引旛黄麾旛者並服緋繡衫抹額大口袴銀帶執殳仗前後步隊眞武隊執旗前後部黄麾執日月合璧等旗青龍白虎隊金吾細仗内執旗者並服五色繡袍抹額行縢銀帶執白幹棒人加銀褐捍腰執龍旗及前馬隊内執旗人服五色繡袍銀帶行縢大口袴執弓箭執龍旗副竿人服錦帽五色繡

袍大口袴銀帶執弩弓箭人服錦帽青繡袍銀帶前後步隊人服五色鍪甲錦臂鞲鞾韈袴銀帶朱雀隊内執弓箭弩矟虞候佽飛執長壽幢寶輿法物人並服平巾幘緋繡袍大口袴銀帶捧寶執絳麾眞武幢乂人並服武弁紫繡衫持鈒隊殿中黄麾繖扇腰輿香鐙華蓋指南進賢等車駕士相風鍾漏等輿輿士並服武弁緋繡衫駕羊車童子服垂耳髻青頭㡇青繡大袖衫袴勒帛青耳屨執引駕龍墀旗六軍旗者服錦帽五色繡衫錦臂鞲銀帶引夾旗及執柯舒鐙仗者服帖金帽餘同上執花鳳飛黄吉利旗者服銀褐繡衣抹額銀帶夾轂隊服五色質鍪鎧錦臂鞲白

行縢紫帶鞾韈驍衛翊衛三隊服平巾幘緋繡袍大口袴錦縢蛇五輅副輅耕根車駕士服平巾幘青繡衫青屨韈教馬官服幞頭紅繡抹額紫繡衫白袴銀帶掌輦主輦服武弁黄繡衫紫繡誕帶攏御馬者服帖金帽紫繡大袖衫銀帶執眞武幢者服武弁皂繡衫紫繡誕帶五牛旗輿士服武弁五色繡衫大口袴銀帶掩後隊服黑鍪甲錦臂鞲行縢鼓吹令丞服緑袴褶冠銀褐裙金銅革帶緋白大帶履韈太常寺府史典事司天令史服幞頭緑衫黄半臂太常主帥㧕鼓金鉦節鼓人服平巾幘緋繡袍大口袴抹帶錦縢蛇歌拱宸管簫笳笛觱篥無縢蛇太常大鼓長鳴小

鼓中鳴服黄雷花袍袴抹額袜帶太常鐃大横吹服緋苣文袍袴抹額袜帶太常羽葆鼓小横吹服青苣文袍袴抹額袜帶排列官令史府史服黑介幘緋衫白袴白勒帛司辰典事漏刻生服青袴褶冠革帶殿中少監奉御供奉排列官引駕仗内排列承直官大將金吾引駕押仗押旗服幞頭紫公服烏皮鞾尚輦奉御直長乘黄令丞千牛長史進馬四色官服幞頭緑公服白袴金銅帶烏皮鞾殿中職掌執繖扇人服幞頭碧襴金銅帶烏皮鞾舊衣黄太平興國六年并内侍省並改服以碧凡繡文金吾衛以辟邪左右衛以瑞馬驍衛以雕虎屯衛以赤豹武衛以瑞鷹領軍衛以白澤監門衛以師

子千牛衛以犀牛六軍以孔雀樂工以鸞耕根車駕士以
鳳銜嘉禾進賢車以瑞麟明遠車以對鳳羊車以瑞羊指
南車以孔雀記里鼓黃鉞車以對鵝白鷺車以翔鶯鸞旗
車以瑞鷹崇德車以辟邪皮軒車以虎屬車以雲鶴豹尾
車以立豹相風烏輿以烏五牛旗以五色牛餘皆以寶相
花六引內巾服之制清道官服武弁緋繡衫革帶持儀弩
車輻棒者服平巾赤幘緋繡衫赤袴銀帶青衣服平巾青
幘青袴褶持戟纖扇刀盾者服黃繡衫抹額行縢銀帶持
幡蓋者服繡衫抹額大口袴銀帶內告止幡曲蓋以緋傳
教幡信幡絳引幡以黃執誕馬鑾儀刀麾幢節夾矟大角

者服平巾幘緋繡衫大口袴銀帶大駕鹵簿內執鑾並錦
絡衫帽持弓箭矟者服武弁緋繡衫白袴駕士服錦帽繡
戎服大袍銀帶弓箭以青矟以紫持棡鼓者服平巾幘緋
繡對鳳袍大口袴白袜帶錦縢蛇鐃吹部內服平巾幘緋
繡袍白袜帶白袴餘悉同大駕前後部其繡衣文清道以
雲鶴儀弩以辟邪車輻以白澤駕士司徒以瑞馬牧以隼
御史大夫以獬豸兵部尚書以虎太常卿以鳳縣令以雉
樂工以鸞餘悉以寶相花太祖建隆四年范質議按開元
禮武官陪立大仗加螣蛇裲襠如袖無身以覆其膊胳蓋
掖下縫也從肩領覆臂膊共一尺二寸又按釋文玉篇相

傳云其一當胷其一當背謂之兩當今詳裲襠之制其領
連所覆膊胳其一當左膊其一當右膊故謂之起膊今請
兼存兩說擇而用之造裲襠用當胷當背之制宣和元年
禮制局言鼓吹令丞冠又名袴褶冠今鹵簿既除袴褶冠
名不當仍舊請依舊記如三禮圖委貌冠制從之

[illegible]儀同三司上柱國錄軍國重事前中書右丞相監修國史領經筵事都總裁臣脫脫等奉敕修

輿服一

昔者聖人作輿軫之方以象地蓋之圓以象天易傳言黃帝堯舜垂衣裳而天下治蓋取諸乾坤夫輿服之制取法天地則聖人創物之智別尊卑定上下有大於斯二者乎舜命禹曰予欲觀古人之象日月星辰山龍華蟲作會宗彝藻火粉米黼黻絺繡以五采彰施於五色作服汝明周官之屬有巾車典路司常有司服司裘內司服等職以是知輿服始於黃帝成於唐虞歷夏及商而大備於周周衰列國肆爲侈汰秦併之擘上選以供服御其次以賜百官始有大駕法駕之制又自天子以至牧守各有鹵簿焉漢興乃不能監古成憲而做秦所爲自是代有變更志有詳略東漢至舊唐書皆稱輿服新唐書改爲車服鄭樵合諸代爲通志又爲器服其文雖殊而攷古制作無以尚於三

代矣夫三代制器所以爲百世法者以其華質適中也孔子荅顏淵爲邦之問曰乘殷之輅服周之冕且禮謂周人上輿而孔子獨取殷輅是殷之質勝於周也又言禹致美乎黻冕而論冕以周爲貴是周之文勝於夏也蓋巳不能無損益於其間焉不知歷代於秦巳還何所損益乎宋之君臣於二帝三王周公孔子之道講之甚明至其規模制度飾爲聲明巳足粲然雖不能盡合古制而於後代庶無愧焉宋初袞冕綴飾不用珠玉蓋存簡儉之風及爲鹵簿又織以旗幟華以繡衣褻以毬杖豈非循襲唐五季之習猶未能盡去其陋邪詒之子孫殆有甚焉者矣迄于徽宗奉身之欲奢蕩靡極雖欲不亡得乎靖康之末累朝法物淪沒於金中興掇拾散逸參酌時宜務從省約凡服用錦繡皆易以纈以羅旗仗用金銀飾者皆易以繪以髹建炎初有事郊報仗內拂扇當用珠飾高宗曰事天貴質若尚華麗非禋祀本意也是以子孫世守其訓雖江介一隅而華質適時尚足爲一代之法其儒臣名物度數之學見諸論議又有可觀者焉今取舊史所載著于篇作輿服志

五輅宋自神宗以降銳意稽古禮文之事招延儒士折衷同異元豐有詳定禮文所徽宗大觀間有議禮局政和又有禮制局先是元豐雖置局造輅而五輅及副輅多仍唐

舊玉輅自唐顯慶中傳之至宋曰顯慶輅親郊則乘之制作精巧行止安重後載太常與閫戟分左右以均輕重世之良工莫能爲之其制箱上置平盤黄屋四柱皆油畫刻鏤左青龍右白虎龜文金鳳翅雜花龍鳳金塗銀裝間以玉飾頂輪三層各施銀耀葉輪衣小帶絡帶並青羅繡雲龍周綴纓帶羅文佩銀穗毬小鈴平盤上布黄褥四角勾闌設圓鑑翟羽虚匱内貼銀鏤香罨軾匱銀龍二銜香囊銀香爐香寶錦帶下有障塵青畫輪轅銀轂乘葉三轅銀龍頭横木上有銀鳳十二左建青旗十有二旒皆繡升龍右載閫戟繡黻文並青繡綢杠又設青繡門簾銀飾梯一拓叉二推竿一銀鉻頭銀裝行馬青繒裹輓索駕六青馬馬有金面插鵰羽鞶纓攀胸鈴拂青繡屜錦包尾又誕馬二在輅前飾同駕馬（餘輅及副輅皆有之）駕士六十四人金輅色以赤駕六赤馬建大旂駕士六十四人象輅色以淺黄駕六赭白馬建大赤駕士四十人革輅色以黄駕六騮馬建大白駕士四十人木輅色以黑駕六黑騮馬建大麾駕士四十人自金輅而下其制皆同玉輅惟無玉飾五副輅並駕六馬駕士四十人當用銀飾者皆以銅餘制如正輅政和三年議禮局更上皇帝車輅之制詔頒行玉輅箱上平盤黄屋以下皆如舊頂輪三層内一層素輪頂上施金塗銀

山花葉及翟羽青絲繡雲龍絡帶二周綴雜色纓帶八銅佩八銀穗毬二平盤上布紅羅繡雲龍褥曲几扶几上下設銀螭首二十四四角勾闌設圓鑑一十六青羅繡寶相花帶火珠二十八香匱設香鑪紅羅繡寶相花帶香囊香寶銀結綬二紅羅繡雲龍結綬一紅錦幰龍鳳門簾一青畫輪轅銀轂乘葉軾匱横轅前轅並飾以金塗銀螭首横轅上施銀立鳳一十二左建太常十有二旒右載閫戟繡黻文杠絝一以青繡杠首飾以銀螭首金塗銅鈒青犛牛尾拂青繒裹索駕青馬六馬有銅面插鵰羽鞶纓攀胸鈴拂青線織屜紅錦包尾又踏路馬二在輅前飾同駕馬凡大祭祀乘之金輅以下並以次列其後若大朝會册命皇太子諸王大臣則設五輅於大慶殿庭爲充庭之儀金輅赤質以金飾諸末建大旂餘同玉輅駕赤馬六凡玉輅之飾以青者金輅以緋象輅淺黄質金塗銅裝以象飾諸末建大赤餘同玉輅駕赭白馬六凡玉輅之飾以青者象輅以銀褐革輅黄質鞔之以革建大白餘同玉輅駕騮馬六凡玉輅之飾以青者革輅以黄木輅黑質漆之建大麾餘同玉輅駕黑騮六凡玉輅之飾以青者木輅以皂凡玉輅用金塗銀裝者象輅革輅木輅及五副輅並金塗銅裝又禮制局言玉輅馬纓十二而無采不應古制欲以五采罽

飾樊纓十有二就輅衡軾並無鸞和乞添置蓋弓二十有二不應古制乞增爲二十八以象星又巾車言玉輅建太常而不言色司常注云九旗之帛皆用絳以周尚赤故也禮記月令中央天子乘大輅載黄旂以金象木革四輅及所建之旂與四時所乘所載皆合今玉輅所建之旂以青帛十二副連屬爲之有升龍而非交龍又無三辰皆非古制如依成周以所尚之色則用赤依月令兼四代之制則當用黄仍分縿斿之制及繡畫三辰於其上令改制太常其斿曳地當依周官以六人維之又左傳言錫鸞和鈴昭其聲也注錫在馬額鈴在旂首今旂首無鈴乞增置又車

蓋周以流蘇及佩各八無所法象欲各增爲十二以應天數又輅之諸末畫飾以玉爲稱其實而羅紋雜佩乃用塗金乞改爲玉又車箱兩轓有金塗龜文及鷃翅左龍右虎廼後代之制欲改用螺龍加玉爲飾又言既建太常當車之後則自後登車有妨曲禮言君車將駕則僕執策立於馬前已駕僕展軨効駕奮衣由右上取貳綏跪乘執策分轡驅之五步而立君出就車則君升車亦當自右由前而入今玉輅前有式匱不應古制恐當更易以便登車及改式之制又禮記言車得其式周官輿人三分其隧一在前二在後以揉其式以其廣之半爲之式崇三分軫圍去一

以爲式圍三分軹圍去一以爲轛圍注立者爲轛横者爲軹今玉輅無式詔玉輅用青質輪輞絡帶其色如之四柱平盤虚匱則用赤增蓋弓之數爲二十八左右建旂常並青太常繡日月五星二十八宿旂上則繡以雲龍朱杠青綢鈴垂十有二就流蘇及佩各增十二之數樊纓飾以五采之罽衡式之上又加鸞和輅之諸末耀葉螭頭雲龍垂牙鍵脚花版結綬羅紋雜佩羽毫蕊臺麻鑪香寶壓貼牌字皆飾以玉自後而升式匱不去既成高二丈七寸五分濶一丈五尺副玉輅亦用青色舊駕馬四增爲六色亦以青政和四年詔改修正副輅討論製造金象革木四輅並

依新修玉輅制度旂常並建各與輅一色除去闌戟改車箱兩轓龜文鷃翅左龍右虎之飾並用螺龍增蓋弓博山流蘇等數軾衡加和鸞以合於古金輅朱質飾以金塗銀左右建太常大旂及輪衣絡帶等色皆以黄龍旂九斿如周官金輅建大旂之制駕馬以騮飾樊纓五采九就象輅朱質凡制度裝綴名物並同金輅飾以象及金塗銀銅鍮石左右建太常大赤輪衣絡帶等色皆以紅大赤繡鳥隼七斿如周官象輅建大赤之制駕馬以赤飾樊纓七就革輅朱質凡制度裝綴名物並同金輅飾以金塗銅鍮石左右建太常大白及輪衣絡帶等色皆以淺黄大白繡熊虎

六斿如周官革輅建大白之制駕馬以黼白飾樊纓五就木輅朱質凡制度裝綴名物皆同金輅飾以金塗鍮石左右建太常大麾及輪衣絡帶等色皆以皂大麾繡龜蛇四斿如周官木輅建大麾之制駕馬以烏飾樊纓三就四輅駕馬各六玉輅駕士六十四人餘皆四十人又禮制局增改雅飾諸輅舊副玉輅色青飾以金改用黄而飾以玉樊纓如正輅之制建太常色黄飾以組象日月於縿星辰於斿其長曳地舊金輅改用青飾以金樊纓以五采罽而九就建大旂色青飾以組象交龍於縿升龍於斿其長齊軫象輅改用赤飾以象樊纓以五采罽而七就建大赤色赤

飾以組象鳥隼於縿斿其長齊較革輅改用白飾以革龍勒條纓建大白色白飾以組象熊虎於縿斿其長齊肩三輅皆維以縷削幅爲之木輅依舊色而飾以漆其色黑前樊鵠纓建大麾色黑飾以組象龜蛇於縿斿其長齊首維以縷充幅爲之又詔玉輅身仍用紅太常旂絡帶等用黄餘常旂絡帶亦隨其輅色高宗渡江鹵簿儀仗悉燬於兵紹興十二年始命工部尚書莫將户部侍郎張澄等以天禧宣和鹵簿圖考究制度及故内侍工匠省記指說參酌制度是年九月玉輅成明年遂作金象革木四輅副輅不設玉輅之制青色飾以玉通高十九尺輪高六十三寸輻

徑三十九寸軸長十五尺三寸頂上剡爲輪三層象天圜也外施青玉博山八十一（一名耀葉）鏤以金塗龍文覆以青羅曰輪衣綴垂玉佩間以五色垂氂尾曰流蘇（一名緌帶）頂四角分垂青羅曰絡帶表裏繡雲龍遇雨則油黄繒覆之輅之中四柱象地方也前柱卷龍平槃上布錦褥前有横軾後垂錦軟簾登車則自後卷簾梯級以登四面周以闌而闌其中以備登降執綏官先自右升立於右柱下以備顧問闌柱頭有玉蹲龍軾前有牌鏤曰玉輅以玉篆之上有玉龍二中設御坐純以黄香木爲之取其黄中之正色也下有塗金蹲龍十六在平槃四圍下又有拓角雲龍金彩飾

之前後左右各二前有轅木三鱗體昂首龍形轅木上東兩横竿在前者名曰鳳轅馬負之以行次曰推轅班直推之以助馬力横於轅後者名曰壓轅以人壓於後欲取其平車輪三歲一易心用榆圜數尺圜以鐵以防折裂横貫大木以爲軸夾以兩輪輪皆彩畫此輅下飾也每新輪成載鐵萬斤試之左建太常右建龍旂揷於輅後兩柱之金環前駕青馬六馬有鏤鍚鞶纓金鈴紅旄繡屜金包騣鍮包尾青繒裹索引之駕士二百三十二人（誕馬十二人左右索百二十八人入轅馬十二人龍頭子二人前後抱轅各六人推竿四人捧輪四人拓叉四人淨簾四人前欄人負一人後欄人負一人前欄馬八人後欄馬八人踏道人負二人踏道二十人小拓叉四人小梯子二人燭臺二人香匙剪子二人）

左右索人員二人。又有呵喝人員二人教馬官二人捧輪將軍四人千牛衛將軍二人推輪軸官健八人抱太常龍旗官六人職掌五人專知官一人手分一人庫子八人裝掛工匠二人諸作工匠十五人蓋覆儀鸞司十一人監官三員金輅黃色飾以金塗銀制如玉輅而高減五寸博山輪衣絡帶䡊輻軸並以黃建大旂九斿駕黃馬六駕士一百五十四人象輅朱色飾以象及金塗銅制如金輅博山輪衣絡帶並以朱建大赤七斿駕赤馬六駕士一百五十四人革輅淺黃白色飾以金塗銅制如象輅博山輪衣絡帶並以淺黃白建大白六斿駕黃白馬六駕士百五十四人木輅黑色飾以金塗銀制如革輅博山輪衣絡帶並以黑建大麾四斿駕黑馬六駕士一百五十四人五輅駕士服色平巾幘青絹抹額纈絹對花鳳袍緋纈絹對花寬袖襖羅抹絹袴襪麻鞵其色各從其輅

大輅政和六年徐秉哲言南北郊皇帝乘玉輅以赴齋宮自齋宮赴壇正當祀天祭地乃乘大輦疑非禮意下禮制局討論禮制局請造大輅如玉輅之制唯不飾以玉所駕之馬其數如之唯樊纓一就以稱尚質之義仍建大旂十有二旒龍章日月以協象天之義至禮畢還齋宮則御大輦於禮無嫌從之

大輦周官巾車氏有輦車以人組挽之宮中從容所乘唐制輦有七一曰大鳳輦二曰大芳輦三曰仙遊輦四曰小

輕輦五曰芳亭輦六曰大玉輦七曰小玉輦太祖建隆四年翰林學士承旨陶穀爲禮儀使創意造爲大輦赤質正方油畫金塗銀葉龍鳳裝其上四面行龍雲氣火珠方鑑銀絲囊網珠翠結條雲龍鈿窠霞子四角龍頭銜香囊頂輪施耀葉中有銀蓮花坐龍紅綾裏碧牙壓帖內設圓鑑銀絲香囊銀飾勾闌臺坐紅絲絛網鉸鏴中施黃褥上置御坐扶几香爐錦結綬几衣輪衣絡帶並緋繡壓金銀綫長竿四銀裹鐵鍋龍頭魚鉤錦膊褥銀裝畫梯拓叉黃羅緣席褥帊梯杖褥朱索緋繒油帊主輦六十四人親祀南郊謁太廟還及具鑾駕黃麾仗省方還都則乘之真宗東封以舊輦太重遂命別造凡減七百餘斤後常用焉神宗已後其制赤質正方油畫金塗銀龍鳳裝朱漆天輪一金塗銀頂龍一四面施行龍一十六火珠四四角龍頭四穗毬一十二頂輪施耀葉紅羅輪衣一綴銀鈴紅羅絡帶二中設御坐曲几錦褥等施屏風香爐結綬長竿四飾以金塗銀龍頭祀畢車駕還內若不進輅則乘大輦政和之制黃質冒以黃衣紘以黃帶車箱四圍於桯之外高二尺二寸設軾於前楹軾高三尺二寸建大旂於後楹旂十二斿其長曳地其色黃繪以交龍素帛爲縿繪以日月以弧張幅以韣韜弧杠以青錦綢之注旄於竿首繫以鈴國朝之

輦有七中興後唯存大輦平輦逍遙三輦而已大輦又曰大安輦其制赤質正方高十五尺三十方十一尺六寸四柱平槃上覆青緑錦上有天輪三層外施金塗銀博山八十一內有圓鏡金塗銀頂龍一四面行龍十六火珠四輪衣以青墜以金鈴頂有青羅十字分垂四角曰絡帶四角出龍首銜鞶牛五色尾曰旒綏四面拱斗外施方鏡九柱圍以朱闌中設御坐曲几屏風錦褥下舉以長竿四攢竹筋膠丹漆之竿爲龍首平槃下四圍結紅絲網輦官服色武弁黃纈對鳳袍黃絹勒帛紫生色袒帶紫絹行滕

芳亭輦黑質頂如幕屋緋羅衣裙襴絡帶皆繡雲鳳兩面朱緑總花版外施紅絲網綢金銅帉鍇前後垂簾下設牙牀勾闌長竿四銀龍頭銀飾梯行馬主輦一百二十人政和之制簾以紅羅繡鵝爲額內設御坐長竿飾以金塗銅螭首橫竿二

鳳輦赤質頂輪下有二柱緋羅輪衣絡帶門簾皆繡雲鳳頂有金鳳一兩壁刻畫龜文金鳳翅前有軾匱香爐香寶結帶下有勾闌二重內設紅錦褥長竿三銀飾梯行馬主輦八十人法駕鹵簿不設鳳輦

逍遙輦以椶櫚爲屋赤質金塗銀裝朱漆扶版二雲版一長竿二飾以金塗銀龍頭常行幸所御又魚鉤帉鍇梅紅條輦官十二人春夏服緋羅衫秋冬服白師子錦襖東封別造辟塵逍遙輦加總隔黃繒爲裏賜名省方逍遙輦中興之制赤質金塗銀四柱樓屋上有走脊金龍四中起火珠凸頂四面不設總障中有御踏子制甚簡素祗應人員服帽子宜男方勝纈衫

平輦又名平頭輦亦曰太平輦飾如逍遙輦而無屋輦官十二人服同逍遙輦常行幸所御東封別造升山天平輦施機關賜名曰登封輦中興之制赤質正方形如一朱龍椅而加長竿二飾如逍遙輦而不施樓屋制尤簡素止施畫雲版而已又有七寶輦隆興二年爲德壽宮所製也高五十一寸濶二十七寸深三十六寸比附大輦平輦制度爲之上施頂輪耀葉角龍頂龍滴子鐸子結穗毬下施梅紅絲裙網加綴七寶中設香木御坐引手爲轉身龍靠背爲龍首靠枰子織以紅黃藤昇以長竿二竿爲螭首金塗銀飾馬初有司言東都舊制輦飾以玉裙網用七寶而滴子用真珠帝曰上皇意不然止欲簡素遂以塗金易玉梅紅絲結裙網間綴七寶而象牙易真珠既而上皇却不受每至大內多乘馬而間有行幸則用肩輿自是重華壽康兩宮並不別造

小輿赤質頂輪下施曲柄如蓋緋繡輪衣絡帶制如鳳輦

而小下有勾闌牙牀繡瀝水中設方牀緋繡羅衣錦褥上有小案坐牀皆繡衣踏牀緋衣前後長竿二銀飾梯行馬奉輿二十四人中興後去其輪蓋方四十九寸高三十一寸輿上周以勾闌施翟羽玉照子中爲方牀三級上設御坐曲几踏子曲柄緋羅繡蓋輿下紅絲結五色花裙網舁以長竿二竿爲螭首宮殿從容所乘設鹵簿則陳之

腰輿前後長竿各二金銅螭頭緋繡鳳裙欄上施錦褥別設小牀緋繡花龍衣奉輿十六人中興制赤質方形四面曲闌下結繡裙網制如小輿惟無翟尾玉照子三級床曲柄蓋而上設方御床曲几舁竿無螭首用亦同小輿

耕根車制青質蓋三層餘如五輅之副駕六青馬駕士四十人親祠具大駕法駕鹵簿並列於仗内若耕藉則乘之國朝之車自耕根而下凡十有五南渡所存惟耕根車一而已其制度並同惟駕士七十五人

進賢車古安車也太祖乾德元年改赤質兩壁紗窻擎耳虛匱一轅緋幰衣絡帶門簾皆繡鳳紅絲網中設朱漆牀香案紫綾案衣緋繒裹輓索朱漆行馬凡車皆有輓索行馬駕四馬駕士二十四人

明遠車古四望車也駕以牛太祖乾德元年改仍舊四馬赤質制如屋重欄勾闌上有金龍四角垂銅鐸上層四面垂簾下層周以花版三轅駕士四十人服繡對鳳

羊車古輦車也亦爲畫輪車駕以牛隋駕以果下馬今亦駕以二小馬赤質兩壁畫龜文金鳳翅緋幰衣絡帶門簾皆繡瑞羊童子十八人

指南車一曰司南車赤質兩箱畫青龍白虎四面畫花鳥重臺勾闌鏤拱四角垂香囊上有仙人車雖轉而手常南指一轅鳳首駕四馬駕士舊十八人太宗雍熙四年增爲三十人仁宗天聖五年工部郎中燕肅始造指南車肅上奏曰黃帝與蚩尤戰于涿鹿之野蚩尤起大霧軍士不知所向帝遂作指南車周成王時越裳氏重譯來獻使者惑

失道周公賜軿車以指南其後法俱亡漢張衡魏馬鈞繼作之屬世亂離其器不存宋武帝平長安嘗爲此車而制不精祖沖之亦復造之後魏太武帝使郭善明造彌年不就命扶風馬岳造垂成而爲善明鴆死其法遂絶唐元和中典作官金公立以其車及記里鼓上之憲宗閱於麟德殿以備法駕歷五代至國朝不聞得其制者今創意成之其法用獨轅車車箱外籠上有重構立木仙人於上引臂南指用大小輪九合齒一百二十足輪二高六尺圍一丈八尺附足立子輪二徑二尺四寸圍七尺二寸出齒各二十四齒間相去三寸轅端橫木下立小輪二其徑三寸鐵

軸貫之左小平輪一其徑一尺二寸出齒十二右小平輪一其徑一尺二寸出齒十二中心大平輪一其徑四尺八寸圍一丈四尺四寸出齒四十八齒間相去三寸中立貫心軸一高八尺徑三寸上刻木爲仙人其車行木人指南若折而東推轅右旋附右足子輪順轉十二齒擊右小平輪一匝觸中心大平輪左旋四分之一轉十二齒車東行木人交而南指若折而西推轅左旋附左足子輪隨輪順轉十二齒擊左小平輪一匝觸中心大平輪右轉四分之一轉十二齒車正西行木人交而南指若欲北行或東或西轉亦如之詔以其法下有司製之大觀元年內侍省吳

德仁又獻指南車記里鼓車之制二車成其年宗祀大禮始用之其指南車身一丈一尺一寸五分闊九尺五寸深一丈九寸車輪直徑五尺七寸車轅一丈五寸車箱上下爲兩層中設屏風上安仙人一執杖左右龜鶴各一童子四各執纓立四角上設關戾臥輪一十三各徑一尺八寸五分圍五尺五寸五分出齒三十二齒間相去一寸八分中心輪軸隨屏風貫下下有輪一十三中至大平輪其輪徑三尺八寸圍一丈一尺四寸出齒一百齒間相去一寸二分五釐通上左右起落二小平輪各有鐵墜子一皆徑一尺一寸圍三尺三寸出齒一十七齒間相去一寸九分

又左右附輪各一徑一尺五寸五分圍四尺六寸五分出齒二十四齒間相去二寸一分左右疊輪各二下輪各徑二尺一寸圍六尺三寸出齒三十二齒間相去二寸一分上輪各徑一尺二寸圍三尺六寸出齒三十二齒間相去一寸一分左右車脚上各立輪一徑二尺二寸圍六尺六寸出齒三十二齒間相去二寸二分五釐左右後轅各小輪一無齒繫竹簟并索在左右軸上遇右轉使右轅小輪觸落右輪若左轉使左轅小輪觸落左輪行則仙童交而指南車駕赤馬二銅面插羽鞶纓攀胸鈴拂緋絹屜錦包尾

記里鼓車一名大章車赤質四面畫花鳥重臺勾闌鏤拱行一里則上層木人擊鼓十里則次層木人擊鐲一轅鳳首駕四馬駕士舊十八人太宗雍熙四年增爲三十人仁宗天聖五年內侍盧道隆上記里鼓車之制獨轅雙輪箱上爲兩重各刻木爲人執木槌足輪各徑六尺圍一丈八尺足輪一周而行地三步以古法六尺爲步三百步爲里用較今法五尺爲步三百六十步爲里立輪一附於左足徑一尺三寸八分圍四尺一寸四分出齒十八齒間相去二寸三分下平輪一其徑四尺一寸四分圍一丈二尺四寸二分出齒五十四齒間相去與附立輪同立貫心軸一

其上設銅旋風輪一出齒三齒間相去一寸二分中立平輪一其徑四尺圍一丈二尺出齒百齒間相去與旋風等次安小平輪一其徑三寸少半寸圍一尺出齒十齒間相去一寸半上平輪一其徑三尺少半尺圍一丈出齒百齒間相去與小平輪同其中平輪轉一周車行一里下一層木人擊鼓上平輪轉一周車行十里上一層木人擊鐲凡用大小輪八合二百八十五齒遞相鉤鏁犬牙相制周而復始詔以其法下有司製之大觀之制車箱上下爲兩層上安木人二身各手執木椎輪軸共四内左壁車脚上立輪一安在車箱内徑二尺二寸五分圍六尺七寸五分二十齒齒間相去三寸三分五釐又平輪一徑四尺六寸五分圍一丈三尺九寸五分出齒六十齒間相去二寸四分上大平輪一通軸貫上徑三尺八寸圍一丈一尺出齒一百齒間相去一寸二分立軸一徑二寸二分圍六寸六分出齒三齒間相去二寸二分外大平輪軸上有鐵撥子二又木橫軸上關戾撥子各一其車脚轉一百遭通輪軸轉周木人各一擊鉦鼓

白鷺車隋所制也一名鼓吹車赤質周施花版上有朱柱貫五輪相重輪衣以緋皂頂及緋絡帶並繡飛鷺柱杪刻木爲鷺銜鵝毛筩紅綬帶一輳駕四馬駕士十八人

鸞旗車漢制爲前驅赤質曲壁一輳上載赤旗繡鸞鳥駕四馬駕士十八人

崇德車本秦辟惡車也上有桃弧棘矢所以禳却不祥太祖乾德元年改赤質周施花版四角刻辟惡獸中載黃旗赤繡此獸太卜署令一人在車中執旗駕四馬駕士十八人政和之制建黃羅繡崇德旗一彩畫刻木獬豸四宣和元年禮制局言崇德車載太卜令一員畫辟惡獸於旗記曰前巫而後史傳曰桃弧棘矢以供禦王事請以巫易太卜弧矢易辟惡獸從之

皮軒車漢前驅車也冒以虎皮爲軒取曲禮前有士師則載虎皮之義赤質曲壁上有柱貫五輪相重畫虎文駕四馬駕士十八人政和之制用漆柱貫朱漆皮軒五

黃鉞車漢制乘輿建之在大駕後晉鹵簿有黃鉞車唐初無之貞觀後始加赤質曲壁中設金鉞一錦囊綢杠左武衛隊正一人在車中執鉞駕兩馬駕士十五人

豹尾車古者軍正建豹尾漢制最後車一乘垂豹尾豹尾以前即同禁中唐貞觀後始加此車於鹵簿内制同黃鉞車上載朱漆竿首綴豹尾右武衛隊正一人執之駕兩馬駕士十五人

屬車一曰副車一曰貳車一曰左車秦制大駕屬車八十

一乘法駕三十六乘漢法駕用三十一乘小駕用十二乘
隋制大駕三十六法駕十二小駕不用唐大駕唯用十二
乘宋因之黑質兩箱絭裝前有曲闌金銅飾上施紫通幰
絡帶門簾皆繡雲鶴紫絲網帉錔每乘駕三牛駕士十人
五車徽宗宣和元年禮制局言舊鹵簿記有白鷺鸞旗皮
軒三車其制非古按曲禮曰前有水則載青旌前有塵埃
則載鳴鳶前有車騎則載飛鴻前有士師則載虎皮前有
鷙獸則載貔貅萬乘一出五車必載所以警衆也青旌鳴
鳶飛鴻貔貅乃以白鷺鸞旗雜陳其間未爲合禮今欲改
五車相次於中道繼之以崇德車於是爲備青旌車赤質

曲壁中載青旌以絳帛爲之畫青鳥於其上鳴鳶車赤質
曲壁中載鳴鳶旌以絳帛爲之畫鳴鳶於其上飛鴻車赤
質曲壁中載飛鴻旌以絳帛爲之畫飛鴻於其上虎皮車
赤質曲壁中載虎皮旌以絳帛爲之緣以赤畫虎皮於上
貔貅車赤質曲壁旌以絳帛爲之緣以赤畫貔貅於上其
轅皆一

涼車赤質金塗銀裝龍鳳五采明金織以紅黃藤油壁緋
絲條龍頭梅紅羅褥銀螭頭穗毬雲朵踏頭蓮花坐鷹鉤
火珠門沓鈒戟頻伽大小鍰駕以橐駝省方在道及校獵
廻則乘之

相風烏輿上載長竿竿杪刻木爲烏垂鵞毛筩紅綬帶下
承以小盤周以緋裙繡烏形輿士四人

行漏輿隋大業行漏車也制同鍾鼓樓而大設刻漏如稱
衡首垂銅鉢末有銅象滲匱貯水渴烏注水入鉢中長竿
四輿士六十人

十二神輿赤質四門旁刻十二辰神緋繡輪衣絡帶輿士
十二人

交龍鉦鼓輿各一皆刻木爲二青龍相交下有木臺長竿
一挂畫鼓一挂金鉦上皆有緋蓋亦綉交龍輿士各二人
中興後相風行漏十二神鉦鼓四輿悉省去

鍾鼓樓輿各一本隋大駕鍾車鼓車也皆刻木爲屋中置
鍾鼓下施木臺長竿如鉦鼓輿輿士各二十四人行漏輿
十二神輿交龍鉦鼓輿鍾鼓樓舊禮無文皆太祖開寶定
禮所增

志卷第一百二

開府儀同三司上柱國錄軍國重事前中書右丞相監修國史領經筵事都總裁臣脫脫等奉

敕修

輿服二

后妃車輿　皇太子王公以下車輿
繖扇鞍勒　門戟旌節

皇后之車唐制六等一曰重翟二曰厭翟三曰翟車四曰
安車五曰四望車六曰金根車宋因之初用厭翟車其制
箱上有平盤四角曲闌兩壁紗窻龜文金鳳翅前有虛
匱香爐香寶緋繡幰衣絡帶門簾三轅鳳首畫梯推竿行
馬緋繒裹索駕六馬金銅面纓𩍐鈴拂緋屜駕士三十人

武弁緋繡衫常出止用正副金塗銀裝白藤輿各一上覆
椶櫚屋飾以鳳輦官服同乘輿平頭輦之制徽宗政和三
年議禮局上皇后車輿之制重翟車青質金飾諸末間以
五采輪金根朱牙其箱飾以重翟羽四面施雲鳳孔雀刻
鏤龜文頂輪上施金立鳳耀葉青羅幰衣一紫羅畫雲龍
絡帶二青絲絡網二紫羅畫帷一青羅畫雲龍夾幔二車
內設紅褥及坐橫轅上施立鳳八香匱設香爐香寶香匱
飾以螭首前後施簾長轅三飾以鳳頭青繒裹索駕青馬
六馬有銅面插翟羽鞶纓攀胸鈴拂青屜青包尾若受冊
謁景靈宮則乘之厭翟車赤質其箱飾以次翟羽紫幰衣

紅絲絡網紅羅畫絡帶夾幔錦帷餘如重翟車駕赤騮四
若親蠶則乘之翟車黃質其車側飾以翟羽黃幰衣黃絲
絡網錦帷絡帶餘如重翟車駕黃騮四安車赤質金飾間
以五采刻鏤龜文紫幰衣錦帷絡帶紅絲絡網前後施簾
車內設褥及坐長轅三飾以鳳頭駕赤騮四凡駕馬鞶纓
之飾並從車質四望車朱質青幰衣餘同安車駕牛三金
根車朱質紫幰衣餘同安車駕牛三自重翟車以下備鹵
簿則皆以次陳設藤輿金塗銀裝上覆椶櫚屋以龍飾常
行之儀則用之
龍肩輿一名椶檐子一名龍檐子舁以二竿故名檐子南

渡後所製也東都皇后備厭翟車常乘則白藤輿中興以
太后用龍輿后惟用檐子示有所尊也其制方質椶頂施
走脊龍四走脊雲子六朱漆紅黃藤織百花龍爲障緋門
簾看窻簾朱漆藤坐椅踏子紅羅裀褥軟屏夾幔隆興二
年正月皇后受冊畢擇日朝謁有司具儀物乞乘肩輿龍
檐製造所受給使臣尹肇發納中宮金塗銀葉椶櫚朱漆
紅黃藤織百花龍押子碌牙壓貼纏金雕木腰花泥版龍
檐子一乘金塗銀頂子龍頭六走脊龍四走脊雲子六貼
絡龍四十貼絡雲子三十鐸子八插拴坐龍四環索全鈒
遮那一副檀香龜背紅紗窻四扇紅羅緣紅篆門簾一瀝

水全看牕簾二朱漆藤面明金雕木龍頭椅一脚踏一紅綫條結一朱漆小几二紅羅褥全紅羅緣肩髆席褥一十六鞶帶全金塗銀鐵胎扞鞘四魚鈎四火踏一朱漆梯盤全朱漆衣匣二金塗銅手把葉段拓叉二金塗銅叉頭拖泥行馬二金塗銀葉杠子二紅茸匾條四紅羅夾軟屏風夾幔各一襯脚席褥蓁背坐褥及踏床各一紅絹十字帕一竿袋四魚鈎帕二紅油十字帕竿袋魚鈎帕數同上凳地帕一圍裙一

大安輦真宗咸平中爲萬安太后製輿上設行龍六乾興元年詔皇太后御坐檐子名大安輦神宗嗣位尊皇太后

爲太皇太后其行幸依治平元年之制而皇太后皇后常出止用副金塗銀裝白藤輿覆以椶櫚屋飾以鳳輦官服同乘輿平頭輦之制於是詔太皇太后出入所乘如萬安太后輿上設行龍六制飾率有加金銅車禮典不載則如舊制哲宗紹聖元年議造皇太后大安輦中書具治平元豐中皇太后輿服儀衛以呈曰元豐中先帝手詔皇太后行幸儀衛並依慈聖光獻太皇太后日例而宣仁謙恭不乘大安輦哲宗曰令皇太后獨尊非宣仁比遂詔行幸進大安輦已而皇太后嫌避竟不製造

龍輿皇太后所乘也東都皇太后多垂簾皆抑損遠嫌不肯乘輦止用輿而已哲宗既嗣位尊朱貴妃爲皇太妃出入許乘檐子有司請用牙魚鳳爲飾繖用青元祐三年太皇太后詔有司尋繹典故於是檐子飾以龍鳳繖用紅九年羣臣議改檐子爲輿上設行龍五出入由宣德東偏門哲宗以皇太后諭旨令太妃坐六龍輿出入進黃繖由宣德正門於是三省議皇太妃坐龍鳳輿繖紅黃兼用從皇太后出入止用紅紹聖元年禮部太常寺言近奉旨皇太后欲令皇太妃坐六龍輿朕常思皇太妃尊奉之禮既不敢擬隆於皇太后又不可不逮於中宫令參以人情再加詳定伏請供進龍鳳輿從之及徽宗即位尊太妃爲聖瑞

皇太妃詔儀物除六龍輿不用仍進龍鳳輿外餘悉增崇焉紹興奉迎皇太后詔造龍輿其制朱質正方金塗銀飾四竿竿頭螭首赭牕紅簾上覆以椶加走龍六内設黃花羅帳裀褥朱椅踏子紅羅黃羅繡巾二

皇太子車輅之制唐制三等一曰金輅二曰軺車三曰四望車太宗至道初真宗爲皇太子謁太廟乘金輅常朝則乘馬真宗天禧中仁宗爲皇太子亦同此制徽宗政和三年議禮局上皇太子車輅之制金輅赤質金飾諸末重較箱畫苣文鳥獸黃屋伏鹿軾龍輈金鳳一在軾前設障塵朱蓋黃裏輪畫朱牙左建旂九旒右載闟戟旂首金龍頭

衡結綬及鈴綬八鸞在衡二鈴在軾駕赤騮四金鍐方釳
插翟尾鏤錫鞶纓九就從祀謁太廟納妃則供之軺車金
飾諸末紫油通幰紫油纁朱裏駕馬一四望車金飾諸末
清油通幰青油纁朱裏朱絲絡網駕馬一軺車四望車以
次列於鹵簿仗内皇太子妃則有厭翟車駕以三馬出入
亦乘檐子中興簡儉惟用藤檐子頂梁舁杠皆飾以玄漆
四角刻獸形素藤織花爲面如政和之制
親王羣臣車輅之制唐制有四一曰象輅親王及一品乘
之二曰革輅二品三品乘之三曰木輅四品乘之四曰軺
車五品乘之宋親王一品二品奉使及葬並給革輅制同

乘輿之副惟改龍飾爲螭六引内三品以上乘革車赤質
制如進賢車無案駕四赤馬駕士二十五人其緋幰衣絡
帶旗戟綢杠繡文司徒以瑞馬京牧以隼御史大夫以獬
豸兵部尚書以虎太常卿以鳳駕士衣亦同縣令乘軺車
黑質兩壁紗牕一轅金銅飾紫幰衣絡帶並繡雉衡瑞草
駕二馬駕士十八人百官常朝皆乘馬眞宗大中祥符三
年知樞密院事王欽若言王公車輅上並用龍裝乞下有
司檢定制度詔下太常禮院詳定本院言按鹵簿令王公
已下象輅以象飾諸末朱班輪八鸞在衡左建旂畫龍一
升一降右載闟戟革輅以革飾諸末左建旃餘同象輅木

輅以漆飾之餘同革輅軺車曲壁青幰碧裏諸輅皆朱質
朱蓋朱旂旃一品九旒二品八旒三品七旒四品六旒其
鞶纓如之神宗元豐三年詳定禮文所言鹵簿記公卿奉
引第一開封令乘軺車次開封牧隼旗次太常卿鳳旗次
司徒瑞馬旗次御史大夫獬豸旗次兵部尚書虎旗而乘
革車考之非是謹按周禮巾車職曰孤乘夏篆卿乘夏縵
大夫乘墨車司常職曰孤卿建旃大夫建物請公卿已下
奉引先開封令乘墨車建物次開封牧乘墨車建旗太常
卿御史大夫兵部尚書乘夏縵司徒乘夏篆並建旃所以
參備九旗之制詔從之政和議禮局上王公以下車制象

輅以象飾諸末朱班輪八鸞在衡左建旗右載闟戟駕馬
四親王昏則用之革車赤質載闟戟緋羅繡輪衣簾旗韜
杠絡帶駕赤馬四大駕鹵簿六引法駕鹵簿三引開封牧
第乘之王公一品二品三品備鹵簿皆供革車一乘其輪
衣簾旗韜杠絡帶繡文開封牧以隼大司樂以鳳少傅以
瑞馬御史大夫以獬豸兵部尚書以虎軺車黑質紫幰衣
絡帶並繡雉施紅錦簾香爐香寶結帶駕赤馬二鹵簿内
第一引官縣令乘之駕馬皆有銅面插羽鞶纓攀胷鈴拂
緋絹屜紅錦包尾六年禮制局言大觀中用大司樂代太
常卿爲第三引蓋以大司樂掌鼓吹之事夫禮樂之官宗

伯爲長宜改用禮部尚書又第四引司徒即用地官之長自漢以來爲三公朝廷近改司徒爲少傅然六引司徒乃地官之事宜改用戶部尚書其府佐依六引諸卿例改爲僚佐其鹵簿儀仗依兵部尚書例給古之諸侯出封於外同姓錫以金輅異姓錫以象輅蓋出而制節則遠君而其道伸入而謹度則近君而其勢屈故其入覲則不敢乘金輅象輅以同于王當自降而乘墨車也若公侯采地在天子縣內者則爲都鄙之長大司馬所謂師都建旗是矣今開封牧列職于朝與御史大夫同謂之卿可也其在周官則卿大夫之職是矣又無金輅象輅之錫而乃比於古之

諸侯入覲而乘墨車可乎成周上公九命車旗以九爲節故建常九斿侯伯七命車旗以七爲節故建常七斿子男五命車旗以五爲節故建常五斿其卿六命其大夫四命車旗亦各眡其命之數則卿之建旗當用六斿大夫建物當用四斿至於三斿則上士所建也其開封令宜乘墨車而建物四斿開封牧御史大夫戶部兵部禮部尚書皆卿也宜乘夏縵而建旗六斿其年詳定官蔡攸又言六引開封令乘軺車居前開封牧大司樂司徒御史大夫兵部尚書乘革車次之開封牧建繡隼旗太常卿建繡鳳旗司徒繡瑞馬旗御史大夫繡以獬豸兵部尚書繡以虎皆副之

以鬭戟其先後之序所乘之車所建之旗揆古則不合驗今則有戾且大駕之出自漢光武時始有三引先河南尹次執金吾次洛陽令先尊而後卑也後魏亦三引先平城令次司隸校尉次丞相先卑而後尊也唐兼用六引五代減爲三後周復增爲六本朝因之以開封令居前終以兵部尚書然以前爲尊則大司樂不當次令牧以後爲尊則兵部尚書不當繼御史大夫此先後之序未正也軺車非縣令宜駕革車非公卿宜用是所乘之車未稱也鳳馬之繡無所經見鬭戟之設尤爲訛謬是所建之旗未宜也司徒三公論道之官車徒非其所任戶部主之可也奉常掌

禮司樂典樂皆專於一事禮樂之容非其所兼禮部總之宜也請改司徒用戶部尚書改大司樂用禮部尚書其僚佐儀制視兵部尚書御史大夫位亞三少秩從二品又尊於六尚書其行宜以兵部次令牧禮部戶部又次之終以御史大夫則先後之序正矣夏篆者篆其車而五采畫之也夏縵則五采畫之而不篆墨車則漆之而不畫孤宜乘夏篆象其文質之備卿宜乘夏縵象其文采而不足於篆開封令秩比大夫開封牧古之諸侯其乘皆宜墨車其駕之馬令以三牧以四御史大夫以六尚書卿之任也其駕亦四則所乘之車稱矣司常曰孤卿建旃大夫士建物師

都建旗蓋通帛爲旃其色純赤雜帛爲物其色赤白物爲
三斿旃亦如之開封令秩視大夫故宜建以物開封牧率
王畿之衆而衛上師都之任也故宜建以旗尚書御史大
夫古之卿也故宜建以旃從之七年禮制局言昨討論大
駕六引開封牧乘墨車兵部尚書禮部尚書戶部尚書御
史大夫乘夏縵已經冬祀陳設訖所有駕士衣服尚循舊
六引之制宜行改正況天子五輅駕士之服各隨其輅之
色則六引駕士之服當亦如之請墨車駕士衣皂夏縵駕
士皂質綉五色團花於禮爲稱從之
肩輿神宗優待宗室老疾不能騎者出入聽肩輿熙寧五
年大宗正司請宗室以病肩輿者踏引籠燭不得過兩對
中興後人臣無乘車之制從祀則以馬常朝則以轎舊制
輿檐有禁中興東征西伐以道路阻險詔許百官乘轎王
公以下通乘之其制正方飾有黃黑二等凸蓋無梁以篾
席爲障左右設牖前施簾舁以長竿二名曰竹轎子亦曰
竹輿
內外命婦之車唐制有厭翟車翟車安車白銅飾犢車而
幰網有降差宋制銀裝白藤輿檐內命婦皇親所乘白藤
輿檐金銅犢車漆犢車或覆以氈或覆以椶內外命婦通
乘

繖人臣通用以青絹爲之宋初京城內獨親王得用太宗
太平興國中宰相樞密使始用之其後近臣及內命婦出
外皆用眞宗大中祥符五年詔除宗室外其餘悉禁明年
復許中書樞密院用焉京城外則庶官通用神宗熙寧之
制非品官禁用青蓋京城惟執政官及宗室許用哲宗紹
聖二年詔在京官不得用涼扇徽宗政和三年以燕越二
王出入百官不避乃賜三接青羅繖一紫羅大掌扇二塗
金花鞍韉茶燎等物皆用塗金遂爲故事八年詔民庶享
神不得造紅黃繖扇及彩繪以爲祀神之物宣和初又詔
諸路奉天神許用紅黃繖扇餘祠廟並禁其畫壁塑像儀
仗用龍飾者易之建炎中初駐蹕杭州執政張澄言羣臣
扈從兵間權免張蓋俟回鑾仍舊詔前宰相到闕許張蓋
鞍勒之制宋以賜羣臣其非賜者皆有令式而不敢踰越
焉金塗銀鬧裝牡丹花校具八十兩紫羅繡寶相花雉子
方韉油畫鞍白銀銜鐙以賜宰相親王樞密使帶使相曾
任宰相觀文殿大學士宮觀使殿前馬軍步軍都指揮使
金塗銀鬧裝太平花校具七十兩紫羅繡瑞草方韉油畫
鞍陷銀銜鐙以賜使相樞密副使參知政事宣徽使節度
使宮觀使殿前馬軍步軍副都指揮使都虞候四廂都指揮使韉以
紫羅剜花若出使則加紅犛牛纓金塗銀鈸使相在外加紅繖

成鞍複步軍都虞候以上賜帶甲馬者加紅皮韀韂校具七十兩青韀圓韉陷銀銜鐙金塗銀鬧
裝麻葉校具五十兩紫羅剜花方韉油畫鞍陷銀銜鐙以
賜三司使觀文殿學士資政殿大學士翰林學士承旨翰
林學士資政殿端明殿翰林侍讀侍講龍圖天章寶文閣
樞密直學士御史中丞兩使留後觀察防禦使軍廂都指
揮使軍廂都指揮使初出授團練使刺史者賜亦同曾任中書樞密院後爲學士中丞者七十兩韉以繡瑞草
見任中書樞密院宣徽使使相節度使出使曾任中書樞
密院充諸路都總管安撫使朝辭日賜亦如之金塗銀三
環寶相花校具二十五兩紫羅圓韉烏漆鞍銜鐙以賜團
練使刺史金塗銀促結洛州花校具三十兩紫羅圓韉以

賜諸路承受白成十五兩以賜諸王宮僚翰林侍讀侍書
金塗銀寶相花校具四十兩蠻雲校具十五兩以賜諸班
押班殿前指揮使以上白成窪面校具十二兩以賜諸班
皆藍黃絁圓韉其皇親婚嫁皆給藍黃羅繡方韉金塗銀
花鞍金塗銀校具自八十兩至十二兩有六等宗室女壻
繫親皆賜紫羅繡瑞草方韉校具自七十兩至五十兩有
二等其賜契丹使則金塗銀太平花校具七十兩紫羅繡
寶相花雉子方韉副使則槲葉校具五十兩紫羅繡合子
地圓韉皆油畫鞍射弓則使銀裝副使銀稜賜諸蕃進奉大使則如刺
史而用青絛韉副使則如宮僚凡京官三品以上外任者

皆許馬以纓飾太宗太平興國七年翰林學士承旨李昉
言準詔詳定車服制度請升朝官許乘銀裝條子鞍勒六
品以下不得鬧裝其韉皆不得刺繡金皮飾餘官及工商
庶人許並乘烏漆素鞍不得用狨毛暖坐其藍黃條子非
宮禁不得乘士庶軍校乘白皮韉勒者悉禁斷從之八年
詔京朝知録事參軍及知縣者所乘馬並不得飾纓後復
許帶纓端拱二年詔内職諸班押班禁軍指揮使廂軍都
虞候並許乘銀裝條子鞍勒京官任知州通判許依六品
朝官眞宗咸平二年西京留臺上言留府舉官使臣乘馬
不得帶纓從之大中祥符五年詔繡韉及鬧裝校具除宗

室及恩賜外悉禁天禧元年令兩省諫舍宗室將軍以上
許乘狨毛暖坐餘悉禁凡京官三班巳上外任者皆許馬
以纓飾仁宗景祐三年詔官非五品以上毋得乘鬧裝銀
鞍其乘金塗銀裝條子促結鞍轡者自文武升朝官及内
職禁軍指揮使諸班押班廂軍都虞候防團副使以上聽
之仍毋得以藍黃爲絛白皮爲韉轡民庶止許以氊皮絁
紬爲韉京官爲通判以上職任者許權依升朝例神宗熙
寧間文武升朝官禁軍都指揮使以上塗金銀裝鞶條促
結五品以上復許銀鞍鬧裝若鬧花繡韉惟恩賜乃得乘
餘官及民庶仍禁銀飾舊制諸王視宰相用繡鞍韉政和

三年始賜金花鞍韉諸王不拖絨坐宣和末始賜中興因之乾道九年重修儀制權侍郎太中大夫以上及學士待制經恩賜許乘絨坐三衙節度使曾任執政官亦如之先是建炎初駐蹕杭州詔扈從臣僚合設絨坐者權宜撤去故事宰執侍從自八月朔搭坐紹興元年以江浙地煖改爲九月朔著爲例乾道元年乃詔三衙乘馬賜絨坐

門戟木爲之而無刃門設架而列之謂之棨戟天子宮殿門左右各十二應天數也宗廟門亦如之國學文宣王廟武成王廟亦賜焉惟武成王廟左右各八臣下則諸州公門設焉私門則府第恩賜者許之太宗淳化二年詔諸道州府軍監奏乞戟角戟稍如今文合賜即下三司指揮仁宗天聖四年太常禮院言準批狀詳定知廣安軍范宗古奏本軍乞降稍檢會令文京兆河南太原府大都督府都護門十四戟若中都督上都護門十二戟下都督諸州門各十戟並官給所有軍監門不載伏請不行神宗元豐之制凡門列戟者官司則開封河南應天大名大都督府皆十四中都督皆十二下都督皆十品官恩賜者正一品十六二品以上十四中興仍舊制

旌節唐天寶中置節度使受命日賜之得以專制軍事行即建節府樹六纛宋凡命節度使有司給門旗二龍虎各一旌一節一麾槍二豹尾二旗以紅繒九幅上設耀篦鐵鑽髹杠緋纛旌用塗金銅螭頭髹杠綢以紅繒畫白虎頂設髹木盤周用塗金飾節亦用髹杠飾以金塗銅葉上設髹圓盤三層以紅綠裝釘爲旄並綢以紫綾複囊又加碧油絹袋麾槍設髹木盤綢以紫繒複囊又加碧油絹袋豹尾製以赤黃布畫豹文並髹杠神宗熙寧五年詔新建節幷移鎮並降敕太常寺排比旌節下左右金吾街仗司騏驥院給執擎人員鞍馬中興因之建炎三年表韓世忠之旗曰忠勇紹興三年表岳飛之旗曰精忠孝宗詔以其藩邸旌節迎置天章閣淳熙中光宗亦詔奉東宮旌節其後寧宗踐祚有司言安奉皇帝藩邸旌節宜有推飾今用朱漆青地金字牌二其一題曰太上皇帝藩邸旌節其一曰今上皇帝藩邸旌節蓋襲用元豐延安故事云

志卷第一百三

開府儀同三司上柱國錄軍國重事中書右丞相兼修國史領經筵事都總裁臣脫脫等奉勅修

輿服三 天子之服 皇太子附 后妃之服 命婦附

天子之服一曰大裘冕二曰袞冕三曰通天冠絳紗袍四曰履袍五曰衫袍六曰窄袍天子祀享朝會親耕及視事燕居之服也七曰御閱服天子之戎服也中興之後則有之

大裘之制神宗元豐四年詳定郊廟奉祀禮文所言周禮司裘掌為大裘以供王祀天之服司服王祀昊天上帝則服大裘而冕祀五帝亦如之享先王則袞冕而禮記云郊祭之日王被袞以象天戴冕璪十有二旒則天數也王肅據家語以為臨燔柴脫袞冕著大裘則是禮記被袞與周禮大裘郊祀並用二服事不相戾但服之有先後耳是以開寶通禮皇帝服袞冕出赴行宮祀日服袞冕至大次質明改服大裘而冕出次盖袞冕盛服而文之備者故於郊之前期被之以至大次既臨燔柴則脫袞冕服裘以明天道至質故被裘以體之今儀注車駕赴青城服通天冠絳紗袍祀之日乃服韓袍至大次服袞冕臨祭非尚質之義乞並依開寶通禮詔詳定所參議又言臣等詳大裘之制本以尚質而後世反以尚文故冕之飾大為不經而禮書所載上有垂旒加飾又異大裘不裼之說今參考諸說大裘冕無旒廣八寸長一尺六寸前圓後方前低寸二分玄表朱裏以繒為之玉笄以朱組為紘玉瑱以玄紞垂之為裘以黑羔皮領袖以黑繒纁裳朱紱而無章飾佩白玉玄組綬革帶博二寸玉鉤䚢以佩紱屬之素帶朱裏絳純其外上朱下綠白紗中單皁領青褾襈裾朱韈赤舄黑絇繶純乞下所屬製造其當暑奉祠之服乞降梁陸瑋議以黑繒為裘及唐輿服志以黑羔皮為緣詔重詳定光祿寺丞集賢校理陸佃言臣詳冕服有六周官弁師云掌王之五冕則大裘與袞同冕故禮記云郊之日王被袞以象天又曰服之襲也充美也禮不盛服不充故大裘不裼此明王服大裘以袞衣襲之也先儒或謂周禮天地皆服大裘而大裘之冕無旒非是蓋古者裘不徒服其上必皆有衣故曰緇衣羔裘黃衣狐裘素衣麑裘如郊祀徒服大裘則是表裘以見天地表裘不入公門而乃欲以見天地可乎且先王之服冬裘夏葛以適寒暑未有能易之者也郊祀天地有

裘無衮則夏祀赤帝與至日祭地祇亦將被裘乎然
則王者冬祀昊天上帝中裘而表衮明矣至於夏祀
天神地祇則去裘服衮以順時序周官曰凡四時之
祭祀以宜服之明夏不必衣裘也或曰祭天尚質故
徒服大裘被衮則非尚質臣以爲尚質者明有所尚
而已不皆用質也今欲冬至禋祀昊天上帝服裘被
衮其餘祀天及祀地祇並請服衮去裘各以其宜服
之於是詳定所言裘不可徒服禮記曰大裘不裼則
襲可知所謂大裘之襲者衮也與衮同冕伏請冬祀
昊天與黑帝皆服大裘被以衮其餘非冬祀天及夏

至祭地則皆服衮六年尚書禮部言經有大裘而無
其制近世所爲惟梁隋唐爲可考請緣隋制以黑羔
皮爲裘黑繒爲領袖及裏緣袂廣可運肘長可蔽膝
按皇侃說祭服之下有袍繭（袍繭之下）有中衣朝服裼衣
之下有裘裘之下有中衣然則今之視郊中單當在
大裘之下其袂之廣狹衣之長短皆當如裘伏乞改
製於是神宗始服大裘而加衮冕焉哲宗元祐元年
禮部言元豐所造大裘雖用黑羔皮乃作短袍樣襲
於衮衣之下仍與衮服同冕未合典禮下禮部太常
寺共議上官均吳安詩常安民劉唐老龔原姚勔請

依元豐新禮丁騭請循祖宗故事王愈請倣唐制朱
光庭周秩請以玄衣襲裘獨禮部員外郎何洵直在
元豐中嘗預詳定以陸佃所議有可疑者八按周禮
節服氏掌祭祀朝覲衮冕六人惟王之太常郊祀裘
冕二人既云衮冕又云裘冕是衮與裘各有冕乃云
裘與衮同冕當以衮襲之裘既無冕又襲於衮中裘
而表衮何以示裘衮之別哉古人雖質不應以裘爲
夏服蓋冬用大裘當暑則以同色繒爲之記曰郊祭
之日王被衮以象天若謂裘上被衮以被爲襲則家
語亦有被裘象天之文諸儒或言臨燔柴脫衮冕著

大裘或云脫裘服衮蓋裘衮無同冕兼服之理今乃
以二服合爲一可乎且大裘天子吉服之最上若大
圭大路之比是裘之在表者記曰大裘不裼說者曰
無別衣以裼之蓋他服之裘褻故表裘不入公門事
天以報本復始故露質見素不爲表褻而冕亦無旒
何必假他衣以藩飾之乎凡裘上有衣謂之裼裼上
有衣謂之襲襲者裘上重二衣也大裘本不裼鄭志
乃云裘上有玄衣與裘同色蓋趙商之徒附會爲說
不與經合襲之爲義本出於重沓非一衣也古者齋
祭異冠齋服降祭服一等祀昊天上帝五帝以裘冕

祭則袞冕齋故鄭氏云王齋服袞冕是袞冕者祀天
之齋服也唐開元及開寶禮始以袞冕為齋服裘冕
為祭服兼與張融臨燔柴脱袞服裘之義合請從唐
制兼改製大裘以黑繒為之佃復破其說曰夫大裘
而冕謂之裘冕非大裘而冕謂之袞冕則裘冕必服
袞袞冕不必服裘今特言裘冕者主冬至言之周禮
司裘掌為大裘以供王祀天之服則祀地不服大裘
以夏日至不可服裘故也今謂大裘當暑以同色繒
為之尤不經見兼裼襲一衣而已初無重沓之義被
裘而覆之則曰襲袒而露裘之美則曰裼所謂大裘

不裼則非袞而何玉藻曰禮不盛服不充故大裘不
裼則明不裼而襲也充美也鄭氏謂大裘之上有玄
衣雖不知覆裘以袞然尚知大裘不可徒服必有玄
衣以覆之玉藻有尸襲之義周禮裘冕注云裘冕者
從尸服也夫尸服大裘而襲則王服大裘而襲可知
且裘不可以徒服故被以袞豈借袞以為飾哉今謂祭
天用袞冕為齋服裘冕為祭服此乃襲先儒之謬誤
後漢顯宗初服日月星辰十二章以祀天地自魏以
來皆用袞服則漢魏祭天嘗服袞矣雖無大裘未能
盡合於禮固未嘗有表裘而祭者也且裘內服也與

袍同袍褻矣而欲禪以祭天以明示質是欲权衣以
見上帝也洵直復欲為大裘之裳纁色而無章飾夫
裘安得有裳哉請從先帝所志其後詔如洵直議去
黑羔皮而以黑繒製焉政和議禮局上大裘青表纁
裹黑羔皮為領褾襈朱裳被以袞服冬至祀昊天上
帝服之立冬祀黑帝立冬後祭神州地祇亦如之中
興之後無有存者紹興十三年禮部侍郎王賞等言
郊祀大禮合依禮經皇帝服大裘被袞行禮據元豐
詳定郊廟禮文何洵直議以黑繒創作大裘如袞惟
領袖用黑羔皮如洵直議詔有司如祖宗舊制以羔

製之禮部又言關西羊羔係天生黑色今有司涅白
羔為之不中禮制不如權以繒代又元祐中有司欲
為大裘度用百羔哲宗以為害物遂用黑繒請依太
常所言從之遂以袞襲裘冕亦十二旒焉
袞冕之制宋初因五代之舊天子之服有袞冕廣一
尺二寸長二尺四寸前後十二旒二纊並貫真珠又
有翠旒十二碧鳳銜之在珠旒外冕版以龍鱗錦表
上綴玉為七星旁施琥珀缾犀缾各二十四周綴金
絲網鈿以真珠雜寶玉加紫雲白鶴錦裹四柱飾以
七寶紅綾裹金飾玉簪導紅絲縧組帶亦謂之平天

冠衮服青色日月星山龍雉虎蜼七章紅裙藻火粉
米黼黻五章紅蔽膝升龍二並織成間以雲朶飾以
金鈒花鈿窠裝以真珠琥珀雜寶玉紅羅襦裙繡五
章青褾襈裾六采綬一小綬三結玉環三素大帶朱
裏青羅四神帶二繡四神盤結（綬帶飾並同衮服）白羅中單
青羅抹帶紅羅勒帛鹿盧玉具劒玉鏢首鏤白玉雙
佩金飾貫真珠金龍鳳革帶紅韈赤舄金鈒花四神
玉鼻祭天地宗廟朝太清宮饗玉清昭應宮景靈宮
受册尊號元日受朝册皇太子則服之太祖建隆元
年太常禮院言準少府監牒請具衮龍衣絳紗袍通

天冠制度令式衮冕垂白珠十有二旒以組為纓色
如其綬黈纊充耳玉簪導玄衣纁裳十二章八章在
衣日月星辰山龍華蟲火宗彝四章在裳藻粉米黼
黻衣褾領如上為升龍皆織就為之山龍以下每章
一行重以為等每行十二白紗中單黼領青褾襈裾
蔽膝加龍山火三章革帶玉鉤艓大帶素帶朱裏紕
其外上朱下綠紐約用組鹿盧玉具劒大珠鏢首白
玉雙佩玄組雙大綬六采玄黃赤白縹綠純玄質長
二丈四尺五寸首廣一尺小雙綬長二尺六寸色同
大綬而首半之間施三玉環朱韈赤舄加金飾詔可

二年太子詹事尹拙工部尚書竇儀議謹按周禮弁
師掌王之五冕朱裏延紐五采繅十有二就皆五采
玉十有二玉笄朱紘諸侯之繅旒九就珉玉三采其
餘如王之事繅斿皆就玉瑱玉笄疏云王不言玉瑱
於此言之者王與諸侯互相見為義是以王言玄冕
朱裏延紐及朱紘明諸侯亦有之諸公言玉瑱明王
亦有之詳此經疏之文則是本有充耳今請令君臣
衮冕以下並畫充耳以合正文從之乾德元年閏十
二月少府監揚格少監王處訥等上新造皇帝冠冕
先是郊祀冠冕多飾以珠玉帝以華而且重故命改

製之仁宗景祐二年又以帝后及群臣冠服多沿唐
舊而循用之久則有司寖為繁文以失法度詔入內
內侍省御藥院與太常禮院詳典故造冠冕蠲減珍
華務從簡約俾圖以進續詔通天冠絳紗袍更不修
製由是改製衮冕天版元闊一尺二寸長二尺四寸
今製廣八寸長一尺六寸減翠旒並鳳子前後二十
四珠旒並合典制天板頂上元織成龍鱗錦為表紫
雲白鶴錦為裏今製青羅為表采畫出龍鱗紅羅為
裏采畫出紫雲白鶴所有暈餅琥珀餅各二十四今
減不用金絲結網子上舊有金絲結龍八今減四亦

減絲令細天板四面花𩑶子素墜子依舊減輕造冠身并天柱元織成龍鱗錦今用青羅采畫出龍鱗金輪等七寶元真王碾成今更不用如補空却以雲龍細窠分旒玉鈞二今減去之天河帶組帶欵慢帶依舊減輕造納言元用玉製今用青羅采畫出龍鱗錦金稜上稜道依舊用金即減輕製鞋纊玉簪袞服八章日月星辰山龍華蟲火宗彝青羅身紅羅襈繡造所有雲子相度稀稠補空更不用細窠亦不使真珠紫綴中單依舊皂白製造裙用紅羅繡出藻粉米黼黻周回花樣仍舊減稀製之蔽膝用紅羅繡升龍二

雲子補空減稀製之周回依舊細窠不用六采綬依舊減絲織造所有玉環亦減輕帶頭金葉減去用銷金四神帶不用劒佩梁帶韈舄並依舊嘉祐元年王洙奏天子法服冕旒形度重大華飾稍繁頗集禮官參定詔禮院詳典禮上聞而禮院繪圖以進因敕御藥院更造其後冕服稍增侈如故英宗治平二年知太常禮院李育奏曰郊廟之祭本尚純質袞冕之飾皆存法象非事繁侈重其玩也冕則以周官為本凡十二旒間以采玉加以紘綖笄瑱之飾袞則以虞書為始凡十二章首以辰象別以衣裳繪繡之采東漢

至唐史官名儒記述前制皆無珠翠犀寶之飾何則鷸羽蚌胎非法服所用琥珀犀鉼非至尊所冠龍錦七星已列采章之內紫雲白鶴近出道家之語豈被袞戴璪象天則數之義哉自大裘之廢顓用袞冕古朴稍去而法度尚存夫明水大羹不可以衆味和雲門咸池不可以新聲間袞冕之服不宜以珍怪累也若魏明之用珊瑚江右之用翡翠侈靡衰播之餘豈足為聖朝道哉且太祖建隆元年少府監所造冕服及二年博士聶崇義所進三禮圖嘗詔尹拙竇儀參校之皆倣虞周漢唐之舊至四年冬服之合祭天地

於圜丘用此制也太宗亦嘗命少府製於禁中不聞改作及真宗封太山禮官請服袞冕帝曰前王服羔裘尚質也今則無羔裘而有袞冕可從近制是豈有意於繁飾哉蓋後之有司率意妄增未嘗確議遂相循而用故仁宗嘗詔禮官章得象等詳議之其所減過半然不經之飾重者多去輕者尚存不能盡如詔書之意故至和三年王洙復議去繁飾禮官畫圖以獻漸還古禮而有司所造復如景祐之前又按開寶通禮及衣服令冕服皆有定法悉無寶錦之飾夫太祖太宗富有四海豈乏寶玩顧不可施之郊廟也臣

竊謂陛下肇祀天地躬饗祖禰服周之冕觀古之象願復先王之制祖宗之法其衮冕之服及緋綬佩舄之類與通禮衣服令三禮圖制度不同者宜悉改正詔太常禮院少府參定遂合奏曰古者冕服之用郊廟殊制唐典天子之服有二等而大裘尚存顯慶初長孫無忌等采郊特牲之說獻議廢大裘自是郊廟之祭一用衮冕然旒章之數止以十二為節亦未聞有餘飾也國朝冕服雖倣古制然增以珍異巧縟前世所未嘗有夫國之大事莫大於祀而祭服違經非以肅祀容尊神明也臣等以謂宜如育言參酌通禮

衣服令三禮圖及景祐三年減定之制一切改造之孔子曰麻冕禮也今也純儉吾從衆純者絲也變麻用絲蓋已久矣則冕服之制宜依舊以羅為之冕廣一尺二寸長二尺二寸約以景表尺前圓後方黝上朱下以金飾版則以白玉珠為旒貫之以五采絲繩前後各十二旒旒各十二珠相去一寸長二尺朱絲組為纓黈纊充耳金飾玉簪導青衣纁裳十二章八章繪之於衣日月星辰山龍華蟲火宗彝也四章繡之於裳藻粉米黼黻也錦龍褾領織為升龍山龍而下一章為一行重以為等行十二別製大帶素表朱

裏朱綠終辟緋綬舄大小綬亦去珠玉鈿窠琥珀玻瓈之飾其中單革帶玉具劒玉佩朱韈之制已中禮令無復改為則法服有稽祭禮增重復詔禮院冊詳以聞而內侍省奏謂景祐中已裁定可因而用也從之神宗元豐元年詳定郊廟禮文所言凡冕版廣八寸長尺六寸與古制相合更不復議今取少府監進樣如以青羅為表紅羅為裏則非弁師所謂玄冕朱裏者也上用金稜天板四周金絲結網兩旁用真珠花素墜之類皆不應禮伏請改用朱組為紘玉笄玉瑱以玄紞垂瑱以五采玉貫於五色藻為旒以青赤

黃白黑五色備為一玉每一玉長一寸前後二十四旒垂而齊肩以合孔子所謂純儉之義又古者祭服朝服之裳皆前三幅後四幅前為陽以象奇後為陰以象偶惟深衣中禪之屬連衣裳而裳復不殊前後然以六幅交解為十二幅象十二月其制作莫不有法故謂之法服今少府監衮服其裳乃以八幅為之不殊前後有違古義伏請改正祭服之裳以七幅為之殊其前後以今太常周尺度之幅廣二尺二寸每幅兩旁各縫殺一寸謂之削幅腰間辟積無數裳側有純謂之綼裳下有純謂之緆綼緆之廣各寸半表

裹合為三寸群臣祭服之裳倣此從之政和議禮局更上皇帝冕服之制冕版廣八寸長一尺六寸前高八寸五分後高九寸五分青表朱裏前後各十有二旒五采藻十有二就就間相去一寸青碧錦織成天河帶長一丈二尺廣二寸朱絲組帶為纓黈纊充耳金飾玉簪導長一尺二寸袞服青衣八章繪日月星辰山龍華蟲火宗彝纁裳四章繡藻粉米黼黻蔽膝隨裳色繡升龍二白羅中單皂褾襈紅羅勒帛青羅襪帶緋白羅大帶革帶白玉雙佩大綬六采赤黃黑白縹綠小綬三色如大綬間施玉環三朱韈赤舄緣

以黃羅中興仍舊制延以羅衣木玄表朱裏長尺有六寸前低一寸二分四旁緣以金覆於卷武之上纓以五色絲貫五色玉前後各十二凡用二百八十有八玉笄充耳用黃綿紘以朱組以其一屬於左笄上垂下又屈而屬於右笄繫之而垂其餘衣玄八章升龍於山繪裳纁四章繡幅前三後四斷而不屬兩旁殺縫腰辟積裨緆之廣皆如舊大帶以緋白羅合而紩之以朱綠飾其側上朱下綠其束處以組為紐約下垂三尺通天冠絳紗袍亦如之白羅中單領褾襈以黻服裘則以皂絳紗袍則衣用白紗領褾襈以朱

綬大小各一大綬織以六采青黃黑白縹綠下垂青絲網上有結垂玉環三小綬制如大綬惟三色大裘絳紗袍皆用之革帶博二寸革為裏緋羅為表飾以玉銙鈕以玉鉤鰈通天冠絳紗袍亦用之韍從裳色上有紕下有純去上五寸繪以山龍火上接革帶繫之佩有衡有琚瑀有衝牙繫於革帶左右各一上設衡衡下垂三帶貫以蠙珠次則中有金獸面兩旁夾以雙璜又次設琚瑀下則衝牙居中央兩旁有玉滴子行則擊牙而有聲舄有絇有純有繶有綦以緋羅為之首加金飾服通天冠絳紗袍則用黑舄以烏皮

為之常服則用白舄以絲為之韈羅表繒裏施勒著綦以繫之赤舄以朱黑舄以白白舄同

通天冠二十四梁加金博山附蟬十二高廣各一尺青表朱裏首施珠翠黑介幘組纓翠緌玉犀簪導絳紗袍以織成雲龍紅金條紗為之紅裏皂褾襈裾絳紗裙蔽膝如袍飾並皂褾襈白紗中單朱領褾襈裾白羅方心曲領白韈黑舄佩綬如袞大祭祀致齋正旦冬至五月朔大朝會大冊命親耕籍田皆服之仁宗天聖二年南郊禮儀使李維言通天冠上一字準敕迴避詔改承天冠中興之制冠高九寸服用並同

乾道九年又用履袍袍以絳羅為之折上巾通犀金
玉帶繫履則曰履袍服鞾則曰鞾袍履鞾皆用黑革
四孟朝獻景靈宮郊祀明堂詣宮宿廟進胙上壽兩
宮及端門肆赦並服之大禮畢還宮乘平輦服亦如
之若乘大輦則服通天絳紗如常儀
衫袍唐因隋制天子常服赤黃淺黃袍衫折上巾九
還帶六合鞾宋因之有赭黃淡黃袍衫玉裝紅束帶
皂文鞾大宴則服之又有赭黃淡黃襖袍紅衫袍常
朝則服之又有窄袍便坐視事則服之皆皂紗折上
巾通犀金玉環帶窄袍或御烏紗帽中興仍之初高

宗踐祚於南都隆祐太后命內臣上乘輿服御有小
冠太后曰祖宗閒居之所服也自神宗始易以巾頗
即位後退朝上戴此冠庶幾如祖宗時氣象後殿早
講皇帝服帽子紅袍玉束帶講讀官公服繫鞵晚講
皇帝服頭巾背子講官易便服此嘉定四年講筵之
制也
御閱服以金裝甲乘馬大閱則服之
圭宋初凡大祭祀大朝會天子皆執圭元豐二年詳
定儀注所言周禮王執鎮圭釋者曰祭天地宗廟及
朝日夕月則執之若朝覲諸侯授玉於王王受玉撫

玉而已考工記天子執冒四寸以朝諸侯蓋天子以
冒圭邪刻之處冒諸侯之圭以齊瑞信也未有臨臣
子而執鎮圭者唐六典殿中監掌服御之事凡大祭
祀則搢大圭執鎮圭若大朝會止進爵開寶通禮始
著元會執圭出自西房淳化中上壽進酒又令內侍
奉圭於周制唐禮皆不合其元會受朝賀請不執鎮
圭上壽詔可三年詔議大圭尺度詳定所言考工記
鎮圭尺有二寸天子守之大圭長三尺杼上終葵首
天子服之後魏以降以白玉為之長尺有二寸西魏
以來皆然方而不折雖非古制蓋後世以所得之玉

隨宜為之今請搡玉之有無制之又言唐禮親祀天
地神祇皆搢大圭執鎮圭有事宗廟則執鎮圭而已
王涇郊祀錄曰大圭質也事天地之禮質故執而搢
之鎮圭文也宗廟之禮亦文故無兼執之義不知大
圭天子之笏也通於郊廟請自今皇帝親祠郊廟搢
大圭執鎮圭奉祀之時既接神再拜則奠鎮圭為贄
大圭為笏又言開元及開寶通禮皇帝升輅不言執
圭祀日質明至中壝門外殿中監進大圭尚衣奉御
又以鎮圭授殿中監以進於是始搢大圭執鎮圭今
皇帝乘玉輅執鎮圭赴景靈宮及太廟青城皆乘輅

執圭殊不應禮請自今乘輅不執圭還內御大輦亦如之詳定所又言大圭中必之制請製爲玉繅藉以木爲榦廣袤如玉以帛衣之帛上畫五采文前後垂之又製約圭繅藉長尺上玄下絳爲地五采五就因以爲飾每奠圭則以薦玉之繅陳于地執圭則以約圭之繅備失墜因垂之爲飾況大圭搢之紳帶之間不可無中必明矣俟明堂服大圭宜依鎮圭所約之組令可繫之哲宗元祐元年禮部言元豐新禮皇帝祀天搢大圭其制圓首前詘於禮未合今欲放西魏隋唐玉笏之制方而不折上下皆博三寸長尺二寸其厚以鎮圭爲約從之政和二年宦者譚稹獻玄圭其制兩旁刻十二山若古山尊上銳下方上有雷雨之文下無瑑飾外黑內赤中一小好可容指其長尺有二寸詔付廷議議官以爲周王執鎮圭緣飾以四鎮之山其中有好爲受組之地其長尺有二寸周人倣古爲之而王執以鎮四方也徽宗乃以是歲冬御大慶殿受圭焉三年又詔曰先王以類而求祀圜丘以象形蒼玉以象色冬日以至取其時大裘而冕法其幽而未有以體其道天玄而地黃今大圭內赤外黑于以體之冬祀可搢大圭執玄圭永爲定制中興仍舊制大祭祀則執大圭以爲笏上太上皇皇太后冊寶亦如之

皇太子之服一曰袞冕二曰遠游冠朱明衣三曰常服袞冕青羅表緋羅紅綾裏塗金銀鈒花飾犀簪導紅絲組前後白珠九旒二纊貫水晶珠青羅衣繡山龍雉火虎蜼五章紅羅裳繡藻粉米黼黻四章紅羅蔽膝繡山火二章白紗中單青褾襈裾革帶塗金銀鉤䚢瑜玉雙佩四采織成大綬結二玉環金塗銀鈒花飾青羅襪帶紅羅勒帛玉具劍金塗銀鈒花玉鏢首白羅韈朱履金塗銀釦從祀則服之遠游冠十八梁青羅表金塗銀鈒花飾犀簪導紅絲組爲纓博山政和加附蟬朱明服紅花金條紗衣紅紗裏皁褾襈紅紗裳紅紗蔽膝並紅紗裏白花羅中單皁褾襈白羅方心曲領羅韈黑舄革帶劍佩綬餘同袞服抹帶勒帛執桓圭受冊謁廟朝會則服之常服皁紗折上巾紫公服通犀金玉帶太宗至道元年太常禮院言南郊皇太子充亞獻合著祭祀服準制度袞冕以組爲纓色如其綬青纊充耳玄衣纁裳凡九章每章一行重以爲等皆織爲之白紗中單黻領青褾襈裾革帶金鉤䚢大帶素帶不朱裏亦紕以朱綠紐約用組

黻隨裳色二章朱組雙大綬四采赤白縹䌷純朱質長一丈八尺三百二十首廣九寸小雙綬長二尺六寸色同大綬而首半之間施二玉環朱韈赤舄舄加金飾餘同舊制侍從祭祀及謁廟加元服納妃則服之詔依上製造政和議禮局更上皇太子服制衮冕惟青纊充耳餘並同國初之制加元服從祀納妃釋奠文宣王服之中興並同其皇子之服紹興三十二年十月禮官言皇子鄧慶恭三王遇行事服朝服則七梁額花冠貂蟬籠巾金塗銀立筆真玉佩綬金塗銀革帶烏皮履若服祭服則金塗銀八旒冕真玉佩

綬緋羅履韈詔文思院製造

后妃之服一曰褘衣二曰朱衣三曰禮衣四曰鞠衣妃之緣用翟為章三等大帶隨衣色朱裹紕其外上以朱錦下以緑錦紐約用青組革帶以青衣之白玉雙佩黑組雙大綬小綬三間施玉環三青韈舄舄加金飾受册朝謁景靈宮服之鞠衣黃羅為之蔽膝大帶革舄隨衣色餘同褘衣唯無翟文親蠶服之妃首飾花九株小花同并兩博鬢冠飾以九翬四鳳褕翟青羅繡為揺翟之形編次於衣青質五色九等素紗中單黼領羅縠褾襈蔽膝隨裳色以緅為領緣以揺翟為章二等大帶隨衣色不朱裏紕其外餘倣皇后冠服之制受册服之

皇太子妃首飾花九株小花同并兩博鬢褕翟青織為揺翟之形青質五色九等素紗中單黼領羅縠褾襈皆以朱色蔽膝隨裳色以緅為領緣以揺翟為章二等大帶隨衣色不朱裏紕其外上以朱錦下以緑錦紐約用青組革帶以青衣之白玉雙佩純朱雙大綬章采尺寸與皇太子同受册朝會服之鞠衣黃羅為之蔽膝大帶革帶隨衣色餘與褕翟同唯無翟從蠶服之中興仍舊制其龍鳳花釵冠大小花二十四株應乘輿冠梁之數博鬢冠飾同皇太后皇后服之

紹興九年所定也花釵冠小大花十八株應皇太子冠梁之數施兩博鬢去龍鳳皇太子妃服之乾道七年所定也其服后惟備褘衣禮衣妃備褕翟凡三等其常服后妃大袖生色領長裙霞帔玉墜子背子生色領皆用絳羅蓋與臣下不異

命婦服政和議禮局上花釵冠皆施兩博鬢寶鈿飾翟衣青羅繡為翟編次於衣及裳第一品花釵九株寶鈿準花數翟九等第二品花釵八株翟八等第三品花釵七株翟七等第四品花釵六株翟六等第五品花釵五株翟五等並素紗中單黼領朱褾襈通用

羅縠蔽膝隨裳色以緅為領緣加文繡重雉為章二等二品以下準此大帶革帶青韈舄佩綬受冊從蠶服之七年臣僚言今文臣九品殊以三品之服至於命婦已釐八等之號而服制未有名稱詔有司視其夫之品秩而定其服飾詔送禮制局定之其儀闕焉

志卷第一百四

志卷第一百五　宋史一百五十二

開府儀同三司上柱國錄軍國重事前中書右丞相監修國史領經筵事都總裁脫脫等奉

勅修

輿服四 諸臣服上

諸臣祭服唐制有袞冕九旒鷩冕八旒毳冕七旒絺冕六旒玄冕五旒宋初省八旒六旒冕九旒冕塗金銀花額犀玳瑁簪導青羅衣繡山龍雉火虎蜼五章緋羅裳繡藻粉米黼黻四章緋蔽膝繡山火二章白花羅中單玉裝劍佩革帶暈錦綬二玉環緋白羅大帶緋羅韈履親王中書門下奉祀則服之其冕無額花者玄衣纁裳悉畫小白綾中單師子錦綬二銀環餘同上三公奉祀則服之七旒冕犀角簪導衣畫虎蜼粉米三章裳畫黼黻二章銀裝佩劍革帶餘同九旒冕九卿奉祀則服之五旒冕青羅衣裳無章銅裝佩劍革帶餘同七旒冕四品五品為獻官則服之六品以下無劍佩綬紫檀衣朱裳羅為之皁大綾綬銅裝劍佩御史博士服之平冕無旒青衣纁裳無劍佩綬餘同五旒冕大祝奉禮服之慶曆三年太常博士余靖言周禮司服之職掌王之吉服大裘而冕無旒以祀昊天上帝祀五帝亦如之袞冕十有二旒其服十有二章以享先王鷩冕八旒其服七章以享先公亦以饗射毳冕七旒其服五章

以祀四望山川絺冕六旒其服三章以祭社稷五祀玄冕五旒其服無章以祭小祀此皆天子親行祠事所服冕服悉因所祀大小神鬼以為制度今大祠中祠所遣獻官並用上公九旒九章冕服以為初獻其餘公卿亦皆七旒冕服全無等降小祠則公服行事乖戾舊典宜詳周禮因所祭鬼神以為獻官冕服之制詔下禮官議奏曰聖朝之制唯皇帝親祠郊廟及朝會大禮服衮冕外餘冕皆不設其每歲常祀遣官行事攝公則服一品九旒冕攝卿則服三品七旒冕自從品制為服不以祠之大小為差至于小祠獻官舊以公服行事則有違典禮案衣服令五旒冕衣裳無章皁綾綬銅裝劒佩四品以下為獻官則服之今小祠獻官既不攝公卿則盡屬四品以下當有祭服請除公卿祭服仍舊從本品外小祠所遣獻官並依令文祭服行事若非時告祭用香幣禮器行事之處亦皆準此詔施行焉

皇祐四年同知太常禮院邵必言伏見監祭使監禮各冠五旒冕衣裳無章色以紫檀案周禮六冕之制凡有旒者衣裳皆有章惟大裘冕無旒衣裳無章一命大夫之冕無旒衣裳亦無章今監祭監禮所服冕五旒侯伯之冕也而衣無章深所不稱色以紫檀又無經據竊詳監祭監禮既非祠官則御史博士爾而服用五等蓋非所宜而且有旒

無章況國家南郊大禮太常卿止服朝服前導皇帝明非祠官也今後監祭者請冠獬豸監禮者冠進賢為稱詔不允

元豐元年詳定禮文所言國家服章視唐尤為不備於令文祀儀有九旒冕七旒冕五旒冕今既無冕名而有司仍不制七旒冕乃有四旒冕其非禮尤甚又服之者不以官秩上下故分獻四品官皆服四旒冕博士御史則冕五旒而衣紫檀太祝奉禮則服平冕而無佩玉此因循不謹之失也且古者朝祭異服所以別事神與事君之禮今皇帝冬至及正旦御殿服通天冠絳紗袍則百官皆服朝服乃禮之稱至親祠郊廟皇帝嚴衮冕以事神而侍祠之官止以朝服豈禮之稱哉至於景靈宮分獻官皆服朝服尤為失禮伏請親祠郊廟景靈宮除導駕贊引扶侍宿衛之官其侍祠及分獻者並服祭服如所考制度修製五冕及爵弁服各正冕弁之名又國朝祀儀祭社稷朝日夕月風師雨師皆服衮冕其蜡祭先蠶五龍亦如之祭司命戶竈門厲行皆服鷩冕壽星靈星司中司寒中霤馬祭皆服毳冕皆非是今天子六服自鷩冕而下既不親祠廢而不用則諸臣攝事自當從王所祭之服伏請依周禮凡祀四望山川則以毳冕祭社稷五祀則以絺冕朝夕日月風師雨師司命司中則以玄冕若七祀蜡祭百神先蠶五龍靈星

壽星司寒馬祭蓋皆群小祀之比當服玄冕從之哲宗元祐元年太常寺言舊制大禮行事執事官並服祭服餘服朝服至元豐七年呂升卿始有行事及陪祠官並服祭服之議今欲令行事執事官並服祭服其贊引行事禮儀使太常卿太常博士閤門使樞密院官進接圭殿中監止供奉皇帝其陪位官止導駕押宿及主管事務并他處行事官仍服朝服從之徽宗大觀元年議禮局言太社太學獻官祝禮皆以法服奉祠至郡邑則用常服乞降祭服詔頒制度於州郡然未明使製造後政和間始詔州縣冠服形制詭異令禮制局造樣頒下轉運司轉運司製以給州縣

焉二年議禮局檢討官俞㮚言玄以象道纁以象事故凡冕皆玄衣纁裳今太常寺祭服則衣色青矣前三幅以象陽後四幅以象陰故裳制不相連屬今之裳則為六幅而不殊矣冕玄表而朱裏今乃青羅為覆以金銀飾之佩用綬以貫玉今既有玉佩矣又有錦綬以銀銅二環飾之以玉宗彝宗廟之彝也乃為虎蜼之狀而不作虎彝蜼彝粉米散利以養人也乃分為二章而以五色圓花為黼其餘不合古者甚多乞下禮局博考古制畫太常寺及古者祭服樣二本以進至於損益裁成斷自聖學詔令議禮局詳議四年議禮局官宇文粹中議改衣服制度曰凡冕皆玄

衣纁裳衣則繪而章數皆奇裳則繡而章數皆偶陰陽之義也今衣用深青非是欲乞視冕之等衣色用玄裳色用纁以應典禮古者蔽前而已芾存此象次韋為之今蔽膝自一品以下並以緋羅為表緣緋絹為裏無復上下廣狹及會紕純紃之制又有山火龍章案明堂位有虞氏服韍夏后氏山商火周龍章韍者乃黻冕之黻非赤芾之芾也且芾在下體與裳同用而山龍火者衣之章也周既績於上衣不應又績於芾請改芾制去山龍火章以破諸儒之惑又祭服有革帶今不用皮革而通裹以緋羅又以銅為飾其綬或錦或皂環或銀或銅尤無經據宜依古制除去

至佩玉中單赤舄之制則全取元豐中詳定官所議行之粹中又上所編祭服制度曰古者冕以木版為中廣八寸長尺六寸後方前圓後仰前低染三十升之布玄表朱裏後方者不變之體前圓者無方之用仰而玄者升而辨於物俛而朱者降而與萬物相見後世以繒易布故純儉今群臣冕版長一尺二寸闊六寸二分非古廣尺之制以青羅為覆以金塗銀稜為飾非古玄表朱裏之制乞下有司改正古者冕之名雖有五而繅就旒玉則視其命數以為等差合絲絲為繩用以貫玉謂之繅以一玉為一成結之使不相并謂之就就間相去一寸則九玉者九寸七玉者

七寸各以旒數長短為差今群臣之冕用藥玉青珠五色其綫非藻玉三采二采之義每旒之長各八寸非旒數長短為差之義又獻官冕服雜以諸侯之制而一品服袞冕臣竊以為非宜元豐中禮官建言請資政殿大學士以上侍祠服鷩冕觀察使以上服毳冕監察御史以上服絺冕朝官以上服玄冕選人以上爵弁詔許之而不用爵弁供奉官以下至選人盡服玄冕無旒臣竊謂依此參定乃合禮制古者三公一命衮則三公在朝其服當鷩冕蓋出封則遠君而伸在朝則近君而屈今之攝事及侍祠皆在朝之臣也在朝之臣乃與古之出封者同命數非先王之意乞下有司制鷩冕八旒毳冕六旒絺冕四旒玄冕三旒其次二旒又其次無旒依元豐詔旨參酌等降為侍祠及攝祭之服長短之度采色之別皆乞依古制施行又案周禮諸侯爵有五等而服則三所謂公之服自袞冕而下侯伯自鷩冕而下子男自毳冕而下是也古者諸侯有君之道故其服以五七九為節今之郡守雖曰猶古之侯伯其實皆王臣也欲乞只用群臣之服自鷩冕而下分為三等三都四輔為一等初獻鷩冕八旒經略安撫鈐轄為一等初獻毳冕六旒亞獻並玄冕二旒終獻無旒節鎮防團軍事為一等初獻絺冕四旒亞終獻並玄冕無旒其衣服之制

則各從其冕之等又曰今之紘組仍綴兩繒帶而結於頤冕旁仍垂青纊而不以瑱以犀為簪而不以玉笄象笄並非古制乞下有司改正從之政和議禮局言大觀中所上群臣祭服制度已依所奏修定乞付有司依圖畫製造既又上群臣祭服之制正一品九旒冕金塗銀稜有額花犀簪青衣畫降龍朱裳蔽膝白羅中單大帶革帶玉佩錦綬青絲網玉環朱襪履革帶以金塗銀玉佩以金塗銀裝綬以天下樂暈親祠大禮使亞獻終獻太宰少宰左丞每歲大祠宰臣親王執政官郡王充初獻服之奏告官並依本品服已下准此從一品九旒冕無額花白綾中單紅錦綬銀環金塗銀佩餘如正一品服親祠吏部户部禮部兵部工部尚書太廟進受幣爵奉幣爵宗室每歲大祠捧俎官大祠中祠初獻官服之二品七旒冕角簪青衣無降龍餘如從一品服親祠吏部侍中殿中監大司樂光祿卿讀冊官太廟薦俎贊進飲福宗室七祀配享功臣分獻官每歲大祀謂用宮架者大司樂大祠中祠亞終獻大祠禮官小祠獻官朔祭太常卿服之三品五旒冕皁綾綬銅環金塗銅革帶佩餘如二品服親祠舉冊官大樂令光祿丞奉俎饌籩豆簠簋官分獻官分獻壇壝從祀太廟奉瓚盤薦香燈安奉神主奉毛血槃薦蕭蒿篚肝膋豆宗室每歲祭祠大

樂令大中祠分獻官服之無旒冕素青衣朱裳蔽膝無佩
綬餘如三品服奉禮協律郎郊社令太祝太官令親祠擡
鼎官進摶黍官太廟供亞終獻金斝供七祀獻官執爵官
服之五旒冕紫檀衣餘如三品服監察御史服之州郡
祭服三都初獻八旒冕經略安撫鈐轄初獻六旒冕亞獻
並三旒冕終獻無旒節鎮防團軍事初獻四旒冕亞終獻
並無旒冕中興之後省九旒七旒五旒冕定為四等一曰
鷩冕八旒二曰毳冕六旒三曰希冕四旒四曰玄冕無旒
其義以公卿大夫士皆北面為臣又近尊者而屈故其節
以八以六以四從陰數也先是紹興四年五月國子監丞

王普奏言臣嘗攷諸經傳具得冕服之制蓋王之三公八
命鷩冕八旒衣裳七章其章各八孤卿六命毳冕六旒衣
裳五章其章各六大夫四命希冕四旒衣裳三章其章各
四上士三命玄冕三旒中士再命玄冕二旒下士一命玄
冕無旒衣皆無章裳黻視其命數自三而下其繅至弁衡
紘紞瑱纊帶佩芾舃中衣皆有等差近世冕服制度沿襲
失真多不如古夫後方而前圓後昂而前俛玄表而朱裏
此冕之制也今則方圓俛仰幾於無辨且以青為表而飾
以金銀矣其衣皆玄其裳皆纁裳前三而後四幅此衣裳
之制也今則衣色以青裳色以緋且以六幅而不殊矣山

以章也今則以隨火以圜也今則以銳宗彝宗廟虎蜼之
彝也乃畫虎蜼之狀而不為虎蜼彝粉米米而粉之者也
乃分為二章而以五色圓花為藉佩有衡璜琚瑀衝牙而
已乃加以雙滴而重設二衡綬以貫佩玉而已乃別為錦
綬而間以雙環以至帶無紐約芾無肩頸舃無絇繶中衣
無連裳臣伏讀國朝會要郊廟奉祀禮文祖宗以來屢嘗
講究第以舊服無有存者欲乞因茲改作是正訛繆一從
周制以合先聖之言尋禮部契勘奏言衣服之制或因時
王而為之損益事雖變古要皆一時制作不無因革或考
之先王而有繆戾者雖行之已久不應承誤襲非憚於改

正案周官自上公服袞王之三公服鷩以至士服玄冕凡
五等唐制自一品服袞冕九旒至五品服玄冕無旒亦五
等國家承唐之舊初有五旒之名其後去三公袞冕及希
冕但存七旒鷩冕五旒毳冕與無旒玄冕凡三等而已袞
服非三公所服去之可也乃併希冕去之自尚書服毳冕
以至光祿丞亦服焉貴賤幾無差等此皆一時制作不無
因革今合增鷩冕為八旒增毳冕為六旒復置希冕為四
旒并及無旒玄冕共四等庶幾稍合周制若冕之方圓低
昂至於無辨則制造之差也以青為表非不用玄也為玄
而不至者也以緋為裳非不用纁也為纁而太過者也山

止而靜者也今象其隨是得山之勢而不知其性火圜而神者也今象其銳是得火之形而不得其神也至於宗彝粉米佩綬帶紐芾履之屬皆宜改正施行是時諸臣奏請討論雖詳然終以承襲之久未能盡革也鷩冕八旒每旒八玉三采朱白蒼角笄青纊以三色紘垂之紘以紫羅屬於武衣以青黑羅三章華蟲火虎蜼彝裳以纁表羅裏繒七幅繡四章藻粉黼黻大帶中單佩以珉貫以藥珠綬以絳錦銀環韍上紕下純繪二章山火革帶緋羅表金塗銀裝襪舄並如舊制宰相亞終獻大禮使服之前期景靈宮太廟亞祭獻明堂滌濯進玉爵酒官亦如之毳冕六玉三采衣三章繪虎蜼彝藻粉米裳二章繡黼黻佩藥珠衡璜等以金塗銅帶鼓繪以山革帶以金塗銅餘如鷩冕六部侍郎以上服之前期景靈宮太廟進爵酒幣官奉幣官受爵酒幣官薦俎官明堂受玉爵受玉幣奉徹籩豆進飲福酒徹俎祝腥贊引亞終獻禮儀使亞終獻爵幷盥洗官四貟並如之前二日奏告初獻社壇九宮壇分祭初獻亞獻亦如之希冕四玉二采朱綠衣一章繪粉米裳二章繡黼黻綬以皁綾銅環餘如毳冕光祿卿監察御史讀冊官舉冊官分獻官以上服之前期景靈宮太廟奏奉神主官明堂太府卿光祿卿沃水舉冊官讀冊官押樂太常卿東朶

殿三貟西朶殿二貟東廊二十八貟西廊二十五貟南廊二十七貟軷門祭獻官前二日奏告亞獻終獻官監察御史並如之社壇九宮壇分祭終獻官監察御史兵工部光祿卿丞亦如之玄冕無旒無佩綬衣純黑無章裳刺黻而已韍無刺繡餘如希冕光祿丞奉禮郎協律郎進摶黍官太社令良醞令太官令奉俎饌等官供祠執事官內侍以下服之明堂光祿丞奉禮郎良醞令太祝摶黍官宮架協律郎登歌協律郎奉御官內侍供祠執事官武臣奉俎官軷門祭奉禮郎太祝令太官令社壇九宮壇分祭太社太祝太官令奉禮郎並如之紫檀冕四旒服紫檀衣博士御史服之外州軍祭服鷩冕八旒三都初獻服之毳冕六旒經略安撫鈐轄初獻服之希冕四旒經略安撫鈐轄亞獻服之節鎮防團軍事初獻亦如之玄冕無旒節鎮防團軍事亞終獻服之

朝服一曰進賢冠二曰貂蟬冠三曰獬豸冠皆朱衣朱裳宋初之制進賢五梁冠塗金銀花額犀玳瑁簪導立筆緋羅袍白花羅中單緋羅裙緋羅蔽膝並皁縹襈白羅大帶白羅方心曲領玉劍佩銀革帶暈錦綬二玉環白綾韈皁皮履一品二品侍祠朝會則服之中書門下則冠加籠巾貂蟬三梁冠犀角簪導無中單銀劍佩師子錦綬銀環餘

同五梁冠諸司三品御史臺四品兩省五品侍祠朝會則服之御史大夫中丞則冠有獬豸角衣有中單兩梁冠犀角簪導銅劒佩練鵲錦綬銅環餘同三梁冠四品五品侍祠朝會則服之六品以下無中單無劒佩綬御史則冠有獬豸角衣有中單袴褶紫緋綠各從本服色白綾中單白綾袴白羅方心曲領本品官導駕則騎而服之袴褶之制建隆四年范質與禮官議袴褶制度先儒無說惟開元雜禮有五品以上用細綾及羅六品以下用小綾之制注褶衣複衣也又案令文武弁金飾平巾幘簪導紫褶白袴玉梁珠寶鈿帶鞾騎馬服之金飾即附蟬也詳此即是二品

三品所配弁之制也附蟬之數蓋一品九二品八三品七四品六五品五又侍中中書令散騎加貂蟬侍左者左珥侍右者右珥又開元禮道駕官並朱衣冠履依本品朱衣令朝服也故令文三品以上紫褶五品以上緋褶七品以上綠褶九品以上碧褶並白大口袴起梁帶烏皮鞾今請造袴褶如令文之制其起梁帶形制檢尋未是望以革帶代之奏可是歲造成而未用乾德六年郊禋始服而冠未造乃取朝服進賢冠帶鞾履參用馬康定二年少府監言每大禮法服庫定百官品位給朝服今兩班內有官卑品高官高品卑者難以裁定願敕禮院詳其等第詔下禮院

參酌舊制以聞奏曰準衣服令五梁冠一品二品侍祠大朝會則服之中書門下則加籠巾貂蟬準官品令一品尚書令太師太傅太保太尉司徒司空太子太師太傅太保二品中書令侍中左右僕射太子少師少傅少保諸州府牧左右金吾衛上將軍又準閤門儀制以中書令侍中同中書門下平章事為宰臣親王樞密使留守節度使京尹兼中書令侍中同中書門下平章事為使相樞密使知樞密院事參知政事樞密副使同知樞密院事宣徽南北院使僉書樞密院事並在東宮三司之上以上品位職事宜準前法給朝服宰臣使相則加籠巾貂蟬其散官勳爵不

繫品位止從正官為之服三梁冠諸司三品御史臺四品兩省五品侍祠大朝會則服之御史中丞則冠獬豸準官品令諸司三品諸衛上將軍六軍統軍諸衛大將軍神武龍武大將軍太常宗正卿祕書監光祿衛尉太僕大理鴻臚司農太府卿國子祭酒殿中少府將作司天監諸衛將軍神武龍武將軍下都督三京府尹五大都督府長史親王傅御史臺三品四品御史大夫中丞兩省三品四品五品左右散騎常侍門下中書侍郎諫議大夫給事中中書舍人尚書省三品四品六尚書左右丞諸行侍郎東宮三品四品賓客詹事左右庶子少詹事左右諭德節度使文

明殿學士資政殿大學士三司使翰林學士承旨翰林學士資政殿學士端明殿學士翰林侍讀侍講學士龍圖閣學士樞密直學士龍圖天章閣直學士次中書侍郎節度觀察留後次六尚書侍郎知制誥龍圖天章閣待制觀察使次中書舍人內客省使次太府卿客省使次將作監引進使防禦團練三司副使次左右庶子以上品位職事宜準前法給朝服兩梁冠四品五品侍祠大朝會則服之六品則去劍佩綬御史則冠獬豸準官品令諸司四品太常宗正少卿祕書少監光祿等七寺少卿國子司業殿中少府將作司天少監三京府少尹太子率更令家令僕諸衛

率府率副率諸軍衛中郎將諸王府長史司馬大都督府左右司馬內侍尚書省五品左右司諸行郎中諸司五品國子博士經筵博士太子中允左右贊善大夫都水使者開封祥符河南洛陽宋城縣令太子中舍洗馬內常侍太常宗正祕書殿中丞著作郎殿中省五尚奉御大理正諸王友諸軍衛郎將諸王府諮議參軍司天五官正太史令內給事諸升朝官六品以下起居郎起居舍人侍御史尚書省諸行員外郎殿中侍御史左右司諫左右正言監察御史太常博士通事舍人四方館使次七寺少卿諸州刺史次太子僕（謂正任不帶使職者）東西上閤門使次司天少監客省

引進閤門副使次諸行員外郎已上品位職事據令文但言四品五品亦不分班敘上下今請自尚書省五品以上及諸州刺史已上準前法給朝服其諸司五品已上實有官高品卑及品高官卑者宜自諸司五品國子博士至內給事並依六品以下例去劍佩綬御史則冠獬豸衣有中單其諸司使副使以下至閤門祇候如有攝事合請朝服者並同六品詔從所請元豐二年詳定朝會儀注所言古者制禮上物不過十二天之數也自上而下降殺以兩蓋外諸侯遠於尊者而伸則以九以七以五從陽奇之數王朝公卿大夫近於尊者而屈則以八以六以四從陰偶之

數本朝衣服令通天冠二十四梁為乘輿服以應冕旒前後之數若人臣之冠則自五梁而下與漢唐少異矣至於綬則乘輿及皇太子以織成諸臣用錦為之一品二品冠五梁中書門下加籠巾貂蟬諸司三品三梁四品五品二梁御史臺四品兩省五品亦三梁而綬有暈錦黃獅子方勝練鵲四等之殊六品則去劍佩綬隋唐冠服皆以品為定蓋其時官與品輕重相準故也今之令式尚或用品雖因襲舊文然以官言之頗為舛謬驟舉一二則太子中允贊善大夫與御史中丞同品太常博士品卑於諸寺丞太子中舍品高於起居郎內常侍纔比內殿崇班而在尚書

諸司郎中之上是品不可用也若以差遣則有官卑而任要劇者有官品高而處之冗散者有一官而兼領數局者有徒以官奉朝請者有分局莅職特出於一時隨事立名者是差遣又不可用也以此言之用品及差遣定冠綬之制則未爲允當伏請以官爲定庶名實相副輕重有準仍乞分官爲七等冠綬亦如之貂蟬籠巾七梁冠天下樂暈錦綬爲第一等蟬舊以玳瑁爲蝴蝶狀今請改爲黃金附蟬宰相親王使相三師三公服之七梁冠雜花暈錦綬爲第二等樞密使知樞密院至太子太保服之六梁冠方勝宜男錦綬爲第三等左右僕射至龍圖天章寶文閣直學

士服之五梁冠翠毛錦綬爲第四等左右散騎常侍至殿中少府將作監服之四梁冠簇四鵰錦綬爲第五等客省使至諸行郎中服之三梁冠黃獅子錦綬爲第六等皇城以下諸司使至諸衛率府率服之內臣自內常侍以上及入內省內侍省內東西頭供奉官殿頭前班東西頭供奉官左右侍禁左右班殿直京官秘書郎至諸寺監主簿旣預朝會亦宜朝服從事今參酌自內常侍以上冠服各從本等寄資者如本官入內內侍省內東西頭供奉官殿頭三班使臣陪位京官爲第七等皆二梁冠方勝練鵲錦綬高品以下服色依古者韠韍舃襪並從裳色今制朝服用

絳衣而錦有十九等其七等綬謂宜純用紅錦以文采高下爲差別惟法官綬用青地荷蓮錦以別諸臣後漢志法冠一曰柱後執法者服之侍御史廷尉正監平也或謂之獬豸冠南齊志亦曰法冠廷尉等諸執法者冠之今御史臺自中丞而下至監察御史大理卿少卿丞審刑院刑部主判官旣正定厥官眞行執法之事則宜冠法冠改服青荷蓮錦綬其梁數與佩準本品從之其後又詔冬正朝會諸軍所服衣冠廂都軍都指揮使都虞候領團練使刺史服第五等軍都指揮使都虞候服第六等指揮使副指揮使服第七等並班於庭副都頭以上常服班殿門外其朝

會執事高品以下並服介幘絳服大帶革帶韈履方心曲領政和議禮局更上群臣朝服之制七梁冠金塗銀稜貂蟬籠巾犀簪導銀立筆朱衣裳白羅中單並皁褾襈蔽膝隨裳色方心曲領緋白羅大帶金塗銀革帶金塗銀裝玉佩天下樂暈錦綬青絲網間施三玉環白韈黑履三公左輔右弼三少太宰少宰親王開府儀同三司服之七梁冠無貂蟬籠巾銀裝玉佩雜花暈錦綬餘同三公以下服執政官東宮三師服之六梁冠白紗中單銀革帶佩方勝宜男錦綬銀環餘同七梁冠服大學士學士直學士東宮三少御史大夫中丞六曹尚書侍郎殿中監大司成散騎常

侍特進金紫銀青光祿大夫光祿大夫太尉節度使左右金吾衛左右衛上將軍服之五梁冠翠毛錦綬餘同六梁冠服太子賓客詹事給事中中書舍人諫議大夫待制九寺卿大司樂祕書監殿中少監國子祭酒宣奉正奉通奉通議太中中大夫中奉中散大夫上將軍節度觀察留後觀察使通侍大夫樞密都承旨服之四梁冠簇四盤鵰錦綬餘同五梁冠服九寺少卿大晟典樂祕書少監國子辟廱司業少府將作軍器監都水使者起居舍人侍御史太子左右庶子少詹事諭德尚書左右司郎中員外六曹諸司郎中朝議奉直朝請朝散朝奉大夫防禦團練使刺史

大將軍正侍中侍中亮中衛拱衛左武右武大夫駙馬都尉帶遙郡武功大夫以下樞密副都承旨服之三梁冠金塗銅革帶佩黃獅子錦綬鍮石環餘同四梁冠服殿中侍御史監察御史司諫正言尚書六曹員外郎外符寶郎少府將作軍器少監太子侍讀侍講中舍舍人親王府翊善侍讀侍講九寺祕書殿中監辟廱丞大晟樂令兩赤縣令大理正司直評事著作郎祕書郎著作佐郎太常宗學國子辟廱博士太史局令正丞五官正朝請朝散朝奉承議奉議通直郎中亮中衛拱衛左武右武郎諸衛將軍衛率府率武功武德武顯武節武畧武經武義武翼大夫郎醫職翰林醫正以上內符寶郎閤門通事舍人敦武郎修武郎服之二梁冠角簪方勝練鵲錦綬餘同三梁冠服在京職事官閤門祗候看班祗候率府副率升輦輅立侍內臣服之御史大夫中丞刑部尚書侍郎大理卿少卿侍御史刑部郎中大理寺正丞司直評事並冠獬豸冠服青荷蓮綬詔悉頒行六年詔導駕官朝服結佩七年詔夏祭百官朝祭服用紗中興仍舊制行事執事官則服祭服導引陪祠官則服朝服從紹興三年太常寺請也祠畢駕回若服通天絳紗袍乘大輦則百官從駕服朝服或服履袍乘平輦則百官從駕服常服自隆興二年洪适請始也進賢冠

以漆布為之上縷紙為額花金塗銀銅飾後有納言以梁數為差凡七等以羅為纓結之第一等七梁加貂蟬籠巾貂鼠尾立筆第二等無貂蟬籠巾第三等六梁第四等五梁第五等四梁第六等三梁第七等二梁並如舊制服同貂蟬冠一名籠巾織藤漆之形正方如平巾幘飾以銀前有銀花上綴玳瑁蟬左右為三小蟬銜玉鼻左插貂尾三公親王侍祠大朝會則加于進賢冠而服之獬豸冠即進賢冠其梁上刻木為獬豸角碧粉塗之梁數從本品立筆古人臣簪筆之遺象其制削竹為幹裹以緋羅以黃絲為毫拓以銀縷葉插於冠後舊令文官七品以上服朝服者

贊白筆武官則否今文武皆簪焉

志卷第一百五

志卷第一百六　宋史一百五十三

開府儀同三司上柱國錄軍國重事前中書右丞相監修國史領經筵事都總裁臣脫脫等奉
敕修

輿服五 諸臣服下 士庶人服

公服凡朝服謂之具服公服從省今謂之常服宋因唐制三品以上服紫五品以上服朱七品以上服綠九品以上服青其制曲領大袖下施橫襴束以革帶幞頭烏皮鞾自王公至一命之士通服之太宗太平興國二年詔朝官出知節鎮及轉運使副衣緋綠者並借紫知防禦團練刺史州衣綠者借緋衣緋者借紫其為通判知軍監止借緋其後江淮發運使同轉運提點刑獄同知刺史州雍熙初郊祀慶成始許升朝官服緋綠二十年者敘賜緋紫真宗登極京朝官亦聽敘及東封西祀赦書京朝官並以十五年為限後每帝登極亦如例景德三年詔內諸司使以下出入內庭不得服皂衣違者論其罪內職亦許服窄袍仁宗景祐元年詔軍使曾任通判者借緋曾任知州者借紫慶曆元年龍圖閣直學士任布言欲望自今贈官至正郎者其畫像許服緋至卿監許服紫從之嘉祐三年詔三品轉運使朝辭上殿日與賜章服諸路轉運使候及十年即與賜章服神宗熙寧元年中書門下奏六品以上犯贓濫或

私罪徒重者不得因本品改章服從之元豐元年去青不用階官至四品服紫至六品服緋皆象笏佩魚九品以上則服綠笏以木武臣内侍皆服紫不佩魚假版官及伎術若公人之入品者並聽服綠官應品而服色未易與品未及而已易者或以年格或以特恩五年詔六曹尚書依翰林學士例六曹侍郎給事中依直學士例朝謝日不以行守試並賜服佩魚罷職除他官日不帶行徽宗重和元年詔禮制局自冠服討論以聞其見服鞾先改用履禮制局奏履有約繶純綦古者舄履各隨裳之色有赤舄白舄黑舄今履欲用黑革爲之其約繶純綦並隨服色用之以

倣古隨裳色之意詔以明年正旦改用禮制局又言履隨其服色武臣服色一等當議差別詔文武官大夫以上具四飾朝請郎武功郎以下去繶並稱履從義郎宣教郎以下至將校伎術官去繶純並稱履當時議者以鞾不當用之中國實廢釋氏之漸云中興仍元豐之制四品以上紫六品以上緋九品以上綠服緋紫者必佩魚謂之章服非官至本品不以假人若官卑而職高則特許者有三自庶官遷六部侍郎自庶官爲待制或出奉使者是也又有以年勞而賜者有品未及而借者升朝官服綠大夫以上服緋莅事至今日以前及二十年歷任無過者許磨勘改

授章服此賜者也或爲通判者許借緋爲知州監司者許借紫任滿還朝仍服本品此借者也又有出於恩賜者焉紹興十二年九月以皇太后回鑾詔承務郎以上服緋綠莅事至今日以前十七年者並改轉服色三十二年六月孝宗即位詔承務郎以上服緋綠及十五年者並許改轉服色然計年之法亦不輕許無出身人自年二十出官服綠日起理服緋人亦自年二十服緋日起理有出身人自賜出身日起理内並除豁丁憂年月日不理外歷任無過者方許焉先是殿中侍御史張震奏今日之弊在於人有僥倖能華其俗然後天下可治且改轉服色常赦自升朝

官以上服綠大夫以上服緋莅事及二十年方得改賜今赦日承務郎以上服緋綠及十五年便與改轉比之常赦不惟年限已減而又官品相絕蓋已爲異恩矣今竊聞省部欲自補官日便理歲月即是嬰孩授命年纔十五者今遂服緋而貴近之子或初年賜緋年纔及冠者今遂賜紫朱紫紛紛不亦濫乎況靖康建炎恩赦亦不曾以補官日爲始若始於出官之日頗爲折衷蓋比之莅事所減已多而比之初補粗爲有節帝從其言故有是命又有出於特賜者旌直臣則賜之勸循吏則賜之廣孝治則賜之優老臣則賜之此皆非常制焉内品未至而賜服及借者並於

衙內帶賜及借
幞頭一名折上巾起自後周然止以軟帛垂脚隋始以桐
木爲之唐始以羅代繒惟帝服則脚上曲人臣下垂五代
漸變平直國朝之制君臣通服平脚乘輿或服上曲焉其
初以藤織草巾子爲裏紗爲表而塗以漆後惟以漆爲堅
去其藤裏前爲一折平施兩脚以鐵爲之
帶古惟用革自曹魏而下始有金銀銅之飾宋制尤詳有
玉有金有銀有犀其下銅鐵角石墨玉之類各有等差玉
帶不許施於公服犀非品官通犀非特旨皆禁銅鐵角石
墨玉之類民庶及郡縣吏伎術等人皆得服之其制有金

毬路荔支師蠻海捷寶藏方團二十五兩荔支自二十五兩至七兩有四等師蠻二十五兩海捷十五兩寶藏三十兩惟毬路方團胯餘悉方胯荔支或爲御仙花束帶亦同金塗天王八仙
犀牛寶瓶荔支師蠻海捷雙鹿行虎窪面天王八仙二十五兩犀牛寶瓶自二十五兩至十五兩有二等荔支自二十兩至十兩有三等師蠻自二十兩至十八兩有二等海捷自十五兩至十兩有三等雙鹿自二十兩至四兩有九等行虎七兩窪面自十五兩至十二兩有二等束帶則有金
荔支師蠻戲童海捷犀牛胡荽鳳子寶花荔支自二十五兩至十五兩有三等師蠻戲童二十五兩海捷自二十兩至十兩有二等犀牛二十兩鳳子寶相花十五兩金塗犀牛
雙鹿野馬胡荽犀牛野馬十五兩雙鹿自二十兩有三等胡荽自十五兩至十兩有三等犀有
上等次等以牯犉爲別出黔南者在南海之下太宗太平興國七年
正月翰林學士承旨李昉等奏曰奉詔詳定車服制度請

從三品以上服玉帶四品以上服金帶以下升朝官雖未
升朝已賜紫緋內職諸軍將校並服紅鞓金塗銀排方雖
升朝着綠者公服上不得繫銀帶餘官服黑銀方團胯及
犀角帶貢士及胥吏工商庶人服鐵角帶恩賜者不用此
制荔支帶本是內出以賜將相在於庶僚豈合僭服望非
恩賜者官至三品乃得服之景德三年詔通犀金玉帶除
官品合服及恩賜外餘人不得服用大中祥符五年詔曰
方團金帶優寵輔臣今文武庶官及伎術之流率以金銀
放效甚紊彝制自今除恩賜外悉禁之端拱中詔作瑞草
地毬路文方團胯帶副以金魚賜中書樞密院文臣仁宗

慶曆八年彰信軍節度使兼侍中李用和言伏見張耆授
兼侍中日特賜笏頭金帶以為榮異欲望正謝日準例特
賜詔如耆例神宗熙寧六年熙河路奏捷宰臣王安石率
群臣賀紫宸殿神宗解所服白玉帶賜之八年岐王顥嘉
王頵言蒙賜方團玉帶著為朝儀乞寶藏于家不敢服用
神宗不許命工別琢玉帶以賜之顥等固辭不聽請加佩
金魚以別嫌詔以玉魚賜之親王佩玉魚自此始宗旦宗
諤皆以使相遇郊恩告謝特賜毬文方團金帶佩魚自是
宗室節度帶同平章事者着為例宣徽使張方平郭逵王
拱辰皆嘗特賜元豐五年詔三師三公宰相執政官開府

儀同三司節度使嘗任宰相者觀文殿大學士已上金毬文方團帶佩魚觀文殿學士至寶文閣直學士節度使御史大夫中丞六曹尚書侍郎散騎常侍御仙花帶內御史大夫六曹尚書翰林學士以上及資政殿學士特班翰林學士上者仍佩魚六年詔北使經過處守臣曾借朝議大夫者今權服紫不繫金帶其押賜御筵官仍互借先借朝議大夫者即借中散大夫並許繫金帶不佩魚哲宗元祐五年詔臣僚曾賜金帶後至不該繫者在外許繫徽宗崇寧二年詔六尚局奉御令後許服金帶四年中書省檢會哲宗元符儀制令諸帶三師三公宰相執政官使相節度使觀文殿大學士毬文佩魚節度使非曾任宰相即御仙花佩魚觀文殿學士至寶文閣直學士御史大夫中丞六曹尚書侍郎散騎常侍並御仙花權侍郎不同內御史大夫六曹尚書觀文殿學士至翰林學士仍佩魚資政殿學士特旨班在翰林學士上者同權尚書不同其官職未至而特賜者不拘此令因任職事官經賜金帶者雖後任不該賜亦許服看詳若稱但因六曹侍郎經賜帶後除知開封府之類既非職事官又非在外皆不許繫似非元立法之意蓋立文該舉未盡其特賜者既不緣官職自無時不許繫外因任職事官賜金帶後任不該者亦許服即在外

與在京非職事官皆可用詔申明行下大觀二年詔中書舍人諫議大夫待制殿中少監許繫紅鞓犀帶不佩魚中興仍之其等亦有玉有金有銀有金塗銀有犀有通犀有角其制毬文者四方五團御仙花者排方凡金帶三公左右丞相三少使相執政官觀文殿大學士節度使毬文佩魚觀文殿學士至華文閣直學士御史大夫中丞六曹尚書侍郎散騎常侍開封尹給事中並御仙花內御史大夫六曹尚書觀文殿學士至翰林學士仍佩魚中書舍人左右諫議大夫龍圖天章寶文顯謨徽猷敷文煥章華文閣待制權侍郎服紅鞓排方黑犀帶仍佩魚權侍郎以上罷任不帶職者亦許服之

魚袋其制自唐始蓋以爲符契也其始曰魚符左一右一左者進內右者隨身刻官姓名出入合之因盛以袋故曰魚袋宋因之其制以金銀飾爲魚形公服則繫於帶而垂於後以明貴賤非復如唐之符契也太宗雍熙元年南郊後內出以賜近臣由是內外升朝文武官皆佩魚凡服紫者飾以金服緋者飾以銀庭賜紫則給金塗銀者賜緋亦有特給者京官幕職州縣官賜緋紫者亦佩親王武官內職將校皆不佩眞宗大中祥符六年詔伎術官未升朝賜緋紫者不得佩魚仁宗天聖二年翰林待詔太子中舍同

正王文度因勒碑賜紫章服以舊佩銀魚請佩金魚仁宗曰先朝不許伎術人輒佩魚以別士類不令混淆宜却其請景祐三年詔殿中省尚藥奉御賜紫徐安仁特許佩魚至和元年詔中書提點五房公事自今雖無出身亦聽佩魚舊制自選人入爲堂後官轉至五房提點始得佩魚提點五房呂惟和非選人入援司天監五官正例求佩魚特許之神宗元豐二年蒲宗孟除翰林學士神宗曰學士職清地近非它官比而官儀未寵自今宜加佩魚遂著爲令三年詔自今中書堂後官並帶賜緋魚袋餘依舊例徽宗政和元年尚書兵部侍郎王詔奏今監司守倅等並許借

服色而不許佩魚即是有服而無章殆與吏無別乞今後應借緋紫臣僚並許隨服色佩魚仍各許入銜俟回日依舊服色從之中興並仍舊制

笏唐制五品以上用象上圓下方六品以下用竹木上挫下方宋文散五品以上用象九品以上用木武臣內職並用象千牛衣綠亦用象廷賜緋綠者給之中興同

鞾宋初沿舊制朝履用鞾政和更定禮制改鞾用履中興仍之乾道七年復改用鞾以黑革爲之大抵參用履制惟加勒焉其飾亦有絇繶純綦大夫以上具四飾朝請武功郎以下去繶從義宣教郎以下至將校伎術官并去純底用麻再重革一重裏用素衲氈高八寸諸文武官通服之惟以四飾爲別服綠者飾以綠服緋紫者飾亦如之倣古隨裳色之意

簪戴幞頭簪花謂之簪戴中興郊祀明堂禮畢回鑾臣僚及扈從並簪花恭謝日亦如之大羅花以紅黃銀紅三色欒枝以雜色羅大絹花以紅銀紅二色羅花以賜百官欒枝卿監以上有之絹花以賜將校以下太上兩宮上壽畢及聖節及錫宴及賜新進士聞喜宴並如之

重戴唐士人多尚之蓋古大裁帽之遺制本野夫巖叟之服以皂羅爲之方而垂檐紫裏兩紫絲組爲纓垂而結之

頷下所謂重戴者蓋折上巾又加以帽焉宋初御史臺皆重戴餘官或戴或否後新進士亦戴至釋褐則止太宗淳化二年御史臺言舊儀三院御史在臺及出使並重戴事已久廢其御史出臺爲省職及在京釐務者請依舊儀違者罰俸一月從之又詔兩省及尚書省五品以上皆重戴樞密三司使副則不中興後御史兩制知貢舉官新進士上三人許服之

時服宋初因五代舊制每歲諸臣皆賜時服然止賜將相學士禁軍大校建隆三年太祖謂侍臣曰百官不賜甚無謂也乃徧賜之歲遇端午十月一日文武群臣將校皆給

焉是歳十月近臣軍校增給錦襯袍中書門下樞密宣徽院節度使及侍衛步軍都虞候以上皇親大將軍以上天下樂暈錦三司使學士中丞内客省使駙馬留後觀察使皇親將軍諸司使廂主以上簇四盤鵰細錦三司副使宮觀判官黄師子大錦防禦團練使刺史皇親諸司副使翠毛細錦權中丞知開封府銀臺司審刑院及待制以上知檢院鼓院同三司副使六統軍金吾大將軍紅錦諸班及諸軍將校亦賜窄錦袍有翠毛宜男雲鴈細錦師子練鵲寳照大錦寳照中錦凡七等應給錦袍者皆五事公服錦寛袍綾汗衫袴勒帛丞郎給舍大卿監以上不給錦袍者加以黄綾繡抱肚大將軍少卿監郎中以

上樞密諸房副承旨以上諸司使皇親承制崇班皆四事無錦袍將軍至副率知雜御史至大理正入内都知内侍都知皇親殿直以上皆三事無袴通事舍人承制崇班入内押班内侍副都知押班内常侍六尚奉御以下京官充館閣宗正寺刑法官者皆二事無勒帛内職汗衫以綾文臣以綢閤門祗候内供奉官至殿直京官編修校勘止給公服端午亦給應給錦袍者汗衫以黄縠别加繡抱肚小扇誕聖節所給如時服京師禁廂軍校衛士内諸司胥史工巧人並給服有差朝官京官内職出爲外任通判監押巡檢以上者大藩府監務者亦或給之每歳十月時服閤寳中皆賜窄錦袍太平興國以後文官知制誥武官上將軍

内職諸司使以上皆賜錦繙領觀察使以上天下樂暈錦尚書及步軍都虞候以上及知益州并州次暈錦皆五事學士丞郎簇四盤鵰錦刺史以上及知廣州翠毛錦皆三件待制以上横班諸司使翠毛錦知代州御仙花錦諸司使領郡宜男錦諸司使雲鴈錦駙馬錦如丞郎增至四事益州鈐轄錦從本官增跂袴朝官供奉官以上皆賜紫地皂花欹正京官殿直以下皆賜紫大綾在外禁軍將校亦賜窄錦袍次賜紫綾色絹景德元年始詔河北河東陜西三路轉運使副並給方勝練鵲錦校獵從官兼賜紫羅錦旋襴暖鞾雍熙四年令節度使給皂地金線盤雲鳳鹿胎旋襴侍衛步軍都虞候以上給皂地金線盤花鴛鴦親王宰相使相生日並賜衣五事錦綵百匹金花銀器百兩馬二匹金塗銀鞍勒一宰相樞

蔡仲平

密使參知政事樞密副使宣徽使初拜加恩中謝日並賜衣五事金帶一舊荔支帶淳化後宰相參知政事文臣任樞密副使改賜方團胯毬路金帶加以金魚塗金銀鞍勒馬一三司使學士御史中丞初拜中謝日賜衣五事荔支金帶一塗金銀鞍勒馬一文明學士以下初賜金裝犀帶後改賜金帶中書舍人賜襲衣犀帶宰相以下對御臺賜樞密直學士中書舍人謝訖中使押賜再入謝于别殿中書舍人或告謝日已改賜章服則罷中使押賜郊禋禮畢親王宰相至龍圖閣直學士禁軍將校各賜襲衣金帶親王中書門下樞密宣徽三司使四廂都指揮使以上加鞍勒馬一其後宫觀副使天書扶侍使並同學士同中謝日雍熙元年兩省五品以上御史臺尚書省四品以上各賜

襲衣犀帶魚袋其爲五使則皆賜金帶仍各加器幣（文武行事官各賜金帛牧伯在外者遇大禮不賜大中祥符元年詔節度觀察防禦團練使刺史因東封爲諸州部署鈐轄者並特賜馬）使相節度使自鎮來朝入見日賜衣五事金帶鞍馬朝辭日賜窄衣六事金束帶鞍勒馬一散馬二（節度使減散馬）爲都部署者別賜帶甲鞍勒馬一觀察使爲都部署副都部署赴本任知州賜窄衣三事金束帶鞍勒馬防禦團練使刺史爲部署鈐轄賜窄衣三事金束帶赴本任賜窄衣三事塗金銀腰帶爲知州都監賜窄衣三事絹三十匹諸司爲鈐轄者賜窄衣金束帶文武官內職出爲知州軍通判發運轉運使副提點刑獄都監巡檢砦主軍使及任使繁要者僕射賜窄衣三事絹五十匹尚書丞郎學士諫舍待制大卿監及統軍上將軍諸司使減絹二十匹少卿監至五官正大將軍至副率諸司副使減絹一十匹中郎將京官內殿承制至借職內常侍減衣二事又減絹一十匹窄衣起二月給紫羅衫起十月給紫歒正綿襖（給公服者單夾亦然）諸道衙內指揮使都虞候入貢辭日賜紫羅窄衫金塗銀帶

士庶人車服之制太宗太平興國七年詔曰士庶之間車服之制至于喪葬各有等差近年以來頗成踰僭宜令翰林學士承旨李昉詳定以聞昉奏今後富商大賈乘馬漆

素鞍者勿禁近年品官綠袍及舉子白襴下皆服紫色亦請禁之其私第便服許紫皂衣白袍舊制庶人服白今請流外官及貢舉人庶人通許服皂工商庶人家乘檐子或用四人八人請禁斷聽乘車兜子舁不得過二人並從之端拱二年詔縣鎮場務諸色公人并庶人商賈伎術不係官伶人只許服皂白衣鐵角帶不得服紫文武升朝官及諸司副使禁軍指揮使廂軍都虞候之家子弟不拘此限幞頭巾子自今高不過二寸五分婦人假髻並宜禁斷仍不得作高髻及高冠其銷金泥金眞珠裝綴衣服除命婦許服外餘人並禁至道元年復許庶人服紫眞宗咸平四年禁民間造銀鞍瓦金線盤蹙金線大中祥符元年三司言竊惟山澤之寶所得至難儻縱銷釋實爲虛費今約天下所用歲不下十萬兩俾上幣棄於下民自今金銀箔線貼金銷金泥金蹙金線裝貼什器土木玩用之物並請禁斷非命婦不得以爲首飾冶工所用器悉送官諸州寺觀有以金箔飾尊像者據申三司聽自賚金銀工價就文思院換給從之二年詔申禁鎔金以飾器服又太常博士知溫州李邈言兩浙僧求丐金銀珠玉錯末和泥以爲塔像有高袤丈者毀碎珠寶寖以成俗望嚴行禁絕違者重論從之七年禁民間服銷金及跋遮那纈八年詔內庭自中

葉仲華

宮以下並不得銷金貼金間金戧金圈金解金剔金陷金明金泥金楞金背影金盤金織金金線撚絲裝著衣服並不得以金為飾其外庭臣庶家悉皆禁斷臣民舊有者限一月許回易為真像前供養物應寺觀裝功德用金箔須具殿位真像顯合增修刱造數經官司陳狀勘會詣實聞奏方給公憑詣三司收買其明金裝假果花板樂身之類應金為裝彩物降詔前已有者更不毀壞自餘悉禁違者犯人及工匠皆坐是年又禁民間服皂班纈衣仁宗天聖三年詔在京士庶不得衣黑褐地白花衣服并藍黃紫地撮暈花樣婦女不得將白色褐色毛段并淡褐色匹帛製造衣服令開封府限十日斷絕婦女出入乘騎在路披毛褐以禦風塵者不在禁限七年詔士庶僧道無得以朱漆飾牀榻九年禁京城造朱紅器皿景祐元年詔禁錦背繡背遍地密花透背采段其稀花團窠斜窠雜花不相連者非二年詔市肆造作縷金為婦人首飾等物者禁三年臣庶之家毋得採捕鹿胎製造冠子又屋宇非邸店樓閣臨街市之處毋得為四鋪作閙鬭八非品官毋得起門屋非宮室寺觀毋得彩繪棟宇及朱黝漆梁柱窻牖雕鏤柱礎凡器用毋得表裏朱漆金漆下毋得襯朱非三品以上官及宗室戚里之家毋得用金稜器其用銀者毋得塗金玳

瑁酒食器非宮禁毋得用純金器若經賜者聽用之凡命婦許以金為首飾及為小兒鈴鋜釵篸釧纏珥環之屬仍毋得為牙魚飛魚奇巧飛動若龍形者非命婦之家毋得以真珠裝綴首飾衣服及項珠瓔絡耳墜頭須抹子之類凡帳幔繳壁承塵柱衣額道項帕覆旋牀裙毋得用純錦偏繡宗室戚里茶檐食合毋得以緋紅蓋覆豪貴之族所乘坐車毋得用朱漆及五彩裝繪若用黝而間以五彩者聽民間毋得乘檐子及以銀骨朵水罐引喝隨行慶曆八年詔禁士庶倣契丹服及乘騎鞍轡婦人衣銅綠兔褐之類皇祐元年詔婦人冠高毋得踰四寸廣毋得踰尺梳長毋得踰四寸仍禁以角為之先是宮中尚白角冠梳人爭倣之至謂之內樣冠名曰垂肩等至有長三尺者梳長亦踰尺議者以為服妖遂禁止之七年初皇親與內臣所衣紫皆再入為黝色後士庶寖相效言者以為奇衺之服於是禁天下衣黑紫服者神宗熙寧九年禁朝服紫色近黑者民庶止令乘犢車聽以黑飾間五彩為飾不許呵引及前列儀物哲宗紹聖二年侍御史翟思言京城士人與豪右大姓出入率以轎自載四人舁之甚者飾以樓蓋徹去簾蔽翼其左右旁午於通衢甚為僭擬乞行止絕從之徽宗大觀元年郭天信乞中外並罷翡翠裝飾帝曰先王之政

仁及草木禽獸今取其羽毛用於不急傷生害性非先王惠養萬物之意宜令有司立法禁之政和二年詔後苑造纈帛蓋自元豐初置為行軍之號又為衛士之衣以辨姦詐遂禁止民間打造令開封府申嚴其禁客旅不許興販纈板七年臣僚上言輦轂之下奔競侈靡有未革者居室服用以壯麗相誇珠璣金玉以奇巧相勝不獨貴近比比紛紛日益滋甚臣嘗考之申令法禁雖具其罰尚輕有司玩習以至於此如民庶之家不得乘轎今京城內暖轎非命官至富民娼優下賤遂以為常竊見近日有赴內禁乘以至皇城門者奉祀乘至宮廟者坦然無所畏避臣妄以

為僭禮犯分禁亦不可以緩於是詔非品官不得乘暖轎先是權發遣提舉淮南東路學事丁瓘言衣服之制尤不可緩今閭閻之卑倡優之賤男子服帶犀玉婦人塗飾金珠尚多僭侈未合古制臣恐禮官所議止正大典未遑及此伏願明詔有司嚴立法度酌古便今以義起禮俾閭閻之卑不得與尊者同榮倡優之賤不得與貴者並麗此法一正名分自明革澆偷以歸忠厚豈曰小補之哉是歲又詔敢為契丹服若氈笠釣墪之類者以違御筆論釣墪今亦謂之韈褲婦人之服也

中興士大夫之服大抵因東都之舊而其後稍變為一曰深衣二曰紫衫三曰涼衫四曰帽衫五曰襴衫淳熙中朱熹又定祭祀冠婚之服特頒行之凡士大夫家祭祀冠婚則具盛服有官者幞頭帶鞾笏進士則幞頭襴衫帶處士則幞頭皂衫帶無官者通用帽子衫帶又不能具則或深衣或涼衫有官者亦通用帽子以下但不為盛服婦人則假髻大衣長裙女子在室者冠子背子衆妾則假紒背子冠禮三加冠服初加緇布冠深衣大帶納履再加帽子皂衫革帶繫鞋三加幞頭公服革帶納鞾其品官嫡庶子初加折上巾公服再加二梁冠朝服三加平冕服若以巾帽折上巾為三加者聽之深衣用白細布度用指尺衣全四

幅其長過脅下屬於裳裳交解十二幅上屬於衣其長及踝圓袂方領曲裾黑緣大帶緇冠幅巾黑履士大夫家冠昏祭祀宴居交際服之

紫衫本軍校服中興士大夫服之以便戎事紹興九年詔公卿長吏服用冠帶然迄不行二十六年再申嚴禁毋得以戎服臨民自是紫衫遂廢士大夫皆服涼衫以為便服矣

涼衫其制如紫衫亦曰白衫乾道初禮部侍郎王曮奏竊見近日士大夫皆服涼衫甚非美觀而以交際居官臨民純素可憎有似凶服陛下方奉兩宮所宜革之且紫衫之

設以從戎故為之禁而人情趨簡便靡而至此文武並用本不偏廢朝章之外宜有便衣仍存紫衫未害大體於是禁服白衫除乘馬道塗許服外餘不得服若便服許用紫衫自後涼衫祇用為凶服矣

帽衫帽以烏紗衫以皁羅為之角帶繫鞵東都時士大夫交際常服之南渡後一變為紫衫再變為涼衫自是服帽衫少矣惟士大夫家冠昏祭祀猶服焉若國子生常服之

襴衫以白細布為之圓領大袖下施横襴為裳腰間有辟積進士及國子生州縣生服之紹興五年高宗謂輔臣曰金翠為婦人服飾不惟靡貨害物而侈靡之習實關風化已戒中外及下令不許入宮門今無一人犯者尚恐士民之家未能盡革宜申嚴禁仍定銷金及採捕金翠罪賞格淳熙二年孝宗宣示中宮襦衣曰珠玉就用禁中舊物所費不及五萬革弊當自宮禁始因問風俗龔茂良奏由貴近之家放傚宮禁以致流傳民間鬻簪珥者必言内様彼若知上崇尚淳朴必觀感而化矣臣又聞中宮服澣濯之衣數年不易請宣示中外仍敕有司嚴戒奢僭寧宗嘉泰初以風俗侈靡詔官民營建室屋一遵制度務從簡樸又以宮中金翠燔之通衢貴近之家犯者必罰

志卷第一百六

志卷第一百七　宋史一百五十四

開府儀同三司上柱國錄軍國重事前中書右丞相監修國史領經筵事都總裁臣脫脫等奉勑脩

輿服六 寶印 符券 宮室制度 臣庶室屋制度

寶秦制天子有六璽又有傳國璽歷代因之唐改為寶其制有八五代亂離或多亡失周廣順中始造二寶其一曰皇帝承天受命之寶一曰皇帝神寶太祖受禪傳此二寶又製大宋受命之寶至太宗又別製承天受命之寶是後諸帝嗣服皆自為一寶以皇帝恭膺天命之寶為文凡上尊號有司製玉寶則以所上尊號為文寶用玉篆文廣四寸九分厚一寸二分填以金盤龍鈕係以暈錦大綬赤小綬連玉環玉檢高七寸廣二寸四分厚四分玉斗方二寸四分厚一寸二分皆飾以紅錦金裝衣裹以紅絲加紅羅泥金夾帊納於小盝盝以金裝衣内設金牀暈錦褥飾以雜色玻瓈碧石珊瑚金精石瑪瑙又盝二重皆裝以金覆以紅羅繡帊載以腰輿及行馬並飾以金又有香爐寶子香匙灰匙火箸燭臺燭刀皆以金為之是所謂緣寶法物也別有三印一曰天下合同之印中書奏覆狀流内銓歷任三代狀用之二曰御前之印樞密院宣命及諸司奏狀内用之三曰書詔之印翰林詔敕用之皆鑄以金又以鍮石各

鑄其一雍熙三年並改為寶別鑄以金舊六印皆毀之真宗即位作皇帝受命寶文曰皇帝恭膺天命之寶大中祥符元年五月詳定所言按玉牒玉冊用皇帝受命寶印之納玉匱於石䃭以天下同文之印封之今封禪泰山請依舊制別造玉寶一枚方寸二分文同受命寶其封石䃭用天下同文之印舊史元無制度今請用金鑄大小同御前之寶以天下同文之寶為文所有緣寶法物亦請依式製造從之天禧元年十二月召輔臣於滋福殿觀新刻五嶽聖帝玉寶及皇帝昭受乾符之寶命擇日迎導赴會靈觀奉安其寶並金押玉鈕製作精妙真宗以奏章上帝參前

皆用御前之寶以理未順故改用昭受乾符之寶乾興元年仁宗即位作受命寶文同真宗天聖元年詔以宮城火重製受命寶及尊號冊寶慶曆八年十一月詔刻皇帝欽崇國祀之寶先是天禧中真宗刻昭受乾符之寶而於醮祠表章用之後經大內火寶燬乃用御前之寶至是下學士院定其文命宰臣陳執中書之皇祐五年七月詔作鎮國神寶先是奉宸庫有良玉廣尺厚半之仁宗以為希代之珍不欲為服玩因作是寶命宰臣龐籍篆文寶成太常禮院引唐六典次序曰一神寶二受命寶冬至祀南郊大駕儀仗請以鎮國神寶先受命寶為前導自是為定式至和二年初太宗以玉寶二鈕賜太祖之子德芳其文曰皇帝信寶至是德芳孫左屯衛大將軍從式上之嘉祐八年仁宗崩英宗立翰林學士范鎮言伏聞大行皇帝受命寶及緣寶法物與平生衣冠器用皆欲舉而葬之恐非所以稱先帝恭儉之意其受命寶伏乞陛下自實用之且示有所傳付若衣冠器玩則請陳於陵寢及神御殿歲時展視以慰思慕詔檢討官考索典故及命兩制禮官詳議翰林學士王珪等奏曰受命寶者猶昔傳國璽也宜為天子傳器不當改作古者藏先王衣服於廟寢至於平生器玩則前世既不皆納於方中亦不盡陳於陵寢謂今宜從省約

以稱先帝恭儉之實帝不用其議乃別造受命寶命參知政事歐陽脩篆文八字至哲宗立亦作焉其文並同紹聖三年咸陽縣民段義得古玉印自言於河南鄉劉銀村修舍掘地得之有光照室四年上之詔禮部御史臺以下參驗元符元年三月翰林學士承旨蔡京及講議官十三員奏按所獻玉璽色綠如藍溫潤而澤其文曰受命于天既壽永昌其背螭鈕五盤鈕間有小竅用以貫組又得玉螭首一白如膏亦溫潤其背亦螭鈕五盤鈕間亦有貫組小竅其面無文與璽大小相合篆文工作皆非近世所為臣等以歷代正史考之璽之文曰皇帝壽昌者晉璽也曰受

命於天者後魏璽也有德者昌唐璽也惟德允昌石晉璽
也則既壽永昌者秦璽可知今得璽於咸陽其玉乃藍田
之色其篆與李斯小篆體合飾以龍鳳鳥魚乃蟲書鳥跡
之法於今所傳古書莫可比擬非漢以後所作明矣今陛
下嗣守祖宗大寶而神璽自出其文曰受命于天既壽永
昌則天之所畀烏可忽哉漢晉以來得寶鼎瑞物猶告廟
改元肆眚上壽況傳國之器乎其緣寶法物禮儀乞下所
屬施行詔禮部太常寺按故事詳定以聞禮官言五月朔
故事當大朝會宜就行受寶之禮依上尊號寶冊儀有司
豫製緣寶法物并寶進入俟降出權於寶堂安奉前三日

差官奏告天地宗廟社稷前一日帝齋于內殿翌日御大
慶殿降坐受寶羣臣上壽稱賀先期又詔龍圖天章閣齎
治平元年耀州所獻受命寶玉檢赴都堂參議詔以五月
朔受傳國寶命章惇書玉檢以天授傳國受命之寶為文
徽宗崇寧五年有以玉印獻者印方寸以龜為鈕工作精
巧文曰承天福延萬億永無極徽宗因效其文倣李斯蟲
魚篆作寶文其方四寸有奇螭鈕方盤上圓下方名為鎮
國寶大觀元年又得玉工用元豐中玉琢天子皇帝六璽
疊篆初紹聖間得漢傳國璽無檢幅又不闕疑其一角缺
者乃檢也有檢傳致驗甚詳傳于世帝於是取其文而黜

其璽不用自作受命寶其方四寸有奇琢以白玉篆以蟲
魚鎮國受命二寶合天子皇帝六璽是為八寶詔曰自昔
皆有尚符璽官今雖隸門下後省遇親祠則臨時具員訖
事復罷八寶既備宜重典司之職可令尚書省置官如古
之制又詔曰永惟受命之符當有一代之製而尚循秦舊
六璽之用度越百年之久或未大備自天申命地不愛寶
獲金玉於異域得妙工於編氓八寶既成曾無前比殆天
所授非人能為可以來年元日御大慶殿恭受八寶尚書
省言請置符寶郎四員隸門下省二員以中人充掌寶於
禁中按唐八寶車駕臨幸則符寶郎奉寶以從大朝會則

奉寶以進今鎮國寶受命寶非常用之器欲臨幸則從六
寶朝會則陳八寶皆夕納內符寶郎奉寶出以授外符寶
郎外符寶郎從寶行於禁衛之內朝則分進于御坐之前
鎮國寶受命寶不常用唯封禪則用之皇帝之寶答鄰國
書則用之皇帝行寶降御札則用之皇帝信寶賜鄰國書
及物則用之天子之寶答外國書則用之天子行寶封冊
則用之天子信寶舉大兵則用之應合用寶外符寶郎具
奏請內符寶郎御前請寶印訖付外符寶郎奉受從之二
年詔受命寶之上加鎮國二字政和七年從于闐得大玉
踰二尺色如截肪徽宗又制一寶赤螭鈕文曰範圍天地

幽贊神明保合大和萬壽無疆篆以魚蟲制作之工幾於秦璽其寶九寸檢亦如之號曰定命寶合前八寶爲九詔以九寶爲稱以定命寶爲首且曰八寶者國之神器至於定命寶乃我所自制也於是應行導排設定命與受命天子寶在左鎮國與皇帝寶在右又詔鎮國受命寶與天子皇帝之寶其數有八蓋非乾元用九之數比得寶玉於異域受定命之符於神霄乃以範圍天地幽贊神明保合大和萬壽無疆爲文下云其吉篆以蟲魚繼廣之制其寸亦九號曰定命寶來年元日祗受又詔差官奏告天地宗廟社稷八年正月一日御大慶殿受定命寶百僚稱賀其後

京城之難諸寶俱失之惟大宋受命之寶與定命寶獨存蓋天意也建炎初始作金寶三一曰皇帝欽崇國祀之寶祭祀詞表用之二曰天下合同之寶降付中書門下省用之三曰書詔之寶發號施令用之紹興元年又作玉寶一文曰大宋受命中興之寶又得舊寶二歷世寶之凡上太上皇尊號册后太子皆用焉十六年又作八寶一曰護國神寶以承天福延萬億永無極九字爲文二曰受命寶以受命于天既壽永昌爲文三曰天子之寶四曰天子信寶五曰天子行寶六曰皇帝之寶七曰皇帝信寶八曰皇帝行寶藏之御府大朝會則陳之上册寶尊號册后太子大

禮設函簿亦如之寶之制用玉尺度鈕鼻大小綬玉環檢制舊制如牌上刻曰某寶皆裹以朱縷加緋羅泥金帕納於小盝盝三重皆飾以金內設金牀金寶斗龍錀金鍱覆以緋羅繡帕載以腰輿行馬孝宗即位議上太上皇帝尊號曰光堯壽聖太上皇帝寶用皇祐中法黍尺量度乾道六年再加十四字尊號以寶材元係螭龍鈕止堪改作蹲龍其鈕高二寸四分五釐厚一寸一分五釐竅徑一寸理宗寶慶三年加上寧宗皇帝徽號寶面廣四寸二分厚一寸二分蹲龍鈕通高四寸一分寶四面鈎碾行龍

后妃之寶哲宗元祐元年詔天聖中章獻明肅皇后用五

寶方四寸九分厚一寸二分龍鈕今太皇太后權同處分軍國事宜依章獻明肅皇后故事二年又詔太皇太后玉寶以太皇太后之寶爲文皇太后金寶以皇太后寶爲文皇太妃金寶以皇太妃寶爲文中興之後后寶用金方二寸四分高下隨宜鼻紐以龜斗檢以銀塗以金寶盝三重鈒百花塗金盤鳳輿案行馬帕褥亦如之

皇太子寶至道元年制册皇太子受册金寶方二寸厚五寸係以朱組大綬連玉環金斗金檢長五寸闊二寸厚二分裹以紅綿加紅羅泥金帊納於小盝盝以金裝內設金牀又盝二重皆覆以紅羅銷金帊盝及腰輿行馬皆銀裝金

塗杷法物皆銀為之鈒花塗金中興寶璽鈕金塗銀檢上
勒皇太子寶四字金塗銀寶斗黝漆盝三重並錦托裹外
以金塗銀百花鳳葉子五明裝鑰以金鏁載以黝漆腰輿
行馬
冊制用珉玉簡長一尺二寸闊一寸二分簡數從字之多
少聯以金繩首尾結帶前後標首四枚二枚畫神二枚刻
龍鏤金若奉護之狀藉以錦褥覆以緋羅泥金夾帊冊匣
長廣取容冊塗以朱漆金鏤百花凸起行龍金鏁帉錔覆
以紅羅繡盤龍緋金帊承以金裝長竿床金龍首金魚鉤
又以紅絲為絛縈匣用案塗朱漆以銷金紅羅覆之
后冊用珉或以象縷文以鳳尺寸制度並同帝冊
皇太子冊用珉簡六十枚乾道中用七十五枚每枚高尺
二寸博一寸二分前後標首四枚長隨簡博四寸其二刻
神其二刻龍為奉護狀貫以金絲首尾結為金花飾以帉
錔襯以紅羅泥金夾帕藉以錦褥盛以黝漆匣錦托裹以
金塗銀葉段五明裝隱起百花鳳覆以緋羅泥金帕絡以
紅絲結絛襯以錦褥載以黝漆腰輿行馬
亡金國寶理宗端平元年命孟珙等以兵從大元兵夾攻
金人於蔡州滅之其年四月丙戌大理寺言京湖制置司
以所獲亡金寶物來上令金臣參知政事張天綱辨識其

玉寶一文曰太祖應乾興運昭德定功睿神莊孝仁明大
聖武元皇帝尊謚寶乃金人上其祖阿骨打謚寶也其法
物有銷金盤龍紅紵絲袍一透碾雲龍玉帶一內方八胯
結頭一塌尾一並玉塗金結頭一塗金小結攀一連珠環
玉束帶一垂頭裹拓上有金龍帶上玉事件大小一十
八叉玉鞓鐵對一銷金玉事件二皮茄袋一玉事件三
天綱稱上項帶國言謂之兔鶻皆其故主完顏守緒常
服之物也碾玉巾環一樺皮龍飾角弓一金龍環刀一
紅紵絲靠挽一佩玉大環一皆非臣庶服用之物制旨
冊一本舊作聖旨近侍局平日掌此以承受內降指揮
壬辰四月故主援東漢光武故事令上書者不得言聖故
避聖字不敢當因改作制旨外有臣下虎頭金牌三銀牌
八十四塗金印三及諸官署銅印三百一十二顆法司以
守緒函骨及俘囚故寶法物等庭引天綱并護尉都尉完
顏好海及天綱妻完顏氏烏古論栲栳小女瓊瓊一一審
實件列以聞有旨完顏守緒遺骸并故寶法物等藏大理
寺獄庫天綱好海完顏氏烏古論瓊瓊拘諸殿前司候朝
旨云
印制兩漢以後人臣有金印銀印銅印唐制諸司皆用銅
印宋因之諸王及中書門下印方二寸一分樞密宣徽三

司尚書省諸司印方二寸惟尚書省印不塗金餘皆塗金節度使印方一寸九分塗金餘印並方一寸八分惟觀察使塗金諸王節度觀察使州府軍監縣印皆有銅牌長七寸五分諸王廣一寸九分餘廣一寸八分諸王節度觀察使牌塗以金刻文云牌出印入印出牌入其奉使出入或本局無印者皆給奉使印景德初別鑄兩京奉使印又有朱記以給京城及外處職司及諸軍將校等其制長一寸七分廣一寸六分士庶及寺觀亦有私記乾德三年太祖詔重鑄中書門下樞密院三司使印先是舊印五代所鑄篆刻非工及得蜀中鑄印官祝溫柔自言其祖思言唐禮

部鑄印官世習繆篆即漢書藝文志所謂屈曲纏繞以模印章者也思言隨僖宗入蜀子孫遂為蜀人自是臺省寺監及開封府興元尹印悉令溫柔重改鑄焉太宗雍熙元年詔新除漢南國王錢俶印宜以漢南國為文四年詔錢俶新授南陽國王印宜以南陽國王之印為文真宗咸平三年賜山前後百蠻王諸驅印以大渡河南山前後都鬼王之印為文景德四年鑄交阯郡王印製安南旌節付廣南轉運司就賜之大中祥符五年詔諸寺觀及士庶之家所用私記今後並方一寸彫木為文不得私鑄是歲七月帝覽河西節度使知許州石普奏狀用許州觀察使印以

問宰臣王旦對曰節度州有三印節度印隨本使使缺則納有司觀察印則州長吏用之州印晝則付録事掌用暮納于長吏節度使在本鎮兵仗則節度判官掌書記推官書狀用節度印田賦則觀察判官支使推官書狀用觀察印符刺屬縣則本使判書用州印故命帥必曰某軍節度某州管內觀察等使某州刺史言軍則專制其兵旅言管內則總察其風俗言刺史則涖其州事石普獨書奏章當用河西節度使印仁宗景祐三年少府監言得篆文官王文盛狀在京三司糧料院頻有人偽造印記印成旁曆盜請官物欲乞鑄造圓印三面每面闊二寸五分於外一匝

先篆年號及糧料院名計十二字次一匝篆寅卯十二辰亦十二字中心篆正字上連印鈕鑄成轉關以機究定之有轉關正字次月轉定之時令本院官封押選差人行使用時逐月分對年終轉遍十二月自寅至丑終始使用所其印遇改年號即令別鑄詔三司定奪以聞三司請如文盛奏後又命知制誥邵必殿中丞蘇唐卿詳定天下印文必唐卿皆通篆籀然亦無所釐改焉神宗熙寧五年詔內外官及谿洞官合賜牌印並令少府監鑄造送禮部給付元豐三年廣西經略司言知南丹州莫世忍貢銀香獅子馬遂賜以印以西南諸道武盛軍德政官家明天國主印

爲文幷以南丹州刺史印賜之仍詔經略司毀其舊印六年舊制貢院專掌貢舉其印曰禮部貢舉之印以廢貢院事歸禮部別鑄禮部貢舉之印是歲十二月詔自今臣僚所授印亡歿並賜隨葬不即隨葬因而行用者論如律中興仍舊制惟三省樞密院用銀印六部以下用銅印諸路監司州縣亦如之寺監惟長貳給焉屬則從其長若倉庫關涉財用司存或給之監司州縣長官曰印僚屬曰記又下無記者止令本道給以木朱記文大方寸或銜命出境者以奉使印給之復命則納于有司後以朝命出州縣者亦如之新進士置團司亦假奉使印結局還之此常制也

南渡之後有司印記多亡失彼遺此得各自收用尚方重鑄給之加行在二字或冠年號以別新舊然欺僞猶未能革乾道二年禮部請郡縣假借印記者悉毀而更鑄四年兵部侍郎陳彌作言六部印藏於官以牌出入而胥吏用於户外或借用於他廳近有僞爲文符盜印以支錢糧者有僞作奏鈔盜拆御寶而改秩者皆慢藏有以誨之詔三省申嚴戒敕紹熙元年禮部侍郎李巘言文書有印以示信防姦給毀悉經省部具有條制然州縣沿循或以縣佐而用東南將印以掾曹而用司寇舊章名既不正弊亦難防請令有司製州縣官合用印記舊印非所當用者毀之

紹興十四年臣僚又言印信事重凡有官司印記年深篆文不明合改鑄者非進呈取旨不得改鑄焉時更鑄者成都府錢引每界以銅朱記給之行在都茶場會子庫每界給印二十五國用印三鈕各以三省戶房國用司會子印爲文檢察印五鈕各以提領會子庫檢察印爲文庫印五鈕各以會子庫印造會子印爲文合同印十二鈕內一貫文二鈕各以會子庫一貫文合同印爲文五百文二百文準此蕃國效順者給以銅印南安國王李天祚乞印以南安國王之印六字爲文方二寸給牌皆以銅鑄金塗西蕃隴右郡王趙懷恩乞印以隴右郡王之印爲文給之宜州

界外諸蠻乞印以宜州管下羈縻某州之印爲文凡六十顆給之其後文武百司節次所鑄不備載朱記同舊制紹興二年始鑄親賢宅益王府銅朱記二十七年改鑄建康戶部大軍庫記三十年鑄馬軍司統制統領官朱記三十二年鑄鄧恭慶王直講贊讀朱記隆興元年鑄都督府僉廳記又鑄寄樁庫記二年鑄戶部大軍庫勘合庫子記二鈕湖廣總領所覆印會子記二鈕乾道二年鑄成都錢引務朱記淳熙十六年鑄建康榷貨務中門大門之記凡內外官有請於朝則鑄給焉用木者易之以銅

符劵唐有銀牌發驛遣使則門下省給之其制闊一寸半

長五寸面刻隷字曰敕走馬銀牌凡五字首為竅貫以韋帶其後罷之宋初令樞密院給券謂之頭子太宗太平興國三年李飛雄詐乘驛謀亂伏誅詔罷樞密院券乘驛者復制銀牌闊二寸半長六寸易以八分書上鈒二飛鳳下鈒二麒麟兩邊年月貫以紅絲絛端拱中以使臣護邊兵多遺失又罷銀牌復給樞密院券仁宗康定元年五月翰林學士承旨丁度翰林學士王堯臣知制誥葉清臣等請製軍中傳信牌及兵符事詔令兩制與端明殿學士李淑詳定奏閲軍中符信簡要杜絶姦詐深合機宜今請下有司造銅兵符給諸路總管主將每發兵三百人或全指揮

以上即用又別造傳信朱漆木牌給應軍中往來之處每傳達號令關報會合及發兵三百人以下即用又檢到符彦卿軍律有字驗亦乞令於移牒傳信牌上兩處參驗使用一銅兵符漢制銅鑄上刻虎形今聞皇城司見有木魚契乞令省司用木契形狀精巧鑄造陝西五路每路依漢制各給一至二十計二十面更換給用仍以公牒為照驗二傳信木牌先朝舊制合用堅木朱漆為之長六寸闊三寸腹背刻字而中分之字云某路傳信牌卻置池槽牙縫相合又鑿二竅置筆墨上帖紙書所傳達事用印印號上以皮繫往來軍吏之項臨陣傳言應有取索並以此牌為

言寫其上如已曉會施行訖復書牌上遣廻今乞下有司造牌每路各給一面為樣餘令本司依此製造分給諸處更換使用城砦分屯軍馬事須往來關會之處亦如數給與三字驗凡軍行計會不免文牒或主司遺失懼罪單使被擒軍中所謀自然泄露故每分屯軍馬之時與主將密定字號各掌一通不令左右人知其義理但於尋常公狀文移內以此字私為契約有所施行依此參驗不得字有重疊及用兇惡嫌疑之語每用文牒之上別行寫此字驗訖印其上發往如所請報到許即依號卻寫印遣回如不許即空之此惟主將自知他人皆不得測符彦卿元用四

十條以四十字為號今檢得只有三十七條內亦有不急之事今減作二十八字所貴軍中戎旅之人事簡易記詔並從之嘉祐四年三司使張方平編驛券則例凡七十四條賜名嘉祐驛令神宗熙寧五年詔西作坊鑄造諸銅符三十四副令三司給左契付諸門右契付大內鑰匙庫令後諸門輪差人員依時轉銅契入赴庫勘同其鐵牌只請人自執在外仗止宿本庫依漏刻發鑰匙付外仗驗請人鐵牌給付候開門訖卻執鐵牌納鑰匙請出銅契至晚卻依上請納其開門朝牌六面亦隨銅契依舊發放時神宗以京城門禁不嚴素無符契命樞密院約舊制更造銅契

中刻魚形以門名識之分左右給納以戒不虞而啓閉之法密於舊矣元豐元年詳定禮文所言舊南郊式車駕出入宣德門太廟靈星門朱雀門南薰門皆勘箭熙寧中因參知政事王珪議已罷勘箭而勘契之式尚存春秋之義不敢以所不信加之尊者且雷動天行無容疑貳必使誰何而後過門不應典禮考詳事始不見於開寶禮咸平中初載於儀注蓋當時禮官之失請自今車駕出入罷勘契從之高宗建炎三年改鑄虎符樞密院主之其制以銅爲之長六寸闊三寸刻篆而中分之以左契給諸路右契藏之門符制以繒裹紙版謂之號皇城司掌之敕入禁衛號

黃綾八角三千道入殿門黃綃八方一千道入宮門黃綃以圓八千道入皇城門黃綃以長三千道紹興二年正月所定也後更宮門號以緋紅綃方皇城門以緋紅綃圓逐久用之後復盡以黃或方或圓各隨其制又有檄牌其制有金字牌青字牌紅字牌金字牌者日行四百里郵置之最速遞也凡赦書及軍機要切則用之由內侍省發遣焉乾道末樞密院置雌黃青字牌日行三百五十里軍期急速則用之淳熙末趙汝愚在樞筦乃作黑漆紅字牌奏委諸路提舉官催督歲校遲速最甚者以議賞罰其後尚書省亦踵行之仍命逐州通判具出入界日時狀申省久之稽緩復如故紹熙末遂置擺鋪焉

宮室汴宋之制侈而不可以訓中興服御惟務簡省宮殿尤朴皇帝之居曰殿總曰大內又曰南內本杭州治也紹興初創爲之休兵後始作崇政垂拱二殿久之又作天章等六閣寢殿曰福寧殿淳熙初孝宗始作射殿謂之選德殿八年秋又改後殿擁舍爲別殿取舊名謂之延和殿便坐視事則御之他如紫宸文德集英大慶講武惟隨時所御則易其名紫宸殿遇朔受朝則御焉文德殿降赦則御焉集英殿臨軒策士則御焉大慶殿行冊禮則御焉講武殿閱武則御焉其實垂拱崇政二殿權更其號而已二殿雖

曰大殿其脩廣僅如大郡之設廳淳熙再修止循其舊每殿爲屋五間十二架脩六丈廣八丈四尺殿南簷屋三間脩一丈五尺廣亦如之兩朶殿各二間東西廊各二十間南廊九間其中爲殿門三間六架脩三丈廣四丈六尺殿後擁舍七間即爲延和其制尤卑陛階一級小如常人所居而已奉太上則有德壽宮重華宮壽康宮奉聖母則有慈寧宮慈福宮壽慈宮德壽宮在大內北望僊橋故又謂之北內紹興三十二年所造宮成詔以德壽宮爲名高宗爲上皇御之重華宮即德壽宮也孝宗遜位御之壽康宮即寧福殿也初丞相趙汝愚議以秘書省爲泰寧宮已而

不果行以慈懿皇后外第爲之上皇不欲遷因以舊寧福殿爲壽康宮光宗遜位御之大内苑中亭殿亦無增其名稱可見者僅有復古殿損齋觀堂芙蓉閣翠寒堂清華閣欐木堂隱岫澄碧倚桂隱秀碧琳堂之類此南内也北内苑中則有大池引西湖水注之其上疊石爲山象飛來峰有樓曰聚遠禁籞周回四分之東則香遠清深月臺梅坡松菊三徑清妍清新芙蓉岡南則載忻欣欣射廳臨賦燦錦至樂半丈紅清曠瀉碧西則冷泉文杏館靜樂浣溪北則絳華旱船俯翠春桃盤松皇太子宮曰東宮其未出閤但聽讀于資善堂堂在宮門内已受冊則居東宮宮在麗

正門内紹興三十二年始置孝宗居之莊文太子立復居之光宗爲太子孝宗謂輔臣曰今後東宮不須刱建朕宮中宮殿多所不御可移修之自是皆不別建淳熙二年始刱射堂一爲游藝之所圃中有榮觀玉淵清賞等堂鳳山樓皆宴息之地也幕殿即周官大小次也東都時郊壇大次謂之青城祀前一日宿齋詣焉其制中有二殿外有六門前曰泰禋後曰拱極東曰祥曦西曰景曜東偏曰承和西偏曰迎禧大殿曰端誠便殿曰熙成中興後以事天尚質屢詔郊壇不得建齋宮惟設幕屋而已其制架木而以葦爲障上下四旁周以幄帟以象宮室謂之幕殿及行事又於壇所設小次大小次之外又有望祭殿遇雨則行事於中東都時爲瓦屋五間周圍重廊中興後惟設葦屋蓋倣清廟茅屋之制也

臣庶室屋制度宰相以下治事之所曰省曰臺曰部曰寺曰監曰院在外監司州郡曰衙在外稱衙而在内之公卿大夫士不稱者按唐制天子所居曰衙故臣下不得稱後在外藩鎮亦僭曰衙遂爲臣下通稱今帝居雖不曰衙而在内省部寺監之名則仍唐舊也然亦在内者爲尊者避在外者遠君無嫌歟私居執政親王曰府餘官曰宅庶民曰家諸道府公門得施戟若私門則爵位穹顯經恩賜者

許之在内官不設亦避君也凡公宇棟施瓦獸門設梐枑諸州正牙門及城門並施鴟尾不得施拒鵲六品以上宅舍許作烏頭門父祖舍宅有者子孫許仍之凡民庶家不得施重栱藻井及五色文采爲飾仍不得四鋪飛簷庶人舍屋許五架門一間兩廈而已

志卷第一百七

開府儀同三司上柱國錄軍國重事中書右丞相監修國史領經筵事都總裁臣脫脫等奉敕修

選舉一 科目上

自敷奏以言明試以功三載考績三考黜陟幽明始于舜典司徒以鄉三物興賢能太宰以三歲計吏治詳於周官兩漢而下選舉之制不同歸于得賢而已考其大要不過入仕則有貢舉之科服官則有銓選之格任事則有考課之法然歷代之議貢舉者每曰取士以文藝不若以德行就文藝而參酌之賦論之浮華不若經義之實學議銓選

者每曰以年勞取人可以絕超躐而不無賢愚同滯之歎以薦舉取人可以拔俊傑而不無巧佞捷進之弊議考課者每曰拘吏文則上下督察浸成澆風通譽望則權貴請託徒開利路於是議論紛紜莫之一也宋初承唐制貢舉雖廣而莫重于進士制科其次則三學選補銓法雖多而莫重于舉削改官磨勘轉秩考課雖密而莫重于官給曆紙驗考批書其他教官武舉童子等試以及遺逸奏薦貴戚公卿任子親屬與遠州流外諸選委曲瑣細咸有品式其間變更不常沿革迭見而三百餘年元臣碩輔鴻博之儒清彊之吏皆自此出得人爲最盛焉今輯舊史所錄胪爲六門一曰科目二曰學校試三曰銓法四曰補廕五曰保任六曰考課煩簡適中檃括歸類作選舉志

宋之科目有進士有諸科有武舉常選之外又有制科有童子舉而進士得人爲盛神宗始罷諸科而分經義詩賦以取士其後遵行未之有改自仁宗命郡縣建學而熙寧以來其法浸備學校之設遍天下而海內文治彬彬矣今以科目學校之制各著于篇初禮部貢舉設進士九經五經開元禮三史三禮三傳學究明經明法等科皆秋取解冬集禮部春考試合格及第者列名放榜于尚書省凡進士試詩賦論各一首策五道帖論語十帖對春秋或禮記

墨義十條凡九經帖書一百二十帖對墨義六十條凡五經帖書八十帖對墨義五十條凡三禮對墨義九十條凡三傳一百一十條凡開元禮凡三史各對三百條凡學究毛詩對墨義五十條論語十條爾雅孝經共十條周易尚書各二十五條凡明法對律令四十條兼經並同毛詩之制各間經引試通六爲合格仍抽卷問律本科則否諸州判官試進士錄事參軍試諸科不通經義則別選官考校而判官監之試紙長官印署面給之試中格者第其甲乙具所試經義朱書通否監官試官署名其下進士文卷諸科義卷帖由並隨解牒上之禮部有篤廢疾者不得貢貢

不應法及校試不以實者監官試官停任受賂則論以枉法長官奏裁凡命士應舉謂之鏁廳試所屬先以名聞得旨而後解既集什伍相保不許有大逆人緦麻以上親及諸不孝不悌隱匿工商異類僧道歸俗之徒家狀并試卷之首署年及舉數場第鄉貫不得增損移易以仲冬收納月終而畢將臨試期知舉官先引問聯保與狀僉同而定焉凡就試唯詞賦者許持切韻玉篇其挾書爲姦及口相受授者發覺即黜之凡諸州長吏舉送必先稽其版籍察其行爲鄉里所推每十人相保內有缺行則連坐不得舉故事知舉官將赴貢院臺閣近臣得薦所知之負藝者號曰公薦太祖慮其因緣挾私禁之自唐以來所謂明經不過帖書墨義觀其記誦而已故賤其科而不通者其罰特重乾德元年詔曰舊制九經一舉不第而止非所以啓迪仕進之路也自今依諸科許再試是年諸州所薦士數益多乃約周顯德之制定諸州貢舉條法及殿罰之式進士文理紕繆者殿五舉諸科初場十不殿五舉第二第三場十不殿三舉第一至第三場九不並殿一舉殿舉之數朱書于試卷送中書門下三年陶穀子邴擢上第帝曰穀不能訓子安得登第乃詔食祿之家有登第者禮部具姓名以聞令覆試之自是別命儒臣于中書覆試合格乃賜第

時川蜀荊湖內附試數道所貢士縣次往還續食開寶三年詔禮部閱貢士及十五舉嘗終場者得一百六人賜本科出身特奏名恩例蓋自此始五年禮部奏合格進士諸科凡二十八人上親召對講武殿而未及引試也明年翰林學士李昉知貢舉取宋準以下十一人而進士武濟川三傳劉濬材質最陋對問失次上黜之濟川昉鄉人也會有訴昉用情取舍帝乃籍終場下第人姓名得三百六十人皆召見擇其一百九十五人并準以下乃御殿給紙筆別試詩賦命殿中侍御史李瑩等爲考官得進士二十六人五經四人開元禮七人三禮三十八人三傳二十六人三史三人學究十八人明法五人皆賜及第又賜錢二十萬以張宴會昉等尋皆坐責殿試遂爲常制帝嘗語近臣曰昔者科名多爲勢家所取朕親臨試盡革其弊矣八年親試進士王式等乃定王嗣宗第一王式第四自是御試與省試名次始有升降之別時江南未平進士林松雷說試不中格以其間道來歸亦賜三傳出身太宗即位思振淹滯謂侍臣曰朕欲博求俊彥於科場中非敢望拔十得五止得一二亦可爲致治之具矣太平興國二年御殿覆試內出賦題賦韻平側相間依次而用命李昉扈蒙第其優劣爲三等得呂蒙正以下一百九人越二日覆試諸科

得二百人並賜及第又閱貢籍得十舉以上至十五舉進士諸科一百八十餘人並賜出身九經七人不中格亦憐其老特賜同三傳出身凡五百餘人皆賜袍笏錫宴開寶寺帝自為詩一章賜之甲乙第進士及九經皆授將作監丞大理評事通判諸州其餘亦優等授官三年九月廷試舉人故事惟春放榜至是秋試非常例也是冬諸州舉人並集會將親征北漢罷之自是間一年或二年乃貢舉五年覆試進士有顏明遠劉昌言張觀樂史四人以見任官舉進士特授近藩掌書記有趙昌國者求應百篇舉謂一日作詩百篇帝出雜題二十令各賦五篇篇八句日旰僅

成數十首率無可觀帝以是科久廢特賜及第以勸來者八年進士諸科始試律義十道進士免帖經明年惟諸科試律進士復帖經進士始分三甲自是錫宴就瓊林苑上因謂近臣曰朕親選多士殆忘飢渴召見臨問觀其才技而用之庶使田野無遺逸而朝廷多君子爾雍熙二年廷試初唱名及第第一等為節度推官是年及端拱初禮部試已帝慮有遺才取不中格者再試之於是由再試得官者數百人凡廷試帝親閱卷累日宰相屢請宜歸有司始詔歲命官知舉舊制既鎖院給左藏錢十萬資費用端拱元年詔改支尚書祠部仍倍其數罷御廚儀鸞司供帳知

貢舉宋白等定貢院故事先期三日進士具都榜引試借御史臺驅使官一人監門都堂簾外置案設銀香鑪唱名給印試紙及試中格錄進士之文奏御諸科惟籍名而上俟制下先書姓名散報之翌日放榜唱名既謝恩詣國學謁先聖先師進士過堂閤下告名聞喜宴分為兩日宴進士請丞郎大兩省宴諸科請省郎小兩省綴行期集列敘名氏鄉貫三代之類書之謂之小錄醵錢為游宴之資謂之酺皆團司主之制下而中書省同貢院關黃覆奏之俟正敕下關報南曹都省御史臺然後貢院寫春關散給籍而入選謂之春關登科之人例納朱膠綾紙之直赴吏部南曹試判

三道謂之關試淳化三年諸道貢士凡萬七千餘人先是有擊登聞鼓訴校試不公者蘇易簡知貢舉受詔即赴貢院仍糊名考校遂為例既廷試帝諭多士曰爾等各負志業效官之外更勵精文采無墜前功也詔刻禮記儒行篇賜之每科進士第一人天子寵之以詩後嘗作箴賜陳堯叟至是并賜焉先是嘗併學究尚書周易為一科始更定本經日試義十道尚書周易各義五道仍雜問疏義六道經註四道明法舊試六場更定試七場第一第二場試律第三場試令第四第五場試小經第六場試令第七場試律仍於試律日雜問疏義六經註四凡三禮三傳通禮每十

道義分經註六道疏義四道以六通爲合格自淳化末停貢舉五年眞宗即位復試而高句麗始貢一人先是國子監開封府所貢士與舉送官爲姻戚則兩司更互考試始命遣官別試咸平三年親試陳堯咨等八百四十人特奏名者九百餘人有晉天福中嘗預貢者凡士貢于鄉而屢絀于禮部或廷試所不録者積前後舉數參其年而差等之遇親策士則別籍其名以奏徑許附試故曰特奏名又賜河北進士諸科三百五十人及第同出身既下第願試武藝及量才録用者又五百餘人悉賜裝錢慰遣之命禮部叙爲一舉較藝之詳推恩之廣近代所未有也舊制及第即命以官上初復廷試賜出身者亦免選於是策名之士尤衆雖藝不及格悉賜同出身廼詔有司凡賜同出身者並令守選循用常調以示甄別又定令凡試卷封印院糊名送知舉官考定高下復令封之送覆考所考畢然後參校得失不合格者須至覆場方落諭館閣臺省官有請屬舉人者密以聞隱匿不告者論罪仍詔諸王公主近臣毋得以下第親族賓客求賜科名景德四年命有司詳定考校進士程式送禮部貢院頒之諸州士不還鄉里而竊户他州以應選者嚴其法每秋賦自縣令佐察行義保任之上于州州長貳復審察得實然後上本道使者類試已

保任而有缺行則州縣皆坐罪若省試而文理紕繆坐元考官諸州解試額多而中者少則不必足額尋又定親試進士條制凡策士即殿兩廡張帟列几席標姓名其上先一日表其次序揭示闕外翌旦拜闕下乃入就席試卷内臣收之付編排官去其卷首鄉貫狀別以字號第之付封彌官謄寫校勘用御書院印付考官定等畢復封彌送覆考官再定等編排官閱其同異未同者再考之如復不同即以相附近者爲定始取鄉貫狀字號合之即第其姓名差次并試卷以聞其考第之制凡五等學識優長詞理精絶爲第一才思該通文理周率爲第二文理俱通爲第三文理中平爲第四文理疎淺爲第五然後臨軒唱第上二等曰及第三等曰出身四等五等曰同出身餘如貢院舊制五年詔士曾預南省試者犯公罪聽贖罰令禮部取前後詔令經久可行者編爲條制諸科三場内有十不進士詞理紕繆者各一人以上監試考試官從違制失論幕職州縣官得代日殿一選京朝官降監場務嘗監當則與遠地有三人則監試考試官亦從違制失論幕職州縣官衝替京朝官遠地監當有五人則監試以下皆停見任舉送守倅諸科五十人以上有一人十不即罰銅與免殿選監當進士詞理紕繆亦如之後又詔試鏁廳者州長吏先校

試合格始聽取解至禮部不及格停其官而考試及舉送者皆重寘罪八年始置謄録院令封印官封試卷付之集書吏録本監以内侍二人詔進士第一人令金吾司給七人導從聽引兩節著爲令天聖初宋興六十有二載天下乂安時取才唯進士諸科爲最廣名卿鉅公皆繇此選而仁宗亦嚮用之登上第者不數年輒赫然顯貴矣其貢禮部而數詘者得特奏名或因循不學乃詔曰學猶殖也不學將落遜志務時敏厥脩乃來朕慮天下之士或有遺也既已臨軒較得失而憂其屢不中科則衰邁而無所成退不能返其里閭而進不得預于禄仕故常數之外特爲之甄采而狃于寛恩遂隳素業苟簡成風甚可恥也自今宜篤進厥學無習僥倖焉時晏殊言唐明經並試策問參其所習以取材識短長今諸科專記誦非取士之意請終場試策一篇詔近臣議之咸謂諸科非所習議遂寢舊制鏁廳試落輒停官至是始詔免罪景祐初詔曰鄉學之士益蕃而取人路狹使孤寒棲遲或老而不得進朕甚憫之其令南省就試進士諸科十取其二凡年五十進士五舉諸科六舉嘗經殿試進士三舉諸科五舉及嘗預先朝御試雖試文不合格毋輒黜皆以名聞自此率以爲常士有親戚仕本州或爲發解官及侍親遠官距本州二千里令轉

運司類試以十率之取三人於是諸路始有別頭試其年詔開封府國子監及別頭試封彌謄録如禮部初貢士踵唐制猶用公卷然多假他人文字或傭人書之景德中嘗限舉人於試紙前親書家狀如公卷及後所試書體不同並駁放其假手文字辨之得實即斥去永不得赴舉賈昌朝言自唐以來禮部采名譽觀素學故預投公卷今有封彌謄録法一切考諸試篇則公卷可罷自是不復有公卷寶元中李淑侍經筵上訪以進士詩賦策論先後俾以故事對淑對曰唐調露二年劉思立爲考功員外郎以進士試策滅裂請帖經以觀其學試雜文以觀其才自此沿以爲常至永隆二年進士試雜文二篇通文律者始試策天寶十一年進士試一經能通者試文賦又通而後試策五條皆通中第建中二年趙贊請試以時務策五篇箴論表贊各一篇以代詩賦大和三年試帖經略問大義取精通者次試論議各一篇八年禮部試以帖經口義次試策五篇問經義者三問時務者三厥後變易遂以詩賦爲第一場論第二場策第三場帖經第四場今陛下欲求理道而不以雕琢爲貴得取士之實矣然考官以所試分考不能通加評校而每場輒退落士之中否殆繫于幸不幸願約舊制先策次論次賦及詩次帖經墨義而敕有司併試四

場通較工拙毋以一場得失爲去留詔有司議稍施行焉既而知制誥富弼言曰國家沿隋唐設進士科自咸平景德以來爲法尤密而得人之道或有未至且歷代取士悉委有司未聞天子親試也至唐武后始有殿試何足取哉使禮部次高下以奏而引諸殿廷唱名賜第則與殿試無以異矣遂詔罷殿試而議者多言其輕上恩隳故事復如舊時范仲淹參知政事意欲復古勸學數言興學校本行實詔近臣議於是宋祁等奏教不本于學校士不察于鄉里則不能覈名實有司束以聲病學者專於記誦則不足盡人材參考衆說擇其便于今者莫若使士皆土著而教

之于學校然後州縣察其履行則學者修飭矣乃詔州縣立學士須在學三百日乃聽預秋賦舊嘗充賦者百日而止試于州者令相保任有匿服犯刑虧行冒名等禁三場先策次論次詩賦通考爲去取而罷帖經墨義士通經術願對大義者試十道仲淹既去而執政意皆異是冬詔罷入學日限言初令不便者甚衆以爲詩賦聲病易考而策論汗漫難知祖宗以來莫之有改且得人嘗多矣天子下其議有司請如舊法乃詔曰科舉舊條皆先朝所定也宜一切如故前所更定令悉罷會張方平知貢舉言文章之變與政通今設科選才專取辭藝士惟道義積于中英華

發于外然則以文取士所以叩諸外而質其中之蘊也言而不度則何觀焉邇來文格日失其舊各出新意相勝爲奇朝廷惡其然屢下詔書戒飭而學者樂于放逸罕能自還今賦或八百字論或千餘字策或置所問而妄肆胷臆漫陳他事驅扇浮薄重虧雅俗豈取賢斂才備治具之意邪其增習新體澶漫不合程式悉已考落請申前詔揭而示之初禮部奏名以四百名爲限又諸科雜問大義僥倖之人悉以爲不便知制誥王珪奏曰唐自貞觀訖開元文章最盛較藝者歲千餘人而所收無幾咸亨上元增其數亦不及百人國初取士大抵唐制逮興國中貢舉之路寖

廣無有定數比年官吏猥衆故近詔限四百人以懲其弊且進士明經先經義而後試策三試皆通爲中第大略與進士等而諸科既不問經義又無策試止以誦數精粗爲中否則其專固不達于理安足以長民治事哉前詔諸科終場問本經大義十道九經五經科止問義而不責記誦皆以著于令言者以爲難於遽更而圖安于弊也惟陛下申敕有司固守是法毋輕易焉嘉祐二年親試舉人凡與殿試者始免黜落時進士益相習爲奇僻鉤章棘句寖失渾淳歐陽脩知貢舉尤以爲患痛裁抑之仍嚴禁挾書者既而試榜出時所推譽皆不在選澆薄之士候脩晨朝群

聚詆斥之街司邏卒不能止至爲祭文投其家卒不能求其主名置于法然自是文體亦少變待試京師者恒六七千人一不幸有故不應詔往往沉淪十數年以此毀行干進者不可勝數王洙侍邇英閣講周禮至三年大比大考州里以賛鄉大夫廢興上曰古者選士如此今率四五歲一下詔故士有抑而不得進者孰若裁其數而屢舉也下有司議咸請易以間歲之法則無滯才之歎薦舉數既減平主司易以詳較得士必精且人少則有司易於檢察僞濫自不能容使寒苦藝學之人得進於是下詔間歲貢舉進士諸科悉解舊額之半增設明經試法凡明兩經或三經五經各問大義十條兩經通八三經通六五經通五爲合格兼以論語孝經策時務三條出身與進士等而罷說書舉時以科舉既數而高第之人驟顯欲稍裁抑遂詔曰朕惟國之取士與士之待舉不可曠而冗也故立間歲之期以勵其勤約貢舉之數以精其選著爲定式申敕有司而高第之人嘗不次而用若循舊比終至濫官甚無謂也自今制科入第三等與進士第一除大理評事簽書兩使幕職官代還升通判再任滿試館職制科入第四等與進士第二第三除兩使幕職官代還改次等京官制科入第五等與進士第四第五除試銜知縣代還遷兩使職官鏁

廳人視此若夫高才異行施於有政而功狀較然者當以異恩擢焉仁宗之朝十有三舉進士四千五百七十人其甲第之三人凡三十有九其後不至于公卿者五人而已英宗即位議者以間歲貢士法不便遂詔禮部三歲一貢舉天下解額取未行間歲之前四之三爲率明經諸科毋過進士之數神宗篤意經學深憫貢舉之弊且以西北人材多不在選遂議更法王安石謂古之取士俱本于學請興建學校以復古其明經諸科欲行廢罷取明經人數增進士額遂詔曰化民成俗必自庠序進賢興能抑繇貢舉而四方執經藝者專于誦數趨鄉舉者狃于文辭與古所謂三物賓興九年大成亦已盭矣今下郡國招徠雋賢其教育之方課試之格令兩制兩省待制以上御史三司三館雜議以聞議者多謂變法便直史館蘇軾曰得人之道在於知人知人之法在於責實使君相有知人之明朝廷有責實之政則胥史皁隸未嘗無人雖用今之法臣以爲有餘使無知人之明無責實之政則公卿侍從常患無人況學校貢舉乎雖復古之制臣以爲不足矣時有可否物有興廢使三代聖人復生于今其選舉亦必有道何必由學乎且慶曆間嘗立學矣天下以爲太平可待至于今惟空名僅存今陛下必欲求德行道藝之士責九年大成之

業則將變今之禮易今之俗又當發民力以治宮室斂民財以養游士置學立師而又時簡不帥教者屏之遠方徒爲紛紛其與慶曆之際何異至於貢舉或曰鄉舉德行而略文章或曰專取策論而罷詩賦或欲舉唐故事采譽望而罷封彌或欲變經生帖墨而考大義此數者皆非也夫欲興德行在於君人者脩身以格物審好惡以表俗若欲設科立名以取之則是教天下相率而爲僞也上以孝取人則勇者割股怯者廬墓上以廉取人則弊車羸馬惡衣菲食凡可以中上意者無所不至自文章言之則策論爲有用詩賦爲無益自政事言之則詩賦論策均爲無用然

自祖宗以來莫之廢者以爲設法取士不過如此也近世文章華麗無如楊億使億尚在則忠清鯁亮之士也通經學古無如孫復石介使復介尚在則迂闊誕謾之士也矧自唐至今以詩賦爲名臣者不可勝數何負於天下而必欲廢之帝讀軾疏曰吾固疑此得軾議釋然矣他日問王安石對曰今人材乏少且其學術不一異論紛然不能一道德故也一道德則脩學校欲脩學校則貢舉法不可不變若謂此科嘗多得人自緣仕進別無他路其間不容無賢若謂科法已善則未也今以少壯時正當講求天下正理乃閉門學作詩賦及其入官世事皆所不習此科法敗

壞人才致不如古既而中書門下又言古之取士皆本學校道德一於上習俗成於下其人才皆足以有爲於世今欲追復古制則患於無漸宜先除去聲病偶對之文使學者得專意經術以俟朝廷興建學校然後講求三代所以教育選舉之法施於天下則庶幾可以復古矣於是改法罷詩賦帖經墨義士各占治易詩書周禮禮記一經兼論語孟子每試四場初大經次兼經大義凡十道後改論語孟子義各三次論一首次策三道禮部試即增二道中書撰大義式頒行試義者須通經有文采乃爲中格不但如明經墨義粗解章句而已取諸科解名十之三增進士額京東西陝

西河北河東五路之創試進士者及府監他路之舍諸科而爲進士者乃得所增之額以試皆別爲一號考取蓋欲優其業使不至外侵則常慕向改業也又立新科明法試律令刑統大義斷案所以待諸科之不能業進士者未幾選人任子亦試律令始出官又詔進士自第三人以下試法或言高科任簽判及職官於習法豈所宜緩昔試刑法者世皆指爲俗吏今朝廷推恩既厚而應者尚少若高科不試則人不以爲榮乃詔悉試帝嘗言近世士大夫多不習法吳充曰漢陳寵以法律授徒常數百人律學在六學之一後來縉紳多恥此學舊明法科徒誦其文罕通其意

近補官必聚而試之有以見恤刑之意熙寧三年親試進士始專以策定著限以千字舊特奏名人試論一道至是亦制策焉帝謂執政曰對策亦何足以實盡人材然愈於以詩賦取人爾舊制進士入進謝恩銀百兩至是罷之仍賜錢三千爲期集費諸州舉送發解考試監試官凡親戚若門客毋試於其州類其名上之轉運司與鏁廳者同試率七人特立一額後復令存諸科舊額十之一以待不能改業者元祐初知貢舉蘇軾孔文仲言每一試進士諸科及特奏名約八九百人舊制禮部已奏名至御試而黜者甚多嘉祐始盡賜出身近雜犯亦免黜落皆非祖宗本意

進士升甲本爲南省第一人唱名近下方特升之皆出一時聖斷今禮部十人以上别試國子開封解試武舉第一人經明行脩進士及該特奏而預正奏者定著于令遞升一甲則是法在有司恩不歸於人主甚無謂也今特奏者約已及四百五十人又許例外遞減一舉則當復增數百人此曹垂老無他望布在州縣惟務黷貨以爲歸計前後恩科命官幾千人矣何有一人能自奮厲有聞于時而殘民敗官者不可勝數以此知其無益有損議者不過謂宜廣恩澤不知吏部以有限之官待無窮之吏户部以有限之財祿無用之人而所至州縣舉罹其害乃即位之初有

此過舉謂之恩澤非臣所識也願斷自聖意止用前命仍詔考官量取一二十人誠有學問即許出官其餘皆補文學長史之類不理選限免使積弊增重不已遂詔定特奏名考取數進士入四等以上諸科入三等以上通在試者計之毋得取過全額之半是後著爲令時方改更先朝之政禮部請置春秋博士專爲一經尚書省請復詩賦與經義兼行解經通用先儒傳注及已說又言新科明法中者吏部即注司法叙名在及第進士之上舊明法最爲下科然必責之兼經古者先德後刑之意也欲加試論語大義仍裁半額注官依科目次序詔近臣集議左僕射司馬光

曰取士之道當先德行後文學就文學言之經術又當先於詞采神宗專用經義論策取士此乃復先王令典百王不易之法但王安石不當以一家私學令天下學官講解至於律令皆當官所須使爲士者果能知道義自與法律冥合何必置明法一科習爲刻薄非所以長育人材敦厚風俗也四年乃立經義詩賦兩科罷試律義凡詩賦進士於易詩書周禮禮記春秋左傳内聽習一經初試本經義二道語孟義各一道次試賦及律詩各一首次論一首末試子史時務策二道凡專經進士須習兩經以詩禮記周禮左氏春秋爲大經書易公羊穀梁儀禮爲中經左氏春

秋得兼公羊穀梁書周禮得兼儀禮或易禮記詩並兼書願習二大經者聽不得偏占兩中經初試本經義三道論語義一道次試本經義三道孟子義一道次論策如詩賦科並以四場通定高下而取解額中分之各占其半專經者用經義定取舍兼詩賦者以詩賦爲去留其名次高下則於策論參之自復詩賦士多鄉習而專經者十無二三諸路奏以分額各取非均其後遂通定去留經義毋過通額三分之一光又請立經明行脩科歲委升朝文臣各舉所知以勉勵天下使敦士行以示不專取文學之意若所舉人違犯名教及贓私罪必坐舉主毋有所赦則自不敢

妄舉而士之居鄉居家者立身行已不敢不謹惟懼玷缺外聞所謂不言之教不肅而成不待學官日訓月察立賞告訐而士行自美矣遂立科許各舉一人凡試進士者及中第唱名日用以升甲後分路別立額六十一人州縣保任上之監司監司考察以聞無其人則否預薦者不試于州郡惟試禮部不中許用特奏名格赴廷試後以爲常既而詔須特命舉乃舉毋槩以科場年上其名六年詔復通禮科初開寶中改鄉貢開元禮爲通禮熙寧嘗罷至是始復凡禮部試添知舉官爲四員罷差參詳官而置點檢官二十人分屬四知舉使協力通考諸州點檢官專校襍犯

亦預考試八年中書請御試復用祖宗法試詩賦論策三題且言士子多已改習詩賦太學生員總二千一百餘人而不兼詩賦者纔八十二人於是詔來年御試習詩賦人復試三題專經人且令試策自後槩試三題帝既親政群臣多言元祐所更學校科舉制度非是帝念宣仁保佑之功不許改紹聖初議者益多乃詔進士罷詩賦專習經義廷對仍試策初神宗念字學廢缺詔儒臣探討而王安石乃進其說學者習焉元祐禁勿用至是除其禁四年詔禮部凡內外試題悉集以爲籍遇試頒付考官以防複出罷春秋科凡試優取二禮兩經許占全額之半而以其半及

他經既而復立春秋博士崇寧又罷之徽宗設辟雍於國郊以待士之升貢者臨幸加恩博士弟子有差然州郡猶以科舉取士不專學校崇寧三年遂詔天下取士悉由學校升貢其州郡發解及試禮部法並罷自此歲試上舍悉差知舉如禮部試五年詔大比歲更參用科舉取士一次其亟以此意使遠士即聞之時州縣悉行三舍法得免試入學者多當官子弟而在學積歲月累試乃得應格其貧且老者甚病之故詔及此而未遽廢科舉也大觀四年五月星變凡事多所更定侍御史毛注言養士既有額而科舉又罷則不隸學籍者遂致失職天之視聽以民士其民

之秀者今失職如此疑天亦譴怒願以解額之歸升貢者一二分不絕科舉亦應天之一也遂詔更行科舉一次臣僚言場屋之文專尚偶麗題雖無兩意必欲釐而爲二以就對偶其超詣理趣者反指以爲澹泊請擇考官而戒飭之取其有理致而黜其強爲對偶者庶幾稍救文弊宣和三年詔罷天下三舍法開封府及諸路並以科舉取士惟太學仍存三舍以甄序課試遇科舉仍自發解六年禮部試進士萬五千人詔特增百人額正奏名賜第者八百餘人因上書獻頌直令赴試者殆百人有儲宏等隸大閹梁師成爲使臣或小史皆賜之第梁師成者於大觀三年嘗

中甲科自設科以來南宮試者無踰此年之盛然雜流閹宦俱玷選舉而祖宗之良法蕩然矣凡士不繇科舉若三舍而賜進士第及出身者其所從得不一凡遺逸文學吏能言事或奏對稱旨或試法而經律入優或材武或童子而皆能文或邊臣之子以功來奏其得之雖有當否大較猶可取也崇寧大觀之後達官貴胄既多得賜以上書獻頌而得者又不勝紀

志卷第一百八

志卷第一百九　宋史一百五十六

開府儀同三司上柱國錄軍國重事中書右丞相監修國史領經筵事都總裁臣脫脫等奉

敕修

選舉二 科目下 舉遺逸附

高宗建炎初駐蹕揚州時方用武念士人不能至行在下詔諸道提刑轉運司選官即置司州軍引試使副或判官一人董之河東路附京西轉運司國子監開封府人就試於留守司命御史一人董之國子監人願就本路試者聽二年定詩賦經義取士第一場詩賦各一首習經義者本經義三道語孟義各一道第二場並論一道第三場並策

三道殿試策如之自紹聖後舉人不習詩賦至是始復遂除政和令命官私相傳習詩賦之禁又詔下第進士年四十以上六舉經御試八舉經省試五十以上四舉經御試五舉經省試者河北河東陝西特各減一舉元符以前到省兩舉者不限年一舉年五十五已上者諸道轉運司開封府悉以名聞許直赴廷試是秋四方士集行在帝親策于集英殿第爲五等賜正奏名李易以下四百五十一人進士及第進士出身同學究出身第一人爲左宣教郎第二第三人左宣義郎第四第五人左儒林郎第一甲第六名以下並左文林郎第二甲並左從事郎第三甲

以下並左迪功郎特奏名第一人附第二甲賜進士及第
第二第三人賜同進士出身餘賜同學究出身登仕郎京
府助教上下州文學諸州助教入五等者亦與調官川陝
河北京東正奏名不赴者一百三人以龍飛特恩即家賜
第故事廷試上十名内侍先以卷奏定高下帝曰取士當
務至公豈容以己意升降自今勿先進卷三年詔過省進
士赴御試不及者令漕臣據元舉送狀申省給敕賜同進
士出身其計舉者賜下州文學並釋褐焉左司諫唐煇言
舊制省試用六曹尚書翰林學士知貢舉侍郎給事中同
知貢舉卿監郎官參詳館職學官點檢御史監視故能至

公厭人心今諸道類試專委憲臣姦弊滋生才否貿亂士
論諠然甚不稱更制設科之意請並還禮部遂罷諸道類
試四年復川陝試如故紹興元年當祀明堂復詔諸道類
試擇憲漕或帥守中文學之人總其事使精選考官於是
四川宣撫處置使張浚始以便宜令川陝舉人即置司州
試之會侯延慶言兵興太學既罷諸生解散行在職事及
釐務官隨行有服親及門客往往鄉貢隔絶請立應舉法
以國子監進士爲名令轉運司附試又詔京畿京東西河
北陝西淮南士人轉徙東南者令於寓户州軍附試别號
取放時諸道貢籍多燬於兵乃詔轉運司令舉人具元符

以後得解升貢户貫三代治經置籍于禮部以稽考焉應
該恩免解舉人值兵燬失公據者召京官二員委保所在
州軍給據仍申部注籍侍御史曾統請取士止用詞賦未
須兼經高宗亦以古今治亂多載于史經義登科者類不
通史將從其議左僕射呂頤浩曰經義詞賦均以言取人
宜如舊遂止二年廷試手詔諭考官當崇直言抑諛佞得
張九成以下二百五十九人凌景夏第二呂頤浩言景夏
詞勝九成請更寘第一帝曰士人初進便須别其忠佞九
成所對無所畏避宜擢首選九成以類試廷策俱第一命
特進一官時進士卷有犯御名者帝曰豈以朕名妨人進

取耶令寘本等又命應及第人各進一秩舊制潛藩州郡
舉人必曾請舉兩到省已上乃得試帝嘗封蜀國公是年
蜀州舉人以帝登極恩徑赴類省試自是爲例五年初試
進士于南省戒飭有司商搉去取毋以絺繪章句爲工當
以淵源學問爲尚事關教化有益治體者毋以切直爲嫌
言無根柢肆爲蔓衍者不在採録舉人程文許通用古今
諸儒之説及出己意文理優長爲合格三月御試奏名汪
應辰第一初考官以有官人黄中第一帝訪諸沈應求應
求以沈遘與馮京故事對乃更擢應辰爲魁遂爲定制舊
制御試初考既分等第印封送覆考定之詳定所或從初

或從覆不許別自立等嘉祐中廢至是知制誥孫近奏若
遵舊制則高下升黜盡出詳定官初覆考爲虛設請自今
初覆考皆未當始許奏禀別置等第諫議大夫趙霈請用
崇寧令凡隔二等累及五人許行奏禀從之是年川陝進
士止試宣撫司特奏名則置院差官試時務策一道禮部
具取放分數推恩等第須示之舊法隨侍見任守倅等官
在本貫二千里外曰滿里子弟試官内外有服親及婚姻
家曰避親館于見任門下曰門客是三等許牒試否則不
預間有背本宗而竄他譜飛賕而移試他道者議者病之
六年詔牒試應避者令本司長官州守倅縣令委保詭冒

者連坐七年命行在職事釐務官并宗子應舉取應及有
官人並於行在赴國子監試始命各差詞賦經義考官八
年以平江府四經巡幸其得解舉人援臨安建康駐蹕例
各免文解一次時聞徽宗崩未及大祥禮部言故事因諒
闇罷殿試則省試第一人爲榜首補兩使職官帝特命爲
左承事郎自此率以爲常九年以陝西舉人久蹈北境理
宜優異非四川比令禮部別號取放川陝分類試額自此
始是歲以科試明堂同在嗣歲省司財計艱於辦給又患
初仕待闕率四五年若使進士廕人同時差注俱爲不便
增展一年則合舊制十年遂詔諸州依條發解十二年正

月省試三月御試後皆準此十三年國子司業高閌言取
士當先經術請參合三場以本經語孟義各一道爲首詩
賦各一首次之子史論一道時務策一道又次之庶幾如
古試法又春秋義當於正經出題並從之初立同文館試
凡居行在去本貫及千里已上者許附試于國子監十五
年凡特奏名賜同學究出身者舊京府助教今改將仕郎
是歲始定依汴京舊制正奏及特恩分兩日唱名十七年
申禁程文全用本朝人文集或歌頌及佛書全句者皆不
考十八年以浙漕舉人有勢家行賂假手濫名者諭有司
立賞格聽人捕告十九年詔自今鄉貢前一歲州軍屬縣

長吏籍定合應舉人以次年春縣上之州州下之學覈實
引保赴鄉飲酒然後送試院及期投狀射保者勿受自神
宗朝程顥程頤以道學倡于洛四方師之中興盛于東南
科舉之文稍用頤說諫官陳公輔上疏詆頤學乞加禁絕
秦檜入相甚至指頤爲專門侍御史汪勃請戒飭攸司凡
專門曲說必加黜落中丞曹筠亦請選汰用程說者並從
之二十一年御試得正奏名四百人特奏名五百三十一
人中興以來得人始盛二十二年以士習周禮禮記較他
經十無一二恐其學寖廢遂命州郡招延明於二禮者俾
立講說以表學校及令考官優加誘進舊諸州皆以八月

選日試舉人有趂數州取解者二十四年始定試期並用
中秋日四川則用季春而仲秋類省初秦檜專國其子熺
廷試第一檜陽引降第二名是歲檜孫塤舉進士省試廷
對皆首選姻黨曹冠等皆居高甲後降塤第三二十五年
檜死帝懲其弊遂命貢院遵故事凡合格舉人有權要親
族並令覆試仍奪塤出身改冠等七人階官並帶右字餘
悉駁放程王之學數年以來宰相執論不一趙鼎主程頤
秦檜主王安石至是詔自今毋拘一家之說務求至當之
論道學之禁稍解矣自經賦分科聲律日盛帝甞曰向爲
士不讀史遂用詩賦今則不讀經不出數年經學廢矣二

十七年詔復行兼經如十三年之制内第一場大小經義
各減一道如治二禮文義優長許侵用諸經分數時號爲
四科舊蜀士赴廷試不及者皆賜同進士出身帝念其中
有俊秀能取高第者不宜例置下列至是遂諭都省寛展
試期以待之及唱名閻安中第二梁介第三皆蜀士也帝
大悦二十九年孫道夫在經筵極論四川類試請託之弊
請盡令赴禮部帝曰後舉但當遣御史監之道夫持益堅
事下國子監祭酒楊椿曰蜀去行在萬里可使士子涉三
峽冒重湖邪欲革其弊一監試得人足矣遂詔監司守倅
賓客力可行者赴省餘不在遣中是歲四川類省試始從

朝廷差官初類試第一人恩數優厚視殿試第三人賜進
士及第後以何耕對策忤秦檜乃改禮部類試第一
等人並賜進士出身自是無有不赴御試者惟遇不親策
則類省試第一人恩數如舊第二第三人皆附第一甲九
名以上附第二甲焉是年詔四川等處進士路遠歸鄉試
不及者特就運司附試一次仍别行考校取旨立額三十
一年禮部侍郎金安節言熈寧元豐以來經義詩賦廢興
離合隨時更革初無定制近合科以來通經者苦賦體雕
刻習賦者病經旨淵微心有弗精智難兼濟又其甚者論
既併場策問太寡議論器識無以盡人士守傳注史學盡

廢此後進往往得志而老生宿儒多困也請復立兩科永
爲成憲從之於是士始有定嚮而得專所習矣既而建議
者以爲兩科既分解額未定宜以國學及諸州解額三分
爲率二取經義一取詩賦若省試則以累舉過省中數立
爲定額而分之詔下其議然竟不果行孝宗初詔川廣進
士之在行都者令附試兩浙轉運司隆興元年御試第一
人承事郎簽書諸州節度判官第二第三人文林郎兩使
職官第四第五人從事郎初等職官第六人至第四甲並
迪功郎諸州司户簿尉第五甲守選乾道元年詔四川特
奏名第一等第一名賜同學究出身第二名至本等末補

將仕郎第二等至第四等賜下州文學第五等諸州助教二年御試始推登極恩第一名宣義郎第二名與第一名恩例第三名承事郎第一甲賜進士及第並文林郎第二甲賜進士及第並從事郎第三第四甲進士出身第五甲同進士出身特奏名第一名賜進士出身第二第三名賜同進士出身四年裁定牒試法文武臣添差官除親子孫外並罷其行在職事官除監察御史以上餘並不許牒試六年詔諸道試官皆隔一郡選差後又令歷三郡合符乃聽入院防私弊也帝欲令文士能射御武臣知詩書命討論殿最之法淳熙二年御試唱第後二日御殿引按文士詹騤以下一百三十九人射藝翌日又引文士第五甲及特奏名一百五十二人其日進士具襴笏入殿起居易戎服各給箭六弓不限斗力射者莫不振厲自獻多命中焉天子甚悅凡三箭中帖爲上等正奏第一人轉一官與通判餘循一資二箭中爲中等減二年磨勘一箭中帖及一箭上垛爲下等一任回不依次注官上四甲能全中者取旨第五甲射入上等注黃甲餘升名次而已特奏名五等人射藝合格與文學不中者亦賜帛四年罷同文館試又命省試簾外官同姓異姓親若門客亦依簾內官避親法牒送別院五年以階成西和鳳州正奏名比附特奏名五

路人例特升一甲六年詔特奏名自今三名取一實第四等以前餘並入第五等其末等納敕者止許一次潛藩及五路舊升甲者今但升名其後又許納敕三次爲定制焉十一年進士廷試不許見燭其納卷最後者降黜之舊制廷試至暮許賜燭然殿深易闇日昃已燭出矣凡賜燭正奏名降一甲第五甲降充本甲末名特奏名降一等第五等與攝助教凡試藝于省闈及國子監兩浙轉運司者皆禁燭其他郡國率達旦乃出十月太常博士倪思言舉人輕視史學今之論史者獨取漢唐混一之事三國六朝五代爲非盛世而恥談之然其進取之得失守禦之當否籌策之踈密區處兵民之方形勢成敗之跡俾加討究有補國家請諭春官凡課試命題雜出諸史無所拘忌考覈之際稍以論策爲重毋止以初場定去留從之十四年御試正奏名王容第一時帝策士不盡由有司是舉容本第三親擢爲榜首翰林學士洪邁言貢舉令賦限三百六十字論限五百字今經義論策一道有至三千言賦一篇幾六百言寸晷之下唯務貪多累牘連篇何由精妙宜俾各遵體格以返渾淳時朱熹嘗欲罷詩賦而分諸經子史時務之年其私議曰古者大學之教以格物致知爲先而其考校之法又以九年知類通達强立不反爲大成今樂經亡

而禮經闕二戴之禮已非正經而又廢其一經之爲教已不能備而治經者類皆捨其所難而就其易僅窺其一而不及其餘若諸子之學同出於聖人諸史則該古今興亡治亂得失之變皆不可闕者而學者一旦豈能盡通若合所當讀之書而分之以年使之各以三年而共通其三四之一凡易詩書爲一科而子年午年試之周禮儀禮及二戴記爲一科而卯年試之春秋及三傳爲一科而酉年試之義各二道諸經皆兼大學論語中庸孟子義一道論則分諸子爲四科而分年以附焉諸史則左傳國語史記兩漢爲一科三國晉書南北史爲一科新舊唐書五代史爲

一科時務律歷地理爲一科以次分年如經子之法試策各二道又使治經者各守家法答義者必通貫經文條舉衆說而斷以己意有司命題必依章句如是則士無不通之經史而皆可用於世矣其議雖未上而天下誦之光宗初以省試春淺天尚寒遂展至二月朔卜日殿試于四月上旬紹熙元年仍按射不合格者罷賜帛舊命官鎖廳及避親舉人同試三年始令分場以革假人試藝者於是四蜀皆然寧宗慶元二年韓侂冑襲秦檜餘論指道學爲僞學臺臣附和之上章論列劉德秀在省闈奏請毀除語錄既而知貢舉吏部尚書葉翥上言士狃於僞學專習語錄

詭誕之說中庸大學之書以文其非有葉適進卷陳傅良待遇集士人傳誦其文每用輒效請令太學及州軍學各以月試合格前三名程文上御史臺考察太學以月諸路以季其有舊習不改則坐學官提學司之罪是舉語涉道學者皆不預選四年以經義多用套類父子兄弟相授致天下士子不務實學遂命有司六經出題各於本經摘出兩段文意相類者合爲一題以杜挾冊讎僞之計嘉泰元年起居舍人章良能陳主司三弊一曰沮抑詞賦太甚既暗削分數又多置下陳二曰假借春秋太過諸處解榜多寘首選三曰國史實錄等書禁民私藏惟公卿子弟因父

兄得以竊窺冒禁傳寫而有司乃取本朝故事藏匿本末發爲策問寒士無繇盡知命自今詩賦純正者寘之前列春秋唯卓異者寘高等餘當雜定策題則必明白指問四年詔自今礙格不礙格人試于漕司者分院異題永爲定制開禧元年詔禮部考試以三場俱優爲上二場優次之一場優又次之俱劣爲下毋以片言隻字取人編排既定從知舉審定高下永爲通考之法二年以舉人姦弊滋多命諸道漕司州府軍監凡發解舉人合格試卷姓名類申禮部俟省試中牒發御史臺同禮部長貳參對字畫關御藥院內侍照應廷試字畫不同者別榜駁放舊制秋貢春

試皆置別頭場以待舉人之避親者自緦麻以上親及大功以上婚姻之家皆牒送惟臨軒親試謂之天子門生雖父兄爲考官亦不避嘉定元年始因議臣有請命朝官有親屬赴廷對者免差充考校十二年命國子牒試禁假託宗枝遷就服屬犯者必寘于罰十五年秘書郎何澹言有司出題強裂句讀專務斷章離絕旨意破碎經文望令革去舊習使士子考注疏而辨異同明綱領而識體要從之至理宗朝姦弊愈滋有司命題苟簡或執偏見臆說互相背馳或發策用事訛舛故士子眩惑莫知適從才者或反見遺所取之士既不精數年之後復俾之主文是非顛倒

逾甚時謂之繆種流傳復容情任意不學之流往往中第而舉人之弊凡五曰傳義曰換卷曰易號曰卷子出外曰謄錄滅裂迨寶慶二年左諫議大夫朱端常奏防戢之策謂試院監大門中門官乃一院襟喉切要乞差有風力者入試日一切不許傳遞門禁既嚴則數弊自清士人暮夜納卷易於散失宜令封彌官躬親封鐍卷匱士人親書幕曆投匱中俟舉人盡出院然後啓封分類抄上即付謄錄所明旦申逐場名數于御史臺檢核其撰號法上一字許同下二字各異以杜訛易之弊謄錄人選擇書手充不許代名具姓名字樣申院覆寫檢實傳義置窠之人委臨安

府嚴捕其考官容情任意者許臺諫風聞彈奏重寘典憲及出官錢立賞格許告捉懷挾傳題傳稾全身代名入試之人帝悉從之且命精擇考官毋仍舊習舊制凡即位一降科詔及大比之歲二月一日一降詔許發解然後禮部徧牒諸路及四川州軍至是以四川鎖院改用二月二十一日與降詔日相逼遂改用正月十五日奏裁降詔紹定元年有言舉人程文雷同或一字不差其弊有二一則考官受賂或授暗記或與全篇一家分傳謄寫一則老儒賣文場屋一人傳十十人傳百考官不暇參稽於是命禮部戒飭前申號三日監試會聚考官將合取卷參驗互考稍

涉雷同即與黜落或仍前弊以致覺察則考官監試一例黜退初省試奉敕差知貢舉一員同知二員內差臺諫官一員參詳官若干員內差監察御史一員俾會聚考校微寓彈壓糾察之意韓侂冑用事將鈐制士人遂於三知舉外別差同知一員以諫官爲之專董試事不復干預考校參詳官亦不差察官於是約束峻切氣燄薰灼嘉泰間更名監試其失愈甚製造簿曆嚴立程限至是復舊制三知舉內差一臺諫十參詳內差一御史仍戒飭試官精加考校如日力不給即展期限二年臣僚言考官之弊詞賦命題不明致士子上請煩亂經義不分房別考致士子多停

經旨遂飭考官明示詞賦題意各房分經考校凡廷試唯蜀士到杭最遲每展日以待會有言蜀士嗜利多引商貨押船致留滯關津自是定以四月上旬廷試更不移展三年臣僚請學校場屋並禁斷章截句破壞義理及春秋經越年牽合其程文本古注用先儒說者取之穿鑿撰說者黜落四年臣僚甚言科場之弊乞戒飭漕臣嚴選考官地多經學則博選通經者地多賦學則廣致能賦者主文必兼經賦乃可充其職監試或倅貳不勝任必別擇人仍令有司量展揭封之期庶考校詳悉不致失士於是命徧諭國子監及諸郡恪意推行約束違戾者彈劾治罪初四川類試其事雖隸制司而監試考官共十員唯大院別院監試主文各一員從朝命餘聽制司選差自安丙差四員之外權委成都帥守臨期從近取具是歲始仍舊朝命四員餘從制司分選時場屋士子日盛卷軸如山有司不能徧覩迫於日限去取不能皆當蓋士人既以本名納卷或別爲名或易以字一人而納二三卷不禁挾書又許見燭閱浙諸郡又間日引試中有一日之暇甚至次日午方出於是經義可作二三道詩賦可成五六篇舉人文章不精考官困於披閱幸皆中選乃以兄弟承之或轉售同族姦詐百端眞僞莫辨乃命諸郡關防於投卷之初責鄉鄰覈實

嚴治虛僞之罪縱容之罰其弊稍息命官鎖廳及避親舉人自紹熙分場各試寒士憚之緣避親人七人取一其額太窄咸以爲害而朝士之被差爲大院考官者恐多妨其親亦不願差寒士於鄉舉千百取一之中得預秋薦以數千里之遠辛勤赴省而省闈差官乃當相避遂有隱身匿名不認親戚以求免者憤懣憂沮狼狽旅邸者彼此交怨相視爲讎至是言者謂除大院收試外以漕舉及待補國子生到省者與避親人同試於別院亦將不下數百人數既多其額自寬寒士可不怨其親戚朝士可不憚於被差從之既而以諸路轉運司牒試多營求僞冒之弊遂罷之其實有妨嫌者收試每百人終場取一人於各路州軍解額窄者量與均添庶士子各安鄉里無復詐競於是臨安紹興溫台福婺慶元處池袁潮興化及四川諸州府共增解額一百七十名未幾又命止許牒滿里親子孫及門客召見任官二員委保與有官礙格人各處收試五十人取放一人合牒親子孫別項隔截收試不及五十人亦取一人凡涉詐冒並坐牒官保官初唐鄧二州嘗陷于金金滅復得其地命仍舊類試于襄陽但別號考校以優新附士子舊制光州解額七名渡江後爲極邊士子稀少權赴試隣州淳熙間本州自置科場權放三名至是已五六十年

舉人十倍于前遂命復還舊額端平元年以牒試已罷解額既增命增額州郡措置關防每人止納一卷及開貢院添差考官時有言門客及隨侍親子孫五十人取一臨安府學三年類申人漕試七十取一又令別試院分項異處收試已爲煩碎兼兩項士人習賦習書之外習他經者差少難於取放遂命將兩項混同收試考校均作六十取一京學見行食職事生員二百二十四名別項發號考校不限經賦取放一名侍御史李鳴復等條列建言謂臺諫充知舉參詳既留心考校不能檢柅姦弊欲乞仍舊差臺諫爲監試懷挾之禁不嚴皆爲具文欲乞懸賞募人告捉精

選強敏巡按官及八廂等人謹切巡邏有犯則鐫黜官員考校不精多緣點檢官不時供卷及開院日迫試卷沓至知舉倉卒不及遂致遺才欲乞試院隨房置曆程督點檢官書所供卷數逐日押曆考校試卷不遵舊式務從簡便點檢參詳窄聯爲一欲乞必如舊制三場試卷分送三點檢三參詳三知舉庶得詳審試官互考經賦未必精熟欲乞前期約度試卷經賦凡若干則各差試官若干不至偏重並從之嘉熙元年罷諸牒試應郎官以上監司守倅之門客及姑姨同宗之子弟與游士之不便於歸鄉就試者並混同試于轉運司各從所寓縣給據徑赴司納卷一如

鄉舉之法家狀各書本貫不問其所從來而定其名寓試以四十名爲額就試如滿五十人則臨時取旨增放又罷諸路轉運司及諸州軍府所取待補國子生自明年並許赴國子監混試以士子數多命於禮部及臨安轉運司兩試院外紹興安吉各置一院從朝廷差官前詣同日引試分各路士人就試焉同在京不許見燭是年已失京西諸州軍士多從寓江陵鄂州命京湖制置司於江陵別立貢院取德安府荊門軍歸峽復三州及隨郢均房等京西七郡士人別差官混試用十二郡元額混取以優之牒試既罷又復冒求國子士大夫爲子弟計者輒牒外方他族利

爲場屋相資或公然受價以牒命徧諭百官司知雜司等如已准朝廷辨驗批書印紙批下國子監收試即報赴試人躬赴監一姓結爲一保每保不過十人責立罪罰當官書押遞相委保各給告示方許投納試卷冒牒官降官罷任或一時失於參照誤牒他族許自陳悔牒一次冒牒中選之人限主保官舉人一月自首舉人駁放主保官免罪出限不首者仍照前條罪之凡類試卷封彌作弊不一至是命前期於兩浙轉運司臨安府選見役吏胥共三十人差近上一名部轄入院十名專管詩賦餘分管諸經各隨所管號於引試之夕分尋試卷各置簿封彌不許混亂卻

別差一吏將號置曆發過謄録所書寫其簿曆封彌官收掌不經吏手不許謄録人干預以革其弊二年省試下第及遊學人並就臨安府給據赴兩浙轉運司混試待補太學生臣僚言國子牒試之弊冒濫滋甚在朝之士有強認疎遠之親爲近屬者有各私親故換易而互牒者有爲權勢所軋人情所牽應命而泛及者有自揆子弟非才牒同姓之雋茂利其假手者有文藝素乏執格法以求牒轉售同姓以謀利者今後令牒官各從本職長官具朝典狀保明先期取本官知委狀仍立賞格許人指實陳首冒牒之官按劾鐫秩受牒之人駁放殿舉保官亦與連坐專令御

史臺覺察都省勘會類申門客滿里子孫仍前漕試六十人取一較之他處雖甚優而取無定額士有疑心就試者少宜令額寬而試者衆塗一而取之精遂依前例放行寓試以四十名爲定額仍前待補其類申門客滿里子孫及附試並罷淳祐元年臣僚言既復諸路漕試合國子試兩項科舉及免舉人不下千數宜復撥漕舉冑舉同避親人並就別院引試使大院無卷冗之患小院無額窄之弊從之時淮南諸州郡歲有兵禍士子不得以時赴鄉試且漕司分差試官路梗不可徑達三年命淮東州郡附鎮江府秋試淮西州郡附建康試蘄黃光三州安慶府附江州試

三試所各增差試官二員別項考校照各州元額取放是歲兩浙轉運司寓試終場滿五千人特命增放二名後雖多不增如不及五千人止依元額別院之試大率士子與試官實有親嫌者紹定間以漕試冑試無親可避者亦許試或謂時相徇於勢要子弟故也端平初撥歸大院寒雋便之淳祐元年又復赴別院是使不應避親之人抑而就此使天下士子無故析而爲二殊失別試之初意至是依端平釐正之復歸大院九年以臣僚言士子又有免解僞冒入試者或父兄没而竊代其名或同族物故而填其籍於是令自本貫保明給據類其姓名先申禮部各州揭以

示衆犯者許告捉依斷舉法治罪十二年廣南西路言所部二十五郡科選於春官者僅一二蓋山林質樸不能與中土士子同工請援兩淮荆襄例別考朝廷從其請自是廣南分東西兩路寶祐二年監察御史陳大方言士風日薄文場多弊乞將發解士人初請舉者從所司給帖赴省別給一曆如命官印紙之法批書發解之年及本名年貫保官姓名執赴禮部又批赴省之年長貳印署赴監試者同如將來免解免省到殿批書亦如之如無曆則不收試候出官日赴吏部繳納換給印紙應合免解免省人亦從先發解處照此給曆如省殿中選將元曆發下御史臺攷

察以憑注闕給告士子得曆可爲據證有司因曆可加稽驗日前僞冒之人可不却而自遁遂自明年始行之鄉貢監補省試皆有覆試然銓擇猶未精其間濫名充貢者不可欺同舉之人冒選橋門者不逃於本齋之職事遂命今後本州審察必責同舉之聯保監學簾引必責長諭之證實並使結罪方與放行中書覆試凡涉再引非繫雜犯並先劄報各處漕司每遇詔舉必加稽驗凡覆試令宰執出題不許都司干預仍日輪臺諫一員簾外監試四年命在朝之臣除宰執侍從臺諫外自卿監郎官以下至釐務官各具三代宗支圖三本結立罪狀申尚書省御史臺及禮

部所屬各置簿籍存留照應遇屬子孫登科發解入學奏補事故並具申入鑒後由外任登朝亦於供職日後具圖籍記如上法遇冑試之年照朝廷限員於内牒能應舉人就試以革冑牒冒濫之弊景定二年冑子牒試員宰執牒緦麻以上親增作四十人侍從臺諫給事中舍人小功以上親增作二十七人卿監郎官秘書省官四總領小功以上親增作二十人寺監丞簿學官二令大功以上親增作十五人六院四轄省部門史館校勘檢閱大功以上親增作十人臨安府通判牒大功以上親增作八人餘應牒親子孫者一仍舊制度宗初以雷同假手之弊多由於州郡

試院繼燭達旦或至次日辰巳猶未出院其所以間日者不惟止可以惠不能文之人適足以害能文之士遂一遵舊制連試三日時諸州郡以鄉貢終場人衆而元額少自咸淳九年爲始視終場人多寡每二百人取放一名以士子數多增參詳官二員點檢試卷官六員又以臣僚條上科場之弊以大院别院參詳官點檢試卷官兼考雷同又監試兼專一詳定雷同試卷不預考校遂罷簾外點檢雷同官國子監解試雷同官亦罷先是州郡鄉貢未有覆試會言者謂冒濫之弊惟在鄉貢遂命漕臣及帥守於解試揭曉之前點差有出身倅貳或幕官專充覆試盡一日命

題考校解名多者斟酌分日但能行文不繆說理優通覺非假手即取非才不通就與駁放如將來省覆不通罪及元覆試漕守之臣及考校官十年省試命大院别院監試官於坐圖未定之先親監分布坐次嚴禁書鋪等人不許縱容士子抛離座案過越廊分爲傳義假手之地時成都已歸附我

朝殿試擬五月五日以蜀士至者絶少展至末旬又因覆試特奏名至部猶少展作六月七日近臣以隆暑爲請復命立秋後擇日七月八日度宗崩竟不果試嗣君即位下禮部討論援引皆未當既不可謂之亮陰又不可不赴廷

對乃倣召試館職之制而行之新進士舊有期集渡江後置局於禮部貢院特旨賜餐錢唱第之三日赴焉上三人得自擇同升之彥分職有差朝謝後拜黃甲其儀設褥于堂上東西相向皆再拜拜已擇榜中年長者一人狀元拜之復擇最少者一人拜狀元所以侈寵靈重年好明長少也

制舉無常科所以待天下之才傑天子每親策之然宋之得才多由進士而以是科應詔者少惟召試館職及後來博學宏詞而得忠鯁文學之士或起之山林或取之朝著召之州縣多至大用焉太祖始置賢良方正能直言極諫經學優深可爲師法詳閑吏理達於教化凡三科不限前資見任職官黃衣草澤悉許應詔對策三千言詞理俱優則中選乾德初以郡縣亡應令者慮有司舉賢之道或未至也廼詔許士子詣闕自薦四年有司僅舉直言極諫一人堪爲師法一人召陶穀等發策帝親御殿臨視之給硯席坐于殿之西隅及對策詞理疏闊不應所問賜酒饌宴勞而遣之開寶八年詔諸州察民有孝弟力田奇才異行或文武材幹年二十至五十可任使者具送闕下如無人塞詔亦以實聞九年諸道舉孝弟力田及有才武者凡七百四十人詔翰林學士李昉等於禮部試其業一無可采

而濮州以孝悌薦名者三百七十人帝駭其多召對講武殿率不如詔猶自陳素習武事復試以騎射輒顛隕失次帝紿曰是宜隸兵籍皆號呼乞免乃悉罷去詔劾本部濫舉之罪咸平四年詔學士兩省五品御史臺尚書省諸司四品以上於內外京朝幕府州縣官草澤中各舉賢良方正一人不得以見任轉運使及館閣職事人應詔是年策秘書丞查道等七人皆入第四等景德二年增置博通墳典達於教化才識兼茂明於體用武足安邊洞明韜略運籌決勝軍謀宏遠材任邊寄等科詔中書門下試察其才具名聞奏將臨軒親策之自是應令者寖廣而得中高等亦少太宗以來凡特旨召試者於中書學士舍人院或特遣官專試所試詩賦論頌策制誥或三篇或一篇中格則授以館職景德後惟將命爲知制誥者乃試制誥三道每道百五十字東封及祀汾陰時獻文者多試業得官蓋特恩也時言者以爲兩漢舉賢良多因兵荒災變所以詢訪闕政今國家受瑞登封無闕政也安取此廼罷其科惟吏部設宏詞拔萃平判等科如舊制仁宗初詔曰朕開數路以詳延天下之士而制舉獨久不設意者吾豪傑或以故見遺也其復置此科於是增其名曰賢良方正能直言極諫科博通墳典明於教化科才識兼茂明於體用科詳明吏理可

使從政科識洞韜略運籌帷幄科軍謀宏遠材任邊寄科
凡六以待京朝之被舉及起應選者又置書判拔萃科以
待選人又置高蹈丘園科沉淪草澤科茂材異等科以待
布衣之被舉者其法先上藝業于有司有司較之然後試
秘閣中格然後天子親策之治平三年命宰執舉館職各
五人先是英宗謂中書曰水潦爲災言事者云咎在不能
進賢何也歐陽脩曰近年進賢路狹往時入館有三路今
塞其二矣進士高科一路也大臣薦舉一路也因差遣例
除一路也往年進士五人以上皆得試第一人及第不十
年有至輔相者今第一人兩任方得試而第二人以下不

復試是高科路塞矣往時大臣薦舉即召試今只令上簿
候缺人乃試是薦舉路塞矣惟有因差遣例除者半是年
勞老病之人此臣所謂薦舉路狹也帝納之故有是命韓
琦曾公亮趙槩等舉蔡延慶以下凡二十人皆令召試宰
臣以人多難之帝曰既委公等舉之苟賢豈患多也先召
試蔡延慶等十人餘須後時神宗以進士試策與制科無
異遂詔罷之試館職則罷詩賦更以策論元祐元年復制
科奏上而次年試論六首御試策一道召試除官推恩略
如舊制凡廷試前一年舉奏官具所舉者策論五十首右
正言劉安世建言祖宗之待館職也儲之英傑之地以飭

其名節觀以古今之書而開益其聰明稍優其廪不責以
吏事所以滋長德器養成名卿賢相也近歲其選寖輕或
緣世賞或以軍功或酬聚斂之能或徇權貴之薦未嘗較
試遂獲貼職多開倖門恐非祖宗德意望明詔執政詳求
文學行誼審其果可長育然後召試非試毋得輒命庶名
器重而賢能進三年乃詔大臣奏舉館職並如舊召試除
授惟朝廷特除不用此令安世復奏曰祖宗時入館鮮不
由試惟其望實素著治狀顯白或累持使節或移鎮大藩
欲示優恩方令貼職今既過聽臣言追復舊制又謂朝廷
特除不在此限則是人材高下資歷深淺但奏舉皆可直

除名爲更張弊源而在顧倣故事資序及轉運使方可以
特命除授庶塞僥倖以重館職之選紹聖初哲宗謂制科
試策對時政得失進士策亦可言因詔罷制科既而三省
言今進士純用經術如詔誥章表箴銘賦頌赦敕檄書露
布誡諭其文皆朝廷官守日用不可闕且無以兼收文學
博異之士遂改置宏詞科歲許進士及第者詣禮部請試
如見守官則受代乃請率以春試上舍生附試不自立院
也試章表露布檄書用駢儷體頌箴銘誡諭序記用古體
或駢儷惟詔誥赦敕不以爲題凡試二日四題試者雖多
取毋過五人中程則上之三省覆試之分上中二等推恩

有差詞藝超異者奏取旨命官大觀四年詔宏詞科格法未詳不足以致文學之士改立詞學兼茂科歲附貢士院試取毋過三人政和增爲五人不試檄書增制誥以歷代史事借擬爲之中格則授館職宰臣執政親屬毋得試宣和罷試上舍乃隨進士試于禮部紹興元年初復館職試凡預召者學士院試時務策一道天子親覽焉然是時校書多不試而正字或試或否二年詔舉賢良方正能直言極諫科一遵舊制自尚書兩省諫議大夫以上御史中丞學士待制各舉一人凡應詔者先具所著策論五十篇繳進兩省侍從參考之分爲三等次優以上召赴秘閣試論六首於九經十七史七書國語荀揚管子文中子内出題學士兩省官考校御史監之四通以上爲合格仍分五等入四等以上者天子親策之第三等爲上恩數視廷試第一人第四等爲中視廷試第三人皆賜制科出身第五等爲下視廷試第四人賜進士出身不入等者與簿尉差遣已仕者則進官與升擢七年以太陽有異令中外侍從各舉能直言極諫一人是冬呂祉舉選人胡銓汪藻舉布衣劉度即除銓樞密院編修官而度不果召自是詔書數下未有應者孝宗乾道二年苗昌言奏國初嘗立三科眞宗增至六科仁宗時並許布衣應詔於是名賢出焉請參稽

前制間歲下詔權於正文出題不得用僻書註疏追復天聖十科開廣薦揚之路振起多士積年委靡之氣遂詔禮部集館職學官雜議皆曰註疏誠可略科目不必廣天下之士屛處山林滯跡遐遠侍從之臣豈能盡知遂如國初之制止令監司守臣解送七年詔舉制科以六論增至五通爲合格始命官糊名謄錄如故事試院言文卷多不知題目所出有僅及二通者帝命賜束帛罷之舉官皆放罪舊試六題一明一暗時考官命題多暗僻失求言之意臣僚請遵天聖元祐故事以經題爲第一篇然後雜出九經語孟内註疏或子史正文以見尊經之意從之十一年初制科取士必以三年詔自今有合召試者舉官即以名聞明年春李巘言賢良之舉本求讜言以裨闕政未聞責以記誦之學使才行學識如晁董之倫雖註疏未能盡記於治道何損帝以爲然乃復罷註疏高宗立博學宏詞科凡十二題制誥詔表露布檄箴銘記贊頌序内雜出六題分爲三場每場體製一古一今遇科場年應命官除歸明流外入貲及犯贓人外公卿子弟之秀者皆得試先投所業三卷學士院考之拔其尤者召試定爲三等上等轉一官選人改秩無出身人賜進士及第並免召試除館職中等減三年磨勘與堂除無出身人賜進士出身下等減二年

磨勘無出身人賜進士出身並許召試館職南渡以來所得之士多至卿相翰苑者理宗嘉熙三年臣僚奏詞科實代王言久不取人日就廢弛蓋試之太嚴故習之者少今欲除博學宏詞科從舊三歲一試外更降等立科止試文辭不貴記問命題止分兩場引試須有出身人就禮部投狀獻所業如試教官例每一歲附銓闈引試惟取合格不必拘額中選者與堂除教授已係教官資序及京官不願就教授者京官減磨勘選人循一資他時北門西掖南宮舍人之任則擇文墨超卓者用之其科目則去宏博二字止稱詞學科從之淳祐初罷景定二年復嘉熙之制

初內外學官多朝廷特注後稍令國子監取其舊試藝等格優者用之熙寧八年始立教授試法即舍人院召試大義五道元豐七年令諸州無教官則長吏選在任官上其名而監學審其可者使兼之元祐中罷試法已而論薦益衆乃詔須命舉乃得奏紹聖初三省立格中制科及進士甲第禮部奏名在上三人府監廣文館第一人從太學上舍得第皆不待試餘召試兩經大義各一道合格則授教官元符中增試三經政和二年臣僚言元豐召試學官六十人而所取四人皆知名之士故學者厭服近試率三人取一今欲十人始取一人以重其選從之自是或如舊法

中書選注又嘗貟外添置八行應格人爲大藩教官不以涖職隨廢或用元豐試法更革無常高宗初年復教官試紹興中議者謂欲爲人師而自獻以求進非禮也乃罷試而自朝廷選差已而又復之凡有出身者許應先具經義詩賦各三首赴禮部乃下省闈分兩場試之初任爲諸州教官由是爲兩學之選十五年從國子監丞文浩所言於六經中取二經各出兩題毋拘義式以貫穿該贍爲合格其後四川制置司遇類省試年亦倣禮部附試自嘉泰元年始

凡童子十五歲以下能通經作詩賦州升諸朝而天子親

試之其命官免舉無常格眞宗景德二年撫州晏殊大名府姜蓋始以童子召試詩賦賜殊進士出身蓋同學究出身尋復召殊試賦論帝嘉其敏贍授秘書正字後或罷或復自仁宗即位至大觀末賜出身者僅二十人建炎二年用舊制親試童子召見朱虎臣授官賜金帶以寵之後至者或誦經史子集或誦御製詩文或誦兵書習步射其命官免舉皆臨期取旨無常格淳熙中王克勤始以程文求試內殿引見孝宗嘉其警敏補從事郎令秘閣讀書會禮部言本朝童子以文稱者楊億宋綬晏殊李淑後皆爲賢宰相名侍從今郡國舉貢問其所能不過記誦宜稍艱其

選八年始分爲三等凡全誦六經孝經語孟及能文如六經義三道語孟義各一道或賦一道詩一首爲上等與推恩誦書外能通一經爲中等免文解兩次止能誦六經語孟爲下等免文解一次覆試不合格者與賜帛寧宗嘉定十四年命歲取三人期以季春集闕下先試于國子監而中書覆試之爲永制焉理宗後罷此科須卓絶能文者許諸郡薦舉

科目旣設猶慮不能盡致天下之才或韜晦而不屑就也往往命州郡搜羅而公卿得以薦言若治平之黄君俞熙寧之王安國元豐則程頤元祐則陳師道元符則徐積皆

卓然較著者也熙寧三年諸路搜訪行義爲鄉里推重者凡二十有九人至則館之太學而劉蒙以下二十二人試舍人院賜官有差亦足以見幽隱必達治世之盛也其後應詔者多失實而朝廷亦厭薄之高宗垂意遺逸首召布衣譙定而尹焞以處士入講筵其後束帛之聘若王忠民之忠節張志行之高尚劉勉之胡憲之力學則賜出身俾教授本郡或賜處士號以寵之所以振清節厲頹俗如徐庭筠之不出蘇雲卿之晦跡世尤稱焉寧宗慶元間蔡元定以高明之資講明一代正學以尤袤楊萬里之薦召之固以疾辭竟以僞學貶死衆咸惜之理度以後國勢日迫賢者肥遯迄無聞焉

志卷第一百九

志卷第一百十　　宋史一百五十七

開府儀同三司上柱國錄軍國重事前中書右丞相監修國史領經筵事都總裁臣脫脫等奉

敕修

選舉三 學校試 律學等試附

凡學皆隸國子監國子生以京朝七品以上子孫為之初無定員後以二百人為額太學生以八品以下子弟若庶人之俊異者為之及三舍法行則太學始定置外舍生二千人內舍生三百人上舍生百人始入學驗所隸州公據試補外舍齋長諭月書其行藝于籍行謂率教不戾規矩藝謂治經程文季終考于學諭次學錄次正次博士後考于長貳歲終會其高下書於籍以俟覆試參驗而序進之凡私試孟月經義仲月論季月策凡公試初場經義次場論策試上舍如省試法凡內舍行藝與所試之業俱優為上舍上等取旨授官一優一平為中等以俟殿試俱平若一優一否為下等以俟省試元祐間置廣文館生二千四百人以待四方游士試京師者律學生無定員他雜學廢置無常崇寧建辟雍於郊以處貢士而三舍考選法乃遍天下於是由州郡貢之辟雍由辟雍升之太學而學校之制益詳凡國子以奏蔭恩廣故

學校不預考選其得入官賜出身者多由銓試初國子監因周舊制頗增學舍以應蔭子孫隸學受業開寶八年國子監上言生徒舊數七十人奉詔分習五經然繫籍者或久不至而在京進士諸科常赴講席肄業請以補監生之闕詔從之景德間許文武升朝官嫡親附國學取解而遠鄉久寓京師其文藝可稱有本鄉命官保任監官驗之亦聽附學充貢仁宗時士之服儒術者不可勝數即位初賜兗州學田已而命藩輔皆得立學慶曆四年詔曰儒者通天地人之理明古今治亂之原可謂博矣然學者不得騁其說而有司務先聲病章句以拘牽之則吾豪雋奇偉之士何以奮焉士以純明朴茂之美而無斆學養成之法使與不肖並進則夫懿德敏行何以見焉此取士之甚敝而學者自以為患夫遇人以薄者不可責其厚也今朕建學興善以尊子大夫之行更制革敝以盡學者之才有司其務嚴訓導精察舉以稱朕意學者其進德脩業無失其時其令州若縣皆立學本道使者選部屬官為教授員不足取於鄉里宿學有道業者由是州郡奉詔興學而士有所勸矣天章閣侍講王洙言國子監每科場詔下許品官子役然試藝

給牒充廣文太學律學三館學生多致千餘就試試
已則生徒散歸講官倚席但為游寓之所殊無肄習
之法居常聽講者一二十人爾逓限在學滿五百日
舊已甞充貢者止百日本授官會其實京朝官保任
始預秋試每十人與解凡入學授業月旦即親書到
曆如遇私故或疾告歸寧皆給假違程及期月不來
參者去其籍後諫官余靖極言非便遂罷聽讀日限
初立四門學自入品至庶人子弟充學生歲一試補
差學官鎖宿彌封校其藝疏名上聞而後給牒不中
式者仍聽讀若三試不中則出之未幾學廢時太學

之法寬簡而上之人必求天下賢士使專教導規矩
之事安定胡瑗設教蘇湖間二十餘年世方尚詞賦
湖學獨立經義治事齋以敦實學皇祐末召瑗為國
子監直講數年進天章閣侍講猶兼學正其初人未
信服謗議蜂起瑗強力不倦卒以有立每公私試罷
掌儀率諸生會于首善雅樂歌詩乙夜乃散士或不
遠數千里來就師之皆中心悅服有司請下湖學取
其法以教太學神宗尤垂意儒學自京師至郡縣既
皆有學歲時月各有試程其藝能以差次升舍其最
優者為上舍免發解及禮部試而特賜之第遂顓以

此取士太學生員慶曆甞置內舍生二百人熙寧初
又增百人尋詔通額為九百人四年盡以錫慶院及
朝集院西廡建講書堂四諸生齋舍掌事者直廬始
僅足用自主判官外增置直講為十員率二員共講
一經令中書遴選或主判官奏舉生員釐為三等始
入學為外舍初不限員後定額七百人外舍升內舍
員二百內舍升上舍員百各執一經從所講官受學
月考試其業優等上之中書其正錄學諭以上舍生
為之經各二員學行卓異者主判直講復薦之中書
奏除官始命諸州置學官率給田十頃贍士初置小

學教授帝甞謂王安石曰今談經者人人殊何以一
道德卿所著經其以頒行使學者歸一八年頒王安
石書詩周禮義于學官是名三經新義元豐二年頒
學令太學置八十齋齋各五楹容三十人外舍生二
千人內舍生三百人上舍生百人月一私試歲一公
試補內舍生間歲一舍試補上舍生彌封謄錄如貢
舉法而上舍試則學官不預考校公試外舍生入第
一第二等升內舍試入優平二等升上舍皆參致所
書行藝逎升上舍分三等學正增為五人學錄增為
十人學錄參以學生為之歲賜緡錢至二萬五千又

取郡縣田租屋課息錢之類增為學費初以國子名監而實未嘗教養國子詔許清要官親戚入監聽讀額二百人仍盡以開封府解額歸太學其國子生解額以太學分數取之毋過四十人哲宗時初置在京小學曰就傅初筮凡兩齋復取太學額百人還開封府先是開封解額稍優四方士子多冒畿縣戶又隷太學不及一年不該解試者亦往往冒戶禮部按舊制凡試國子監者先補中廣文館生乃投牒求試元祐七年遂依倣其法立廣文館生惟開封府元解百人許自試其嘗取諸科二百國子額四十者皆以為

本館解額遇貢舉年試補館生中者執牒詣國子監驗試凡試者十人取一開封考取亦如之紹聖元年罷廣文館其額悉復還之開封府國子監元祐新令罷推恩之制紹聖初監察御史郭知章言先帝立三舍法以歲月稽其行實故入上舍而中上等者得不經禮部試特命以官責備而持久故其得也難誘掖激勸莫善於此宜復元豐法以廣樂育之德又請三學補外舍生依元豐令一歲四試於是詔太學生悉用元豐制推恩上等即注官者歲毋過二人免禮部試者每舉五人而止免解試者二十人而止仍計數

對除省試發解額其元祐法勿用諸三舍升補等法悉推行舊制三年三省言元祐試補太學生不嚴苟務多取後試者無闕可撥宜遵元豐初制雖在籍生亦重試乃詔在籍生再試許取三分剏求補者半之惟上舍生及是年充貢員內舍外舍先自元豐補入者免再試餘非再試而中者皆降舍蔡京上所修內外學制始頒諸天下元符元年詔許命官補國子生毋過四十人凡太學試令優取二禮許占全額之半而以其半及他經復置春秋博士二年初令諸州行三舍法考選升補悉如太學州許補上舍一人內舍

二人歲貢之其上舍附太學外舍試中補內舍生三試不升舍遣還其州其內舍免試至則補為外舍生諸路選監司一員提舉學校守貳董幹其事遇補試上內舍生選有出身官一人同教授考選須彌封謄錄三年太學試補外舍改用四季學官自考不謄錄仍添試論一場崇寧元年宰臣請天下州縣並置學州置教授二員縣亦置小學縣學生選考升諸州學州學生每三年貢太學至則附試別立號考分三等入上等補上舍入中等補下等上舍入下等補內舍餘居外舍諸州軍解額各以三分之一充貢士開封

府留五十五額解士人之不入學者餘盡均給諸州以為貢額外官子弟親戚許入學一年給牒至太學用國子生額解試州給常平或係省田宅充養士費縣用地利所出及非係省錢三年始定諸路增養縣學弟子員大縣五十人中縣四十人小縣三十人凡州縣學生曾經公私試者復其身內舍免戶役上舍仍免借借如官戶法命將作少監李誠即城南門外相地營建外學是為辟雍蔡京又奏古者國內外皆有學周成均蓋在邦中而黨庠遂序則在國外臣親承聖詔天下皆興學貢士即國南郊建外學以受之

俟其行藝中率然後升諸太學凡此聖意悉與古合令上其所當行者太學專處上舍內舍生而外學則處外舍生今貢士盛集欲增太學上舍至二百人內舍六百人外舍三千人外學為四講堂百齋齋列五楹一齋可容三十人士初貢至皆入外學經試補入上舍內舍始得進處太學太學外舍亦令出居外學其敕令格式悉用太學見制國子祭酒總治學事外學官屬司業丞各一人稍減太學博士正錄員歸外學仍增博士為十員正錄為五員學生充學諭者十人直學二人三舍生皆繇升貢遂罷國子監補試又

置諸王宮大小學教授立考選法凡奉祠及仕而解官或需次者悉許入內外學任子不係州土隨所寓入學仍別齋居處別號試考會升補三舍生後從獻助得官其入學視任子法凡任子不問文武須隸學滿一年始得求試迺詔取士悉由學校升貢其州郡發解及試禮部並罷自是歲試上舍悉差知舉如禮部試五年著令凡縣學生隸學已及三月不犯上二等罰聽次年試補州學外舍是名歲升開封祥符生員即辟雍別為齋教養升進如縣學法願入鄰縣學者聽惟赤縣校試主以博士每歲正月州以公試上

舍及歲升員一院鎖宿分為三試其公試上舍率十取其六為中格中格已以其名第自上而下參考察之籍既在籍又中選即六人之中取其四以差升舍其歲升中選者得補外舍生開封屬縣附辟雍別試中者入辟雍充外舍隸學三年經兩試不預升貢即除其籍法涉太嚴令令三年內三經公試不預選兩經補內舍貢上舍不及格且曾犯三等以上罰若外舍即除籍罷歸縣內舍降外舍已嘗降而私試不入等若曾犯罰亦除籍毋赴歲升試凡州學上舍生升舍以其秋即貢入辟雍長貳集闔郡官及提學官具

宴設以禮敦遣限歲終悉集闕下自川廣福建入貢者給借職券過二千里給大將券續其路食皆以學錢給之如有孝弟睦婣任恤忠和若行能尤異為鄉里所推縣上之州免試入學州守貳若教授詢審無謬即保任入貢具實以聞不實者坐罪有差太學試上舍生本慮與科舉相并試以間歲今既罷科舉又諸州歲貢士其改用歲試每春季太學辟雍生悉公試同院混取總五百七十四人以四十七人為上等即推恩釋褐一百四十人為中等遇親策士許入試一百八十七人為下等補內舍生凡上等上舍生暨

特舉孝弟行能之士不待廷試推恩者許即引見釋褐上舍仍先以試文卷進入得可乃引賜若上舍已該釋褐恩而貢入在廷試前一年者須在學又及半年不犯上二等罰乃得注官凡貢士入辟雍外舍三經試不與升補兩經試不入等仍犯上三等罰者削籍再赴本州歲升試是名退送即內舍已降舍而又一試不與或兩犯上四等罰者亦如外舍法退送太學外舍生已預考察者許再經一試以中否為留遣餘升降退送悉如辟雍法凡有官人不入學而願試貢士者不以文武雜出身悉許之惟贓私罪廢人則

否應試者隨內外附貢士公試皆別考率以七人取一人即預貢者與辟雍春試貢士通考中選入上等者升差遣兩等賜上舍出身文行優者奏聞而殊擢之中等俟殿試下等補內舍不隸學需再試已仕在官而願試者悉準此制凡在外官同居小功以上親及其親姊妹女之夫皆得為隨行親免試入所任鄰州郡學其有官人願學於本州者亦免試升補悉如諸生法混試同考惟升舍不侵諸生額自用七人取一若中者多即以溢額名次理為考察若所親移替願改籍他州學者聽太學上內舍既由辟雍升入又

已罷科舉則國子監解額無所用盡均撥諸府諸州解額三分之以為三歲貢額並令有司均定以聞太學舊制止分立優平二等自今欲令辟雍太學試上舍中程者皆參用察考以差升補其考察試格悉分上中下三等貢士則以本州升貢等第太學內舍則以校定等第每上舍試考已定知舉及學官以中試之等參驗于籍通定升絀高下兩上為上一上一中及兩中為中一上一下及一中下兩下為下若兩格名次等第適皆齊同即以試等壓考察之格

餘率以是為差仍推其法達之諸州凡內外私試始改用仲月併試三場試論日仍添律義凡考察悉準在學人數每內舍十人取五外舍十人取六自上而下分為三等籍以俟上舍考定而參用之是歲貢士至辟廱不如令者凡三十有八人皆罷歸而提學官皆罰金建州浦城縣學生隸籍者至千餘人為一路最縣丞徐秉哲特遷一官初立八行科詔曰學以善風俗明人倫而人材所自出也今法制未立殆無以厲天下成周以六行賓興萬民否則威之以不孝不弟之刑近因稽周法立八行八刑頒之學校兼行懲

勸庶幾於古士有善父母為孝善兄弟為悌善內親為睦善外親為婣信於朋友為任仁於州里為恤知君臣之義為忠達義利之分為和凡有八行實狀鄉上之縣縣延入學審考無偽上其名於州州第其等孝悌忠和為上睦婣為中任恤為下苟備八行不俟中歲即奏貢入太學免試補為上舍司成以下審考不誣申省釋褐優命之官不能全備者為州學上等上舍餘有差八刑則反八行而麗於罪名以其罪名之縣上其名於州州稽於學毋得補弟子員然品目既立有司必求其迹以應令遂有牽合瑣細者自元

祐猶經明行修科主德行而略辭藝間取禮部試黜之士附真恩科當時固已咎其無所甄別及八行科立則三舍皆不試而補往往設為形迹求與名格相應於是兩科相望幾數十年迺無一人卓然能自著見者而八行又有甚敝蓋後世欲追古制而不知風俗教化之所從出其難固如此夫開封始建府學立貢士額凡五十而士子不及三百盡額而取則涉太優欲稍裁之詔王鑑立學君不優誘使進何以首善其常解五十勿闕大觀元年詔頗兼他經者量立升進之法大抵用本經決去取而兼經所中等第特為

升貢每歲附公試院而別異其號每十五人取一人分上中下等別榜示之唱名日甄別奏聞與升甲皆優於專經者異時內外學官闕皆得在選縣學生三不赴歲升試及三赴歲升試而不能升州學者皆除其籍諸路賓興會試辟廱獨常州中選者多州守若教授俱遷一官政和四年小學生近一千人分十齋以處之自八歲至十二歲率以誦經書字多少差次補內舍若能文從博士試本經小經義各一道稍通補內舍優補上舍又詔學校教養額少則野有遺士應諸路學校及百人以上者三分增一七年試高麗

進士權適等四人皆賜上舍及第遣歸其國時宰臣留意學校因事究敝有司考閱防閑益密先是禮部上雜脩御試貢士敕令格式又取舊制凡關學政者分敕令格式成書以上用給事中毛友言初試補入縣學生並籍試以別僞冒徽宗崇尚老氏之學知兖州王純乞於御注道德經注中出論題范致虛亦乞用聖濟經出題宣和元年帝親取貢士卷考定能深通內經者升之以為第一三年詔罷天下州縣學三舍法惟太學用之課試開封府及諸路並以科舉取士太學官吏及州縣嘗置學官凡元豐舊制所有者

皆如故其辟雍官屬及宗學并諸路提舉學事官屬並罷內外學悉遵元豐成憲七年詔政和中嘗命學校分治黃老莊列之書實失專經之旨其內經等書並罷治崇寧以來士子各徇其黨習經義則詆元祐之非尚詞賦則誚新經之失互相排斥群論紛紛欽宗即位臣僚言科舉取士要當質以史學詢以時政今之策問虛無不根古今治亂悉所不曉詩賦設科所得名臣不可勝紀專試經義亦已五紀救之之術莫若遵用祖宗成憲王安石解經有不背聖人旨意亦許采用至於老莊之書及字說並應禁止詔禮部

詳議諫議大夫兼祭酒楊時言王安石著為邪說以塗學者耳目使蔡京之徒得以輕費妄用極侈靡以奉上幾危社稷乞奪安石配饗使邪說不能為學者惑御史中丞陳過庭言五經義微諸家異見以所是者為正所否者為邪此一偏之大失也頃者指蘇軾為邪學而加禁甚切今已弛其禁許采其長實為通論而祭酒楊時矯枉太過復詆王氏以為邪說此又非也諸生習用王學聞時之言群起而詆詈之時引避不出齋生始散詔罷時祭酒而諫議大夫馮澥崔鶠等復更相辦論會國事危而貢舉不及行矣建炎

初即行在置國子監立博士二員以隨幸之士三十六人為監生紹興八年葉琳上書請建學而廷臣皆以兵興餽運為辭十三年兵事稍寧始建太學置祭酒司業各一員博士三員正錄各一員養士七百人上舍生三十員內舍生百員外舍生五百七十員凡諸道住本州學滿一年三試中選不犯第三等以上罰或不住學而曾兩預釋菜及齒于鄉飲酒者聽充弟子員每歲春秋兩試之旋命一歲一補於是多士雲集至分場試之俄又詔三年一試增至千員中選者皆給綾紙賛詞以寵之每科場四取其一自外舍

有月校而公試入等曰內舍自內舍有月校而舍試入等曰上舍凡升上舍者皆直赴廷對二十七年立定制春季放補遇省試年改用孟夏舊太學遇覃恩無免解法孝宗始刱行之在朝清要官許牒期親子弟作待補國子別號考校如太學生遇有期親任清要官更為國子生不預校定升補及差職事惟得赴公私試科舉則混試焉淳熙中命諸生暇日習射以斗力為等差比類公私試別理分數自中興以來四方之士有本貫在學公據皆得就補帝始加限節命諸路州軍以解試終場人數為準其薦貢不盡者令

百取六人赴太學謂之待補生其住本學及游學之類一切禁止元豐舊制內舍生校定分優平二等優等再赴舍試又入優則謂之兩優釋褐中選者即命以京秩除學官至是始令先注職官代還注職事官恩例視進士第二人舊校定歲額五六分為優選者增為十分矣光宗初公試始令附省場別院紹熙三年禮部侍郎倪思請復混補法命兩省臺諫雜議可否於是吏部尚書趙汝愚等合奏曰國家恢儒右文京師郡縣皆有學慶曆以後文物彬彬中興以來建太學于行都行貢舉於諸郡然奔競之風勝而忠信

之俗微亦惟榮辱升沉不由學校德行道藝取決糊名工雕篆之文無進脩之志視庠序如傳舍目師儒如路人季考月書盡成文具今請重教官之選假守貳之權倣舍法以育材因大比以取士考終場之數定所貢之員期以次年試于太學其諸州教養課試升貢之法下有司條上思議遂寢四年詔國子監試中上等小學生比類諸州待補中選之額放補一次寧宗慶元嘉定中始兩行混補於是增外舍生為千四百員內舍校定不係上舍試年分以八分為優等又以國子生員多僞濫命行在職事官期親著務官

子孫乃得試補嘉定十四年詔自今待補百人取三人舊法自外舍升內舍雖有校試必公試合格乃許升補蓋私試皆學官自考而公試則降敕差官至是歲終許取外舍生校最優者一人升內舍理宗復百取六人之制紹定二年以待補生自外方來參齋者間有鬻帖僞冒之弊遂命中選之人召升朝保官二員批書印紙仍命州郡守倅結罪保明比照字跡無僞方許簾引法籍犯者治罪罰及保官五年以省試下第及待補生之群試于有司者有請託賄求之弊學官考文有親故交通之私命今後兩學補試並從

廟堂臨時選差即令入院凡用度則用國子監供給學官事例未幾監察御史何處乂又言宜遵舊制以武學宗學補試併就兩學於大院排日引試有親嫌人依避房法且士子試卷頗多考官頗少期日既迫費用不敷乃增給用度仍添差考官五員寶祐元年復命分路取放補試員數以免遠方士子道路往來之費及都城壅併之患三年復試於京師度宗咸淳二年正月幸太學謁先聖禮成推恩三學前廊與免省試內舍上舍及已免省試者與升甲起居學生與泛免一次內該曾經兩幸人與補上州文學如願在

學者聽其在籍諸生地遠不及趁赴起居者三學申請乞併行泛免一次命特從之凡諸生升舍在幸學之前者方許陳乞恩例七年正月以壽和聖福皇太后兩上尊號推恩三學在齋生員並特與免解赴省一次九年外舍生晏泰亨以七分三釐乞理為第三優朝命不許遂申嚴學法今後及八分者方許歲校三名如八分者止有一人而援次優三優之例者亦須止少三二釐方可陳乞特放庶不盡廢學法當亦不過一人而止

律學國初置博士掌授法律熙寧六年始即國子監設學置教授四員凡命官舉人皆得入學各處一齋舉人須得命官二人保任先入學聽讀而後試補習斷按則試按一道每道叙列刑名五事或七事習律令則試大義五道中格乃得給食各以所習月一公試三私試略如補試法凡朝廷有新頒條令刑部即送學其犯降舍殿試者薄罰金以示辱餘用太學規矩而命官聽出宿尋又置學正一員有明法應格而守選者特免試注官使兼之月奉視所授官後以教授一員兼管幹本學規矩仍從太學例給晚食元豐六年用國子司業朱服言命官在學如公試律義斷

案俱優準吏部試法授官太學生能兼習律學中公試第一比私試第二等政和間詔博士學正依大理寺官除授不許用無出身人及以恩例陳請生徒犯罰者依學規仍犯不改書其印曆或補牒參選則理為闕失建炎三年復明法新科進士預薦者聽試紹興元年復刑法科凡問題號為假案其合格分數以五十五通分作十分以所通定分數以分數定等級五分以上入第二等下四分半以上入第三等上四分以上入第三等中以曾經試法人為考官五年以李洪當中刑法入第二等命與改秩中書駁之趙鼎

謂古者以刑弼教所宜崇奬高宗曰刑名之學久廢
不有以優之則其學絶矣卒如前詔後議者謂得解
人取應更不兼經白身得官反易於有官試法乃命
所試斷案刑名全通及粗通以十分為率斷及五分
刑統義文理全通為合格及雖全通而斷案不及分
數者勿取仍自後舉兼經十五年罷明法科以其額
歸進士惟刑法科如舊二十五年四川類省始附試
刑法淳熙七年秘書郎李巘言漢世儀律令同藏于
理官而決疑獄者必傳以古義本朝命學究兼習律
令而廢明法科後復明法而以三小經附盖欲使經

生明法法吏通經令所試止於斷案律義斷案稍通
律義雖不成文亦得中選故法官罕能知書宜令習
大法者兼習經義參攷優劣帝曰古之儒者以儒術
決獄若用俗吏必流於刻乃從其奏詔自今第一第
二第三場試斷案每場各三道第四場大經義一道
小經義二道第五場刑統律義五道明年命斷案三
場每場止試一道每道刑名十件與經義通取四十
分以上為合格經義定去留律義定高下寧宗慶元
三年以議臣言罷經義五年又復嘉定二年臣僚上
言試法設科本以六場引試後始增經義一場而止

試五場律義又居其一斷案止三場而已殊失設科
之初意且考試類多文士輕視法家惟以經義定去
留其弊一也法科欲明憲章習法令察舉明比附之
精微識比折出入之錯綜酌情法於數字之內決是
非於片言之間比年案題字多專尚困人一日之內
僅能謄寫題目豈暇深究法意其弊二也刑法考官
不過會中法科丞評數人由是請託之風盛換易之
弊興其弊三也今請罷去經義仍分六場以五場斷
案一場律義為定問題稍減字數而求精於法律者
為試官各供五六題納監試或主文臨時點定如是

讞議得人矣從之六年以議者言法科止試刑統是
盡廢理義而專事法律遂命復用經義一場以尚書
語孟題各一篇及刑統大義通為五場所出經題不
必拘刑名倫類以防預備以斷案定去留經義為高
下仍禁雜流入貲人收試八年罷四川類試刑法科
初凡試法科者皆取撰成見義挾入試場理宗淳祐
三年令刑部措置關防其考試則選差大理丞正歷
任中外有聲望者不許止用新科評事未經作縣之
人逮其試中又當倣省試中書覆試之法貸以疑獄
觀其讞筆明允始與差除時所立等第文法俱通者

為上徑除評事文法粗通者為次與檢法不通者駁放度宗咸淳元年申嚴選試之法凡引試刑法官命題一如紹興式八年以試法科者少特命考試命題務在簡嚴毋用長語有過而願試者照見行條法除私罪應徒或入己贓失入死罪并停替外餘犯輕罪者與放行收試或已經三試終場之人已歷三考赴部參注命本部考覈元試果有所批分數不須舉狀與注外郡刑法獄官差使一次庶可激厲誘掖格法試法科者批及八分方在取放之數咸淳末有僅及二分以上者亦特取一名授提刑司檢法官寛以勸之也

初宗學廢置無常凡諸王屬尊者立小學于其宮其子孫自八歲至十四歲皆入學日誦二十字其已授環衛官有學藝得召試遷轉者每有之然非有司常試乃特恩也熙寧十年始立宗子試法凡祖宗袒免親已受命者附鎖廳試自袒免以外得試于國子監禮部別異其卷而校之十取其五舉者雖多解毋過五十人廷試亦不與進士同考年及四十嘗累舉不中䟽其名以聞而錄用之其官于外而不願附各路鎖試許謁告試國子監崇寧初䟽屬年二十五以經義律義試禮部合格分二等附進士牓與三班奉職文優者奏裁其不能試及試而黜者讀律於禮部推恩與三班借職勿著為令及西京皆置敦宗院院皆置大小學教授立考選法如熙寧格出官所涖長貳或監司有二人任之乃注授後又許見在任者於本任附貢士試大觀三年宗子釋褐者十二人宗學官須宗子中上舍第且有行者方始為之四年詔宗子之升上舍不經殿試遽命之官熙寧法不如是其依貢士法俟殿試補入上中等者唱名日取裁後又定上等賜上舍及第中等賜出身授官有差凡隷學有篤

疾若親老無兼侍者大宗正察其實罷歸宣和二年詔罷量試出官之法紹興二年帝初策士及宗子于集英殿五年初復南省試十四年始建宗學于臨安生員額百人大學生五十人小學生四十人職事各五人置諸王宮大小學教授一員在學者皆南宮北宅子孫若親賢宅近屬則別選館職教授初行在宗室試國子監者有官鎖廳七取其三無官應舉七取其四無官袒免親取應文理通為合格不限其數而外任主宮觀嶽廟試于轉運司者取放之額同進士十五年命諸路宗室願赴行在試者依熙寧舊制並

國子監請解不預者依崇寧通用貢舉法所以優國族也孝宗登極凡宗子不以服屬遠近人數多寡其曾獲文解兩次者並直赴廷試略通文墨者量試推恩習經人本經義二道習賦人詩賦各一首試論人論一首仍限二十五歲以上合格第一名承節郎餘並承信郎曾經下省人免量試推恩四川則附試于安撫制置司於是入仕者驟踰千人隆興元年詔量試不中年四十以上補承信郎展三年出官餘並於後舉再試四月御射殿引見取應省試第一人賜同進士出身第二第三人補保義郎餘四十人承節郎

七人承信郎凡宗室鎖廳得出身者京官進一秩選人比類循資無官應舉得出身者補脩職郎濮秀二王下子孫中進士舉者更特轉一秩乾道五年命宗室職事隨侍子弟許赴國子監補六年臣僚上言神宗朝始立教養選舉宗子之法保義至秉義鎖試則與京秩在末科則升甲取應不過量試注官所以寵異同姓不與寒畯等也然曩時向學者少比年儁異者多或冠多士或登詞科幾與寒士齊驅而入仕寖繁未知裁抑非所以示至公也於是禮部請鎖廳登第者舊於元官上轉行兩官自今止依元資改授餘

准舊制十二年右正言胡衛請自今宗室監試無官應舉照鎖廳例七取其二省試則三舉所放人數如取應例立為定額從之寧宗嘉定四年詔鎖廳應舉省試第一名殿試唱名授官日於應得恩例外更遷一秩九年以宮學併歸宗庠教授改為博士宗諭十四年命前隸宮學近屬令附宗學公私試中選者與正補宗學生近屬子孫年十五以下者許試小學生復置諸王宮大小學教授一員宗學解試依太學例取放每舉附國子監發解所異題別考理宗寶慶二年以鎖廳宗子第一名若揩學深春秋秀出譜籍與

補保義郎特賜同進士出身仍換脩職郎端平元年命宗子鎖廳應舉解試凡在外州軍或寄居或見任隨侍及見寓行在就試者各召知識官委保正身國子監取其宗子出身訓名生長左驗以憑保收試仍於試卷家狀內具保官職位姓名以防欺詐淳祐二年建內小學置教授二員選宗子就學寶祐元年五月特正奏名進士宗子必晄等二人特授保義郎若瑰等二十九人承節郎敕略曰必晄等取應及選感補右階蓋欲誘之進學而教以入仕也其母以是自畫焉度宗咸淳元年以鎖廳應舉宗子兩請舉人遇

即位赦恩並赴類試其曾經覆試文理通者照例升等文理不通及未經覆試者則否第五等人特與免銓出官九年凡無官宗子應舉初生則用乳名給據既長則用訓名其赴諸路漕司之試有一人前後用兩據印二卷者至是命漕司並索乳名訓名各項公據方許收試以杜姦弊

武舉武選咸平時令兩制館閣詳定入官資故事而未及行仁宗時嘗置武學既而中輟天聖八年親試武舉十二人先閱其騎射而試之以策為去留弓馬為高下神宗熙寧五年樞密請建武學於武成王廟

以尚書兵部郎中韓縝判學內藏庫副使郭固同判賜食本錢萬緡生員以百人為額選文武官知兵者為教授使臣未參班與門蔭草澤人召京官保任人材弓馬應格聽入學習諸家兵法教授纂次歷代用兵成敗前世忠義之節足以訓者講釋之願試陣隊者量給兵伍在學三年具藝業考試等第推恩未及格者逾年再試凡試中三班使臣與三路巡檢監主未有官人與經略司教隊差使三年無過則升至大使臣有兩省待制或本路鈐轄以上三人保舉堪將領者並兼諸衛將軍外任回歸環衛班科場前一年武臣路分都監文官轉運判官以上各奏舉一人聽免試入學生員及應舉者不過二百人春秋各一試步射以一石三斗馬射以八斗矢五發中的或習武伎副之策略雖弓力不及學業卓然並為優等補上舍生毋過三十人試馬射以六斗步射以九斗策一道孫吳六韜義十道五通補內舍生馬步射馬戰應格對策精通士行可稱者上樞密院審察試用雖不應格而曉術數知陣法智略可用或累試策優等悉取旨補上舍武藝策略累居下等復降外舍先是樞密院脩武舉試法不能答策者答兵書墨義王安石

奏曰三路義勇藝入三等以上皆有旨錄用陛下又欲推府界保甲法於三路則武力之人已多近以學究一科從誦書不曉理廢之而武舉復試墨義則亦學究之流無補於事先王收勇力之士皆屬於車右者欲以備禦侮之用則記誦何所施於是悉從中書所定凡武舉始試義策於秘閣武藝則試于殿前司及殿試則又試騎射及策于庭策武藝俱優為右班殿直武藝次優為三班奉職又次借職末等三班差使減磨勘年策入平等而武藝優者除奉職次優借職又次三班差使減磨勘年武藝末等者三班差使

八年詔武舉與文舉進士同時鎖試於貢院以防進士之被黜而改習者遂罷秘閣試又以六韜本非全書止以孫吳書為題元豐元年立大小使臣試弓馬藝業出官法第一等步射一石矢十發三中馬射七斗馬上武藝五種孫吳義十通七時務邊防策五道文理優長律令義十通七中五以上免短使減一任監當三事以上免短使升半年名次兩事升半年一事升一季第二等步射八斗矢十發二中馬射六斗馬上武藝三種孫吳義十通五策三道成文理律令義十通五中五事免短使升半年三事升半年兩事

升一季一事與出官第三等步射六斗矢十發一中馬射五斗馬上武藝兩種孫吳義十通三策三道成文理律令義十通三計筭錢穀文書五通三中五事升半年三事升一季兩事與出官其步射並發兩矢馬射發三矢皆著為格四年罷試律義七年止試孫吳書大義一場第一等取四通次二等三通三等二通為中格元祐四年詔解試省試增策一道崇寧間諸州置武學立考選升貢法倣儒學制其武藝絕倫文又優特者用文士上舍上等法歲貢釋褐中等仍隸學俟殿試凡試出官使臣仍赴殿前司呈試諸州

武士試補不得文士同一場馬射三上垜九斗為五分八斗為四分七斗為三分九斗八斗七斗再上垜及一上垜視此為差理為分數馬射一中帖當兩上垜一中的當兩中帖舊制武舉三年一試命官不過三十餘人後增額以每貢者三人取一以升上舍積迭增展遂至百人入流比文額太優四年詔自今貢試上舍者取十人入上等四十人入中等五十人入下等皆補充武學內舍人材不足聽闕之餘不入等者處之外舍大抵以弓馬程文兩上一上兩中一中兩下一下相參以為第凡州教諭須州都監乃得

兼吏部取武舉武士上舍出身者政和三年以隸學者衆凡經三歲校試而不得一與者除其籍宣和二年尚書省言州縣武學既罷有願隸京城武學者請用元豐法補試舊制不入學而從保舉以試者附試武學外舍通取一百人皆上舍生發解今既罷科舉請依元豐法奏舉歲終集闕下免試補外舍生赴次年公試其春選升補推恩依大觀法靖康元年詔諸路有習武藝知兵書者州長貳以禮遣送詣闕毋限數將親策而用之建炎三年詔武舉人先經兵部驗視弓馬于殿前司仍權就淮南轉運司別場附試七

書義五道兵機策二首紹興五年帝御集英殿策武舉進士翌日閱試騎射策入優等與保義承節郎平等承信郎其武藝不合格者與進義校尉川陝宣撫司類省試武藝合格人並補官十二年御試正奏名策入優等承節郎平等承信郎進義校尉特奏名平等進義校尉各展磨勘有差十六年始建武學兵部上武士弓馬及選試去留格凡初補入學步射弓一石若公私試步騎射不中即不許試程文其射格自一石五斗以下至九斗凡五等二十六年帝見武學頹弊因諭輔臣曰文武一道也今太學就緒而武學幾廢恐有遺才詔兵部討論典故參立新制凡武學生習七書兵法步騎射分上內外三舍學生額百人置博士一員以文臣有出身或武舉高選人為之學諭一員以武舉補官人為之凡補外舍先類聚五人以上附私試先試步射一石弓不合格不得試程文中格者依文士例試七書義一道其內舍生私試程文三在優等弓馬兩在次優公試入等具名奏補試上舍者以就試人三取其一以十分為率上等一分中等二分下等七分仍以三年與發解同試凡內舍補上舍以上舍試合格入等與行藝相參兩上者為

上等一上一中或兩中及一上一下為中等一中一下或兩下一上一否為下等仍不犯第三等罰士行可稱者具名奏補二十七年御試第一名趙應熊武藝絕倫又省試第一特與保義郎閤門祇候脩立武舉入官資格二十九年命武舉人自今依府監年數免解孝宗隆興元年御試得正奏名三十七人殿中侍御史胡沂言唐郭子儀以武舉異等初補右衛長史歷振遠橫塞天德軍使國初試中武藝人並赴陝西任使又武舉中選者或除京東捉賊或三路沿邊試其效用或經略司教押軍隊準備差使今率授以權酤之事是所取非所用所用非所學也請取近歲中選人數量其材品考任授以軍職使之習練邊事諳曉軍旅實選用之初意也乾道二年中書舍人蔣芾亦以為言請以武舉登第者悉處之軍中帝以問洪适适對曰武舉人以文墨進雜於卒伍非便也帝曰累經任者可以將佐處之是歲以登極推恩武舉進士比文科正奏名例第一名升一秩為成忠郎第二第三名依第一名恩例五年兵部請外舍有校定人參考榜上等者候滿一年私試四入等及不犯三等以上罰或有校定而參考在中下等候再試參考

入中等聽升補外舍生赴公試舊射親除許試五等弓外歩射馬射止許試第三等以上弓程文雖優而參考弓馬分數難以對入優等自今許比上舍法不以為歩射親並通試五等吏部言武舉比試發解省試三塲依條以策義考定等第具字號會封彌所以武藝幷策義參考今比試自依舊法其解省兩塲請依文士例考定字號先具奏聞拆號放牓從之初命武學生該遇登極覃恩會升補内舍或在學及五年曾經公私試中人並令赴省是歲廷試始依文科給黄牒榜首賜武舉及第餘並賜武舉出身其年頒武

舉之法令四川帥臣憲漕知州軍監及寄居侍從以上各舉武士一員興元府利閬金洋階成西和鳳州各三員拔其尤者送四川安撫司解試類省並如文科淳熙元年議者請武學外舍生有校定公試合格令試五等弓馬與程文五等相參入中上等者據闕升補餘俟再試入等升補從之帝御幄殿引見正奏名呈試武藝三年以武科授官與文士不類詔自今第一人補秉義郎堂除諸司計議官序位在機宜之上第二第三人保義郎諸路帥司準備將領代還轉忠翊郎第四第五人承節郎諸路兵馬監押代還轉

保義郎皆倣進士甲科恩例四年以文科狀元代還例除館職亦召武舉榜首為閤門舍人五年始立武學國子額收補武臣親屬其文臣親屬願附補者亦聽七年初立武舉絶倫幷從軍法凡願從軍者殿試第一人與同正將第二第三名同副將五名以上省試第一名六名以下並同準備將從軍以後立軍功及人材出衆者特旨擢用帝曰武舉本求將帥之材今前名皆從軍以七年為限則久在軍中諳練軍政他日可備委任八年命特奏名補官展減磨勘有差九年議者以為從軍之人率多養望不屑軍旅詔自

今職事勤恪者從主帥保奏升差懈惰者按劾光宗紹熙元年武臣試換文資南渡以前許從官三人薦舉紹興令敦武郎以下聽召保官二人以經義詩賦求試其後太學諸生久不第者多去從武舉已乃鎖廳應進士第凡以秉義或忠翊皆換京秩恩數與第一人等後以林頡秀言武士舍棄弓矢更習程文褒衣大袖專做舉子夫科以武名不得雄健喜功之士徒啓其僥倖名爵之心於是詔罷鎖廳換試寧宗即位復其制慶元五年命兩淮京西湖北諸郡倣兵部及四川法於本道安撫司試武士合格者赴行在解

試別立字號分項考校撥十名為解額五名省額理宗紹定元年命武舉進士避親及所舉之人止避本廳令無妨嫌官引試若合格則朝廷別遣官覆試淳祐九年以北兵屢至命極邊次邊一體收試仍量增解額五名省額二名是歲武舉正奏名王時發已係從軍之人充殿前司左軍統領既登第換授特命就本職上與帶同字以示優厚勸奬度宗咸淳六年命禮部貢院於武舉進士平等每百人內取放待補十人絕倫每百人內取待補十三人

筭學崇寧三年始建學生員以二百一十人為額許

命官及庶人為之其業以九章周髀及假設疑數為筭問仍兼海島孫子五曹張丘建夏侯筭法并曆筭三式天文書為本科本科外人占一小經願占大經者聽公私試三舍法畧如太學上舍三等推恩以通仕登仕將仕郎為次大觀四年以筭學生歸之太史局併書學生入翰林書藝局畫學生入翰林圖畫局醫學生入太醫局紹興初命太史局試補併募草澤人淳熙元年春聚局生子弟試曆筭崇天宣明大衍曆三經取其通習者五年以紀元曆試九年以統元曆試十四年用崇天紀元統元曆三歲一試紹興二年命今歲春銓太史局試應三全通一粗通合格者並特收取時局生多闕故也嘉定四年命局生必俟試中方許轉補理宗淳祐十二年秘書省言舊典以太史局隸秘省今引試局生不經秘書非也稽之於令諸局官應試曆筭天文三式官每歲附試通等則以精熟為上精熟等則以習他書多為上習書等則以占事有驗為上諸局生補及二年以上者並許就試一年試曆筭一科一年試天文三式兩科每科取一人諸同知筭造官闕有試翰林天文官闕有試諸靈臺郎有應試補直長者諸正名學生有試問景祐

新書者諸判局闕而合差諸秤漏官五年而轉資者無不屬於秘書而局官等人各置腳色遇有差遣改補功過之類並申秘書令乃一切自行陳請殊乖初意自今有違令補差及不經秘書公試補中者中書執奏改正仍從舊制申嚴試法從之

書學生習篆隸草三體明說文字說爾雅博雅方言兼通論語孟子義願占大經者聽篆以古文大小二篆為法隸以二王歐虞顏柳真行為法草以章草張芝九體為法考書之等以方圓肥瘦適中鋒藏畫勁氣清韻古老而不俗為上方而有圓筆圓而有方意

瘦而不枯肥而不濁各得一體者為中方而不能圓肥而不能瘦模倣古人筆畫不得其意而均齊可觀為下其三舍補試升降略同筭學法惟推恩降一等自初置及併罷年數悉同筭學

畫學之業曰佛道曰人物曰山水曰鳥獸曰花竹曰屋木以說文爾雅方言釋名教授說文則令書篆字著音訓餘書皆設問答以所解義觀其能通畫意與否仍分士流雜流別其齋以居之士流兼習一大經或一小經雜流則誦小經或讀律考畫之等以不倣前人而物之情態形色俱若自然筆韻高簡為工三

舍試補升降以及推恩如前法惟雜流授官止自三班借職以下三等

醫學初隸太常寺神宗時始置提舉判局官及教授一人學生三百人設三科以教之曰方脈科鍼科瘍科凡方脈以素問難經脈經為大經以巢氏病源龍樹論千金翼方為小經鍼瘍科則去脈經而增三部鍼灸經常以春試三學生願與者聽崇寧間改隸國子監置博士正錄各四員分科教導糾行規矩立上舍四十人內舍六十外舍二十齋各置長諭一人其考試第一場問三經大義五道次場方脈試脈證運

氣大義各二道鍼瘍試小經大義三道運氣大義二道三場假令治病法三道中格高等為尚藥局醫師以下職餘各以等補官為本學博士正錄及外州醫學教授紹興中復置醫學以醫師主之翰林局醫生并奏試人並試經義一十二道取六通為合格乾道三年罷局而存御醫諸科後更不置局而存留醫學科令每舉附省闈別試所解發太常寺掌行其事淳熙十五年命內外白身醫士經禮部先附銓闈試脈義一場三道取其二通者赴次年省試經義三場一十二道以五通為合格五取其一補醫生俟再赴省

試升補八通翰林醫學六通祗候其特補薦補並停紹熙二年復置太醫局銓試依舊格其省試三場以第一場定去留墨義大義等題倣此

補道職舊無試元豐三年始差官考試以道德經靈寶度人經南華眞經等命題仍試齋醮科儀祝讀政和間即州縣學別置齋授道徒蔡攸上諸州選試道職法其業以黃帝內經道德經為大經莊子列子為小經提學司訪求精通道經者不問已命未仕皆審驗以聞其業儒而能慕從道教者聽每路於見任官內選有學術者二人為幹官分詣諸州檢察教習內

經道德經置博士聖濟經兼講道徒升貢悉如文士初入官補志士道職賜褐服藝能高出其徒者得推恩道徒術業精退州守貳有考課殿最罪法陳州學生慕從道教踰月而道徒換籍殆與儒生相半有宋瑀者頋改道徒內舍獻神霄玉清萬壽宮雅一篇特換志士俟殿試由是長倅以下受賞有差其誘勸之重如此宣和二年學罷

志卷第一百十

開府儀同三司上柱國錄軍國重事前中書右丞相監修國史領經筵事都總裁臣脫脫等奉敕修

選舉四　銓法上

太祖設官分職多襲五代之制稍損益之凡入仕有貢舉奏蔭攝署流外從軍五等吏部銓惟注擬州縣官幕職兩京諸司六品以下官皆無選文臣少卿監以上中書主之京朝官則審官院主之武臣刺史副率以上內職樞密院主之使臣則三班院主之其後典選之職分為四文選曰審官東院曰流內銓武選曰審官西院曰三班院元豐定制而後銓注之法悉歸選部以審官東院為尚書左選流內銓為侍郎左選審官西院為尚書右選三班院為侍郎右選於是吏部有四選之法文臣寄祿官自朝議大夫職事官自大理正以下非中書省敕授者歸尚書左選武臣升朝官自皇城使職事官自金吾階衛仗司以下非樞密院宣授者歸尚書右選自初仕至州縣幕職官歸侍郎左選自借差監當至供奉官軍使歸侍郎右選凡應注擬升移敘復蔭補封贈酬賞隨所分隸校勘合格團甲以上尚書省若中散大夫閤門使以上

則列選叙之狀上中書省樞密院得畫旨給告身凡選人階官爲七等其一曰三京府判官留守判官節度觀察判官（即後來承直郎）其二曰節度掌書記觀察支使防禦團練判官（即後來儒林郎）其三曰軍事判官京府留守節度觀察推官（即後來文林郎）其四曰防禦團練軍事推官軍監判官（即後來從事郎）其五曰縣令録事參軍（即後來從政郎）其六曰試銜縣令知録事（即後來修職郎）其七曰三京軍巡判官司理戶曹司戶法曹司法參軍主簿縣尉（即後來迪功郎）七階選人須三任六考用奏薦及功賞遞得升改凡改官留守兩府兩使判官進士授太常丞（舊亦授正言監察或

宋史一百五十八 計字四百四十三个
宋史志卷一百十一 二
湯惠寫 黃百致刊

太常博士後多不除）餘人太子中允（舊亦授殿中丞）支使掌書記防禦團練判官進士授太子中允（或秘書郎）餘人著作佐郎兩使推官軍事判官令録事參軍進士授著作佐郎餘人大理寺丞初等職官知縣知録事參軍防禦團練軍事推官軍監判官進士授大理寺丞餘人衛尉寺丞惟判司主簿縣尉七考進士授大理寺丞餘人衛尉寺丞自節察判官至簿尉考不及格者遞降等凡非登科及特旨者年二十五方注官凡三班院二十以上聽差使初任皆監當次任爲監押巡檢知縣凡流外人三任七考有舉者六員移縣令通判有班

行舉者三員與磨勘凡進納人六考有職官或縣令舉者四員移注四任十考有改官者五人舉之與磨勘初定四時參選之制凡本屬發選解並以四孟月十五日前達省自千里至五千里外爲五等日期離本處若違限及不如式本判官罰五十直録事參軍本曹官各殿一選諸州四時具員闕報吏部踰期及漏誤判官罰七十直録事參軍以下殿一選在京百司發選解及送闕違期亦有罰諸歸司官奏年滿俟敕下準格取本司文解赴集流外銓則據其人自校狀申奏亦依四時取解參選凡州縣老疾不任事者

宋史一百五十八 計字四百令八个
宋史志卷一百十一 三
湯惠寫 朱名刊

許判官録事參軍糾舉以聞判官録事參軍則州長吏糾之藩郡監牧每遣朝臣攝守往往專恣太祖始削外權命文臣往涖之由是内外所授官多非本職惟以差遣爲資歷建隆四年詔選朝士分治劇邑以重其事大理正奚嶼知館陶監察御史王祐知魏楊應夢知永濟屯田員外郎于繼徽知臨清常參官宰縣自此始舊制畿内縣赤次赤畿外三千戶以上爲望二千戶以上爲緊一千戶以上爲上五百戶以上爲中不滿五百戶爲中下有司請據諸道所具板圖之數升降天下縣以四千戶以上爲望三千戶以上

為緊二千戶以上為上千戶以上為中不滿千戶為中下自是注擬以為資敘又詔周廣順中應出選門州縣官於南曹投狀準格敕考校無礙與除官其敘復者刑部檢勘送銓先是選格未備乾德二年命陶穀等議凡拔萃制舉及進士九經判中者並入初等職官判下者依常選初入防禦團練軍事推官軍事判官者並授將仕郎試校書郎周三年得資即入留守兩府節度推官軍事判官並授承奉郎試大理評事又周三年得資即入掌書記防禦團練判官並授宣德郎試大理評事兼監察御史周二年得資即入

留守兩府節度觀察判官並授朝散大夫試大理司直兼監察御史周一年入同類職事諸府少尹又周一年送名中書門下仍依官階分為四等已至兩使判官以上次任入同類職事者加檢校官或轉運憲銜凡觀察判官以上緋十五年乃賜紫每任以周三年為限閏月不預每周一年校成一考其常考依令錄例書中上公事闕遺曾經殿罰者即降考一等若校成殊考則南曹具功績請行酬獎或考滿未代更一周年與成第四考隨有罷者不赴集其奏授職事書校考第並準新格參選自是銓法漸有倫矣帝又

慮銓曹惟用資歷而才傑或湛滯乃詔吏部取赴集選人歷任課績多而無闕失其材可副升擢者送中書引驗以聞時仕者愈衆頗委積不可遣閱實初令選人應格者到京即赴集不必限四時及成次甲又給限南曹八日銓司旬有五日門下省七日自磨勘注擬及點檢謝詞總毋踰一月若別論課績或負過名須考驗行遣如法及資考未合注擬者不在此限三年詔曰吏多難以求其治祿薄未可責其廉與其冗員重費不若省官益奉州縣官宜以戶口為率差減其員舊奉月增給五千西川管內諸州凡二萬戶

依舊設曹官三員戶不滿二萬置錄事參軍司法參軍各一員司法兼司戶不滿萬戶止置司法司戶司戶兼錄事參軍戶不滿五千止置司戶兼司法及錄事參軍縣千戶以上依舊置令尉主簿凡三員戶不滿千置令尉縣令兼主簿事戶不滿四百止置主簿尉以主簿兼知縣事戶不滿二百止置主簿兼令尉諸道減員亦倣此制西川官考滿得代更不守選嶺表初平上以其民久困苛政思惠養之令吏部銓自襄荊以南州縣選見任年未五十者移為嶺南諸州通判得攜族之官以廣南僞署官送學士院試書判稍優則授上佐令錄簿尉初州縣有闕員差前資官

參攝帝以其紊常制令所在即上闕員有司除注又謂諸
道攝官或著吏能悉令罷去良可惜也有司摭其歷任三
攝無曠敗者以名聞六年從流內銓之請復四時選而引
對者每季一時引對之時國家取荊衡克梁益下交廣閩
土既遠吏多闕是以歲常放選選人南曹投狀判成送銓
依次注擬其後選部闕官即特詔免解非時赴集謂之放
選習以爲常而取解季集之制漸廢是冬迺命參知政事
盧多遜等以見行長定循資格及泛降制書乃正違異削
去重複補其闕漏參校詳議取悠久可用者爲書上之須
爲永式而銓綜之職益有敘矣先是選人試判三道其二

全通而文翰俱優爲上一道全通而文翰稍堪爲中
三道俱不通爲下判上者職事官加一階州縣官超
一資判中依資判下入同類惟黃衣人降一資至是
增爲四等三道全次文翰無取者爲中下用舊判下
格全不通而文翰又紕繆爲下殿一選太平興國六
年詔京朝官除兩省御史臺自少卿監以下奉使從
政於外受代而歸者令中書舍人郭贄膳部郎中兼
侍御史知雜事滕中正戶部郎中雷德驤同考校勞
績論量罷材以中書所下闕員擬定引對以遣謂之
差遣院並前代朝官自一品以下皆曰常參官其未

常參者曰未常參官宋自常參者曰朝官秘書郎而
下未常參者曰京官舊制京朝官有員數除授皆云
替某官或云塡見闕京官皆屬吏部每任滿三十月
罷任則歲校其考第取解赴集太祖以來凡權知諸
州若通判若監臨物務官無定員月限旣滿有司住
給奉料而見釐務者牒有司復文所釐務罷則已但
不常參注授皆出中書不復由吏部至是與朝官悉差
遣院主之凡吏部黃衣選人始許改爲白衣選人太宗
選用庶僚皆得引對觀其敷納可采者超擢之復慮因
緣矯飾徼幸冒進迺詔應臨軒所選官吏並送中書門

下考其履歷審取進止舊制州縣官南曹判成流內
銓注擬其職事官中書除授然而歷任功過須經南
曹考驗遂令幕府官罷任並歸銓曹其特除拜者聽
朝旨又詔獄官關繫尤重新及第人爲司理參軍固未
精習令長吏察視不勝任者奏判司簿尉對易其官
淳化四年選人以南郊赦免選悉集京師帝曰並放
選則負罪者幸矣無罪者何以勸乃令經停殿者守
常選又詔司理司法參軍在任有犯遇赦及書下考
者止與免選更勿超資工部郎中張知白上言唐李
嶠嘗云安人之方須擇郡守朝廷重內官輕外任望

於臺閣選賢良分典大州共康庶績鳳閣侍郎韋嗣
立因而請行遂以本官出領郡今江浙州郡方切擇
人臣雖不肖願繼前脩帝曰知白請重親民之官良
可嘉也然不允其請淳化以前資叙未一及是始定
遷秩之制凡制舉進士九經出身者校書郎正字寺
監主簿助教並轉大理評事評事轉本寺丞任太祝
奉禮郎者轉諸寺監丞諸寺監丞轉著作佐郎或特
遷太子中允秘書郎由大理寺丞轉殿中丞由著作
佐郎轉秘書監丞資淺者或著作郎優遷者為太常
丞由太子中允秘書郎轉太常丞三丞著作皆遷太

常博士轉屯田員外郎優者為禮部工部祠部主客
由屯田轉都官優者為户部刑部度支金部由都官
轉職方優者為吏部兵部司封司勳其轉郎中亦如
之左右司員外郎太平興國中有之後罕除者左右
司郎中惟待制以上當為少卿者即為之由前行郎
中轉太常少卿秘書少監由此二官轉右諫議大夫
或秘書監光祿卿諫議轉給事中資淺者或右轉左
給事中轉工部禮部侍郎至兵部吏部轉左右丞由
左右丞轉尚書自侍郎以上或歷曹或超曹皆繫特
旨諸科及無出身者校書郎正字寺監主簿助教並

轉太祝奉禮郎太祝奉禮郎轉大理評事評事轉諸
寺監丞諸寺監丞轉大理寺丞大理寺丞轉中舍優
者為左右贊善資淺者為洗馬由幕職為著作佐郎
者轉太子中允由中允贊善中舍洗馬皆轉殿中丞
殿中丞轉國子博士（舊除五經者至春秋博士則轉國子博士後罕除）由國
子博士轉虞部員外郎優者為膳部由虞部轉比部
優者為倉部由比部轉駕部優者為考功或由水部
轉司門司門轉庫部為郎中亦如之至前行郎中轉
少卿監或一轉或二三轉即為諸寺太卿監自太卿
監特恩獎擢或入給諫焉其為臺省官則正言監察比

太常博士殿中司諫比後行員外郎起居侍御史比
中行員外郎起居轉兵部吏部員外郎侍御史轉職
方員外郎優者為兵部司封知制誥由正言以上至
郎中皆叙遷兩資中行郎中為左右司郎中若非次
疇勞有遷三資或止一資者至左右司郎中為知制
誥若翰林學士者遷中書舍人（舊亦有自前行郎中除者後兵吏部止遷
諫議）由中書舍人轉禮部以上侍郎入丞郎即越一資
以上（內職學士制亦如之）侍御史中丞由諫議轉者遷工部侍
郎由給事轉者遷禮部侍郎由丞郎改者約本資焉
其學官司業視少卿祭酒視太卿其法官大理正視

中允贊善凡正言監察以上皆特恩或被舉方除其任館閣三司王府職事開封府判官推官江淮發運諸路轉運使提點刑獄皆得優遷或以勤效特獎者亦如之兩制龍圖閣三館皆不帶御史臺官樞密直學士三司副使皆不帶御史臺官及兩省官待制以上不帶少卿監其內職自借職以上皆循資而遷至東頭供奉官者轉閤門祗候閤門祗候轉內殿崇班崇班轉承制承制轉諸司副使自副使以上或一資或五資七資或直為正使者至正使亦如之至皇城使者轉昭宣使昭宣使轉宣慶使宣慶使轉景福殿

使其閤門祗候特恩轉通事舍人通事舍人轉西上閤門副使亦有加諸司副使兼通事舍人者西上閤門副使轉東上東上轉引進引進轉客省客省轉西上閤門使自此以上亦如副使之遷惟至東上者又轉四方館使客省使轉內客省使內客省使轉宣徽使或出為觀察使自內客省使以上非特恩不授武班副率以上至上將軍其遷歷軍衛如諸司使副焉由牧伯內職改授則觀察使以上為上將軍團練使閤門使以上為大將軍刺史諸司使至崇班為將軍閤門祗候供奉官為率殿直以上為副率內侍省入內內

侍省自小黃門至內供奉官皆歷級而轉至內東頭供奉官轉內殿崇班有轉內侍常侍者內常侍亦正轉崇班其銓選之制兩府司錄次赤令留守兩府節度觀察判官少尹一選兩府判司兩畿令掌書記支使防禦團練判官二選諸府司錄次畿令四赤簿尉軍事判官留守兩府節度觀察防禦團練軍事推官軍監判官進士制舉三選諸府司理判司望縣令九經四選輔州大都督府司理判司緊上州錄事參軍緊上縣令次赤兩畿簿尉五經三禮三傳三史通禮明法五選雄望州司理判司中州錄事參軍中縣令

次畿簿尉六選緊上州司理判司下州中下州錄事參軍中下縣下縣令緊望縣簿尉學究七選中州中下州司理判司上縣簿尉八選下州司理判司中縣簿尉九選中下縣下縣簿尉十選太廟齋郎室長通理九年郊社齋郎掌坐通理十一年凡入官則進士入望州判司次畿簿尉九經入緊州判司望縣簿尉五經三禮通理三傳三史明法入上州判司緊縣簿尉學究有出身人入中州判司上縣簿尉太廟齋郎入下州判司中縣簿尉郊社齋郎試銜無出身人入下州判司中下縣簿尉諸司入流人入下州判司下

縣簿尉仁宗初吏員猶簡吏部奏天下幕職州縣官期滿無代者八百餘員而川廣尤多未代帝曰此豈人情之所樂耶其亟代之帝御後殿視事或至旰食中書請如天禧舊制審官三班院流内銓日引見毋得過兩人詔弗許自真宗朝試身言書判者第推恩廼特詔曰國家詳覈吏治念其或淹常選而以四事程其能朕承統緒循用舊典爰命從臣精加詳考其令翰林學士李諮與吏部流内銓以成資闕為差擬於是咸得遷官率以為常後議者以身言書判為無益廼罷凡磨勘遷京官始增四考為六考舉者四人

為五人會犯過又加一考舉吏各有等數得被舉者須有本部監司長吏按察官乃得磨勘須到官一考方許薦任凡選人年二十五以上遇郊限半年赴銓試命兩制三員鎖試于尚書省糊名謄録習辭業者試論試詩賦詞理可采不違程式為中格習經業者人專一經兼試律十而通五為中格聽預選七選以上經三試至選滿京朝官保任者三人補遠地判司簿尉無舉主者補司士參軍或不赴試亦無舉者永不預選京官年二十五以上歲首赴試于國子監考法如選人中格者調官兩任無私罪而有部使州守

倅舉者五人入親民舉者三人惟與下等監物務官初州郡多闕官縣令選尤猥下多為清流所鄙薄每不得調乃詔吏部選幕職官為知縣又立舉任法以重令選敕諸路察縣之不治者然被舉者日益衆有司無闕以待之中書奏罷舉縣令法未幾有言親民之任輕則有害於治法不宜廢復令指劇縣奏舉舉者二人必一人本部使既居任復有舉者始得遷否則如常選毋輒升補常參官已授外任勿奏舉然銓格煩密府史姦弊尤多而磨勘者待次外州或經三二歲乃得改官往往因緣薄勞來截甲引見有詔自

是弗許神宗欲更制度建議之臣以為唐銓與今選殊異雜用其制則有留礙煩紊之弊始刊削舊條務從簡便因廢南曹而併歸之于銓初審官西院與東院對掌文武尋改從吏部而左右選分焉祖宗以來中書有堂選百司郡縣有奏舉雖小大殊科然皆不隸于有司曁元豐罷奏舉闕屬之銓曹而堂選亦不領於中書一時更制必欲公天下而詒永久於是除免選之恩重出官之試定賞罰之則酌資歷之宜凡設試以待命士而入之銓注者自蔭補銓試之外有進士律義武臣呈試及試刑法官等而銓試所受為

特廣中書言選人守選有及三年方遇恩放選者或適歸選而遽遇恩既為不均且蔭補免試注官以不習事多失職試者又止試詩豈足甄才已受任而無勞績舉薦及免試恩法須再試書判三道然亦虛文熙寧四年遂定銓試之制凡守選者歲以二月八月試斷按二或律令大義五或議三道後增試經義法官同銓曹撰式考試第為三等上等免選注官優等升資如判超格無出身者賜之出身自是不復試判仍去免選恩格若歷任有舉者五人自與免試注官任子年及二十聽赴銓試其試不中或不能試選人

滿三歲許注官惟不得入縣令司理司法任子年及三十方許參注若年及二十授官已及三年出官亦不用試若秩入京朝即展任監當三年在任有二人薦之免展選人應改官必對便殿舊制五日一引不過二人至是待次者多有踰二年乃得引帝閔其留滯詔每甲引四人以便之帝因論郡守謂宰臣曰朕每思祖宗百戰得天下今州郡付之庸人常切痛心卿輩謂何如而得選任之要文彥博請擇監司而按察之陳升之曰取難治劇郡擇審官近臣而責以選才宜可得也初置審官西院磨勘武臣並如審官院

格而舊審官曰東院御史中丞吕公著言英宗時文臣磨勘例展一年至少卿監止武臣横行以上及使臣猶循舊制固未嘗如文臣有所節抑也又仁宗時嘗著令正任防禦團練以上非邊功不遷今及十年嘗歷外任即許轉亦未如少卿監之有限止也詔兩制詳定王珪等言文武兩選磨勘已皆均用四年請令自正任刺史以上轉官未滿十年若有顯效者自許特轉其非次恩惟許改易州鎮以示旌寵有過則比文臣展年從之知審官西院李壽朋言皇城使占籍者三十餘員多領遥郡而尚得從磨勘遷刺史團

練防禦使每進一級增奉錢五萬廪粟雜給如之實為無名請於皇城使上別置二使名視前行郎中量給奉祿其遥郡刺史團練防禦使並從朝廷賞功擢用更不序遷詔遥郡刺史團練防禦使並以十年磨勘至觀察留後止應官止而有功若特恩遷者不以法諸司使副每磨勘皆用常制雖軍功亦無別異而閤門内侍輩轉皆七資帝謂左右近習非勲勞而得超躐至嘗立功者乃無優遷非制也使副嘗有軍功應轉許特超七資閤門通事舍人帶御器械兩省都知押班管幹御藥院使臣七資超轉法皆除之後客

省引進四方館各置使二員東西上閤門共置使六員客省引進閤門副使共八員副使磨勘如諸司使法使有闕改官及五碁者樞密院檢舉歷閤門職事有犯事理重者當遷日除他官閤門四方館使七年無私過未有闕可遷者加進郡特旨與正任者引進四年轉團練使客省四年轉防禦使皆著為定制焉

先是御史乞罷堂選曾公亮執不可王安石曰中書總庶務今通判亦該堂選徒留滯不能精擇宜歸之有司帝曰唐陸贄謂宰相當擇百官之長而百官之長擇百官今之審官苟得其人安有不能精擇百官者哉元豐四年堂選堂占悉罷初有司屬職卑者不在吏銓率命長吏舉奏都水監主簿李士良言沿河幹集使臣凡百六十餘員悉從水監奏舉往往不諳水事干請得之迺詔東西審官及三班院選差於是悉罷內外長吏舉官法明年令吏部始立定選格其法各隨所任職事以入仕功狀循格以俟擬注如選巡檢捕盜官則必因武舉武學或緣舉薦或從獻策得出身之人他皆倣此自官制行以舊少卿監為朝議大夫諸卿監為中散大夫祕書監為中大夫故事兩制不轉卿監官每至前行郎中即超轉諫議大夫前

行郎中於階官為朝請大夫諫議大夫於階官為太中大夫帝謂磨勘者古考績之法所與百執事共之而禁近獨超轉非法也於是詔待制以下並三年一遷仍轉朝議中散中大夫三官自是遷敘平允凡開府儀同三司至通議大夫無磨勘法太中大夫至承務郎皆應磨勘待制以上六年遷兩官至太中大夫止承務郎以上四年遷一官至朝請大夫止朝議大夫以七十員為額有闕以次補之選人磨勘用吏部法遷京朝官則依新定之制除授職事官並以寄祿官品高下為法凡高一品以上者為行下一品者為守二品以下者為試品同者不用行守試哲宗時御史上官均言今仕籍合文武二萬八千餘員吏部逆用兩任闕次而仕者七年乃成一任當清其源宜加裁抑朝廷下其章議之司諫蘇軾議曰祖宗舊法凡任子年及二十五方許出官進士諸科初命及已任而應守選者非逢恩不得放選先朝患官吏不習律令欲誘之讀法乃減任子出官年數去守選之格槩令試法通者隨得注官自是天下爭誦律令於事不為無補然人人習法則試無不中故蔭補者例減五年而選人無復選限吏部員今年已用後四年夏秋

闕官冗至此亦極矣宜追復祖宗守選舊法而選滿之日兼行試守之科此亦今日之便也事報聞三省言舊經堂除選人惟嘗歷省府推官臺諫寺監長貳郎官監司外悉付吏部銓注凡格所應入遞升一等以優之被邊州軍其城砦巡檢都監監押砦主防巡諸路捕盜官及三萬緡以上課息場務凡舊應舉官員闕許仍奏舉特通議大夫以上有以特恩磨勘轉官而比之舊格或實轉兩官至三四官者右正言王覿謂非所以愛惜名器請官至太中大夫以上毋用磨勘遷轉詔待制太中大夫應磨勘者止於通議大

夫餘官止中散大夫中散以上勞績酬奬合進官者止許回授子孫特命特遷不拘此制初武臣戰功得賞凡一資則從所居官遞遷一級於是以皇城使驟上遷刺或入横行且閤門使以上等級相比而輕重絕遠因樞密院言乃詔閤門左藏庫副使得兩資客省皇城使得三資止許一轉減年者許回授親屬又小使臣磨勘轉崇班者歲毋過八十人内臣昭宣使以上無磨勘法惟押班以上則取裁餘理五年磨勘紹聖初改定銓試格凡攝官初歸選散官權官歸司若新賜第皆免試每試者百人惟取一人入優等中

書奏裁二人為上等五人為中等崇寧以後又復元豐制而蔭補者須隸國學一年無過罰乃試銓若在學試嘗再入等即免試其公私試嘗居第一得比銓試推恩政和間著為令既而臣僚言進士中銓格者每二百人得優恩不過五七人又或闕上等不取而朝廷取隸國子試格用之銓注及今五年而得上等優恩者二百四十人免試者尚在其外是蔭補隸學者優於累試得第之人矣於是詔在學嘗魁一試者許如舊恩餘止令免試注官吏部侍郎彭汝礪乞稍責吏部甄别能否凡京朝官才能事效苟有可録尚

書暨郎官銓擇以聞三省分三年考察之高則引對次即試用下者還之本選若資歷舉薦應入高而才行不副許奏而降其等凡皆略許出法而加升黜歲各毋過三人初選人改官歲以百人為額元祐變法三人為甲月三引見積累至紹聖初待次者二百八十餘人詔依元豐五日而引一甲甲以三人歲毋過一百四十人俟待次不及百人别奏定又令歷任通及三考而資序已入幕職令録方許舉之改官吏部言元豐選格經元祐多所紛更於是選集後先路分遠近資歷功過悉無區别踰等趣資惟其所欲詔旨

既復元豐舊制而辟舉一路尚存請盡復舊法以息
僥倖乃罷辟舉崇寧元年詔吏部講求元豐本制酌
以時宜刪成彝格使才能閥閱兩當其實吏部言堂
選窠名及舉官員闕內外共約三千餘目元祐法選
人得升資以上賞及參選射闕不許遣人代注今皆
罷從元豐法所當損益者其知邊近蠻夷州如威茂
黎瓊等及開封府曹掾平準務諸路屬官在京重課
場務京城內外廂官戶部幹官麴院榷貨務將作監
管幹公事黃河都大內外榷茶官凡干刑獄及筦庫
繁劇皆不可罷舉若御史臺主簿檢法官協律郎豈

可泛以格授諸如此類仍舊辟舉從之惟諸路毋得
直牒差待闕得替官權攝初未改官制大率以職為
階官如以吏部尚書為階官而同中書門下平章事
則其職也至於選人則幕職令錄之屬為階官而以
差遣為職名實混淆甚矣元豐未及革正崇寧二年
刑部尚書鄧洵武極言之遂定選人七階曰承直郎
曰儒林郎曰文林郎曰從事郎曰通仕郎曰登仕郎
曰將仕郎政和間改通仕為從政登仕為脩職將仕
為迪功而專用通事登仕將仕三階奏補未出官人
承直至脩職須六考迪功七考有官保任而職司居

其一乃得磨勘坐愆犯則隨輕重加考及舉官有差
時權姦柄國僥倖並進官員益濫銓法留礙臣僚言
吏員增多蓋因入流日衆熙寧郊禮文武奏補總六
百一十一員元豐六年選人磨勘改京朝官總一百
三十有五員考之吏部政和六年郊恩奏補約一千
四百六十有畸選人改官約三百七十有畸欲節其
濫惟嚴守磨勘舊法而今之磨勘有局務減考第有
川遠減舉官有用酬賞比類有因大人特舉有託事
到闕不用滿任有約法違礙許先次而改凡皆棄法
用例法不能束而例日益繁苟不裁之將又倍蓰而

未可計也請詔三省若吏部舊有止法自當如故餘
皆毋得用例迺詔惟川廣水土惡地許減舉如制餘
悉用元豐法既而又言元豐進納官法多所裁抑應
入令錄及因賞得職官止與監當該磨勘者換授降
等使臣仍不免科率法意深矣邇者用兵東南民入
金穀皆得補文武官理選如官戶與士大夫涇渭並
流復其戶不受科輸是得數千緡於一日而失數萬
斛於無窮也況大戶得復則移其科於下戶下戶重
貧州縣緩急責辦何人此又弊之大者不聽初宗室
無參選法祖宗時間選注一二不為常制徽宗欲優

宗室多得出官一日參選即在合選名次之上而胥
梁之習往往貪慾出任州縣黷貨虐民議者頗陳其
害欽宗即位臣僚復以為言始令不注郡守縣令仍
與在部人通理名次高宗建炎初行都置吏部時四
選散亡名籍莫攷始下諸道州府軍監條具屬吏寓
官之爵里年甲出身歷仕功過舉主到罷月日編而
籍之然自兵難以來典籍散失吏緣為私申明繁苛
承用踳駁保任滋衆阻會無期參選者苦之迺令凡
文字有不應於令而椟牘參照明白從郎官審覆長
貳予決小不完者聽行有狥私挾情則令御史糾之

又詔京畿京東河北京西河東士夫在部注授雖銓
未中而年及者皆聽注官二年命京官赴行在者令
吏部審量非政和以後進書頌及直赴殿試之人乃
聽參選在部知州軍通判僉判及京朝官知縣監當
以三年為任者權改為二年以赴調者萃東南選法
留滯故也又詔州縣久無正官者聽在選人申部審
度牓闕差注紹興元年起居郎胡寅言今典章文物
廢墜無幾百司庶府不可闕者莫如吏部姑置侍郎
一員郎官二員胥吏三十人則所謂磨勘封叙奏薦
常程之事可按而舉矣部曰六官之長佐王理邦國

者其惟銓衡乎亂離以來士大夫流徙有徒跣而赴
行在者注授牓闕姦弊日滋寒士困苦甚可憫焉宜
令三省議除其弊嚴立賞禁仍選能吏以主之御史
臺常加糾察於是三省立八事曰注擬藏闕申請徼
幸去失艱難刷闕滅裂闕會淹延審量疑似給付邀
求保明退難令長貳機械之又詔館職選人到任及
一年通理四考並自陳改京官二年呂頤浩言近世
堂除多侵部注士人失職宜倣祖宗故事外自監司
郡守及舊格堂除通判內自察官省郎以上館職書
局編脩官外餘闕并寺監丞法寺官六院等武臣自

準備將領正副將以上其部將巡尉指使以下並歸
部注從之又復文臣銓試以經義詩賦時議斷案律
義為五場願試一場者聽牓首循一資武臣呈試合
格者並聽參選三年右僕射朱勝非等上吏部七司
敕令格式自渡江後文籍散佚會廣東轉運司以所
録元豐元祐吏部法來上乃以省記舊法及續降指
揮詳定而成此書先是侍御史沈與求言今日矯枉
太過賢愚同滯帝曰果有豪傑之士雖自布衣擢為
輔相可也苟未能攷其實不若姑守資格迺命吏部
注授縣令惟用合格之人五年詔凡注擬並選擇非

老疾及未嘗犯贓與非緣民事被罪之人時建議者云親民莫如縣令今率限以資格雖貪懦之人一或應格則大官大邑得以自擇請詔監司郡守條上劇邑遴選清平廉察之人為之既而又詔知縣依舊法止用兩任關升通判資序明年侍御史周秘言今有無舉員考第因近臣薦對即改官升擢實長奔競望詔大臣自今惟賢德才能之人餘並依格注擬廷臣或請以前宰執所舉改官易以司馬光十科之目歲薦五員中書難之詔前宰執所舉京削不理職司而已三十二年吏部侍郎凌景夏言國家設銓選以聽

群吏之治其掌於七司著在令甲所守者法也今升降於胥吏之手有所謂例焉長貳有遷改郎曹有替移來者不可復知去者不能盡告索例而不獲雖有強明健敏之才不復致議引例而不當雖有至公盡理之事不復可伸貨賄公行姦弊滋甚嘗觀漢之公府有辭訟比尚書有決事比比之為言猶今之例今吏部七司宜置例冊凡換給之期限戰功之定處去失之保任書填之審實奏薦之限隔酬賞之用否凡經申請或堂白或取旨者每一事已命郎官以次擬定而長貳書之于冊永以為例每半歲上于尚書省

仍關御史臺如是則巧吏無所施而銓敘平允矣有議裁任子者孝宗以祖宗法令難於遽改令吏部嚴選試之法自是初官毋以恩例免試雖宰執亦不許自陳回授舊制任子降等補文學及恩科人皆免至是悉試焉凡未經銓中及呈試者勿堂除雖墨敕亦許執奏舊制宗室文資與外官文臣參注寘闕武資則不得與武臣參注但注添差至是始聽注釐務闕七年始命銓試不中年四十呈試不中年三十者令寫家狀讀律注官陳師正言請令宗室恩任子弟出官日量行銓試如士夫子弟之法多立其額而優為

之制遂詔自今宗室曾經應舉得解者許參選餘並行銓試三人取二其三試終場不中人聽不拘年限調官淳熙元年參知政事龔茂良言官人之道在朝廷則當量人才在銓部則宜守成法法本無弊例實敗之法者公天下而為之者也例者因人而立以壞天下之公者也昔之患在於用例破法今之患在於因例立法諺稱吏部為例部今七司法自晏敦復裁定不無疎略然守之亦可以無弊而徇情廢法相師成風盖用例破法其害小因例立法其害大法常靳例常寬今法令繁多官曹冗濫蓋繇此也望令裒集

參附法及乾道續降申明重行攷定非大有牴牾者弗去凡涉寬縱者悉刊正之庶幾國家成法簡易明白賕謝之姦絕冒濫之門塞矣於是重脩焉既而吏部尚書蔡洸以改官奏薦磨勘差注等條法分門編類名吏部條法總類十一月七司敕令格式申明成書淳熙三年中書舍人程大昌言舊制選人改秩後兩任關升通判通判兩任關升知州知州兩任即理提刑資序除授之際則又有別以知縣資序隔兩等而作州者謂之權發遣以通判資序隔一等而作州者謂之權知上而提刑轉運亦然隔等而授是擇材

宋史一百五十八 四百字　宋史志卷一百十一　二十五　湯惠寫 孔楷刊

能也結銜有差是參用資格也令得材能資格俱應選者為上其次則擇第二任知縣以上有課績者許作郡初任通判以上許作監司第二任通判以上許作職司庶幾人法並用從之寧宗慶元中重定武臣關升格先是初改官人必作令謂之須入至是復命除殿試上三名南省元外並作邑後又命大理評事已改官未歷縣人並令親民一次著為令紹定元年臣僚上言銓曹之患員多闕少注擬甚難自乾道嘉定以來嘗命選部職官窠闕各於元出闕年限之上與展半年用闕歷年寖久入仕者多即今吏部參注

之籍文臣選人武臣小使臣校尉以下不下二萬七千餘員大率三四人共注一闕宜其膠滯壅積而不可行乞命吏部録參司理司法令丞監當酒官於元展限之上更展半年從之七年監察御史陳垓建言乞申戒飭銓法十弊一曰添差數多破法耗財謂倅貳幕職參議機宜總戎鈐轄監押之類二曰抽差員衆州縣廢職謂監司帥守幕屬多差見任州縣他官權攝三曰攝局違法蠹政害民謂監司帥守徇私差權幕職等四曰須入不行徼幸撓法謂初改官人必作知縣令多規免苟圖京局躐求倅貳遂使不曾歷縣之人冒當郡寄五曰奏辟不應奔競日甚謂在法未經任人不許奏辟今或以初任或以闕次遠而改辟見次者六曰改任巧捷

宋史一百五十八 四百七十六字　宋史志卷一百十一　二十六　湯惠寫 孔楷刊

紊亂官常謂在法已授差遣人不得干求換易今既授是官復謀他職辭卑居尊棄彼就此七曰薦舉不公多歸請託八曰借補繁多官資泛濫九曰瘝曠職守後心外求十曰匿過居官翫視國法謂曾經罪犯必俟赦宥今則既遭彈劾初未經赦者經營差遣舊制軍功補授之人自合從軍非老疾當汰無參部及就辟之法比年諸路奏功不實寅緣竄名許令到部及諸司紛然奏辟實礙銓法建炎兵興雜流補授者衆有曰上書獻策曰勤王曰守禦曰捕盜曰奉使其名不一皆闔帥假便宜承制之權以擅除擢有進士徑補京官者有素身冒名即為郎大夫者乃詔從軍應賞者第補右選

以清流品又有民間願習射者籍其姓名守令月一試取藝優者如三路保甲法匾用紹興初嘗以兵革經用不足有司請募民入貲補官帝難之參知政事張守曰祖宗時授以齋郎今之將仕郎是也知樞密院李回曰此猶愈科率於民乃許補承節郎承信郎諸州文學至進義副尉六等後又給通直郎修武郎秉義郎承直至迪功郎其注擬資考磨勘改轉蔭補封敘並依奏補出身法毋得注令錄及親民官和議之後立格購求遺書亦命以官凡歿於王事無遺表致仕格法者聽奏補本宗異姓親子孫弟姪文臣將

仕郎武臣承信郎餘親上州文學或進武校尉所以褒恤忠義也又以兩淮荊襄其土廣袤募民力田凡白身勸民墾田及七十五頃者與副尉五伯頃補承信郎孝宗即位命帥臣監司郡守嘗任兩府及朝官等遣親屬進貢等第補授登仕郎將仕郎推恩理為選限淳熙三年詔罷鬻爵除歉歲民願入粟振饑有裕於衆聽補官餘皆停自是進納軍功不理選限登仕郎諸州助教不許出官止於贖罪及就轉運司請解而已

志卷第一百十一

志卷第一百十二　宋史一百五十九

開府儀同三司上柱國錄軍國重事前中書右丞相監修國史領經筵事都總裁臣脫脫等奉勑修

選舉五 銓法下

遠州銓 補蔭
流外補

川峽閩廣阻遠險惡中州之人多不願仕其地初銓格稍限以法凡州縣幕職每一任近即一任遠川峽廣南及沿邊不許挈家者為遠餘悉為近既分川峽為四路廣南東西為二路福建一路後增荊湖南一路始立八路定差之制許中州及土著在選者隨意

就差名曰指射行之不廢太平興國初選人孟巒擬賓州錄事參軍詣匭訴冤坐流海島自是得遠地者不敢辭既而詔川峽嶺南福建注授計程外給兩月期違則本州不得放上遣送闕下除籍不齒或被疾則所至陳牒長吏按驗付以公據廢痼未損則條狀以聞雍熙四年又詔選人年六十勿注遠地非土人而願者聽凡任廣蜀福建州縣並給續食初嶺南闕官往往差攝至是詔州長吏試可者選用之罷秩奏送闕下與出身淳化間又詔嶺南攝官各路惟許選二十員以承乏餘悉罷歸始令嶺南幕職許攜族行

受代不得寄留至道初申詔劒南州縣官不得以族行敢有妄稱妻為女奴攜以之官除名初榮州司理判官鄭蛟冒禁攜妻之任會蜀賊李順構亂其黨田子宣攻陷城邑而蛟捕得之擢為推官至是知梓州張雍奏其事上命戮蛟而有是詔咸平間以新恩循梅四州瘴地選荊湖福建人注之吏部銓擬官悉標其過犯自是凡注惡地令不須書又詔規避遐遠違期受代勘鞫責罰就移遠地神宗更制始詔川峽福建廣南之官罷任迎送勞苦其令轉運司立格就注免其赴選於是八路自常選知州而下轉運司置員

闕籍具書應代時日下所部郡衆示之凡見任距受代半年及已終更者許用本資序指射有司受而閱之定其應格當差者上之審官東院流內銓審覆如令即奏聞降敕若占籍本路或游注此州皆從其便惟不許官本貫州縣及鄰境其參擬銓次悉如銓格無頗注者上其闕審官而在選者射之武臣之屬西院三班院者令樞密院放此具制後荊湖南亦許就注或言土人知州非便法應遠近迭居而川人許連任本路常獲便家實太偏濫王安石曰分遠近均勞佚也中州士不願適遠四路人樂就家便用新法即

兩得所欲況可以省吏卒將迎官府游費邪何正臣又言蜀人之在仕籍者特衆今自郡守而下皆得就差一郡之官土人太半寮寀吏民皆其鄉里親信難於徇公易以合黨請收守令闕歸之朝廷而他官兼用土人量立分限庶經久無弊兼聞差注未至盡公願許提刑司索案牘究察之奏上法不為改但申嚴提刑司互察之法元祐初御史上官均言定差不均之弊有七諸路赴選中試乃差八路隨意取射一也諸路吏部侍試需次率及七年方成一任八路就注若及七年已更三任二也八路雖坐停罷隨許射注

其待次者又許權攝祿無虛日而吏選無愆犯亦大率四年方再得祿四也土人得射奏名者免試就注家便年高力憊不復望進往往營私廢職五也仕久知識既多士人就射本路不無親故請託六也八路監司地遠而專設漫藏功過名次人亦不敢爭校故有力者多得優便而孤寒滯却七也請併八路差畫歸吏部為便既而吏部亦請用常格差除遂悉歸之銓紹聖復行舊制且許八路人應補出官即轉運司試中注闕重和間臣僚又言其弊轉運以軍儲吏祿供饋支移為己責而視差注為末務往往付之主案

吏胥定擬而簽廳視成書判而已注闕之高下視賄
之厚薄無賂則定差之牘脫漏言詞隱落節目及其
上部必致退却參會重上又半歲矣以是闕多而不
調者衆宜督典領之官歲終取吏部退難有無多寡
為之課而賞罰之庶可公注擬而絕吏賕乃命立考
課法建炎初詔福建二廣闕並歸吏部惟四川仍舊
制初累朝以廣南地遠利入不足以資正官故使舉
人兩與薦選者試刑法於漕司以合格者注攝兩路
謂之待次攝官更兩任無過則錫以眞命至是雖歸
之吏部踰年無願就者復歸漕司自神宗朝宗室不

許調川陝官至是宗室多避難入蜀乃聽於四路注
擬六年詔川陝轉運司每季孟月上旬集注為定法
焉八年直學士院勾龍如淵上疏謂行都去蜀萬里
而比歲窠闕歸之朝廷寒遠之士困抑者衆願參酌
前制稍還漕銓之舊立為定格使與堂除不相侵紊
遂命以小郡知州監以下仍付漕司差注其選人改
官諸司公參理為到部人稱便焉
補蔭之制凡奏戚屬太皇太后皇太后皇后本服期
親奉禮郎大功守監簿小功初等幕職官（元豐前試大理評事）
緦麻知令錄（元豐前試校書郎）異服親亦如之有服女之夫

則本服大功以上女夫知令錄小功判司主簿或尉
緦麻試監簿周功女之子知令錄孫及大功女之子
判司主簿或尉曾孫及大功女之孫小功女之子並
試監簿其非所生子若孫各降一等緦麻女之子試
監簿每祀南郊誕聖節太皇太后皇太后並錄親屬
四人皇后二人非遇推恩而特旨賜官不用此法凡
諸妃期親守監簿餘判司主簿或尉異姓親試監簿
婉容以上有服親才人以上小功親並試監簿凡大
長公主長公主公主夫之期親判司主簿或尉餘試
監簿子補殿中丞孫光祿寺丞壻太常寺太祝外孫

試銜知縣凡親王壻大理評事外孫初等職官女之
子壻試監簿宗室緦麻以上女之夫試銜知縣袒免
判司主簿或尉其願補右職依換官法奉禮郎即右
侍禁幕職官即左班殿直知令錄即右班殿直判司
主簿尉即奉職試監簿即借職凡文臣三公宰相子
為諸寺丞期親校書郎餘親（本宗大功至緦麻服者）以屬遠近
補試銜使相參知政事樞密院使副使宣徽使子為
太祝奉禮郎期親校書正字餘親補試銜節度使僕
射尚書太子三少御史大夫文明殿學士資政殿大
學士子校書郎正字期親寺監主簿餘親試銜三司

使翰林資政殿侍講龍圖閣學士樞密直學士太常宗正卿中丞郎留後觀察使內客省使子正字期親寺監主簿餘親試銜及齋郎兩省五品龍圖閣直學士待制三司副使知雜御史子寺監主簿期親試銜餘親齋郎諸司大卿監子寺監主簿期親試銜小卿監兼職者子試銜期親齋郎凡武臣宰相子為東頭供奉官使相知樞密院子為西頭供奉官期親皆左侍禁餘屬自左班殿直以下第官之樞密使副使宣徽節度使子西頭供奉官期親右侍禁餘屬自右班殿直以下第官之六統軍諸衛上將軍節度觀察

留後觀察使內客省使子右侍禁期親右班殿直餘屬三班奉職以下第官之客省使引進防禦使團練使四方館使樞密都承旨閤門使子右班殿直期親三班奉職餘屬為差使殿侍諸衛大將軍內諸司使樞密院諸房副承旨子三班奉職期親借職餘屬為下班殿侍諸衛將軍內諸司副使樞密分房副承旨子為三班借職凡兼職在館閣校理檢討王府記室翊善侍講三司主判官開封府判官推官江淮發運諸路轉運始許奏及諸親提點刑獄惟許奏男其嘗以贓抵罪得復故官文臣至郎中及員外郎任館閣職武臣至諸司副使諸衛將軍者止許廕子若孫一人尚在謫籍者弗預太祖初定任子之法臺省六品諸司五品登朝嘗歷兩任然後得請始減歲補千牛齋郎員額齋郎須年貌合格誦書精熟乃得奏太宗踐極諸州進奏者授以試銜及三班職初推恩授散試官者不得赴選太平興國二年乃詔授試銜等人特定七選集遂為定令凡誕聖節及三年大祀皆聽奏一人而淳化改元恩文班中書舍人武班大將軍以上並許廕補如遇轉品許更廕一子由是奏薦之恩始廣每誕聖節朝臣多請奏疏屬不報至道二年

始限以翰林學士兩省五品尚書省四品以上賜一子出身此聖節奏薦例也先是任子得攝太祝奉禮未幾即補正員帝謂膏粱之子不十年坐致閥籍是年悉授同學究出身赴選集真宗東封祀汾陰進奉人已官者進秩未官者令翰林試藝與試銜齋郎借職公主郡縣主以下諸親外命婦入內者亦有恩慶而東封恩則提點刑獄朝臣使臣皆得奏一人奏戚屬舊無定制有求補閤門祇候者真宗以宣贊之職非可以恩澤授乃詔自今求叙遷者至殿直止大中祥符二年以門廕授京官年二十五以上求差使者

令於國學受業及二年審官院與判監官考試其業乃以名聞內諸司使副授邊任官者陛辭時許奏子詔樞密院定其制凡妄名孫及從子為子求蔭者坐之七年帝幸南京詔臣僚建事太祖者賜一子恩澤令翰林學士李維等定自給諫觀察使以上得請初轉運使辭日許奏一人天禧後惟川廣福建者聽餘路再任始得奏又詔承天節恩例所蔭子孫不許以他親及已食祿者特許西京分司官郊禋奏蔭一子自是分務西洛者得以為例南京則否仁宗慶曆中裁損奏補入仕之路凡選人遇郊赴銓試其不赴試

亦無舉者永不預選罷聖節奏蔭恩學士以下遇郊恩得奏大功以上親再遇郊得奏小功以下親郎中帶職員外郎初遇郊蔭子若孫再郊及期親四遇郊聽蔭大功以下親初得奏而年過六十無子孫蔭期親其皇親大將軍以上妻再遇郊亦許之武臣蔭例倣此凡蔭長子孫皆不限年諸子孫須年過十五若弟姪須過二十必五服親乃許已嘗蔭而物故者無子孫祿仕聽再蔭自是任子之恩殺矣英宗即位郡縣致貢奉人悉命以官知諫院司馬光建言監司太守遣親屬奉表京師不問官職高下親屬近遠推恩

至班行幕職權知州軍或所遣非親亦除齋郎及差使殿侍此蓋國初承五代姑息藩鎮之弊因循不革爵祿本待賢才今此等受官誠為大濫纔不能盡罷其人若五服內親等第受以一官其無服屬量賜金帛庶少救濫官之失然詔令已行不從其議時方患官冗言者皆謂由三歲一磨勘其進甚亟易至高位故獲蔭者衆乃令待制以上自遷官後六歲無故則復遷之有過益展年至諫議大夫止京朝官四歲磨勘至前行郎中止少卿監限七十員員有闕以前行郎中久次者補之少卿監以上遷官聽旨仁宗雖罷

聖節恩而猶行之妃主神宗既裁損臣僚奏蔭以官掖外戚恩尤濫故稍抑之舊諸妃遇聖節奏親屬一人間一年許奏二人郊禮許奏一人嬪御每遇郊奏一人兩遇聖節與一奏後定諸妃每遇聖節并郊許奏有服親一人淑儀充儀婕妤貴人遇郊許奏小功以上親一人位號別而資品同者許比類奏薦舊公主每遇聖節郊禮奏夫之親屬一人公主生日許奏一人後罷生日恩所奏須有服親皇親妻兩遇郊許奏期親一人後罷奏舊郡縣主遇郊許奏親生子右班殿直若庶子及其夫之親兩遇郊許奏借職一人

後親子帷注幕職孫若庶子兩遇郊方許奏一人夫之親屬勿奏舊臣僚之妻為國夫人者得遺表恩後除之妃嬪公主以下非有服親之壻不許奏既而曾布等又言臣僚陳請恩澤宜有定制乃許見任二府歲乞差遣一人宰臣樞密使兼平章事因事罷者陳乞轉官一人指射差遣二人餘執政官並各一人待制以上乞差遣還學士者又一人三路廣桂安撫使知成都府梓州差遣一人親孫子循一資廣南轉運提點刑獄奏子孫或期親合入官一人成都梓利夔路差遣一人子孫循一資中書檢正官樞密院檢詳

官至員外郎在職及二年遇大禮許補親屬中書堂後官提點五房官雖未至員外聽奏補邑宜欽極邊煙瘴知州聽奏子孫一人凡因戰陣物故及殁於王事許官其子孫又功臣繪像之家如無食祿人則許特奏子孫一人入官既定銓試法任子中選者得隨銓擬注其入優等往往特旨賜進士出身元祐元年詔諸軍致仕停放人其遺表恩該及子而過五年自陳者慮有冒濫毋推恩職事官御監以下應任子者須官至朝奉郎乃許奏三年定宰臣執政初遇郊許奏本宗異姓親各一人次遇郊奏數如初願用其恩

與有官人則許轉官幷循資或乞差遣惟不得轉入朝官循入支掌應奏承務郎殿直以上許換升一任不得升入通判餘官三遇郊許奏有官人舊制應奏兩人止者次郊止許奏有官人其後遇郊更合補蔭者並準此為間隔之次已致仕而遇大禮應奏補者再奏而止宣仁太皇太后諭輔臣曰近已裁減入流本家恩澤宜減四分之一呂公著等曰陛下臨朝同聽斷本殿恩澤自不當限數先來所定止與皇太后同等豈可更損宣仁曰裁減恩澤凡自上而始則均一矣乃詔曰官冗之患實極于今苟非裁入流之數

無以清取士之原吾以眇身率先天下今後每遇聖節大禮生辰合得親屬恩澤並四分減一皇太后皇太妃同之哲宗既親政詔復舊凡乞致仕而不願轉官者中大夫至朝奉郎及諸司使許奏補本宗有服親一人自奉議郎內殿承制以下許與有服親一人恩例惟中大夫中散大夫諸司使帶遙郡者蔭補外仍與有服親恩例若致仕未受敕而身亡者在外以陳乞至門下省日在京以得旨日亦許乞有服親恩例一人初任子法以長幼為序若應奏者有廢疾或嘗犯私罪至徒或不肖難任從仕許越奏其次至是

始刪去格令長幼為序四字五年定親王女郡主蔭補法遇大禮許奏親屬一人所生子仍與右班殿直兩遇奏子或孫與奉職即用奏子孫恩迴授外服親之夫及夫之有服親者有官人轉一官毋得升朝選人循一資無官者與借職須期以下親乃得奏吏部言皇太妃遇大禮以應奏恩與其親屬而服行不應法詔用皇后緦麻女之子為比補借職舊法母后之家十年一奏門客而太妃未有法紹聖初詔皇太妃用興龍節奏親屬恩迴授門客自是太后每及八年太妃十年奏門客一名與假承務郎許參選如年數未及凡恩皆毋回授元符後命婦生皇子許依大禮奏有服親三品以上三人宗室緦麻親許視異姓蔭孫凡蔭補異姓惟執政得奏如簽書樞密院事雖依執政法而所蔭即不理選限後因轉官礙止法者許回授未仕子孫而貪冒者又請回授異姓有司毋沮止之然亦多御筆許特補政和間尚書省定回授格謂無官可轉或可轉而官高不欲轉或事大而功效顯著為一格許奏補內外白身有服親官有止法不可轉功績次著為一格許奏本宗白身祖免親官不甚高而功績大為一格許奏本宗白身有服親官不甚高功不甚大為一格而分為三一與內外有官有服親一與有官有服本宗親一與有官有服者之子孫凡為六等宣和二年殿中侍御史張汝舟言今法所該補奏與先朝同昔之官至大夫歷官不下三五十年而今閱三五年有已至大夫者矣諸翼將軍至武翼郎須出官三十年方許奏補今文武官奏補未嘗限年此太濫也至若中大夫以下及武功武翼大夫已求致仕而不及受敕乃格其恩於是有身謝而未受敕者其家或至匱哀須限然不及親受而不與霑恩者多矣此太吝也欲自今中大夫至帶職朝奉

郎以上雖遇郊恩入官不及二十年皆未許蔭補雖已經奏薦再遇郊恩年仍未及者亦寢其奏庶抑其濫至於文武官及大夫以上嘗求休致而身謝在出敕前欲並許奏蔭以補其不及尚書省文武官致仕雖不及受敕若無曾受蔭人自有遺表恩又寺監長貳至開封少尹係用職事蔭補不合限年餘從之崇寧以來類多泛賞如曰應奉有勞獻頌可采職事脩舉特授特轉者皆無事狀可名而直以與之孟昌齡朱勔父子童貫梁師成李邦彥等凡所請求皆有定價故不三五年選人有至正郎或員外帶職小使臣

至正副使或入逿郡横行者而蔡京援用從官不論途轍一言合意即日持槖又優堂吏往往至中奉大夫或換防禦觀察使由此任子百倍欽宗即位赦恩覃轉惟許宗室其文武臣止令回授有官有服親且詔非法應回授及特許者毋録用高宗中興重定補蔭法内外臣僚子孫期親大功以下及異姓親隨文武各有等秩見職官志建炎元年詔宰執子弟以恩澤任待制以上者並罷紹興四年詔文武太中大夫以上及見帶兩制職名依舊不限年内無出身自授官後以及十五年年及三十不係宫觀責降之人聽

依條補蔭七年中書舍人趙思誠言孤寒之士名在選部皆待數年之闕大率十年不得一任今親祠之歲任子約四千人是十年之後增萬二千員科舉取士不與焉將見寒士有三十年不得調者矣祖宗時仕至卿監者皆實以年勞功績得之年必六十身不過得恩澤五六人厥後私謁行横恩廣有年未三十而官至大夫者員數比祖宗時不知其幾倍而恩例未嘗少損有一人而任子至十餘者此而不革實蠹政事望議革其弊會思誠去國議遂革舊法惟贓罪不許任子新令併及私罪徒有司以為拘礙者多遂

罷新令又詔宰執侍從致仕遺表惟補緦麻以上親毋及異姓二十二年以武臣多出軍中爵秩高而族姓少凡有薦奏同姓皆期功異姓皆中表閭巷之徒附會以進命須經統轄長官結罪保明詭冒者連坐之帝於后妃補蔭每加裁抑詔后族不得任從官孝宗即位思革冗官初詔百官任子遇郊恩權免奏薦年七十人遇郊不許奏子俄又詔未奏者許一名隆興元年以張宋卿言蔭補冗濫立為定法凡員外轉正郎正郎轉侍從卿監之至中大夫每初遇郊則聽任一子再經則不許復請遺表之恩各減其一減年

之類亦去其半至府史之屬武功之等亦倣此差降之乾道二年詔非泛補官如宗室戚里女夫捧香異姓上書獻頌隨奉使補官陣亡女夫異姓給使減年之類轉至合奏薦官候致仕與奏一名嘗奏者不再奏四年詔宗室袒免親諸衛將軍武功大夫至武翼郎以上遇大禮奏補親屬並依外官法著為令九年詔文臣帶職員外郎及武翼大夫以上生前未嘗奏薦者與致仕恩澤一名即已嘗奏薦而被蔭人身亡許再請應朝奉郎武翼郎以上補授及三十年者亦與一名又詔武臣嘗任執政官遇郊聽補文資於是

恩數視執政者亦得之蓋戚里宗王與夫攀附之臣皆爭以文資祿其子不可復正矣自隆興著酬賞實歷對用轉官之法遷官稍緩至是郊恩之奏視為減半然猶未大艾也淳熙九年始詔減任子員數自宰相執政侍從卿監正郎員外郎分為五等每等降殺以兩酌中定為止數武臣如之宰相十人執政八人侍從六人中散大夫至中大夫四人帶職朝奉郎至朝議大夫三人通減三分之一於是冗濫漸革寧宗慶元中立補蔭新格自使相以下有差文臣中大夫武臣防禦使以下不許遺表推恩嘉泰初以官冗恩

濫凡宗女夫授官者依舊法終身止任一子兩府使相不得以郊恩奏門客著為令

凡流外補選五省御史臺九寺三監金吾司四方館職掌每歲遣近臣與判銓曹就尚書同試律三道中者補正名理勞考三館秘閣楷書皆本司試書札中書覆試補受後以就試多懷挾傳授乃鎖院巡搜糊名凡試百司吏人問律及疏既考合格復令口誦所對以防其弊其自敘勞績臣僚為之陳請特免口誦謂之優試得優試者率中選後遂考試百司人歲以二十人為額毋得僥倖求優試為職掌者皆限年授

外州司戶勒留有至諸衛長吏兩省主事者學士審官審刑院登聞檢鼓院糾察刑獄司皆選取諸司吏人或以年限或理本司選然中書制敕及五院員闕多即遣官特試書劄驗視材質制敕院須堂後官以下親屬五院須父祖有官者樞密院亦如之惟本院試驗宣徽院三司各省閤門三班院皆本司召補至其首者出職凡出職者樞密院三司皆補借職以上餘或補州縣內廷諸司主吏三司大將亦有補三班借職者中書主事以下三司勾覆官以上各帶諸州上佐樞密院主事以上皆帶同正將軍餘多帶遠地

司戶簿尉先是勒留出官及選限皆無定制其隸近司有裁三二年即堂除外官者咸平末命翰林學士承旨宋白與兩制御史中丞同詳定之白等請令中書沿堂五院行首副行首依舊制補三班通引堂門直省發敕驗使臣遇闕依名次補正名三年授勒留官遇恩則一年授後七年出官宣徽院貼房至都勾押官軍將至知客押衙各六等並以次補至勾押官押衙及五年以上出官補三班或簿尉學士院孔目官補正三年授勒留官遇恩一年授後五年出官驅使官補正四年授勒留官遇恩二年授後八年出官

三館孔目官書直庫表奏守當官四年授勒留官遇恩二年授後守當官八年書直庫表奏官七年孔目官六年出職其職遷補者許通計年考有奉錢官者更留三年典書揩書五選集準格三館入流歲數已少無得以諸色優勞減選閤門客省承受驅使官轉次第並依本司舊例補正名四年授勒留官遇恩則二年授後七年出授簿尉其行首並如舊制審刑院本無職掌名額於諸司選差正名令不以有無勒留審官五年審刑三年出官以前諸司請自今勒留並比七選集授官例赴選日不以州縣地望為資敘從

之後又定客省承受行首歲滿補殿直奉職御書院翰林待詔書藝祗候十年以上無犯者聽出職太祖嘗親閱諸司流外人勒之歸農者四百人開寶間詔流外選人經十考入令錄者引對方得注擬驅使散從官伎術人資考雖多亦不注擬堂後官多為姦贓欲更用士之在令錄簿尉選者充之或不肯就而所選不及數乃如舊制雍熙時以堂後官充職事官入謝外不赴朝參見宰相禮同胥吏端拱初以河南府法曹參軍梁正辭楚丘縣主簿喬尉等五人為將作監丞充中書堂後官拔選人授京官為堂吏自此始

志卷第一百十二

志卷第一百十三　宋史一百六十

開府儀同三司上柱國錄軍國重事前中書右丞相監脩國史領經筵事都總裁臣脫脫等奉敕修

選舉六 保任 考課

保任之制銓注有格槩拘以法法可以制平而不可以擇才故予奪升黜品式具在而又責官以保任之凡改秩遷資必視舉任有無以為應否至其職任優殊則又隨事立目往往特詔公卿部刺史牧守長官即所部所知揚其才識而任其能否上自侍從臺諫館學下暨錢穀兵武之職時亦以薦舉命之蓋不膠於法矣國初保任未立限制建

隆三年始詔常參官及翰林學士舉堪充幕職令錄者各一人條析其實毋以親為避既而舉者頗因緣為姦用知制誥高錫奏請許人訐告得實則有官者優擢非仕宦者授以官或賞緡錢不實則反坐之自是或特命陶穀等舉才堪通判者或詔翰林學士及常參官舉京官幕職州縣正員堪升朝者藩鎮奏掌書記多越資敘則詔歷兩任有文學方得奏又令諸道節度觀察使於部內官選才識優茂德行敦篤者各二人防禦團練使各舉一人遣詣闕庭觀其器業而進用焉凡被舉擢官於誥命署舉主姓名他日不如舉狀則連坐之太宗尤嚴守牧之任詔諸道使者

察部内履行著聞政術尤異文學茂異者州長吏擇判司簿尉之清廉明幹者具名以聞驛召引對授之知縣又令閣屬部司理參軍廉慎而明於推鞫者舉之雍熙二年舉可升朝者始令翰林學士兩省御史臺尚書省官舉之淳化元年令宰相以下至御史中丞各舉朝官一人爲轉運使廼詔曰國家詳求幹事之吏外分主計之司雖曰轉輸得兼按察總覽郡國職任尤重物情舒慘靡不由之尚慮徼功罔當責實凡轉運使釐革庶務平反獄訟漕運金穀成績居最及有建置之事果利於民令歲終以聞非殊異者不得條奏又詔三司三館職事官已升擢者不在論薦

其有懷材外任未爲朝廷所知者方得奏舉始令内外官凡所舉薦有變節踰矩者自首則原其聯坐之罪太宗聽政之暇每取兩省兩制清望官名籍擇其有德譽者悉令舉官所舉之人須析其爵里及歷任殿最以聞不得有隱如舉狀者有賞典無驗者罪之又嘗謂宰臣曰君子小人趣向不同君子畏慎不欺暗室名節造次靡渝小人雖善談忠信而履行頗僻在官黷貨罔畏刑罰如辥智周以侍御史守婺政以賄成聚斂無已其土產富於羅州民謂之羅端公則爲治可知矣卿等職在掄材今令朝臣舉官已是逐末更不擇舉主何由得人也供奉官劉文質嘗入奏

察舉兩浙部内官高輔之李易直艾仲孺梅詢高鼎高貽慶姜嶼戚綸八人有治迹並降璽書褒諭帝曰文質所舉皆良吏也特遷文質爲西京作坊副使咸平間秘書丞陳彭年請用唐故事舉官自代詔秘書直學士馮拯陳堯叟參詳之拯等上言往制常參官及節度觀察防禦刺史少尹畿赤令并七品以上清望官授訖三日内於四方館上表讓一人以自代其表付中書門下每官闕以見舉多者量而授之今官品制度沿革不同請令兩省御史臺尚書省六品以上諸司四品以上授訖具表讓一人自代於閤門投下方得入謝在外者授訖三月内具表附驛以聞遂

著爲令眞宗初屢詔舉官未立常制大中祥符二年詔幕職州縣官初任未閱吏事須三任六考方得論薦三年始定制自翰林學士以上常參官歲各舉外任京朝官三班使臣幕職州縣官一人著其治行所宜任令閤門御史臺歲終會其數如無舉狀即具奏致罰於冬季以差出亦須舉官後乃入辭諸司使副承制崇班曾任西北邊川廣鈐轄親民者亦倣此制諸路轉運使副提點刑獄官知州通判奏舉部内官屬則不限人數具在任勞績如無可舉及顯有踰濫者亦須指述不得顧避以次年二月二十五日以前到京違期則都進奏院以名聞論如不申考帳法三

司使副舉在京掌事京朝官使臣凡被舉者中書歲置二
籍疏其名銜下列歷任功過舉主姓名及薦舉數一以留
中書一以五月一日進內明年籍內仍計向來功過及舉
主數使臣即樞密院置籍兩省尚書省御史臺官凡出使
迴須採訪所至及經歷隣近郡官治迹善惡以聞轉運使
副提點刑獄官知州通判赴闕各具前任部內官治迹能
否如隣近及所經州縣訪聞善惡亦許同奏先於閤門投
進方得入見凡朝廷須人才及欲理州縣弊政劇務即籍
內視舉任及課績數多而資歷相當者差委於宣敕內盡
列舉主姓名或任內幹集特與遷秩苟不集事本犯雖不
去官亦移閑慢僻遠地內外羣臣所舉及三人有成績仰
中書樞密院具姓名取旨甄奬如併舉三人俱不集事坐
罪不至去官亦仰奏裁當行責降或得失相參亦與折當
天聖六年詔審刑院舉常參官在京刑法司者為詳議官
大理寺詳斷刑部詳覆法直官皆舉幕職州縣曉法令者
為之自請試律者須五考有舉者乃聽試試律三道疏二
道又斷中小獄案二道通者為中格時舉官擢人不常其
制國子監闕講官則詔諸路轉運使舉經義通明者或欲
不次用人嘗詔近臣舉常參官歷通判無贓罪而才任繁
劇者欲官諸邊要亦嘗詔節度使至閤門使知州軍鈐轄

諸司使舉殿直以上材勇堪邊任者或令三司使下至天
章閣待制舉奏之邊有警則詔諸轉運使提點刑獄舉所
部官才堪將帥者三路知州通判縣令則詔近臣舉廉幹
吏選任之毋拘資格至于文行之士錢穀之才刑名之學
各因時所求而薦焉自天聖後進者頗多始戒近臣非受
詔毋輒舉官又下詔風厲毋以薦舉為阿私其任用已至
部使者毋得復薦失舉而已擢用聽自言不實弗為負初
選人四考有舉者四人得磨勘遷京官始詔增為六考舉
者五人須有本部使者御史王端以為法用舉者兩人得
為縣令為令無過譴遷職事官知縣又無過譴遂得改京
官乃是用舉者兩人保其三任也朝廷初無參伍考察之
法偶幸無過輒信而遷之是以碌碌之人皆得自進因仍
弗革其弊將深乃定令被薦為令任內復有舉者始得遷
否則如常選毋輒升補時增設禁限常參官已授外任毋
得奏舉京官見任知州通判升朝官兵馬都監諸司副使
以上及在京員外郎嘗任知州通判諸司副使嘗任兵馬
都監者乃聽舉流內銓復裁內外臣僚歲舉數文臣待制
至侍御史武臣自觀察至諸司副使舉吏各有等數毋得
輒過而被舉者須有本部監司長吏按察官乃得磨勘又
限到官一考方得薦知雜御史觀察使以上歲舉京官不

得過二人其常參官毋得復舉自是舉官之數省矣定監司以所部州多少劇易之差爲舉令數非本部勿舉其後又增舉主三員蓋官冗之弊浸極故保薦之法大抵初略而後詳也英宗時御史中丞賈黯又言今京朝官至卿監凡二千八百餘員而吏部奏舉磨勘選人未引見者至二百五十餘人且以先朝事較之方天聖中法尚簡選人以四考改官而諸路使者薦部吏未有限數而在京臺閣及常參官嘗任知州通判者雖非部吏皆得薦時磨勘改官者歲才數十人後資考頗增而知州薦吏視屬邑多少裁定其數常參官不許薦士其條約漸繁而改官者固已衆

矣然引對猶未有待次者也皇祐中始限監司奏舉之數其法益密而磨勘待次者已不減六七十人皇祐及今纔十年耳而猥多至于三倍向也法疏而其數省今也法密而其數增此何故哉正在薦吏者歲限定員務充數而已如郡守歲許薦五人而歲終不滿其數則人人以爲遺己當舉者避謗畏譏欲止不敢此所以多而眞才實廉未免恩於無能也宜明詔天下使有人則薦不必滿所限之數天子納其言下詔申敕中外臣僚歲得舉京官者視元數以三分率之減一分舉職官有舉者三人任滿選如法所以分減舉者數省京官也判吏部流內銓蔡抗又言奏舉京官人度二年引對乃可畢計每歲所舉無慮千九百員被舉者既多則磨勘者愈衆且今天下員多闕少率三人而待一闕若不稍改除吏愈難臣以爲可罷知雜御史觀察使以上歲得舉官法從之自是舉官之數彌省矣故事初入二府舉所知者三人將以觀大臣之能後來請謁之說勝而薦者或不以公四年詔中書樞密院舉人皆明言才業所長堪任何事以副朕爲官擇人之意神宗即位乃罷兩府初入舉官凡薦任之法選人用以進資改秩京朝官用以升任舊悉有制熙寧後又從而損益之故舉皆限員而歲又分舉制益詳矣定十六路提點刑獄歲舉京官

縣令額又詔察訪使者得舉官選人任中都官者舊無舉薦始許其屬有選人六員者歲得舉三員既而帝以舊舉官往往緣求請得之乃革去奏舉而槩以定格詔內外舉官法皆罷令吏部審官院參議選格元祐初左司諫王巖叟言自罷辟舉而用選格可以見功過而不可以見人材中外病之於是不得已而別爲之名以用其平日之所信故有踏逐申差之目踏逐實薦舉而不與同罪且選才薦能而謂之踏逐非雅名也況委人以權而不容舉其所知豈爲通術遂復內外舉官法及司馬光爲相奏曰爲政得人則治然人之才或長於此而短於彼雖皐夔稷契各守

一官中人安可求備故孔門以四科論士漢室以數路得人若指瑕掩善則朝無可用之人苟隨器授任則世無可棄之士臣備位宰相職當選官而識短見狹士有恬退滯淹或孤寒遺逸豈能周知若專引知識則嫌於私若止循資序未必皆才莫若使有位達官各舉所知然後克叶至公野無遺賢矣欲乞朝廷設十科舉士一曰行義純固可為師表科有官無官人皆可舉二曰節操方正可備獻納科舉有官人三曰智勇過人可備將帥科舉文武有官人四曰公正聰明可備監司科舉知州以上資序五曰經術精通可備講讀科有官無官人皆可舉六曰學問該博可備顧問科同上七曰文章典麗可備著述科同上八曰善聽獄訟盡公得實科舉有官人九曰善治財賦公私俱便科舉有官人十曰練習法令能斷請讞科同上應職事官自尚書至給舍諫議寄祿官自開府儀同三司至太中大夫職自觀文殿大學士至待制每歲須於十科內舉三人仍具狀保任中書置籍記之異時有事須材即執政案籍視其所嘗被舉科格隨事試之有勞又著之籍內外官闕取嘗試有效者隨科授職所賜告命仍備所舉官姓名其人任官無狀坐以繆舉之罪所貴人人重慎所舉得才光又言朝廷執政惟八九人若非交舊無以知其行能不惟涉徇私之嫌兼所取至狹豈足以盡天下之賢才若採訪毀

譽則情偽萬端與其聽遊談之言曷若使之結罪保舉故臣奏設十科以舉士其公正聰明可備監司誠知請屬挾私所不能無但有不如所舉譴責無所寬宥則不敢妄舉矣詔皆從之二年殿中侍御史呂陶言郡守提封千里生聚萬衆所係休戚而不察能否一以資格用之凡再為半刺有薦者三人則得之矣不公不明十郡而居三四是天下之民半失其養請令內外從歲舉可為守臣者各三人略資序而採公言庶其可以擇才芘民也詔內外待制太中大夫以上歲舉再歷通判資序堪任知州者一人籍于吏部遇三路及一州而四縣者其守臣有闕先差本資序人次案籍以所薦者頂之侍御史韓川言近太中大夫以上歲舉守臣而薦所不及雖課入優等皆未預選此倚薦以為信也然太中大夫以上率在京師唯馳騖請求因緣究轉者常多得之迹遠地寒雖歷郡久治狀著課入上考偶以無薦則反在通判下不許入三路及四縣州且州以縣之多少而分簡劇亦未為盡蓋繁簡在事不在縣固有縣多而事不繁亦有縣少而事不簡者願參以考續之實著為通令仍不以縣之多少而為簡劇詔吏部立法以聞已而歲舉積久吏部無闕以授四年遂罷太中大夫以上歲舉法惟奉詔乃舉焉紹聖元年右司諫朱勃言選人初

受任雖能法未得舉為京官而有挾權善請求者職官縣令舉員既足又併改官舉員求之詔歷任通及三考而資序已入幕職令録方許舉之改官初神宗罷薦舉惟舉御史法不廢熙寧二年王安石言舉御史法太密故難於得人帝曰豈執政者惡言官得人耶於是中書悉具舊法以奏安石曰舊法凡執政所薦即不得為御史執政取其平日所畏者薦之則其人不復得言事矣蓋法之弊如此帝乃令悉除舊法一委中丞舉之而稍略其資格趙抃曰用京官恐非體又不委知雜專任中丞亦非舊制帝曰唐以布衣馬周為之用京官何為不可知雜屬也委長為是侍

御史劉述奏曰舊制舉御史必官升京朝資入通判衆學士本臺丞知雜更互論薦每一闕上二人而擇用一人今專委中丞則愛憎由己公道廢於私恩或受權臣之託引所親厚檀竊人主威福此大不便弗聽既改法著作佐郎程顥王子韶謝景福方為條例司屬官中丞呂公著薦之遂以太子中允權監察御史裏行宣仁太后聽政詔范純仁為諫議大夫唐淑問蘇轍為司諫朱光庭范祖禹為正言章惇曰故事諫官皆薦諸侍從然後大臣稟奏今得無有近習援引乎太后曰大臣實皆言之非左右也惇曰臺諫所以糾大臣之越法者故事執政初除苟有親戚及嘗

被薦引者見為臺臣則皆他徙防壅蔽也今天子幼沖太皇太后同聽萬機故事不可違於是呂公著以范祖禹韓縝司馬光以范純仁皆避親嫌光曰純仁祖禹實宜在諫列不可以臣故妨賢寧臣避位惇曰縝光公著必不私他日有懷姦當國者例此而引其親黨蔽塞聰明恐非國之福純仁祖禹請除他官仍令侍從以上各得奏舉於是詔尚書侍郎給舍諫議中丞待制各舉諫官二員純仁改除天章閣待制祖禹為著作佐郎後又命司諫正言殿中侍御史監察御史並用升朝官通判資序元祐六年御史中丞鄭雍言舊御史闕臺官得自薦所以正名舉職也自官

制行御史中丞與兩省分舉而今之兩省官屬皆與聞門下中書政事其自舉非故事且有嫌乞專委臺官若稍涉私自有黜典詔御史中丞舉殿中侍御史二員翰林學士中書舍人同舉監察御史二員給事中亦舉二員雍又言風憲之地責任宜專若臺屬多由他薦恐非責任之本意詔中丞更舉監察御史二員八年侍御史楊畏言風憲之任人主寄耳目焉御史進用宰執不得預顧令兩省屬官舉之非是遂寢前命武臣薦舉立格有枚别職任而舉之者有槩名材武而入之銓格者又其上則謀略膽勇可備統衆諳練兵事可任邊寄之類惟邊要任使隸樞密院餘

則審官西院三班院按格注之其後雖時有更易而薦舉之所重輕選用之所隷屬多規此立制建炎兵興多事以中外有文武材略出倫或淹布衣或沉下僚命侍從監司郡守搜訪各舉所知州縣禮遣赴行在又詔舉忠信寛博可使絶域與智謀勇毅能將萬衆者不以有無官資並詣登聞檢院自陳才謀勇略可使者赴御營司量材録用或命庶僚各舉内外官及布衣隱士才堪大用者擢爲輔弼協濟大功或命侍從舉可爲臺諫者或舉縣令或舉宗室刺史舉忠義之士能恢復土疆保護王室者帥臣監司守令舉所部見任寄居待次文武官有智謀及武藝精熟者

及訪求國初功臣後裔中興以來忠義死節之家子孫四年以朝班多闕詔臺諫左右司郎官已上各薦士二人仍令執政同選在外侍從雖在謫籍無大過而政事才學實可用者亦與召擢紹興二年廷臣言今右武之世雖二三大將各立雋功微賤之中尚多奇士願廣加薦舉延問恢復之計帝然其言詔觀察使以上各薦可爲將帥者二人樞密籍録以備選用又以中原士大夫隔絶滋久流徙東南者媒寡援踈多致沉滯令侍從搜訪以聞三年復司馬光十科時遣五使宣諭諸道令訪廉潔清脩可以師表吏民者尋詔宣諭官所薦並俟終更令入對升擢以勸能吏

復用舊制侍從官受命三日舉官一員自代中書門下省籍記姓名每闕官即以舉狀多者進擬内外武臣舉忠勇智略可自代者一人如文臣法五年命自監察御史至侍從官舉曾經治縣聲績顯著者爲監司郡守不限員數遇闕選除才堪大縣者通舉二十人不限資序十年以南渡後人材萃於兩浙而屬吏薦員甚狹增部使者薦舉改官之額歲五員十四年命守臣終更入見各舉所部縣令一人二十二年右諫議大夫林大鼐言國初常參官皆得舉人不限内外亦無員數南渡之初恩或非泛人得僥倖有從軍而改秩者有捕盜而改秩者有以登對而改秩者今

朝廷無事謹惜名器惟薦舉一路貪躁者速化廉静者陸沉今欲取考第員數增減以便之增一任者減一員十考者用四十二考者用三十五考者用二如減舉法須實歷縣令不得仍請嶽祠其或負犯殿選自如常坐士有應此格者行無玷缺年亦蹉跎無非孤寒老練安義分之士望付有司條上以弭奔競二十五年命侍從舉知州通判治跡顯著者以補監司之闕仍保任終身犯贓及不職與同罪二十九年聞人滋又請凡在官歷任及十考以上無公私罪雖舉削不及格許降等升改或疑其太濫則取吏部累年改官酌中之數立爲限隔舉狀年勞參酌並用於是

下其議中書舍人洪遵給事中王晞亮等上議曰本朝立薦舉之法必使歷任六考所以遲其歲月而責其趣功必使之舉官五員所以多其保任而必其可用今如議臣所請則有力者惟圖見次無材者苟冀終更出官十餘年可以坐待京秩此不可一也今欲減改官分數以待無舉削者則當被舉之人必有失職淹滯之歎此不可二也京官易得驟至郎位任子之恩愈不可減非所以救入流之弊此不可三也夫祖宗之法非有大害未易輕議今一旦取二百年成法而易之此不可四也臣以爲如故便滋議遂寢三十年以武臣被薦者衆命内外大臣所舉統制統領

官各遷一秩將官以下所舉者令兩府籍記右正言何溥言比命侍從薦舉縣令如聞選人不可授大邑止籍記姓名夫論人才不拘資格豈堪爲縣令而有小大之別乎今所舉者才也非官也願無拘劇易早與選除歲一行之十年之後天下多賢令矣乃詔薦舉守令遇見闕依次除授如已授差遣者任滿取旨帝謂輔臣曰朕有一人材簿臣下有所薦揚退則記其姓名遇有選用搜而得之無不適當孝宗嘗命内外選在任閑居待次官舉可任監司郡守之人以資序分二等一見今可任一將來可任注籍于三省仍作圖進呈以憑除擢又以武選之衆拔擢未廣立謀略沉雄可任大計寬猛適宜可使御衆臨陣驍勇可鼓士氣威信有聞可守邊郡思智精巧可治器械凡五等科目令曾歷軍功觀察使以上各舉二人其通習典章可掌朝儀練達民事可任郡寄諳曉財計可裕民力持身廉潔可律貪鄙詞辨不屈可備奉使五等令非軍功觀察使以上舉之並隨類指陳實跡毋得別撰褒詞隆興二年廷臣上言謂國朝視文武爲一體故有武臣以文學換授文資文臣以材略智謀換右職當邊寄者蓋文武兩塗情本參商若文臣總幹戎事不換武階則終以氣習相忌有不樂從者矣今兵塵未息方厲恢復之圖願博采中外有材智權

略可以臨邊可以制閫者倣舊制改授從之乾道以後又選大將之家能世其武勇者武舉及第武藝絶倫可爲將佐者會廷臣言曰方今國家之兵東至淮海西至川蜀殆百餘萬其閒可爲將帥者不在其上則在其下而朝廷未知振其氣表其才也今文臣有三人舉主則爲之循資再任五人則爲之改秩而武臣無有焉古語曰三辰不軌擢士爲相蠻夷不恭拔卒爲將宜令都統制視監司者歲舉武臣二人視郡守者歲舉一人以智勇俱全爲上善撫士卒專有膽勇者次之不拘將校士卒優以獎擢被舉人有臨戰不用命者與文臣犯入己贓者同併坐舉主帝可其

奏仍著爲法三年禮部尚書趙雄請令侍從臺諫兩省於
知縣資序以上歲薦堪充郡守通判資序以上歲薦監司
仍用漢朝雜舉之制三省詳加考察詔如所請仍不以內
外雜舉歲各五人保舉官及五員以上列銜共奏帝曰薦
舉本欲得人又恐干請反長奔競龔茂良言三代良法亦
不免於弊今欲精選監司郡守非薦舉何由知之帝曰若
令雜舉則須衆論僉允又經中書考察而後除授亦博采
遴選之道也吏部請武舉軍班武藝特奏名出身并任巡
檢駐泊監押知砦比附文臣關升條令並實歷六考有舉
主四人內監司一人聽關升親民正副將兩任有舉主二

人內一人監司亦與關升凡升副將視文臣初任通判資
序再關升正將視文臣次任通判資序關升路分副都監
視文臣初任知州資序小郡州鈐轄視文臣次任知州資
序孝宗以歲舉京官數濫於是內外薦舉改官員數六部
寺監長貳戶部右曹郎官等三分減一禮部國子監長貳
如上條外又減半前宰執歲各減二員諸道轉運提刑提
舉常平茶鹽學事司總領茶馬鑄錢司安撫制置司及諸
路州軍並四分減一通籍之數彌省矣光宗時言者謂被
薦者衆朝廷疑其私而不信病其泛而難從縱有賢才不
免與僥倖者併棄請條約之乃命帥守監司毋獨員薦士

時薦舉固多得人然有或乏廉聲而舉充廉吏或素昧平
生而舉充所知或不能文而舉可備著述遂命臣僚自今
有人則薦無人則闕其尤繆妄者覺察之嘉泰二年令內
外舉薦並具實跡以聞自是濫舉之弊稍革嘉定十二年
命監司守臣舉十科政績所知自代露章列薦並籍記審
察任滿則取其舉數多有政績行誼者升擢之宋初內外
小職任長吏得自奏辟熙寧閒悉罷歸選部然要劇職任
如沿邊兵官防河捕盜重課額務場之類尋又立專法聽
舉於是辟置不能全廢也既出常格則憸人往往因之以
行其私元祐以來屢行屢止蓋厭心公明則得以用其所

知固爲良法苟徇私昧理則才不爲用請屬賄賂無所不
有矣又孰若付之銓曹而槩以公法者哉建炎初詔河北
招撫河東經制及安撫等使皆得辟置將佐官屬行在五
軍并御營司將領亦辟大小使臣諸道郡縣殘破之餘官
吏解散諸司誘人填闕皆先領職而後奏給付身於是州
郡守將皆假軍興之名換易官屬有罪籍未敘復守選未
參部者朝論患之乃令釐正使歸部依格注擬惟陝西五
路兩河兩淮京東等路經略安撫司屬官聽舉辟餘路並
罷四年初置諸鎭撫使管內州縣官並許辟置言者謂遠
方之民理宜綏撫如峽州四縣多用軍功或胥吏補知縣

欄吏補監税民被其害遂命取峽州江陵府荊門軍公安軍州縣官闕委安撫司奏辟命御史臺仍舊辟舉承務郎已上官充主簿檢法官不限資序紹興二年臣僚又以比年帥守監司辟官攙奪部注朝廷不能奪銓曹不能違又多昇以添差不釐務之闕上自監司倅貳下至掾屬給使一郡之中兵官八九員一務之中監當六七員數倍於前日存無事之官食至重之禄所以重困生民請裁省其闕否則以宮廟之禄畀之遂命自今已就辟差理資任者毋得據舊闕以妨下次六年詔諸道宣撫司僚屬許本司奏辟内京官以二年爲任願留再任者取旨自兵興所辟官

有經十年不退者故條約焉二十六年詔已注知縣縣令不許奏辟孝宗初詔内外有專法辟闕並仍舊乾道九年命監司帥臣非有著令不得創行奏辟所辟毋得攙已差之闕違者御史臺察之淳熙三年命自今極邊知縣縣令闕官專委本州守臣奏辟毋得仍舊權攝其見攝官留意民事百姓愛服者許不以有無拘礙特行奏辟七年詔未中銓未歷任初改秩人毋得差辟著爲令理宗寶慶二年以廣南東西路通判幕職教授等官法未嘗許辟者須於各官將滿之前具闕如未有代者即聽申部出闕滿三月無人注擬申省下本路通判以下京官闕從諸司奏辟選人闕從漕司定差作邑未滿三年作倅未滿二考不許預期奏辟他闕諸司屬官不許輒自辟置或久闕正官許令次官暫攝待朝命方許奏辟淳祐十一年以御史臺申嚴銓法禁監司郡守辟親戚爲屬吏又選人無考第舉主不及三員及納粟人雖有考第舉主並不聽辟爲令寶祐三年戒諸路監司帥閫不應辟而輒辟者辟主及受辟之官並與鐫秩

考課宋初循舊制文武常參官各以曹務閑劇爲月限考滿即遷太祖謂非循名責實之道罷歲月叙遷之制置審官院考課中外職事受代京朝官引對磨勘非有勞績不

進秩其後立法文臣五年武臣七年無贓私罪始得遷秩曾犯贓罪則文臣七年武臣十年中書樞密院取旨其七階選人則考第資歷無過犯或有勞績者遞遷謂之循資凡考第之法内外選人周一歲爲一考欠日不得成考三考未替更周一歲書爲第四考已書之績不得重計初著令州縣户口準見户十分增一刺史縣令進考若耗一分降考一等建隆三年又以科賦有欠踰十之一及公事曠違嘗有制受罰者皆如耗户口降考吏部南曹又舉周制請州縣官益户增税受代日並書於籍凡千户以下能增百户減一選減及三選以上令賜章服主簿升秩進階能

歸復逋亡之民者亦如之是年縣始置尉頒捕盜條給以三限限各二十日三限內獲者令尉等第議賞三限外不獲尉罰一月奉令半之尉三罰令四罰皆殿一選三殿停官令尉與賊鬬而能盡獲者賜緋升擢乾德四年詔諸縣令佐有能招攜勸課以致蕃庶民籍租額出其元數減一選仍進一階太宗勵精圖治遣官分行郡縣廉察官吏河南府法曹參軍高丕等皆以不勝任免官復詔諸道察舉部內官第其優劣為三等政績尤異為上職務粗治為中臨事弛慢所涖無狀者為下歲終以聞先是諸州掾曹及縣令簿尉皆戶部南曹給印紙曆子俾州郡長吏書其績用懲過秩滿送有司差其殿最詔有司申明其諸州別給公據者罷之判吏部南曹董淳言有司批書印曆多所闕略令漏書一事殿一選三事降一資自是職事官依州縣給南曹曆子天下知州通判京朝官釐務於外者給以御前印紙令書課績時蔣元振知白州為政清簡民甚便之秩滿衆飄詣部使乞留凡十有八年未受代姚益恭清白有才幹知鄆州須城縣鞭朴不施境內大治淳化初採訪使各言其狀下詔褒嘉賜元振絹三十匹粟五十石賜益恭對衣銀帶絹五十匹四年始分置磨勘之司審官院掌京朝官考課院掌幕職州縣官磨差遣院令審官總之乃

詔郡縣有治行尤異吏民畏服居官廉恪涖事明敏鬬訟衰息倉廩盈羨寇盜剪滅部內清肅者本道轉運司各以名聞當驛置赴闕親問其狀加旌賞焉其貪冒無狀淹延鬬訟踰越憲度盜賊競起部內不治者亦條其狀以聞當行貶斥以翰林學士錢若水樞密直學士劉昌言同知審官院考覆功過以定升降又以判流內銓翰林學士蘇易簡知制誥王旦等知考課院重其職也凡流內銓主常調選人考課院主奏舉及歷任有殿最者明年帝親選京朝官三十餘人自書戒諭之言于印紙曰勤政愛民奉法除姦方可書為勞績且謂錢若水曰奉法除姦之言恐諸臣未喻因而生事可語之曰除姦之要在乎奉法至道初罷考課院併流內銓二年遣使廉察諸道長吏得八人涖事公正惠愛及民皆降璽書奬諭真宗即位命審官院考京朝官殿最引對遷秩京朝官引對磨勘自此始先是每恩慶百僚多得序進帝始罷之惟郊祀恩許加勳階爵邑帝察群臣有聞望者得刑部郎中邊肅等二十有四人令閤門再引對觀其辭氣文藝並得優升景德初令諸道辨察所部官吏能否為三等公勤廉幹惠及民者為上幹事而無廉譽清白而無治聲者為次畏懦貪猥為下仁宗尤矜憐下吏以銓法選人有私罪皆未聽磨勘諭近臣九門謝

弗至與對馥失儀其母以爲罪又曰州縣秩卑而長吏多鈎摭細故文致之法使不得自進朕甚閔焉宰相王曾曰引對時陛下酌其輕重而稍擢之則下無滯才矣其後選人有東鹿縣尉王得說歷官寡過書考最多而無保任者帝祭其孤貧特擢爲大理寺丞天聖時詔文武臣僚非有勳德善狀不得非時進秩非次罷免者毋以轉官帶職爲例兩省以上舊法四年一遷官今具履歷聽旨京朝官磨勘年限有私罪及歷任嘗有罪先以情重輕及勤績與舉者數奏聽旨若無私犯而著最課及有舉者皆第遷之自請釐物務于京師五年一磨勘因舉及選差勿拘凡有善

政異績準事大小遷升選人視此又定監物務入親民次升通判通判升知州皆用舉者舉數不足毋輒闌升慶曆三年從輔臣范仲淹等奏定磨勘保任之法自朝官至郎中少卿須清望官五人保任始得遷其後知諫院劉元瑜以爲適長奔競非所以養廉恥乃罷之八年詔近臣論時政翰林學士張方平言祖宗之時文武官不立磨勘年歲不爲升遷次序有才實者從下位立見超擢無才實者守一官十餘年不轉其任監當或知縣通判知州至數任不遷當時人皆自勉非有勞効知不得進祥符之後朝廷益循寬大自監當入知縣知縣入通判通判入知州皆以兩

任爲限守官及三年例得磨勘先朝始行未見有弊及今年深習以爲常皆謂分所宜得無賢不肖莫知所勸願陛下稍革此制其應磨勘敘遷必有勞績或特敕擇官保任者即與轉遷如無勞績又不因保任者更增展年其保任之法須選擇清望有才識之人命之舉官如此則是執政之臣舉清望官委清望官舉親民官凡官有闕惟隨貟數舉之庶見急才愛民之意嘉祐六年下詔曰朕觀古者治世牧民之吏多稱其官而百姓安其業今求材之路非不廣責善之法非不詳而吏多失職非稱所以爲民之意豈人材獨少而世變殊哉殆不得久於其官故也蓋智能才

力之士雖有興利除害禁姦勸善之意非假以歲月則亦媮不爲用欲終厥功其路無由自今諸州縣守令有清白不擾政迹尤異而實惠及民者本路若州連書同罪保舉將政迹實狀以聞中書門下察訪得實許令再任英宗治平三年考課院言知磁州李田再考在劣等降監淄州鹽酒稅務坐考劣降等自田始考績舊審定殿最格法自發運使率而下至於知州皆歸考課院專以監司所第等級爲據至考監司則總其甄別部吏能否副以採訪才行合二事爲課悉書中等無高下神宗即位凡職皆有課凡課皆責實監司所上守臣課不占等者展年降資而治狀優

異者增秩賜金帛以璽書獎勵之若監司以上則命御史中丞侍御史考校凡縣令之課以斷獄平允賦入不擾均役屏盜勸課農桑振恤飢窮導修水利户籍增衍整治簿書爲最而德義清謹公平勤恪爲善參考治行分定上中下等至其能否尤殊絶者别立優劣二等歲上其狀以詔賞罰其入優劣者賞罰尤峻繼又令一路長吏無甚臧否不須别爲優劣二等止因上中下三等區别以聞是時内外官職各從所隸司以考覈而中書皆置之籍每歲竟或有除授則稽差殿最取其尤甚者而進退之熙寧五年遂罷考課院閒遣使察訪所至州縣條其吏課凡知州通判

上中書縣令上司農各注籍以相參考惟侍從出守郡聽不以考法朝廷察其治焉元豐元年詔因勞效得酬賞皆分五等有司受其等而差進之初一等京朝官大小使臣皆轉一官選人資歷深者改京朝官資淺者循兩資次二等隨其官高下升資或減磨勘年惟軍功捕盜皆得改次等京朝官自三等以下賞以差減若一人而該兩賞許累計其等以遷三年詔御史臺六察按官以所糾劾官司稽違失職事多寡爲殿最中書置簿以時書之任滿取旨升黜元祐初御史中丞劉摯言近者朝廷主察名實行綜覈之政下乃承之以刻主行教化擴寬洪之澤而下乃爲苛

簡先此追罪監司數人爲其掊斂害民耳而昧者矯枉過正乃欲以緩縱委靡爲安靜請申立監司考績之政以常賦登耗郡縣勤惰刑獄當否民俗休戚爲之殿最歲終用此以誅賞文彦博又奏唐六典所載以德行才用勞效三類察在選之士參辨能否今之選格特多舉主有軍功斯爲上矣然舉主可求軍功或妄何可盡據請委吏依倣三類第其才德功效送中書門下覆驗取其應選者引對而去留之詔令近臣議議者請用元豐考課令第爲高下以行升黜歲毋過五人後改立縣令課有四善五最之目及增損監司轉運課格守令爲五等減磨勘法初元祐嘗立

吏户刑三部郎官課崇寧間言者乞倣周制歲終委省寺監六曹之長各攷其屬稽其官成而三年遂校其勤惰行賞罰焉大觀元年詔國家休養生民垂百五十年生齒日繁而户部民籍曾不加益州縣於進丁入老收落失實以故課役不均皆守令弛職可申嚴考課法然其考法因時所尚以示誘抑若勸學墾田植桑棗振貧葬枯興發坑冶奉詔無違誘進道徒賦税趣辦能按贓吏皆因事而增品目舊法固不易也但奉行不皆良吏以請謁移實者亦多紹興二年初詔監司守臣舉行考課之法時郡縣數罹兵燹又命以户口增否别立守令課分上中下三等每等分

三甲置籍守倅考縣令監司考知州考功會其已成較其優劣而賞罰之五年立縣令四課曰糾正稅籍團結民兵勸課農桑勸勉孝悌三歲就緒者加旌賞無善狀者汰之臣僚上言守令之治其略有七一曰宣詔令二曰厚風俗三曰勸農桑四曰平獄訟五曰理財賦六曰興學校七曰實戶口得人則七者皆舉令之監司實古刺史比年守令姦貪監司未嘗按發玩弛之弊日甚而戶部侍郎張致遠亦言之乃下詔戒飭監司考察守令而舉按焉頃之有請令江淮官久任而課其功過者帝曰朕昔爲元帥時見州縣官以三年爲任猶且一年立威信二年守規矩三年則務收人情以爲去計今止以二年爲任雖有菁治之心蓋亦無暇矣可如所奏是時歲以十五事考校監司四善四最考校縣令違限不實者有罪又詔監司一歲再具所部知縣有無善政顯著繆懦不職上之省十三年詔淮東京西路州縣遂考批書若增添戶口勸課農桑增修水利歲終委監司覆實比較守臣之條有九通判之條十有四令佐而下有差二十五年以州縣貪吏爲虐監司郡守不訶察遂命監司按郡守之縱容臺諫劾監司之失察而每歲校其所按之多寡以爲殿最之課二十七年校書郎陳俊卿言古人各守一官終身使易地而居未必盡其能也今

監司帥守小州換大州東路易西路朝廷百執事亦往往計日待遷視所居之官有如傳舍望令有政術優異者或增秩賜金或待終秩而後遷使久於其職察其勤惰而升黜之庶幾人安其分而萬事舉矣詔三省行之隆興元年命湖南北路應守令增闢田疇自一千頃以下轉磨勘有差虧者展磨勘降名次二年詔淮南川陝京西邊郡守令能安輯流亡勸課農桑首就緒者本道監司以聞乾道二年廷臣上言國朝盛時有京朝官考課有幕職州縣官考課其後爲審官院爲考課院皆命中書或兩制臣僚校其能否以施賞罰望遵故事應監司郡守朝辭日別給御前曆子如薦賢才爲幾人若爲治錢穀若爲理獄訟興其利除其害各爲條目使之黽勉從事每考令當職官吏從實批書代還使籍手陛見然後詔執事精加考覈其風績有聞者優與增秩所莅無狀者罰之無赦則賢者效職而中下之才亦皆強於爲善矣帝乃命經筵官參照累朝考課之法講而行之淳熙二年因臣僚言沿邊七路每路以文臣一人充安撫使以治民武臣一人充都總管以治兵分舉其職各奏其功任必加久歲考優劣一年視其規畫二年視其成效三年視其大成重議誅賞臧否分爲三等治效顯著者爲臧貪刻庸繆者爲否無功無過者爲平時天

子留意黜陟諸道莫敢不奉承於是得實者皆增秩升擢而監司牧伯舉按稽緩者輒降黜行之十餘年不免有弊帝因諭輔臣曰臧否亦有喜怒之私如諸司以為臧一司以為否必從衆為公亦在精擇監司而以臺諫攷察之庶乎其可也光宗初詔罷其令寧宗以郡國按刺多徇私情遂倣舊制於御史臺別立攷課一司歲終各以能否之實聞于上以詔升黜其貪墨昏懦致臺諫奏劾者坐監司郡守以容庇之罪度宗咸淳三年命參酌舊制凡文武官一是以公勤廉恪為主而又職事修舉斯為上等公勤廉恪各有一長為中等既無廉聲又多繆政者考下等其要則

以御史臺總帥閫監司監司總守倅守倅總州縣屬官餘如戎司及屯軍大壘則總之制司或無制司則併各郡總管鈐轄並總於帥司以遂路所部州郡多寡之數分隸轉運提舉提刑三司守倅月一考州縣屬官監司會所隸守倅制司會戎司軍壘遵照舊制互用文移會其兵甲獄訟金穀之數及各司屬官書擬公事拘榷錢物招軍備器之數次月置冊各申御史臺上之課籍俟至半年類考較前[illegible]為三等[illegible]無所賞罰上者或轉官或減磨勘下者[illegible]展磨[illegible]等差

宋史志卷第一百十三

志卷第一百十四　　宋史一百六十一

開府儀同三司上柱國錄軍國重事前中書右丞相監修國史領經筵事都總裁臣脫脫等奉

勅修

職官一

三師　三公　宰執
門下省　中書省　尚書省

昔武王克商史臣紀其成功有曰列爵惟五分土惟三建官惟賢位事惟能後世曰爵曰官曰職分而任之其原蓋始乎此然周初之制已不可考周公作六典自天官冢宰而下小大高下各帥其屬以任其事未聞建官而不任以事位事而不命以官者至於列爵分土此封建諸侯之制也亦未聞以爵以土如後

世虛稱以倫恩數者也秦漢及魏晉南北朝官制沿革不常不可殫舉後周復周禮六典官稱而參用秦漢隋文帝廢周禮之制惟用近代之法唐承隋制至天授中始有試官之格又有員外之置尋為檢校試攝判知之名其初立法之意未嘗不善蓋欲以名器事功甄別能否又使不肖者絕年勞序遷之覬覦而世戚勳舊之家寵之以祿而不責以猷為其居位任事者不限資格使得自竭其所長以為治效且黜陟進退之際權歸於上而有司若不得預殊不知名實混殽品秩貿亂之弊亦起於是矣宋承唐制抑又甚

爲三師三公不常置宰相不專任三省長官尚書門下並列于外又別置中書禁中是爲政事堂與樞密對掌大政天下財賦內庭諸司中外筦庫悉隸三司中書省但掌冊文覆奏考帳門下省主乘輿八寶朝會板位流外考較諸司附奏挾名而已臺省寺監官無定員無專職悉皆出入分涖庶務故三省六曹二十四司類以他官主判雖有正官非別敕不治本司事事之所寄十亡二三故中書令侍中尚書令不預朝政侍郎給事不領省職諫議無言責起居不記注中書常闕舍人門下罕除常侍司諫正言非特旨供

職亦不任諫諍至於僕射尚書丞郎員外居其官不知其職者十常八九其官人受授之別則有官有職有差遣官以寓祿秩敘位著職以待文學之選而別爲差遣以治內外之事其次又有階有勳有爵故仕人以登臺閣升禁從爲顯官而不以官之遲速爲榮滯以差遣要劇爲貴途而不以階勳爵邑有無爲輕重時人語曰寧登瀛不爲卿寧抱槧不爲監虛名不足以砥礪天下若此外官則懲五代藩鎮專恣頗用文臣知州復設通判以貳之階官未行之先州縣守令多帶中朝職事官外補階官既行之後或帶或否

視是爲優劣大凡一品以下謂之文武官未常參者謂之京官樞密宣徽三司使副學士諸司而下謂之內職殿前都校以下謂之軍職外官則有親民釐務二等而監軍巡警亦比親民此其槩也故自眞宗仁宗以來議者多以正名爲請咸平中楊億首言文昌會府有名無實宜復其舊既而言者相繼乞復二十四司之制至和中吳育亦言尚書省天下之大有司而廢爲閒所當漸復之然朝論異同未遑釐正神宗即位慨然欲更其制熙寧末始命館閣校唐六典元豐三年以摹本賜群臣乃置局中書命翰林學士張

璪等詳定八月下詔肇新官制省臺寺監領空名者一切罷去而易之以階九月詳定所上寄祿格會明堂禮成近臣遷秩即用新制而省臺寺監之官各還所職矣五年省臺寺監法成六年尚書新省成帝親臨幸召六曹長貳以下詢以職事因誡敕焉初新階尚少而轉行者易以及元祐初於朝議大夫六階以上始分左右既又以流品無別乃詔寄祿官悉分左右詞人爲左餘人爲右紹聖中罷之崇寧初以議者有請自承直至將仕郎凡換選人七階大觀初又增宣奉至奉直大夫四階政和末自從政至迪功郎又

改選人三階於是文階始備而武階亦詒易以新名
正使爲大夫副使爲郎而横班十二階使副亦然故
有郎居大夫之上者繼以新名未具增置宣正履正
大夫郎凡十階通爲横班而文武官制益加詳矣大
抵自元祐以後漸更元豐之制二府不分班奏事樞
密加置簽書戸部則不令右曹專典常平而總於其
長起居郎舍人則通記起居而不分言動館職則增
置校勘黄本凡此皆與元豐稍異也其後蔡京當國
率意自用然動以繼志爲言首更開封守臣爲尹牧
由是府分六曹縣分六案又内侍省職悉倣機廷之

號已而脩六尚局建三衛郎又更兩省之長爲左輔
右弼易端揆之稱爲太宰少宰是時員既濫冗名且
紊雜甚者走馬承受升擁使華黄冠道流亦濫朝品
元豐之制至此大壞及宣和末王黼用事方且追咎
元祐紛更乃請設局以脩官制格目爲正名亦何補
矣建炎中興參酌潤色因吕頤浩之請左右僕射並
同中書門下平章事兩省侍郎改爲參知政事三省
之政合乎一乾道八年又改左右僕射爲左右丞相
删去三省長官虚稱道揆之名遂定然維時多艱政
尚權宜御營置使國用置使脩政局置提舉軍馬置

都督並以宰相兼之總制司理財同都督督視理兵
並以執政兼之因事刱名殊非經久惟樞密本兵與
中書對掌機務號東西二府命宰相兼知院事建炎
四年實用慶曆故典其後兵興則兼樞密使兵罷則
免至開禧初始以宰臣兼樞密爲永制當多事時諸
部或長貳不並置或併郎曹使相兼之惟吏部戸部
不省不併兵休稍稍增置其後詔非曾任監司守臣
不除郎官著爲令又增館閣員廣環衛官然紹興務
行元祐故事以左右二字分别流品其後以人言省
去寧清濁相溷無絶人遷善之路横班以郎居大夫

之上既釐而正之矣而介冑之士與搢紳同稱寧名
號未正毋示人以好武之機陳傅良欲定史官遷次
之序衆論韙之而未及行洪邁欲改三衙軍官稱謂
當時嘉之卒未暇講考古之制量今之宜蓋自元祐
以逮政和已未嘗拘乎元豐之舊中興若稽成憲二
者並行而不悖故凡大而分政任事之臣微而筦庫
監局之官沿襲不革者皆先後所同便也或始刱而
終罷或欲革而循因則有各當其可者焉類而書之
先後互見作職官志以至廩給傔從雖微必録並從
舊述云

三師三公宋承唐制以大師大傅大保爲三師大尉司徒司空爲三公爲宰相親王使相加官其特拜者不預政事皆赴上於尚書省凡除授則自司徒遷大保自大傅遷大尉檢校官亦如之大尉舊在三師下由唐至宋加重遂以大尉居大傅之上若宰臣官至僕射致仕者以在位久近或已任司空司徒則拜大尉大傅等官若大師則爲異數自趙普以開國元勳文彥博以累朝耆德方特拜焉雖大傅王旦司徒呂夷簡各任宰相二十年止以大尉致仕熙寧二年富弼除守司空兼侍中平章事辭司空侍中三年曾公

亮除守司空檢校大師兼侍中以兩朝定策之功辭相位也六年文彥博除守司徒兼侍中九年彥博除守大保兼侍中辭大保元豐三年以曹佾檢校大師守司徒兼中書令九月詔檢校官除三公三師外並罷又以文彥博落兼侍中除守大尉富弼守司徒皆錄定策之功也六年彥博守大師致仕八年王安石守司空曹佾守大保元祐元年文彥博落致仕大師平章軍國重事呂公著守司空同平章軍國重事崇寧三年蔡京授司空行尚書左僕射大觀元年京爲太尉二年爲大師政和二年京落致仕依前大師三

日一至都堂治事九月詔以太師太傅太保古三公之官今爲三師古無此稱合依三代爲三公爲真相之任司徒司空周六卿之官大尉秦主兵之任皆非三公並宜罷之仍考周制立三孤少師少傅少保亦稱三少爲三次相之任至是京始以三公任真相三公自國初以來未嘗備官獨宣和末三公至十八人三少不計也太師三人蔡京童貫鄭紳太傅四人王黼燕王俣越王偲鄆王楷太保十一人蔡攸肅王樞至儀王樸渡江後秦檜爲太師張俊韓世忠爲太傅劉光世爲太保乾道初楊沂中吳璘並爲太傅紹熙

初史浩爲太師嗣秀王爲太保自紹熙後三公未嘗備官其後韓侂胄史彌遠賈似道專政皆至太師焉宰相之職佐天子總百官平庶政事無不統宋承唐制以同平章事爲真相之任無常員有二人則分日知印以丞郎以上至三師爲之其上相爲昭文館大學士監修國史其次爲集賢殿大學士或置三相則昭文集賢二學士并監修國史各除唐以來三大館皆宰臣兼故仍其制國初范質昭文學士王溥監修國史魏仁浦集賢學士此爲三相例也神宗新官制於三省置侍中中書令尚書令以官高不除人而以

尚書令之貳左右僕射為宰相左僕射兼門下侍郎以行侍中之職右僕射兼中書侍郎以行中書令之職政和中改左右僕射為大宰少宰仍兼兩省侍郎靖康中復改為左右僕射建炎三年呂頤浩請參酌三省之制左右僕射並加同中書門下平章事門下中書二侍郎並改為參知政事廢尚書左右丞從之乾道八年詔尚書左右僕射可依漢制改為左右丞相詳定敕令所言近承詔旨改左右僕射為左右丞相令刪去侍中中書尚書令以左右丞相充緣舊左右僕射非三省長官故為從一品今左右丞相係充

侍中中書尚書令之位即合為正一品從之丞相官以大中大夫以上充

平章軍國重事元祐中置以文彥博太師呂公著守司空相繼為之序宰臣上所以處老臣碩德特命以寵之也故或稱平章軍國重事或稱同平章軍國事五日或兩日一朝非朝日不至都堂其後蔡京王黼以太師總三省事三日一朝赴都堂治事開禧元年韓侂胄拜平章討論典禮乃以平章軍國事為名蓋省重事則所預者廣去同字則所任者專邊事起乃命一日一朝省印亦歸其第宰相不復知印其後賈似道專權竊位日久尊寵日隆位皆在丞相上

使相親王樞密使留守節度使兼侍中中書令同平章事者皆謂之使相不預政事不書敕惟宣敕除授者敕尾存其銜而已乾德二年范質等三相皆罷以趙普同平章事李崇矩樞密使命下無宰相書敕使問翰林陶穀穀謂自昔輔相未嘗虛位惟唐大和中甘露事數日無宰相時左僕射令狐楚等奉行制書今尚書亦南省長官可以書敕竇儀曰穀之所陳非承平令典今皇弟開封尹同平章事即宰相之任也可書敕從之

參知政事掌副宰相毗大政參庶務乾德二年置以樞密直學士薛居正兵部侍郎呂餘慶並本官參知政事先是已命趙普為相欲置之副而難其名稱以問翰林學士陶穀曰下宰相一等有何官對曰唐有參知機務參知政事故以命之仍令不押班不知印不升政事堂殿廷別設磚位敕尾著銜降宰相月奉雜給半之未欲與普齊也開寶六年始詔居正餘慶於都堂與宰相同議政事至道元年詔宰相與參政輪班知印同升政事堂押敕齊銜行則並馬自寇準始以後不易元豐新官制廢參知政事置門下中書

二侍郎尚書左右丞以代其任建炎三年復以門下中書侍郎爲參知政事而省左右丞乾道八年改左右僕射爲左右丞相其參知政事如故以中大夫以上充常除二員或一員嘉泰三年始除三員故事丞相謁告參預不得進擬惟丞相未除則輪日當筆然多不踰年少僅旬月淳熙初葉衡罷相龔茂良行相事近三年亦剏見也

門下省受天下之成事審命令駁正違失受發通進奏狀進請寶印凡中書省畫黃錄黃樞密院錄白畫旨則留爲底及尚書省六部所上有法式事皆奏覆

審駁之給事中讀侍郎省侍中審進入被旨畫聞則授之尚書省樞密院即有舛誤應舉駁者大則論列小則改正凡文書自內降者著之籍章奏至則受而通進俟須降分送所隸官司凡吏部擬六品以下職事官則給事中校其仕歷功狀侍郎侍中引驗審察非其人則論奏凡遷改爵秩加敘勳封四選擬注奏鈔之事有舛誤退送尚書省覆刑部大理寺所斷獄審其輕重枉直不當罪則以法駁正之國初循舊制以中書門下平章事爲宰相之職復用兩制官一員判門下省事官制行始釐正焉凡官十有一侍中侍郎左散騎常侍各一人給事中四人左諫議大夫起居郎左司諫左正言各一人先是中書人吏分掌五房曰孔目房吏房戶房兵禮房刑房又有主事勾銷二房至是釐中書爲三省分兵與禮爲六房各因其省之事而增益之門下凡分房十曰吏房曰戶房曰禮房曰兵房曰刑房曰工房皆視其房之名而主行尚書省六曹二十四司所上之事曰開拆房曰章奏房曰制敕庫房亦皆視其名而受遣文書表狀與供閱敕令格式擬官爵封勳之類惟班簿本省雜務則歸吏房吏四十有九錄事主事各三人令史六人書令

史十有八人守當官十有九人而外省吏十有九人令史一人書令史二人守當官六人守闕守當官十人元豐八年以門下中書外省爲後省門下外省復置催驅房元祐三年詔吏部注通判赴門下引驗應省臺寺監諸司人吏四分減一復置點檢房四年又別立吏額紹聖三年守闕守當官門下中書省各以百人尚書省百五十人爲額四年三省吏員並依元豐七年額

侍中掌佐天子議大政審中外出納之事大祭祀則版奏中嚴外辦等輿輅詔升降之節皇帝齋則請就

齋室大朝會則承旨宣制告成禮祭祀亦如之册后則奉寶以授司徒國朝以秩高罕除自建隆至熙寧真拜侍中纔五人雖有用他官兼領而實不任其事官制行以左僕射兼門下侍郎行侍中職別置侍郎以佐之南渡後置左右丞相省侍中不置

侍郎掌貳侍中之職省中外出納之事大祭祀則前導輿輅詔進止大朝賀則授表以奏祥瑞册后則奉節及寶位與知樞密院同知樞密院中書侍郎尚書左右丞爲執政官南渡後復置參知政事省門下侍郎不置

左散騎常侍　左諫議大夫　左司諫　左正言同掌規諫諷諭凡朝政闕失大臣至百官任非其人三省至百司事有違失皆得諫正國初雖置諫院知院官凡六人以司諫正言充職而他官領者謂之知諫院正言司諫亦有領他職而不預諫諍者官制行始皆正名元豐八年諫議大夫孫覺言據官制格目諫官之職凡發令舉事有不便於時不合於道大則廷議小則上封若賢良之遺滯於下忠孝之不聞於上則以事狀論薦乞依此以修舉職事八月門下省言諫議大夫司諫正言合通爲一詔並從之十月詔倣

六典置諫官員元祐元年二月詔諫官雖不同省許二人同上殿後又從司諫虞策之請如獨員許與臺官同對九月左右正言久闕侍御史王巖叟言國家倣近古之制諫官六員方之先王已自爲少望詔補足無令久空職十月司諫王覿言自今中書舍人闕勿以諫官兼權從之十一月巖叟又言近降聖旨兩省諫官各令出入異戶勿與給事中中書舍人通貫欲限隔諫官不使在政事之地恐知本末數論列爾尋詔諫官直舍仍舊八年詔執政親戚不除諫官建中靖國元年言者謂諫官論事惟憑詢訪而百司之

事六曹所報外皆不得其詳遂詔諫官案許關臺察

給事中四人分治六房掌讀中外出納及判後省之事若政令有失當除授非其人則論奏而駁正之凡章奏日錄目以進考其稽違而糾治之故事詔旨皆付銀臺司封駁官制行給事中始正其職而封駁司歸門下元豐五年五月詔給事中許書畫黃不書草著爲令六月給事中陸佃言三省密院文字已讀者尚令封駁慮失之重複詔罷封駁房六年詔駁正事赴執政稟議七年有旨舉駁事依中書舍人封還詞頭例既而令稟議如初給事中韓忠彥言給舍職位

頒均一則不稟白而聽封還一則許舉駁而先稟議於理未允且朝廷之事執政所行職當封駁則已與執政異自當求決於上尚何稟議之有詔從之紹聖四年葉祖洽言兩省置給舍使之互察今中書舍人兼權封駁則給事中之職遂廢詔特旨書讀不迴避餘互書判元符三年翰林學士曾肇言門下之職所以駁正中書違失近日給事封駁中書錄黃乃令舍人書讀行下顯壞官制有損治體願正紀綱為天下後世法重和元年給事中張叔夜言凡命令之出中書宣奉門下審讀然後付尚書須行而密院被旨者

亦錄付門下此神宗官制也今急速文字不經三省而諸房以空黃先次書讀則審讀殆成虛設矣乞立法禁從之凡分案五曰上案主寶禮及朝會所行事曰下案主受發文書曰封駁案主封駁及試吏校其功過曰諫官案主關報文書曰記注案主錄起居注其雜務則所分案掌焉紹興以後止除二人或一人

起居郎一人掌記天子言動御殿則侍立行幸則從大朝會則與起居舍人對立於殿下螭首之側凡朝廷命令赦宥禮樂法度損益因革賞罰勸懲群臣進對文武臣除授及祭祀宴享臨幸引見之事四時氣候四方符瑞戶口增減州縣廢置皆書以授著作官國朝舊置起居院命三館校理以上修起居注熙寧四年詔諫官兼修注者因後殿侍立許奏事元豐二年兼修注王存乞復起居郎舍人之職使得盡聞明天子德音退而書之神宗亦謂人臣奏對有頗僻讒慝者若左右有史官書之則無所肆其姦矣然未果行故事左右史雖日侍立而欲奏事必稟中書俟旨存因對及之八月迺詔雖不兼諫職許直前奏事蓋存發之也官制行改修注為郎舍人六年詔左右史分記言動元祐元年仍詔不分七年詔邇英閣講讀

罷有留身奏事者許侍立紹聖元年中丞黃履言所奏或干機密難令旁立仍依先朝故事先是御後殿則左右史分日侍立崇寧三年詔如前殿之儀更不分日大觀元年詔事有足以勸善懲惡者雖秩卑亦書之紹興二十八年用起居郎洪遵言起居郎舍人自今後許依講讀官奏事隆興元年用起居郎兼侍講胡銓言前殿依後殿輪左右史侍立

符寶郎二人掌外廷符寶之事禁中別有內符寶郎官制行未嘗除大觀初八寶成詔依唐六典增置靖康罷之

通進司隸給事中掌受三省樞密院六曹寺監百司奏牘文武近臣表疏及章奏房所領天下章奏案牘具事目進呈而頒布於中外

進奏院隸給事中掌受詔敕及三省樞密院宣劄六曹寺監百司符牒頒于諸路凡章奏至則具事目上門下省若案牘及申稟文書則分納諸官司凡奏牘違戾法式者貼說以進熙寧四年詔應朝廷擢用材能賞功罰罪事可懲勸者中書檢正樞密院檢詳官月以事狀錄付院謄報天下元祐初罷之紹聖元年詔如熙寧舊條靖康元年二月詔諸道監司帥守文

字應邊防機密急切事許進奏院直赴通進司投進

舊制通進銀臺司知司官二人兩制以上充通進司掌受銀臺司所領天下章奏案牘及閤門在京百司奏牘文武近臣表疏以進御然後頒布于外銀臺司掌受天下奏狀案牘抄錄其目進御發付勾檢糾其違失而督其淹緩發敕司掌受中書樞密院宣敕著籍以頒下之

登聞檢院隸諫議大夫　登聞鼓院隸司諫正言掌受文武官及士民章奏表疏凡言朝政得失公私利害軍期機密陳乞恩賞理雪寃濫及奇方異術改換文資改正過名無例通進者先經鼓院進狀或為所抑則詣檢院並置局于闕門之前中興後檢鼓糧審官官告進奏謂之六院例以京官知縣有政績者充亦有自郡守除者繼即除郎恩數畧視職事官而不入雜壓紹興十一年胡汝明以料院除監察御史遂遷侍御史乾道後相繼入臺者數人六院彌重為察官之儲淳熙初班寺監丞之上紹熙五年詔六院官復入雜壓在九寺簿之下六院各隨所隸

中書省掌進擬庶務宣奉命令行臺諫章疏群臣奏請興剏改革及中外無法式事應取旨事凡除省臺

寺監長貳以下及侍從職事官外任監司節鎮知州軍通判武臣遙郡橫行以上除授皆掌之凡命令之體有七曰冊書立后妃封親王皇子大長公主拜三師三公三省長官則用之曰制書處分軍國大事頒赦宥德音命尚書左右僕射開府儀同三司節度使凡告廷除授則用之曰誥命應文武官遷改職秩內外命婦除授及封敘贈典應合命詞則用之曰詔書賜待制大卿監中大夫觀察使以上則用之曰敕書賜少卿監中散大夫防禦使以下則用之曰御札布告登封郊祀宗祀及大號令則用之曰敕牓賜酬及

戒勵百官曉諭軍民則用之皆承制畫旨以授門下省令宣之侍郎奉之舍人行之留其所得旨為底大事奏禀得旨者為畫黃小事擬進得旨者為録黃凡事干因革損益而非法式所載者論定而上之諸司傳宣特旨承報審覆然後行下設官十有一令侍郎右散騎常侍各一人舍人四人右諫議大夫起居舍人右司諫右正言各一人分房八曰吏房曰戶房曰兵禮房曰刑房曰工房曰主事房曰班簿房曰制敕庫房元祐以後析兵禮為二增催驅點檢分房十有一後又改主事房為開拆凡吏房掌行除授考察升

黜賞罰廢置薦舉假故一時差官文書曰戶房掌行廢置升降郡縣調發邊防軍須給貸錢物曰禮房掌行郊祀陵廟典禮后妃皇子公主大臣封冊科舉考官外夷書詔曰兵房掌行除授諸蕃國王爵官封曰刑房掌行赦宥及貶降叙復曰工房掌行營造計度及河防修閉凡尚書省所上奏請　諫所陳章疏內外臣僚官司申請無法式應取旨者六房各視其名而行之曰主事房掌行受發文書曰班簿房掌百官名籍具員曰制敕庫房掌編録供檢敕令格式及架閣庫曰催驅房督趣稽違曰點檢房省察差失吏四

十有五録事三人主事四人令史七人書令史十有四人守當官十有七人而外省吏十有九人令史一人書令史二人守當官六人守闕守當官十人元豐八年詔待制以上磨勘本省進擬元祐三年詔應除授從中批付中書省者並三省行紹聖五年詔臣僚上殿劄子中書省進呈取旨其承受傳宣內降非有司所可行者申中書省或樞密院奏審

令掌佐天子議大政授所行命令而宣之祀大神祇則升壇享宗廟則升阼階而相其禮臨軒冊命則讀冊建儲則升殿宣制持冊及璽綬以太子大朝會則

請御坐前奏方鎮表及祥瑞國朝未嘗真拜以他官兼領者不預政事然止曹佾一人餘皆贈官官制行以右僕射兼中書侍郎行令之職別置侍郎以佐之中興後置左右丞相省令不置

侍郎掌貳令之職參議大政授所宣詔旨而奉之凡大朝會則押表及祥瑞案臨軒冊命則押冊引案以所奏文及冊書授令四夷來朝則奏其表疏以贄幣付有司南渡後復置參知政事省中書侍郎不置

舍人四人舊六人掌行命令為制詞分治六房隨房當制事有失當及除授非其人則論奏封還詞頭國

初爲所遷官實不任職復置知制誥及直舍人院主行詞命與學士對掌内外制凡有除拜中書吏赴院納詞頭其大除拜亦有宰相召舍人面授詞頭者若大誥命中書并敕進入從中而下餘則發敕官受而出之及修官制遂以實正名而判後省之事分案五曰上案掌冊禮及朝會所行事曰下案掌受付文書曰制誥案掌書錄制詞及試吏校其功過曰諫官案掌受諸司關報文書曰記注案掌錄記注其雜務則隨所分案掌之元豐六年詔中書省置點檢房令舍人通領元祐元年詔舍人各簽諸房文字其命詞則輪日分草九月詔時暫闕官依門下尚書省例送本省官兼權紹聖四年蹇序辰請自令命詞以元行遣文書同檢送兩制舍人從之建炎後同他官兼攝者則稱權舍人資淺者爲直舍人院

起居舍人一人掌同門下省起居郎侍立修注官元豐前以起居郎舍人寄錄而更命他官領其事謂之同修起居注官制行以郎舍人爲職任淳熈十五年罷㸃自戶部員外郎爲起居舍人避其祖諱乃以爲大常少卿兼侍立修注官其後兩史或闕而用資淺者則降旨以某人權侍立修注官

右散騎常侍　右諫議大夫　右司諫　右正言與門下省同但左屬門下右屬中書皆附兩省班籍通謂之兩省官元豐既新官制職事官未有不經除授者惟御史大夫左右散騎常侍始終未嘗一除人蓋兩官爲臺諫之長無有啓之者中興初詔諫院不隸兩省紹興二年詔並依舊赴三省元置局處淳熈十五年用林栗言置左右補闕拾遺專任諫正不任糾劾之事踰年減罷法司令史書令史守當官各一人守闕守當官三人乾道六年減二人

檢正官五房各一人掌糾正省務熈寧三年置以京朝官充選人即爲習學公事官制行罷之而其職歸左右司建炎三年中書門下省言軍興以來天下多事中書別無屬官元豐以前有檢正官後因置左右司遂不差致朝廷及應報四方行移稽留無檢舉催促今欲差官兩員充中書門下省檢正諸房公事內一員檢正吏禮戶刑工房一員檢正兵房從之至次年詔並罷紹興二年詔中書門下省復置檢正一員建炎三年指揮中書門下省併爲一中書省錄事主事令史書令史守當官共四十三人門下省錄事主事令史書令史守當官共四十六人依祖額以八十九人爲額守闕守當

官兩省各一百人共存留一百五十人中書省六分門下省四分

尚書省掌施行制命舉省內綱紀程式受付六曹文書聽內外辭訴奏御史失職玫百官庶府之治否以詔廢置賞罰曰吏部曰戶部曰禮部曰兵部曰刑部曰工部皆隸焉凡天下之務六曹所不能與奪者總決之應取裁者隨所隸送中書省樞密院事有成法則六曹準式具鈔令僕射丞檢察簽書送門下省畫聞審察吏部注擬文武官及封爵承襲賜勳定賞之事朝廷有疑事則集百官議其可否凡更改申明敕

令格式一司條法則議定以奏覆太常考功謚議亦如之季終具賞罰勸懲事付進奏院頒行于天下大祭祀則警戒執事官設官九尚書令左右僕射左右丞左右司郎中員外郎各一人分房十曰吏房曰戶房曰禮房曰兵房曰刑房曰工房各視其名而行六曹諸司所上事曰開拆房主受遣文書曰都知雜房主行進制敕目班簿具員考察都事以下功過遷補曰催驅房主考督文牘稽違曰制敕庫房主編檢敕令格式簿納架閣文書置吏六十有四都事三人主事六人令史十有四人書令史三十有五人守當官六人元豐四年詔尚書都省及六曹各輪郎官一員宿直五年詔得旨行下並用劄子紹聖元年詔在京官司所受傳宣內降隨事申尚書省或樞密院覆奏

二月詔尚書省都彈奏六察御史糾不當者

令掌佐天子議大政奉所出命令而行之其屬有六曹凡庶務皆會而決之凡官府之紀綱程式無不總焉大事三省通議則同執政官合班小事尚書省獨議則同僕射丞分班論奏若事由中書門下而有失當應奏者亦如之與三師三公侍中中書令俱以冊拜自建隆以來不除惟親王元佐元儼以使相兼領

不與政事政和二年詔尚書令太宗皇帝曾任令宰相之官已多不須置然是時說者以謂為令者唐太宗也熙陵未嘗任此蓋時相蔡京不學之過宣和七年詔復置令亦虛設其名無有除者南渡後並省不置

左僕射　右僕射掌佐天子議大政貳令之職與三省長官皆為宰相之任大祭祀則掌百官之誓戒視滌濯告潔贊玉幣爵坫之事自官制行不置侍中中書令以左僕射兼門下侍郎右僕射兼中書侍郎行侍中中書令職事政和中詔曰昔我神考訓迪厥官

有司不能奉承仰惟前代以僕臣之賤充宰相之任可改左僕射爲大宰右僕射爲少宰靖康元年詔依元豐舊制復爲左右僕射南渡後置左右丞相省僕射不置

左丞　右丞掌參議大政通治省事以貳令僕射之職僕射輪日當筆遇假故則以丞權當筆知印大祭祀酌獻薦饌進熟則受爵酒以授僕射舊班六曹尚書下官制行升其秩爲執政元豐五年五月詔左右僕射丞合治省事是月御史言左右丞蒲宗孟王安禮於都堂下馬違法犯分安禮爭論帝前神宗是之

今左右丞於都堂上下馬自此始南渡後復置參知政事省左右丞不置

左司郎中　右司郎中　左司員外郎　右司員外郎各一人掌受六曹之事而舉正文書之稽失分治省事左司治吏戶禮奏鈔班簿房右司治兵刑工案鈔房而開拆制敕御史（元豐六年都司置御史房主行彈糾御史案察失職）房催驅封樁印房則通治之有稽滯則以期限舉催初於都司置吏設案而議者謂臺郎宰掾不當自爲官司遂隨省房分治所領之事惟置手分書奏各四人主行校定省吏都事以下功過及遷補之事元豐七年都司御史房置簿以書御史六曹官糾察之多寡當否爲殿最歲終取旨升黜紹聖元年詔都司以歲終點檢六曹稽違最多者具郎官姓名上省取旨二年詔御史臺察六曹稽緩違失者送左司籍記宣和二年左司員外郎王蕃奏都司以彌綸省闥爲職事無不預今宰丞入省諸房文字塡委次第呈覆自朝至于日中或昏暮僅絶其勢不暇一一檢閱細故而省吏徑稟宰丞請筆以草檢令承從官齎赴郎官廳落日押字謂宜遵守元豐及崇寧舊法諸房各具發帖先都事自點檢次郎官押訖赴宰丞請筆行下於是

詔曰先帝肇正三省詔給舍都司以贊省務令都司寖以曠官緣省吏強悍敢肆侵侮自今違法事其左右司官尚書具事舉劾建炎三年詔減左右司郎官兩員置中書門下省檢正諸房公事二員至次年檢正省罷其左右司郎官依舊四員紹興三十二年詔尚書省吏房兵房三省樞密院機速房尚書省刑房戶房工房三省樞密院看詳賞功房尚書省禮房令左右司郎官四員從上分房書擬隆興元年詔左右司郎官各差一員乾道六年詔榷貨務都茶場依建炎三年指揮委都司官提領措置乾道七年復添置

右司郎官二人　榷貨務都茶場（都司提領）提轄官一員（京朝官充）監場官二員（京選通差）掌鹺茗香礬鈔引之政令以通商賈佐國用舊制置務以通榷易建炎中興又置都茶場給賣茶引隨行在所榷貨務置場雖分兩司而提轄官監官並通銜管幹外置建康鎮江務場並冠以行在爲名以都司提領不係戶部經費建康鎮江續分隸總領所開禧初以總領所侵用儲積錢令徑隸提領所乾道七年提領所置幹辦官一員右提轄官與雜買務雜賣場文思院左藏東西庫提轄並稱四轄外補則爲州內遷則爲寺監丞簿亦有徑爲

雜監司或入三舘（乾道間權務王楗除市舶左藏王揖除坑治鑄錢司淳熙間熊克自文思除校書郎）有先後輕重之異焉左藏封樁庫（都司提領）監官一員監門官一員淳熙九年以都司提領初剏非奉親與軍須不支後或撥入內庫或以供宮廷諸費亦以備振恤之用

提舉修敕令自熙寧初編修三司令式命宰臣王安石提舉是後皆以宰執爲之詳定官以侍從之通法令者充舊制二員宣和中增至七員靖康初減爲三員刪定官無常員先是嘗別修一司敕命大觀三年詔六曹刪定官併入詳定一司敕令所爲一局

制置三司條例司掌經畫邦計議變舊法以通天下之利熙寧二年置以知樞密院陳升之參知政事王安石爲之而蘇轍程顥等亦皆爲屬官未幾升之相乃言條例者有司事爾非宰相之職宜罷之帝欲併歸中書安石請以樞密副使韓絳代升之焉三年判大名府韓琦言條例司雖大臣所領然止是定奪之所今不關中書而徑自行下則是中書之外又有一中書也五月罷歸中書

三司會計司熙寧七年置於中書以宰相韓絳提舉

先是絳言總天下財賦而無考較盈虛之法乃置是司既而事多濡滯八年絳坐此罷相局亦尋廢

編修條例司熙寧初置八年罷

經撫房專治邊事宣和四年宰臣王黼主代燕之議置于三省不復以關樞密院六年罷

提舉講議司崇寧元年七月詔如熙寧條例司故事都省置講議司以宰相蔡京提舉侍從爲詳定官卿監爲參詳官又置檢討官凡宗室冗官國用商旅鹽鐵賦調尹牧每一事各三人主之（時又分武備一房別爲樞密院講議司三年三月知樞密院事蔡卞奏罷）三年四月結局宣和六年又於尚

書省置講議司十二月命太師致仕蔡京兼領聽就私第裁處仍免簽書

儀禮局大觀元年詔於尚書省置以執政兼領詳議官二員以兩制充應凡禮制本末皆議定取旨政和三年五禮議注成罷局

禮制局討論古今宮室車服器用冠昏喪祭沿革制度政和二年置於編類御筆所有詳議司詳議官宣和二年詔與大晟府製造所協聲律官並罷

志卷第一百十四

志卷第一百十五　宋史一百六十二

開府儀同三司上柱國錄軍國重事前中書右丞相監修國史領經筵事都總裁脫脫等奉
勑修

職官二

樞密院　宣徽院　三司使　翰林學士院　侍讀侍講　崇政殿說書　諸殿學士　諸閣學士　諸修撰直閣　東宮官　王府官

樞密院掌軍國機務兵防邊備戎馬之政令出納密命以佐邦治凡侍衛諸班直內外禁兵招募閱試遷補屯戍賞罰之事皆掌之以升拣廢置揭帖兵籍有調發更戍則遣使給降兵符除授內侍省官及武選

官將領路分都監緣邊都巡檢使以上大事則禀奏其付授者用宣小事則擬進其付授者用劄先具所得旨關門下省審覆面得旨者爲錄白批奏得畫者爲畫旨並留爲底惟以白紙錄送皆候報施行其被御寶批旨者即送門下省繳覆應給誥者關中書省命詞即事干大計造作支移軍器及除都副承旨三衙管軍三路沿邊帥臣太僕寺官文臣換右職仍同三省取旨宋初循唐五代之制置樞密院與中書對持文武二柄號爲二府院在中書之北印有東院西院之文共爲一院但行東院印而職事條目頗多神

宗初政迺省其務之細者歸之有司而增置審官西
院專領閤門祗候以上至諸司使差遣官制行隨事
分隸六曹專以本兵爲職而國信民兵牧馬總領仍
舊隸焉舊分四房曰兵曰吏曰户曰禮至是釐正凡
分房十其後又增支馬小吏二房凡房十有二曰北
面房掌行河北河東路吏卒北界邊防國信事曰河
西房掌行陝西路麟府豐嵐石隰州保德軍吏卒西
界邊防蕃官曰支差房掌行調發軍湖北路邊防及
京東京西江淮廣南東路吏卒遷補殿侍選親事官
曰在京房掌行殿前步軍司事支移兵器川陝路邊

防及畿内福建路吏卒軍頭皇城司衛兵曰教閱房
掌行中外校習封樁闕額請給催督驛遞及湖南路
邊防曰廣西房掌行招軍捕盜賞罰廣南西路邊防
及兩浙路吏卒而禁軍轉員則各隨其房之所領兵
額治之曰兵籍房掌行諸路將官差發禁兵選補衛
軍文書曰民兵房掌行三路保甲弓箭手曰吏房掌
行差將領武臣知州軍路分都監以上及差内侍官
文書曰知雜房掌行雜務曰支馬房掌行内外馬政
并坊院監牧吏卒牧馬租課曰小吏房掌行兩省内
臣磨勘功過敘用大使臣已上歷任事狀及校尉以

上改轉遷遣吏三十有八逐房副承旨三人主事五
人守闕主事二人令史十三人書令史十五人元祐
既剏支馬小吏二房增令史爲十四人書令史十九
人剏正名貼房十八人大觀增逐房副承旨爲五人
剏守闕書令史三人增正名二十八人中書密院既
稱二府每朝奏事與中書先後上殿慶曆中二邊用
兵知制誥富弼建言邊事係國安危不當專委樞密
仁宗以爲然即詔中書同議諫官張方平亦言中書
宜知兵事乃以宰相呂夷簡章得象並兼樞密使熙
寧初滕甫言中書密院議邊事多不合趙明與西人

戰中書賞功而密院降約束郭逵修堡柵密院方詰
之而中書以下褒詔顯大臣凡戰守除帥議同而後
下神宗善之元祐四年知樞密院安燾以母憂去職
樞密院官偶獨員諫議大夫梁燾司諫劉安世言國
朝革五代之弊文武二柄未嘗專付一人乞依故事
命大臣兼領靖康元年知樞密院事李綱言在祖宗
之時樞密掌兵籍虎符三衙管諸軍率臣主兵柄各
有分守所以維持軍政萬世不易之法自童貫以領
樞密院事爲宣撫使既主兵權又掌兵籍虎符今日
不可不戒乞將團結到勤王正兵並付制置使行營

司兵付三衙從之

樞密使　知院事　同知院事　樞密副使　簽書院事　同簽書院事　樞密使知院事佐天子執兵政而同知副使簽書爲之貳凡邊防軍旅之常務與三省分班稟奏事干國體則宰相執政官合奏大祭祀則迭爲獻官國初官無定制有使則置副有知院則置同知院資淺則用直學士簽書院事熙寧元年文彥博呂公弼爲使韓維邵亢爲副使時陳升之三至樞府神宗欲稍異其禮乃以爲知院事於是知院與副使並置元豐五年將改官制議者欲廢密院歸

兵部帝曰祖宗不以兵柄歸有司故專命官以統之互相維制何可廢也於是得不廢帝又以樞密聯職輔弼非出使之官乃定置知院同知院二人副使悉罷元祐初復置簽書院事仍以樞密直學士充同簽書樞密院事治平末以殿前都虞候郭逵爲之又以逵判渭州帝初即位中丞王陶御史呂景等皆言之逵歸改除宣徽南院使知鄆州自是不復置政和六年以內侍童貫權簽書樞密院河西北面房事七年貫宣撫陝西河東北三路帶同簽書樞密院既而詔元豐官制即無同簽書樞密院事改爲權領樞密院

然簽書院事元豐亦未嘗置宣和元年詔童貫領樞密院事後復以鄭居中爲之建炎初置御營司以宰相爲之使四年罷以其事歸樞密院機速房命宰相范宗尹兼知樞密院紹興七年詔樞密本兵之地事權宜重可依故事置樞密使以宰相張浚兼之又詔立班序立依宰相例其後或兼或否至開禧以宰臣兼使遂爲永制使與知院同知副使亦或並除其簽書同簽書並爲端明殿學士恩數特依執政或以武臣爲之亦異典也

都承旨　副都承旨掌承宣旨命通領院務若便殿

侍立閱試禁衛兵校則隨事敷奏承所得旨以授有司蕃國入見亦如之檢察主事以下功過及遷補之事都承旨舊用院吏遞遷熙寧三年始以東上閤門使李評爲之又以皇城使李綬爲之副更用四人自評綬始是月詔都承旨副都承旨見樞密副使如閤門使禮五年以同修起居注曾孝寬兼都承旨參用儒臣自孝寬始元豐四年客省使張誠一爲都承旨都承旨復用武臣自誠一始元祐初復以文臣爲都承旨其後以待制充元符三年王師約爲都承旨左司諫陳瓘言神考以文臣爲都承旨其副則參求外

戚武臣之可用者令師約未歷邊任擢置樞屬掾文臣之位甚非神考設官之意至崇寧以後專用武臣建炎四年高宗在會稽以武臣辛道宗爲都承旨頗用事紹興元年道宗既免乃詔依元祐職制都承旨以兩制爲之如未曾任侍從之人即依權侍郎法又或加學士待制修撰貼職乾道初再用武臣自張說始淳熙九年都承旨復用士人自蕭燧始副都承旨文武通除

檢詳官熙寧四年置視中書檢正官元豐初定以三員及改官制置之建炎三年復置檢詳兩員叙位在

左右司之下紹興二年減一員

計議官四員建炎四年罷御營使司併歸樞密院爲機速房隨司減罷屬官置幹辦官四員詔並改爲計議官至紹興十一年減罷

編修官隨事置無定員以本院官兼者不入銜熙寧三年以王存顧臨等同編修經武要略兼删定諸房例冊初擬都副承旨提舉神宗謂存等皆館職不欲令承旨提舉詔改爲管幹紹聖四年編修刑部軍馬司事令都副承旨兼領政和七年編修北邊條例又別置詳覆官講議司崇寧元年以尚書省講議武備房歸樞密院置以知院蔡卞提舉三年卞奏武備本院諸房可行不必專局乃罷之紹興置編修官二員

監三省樞密院門舊係差小使臣及內侍官充嘉定六年詔以曾經作縣通判資序人充小使臣省罷內侍官改以三省樞密院門機察官繫銜

主管三省樞密院架閣文字一員嘉定八年置以選人京朝官通差

三省樞密院激賞庫三省樞密院激賞酒庫監官各二人（初以武臣嘉泰末始易以選人）二庫並因紹興用兵剏以備邊後兵罷專以備堂東兩廚應干宰執支遣若朝廷軍

期急速錢物金帶以備激犒諸軍將帥告命綾紙以備科撥調遣等用省院府吏胥之給亦取具焉

御營使　提舉修政局　制國用使　都督諸路軍馬　中興多以宰相兼領兵政財用之事而執政同預焉因事剏名未久遂罷可以不書以其關宰相設施因記其名稱本末附見焉建炎元年置御營司以宰相爲之使仍以執政官兼副使其屬有參贊軍事以侍從官兼提舉一行事務以大將兼其將佐有都統制及五軍統制以下官初以總齊行在軍中之政三年詔御營使司止管行在五軍營砦事務其餘應

干邊防措置等事釐正歸三省樞密院四年詔自今
宰相兼知樞密院事罷御營使時臣僚言宰相之職
無所不統本朝沿五代之制政事分爲兩府兵權付
於樞密比年又置御營使是政出於三也請罷御營
司以兵權付之密院而以宰相兼知庶幾可以漸議
兵政故罷使及官屬以其事歸密院爲機速房至紹
興二十九年九月詔祖宗舊制樞密院即無機速房
合行減罷紹興三十一年金主亮來攻帝將臨江視師其冬以和義郡王楊存中爲御營宿衛使兵罷復免明年孝宗即位又以御營使命之然但自名一司掌殿前忠勇等軍非復建炎之比未幾而罷存中非宰執附見于此紹興二年詔置修政局令百官條具修

車馬備器械命右相秦檜提舉參知政事同領之其
下有參詳官一人侍從爲之參議官二人檢討官四
人郷郎爲之如講議司故事三月而罷局乾道二年
詔理財之要裕財爲重自今宰相可帶兼制國用使
參政可同知國用事先是臣僚言近以宰相兼樞密使蓋欲使宰相知兵也宰相令雖知兵而財谷出入之原宰相猶未知也望法李唐之制委宰相兼領三司使職事財谷出納之大綱宰相領之於上而戶部治其九故有是命五年二月罷國用司八年詔官
制已定丞相事無不統所有國用一司與參知政事
並不兼帶嘉泰四年詔遵孝宗典故宰相兼國用使
參知政事同知國用事仍於侍從卿監中擇二人充

屬官右丞相陳自強兼國用事參知政事兼知樞密
院事費士寅參知政事張巖兼同知國用事以兵部侍郎薛叔似兼參計官大府卿陳景思同參計官先是臣僚言今日財計非錢穀不足可憂而滲漏日滋之爲可慮者周家以冢宰制國用而唐亦以宰相兼領度支是知財賦國家之大計其出入之數有餘不足爲大臣者皆所當知庶可節以制度關防欺隱宜略倣祖宗遺意命大臣兼提領天下財賦從之陳自
強罷亦廢　紹興五年制以左通議大夫尚書左僕
射同中書門下平章事兼知樞密院事趙鼎左政奉
大夫尚書左僕射同中書門下平章事兼知樞密院
事張浚都督諸路軍馬未幾浚暫往江上措置邊防
至七年秋廢罷其餘宰臣執政開府于外者別載于

篇
編修敕令所　提舉宰相兼　同提舉執政兼　詳定侍從官兼　刪定官就職事官內差兼　掌裒集詔旨纂類成書紹興
十二年罷乾道六年復置詳定一司敕令所以右丞
相虞允文提舉參知政事梁克家同提舉淳熙十五
年省罷紹熙二年復置局慶元二年復置提舉以右
丞相余端禮兼同提舉以參知政事京鏜兼仍以編
修敕令所爲名

宣徽院

宣徽南院使　北院使　掌總領內諸司及三班內

侍之籍郊祀朝會宴饗供帳之儀應内外進奉悉檢視其名物舊制以檢校爲使或領節度及兩使留後闕則樞密副使一人兼領二使亦有兼樞密副使簽書樞密院者南院資望比北院頗優然皆通掌止用南院印二使共院而各設廳事其吏史則有都勾押官勾押官各一人前行三人後行十二人分掌四案一曰兵案主賜群臣新史及掌諸司使至崇班内侍供奉官諸司工匠兵卒之名籍及三班而下遷補假故鞫劾之事二曰騎案三曰倉案掌春秋及聖節大宴節度使迎授恩賜上元張燈四時祠祭及契丹朝貢内庭學士赴上並督其供帳内外進奉視其名物教坊伶人歲給衣帶專其奏覆四曰冑案掌郊祀御殿朝謁聖容賜酺國忌供帳之事諸司使副三班使臣别籍分

産司其條制領諸司工匠休假之故事與參知政事樞密副使同知樞密院事以先後入叙位熙寧四年詔位參政樞副同知下著爲令九年詔令後遇以職事侍殿上或中書樞密院合班問聖體及非次慶賀並特序二府班

官制行罷宣徽院以職事分隸省寺而使號猶存初吏部尚書王拱辰治平中知大名府神宗即位拜太子少保明年檢校太傅改宣徽北院使尋遷南院立班序位視簽樞元豐六年拱辰除武安軍節度使再任自此遂罷使名不復除獨太子少師張方平許依舊領南院使致仕哲宗即位始還太子太保而罷使名元祐三年復置南北院使儀品恩數如舊制六年以馮京爲南院使而方平亦復使名中書舍人韓川言祖宗設此官禮均二府以待勳舊未嘗帶以致仕且宣徽武官也宮保文官也不宜混并不聽方平亦固辭不拜七年馮京亦以使致仕紹聖三年議者言官名雖復而無所治之事乃罷之南渡以後不復再置

三司使

使　副使　判官　鹽鐵使　度支使　户部使

三部副使　三部判官

三司之職國初沿五代之制置使以總國計應四方貢賦之入朝廷不預一歸三司通管鹽鐵度支户部號曰計省位亞執政目爲計相其恩數廪祿與參樞同太平興國八年分置三使淳化四年復置使一員總領三部又分天下爲十道曰河南河東關西劍南淮南江南東西兩浙廣南在京東曰左計京西曰右計置使二員分掌儀又置總計使判左右計事左右計使判十道事凡千涉計度者三使通議之五年罷十道左右計使復置三部使咸平六年罷三部使復置三司一員闕正使則以給諫以上權使事使一人以

兩省五品以上及知制誥雜學士學士充亦有輔臣
罷政出外召還充使者使闕則有權使事又闕則有
權發遣公事掌邦國財用之大計總鹽鐵度支戶部
之事以經天下財賦而均其出入焉凡奏事及大事悉置案奏牒常
事止署案太平興國初以貫琰爲三司副使七年以侯陟王明同判三司遂省副使鹽鐵掌天
下山澤之貨關市河渠軍器之事以資邦國之用
度支掌天下財賦之數每歲均其有無制其出入以
計邦國之用　戶部掌天下戶口稅賦之籍榷酒工作
衣儲之事以供邦國之用　副使以員外郎以上歷
三路轉運及六路發運使充　判官以朝官以上曾

歷諸路轉運使提點刑獄充　三部副使各一人通
簽逐部之事舊以員外郎以上充端拱初省淳化三年復置又省至道初又置真宗即位副
使遷官遂罷之咸平六年復置　三部判官各三人分掌逐案之事
舊以朝官充國初承舊制每部判官一人乾德四年三部各置推官一人太平興國三年諸案置推官或
巡官以朝官充四年三司止置判官一人推官三人及分十道二計各置判官一人五年廢十道三部各
置判官二人　三部各有孔目官一人都勾押官一人勾覆
官四人　鹽鐵分掌七案一曰兵案掌衙司軍將大將四排岸司兵
卒之名籍及庫務月帳吉凶儀制官吏宿直諸州衙吏胥吏之遷補本司官吏功過三部胥吏之名帳及
刑獄造船捕盜亡逃絕戶資產禁錢景德二年併度支案爲刑案　二曰胄案掌修護河渠給
造軍器之名物及軍器作坊弓弩院諸務諸季料籍三曰商稅案四曰都鹽案

五曰茶案六曰鐵案掌金銀銅鐵朱砂白礬綠礬石炭錫鼓鑄七曰設案
掌旬設節料齋錢餐錢羊豕米麪薪炭陶器等物　度支分掌八案一曰賞給
案掌諸給賜賻贈例物口食內外春冬衣時服綾羅紗縠綿布鞋席紙染料市舶榷物務三府公吏
二曰錢帛案掌軍中春冬衣百官奉祿左藏錢帛香藥榷易三曰糧料案掌三
軍糧料諸州芻粟給受諸軍校口食御河漕運商人飛錢四曰常平案掌諸州平糴大中祥
符七年置主吏七人五曰發運案掌汴河廣濟蔡河漕運橋梁折斛三稅六曰騎
案掌諸坊監院務飼養牛羊馬畜及市馬等七曰斛斗案掌兩京倉廩廥積計度東京糧
料百官祿粟廚料　八曰百官案掌京朝幕職州縣官奉料祠祭禮物諸州驛料戶部分
掌五案一曰戶稅案掌夏稅二曰上供案掌諸州上供錢帛三
曰修造案掌京城工作及陶瓦八作排岸作坊諸庫簿帳勾校諸州營壘官廨橋梁竹木排筏

四曰麴案掌榷酤官麴五曰衣糧案掌勾校百官諸軍諸司奉料春冬衣祿粟
茶鹽鞵醬傔糧等　三部諸案並與本部都孔目官以下分掌
三部勾院判官各一人以朝官充掌勾稽天下所
申三部金穀百物出納帳籍以察其差殊而關防之
鹽鐵院度支院戶部院勾覆官各一人　都磨勘司
端拱九年置　判司官一人以朝官充掌覆勾三部帳籍以
驗出入之數　都主轄支收司淳化三年置　判官司以判
磨勘司官兼掌官物已支未除之數候至所受之處
附籍報所由司而對除之天下上供物至京即日奏
之納畢取其鈔以還本州　拘收司咸平四年置　以判磨

勘司兼掌凡支收財利未結絶者籍其名件而督之
都理欠司雍熙二年三部各置理欠有內簿司景德四年廢判司官一人
以朝官充掌理在京及天下欠負官物之籍皆立限
以促之　都憑由司以判都理欠司官兼掌在京官
物支破之事凡部支官物皆覆視無虛謬則印署而
遝之支訖復據數送勾而銷破之　開拆司判司官
一人以朝官充掌受宣敕及諸州申牒之籍發放以
付三部兼掌發放勾鑿催驅受事　發放司掌受三
司帖牒而下之太平興國年中置勾鑿司掌勾校三部公事
簿帳　催驅司掌督京城諸司庫務末帳京畿倉場

庫務月帳憑由送勾及三部支訖內外奉祿之事
受事司掌諸處解送諸色名籍以發付三部　衙司管
轄官二人以判開拆司官及內侍都知押班充掌大
將軍將名籍第其勞而均其役使　勾當公事官二
員以朝官充掌分左右廂檢討定奪點檢覆驗估剥
之事　三司推勘公事一人以京朝官充掌推劾諸
部公事　勾當諸司馬步軍糧料院官各一人以京
朝官充掌文武官諸司諸軍給受奉料批書券曆諸
倉庫案驗而稟賦之　勾當馬步軍專勾司官一人
以京朝官充舊以三班掌諸軍兵馬逃亡收併之籍諸司

庫務給受之數審校其欺詐批曆以送糧料院　以
上並屬三司使元豐官制行罷三司使並歸戶部

翰林學士院

翰林學士承旨　翰林學士　知制誥　直學士院
翰林權直　學士院權直　掌制誥詔令撰述之
事凡立后妃封親王拜宰相樞密使三公三少除開
■府儀同三司節度使加封加檢校官並用制賜大
臣大中大夫觀察使以上用批答及詔書餘官用敕
書布大號令用御札戒勵百官曉諭軍民用敕牓遣
使勞問臣下口宣凡降大赦曲赦德音則先進草大

詔命及外國書則具本取旨得畫亦如之凡拜宰相
及事重者晚漏上天子御內東門小殿宣召面諭給
筆札書所得旨稟奏歸院內侍鎖院門禁止出入夜
漏盡具詞進入遲明白麻出閤門使引授中書中書
授舍人宣讀其餘除授并御札但用御寶封遣內侍
送學士院鎖門而已至於赦書德音則中書遣吏持
送本院內侍鎖院如除授焉凡撰述皆寫畫進入請
印署而出中書省熟狀亦如之若已畫旨而未盡及
舛誤則論奏貼正凡宮禁所用文詞皆掌之乘輿行
幸則侍從以備顧問有獻納則請對仍不隔班凡奏

事用榜子關白三省樞密院用諮報不名凡初命爲學士皆遣使就第宣詔旨召入院上日敕設會從官宥以樂元豐中始命佩魚自蒲宗孟始見執政議事則繫鞵蓋與侍從異禮也政和三年強淵明請以前後所被旨及案例修爲本院敕令格式五年御書摛文堂榜賜學士院靖康元年吳幵等奏大禮鎖院麻三道以上係雙學士宿直分撰乞依故事從之　承旨不常置以學士久次者爲之凡他官入院未除學士謂之直院學士俱闕他官暫行院中文書謂之權直自國初至元豐官制行百司事失其實多所釐正

獨學士院承唐舊典不改乾道九年崔敦詩初以祕書省正字兼翰林權直淳熙五年敦詩再入院議者以翰林乃應奉之所非專掌制誥之地更爲學士院權直後復稱翰林權直然亦互除不廢權正或至三人

翰林侍讀學士　太宗初以著作佐郎呂文仲爲侍讀真宗咸平二年以楊徽之夏侯嶠並爲翰林侍讀學士始建學士之職其後馮元爲翰林侍讀不帶學士又以高若訥爲侍讀不加別名但供職而已天禧三年張知白爲刑部侍郎充翰林侍讀學士知天雄軍府侍讀學士外使自知白始元豐官制廢翰林侍讀侍講學士不置但以爲兼官然必侍從以上乃得兼之其秩卑資淺則爲說書歲春二月至端午日秋八月至長至日遇隻日入侍邇英閣輪官講讀元祐七年復增學士之號元符元年省去建炎元年詔可特差侍從官四員充講讀官遇萬機之暇令三省取旨就內殿講讀充宮觀兼侍讀元豐八年五月資政殿大學士呂公著兼侍讀提舉中太乙宮兼集禧觀公事七月韓維兼侍讀提舉中太乙宮元祐元年端明殿學士范鎮致仕提舉中太乙宮兼集禧觀公事

兼侍讀不赴六年馮京兼侍讀充太乙宮使未幾乞致仕不允仍免經筵進讀中興以來如朱勝非張浚謝克家趙鼎万俟卨並以萬壽觀使兼侍讀隆興元年張燾以萬壽觀湯思退以醴泉觀並侍讀乾道五年劉章以佑神觀兼焉　臺諫兼侍讀自慶曆以來臺丞多兼侍讀諫長未有兼者紹興十二年春万俟卨以中丞羅汝檝以諫議始兼侍讀自後每除言路必兼經筵矣

翰林侍講學士　咸平二年國子祭酒邢昺爲侍講學士其後又以馬宗元爲侍講不加別名但供職而

已景德四年以翰林侍講學士邢昺知曹州侍講學士外使自昺始故事自兩省臺端以上兼侍講元祐中司馬康以著作佐郎兼侍講時朝議以文正公之賢故特有是命紹興五年范冲以宗卿朱震以秩少並兼蓋殊命也乾道六年張栻始以吏部員外郎兼蓋中興後庶官兼侍講者惟此三人若紹興二十五年張扶以祭酒隆興二年王佐以檢正乾道七年林憲以宗卿入經筵亦兼侍講者蓋扶本以言路兼說書就升其秩佐時攝版曹憲嘗爲右史且有舊例故稍優之

臺諫兼侍講 慶曆二年召御史中丞賈昌朝侍講邇英閣故事臺丞無在經筵者仁宗以昌朝長於講說特召之神宗用呂正獻亦止命時赴講筵去學士職中興後王賓爲御史中丞見請復開經筵遂命兼講自後十五年間繼之者惟王唐徐俯二人皆出上意紹興十二年則万俟卨羅汝檝紹興二十五年則正言王珉殿中侍御史董德元並兼侍講非臺丞諫長而以侍講爲稱又自此始其後猶或兼說書臺官自尹穡隆興二年五月諫官自詹元宗乾道九年十二月後並以侍講爲稱不復兼說書矣

宮觀兼侍講 國初自元豐以來多以宮觀兼侍讀乾道七年寶文待制胡銓除提舉祐神觀兼侍講是日以宰執進呈虞允文奏曰胡銓早歲一節甚高不宜令其遽去朝廷帝曰銓固非他人比且除在京宮觀留侍經筵故有是言

崇政殿說書 掌進讀書史講釋經義備顧問應對學士侍從有學術者爲侍講侍讀其秩卑資淺而可備講說者則爲說書仁宗景祐元年正月命賈昌朝趙希言王宗道楊安國並爲崇政殿說書日輪二員祗候初侍講學士孫奭年老乞外因薦昌朝等至是特置此職以命之慶曆二年以趙師民預講官復爲崇

政殿說書不兼侍講元祐間程頤以布衣爲之然范祖禹乃以著作佐郎兼侍講司馬康又嘗以著作佐郎兼侍講前此未有也崇寧中初除說書二人皆以隱逸起蔡宻呂瓘仍遂其性詔以仕服隨班朝謁入侍渡江後尹焞初以祕書兼之中間王十朋范成大皆以郎官兼亦殊命也近事侍從以上兼經筵則曰侍講庶官則曰崇政殿說書故左史兼亦曰侍講紹興十二年万俟卨羅汝檝並兼講讀蓋秦檜時已兼說書便於傳道秦熺復繼之每除言路必預經筵檜死始罷慶元後臺丞諫長暨副端正言司諫以上無

不預經筵者正言兼説書自端明巫伋始副端兼説書自端明余堯弼始察官兼説書自少卿陳夔始修注兼説書自朱震始修注官多得兼侍講開禧三年十一月王簡卿知諫院爲左史仍兼崇政殿説書言者以爲不可罷之

觀文殿大學士　學士之職資望極峻無吏守無職掌惟出入侍從備顧問而已觀文殿即舊延恩殿慶曆七年更名皇祐元年詔置觀文殿大學士寵待舊相今後須曾任宰相乃得除授時賈昌朝由使相右僕射觀文殿大學士判尚書都省觀文殿置大學士

自昌朝始三年詔班在觀文殿學士之前六尚書之上自是曾任宰相者出必爲大學士熙寧中韓絳宣撫陜西河東得罪罷守本官四年用明堂赦授觀文殿學士宰相不爲大學士自絳始中興後非宰相而除者自紹興二十年秦熺始熺知樞密院郊祀大禮使禮成以學士遷且視儀揆路非典故也乾道四年汪澈舊以樞密使爲學士遷九年王炎以樞密使爲西川安撫使除至慶元間趙彥逾自工部尚書爲端明殿學士直以序遷至焉曾爲宰相而不爲大學士者自紹興元年范宗尹始

觀文殿學士　觀文殿本隋煬帝殿名國初爲文明殿學士慶曆七年宋庠言文明殿學士稱呼正同真宗謚號兼禁中無此殿額其學士理自當罷乞擇見今正朝或祕殿以名學士易之乃詔改爲紫宸殿學士以參知政事丁度爲之時學士多以殿名爲官稱丁遂稱曰丁紫宸八年御史何郯以爲紫宸不可爲官稱於是改延恩殿爲觀文殿即殿名置學士仍以度爲之自後非曾任執政者弗除熙寧中王韶以熙河功元豐中王陶以官僚雖未歷二府亦除是職蓋異恩也然詔猶兼端明殿龍圖學士云

資政殿大學士　資政殿在龍圖閣之東序景德二年王欽若罷參政真宗特置資政殿學士以寵之在翰林學士下十二月復以欽若爲資政殿大學士班文明殿學士之下翰林學士承旨之上資政殿置大學士自欽若始自欽若班翰林承旨上一時以爲殊寵祥符初向敏中以前宰相再入爲東京留守復加此職自是訖天聖末二十餘年不以除人明道元年李迪知河陽召還始再命之景祐四年王曾罷相復除二十年間除三人皆前宰相也宋庠罷參知政事仁宗眷之厚因加此職自欽若後非宰相而除者惟

庠一人康定二年右正言梁適請遵先朝故事定以員數於是詔大學士置二員學士三員紹興十年鄭億年歸自僞齊除資政殿二年加大學士許出入如二府儀億年未嘗秉政十五年秦熺自翰林學士承旨爲資政詔立班恩數同執政十六年秦檜弟梓以端明卒于湖州進大資致仕恤典同參政是後從臣自端明視政府而序進者遂爲常矣

端明殿學士　端明殿即西京正衙殿也後唐天成元年明宗即位之初四方書奏命樞密使安重誨進讀懵於文義孔循獻議始置端明殿學士命馮道趙

宋史一百六十二　字三百九十三个　宋史志卷第一百十五　二十二　潘能寫　徐昌刊

鳳俱以翰林學士充班在翰林學士上後有轉改止於翰林學士內選任初如三館例職在官下趙鳳轉侍郎諷任圜特移職在官上後遂爲故事宋太宗初以程羽爲之後隨殿名改爲文明殿學士慶曆中改爲紫宸後又改爲觀文明道二年改承明殿爲端明殿復置端明殿學士以翰林侍讀學士宋綬爲之在翰林學士之下自明道訖元豐無前執政爲之者僅以侍學士之久次者元豐中以前執政爲之自曾孝寬始以見任執政爲之自王安禮始政和中嘗改爲建康殿建炎二年都省言延康殿學士舊係端明殿

學士詔依舊後拜簽樞者多領焉

總閣學士直學士　宋朝庶官之外別加職名所以厲行義文學之士高以備顧問其次與論議典校讎得之爲榮選擇尤精元豐中修三省寺監之制其職並罷滿歲補外然後加恩兼職直龍圖閣省寺監丞貳補外或領監司帥臣則除之待制雜學士給諫以上補外則除之係一時恩旨非有必得之理元祐二年詔復增館職及職事官並許帶職尚待二年加直學士中丞侍郎給舍諫議通及一年加待制紹聖三年詔職事官罷帶職非職事之官仍舊中興後學士

宋史一百六十二　字三百七十八个　宋史志卷一百十五　二十三　潘能寫　王英刊

率以授中司列曹尚書翰林學士之補外者權尚書給諫侍郎則帶直學士待制焉

龍圖閣學士　直學士　待制　大中祥符中建在會慶殿西偏北連禁中閣東曰資政殿西曰述古殿閣上以奉太宗御書御製文集及典籍圖畫寶瑞之物及宗正寺所進屬籍世譜有學士直學士待制直閣等官　學士大中祥符三年置以杜鎬爲之班在樞密直學士上六年詔結銜在本官之上　直學士景德四年置以杜鎬爲之班在樞密直學士下祥符六年詔結銜在本官之上　待制景德元年置以杜

鎬戚繪爲之並依舊充職四年詔班在知制誥下並赴內殿起居自改官制爲學士初復之職或知制誥平出除之

天章閣學士　直學士　待制　天禧四年建在會慶殿之西龍圖閣之北明年仁宗即位修天章閣畢以奉安真宗御製東曰羣玉殿西曰蘂珠殿北曰壽昌殿南曰延康殿內以桃花文石爲流桮之所以在位受天書祥符改曰天章取爲章于天之義天聖八年置待制慶曆七年又置學士直學士又有侍講學士慶曆七年初置在龍圖閣學士之下學士罕以命

人迄仁宗世纔王贄一人秦堪自顯謨閣進直天章閣以稱呼非便辭詔改龍圖自是天章不爲帶職

直學士慶曆七年初置天章閣直學士在龍圖閣直學士之下　待制天聖八年初置寓直於秘閣與龍圖通宿尋命范諷鞠詠充職中興後圖籍符瑞寶玩之物若國史宗正寺所進屬籍獨藏于天章閣祖宗御容潛邸旌節亦安奉焉

寶文閣學士　直學士　待制　閣在天章閣之東西序羣玉蘂珠殿之北即舊壽昌閣慶曆改曰寶文嘉祐八年英宗即位詔以仁宗御書御集藏于閣命王珪撰記立石治平四年神宗即位始置學士直學士待制恩賜如龍圖英宗御書附于閣　學士治平四年初置以呂公著兼　直學士治平四年初置以邵必爲之　待制治平四年初置

顯謨閣學士　直學士　待制　元符元年曾布鄧洵仁各申請建閣詔翰林學士中書舍人撰閣名五以聞遂建閣藏神宗御集以顯謨爲名徽宗建中靖國元年詔以顯謨閣爲熙明閣仍置學士直學士待制續奉旨仍以顯謨爲額崇寧元年詔顯謨閣學士直學士待制如三閣故事序位在寶文閣學士直學

士待制之下學士直學士待制並建中靖國元年置

徽猷閣學士　直學士　待制　大觀二年初建徽猷閣以藏哲宗御集置學士直學士待制等官

敷文閣學士　直學士　待制　紹興十年置藏徽宗聖製置學士等官

煥章閣學士　直學士　待制　淳熙初建藏高宗御製十五年置學士等官

華文閣學士　直學士　待制　慶元二年置藏孝宗御製置學士等官

寶謨閣學士　直學士　待制　嘉泰二年置藏光

宗御製置學士等官
寶章閣學士　直學士　待制　寶慶二年置藏寧
宗御製置學士等官
顯文閣學士　直學士　待制　咸淳元年置藏理
宗御製置學士等官
集英殿修撰　國初有集賢殿修撰直龍圖閣直秘
閣三等政和六年始置集英殿修撰右文殿修撰秘
閣修撰舊制貼職無雜壓至是因增置乃定爲雜壓
其集英修撰中興後以寵六曹權侍郎之補外者下
待制一等

右文殿修撰　元祐元年詔內外官帶貼職紹聖二
年詔職事官罷帶職易集賢殿學士爲修撰政和六
年以集賢院無此名其見任集賢院修撰並改爲右
文殿修撰次於集英殿修撰爲貼職之高等
秘閣修撰　政和六年置以待館閣之資深者仍多
由直龍圖閣遷爲
直龍圖閣　祥符九年以馮元爲太子中允直龍圖
閣直閣之名始此凡館閣之久次者必選直龍圖閣
皆爲權待制之基也中興後凡直閣爲庶官任藩閫
監司者貼職各隨高下而等差之

直天章閣至直顯文閣並同
直秘閣　國初以史館昭文館集賢院爲三館皆寓
崇文院太宗端拱元年詔就崇文院中堂建秘閣擇
三館真本書籍萬餘卷及內出古畫墨跡藏其中以
右司諫直史館宋泌爲直秘閣直館直院則謂之館
職以他官兼者謂之貼職元豐以前凡狀元制科一
任還即試詩賦各一而入否則用大臣薦而試謂之
入館官制行廢崇文院爲秘書監建秘閣於中自監
少至正字列爲職事官罷直館直院之名獨以直秘
閣爲貼職皆不試而除蓋特以爲恩數而已　故事

外官除館職如秘閣校理直秘閣者必先移書在省
執事叙同僚之好乃即館設盛會宴之自崇寧以來
外官除館職既多此禮寖廢
東宮官
太子太師　太傅　太保　太子少師　少傅　少
保　國初師傅不常設仁宗升儲置三少各一人參
政李昉兼掌賓客及升首相遂進少傅此宰相兼宮
僚之始也丁謂兼少師馮拯兼少傅曹利用兼少保
是時實爲東宮官餘多以前宰執爲致仕官若太子
太師太傅太保以待宰相官未至僕射者及樞密使

致仕亦隨本官高下除授太子少師少傅少保以待前執政惟少師非經顧命不除若因遷轉則遞進一官至太師即遷司空天禧末皇太子同聽政乃以首相兼少師自後神宗欽宗孝宗光宗在東宮皆不置開禧三年史彌遠自詹事入樞府乃進兼賓客已而太子侍立遂以丞相錢象祖兼太子少傅明年景憲太子立象祖兼少師彌遠以右相兼少傅未幾彌遠丁內艱象祖亦去位又明年彌遠起復遂兼進少師景定元年度宗升儲以賈似道爲少師

太子賓客　至道元年建儲初置賓客二人以他官兼天禧四年參政任中正樞副錢惟演參政王曾並兼太子賓客執政兼東宮官始此中興後不置開禧三年景憲太子立始以執政兼賓客後復省景定元年度宗升儲以朱熠皮龍榮沈炎並兼賓客

太子詹事　仁宗升儲置詹事二人神宗欽宗升儲並置二人皆以他官兼登位後省乾道元年莊文太子立置詹事二人踰月詔太子詹事過東宮講讀日並往陪侍七年光宗正儲位以敷文閣直學士王十朋敷文閣待制陳良翰爲太子詹事不兼他官非常制也景定元年度宗升儲以楊棟兼詹事

太子左庶子　右庶子　左諭德　右諭德　舊制不常設儲闈之建隨宜制官以備僚寀多以他官兼領仁宗神宗升儲庶子諭德各置二人欽宗升儲置一人紹興三十二年孝宗以建王立爲皇太子置庶子諭德各一人除右虛左乾道元年及七年各置一人開禧三年景獻太子立初除左虛右明年左右始並置

太子侍讀　侍講　神宗升儲始置各一人乾道淳熙開禧各依故事並置乾道七年禮部太常寺言討論東宮開講并節朔賀慶辭謝禮儀宮僚講讀無已

行故事當依放講筵少殺其禮每遇講讀詹事以下至講讀官上堂並用賓禮參見依官職序坐皇太子正席講讀官迭起如延英儀講罷復位節朔不受宮僚參賀元日冬至詹事以下牋賀謝辭初如常見之禮後離位致詞復位就坐茶湯罷詹事初上參見皇太子拜皇太子答拜庶子等初上參見皇太子受拜庶子諭德及講讀官雖有坐受之禮止是五禮新儀所載兼遂日致拜之禮近例皆已不行或遇合致拜日更合參酌天禧至道故事施行按天禧二年九月五日左庶子張士遜等言臣等日詣資善堂參見皇太子得令升階列拜然後跪受望令皇太子坐受參見詔不許至道元

年皇太子每見太子賓客必先拜迎送常降階及門並從之

太子中舍人　舍人　至道天禧各置一人神宗欽宗升儲並如舊置嘉定初除二人慶元以中舍人在舍人上

資善堂　翊善　賛讀　直講　説書　皇太子宮小學教授　資善堂小學教授　翊善賛讀直講皆舊制説書而下中興以後增置　資善堂自仁宗爲皇子時爲肄業之所每皇子出就外傅選官兼領元豐八年哲宗初開講筵詔講讀官日赴資善堂以雙日講讀仍輪一員宿直又詔三省樞密院講讀修注

官錫宴於資善堂政和元年定王嘉王出就資善堂聽讀詔宰執就見靖康元年詔皇太子出就外傅就資善堂置學舍令國子監供監書紹興五年孝宗封建國公出就資善堂聽講先是宰臣趙鼎得旨於宮門内造書院至是始成以爲資善堂命儒臣爲直講翊善悉如資善故事尋用趙鼎言以左史范沖充翊善右史朱震充賛讀時稱極選帝曰朕令國公見沖震必設拜蓋尊重師傅不得不如此紹興十二年建國公出就外第及紹興三十年由普安郡王爲皇子進封建王時皇孫皆就傅以校書郎王十朋爲小學教授紹興三十二年孝宗即位詔三皇子位各置説書官一員又置賛讀直講一員淳熙七年皇孫英國公始就傅詔置皇太子宮小學教授一員十六年光宗即位皇子進封嘉王置王府賛讀翊善直講各一員慶元六年景獻太子爲福州觀察使詔令資善堂授書置小學教授二員開禧元年進封榮王仍開資善堂置賛讀直講説書官各一員又置翊善一員度宗升儲並置翊善賛讀等官

主管左右春坊事二人以内臣兼同主管左右春坊事二人以武臣兼承受官一人以内侍充仁宗神宗升

儲並置中興後置官並同

太子左右衛　率府率　副率　左右司禦　率府率　副率　左右清道　率府率　副率　左右監門　率府率　副率　左右内　率府率　副率

官存而無職司至道元年東宮置左清道率府率副率兼左春坊謁者主賛引三年真宗即位而省天禧二年又以左清道率郭承慶左右監門副率夏元亨兼左右春坊謁者仁宗即位復省中興後不置惟以監門率府副率爲環衛階官

親王府　傅　長史　司馬　諮議參軍　友　記

室參軍　王府教授　小學教授　傅及長史司馬有其官而未嘗除太平興國八年諸王出閤楚王府置諮議參軍二員翊善一員陳王府置諮議翊善各一員韓王冀王益王置翊善各一員後又置記室及諸王府侍講一員並以常參官兼充其後多不置諮議翊善記室或止一員大中祥符九年仁宗初封壽春郡王置友二員亦以常參官兼充天禧二年進封昇王友遷諮議仍置記室一員又皇姪皇孫侍教南北伴讀無定數至道初太宗以皇親子孫就講學欲置侍講之職中書言按唐太宗改諸王侍讀為奉諸王講讀今皇孫皇姪皆環衞之職請以教授為名從之選京朝官通經者充其後又令王府記室翊善侍講分兼南北宅教授

大中祥符二年又有侍教之名自是南北院或有伴讀凡諸宮皆有教授初無定員是年英宗以宗室自率府副率已上八百餘人奉朝請者四百餘人而教官纔六員乃詔增置教授官凡皇族年三十已上者百一十三人置講書四員年十五以上者百十三人置講書四員年十五已上者三百九十八人增置教授五員年十四已下者別置小學教授十二員并舊六為二十七員以分教之其子弟不率教俾教授官本位尊長具名申大宗正司行戒責教授官不職大宗正司容訪以聞舊制親賢宅置講書紹興十二年改為府教授掌教親賢宅南班宗子淳熙十二年詔建魏惠憲王府置小學教授二員以館職兼充掌訓皇孫既長趣朝謁則不以小學名而講習如故自後皇姪皇孫皆置教授

志卷第一百十五

志卷第一百十六　宋史一百六十三

開府儀同三司上柱國錄軍國重事前中書右丞相兼修國史領經筵事都總裁臣脫脫等奉

勅修

職官三

吏部　戶部　禮部　兵部　刑部　工部　六部監門　六部架閣

吏部掌文武官吏選試擬注資任遷敘蔭補考課之政令封爵策勳賞罰殿最之法凡文階官之等三十武選官之等五十有六幕職州縣官之等七散官之等九皆以左右高下分屬於四選曰尚書左選文臣京朝官以上及職任非中書省除授者悉掌之曰尚書右選武臣升朝官以上及職任非樞密院除授者

悉掌之自初任至幕職州縣官侍郎左選掌之自副尉以上至從義郎侍郎右選掌之若文武官雖不隸左右選而職任係中書省樞密院除授者其制命誥敕皆本部奉行凡應注擬升移敘復蔭補及酬賞封贈者所隸審驗格法上尚書省法例可否不決應取裁者亦如之若中散大夫左右武大夫以上合命詞者列其遷敘資級歲月功過上中書省樞密院畫旨給告通書本部長貳及所隸郎官其屬有曰司封曰司勳曰考功凡官十有三尚書一人侍郎一人郎中員外郎尚書選二人侍郎選各一人司封司勳考功

各一人舊制有三司尚書主其一侍郎二員各主其一分銓注擬事其後但存尚書銓餘東西銓印存而事廢淳化中又置考課院磨勘幕府州縣功過引對黜陟至道二年以其事歸流內銓判流內銓事二人以御史知雜以上充掌節度判官以下州府判司諸縣令佐擬注對揚磨勘功過之事判部事二人以帶職京朝官或無職事朝官充凡文吏班秩品命令一出於中書而小選院既不復置本曹但掌京朝官敘服章申請攝官詰吊祠祭及幕府州縣官格式闕簿辭謝核萃舉人兼南曹甲庫之事流外銓掌考試附

奏諸司人吏而已南曹掌考驗選人殿最成狀而送流內銓闕試均黃給曆之事甲庫掌受制敕黃闕給籤符優牒選人改名廢置之事初淳化三年置磨勘京朝官院四年改太平興國中置差遣院至是併入審官院置知院二人以御史知雜以上充舊以朝官充掌考校京朝官殿最敘其爵秩而詔於朝分擬內外任使而奏之元豐官制行六曹尚書侍郎為長貳郎官理郡守以上資任者為郎中通判以下資序者為員外郎除授皆視寄祿官高一品以上者為行下一品者為守下二品以下者為試品同者不用行守試餘

職準此元祐初置權尚書奉賜依守侍郎班序在試尚書之下雜壓在左右常侍之下又置權侍郎如未歷給事中中書舍人及待制以上者並帶權字祿賜比諫議大夫郎官雖理知州資序未曾實歷知州及監司開封府推官者止除員外郎又詔職事官除去行字一等又以六曹職事閑劇不等減定員數事簡者他司兼領司封司勳各減郎官一員紹聖初詔元豐法以行守試制祿三等元符元年吏部言元祐法小使臣只降宣劄但務從簡於理未安請自借職而上依元豐法給告從之崇寧元年詔大宗正丞大理

正諸寺監丞大學武學律學博士大學正錄諸宮院諸州教授堂除外其吏部闕不許占差已授未赴及初到任人二年詔十年不到部者依長定格與降一官二十年以上則除其籍靖康元年七月詔以吏部四選逐曹條例編集板行八月臣僚言祖宗時未有宗室參部之法神宗時始選擇差注一二崇寧初立法大優宗室參選之日在本部名次之上既壓年月深遠勞効顯著之人復著名州大郡優便豐厚之處議者頗欲懲革不注郡守縣令與在部人通理名次從之

尚書掌文武二選之法而奉行其制命凡序位有品寓祿有階列爵有等賜勳有給分任有職選官有格考其功過計其歲月辨其位秩而以序進之凡文臣自京朝官武臣自大使臣以上舊內殿崇班以上選授封爵功賞課最之事所隸官分掌其事兼總於尚書驗實而後判成以天下職事員闕具注於籍月取其應選者揭而書之集官注擬考閥閱以定其可否若有疑不能決小事則申請大事則稟議於尚書省應論奏者與郎官同請對大祭祀則奉玉幣以授左僕射執爵以授左丞舊尚書為所遷官名班左丞上自釐正百

司吏部以金紫光祿大夫戶禮兵刑工部以銀青光祿大夫換授而任六曹尚書者始實領職事左選分案八置吏三十右選分案六置吏十有六曰主事令史曰書令史曰守當官二十四司亦如之南渡初諸曹長貳互置惟吏部備官紹興八年依元祐制六曹皆置權尚書以處未應資格之人其屬有侍郎二人分左右選尚書左右選各置郎中一人侍郎左右選各置郎中一人司封司勳考功各一人郎官分掌其事而兼總於尚書左選掌考校京朝官以上殿最叙其爵秩擬內外任使而奏授之分案十二曰六品曰

七品曰八品曰九品曰注擬曰名籍曰掌闕曰催驅曰甲庫曰檢法曰知雜曰奏薦賞功司吏額主事一人令史二人書令史九人守當官一十一人正貼司一十六人私名一十二人楷書二人法司一人官告院六部監門隸焉右選掌大使臣以上差注材武人有格二十一及破格出闕較量功過奏薦諸軍賞功分案十曰大夫曰副使曰脩武曰注擬掌闕曰奏薦賞功曰開拆曰名籍曰甲庫曰法司曰知雜吏額主事一人令史二人書令史九人守當官一十二人正貼司八人私名一十人法司一人紹熙三年左司諫

謝源明言乾道九年詔旨六部應承三省密院批送勘當文字並令本部郎官長貳按法裁決可否申上朝廷施行即不得持兩端如或事有疑難及生剏無條例者令長貳據所見申明將上取旨乞明詔六曹遵守從之

侍郎分左右選左選掌文臣之未改官者凡始命而未應參部者皆試而後選若應格則具歲月歷任功罪及所舉官員數同郎官引見於便殿禀奏改官右選掌武臣之未升朝者（舊自供奉官以上）其職任自親民官至部隊將監當官皆掌其選授注擬之法凡初仕而試不中等及已入官而未應選者皆勿注正闕官制行尚書侍郎通治曹事奏事則同班惟吏部分領四選大祭祀則舉玉幣置諸案薦饌則進搏黍進孰則執匏爵以授右丞飲福則奉爵視朝則執文武班簿對立以侍顧問左選分案十五置吏四十有三右選分案八置吏四十有七（紹興四年吏部侍郎葉祖洽言侍郎左選準元豐朝旨類姓置簿左右選理宜一體右選亦乞置簿拘轄功過從之）建炎四年五月詔六曹復置權侍郎如元祐故事滿二年為真（補外者除待制未滿除脩撰）左選掌承直郎以下擬注州府判司諸縣令佐監當及磨勘功過之事分案十三乾道裁減吏額共置五

十五人右選掌校副尉以上較試擬官行賞換官考其殿最分案十五乾道裁減吏額共置四十八人舊制吏部除侍郎二員分典左右選總稱吏部侍郎間命官兼攝惟稱左選侍郎或右選而已紹興三年謝深甫張叔椿兼攝始有侍左侍郎侍右侍郎之稱既而林大中沈揆權貳尚書則侍左侍右徑入除目相承不改

郎中　員外郎（尚左侍左　尚右侍右）舊主判二人以朝官充元豐官制行置吏部郎中主管尚書左右選及侍郎左右選各一員參掌選事而分治之凡郎官並用

知府資序以上人充未及者為員外郎建炎四年詔權攝添差郎官並罷初進擬第云吏部郎官及擬告身細銜始直書尚書吏部郎中或員外郎主管尚書某選主管侍郎某選紹興八年呂希常以監六部門兼權侍右郎官紹興三十一年李端明正除尚右郎官既而何俌楊倓貫行之除吏部郎官皆有侍左侍右尚左尚右之稱自此相承不改淳熙十六年光宗即位詔四選通差用尚書顔師魯之請也先是乾道元年詔令後非曾任監司守臣不除郎官著為令自是館學寺監臣拘礙資格遷除不行郎曹闕員但得

兼攝旋即外補間有不次擢用者則自二著躐升二史以至從列其自外召至為郎則資級已高曾不數月必序進卿少而郎有正員者益少矣

司封郎中　員外郎　掌官封叙贈承襲之事凡三師三公以下至升朝官褒贈祖考母妻親王郡王內外命婦以下保任宗屬封爵諸親皆因其位叙而為之等凡宗室當賜名訓具抄擬官凡庶姓孔氏柴氏折氏之後應承襲者辨其嫡庶列爵九等曰王曰郡王曰國公曰郡公曰縣公曰侯曰伯曰子曰男分國三等大國二十七次國二十小國二百二十內命婦之品五曰貴妃淑妃德妃賢妃曰大儀貴儀淑儀淑容順儀順容婉儀婉容昭儀昭容昭媛脩儀脩容脩媛充儀充容充媛曰婕妤曰美人曰才人貴人外內命婦之號十有四曰大長公主曰長公主曰公主曰郡主曰縣主曰國夫人曰郡夫人曰淑人曰碩人曰令人曰恭人曰宜人曰安人曰孺人叙贈之制三公宰臣執政節度使三代金紫銀青光祿大夫二代餘官一代皆辨其位序以進之加食邑實封則視其品之高下以為戶數多寡之節凡事之可否與司勳通決於長貳分案三設吏六元祐元年中書後省言臣

僚封贈父母依舊制命詞大中大夫觀察使以上用專詞餘用海詞二年詔父及嫡母存不得請所生母封贈所生母未封亦不許先及其妻紹聖元年詔宗室換授文官身亡者通直郎以上贈三官元符元年以元祐間封贈衮前制詔並依元豐法二年詔寺監官雜壓在通直郎之上者雖係宣教郎遇大禮封贈政和二年詔封母則隨所封五等謂如封南陽縣開國男則隨其爵稱南陽縣男令人封魏國公則稱魏國公夫人之類應婦人不因夫子得封號謂命官非升朝而母年九十以上或士庶人婦女年百歲并特旨若回授者或因子孫得封贈其夫至升朝或非升朝應封贈者並孺人宣和二年臣僚言近年有京官

任校書郎正字者得封贈今則監丞未升朝者亦乞
依例蓋縁監丞雜壓在校書郎之上故引以為請甚
無謂也不獨此爾又有小使臣偶因薄勞或磨勘轉
官遂乞回授封贈父母實為大濫望降旨今後封贈
並依舊法敢有擅更陳乞紊亂典章者寘之典刑庶
幾僥倖者息而名分正矣從之建炎以後並同
司勳郎中　員外郎參掌勳賞之事凡勳級十有二
曰上柱國正二品曰柱國從二品曰上護軍正三品曰
護軍從三品曰上輕車都尉正四品曰輕車都尉從
四品曰上騎都尉正五品曰騎都尉從五品曰驍騎

尉正六品曰飛騎尉從六品曰雲騎尉正七品曰武
騎尉從七品率三歲一遷必因其除授以加之凡賞
有格若事應賞從其所隸之司考實以報則必審核
其狀以格覆之謂之有法酬賞非格所載參酌輕重
擬定以上尚書省謂之無法酬賞若功賞未酬而賞
格改易者輕從舊格重從新格錄用前代帝系及勳
臣之後則考其族系而奉行其制命分案四置吏十
有九元祐元年吏部言諸色人援引徼求入流太冗
應工匠伎藝之屬無法入官者雖有勞績並止比類
支賜未經酬獎者亦如之紹聖二年戶部言元豐官

制司勳覆有法式酬賞無法式者定之元祐中有法
式者止令所屬勘驗自後應干錢穀本部指定關司
勳則是戶部兼司勳之職請依舊制從之四年應川
陜人任本路差遣者酬獎減半政和四年詔司勳行
下所屬將一司一路條制參照酬獎格法類集參用
又詔以詳定國朝勳德臣僚職位姓名送吏部用工
部尚書鄭允中所編傳也隆興元年省併以司封郎
官兼領淳熙元年復以司農寺丞范仲芭兼司勳未
幾改除復省裁減吏額主事一人令史一人書令史
四人守當官三人正貼司四人私名三人

考功郎中　員外郎掌文武官選敘磨勘資任考課
之政令凡命官隨所隸遷以其職事其法於曆給之
於其屬州若司歲書其功過應升遷授者驗曆按法
而敘進之有負殿則正其罪罰以七事考監司一曰
舉官當否二曰勸課農桑增墾田疇三曰戶口增損
四曰興利除害五曰事失案察六曰較正刑獄七曰
盜賊多寡以四善三最考守令德義有聞清謹明著
公平可稱恪勤匪懈為四善獄訟無冤催科不擾為
治事之最農桑墾殖水利興脩為勸課之最屏除姦
盜人獲安處振恤困窮不致流移為撫養之最通善

最分三等五事為上二事為中餘為下若能否尤著則別為優劣以詔黜陟凡內外官計在官之日滿一歲為一考三考為一任磨勘之法文選官之等四銀青光祿大夫至朝議大夫進士理八年非進士理十年通直郎至大中大夫充諫議大夫待制以上職任者理三年朝散大夫至承務郎理四年武選官之等六遙郡團練使刺史閤門舍人轉左武右武郎理十年武功大夫以下理七年橫行武德大夫以下至校尉理五年閤門祗候初補從義郎以下至承節郎承信郎充隨行指使理四年承信郎以功補授及宗室

觀察使以下祗應校尉理三年宗室承宣使以下祗應校尉理二年幕職州縣官之等三進士第一第二第三名及第者一任回改京官自留守府判官至縣令理六考自軍巡判官至縣尉理七考率以法計其歷任歲月功過而序遷之凡改服色者以年勞計之執政官節度使銀青光祿大夫以上應謚者覆太常所定行狀報尚書省官集議以聞紹聖四年河東提刑司徐君平奏乞凡將集議前期三日持考功狀徧示當議之官使先紬繹而後集于都堂以詢之庶幾有所見者得以自申以補朝廷博謀盡下之意從之凡立碑碣名額之事掌之舊制考課院其定殿最皆有考辭元豐官制行悉罷分案十有七

置吏六十有八元祐三年詔知州考課法吏部上其事于尚書省送中書省取旨賞罰劣等應罰而已銜降者仍從銜降法縣令以下本部專行六年樞密院言元豐末堂除知州軍三年為任武任依此元祐初以成資為任武臣未曾立法詔武臣任六等差遣川廣成資餘並三十箇月為任建炎以後並同應文武臣磨勘關升資任較考定其殿最別其優劣以詔黜陟予奪沒則謚審覆而參定之凡特恩賜謚命詞給告除給敕分案十一曰六品曰七品曰八品曰曹掾曰令丞曰從義曰成忠曰資任曰檢法曰知雜曰開

拆裁減吏額主事二人令史四人書令史八人守當官十三人正貼司三人私名一十人淳熙十三年冊共裁三人官告院主管官一員以京朝官充舊制提舉一人以知制誥充判院一人以帶職京朝官充掌吏兵勳封官告以給妃嬪王公文武品官內外命婦及封贈者各以本司告身印印之文臣用吏部武臣用兵部王公及命婦用司封加勳用司勳官制行四選皆用吏部印惟蕃官則用兵部印記凡綾紙幅數褾軸名色皆視其品之高下應奏鈔畫聞者給之令史十五人元豐五年官制所重定制受敕授奏授告身式從之紹聖元年吏部言元豐法凡

入品者給告身，無品者給黃牒。元祐中，以內外差遣并職事官本等內改易或再任者並給黃牒，乃與無品人等。詔今後帥臣、監司、待制以上知州並給告，餘依舊。三年，詔職事官監察御史以上因事罷並給告。元符元年，吏部言元祐法小使臣只降宣劄，乞自承信郎而上依舊給告。宣和元年，詔官告院立條，凡製造告身法物應用綾錦，私輒放效織造及買販服用者立賞許告。大抵官告之制，自乾德四年詔定告身綾紙褾軸，其制闊畧，咸平、景德中兩加潤澤，至皇祐始備。神宗即位，循用皇祐舊格。逮元豐改制，名號雖

異，品秩則同，故亦未遑別定。徽宗大觀初，乃著為新格，凡褾帶網軸等飾始加詳矣。凡文武官綾紙五種，分十二等：

色背銷金花綾紙二等：一等一十八張，滴粉縷金花大犀軸，八答暈錦褾，韜色帶，三公、三少、侍中、中書令用之；一等一十七張，滴粉縷金花中犀軸，天下樂錦褾，犀軸，色帶，左右僕射、使相、王用之。

白背五色綾紙二等：一等一十七張，滴粉縷金花翠毛獅子錦褾，韜玳瑁軸，色帶，知樞密院、兩省侍郎、尚書左右丞、同知簽書樞密院事、嗣王、郡王、特進、觀文殿大學士、太尉、東宮三少、冀兖青徐揚荆豫梁雍州牧、御史大夫、宗室節度使至率府副率之帶皇字者用之；一等一十七張，暈錦褾，韜玳瑁軸，色帶，觀文殿學士、資政殿大學士、六尚書、金紫光祿、銀青光祿、光祿大夫、左右金吾衛、左右衛上將軍、節度承宣、觀察並用之。

大綾紙四等：一等一十五張，帛錦褾，兩面撥花穗草，大牙軸，色帶，宣奉、正奉大夫、翰林學士、資政、端明殿學士、龍圖、天章、寶文、顯謨、徽

猷閣學士、左右散騎常侍、御史中丞、開封尹、六曹侍郎、樞密直學士、龍圖、天章、寶文、顯謨、徽猷閣直學士、正議、通奉大夫、諸衛上將軍、太子賓客、詹事、侯用之；一等十二張，法錦褾，兩面撥花，細牙軸，色帶，給事中、中書舍人、通議大夫、司成、左右諫議大夫、龍圖、天章、寶文、顯謨、徽猷閣待制、大中大夫、祕書殿中監、伯用之；一等一十張，法錦褾，撥花常使大牙軸，色帶，中大夫、七寺卿、京畿三路轉運使、發運使、中奉、中散大夫、通侍大夫、樞密都承旨、祭酒、太常宗正少卿、祕書殿中少監、正侍、中侍大夫、入內內侍省內侍省都知、諸州刺史、中亮、中衛大夫、防禦、團練使、太子左右庶子、諸衛大將軍、駙馬都尉、與樂子用之；一等八張，盤毬錦褾，大牙軸，色帶，七寺少卿、朝議、奉直大夫、左右司郎中、司業、開封少尹、少府將作軍器監、都水使者、拱衛大夫、太子詹事、左右諭德、左武、右武大夫、入內內侍省內侍省副都知、樞密承旨、副都承旨、諸房副承旨、起居郎、舍人、侍御史、左右司員外郎、六曹郎中、貢請、朝散、朝奉大夫、京畿三路轉運副使、諸路轉運使副使、知上州、提舉三路保甲、入內內侍省內侍省押班、武功至武翼大夫、開封左右司錄事、蕃官使臣殿

中侍御史、左右司諫、正言、監察御史、和安大夫至翰林良醫、男用之；內殿中侍御史、監察御史用九張。蕃官使臣用大錦褾背帶，此其小異者也。

中綾紙二等：一等七張，中錦褾，中牙軸，青帶，諸司員外郎、朝請、朝散、朝奉郎、少府將作軍器少監、諸衛將軍、太子侍讀、侍講、中亮、中衛、左武、右武郎中、知下州、諸路提點刑獄、發運判官、提點鑄錢、承議郎、武功至武翼郎、太子中允、舍人、親王府翊善、贊讀、侍讀、符寶郎、太常中正、祕書殿中丞、六尚奉御、大理正、著作郎、通事舍人、太子諸率府率、直龍圖閣、開封府諸曹事、大晟府樂令、直秘閣、崇政殿說書、和安郎至翰林醫正用之；一等六張，中錦褾，中牙軸，青帶，奉議郎、七寺丞、祕書郎、太常博士、著作佐郎、國子少府將作軍器都水監丞、國子博士、大理司直、評事、脩武、敦武郎、通直郎、內常侍、轉運判官、提舉學士、諸州通判、御史臺檢法官、主簿、九寺主簿、親王記室、閣門祗候、樞密院逐房副承旨、從義、秉義郎、大學、武學博士、開封諸曹掾、陵臺令、兩赤縣令、忠訓、忠翊郎、節度、防禦、團練副使、行軍司馬、太醫正、太史局令、正、丞、五官正、翰林醫官、辟廱博士、太子諸率府副率用之。

小綾

紙二等一等五張黃花錦標角軸青帶校書郎正字宣教郎太常寺協律奉禮郎太祝郊社大官令律學博士國子少府將作軍器都水監主簿宣義郎保義成忠郎大學正錄律學承事承奉承務承信承節郎門下中書省錄事尚書省都事三省樞密院主事守闕正錄用之一等五張黃花錦標次等角軸青帶幕職州縣官三省樞密院令史書令史流外官諸州別駕長史司馬文學司士助教技術官用之凡宮掖至外命婦羅紙七種分十等遍地銷金龍五色羅紙二等一等一十八張韜帶兩面銷金雲鳳標紅絲網子金鍍鈒花塗粉錯滴粉縷金花鳳大犀軸大長公主長公主公主用之一等一十七張韜帶兩面銷金雲鳳標紅絲網子金鍍鈒花塗粉錯滴粉縷金花鳳子中犀軸貴儀淑儀淑容順儀順容婉儀婉容內宰用之遍地銷金鳳子五色羅紙二等一等一十五張韜帶銷金鳳子標紅絲網子金塗銀粉錯滴粉縷金雲鳳玳瑁軸昭儀昭容昭媛脩儀脩容脩媛充儀充容充媛副宰用之一等一十二張韜帶銷金盤鳳標紅絲網子金塗銀粉錯滴粉金雲鳳玳瑁軸婕妤才人貴人美人用之銷金團窠花五色羅紙二等一等一十張八答暈錦標韜色帶紫絲網子銀粉錯滴粉縷金葵花玳瑁軸尚儀尚服尚食尚寢尚功宮正內史宰相曾祖母祖母母妻親王妻用之一等八張翠色獅子錦標韜色帶紫絲網子銀粉錯滴粉縷金施子花玳瑁軸郡主縣主國夫人內命婦郡夫人執政官祖母母妻用之銷金大花五色羅紙一等七張雲鳳錦標韜色帶紫絲網子銀粉錯滴粉縷金玳瑁軸寶林御女采女二十四司典掌尚書省掌籍掌樂主管仙部用之金花五色羅紙一等七張法錦標韜色帶紫絲網子銀粉錯縷金玳瑁軸郡夫人郡君宗室妻朝奉大夫遙郡刺史以上母妻升朝官母諸班直都虞候指揮使禁軍都虞候軍都虞候御前忠佐母蓄官母妻諸神廟夫人用之五色素羅紙一等七張錦標韜色帶紫絲網子銀粉錯大牙軸宗室女升朝官妻諸班直都虞候指揮使禁軍都虞候軍都指揮使忠佐妻用之凡內外軍校封贈綾紙三

種分四等大綾紙二等一等七張法錦標大牙軸青帶遙郡刺史以上用之一等七張大錦標大牙軸青帶藩方指揮使御史前忠佐馬步軍都副都軍頭馬步軍都軍頭藩方馬步軍都指揮使用之內帶遙郡者法錦標色帶中綾紙一等五張中錦標中牙軸青帶都虞候以上諸班指揮使御前忠佐馬步軍副都軍頭藩方馬步軍副都指揮使都虞候用之內加至爵邑者用大綾紙大牙軸大錦標小綾紙一等五張黃花錦標次等角軸青帶諸軍指揮使以下用之如加至爵邑者同上凡封蠻夷酋長及蕃長綾紙兩種各一等五色銷金花綾紙一等一十八張翠色獅子錦標法錦韜紫絲網子銀粉錯滴粉縷金牡丹花玳瑁軸色帶南平占城真臘闍婆國王用之中綾紙一等七張法錦標中牙軸青帶藩蠻官承襲轉官用之大觀併歸尚書省政和仍歸吏部差主管官建炎元年詔文臣大中大夫武臣正任觀察使及宗室南班官以上給告以下並給敕三年詔逐等依舊給告紹興二年詔四品以下官及職事官監察御史以上官告並用錦標外其餘官并封贈權用纈羅代充十四年始盡用錦其後又詔內外命婦郡夫人以上乃得用網袋及銷金其餘則否至二十六年詔內外文武臣僚告敕並依大觀格式製造裁減吏額共置二十九人淳熙十三年又減五人

戶部　國初以天下財計歸之三司本部無職掌止置判部事一人以兩制以上充以受天下上貢元會陳于庭元豐正官名始並歸戶部掌天下人戶土地

錢穀之政令貢賦征役之事以版籍考戶口之登耗以稅賦持軍國之歲計以土貢辨郡縣之物宜以征榷抑兼并而佐調度以孝義婚姻繼嗣之道和人心以田務券責之理直民訟凡此歸於左曹以常平之法平豐凶時斂散以免役之法通貧富均財力以伍保之法聯比閭察盜賊以義倉振濟之法救饑饉恤艱阨以農田水利之政治荒廢務稼穡以坊場河渡之課酬勤勞省科率凡此歸於右曹尚書置都拘轄司總領內外財賦之數凡錢穀帳籍長貳選吏鈎考其屬三曰度支曰金部曰倉部熙寧中以知樞密院

陳升之參知政事王安石制置條例建官設屬取三司條例看詳具所行事付之三年罷歸中書以常平免役農田水利新法歸司農以胄案歸軍器監修造歸將作監推勘公事歸大理寺帳司理欠司歸比部衙司歸都官坑冶歸虞部而三司之權始分矣元豐官制行罷三司歸戶部左右曹而三司之名始泯矣凡官十有三尚書一人侍郎二人郎中員外郎左右曹各二人度支金部倉部各二人元祐初門下侍郎司馬光言天下錢穀之數五曹各得支用戶部不知出納見在無以量入為出乞令尚書兼領左右曹錢穀財用事有散在五曹寺監者並歸戶部使尚書周知其數則利權歸一若選用得人則天下之財庶幾可理詔尚書省立法三年三省言大理寺右治獄並罷依三司舊例戶部置推勘檢法官治在京官司凡錢穀事增置幹當公事二員紹聖元年罷戶部幹當公事置提舉管幹官復行免役義倉釐正左右曹職依元定官制三年右曹令侍郎專領尚書不與建中靖國元年復幹當公事官二員政和二年五月詔依神宗官制委右曹侍郎專主行常平自令許本部直達奏裁又詔依熙豐舊制本部置都拘轄司總領戶

度金倉四部財賦宣和六年詔戶部辟官依元豐法

尚書 侍郎掌軍國用度以周知其出入盈虛之數凡州縣廢置戶口登耗則稽其版籍若貢賦征稅斂散移用則會其數而頒其政令焉凡四司所治之事侍郎為之貳郎中員外郎參領之獨右曹事專隸所掌侍郎若事屬本曹郡縣監司不能直者受其訟焉大饗祀薦饌則尚書奉俎飲福則徹之朝會則奏貢物左曹分案五置吏四十右曹分案五置吏五十有六建炎兵興嘗以知樞密院張慤提領措置戶部財用後遷中書侍郎仍兼之五年復以參知政事孟庾

提領措置役罷專委戶部長貳左曹分案三曰戶口
掌凡諸路州縣戶口升降民間立戶分財科差人丁
典賣屋業陳告戶絶索取妻男之訟曰農田掌農田
及田訟務限奏豐稔驗水旱蟲蝗勸課農桑請佃地
土令佐任滿賞罰繳奏諸州雨雪檢按災傷逃絶人
戶曰檢法掌凡本部檢法之事設科有三曰二稅掌
受納驅磨隱匿支移折變曰房地掌諸州樓店務房
廊課利僧道免丁錢及土貢獻物曰課利掌諸軍酒
課比較增虧知通等職位姓名人戶買撲坊場酒務
租額酒息賣田投納牙契外有開拆知雜司右曹分

案六曰常平掌常平農田水利及義倉振濟戶絶田
產居養鰥寡孤獨之事曰免役曰坊場曰平準各隨
其名而任其事曰檢法曰知雜裁減吏額左曹四十
人右曹三十人淳熙十年詔左藏南庫撥隸戶部舊
制戶部侍郎二人中興初止除長貳各一員或止除
尚書若侍郎一員紹興四年七月詔戶部侍郎二員
通治左右曹自此相承不改

郎中左曹右曹 員外郎掌分曹治事建炎三年詔省併
郎曹惟戶部五司以職事煩劇不併仍各置一員紹
興中專置提舉帳司總天下帳狀以戶部左曹郎官
兼之右曹歲具常平錢物總數每秋季具冊以聞初
置主管左右曹總稱戶部郎官紹興七年閻彥昭以
大府寺丞兼左曹郎官紹興三十二年徐康正除左
曹郎官自是相承不改是年又詔戶部事有可疑難
裁決者許長貳與衆郎官聚議文字皆令連書有定
議然後付本曹行遣

度支郎中 員外郎參掌計度軍國之用量貢賦稅
租之入以爲出凡軍須邊備會其盈虛而通其有無
若中外祿賜及大禮賞給皆前期 歲終則會諸
路財用出入之數奏于上而以其副申尚書省凡小

事則擬畫大事諮其長貳應申請更改舉行勘審者
則先檢詳供具分案六置吏五十有一凡上供有額
封樁有數科買有期皆掌之有所漕運則計程而給
其直凡內外支供及奉給驛券賞賜衣物錢帛先期
擬度時而予之分案五曰度支曰發運曰支供曰賞
賜曰知雜乾道四年置會稽都籍度支掌之裁減吏
額置五十人淳熙十三年又減四人

金部郎中 員外郎參掌天下給納之泉幣計其歲
之所輸歸于受藏之府以待邦國之用句考平準市
舶榷易商稅香茶鹽礬之數以周知其登耗視歲額

增虧而為之賞罰凡綱運濡滯及負折者計程帳催理凡造度量權衡則頒其法式合同取索及奉給時賜審覆而供給之分案六曰左藏曰右藏曰錢帛曰榷易曰請給曰知雜裁減吏額共置六十人淳熙十三年又減四人

倉部郎中　員外郎參掌國之倉庾儲積及其給受之事凡諸路收糴折納以時舉行漕運上供封樁以時催理應供輸中都而有登耗則比較以聞歲以應用芻粟前期報度支均定支移折變之數其在河北陝西河東路者書其所支歲月季一會之若內外倉

場帳籍供申愆期則以法究治分案六置吏二十有四元祐元年四月省郎官一員十月復置分案六曰會場曰上供曰糶糴曰給納曰知雜曰開拆建炎三年罷司農寺歸倉部紹興四年復舊裁減吏額共置二十五人續又減二人

禮部掌國之禮樂祭祀朝會宴饗學校貢舉之政令祭之名有三天神曰祀地祇曰祭宗廟曰饗又有大祀中祀小祀之別幣玉牲牢器服各從其等凡雅樂以六律六同合陰陽之聲為樂律金石絲竹匏土革木為樂器宮架八佾特架六佾分武文先後之序為樂舞其所歌為樂章若有事於南北郊明堂籍田禘祫太廟薦享景靈宮酌獻陵園及行朝貢慶賀宴樂之禮前期飭有司辦具閱所定儀注以舊章參考其當否上尚書省冊寶及封冊命禮亦如之凡禮樂制度有所損益小事則同太常寺大事則集侍從官祕書省長貳或百官議定以聞凡天下選士具注於籍三歲貢舉與夫學校試補三舍生掌后妃親王以下推恩公主以下嫁宗室冠婚喪葬之制及賜旌節章服冠帔門戟旌表孝行之法若印記圖書表疏之事皆掌焉大祥瑞則朝參官以上詣閤門表賀餘於歲

終條奏舊屬禮儀院判院一人以樞密院使參知政事充知院以諸司三品以上充主吏無定數擇三司京朝百司胥史充禮部止設判部一人掌科舉補奏太廟郊社齋郎室掌長坐都省集議百官謝賀章表諸州申祥瑞出入內外牌印之事兼領貢院掌受諸州解發進士諸科名籍及其家保狀文卷考驗戶籍舉數年齒而藏之若朝廷遣官知舉則主判官罷事畢以知舉官卑者一員主判元豐官制行悉歸禮部其屬三曰祠部曰主客曰膳部設官十尚書侍郎各一人郎中員外郎四司各一人元祐初省祠部郎官一

員以主客兼膳部紹聖改元主客膳部互置郎官兼領建炎以後並同

尚書掌禮樂祭祀朝會宴享學校貢舉之政令侍郎為之貳郎中員外郎參領之凡講議制度損益儀物則審覆有司所定之式以次諮決而質於尚書省大祭祀則省牲鼎鑊視滌濯薦腥則奉籩豆簠簋及飲福徹之祼則奉瓚臨鬯凡天地宗廟陵園之祀后妃親王將相封冊之命皇子加封公主降嫁稽其彝章以詔上下而舉行之朝廷慶會宴樂宗室冠婚喪祭蕃使去來宴賜與夫經筵史館賜書脩書之禮例皆

同奉常講求參酌而定其儀節三歲貢舉學校試補諸生皆總其政旌節章服之頒祥瑞表奏之進凡關於禮樂者皆掌之建炎三年詔鴻臚光祿寺併歸于禮部太常國子監亦隸焉分案五曰禮樂曰貢舉曰宗正奉使帳曰封冊表奏曰檢法各隨其名而治其事裁減吏額四十五人續又減四人

侍郎奏中嚴外辦同省牲及視饌腥熟之節祼受瓚奉槃歲祀昊天上帝祭皇地祇與尚書迭為亞獻祭大社大稷神州地祇則迭為初獻祀九宮貴神五帝感生帝朝日夕月蜡祭東西方亦如之大朝會則尚書奏藩國貢物凡慶賀若謝則郎中員外郎分撰表文祠事與太常少卿祠部官迭為終獻或亞獻親郊自景靈宮朝獻太廟朝享至望燎禮畢乘輿還內皆奏觧嚴分案十置吏三十有五南渡諸曹長貳互置紹興七年禮部置侍郎二員隆興元年詔除尚書不常置外禮部侍郎置一員

郎中　員外郎元豐郎官員外郎參領禮樂祭祀朝會宴享學校貢舉之事有所損益則審訂以次諮決凡慶會若謝掌撰表文與祠部主客膳部並列為四建炎三年併省郎曹禮部領主客祠部領膳部隆

興元年復詔禮部祠部一員兼領自是併行四司之事矣通置吏五十四人

祠部郎中　員外郎掌天下祀典道釋祠廟醫藥之政令月奏祠祭國忌休暇之日每歲大祀忌日大忌前一日皆不坐元日冬至寒食假各七日天慶先天降聖節各五日誕聖節正七月望夏至臘各三日天祺天貺節人日中和二社上巳端午三伏七夕授衣重九四立春秋分及每旬假各一日若神祠封進爵號則覆太常所定以上尚書省凡宮觀寺院道釋籍其名額應給度牒若空名者毋越常數初補醫生令

有司試藝業歲終校全失而賞罰之分案五置吏二十有一

主客郎中　員外郎掌以賓禮待四夷之朝貢凡郊勞授館宴設賜予辨其等而以式頒之至則圖其衣冠書其山川風俗有封爵禮命則承詔頒付掌嵩慶懿陵祭享崇義公承襲之事分案四置吏七元祐六年七月兵部言兵部格掌蕃夷官授官主客令蕃國進奉人陳乞轉授官職者取裁即舊應除轉官者報所屬看詳舊來無例飛有陳乞曹部職掌未一久遠互失參驗自今不以曾未貢及例有無應緣進奉人陳乞授官加恩令主客關報兵部從之

膳部郎中　員外郎掌牲牢酒醴膳羞之事凡所用物前期計度以關度支若祭祀朝會宴享則同光祿寺官視其善否酒成則嘗而後進季冬命藏冰春分啓之以待供賜分案七置吏九

兵部掌兵衛儀仗鹵簿武舉民兵廂軍土軍蕃軍四夷官封承襲之事輿馬器械之政天下地土之圖凡儀衛大朝會用黃麾大仗文德殿視朝及冊命王公大臣用黃麾半仗紫宸殿受外國使朝用黃麾角仗文德殿發冊用黃麾細仗鹵簿有大駕法駕小駕皆掌其數及行列先後之儀為圖以授有司凡武選之制倣貢舉之法先聯其什伍而教之以戰為民兵材不中禁衛而足以執役為廂軍就其鄉井募以禦盜為土軍以老疾而裁其功力之半為剩員團結以禦戎為峒丁為義軍弩手屬羌分隸邊將為蕃兵籍其名數而頒其禁令大將出征奏捷則告于廟破賊則露布以聞凡招置廂禁軍及州郡屯營三衙遷補守戍軍吏轉補文武官白直宣借皆掌之其屬三曰職方曰駕部曰庫部舊判部事一人以兩制充掌三駕儀仗鹵簿圖春秋釋奠武成王廟及武舉歲終以義軍弓箭手戶數上于朝國初掌千牛備身殿中省進馬籍元豐設官十尚書侍郎各一四司郎中員外

郎各一元祐初省駕部郎中一員以職方兼庫部紹興攺元詔職方庫部互置郎官一員兼

尚書掌兵衛武選車輦甲械廐牧之政令以天下郡縣之圖而周知其地域凡陳鹵簿設仗衛飭官吏整肅蕃夷除授奉行其制命凡軍兵以名籍統隸者閱習按試選募遷補及武舉校試之事皆總之侍郎為之貳郎中員外郎參掌之大禮則尚書充鹵簿使大祀奉魚牲及俎視朝則侍郎執班簿對立小祀則郎中員外郎薦俎并徹分案九置吏四十有七凡蕃夷屬戶授官封襲之事皆掌之建炎三年併衛尉寺隸焉

分案十日賞功曰民兵衛曰廂兵曰人從看詳曰帳籍告身曰武舉曰蕃官曰開拆曰知雜曰檢法乾道裁減吏額共置三十人續詔將下班祗應并進義校尉守闕進義副尉進武校尉守闕進武副尉並隸兵部許於殿前司抽差下班祗應文字人吏六名赴部行遣

侍郎掌貳尚書之事南渡長貳互置續置侍郎二員紹興常置一員

郎中　員外郎參掌本部長貳之事建炎三年詔兵部兼職方駕部兼庫部隆興元年詔駕部兵部郎官共一員兼領自是四司合為一矣厥後間或並置若從軍或將命于外則假以為寵焉

職方郎中　員外郎掌天下圖籍以周知方域之廣袤及郡邑鎮砦道里之遠近凡土地所產風俗所尚具古今興廢之因州為之籍遇閏歲造圖以進四夷歸附則分隸諸州度田屋錢糧之數以給之分案三置吏五舊判司事一人以無職事朝官充掌受閏年圖經國初令天下每閏年造圖納儀鸞司淳化四年令再閏一造咸平四年令上職方轉運畫本路諸州圖十年一上紹熙三年職方駕部吏額通入兵部庫部併作四十二人

駕部郎中　員外郎掌輿輦車馬驛置廄牧之事大禮戒有司具五輅凡奉使之官赴闕視其職治給馬如格官文書則量其遲速以附步馬急遞總內外監牧籍其租入多寡孳產登耗凡市馬於四夷者溢歲額則賞之分案六置吏十有三建炎三年併太僕寺隸焉

庫部郎中　員外郎掌鹵簿儀仗戎器供帳之事國之武庫隸焉凡內外甲仗器械造作繕修皆有法式若御大慶文德殿應用鹵簿名數前期以戒有司祭祀喪葬則給以等差總衛尉寺金吾仗司兵匠之數考其功罪歲月而以法升降之分案四置吏九

刑部掌刑法獄訟奏讞赦宥敘復之事凡斷獄本於律律所不該以敕令格式定之凡律之名十有二曰名例曰禁衛曰職制曰戶婚曰廄庫曰擅興曰盜賊曰鬬訟曰詐偽曰雜律曰捕亡曰斷獄禁於未然之謂令施於已然之謂敕設於此而使彼至之之謂格設於此而使彼效之之謂式其一司一路海行所不該者析而為專法若情可矜憫而法不中情者讞之皆閱其案狀傳例擬進應詔獄及案劾命官追命姦

盜以程督之審覆京都辟囚在外已論決者摘案撿察凡大理開封殿前馬步司獄糾正其當否有辯訴以情法與奪赦宥降放敘雪若命官牽復則以朞數定之其屬三曰都官曰比部曰司門設官十有一尚書一人侍郎二人郎中員外郎刑部各二人都官比部司門各一人國初以刑部覆大辟案淳化二年增置審刑院知院事一人以郎官以上至兩省充詳議官以京朝官充掌詳讞大理所斷案牘而奏之凡獄具上先經大理斷讞既定報審刑然後知院與詳議官定成文草奏記上中書中書以奏天子論決大中

祥符三年置糾察刑獄司糾察官二人以兩制以上充凡在京刑禁徒以上即時以報若理有未盡或置淹恤追覆其案詳正而駁奏之凡大辟皆錄問熙寧三年詔詳議評斷詳覆官初入以三年為任次以三十月為任欲出者聽前任滿半年指闕注官滿三任者堂除八年罷詳議詳斷官親書節案止合節略付吏仍減議官一斷官二元豐二年知院安燾言天下奏案益多於往時自熙寧八年減議官斷官力既不足故事多疎謬增詳議官一刑部增詳斷官一三年八月詔省審刑院歸刑部以知院官判刑部掌詳議

詳覆司事刑部主判官為同判刑部掌詳斷司事審刑議官為刑部詳議官官制行悉罷歸刑部元祐元年省比部郎官一員以都官兼司門五月三省言舊制糾察在京刑獄以察違慢自罷歸刑部無復申明糾舉之制請以御史臺刑察兼領其御史臺刑獄令尚書省右司糾察從之刑部舊有詳覆案自官制行歸諸路提刑司至是復置四年併制勘量為一案紹聖元年詔都官司門互置郎官一員崇寧二年十二月詔刑部尚書通治左右曹侍郎一治左曹一治右曹如獨員即通治餘並依官制格令

尚書掌天下刑獄之政令凡麗于法者審其輕重平其枉直而侍郎為之貳應定奪審覆除雪敘復移放則尚書專領之制勘體量奏讞糾察錄問則長貳治之而郎中員外郎分掌其事有司更定條法則覆議其當否凡聽訟獄或輕重失中有能駁正詔其賞罰者須赦宥則糾官吏之稽違者大祀則尚書涖誓薦熟則奉牲大禮肆赦則侍郎授赦書付有司宣讀承旨釋囚分案十二置吏五十有二紹興後分案十三曰制勘掌凡根勘諸路公事曰體量掌凡體究之事曰定奪掌訴雪除落過名曰舉敘掌命官敘復曰糾

獄掌審問大辟曰檢法掌供檢條法曰頒降掌頒條法降赦曰追毀掌斷罰追毀宣敕曰會問掌批會過犯曰詳覆掌諸路大辟帳狀曰捕盜曰帳籍掌行在庫務理欠帳籍曰進擬掌進斷案刑名文書裁減吏額置三十五人

侍郎舊制應定奪審覆除雪叙復移放尚書專領之若制勘體量奏讞糾察録問長貳通治之南渡長貳互置隆興常置一員淳熙十六年依崇寧專法奏獄及法令事請大理寺官赴部共議之用侍郎吳博古之説也

郎中　員外郎各二人分左右廳掌詳覆叙雪之事建炎三年刑部郎官以二員為額關掌職事初無分異紹興二十六年詔依元豐舊法分廳治事先是右司汪應辰言刑部郎官分為左右左以詳覆右以叙雪同僚異事祖宗有深意倘初無分異則有不當于理者孰為追改乞遵用舊制要使官各有守人各有見參而用之以稱欽恤之意從之仍令今後倣此

都官郎中　員外郎掌徒流配隸天下役人與在京百司吏職皆有籍以攷其役放及增損廢置之數若定差副尉（舊為軍大將）則計其所歷而以後之輕重均其勞逸給印紙書其功過展減磨勘歲月元祐八年以綱運差使關歸吏部省副尉員三百紹聖間復其額及元豐押綱法歸都官崇寧二年二月復配隸案先是元豐中都官有吏籍配隸案元祐中罷之因刑部有請乃詔如舊六月侍郎劉賡奏副尉差遣有立定優重等第都官條雖特旨亦許執奏乞申嚴其禁從之分案四置吏十有八建炎三年詔比部兼司門隆興元年詔都官比部共置一員自此都官兼比部司門之事分案五曰差次曰磨勘曰吏籍曰配隸曰知雜各因其名而治其事裁減吏額置十二人（淳熙十三年減三人）

比部郎中　員外郎掌勾覆中外帳籍凡場務倉庫出納在官之物皆月計季考歲會從所隸監司檢察以上比部至則審覆其多寡登耗之數有陷失則理納鉤考百司經費有隱昧則會問同否而理其侵負舊帳案隸三司自治平中至熙寧初凡四年帳未鉤考者已踰十有二萬錢帛芻粟積虧不可勝計五年十一月曾布奏以四方財賦當有簿書文籍以鉤考其給納登耗多寡遂置提舉帳司選人吏二百人驅磨天下帳籍并選官吏審覆七年二月詔帳司每歲

具天下財用日出入數以聞元豐初年詔諸路財賦出入自今三年一供著為令官制行釐其事歸比部元祐元年七月用司馬光奏悉總於戶部三年釐正倉部勾覆理欠憑由案及印發鈔引事歸比部政和六年詔寺監先期檢舉如庫務監官所造文帳委無未備方許批書違者御史臺奏劾用郎官梅執禮之請也分案五置吏百有一建炎以後或以都官兼比部司門之事

司門郎中　員外郎掌門關津梁道路之禁令及其廢置移復之事應官吏軍民輦道商販譏察其冒偽

違縱者凡諸門啓閉之節及關梁餘禁以時舉行分案二置吏五

工部掌天下城郭宮室舟車器械符印錢幣山澤苑囿河渠之政凡營繕歲計所用財物關度支和市其工料則飭少府將作監檢計其所用多寡之數凡百工其役有程而善否則有賞罰兵匠有闕則隨以緩急招募籍坑冶歲入之數若改用錢實先具模製進御請書造度量權衡則關金部印記則關禮部凡道路津梁以時脩治舊制判部事一人以兩制以上充元豐並歸工部其屬三曰屯田曰虞部曰水部設官十尚書侍郎各一人工部屯田虞部水部郎中員外郎各一人元祐元年省水部郎官一員紹聖元年詔屯田虞部互置郎官一員兼領

尚書掌百工水土之政令稽其功緒以詔賞罰總四司之事侍郎為之貳若制作營繕計置採伐所用財物按其程式以授有司郎中員外郎參掌之應官吏兵民緣本曹事有功賞罪罰則審實以上尚書省大祭祀則尚書薦俎與徹若諸監鼓鑄錢實按年額而課其數因其登耗以詔賞罰凡車輦飭器印記之造則少府監文思院隸焉甲兵器械之制則軍器所隸

焉有合支物料工價則申于朝以屬戶部建炎併將作少府軍器監並歸工部是時營繕未遑惟戎器方急紹興二年詔於行在別置作院造器甲令工部長貳提點郎官逐旬點檢少府監既歸工部文思院上下界監官並從本部辟差又詔御前軍器所隸工部自是營造稍廣宰臣議戶部以給財為務工部以辦事為能誠非一體欲令戶工部兼領其事卒未能合隆興以後宮室器甲之造寖稀且各分職掌部務益簡特提其綱要焉分案六曰工作曰營造曰材料曰兵匠曰檢法曰知雜又專立一案以御前軍器案為

名裁減吏額共置四十二人
侍郎掌貳尚書之事南渡初長貳互置隆興詔各置
一員
郎中　員外郎舊制凡制作營繕計置採伐材物按
程式以授有司則參掌之建炎三年詔工部郎官兼
虞部屯田郎官兼水部隆興元年詔工部屯田共一
員兼領自此四司合為一矣淳熙九年以趙公廙為
屯田員外郎自是不復省
屯田郎中　員外郎掌屯田營田職田學田官莊之
政令及其租入種刈興修給納之事凡塘濼以時增

減堤堰以時修葺并有司修葺種植之事以賞罰詔
其長貳而行之分案三置吏八
虞部郎中　員外郎掌山澤苑囿場冶之事辨其地
產而為之厲禁凡金銀銅鐵鉛錫鹽礬皆計其所入
登耗以詔賞罰分案四置吏七
水部郎中　員外郎掌溝洫津梁舟楫漕運之事凡
堤防決溢疏導壅底以時約束而計度其歲用之物
修治不如法者罰之規畫措置為民利者賞之分案
六置吏十有三紹興累減吏額四司通置三十三人
軍器所（隸工部）提點官二員（紹興三十二年詔於邊臣內差）提轄監造

官各二員幹辦受給監門官各一員掌鳩工聚材製
造戎器之政令舊就軍器監置別差提舉官以內侍
領之紹興中改隸工部罷提舉官日輪工部郎官軍
器監官前去本所點驗監視後復以中人典領工部
侍郎黃中以為言請復隸屬從之孝宗即位有旨增
置提點官以內省都知李綽為之改稱提舉免隸工
部後以御史張震力爭復隸工部後改隸步軍司尋
復舊紹熙元年減省員額如上制
文思院（隸工部）提轄官一員監官三員（內置一員文臣京朝官充）監
門官一員掌金銀犀玉工巧及采繪裝鈿之飾凡儀

物器仗權量輿服所以供上方給百司者於是出焉
沿革附見榷貨務都茶場提轄官
六部監門　六部監門官一員掌司門鑰紹興二年
置選升朝文臣有才力人充仍令六部踏逐奏差序
位請給依寺監丞郎官有闕得兼之初從吏部尚書
沈與求之請也主管架閣庫掌儲藏帳籍文案以備
用擇選人有時望者為之舊有管幹架閣庫官宣和
罷之紹興十五年復置吏戶部各差一員禮兵部共
差一員刑工部共差一員以主管尚書某部架閣庫
為名從大理寺丞周楙請也嘉定八年又置三省樞

密院架閣官

志卷第一百十六

宋史一百六十三　字一十六个

宋史志卷一百十六　二十七　湯惠寫　王興刊

志卷第一百十七　　宋史一百六十四

開府儀同三司上柱國錄軍國重事前中書右丞相監修國史領經筵事都總裁臣脫脫等奉

勑修

職官四

御史臺　秘書省　中書省

太常寺　宗正寺　大宗正司附

光祿寺　衛尉寺

太僕寺

御史臺掌糾察官邪肅正綱紀大事則廷辨小事則奏彈其屬有三院一曰臺院侍御史隸焉二曰殿院殿中侍御史隸焉三曰察院監察御史隸焉凡祭祀朝會則率其屬正百官之班序咸平四年以御史二人充左右巡使分糾不如法者文官右巡主之武官左巡主之分其職掌糾其違失常參班簿祿料假告皆主之祭祀則兼監祭使掌受誓戒致齋檢視糾劾又有廊下使專掌入閣監食又有監香使掌國忌行香二使臨時充通稱曰五使元豐正官名於是使名悉罷

御史大夫　宋初不除正員止為加官檢校官帶憲銜有至檢校御史大夫者元豐官制行亦並除去中丞一人為臺長舊兼理檢使凡除中丞而官未至者皆除右諫議大夫權熙寧五年以知雜御史鄧綰為中丞初除諫議大夫王安石言礙近制止以綰為

宋史一百六十四　字三百六十五个

宋史志卷一百十七　一　湯惠寫　駱七刊

龍圖閣待制權御史中丞不遷諫議大夫自縮始九年鄧潤甫自正言知制誥為中丞以宰相屬官不可長憲府於是復遷右諫議大夫權元豐五年以議郎徐禧為知制誥權中丞禧言中丞糾彈之任赴舍人院行詞疑若未安會官制行罷知制誥職乃以本官試中丞南渡初除官最多隆興後被擢寖少淳熙十年始除黃洽又三年再除蔣繼周臺諫例不兼講讀神宗命呂正獻亦止命時赴講筵中興兼者三人万俟卨羅汝楫皆以秦檜意慶元後司諫以上無不預經筵者矣

侍御史一人掌貳臺政

殿中侍御史二人掌以儀法糾百官之失凡大朝會及朔望六參則東西對立彈其失儀者

監察御史六人掌分察六曹及百司之事糾其謬誤大事則奏劾小事則舉正迭監祠祭歲詣三省樞密院以下輪治凡六察之事稽其多寡當否歲終條具殿最以詔黜陟百官應赴臺參謝辭者以拜跪書札體驗其老疾凡事經郡縣監司省曹不能直者直牒閤門上殿論奏官卑而入殿中監察御史者謂之裏行治平四年中丞王陶言奉詔舉臺官而才行可舉者多以資淺不應格乃詔舉三丞以上知縣為裏行熙寧二年詔御史闕委中丞奏舉毋拘官職高下兼權三年孫覺薦秀州軍事推官李定對稱旨為太子中允監察御史裏行由選人為御史自定始於是知制誥宋敏求蘇頌李大臨以定資淺封還詞頭不草制相繼罷去元豐八年裁減察官兩員餘許盡兼言事（紹聖二年復置）元祐元年詔臺諫官許二人同上殿又令六曹差除更改事畫黃到即報臺又改六察旬奏為季奏四年詔應臺察事已彈舉而稽違踰月者遇赦不得原減元符二年詔吏部守令課績最優者關臺

考察不實者重行黜責崇寧二年都省申明臺官職在繩愆糾謬自宰臣至百官三省至百司不循法守有罪當劾皆得糾正政和六年詔在京職事官與外任按察官雖未升朝並赴臺參謝辭七年中丞王安石奏以本臺覺察彈奏事刊為一書殿中侍御史以上錄本給付從之靖康元年監察御史胡舜陟言監察御史自唐至本朝皆論政事擊官邪元豐紹聖著于甲令崇寧大臣欲其便己遂更成憲乞令本臺增入監察御史言事之文詔依祖宗法又詔宰執不得薦舉臺諫官舊臺令御史上下半年分詣三省樞密

院點檢諸房文字輪詣尚書六曹按察奏行稽違付
受差失咸得彈糾渡江後稍闕不舉紹興三年始復
其舊是年十一月殿中侍御史常同言元豐始置六
察上自諸部寺監下至廩庫場務無不分隸以詔廢
置而乃有寅緣申請乞不隸臺察者恐非法意宜遵
舊制從之乾道二年詔自今非曾經兩任縣令不得
除監察御史慶元二年侍御史黃黼言監察御史高
宗時嘗置六員孝宗時置三員今分按之任止二人
乞增置一員自後常置三員
檢法一人掌檢詳法律主簿一人掌受事發辰勾稽

簿書宋初置推直官二人專治獄事凡推直有四曰
臺一推曰臺二推曰殿一推曰殿二推咸平中置推
勘官十員元豐官制行定員分職裏行推直等官悉
罷紹興初詔檢法主簿特令殿中侍御史奏辟紹熙
中侍御史林大中以論事不合去所奏辟檢法官李
謙主簿彭龜年亦乞同罷嘉定元年劉榘除檢法官
范之柔除主簿以後二職皆闕乾道併省吏額前司
主管班次二人正副引贊官二人入品知班三人知
班五人書令史四人驅使官四人法司二人六察書
吏九人貼司五人通引官三人

三京留司御史臺管勾臺事各一人舊曰判臺以朝官以
上充掌拜表行香糾舉違失令史二人知班驅使官
書吏各一人中興以後不置

祕書省

監　少監　丞各一人監掌古今經籍圖書國史實
錄天文曆數之事少監為之貳而丞參領之其屬有
五著作郎一人著作佐郎二人掌修纂日曆祕書郎
二人掌集賢院史館昭文館祕閣圖籍以甲乙丙丁
為部各分其類校書郎四人正字二人掌校讐典籍
判正訛謬各以其職隸於長貳惟日曆非編脩官不

預歲於仲夏曝書則給酒食費尚書學士侍郎侍制
兩省諫官御史並赴遇庚伏則前期遣中使諭旨聽
以早歸大典禮則長貳預集議所以待遇儒臣非他
司比宴設錫予率循故事宋初置三館長慶門北謂
之西館太平興國初於昇龍門東北剏立三館書院
三年賜名崇文院遷西館書貯焉東廊為集賢書庫
西廊分四部為史館書庫大中祥符八年剏外院於
右掖門外天禧初令以三館為額置檢討校勘等員
檢討以京朝官充校勘自京朝幕職至選人皆得備
選以内侍二人為勾當官通掌三館圖籍事孔目官

表奏官掌舍各一人又有監書庫內侍一人兼監祕閣圖籍孔目官一人

祕閣係端拱二年就崇文院中堂建閣以三館書籍真本并內出古畫墨迹等藏之淳化元年詔次三館置直閣以朝官充校理以京朝官充以諸司三品兩省五品以上官一人判閣事直閣校理通掌閣事掌繕寫祕閣所藏供御人裝裁匠十二人元豐五年職事官貼職悉罷以崇文院為祕書省官屬始立為定員分案四置吏八崇文院太平興國三年置端拱元年建祕閣於院中昭文館史館集賢院皆沿唐制立名但有書庫寓於崇文院廡下三館祕閣崇文院各置貼職官又有集賢殿脩撰直龍圖閣校勘通謂之館職初

英宗謂輔臣曰館閣所以育雋材比選數人出使無可者豈乏材耶歐陽脩曰今取材路狹館閣止用選人編校書籍故進用稍遲上曰卿等各舉數人雖親戚世家勿避於是宰相琦公亮參知政事脩槩各薦五人未及試神宗登極先召十人試以詩賦而開封府界提點陳汝義別以奏封稱旨預試於是御史吳申言試館職者請策以經史及世務毋用辭賦遂詔自今試館職專用策論熙寧二年置崇文校書始除河南府永安主簿邢恕乃詔自今應選舉可用人並除校書候二年取旨除館職官五年以隸祕書省元祐初復置直集賢院校理自校理而上職有六等內外官並許帶恩數仍舊又立試中人館職法選人除正字京官除校書郎校書郎供職二年除集賢校理祕書郎著作佐郎比集賢校理著作郎比集賢院直祕閣丞及三年除祕閣校理三年二月詔御試唱名日祕書丞至正字升殿侍立九月復試賢良于閣下五

年置集賢院學士并校對黃本書籍官員紹聖初罷校對以編脩日曆選本省易集賢院學士為殿脩撰直院為直祕閣集賢校理為祕書校理十二月詔禮部本省長貳定校讐之課月終具奏入伏午時減半遇淩伏依舊從蘇軾之請又罷本省官任滿除館職法元符二年詔職事官罷帶館職悉復元豐官制崇寧五年詔館閣並除進士出身人政和五年四月詔祕書省殿以右文為名改集賢殿脩撰為右文殿脩撰是月駕詣景靈宮朝獻還幸祕書省詔曰延見多士歷覽藏書之府祖宗遺文在焉屋室淺狹甚非稱太平右文之盛宜重行脩展八月詔祕書省移於新左藏庫以其地為

堂七年詔類集所訪遺書名曰祕書總目宣和二年立定祕書省員額監少監丞並依元豐舊制著作郎以四員為額校書郎二員正字四員渡江後制作未遑紹興元年始詔置祕書省權以祕監或少監一員丞著作郎佐各一員校書正字各二員為額續又參酌舊制校書郎正字召試學士院而後命之自是採求闕文補綴漏逸四庫書畧備即祕書省復建史館以脩神宗哲宗實錄選本省官兼檢討校勘以侍從官充脩撰五年倣唐人十八學士之制監少丞外置著作郎佐祕書郎各二人校書郎正字通十二人又

務史館於省之側別為一所以增重其事九年詔著
作局惟脩日曆遇修國史則開國史院遇修實録則
開實録院以正名實十三年詔復每歲曝書會是冬
新省成少監游操援政和故事乞置提舉官遂以授
禮部侍郎秦熺令掌求遺書仍鑄印以賜置編定書
籍官二人以校書郎正字充孝宗即位詔館職儲養
人才不可定員乾道九年正字止六員淳熙二年監
少並置皆前所未有除少監丞外以七員為額尋復
詔不立額紹熙二年館職闕人上令召試二員謹加
審擇取學問議論平正之人自是監少丞外多止除

二員是時陳傅良上言請以右文祕閣脩撰并舊館
閣校勘三等為史官自校勘供職稍遷祕閣脩撰又
遷右文在院三五年如有勞績就遷次對庶幾有專
官之効無冷局之嫌時論韙之然不果行中興分案
四曰經籍曰祝版曰知雜曰太史吏額都副孔目官
二人四庫書官二人表奏官書庫官各一人守當官
二人正名楷書五人守闕一人正貼司及守闕各六
人監門官一人以武臣充專知官一人
日曆所隸祕書省以著作郎著作佐郎掌之以宰執
時政記左右史起居注所書會集修撰為一代之典

舊於門下省置編脩院專掌國史實録脩纂日曆元
豐元年詔宣徽院等供報脩注事自今稉供起居院
直供編脩院日曆所四年十一月廢編脩院歸史館
官制行屬祕書省國史案六年詔祕書省長貳毋得
預著作脩纂日曆事進書即繫銜以防漏洩如舊編
脩院法焉八年詔吏部郎中曾肇禮部郎中林希兼
著作職事官兼職自此始元祐五年移國史案置局
專掌國史實録編脩日曆以國史院為名隸門下省
更不隸祕書省紹聖二年詔日曆還祕書省宣和二
年詔罷在京脩書諸局惟祕書省日曆所係元豐國

史案除著作郎官專管脩纂日曆之事無定員外其
分案編脩日曆書庫官吏並依元豐法紹興元年初
脩皇帝日曆詔以脩日曆所為名本省長貳遍行脩
纂三年詔宰臣提舉侍從官脩撰十一月詔以脩國
史日曆所為名四年詔以史館為名十年詔依舊制
併歸祕書省國史案以著作郎佐脩纂舊史館官罷
歸元官尋復詔以國史日曆所為名續併脩神宗哲
宗實訓隆興元年詔編類聖政所併歸日曆所依舊
宰臣提領仍令日曆所吏充行遣
會要所以省官通任其事紹興九年詔祕書省官讐

校國朝會要逐官添給茶湯錢乾道四年詔尚書右僕射陳俊卿兼提舉編脩國朝會要每遇提舉官開院過局就本省道山堂聚呈文字提舉諸司官承受官主管諸司官並令國史日曆所官兼五年令本省再加删定以續脩國朝會要為名九年祕書少監陳騤言編類建炎以後會要成書以中興會要為名並從之其後接續脩纂並隸祕書省

國史實録院　提舉國史　監脩國史　提舉實録院　脩國史同脩國史　史館脩撰同脩撰　實録院脩撰同脩撰　直史館　編脩官檢討官　校勘

檢閱校正編校官　初紹興三年詔置國史院重脩神宗哲宗實録以從官充脩撰續以左僕射呂頤浩提舉國史右僕射朱勝非監脩國史四年置直史館及檢討校勘各一員五年置脩撰官二員校勘官無定員是時國史實録皆寓史館未有置此廢彼之分九年脩徽宗實録詔以實録院為名仍以宰臣提舉以從官充脩撰同脩撰餘官充檢討無定員明年以未脩正史詔罷史館官吏併歸實録院二十八年實録書成詔脩三朝正史復置國史院以宰臣監脩侍從官兼同脩餘官充編脩明年詔國史院以宰臣提舉置脩國史同脩國史共二員編脩官二員又置都大提舉諸司官承受官諸司官各一員以内侍省官充隆興元年以編類聖政所併歸國史院命起居郎胡銓同脩國史二年參政錢端禮權監脩國史乾道元年參政虞允文權提舉國史皆前所未有二年詔置實録院脩欽宗實録其脩撰檢討官以史院官兼領四年實録告成詔脩欽宗正史以右僕射蔣芾提舉四朝國史詔增置編脩官二員續又增置三員淳熙三年特命李燾以祕書監權同脩國史權實録院同脩撰四年罷實録院專置史院十五年四朝國史

成書詔罷史院復開實録院脩高宗實録慶元元年開實録院脩纂孝宗實録六年詔實録院同脩撰以四員檢討官以六員為額嘉泰元年開實録院脩纂光宗實録二年復開國史院自是國史與實録院並置矣實録院吏兼行國史院事點檢文字一人書庫官八人楷書四人

太史局掌測驗天文考定曆法凡日月星辰風雲氣候祥眚之事日具所占以聞歲頒曆于天下則預造進呈祭祀冠昏及大典禮則選所用日其官有令有正有春官夏官中官秋官冬官正有丞有直長有靈

臺郎郎有保章正其判局及同判則選五官正以上業優考深者充保章正五年直長至令十年一遷惟靈臺郎試中乃遷而挈壺正無遷法其別局有天文院測驗渾儀刻漏所掌渾儀臺晝夜測驗辰象

鍾鼓院掌文德殿鍾鼓樓刻漏進牌之事

印曆所掌雕印曆書南渡後並同隸祕書省長貳丞郎輪季點檢

筭學元豐七年詔四選命官通筭學者許于吏部就試其合格者上等除博士中次爲學諭元祐元年初議者謂本監雖準朝旨造筭學元未興工其試選學

官亦未有應格竊慮徒有煩費乞罷脩建崇寧三年遂將元豐筭學條制脩成敕令五年罷筭學令附於國子監十一月從薛昻請復置筭學大觀三年太常寺考究以黃帝爲先師自常先力牧至周王朴以上從祀凡七十人四年以筭學生併入太史局宣和二年詔並罷官吏

殿中省　監　少監　監丞各一人監掌供奉天子玉食醫藥服御幄帟輿輦舍次之政令少監爲之貳丞參領之凡總六局曰尚食掌膳羞之事曰尚藥掌和劑診候之事曰尚醖掌酒醴之事曰尚衣掌衣服冠冕之事曰尚舍掌次舍幄帟之事曰尚輦掌輿輦之事（六尚各有典御二人奉御六人或四人監門二人或一人又尚食有膳工尚藥有醫師尚醞有酒工尚衣有衣徒尚舍有幕士尚輦有正供等皆分隸其局）又置提舉六尚局及管幹官一員舊殿中省判省事一人以無職事朝官充雖有六尚局名別有事存凡官隨局而移不領於本省所掌唯郊祀元日冬至天子御殿及禘祫后廟神主赴太廟供具繖扇而殿中監視祕書監爲寄祿官而已元豐中神宗欲復建此官而度禁中未有其地但詔御輦院不隸省寺令專達焉初權太府卿林顏因按內藏庫見乘輿服御雜貯百物中乃乞復殿

中省六尚以嚴奉至尊於是徽宗乃出先朝所度殿中省圖命三省行之而其法皆左正言姚祐所裁定是歲崇寧二年也二年蔡京上脩成殿中省六尚局供奉庫務敕令格式并看詳凡六十卷仍冠以崇寧爲名政和元年殿中省高伸上編定六尚供奉式靖康元年詔六尚局並依祖宗法又詔六尚局既罷格內歲貢品物萬數尚爲民害非祖宗舊制其並除之

御藥院勾當官無常員以入內內侍充掌按驗祕方以時劑和藥品以進御及供奉禁中之用（舊制勾當御藥院遷官至遂領團練防禦者謂之暗轉干冒恩澤浸不可止嘉祐五年詔御藥院內臣如當轉出而特留者俟

其出計所留歲月優遷之吏不許累計所遷資序非勾當御藥院而留者其出吏不推恩典八人
藥童十一人匠七人崇寧二年併入殿中省
尚衣庫使　副使　舊曰尚衣庫大中祥符二年改
監官二人以內侍三班充掌駕頭服御織扇之名物
凡御殿大禮前一日請■乘輿袞冕鎮圭袍服於禁
中以待進御事已復還內庫典一人匠四人掌庫十
人　內衣物庫在文德殿後太平興國二年置受納匠段庫受納綾錦西州鹿胎綾羅綃
匹段大中祥符元年併入監官二人以京朝官并內侍充舊三人以諸司
使副及三班內侍充掌受納錦綺綾羅色帛銀器腰束帶料造
年支準備衣服以待頒賜諸王宗室文武近臣禁軍

將校時服并給宰臣親王皇親使相生日器幣兩府
臣僚百官皇親轉官中謝朝辭特賜及大遼諸外國
人使辭見銀器射弓衣帶典八人掌庫三十一人
新衣庫在太平坊監官二人以諸司使副三班及內侍充
掌受錦綺雜帛衣服之物以備給賜及邦國儀注之
用并受納衣服以賜諸司丁匠諸軍監門二人以三
班使臣充典十人掌庫五十五人　朝服法物庫太平
興國二年置後分三庫一在天安殿後一在右掖門內北廊一在正陽門外　監官二人以
諸司使副及三班內侍充掌百官朝服諸司儀仗之
名物典三人掌庫三十人已上崇寧二年併入殿中

省舊有裁造院針線院雜賣場後省併之
太常寺　卿　少卿　丞各一人　博士四人　主
簿協律郎奉禮郎大祝各一人卿掌禮樂郊廟社稷
壇壝陵寢之事少卿為之貳丞參領之禮之名有五
曰吉禮曰賓禮曰軍禮曰嘉禮曰凶禮皆掌其制度
儀式祭祀有大祠有小祠其犧牲幣玉酒醴薦獻器
服各辨其等掌樂律樂舞樂章以定宮架特架之制
祭祀享則分樂而序之凡親祠及四孟月朝獻景靈
宮郊祀告享太廟掌贊相禮儀升降之節歲時朝拜
陵寢則視法式辨具以授祠官凡祠事差官卜日齋

戒皆檢舉以聞初獻用執政官則卿為終獻用卿則
少卿為亞獻博士為終獻闕則以次互攝郊祀已頒
御札則撰儀以進宮架鼓吹警場率前期按閱即習
餘祀及朝會宴享上壽封冊之儀物亦如之若禮樂
有所損益及祀典神祇爵號與封襲繼嗣之事當考
定者擬上於禮部凡大警之政令以時頒行宋初舊
置判寺無常員以兩制以上充丞一人以禮官久次
官高者充別置太常禮院雖隸本寺其實專達有判
院同知院四人寺與禮院事不相兼康定元年置判
寺同判寺始並兼禮院事元豐正名始專其職分案

五置吏十有一元祐三年詔太常寺置長貳他寺監
則互置紹聖中復舊制大觀元年應太常寺所被旨
及施行典禮事季輪博士銓次成籍以備討論政和
四年令祠事監察御史闕則以六曹郎官及館職攝
充宣和三年令本寺因革禮五年一檢舉接續編脩
建炎初併省冗職惟太常大理不能詔太常少卿一
員兼宗正少卿罷丞簿惟置博士一員紹興三年復
置丞九年臣僚言元豐正名太常主議論者博士四
人乞參稽舊典添置博士以稱朝廷蒐補闕軼緝熙
彌文之意詔添博士一員十年置簿一員十五年詔

太常討論置籍田令續置太社令隆興元年併省博
士一員主簿一員又以光祿寺併歸太常罷丞明年
詔丞簿並依舊制分案九曰禮儀掌討論大慶典禮
神祠道釋襲封定謚檢舉忌辰曰祠祭掌大中小祠
祀差行事官并酒齊幣帛蠟燭禮料曰壇廟掌行室
壇廟域陵寢曰大樂掌大樂教習樂舞鼓吹警場曰
法物掌給納朝祭服曰廩犧掌歲中祠祭牲牢羊豕
滌室曰太醫掌臣僚陳乞醫人補充太醫助教等曰
掌法曰知雜並掌本寺條制雜務裁減吏額贊引使
二人正禮直官二人副禮直官二人正名贊者七人

守闕贊者七人私名贊者七人胥吏一人胥佐四人
貼司一人書表司一人祠祭局供官十二人祭器司
供官十人樂正三人鼓吹令一人本寺天樂祭器庫
專知官一人庫子二人圜壇大樂禮器庫專知官一
人庫子一人
博士　掌講定五禮儀式有改革則據經審議凡於
法應謚者考其行狀撰定謚文有祠事則監視儀物
掌凡贊導之事　主簿掌稽考簿書　協律郎掌律
呂以和陰陽之聲正宮架特架樂舞之位大祭祀享
宴用樂則執麾以詔作止之節舉麾鼓柷而樂作偃

麾戛敔而樂止凡樂掌其序事　奉禮郎掌奉幣帛
授初獻官大禮則設親祠板位　太祝掌讀冊辭授
摶黍以嘏告飲福則進爵酌酒受其虛爵　郊社令
掌巡視四郊及社稷　壇壝掌凡掃除之事祭祀則
省牲　太廟令掌宗廟祧廟七祀及功臣從享之禮
籍田令掌帝籍耕耨出納之事植五穀蔬果藏冰以
待用　宮闈令率其屬以汛洒廟庭凡脩治潔除之
事　提點管幹郊廟祭器所　南郊太廟祭器庫
提點朝服法物庫所　朝服法物庫　南郊什物庫
太廟什物庫掌藏其器服以待祭祀朝會之用凡

冠服視其等而頒於執事之臣　教坊及鈐轄教坊所掌宴樂閱習以待宴享之用考其藝而進退之諸陵祠墳所掌先世后妃之墳園而以時獻享　太醫局有丞有教授有九科醫生額三百人歲終則會其全失而定其賞罰（大醫局熙寧九年置以知制誥熊本提舉大理寺丞單驤管幹後詔勿隸太常寺置提舉一判局二判局選知醫事者為之科置教授一選翰林醫官以下與上等學生及在外良醫為之學生常以春試取合格者三百人為額大學律學武學生諸營將士疾病輪往治之各給印紙書其狀歲終稽其功緒為三等第補之上等月給錢十五千毋過二十人中等十千毋過三十人下等五千毋過五十人失多者罰黜之受兵校錢物者論如監臨強乞取法三學生願預者聽受而禁邀求者又官制行隸太常禮部自政和以後隸醫學詳見選舉志）孝宗隆興元年省併

醫官而罷局生續以虞允文請依舊存留醫學科遂舉附試省試別試所更不置局權令太常寺掌行紹熙二年復置太醫局局生以百員為額餘並依未罷局前體例仍隸太常寺　太晟府以大司樂為長典樂為貳次曰大樂令秩比丞次曰主簿協律郎又有按協聲律製撰文字運譜等官以京朝官選人或白衣士人通樂律者為之又以武臣監府門及大樂法物庫以侍從及內省近侍官提舉所典六案曰大樂曰鼓吹曰宴樂曰法物曰知雜曰掌法國朝禮樂掌于奉常崇寧初置局議大樂樂成置府建官以司

之禮樂始分為二五年二月因省宂員併之禮官九月復舊大觀四年以官徒廩給繁厚省樂令一員監官二員吏禄並視太常格宣和二年詔以大晟府近歲添置宂濫徼幸並罷不復再置

宗正寺　卿　少卿　丞　主簿各一人卿掌敘宗派屬籍以別昭穆而定其親踈少卿為之貳丞參領之凡脩纂牒譜圖籍其別有五曰玉牒以編年之體敘帝系而記其歷數凡政令賞罰封域戸口豐凶祥瑞之事載焉曰屬籍序同姓之親而第其服紀之戚踈遠近曰宗藩慶系録辨譜系之所自出序其子孫

而列其名位品秩曰僊源積慶圖考定世次枝分派別而系以本宗曰僊源類譜序男女宗婦族姓婚姻及官爵遷敘而著其功罪生死凡録以一歲圖以三歲牒譜籍以十歲脩纂以進宋初舊置判寺事二人以宗姓兩制以上充闕則以宗姓朝官以上知丞事掌奉諸廟諸陵薦享之事司皇族之籍主簿一員以京官充（舊自丞簿以上皆宗姓為之通署寺事初置卿少卿率命常參官判寺事大中祥符八年以兵部侍郎趙安易兼卿判寺趙世長攺知寺事九年始定丞郎以上兼卿給舍以下兼少卿郎中以下兼丞京官主簿其卿闕則丞以下行寺事而無知判之名）元豐官制行詔宗正長貳不專用國姓蓋自有大宗正司以統皇族也渡江

後卿不常置少卿一人以太常兼紹興三年復置少卿一人五年復置丞十年置主簿隆興元年併省次年詔丞簿復舊制嘉定九年詔以宗學改隸宗正寺自此寺官又預校試之事分案二曰屬籍曰知雜吏額胥長一人胥史一人胥佐二人楷書二人貼書二人

大宗正司景祐三年始制司以皇兄寧江軍節度使濮王知大宗正事皇姪彰化軍節度觀察留後守節同知大宗正事元豐正名仍置知及同知官各一人選宗室團練觀察使以上有德望者充丞二人以文

臣京朝官以上充掌糾合族屬而訓之以德行道藝受其詞訟而糾正其愆違有罪則先劾以聞法例不能決者同上殿取裁若宮邸官因事出入日書于籍季終類奏歲録存亡之數報宗正寺凡宗室服屬遠近之數及其賞罰規式皆總之官屬有記室一人掌牋奏講書教授十有二人分位講授兼領小學之事舊制擇宗室賢者爲知大宗正事次一人爲同知其後位高屬尊者爲判熙寧三年始以異姓朝臣二員知丞事置局爲睦親廣親宅是歲省管幹睦親廣親宅及提舉郡縣主等宅官以其事歸宗正自熙寧中置丞始以都官員外郎張稚圭爲之神宗疑用異姓王安石言前代宗正固有用庶姓者乃録春秋時公侯大夫事神宗曰此雖無前代故事行之何害安石曰聖人制法不必皆循前代所已行者於是召稚圭對而命之分案五置吏十有一元豐五年詔大宗正司不隸六曹其丞屬中書省奏差元祐四年詔宗室越本司訴事者罪之六年詔宗正按熙寧敕諸院建小學自八歲至十四歲首檢舉入學紹聖元年詔袒免外兩世孤遺貧乏者驗實廩給之四年詔宗室若婦女自外還京並報宗正崇寧三年詔大宗正及外宗正司將條貫事迹關宗正寺脩纂圖牒政和三年詔以知大宗正事仲忽提舉宗子學事崇寧三年置南外宗正

司于南京西外宗正司于西京各置敦宗院初講議司言宗室疎屬願居兩京輔郡者各置敦宗院其兩京各置外宗正司從之仍詔各擇宗室之賢者一人爲知宗掌外居宗室詔復定宗學博士正録員數大觀四年罷政和二年復舊又詔敦宗院宗子有文藝行實衆所共知者許外宗正官考察以聞中興後以位高屬尊者爲判大宗正事其知及同知如舊制又置知大宗正丞一員以文臣充掌糾合宗室而檢防訓飭之凡南班宗室磨勘遷轉襲封請給覈其當否嫁娶房奩分析財產酌厚薄多寡而訂其議凡宗室

除合該賜名外皆大宗正定名而後報宗正寺其餘遷授官資支給錢米考覈以詔予奪其不率教者以法拘之歲久知悔則除其過名復置南外宗正司西外宗正司以處宗室之在外者各仍舊制設敦宗院皆設知宗所在通判職官兼丞簿其糾合檢防訓飭如大宗宗正司西南外兩司闕知宗間令大宗正司選擇保明而後授之又各置教授以課其行藝南渡初先徙宗室於江淮於是大宗正司移江寧南外移鎮江西外移揚州其後屢徙後西外止於福州南外止於泉州又置紹興府宗正寺蓋初隨其所寓而分管

轄之乾道七年嘗欲移紹興府宗司於蜀不果後併歸行在嘉定間用臣僚言乞凡除授知宗須擇老成更練之人詔知宗正丞照百司例每日入局所以示增重宗盟之意

玉牒所淳化六年始設局置官詔以皇宋玉牒為名建玉牒殿咸平初命趙安易梁周翰編屬籍始剏規制大中祥符六年以知制誥劉筠夏竦為脩玉牒官自後置一員或二員元豐官制行分隸宗正寺官寺丞王鞏奏玉牒十年一進並以學士典領自熙寧中范鎮進書之後神宗玉牒至今未脩僊源類譜自慶曆中張方平脩進之後僅五十年並無成書乞別立法其脩玉牒及類譜官每二年一具草繳進從之紹聖三年應宗室賜名三祖下各隨祖宗之支子而下雖兄弟數多並為一字相連南渡後紹興十二年始建玉牒所提舉一人或二人以宰相執政為之以侍從官一人兼脩宗正卿少而下同脩纂先是宗正寺丞邵大受奏講求宗正寺舊掌之書曰皇帝玉牒曰仙源積慶圖曰宗藩慶系錄曰宗支屬籍南渡四書散失今重加脩纂仙源慶系屬籍總要合圖錄屬籍三者而一之既無愧於昔矣獨玉牒一書未脩宜搜

訪討論以正九族以壯本支於是始置官如舊制分案五置吏十乾道八年詔玉牒殿主管香火差內侍三員武臣一員充並改作幹辦玉牒所殿

光祿寺　卿　少卿　丞　主簿各一人卿掌祭祀朝會宴饗酒醴膳羞之事脩其儲備而謹其出納之政少卿為之貳丞參領之凡祭祀共五齊三酒牲牢鬱鬯及尊彝籩豆簠簋鼎俎鉶登之實前期飭有司辯具牲鑊視滌濯奉牲則告充告備共其明水火焉禮畢進胙于天子而頒于百執事之人分案五置吏十元祐三年詔長貳互置政和六年二月監察御史

王桓奏祭祀牢醴之具掌於光禄而寺官未嘗臨視請大祠以長貳朔祭及中祠以丞簿監視宰割禮畢頒胙有故及小祠聽以其屬攝從之舊置判寺事一人以朝官以上充光禄卿少皆為寄禄元豐制行始歸本寺中興後廢併入禮部　大官令掌膳羞割烹之事凡供進膳羞則辨其名物而視食之宜謹其水火之齊祭祀共明水明火割牲取毛血牲體以為鼎俎之實朝會宴享則供其酒膳凡給賜視其品秩而為之等元祐初罷大官令二年復置（崇寧三年置尚食局大官令惟掌祠事）法酒庫　內酒坊掌以式法授酒材視其厚薄之齊而謹其出納之政若造酒以待供進及祭祀給賜則法酒庫掌之凡祭祀供五齊三酒以實尊罍內酒坊惟造酒以待餘用　大官物料庫掌預備膳食薦羞之物以供大官之用辨其名數而會其出入

翰林司掌供果實及茶茗湯藥　牛羊司　牛羊供應所掌供大中小祀之牲牷及大官宴享膳羞之用乳酪院掌供造酥酪油醋庫掌供油及醯醢　外物料庫掌收儲米鹽雜物以待膳食之須凡百司頒給者取具焉

衛尉寺　卿　少卿　丞　主簿各一人卿掌儀衛兵械甲冑之政令少卿為之貳丞參領之凡內外作坊輸納兵器則辨其名數驗其良窳以歸于武庫不如式者罰之時其曝凉而封籍其數若進御及頒給則按籍而出之每季委官檢視歲終上計帳于兵部掌凡幄帟之事大禮設帷宮張大次小次陳鹵簿儀仗長貳晝夜巡徼察其不如儀者押仗官則前期稟差凡仗衛供羽儀節鉞金鼓棨戟朝宴亦如之宴享賓客供幕帟茵席視其敝者移少府軍器監脩焉舊制判寺事一人以郎官以上充凡武庫武器歸內庫守宮歸儀鸞司本寺無所掌元豐官制行始歸本寺

分案四置吏十元祐三年詔長貳互置所隸官司十有三

內弓箭庫　南外庫　軍器弓槍庫　軍器弩劍箭庫掌藏兵杖器械甲冑以備軍國之用　儀鸞司掌供幕帟供帳之事軍器什物庫　宣德樓什物庫掌收貯什物給用則按籍而頒之　左右金吾街司　左右金吾仗司　六軍儀仗司掌清道徼巡排列奉引儀仗以肅禁衛凡儀物以時脩飭選募人兵而校其遷補之事中興後衛尉寺廢併入工部

太僕寺　卿　少卿　丞　主簿各一人掌車輅廄

牧之令少卿爲之貳丞參領之國有大禮供其輦輅屬車前期戒有司教閱象馬凡儀仗既陳則巡視其行列后妃親王公主執政官應給車乘者視品秩而頒之總國之馬政籍京都坊監畿甸牧地畜馬之數謹其飼養察其治療考蕃息損耗之實而定其賞罰焉死則歛其騣尾筋革入于官府凡閱馬差次其高下應給賜則如格歲終鉤覆帳籍以上駕部若有事于南北郊侍中請降輿升輅則卿授綏舊置判寺事一人以朝官以上充凡邦國廐牧車輿之政令分隸群牧司騏驥院諸坊監本寺但掌天子五輅屬車右妃王公車輅給大中小祀羊元豐官制行始歸本寺分案五置吏十有八總局十有二元祐二年詔外監事令本寺依群牧司舊法施行應內外馬軍專隸太僕直達樞密院更不經尚書省及駕部三年詔省主簿一員崇寧二年詔大僕寺依舊制不治外事歸尚書駕部應馬事上樞密院所隸官司　車輅院掌乘輿法物凡大駕法駕小駕供輦輅及奉引屬車辨其名數與陳列先後之序　左右騏驥院左右天駟監掌國馬別其駑良以待軍國之用　鞍轡庫應奉御馬鞍勒及以韉轡給賜臣下　養象所掌調御馴象

駞坊　車營　致遠務掌分養雜畜以供負載般運

牧養上下監掌治療病馬及申駒數有耗失則送皮剝所元豐末廢畿內牧馬監元祐初置左右天廐坊聽民間承佃牧地紹聖元年依元豐法置孳生監中興後廢太僕寺併入兵部

群牧司　制置使一人景德四年置以樞密使副爲之至道三年罷而復置使一人咸平三年置以兩省以上官充副使一人以閤門以上及內侍都知充都監二人以諸司使以上充判官二人以京朝官充掌內外廐牧之事周知國馬之政而察其登耗焉凡受宣詔文牒則以時下於院監大事則制置使同簽署小事則專遣其副使都監多不備置判官都監每歲更出諸州巡坊監點印國馬之蕃息者又有左右廂提點隸本司都勾押官一人勾押官一人押司官一人

鞍轡庫　使　副使　監官二人以諸司副使及三班使臣內侍充掌御馬金玉鞍勒及給賜王公群臣外國使并國信韉轡之名物勾管一人典五人掌庫十四人元豐併入太僕寺

志卷第一百十七

志卷第一百十八　宋史一百六十五

開府儀同三司上柱國録軍國重事前中書右丞相監修國史領經筵事都總裁臣脫脫等奉

勅修

職官五

大理寺　鴻臚寺　司農寺

太府寺　國子監　少府監

將作監　軍器監

都水監　司天監

大理寺　舊置判寺一人兼少卿事一人建隆二年以工部尚書竇儀判寺事凡獄訟之事隨官司决劾本寺不復聽訊但掌斷天下奏獄送審刑院詳訖同署以上于朝詳斷官八人以京官充（國初大理正丞評事皆有定員分掌斷獄其後擇他官明法令者若常參官則兼正未常參則兼丞謂之詳斷官舊六人後加至十一人又去兼正丞之名咸平二年始定置）法直官二人以幕府州縣官充改京官則為檢法官元豐官制行置卿一人少卿二人正二人推丞四人斷丞六人司直六人評事十有二人主簿二人卿掌折獄詳刑鞫讞之事凡職務分左右天下奏劾命官將校及大辟囚以下以疑請讞者隸左斷刑則司直評事詳斷丞議之正審之若在京百司事當推治或特旨委勘及係官之物應追究者隸右治獄則丞專推鞫蓋少卿分領其事而卿總焉凡刑獄應審議者上刑部被旨推鞫及情犯重者卿同所隸官請對奏裁若獄空或斷絕則御史按實以

聞分案十有一置吏六十有九先是舊制大理寺讞天下奏案而不治獄熙寧五年增詳斷官二為十員七年置詳斷習學官十四詳覆習學官六九年詔以京師官寺凡有獄皆繫開封府司録司及左右軍巡三院囚逮猥多難於隔訊又暑多瘐死因緣流滯動涉歲時稽參故事宜屬理官可復置大理獄始命崔台符為知卿事蹇周輔楊汲為少卿各舉丞及檢法官初神宗謂國初廢大理獄非是以問孫洙洙對合旨至是命官起寺十七日而成元豐二年手詔大理寺近舉墜典俾治獄事推輪規摹皆以義起不少寬假必懷顧忌稽留弊害無異前日宜依推制院及御史臺例不供報糾察司三年詔依舊供報凡官屬依御史臺例謁有禁又詔糾察司察訪本寺斷徒以上出入不當者索案點檢五年詔毋以大理寺官為試官六年又詔凡斷公案先上正看詳當否論難改正簽印注日然後過議司覆議如有批難具記改正長貳更加審定然後判成録奏又刑部言應吏部補授大理寺左斷刑官先與刑部大理寺長貳同議可否然後注擬仍取經試得循資以上人充正闕以丞補丞闕以評事補詔刑部吏部同著為令八年詔大理

寺推斷事應奏及上尚書省者更不先申本曹元祐元年以右治獄勘斷公事全少併左右兩推爲一司三年三省請罷右治獄依三司舊例置推勘檢法官于戶部從之又詔大理寺並置長貳四年從刑部請改本寺條任大理官失斷徒已上五人或死罪二人不在選限舊條失斷徒已上三人或死罪一人紹聖元年詔斷刑獄官依元豐元年選試法二年復置右治獄置官屬如元豐制左右推事有翻異者互送再有異者朝廷委官審問或送御史臺治之元符元年應大理寺開封府承受內降公事不得奏請移送又詔應奏斷公事依開封府專條不許諸處取索崇寧四年詔大理寺官諸司輒奏辟者以違制論政和二年詔法官任滿擇職事脩舉人材可錄者奏舉再任仍許就任關升理本等資序五年依熙豐故事復置習學公事四員長貳立課程正丞同指教宣和七年詳事以上並差試中刑法人又詔大理寺開封府承受公事依法斷遣不得乞降特旨中興併省官寺惟大理寺不併紹興初詔正與丞並堂除評事闕則委本寺長貳選擇應格人赴刑部議定申朝廷差填如無應格即選諳習刑法人權充又立比較法以懲差失隆興二年評事

輩衔言評事檢斷躬自飾案親書斷語最爲勞苦詔增置以八員爲額淳熙末嚴寺官出謁之禁以防請託漏泄之弊紹熙初除試中刑法評事八員外司直主簿選用有出身曾歷任人各兼評事繫衔將八評事已擬斷文字分兩廳點檢或有未安則述所見與長貳商量慶元四年定逐季仲月定日斷絕之法嘉定八年申嚴紹熙指揮重司直主簿之選增選試取人數以勸法科左斷刑分案三曰磨勘掌批會吏部等處改官事曰宣黃掌凡斷訖命官指揮曰分簿掌行分探諸案文字設司有四曰表奏議掌拘催詳斷案八房斷議獄案兼句申月奏曰開拆曰知雜曰法司又有詳斷案八房專定斷諸路申奏獄案等又有敕庫掌收管架閣文書吏額胥長一人胥吏三人胥佐三十人貼書六人楷書十四人隆興共减七人右治獄分案有四曰左右寺案掌斷訖公事案後收理追贓等曰驅磨掌驅磨兩推官錢官物文書曰檢法掌檢斷左右推獄案併供檢應用條法曰知雜又有開拆表奏二司有左右推主鞫勘諸處送下公事及定奪等吏額前司胥史一人胥佐九人表奏司一人貼書三人左右推胥史二人胥佐八人般押推司四人貼書四

人隆興共減五人

鴻臚寺　舊置判寺事一人以朝官以上充元豐官制行置卿一人少卿一人丞主簿各一人卿掌四夷朝貢宴勞給賜送迎之事及國之凶儀中都祠廟道釋籍帳除附之禁令少卿為之貳丞參領之凡四夷君長使价朝見辨其等位以賓禮待之授以館舍而頒其見辭賜予宴設之式戒有司先期辦具有貢物則具其數報四方館引見以進諸蕃封冊即行其禮命若崇義公承襲則辨其嫡庶具名上尚書省其周嵩慶懿陵廟命官以時致享若凶儀之節宗室以服

臣僚以品辨其喪紀而詔奠臨賻贈之制禮應成服則卿掌贊導之儀葬則預戒有司具鹵簿儀物分案四置吏九其官屬十有二　往來國信所掌大遼使介交聘之事　都亭西驛及管幹所掌河西蕃部貢奉之事　禮賓院掌回鶻吐蕃党項女真等國朝貢館設及互市譯語之事　懷遠驛掌南蕃交州西蕃龜茲大食于闐甘沙宗哥等國貢奉之事　中太一宮建隆觀等各置提點所掌殿宇齋宮器用儀物陳設錢幣之事　在京寺務司及提點所掌諸寺葺治之事　傳法院掌譯經潤文　左右街僧錄司掌寺院僧尼帳籍及僧官補授之事　同文館及管勾所掌高麗使命　已上並屬鴻臚寺中興後廢鴻臚不置併入禮部

司農寺　舊置判寺事二人以兩制朝官以上充主簿一人以選人充掌供籍田九種大中小祀供豕及蔬果明房油與平糴利農之事元豐官制行始正職掌置卿少卿丞主簿各一人卿掌倉儲委積之政令總苑囿庫務之事而謹其出納少卿為之貳丞參領之凡京都官吏祿廩辨其精粗而為之等諸路歲運至京師遣官閱其名色而分納于倉庾藁秸則歸諸

場歲具封樁月具見存之數奏聞給兵食則進呈糧樣因出納而受賂刻取者嚴其禁有負失者計其虧數上于倉部凡諸路奏雨雪之闕與過多者皆籍之凡苑囿行幸排比及薦饗進御頒賜植藏之物戒有司先期辦具造麴蘖儲薪炭以待給用天子親耕籍田有事于先農則卿奉耒耜少卿率屬及庶人以終千畝分案六置吏十有八初熙寧二年置制置條例司立常平斂散法遣諸路提舉官推行之三年五月詔制置司均通天下之財以常平新法付司農寺增置丞簿而農田水利免役保甲等法悉自司農講行初

以太子中允呂惠卿判司農寺改同判寺胡宗愈為兼判四年以御史知雜鄧綰判寺曾布同判詔諸路提舉常平官課績田寺考校升出管幹官令提舉司保明計功賞之六年以司農閒遣屬官出視諸路力有不給乃置幹當公事官以葉康直等四人為之七年本寺言所主行農田水利免役保甲之法措置未盡官吏推行多違法意欲榜諭官私使人陳述有司違法從寺按察九年以幹當公事官所至輒用喜怒罷之從熊本請也元豐四年減丞一主簿三官制行寺監不治外事司農事舊職務悉歸戶部右曹元祐

三年詔司農寺置長貳五年以本寺主簿兼檢法八年復置提轄倫倉所紹聖元年詔罷官屬以其事歸將監四年罷主簿添丞一員政和六年浙西諸州各置排岸一員從兩浙運副應安道請也所隸官屬凡五十　倉二十有五掌九穀廩藏之事以給官吏軍兵祿食之用凡綱運受納及封樁支用月具數以報司農　草場十有二掌受京畿芻秸以給牧監飼秣排岸司四掌水運綱船輸納雇直之事　園苑四玉津瑞聖宜春瓊林苑掌種植蔬蒔以待供進脩飾亭宇以備游幸宴設　下卸司掌受納綱運　都麴院

掌造麴以供內酒庫酒醴之用及出鬻以收其直　水磨務掌水磑磨麥以供尚食及內外之用　內柴炭庫掌諸薪炭以給宮城及宿衛班直軍士薪炭席薦之物　炭場掌儲炭以供百司之用　建炎三年罷司農寺以事務併隸倉部紹興三年復置丞二員凡有合行事務申戶部施行四年復置寺仍置卿少十年復置簿隆興元年併省主簿一員明年詔如舊制乾道三年詔糧綱有欠從本寺斷遣監納情理重者大理寺推勘分案五南北省倉草料場和糴場隸焉監倉官分上中下界司其出納諸場皆置監官外有

監門官交量則有掄察斛面官綱運下卸有排岸司官各分其事以佐本寺　豐儲倉所置監官二員監門官一員初紹興以上供米餘數樁管別廩以為水旱之助後又增廣收糴淳熙間命右司為之提領後以屬檢正非奉朝廷指揮不許支撥別置赤曆提領官結押不許衮同司農寺收支經常米數凡外州軍起到樁管米從司農寺差官盤量擦納到數報本所樁管監官監門官遇考任滿所屬批書外仍于本所批書視其有無欠折以定其功過在外則鎮江建康亦置倉焉

太府寺　舊置判寺事一人以兩制或帶職朝官充同判寺一人以京朝官充凡廩藏貿易四方貢賦百官奉給時皆隷三司本寺但掌供祠祭香幣帨巾神席及校造斗升衡尺而已元豐官制行始正職掌置卿少卿各一人丞主簿各二人卿掌邦國財貨之政令及庫藏出納商稅平準貿易之事少卿爲之貳丞參領之凡四方貢賦之輸于京師者辨其名物視其多寡別而受之儲於內藏者以待非常之用頒于左藏者以供經常之費凡官吏軍兵奉祿賜予以法式頒之先給曆從有司檢察書其名數鈎覆而後給焉

供奉之物則承旨以進審奏得晝乃聽除之若春秋授軍衣則前期進樣定其頒日畿內將校營兵支請月具其數以聞凡商賈之賦小賈即門征之大賈則輸於務貨之不售者平其價鬻於平準乘時賒貸以濟民用若質取於官則給用多寡各從其抵歲以香茶鹽鈔募入入豆穀實邊取京都關用物預報度支凡課入以盈虧定課最行賞罰大祀晨祼則卿置幣奠玉則入陳玉帛餘祀供其帨巾分案九置吏六十有五元祐初以倉部郎官印發文鈔三年復歸本寺又詔太府置長貳五年令長貳每月分巡所轄庫務

元符元年增置丞一員三年改市易案爲平準其市易務亦如之崇寧中置藥局七所添丞一員點檢宣和三年減罷靖康元年詔內外官司局所依熙寧法錢物並納左藏庫凡省一百五所又詔戶部太府寺長貳當職官及本庫官吏俸錢候在京官吏支散並足方許支給從戶部尚書梅執禮之請也所隷官司二十有五　左藏東西庫掌受四方財賦之入以待邦國之經費給官吏軍兵奉祿賜予舊分南北兩庫政和六年脩建新庫以東西庫爲名　西京南京北京各置左藏庫　內藏庫掌受歲計之餘積以待邦

國非常之用　奉宸庫掌供內庭凡金玉珠寶良貨賄藏焉　祗候庫掌受錢帛器皿衣服以備傳詔頒給及殿庭賜予　元豐庫掌受諸路積剩及常平錢物凡封樁者皆入焉神宗常憤契丹倔彊慨然有懷復幽燕之志聚金帛內帑自製四言詩一章曰五季失國獫狁孔熾藝祖造邦思有懲艾爰設內府基以募士曾孫保之敢忘厥志每庫以詩一字目之儲積皆滿又別置庫賦詩二十字分揭於庫曰每虔夕惕心妄意遵遺業顧予不武姿何日成戎捷徽宗朝又有崇寧庫大觀庫　布庫掌受諸道輸納之布辨其名物以待給用　茶庫掌受江浙荆湖建劒茶茗以給翰林諸司及賞賚出鬻　雜物庫掌受內外雜輸之物以備支用　糧料院掌以法式頒廩祿凡文武

百官諸司諸軍奉料以劵準給　審計司掌審其給
受之數以法式驅磨　都商稅務掌收京城商旅之
筭以輸于左藏　汴河上下鎖蔡河上下鎖掌收舟
船木筏之征　都提舉市易司掌提點貿易貨物其
上下界及諸州市易務雜買務雜賣場皆隸焉　市
易上界掌斂市之不售貨之滯於民用者乘時貿易
以平百物之直　市易下界掌飛錢給劵以通邊糴
雜買務掌和市百物凡宫禁官府所需以時供納
雜賣場掌受内外幣餘之物計直以待出貨或準折
支用　権貨務掌折愽斛斗金帛之屬　交引庫掌

給印出納交引錢鈔之事　抵當所掌以官錢聽民
質取而濟其緩急　和劑局惠民局掌脩合良藥出
賣以濟民疾　店宅務掌管官屋及邸店計置出僦
及脩造之事　石炭場掌受納出賣石炭　香藥庫
掌出納外國貢獻及市舶香藥寶石之事　建炎詔
罷太府寺以其所掌職務撥隸金部紹興元年復以
章億守太府寺丞措置印給茶鹽鈔引續添置丞二
員四年復置卿少各一員十年復置主簿十一年詔
交引庫書押鈔引寺丞兩員遇合推賞各與減磨勘
二年尋詔三丞一體行之隆興元年併省主簿一員

明年如舊制設案七以序次分管監交案隨逐丞簿
赴左藏庫監交肴驗綱運錢物中興後所隸惟有糧
料院審計司左藏東西庫交引庫祗候庫和劑庫惠
民局如前制所置　左藏南庫係椿管御前激賞庫改以待從
官提領又置提轄檢察官一員　編估局打套局二局係揀選市舶香藥雜物
等第會其直以待貿易寄椿庫掌發賣香藥匹帛拘其直歸于左藏南庫
置監官提領二人
國子監　舊置判監事二人以兩制或帶職朝官充
凡監事皆總之直講八人以京官選人充掌以經術
教授諸生舊以講書爲名無定員淳化五年判監李至奏爲直講以京朝官充其後又有講書

說書之名並以幕職州縣官充其熟於講說而秩滿者稍遷京官皇祐中始以八人爲額毋員各專一經
並選擇進士并九經及第之人相參薦舉丞一人以京朝官或選人充掌
錢穀出納之事主簿一人以京官或選人充掌文簿
以句考其出納舊制祭酒闕始置判監事監生無定員並有藝及京畿人初
隸監授業後補監生或隨屬游官以久離本貫不克赴鄉薦而文藝可稱亦許隸補試廣文教進士太學
教九經五經三禮三傳學究律學舘教明律餘不常置元豐官制行始置祭酒
司業丞主簿各一人太學博士十人舊係國子監直講元豐三年詔
改爲太學博士毋經二人正録各五人武學博士二人律學博士
正各一人　祭酒掌國子太學武學律學小學之政
令司業爲之貳丞參領監事凡諸生之隸于太學者

分三舍始入學驗所隸州公據以試補中者充外舍齋長諭月書其行藝于籍行謂率教不戾規矩藝謂治經程文季終考于學諭次學錄次學正次博士然後考于長貳歲終校定具注于籍以俟覆試視其校定之數參驗而序進之凡私試孟月經義仲月論季月策公試初場以經義次場以論策試上舍如省試法凡內舍行藝與所試之等俱優者為上舍上等取旨命官一優一平為中以俟殿試一優一否或俱平為下以俟省試唯國子生不預考選凡課試升黜教導之事長貳皆總焉車駕幸學則率官屬諸生班迎

即行在距學百步亦如之凡釋奠于先聖先師及武成王則率官屬諸生共薦獻之禮歲計所隸三舍生升降多寡之數以為學官之殿最賞罰　博士掌分經講授考校程文以德行道藝訓導學者　正錄掌舉行學規凡諸生之戾規矩者待以五等之罰考校訓導如博士之職　職事學錄五人掌與正錄通掌學規學諭二十人掌以所授經傳諭諸生直學四人掌諸生之籍及幾察出入凡八十齋齋置長諭各一人掌表率齋生凡戾規矩者糾以齋規五等之罰仍月考齋生行藝著于籍　武學博士學諭各二人掌

以兵書弓馬武藝訓誘學者　律學博士二人掌傳授法律及校試之事　小學置職事教諭二人掌訓導及考校責罰學長二人掌序齒位糾不如儀者集正二人掌籍諸生名氏糾程課不逮者熙寧初詔用經術取士廣闢黌舍分為三學增置生徒總二千八百人隸籍有數給食有等庫書有官治疾有醫分業八置吏十元豐三年詔自今奏舉太學博士先以所業進呈五年詔國子監官差承務郎以上闕即差選人充正官立行守試請奉法八年詔罷太學保任同罪法元祐元年詔大學每歲公試以司業博士主

之如春秋補試法左司諫王巖叟言太學生補中人乞並許應舉罷一年之限詔國子監立法又詔給事中孫覺秘書少監顧臨崇政殿說書程頤國子監長貳看詳脩立國子監條例又詔置春秋博士一員二年增司業一員又詔內外學官選年三十以上歷任人充三年詔國子監置長貳四年詔太學正錄依熙寧法選上舍生充闕則以內舍生五年殿中侍御史岑象求言國子監無叩問師資之益學官不以訓導為己任補試伺察不嚴有假手之弊詔禮部相度以聞本部言生員遇有請益許見長貳仍詔生員以所

納齋課於講堂上指諭并委博士逐月巡所隸齋詢考生員所業凡私試不鎖宿欲令不罷講說從之紹聖元年監察御史劉拯言太學復行元豐中三舍推恩注官免省試免解試之制夫舊法欲行必先嚴考察請自今太學長貳博士正錄選學行純備衆所推服者為之有弛慢不公考察不實則重加譴責差職掌長諭改正如元豐舊制從之又詔内外學官非制科進士出身及上舍生入官者並罷又詔太學正錄依元豐舊制各置五人又詔太學三舍生並依元豐學制重行考察依舊條推恩左司諫翟思言元豐太學令訓迪糾禁亦具矣今追復經義取士乞令有司看詳依舊頒行詔送國子監又詔内外學官選進士出身及經明行脩人又詔學官並召試國子監長貳臺諫官外監司皆許薦舉三年司業龔原言公試依元豐舊制以長貳監試輪差博士五員考試乞朝廷更差官五員參考從之元符元年詔有官人許入太學充監生毋過四十人三年復置春秋博士崇寧元年省罷崇寧元年宰臣蔡京言有詔天下皆興學貢士以三舍考選法遍行天下聽每三年貢入太學上舍試仍別為考分為三等若試中上等補充太學上舍試中

中等下等者補充内舍餘為外舍生仍建外學于國之南待其歲考行藝升之太學其外學官屬司業一人丞一人博士十人學正五人學錄五人職事人保學生充學錄五人學諭十人直學二人齋長齋諭各一人外舍生三千人太學上舍一百人内舍三百人俟將來貢試到合格者即上舍以二百人内舍以六百人為額處上舍内舍于太學處外舍于外學外學置齋一百講堂四每齋三十人太學自訟齋移於外學諸路貢士並入外學俟依法考選校試合格升之太學為上舍内舍生見為太學外舍生依舊在太學俟外學成日取旨外學並依太學勑令格式從之二年罷春秋博士三年詔辟雍置司成司業各一員四年詔辟雍待四方貢士在國之郊太學教養上舍生在王城之内内外既殊高下未倫辟雍有司成在侍郎之次國子有祭酒司業列於卿少事體不順合行釐正改辟雍司成為太學司成總國子監及内外學事凡學之事皆許專達仍立學官謁禁大觀元年置國子博士四員國子正錄各二員太學辟雍博士共置二十員國子太學每經一員辟雍二員從薛昂之請也三年詔諸路贍學餘錢亟起發充在京學事支用四

年詔省國子辟雍博士五員太學命官學錄一員辟雍二員國子命官正錄及命官直學國子監書庫官等官並省罷依紹聖格毋用謄錄政和元年詔兩學博士正錄依舊制選試朝廷除授七年新提舉河東路學事王格言崇寧初建辟雍于郊以處貢士及外舍生立太學于國以處上舍內舍由州郡而貢之辟雍由辟雍而升之太學法行之初上內舍之選未衆故外舍有校定者留太學無校定者出辟雍比年上內舍人日增而太學又有國子隨行親及小學生人數已多居處迫隘乞以外舍生有無校定並居辟雍

升補上內舍乃入太學從之八年詔兩學博士正錄并諸州教授兼用元豐試法仍止試一經（吏部具到元豐法進士第一甲或省試十名內或府監發解五名內或太學公私試三名內或季試兩次為第一人或上舍內舍生或曾充經諭以上職掌或投所業乞試並聽試入上等注博士中下等注正錄即人多闕少願注諸州教授者聽）宣和三年詔罷天下三舍太學以三舍考選開封府及諸路以科舉取士州學未行三舍以前應置學官及養士去處依元豐舊制太學生並撥填舊額辟雍正額入太學者撥入額外依舊制過填闕諸內舍上等校定人願入太學者與免補試辟雍官屬並罷又詔國子博士正錄改充太學正錄七年臣僚

言熙豐間博士未嘗除代近年以來席未暖而代者已至當從正錄第進新除太學博士胡世將周利建乞改除正錄候將來升為博士從之靖康元年諫議大夫馮澥言朝廷罷元祐學術之禁不專王氏之學六經之旨其說是者取之今學校或主一偏之說執一偏之見願詔有司考校敢私好惡去取重行黜責又詔太學博士替成資闕建炎三年詔國子監併歸禮部未幾詔復養生徒置博士紹興十二年置祭酒司業各一人十二年太學成增置博士正錄參用元祐紹聖監學法脩立監學新法詔國子博士正錄通

治諸齋學官闕從本監選舉其後監學博士正錄增減不齊兼攝並置不一至隆興以後正錄不兼權祭酒司業並置復書庫官又定國子博士一員太學博士三員正錄共四員學官之制始定淳熙四年置監門官一員兼管石經閣以不釐務使臣充以後相承不改武學慶曆三年詔置武學于武成王廟以阮逸為教授八月罷武學以議者言古名將如諸葛亮羊祜杜預等豈專學孫吳故也熙寧五年樞密院言古者出師受成於學文武弛張其道一也乞復置武學詔于武成王廟置學元豐官制行改教授為博士紹

興十六年詔脩建武學武傅武諭以兵書弓馬武藝誘誨學者紹興二十六年詔武學博士學諭各置一員內博士於文臣有出身或武舉出身曾預高選充其學諭差武學人後又除文臣之有出身者　宗學元豐六年宗室令鑠乞建宗學詔從之既而中輟建中靖國元年復置崇寧初立月書季法南渡初建學嘉定更新置四齋後再增三齋宗學博士舊諸王宮大小學教授也至道元年太宗將為皇姪等置師傅執政謂環衛之官非親王比當有降乃以教授為名咸平初遂命諸王府官分兼南北宅教授南宮者太祖太宗諸王之子孫處之所謂睦親宅也崇寧五年又改稱其王宮宗子博士位國子博士之上靖康之亂宗學遂廢紹興四年始復置諸王宮大小學教授二員隆興省其一嘉定九年十二月始復置宗學改教授為博士又置宗學諭一員並隸宗正寺在太常博士之下諭在國子正之上奉給賞典依國子博士及正例於是宗室疎遠者皆得就學旋有旨復存諸王宮大小學教授一員　書庫官淳化五年判國子監李志言國子監舊有印書錢物所名為近俗乞改為國子監書庫官始置書庫監官以京朝官充掌印

經史群書以備朝廷宣索賜予之用及出鬻而收其直以上於官元豐三年省中興後併國子監入禮部紹興十三年復置一員三十一年罷隆興初詔主簿兼書庫乾道七年復置一員

少府監　舊制判監事一人以朝官充凡進御器玩后、妃服飾雕文錯綵工巧之事分隸文思院後苑造作所本監但掌造門戟神衣旌節郊廟諸壇祭玉法物鑄牌印朱記百官拜表案褥之事凡祭祀則供祭器爵瓚照燭元豐官制行始制少監丞主簿各一人監掌百工伎巧之政令少監為之貳丞參領之凡乘輿服御寶冊符印旌節度量權衡之制與夫祭祀朝會展采備物皆率其屬以供焉庀其工徒察其程課作止勞逸及寒暑早晚之節視將作匠法物勒工名以法式察其良窳凡金玉犀象羽毛齒革膠漆材竹辨其名物而攷其制度事當損益則審其可否議定以聞少府所掌舊有主名其工作之事則監自親之熙寧中已釐歸有司官制行皆復舊元豐元年工部言文思院上下界諸作工料條格該說不盡功限例各寬剩乞委官檢照前後料例功限編為定式從之又詔文思監官除內侍外令工部少府監同議選差

崇寧三年詔文思院兩界監官立定文臣一員武臣二員並朝廷選差其內侍幹當官並罷分案四置吏八所隸官屬五　文思院掌造金銀犀玉工巧之物金采繪素裝鈿之飾以供輿輦冊寶法物凡器服之用　綾錦院掌織絍錦繡以供乘輿凡服飾之用　染院掌染絲枲幣帛　裁造院掌裁製服飾　文繡院掌纂繡以供乘輿服御及賓客祭祀之用崇寧三年置招繡工三百人　舊置南郊祭器庫監官二人　太廟祭器法物庫監官二人掌祠祭器服之名物各有專典　旌節官二人鑄印篆文官二人　諸州鑄錢監監官各

一人以上並屬少府監

將作監　舊制判監事一人以朝官以上充凡土木工匠之政京都繕脩隸三司修造案本監但掌祠祀供省牲牌鎮石炷香盥手焚版幣之事元豐官制行始正職掌　置監少監各一人丞主簿各二人監掌宮室城郭橋梁舟車營繕之事少監為之貳丞參領之凡土木工匠板築造作之政令總焉辨其才幹器物之所須乘時儲積以待給用庀其工徒而授以法式寒暑蚤暮均其勞逸作止之節凡營造有計帳則委官覆視定其名數驗實以給之歲以二月治溝渠

通壅塞乘輿行幸則預戒有司潔除均布黃道凡出納籍帳歲受而會之上于工部熙寧初以嘉慶院為監其官屬職事稽用舊典已而盡追復之元祐七年詔頒將作監脩成營造法式八年又詔本監營造撿計畢長貳隨事給限丞簿覆撿元符元年三省言將作監主簿二員乞將先到任一員改充幹當公事係成資替罷從之崇寧五年詔將作監應承受前後特旨應副外路并府監修造差撥人工物料遵執元豐條格不得應副宣和五年詔罷營繕所歸將作監分案五置吏二十有七所隸官屬十　修內司掌宮城

太廟繕修之事　東西八作司掌京城內外繕修之事　竹木務掌修諸路水運材植及抽算諸河商販竹木以給內外營造之用　事材場掌計度材物前期樸斲以給內外營造之用　麥䴬場掌受京畿諸縣夏租䴬𪌭以給圬墁之用　窑務掌陶為塼瓦以給繕營及缾缶之器　丹粉所掌燒變丹粉以供繪飾　作坊物料庫第三界掌儲積材物以備給用　退材場掌受京城內外退棄材木掄其長短有差其曲直中度者以給營造餘備薪爨　簾箔場掌抽算竹木蒲葦以供簾箔內外之用　建炎三年詔將作監

併歸工部紹興三年復置丞仍兼總少府之事十年置主簿一員十一年詔依司農大府寺置長貳一員隆興初官室無所營繕職務簡省百工器用屬之文思院以隸工部本監惟置丞一員餘官虛而不除乾道以後人材甚多監少丞簿無闕凡臺省之久次與郡邑之有聲者悉寄徑于此自是號為儲才之地而營繕之事多俾府尹畿漕分任其責焉

軍器監　國初戎器之職領于三司胄曹案官無專職熙寧六年廢胄案乃按唐令置監以從官總判元豐正名始置監少監各一人丞二人主簿一人監掌

監督繕治兵器什物以給軍國之用少監為之貳丞參領之凡利器以法式授工徒其弓矢干戈甲胄劍戟戰之具因其能而分任之量用給材旬會其數以考程課而輸于武庫委遣官詣所隸檢察凡用膠漆筋革材物必以時課百工造作勞逸必均歲終閱其良否多寡之數以詔賞罰器成則進呈便殿俟閱試而頒其樣式于諸道即要會州建都作院分造器械從本監比較而進退其官吏焉元祐三年省丞一員紹聖中復置政和三年應御前軍器監所頒降軍器樣製非長貳當職官不得省閱及傳寫漏洩論以違制分案五置吏十有三所隸官屬四　東西作坊掌造兵器旗幟戎帳什物辨其名色謹其繕作以輸于受藏之府兵校工匠其役有程視精麤利鈍以為之賞罰　作坊物料庫掌收鐵錫羽箭油漆之屬　皮角場掌收皮革筋角以供作坊之用　南渡置御前軍器所建炎三年詔軍器監併歸工部東西作坊都作院併入軍器所紹興三年復置丞一員令工部相度合管職事歸之十一年詔復置長貳各一員十四年以朝奉大夫趙子厚守軍器監宗室為寺監長貳自此始隆興初詔置造軍器已有軍器所隸工部本

監惟置丞一員乾道五年復置少監及簿六年以少監韓玉往建康點檢物馬以奉使軍器少監為名是年復置監一員淳熙初元詔戎器非進入毋輒出所由是呈驗寢省二年錢良臣以少監總領淮東財賦八年沈揆復以監長行諸監長貳自是始許總餉外帶然二人實初兼版曹職事嘉定十四年岳珂獨以軍器監總餉淮東是後戎所作坊已備官于下宥府起部並提綱于上監居其間事務稀簡特為儲才之所焉

都水監　舊隸三司河渠案嘉祐三年始專置監以

領之判監事一人以員外郎以上充同判監事一人以朝官以上充丞二人主簿一人並以京朝官充輪遣丞一人出外治河埽之事或一歲再歲而罷其有諳知水政或至三年置局于澶州號曰外監元豐正名置使者一人丞二人主簿一人使者掌中外川澤河渠津梁堤堰疏鑿浚治之事丞參領之凡治水之法以防止水以溝蕩水以澮寫水以陂池瀦水凡江河淮海所經郡邑皆頒其禁令視汴洛水勢漲涸增損而調節之凡河防謹其法禁歲計茭揵之數前期儲積以時頒用各隨其所治地而任其責興役以後

月至十月止民功則隨其先後毋過一月若導水溉田及疏治壅積為民利者定其賞罰凡修堤岸植榆柳則視其勤惰多寡以為殿最南北外都水丞各一人都提舉官八人監埽官百三十有五人皆分職涖事即干機速非外丞所能治則使者行視河渠事元祐八年詔提舉汴河堤岸司隸本監先是導洛入汴專置堤岸司至是亦歸之有司元祐四年復置外都水使者五年詔南北外都水丞並以三年為任七年方議回河東流乃詔河北東西漕臣及開封府界提點各兼南北外都水事紹聖元年罷元符三年詔罷北外都水丞以河事委之漕臣三年復置重和元年工部尚書王詔言乞選差曾任水官諳練者為南北兩外丞從之宣和三年詔罷南北外都水丞司依元豐法通差文武官一員分案七置吏三十有七所隸有

街道司掌轄治道路人兵若車駕行幸則前期修治有積水則疏導之

建炎三年詔都水監置使者一員

紹興九年復置南北外都水丞各一員南丞于應天府北丞于東京置司十年詔都水事歸于工部不復置官

司天監　監　少監　丞　主簿　春官正　夏官

正　中官正　秋官正　冬官正　靈臺郎　保章正　挈壺正　各一人掌察天文祥異鍾鼓漏刻寫造曆書供諸壇祀祭告神名版位畫日監及少監闕則置判監事二人以五官正充　禮生四人　曆生四人掌測驗渾儀同知算造王式元豐官制行罷司天監立太史局隸祕書省

志卷第一百十八

志卷第一百十九　宋史一百六十六

開府儀同三司上柱國錄軍國重事前中書右丞相監修國史領經筵事都總裁臣脫脫等奉

敕修

職官六

殿前司　侍衛親軍　環衛官
皇城司　客省引進　四方館
東西上閤門　帶御器械　內侍省
開封府　臨安府　河南應天府
次府　節度使
承宣觀察防禦等使

殿前司　都指揮使　副都指揮使　都虞候各一人掌殿前諸班直及步騎諸指揮之名籍凡統制訓練番衛戍守遷補賞罰皆總其政令而有都點檢副都點檢之名在都指揮之上後不復置入則侍衛殿

陛出則扈從乘輿大禮則提點編排整肅禁衛鹵簿儀仗掌宿衛之事都指揮使以節度使為之而副都指揮使都虞候以救史以上充資序淺則主管本司公事馬步軍亦如之備則通治闕則互攝凡軍事皆行以法而治其獄訟若情不中法則稟奏聽旨　騎軍有殿前指揮使內殿直散員散指揮散都頭散祗候金鎗班東西班散直鈞容直及捧日以下諸軍指揮　步軍有御龍直骨朵子直弓箭直弩直及天武以下諸軍指揮　諸班有都虞候指揮使都軍使都知副都知押班　御龍諸直有四直都虞候本直各有都虞候指揮使副指揮使都頭副都頭十將將虞候　騎軍步軍有捧日天武左右四廂都指揮使捧日天武左右廂各有都指揮使副指揮使每軍有都指揮使都虞候每指揮有指揮使副指揮使每都有軍使副兵馬使十將將虞候承局押官各以其職隸于殿前司元祐七年簽書樞密院王巖叟言祖宗以來三帥不曾闕兩人若殿帥闕難於從下超補姚麟係殿前都虞候合升作步軍副都指揮使紹聖三年詔殿前指揮使金鎗弩手班龍旗直所減人額及排定班分並依元豐詔旨政和四年詔殿前都指揮使在節度

使之上殿前副都指揮使在正任承宣使之上殿前都虞候在正任防禦使之上渡江後都指揮使闕虛不除則以主管殿前司一員任其事其屬有幹辦公事主管禁衛二員準備差遣準備差使點檢醫藥飯食各一員書寫機宜文字一員本司掌諸班直禁旅扈衛之事捧日天武四廂隸焉訓齊其衆振飭其藝通輪內宿併宿衛親兵並聽節制其下有統制統領將佐等分任其事凡諸軍班直功賞轉補行門拍試換官閱實排連以詔于上諸殿侍差使年滿出職祗應麥班覈其名籍以時教閱則謹鞍馬軍器衣甲之出

入軍兵有獄訟則以法鞫治初渡江草剏三衙之制未備稍稍招集塡制三帥資淺者各有主管其司公事之稱又別置御營司擢王淵爲都統制其後外州駐劄又有御前諸軍都統制之名又併入神武軍以舊統制統領改充殿前司統制統領官乾道中臣僚言三衙軍制名稱不正以舊制論之軍職大者凡八等除都指揮使或不常制外曰殿前副都指揮使馬軍副都指揮使步軍副都指揮使次各有都虞候次有捧日天武四廂都指揮使龍神衞四廂都指揮使秩秩有序若各第然降此而下則分營分廂各置副

都指揮使邊境有事命將討捕則旋立總管鈐轄都監之名使各將其所部以出事已復初今以宿衞虎士而與在外諸軍同其名以統制統領爲之長又使遞帶外路總管鈐轄皆非舊典所當法宗祖之舊正三衙之名改諸軍爲諸廂改統制以下爲都虞候指揮使要使宿衞之職預有差等士卒之心明有所係異時拜將必無一軍皆驚之舉時不果行淳熙以後四廂之職多虛而殿司職司有權管幹有時暫照管之號愈非乾道以前之比矣

侍衞親軍馬軍　都指揮使　副都指揮使　都虞候各一人掌馬軍諸指揮之名籍凡統制訓練番衞戍守遷補賞罰皆總其政令侍衞扈從及大禮宿衞所掌如殿前司官所領馬軍自龍衞而下有左右四廂都指揮龍衞左右廂各有都指揮使每軍有都指揮使都虞候每指揮有指揮使副使指揮使每都有軍使副兵馬使十將將虞候承勾押官各以其職隸于馬軍司政和四年詔以馬軍都指揮使馬軍副都指揮使在正任觀察使之上馬軍都虞候在正任防禦使之上中興後置主管侍衞馬軍司一員其屬有幹辦公事準備差遣點檢醫藥飯食各一員掌出戍

建康差主管機宜文字一員掌馬軍之政令凡出入扈衞守宿以奉上開收閱習轉補以勵下如殿前司凡名籍最其在亡過則以法繩之有巡防勅應則糾率差撥龍衞四廂隸焉

侍衞親軍步軍　都指揮使　副都指揮使　都虞候各一人掌步軍諸指揮之名籍凡統制訓練番衞戍守遷補賞罰皆總其政令侍衞扈從及大禮宿衞如殿前司所領步軍自神衞而下左右四廂都指揮使左右廂各有都指揮使每軍有都指揮使都虞候每指揮有指揮使副指揮使每都有都頭副都頭十

將將虞候承勾押官各以其職隷于步軍司政和四年詔以步軍都指揮使步軍副都指揮使在正任防禦使之上中興後置主管侍衞步軍司一員其屬有幹辦公事二員準備差遣點檢醫藥飯食各一員掌步軍之政令凡出入扈衞守宿以奉上開收閱習轉補以勵下如殿前司凡名籍校其在亡過則以法繩之有巡防動應則糾率差撥押衞四廂隷焉

環衞官

左右金吾衞上將軍　大將軍　將軍　中郎將　郎將

左右衞上將軍　大將軍　將軍　中郎將　郎將

左右驍衞上將軍　大將軍　將軍

左右武衞上將軍　大將軍　將軍

左右屯衞上將軍　大將軍　將軍

左右領軍衞上將軍　大將軍　將軍

左右監門衞上將軍　大將軍　將軍

左右千牛衞上將軍　大將軍　將軍　中郎將　郎將

諸衞上將軍大將軍將軍並為環衞官無定員皆命宗室為之亦為武臣之贈典大將軍以下又為武官責降散官政和中改武臣官制而環衞如故蓋雖有四十八階別無所領故也靖康元年詔以武安軍節度使錢景臻等為左金吾衞上將軍保信軍節度使劉敷等為右金吾衞上將軍用御史中丞陳過庭言遵藝祖開寶初罷王彥超武行德等歸環衞故事也其禁兵分隷殿前及侍衞兩司所稱十二衞將軍皆空官無實中興多不除授隆興中始命學士洪遵等討論典故復置十六衞號環衞其法節度使則領左右金吾衞上將軍承宣使則領左右衞上將軍在內

則兼帶在外則不帶正任為上將軍遥郡為大將軍正親兄弟子孫試充又詔祖宗諸后自明肅至欽慈諸后及后妃嬪御之家各具本宗堪充諸衞官以名銜聞又詔三衞郎為三衞侍郎又詔博士並差文臣崇寧四年二月置五年正月罷

皇城司　幹當官七人以武功大夫以上及內侍都知押班充掌宮城出入之禁令凡周廬宿衞之事宮門啓閉之節皆隷焉每門給銅符二鐵牌一左符留門右符請鑰鐵牌則請鑰者自隨以時參驗而啓閉之總親從親事官名籍辨其宿衞之地以均其番直

人物僞冒不應法則譏察以聞凡臣僚朝覲上下馬有定所自宰相親王以下所帶人從有定數揭牓以止其喧鬨元豐六年詔幹當皇城司除兩省都知押班外取年深者減罷止留十員元祐元年詔幹當官闕三年無過者遷秩一等再任滿者減磨勘二年元符元年詔應宮城出入請納官物呈稟公事傳送文書并御廚翰林儀鸞司非次祗應聽於便門出入即不由所定門者論如闌入律應差辦人物入內及內諸司差人往他所應奉並前一日具名數與經歷諸門報皇城司二年詔皇城司任滿酬獎依熙寧五年

指揮再任滿無遺闕取旨政和五年詔皇城司可翻置親從第五指揮以七百人為額（親從官舊有四指揮元額共二千二百七十人）仍以五尺九寸一分六釐使為將軍副使為中郎將使臣以下為左右郎將通以十員為額宗室不在此例除管軍則解或領閤門皇城之類則仍帶雖戚里子弟非戰功人不除批書印紙屬殿前司是時帝諭宰相以為如文臣館閣儲才之地紹熙初嘗欲留闕以儲將才循初意也嘉泰中復申明隆興之詔屏除貪得妄進以重環尹之官嘉定二年復因臣僚言專以曾為兵將其功績及名將子孫之有才畧者充通前後觀之可以見環衛儲才之意

三衛官　三衛郎一員秩比大中大夫中郎為之貳文武各一員秩比朝議大夫博士二員主簿一員親衛府郎十員中郎十員　勳衛府郎十員中郎十員　翊衛府郎二十員中郎二十員文武各四十員三衛郎治其府之事率其屬日直于殿陛長在左立起居郎之前貳分左右文東武西立都承旨之後仗退治事于府博士掌教道校試三衛所習文武之藝親衛立于殿上兩旁勳衛立于朶殿翊衛立于兩階衛士之前三衛郎依給舍中郎依少卿餘依寺丞

親衛官以后妃嬪御之家有服親及翰林學士并管軍正任觀察使以上子孫　勳衛官以勳臣之世賢德之後有服親大中大夫以上及正任團練使遥郡觀察使以上　翊衛官以卿監正任刺史遥郡團練使以上並以為等其將校十將節級等應合行事件比第四指揮及見行條貫六年三月應臣僚輙帶售雇人入宮門罪賞並依宗室法將帶過數止坐本官若兼領外局所定人從非隨本官輙入者依闌入法十一月詔嘉王楷差提舉皇城司整肅隨駕禁衛所請康元年詔應入皇城門依法服本色輙衣便服及不

裹頭帽入出者並科罪所隸官屬一　氷井務掌藏
氷以薦獻宗廟供奉禁庭及邦國之用若賜予臣下
則以法式頒之中興初為行營禁衛所差主管官掌
出入皇城宮殿門等敕號察其假冒車駕行幸則糾
察導從紹興元年改稱行在皇城司提舉官一員提
點官二員幹當官五員以諸司副使內侍都知押班
充掌皇城宮殿門給三色牌號稽驗出入凡親從親
事官五指揮入內院子守闕入內院子指揮總其名
籍均其勞役察其功過而賞罰之凡諸門必謹所守
蠲潔齋肅郊祀大禮則差撥隨從守衛有宴設則守

三百九十　宋史一百六十六　宋史志卷一百十九　九

門約闌每年春秋按賞親從遂指揮親事官第一指
揮長行三色武藝弓弩槍手皇城周回或有墊陷移
文修整嘉定間臣僚言皇城一司總率親從嚴護周
廬參錯禁旅權亞殿巖乞專以知閤御帶兼領仍立
定親從員額以革泛濫並從之
客省引進使　客省使副使各二人掌國信使見辭
宴賜及四方進奉四夷朝覲貢獻之儀受其幣而賓
禮之掌其饔餼飲食還則頒詔書授以賜予宰臣以
下節物則視其品秩以為等若文臣中散大夫武臣
橫行刺史以上還闕朝覲掌賜酒饌使闕則引進四方

館閤門使副互權大觀元年詔客省四方館不隸臺
察政和二年改定武選新階乃詔客省四方館引進
司東西上閤門所掌職務格法並令尚書省具上又
詔高麗已稱國信改隸客省靖康元年詔客省引進
司四方館西上閤門為殿庭應奉與東上閤門一同
隸中書省不隸臺察　引進司使副各二人掌臣僚蕃
國進奉禮物之事班四方館上使闕則客省四方館
互兼
四方館使二人掌進章表凡文武官朝見辭謝國忌
賜香及諸道元日冬至朔旦慶賀起居章表皆受而

三百八十二　宋史一百六十六　宋史志卷一百十九　十

進之郊祀大朝會則定外國使命及致仕未升朝官
父老陪位之版進士道釋亦如之掌凡護葬賻贈朝
拜之事客省四方館建炎初併歸東上閤門皆知閤
總之
東西上閤門　東上閤門西上閤門使各三人副使
各二人宣贊舍人十人舊名通事舍人政和中改祗候十有二人
掌朝會宴幸供奉贊相禮儀之事使副承旨稟命舍
人傳宣贊謁祗候分佐舍人凡文武官自宰臣宗室自
親王外國自契丹使以下朝見謝辭皆掌之視其品
秩以為引班敘班之次贊其拜舞之節而糾其違失

若慶禮奉表則東上閤門掌之慰禮進名則西上閤門掌之月進班簿歲終一易分東西班揭貼以進自客省而下因事建官皆有定員遂立積考序遷之法聽其領職居外增置看班祗候六人由看班遷至使皆五年使以上七年遇闕乃遷無闕則加遙郡元豐七年詔客省四方館使副領本職外官最高者一員兼領閤門事元祐元年詔客省四方館閤門並以橫行通領職事紹聖三年詔看班祗候有闕令吏部選定尚書省呈人材中書省取旨差崇寧四年詔閤門依元豐法隸門下省大觀元年詔閤門依殿中省例

不隸臺察政和六年詔宣贊播告直誦其辭靖康元年詔閤門並立員額監察御史胡舜陟奏閤門之職祖宗所重宣贊不過三五人熙寧間通事舍人十三員祗候六人當時議者猶以為多今舍人一百八員祗候七十六員看班四員內免職者二百三員由官侍恩倖以求財朱勔父子交買尤多富商豪子往往得之真宗時諸王夫人因聖節乞補閤門帝曰此職非可以恩澤授不許神宗即位之初用宮邸直省官鄭昭選為閤門祗候司馬光言此祖宗以蓄養賢才在文武為館職其重如此今豈可賣以求財乞賜裁省故有是詔舊制有東西上閤門多以處外戚勳貴建炎初元併省為一其引進司四方館併歸閤門客省循舊法非橫行不許知閤門紹興元年帝以宋錢孫藩邸舊人稍習儀注命轉行橫行一官主管閤門又曰藩邸舊人自內侍及使臣皆不與行在職任止與外任錢孫以閤門無諳練人故留之五年詔右武大夫以上並稱知閤門事兼客省四方館事官未至者即稱同知閤門事同兼客省四方館事以除授為序稱同知者在知閤門之下宣贊舍人任傳宣引贊之事與閤門祗候並為閤職間帶點檢閤門簿書公事紹興中許令供職注授內外合入差遣闕到然後免供職其後供職舍人員數稍冗裁定以四十員為額乾道六年上欲清閤門之選除宣贊舍人閤門祗候仍舊通掌贊引之職外置閤門舍人十員以待武舉之入官者掌諸殿覺察

失儀兼侍立駕出行幸亦如之六參常朝後殿引親王起居做儒臣館閣之制召試中書省然後命之又詳轉對如職事官供職滿二年與邊郡淳熙間置看班祗候令忠訓郎以下充秉義郎以上始除閤門祗候又增重薦舉閤門祗候之制必廉幹有方略善弓馬兩任親民無遺闕及曾歷邊任者充紹熙以來立定員額慶元初申嚴閤門長官選擇其屬之令非右科前名之士不預召試蓋以為右列清選云

帶御器械　宋初選三班以上武幹親信者佩櫜鞬御劍或以內臣為之止名御帶咸平元年改為帶御

器械景祐二年詔自今無得過六人慶曆元年詔遇闕員曾歷邊任有功者補之中興初諸將在外多帶職蓋假禁近之名為軍旅之重紹興七年樞密院言帶御器械官當帶插帶曰此官本以衛不虞今乃佩數笴鞁箭不知何用方承平時至飾以珠玉車駕每出為觀美而已他日恢復此等事當盡去之二十九年詔中外舉薦武臣無闕可處增置帶御器械四員然近侍亦或得之乾道以來詔立班樞密院檢詳文字之上淳熙間凡正除軍中差遣或外任者不許銜內帶行又須供職一年方與解帶恩例於是屬鞬之職

益加重焉

入內內侍省　內侍省　宋初有內中高品班院淳化五年改入內內班院又改入內黃門班院又改內侍省入內內侍班院景德三年詔東門取索司可併隸內東門司餘入內都知司內東門都知司內侍省入內內侍班院可立為入內內侍省以諸隸之宋初有內班院淳化五年改為黃門九月又改內侍省入內內侍省與內侍省號為前後省而入內省尤為親近通侍禁中役服褻近者隸入內內侍省拱侍殿中備洒掃之職役使雜品者隸內侍省入內內侍省有都都知都知副都知押班內東頭供奉官內西頭供奉官內侍殿頭內侍高品內侍高班內侍黃門內侍省有左班都知副都知右班都知副都知押班內東頭供奉官內西頭供奉官內侍殿頭內侍高品內侍高班內侍黃門自供奉官至黃門以二百八十人為定員凡內侍初補曰小黃門經恩遷補則為內侍黃門後省官闕則以前省官補押班次遷副都知次遷都都知遂為內臣之極品熙寧中入內內侍省內侍省都知押班遂省各以轉入先後相壓求為定式其官稱則有內客省使延福宮使宣政使宣慶使昭宣

使元豐議改官制張誠一欲易都知押班之名置殿中監以易內侍省既而宰執進呈神宗曰祖宗為此名有深意豈可輕議政和二年始遂改焉以通侍大夫易內客省使正侍大夫易延福宮使中侍大夫易景福殿使中亮大夫易宣慶使中衛大夫易宣政使拱衛大夫易昭宣使供奉官易內東頭供奉官左侍禁易內西頭供奉官右侍禁易內侍殿頭左班殿直易內侍高品右班殿直易內侍高班而黃門之名如故其屬有　御藥院勾當官四人以入內內侍省充掌按驗方書修合藥劑以待進御及供奉禁中之用

內東門司勾當官四人以入內內侍省充掌宮禁人
物出入周知其名數而譏察之　合同憑由司監官
二人掌禁中宣索之物給其要驗凡特旨賜予皆具
名數憑由付有司準給　管勾往來國信所管勾官
二人以都知押班充掌契丹使介交聘之事　後苑
勾當官無定員以內侍充掌苑囿池沼臺殿種藝雜
飾以備游幸　造作所掌造作禁中及皇屬婚娶之
名物　龍圖天章寶文閣勾當四人以入內內侍充
掌藏祖宗文章圖籍及符瑞寶玩之物而安像設以
崇奉之　軍頭引見司勾當官五人以內侍省都知

宋史一百六十六　字三百九十三个　宋史志卷一百十九　十五　湯惠宮　李京州

押班及閤門宣贊舍人以上充掌供奉便殿禁衛諸
軍入見之事及馬步兩直軍員之名　翰林院勾當
官一員以內侍押班都知充總天文書藝圖畫醫官
四局凡執伎以事上者皆在焉中興以來深懲內侍
用事之弊嚴前後省使臣與兵將官往來之禁著內
侍官不許出謁及接見賓客之令紹興三十年詔內
侍省所掌職務不多徒有冗費可廢併歸入內內侍
省舊制內侍遇聖節許進子年十二試以墨義即中
程者候三年引見供職三十二年殿中侍御史張震
言宦者員衆孝宗即命內侍省具見在人數免會慶

節進子仍定以二百人為額乾道間以差赴德壽宮
應奉闕人增置二百五十人紹熙三年侍宰臣奏中
官只令承受官禁中事不許預聞他事嘉定初詔內
侍省陳乞恩例親屬充寄班祗候以十年為限
開封府牧尹不常置權知府一人以待制以上充掌
尹正畿甸之事以教法導民而勸課之中都之獄訟
皆受而聽焉小事則專決大事則稟奏若承旨已斷
者刑部御史臺無輒糾察屏除寇盗有姦伏則戒所
隸官捕治凡戶口賦役道釋之占京邑者頒其禁令
會其帳籍大禮橋道頓遞則為之使仗內奉引則差

宋史一百六十六　字三百五十七个　宋史志卷一百十九　十六　湯惠宮　李京州

官攝牧其屬有判官推官四人日視推鞫分事以治
而佐其長領南司者一人督察使院非刑獄訟訴則
主行之司錄參軍一人折戶婚之訟而通書六曹之
案牒功曹倉曹戶曹兵曹法曹士曹參軍各一人視
其官曹分職莅事　左右軍巡使判官各二人分掌
京城爭鬬及推鞫之事　左右廂公事幹當官四人
掌檢覆推問凡鬬訟事輕者聽論決領縣十有八鎮
二十有四令佐訓練征榷監臨巡警之官知府事者
率統隸焉分案六置吏六百開封典司轂下自建隆
■以來為要劇之任至熙寧間增給吏祿禁其受賕

省衙前役以寬民力釐折獄訟歸於廂官而治事視
前日損去十四元祐元年詔府界捕盜官吏隸本府
與都大提舉司同管轄而掌其賞罰置新城內左右
二廂三年以罷大理寺獄置軍巡院判官一員四年
罷新置二廂六年王巖叟言左右廳推官公事詞狀
初無通治明文請事繫朝省及奏請通治外餘並據
號分治從之紹聖元年知府事錢勰言自祖宗以來
並分左右廳置推官各一員近年止除推官元祐中
並令分治請依故事分左右廳各除推官一員作兩
廳共治職事又言熙寧中置舊城左右廂元祐初增

置于新城內四年罷增置兩廂今請復置從之三年
詔開封祥符知縣事自今選秩通判人充四年詔開
封府所薦推判官並召對取旨崇寧三年蔡京奏乞
罷權知府置牧一員尹一員專總府事少尹二員分
左右貳府之政事牧以皇子領之尹以文臣充在六
曹尚書之下侍郎之上少尹在左右司郎官之下列
曹郎官之上以士戶儀兵刑工為六曹次序司錄二
員六曹各二員參軍事八員開封祥符兩縣置案倣
此易胥吏之稱略依唐六典制度又請移開封府治
所於舊尚書省從之太宗真宗嘗任府尹自至道後知府者必帶權字蔡京乃以潛

郎之號處臣下建置曹官以上凡十六員比舊增要官十一員五年詔開封府屬官
參軍等並依舊員額大觀元年李孝壽乞增置府學
博士一員從之詔開封六職閑劇不同如士曹之官
唯主到罷批書而刑戶事繁自今凡士之婚田鬬訟
皆在士曹餘曹倣此二年詔皇子領牧祿令如執政
官又詔天下州郡並依開封府分曹置掾政和二年
復置開封府學錢粮官一員五年盛章奏乞依尚書
六部置架閣主管官一員宣和元年聶山奏司錄六
曹官乞依省部少監封敘詔修入條令
臨安府　舊為杭州領浙西兵馬鈐轄建炎三年詔

改為臨安府其守臣令帶浙西同安撫使時置帥在
鎮江府紹興駐蹕臨安遂正稱安撫使置知府一員
通判二員簽書節度判官廳公事節度推官觀察推
官觀察判官錄事參軍左司理參軍右司理參軍司
戶參軍司法參軍各一員本府掌畿甸之事籍其戶
口均其賦役頒其禁令城外內分南北左右廂各置
廂官以聽民之訟訴廂官許奏辟京朝官親民資序人充後以臣僚言罷城內兩廂官惟城外置焉分使臣十員以緝捕在城盜賊立五酒務置
監官以裕財分六都監界分差兵一百四十八鋪以
巡防煙火置兩總轄承受御前朝旨文字凡衙實御

批實封有所取索則供進凡省臺寺監監司符牒及管下諸縣及倉場等申到公事則受而理之凡大禮及國信隨事應辦祠祭共其禮料會聚陳其幄帟人使往來辦其舟楫皆先期飭于有司領縣九分士戶儀兵刑工六案内戶案分上中下案外有免役案常平案上下開拆司財賦司大禮局國信司排辦司修造司各治其事置吏點檢文字都孔目官副孔目官節度孔目官觀察孔目官各一名磨勘司主押官正開拆官副開拆官各一人下名開拆官二名押司官八人前後行守分二十一人貼司三十人乾道七年

皇太子領尹事廢臨安府通判簽判職官置少尹一員日受民詞以白太子間日率僚屬詣宮稟事置判官二員推官三員有旨少尹比倣知府判官比通判推官比幕職官其統臨職分並照從來條例九年皇太子解尹事臨安府知通簽判推判官並依舊置既據保義郎趙禮之狀臨安府依條合置兵馬監押一員經任監當四員初任監當闕一員昨皇太子領府尹更不差注今既辭免乞將宗室添差員闕依舊從之淳熙三年詔罷備捕官惟緝捕使臣十二員聽候差使六員許令辟置嘉泰四年詔臨安府添差不釐務總管路鈐二十員州鈐轄路分都監副都監二十員正副將十五員安撫司準備將領十五員州都監以下十員共以八十員為額尋減總管路鈐五員開禧三年復省罷總管路分共六員

河南應天府 牧 尹 少尹 司錄 戶曹 法曹 士曹 尹以下掌同開封府尹闕則置知府事一人以郎中以上充二品以上曰判府次府及節度州準此 通判一人以朝官充判官推官各一人或以京朝官簽書 使院牙職左右軍巡悉同開封而主典以下差減其數戶曹通掌府院戶籍考課稅賦法曹專掌讞議士曹或廢敘起家不常置諸州府同至道初罷司理院州置司士取官吏強慢者為給簿尉奉 助教有特恩而受者

不釐務

次府 牧 尹 少尹 司錄 戶曹 法曹 士曹 司理 文學 助教 牧尹以下所掌並同開封大中祥符八年以楚王為興元牧其後又為京兆江陵牧自餘無為者 尹闕則知府事一人以朝官及刺史以上或諸司使充 通判一人以京朝官充乾德初諸州置通判統治軍州之政事得專達與長吏均禮大藩或置兩員戶少事簡有不置者正刺史以上州知州雖小處亦特置 使院牙職事並同前

節度使 宋初無所掌其事務悉歸本州知州通判兼總之亦無定員恩數與執政同初除鎖院降麻其

禮尤異以待宗室近屬外戚國壻年勞久次者若外
任除殿帥始授此官亦止於一員或有功勳顯著任
帥守於外及前宰執拜者尤不輕授又遵唐制以節
度使兼中書令或侍中或中書門下平章事皆謂之
使相以待勳賢故老及宰相久次罷政者隨其舊職
或檢校官加節度使出判大藩通謂之使相元豐以
新制始改為開府儀同三司舊制敕出中書門下故
事之大者使相繫銜至是皆南省奉行而開府不預
八年鎮江軍節度使檢校太傅韓絳為開府儀同三
司判大名府元祐五年太師平章軍國重事文彥博
為開府儀同三司守太師充護國軍山南西道節度
使致仕自崇寧五年司空左僕射蔡京為開府儀同
三司安遠軍節度使中太一宮使其後故相而除則
有劉正夫余深前執政則有蔡攸梁子美外戚則有
向宗回宗良鄭紳錢景臻殿帥則有高俅內侍則有
童貫梁師成宣和末節度使五六十人議者以為濫
（親王皇子二十六人宗室十一人前執政二人大將四人外戚十人宦者恩澤計七人）中興諸
州升改節鎮凡十有二是時諸將勳名有兼兩鎮
三鎮者實為希闊之典（宋朝元臣拜兩鎮節度使者才三人韓琦文彥博中興後
呂頤浩是也三公卒辭之而諸大將若韓張呂岳楊劉之流率至兩鎮節度使其後加至三鎮者三人韓

世忠鎮南武安寧國張俊靜江寧武靜海劉錡護國寧武保靜）其後相承宰執從官
及后妃之族拜者不一然自建炎至嘉泰宰相特拜
者六人（呂頤浩張俊虞允文皆以勳史浩以舊趙雄葛邲以恩）執政一人（葉右丞夢
得）從官二人而已（張端明澄揚數學倓）惟紹興中曹勛韓公裔
乾道中曾覿嘉泰中姜特立譙令雍皆以攀附恩澤
亦累官至焉非常制也

承宣使　無定員舊名節度觀察留後政和七年詔
觀察留後乃五季藩鎮官以所親信留充後務之稱
不可循用可冠以軍名改為承宣使唐有留後五代
因之宋初留後觀察皆不得本州刺史大中祥符七
年令有司檢討故事始復帶之

觀察使　無定員初沿唐制置諸州觀察使凡諸衛
將軍及使遙領者資品並止本官敘政和中詔承宣
觀察使仍不帶持節等

防禦使　團練使　諸州刺史　無定員靖康元年
臣僚言遙郡正任恩數邈絕自遙郡遷正任者合次
第轉行今自遙郡與落階官而授正任直超轉本等
正官是皆姦巧希進躐取乞應遙郡承宣使有功勞
除正任者止除正任刺史從之凡未落階官者為遙
郡除落階官者為正任朝謁御宴惟正任預焉遙郡

並止本官叙正任復次第轉行考之舊制梯級有差中興以後節度移鎮寖少後有一定不易徑遷太尉承宣觀察徑作一官及遥郡落階官又詭除正任紹興末臣僚以爲言雖復置檢校官餘未盡改

志卷第一百十九

志卷第一百二十 宋史一百六十七

開府儀同三司上柱國錄軍國重事前中書右丞相監修國史領經筵事都總裁脫脫等奉敕修

職官七

大都督府 制置使 宣諭使
宣撫使 總領 留守
經略安撫使 發運使 都轉運使 招討使
招撫使 撫諭使 鎮撫使
提點刑獄 提舉常平茶馬市舶等職
提舉學事 提點開封府界公事
提舉河北糴便司 經制邊防財用
提舉解鹽保甲三白渠弓箭手等職 府州軍監
諸軍通判 幕職諸曹等官 諸縣令丞簿尉
鎮砦官 總管鈐轄 路分都監
諸軍都統制 巡檢司
監當官

大都督府 都督府 長史 左右司馬 錄事參軍 司戶司法 司士 司理 文學參軍 助教 大都督及長史掌同牧尹親王爲節度則大都督領之庶姓爲節度則長史領之端拱初越王爲威武軍節度福州大都督府長史淳化五年吳王爲淮南節度揚州大都督府長史翰林學士張洎草制再表援引典故宰相言越王已爲長史上曰業已差悞異日有除并改正之至道後因務鎮遂爲大都督闕則置知府事一人同次府通判一人京朝官充司馬不釐務舊制凡都督州建官如上南渡後以見任宰相充都督次有同都督有督視軍馬多執政爲之雖名稱畧同然掌總諸路軍馬督護諸將非舊制比也初紹興二年呂頤浩首以左僕射出都督江淮兩浙荆湖諸軍事置司鎮江其後趙鼎張浚湯思退皆以宰

相兼之顧浩還朝孟庾始以參知政事爲權同都督
代後落權字趙鼎先以知樞密院事爲都督川陜荆
襄諸軍事其後與浚並相並帶兼都督諸路軍馬入
衛未幾浚獨被旨江上視師置都督行府行移文字
並依三省體式其召赴行在以其事分隸三省樞密
院思退初以左相出都督時楊存中即以太傅寧遠
軍節度使同都督思退不行就以楊存中充都督非
宰執而爲都督自存中始三十一年葉義問以知樞
密院事督視江淮荆襄軍馬明年汪澈以參知政事
湖北京西路都督視軍馬執政爲督視於是見焉王之
望辭同都督有旨朝廷於兩淮前以二大將爲招撫
使後以二從臣爲宣諭使憂其不相統攝則以宰相
爲都督欲事權歸一也此可以見朝廷開府之意凡
簽廳文字並依尚書左右司樞密院檢詳房體式設
屬諮議軍事參謀參議並以從官充書寫機宜文字
幹辦官準備差遣前後員數不一開禧用兵或以簽
樞督視或以元樞代之或以參知政事督視四川軍
馬然皆未有底績而罷

制置使不常置掌經畫邊鄙軍旅之事政和中熙秦
用兵以內侍童貫爲之仍兼經略使靖康初會諸路

兵解太原之圍姚古解潛相繼爲河東河北制置使
皆無功而罷中興以後置使掌本路諸州軍馬屯防
扞禦多以安撫大使兼之亦以統兵馬官充地重秩
高者加制置大使位宣撫副使上紹興元年趙鼎始爲江西制置大使
其後席益帥潭李綱帥江西呂頤浩帥湖皆領制置大使開禧丘崈何澹亦然或置副使以
貳之呂頤浩充江浙制置使陳彥文程千秋副使胡舜陟除沿江都制置使王義叔副使趙鼎爲江
西制置大使岳飛爲制置使每事會議或急速則施行許報大使照應初建炎元年詔
令安撫使發運監司州軍官並聽制置司節制其後
議者以守臣既帶安撫又兼制置及許便宜權之要
重議於朝廷於是詔止許便宜制置軍事其他刑獄
財賦付提刑轉運後又詔諸路帥臣並罷制置使之
名惟統兵官如故隆興以後或置或省開禧間江淮
四川並置大使休兵後獨成都守臣帶四川安撫制
置使掌節制御前軍馬官員升改放散類省試舉人
銓量郡守舉辟邊州守貳其權略視宣撫司惟財計
茶馬不預又有沿海制置使以明州守臣領之然其
職止肅清海道節制水軍非四川比大使置屬參謀
參議主管機宜書寫文字各一員幹辦公事三員準
備將領差遣差使各五員餘隨時勢輕重而增損焉
宣諭使掌宣諭德意不預他事歸即結罷紹興元年

詔秘書少監傅崧年充淮南東路宣諭使此其始也
二年分遣御史五人宣諭東南諸路戒其興獄責其
不當督捕盜賊皆欲專一布惠以爲民其後右司范
直方宣諭川陝察院方庭實宣諭三京均此意及新
復陝西樓炤以簽書樞密院事往永興宣諭就令招
撫盜賊鄭剛中爲川陝宣諭使許按察官吏汪澈爲
湖北京西宣諭使仍節制兩路軍馬自是使權益重
而使事始不專三十二年虞允文王之望相繼充川
陝宣諭使皆預軍政其權任殆亞於宣撫其後錢端
禮吳芾皆以侍從出膺斯寄事畢結局官屬軍兵視

其所任事之輕重爲賞之厚薄焉開熙間薛叔似鄧
友龍吳獵皆因饑荒盜賊及平逆亂後往敷德意亦
並以從官行

宣撫使不常置掌宣布威靈撫綏邊境及統護將帥
督視軍旅之事以二府大臣充治平末命同簽書樞
密院郭逵宣撫陝西三年夏兵犯順以參知政事韓
絳爲陝西宣撫使繼即軍中拜相仍舊領使政和中
遣內侍童貫爲陝西河東宣撫使又兼河北宣和三
年睦寇方臘作亂移貫宣撫淮浙賊平依舊靖康初
种師道提兵入衛京城爲京畿河東北宣撫使凡勤

王之師屬焉及會諸道兵救太原又以知樞密院李
綱宣撫河東北兩路中興初張浚以知樞密院事孟
庾以參知政事李綱以前宰相皆出宣撫浚又加處
置二字入銜（時爲川陝京西湖北路）紹興元年詔以淮南守臣
多闕百姓未能復業分命呂頤浩朱勝非劉光世皆
以安撫大使兼宣撫使武臣非執政而爲宣撫使實
自光世始二年李光又以吏部尚書加端明殿學士
爲壽春等州宣撫使自是韓世忠張浚吳玠岳飛吳
璘皆以武臣充使王似亦以從官由副使而升正使
焉三十二年張浚復以少傅依前觀文殿大學士充

江淮東西路宣撫使乾道三年虞允文依舊知樞密
院事充四川宣撫使五年王炎除四川宣撫使依舊
參知政事開禧間以從官出宣撫江淮湖北京西等
處不一其屬有參謀官係知州資序人與提刑敘官
參議官係知州資序人與轉運判官敘官機宜幹辦
公事並依發運司主管文字敘官凡宰執帶三省樞
密院事出使行移文字劄六部六部行移即具申狀
如從官任使副合申六部六部行移即用公牒

宣撫副使不常置掌二使事宣和末王師伐燕命少
保蔡攸充靖康初會兵救太原又以資政殿學士劉

齡爲之建炎三年周望宣撫兩浙以太尉郭仲荀副之其後福建韓世忠川陝吳玠皆有此授紹興間張浚宣撫川陝將召歸命從臣王似盧法原爲之副王似除使盧法原仍副之亦有不置使而置副如胡世將之於川陝岳飛之於荆襄楊沂中之於淮北皆止以副使爲名飛後以功始落副字亦有身爲正使兼領副使如開禧三年安丙充利州西路宣撫使兼四川宣撫副使

宣撫判官不常置掌賛使務熙寧中命直舍人呂大防爲之實上幕也紹興中張浚初以便宜命劉子羽

爲副其後張宗元呂祉亦爲之十年楊沂中以太尉爲淮北宣撫副使劉琦以節度使爲判官禮抗權均猶轉運使副判官之比詔行移文字同其繫銜宣判之名同而先後輕重異焉

總領四人掌措置移運應辦諸軍錢糧以朝臣充仍帶幹階戶部等官朝廷科撥州軍上供錢米則以時拘催歲較諸州所納之盈虧以聞于上而賞罰之初建炎間張浚出使川陝用趙開總領四川財賦置所繫銜總領名官自此始其後大軍在江上間遣版曹或太府司農卿少卿調其錢糧皆以總領爲名紹興十一年收諸帥之兵改爲御前軍分屯諸處乃置三總領以朝臣爲之仍帶專一報發御前軍馬文字蓋又使之預聞軍政不獨職餉餽而已其序位在轉運副使之上鎮江諸軍錢糧淮東總領掌之鄂州荆南江州諸軍錢糧湖廣總領掌之建康池州諸軍錢糧淮西總領掌之十五年復置四川總領凡興元興州金州諸軍錢糧四川總領掌之其官屬有幹辦公事準備差使四川又有主管文字二員淮東西有分差糧料院審計司審計以通判兼權貨務都茶場御前封樁甲仗庫大軍倉大軍庫贍軍酒庫市易抵當庫惠民藥局湖廣有給

納場屬官兼分差糧料院審計院通判兼御前封樁甲仗庫大軍倉庫贍軍酒庫四川有分差糧料院審計院屬官兼大軍倉庫撥發船運官贖藥庫糴買場淳熙元年詔委諸路州軍通判專一主管拘催逐州錢米起發赴所本所每半年比較以行賞罰紹熙二年以淮西總領所言定知州通判展減磨勘法十分欠二展二年數足減二年吏額淮東九人淮西湖廣十人四川二十人

留守　副留守　舊制天子巡守親征則命親王或大臣總留守事建隆元年親征澤潞以樞密使吳廷

祚爲東京留守其西南北京留守各一人以知府兼之西京河南南京應天北京大名留司管掌宮鑰及京城守衛修葺彈壓之事畿內錢穀兵民之政皆屬焉政和三年資政殿大學士鄧洵武言河南應天大名府號陪京乞依開封制正尹少之名從之宣和三年詔河南大名少尹依熙寧舊制分左右廳治事應天少尹一員及三京司錄通管府事南渡初其東京北京並置留守以開封大名知府兼又以掌兵官爲副留守其後河南復南京西京置留守紹興四年帝將親征以參知政事孟庾爲行宮留守奏差主管書寫機宜文字官一員幹辦官二員準備差遣差使各三員使臣五十員又置留司臺官一員五年罷局其後秦檜爲行宮留守援例置官

經略安撫司經略安撫使一人以直秘閣以上充掌一路兵民之事皆帥其屬而聽其獄訟頒其禁令定其賞罰稽其錢穀甲械出納之名籍而行以法若事難專決則具可否具奏即干機速邊防及士卒抵罪者聽以便宜裁斷帥臣任河東陝西嶺南路職在綏御戎夷則爲經略安撫使兼都總管以統制軍旅有屬官典領要密文書奏達機事河北及近地則使事止於

安撫而已其屬有幹當公事主管機宜文字準備將領準備差使元祐元年詔陝西河東經略安撫都總管司自元豐四年後應緣軍興添置官屬並罷又詔罷經略安撫司幹當官二年詔沿邊臣僚奏請事並先赴經略司詳度以聞元符元年詔經略司遇軍興差發軍馬具數關報走馬承受崇寧二年熙河蘭會經略王厚奏溪哥城乃古積石軍今當爲州乞以李忠爲守置河南安撫司從之四年置河東陝西諸路招納司並隸經略司五年詔河東同管幹沿邊安撫司公事許歲赴闕奏事一次政和四年詔移京西路安撫於河南府京東路安撫於應天府宣和二年詔瀘州守臣帶潼川府夔州路兵馬都鈐轄瀘南沿邊路兵馬都鈐轄瀘南沿邊安撫使又詔罷置輔郡內潁昌府帶京西路安撫使三年詔杭越州江寧府洪州守臣並帶安撫使六年詔瀘州止帶主管瀘南沿邊安撫司公事仍差守臣七年詔河陽開德守臣並帶管內安撫使舊制安撫總一路兵政以知州兼充太中大夫以上或曾歷侍從乃得之品卑者止稱主管其路安撫司公事中興以後職名稍高者出守皆可兼使如係二品以上即稱安撫大使廣東西荊南襄

陽仍舊制加經略二字凡帥府皆帶馬步軍都總管建炎初李綱請於沿河沿淮沿江置帥府以文臣爲安撫使帶馬步軍都總管武臣一員爲之副許便宜行事辟置僚屬將佐措置調發惟轉輸屬之漕使其後沿江三大使司辟置過多邊報稍寧詔加裁定參謀參議官主管機宜文字主管書寫機宜文字各一員幹辦公事二員文臣準備差遣武臣準備差使準備將領各以五員爲額其餘諸路或隨地輕重而損益焉餘從省罷後以諸路申請或置或省不一淳熙二年詔揚州廬州荊南襄陽金州興元興州分爲七路每路委文臣一員充安撫使以治民武臣一人充都總管以治兵其逐路都總管職事且令帥臣依舊帶行候正官到日交割慶元二年詔利州西路安撫司於興州置司令都統制兼五年臣僚言遴選帥才除嘗任執政外兩制從官必曾經作郡庶官必曾任憲漕實有治績者從之惟廣南東西兩路則帶經略安撫使紹興五年令襄陽守臣湖北帥司各帶經略安撫使後罷惟二廣如故

走馬承受諸路各一員隸經略安撫總管司無事歲一入奏有邊警則不時馳驛上聞然居是職者惡有

所隸乃潛去總管司字冀以擅權熙寧五年帝命正其名鑄銅記給之仍收還所用奉使印崇寧中始詔不隸帥司而輒預邊事則論以違制大觀中詔許風聞言事政和五年詔諸路走馬承受體均使華邇來皆貪賄賂類不舉職是豈設官之意其各自勵以稱任使或蹈前失罰不汝赦明年七月改爲廉訪使者宣和五年詔近者諸路廉訪官循習違越附下罔上凡邊機皆先申後奏且侵監司淩州縣而預軍旅刑獄之事復彊買民物不償其直招權怙勢至與監司表裏爲惡自今猶爾必加貶竄靖康初罷之依祖宗舊制復爲走馬承受

發運使副判官掌經度山澤財貨之源漕淮浙江湖六路儲廪以輸中都而兼制茶鹽泉寶之政及專舉刺官吏之事熙寧初輔臣陳升之王安石領制置三司條例建言發運使實總六路之出入宜假以錢貨繼其用之不給使周知六路之有無而移用之凡上供之物皆得徙貴就賤用近易遠令預知在京倉庫之數所當辦者得以便宜蓄買以待上令稍收輕重斂散之權歸於公上則國用可足民財不匱矣從之既又詔六路轉運使弗協力者宜改擇且許發運使

辟向自辟其屬又令舉真楚泗守臣及兼提舉九路坑冶市舶之事元祐中詔發運使兼制置茶事至崇寧三年始別差官提舉茶鹽政和二年罷轉般倉六路上供米徑從本路直達中都以發運司所拘綱船均給六路宣和初詔發運司視六路豐歉和糴上供乃祖宗舊制曩緣姦吏侵用糴本遂壞良法自今每歲加糴一百萬石同年額輸京三年方臘初平江浙諸郡皆未有常賦乃詔陳亨伯以大漕之職經制七路財賦許得移用監司聽其按察於是亨伯收民間印契及鬻糟醋之類爲錢凡七色是後州縣有所謂

經制錢自亨伯始六年詔復轉般倉命發運判官盧宗原措置尋以靖康之難迄不能復渡江後惟領給降糴本收糴米斛廣行儲積以備國用紹興二年用臣僚言省罷以其職事分委漕臣八年戶部復言廣糴儲積之便再置經制發運使（併理經制司財賦故名）以徽猷閣待制程邁充使專掌糴事邁上疏以租庸常平鹽鐵鼓鑄各分于諸司而總於戶部發運使無所用之固辭不行九年遂廢發運司以戶部侍郎梁汝嘉爲經制使檢察中外失陷錢物與催未到綱運措置糴買總領常平爲職未幾復以臣僚言分其責於逐路

監司乾道六年復置以戶部侍郎史正志爲兩浙京湖淮廣福建等路都大發運使是冬以奏課誕謾貶併廢其職

都轉運使　轉運使　副使　判官　掌經度一路財賦而察其登耗有無以足上供及郡縣之費歲行所部檢察儲積稽考帳籍凡吏蠹民瘼悉條以上達及專舉刺官吏之事熙寧初詔河東河北陝西三路漕臣許乘傳起闕留毋過浹日既又詔三路漕臣令自辟屬各二員以京朝官曾歷知縣者爲之二年詔川陝閩廣七路除堂選守臣外委轉運司依四選例

立格就注免赴選具爲令元豐初詔河北淮南京東京西及陝右雖各析爲兩路許依未析時通治兩路之事錢穀聽其移用元祐初司馬光請漕臣除三路外餘路毋得過二員其屬官溢員亦省之紹聖中詔淮浙江湖六路上供米計其近遠分三限自季冬至明年八月以次輸足大觀中陝西漕臣以四員爲額政和中又詔陝西以三員熙秦兩路各二員宣和初又詔陝西以都漕兩員總治于長安而漕臣三員分領六路中興後置官掌一路財賦之入按歲額錢物斛斗之多寡而察其稽違督其欠負以供于上閒詰

所部則財用之豐欠民情之休戚官吏之勤惰皆訪問而奏陳之有軍旅之事則供餽錢糧或令本官隨軍移運或別置隨軍轉運使一員或諸路事體當合一則置都轉運使以總之（江東西路分置三帥置都轉運使一員張公濟爲江浙荆湖廣南福建都運趙開爲四川都運）隨軍及都運廢置不常而正使不廢若副使若判官皆隨資之淺深稱焉其屬有主管文字幹辦官各一員文臣準備差遣武臣準備差使員多寡不一

招討使掌收招討殺盜賊之事不常置建炎四年以檢校少保定江招慶軍節度使張俊充江南路招討

使定位在宣撫使之下制置使之上著爲定制軍中急速事宜待報不及許以便宜行事差隨軍轉運使一員參議官一員幹辦官三員隨軍幹辦官四員書寫機宜文字一員並聽奏辟紹興五年岳飛爲湖北襄陽招討使請州縣不法害民者許一面對移或放罷以聞從之十年金人犯三京以韓世忠岳飛張俊並兼河南北招討使以禦之三十一年陝西河東北京東西等路皆置招討使蓋又特遣領其地而已

招撫使不常置建炎初李綱秉政以張所爲河北招撫使未及出師而廢紹興十年劉光世爲三京招撫使踰年而罷三十二年孝宗即位以成閔張子蓋李顯忠三大將爲湖北京西淮東西招撫使子蓋死劉寶代之未幾結局官吏並罷開禧二年山東及京東西北路並置使招撫後皆罷之

撫諭使掌慰安存問採民之利病條奏而罷行之亦不常置建炎元年帝謂輔臣曰京城士庶自金人退師人情未安可差官撫諭於是以路允迪耿延禧爲京城撫諭使此置使初意也是年八月又令學士院降詔且命江端友等奉詔撫諭諸路其後李正民以中書舍人爲江浙湖南撫諭使且令按察官吏伸民

寃抑傅崧卿以吏部侍郎爲淮東撫諭使採訪民間利病及措置營田等事或不以使名則稱撫諭官所至以某州撫諭司爲名具宣恩言俾民知德意初無二致乾道元年知閤門事龍大淵差充兩淮撫諭軍馬回日結局是又特爲軍馬出云

鎮撫使舊所無有中興假權宜以收群盜初建炎四年范宗尹爲參知政事議群盜併力以拒官軍莫若析地以處之盜有所歸則可漸制乃請稍復藩鎮之制是年五月宗尹爲右僕射於是請以淮南京東西湖南北諸路並分爲鎮除茶鹽之利仍歸朝廷置官

提舉外他監司並罷上供財賦權免三年餘聽帥臣移用吏不從朝廷應副軍輿聽從便宜時劇盜李成在舒蘄桑仲在襄鄧郭仲威在揚州許慶在高郵皆即以爲鎮撫使其餘或以處歸朝之人分畫不一許以能扞禦外寇顯立大功特與世襲官屬有參議官書寫機宜文字各一員幹辦公事二員並聽奏辟久之諸鎮或戰死或叛降但餘荆南解潛及趙鼎爲相召潛主管馬軍遂罷弗置焉

提點刑獄公事掌察所部之獄訟而平其曲直所至審問囚徒詳覆案牘凡禁繫淹延而不决盜竊逋竄

宋史一百六十七　三百九十十个　宋史志卷一百二十　十六

而不獲皆劾以聞及舉刺官吏之事舊制參用武臣熙寧初神宗以武臣不足以察所部人材罷之六年置諸路提刑司檢法官紹聖初以提刑兼坑冶事宣和初詔江西廣東增置武提刑一員然遇闕帥不許武憲兼攝中興以盜賊未衰諸路無武臣提刑處權添置一員建炎四年罷紹興初兩浙路以疆封闊遠差提刑二員淮南東路罷提刑令提舉茶鹽官兼領蓋因事之煩簡而損益焉乾道六年詔諸路分置武臣提刑一員須選差公廉曉習法令民事之人如無聽闕其後稍橫遂不復除八年用臣僚言諸路經總制錢併委提點刑獄官督責嘉定十五年臣僚言廣西所部州軍最多提刑合照元降指揮分上下半年就鬱林州與靜江府兩處置司無使僻地貧民有寃莫吐從之其屬有檢法官幹辦官

提舉常平司掌常平義倉免役市易坊場河渡水利之法視歲之豐歉而爲之歛散以惠農民凡役錢產有厚薄則輸有多寡及給吏祿亦視其執役之重輕難易以爲之等商有滯貨則官爲歛之復售於民以平物價皆總其政令仍專舉刺官吏之事熙寧初先遣官提舉河北陝西路常平未幾諸路悉置提舉官

宋史一百六十七　三百七十五个　宋史志卷一百二十　十七

元祐初罷之併其職于提點刑獄司紹聖初復置元符以後因之

提舉茶鹽司掌摘山煮海之利以佐國用皆有鈔法視其歲額之登損以詔賞罰凡給之不如期鬻之不如式與州縣之不加恤者皆劾以聞政和改元詔江淮荆浙六路共置一員既而諸路皆置中興後通置提舉常平茶鹽司掌常平義倉免役之政令凡官田產及坊場河渡之入按額拘納收糴儲積時其歛散以便民視產高下以平其役建炎元年常平職事併歸提刑司錢歸行在二年始復置常平官還其糴本

未幾復罷紹興二年復置主管（係提刑司委通判或幕職官充）其後
置經制司改常平官爲經制其路幹辦常平等公事
未幾經制司罷復爲常平官十五年戶部侍郎王鈇
言常平之設科條實繁其利不一豈一主管官能勝
其任乃詔諸路提舉茶鹽官改充提舉常平茶鹽公
事如四川無茶鹽去處仍以提刑兼充主管官改充常
平司幹辦公事是年冬詔提舉官依舊法爲監司與
轉運判官敘官歲舉升改官員有不職則按以聞其
後常平錢多取以贍軍所掌特義倉水利設法振濟
之事茶鹽司置官提舉本以給賣鈔引通商阜財時

詣所部州縣巡歷覺察禁止私販按劾不法其屬有
幹辦官既與常平合一遂並行兩司之事焉
都大提舉茶馬司掌榷茶之利以佐邦用凡市馬於
四夷率以茶易之應產茶及市馬之處官屬許自辟
置視其數之登耗以詔賞罰（舊制於原渭德順三郡市馬熙寧七年初復熙河經略使王韶言西人頗以善馬至邊其所嗜唯茶而乏茶與之爲市請趣賣茶司買之乃命三司幹當公事李杞運蜀茶至熙河置賣馬場六而原渭德順更不買馬於是杞言賣茶買馬一事也乞同提舉買馬杞遂兼馬政然分合不常至元豐六年群牧判官郭茂恂又言茶司既不兼買馬遂立法以害馬政恐誤國事乞併茶場買馬爲一司從之）先是市馬于邊有司倖賞率
以駑充數紹聖中都大茶馬程之邵始精揀汰仍以

八月至四月爲限又以羨茶轉入熙秦市戰騎故馬
多而茶息厚二法著爲令（元符末程之邵召對徽宗詢以馬政之邵言戎俗食肉飲酪故貴茶而病於難得願禁沿邊鬻茶專以蜀產易上乘詔可未幾獲馬萬匹）宣和中以
茶馬兩司吏員猥衆於是朝奉大夫何漸請遵豐熙
成憲稱其事之繁簡而定以員數從之紹興四年初
命四川宣撫司支茶博馬七年復置茶馬官凡買馬
州縣黎文敘長南寧平珍皆與知州通判同措置任
責通判許茶馬司辟置視買馬額數之盈虧而賞罰
之歲發馬綱應副屯駐諸軍及三衙之用舊有主管
茶馬同提舉茶馬都大提舉茶馬皆考其資歷授之

乾道初用臣僚言省罷委各郡知州通判監押任責
尋復置紹熙三年茶馬司拖欠馬數過多詔將本年
分馬綱錢價責茶馬司撥付湖廣總領所勞付軍官
自買土馬嘉定三年以所發綱馬不及格式詔茶馬
官各差一員遂分爲兩司（文臣成都主茶武臣興元主馬）其屬共有
幹辦公事四員准備差使二員
提舉坑冶司掌收山澤之所產及鑄泉貨以給邦國
之用歲有定數視其登耗而賞罰之舊制一員元豐
初以其通領九路歲不能周歷所部始增爲二員分
置兩司在饒者領江東淮浙福建等路在虔者領江

西湖廣等路至元祐復併爲一員紹興五年以責任不專職任廢弛詔將饒州司官吏除留屬官一員外並減罷併歸虔州司又加都大二字於提點之上或病其事權太重省併歸逐路轉運司措置仍置提領諸路鑄錢官一員於行在以侍從官充自此或復或罷不一乾道六年併歸發運司發運司罷復置提點兩司如初淳熙二年併贛歸饒復加都大二字與提刑序官其屬有幹辦公事二員檢踏官六員稱銅官催綱官各一員

提舉市舶司掌蕃貨海舶征榷貿易之事以來遠人

通遠物元祐初詔福建路於泉州置司大觀元年復置浙廣福建三路市舶提舉官明年御史中丞石公弼請以諸路提舉市舶歸之轉運司不報建炎初罷閩浙市舶司歸轉運司未幾復置紹興二十九年臣僚言福建廣南各置務於一州兩浙市舶乃分建於五所乾道初臣僚又言兩浙提舉市舶一司抽解搔擾之弊且言福建廣南皆有市舶物貨浩瀚置官提舉實宜惟兩浙冗蠹可罷從之仍委逐處知州通判知縣監官同檢視而轉運司總之

提舉學事司掌一路州縣學政歲巡所部以察師儒之優劣生員之勤惰而專舉刺之事崇寧二年置宣和三年罷

提點開封府界諸縣鎮公事掌察畿內縣鎮刑獄盜賊場務河渠之事

提舉河北糴便司糴便芻糧以供邊儲之用

提舉制置解鹽司掌鹽澤之禁令使民入粟塞下予鈔給鹽以足民用而實邊備凡鹽價高下及文鈔出納多寡之數皆掌之

經制邊防財用司掌經畫錢帛芻糧以供邊費凡榷易貨物根括耕地及邊部弓箭手等事皆奏而行之

熙寧末以熙河連歲用兵仰給支度費用不貲始置是司元祐初罷崇寧中復置提舉兵馬提轄兵甲皆守臣兼之掌按練軍旅督捕盜賊以清境內凡諸營之名籍較其壯怯而賞罰之

提舉保甲司掌什伍其民敎之武藝視其優劣而進退之元豐初置于開封府界遂下其法河北河東陝西三路既而悉置提舉官如府界焉

提舉三白渠公事掌潴泄三白渠以給關中灌溉之利

撥發司　輦運司　掌以時起發綱運而督其滯留

以供京師之用
提舉弓箭手掌沿邊郡縣射地弓箭手之籍及團結訓練賞罰之事政和五年復以所招弓箭手之數爲殿最

府州軍監　宋初革五季之患召諸鎮節度會于京師賜第以留之分命朝臣出守列郡號權知軍州事軍謂兵州謂民政焉其後文武官參爲知州軍事二品以上及帶中書樞密院宣徽使職事稱判某府州軍監諸府置知府事一人州軍監亦如之掌總理郡政宣布條教導民以善而糾其姦慝歲時勸課農桑

旌別孝悌其賦役錢穀獄訟之事兵民之政皆總焉凡法令條制悉意奉行以率所屬有赦宥則以時宣讀而班告于治境舉行祀典察郡吏德義材能而保任之若疲軟不任事或姦貪冒法則按劾以聞遇水旱以法振濟安集流亡無使失所若河南應天大名府則兼留守司公事太原府延安府慶州渭州熙州秦州則兼經略安撫使馬步軍都總管定州真定府瀛州大名府京兆府則兼安撫使馬步軍都總管瀘州潭州廣州桂州雄州則兼安撫使兵馬鈐轄潁昌府青州鄆州許州鄧州則兼安撫使兵馬巡檢其餘

大藩府或沿邊州郡或當一道衝要者並兼兵馬鈐轄巡檢或帶沿邊安撫提轄兵甲沿邊溪洞都巡檢餘州軍則別其地望之高下與職務之繁簡而置之分曹以理之而總其綱要凡屬縣之事皆統焉建炎初詔河北京東西路除帥司外舊差文臣知州去處許通差武臣一次又要郡文臣一員帶本路兵馬鈐轄武臣一員充副鈐轄次要郡文臣一員帶本路兵馬都監武臣一員充副都監紹興三年詔守臣帶路分鈐轄都監去處並罷五年帝以守令皆帶勸農公事多不奉職自今有治效顯著者可令中書省籍記

姓名特加擢用凡從官出知郡者特許不避本貫初除授見闕及自外罷任赴闕並令引見上殿九年詔應守臣以二年爲任又以武臣作郡往往不曉民事且多恣横詔新復州郡只差文臣續因臣僚言極邊控扼去處仍差武臣其不係極邊文武臣通差詔守臣到任半年以上具民間利病或邊防五條聞奏委都司看詳有便於民者即與施行續又詔不拘五條之數十三年詔依舊制帶提舉或主管學事從官以上兼提舉餘知通主管淳熙中罷乾道二年令非曾任守臣不得爲郎定諸郡合文武臣通差去處並依舊制

通判宋初懲五代藩鎮之弊乾德初下湖南始置諸州通判命刑部郎中賈玭等充建隆四年詔知府公事並須長吏通判簽議連書方許行下時大郡置二員餘置一員州不及萬戶不置武臣知州小郡亦特置焉其廣南小州有試秩通判兼知州者職掌倅貳郡政凡兵民錢穀戶口賦役獄訟聽斷之事可否裁決與守臣通簽書施行所部官有善否及職事修廢得刺舉以聞元祐元年詔知州係帥臣其將下公事不許通判同管元符元年詔通判幕職官令日赴長官廳議事及都廳簽書文檄南渡後設官如舊入則

貳政出則按縣有軍旅之事則專任錢糧之責經制總制錢額與本郡協力拘催以入于戶部既而諸州通判有兩員處減一員凡軍監之小者不置又詔更不添差其後或以廢事請或以控扼去處請五年以後旋添置之除潭廣洪州鎮江建康成都府見係兩員外凡帥府通判並以兩員為額餘置一員乾道元年詔買馬州軍通判令茶馬司依舊法奏辟餘堂除差人淳熙十四年利州路提刑言關外四州通判乞自制置司奏辟所有金洋興利文龍等州通判乞選轉運司擬差並從之

幕職官 簽書判官廳公事 兩使防團軍事推判官 節度掌書記 觀察支使 掌裨贊郡政總理諸案文移斟酌可否以白于其長而罷行之凡員數多寡視郡小大及職務之煩簡初政和改簽書判官廳公事為司錄建炎初復舊凡節度推判官從軍額察推及支使從州府名凡諸州減罷通判處則升判官為簽判以兼之小郡推判官不並置或以判官兼司法或以推官兼支使亦有併判官窠闕省罷則令錄參兼管凡要郡簽判及推官皆堂除餘吏部使闕二廣間許監司辟差紹熙元年臣僚言廣西奏擬簽

判多恩科癃老乞行下轉運司不許差年六十以上昏眊之人嘉定二年臣僚言監司有幹官州郡有職官以供簽廳之職或非才不勝任則按劾易置可也今乃差兼簽廳者動輒三兩員或四五員其餘冗費與添差何異乞將諸州郡所差兼簽廳官並行住罷從之

諸曹官舊制錄事參軍掌州院庶務糾諸曹稽違 戶曹參軍掌戶籍賦稅倉庫受納 司法參軍掌議法斷刑 司理參軍掌訟獄勘鞫之事中興詔曹掾官依舊惟司理司法並注經任及試中刑法人乾道

以來間以司户兼司法知録亦或兼職六年汪大猷言司户初官令專主倉庫知録依司理例以獄事為重不兼他職從之仍依知縣格法銓量如有老疾昏眊難任事者即從本州知通於判司簿尉内選經一考以上無罪犯曉法人對換紹熈元年詔不曾銓試人不許注授司法慶元五年臣僚言司理獄事煩重宜優其舉主照提刑司合舉主三員以上許間歳舉獄官一員嘉定中申明年滿六十不許為獄官之令仍不許恩科人注授

教授景祐四年詔藩鎮始立學他州勿聽慶曆四年

詔諸路州軍監各令立學學者二百人以上許更置縣學自是州郡無不有學始置教授以經術行義訓導諸生掌其課試之事而糾正不如規者委運司及長史於幕職州縣内薦或本處舉人有德藝者充熈寧六年詔諸路學官委中書門下選差至是始命于朝廷元豐元年州府學官共五十三員諸路惟大郡有之軍監未盡置元祐元年詔齊廬宿常等州各置教授一員自是列郡各置教官建炎三年教授並罷紹興三年復置四十二州十二年詔無教授官州軍令吏部申尚書省選差二十六年詔並不許兼他職令提舉司常切遵守若試教官則始於元豐添差教授則始於政和

縣令建隆元年令天下諸縣除赤畿外有望緊上中下掌總治民政勸課農桑平決獄訟有德澤禁令則宣布于治境凡户口賦役錢穀振濟給納之事皆掌之以時造户版及催理二稅有水旱則有災傷之訴以分數蠲免民以水旱流亡則撫存安集之無使失業有孝悌行義聞于鄉閭者具事實上于州激勸以勵風俗若京朝幕官則為知縣事有戍兵則兼兵馬都監或監押（宣教郎以下帶監押）初建炎多差武臣紹興詔專

用文臣然沿邊溪洞處仍許武臣指射邑大事煩則堂除仍備緋章服嚴差出之禁任滿有政績則與升擢乾道以後定以三年為任仍非兩任不除監察御史初改官人必作縣謂之須入十六年詔知縣在任不成兩考即不合理為實歷嘉定十二年詔兩經作令滿替者實歷九考有政聲無過犯舉員及格改官人特免再作知縣許受簽判或幹官以當知縣資歷

縣丞初不置天聖中因蘇耆請開封兩縣始各置丞一員在簿尉之上仍於有出身幕職令録内選充皇祐中詔赤縣丞並除新改官人熈寧四年編修條例

所言諸路州軍繁劇縣令户二萬已上增置丞一員以幕職官或縣令人充元祐元年詔應因給納常平免役置丞並行省罷如委事務繁劇難以省罷處令轉運司存留崇寧二年宰相蔡京言熙寧之初修水土之政行市易之法興山澤之利皆王政之大請縣並置丞一員以掌其事大觀三年詔昨增置縣丞內除舊額及萬户以上縣事務繁冗及雖非萬户實有山澤坑冶之利可以修興去處依舊存留外餘皆減罷建炎元年詔縣丞係嘉祐以前員闕并萬户處存留一員餘並罷紹興三年以淮東累經兵火權罷縣丞十八年置海陵丞一員嘉定後小邑不置丞以簿

兼

主簿開寶三年詔諸縣千户以上置令簿尉四百户以上置令尉令知主簿事四百户以下置簿尉以主簿兼知縣事咸平四年王欽若言川陝縣五千户以上請並置簿自餘仍以尉兼從之自後川蜀及江南諸縣各增置主簿中興後置簿掌出納官物銷注簿書凡縣不置丞則簿兼丞之事凡批銷必親書押不許用手記仍不許差出以防銷注

尉建隆三年每縣置尉一員在主簿之下奉賜並同至和二年開封祥符兩縣各增置一員掌閱習弓手戢姦禁暴凡縣不置簿則尉兼之中興沿邊諸縣間以武臣為尉並帶兼巡捉私茶鹽礬亦或文武通差隆興詔不許差癃老疾病年六十以上之人邑大事煩則置二尉紹熙中詔恩科人年及六十不差嘉定十三年詔極邊縣尉獲盜酬賞班改歲以二員為額

鎮砦官　諸鎮置於管下人煙繁盛處設監官管火禁或兼酒稅之事砦置於險扼控禦去處設砦官招收土軍閱習武藝以防盜賊凡杖罪以上並解本縣餘聽決遣

廟令　丞　主簿　舊制五嶽四瀆東海南海諸廟各置令丞廟之政令多統於本縣令京朝知縣者稱管勾廟事或以令錄老耄不治者為廟令判司簿尉為廟簿掌葺治修飾之事凡以財施於廟者籍其名數而掌之

總管鈐轄司掌總治軍旅屯戍營房守禦之政令凡將兵隸屬官訓練教閱賞罰之事皆掌之守臣帶提舉兵馬巡檢都監及提轄兵甲者掌統治軍旅訓練教閱以督捕盜賊而肅清治境凡諸營名籍賞罰之事皆掌之崇寧四年蔡京奏京畿四輔置輔郡屏衛京師以潁川府為南輔襄邑縣升為拱州為東輔鄭

州爲西輔澶州爲北輔以太中大夫以上知州置副總管鈐轄各一員知州爲都總管餘依三路帥臣法從之大觀三年詔東南帥府總管依三路都總管法靖康元年詔四道副總管並通差文武臣其諸路將官掌統所隸禁旅以行陣隊伍金鼓旗幟弓矢擊刺之法而教習訓練之別其武藝強者待次遷補以激勸士卒凡兵仗器甲之數廩祿犒設賞罰約束之禁令皆掌焉副將爲之貳若屯戍防邊則受帥司節制遇寇敵則審其戰守應援之事若師有功則具馘數籍用命而旌賞之

路分都監掌本路禁旅屯戍邊防訓練之政令以肅清所部州府以下都監皆掌其本城屯駐兵甲訓練差使之事資淺者爲監押紹聖三年詔諸路將副序位在路分都監之下大觀三年詔帥府無路分鈐轄望郡無路分都監者許置一員其餘添置處任滿不差人宣和二年虔州添置都監一員建炎初分置帥府以諸路帥臣兼要郡守臣帶兵馬鈐轄次要郡帶兵馬都監並以武臣爲之副稱副總管副鈐轄副都監許以便宜行軍馬事辟置僚屬依帥臣法屯兵皆有等差遇朝廷起兵則副總管爲帥副鈐轄都監各

以兵從聽其節制其後益瀘夔廣桂五州牧又皆以都鈐轄爲稱四年詔建康府江州路又置副都總管一員於見置帥司處駐劄紹興三年詔要郡次要郡守臣罷帶兵職其逐路副總管依舊格改充路分都監爲一路掌兵之官其各州鈐轄或省或置不一又有逐路兵馬都監兵馬監押掌煙火公事捉捕盜賊淳熙十六年詔諸路訓練鈐轄並須年六十以下曾經從軍有才武人充紹熙元年指揮雜流出身之人不得過路分州鈐諸州軍兵馬都監獨員處專注才武及曾任主兵官之人慶元中詔總管下至將副等年七十以上許自陳與宮觀差遣初守臣罷帶兵職

惟江西贛州以多盜仍帶江西兵馬鈐轄其後武臣爲路鈐者亦無兵籍伍符每歲諸州按閱特存故事間有得旨葺治軍器或訓練禁軍則仍帶入銜

諸軍都統制　副都統制　統制　統領　舊制出師征討諸將不相統一則拔一人爲都統制以總之未爲官稱也建炎初置御營司擢王淵爲都統制名官自此始其後神武五軍及川陜宣撫司都督府樞密院皆置紹興十一年三大將兵罷諸軍皆冠以御前二字擢其偏裨爲御前統領官以統制御前軍馬

入銜秩高者為御前諸軍都統制且令仍舊駐劄以屯駐州名冠軍額之上其後興元江陵建康鎮江府興金鄂江池州及平江許浦水軍皆除都統制恩數略視三衙權任在帥臣右官卑者稱副都統制設屬有計議機宜幹辦公事准備差遣省置不一次有副都統制乾道三年帝諭輔臣欲令後江上諸軍各置副都統一員兼領軍事豈惟儲帥亦使主將顧忌不敢專擅因言都副統制禮有隆殺且為條約上曰如此他日不致爭權越禮遂行之然其後都副鮮有並除者初渡江後大軍又有統制同統制副統制統領

同統領副統領其下有正將準備將訓練官部將隊將等名皆偏裨也舊制準備將而上皆主帥升差仍先申樞密院審察乾道七年詔訓練官部隊將而下許軍中徑差申朝廷照會紹熙間詔諸軍升差統制至準備將者主帥解發三人赴總領所選一名諸將不以為便慶元三年詔主帥選擇總領所或屯軍處守臣審覈保明申樞密院

巡檢司有沿邊溪峒都巡檢或蕃漢都巡檢或數州數縣管界或一州一縣巡檢掌訓治甲兵巡邏州邑擒捕盜賊事又有刀魚船戰棹巡檢江河淮海置捉賊巡檢及巡馬遞鋪巡河巡捉私茶鹽等各視其名以修舉職業皆掌巡邏幾察之事中興以後分置都巡檢使都巡檢巡檢州縣巡檢掌土軍禁軍招填教習之政令以巡防扞禦盜賊凡沿江沿海招集水軍控扼要害及地分闊遠處皆置巡檢一員往來接連合相應援處則置都巡檢以總之皆以材武大小使臣充各隨所在聽州縣守令節制本砦事益申取州縣指揮若海南瓊管及歸峽荊門等處跨連數郡控制溪峒又置水控都巡檢使或三州都巡檢使以增重之

監當官掌茶鹽酒稅場務征輸及冶鑄之事諸州軍隨事置官其征榷提務歲有定額歲終課其額之登耗以為舉刺凡課利所入日具數以申于州建炎初詔監當官關許轉運司具名奏辟一次以二年為任實有六考方許關升煩劇去處許添差一員凡交割必置曆以稽其剩欠合選差文臣處更不差武臣淳熙二年詔二萬貫以下庫分選有才幹存留一員指揮諸班直親從親事官保義郎以下差充建炎四年詔每州每以五員為額

志卷第一百二十

志卷第一百二十一　　宋史一百六十八

開府儀同三司上柱國錄軍國重事前中書右丞相監修國史領經筵事都總裁脫脫等奉

敕修

職官八 合班之制

建隆以後合班之制

中書令　侍中　同中書門下平章事 已上為宰相　親王

樞密使留守節度京尹兼中書令侍中同中書門下

平章事 已上並為使相　尚書令　太師　太尉　太傅

太保　司徒　司空 舊儀太師太傅太保為三師太尉司徒司空為三公太尉在太保下國朝以來自太傅除太尉今依此次序其三師三公之稱如舊儀制　樞密使　知樞

密院事參知政事 舊在樞密使下　樞密副使 舊在知院之上　同知樞

密院事　宣徽南院北院使　簽書樞密院事 參政以下班位臨時取奏裁　太子太師太傅太保　左右僕射　太子

少師少傅少保　諸府牧 開封河南應天大名江陵興元真定江寧京兆鳳翔河中又有大都督大都護今皆領使無特為者　御史大夫　觀文

殿大學士 舊無此位　六尚書 吏兵戶刑禮工　左右金吾衛

左右衛上將軍　門下中書侍郎 舊在尚書下　節度使

泰寧　武寧　彰信　鎮海　天平　安化　武成　忠武　鎮海　河陽　山南東道　武勝　崇信

昭化　保康　天雄　成德　鎮寧　彰德　永清　安國　威德　靜難　彰化　雄武　保泰　淮南

忠正　保信　保靜　集慶　建康　寧國　鎮南　昭信　荊南　寧海　武昌　安遠　武安　鎮東

平江　鎮江　宣德　保寧　康國　威武　建寧　益州　安靜　武信　山南西道　昭武　安德

武定　寧海　寧江　武康　清海　靜江　寧遠　建武　高州定南　密州靜海　涼州西河　沙州歸義

兆州保順　應州彰國　威城　昌化　豐州天德　朔州振武　雲州大同　觀文殿學士 舊曰文明殿若

學士官尚書者自從本班　資政殿大學士　三司使 與觀文資政班位臨時取裁

玉清昭應宮景靈宮會靈觀副使 與三司使翰林學士班位臨時取裁

翰林學士承旨　翰林學士　資政殿學士　翰林

侍讀侍講學士　龍圖閣學士　天章閣學士　樞

密直學士　龍圖直學士　天章直學士　左右散

騎常侍 舊在諸衛上將軍下　六統軍 左右龍武左右羽林左右神武　諸衛上

將軍 左右驍衛左右武衛左右屯衛左右領軍衛左右千牛衛　太子賓客

太常　宗正卿　御史中丞 權中丞立中丞塼位內殿起居日止立本官班

左右丞　諸行侍郎　節度觀察留後　給事中

左右諫議大夫　中書舍人　知制誥　龍圖閣待

制　天章閣待制　觀察使　秘書監　光祿　衛

尉　太僕　大理　鴻臚　司農　太府卿　內客

省使　國子祭酒　殿中　少府　將作監　景德

殿使　延福宮使　客省使　開封河南應天大名

尹　太子詹事　諸王傅　司天監　諸衛大將軍

太子左右庶子　引進使　防禦使 齊濟沂登萊鄭汝蔡潁均郢懷

衛博磁洺棣深瀛雄霸莫代絳解龍和蘄舒復眉象陸果　團練使 單濮濰唐祁冀隰忻成鳳海鼎

三司鹽鐵度支户部副使官至諫議大夫已上從本官玉清昭應
宮景靈宮會靈觀判官　太常寺宗正少卿　秘書
少監　光祿等寺七寺少卿　宣慶使　四方館使
國子司業　殿中　少府　將作少監　開封河南
應天大名少尹　太子少詹事　左右諭德　太子
家令　太子率更令　太子僕　諸州刺史淄趙德濱保并
汾澤遼隰嵐石鄜坊丹階乾商寧原慶渭儀環楚泰
泗濠光滁通黃眞舒江池饒信太平吉袁撫筠岳澧
峽歸辰衡永全郴邵常秀溫台衢睦處南劍汀漳綿
漢彭邛蜀嘉簡黎雅維茂資榮昌普渠合戎瀘興劍
文集壁巴蓬龍施萬開達涪渝昭循潮連梅英賀封
南雄端新康恩春惠韶梧藤龔象潯貴賓橫融化竇
高雷南儀欽鬱林
廉瓊崖儋萬安　諸王府長史　司馬　司天少監

樞密都承旨如客省使以下充者依本職同班如閤門使充即在閤門使之上如自見任内
客省使以下轉南班官充亦與同班仍在舊職之上
如自客省副使以下轉南班官充者並在閤門使之
上　宣政使　昭宣使　東上西上閤門使　樞密承
旨　樞密副都承旨　諸軍衛將軍　起居郎　起
居舍人　知雜御史　侍御史　諸行郎中左右司吏部
兵部　司封　司勳　考功　職方　駕部　庫部
度支　户部　金部　倉部　刑部　都官　比部
司門　禮部　工部　祠部　主客
膳部　屯田　虞部　水部　皇城以下諸司
使皇城　洛苑　右騏驥　尚食　左騏驥　御廚
內藏庫　軍器　左藏　儀鸞　南作坊　弓箭
庫　北作坊　衣庫　莊宅　六宅　文思　東作
坊　內苑　牛羊　如京　東綾錦　香藥　崇儀
榷易　西京左右藏　禮賓　西綾錦　西京作坊
鞍轡庫　東染院　酒坊　西染院　法酒庫　禮

賓　翰林　醫官
供備庫　樞密院副承旨　諸房副承旨如帶
南班官者在諸司使之下不帶
南班官者在皇城副使之上　殿中侍御史　左右
司諫　諸行員外郎　客省引進　閤門副使　左
右正言　監察御史　太常博士　皇城以下諸司
副使　諸次府少尹　大都督府左右司馬兗徐潞陝揚杭
越福　通事舍人　國子博士　春秋禮記毛詩尚書周
易博士　都水使者　開封祥符河南洛陽宋城縣
令　太常　宗正　秘書丞　著作郎　殿中丞
內殿承制　殿中省尚食尚藥尚衣尚舍尚乘尚輦
奉御　大理正　太子中允　左右贊善大夫　內

殿崇班　閤門祇候　太子中舍　洗馬　太子諸
率府率左右衛左右清道左右監門左右司禦　樞密院兵房吏房户
房禮房副承旨　東頭西頭供奉官　太子諸率府
副率　諸衛中郎將左右金吾左右千牛左右衛左右羽林郎將左右
金吾左右衛　左右侍禁　諸王友　諸王府諮議參軍官高
者從本官　司天春官夏官中官秋官冬官正　節度行軍
司馬副使　秘書郎　左右班殿直　著作佐郎
大理寺丞　諸寺監丞　大理評事　太學廣文博
士　太常太祝　奉禮郎　秘書省校書郎　正字
御史臺諸寺監主簿　國子助教　廣文太學四門

書學筭學博士　律學助教書筭學無助教司天靈臺郎
保章正　挈壺正　三班奉職　借職　防禦團練
副使　留守京府節度觀察判官　節度掌書記
觀察支使　防禦團練判官　留守京府節度觀察
推官　軍事判官　防禦團練軍事推官　軍監判
官　諸軍別駕長史司馬　司錄錄事參軍司理參
軍三京府軍巡判官在諸曹參軍之下諸州諸司參軍　軍巡判官
諸縣令　赤縣丞　諸縣主簿尉　諸軍文學參軍
助教
元豐以後合班之制

諸太師舊制太尉為三公在太傅上政和改為三少太傅太保侍中中書
令政和二年改左輔右弼靖康後復尚書令少師少傅少保舊太尉司徒司
空政和二年改尚書左右僕射政和二年改太宰少宰靖康復舊元豐令王在左右僕射
下開府儀同三司知樞密院事門下中書侍郎尚書
左右丞同知樞密院事簽書樞密院事元豐罷元祐復置政和入
雜壓太子太師太傅太保特進觀文殿大學士太尉舊為
三公政和二年改為三少復以太尉為武選一品位節度使上太子少師少傅少保
冀兗青徐揚荊豫梁雍州牧元祐復置政和入雜壓御史大夫
觀文殿學士資政元豐令在節度使下保和殿大學士政和五年置宣和學士宣
和元年改為保和學士待制同殿大學士吏部戶部禮部兵部刑部

工部尚書金紫銀青光祿大夫左右金吾衛上將軍
節度使翰林學士承旨翰林學士資政保和端明政和
四年改為延康殿學士龍圖天章寶文元豐二年增置直學士待制同顯謨
元豐元年增置徽猷崇寧二年增置閣學士左右散騎常侍御史中
丞舊在直學士下元豐八年升開封尹崇寧三年升尚書列曹侍郎樞
密直學士政和四年改為述古殿直學士龍圖天章寶文顯謨徽猷
閣直學士宣奉元祐左光祿大夫正奉元祐右光祿大夫並大觀二年改置正
議通奉大夫殿中監舊在秘書監下崇寧二年升大司成崇寧二年增置
左右驍衛武衛屯衛領軍衛監門衛千牛衛上將軍
太子賓客詹事給事中中書舍人通議大夫承宣使

舊節度觀察留後政和七年始改左右諫議大夫保和殿待制龍圖
天章寶文顯謨徽猷閣待制太中大夫太常卿大司
樂崇寧二年增置宗正卿秘書監殿中少監崇寧二年升觀察使
中大夫光祿衛尉太僕大理鴻臚司農太府卿中奉
元祐左中散大夫大觀二年改中散通侍大夫舊內客省使政和二年改橫行正使副使
大使臣小使臣並改樞密都承旨國子祭酒太常少卿典樂崇寧
二年增置宗正少卿秘書少監正侍舊延福宮使政和二年改宣正履
正協忠三階係政和六年增置中侍中亮大夫舊客省使太子左右
庶子中衛舊引進使翊衛親衛大夫政和六年增置防禦團練使
諸州刺史左右金吾以下諸衛大將軍駙馬都尉集

英殿修撰政和八年置七寺少卿朝議奉直大夫元祐右朝議大
夫大觀二年改置尚書左右司郎中右文殿修撰舊集賢殿修撰不入
雜壓政和六年改增入國子辟雍司業崇寧元年增置少府將作軍器
監都水使者入內內侍省都都知政和改知入內內侍省事內侍
省都都知政和改知內侍省事拱衛大夫舊四方館使太子少詹事
左右諭德入內內侍省副都知內侍省副都知政和並改
同知省事左武右武大夫舊東西上閤門使入內內侍省押班內
侍省押班政和並改簽書省事管幹殿中省尚舍尚藥尚醞尚
輦尚衣尚食局崇寧二年增置樞密副都承旨起居郎起居
舍人侍御史尚書左右司員外郎秘閣修撰政和六年增置

宋史一百六十八　五百二十个　宋史志卷百廿一　七　貴才刊　華寫

開封少尹崇寧三年升尚書吏部司封司勳考功戶部度
支金部倉部禮部祠部主客膳部兵部職方庫部駕
部刑部都官比部司門工部屯田虞部水部郎中開
封府司錄事舊錄參軍事在兩赤縣令之上崇寧三年升改直龍圖閣元豐元祐
令並不入雜壓政和增入餘同朝請朝散朝奉大夫直天章閣政和六年
增入殿中侍御史左右司諫左右正言舊在監察御史上政和升符
寶郎大觀元年增置殿中省尚食尚藥尚醞尚輦尚衣尚舍
典御崇寧三年增置內符寶郎大觀元年增置樞密副承旨元豐令有知上
州在此下元祐以後並去武功舊皇城使自此以下並政和六年改武德舊宮苑左右騏驥內
藏庫使和安成和成安成全舊翰林尚食軍器儀鸞使武顯舊左藏東西作

坊使武節舊莊宅六宅文思使平和舊綾錦使初改保和政和五年以犯殿名改保痊宣和六
年又改爲平和武略舊內園洛苑如京崇儀使保安舊推易使武經舊西京左藏庫使
武義大夫舊西京作坊東西染院禮賓使翰林良醫舊翰林醫官使武翼大
夫舊供備庫使尚書諸司員外郎直寶文閣政和六年增置開封
府司六曹事崇寧三年增置樞密院諸房副承旨朝請朝散
朝奉郎直顯謨閣政和六年增入少府將作軍器少監諸衛
將軍太子侍讀侍講正侍宣正履正協忠自宣正至協忠並政
和六年增置中侍中亮中衛翊衛親衛拱衛左武右武郎
舊橫行副使政和六年改監察御史元豐令有知中州在此下殿中丞舊秘書丞下崇
寧二年升直徽猷閣政和六年置承議郎武功至武義郎翰林

宋史一百六十八　五百三十个　宋史志卷百廿一　八　貴才刊　華寫

醫正武翼郎諸司副使太子中舍太子舍人親王府翊善
贊讀直講舊侍讀侍講政和改太常丞大晟樂令崇寧二年增置太醫
令宗正大宗正秘書丞直秘閣政和六年置元豐令知下州在此下奉
議郎大理正著作郎太史局令直翰林醫官局殿中
省六尚奉御舊在大理正之上政和改太醫丞元祐增置閤門宣贊舍
人舊閤門通事舍人政和六年改兩赤縣令太子左右衛司禦清道
監門內率府率七寺丞秘書郎太常博士陵臺令元祐
中增置著作佐郎殿中省主簿崇寧二年增置國子監丞辟雍
丞崇寧二年增置宗子崇寧元年增置國子博士大理司直評事敕
武舊內殿承制政和六年改下同通直郎修武郎內殿崇班內常侍元豐令上

州通判在此下太史局正少府將作軍器都水監丞開封府
參軍事崇寧三年增置太醫局正秘書省校書郎正字親王
府記室元豐元祐令有參軍字政和三年除去太史局五官正御史臺
檢法官主簿元豐令在監丞上元祐令在監丞下九寺大晟府崇寧三年增置
主簿閤門祗候樞密院逐房副承旨元豐令中下州通判在此下
供奉官舊內東頭供奉官政和六年改下同從義郎東頭供奉官左侍禁內西
頭供奉官秉義郎西頭供奉官太子諸率府副率幹當左右廂
公事崇寧中增入右侍禁左班殿直殿頭高品忠訓忠翊左右侍禁
宣教郎舊宣德郎政和四年改太學辟雍崇寧元年增置武學律學開
封府大觀元年置博士太常寺奉禮郎大晟府協律郎崇寧

二年增置太常寺太祝郊社籍田令光祿寺太官令元豐元祐
令在太學博士上五監辟雍崇寧元年增置主簿宣義郎成忠保義
左右班殿直承事承奉承務郎宗子崇寧元年增置國子太學辟
雍正武學諭崇寧元年置律學正崇寧元年置太醫局丞京府
諸州司錄事承直郎崇寧三年以留守節度判官改凡選人七階儒林至迪功京
畿縣令兩赤縣丞三京赤縣令右班殿直高班黃門內
品承節承信郎舊三班奉職借職京府諸州司六曹事元豐元祐
令並六曹參軍政和三年除去參軍字為司錄事司儀曹事餘曹放此儒林舊掌書記文林
從事郎三京畿縣令京畿縣丞三京赤縣畿縣丞兩
赤縣主簿尉諸州上中下縣令丞從政郎舊司錄事參軍縣令

京府諸州掾官修職郎舊知錄事參軍知縣事京畿縣主簿尉
諸州上中下縣主簿尉城砦主簿馬監主簿迪功郎
舊延判官司理司法司戶諸州司士文學助教舊參軍事
唐令定流內一品至九品有正從上下階之制其後
升侍中中書令為正二品御史大夫散騎常侍兩省
侍郎為正三品御史中丞正四品諫議大夫分左右
改將作大匠為監太史局為司天監置太監正三品
少監正四品上丞正六品上寺簿正七品上主事正
八品下五官正正五品上副正正六品靈臺郎正七品
下保章正從七品上挈壺正八品上五官監候正八

品下司曆從八品上司辰正九品上又置國子五經
博士為正五品上左右金吾衛上將軍為從二品左
右龍武神武軍大將軍為正三品將軍為從三品又
置內侍監為正三品少監從四品改諸州府學博士
為文學在參軍上五代復置尚書令為一品升右丞
為正四品上降諫議在給事之下宋初並因其制唯
升宗正卿為正四品丞為從五品其軍器監少監甲
弩坊署令丞監作錄事昭文館校書郎司辰司曆監
候殿中諸署監事計官太常諸陵廟太醫太公廟署
令丞醫針博士助教按摩咒禁博士卜正卜博士宗

正崇玄署令丞大理獄丞鴻臚典客太府寺平準左右藏常平署令丞都水監舟檝河渠署令丞宫苑總副監牧監副丞主簿諸園苑司并百工等監副監及丞諸倉諸冶諸屯温湯監及丞掌漕諸軍衛録事諸曹參軍司階中候司戈執戟校尉旅帥隊正隊副正直長長上備身左右備身左右親勳翊衛府中郎將兵曹三衛折衝果毅别將長史兵曹參軍校尉旅帥隊正隊副鎮軍司馬判司太子詹事府丞主簿司直司議郎舍人文學校書正字崇文館校書侍醫通事舍人左右春坊録事主事三寺丞主簿諸署令丞典

倉署園丞廐牧典乘内坊典内及丞典直率府長史録事諸曹參軍司階中候司戈執戟校尉旅帥隊正隊副直長千牛備身親勳翊府中郎將兵曹三衛王府文學東西閤祭酒掾屬主簿録事諸曹參軍行參軍典籤典軍執杖執乘親事校尉旅帥隊正隊副國令大農尉丞公主邑令丞邑司録事河南應天及諸次府都督都府功曹倉兵曹參軍諸州司功司倉司兵參軍諸縣丞京縣録事諸鎮倉曹兵曹參軍戍主戍副關津令丞并門下省城門符寶郎太常寺協律郎軍器監丞主簿太常寺郊社太卜廩犧光禄

寺太常珍羞良醖掌醢衛尉寺武器守宫太僕寺乘黄典廐典牧車府鴻臚寺典客司儀司農寺上林太倉鉤盾導官太府寺諸市少府監中尚左尚右尚織染掌治將作監左校中校甄官署令丞監膳殿中省六局直長食醫侍御醫司醫佐掌輦奉乘司廩太子典膳典藥内直典設宫門郎并局丞皆存其名而罕除者皆不録惟常命官者載之諸司主事録事皆存而無士人爲之别置中書樞密宣徽院三司及内庭諸司沿舊制而損益焉建隆三年三月有司上合班儀太師太傅太保太尉司徒司空東宫三太嗣王郡

王僕射三少三京牧大都督大都護御史大夫六尚書常侍門下中書侍郎太子賓客太常宗正卿御史中丞左右諫議大夫給事中中書舍人左右諸行侍郎秘書監光禄衛尉太僕大理鴻臚司農太府卿國子祭酒殿中少府將作監前任見任節度使開封河南太原尹詹事諸王傅司天監五府尹國公郡公中都督上都護下都督庶子五大都督府長史中都護副都護太常宗正少卿秘書少監光禄等七少卿司業三少監三少尹少詹事諭德家令率更令僕諸王府長史司馬司天少監起居郎舍人侍御史殿中侍

御史補闕拾遺監察御史郎中員外郎太常博士五
府少尹五大都督府司馬通事舍人國子五經博士
都水使者四赤縣令太常宗正秘書丞著作郎殿中
丞六尚奉御大理正中允贊善中舍洗馬諸王友諮
議參軍司天五官正凡雜坐之次以此為準詔曰尚
書中臺萬事之本而班位率比兩省官節度使出總
方面其檢校官多至師傅三公者而位居九寺卿監
之下甚無謂也其給事中諫議舍人宜降於六曹侍
郎之下補闕次郎中拾遺監察次員外郎節度使升
於中書侍郎之下乾德五年正月朔乾元殿受朝升

節度使班在龍墀內金吾將軍之上淳化三年八月
有司重定合班儀詔升尚書令三師之上四年節度
使升常侍之上觀察使在秘書監之上防禦團練使
在庶子之下刺史在太子僕之下又升諸行郎中于
殿中侍御史之上至道三年七月令節度觀察留後
在給事中之上大中祥符元年八月升兩省侍郎班
常侍之上天禧三年十一月令節度使班中書侍郎
之下其序班及視品之制樞密使副使參知政事宣
徽使並班宰相後（樞密使不兼平章事者立參知政事前在宣徽使下至道三年升在
上大中祥符九年九月詔自今參知政事樞密副使並以先後為次宣徽使同）資政殿大學

士立文明殿學士之上（舊文明殿學士在樞密副使之上太平興國五年移在下）
資政殿學士翰林侍讀學士在翰林學士下（建隆三年令翰
林學士班諸行侍郎下官至丞郎者在常侍上至尚書者依本班淳化五年升丞郎之上樞密直學士同）
龍圖閣學士在樞密直學士上龍圖直學士在其下
仍少退待制在知制誥之下（景德元年初置待制赴內朝其五日起居止敘
本班大中祥符二年升侍知制誥仍在其下）權三司使立知制誥上（帶學士職
者從本班）三司副使立少卿監上（官高者從本班並為內品職）宮觀副
使立學士班（在翰林學士上其學士為者止本班）判官立三司副使之
下（知制誥以上為者從本班）給諫權御史中丞者令正衙立中丞
塼位餘就本班凡起復皆如初授在本官之末亦有

特旨令敘舊班者內客省使視七寺大卿景福殿使
客省使視將作監引進使視庶子宣慶使四方館使
視少卿宣政昭宣閤門使視少監客省等副使視員
外郎皇城使以下諸司使視郎中副使視太常博士
內殿承制視殿中丞崇班及閤門祗候視贊善大夫
供奉官視諸衛率侍禁視副率殿直視著作佐郎奉
職借職在諸州幕官上樞密都承旨在閤門使下副
承旨諸房副承旨在諸司使下逐房副承旨在洗馬
下金吾衛左右衛上將軍並在節度使上六統軍諸
衛上將軍在常侍下（乾德二年令上將軍在中書侍郎之下淳化四年升金吾左右）

備在尚書之下仍於節度使之上叙大將軍在大監下將軍在少監下仍在閤門使之下金吾立本班上謂中郎將諸衛率副率在洗馬下凡內職視朝官者在其下視京官者在其上

皇親之制開寶六年詔晉王位望俱崇親賢莫二宜位在宰相之上太平興國八年楚王廣平郡王出閤令宰相立親王之上天禧四年七月先天節群臣上壽宰相闕命涇王元儼攝太尉景德中皇姪武信軍節度惟吉加同平章事時駙馬都尉石保吉先爲使相史館引唐制宗室在同品官上遂升惟吉爲大中祥符元年正月有司上都亭驛酺宴位圖皇從姪孫內殿崇班守節與從姪右衛將

軍惟叙等同一班上曰族子諸父安可同列乃命重行設位九年正月與利州團練使德文言男侍禁承顯赴起居請在惟忠子從恪之上時從恪雖姪行而拜職在前遂詔宗正寺定宗室班圖以聞宗正言按公式令朝參行立職事同者先爵爵又同者先齒今請宗子官同而兄叔次弟姪者並虛一位而立天禧四年五月左正言知制誥張師德言奉詔知潁州緣皇弟德雍見任本州防禦使其署銜望降規式中書門下言據御史臺稱每大朝會立班皇親防禦團練刺史次節度使下稍退序立詔師德序署位德雍之

下其外官制置發運轉運使副使不限官品著位並在提點刑獄之上舊止從官大中祥符七年詔定其制朝官知令錄在判官之上京官在判官之下推官之上長史司馬別駕在幕府官下錄事參軍上見長史庭參監當朝官殿直以下在通判都監之下判官之上其通判與都監並依官次京官奉職借職監當者依知令錄列在判官之下元豐制行參以寄祿官品高下更革既多別爲班序其後元祐崇寧大觀政和復有增益更革者別附於其下云

至道二年祠部員外郎主判都省郎官事王炳上言曰

尚書省國家藏載籍典治教之府所以周知天下地理廣袤風土所宜民俗利害之事當成周之世治定制禮首建六官漢唐因之自唐末亂離急於經營不遑治教故金穀之政主於三司曹名雖存而其實亡矣謹按吏部四司天官之職掌文官選舉周知天下吏功過能否考定陞降之類戶部四司司徒之職掌邦五教周知天下戶口之數禮部四司宗伯之職掌國五禮辨儀式制度周知天下祠典祠祀之類兵部四司司馬之職掌武人選舉周知天下兵馬器械之數刑部四司司寇之職掌國法令周知天下獄訟刑

名徒隷之數工部四司司空之職掌國百工周知天下封疆城圻山澤草木川瀆津渡橋船陂池之數凡此二十四司所掌事務各封圖書具載名數藏之本曹謂之載籍所以周知天下事由中制外如指諸掌今職司久廢載籍散亡惟吏部四司官曹小具祠部有諸州僧道文帳職方有諸州閏年圖經刑部詳覆諸州已決大辟案牘及旬禁奏狀此外多無舊式欲望令諸州每年造户口稅租實行簿帳寫以長卷者別寫一本送尚書省藏於户部以此推之其餘天下官吏民口廢置祠廟甲兵徒隷百工疆畎封洫之類

亦可以籍其名數送尚書省分配諸司俾之緘掌俟朞歲之後文籍大備然後可以振舉官守典崇治教望選大僚數人博通治體者參取古今禮典及諸令式與三司所受金穀器械簿帳之類仍詳定諸州供送二十四司載籍之式如此則尚書省備藏天下事物名數之籍如秘閣藏圖書太學藏經典三館藏史傳皆其職也太宗覽奏嘉之詔尚書丞郎及五品以上集議吏部尚書宋琪等上奏曰王者六官法天地四時之柄百官之本典教所出望委崇文院檢討六曹所掌圖籍自何年不繫都省詳其廢置之始究其

損益之源以期恢復既而其議亦寢大中祥符九年真宗與宰相語及尚書省制言事者屢請復二十四司之制楊礪嘗言行之不難但以郎官諸司使同領一職則漸可改作王旦曰唐設内諸司使悉擬尚書省如京倉部也莊宅屯田也皇城司門也禮賓主客也雖名品可效而事任不同唐朝諸司所領惟京邑内外耳諸道兵賦各歸藩鎮非南宮一郎中員外所能制也朝廷所得三分之一名曰上供其他留州留使之名皆藩臣所有今之三司即尚書省故事盡在但一毫所賦皆歸於縣官而仰給焉故蠲放則澤及

下予賜則恩歸上此聖朝不易之制也咸平四年左司諫知制誥楊億上疏曰國家遵舊制並建群司然徒有其名不舉其職只如尚書會府上法文昌治本是資政典攸出條目皆具可舉而行今之存者但吏部銓擬秩曹詳覆自餘租庸筦榷由別使以總領尺籍伍符非本司所校定職守雖在或事有所分綱領雖存或政非自出丞轄之名空設而無違可糾端揆之任雖重而無務可親周之六官於是廢矣且如寺監素司於掌執臺閣咸著於規程昭然軌儀布在方冊國家處銓擬之不允故置審官之司憂議讞之或

濫故設審刑之署恐命令之或失故建封駁之局臣以為在於紀綱植立不在於琴瑟更張若辨論官材歸於相府即審官之司可廢矣詳評刑辟屬於司寇即審刑之署可去矣出納詔命關於給事中郎封駁之局可罷矣至於尚書二十四司各揚其職寺監臺閣悉復其舊按六典之法度振百官之遺墜在我而已夫豈為難如此則朝廷益尊堂陛益嚴品流益清端拱而天下治者由茲道也又以唐虞之時建官惟百夏商官倍秦漢益繁施及有唐六策咸在自三公之極貴九品之至微著於令文皆有員數傳云官不

必備惟其人蓋闕之斯可矣若乃員外加置苟非其材故竈下羊頭形於嘲詠斗量車載播厥風謠國體所先尤須慎重竊覩班簿員外郎及三百餘人郎中亦及百數自餘太常國子博士殿中丞舍人洗馬俱不下數百人率為常參皆著引籍不知職業之所守多由恩澤而序遷欲乞按唐制應九品以上官並定員數又念昔者秦之開郡置守漢以天下為十三部命剌史以領之自後因郡為州以太守為刺史降及唐氏亦嘗變更曾未數年又仍舊貫今多命省署之職出為知州又設通判之官以為副貳此權宜之制

耳豈可為經久之訓哉臣欲乞諸州並置刺史以戶口多少置其奉祿分下中上緊望雄之等級品秩之制率如舊章與常參官比視階資出入更踐省去通判之目但置從事之員建廉察之府以統臨按輿地之圖而區處昔者興國初詔廢支郡出於一時十國為連周法斯在一道署使唐制可尋至若號令之行風教之出先及於府府以及州州以及縣縣及鄉里自上而下由近及遠譬如身之使臂臂之使指提綱而衆目張振領而群毛理由是言之支郡之不可廢也明矣臣欲乞復置支郡隸於大府量地里而分割

如漕運之統臨名分有倫官業自舉又覩唐制內外官奉錢之外有祿米職田又給防閤庶僕親事帳內執衣白直門夫各以官品差定其數歲收其課以資於家本司又有公廨田食本錢以給公用自唐末離亂國用不充百官奉錢並減其半自餘別給一切權停今郡官於半奉之中已是除陌又於半奉三分之內其二以他物給之鬻於市廛十裁得其一二曾餬口之不及豈代耕之足云昔漢宣帝下詔云吏能勤事而奉祿薄欲其無侵漁百姓難矣遂加吏奉著於策書竊見今之結髮登朝陳力就列其奉也不能致

九人之飽不及周之上農其祿也未嘗有百石之入不及漢之小吏若乃左右僕射百僚之師長位莫崇焉月奉所入不及軍中千夫之帥豈稽古之意哉欲乞今後百官奉祿雜給並循舊制既豐其稍入可責以廉隅官且限以常員理當減於舊費乃唐虞之制也凡預品官各設資考課其殿最歸于有司或歷階以升或越次而補國朝多以郊祀覃慶而稍遷官考功之黜陟不行士流之清濁無辨陛下深鑒其弊始務惟新昨有事於明禋但徧加於階爵雖矯前失未振舊規並乞依舊內外官各立考限復令考功脩舉

其職每歲置使考校以表盡公資秩改遷賞罰懲勸一遵典故以振滯淹又西漢以來用秦武功之爵惟列侯啓封或踰萬戶至關內侯或有食邑不過數百家自是因循以至唐室但食邑者率爲虛設言實封者歲入有差迨及聖朝並無所給至於除拜之際猶名數未移空有食采之稱真同畫餅之妄欲乞依元和中所定實封條貫支給削去虛邑但行實食以寵勳臣又國家每屬嚴禋即覃大慶敘封追贈罔限彝章乃至太醫之微司閽之賤率荷蓼蕭之澤亦疏石窌之封恩雖出於殊常職不循於經制又官勳之設

名品實繁今朝散銀青猶關命服護軍柱國全是虛名欲乞自今常參官勳散俱至五品者許封官勳俱至三品者許立戟又五等之爵施于賢才雖有啓封之稱曾無胙土之實苴茅建社固不可以遽行翼子詒孫亦足稽於舊典內外官封至伯子男者許蔭子至公侯者許蔭孫封國公者許蔭嫡孫一人襲封又當今功臣之稱始於德宗扈蹕將士並加奉天定難功臣之號因一時之賞典爲萬世之通規近代以來將相大臣有加至十餘字者尤非輕遠不可遵行所宜削除以明憲度昔者講求典禮晉國以清考覈名

實漢朝稱治當文化誕敷之際是舊章咸秩之時政見太平正在今日矣論者嘉之然以因襲既久難於驟革既而言者繼請復二十四司之制神宗即位始命館閣校唐六典以摹本賜群臣而置局詳定之於是凡省臺寺監領空名者一切易之以階元豐九年詳定所上寄祿格會明堂禮成即用新制遷近臣秩初新階尚少而轉行者得以易及元祐初朝議大夫六階以上始分左右紹聖中罷之崇寧初自承直至將仕郎凡換選人七階又增宣奉至奉直大夫四階政和末自從政至迪功郎又改選人三階文階始備

而武階亦易正使爲大夫副使爲郎其橫班十二階使副亦然繼又增置宣正履正大夫郎凡十階通爲橫班其後復更開封守臣爲尹牧而內侍省悉倣機廷之號六尚局之脩三衛郎之建及左輔右弼太宰少宰之稱員旣濫冗名益紊雜由是官有視秩元豐之制至此大壞及宣和末王黼復請脩官制格目而邊事起訖不果成初太平興國八年五月太宗作戒諭百官辭二通以付閤門一戒京朝官受任於外者一戒幕職州縣官朝辭對別日令舍人宣示之各繕寫歸所治奉以爲訓焉大中祥符元年眞宗以祥符降錫述大中淸淨爲治之道申誡百官又作誡諭辭二道易舊辭賜出使京朝官及幕職州縣官其後又作文武七條文賜京朝官任轉運使提點刑獄知州府軍監通判知縣者一曰淸心謂平心待物不爲喜怒愛憎之所遷則庶事自正二曰奉公謂公直潔己則民自畏服三曰脩德謂以德化人不必專尚威猛四曰責實勿競虛譽五曰明察謂勤察民情勿使賦役不均刑罰不中六曰勸課謂勸諭下民勤於孝悌之行農桑之務七曰革弊謂求民疾苦而釐革之武條賜牧泊洎諸司使而下任部署鈐轄知州軍縣都

監監押駐泊巡檢者一曰脩身謂脩飭其身使士卒有所法則二曰守職謂不越其職侵撓州縣民政三曰公平謂均撫士卒無有偏黨四曰訓習謂訓教士卒勤習武藝五曰簡閱謂察視士卒識其勤惰勇怯六曰存恤謂安撫士卒甘苦皆同當使齊心無令失所七曰威嚴謂制馭士卒無使越禁仍許所在刋石或書廳壁奉以爲法又以禮記儒行篇賜親民釐務文臣其幕職州縣官使臣賜敕戒碣令崇文院刻板模印送閤門辭日分給之

淳化元年國子祭酒孔維上言中外文武官稱呼假借踰越班制伏請一切禁斷太宗命翰林學士宋白等議之白等請自今文武臺省官及卿監郎中員外並呼本官太常博士大理評事並不得呼郎中諸司使諸衛將軍未領刺史者及諸司副使不得呼大保供奉官以下不得呼司徒校書郎以下令錄事不得呼員外郎判司簿尉不得呼侍御侍詔醫官不得呼奉御其文武職事州縣官如有檢校兼試同正官者稱之太宗時郊祀行慶群官率多進改眞宗初右司諫孫何上言曰伏見國家撫有多方並建衆職外則郡將通守朝士代行關征榷酤使者兼掌下至幕府

職掾之微或自朝廷選補而授用人既廣推擇難精貢部上名動踰千計門資入仕亦及百人稍著職勞即升京秩將命而出冗長尤多每郊祀圓丘誕敷霈澤無賢不肖並許叙遷至使評事寺丞繞數載而通閨籍贊善洗馬不十年而登臺郎竊計今之班簿臺省宮寺凡八百員玉石混淆名品猥濫異夫虞書考績周官計治之法也有唐舊制郊禋慶宥但進階勳而已今若十年之內肆赦相仍必恐京僚過於胥徒朝臣多於州縣豈惟連車平斗之刺亦有敗財假器之失況祿廩所賦皆自地征所來須從民力何必空

竭公藏附益私人已授者朘削既難未遷者防閑宜峻古人所謂損無用之費罷不急之官正在此也伏願特降詔書自今郊祀群官一例不得遷陟必若績用有聞才名夙著自可待之不次豈俟歷階而升至於省併吏員上繫與奪時左司諫耿望亦以爲然故咸平二年親郊止加階勳命有司考其殿最而黜陟之然三年差遣受代率皆考課引對多獲進改罕有退黜而官籍浸增矣

紹興以後合班之制

諸太師太傅太保左丞相右丞相少師少傅少保王樞密使開府儀同三司知樞密院事參知政事同知樞密院事樞密副使簽書樞密院事太子太師太傅太保特進觀文殿大學士太尉太子少師少傅少保冀兖青徐楊荊豫梁雍州牧御史大夫觀文殿學士資政保和殿大學士吏部戶部禮部兵部刑部工部尚書金紫銀青光祿大夫光祿大夫左右金吾衛上將軍左右衛上將軍殿前都指揮使節度使翰林學士承旨翰林學士資政保和端明殿學士龍圖天章寶文顯謨徽猷敷文閣學士左右散騎常侍權六曹尚書御史中丞開封尹尚書列曹侍郎樞密直學士

龍圖天章寶文顯謨徽猷敷文閣直學士宣奉正奉正議通奉大夫左右驍衛屯衛領軍衛監門衛千牛衛上將軍太子賓客詹事給事中承宣使中書舍人通議大夫殿前副都指揮使左右諫議大夫保和殿待制龍圖天章寶文顯謨徽猷敷文閣待制權六曹侍郎太中大夫觀察使太常卿宗正卿秘書監馬軍都指揮使步軍都指揮使馬步副都指揮使中大夫光祿衛尉太僕大理鴻臚司農太府卿中奉中散大夫內客省使通侍大夫樞密都承旨國子祭酒太常少卿宗正少卿秘書少監正侍宣正履正協忠大夫

中侍中亮大夫太子左右庶子中衞翊衞親衞大夫
知閤門事殿前都虞候馬軍都虞候步軍都虞候防
禦使捧日天武四廂都指揮使龍神衞四廂都指揮
使團練使諸州刺史左右金吾以下諸衞大將軍駙
馬都尉集英殿脩撰七寺少卿朝議奉直大夫中書
門下省撿正諸房公事尚書左右司郎中右文殿脩
撰國子司業少府將作軍器監都水使者入內內侍
省內侍省都知宣政使拱衞大夫太子少詹事左右
諭德入內內侍省內侍省副都知昭宣使左武大夫
同知閤門事右武大夫入內內侍省內侍省押班樞

密都承旨樞密副都承旨起居郎起居舍人侍御史
帶御器械尚書左右司員外郎樞密院撿詳諸房文
字秘閣脩撰開封少尹太子侍讀侍講尚書吏部司
封司勳考功户部度支金部倉部禮部祠部主客膳
部兵部職方駕部庫部刑部都官比部司門工部屯
田虞部水部郎中開封府判官推官直龍圖閣朝請
朝散朝奉大夫直天章閣殿中侍御史左右司諫左
右正言符寶郎內符寶郎樞密副承旨武功武德和
安春官成和夏官成安中官成全秋官武顯武節平
和冬官武略保安武義武經武翼大夫尚書諸司員

外郎直寶文閣開封府司録參軍事樞密院諸房副
承旨朝請朝散朝奉郎直顯謨閣少府將作軍器少
監諸衞將軍正侍宣正履正協忠中侍中亮中衞翊
衞親衞拱衞左武右武郎監察御史直徽猷敷文閣
承議郎中郎將翰林良醫武功武德和安成和成安
成全武顯武節平和武略保安武經武義武翼郎太
子中舍人太子舍人親王府翊善贊讀直講太常丞
判太醫局宗正大宗正秘書丞直秘閣左右郎將奉
議郎大理正著作郎閤門舍人宣贊舍人翰林醫官
翰林醫效翰林醫痊兩赤縣令太子左右衞司禦清

道監門內率府率七寺丞秘書郎太常博士樞密院
計議編脩官敕令所刪定官陵臺令著作佐郎國子
監丞諸王宮大小學教授國子博士大理司直評事
訓武通直脩武郎內常侍少府將作軍器都水監丞
監尚書六部門開封府功曹倉曹户曹兵曹法曹士
曹參軍事左右軍巡使判官主管太醫局秘書校書
郎正字親王府記室太史局五官正御史臺撿法官
主簿九寺主簿閤門祗候樞密院逐房副承旨從義
秉義郎太子諸率府副率幹辦左右廂公事忠訓忠
翊宣教郎太學武學律學博士太常寺奉禮郎太祝

郊社令籍田令光禄寺太官令五監主簿宣義成忠保義承事承奉承務郎國子太學正武學諭國子太學録律學正太醫局丞京府判官京府司録參軍承直郎京畿縣令兩赤縣丞三京赤縣令承節承信郎節度觀察判官節度掌書記觀察支使防禦團練判官京府節度觀察推官軍事判官防禦團練軍事推官軍監判官節鎮録事參軍京府諸曹參軍事軍巡判官儒林文林從事郎三京畿縣丞三京赤縣丞上中下州録事參軍事三京畿縣丞兩赤縣主簿尉諸州上中下縣令丞從政郎諸府司理諸曹參軍事節鎮上中下州司理司户司法參軍脩職郎京畿縣主簿尉三京赤縣畿縣主簿尉諸州上中下縣簿尉城砦主簿馬監主簿迪功郎諸州司士文學助教為官職雜壓之序

官品紹興乾道慶元先後脩定間有官勲已從罷省而令仍不廢今具載焉

諸太師太傅太保左右丞相少師少傅少保王為正一品諸樞密使開府儀同三司特進太子太師太傅太保嗣王郡王國公為從一品

諸金紫光禄大夫知樞密院事參知政事同知樞密院事太尉開國郡公上柱國為正二品

諸銀青光禄大夫簽書樞密院事觀文殿大學士太子少師少傅少保御史大夫吏部户部禮部兵部刑部工部尚書左右金吾衛左右衛上將軍冀兗青徐揚荆豫梁雍州牧殿前都指揮使節度使開國縣公柱國為從二品

諸宣奉正奉大夫觀文殿學士翰林資政保和殿大學士翰林學士承旨翰林學士資政保和端明殿學士龍圖天章寶文顯謨徽猷敷文閣學士樞密直學士左右散騎常侍權六曹尚書上護軍為正三品

諸正議通奉大夫龍圖天章寶文顯謨徽猷敷文閣直學士御史中丞開封尹尚書列曹侍郎諸衛上將軍太子賓客詹事開國侯護軍為從三品

諸通議大夫給事中中書舍人太常卿宗正卿秘書監諸衛大將軍殿前副都指揮使承宣使開國伯上輕車都尉為正四品

諸太中大夫保和殿龍圖天章寶文顯謨徽猷敷文閣待制左右諫議大夫權六曹侍郎七寺卿國子祭酒少府將作監諸衛將軍輕車都尉為從四品

諸中大夫馬步軍都指揮使副都指揮使觀察使通

侍正侍宣正𩟮正協忠中侍大夫開國子上騎都尉爲正五品

諸中奉中散大夫太常宗正少卿秘書少監內客省使延福宮使景福殿使太子左右庶子樞密都承旨中亮中衛翊衛親衛大夫殿前馬步軍都虞候防禦使捧日天武龍神衛四廂都指揮使團練使諸州刺史駙馬都尉開國男騎都尉爲從五品

諸朝議奉直大夫集英殿脩撰七寺少卿中書門下省檢正諸房公事尚書左右司郎中國子司業軍器監都水使者太子少詹事左右諭德入內內侍省內侍省都知副都知宣慶宣正昭宣使拱衞左右武大夫入內內侍省內侍省押班樞密承旨副承旨驍騎尉爲正六品

諸朝請朝散朝奉大夫起居郎起居舍人侍御史尚書省左右司員外郎樞密院檢詳諸房文字右文殿秘閣脩撰開封少尹尚書諸司郎中開封府判官推官少府將作軍器少監和安成和成安大夫陵臺令飛騎尉爲從六品

諸朝請朝散朝奉郎殿中侍御史左右司諫尚書諸司員外郎侍講直龍圖天章寶文閣開封府司錄參

軍事樞密副承旨樞密院諸房副承旨武功至武翼大夫成全平和保安大夫翰林良醫太子侍讀侍講兩赤縣令雲騎尉爲正七品

諸承議郎左右正言符寶郎監察御史直顯謨徽猷敷文閣太常宗正祕書丞大理正著作郎崇政殿說書內侍寶郎正侍至右武郎武功至武翼郎和安至保安郎翰林醫官閤門宣贊舍人太子中舍人舍人諸率府率親王府翊善贊讀直講判太醫局令翰林醫効醫痊武騎尉爲從七品

諸奉議通直郎七寺丞秘書郎太常博士樞密院計議官編脩官敕令所刪定官直秘閣著作佐郎國子監丞諸王宮大小學教授國子博士大理司直評事訓武脩武郎內常侍開封府諸曹參軍事軍巡使判官京府判官京畿縣令兩赤縣丞三京赤縣畿縣令太史局五官正中書門下省錄事尚書省都事爲正八品

諸宣教宣義郎御史臺檢法官主簿少府將作軍器都水監丞寺監主簿秘書省校書郎正字太常寺奉禮郎太祝太學武學律學博士主管太醫局閤門祗候樞密院逐房副承旨東西頭供奉官從義秉義郎

太子諸率府副率親王府記室節度觀察防禦團練軍事監判官節度掌書記觀察支使京府節度觀察防禦團練軍事推官諸州簽判節鎮上中下州錄事參軍京府諸曹參軍事軍巡判官承直儒林文林從事從政脩職郎京畿縣丞三京赤縣畿縣丞諸州上中下縣令丞兩赤縣主簿尉諸府諸曹節鎮上州諸司參軍事節度副使行軍司馬防禦團練副使太史局丞直長靈臺郎保章正翰林醫愈醫證醫診醫候三省樞密院主事守闕主事令史書令史為從八品

諸承事承奉郎理親民資序者從八品承務郎準此殿頭高品郊社籍田太官令國子太學正錄武學諭律學正太醫局丞忠訓忠翊成忠保義郎挈壺正京畿縣主簿尉三京赤縣主簿尉諸州別駕長史司馬樞密院守闕書令史為正九品

諸承務郎高班黃門內品承節承信迪功郎中下州諸司參軍諸州上中下縣主簿尉城砦馬監主簿諸州司士文學助教翰林醫學為從九品

志卷第一百二十一

志卷第一百二十二　宋史一百六十九

開府儀同三司上柱國錄軍國重事前中書右丞相監修國史領經筵事都總裁臣脫脫等奉
敕修

職官九 敘遷之制

群臣敘遷　流內銓　流外出官
文散官　武散官　爵　勳
功臣　檢校官　兼官
試秩　紹興以後階官

文臣京官至三師敘遷之制

諸寺監主簿秘書省校書郎秘書省正字有出身轉大理評事無出身轉太常寺奉禮郎內帶館職同有出身右族兩府之家轉太祝

太常寺太祝奉禮郎有出身轉諸寺監丞無出身轉大理評事內帶館職同有出身

大理評事有出身轉大理寺丞第一人及第轉著作佐郎無出身轉諸寺監丞內帶館職同有出身右族兩府之家審刑院詳議刑部詳覆詳斷檢法法直官轉光祿寺丞

諸寺監丞有出身轉著作佐郎無出身轉大理寺丞內帶館職同有出身

大理寺丞有出身轉殿中丞無出身轉太子中舍內帶館職同有出身或轉太子中允右族兩府之家審刑院詳議刑部詳覆詳斷中書堂後官轉太子右贊善大夫

著作佐郎有出身轉秘書丞內第一人及第太常丞無出身轉太子左贊善大夫內帶館職同有出身特旨轉秘書郎著作郎宗正丞

太子左右贊善大夫中舍洗馬轉殿中丞內帶館職轉太常丞

太子中允轉太常丞特旨轉秘書郎著作郎宗正丞

太常宗正秘書丞著作郎秘書郎轉太常博士特旨轉左右正言

監察御史宗正丞無出身轉國子博士

殿中丞有出身轉太常博士無出身轉國子監博士內帶館職同有出身

太常國子博士轉後行員外郎特旨轉左右司諫殿中侍御史

左右正言轉左右司諫帶待制已上職轉起居舍人

監察御史轉殿中侍御史

後行員外郎轉中行員外郎特旨轉起居舍人侍御史

左右司諫轉起居郎起居舍人帶待制已上職轉吏部員外郎

殿中侍御史轉侍御史

中行員外郎轉前行員外郎

起居郎起居舍人轉兵部員外郎帶待制已上職轉禮部郎中

侍御史轉司封員外郎

前行員外郎轉後行郎中

後行郎中轉中行郎中

中行郎中轉前行郎中

右常調轉員外郎者轉右曹內有出身自屯田無出身自虞部贓罪叙復人自水部轉

水部　司門　庫部　虞部　比部

駕部　屯田　都官　職方

任發運轉運使副三司開封府判官侍讀侍講

天章閣侍講崇政殿說書開封府推官府界提

點三司子司主判官大理少卿提點刑獄提點

鑄錢監諸王府翊善侍講記室中書提點五房

公事堂後官轉左曹內有出身自祠部無出身自主客堂後官自膳部轉

膳部　倉部　考功　主客　金部

司勳　祠部　度支　司封

任發運轉運使副三司開封府判官左曹轉左

名曹內無出身只轉祠部度支司封有出身合轉右名曹准此任三司副使

知雜脩撰脩起居注直舍人院轉左名曹

工部　刑部　兵部

帶待制已上職左右曹右名曹轉左名曹仍隔

一資超轉中行郎中轉左右司郎中戶部轉左司刑部度支金部倉部都官比部司門轉右司

禮部　戶部　吏部

前行郎中有出身轉太常少卿無出身轉司農少卿內見任左曹衞尉少卿帶待制已上職轉右諫議大夫

左右司郎中帶待制已上職轉諫議大夫左司轉左諫議右司轉右諫議帶翰林學士者轉中書舍人

衞尉司農少卿轉光祿少卿帶館職轉光祿卿

光祿少卿轉司農卿帶館職轉光祿卿

太常少卿轉光祿卿任三司副使脩撰取旨

司農卿轉少府監帶館職轉光祿卿
少府監轉衛尉卿帶館職轉光祿卿
衛尉轉光祿卿
光祿卿轉秘書監
秘書監轉太子賓客
中書舍人轉禮部侍郎
諫議大夫轉給事中
給事中轉工部侍郎帶翰林學士已上職轉禮部侍郎
太子賓客轉工部侍郎
工部侍郎轉刑部侍郎兩府轉户部侍郎宰相轉兵部侍郎

禮部侍郎轉户部侍郎宰相轉吏部侍郎
刑部侍郎轉兵部侍郎兩府轉吏部侍郎宰相轉禮部尚書
户部侍郎轉吏部侍郎宰相轉禮部尚書
兵部侍郎轉右丞兩府轉左丞宰相轉禮部尚書
吏部侍郎轉左丞宰相轉禮部尚書
左右丞轉工部尚書兩府轉禮部尚書
工部尚書轉禮部尚書兩府轉刑部尚書
禮部尚書轉刑部尚書兩府轉户部尚書
刑部尚書轉户部尚書兩府轉兵部尚書
户部尚書轉兵部尚書兩府轉吏部尚書

兵部尚書轉吏部尚書兩府轉太子少保宰相轉右僕射
吏部尚書轉太子少保宰相轉左僕射
太子少保轉太子少傅
右僕射轉左僕射
太子少傅轉太子少師
左僕射轉司空
司空轉司徒
太子少師轉太子太保
司徒轉太保
太子太保轉太子太傅
太子太傅轉太子太師
太子太師轉太保

太保轉太傅
太傅轉太尉
太尉轉太師
太師太師太傅太保謂之三師太尉司徒司空謂之三公凡除授則自司徒遷太保自太傅遷太尉檢校亦如之治平二年翰林學士賈黯奏近者皇子封拜並除檢校太傅臣按官儀自後魏以來以太師太傅太保爲三師太尉司徒司空爲三公國朝因之六典曰三師三師訓導之官也蓋天子之所師法令皇太子以師傅名官於義弗安莫甚於此蓋前世因循失於釐正臣愚以謂自令皇子及宗室卑者除官並不可帶師傅之名隨其叙遷改授三公之官詔俟將來

因加改正自此皇子及宗室卑行遂不除三師官

宋初臺省寺監官猶多泚本司亦各有員額資考之制各以曹署閑劇著爲月限考滿則遷慶恩止轉階勳爵邑建隆二年始以右監門衛將軍魏仁滌爲右神武將軍水部員外郎朱洞爲都官員外郎監察御史李鑄爲殿中侍御史以仁滌等掌麴蘖領關征外有羨也自是廢歲滿敘遷之典是後多掌事于外諸司互以他官領之雖有正官非別受詔亦不領本司之務又官有其名而不除者甚衆皆無定員無月限不計資品任官者但常食其奉而已時議以近職爲貴中外又以差遣別輕重焉

武臣三班借職至節度使敘遷之制

三班借職以下亦有磨勘轉官法緣未受真命今不具錄

三班借職轉三班奉職

三班奉職轉右班殿直

右班殿直轉左班殿直

左班殿直轉右侍禁

右侍禁轉左侍禁

左侍禁轉西頭供奉官

西頭供奉官轉東頭供奉官

東頭供奉官轉內殿崇班

內殿崇班轉內殿承制

內殿承制轉供備庫使有戰功轉禮賓副使特旨東西染院西京作坊副使有戰功並謂曾經轉官酬獎

供備庫使轉西京左藏庫副使有戰功轉如京副使

禮賓副使轉崇儀副使有戰功轉洛苑副使

西染院副使轉如京副使有戰功轉內園副使

東染院副使轉洛苑副使有戰功轉文思副使

西染院使轉如京使有戰功轉內園使

東染院使轉洛苑使有戰功轉文思使

西京作坊使轉內園使有戰功轉六宅使

西京左藏庫使轉文思使有戰功轉莊宅使

崇儀使轉六宅使有戰功轉西作坊使

如京使轉莊宅使有戰功轉東作坊使

洛苑使轉西作坊使有戰功轉左藏庫使

內園使轉東作坊使有戰功轉內藏庫使

文思使轉左藏庫使有戰功轉右騏驥使

六宅使轉內藏庫使有戰功轉左騏驥使

莊宅使轉右騏驥使有戰功轉宮苑使

西作坊使轉左騏驥使有戰功轉宮苑使

東作坊使轉宮苑使

左藏內藏左右騏驥宮苑使並轉皇城使

皇城使轉遙郡刺史凡已上使副除皇城係東班餘並西班其東班翰林以下十九司使副雖有見在官及遷轉法並換技術官

遙郡刺史轉遙郡團練使特旨轉正刺史

遙郡團練使轉遙郡防禦使特旨轉正團練使

刺史轉團練使

團練使遙郡防禦使轉防禦使

防禦使轉觀察使

觀察使轉節度觀察留後

節度觀察留後轉節度使

節度使

武臣自通事舍人轉橫班例

通事舍人轉西上閤門副使其東上閤門副使非特恩不遷

東西上閤門副使轉引進副使

引進副使轉客省副使

客省副使轉西上閤門使

西上閤門使轉東上閤門使

東上閤門使轉四方館使

四方館使轉引進使

引進使轉客省使

客省使

右內客省使至閤門使謂之橫班皇城使以下二十名謂之東班洛苑使以下二十名謂之西班初猶有正官充者其後但以檢校官為之或領觀察使防禦使團練使刺史景祐元年詔副使自今改正使於本額下五資遷之舊無定員慶曆四年詔客省引進四方館使各一人東西上閤門使共四人閤門引進客省副使共六人閤門通事舍人八人治平二年樞密院奏嘉祐三年詔非軍職當罷橫行歲滿當遷及有戰功殊績皆不得除正任當遷則改州名或加檢校官勳封食邑自

降詔以來正任刺史以上絕升進之望今欲因知藩要州郡或路分總管如再經改州名或加檢校官勳封食邑已及十年者與遷官至節度觀察留後止又客省引進四方館舊置使三員東西上閤門舊置使四員今並增為六員閤門引進客省舊制副使六員今並增為八員閤門舊通事舍人八員今增為十員凡所增置須見任官當遷及有闕乃補其皇城使改官及七年如曾歷邊任有本路監司總管五人已上共薦者欲除遙郡刺史至遙郡防禦使止詔自今皇城宮苑副使當磨勘者各於本班使額自下升五資改諸司使其自左藏庫副使已上因酬獎及非次改官者聽如舊餘皆從樞密院之請初英宗謂執政曰諸司副使改轉使當從供備庫使始今對行升五資太優於是合議條奏而為此例

宗室自率府副率至侍中敘遷之制

太子右內率府副率轉太子右監門率府率

太子右監門率府率（轉右千牛衞將軍）

右千牛衞將軍（轉右監門衞大將軍）

右監門衞大將軍（轉遥郡刺史）

遥郡刺史（轉遥郡團練使繼諸王後見封國公及特旨即轉正刺史）

遥郡團練使（轉遥郡防禦使繼諸王後見封國公及特旨即轉正團練使）

刺史（轉團練使）

團練使（轉防禦使）

防禦使（轉觀察使）

觀察使（轉節度觀察留後）

節度觀察留後（轉節度使特旨轉左右衞上將軍）

左右衞上將軍節度使（轉節度使同中書門下平章事）

節度使同中書門下平章事（轉節度使兼侍中）

節度使兼侍中

內臣自皇城使特恩遷轉例（合該磨勘並臨時用例取旨改轉）

皇城使（轉昭宣使國朝亦有外官爲昭宣使者）

昭宣使（轉宣政使）

宣政使（轉宣慶使）

宣慶使（轉景福殿使）

景福殿使（轉延福宮使）

延福宮使（凡不轉昭宣已上五使者並轉遥郡）

入內內侍省內臣敘遷之制

祗候班（雖有轉官法近年無遷轉之人惟敘官者一敘當一官內侍省同）

北班內品（轉後苑散內品）

後苑散內品（轉後苑勾當事內品）

後苑勾當事內品（轉後苑內品）

後苑內品（轉把門內品）

把門內品（轉入內內品）

入內內品（轉貼祗候內品）

貼祗候內品（轉祗候小內品）

祗候小內品（轉祗候內品）

祗候內品（轉祗候高班內品）

祗候高班內品（轉祗候高品）

祗候高品（轉祗候殿頭）

祗候殿頭

右係責降及責降入保引

內侍班（轉黃門）

黃門（轉高班）

高班（轉高品）

高品（轉殿頭）

內侍殿頭（轉內西頭供奉官）

內西頭供奉官（轉內東頭供奉官）

內東頭供奉官（東頭供奉官已上轉官依外官）

內侍省內臣敘遷之制

祗候班

後苑散內品（轉散內品）

散內品（轉北班內品）

北班內品（轉後苑勾當事內品）

後苑勾當事內品（轉後苑內品）

把門內品後苑內品（轉內品）

內品（轉貼祗候內品）

貼祗候內品（轉祗候內品）

祗候內品（轉祗候高班內品）

祗候高班內品（轉祗候高品）

祗候高品

右係責降及責降入保引（亦有非責降由奏薦而除者入內內侍省同）

內侍班

黃門（轉高班）

高班（轉高品）

高品（轉殿頭）

殿頭（轉內西頭供奉官）

內西頭供奉官（轉內東頭供奉官）

內東頭供奉官（東頭供奉官已上轉官依外官例）

右宋初以來內侍未嘗磨勘轉官唯有功乃遷至景祐中詔內臣入仕三十年累有勤勞經十年未嘗遷者奏聽旨猶無磨勘定格也慶曆以後其制漸隳黃門有勞至減十五年而入仕纔五七年有勞至高品已上者兩省因著十年磨勘之例而減年復在其中嘉祐六年樞密院始議釐革乃詔內臣入仕並三十年磨勘已磨勘者其以勞得減年者毋得過五年

選人選京官之制

有出身

判司簿尉七考除大理寺丞（不及七考光祿寺丞不及五考大理評事不及三考奉禮郎）

初等職官知令錄六考除大理寺丞（不及六考光祿寺丞不及三考大理評事）

兩使職官知令錄六考除著作佐郎（不及六考大理寺丞不及三考光祿寺丞）

支掌防團判官六考除太子中允（不及六考著作佐郎）

節察判官六考除太常丞（不及六考太子中允）

無出身

判司簿尉七考除衛尉寺丞（不及七考大理評事不及五考奉禮郎不及三考守將作監主簿）

初等職官知令録六考除衛尉寺丞（不及六考大理評事不及三考奉禮郎）

兩使職官知令録六考除大理寺丞（不及六考衛尉寺丞不及三考大理評事）

支掌防團判官六考除著作佐郎（不及六考大理寺丞）

節度判官六考除太子中允（不及六考著作佐郎）

吏部流内銓諸色入流及循資磨勘選格入流

有出身

進士明經入望州判司次畿簿尉

九經入緊州判司望縣簿尉

諸科（五經三禮三史三傳今雖無此科緣見有逸色人）明法入上州判司

緊縣簿尉

學究武舉得班行人换授入中州判司上縣簿尉

無出身

太廟齋郎（室長同）入中下州判司中縣簿尉

郊社齋郎（掌坐同）試銜白衣送銓注官司士文學參

軍長史司馬助教得正官并班行試换文資入

下州判官中下縣簿尉

三色人

攝官入小縣簿尉

進納授試銜入下州判司中下縣簿尉授太廟齋

郎入中州判司中縣簿尉

流外入下縣簿尉

已上並許超折地望注授

循資

常調

判司簿尉有出身兩任四考無出身兩任五考攝

官出判司三任七考並入録事參軍但有舉主

四人或有合使舉主二人並許通注縣令流外

出身四任十考入録事參軍（内係驅使官沿堂五院人只注大郎）

（判司大縣簿尉）進納出身三任七考曾省試下第二任

五考入下州令録仍差監當

酬奬

判司簿尉初任循一資入知令録次任二考已上

入正令録

知令録循一資入初等職官正令録入兩使職官

初等職官循一資入兩使職官兩資入支掌防團

判官三資入節察判官

恩例

判司簿尉用祖父五路及廣桂知州帶安撫并知成都府梓州及川廣轉運提刑等恩例陳乞循入試銜知縣仍差監當

奏薦

判司簿尉

舉職官有出身四考有舉主三人移初等職官仍差知縣有出身四考無出身六考注初等職官

有出身六考無出身七考注兩使職官

舉縣令有出身三考無出身四考攝官出身六考有舉主三人進納出身六考有舉主四人流外出身三任七考有舉主六人並移縣令內流外人入錄事參軍

令錄係舉人入任內有京官舉主二人循兩使職

知縣

初等職官知縣係舉人入任內有京官職舉主二人循兩使職官如願知縣者聽

磨勘

判司簿尉七考知令錄職官六考有京官舉主五人內一員轉運使副或提刑並磨勘引見轉合入京朝官

兩使職官知縣係舉人入併因舉循入任內有京官舉主二人磨勘引見轉合入京官

令錄流外出身係舉人入任內有班行舉主三人磨勘引見改換班行

差攝

長史文學　兩舉進士　三舉諸科

特恩與攝官

已上廣南東路長史文學與舉人中半差攝西

路長史文學七分舉人二分特恩攝官一分

試補

正額及額外攝官並試公案以合格名次高下差攝內試不中及不能就試者並在試中人之下

解發

入額人一任實滿四年與解發如差監當監稅即以二年為一任理兩攝並解發赴銓海北攝官差往海南減一年犯公罪殿攝二年監當虧少課利罰半月奉者添攝一任罰一月奉者添攝兩任

流外出官法

尚書省書令史都省二十四司禮部貢院吏部流內銓官誥院七選都省敕庫兵部甲庫八

選諸司驅使官都省散官十九選貢院散官十八選並補正名後理或酬獎減一等出簿尉

門下省白院令史七選畫頭書院甲庫令史贊者八選並補正名後理驅使官九選授勤留官後理並出簿尉

中書省白院令史七選甲庫令史八選並補正名後理驅使官九選授勤留後理並出簿尉

學士院錄事補正名後理三年出奉職孔目官遇大禮從上出一名不遇大禮七選驅使官遇大禮從上三人並出簿尉不遇恩十選並授勤留官後理

御史臺令史七選補正名驅使官九選授勤留官並出簿尉引贊官補正名後遇大禮出錄事參軍試中刑法人充主推五年出奉職書史五年出借職係諸處取到人充主推八年出借職書史出三班差使

三司三部都孔目官三年出西頭供奉官前後行入仕三十年已上遇大禮從上各出二人前行出奉職後行出借職手司句覆開拆官五年出左右班殿直前後行出二人同三部衙司都押衙三年出奉職衙佐三年出借職通引官行首司五年出奉職並補正名後理

開封府孔目官補正名後理五年出右班殿直左知客押衙六年通引官左番行首七年出奉職並補正名後理支計官句覆官開拆官接押官出奉職諸司行首前行出借職並遇大禮以入仕及三十年已上者三人出職

殿前司孔目官五年出右侍禁通引官行首三年出奉職並補正名後理

馬步軍司孔目官五年出右班殿直通引官行首三年出借職並補正名後理

入內內侍兩省前後行補正名後理三年出奉職

大宗正司句押官補正名後理三年出借職

三班院句押官補正名後理五年出奉職

審官院令史授勤留官後理七年出簿尉

九寺府史太常大理寺七選宗正光祿太府太僕衛尉鴻臚司農寺十選驅使官十九選宗正司楷書八選並補正名後理出簿尉

諸監都水監句押官補正名後理三年出奉職少府將作監府史十選國子監八選司天監禮生曆生選少府將作監驅使官十九選並補正名後理出簿尉

羣牧司都句押官補正名後理三年出奉職

客省行首補正名後理三年句押官五年並出奉職承受並驅使官授勤留官後理七選出簿尉

四方館書令史補正名後理八選表奏官驅使官授勤留官後理九選並出簿尉

閤門行首補正名後理三年出右侍禁承受授勤留官後理七選出簿尉

太常禮院禮直官自補副禮直官後六、經大禮出西頭供奉官禮生補正名後理六選出簿尉

審刑院充本院書令史後理六選出簿尉

祕書殿中省令史楷書並補正名後理八選出簿尉

起居院楷書八選驅使官十九選並補正名後理出簿尉

崇文院孔目官補正名後理遇大禮出奉職

三館孔目官四庫書直官八選楷書七選書直書庫表奏官九選書守當官十選並授勤留官後理楷書補正名後理並出簿尉

祕閣典書楷書並補正名後理七選出簿尉

軍頭引見司句押官補正名後理五年出右班殿直

皇城司句押官補正名後理三年出奉職

內東門司押司官補正名後理三年出借職

管勾往來國信所勾押官補正名後理三年出奉職

翰林司專知官三年界滿大將出奉職

內藏庫專知官三年界滿出借職

御藥院押司官補正名後理三年出借職

御書院待詔五年出左班殿直書藝十年出右班殿直御書祗候十五年出借職並補正名後理

進奏院進奏官補正名後理十五年遇大禮無過犯從上五人出職有過犯經洗雪曾經決責出借職人數無定限

御廚勾押官補正名後理三年出職

金吾街司仗司孔目官表奏勾押驅使官並補正名後理十九選出薄尉

文臣換右職之制

秘書監換防禦使

太卿監換團練使

秘書少監太常光祿少卿換刺史

少卿監換皇城使遙郡刺史

帶職郎中換閤門使

前行郎中換宮苑使

中行郎中換內藏庫使

後行郎中換莊宅使

帶職前行員外郎

前行員外郎並換洛苑使

帶職中行員外郎起居舍人侍御史

中行員外郎並換西京作坊使

帶職後行員外郎左右司諫殿中侍御史

後行員外郎並換供備庫使已上並帶遙郡刺史

帶職博士左右正言監察御史換閤門副使

太常博士換內藏庫副使

國子博士換左藏庫副使

太常丞換莊宅副使

秘書丞換六宅副使

殿中丞著作郎換文思副使

太子中允換禮賓副使

太子左右贊善大夫中舍洗馬換供備庫副使

秘書郎著作佐郎換內殿承旨

大理寺丞換內殿崇班

諸司監丞節度觀察判官換東頭供奉官

大理評事節度掌書記觀察支使換西頭供奉官

太常寺太祝奉禮郎換左侍禁

初等職官知令錄并兩使職官防禦團練判官令錄未及三考換左班殿直

初等職官知令錄未及三考換右班殿直

判司簿尉換三班奉職

試銜齋郎并判司簿尉未及三考換三班借職已上京官至太常丞帶職加一資換

右文官換右職者除流外進納及犯私罪情重并贓罪外年四十以下並許試換右職三班使臣補換及三年差使及五年方許試換已上並召京朝官或使臣二人委保其文臣待制武臣觀察使已上願換官取旨

紹興復脩試換之令淳熙增廣尚左尚右侍左侍右換官之格列而書之以見新式若中大夫而下文臣換官仍政和舊制則不書

諸訓武郎至進武校尉不曾犯贓私罪及笞刑經決而願換文資者聽召保官二員具家狀連保狀二本諸登聞鼓院投進乞試外任人保替罷就試文資換武者聽準此即授小使臣後未及三年授進武校尉後未及五年三省樞密院書令史以下授使臣進武校尉若保甲及試武藝并進納流外出身不用此令諸武臣試換文資於易詩周禮禮記各專一經仍兼論孟願試詩賦及依法官條試斷案刑統大義者聽

換官尚右訓武脩武郎換宣教郎侍左承直郎換從義郎文林從政郎奏辟職官知縣同換忠翊郎未滿三考成忠郎從事脩職換成忠郎未滿三考保義郎迪功郎換成節郎未滿三考承信郎將仕郎換承信郎侍右從義郎換宣義郎秉義郎換承事郎忠訓郎換承奉郎忠翊郎換承務郎成忠郎換從事郎保義郎換脩職郎承節郎承信郎換迪功郎進武校尉進義校尉換將仕郎蔭補換使臣承奉郎換忠翊郎承務郎換成忠郎文林郎換保義郎從事從政迪功通事郎換成節郎登仕將仕郎換承信郎

文散官二十九

開府儀同三司從一　特進正二

光祿大夫從二　金紫光祿大夫正三

銀青光祿大夫從三　正奉大夫正四上階

中奉大夫正四　太中大夫從四上階

中大夫從四　中散大夫正五上

朝奉大夫正五　朝散大夫從五上

朝請大夫從五　朝奉郎正六上

承直郎正六　奉直郎從六上

通直郎從六　朝請郎正七上

宣德郎 正七　朝散郎 從七上
宣奉郎 從七　給事郎 正八上
承事郎 正八　承奉郎 從八上
承務郎 從八　儒林郎 正九上
登仕郎 正九　文林郎 從九上
將仕郎 從九

右朝官階勳高遇恩加八大夫

武散官三十一

驃騎大將軍 從一　輔國大將軍 正二
鎮國大將軍 從二　冠軍大將軍 正三上

懷化大將軍 正三　雲麾將軍 從三上
歸德將軍 從三　忠武將軍 正四上
壯武將軍 正四　宣威將軍 從四上
明威將軍 從四　定遠將軍 正五上
寧遠將軍 正五　游騎將軍 從五上
游擊將軍 從五　昭武校尉 正六上
昭武副尉 正六　振威校尉 從六上
振威副尉 從六　致果校尉 正七上
致果副尉 正七　翊麾校尉 從七上
翊麾副尉 從七　宣節校尉 正八上

宣節副尉 正八　禦武校尉 從八上
禦武副尉 從八　仁勇校尉 正九上
仁勇副尉 正九　陪戎校尉 從九上
陪戎副尉 從九

右文朝官階上經恩加一階郎階上京朝官加五階選人加一階武散官冠軍大將軍使相節度使起復改授游擊將軍雖中書主事諸司吏人加授亦無累加法餘不常授　已上文官

三品已上服紫五品已上服緋九品已上服綠

元豐寄祿格以階易官雜取唐及國朝舊制自開府

儀同三司至將仕郎定為二十四階崇寧初因刑部尚書鄧洵武請又換選人七階大觀初又增宣奉正奉中奉奉直等階政和末又改從政脩職迪功而寄祿之格始備自開府至迪功凡三十七階

新官　舊官
開府儀同三司　使相 謂節度使兼侍中中書令同平章事
特進　左右僕射
金紫光祿大夫　吏部尚書
銀青光祿大夫　五曹尚書
光祿大夫　左右丞

宣奉大夫 大觀新置

正奉大夫 大觀新置

正議大夫　六曹侍郎

通奉大夫 大觀新置

通議大夫　給事中

太中大夫　左右諫議大夫

中大夫　秘書監

中奉大夫 大觀新置

中散大夫　光禄卿至少府監

朝議大夫　太常卿少卿左右司郎中

奉直大夫 大觀新置

朝請大夫　前行郎中

朝散大夫　中行郎中

朝奉大夫　後行郎中

朝請郎　前行員外郎侍御史

朝散郎　中行員外郎起居舍人

朝奉郎　後行員外郎左右司諫

承議郎　左右正言太常國子博士

奉議郎　太常秘書殿中丞著作郎

通直郎　太子中允贊善大夫洗馬

宣教郎 元豐本宣德郎政和避宣德門改　著作佐郎大理寺丞

宣義郎　光禄衛尉寺將作監丞

承事郎　大理評事

承奉郎　太祝奉禮郎

承務郎　校書郎正字將作監主簿

承直郎　留守節察判官

儒林郎　節察掌書記支使防團判官

文林郎　留守節察推官軍監判官

從事郎 承直至此四階並崇寧初換　防團推官監判官

從政郎 崇寧通仕政和再換　録事參軍縣令

修職郎 崇寧登仕政和再換　知録事參軍知縣令

迪功郎 崇寧將仕政和再換　軍巡判官司理司法司戶主簿尉

國朝武選自内客省至閤門使副爲橫班自皇城至供備庫使爲諸司正使副爲諸司副使自内殿承制至三班借職爲使臣元豐未及更政和二年乃詔易以新名正使爲大夫副使爲郎橫班十二階使副亦然六年及增置宣正履正協忠翊衛親衛大夫郎凡十階通爲橫班自太尉至下班祗應凡五十二階

新官　舊官

太尉 政和新置以太尉本秦之主兵官遂定爲武階之首

通侍大夫　內客省使
正侍大夫　延福宮使
宣正大夫
履正大夫
協忠大夫並政和新置
中侍大夫　景福殿使
中亮大夫　客省使
中衛大夫　引進使
翊衛大夫
親衛大夫

拱衛大夫並政和增置
左武大夫　東上閤門使
右武大夫　西上閤門使
正侍郎
宣正郎
履正郎
協忠郎
中侍郎並政和增置
中亮郎　客省副使
中衛郎　引進副使

翊衛郎
拱衛郎並政和增置
左武郎　東上閤門副使
右武郎　西上閤門副使
武功大夫　皇城使
武德大夫　宮苑左右騏驥內藏庫使
武顯大夫　左藏庫東西作坊使
武節大夫　莊宅六宅文思使
武略大夫　內苑洛苑如京崇儀使
武經大夫　西京左藏庫使

武義大夫　西京作坊東西染院使
武翼大夫　供備庫使
武功郎　皇城副使
武德郎　宮苑左右騏驥內藏庫副使
武顯郎　左藏庫東西作坊副使
武節郎　莊宅六宅文思副使
武畧郎　內園洛苑如京崇儀副使
武經郎　西京左藏庫副使
武義郎　西京作坊東西染院禮賓副使
武翼郎　供備庫副使

敦武郎　內殿承制
修武郎　內殿崇班
從義郎　東頭供奉官
秉義郎　西頭供奉官
忠訓郎　左侍禁
忠翊郎　右侍禁
成忠郎　左班殿直
保義郎　右班殿直
承節郎　三班奉職
承信郎　三班借職

下班祗應　殿侍

元豐官制定有請併易內侍官名者神宗曰祖宗爲此名有深意豈可輕議政和二年始遂改爲凡十有二階

新官　舊官
供奉官　內東頭供奉官
左侍禁　內西頭供奉官
右侍禁　殿頭
左班殿直　高品
右班殿直　高班

黄門　黄門
祗候侍禁　祗候殿頭
祗候殿直　祗候高品
祗候黄門　祗候高班內品
內品
祗候內品
貼祗候內品已上三名仍舊不改

政和初既易武階遂改醫官之名凡十有四階

新官　舊官
和安成安成全成和大夫　軍器庫使

保和大夫　西綾錦使
保安大夫　權易使
翰林良醫　翰林醫官使
和安成和成安成全郎　軍器庫副使
保和郎　西綾錦副使
保安郎　權易副使
翰林醫正　翰林醫官副使

凡除職事官以寄祿官品之高下爲準高一品已上爲行下一品爲守下二品已下爲試品同者否紹聖三年户部侍郎吴居厚言神宗官制

凡臺省寺監之制有行守試三等之別元祐中裁減冗費而職事官帶行者第存虛名而已請付有司講復舊制從之四年翰林學士蔣之奇言所謂試則非正官也今尚書侍郎皆正官而謂之試失之矣如以其階卑則謂之守可也臣請凡爲正官者皆改試爲守崇寧中吏部擬選人差遣亦用資序高下分行守試三等政和三年詔選人在京執事官依品序帶行守試其外任則否宣和以後官高而仍舊職者謂之領官卑而職高者謂之視故有庶官視從官視執政執政視宰相凡道官亦視文階云

爵一十二

王　嗣王　郡王
國公　郡公　開國公
開國郡公　開國縣公　開國侯
開國伯　開國子　開國男

右封爵皇子兄弟封國謂之親王親王之子承嫡者爲嗣王宗室近親承襲特旨者封郡王遇恩及宗室祖宗後承襲及特旨者封國公餘宗室近親並封郡公其開國公侯伯子男皆隨食邑二千户已上封公一千户已上封侯七百户已上封伯五百户已上封子三百户已上封男見任前任宰相食邑實封共萬户（嗣王開國郡公縣公後不封）

勳一十二

上柱國　柱國　上護軍
護軍　上輕車都尉　輕車都尉
上騎都尉　騎都尉　驍騎尉
飛騎尉　雲騎尉　武騎尉

右騎都尉已上兩府并武臣正任已上經恩加兩轉文武朝官加一轉武騎尉已上京官加一轉朝官雖未至驍騎尉經恩亦便加騎都尉

功臣

推忠　佐理　協謀　同德
守正　亮節　翊戴　贊治
崇仁　保運　經邦

右賜中書樞密臣僚（宰相初加六字餘官初加四字其次並加兩字舊有功臣者改賜）

推忠　保德　翊戴　守正
亮節　同德　佐運　崇仁
協恭　贊治　宣德　純誠

保節　保順　忠亮　竭誠

奉化　效順　順化

右賜皇子皇親文武臣僚外臣初加四字次加兩字

拱衛　翊衛　衛聖　保順

忠勇　拱極　護聖　奉慶

果毅　肅衛

右賜諸班直將士禁軍初加二字再加亦如之

檢校官一十九

太師　太尉　太傅

太保　司徒　司空

左僕射　右僕射　吏部尚書

兵部尚書　户部尚書　刑部尚書

禮部尚書　工部尚書　左散騎常侍

右散騎常侍　太子賓客　國子祭酒

水部員外郎

右皇子初授官加太尉初授樞密使使相及曾任宰相樞密使除節度使加太傅初除宣徽節度加太保宗室初除使相加尚書左僕射特除并換授諸司使已上加工部尚書諸司副使加右散騎常侍除通事舍人内殿崇班已上初授加太子賓客副率已上并三班及吏職蕃官軍員該恩加國子祭酒四廂都指揮使止於司徒諸軍都指揮使忠佐馬步都軍頭止於司空軍班都虞候忠佐副都軍頭已上止於左右僕射諸軍指揮使止於吏部尚書其官止遇恩則或加階爵功臣

憲官四

御史大夫　侍御史　殿中侍御史

監察御史

右通事舍人内殿崇班已上初除加兼御史大夫宗室副率已上初授軍頭等經恩加兼監察御史餘經恩以次遷入

試秩

大理司直　大理評事　秘書省校書郎

正字　寺監主簿　助教

右幕職初授則試秘書省校書郎再任至兩使推官則試大理評事掌書記支使防禦團練判官則試大理司直評事又加則兼監察御史亦有解褐試大理評事校書郎正字寺監主簿助教者謂之試銜有選集同出身例

紹興以後階官

元豐新制以階易官定爲二十四階崇寧大觀政和相繼潤色之紹興舉行元祐之法分置左右文臣爲左餘人爲右淳熙初因宗室善俊建言階官並去左右字今任子雜流惟紐轉通直郎奉直中散二大夫如故若帶貼職則超資自開府至迪功序次于后

文階

開府儀同三司

特進

金紫光祿大夫　銀青光祿大夫

光祿大夫　宣奉大夫大觀新置

正奉大夫　正議大夫

通奉大夫大觀新置　通議大夫

太中大夫以上舊爲侍從官　中大夫

中奉大夫大觀新置　中散大夫

朝議大夫以上係卿監　奉直大夫大觀新置

朝請大夫　朝散大夫

朝奉大夫以上係正郎　朝請郎

朝散郎　朝奉郎以上係員郎

承議郎　奉議郎

通直郎　宣教郎

宣義郎　承事郎

承奉郎　承務郎以上係京官

右四年一轉無出身人逐資轉有出身人超資轉至奉議並逐資轉至朝議大夫有止法仍七年一轉內奉直中散二大夫有出身人不轉

承直郎　儒林郎

文林郎　從事郎以上崇寧新置

從政郎　脩職郎

迪功郎以上政和更定並係選人用舉狀及功賞改官

通仕郎　登仕郎

將仕郎以上係奏補未出身官人

武階

武階舊有橫行正使橫行副使有諸司正使諸司副使有使臣政和易以新名正使爲大夫副使爲郎橫行正副亦然於是有郎居大夫之上至紹興始釐正其序

太尉

通侍大夫　正侍大夫

宣正大夫政和新置　履正大夫政和新置

協忠大夫（政和新置）　中侍大夫
中亮大夫　中衛大夫
翊衛大夫　親衛大夫
拱衛大夫（自翊衛至此並政和新置）
左武大夫　右武大夫（以上爲橫行十三階）
右並政和新置內通侍大夫舊爲內客省使國朝未嘗除人自易武階不遷通侍沿初意也轉至中侍無磨勘特旨除
武功大夫　武德大夫
武顯大夫　武節大夫

武畧大夫　武經大夫
武義大夫　武翼大夫（以上係舊諸司正使八階）
正侍郎　宣正郎
履正郎　協忠郎
中侍郎（自正侍至此並政和新置）　中亮郎
中衛郎　翊衛郎
親衛郎　拱衛郎（自翊衛至此並政和新置）
左武郎　右武郎（以上舊爲橫行副使政和更新增益共十二階）
右自正侍至右武舊在右武大夫之下武功大夫之上今從紹興釐正書

武功郎　武德郎
武顯郎　武節郎
武畧郎　武經郎
武義郎　武翼郎（以上舊諸司副使八階）
訓武郎　修武郎（以上爲大使臣）
從義郎　秉節郎
忠訓郎　忠翊郎
成忠郎　保義郎
承節郎　承信郎（以上爲小使臣）
右並五年一轉至武功大夫有止法

進武校尉　進義校尉
下班祗應　進武副尉
進義副尉　守闕進義副使
進勇副尉　守闕進勇副使（以上無品二校尉參吏部下班參兵部以下並參刑部）
內侍官十二階並政和舊制
醫官政和既易武階而醫官亦更定焉紹興因之特損其額舊額和安大夫至良醫二十員紹興置五員和安郎至醫官三十員置四員醫效十員置三員醫痊十員置一員醫愈至祗候大方脈一百五十員置

十五員

和安成和成安成全大夫　保安大夫

保和大夫　和安成和成安成全郎

翰林良醫　保安郎

保和郎　翰林醫官

翰林醫正　翰林醫痊

翰林醫效　翰林醫證

翰林醫愈　翰林醫候

翰林醫診

翰林醫學

右醫正而止十四階並政和制餘續增焉

志卷第一百二十二

志第一百二十三　宋史一百七十

開府儀同三司上柱國錄軍國重事前中書右丞相監修國史領經筵事都總裁臣脫脫等奉勑修

職官十 雜制

贊引　導從　賜　食邑　實封　使職
宮觀　贈官　敘封　致仕　蔭補

贊引

舊中書門下翰林學士御史中丞並緋衣雙引仍傳呼（寶元中學士止令一吏前導亦罷傳呼惟謝恩初上日雙引傳呼云）使相僕射兩省五品已上一吏前引（樞密使兼相者二吏不贊引大中祥符五年止令於本廳贊引不帶相及副使止令本院紫衣吏前贊引之）淳化四年令東宮三少尚書丞郎入朝以緋衣吏前導並通官呵止二品已上用朝堂驅使官餘用本司驅使官宰臣親王仍令紫衣一吏引馬

導從

中書樞密宣徽院御史臺開封府金吾司皆有常從景德三年詔諸行尚書文明殿學士資政殿大學士給從七人學士承旨六人給事諫議舍人五人諸司三品四人於開封府金吾司差借每季代之中書先差金吾從人自今亦令參用開封府散從官宰臣參知政事僕射御史大夫中丞知雜皆通官呵止行人（淳化四年令東宮三少尚書丞郎並通官呵止）大中祥符五年以群官導從不合品式命翰林學士李宗諤龍圖

直學士陳彭年與禮官詳定宗諤等請自今除中書樞密宣徽使御史中丞知雜御史金吾并攝事清道如舊制呵導外僕射已上及三司使知開封府止四節尚書文明殿學士資政殿大學士三節丞郎已上三司副使兩節大兩省卿監一節小兩制御史郎中員外諸司四品三司開封府判官推官二人前行引不得過五步合於金吾借從人者以諸軍剩員代之又外任節制知州都監從軍士七十人通判十五人防團事知州都監五十人通判十人（河北河東陝西駐泊兵處節鎮知州都監百人防團軍事知州都監七十人）轉運使三十人（咸平二年詔節度觀察防團刺史或別鎮他鎮其給使者止令本使給之景德六年令牧守以州兵隨行者以一年為限）副使二十五人提點刑獄官亦給軍士副留守節度行軍副使留守兩使判官給散從官十五人小尹掌書記支使防禦團練副使兩使推官十人兩浙推官防團軍事判官推官軍監判官七人録事諸曹給承符人縣令簿尉手力弓手其代還者給人護送有差

賜六

劒履上殿　詔書不名　贊拜不名

入朝不趨　紫金魚袋　緋魚袋

右升朝官該恩著緑二十周年賜緋魚袋著緋及二十周年賜紫金魚袋（特旨者係臨時指揮）

食邑

一萬戶　八千戶　七千戶　六千戶

五千戶　四千戶　三千戶　二千戶

一千戶　七百戶　五百戶　四百戶

三百戶　二百戶

右宰相親王樞密使經恩加一千戶兩府使相節度使七百戶宣徽三司使觀文殿大學士以下至直學士文臣侍郎武臣觀察使宗室正任以上皇子上將軍駙馬都尉加五百戶宗室大將軍以上加四百戶知制誥待制并文臣少卿監武臣諸司副使宗室副率已上并承制崇班軍員等初該恩加三百戶承制崇班軍員再該恩二百戶三千戶以上雖有加例緣無定法親王重臣特加有至萬戶者

食實封

一千戶　八百戶　五百戶　四百戶

三百戶　二百戶　一百戶

右宰臣親王樞密使經恩加四百戶兩府使相節度宣徽使皇子上將軍并宗室駙馬都尉任觀察使已上加三百戶觀文殿學士并宗室正任已上騎都尉加二百戶武臣崇班宗室副率已上加一百戶五百

戸已上雖有加例緣無定法親王重臣有特加至數
千戸者

三朝志云檢校兼試官之制檢校則三師三公僕射尚書散騎常侍賓客祭酒卿監諸行郎中員外郎之類兼官則御史大夫中丞侍御殿中監察御史試秩則大理司直評事秘書省校書郎凡武官内職軍職及刺史已上皆有檢校官兼官内殿崇班初授檢校祭酒兼御史大夫三班及吏職蕃官諸軍副都頭加恩初授檢校太子賓客兼監察御史自此累加焉（廂軍都指揮使止於司徒軍都指揮使忠佐馬步都頭止於司空親軍都虞候忠佐副都頭以上止於僕射諸軍指揮使止於吏部尚書其官止若遇恩例則或加階爵功臣）幕職初授則試校書郎再任如至兩使推官則試大理評事掌書記支使防禦團練判官以上試大理司直評事又加則兼監察御史亦有至檢校員外郎已上者行軍副使皆檢校員外郎已上朝官階勲高遇恩亦有加檢校官郎中則卿監少監員外郎則郎中太常博士以下則員外郎並無兼官其解褐評事校書郎正字寺監主簿助教者謂之試銜有選集同出身例

使職兼領者親祀南郊則有大禮禮儀儀仗鹵簿橋道頓遞五使藉田泰山封禪汾陰奉祀恭上寶冊南郊恭謝皆如之自餘行禮或止有大禮禮儀使（建隆中南郊置儀仗都部署副都署）經

始大禮則有經度制置使副巡幸有行宮都部署行宮有三司使副使判官行宮使都監（舊南郊止有御營使咸平中置行宮使）又有車駕前後行宮四面闌前收後郊壇巡檢巡闌儀仗勾當編排鹵簿其百司皆有行在之名（舊巡幸百司皆稱隨駕大中祥符初並同行在其司）京師居留則有大内都部署皇城都點檢巡檢及增新舊巡檢（大閲亦置）征行則有招討使招安使（或云捉賊招安安撫使名者）排陣使都監前軍先鋒大陣行營壕砦頭車洞子招收部署鈐轄都監策應之名（又有拐子馬無地名馬選武幹者別顆之）親征則冠以駕前之號廉訪民瘼則有巡撫大使副大使安撫使副使都監採訪使副使（或官卑者止云巡撫安撫無使字）加禮外國則有國信接伴送伴使副弔祭大師若是又有翻譯經潤文使（宰相爲使以翰林學士爲潤文官）伸達冤濫則有理檢使勸課農桑則有勸農使講修馬政則有羣牧制置使最後明堂祫饗置五使如南郊其一時特置者則各具志傳或臨事更制者事畢即停内外名務繁細者猶不具載

敘階之法開府儀同三司至將仕郎爲文散官驃騎大將軍至陪戎副尉爲武散官（太平興國元年改正議大夫爲正奉通議大夫爲朝奉朝議郎爲朝奉承議郎爲承直奉議郎爲奉直宣義郎爲通直）京朝官幕職自將仕郎至朝奉郎每加五階至朝散大夫已上每加一階朝散銀青者須已服緋紫者入令錄判司簿尉每加一階幷幕職計考

當服緋紫者皆奏加朝散銀青階諸司使已上如使額高者加金紫階內殿崇班初授則銀青階（三班軍職使職遇恩撿校兼官並除銀青階）丁憂者起復使相則授雲麾將軍（使相仍加金吾上將軍同正節度使大將軍同正留後以下無之）其胥吏掌事而至衣緋者則授游擊將軍千牛備身則授陪戎副尉以上

改賜功臣勳官自上柱國至武騎尉五代以來初叙勳官即授柱國淳化元年詔自今京官幕職州縣官始武騎尉朝官始騎都尉三班及軍員吏職經恩並授武騎尉又詔古之勳爵悉有職奉之蔭贖宜以今之所授與散官等不得用以蔭勳封爵之差唐制王食邑五千戸郡王國公三

千戸開國郡公二千戸縣公千五百戸縣侯千戸伯七百戸子五百戸男三百戸又有食實封者戸給縑帛每賜爵遞加一級唐末及五代始有加邑特戸而罷去實封之給又去縣公之名封侯以郡宋初沿其制文臣少監少卿以上武臣副率以上內職崇班以上有封爵丞郎學士刺史大將軍諸司使以上有實封但以增戸數爲差不係爵級邑過其爵則并進爵焉止於郡公每加食邑自千戸至二百戸實封自六百戸至百戸親王重臣或特加有踰千戸者（郡公食邑有累加至萬餘實封至數千戸者）皇屬特封郡公縣公或贈侯者無開國字（侯亦在開國郡公之上）又采秦制賜爵曰公士（端拱二年賜諸州高年一百二十七人爵公士景德中福建民有擒獲強盜者當授鎮將以遠俗非所樂並賜公士自後率爲例）功臣者唐開元間賜號開元功臣代宗時有寶應功臣德宗時有奉天定難元從功臣之號僖宗將相多加功臣美名五代寖增其制宋初因之凡宣制而授者多賜焉參知政事樞密副使刺史以上階勳高者亦賜之中書樞密則推忠協謀親王則崇仁佐運餘官則推誠保德翊戴掌兵則忠果雄勇宣力外臣則純誠順化宰相初加即六字餘並四字其累加則二字中書樞密所賜若罷免或出鎮則改之其諸班直將士禁軍則賜拱衛翊衛等號遇恩累加但改其名不過兩字

宮觀

宋制設祠祿之官以佚老優賢先時員數絶少熙寧以後乃增置焉在京宮觀舊制以宰相執政充使或丞郎學士以上充副使兩省或五品以上爲判官內侍官或諸司使副（政和改武臣官制以使副爲大夫以副使爲郎）爲都監又有提舉提點主管其戚里近屬及前宰執留京師者多除宮觀以示優禮時朝廷方經理時政患疲老不任事者廢職欲悉罷之乃使任宮觀以食其祿王安石亦欲以此處異議者遂詔宮觀毋限員並差知州資序人以三十月爲任又詔杭州洞霄宮亳州明道宮華州雲臺觀建州武夷觀台州崇道觀成都

玉局觀建昌軍仙都觀江州太平觀洪州玉隆觀五嶽廟自今並依嵩山崇福宮舒州靈仙觀置管幹或提舉提點官奉給大兩省卿監及職司資序人視小郡知州知州資序人視小郡通判武臣倣此四年詔宮觀嶽廟留官一員餘聽如分司致仕例從便居住六年詔卿監職司以上提舉餘官管幹又有以京官爲幹當者又詔年六十以上者乃聽差毋過兩任又詔兼用執政恩例者通不得過三任元豐中王安石以左僕射觀文殿大學士爲集禧觀使呂公著韓維以資政殿學士兼侍讀仍提舉中太一宮兼集禧觀公事元祐間馮京以觀文殿學士梁燾以資政殿學士爲中太一宮醴泉觀使范鎮落致仕以端明殿學士提舉中太一宮兼集禧觀公事三年詔橫行使副無兼領者許兼宮觀一處六年詔橫行狄諮宋球既領皇城司罷提點醴泉觀元符元年高遵固年八十一乞再任宮觀高遵禮年七十六乞再任亳州太清宮又從其再任之請以待遇宣仁親屬故也大觀元年趙挺之以觀文殿大學士爲佑神觀使政和六年詔措置宮觀如萬壽醴泉近百員更不立額靖康元年詔內外官見帶提舉主管神霄玉清萬壽宮並罷大抵祠館之設均爲佚老優賢而有內外之別京祠以前宰相見任使相充使次充提舉餘則爲提點爲主管皆隨官之高下處以外祠選人爲監嶽廟非自陳而朝廷特差者如黜降之例紹興以來士大夫多流離困厄之餘未有闕以處之於是許以承務郎以上權差宮觀一次續又有選人在部無闕可入與破格嶽廟者亦有以宰執恩例陳乞而與之者月破供給（非責降官並月破供給依資序降二等支）理爲資任意至厚也然初將以撫安不調之人末乃重僥求泛與之弊於是臣僚交章欲罷供給以絕干請變理任以抑僥倖嚴按格以去泛濫上並從之自是以後稍復祖宗條法之舊又有年及七十耄昏不堪牧養而不肯自陳宮觀者復申明舊法著爲定令以律之（舊制六十以上知州資序人本部長官體量精神不致昏昧堪釐務者許差一任兼用執政官陳乞者加一任紹興三十二年臣僚言郡守之職其任至重昨朝廷以年及七十令吏部與自陳宮觀乞將前項指揮永爲著令從之）蓋不當請而請則冗瑣者流競竊優閑廩稍或當請而不請則知進而不知退識者羞焉一祠館之與奪不可不謹如是故重內祠專使職所以崇大臣之體貌一次以定法再任以示恩（紹熙五年慶壽赦應文武臣宮觀嶽廟已滿不應再陳者該今來慶壽恩年八十以上特許更陳一次）京官以上二年選人三年凡待庶僚者皆於優厚之中寓閑制之意焉

贈官

建隆已來凡有恩例文武朝官諸司使副禁軍及藩方馬步郡指揮使以上父亡皆贈官親王贈三官可贈者贈二

官追加大國皇屬近親如之追加封爵服跡及諸親之服近者贈一官宰相樞密使贈二官使相參知政事樞密副使尚書已上三司使節度使留後觀察使統軍上將軍內臣任都知副都知者贈一官此皇族及臣僚薨卒贈官之法也其官秩未至而因勳舊褒録或没王事雖卑秩皆贈官加等者並係臨時取旨至於母后后族臣僚録其先世各有等差太皇太后皇太后皇后並贈三世婕妤二世貴人止贈其父而已宰相三師三公王尚書令中書令侍中樞密使副知院同知院事參知政事宣徽使簽書同簽書樞密院事觀文殿大學士節度使並贈三世東宮三師僕

射留守節度使三司使觀文殿學士資政殿大學士並贈二世餘官或見任或致仕並贈一世有兄弟同贈者贈官加一等父在止一資文臣有出身贈至祕書監無出身至光禄卿武臣至金吾衛上將軍止凡贈官至三世者初贈東宮三少次東宮三太次三公次中書令次尚書令次封小國自小國升次國自次國升大國已大國者移國名而已亦有不移者若父祖舊官已高者自從舊官加贈凡追封不得至王爵兩省官及待制大卿監諸衛上將軍觀察使正任防禦使遥郡觀察使景福殿使客省使若子見任或父曾任此官並贈至三公止父子官俱不至者文臣贈至諸

行尚書止武臣贈至節度使諸衛上將軍止即父曾任中書樞密使使相節度使并一品官者無止限待制已上持服經恩服闋亦許封贈尚藥奉御至醫官使曾任文資許換南班官司天監官贈不得過大卿監仍不許換南班官凡贈至正郎許以所贈官換朝散大夫階大卿監以上許換銀青階贈至二世者即除朝散大夫階三世則金紫階咸平四年詔舍人院詳定知制誥李宗諤等請追贈三世如舊其東宮一品以下雖曾任宰相止從本品文武群臣功陞位極者特恩追封王爵亦如舊若因子孫封贈雖任將相並不許封王仍須歷品而贈勿得超越從之宰相初拜有即贈三世者其後簽書樞密以上皆即時贈他官須經恩學士及刺史以上內侍都知押班皆中書奏行餘則有司奏請

敘封

唐制視本官階爵建隆三年詔定文武羣臣母妻封號太皇太后皇太后皇后曾祖母祖母母並封國太夫人諸妃曾祖母祖母母並封郡太夫人婕妤祖母母並封郡太君貴人母封縣太君宰相使相三師三公王侍中中書令舊有尚書令曾祖母祖母母封國太夫人妻國夫人樞密使副知院同知參知政事宣徽節度使曾祖母祖母母封郡太夫人妻郡夫人簽書樞密院事曾祖母祖母母封郡太君妻郡君同知樞密院以上至樞密使參知政事再經恩及再除者曾祖母祖母母加國太夫人三司使祖母母封郡太

君妻郡君。東宮三太、文武二品、御史大夫、六尚書、兩省侍郎、太常卿、留守、節度使、諸衞上將軍、嗣王、郡王、國公、郡公、縣公，母郡太夫人，妻郡夫人。常侍、賓客、中丞、左右丞、侍郎、翰林學士至龍圖閣直學士、給事中、諫議大夫、中書舍人、卿監、祭酒、詹事、諸王傅、大將軍、都督、中都護、副都護、觀察留後、觀察使、防禦使、團練使，並母郡太君，妻郡君。庶子、少卿監、司業、郎中、京府少尹、赤縣令、少詹事、諭德、將軍、刺史、下都督、下都護、家令、率更令、僕，母封縣太君，妻縣君。其餘升朝官已上遇恩，並母封縣太君，妻縣君。雜五品官至三任與敘封。官當敘封者，不復論階爵，致仕同見任。亡母及

亡祖母當封者並如之。父亡無嫡繼母，聽封所生母。伎術官不得敘封。自宰相至簽書樞密院，敘封與三世同，他官惟品至者即時擬封，餘皆俟恩乃封。咸平四年，從舍人院詳定群臣母妻所封郡縣依本姓望封（天禧元年，令文武升朝官無嫡母者，聽封生母；曾任升朝而致仕，即許敘封；令給諫、舍人母並封郡太君，妻郡君。四年，又令翰林學士至龍圖閣直學士，如給、舍例）。

封贈之典，舊制有三代、二代、一代之等，因其官之高下而次第焉。凡初除及每遇大禮封贈三代者：太師、太傅、太保、左右丞相、少師、少傅、少保、樞密使、開府儀同三司、知樞密院事、參知政事、同知樞密院事、樞密副使、簽書樞密院事。凡遇大禮封贈三代者，節度使三代初封曾祖朝奉郎，祖朝散郎，父朝請郎（簽書樞密院事降一等，謂如父與朝散郎之類）。凡封父祖係武臣者，視文武臣封贈對換格，封贈一代亦如之。初贈曾祖太子少保，祖太子少傅，父太子少師；封贈曾祖母、祖母、母、妻國夫人（執政官、簽書樞密院事郡夫人）。凡遇大禮封贈二代者：太子太師、太子太傅、太子太保、特進、觀文殿大學士、太子少師、太子少傅、太子少保、御史大夫、觀文殿學士、資政保和殿大學士、金紫光祿大夫、銀青光祿大夫、光祿大夫、左右金吾衞上將軍、左右衞上將軍。二代初封祖通直郎，父奉議郎；初贈祖朝奉郎，父朝散郎；封贈祖母、母、妻郡夫人（觀文殿學士、資政保和殿大學士並淑人）。凡遇大禮封贈一代者，文臣通直郎以

上，武臣修武郎以上。一代初封贈父，文臣承事郎，武臣內侍、伎術官、將校並忠訓郎；母、妻孺人。

凡文臣贈官：

通直郎以上（寺監官以上未升朝者，雖歷在通直郎之上同），每贈兩官，至奉直大夫一官（有出身不贈奉直大夫、中散大夫）。太子太師、太子太傅、太子太保、特進、觀文殿大學士、太子少師、太子少傅、太子少保、御史大夫、觀文殿學士、資政保和殿大學士、六曹尚書、金紫光祿大夫、銀青光祿大夫、光祿大夫、翰林學士承旨、翰林學士、資政保和端明殿學士、龍圖天章寶文顯謨徽猷敷文閣學士、左右散騎常侍、權六曹尚書、御史中丞、開封尹、六

曹侍郎樞密直學士龍圖天章寶文顯謨徽猷敷文閣直學士每贈三官至奉直大夫二官至通議大夫一官（有出身人）不贈奉直中散二大夫

凡文武臣封贈對換（諸文武臣封贈對換以所加官準格對換並聽從高）

承事郎換忠訓郎宣義郎換從義秉義郎宣教郎換訓武修武郎通直郎換武義武翼郎奉議郎換武節武略武經郎承議郎換武功武德武顯郎朝奉郎換武義武翼大夫朝散郎換武節武略武經大夫朝請郎換武功武德武顯大夫朝奉大夫換遙郡刺史朝散大夫換遙郡團練使朝請大夫換遙郡防禦使奉直朝議大夫換刺史中散中奉

大夫換團練使中大夫換防禦使太中大夫通議通奉大夫換觀察使正議正奉宣奉大夫換承宣使光祿大夫銀青金紫光祿大夫換節度使

凡文武官父任承直郎以下贈官

承直郎留守節察判官節度判官承議郎儒林郎支掌防團判官節度掌書記觀察支使防禦判官團練判官奉議郎文林郎從事郎從政郎兩使初等職官令錄留守推官觀察推官軍事判官軍事推官司錄參軍錄事參軍團練推官軍監判官防禦判官縣令通直郎修職郎知令錄知司錄參軍知錄事參軍縣丞宣教郎迪功郎判司簿尉軍巡判官司理參軍司法參軍司戶參軍主簿縣尉宣義郎

致仕

凡文武朝官內職引年辭疾者多增秩從其請或加恩其子孫乾德元年太子太師致仕侯益來預郊祀太祖優待之因詔曰群官列位自有通規舊德來朝所宜加禮且表優賢之意用敦尚齒之風自今一品致仕官曾帶平章事者每遇朝會宜綴中書門下班二年令藩鎮帶平章事求休致者亦如之咸平五年詔文武官年七十一以上求退者許致仕因疾及有贓犯者聽從便牧伯內職三班皆換

環衛幕職州縣外官景德元年三月詔三班使臣七十以上視聽未衰者與釐務其老昧不任及年七十五以上者借職授支郡上佐奉職殿直授節鎮上佐不願者聽歸鄉里凡升朝官遇慶恩父在者授致仕官其不在者文官始大理評事武官始副率再經恩累加焉祖在而求回授者亦聽皆不給奉亦有子居要近加賜章服者　天聖明道間員外郎已上致仕者錄其子試秘書省校書郎三丞已上爲太廟齋郎無子聽降等官其嫡孫若弟姪一景祐三年詔曰致仕官舊皆給半奉而未嘗爲顯官者或貧不能自給豈所以遇高年養廉恥也其大兩省大卿監正刺史

閤門使以上致仕者自今給奉並如分司官例仍歲時賜羊酒米麪令所在長吏常加存問其後又許致仕官子孫免選除近官四年臣僚有請致仕未及錄其子孫而遽亡者命既出輔臣皆謂法當追收仁宗憫之竟官其後侍御史知雜事司馬池言文武官年七十以上不自請致仕者許御史臺糾劾以聞慶曆中權御史中丞賈昌朝又言臣僚年七十而筋力衰者並優與改官致仕雖七十而未衰及別有功狀朝廷固留任使者勿拘此令在京若尚書工部侍郎俞獻卿少府監畢世長太常少卿李孝若尚書駕部郎中李士良在外若給事中盛京光祿卿王盤太常少

卿張傚尚書兵部郎中張億皆耄昏不可任事並請除致仕詔在京者令中書體量在外者下諸處曉諭之皇祐中知諫院包拯吳奎亦言願令御史臺檢察年七十已上移文趣其請老不即自陳者直除致仕朝廷未行奎復言國家講禮法以維君子明威罰以御小人君子所顧者禮法也小人所畏者威罰也縣文武二選爲士大夫是皆君子之地也儻不以禮法待之則是廢名器而輕爵祿七十致仕學者所知而臣下引年自陳分之常也人君好賢樂善而留之仁之至也自三代以來用此以塞貪冒聳廉隅近者句希仲陸軫等皆以年高特與分司初欲風動羣臣而

在位殊未有引去者是臣言未效也請詳前奏施行於是詔少卿監以下年七十不任釐務者外任令監司在京委御史臺及所屬以狀聞嘗任館閣臺諫官及提點刑獄者令中書裁處待制已上能自引年則優加恩禮然是時言事之人競欲擊劾大臣有高年者俱不自安仁宗手詔曰老臣朕之所眷禮也進退體貌恩意豈不有異哉凡嘗預政事之臣自今毋或遽求引去臺諫官勿以爲言其風動勸勵之方又如此至於因事責降分司或老病不任官職之事或居官犯法或以不治爲所部劾奏衝替而求致仕者子孫更不推恩雖或推恩其除官例皆降等若耆老舊

臣體貌優異賞或延于子孫奉或全給半給歲時問勞皆有禮意治平四年神宗即位龍圖閣直學士兼侍讀李柬之李受相繼致仕舊制閤門無謝辭例帝特召柬之對延和殿命坐賜茶以受先朝藩府舊僚升其子一任差遣并錄其孫皆宴餞資善堂命講讀官賦詩御製詩序以寵其行示異數也是歲又以果州團練使何誠用惠州防禦使馮承用嘉州團練使劉保吉昭州刺史鄧保壽皆年七十以上至八十餘並特令致仕以樞密院言致仕雖有著令臣僚鮮能自陳故也熙寧元年以定國軍節度使李端愿爲太子少保致仕故事多除上將軍帝令討閱舊制優加

是命二年以觀文殿學士吏部尚書趙槩爲太子少師致仕故事再請則許槩三乞始從優耆舊也三年編脩中書條例所言人臣非有罪惡致仕而去人君遇之如在位時禮也近世致仕並與轉官蓋以躰利者多知退者少欲加優恩以示勸奬推行既久姑從舊例若兩省正言以上官三班使臣大使臣横行正任等並不除爲致仕官致仕帶職者皆落職而後優遷其官看詳别無義理但致仕恩例不均如諫議大夫不可改給事中並轉工部侍郎乃是超轉兩資工部尚書並除太子少保乃是超轉六資若知制誥待制官卑者除卿監緣知制誥待制待遇非與卿監比

令他官致仕皆得遷官此獨因致仕更見退抑供奉官侍禁八品除率府副率蓋六品諸司副使承制崇班七品除將軍乃三品至於節度使除上將軍防禦團練刺史並除大將軍緣諸衛名額不一至有刺史除官髙於防禦使者今若令文武官帶職致仕人許仍舊職止轉一官及文臣正言武臣借職以上皆得除爲致仕官則無輕重不等之患若選人令録以上並除朝官經恩皆得封贈蔭及數世旁支例得贖罪免役又京官致仕亦止遷一官若光禄寺丞致仕有出身除祕書省著作佐郎無出身除大理寺丞而令録職官乃除太子中允或中舍殊未爲當若進納出身人例除京官至有經覃恩遷至升朝官者類多兼幷有力之家皆免州縣色役及封贈父母如京官七品除衙前外亦免餘色役尤爲僥倖條例繁雜無所適從如録事參軍或除衛尉寺丞或除大理評事或除奉禮郎恩例不同可以因緣生弊今定凡文臣京朝官以上各轉一官帶職仍舊不轉官乞親屬恩澤者依舊條選人依本資序轉合入京朝官進納及流外人判司簿尉除司馬令録除别駕在京諸司勒留官依簿尉以上親賢勞舊合别推恩者取旨歷任有入已贓不得乞親戚恩澤仍不遷官其致仕官除中書樞密院外並在見任官之上致仕及三年之上元

非因過犯年未及七十不曾經叙封及陳乞親戚恩澤却願仕宦並許進狀叙述若有薦舉者各依元資序授官其才行爲衆所知朝廷特任使者不拘此法從之自此宰相以下並帶職致仕四年以端明殿學士尚書右丞王素爲工部尚書端明殿學士致仕觀文殿學士兵部尚書歐陽脩爲太子少師觀文殿學士致仕帶職致仕自素始也五年守司空兼侍中曾公亮遷守太傅致仕特許入謝以公亮逮事三朝既加優禮仍給見任支賜十月詔兩省以上致仕官毋得因大禮用子升朝叙封遷官先是王安石言李端愿李東之叙封中書失檢舊例法當改正帝曰如此

則獨不被恩安石曰叙封初無義理今既未能遽革庸可承誤爲例如三師三公官因子孫郊恩叙授尤非宜也帝從之元豐三年詔自今致仕官遇誕節及大禮許綴舊班以禮部侍郎范鎮居都城外遇同天節乞隨散官班上壽帝令鎮班見任翰林學士上故有是詔又詔致仕官朝失儀勿劾並著爲令又詔自今致仕官領職事者許帶致仕該遷轉者轉寄祿官若止係寄祿官即以本官致仕其見任致仕官除三師三公東官三師三少外餘並易之六年以守太尉開府儀同三司知河南府文彥博爲河東永興節度使守太師致仕彥博辭兩鎮止以河東舊鎮貼麻行下彥博又言前辭闕下之日嘗奏得致仕後當親辭天陛今既得請欲赴闕廷降詔從之七年詔文臣中大夫武臣諸司使以下致仕更不加恩元祐元年樞密院奏諸軍年七十若以疾假滿百日不堪醫治差使者諸廂都指揮使除諸衛大將軍致仕諸軍都指揮使諸班直都虞候帶遙郡除諸衛將軍致仕諸班直上四軍除屯衛拱聖以下除領軍衛並有功勞著爲左無則爲右從之四年詔應乞致仕而不願轉官者受敕後所屬保明以聞當與推恩中大夫至朝奉郎及諸司使本宗有服親一人蔭補恩澤橫行諸司副使見有身自蔭補人及內殿承制崇班閤門祗候

見理親民并承議奉議郎許陳乞有服親一人恩例中大夫中散大夫諸司使帶遙郡者蔭補外準此即朝奉郎以上及諸司使雖未授敕而身亡在外者以乞致仕狀到門下省日在京以得旨日亦許陳乞有服親一人恩例六年監察御史徐君平言文臣致仕以年七十爲斷而使臣年七十猶與近地監當至八十乃致仕願許其致仕之年如文臣法而給其奉從之三省言張方平元係宣徽南院使檢校太傅太子少師致仕元豐官制行廢宣徽使元祐三年復置儀品恩數如舊制方平依舊帶宣徽南院使致仕紹聖三年詔文武官該轉官致仕依舊出告外其餘守本官致仕者並降敕更不給告內因致仕合該乞恩澤人更不具鈔令尚書省通書三司入熟狀仍不候印畫又詔應臣僚丁憂中不許陳乞致仕建中靖國元年尚書省言臣僚在憂制中不得陳乞致仕其間有官序合得致仕恩澤之人合行立法詔臣僚丁憂中遇疾病危篤其官序合該致仕恩澤者聽以前官經所屬自陳大觀二年詔致仕官年八十以上應給奉者以緡錢充政和六年提舉廣東學事孫璘言諸州致仕官居鄉者乞許令赴貢士宴擇其年彌高者而惇事之使長幼有序獻酬有禮人知里選之法孝悌之義從之宣和四年詔六曹尚書致仕遺表恩澤共

與四人其餘侍從官三人立爲定制建炎間嘗詔文武官陳乞致仕朝廷不從致有身亡之人許依條陳乞致仕恩澤及陳乞致仕而道路不通不曾被受敕命亦許州軍保明推恩時强行父傅學清修不緣事故疾病慨然請老葉份言之許令再仕王次翁年未六十浩然休退呂祉言之落致仕特令再仕凡類此者蓋因其材而挽留之也直秘閣致仕鄭南掛冠已久年德俱高大臣言之詔除秘閣修撰仍舊致仕優其恩不奪其志也呂頤浩以少保乞除一寄禄官致仕詔除少傅依前鎮南軍節度使成國公致仕韓世忠以太傅鎮南武安寧國軍節度使充醴泉觀使咸安郡王乞身詔除太師致仕因將相之知止而優其歸也楊惟忠邢煥皆以節度致仕臣僚言祖宗時節將臣僚得謝不以文武並納節除一官以今日不復納節換官爲非詔今後依祖宗典故蓋不以私恩勝公法也昭慶軍節度使開府儀同三司充萬壽觀使韋淵乞守本官致仕詔免赴朝參仍依兩府例合破請給人從優親之恩而異之也隆興以後因臣僚言年七十不陳乞致仕者除合得致仕恩澤外並不許遇郊奏薦已而復詔郊祀在近未致仕人更許陳乞奏薦一次可以不予而予之示厚恩也執政在謫籍者陳乞致仕雖許敘復而寢罷合得恩澤只

據見存階官蔭補淳熙十六年寧武軍承宣使提舉佑神觀王友直復奉國軍節度使致仕臣僚論列仍守本官職致仕可以予而不予嚴公法也抑揚輕重間可以見優老恤賢之意可以識制情抑倖之術故備録于篇

文臣蔭補

太師至開府儀同三司子承事郎孫及期親承奉郎大功以下及異姓親登仕郎門客登仕郎不理選限 知樞密院事至同知樞密院事子承奉郎孫及期親承務郎大功以下及異姓親登仕郎門客登仕郎不理選限 太子太師至保和殿大學士子承奉郎孫及期親承務郎大功以下登仕郎異姓親將仕郎 太子少師至通奉大夫子孫及期親承務郎大功親登仕郎異姓親登仕郎小功以下親將仕郎

御史中丞至侍御史子承務郎孫及期親登仕郎大功將仕郎小功以下及異姓親將仕郎 中大夫至中散大夫子通仕郎孫及期親登仕郎大功將仕郎小功以下將仕郎 太常卿至奉直大夫子登仕郎孫及期親將仕郎大功小功親將仕郎 國子祭酒至開封少尹子孫及小功以上將仕郎 朝請大夫帶職朝奉郎以上理職司資序及不帶職致仕者同子將仕郎小功以上親將仕郎緦麻上州文學注權官一任回注正官謂帶職朝奉郎以上亡殁應蔭補者 廣南東西路轉運副使子

登仕郎孫及期親將仕郎提點刑獄子將仕郎孫及期親將仕郎

武臣蔭補

樞密使開府儀同三司子秉義郎孫及期親忠翊郎大功以下親承節郎異姓親承信郎　知樞密院事同知樞密院事樞密副使太尉節度使子忠訓郎孫及期親成忠郎大功承節郎小功以下及異姓親承信郎　諸衛上將軍承宣使觀察使通侍大夫子成忠郎孫及期親保義郎大功以下承信郎及異姓親承信郎　樞密都承旨正侍大夫至右武大夫防禦使團練使延福宮使至招宣使任入內內侍省都知以上子保義郎孫及期親承節郎大功以下親（內各奏異姓親者同）承信郎　刺史子承節郎孫及期親承信郎大功以下進武校尉　諸衛大將軍武功至武翼大夫樞密承旨至諸房副承旨子承節郎孫及期親承信郎大功以下進武校尉　諸衛將軍正侍至右武郎武功至武翼郎子承信郎孫進武校尉期親進義校尉　樞密院逐房副承旨子承信郎　訓武脩武郎及閤門祗候子進義校尉　忠佐帶遙郡者每兩遇大禮蔭補子刺史進武校尉團練使防禦使承信郎

臣僚大禮蔭補

宰相執政官本宗異姓門客醫人各一人東宮三師三少至諫議大夫（權六曹侍郎侍御史同）本宗一人　寺長貳監長貳秘書少監國子司業起居郎舍人中書門下省檢正尚書省左右司郎官樞密院檢詳若六曹郎中殿中侍御史左右司諫開封少尹子或孫一人

致仕蔭補

曾任宰相及見任三少使相三人曾任三少使相執政官見任節度使二人太中大夫及曾任尚書侍郎及右武大夫以上并曾任諫議大夫以上及侍御史一人

遺表蔭補

曾任宰相及見任三少使相五人曾任執政官見任節度使四人太中大夫以上一人諸衛上將軍承宣使四人觀察使三人

志卷第一百二十三

志卷第一百二十四　宋史一百七十一

開府儀同三司上柱國錄軍國重事前中書右丞相監修國史領經筵事都總裁臣脫脫等奉
勑修

職官十一　奉祿制上

(奉祿匹帛　職錢　祿粟　傔人衣糧　廚料　薪炭諸物)

奉祿(自宰臣而下至岳瀆廟令凡四十一等)

宰相樞密使月三百千(春冬服各綾二十匹絹三十匹冬綿百兩)樞密使帶使相侍中樞密使(春冬衣同宰相)節度使同中書門下平章事已上及帶宣徽使并前兩府除節度使及節度使移鎮樞密使副知院帶節度使四百千參知政事樞密副使知樞密院事同知樞密院事及宣徽使不帶節度使或檢校太保簽書樞密院事三司使二百千(春冬各綾十匹春絹十匹冬二十匹綿五十兩自宰相而下春各加羅一匹檢校太保簽書者春冬絹二十匹綿五十兩)節度觀察留後知樞密院事及充樞密副使同知樞密院事并帶宣徽使簽書樞密院事三百千(綾絹羅綿同參知政事)觀文殿大學士(料錢衣賜隨本官)資政殿大學士(料錢衣賜隨本官)翰林學士承旨學士龍圖天章閣直學士知制誥龍圖天章閣學士(綾各五匹絹十七匹自承旨而下加羅一匹綿五十兩已上奉隨本官衣賜如本官例大即依本官例小即依逐等)三師三公百二十千(綾各十匹絹三十匹)東宮三司僕射九十千(綾各五匹絹二十匹)東宮三少御史大夫尚書六十千門下中書侍郎太常宗正卿左右丞諸行侍郎御史中丞五十千(春冬各綾五匹絹十七匹惟中丞綾七匹絹二十匹權御史中丞者給本官奉)太子賓客四十五千(綾絹同中丞)左右散騎常侍六十千給事中中書舍人太卿監國子祭酒太子詹事四十五千諫議四十千(春冬綾各三匹絹十五匹舊志太常宗正卿左右丞侍郎充翰林承旨及侍讀侍講各綾七匹絹二十匹中書舍人若充翰林學士綾五匹絹十七匹他官充龍圖閣學士樞密直學士並準此龍圖閣學士知制誥同諫議之數)權三司使并權發遣使公事(料錢衣賜並同本官)副使五十千(春綾三匹冬綾五匹春冬絹各十五匹自三師以下春各加羅一匹冬綿五十兩權者同判官并權發遣以至子司主判河渠勾當公事同管勾河渠公事料錢衣賜並同本官數)左右諭德少卿監司業郎中三十五千左右庶子起居郎舍人侍御史(知雜事同如正郎知雜即支本官奉料)左右司諫殿中侍御史員外郎赤令三十千丞十五千(如京朝官願請本官衣奉者仍支米麥)少詹事二十九千(春冬絹各十三匹惟赤縣令衣賜隨本官)左右正言監察御史太常博士通事舍人國子五經博士太常宗正秘書殿中丞著作郎大理正二十千太子率更令中允贊善中舍洗馬殿中省五尚奉御十八千(太常博士以上春冬絹各十匹諭德以下春加羅一匹冬綿三十兩餘各絹七匹太常博士著作洗馬舊各有增減)司天十五千正十三千(春冬絹各五匹冬綿十五兩)秘書郎著作佐郎(春冬絹各六匹冬綿各二十兩五官正以下春羅各一匹秘書舊無奉兼三館職事者給八十

千至道二年令同著作郎給之大理寺丞十四千諸寺監丞十二千春冬絹各五匹大理評事十千春冬各絹三匹自大理寺丞以下冬綿各加十五兩諸寺監丞大理評事有增損不同太祝奉禮八千司天監丞五千春冬絹各五匹主簿五千春冬絹各三匹丞簿各綿十五兩靈臺郎三千保章正二千春冬絹各三匹惟靈臺郎冬隨衣錢三千節度使四百千管軍同如皇子充節度使兼侍中帶諸王皇族節度使同中書門下平章事并散節度使及帶王爵奉同節度使惟春冬加絹各百匹大綾各二十匹小綾各三十匹羅各十匹綿各五百兩節度觀察留後官制行改承宣使三百千管軍同兩省都知押班諸司使遣領者準此如皇族充留後及帶郡王同惟春加絹二十匹冬三十匹大小綾各十匹春羅一匹冬綿百兩觀察使二百千管軍同兩省都知押班諸司使并橫行遣領者奉準此春冬加絹各十匹綿五十兩如皇族充觀察者即三百千仍

春冬加絹各十五匹綾十匹春羅一匹冬綿五十兩防禦使三百千管軍皇族同其皇族及兩省都知押班諸司使并橫行諸衛大將軍將軍遙領者百五十千皇族春冬加絹各十五匹綾十匹春羅一匹綿五十兩省都知押班并橫行諸衛大將軍領者春冬絹各十匹綿五十兩團練使百五十千管軍及皇族并軍班除充者同其皇族及兩省都知押班諸司使并橫行諸衛大將軍遙領者百千皇族春冬加絹各十五匹綾十匹春羅一匹綿五十兩省都知押班并橫行諸衛大將軍將軍領者春冬絹各十匹冬綿五十兩六軍統軍百千諸衛上將軍六十千春冬綾各五匹絹十匹綿五十兩如皇子充諸衛上將軍二百千春冬綾各十匹春絹十匹羅一匹冬絹二十匹綿五十兩左右金吾衛大將軍三十五千諸衛大將軍二十五千春冬綾各三匹絹七匹冬綿三十兩將軍二十千春冬綾各二匹絹五匹綿二十兩率府率副中郎將十三千春冬絹各五匹冬綿

十五兩自諸衛上將軍以下春衣羅一匹內客省使六十千客省使三十七千延福宮景福殿宣慶引進四方館宣政昭宣閤門使二十七千皇城以下諸司使二十五千春絹各十匹冬十匹綿三十兩惟客省使春冬絹各一十匹客省及皇城以下諸司副使二十千內殿承制十七千崇班十四千春絹各五匹冬十匹綿三十兩帶閤門祗候並同供奉官十千帶閤門祗候者十二千春絹四匹冬五匹綿二十兩侍禁七千帶閤門祗候者一十千殿直五千帶閤門祗候者九千並春冬絹各四匹冬綿十五兩三班奉職借職四千春冬絹各三匹錢二千下茶酒班殿侍一千春冬絹七匹冬綿十五兩下班殿侍七百春冬絹各五匹二項並蕃官并土人補充者皇親任諸衛大將軍領刺史八千將軍刺

史六十千春冬綾七匹春絹十二匹冬十三匹綿五十兩舊志春冬綾十匹絹十五匹各加羅一匹將軍三十千春冬綾二匹絹五匹羅一匹冬綿四十兩率府率二十千副率十五千春冬綾各二匹絹五匹羅一匹綿四十兩舊志諸衛將軍有五十千四十千三十千三等一等春冬各綾五匹絹十匹一等綾二匹絹五匹春並加羅一匹冬並綿二十兩諸司使有四十千三十千二等副使以上下與異姓同並給實錢自諸司使至殿直春冬各羅一匹綾二匹絹各五匹冬綿各四十兩入內內侍省都知副都知押班不帶遙郡諸司使充者二十五千春絹七匹冬十匹綿三十兩副使充者二十千春絹五匹冬七匹綿二十兩入內內侍省供奉官十二千春絹五匹冬七匹綿三十

兩殿頭七千高品高班五千春絹各五匹冬六匹綿二十兩黃門三千春冬絹各五匹綿十五兩祗候殿頭祗候高品祗候高班內品祗候內品祗候小內品貼祗候內品入內內品後苑內品後苑散內品七百春冬絹各五匹綿十五兩雲韶部內品七百春冬絹各四匹綿十五兩入內內品管勾二千奉輦祗應一千五百打毬祗應一千春冬絹各五匹綿各十五兩內侍省內常侍供奉官十千春冬絹各五匹內常侍春加羅一匹冬綿十五兩供奉官冬止加綿二十兩殿頭五千高品高班三千春冬絹各四匹冬綿各二十兩黃門二千春冬絹各四匹冬綿十五兩殿頭內侍入內高品二千春冬絹各三匹錢二千高班內品一千五百衣粮帶舊黃門內品在京人事一

千春冬各碧羅碧綾半匹黃絹生白綾各一匹綿八兩寄班小底二千春冬絹各十匹入內小黃門前殿祗候內品北班內品外處揀來并城北班後苑把門內品掃灑院子及西京內品依北班內品依舊在西京收管七百西京內品五百春冬絹各五匹綿各十五兩惟入內小黃門前殿祗候內品春冬絹各四匹郢唐復州內品三百春冬絹各二匹布半匹錢一千舊志載內官不詳奉料皆減少樞密都承旨四十千副都承旨副承旨樞密院諸房副承旨逐房副承旨已上如帶南班官同中書堂後官提點五房公事三十千都承旨以下春冬絹各十五匹春羅一匹逐房副承旨絹各十三匹都承旨承旨春加綾三匹冬五匹綿五十兩副都承旨以下綿各三十兩中書堂後官二十千特支五千已上如帶

京朝官同中書樞密主事二十千錄事令史十千春冬絹各十匹春羅一匹主事已上冬綿五十兩錄事令史三十兩主書七千守當官書令史五千春冬絹各二匹主書書令史春錢三千冬綿十二兩錢一千守當官春錢一千自中書樞密并曾任兩府雖不帶職曾任兩府而致仕同宣徽三司觀文資政翰林端明翰林侍讀侍講龍圖天章學士樞密龍圖天章直學士知制誥中書舍人待制御史臺開封府節度使至刺史三館秘閣審刑院刑部大理寺諸王府記室翊善以下至諸王宮教授知審官院勾當三班院糾察刑獄判吏部銓南曹登聞檢院鼓院司農寺及國子監直講丞簿河北河東陝西轉運

使皇子親王諸衛大將軍至率府副率兩省都知押班不帶遙郡諸司使副兩府供奉官以下至內品惟內品特給一分見錢及樞密都承旨以下並給見錢餘官并防禦使以下諸衛將軍橫行諸司使遙領者悉一分見錢二分他物其兩省都知副都知遙領刺史以上者即給一半見錢三司檢法官十千春冬絹各五匹冬綿十五兩舊謂前任請受者聽若轉京朝官隨本官料錢衣賜權知開封府并判官推官料錢衣賜並隨本官舊志云判官三十千推官二十千並給見錢司錄二十千如差員外郎已上充隨本官料錢衣賜功曹法曹十二千倉戶士兵四曹十千差京朝官充隨本官料錢衣賜刑部檢法官法直官大理寺法直官副法直官十千春冬絹各五匹冬綿

十五兩如轉京朝官隨本官料錢衣賜西京軍巡判官十五千內開封府轉至
京官支本官衣奉西京南京北京留守判官河南應天大名
府判官三十千春冬絹各十二匹冬綿二十兩節度觀察判官二十
五千春冬絹各六匹冬綿十二兩半節度副使三十千行軍司馬二
十五千如兼書本州公事衣奉依節察判官者監當即給一半折支衣賜廚料不給節度
掌書記觀察支使二十千綿絹如推官留守推官府推官
節度觀察推官十五千春冬絹各五匹冬綿十兩防禦團練副使
二十千如監當即給一半折支防禦團練判官十五千兩朝志云奉給
依本州錄事參軍如無依倚郭縣令防禦團練軍事推官軍監判官七
千軍事判官如本州錄事參軍之數京府司錄參軍

二十千諸曹參軍十千以京官知者奉從多給景德三年詔司錄六曹悉給春冬
衣五萬户已上州三京同錄事參軍二十千司理司法
十二千司户十千三萬户已上州錄事十八千司理
司法十二千司户九千一萬户已上州錄事十五千
司理司法十千司户八千五千户已上州錄事十二
千司理司法十千司户七千不滿五千户州錄事司
理司法十千司户七千別駕掌史司馬司士參軍如授
士曹依司士文學參軍七千東京畿縣七千户已上知縣
朝官二十二千京官二十千五千户已上知縣朝官
二十千京官十八千三千户已上知縣朝官十八千

京官十五千三千户已下知縣止命京官十二千已上
衣賜並隨本官主簿尉十二千至七千有四等並給見錢河南府
河南洛陽縣令三十千諸路州軍萬户已上縣令二
十千簿尉十二千七千户已上令十八千簿尉十千
五千户已上令十五千簿尉八千三千户已上令十
二千簿尉七千不滿三千户令十千簿尉六千京朝
官及三班知縣者亦許給縣令奉本官奉多者以從
多給兼監兵者止請本奉添給嶽瀆廟令十千丞主簿七千全折幕
職州縣料錢諸路支一半見錢一半折支縣尉全給見錢廣
東川陝並給見錢

元豐制行宰相三百千衣賜綾絹綿皆如舊制然以左右僕射為宰相政和中以
三公為真相靖康依舊制樞密使帶使相侍中樞密使節度使同中書門下平章事以上及帶宣徽使并
前兩府除節度使移鎮樞密使副知院帶節度使四百千自治平末至元豐四年如文彥博呂公弼馮京
吳充先後為使副是年十一月始詔樞密院置知院同知院餘並罷至是既罷使副只置知院同知院直
至靖康不改知樞密院門下中書侍郎尚書左右丞同知
樞密院事二百千衣賜如舊元祐中復置簽書樞密院事紹聖中罷太師太
傅太保少師少傅少保四百千春服羅三匹小綾三十匹絹四十匹冬服
小綾三十匹絹四十匹綿二百兩舊制奉錢百二十千春服小綾十匹絹三十匹羅一匹冬服小綾十匹
絹三十匹綿五十兩大觀間增改開府儀同三司百二十千春冬各小綾十
匹絹三十匹春羅一匹冬綿五十兩大觀二年以無特任者遂刪去特進九十千春冬各小

綾十匹，絹二十五匹，春羅一匹，冬綿五十兩。金紫光祿大夫、銀青光祿大夫、光祿大夫六十千。春冬各小綾七匹，絹二十匹，春羅一匹，綿五十兩。宣奉、正奉、正議、通奉大夫五十五千。春冬各小綾五匹，絹十七匹，春羅一匹，冬綿五十兩。通議、太中大夫五十千。元豐令，太中大夫以上丁憂解官，給舊官料錢。中大夫、中奉、中散大夫四十五千。春冬各小綾三匹，絹十五匹，春羅一匹，冬綿五十兩。朝議、奉直、朝請、朝散、朝奉大夫三十五千。春冬絹各十三匹，春羅一匹，冬綿三十兩。朝請、朝散、朝奉郎三十千。春冬服同正郎。承議、奉議、通直郎二十千。承議春冬絹各十匹，春羅一匹，冬綿三十兩；奉議、通直春冬各絹七匹。宣教郎十七千。春冬絹各六匹，春羅一匹，冬綿二十兩。元豐格，有出身十七千，無出身十四千。六年敕，不以資考、有無出身，並十五千，衣無羅。宣義郎十二千。

春冬各絹五匹，冬綿十五兩。承事郎十千。春冬絹各三匹，冬綿十五兩。承奉郎八千，承務郎七千。元豐以來，釐務止支驛料，大觀二年定支。承直郎二十五千。春冬絹各六匹，綿十二兩半。元豐，留守判官、府判官奉錢三十千，春冬絹各十二匹，綿二十兩；節度、觀察判官奉錢二十五千，春冬絹各六匹，綿十二兩半。凡二等，崇寧二年改從一等。儒林郎二十千。春冬絹各五匹，綿十兩。元豐，節度掌書記、觀察支使奉錢、衣賜如上，防團軍事判官考任合入令錄者奉錢十五千。凡二等，崇寧改從一等。文林郎十五千。春冬服同儒林。從事、從政、脩職郎十五千。從事郎，元豐舊制考第合入令錄者視令錄支，未合入令錄者視判司簿尉支。從政郎，元豐三京州府軍監司錄、錄事參軍五萬戶以上二十千，三萬戶以上十八千，一萬戶以上十五千，五千戶以上十二千，不滿五千戶十千；縣令一萬戶以上二十千，七千戶以上十八千，五千戶以上十五千，三千戶以上十二千，不滿二千戶十千。凡二等，崇寧改從一等。迪功郎

十二千。元豐，四京軍巡判官十五千，三京州府軍監司法參軍五萬戶以上十二千，一萬戶及不滿五千戶七千，三京州府軍監司戶參軍及五萬戶以上十千，三萬戶以上九千，一萬戶以上八千，不滿五千戶七千。凡三等，崇寧改。初，熙寧四年，中書門下言：「天下選人奉薄而多少不均，不足以勸廉吏。今欲月增料錢，縣令、錄事參軍三百六十七員，舊請十千至十二千者，增至十五千；司理、司法、司戶參軍、主簿、縣尉二千一百五十三員，舊請七千、八千、十千者，增至十二千；防團軍事推官、軍監判官一百七十二員，舊請七千者，增至十二千。月通增奉錢一萬二千餘貫，米麥亦有增數。」從之。太尉一百千。春冬各小綾十匹，春羅一匹，絹十匹，冬絹二十匹，綿五十兩。帶節度使依本格。節度使四百千。曾任執政以上除及移鎮，初除及管軍，並同舊制。承宣使三百千。即節度觀察留後。觀察使、防禦使二百千，團練使百五十千，刺史一百千。自節度使以下至諸衛中郎將，並如舊制。通侍大夫三十七千。正侍、

宣正、履正、協忠、中侍、中亮、中衛、翊衛、親衛、拱衛、左武、右武大夫二十七千。武功、武德、武顯、武節、武略、武經、武義、武翼大夫二十五千。春冬絹各十匹，綿二十兩。惟通侍大夫十二匹。正侍、宣正、履正、協忠、中侍、中亮、中衛、翊衛、親衛、拱衛、左武、右武、功武、德武、顯武、節武、略武、經武、義武翼郎二十千。敦武郎十七千，脩武郎十四千。春絹五匹，冬七匹，綿二十兩。帶閤門祗候並同。從義、秉義郎十千。帶閤門祗候十二千。成忠、保義郎五千。帶閤門祗候者九千。並春冬絹各四匹，冬綿十五兩。承節、承信郎四千。春冬絹各三匹，錢二千。進武校尉三千，進義校尉二千。春冬絹各三匹。進武副尉三千，守闕進武副尉、進義副尉、守闕進義副尉一千。凡

文武官料錢並支一分見錢二分折支曾任兩府雖不帶職料錢亦支見錢

職錢

御史大夫六曹尚書行六十千守五十五千試五十千翰林學士承旨翰林學士五十千衣賜本官例官小春冬服小綾各三匹絹各十五匹綿五十兩左右散騎常侍御史中丞開封尹行一百千守九十千試八十千崇寧四年重定六曹侍郎元祐中置權六曹尚書奉給依守侍郎紹聖中罷行五十五千守五十千試四十五千太子賓客詹事行五十千守四十七千試四十五千給事中中書舍人行五十千守四十五千試四十千左右諫議大夫元祐中置權六曹侍郎奉給依諫議大夫紹聖中罷行四十

五千守四十千試三十七千太常宗正卿行三十八千守三十五千試三十二千秘書監行四十二千守三十八千試三十五千七寺卿國子祭酒太常宗正少卿秘書少監行三十五千守三十二千試三十千太子左右庶子行四十千守三十七千試三十五千七寺少卿行三十二千守三十千試二十八千中書門下省檢正諸房公事尚書左右司郎中行四十千守三十七千試三十四千國子司業少府將作軍器監行三十二千守三十千試二十八千太子少詹事行三十五千守三十二千試三十千太子左右諭德行三十二千守三十千試二十九千起居郎起居舍人侍御史左右司員外郎樞密院檢詳諸房文字尚書六曹郎

中行三十七千守三十五千試三十二千殿中侍御史左右司諫行三十五千守三十二千試三十千左右正言行三十二千守三十千試二十七千諸司員外郎行三十五千守三十二千試三十千少府將作軍器少監行三十千守二十八千試二十五千太子侍讀侍講行二十五千守二十二千試二十千監察御史行三十二千守三十千試二十七千太子中舍太子舍人行二十二千守二十千試十八千太常宗正知大宗正秘書丞大理正著作郎太醫令行二十五千守二十二千試二十千七寺丞行二十二千守二十千試十八千秘書郎行二十二千守二十千試十八千太常博士著作佐郎行守二十千試十八千國子監丞行二十二

千守二十千大理司直評事行二十二千守二十千試十八千少府將作軍器都水監丞行二十千守十八千秘書省校書郎行十八千守十六千試十四千秘書省正字行十六千守十五千試十四千御史檢法官主簿行二十千守十八千宗學太學武學博士行二十千守十八千試十六千律學博士行十八千守十七千試十六千太常寺奉禮郎行十六千太常寺太祝郊社令行十八千守十六千太學正錄武學諭行十八千守十七千試十六千律學正行十六千守十五千試十四千凡職事官職錢不言行守試者準行給衣隨寄祿官例支及無立定例者並隨寄祿官給料錢米麥計實數給應兩給者謂職錢米

麥從多給承直郎以下充職事官謂大理司直評事秘書省正字太學博士正錄武學博士諭律學博士正聽支階官請給衣及厨料米麥不支唐貞元四年定百官月俸僖昭亂離國用窘闕至天祐中止給其半梁開平三年始令全給後唐同光初租庸使以軍儲不充百官奉錢雖多而折支非實請減半數而支實錢是後所支半奉復從虛折周顯德三年復給實錢宋初之制大凡約後唐所定之數乾德四年七月詔曰州縣官奉皆給他物頗聞貨鬻不充其直責以廉隅斯亦難矣至有賦於廛肆重增煩擾且復抵冒公憲自罹刑辟甚無謂也漢乾祐中置

宋史一百七十一 字四百三十五个

宋史志卷一百廿四 十三

李正刑 勝璘鴻

州縣官奉戶除二稅外蠲其他役周顯德始革其制自今宜逐處置回易料錢戶每本官所受物凡一千分納兩戶悉其貿易戶輸錢五百蠲役之令悉如漢詔所賦官物令諸州計度充一歲所給之數與鹽麴同時併給之其萬戶縣令五萬戶州錄事兩京司錄舊月奉錢二萬者給四十戶率是為差簿尉及戶法掾舊月奉六千者增一千如其所增之數給與奉戶是歲令西川官全給實錢開寶三年令西川州縣官常奉外別給鐵錢五千四年十二月詔節察防團副使權知州事節度掌書記自朝廷除授及判別廳公

事者亦給之副使非知州掌書記奏授而不釐務者悉如故給以折色太平興國元年詔曰耕織之家農桑為本奉戶月輸緡錢蠶益細民不易營置罷天下奉戶其本官奉錢並給以官物令貨鬻及七分仍依顯德五年十二月詔增給米麥二年二月詔諸道所給幕職州縣官奉頗聞官估價高不能充七分之數宜令三分給一分見錢二分折色令通判面估定官物不得虧損其價四月令西川諸州幕職官奉外更增給錢五千雍熙三年文武官折支奉錢舊以二分者自今並給以實價端拱元年六月詔曰州郡從事

宋史一百七十一 字四百二十五

宋史志卷一百廿四 十四

李正刑 勝璘鴻

之職皆參贊郡畫助宣條教而州縣之任並飭躬蒞政以綏吾民廩祿之制宜從優異庶幾豐泰責之廉隅除川陝嶺南已給見錢外其諸州府幕職州縣官料錢舊三分之二給以他物自今半給緡錢半給他物淳化元年五月詔致仕官有曾歷外職任者給半奉以他物充三年十一月令京東西河北河東陝西幕職州縣官料錢當給以他物者每千給錢七百初川陝廣南福建幕職州縣並許預借奉錢大中祥符間又詔江浙荊湖遠地麟府等州河北河東緣邊州軍自今許預借兩月近地一月奉錢至道二年詔先是京官滿三十月罷給自今續給之真宗即位以三司估百官奉給折

支直率增數倍詔有司重定率優其數咸平元年六月詔文武群臣有分奉他所而身没未聞訃已給者倒追索可憫自今川陝廣南福建一季餘處兩月悉蠲之（大中祥符七年詔三班使臣自今父母亡勿住奉）三年九月詔群臣月奉折支物無收其筭五年七月增川陝路朝官使臣等月給添支景德四年九月上以承平既久賦斂至薄軍國用度之外未嘗廣費自奉且以庶官食貧勸事遂詔自今掌事文武官月奉給折支京師每一千給實錢六百在外四百願給他物者聽大中祥符五年詔文武官並增奉（三師三公東宮三師僕射各增二十千三司御史大夫六尚書中丞郎兩省侍郎太常宗正卿內客省使上將軍各增十千橫班諸司各增五千朝官五品正中郎將已上諸司使副各增三千京官內殿承制崇班閤門祗候各增二千供奉官各增一千五百奉職借職增一千餘如舊）自乾興以後更革為多至嘉祐始著祿令元豐一新官制職事官職錢以寄祿官高下分行守試三等大率官以祿令為準而在京官司供給之數皆併為職錢如大夫為郎官既請大夫奉又給郎官職錢視嘉祐為優矣至崇寧間蔡京秉政吳居厚張康國輩於奉錢職錢外復增供給食料等錢如京僕射奉外又請司空奉其餘傔從錢米並支本色餘執政皆然視元豐制祿復倍增矣

武臣奉給

殿前司自宣武都指揮使三十千差降至歸明神武開封府馬步軍都指揮使十五千凡二等殿前左右班虞候三十千至天武剩員都虞候十九凡十四等殿前班指揮使二十千至揀中剩員傔直廣德指揮使十千凡三等殿前班都知十三千至招箭班都知四千凡七等殿前班副都知十千至招箭班副都知三千凡五等殿前押班七千至招箭押班二千凡五等散指揮都頭復有押班之名者如押班給焉兵士內員僚直復有副指揮使行首副行首招箭班亦有行七千至三千凡三等御龍直副指揮使都頭副都頭十將虞候十千至三千凡五等殿前指揮使五千至殿侍一千凡五等捧日天武指揮使十千至揀中廣德指揮使四千凡四等捧日天武副指揮使七千至擒戎副指揮使三千凡五等捧日軍使天武都頭五千至擒戎軍使千五百凡五等捧日副兵馬使三千至擒戎副兵馬使一千凡四等天武副都頭二千至廣德副都頭千五百凡二等捧日軍將二千至龍猛驍騎帶甲剩員軍頭十將三百凡八等天武將虞候而下五百至飛猛驍雄將虞候已下三百凡六等此奉

錢之差也其外月給粟自殿前班都頭虞候十五石至廣建副都頭吐渾十將二石五斗凡六等殿前指揮使五石鞭箭清朔二石凡五等殿前班都虞候已下至軍士歲給春冬服三十匹至油紬六匹而加綿布錢有差復月給傔糧自十人以至一人諸班諸直至捧日天武拱聖龍猛驍騎吐渾歸明渤海契丹歸明神武契丹真寧朔飛猛宣武虎翼神騎驍雄威虎衛聖清朔擒戎軍士皆給傔一人以至半分餘軍不給焉侍衛馬軍步軍司自員僚直龍神衛都虞候月給二十千至有馬勁勇員七千凡五等指揮使自員僚直

龍神衛十千至順化三千凡五等副指揮使自員僚直龍神衛七千至順化二千凡七等軍使都頭自龍神衛五千至肴船神衛一千凡七等副兵馬使副都頭自龍神衛三千至順化一千凡五等軍頭十將自龍神衛千三百至順化三百凡五等此外員僚直有行首副行首押番軍頭都知副都知之名自行首五千至副都知一千凡六等而高陽關有驍捷左右廂都指揮使月給三十千開封府有馬步軍都虞候月給二十千六軍復有都虞候月給五千　員僚直龍神衛而下皆月給粟自都虞候五石至順化忠勇軍士三石凡五等自都虞候以下至軍士皆歲給春冬服自紬三十匹至油紬五匹又加綿布錢有差復有給傔糧自十人至一人其員僚直龍神衛雲騎驍捷橫塞及神衛上將虎翼清衛振武忠猛軍士皆給傔一人至半分他軍不給焉（宣徽院軍頭司自員僚至軍士歲月給錢粟及春冬服有差）諸道州府廂軍自馬步軍都指揮使至牢城副都頭凡五等月給奉錢凡十五千至五百凡十有二等自河南府等五十州府鄧州等三十四州萊州等一百四十四州軍廣濟軍等三十九軍監所給之數差而減焉咸著有司之籍外有給司馬芻秣歲給

春冬服加紬綿錢布亦各有差

祿粟（自宰相至入內高品十八等）

宰相參知政事樞密使同中書門下平章事樞密使副使知院事同知院事及宣徽使簽書樞密院事節度觀察留後知樞密院事及充樞密副使同知樞密院事并帶宣徽使簽書檢校太保簽書及三司使中書門下侍郎尚書左右丞太尉月各一百石樞密使帶使相節度使同中書門下平章事已上及帶宣徽使并前兩府除節度使樞密使副知院事帶節度使月各給二百石三公三少一百五十石權三司使公

事七十石權發遣使三十五石內客省使二十五石節度使一百五十石管軍同如皇族節度使同中書門下平章事已上并散節度使及帶王爵者並一百石留後後改承宣使觀察防禦使一百石管軍并兩省都知押班諸衛大將軍橫行遙領者同惟皇族遙領防禦使七十石團練使七十石管軍并皇族及軍班除充者同其餘正任並五十石若皇族并兩省都知押班諸衛大將軍將軍橫行遙領者同遙刺史五十石皇族並軍班除充者同其餘正任并管軍三十石兩省都知押班通侍大夫遙領者二十五石諸衛大將軍遙領者十石橫行遙領者全分二十五石減定十石捧日天武左右廂都指揮使龍衛神衛右廂都指揮使帶遙郡團練使五十石殿前諸班直都虞候龍衛神衛及諸軍都指揮使帶遙郡刺史二十五石凡一石給六斗米麥各半管軍支六分米四分麥赤令七石丞四石京府司錄五石諸曹

參軍四石至三石有二等畿縣知縣六石至三石有四等主簿尉米麥三石至二石有二等諸州錄事五石至三石有三等司理司法四石至三石有二等司戶三石二石有二等諸縣令五石至三石有三等惟河南洛陽縣令隨戶口支簿尉三石二石有二等四京軍巡判官四石軍監判官防團推官二石司天監丞四石主簿靈臺郎保章正二石已上並給米麥入內內侍省供奉官四石殿前高品三石高班黃門入內內品管勾奉輦祗應入輦祗應二石打牧祗應一石五斗已上並給粳米祗候殿頭祗候高品祗候高班內品祗候內品祗候小內品

貼祗候內品入內內品後苑內品後苑散內品三石雲韶部內品一石已上並給月糧惟雲韶部內品給細色內侍省供奉官三石殿頭高品高班二石黃門一石五斗已上並給粳米黃門內品在京人事二石五斗北班內品前殿祗候內品外處揀來并城北班後苑把門內品掃灑院子及西京內品與北班內品依舊在西京收管西京內品郢唐復州內品二石入內小黃門一石寄班小底四石已上並給月糧惟入內小黃門給細色殿頭內侍入內高班一石米麥各半熙寧二年中書門下言天下選人奉薄多少不一不足以勸廉吏欲月增米麥料錢縣令錄事參軍三

百七十六員舊請米麥三石者並增至四石司理司法司戶主簿縣尉二千五百一十三員舊請米麥兩石者並增至三石防團軍事推官軍監判官一百七十二員舊請米麥二石者並增至三石每月通增米麥三千七十餘石從之

元隨傔人衣糧任宰相執政者有隨身任使相至正任刺史已上者有隨身餘止傔人

宰相并文臣充樞密使同中書門下平章事及樞密使七十人宰相舊五十人衣糧二十人日食後加樞密使帶使相侍中樞密使節度使同中書門下平章事已上及帶宣徽使并前兩府除節度使及節度使移鎮樞密使副知

院事帶節度使一百人參知政事文臣充樞密副使知院事同知院事及宣徽使不帶節度使簽書樞密院事節度觀察留後知樞密院事并充樞密副使同知樞密院事并帶宣徽使簽書樞密院事三司使門下侍郎中書侍郎尚書左右丞五十人檢校太保簽書樞密院事三十五人權三司使三十人權發遣公事十五人副使判官判子司五人副使判官權并權發遣同觀文殿大學士二十人觀文殿學士資政殿大學士十人資政端明翰林侍讀侍講龍圖天章學士樞密直學士保和宣和延康殿學士寶文顯謨徽猷閣學士七

人舊止給日食政和月粮二石玉清昭應宮景靈宮會靈觀三副使十人判官五人節度使留後改承宣使觀察使五十人管軍同知皇族節度使同中書門下平章事已上并散節度使帶王爵及節度觀察留後帶郡王並五十人觀察使二十人兩省都知押班帶諸司使領節度觀察留後五十人兩省都知押班并橫行領觀察使十五人防禦使三十人管軍同皇族并遙領並二十人兩省都知押班帶諸司使并諸衛大將軍橫行遙領並十五人及團練使三十人管軍及軍班除充者同其餘除授者二十人皇族充及帶領十五人兩省都知押班帶諸司使并橫行遙領者十人刺史二十人軍班除充者同其餘除授并管軍十人皇族充十五人兩省都知押班帶諸司使五人橫行遙領全分者五人減定者不給內客省使舊有景福殿使二十人樞密都承旨十人副都承旨副承旨諸房副承旨中書堂後官提

點五房公事七人逐房副承旨五人中書堂後官至樞密院主事已上各二人錄事令史寄班小底各一人

傔人餐錢中書樞密宣徽三司及正刺史已上皆有衣糧餘止給餐錢自判三館秘書監兩制兩省帶修撰五千郎中以下帶修撰者三千直館閣校理史館檢討校勘各三千直龍圖閣審刑院詳議官國子監書庫官五千自修撰已上又有職錢五十校勘已上三千京畿諸司庫務倉場監官朝官自二十千至五千凡七等京官自十五千至三千凡八等諸司使副閤門通事舍人承制崇班二十千至五千凡九等閤門祗候及三班十五千至三千凡十等內侍十七千

至三千凡九等寄班八千至五千凡三等舊志訛舛今並從兩朝志

茶酒廚料之給

學士權三司使以上兼秘書監日給酒自五升至一升有四等法糯酒自一升至二升有二等又宮觀副使文明殿學士即觀文資政殿大學士龍圖樞密直學士並有給茶節度使副以下各給廚料六斗麪一石二斗

薪蒿炭鹽諸物之給宰相舊無後加

宰相樞密使月給薪千二百束參知政事樞密副使

宣徽使簽書樞密院事三司使三部使權三司使四百束三部副使樞密都承旨一百五十束樞密副都承旨中書提點五房一百束開封判官節度判官薪二十束蒿四十束開封推官掌書記支使留守節度推官防團軍事判官薪十五束蒿三十束留守判官薪二十束蒿三十束防團軍事推官薪十束蒿二十束

宰相樞密使歲給炭自十月至正月二百秤餘月一百秤參知政事樞密副使宣徽使簽書樞密院事三司使三部使三十秤文明殿學士資政殿大學士龍圖閣學士十五秤都承旨二十秤

給鹽宰相樞密使七石參知政事樞密副使簽書院事宣徽使三司使三部使權三司使二石節度使七石掌兵遙領五石留後觀察防禦團練刺史五石掌兵遙領皆不給

給馬芻粟者自二十匹至一匹凡七等其軍職內侍三班技術中書樞密宣徽院侍衛殿前司皇城司內侍省入內內侍省吏屬借官馬者其本廄馬芻粟隨給馬

給紙者中書樞密宣徽三司宮觀副使判官諫官皆月給焉自給茶酒而下兩朝志無三朝志雖不詳備亦足以見一代之制云

志卷第一百二十四

志卷第一百二十五　宋史一百七十二

開府儀同三司上柱國錄軍國重事前中書右丞相監修國史領經筵事都總裁臣脫脫等奉

敕修

職官十二　奉祿制下

增給　公用錢
給券　職田

權三司使知開封府百千權發遣三司使五十千玉清昭應宮景靈宮會靈觀三副使觀文殿大學士三十千觀文殿學士資政殿大學士元豐添保和殿大學士宮觀三司判官判子司權及權發遣同開封府判官提舉諸司庫務管轄三司軍大將提點內弓箭庫二十千宮觀都

監勾當官十七千任都知押班者二十千資政端明翰林侍讀元祐復置翰林侍讀侍講學士紹聖中罷龍圖天章學士元豐添保和延康寶文顯謨徽猷學士樞密直後改述古殿龍圖天章直學士元豐添寶文顯謨徽猷直學士保和龍圖天章寶文顯謨徽猷待制十五千春冬綾各五匹絹十七匹羅一匹綿五十兩已上大學士至待制奉隨本官衣賜如本官例大即依本官例小即依逐等大觀二年戶部尚書左睿言見編修祿格學士添支比正任料錢相去遼邈如觀文殿大學士節度使從二品大學士添支三十千而已節度使料錢乃四百千傔從粟帛等稱是或謂大學士有寄祿官料錢故添支數少今以銀青光祿大夫任觀文殿大學士較之則通料錢不及節度使之半其厚薄不均明矣自餘學士視諸正任率皆不等欲將職錢改作貼職錢以別之正任料錢公使為率參酌立定自學士至直閣以上貼職錢不以內外並給觀文殿大學士百千觀文學士資政大學士八十千端明後改延康殿學士五十千前執政加二十千龍

圖天章寶文顯謨徽猷學士樞密直敷述古學士四十千龍圖天章寶文顯謨徽猷直學士二十千待制
二十千集賢改集英殿修撰十五千直龍圖閣至直祕閣十千詔從之宣和三年戶部尚書沈積中侍郎
王蕃言元豐法帶職人依嘉祐祿令該載觀文殿大學士以下至直學士添支錢三等自二十千至十五
千大觀中因敕令所啓請改作貼職錢觀文大學士至直祕閣自百千至十千凡九等兼增添在京供職
米麥觀文殿大學士至待制自五十石至二十五石四等比舊法增多數倍又奏學士提舉在京宮除本
身請給外更請一貼職錢并差遣添支比六曹尚書翰林學士承旨幾及一倍以上非稱事制祿之意詔並依
元豐法御史中丞二十千察案御史十千籍田令七千並依元豐三年詔司農寺丞十五千主簿京朝官
十二千選人十千熙寧三年詔廣親睦親宅記室講書十五千教授十二千軍巡使十七千權使及判官
七千已上並元豐制已下惟增散官而已群牧使副使開封推官三司河
渠勾當公事同管勾河渠案公事十五千群牧都監

十三千銀臺司審官院三班院吏部銓登聞檢院鼓
院太常禮院主判官糾察在京刑獄群牧判官監祭
使十千判司農寺七千其知判諸路州軍府有六十
千至七千凡八等有以官者三師三公六十千僕射
東宮三師并曾任中書樞密特進五十千尚書并左
右丞東宮三少金紫光祿大夫至光祿大夫學士給
事中諫議舍人待制已上并橫班使副三十千橫班有二
十千者待制已上充益梓利夔州路知州給鐵錢二百千橫班副使知夔州一百五十千知諸州軍者八
十千大卿監諸司使副至供奉官中大夫至中散大夫
武功郎至秉義郎閤門祗候已上十五千十五千已上有從州

府地望給者不係大卿充益梓利夔知州給鐵錢一百五十千諸司副使至供奉官閤門祗候已上知四
州同若知諸州軍八十千惟諸司使一百千朝官忠翊郎至侍禁閤門祗候
十千朝官權知軍州府者同若知四路諸州府給鐵錢八十千知軍六十千侍禁閤門祗候知諸軍
州同保義郎殿直閤門祗候八千若知四路諸州軍者給鐵錢五十千京
官十千至七千有二等知四路州府給鐵錢六十千知軍五十千試銜及
州縣官職官兼知春州七千有以州望者河南大名
荊南永興江寧杭揚潭并代州三十千應天真定鳳
翔陝府秦青洪州二十千河中鄆許襄孟滑鄭滄邢
澶貝相華晉潞廬壽宿泗楚蘇越潤常州十五千廣州
知州歲七百千逐月均給舊月給百千大中祥符六年令歲取五百千餘充添給益州給鐵錢三百千并

州二百千夔州百五十千餘州約銅錢數而給之有都總管經略安撫等使
者河北四路真定瀛州定州大名陝西逐路永興秦州渭州慶州延州河東
路太原前任兩府並五十千諫議舍人待制太中大夫
已上三十千並特添二十千知大名府帶河北路安撫使同知并州帶學士即五十千而無
特給三路管勾機宜文字朝官十千京官七千知桂州
充廣南西路都鈐轄經略安撫使自諫議舍人待制
及大卿監太中大夫中散大夫已上三十千朝臣充廣西路
兵馬都鈐轄兼本路安撫管勾經略司公事即二十千河北沿邊安撫副使都
監以橫行使充者三十千自橫行副使并諸司使副至崇班武功大夫敦武郎
以上充者二十千供奉官秉義郎閤門祗候充都監十五千同管勾河東緣邊安

撫司公事以横行副使至内殿崇班敦武郎以上二十千通判大藩有二十千至十五千者餘州亭朝官有十千至七千者京官七千（朝官通判益州給鐵錢八十千京官六十千朝官通判益梓利夔路州軍府給鐵錢七十千京官五十千）簽判朝官十千京官七千（朝官簽判益梓州給鐵錢七十千京官五十千）三路轉運使淮南江浙荆湖制置茶鹽礬稅都大發運使諫議待制大卿監以下太中中散以上三十千朝官充發運使副二十千（武功大夫至武翼郎諸司使副充發運使副都監同朝官充判官十千）三門白波發運使朝官二十千朝官充判官十千京官七千諸路轉運使副朝官宣德郎以下二十千（任四路若給鐵錢一百五十千）判官十千（任福建廣南東西路十五千任益梓利夔四路給鐵錢八十千）諸路提點刑獄勸農使副開封府界提點諸縣鎮公事二十千（忠翊郎侍禁閤門祗候以下任諸路提點刑獄勸農使副并府界同提點敦武郎内殿崇班已上者十五千朝官并秉義郎供奉官閤門祗候已上任四路提點刑獄給鐵錢一百五十千忠翊郎侍禁閤門祗候以下一百千）諸路副都總管權總管都鈐轄路分鈐轄州鈐轄路分都監有五十千至八十千凡六等（任四路給鐵錢有二百千至一百千凡三等）府界及諸路州府軍監縣鎮都監巡檢砦主監押自諸司使以下至三班借職武功大夫至承信郎已上十五千至五千凡六等（任四路給鐵錢有一百千至五十千凡四等）陝西河東沿邊諸族蕃官巡檢自十五千至四千凡六等諸路走馬承受公事自從義郎至保義郎供奉官至殿直并兩省自供奉官至黄門自十千至五千凡四等（任四路給鐵錢自六十千至四十千凡三等）府界并諸路州府軍監縣鎮監當朝官七千京官五千至四千凡二等武功大夫以（下至）進義校尉諸司使至下以三班使臣自十千至三千凡七等（朝官任川峽州府軍監給鐵錢五十千京官三十千至二十五千凡二等三班使臣任四路者自六十千至二十五千凡五等）朝官充陝西及江浙荆湖福建廣南提舉提點鑄錢等公事自二十千至十五千凡二等朝官充都大提舉河渠司勾當及提舉宫觀并催遣輦運催綱諸州監物務等自十

五千至七千凡三等（任四路給鐵錢七十千）京官充催促輦運催裝斛斗綱船并諸州監物務等自七千至五千凡二等（任四路給鐵錢五十千）都大提舉修護黄河堤埽岸諸處巡檢（并監）北京大内軍器庫并蔡河撥發催綱等並以兩省供奉官以下至内品充自十千至三千凡七等（舊志有諸路都部署鈐轄有五十千至十五千凡四等駐泊都監兵馬都監有二十千至十五千凡六等諸州監場務朝官供奉以上七千京官殿直五千奉職内品三千内課助大者京朝官與京官同使臣與兵馬監押同）

大中祥符二年詔外任官不得挈家屬赴任者許分添給錢贍本家

添給羊凡外任給羊有二十口至二口凡六等

給米有二十石至三石凡七等

給麪有三十石至二石凡七等

傔從有二十人至二人凡七等

馬有十匹至一匹凡六等舊志數不同今從四朝志

建炎南渡以後奉祿之制參用嘉祐元豐政和之舊少所增損惟兵興之始宰執請受權支三分之一或支三分之二或支賜一半隆興及開禧自陳損半支給皆權宜也其後內外官有添支料錢職事官有職錢廚食錢職纂修者有折食錢在京釐務官有添支

錢添支米選人使臣職田不及者有茶湯錢其餘祿粟傔人悉還畸昔今合新舊制而參記之

元豐定制以官寄祿南渡重加修定開府儀同三司料錢一百貫特進九十貫春冬衣絹各二十五匹小綾一十匹春羅一匹冬綿五十兩金紫光祿大夫銀青光祿大夫料錢各六十貫春冬絹各二十四小綾七匹春羅一匹冬綿五十兩宣奉大夫正奉大夫正議大夫通奉大夫料錢各五十貫春冬絹各十七匹小綾五匹春羅一匹冬綿五十兩通議大夫太中大夫中大夫中奉大夫中散大夫料錢各四十五貫春冬絹各二十五匹小綾三匹春羅一匹冬綿五十兩朝議大夫奉直大夫朝請大夫朝散大夫朝奉大夫以上料錢各三十五貫春冬絹各一十五匹春羅一匹冬綿三十兩朝請郎朝散郎朝奉郎以上料錢各三十貫春冬絹各一十三匹春羅一匹綿三十兩承議郎料錢二十貫春冬絹各一十匹春羅一匹冬綿三十兩奉議郎料錢二十貫春冬絹各十匹春羅一匹冬綿三十兩通直郎料錢十八貫春冬絹各七匹春羅一匹冬綿三十兩宣教郎料錢十五貫春冬絹五匹冬綿十五兩宣議郎料錢十二貫春冬絹各五匹冬綿十五兩承事郎料錢十貫春冬絹各五匹冬綿十五兩承奉郎料錢八貫承務郎料錢七貫元豐以來釐務止支驛料大觀二年定支以上料錢一分見錢二分折支每貫折錢在京六百文在外四百文

到任添給驛料承直郎料錢二十五貫茶湯錢一十貫廚料米六斗麪一石五斗槀四十束柴二十束馬一匹春冬綿六匹綿一十二兩儒林郎料錢二十貫茶湯錢一十貫廚料米六斗麪一石五斗槀三十束柴一十五束春冬絹各五匹冬綿十兩文林郎料錢一十五貫

茶湯錢十貫廚料米六斗麪一石五斗槀三十束柴十五束春冬絹各五匹綿十兩從事郎從政郎修職郎已上料錢各一十五貫茶湯錢一十貫米麥各二石迪功郎料錢一十二貫茶湯錢一十貫米麥各一石五斗以上錢折支中給一半見錢一半折支每貫折見錢七百文釐務日給滿替日住武臣請奉太尉料錢一百貫春服羅一匹小綾及絹各十匹冬服小綾十匹絹二十匹綿五十兩正任節度使在光祿大夫之下初授及帶管軍同料錢四百貫祿粟一百五十石承宣使在通議大夫之下料錢三百貫祿粟一百石觀察使在中大夫之下料錢各二百貫祿粟一百石米麥十五石防禦使在中散大夫之下料錢二百貫祿粟一百石米麥各十二石五斗團練使在中散大夫之下料錢一百五十貫祿粟七十石米麥各九石諸州刺史在中散大夫之下料錢一百貫祿粟五十石米麥各七石五斗自承宣使以下不帶

階官者為正任帶階官者為遥郡遥郡各在正任之下請奉與次任正任一同靖康指揮遥郡以上奉錢衣賜傔人奉馬權支三分之二殿前三衙四廂捧日天武左右廂都指揮使遥郡團練使料錢一百貫文春冬服絹各十匹殿前諸班直都虞候諸軍都指揮使遥郡刺史料錢五十貫衣同前龍衛神衛右廂都指揮使遥郡團練使同捧日天武龍神衛諸軍都指揮使遥郡刺史同殿前左右金吾衛上將軍左右衛上將軍在光祿大夫之下諸衛上將軍在通奉大夫之下以上料錢各六十貫春冬綾各五匹絹各一十匹春羅一匹冬綿五十兩左右金吾衛大將軍在中散大夫之下料錢三十五貫春冬綾三匹絹七匹春羅一匹綿三十兩

諸衛大將軍在中散大夫之下料錢二十五貫春冬綾三匹絹各七匹春羅一匹冬綿二十兩諸衛將軍在朝奉郎之下料錢二十五貫春冬綾各二匹絹各七匹春羅一匹冬綿十五兩率府率在奉議郎之下率府副率在通直郎之下料錢十三貫春冬絹各五匹春羅一匹冬綿一十五兩通侍大夫在中散大夫之下料錢五十貫祿粟二十五石春絹七匹冬絹十匹綿三十兩傔二十人馬三匹正侍大夫宣正大夫履正大夫協忠大夫中侍大夫以上在中散大夫之下料錢各三十七貫祿粟二十五石春絹七匹冬絹十匹綿三十兩傔二十人馬三匹中亮大夫在中散大夫之下料錢三十七貫祿粟二十五石春絹七匹冬絹十匹綿三十兩傔二十人馬三匹中衛大夫翊衛大夫親衛大夫在中散大夫之下防禦使之上拱衛大夫左武大夫右武大夫並在奉直大夫之下諸司正使之上以上料錢並二十七貫春絹七匹冬絹十匹綿三十兩

武功大夫武德大夫武顯大夫武節大夫武略大夫武經大夫武義大夫武翼大夫並在朝奉大夫之下以上各料錢二十五貫廚料米一石麪二石春絹七匹冬絹十匹綿三十兩正侍郎宣正郎履正郎協忠郎中侍郎中亮郎中衛郎翊衛郎親衛郎拱衛郎左武郎右武郎以上並在朝奉郎之下錢各二十貫春絹五匹冬絹七匹綿二十兩武功郎武德郎武顯郎武節郎武略郎武翼郎武義郎並在承議郎之下以上各料錢二十貫廚料米麪各一石春絹五匹冬絹七匹綿二十兩訓武郎料錢一十七貫春絹五匹冬絹七匹綿二十兩脩武郎料錢一十七貫春絹五匹冬絹七匹綿二十兩從義郎秉義郎並料錢十貫帶職錢十二貫春絹四匹冬絹五匹綿一十二兩忠訓郎忠翊郎並料錢七貫帶職錢十貫春冬絹各四匹冬綿一十五兩成忠郎

保義郎並料錢五貫帶職錢七貫春冬絹各四匹綿一十五兩承節郎承信郎並料錢四貫春冬絹各三匹錢二貫文進武校尉料錢三貫春冬絹各三匹進義校尉料錢二貫春冬絹各三匹下班祗應各隨差使理年不等自三年至十二月料錢七百文糧二石五斗春冬絹各五匹進武副尉料錢三貫進義副尉料錢一貫守闕進義副尉料錢二貫

料錢職錢紹興仍政和之舊宰相樞密使料錢月三百貫政和左輔右弼為宰相紹興左右僕射同中書門下平章事為宰相舊制春冬服小綾各二十匹絹各三十匹春羅一匹冬綿一百兩初建炎元年指揮宰執請受並權支三分之二支賜支一半知樞密院事參知政事樞密副使同知樞密院事簽書樞密院事料錢二百貫春冬服小綾各十匹絹各二十匹春羅一匹冬綿五十兩太師

太傅太保少師少傅少保料錢三百貫春服羅三匹權一支一匹小綾三十匹支
二十匹絹四十匹支三十匹冬服綾絹同綿二百兩支一百兩以下職事官並支職
錢開封牧錢一百貫春服羅一匹小綾絹各十匹冬服小綾十匹絹二十匹綿五十
兩太子太師太傅太保職錢二百貫春服羅一匹小綾十匹絹二十
五匹冬服綾絹同綿五十兩少師少傅少保百五十貫春冬服小綾各七匹
絹各二十匹春羅一匹冬綿五十兩御史大夫六部尚書行六十貫守五十五貫試
五十貫春服羅一匹小綾五匹絹十七匹冬服綾絹同錦五十兩翰林學士承旨翰
林學士五十貫春服同上左右散騎常侍行五十五貫守五十貫試四十
五貫春服小綾三匹絹十五匹羅一匹冬綾絹同綿五十兩權六曹尚書御史中
丞六曹侍郎並同常侍太子賓客行五十貫守四十七貫試四十五貫

春服小綾七匹絹二十匹羅一匹冬綾絹同綿三十兩太子詹事錢衣同賓客小綾各上三
匹給事中中書舍人行五十貫守四十五貫試四十貫服同詹事左右諫
議大夫行四十五貫守四十貫試三十七貫餘同舍人權六曹侍郎職錢四十貫絹
同上太常宗正卿行三十八貫守三十五貫試三十二貫春冬衣隨官序祕書監
行四十二貫守三十八貫試三十五貫七寺卿國子祭酒行三十五貫守三十二貫
試三十貫太常宗正少卿秘書少監行三十二貫守三十貫試二十八貫中
書門下省檢正諸房公事左右司郎中行四十貫守三十七貫試
三十五貫國子司業少府將作軍器監行三十二貫守三十貫試二十八貫
太子少詹事行三十五貫守三十二貫試三十貫太子左右諭德行三十三
貫守三十貫試二十九貫起居郎起居舍人侍御史行三十七貫守三十五貫

試三十二貫左右司員外郎六曹郎中同上殿中侍御史左
右司諫行三十五貫守三十二貫試三十貫左右正言行三十二貫守三十貫試二十
七貫諸司員外郎同司諫少府將作軍器少監行三十貫守二十八
貫試二十五貫太子侍讀侍講行三十五貫守二十二貫試二十貫監察御史
同正言太子中舍人太子舍人行二十貫守十九貫試十八貫太常丞
太醫令宗正丞知太宗正丞秘書丞大理正著作行二
十五貫守二十二貫試二十貫紹興元年指揮官數郎任館職寺監丞簿評事並法主簿寺簿正司直添
給職錢一十六貫指揮每月特支米三石七寺丞行二十二貫守二十貫秘書郎行二
十二貫守二十貫試一十八貫太常博士同七寺丞著作佐郎同秘書郎國子
監丞同七寺丞大理司直評事同著作郎少府將作都水監丞

行二十貫守十八貫秘書省校書郎行十八貫守十六貫試十四貫正字行十六貫
守十五貫試十四貫御史臺檢法主簿九寺簿行二十貫守十八貫諸王
宮大小學教授太學武學博士行二十貫守十八貫試十六貫令諸王府
翊善贊讀直講記室料錢並支見錢律學博士行十八貫守十七貫試十六貫太常寺
奉禮郎十六貫太常寺太祝郊社令行十八貫守十六貫太官令
十六貫五監主簿行十八貫守十六貫太學正錄武學諭行十八貫守十
七貫試十六貫律學正行十六貫守十五貫試十四貫
樞密院官屬都承旨承旨料錢四十貫職錢三十貫承旨二十五貫春服羅一
匹小綾三匹絹十五匹冬服小綾五匹絹十五匹綿五十兩副都承旨料錢三十貫職錢二十
十貫副承旨諸房副承旨十五貫若諸房副承旨同主管承旨司公事加五貫春衣羅一匹絹十五匹冬

綿同編三十兩檢詳諸房文字職錢三十五貫廚食錢每日五百計議編脩官添支錢十貫第三等折食錢二十五貫廚食錢每日五百凡諸職事官職錢不言行守試者準行給職事官衣如寄祿官例及無立定則例者隨寄祿官給職料錢米麥計實數給兩應給者從多給謂職錢米麥諸承直以下充職事官謂大理司直評事秘書省正字太學博士正錄武學博士諭律學博士正聽支階官請受添給諸稱請受者謂衣糧料錢餘並爲添給舊制觀文殿大學士三十貫米三石麪五石觀文殿學士資政保和殿大學士二十貫米三石麪五石資政保和殿學士十五貫米三石麪五石同上春冬小綾各五匹絹各十七匹春羅一匹冬綿五十兩龍圖天章寶文顯謨

徽猷敷文閣學士直學士十五貫春冬小綾各三匹絹各十五匹春羅一匹冬綿五十兩保和殿龍圖天章寶文顯謨徽猷敷文閣待制同先是大觀或言添支厚薄不均其後自學士而下改名貼職錢觀文殿大學士貼職錢一百貫文米麥各二十五石添支米三石麪五石萬字茶二斤觀文殿學士資政保和殿大學士貼職錢八十貫米麥同添支錢十貫添支米麪同資政保和殿學士貼職錢七十貫米麥同添支米麪同萬字茶二斤春冬綾五匹絹一十七匹綿五十兩羅一匹端明殿學士貼職錢五十貫米麥二十石添支米三石麪五石萬字茶二斤春冬綾五匹絹一十七匹羅一匹冬綿五十兩龍圖天章寶文顯謨徽猷敷文閣學士樞密直學士正三品貼職錢四十貫米麥各一十石添支米二石麪五石萬字茶二斤春冬綾五匹絹一十七匹

春羅一匹冬綿五十兩龍圖天章寶文徽猷敷文閣直學士保和殿待制貼職錢三十貫米麥各一十七石五斗春冬綾各三匹絹一十五匹春羅一匹冬綿五十兩龍圖天章寶文顯謨徽猷敷文閣待制貼職錢二十貫米麥各一十二石五斗春冬綾各三匹絹一十五匹春羅一匹冬綿五十兩集英殿脩撰右文殿脩撰秘閣脩撰以上貼職錢各一十五貫直龍圖天章寶文閣直顯謨徽猷敷文閣直秘閣以上貼職錢各一十貫宣和間罷支貼職錢仍舊制添支紹興因之令諸觀文殿大學士至保和殿大學士料錢春冬服隨本官資政殿學士至待制料錢隨本官春冬服從一多給又諸學士添支錢曾任執政官以上者在京外任並支其

餘在京支外任不支米麪茶炭奉馬傔人衣糧內外任並給酒添支馬草料外任勿給外此有依祖例添支如六部尚書而下職事官分等第支廚食錢自十五貫至九貫凡四等並依宣和指揮脩書官折食錢監脩國史四十千史館脩撰直史館本省長貳三十七貫五百檢討著作三十五貫並依自來體例有特旨添支如紹興元年指揮館職寺監丞簿評事臺法主簿寺正司直博士添職錢一十貫六年指揮五寺三監秘書大宗正丞太常博士著作秘書校書郎著作佐郎正字大理寺正司直評事臺灣刪定官檢鼓奏告院特支米三石計議編脩官一石祿粟及隨身傔人宰相一百石紹興三公侍中中書尚書令左右僕射同平章事並爲宰相隨身七十人知樞密院事參知政事樞密副使同知樞密院

事一百石隨身五十人太師太傅太保少師少傅少保一百石(舊制百五十石)隨身一百人太尉一百石隨身五十人節度使(祿粟已具奉祿類)元隨五十人承宣使元隨五十人觀察使防禦使元隨三十人團練使(已上並具奉祿類)元隨三十人諸州刺史(同上)元隨二十人通侍大夫正侍大夫宣正大夫履正協忠中侍中亮大夫(祿粟傔人並具奉祿類)捧日天武左右廂都指揮使遙郡團練使五十石傔十人(龍神衛右廂都指揮使遙帶遙郡團練使同)殿前諸班直都虞候諸軍都指揮使遙郡刺史二十五石傔五人(龍神衛諸軍都指揮使帶遙郡刺史同)諸學士添支米已附于前今載觀文

殿大學士傔二十人觀文殿學士資政保和殿大學士傔十人資政保和殿學士龍圖天章寶文顯謨徽猷敷文閣學士傔七人樞密都承旨傔十人副都承旨諸房副承旨七人其餘京畿守令幕職曹官自十石七石五石至于二石各有等中書堂後官提點五房公事逐房副承旨自七人五人至于一人各有數因仍前制舊史已書凡任宰相執政有隨身太尉至刺史有元隨餘止傔人

紹興折色凡祿粟每石細色六斗(米麥中支管軍給米六分麥四分)隨身元隨傔人糧每斗折錢三十文衣紬絹每匹一貫布每匹三百五十文綿每兩四十文

公用錢

自節度使兼使相有給二萬貫者其次萬貫至七千貫凡四等節度使萬貫至三千貫凡四等節度觀察留後五千貫至二千貫凡四等觀察使三千貫至二千五百貫凡二等防禦使三千貫至千五百貫凡四等團練使二千貫至千貫凡三等刺史千五百貫至五百貫凡三等亦有不給者(觀察使以下在禁軍校者皆不給)京守在邊要或加錢給者罷者如故皆隨月給受如祿奉焉(咸平五年令河北河東陝西諸州皆逐季給)京師月給者玉清昭應宮使

百千景靈宮使崇文院七十千會靈觀使六十千祥源觀都大管勾五十千御史臺三百千大理寺二百五十三千刑部九十六千舍人院二十千太常寺三十五千秘閣二十千宗正寺十五千太常禮院起居院十千門下省登聞檢院鼓院官誥院三班院各五十千歲給者尚書都省銀臺司審刑院提舉諸司庫務司每給三十千用盡續給不限年月餘文武常參官內職知州者歲給五千至百千凡十三等皆長吏與通判署籍連署以給用少卿監以上有增十千至百千者(淳化元年九月詔諸州軍監縣無公使處遇誕降節給茶宴錢節度州百千防團刺史州)

五十千監三泉縣三十千嶺南州軍以幕府州縣官權知州十千

給券

文武群臣奉使於外藩郡入朝皆往來備饔餼又有賓幕軍將隨身牙官馬驢槖駞之差節察俱有賓幕以下中書樞密三司使有隨身而無牙官軍將隨諸司使以上有軍將槖駞餘皆有牙官馬驛推節察有賓幕諸州及四夷貢奉使諸司職掌祗事者亦有給馬四夷有譯語通事書狀換醫十券頭首領部署子弟之名貢奉使有驪頭子將推船防授之名職掌有傔京朝官三班外任無添給者止續給之京府按事畿内幕職州縣出境比較錢穀覆按刑獄並給券其赴任川陝者給驛券赴福建廣南者所過給倉券入本路給驛券皆至任則止車駕巡幸群臣扈從者中書樞密三司使給館券餘官給倉券

職田

周自卿以下有圭田不税晉有芻槀田後魏宰人之官有公田北齊一品以下公田有差唐制内外官各給職田五代以來遂廢咸平中令館閣檢校故事申定其制以官莊及遠年逃亡田充悉免租税佃户以浮客充所得課租均分如鄉原例州縣長吏給十之五自餘差給其兩京大藩府四十頃次藩鎮三十五頃防禦團練州三十頃中上刺史州二十頃下州及軍監十五頃邊遠小州上縣十頃中縣八頃下縣七頃轉運使副十頃兵馬都監押砦主釐務官録事參軍判司等比通判幕職之數而均給之景德二年七月詔諸州職田如有災傷準例蠲課大中祥符九年殿中侍御史王奇上言請天下納職田以助振貧帝曰奇未曉給納之理然朕每覽法寺奏款外官占田多踰往制不能自備牛種水旱之際又不蠲省致民無告遂罷奇奏因下詔戒飭之天聖中上患職田有無不均吏或多取以病民詔罷天下職田悉以歲入

租課送官具數上三司計直而均給之朝廷方議措置未下仁宗閲具獄見吏以賄敗者多惻然傷之詔復給職田毋多占佃户及無田而配出所租違者以枉法論又十餘年至慶曆中詔限職田有司始申定其數凡大藩長吏二十頃通判八頃判官五頃幕職官四頃凡節鎮長吏十五頃通判七頃判官四頃幕職官三頃五十畝凡防團以下州軍長吏十頃通判六頃判官三頃五十畝幕職官三頃其餘軍監長吏七頃判官幕官並同防團以下州軍凡縣令萬户以上六頃五千户以上五頃不滿五千户並四頃凡簿

尉萬户以上三頃五千户以上二頃五十畝不滿五千户二頃録事參軍比本判官曹官比倚郭簿尉發運制置轉運使副武臣總管比節鎮長吏發運制置判官比大藩府通判安撫都監路分都監比節鎮通判大藩府都監比本府判官黄汴河許汝石塘河都大催綱比節鎮判官節鎮以下至軍監諸路走馬承受并砦主都同巡檢提舉捉賊提點馬監都大巡河不得過節鎮判官在州監當及催綱撥發巡捉私茶鹽賊盜駐泊捉賊不得過簿尉自此人有定制士有定限吏以職田抵罪者視昔為庶幾焉至熙寧間復

詔詳定凡知大藩府三京京兆成都太原荊南江寧府延泰揚杭潭廣州二十頃節領十五頃餘州及軍淮陽無為臨江廣德興國南康南安建昌邵武興化並十頃餘小軍監七頃通判藩府八頃節鎮七頃餘州六頃留守節度觀察判官藩府五頃節鎮四頃掌書記以下幕職官三頃五十畝防禦團練軍事推官軍監判官三頃令丞簿尉萬户以上縣令六頃丞四頃不滿萬户令五頃丞三頃不滿五千户令四頃丞二頃五十畝簿尉減令之半藩府節鎮録參視本州判官餘視幕職官藩府節鎮曹官視萬户縣簿尉餘視不滿萬户者發運轉運使副視節鎮知州開封府

界提點視餘州發運轉運判官常平倉司提舉官視藩府通判同提舉視萬户縣令發運司幹當公事視節鎮通判轉運司管幹文字提刑司檢法官提舉常平倉司幹當公事視不滿萬户縣令蔡河許汝石塘河都大催綱管幹機宜文字府界提點司幹當公事視節鎮判官總管視節鎮知州路分鈐轄視餘州知州安撫路分都監州鈐轄視節鎮通判藩府都監視本州判官諸路正將視路分都監副將視藩府都監走馬承受諸州都監都同巡都大巡河並視節鎮判官巡檢堡砦都監砦主在州監當及催綱撥發巡捉

私茶鹽賊盜駐泊捉賊並視幕職官巡轄馬遞鋪監堰并縣鎮砦監當並視本縣簿尉諸路州學教授京朝視本州判官選人視本州曹官又詔成都府路提點刑獄司以本路職田令逐州軍歲以子利稻麥等拘收變錢從本司以一路所收錢數又紐而為斛斗價直然後等第均給自熙寧三年始知成都府一千石轉運使六百石鈐轄二員各五百石轉運判官視鈐轄通判二員各四百五十石簽判節推察推知録幹當糧料院監軍資庫都監都巡檢巡檢以大使臣走馬承受京朝官知縣各二百石内職官係兩使支掌以上資序者同

如係初等及權入者各一百五十石監商稅市買院交子務係京朝官或大使臣充者視職官城外巡檢排岸十縣巡檢係三班使臣者各一百五十石司理司户司法府學教授係敎劄正授者監甲仗庫各一百石知眉蜀彭雅邛嘉簡陵州永嘉軍視成都通判其通判減三之一知威黎茂州視眉蜀通判其都監監押駐泊都巡檢係大使臣者簽判推判官係兩使職官并支掌以上資序知録京朝官并職官知縣監棚口鎮係京朝官視成都職官監押巡檢同巡檢駐泊係三班使臣初等職官或權入職官録事參軍縣令試銜知縣視成都城外巡檢司理司户司法諸縣主簿尉應監當場務選人

監稅監鹽巡轄馬鋪係三班使臣視成都曹官應諸縣令佐係職員權攝者不給歲有豐亾則數有少剩皆隨時等級為之增減初權御史中丞呂誨御史知雜劉述奉詔同均定成都梓利夔四路職田誨等以成都路歲收子利稻麥桑絲麻竹等物逐處不同逐計實直紬作稻穀一色每斗中價百有二十自知成都府以官屬等第均定及再詔詳定而三路數少均分不足用定到成都路數目以聞中書再行詳定而有是詔元豐中詔熙河涇原蘭州路州軍官屬職田每頃歲給錢鈔十千以其元給田及新造之區募弓箭手及留其地以為營田元符三年朝散郎杜子民奏職田之法每患不均神宗首變兩川之法均給上下一路便之元祐中推廣此意以限月之法變而均給士大夫貪冒者或窮日之

力以赴期會或交書請屬以倖權攝奔競之風長廉恥之節喪乞復元豐均給之法以養士廉節從之建中靖國元年知延安府范純粹奏昨帥河東日聞晉州守臣所得職田因李君卿為州諭意屬邑增廣租入比舊數倍後襄陵縣令周汲力陳其弊郡守時彥歲減所入十七八佃户始脫苛斂之苦而晉絳陝三州圭腴素號優厚多由違法所致或改易種色或遣子弟公皁監穫貪汚猥賤無所不有乞下河東陝西監司悉令改正從之大觀四年臣僚言圭田欲以養廉無法制以防之則貪者奮矣姦吏挾肥瘠之議以

逞其私給田有限課入無筭祖宗深慮其弊以提點刑獄官察之而未嘗給以圭租庶不同其利而公其心也近歲提點刑獄所受圭租同於他司故積年利病壅於上聞元豐舊制檢法官其屬也當視其長自元祐初併提舉常平司職事入提刑司兼領編敕遂將提舉官合給之數撥與提刑司參詳修立而檢法官亦預焉詔依舊法政和八年臣僚言尚書省以縣令之選輕措置自不滿五千户至滿萬户遞增給職田一頃夫天下圭租多寡不均久矣縣令所得亦復不齊多至九百斛如淄州高苑八百斛如常之江陰

六百斛常之宜興亦六百斛自是而降或四五百或
三二百凡在河北京東京西荆湖之間少則有至三
二十斛者二廣福建有自來無圭租處川峽四路自
守倅至簿尉又以一路歲入均給令固不得而獨有
令欲一槩增給一頃豈可得哉詔應縣令職田頃畝
未及條格者催促標撥宣和九年詔諸路職官各有
職田所以養廉也縣召客户稅户租佃分收災傷檢
覆減放所以防貪也諸縣多踰法抑都保正長及中
上户分佃認納不問所收厚薄使之必輸甚至不知
田畝所在虛認租課聞之惻然應違法抑勒及詭名

委保者以違詔論災傷檢放不盡者計贓以枉法論
入己者以自盜論靖康元年詔諸路職田租存田亡
者並與落租額紹興間懼其不均則詔諸路提刑司
依法標撥官多田少即於隣近州縣通融須管數足
又詔將空閑之田為他司官屬所占者撥以足之仍
先自簿尉始其有無職田選人并親民小使臣每員
月支茶湯錢一十貫文內雖有職田每月不及十貫
者皆與補足所以厚其養廉之利懼其病民則委通
判縣令覈實除其不可力耕之田損其已定過多之
額凡職租不許輒令保正催納或抑令折納見錢或

無田平白監租或以虛數勒民代納或額外過數多
取皆申嚴禁止之令察以監司坐以贓罪所以防其
不廉之害罷廢未幾而復舊拘借未久而給還移充
糴本轉收馬料旋復免行皆所以示優恩厲清操也
若其頃畝多寡具有成式知藩府謂三京潁昌京兆成都太原建康江
陵延安興仁隆德開德臨安府秦揚潭廣州二十頃發運轉運使副總管
副總管知節鎮一十五頃知餘州及廣濟淮陽無為
臨江廣德興國南康南安建昌邵武興化漢陽永康
軍并路分鈐轄一十頃發運轉運判官提舉淮南兩
浙江南荆湖東西河北路鹽事官通判藩府八頃知

餘軍及監并通判節鎮州鈐轄安撫副使都監路分
都監將官發運司幹辦公事七頃通判餘州及軍滿
萬户縣令六頃藩府判官錄事參軍州學教授並謂承務
郎以上者都監發運轉運司主管文字滿五千户縣令副
將官節鎮判官錄事參軍州學教授並謂承務郎以上者轉運
司主管帳司不滿五千户縣令滿萬户縣丞餘州都
監走馬承受公事主管機宜文字同巡檢都大巡河
提點馬監四頃節度掌書記觀察支使藩府及節鎮
推官巡檢縣鎮砦都監砦主巡捉私茶鹽駐泊捉賊
在城監當餘州判官學教授並謂承務郎以上者軍

監都監三頃五十畝軍監判官餘州推官餘州及軍監錄事參軍巡檢縣鎮砦都監砦主巡捉私茶鹽駐泊捉賊在城監當藩府及節鎮曹官州學教授（謂承直郎以下）滿五千戶縣丞滿萬戶縣簿尉巡轄馬遞鋪縣鎮砦監當及監堰三頃餘州及軍監曹官州學教授（謂承直郎以下）不滿五千戶縣丞滿五千戶縣簿尉巡轄馬遞鋪縣鎮砦監當及監堰二頃五十畝不滿五千戶縣簿尉巡轄馬遞鋪縣鎮砦監當及監堰二頃

志卷第一百二十五

志卷第一百二十六　宋史一百七十三

開府儀同三司上柱國錄軍國重事前中書右丞相監修國史領經筵事都總裁臣脫脫等奉敕修

食貨上一　農田

昔武王克商訪箕子以治道箕子爲之陳洪範九疇五行五事之次即曰農用八政八政之目則以食貨爲先五行天道也五事人道也天人之道治而國家之政興焉是故食貨而下五卿之職備舉於是矣宗伯掌邦禮祀必有食貨而後儀物備賓必有食貨而後委積豐司空掌邦土民必有食貨而後可奠於厥居司徒掌邦教民必有食貨而後可興於禮義司寇掌邦禁民必有食貨而後可遠於刑罰司馬掌邦政兵必有食貨而後可用於征戍其曰農用八政農食貨之本也唐杜佑作通典首食貨而先田制其能推本洪範八政之意歟宋承唐五季之後太祖興削平諸國除藩鎮留州之法而粟帛錢幣咸聚王畿嚴守令勸農之條而稻粱桑枲務盡地力至於太宗國用殷實輕賦薄斂之制日與群臣講求而行之傳至眞宗內則升中告成之事舉外則和戎安邊之事滋由是食貨之議日盛一日仁宗之世契丹增幣夏國增賜養兵西陲費累百萬然帝性恭儉寡慾故取民之制不至掊克神宗欲伸中國之

畿輦前代之弊王安石之流進售其強兵富國之術而青苗保甲之令行民始罹其害矣哲宗元祐更化斯民稍望休息紹聖而後章惇倡紹述之謀秕政復作徽宗既立蔡京爲豐亨豫大之言苛征暴斂以濟多慾自速禍敗高宗南渡雖失舊物之半猶席東南地產之饒足以裕國然百五十年之間公私粗給而已考其祖宗立國初意以忠厚仁恕爲基向使究其所爲勉而進於王道亦孰能禦之哉然終宋之世享國不爲不長其租稅征榷規橅節目煩簡疏密無以大異於前世何哉內則牽於繁文外則撓於強敵供億既多調度不繼勢不但已徵求於民謀國者處乎

其間又多伐異而黨同易動而輕變殊不知大國之制用如巨商之理財不求近效而貴遠利宋臣於一事之行初議不審行之未幾即區區然較其失得尋議廢格後之所議未有以踰於前其後數人者又復訾之如前使上之爲君者莫之適從下之爲民者無自信守因革紛紜非是貿亂而事弊日益以甚矣世謂儒者論議多於事功若宋人之言食貨大率然也又謂漢文景之殷富得諸黃老之清靜爲黃老之學者大忌於紛更宋法果能然乎時有古今世有升降天地生財其數有限國家用財其端無窮歸於一是則生之者衆食之者寡爲之者疾用之者舒之外無

他技也宋舊史志食貨之法或驟試而輒已或亟言而未行仍之則徒重篇帙約之則不見其始末姑去其泰甚而存其可爲鑒者焉篇次離爲上下其一曰農田二曰方田三曰賦稅四曰布帛五曰和糴六曰漕運七曰屯田八曰常平義倉九曰課役十曰振恤或出或入動關民生國以民爲本故列之上篇焉其一曰會計二曰銅鐵錢三曰會子四曰鹽五曰茶六曰酒七曰阬冶八曰礬九曰商稅十曰市易十一曰均輸十二曰互市舶法或損或益有係國體國不以利爲利故列之下篇焉各疏其事二十有二目通爲十有四卷云

農田之制自五代以兵戰爲務條章多闕周世宗始遣使均括諸州民田太祖即位循用其法建隆以來命官分詣諸道均田苛暴失實者輒譴黜申明周顯德三年之令課民種樹定民籍爲五等第一等種雜樹百每等減二十爲差桑棗半之男女十歲以上種韭一畦闊一步長十步乏井者鄰伍爲鑿之令佐春秋巡視書其數秩滿第其課爲殿最又詔所在長吏諭民有能廣植桑棗墾闢荒田者止輸舊租縣令佐能招徠勸課致户口增羨野無曠土者議賞諸州各隨風土所宜量地廣狹土壤瘠埆不宜種藝者不須責課遇豐歲則諭民謹蓋藏節費用以備不虞民伐

桑棗爲薪者罪之剝桑三工以上爲首者死從者流三千里不滿三工者減死配役從者徒三年太宗太平興國中兩京諸路許民共推練土地之宜明樹藝之法者一人縣補爲農師令相視田畝肥瘠及五種所宜某家有種某戶有丁男某人有耕牛即同鄉三老里胥召集餘夫分畫曠土勸令種蒔候歲熟共取其利爲農師者蠲稅免役民有飲博怠於農務者農師謹察之白州縣論罪以警游惰所墾田即爲永業官不取其租其後以煩擾罷初農時太宗嘗令取畿內青苗觀之聽政之次出示近臣是歲畿內菽粟苗皆長數尺帝顧謂左右曰朕每念耕稼之勤苟非兵

食所資固當盡復其租稅端拱初親耕籍田以勸農事然畿甸民苦稅重兄弟既壯乃析居其田畝聚稅於一家即棄去縣歲按所棄地除其租已而匿他舍冒名佃作帝聞而思革其弊會知封丘縣竇玭言之乃詔賜緋魚絹百匹擢太子中允知開封府司錄事俾按察京畿諸縣田租玭專務苛刻以求課最民實逃亡者亦搜索於鄰里親戚之家益造新籍甚爲勞擾數月罷之時州縣之吏多非其人土地之利不盡出租稅減耗賦役不均上下相蒙積習成弊乃詔諸知州通判具如何均平賦稅招輯流亡惠恤孤貧窒塞姦幸凡民間未便事限一月附疾置以聞而比年

多稼不登富者操奇贏之資貧者取倍稱之息一或小稔富家責償愈急稅調未畢資儲罄然遂令州縣戒里胥鄉老察視有取富民穀麥貲財出息不得踰倍未輸稅毋得先償私逋違者罪之言者謂江北之民雜植諸穀江南專種秔稻雖土風各有所宜至於參植以防水旱亦古之制於是詔江南兩浙荆湖嶺南福建諸州長吏勸民益種諸穀民乏粟麥黍豆種者於淮北州郡給之江北諸州亦令就水廣種秔稻並免其租淳化五年宋亳數州牛疫死者過半官借錢令就江淮市牛未至屬時雨霑足帝慮其耕稼失時太子中允武允成獻踏犂運以人力即分命祕書

丞直史館陳堯叟等即其州依式製造給民凡州縣曠土許民請佃爲永業蠲三歲租三歲外輸三分之一官吏勸民墾田悉書于印紙以俟旌賞至道二年太常博士直史館陳靖上言先王之欲厚生民莫先於積穀而務農鹽鐵榷酤斯爲末矣按天下土田除江淮湖湘兩浙隴蜀河東諸路地里夐遠雖加勸督未遽獲利今京畿周環二十三州幅員數千里地之墾者十纔二三稅之入者又十無五六復有匿里舍而稱逃亡棄耕農而事游惰賦額歲減國用不充詔書累下許民復業蠲其租調寬以歲時然鄉縣擾之每一戶歸業則刺報所由朝耕尺寸之田暮入差徭

之籍追胥責問繼踵而來雖蒙蠲其常租實無補於捐瘠況民之流徙始由貧困或避私債或逃公稅亦既亡遯則鄉里檢其資財至於室廬什器桑棗材木咸計其直或鄉官用以輸稅或債主取以償逋生計蕩然還無所詣以兹浮蕩絕意歸耕如授以閑曠之田廣募游惰誘之耕墾未計賦租許令別置版圖便宜從事酌民力豐寡農畝肥磽均配督課令其不倦其逃民歸業丁口授田煩碎之事並取大司農裁決耕桑之外令益樹雜木蔬果孳畜羊犬雞豚給授桑土潛擬井田營造室居使立保伍養生送死之具慶弔問遺之資並立條制俟至三五年間生計成立即

計戶定征量田輸稅若民力不足官借糴錢或以市餱糧或以營耕具凡此給受委於司農比及秋成乃令償直依時價折納以其成數關白戶部帝覽之喜令靖條奏以聞靖又言逃民復業及浮客請佃者委農官勘驗以給受田土收附版籍州縣未得議其差役之糧種耕牛者令司農以官錢給借其田制爲三品以膏沃而無水旱之患者爲上品雖沃壤而有水旱之患堉瘠而無水旱之慮者爲中品既堉瘠復患於水旱者爲下品上田人授百畝中田百五十畝下田二百畝並五年後收其租亦只計百畝十收其三一家有三丁者請加受田如丁數五丁者從三丁之

制七丁者給五丁十丁給七丁至二十三十丁者以十丁爲限若寬鄉田多即委農官裁度以賦之其室廬蔬韭及棃棗榆柳種藝之地每戶十丁者給百五十畝七丁者百畝五丁者七十畝三丁者五十畝不及三丁者三十畝除桑功五年後計其租餘悉蠲其課宰相呂端謂靖所立田制多改舊法又大費資用以其狀付有司詔鹽鐵使陳恕等共議請如靖奏乃以靖爲京西勸農使按行陳許蔡潁襄鄧唐汝等州勸民墾田以大理寺丞皇甫選光祿寺丞何亮副之選亮上言功難成願罷其事帝志在勉農猶詔靖經度未幾三司以費官錢數多萬一水旱恐致散失事

遂寢眞宗景德初詔諸州不堪牧馬閑田依職田例招主客戶多方種蒔以沃瘠分三等輸課河朔戎寇之後耕具頗闕牛多瘠死二年內出踏犂式詔河北轉運使詢於民間如可用則官造給之且令有司議市牛送河北又以兵罷民始務農搠什器遂權除生熟鐵度河之禁是歲命權三司使丁謂取戶稅條敕及臣民所陳田農利害與鹽鐵判官張若谷戶部判官王曾等參詳刪定成景德農田敕五卷三年正月上之謂等又取唐開元中宇文融請置勸農判田檢戶口田土僞濫且慮別置官煩擾而諸州長吏除當勸農乃請少卿監爲刺史閤門使以上知州者並兼

管內勸農事及通判並兼勸農事諸路轉運使副兼本路勸農使詔可大中祥符四年詔曰火田之禁著在禮經山林之間合順時令其或昆蟲未蟄草木猶蕃輒縱燎原則傷生類諸州縣人畬田並如鄉土舊例自餘焚燒野草須十月後方得縱火其行路野宿人所在檢察毋使延燔帝以江淮兩浙稍旱即水田不登遣使就福建取占城稻三萬斛分給三路為種擇民田高仰者蒔之蓋早稻也內出種法命轉運使揭榜示民後又種於玉宸殿帝與近臣同觀畢刈又遣內侍持於朝堂示百官稻比中國者穗長而無芒粒差小不擇地而生六年免諸路農器之稅明年諸

州牛疫又詔民買賣耕牛勿算繼令群牧司選醫牛古方頒之天下 天禧初詔諸路自今候登熟方奏豐稔或已奏豐稔而非時災沴者即須上聞違者重置其罪先是民訴水旱者夏以四月秋以七月荊湖淮南江浙川峽廣南水田不得過期過期者吏勿受令佐受訴即分行檢視白州遣官覆檢三司定分數蠲稅亦有朝旨特增免數及應輸者許其倚格京畿則特遣官覆檢太祖時亦或遣官往外州檢視不為常制傷甚有免覆檢者至是又以覆檢煩擾止遣官就田所閱視即定蠲數時久罷畋遊令開封府諭民京城四面禁圍草地許其耕牧三年詔民有孝弟力田

儲蓄歲計者長吏倍存恤之初朝議置勸農之名然無職局四年始詔諸路提點刑獄朝臣為勸農使使臣為副使所至取民籍視其差等不如式者懲革之勸恤農民以時耕墾招集逃散檢括陷稅凡農田事悉領焉置局案鑄印給之凡奏舉親民之官悉令條析勸農之績以為殿最黜陟自景德以來四方無事百姓康樂戶口蕃庶田野日闢仁宗繼之益務約己愛人即位之初下詔曰今宿麥既登秋種向茂其令州縣諭民務謹蓋藏無或妄費上書者言賦役未均田制不立因詔限田公卿以下毋過三十頃牙前將吏應復役者毋過十五頃止一州之內過是者論如

違制律以田賞告者既而三司言限田一州而卜葬者牽於陰陽之說至不敢舉事又聽數外置墓田五頃而任事者終以限田不便未幾即廢時又禁近臣置別業京師及寺觀毋得市田 初真宗崩內遣中人持金賜玉泉山僧寺市田言為先帝植福後毋以為例繇是寺觀稍益市田明道二年殿中侍御史段少連言頃歲中人至漣水軍稱詔市民田給僧寺非舊制詔還民田收其直入官後承平寖久勢官富姓占田無限兼并冒偽習以成俗重禁莫能止焉帝敦本務農屢詔勸劭觀稼於郊歲一再出又躬耕籍田以先天下景祐初患百姓多去農為兵詔大臣條上兵

農得失議吏其法遣尚書職方員外郎沈厚載出懷衛磁相邢洺鎮趙等州教民種水田京東轉運司亦言濟兖間多閑田而青州兵馬都監郝仁禹知田事請命規度水利募民耕墾從之是秋詔曰仍歲饑歉民多失職今秋稼甫登方事斂穫州縣毋或追擾以妨農時刑獄須證逮者速決之帝每以水旱爲憂寶元初詔諸州旬上雨雪著爲令慶曆三年詔民犯法可矜者別爲贖令鄉民以穀麥市人以錢帛謂民重穀帛免刑罰則農桑自勸然卒不果行參知政事范仲淹言古者三公兼六卿之職唐命相判尚書六曹或兼諸道鹽鐵轉運使請於職事中擇其要者以輔

臣兼領於是以賈昌朝領農田未及施爲而仲淹罷事遂止皇祐中於苑中作寶岐殿每歲召輔臣觀刈穀麥自是罕復出郊矣帝聞天下廢田尚多民罕土著或棄田流徙爲閒民天聖初詔民流積十年者其田聽人耕三年而後收減舊額之半後又詔流民能自復者賦亦如之既而又與流民限百日復業蠲賦役五年減舊賦十之八期盡不至聽他人得耕至是每下赦令輒以招輯流亡募人耕墾爲言民被災而流者又優其蠲復緩其期招之詔諸州長吏令佐能勸民修陂池溝洫之久廢者及墾闢荒田增稅二十萬已上議賞監司能督責部吏經畫賞亦如之久之

天下生齒益蕃闢田益廣獨京西唐鄧間尚多曠土入草莽者十八九或請徙戶實之或議置屯田或欲遂廢唐州爲縣嘉祐中唐守趙尚寬言土曠可闢民希可招而州不可廢得漢邵信臣故陂渠遺跡而修復之假牛犂種食以誘耕者勸課勞來歲餘流民自歸及淮南湖北之民至者二千餘戶引水溉田幾數萬頃變磽瘠爲膏腴監司上其狀三司使包拯亦以爲言遂留再任治平中歲滿當去英宗嘉其勤且倚以興輯特進一官賜錢二十萬復留再任時患守令數易詔察其有實課者增秩再任而尚寬應詔爲天下倡後太守高賦繼之亦以能勸課被獎留再任天

下墾田景德中丁謂著會計錄云總得一百八十六萬餘頃以是歲七百二十二萬餘戶計之是四戶耕田一頃繇是而知天下隱田多矣又川峽廣南之田頃畝不備第以五賦約之至天聖中國史則云開寶末墾田二百九十五萬二千三百二十頃六十畝至道二年三百一十二萬五千二百五十一頃二十五畝天禧五年五百二十四萬七千五百八十四頃三十二畝而開寶之數乃倍於景德則謂之所錄固未得其實皇祐治平三司皆有會計錄而皇祐中墾田二百二十八萬餘頃治平中四百四十萬餘頃其間相去不及二十年而墾田之數增倍以治平數視天

禧則猶不及而叙治平録者以謂此特計其賦租以知頃畝之數而賦租所不加者十居其七率而計之則天下墾田無慮三千餘萬頃是時累朝相承重於擾民未嘗窮按故莫得其實而廢田見於籍者猶四十八萬頃治平四年詔曰歳比不登今春時雨農民桑蠶穀麥衆作勤勞一歳之功併在此時其委安撫轉運司敕戒州縣吏省事息民無奪其時諸路逃田三十年者除其税十四四十年以上十五五十年以上六分百年以上七分佃及十年輸五分二十年輸七分著爲令神宗熙寧元年襄州宜城令朱紘復修木渠溉田六千頃詔遷一官權京西轉運使謝景温言在法請田戶五年内科役皆免今汝州四縣客戶不一二年便爲舊戶糾挾與之同役因此即又逃竄田土荒萊欲乞置墾田務差官專領籍四縣荒田召人請射更不以其人隸屬諸縣版籍須五年乃撥附則五年内自無差科如招及千戶以上者優獎詔不置務餘從所請明年分遣諸路常平官使專領農田水利吏民能知土地種植之法陂塘圩埠堤堰溝洫利害者皆得自言行之有效隨功利大小酬賞民占荒逃田若歸業者責相保任逃税者保任爲輸之已行新法縣分田土頃畝川港陂塘之類令佐受代具縣圖開修之數授諸代者令照籍有實乃代中書議

勸民栽桑帝曰農桑衣食之本民不敢自力者正以州縣約以爲貲升其戶等耳宜申條禁於是司農寺請立法先行之開封視可行頒於天下民種桑柘毋得增賦安肅廣信順安軍保州令民即其地植桑榆或所宜木因可限闌戎馬官計其活茂多寡得差減在戶租數活不及數者罰責之補種興修水利田起熙寧三年至九年府界及諸路凡一萬七百九十三處爲田三十六萬一千一百七十八頃有奇神宗元豐元年詔開廢田水利民力不能給役者貸以常平錢穀京西南路流民買耕牛者免征五年都水使者范子淵奏自大名抵乾寧跨十五州河徙地凡七千頃乞募人耕種從之哲宗即位宣仁太后臨朝首起司馬光爲門下侍郎委之以政詔天下臣民皆得以封事言民間疾苦光抗疏曰四民之中惟農最苦寒耕熱耘霑體塗足戴日而作戴星而息蠶婦治繭績麻紡緯縷縷而積之寸寸而成之其勤極矣而又水旱霜雹蝗蜮間爲之災幸而收成公私之債交爭互奪穀未離場帛未下機已非已有所食者糠籺而不足所衣者綈褐而不完直以世服田畝不知舍此之外有何可生之路耳而況聚斂之臣於租税之外巧取百端以邀功賞青苗則彊散重斂給陳納新免役則刻剥窮民收養浮食保甲則勞於非業之作保馬

則困於無益之費可不念哉今者濟發德音使畎畝之民得上封事雖其言辭鄙雜皆身受實患直貢其誠不可忽也初熙寧六年立法勸民栽桑有不趨令則倣屋粟里布爲之罰然長民之吏不能究宣德意民以爲病至是楚丘民胡昌等言其不便詔罷之且蠲所負罰金與平縣抑民田爲牧地民亦自言詔悉還之元祐四年詔瀕河州縣積水冒田在任官能爲民經畫疏道溝畎退出良田自百頃至千頃第賞崇寧中廣南東路轉運判官王覺以開闢荒田幾及萬頃詔遷一官其後知州部使者以能課民種桑棗者率優其第秩焉政和六年立管幹圩岸圍岸官法在

官三年無隳壞墾者賞之京畿提點刑獄王本言前任提舉常平根括諸縣天荒瘠鹵地一萬二千餘頃入稻田務已佃者五千三百餘頃尚慮令佐不肯究心詔比開墾鹻地格推賞平江府興修圍田二千餘頃令佐而下以差減磨勘年八年權淮南江浙荊湖制置發運使任諒奏高郵軍有逃田四百四十六頃楚州九百七十四頃泰州五百二十七頃平江府四百九十七頃以六路計之何可勝數欲諸縣專選官按籍根括詔無丞處委他官餘並從之宣和二年臣僚上言監司守令官帶勸農莫副上意欲立四證驗之按田萊荒治之迹較戶產登降之籍驗米穀貴賤之價考租賦盈虧之數四證具則其實著矣命中書審定取旨五年詔江東轉運司根括到逃田一百六十頃一十六畝兩浙根括到四百五十六頃召人出租專充今年增屯戍兵衣糧初政和中品官限田一品百頃以差降殺至九品爲十頃限外之數並同編戶差科七年又詔內外宮觀捨置田在京不得過五十頃在外不得過三十頃不免科差徭役支移雖奉御筆許執奏不行建炎元年五月高宗即位命有司招誘農民歸業者振貸之蠲欠租免耕牛稅三年廣州州學教授林勳獻本政書十三篇大略謂國朝兵農之政大抵因唐末之故今農貧而多失職兵驕

而不可用是以饑民竄卒類爲盜賊宜倣古井田之制使民一夫占田五十畝其羨田之家毋得市田其無田與游惰末作者皆使爲農以耕田之羨雜紬錢穀以爲什一之稅本朝二稅之數視唐增至七倍今本政之制每十六夫爲一井提封百里爲三千四百井率稅米五萬一千斛錢萬二千緡每井賦二兵一馬率爲兵六千八百人馬三千四百匹（此方百里之縣所出賦稅之數）歲取五之一以爲上番之額以給征役無事則又分爲四番以直官府以給守衛是民凡三十五年而役始一徧也悉上則歲食米萬九千餘斛錢三千六百餘緡無事則減四分之三皆以一同之租稅供之

匹婦之貢絹三尺綿一兩百里之縣歲收絹四千餘匹綿二千四百斤非蠶鄉則布六尺麻二兩所收視綿絹倍之行之十年則民之口筭官之酒酤與凡茶鹽香礬之榷皆可弛以予民其說甚備尋以勳爲桂州節度掌書記建炎以來内外用兵所在多逃絶之田紹興二年四月詔兩浙路收買牛具貸淮東人戶七月詔知興國軍王綯知永興縣陳升率先奉詔誘民墾田各增一秩三年九月戶部言百姓棄產已詔二年外許人請射十年内雖已請射及充職田者並聽歸業孤幼及親屬應得財產者守令驗實給還冐占者論如律州縣奉行不虔監司按劾從之先是臣僚言近詔州縣拘籍被虜百姓稅賦而苛酷之吏不考其實其間有父母被虜兒女存者有中道脫者有全家被虜而親屬偶歸者一槩籍沒人情皇皇故有是命十月募佃江東西閑田三等定租上田畝輸米一斗五升中田一斗下田七升四年貸廬州民錢萬緡以買耕牛五年五月立守令墾田殿最格殘破州縣墾田增及一分郡守升三季名次增及九分遷一官虧及一分降三季名次虧及九分鐫一官縣令差減之增虧各及十分者取旨賞罰其後以兩淮荊湖等路民稍復業而曠土尚多戶部復立格上之每州增墾田千頃縣半之守宰各進一秩州虧五百頃縣虧五之一皆展磨勘年詔頒之諸路增謂荒田開墾者虧謂熟田不因災傷而致荒者又令縣具歸業民數及墾田多寡月上之州州季上轉運轉運歲上戶部戶部置籍以考之七月都督行府言潭鼎岳澧荊南歸業之民其田已佃者以附近閑田與之免三年

租稅無產願受閑田者亦與之上諭輔臣曰淮北之民襁負而至亦可給田以廣招徠之意六年減江東諸路逃田稅額知平江府章誼言民所甚苦者催科無法稅役不均彊宗巨室阡陌相望而多無稅之田使下戶爲之破產乞委通判一員均平賦役九年宗正少卿方庭實言中原士民奔迸南州十有四年出違十年之限及流徙僻遠卒未能歸者望詔有司別立限年戶部議自復降赦日爲始再期五年如期滿無理認者見佃人依舊承佃中原士民流寓東南往往有墳墓或官拘籍或民冐占便行給還從之十一年復買牛貸淮南農戶十二年左司員外郎李椿年言經界不正十害且言平江歲入昔十七萬有奇今按籍雖三十萬斛然實入纔二十萬耳詢之土人皆欺隱也望考按覈實自平江始然後施之天下則經界正而仁政行矣上謂宰執曰椿年之論頗有條理秦檜亦言其說簡易可行程克俊曰比年百姓避役正緣經界不正行之乃公私之利以椿年爲兩浙路轉運副使措置經界椿年請先往平江諸縣俟就緒即往諸州要在均平爲民除害不增稅額十三年以提舉洪州玉隆觀胡思直顯謨閣徐林議沮經界停官遠徙以民田不上稅簿者沒官稅簿不謹書者罪官吏時量田不實者罪至徒流江山尉汪大猷白椿

年曰法峻民未喻固有田少而供多者願許陳首追正椿年爲之輕刑省費甚衆十四年以椿年權户部侍郎措置經界尋以母憂去以兩浙轉運副使王鈇權户部侍郎措置十五年詔户部及所遣官委曲措置務使賦稅均而無擾又因興國軍守臣宋時言詔諸州縣違期歸業者其田已佃及官賣者即以官田之可耕者給還十六年王鈇以疾罷十七年復以李椿年權户部侍郎措置經界先是眞州兵燼之餘瘡痍未復洪興祖爲守請復租二年明年又請復之自是流民寖歸十八年墾荒田至七萬餘畝十九年詔敕令所删定官鄭克行四川經界法克頗峻責州縣

所謂省莊田者雖蔬果桑柘莫不有征而邛蜀民田至什稅其伍通判嘉州楊承曰仁政而虐行之非法意也上不違令下不擾民則仁政得矣召諸邑令謂曰平易近民美成在久其謹行之無愧於心何畏焉事迄成爲列郡最其後民有訴不均者殿中侍御史曹筠劾椿年罷之上謂秦檜曰若下田受重稅將無以輸檜曰臣已諭户部侍郎宋貺有未均處亟與改正二十年詔兩淮沃壤宜穀置力田科募民就耕以廣官莊知資州楊師錫言有司奉行失當田畝不分腴瘠市居丈尺隙田亦充稅產於是降詔曰椿年乞行經界去民十害今聞寖失本意凡便民者依已行

害民者與追正二十一年四月宋貺罷二十六年正月上謂輔臣曰經界事李椿年主之若推行就緒不爲不善今諸路往往中輟願得一通曉經界者款曲議之會潼川府轉運判官王之望上書言蜀中經界利害甚悉明年以之望提點刑獄畢經界事三月户部言蜀地狹人夥而京西淮南膏腴官田尚多許人承佃官貸牛種八年乃償並邊免租十年次邊半之滿三年與其業願往者給據津發上曰善但貧民乍請荒田安能便得牛種若不從官貸未免爲虛文可令相度支給四月通判安豐軍王時升言淮南土皆膏腴然地未盡闢民不加多者緣豪強虛占良田而

黼伯夫

無徧耕之力流民襁負而至而無開耕之地望凡荒閑田許人剗佃户部議期以二年未墾者即如所請京西路如之詔以時升爲司農寺丞十月用御史中丞湯鵬舉言離軍添差之人授以江淮湖南荒田人一頃爲世業所在郡以一歲奉充牛種費仍免租稅十年丁役二十年二十八年王之望言去年分遣官諳經界不均縣裁正今已迄事此後吏民尚敢扇搖以疑百姓者乞重寘于法從之二十九年知潭州魏良臣言本州歸業之民以熟田爲荒不輸租今令結甲輸稅自明年始不實許人告以其田賞之户部議期踰百日依匿稅法詔可三十年初令純州平江縣

民實田輸稅畝輸米二升四合孝宗隆興元年詔凡百姓逃棄田宅出二十年無人歸認者依戶絕法乾道元年正月都省言淮民復業宜先勸課農桑令丞植桑三萬株至六萬株守倅部內植二十萬株以上並論賞有差二月三省樞密院言歸正人貧乏者散居兩淮去冬淮民種麥甚廣逃亡未歸無人收穫詔諸郡量口均給其已歸業者毋例擾之四年知鄂州李椿奏州雖在江南荒田甚多請佃者開墾未幾便起毛稅度田追呼不任其擾旋即逃去今欲召人請射免稅三年三年之後為世業三分為率輸苗一分更三年增一分又三年全輸歸業者別以荒田給之

又詔楚州給歸正人田及牛具種糧錢五萬緡六年二月詔曰朕深惟治不加進思有以正其本者今欲均役法嚴限田抑游手務農桑凡是數者卿等二三大臣為朕任之十有二月監進奏院李結獻治田三議一曰務本二曰協力三曰因時大略謂浙西低田恃堤為固若堤岸高厚則水不能入乞於蘇湖常秀諸州水田塘浦要處官以錢米貸田主乘此農隙作堰增令高闊則堤成而水不為患方此饑饉俾食其力因其所利而利之秋冬旱涸涇浜斷流車畎修築尤為省力詔令胡堅常相度以聞其後戶部以三議切當但工力浩瀚欲曉有田之家各依鄉原畝步出

錢米與租田之人更相修築庶官無所費民不告勞從之七年二月知揚州晁公武奏朝廷以淮荒殘之久未行租稅民復業與創戶者雖阡陌相望然聞之官者十纔二三咸懼後來稅重昔晚唐民務稼穡則增其租故播種少吳越民墾荒田而不加稅故無曠土望詔兩淮更不增賦庶民知勸詔可十月司馬伋請勸民種麥為來春之計於是詔江東西湖南北淮東西路帥漕官為借種及諭大姓假貸農民廣種依賑濟格推賞仍上已種頃畝議賞罰九年王之奇奏增定力田賞格募人開耕荒田給官告綾紙以備書填及官會十萬緡充農具等用以種糧不足又詔

淮東總領所借給稻三萬石淳熙五年詔湖北佃戶開墾荒田止輸舊稅若包占頃畝未悉開耕詔下之日期以二年不能徧耕者拘作營田其增稅剗佃之令勿行六年五月提舉浙西常平茶鹽顏師魯奏設勸課之法欲重農桑廣種植也今鄉民於己田連接閒曠磽确之地墾成田園用力甚勤或以未陳起稅為人所訟即以盜耕罪之何以勸力田哉止宜實田起稅非特可戢告訐之風亦見盛世重農之意詔可十有一月臣僚奏比令諸路帥漕督守令勸諭種麥歲上所增頃畝然土有宜否湖南一路唯衡永等數郡宜麥餘皆文具望止諭民以時播種免其歲上增

種之數庶得勸課之實七年復詔兩浙江淮湖南京西路
帥漕臣督守令勸民種麥務要增廣自是每歲如之八年
五月詔曰迺者得天之時蠶麥既登及命近甸取而視之
則穟短穎薄非種植風厲之功有所未至歟朕將稽勤惰
而詔賞罰焉是歲連雨下田被浸詔兩浙諸州軍與常平
司措置再借種糧與下户播種毋致失時十有一月輔臣
奏田世雄言民有麥田雖墾無種若貸與貧民猶可種春
麥臣僚亦言江浙旱田雖已耕亦無麥種於是詔諸路帥
漕常平司以常平麥貸之先是知揚州鄭良嗣言兩淮民
田廣至包占多未起稅朝廷累限展首今限滿適旱乞更

展一年詔如其請九年著作郎袁樞振兩淮還奏民占田
不知其數二稅既免止輸穀帛之課力不能墾則廢爲荒
地他人請佃則以疆界爲詞官無稽考是以野不加闢户
不加多而郡縣之計益窘望詔州縣畫疆立券占田多而
輸課少者隨畝增之其餘閑田給與佃人庶幾流民有可
耕之地而田萊不至多荒紹熙元年初朱熹爲泉之同安
簿知三郡經界不行之害至是知漳州會臣僚請行閩中
經界詔監司條具事下郡熹訪聞講求纖悉備至乃奏言
經界最爲民間莫大之利紹興已推行處公私兩利獨泉
漳汀未行臣不敢先一身之勞逸而後一州之利病切獨

任其必可行也然必推擇官吏委任責成度量步畝筭計
精確畫圖造帳費從官給隨產均稅特許過鄉通縣均紐
庶幾百里之内輕重齊同今欲每畝隨九等高下定計產
錢而合一州租稅錢米之數以產錢爲母每文輸米幾何
錢幾何止於一倉一庫受納既輸之後却視元額分隸爲
省計爲職田爲學糧爲常平各撥入諸倉庫版圖一定則
民業有經矣但此法之行貧民下户固所深喜然不能自
達其情豪家猾吏實所不樂皆善爲說辭以惑群聽賢士
大夫之喜安靜厭紛擾者又或不深察而望風沮怯此則
不能無慮輔臣請行于漳州明年春詔漕臣陳公亮同熹

協力奉行會農事方興熹益加講究葺來歲行之細民知
其不擾而利於己莫不鼓舞而貴家豪右占田隱稅侵漁
貧弱者胥爲異論以搖之前詔遂格熹請祠去五年廬
州旱傷百姓貸稻種三萬二千一百石慶元元年二月上
以歲凶百姓飢病詔曰朕德菲薄饑饉荐臻使民阽於死
亡夙夜憯怛寧敢諉過於下耶顧使者守令所與朕分憂
而共憂也乃涉春以來聞一二郡老稚之食去南畝捐溝
壑咎安在耶豈振給不盡及民歟得粟者未必饑饑者未
必得歟偏聚於所近不能均濟歟官吏視成而不自省歟
其各恪意措畫務使實惠不壅毋以虛文蒙上則朕汝嘉

寧宗開禧元年夔路轉運判官范蓀言本路施黔等州荒遠綿亘山谷地曠人稀其占田多者須人耕墾富豪之家誘客戶舉室遷去乞將皇祐官莊客戶逃移之法校定凡為客戶者許役其身毋及其家屬凡典賣田宅聽其離業毋就租以充客戶凡貸錢止憑文約交還毋抑勒以為地客凡客戶身故其妻改嫁者聽其自便女聽其自嫁庶使深山窮谷之民得安生理刑部以皇祐逃移舊法輕重適中可以經久淳熙比附略人之法太重今後凡理訴官莊客戶並用皇祐舊法從之嘉定八年左司諫黃序奏雨澤愆期地多荒白知餘杭縣趙師恕請勸民雜種麻粟豆麥

之屬蓋種稻則費少利多雜種則勞多獲少慮收成之日田主欲分官課責輸則非徒無益若使之從便雜種多寡皆為己有則不勸而勸民可無饑望如所陳下兩浙兩淮江東西等路凡有耕種失時者並令雜種主毋分其地利官毋取其秋苗庶幾農民得以續食官免振救之費從之知婺州趙𢡟夫行經界於其州整有倫緒而𢡟夫報罷士民相率請于朝乃命趙師喦繼之後二年魏豹文代師喦為守行之益力於是向之上戶析為貧下之戶實田隱為逃絕之田者粲然可考凡結甲冊戶產簿丁口簿魚鱗圖類姓簿二十三萬九千有奇創庫匱以藏之歷三年而後

上其事于朝淳祐二年九月赦曰四川累經兵火百姓棄業避難官以其曠土權耕屯以給軍食及民歸業占據不還自今凡民有契券界至分明所在州縣屯官隨即歸還其有違戾許民越訴重罪之六年殿中侍御史兼侍講謝方叔言豪強兼并之患至今日而極非限民名田有所不可是亦救世道之微權也國朝駐蹕錢塘百有二十餘年矣外之境土日荒內之生齒日繁權勢之家日盛兼并之習日滋百姓日貧經制日壞上下煎迫若有不可為之勢所謂富貴操柄者若非人主之所得專識者懼焉夫百萬生靈資生養之具皆本於穀粟而穀粟之產皆出於田今

百姓膏腴皆歸貴勢之家租米有及百萬石者小民百畝之田頻年差充保役官吏誅求百端不得已則獻其產於巨室以規免役小民田日減而保役不休大官田日增而保役不及以此弱之肉彊之食兼并浸盛民無以遂其生於斯時也可不嚴立經制以為之防乎去年諫官嘗以限田為說朝廷付之悠悠不知今日國用邊餉皆仰和糴然權勢多田之家和糴不容以加之保役不容以及之敵人睥睨於外盜賊窺伺於內居此之時與其多田厚貲不可長保曷若捐金助國共紓目前在轉移而開導之耳乞諭二三大臣撫臣僚論奏而行之使經制以定兼并以塞于

以尊朝廷于以裕國計陛下勿牽貴近之言以搖初意大臣勿避仇怨之多而廢良策則天下幸甚從之十一年九月赦曰監司州縣不許非法估籍民產戒非不嚴而貪官暴吏往往不問所犯輕重不顧同居有分財產壹例估籍殃及平民或戶絕之家不與命繼或經陳訴許以給還輒假他名支破竟成乾沒或有典業不聽收贖遂使產主無辜失業違戾官吏重寘典憲是歲信常饒州嘉興府舉行經界景定元年九月赦曰州縣檢校孤幼財產往往便行侵用洎至年及陳乞多稱前官用過不即給還自今如尚違戾以吏業估償官論以違制不以去官赦降原減咸淳

元年監察御史趙順孫言經界將以便民雖窮閻下戶之所深願而未必豪宗大姓之所盡樂自非有以深服其心則亦何以使其情意之悉孚哉且今之所謂推排非昔之所謂自實也推排者委之鄉都則徑捷而易行自實者責之於人戶則散漫而難集嘉定以來之經界時至近也官有正籍鄉都有副籍彪列昈分莫不具在為鄉都者不過按成牘而更業主之姓名若夫紹興之經界其時則遠矣其籍之存者寡矣因其鱗差櫛比而求焉由一而至百由百而至千由千而至萬稽其畝步訂其主佃亦莫如鄉都之便也朱熹所以主經界而闢自實者正謂是也州縣能

守朝廷鄉都任責之令又隨諸州之便宜而為之區處當必人情之悉孚不令而行矣從之三年司農卿兼戶部侍郎季鏞言夫經界嘗議修明矣而修明卒不行嘗令自實矣而自實卒不竟豈非上之任事者每欲避理財之名下之不樂其成者又每倡為擾民之說故寧坐視邑政之壞而不敢詰猾吏姦民之欺寧忍取下戶之苛而不敢受豪家大姓之怨蓋經界之法必多差官吏必悉集都保必徧走阡陌必盡量步畝必審定等色必紐折計等姦弊轉生久不迄事乃若推排之法不過以縣統都以都統保選任才富公平者訂田畝稅色載之圖冊使民有定產產有定

稅稅有定籍而已臣守吳門已嘗見之施行今聞紹興亦漸就緒湖南漕臣亦以一路告成竊謂東南諸郡皆奉行惟謹其或田畝未實則令鄉局釐正之圖冊未備則令縣局程督之又必郡守察縣之稽違監司察郡之怠弛嚴其號令信其賞罰期之秋冬以竟其事責之年歲以課其成如周官日成月要歲會以綜核之於是詔諸路漕帥施行焉大抵南渡後水田之利富於中原故水利大興而諸籍沒田募民耕者皆仍私租舊額每失之重輸納之際公私事例迥殊私租額重而納輕承佃猶可公租額重而納重則佃不堪命州縣胥吏與倉庾百執事之人皆得為侵漁

之道於耕者也季世金人乍和乍戰戰則軍需浩繁和則歲幣重大國用常苦不繼於是因民苦官租之重命有司括賣官田以給用其初弛其力役以誘之其終不免於抑配此官田之弊也嘉定以後又有所謂安邊所田收其租以助歲幣至其將亡又限民名田買其限外所有謂之公田初議欲省和糴以紓民力而其弊極多其租尤重宋亡遺患猶不息也凡水田官田之法公田見於史者彙其始末而悉載于篇有足鑒者焉紹興元年詔宣州太平州守臣修圩二年以修圩錢米及貸民種糧並於宣州常平義倉米撥借三年定州縣圩田租額充軍儲建康府永豐圩

租米歲以三萬石爲額圩四至相去皆五六十里有田九百五十餘頃近歲墾田不及三之一至是始立額五年江東帥臣李光言明越之境皆有陂湖大抵湖高於田田又高於江海旱則放湖水溉田澇則決田水入海故無水旱之災本朝慶曆嘉祐間始有盜湖爲田者其禁甚嚴政和以來剏爲應奉始廢湖爲田自是兩州之民歲被水旱之患餘姚上虞每縣收租不過數千斛而所失民田常賦動以萬計莫若先罷兩邑湖田其會稽之鑑湖鄞之廣德湖蕭山之湘湖等處尚多望詔漕臣盡廢之其江東西圩田蘇秀圍田令監司守令條上於是詔諸路漕臣議之其後

議者雖稱合廢竟仍其舊初五代馬氏於潭州東二十里因諸山之泉築堤瀦水號曰龜塘溉田萬頃其後堤壞歲旱民皆阻飢七年守臣呂頤浩始募民修復以廣耕稼十六年知袁州張成己言江西良田多占山岡望委守令講陂塘灌溉之利其後比部員外郎李謙言淮西高原處舊有陂塘請給錢米以時修濬知江陰軍蔣及祖亦請濬治本軍五卸溝以洩水修復橫河支渠以溉旱乃並詔諸路常平司行之每季以施行聞二十三年諫議大夫史才言浙西民田最廣而平時無甚害者太湖之利也近年瀕湖之地多爲兵卒侵據累土增高長堤彌望名曰壩田旱則

據之以溉而民田不沾其利澇則遠近泛濫不得入湖而民田盡沒望盡復太湖舊迹使軍民各安田疇均利從之二十四年大理寺丞周環言臨安平江湖秀四州下田多爲積水所浸緣溪山諸水併歸太湖自太湖分二派東南一派由松江入于海東北一派由諸浦注之江其松江泄水惟白茅一浦最大今泥沙淤塞宜決浦故道俾水勢分派流暢實四州無窮之利詔兩浙漕臣視之二十八年兩浙轉運副使趙子潚知平江府蔣璨言太湖者數州之巨浸而獨洩以松江之一川宜其勢有所不逮是以昔人於常熟之北開二十四浦疏而導之江又於崑山之東開一

十二浦分而納之海三十六浦後爲潮汐沙積而開江之卒亦廢於是民田有淹沒之患天聖間漕臣張綸甞於常熟崑山各開衆浦景祐間郡守范仲淹亦親至海浦濬開五河政和間提舉官趙霖復甞開濬今諸浦湮塞又非前比計用工三百三十餘萬錢三十三萬餘緡米十萬餘斛於是詔監察御史任古復視之旣而古至平江言常熟五浦通江誠便若依所請以五千功月餘可畢詔以激賞庫錢平江府上供米如數給之二十九年子潚又言父老稱福山塘與丁涇地勢等若不濬福山塘則水必倒注于丁涇乃命併濬之隆興二年八月詔江浙水利久不講修勢

四百四十 志一百二十六 三十 伯夫

家園田堙塞流水諸州守臣按視以聞於是知湖州鄭作肅知宣州許尹知秀州姚憲知常州劉唐稽並乞開圍田濬港瀆詔湖州委朱夏卿秀州委曾愭平江府委陳彌作常州江陰軍委葉謙亨宣州太平州委沈樞措置九月刑部侍郎吳芾言昨守紹興甞請開鑑湖廢田二百七十頃復湖之舊水無泛溢民田九千餘頃悉獲倍收今尚有低田二萬餘畝本亦湖也百姓交佃畝直纔兩三緡欲官給其半盡廢其田去其租戶部請符浙東常平司同紹興府守臣審細標遷從之乾道二年四月詔漕臣王炎開浙西勢家新圍田草蕩荷蕩菱蕩及陂湖溪港岸際旋築塍畦

圍裹耕種者所至守令同共措置炎旣開諸圍田凡租戶貸主家種糧債負並奏蠲之六月知秀州孫大雅代還言州有柘湖澱山湖當湖陳湖支港相貫西北可入于江東南可達于海旁海農家作壩以却鹹潮雖利及一方而水患實害鄰郡設疏導之則又害及旁海之田若於諸港浦置牐啓閉不惟可以洩水而旱亦獲利然工力稍大欲率大姓出錢下戶出力於農隙修治之於是以兩浙轉運副使姜詵與守臣視之詵尋與秀常州平江府江陰軍條上利便詔秀州華亭縣張涇牐并澱山東北通陂塘港淺處俟今年十一月興修江陰軍常州蔡涇牐及申港明年春

四百四十一 志一百二十六 三十一 魏伯夫

興修利港俟休役一年興修平江府姑緩之三年三月詵使還奏開濬畢功通洩積水久浸民田露出塍岸臣已諭民趁時耕種恐下戶闕本良田復荒望令浙西常平司貸給種糧又奏措置提督監修等官知江陰軍徐藏等減磨勘年有差四年以彭州守臣梁介修復三縣一十餘堰灌漑之利及於鄰邦詔介直秘閣利路轉運判官七年王炎言興元府山河堰世傳漢蕭曹所作本朝嘉祐中提舉史炤上堰法獲降敕書刻石堰上紹興以來戶口凋踈堰事荒廢遂委知興元府吳拱修復發卒萬人助役宣撫司及安撫都統司共用錢三萬一千餘緡盡修六堰濬大小渠

六十五里凡溉南鄭褒城田二十三萬三千畝有奇詔獎諭拱八年户部侍郎兼樞密都承旨葉衡言奉詔覈實寧國府太平州圩岸内寧國府惠民化成舊圩四十餘里新築九里餘太平州黄池鎮福定圩周四十餘里延福等五十四圩周一百五十餘里包圍諸圩在内蕪湖縣圩周二百九十餘里通當塗圩共四百八十餘里並高廣堅緻瀕水一岸種植榆柳足捍風濤詢之農民實爲永利於是詔獎諭判寧國府魏王愷略曰大江之壖其地廣袤使水之蓄洩不病而皆爲膏腴者圩之爲利也然水土鬬齧從昔善壞卿聿修稼政巨防屹然有懷勤止深用歎嘉九年八月臣僚言江西連年荒旱不能預興水利爲之備於是乃降詔曰朕惟旱乾水溢之災堯湯盛時有不能免民未告病者備先具也豫章諸郡縣但阡陌近水者苗秀而實高卬之地雨不時至苗輒就槁意水利不修失所以爲旱備乎唐韋丹爲江西觀察使治陂塘五百九十八所灌田萬二千頃此特施之一道其利如此矧天下至廣也農爲生之本也泉流灌溉所以毓五穀也今諸道名山川原甚衆民未知其利然則通溝瀆瀦陂澤監司守令顧非其職歟其爲朕相丘陵原隰之宜勉農桑盡地利平繇行水勿使失時雖有豐凶而力田者不至拱手受斃亦天人相因之

理也朕將即勤惰而寓賞罰焉淳熙二年兩浙轉運判官陳峴言昨奉詔徧走平江府常州江陰軍諭民併力開濬利港諸處並已畢功始欲官給錢米歲不下數萬今皆百姓相率效力而成詔常熟知縣劉頴特增一秩餘論賞有差三年賜皇子判明州魏王愷詔曰陂湖川澤之利或遏或塞存乎其人四明爲州實治鄞鄞之鄉東西凡十四而錢湖之水實溉其東之七吏惰不虔葑茭蕪翳利失其舊農人病焉卿臨是邦乃能講求利便而濬治之遂使並湖七鄉之田無異時旱乾之患其爲澤豈淺哉剡奏徹聞不忘嘉歎十年大理寺丞張抑言陂澤湖塘水則資之瀦洩旱則資之灌溉近者浙西豪宗每遇旱歲占湖爲田築爲長堤中植榆柳外捍茭蘆於是舊爲田者始隔水之出入蘇湖常秀昔有水患今多旱災蓋出於此乞責縣令毋給據尉警捕監司覺察有圍裹者以違制論給據與失察者併坐之既而漕臣錢冲之請每圍立石以識之共一千四百八十九所令諸郡遵守焉紹熙二年詔守令到任半年後具水源湮塞合開修處以聞任滿日以興修水利圖進擇其勞效著明者賞之慶元二年户部尚書袁說友等言浙西圍田相望皆千百畝陂塘漊瀆悉爲田疇有水則無地可瀦有旱則無水可戽不嚴禁之後將益甚無復稔歲

矣嘉泰元年以大理司直留佑賢宗正寺主簿李澄措置自淳熙十一年立石之後凡官民圍裏者盡開之又令知縣並以點檢圍田事入銜每歲三四月同尉點檢有無姦民圍裏狀上于州州聞于朝三年遣官審視及委臺諫察之二年二月佑賢澄使還奏追毀臨安平江嘉興湖常開掘戶元給佃據三月右正言施康年言近屬貴戚不體九重愛民之心止爲一家營私之計公然投牒以沮成法乞戒飭自今有陳狀者指名奏劾必罰無赦開禧二年以淮農流移無田可耕詔兩浙州縣已開圍田許元主復圍專召淮農租種嘉定三年臣僚言竊聞豪民巨室並緣爲姦加倍圍裏又影射包占水蕩有妨農民灌漑於是復詔浙西提舉司條農隙開掘七年復臨安府西湖舊界盡蠲歲增租錢十七年臣僚言越之鑑湖漑田幾半會稽興化之木蘭陂民田萬頃歲飲其澤今官豪侵占塡淤益狹宜戒有司每歲省視厚其瀦蓄去其壅底毋容侵占以妨灌漑皆次第行之寶慶元年以右諫議大夫朱端常奏除嘉泰間已開浙西圍田租錢蓋稅額尚存州縣追民白納故也寶祐元年史館校勘黃國面對圍田自淳熙十一年識石者當存之復圍者合權其利害輕重而爲之存毀其租或歸總所或隸安邊所或分隸諸郡上曰安邊所田近已撥

歸本所國又奏自丁未已來創圍之田始因殿司獻草蕩任事者欲因以爲功凡旱乾處悉圍之利少害多宜開掘以通水道上然之咸淳十年以江東水傷除九年圩田租減四分紹興二十七年趙子潚奉詔措置鎭江府沙田欲輕立租課令見佃者就耕如勢家占吝追日前所收租利詔速拘其田措置蠲其冒佃之租二十八年正月詔戶部員外郎莫濛同浙西江東淮南漕臣趙子潚鄧根孫盡視諸路沙田蘆場先是言者謂江淮間沙田蘆場爲人冒占歲失官課至多故以命濛等既而殿中侍御史葉義問言奉行者不恤百姓名爲經量實迫縣官按圖約紐惟務增數以希進用有力之家初無加損貧民下戶已受其害因小利擾之必致逃移坐失稅額因極論之二月詔沙田蘆場止爲勢家詭名冒占其三等以下戶勿例根括六月以孫盡措置沙田滅裂罷之詔浙西江東沙田蘆場官戶十頃民戶二十頃以上並增租餘如舊置提領官田所掌之不隸戶部二十九年以莫濛經量沙田蘆場失實責監饒州景德鎭稅遂詔盡罷所增租三十二年九月趙子潚言浙西江東淮東沙田往年經量有不盡不實處爲人戶包占期以今冬自陳給爲已業與免租稅之半過期許人告以全戶所租田賞之其蘆場量立輕租詔以憑方措置十

有一月方滋䟽論沙田上問沙田或以爲可取或以爲可掯陳康伯等奏君子小人各從其類小人樂於生事不惜爲國歛怨君子務存大體唯恐有傷仁政所以不同上然之命止前詔勿行乾道元年臣僚言浙西江東淮東路沙田蘆場頃畝浩瀚宜立租稅補助軍食詔復令梁俊彦與張津等措置二年輔臣奏俊彦所上沙田蘆場之稅或十取其一或取其二或取其三皆不分主客朝廷疑之六年以俊彦所括沙田蘆場二百八十餘萬畝其間或已充已業起稅不一及包占未起租者乞並估賣立租詔蔡光梁彦俊行在置司措置八年七月詔提領官田所催三路

八百八十　志一百廿六　二十六

沙田蘆場租錢併歸户部十月遣官實江淮沙田蘆場頃畝悉追正之建炎元年籍蔡京王黼等莊以爲官田詔見佃者就耕歲減租二分三年凡天下官田令民依鄉例自陳輸租紹興元年以軍興用度不足詔盡鬻諸路官田五年詔諸官田比鄰田租召人請買佃人願買者聽佃及三十年以上者減價十之二六年詔諸路總領論民投買户絶没官及江漲沙田海退泥田七年以贜徒田舍及逃田充官莊其没官田依舊出賣二十年凡没官田城空田户絶房廊及田並撥隸常平司轉運提刑茶鹽司没入田亦如之二十一年以大理寺主簿丁仲京言凡學田爲勢家

侵佃者命提學官覺察又命撥僧寺常住絶産以贍學户部議併撥無敕額庵院田詔可初閩以福建八郡之田分三等膏腴者給僧寺道院中下者給土著流寓自劉夔爲福州始貿易取貲迨張守帥閩（紹興二年秋）上倚以拊循凋瘵存上等四十餘剎以待高僧餘悉令民請買歲入七八萬緡以助軍衣餘寬百姓雜科民皆便之二十六年以諸路賣官田錢七分上供三分充常平司糴本初盡鬻官田議者恐佃人失業未賣者失租侍御史葉義問言今盡鬻其田立爲正稅田既歸民稅又歸官不獨絶欺隱之弊又可均力役之法浙東刑獄使者邵大受亦乞承買官田者免

四百五十三　志一百卅六　卅七　智文

物力三年至十年（一千貫以下免三年一千貫以上五年五千貫以上十年）於是詔所在常平没官户絶田已佃未佃已添租未添租並拘賣二十九年初兩浙轉運司官莊田四萬二千餘畝歲收稻麥等四萬八千餘斛營田九十二萬六千餘畝歲收稻麥雜豆等十六萬七千餘斛充行在馬料及糴錢四月詔令出賣七月詔諸路提舉常平官督察欺弊申嚴賞罰分水令張升佐宜興令陳迟以賣田稽違各貶秩罷任九月浙東提舉常平都絜以賣田最多增一秩三十年詔承買荒田者免三年租乾道二年户部侍郎曾懷言江西路營田四千餘頃已佃一千九百餘頃租錢五萬五百餘貫若出賣

可得六萬五千餘貫及两浙轉運司所括已佃九十餘萬畝合而言之爲數浩瀚今欲遵元詔見佃願買者減價二分詔曾懷等提領出賣其錢輸左藏南庫別貯之四年四月江東路營田亦令見佃者減價承買期以三月賣絕八月住賣諸路未賣營田轉運司收租七年提舉浙西常平李結乞以見管營田撥歸本司同常平田立官莊梁克家亦奏户部賣營田率爲有力者下價取之稅入甚微不如置官莊歲可得五十萬斛八年以大理寺主簿薛季宣於黄岡麻城立官莊二十二所九年以司農寺丞葉翥等出賣浙東西路諸官田以登聞檢院張孝曾等出賣江東西

路諸官田以郎官薛元鼎拘催江浙閩廣賣官田錢四百餘萬緡淳熙元年臣僚言出賣官田二年之間三省户部困於文移監司州郡疲於出賣上下督責不爲不至始限一季繼限一年已賣者纔十三已輸者纔十二蓋買産之家無非大姓估價之初以上色之産輕立價貫揭榜之後率先投狀若中下之産無人屬意所立之價輕重不均莫若且令元佃之家著業輸租歲猶可得數十萬斛從之六年詔諸路轉運常平司凡没官田營田沙田沙蕩之類復括數賣之紹熙四年以臣僚言住賣慶元元年八月江東轉運提舉司以紹熙四年住賣以後續没官田依鄉價復

召人承買以其錢充常平糴本十有一月余端禮鄭僑言福建地狹人稠無以贍養生子多不舉福建提舉宋之瑞乞免鬻南建劒汀邵没官田收其租助民舉子之費詔從之四年詔諸路召賣不行田覈實減價其沙礫不可耕蠲除之開禧三年韓侂冑既誅金人講解明年用廷臣言置安邊所凡侂冑與其他權倖没入之田及圍田湖田之在官者皆隷焉輸米七十二萬二千七百斛有奇錢一百三十一萬五千緡有奇藉以給行人金繒之費迫與北方絶好軍需邊用每於此取之景定四年殿中侍御史陳堯道右正言曹孝慶監察御史虞虙張晞顔等言廪兵和糴造楮

之弊乞依祖宗限田議自两浙江東西官民户踰限之田抽三分之一買充公田得一千萬畝之田則歲有六七百萬斛之入可以餉軍可以免糴可以重楮可以平物而安富一舉而五利具矣有旨從其言朝士有異議者丞相賈似道奏救楮之策莫切於住造楮住造楮莫切於免和糴免和糴莫切於買踰限田因歷詆異議者之非帝曰當一意行之浙西安撫魏克愚言取四路民田立限回買所以免和糴而益邦儲議者非不自以爲公且忠也然未見其利而適見其害近給事中徐經孫奏記丞相言江西買田之弊甚詳若浙西之弊則尤有甚於經孫所言者因歷述

其爲害者八事疏奏不省六郡回買公田畝起租滿石者償二百貫九斗者償一百八十貫八斗者償一百六十貫七斗者償一百四十貫六斗者償一百二十貫五千畝以上以銀半分官告五分度牒二分會子二分半五千畝以下以銀半分官告三分度牒三分會子三分半千畝以下度牒會子各半五百畝至三百畝全以會子是歲田事成每石官給止四十貫而半是告牒民持之而不得售六郡騷然所遣劉良貴陳訔趙與訔廖邦傑成公策等推賞有差邦傑之在常州害民特甚民至有本無田而以歸併抑買自經者分置莊官催租州縣督莊官及時交收運發五年選官充官田所分司平江嘉興安吉各一員常州江陰鎮江共一員凡公田事悉以委之是歲七月彗見于東方下詔求言京學生蕭規葉李等三學六館皆上封章前秘書監高斯得亦應詔馳驛上封事力陳買田之失人心致天變謝枋得校文江東運司方山京校文天府皆指陳得失未幾蕭規等真決黥隸枋得山京相繼被劾斯得雖子郡尋罷之咸淳三年京師糴貴勒平江嘉興上户運米入京鞭笞因繫死於非命者十七八太常寺簿陸逵謂買田本以免和糴今勒其運米害甚於前似道怒出逵知台州未至怖死四年以差置莊官弊甚盡罷之令諸郡公租以

三千石爲一莊聽民於分司承佃盜易者以盜賣官田論其租於先減二分上更減一分德祐元年三月詔公田最爲民害稔怨召禍十有餘年自今並給佃主令率其租户爲兵而宋祚訖矣

志一百二十六

開府儀同三司上柱國錄軍國重事前中書右丞相監修國史領經筵事都總裁脫脫等奉

敕修

食貨上二 方田 賦稅

方田神宗患田賦不均熙寧五年重修定方田法詔司農以均稅條約并式頒之天下以東西南北各千步當四十一頃六十六畝一百六十步爲一方歲以九月縣委令佐分地計量隨陂原平澤而定其地因赤淤黑壚而辨其色方量畢以地及色參定肥瘠而分五等以定稅則至明年三月畢揭以示民一季無訟即書戶帖連莊帳付之以爲地符均稅之法縣各以其租額稅數爲限舊嘗收蹙奇零如米不及十合而收爲升絹不滿十分而收爲寸之類今不得用其數均攤增展致溢舊額凡越額增數皆禁若瘠鹵不毛及衆所食利山林陂塘溝路墳墓皆不立稅凡田方之角立土爲峰植其野之所宜木以封表之有方帳有莊帳有甲帖有戶帖其分煙析產典賣割移官給契縣置簿皆以今所方之田爲正令既具乃以濟州鉅野尉王曼爲指教官先自京東路行之諸路倣焉六年詔土色分五等疑未盡下郡縣物其土宜多爲等以其均當勿拘以五七年京東十七州選官四員各主其方分行郡縣以三年爲任每方差大甲頭二人小甲頭三人同集方戶令各認步畝方田官驗地色更勒甲頭方戶同定諸路及開封府界秋田災傷三分以上縣權罷餘候農隙河北西路提舉司乞通一縣災傷不及一分勿罷元豐五年開封府言方田法取稅之最不均縣先行即一州而定五縣歲不過兩縣今府界十九縣准此行之十年乃定請歲方五縣從之其後歲稔農隙乃行而縣多山林者或行或否八年帝知官吏擾民詔罷之天下之田已方而見於籍者至是二百四十八萬四千三百四十有九頃云崇寧三年宰臣蔡京等言自開阡陌使民得以田私相貿易富者恃其有餘厚立價以規利貧者迫於不足薄移稅以速售而天下之賦調不平久矣神宗講究方田利害作法而推行之方爲之帳而步畝高下丈尺不可隱戶給之帖而升合尺寸無所遺以賣買則民不能容其巧以推收則吏不能措其姦今文籍具在可舉而行詔諸路提舉常平官選官習熟其法諭州縣官吏各以豐稔日推行自京西北兩路始四年指教官每三縣加一員點檢官每路二員未

幾詔諸路添置直指教官不得過三員又不專差點檢
官從提舉司於本路見任人内選差五年詔罷方田
大觀二年復詔行之四年罷其稅賦依未方舊則輸
納十一月詔方田官吏非特妄增田稅又兼不食之
山方之俾出芻草之直民户因時廢業失所監司其
悉改正毋失其舊政和三年河北西路提舉常平司
奏所在地色極多不下百數及至均稅不過十等雖
出十分之稅地土肥沃尚以爲輕第十等只均一分
多是瘠鹵出稅雖少猶以爲重若不入等則積多而
至一頃止以柴蒿之直爲錢自一百而至五百比次

十等全不受稅既收入等但可耕之地便有一分之
稅其間下色之地與柴蒿之地不相遠乃一例每畝
均稅一分上輕下重欵乞土色十等如故外即十等
之地再分上中下三等折畝均數謂如第十等地每
十畝合折第一等一畝折十等之上受稅十一不改
元則十等之中數及十五畝一等之下數及二十畝
方比上等受一畝之稅庶幾上下輕重皆均詔諸路
旣行其法五年福建利路茶户山園如鹽田例免方
量均稅宣和元年臣僚言方量官憚於跋履並不躬
親行纏柏峰驗定土色一付之胥吏致御史臺受訴

有二百餘畝方爲二十畝者有二頃九十六畝方爲
一十七畝者虔之瑞金縣是也有租稅十有三錢而
增至三貫二百者有租稅二十七錢則增至一貫四
百五十者虔之會昌縣者是也詔望常平使者檢察
二年遂詔罷之民因方量流徙者守令招誘歸業荒
閑田土召人請佃自今諸司毋得起請方田諸路已
方量者賦稅不以有無訴論悉如舊額輸納民逃移
歸業已前逋欠稅租並與除放
賦稅自唐建中初變租庸調法作年支兩稅夏輸毋
過六月秋輸毋過十一月遣使分道按率其弊也先

期而苛斂增額而繁征至于五代極矣宋制歲賦其
類有五曰公田之賦凡田之在官賦民耕而收其租
者是也曰民田之賦百姓各得專之者是也曰城郭
之賦宅稅地稅之類是也曰丁口之賦百姓歲輸身
丁錢米是也曰雜變之賦牛革蠶鹽之類隨其所出
變而輸之是也歲賦之物其類有四曰穀曰帛曰金
鐵曰物產是也穀之品七一曰粟二曰稻三曰麥四
曰黍五曰穄六曰菽七曰雜子帛之品十一曰羅二
曰綾三曰絹四曰紗五曰絁六曰紬七曰雜折八曰
絲線九曰綿十曰布葛金鐵之品四一曰金二曰銀

三曰鐵鑞四曰銅鐵錢物產之品六一曰六畜二曰齒革翎毛三曰茶鹽四曰竹木麻草芻菜五曰果藥油紙薪炭漆蠟六曰雜物其輸有常處而以有餘補不足則移此輸彼移近輸遠謂之支移其入有常物而一時所輸則變而取之使其直輕重相當謂之折變其輸之遲速視收成早暮而寬爲之期所以紓民力諸州歲奏戶帳具載其丁口男夫二十爲丁六十爲老兩物折科物非土地所宜而抑配者禁之五代以來常檢視見墾田以定歲租吏緣爲姦稅不均適繇是百姓失業田多荒蕪太祖即位詔許民闢土州

縣毋得檢括止以見佃爲額選官分治京畿倉庾及詣諸道受民租調有增羨者輒得罪多入民租者或至棄市舊諸州收稅畢符屬縣追吏會鈔縣吏厚歛里胥以賂州之吏里胥復率於民民甚苦之建炎四年乃下詔禁止令諸州受租籍不得稱分毫合龠銖釐絲忽錢必成文絹帛成尺粟成升絲綿成兩薪蒿成束金銀成錢紬不滿半疋絹不滿一疋者許計丈尺輸直無得三戶五戶聚合成疋送納煩擾民輸夏稅所在遣縣尉部弓手於要路巡護後聞擾民罷之止令鄉耆壯丁防援諸州稅籍錄事參軍按視判官

振舉形勢戶立別籍通判專掌督之二稅須於三限前半月畢輸歲起納二稅前期令縣各造稅籍具一縣戶數夏稅秋苗畝桑功及緣科物爲帳一送州覆校定用州印藏長吏廳縣籍亦用州印給付令佐造夏稅籍以正月一日秋稅籍以四月一日並限四十五日畢開封府等七十州夏稅舊以五月十五日起納七月三十日畢河北河東諸州氣候差晚五月十五日起納八月五日畢潁州等一十三州及淮南江南兩浙福建廣南荊湖川陝五月一日起納七月十五日畢秋稅自九月一日起納十二月十五日畢後又並加一月或值閏月其田蠶

亦有早晚不同有司臨時奏裁繼而以河北河東諸州秋稅多輸邊郡常限外更加一月江南兩浙荊湖廣南福建土多秔稻須霜降成實自十月一日始收租掌納官吏以限外欠數差定其罰限前畢減選升資民逋租踰限取保歸辦毋得禁繫中國租二十石輸牛革一準錢千川蜀尚循舊制牛驢死革盡入官乃詔蠲之定民租二百石輸牛革一準錢千五百太平興國二年江西轉運使言本路蠶桑數少而金價頗低今折徵絹估少而傷民金估多而傷官金上等舊估兩十千今請估八千絹上等舊估匹一千今請估一千三百餘以次

增損從之咸平三年以刑部員外直史館陳靖爲京畿均田使聽自擇京朝官分縣據元額定稅不得增收剩數逃戶別立籍令本府招誘歸業桑功更不均撿民戶廣令種植尋聞居民弗諭朝旨翦伐桑柘即詔罷之六年廣南西路轉運使馮遲上言廉橫賓白州民雖豤墾田未嘗輸送已命官檢括令盡出常租帝曰遠方之民宜省徭賦亟命停罷知袁州何蒙請以金折本州二稅真宗曰若是將盡廢耕農矣不許大中祥符初連歲豐稔邊儲有備河北諸路稅賦並聽於本州軍輸納二年須幕職州縣官招徠戶口旌賞

條制舊制縣吏能招增戶口者縣即升等乃加其奉至有析客戶爲主戶者雖登于籍而賦稅無所增四年詔禁之雍熙初嘗詔荊湖等路民輸丁錢未成丁已入老并身有廢疾者免之至是又除兩浙福建荊湖廣南舊輸身丁錢歲凡四十五萬四百貫九年詔諸路支移稅賦勿至兩次仍許以粟麥蕎菽互相折輸凡歲賦穀以石計錢以緡計帛以匹計金銀絲綿以兩計藁秸薪蒸以圍計他物各以其數計至道末總七千八十九萬三千天禧五年視至道之數有增有減總六千四百五十三萬其折變及移輸比壞者

則視當時所須焉宋克平諸國每以恤民爲先務累朝相承凡無名苛細之斂常加刬革尺縑斗粟未聞有所增益一遇水旱徭役則蠲除倚格殆無虛歲倚格者後或凶歉亦輒蠲之而又田制不立甽畝轉易丁口隱漏兼并冒僞未嘗考按故賦入之利視前代爲薄丁謂嘗言二十而稅一者有之三十而稅一者有之仁宗嗣位首寬畿縣田賦詔三等以下戶毋遠輸河中府同華州請免支移帝以問輔臣對曰西鄙宿兵非移用民賦則軍食不足特詔量減支移福州王氏時有田千餘頃謂之官莊自太平興國中授券

予民耕歲使輸賦至是發運使方仲荀言此公田也鬻之可得厚利遣尚書屯田員外郎辛惟慶領其事凡售錢三十五萬餘緡詔減緡錢三之一期三年畢償監察御史朱諫以爲傷民不可旣而期盡未償者猶十二萬八千餘緡詔悉蠲之後又詔公田重復取賦者皆罷天聖時貝州言民析居者例加稅謂之罰稅他州無此比詔除之自是州縣有言稅之苛細無名者蠲損甚衆自唐以來民計田輸賦外增取他物復折爲賦謂之雜變亦謂之沿納而名品煩細其類不一官司歲附帳籍並緣侵擾民以爲患明道中帝

躬耕籍田因詔三司以類併合於是悉除諸名品併為一物夏秋歲入第分粗細二色百姓便之州縣賦入有籍歲一置謂之空行簿以待歲中催科閏年別置謂之實行簿以藏有司天聖初或言實行簿無用而率民錢為擾罷之景祐元年侍御史韓瀆言天下賦入之繁但存催科一簿一有散亡則耗登之數無從鉤考請復置實行簿詔再閏一造至慶曆中復故時患州縣賦役之煩詔諸路上其數俾工府大臣合議蠲減又詔曰稅籍有偽書逃徙或因推割用倖走移若請占公田而不輸稅如此之類縣令佐能究見

其弊以增賦入量數議賞既而諫官王素言天下田賦輕重不等請均定而歐陽修亦言秘書丞孫琳嘗往洺州肥鄉縣與大理寺丞郭諮以千步方田法括定民田願詔二人者任之三司亦以為然且請於亳壽蔡汝四州擇尤不均者均之於是遣諮蔡州諮首括一縣得田二萬六千九百三十餘頃均其賦於民既而諸言州縣多逃田未可盡括朝廷亦重勞人遂罷陝西河東用兵民賦率多支移因增取地里腳錢民不能堪五年詔陝西特蠲之且令後勿復取既而詔河東亦然又令諸路轉運司支移折變前期半歲

書于榜以諭民有未便者聽自言主者裁之皇祐中詔廣西賦布匹為錢二百如聞有司擅損其價重困遠人宜令復故州郡歲常先奏雨足歲豐後雖災害不敢上聞故民賦罕得蠲者乃下詔申飭之又損開封諸縣田賦視舊額十之三命著于法支移折變貧弱者尤以為患景祐初嘗詔戶在第九等免之後孤獨戶亦皆免至是因下赦書責轉運司裁損歲終條上其後赦書數以為言又令折科為平估毋得害農久之復詔曰如聞諸路比言折科民賦多以所折復變他物或增取其直重困良農雖屢戒敕莫能奉宣

詔令自今有此州長吏即時上聞然有司規聚斂罕能承帝意焉初湖廣閩浙因舊制歲斂丁身錢米大中祥符間詔除丁錢而米輸如故至天聖中始并除婺秀二州丁錢後罷籍請罷漳泉興化軍丁米有司持不可皇祐三年帝命三司首減郴永州桂陽監丁米以最下數一歲為準歲減十餘萬石既而漳泉興化亦第損之嘉祐四年復命轉運司裁定郴永桂陽衡道州所輸丁米及錢絹雜物無業者弛之有業者減半後雖進丁勿復增取時廣南猶或輸丁錢亦命轉運司條上自是所輸無幾矣自郭諮均稅之法罷

論者謂朝廷徒恤一時之勞而失經遠之慮至皇祐中天下墾田視景德增四十一萬七千餘頃而歲入九穀廼減七十一萬八千餘石蓋田賦不均其弊如此後田京知滄州均無棣田蔡挺知博州均聊城高唐田歲增賦穀帛之類無棣總一千一百五十二聊城高唐總萬四千八百四十七而滄州之民不以爲便詔輸如舊嘉祐五年復詔均定遣官分行諸路而秘書丞高本在遣中獨以爲不可均纔均數郡田而止景德中賦入之數總四千九百一十六萬九千九百至皇祐中增四百四十一萬八千六百六十五治平中

又增一千四百一十七萬九千三百六十四其以赦令蠲除以便於民若逃移戶絕不追者景德中總六百八十二萬九千七百皇祐中三十三萬八千四百五十七治平中一千二百二十九萬八千七百每歲以災害蠲除者又不在是焉神宗留意農賦湖廣之民舊歲輸丁米大中祥符以後屢裁損猶不均熙寧四年乃遣屯田員外郎周之純往廣東相度均之元豐三年詔諸路支移折稅並具所行月日上之中書初熙寧八年詔支移二稅於起納錢半歲諭民使民宿辦無倉卒勞費時有司往往緩期故申約之州縣又

或令民輸錢謂之折斛錢而糴賤頗用傷農海南四州軍稅籍殘缺吏多增損輒移稅入他戶代輸者類不能自明瓊州昌化軍丁稅米歲移輸朱崖軍道遠民以爲苦至是用體量安撫朱初平等議根括四州軍稅賦舊額存其正數二州丁稅米止令輸錢於朱崖自糴以便民權發三司戶部判官李琮根究逃絕稅役江浙所得逃戶凡四十萬一千三百有奇爲書上之明年除琮淮南轉運副使兩路凡得逃絕詭名挾佃簿籍不載并闕丁凡四十七萬五千九百有奇正稅并積負凡九十二萬二千二百貫石匹兩有奇

琮蓋用貫石萬數立賞以誘所委之吏增加浩大三路之民大被其害而唐州亦增民賦人情騷然六年御史翟思言始趙尚寬爲唐守勸民墾田高賦繼之流民自占者衆凡百畝起稅四畝而已稅輕而民樂輸境內殆無曠土近聞轉運司闢土百畝增至二十畝恐其勢再致轉徙望戒飭使者量加以寬民帝每遇水旱輒輕強賦租或因赦宥又蠲放倚閣未嘗絕賦輸遠方不均皆遣使按之率以爲常哲宗嗣位宣仁太后同聽政務行裕民之政凡民有負多所寬減患天下積欠名目煩多法令不一王巖叟爲開封請

隨等第立貫百爲催法兖州鄒令張文仲議其不便
遂令十分爲率歲隨夏秋料帶納一分是爲五年十
料之法陝西轉運使呂大忠令農戶支移斗輸脚錢
十八御史劾之下提刑司體量均其輕重之等以税
賦戶籍在第一等第二等者支移三百里三等四等
者二百里五等一百里不願支移而願輸道里脚價
者亦酌度分爲三等以從其便河東助軍糧草支移
毋得踰三百里災傷五分以上者免折變折變皆循
舊法紹聖中嘗詔郡縣貨物用足錢省陌不等折變
宜用中等價以所在時估實值多寡不齊難槩立法

命仍舊臣僚言者謂欲民不流不若多積穀欲多積穀
不若推行折納糴糴之法今常平雖有折納之法止
用中價故民不樂輸若依和糴以實價折之則無損
於民崇寧二年諸路歲稔遂行增價折納之法支移折
變科率配買皆以熙寧法從事民以穀菽物帛輸積
負零税者聽之大觀二年詔天下租賦科撥支折當
先富後貧自近及遠迺者漕臣失職有不均之患民
或受害其定爲令支移本以便邊餉内郡罕用焉間
有移用則僦民以所費多寡自擇故或輸本色於支
移之地或輸脚費於所居之邑而折變之法以納月

初旬估中價準折仍視歲之豐歉以定物之低昂俾
官吏毋得私其輕重七月詔曰比聞慢吏廢期凡輸
官之物違期促限蠶者未絲農者未穫追胥旁午民
無所措自今前期督輸者加一等坐之致民逃徙者
論更加等舊凡以赦令蠲賦雖多不過三分四年乃
詔天下逋賦五年外戶口不存者悉蠲之京西舊不
支移崇寧中將漕者忽令民曰支移所宜同今特免
若地里脚費則宜輸自是歲以爲常脚費斗爲錢五
十六比元豐既當正税之數而反覆紐折數倍於昔
民至鬻牛易産猶不能繼轉運司乃用是以取辦理

之與言者極論其害政和元年遂詔應支移而所輸
地里脚錢不及斗者免之尋詔五等戶税不及斗者
支移皆免時天下戶口類多不實雖嘗立法比較鈎
考歲終會其數按籍隱括脱漏定賞罰之格然蔡攸
等計德覇二州戶口之數率三戶四口則戶版訛隱不
待校而知乃詔諸路凡奏戶口令提刑司及提舉常
平司參攷保奏而終莫能拯其弊故租税亦不得而
均焉是時内外之費浸以不給中官楊戩主後苑作
有言汝州地可爲稻田者因用其言置務掌之號稻
田務復行於府畿易名公田南暨襄唐西及澠池北

踰大河民田有溢於初券步畝者輒使輸公田錢政和末又置營繕所亦爲公田久之後苑營繕所公田皆併於西城所盡山東河朔天荒逃田與河堤退灘租稅舉入焉皆內侍主其事所括爲田三萬四千三百餘頃民輸公田錢外正稅不復能輸重和元年獻言者曰物有豐匱價有低昂估豐賤之物俾民輸送折價既賤輸官必多則公私之利也而州縣之吏但計一方所乏不計物之有無責民所無其費無量至於支移從豐就歉理則宜然豪家民賦吏故從歉以就豐豪濟挾輕貨以賤價輸官其利自倍而貧下戶各免

宋史食貨志卷一百二十七　十五　宋史一百七十四　四百八　黃安寫

支移估直既高更益腳費視富戶反重困之逋負困於追胥詔申戒焉宣和初州縣主吏催科失職逋租數廣令轉運司察守貳勤惰聽專達於內侍省浙西逃田天荒草田葑茭蕩湖濼退灘等地皆計籍召佃立租以供應奉置局命官有措置水利農田之名部使者且自督御前租課三年言者論西蜀折科之弊其畧謂西蜀初稅錢三百折絹一疋草十圍計錢二十今本路絹不用本色疋折草百五十圍圍估錢百五十稅錢三百輸至二千三千東蜀如之仍支移新邊謂之遠倉民破產者衆七年言者又論非法折變既

以絹折錢又以錢折麥以絹較錢錢倍於絹以錢較麥麥倍於錢展轉增加民無所訴唐鄧襄汝等州自治平後開墾歲增然未定稅額元豐中以所墾新田差爲五等輸稅元祐元年罷之大觀三年用轉運副使張徽言之請復元豐舊制俄又以訴者而罷政和三年轉運使王璹復言官失租賦詔依元豐法第折以見錢凡得三十萬緡欽宗立詔蠲焉舊稅租加耗轉運司有拋椿明耗州縣有暗椿暗耗之名諸倉場受納又令民輸頭子錢熙寧以後給納並收其數益增焉至是悉罷高宗建炎元年五月庚寅詔二稅並

宋史食貨志卷一百二十七　十六　宋史一百七十四　四百八　黃安寫

依舊法凡百姓欠租閣賦及應天府夏稅悉蠲之庚子詔被虜之家蠲夏秋租稅及科配紹興元年五月詔民力久困州縣因緣爲姦今頒式諸路凡因軍期不得已而貸於民者並許計所用之多寡度物力之輕重依式開具使民通知毋得過數科率八月減大觀稅額三分之一十有一月言者論浙西科斂之害農末殆不聊生竭田而償則無受者棄之而逃則貧其妻孥上下相蒙民無所措手足利歸貪吏而怨歸陛下願重科斂之罪嚴貪墨之刑詔漕司察實以聞二年正月知紹興府陳汝錫違詔科率謫漳州四月

建炎范汝爲平詔蠲本路今年二税及夏料役錢既
而手詔訪聞州縣以爲著令不過三分甚非所以稱
朕恵恤之意可以赦並免十有一月焚州縣已蠲税
簿示民以不疑也五年二月詔諸路轉運司以增收
租數上戸部課賞罰六年八月預借江浙來年夏税
紬絹之半盡令折米兩浙紬絹各折七千江南六千
有半每疋折米二石九月右司諫王縉言諸寺院之
多產者類請求貴臣改爲墳院冀免科敷則所科歸
之下戸詔戸部申嚴禁之十有二月詔淮西殘破州
縣更免租税二年是月戊申詔曰朕惟養兵之費皆

取於民吾民甚苦而吏莫之恤夤緣軍須掊斂無藝
朕甚悼之監司郡守朕所委寄以恵養元元者也今
漫不加省復何賴焉其各勤乃職察民之侵漁納賄
者按劾以聞苟庇覆弗治朕不汝貸是歲兩浙轉運
李迨取婺秀湖州平江府歲計寛剰錢二十二萬八千
緡有奇依折帛錢限起發自是以爲例七年三月詔
駐蹕及所過州縣欠紹興五年以前税賦並蠲之七
月詔新復州軍請佃官田輸租外免輸正税己田謂之稅佃
田謂之租舊不併納劉豫嘗並取之至是乃從舊法九年蠲新復州軍税租及
土貢大禮銀絹三年差徭五年初劉豫之僣凡民間蔬

圃皆令三季輸税宣諭官方庭實言其不便起居舍
人程克俊言河南父老苦豫煩苛久矣賦歛及於絮
縷割剥至於果蔬於是詔新復州縣取劉豫重歛之
法焚之通衢十三年淮東宣撫使韓世忠請以賜田
及私產自昔未輸之税併歸之官詔奬諭而可之初
神武右軍統制張俊已蠲所置產凡和買科敷詔特
從之後三省言國家兵革未息用度至廣陛下哀憫
元元俾士大夫及勳戚之家與編戸等敷益發寛民
力均有無今俊獨得免則當均在餘戸是使民爲俊
代輸也方今大將不止俊一人使各援例求免何以

拒之望收還前詔詔從之越數年間俊復乞免歲輸
和買絹三省擬歲賜俊絹五千疋庶免起例上以示
俊因諭之曰朕固不惜但恐公議不可後惶悚力辭
賜絹十五年戸部議准法輸官物用四鈔曰戸鈔付民執憑曰
縣鈔關縣司銷簿曰監鈔納官掌之曰住鈔倉庫藏之所以防偽冒備毀失也毀失縣鈔者
以監住鈔銷鑿若輒取戸鈔或追驗於人戸者科杖
二十三年知池州黃子游言青陽縣苗七八倍於諸
縣因南唐嘗以縣爲宋齊丘食邑畝輸三斗後遂爲
額詔減苗税二分有半租米二八分是時兩浙州縣合
輸綿紬税絹茶絹雜錢米六色皆以市價折錢却别

科米麥有畝輸四五斗者京西括田租加於舊湖南
有土戶錢折絁錢醋息錢麴引錢名色不一荊南戶
口十萬寇亂以來幾無人跡議者希朝廷意謂流民
已復可使歲輸十二頻歲復增積逋至二十餘萬緡
曹泳爲戶部侍郎責償甚急蓋自檜再相密諭諸路
暗增民稅七八故民力重困餓死者衆皆檜之爲也二
十六年先是右承議郎魯冲上書論郡邑之弊以臣
前任宜興一縣言之漕計合收窠名有丁鹽坊場課
利錢租地錢租絲租紵錢歲入不過一萬五千餘緡
其發納之數有大軍錢上供錢糴本錢造船錢軍器

四百分　宋史一百七十四　宋史志卷一百二十七　十九

物料錢天申節銀絹錢之類歲支不啻三萬四千餘
緡又有見任寄居官請奉過往官兵批券與非泛州
郡督索拖欠要無虛日今之爲令者苟以寬恤爲意
而拙於催科旋踵以不職罷能迎合上司慘刻聚斂
則以稱職聞是使爲令者惴惴惟財賦是念朝不謀
夕亦何暇爲陛下奉行寬恤詔書承流宣化者哉吏
部侍郎許興古議今銓曹有知縣令二百餘闕無願
就者正緣財賦督迫被罪所以畏避如此若罷獻羨
餘蠲民積欠謹擇守臣戒飭監司則吏稱民安矣乃
詔行之二十九年上聞江西盜賊謂輔臣曰輕徭薄

賦所以息盜賊之水旱所不能免償不寬恤而惟務
科督豈使民不爲盜之意哉於是詔諸路州縣紹興
二十七年以前積欠官錢三百九十七萬餘緡及四
等以下官欠悉除之九月詔兩浙江東西水浙東江
東西螟其租稅盡蠲之自是水旱經兵時有蠲減不
盡書也三十二年六月戊寅孝宗受禪赦凡官司債
負房賃租賦和買役錢及坊場河渡等錢自紹興三
十年以前並除之諸路或假貢奉爲名漁奪民利使
所在居民以土物爲苦太上皇帝已嘗降詔禁約自
今州軍條上土貢之物當議參酌天地祖宗陵寢薦

四百十　宋史一百七十四　宋史志卷一百二十七　二十　黃安寫　李京刊

獻及德壽宮甘旨之奉止許長吏修貢其餘並罷州
縣因緣多取以違制坐之七月諸縣受民已輸稅租
等鈔不即銷簿者當職官吏並科罪民齎元鈔不爲
使而抑令重輸者以違制論不以赦免著爲令八月
詔州縣受納秋苗官吏多收加耗肆爲姦欺方時艱
虞用度未足欲減常賦而未能豈忍使貪贓之徒重
爲民蠹自今違犯官吏並置重典仍沒其家此孝宗初詔也
先是常州宜興縣無稅產百姓丁輸鹽錢二百文下
戶有墓地者謂之墓戶經界之時均紐正稅又令帶
輸丁鹽絹作折帛錢至隆興元年始用知縣姜詔言

令與晉陵武進無錫三縣一例隨產均輸二年四月
知贛州趙公稱以寬剩錢十萬緡爲民代輸夏稅是
後守臣時有代輸者五月詔溫台處徽不通水路其
二稅物帛許依折法以銀折輸數外妄有科折計贓
定罪乾道元年蠲興化軍猶剩米之半以知軍張允蹈言自建炎
三年本軍秋稅歲餘軍儲外猶剩米二萬四千四百餘石供給福州謂之猶剩米四十年間水旱相仍不
復減損故有是命至八年乃并其半蠲之三年六月減臨安府新城縣進
際稅賦之半以知縣耿秉言畏錢氏以進際爲名虛
額太重故也十有一月蠲臨安府屬縣欠乾道元年
三稅坊場課利折帛免丁等錢七年赦令所輸苗

乞取法受納官比犯人減一等州縣長官不覺察與同罪暨上三等及形勢
戶逋賦雖遇赦不除八年蠲紹興府增起苗米四萬
九千餘石淳熙三年臣僚言湖北百姓廣占官田量
輸常賦以爲過優比議者欲從實起稅而開陳首之
門殊不思朝廷往年經界獨兩淮京西湖北依舊蓋
以四路被邊土廣人稀誘之使耕猶懼不至若覆畝
而稅孰肯遠徙力耕以供公上之賦哉今湖北惟鼎
澧地接湖南墾田稍多自荊南安復岳鄂漢沔汙萊
彌望戶口稀少且皆江南狹鄉百姓扶老攜幼遠來
請佃以田畝寬而稅賦輕也若從議者之言恐於公

家無一毫之益而良民有無窮之擾矣如臣所見且
當誘以開耕不宜恐以增稅使田疇盡闢歲收滋廣
一遇豐稔平糴以實邊則所省漕運亦博望且依紹
興十六年詔旨以十分爲率年增輸一分不願開墾
者即許退田別佃期限稍寬取之有漸遠民安業一
路幸甚詔戶部議之四年臣僚言屢赦蠲積欠以蘇
疲民州縣不能仰承德意至變易名色以取之宜下漕
司如合除者毋更取之於州州毋取之於縣縣毋鐫民
欠籍書其名數諭民通知詔可五年八月詔曰比年以
來五穀屢登蠶絲盈箱嘉與海內共享阜康之樂尚

念耕夫蠶婦終歲勤動價賤不足以償其勞郡邑兩
稅除折帛折變自有常制當輸正色者毋以重價強
之折錢若有故違重置于法臨安府刻石徧賜諸路
六年以諫議大夫謝廓然言州縣違法科歛侵漁日
甚其弊雖在縣令而督迫實由郡守縣令按劾而郡
守自如詔自今凡有過需橫取監司悉行按劾無詳
於小而畧於大七年夏大旱知南康軍朱熹應詔上
封事言今民間二稅之入朝廷盡取以供軍州縣無
復贏餘於是別立名色巧取今民貧賦重惟有覈兵
籍廣屯田練民兵可以漸省列屯坐食之兵稍損州郡

供軍之數使州縣之力寖紓然後禁其苛歛責其寬
恤庶幾窮困之民得保生業無流移漂蕩之患八年
詔監司太守察所部催科不擾者薦之煩擾害民者
劾之十一年戶部奏諸路州軍檢放旱傷米數近六
十萬石上諭王淮曰若盡令覈實恐他年郡縣憚疑
不復檢放惟寧國數最多可令漕司覈實而蠲之紹
熙元年臣僚言古者賦租出於民之所有不強其所
無今之爲絹者一倍折而爲錢再倍折而爲銀銀愈
貴錢愈艱得穀愈不可售使民賤糶而貴折則大熟
之歲反爲民害願詔州郡凡多取而多折者重置于

宋史一百七十四　四百七十
宋史志卷一百二十七　二十三　黃安寫　謝□刊

罰民有糴不售者令常平就糴異時歲歉平價以糶
庶於民無傷於國有補詔從之秘書監楊萬里奏民
輸粟於官謂之苗舊以一斛輸一斛今以二斛輸一斛
矣輸帛於官謂之稅舊以正絹爲稅絹今正絹外有
和買矣舊和買官給其直或以錢或以鹽今皆無之
又以絹估直而倍折其錢矣舊以稅畝一錢輸免役一
錢今歲增其額不知所止矣既一倍其粟數倍其帛
又數倍其錢而又有月椿錢版帳錢不知幾倍於祖
宗之舊又幾倍於漢唐之制乎此猶東南之賦可知
也至於蜀賦之額外無名者不可得而知也陛下欲

薄賦歛當節用度用節而後財可積財積而後國可
足國足而後賦可減賦減而後民可富民富而後邦
可寧不然日復日歲復歲臣未知其所終也時金主璟新立萬里寄于淮閫其蠲民間身園地基錢罷御村官酒坊減鹽價除田租使虛譽達於吾境故因轉對而有言也日足
二年詔曰朕惟爲政之道莫先於養民故自
卽位以來蠲除甚賦須宣寬條嘉與四方臻於安富
郡守縣令最近民者也誠能撫循惠愛以承休德朕
幾政平訟理之效今采之人言乃聞科歛先期競務
辦集而民之虛實不問追呼相繼敢爲椎剝而民之
安否不恤財計之外治理蔑聞甚不稱朕委屬之意

宋史一百七十四　四百三十四
宋史志卷一百二十七　二十四　黃安寫　謝□刊

國用有常固在經理而非掊克督趣以爲能也知本
末先後之誼此朕所責於守令者繼自今以軫恤爲
心以牧養爲務俾民安業時予汝嘉慶元二年詔浙
江東西夏稅和買紬絹並依紹興十六年詔旨折納紹興十六年詔旨絹三分折錢七分本色紬八分折錢二分本色
嘉熙二年臣僚言
陛下自登大寶以來蠲賦之詔無歲無之而百姓未
霑實惠蓋民輸率先期歸於吏胥攬戶及遇詔下
則所放者吏胥之物所倚閣者攬戶之錢是以寬恤
之詔雖頒愁歎之聲如故嘗觀漢史恤民之詔多減
明年田租今宜倣漢故事如遇朝廷行大惠則以今

年下詔明年減租示民先知減數則吏難為欺民拜
實賜矣從之淳祐八年監察御史兼崇政殿說書陳
求魯奏本朝仁政有餘而王制未備今之兩稅本大
曆之弊法也常賦之入尚為病況預借乎預借一歲
未已也至于二年至于三預借三歲未已也至于四至
于五竊聞今之州縣有借淳祐十四年者矣以百畝
之家計之罄其永業豈足支數年之借乎操縱出於
權宜官吏得以舞弄上下為姦公私俱困臣愚謂今
日救弊之策其大端有四焉宜採夏侯太初併省州
郡之議俾縣令得以直達於朝廷用宋元嘉六年為

斷之法俾縣令得以究心於撫字法藝祖出朝紳為
令之典以重其權遵光武擢卓茂為三公之意以激
其氣然後為之正其經界明其版籍約其妄費裁其
橫斂則預借可革民瘼有瘳矣咸淳十年侍御史陳
堅殿中侍御史陳過等奏今東南之民力竭矣西北
之邊患棘矣諸葛亮所謂危急存亡之時也而邸第
戚畹御前寺觀田連阡陌亡慮數千萬計皆巧立名
色盡蠲二稅州縣乏輿鞭撻黎庶鬻妻賣子而鐘鳴
鼎食之家蒼頭廬兒漿酒藿肉琳宮梵宇之流安居
暇食優游死生安平無事之時尤且不可而況艱難

多事之際乎今欲寬邊患當紓民力欲紓民力當紓
州縣則邸第寺觀之常賦不可姑息而不加釐正也
望與二三大臣亟議行之詔可建炎二年初復鈔旁
定帖錢命諸路提刑司掌之紹興二年詔偽造券旁
者並依軍法五年三月詔諸州勘合錢貫收十文足
勘合錢即所謂鈔旁定帖錢也初令諸州通判印賣
田宅契紙自今民間爭田執白契者勿用十有一月
以調度不足詔諸路州縣出賣戶帖令民具田宅之
數而輸其直既而以苛擾稽緩乃立價凡坊郭鄉村
出等戶皆三十千鄉村五等坊郭九等戶皆一千凡

六等惟閩廣下戶差減期三月足輸送行在旱傷及
四分以上者聽旨三十一年先是諸州人戶典賣田宅
契稅錢所收窠名七分隸經總制三分屬係省至是
總領四川財賦王之望言請從本所措置拘收以供
軍用詔從之凡嫁資遺囑及民間葬地皆令投契納
稅一歲中得錢四百六十七萬餘引而極邊所捐八郡
及盧藥等未輸者十九郡不與焉乾道五年戶部尚
書曾懷言四川立限拘錢數百萬緡婺州亦得錢三
十餘萬緡他路恬不加意詔百姓白契期三月自陳
再期百日輸稅通判拘入總制帳輸送及十一萬緡

者知通推賞違期者首及輸錢違期者許人告論如
律淳熙六年敕令所進重修淳熙法有收舟驢馳馬
契書之稅帝命删之曰恐後世有算及舟車之言建
炎三年張浚節制川陝承制以同主管川秦茶馬趙
開爲隨軍轉運使總領四川財賦自蜀有西師益利
諸司已用便宜截三路上供錢川陝布絹之給陝西河東京西者四
年秋遂盡起元豐以來諸路常平司坊場錢元豐以來封樁
者次科激賞絹是年初科三十三萬疋俟邊事寧即罷紹興十六年減利夔三萬疋惟東
西川三十萬疋至今不減次奇零絹估錢即上三路綢也歲三十萬疋西川疋理十一引
東川十引自紹興二十五年至慶元初兩川並減至六引次布估錢成都崇慶府彭漢邛州永

康六郡自天聖間官以三百錢市布一疋民甚便之後不復予錢至是宣撫司又令民疋輸估錢三引歲
七十餘萬疋爲錢二百餘萬引慶元初累減至一百三十餘萬引次常平司積年本
息此熙豐以來所謂青苗錢者建炎元年遣駕部員外郎喻汝礪括得八百餘萬緡至是取以贍軍矣
次對糴米謂如戶當輸稅百石則又科糴百石故謂之對糴及他名色錢如酒
鹽等大抵於先朝常賦外歲增錢二千六十八萬緡而
茶不預焉自是軍儲稍充而蜀民始困矣紹興五年
浚召拜尚書右僕射以席益爲四川安撫制置大使
趙開爲四川都轉運使益頗侵用軍期錢開愬于朝
又數增錢引而軍計猶不給六年以龍圖閣直學士
李迨代開爲都轉運使都官員外郎馮康國言四川

地狹民貧祖宗時正稅重者折科稍輕正稅輕者折
科稍重二者平準所以無偏重偏輕之患百有餘年
民甚安之近年漕總二司輒更舊法反覆紐折取數
務多致民棄業逃移望並罷之一遵舊制詔如所請
令憲臣察其不如法者七年三月迨以贍軍錢粮令
四路漕臣分認而榷茶錢不用蜀人不以爲是九月
浚罷趙鼎爲尚書左僕射十有一月以直祕閣張深
主管四川茶馬迨請祠八年二月命深及宣撫司參
議官陳遠猷並兼四川轉運副使席益以憂去樞密
直學士胡世將代之十月鼎罷秦檜獨相九年和議

成簽書樞密院事樓炤宣諭陝西還以金四千兩銀
二十萬兩輸激賞庫皆取諸蜀者會吳玠卒以世將
爲宣撫副使以吏部尚書張燾知成都府兼本路安
撫使上諭輔臣曰燾可付以便宜如四川前日橫斂
宜令減以紓民成都帥行民事自燾始世將奏以宣
撫司參議官井度兼四川轉運副使十一年正月趙
開卒自金人犯陝蜀開職饋餉者十年軍用無乏一
時賴之其後計臣屢易於開經畫無敢變更然茶鹽
榷酤奇零絹布之征自是爲蜀之常賦雖屢經蠲減
而害不去議者不能無咎開之作俑焉十月以鄭剛

中為川陝宣諭使十二年世將卒改宣撫使十三年剛中獻黃金萬兩十五年正月剛中奏減成都路對糴米三之一四月省四川都轉運使以其事歸宣撫司剛中尋以事忤秦檜於是置四川總領所錢糧官以太府少卿趙不棄為之又改命不棄總領四川宣撫司錢糧十六年剛中奏減兩川米脚錢三十二萬緡激賞絹二萬疋免紉增酒錢三萬四千緡以四川總制錢五十萬緡充邊費十七年以戶部員外郎符行中總領四川宣撫司錢糧召剛中赴行在不棄權工部侍郎知成都府李璆權四川宣撫司事先是剛

中奏本司舊貯備邊歲入錢引五百八十一萬五千道如撥供歲計即可對減增添實寬省民力詔李璆符行中參酌減放於是減四川科敷虛額錢歲二百八十五萬緡兩川布估錢三十六萬五千緡夔路鹽錢七萬六千緡坊場河渡淨利抽貫稅錢四萬六千餘緡又減兩川米脚錢四十二萬緡時宣撫司降賜庫貯米一百萬石乃命行中酌度對糴分數均減十八年罷四川宣撫司以璆為四川安撫制置使兼知成都府太府少卿汪召嗣總領四川財賦軍馬錢糧宣撫司降賜庫錢除制置司取撥二十萬緡餘令總領

所貯之二十二年總領所奏蠲諸路欠紹興十七年以前折估糴本等錢一百二十九萬餘緡米九萬八千七百餘石綾絹一萬四千餘疋先是自講和後歲減錢四百六十二萬緡有奇朝廷猶以為重二十四年遣戶部員外郎鍾世明同四川制總兩司措置裕民二十五年以符行中等言減兩川絹估錢二十八萬緡潼川府秋稅脚錢四萬緡利路科斛脚錢十二萬緡兩川米脚錢四十萬緡鹽酒重額錢七十四萬緡激賞絹九千餘疋合一百六十餘萬緡蠲州縣紹興十九年至二十三年折估糴本等逋欠二百九十二

萬緡是時朝廷雖蠲民舊逋而符行中督責猶峻蜀人怨之於是以蕭振為四川安撫制置使兼知成都府行中提舉江州太平興國宮二十六年上以蜀民久困供億詔制置蕭振總領湯允恭主管茶馬李潤成都轉運判官許尹潼川轉運判官王之望措置寬恤於是之望奏減四川上供之半二十七年用蕭振等言減三川對糴米十六萬九千餘石夔路激賞絹五萬疋兩川絹估錢二十八萬緡有奇潼川成都奇零折帛疋一千又減韓球所增茶額四百六十二萬餘斤茶司引息虛額錢歲九十五萬餘緡初利州舊宣

撫司有積緡二百萬守者容獻之朝下制置司取撥振曰此所以備水旱軍旅也一旦有急又將取諸民乎請留其半是歲振卒李文會代之二十八年文會卒中書舍人王剛中代之二十九年蠲四川折估糴本積欠錢三百四十萬緡乾道元年蠲舊欠白契稅錢三十七萬餘緡三年蠲川秦茶馬兩司紹興十九年至三十二年州縣侵用及民積欠六十六萬四千九百餘緡四年又詔四川諸州欠紹興三十一年至隆興二年贍軍諸窠名錢物暨退剩虧分之數及漏底折欠等錢並蠲之蠲成都人戶理運對糴米脚

錢三十五萬緡淳熙十六年詔四川歲發湖廣總領所綱運百三十五萬六千餘貫自明年始與免三年當議對減鹽酒之額制置總領同諸路轉運提刑司條上其湖廣歲計朝廷當自給之紹熙三年蠲潼川府去年被水州縣租稅資普榮敘州富順監凡夏輸亦如之尋又詔本路旱傷州縣租稅官爲代輸及民已輸者悉理今年之數四年蠲紹興三年成都潼川兩路奇零絹估錢引四十七萬一千四百五十餘道潼川府激賞絹一十六萬六千九百七十五疋又詔四川州縣鹽酒課額自明年更放三年嘉定七年再蠲

四川州縣鹽酒課額三年其合輸湖廣總領所綱運亦免三年十一年蠲天水軍今年租役差科西和州蠲十之七成州蠲十之六將利河池兩縣各蠲十之五以經兵也

志卷第一百二十七

開府儀同三司上柱國錄軍國重事前中書右丞相監修國史領經筵事都總裁臣脫脫等奉敕修

食貨上三 布帛 漕運 和糴

布帛宋承前代之制調絹紬布絲綿以供軍須又就所產折科和市其纖麗之物則在京有綾錦院西京真定青益梓州場院主織錦綺鹿胎透背江寧府潤州有織羅務梓州有綾綺場亳州市縐紗大名府織縐縠青齊鄆濮淄濰沂密登萊衡永全州市平絁東京榷貨務歲入中平羅小綾各萬匹以供服用及歲時賜與諸州折科和市皆無常數唯內庫所須則有司下其數供足自周顯德中令公私織造並須幅廣二尺五分民所輸絹匹重十二兩疎薄短狹塗粉入藥者禁之河北諸州軍重十兩各長四十二尺宋因其舊開寶三年令天下諸州凡絲綿紬絹麻布等物所在約支二年之用不得廣科市以煩民初蓬州請以租絲配民織綾給其工直太祖不許太宗太平興國中停湖州織綾務女工五十八人悉縱之詔川峽市買場織造院自今非供軍布帛其錦綺鹿胎透背六銖欹正龜殼等段匹不須買織民間有織賣者勿禁馬元方爲三司判官建言方春之絕時預給庫錢貸民至夏秋令輸絹於官大中

祥符三年河北轉運使李士衡又言本路歲給諸軍帛七十萬民間罕有緡錢常預假於豪民出倍稱之息至期則輸賦之外先償逋欠以是工機之利愈薄請預給帛錢俾及時輸送則民獲利而官亦足用詔優予其直自是諸路亦如之或蠶事不登許以大小麥折納仍免倉耗及頭子錢天聖中詔減兩蜀歲輸錦綺鹿胎透背欹正之半罷作綾花紗明道中又減兩蜀歲輸錦綺綾羅透背花紗三之二命改織紬絹以助軍景祐初遂詔罷輸錦背繡背遍地密花透背段自掖庭以及閭巷皆禁用其後歲輒增益梓路紅錦鹿胎慶曆四年復減半既而又減梓路歲輸絹三之一紅錦鹿胎半之先是咸平初廣南西路轉運使陳堯叟言準詔課植桑棗嶺外唯產苧麻許令折數仍聽織布赴官場博市匹爲錢百五十至二百至是三司請以布償芻直登萊端布爲錢千三百六十沂布千一百仁宗以取直過厚命差減其數自西邊用兵軍須紬絹多出益梓利三路歲增所輸之數兵罷其費乃減嘉祐三年始詔寬三路所輸數治平中歲織十五萬三千五百餘匹神宗即位京師米有餘蓄命發運司損和糴數五十萬石市金帛上京儲之榷貨務備三路軍須京東轉運司請以錢三十萬二千二百貫給貸於民令次年輸絹匹爲錢千隨夏稅初

限督之詔運其錢于河北聽商人入中熙寧三年御史程顥言京東轉運司和買紬絹增數抑配率千錢課絹一匹其後和買并稅絹匹皆輸錢千五百時王廣淵爲轉運使謂和買如舊無抑配顥言其迎合朝廷意王安石謂廣淵在京東盡力以赴事功不宜罪以迎合乃詔所給内帑別頒紬絹錢五十萬緡收其本儲之北京息歸之内帑右正言李常亦言廣淵以陳汝義所進羨餘錢五十萬緡隨和買絹錢分配於常稅折科放買外更取二十五萬緡請以顥言付有司定州安撫司又言轉運司配紬絹綿布於州鎮軍砦等坊郭户易錢數多乞憫其災傷又居極邊特蠲

損之詔提刑司別估民不願市令官自賣已給而抑配者正之自王安石秉政專以取息爲富國之務故當時言利小人如王廣淵輩假和買紬絹之名配以錢而取其五分之息其刻又甚於青苗然安石右廣淵顥常言卒不行二月詔移巴蜀羨財市布帛儲於陝西以備邊省蜀人輸送及中都漕輓之費七年兩浙察訪沈括言本路歲上供帛九十八萬民苦備償而發運司復以移用財貨爲名增預買紬絹十二萬詔罷其所增之數八年韓琦奏倚閣預買紬絹等雖稍豐稔猶當五七歲帶輸安石以爲不然言於神宗曰預買紬絹祖宗以來未嘗倚閣往歲李稷有請因

從之近方鎮監司爭以寬恤爲事不計有無異日國用闕當復刻剥於民爾元豐以來諸路預買紬絹許假封樁錢或坊場錢少者數萬緡多者至數十萬緡其假提舉司寬剩錢者又或令以絹帛入常平庫俟轉運司以價錢易取三年京東轉運司請增預買數三十萬即本路移易從之四年遣李元輔變運川峽四路司農物帛中書言物帛至陝西擇省様不合者貿易糴糧儲於邊期以一年畢五年户部上其數凡八百十六萬一千七百八十匹兩三百四十六萬二千緡有奇紹聖元年兩浙絲蠶薄收和買并稅紬絹令四等下户輸錢易左帑紬絹又令轉運司以所輸

錢市金銀遇蠶絲多兼市紗羅紬絹上供元符元年雄州榷場輸布不如様監司通判貶秩展磨勘年有差令損其直後似此者勿受尚書省言民多願請預買錢宜視歲例增給來歲市紬絹計綱赴京左司員外郎陳瓘言預買之息重於常平數倍人皆以爲苦何謂願請今復揤增雖名濟乏實聚歛之術提點京東刑獄程堂亦言京東河北災民流未復令轉運司東西路歲額無慮二百萬匹兩又於例外增買請罷之乃詔諸路提舉司勿更給錢俟蠶麥登選官置場崇寧中諸路預買令所產州縣鄉民及城郭户並準貲力高下差等均給川陝路取元豐數最多一年爲

額舊不給者如故江西和買紬絹歲五十萬匹舊以錢鹽三七分預給自鹽鈔法行不復給鹽令轉運司盡給以錢而卒無有逮今五年循以爲常民重傷困大觀初詔假本路諸司封樁錢及鄰路所掌封樁鹽各十萬緡給之其後提舉常平張根復言本路和買未嘗給錢請盡給一歲之鹽許轉運司移運或民戶至場自請而江西十郡和買數多法一匹給鹽二十斤比錢九百歲預於十二月前給之轉運司得鹽不足更下發運司會積歲所負給償尚書省言大觀庫物帛不足令兩浙京東淮南江東西成都梓州福建路市羅綾紗一千至三萬匹各有差三年又令京東淮南兩浙市絹帛五萬及三萬匹並輸大觀庫又四川各二萬輸元豐庫江東西如四川之數輸崇寧庫而州縣和買有以鹽一席折錢六千令民至期輸紬絹六匹又前期督促致多逃徙詔遞加其罪坊郭戶預買有家至四五百匹興仁府萬延嗣戶業錢十四萬二千緡歲均千餘匹乃令減半均之兩浙和買并稅紬絹布帛頭子錢外又收市例錢四十例外約增數萬緡以分給人吏政和初詔罷市例錢諸路紬絹布帛比價高數倍而給直猶用舊法言者請稍增之度支以元豐例定沮抑不行令如期給散而已江東和買弊如江西比年纔給二百轉運司又以重十三

兩爲則不及則準絲價補納以錢兩率二百有餘宣和三年詔提刑司釐正以聞先是成都河北預買官戶許減半四年令舊嘗全科者如舊既又以兩浙多官戶令預買通數七年冬郊祀河北京東和買科取物帛絲綿等數並免以供奉物給降其所輸貸幾數百萬初預買紬絹務優直以利民然猶未免煩民後或令民折輸錢或物重而價輕民力寖困其終也官不給直而賦取益甚矣十二月詔令轉運司各會一路之數分下州縣經畫不以錢以他物不以正月以他月給者並論以違制然有司鮮能承順焉靖康元年命轉運司以常平錢前一季預備如正月之期給之毋貸以他物而損其數京東州縣勿以逃移戶舊數科著業人仍先除其數俟流民歸業均數餘路亦如之建炎三年春高宗初至杭州朱勝非爲相兩浙轉運副使王琮言本路上供和買夏稅紬絹歲爲匹一百一十七萬七千八百每匹折輸錢二千以助用詔許之東南折帛錢自此始五月詔每歲預買紬絹令登時給其直又詔江浙和預買絹減四分之一仍給見錢違者寘之法紹興元年初賦鼎州和買折帛錢六萬緡以贍蔡兵以兩浙夏稅及和買紬絹一百六十餘萬匹半令輸錢匹二千二年以諸路上供絲帛並半折錢如兩浙例江淮閩廣荆湖折帛錢自此

始時江浙湖北夔路歲額紬三十九萬匹江南川廣湖南兩浙絹二百七十三萬匹東川湖南綾羅絁七萬匹西川廣西布七十七萬匹成都錦綺千八百餘匹皆有奇三年三月以兩浙和買物帛下户艱於得錢聽以七分輸正色三分折見緡初洪州和買八分輸正色二分折省錢匹三千四年帥臣胡世將請以三分匹折六千省又言絹直踴貴請匹增爲五千足户部定爲六千足殿中侍御史張致遠言江西殘破之餘和預買絹請折輸錢朝廷從之是欲少寬民力匹輸錢五千省比舊直已增其半較之兩浙時直匹多一千五百户部又令折六貫文足是欲乘民之急

而倍其歛也物不常貴則絹有時而易辦錢額既定則價無時而可減於是詔江西和買絹匹折輸錢六千省願輸正色者聽是冬、初令江浙民户悉輸折帛錢當是時行都月費錢百餘萬緡重以征戍之費令民輸紬者全折輸絹者半折匹五千二百省折帛錢由此愈重九年正月復河南減折帛錢匹一千未幾又增之十七年減折帛錢江南匹爲六千兩浙七千和買六千五百綿江南兩爲三百兩浙四百二十年詔廣西折布錢因張浚增至兩倍以上今減作一貫文折輸二十九年中書省奏江浙四路所起折帛錢地里遥遠宜就近儲之詔除徽處廣德舊折輕貨餘

州當折銀者輸錢願輸銀者聽浙西提刑司三總領所主之先是江浙路折帛錢歲爲錢五百七十三萬餘緡並輸行都至是始外儲之以備軍用乾道四年減兩浙乾道五年夏稅和買折帛錢之半六年知徽州鄭外卿代還奏州自五代時陶雅守郡妄增民賦至今二百餘年比鄰境諸縣之稅獨重數倍而雜錢之稅科折尤重請賜蠲免九年詔徽州額外槲科雜錢一萬二千一百八十餘緡及元認江東兩浙運司諸處絹一萬六千六百餘匹並蠲之紹熙五年詔兩浙江東西和買紬絹折帛錢太重可自來年匹減錢一貫五百文三年後別聽旨所減之錢令內藏封樁

兩庫撥還慶元元年户部侍郎袁說友言臨安餘杭二縣和買科取之弊乞將餘杭縣經界元科之額配以絹數不分等則以二十四貫定數一匹衮科而下足額而止捐其餘以惠末產之民如此則吏不得而制民民無資於詭户救弊之良策也說友又奏實頭均科之法行則縣邑無由多取鄉司無所走弄而詭挾者不能以幸免是以姦民頑吏立爲異論以撓之詔令集議二年吏部尚書葉翥等議請如帥漕所奏推行之詔可建炎元年知越州翟汝文奏浙東和預買絹歲九十七萬六千匹而越乃六十萬五百匹以一路計之當十之三望將三等以上户減半四等以

下户權罷尋以杭之和買絹偏重均十二萬匹於兩浙乾道九年祕書郎趙粹中言兩浙和買莫重於紹興而會稽爲最重緣田薄税重詭名隱寄多分子户自經界後至乾道五年累經推排減落物力走失愈重民力困竭若據畝均輸可絶詭户之弊淳煕八年詔兩淮漕臣吴琚與帥臣張子顔措置子顔等言勢家豪民分析版籍以自託於下户是不可不抑然弊必有原謂如浙東七州和買凡二十八萬一千七百三十有八温州本無科額合台明衢處婺之數不滿一十三萬而紹興一郡獨當一十四萬六千九百三十有八則是以一郡視五郡之輸而又贏一萬有奇

此重額之弊也又如賃牛物力以其有資民用不忍科配酒坊鹽亭户以其嘗趂官課難令再敷至於坍江落海之田壞地漂没僧道寺觀之産或奉詔蠲免而省額未除不免陰配民户此暗科之弊也二弊相乘民不堪命於是規避之心生而詭户之患起舊例物力三十八貫五百爲第四等降一文以下即爲第五等爲詭户者志於規避往往止就二三十貫之間立爲砧基今若自有産有丁係眞五等依舊不科其有産無丁之户將實管田産錢一十五貫以上並科和買其一十五貫以下則存而不敷庶幾僞五等不可逃眞五等不受困於是詔紹興府攢宫田園諸寺觀延祥莊并租牛耕牛合蠲和買並於省額除之坊場鹽亭户見敷和買物力及坍江田放生池合減租税物力並覈實取旨十一年臣僚言兩浙江東西四路和買不均之弊送户部給舍等官詳議鄭丙丘崈議畝頭均科之説至公至平詔施行之十六年知紹興府王希呂言均敷和買最褁者亟於集事不暇覈實一切以爲詭户而科之於是物力自百文以上皆不免於和買貧民始不勝其困乞將捌科和買二萬五十七匹有奇盡放則民被實惠矣於是詔下户和買二萬五十餘匹住催一年又減元額四萬四千匹有奇均敷一節令知紹興府洪邁從長施行紹煕元年邁定其法上之詔依所措置推行於是紹興貧民下户稍寬矣

和糴宋歲漕以廣軍儲實京邑河北河東陝西三路及内郡又自糴買以息邊民飛輓之勞其名不一建隆初河北連歲大稔命使置場增價市糴自是率以爲常咸平中嘗出内府綾羅錦綺計直緡錢百八十萬銀三十萬兩付河北轉運使糴粟實邊繼而詔凡邊州積穀可給三歲即止大中祥符初三路歲豐仍令增糴廣蓄靡限常數後又時出内庫緡錢或數十萬或百萬別遣官經畫市糴中等户以下免之初河東旣下減其租賦有司言其地沃民勤頗

多積穀請每歲和市隨常賦輸送其直多折色給之京東西陝西河北闕兵食州縣括民家所積糧市之謂之推置取上户版籍酌所輸租而均糴之謂之對糴皆非常制麟府州以轉餉道遠遣常參官就置場和糴河北又募商人輸芻粟於邊以要券取鹽及緡錢香藥寶貨於京師或東南州軍陝西則受鹽於兩池謂之入中陝西糴穀又歲預給青苗錢天聖以來罷不復給然發內藏金帛以助糴者前後不可勝數寶元中出內庫珠直緡錢三十萬付三司售之收其直以助邊費歐陽脩奉使河東還言河東禁並邊地不許人耕而私糴北界粟麥爲兵儲最爲大患遂詔

岢嵐火山軍閑田並邊壕十里外者聽人耕然竟無益邊備歲糴如故大抵入中利厚而商賈趨之罷三路入中悉以見錢和糴縣官之費省矣熙寧五年詔以銀絹各二十萬賜河東經畧安撫司聽人賒買收本息封樁備邊自是三路封樁所給甚廣或取之三司或取之市易務或取之他路轉運司或賜常平錢或鬻爵給度牒而出內藏錢帛不與焉七年以岷州入中者寡令三司具東南及西鹽鈔法經久通行利病以聞知熙州王韶建議依沿邊和糴例以一分見緡九分西鈔別約價募入中者凡邊部入中有闕則多出京鈔或饒益誘之以紓用度是歲河東並邊大

稔詔都轉運使李師中與劉庠廣糴積五年之蓄復命輔臣議更以陝西並塞芻糧之法令轉運司增舊糴三分以所糴虧羨爲賞罰仍遣吏按視而陝西和糴或以錢茶銀紬絹糴於弓箭手八年河東察訪使李承之言太原路二税外有和糴糧草官雖量予錢布而所得細微民無所濟遇歲凶不蠲最爲弊法繼而知太原韓絳復請和糴於元數省三分罷支錢布乞精選才臣講求利害詔委陳安石元豐元年安石奏河東十三州二税以石計凡三十九萬二千有餘而和糴數八十二萬四千有餘所以歲凶仍輸者以税輕軍儲不可闕故也舊支錢布相半數既奇零以

鈔貿易畧不收半公家實費百姓乃得虛名欲自今罷支糴錢歲以其錢令並邊州郡和市封樁即歲災以塡所蠲數年豐則三歲一免其輸朝廷以爲然始詔河東歲給和糴錢八萬餘緡並罷以其錢付漕司如安石議因用安石爲河東轉運使其後經畧使呂惠卿復請別議立法除河外三州理爲邊郡宜免餘十一州可槩均糴下有司議以歲和糴見數十分之裁其二用八分爲額隨户色高下裁定毋更給錢歲災同秋税蠲放以轉運司應給錢補之災不及五分聽以久例支移遂易和糴之名爲助軍糧草元豐四年以度支副使蹇周輔兼措置河北糴使司明年詔

以開封府界諸路闕額禁軍及淮浙福建等路剩鹽息錢並輸糴便司爲本令瀛定澶等州各置倉凡封樁三司毋關預委周輔專其任司農寺市易淤田水利等司所計置封樁糧草並歸之六年詔提點河北西路王子淵兼同措置未幾手詔周輔令河朔豐成宜廣收糴是歲大名東西濟勝二倉定州衍積寶盈二倉與瀛之州倉皆成周輔召拜戶部侍郎以左司郎中吳雍代之明年雍言河北倉廩皆充實見儲糧料總千一百七十六萬石詔賜同措置王子淵三品服宣和中罷畿內和糴自熙寧以來和糴入中之外又有坐倉博糴結糴俵糴兌糴寄糴括糴勸糴均糴

等名其曰坐倉熙寧二年令諸軍餘糧願糴入官者計價支錢復儲其米於倉王珪奏曰外郡用錢四十可致斗米於京師今京師乏錢反用錢百坐倉糴斗米此極非計司馬光曰坐倉之法蓋因小郡乏米而庫有餘錢故反就軍人糴米以給次月之糧出於一時急計耳今京師有七年之儲而府庫無錢更糴軍人之米使積久陳腐其爲利害非臣所知呂惠卿曰今坐倉得米百萬石則減東南歲漕百萬石轉易爲錢以供京師何患無錢光曰臣聞江淮之南民間乏錢謂之錢荒而土宜秔稻彼人食之不盡若官不糴取以供京師則無所發泄必甚賤傷農矣且民有米

而官不用米民無錢而官必使之出錢豈通財利民之道乎不從明年又慮元價賤神龍衛及諸司每石等第增錢收糴仍聽行於河北河東陝西諸路元符以後有低價抑糴之弊詔禁止之其曰博糴熙寧七年詔河北轉運提舉司置場以常平及省倉歲用餘糧減直聽民以絲綿綾絹增價博買俟秋成博糴崇寧五年又詔陝西錢重物輕委轉運司措置以銀絹絲紬之類博糴斛斗以平物價其曰結糴熙寧八年劉佐體量川茶因便結糴熙河路軍儲得七萬餘石詔運給焉未幾商人王震言結糴多散官錢浮浪之人有經年方輸者詔措置熙河財用孫迥究治以聞

迥奏總管王君萬負熙河兩州結糴錢十四萬六百三十餘緡銀三百餘兩乃遣蔡確馳往本路劾之君萬及高遵裕皆坐借結糴違法市易降黜有差崇寧初蔡京行於陝西盡括民財以充數五年以星變講脩闕政罷陝西河東結糴對糴其曰俵糴熙寧八年令中書計運米百萬石費約三十七萬緡帝怪其多王安石因言俵糴非特省六七十萬緡歲漕之費且河北入中之價權之在我遇斗斛貴住糴即百姓米無所糴自然價損非惟實邊亦免傷農乃詔歲以末鹽錢鈔在京粳米六十萬貫石付都提舉市易司貿易度民田入多寡豫給錢物秋成於澶州北京及緣

邊入米麥粟封樁即物價踴權止入中聽糴便司兑用須歲豐補償紹聖三年呂大忠之言召農民相保豫貸官錢之半循稅限催科餘錢至夏秋用時價隨所輸貼納崇寧中蔡京令坊郭鄉村以等第給錢俟收以時價入粟邊郡弓箭手青唐蕃部皆然用俵多寡爲官吏賞罰其曰兑糴熙寧九年詔淮南常平司於麥熟州郡及時兑糴元祐二年嘗以麥熟下諸路廣糴詔後價若與本相當即許變轉兑糴其曰寄糴元豐二年糴便糧草王子淵論綱舟利害因言商人入中歲小不登必邀厚價故設内郡寄糴之法以權輕重七年詔河北瀛定二州所糴數以鉅萬而散於

諸郡寄糴恐緩急不相及不若致商人自運李南公王子淵俱言寄糴法行已久且近都倉緩急運致非難於是寄糴卒不罷其曰括糴元符元年涇原經畧使章楶請並邊糴買豫榜諭民毋得與公家爭糴即官儲有乏括索贏糧之家量存其所用盡糴入官其曰勸糴均糴政和元年童貫宣撫陝西議行之鄜延經畧使錢即言勸糴非可以久行均糴先入其斛斗乃給其直於有斛斗之家未有害也坊郭之人素無斛斗必須外糴轉有煩費疏奏坐貶時又詔河北河東倣陝西均糴知定州王漢之坐沮格奪職罷未幾遂立均糴法三年以歲稔諸路推行均糴五年言者

謂均糴法嚴然已糴而不償其直或不度州縣之力數數過多有一户而糴數百石者乃詔諸路毋輒均糴既而州縣以和糴爲名低裁其價轉運司程督愈峻科率倍於均糴詔約止之宣和三年方臘平兩浙亦量官户輕重均糴明年荆湖南北均糴以家業爲差勸糴之法其後寖及於新邊鄯廓州積石軍蕃部患之自熙寧以來王韶開熙河章惇營溪洞沈起劉彝啓交阯之隙韓存寶林廣窮乞弟之役費用科調益繁陝西宿兵既多元豐四年六路大舉西討軍費最甚於他路帝先慮科役擾民令趙卨廉問頗得其事又以糧餉麤惡欲械斬河東涇原漕臣以厲其餘

卒以師興役衆鮮克辦給又李稷爲鄜延漕臣督運詔許斬知州以下乏軍興者民苦摺運多散走所殺至數千人道斃者不在焉於是文彥博奏言關陝人户昨經調發不遺餘力死亡之餘疲瘵已甚爲今之計正當勞來將士安撫百姓全其瘡痍使得蘇息明年優詔嘉答初西師無功議者慮朝廷再舉自是帝大感悟申飭邊臣固境息兵關中以蘇哲宗即位諸老大臣維持初政益務綏靜邊郡類無調發第令諸路廣糴以備蓄積及詔陝西麟府州計五歲之糧而已紹聖初乃詔河北鎮定瀛州糴十年之儲餘州七年其後陝西諸路又連歲興師及進築鄯湟等州費

資糧不可勝計元符二年涇原經畧使章楶諫曰伏見興師以來陝西府庫倉廩儲蓄內外一空前後資貸內藏金帛不知其幾千萬數即今所在糧草盡乏漕臣計無所出文移指空而已今者正休兵息民清心省事之時唯深察臣言裁決斯事若更詢主議大臣竊恐專務興師上誤聖聽主議大臣指章惇也時內藏空乏陝西諸路以軍賞錄絹數寡請給於內藏庫詔以絹五十萬匹予之帝謂近臣曰內庫絹才百萬已輟其半矣蔡京用事復務拓土勸徽宗招納青唐用王厚經置費錢億萬用大兵凡再始克之而湟州戍兵歲費錢一千二十四萬九千餘緡五年熙河

蘭湟運使洪中孚言本道青稞畝収五石粒當大麥之三異時人糧給精米馬料給青稞率皆八折不惟人馬之食自足而價亦相當今邊臣不燭事情精米青稞與糙米大麥一例抵斗給散即公有一分之耗私有一分之羸會計一路歲費斛斗一百八十萬雜色五十萬外青稞一百三十萬抵斗歲費二十六萬石石三十緡計七百八十萬帝慮其米仍麤糲將士或有饑色乃命九折明年復令計斗給散竟罷九折又於陝西建四都倉平夏城曰裕財鎮戎軍曰裕國通峽砦曰裕民西安州曰裕邊自夏人叛命諸路皆謀進築陝以西保甲皆運糧後畜責又自將兵築靖夏

制戎伏羌等城窮討深入凡六七年至宣和末饋餉空乏鄜延至不能支旬月時邊臣爭務開邊夔峽嶺南不毛之地草剏郡邑調取於民費出於縣官不可勝計最後有燕山之役雄霸等州倉廩皆竭兵士饑怨有擲瓦石擊守貳刃將官者燕山郭藥師所將常勝一軍計口給錢廩月費米三十萬石錢一百萬緡河北之民力不能給於是免夫之議興初黃河歲調夫修築埽岸其不即役者輸免夫錢熙豐間淮南科黃河夫夫錢十千富戶有及六十夫者劉誼蓋嘗論之及元祐中呂大防等主回河之議力役既大因配夫出錢大觀中修滑州魚池埽始盡令輸錢帝謂事

易集而民不煩乃詔凡河隄合調春夫盡輸免夫之直定爲求法及是王黼建議乃下詔曰大兵之後非假諸路民力其克有濟諭民國事所當竭力天下並輸免夫錢夫二十千淮浙江湖嶺蜀夫三十千凡得一千七百餘萬緡河北羣盜因是大起南渡三邊饋餉糴事所不容已紹興間於江浙湖南博糴多者給官告少者給度牒或以鈔引類多不售而吏緣爲姦人情大擾於是減其價以誘積粟之家初不拘於官編之户凡降金銀錢帛而州縣阻節不即還者官吏並徒二年廣東轉運判官周綱糴米十五萬石無擾及無陳腐撫州守臣劉汝翼餉兵不匱及勸誘賑糴

流離皆轉一官七年以饒州之糴石取耗四斗罪其郡守自是和糴者計剩科罪十三年荆湖歲糴米斗六七錢乃就糴以寬江浙之民十八年免和糴命三總領所置場糴之舊制兩浙江湖歲當發米四百六十九萬斛（兩浙一百五十萬江東九十三萬江西百二十六萬湖南六十五萬湖北三十五萬）至是欠百萬斛有奇乃詔臨安平江府及淮東西湖廣三計司歲糴米百二十萬斛淮西十六萬五千湖廣淮東皆十五萬二十八年除二浙以三十五萬斛折錢諸路綱米及糴場歲收四百五十二萬斛二十九年糴二百三十萬石以備振貸石降錢二千以關子茶引及銀充其數孝宗乾道三年秋江浙淮閩淫雨詔州縣以本錢坐倉收糴毋強配於民四年糴本給會子及錢銀石錢二貫五百文淳熙三年詔廣西運司糴錢以歲豐歉市直高下增減給之寶慶三年監察御史汪剛中言和糴之弊其來非一日矣欲得其要而革之非禁科抑不可夫禁科抑莫如增米價此已試而有驗者望飭所司奉行有旨從之紹定元年錫銀會度牒於湖廣總所令和糴米七十萬石餉軍五年臣僚言若將民間合輸緡錢使輸斛斗免令賤糴輸錢在農人亦甚有利此廣糴之良法也從之開慶元年沿江制置司招糴米五十萬石湖南安撫司糴米五十萬石兩浙轉運司五十萬石淮浙發運

司二百萬石江東提舉司三十萬石江西轉運司五十萬石湖南轉運司二十萬石太平州一十萬石淮安州三十萬石高郵軍五十萬石漣水軍一十萬石廬州一十萬石並視時以一色會子發下收糴以供軍餉咸淳六年都省言咸淳五年和糴米除浙西永遠住糴及四川制司就糴二十萬石樁充軍餉外京湖制司湖南江西廣西共糴一百四十八萬石凡遇和糴年分皆然

漕運宋都大梁有四河以通漕運曰汴河曰黄河曰惠民河曰廣濟河而汴河所漕爲多太祖起兵間有天下懲唐季五代藩鎮之禍蓄兵京師以成彊幹弱支之勢故於兵食爲重建隆以來首浚三河令自今諸州歲受稅租及筦榷貨利上供物帛悉官給舟車輸送京師毋役民妨農開寶五年率汴蔡兩河公私船運江淮米數十萬石以給兵食是時京師歲費有限漕事尚簡至太平興國初兩浙既獻地歲運米四百萬石所在雇民挽舟吏並緣爲姦運舟或附載錢帛雜物輸京師又回綱轉輸外州主藏吏給納邀滯於是擅貿易官物者有之八年乃擇幹彊之臣在京分掌水陸路發運事凡一綱計其舟車役人之直給付主綱吏雇募舟車到發財貨出納並關報而催督之自是調發邀滯之弊遂革初荆湖江浙淮南諸州擇部民高貲者

部送上供物民多質魯不能檢御舟人侵盜官物民破產不能償乃詔牙吏部送勿復擾民大通監輸鐵尚方鑄兵器鍛鍊用之十裁得四五廣南貢藤去其麤者斤僅得三兩遂令鐵就冶即淬治之藤取堪用者無使負重致遠以勞民力汴河挽舟卒多饑凍太宗令中黃門求得百許人藍縷枯瘠詢其故乃主糧吏率取其口食帝怒捕鞫得實斷腕徇河上三日而後斬之押運者杖配商州雍熙四年併水陸路發運爲一司主綱吏卒盜用官物及用水土雜糅官米故毀敗舟船致沉溺者棄市募告者厚賞之山河平河實因灘磧風水所敗以收救分數差定其罪端

拱元年罷京城水陸發運以其事分隸排岸司及下卸司先是四河所運未有定制太平興國六年汴河歲運江淮米三百萬石菽一百萬石黃河粟五十萬石菽三十萬石惠民河粟四十萬石菽二十萬石廣濟河粟十二萬石凡五百五十萬石非水旱蠲放民租未嘗不及其數至道初汴河運米五百八十萬石大中祥符初至七百萬石江南淮南兩浙荆湖路租糴於眞揚楚泗州置倉受納分調舟船溯流入汴以達京師置發運使領之諸州錢帛雜物軍器上供亦如之陝西諸州菽粟自黃河三門沿流入汴以達京師亦置發運司領之粟帛自廣濟河而至京師者京東之十七州由石塘惠民河而至京師者陳潁許蔡光壽六州皆有京朝官廷臣督之河北衛州東北有御河達乾寧軍其運物亦廷臣主之廣南金銀香藥犀象百貨陸運至虔州而後水運川益諸州金帛及租市之布自劍門列傳置分輦負擔至嘉州水運達荆南自荆南遣綱吏運送京師咸平中定歲運六十六萬匹分爲十綱天禧末水陸運上供金帛緡錢二十三萬一千餘貫兩端匹珠寶香藥二十七萬五千餘斤諸州歲造運船至道末三千二百三十七艘天禧末減四百二十一先是諸河漕數歲久益增景德四年定汴河歲額六百萬石天聖四年荆湖江淮州

縣和糴上供小民闕食自五年後權減五十萬石慶曆中又減廣濟河二十萬石後黃河歲漕益減耗纔運菽三十萬石歲創漕船市材木役牙前勞費甚廣嘉祐四年罷所運菽減漕船三百艘自是歲漕三河而已江湖上供米舊轉運使以本路綱輸眞楚泗州轉般倉載鹽以歸舟還其郡卒還其家汴舟詣轉般倉運米輸京師歲摺運者四河冬涸舟卒亦還營至春復集名曰放凍卒得番休逃亡者少汴船不涉江路無風波沉溺之患後發運使權益重六路上供米團綱發船不復委本路獨專其任文移坌併事目繁夥不能檢察操舟者賕諸吏得詣富饒郡市賤貿貴

以趨京師自是江汴之舟混轉無辨挽舟卒有終身不還其家老死河路者籍多空名漕事大弊皇祐中發運使許元奏近歲諸路因循糧綱法壞遂令汴綱至冬出江爲他路轉漕兵不得息宜敕諸路增船載米輸轉般倉充歲計如故事於是牟利者多以元說爲然詔如元奏久之諸路綱不集嘉祐三年下詔切責有司以格詔不行及發運使不能總綱條轉運使不能斡歲入預敕江淮兩浙轉運司期以朞年各造船補卒團本路綱自嘉祐五年汴船不得復出江至期諸路船猶不足汴船既不至江外江外船不得至京師失商販之利而汴船工卒訖冬坐食恒苦不足

皆盜毀船材易錢自給船愈壞而漕額愈不及矣論者初欲漕卒得歸息而近歲汴船多傭丁夫每船卒不過一二人至冬當留守船實無得歸息者時元罷已久後至者數奏請出汴船執政不許治平三年始詔出汴船七十綱未幾皆出江復故治平二年漕粟至京師汴河五百七十五萬五千石惠民河二十六萬七千石廣濟河七十四萬石又漕金帛緡錢入左藏內藏庫者總其數一千一百七十三萬而諸路轉移相給者不預焉繇京西陝西河東運薪炭至京師薪以斤計一千七百一十三萬炭以秤計一百萬是歲諸路刱漕船二千五百四十艘治平四年京師秔

米支五歲餘是時漕運吏卒上下共爲侵盜貿易甚則託風水沉沒以滅迹官物陷折歲不減二十萬斛熙寧二年薛向爲江淮等路發運使始募客舟與官舟分運互相檢察舊弊乃去歲漕常數既足募商舟運至京師者又二十六萬餘石而未已請充明年歲計之數三司使吳充言宜自明年減江淮漕米二百萬石令發運司易輕貨二百萬緡計五年所得無慮緡錢千萬轉儲三路平糴備邊王安石謂驟變米二百萬石米必賤驟致輕貨二百萬貫貨必貴當令發運司度米貴州郡折錢變爲輕貨儲之河東陝西要便州軍用常平法糶糴爲便詔如安石議七年

京東路察訪鄧潤甫等言山東沿海州郡地廣豐歲則穀賤募人爲海運山東之粟可轉之河朔以助軍食詔京東河北路轉運司相度卒不果行是歲江淮上供穀至京師者三分不及一令督發運使張頡亟辦來歲漕計宣徽南院使張方平言今之京師古所謂陳留天下四衝八達之地利漕運而贍師旅國初浚河渠三道以通漕運立上供年額汴河六百萬石廣濟河六十二萬石惠民河六十萬石廣濟河所運止給太康咸平尉氏等縣軍糧唯汴河運米麥乃太倉蓄積之實近罷廣濟河而惠民河斛斗不入太倉大衆所賴者汴河議者屢作改更必致汴河日失其

舊十二月詔濬廣濟河增置漕舟其後河成歲漕京東穀六十萬石東南諸路上供雜物舊陸運者增舟水運押汴河江南荆湖綱運七分差三班使臣三分軍大將殿侍又令眞楚泗州各造淺底舟百艘分爲十綱入汴元豐五年罷廣濟河輦運司及京北排岸司移上供物於淮陽計置入汴以清河輦運司爲名御史言廣濟安流而上與清河泝流入汴遠近險易不同詔轉運提點刑獄比較利害以聞江淮等路發運副使蔣之奇都水監丞陳祐甫開龜山運河漕運往來免風濤百年沉溺之患詔各遷兩官餘官減年循資有差八年罷歲運百萬石赴西京先是導洛入

汴運東南粟貫洛下至是户部奏罷之是年立汴河糧綱賞罰歲終檢察紹聖二年置汴綱通作二百綱在部進納官銓試不中者注押上供糧斛不用衙前土人軍將未幾復募土人押諸路綱如故政和七年立東南六路州軍知州通判裴發上供糧斛任滿賞格自一萬石至四十萬石升名次減年有差張根爲江南西路轉運副使歲漕米百二十萬石給中都江南州郡僻遠官吏艱於督趣根常存三十萬石爲轉運之本以寬諸郡時甚稱之宣和二年詔六路米麥綱運依法募官先募未到部小使臣及非泛補授校尉以上未許參部人并進納人管押淮南以五運兩

浙及江東二千里內以四運江東二千里外及江西三運湖南北二運各欠不及五釐依格推賞外仍許在外指射合入差遣一次召募土人並罷七年詔結絕應奉司江淮諸局所及罷花石綱令逐路漕臣速拘舟船裴發綱運備邊靖康初汴河決口有至百步者塞之工久未訖乾涸月餘綱運不通南京及京師皆乏糧責都水使者陳求道等命提舉京師所陳良弼同措置越兩旬水復舊綱運沓至兩京糧乃足河北河東陝西三路租稅薄不足以供兵費屯田營田歲入無幾糴買入中之外歲出内藏庫金帛及上京榷貨務緡錢皆不翅數百萬選使臣軍大將河北船

運至乾寧軍河東陝西船運至河陽措置陸運或用鋪兵廂軍或發義勇保甲或差雇夫力車載馱行隨道路所宜河北地里差近西路回遠又涉磧險運致甚艱熙寧六年詔鄜延路經畧司支封樁錢於河東買橐駝三百運沿邊糧草元豐四年河東轉運司調夫萬一千人隨軍坊郭上户有差夫四百人者其次一二百人願出驢者三驢當五夫五驢别差一夫驅喝一夫雇直約三十千以上一驢約八千加之期會迫趣民力不能勝軍須調發煩擾又多不急之務如絳州運粟千石往麟府每石止直四百而雇直乃約費三十緡涇原路轉運判官張大寧言餽運之策莫

若車便自熙寧至磨哆口皆大川通車無礙自磨哆至兜
嶺下道路亦然嶺以北即山險少水車乘難行可就嶺南
相地利建一城砦使大車自鎮戎軍載糧草至彼隨軍馬
所在以軍前夫畜往來短運更於中路量度遠近以遣回
空夫築立小堡應接如此則省民力之半神宗嘉之京西
轉運司調均鄧州夫三萬每五百人差一官部押赴鄜延
饋運其本路程塗日支錢米外轉運司計自入陝西界至
延州程數日支米錢三十柴菜錢十文並先併給陝西都
轉運司於諸州差雇車乘人夫所過州交替人日支米二
升錢五十至沿邊止軍糧出界止差廂軍六年詔熙河蘭

會經畧制置司計置蘭州人萬馬二千般運糧草於次路
州軍剗刮官私橐駝二千與經制司自熙河摺運事力不
足發義勇保甲給河東陝西邊用非機速者並作小綱數
排日遞送大觀二年京畿都轉運使呂擇仁言西輔軍糧
發運司歲撥八萬石貼助於滎澤下卸至州尚四五十里
擺置車三鋪每鋪七十人月可運八千四百石所運漸多
據數增添鋪兵靖康元年十月詔曰一方用師數路調發
軍功未成民力先困京西運糧每名六斗用錢四十貫陝
西運糧民間倍費百餘萬緡聞之駭異今歲四方豐稔粒
米狼戾但可逐處增價收糴不得輙般運以稱恤民之意

若般綱水運及諸州支移之類仍舊三路陸運以給兵費
大畧如此其他州縣運送或軍興調發以給一時之用此
皆不著轉般自熙寧以來其法始變歲運六百萬石給京
師外諸倉常有餘蓄州郡告歉則折收上價謂之額斛計
本州歲額以倉儲代輸京師謂之代發復於豐熟以中價
收糴穀賤則官糴不至傷農饑歉則納錢民以為便本錢
歲增兵食有餘崇寧初蔡京為相始求羨財以供侈費用
所親胡師文為發運使以糴本數百萬緡充貢入為戶部
侍郎來者倣之時有進獻而本錢竭矣本錢既竭不能增
糴而儲積空矣儲積既空無可代發而轉般之法壞矣崇

寧三年戶部尚書曾孝廣言往年南自真州江岸北至楚
州淮堤以堰瀦水不通重船般剝勞費遂於堰旁置轉般
倉受逐州所輸更用運河船載之入汴以達京師雖免推
舟過堰之勞然侵盜之弊由此而起天聖中發運使方仲
荀奏請度真楚州堰為水閘自是東南金帛茶布之類直
至京師惟六路上供斛斗猶循用轉般法吏卒縻費與在
路折閱動以萬數欲將六路上供斛斗並依東南雜運直
至京師或南京府界卸納庶免侵盜乞貸之弊自是六路
郡縣各認歲額雖湖南北至遠處亦直抵京師號直達綱
豐不加糴歉不代發方綱米之來立法峻甚船有損壞所

至脩整不得踰時州縣欲其速過但令供狀以錢給之沿流鄉保悉致騷擾公私横費百出又鹽法已壞廻舟無所得舟人逃散船亦隨壞本法盡廢大觀三年詔直達綱自來年並依舊法復行轉般令發運司督脩倉敖荆湖北路提舉常平王璹措置諸路運糧舟船政和二年復行直達綱毀拆轉般諸倉譚稹上言祖宗建立真楚泗州轉般倉一以備中都緩急二以防漕渠阻節三則綱船裝發資次運行更無虚日自其法廢河道日益淺澁遂致中都糧儲不繼淮南三轉般倉不可不復乞自泗州爲始次及真楚既有瓦木順流而下不甚勞費俟歲豐計置儲蓄立法轉

般淮南路轉運判官向子諲奏轉般之法寓平糴之意江湖有米可糴於真兩浙有米可糴於揚宿亳有麥可糴於泗坐視六路豐歉有不登處則以錢折斛發運司得以斡旋之不獨無歲額不足之憂因可以寛民力運渠旱乾則有汴口倉今所患者向來糴本歲五百萬緡支移殆盡宣和五年乃降度牒及香鹽鈔各一百萬貫令呂淙盧宗原均糴斛斗專備轉般江西轉運判官蕭序辰言轉般道里不加遠而人力不勞卸納年豐可以廣糴厚積以待中都之用自行直達道里既遠情弊尤多如大江東西荆湖南北有終歲不能行一運者有押米萬石欠七八千石有抛

失舟船兵梢逃散十不存一二者折欠之弊生於稽留而沿路官司多端阻節至有一路漕司不自置舟船截留他路回綱尤爲不便詔發運司措置六年以無額上供錢物并六路舊欠發斛斗錢貯爲糴本别降三百萬貫付盧宗原將湖南所起年額並隨正額預起抛欠斛斗於轉般倉下卸却將已卸均糴斛斗轉運上京所有直達候轉般斛斗有次第日罷之靖康元年令東南六路上供額斛除淮南兩浙依舊直達外江湖四路並措置轉般高宗建炎元年詔諸路綱米以三分之一輸送行在餘輸京師二年詔二廣湖南北江東西綱運輸送平江府京畿淮南京東西

河北陝西及川綱輸送行在又詔二廣湖南北綱運如過兩浙許輸送平江府福建綱運過江東西亦許輸送江寧府三年又詔諸路綱運見錢并糧輸送建康府户部其金銀絹帛並輸送行在紹興初因地之宜以兩浙之粟供行在以江東之粟餉淮東以江西之粟餉淮西荆湖之粟餉鄂岳荆南量所用之數責漕臣將輸而歸其餘於行在錢帛亦然雇舟差夫不勝其弊民間有自毁其舟自廢其田者紹興四年川陝宣撫吳玠調兩川夫運米一十五萬斛至利州率四十餘千致一斛饑病相仍道死者衆蜀人病之漕臣趙開聽民以粟輸内郡募舟輓之人以爲便總領

所遣官就糴於沿流諸郡復就興利閬州置場聽商人入中然猶慮民之勞且憊也又減成都水運對糴米紹興十六年三十年科撥諸路上供米鄂兵歲用米四十五萬餘石於全永郴邵道衡潭鄂鼎科撥荆南兵歲用米九萬六千石於德安荆南澧純潭復荆門漢陽科撥池州兵歲用米十四萬四千石於吉信南安科撥建康兵歲用米五十五萬石於洪江池宣太平臨江興國南康廣德科撥行在合用米一百十二萬石就用兩浙米外於建康太平宣科撥其宣州見屯殿前司牧馬歲用米并折輸馬料三萬石於本州科撥並諸路轉運司椿發時内外諸軍歲費米三百萬

斛而四川不預焉嘉定兵興揚楚間轉輸不絕濠廬安豐舟楫之通亦便矣而浮光之屯仰饋於齊安舒蘄之民遠者千里近者亦數百里至於京西之儲襄郢猶可徑達獨襄陽陸運夫皆調於湖北鼎澧等處道路遼邈夫運不過八斗而資糧扉屨與夫所在邀求費常十倍中產之家雇替一夫為錢四五十千單弱之人一夫受役則一家離散至有斃於道路者至於部送綱運並差見任官闕則選募得替待闕及寄居官有材幹者其責繁難人以為憚故自紹興以來優立賞格其有欠者亦多方而憫之乾道初蠲欠五十石以下者三年蠲欠百石以下者九年初綱運欠及一分者送有司究弊至是臣僚申明綱運欠及一分者亦許其補足淳熙元年詔不以所欠多寡並與除放其有因綱欠追降官資者如本非侵盜且補輸已足許敘復自是綱運欠失雖責償於官吏然以其山川險遠非一人所能究亦時寓於蠲放焉

志卷第一百二十八

志卷第一百二十九　宋史一百七十六

開府儀同三司上柱國錄軍國重事前中書右丞相監修國史領經筵事都總裁臣脫脫等奉

敕修

食貨上四 屯田 常平 義倉

前代軍師所在有地利則開屯田營田以省餽饟宋太宗伐契丹規取燕薊邊隙一開河朔連歲繹騷耕織失業州縣多閑田而緣邊益增戍兵自雄州東際于海多積水契丹患之不得肆其侵突順安軍西至北平二百里其地平曠歲常自此而入議者謂宜度地形高下因水陸之便建阡陌濬溝洫益樹五稼可

以實邊廩而限戎馬端拱二年分命左諫議大夫陳恕右諫議大夫樊知古爲河北東西路招置營田使恕對極言非便行數日有詔令修完城堡通導溝瀆而營田之議遂寢時又命知代州張齊賢制置河東諸州營田尋亦罷六宅使何承矩請於順安砦西引易河築堤爲屯田既而河朔連年大水及承矩知雄州又言宜因積潦蓄爲陂塘大作稻田以足食會滄州臨津令閩人黃懋上書言閩地惟種水田緣山導泉倍費功力今河北州軍多陂塘引水溉田省功易就三五年間公私必大獲其利詔承矩按視還奏如

懋言遂以承矩爲制置河北沿邊屯田使懋爲大理寺丞充判官發諸州鎮兵一萬八千人給其役凡雄莫霸州平戎順安等軍興堰六百里置斗門引淀水灌溉初年種稻值霜不成懋以晚稻九月熟河北霜早而地氣遲江東早稻七月即熟取其種課令種之是歲八月稻熟初承矩建議沮之者頗衆武臣習攻戰亦恥於營葺既種稻不成群議愈甚事幾爲罷至是承矩載稻穗數車遣吏送闕下議者乃息而莞蒲蜃蛤之饒民賴其利度支判官陳堯叟等亦言漢魏晉唐於陳許鄧潁暨蔡宿亳至于壽春用水利墾田

陳迹具在請選官大開屯田以通水利發江淮下軍散卒及募民充役給官錢市牛置耕具導溝瀆築防堰每屯十人人給一牛治田五十畝雖古制一夫百畝今且墾其半俟久而古制可復也畝約收三斛歲可收十五萬斛七州之間置二十屯可得三百萬斛因而益之數年可使倉廩充實省江淮漕運民田未闢官爲種植公田未墾募民墾之歲登所取並如民間主客之例傳子曰陸田命懸於天人力雖修苟水旱不時則一年之功棄矣水田之制由人力人力苟修則地利可盡且蟲災之害亦少於陸田水田既修

其利兼倍帝覽奏嘉之遣大理寺丞皇甫選光祿寺丞何亮乘傳按視經度然不果行至咸平中大理寺丞王宗旦請募民耕潁州陂塘荒地凡千五百頃部民應募者三百餘戶詔令未出租稅免其徭役然無助於功利而汝州舊有洛南務內園兵人種稻雍熙二年罷賦于民至是復置命京朝官專掌募民戶二百餘自備耕牛立團長墾地六百頃導汝水澆溉歲收二萬三千石襄陽縣淳河舊作堤截水入官渠溉民田三千頃宜城縣蠻河溉田七百頃又有屯田三百餘頃知襄州耿望請於舊地兼括荒田置營田上中下三務調夫五百築堤堰仍集鄰州兵每務二百人荆湖市牛七百分給之是歲種稻三百餘頃四年陝西轉運使劉綜亦言宜於古原州建鎮戎軍置屯田今本軍一歲給芻糧四十餘萬石束約費茶鹽五十餘萬儻更令遠民輸送其費益多請於軍城四面立屯田務開田五百頃置下軍二千人牛八百頭耕種之又於軍城前後及北至木峽口各置堡砦分居其人無寇則耕寇來則戰就命知軍爲屯田制置使自擇使臣充四砦監押每砦五百人充屯戍從之既而原渭州亦開方田戍人內屬者皆依之得安其居

是時兵費浸廣言屯營田者輒詔邊臣經度行之順安軍兵馬都監馬濟請於靖戎軍東壅鮑河開渠入順安威虜二軍置水陸營田於其側命莫州部署石普護其役踰年而畢知保州趙彬復奏決鷄距泉自州西至蒲城縣分徐河水南流注運渠廣置水陸屯田詔駐泊都監王昭遜共成之自是定州亦置屯田五年罷襄州營田下務六年耿望又請於唐州赭陽陂置務如襄州歲種七十餘頃方城縣令佐掌之調夫耘耨景德初從京西轉運使張巽之請詔止役務兵二年令緣邊有屯營田州軍長吏並兼制置諸營田屯田事舊兼使者如故大中祥符九年改定保州順安軍營田務爲屯田務凡九州軍皆遣官監務置吏屬淮南兩浙舊皆有屯田後多賦民而收其租第存其名在河北者雖有其實而歲入無幾利在蓄水以限戎馬而已天禧末諸州屯田總四千二百餘頃河北歲收二萬九千四百餘石而保州最多逾其半焉襄唐二州營田既廢景德中轉運使許逖復之初耿望借種田人牛及調夫耨穫歲入甚廣後張巽改其法募水戶分耕至逖又參以兵夫久之無大利天聖四年遣尚書屯田員外郎劉漢傑往視漢傑言二

州營田自復至今襄州得穀三十三萬餘石爲緡錢九萬餘唐州得穀六萬餘石爲緡錢二萬餘所給吏兵俸廩官牛雜費襄州十三萬餘緡唐州四萬餘緡得不補失詔廢以給貧民頃收半稅其後陝西用兵詔轉運司度隙地置營田以助邊計又假同州沙苑監牧地爲營田而知永興軍范雍括諸郡牛頗煩擾未幾遂罷右正言田況言鎮戎原渭地方數百里舊皆民田今無復農事可即其地大興營田以保捷兵不習戰者分耕五百人爲一堡三兩堡置營田官一領之播種以時農隙則習武事疏奏不用後乃命三

司戶部副使夏安期等議并邊置屯田迄不能成治平三年河北屯田三百六十七頃得穀三萬五千四百六十八石熙寧初以內侍押班李若愚同提點制置河北屯田事三年王韶言渭原城而下至秦州成紀旁河五六百里良田不耕者無慮萬頃治千頃歲可得三十萬斛知秦州李師中論韶指極邊見招弓箭手地恐秦州益多事詔遣王克臣等按視復奏與師中同再下沈起起奏不見韶所指何地雖實有之恐召人耕種西蕃驚疑侍御史謝景溫言聞沈起妄指甘谷城弓箭手地以塞詔妄而竇舜卿奏實止有

閒田一頃四十三畝中書言起未嘗指甘谷城地以實詔奏而師中前在秦州與韶更相論奏互有曲直詔遂以妄指閒田自著作佐郎責保平軍節度推官師中亦落待制其後韓縝知秦州乃言實有古渭砦弓箭手未請空地四千餘頃遂復韶故官從其所請行之明年河北屯田司奏豐歲屯田入不償費於是詔罷緣邊水陸屯田務募民租佃收其兵爲州廂軍時陝西曠土多未耕屯戍不可撤遠方有輸送之勤知延州趙卨請募民耕以紓朝廷憂詔下其事經畧安撫使郭逵言懷寧砦所得地百里以募弓箭手無

閒田卨又言之遂括地得萬五千餘頃募漢蕃兵幾五千人爲八指揮詔遷卨官賜金帛而熙州王韶又請以河州蕃部近城川地招弓箭手以山坡地招蕃兵弓箭手每砦五指揮以二百五十人爲額人給地一頃蕃官二頃大蕃官三頃熙河多良田七年詔委提點秦鳳路刑獄鄭民憲興營田許奏辟官屬以集事樞密使吳充上疏曰今之屯田誠未易行古者一夫百畝又受田十畝爲公田莫若因弓箭手倣古助田法行之熙河四州田無慮萬五千頃十分取一以爲公田大約中歲畝一石則公田所得十五萬石官

無屯營牛具廪給之費借用衆力而民不勞大荒不收而官無所損省轉輸平糴價如是者其便有六而提點刑獄鄭民憲言祖宗時屯營田皆置務屯田以兵營田以民固有異制然襄州營田既調夫矣又取鄰州之兵是營田不獨以民也邊州營屯不限兵民皆取給用是屯田不獨以兵也至於招弓箭手不盡之地復以募民則兵民參錯固無異也而前後施行或侵占民田或差借耨夫或諸郡括牛或兵民雜耕或諸州廂軍不習耕種不能水土頗致煩擾至於歲之所入不償其費遂又報罷惟因弓箭手爲助田法

一夫受田百畝別以十畝爲公田俾之自備種糧功力歲畝收一石水旱三分除一官無廪給之費民有耕鑿之利若可以爲便然弓箭手之招至未安其業而種糧無所仰給又責其借力於公田慮人心易搖乞候稍稔推行九年詔熙河弓箭手耕種不及之田經略安撫司點廂軍田之官置牛具農器人一頃歲終參較弓箭手廂軍所種優劣爲賞罰弓箭手逃地并營田召佃租課許就近於本城砦輸納仍免折變支移元豐二年改定州屯田司爲水利司及章惇築沅州亦爲屯田務其後遂罷之募民租佃役兵各還

所隸五年詔提舉熙河等路弓箭手營田蕃部共爲一司隸涇原路制置司提舉熙河營田康識言新復土地乞命官分畫經界選知田廂軍人給一頃耕之餘悉給弓箭手人加一頃有馬者又加五十畝每五十頃爲一營四砦堡見缺農作廂軍許於秦鳳涇原熙河三路選募廂軍及馬遞鋪卒願行者人給裝錢二千詔皆從之知太原府呂惠卿嘗上營田疏曰今葭蘆米脂裏外良田不啻一二萬頃夏人名爲眞珠山七寶山言其多出禾粟也若耕其半則兩路新砦兵費已不盡資內地況能盡闢之乎前此所不敢進

耕者外無捍衛也今於葭蘆米脂相去一百二十里間各建一砦又其間置小堡鋪相望則延州之義合白草與石州之吳堡尅明以南諸城砦千里邊面皆爲內地而河外三州荒閑之地皆可墾闢以贍軍用凡昔爲夏人所侵及蘇安靖棄之以爲兩不耕者皆可爲法耕之於是就糴河外而使河內之民被支移者量出脚乘之直革百年遠輸貴糴以免困公之弊財力稍豐又通葭蘆之道於麟州之神木其通堡砦亦如葭蘆米脂之法而横山膏腴之地皆爲我有矣七年惠卿雇五縣耕牛發將兵外護而耕新疆葭蘆

吳堡間膏腴地號木瓜原者凡得地五百餘頃麟府豐州地七百三十頃弓箭手與民之無力及異時兩不耕者又九百六十頃惠卿自謂所得極厚可助邊計乞推之陝西八年樞密院奏去年耕種木瓜原凡用將兵萬八千餘人馬二千餘匹費錢七千餘緡穀近九千石糗糒近五萬斤草萬四千餘束又保甲守禦費緡錢千三百米石三千二百役耕民千五百雇牛千具皆彊民爲之所收禾粟蕎麥萬八千石草十萬二千不償所費又借轉運司錢穀以爲子種至今未償增入人馬防拓之費仍在年計之外慮經畧司

來年再欲耕種乞早約束詔諭惠卿毋蹈前失河東進築堡砦自麟石鄜延南北近三百里及涇原環慶熙河蘭會新復城砦地土悉募廂軍配卒耕種免役已而營田司言諸路募發廂軍皆不閑田作遂各遣還其州紹興元年知荆南府解潛奏辟宗綱樊賓措置屯田詔除宗綱充荆南府歸峽州荆門公安軍鎮撫使司措置五州營田官樊賓副之渡江後營田蓋始於此其後荆州軍食仰給省縣官之半焉三年德安府復州漢陽軍鎮撫使陳規放古屯田凡軍士相險隘立堡砦且守且耕耕必給費斂復給糧依鋤田法餘並入官凡民水田畝賦秔米一斗陸田豆麥夏秋各五升滿二年無欠給爲永業兵民各處一方流民歸業浸衆亦置堡砦屯聚之凡屯田事營田司兼之營田事府縣兼之廷臣因規奏推廣謂一夫授田百畝古制也今荒田甚多當聽百姓請射其有闕耕牛者宜用人耕之法以二人曳一犂凡授田五人爲甲別給蔬地五畝爲廬舍場圃兵屯以大使臣主之民屯以縣令主之以歲課多少爲殿最下諸鎮推行之詔江東西宣撫使韓世忠措置建康營田如陝西弓箭手法世忠言沿江荒田雖多大半有主難如陝

西例乞募民承佃都督府奏如世忠議仍蠲三年租滿五年田主無自陳者給佃者爲永業詔湖北浙西江西皆如之其徭役科配並免五年詔淮南川陜荆襄屯田六年都督張浚奏改江淮屯田爲營田凡官田逃田並拘籍以五頃爲一莊募民承佃其法五家爲保共佃一莊以一人爲長每莊給牛五具耒耜及種副之別給十畝爲蔬圃貸錢七十千分五年償命樊賓王弗行之尋命五大將劉光世韓世忠張俊岳飛吳玠及江淮荆襄利路帥悉領營田使遷賓司農少卿提舉江淮營田置司建康弗屯田員外郎副之

官給牛種撫存流移一歲中收穀三十萬石有奇殿中侍御史石公揆監中嶽李寀及王弗皆言營田之害張浚亦覺其擾請罷司以監司領之於是詔帥臣兼領營田九月以川陝宣撫吳玠治廢堰營田六十莊計田八百五十四頃歲收二十五萬石以助軍儲賜詔獎諭焉三十二年督視湖北京西軍馬汪澈言荊湖兩軍屯守襄漢糧餉浩瀚襄陽古有二渠長渠溉田七千頃木渠溉田三千頃兵後堙廢今先築堰開渠募邊民或兵之老弱耕之其耕牛耒耜種糧令湖北京西轉運司措置既省餽運又可安集流亡從

之隆興元年臣僚言州縣營田之實其說有十曰擇官必審募人必廣穿渠必深鄉亭必修器用必備田處必利食用必充耕具必足定稅必輕賞罰必行且欲立賞格以募人及住廣西馬綱三年以市牛會有訴襄陽屯田之擾者上欲罷之工部尚書張闡言今日荊襄屯田之害以其無耕田之民而課之游民游民不足而強之百姓於是百姓舍已熟田而耕官生田或遠數百里徵呼以來或名雙丁而役其強壯老稚無養一方騷然罷之誠是也然自去歲以來置耕牛農器修長木二渠費已十餘萬一旦舉而棄之則

荊襄之地終不可耕也比見兩淮歸正之民動以萬計官不能續食則老弱饑死強者轉而之他若使之就耕荊襄之田非惟可免流離抑使中原之民聞之知朝廷有以處我率皆襁負而至矣異時墾闢既廣取其餘以輸官實爲兩便詔除見耕者依舊餘令虞允文同王珏措置二年江淮都督府參贊陳俊卿言欲以不披帶人擇官荒田標旗立砦多買牛犂縱耕其中官不收租人自樂從數年之後墾田必多穀必賤所在有屯則村落無盜賊之憂軍食既足則饋餉無轉運之勞此誠經久守淮之策詔從之乾道五年

三月四川宣撫使鄭剛中撥軍耕種以歲收租米對減成都路對糴米一十二萬石贍軍然兵民雜處村疃爲擾百端又數百里外差民保甲教耕有二三年不代者民甚苦之知興元府晁公武欲以三年所收最高一年爲額等第均數召佃放兵及保甲以護邊從之八月詔鎮江都統司及武鋒軍三處屯田兵並拘收入隊教閱六年罷和揚州屯田八年復罷廬州兵屯田淳熙十年鄂州江陵府駐劄副都統制郭杲言襄陽屯田興置二十餘年未能大有益於邊計非田之不良蓋人力有所未至今邊陲無事正宜修舉

為實邊之計本司有荒熟田七百五十頃乞降錢三萬緡收買耕牛農具便可施功如將來更有餘力可括荒田接續開墾從之紹熙元年知和州劉煒以剩田募民充萬弩手分耕嘉定七年以京西屯田募人耕種十三年四川宣撫安丙總領任處厚言紹興十五年諸州共墾田二千六百五十餘頃夏秋輸租米一十四萬一千餘石餉所屯將兵罷民和糴為利可謂博矣乾道四年以後屯兵歸軍教閱而營田付諸州募佃遂致租利陷失驕將豪民乘時占據其弊不可槩舉今豪強移徙田土荒閑正當拘種之秋合自

總領所與宣撫司措置其逃絕之田關內外亦多有之為數不貲其利不在營田之下乞併括之初玠守蜀以軍儲不繼治褒城堰為屯田民不以為便因漕臣郭大中言約中其數使民自耕民皆歸業而歲入多於屯田端平元年八月以臣僚言屯五萬人於淮之南北且田且守置屯田判官一員經紀其事暇則教以騎射初弛田租三年又三年則取其半十月知大寧監邵潛言昔鄭剛中嘗於蜀之關隘雜兵民屯田歲收粟二十餘萬石是後屯田之利既廢糧運之費益增宜詔帥臣繼兵民耕之所收之粟計直以償之則

總所無轉輸之苦邊關有儲峙之豐戰有餘勇守有餘備矣從之嘉熙四年令流民於邊江七十里內分田以耕遇警則用以守江於邊城三五十里內亦分田以耕遇警則用以守城在砦者則耕四野之田而用以守砦田在官者免其租在民者以所收十之一二歸其主俟三年事定則各還元業咸淳三年詔曰淮蜀湖襄之民所種屯田既困重額又困苛取流離之餘口體不充及遇水旱收租不及而催輸急於星火民何以堪其日前舊欠並除之復催者以違制論常平義倉漢隋利民之良法常平以平穀價義倉以

備凶災周顯德中又置惠民倉以雜配錢分數折粟貯之歲歉減價出以惠民宋兼存其法焉太祖承五季之亂海內多事義倉寖廢乾德初詔諸州於各縣置義倉歲輸二稅石別收一斗民饑欲貸充種食者縣具籍申州州長吏即計口貸訖然後奏聞其後以輸送煩勞罷之淳化三年京畿大穰分遣使臣於四城門置場增價以糴虛近倉貯之命曰常平歲饑即下其直予民咸平中庫部員外郎成肅請福建增置惠民倉因詔諸路申淳化惠民之制景德三年言事者請於京東西河北河東陝西江南淮南兩浙皆立

常平倉計戶口多寡量留上供錢自二三千貫至一二萬貫令轉運使每州擇清幹官主之領於司農寺三司無輙移用歲夏秋視市價量增以糴糶減價亦如之所減不得過本錢而沿邊州郡不置詔三司集議請如所奏於是增置司農官吏創廨舍藏籍帳度支別置常平案大率萬戶歲糴萬石戶雖多止五萬石三年以上不糶即回充糧廩易以新粟災傷州郡糶粟斗毋過百錢後又詔當職官於元約數外增糴及一倍已上者並與理爲勞績天禧四年荆湖川峽廣南皆增置常平倉五年諸路總糴數十八萬三千餘斛糶二十四萬三千餘斛景祐中淮南轉運副使吳遵路言本路丁口百五十萬而常平錢粟纔四十餘萬歲饑不足以救恤願自經畫增爲二百萬他毋得移用許之後又詔天下常平錢粟三司轉運司皆毋得移用不數年間常平積有餘而兵食不足乃命司農寺出常平錢百萬緡助三司給軍費久之移用數多而蓄藏無幾矣自景祐初畿內饑詔出常平粟貸中下戶戶一斛慶曆中發京西常平粟振貧民而聚斂者或增舊價糶粟欲以市恩皇祐三年詔誡之淮南兩浙體量安撫陳升之等言災傷州軍乞糶常

平倉粟令於元價上量添十文十五文殊非恤民之意乃詔止於元糴價出糶五年詔曰比者湖北歲儉發常平以濟饑者如聞司農寺復督取豈朝廷振恤意哉其悉除之明道二年詔議復義倉不果景祐中集賢校理王琪請復置令五等已上戶隨夏秋二稅二斗別輸一升水旱減稅則免輸州縣擇便地置倉貯之領於轉運使計以一中郡正稅歲入十萬石則義倉可得五千石推而廣之則利博矣明道中饑歉國家欲盡貸饑民則軍食不足故民有流轉之患是時兼并之家出粟數千石則補吏是豈以官爵爲輕歟特愛民濟物不獲已爲之爾且兼并之家占田常廣則義倉所入常多中下之家占田常狹則義倉所入常少及水旱振濟則兼并之家未必待此而濟中下之民實先受其賜矣事下有司會議議者異同而止慶曆初琪復上其議仁宗納之命天下立義倉詔上三等戶輸粟已而復罷其後賈黯又言今天下無事年穀豐熟民人安樂父子相保一遇水旱則流離死亡捐棄道路發倉廩振之則粮不給課粟富人則力不贍轉輸千里則不及事移民就粟則遠近交困朝廷之臣郡縣之吏倉卒不知所出則民饑而死者

過半矣頗放隋制立民社義倉詔天下州軍遇年穀豐登立法勸課蓄積以備凶災此所謂樂歲粒米狼戾多取之而不爲虐者也況取之以爲民耶下其說諸路以度可否以爲可行纔四路餘或謂賦稅之外兩重供輸或謂恐招盜賊或謂已有常平足以振給或謂置倉煩擾於是罷後上奏曰臣嘗判尚書刑部見天下歲斷死刑多至四千餘人其間盜賊率十六七蓋愚民迫於饑寒因之水旱枉陷重辟故臣請復民社義倉以備凶歲今諸路所陳類皆妄議若謂賦稅之外兩重供輸則義倉之意乃教民儲積以備水

旱官爲立法非以自利行之既久民必樂輸若謂恐招盜賊盜賊利在輕貨不在粟麥今鄉村富室有貯粟數萬石者不聞有劫掠之虞且盜賊之起本由貧困臣建此議欲使民有貯積雖遇水旱不憂乏食則人人自愛而重犯法此正消除盜賊之原也若謂有常平足以振給則常平之設蓋以準平穀價使無甚貴甚賤之傷或遇凶饑發以振捄既已失其本意而費又出公帑今國用頗乏所蓄不厚近歲非無常平小有水旱輙流離餓莩起爲盜賊則是常平果不足仰以振給也若謂置倉廪斂材木恐有煩擾則令州縣修治郵傳驛舍皆歛於民豈於義倉獨畏煩擾人情可與樂成不可與謀始願自朝廷斷而行之然當時牽於衆論終不果行嘉祐二年詔天下置廣惠倉初天下没入户絶田官自鬻之樞密使韓琦請留勿鬻募人耕收其租別爲倉貯之以給州縣郭内之老幼貧疾不能自存者領以提點刑獄歲終具出内之數上之三司户不滿萬留田租千石萬户倍之户二萬留三千石三萬留四千石四萬留五千石五萬留六千石七萬留八千石十萬留萬石田有餘則鬻如舊四年詔改隸司農寺州選官二人主出納歲十月

遣官驗視應受米者書名于籍自十一月始三日一給人米一升幼者半之次年二月止有餘乃及諸縣量大小均給之其大畧如此治平三年常平入五十萬一千四十八石出四十七萬一千一百五十七石熙寧二年制置三司條例司言諸路常平廣惠倉錢穀畧計貫石可及千五百萬以上斂散未得其宜故爲利未博今欲以見在斛斗遇貴量減市價糶遇賤量增市價糴可通融轉運司苗稅及錢斛就便轉易者亦許兌換仍以見錢依陝西青苗錢例願預借者給之隨稅輸納斛斗半爲夏料半爲秋料内有請本

色或納時價貴願納錢者皆從其便如遇災傷許展
至次料豐熟日納非惟足以待凶荒之患民既受貸
則兼并之家不得乘新陳不接以邀倍息又常平廣
惠之物收藏積滯必待年儉物貴然後出糶所及者
不過城市游手之人今通一路有無貴發賤斂以廣
蓄積平物價使農人有以赴時趨事而兼并不得乘
其急凡此皆以爲民而公家無所利其入是亦先王
散惠興利以爲耕斂補助之意也欲量諸路錢穀多
寡分遣官提舉每州選通判幕職官一員典幹轉移
出納仍先自河北京東淮南三路施行俟有緒推之

諸路其廣惠倉除量留給老疾貧窮人外餘並用常
平倉轉移法詔可既而條例司又言常平廣惠倉條
約先行於河北京東淮南三路訪問民間多願支貸
乞遍下諸路轉運司施行當議置提舉官時天下常
平錢穀見在一千四百萬貫石詔諸路各置提舉官
二員以朝官爲之管當一員京官爲之或共置二員
開封府界一員凡四十一人初神宗既用王安石爲
參知政事安石爲帝言天下財利所當開闔斂散者
帝然其說遂剏立制置三司條例司安石因請以著
作佐郎編校集賢書籍呂惠卿爲制置司檢詳文字

自是專一講求立爲新制欲行青苗之法蘇轍自大
名推官上書召對亦除條例司檢詳文字安石出青
苗法示之轍曰以錢貸民使出息二分本非爲利然
出納之際吏緣爲姦雖有法不能禁錢入民手雖良
民不免非理費用及其納錢雖富民不免違限如此
則鞭箠必用州縣多事矣唐劉晏掌國計未嘗有所
假貸有尤之者晏曰使民僥倖得錢非國之福使吏
倚法督責非民之便吾雖未嘗假貸而四方豐凶貴
賤知之未嘗逾時有賤必糴有貴必糶以此四方無
甚貴甚賤之病安用貸爲晏之言漢常平法耳公誠

能行之晏之功可立竢也安石自此逾月不言青苗
會河北轉運司幹當公事王廣廉召議事廣廉嘗奏
乞度僧牒數千道爲本錢於陝西轉運司私行青苗
法春散秋斂與安石意合至是請施行之河北於是
安石決意行之而常平廣惠倉之法遂變而爲青苗
矣蘇轍以議不合罷而諸路提舉官往往迎合安石
之意務以多散爲功富民不願取貧者乃欲得之即
令隨戶等高下品配又令貧富相兼十人爲保首王
廣廉在河北一等戶給十五千等而下之至五等猶
給一千民間喧然不以爲便廣廉入奏謂民皆歡呼

感德然言不便者甚衆右正言李常孫覺乞詔有司毋以彊民時提舉府界常平事侯叔獻屢督提點府界縣鎮吕景散錢景以畿縣各有屯兵歲入課利僅能贍給又民戶嘗貸糧五十餘萬石尚悉以閣令條例司又以買陝西鹽鈔錢五十萬緡爲青苗錢給散恐民力不堪詔送條例司召提舉司官至中書戒諭之王安石言若此諸路必顧望不敢推行新法第令條例司指揮從之三年判大名府韓琦言臣準散青苗詔書務在惠小民不使兼并乘急以要倍息而公家無所利其入今所立條約乃自鄉戶一等而下皆

立借錢貫陌三等以上更許增借坊郭戶有物業勝質當者亦依鄉戶例支借且鄉村上等戶并坊郭有物業者乃從來兼并之家今令多借之錢一千令納一千三百則是官自放錢取息與初詔絕相違戾又條約雖禁抑勒然須得上戶爲甲頭以任之民愚不慮久遠請時甚易納時甚難故自制下以來上下惶惑皆謂若不抑散則上戶必不願請近下等第與無業客戶雖或願請必難催納將來必有行刑督索及勒干係書手典押耆戶長同保均陪之患去歲河朔豐稔米斗不過七八十錢若乘時多斂俟貴而糶不唯合

古制無失陷兼民被實惠亦足收其羡贏今諸倉方糴而提舉司已亟止之意在移此糴本盡爲青苗錢則三分之息可爲己功豈暇更恤斯民久遠之患若謂陝西嘗行其法官有所得而民以爲便此乃轉運司因軍儲有闕適自冬及春雨雪及時麥苗滋盛定見成熟行於一時可也今乃建官置司以爲每歲常行之法而取利三分豈陝西權宜之比哉兼初詔且於京東淮南河北三路試行俟有緒方推之他路今三路未集而遽盡於諸路置使非陛下憂民祖宗惠下之意乞盡罷提舉官第委提點刑獄官依常平舊法

施行帝袖出琦奏示執政曰琦真忠臣朕始謂可以利民不意乃害民如此且坊郭安得青苗而使者亦彊與之安石勃然進曰苟從其所欲雖坊郭何害因難琦奏曰陛下修常平法以助民至於收息亦周公遺法也如桑弘羊籠天下貨財以奉人主私用乃可謂興利之臣今抑兼并振貧弱置官理財非所以佐私欲安可謂興利之臣乎曾公亮陳升之皆言坊郭不當俵錢與安石論難久之而罷帝終以琦說爲疑安石遂稱疾不出帝諭執政罷青苗法公亮升之欲即奉詔趙抃獨欲俟安石出自罷之連日不決帝更

以爲疑因令吕惠卿諭旨起安石安石入謝旣視事志氣愈悍面責公亮等由是持新法益堅詔以琦奏付制置條例司條例司疏列琦奏而辨析其不然琦復上疏曰制置司多删去臣元奏要語唯舉大槩用偏辭曲難又引周禮國服爲息之說文其謬妄上以欺罔聖聽下以愚弄天下臣竊以爲周公立太平之法必無剥民取利之理但漢儒解釋或有異同周禮園廛二十而稅一唯漆林之征二十而五鄭康成乃約此法謂從官貸錢若受園廛之地貸萬錢者出息五百貫公彦廣其說謂如此則近郊十一者萬錢期

宋史一百七十六 四百字 宋史志卷一百二十九 二十三 黄坡寫 王英刊

出息一千遠郊二十而三者萬錢期出息一千五百甸稍縣都之民萬錢期出息二千如此則須漆林之戶取貸方出息二千五百當時未必如此今放青苗錢凡春貸十千半年之內便令納利二千秋再放十千至歲終又令納利二千則是貸萬錢者不問遠近歲令出息四千周禮至遠之地止出息二千今青苗取息過周禮一倍制置司言比周禮取息已不爲多是欺罔聖聽且謂天下之人不能辨也且古今異宜周禮所載有不可施于今者其事非一若謂泉府一職今可施行則制置司何獨舉注疏貸錢取息一事

以詆天下之公言哉康成又注云王莽時貸以治產業者但計所贏受息無過歲什一公彦疏云莽時雖計本多少爲定及其催科唯所贏多少假令萬錢歲贏萬錢催一千贏五千催五百餘皆據利催什一若贏錢更少則納息更薄比今青苗取利尤爲寬少而王莽之外上自兩漢下及有唐更不聞有貸錢取利之法今制置司遇堯舜之主不以二帝三王之道上裨聖政而貸錢取利更過莽時此天下不得不指以爲非而老臣不可以不辨也況今天下田稅已重固非周禮什一之法更有農具牛皮鹽麴鞵錢之類凡

宋史一百七十六 四百字 宋史志卷一百二十九 二十四 黄坡寫 孔霖刊

十餘目謂之雜錢每夏秋起納官中更以紬絹斛斗低估令民以此雜錢折納又歲散官鹽與民謂之蠶鹽折納絹帛更有預買和買紬絹如此之類不可悉舉皆周禮田稅什一之外加斂之物取利已厚傷農已深柰何又引周禮國服爲息之說謂放青苗錢取利乃周公太平已試之法此則誣汙聖典蔽惑睿明老臣得不太息而慟哭也制置司又謂常平舊法亦糶與坊郭之人坊郭有物力戶未嘗零糴常平倉斛斗此蓋欲多借錢與坊郭有業之人以望收利之多妄稱周禮以爲無都邑鄙野之限以文其曲說唯陛

下詳之樞密使文彥博亦數言不便帝曰吾遣二中使親問民間皆云甚便彥博曰韓琦三朝宰相不信而信二宦者乎先是王安石陰結入內副都知張若水押班藍元震帝因使二人潛察府界俵錢事還言民皆情願無抑配者故帝益信之初群臣進讀邇英畢帝問朝廷每更一事舉朝洶洶何也司馬光曰青苗出息平民為之尚能以蠶食下戶至饑寒流離況縣官法度之威乎呂惠卿曰青苗法願則取之不願不彊也光曰愚民知取債之利不知還債之害非獨縣官不彊富民亦不彊也帝曰陝西行之久民不以

為病光曰臣陝西人也見其病不見其利朝廷初不許有司尚能以病民況法許之乎及拜官樞密副使光上章力辭至六七曰帝誠能罷制置條例司追還提舉官不行青苗助役等法雖不用臣臣受賜多矣不然終不敢受命竟出知永興軍當是時爭青苗錢者甚衆翰林學士范鎮言陛下初詔云公家無所利其入今提舉司以戶等給錢皆令出三分之息物議紛紜皆云自古未有天子開課場者民雖至愚不可不畏後以言不行致仕臺諫官呂公著孫覺李常張戩程顥等皆以論青苗罷黜知亳州富弼知青州歐

陽修繼韓琦論青苗之害且持之不行亦坐移鎮知陳留縣姜潛之官才數月青苗令下潛即榜於縣門又移之鄉村各三日無人至遂撤榜付吏曰民不願矣府寺疑潛壅令使其屬按驗無違令者潛知不免即移疾去知山陰縣陳舜俞不肯奉行移狀自劾曰方今小民匱乏願貸之人往往有之譬如孺子見飴蜜孰不染指爭食然父母疾止之恐其積甘足以生病故耆老戒其鄉黨父兄誨其子弟未嘗不以貸貰為不善治生今乃官自出舉誘以便利督以威刑非王道之舉也況正月放夏料五月放秋料而所斂亦

在當月百姓得錢便出息輸納實無所利是使民一取青苗錢終身以及世世一歲常兩輸息錢乃別為一賦以弊生民也坐謫南康軍鹽酒稅陝西轉運副使陳繹止環慶等六州毋散青苗錢且留常平倉物以備用條例司劾其罪詔釋之五月制置三司條例司罷歸中書以常平新法付司農寺命集賢校理呂惠卿同判寺兼領田役水利七年帝患俵常平官吏多違法王安石請縣專置一主簿主給納役錢及常平不過五百員費錢三十萬貫且從之帝以久旱為憂翰林學士承旨韓維言畿縣近督青苗甚急往往鞭

撻取足民至伐桑為薪以易錢旱災之際重罹此苦
帝頗感悟太皇太后亦嘗為帝言聞民間甚苦青田
助役錢盡罷之會百姓流離帝憂見顏色益疑新法
不便欲罷之安石不悅屢求去四月出知江寧府然
安石薦韓絳代相仍以呂惠卿佐之於安石所為遵
守不變既而詔諸路常平錢穀常留一半外方得給
散兩經倚閣常平錢人户不得支借民間非時闕乏
許以物產為抵依常平限輸納當輸錢而願輸穀若
金帛者官立中價示民物不盡其錢足以錢錢不盡
其物者還其餘直又聽民以金帛易穀而有司少加

金帛之直六年户部言準詔諸路常平可酌三年斂散
中數取一年為格歲終較其增虧令以錢銀穀帛貫石
匹兩定年額散一千一百三萬七千七百七十二斂
一千三百九十六萬五千四百五十九此元豐三年
散增二百一十四萬八千三百四十二斂增一百三
萬四千九百六十三四年散增二百七十九萬九千
九百六十四斂虧一百九十八萬六千五百一十五
詔三年四年散多斂少及散斂俱少之處户部下提
舉司具析以聞十年詔開封府界先自豐稔畿縣立
義倉法明年提點府界諸縣鎮公事蔡承禧言義倉

之法以二石而輸一斗至為輕矣乞今年夏稅之始
悉令舉行詔可仍以義倉隸提舉司京東西淮南河
東陝西路義倉以今年秋料為始民輸稅不及斗免
輸頒其法於川峽四路元豐二年詔威茂黎三州罷
行義倉法以夷夏雜居歲賦不多故也八年并罷諸
路義倉元祐元年詔提舉官累年積蓄錢穀財物盡
椿作常平錢物委提點刑獄交管依舊常平倉法行
之罷各縣專置主簿四月再立常平錢穀給斂出息
之法限二月或正月以散及一半為額民間絲麥豐
熟隨夏稅先納所輸之半願併納者止出息一分左

司諫王巖叟監察御史上官均右正言王覿右司諫
蘇轍御史中丞劉摯交章論復行青苗之非八月司
馬光奏先朝散青苗本為利民並取情願後提舉官
速要見功務求多散或舉縣追呼或排門抄劄亦有
無賴子弟謾昧尊長錢不入家亦有他人冒名詐請
莫知為誰及至追催皆歸本户令朝廷深知其弊故
悉罷提舉官不復立額考校訪聞人情安便欲下諸
路提點刑獄申嚴州縣抑配之禁詔從之中書舍人
蘇軾不書錄黃奏曰熙寧之法未嘗不禁抑配而其
害至此民家量入為出雖貧亦足若令分外得錢則

費用自廣況子弟欺謾父兄人戶冒名詐請似此本
非抑配臣謂以散及一年爲額與熙寧無異今許人
願請未免設法罔民使快一時非理之用而不慮後
日催納之患二者皆非良法相去無幾今已行常平
糶糴之法惠民之外官亦稍利何用二分之息以貫
無窮之怨於是王巖叟蘇轍朱光庭王覿等復言臣
等屢有封事乞罷青苗皆不蒙付外願盡付三省公
議得失初同知樞密院范純仁以國用不足建請復
散青苗錢四月之詔蓋純仁意也時司馬光以疾在
告已而臺諫皆言其非不報光尋奏乞約束州縣抑

配蘇軾又繳奏乞盡罷之光始大悟遂力疾入對尋
詔常平錢穀止令州縣依舊法趂時糴糶青苗錢更
不支俵除舊欠二分之息元支本錢驗見欠多少分
料次隨二稅輸納紹聖元年詔除廣南東西路外並
復置義倉自來歲始放稅二分已上免輸所貯專充
振濟輒移用者論如法二年戶部尚書蔡京首言承
詔措置財利乞檢會熙豐青苗條約參酌增損立爲
定制淮南轉運司副使莊公岳謂自元祐罷提舉官
後錢穀爲他司侵借所存無幾欲乞追還給散隨夏
秋稅償納勿立定額自無抑民失財之患奉議郎鄭

僅朝奉郎郭時亮承議郎許幾董遵等皆言青苗最爲
便民願戒抑配止收一分之息詔並送詳定重修勑
令所三年舊欠常平錢斛人戶仍許請給宣和五年
令州縣歲散常平錢穀畢即揭示請人名數逾月斂
之庶革僞冒之弊先是諸路災傷截撥上供年額米
斛數多致闕中都歲計令京東江南兩浙荆湖路義
倉穀各留三分餘並起發赴京補還截撥之數六年
詔罷之高宗紹興元年併提舉常平司於提刑司明
年以臣僚言復常平官講補助之政以廣儲蓄九年
用宗正丞鄭鬲言以常平錢於民輸賦未畢之時悉

數和糴二十八年以趙令詪請糶州縣義倉米之陳
腐者孝宗隆興二年遣司農少卿陳良弼點檢浙東
常平等倉乾道六年知衢州胡堅奏廣糴常平福建
轉運副使沈樞奏水旱州郡請留轉運司和糴米以
續常平上即爲之施行八年戶部侍郎楊倓奏義倉
在法夏秋正稅斗輸五合不及斗者免輸凡豐熟縣
九分以上即輸一升令諸路州縣歲收苗米六百餘
萬石其合收義倉米數不少間有災傷支給不多訪
聞諸州軍皆擅用請稽之寧宗慶元元年詔戶部右
曹專領義倉十一年臣僚言紹興初臺臣嘗請通一

縣之數截留下户苗米輸之於縣別儲以備振濟使窮民不至於艱食惟負郭義倉則就州輸送至於屬縣之義倉則令丞同主之每歲終令丞合諸鄉所入之數上之守貳守貳合諸縣所入之數上之提舉常平提舉常平合一道之數上之朝廷考其盈虧以議殿最從之寶慶三年侍御史李知孝言郡縣素無蓄積緩急止仰朝廷非立法本意曩淮東總領岳珂任江東轉運判官以所積經常錢糴米五萬石樁留江東九郡以時濟糴諸郡皆蒙其利其後史彌忠知饒州趙彥悈知廣德軍皆自積錢糴米五千石以是推

之監司州郡苟能節用愛民即有贏羨若立之規繩加以黜陟所糴至萬石者旌擢其不收糴與擾民及不實者鐫罰展磨郡縣趨事蓄積歲增實為經久之利有旨從之景定元年九月赦曰諸路已糶義米價錢州郡以低價抑令上户補糴正税逃閣義米用虧常平司責縣道陪納縣道遂敷吏貼保正長攬户等人均納自今視時收糴見繫吏貼等人陪納之錢並與除放五年監察御史程元岳奏隨税帶義法也今秔糯帶義之外又有所謂外義焉者絹紬豆也豈有絹紬豆而可加之義乎縱使違法加義則絹加絹紬

加紬豆加豆猶可言也州縣一意椎剝一切理苗而加一分之義甚者赦恩已蠲二税義米依舊追索貧民下户所欠不過升合星火追呼費用不知幾百倍破家蕩產鬻妻子怨嗟之聲有不忍聞望嚴督監司止許以秔帶義其餘盡罷其有循習病民者重其罰從之咸淳二年以諸路景定三年以前常平義倉米二百餘萬石減時直糶之

志卷第一百二十九

志第一百三十

中書右丞相監脩國史領經筵事都總裁臣脫脫等奉敕修

食貨上五 役法上

役法役出於民州縣皆有常數宋因前代之制以衙前主官物以里正戶長鄉書手課督賦稅以耆長弓手壯丁逐捕盜賊以承符人力手力散從官給使令縣曹司至押錄州曹司至孔目官下至雜職虞候揀掐等人各以鄉戶等第定差京百司補吏須不礙役乃聽建隆中詔文武官內諸司臺省寺監諸軍諸使不得占州縣課役戶州縣不得

役道路居民爲遞夫後又詔諸州職官不得私占役戶供課京西轉運使程能請定諸州戶爲九等著于籍上四等量輕重給役餘五等免之後有貧富隨時升降詔加裁定淳化五年始令諸縣以第一等戶爲里正第二等戶爲戶長勿冒名以給役自餘衆役多調廂軍大中祥符五年提點刑獄府界段惟幾發中牟縣夫二百修馬監倉群牧制置使代以廐卒因下詔禁之惟詔令有大興作而後調丁夫然役有輕重勞佚之不齊人有貧富彊弱之不一承平既久姦僞滋生命官形勢占田無限皆得復役衙前將吏得免里正戶長而應役之戶困於繁數僞爲券售田於形勢之家假佃戶之名以避徭役乾興初始立限田法形勢敢挾他戶田者聽人告予所挾田三之一時州縣既廣徭役益衆太常博士范諷知廣濟軍因言軍地方四十里戶口不及一縣而差役與諸郡等願復爲縣轉運司執不可因詔裁損役人自是數下詔書督州縣長吏與轉運使議蠲冗役以寬民力又令州縣錄丁產及所產役使前期揭示不實者民得自言役之重者自里正鄉戶爲衙前主典府庫或輦運官物往往破產景祐中稍欲寬其法乃命募人充役初官八品以下死者子孫役同編戶至是詔特蠲之民避役者或竄名浮圖籍號爲出家趙州至千餘人詔

出家者須落髮爲僧乃聽免役禁諸縣非捕盜毋擅役壯丁慶曆中令京東西河北陝西河東裁損役人即給使不足益以廂兵既而詔諸路轉運司條析州縣差徭賦斂之數委二府大臣裁減科役不均以鄉村坊郭戶均差時范仲淹執政謂天下縣多故役蕃而民瘠首廢河南諸縣欲以次及他州當時以爲非未幾悉復王逵爲荊湖轉運使率民輸錢免役得緡錢三十萬進爲羨餘蒙詔獎繇是他路競爲掊克以市恩皇祐中詔州縣里正押司錄事既代而令輸錢免役者論如違制律又禁役鄉戶爲長名衙前初知并州韓琦上疏曰州縣生民之苦無重於里正衙前

有孀母改嫁親族分居或棄田與人以免上等或非命求死以就單丁規圖百端苟免溝壑之患每鄉被差踈密與貲力高下不均假有一縣甲乙二鄉甲鄉第一等戶十五戶計貲爲錢三百萬乙鄉第一等戶五戶計貲爲錢五十萬番休遞役即甲鄉十五年一周乙鄉五年一周富者休息有餘貧者敗亡相繼豈朝廷爲民父母意乎請罷里正衙前命轉運司以州軍見役人數爲額令佐視五等簿通一縣計之籍皆在第一等選貲最高者一戶爲鄉戶衙前後差人放此即甲縣戶少而役蕃聽差乙縣戶多而役簡者簿書未盡實聽換取他戶里正主督租賦請以戶長代

之二年一易下其議京畿河北河東陝西京東西轉運司度利害皆以爲便而知制誥韓絳蔡襄極論江南福建里正衙前之弊絳請行鄉戶五則之法襄請以產錢多少定役重輕至和中命絳襄與三司置司參定繼遣尚書都官員外郎吳幾復趨江東殿中丞蔡稟趨江西與長吏轉運使議可否因請行五則法凡差鄉戶衙前視貲產多寡置籍分爲五則又第其役輕重放此假有第一等重役十當役十人列第一等戶百第二等重役五當役五人列第二等戶五十以備十番役使藏其籍通判治所遇差人長吏以下同按視之轉運使提點刑獄察其違慢遂更著淮南

江南兩浙荆湖福建之法下三司頒焉自罷里正衙前民稍休息又詔諸路轉運司開封府界訪衙前之役有重爲害者條奏之能件悉便利大去勞弊者議賞置寬恤民力司遣使四出自是州縣力役多所裁損凡二萬三千六百二十二人治平四年詔曰農天下之大本也閒因水旱頗致流離殆州郡差役之法甚煩其詔中外臣庶條陳利害以聞先是三司使韓絳言聞京東民有父子二丁將爲衙前役者其父告其子曰吾當求死使汝曹免於凍餒遂自縊而死又聞江南有嫁其祖母及與母析居以避役者又有鬻田減其戶等者田歸官戶不役之家而役幷於同等

見存之戶望博訪利害集議裁定使力役無偏重之害役法更議始此熙寧元年知諫院吳充言今鄉役之中衙前爲重民間規避重役土地不敢多耕而避戶等骨肉不敢義聚而憚人丁故近年上戶寖少中下戶寖多役使頻仍生資不給則轉爲工商不得已而爲盜賊宜早定鄉役利害以時施行後帝閱內藏庫奏有衙前越千里輸金七錢庫吏邀乞踰年不得還者帝重傷之乃詔制置條例司講立役法二年遣劉彝謝卿材侯叔獻程顥盧秉王汝翼曾伉王廣廉八人行諸路相度農田水利稅賦科率徭役利害條例司檢詳文字蘇轍言役人之不可不用鄉戶猶官

吏之不可不用士人也今遂欲兩稅之外別立一科謂之庸錢以備官雇不問戶之高低例使出錢上戶則便下戶實難輸以議不合罷條例司言使民出泉雇役即先王致民財以祿庶人在官者之意願以條目遣官分行天下博盡衆議於是條諭諸路曰衙前既用重難分數凡買撲酒稅坊場舊以酬衙前者從官自賣以其錢同役錢隨分數給之其廂鎮場務之類舊酬獎衙前不可令民買占者即用舊定分數爲投名衙前酬獎如部水陸運及領倉驛場務公使庫之類其舊煩擾且使陪備者今當省使毋費承符散從官等舊苦重役償欠者今當改法除弊庶使無困

凡有產業物力而舊無役者今當出泉以助役久之司農寺言今立役條所寬優者皆村鄉朴惷不能自達之窮甿所裁取者乃仕官兼并能致人言之豪右若經制一定則衙司縣吏無以施誅求巧舞之姦故新法之行尤所不便欲先自一兩州爲始候其成就即令諸州軍倣視施行若實便百姓當特獎之詔可於是提點府界公事趙子幾奏上府界所在條目下之司農詔判寺鄧綰曾布更議之綰布言畿內鄉戶計產業若家資之貧富上下分爲五等歲以夏秋隨等輸錢鄉戶自四等坊郭自六等以下勿輸兩縣有產業者上等各隨縣中等併一縣輸析居者隨所析

而定降其等若官戶女戶寺觀未成丁減半輸皆用其錢募三等以上稅戶代役隨役重輕制祿開封縣戶二萬二千六百有奇歲輸錢萬二千九百緡以萬二百爲祿贏其二千七百以備凶荒欠閣他縣倣此然輸錢計等高下而戶等著籍昔緣巧避失實乃詔責郡縣坊郭三年鄉村五年農隙集衆稽其物產考其貧富察其詐僞爲之升降若故爲高下者以違制論募法三人相任衙前仍供物產爲抵弓手試武藝典吏試書計以三年或二年乃更爲法既具揭示一月民無異辭著爲令令下募者執役被差者得散去開封一府罷衙前八百三十人畿縣鄉役數千遂頒

其法於天下天下土俗不同役重輕不一民貧富不等從所便爲法凡當役人戶以等第出錢名免役錢其坊郭等第戶及未成丁單丁女戶寺觀品官之家舊無色役而出錢者名助役錢凡敷錢先視州若縣應用雇直多少隨戶等均取雇直既已用足又率其數增取二分以備水旱欠閣雖增毋得過二分謂之免役寬剩錢三年命集賢校理呂惠卿同判司農寺已而林旦曾布相繼典主其事四年罷許州衙前幹公使庫以軍校主之月給食錢三千後行於諸路人皆便之兩浙提點刑獄王庭老提舉常平張靚率民助役錢至七十萬薛向爲帝言帝聞王安石安石曰

提舉官據數取之朝廷以恩惠科減於體爲順御史中丞
楊繪亦言靚等科配民輸錢多者一户至三百千乞少裁
損以安民心五月東明縣民數百詣開封府訴超升等第
不受遂突入王安石私第安石諭以相府不知訴之御史
臺臺不受訴諭令散去楊繪又言司農寺不用舊則自據
户數刱立助役錢等第下縣令著之籍如酸棗縣升户等
皆失實帝乃命提點司究所從升降仍嚴升降之法畿民
不願輸錢免役縣案所當供役歲月如期役之與免輸錢
先是帝既知東明事及聞繪言兩降手敕問王安石曰酸
棗既有自下户升入上户則四等有免輸役錢之名而無

其實安石力言嘗取諸縣新舊籍對覆升降聞外間扇搖
役法者謂輸多必有贏餘若群訴必可免彼既聚衆僥倖
苟受其訴與免輸錢當仍役之帝乃盡用其言中書孫迪、
張景温體量不願出錢之民欲困以重役楊繪復論之而
監察御史劉摯謂昨者團結保甲民方驚擾又作法使人
均出緡錢非時升降户等期會急迫人情惶駭因陳新法
十害其要曰上户常少中下户常多故舊法上户之役類
皆數而重下户之役率常簡而輕今不問上下户槩視物
力以差出錢故上户以爲幸而下户苦之歲有豐凶而役
人有定數助錢歲不可闕則是賦稅有時減閣而助錢更

無蠲損也役人必用鄉户爲其有常産則自重今既招雇
恐止得浮浪姦僞之人則帑庾場務綱運不惟不能典幹
竊恐不勝其盜用而冒法者衆至於弓手耆壯承符散從
手力胥史之類恐遇寇則有縱逸因事輙爲搔擾也司農
新法衙前不差鄉户其舊嘗願爲長名者聽仍其舊却用
官自召賣酒稅坊場并州縣坊郭人户助役錢數酬其重
難惟此一法有若可行然坊郭十等户緩急科率郡縣賴
之難更使之均出助錢乞詔有司若坊場錢可足衙前雇
直則詳究條目徐行而觀之帝因安石進呈役錢文字謂
之曰民供稅斂已重坊郭及官户等不須減稅户升等事

更與少裁之安石曰朝廷制法當斷以義豈須規規恤淺
近之人議論耶於是提點趙子幾怒知東明縣賈蕃不能
禁遏縣民來訟雜摭他事致蕃於理又使子幾自鞫之楊
繪謂是希安石意指而致縣令於罪也即疏辨之曰子幾
若劾蕃五月十日前事臣固無言若所劾後乎此日是以
威脅令佐使民不得赴愬得爲便乎又言助役之利一而
難行有五請先言其利假如民田有一家而百頃者亦有
户纔三頃者其等乃俱在第一以百頃而較三頃則已三
十倍矣而受役月日均齊無異況如官户則除耆長外皆
應無役今例使均出雇錢則百頃所輸必三十倍於三頃

者而又永無決射之訟此其利也然難行之說亦有五民惟種田而責其輸錢錢非田之所出一也近邊州軍就募者非土著姦細難防二也逐處田稅多少不同三也耆長雇人則盜賊難止四也衙前雇人則失陷官物五也乞先議防此五害然後著為定制仍先戒農寺無欲速就以祈恩賞提舉司無得多取於民以自為功如此則誰復妄議劉摯亦言趙子幾以他事捃摭賈蕃為過且變更役法意欲便民民苟以為有利害也安可禁其所欲言今因畿民有訴而刻薄之人反怒縣官不能禁遏臣恐四遠人情必疑朝廷欲鉗天下之口而職在主民者必皆視蕃為戒則

天下休戚陛下何由知之子幾挾情之罪伏請付吏部施行於是同判司農寺曾布摭繪摯所言而條奏辨詰之其略曰畿內上等戶盡罷昔日衙前之役故今所輸錢比舊受役時其費十減四五中等人戶舊充弓手手力承符戶長之類今使上等及坊郭寺觀單丁官戶皆出錢以助之故其費十減六七下等人戶盡除前日冗役而專充壯丁且不輸一錢故其費十減八九大抵上戶所減之費少下戶所減之費多言者謂優上戶而虐下戶得聚斂之謗臣所未諭也提舉司以諸縣等第不實故首立品量升降之法開封府司農寺方奏議時蓋不知已嘗增減舊數然舊

敕每三年一造簿書等第嘗有升降則今品量增減亦未為非又況方曉諭民戶苟有未便皆與釐正則凡所增減實未嘗行言者則以謂品量立等者蓋欲多斂雇錢升補上等以足配錢之數至於祥符等縣以上等人戶數多減充下等乃獨掩而不言此臣所未諭也凡州縣之役無不可募人之理今投名衙前半天下未嘗不典主倉庫場務綱運而承符手力之類舊法皆許雇人行之久矣惟耆長壯丁以今所措置最為輕役故但輪差鄉戶不復募人言者則以謂衙前雇人則失陷官物耆長雇人則盜賊難止又以謂近邊姦細之人應募則焚燒倉庫或守把城門則

恐潛通外境此臣所未諭也免役或輸見錢或納斛斗皆從民便為法至此亦已周矣言者則謂直使輸錢則絲帛粟麥必賤若用他物準直為錢則又退揀乞索且為民害如此則當如何而可此臣所未諭也昔之徭役皆百姓所為雖凶荒饑饉未嘗罷役今役錢必欲稍有餘羨乃所以為凶年蠲減之備其餘又專以興田利增吏祿言者則以謂助錢非如稅賦有倚閣減放之期臣不知昔之衙前弓手承符手力之類亦嘗倚閣減放否此臣所未諭也兩浙一路戶一百四十餘萬所輸緡錢七十萬爾而畿內戶十六萬率緡錢亦十六萬是兩浙所輸纔半畿內然畿內用

以募役所餘亦自無幾言者則以謂吏緣法意廣收大計如兩浙欲以羨錢徼幸司農欲以出剩爲功此臣所未諭也賈蕃爲令不受民訴使趨京師諠譁其意必有謂也誠令用心無他亦可謂不職矣蕃之不職不法其狀甚衆皆趙子幾所不得不問御史之言欲舍蕃而治子幾是不顧陛下之法陛下之民宜莫如蕃與御史也於是下其疏於繪摯使各言狀繪録前後四奏以自辨摯言助役斂錢之法有大臣及御史主之於内有大臣親黨爲監司提舉官而行之於諸路其勢順易矣然曠日彌年終未有定論爲不順乎民心而已陛下以司農爲是耶則事盡前奏可以

覆視以臣言爲非耶則取黜而已雖復使臣言之亦不過所謂十害者而風憲之官豈當與有司較是非勝負耶詔繪知鄭州摯落館閣校勘監察御史裏行監衡州鹽倉遣察訪使徧行諸路促成役書及助役爲免役不願就募而強之者論如律初詔監司各定所部助役錢數利路轉運使李瑜欲定四十萬判官鮮于侁曰利路民貧二十萬足矣議不合遂各爲奏帝是侁議侍御史鄧綰言利路役歲須緡錢九萬餘而李瑜率取至三十三萬有奇提點刑獄周約亦占名無異辭詔責瑜約而擢侁爲副使諸路役書既上之司農乃須募役法于天下用免役錢禄内外胥吏

有禄而贓者用倉法重其坐初京師賦吏禄歲僅四千緡至八年計緡錢三十八萬有奇京師吏舊有禄及外路吏禄又不在是焉時知長葛縣樂京稱助役之法不可久行常平司詢其故不答遂罷京西使者召知湖陽縣劉蒙會議蒙不肯議退而條上利害即投劾去而權江西提刑提舉金君卿首募受代官部錢帛綱趨京不差鄉户衙前而費減十五六賜詔奬諭仍落權爲真免役剩錢詔州縣用常平法給散休息添給吏人餐錢仍立爲法京東免役錢以秋料起催若雇直多少役使重輕有未究者命監司詳具來上仍須熙寧七年乃行永興秦鳳比之他路民貧役

重詔提舉司併省冗役次第蠲減常留二分寬剩以爲水旱閣放之備七年詔役錢千别納頭子五錢凡修官舍作什器夫力輦運之類皆許取以供費不給以情輕贖銅錢足之諸路公人如弓箭手法給田募人爲之凡逃絶監牧之田籍於轉運司者不許射買請佃提刑司以其田給應募者而覈其所直準一年雇役爲錢幾何而歸其直於轉運司衢州西安縣用緡錢十二萬買田始足募一縣之役司農寺言不獨兩浙如此他路宜亦如之費多難贍乃欲改法遂詔自今用寬剩錢買募役田須先參會餘錢可以枝梧災傷方許給買若田價翔貴之地則已之時免役出

錢或未均參知政事呂惠卿及其弟曲陽縣尉和卿皆請行手實法其法官爲定立田產中價使民各以田畝多少高下隨價自占仍并屋宅分有無蕃息立等凡居錢五當蕃息之錢一非用器田穀而輒隱落者許告有實以三分之一充賞將造簿預具式示民令依式爲狀縣受而籍之以其價列定高下分爲五等旣該見一縣之民物產錢數乃參會通縣役錢本額而定所當輸明書其數示衆兩月使悉知之詔從其請司農寺乞廢戶長坊正令州縣坊郭擇相鄰戶三二十家排比成甲迭爲甲頭督輸稅賦苗役一稅一替其後諸路皆言甲頭催稅未便遂詔耆戶長壯

丁仍舊募充其保正甲頭承帖法並罷王安石言給田募役有害十餘八年罷給田募役法已就募人如舊闕者勿補官戶輸役錢免其半所免雖多各無過二十千兩縣以上有物產者通計之兩州兩縣以上有物產者隨所輸錢等第不及者從一多處併之初手實法行言者多論其長告訐增煩擾至是惠卿罷政御史中丞鄧綰言其法不便罷之委司農寺再詳定以聞九年以荆湖兩路敷役錢太重較一歲入出寬剩錢數多詔權減二年尋詔自今寬剩役錢及買撲坊場錢更不以給役人歲具羨數上之司農餘物凡籍之常平司者常留一半侍御史周尹言募役錢

數外留寬剩一分聞州縣希提舉司風旨廣敷民錢省役額損雇直而民間輸數一切如舊寬剩數多募直輕而耆法重役人多不願就募天下皆謂朝廷設法聚斂不無疑怨乞募耆長戶長及役人不可過減者悉復舊額約募錢足用其寬剩止留二分是歲諸路上司農寺歲收免役錢一千四十一萬四千五百五十三貫石匹兩金銀錢斛匹帛一千四十一萬四千三百五十二貫石匹兩絲綿二百一兩支金銀錢斛六百四十八萬七千六百八十八兩貫石匹應在銀錢斛匹帛二百六十九萬三千二十貫匹石兩見在八十七萬九千二百六十七貫石匹兩十年知彭

州呂陶奏朝廷欲寬力役立法召募初無過斂民財之意有司奉行過當增添科出謂之寬剩自熙寧六年施行役法至今四年臣本州四縣已有寬剩錢四萬八千七百餘貫今歲又須科納一萬餘貫以成都一路計之無慮五六十萬推之天下見今約有六七百萬貫寬剩在官歲歲如此泉幣絕乏貨法不通商旅農夫最受其弊臣恐朝廷不知免役錢外有此寬剩數目乞契勘見在約支幾歲不至闕乏霈發德音特免數年或逐年限定不得過十分之一所貴民不重困不報王安石去位吳充爲相沈括獻議其若稍變役法雜以差僱爲便御史知雜蔡確言括反覆眊

括知宣州役錢立額浙東多以田稅錢數爲則浙西多用
物力至是詔令通物力稅錢互紐爲數從便輸納淮東路
估定物產如其實直以均敷取初許兩浙坊郭戶家產不
及二百千鄉村戶不及五十千毋輸役錢已而鄉戶不及
五十千亦不免輸元豐二年提舉司言坊郭戶免輸法太
優乃詔如鄉戶法裁定所敷錢數提舉廣西常平劉誼言
廣西一路戶口二十萬而民出役錢至十九萬緡先用稅
錢敷出稅數不足又敷之田米田米不足復筭於身丁夫
廣西之民身之有丁既稅以錢又筭以米是一身而輸二
稅殆前世弊法今既未能蠲除而又益以役錢甚可憫也

至於廣東西監司提舉司吏一月之給上同令録下倍攝
官乞裁損其數則兩路身丁田米亦可少寛遂詔更革月
給錢遞減二千歲遂減役錢一千二百餘緡三年司農寺
丞吳雍言議定淮浙役書減冗占千三百餘人裁省緡錢
近二十九萬會定歲用寛剩錢一百四萬餘緡諸路役書
多若此類乞先自近京三兩路修定下之諸路從之七年
天下免役緡錢歲計一千八百七十二萬九千三百場務錢
五百五萬九千穀帛石匹九十七萬六千六百五十七役
錢較熙寧所入多三之一帝之力主免役也知民間通若
差役而衙投之任重行遠者尤甚特剏免役雖均敷雇直

不能不取之民然民得一意田畝實解前日困弊故羣議
雜起意不爲變顧其間采主安石策不正用雇直爲額而
展敷二分以備吏禄水旱之用群臣每以爲言屢疑屢詰
而安石持之益堅此其爲法既不究終防弊而聚斂小人
又乘此增取帝雖數詔禁戒而不能盡止至是雇役不加
多而歲入比前增廣則安石不能將順德意其流弊已見
矣哲宗立宣仁后垂簾同聽政門下侍郎司馬光言按因
差役破產者惟鄉戶衙前蓋山野愚戇之人不能幹事或
因水火損敗官物或爲上下侵欺乞取是致欠折備償不
足有破產者至於長名衙前在公精熟每經重難別得優

輕場務酬獎往往致富何破產之有又鄉者役人皆上等
戶爲之其下等單丁女戶及品官僧道本來無役今使之
一槩輸錢則是賦斂愈重自行免役法以來富室差得自
寛貧者困窮日甚監司守令之不仁者於雇役人之外多
取羨餘或一縣至數萬貫以冀恩賞又青苗免役賦斂多
責見錢錢非私家所鑄要須貿易豐歲追限尚失半價
若值凶年無穀可糶賣田不售遂致殺牛賣肉伐桑鬻薪
來年生計不暇復顧此農民所以重困也臣愚以爲宜悉
罷免役錢諸色役人並如舊制定差見雇役人皆罷遣之
衙前先募人投充長名召募不足然後差鄉村人戶每經

歷重難差遣依舊以優輕場務充酬獎所有見在役錢撥充州縣常平本錢以戶口爲率存三年之蓄有餘則歸轉運司凡免役之法纔富彊應役之人征貧弱不役之戶利於富不利於貧及今耳目相接猶可復舊名若更年深富者安之民不可復差役矣於是始詔修定役書凡役錢惟元定額及額外寬剩二分已下許著爲準餘並除之若寬剩元不及二分者自如舊則尋詔耆戶長壯丁皆仍舊募人供役保正甲頭承帖人並罷元祐元年侍御史劉摯言率戶賦錢有從來不預差役而槩被斂取者有一戶而輸數百以至千緡者昔惟衙前一役有至破產者爾今天下

坊場官收而官賣之歲計緡錢無慮數百萬自可足衙前雇募支酬之直則役之重者已無所事于農民矣外惟散從承符弓手手力耆戶長壯丁之類無大勞費宜並用祖宗差法自第一等而下通任之監察御史王巖叟請於衙前大役立本等相助法以盡變通之利借如一邑之中當應大役者百家而歲取十人則九十家出力爲助明年易十戶復如之則大役無偏重之弊其於百色無名之差占一切非理之資陪悉用熙寧新法禁之雖不助猶可爲也殿中侍御史劉次莊言近制許雇耆戶長須三等已上戶不知三等已上戶不願受雇既無願者則郡縣必陽循雇名陰用差法不若立法明差之爲便戶部言詔凡耆戶長壯丁並募人供役竊慮戶長雇錢數少無應募者兼四等以下戶舊不敷役錢惟輪差壯丁今悉雇募用錢頗廣提舉司必從人戶增斂蓋舊法役不盡雇亦有輪差輪募之處欲且如本法中書舍人蘇軾言先帝初行役法取寬剩錢不得過二分以備災傷有司奉行過當行之幾十六七年積而不用至三千餘萬貫石熙寧中行給田募役法大略如邊郡弓箭手臣知密州先募弓手民甚便之曾未半年此法復罷因列其五利王巖叟言蘇軾乞買田募役其五利難信而有十弊大指謂官市民田慮不當價民受田

就募既非永業則鹵莽其耕又將轉而他之而其六弊特詳曰弓箭手雖名應募實與家居農民無異雖或番上及緩急不免點集實不廢田業非如州縣色役長在官寺則弓箭手之擾可知矣然猶闕額常難補招已就招者又時時竄去引以爲比不切事情其七弊曰戶及三等以上皆能自足必不肯佃田供役今立法須二等以上戶方充弓手三等以上方得供散從官以下色役乃是用給田募役之名行揭簿定差之實既云百姓樂於應募何以戶降四等必須上二等戶保任任之而逃則勸任者就供田役此豈得云樂應也耶上官均亦陳五不可行軾議遂格

司馬光復奏今免役之法其害有五上户舊充役固有陪
備而得番休今出錢比舊費特多年年無休息下户元不
充役今例使出錢舊日所差皆土著良民今皆浮浪之人
應募無顧藉受賕侵陷官物又農民出錢難於出力若遇
凶年則賣莊田牛具桑柘以錢納官提舉常平倉司惟務
多斂役錢廣積寬剩此五害也今莫若直降敕命盡罷天
下免役錢其諸色役人並依熙寧元年以前舊法人數委
本縣令佐揭簿定差其人不願身自供役許擇可任者雇
代有逋逃失陷雇者任之惟衙前一役最號重難固有因
而破產者爲此始作助役法自後色色優假禁止陪備別

募命官將校部押遠綱遂不聞更有破產之人若今衙前
仍行差法陪備既少當不至破家若猶矜其力難獨任即
乞如舊法於官户寺觀單丁女户有屋產月收僦直可及
十五千莊田中熟所收及百石以上者並隨貧富以差出
助役錢自餘物產約此爲準每州椿收候有重難役使即
以支給尚慮役人利害四方不能齊同乞許監司守令審
其可否可則亟行如未究盡縣許五日具措畫上之州州
一月上轉運司轉運司季以聞朝廷委執政審定隨一路
一州各爲之敕務要曲盡然免役行之近二十年富户習
於優利一旦變更不能不懷異同又差役復行州縣不能

不有小擾提舉官專以多斂役錢爲功必競言免役錢不
可罷當此之際願勿以人言輕壞良法知樞密院章惇取
光所奏疏略未盡者駮奏之尚書左丞呂公著言惇專欲
求勝不顧命令大體望選差近臣詳定右正言王覿奏光
議初上惇嘗同奏待既施行方列光短其資小人不當寘
腹心地於是詔以資政殿大學士韓維給事中范純仁等
專切詳定以聞王覿又言近制改募爲差用舊法人數爲
悉準見額定差先是差法既復知開封府蔡京如數五日
內盡用開封祥符兩縣舊役人數差一千餘人以足舊額

右司諫蘇轍言開封府亟用舊額盡差如壇子之類近例
率用剩貟今悉改差民户故爲煩擾以捷成法乞正其罪
司馬光之始議差役中書舍人范百祿言于光曰熙寧免
役法行百祿爲咸平縣開封罷遣衙前數百人民皆欣幸
其後有司求羨餘務刻剥乃以法爲病今第減助免錢額
以寬民力可也光雖不從及議州縣吏因差役受賕從重
法加等配流百祿押刑房固執不可曰鄉民因保爲吏今
日執事而受賕明日罷役復以財遺人若盡以重法繩之
將見黥面赭衣充塞道路矣光曰微公言幾爲民害遂已
之蘇轍又言差役復行應議者有五其一曰舊差鄉户爲

衙前破敗人家甚如兵火自新法行天下不復知有衙前之患然而天下反以爲苦者農家歲出役錢爲難及許人添剗見賣坊場遂有輸納不給者爾尚使止用官賣坊場課入以雇衙前自可足辦而他色役人止如舊法則爲利較然矣初疑衙前多是浮浪投雇不如鄉差税户可託然行之十餘年投雇者亦無大敗闕不足以易鄉差衙前之害今略計天下坊場錢一歲可得四百二十餘萬貫若立定中價不許添剗三分減一尚有二百八十餘萬貫而衙前支費及召募非泛綱運一歲共不過一百五十餘萬緡則是坊場之直自可了辦衙前百費何用更差鄉户令制

盡復差役知衙前若無陪備故以鄉户爲之至於坊場元無明降處分不知官自出賣耶抑仍用以酬獎衙前也若仍用以酬獎即召募部綱以何錢應用若不與之錢即舊名重難鄉户衙前仍前自備爲害不小其二坊郭人户舊苦科配新法令與鄉户並出役錢而免科配其法甚便但數錢太重來爲經久之法乞取坊郭官户寺觀單丁女户酌今役錢減定中數與坊場錢用以支雇衙前及召募非泛綱運外卻令樁備募雇諸色役人之用其三乞用見今在役人數定差熙寧未減定前其數實冗不可遵用其四熙寧以前散從弓手手力諸役人常苦逆送自新法以來

官吏皆請雇錢役人既便官亦不至闕事乞仍用雇法其五州縣胥吏並量支雇錢募充仍罷重法亦許以坊場坊郭錢爲用不足用方差鄉户鄉户所出雇錢不得過官雇本數詔送看詳役法所詳定擇其要者先奏以行於是役人悉用見數爲額惟衙前用坊場河渡錢雇募不足方許揭簿定差其餘役人惟該募者得募餘悉定差遂罷官户寺觀單丁女户出助役法其今夏役錢即免輸尋以衙前不皆有雇直遂改雇募爲招募凡熙豐嘗立法禁以衙前及役人非理役使及令陪備圓融之類悉申行之者並依保正長法坊場河渡錢量添酒錢之類名色不一惟於法

許用者支用外並樁備招募衙前支酬重難及應緣役事之用如一州錢不供用許移別州錢用之一路不足許從户部通他路移用其或有餘毋得妄用其或不足毋得減募增置衙前最爲重役若已招募足額上一等户有虛閑不差者令供次等色役鄉差役人在職官如敢抑令別雇承符散從承代其役者轉運司劾奏重責時提舉常平司已罷置凡役事隸提刑司殿中侍御史呂陶言天下版籍不齊或以税錢貫百或以田地頃畝或以家之積財或以田之受種雖皆別爲五等然有税賦錢一貫占田一頃積財千緡受種十石而入之一等一等之上無等可加遂

至秋縉田畝積財受種十倍於此亦不過同在一等憑此差役必不均平雖無今日納錢之勞反有昔時偏頗陪費之害莫若裁量新舊著爲條約如税錢一貫爲第一等合於本等中差一役税錢兩倍於一役者併差二役又倍即差三役雖税錢更多不過三役並聽雇人或本縣户多役少則上户之役不須併差但可次敘休役年月遠近而均其勞逸假令甲充役後可閑五年乙税錢兩倍於甲可閑三年丙又倍於乙可閑一年其以田土頃畝之類爲等弟其餘同等多少不侔者並倣此又成梓兩路差役舊專以户税爲差等熙寧初别定坊郭户營運錢以助免役乃在税産之外州縣抑認成額至今不減至有停閑居業移避鄉村猶不得免今方議法坊郭等第固不可偏廢然須參究虚實别行排定以寛民力並送詳定所蘇轍又言雇募衙前改爲招募既非明以錢雇必無肯就招者勢須差撥不知歲收坊場河渡緡錢四百二十餘萬欲於何地用之熙寧以前諸路衙前多雇長名當役如西川全是長名淮南兩浙長名太半以上餘路亦不減半今坊場官既自賣必無願充長名則衙前並是鄉户雖號招募而上户利於免役方肯占名與差無異上户既免衙前重役則凡役皆當均及以次人户如此則下户充役多如熙寧前矣

志卷第一百三十

開府儀同三司上柱國錄軍國重事中書右丞相監修國史領經筵事都總裁臣脫脫等奉

敕修

食貨上六 役法下 振恤

役法中書舍人蘇軾在詳定役法所極言役法可雇不可差第不當於雇役實費之外多取民錢若量入爲出不至多取則自足以利民司馬光不然之光言差役已行續聞有命雇募不足方許定差屢有更張號令不一又轉運使欲合一路共爲一法不令州縣各從其宜或已受差却釋役使去或已辭雇却復拘之入役或仍舊用錢招雇或不用錢白招紛紜不定寖違本意遂條舉始奏之文嘗許州縣監司陳列宜否自今外官苟見利否縣許直上轉運司州許直奏使下情無壅詳定所第當稽閲監司州縣所陳詳定可否非其任職而務出奇論不切事情者勿用亦不可以一路一州一縣土風利害槩行天下從之未幾詔諸路坊郭五等以上及單丁女户官户寺觀第三等以上舊輸免役錢者並減五分餘户等下此者悉免輸仍自元祐二年始凡支酬衙前重難及綱運公皂迓送飱錢用坊場河渡錢給賦不足方得於此六色錢助用而有餘封樁以備不時之須臣僚上言朝廷雖立差法而明許民户雇代

州縣多已施行近命弓手須正身恐公私未便詔不願身自任役許募嘗爲弓手而有勞效者雇直雖多毋踰元募之數御史中丞劉摯言弓手不可不用差法者蓋鄉人在役則不獨有家丁子弟之助至於族姻鄉黨莫不與爲耳目有捕輒獲又土著自重無逃亡之患自行雇募盜寇充斥蓋浮惰不能任責故也如五路弓手熙寧未變法前身自執役最號彊勁其材藝捕緝勝於他路近日復差不聞有不樂而願出錢雇人惟是川蜀江浙等路昨升差上一等户皆習於驕脆不肯任察捕之責欲乞五路必差正身餘路即用新敕釐爲三色舊有户等已嘗受差者曾有戰鬬勞效應留者願雇人代已者立此三色所冀新舊相兼漸習禦捕侍御史王巖叟亦言雇代恐不能任事略與摯同監察御史上官均言役之最重莫如衙前其次弓手今東南長名衙前招募既足所差不及上户上户必差弓手則是以上户就中户之役實爲優幸上户產厚而役輕下户產薄而無役然則所當補恤正在中户今若增上户役年使中户番休稍久則補除相均矣又言近許當差弓手户役得差人爲代此法最便議者謂身任其役則自愛而重犯法熙寧募法久行何嘗聞盜賊充斥彼自愛之民承符帖追逮則可俾之與賊角死豈其能哉兩浙諸路以法

案差弓手必責正身至有涕泣辭免者此豈可恃以爲用哉今既立法許雇嘗爲弓手而有勞效之人比之泛募宜有間矣殿中侍御史呂陶謁告歸成都因令與轉運司議定役法後議立增減役年之法曰户多之鄉以十二年户少以九年而應差之户通輪一周以一周月日而參之户等户税多者占役之日多少者以率減下則均適無頗矣雖以等周差皆許募人爲代如此則四等往往少差而五等差所不及矣衙前悉令招募以坊場錢支酬重難此法爲允當是時議役法者皆下之詳定所久不能決於是文彦博言差役之法置局衆議命令雜下致久不決於是詔

罷詳定局役法專隸户部諫議大夫鮮于侁言開封府多官户祥符縣至闔鄉止有一户應差請裁其濫凡保甲之授班行者如進納人例須至升朝方免色役舊法户賦免役錢及三百緡者令仍輸錢免役侍御史王巖叟謂此法不見其利借如兩户其一輸錢及三百千其一及二百八九十千相去幾何而應差者三年五年即得休息其應輸助者畢世入錢無有已時非至破家終不得免此其勢必巧爲免計有弟兄則析居不則減賣其業但少降三百千之數則遂可免不出二三年高彊户皆成中户其後又詔舊輸免役錢户及百千以上令如六色户輸錢助役蓋欲

以其錢廣雇使番休優久凡户少之鄉應差不及三番者許以六色錢募州役尚不及兩番則申户部移用他州錢以紓差期鄉户衙前受役當休無代即如募法給雇食之直若願就投募者仍免本户身役不願者速募人代之元祐三年翰林學士兼侍讀蘇軾言差役之法天下皆云未便昔日雇役中户歲出幾何今者差役中户歲費幾何更以幾年一役較之約見其數則利害灼然而況農民在官官吏百端蠶食比之雇人苦樂十倍五路百姓朴拙間遇差爲胥吏又須轉雇慣習之人尤爲患苦尋詔郡縣各具差役法利害條析以聞四年右正言劉安世言御史中丞

李常請復雇募懷姦害政先是常言差法詔下民知更不輸錢嘗驩呼相慶行之既久始覺不輸錢爲害何也差法廢久版籍不明重輕無準鄉寬户多者僅得更休鄉狹户窄者頻年在役上户極等昔有歲輸百千至三百千者今止差爲弓手雇人代役歲不過用錢三四十千中下户舊輸錢不過三二千而今所雇承符散從之類不下三十千然則今法徒能優便上户而三等四等户困苦日甚望詔一二練事臣僚使與賦臣取差雇二法便於百姓者行之無牽新書無執舊說民以爲善斯善矣而安世則以責民出錢爲非乞固守差役初議故以常爲罪知杭州蘇軾亦

言役行差法則上户之害皆去獨有三等人户方雇役時户歲出錢極不過三四千而今一役二年當費七十餘千休閑不過六年則是八年之中昔者徐出三十餘千而今者併出七十餘千苦樂可知朝廷既取六色錢許用雇役以代中户頗除一害以全二利今惟狹鄉户少役者替閑不及三番方得用六色錢募人以代州役此法未允何者百姓出錢本爲免役今乃限以番次不用盡用留錢在官其名不正又所雇者少未足以紓中户之勞又投名衙前不足元額而鄉差衙前又當更代即又別差更不支錢若願就長名則支酬重難盡以給之仍計日月除其户役及

免助役錢二十千及州役惟吏人衙前得皆雇募此外悉用差法如休役未久三年即以助役錢支募此法尤爲未通自元豐前不聞天下有闕額衙前者豈嘗抑勸直以重難月給可以足用故也當時奉使如李承之之徒所至已輒減刻元祐改法又行減削既多不支月給如何肯就招募今不循其本乃欲重困鄉差全不支錢而應募之人盡數支給又放免役錢二十貫欲以誘脅盡令應募何如直添重難月給令招募得行乞促招闕額長名衙前刻期須足如合增錢雇募上之監司議定即行役率以二年爲一番向來尚許一户歇役不及三番則令雇募是欲百姓空

閑六年今忽減作二年幸六色錢足用有餘正可加添番數而乃減番添役農民皆紛然妄謂朝廷移此錢他之雖云量留一分備用若有餘剩數却量減下無丁户及女户所敷役錢此乃空言無實丁口産税開收增減年年不同如何前知來年應用而預爲樁科若亟行減下臨期不足又須增取吏緣爲姦不可勝防矣大抵六色錢以免役取當於雇役乎盡之然後名正而人服惟有一事不得不慮州縣六色錢多少不同若各隨多少以爲之用則數錢多處役户優閑太久六色人户反覺數錢數多欲乞今後六色錢常存一年備用之數而會計歲所當用以羨餘而通

一路酌人户貧富色役多少預行品配以一路六色錢通融分給令州縣盡用雇人以本處色役輕重爲先後如此則錢均而無弊雇人稍廣中户漸蘇則差役良法可以久行而不變矣是時論役法未便者甚衆五年再詔中書舍人王巖叟樞密都承旨韓川諫議大夫點檢户曹文字劉安世同看詳利害户部請河北河東陝西鄉差衙前以投募人所得雇直爲則而減半給之投名衙前惟差者長他投皆免六年三省援三路投募衙前役例槩行他路詔凡投募人免其户二等已下色役鄉差人户悉用投名人代之願長投募者聽又詔諸州衙前已許量支雇直餐錢應

費廣難支轉運提刑司其隨土俗參酌立定優重分數及
月給養錢用支酬額錢給之不得過舊法元數州役之應
鄉差者若一鄉人户終役皆未及四年許以助役錢募人
爲之總計一州雇直其助役錢不足用即於户狹役頻鄉
分先與雇代一役役竟按籍復差如初諸州歲計助役錢
常留一分外以雇直對計或闕或剩提刑司通一路移用
應差諸縣手力合一鄉休役皆不及三年者亦許用助役
錢雇募既終一役别有闕及三年者復行差法諸州縣置
差役都鼠尾簿取民户稅產物力高下差取分五等排定
而疏其色役年月及其更代人姓名於逐户之下每遇差

役即按籍自上而下吏毋得移寬先後坊場河渡錢以雇
衙前而有寬剩亦令補助其餘役人三省言朝廷審定民
役差募兼行斟酌補除極爲詳備而州縣不盡用助役錢
募人以補頻役之地今括具綱目下之州縣使恪承之其
一曰應差之户三等以上許休役四年四等以下許休役
六年若户少無與更代卸役不及應閑年數即用助役錢
募人代役以足之其二曰狹鄉之縣役人除衙前州胥許
雇壯丁直差不雇外凡州縣役人皆許招募以就募月日
補除應差而閑不及四年六年之人使及年數每縣通計
應差應募役數若干立定二額差者訖役以應差人承之

雇者有闕别募人充數二額悉已立定如户力應升應降
須俟三年造簿日按籍别定未應造簿止憑定額爲準若
本等户少不充州縣合役之數即用次等户之物力及本
等七分者爲之其三曰寬鄉之縣除巳雇衙前州胥外餘
役皆以序按差其四曰官雇弓手先雇嘗充弓手之人如
不足以武勇有雇籍者充他役人願就雇其選受亦如之
其五曰壯丁皆按户版簿名次實輪充役半年而更其六
曰一州一路有狹鄉役頻縣分募錢不足提刑司以一路
助役寬剩錢通融移用又不足以坊場河渡寬剩錢給之
仍通紐一歲應用支酬衙前之類費錢若干而十分率之

每年於寬剩數内更留二分以備支酬衙前之類樁留至
五年通迭一全年寬剩總額即止不樁又不足户部以别
路逐色寬剩錢移用以補足之其七曰助錢歲歲樁留一
分每及五分止或時支用即隨撥補使常足五分之數其
八曰軍人應差迓送者本以代有雇錢役人其沿迓送軍
人有費提刑司計數歸之轉運司其九曰重役人應替而
願仍就募者許給雇錢受役其十曰役人須有稅產乃得
就募其有蔭應贖及曾犯徒刑雖願募不雇若工藝人須
有貲產人二户任之雇直雖多皆不得加于舊法巳募之
數其十一曰陝西鎮戍德順軍熙州衙前皆受田于官以

當募直内地户願如其法應田募者聽之仍以坊場河渡
補還轉運司合輸租課凡縣歲具色役輕重鄉分寬狹凡
役雇直有無餘欠各以其實校别而上之州州上監司監
司聚議連書上户部仍别具一路移用及寬剩縣分錢數
致之户部先是收到官田嘗令田已籍于官及見佃人逃
亡悉拘入之留充雇募銜前至是遂參行田募之法八年
詔耆長壯丁役期已足不許連續爲之蓋知其利於賕請
不願更罷故也民有執父母喪而應在役者三等以下户
除之二等以上户令量納役錢在户錢十分止責輸三分
服除日仍舊哲宗始親政三省言役法尚未就緒帝曰第

行元豐舊法而減去寬剩錢百姓何有不便范純仁曰四
方異宜須因民立法乃可久也遂令户部議之右司諫朱
紱言輸錢免役有過數多斂者用錢雇役有立直太重者
役色之内又有優便而願自投募不必給雇者請詳爲裁
省中書言自行差法十年民間苦於差擾前後議者紛紜
更變不一未有底止於是詔復免役法凡條約悉用元豐
八年見制鄉差役人有應募者可以更代即罷遣之許借
坊場河渡及封樁錢以爲雇直須有役錢日補足其數所
輸免役錢自今年七月始耆户長壯丁召雇不得已保正
保長保丁充代其他役色應雇者放此所斂寬剩錢不得

過一分昔常過數今應減下者先自下五等人户始路置
提舉官一員視提刑置司之州爲治如方俗利害不同事
有未盡未便而應更改增損舊法者畫一條疏與轉運提
刑司連奏又詔用舊法取量添酒錢贏數給推法司吏餐
錢不足則抵當息錢亦許貼用先嘗以七月起輸其後又
自來年始土俗差雇不一姑仍其舊俟起輸至五月盡行
雇法凡因差在役者悉罷遣之舊免役法行壯丁間有差
而不募者其毋斂役錢如故凡錢額所斂取三年雇直實
支而酌一年中數立爲歲額以均斂取此外所取寬餘不
得過通額十分之一免役錢方復未輸且以助役錢給雇

直不足雖免役寬剩錢亦許給用七月户部看詳役法所
言募職監當官之官罷官依元豐制悉用雇役人迓送而
差定其數凡元祐溢額所添廂軍皆罷減其有抑鄉差之
人仍舊在役或改易名字就便應募悉計其在役月日應
得更代者以次獨遣之諸路舊立出等高强户户力轉高
數取難勝應出免役錢百千以上每緡及百千悉與減免
三分凡人户匿寄財產假借户貫冒名官户苟可避免等
第科配者各以違制論許人陳告以其半給之元豐令在
籍宗子及太皇太后皇后緦麻親得免役皇太妃宜亦如
之詔皆如請舊户等簿如略可憑即用之若漫滅等第即

雖未及應造之年亦令改造户部舉行元豐條制以保正長代耆長甲頭代户長承帖人代壯丁二年申詔諸路役人額數雇直並依元豐舊制仍依已命寬剩錢不得過一分常平免役元豐止用提舉官專領轉運提刑司自今毋預其事舊置重修編敕所看詳中外文字本以去年所差鄉役未盡善遂入議曰都副保正比耆長事責已輕又有承帖人受行文書即大保長若無公事元豐本制一都之内役者十人副正之外八保各差一大長今若常輪二大長分催十保稅租常平錢物一稅一替則自不必更輪保丁充甲頭矣凡都保所雇承帖人必選家於本保者而雇

直皆從官給一年一替則自無浮浪稽留待移之弊承帖雇直固有舊數其今所雇保正之直眎耆長保長之直則眎户長若應此三役不願替代者自從其願壯丁元不數雇直處聽如其舊承帖雇錢許以舊寬剩錢通融支募如土俗有不願就保正長雇役者許募本土有產稅户使爲耆長壯丁以代之其所雇耆户長已立法不得抑勒矣若保正長不願就雇而輒差雇者徒二年坐罪詔皆從之

三年左正言孫諤言役法之行在官之數元豐多元祐省雖省未嘗廢事則多不若省雇役之直元豐重元祐輕雖輕未嘗不應募則重不若輕今役法優下户使弗輸而盡取諸上户意則美矣而法未善也夫先帝建免役之法而熙寧元豐有異論元祐有更變正惟不能無弊爾願無以元豐元祐爲間期至於均平便民而止則善矣翰林學士蔡京言諤之論多省輕重明有抑揚謂元豐不若元祐明矣諤於陛下追紹之日敢爲此言臣竊駭之免役法復行將及一年天下吏習而民安之而諤指以爲弊則所詆者熙寧元豐也且元豐雇法也元祐差法也雇與差不可並行元祐固嘗兼雇已紛然無紀矣而諤欲不間熙祐是欲伸元祐之姦惑天下之聽詔罷諤正言黜知廣德軍後又詔諸縣無得以催稅比磨追甲頭保長無得以雜事追保

正副在任官以承帖爲名占破當直者坐贓論所管催督租賦州縣官輒令陪備輸物者以違制論是歲以常平免役農田水利保甲類著其法總爲一書名常平免役敕令頒之天下詔翰林學士承旨兼詳定役法蔡京依舊詳定重修敕令侍御史董敦逸言京在元祐初知開封府附司馬光行差法祥符一縣數日間差至一千一百人乞以役法專委户部詔令䟽析京奏上復令敦逸自辨京無責焉

元符二年以蕭世京張行爲郎二人在元祐中皆嘗言免役法爲是帝出其䟽擢之既而詔河北東西淮南運司府界提點司如人户已嘗差充正夫其免夫錢皆罷催後又

詔雖因邊事起差夫丁須以應差雇實數上之朝廷未得
輒差其河防并灕河歲合用一十六萬八千餘夫聽人户
納錢以免建中靖國元年户部奏京西北路鄉書手雜職
斗子所由庫秤揀掐之類土人願就募不須給之雇直他
路亦須詳度施行詔從之知延安府范純粹言比年衙前
公盜官錢事發即逃乞許輪差上等鄉户使供衙役殿中
侍御史彭汝霖劾純粹所言有害良法宜加黜責詔純粹
所乞不行其後知襄州俞㮚以襄州總受他州布綱而轉
致他州是衙前重役併在一州事理不均臣僚謂㮚輒毀
紹聖成法請重黜㮚坐責授散官安置太平州崇寧元年

四、四十　志一百三十一　十三　周東山

尚書省言前令大保長催稅而不給雇直是爲差役非免
役也詔提舉司以元輸雇錢如舊法均給永興軍路州縣
官乞復行差役湖南江西提舉司以物賤乞減吏胥雇直
罷給役人雇錢皆害法意應改從其舊詔户部並遵奉紹
聖常平免役敕令格式及先降紹聖簽貼役法行之天下
二年臣僚言常平之息歲取二分則五年有一倍之數免
役剩錢歲取一分則十年有一年之備故紹聖立法常平
息及一倍免役寬剩及三料取旨蠲免以明朝廷取於民
者非以爲利也而集賢殿脩撰知鄧州吕仲甫前爲户部
侍郎輒以狀申都省乞刪去上條詔黜仲甫落職知海州

後又詔常平司候豐衍有餘日具此制奏蠲之大觀元年
詔諸州縣召募吏人如有非四等以上户及在州縣五犯
杖罪悉從罷遣不得再占諸處名役别募三等以上人充
於是舊胥既盡罷而弊根未革老姦巨猾匿身州縣舞法
擾民蓋甚前日其後又不許上三等人户投充弓手所募
皆浮浪無所顧藉盜賊公行爲害四方至是復詔州縣募
役依元豐舊法政和元年臣僚言元豐中鞏州歲斂役錢
止四百千今絫數至緡錢近三萬又元豐八年命存留寬
剩錢毋得過二分紹聖再加裁定止許存留一分此時考
詳法意非取寬剩遂改名準備錢而嚴立禁約若擅增數

四、四十　志一百三十一　十四　周東山

歲額及樁留準備過數者並以違制論今乞飭提舉常平
官檢察及覈究鞏州取贏之因以聞從之宣和元年言者
謂役錢一事神宗首防官户免多特責半輸今比户稱官
州縣募役之類既不可減顧令官户所減之數均入下户
下户於常賦之外又代官户減半之輸豈不重困詔自今
二等以上户因直降指揮非泛補官者輸賦差科免役並
不得賒官户法減免已免者改之進納人自如本法保長
月給雇錢督催稅賦比年諸縣或每稅户一二十家又差
一人充甲頭及催稅人十日一進赴官比磨求取決責有
害良民詔禁之七年詔州縣昨因儆察私鑄令五家爲保

城郭亦差坊正副領受文書由此追呼陪費或析居逃移以避差使其所置坊正副可罷自紹聖復雇役而建炎初罷之已而討論其法之不可廢也參政李回言於高宗曰常平法本於漢耿壽昌豈可以王安石而廢之且當時招射士無以供庸直詔官戶役錢勿減半民戶役錢槩增三分後復減之兼官舊給庸錢以募戶長及立保甲則儲庸錢以助經費未幾廢保甲復戶長而庸錢不復給遂爲總制窠名焉然役起於物力物力升降不覈則役法公是以紹興以來講究推割推排之制凡百姓典賣典業稅賦與物力一併推割至於推排則因其貲産之進退爲之升降三歲而下行之然當時之弊或以小民粗有米粟僅存室廬凡耕耨刀斧之器雞豚犬彘之畜纖微細瑣皆得而籍之吏視賂之多寡爲物力之低昂上之人憂之於是又爲之限制除質庫房廊停塌店鋪租牛賃船等外不得以猪羊雜色估計其後并耕牛租牛以免之若江之東西以畝頭計稅亦有不待推排者保正長之立也五家相比五五爲保十大保爲都保有保長有都副保正餘及三保亦置長五大保亦置都保正其不及三保五大保者或爲之附庸或爲之均并不一也戶則以物力之高下爲役次之久近若夫品官之田則有限制死亡子孫減半蔭盡差役同

編戶一品五十頃二品四十五頃三品四十頃四品三十五頃五品三十頃六品二十五頃七品二十頃八品十頃九品五頃封贈官子孫差役亦同編戶謂父母生前無官因伯叔或兄弟封贈者凡非泛及七色補官不在限田免役之數其奏薦弟姪子孫原自非泛七色而來者仍同差役進納軍功捕盜宰執給使減年補授轉至升朝官即爲官戶身亡子孫並同編戶太學生及得解及經省試者雖無限田許募人充役單丁女戶及孤幼戶並免差役凡無夫無子則爲女戶女適人以奩錢置產仍以夫爲戶其合差保正長以家業錢數多寡爲限以限外之數與官編戶輪差總首部將免保正長差役文州義士已免之田不許典賣老疾身亡許承襲凡募人充役並募土著之人其放停兵及嘗爲公人者並不許募既有募人官不得復追正身募人憑藉官勢姦害善人斷罪外坐募之者高宗在河朔親見閭閻之苦嘗歎知縣不得人一充役次即便破家是以講究役法甚備乾道五年處州松陽縣倡爲義役衆出田穀助役戶輪充自是所在推行十一年御史謝諤言義役之行當從民便其不願者乃行差役上然之朱熹謂義役有未盡善者四事蓋始倡義役者惟恐議之未詳慮之未周而踵之者不能皆善人於是其弊日開其流日甚或以材智把握而專義役之利或以氣力凌駕而私差役之權是以虐貧擾富凌

寡暴孤義役之名立而役户不得以安其業雇役之法行
而役户不得以安其居信乎所謂未盡善之弊也淳熙五
年臣僚奏令提舉官歲考屬邑差役當否以詞訟多寡爲
殿最令役户輪管以提其役置募人以奉官之行移則公
私便而義役立矣慶元二年吏部尚書許及之因淳熙陳
居仁所奏取祖宗免役舊法及紹興十七年以後續降旨
符修爲一書名曰役法撮要五年書成左丞相京鏜上之
其法可以悠久其或未久而輒弊者人也
振恤水旱蝗螟饑疫之災治世所不能免然必有以待之
周官以荒政十有二聚萬民是也宋之爲治一本於仁厚

凡振貧恤患之意視前代尤爲切至諸州歲歉必發常平
惠民諸倉粟或平價以糶或貸以種食或直以振給之無
分於主客户不足則遣使馳傳發省倉或轉漕粟於他路
或募富民出錢粟酬以官爵勸諭官吏許書曆爲課若舉
放以濟貧乏者秋成官爲理償又不足則出内藏或奉宸
庫金帛鬻祠部度僧牒東南則留發運司歲漕米或數十
萬石或百萬石濟之賦租之未入入未備者或縱不取或
寡取之或倚閣以須豐年寬逋負休力役賦入之有支移
折變者省之應給蠶鹽若和糴及科率追呼不急妨農者
罷之薄關市之征鬻牛者免算運米舟車除沿路力勝錢

利有可與民共者不禁水鄉則蠲蒲魚果蓏之稅選官分
路巡撫緩囚繫省刑罰饑民劫囷窖者薄其罪民之流亡
者關津毋責渡錢道京師者諸城門振以米所至舍以官
第或寺觀爲淖糜食之或人日給糧可歸業者計日併給
遺歸無可歸者或賦以閑田或聽隸軍籍或募少壯興修
工役老疾幼弱不能存者聽官司收養水災州縣具船栰
拯民置之水不到之地運薪糧給之因饑役若厭溺死者
官爲埋祭厭溺死者加賜其家錢粟京師苦寒或物價翔
踊置場出米及薪炭裁其價予民前後率以爲常蝗爲害
又募民撲捕易以錢粟蝗子一升至易菽粟三升或五升

詔州郡長吏優恤其民間遣内侍存問戒監司俾察官吏
之老疾罷愞不任職者初建隆三年户部郎中沈義倫使
吳越還言揚泗饑民多死郡中軍儲尚餘萬斛宜以貸民
有司沮之曰若來歲稔誰任其咎義倫曰國家以廩粟濟
民自當召和氣致豐年寧憂水旱耶太祖悅而從之四年
詔州縣興復義倉歲收二稅石別收一斗貯以備凶歉平
廣南江南輒詔振其饑其勤恤遠人德意深厚太宗恭儉
仁愛諄諄勸民務農重穀毋或妄費是時惠民所積不爲
無備又置常平倉乘時增糴唯恐其不足真宗繼之益務
行養民之政於是推廣淳化之制而常平惠民倉殆遍天

下矣仁宗英宗一遇災變則避朝變服損膳徹樂恐懼修省見於顏色惻怛哀矜形於詔旨慶曆初詔天下復立義倉嘉祐二年又詔天下置廣惠倉使老幼貧疾者皆有所養累朝相承其慮於民也既周其施於民也益厚而又一時牧守亦多得人如張詠之治蜀歲糶米六萬石著之皇祐甲令富弼之移青州擇公私廬舍十餘萬區散處流民以廩之凡活五十餘萬人募而爲兵者又萬餘人天下傳以爲法知鄆州劉夔發廩振飢民賴全活者甚衆盜賊衰止賜詔褒美知越州趙抃揭牓於通衢令民有米增價以糶於是米商輻湊越之米價頓減民無飢死若是之政不

可悉書故於先王救荒之法爲略具焉神宗即位以來河北諸路水旱荐臻兼發糴便司廣惠倉粟以振民熙寧二年賜判北京韓琦詔曰河北歲比不登水溢地震方春東作民攜老幼棄田廬日流徙于道中夜以興慘怛不安其經制之方聽便宜從事有可以左右吾民者宜爲朕撫輯而振全之毋使後時以重民困而王安石秉政改貸糧法而爲借助移常平廣惠倉錢斛而爲青苗皆令民出息言不便者輒得罪而民遂不聊生又詔賣天下廣惠倉田自是先朝良法美意所存無幾哲宗雖詔復廣惠倉既而章惇用事又罷之賣其田如熙寧法常平量留錢斛不足以

供振給義倉不足又令通一路兌撥於是紹聖大觀之間直給空名告敕補牒賜諸路政日以隳民日以困而宋業遂衰先是仁宗在位哀病者乏方藥爲頒慶曆善救方知雲安軍王端請官爲給錢和藥予民遂行於天下嘗因京師大疫命太醫和藥内出犀角二本析而視之其一通天犀内侍李舜舉請留供帝服御帝曰吾豈貴異物而賤百姓竟碎之又蠲公私僦舍錢十日令太醫擇善察脉者即縣官授藥審處其疾狀予之無使貧民爲庸醫所誤夭閼其生天禧中於京畿近郊佛寺買地以瘞死之無主者瘞尸一棺給錢六百幼者半之後不復給死者暴露於道嘉

祐末復詔給焉京師舊置東西福田院以廩老疾孤窮丐者其後給錢粟者纔二十四人英宗命增置南北福田院幷東西各廣官舍日廩三百人歲出内藏錢五百萬給其費後易以泗州施利錢增爲八百萬又詔州縣長吏遇大雨雪蠲僦舍錢三日歲毋過九日著爲令熙寧二年京師雪寒詔老幼貧疾無依丐者聽於四福田院額外給錢收養至春稍暖則止九年知太原韓絳言在法諸老疾自十一月一日州給米豆至次年三月終河東地寒乞自十月一日起支至次年二月終止如有餘即至三月終從之凡鰥寡孤獨癃老疾廢貧乏不能自存應居養者以戶絕屋

居之無則居以官屋以戶絕財產充其費不限月依乞丐法給米豆不足則給以常平息錢崇寧初蔡京當國置居養院安濟坊給常平米厚至數倍差官卒充使令置火頭具飲膳給以納衣絮被州縣奉行過當或具帷帳雇乳母女使糜費無藝不免率斂貧者樂而富者擾矣三年又置漏澤園初神宗詔開封府界僧寺旅寄棺柩貧不能葬令畿縣各度官不毛地三五頃聽人安厝命僧主之葬及三千人以上度僧一人三年與紫衣有紫衣與師號更使領事三年願復領者聽之至是蔡京推廣爲園置籍瘞人並深三尺毋令暴露監司巡歷檢察安濟坊亦募僧主之三

年醫愈千人賜紫衣祠部牒各一道醫者人給手曆以書所治痊失歲終考其數爲殿最諸城砦鎮市戶及千以上有知監者依各縣增置居養院安濟坊漏澤園道路遇寒僵仆之人及無衣丐者許送近便居養院給錢米救濟孤貧小兒可教者令入小學聽讀其衣襴於常平頭子錢內給造仍免入齋之用遺棄小兒雇人乳養仍聽宮觀寺院養爲童行宣和二年詔居養安濟漏澤可參考元豐舊法裁立中制應居養人日給秔米或粟米一升錢十文省十一月至正月加柴炭五文省小兒減半安濟坊錢米依居養法醫藥如舊制漏澤園除葬埋依見行條法外應資給

若齋醮等事悉罷高宗南渡民之從者如歸市既爲之衣食以振其飢寒又爲之醫藥以救其疾病其有隕於戈甲斃於道路者則給度牒瘞埋之（若丐者育之於居養院其病也療之於安濟坊其死也葬之於漏澤園歲以爲常）紹興以來歲有水旱發常平義倉或濟或糶或貸如恐不及然當艱難之際兵食方急儲蓄有限而振給無窮復以爵賞誘富人相與補助亦權宜不得已之策也元年詔出粟濟糶者賞各有差（糶及三千石以上與守闕進義校尉一萬五千石以上與進義校尉二萬石以上取旨優賞已有官蔭不願補授者比類施行）六年湖廣江西旱詔撥上供米振之饑民有遏糶致盜者詔閉糶者斷遣殿中侍御史周祕言發廩勸分古之道也許以斷遣恐貪

吏懷私善良被害望戒守令多方勸諭務令樂從或有擾害提舉司劾奏從之是歲潼川守臣景興宗廣安軍守臣李瞻果州守臣王隲漢州守臣王梅活飢民甚衆前吏部郎中馮檝亦出米以助振給興宗外一職瞻隲梅檝各轉一官十年通判夔州陳正同振濟有方窮谷深山之民無不霑惠以其法下諸路二十八年夏浙東西田損於風水在法水旱及七分以上者振濟詔自今及五分處亦振之二十九年詔諸處守臣撥常平義倉米二分振糶臨安府撥樁積之米三十一年正月雪寒民多艱食詔臨安府并屬縣以常平米減時之半振糶十日臨安府城內外貧乏

之家人給錢二百米一斗及柴炭錢並於內藏給之凡遇寒遇暑遇雨遇火遇赦及祈禱即位生辰上尊號生皇子晏駕大祥之類臨安之民暨三衙諸軍時有振恤及放商稅公私房賃輔郡之民令諸州以常平錢依臨安府振之孝宗隆興二年秋霖雨害稼出內帑銀四十萬兩變糴以濟民乾道六年夏振浙西被水貧民七年八月湖南江西旱立賞格以勸積粟之家無官人一千五百石補進義校尉願補不理選將仕郎者聽二千石補進武校尉進士與免文解一次四千石補承信郎進士與補上州文學五千石補承節郎進士補迪功郎文臣一千石減二年磨勘選人轉一官二千石減三年磨勘選人循一資各與占射差遣一次三千石轉一官選人循兩資各與占射差遣一次武臣一千石減二年磨勘選人轉一資二千石減三年磨勘選人循一資各與占射差遣一次三千石轉一官選人循兩資各與占射差遣一次五千石以上文武臣並取旨優與推恩九月臣僚言諸路旱傷請以檢放展閣責之運司糴給借貸責之常平覺察妄濫責之提刑體量措置責之安撫上諭宰執曰轉運司止令檢放恐他日振濟不肯任責虞允文奏曰轉運司主一路財賦謂之省計凡州郡有餘不足通融相補正其責也淳熙八年詔去歲江浙湖北淮西旱傷處已行振糶其鰥寡孤獨貧不自存無錢收糴者濟以義米寧宗慶元元年以兩浙轉運副使沈詵言米價翔踊凡商販之家盡令出糶而告藏之令設矣嘉定十六年詔於楚州所儲米撥二萬石濟山東西淳熙八年浙東提舉朱熹言乾道四年民艱食熹請於府得常平米六百石振貸夏受粟於倉冬

則加息計米以償自後隨年斂散歉蠲其息之半大饑即盡蠲之凡十有四年得息米造倉三間及以元數六百石還府見儲米三千一百石以為社倉不復收息每石只收耗米三升以故一鄉四五十里間雖遇凶年人不闕食請以是行於倉司時陸九淵在敕令局見之歎曰社倉幾年矣有司不復舉行所以遠方無知者遂編入振恤凡借貸者十家為甲甲推其人為之首五十家則擇一通曉者為社首每年正月告示社首下都結甲其有逃軍及無行之人與有稅錢衣食不闕者並不得入甲其應入甲者又問其願與不願願者開具一家大小口若干大口一石小口減半五歲以下不預請甲首加請一倍社首審訂虛實取人人手書持赴本倉再審無弊然後排定甲首附都簿載某人借若干石依正簿分兩時給初當下田時次當耘耨時秋成還穀不過八月三十日足濕惡不實者罰嘉定末真德秀帥長沙行之凶年饑歲人多賴之然事久而弊或移用而無可給或拘催無異正賦良法美意胥此焉失寶慶三年監察御史汪剛中言豐穰之地穀賤傷農凶歉之地濟糶無策惟以其所有餘濟其所不足則飢者不至於貴糴而農民亦可以得利乞申嚴遏糴之禁凡兩浙江東西湖南北州縣有米處並聽販鬻流通違許被害者越訴官按劾吏決配庶幾令出惟行不致文具從之端平元年六月臣僚奏建陽邵武群盜嘯聚變起於上戶閉糴若專倚兵威以圖殄滅固無不可然振救之政一切不講饑饉所迫恐人懷等死之心附之者日衆欲望朝廷厲兵選士

盜定巳竊發之寇發粟振饑懷來未從賊者之心庶人知避害賊勢自孤可一舉而滅矣此成周荒政散利除盜之說也八月以河南州軍新復令江淮制置大使司科降米麥一百萬石振濟淳熙十一年福建諸郡旱錫米二十五萬石振糶一萬石振貸乏細民景定元年臨安府平糴倉舊貯米數十萬石糶補循環其後用而不補所存無幾有旨令臨安府收糴米四十萬石用平糴倉錢三百四萬七千八百五十九貫封樁庫十七界會子一千九十五萬二千一百餘貫共湊十七界一千四百萬貫充糴本錢二年以都城全仰浙西米斛誘人入京販糴賞格比乾道七年

加優咸淳元年有旨豐儲倉撥公田米五十萬石付平糴倉遇米貴平價出糶二年監察御史趙順孫言今日急務莫過於平糴乾道間郡有米斗直五六百錢者孝宗聞之即罷其守更用賢守此今日所當法者今粒食翔踊未知所届市井之間見楮而不見米推原其由實富家大姓所至閉廩所以糴價愈高而楮價陰減陛下念小民之艱食爲之發常平義倉然爲數有限安得人人而濟之願陛下課官吏使之任牛羊芻牧之責勸富民使之無秦越肥瘠之視糶價一平則楮價不因之而輕物價不因之而重矣七年以咸淳三年以前諸路義米一百一十二萬九千餘石減價發糶薄收郡縣聽民不拘關會見錢收糴

志卷第一百三十一

志卷第一百三十二　宋史一百七十九

開府儀同三司上柱國錄軍國重事前中書右丞相監修國史領經筵事都總裁臣脫脫等奉

勑修

食貨下一　會計

宋貨財之制多因於唐自天寶以後天下多事戶口凋耗租稅日削法既變而用不給故興利者進而征斂名額繁矣方鎮握重兵皆留財賦自贍其上供殊鮮五代疆境偪蹙藩鎮益彊率令部曲主場院其屬三司者補大吏以臨之輸額之外亦私有焉太祖周知其弊及受命務恢遠畧修建法程示之以漸建隆中牧守來朝猶不貢奉以助軍實乾德三年始詔諸州支度經費外凡金帛悉送闕下毋或占留時藩郡有闕稍命文臣權知所在場務或遣京朝官廷臣監臨於是外權始削而利歸公上條禁文簿漸為精密諸州通判官到任皆須躬閱帳籍所列官物吏不得以售其姦主庫吏三年一易市征地課鹽麴之類通判官兵馬都監縣令等並親臨之見月籍供三司秩滿較其殿最欺隱者寘於法募告者賞錢三十萬而小民求財報怨訴訟煩擾未幾除募告之禁先是茶鹽榷酤課額少者募豪民主之民多增額求利歲更荒儉商旅不行至虧常課乃籍其貲產以償太宗始詔以開寶八年為額既又慮其未均乃遣使分詣諸州同長吏裁定凡左藏及諸庫受納諸州上供均輸金銀絲帛暨他物令監臨官謹視之欺而多取主稱藏吏皆斬監臨官亦重寘其罪罷三司大將及軍將主諸州榷課命使臣分掌掌務官吏虧課當罰長吏以下分等連坐雍熙二年令三司勾院糾本部陷失官錢及百千賞以十之一至五千貫者遷其職淳化元年詔曰周設司會之職以一歲為準漢制上計之法以三年為期所以詳知國用之盈虛大行群吏之誅賞斯乃舊典其可廢乎三司自今每歲具見管金銀錢帛軍儲等簿以聞四年改三司為總計司左右大計分掌十道財賦令京東西南北各以五十州為率每州軍歲計金銀錢繒帛芻粟等費逐路關報總計司總計司置簿左右計使通計置裁給餘州亦如之未幾復為三部宋聚兵京師外州無留財天下支用悉出三司故其費寖多太宗孜孜庶務或親為裁決有司嘗言油衣帟幕損破者數萬段帝令煑之染以雜色制旗幟數千調退材給窰務為薪俾擇其可用者造什物數千事其愛民惜費類此真宗嗣位詔

三司經度茶鹽酒稅以充歲用勿增賦斂以困黎元
是時條禁愈密較課以租額前界遞年相參景德初
榷務連歲增羨三司即取多收者爲額帝慮或致掊
克詔九增額比奏上封者言諸路歲課增羨知州通
判皆書曆爲課最有虧者則無罰乃令諸路茶鹽酒
稅及諸場務自今總一歲之課合爲一以額較之有
虧則計分數知州通判減監官一等科罰州司典吏
減專典一等論大臣及武臣知州軍者止罰通判以
下至道末天下總入緡錢二千二百二十四萬五千
八百三歲一親祀郊丘計緡錢常五百餘萬大半以

金銀綾綺絁紬平其直給之天禧末上供惟錢帛增
多餘以移用頗減舊數而天下總入一萬五千八十
五萬一百出一萬二千六百七十七萬五千二百而
贏數不預焉景德郊祀七百餘萬東封八百餘萬祀
汾陰上寶冊又增二十萬丁謂爲三司使著景德會
計錄以獻林特領使亦繼爲之凡舉大禮有司皆籍
當時所費以聞必優詔獎之初吳蜀江南荆湖南粵
皆號富强相繼降附太祖太宗因其蓄藏守以恭儉
簡易天下生齒尚寡而養兵未甚蕃任官未甚冗佛
老之徒未甚熾外無金繒之遺百姓亦各安其生不

爲巧僞故上下給足府庫羨溢承平既久戶口
歲增兵籍益廣吏員益衆佛老外國耗蠹中土縣官
之費數倍於昔百姓亦稍縱侈而上下始困於財矣
仁宗承之經費寖廣天聖初首命有司取景德一歲
用度較天禧所出省其不急者自祥符天書一出齋
醮糜費甚衆京城之內一夕數處至是始大裁損京
師營造多內侍傳旨呼索費無藝極帝與太后知其
弊詔自今營造所須先下三司度功費然後給又減
內外宮觀清衞卒及工匠分隸諸軍八作司舊賜直
已上雖幼未任朝謁遇乾元長寧節皆賜服至是亦

罷給故事上尊號謚號隨冊寶物並用黃金帝曰先
帝太后用黃金若朕所御止用塗金時洞真宮壽寧
觀相繼災宰相張知白請罷不急營造以答天戒及
滑州塞決河御史知雜王鬷復以爲言既而玉清昭
應宮災遂詔諭中外不復繕修自是道家之奉有節
土木之費省矣帝天資恭儉尤務約己以先天下有
司言利者多擯不取聞民之有疾苦雖厚利舍之無
所愛貢獻珍異故事有者或罷之山林川澤陂池之
利又與民共者屢勑有司毋輒禁止至於州縣征取
苛細蠲減蓋不可勝數至寶元中陝西用兵調度百

出縣官之費益廣天章閣侍講賈昌朝言臣嘗治畿邑邑有禁兵三千而留萬戶賦輸僅能取足郊祀慶賞乃出自內府計江淮歲運糧六百餘萬石以一歲之入僅能充期月之用三分二在軍旅一在冗食先所蓄聚不盈數載天下久無事而財不藏於國又不在民儻有水旱軍戎之急計將安出於是議省冗費右司諫韓琦言省費當自掖庭始請詔三司取先朝及近歲賜予日費之數裁為中制無名者一切罷之乃令入內內侍省御藥院內東門司裁定有司不預焉議者或欲損吏兵奉賜帝謂祿廩皆有定制毋遽

變更以搖人心尹洙在陝西請為鬻爵之法亦不果行其後西兵久不解財用益屈內出詔書減皇后至宗室婦郊祠半賜著為式皇后嬪御進奉乾元節回賜物皆減半宗室外命婦回賜權罷於是皇后嬪御各上奉錢五月以助軍費宗室剌史已上亦納公使錢之半荊王元儼盡納公使錢詔給其半後以元儼叔父全給如故帝亦命罷左藏庫月進錢一千二百緡公卿近臣以次減郊祠所賜銀絹舊四千三千者損一千千損三百三百損百百損二十皆著為式三司使王堯臣取陝西河北河東三路未用兵及用兵

後歲出入財用之數會計以聞寶元元年未用兵三路出入錢帛糧草陝西入一千九百七十八萬出二千一百五十一萬河北入二千一十四萬出一千八百二十三萬河東入一千三十八萬出八百五十九萬用兵後陝西入三千三百九十萬出三千三百六十三萬蓋視河東北尤劇以兵屯陝西特多故也又計京師出入金帛寶元元年入一千九百五十萬出二千一百八十五萬是歲郊祠故出入之數視常歲為多慶曆二年入二千九百二十九萬出二千六百一十七萬而奇數皆不預焉會元昊請臣朝廷亦已

厭兵屈意撫納歲賜繒茶增至二十五萬而契丹邀割地復增歲遺至五十萬自是歲費彌有所加西兵既罷而調用無所減乃下詔切責邊臣及轉運司趣議裁節稍徙戍兵還內地命三司戶部副使包拯行河北與邊臣轉運司議罷省冗官汰軍士之不任役者詔翰林學士承旨王堯臣等較近歲天下財賦出入之數相參耗登皇祐元年入一億二千六百二十五萬一千九百六十四而所出無餘堯臣等為書七卷上之送三司取一歲中數以為定式初真宗時內外兵九十一萬二千宗室吏員受祿者九千七百八

十五寶元以後募兵益廣宗室蕃衍吏員歲增至是兵一百二十五萬九千宗室吏員受祿者萬五千四百四十三祿廩奉賜從而增廣又景德中祀南郊內外賞賚金帛緡錢總六百一萬至是饗明堂增至一千二百餘萬故用度不得不屈至和中諫官范鎮上疏曰陛下每遇水旱之災必露立仰天痛自刻責而吏不稱職陛下憂勤于上人民愁嘆于下今歲無麥朝廷爲放稅免役及發倉廩拯貸存恤之恩不爲不至然人民流離父母妻子不相保者平居無事時不少寬其力役輕其租賦歲大熟民不得終歲之飽及

有小歉雖加重放已不及事此無他重斂之政在前也國家自陝西用兵以來賦役煩重及近年轉運使復於常賦外進羨錢以助南郊其餘無名斂率不可勝計又言古者冢宰制國用今中書主民樞密主兵三司主財各不相知故財已匱而樞密院益兵不已民已困而三司取財不已中書視民之困而不知使樞密減兵三司寬財者制國用之職不在中書也願使中書樞密通知兵民財利大計與三司量其出入制爲國用則天下民力庶幾少寬然自天聖以來帝以經費爲慮屢命官裁節而有司不能承上之意卒

無所建明治平中兵數少損隸籍者猶百十六萬二千宗室吏員視皇祐無慮增十之三英宗以勤儉自飭然享國日淺於經紀法度所未暇焉治平二年內外入一億一千六百十三萬八千四百五出一億二千三十四萬三千一百七十四非常出者又一千一百五十二萬一千二百七十八是歲諸路積一億六千二十九萬二千九十三而京師不預焉神宗嗣位尤先理財熙寧初命翰林學士司馬光等置局看詳裁減國用制度仍取慶曆二年數比今支費不同者開析以聞後數日先登對言國用不足在用度大奢

賞賜不節宗室繁多官職冗濫軍旅不精必須陛下與兩府大臣及三司官吏深思救弊之術磨以歲月庶幾有效非愚臣一朝一夕所能裁減帝遂罷裁減局但下三司共析王安石執政議置三司條例司講脩錢穀之法帝因論措置之宜言今財賦非不多但用不節何由給足宮中一私身之奉有及八十千者嫁一公主至費七十萬緡沈貴妃料錢月八百緡聞太宗時宮人惟繫皁紬襜元德皇后嘗用金線緣襜太宗怒其奢仁宗初定公主奉料以問獻穆再三始言初僅得五貫爾異時中官月有止七百錢者時天

下承平帝方經畧四夷故每以財用不給爲憂日與
大臣講求其故命官考三司簿籍商量經久廢置之
宜凡一歲用度及郊祀大費皆編著定式有司請造
龍圖天章閣覆闌檻青氊四百九十帝謂禁中諸殿
闌檻率故弊不必覆也既而弁延福宫覆檻氊罷之
後吕嘉問復建議省儀鸞司供禁中絲帛是歲詔內
外勿給土木工作非兩宫倉廩武庫皆罷省三年儀
鸞司闕氊三千三司請命河東製之帝曰牛羊司積
毛數萬斤皆同糞壤三司不取於此而欲勤遠民乎
全州歲貢班竹簾簡州歲貢綿紬安州市紅花萬斤

梓州市碌二千斤帝皆以道遠擾民亟命停罷制置
司言諸路科置上供羊民費錢幾倍而河北榷場博
買契丹羊歲數萬路遠抵京皆瘦惡耗死公私費錢
四十餘萬緡詔著作佐郎程博文訪利害博文募民
有保任者以產爲抵官預給錢約期限口數斤重以
輸民多樂從歲計充足凡供御膳及祀祭與泛用者
皆别其牢棧以三千爲額所裁省冗費十之四其後
又用吕嘉問劉永淵之言治竈藏氷以省工費帝嘗
患增置官司費財王安石謂增置官司所以省費帝
曰古者什一而稅今取財百端安石謂古非特什一

而已帝又以倉吏給軍食多侵盜詔足其槩量嚴立
諸倉丐取法中書因請增諸倉主典役人禄至一萬
八千九百緡且盡增選人之禄均其多寡令禄增至
十五千司理至簿尉防團軍監推判官增至十二千
其後又增中書審官東西三班院樞密院三司吏部
流內銓南曹開封府吏禄受財者以倉法論安石盖
欲盡禄天下之吏帝以役法未就緩其議三司上新
增吏禄數京師歲增四十一萬三千四百餘緡監司
諸州六十八萬九千八百餘緡時主新法者皆謂吏
禄既厚則人知自重不敢冒法可以省刑然良吏實

寡賕取如故往往陷重辟議者不以爲善初陝西用
兵凡費緡錢七百餘萬帝以問王安石安石曰楚建
中考沈起簿書計一道半歲費錢銀紬絹千二百萬
貫匹兩帝因欲知陝西歲用錢穀金帛及增虧凡數
乃詔薛向條上王安石以爲擾力請罷之止詔三司
帳司會計熙寧六年天下財用出入之數以聞韓絳
既相建言三司總天下財賦請選官置司以天下户
口人丁稅賦場務坑冶河渡房園之類租額年課及
一路錢穀出入之數去其重複歲比較增虧廢置及
羡餘横費計贏闕之處使有無相通而以任職能否

為黜陟則國計大綱可以省察三司使章惇亦以爲言乃詔置三司會計司以給提舉其後一州一路會計式成上之餘未就緒未幾遂罷元豐官制既行三司所掌職務散於六曹諸寺監元祐初司馬光言令戶部尚書舊三司使之任左曹隸尚書右曹不隸焉天下之財分而爲二視彼有餘視此不足不得移用宜令尚書兼領左右曹侍郎分職而治舊三司所掌錢穀財用事有散於五曹及諸寺監者並歸戶部遂詔尚書省立法有司請以府界諸路在京庫務及常平等文帳悉歸戶部初熙寧五年患天下文帳之繁

命曾布刪定法式布因請選吏於三司顓爲一司帳司之置始此至元豐三年首尾七八年所設官吏僅六百人費錢三十九萬緡而勾磨出失陷錢止萬緡朝廷知其無益遂罷帳司使州郡應上省帳皆歸轉運司惟錢帛糧草酒麴商稅等別爲計帳上戶部至是令戶部盡收諸路文帳蘇轍時爲諫官謂徒益紛紛請如舊爲便不行三年戶部尚書韓忠彥侍郎蘇轍韓宗道言文武百官宗室之蕃一倍皇祐四倍景德班行選人胥吏率皆增益而兩稅征推山澤之利與舊無以相過治平熙寧之間因時立政凡改官者

自三歲而爲四歲任子者自一歲一人而爲三歲一人自三歲一人而爲六歲一人宗室自袒免以上漸殺恩禮此則今日之成法乞檢會寶元慶曆嘉祐故事置司選官共議詔戶部取應干財用除諸班諸軍料錢衣賜賞給特支如舊外餘費並裁省又詔方將裁損入流以淸取士之路命今後遇聖節大禮生辰太皇太后皇太后皇太妃所得恩澤並四分減一於是上自宗室貴近下至官曹胥吏旁及宮室械器皆命裁損久之事未就議者謂裁減浮費所細碎苛急甚損國體於是已議未行者一切寢之後乃詔元祐

裁損除授正任以下奉祿失朝廷優禮見條悉除之循元豐舊制元豐鈎考隱漏官錢督及一分者賞三釐自元祐改法賞薄而吏怠遂復其舊時議裁損吏祿隸省曹寺監者止以元豐三年錢數爲額而吏三省者凡兼領因事別給并舊請並罷劉摯遂乞悉罷新增吏祿詔韓維等究度然不果罷其後有司計中都吏祿歲費緡錢三十二萬詔以坊場稅錢給之於是吏祿之冗濫者率多革去矣然三省吏循有人受三奉而不改者故孫升傅堯俞皆以爲言至紹聖元符務反元祐之政下至六曹吏亦詔皆給見緡如元

豐之制先是既罷導洛堆垛等局又罷熙河蘭會經制財用司減放市易欠負及積欠租輸選官體量茶鹽之法使者之刻剝害民如吳居厚呂孝廉王子京李琮內臣之生事斂怨如李憲宋用臣等皆相繼正其罪既而稍復講修財利李清臣因白帝今中外錢穀艱窘戶部給百官奉常無數月之備章惇遂以財用匱乏之專指爲司馬光呂公著呂大防蘇轍諸人之罪左司諫翟思亦奏疏詆元祐以理財爲諱利入名額類多廢罷督責之法不加於在職之臣財利既多散失且借貸百出而熙豐餘積用之幾盡方今內外財

用月計歲會所入不足給所出願下諸路會元祐以前所儲金穀及異時財利名額歲入經數著爲成式建中靖國元年詔諸路轉運司以歲入財用置都籍定諸州祖額且計一路凡數即有贏縮書其籍崇寧元年又令歲以錢穀出入名數報提刑司保驗以上戶部戶部歲條諸路轉運使財賦虧贏以行賞罰諸路無額錢物立式下提刑司括三年外未發數期以一季聞奏二年官吏違負上供錢物以分數爲科罷之等不及九分者罷以徙多者更加之歲首則列次年之數聞於漕司考實申部又以督限未嚴更一季

爲一月然國之經費往往不給五年詔省罷官局命戶部侍郎許幾專切提舉措置裁罷開封府重祿通引官客司幷街道司額外兵士及罷在京料次錢三十八處大觀三年罷諸路州軍見貢六尚局供奉物名件四百四十餘存者才十一工減數十二停貢六戶部侍郎范坦言戶部歲入有限支用無窮一歲之入僅了三季餘仰朝廷應付今歲支遣較之去年又費百萬有詔鐫減財賦命御史中丞張克公與吳居厚許幾等置局論議克公抗言官冗者汰奉厚者減今官較之元祐已多十倍國用安得不乏乞將節度

使下至遙郡刺史除軍功轉授者各減奉半然後閱慢局務工伎末作亦宜減省自貴及賤自近及遠行之公當人自無詞時論韙之時諸路轉運司類以乏告詔戶部編次一歲財用出納之數諸路州縣各爲都籍以待考較工部金銀銅鉛水銀朱砂等亦嚴帳籍之法令諸路各條三十年以還一歲出入及泛用之數初比部掌勾稽天下文帳吏習媮惰自崇寧至政和稽遺積數凡二千六百七十有餘於是申敕六曹以拘督一歲多寡爲寺監賞罰政和七年命戶部參稽熙豐及今財用有餘不足之數又立旁通格令

諸路漕司各條元豐紹聖崇寧政和一歲財用出入多寡來上淮南漕臣張根言天下之費莫大於土木之功其次如人臣賜第一第無慮數十萬緡稍增雄麗非百萬不可佐命如趙普定策如韓琦不聞峻宇雕墻僭擬宮省柰何剝民膏髓爲廝役之奉乎其次如田產房廊雖不若賜第之多然日削月朘所在無幾又如金帛以供一時之好賜有不可已者而亦不可不節至如賜帶其直雖不過數百緡然天下金寶靡費日久夫豈易得今乃賚及僕隷使混淆公卿間貴賤賢不肖莫之辨也如以爲左右趨走之人不欲其

墨綬當别爲制度以示等威疏奏不省重和初罷講畫經費局有司議勾收白地禁榷鐵貨方田增稅榷酤增價量收醋息河北添折稅米等俄慮騷擾悉罷之併焚其條約未幾又置裕民局命蔡京提舉徐處仁詳定京大不悅尋亦罷宣和元年以左藏庫虧没一百七十九萬有奇乃别造都籍催轄司太府寺左藏庫互相鉤考以絕姦弊帝初即位思節冗費中都吏重複增給及泛濫員額並詔裁損後苑嘗計增葺殿宇計用金箔五十六萬七千帝曰用金爲箔以飾土木一壞不可復收甚亡謂也令内侍省罰請者及

蔡京爲相增修財利之政務以侈靡惑人主動以周官惟王不會爲說每及前朝惜財省費者必以爲陋至於土木營造率欲度前規而侈後觀元豐改官制在京官司供給之數皆併爲職錢視嘉祐治平時賦祿優矣京更增供給食料等錢於是宰執皆然京既罷相帝惡其變亂法度將盡更革命戶部侍郎許幾裁損浮費及百官濫祿悉循元豐之舊宰執亦聽辭所增奉京不便與其黨倡言減奉非治世事司馬光請聽宰臣辭南郊給賜神宗卒不允且增選人及庶人在官者之奉帝以繼述爲事當奉承神宗由是官吏奉

給並仍舊而宰執亦增如故初宰執堂食亦皆有常數至是品目猥多有公使泛支之别臺省寺監又增廚錢侍御史毛注嘗奏論之不行蔡京復得政言者遂以裁損祿廩爲幾罪幾坐奪職于時天下久平吏員冗濫節度使至八十餘員留後觀察下及遥郡刺史多至數千員學士待制中外百五十員京又專用豐亨豫大之說諛悅帝意始廣茶利歲以一百萬緡進御以京城所主之其後又有應奉司御前生活所營繕所蘇杭造作局御前人船所其名雜出大率爭以奇侈爲功歲運花石綱一石之費民間至用三十

萬緡姦吏旁緣牟取無藝民不勝弊用度日繁左藏庫異時月費緡錢三十六萬至是衍爲一百二十萬又三省密院吏員猥雜有官至中大夫一身而兼十餘奉故當時議者有奉入超越從班品秩幾於執政之言又增置兼局禮制明堂詳定國朝會要九域圖志一司敕令之類職秩繁委廪給無度侍御史黃葆光論其弊帝善之而未行俄而詔云當豐亨豫大之時爲衰亂減損之計自是罕敢言者然吏祿泛冒已極以史院言之供檢吏三省幾千人蔡京又動以筆帖於榷貨務支賞給有一紙至萬緡者京所侵私以

千萬計朝論喧然乃詔三省樞密院吏額用元豐法其歲賜悉裁之時翕然以爲快臣僚上言諸州遇天寧節除公使外別給係省錢充錫宴之用獨諸路監司許支逐司錢物一筵之饌有及數百千者浮侈相誇無有藝極自是詔遇天寧節宴舊應給錢者發運監司每司不得過三百貫餘每司不得過二百貫以上舊給數少者止依舊自崇寧以來言利之臣殆析秋毫沿汴州縣創增鎮柵以牟稅利官賣石炭增二十餘場而天下市易務炭皆官自賣名品瑣碎則有四脚鋪牀榨磨水磨廟圖淘沙金等錢不得而盡記

也宣和以後王黼專主應奉掊剝橫賦以羨爲功嶺南川蜀農民陂罰錢罷學制學事司贍學錢皆歸應奉司所入雖多國用日匱六年尚書左丞宇文粹中言近歲南伐蠻獠北贍幽燕關陝綿茂邊事日起山東河北寇盜竊發賦斂歲入有限支捂繁夥一切取足於民陝西上戶多棄產而居京師河東富人多棄產而入川蜀河北衣被天下而蠶織皆廢山東頻遭大水而耕稼失時他路取辦目前不務存恤穀麥未登已先倩糴歲賦已納復理欠負託應奉而買珍異奇寶欠民積者一路至數十萬計假上供而織文繡

錦綺役工女者一郡至百餘人陛下勤恤民隱詔令數下悉爲虛文民不聊生不惟寇盜繁滋竊恐災異數起祖宗之時國計所仰皆有實數有額上供四百萬無額上供二百萬京師商稅店宅務抵當所諸處雜收錢一百餘萬三司以七百萬之入供一年之費而儲其餘以待不測之用又有解池鹽鈔晉礬市舶遺利內贍京師外實邊鄙間遇水旱隨以振濟蓋量入爲出沛然有餘近年諸局務應奉等司截撥上供而繁富路分一歲所入亦不敷額然創置書局者比職事官之數爲多檢計修造者比實用之物增倍其

他妄耗百出不可勝數若非痛行裁減慮智者無以善其後乂之乃詔蔡攸等就尚書省置講議財利司除茶法已有定制餘並講究條上攸請內侍職掌事干宮禁應裁省者委童貫取旨時貫以廣陽郡王領右府故也於是不急之務無名之費悉議裁省帝亦自罷諸路應奉官吏省六尚歲貢七年詔諸路帥臣監司各條所部當裁省凡目以聞後苑書藝局等月省十九萬緡歲可省二百二十萬應奉司所管諸色窠名錢數內兩浙路錢旁定帖息錢湖常溫秀州無額上供錢淮南路添酒錢等並行截節更不充應奉

支用十二月詔曰比年寬大之詔數下裁省之令屢行有司便文而實惠不至蓋緣任用非人興作事端蠹耗邦財假享上之名濟營私之欲漁奪百姓無所不至朕夙夜痛悼思有以撫循慰安之應茶鹽立額結絕應奉司兩浙諸路置局及花石綱等諸路非泛上供抛降物色延福宮西城所租課內外修造諸處採斫木植製造局所並罷諸局及西城所見管錢物並付有司其拘收到百姓地土並給還舊佃人減掖庭用度減侍從官以上月廩及罷諸兼局以上並令有司據所得數撥充諸路糴本及樁充募兵賞軍之

用應齋醮道場除舊法合有外並罷道官及撥賜宮觀等房錢田土之類六尚並依祖宗法罷大晟府罷教樂所罷教坊額外人罷行幸局罷採石所罷待詔額外人罷都茶場依舊歸朝廷河坊非危急泛科免夫錢並罷是時天下財用歲入有御前錢物朝廷錢物戶部錢物其措置裒斂取索支用各不相知天下財賦多爲禁中私財上溢下漏而民重困言者請令戶部周知大數而不失盈虛緩急之宜上至宮禁所須下逮吏卒廩餼一切付之有司格以法度示天下以至公詔可戶部尚書聶山亦請以熙豐後增置添

給如額外醫官內中諸閤分位次主管文字等使臣福源靈應諸觀淸衛卒后妃戚里及文武臣僚之家母妻封國太夫人郡太夫人等請給并添給食料茶湯等錢四十萬八千九百餘緡凡熙豐無法該載者罷之靖康元年詔曰朕託於兆庶之上永念民惟邦本思所以閔恤安定之乃者減乘輿服御放宮女罷苑囿焚玩好之物務以率先天下減冗官澄濫賞汰貪吏爲民除害方詔減上供收買之額蠲有司煩苛之令輕刑薄賦務安元元而田里之間愁痛未蘇儻不蠲革何以靖民今詢酌庶言疏剔衆弊舉其綱目

以授四方詔到監司郡守其悉力奉行應民所疾苦不在此詔許推類聞奏於是凡當時苛刻煩細一切不便於民者皆罷高宗建炎元年詔諸路無額上供錢依舊法更不立額三年二月減婺州上供額羅二萬八千匹著爲定制八月減福建廣南路歲買上供銀三分之一紹興二年罷鎮江府御服羅省錢七萬緡助劉光世軍四年二月詔諸路州縣天申節禮物並置場和買毋得抑配於民十有一月免淮南州軍大禮絹五年以四川上供錢帛依舊留以贍軍十一年始命四川上供羅復輸內藏其後綾紗絹悉如之

四路天申節大禮絹及上供紬綾錦綺共九萬五千八百匹淳熙五年湖北漕臣劉焞言鄂岳漢陽自紹興九年所收賦財十分爲率儲一分充上供始十三年年增二分鄂州元儲一分錢一萬九千五百七十緡今已增至一十二萬九千餘緡岳州五千八百餘緡今增至四萬二千一百餘緡漢陽三千七百緡今增至二萬二千三百餘緡民力凋弊無所從出於是以見增錢數立額已後權免遞增詔夔州路九州百姓科買上供金銀絹自淳熙六年爲始盡免十六年蠲兩淮州軍合發上供諸窠名錢物極邊全免次邊展免一年紹定元年江浙諸

州軍折輸上供物帛錢數除合起輕貨並用錢會中半路不通水顃以銀折輸者聽兩不過三貫三百文兩浙江東共四百一十三萬八千六百一十二貫有奇並輸送左藏西庫咸淳六年都省言南渡以來諸路上供數重自嘉定至嘉熙起截之數雖減而州縣猶以大數拘催害及百姓有旨自咸淳七年爲始銀錢關會用咸淳三年起截中數拘催紬絹綵綿綾羅用咸淳二年起截中數拘催錢關會子二千四百九十五萬八千七百四十八貫銀一十六萬九千六百四十三兩紬四萬一千四百三十八匹絹七十三萬

七千八百六十匹綵九萬五千三百三十三兩綿一百五萬七千九百二十五兩綾五千一百七十九匹羅七千三百五十五匹戶部徧牒諸路視今所減定額起催所謂經總制錢者宣和末陳亨伯以發運兼經制使因以爲名建炎二年高宗在揚州四方貢賦不以期至戶部尚書呂頤浩翰林學士葉夢得等言亨伯以東南用兵嘗設經制司取量添酒錢及增一分稅錢頭子賣契等錢斂之於細而積之甚衆及爲河北轉運使又行於京東西一歲得錢近二百萬緡所補不細今若行於諸路州軍歲入無慮數百萬計

邊事未寧苟不出此緩急必致暴斂與其斂於倉卒曷若積於細微於是以添酒錢添賣糟錢典賣田宅增牙稅錢官員等請給頭子錢樓店務增三分房錢令兩浙江東西荆湖南北福建二廣收充經制錢以憲臣領之通判斂之季終輸送紹興五年參政孟庾提領措置財用請以總制司爲名又因經制之額增析而爲總制錢而總制錢自此始矣財用司言諸路州縣出納係省錢所收頭子錢貫收錢二十三文省內一十文省作經制起發上供餘一十三文充本路郡縣幷漕司用今欲令諸路州縣雜稅出納錢貫收

頭子錢上量增作二十三文足除漕司及州舊合得一十三文省餘盡入經制窠名帳內起發助軍江西提舉司言常平錢物舊法貫收頭子錢五文足今當依諸色錢例增作二十三文足除五文依舊法支用餘增到錢與經制司別作窠名輸送九年諫議大夫曾統上疏言經制使本戶部之職吏置一司無益於事如桝供給酒庫亦是除奪省司之利若謂監司郡縣違法廢令別建此司按之則又不然夫朝廷置監司以轄州郡立省部以轄監司祖宗制也稅賦失實當問轉運司常平錢穀失陷當問提舉司若使經制

司能事事檢察則雖戶部版曹亦可廢矣且自置司以來漕司之移用憲司之贓罰監司之妄支固未嘗少革其弊罷之便疏奏不省十六年以諸路歲取經總制錢本路提刑幷檢法幹辦官拘催歲終通紐以課殿最二十一年以守倅同檢察二十九年詔專以通判主之乾道元年詔諸路州縣出納貫添收錢一十三文省充經總制錢以所增錢別輸左藏西庫補助經費自是經總制錢每千收五十六文矣然遇兵凶亦時有蠲免三年復以守倅共掌之淳熙十六年光宗即位減江東西福建淮東浙西經總制錢一十七

萬一千緡紹熙二年詔平江府合發經總制錢歲減二萬緡嘉定十七年詔蠲嘉定十五年終以前所虧錢數端平三年詔諸路州軍因災傷撿放苗米毋收經總制頭子勘合朱墨等錢自今已放苗米隨苗帶納錢並與除放所謂月椿錢者始於紹興之二年時韓世忠駐軍建康宰相呂頤浩朱勝非議令江東漕臣月椿發大軍錢十萬緡以朝廷上供經制及漕司移用等錢供億當時漕司不量州軍之力一例均科既有偏重之弊上供經制無額添酒錢幷淨利錢贍軍酒息錢常平錢及諸司封樁不封樁係省不係省錢皆是朝廷窠名也於是郡縣橫歛銖積絲累江東西

之害尤甚十七年詔州郡以寬剩錢充月椿以寬民力遂減江東西之錢二十七萬七千緡有奇又有所謂板帳錢者亦軍興後所創也如輸米則增收耗剩交錢帛則多收縻費幸富人之犯法而重其罰恣胥吏之受賕而課其入索盜贓則不償失主檢財產則不及卑幼亡僧絕戶不俟覈實而入官逃產廢田不與消除而抑納他如此類不可徧舉州縣之吏固知其非法然以版帳錢額太重雖欲不橫取於民不可得已凡貨財不領於有司者則有內藏庫蓋天子之別藏也縣官有鉅費左藏之積不足給則發內藏佐

之宋初諸州貢賦皆輸左藏庫及取荊湖定巴蜀平嶺南江南諸國珍寶金帛盡入內府初太祖以帑藏盈溢又於講武殿後別為內庫嘗謂軍旅饑饉當預為之備不可臨事厚斂於民太宗嗣位漳泉吳越相次獻地又下太原儲積益厚分左藏庫為內藏庫令內藏庫使翟裔等於左藏庫擇上綾羅等物別造帳籍月申樞密院改講武殿後庫為景福殿庫俾隸內藏其後迺令揀納諸州上供物具月帳於內東門進入外庭不得預其事帝因謂左右曰此蓋慮司計之臣不能節約異時用度有闕復賦率於民朕不以此

自供嗜好也自乾德開寶以來用兵及水旱振給慶澤賜賚有司計度之所闕者必籍其數以貸於內藏候課賦有餘即償之淳化後二十五年間歲貸百萬有至三百萬者累歲不能償則除其籍景德四年又以新衣庫為內藏西庫初劉承珪嘗掌庫經制多其所置又推究置庫以來出納造都帳及須知屢加賞焉真宗再臨幸作銘刻石大中祥符五年重修庫屋增廣其地既而又以香藥庫儀鸞司屋益之分為四庫金銀一庫珠玉香藥一庫錦帛一庫錢一庫金銀珠寶有十色錢有新舊二色錦帛十三色香藥七色

天禧二年又出內藏緡錢二百萬給三司天聖以後兵師水旱費無常數三歲一賚軍士出錢百萬緡紬絹百萬匹銀三十萬兩錦綺鹿胎透背綾羅紗縠合五十萬匹以佐三司又歲入饒池江建新鑄緡錢一百七萬而斥舊蓄緡錢六十萬於左藏庫率以為常異時三司用度不足必請貸於內藏輒得之其名為貸實罕能償景祐中內藏庫主者言歲斥緡錢六十萬助三司自天禧三年始計明道二年距今纔四年而所貸錢帛九百一十七萬在太宗時三司所貸甚衆又不能償至慶曆中詔悉蠲之蓋內藏歲入金帛

皇祐中二百六十五萬七千一、十一治平一百九十三萬三千五百五十四其出以助經費前後不可勝數至於儲積贏縮則有司莫得詳焉神宗臨御之初詔立歲輸内藏錢帛之額視慶曆上供爲數嘗謂輔臣曰比閱内藏庫籍文具而已財貨出入初無關防舊以龍腦珍珠鬻於榷貨務數年不輸直亦不鉤考嘗聞太宗時内藏財庫每千計用一牙錢記之凡名物不同所用錢色亦異他人莫能曉匣而置之御閣以參驗帳籍中定數晚年出其錢示真宗曰善保此足矣今守藏内臣皆不曉帳籍關防之法卽命幹當

御藥李舜舉領其事繼詔諸路金銀輸内藏庫者歲以帳上三司拘催元豐以來又詔諸路金帛緡錢輸内庫者委提點刑獄司督趣若三司發運司擅留者坐之起發坊場錢勿寄市易務直赴内藏庫寄帳封樁當輸内庫金帛緡錢踰期或他用者如擅用封樁錢法初藝祖嘗欲積縑帛二百萬易敵人首又别儲於景福殿元豐初乃更景福殿庫名自製詩以揭之曰五季失圖玁狁孔熾藝祖造邦思有懲艾爰設内府基以募士曾孫保之敢忘厥志一字一庫以號之凡三十二庫後積羡贏爲二十庫又揭詩曰每虔夕

惕心妄意遵遺業顧予不武姿何日成戎捷元祐元年監察御史上官均言自新官制蓋有意合理財之局總于一司故以金部右曹主行内藏受納而奉宸内藏庫受納又隷太府寺然按其所領不過關通所入名數爲之拘催而已支用多寡不得轉質總領之者止中官數十人彼惟知謹扃鑰塗牕牖以爲固密爾又安能鉤考其出入多少與夫所蓄之數哉宜因官制之意令戶部太府寺於内藏諸庫皆得檢察明年詔内藏庫物聽以多寡相除置庫百餘年至是始編閱云崇寧元年詔祖宗置内藏庫貯經費餘財所

以募士威敵振之固本皆有成法比歲官司懈弛侵蠹耗減務在協力遵守無令偏廢於是命倉部郎中丘括行諸路驅磨三年中書奏熙寧之制江南諸路金銀課利並輸内帑元祐中戶部尚書李常於中以三分助轉運司致内帑漸以虧減乃詔諸路新舊坑冶所收課利金銀並輸内帑如熙寧之舊後又入於大觀東庫尋命仍舊以七分輸内帑餘給轉運司宣和六年申截留借充内帑錢物之制時又有元豐庫則雜儲諸司羨餘錢諸道榷酤場舊以酧衙前之陪備官費者熙寧役法行乃聽民增直以售取其價給

衙前乂之坊場錢益多司農請歲發百萬緡輸中都元豐三年遂於司農寺南作元豐庫貯之以待非常之用元祐元年右司諫蘇轍論河北保甲之害因言元豐及内庫財物山委皆先帝多方蓄藏以備緩急若積而不用與東漢西園錢唐之瓊林大盈二庫何異願以三十萬緡募保甲爲軍尋用其議元祐三年改封椿錢物庫爲元祐庫未幾分元豐庫爲元豐南北庫數月以北庫爲司空呂公著廨封椿幷附南庫仍舊元豐六年詔歲以内藏庫緡錢五十萬椿元豐庫補助軍費崇寧以後諸路封椿禁軍闕額給三路

外與常平坊場免役紬絹貼輸東北鹽錢及鬻賣在官田屋錢應前收椿管封椿權添酒錢侵占房廊白地錢公使庫遺利等錢並輸元豐庫別又置大觀庫制同元豐但分東西之別最後建宣和庫有泉貨幣餘服御玉食器貢等名蓋蔡條欲效王黼以應奉司貢獻要寵事不足紀靖康元年詔諸路公使庫及神霄宫金銀器皿所在盡輸元豐庫戶部尚書聶山輒取元豐庫北珠宰相吳敏白帝言朝廷有元豐大觀庫猶陛下有内藏庫朝廷有闕用需於内藏必得旨然後敢取戶部豈可擅取朝廷庫務物哉若人人得

擅取庫物則綱紀亂矣欽宗然之南渡内藏諸庫貨財之數雖不及前然兵興用乏亦時取以爲助其籍帳之詳莫得而考則以後宋史多闕云

志卷第一百三十二

開府儀同三司上柱國錄軍國重事前中書右丞相監修國史領經筵事都總裁臣脫脫等奉

敕修

食貨下二　錢幣

錢幣錢有銅鐵二等而折二折三當五折十則隨時立制行之又者唯小平錢夾錫錢最後出宋之錢法至是而壞蓋自五代以來相承用唐舊錢其別鑄者殊鮮太祖初鑄錢文曰宋通元寶凡諸州輕小惡錢及鐵鑞錢悉禁之詔到限一月送官限滿不送官者罪有差其私鑄者皆棄市銅錢闌出江南塞外及南

蕃諸國差定其法至二貫者徒一年五貫以上棄市募告者賞之江南錢不得至江北蜀平聽仍用鐵錢開寶中詔雅州百丈縣置監冶鑄禁銅錢入兩川太平興國四年始開其禁而鐵錢不出境令民輸租及榷利鐵錢十納銅錢一時銅錢已竭民甚苦之商賈爭以銅錢入川界與民互市銅錢一得鐵錢十四明年轉運副使張謂言川峽鐵錢十直銅錢一輸租即十取二舊用鐵錢千易銅錢四百自平蜀沈倫等悉取銅錢上供及增鑄鐵錢易民銅錢益買金銀裝發頗失裁制物價滋長鐵錢彌賤請市夷人銅斤給鐵

錢千可以大獲銅鑄錢民租當輸錢者許且輸銀絹候銅錢多即漸令輸之詔令市夷人銅斤給鐵錢五百餘皆從之然銅卒難得而轉運副使聶詠轉運判官范祥皆言民樂輸銅錢請歲遞增一分後十歲則全取銅錢詔如所請詠祥等因以月俸所得銅錢市與民厚取其直於是增及三分民益以為苦或發古冢毀佛像器用纔得銅錢四五坐罪者甚衆知益州辛仲甫具言其弊詔使臣吳承勳馳傳審度仲甫集諸縣令佐問之多潛持兩端莫敢正言仲甫以大誼責之乃皆言其不便承勳復命七年遂令川峽輸租

榷利勿復徵銅錢詠祥等皆坐罪免既而又從西川轉運使劉度之請官以鐵錢四百易銅錢一百後竟罷之平廣南江南亦聽權用舊錢如川蜀法初南唐李氏鑄錢一工為錢千五百得三十萬貫太宗即位詔昇州置監鑄錢令轉運使按行所部凡山川之出銅者悉禁民采並以給官鑄焉太平興國二年樊若水言江南舊用鐵錢於民非便令諸州銅錢尚六七十萬緡虔吉等州未有銅錢各發六七萬緡俾市金帛輕貨上供及博糴穀麥於昇鄂饒等州產銅之地大鑄銅錢銅錢既不渡江益以新錢則民間錢愈多鐵

錢自當不用悉鎔鑄為農器什物以給江北流民之歸附者除銅錢渡江之禁從之自唐天祐中兵亂窘之以八十五錢為百後唐天成中減五錢漢乾祐初復減三錢宋初凡輸官者亦用八十或八十五為百然諸州私用則各隨其俗至有以四十八錢為百者至是詔所在用七十七錢為百西北邊內屬戎人多齎貨帛於秦階州易銅錢出塞銷鑄為器乃詔吏民闌出銅錢百已上論罪至五貫以上送闕下舊饒州永平監歲鑄錢六萬貫平江南增為七萬貫而銅鉛錫常不給轉運使張齊賢訪求得南唐承旨丁釗能

知饒信等州山谷產銅鉛錫乃便宜調民采取且詢舊鑄法惟永平用唐開元錢料最善即詣闕面陳八年詔增市鉛錫炭價於是得銅八十一萬斤鉛三十六萬斤錫十六萬斤歲鑄錢三十萬貫補釗殿前承旨領三州銅山然民間猶雜用舊大小錢是時以福建銅錢數少令建州鑄大鐵錢並行尋罷鑄而官私所有鐵錢十萬貫不出州境每千錢與銅錢七百七十等外邑鄉兩浙者亦不用雍熙初令江南諸州官庫所貯雜錢每貫及四斤半者送闕下不及者銷毀民間惡錢尚多復申乾德之禁稍峻其法京城居民

蓄銅器者限兩月悉送官端拱元年內侍蕭延皓使嶺南還以民間私鑄三等錢來上且言多與蠻人貿易侵敗禁法因詔察民私鑄及銷鎔好錢作薄惡錢者並棄市輒以新惡錢與蠻人博易者抵罪江北諸州所用錢非甚薄惡者新舊大小兼用江南雖用舊大錢淳化四年乃詔每貫及前詔斤數有官監字號者皆許用不分新舊先是淳化二年宗正少卿趙安易言嘗使蜀見所用鐵錢至輕市羅一匹為錢二萬堅請改鑄一當十大錢御書錢式遣詣川峽路諸州冶鑄所在並為御書錢監諸州舊貯小鐵錢悉輦送官

民間小錢許送監計數給以大錢若改鑄未集許民大小兼用既而一歲總成三千餘貫衆皆以為不便會安易入奏事因留不遣遂罷冶鑄五年安易復請不許第令川峽仍以銅錢一當鐵錢十荊湖嶺南民輸稅須大錢民以小錢二或三易大錢一官屬以奉錢易於民以規利詔自今吏受民輸但常所通行錢勿却官吏毋得以奉錢換易至道二年始禁道賀州錫官益其價市之以給諸路鑄錢咸平初又申新小錢之禁令官置場盡市之舊犯銅禁七斤以上處死奏裁多蒙減斷然待報常淹緩四年詔滿五十斤以

上取裁餘從第減景德四年詔曰皷鑄錢刀素有程限憫其勞苦特示矜寬自今五月一日至八月一日止收半功本司每歲量支率分錢以備醫藥十二月令鑄匠每旬停作一日天禧三年詔犯銅鍮石悉免極刑時銅錢有四監饒州曰永平池州曰永豐江州曰廣寧建州曰豐國京師昇鄂杭州南安軍舊皆有監後廢之凡鑄錢用銅三斤十兩鉛一斤八兩錫八兩得錢千重五斤唯建州增銅五兩減鉛如其數至道中歲鑄八十萬貫景德中增至一百八十三萬貫大中祥符後銅坑多不發天禧末鑄一百五萬貫鐵

錢有三監邛州曰惠民嘉州曰豐遠興州曰濟衆益州雅州舊亦有監後並廢大錢貫十二斤十兩以準銅錢嘉邛二州所鑄錢貫二十五斤八兩銅錢一當小鐵錢十兼用後以鐵重多盜鎔為器每二十五斤鬻之直二千大中祥符七年知益州淩策言錢輕則易賫鐵少則鎔者鮮利於是詔減景德之制其見使舊錢仍用如故歲鑄總二十一萬貫諸路錢歲輸京師四方由此錢重而貨輕景祐初詔三司以江東福建廣南歲輸緡錢合三十餘萬易為金帛錢流民間許申為三司度支判官建議以藥化鐵與銅雜鑄輕重如銅錢法銅居三分鐵六分皆有奇贏亦得錢千費省而利厚詔申用其法鑄於京師大率鑄錢雜鉛錫則其液流速而易成申雜以鐵流澁而多不就工人苦之初命申鑄萬緡逾月裁得萬錢申性詭譎少成事自度言無効乃求為江東轉運使欲用其法於江州朝廷從之因詔申即江州鑄百萬緡毋漏其法中外知其非是而宰相主之卒無成功初太宗改元太平興國更鑄太平通寶淳化改鑄又親書淳化元寶作眞行草三體後改元更鑄皆曰元寶而冠以年號至是改元寶元文當曰寶元元寶仁宗特命以皇

宋通寶為文慶曆以後復冠以年號如舊自天聖以來毀錢鑄鍾及為銅器皆有禁慶曆初闕出銅錢視舊法第加其罪錢千為首者抵死五年泉州青陽鐵冶大發轉運使高易簡不俟詔置鐵錢務于泉欲移銅錢于內地梓州路轉運使崔輔判官張固亦請即廣安軍魚子鐵山采礦炭置監於合州并銷舊小錢以鑄減輕大錢未得報先移合州相地置監州以上聞朝廷以易簡輔固為擅鑄錢皆坐貶軍興陝西移用不足始用知商州皮仲容議采洛南縣紅崖山虢州青水冶青銅置阜民朱陽二監鑄錢既而陝西都

轉運使張奎知永興軍范雍請鑄大銅錢與小錢兼行大錢一當小錢十又請因晉州積鐵鑄小錢及奎徙河東又鑄大鐵錢於晉澤二州亦以一當十助關中軍費未幾三司奏罷河東鑄大鐵錢而陝西復采儀州竹尖嶺黃銅置博濟監鑄大錢因敕江南鑄大銅錢而江池饒儀虢又鑄小鐵錢悉輦致關中數州錢雜行大約小銅錢三可鑄當十大銅錢一以故民間盜鑄者衆錢文大亂物價翔踴公私患之於是奎復奏晉澤石三州及威勝軍日鑄小鐵錢獨留用河東河東鐵錢既行盜鑄獲利什六錢輕貨重患如陝西知幷州鄭戩請河東鐵錢以二當銅錢一行之一年又以三當一或以五當一罷官爐日鑄且行舊錢而契丹亦鑄鐵錢易並邊銅錢慶曆末葉清臣爲三司使與學士張方平等上陝西錢議曰關中用大錢本以縣官取利太多致姦人盜鑄其用日輕比年以來皆虛高物估始增直於下終取償於上縣官雖有折當之虛名乃受虧損之實害捄弊不先自損則法未易行請以江南儀商等州大銅錢一當小錢三小鐵錢三當銅錢一河東小鐵錢如陝西亦以三當一且罷官所置爐自是姦人稍無利猶未能絕濫錢其後

詔商州罷鑄青黃銅錢又令陝西大銅錢大鐵錢皆以一當二盜鑄乃止然令數變兵民耗于資用類多咨怨久之始定方大錢之行有劉羲叟者語人曰是於周景王所鑄無異上其感心腹之疾乎已而果然語在本傳時興元府西縣增置濟遠監而韶州天興銅大發歲采二十五萬斤詔即其州置永通監後濟遠監廢儀州博濟監既廢復置皇祐中饒池江建韶五州鑄錢百四十六萬緡嘉邛興三州鑄大鐵錢二十七萬緡至治平中饒池江建韶儀六州鑄錢百七十萬緡而嘉邛以率買鐵炭爲擾自嘉祐四年停鑄十年以休民力至是獨興州鑄錢三萬緡熙寧初同華二州積小鐵錢凡四十萬緡詔賜河東以鐵償之四年陝西轉運副使皮公弼奏自行當二錢銅費相當盜鑄衰息請以舊銅鉛盡鑄詔聽之自是折二錢遂行於天下京西轉運使吳幾復建議郢唐均房金五州多林木而銅鉛積於淮南若由襄郢轉致郢唐等州置監鑄錢可以紓錢重之弊神宗是之而王安石沮之其議遂寢後乃詔京西淮南兩浙江西荊湖五路各置鑄錢監江西湖南十五萬緡餘路十萬緡爲額仍申熱錢斤重之限又以興國軍睦衢舒鄂惠

州既置監六通舊十六監水陸回遠增提點之官時
諸路大率務於增額詔惠州永通阜民監舊額八十
萬至七年增三十萬及折二凡五十萬後衞州黎陽
監歲增折二凡五萬緡西京阜財監歲增市易本錢
凡十萬緡興州濟衆監歲增七萬二千餘緡陝西三
銅錢監各歲增五萬緡而睦州則置神泉徐州則置
寶豐梧州以鉛錫易得萬州以多鐵礦皆置監又詔
秦鳳等路即鳳翔府斜谷置監已而所鑄錢青銅夾
錫脆惡易毀罷之然私錢往往雜用不能禁至是法
弊乃詔禁私錢在官惡錢不堪用者別爲模以鑄商

虢洛南增三監罷鄜權置兩監通永與華河中陝舊
監爲九以給改鑄永興鄜耀河中陝去鐵冶遠聽改
鑄一年罷商洛南華虢最近鐵冶聽久置鄜州等五
監候罷改鑄并其工作歸永興等四監專鑄大錢所
鑄大鐵錢約補及所廢偽錢及可以待交子所用而
止八年詔河東鑄錢七十萬緡外增鑄小錢三十萬
緡於是知太原韓絳請倣陝西令李重模精以息私
鑄之弊初薛向鑄鐵錢於陝西後許彥先鑄於廣南
既而民不便用神宗欲遂罷之王安石固爭乃詔京
師畿內並罷其行於四方蓋如故元豐以後西師大

舉邊用匱闕徐州置寶豐下監歲鑄折二錢二十萬
緡轉移陝府于時同渭秦隴等州錢監廢置移徙不
一銅鐵官多建言鑄錢事不盡行而又自弛錢禁民
之銷毀與夫闌出境外者爲多張方平嘗極諫曰禁
銅造幣盜鑄者抵罪至死示不與天下共其利也故
事諸監所鑄錢悉入于王府歲出其奇羨給之三司
方流布于天下然自太祖平江南江池饒建置爐歲
鼓鑄至百萬緡積百年所入宜乎貫朽於中藏充足
於民間矣比年公私上下並苦乏錢百貨不通人情
窘迫謂之錢荒不知歲所鑄錢今將安在夫鑄錢禁

銅之法舊矣令敕具載而自熙寧七年頒行新敕刪
去舊條削除錢禁以此邊關重車而出海船飽載而
回聞沿邊州軍錢出外界但每貫收稅錢而已錢本
中國寶貨今乃與四夷共用又自廢罷銅禁民間銷
毀無復可辨銷鎔十錢得精銅一兩造作器用獲利
五倍如此則逐州置鑪每鑪增數是猶畎澮之益而
供尾閭之泄也元豐八年哲宗嗣位復申錢幣闌出
之禁如嘉祐編敕罷徐州寶豐鼓鑄詔戶部條諸監
之可減者凡增置鑄錢監十四皆罷之陝西行鐵錢
至陝府以東即銅錢地民以鐵錢換易有輕重不等

之患元祐六年乃議限東行有税物者以十分率之止許易二分人毋得過五千八年命公私給納貿易並專用鐵錢而官帑銅錢以時計置運致內郡商旅願於陝西內郡入便銅錢給據請於別路者聽仍定加饒之數每百緡河東京西加饒三千在京餘路四千先是太祖時取唐飛錢故事許民入錢京師於諸州便換其法商人入錢左藏庫先經三司投牒乃輸於庫開寶三年置便錢務令商人入錢詣務陳牒即輦致左藏庫給以券仍敕諸州凡商人賫券至當日給付違者科罰至道末商人入便錢一百七十餘萬

貫天禧末增一百一十三萬貫至是乃復增定加饒之數行焉折二銅錢又定鈞致之法初欲復舊止行於本路議者謂關東諸路既已通行奪彼予此理亦非便且陝右所用折二鐵錢止當一小銅錢即折二銅錢盡歸陝西不直般運費廣猝難鈞致且與鐵錢一等慮鐵錢轉更加輕乃令折二銅錢寬所行地聽行於陝西一路及河東晉絳石慈隰州京西西京河陽許汝鄭金房均鄧等州餘路則禁仍限二年毋更用在民間者聽以輸買納在官帑者以輸上供即非沿流地或素無上供者所隷運司移發輸京師尋詔

更鑄小銅錢河東安撫提刑司言頃絳州垣曲縣置監鼓鑄銅錢費且不給今已廢監又禁折二銅錢不通行非便乃聽行使如舊供備庫使鄭价使契丹還言其給輿箱者錢皆中國所鑄乃增嚴三路闌出之法熙豐間銅鐵錢嘗並行銅錢千易鐵錢千五百未聞輕重之弊及後銅錢日少鐵錢滋多紹聖初銅錢千遂易鐵錢二千五百鐵錢寖輕元符二年下陝西諸路安撫司博究利害於是詔陝西悉禁銅錢在民間者令盡送官而官銅悉取就京西置監永興帥臣陸師閔言既捄毀私錢禁銅罷冶則物價當減願下

陝西州縣凡有市買並準度銅錢之直以平其價詔用其言而豪賈蓄家多不便徽宗嗣位通判鳳州馬景夷言陝西自去年罷使銅錢續遣官措置錢法未聞有深究錢幣輕重灼見利害者銅錢流注天下雖千百年未嘗有輕重之患獨鐵錢局於一路所可通交易有無者限以十州之地欲無滯礙安可得乎又供流轉有限之用更數十年積滯一隅暴如丘山公私爲害又倍於今日矣謂宜弛其禁界許鄰近陝西河東等路特不入京城外凡解鹽地州縣並許通

行折二鐵錢如此則流注無窮又遠自無輕重之患繼而言者謂鐵錢重滞難以賫遠民間皆願復用銅錢當公私匱乏之時諸路州縣官私銅錢積貯萬數及無所用乃詔銅鐵錢聽民間通行而銅錢止用繩買建中靖國元年陝西轉運副使孫傑以鐵錢多而銅錢少請復鑄銅錢候銅鐵錢輕重稍均即聽兼鑄崇寧元年前陝西轉運判官都貺復請權罷陝西鑄鐵錢戶部尚書吳居厚言江池饒建錢額不敷議減銅增鉛錫歲可省銅五十餘萬斤計增鑄錢十五萬九千餘緡所鑄光明堅韌與見行錢不異詔可然課

猶不登二年居厚乃請檢用前後上供鑄錢條約視其登耗之數別定勸沮之法會蔡京當政將以利惑人主託假紹述肆為紛更有許天啓者京之黨也時為陝西轉運副使迎合京意請鑄當十錢五月始令陝西及江池饒建州以歲所鑄小平錢增料改鑄當五大銅錢以聖宋通寶為文繼而幷令舒睦衛鄂錢監用陝西式鑄折十錢限令歲鑄三十萬緡鐵錢二百萬緡募私鑄人丁為官匠幷其家設營以居之號鑄錢院謂得昔人招天下亡命即山鑄錢之意所鑄銅錢通行諸路而陝西河東四川係鐵錢地者禁之第

鑄於陝西鐵錢地而已自熙寧以來折二錢雖行民間法不許運致京師故諸州所積甚多至是發運司因請以官帑所有折二錢改鑄折十錢三年遂罷鑄小平錢及折五錢置監於京城所復徐州寶豐衛州黎陽監並改鑄折二錢為折十舊折二錢期一歲勿用大嚴私鑄之令民間所用鍮石器物並官造鬻之輙鑄者依私有法加二等命諸路轉運司於沿流順便地隨宜增置錢監俾民以所有折二錢換納於官運致所增監改鑄折十錢二廣產鐵令鼓鑄小鐵錢止行於兩路其公私銅錢兌換運輸元豐庫仍於潯

州置鐵錢監依陝西料例鑄當二錢四年立錢綱驗樣法崇寧監以所鑄御書當十錢來上緡用銅九斤七兩有奇鉛半之錫居三之一詔頒其式於諸路令赤仄烏背書畫分明時趙挺之為門下侍郎繼拜右僕射與蔡京議多不合因極言當十錢不便私鑄寖廣乃令提刑司歲較巡捕官一路所獲多寡繼令福建廣南毋行用第鑄以上供及給他路凡爲人附帶若封識影庇私鑄錢者悉論以法毋得廕贖其置鑄錢院蓋將以盡收所在亡命盜鑄之人然犯法者不為止乃命荊湖南北江南東西兩浙並以折十錢為折

五舊折二錢仍舊慮冒法入東北也令以江爲界淮南重寶錢亦作當五用焉五年兩浙盜鑄尤甚小平錢益少市易濡滯遂命以折五折十上供小平錢留本路江池饒建韶州錢監歲課以八分鑄小平錢二分鑄當十錢俄詔廣南江南福建兩浙荆湖淮南用折二錢改鑄折十錢皆罷其剏置鑄錢院及招置錢戶並停繼復罷鑄當十二分之令盡鑄小平錢荆湖江南兩浙淮南重寶錢作當三在京京畿京東西河東河北陝西熈河作當五通寶錢所鑄未多在官者悉封樁在民間者以小平錢納換旋復詔京畿京東西河北河東陝西熈河當十錢仍舊兩浙作當三江南淮南荆湖作當五時錢幣苦重條序不一私鑄日甚御史沈畸奏曰小錢便民乆矣古者軍興錫賞不繼或以一當百或以一當十此權時之宜豈可行於太平無事之日哉當十皷鑄有數倍之息雖日斬之其勢不可遏未幾詔當十錢止行於京師陝西河東河北俄幷畿內用之餘路悉禁期一季送官償以小錢換納到者輸於元豐崇寧庫而私錢亦限一季自致計銅直增二分償以小錢隱藏者論如法尋詔鄭州西京亦聽用折十錢禁貿易爲二價者東南諸監

增鑄小平錢以待償錢而私錢亦阬鑄焉折十錢爲幣既重一旦更令則民驟失厚利又諸路或用或否往往不盡輸於官冒法私販始令四輔畿內開封府許搜索舟車賞視舊法增倍水陸所由官司失察者皆停替而受納不揀選容私錢其間者以差定罪法又以私錢很多不能悉禁乃令外路每一私錢計小平錢三以小錢易於官在京以四小平錢易之京師出納及民間貿易並大小錢參用而私鑄小平錢輙行用立搜索告捕罪賞越江淮入汴錢至京者一依當十錢法御史張茂直請嚴私販當十之令綱舟載御皆選官監索保無藏匿舟車兆撓即疑慮私販者並聽搜索而福建民或私鑄轉入淮浙京東等路者所由州縣官司皆治漏逸之罪不以赦免法滋密矣大觀元年張茂直復言州縣督捕加峻私小黃錢投委江河不敢復出請令東南州縣置木匱封鍵於闠闠中聽民以私錢自投如自首法當三當五錢舟船附帶者亦多棄之江河請下諸路撈漉時蔡京復相再主用折十錢二月首鑄御書當十錢以京畿錢監所得私錢改鑄尋興復京畿兩監以轉運使宋喬年領之用提舉京畿鑄錢司爲名喬年鑄烏背漉銅錢

來上詔以漉銅式頒行諸路京之初爲折十錢人不以爲便帝亦知之故崇寧四年以後稍更其法及京去位遂詔諭中外京再得政復行之知盜鑄者必衆將威以刑會有告蘇州章綖盜鑄數千萬緡遂興大獄初遣李孝壽又遣沈畸蕭服未以命知蘇州孫傑發運副使吳擇仁縱坐刺流海島連坐者十餘人時皆寃之於是頒行大觀新修錢法於天下申命開封府尹少外路監司各分州郡舉行按舉能否月檢會法令使民知禁用孫傑言盜鑄依淮東重法地囊橐強盜之家籍其財以待賞居停鄰保並均備告驗私

錢依私茶法給隨行物州常椿盜鑄賞錢五千緡州縣稽於施行監司失察不以赦原是歲京畿既置錢監乃專鑄當十大錢而小平錢則鑄於諸路既而當十錢少復置眞州鑄錢監以本路所換錢不依式者及諸司當二見緡用舊式改鑄當十錢明年令江池饒建州錢監自來歲以鑄當十五分鑄小平錢申嚴私鑄之法即託權要事勢度越關津拒捍搜索者雖輕以違制論載御物者同之初崇寧五年始禁陝西鐵錢行於興元府等界至是又以鐵錢猥多禁陝西鐵錢入蜀有董奎者爲走馬承受遂令以鐵錢三折銅

錢一事聞責奎以妄肆胸臆致幣輕物重奎遂即罷三年申當十錢行使之令並以京東京西河北並邊州縣鎮砦四榷場及登萊密州緣海縣鎮等皆禁時蔡京復罷政矣四年詔鼓鑄當十錢多廢法隨以弊其止鑄舊額小平錢張商英爲相奏言當十錢爲害久矣舊小平錢有出門之禁故四方客旅之貨交易得錢必太半入中末鹽鈔收買告牒而餘錢又流布在市井此上下內外交相養自當十錢行以一夫而負八十千小車載四百千錢既爲輕齎之物則告牒爲滯貨鹽鈔非得虛擡之息則不行臣今欲借內

庫幷密院諸司封樁紬絹金銀幷鹽鈔令下折十錢限民半年所在送官十千給銀絹各一匹兩限竟毋更用俟錢入官擇其惡者鑄小平錢存其好者折三行用如此則錢法鈔法不相低昂可以復舊利州路提刑司言舊銅鐵錢輕重相尋以大鐵錢一折小銅錢二今大鐵錢五止當一銅錢比舊輕十倍又流入川界錢輕物重頗類陝西欲將折二大鐵錢以一折一雖稍減錢數錢必稍重詔許陝西鐵錢入蜀仍舊盡釋其禁且命以今物價量宜裁之政和元年詔錢重則物輕錢輕則物重其勢然也今諸路所鑄小平錢

行之久而無弊多而不壅爲利愽矣往歲圖利之臣皷鑄當十錢苟濟目前不究悠久公私爲害用之幾十年其法日弊而不勝姦猾之民規利冒法銷毀當二小平錢所在盜鑄濫錢益多百物增價若不早革即弊無已時其官私見在當十錢可並作當三以爲定制尚慮豪猾憚於折閱胥動浮言可内自京尹外逮監司郡縣悉心開諭自當十錢行抵冒者多大觀四年星變赦天下凡以私錢得罪有司上名數亡慮十餘萬人蔡京罔上毒民可謂烈矣時御府之用日廣東南錢額不敷宣和以後尤甚乃令饒贛錢監鑄

小平錢每緡用鐵三兩而倍損其銅稍損其鉛繼又令江池饒錢監盡以小平錢改鑄當二錢以紓用度然有司猶數告乏靖康元年罷政和敕陝西路用銅錢斷徙二年配千里法初蔡京主行夾錫錢詔鑄於陝西亦命轉運副使許天啓推行其法以夾錫錢一折銅錢二每緡用銅八斤黑錫半之白錫又半之既而河東轉運使洪中孚請通行於天下京欲用其言會罷政大觀元年京復相遂降錢式及錫母於鑄錢之路鑄錢院專用皷鑄若產銅地始聽兼鑄小平錢復命轉運司及提刑司參領其事衡州熈寧鄂州寶

泉舒州同安監暨廣南皆鑄焉二年江南東西福建兩浙許鑄使鐵錢三年京復罷政詔以兩浙鑄夾錫錢擾民凡東南所鑄皆罷明年幷河北河東京東等路罷之所在監院皆廢唯河東三路聽存舊監以鑄銅鐵錢產銅郡縣聽存用改鑄小平錢政和元年錢輕物重細民艱食詔應陝西舊行使鐵錢地並依元豐年大鐵錢折二公私通行夾錫錢同之毋得分別見存鐵錢母改更鑄夾錫河東官私折二夾錫錢同之童貫宣撫陝西以詔亟平物價帥臣徐處仁切責其非坐貶錢即經畧鄜延抗疏言詳考詔旨謂鐵錢復

行與夾錫並用慮姦民妄作輕重欲維持推行俾錢物相直非欲以威力脅制百姓頓減物價於一兩月之間今宣撫司裁損米穀布帛金銀之價殆非人情徐處仁言雖未盡所見爲長望速詢其實如臣言乖謬願同處仁貶詔即妄有建明毀辱使命謫置偏州尋亦罷行夾錫錢且禁裁物價民商貿易各從其便繼而童貫復請與舊法鐵錢並折二通行知閬鄉縣論九齡俄坐以銅錢一估夾錫錢七八幷知州王寀轉運副使張深俱被劾時關中錢甚輕夾錫欲以重之其實與鐵錢等物價日增患甚於當十二年蔡京

復得政條奏廣惠康賀衡鄂舒州昨鑄夾錫錢精善
請復鑄如故廣西湖北淮東如之且命諸路以銅錢
監復改鑄夾錫遂以政和錢頒式焉夾錫錢既復推行
錢輕不與銅等而法必欲其重乃嚴擅易擡減之令
凡以金銀絲帛等物貿易有弗受夾錫須要銅錢者
聽人告論以法懲治市井細民朝夕鬻餅餌熟食以
自給者或不免於告罰未幾以夾錫錢不以何路所
鑄並聽通行陝西用政和通寶舊大鐵錢與夾錫錢
雜應流轉諸路四年詔毋更行用致令諸監改鑄夾
錫錢在民間者赴官換納鄭居中劉正夫為相以為

不便令淮南夾錫錢期三日官私俱禁不用仍罷鼓
鑄夾錫錢悉輦擣關中尋詔河東陝西外餘路並罷
俄詔幷河東罷鑄夾錫錢止用舊法鼓鑄重和元年
權罷京西鑄夾錫錢繼以關中糴買用之通流復命
鼓鑄專給關中夾錫行小民往往以藥點染與銅錢
相亂河北漕臣張覺等嘗坐貶焉先是江池饒州建
寧府四監歲鑄錢百三十四萬緡充上供衡舒嚴鄂
韶梧州六監歲鑄錢百五十六萬緡充逐路支用建
炎經兵鼓鑄皆廢紹興初併廣寧監於虔州併永豐
監於饒州歲鑄纔及八萬緡以銅鐵鉛錫之入不及

於舊而官吏稍廩工作之費視前日自若也每鑄錢
一千率用本錢二千四百文時范汝為作亂權罷建
州鼓鑄尋復舊泉司供給銅錫六十五萬餘斤六年
歛民間銅器詔民私鑄銅器者徒二年贑饒二監新
額錢四十萬緡提點官趙伯瑜以為得不償費罷鼓
鑄盡取木炭銅鉛本錢及官吏闕額衣糧水脚之屬
湊為年計十三年韓球為使復鑄新錢興廢坑冶至
於發冢墓壞廬舍籍冶戶姓名以膽水盛時浸銅之
數為額浸銅之法以生鐵鍛成薄片排置膽水槽中浸漬數日鐵片為膽水所薄上生赤煤取刮鐵煤入爐三煉成銅大率用鐵二斤四兩得銅一斤饒州興利場信州鉛山場各有歲額所謂膽銅也

無銅可輸者至鎔錢為銅然所鑄亦纔及十萬緡二
十四年罷鑄錢司歸之漕司二十七年出版漕錢八
萬緡為鑄本歲權以十五萬緡為額復饒贑韶鑄錢
監以漕臣往來措置通判主之殿中侍御史王珪言
泉司不可廢復以戶部侍郎榮嶷提領許置官屬二
員二十八年出御府銅器千五百事付泉司大索民
間銅器得銅二百餘萬斤寺觀鐘磬鐃鈸既籍定投
稅外不得添鑄二十九年令命官之家留見錢二萬
貫民庶半之餘限二年聽轉易金銀算請茶鹽香礬
鈔引之類越數寄隱許人告以李植提點鑄錢公事

植言歲額内藏庫二十三萬緡右藏庫七十餘萬緡皆至道以後數也紹興以來歲收銅二十四萬斤鉛二十萬斤錫五百斤僅可鑄錢一十萬緡諸道拘到銅器二百萬斤附以鉛錫可鑄六十萬緡然拘者不可以常唯當擴坑冶所產下工部權以五十萬緡爲額又明年總鑄及十萬緡今泉司歲額增至十五萬緡小平錢一萬八千緡折二錢六萬六千緡歲費鑄本及起綱糜費約二十六萬緡司屬之費又約二萬緡東南十一路一百一十八州之所供有坑冶課利錢本炭錢錫本錢約二十一萬緡比歲所收不過十五六萬緡耳歲額金一百二十八兩銀無額以七分入内庫三分歸本司銅三十九萬五千八百斤鉛三十七萬七千九百斤錫一萬九千八百七十五斤鐵二百三十二萬八千斤比歲所榷十無二三每當二錢千重四斤五兩小平錢千重四斤十三兩視舊制銅少鉛多錢愈鍥薄矣孝宗隆興元年詔鑄當二小平錢如紹興之初（乾淳迄于嘉泰開禧皆如之）乾道六年併鑄錢司歸發運司尋復置八年饒州贛州復各置提點官以新鑄錢殽雜提點鑄錢及永平監官左藏西庫監官戶部工部長貳官責降有差九年大江之西及湖

廣閒多毀錢夾以沙泥重鑄號沙尾錢詔嚴禁之淳熙二年併贛司歸饒州慶元三年復禁銅器期兩月鬻于官每兩三十湖州舊鬻監至是官自鑄之（二年禁銷錢爲銅器者以違制論爐戶决配海外）復神泉監以所括銅器鑄當三大錢隸工部舊額内帑歲收新錢一百五萬（江池饒建四監）而每年退卻六十萬三年一郊又以一百萬輸三司是内帑年總得十一萬六千餘緡而左藏得九十三萬三千餘緡今歲額止十五萬而隸封樁者半内藏者半左藏咸無焉又自置市舶于浙于閩于廣舶商往來錢寶所由以泄是以自臨安出門下江海皆有禁淳熙九年詔廣泉明秀漏泄銅錢坐其守臣嘉定元年三省言自來有市舶處不許私發番船紹興末臣僚言泉廣二舶司及西南二泉司遣舟回易悉載金錢四司既自犯法郡縣巡尉其能誰何至於淮楚屯兵月費五十萬見緡居其半南北貿易緡錢之入敵境者不知其幾於是沿邊皆用鐵錢矣淮南舊鑄銅錢乾道初詔兩淮京西悉用鐵錢荊門隸湖北以地接襄峴亦用鐵錢六年先是以和州舊有錢監舒州山口鎮亦有古監詔司農丞許子中往淮西措置於是子中以舒蘄黃皆產鐵請各置監（舒州同安監蘄州新春監）

黃州齊安監且鑄折二錢以發運司通領四監江之廣寧監興國之大冶監臨江之豐餘監撫之裕國監子中所領三監歲各認三十萬貫其大小鐵錢令兩淮通行七年舒蘄守臣皆以鑄錢增羨遷官然淮民爲之大擾八年以江州興國軍鐵冶額虧守貳及大冶知縣各降一官淳熙五年詔舒州歲增鑄十萬貫以三十萬貫爲額蘄州增鑄五萬貫以十五萬貫爲額如更增鑄優與推賞御史黃洽言與天下之利者不窮天下之力舒蘄歲鑄四十五萬不易爲也又有增鑄之賞恐其難繼詔除之八年以舒州水遠新炭不便減額五萬貫明年又減十萬貫

與蘄州並以十五萬貫爲額十年併舒州之宿城監入同安監十二年詔舒蘄鑄鐵錢並增五萬貫以淳熙通寶爲文光宗紹熙二年減蘄春同安兩監歲鑄各十萬貫嘉泰三年罷舒蘄鼓鑄開禧三年復之嘉定五年臣僚言江北以銅錢一折鐵錢四禁之時銅錢之在江北者自乾道以來悉以鐵錢易之或以會子一貫易銅錢一貫其銅錢輸送行在及建康鎮江府凡沿江私度及邊徑嚴禁漏泄及於邊界三里內立堠如出界法其易京西銅錢如兩淮例京西湖北之鐵錢則取給於漢陽監及興國富民監後併富民監於漢陽監以二十萬爲額前宋時川陝皆行鐵錢益利夔皆即山冶鑄紹興九年詔陝西諸路復行鐵錢十五年置利州紹興監鑄錢十萬緡以救錢引二十二年復嘉之豐遠邛之惠民二監鑄小平錢二十三年詔利州並鑄折二錢後又鑄折三錢淳熙十五年四川餉臣言諸州行使兩界錢引全藉鐵錢稱提上有利州紹興監歲鑄折三錢三萬四千五百貫有奇邛州惠民監歲鑄折三錢一萬二千五百貫今大安軍淳熙新興迎恩三爐出生鐵四十九萬五千斤利之昭化嘉川縣亦有爐新產鐵三十餘萬斤乞從

鼓鑄嘉定元年即利州鑄當五大錢三年制司欲盡收舊引又於紹興惠民二監歲鑄三十萬貫其料並同當三錢若四川銅錢淳熙間易送湖廣總所儲之後又交卸於江陵寶慶元年新錢以大宋元寶爲文端平元年以膽銅所鑄之錢不耐久舊錢之精緻者泄於海舶申嚴下海之禁嘉熙元年新錢當二并小平錢並以嘉熙通寶爲文當三錢以嘉熙重寶爲文淳祐四年右諫議大夫劉晉之言巨家停積猶可以發洩銅器鉟銷猶可以止遏唯一入海舟往而不返於是復申嚴漏泄之禁八年監察御史陳求魯言議

者謂楮便於運轉故錢廢於蟄藏自稱提之屢更故圜法爲無用急於扶楮者至嗾盗賊以窺人之閫奥峻刑法以發人之窖藏然不思患在於錢之荒而不在於錢之積夫錢貴則物宜賤今物與錢俱重此一世之所共憂也蕃舶巨艘形若山嶽乘風駕浪深入遐陬販於中國者皆浮靡無用之異物而泄於外夷者乃國家富貴之操柄所得幾何所失者不可勝計矣京城之銷金衢信之鍮器醴泉之樂具皆出於錢臨川隆興桂林之銅工尤多於諸郡姑以長沙一郡言之烏山銅爐之所六十有四麻潭鵝羊山銅戸數

百餘家錢之不壞於器物者無幾今京邑鍮銅器用之類鬻賣公行於都市畿甸之近一繩以法由内及外觀聽聿新則鉟銷之姦知畏矣香藥象犀之類異物之珍奇可悦者本無適用之實服御之間昭示儉德自上化下風俗丕變則漏泄之弊少息矣此端本澄原之道也有旨從之十年以會價低減復申嚴下海之禁十二年申嚴鉟銷之禁及僞造之法咸淳元年復申嚴鉟銷漏泄之禁寶祐元年新錢以皇宋元寶爲文

志卷第一百三十三

宋史一百八十一

志卷第一百三十四

元開府儀同三司上柱國録軍國重事中書右丞相監修國史領經筵事都總裁臣脱脱等奉勅修

食貨下三 會子 鹽上

會子交子之法蓋有取於唐之飛錢真宗時張詠鎮蜀患蜀人鐵錢重不便貿易設質劑之法一交一緡以三年爲一界而換之六十五年爲二十二界謂之交子富民十六戸主之後富民貲稍衰不能償所負爭訟不息轉運使薛田張若谷請置益州交子務以榷其出入私造者禁之仁宗從其議界以百二十五萬六千三百四十緡爲額神宗

熙寧初立僞造罪賞如官印文書法河東運鐵錢勞費公私苦之二年乃詔置交子務于潞州轉運司以其法行則鹽礬不售有害入中糧草遂奏罷之四年復行於陝西而罷永興軍鹽鈔場文彦博言其不便會張景憲出使延州還亦謂可行於蜀不可行於陝西未幾竟罷五年交子二十二界將易而後界給用已多詔更造二十五界者百二十五萬以償二十三界之數交子有兩界自此始時交子給多而錢不足致價太賤既而竟無實錢法不可行而措置熙河財利孫迥言商人買販牟利於官且損鈔價於是罷陝西交子法紹聖以後界率增造以給陝西沿邊糴買

及募兵之用少者數十萬緡多者或至數百萬緡而成都乏用又請印造故每歲書放亦無定數崇寧三年置京西北路專切管幹通行交子所倣川峽路立偽造法通情轉用并鄰人不告者皆罪之私造交子紙者罪以徒配四年令諸路更用錢引準新樣印製四川如舊法罷在京并永興軍交子務在京官吏併歸買鈔所時錢引通行諸路惟閩浙湖廣不行趙挺之以為閩乃蔡京鄉里故得免焉明年尚書省言錢引本以代鹽鈔而諸路行之不通欲權罷印製在官者如舊法更印解鹽鈔民間者許貿易漸赴買鈔所如鈔法分數計給從之大觀元年詔改四川交子務

為錢引務自用兵取湟廓西寧藉其法以助邊費較天聖一界逾二十倍而價愈損及更界年新交子一當舊者四故更張之以四十三界引準書放數仍用舊印行之使人不疑擾自後並更為錢引二年而陝西河東皆以舊錢引入成都換易故四川有壅遏之弊河陝有道途之艱豪家因得以損直斂取乃詔永興軍更置務納換陝西河東引仍遣文臣二人監之八月知威州張持奏本路引一千者今僅直十之一若出入無弊可直八百流通用之官吏奉舊並用引請稍給錢便用權持為成都路轉運判官提舉川引後引價益賤不可用持復別用印押以給官吏他無

印押者皆棄無用言者論其非法持坐遠謫三年詔錢引四十一界至四十三界毋收易自後止如天聖額書放銅錢地內勿用四年假四川提舉諸司封樁錢五十萬緡為成都務本侵移者準常平法政和元年戶部言成都漕司奏昨令輸官之引以十分為率三分用民戶所有而七分赴官場買納由是人以七分為疑請自今無計以三七分之數並許通用願買納者聽民間舊以本錢未至引價大損故州官官錢亦減數收市今本錢已足請勿減數以袪民惑又請四十三界引候界滿勿換給自四十四界為改法之首而戶部詳度欲止行四十四界其四十五界勿印

若通行及乏用聽於界內續增其新引給換之餘如舊蠲之或於給錢之所易錢儲以為本移用者如擅支封樁錢法詔可靖康元年令川引並如舊即成都府務納換以置務成都便利歲久至諸州則有料次交雜之弊故有是詔大凡舊歲造一界備本錢三十六萬緡新舊相因大觀中不蓄本錢而增造無藝至引一緡當錢十數及張商英秉政奉詔復循舊法宣和中商英錄奏當時所行以為自舊法之用至今引價復平高宗紹興元年有司因婺州屯兵請樁辦合用錢而路不通舟錢重難致乃造關子付婺州召商人入中執關於榷貨務請錢願得茶鹽香貨鈔引者

聽於是州縣以關子充糴本未免抑配而榷貨務又止以日輸三分之一償之人皆嗟怨六年詔置行在交子務臣僚言朝廷措置見錢關子有司寖失本意改爲交子官無本錢民何以信於是罷交子務令榷貨務儲見錢印造關子二十九年印公據關子付三路總領所淮西湖廣關子各八十萬緡淮東公據四十萬緡皆自十千至百千凡五等內關子作三年行使公據二年許錢銀中半入納三十年戶部侍郎錢端禮被旨造會子儲見錢於城內外流轉其合發官錢並許兌會子輸左藏庫明年詔會子務隸都茶場三十二年定僞造會子法（犯人處斬賞錢千貫不願受者補進義校尉若徒中及庇匿者能告首免罪受賞願補官者聽）當時會紙取於徽池續造於成都又造於臨安會子初行止於兩浙後通行於淮浙湖北京西除亭戶鹽本用錢其路不通舟處上供等錢許盡輸會子其沿流州軍錢會中半民間典賣田宅馬牛舟車等如之全用會子者聽孝宗隆興元年詔會子以隆興尚書戶部官印會子之印爲文更造五百文會又造二百三百文會置江州會子務乾道二年以會子之弊出內庫及南庫銀一百萬收之三年以民間會子破損別造五百萬換給又詔損會貫百錢數可驗者並作上供錢入輸巨室以低價收者坐之四年以取到舊會毀抹付會子局重造三年立

爲一界界以一千萬貫爲額隨界造新換舊以戶部尚書曾懷同共措置鑄提領措置會子庫印每道收縻費錢二十足零百半之凡舊會破損貫百字存印文可驗者即與兌換五年令行在榷貨務都茶場將請筭茶鹽香礬鈔引權許收換第一界自後每界收換如之其州縣諸色綱錢以七分收錢三分收會九年定捕造僞會之賞淳熙元年詔左藏南上庫給會子二十五萬收買臨安平江紹興明秀州額外浮鹽其齎到鈔錢令榷貨務月終輸封樁庫以備循環換易會子三年詔第三界四界各展限三年令都茶場會子庫以第四界續印會子二百萬貯南庫當時戶部歲入一千二百萬其半爲會子而南庫以金銀換收者四百萬流行於外者纔二百萬耳光宗紹熙元年詔第七第八界會子各展三年臣僚言會子界以三年爲限今展至再則爲九年何以示信於是詔造第十界立定年限慶元元年詔會子界以三千萬爲額嘉定二年以三界會子數多稱提無策會十一界除已收換尚有一千三百六十萬餘貫十二界十三界除燒毀尚有一萬二百餘萬貫（十二界四千七百萬餘貫十三界五千五百萬餘貫）詔封樁庫撥金一十五萬兩（兩爲錢四十貫）度牒七千道（每道爲錢一千貫）官告綾紙乳香（乳香每袋一貫六百文）湊成二千餘添貼臨安府官局收易舊會品搭入輸（十一界會子二

分十二十七界會子各四分以舊會之二易新會之一泉州守臣宋均南劒州守臣趙崇亢陳宓皆以稱提失職責降有差紹定五年兩界會子已及二億二千九百餘萬端平二年臣僚言兩界會子遠者曾未數載近者甫及朞年非有破壞塗汙之弊今當以所收之會付封樁庫貯之脫有緩急或可濟事有旨從之淳祐二年宗正丞韓祥奏壞楮幣者只緣變更救楮幣者無如收減自去年至今楮價粗定不至折閱者不變更之力也今已罷諸造紙局及諸州科買楮皮更多方收減則楮價有可增之理上曰善三年臣僚言今官印之數雖損而僞造之券愈增且以十五十六界會子

言之其所入之數宜減於所出之數今收換之際元額既溢來者未已若非僞造其何能致多如是大抵前之二界盡用川紙物料既精工製不苟民欲爲僞尚或難之迨十七界之更印已雜用川杜之紙至十八界則全用杜紙矣紙既可以自造價且五倍於前故昔之爲僞者難今之爲僞者易人心循利甚於畏法況利可立致而刑未即加者乎臣愚以爲抄撩之際增添紙料寬假工程務極精緻使人不能爲僞者上也禁捕之法厚爲之勸厲爲之防使人不敢爲僞者次也七年以十八界與十七界會子更不立限永遠行使十一年以會價增減課其官吏景定四年以

收買逾限之田復日增印會子一十五萬貫咸淳四年以近頒見錢關子貫作七百七十文足十八界每道作二百五十七文足三道準關子一貫同見錢轉使公私擅減者官以贓論吏則配籍五年復申嚴關子減落之禁七年以行在紙局所造關子紙不精命四川制司抄造輸送每歲以二千萬作四綱川引自張浚開宣府趙開爲總餉以供糴本以給軍需增印日多莫能禁止七年川陝副帥吳玠請置銀會於河池不許蓋前宋時蜀交出放兩界每界一百二十餘萬今三界通行爲三千七百八十餘萬至紹興末積至四千一百四十七萬餘貫所貯鐵錢僅及七十萬

貫以鹽酒等陰爲稱提是以餉臣王之望亦謂添印錢引以救目前不得不爲朝廷遠慮詔添印三百萬之望止添印一百萬孝宗隆興二年餉臣趙沂添印二百萬淳熙五年以蜀引增至四千五百餘萬立額不令再增光宗紹熙二年詔川引展界行使寧宗嘉泰末兩界出放凡五千三百餘萬緡通三界出放益多矣開禧末餉臣陳咸以歲用不足嘗爲小會卒不能行嘉定初每緡止直鐵錢四百以下咸乃出金銀度牒一千三百萬收回半界期以歲終不用然四川諸州去總所遠者千數百里期限已逼受給之際吏復爲姦於是商賈不行民皆嗟怨一引之直僅售百

錢制司乃諭人除易一千三百萬引三界依舊通行又撥總所取金銀就成都置場收兌民心稍定自後引直鐵錢五百有奇若關外用銅錢引直百七十錢而已嘉定三年春制總司收換九十一界二千九百餘萬緡其千二百萬緡以茶馬司羨餘錢及制司空名官告總所椿金銀度牒對鑿餘以九十三界錢引收兌又造九十四界錢引五百萬緡以收前宣撫程松所增之數凡民間輸者每引百貼八千其金銀品搭率用新引七分金銀三分其金銀品色官稱不無少虧每舊引百貼納二十引蓋自元年三年兩收舊引而引直遂復如故昔高宗因論四川交子最善沈

該稱提之說謂官中常有錢百萬緡如交子價減官用錢買之方得無弊九年四川安撫制置大使司言川引每界舊例三年一易自開禧軍興以後用度不給展年收兌遂至兩界三界通使然率以三年界滿方出令展界以致民聽惶惑今欲以十年爲一界著爲定令則民旅不復懷疑從之寶祐四年臺臣奏川引銀會之弊皆因自印自用有出無收今當拘其印造之權歸之朝廷倣十八界會子造四川會子視淳祐之令作七百七十陌於四川州縣公私行使兩料川引並毀見在銀會姑存舊引既清新會有限則楮價不損物價自平公私俱便矣有旨從之咸淳五年

復以會板發下成都運司掌之從制司抄紙發往運司印造畢功發回制司用總所印行使歲以五百萬爲額紹興末會子未有兩淮湖廣之分其後會子太多而本錢不足遂致有弊乾道二年詔別印二百三百五百一貫交子三百萬止行用於兩淮其舊會聽對易凡入輸買賣並以交子及錢中半如往來不便詔給交子會子各二十萬付鎮江建康府榷貨務使淮人之過江南人之渡淮者皆得對易循環以用然自紹興末年銅錢禁用於淮而易以鐵錢會子既用於淮而易以交子於是商賈不行淮民以困右司諫陳良祐言交子不便詔兩淮郡守漕臣條其利害

皆謂所降交子數多而銅錢并會子不過江是致民旅未便於是詔銅錢并會子依舊過江行用民間交子許作見錢輸官凡官交盡數輸行在左藏庫三年詔造新交子一百三十萬付淮南漕司分給州軍對換行使不限以年其運司見儲交子先付南庫交收紹熙三年詔新造交子三百萬貫以二百萬付淮東一百萬付淮西每貫準鐵錢七百七十文足以三年爲界慶元四年詔兩淮第二界會子限滿明年六月更展一界嘉定十一年造兩淮交子二百萬增印三百萬十三年印二百萬增印一百五十萬十四年十五年皆及三百萬自是其數日增價亦日損稱提無

術但屢與展界而已初襄郢等處大軍支請以錢銀品搭孝宗隆興元年始措置於大軍庫儲見錢印造五百并一貫直便會子發赴軍前並當見錢流轉印造之權既專印造之數日益且總所所給止行於本路而荆南水陸要衝商賈必由之地流通不便乾道三年收其會子印板四年以淮西總所關子二十萬都茶場鈔引八十萬付湖北漕司收換輸左藏庫又命降銀錢收之五年詔户部給行在會子五十萬付荆南府兌換淳熙七年詔會子庫先造會子一百萬降付湖廣總所收換破會十一年臣僚言湖北會子刱於隆興初迄今二十二年不曾兌易稱提不行詔湖廣總領同帥漕議經久利便帥漕總領言乞印給一貫五百例湖北會子二百萬貫收換舊會庶幾流轉通快經久可行從之十三年詔湖廣會子仍以三年為界紹熙元年詔湖廣總所將見行及樁貯新舊會取數做行在例立界收換餉臣梁總奏自來不曾立界但破損者即行換易除累易外尚有五百四十餘萬見在民間行用乞別樣制作兩界印造收換從之嘉定五年湖廣餉臣王釜請以度牒茶引兌第五界舊會每度牒一道價千五百緡又貼搭茶引一千五百緡方許收買期以一月然京湖二十一州止置三場不便制臣劉光祖乃會總所以第六界新會五

萬緡令軍民以舊楮二而易其一繼又令軍民以一楮半而易其一又請于朝添給新楮十萬軍民賴之十四年造湖廣會子三十萬易破會十七年造湖廣第六界會子二百萬嘉熙二年撥第七界湖會九百萬付督視參政行府寶祐二年撥第八界湖會三百萬貫付湖廣總所易兩界破會自後因仍行之

鹽之類有二引池而成者曰顆鹽周官所謂盬鹽也鬻海鬻井鬻鹻而成者曰末鹽周官所謂散鹽也宋自削平諸國天下鹽利皆歸縣官官鬻通商隨州郡所宜然亦變革不常而尤重私販之禁引池為鹽曰解州解縣安邑兩池墾地為畦引池水沃之謂之種鹽水耗則鹽成籍民户為畦夫官廩給之復其家募巡邏之兵百人目為護寶都歲二月一日墾畦四月始種八月乃止安邑池每歲歲種鹽千席解池減二十席以給本州及三京京東之濟兖曹濮單鄆州廣濟軍京西之滑鄭陳潁汝許孟州陝西之河中府陝虢州慶成軍河東之晉絳慈隰州淮南之宿亳州河北之懷州及澶州諸縣之在河南者凡禁榷之地官立標識候望以曉民其通商之地京西則蔡襄鄧隨唐金房均郢州光化信陽軍陝西則京兆鳳翔府同華耀乾商涇原邠寧儀渭鄜坊丹延環慶秦隴鳳階成州保安鎮戎軍及

澶州諸縣之在河北者顆末鹽皆以五斤爲斗顆鹽之直每斤自四十四至三十四錢有三等至道二年兩池得鹽三十七萬三千五百四十五席席一百一十六斤半三年鬻錢七十二萬八千餘貫咸平中度支使梁鼎言陝西沿邊解鹽請勿通商官自鬻之詔以鼎爲陝西制置使又以內殿崇班杜承睿同制置陝西青白鹽事承睿言鄜延環慶儀渭等州泊禁青鹽之後令商人入芻粟運解鹽於邊貨鬻其直與青鹽不至相懸是以民食賤鹽須至畏法而蕃部青鹽難售今聞運解鹽於邊欲與內地同價邊民必冒法圖利却入蕃界私販青鹽是助寇資而結民怨矣繼

又有上疏言其不便者鼎請候至邊部幹運及乘傳至解池即禁止商販旋運鹽赴邊公私大有煩費而邊民頗無入市物論紛擾於是命判鹽鐵勾院林特知永興軍張詠詳議以爲公私非便請復舊商販詔切責鼎罷度支使大中祥符九年陝西轉運使張象中言兩池所貯鹽計直二千一百七十六萬一千八十貫慮尚有遺利望行條約眞宗曰地利之阜此亦至矣過求增羨慮有時而闕不許先是五代時鹽法太峻建隆二年始定官鹽闌入禁法地貿易至十斤鬻鹻鹽至三斤者乃坐死民所受蠶鹽以入城市三十斤以上者上請三年增闌入至三十斤鬻鹻至十斤坐死蠶鹽入城市百斤以上奏裁自乾德四年後每詔優寬太平興國二年乃詔闌入至二百斤以上鬻鹻及主吏盜販至百斤以上蠶鹽入城市五百斤以上並黥面送闕下至淳化五年改前所犯者止配本州牢城代州寶興軍之民私市契丹骨堆渡及桃山鹽雍熙四年詔犯者自一斤論罪有差五十斤加役流百斤以上部送闕下天聖以來兩池畦戶總三百八十以本州及旁州之民爲之戶歲出夫二人人給米日二升歲給戶錢四萬爲鹽歲百五十二萬六千四百二十九石石五十斤以席計爲六十五萬五千一百二十席席百一十六斤禁榷之地皆官役鄉

戶衙前及民夫謂之帖頭水陸漕運而通商州軍並邊秦延環慶渭原保安鎭戎德順又募人入中芻粟以鹽償之凡通商州軍在京西者爲南鹽在陝西者爲西鹽若禁鹽地則爲東鹽各有經界以防侵越天聖初計置司議茶鹽利害因言兩池舊募商人售南鹽者入錢京師榷貨務乾興元年歲入纔二十三萬緡視天禧三年數損十四萬請一切罷之專令入中並邊芻粟及爲之增約束申防禁以絕私販之弊久之後詔入錢京師從商人所便三京二十八州軍官自輦鹽百姓困於轉輸天聖八年上書者言縣官禁鹽得利微而爲害博兩池積鹽爲阜其上生木合抱

數莫可較宜聽通商平估以售可以寬民力詔翰林學士
盛度御史中丞王隨議更其制度因晝通商五利上之曰
方禁商時伐木造船輦運兵民不勝疲勞今去其弊一利
也陸運既差帖頭又役車戶貧人懼役連歲逋逃今悉罷
之二利也船運有沉溺之患綱吏侵盜雜以泥沙硝石其
味苦惡疾生重腿今皆得食眞鹽三利也錢幣國之貨泉
欲使通流富家多藏鏹不出民用益蹙今歲得商人出緡
錢六十餘萬助經費四利也歲減監官兵卒畦夫傭作之
給五利也十月詔罷三京二十八州軍榷法聽商人入錢
若金銀京師榷貨務受鹽兩池行之一年視天聖七年增

念一百三十四　十四

緡錢十五萬其後歲課減耗命翰林學士宋庠等以天聖
九年至寶元二年新法較之視乾興至天聖八年舊法歲
課損二百三十六萬緡康定元年詔京師南京及京東州
軍淮南宿亳州皆禁如舊未幾復弛京師榷法并詔三司
議通淮南鹽給京東等八州於是兗鄆宿亳皆食淮南鹽
矣自元昊反聚兵西鄙並邊入中芻粟者寡縣官急於兵
食調發不足因聽入中芻粟予券趨京師榷貨務受錢若
金銀入中它貨予券償以池鹽繇是羽毛筋角膠漆鐵炭
瓦木之類一切以鹽易之猾商貪吏表裏爲姦至入椽木
二估錢千給鹽一大席爲鹽二百二十斤虛費池鹽不可

勝計鹽直益賤販者不行公私無利慶曆二年復京師榷
法凡商人虛估受券及已受鹽未鬻者皆計直輸虧官錢
內地州軍民間鹽悉收市入官官爲置場增價出之復禁
永興同華耀河中陝虢解晉絳慶成十一州軍商鹽官自
輦運以衙前主之又禁商鹽私入蜀置折博務於永興鳳
翔聽人入錢若蜀貨易鹽趨蜀中以售久之東南鹽地悉
復禁榷兵民輦運不勝其苦州郡騷然所得鹽利不足以
佐縣官之急並邊務誘人入中芻粟皆爲虛估騰踊至數
倍大耗京師錢幣帑藏益虛太常博士范祥關中人也熟
其利害嘗謂兩池之利甚博而不能少助邊計者公私侵

念一百三十四　十五

漁之害也儻一變法歲可省度支緡錢數十百萬乃晝策
以獻是時韓琦爲樞密副使與知制誥田況皆請用祥策
四年詔祥馳傳與陝西都轉運使程戡議之而戡議與祥
不合祥尋亦遭喪去八年祥復申其說乃以爲陝西提點
刑獄兼制置解鹽事使推行之其法舊禁鹽地一切通商
聽鹽入蜀罷九州軍入中芻粟令入實錢償以鹽視入錢
州軍遠近及所指東西南鹽第優其直東南鹽又聽入錢
永興鳳翔河中歲課入錢總爲鹽三十七萬五千大席授
以要券即池驗券按數而出盡弛兵民輦運之役又以延
慶環渭原保安鎮戎德順地近烏白池姦人私以青白鹽

入塞侵利亂法乃募人入中池鹽予券優其估還以池鹽償之以所入鹽官自出鬻禁人私售峻青白鹽之禁並邊舊令入中鐵炭瓦木之類皆重爲法以絶之其先以虛估受券及已受鹽未鬻者悉計直使輸虧官錢又令三京及河中河陽陝虢解晉絳濮慶成廣濟官仍鬻鹽須商賈流通乃止以所入緡錢市並邊九州軍芻粟悉留榷貨務錢幣以實中都行之數年黜商賈無所僥倖關内之民得安其業公私便之皇祐元年侍御史知雜何郯復言改法非是明年遣三司户部副使包拯馳視還言行之便第請商人入錢及延環等八州軍鬻鹽皆重損其直即入鹽八

州軍者增直以售三京及河中等處禁官鬻鹽而三司請京師商賈罕至則鹽貴請得公私並貿餘禁止皆聽之田況爲三司使請久任祥俾專其事擢祥權陝西轉運使賜金紫服祥初言歲入緡錢可得二百三十萬皇祐初年入緡錢二百二十一萬四年二百一十五萬以四年數視慶曆六年增六十八萬視七年增二十萬又舊歲出榷貨務緡錢慶曆二年六百四十七萬六年四百八十萬至是榷貨務錢不復出其後歲入雖嬴縮不常至五年猶及百七十八萬至和元年百六十九萬時祥已坐它罪貶命轉運使李參代之三年遂以元年入錢爲歲課定率量入計出可助邊費十分之八久之並邊復聽入芻粟以當實錢而虛估之弊滋長券直亦從而賤歲損官課無慮百萬嘉祐三年三司使張方平及包拯請復用祥於是復以祥總鹽事祥請重禁入芻粟者其券在嘉祐三年已前每券别請輸錢一千然後予鹽又言商人持券若鹽鬻京師皆虧失本錢請置官京師蓄錢二十萬緡以待商人至者券若鹽估錢則官爲售之券紙六千鹽席十千毋輒增損所以平其市估使不得爲輕重詔以都鹽院監官兼領自是稍復舊未幾祥卒以轉運副使薛向繼之治平二年歲入百六十七萬初祥以法既通商恐失州縣征筭乃計所歷所至

合輸筭錢併率以爲入中之數自後州縣猶筭如舊嘉祐六年向悉罷之并奏減八州軍鬻鹽價兩池畦户歲役解河中陝虢慶成之民官司旁緣侵剥民以爲苦乃詔三歲一代嘗積逋課鹽至三百三十七萬餘席遂蠲其半中間以積鹽多特罷種鹽一歲或二歲三歲以寬其力後又減畦户之半稍以傭夫代之五州之民始安青白鹽出烏白兩池西羌擅其利自李繼遷叛禁毋入塞未幾罷已而復禁乾興初嘗詔河東邊人犯青白鹽禁者如陝西法慶曆中元昊納款請歲入十萬石售縣官仁宗以其亂法不許自范祥議禁八州軍商鹽重青白鹽禁而官鹽估貴土人

及蕃部販青白鹽者益衆往往犯法抵死而莫肯止至和中詔蕃部犯青白鹽抵死者止投海島羣黨爲民害者上請嘉祐赦書稍遷配徒者於近地自是禁法稍寬熙寧初詔淮南轉運使張靖究陝西鹽馬得失靖指向欺隱狀王安石右向靖竟得罪擢向爲江淮等路發運使諫官范純仁言賞罰失當因數向五罪向任如初乃請即永興軍置賣鹽場又以邊費錢十萬緡儲永興軍爲鹽鈔本繼又增二十萬四年詔陝西行蜀交子法罷市鈔或論其不便復舊七年中書議陝西鹽鈔出多虛鈔而鹽益輕以鈔折兌糧草有虛擡邊糴之患請用交子法使其數與見錢相當可濟緩急詔以皮公弼熊本宋迪分領其事趙瞻制置又以内藏錢二百萬緡假三司遣市易吏行四路請買鹽引仍令秦鳳永興鹽鈔歲以百八十萬爲額八年中書奏陝西鹽鈔利害及立法八事大抵謂買鈔本錢有限而出鈔過多買不盡則鈔賤而糴貴故出鈔不可無限然商人欲變易見錢而官不爲買即爲兼并所抑則鈔價益賤而邊境有急鈔未免多出故當置場以市價平之今當定買兩路實賣鹽二百二十萬緡以當用鈔數立額永興路八十一萬五千秦鳳路一百三十八萬五千熙河路五十三萬七千永興軍遣官買鈔歲支轉運司錢十萬緡買西鹽鈔

又用市易務賒請法募人賒鈔變易即民間鈔多而滯則送解池毀之詔從其請然有司給鈔溢額猶視其故九年乃詔御史劾陝西官吏止三司額外出鈔十年三司言鹽法之弊由熙河鈔溢額故價賤而芻糧貴又東西南三路通商郡邑榷賣官鹽故商旅不行今鹽法當改官賣當罷請先收舊鈔印識之舊鹽行加納之法官盡買舊鈔其已出鹽約期聽商人自言準新價增之印鹽席給符驗東南舊法鹽鈔席纔三千五百西鹽鈔席減一千官盡買先令解州場院驗商人鈔書之乃許賣已請鹽立限告賞聽商人自陳東南鹽席加錢二千五百西鹽席加三千爲易舊符立期令賣罷兩處禁榷官賣提舉司賣鹽並用新價錢承買舊鈔商人願對行筭請者聽官爲印識如法應通商地各舉官一員其鹽席限十日自言乃令加納錢爲印識給新引聽以舊鈔當加納錢皆行之而別定官賣鹽地市易司已買鹽亦加納錢舊制河南北曹濮以西秦鳳以東皆食解鹽自仁宗時解鹽通商官不復榷熙寧中市易司始榷開封曹濮等州八年大理寺丞張景溫提舉出賣解鹽於是開封府界陽武酸棗封丘考城東明白馬中牟陳留長垣胙城韋城曹濮澶懷濟單解州河中府等州縣皆官自賣未幾復用商人議以唐鄧襄均房商蔡郢隨金晉

絳虢陳許汝潁隰州西京信陽軍通商鐵縣及澶曹濮懷衞濟單解同華陝河中府南京河陽令提舉解鹽司運鹽貨鬻仍詔三司講求利害鹽價既增民不肯買乃課民買官鹽隨貧富作業爲多少之差買賣私鹽聽人告重給賞以犯人家財給之買官鹽食不盡留經宿者同私鹽法於是民間騷怨鹽鈔舊法每席六緡至是二緡有餘商不入粟邊儲失備召陝西轉運使皮公弼入議公弼極言官賣不便沈括爲三司使不能奪王安石主景溫括希安石意言通商歲失官賣緡錢二十餘萬安石去位括在三司乃言官賣當罷於是河陽同華解州河中陝府陳留雍丘襄

邑中牟管城尉氏鄢陵扶溝太康咸平新鄭聽通商其入不及官賣者官復自賣澶濮濟單曹懷州南京陽武酸棗封丘考城東明白馬長垣胙城韋城九縣官賣如故詔商鹽入京悉賣之市易務每席毋得減千民鹽皆買之市易務私與商人爲市許告沒其鹽皮公弼鹽法酌前後兩池所支鹽數歲以二百三十萬緡爲額又令京師置七場買東南鹽鈔市易務計爲錢五十九萬三千餘緡三司闕錢請頗還其鈔令賣之於西買者其三給錢其七準沿邊價給新引庶得民間舊鈔而新引易於變易詔用其議公弼請復范祥舊法平市價詔假三司錢三十萬緡市鈔於京

師先是解鹽分東西西鹽賣有分域又並邊州軍市芻糧給鈔過多故鈔及鹽甚賤官價自分爲二於是增西鹽價比東鹽以平鈔法歲約增十二萬緡毋復分東西悉廢西鹽約東解池鹽鈔舊以二百二十萬緡爲額轉運使皮公弼請增十萬以助邊糴至是又爲二百四十二萬商人已請西鹽令加納錢使與新法價平元豐三年三司舉張景溫賣解鹽息羨進官賜帛明年擢陝西轉運使李稷言自新法未行鈔之貴賤視有司出之多寡新法已後鈔有定數起熙寧十年冬盡元豐三年通印給一百七十七萬餘席而鹽池所出纔一百一十七萬五千餘席餘鈔五十九

萬有餘流布官私其勢不得不賤遂下三司住給五年戶部猶以鈔多難售歲給陝西軍儲鈔二百萬裁其半然鈔多卒不能平價元祐元年戶部及制置解鹽司議延慶渭原環鎮戎保安德順等八州軍皆官自鬻以萬五千五百席爲額聽商旅入納於八州軍折博務筭給交引如范祥舊法鹽價錢應償者以轉運司年額鬻鹽鈔給之所鬻鹽錢以待轉運司糴買仍舉承務郎以上一員於在京置場以鹽鈔鬻見錢而輸之都鹽院庫過給解鹽額鈔盡歸之本司毋更給轉運司他司皆毋得販易雖有專旨聽執奏其已買鈔自本司拘之若民間鈔少或給本路緡錢即上戶

部議鬻南其鈔詔皆從之既而又以商人入納解鹽減年額
買鹽費錢二萬七千餘緡增在京買鈔之本入中解鹽並
効熙河鈔而價隨事增損以折澶懷滑州陽武鹽價定為
錢八千二百時陝西民多以朴硝私煉成顆謂之倒硝頗
與解鹽相亂紹聖三年制置使孫路以聞詔犯者減私鹽
法一等坐之初神宗時官賣解鹽京西則通商有沈希顏
者為轉運使更為榷法請假常平錢二十萬緡自買解鹽
賣之本路民已買解鹽盡買入官掊克牟利商旅苦之哲
宗即位殿中侍御史黃降劾希顏罷元祐元年京西始復
舊制通商然猶官賣元符元年乃罷之永興軍渭州河北

高陽櫟陽涇等縣如同華等六州軍官仍自賣鹽而禁官
司於折博務買解鹽販易規利俄以水壞解池聽河中府
解州小池鹽同華等州私土鹽階州石鹽通遠軍岷州官
井鹽鬻南於本路而京東河北鹽亦通行焉三年詔陝西轉
運副使兼制置解鹽使馬城提舉措置催促陝西河東木
栰薛嗣昌提舉開修解州鹽池崇寧元年解州賈充南北
圓池修治畦眼拍磨布種通得鹽百七十八萬二千七百
餘斤初解梁東有大鹽澤綿亘百餘里歲得億萬計自元
符初霖潦池壞至是乃議修復四年池成凡開二千四百
餘畦百官皆賀內侍王仲千者董其役以課額敷溢為功

然議者謂解池灌水盈尺暴以烈日鼓以南風須臾成鹽
其利固博苟欲溢額不俟風日之便厚灌以水積水而成
味苦不適口崇寧初言事者以鈔法屢變民聽疑惑公家
失輕重之權商旅困往來之費乞復范祥舊法謹守而力
行之無庸輕改雖可其請未幾蔡京建言河北京東末鹽
客運至京及京西袋輸官錢六千而鹽本不及一千施行
未久收息及二百萬緡如通至陝西其利必倍議遣韓敦
立等分路提舉及鹽池已復京仍欲舊解鹽地客算東北
末鹽令榷貨務入納見緡無窮以收已功乃令解鹽新鈔
止行陝西五年詔鈔法用之民信已久飛錢裕國其利甚

大比考前後法度頗究利害其別為號驗給解鹽換請新
鈔先以五百萬緡赴陝西河東止給糴買聽商旅赴榷貨
務換請東南鹽鈔貼輸見緡四分者在舊三分之上五分
者在四分之上且帶行舊鈔輸四分者帶五分輸五分者
帶六分若不願貼輸錢者依舊鈔價減二分先是患豪商
擅利源輕重之柄率減鈔直使並邊糴價增高乃裁限之
崇寧四年以鈔價雖裁其入中州郡復增糴價客持鈔算
請坐牟大利乃詔陝西舊鈔易東南末鹽每百緡用見錢
三分舊鈔七分後又詔減落鈔價踰五千者論以法及大
觀四年張商英為相議復通行解鹽如舊法而東北鹽毋

得與解鹽地相亂繼而有司議解池已復依舊法印鈔請商旅已買東北鹽隨處官司期三日盡籍輸官償其價隱匿者如私鹽法解鹽未到官鬻所得東北鹽解鹽到即止已請鈔已支者悉毀已支未請者聽別議在京仍通行其經由州縣鄭州中牟開封府祥符陽武縣境內亦許通放而王仲千所請通入京西北路陳潁蔡州信陽軍權止之商旅已筭請東北鹽元指定東京未至者止令所至州軍批引其已入京未貨者都鹽院全袋拘買鬻之許坐賈請買碎賣政和元年詔陝西鈔依鈔面實價輒增減者以違制論未幾復以陝西通行鹽鈔舊雖約以銅錢六千為鈔面然鈔貴則入粟增多鈔平則入穀減少若限以六千陝西唯行鐵錢是鹽鈔一席得六千鐵錢斛斗矣深損公家其隨時增減聽之二年蔡京復用事法仍變改鈔不可用者悉同敗楮六年兩池漫生鹽募人倍力採取且議加賞繼生紅鹽百官皆賀制置解鹽使李百禄等第賞有差七年議復行解鹽時童貫宣撫關河實主之詔解鹽地見行東北鹽復盡收入官官給其直在京於平貨在外於市易務椿管如解鹽法鬻之不自陳如私鹽法重和元年詔復行解鹽舊法踰年權貨歲虧數百萬貫又鈔價減落糴買不行三省趣講畫以聞貫遂請罷領解鹽俄而三省條奏

舊東北鹽地客販解鹽立限盡鬻限竟鬻未盡者運往解鹽地踰者論如私鹽法京畿京西復置官提舉初崇寧中以鹽各利一方故解鹽止行本路東南鬻海利博行於數路既復行解鹽商旅苦於折閱即改如舊慮商旅疑惑遂詔輸諸路鈔法更不改易扇搖者論如法仍倍之靖康元年解鹽鈔入納筭請並參照熙寧元豐以前舊法又增改解鹽及東北鹽地即商旅不願鹽則用鈔面請錢如舊法繼定每席鈔為八貫省盡收入鈔面其入納糧草者許直赴池請鹽省復入京批鈔之擾鬻海為鹽曰京東河北兩浙淮南福建廣南凡六路其鬻鹽之地曰亭場民曰亭户或謂之竈户户有鹽丁歲課入官受錢或折租賦皆無常數兩浙又役軍士定課鬻焉諸路鹽場廢置皆視其利之厚薄價之贏縮亦未嘗有一定之制末鹽之直斤至自四十七至八錢有二十一等至道三年鬻錢總一百六十三萬三千餘貫其在京東曰密州濤洛場一歲鬻三萬二千餘石以給本州及沂濰州唯登萊州則通商後增登州四場舊南京及曹濮濟兗單鄆廣濟七州軍食池鹽餘皆食二州鹽官自鬻之慶曆元年冬以淄濰青齊沂密徐淮陽八州軍仍歲凶菑乃詔弛禁聽人貿易官收其筭而罷密登歲課第令户輸租錢其後兗鄆皆以壤地相接罷食池

鹽得通海鹽收筭如淄濰等州自是諸州官不貯鹽而百
姓蠶鹽歲皆罷給然使輸錢如故至和中始詔百姓輸錢
以十分為率聽減三分元豐三年京東轉運副使李察言
南京濟濮曹單行解鹽餘十有二州行海鹽請用令稅法
置買賣鹽場其法盡竈户所鬻鹽而官自賣重禁私為市
者歲收錢二十七萬三千餘緡而息幾半之吳居厚為轉
運判官承察後治鹽法利入益多六年較本路及河北買
賣鹽場自改法抵今一年有半得息錢三十六萬緡察居
厚皆進官加賜居厚三品服詔運賣鹽錢儲之北京令河
北都轉運使蹇周輔判官李南公受法于居厚行之河北

其在河北曰濱州場一歲鬻二萬一千餘石以給本州及
棣祁州雜支井京東之青淄齊州若大名真定府貝冀相
衛邢洺深趙滄磁德博濱棣祁定保瀛莫雄霸州德河通
利永靜乾寧定遠保定廣信永定安肅軍則通商後濱州
分四務又增滄州三務歲課九千一百四十五石以給一
路而京東之淄青齊既通商乃不復給自開寶以來河北
鹽聽人貿易官收其筭歲額為錢十五萬緡上封者嘗請
禁榷以收遺利余靖時為諫官亟言前歲軍興河北縣義
勇強壯及諸科率數年之間未得休息臣嘗痛燕薊之地
陷入契丹幾百年而民忘南顧心者大率契丹之法簡易

鹽麴俱賤科役不煩故也昔太祖推恩河朔故許通商今
若榷之價必騰踊民苟懷怨悔將何及河朔土多鹽鹵小
民稅地不生五穀惟刮鹻煎鹽以納二稅禁之必至逃亡
鹽價若高犯法亦衆邊民怨望非國之福乞且仍舊通商
其議遂寢慶曆六年三司使王拱辰復建議悉榷二州鹽
入官以專其利都轉運使魚周詢以為不可且言商人販
鹽與所過州縣吏交通為弊所筭十無二三請敕州縣以
十分筭之聽商人至所鬻州軍併輸筭錢歲可得緡錢之
十餘萬三司奏用其策仁宗曰使人頓食貴鹽豈朕意哉
於是三司更立榷法而未下張方平見上問曰河北再榷

鹽何也上曰始議立法非再榷方平曰周世宗榷河北鹽
犯輒處死世宗北伐父老遮道泣訴願以鹽課均之兩稅
而弛其禁許之今兩稅鹽錢是也豈非再榷乎且今未榷
而契丹盜販不已若榷則鹽貴契丹之鹽益售是為我斂
怨而使契丹獲福也契丹鹽入益多非用兵莫能禁邊隙
一開所得鹽利能補用兵之費乎上大悟曰其語宰相立
罷之方平曰法雖未下民已戶知之當直以手詔罷不可
自下出也上喜命方平密擇手詔下之河朔父老相率拜
迎於澶州為佛老會七日以報上恩且刻詔北京後父老
過其下必稽首流涕久之緡錢所入益耗皇祐中視舊額

幾亡其半陝州録事參軍王伯瑜監滄州鹽山務獻議商人受鹽滄濵二州以囊貯之囊毋過三石三斗斗爲鹽六斤除三斗爲耗勿筭餘筭其半予券爲驗州縣驗券縱之聽至所當州軍併輸筭錢即所貯過數予及受者皆罰商人私挾它鹽并没其貲時知滄州田京與伯瑜合議上聞詔試行之踰年歲課增三萬餘緡遂以爲定制熙寧八年三司使章惇又請榷河北鹽召提舉河北京東鹽稅周革入議將施行焉文彥博論其不便乃詔仍舊

志卷第一百三十四

志卷第一百三十五　宋史一百八十二

開府儀同三司上柱國録軍國重事前中書右丞相監修國史領經筵事都總裁臣脫脫等奉

敕修

食貨下四 鹽中

元豐七年知滄州趙瞻請自大名府澶恩信安雄霸瀛莫冀等州盡榷賣以增其利纔半歲獲息錢十有六萬七千緡哲宗即位監察御史王巖叟言河北二年以來新行鹽法所在價增一倍既奪商賈之利又增居民之價以爲息聞貧家至以鹽比藥伏惟河朔天下根本祖宗推此爲惠願陛下不以損民爲利而以益民爲利復鹽法如故以爲河北數百萬生靈無窮之賜會河北轉運使范子奇奏鹽稅欲收以十分遣范鍔商度巖叟復言臣在河北亦知商賈有自請於官乞罷榷買願輸倍稅主計者但知於商賈倍得稅緡以爲利不知商賈將於民間復增賣價以爲害也慶曆六年既不行三司榷買之法又不從轉運司增稅之請仁宗直謂朕慮河北軍民驟食貴鹽可令依舊是時計歲增幾六十萬緡仁宗豈不知爲公家之利意謂藏之官不若藏之民今陛下即位之始宜法仁宗之意不宜以小利失人心也明年遂罷河北榷法仍舊通商六年提舉河北鹽稅司請令商賈販鹽於場務輸稅以及等戶保任

給小引量道里爲限即非官監鎭店聽以便鬻之鹽稅舊
額五分者增爲七分則鹽稅蓋已行焉紹聖中河北官復
賣鹽繼紹如京東法元符三年崇儀使林豫言河北榷鹽
未必數前日稅額且契丹鹽益售慮啓邊隙明年給事中
上官均亦以爲言皆不果行宣和元年京畿四輔及滑州
河陽所產鹻地悉墾爲田革盜刮煎鹽之弊知河陽王序
以勸誘推賞三年大改鹽法舊稅鹽並易爲鈔鹽凡未賣
稅鹽鈔引及已請筭或到倉已投暨未投者並赴榷貨務
改給新法鈔引許通販已請舊法稅鹽貨賣者自陳更買
新鈔帶賣已請鈔引毋得帶支初茶鹽用換鈔對帶之法

民旅皆病然河北猶未及也至是倂河北京東行之其在
兩浙曰杭州場歲鬻七萬七千餘石明州昌國東西兩監
二十萬一千餘石秀州場二十萬八千餘石溫州天富南
北監密鸚永嘉二場七萬四千餘石台州黃巖監一萬五
千餘石以給本州及越處衢婺州天聖中杭秀溫台明各
監一溫州又領場三而一路歲課視舊減六萬八千石以
給本路及江東之歙州慶曆初制置司言比年河流淺涸
漕運艱阻靡費益甚請量增江淮兩浙荆湖六路糶鹽錢
下三司議三司奏荆湖已嘗增錢餘四路三十八州軍請
斤增二錢或四錢詔俟河流通運復故既而江州置轉般

倉益置漕船及傭客舟以運制置司因請六路五十一州
軍斤增五錢民苦官鹽估高無以爲食諸路皆言其不便
久之韓絳安撫江南還亦極言之其後兩浙轉運使沈立
李肅之奏本路鹽課緡錢歲七十九萬嘉祐三年纔及五
十三萬而一歲之內私販坐罪者三千九十九人弊在於
官鹽估高故私販不止而官課益虧請裁官估罷鹽綱令
鋪戶衙前自趨山場取鹽如此則鹽善而估平人不肯冒
禁私售官課必溢發運司難之立肅之固請試用其法二
三年可見利害詔可立嘗論東鹽利害條亭戶倉場漕運
之弊謂愛恤亭戶使不至困窮休息漕卒使有以爲生防

制倉場使不爲掊克率歛絕私販減官估果能行此五者
歲可增緡錢一二百萬集鹽策二十卷以進其言亭戶困
乏尤甚然自皇祐以來屢下詔書輒及之命給亭戶官本
皆以實錢其售額外鹽者給粟帛必良亭戶逋歲課久不
能輸者悉蠲之所以存恤之意甚厚而有司罕有承順焉
熙寧以來杭秀溫台明五州共領監六場十有四然鹽價
苦高私販者衆轉爲盜賊課額大失二年有萬奇者獻言
欲撲兩浙鹽而與民乃遣奇從發運使薛向詢度利害神
宗以問王安石對曰趙抃言衢州撲鹽所收課敵兩浙路
抃但見衢湖可撲不知衢鹽侵饒信湖鹽侵廣德昇州故

課可增如蘇常則難比衢湖今宜制置煎鹽亭户及差鹽
地人户督捕私販般運以時嚴察拌和則鹽法自舉毋事
改制五年以盧秉權發遣兩浙提點刑獄仍專提舉鹽事
秉前與著作佐郎曾默行淮南兩浙詢究利害與時竈户
鬻鹽與官爲市鹽場不時償其直竈户益困秉先請儲發
運司錢及雜錢百萬緡以待償而諸場皆定分數錢唐縣
楊村場上接睦歙等州與越州錢清場等水勢稍淺以六
分爲額楊村下接仁和之湯村爲七分鹽官場爲八分並
海而東爲越州餘姚縣石堰場明州慈溪縣鳴鶴場皆九
分至岱山昌國又東南爲溫州雙穗南天富北天富場爲

十分蓋其分數約得鹽多寡而爲之節自岱山以及二天
富煉以海水所得爲最多由鳴鶴西南及湯村則刮鹻淋
鹵十得六七鹽官湯村用鐵盤故鹽色青白楊村及錢清
場織竹爲盤塗以石灰故色少黃石堰以東近海水鹹故
雖用竹盤而鹽色尤白秉因定伏火盤數以絶私鬻自三
竈至十竈爲一甲而鬻鹽地什伍其民以相幾察及募酒
坊户願占課額取鹽於官賣之月以錢輸官毋得越所酤
地而又嚴捕盜販者罪不至配雖杖者皆同妻子遷五百
里仍益開封府界京東兵各五百人防捕時惟杭越湖三
州格新法不行發運司劾奏虧課皆獄治王安石爲神宗

言捕鹽法急可以止刑久之乃詔兩浙提舉鹽事司諸州
虧課者未得遽劾以增虧及違法輕重分三等以聞七年
以盧秉鹽課雖增刑獄寔繁慮無辜即罪者衆徙其職淮
南以江東漕臣張靚代之且體量其事靚言秉在事越州
監催鹽償至有毋殺子者詔劾其罪然竟免仍以增課擢
太常博士升一資歲餘三司言兩浙漕司寛弛鹽息大虧
命著作佐郎翁仲通更議措置元祐初言者論秉推行浙
西鹽法務誅利以增課所配流者至一萬二千餘人秉坐
降職兩浙鹽亭户計丁輸鹽逋負滋廣二年詔蠲之後更
積負無以償元符初察訪使以狀聞有司乃以朝旨不行

右正言鄒浩嘗極疏其害明州鳴鶴場鹽課弗登撥隷越
州宣和元州樓异爲明州請仍舊且於接近台州給舊鹽
五七萬囊詔曰明州鹽場三昨以施置不善以鳴鶴一場
隷越客始輻湊猶有二場積鹽以百萬計未見功緒此而
不圖東欲取於越西欲取於台改令害法動揺衆情令狀
析以聞其在淮南曰楚州鹽城監歲鬻四十一萬七千餘
石通州豐利監四十八萬九千餘石泰州海陵監如皐倉
小海場六十五萬六千餘石各給本州及淮南之廬和舒
蘄黃州無爲軍江南之江寧府宣洪袁吉筠江池太平饒
信歙撫州廣德臨江軍兩浙之常潤湖睦州荆湖之江陵

府安復潭鼎鄂岳衡永州漢陽軍海州板浦惠澤洛要三場歲鬻四十七萬七千餘石漣水軍海口場十一萬五千餘石各給本州軍及京東之徐州淮南之光泗濠壽州兩浙之杭蘇湖常潤州江陰軍天聖中通楚州場各七泰州場八海州場二漣水軍場一歲鬻視舊減六十九萬七千五百四十餘石以給本路及江南東西荊湖南北四路舊并給兩浙路天聖七年始罷凡鹽之入置倉以受之通楚州各一泰州三以受三州鹽又置轉般倉二一於真州以受通泰楚五倉鹽一於漣水軍以受海州漣水鹽江南荊湖歲漕米至淮南受鹽以歸東南鹽利視天下為最厚鹽

之入官淮南福建兩浙之溫台明斤為錢四杭秀為錢六廣南為錢五其出視去鹽道里遠近而上下其估利有至十倍者咸平四年祕書丞直史館孫冕請令江南荊湖通商賣鹽緣邊折中糧草在京入納金銀錢帛則公私皆便為利寔多設慮淮南曰江南荊湖通商或至年額稍虧則國家折中糧草足贍邊兵中納金銀實之官庫且免和雇車乘差擾民戶冒寒涉遠借如荊湖運錢萬貫淮南運米千石以地里腳力送至窮邊則官費民勞何啻數倍詔吏部侍郎陳恕等議恕等謂江湖官賣鹽蓋近鬻海之地欲息犯禁之人今若通商住賣官鹽立之一年課額寃議遂

寢至天禧初始募人入緡錢粟帛京師及淮浙江南荊湖州軍易鹽乾興元年入錢貨京師總為緡錢一百十四萬會通泰鬻鹽歲損所在貯積無幾因罷入粟帛第令入錢久之積鹽復多明道二年參知政事王隨建言淮南鹽初甚善自通泰楚運至真州自真州運至江浙荊湖綱吏舟卒侵盜販鬻從而雜以沙土涉道愈遠雜惡殆不可食吏卒坐鞭笞徒配相繼而莫能止比歲運河淺涸漕輓不行遠州村民頓乏鹽食而淮南所積一千五百萬石至無屋以貯則露積苫覆歲以損耗又亭戶輸鹽應得本錢或無以給故亭戶貧困往往起為盜賊其害如此願權聽通商

三五年使商人入錢京師又置折博務於揚州使輸錢及粟帛計直予鹽鹽一石約售錢二千則一千五百萬石可得緡錢三十萬以資國用一利也江湖遠近皆食白鹽二利也歲罷漕運糜費風水覆溺舟人不陷刑辟三利也昔時漕鹽舟可移以漕米四利也商人入錢可取以償亭戶五利也時范仲淹安撫江淮亦以疏通鹽利為言即詔知制誥丁度等與三司使江淮制置使同議皆謂聽通商恐私販肆行侵蠹縣官請敕制置司益漕船運至諸路使皆有二三年之蓄復天禧元年制聽商人入錢粟京師及淮浙江南荊湖州軍易鹽在通楚泰海真揚漣水高郵貿易

者毋得出城餘州聽詣縣鎮毋至鄉村其入錢京師者增鹽予之并敕轉運司經畫本錢以償亭户詔皆施行景祐二年諸路博易無利遂罷而入錢京師如故康定元年詔商人入芻粟陝西並邊願受東南鹽者加數與之會河北穀賤三司因請内地諸州行三說法亦以鹽代京師所給緡錢糴二十萬石止慶曆二年又詔入中陝東河東者持券至京師償以錢及金帛各半之不願受金帛者予茶鹽香藥惟其所欲而東南鹽利厚商旅皆願得鹽八年河北行四說法鹽居其一而並邊芻粟皆有虚估騰踴至數倍券至京師反爲蓄賈所抑鹽百八斤舊售錢十萬至是六

萬商人以賤估售券取鹽不復入錢京師帑藏益乏皇祐二年復入錢京師法視舊錢數稍增予鹽而並邊入中先得券受鹽者河東陝西入芻粟直錢十萬止給鹽直七萬河北又損爲六萬五千且令入錢十萬於京師廼聽兼給謂之對貼自是入錢京師稍復故初天聖九年三司請榷貨務入錢售東南鹽以百八十萬三千緡爲額後增至四百萬緡嘉祐中諸路漕運不足榷貨務課益不登於是即發運司置官專領運鹽公事治平中京師入緡錢二百二十七萬而淮南兩浙福建江南荆湖廣南六路歲售緡錢皇祐中二百七十三萬治平中三百二十九萬江湖運鹽

既雜惡官估復高故百姓利食私鹽而並海民以魚鹽爲業用工省而得利厚繇是不逞無賴盜販者衆捕之急則起爲盜賊江淮間雖衣冠士人狃於厚利或以販鹽爲事江西則虔州地連廣南而福建之汀州亦與虔接虔鹽弗善汀故不產鹽二州民多盜販廣南鹽以射利每歲秋冬田事纔畢恒數十百爲群持甲兵旗鼓往來虔汀漳潮循梅惠廣八州之地所至劫人穀帛掠人婦女與巡捕吏卒鬬格至殺傷吏卒則起爲盜依阻險要捕不能得或赦其罪招之歲月浸淫滋多而州官糶鹽歲纔及百萬斤慶曆中廣東轉運使李敷王繇請運廣州鹽於南雄州以給虔

吉未報即運四百餘萬斤於南雄而江西轉運司不以爲便不往取後三司户部判官周湛等八人復請運廣鹽入虔州江西亦請自具本錢取之詔尚書屯田員外郎施元長等會議皆請如湛等議而發運使許元以爲不可遂止嘉祐以來或請商販廣南鹽入虔汀所過州縣收筭或請放虔汀漳循梅潮惠七州鹽通商或謂第歲運淮南鹽七百萬斤至虔二百萬斤至汀民間足鹽寇盜自息或請官自置鋪役兵卒運廣南福建鹽至虔汀州論者不一先嘗遣職方員外郎黄炳乘傳會所屬監司及知州通判議謂虔州食淮南鹽已久不可改第損近歲所增官估斤爲錢

四十以十縣五等户夏秋税率百錢令糴鹽二斤隨夏税入錢償官繼命提點鑄錢沈扶覆視可否扶等請選江西漕船團爲十綱以三班使臣部之直取通泰楚都倉鹽詔用炳等策然歲纔增糴六十餘萬斤江西提點刑獄蔡挺制置鹽事乃令民首納私藏兵械給巡捕吏卒而販黄魚籠挾鹽不及二十斤徒不及五人不以甲兵自隨者止輸算勿捕淮南既團新綱漕鹽挺增爲十二綱綱二十五艘鏁栿至州迺發輸官有餘以畀漕舟吏卒官復以半賈取之繇是減侵盗之弊鹽遂差善又損糴價歲課視舊增至三百餘萬斤乃罷炳等議所率糴鹽錢異時汀州人欲販

鹽輒先伐鼓山谷中召願從者與期日率常得數十百人已上與俱行至是州縣督責耆保有伐鼓者輒捕送盗販者稍稍畏縮朝廷以挺爲能留之江西積數年乃從久之江西鹽皆團綱運致如虔州焉初荆湖亦病鹽惡且歲漕常不足治平二年纔及二十五萬餘石三年撥淮西二十四綱及傭客舟載鹽以往是歲運及四十萬石四年至五十三萬餘石慶曆初判户部勾院王琪言天禧初嘗以荆湖鹽估高詔斤減三錢或二錢自後利入寖損請復舊估可歲增緡錢四萬許之治平中淮南轉運使李復圭張芻蘇頌三司度支判官韓縝相繼請減淮南鹽價然卒不果。

行熙寧初江西鹽課不登三年提點刑獄張頡言虔州官鹽鹵濕雜惡輕不及斤而價至四十七錢嶺南盗販入虔以斤半當一斤純白不雜賣錢二十以故虔人盡食嶺南鹽乃議稍減虔鹽價更擇壯舟團爲十綱以使臣部押後蔡挺以贛江道險議令鹽船三歲一易仍以鹽純雜增虧爲綱官舟人殿最鹽課遂敷盗販衰止自挺去法十廢五六請復之便詔從之仍定歲運淮鹽十二綱至虔州及章惇察訪湖南符本路提點刑獄朱初平措置般運廣鹽添額出賣然未及行元豐三年惇既參政有郟亶者邪險鋭進素爲惇所喜迎合惇意推倣湖南之法乞運廣鹽於江

西即遣蹇周輔往江西相度周輔承望惇意奏言虔州運路險遠淮鹽至者不能多人苦淡食廣東鹽不得輒通盗販公行淮鹽官以九錢致一斤若運廣鹽盡會其費減淮鹽一錢而其鹽更善運路無阻請罷運淮鹽通般廣鹽一千萬斤於江西虔州南安軍復均淮鹽六百一十六萬斤於洪吉筠袁撫臨江建昌興國軍以補舊額詔周輔立法以聞周輔具鹽法并總目條上大率峻剥於民民被其害舊江西鹽場許民買撲周輔悉籍於官賣之遂以周輔遷領提舉江西廣東鹽事即司農寺置局四年周輔改漕河北明年提舉常平劉誼言道途洶洶以賣鹽爲患詔江東

提點刑獄范峋體量未報誼坐言役法等事罷及峋奏至但以州縣違法塞詔竟無吏張未幾周輔奏虔州南安軍推行鹽法方半年已收息十四萬緡自以為功詔命發運副使李琮體訪利害琮知周輔方被獎用止謂鹽法宜變通而已不敢斥言其害六年周輔為戶部侍郎復奏湖南郴道州鄰接韶連可以通運廣鹽數百萬却均舊賣淮鹽於潭衡永全邵等州並準江西廣東見法仍舉郟亶初議郴全道三州亦賣廣鹽詔委提舉常平張士澄轉運判官陳偲措置明年士澄等具條約來上詔施行之類利增加一方騷然于時淮西亦推行周輔鹽法發運使蔣之奇奏

立知州通判鹽事官賞罰下戶部著為令紹聖三年發運司言淮南亭戶貧瘠官賦本錢六十四萬緡皆倚辦諸路以故不時至民無所得錢必舉倍稱之息欲以糴本錢十萬緡給之不足畀以憑由即欲貿於官與平之七而蠲其息鹽本集復給其三分憑由毀棄崇寧元年蔡京議更鹽法乃言東南鹽本或闕滯於客販請增給度牒及給封樁坊場錢通三十萬緡并列七條一許客用私船運致仍嚴立輒踰糴至夾帶私鹽之禁二鹽場官吏緊量不平或支鹽失倫次者論以徒三鹽商所繇官司場務堰牐津渡等輒加苛留者如上法四禁命吏廕家貢士胥史為買區請

鹽五議貸亭戶六鹽價太低者議增之七令措置官博盡利害以聞明年詔鹽舟力勝錢勿輸用絕阻遏且許舟行越次取疾官綱等舟輒攔阻者坐之遂變鈔法置買鈔所於榷貨務凡以鈔至者並以末鹽乳香茶鈔并東北一分及官告度牒雜物等換給末鹽鈔換易五分餘以雜物而舊鈔止許易末鹽官告仍以十分率之止聽筭三分其七分兼新鈔定民間買鈔之價以抑豪強以平邊糴在河北買者率百緡毋得下五千東南末鹽鈔毋得下十千陝西鹽鈔毋得下五千五百私減者坐徒徙之罪官吏留難文鈔展限等條皆備四年又以筭請鹽價輕重不等載定六

路鹽價舊價二十錢以上皆遞增以十錢四十五者如舊筭請東南末鹽願折以金銀物帛者聽其便而亭戶貸錢舊輸息二分者蠲之五年詔筭請不貼納見錢以十分率之毋通二分大觀元年乃令筭請東南末鹽貼輸及帶舊鈔如見條外更許帶日前貼輸三分錢鈔輸四分者帶二分五分者帶三分後又貼輸四分者帶三分五分者帶四分而東南鹽並收見緡換請新鈔者如四分五分法貼輸其換請新鈔及見錢筭東南末鹽如不帶六等舊鈔者聽先給如止帶五等舊鈔其給鹽之叙在崇寧四年十月前所帶不貼輸舊鈔之上六等者謂貼三貼四貼五當十鈔

并河北公據免貼納錢是也時鈔法紛易公私交弊四年侍御史毛注言崇寧以來鹽法頓易元豐舊制不許諸路以官船廻載爲轉運司之利許人任便用鈔請鹽般載於所指州縣販易而出賣州縣用爲課額提舉鹽事司苛責郡縣以賣鹽多寡爲官吏殿最一有循職養民不忍侵克則指爲沮法必重奏劾譴黜州縣孰不望風畏威競爲刻虐由是東南諸州每縣三等以上戶俱以物產高下勒認鹽數之多寡上戶歲限有至千緡第三等末戶不下三五十貫籍爲定數使依數販易以足歲額稍或愆期鞭撻隨之一縣歲額有三五萬緡今用爲常額實爲害之大者又

言朝廷自昔謹三路之備糧儲豐溢其術非他惟鈔法流通上下交信東南末鹽錢爲河北之備東北鹽爲河東之備解池鹽爲陝西之備其錢並積於京師隨所積多寡給鈔於三路如河北糧草鈔至京並支見錢號飛錢法河東三路至京半支見錢半支銀紬絹陝西解鹽鈔則支請解鹽或有泛給鈔亦以京師錢支給惟錢積於京師鈔行於三路至則給錢不復滯留當時商旅皆悅爭運糧草入於邊郡商賈既通物價亦平官司上下無有二價斗米止百餘錢束草不過三十邊境倉廩所在盈滿自崇寧來鈔法屢更人不敢信京師無見錢之積而給鈔數倍於昔年鈔

至京師無錢可給遂至鈔直十不得一邊郡無人入中糴買不敷乃以銀絹見錢品搭支鈔爲糴買之直民間中糴不復會筭鈔直惟計銀絹見錢須至高擡糧草之價以就虛數致使官價幾倍於民間斗米有至四百束草不下百三十餘錢軍儲不得不闕財用不得不匱如解鹽鈔每紙六千今可直三千商旅凡入東南末鹽鈔乃以見錢四分鹽引六分搉貨務惟得七十千之入而東南支鹽官直百千則鹽本已暗有所損矣臣謂鈔法不循復熙豐則物價無由可平邊儲無由可積方今大計無急於此薛向昔講究於嘉祐中行之未幾穀價遂損邊備有餘逮及熙豐其

法始備比年搉貨務不顧鈔法屢變有誤邊計惟冀貼納見錢專買東南鹽鈔圖增錢數以僥冒榮賞前鈔方行而後鈔又復變易特令先次支鹽則前鈔遂爲廢紙困人擾利商旅怨嗟臣願明詔執政大臣精擇能吏推明鈔法無以見行爲有妨無以既往爲不可復如薛向之法已效於昔者可舉而行之今之練政事通鈔法不患無人在京三庫之積皆四方郡縣所入不患無備如以三四百萬緡椿留京師隨數以給鈔引使鈔至給錢不復邀阻上下交信則人以鈔引爲輕賷轉相貿易或支請多惟轉廊就給東南末鹽鈔或度牒之類如東南末鹽鈔或度牒敕牒唯許

以鈔引就給外餘並令在京以見錢入易椿留以爲鈔引之資亦計之得者若舊出文鈔亦當體究立法量爲分數支鹽償之自昔立法之難非特造始修復既廢亦爲非易欲興經久之利則目前微害宜亦可略惟詳酌可否施行之未幾張商英爲相乃議變通損益復熙豐之舊令內府錢別椿一千五百萬緡餘悉移用以革錢鈔物三等偏重之弊陝西給鈔五百萬緡江淮發運司給見錢文據或截兌上供錢三百萬緡以左司員外郎張察措置東南鹽事提舉江西常平張根管幹運淮鹽於江西罷提舉鹽香諸路鹽事各歸提刑司議定五等舊鈔商旅已換請新鈔及

見錢鈔不對帶聽先給東南末鹽諸路貨易仍下淮浙鹽場以鹽十分率之椿留五分以待支發官綱備三路商旅轉廊算請餘五分以待算請新鈔及見錢鈔與不帶舊鈔當先給者於是推行舊法以商旅五色舊鈔若用換請新鈔對帶方許支鹽慮伺候歲月欲給無由乃立增納之法貼三鈔許於榷貨務更貼見緡七分貼四鈔更貼六分貼五當十鈔貼七分河北見錢文據貼五分算請有司議三路鈔法如熙豐舊法全仰東南末鹽爲本若許將舊鈔貼納算請正與推行三路熙豐鈔法相戾即不令貼納算還又鈔無所歸議將河北見錢文據減增納二分餘各減二

分以告敕度牒香藥雜物東南鹽算請給償帝詔東南六路元豐年額賣鹽錢以緡計之諸路各不下數十萬自行鈔鹽漕計窘匱以江西言之和豫買欠民價不少何以副仁民愛物之意令東南諸路轉運司協力措置般運政和元年詔商旅願依熙豐法轉廊者許先次用三路新鈔算請往他所定價給賣優存兩浙亭戶額外中鹽斤增價三分已而張察均定鹽價視紹聖斤增二錢詔從其說仍斤增一錢議者謂異時鹽商於榷貨務入納轉廊惟視東南諸郡積鹽多寡鹽多則請鈔者衆所入亦倍其鬭鹽地客不肯住在元豐時遠地須豫備二年或三年次遠一年至

二年最近亦半年及一年謂之準備鹽而後鈔法乃通紹聖間遵用舊制廣有準備故均價之後課利增倍謂宜嚴責轉運司般運準備鹽外更及元豐準備之數則鈔法始通課利且羨亭戶前鹽官爲買納比舊既增矣止用元豐舊價自可況用新價而有本錢復加借貸何慮不增若斤更增一錢虛費亦大詔施行之六路通置提舉鹽事官置司於揚州未幾罷議者復謂客人在京榷貨務買東南末鹽者其法有二一曰見錢入納二曰鈔面轉廊今既許三路文鈔得以轉廊若更循舊制許以見錢入納則客旅之錢當入於榷貨而不入於兼幷見錢留於京師客旅走於

東南詔來用焉又有謂舊法聽以物貨及官鈔引抵當所
以扶持鈔價不大減損昨禁之非是其舊轉廊鹽鈔販致
東南轉運司乃專以見錢爲務致多壅閼於是復鈔引抵
當一如其舊末鹽以十分率之限以八分給末鈔二分許
鬻見緡後又增見緡爲三分二年江寧府廣德軍太平州
斤更增錢二宣歙饒信州斤增錢三池江州南康軍斤增
錢四各以去產鹽地遠近爲差是歲蔡京復用事大變鹽
法五月罷官般賣令商旅赴場請販已般鹽並封樁商旅
赴榷貨務筭請先至者增支鹽以示勸前轉廊已筭鈔未
支者率百緡別輸見緡三分仍用新鈔帶給舊鈔三分已

筭支者所在抄數別輸帶賣如上法其筭請悉用見緡而
給鹽倫次以全用見緡不帶舊鹽者爲上帶舊鹽者次之
帶舊鈔者又次之三路糴買文鈔筭給七分東南末鹽者
聽對見緡支筭二分東北鹽亦如之自餘文鈔毋得一例
對筭復置諸路提舉官於是詔書褒美京功然商旅終以
法令不信爲疑筭請者少乃申扇搖之令增賞錢五百緡
三年以商人承前先即諸州投勾乃請鹽於場留滯罷之
若請鹽大帶斤重者官爲秤驗乃輸錢給鈔時法旣屢變
蔡京更欲巧籠商賈之利乃議措置十六條裁定買官鹽
價囊以三百斤價以十千其鬻者聽增損隨時舊加饒脚

耗並罷客鹽舊止船貯改依東北鹽用囊官製鬻之書印
及私造貼補並如茶籠篰法仍禁再用受鹽支鹽官司析
而二之受於場者管秤盤囊封納於倉者管察視引據合
同號簿囊二十則以一拆驗合同遞牒給商人外東南末
鹽諸場仍給鈔引號簿有欲改指別場者並批銷號簿及
鈔引仍用合同遞牒報所指處給隨鹽引即已支鹽關所
指處籍記中路改指者倣此其引繳納限以一年有故展
毋得踰半年限竟鹽未全售者毀引以見鹽籍于官止聽
鬻其處毋得翻改大抵皆視茶法而多爲節目欺奪民利
故以免究盜販私煎大帶斤重爲名而專用對帶之法客

負鈔請鹽往往阨不即畀必對元數再買新鈔方聽帶給
舊鈔之半慮令之不行也嚴避免之禁申沮壞之制重扇
搖之法季輒比較務峻督責以取辦四年以遠地商販者
稀鹽倉以地遠近爲敘先給遠者繼令大搭帶正鹽期一
月不買新鈔沒官而剩鹽即沒納五年僞造引者並依川
錢引定罪六年以產鹽州軍大商弗肯止留其用小袋住
賣者聽輸錢二十給鈔毋得輒出州界宣和二年詔六路
封樁舊鹽數踰億萬其聽商旅般販與淮浙鹽倉即今鹽
鈔對筭四年榷貨務建議古有斗米斤鹽之說熙豐以前
米石不過六七百時鹽價斤爲錢六七十今米價石兩千

五百至三千而鹽仍舊六十崇寧曾定鹽價買鈔折筭酌以中價斤爲錢四十今一斤三十七錢虧公稍多欲囊增爲十三千入納而亭户所輸並增價庶克自贍盜販衰止於是舊鹽盡禁住賣而籍記貼輸帶賣之令復用焉初鹽鈔法之行積鹽于解池積錢于京師榷貨務積鈔于陝西沿邊諸郡商賈以物斛至邊入中請鈔以歸物斛至邊有數倍之息惟患無回貨故極利於得鈔徑請鹽於解池而解鹽通行地甚寬或請錢于京師每鈔六千二百登時給與但輸頭子等錢數十而已以此所由州縣貿易者甚衆崇寧間蔡京始變法俾商人先輸錢請鈔赴產鹽郡授鹽

欲囊括四方之錢盡入中都以進羨要寵鈔法遂廢商賈不通邊儲失備東南鹽禁加密犯法被罪者多民間食鹽雜以灰土解池天產美利乃與糞壤俱積矣大槩常使見行之法售給才通輙復變易名對帶法季年又變對帶爲循環循環者已賣鈔未授鹽復更鈔已更鈔鹽未給復貼輸錢凡三輸錢始獲一直之貨民無貲更鈔已輸錢悉乾沒數十萬券一夕廢棄朝爲豪商夕儕流丐有赴水投繯而死者時有魏伯芻者本省大胥蔡京委信之專主榷貨務政和六年鹽課通及四千萬緡官吏皆進秩七年又以課羨第賞伯芻年除歲遷積官通議大夫徽猷閣待制既

而黨附王黼京惡而黜之伯芻非有心計但與交引户關通凡商旅筭請率剋留十分之四以充入納之數務入納數多以昧人主而張虛最初政和再更鹽法伯芻方爲蔡京所倚信建言朝廷所以開闔利柄馳走商賈不煩號令億萬之錢輻湊而至御府須索百司支費歲用之外沛然有餘則榷鹽之入可謂厚矣頃年鹽法未有一定之制隨時變革以便公私防閑未定姦弊百出自政和立法之後頓絕弊源公私兼利異時一日所收不過二萬緡則已詫其太多今日之納乃常及四五萬貫以歲計之有一郡而客鈔錢及五十餘萬貫者處州是也有一州倉而客人請

鹽及四十萬袋者泰州是也新法於今纔二年而所收已及四千萬貫雖傳記所載貫朽錢流者實未足爲今日道也伏乞以通收四千萬貫之數宣付史館以示富國裕民之政小人得時騁志無所顧忌遂至於此于時御府用度日廣課入欲豐再申歲較季比之令在職而暫取告其月日皆毋得計折害法者不以官廕並處極坐微至於鹽袋鬻鹽莫不有禁州縣惟務歲增課以避罪法上下程督加厲七年乃詔昨改鹽法立賞至重抑配者多計口敷及嬰孩廣數下逮驅畜使良民受弊比屋愁嘆悉從初令以利百姓三省其申嚴近制改奉新鈔然有司不能承守故比

較已罷而復用抄劄既免而復行鹽囊既增而復止一囊
之價裁爲十一千既又復爲十三千民力因以擾匱而盜
賊滋焉靖康元年詔未降新鈔前已給見錢公據文鈔並
給還商賈以示大信時鹽盡給新鈔亦用帶賣舊鹽立限
之法言者論王黼當國循用蔡京弊法改行新鈔舊鹽貼
錢對帶方許出賣初限兩月再限一月是時黼方用事專
務害民剥下益上改易鈔法甚於盜賊然今不改覆車之
轍又促限止半月反不及王黼之時商賈豈得不怨詔申
限焉南渡淮浙亭户官給本錢諸州置倉令商人買鈔五
十斤爲石六石爲袋輸鈔錢十八千紹興元年詔臨安府

志 四百四十 志一百三十五 二十二 茅子方

秀州亭户二税依皇祐法輸鹽立監官不察亭户私煎及
巡捕漏泄之法二年九月詔淮浙鹽令商人袋貼輸通貨
錢三千已筭請而未售者亦如之十日不自陳如私鹽律
時呂頤浩用提轄張純儀峻更鹽法十有一月詔淮浙鹽
以十分爲率四分支今降旨符以後文鈔四分支建炎渡
江以後文鈔先是呂頤浩以對帶法不可用令商人貼輸
錢至是復以分數如對帶法於是始加嚴酷矣三年減民
間蠶鹽錢四年正月詔淮浙鹽鈔錢每袋增貼輸錢三貫
並計綱輸行在尋命廣鹽亦如之九月以入輸遲細減所
添錢然自建炎三年改鈔法及今所改凡五變而建炎舊

鈔支尚未絶乃命以先後併支焉孝宗乾道六年户部侍
郎葉衡奏今日財賦鬻海之利居其半年來課入不增商
賈不行皆私販害之也且以淮東二浙鹽出入之數言之
淮東鹽竈四百一十二所歲額鹽二百六十八萬三千餘
石去年兩務場賣淮鹽六十七萬二千三百餘袋收錢二
千一百九十六萬三千餘貫二浙課額一百九十七萬餘
石去年兩務場賣浙鹽二十萬二千餘袋收錢五百一萬
二千餘貫而鹽竈乃計二千四百餘所以鹽額論之淮東
之數多於二浙五之一以去歲賣鹽錢數論之淮東多於
二浙三之二及以竈之多寡論之兩浙反多淮東四之三

志一百三十五 二十三 茅君用

蓋二浙無非私販故也欲望遣官分路措置淳熙八年詔
住賣帶賣積鹽以朝廷徒有帶賣之名總所未免有借撥
之弊故也十年先是湖北鹽商吳傳言國家鬻海之利以
三分爲率淮東居其二通泰楚隸買鹽場十六催煎場十
二竈四百十二紹興初竈煎鹽多止十一籌籌爲鹽一百
斤淳熙初亭户得嘗試鹵水之法竈煎至二十五籌至三
十籌增舊額之半緣此鹽場買亭户鹽籌增稱鹽二十斤
至三十斤爲浮鹽日買鹽一萬餘籌其浮鹽止以二十斤
爲則有二十萬斤爲二千籌籌爲錢一貫八百三十文内
除船脚錢二百文有一貫六百三十文其鹽並再中入官

為鈔錢四百五十一萬七千五百餘緡又綱取鹽一袋并諸窠名等及賣又多稱斤兩亭户飢寒不免私賣若朝廷嚴究還其本錢而後可以盡革私賣之弊至是詔還通泰等州諸鹽場欠亭户鹽本錢一百一十萬貫寧宗慶元初詔罷循環鹽鈔改增剩鈔名為正支文鈔給算與已投倉者通理先後支散以淮東提舉陳損之言循環鈔多弊故有是命於是富商巨賈有頓為貧民者矣開禧二年詔自今新鈔一袋各支舊鈔一袋如新鈔多於舊鈔或願全以新鈔支鹽及無舊鈔而願全買新鈔者聽以新鈔理資次嘉定二年詔淮東貼輸鹽錢免二分交子止用錢會中半

三年詔停鈔引之家增長舊鈔價直袋責官會百貫以上自今令到日鹽鈔官錢袋增收會子二十貫三務場朱印於鈔面作某年某月新鈔俟通賣及一百萬袋即免增收其日前已未支鹽鈔並為舊鈔期以一年持赴倉場支鹽袋貼輸官會一十貫出限更不行用此淮浙鹽之大略也唐乾元初第五琦為鹽鐵使變鹽法劉晏代之當時舉天下鹽利歲纔四十萬緡至大曆增至六百餘萬緡天下之賦鹽利居半元祐間淮鹽與解池等歲四百萬緡比唐舉天下之賦已三分之二紹興末年以來泰州海寧一監支鹽三十餘萬席為錢六七百萬緡則是一州之數過唐舉

天下之數矣寶慶二年監察御史趙至道言夫產鹽固藉於鹽户鬻鹽實賴於鹽商故鹽户所當存恤鹽商所當優潤慶元之初歲為錢九百九十萬八千有奇寶慶元年止七百四十九萬九千有奇乃知鹽課之虧實鹽商之無所贏利為今之計莫若寬商旅減征稅庶幾慶元鹽課之盛復見於今日矣從之紹定元年以侍御史李知孝言罷上虞餘姚海塗地栁立鹽竈端平二年都省言淮浙歲額鹽九十七萬四千餘袋近二三年積虧一百餘萬袋民食貴鹽公私俱病有旨三路提舉茶鹽司各置主管文字一員專以興復鹽額收買散鹽為務歲終尚書省課其殿最淳

祐元年臣僚奏南渡立國專仰鹽鈔紹興淳熙率享其利嘉定以來二三十年之間鈔法或行或罷而浮鹽之說牢不可破其害有不可勝言者望付有司集議孰為可行孰為可罷天地之藏與官民共之豈不甚盛從之五年申嚴私販苛征之禁寶祐元年都省言行在榷貨務都茶場上本務場淳祐十二年收趁到茶鹽等錢一十一千八百一十五萬六千八百三十三貫有奇比今新額四千萬貫增一倍以上合視淳祐九年十年十一年例倍賞之以勵其後有旨依所上推賞四年五月以行在務場比新額增九千一百七十三萬五千九百一十二貫有奇本務場并三

省户部太府寺交引庫凡通管三務場職事之人視例推賞後以為常十有二月殿中侍御史朱熠言近者課額頓虧日甚一日姑以真州分司言之見虧二千餘萬皆由臺閫及諸軍帥興販規利之由於是復申嚴私販之禁五年朱熠復言鹽之為利博矣以蜀廣浙數路言之皆不及淮鹽額之半蓋以斥鹵彌望可以供煎烹蘆葦阜繁可以備燔燎故環海之湄有亭户有鍋户有正鹽有浮鹽正鹽出於亭户歸之公上者也浮鹽出於鍋户鬻之商販者也正鹽居其四浮鹽居其一端平之初朝廷不欲使浮鹽之利散而歸之於下於是分置十局以收買浮鹽以歲額計之二千七百九十三萬斤十數年來鈔法屢更公私俱困真揚通泰四州六十五萬袋之正鹽視昔猶不及額尚何暇為浮鹽計邪是以貪墨無恥之士大夫知朝廷住買浮鹽龍斷而籠其利烹鬻之竈户列處沙洲日藉銖兩之鹽以延旦夕之命今商賈既不得私販朝廷又不與收買則是絶其衣食之源矣為今之計莫若遵端平之舊式收鍋户之浮鹽所給鹽本當過於正鹽之價則人皆與官為市卻以此鹽售於上江所得鹽息徑輸朝廷一則可以絶戎閫爭利之風二則可以續鍋户烹煎之利有旨從之

志第八十九　宋史一百三十六

元　開府儀同三司上柱國錄軍國重事中書右丞相監修國史領經筵事臣脱脱等奉　敕修

食貨下五 鹽下 茶上

其在福建曰福州長清場歲鬻十萬三百石以給本路天聖以來福漳泉州興化軍皆鬻鹽歲視舊額增四萬八千九百八石熙寧十年有廖恩者起為盗聚黨掠州郡恩既平御史中丞鄧潤甫言閩越山林險阻連亘數千里無賴姦民比他路為多大抵盗販鹽耳恩平遂不為備安知無躡恩之跡而起者乃詔福建路蹇周輔度利害周輔言建劒汀州邵武軍官賣鹽價苦高漳泉福州興化軍鬻鹽價賤故盗多販賣於鹽貴之地異時建州嘗計民產賦錢買鹽而民憚求有司徒出錢或不得鹽今請罷去頗減建劒汀邵武鹽價募上户為鋪户官給券定月所賣從官場買之如是則民易得鹽盗販不能規厚利又稍興復舊倉選吏增兵立法若盗販知情囊橐之者不以赦原三犯杖編管隣州已編管復犯者杖配犯處本城皆行之歲增賣三十三萬餘斤而鹽官數外售者不預焉元豐二年提舉鹽事賈青請自諸州改法酌三年之中數立額又請捕盗官獲私鹽多者論賞不限常法三年青上所部賣鹽官吏歲

課比舊額增羡詔曰周輔承命創法青相繼奉行期年有成課增盈止東南賴之時周輔已擢三司副使監司已次被賞者凡二十人哲宗即位御史中丞黃履奏福建多以鹽抑民詔去歲先帝已立分遣御史郎官察舉監司之法福建遣御史黃降江西遣御史陳次升按之繼又以命吏部郎中張汝賢併察舉周輔所立鹽法降言福州緣王氏之舊每產錢一當餘州之十其科納以此爲率餘隨均定鹽額亦當五倍而實減半焉昨王子京奏立產鹽法失於詳究遂槩以額增多寡之間遼遠絕殊遠民久無以伸詔付汝賢明年按察司盡以所察事狀聞於是福建轉運副

使賈青王子京皆坐掊克謫監湖南鹽酒稅刑部侍郎蹇周輔坐議江西鹽法掊克誕謾削職知和州郟亶坐倡議運廣鹽江西張士澄坐附會推行周輔之法肆志抑擾並黜官閩清縣尹徐壽獨用鹽法初行能守官不撓民以故不多受課言於朝加賞焉汝賢請定福建產賣鹽額詔從其請凡抑民爲鹽户及顧退不爲行者以徒一年坐之提舉鹽事官知而不舉論如其罪已而殿中侍御史呂陶奏朝廷以福建江西湖南等路鹽法之弊流毒生靈遣使按視譴黜聚斂之吏以慰困窮之民天下皆知公議之不可廢也然湖南江西運賣廣鹽添額之害京東河北榷鹽皆章惇所倡願付有司根治其罪使賊民罔上之臣少知所畏監察御史孫升繼言江西湖南鹽法之害兩路之民殘虐塗炭甚於兵火獨提舉官劉誼乃能上言極其利害誼坐奪官勒停詔復誼官起守韶州崇寧以後蔡京用事鹽法屢變獨福建鹽於政和初斤增錢七用熙寧法聽商人轉廊筭請依六路所筭末鹽錢每百千留十之一輸請鹽處爲鹽本錢建炎間淮浙之商不通而閩廣之鈔法行未幾淮浙之商既通而閩廣之鈔法遂罷舊法閩之上四州建劍汀邵行官賣鹽法閩之下四州福泉漳化行產鹽法隨稅輸鹽也官賣之法既革產鹽之法亦弊鈔法一行弊若可

革而民俗又有不便故當時轉運提舉司請上四州依上法下四州且令從舊及鈔法既罷歲令漕司認鈔錢二十萬緡輸行在所榷貨務自後或減或增卒爲二十二萬緡二十七年常平提舉張汝楫復申明鈔法上以問宰執陳誠之奏曰建劍山溪之險細民冒法私販雖官賣鹽猶不能革若使民自賣其能免私販乎私販既多鈔額必虧上曰中間曾用鈔法未幾復罷若可行祖宗已行之矣大抵法貴從俗不然不可經久淳熙五年詔泰寧尤溪兩縣計產買鹽之令更不施行八年福建市舶陳峴言福建自元豐二年轉運使王子京建運鹽之法不免有侵盜科擾之

弊且天下州縣皆行鈔法獨福建膺運鹽之害紹興初趙不已嘗措置鈔法而終不可行者蓋漕司則籍鹽綱為增鹽錢州縣則籍鹽綱以為歲計官員則有賣鹽食錢縻費錢胥吏則有發遣交納常例錢公私齟齬無怪乎不可行也鈔法未成倫序而綱運遽罷百姓率無食鹽故漕運秉此以為不便請抱引錢而罷鈔法鈔法罷而綱運興官價高私價賤民多食私鹽而官不售科抑之弊生矣於是詔峴措置峴請從榷貨務自立五千斤至百斤分為五等造大小鈔給買仍預措置賣鈔先以本錢畀三倉買鹽以備商旅請買九年正月以福建鹽自來運賣近為鈔法敷擾害民於是詔福建轉運司諸州鹽綱依舊官般官賣三月詔轉運傳自得楊由義廉察官賣鹽未便者措置以聞淳熙十三年四川安撫制置趙汝愚言汀州民貧而官鹽抑配視他州尤甚乞以汀州為客鈔事下提舉應孟明及汀州守臣議孟明等言上四州軍有去產鹽之地甚邇者官不賣鹽則私禁不嚴民食私鹽則客鈔不售既無翻鈔之地則客賣銷折所以鈔法屢行而屢罷四川闊遠猶不可翻鈔汀州將何所往故鈔法雖良不可行於汀州惟裁減本州并諸縣合輸內錢而嚴科鹽之禁庶幾汀民有瘳矣復下轉運趙彥操等措置裁減以歲運二百萬四千斤會

之總減三萬九千三十八緡有奇又免其分隷諸司則汀州六邑歲減於民者三萬九千緡有奇減於官者一萬緡有奇所補州用又在外蓋上四州財賦絕少所恃者官賣鹽耳又瀕海諸郡計產輸錢官給之鹽以供食其後遂為常賦而民不復請鹽矣此又下四州產鹽之弊也寧宗嘉定六年臣僚嘗極言之於是下轉運司將福之下四州軍凡二十文產以下合輸鹽五斤之家盡免其析戶產錢僅及二十文者不輸鹽錢寶慶二年監察御史梁成大言福建州縣半係瀕海產鹽之地利權專屬漕臣乃其職也鹽產於福州興化而運於劍建汀邵四郡二十二縣之民食為福建提舉司主常平茶事而鹽不預漕司與認淨鏹以助用近來越職管利多取綱運分委屬縣縣邑既為漕司措辦鹽課今又增提舉司之額其勢必盡敷於民殆甚於青苗之害望將運鹽盡歸漕司提舉司不得越職庶幾事權歸一民瘼少蘇矣從之景定元年九月明堂赦曰福建上四州縣倚鹽為課其間有招趂失時月解拖欠其欠在寶祐五年以前者並與除放尚敢違法計口科抑者監司按劾以聞三年臣僚言福建上四州山多田少稅賦不足州縣上供等錢銀官吏宗子官兵支遣悉取辦於賣鹽轉運司雖拘榷鹽綱實不自賣近年捌例自運鹽兩綱後或

歲運十綱至二十綱與上四州縣所運歲額相妨而綱吏搭帶之數不預焉州縣被其攙奪發泄不行上供常賦無從趣辦不免敷及民户其害有不可勝言者有旨福建轉運司視自來鹽法毋致違戾建寧府南劒州汀州邵武軍依此施行廣州東莞靜康等十三場歲鬻二萬四千餘石以給本路及西路之昭桂州江南之南安軍廉州白石石康二場歲鬻三萬石以給本州及容白欽化蒙龔藤象宜柳邕潯貴賓梧横南儀鬱林州又高竇春雷融瓊崖儋萬安州各鬻以給本州無定額天聖以後東西海場十三皆領於廣州歲鬻五十一萬三千六百八十六石以給東西

二路而瓊崖諸州其地荒阻賣鹽不售類抑配衙前前後官此者或擅增鹽數煎鹽户力不給有破產者元豐三年朱初平奏獨鹽之不售者又約所賣數定爲煎額以惠遠民從之廣西漕司奏民户逋鹽税其縣令監官雖已代並住奉勸催須足乃罷而廣東漕臣復奏嶺外依六路法以遂州管幹官爲鹽官提點刑獄兼提舉鹽事考較賞罰如之瓊崖等州復請賦鹽於民斤重視其户等而民滋困矣南渡二廣之鹽皆屬於漕司量諸州歲用而給之鹽然廣東俗富猶可通商廣西地廣莫而彫瘁食鹽有限商賈難行自東廣而出乘大水無灘磧其勢甚易自西廣而出水小多灘磧其勢甚難建炎末鬻鈔未幾復止然官般客鈔亦屢有更革東西兩漕屢有分合紹興元年三月南恩州陽江縣土生鹹募民墾之置竈六十七產鹽七十萬八千四百斤收息錢三萬餘緡十有二月復置廣西茶鹽司八年詔廣西鹽歲以十分爲率二分令欽廉雷化高五州官賣餘八分行鈔法尋又詔廣東鹽九分行鈔法一分產鹽州縣出賣廣南去中州絕遠土曠民貧賦入不給故漕司鬻鹽以其息什四爲州用可以粗給而民無加賦昭州歲收買鹽錢三萬六千緡以七千緡代潯貴州上供赴經略司買馬餘爲州用及罷官賣遂科七千緡於民户謂之縻

費錢焉九年罷廣東官賣行客鈔法以其錢助鄂兵之費孝宗乾道四年罷鹽鈔令廣西漕司自認漕錢二十萬且廣西之鹽乃漕司出賣自乾道元年因曾連請併歸廣東於是度支唐瑑言廣西鹽引錢欠幾八千萬緡緣向來二廣鹽事分東西兩司而西路鹽常爲東路所侵昔廣西自作一司故鹽不至於虧減今既罷西司併入東路則廣東之鹽無復禁止廣西坐失一路所入故有是命既而宰執進蔣芾之奏鹽利舊屬漕司給諸州歲自賣鈔鹽之後漕司遂以苗米高價折錢令朝廷更不降鹽鈔只令漕司認發歲額則漕司自獲鹽息折米招糴之弊皆去矣九年詔

廣州復行官般官賣法淳熙三年詔廣西轉運司歲收官鹽息錢三分撥諸州七分充漕計從經略張栻請也栻去而漕臣趙公濚增鹽直斤百錢爲百六十欽州歲賣鹽千斛而五增之六年侍御史江溥以爲言上黜公濚詔閩廣賣鹽自有舊額定直自今毋得擅增九年詔遣浙西撫幹胡庭直訪求利害與帥漕提舉詳議以聞使還尋以庭直提舉廣東同措置廣西鹽事十五年詔曰廣南在數千里外疾痛艱於上聞朕憫之尤切蓋鹽者民資以食向也官利其贏轉而自鬻久爲民疾朕爲之更令俾通販而杜官鬻民固以爲利矣然利於民者官不便焉必胥動以浮言

且朕知恤民而已浮言奚恤矧置監司守令以爲民朕有美意弗廣其推顧撓而壞之可乎自今如或有此必寘之法於是命詹儀之知靜江府併廣東西鹽事爲一司其兩路賣鹽歲以十六萬五千籮爲額儀之等言兩路鹽且以十萬籮爲額俟三數年視其增虧乃增其額所有客鈔東西路通貨錢與免以便商販十六年經略應孟明言廣中自行鈔法五六年間州縣率以鈔抑售於民其害有甚於官般詔孟明朱晞顏與提舉廣南鹽事王光祖從長措置經久利便毋致再有科抑之弊寶慶元年以廣州安撫司水軍大爲興販罷其統領尹椿統轄黃受各降一官鬻鹻

爲鹽曰并州永利監歲鬻十二萬五千餘石以給本州及忻代石嵐憲遼澤潞麟府州威勝岢嵐火山平定寧化保德軍許商人販鬻不得出境仁宗時分永利東西兩監東隸并州西隸汾州籍州民之有鹻土者爲鐺户户歲輸鹽於官謂之課鹽餘則官以錢售之謂之中賣鹽法亦與海鹽同歲鬻視舊額減三千四百三十七石河東唯晉絳慈隰食池鹽餘皆食永利鹽其入官斤爲八錢或六錢出爲錢三十六歲課緡錢十八萬九千有奇自咸平以來聽商人輦鹽過河西麟府州濁輪砦貿易官爲下其價予之後積鹽益多康定初罷東監鬻鹽三年皇祐中又權罷西監

鬻鹽俟鹽少復故時議者請募商人入芻粟麟府州火山軍予券償以鹽從之既而芻粟虛估高券直千錢爲鹽商所抑纔售錢四百有餘而出官鹽五十斤蠹耗縣官或請罷入芻粟第令入實錢轉運司議以爲非便而止大抵鹻土或厚或薄薄則利微鐺户破産不能足其課至和初韓琦請户滿三歲地利盡得自言摘他户代之明年又詔鐺户輸歲課以分數爲率蠲復有差遇水災又聽摘他户代役百姓便之河北陜西亦有鬻鹻爲鹽者然其利薄明道初嘗詔廢河中府慶成軍鹻場禁民鬻鹽以侵池鹽之利熙寧八年三司使章惇言兩監舊額歲課二十五萬餘緡

自許商人並邊中糧草增饒給鈔支鹽商人得鈔千錢售
價半之縣官陰有所亡坐賈獲利不貲又私鹽不禁歲課
日減今纔十萬四千餘緡若計糧草虛估官纔得實錢五
萬餘緡視舊虧十之八請如解鹽例募商人入錢請買或
官自運鬻於本路重私販之禁歲課且大增並邊市糧草
一用見錢詔如所奏官自運鬻於本路元豐元年三司戶
部副使陳安石言永利東西監鹽請如慶曆前商人輸錢
於麟府豐代嵐憲忻岢嵐寧化保德火山等州軍本州軍
給券於東西監請鹽以除加饒折糴之弊仍令商人自占
所賣地即鹽已運至場務者商人買之加運費如是則官

鹽價平而商販通遂行其說用安石爲河東都轉運使安
石請犯西北青白鹽者以皇祐敕論罪首從皆編配又青
白入河東犯者罪至流所歷官司不察者罪之四年安石
自言治鹽歲有羨餘及增收忻州鏻地鐺戶馬城池鹽課
詔安石遷官賞其屬元祐元年右司諫蘇轍言異時河東
除食解鹽餘仰東西永利鹽未嘗闕元豐三年後前宰相
蔡確兄礪等始議剏增河東忻州馬城池鹽夾硝味苦民
不願買乞下轉運司苟無妨闕即止勿收詔從之四年陳
安石坐爲河東轉運使附會時論興置鹽井害及一路降
知鄭州先是熙寧中議收熙河蕃部包順鹽井或以爲非

宜王安石謂邊將苟自以情得之何害議者不能奪焉六
年詔代州賣鹽年額酌以中數以八十五萬斤爲額部內
多少均裁之紹聖元年河東復行官賣法崇寧三年以河
東三路鈔無定估本路尤賤害於糴買罷給三路鈔止給
見錢鈔他如河北新降鈔法四年詔河東永利兩監土鹽
仍官收見緡鬻之聽商人入納算請定往河東州軍罷客
販東北鹽入河東者鬻井爲鹽曰益梓夔利凡四路益州
路一監九十八井歲鬻八萬四千五百二十二石梓州路
二監三百八十五井十四萬一千七百八十石夔州路三
監二十井八萬四千八百八十石利州路一百二十九井

一萬二千二百石各以給本路大爲監小爲井監則官掌
井則土民幹鬻如其數輸課聽往旁境販賣唯不得出川
峽初川峽承舊制官自鬻鹽開寶七年詔斤減十錢令幹
鬻者有羨利但輸十之九太平興國三年右拾遺郭泌上
言劍南諸州官糶鹽斤爲錢七十鹽井濬深鬻鹽極苦樵
薪益貴輦之甚艱加之風水之虞或至漂喪豪民黠吏相
與爲姦賤市於官貴糶於民至有斤獲錢數百官虧歲額
民食貴鹽望稍增舊價爲百五十文則豪猾無以規利民
有以給食從之有司言昌州歲收虛額鹽萬八千五百餘
斤乃開寶中知州李佩掊斂以希課最廢諸井薪錢歲額

外課部民鬻鹽民不習其事甚以爲苦至破産不能償其數多流入他部而積年之征不可免詔悉除之其舊額二萬七千六十斤如故端拱元年七月西川食鹽不足許商販階文州青白鹽峽路井鹽永康軍崖鹽勿收筭川峽諸州自李順叛後增屯兵乃募人入粟以鹽償之景德二年權三司使丁謂言川峽糧儲充足請以鹽易絲帛詔諸州軍食及二年近溪洞州三年者從其請大中祥符元年詔瀘州南井竈户遇正至寒食各給假三日所收日額仍與除放三年減瀘州淯井監課鹽三之一仁宗時成都梓夔三路六監與宋初同而成都增井三十九歲課減五萬六

千五百九十七石梓州路增井二十八歲課減十一萬一十九石利州路井增十四歲課減四百九十二石三斗有奇夔州路井增十五歲課減三千一百八十四石各以給一路夔州則井給諸蠻計所入鹽直歲輸緡錢五分銀紬絹五分又募人入錢貨諸州即産鹽厚處取鹽而施黔並邊諸州并募人入米康定元年淮南提點刑獄郭維言川峽素不産銀而募人以銀易鹽又鹽酒場主者亦以銀折歲課故販者趨京師及陝西市銀以歸而官得銀復輦置京師公私勞費請聽入銀京師榷貨務或陝西並邊州軍給券受鹽於川峽或以折鹽酒歲課願入錢二千當銀一

兩詔行之既而入銀陝西者少議鹽百斤加二十斤予之并募入中鳳翔永興會西方用兵軍食不足又詔入芻粟並邊俟有備而止芻粟虛估高鹽直賤商賈利之西方既無事猶入中如故夔州轉運使蔣貴以爲入中十餘年虛費夔鹽計直二十餘萬緡今陝西用池鹽之利軍儲有備請如初詔許之先是益利鹽入最薄故并食大寧監解池鹽商賈轉販給之慶曆中令商人入錢貨益州以射大寧監鹽者萬斤增小錢千緡小錢十當大錢一販者滋少蜀中鹽踊貴斤爲小錢二千二百知益州文彦博以爲言詔皆復故四路鹽課縣官之所仰給然井源或發或微而積

課如舊任事者多務增課爲功往往貽患後人時方切於除民疾苦尤以遠人爲意有司上言輒爲蠲減初鹽課聽以五分折銀紬絹鹽一斤計錢二十至三十銀一兩紬絹一匹折錢六百至一千二百後詔以課利折金帛者從時估荆湖之歸峽二州州二井歲課二千八百二十石亦各以給本州熙寧中蜀鹽私販者衆禁不能止欲盡實私井運解鹽以足之議未決神宗以問修起居注沈括對曰私井既容其撲買則不得無私易一切實之而運解鹽使一出於官售此亦省刑罰籠遺利之一端然忠萬戎瀘間夷界小井尤多止之實難若列候加警恐所得不酬所費議

遂寑九年劉佐入蜀經度茶事嘗歲運解鹽十萬席侍御史周尹奏成都府路素仰東川產鹽昨轉運司商度賣陵井場遂止東鹽及閉卓筒井失業者衆言利之臣復運解鹽道險續運甚艱成都鹽踊貴東川鹽賤驅民冒法乞東鹽仍入成都勿閉卓筒井罷官運解鹽詔商販仍舊賣解鹽依客商例禁抑配於民未幾官運解鹽竟罷元祐元年詔委成都提點刑獄郭槩體量鹽事右司諫蘇轍劾槩觀望阿附奏不以實且言四川數州賣卭州蒲江井官鹽斤爲錢百二十近歲鹹泉減耗多雜沙土而梓夔路客鹽及民間販小井白鹽價止七八十官司遂至抑配槩不念民

朝夕食此貴鹽詔遂罷槩令黃廉體量以聞上封事者言有司於稅課外歲令井輸五十緡謂之官溪錢詔付廉悉蠲之詔自今溪有鹽井輸課利鹽稅外毋得更增以租崇寧二年川峽利洋興劒蓬閬巴綿漢興元府等州並通行東北鹽四年梓遂夔路綿漢州大寧監等鹽仍鬻於蜀惟禁侵解鹽地紹興二年四川總領趙開初變鹽法倣大觀法置合同場收引稅錢大抵與茶法相類而嚴密過之斤輸引錢二十有五土產稅及增添約九錢四分所過稅錢七分住稅一錢有半引別輸提勘錢六十其後又增貼輸等錢凡四川四千九百餘井歲產鹽約六千餘萬斤引法

初行百斤爲一擔又許增十斤勿算以優之其後遞增至四百餘萬緡二十九年減西和州賣鹽直之半孝宗淳熙六年四川制置胡元質總領程价言推排四路鹽井二千三百七十五場四百五除井一千一百七十四場一百五十依舊額煎輸其自陳或糾決增額者井一百二十五場二十四井今渲淘舊井亦願入籍者四百七十九其無鹽之井即與剗除不敷而抱輸者即與量減共減錢引四十萬九千八百八十八道而增收錢引十三萬七千三百四十九道庶井户免困重額七年元質又言鹽井推排所以增有餘補不足有司務求贏餘盈者過取涸者略減盡出

私心今後凡遇推排以增補虧不得踰已減之數十一年以京西轉運副使江溥言金州帥司置場拘買商鹽高價科賣致商旅坐困民食貴鹽詔金州依法聽商人從便買賣不得置場拘催初趙開之立權法也令商人入錢請引井户但如額鬻鹽輸土產稅而已然鹹脉有盈縮月額有登耗間以虛鈔付之而收其算引法由是大壞井户旣爲商人所要因增其斤重予之每擔有增至百六十斤者又逃絕之井許增額承認小民利於得井界增其額而不能售其引息土產之輸無所從出由是刎縊相尋公私病之光宗紹熙三年吏部尚書趙汝愚言紹興間趙開所議鹽

法諸井皆不立額惟禁私賣而諸州縣鎮皆置官合同場以
招商販其鹽之斤重遠近皆平準之使彼此均一而無相
傾奪貴賤以時而爲之翕張今其法盡廢宜下四川總所
視舊法施行時楊輔爲總計去虛額閉廢井申嚴合同場
法禁斤重之踰格者而重私販之罰鹽直於是頓昂輔又
請罷利州東路安撫司所置鹽店六及津渡所收鹽錢與
西路興州鹽店後總領陳曄又盡除官井所增之額焉五
年戶部言潼川府鹽酒爲蜀重害鹽既收其土產錢給賣
官引又從而征之矧州縣額外收税如買酒錢到岸錢揭
地錢之類皆是掤增於是申禁成都潼川利路諸司寧宗

嘉定七年詔四川鹽井專隸總所既而宣撫使安丙言防
秋藉此以助軍興乃復奪之

茶宋榷茶之制擇要會之地曰江陵府曰真州曰海州曰
漢陽軍曰無爲軍曰蘄州之蘄口爲榷貨務六初京城建
安襄復州皆置務後建安襄復州務廢京城務雖存但會
給交鈔往還而不積茶貨在淮南則蘄黃廬舒光壽六州
官自爲場置吏總之謂之山場者十三六州采茶之民皆
隸焉謂之園戶歲課作茶輸租餘則官悉市之其售於官
者皆先受錢而後入茶謂之本錢又民歲輸税願折茶者
謂之折税茶總爲歲課八百六十五萬餘斤其出鬻皆就

本場在江南則宣歙江池饒信洪撫筠袁十州廣德興國
臨江建昌南康五軍兩浙則杭蘇明越婺處溫台湖常衢
睦十二州荆湖則江陵府潭澧鼎鄂岳歸峽七州荆門軍
福建則建劍二州歲如山場輸租折税總爲歲課江南千
二十七萬餘斤兩浙百二十七萬九千餘斤荆湖二百四
十七萬餘斤福建三十九萬三千餘斤悉送六榷務鬻之
茶有二類曰片茶曰散茶片茶蒸造實棬模中串之唯建
劍則既蒸而研編竹爲格置焙室中最爲精潔他處不能
造有龍鳳石乳白乳之類十二等以充歲貢及邦國之用
其出虔袁饒池光歙潭岳辰澧州江陵府興國臨江軍有

仙芝玉津先春綠芽之類二十六等兩浙及宣江鼎州又
以上中下或第一至第五爲號散茶出淮南歸州江南荆
湖有龍溪雨前雨後之類十一等江浙又有以上中下或
第一至第五爲號者買臘茶斤自二十錢至一百九十錢
有十六等片茶大片自六十五錢至二百五錢有五十五
等散茶斤自十六錢至三十八錢五分有五十九等鬻臘
茶斤自四十七錢至四百二十錢有十二等片茶自十七
錢至九百一十七錢有六十五等散茶自十五錢至一百
二十一錢有一百九等民之欲茶者售於官其給日用者
謂之食茶出境則給券商賈貿易入錢若金帛京師榷貨

務以射六務十三場茶給券隨所射與之願就東南入錢若金帛者聽計直予茶如京師至道末鬻錢二百八十五萬二千九百餘貫天禧末增四十五萬餘貫天下茶皆禁唯川峽廣南聽民自買賣禁其出境凡民茶折稅外匿不送官及私販鬻者沒入之計其直論罪園户輒毀敗茶樹者計所出茶論如法舊茶園荒薄采造不充其數者蠲之當以茶代稅而無茶者許輸他物主吏私以官茶貿易及一貫五百者死自後定法務從輕減太平興國二年主吏盜官茶販鬻錢三貫以上黥面送闕下淳化三年論直十貫以上黥面配本州牢城巡防卒私販茶依本條加一等

論凡結徒持仗販易私茶遇官司擒捕抵拒者皆死太平興國四年詔鬻僞茶一斤杖一百二十斤以上棄市雍熙二年民造溫桑僞茶比犯真茶計直十分論二分之罪淳化五年有司以侵損官課言加犯私茶一等非禁法州縣者如太平興國詔條論決茶之爲利甚博商賈轉致於西北利嘗至數倍雍熙後用兵切於饋餉多令商人入芻糧塞下酌地之遠近而爲其直取市價而厚增之授以要券謂之交引至京師給以緡錢又移文江淮荆湖給以茶及顆末鹽端拱二年置折中倉聽商人輸粟京師優其直給茶鹽于江淮淳化三年監察御史薛映祕書丞劉式等請

罷諸榷務令商人就出茶州軍官場算買既大省輦運又商人皆得新茶詔以三司鹽鐵副使雷有終爲諸路茶鹽制置使左司諫張觀與映副之四年二月廢沿江八務大減茶價詔下商人頗以江路田遠非便有司又以損直虧課爲言七月復置八務罷制置使副至道初劉式猶固執前議西京作坊使楊允恭言商人市諸州茶新陳相糅兩河陝西諸州風土各有所宜非參以多品則少利罷榷務令就茶山買茶不可行太宗欲究其利害之說命宰相召鹽鐵使陳恕等與式允恭定議召問商人皆願如淳化所減之價不然即望仍舊有司職出納難於減損皆同允恭

之說式議遂寢即以允恭爲江南淮南兩浙發運兼制置茶鹽使二年從允恭等請禁淮南十二州軍鹽官鬻之商人先入金帛京師及揚州折博務者悉償以茶自是鬻鹽得實錢茶無滯積歲課增五十萬八千餘貫允恭等皆被賞初商人以鹽爲急趨者甚衆及禁江淮鹽又增用茶如百千又有官耗增十千場耗隨所在饒益其輸邊粟者持交引詣京師有坐賈置鋪隸名榷貨務懷交引者湊之若行商則鋪賈爲保任詣京師榷務給錢南州給茶若非行商則鋪賈自售之轉鬻與茶賈及南北和好罷兵邊儲稍緩物價差減而交引虛錢未改既以茶代鹽而買茶所入

不補其給交引停積故商旅所得茶指期於數年之外京
師交引愈賤至有裁得所入芻粟之實價官私俱無利是
年定監買官虧額自一釐以上罰奉降差遣之制景德二
年命鹽鐵副使林特崇儀副使李溥等就三司悉索舊制
詳定而召茶商論議別爲新法其於京師入金銀綿帛實
直錢五十千者給百貫實茶若須海州茶者入見緡五十
五千河北緣邊入金帛芻粟如京師之制而茶增十千次
邊增五千河東緣邊次邊亦然而所增有八千六千之差
陝西緣邊亦如之而增十五千須海州茶者納物實直五
十二千次邊所增如河北緣邊之制其三路近地所入所

四四四十　志百三十六　二十

給皆如京師河北次邊河東緣邊次邊皆不得射海州茶
茶商所過當輸筭令記録候至京師併輸之仍約束山場
謹其出納議奏三司皆以爲便五月以溥爲淮南制置發
運副使委成其事行之一年眞宗慮未盡其要三年命樞
密直學士李濬等比較新舊法利害時新法方行商人頗
眩惑特等請罷比較從之有司上歲課元年用舊法得五
百六十九貫二年用新法得四百一十萬貫三年二百八
萬貫特言所增蓋官本少而有利乃實課也所虧虛錢耳
四年秋特等皆遷官仍詔三司行新法不得輒有改更大
中祥符二年特溥等上編成茶法條貫并課利總數二十

三策自新法之行舊有交引而未給者已給而未至京師
者已至而未磨者悉差定分數折納入官大約商人有舊
引千貫者令新法歲入二百千候五歲則新舊皆給足官
府有茶充公費者慮其價賤亂法悉改以他物山場節其
出耗所過商稅嚴其覺舉諸榷務所受茶皆均第配給場
務以交引至先後爲次大商刺知精好之處日夜走僮使
齎券詣官率多先焉初禁淮南鹽小商已困至是益不能
行六年申監買官賞罰之式凡買到入筭茶及租額遞年
送榷務交足而有羨餘者即理爲課績其不入筭者雖多
不在此限大中祥符五年歲課二百餘萬貫六年至三百

四四四十　志百三十六　二十一　林茂実

萬貫七年又增九十萬貫八年纔百六十萬貫是時數年
閒有司以京師切須錢商人舊執交引至場務即付物時
或特給程限踰限未至者每十分復令別輸二分見緡謂
之貼納豪商率能及限小商或不即知或無貼納則賤鬻
於豪商有司徒知移用之便至有一歲之內文移小改至
十數者商人惑之顧望不進乃詔刑部尚書馮拯翰林學
士王曾詳定拯等深以愼重敦信爲言而上封者猶競陳
改法之弊九年乃命翰林學士李迪權御史中丞淩策侍
御史知雜呂夷簡與三司同議條制時以茶多不精給商
人罕有饒益行商利薄陝西交引愈賤鬻於市纔八千知

秦州曹瑋請於永興鳳翔河中府官出錢市之詔可迪等以入中緡錢金帛舊從商人所有受之至是請令十分輸緡錢四五又定加饒貼納之差然凡有條奏多令李溥裁酌溥務執前制罕所變革天禧二年太常博士李垂請放行茶貨左諫議大夫孫奭言茶法屢改商人不便非示信之道望重定經久之制即詔奭與三司詳定務從寬簡未幾奭出知河陽事遂止三司言陝西入中芻糧請依河北例斗束量增其直計實錢給鈔入京以見錢買之願受茶貨交引給依實錢數令榷貨務並依時價納緡錢支茶不得更用芻糧文鈔貼納茶貨詔每入百千增五千茶與之

餘從其請時陝西交引益賤京師裁直五千有司惜其費茶五年出內庫錢五十萬貫令閤門祗候李德明於京師市而毀之乾興以來西北兵費不足募商人入中芻粟如雍熙法給券以茶償之後又益以東南緡錢香藥犀齒謂之三說而塞下急於兵食欲廣儲偫不愛虛估入中者以虛錢得實利人競趨焉及其法既敝則虛估日益高茶日益賤入實錢金帛日益寡而入中者非盡行商多其土人既不知茶利厚薄且急於售錢得券則轉鬻於茶商或京師交引鋪獲利無幾茶商及交引鋪或以券取茶或收蓄貿易以射厚利由是虛估之利皆入豪商巨賈券之滯積

雖二三年茶不足以償而入中者以利薄不趨邊備日蹙茶法大壞初景德中丁謂爲三司使嘗計其得失以謂邊糴纔及五十萬而東南三百六十餘萬茶利盡歸商賈當時以爲至論厥後雖屢變法以捄之然不能亡敝天聖元年命三司使李諮等較茶鹽礬稅歲入登耗更定其法遂置計置司以樞密副使張士遜參知政事呂夷簡魯宗道總之首考茶法利害奏言十三場茶歲課緡錢五十萬天禧五年纔及緡錢二十三萬每券直錢十萬鬻之售錢五萬五千總爲緡錢實十三萬除九萬餘緡爲本錢歲纔得息錢三萬餘緡而官吏廩給雜費不預是則虛數多而實

利寡請罷三說行貼射法其法以十三場茶買賣本息併計其數罷官給本錢使商人與園戶自相交易一切定爲中估而官收其息如鬻舒州羅源場茶斤售錢五十有六其本錢二十有五官不復給但使商人輸息錢三十有一而已然必輦茶入官隨商人所指予之給券爲驗以防私害故有貼射之名若歲課貼射不盡或無人貼射則官市之如舊園戶過期而輸不足者計所負數如商人入息舊輸茶百斤益以二十斤至三十五斤謂之耗茶亦皆罷之其入錢以射六務茶者如舊制先是天禧中詔京師入錢八萬給海州荊南茶入錢七萬四千有奇給真州無爲蘄

口漢陽井十三場茶皆直十萬所以饒裕商人而海州荊南茶善而易售商人願得之故入錢之數厚於他州其入錢者聽輸金帛十之六至是既更爲十三場法又募入錢六務而海州荊南增爲八萬六千眞州無爲蘄口漢陽增爲八萬商人入芻粟塞下者隨所在實估度地里遠近量增其直以錢一萬爲率遠者增至七百近者三百給券至京一切以緡錢償之謂之見錢法願得金帛若他州錢或茶鹽香藥之類者聽大率使茶與邊糴各以實錢出納不得相爲輕重以絕虛估之敝朝廷皆用其說行之期年豪商大賈不能爲輕重而論者謂邊糴償以見錢恐京師府藏不足以繼爭言其不便會江淮計置司言茶有滯積壞敗者請一切焚棄朝廷疑變法之敝下書責計置司又遣官行視茶積諮等因條上利害且言嘗遣官視陝西河北以鎭戎軍定州爲率鎭戎軍入粟直二萬八千定州入粟直四萬五千給茶皆直十萬以蘄州市茶本錢視鎭戎軍粟直反亡本錢三之一得不償失敝在茶與邊糴相須爲用故更今法以新舊二法較之乾興元年用三說法每券十萬茶售錢五萬一千至六萬二千香藥象齒售錢四萬一千有奇東南緡錢售錢八萬三千而京師實入緡錢五十七萬有奇邊儲芻二百五萬餘圍粟二百九十八萬石

天聖元年用新法至二年茶及香藥東南緡錢每給直十萬茶入實錢七萬四千有奇至八萬香藥象齒入錢七萬二千有奇東南緡錢入錢十萬五百而京師實入緡錢增一百四萬有奇邊儲芻增一千一百六十九萬餘圍粟增二百一十三萬餘石舊以虛估給券者至京師爲出錢售之或折爲實錢給茶貴賤從其市估其先賤售於茶商者券錢十萬使別輸實錢五萬共給天禧五年茶直十五萬小商百萬以下免輸錢每券十萬給茶直七萬至七萬五千天禧茶盡則給乾興以後茶仍增別輸錢五萬者爲七萬並給耗如舊俟舊券盡而止如此又省合給茶及香藥象齒東南緡錢總直緡錢一百七十一萬二府大臣亦言所省及增收計爲緡錢六百五十餘萬時邊儲有不足以給一歲者至是多者有四年少者有二年之蓄而東南茶亦無滯積之弊其計直司請焚棄者特累年壞敗不可用者爾推行新法功緒已見蓋積年侵蠹之源一朝閉塞商賈利於復故欲有以動搖而論者不察其實助爲游說願力行之毋爲流言所易於是詔有司牓諭商賈以推行不變之意賜典吏銀絹有差然論者猶不已

志卷第一百三十六

開府儀同三司上柱國錄軍國重事前中書右丞相監修國史領經筵事都總裁臣脫脫等奉

敕修

食貨下六　茶下

茶天聖三年八月詔翰林侍講學士孫奭等同究利害奭等言十三場茶積而未售者六百一十三萬餘斤蓋許商人貼射則善者皆入商人其入官者皆麤惡不時故人莫肯售又園戶輸歲課不足者使如商人入息而園戶皆細民貧弱力不能給煩擾益甚又姦人倚貼射爲名强市盜販侵奪官利其弊不可不革十月遂罷貼射法官復給本

錢市茶商人入錢以售茶者奭等又欲優之請凡入錢京師售海州荆南茶者損爲七萬七千售眞州等四務十三場茶者又第損之給茶皆直十萬自是河北入中復用三說法舊給東南緡錢者以京師榷貨務錢償之奭等議既用益以李諮等變法爲非明年擿計置司所上天聖二年比視增虧數差謬詔令嘗典議官張士遜等條析叓簡言天聖初環慶等路數奏芻糧不給京師府藏常闕緡錢吏兵月奉僅能取足自變法以來京師積錢多邊計不聞告乏中間蕃部作亂調發兵馬仰給有司無不足之患以此推之頗有成效三司比視數目差互不同非執政所能親自較計然士遜等猶被罰諮罷三司使初園戶負歲課者如商人入息後不能償至四年太湖等九場凡逋息錢十三萬緡詔悉蠲之然自奭等改制而茶法寖壞景祐中三司吏孫居中等言自天聖三年變法而河北入中虛估之敝復類乾興以前蠹耗縣官請復行見錢法時諮已執政矣三年河北轉運使楊偕亦陳三說法十二害見錢法十二利以謂止用三說所支一分緡錢足以贍一歲邊計遂命諮與參知政事蔡齊等合議且令詔商人訪其利害是歲三月諮等請罷河北入中虛估以實錢償芻粟實錢售茶皆如天聖元年之制又以北商持券至京師舊必得交

引鋪爲之保任并得三司符驗然後給錢以是京師坐賈率多邀求三司吏稽留爲姦乃悉罷之命商持券徑趣榷貨務驗實立償之錢初奭等雖增商人入錢之數而猶以爲利薄故競市虛估之券以射厚利而入錢者寡縣官日以侵削京師少蓄藏至是諮等請視天聖三年入錢數第損一千有奇入中增直亦視天聖元年數第加三百詔皆可之前已用虛估給券者給茶如舊仍給景祐二年已前茶既而諮等又言天聖四年嘗許陝西入中願得茶者每錢十萬所在給券徑趣東南受茶十一萬一千茶商獲利爭欲售陝西券故不復入錢京師請禁止之并言商人所

不便者其事甚悉請爲更約束重私販之禁聽商人輸錢
五分餘爲置籍召保期半年悉償失期者倍其數事皆施
行諮等復言自奭等變法歲損財利不可勝計且以天聖
九年至景祐二年較之五年之間河北入中虛費緡錢五
百六十八萬今一旦復用舊法恐豪商不便依託權貴以
動朝廷請先期申諭於是帝爲下詔戒敕而縣官濫費自
此少矣久之上書者復言自變法以來歲輦京師金帛易
芻粟於河北配擾居民内虛府庫外困商旅非便寶元元
年命御史中丞張觀等與三司議之觀等復請入錢京師
以售眞州等四務十三場茶直十萬者又視景祐三年數

損之爲錢六萬七千入中河北願售茶者又損一千旣而
詔又第損二千於是入錢京師止爲錢六萬五千入中河
北爲錢六萬四千而已康定元年葉清臣爲三司使是歲
河北穀賤因請内地諸州行三說法募人入中且以東南
鹽代京師實錢詔糴止二百萬石慶曆二年又請募人入
芻粟如康定元年法數足而止自是三說稍復用矣八年
三司鹽鐵判官董沔亦請復三說法三司以爲然因言自
見錢法行京師錢入少出多慶曆七年榷貨務緡錢入百
十九萬出二百七十六萬以此較之恐無以贍給請如沔
議以茶鹽香藥緡錢四物予之於是有四說之法初詔止

行於並邊諸州而内地諸州有司蓋未嘗請即以康定元
年詔書從事自是三說四說二法並行於河北不數年間
茶法復壞芻粟之直大約虛估居十之八米斗七百甚者
千錢券至京師爲南商所抑茶每直十萬止售錢三千富
人乘時收蓄轉取厚利三司患之請行貼買之法每券直
十萬比市估三千倍爲六千復入錢四萬四千貼爲五萬
給茶直十萬詔又損錢一萬然亦不足以平其直久之券
比售錢三千者纔得二千往往不售北商無利入中者寡
公私大弊皇祐二年知定州韓琦及河北轉運司皆以爲
言下三司議三司奏自改法至今凡得穀二百二十八萬

餘石芻五十六萬餘圍而費緡錢一百九十五萬有奇茶
鹽香藥又爲緡錢一千二百九十五萬有奇茶鹽香藥民
用有限榷貨務歲課不過五百萬緡今散於民間者旣多
所在積而不售故券直亦從而賤茶直十萬舊售錢六萬
五千今止二千以至香一斤舊售錢三千八百今止五六
百公私兩失其利請復行見錢法一用景祐三年約束乃
下詔曰比食貨法壞芻粟價益倍縣官之費日長商賈不
行豪富之家乘時牟利吏緣爲姦自今有議者須究厥理
審可施用若事已上而驗問無狀者寘之重罰是時雖改
見錢法而京師積錢少恐不足以支入中之費帝又出内

藏庫錢帛百萬以賜三司又之入中者寖多京師帑藏益
之商人持券以俟動彌歲月至損其直以售於蓄賈之家
言利者請出内藏庫錢稍增價售之歲可得遺利五十萬
緡既行而諫官范鎮謂内藏庫榷貨務皆領縣官豈有榷
貨務故稽商人而令内藏乘時射利傷體壞法莫斯爲甚
詔即罷之然自此並邊虛估之弊復起至和三年河北提
舉糴便糧草薛向建議並邊十七州軍歲計粟百八十萬
石爲錢百六十萬緡豆六十五萬石芻三百七十萬圍並
邊租賦歲可得粟豆芻五十萬其餘皆商人入中請罷並
邊入粟自京輦錢帛至河北專以見錢和糴時楊察爲三

司使請用其說因輦絹四十萬匹當緡錢七十萬又蓄見
錢及擇上等茶場八總爲緡錢百五十萬儲之京師而募
商人入錢並邊計其道里遠近優增其直以是償之且省
輦運之費唯入中芻豆計直償以茶如舊行未數年論者
謂輦運科折煩擾居民且商人入錢者少芻豆虛估益高
茶益賤詔翰林學士韓絳等即三司經度絳等言自改法
以來邊儲有備商旅頗通未宜輕變唯輦運之費悉從官
給而本路舊輸稅絹者毋得折爲見錢入中芻豆罷勿給
茶所在平其市估至京償以銀紬絹自是茶法不復爲邊
糴所須而通商之議起矣初官既榷茶民私蓄盜販皆有

禁臘茶之禁又嚴於他茶犯者其罪尤重凡告捕私茶皆
有賞然約束愈密而冒禁愈繁歲報刑辟不可勝數園戶
困於征取官司並緣侵擾因陷罪戾至破產逃匿者歲比
有之又茶法屢變歲課日削至和中歲市茶淮南纔四百
二十二萬餘斤江南三百七十五萬餘斤兩浙二十三萬
餘斤荊湖二百六萬餘斤唯福建天聖末增至五十萬斤
詔特損五萬至是增至七十九萬餘斤歲售錢并本息計
之纔百六十七萬二千餘緡官茶所在陳積縣官獲利無
幾論者皆謂宜弛禁便先是天聖中有上書者言茶鹽課
虧帝謂執政曰茶鹽民所食而強設法以禁之致犯者衆

顧經費尚廣未能弛禁爾景祐中葉清臣上疏曰山澤有
產天資惠民兵食不充財臣兼利草芽木葉私不得專封
園置吏隨處立筦一切官禁人犯則刑既奪其資又加之
罪黥流日報踰冒不悛誠有厚利重貲能濟國用聖仁恤
隱矜赦非辜猶將弛禁緩刑爲民除害度支費用甚大榷
易所收甚薄剗剝園戶資奉商人使朝廷有聚斂之名官
曹滋虐濫之罰虛張名數刻蠹黎元建國以來法敝輒改
載詳改法之由非有爲國之實皆商吏協計倒持利權幸
在更張倍求奇羨富人豪族坐以賈贏薄販下估日皆朘
削官私之際俱非遠策臣竊嘗校計茶利所入以景祐元

年爲率除本錢外實收息錢五十九萬餘緡又天下所售食茶并本息歲課亦秖及三十四萬緡而茶商見通行六十五州軍所收稅錢已及五十七萬緡若令天下通商秖收稅錢自及數倍即榷務山場及食茶之利盡可籠取又況不費度支之本不置榷易之官不興輦運之勞不濫徒縣之辟臣意生民之弊有時而窮盛德之事俟聖不惑議者謂榷賣有定率征稅無彝準通商之後必虧歲計臣按管氏鹽鐵法計口受賦茶爲人用與鹽鐵均必令天下通行以口定賦民獲善利又去嚴刑口數出錢人不厭取景祐元年天下户千二十九萬六千五百六十五丁二千六

百二十萬五千四百四十一三分其一爲産茶州軍内外郭鄉又居五分之一丁賦錢三十村鄉丁賦二十不産茶州軍郭鄉村鄉如前計之又第損十錢歲計已及緡錢四十萬榷茶之利凡止九十餘萬緡通商收稅且以三倍舊稅爲率可得一百七十餘萬緡更加口賦之入乃有二百一十餘萬緡或更於收稅則例微加增益即所增至寡所聚愈厚比於官自榷易驅民就刑利病相須炳然可察時下三司議皆以爲不可行至嘉祐中著作佐郎何鬲三班奉職王嘉麟又皆上書請罷給茶本錢縱園户貿易而官收租錢與所在征筭歸榷貨務以償邊糴之費可以疏利

源而寬民力嘉麟爲登平致頌書十卷隆衍視成策二卷上之淮南轉運副使沈立亦集茶法利害爲十卷陳通商之利時富弼韓琦曾公亮執政決意嚮之力言於帝三年九月命韓絳陳升之呂景初即三司置局議之十月三司言茶課緡錢歲當入二百二十四萬八千嘉祐二年纔及一百二十八萬又募人入錢皆有虛數實爲八十六萬而三十九萬有奇是爲本錢纔得子錢四十六萬九千而輦運糜耗喪失與官吏兵夫廩給雜費又不預焉至於園户輸納侵擾日甚小民趨利犯法刑辟益繁獲利至少爲弊甚大宜約至和以後一歲之數以所得息錢均賦茶民恣

其買賣所在收筭請遣官詢察利害以聞詔遣官分行六路還言如三司使議便四年二月詔曰古者山澤之利與民共之故民足於下而君裕於上國家無事刑罰以清自唐建中時始有茶禁上下規利垂二百年如聞比來爲患益甚民被誅求之困日惟咨嗟官受濫惡之入歲以陳積私藏盜販犯者寔繁嚴刑重誅情所不忍是於江湖之間幅員數千里爲陷穽以害吾民也朕心惻然念此久矣間遣使者往就問之而皆驩然願弛其禁歲入之課以時上官一二近臣條析其狀朕猶若慊然又於歲輸裁減其數使得饒阜以相爲生俾通商利歷世之敝一旦以除著爲

經常弗復更制損上益下以休吾民尚慮喜於立異之人緣而為姦之黨妄陳奏議以惑官司必寘明刑無或有貸初所遣官既議弛禁因以三司歲課均賦茶戶凡為緡錢六十八萬有奇使歲輸縣官比輸茶時其出幾倍朝廷難之為損其半歲輸緡錢三十三萬八千有奇謂之租錢與諸路本錢悉儲以待邊糴自是唯臘茶禁如舊餘茶肆行天下矣論者猶謂朝廷志於恤人欲省刑罰其意良善然茶戶困於輸錢而商賈利薄販鬻者少州縣征稅日蹙經費不充學士劉敞歐陽脩頗論其事敞疏大要以謂先時百姓之摘山者受錢於官而今也顧使之納錢於官受納

之間利害百倍先時百姓冒法販茶者被罰耳今悉均賦於民賦不時入刑亦及之是良民代冒法者受罪先時大商富賈為國懋遷而州郡收其稅今大商富賈不行則稅額不登且乏國用脩言新法之行一利而有五害大略與敞意同時朝廷方排眾論而行之敞等雖言不聽也治平中歲入臘茶四十八萬九千餘斤散茶二十五萬五千餘斤茶戶租錢三十二萬九千八百五十五緡又儲本錢四十七萬四千三百二十一緡而內外總入茶稅錢四十九萬八千六百緡推是可見茶法得失矣自天聖以來茶法屢易嘉祐始行通商雖議者或以為不便而更法之意則

主於優民熙寧四年神宗與大臣論昔茶法之弊文彥博吳充王安石各論其故然於茶法未有所變及王韶建開湟之策委以經略七年始遣三司幹當公事李杞入蜀經畫買茶於秦鳳熙河博馬而韶言西人頗以善馬至邊所嗜唯茶乏茶與市即詔趣杞據見茶計水陸運致又以銀十萬兩帛二萬五千度僧牒五百付之假常平及坊場餘錢以著作佐郎蒲宗閔同領其事初蜀之茶園皆民兩稅地不殖五穀唯宜種茶賦稅一例折輸蓋為錢三百折輸紬絹皆一匹若為錢十則折輸綿一兩為錢二則折輸草一圍役錢亦視其賦民賣茶資衣食與農夫業田無異而

稅額總三十萬杞被命經度又詔得調舉官屬延即蜀諸州剏設官場歲增息為四十萬而重禁榷之令其輸受之際往往壓其斤重侵其價直法既加急矣八年杞以疾去先是杞等歲增十萬之息既而運茶積滯歲課不給即建畫於彭漢二州歲買布各十萬匹以折脚費實以布息助茶利然茶亦未免積滯都官郎中劉佐復議歲易解鹽十萬席雇運回車船載入蜀而禁商販蓋恐布亦難敷也詔既以佐代杞未幾鹽法復難行遂罷佐而宗閔乃議川峽路民茶息收十之三盡賣於官場更嚴私交易之令稍重至徒刑仍沒緣身所有物以待賞給於是蜀茶盡榷民始

病焉十年知彭州呂陶言川峽四路所出茶比東南十不及一諸路既許通商兩川却為禁地虧損治體如解州有鹽池民間煎者乃是私鹽晉州有礬山民間煉者乃是私礬今川蜀茶園皆百姓己物與解鹽晉礬不同又市易司籠制百貨歲出息錢不過十之二然必以一年為率今茶場司務重立法盡榷民茶隨買隨賣取息十之三或今日買十千之茶明日即作十三千買之變轉不休比至歲終豈止三分因奏劉佐李杞蒲宗閔等苟希進用必欲出息三分致茶户被害始詔息止收十之一佐坐措置乖方罷以國子博士李稷代之而陶亦得罪稷依李杞例兼三司

判官仍委權不限員舉劾侍御史周尹論蜀中榷茶為民害罷為提點湖北刑獄利州路漕臣張宗諤張升卿議廢茶場司依舊通商詔付稷稷方以茶利要功言宗諤等所陳皆疏謬罪當無赦雖會赦猶皆坐貶秩二等於是稷建議賣茶官非材許對易如闕員於前資待闕官差茶場司事州郡毋得越職聽治又以茶價增減或不一裁立中價定歲入課額及設酬賞以待官吏而三路三十六場大小使臣並不限員重園户採造黃老秋葉茶之禁犯者没官蒲宗閔亦援稷比許舉劾官吏以重其權二人皆務浚利刻急茶場監官買茶精良及滿五千馱以及萬馱第賞有

差而所買麤惡僞濫者計虧坐贓論凡茶場州軍知州通判並兼提舉經畧使所在即委通判又禁南入熙河秦鳳涇原路如私販臘茶法自熙寧十年冬推行茶法元豐元年秋凡一年通課利及舊界息稅七十六萬七千六十餘緡帝謂稷能推原法意日就事功宜速遷擢以勸在位遂落權發遣以為都大提舉茶場而用永興軍等路提舉常平范純粹同提舉久之用稷言徙司秦州而録李杞前勞以子玨試將作監主簿蒲宗閔更請巴州等處產茶並用榷法五年李稷死永樂城詔以陸師閔代之師閔言稷治茶五年百費外獲淨息四百二十八萬餘緡詔賜田十頃

而師閔榷利尤刻於前建言文階州接連而茶法不同階為禁地有博馬賣茶場文獨為通商地乞文龍二州並禁榷仍許川路餘羨茶貨入陝西變賣於成都府置博賣都茶場事皆施行初群牧判官郭茂恂言賣茶買馬事實相須詔茂恂同提舉茶場至是師閔以買馬司兼領茶場茶法不能自立詔罷買馬司兼領令茶場都大提舉視轉運使同管幹視轉運判官以重其任買種民更立茶法師閔論奏茶場與他場務不同詔並用舊條初李杞增諸州茶場自熙寧七年至元豐八年蜀道茶場四十一京西路金州為場六陝西賣茶為場三百三十二稅息至稷加為五

十萬及師閔爲百萬元祐元年侍御史劉摯奏疏曰蜀茶之出不過數十州人賴以爲生茶司盡榷而市之園户有茶一本而官市之額至數十斤官所給錢靡耗於公者名色不一給借保任輸入視驗皆牙儈主之故費於牙儈者又不知幾何是官於園户名爲平市而實奪之園户有逃而免者有投死以免者而其害猶及鄰伍欲伐茶則有禁欲增植則加市故其俗論謂地非生茶也實生禍也願選使者考茶法之敝以蘇蜀民右司諫蘇轍繼言呂陶嘗奏改茶法止行長引令民自販每緡長引錢百詔從其請民方有息肩之望孫迥李稷入蜀商度盡力掊取息錢長引

並行民間始不易矣且盜賊贓及二貫止徒一年出賞五千今民有以錢八百私買茶四十斤者輒徒一年賞三十千立法苟以自便不顧輕重之宜蓋造立茶法皆傾險小人不識事體且備陳五害呂陶亦條上利害詔付黃廉體量未至摯又言陸師閔恣爲不法不宜仍任事詔即罷之先是師閔提舉榷茶所行職務他司皆不得預聞事權震灼爲患深密及黃廉就領茶事乃請凡緣茶事有侵損戾法或措置未當及有訴訟依元豐令聽他司關送十一月蒲宗孟亦以附會李稷賣茶罷明年熙河秦鳳涇原三路茶仍官爲計置永興鄜延環慶許通商凡以茶易穀者聽

仍舊毋得踰轉運司和糴價其所博斛斗勿取息七年詔成都等路茶事司以三百萬緡爲額本紹聖元年復以陸師閔都大提舉成都等路茶事而陝西復行禁榷師閔乃奏龍州仍爲禁茶地凡茶法並用元豐舊條師閔自復用以訖哲宗之世其掊克之迹不若前日之著故建明亦罕見焉茶之在諸路者神宗哲宗朝無大更革熙寧八年嘗詔都提舉市易司歲買商茶以三百萬斤爲額元祐五年立六路茶稅租錢諸州通判轉運司月暨歲終比較都數之法七年以茶隸提刑司稅務毋得更易爲雜稅收受紹聖四年戶部言商旅茶稅五分治平條立輸送之限既寬

復慮課入無準故定以限約毋得更展元祐中輒展以季課入漏失且茶稅歲計七十萬緡積十年未嘗檢察請內外委官期一年驅筭以聞詔聽其議展限令出一時毋承用崇寧元年右僕射蔡京言祖宗立禁榷法歲收淨利凡三百二十餘萬貫而諸州商稅七十五萬貫有奇食茶之筭不在焉其盛時幾五百餘萬緡慶曆之後法制寖壞私販公行遂罷禁榷行通商之法自後商旅所至與官爲市四十餘年利源寖失謂宜荆湖江淮兩浙福建七路所產茶仍舊禁榷官買勿復科民即產茶州郡隨所置場申商人園戶私易之禁凡置場地園戶租折稅仍舊產茶州軍

許其民赴場輸息量限斤數給短引於旁近郡縣便鬻餘悉聽商人於榷貨務入納金銀緡錢或並邊糧草即本務給鈔取便筭請於場別給長引從所指州軍鬻之商稅自場給長引沿道登時批發至所指地然後計稅盡輸則在道無苛留買茶本錢以度牒末鹽鈔諸色封樁坊場常平剩錢通三百萬緡爲率給諸路諸路措置各分命官詔悉聽焉俄定諸路措置茶事官置司湖南於潭州湖北於荊南淮南於揚州兩浙於蘇州江東於江寧府江西於洪州其置場所在蘄州即其州及蘄水縣壽州以霍山開順光州以光山固始舒州即其州及羅源太湖黃州以麻城廬

州以舒城常州以宜興湖州即其州及長興德清安吉武康睦州即其州及青溪分水桐廬遂安婺州即其州及東陽永康浦江處州即其州及遂昌青田蘇杭越各即其州而越之上虞餘姚諸暨新昌剡縣皆置焉衢台各即其州而溫州以平陽大法既定其制置節目不可毛舉四年京復議更革遂罷官置場商旅並即所在州縣或京師給長短引自買於園戶茶貯以籠篰官爲抽盤循第敘輸息訖批引販賣茶事益加密矣大觀元年議提舉茶事司須保驗一路所產茶色高下價直低昂而請茶短引以地遠近程以三等之期復慮商旅影挾舊引冒詐規利官吏因得

擾動以御筆申飭之又以諸路再定茶息多寡或不等令斤各增錢十三年計七路一歲之息一百二十五萬一千九百餘緡榷貨務再歲一百十有八萬五千餘緡京專用是以舞智固權自是歲以百萬緡輸京師所供私奉掊息益厚盜販公行民滋病矣政和二年大增損茶法凡請長引再行者輸錢百緡即往陝西加二十茶以百二十斤短引輸緡錢二十茶以二十五斤私造引者如川錢引法歲春茶出集民戶約三歲實直及今價上戶部茶籠篰並皆官製聽客買定大小式嚴封印之法長短引輒竄改增減及新舊對帶繳納申展住賣轉鬻科條悉具初客販茶用

舊引者未嚴斤重之限影帶者衆於是又詔凡販長引斤重及三千斤者須更買新引對賣不及三千斤者即用新引以一斤帶二斤鬻之而合同場之法出矣場置於産茶州軍而簿給於都茶場凡不限斤重茶委官司秤製毋得止憑批引爲定有贏數即沒官別定新引限程及重商旅規避秤製之禁凡十八條若避匿抄劄及擅賣皆坐以徒復慮茶法猶輕課入不羡定園戶私賣及有引而所賣踰數保內有犯不告並如煎鹽亭戶法短引及食茶關子輒出本路坐以二千里流賞錢百萬重和元年詔客販輸稅檢括抵保吏因擾民其蠲之未幾復輸稅如舊大抵茶鹽

之法主於蔡京務巧掊利變改法度前後相踰民聽眩惑
初令茶戶投狀籍於官非在籍者禁與商旅貿易未幾即
罷初限計斤重令買新引茶有贏者即及一千五百斤須
用新引貼販或止願販新茶帶賣者聽未幾以帶賣者多
又罷其令陝西舊通蜀茶崇寧二年始通東南茶政和中
陝西没官茶令估賣繼以妨商旅下令焚棄俄令正茶没
官者聽與販引外剩茶及私茶數以給告者長引限以一
年短引限以半歲繳納久之令已買引而未得於園戶者
期七年許民間同見緡流轉長引聽即本路住賣以二浙
鹽香司有言而止其科條纖悉紛更不可勝記慮商旅疑

豫茶貨不通延重扇搖之令於時掊克之吏爭以贏羨爲
功朝廷亦嚴立比較之法州郡樂賞畏刑惟恐負課優假
商人陵轢州郡蓋莫有言者獨邠州通判張益謙奏陝西
非產茶地奉行十年未經立額歲歲比較第務增益稍或
虧少程督如星州縣惶懼多前路招誘豪商增價以幸其
來故陝西茶價斤有至五六緡者或稍裁之則批改文引
轉之他郡及配之鋪戶安能盡售均及稅農民實受害徒
令豪商坐享大利言竟不行然自茶法更張至政和六年
收息一千萬緡茶增一千二百八十一萬五千六百餘斤
及方臘竊發乃詔權罷比較臘誅有司議招集園戶借貸

優恤止於文具姦臣仍用事蠹國害民又慮人言扇搖之
令復出矣靖康元年詔川茶侵客茶地者以多寡差定其
罪初熙寧五年以福建茶陳積乃詔福建茶在京京東西
淮南陝西河東仍禁榷餘路通商元豐七年王子京爲福
建轉運副使言建州臘茶舊立榷法自熙寧權聽通商自
此茶戶售客人茶甚良官中所得惟常茶稅錢極微南方
遺利無過於此乞仍舊行榷法建州歲出茶不下三百萬
斤南劍州亦不下二十餘萬斤欲盡買入官度逐州軍民
戶多少及約鄰路民用之數計置即官場賣嚴立告賞禁
建州賣私末茶借豐國監錢十萬緡爲本並從之所請均

入諸路榷賣委轉運司官提舉福建王子京兩浙許懋江
東杜偉江西朱彥博廣東高鎛然子京蓋未免抑配於民
時遠方若桂州修仁諸縣夔州路達州有司皆議榷茶言
利者踵相躡然神宗聞鄂州失催茶稅輒蠲之建州園戶
等以茶麤濫當剋納爲錢三萬六千餘緡慮其不能償令
準輸茶初成都帥司蔡延慶言邛部川蠻主苴尅等願賣
馬即詔延慶以茶招來後聞邊計蠻情非便即罷之哲宗
嗣位御史安惇首劾王子京買臘茶抑民詔罷子京事任
令福建禁榷州軍視其舊餘並通商桂州修仁等縣禁榷
及陝西碎賣芽茶皆罷崇寧二年尚書省言建劍二州茶

額七十餘萬斤近歲增盛而本錢多不繼詔更給度牒四百仍給以諸色封樁繼詔商旅販臘茶蠲其稅私販者治元售之家如元豐之制臘茶舊法免稅大觀三年措置茶事始收焉四年私販勿治元售之家如元符令政和初復增損爲新法三年詔免輸短引許依長引於諸路住賣後末骨茶每長引增五百斤短引倣此諸路監司州郡公使食茶禁私買聽依商旅買引六年詔福建茶園如鹽田量土地產茶多寡依等第均稅重和元年以改給免稅新引重定福建骨茶斤重長引以六百斤爲率元豐中宋用臣都提舉汴河隄岸剏奏修置水磨凡在京茶户擅磨末茶

者有禁並許赴官請買而茶鋪入米豆雜物揉和者募人告一兩賞三千及一斤十千至五十千止商賈販茶應往府界及在京須令產茶山場州軍給引並赴京場中賣犯者依私販臘茶法諸路末茶入府界者復嚴爲之禁訖元豐末歲獲息不過二十萬商旅病焉元祐初寬茶法議者欲罷水磨户部侍郎李定以失歲課持不可廢侍御史劉摯右司諫蘇轍等相繼論奏遂罷紹聖初章惇等用事首議修復水磨乃詔即京索天源等河爲之以孫迥提舉復命兼提舉汴河隄岸四年場官錢景逢獲息十六萬餘緡呂安中二十一萬餘緡以差議賞元符元年户部上凡獲

私末茶幷雜和者即犯者未獲估價給賞並如私臘茶獲犯人法雜和茶宜棄者斤特給二十錢至十緡止初元豐中修置水磨止於在京及開封府界諸縣未始行於外路及紹聖復置其後遂於京西鄭滑潁昌府河北澶州皆行之又將即濟州山口營置崇寧二年提舉京城茶場所奏紹聖初興復水磨歲收二十六萬餘緡四年於長葛等處京索溴水河增修磨二百六十餘所自輔郡榷法罷遂失其利請復舉行從之尋詔商販臘茶入京城者本場盡買之其翻引出外者收堆垛錢裁元豐制更立新額歲買山場草茶以五百萬斤爲率客茶至京者許官場買十之三

即索價故高驗元引買價量增三年詔罷之明年改令磨户承歲課視酒户納麴錢法五年復罷民户磨茶官用水磨仍依元豐法應緣茶事併隸都提舉汴河堤岸司大觀元年改以提舉茶事司爲名尋命茶場茶事通爲一司三年復撥隸京城所一用舊法政和元年京城所請商旅販茶起引定入京住賣者即許借江入汴如元豐舊制其借江入汴却指他路住賣者禁已請引者並令赴京二年以課人不登商賈留滯詔以其事歸尚書省於是尚書省言水磨茶自元豐剏立止行於近畿昨乃分配諸路以故致弊欲止行於京城仍通行客販餘路水磨並罷從之四年

收息四百萬貫有奇比舊三倍遂䄂月進高宗建炎初於眞州印鈔給賣東南茶鹽當是時茶之産於東南者浙東西江東西湖南北福建淮南廣東西路十州六十有六縣二百四十有二雲川顧渚生石上者謂之紫筍毗陵之陽羨紹興之日鑄婺源之謝源隆興之黄龍雙井皆絶品也建炎三年置行在都茶場罷合同場十有八惟洪江興國潭建各置場一監官一罷食茶小引捕私茶法視捕私鹽二十一年秦檜等始進茶鹽法先是臣僚或因事建明朝廷亦因時損益至是審訂成書上之孝宗隆興二年淮東宣諭錢端禮言商販長引茶水路不許過高郵陸路不許

過天長如願往楚州及盱眙界引貼輸翻引錢十貫五百文如又過淮北貼輸亦如之當是時商販自榷場轉入虜中其利至博幾禁雖嚴而民之犯法者自若也乾道二年户部言商販至淮北榷場折博除輸翻引錢更輸通貨儈息錢十一緡五百文八年減輸翻引錢止七緡通貨儈息錢止八緡淳熙二年以長短茶引權以半依元引斤重錢數分作四緡小引印給而翻引貼輸錢隨小引輸送光宗紹熙初漳州守臣朱熹奏除屬邑科茶七千餘緡臣僚申明長短小引相兼從人之便户部言給賣小引除金銀會子分數入輸餘願專以會子筭請者聽寧宗嘉泰四年知隆興府韓邈奏請隆興府惟分寧縣産茶他縣無茶而豪民武斷者乃請引窮索一鄉使認茶租非便於是禁非産茶縣不許民擅認茶租建寧臘茶北苑爲第一其最佳者曰社前次曰火前又曰雨前所以供玉食備賜予太平興國始置大觀以後製愈精數愈多胯式屢變而品不一歲貢片茶二十一萬六千斤建炎以來葉濃楊勍等相因爲亂園丁亡散遂罷之紹興二年蠲未起大龍鳳茶一千七百二十八斤五年復減大龍鳳及京鋌之半十二年興榷場遂取臘茶爲榷場本凡胯截片鋌不以高下多少官盡榷之申嚴私販入海之禁議者請鬻建茶於臨安移茶司

事於建州買發明年以失陷引錢復令通商自是上供龍鳳京鋌茶料凡製作之費篚笥之式令漕司專之蜀茶之細者其品視南方已下惟廣漢之趙坡合州之水南峨眉之白牙雅安之蒙頂土人亦珍之但所産甚微非江建比也舊無榷禁熙寧間始置提舉司收歲課三十萬至元豐中累增至百萬建炎元年成都轉運判官趙開言榷茶買馬五害請用嘉祐故事盡罷榷茶而令漕司買馬或未能然亦當減額以蘇園户輕價以惠行商如此則私販衰而盜賊息遂以開同主管川秦茶馬二年開至成都大更茶法倣蔡京都茶場法以引給茶商即園户市茶百斤爲一

大引除其十分算置合同場以譏其出入重私商之禁為
茶市以通交易每斤引錢春七十夏五十市利頭子錢不
預焉所過征一錢所止一錢五分自後引息錢至一百五
萬緡至十七年都大茶馬韓球盡取園户加饒之茶為額
茶司歲收二百萬而買馬之數不加多乾道末年青羌作
亂茶司增長細馬名色等錢歲三十萬淳熙六年以後累
減園户重額錢十六萬又減引息錢十六萬至紹熙初楊
輔為使遂定為法成都府利州路二十三場歲產茶二千
一百二萬斤通博馬物帛歲收錢二百四十九萬三千餘
緡朝廷歲以一百一十三萬緡隸總領所贍軍欸茶馬司

率多難之乾道以後歲撥止一二十萬緡至淳熙十年遂
以五十萬緡為準自熙豐以來茶司官權出諸司之上初
元豐開川秦茶場園户既輸二稅又輸土產隆安縣園户
二稅土產兼輸外又催理茶課估錢建炎元年立為額至
寧宗慶元初始除之六年詔四川產茶處歲輸經總制頭
子錢五千四十一道有奇又科租錢三千一百四十道有
奇宋初經理蜀茶置互市于原渭德順三郡以市蕃夷之
馬熙寧間又置場于熙河南渡以來文黎珍叙南平長寧
階和凡八場其間盧甘蕃馬歲一至焉洮州蕃馬或一月
或兩月一至焉疊州蕃馬或半年或三月一至焉皆良馬

也其他諸蕃馬多駑大率皆以互市為利宋朝曲示懷遠
之恩亦以是羈縻之紹興二十四年復黎州及雅州碉門
靈西砦易馬場乾道初川秦八場馬額九千餘匹淳熙以
來為額萬二千九百九十四匹自後所市未嘗及焉

志卷第一百三十七

開府儀同三司上柱國錄軍國重事前中書右丞相監修國史領經筵事都總裁臣脫脫等奉
修

食貨下七 酒 坑冶 礬 香附

酒宋榷酤之法諸州城内皆置務釀酒縣鎮鄉閭或許民
釀而定其歲課若有遺利所在多請官酤三京官造麴聽
民納直以取陳滑蔡潁隨郢鄧金房州信陽軍舊皆不榷
太平興國初京西轉運使程能請榷之所在置官吏局署
取民租米麥給釀以官錢市薪槱及吏工奉料歲計獲無
幾而主吏規其盈羨及醖齊不良酒多醨薄至課民婚葬
量戶大小令酤民甚被其害歲儉物貴殆不償其費太宗
知其弊淳化五年詔募民自釀輸官錢減常課三之二使
其易辦民有應募者檢視其貲產長吏及大姓共保之後
課不登則均償是歲取諸州歲課錢少者四百七十二處
募民自酤或官賣麴收其直其後民應募者寡猶多官釀
陝西雖榷酤而尚多遺利咸平五年度支員外郎李士衡
請增課以助邊費乃歲增十一萬餘貫兩浙舊募民掌榷
雍熙初以民多私釀遂蠲其禁其榷酤歲課如麴錢之制
附兩稅均率二年詔曰有司請罷杭州榷酤乃使豪舉之
家坐專其利貧弱之戶歲責所輸本欲惠民乃成侵擾宜

仍舊榷酒罷納所均錢天禧四年轉運副使方仲荀言本
道酒課舊額十四萬貫遺利尚多乃歲增課九萬八千貫
川峽承舊制賣麴價重開寶二年詔減十之二既而頗興
榷酤言事者多陳其非便太平興國七年罷仍舊賣麴自
是惟夔達開施瀘黔涪黎威州梁山雲安軍及河東之麟
府州荊湖之辰州福建之福泉汀漳州興化軍廣南東西
路不禁自春至秋醖成即鬻謂之小酒其價自五錢至三
十錢有二十六等臘釀蒸鬻候夏而出謂之大酒自八錢
至四十八錢有二十三等凡醖用秔糯粟黍麥等及麴法
酒式皆從水土所宜諸州官釀所費穀麥準常糴以給不
得用倉儲酒匠役人當受糧者給錢凡官麴麥一斗爲麴
六斤四兩賣麴價東京南京斤直錢百五十五西京減五
咸平末江淮制置增榷酤錢頗爲煩刻景德二年詔毋增
榷自後制置使不得兼領酒榷四年又詔中外不得更議
增課以圖恩獎天禧初著作郎張師德使淮南上言鄉村
酒戶年額少者望並停廢從之至道二年兩京諸州收榷
課銅錢一百二十一萬四千餘貫鐵錢一百五十六萬五
千餘貫京城賣麴錢四十八萬餘貫天禧末榷課銅錢增
七百七十九萬六千餘貫鐵錢增一百三十五萬四千餘
貫麴錢增三十九萬一千餘貫五代漢初犯麴者並棄市

周至五斤者死建隆二年以周法太峻犯私麴至十五斤
以私酒入城至三斗者始處極刑餘論罪有差私市酒麴
者減造人罪之半三年再下酒麴之禁凡私造差定其罪
城郭二十斤鄉閭三十斤棄市民持私酒入京城五十里
西京及諸州城二十里者至五斗處死所定里數外有官
署酤酒而私酒入其地一石棄市乾德四年詔比建隆之
禁第減之凡至城郭五十斤以上鄉閭百斤以上私酒入
禁地二石三石以上至有官署處四石五石以上者乃死
法益輕而犯者鮮矣端拱二年令民買麴釀酒酤者縣鎮
十里如州城二十里之禁天聖以後北京售麴如三京法

官售酒麴亦畫疆界戒相侵越犯皆有法其不禁之地大
槩與宋初同唯增永興軍大通監川峽之茂州富順監時
天下承平既久戶口寖蕃爲酒醪以靡穀者益衆乾興初
言者謂諸路酒課月比歲增無有藝極非古者禁羣飲教
節用之義遂詔鄉村毋得增置酒場已募民主之者期三
年他人雖欲增課以售勿聽主者自欲增課委官吏度異
時不至虧額負課然後上聞既而御史中丞晏殊請酒場
利薄者悉禁增課天聖七年詔民間有吉凶事酤酒舊聽
自便毋抑配而江淮荊湖兩浙酒戶往往豪制良民至出
引目抑使多售其嚴禁止犯者聽人告募人代之慶曆初

三司言陝西用兵軍費不給尤資榷酤之利請較監臨官
歲課增者第賞之繼令蕭定基王琪等商度利害初酒場
歲課不登州縣多責衙前或伍保輸錢以充其數嘉祐治
平中數戒止之治平四年手詔蠲京師酒戶所負麴錢十
六萬緡又江南比歲所增酒場強率人酤酒者禁止皇祐
中酒麴歲課合緡錢一千四百九十八萬六千一百九十
六至治平中減二百一十二萬三千七百三而皇祐中又
入金帛絲纊芻粟材木之類總其數四百萬七百六十治
平中乃增一百九十九萬一千九百七十五熙寧三年詔
諸郡遇節序毋得以酒相饋初知渭州蔡挺言陝西有臨

公使酒交遺至踰二十驛道路煩苦詔禁之至是都官郎
中沈衡復言知莫州柴貽範饋他州酒至九百餘瓶用兵
夫踰二百人故并諸路禁焉四年三司承買酒麴坊場錢
率千錢稅五十儲以祿吏六月令式所刪定官周直孺言
在京麴院酒戶鬻酒虧額原於麴數多則酒亦多多則價
賤賤則人戶損其利爲今之法宜減數增價使酒有限而
必售則人無耗折之患而官額不虧請以百八十萬斤爲
定額閏年增十五萬斤舊直斤百六十八百以八十五爲
數後增爲二百百用省數以便入出七年諸郡舊不釀酒
者許釀以公使錢率百緡爲十石溢額者以違制論在京

酒戶歲用糯三十萬石九年江浙災傷米直騰貴詔選官至所產地預給錢俟成稔折輸於官未幾詔勿行止以所糴在京新米與已糴米半用之元豐元年增在京酒戶麴錢較年額損麴三十萬斤閏年益造萬斤二年詔在京鬻麴歲以百二十萬斤爲額斤直錢二百五十俟鬻及舊額令復舊價酒戶負糟糯錢更期以二年帶輸并蠲未請麴數十萬斤先是京師麴法自熙寧四年更定後多不能償雖屢閣未請麴數及損歲額爲百五十萬斤斤增錢至二百四十未免逋負至是命畢仲衍與周直孺講求利病請損額增直均給七十店令日輸錢周歲而足月輸不及數

計所負倍罰其炊醞非時擅益器量及用私麴皆立告賞法悉施行之而裁其價三年詔帶輸舊麴錢及倍罰錢仍寬以半歲未經免罰者蠲三之一五年外居宗室酒止許於舊官院尊長及近屬寄醞增永興軍乾祐縣十酒場酒戶負糟糯錢更令三年之内均月限以輸並除限内罰息其倍罰麴錢已蠲三之一下戶更免一分元祐元年刪監司鬻酒及三路饋遺條紹聖二年左司諫翟思言諸郡釀酒非沿邊並復熙寧之數詔熙寧五年以前諸郡不釀酒及有公使錢而無酒者所釀並依熙寧編敕數仍令諸郡所減勿逾百石舊不及數者如舊毋得於例外供饋後又

以陝西沿邊官監酒務課入不足乃令邊郡非帥府並酌條制定釀酒數諸將并城砦止許於官務寄釀崇寧二年知漣水軍錢景允言建立學舍請以承買醋坊錢給用詔常平司計無害公費如所請仍令他路準行之初元祐臣僚請罷榷醋戶部謂本無禁文後翟思請以諸郡醋坊日息用餘悉歸常平至是景允有請故令常平計之十月諸路官監酒直上者升增錢二中下增一以充學費餘裨轉運司歲用大觀四年以兩浙轉運司之請官監鬻糟錢別立額比較又詔諸郡榷酒之地入出酒米並別遣倉官賣醋毋得越郡城五里外凡縣鎮村並禁其息悉歸轉運

司舊屬常平者如故政和二年淮南發運副使董正封言杭州都酒務甲於諸路治平前歲課三十萬緡今不過二十萬請令分務爲三更置比較務二毋增官吏兵匠仍請本路諸郡並增務比較從之四年兩浙轉運司亦請置務比較定課額釀酒收息以增虧爲賞罰詔酒務官二員者分兩務三員者復增其一員雖多毋得過四務内有官雖多而課息不廣者聽如舊是歲以湖南路諸務糟醉錢分入提舉司令斤增錢三爲直達糧綱水工之費立酒匠闕聽選試清務廂軍之法清務者本州選刺供踏麴爨蒸之役闕則募人以充宣和二年公使庫假用米麴及因耗官

課者以坐贓罪之監官移替三年發運使陳遘奏江淮等
路官監酒直上者升權增錢五次增三爲江浙新復州縣
之用其後尚書省請令他路悉行之詔如其請所收率十
之三以給漕計餘輸大觀庫五年罷夔路榷酤未幾復舊
以轉運司言新邊城砦藉以供億故也六年在任官以奉
酒抑賣坊戶轉鬻者論以違制律先是政和末嘗詔毋得
令人置肆以鬻今併禁之諸路增酒錢如元豐法悉充上
供爲戶部用毋入轉運司七年諸路鬻醋息率十五爲公
使餘如鈔旁法令提刑司季具儲備之數毋得移用靖康
元年兩浙路酒價屢增較熙豐幾倍而歲稔米麴直賤民

規利輕冒法遂令罷所增價渡江後屈於養兵隨時增課
名目雜出或主於提刑或領於漕司或分隸於經總制司
惟恐軍資有所未裕建炎三年總領四川財賦趙開遂大
變酒法自成都始先罷公帑實供給酒即舊撲買坊場所
置隔釀設官主之民以米入官自釀斛輸錢三十頭子錢
二十二明年徧下其法於四路歲遞增至六百九十餘萬
緡凡官槽四百所私店不預焉於是東南之酒額亦日增
矣四年以米麴價高詔上等升增二十文下等升增十八
文俟米麴價平依舊紹興元年兩浙酒坊於買撲上添淨
利錢五分季輸送戶部又增諸酒錢上升二十文下十文

其諸州軍賣酒虧折隨宜增價一分州用一分漕計一分
隸經制司先是酒有定價每增須上請是後郡縣始自增
而價不一矣五年令諸州酒不以上下升增五文隸制總
司六年以紹興二年以後三年中一年中數立額其增羨
給郡縣用罷四川州軍縣鎮酒官百七員其酒息微處並
罷之七年以戶部尚書章誼等言行在置贍軍酒庫四川
制置使胡世將即成都潼川資普廣安立清酒務許民買
撲歲爲錢四萬八千餘緡自趙開行隔槽法增至十四萬
六千餘緡紹興元年及世將改官監所入又倍自後累增至五
十四萬八千餘緡紹興二十五年而外邑及民戶坊場又爲三十

九萬緡淳熙二年然隔槽之法始行聽就務分槽醞賣官計所
入之米而收其課若未病也行之既久醞賣虧欠則責入
米之家認輸不復覈其米而第取其錢民始病矣十年罷
措置贍軍酒庫所官吏悉歸戶部以左曹郎中兼領以點
檢贍軍酒庫爲名與本路漕臣共其事十五年弛夔路酒
禁以南北十一庫並充贍軍激賞酒庫隸左右司十七年
省四川清酒務監官成都府二員與元遂寧府漢綿邛蜀
彭簡果州富順監并漢州綿州縣各一員二十一年詔諸
軍買撲酒坊監官賞格依舊四萬三萬貫巳上場務增及一倍減一年磨勘二倍減二
年磨勘三倍減三年磨勘四倍減四年磨勘二萬一萬貫巳上場務增及一倍減三季磨勘二倍減一年磨勘三倍

減三年磨勘七千貫以上場務增及一倍升三季名次二倍減一年磨勘三倍減一年半磨勘四倍減二年磨勘七千貫以下場務增及一萬貫減一年磨勘二萬貫減二年磨勘三萬貫減三年磨勘四萬貫減四年磨勘二十五年罷諸路漕司寄造酒二十七年以隔槽酒擾民許買撲以便民罷官監後復置之三十年以點檢措置贍軍酒庫改隸戶部既而戶部侍郎邵大受等言歲計賴經總制窠名至多今諸路歲虧二百萬皆緣諸州公使庫廣造別置店酤賣以致酒務例皆敗壞詔罷諸州別置酒庫如軍糧酒庫防月庫月樁庫之類并省務寄造酒及帥司激賞酒庫凡未分隸經總制錢處並立額分隸補趁虧額三十一年殿帥趙密以諸軍酒坊六十六歸之戶部年見九同安

郡王楊存中罷殿帥復以私撲酒坊九上之歲通收息六十萬緡有奇以十分爲率七分輸送行在三分給漕計蓋自軍興以來諸帥擅榷酤之利由是縣官始得資之以佐經費焉孝宗乾道元年以浙東西犒賞庫六十四隸三衙輸課於左藏南庫餘錢充隨年贍軍及造軍器二年詔臨安府安撫司酒庫悉歸贍軍并贍軍諸庫及臨安府安撫司酒務令戶部取三年所收一年中數立額日售錢萬緡歲收本錢一百四十萬息錢一百六十萬麴錢二萬羨餘獻以內藏者又二十萬其後增爲五十萬四年立場務官賞格七年以淮西總領周閎言總所庫四安撫司庫五都

統司庫十八馬軍司庫一增置行宮庫一共爲庫二十九以三年最高年爲額其行宮新庫息錢除分認諸處錢及糜費以淨息三分爲率一分輸御前酒庫以提領建康府戶部贍軍酒庫爲名遂鑄印及改庫名八年知常德府劉邦翰言江北之民困於酒坊至貧之家不捐萬錢則不能舉一吉凶之禮乃檢乾道重修敕令申嚴抑買之禁淳熙三年詔四川酒課折估困弊可減額錢四十七萬三千五百餘緡令禮部給降度牒六百六十一道補還今歲減數明年於四川合給湖廣總所錢補之寧宗開禧元年知臨安府兼點檢贍軍激賞庫趙善防轉運判官提領戶部犒

賞酒庫詹徽之言官吏冗費請諸司官屬兼管明年又以都省言課額失陷依舊辟置初趙開之立隔釀法也蓋以紓一時之急其後行之諸郡國家贍兵郡縣經費率取給於此故雖罷行增減不一而足而其法卒不可廢云

阬冶凡金銀銅鐵鉛錫監冶場務二百有一金產商饒歙撫四州南安軍銀產鳳建桂陽三州有三監饒信虔越衢處道福汀漳南劍韶廣英連恩春十七州建昌邵武南安三軍有五十一場秦隴興元三州有三務銅產饒處建英信汀漳南劍八州南安邵武二軍有三十五場梓州有一務鐵產徐兗相三州有四監河南鳳翔同虢儀蘄黃袁英

九州興國軍有十二冶晉磁鳳澧道渠合梅陝耀坊虔汀吉十四州有二十務信鄂連建南劒五州邵武軍有二十五場鉛產越建連英春韶衢汀漳南劒十州南安邵武二軍有三十六場務錫產河南南康虔道賀潮循七州南安軍有九場水銀產秦階商鳳四州有四場朱砂產商宜二州富順監有三場開寶三年詔曰古者不貴難得之貨後代賦及山澤上加侵削下益彫弊每念茲事深疚于懷未能捐金於山豈忍奪人之利自今桂陽監歲輸課銀宜減三分之一民鑄銅爲佛像浮圖及人物之無用者禁之銅鐵不得闌出蕃界及化外至道二年有司言定州諸山多銀礦而鳳州山銅礦復出採鍊大獲而皆良焉請置官署掌其事太宗曰地不愛寶當與衆庶共之不許東西川監酒商税課半輸銀帛外有司請令二分入金景德三年詔以非土產罷之天聖中登萊採金歲益數千兩仁宗命奬勸官吏宰相王曾曰採金多則背本趨末者衆不宜誘之景祐中登萊饑詔弛金禁聽民採取俟歲豐復故然是時海内承平已久民間習俗日漸侈靡糜金以飾服器者不可勝數重禁莫能止焉景祐慶曆中屢下詔申敕之語在輿服志大率山澤之利有限或暴發輒竭或採取歲久所得不償其費而歲課不足有司必責主者取盈仁宗英宗

每降赦書輒委所在視冶之不發者或廢之或蠲主者所負歲課率以爲常而有司有請亦輒從之無所吝故冶之興廢不常而歲課增損隨之皇祐中歲得金萬五千九十五兩銀二十一萬九千八百二十九兩銅五百一十萬八百三十四斤鐵七百二十四萬一千斤鉛九萬八千一百五十一斤錫三十三萬六百九十五斤水銀二千二百斤其後以赦書從事或有司所請廢冶百餘既而山澤興發至治平中或增冶或復故者六十有八而諸州阬冶總二百七十一登萊商饒汀南恩六州金之冶十一登虢秦鳳商隴越衢饒信虔郴衡漳汀泉建福南劒英韶連春二十三州南安建昌邵武三軍桂陽監銀之冶八十四饒信虔建漳汀南劒泉韶英梓十一州邵武軍銅之冶四十六登萊徐兖鳳翔陝儀邢虢磁虔吉袁信澧汀泉建南劒英韶渠合資二十四州興國邵武二軍鐵之冶七十七越衢信汀南劒英韶春連九州邵武軍鉛之冶三十商虢虔道賀潮循七州錫之冶十六而水銀丹砂州冶與至道天禧之時則一皆置吏主之是歲視皇祐金減九千六百五十六銀增九萬五千三百八十四銅增一百八十七萬鐵錫增百餘萬鉛增二百萬又得丹砂二千八百餘斤獨水銀無增損焉熙寧元年詔天下寶貨阬冶不發而負歲課者蠲

之八年令近坑冶坊郭鄉村并淘採烹鍊人並相爲保保内及於坑冶有犯知而不糾或停盜不覺者論如保甲法元豐元年諸坑冶金總收萬七百一十兩銀二十一萬五千三百八十五兩銅千四百六十萬五千九百六十九斤鐵五百五十萬一千九十七斤鉛九百十九萬七千三百三十五斤錫二百三十二萬一千八百九十八斤水銀三千三百五十六斤朱砂三千六百四十六斤十四兩有奇先是熙寧七年廣西經略司言邕州右江填乃洞產金請以鄧闢監金場後五年凡得金爲錢二十五萬緡闢遷官者再焉元豐四年始以所產薄罷貢而虔吉州界鉛悉禁

之七年戶部尚書王存等請復開銅禁各展磨勘年有差是歲坑冶凡一百三十六所領於虞部紹聖元年戶部尚書蔡京奏岑水場銅額寖虧而商號聞苗脈多陝民不習烹採久廢不發請募南方善工詣陝西經畫擇地興冶於是以許天啓同管幹陝西坑冶事元符三年天啓罷領坑冶以其事歸之提刑司初新舊坑冶合爲一司而漕司兼領天啓爲同管幹欲專其事慮有所牽制乃請川陝京西路坑冶自爲一司許檢束州縣刺舉官吏而漕司不復兼坑冶至是中書奏天啓所領首末六歲總新舊銅止收二百六萬餘斤而兵匠等費緡錢多故罷之崇寧元年提舉江

淮等路銅事游經言信州膽銅古坑二一爲膽水浸銅工少利多其水有限一爲膽土煎銅無窮而爲利寡計置之初宜增本損息浸銅斤以錢五十爲本煎銅以八十詔用其言諸路坑冶自川陝京西之外並令常平司同管幹所收息薄而煩官監者如元符紹聖敕立額許民封狀承買四年湖北旺溪金場以歲收金千兩乃置監官廣東漕臣王覺自言嘗領常平講求山澤之利岑水一場去年收銅比祖額增三萬九千一百斤較之常年亦增六十六萬一千斤遂增其秩是歲山澤坑冶名數令監司置籍非所當收者別籍之若弛興廢置移併亦令具注上於虞部大觀

二年詔金銀坑發雖告言而方檢視私開淘取者以盜論坑冶舊不隸知縣縣丞者並令兼監賞罰減正官一等有冶地知縣月一行點閱言者論其職在宣導德澤平征賦獄訟不宜爲課利走山谷間遂已之八月提舉陝西坑冶司改併入轉運司政和元年張商英言湖北產金非止辰沅靖溪峒其峽州夷陵宜都縣荆南府枝江江陵縣赤湖城至鼎州皆商人淘採之地漕司既乏本錢提舉司買止千兩且無專司定額請置專切提舉買金司有金苗無官監者許遣部內州縣官及使臣掌幹詔提舉官措置以聞仍於荆南置司廣東漕司復奏端州高明惠州信上立溪

場皆宜停閉韶州曹峒場英州銀岡場皆併入英之清溪場惟黄阬場欲權存俟歲終會所入别奏惠州楊梅東阬康州雲列潮州豐政連州元魚銅阬黄田白寶廣州大利宜禄韶州伍注岑水銅岡循州大佐羅堋英州鍾銅凡十六場請並如舊循之夜明英之竹溪韶之思溪連之同安請更遣攝官從之三年尚書省言陝西路阬冶已遣官提轄措置川路金銀阬冶與發慮失利源詔令陝西措置官兼行川路事阬冶所收金銀銅鉛錫鐵水銀朱砂物數令工部置籍籤注歲半消補上之尚書省自是户工部尚書省皆有籍鈎考然所憑唯帳狀至有有額而無收有收而

無額乃責之縣丞監官及曹部奉行者而更督遞年違負之數九月措置陝西阬冶蔣彝奏本路阬冶收金千六百兩他物有差詔輸大觀西庫彝增秩官屬各減磨勘年四年令監司遣官同諸縣丞遍視阬冶之利為圖籍籤注監司覆實保奏議遣官再覆酌重輕加賞異同脱漏者罪之六年川陝路各置提轄措置阬冶官劉芑計置萬求州産金一歲收二千四百餘兩特與增秩十二月廣東漕司言本路鐵場阬冶九十二所歲額收鐵二百八十九萬餘斤浸銅之餘無他用詔令官悉市以廣浸仍以諸司及常平錢給本尚書省奏五路阬冶已有提轄措置專司淮南湖北廣東西亦監司兼領其餘路請並令監司領之於是江東西福建兩浙漕臣皆領阬冶七年提舉東南九路阬冶徐禋奏太平瑞應史不絶書今部内山澤阬冶若獲希世珍物及古寶器請赴書藝局上進蓋自政和初京西漕臣王璹奏太和山産水精知桂州王覺奏桄門等處産金及生花金田提轄京西阬冶王景文奏汝州青嶺鎮界産瑪瑙其後湟州界蕃官結彪地内金阬千餘收生熟金四等凡百三十四兩有奇蔡京請宣付史館帥百官表賀故禋復有是請焉是時河北京東西及徐禋所領九路與修阬冶類鑿空擾下抑州縣承額於是降黜河北提轄官遣廉

訪使者鄭諶并諸路廉訪悉究陳利病眞僞八月中書奏阬冶寖已即緒詔京東西河北路并提舉東南九路阬冶並罷十一月尚書省言徐禋以東南黒鉛留給鼓鑄之餘悉造丹粉鬻以濟用詔諸路常平司以三十萬輸大觀西庫餘從所請明年令諸路鐵倣茶鹽法榷鬻置鑪冶收鐵給引召人通市苗脉微者聽民出息承買以所收中賣於官私相貿易者禁之先是元豐六年京東漕臣吳居厚奏徐鄆青等州歲製軍器及上供簡鐵之類數多而利國萊蕪二監鐵少不能給請鐵從官興煽所獲可多數倍自是官榷鐵造器用以鬻於民至元祐罷之其後大觀初入内

皇城使裴絢爲涇原幹當奏上渭州通判苗沖淑之言石河鐵冶既令民自採鍊中賣於官請禁民私相貿易農具器用之類悉官爲鑄造其冶坊已成之物皆以輸官而償其直乃禁毋得私相貿易農具器用勿禁官自賣鐵唯許鑄瀉戶市之政和初臣僚言鹽鐵利均今鹽筴推行已備而鐵貨尚未講畫請即冶戶未償之錢收其已鍊之鐵爲器鬻之兼京東二監所出尤多河北固鎮等冶並官監其利不貲而河東鐵炭最盛若官權爲器以贍一路旁及陝雍利入甚廣且以銷盜鑄之弊又夏人茶山鐵冶既入中國乏鐵爲器聞以鹽易鐵錢於邊若官自爲器則鐵與錢

俱重可伐其謀請權諸路鐵擇其最盛者可置監設官總之槩諸路不越數十處餘止爲鑄瀉之地屬之都監或監當官兼領凡農具器用皆官鑄造表以字號官本之餘取息二分以上仍置鐵引以通諸路儲其錢助三路鈔本詔戶部下諸路漕臣詳度會次年廣東路請以可監之地如舊法收其淨利苗脈微者召人承買官不權取遂并諸路詳度之旨不行至是臣僚復以爲言故嚴貿易之禁而鐵利盡權於官然農具器用從民鑄造卒如舊法四月廣東廉訪黃烈等言廣惠英康韶州興慶府政和中寶貨司立阬冶金銀等歲額或苗脈微或無人承買而浮冗之人虛

託其名發毁民田騷動邀賂詔政和六年所立額並罷舊有苗脈可給歲課者如故十一月復諸路元罷提舉阬冶官其江南路仍令江西漕臣劉蒙同措置宣和元年石泉軍江溪沙磧麩金許民隨金脈淘採立課額或以分數取之十月復置相州安陽縣銅冶村監官先是詔留邢州綦村磁州固鎮兩冶餘撥置冶並罷而常平司謂銅冶村近在河北得利多故有是命六年詔阬冶之利二廣爲最比歲所入稽之熙豐十不逮一令漕臣鄭良提舉經畫分任官屬典掌計置取元豐以來歲入多數立額定爲常賦阬冶司毋預焉時江淮荆浙等九路阬冶凡二百四十五鑄

錢院監十八歲額三百餘萬緡五月詔阬冶舊隸轉運司者如熙豐紹聖法崇寧以後隸常平司者如崇寧法其江淮等路阬冶官屬如熙豐員數餘路官屬並罷仍令中書選提點官靖康元年諸路阬冶苗礦既微或舊有今無悉令蠲損凡民承買金場並罷宋初舊有阬冶官置場監或民承買以分數中賣於官初隸諸路轉運司本錢亦資焉其物悉歸之内帑崇寧已後廣搜利穴權賦益備凡屬之提舉司者謂之新阬冶用常平息錢與剩利錢爲本金銀等物往往皆積之大觀庫自蔡京始政和間數罷數復然告發之地多壞民田承買者立額重或舊有今無而額不

為損欽宗即位詔悉罷之南渡阬冶廢興不常歲入多寡不同今以紹興三十二年金銀銅鐵鉛錫之冶廢興之數一千一百七十及乾道二年鑄錢司比較所入之數附之湖南廣東江東西金冶二百六十七廢者一百四十二湖南廣東福建浙東廣西江東西銀冶一百七十四廢者八十四潼川湖南利州廣東浙東廣西江東西福建銅冶一百九廢者四十五舊額歲七百五萬七千二百六十斤有奇乾道歲入二十六萬三千一百六十斤有奇淮西夔州成都利州廣東福建浙東廣西江東西鐵冶六百三十八廢者二百五十一舊額歲二百一十六萬二千一百四十

斤有奇乾道歲入八十八萬三百斤有奇淮西湖南廣東福建浙東江西鉛冶五十二廢者一十五舊額歲三百二十一萬三千六百二十斤有奇乾道歲入一十九萬一千二百四十斤有奇湖南廣東江西錫冶一百一十八廢者四十四舊額歲七十六萬一千二百斤有奇乾道歲入二萬四百五十斤有奇宋初諸冶外隸轉運司內隸金部崇寧二年始隸右曹建炎元年復隸金部轉運司隆興二年阬冶監官歲收買金及四千兩銀及十萬兩銅錫及四十萬斤鉛及一百二十萬斤者轉一官守倅部內歲比祖額增金一萬兩銀十萬兩銅一百萬斤亦轉一官令丞歲收

買及監官格內之數減半推賞慶元二年宰執言封椿銀數比淳熙末年虧額幾百五十萬今務場所入歲不滿三十萬而歲奉三宮及冊寶費約四十萬恐愈侵銀額欲權以三分爲率一分支銀二分支會子上曰善端平三年赦曰諸路州縣阬冶興發在觀寺祠廟公宇居民墳地及近墳園林地者在法不許人告亦不得受理訪聞官司利於告發更不究實多致擾害自今許人户越訴官吏并論者重寘典憲及有阬冶停閉苗脉不發之所州縣勸令阬户虛認歲額提點鑄錢司覈實追正

礬唐於晉州置平陽院以收其利開成三年度支奏罷之

乃以礬山歸之州縣五代以來復㨿務置官吏宋因之白礬出晉慈坊州無爲軍及汾州之靈石縣緑礬出慈隰州及池州之銅陵縣皆設官典領有鑊户鬻造入官市晉汾慈州礬以一百四十斤爲一馱給錢六千隰州礬馱減三十斤給錢八百博賣白礬價晉州每馱二十一貫五百慈州又增一貫五百緑礬汾州每馱二十四貫五百慈州又增五百隰州每馱四貫六百散賣白礬坊州斤八十錢汾州百九十二錢無爲軍六十錢緑礬斤七十錢建隆中詔商人私販幽州礬官司嚴捕没入之繼定私販河東幽州礬一兩以上私鬻礬三斤及盜官礬至十斤者棄市開寶

三年增私販至十斤私鬻及盜滿五十斤者死餘論罪有
差太平興國初以歲鬻不充廼詔私販化外礬一兩以上
及私鬻至十斤並如律論決再犯者悉配流還復犯者死
淳化元年有司言慈礬滯積小民多於山谷僻奥之地私
鬻侵利而緑礬價賤不宜與晉礬均法詔同犯私茶罪賞
先是建隆二年命左諫大夫劉熙古詣晉州制置礬許商
人輸金銀布帛絲綿茶及緡錢官償以礬凡歲增課八十
萬貫太平興國初歲博緡錢金銀計一十二萬餘貫茶計
三萬餘貫端拱初銀絹帛二萬餘貫茶計十四萬貫至是
言者謂礬直酬以見錢商人以陳茶入博有利豪商無資

國用詔今後惟聽金銀見錢入博至道中白礬歲課九十
七萬六千斤緑礬四十萬五千餘斤鬻錢一十七萬餘貫
眞宗末白礬增二十萬一千餘斤緑礬增二萬三千餘斤
鬻錢增六萬九千餘貫天聖以來晉慈二州礬募民鬻之
季鬻礬一盆多者千五六百斤少者六七百斤四分輸一
入官餘則官市之無爲軍亦置務鬻礬後聽民自鬻官置
場售之私售礬禁如私售茶法六年詔弛兩蜀榷礬之禁
時河東礬積益多復聽入金帛芻粟芻粟虛估高商人利
於入中麟州粟斗實直錢百虛估增至三百六十礬之出
官爲錢二萬一千五百繈易粟六石計粟實直錢繈六千

而礬一馱已費本錢六千縣官徒有榷礬之名其實無利
嘉祐六年罷入芻粟復令入緡錢礬以百四斤爲一馱入
錢京師榷貨務者爲錢十萬七千入錢麟府州者又減三
千自是商賈不得專其利矣皇祐中晉慈入礬二百二十
七萬三千八百斤以易芻粟之類爲緡錢十三萬六千六
百無爲軍礬售緡錢三萬三千一百治平中晉慈礬損一
百九萬六千五百四斤無爲軍礬售錢歲有常課發運使
領之視皇祐數無增損隰州礬至是入三十九萬六千斤
亦以易緡錢助河東歲糴熙寧元年命河東轉運司經畫
礬鹽遺利李師中言官積礬三百斤走鹵消耗恐後爲棄

物詔令商人入中糧草即以償之三年罷潞州交子務以
坊中納糧草筭請礬鹽故也知慶州王廣淵言河東礬爲
利源之最請河東京東河北陝西別立礬法專置提舉官
詔遣光祿丞楊蟠會議以聞蟠言坊州產礬官雖置場而
商多私售請置鑊戶定其數許於陝西北界黃河東限潼
關南及京西均房襄鄧金州光化軍令鑊戶遞相保察或
私賣越界禁如私白礬法仍增官獲私礬輒以夾雜減斤
重之法從之元豐元年定畿內及京東西五路許賣晉隰
礬陝西自潼關以西黃河以南達于京西均房襄鄧金州
則售坊州礬礬之出於西山保霸州者售於成都梓州路

出無爲軍者餘路售之私鬻與越界者如私礬法自熙寧初礬法始變歲課所入元年爲錢三萬六千四百緡有奇併增者五年乃取熙寧六年中數定以十八萬三千一百緡有奇爲新額至元豐六年課增至三十三萬七千九百緡而無爲軍礬歲課一百五十萬斤用本錢萬八千緡自治平至元豐數無增損元祐元年戶部言商旅販礬舊聽其便邇者發運司請用河東例令漆肆鋪戶連保豫買頗致抑擾詔如舊制元符三年崇儀使林豫奏禁河北土礬非便若即河北產礬地置場官買增價出之罷運晉礬則官獲淨利無運載之勞民資地產省犯法之弊詔下戶部

初熙豐間東南九路官自賣礬發運司總之元祐初通商紹聖復熙豐之制大觀元年定河北河東礬額各二十四萬緡淮南九萬緡罷官賣從商販而河東河北淮南各置提舉官政和初復官鬻罷商販如舊制淮南礬事司罷歸發運司上供礬錢責以三萬三千一百緡爲額三年有司奏減河北河東并淮南礬額計十六萬緡四年礬額復循大觀之制五年河北河東綠礬聽客販於東南九路民間見用者依通商地籍之聽買新引帶賣大率循倣鹽法宣和中舉比較增虧賞罰未幾以擾民罷建炎三年措置財用黃潛厚奏許商人販淮南礬入東南諸路聽輸錢行在而持引據赴場支礬紹興十一年以鑄錢司韓球言撫州青膽礬斤錢一百二十文土礬斤三十文省鉛山場所產品高於撫青膽礬斤作一百五十文黃礬斤作八十文二十九年以淮西提舉司言取紹興二十四年至二十八年所收礬錢一年中數四萬一千五百八十五緡爲定額其他產礬之所若潭州瀏陽之永興場韶州之岑水場皆置場給引歲有常輸惟漳州之東去海甚邇大山深阻雖有采礬之利而潮梅汀贛四州之姦民聚焉其魁傑者號大洞主小洞主土著與負販者皆盜賊也

香宋之經費茶鹽礬之外惟香之爲利博故以官爲市焉

建炎四年泉州抽買乳香一十三等八萬六千七百八十斤有奇詔取赴榷貨務打套給賣陸路以三千斤水路以一萬斤爲一綱紹興元年詔廣南市舶司抽買到香依行在品答成套召人筭請其所售之價每五萬貫易以輕貨輸行在六年知泉州連南夫奏請諸市舶綱首能招誘舶舟抽解物貨累價及五萬貫十萬貫者補官有差大食蕃客囉辛販乳香直三十萬緡綱首蔡景芳招誘舶貨收息錢九十八萬緡各補承信郎閩廣舶務監官抽買乳香每及一百萬兩轉一官又招商入蕃興販舟還在罷任後亦依此推賞然海商入蕃以興販爲招誘僥倖者甚衆淳熙

二年郴桂冦起以科買乳香爲言詔湖南路見有乳香並輸行在榷貨務免科降十二年分撥榷貨務乳香於諸路給賣每及一萬貫輸送左藏南庫十五年以諸路分賣乳香擾民令止就榷貨務招客筭請紹熈三年以福建舶司乳香虧數詔依前博買開禧三年住博買嘉定十二年臣僚言以金銀博買洩之遠夷爲可惜乃命有司止以絹帛錦綺瓷漆之屬博易聽其來之多寡若不至則任之不必以爲重也

志卷第一百三十八

志卷第一百三十九　宋史一百八十六

開府儀同三司上柱國録軍國重事前中書右丞相監修國史領經筵事都總裁脫脫等奉勑修

食貨下八 商税 均輸 市易 互市舶法

商税凡州縣皆置務關鎮亦或有之大則專置官監臨小則令佐兼領諸州仍令都監監押同掌行者齎貨謂之過税每千錢算二十居者市鬻謂之住税每千錢算三十大約如此然無定制其名物各隨地宜而不一焉行旅齎裝非有貨幣當算者無得發篋搜索凡販夫販婦細碎交易嶺南商賈齎生藥及民間所織縑帛非鬻於市者皆勿算常税名物令有司件析頒行天下揭于版置官署屋壁俾其遵守應算物貨而輒蔵匿爲官司所捕獲沒其三分之一以半畀捕者販鬻而不由官路者罪之有官須者十取其一謂之抽税自唐室藩鎮多便宜從事擅其征利以及五季諸國益務掊聚財貨以自贍故征算尤繁宋興所下之國必詔蠲省屢敕官吏毋事煩苛規羨餘以徼恩寵大中祥符六年始免諸路州軍農器之税諸州津渡舊皆有算或水涸改置橋梁有司猶責主者備償建隆初詔除滄德棣淄齊鄆乾渡三十九處算

錢水漲聽民置渡勿收其算自是有類此者多因恩宥蠲除其餘橘園魚池水磑社酒蓮藕鵝鴨螺蚌柴薪地鋪枯牛骨溉田水利等名皆因諸國舊制前後屢詔廢省緣河州縣民船載粟亦輸算三年始罷陳州私置蔡河鎖民船勝百斛者取百錢有所載倍其征太平興國二年乃悉除之至道元年詔江南溪渡多公吏豪民典其事量輸官課而厚算行旅州縣宜加嚴禁所輸年額錢伍千以下者並免不係色役近便人戶掌船濟渡毋得擾人至道中歲入稅課錢四百萬貫天禧末增八百四萬貫天聖以來國用寖廣

有請算緡錢以助經費者仁宗曰貨泉之利欲流天下通有無何可算也一日內出蜀羅一端為印朱所漬者數重因詔天下稅務毋輒汙壞商人物帛康定元年西邊兵費不給州縣或增所算名物朝廷知之悉命蠲去既而下詔敕勵且戒毋搜索行者家屬歲儉則免算耕牛水鄉又或弛蒲魚果蓏之稅民流而渡河者亦為之免算應算而匿不自言者雖聽人捕告抵罪如舊法然須物皆見在乃聽以防誣罔至於歲課贏縮屢詔有司裁定前後以詔蠲放者不可勝數皇祐中歲課緡錢七百八十六萬三千九百嘉祐

以後弛茶禁所歷州縣收算錢至治平中歲課增六十餘萬而茶稅錢居四十九萬八千六百熙寧以來河北河東陝西三路支移民以租賦齎貨至邊貿易以輸官者勿稅河北流民復業者所過免算後以歲稔慮逸歲課復舊五年以在京商稅院隸提舉市易務七年減國門之稅數十種錢不滿三十者蠲之其先外城二十門皆責以課息近令隨閑要分等以檢捕獲失之數為賞罰既而以歲旱復有是命元豐元年濱棣滄州竹木魚果炭箔稅不及百錢者蠲之二年熙河路制置邊防財用李憲擅榷本路商貨令漕

臣蔣之奇劾其罪導洛通汴司請置堆垛場於泗州貫物至者先入官場官以船運至京稍輸船算明年詔近京以通津水門外順成倉為場非導洛司船而載商稅入汴者許糾告雖自請稅猶如私載法惟日用物非販易者毋算發箔柴草竹木之類勿禁瓊管奏海南收稅較船之丈尺謂之格納其法分三等有所較無幾而輸錢多寡十倍貫物自泉福兩浙湖廣至者皆金銀物帛直或至萬餘緡自高化至者唯米包瓦器牛畜之類直纔百一而槩收以丈尺故高化商人不至海南遂乏牛米請自今用物貴賤多寡計稅官

給文憑聽鬻於部內否則許糾告以船貨給賞詔如
所奏六年京東漕臣吳居厚言商人負正稅七萬六
千餘緡倍稅十五萬二千餘緡詔蠲其倍稅納正稅
百千以下期以三年百千以上五年元祐元年戶部
請令在京商稅院酌取元豐八年錢五十五萬二千
二百六十一緡有奇以為新額自明年始三年又以
天聖歲課為額蓋戶部用五年併增之法立額既重
歲課不登故言者論而更之七年罷諸路承買土產
稅場初罷江南路承買而河東轉運司以為較元祐
六年官鹽額增三萬餘緡遂行之諸路八年權蠲商

人載米入京糶賣力勝之稅先是熙寧六年蘇湖歲
稔穀價比淮南十五而商船以力勝稅不至嘗命權
蠲惠止一方未為定法及汴泗粱場法行穀船毋得
增置而力勝之稅益三之一至是蘇軾言法不稅五
穀請削去力勝錢之條而行天聖免稅之制既而尚
書省亦言在京穀貴欲平其直復權蠲之後徽宗宣
和中以州縣災傷幷贍給都下亦一再免旋復如舊
惟兩浙幷東北鹽以鹽事司之請遂不復征自哲宗
即位罷導洛物貨場紹聖四年藍從熙提舉京城所
欲復其事令泗州及京師洛口各置粱場幷請復麵

市牛羊圈詔下尚書省久之遂寢至是提舉汴河隄
岸王憲復言之且請假溫明州運船給用命太府少
卿鄭僅同詳度明年竟詔勿行五年令戶部取天下
稅務五年所收之數酌多寡為中制頒諸路揭版示
之率十年一易其增名額及多稅者並論以違制大
觀元年凡典買牛畜舟車之類未印契者更期以百
日免倍稅二年詔在京諸門凡民衣屨穀菽鷄魚蔬
果柴炭瓷瓦器之類並蠲其稅歲終計所蠲數令大
觀庫給償宣和二年宮觀寺院臣僚之家商販令關
津搜閱如元豐法輸稅歲終以次數報轉運司取旨

初元符令品官供家服用物免稅至建中靖國初馬
牛駞驢騾已不入服用例而比年臣僚營私牟利者
衆宮觀寺院多有專降免稅之旨皆以船艘貫販故
有是詔漕臣劉既濟起應奉物兩浙淮南等路稅例
外增一分以供費三年詔罷之凡以蠶織農具耕牛
至兩浙江東者給文憑蠲稅一年四年令諸路近歲
所增稅錢悉歸應奉司七年以歲歉之後用物必而
民艱食在京及畿內油炭麵布絮稅幷力勝錢並權
免提舉京東常平揚連奏本路牛價貴田多荒萊請
令販牛至本路者仍給文憑蠲稅俟二年足如舊從

之靖康元年詔都城物價未平凡稅物權更蠲稅一年臣僚上言祖宗舊制并政和新令場務立額之法並以五年增虧數較之併增者取中數併虧者取最高數以為新額故課息易給而商旅可通近諸路轉運司不循其法有益無損致物價騰踴官課愈負請令諸路提刑下諸郡準舊法釐正立額詔依所奏高宗建炎元年詔販貸上京者免稅明年又詔販糧草入京抑稅者罪之凡殘破州縣免竹木磚瓦稅北來歸正人及兩淮復業者亦免路稅紹興三年臨安火免竹木稅然當時都邑未奠兵革未息四方之稅間有增置及於江灣浦口量收海船稅凡官司回易亦並收稅而寬弛之令亦錯見焉如諸路增置之稅場山間迂僻之縣鎮經理未定之州郡悉罷而免之又以稅網太密減併者一百三十四罷者九免過稅者五至於牛米薪麪民間日用者並罷孝宗繼志凡高宗省罷之未盡者悉推行之又以臨安府物價未平免淳熙七年稅一半（光寧以降亦屢與放免商稅或一年或五月或三月凡遇火放免竹木之稅亦然）光寧嗣服諸郡稅額皆累有放免然當是時雖寬大之旨屢頒闗市之征迭放而貪吏並緣苛取百出私立稅場算及緡錢斗米束薪菜茹之屬擅

用稽察措置添置專欄收檢虛市有稅空舟有稅以食米為酒米以衣服為布帛皆有稅遇士夫行李則搜囊發篋目以興販甚者貧民貿易瑣細于村落指為漏稅輒加以罪空身行旅亦白取百金方紓路避之則欄截叫呼或有貨物則抽分給賞斷罪倍輸倒囊而歸矣聞者咨嗟指為大小法場與斯民相刃相劘不啻讎敵而其弊有不可勝言矣

市易之設本漢平準將以制物之低昂而均通之其弊也以官府作賈區公取牙儈之利而民不勝其煩矣熙寧三年保平軍節度推官王韶倡為緣邊市易之說丐假官錢為本詔秦鳳路經略司以川交子易物貨給之因命韶為本路帥司幹當兼領市易事時欲移司於古渭城李若愚等以為多聚貨以啓戎心又妨秦州小馬大馬私貿易不可文彥博曾公亮馮京皆韙之韓絳亦以去秦州為非唯王安石曰古渭置市易利害臣雖不敢斷然如若愚奏必無可慮七月詔轉運司詳度復問陳升之升之謂古渭極邊恐啓羣羌覬覦心安石乃言今蕃戶富者往往蓄緡錢二三十萬彼尚不畏劫奪豈朝廷威靈乃至衰弱如此今欲連生羌則形勢欲張應接欲近古謂邊豈復

於應接商旅並集居者愈多因建為軍增兵馬擇人守之則形勢張矣且蕃部得與官市邊民無復逋負足以懷來其心因收其贏以助軍費更闢荒土異日可以聚兵時王安石為政汲汲焉以財利兵革為先其市易之說已見於熙寧二年建議立均輸平準法之時故王韶首迎合其意而安石力主之雖以李若愚陳升之韓絳諸人之議而卒不可回五年遂詔出內帑錢帛置市易務于京師先是有魏繼宗者自稱草澤上言京師百貨無常價貴賤相傾富能奪貧能與乃可以為天下今富人大姓乘民之亟牟利數倍財既

偏聚國用亦屈請假榷貨務錢置常平市易司擇通財之官任其責求良賈為之轉易使審知市物之價賤則增價市之貴則損價鬻之因收餘息以給公上於是中書奏在京置市易務官凡貨之可市及滯於民而不售者平其價市之願以易官物者聽若欲市於官則度其抵而貸之錢責期使償半歲輸息十一及歲倍之凡諸司配率並仰給焉以呂嘉問為提舉賜內庫錢百萬緡京東路錢八十七萬緡為本三司請立市易條有兼并之家較固取利有害新法本務覺察三司按治之文帝削去之七月以榷貨務為市易西務下界市易務為東務上界以在京商稅院雜買務雜賣場隸焉又賜錢帛五十萬于鎮洮軍置司市易極苛細道路怨謗者籍籍上以諭安石皆辯解後事實帝以鬻冰市梳樸等數事語之安石請宣示帝復言市易鬻果太煩碎罷之如何安石謂立法當論有害於人與否不當以煩碎廢也自是諸州上供麤席黃蘆之類六十色悉令計直從民願鬻者市之以給用六年詔在京市易務幹當公事孫迪同兩浙淮東轉運司議置杭州市易務利病以聞其後以市易上界所償內帑錢三十萬緡假之為本又賜夔州路

轉運司度僧牒五百置市易于黔州選本路在任巳替官監之仍以知州或通判提舉令在京市易務及開封府司錄同詳度諸行利病於是詳定所請約諸行利入薄厚輸免行錢以祿吏蠲其供官之物禁中所須並下雜賣場雜買務置市司估物價低昂凡內外官司欲占物價悉於是乎取決從之改提舉在京市易務為都提舉市易司諸州市易務皆隸焉又詔三司幹當公事李杞等同詳度成都置市易務七年帝與輔臣論及成都市易事馮京曰曩因榷市物致王小波之亂今頗以市易為言安石曰彼以饑民衆

官不之恤相聚為盜耳帝問李杞行邪安石曰未也
然保市易必不能致亂帝猶慮蜀人駭擾安石謂已
遣使乃邊罷豈不為四方笑乃已然其後竟罷杞等
詳度三月詔權三司使曾布翰林學士呂惠卿同究
詰市易事先是帝出手詔付布謂市易司市物頗害
小民之業衆言喧譁布乃引監市易務魏繼宗之言
以為呂嘉問多取息以干賞商旅所有者盡收市肆
所無者必索率賤市貴鬻廣裒贏餘是挾官府為兼
并也王安石具奏明其不然乃更令惠卿偕布究詰
之帝尋復以手札賜布令求對布即上行人所訴并

跡惠卿姦欺狀且言臣自立朝以來每聞德音未嘗
不欲以王道治天下今市易之為虐凛凛乎間架除
陌之事矣嘉問奏近遣官往湖南販茶陝西販鹽兩
浙販紗皆未敢計息臣以謂如此政事書之簡牘不
獨唐虞三代所無歷觀秦漢以來衰亂之世恐未之
有也四月布復陳辭向罪茶會不當帝惻然咨嗟及
言三司決責商人多濫時帝猶必欲按治而安石主
用惠卿不可去益謀變其事也帝疑焉故仍以屬布
既而中書奏事已帝論及市易且曰朝廷設此本欲
為平準之法以便民今正爾相反使中下之民失業

若此宜脩補其法令元詳定呂嘉問吳安持同韓維
孫永問行人輸錢免行利病參知政事馮京曰開封
祥符縣給民錢有出息抵當銀絹米麥緩急喪葬之
目七八種其初給錢往往願請積數既多實艱輸送
帝曰如此吾民安得泰然也時布與惠卿方究市易
事率數日一對帝初是布言已而從惠卿之請拘魏
繼宗於開封府既而布與惠卿即東府再詰行人所
訴狀如前不變而安石懇求去位引惠卿執政提舉
楚州市易蔣之奇奏監務王景彰榷市商人物非法
及虛作中糴入務立詭名糴之白輸息錢謂之乾息

又抑賈販毋得至他郡名為留難帝謂輔臣曰景彰
違法害人宜即治其罪時呂惠卿已參朝政而究詰
市易未竟詔促之惠卿請令中書悉取按牘異同以
奏後二日布對延和殿條析先後所陳并較治平熙
寧入出錢物數以聞帝方慮歲費寖廣令布送中書
五月乃詔章惇曾孝寬即軍器監鞫布所究市易事
又令戶房會財賦數與布所陳異而呂嘉問亦以雜
買務多入月息不覺皆從公坐有差未幾布褫職與
嘉問俱出守郡魏繼宗仍奪秩勒停初市易之建布
實預之後揣上意有疑遂急治嘉問而惠卿與布有

夙怨故卒摘之而市易如故三司使章惇請假內藏錢五百萬緡令市易司有幹局者分四路入中討見鹽引及乘賤糴買詔假二百萬緡八年復呂嘉問提舉市易二月鳳翔大名真定府永興安肅軍秦瀛定越真州並置市易司以惠州阜民監錢十萬緡給廣州市易務司農寺坊場錢三十萬緡給鄆州市易九年又以在京市易司物貨十五萬緡給熙河市易司九月中書言市易息錢并市例錢總收百三十三萬二千緡有奇詔嘉問安持等推恩有差自後凡二年一較十年定上界本錢以七百萬緡為額不足以歲

所收息益之其貸內帑錢歲償以息二十萬緡元豐元年以都提舉王居卿請令貸市易錢貨者許用金帛等為抵收息毋過一分二釐不及年者月計之頗皆得錢或欲以物貨兼給者聽市易司請遣官以物貨至諸路貿易十萬緡以上期以二年二十萬緡以上三年歛及三分者比遞年推恩八分者理為任期盡不及者勿賞官吏廩給並罷二年經制熙河路邊防財用李憲言蕃賈與牙儈私市其貨皆由他路避稅入秦州乃令秦熙河岷州通遠軍五市易務募牙儈引蕃貨赴市易務中賣私市者許糾告賞倍所告

之數以田宅抵市易錢久不償者估實直如賣坊場河渡法若未輸錢者官收其租息在京市易務亦如之三年詔免行月納錢不及百者皆免凡除八千六百五十四人九月王居卿又言市易法有三結保貸請一也契要金銀為抵二也貿遷物貨三也三者惟保貸法行之久負失益多徃歲罷貸錢而物貨如故請自今所貸歲約毋過二百萬緡聽舊戶貸請以相濟續非舊戶惟用抵當貿遷之法詔中書立法以聞於是中書奏在京物貨許舊戶貸請歛而復散通所負毋過三百萬緡諸路毋過四之一詔如所奏是歲

經制熙河邊防財用司會其置司以來所收息元豐初四十一萬四千六百二十六緡石次年六十八萬四千九十九緡石四年從都提舉賈青請於新舊城外內置四抵當遣官掌之罷市易上界等處抵當以便民五年詔外內市易務所負錢寬以三歲均月限以輸限內罰息並除之先是王安禮在開封日有負市易錢者累訴於庭安禮既執政言於帝曰市易法行取息滋多而輸官不時者有罰息民至窮困願詔蠲之帝曰羣臣未有為朕言者其令民以限輸免其罰息安禮退批詔加內外字蔡確曰方帝有旨無外

内守公欲增詔邪安禮曰亦不止言内守卒加之八月置饒州景德鎮瓷窑博易務六年蘭州增置市易務以通蕃漢貿易七年改市易下界為權貨務令諸州旬估物價既定報提舉司提舉司下所部州州下所屬募民出抵或錢以市收息毋過二分詔諸路常平司錢留其半以二分為市易抵當蓋自五年賈青以平準物價與金銀之類行抵當於畿縣次年行之諸路以常平市易賒貸及寬剩錢為本五路各十萬緡餘路五萬緡至是復有是詔若無抵當而物貨宜易者亦聽變鬻八年罷諸鎮砦若市易抵當八月詔諸郡抵當有取息薄可

濟民乏者存之其餘抵當并州縣市易並罷元祐元年内外監督市易及坊場淨利錢許以所入息幷罰錢比計若及官本者並釋之紹聖四年三省言熙寧興置市易元祐一切罷去不原立法之意詔戶部太府寺詳度復置市易務惟以錢交市收息毋過二分勿令賒請元符三年改市易務為平準務戶部太府寺市易案改為平準案尚書省言平準務官吏等給費多并遣官市物搔動于外近官鬻石炭市直遽增皆不便民詔罷平準務及官鬻石炭其在官物貨令有司轉易錢鈔償元給之所崇寧元年戶部奏平準

務錢物毋得他司移用二年以平準為南北兩務如舊分置官吏歲終考察能否行勸沮法五年郡縣應置市易者凡歲收息官吏用度之餘及千緡以上置官監五百緡以上令場務兼領餘並罷先是嘗詔府界萬戶縣及路在衝要市易抵當已設官置局其不及萬戶非衝要并諸鎮有官監而商販所會並如元豐令監當官兼領至是戶部復詳度以聞遂行其議建炎二年言者以為得不償費遂罷之而以其錢輸左藏庫惟抵當庫仍舊紹興元年罷諸州軍免行錢及行戶供應見任官買賣並依時違者以盜論四年

兩浙轉運司撤婺州市御爐炭須胡桃紋鵓鴿色守臣王居正以為言上曰隆冬附火取溫煖而已豈問炭之紋色乎命罷之諸類此者並禁止焉十三年蠲雷化高融宜廉邕欽賀貴免行錢十四年以開州兩縣在夔部尤為僻遠減免行錢之半十五年以知漢陽軍韓斯言諸路收免行錢定數外多取一文以上以擅增稅賦法罪之十七年蠲百姓見輸免行錢三分之一十九年南郊赦盡蠲百姓免行錢自是後凡赦皆然二十五年罷見輸免行錢禁下行買物以害及小商數於鄉村故也淳熙元年罷市令司詔臨安府

及屬縣交易儈保錢減十之五七年諸路州縣交易儈保錢亦以十分為率與減五分嘉定二年以臣僚言輦轂之下買物於鋪戶無從得錢凡臨安府未支物價令即日盡數給還是後買物須給見錢違許陳訴於臺嘉熙三年臣僚言令官司以官價買物行鋪以時直計之什不得二三重以遷延歲月而不償胥卒並緣之無藝積日既久類成白著至有遷居以避其擾改業以逃其害者甚而蔬菜魚肉日用所需瑣瑣之物販夫販婦所資錐刀以營斗升者亦皆以官價強取之終日營營而錢本俱成乾沒商旅不行衣

食路絕望特降睿旨凡諸路州縣官司買物並以時直不許輙用官價違者以贓定罪從之

均輸之法所以通天下之貨制為輕重斂散之術使輸者既便而有無得以懋遷焉熙寧二年制置三司條例司言天下財用無餘典領之官拘於弊法內外不相知盈虛不相補諸路上供歲有常數豐年便道可以多致而不能贏年儉物貴難於供億而不敢不足遠方有倍蓰之輸中都有半價之鬻徒使富商大賈乘公私之急以擅輕重斂散之權今發運使實總六路賦入其職以制置茶鹽礬酒稅為事軍儲國用

多所仰給宜假以錢貨資其用度周知六路財賦之有無而移用之凡糴買稅斂上供之物皆得徙貴就賤用近易遠令預知中都帑藏年支見在之定數所當供辦者得以從便變易蓄買以待上令稍收輕重斂散之權歸之公上而制其有無以便轉輸省勞費去重斂寬農民庶幾國用可足民財不匱詔本司具條例以聞而以發運使薛向領均輸平準事賜內藏錢五百萬緡上供米三百萬石時議慮其為擾多以為非向既董其事乃請設置官屬神宗使自擇之向於是辟劉忱衛琪孫珪張穆之陳倩為屬又請有司

具六路歲當上供數中都歲用及見儲度可支歲月凡當計置幾何皆預降有司從之八月侍御史劉琦侍御史裏行錢顗等言向小人假以貨泉任其變易縱有所入不免奪商賈之利琦顗皆坐貶條例司檢詳文字蘇轍言昔漢武外事四夷內興宮室財用匱竭力不能支用賈人桑弘羊之說買賤賣貴謂之均輸雖曰民不加賦而國用饒足然法術不正吏緣為姦掊克日深民受其病孝昭既立學者爭排其說霍光順民所欲從而予之天下歸心遂以無事今此論復興眾口紛然皆謂其患必甚於漢何者方今聚斂

之臣材智方略未見有桑弘羊比而朝廷破壞規矩
解縱繩墨使得馳騁自由唯利是嗜其害必有不可
勝言者矣轍亦坐去官於是知諫院范純仁言向憸
巧刻薄不可為發運使入主當務農桑節用不當言
利自後罷純仁諫職而諫官李常復論均輸不便權
開封府推官蘇軾亦言均輸徙貴就賤用近易遠然
廣置官屬多出緡錢豪商大賈皆疑而不敢動以為
雖不明言販賣既已許之變易變易既行而不與商
賈爭利未之聞也夫商賈之事曲折難行其買也先
期而予錢其賣也後期而取直多方相濟委曲相通

宋史一百八十六　四百八　宋史志卷一百三十九　十八

倍稱之息由此而得今先設官置吏簿書廩祿為費
已厚非良不售非賄不行是官買之價比民必貴及
其賣也弊復如前商賈之利何緣而得朝廷不知慮
此乃捐五百萬緡以予之此錢一出恐不可復縱使
其間薄有所獲而征商之額所損必多矣帝方惑於
安石之說言皆不行乃以向為天章閣待制遣太常
少卿羅拯為使手詔賜向曰政事之先理財為急朕
托卿以東南賦入皆得消息盈虛翕張斂散之而卿
忠誠內固能倡舉職業導揚朕意底于成績朕甚嘉
之覽奏虞流言致惑朕心匪石豈易轉也卿其濟之

以彊終之以不倦以稱朕意然均輸後迄不能成
互市舶法自漢初與南越通關市而互市之制行焉
後漢通交易於烏桓北單于鮮卑北魏立互市於南
陲隋唐通貿易于西北開元定令載其條目後唐亦
然而高麗回鶻黑水諸國又各以風土所產與中國
交易宋初循周制與江南通市乾德二年禁商旅毋
得渡江於建安漢陽蘄口置三榷署通其交易內外
羣臣輒遣人往江浙販易者沒入其貨緣江百姓及
煎鹽亭戶恣其樵漁所造屨席之類榷署給券聽渡
江販易開寶三年徙建安榷署於揚州江南平榷署

宋史一百八十六　四百　宋史志卷一百三十九　十九

雖存止掌茶貨四年置市舶司于廣州後又於杭明
州置司凡大食古邏闍婆占城勃泥麻逸三佛齊諸
蕃並通貨易以金銀緡錢鉛錫雜色帛瓷器市香藥
犀象珊瑚琥珀珠琲鑌鐵鼊皮瑇瑁瑪瑙車渠水精
蕃布烏樠蘇木等物太宗時置榷署于京師詔諸蕃
香藥寶貨至廣州交阯兩浙泉州非出官庫者無得
私相貿易其後乃詔自今惟珠貝玳瑁犀象鑌鐵鼊
皮珊瑚瑪瑙乳香禁榷外他藥官市之餘聽市於民
雍熙中遣內侍八人齎敕書金帛分四路招致海南
諸蕃商人出海外蕃國販易者令並詣兩浙司市舶

司請給官券違者沒入其寶貨淳熙二年詔廣州市舶除榷貨外他貨之良者止市其半大抵海舶至十先征其一價直酌蕃貨輕重而差給之歲約獲五十餘萬斤條株顆太平興國初私與蕃國人貿易者計直滿百錢以上論罪十五貫以上黥面流海島過此送闕下淳化五年申其禁至四貫以上徒一年稍加至二十貫以上黥面配本州為役兵天聖以來象犀珠玉香藥寶貨充牣府庫嘗斥其餘以易金帛芻粟縣官用度實有助焉而官市貨數視淳化則微有所損皇祐中總歲入象犀珠玉香藥之類其數五十三

萬有餘至治平中又增十萬熙寧五年詔發運使薛向曰東南之利舶商居其一比言者請置司泉州其創法講求之七年令舶船遇風至諸州界亟報所隸送近地舶司榷賦分買泉福瀕海舟船未經賦買者仍赴司勘驗時廣州市舶虧歲課二十萬緡或以為市易司擾之故海商不至令提舉司究詰以聞既而市易務呂邈入舶司闌取蕃商物詔提舉司劾之九年集賢殿脩撰程師孟請罷杭明州市舶諸舶皆隸廣州一司令師孟與三司詳議之是年杭明廣三司市舶收錢糧銀香藥等五十四萬一百七十三緡匹

斤兩段條箇顆臍隻粒支二十三萬八千五十六緡匹斤兩段條箇顆臍隻粒元豐三年賈人入高麗貲及五千緡者明州籍其名歲責保給引發船無引者如盜販法先是禁人私販然不能絕至是復通中國故明立是法三年中書言廣州市舶已脩定條約宜選官推行詔廣東以轉運使孫迥廣西以陳倩兩浙以副使周直孺福建以判官王子京罷廣東帥臣兼領五年廣西漕臣吳潛言雷化州與瓊島對境而發船請引於廣州舶司約五千里乞令廣西瀕海郡縣土著商人載米穀牛酒黃魚及非舶司賦取之物免

至廣州請引詔孫迥詳度行之知密州范鍔言板橋瀕海東則二廣福建淮浙西則京東河北河東三路商賈所聚海船之利顓於富家大姓宜即本州置市舶司板橋鎮置抽解務六年詔都轉運使吳居厚條析以聞元祐三年鍔等復言廣南福建淮浙賈人航海販物至京東河北河東等路運載錢帛絲綿貿易而象犀乳香珍異之物雖嘗禁榷未免欺隱若板橋市舶法行則海外諸物積於府庫者必倍於杭明二州使商舶通行無冒禁罹刑之患而上供之物免道路風水之虞乃置密州板橋市舶司而前一年亦增

置市舶司於泉州賈人由海道往外蕃令以物貨名數并所詣之地報所在州召保毋得參帶兵器或可造兵器及違禁之物官給以券擅乘船由海入界河及往高麗新羅登萊州境者罪以徒往北界者加等崇寧元年復置杭明市舶司官吏如舊額三年令蕃商欲往他郡者從舶司給券毋雜禁物姦人初廣南舶司言海外蕃商至廣州貿易聽其往還居止而大食諸國商亦丐通入他州及京東販易故有是詔凡海舶欲至福建兩浙販易者廣南舶司給防船兵仗如詔諸國法廣南舶司鬻所市物貨取息毋過二分

政和三年詔如至道之法凡知州通判官吏并舶司使臣等毋得市蕃商香藥禁物宣和元年秀州開修青龍江浦舶船輻輳請復置監官先是政和中置務設官於華亭縣後江浦湮塞蕃舶鮮至止令縣官兼掌至是復設官專領焉四年蕃國進奉物如元豐法令舶司即其地鬻之毋發至京師違者論罪契丹在太祖時雖聽緣邊市易而未有官署太平興國二年始令鎮易雄霸滄州各置榷務輦香藥犀象及茶與交易後有范陽之師罷不與通雍熙三年禁河北商民與之貿易時累年興師千里饋糧居民疲乏太宗亦頗有厭兵之意端拱元年詔曰朕受命上穹居尊中土惟思禁暴豈欲窮兵至於幽薊之民皆吾赤子宜許邊疆互相市易自今緣邊戍兵不得輒恣侵略未幾復禁違者抵死北界商旅輒入內地販易所在捕斬之淳化二年令雄霸州靜戎軍代州鴈門砦置榷署如舊制所鬻物增蘇木尋復罷咸平五年契丹求復置署朝議以其翻覆不許知雄州何承矩繼請乃聽置於雄州六年罷景德初復通好請商賈即新城貿易詔北商齎物貨至境上則許之二年令雄霸州安肅軍置三榷場北商趨他路者勿與為市遣都

官員外郎孔揆等乘傳詣三榷場與轉運使劉綜并所在長吏平互市物價稍優其直予之又於廣信軍置場皆廷臣專掌通判兼領焉三年詔民以書籍赴沿邊榷場博易者非九經書疏悉禁之凡官鬻物如舊而增繒帛漆器秔糯所入者有銀錢布羊馬橐駝歲獲四十餘萬天聖中知雄州張昭遠請歲會入中金錢仁宗曰先朝置互市以通有無非以計利不許終仁宗英宗之世契丹固守盟好互市不絕熙寧八年市易司請假奉宸庫象犀珠直總二十萬緡於榷場貿易明年終償之詔許九年立與化外人私貿易

罪賞法河北四榷場自治平四年其貨物專掌於三
司之催轄司而度支賞給案判官置簿督計之至是
以私販者衆故有是命未幾又禁私市硫黃焰硝及
以盧甘石入他界者河東亦如之元豐元年復申賣
書北界告捕之法西夏自景德四年於保安軍置榷
場以繒帛羅綺易駝馬牛羊玉氈毯甘草以香藥瓷
漆器薑桂等物易蜜蠟麝臍毛褐羱羚角硇砂柴胡
蓯蓉紅花翎毛非官市者聽與民交易入貢至京者
縱其爲市天聖中陝西榷場二并代路亦請置場和
市許之及元昊反即詔陝西河東絕其互市廢保安

軍榷場後又禁陝西並邊主兵官與屬羌交易久之
元昊請臣數遣使求復互市慶曆六年復爲置場于
保安鎮戎二軍繼言驅馬羊至無放牧之地爲徙保
安軍榷場于順寧砦既而蕃商卒無至者嘉祐初西
人侵耕屈野河地知并州龐籍謂非絕其互市則內
侵不已且聞出兀臧訛寵之謀若互市不通其國必
歸罪訛寵年歲間然後可與計議從之初第禁陝西
四路私與西人貿易未幾乃悉絕之治平四年河東
經略司言西界乞通和市自夏人攻慶州大順城詔
罷歲賜嚴禁邊民無得私相貿易至是上章謝罪乃

復許之後二年令涇原熟戶及河東陝西邊民勿與
通市又二年因回使議立和市而私販不能止遂申
詔諸路禁絕既而河東轉運司請罷吳堡於寧星和
市如舊而麟州復奏夏人之請乃令鬻銅錫以市馬
而纖縞與急須之物皆禁西北歲入馬事具兵志楚
蜀南粵之地與蠻獠溪峒相接者以及西州沿邊羌
戎皆聽與民通市熙寧三年王韶置市易司於秦鳳
路古渭砦六年增置市易於蘭州自後於熙河蘭湟
慶渭延等州又各置折博務湖北路及沅錦黔江口
蜀之黎雅州皆置博易場重和元年燕瑛言交人服

順久毋令阻其貿易初廣西帥曾布請即欽廉州各
創驛令交人就驛博買至是即用瑛兼廣西轉運副
使同王蕃計畫馬建炎四年三月宣撫使張浚奏大
食國遣人進珠玉寶貝上曰大觀宣和間川茶不以
博馬惟市珠玉故武備不脩遂致危弱如此今復捐
數十萬緡易無用之物曷若惜財以養戰士乎諭張
浚勿受量賜予以答之六月罷宜州歲市朱砂二萬
兩紹興三年邕州守臣言大理請入貢上諭大臣止
令賣馬不許其進貢四年詔川陝即永興軍威茂州
置博易場移廣西買馬司于邕管歲捐金帛倍酬其

直然言語不通一聽譯者高下其手吏得因緣為姦六年大理國獻象及馬五百匹詔償其馬直却象勿受而賜書勞遣之十二年盱眙軍置榷場官監與北商博易淮西京西陝西榷場亦如之十九年罷國信所博易二十六年罷廉州貢珠散蜑丁蓋珠池之在廉州凡十餘接交阯者水深百尺而大珠生焉蜑往採之多為交人所取又為大魚所害至是罷之二十九年存盱眙軍榷場餘並罷乾道元年襄陽鄧城鎮壽春花靨鎮光州光山縣中渡市皆置榷場以守臣措置通判提轄五年省提轄官淳熙二年臣僚言溪

峒緣邊州縣置博易場官主之七年塞外諸戎販珠玉入黎州官常邀市之臣僚言其黷貨啓釁非便止合聽商賈百姓收買詔從之建炎元年詔市舶多以無用之物費國用自今有博買篤耨香環瑪瑙猫兒眼睛之類皆寘于法惟宣賜臣僚象笏犀帶選可者輸送胡人謂三百斤為一婆蘭凡舶舟最大者曰獨檣載一千婆蘭次者曰牛頭比獨檣得三之一又次曰木船曰料河遞得三之一隆興二年臣僚言熙寧初立市舶以通物貨舊法抽解有定數而取之不苛輸稅寬其期而使之待價懷遠之意實寓焉邇來抽

解既多又迫使之輸致貨滯而價減擇其良者如犀角象齒十分抽二又博買四分珠十分抽一又博買六分舶戶懼抽買數多止販麄色雜貨若象齒珠犀比他貨至重乞十分抽一更不博買乾道二年罷兩浙路提舉以守倅及知縣監官共事轉運司提督之三年詔廣南兩浙市舶司所發舟還因風水不便船破檣壞者即不得抽解七年詔見任官以錢附綱首商旅過蕃買物者有罰舶至除抽解和買違法抑買者許蕃商越訴計贓罪之舊法細色綱龍腦珠之類每一綱五千兩其餘犀象紫礦乳檀香之類為麄色

每綱一萬斤凡起一綱遣衙前一名部送支脚乘贍家錢一百餘緡大觀以後張大其數象犀紫礦皆作細色起發以舊日一綱分為三十二綱多費脚乘贍家錢三千餘貫至于乾道七年詔廣南起發麄色香藥物貨每綱二萬斤加耗六百斤依舊支破水脚錢一千六百六十二貫有奇淳熙二年戶部言福建廣南市舶司麄細物貨並以五萬斤為一全綱南渡三路舶司歲入固不少然金銀銅鐵海舶飛運所失良多而銅錢之泄尤甚法禁雖嚴姦巧愈密商人貪利而貿遷黠吏受賕而縱釋其弊卒不可禁

志卷第一百三十九

志卷第一百四十　宋史一百八十七

開府儀同三司上柱國錄軍國重事中書右丞相監修國史領經筵事都總裁臣脫脫等奉

勅修

兵一 禁軍上

宋之兵制大槩有三天子之衞兵以守京師備征戍曰禁軍諸州之鎮兵以分給役使曰廂軍選於戶籍或應募使之團結訓練以為在所防守則曰鄉兵又有蕃兵其法始於國初具籍塞下團結以為藩籬之兵其後分隊伍給旗幟繕營堡備器械一律以鄉兵之制今因舊史纂脩兵志特置于熙寧保甲之前而附之鄉兵焉其軍政則有召募揀選廩給訓練屯戍遷補器甲馬政八者之目條分而著之以見歷朝因革損益之不同而世道之盛衰亦具是矣嗟乎三代遠矣秦漢而下得寓兵於農之遺意者惟唐府衞為近之府衞變而召募因循姑息至於藩鎮盛而唐以亡更歷五代亂亡相踵未有不由於兵者太祖起戎行有天下收四方勁兵列營京畿以備宿衞分番屯戍以捍邊圉于時將帥之臣入奉朝請獷暴之民收隸尺籍雖有桀驁恣肆而無所施於其間凡其制為什長之法階級之辨使之內外相維上下相制截然

而不可犯者是雖以矯累朝藩鎮之弊而其所懲者深矣咸平以後承平既久武備漸寬仁宗之世西兵招刺太多將驕士惰徒耗國用憂世之士屢以為言竟莫之改神宗奮然更制於是聯比其民以為保甲部分諸路以隸將兵雖不能盡拯其弊而亦足以作一時之氣時其所任者王安石也元祐紹聖遵守成憲迨崇寧大觀間增額日廣而乏精鋭故無益於靖康之變時其所任者童貫也建炎南渡收潰卒招群盗以開元帥府其初兵不滿萬用張韓劉岳為將而軍聲以振及秦檜主和議士氣遂沮孝宗有志興復

而未能光寧以後募兵雖衆土宇日蹙況上無馭將之術而將有中制之嫌然沿邊諸壘尚能戮力効忠相與維持至百五十年而後亡雖其祖宗深仁厚澤有以固結人心而制兵之有道綜理之周容於此亦可見矣

禁兵者天子之衛兵也殿前侍衛二司總之其最親近扈從者號諸班直其次總於御前忠佐軍頭司皇城司騏驥院皆以守京師備征伐其在外者非屯駐屯泊則就糧軍也太祖鑒前代之失萃精鋭於京師雖曰增損舊制而規橅宏遠矣建隆元年詔殿前侍衛二司各閲所掌兵揀其驍勇升為上軍老弱怯懦置剩員以處之詔諸州長吏選所部兵送都下以補禁旅之闕又選強壯卒定為兵樣分送諸道其後代以木梃為高下之等散給諸州軍委長吏都監等召募教習俟其精練即送闕下二年改左右雄捷左右驍武軍並為驍捷左右備征為雲騎左右平遠為廣捷左右懷德為懷順四年賜河東樂平縣歸降卒元威以下二百六十六人衣服錢絹有差立為効順指揮乾德二年詔遼州降軍宜以効順懷恩為名三年四月詔改西川感化耀武等軍並為虎捷九月上御

講武殿閲諸道兵得萬餘人以騎兵為驍雄步軍為雄武並隸侍衛司且命王繼勳主之給緡錢俾娶妻繼勳縱之白日掠人妻女街使不能禁帝聞大怒捕斬者百人小黄門閻承翰見而不奏亦杖數十開寶七年泰寧軍節度使李從善部下及江南水軍凡千三十九人並黥面隸籍以歸化歸聖為額太平興國二年詔改簇御馬直曰簇御龍直鐵騎曰日騎龍捷曰龍衛控鶴曰天武虎捷曰神衛骨鋘子直曰御龍骨鋘子直寬衣控鶴曰寬衣天武雄威曰雄勇龍騎曰雄猛八年改濮州平海指揮為崇武雍熙四年改

殿前司日騎鞚直指揮為捧日鞚直日騎改為捧日驍猛改為拱宸雄勇改為神勇上鐵林改為殿前司虎翼腰弩改為神射侍衛步軍司鐵林改為侍衛司虎翼至道元年帝閱禁兵有挽彊弩至一石五斗連二十發而有餘力者顧謂左右曰今宇內阜安材武間出弧矢之妙亦近代罕有也又令騎步兵各數百東西列陣挽彊彀弩視其進退發矢如一容止中節因曰此殿庭間數百人爾猶兵威可觀況堂堂之陣數萬成列者乎咸平三年詔定州等處本城廳子無敵忠銳定塞指揮已並升充禁軍馬軍雲翼指揮依

逐州軍就糧令侍衛馬軍司管轄定州揀中廳子第一充雲翼第一第二充雲翼第二相州廳子第一充雲翼第三第二充雲翼第四保州無敵第一充雲翼第五第二充雲翼第六忠銳充雲翼第七威勇軍無敵第一充雲翼第八第二充雲翼第九忠銳充雲翼第十靜戎軍無敵充雲翼第十一寧邊軍無敵充雲翼第十二北平塞無敵充雲翼第十三深州無敵充雲翼第十四北面諸處應管本城定塞指揮已下鎮定州高陽關路都總管並充禁軍馬軍雲翼指揮纔候升立訖分析逐指揮員兵士人數就糧州府本指

揮見在去處以聞四年詔陝西沿邊州軍兵士先選中者並升為禁軍名保捷五年正月置廣捷兵士五指揮五月命使臣分往邠寧環慶涇原儀渭隴鄜延等州於保安保毅軍內與逐處官吏選取有力者共二萬人各於本州置營升為禁軍號曰振武指揮既而帝曰邊防闕兵朝廷須為制置蓋不得已也候邊鄙乂寧即可銷弭六月以河東州兵為神銳二十四指揮神虎十指揮又升石州廳子軍為禁軍又以威虎十指揮隸虎翼景德四年詔河東廣銳神銳神虎軍以見存為定額缺則補之大中祥符元年詔侍衛

步軍司閱保寧軍士分為四等其第一等徙營亳州永城縣餘聽歸農無家可還者隸諸州為剩員四年宣示永安縣永安指揮兵八千餘人以奉諸陵其知軍額猶隸西京本城廂軍可賜名奉先指揮升為禁軍在清塞之下八年置禁軍左右清衛二指揮在雄武弩手之上散卒月給鐵錢五百以奉宮觀仁宗即位海內承平而留神武備始幸安肅教場觀飛山雄武發砲命捧日天武神衛虎翼四軍為戰陣法授其擊刺騎射之精者稍遷補之由天聖至寶元間增募諸軍陝西蕃落廣銳河北雲翼京畿廣捷虎翼効忠

陝西河東清邊弩手京西江淮荆湖歸遠總百餘營
康定初趙元昊反西邊用兵詔募神捷兵易名萬勝
爲營二十所募多市井選懦不足以備戰守是時禁
兵多戍陝西並邊土兵雖不及等然驍勇善戰京
師所遣戍者雖稱魁頭大率不能辛苦而摧鋒陷陣
非其所長又北戍及川峽荆湘嶺嶠間多不便習水
土故議者欲益募土兵爲就糧於是增置陝西蕃落
保捷定功河北雲翼有馬勁勇陝西河北振武河北
京東武衛陝西京西壯勇延州青澗登州澄海弩手
京畿近郡亦增募龍騎廣勇廣捷虎翼步闘步武復

升河北招收無敵驍子馬陝西制勝并州克戎騎射
麟州飛騎府州威遠秦州建威慶州有馬安塞保
州威邊安肅軍忠銳嵐府州建安登州平海皆爲禁
兵增内外馬步凡數百營又京東西河北河東江淮
荆湖兩浙福建路各募宣毅大州二營小州一營凡
二百八十人岢嵐軍別置床子弩砲手時吏以所募
多寡爲賞罰格諸軍子弟悉聽隸籍禁軍闕額多選
本城補塡故慶曆中外禁厢軍總一百二十五萬視
國初爲最多西師既罷上患兵冗帑庾不能給乃詔
省兵數萬人皇祐二年川峽增置寧遠五年江淮荆

湖置教閱忠節州一營大州五百人小州三百人於
是宣毅寖廢不復補而荆湖廣南益募雄略至和二
年廣桂邕州置有馬雄略明年併萬勝爲十營其後
議者謂東南雖無事不宜弛備嘉祐四年乃詔荆南
江寧府揚廬洪潭福州募就糧軍號威果各營於本
州又益遣禁軍駐泊長吏兼本路兵馬鈐轄選武臣
爲都監專主訓練於是東南稍有備矣七年宰相韓
琦言祖宗以兵定天下凡有征戍則募置事已則併
故兵日精而用不廣今二邊雖號通好而西北屯邊
之兵常若待敵之至故竭天下之力而不能給不於

此時先慮而豫備之一旦邊陲用兵水旱相繼卒起
而圖之不可及矣又三路就糧之兵雖勇勁服習然
邊儲貴踊常苦難贍若其數過多復有尾大不掉之
患京師之兵雖雜且少精然漕於東西廣而易供設
其數多得彊幹弱枝之勢祖宗時就糧之兵不甚多
邊陲有事則以京師兵益之其慮深而其費鮮願詔
樞密院同三司量河北陝西河東及三司權貨務歲
入金帛之數約可贍京師及三路兵馬幾何然後以
可贍之數立爲定額額外罷募闕即增補額外數已
盡而營畸零則皆併之既見定額則可以定其路馬

步軍一營以若干為額仍請數見開寶至道天禧慶曆中外兵馬之數蓋開寶至道之兵太祖太宗以之定天下服四方也天禧之兵真宗所以守成備豫也慶曆之兵西師後增置之數也以祖宗之兵視今數之多少則精冗易判裁制無疑矣於是詔中書樞密院同議樞密院奏開寶之籍總三十七萬八千而禁軍馬步十九萬三千至道之籍總六十六萬六千而禁軍馬步三十五萬八千天禧之籍總九十一萬二千而禁軍馬步四十三萬二千慶曆之籍總一百二十五萬九千而禁軍馬步八十二萬六千視其所募

兵寖多自是稍加裁制以為定額英宗即位詔諸道選軍士能引弓二石彍弩四石五斗送京師閱試第升軍額明年併萬勝為神衞三年京師置雄武第三軍時宣毅僅有存者然數詔諸路選廂軍壯勇者補禁衞而退其老弱焉蓋治平之兵一百十六萬二千而禁軍馬步六十六萬三千云熙寧元年十二月詔京東武衞四十二指揮並分隸河北都總管司六指揮隸大名府路三十六指揮均隸定州高陽關兩路更戍其休番者選差兵官三人依河北教閱新法訓練仍差使臣押教又詔京東路募河北流民招置教

閱廂軍二十指揮以忠果為額青鄆淄齊州各三指揮濟兗曹濮州各兩指揮三年十二月樞密使文彥博等上在京開封府界及京東等路禁軍數帝亦舉以治平中兵數而討論焉遂詔殿前虎翼除水軍一指揮外存六十指揮各以五百人為率總三萬四百人在京增廣勇五指揮共二千人開封府界定六萬二千人京東五萬一千二百人兩浙四千人江東五千二百人江西六千八百人湖廣八千三百人湖北萬二千人福建四千五百人廣南東西千二百人川陝三路四千四百人為額在京其餘指揮并河東陝

西京西淮南路既皆撥併唯河北人數尚多乃詔禁軍以七萬為額初河北兵籍比諸路為多其緣邊者且仰給三司至是而撥併畸零立為定額焉是時京東增置武衞軍分隸河北四路後又以三千人戍揚杭州江寧府其後又團結軍士置將分領則謂之將兵云七年正月詔頒諸班直禁軍名額殿前司諸班殿前指揮使內殿直散員散指揮散都頭散祗候金槍東西招箭散直鈞容直諸直御龍御龍骨朵御龍弓箭御龍弩直諸軍捧日鈚直捧日左射捧日寬衣天武鈚直天武左射天武歸明渤海拱聖神勇吐渾

驍騎驍勝宣武虎翼水軍寧朔龍猛捧日第五軍捧日第七軍天武第五軍天武第七軍契丹直第一契丹直第二神騎廣勇步鬬龍騎驍猛雄勇太原府就糧吐渾潞州就糧吐渾左射清朔擒戎廣捷廣德驍雄雄威侍衛馬軍司龍衛鍃直龍衛左射龍衛恩冀州員僚直忠猛定州散員驍捷雲騎武騎龍衛第十軍揀中龍衛新立驍捷飛捷驍武廣銳雲翼禁軍有馬勁勇廳子馬無敵克勝飛騎威遠克戎萬捷雲捷橫塞慶州有馬安塞蕃落有馬雄略員僚剩員直侍衛步軍司神衛虎翼水軍神衛第十軍步武武衛林子弩雄武飛山雄武神衛振武來化雄武弩手上威猛招收雄勝澄海水軍弩手神虎保捷捉生清邉弩手制勝定功青澗平海雄武効忠宣毅建安威果川效忠揀中雄勇懷順懷恩勇捷威武靜戎弩手忠遠寧遠忠節教閱忠節川忠節神威歸遠雄略下威猛彊猛壯勇橋道清塞武嚴宣效神衛剩員奉先園揀中六軍左龍武右龍武左羽林右羽林左神武右神武御營喝探新團立揀中剩員諸班直資次相壓殿前指揮使御龍直御龍骨鍒子直內殿直散員散指揮使散都頭散祗候金槍東西班御龍弓箭直御龍弩直招箭班散鈞容直

諸軍資次相壓捧日鍃直捧日左射捧日寬衣天武天武鍃直天武左射天武龍衛鍃直龍衛左射龍衛神衛歸明渤海拱聖神勇恩冀州員僚直忠猛定州散員吐渾驍騎驍捷雲騎驍勝宣武騎殿前司虎翼殿前司虎翼水軍寧朔龍猛步軍司虎翼步軍司虎翼水軍捧日第五軍捧日第七軍天武第五軍天武第七軍龍衛第十軍揀中龍衛神衛第十軍契丹直第一契丹直第二神騎廣勇步鬬龍騎驍猛雄勇太原府就糧吐渾潞州就糧吐渾清朔擒戎新立驍捷飛捷驍武廣銳雲翼禁軍有馬勁勇步武武衛林子弩雄武飛山雄武神銳振武來化雄武弩手上威猛廳子馬無敵招收雄勝廣捷廣德克勝飛騎威遠澄海水軍弩手克戎驍雄雄威萬捷雲捷橫塞神虎保捷慶州有馬安塞蕃落捉生清邉弩手制勝定功有馬雄略青澗平海雄武效忠宣毅建安威果川效忠揀中雄勇懷順懷恩勇捷威武丁威武靜戎弩手忠勇寧遠忠節教閱忠順川忠節神威歸遠雄略下威猛強猛壯勇員僚剩員直橋道川橋道步軍司清塞武嚴宣効神衛剩員奉先園揀中六軍御營喝探新團立揀中剩員諸禁軍名額條捧日天武龍衛神

衞為上軍五百文已上料錢見錢為中軍不滿五百文料錢見錢并捧日天武第五第七軍龍衞神衞第十軍驍猛雄勇驍雄雄威為下軍元豐五年十月詔諸路教閱廂軍於下禁軍內增入指揮名額排連並同禁軍蓋熙寧之籍天下禁軍凡五十六萬八千六百八十八人元豐之籍六十一萬二千二百四十三人哲宗即位四方用兵增戍益廣元祐元年三月寄招河北路保甲充填在京禁軍闕額龍神衞以年二十以下中軍以下以年二十五以下者雖短小一指並招刺焉二年詔西關堡防拓禁軍和雇入役復置河北河東陝西府界馬步軍七年河東陝西路諸帥府敢勇以二百人為額專隸經略司紹聖四年陝西路增置蕃落馬軍是年蘭州金城置步軍保捷馬軍蕃落元符元年利州路興元府閬州各增置就糧武寧又湖北江東各增置有馬雄略涇原路新築南牟會賜名西安州戍守共以七千人為額仍招置馬軍蕃落步軍保捷天都臨羌砦戍守各以三千人為額仍各置馬軍蕃落步軍保捷永興軍等路創置蕃落河北大名府等二十二州共創置馬軍廣威步軍保捷以河北大水招刺流民故也二年正月環慶增置敢勇二百人四月環慶路都總管司言本路新展定邊城北之橫

山興平等處城砦尤深乞增置住營馬軍蕃落步軍保捷六月環慶路都總管司言展築慶州白豹城合增置住營馬步軍又鄜延路都總管司言本路新築米脂等八堡砦合增置土兵馬步軍皆從之三年樞密院奏河北增置馬軍廣威步軍保捷二萬餘人欲令揀選升換在京闕額軍分從之自紹聖以來陝西河東連用兵六年進築未已覆軍殺將供給不可勝紀徽宗崇寧元年九月荊湖北路增置禁軍以靖安名十月川峽置安遠軍三年三月隴右都護奏乞於鄯州置水軍守河浮橋又樞密院乞增置府界京東西等路步軍荊湖南路椎略皆從之十月京東西河東北開封府界創置馬步軍五萬人馬軍以崇捷崇銳名步軍以崇武崇威名合用緡錢二百八十萬有奇以常平封樁等錢支用蔡京之請也京又言今拓地廣戍兵少當議添置兵額以為邊備從之四年十一月廣西路置刀牌手三千人於切要州軍更戍以寧海名十二月詔四輔屏翰京師兵力不可偏重可各以二萬人為額五年環慶路進築徐丁臺城賜名安邊置馬軍蕃落步軍保捷大觀元年五月延安置錢監兵闕十月靖州置宣節十一月兩浙東西路各

增置禁軍宣和三年內侍制置所譚稹奏以方臘既平乞節鎮增添禁軍兩指揮餘州軍一指揮又乞除温處衢婺外將禁軍更招置成十指揮又乞增置嚴州威果禁軍並從之五年二月尚書省言古者六軍為王之爪牙羽林則禁衛之總名也今臣僚使令兵卒所居營分曰六軍而復有左右羽林之名稱謂失當若將揀中六軍并六軍指揮並改為廣効內揀中六軍作第一指揮左龍武第二左羽林第三左神武第四右龍武第五右羽林第六右神武第七從之靖康元年詔廣西宜融二州實為極邊舊置馬軍難議

減省且依元降指揮招置自元豐而後民兵日盛募兵日衰其募兵闕額則收其廩給以為民兵教閱之費元祐以降民兵亦衰崇寧大觀以來蔡京用事兵弊日滋至於受逃亡收配隸猶恐不足政和之後久廢蒐補軍士死亡之餘老疾者徒費廩給少健者又多冗占階級既壞紀律遂亡童貫握兵勢傾內外凡遇陣敗恥於人言第申逃竄河北將兵十無二三往往多住招闕額以其封樁為上供之用陝右諸路兵亦無幾种師道將兵入援止得萬五千人故靖康之變雖盡一之詔哀痛激切而事已無及矣高宗南渡

始建御營司未幾復併御營歸樞密院紹興四年改御前五軍為神武軍御營為神武軍副並隸樞密院五年上以祖宗故事兵皆隸三衙乃廢神武中軍隸殿前司於是殿司兵柄始一乾道元年詔殿前兵馬權以七萬三千人為額諸屯駐大軍則皆諸將之部曲高宗開元帥府諸將兵悉隸焉建炎後諸大將兵寖盛因時制變屯無常所如劉光世軍或在鎮江池州太平韓世忠軍或屯江州江陰岳飛一軍或屯宜興蔣山王彥八字軍隨張浚入蜀吳玠兵多屯鳳州大散關和尚原是時合內外大軍十九萬四千餘川

陝不與焉及楊沂中將中軍總宿衛江東劉光世淮東韓世忠湖北岳飛湖南王彥四軍共十九萬一千六百亦未嘗有屯紹興十一年范同以諸將握兵難制獻謀秦檜且以柘皐之捷言於上召張俊韓世忠岳飛入覲張俊首納所部兵分命三大帥副校各統所部自為一軍更銜曰統制御前軍馬罷宣撫司遇出師取旨兵皆隸樞密院屯駐仍舊而四川大將兵曰興成階鳳文龍利門金洋綿房西和州大安軍興元隆慶潼川府凡十四郡亦分屯就糧焉乾道之末各州有都統司領兵建康五萬池州一萬二千鎮江

四萬七千楚州武鋒軍一萬一千鄂州四萬九千荆南二萬興元一萬七千金州一萬一千其後分屯列戍增損靡常所可考者統制統領正將副將準備將之目也至於水軍之制則有加於前者南渡以後江淮皆為邊境故也建炎初李綱請於沿江淮河帥府置水兵二軍要郡別置水兵一軍次要郡別置中軍招善舟楫者充立軍號曰凌波樓船軍其戰艦則有海鰍水哨馬雙車得勝十棹大飛旗捷防沙平底水飛馬之名隆興以後至于寶祐景定間江淮沿流堡隘相望守禦益繁民勞益甚迨咸淳末廣東籍蛋丁

閩海拘舶船民船公私俱弊矣其禁軍將校則有殿前司都指揮使副都指揮使都虞候各一人諸班直都虞候指揮使都知副都知押班御龍諸直有四直都虞候本直各有都虞候指揮使副指揮使都頭副都頭十將將虞候馬步軍有捧日天武左右四廂都指揮使捧日天武左右各有都指揮使每軍有都指揮使都虞候每指揮有指揮使副指揮使每都有軍使（步軍謂之都頭）副兵馬使（步軍謂之副都頭）十將將虞候承局押官所領諸班直指揮騎兵步兵之額叙列如左以其前後之異同者分為建隆以來之制熙寧以後之制

而將兵水兵之制可考者因附著于後云

建隆以來之制

騎軍殿前指揮使（左右班二宋初以舊府親從帶甲之士及諸班軍騎中選武藝絕倫者充）內殿直（左右班四周制簡軍校暨武臣子弟有材勇者立又有川班直殿直乾德三年平蜀得奇兵簡閱材貌魁偉便習騎射者凡百二十人立開寶二年廢）散員（左右班四周制招置諸州豪傑立散指揮散都頭散祗候凡十二班又於北面騎捷員僚直及諸軍內簡閱填補咸平五年定州路都部署王超言緣邊有强梁輩常居四界擾動邊境請厚給金帛募充散員從之）散指揮（左右班四）散都頭（左右班二）金槍班（左右班二舊名內直太平興國初改選諸軍中善用槍槊者增補）東西班（弩手龍旗直招箭班共十二舊號東西班承旨淳化二年改為殿前侍東西各第一第二弩手龍旗直班六並帶甲選諸班及不帶甲班增補其東第二茶酒及第三西第四班不帶甲

並以諸軍員使臣及沒王事者子弟為之又擇善弓箭者為招箭班）散直（左右班四雍熙四年以諸道募置藩鎮廳頭軍將及詣登聞院求試武藝者立咸平元年選諸節度使從人騎御馬小底增補）鈞容直（班二太平興國三年選諸軍諳曉音樂騎御馬小底立淳化二年改之）外殿直（一班諸班衛士中年多者號看班外殿直後削看班之號或詔諸道遣攝軍校之職部分州兵謂之權管國初又有內員僚直開寶中廢太平興國四年征太原得上軍天禧四年併入此班）捧日（并左射鐵直弩手左第五軍總指揮三十五京師三十三雍丘鄭各一舊號小底周改為鐵騎太平興國二年改為日騎雍熙四年改今名分左右廂各四軍雍熙三年選善槍槊者充鐵直淳化三年選善左射者為左射咸平五年選天武拱聖驍騎善弩射者為弩手）契丹直（三咸平許壽各一後唐置旋廢開寶三年以遼人內附之衆後置太平興國中因事後置旋廢）歸明渤海（指揮二京師太平興國四年征幽州以渤海降兵立）拱聖（指揮二十一京師乾德中選諸州騎兵送闕下立為驍雄後改驍猛雍熙四年

又改拱辰未數改今名吐渾小底舊指揮五治平中併為二京師太平興國四年平太原獲吐渾子弟又選監牧諸軍中所有者充驍騎指揮二十三京師太平興國四年置後又選揀捐索兵及左右教駿兵增置雍熙四年改殿前司步鬬弩手為驍騎弩手淳化四年選壯勇超絕者為上驍騎在本軍之上咸平五年分左右廂舊又有殿前小底至道二年選驍騎馬直及善射者充後廢驍勝左右指揮各五京師咸平三年選教駿驍騎諸軍備征子弟材勇者立寧朔指揮十京師尉氏各三雍丘渭河陽河陰各一咸平三年選教駿諸軍備征及外州兵立龍猛指揮八京師太平興國中揀閱龍騎及諸州部送招獲群盜取其材勇者立淳化四年又擇精悍者為教閱龍猛以備禽盜在本軍之上景德四年又選龍騎驍騎兵增之飛猛指揮二咸平二年選龍猛驍騎兵子弟之材勇者立驍猛指揮四尉氏三太康一舊號驍雄太平興國中改雍熙四年以拱聖年多者為拱辰軍其次等者如故景德四年以拱聖年多者隸之神騎指揮十八雍丘十三咸平五端拱二年選驍雄新配人及教駿借事等兵立淳化二年廢揀捐索軍隸之咸平二年又擇教駿備征及外州增之驍雄指揮四咸平陳留各二太平興國八年選驍猛中次等者立景德中以驍騎驍勝寧朔軍年多者隸之吐渾直指揮三太原二潞一太平興國八年太原還雲州及河界吐渾立屯并代州雍熙三年又還得雲朔歸明吐渾增立屯潞州安慶直四太原一潞三太平興國四年遷雲朔及河東歸明安慶民分屯并潞等州給以土田雍熙四年立三部落指揮一太原太平興國四年親征幽州遷雲朔應等州部落於并州因立清朔指揮四西京二許汝各一太平興國四年遷雲朔州民於內地得自置馬以為騎兵謂之家戶馬雍熙四年立擒戎指揮五西京許各二汝一太平興國四年遷雲朔州民於西京許汝等州給以土田充家戶馬端拱二年立新立內員僚直五端拱二年成德軍節度使田重進言易州靜砦兵先屯鎮州賊陷勇陷谷盡俘其家請以其軍備宿衛因而立此直後廢天聖後無散祗候左右班二天聖前無步鬬指揮六尉氏太康各一蔡四慶曆中增置

天聖前無步軍御龍直左右二舊號簇御直太平興國二年改為簇御龍直後改今名御龍骨錄子直左右二舊號骨錄子直太平興國二年改為御龍散手直後改今名御龍弓箭直五選天武諸軍材貌魁傑者充御龍弩直五天武并寬衣鈕直左射總指揮三十四京師三十三咸平一神勇上下共二十一指揮乾德中揀閱諸軍壯實而大體者立為雄威太平興國二年改為雄勇雍熙四年改今名淳化四年選武藝超絕者立為上神勇以備擒盜宣武上下共二十指揮京師太平興國二年併效節忠猛二軍立又選諸軍及鄉兵增之至道二年又選軍頭司步直善用槍槊掉刀者立殿前步直後廢虎翼太平興國中揀雄武弩手立為上鐵林又於雄武定遠寧勝床子弩手飛山雄武等軍選勇兵以增其數雍熙四年改分左右四軍淳化四年選本軍精銳者為上虎翼以備禽盜咸平二年併贊勇軍隸之大中祥符六年詔在京諸軍選江淮士卒善水者習戰於金明池立為虎翼水軍舊指揮六十二景德中增六京師雄勇舊號雄威太平興國二年改今名雍熙四年改神勇復於本軍選退入次等者為之舊指揮五至和五年增為八咸平三鄆二許鄭滑各一廣德開寶四年平廣南以其兵隸殿前司次等隸入作司闕則選廣南諸州兵補之雍熙三年選八作司之彊壯者為揀中總指揮十咸平尉氏陽武河陽滄覃白波各一西京三廣勇淳化二年選神射鞭箭雄武效忠等軍彊壯善射者立為廣武大中祥符二年改今名舊指揮二十三慶曆中增為四十三每指揮十為一軍京師五陳留二十二咸平東明太原胙城南京各二襄邑陽武鄆各一滑三廣捷舊名左右平遠建隆二年改咸平五年又選廣德神威等軍教以標槍旁牌補之舊指揮五景祐中增五明道中增十慶曆增三十六總五十六陳留八咸平六雍丘四襄邑尉氏許各三太康扶溝南京亳河陰鎮寧陵各二陳六滑曹鄧蔡濟穀熟永城襄城葉各一雄威雍熙四年選神勇兵退入第二等立為神威後改今名指揮十考成襄邑陳留各一南京四陳二宣威雍熙四年選神勇宣武兵退入次等者立上下指揮二咸平襄邑各一龍騎建隆間以諸道招致及捕獲群寇立

號有馬步人見陣即步鬭淳化三年選本軍年多者
為帶甲剩員咸平以後又以本軍及龍猛退兵增之
舊指揮八康定中取配隸充軍者增置為指揮二十
分三軍京師四尉氏雍丘咸平鄭各二南京陳蔡河
陽潁單四**神射**兩浙州兵舊號腰弩雍熙四年改今
波各一名淳化元年部送闕下選其壖者為
廣武次等後為本軍指**步鬭**雍熙三年選諸州廂軍
揮五陳留三雍丘二之壯勇者立後廢此下
二軍天**鞭箭**雍熙三年選兩浙兵為鞭箭次等者為
聖後無忠節鞭箭端拱二年併為一至道元年
發此兵援靈州芻粟衷車重
兵器於浦洛河詔免死後廢

侍衛司侍衛親軍馬步軍都指揮使副都指揮使都虞候各一人馬軍都指揮使副都指揮使都虞候各一人步軍亦如之自馬步軍都虞候已上其員全闕即馬步軍都指揮使等各領其務與殿前號為三司

馬步軍有龍衛神衛左右四廂都指揮使都虞候每指揮有都指揮使副指揮使餘如殿前司之制所領騎兵步兵之額敘列如左

騎軍員僚直顯德中周平三關召募强人及選高陽
關驍捷兵為北面兩直建隆初選諸州
騎兵及蕃鎮驍頭召募人等為左三直太平興國四
年平太原選其騎兵為右三直北面兩直營貝冀隸
高陽關都部署大中祥符中改為貝州一左
直冀州右直後改四直京師二恩冀各一**龍衛**舊號護聖
周廣順中改龍捷建隆二年揀去衰老以諸州所募
精勁者補之太平興國二年改分左右廂四年平太
原選其降兵為揀中龍衛雍熙二年又揀善撲樂者
為鋭直淳化三年選剩員堪披甲者為帶甲剩員五
年又揀善左射者為左射指揮四十四
京師三十八雍丘尉氏河陽各一澶三**忠猛**咸平一年置指
揮一**散員**咸平五年置**驍捷**周顯德中平三關揀諸
定州指揮一定州州士卒壯勇者為河北

驍捷宋初隸高陽關都部署建隆二年廢左右驍武
以其兵來隸乾德中又選備征及嵐州歸附之兵為
河南驍捷其後止以驍捷為名太平興國四年平太
原揀閱降兵為揀中驍捷淳化四年又置新立驍捷
至道三年分驍捷為左右廂咸平五年以其年多者
為帶甲剩員指揮二十六尉氏新立陳揀中各一恩
十四**雲騎**舊號左右備征建隆二年改開寶以後募
冀十子弟為雲騎以其次為武騎又選騎兵之
次等為武騎又選本軍年多者為帶甲剩員**歸明神**
指揮十五京師十一陳留西京各一輩二
武太平興國四年親征幽州以其降兵**克勝**本潞州
立此軍初指揮一後增為四雍丘騎兵端
拱初升指**驍銳**舊名散員指揮咸平四**驍武**本河北
揮二潞年改指揮四莫三冀一諸州忠
烈威邊騎射等兵淳化四年揀閱其材與雲騎武騎
等立得自置馬分左右廂指揮二十北京七真定三
定六相懷**廣銳**本河州忠烈宣勇能結社買馬者馬
洺邢各一死則市補官助其直至道元年立咸
平以後選振武兵增之老疾者以親屬代景德二年
詔非親屬願代者聽大中祥符五年以其退兵為帶

甲剩員舊河東指揮三十一陝西七景祐康定中增
為四十二太原代并各三汾五嵐石岢嵐各二晉熙
一慈絳澤隰憲寧化威勝平定火山各**武清**晉州騎兵
涇原鄜各二秦渭環邠寧各一端拱二年
以其久在北部有屯戍之勞**有馬勁勇**咸平四年選
選勇悍者就升指揮一晉江東諸州兵
立慶曆中分置第六第七總指**雲翼**舊指揮三十三
揮七太原二代嵐各一磁三景祐以後增置
二十三分左右廂總五十六真定雄瀛深趙永寧各
三定冀各六保五滄北平永靜順安保定各二莫邢
霸各一廣**廳子**本石州城立景德元年改徙嘗相州
信肅各四慶曆初升禁軍指揮六定一相五
萬捷開寶中募趙相滄冀州民立大中祥符中以驍
武雲騎退兵隸之指揮七相冀邃各二滄一
雲捷太平興國四年選諸軍中應募子弟及義殿借
事備征等有武幹者立大中祥符五年以寧朔
退兵隸之指揮十二尉氏咸平**橫塞**咸平三年選諸
西京北京澶各二汝懷各一軍威邊騎射及
在京借事立指揮七雍丘咸**員僚剩員直**禁軍員僚
平考城襄邑寧陵各一衛二以罪責降

者充此下至騎捷凡六軍天聖後無**清塞**周立指揮二其一北蕃歸附之衆營壽州其一破淮南紫金山砦所得騎軍營延州宋初選本軍子弟補其缺太平興國三年又得泉州兩浙兵以益之**飛捷**本威虜軍保州易州靜塞兵定州聽子軍立淳化元年詔赴闕揀閱以靜塞為三等聽子為一等改今名指揮四**驍駿**本壽州咸聖軍咸平三年改指揮一**揀中夏州聽子**本夏州家戶淳化五年河西行營都部署李繼隆遣部送京師立指揮一**騎捷**本雍州強人指揮咸平三年改分營瀛莫指揮四**武騎**指揮一十一京師雍丘各一尉氏三陳留考城咸平鄭各一西京二此下至有馬雄略凡十二軍三朝志無**驍騎**指揮一太原**無敵**河北沿邊廂兵慶曆二年升禁軍總指揮六定北平各二安肅廣信各一**忠銳**廣信廂兵有馬者慶曆二年升禁軍指揮一**威邊**諸州廂兵惟保州教戰射隸巡檢司慶曆初升禁軍指揮二定保各一**飛騎**麟州廂兵慶曆初升禁軍指揮二**威遠**府州廂兵本胡騎之精銳慶曆初升禁軍指揮二**克戎**并州廂軍有馬者康定中升禁軍指揮一**有馬安塞**慶州廂軍慶曆中升禁軍指揮一**蕃落**陝西沿邊廂兵有馬者天禧後升禁軍極邊城砦悉置至慶曆中總指揮八十三環五延慶各四秦并外砦十七原渭并外砦各十二德順并外砦十二鳳翔涇并外砦儀保安各二隴外一**并州騎射**諸道廂軍惟并州路有馬備征役慶曆五年升禁軍指揮一**有馬雄略**至和二年置指揮三廣桂邕各一

步軍神衛晉曰奉國軍周改虎捷建隆二年揀閱諸州所募禁軍增補乾德三年西川行營都部署王全斌偽署感化耀武等軍平寇者功請備禁旅詔並為虎捷太平興國二年改舊水虎翼即軍中習水戰者是歲改為神衛水軍又於剩員中選可備征役者立為揀中神衛大中祥符後剩員又有帶甲看倉草場看船之名凡四等皆選本軍年多者補宋初指揮四十六仁宗後止存指揮三十一京師**步武**本鄉軍選充神勇宣武雍熙三年揀其次等者立慶曆中增指揮六陳**虎翼**宋初號雄武弩手太平興國二年選壯勇者為上鐵林其次為下鐵林雍熙四年改為左右廂各三軍咸平五年以

威虎軍來隸景德三年選效順兵補其缺大中祥符五年揀本軍善水戰者為上虎翼六年又選江淮習水卒於金明池按試戰棹立為虎翼水軍江浙淮南諸州亦准此選置七年改為虎翼水軍舊指揮七十五慶曆中增置二十一總九十六京師九十并水軍一襄邑東明單各一長葛一**奉節**乾德三年平蜀得其兵立為奉議後改今名景德三年又選立上奉節指揮五京師**武衛**太平興國中募河北諸州兵立舊指揮十六慶曆中河北增置為指揮六十七南京真定淄各四北京澶相邢懷趙洺德祁通利乾寧廣濟各一青五鄆徐兗曹濮沂濟單萊濰登淮陽瀛博各二齊密滄各三**雄武**并雄武弩手床子弩雄武揀中雄武飛山雄武揀中歸明雄武總指揮三十四京師十三太原尉氏南京鄭汝寧陵各二咸平東明雍丘襄邑許曹廣濟穀熟長葛各一**川效忠**太平興國三年選諸州廂兵歸京師者立淳化四年又選川峽威棹克寧兵部送京師者立為川效忠景德六年以德清廂軍及威遠兵增之舊指揮二十八後減為七南京六寧陵一**效順**宋初征淄州以降川卒立指揮一襄邑**雄勝**開寶中以剩員立太平興國中選入上鐵林餘如故又有雄勝剩員指揮三峽冀濟各一**揀中雄勇**開寶中立以常寧雄勇效順等軍剩員中選其強者立為揀中大中祥符二年又選歸遠軍為新立舊指揮四後損為一襄邑**懷勇**開寶四年揀蜀兵之在京師者立指揮三雍丘二陳一**威寧**淳化中部送西川賊帥王小波脇從之兵歸京師立咸平元年又以散員直增補指揮一許**飛虎**本虎翼廣武兵屯西川無家屬者太平興國中歸京師指揮三陳留二咸平一**懷順**本淮南兵舊號懷德建隆二年改指揮一霸**歸聖**開寶七年以李從善所領兵及水軍立八年平江南又以其降兵增補指揮一雍丘**順聖**太平興國中部送兩浙兵歸京師立指揮一鞏**懷恩**乾德三年平蜀得其軍立指揮三荊南二鄧一**揀中懷愛**本蜀兵與懷恩同立又拔精銳者為揀中淳化四年又選川峽威棹克寧兵次等者立為牽船以給河漕之役舊指揮三後損為一寧陵**勇捷**太平興國四年征太原立分左右廂以諸州廂兵補左廂廣濟開山兵補右廂指揮二十六襄邑北京澶陳壽汝曹宿各二咸

平西京南京亳寧洪河陰鞏長葛韋城各一 威武 太平興國四年征太原立分左右廂以江南歸化兵補左廂兩浙順化兵補右廂大中祥符五年又立下威武共指揮十三西京河陽鄭鄆澶滑濮通利鞏河陰永城各二曹一 靜戎弩手 選江南歸化兵及諸州廂兵壯實者立指揮四河陽澶衛通利各一 平塞弩手 本兩浙順化軍揀其強壯立為弩手又以江浙遞員官物隸窯務徒役者為揀中平塞指揮四咸平亳河陽白波各一 新立弩手 本勁勇兵太平興國中選其善弩者立指揮一廣濟 忠勇 咸平五年以易州兵能會賊者立指揮一成都 寧遠 大中祥符六年選西川克寧威棹兵立舊指揮五皇祐及至和中增置為八戎三遂棹嘉雅江安各一 忠節 太平興國三年選諸州廂軍之強壯者立淳化四年又選川峽威棹克寧兵立為川忠節舊指揮二十四後增校閱忠節總為六十雍丘襄邑寧陵各三陳留咸平東明亳河陰永城各二南京五太康陽武許江寧揚廬宿壽楚真泗泰滁岳澧池歙信太平饒宣洪虔吉臨江興國廣濟南康廣德長葛各一合流四 神威

咸平三年選京師諸司庫務兵立上下指揮十三陳留三許鞏各二雍丘考城咸平河廣濟白波各一 歸遠 雍熙三年王師北征拔飛狐靈丘得其降卒立咸平二年選諸州雜犯兵增之舊指揮三天聖中增置為十六陳許亳壽宿鄧襄鼎各一荊南澧潭洪各二 雄略 咸平六年選諸州廂兵及香藥遞鋪兵立舊指揮十五皇祐五年增置為二十五荊南五潭四鼎澧各二廣辰桂各二許全邵容各一 威猛 咸平三年選諸州廂兵及召募者立上下指揮十襄邑四咸平許長葛各二 神銳 咸平六年料簡河東兵立大中祥符五年以本軍及神虎兵年多者為帶甲剩員指揮二十六太原六潞晉各三澤汾隰平定各二代絳忻遼邢威勝各一 神虎 咸平五年選陝西州兵馬立六年又料簡河東州兵立以西路河東兵之指揮二十六永興六鳳翔河中忻晉威勝各二太原秦延鄜華各一潞州三 保捷 咸平四年詔陝西沿邊選鄉丁保毅一升充舊指揮四十五慶曆中揀鄉弓手增置總一百三十五永興十二同九秦八河中汾涇各七渭寧耀各六鳳翔延儀華隴解乾各五陝原鄜各四成三慶鳳坊

晉鎮戎各二環丹商絳階慶成德順各一 振武 舊指揮四十慶曆後河北增置為指揮四十二陝西增置為指揮三十九總八十一北京澶相懷衛霸莫祁棣趙濱洺保安永寧通利安肅儀各一真定瀛保恩邢深博永靜乾寧陵涇各二延六邠隴各七鄜寧各五磁四滄原各三 橋道 太平興國三年選諸州廂兵次等者立淳化四年又選川峽威棹克寧為川橋道總指揮十八襄邑咸平陽武各二陳留東明尉氏太康西京河陽濮鄆鞏河陰白波寧陵各一 清塞 太平興國初立左右廂舊指揮二十三嘉祐中併為十三曹二鄭鄆滑通利鞏河陰白波汜水長葛各一 招收 端拱中獲通州大沙洲賊衆立缺則以江浙招致海賊補之又收端拱中逃軍來復者原其罪為德壽軍後改今名隸保州巡檢司慶曆初升禁軍為指揮十七保四霸信安各三定鄆城砦各二廣信安肅順安各一 壯勇 本招獲群盜配近京徒役者揀拔立咸平三年選諸雜犯兵增之至道三年江浙發運使楊允恭會海賊送闕下增補旋廢舊指揮三慶曆中增置為七耀解滑各二許一 宣効 咸平三年選六軍窯務軍營務天駟

監効後店宅務州兵立景德元年又揀本軍材勇者為揀中宣効舊指揮五後損為二京師 來化 雍熙中以飛狐靈丘歸附之衆立又以朔州內附牽攏兵立後廢舊指揮三後損為二寧陵 歸恩 雍熙中平塞陷遼之民黥面放還立分有家屬者隸左廂無者隸右廂指揮二亳川 順化 太平興國三年以兩浙兵之次等者立指揮二河陽鄆各一 左右清衛 大中祥符八年立以奉諸宮觀洒掃之役指揮二此下至強壯軍員凡八軍天聖後無 川員僚直 本西蜀賊全師雄所署將領乾德中立 造船務 乾德初平荊湖選其軍善治舟楫者立 歸明羽林 太平興國四年征幽州獲其兵立 新立清河 緣河舊置鋪兵以備河決後揀閱立指揮二 保寧 大中祥符元年馬步軍都虞候王超請以病軍經行陣者立 新立歸化 開寶七年以江南李從善所領步曲水軍立八年平江南又以降兵增之指揮一 強壯軍員 咸平六年置指揮一 澄海弩手 慶曆二年置隸海州都巡檢司指揮二登此下至武嚴凡十三軍 捉生 延州

廂兵天聖五年升禁軍指揮二清邊弩手寶元初選陝西河東廂軍之伉健者置以弩手名指揮四十三太原九秦五涇四河中隴各三永興代潞晉各二慶環滑同坊鎮戎慈丹隰汾憲各一制勝陝西廂兵慶曆中升禁軍指揮九永興華永各二鳳翔耀同解乾各一定功陝西廂軍慶曆四年升禁軍增置為指揮十永興秦慶原渭涇儀鄜延鎮戎各一清潤慶曆初募土人精悍者充因其地名指揮二建威秦州廂兵慶曆八年升禁軍指揮一効勇景祐中募川峽流民增置為指揮二十七陳留三太康尉氏襄邑河陽曹合流各二咸平鄭亳衛許單澶磁廣濟河陰寧陵白波一宣毅慶曆中京東京西河北河東淮南江南兩浙荊湖福建九路募健勇或選廂軍為之指揮二百八十八至治平中管一百七十四京東路南京鄆徐曹齊各二青兗密濮沂單濟淄萊濰登淮陽廣濟各一京西路西京滑許河陽陳襄鄭潁蔡汝隨信陽各一鄧二河北路鎮定德棣博邢祁恩磁深定濱通利赤靜乾寧各一河東路太原汾各六晉四澤絳石代各三潞嵐忻遼威勝平定各二慈隰寧化各一淮南

路揚亳各二廬宿壽楚真泗蘄海舒泰濠和光黃通無為高郵漣水各一江南路江寧洪虔吉撫袁筠建昌南安各一兩浙路杭二越蘇明湖婺潤溫衢常秀處各一荊湖路潭全鼎各三荊南邵衡永郴道安郢岳澧復峽歸辰荊門漢陽桂陽各一福建路建泉南劍漳汀邵武興化各一宣毅床子弩砲手慶曆中置指揮一岢嵐建安府州廂兵慶曆二年升禁軍指揮二府嵐各一威果嘉祐四年置指揮二十五荊南江寧杭揚廬澤各三洪越福各二虔一武嚴指揮一京師

御前忠佐軍頭司馬步軍都軍頭副都軍頭馬軍都軍頭副都軍頭步軍都軍頭副都軍頭其所轄散員有副指揮使軍使副兵馬使十將馬步直自指揮使而下皆如殿前司之制

御前忠佐散員本許州員僚剩員淳化中立為軍頭司散員一班又五代以來軍校立功無可門署者第令與諸校同其飲膳名健飯都指揮使後唯被譴者居此大中祥符二年改為散指揮使一班馬直雍熙四年置指揮一步直端拱元年置指揮一備軍一千九百六十人

皇城司親從官太平興國四年分親事官之有材勇者為之給諸殿灑掃及契勘巡察之事指揮三入內院子天聖元年揀親事官年高者為之九年選輦官六十以上者充治平二年詔以五百人為額騏驥院騎御馬直太平興國二年置分左右番八年分為二直其後增置八直左右教駿舊名左右備征建隆二年改指揮四

志卷第一百四十

志卷第一百四十一　宋史一百八十八

開府儀同三司上柱國錄軍國重事前中書右丞相監修國史領經筵事都總裁臣脫脫等奉　勑修

兵二　禁軍下

熙寧以後之制

騎軍　殿前指揮使左右班二內班直左右班四散員左右班四散指揮左右班四散都頭左右班二散祗候左右班二金槍班左右二元祐二年六月密院言元豐七年承旨司傳宣密院殿前指揮使左右班槍手可各以五分為額餘悉改充弓箭手切詳先為在京馬軍全廢槍手其諸班槍手有闕無人揀填遂有此宣旨近因殿前馬步軍司奏請在京馬軍復置一分槍手諸班槍手並依舊數闕詔元豐七年宣旨更不施行東西班及弩手龍

旗直招箭總十一中興後東凡五班西凡三班散直左右四熙寧九年併南散直隸北散直中興後名招箭班散直外殿直一熙寧五年廢銀槍班左右班二中興置茶酒舊班中興置茶酒新班中興置鈞容直國初一班中興因之後廢已上為諸班直捧日并左射鑑直弩手左第五軍總三十五京師三十三雍丘鄭各一熙寧五年捧日三十三併為二十二廢弩手隸左射餘留二十九元第一十月以左射隸天武二年廢左射餘鑑直八月廢第五軍雍丘第二南京第一並改為新立驍捷九月詔勿改惟一闕勿補俟其少廢併良歸明渤海二京師元豐元年撥填拱聖一撥隸驍騎右四餘拱聖二十一京師熙寧六年併為十一廢左射中興後副指揮一員吐渾五治平中併為二熙寧二年併為一元豐元年廢中興後屬步軍驍騎二十二京師熙寧六年併為十四廢弩手上驍騎元豐元年撥在京驍騎左第一隸神勇驍勝十熙寧三年廢寧朔十京師尉氏各三雍丘滑河陽河陰各一熙寧二年併為七元豐元年在京第二第三並撥隸

第一龍猛八熙寧三年併為六飛猛一熙寧二年廢契丹直三咸平棣昌壽各一熙寧九年廢神騎十八雍丘十三咸平五熙寧二年併為十中興後副指揮一員步闘六尉氏太康各一蔡四元豐元年尉氏太康各一蔡州二皆撥隸步軍司虎翼十一月蔡州二改為新立驍捷其第二充擒戎第四等四尉氏三太康四第四充擒戎第五太康一元豐元年併尉氏第三隸第一太康第二改驍雄二年尉氏一勿填闕吐渾直三太原一二潞一熙寧六年廢潞州一一年廢太原二元豐二年太原潞州各一勿填闕中興屬步軍安慶直四太原一潞三熙寧六年皆廢三部落一太原熙寧三年廢清朔四西京二潁昌汝各一擒戎五西京潁昌各二汝一元豐元年蔡州置二驍雄舊六治平四年併為四咸平陳各二熙寧初以驍猛第四改充一元豐六年咸平尉氏各一闕勿補其馬軍行司新軍自選鋒中興置神策選鋒軍左翼軍右翼軍摧鋒軍遊奕軍前軍右軍中軍左軍

後軍護聖馬步軍中興置

步軍　御龍直左右二御龍骨朵子直左右二御龍弓箭直五御龍弩直五中興左右班二天武并寬衣鑑直左射總三十四京師三十三咸平一熙寧二年併三十三為二十三九年廢左射元豐元年併陳留第七軍第一隸咸平第五軍第一十月廢寬衣天武二年廢第五軍咸平第一改雄武弩手九月詔勿改惟闕弗填四年廢鑑直紹聖元年十一月引進副使宋球言自立殿前司以來有寬衣天武一指揮充駕出禁衛圍子常守把在內諸門熙寧中廢併禁圍只差天武皇城諸門更不差人乞復置寬衣一指揮或不欲添置乞將天武本軍內以一指揮為寬衣天武詔禁圍子合用天武人兵令殿前司今後並選定四十已上有行止無過犯不係新招揀到人充遇闕選填神勇并上神勇二十一京師熙寧六年併為十四廢上神勇孝宗初改為護聖軍廣勇四十三每十為一軍京師五陳留二十二咸平東門太康城南京各二襄邑陽武鄭各一

滑三熙寧九年在京增置一元祐二年八月
詔在京置左第三軍第一右第三軍第一
神射
五
陳
留三雍丘二
熙寧三年廢
龍騎
二十分三軍京師四尉氏雍丘咸
平鄭各二南京陳蔡河陽隸單宿
白波各一熙寧二年併為十三
熙寧一年在京第七隸第九
雄勇
八咸平三鄆二
潁昌鄭滑各一
元豐元年併咸平第二第三隸第一鄆州第五隸第
四改曰雄威併管城第七白馬第八潁昌一闕勿補
二年咸平
一闕勿補
宣威
上下二咸平襄邑各一熙寧三年以
咸平一隸廣捷以襄邑一隸威猛四
年
廢
廣捷
五十六陳留八咸平六雍丘四襄邑尉氏潁
昌各三太康扶溝南京亳河陽潁寧陵各二
陳五鄭滑曹鄧蔡廣濟穀熟永城襄城葉各一熙寧
三年亳州一併廣勇永城縣一併隸亳州元豐元年
併管城第四十隸本縣雄勇第七併
白馬縣第二十五隸本縣雄勇第八
廣德
并揀中廣
德總十咸
平尉氏陽武河陽滄輩白波各一西京三治平四年
併十四為八熙寧六年廢揀中廣德尉氏揀中廣德
第一陽武第
二改為廣德
雄威
十考城襄邑陳留各一南京四陳
三治平四年併十三為十元豐元
年以南京第八分隸第三第
四第七二年襄邑二闕勿補
勝捷威勝威捷
建炎初
置隸殿
前
司
全捷前軍右軍中軍左軍後軍
自勝捷以下九
軍並中興後置

侍衛司侍衛親軍馬步軍都指揮使副都指揮使都虞候各一人馬軍都指揮使副都指揮使都虞候各一人步軍亦如之自馬步軍都虞候以上其員全闕即馬軍步軍都指揮使等各無領其務馬步軍有龍衛神衛左右四廂都指揮使龍衛神衛左右廂各有都指揮使每軍有都指揮使都虞候每指揮有指揮使副指揮使餘如殿前司之制其所領騎步軍之額如左

騎軍
員僚直
左右四京師二恩冀各一熙寧二年
併左直為一須人少撥隸如其軍省
五年廢恩冀州左右直弟補
六年撥隸龍衛元豐三年廢
龍衛
并經直左射帶甲
剩員四十四京師
三十八雍丘尉氏河陽并揀中各一澶二熙寧元年
以澶州右第四軍第四隸第三共并為一九年陳留
併帶甲剩員二為一熙寧元年澶州河陽尉氏就粮
四併隸別指揮六年三十九併為二十八年置帶甲
剩員二十年廢亳州一元豐元年陳留帶甲剩員闕
勿補二年五月廢鐵直左射八月廢第十軍十月南
京第十軍第一改新立驍捷左
三六年廢帶甲剩員中興二十
忠猛
一定熙寧
五年廢
散員
一定熙寧
五年廢
驍捷
二十六尉氏新立及揀中各一恩十
四冀十熙寧元年廢帶甲剩員三年
廢揀中五年瀛州三撥隸本州雲翼冀州十恩州十
四各併為五莫州二併為一十年併冀恩驍捷各五
各為四元豐元年太
康置新立驍捷一
雲騎
十五京師十一陳留南京
各一鞏縣二熙寧二年併
十五為十三年第一至十二併為七七月第八撥隸
第一第二八年置帶甲剩員一元豐二年闕選雲捷

第二軍補之十月雍丘帶甲剩
員第一改為橫塞第十中興七
武騎
二十一京師雍
丘各六尉氏三
陳留考城咸平鄭各一西京三熙寧元年廢咸平帶
甲剩員為剩員二年并二十作十五八年置帶甲剩
員一九年以雍丘帶甲剩員一隸雲騎帶甲剩員共
為一十二月在京四併為三尉氏二併為一考城一
分隸雍丘寧朔在京二併為一十年廢帶甲剩
員元豐元年併帶甲剩員亳州第一中興三
驍銳
四莫三冀一熙寧五年莫州三併為二冀州第三虛
其闕以存者補捷六年七月莫州第一第二冀州第
三並改驍
捷是月廢
歸明神武馬
一尉氏熙寧六年改
新立驍捷七月廢
飛捷
四
雍
丘熙寧二年併為
二元豐元年廢
驍武
左右二十壯京七真定三定
六相懷洛邢各一熙寧元年
廢帶甲剩員二年壯京七併為五五年真定府三併
為二定州六併為四邢州雲翼各一須人少併為一
十壯京五併為四定州四須入少併為三元
豐七年以忠猛一分入驍武第七第八第九
廣銳
總
四
十四太原代并各三分五石嵐岢各二晉路慈絳澤
隰憲寧化威勝平定火山各一涇原鄜各二秦渭環

邠寧各一元豐二年忻嵐州各一闕勿補三年涇州二以下一補上一闕五年置蘭州二中興二十三
雲翼分左右廂左三十四右二十二總五十六真定雄瀛深趙永寧各三定冀各六保五滄北平永
靜順安保定二莫邢霸各一廣信安肅各四熙寧五年併滄州二為一冀州六為三真定府三為一趙州
三為二定州六為四順安軍二為一永安軍三為二北平軍二須其闕併為一安肅軍第一分隸第三深
州三為二保州一分隸他軍十年莫州第十三分隸驍捷真定府第八分隸驍武定州四須其闕併為三
安肅軍三須其闕併為二廣信軍四併為三元祐元年桂州二仍不廢中興三十三有馬勁勇
七太原二代嵐各一磁三熙寧五年磁三併為一中興五騎捷五瀛三莫二熙寧六年廢廳子
七定二相五熙寧五年併相廳子五為三定廳子馬二為一六年相州廳子參并改廳子馬十年相州廳子馬
第三分隸驍武廳子馬中興四驍駿一太原熙寧六年廢無敵六定北平各二安肅廣信各一
熙寧五年北平二須入少併為一撥隸雲翼三廣信軍一撥隸雲翼忠銳一廣信熙寧五年廢威

邊二定保各一熙寧五年廢克勝潞二飛騎麟二威遠府二克戎并二清塞
一延安熙寧五年廢武清一晉熙寧六年廢萬捷七相冀趙各二滄一熙寧五年冀二併為
一以隸雲翼相二須入少併為一中興七雲捷十二尉氏咸平西京北京澶各二汝懷各一橫
塞七雍丘咸平考城襄邑寧陵各一衞二有馬安塞一熙寧五年廢蕃落八十三環
五延慶各四秦併外砦十七原渭併外砦各十二德順併外砦七鎮戎併外砦十二鳳翔涇併外砦儀保
安各二隴一熙寧三年併外砦九為七八月涇原路以新砦所減蕃落隸在州蕃落定額以三萬二千人
五年隴州添置招馬軍蕃落一九年併陝西土番落渭州八為六原州秦州各五為四元豐四年環州下
蕃落未排定指揮並為禁軍五年六月葭蘆砦主乞置一紹聖四年詔陝路增置馬軍十各五百人為額
於永興河中鳳翔同華各置二元符元年詔涇原路新寨西安州置馬軍一天都臨羌砦各置馬軍一六
月詔永興軍等路創置十指揮二年定邊城增置馬軍二烏龍川北嶺新砦各置馬軍一崇寧五年新寨

安邊城置馬軍一并州騎射一熙寧六年太原騎射第一改克戎元豐七年成都府置馬軍
騎射一中興後無有馬雄畧三廣桂邕各一熙寧三年廣桂邕有馬雄畧闕勿補十年以邕
州住營兩指揮闕額移桂州依舊置紹聖元年沅州增置有馬一元符元年正月詔荊湖南路江南東路
各增置有馬一中興二崇捷崇寧三年詔於京東京西河北河東開封府界創置馬步軍五萬人
計一百七指揮馬軍三十五步軍七十二合三萬六千人馬軍以崇捷崇銳為名步軍以崇武崇威為名
崇銳崇寧三年見上以上二軍中興後無清澗騎射二員僚剩員直以罪
謫降者充立
前軍右軍中軍左軍後軍以上七軍並中興後置

步軍

神衞并水軍總三十一京師熙寧二年併三十一為三十三年廢水軍元豐二年廢
第九第十南京第一改雄武弩手中興四十六虎翼九十六京師九十併水軍一襄邑東明軍各一長

葛二熙寧二年除水軍一外併九十五為六十六年廢上虎翼元豐四年詔改差發前虎翼右一四指揮
為李憲親兵奉節并上奉節五京師熙寧二年發上奉節九月上奉節兩指揮隸虎翼六年十月
廢奉節步武六陳武衞七十一南京真定定淄各四北京澶相邢懷趙隸洺德邢道利乾廣
濟各一青五鄆徐兗曹濮沂濟單萊濰登淮陽瀛博各二齊密滄各三熙寧四年帝諭文彥博等京東武
衞軍素號精勇得力不減陝西兵彥博曰京東之人沈鷙精悍亦其性也五年併滄三為二真定府各四
各為三趙州振武各一共為一六年詔岷州置一元豐三年河州武衞二為一雄武并雄武弩手床
子弩雄武揀中雄武飛山雄武揀中歸明雄武總三十四京十三太原尉氏南京鄭汝寧陵各二咸平東
明雍丘襄邑潁昌曹廣濟穀熟長葛各一熙寧五年廢揀中雄武閏七月併床子弩雄武飛山各五為二
六年廢雄武中興後加平海字飛虎三陳留二咸平一熙寧三年廢神銳二十六太原六潞晉
各三澤汾隰平定各二代絳沂遼邢威勝各一元豐二年路州三闕勿補振武八十一北京澶相衞

霸莫祁棣趙濱洺保安永寧通利安肅儀各一真定瀛保恩邢深博永寧乾寧慶涇各二延六邠隴各七
鄜寧各五磁四滄原各三熙寧五年瀛州二為一滄州三為二真定府二為一邢州二以一分隸武衛神
銳鎮武磁州四為三元豐三年鄜州四為三邠州五以一補上四指揮闕隴州四為三元祐七年詔復置
滄州第六十七六十八來化一寧陵熙寧七年廢新立弩手二廣濟熙寧六年定陶縣
第二軍陝武隊弩手懷勇三雍丘二陳一熙寧三年廢威寧一潁昌熙寧二年廢威
猛上下十襄邑四咸平潁昌長葛各二熙寧三年宣威併入雄勝三陝冀濟各一熙寧四年分陝
府雄勝隸他軍中興四歸恩左右二亳熙寧三年左第一併右第一六年第一改為雄勝澄
海弩手二登熙寧八年廣西經略司選澄海赴桂州以新澄海為名中興加水軍字神虎二十
六永興六鳳翔河中邠隰晉勝各二太原秦延鄜華各一潞三熙寧九年秦州一闕勿補保捷一百
三十五永興十二同九秦八河中邠涇各七渭寧耀各六鳳翔延儀華隴解乾各五陝原鄜各四成三慶

鳳坊晉鎮戎各二環丹商虢階慶成德順各一熙寧五年鳳翔府添置三六年添置一元豐三年併同州
七為六永興軍九為八五年蘭州置步軍二紹聖四年蘭州金城關置步軍四元符元年新築西安州置
步軍一天都臨羌砦各置步軍一又詔於河北路大名府二十二州軍共創置馬步軍步軍二十九指揮
以保捷為名二年定邊城置步軍一崇寧五年安邊城置步軍一中興後增置一捷生二延紹聖
三年環慶州各置一清邊弩手四十三太原九秦五涇四河中隴各三永寧代潞晉各二慶渭
環同坊鎮戎慈丹隰汾憲各一熙寧六年併鳳翔四為三八年吉鄉併宣毅一來隸九年併秦州四為三
元豐三年以河間中清邊弩手將兵一隸本府保捷清邊弩手制勝九永興華各二鳳翔耀同乾解
各一撥華一隸本州保捷制勝奉天一補其縣保捷闕中興後增一定功十永興秦慶原渭涇儀鄜
延鎮戎各一青澗二中興後隸騎軍平海二登建威一秦熙寧三年廢効忠
二十七陳留三太康尉氏襄邑河陽曹合流各二咸平鄭亳繻潁昌單澶磁廣濟河陰寧陵白波各一熙

寧九年磁衛各一須人少與武衛併為一川効忠七南京六寧陵一熙寧二年南京六併隸上三
三年十二月南京三併為二宣毅一百七十四隸京東西河北河東淮南江南兩浙荊湖福建九
路京東路南京鄆徐曹齊各二青兗密濮沂單濟淄萊濰登淮陽廣濟各一京西路西京滑潁昌河陽陳
襄鄭潁蔡汝隨信陽各一鄧二河北路真定德棣博邢祁恩磁深定洺濱通利永靜乾寧永寧各一河東
路太原汾各六晉四澤絳石代各三潞嵐忻遼威勝平定各二慈隰憲寧化各一淮南路揚亳各二廬宿
壽楚真泗蘄海舒泰濠和光黃通無為高郵漣水各一江南路江寧江洪虔吉撫袁筠建昌南安各一兩
浙路杭二越蘇明湖婺溫衢常處秀各一荊湖路潭全鼎各二荊南邵衡永郴道安鄂岳澧復峽歸辰
荊門漢陽桂陽各一福建路二福泉南劍漳汀邵武興化各一熙寧三年宿揚廬壽楚真泗泰一併隸教
閱忠節各為一蘄海舒濠和光黃通無為高郵漣水各一闕弗補十二月京東路三十三併為十三荊湖
南路道永衡各一潭二撥隸威果全二邵一撥隸雄畧郴桂陽各一不充額荊南一撥隸威果鼎二澧岳

安復鄂各一皆改教閱忠節荊門漢陽歸峽各一不充額江南東路江寧江南西路虔各一撥隸威果雄
畧洪吉撫建昌各一皆改教閱忠節筠一袁南安各一不充額福建路福一隸威果建二併為一改威果兩
浙路杭二越蘇潤各一皆改威果湖婺溫衢常處秀各一不充額熙寧五年恩一改乾寧永靜真定邢洺磁
定祁深永寧各一闕弗補八年吉陽軍宣毅一隸清邊弩手潞復置一九年定邢深祁磁永寧永靜乾寧
各一皆効忠元豐元年博二撥隸他州軍宣毅床子弩砲手一岢嵐熙寧三年廢建
安二府各一嵐威果二十五荊南江寧杭揚廬潭各三洪越福各二虔一宣和三年嚴州增置
一効順一襄邑熙寧川六年改雄武揀中雄勇一襄邑懷順一鄜歸聖一雍
丘熙寧六年改雄武順聖一鞏中興已後無懷恩三荊南二鄜一揀中懷愛一寧
陵熙寧六年廢勇捷左右二十六襄邑北京澶陳壽汝曹宿各二咸平西京南京亳寧陵虹河陰鞏
長葛韋城各一熙寧三年併十隸九右十二併右三元豐二年唐汝州各置土兵一威武上下總十

三西京河陽鄭衛澶滑濮通利華河陰永城各一曹二熙寧三年廢下威武九年澶一隸効忠勇捷靜戎弩手四河陽澶衛通利各一熙寧七年廢平塞弩手并揀中平塞新立平塞總四咸平亳河陰白波各一熙寧六年廢弩手及新平揀中平塞亳平塞弩手及白波新立平塞咸平揀中平塞並改下威武忠勇二成都寧遠八戎三遂梓嘉雅江安各一熙寧六年瀘州增置一忠節并川忠節教閱忠節總六十雍丘襄邑寧陵各三陳留咸平東明亳河陰永城各二南京五太康陽武潁昌江寧揚廬宿壽楚真泗泰滁岳澧池歙信太平饒宣洪虔吉臨江興國廣濟南康廣德長葛各一合流四熙寧三年亳州第十四併勇捷川忠節一併忠節十二月添置八五年蔡州置一神威上下十三陳留三潁昌華各二雍丘考城咸平河陽廣濟白波各一歸遠十六陳潁昌亳壽宿鄧襄鼎洛各一荊南澧潭洪各二元豐五年成州置一雄略二十五荊南五潭四鼎澧各三廣長桂各二許全邵各一熙寧三年衡增置一吉增置三百人及置部軍雄略一崇寧三年荊湖南路置四招收十七

保四霸信安各三定軍城砦各二廣信安肅順安各一熙寧五年霸信安各二併為一定二為一安肅一保二分隸振武招收八年忻以保甲替罷揀充下禁軍壯勇七耀解滑各二潁昌一橋道并川橋道十八襄邑咸平陽武各二陳留東明尉氏太康西京河陽濮鄭華河陰白波寧陵各一熙寧三年鄭川橋道改橋道隸順化清塞十二曹二鄭滑通利華河陰白波汜水各一長葛二崇武崇寧三年置步軍京東西河東北崇威崇寧三年置步軍京東西河東北敢勇元祐七年詔河東陝西路諸帥府募敢勇以百人為額宣和四年詔越州招刺敢勇三百人揀充兩浙提刑司提殺涯使靖安崇寧元年詔荊湖北路添置禁軍五指揮以靖安為名隸侍衛步軍司廣固崇寧三年詔添置廣固兵四指揮以備京城工役政和五年詔於四指揮各增置五百人入額自今更勿差客軍通濟政和六年詔增置通濟兵士二千人牽挽御前綱運自崇武至此六軍中興後無清衛宣和七年減清衛等軍令步軍司揀填一般軍分刀牌手崇寧中立廣西桂州勁勇壯

武靜江自勁勇以下三軍舊隸廂軍中興後隸侍衛步軍振華五百人為一軍安遠奉先園四武寧威勇忠果雄節必勝六前軍右軍中軍左軍後軍自振華以下十三軍並中興後立御前忠佐將校並與建隆以來制同散員一班馬直一指揮步直指揮一熙寧四年馬步二直並廢撥隸殿前步軍司虎翼其有馬者補雲騎備軍一千九百六十人熙寧二年罷九百六十人

皇城司親從官五指揮四政和五年創置第五指揮以七百人為額親事官指揮三元豐五年增置一守奉景靈宮政和五年西京大內官一以五百五十人為額又增置內園司一以五百一十人為額入內院子五百人中興後二百人快行長行中興後置一百人司圜三人曹司中興置三十人

將兵者熙寧之更制也先是太祖懲藩鎮之弊分遣禁旅戍守邊城立更戍法使往來道路以習勤苦均勞逸故將不得專其兵兵不至於驕墮淳化至道以來持循益謹雖無復難制之患而更戍交錯旁午道路議者以為徒使兵不知將將不知兵緩急恐不可恃神宗即位乃部分諸路將兵總隸禁旅使兵知其將將練其士平居知有訓厲而無番戍之勞有事而後遣焉庶不為無用矣熙寧七年始詔總開封府畿京東西河北路兵分置將副由河北始自第一將以下共十七將在河北四路自第十八將以下共七將

在府畿自第二十五將以下共九將在京東自第三十四將以下共四將在京西凡三十有七而鄜延環慶涇原秦鳳熙河又自列將焉在鄜延者九在涇原者十一在環慶者八在秦鳳者五在熙河者九凡四十有二八年又詔增置馬軍十三指揮分為京東西兩路又募教閱忠果十指揮在京西額各五百人其六在唐鄧其四在蔡汝元豐二年又增置土兵勇捷兩指揮於京西額各四百人唐州方城為右第十一汝州襄城為左第十二凡馬軍十二指揮忠果及土軍共十二指揮四年又詔團結東南路諸軍亦如京

畿之法共十三將自淮南始東路為第一西路為第二兩浙西路為第三東路為第四江南東路為第五西路為第六荊湖北路為第七南路潭州為第八全邵永州應援廣西為第九福建路為第十廣南東路為第十一西路桂州為第十二邕州為第十三總天下為九十二將而鄜延五路又有漢蕃弓箭手亦各附諸將而分隸焉凡諸路將各置副一人東南兵三千人以下唯置單將凡將副皆選內殿崇班以上嘗歷戰陳親民者充且詔監司奏舉又各以所將兵多寡置部將隊將押隊使臣各有差又置訓練官次諸

將佐春秋都試擇武力士凡千人選十人皆以名聞而待旨解發其願留鄉里者勿彊遣此將兵之法也六年熙河路經略制置李憲言本路雖有九將之名其實數目多闕緩急不給驅使又蕃漢雜為一軍嗜好言語不同部分居止悉皆不便今未出戰其害已多非李靖所謂蕃漢自為一法之意若將本路九將併為五軍各定立五軍將副及都同總領蕃兵將使正兵合漢弓箭手自為一軍其蕃兵亦各自為一軍臨敵之際首用蕃兵繼以漢兵必有成效無可減併將副及部隊將員於事為便詔從之元祐元年司馬

光言近歲災傷盜賊頗多州郡全無武備長吏侍衛單寡禁旅盡屬將官多與州郡爭衡長吏勢力遠出其下萬一有李順王倫王均王則之寇乘間竊發攻陷郡縣豈不為朝廷憂祖宗以來諸軍少曾在營常分番出戍蓋欲使之勞筋骨知艱難輕去其家習知山川險阻也自置將以來惟是全將起發然後與將官偕行其餘常在本營飲食嬉遊養成驕惰歲月滋久不可復用又每將下各有部隊將訓練官等一二十人而諸州又自有總管鈐轄都監監押設官重復虛破廩祿知兵者皆知其非臣愚欲乞盡罷諸路將官

其禁軍各委本州長吏與總管鈐轄都監等如未置
將已前使州郡平居武備有餘然後緩急可責以守
死諫議大夫孫覺亦以為言於是詔陝西河東廣南
將兵不出戍他路其餘河北差近裏一將更赴河東
而諸路逐將與不隸將之兵並更互出戍稍省諸路
鈐轄及都監員仍以將官兼州都監職事卒不能盡
罷將副如光等言其年八月樞密院言近邊州軍及
邊使經由道路而減本處兵官非是於是邊州及入
使經由道路將官仍不兼都監至紹聖間樞密院言
往時軍士犯法將官得專決遣故事無留滯自州縣

官預軍事以來動多牽制不得自裁欲仍依舊法及
諸軍除轉排補並隸將司州縣無得輒預其非屯駐
所在當侯將副巡歷決之餘委訓練官行焉詔從之
至是州縣一無關預兵愈驕無復可用矣元符元年
章楶又請增置涇原第十二將宣和元年詔非救護
水火收捕姦細妖人而輒差將兵者坐之後三年知
婺州楊應誠言諸路屯戍當隸守臣兵民之任一然
後號令不二不然將驕卒橫侵漁細民氣壓州郡有
不勝其憂者於是詔自今令隸守臣無何復詔曰將
兵遵將官條教除前隸守臣指揮其後江浙盜起攻

陷州邑東南將兵望風逃潰無復能戰事平童貫奏
言東南三將類皆孱弱全不知戰虛費糧廩驕墮自
恣平時主領占差營私大半皆工藝遂致寇盜橫行
毒流一方重費經畫今事平之後當添將增兵鎮遏綏
馭然南人怯弱素失訓練終不堪戰今欲於內郡別
置三將並隨京畿將分接續排置使陝西軍更互戍
守庶幾東南可得實戰之士於計為便詔從之其後
南渡諸屯駐大軍即舊將兵之類而其駐劄之所則
異於前矣今據建炎以後將兵列於屯駐大軍之次
而建炎水軍亦附見焉

建炎後諸屯駐大軍　武鋒精銳敢勇鎮淮疆勇雄
勝武定江都振武泰熙振武忠勇遊奕淮陰前軍副
司左右軍移戍左軍淮東滁州雄勝安淮青平小雄
邊淮東泰州鎮江左軍淮西廬州彊勇前軍彊勇右
軍武定遊奕忠義雄邊全年淮西濠州武定選鋒軍
武定後軍使効威勝遊擊義士諸軍定遠武定淮西
安豐軍武定前軍武定右軍防城戍軍四色軍淮西
無為軍巢縣池司右軍淮西黃州雄關飛虎軍臨安
府屯駐諸軍雄節威果全捷龍騎歸遠金州駐劄都
統司兵成都路安撫副司駐劄兵四川大制司帳前

飛捷軍利州節制司諸軍金州忠義軍閬州節制司諸軍潼川府制帳踏白軍隆慶屯駐遊奕軍潼川安撫司忠定軍夔州節制司軍與元節制軍事利州都統司兵四川制司帳前信義兩軍與元都統司屯駐合州軍沔州乾道三年三百人沿江水軍建炎置明州水軍紹興置乾道元年二千人分兩右兩將福州荻蘆延祥砦紹興置百五十人乾道七年添招凡五千人鎮江駐劄御前水軍乾道三年招三百人淳熙五年增招千五百人沿海水軍乾道六年置一千人潮州水軍乾道四年置二百人江陰水軍乾道四年置三百人廣東水軍乾道五年增至二千人平江許浦水軍乾道七年千人淳熙五年增五百人江州水軍淳熙二年招一千人池州都統司水軍淳熙元年千人嘉定中增至三千人漳州水軍紹熙元年漳泉共六百人泉州水軍見上殿前澉浦水軍開禧元年一千五百人鄂州都統司水軍開禧十年置太平州采石駐劄御前水軍嘉定十四年五千人建康都統司立靖安水軍元隸都統司嘉定中隸御前馬軍行司唐灣水軍元隸馬軍行司嘉定中隸御前通州水軍乾道五年置池州清溪雁汊控海水軍建炎四年置百五十人兩淮水軍紹興元年置二千人隆興元年詔諸州斷配海賊刺隸

志卷第一百四十一

志卷第一百四十二　宋史一百八十九

開府儀同三司上柱國錄軍國重事前中書右丞相監修國史領經筵事都總裁臣脫脫等奉敕修

兵三 廂兵

廂兵者，諸州之鎮兵也。內總于侍衛司一軍之額，有分隸數州者，或一州之管兼屯數州者，在京諸司之額五，隸宣徽院，以分給畜牧繕修之役，而諸州則各以其事屬焉。建隆初，選諸州募兵之壯勇者部送京師，以備禁衛，餘留本城，雖無戍更，然罕教閱，類多給役而已。景德四年七月，如京使何士宗言：「詔條禁軍將士依等級並行伏事之理，遠者按軍令。其廂軍將士等未立條制，欲望約前詔減一等定令。」帝曰：「禁衛兵士無他役使，且廩給優厚，欲其整肅，有所畏畏，故設此條禁。今以廂軍約此施行，恐難經久，況尊卑相犯，自有條律，不行可也。」十二月，詔廂軍及諸州本城犯所部決杖訖，並移隸他軍，內情理重及緣邊隨軍奏裁。大中祥符元年，詔應諸道州府軍監廂軍及本城指揮自都指揮使已下至長行，對本轄人員有犯階級者，並於禁軍斬罪上減等從流三千里上定斷。副兵馬使已上勘罪具案聞奏，廂軍軍頭已下至長

行準赦犯流免配役並徒三年上定斷只委逐處決訖節級已上配別指揮長行上名長行決訖配別指揮下名收管如本處別無軍分指揮即配隣近州府軍監指揮收管內別犯重者自從重法其諸司庫務人員兵士有犯上件罪名者並依前項廂軍條例施行五年二月上諭王欽若等累議老病之兵漸多在京者令逐司將臣外處者散差諸司使副揀選可指揮所揀殿前侍衛馬步軍司令先逐指揮自指揮使已下據見管兵士除堪任披帶征役外其自來懦弱教閱不出之人及老病不堪者籍其名供申次第管

轄處各就逐營看詳定奪然後繳申逐司與差去使臣同共揀選如有恊情不當即具始末以聞其廂軍都指揮使已下並當嚴斷外處揀就糧兵士亦如之又宣示外處就糧諸軍有捧日天武第七第九第十軍軍額皆是自上軍經兩三度揀選以其久處禁衛不欲便揀落特設上件軍額處之朕深慮揀兵臣僚軍頭等同諸軍例更揀配下軍可徧諭之老病者便放歸農內契丹渤海日本外國人恐無依倚特與收充本軍剩員又所差臣僚軍頭赴外處揀人緣軍分指揮及出入次第名目體例甚多令樞密院具合行

條約及施行事件並畫一處分令遵守施行又殿前侍衛馬步軍司自來揀下披帶禁軍量減衣賜月糧充剩員並無定額散在逐營拘縶不獲營生官中所給歲計不少可乘此時一例揀選除老病者放歸農外據諸軍見管人數額定充看營剩員餘並撥併一處收管以備令赴諸處祗應既有定額必不敢多揀充剩員又詔承前遣使取內外軍中疲老者咸給奉糧之半以隸剩員今可簡閱使歸農其合留者亦據逐營給役數外別為營舍處之內契丹渤海日本外國人慮無所歸且依舊仍令所至州郡並與總管鈐

轄閱驗連書其狀具當去留之數及引視軍校之不任職者附驛以聞其當從隸軍額即就配近便州郡緣邊者徙于內地並與本州官吏移牒轉送當停者給與公驗止許居本州歲申上其籍並給次月奉糧裝錢日食遣之所簡馬但筋齒弱老病不療者件析以聞在京殿前馬步軍司有所升退即時具名籍申樞密院未當者悉改正之當徙者給裝錢在道只給糧當停者給一月奉糧勿復奏裁外州軍士當降以次軍分者所隸州郡聽自擇又詔廣南東西荊湖南北福建江南京西等七路諸州府軍監見管雜犯配隸

軍人等各差使臣一人馳驛往逐處與轉運使副或提點臣僚知州通判鈐轄都監監押同共簡選就近體量人數分配側近州軍本城收管如年老病患委實久遠不任醫治充役者放令逐便其少壯者即差人管押赴闕引見當議選配近上軍分如不願量移及赴闕者亦聽其便仍於軍分量與遷改如地遠勾抽遲延即馳驛分路簡訖具析以聞七年詔今後軍回在京者且未編排依例引見內有老疾合配外處軍分及看倉庫草場神衛剩員幷看營剩員等與限歇泊半月後編排引見訖限五日般移其外處軍廻

經過兵士並依此例仍見訖與假十日令移隸所配處八年詔諸路轉運司殿前侍衛馬步軍軍頭司三司宣徽院開封府諸司庫務等處人員兵士等如內有殺賊得功及諸般使喚得力者或因官中取索之時具詣實結罪供申所轄去處保明申奏天禧元年詔選天下廂兵遷隸禁軍者凡五千餘人二年詔河北禁軍疲老不任力役者委本路提點刑獄臣僚簡閱不得庇匿以費廩糧慶曆中招收廣南巡海水軍忠敢澄海雖曰廂軍皆予旗鼓訓練備戰守之役皇祐中河北水災農民流入京東三十餘萬安撫使富

弼募以為兵技其尤壯者得九指揮教以武技雖廩以廂兵而得禁兵之用且無驕橫難制之患詔以其騎兵為教閱騎射威邊步兵為教閱壯武威勇分置青萊淄徐沂密淮陽七州軍征役同禁軍嘉祐四年復詔西路於鄆濮齊兗濟單州置步兵指揮六如東路法於是東南州軍多置教閱廂軍皆以威勇忠果壯武為號訓肄如禁軍免其他役治平初遣使分募河北河東西京東民為本城遇就糧禁軍闕即遣補又陝西州軍悉置壯城如河北以備繕完城壘之役景祐中本城四十三萬八千逮治平三年乃五十萬

熙寧三年五月詔以禁軍分五部法檢治廂軍其後禁軍或降剩員或升補皆以備廂軍諸路力役之事間詔募增而京西轉運司所募多至三萬人陝西減額五千人亦至三萬人河朔流民寓京東者如舊制招募教閱以為忠果二十指揮分隸河北總管司以除盜恤饑而河北及熙河路修城壘河北所募兵五千人熙河亦三千人修京城以廢馬監兵置廣固保忠凡十指揮亦五千人湖南猺人平戎瀘軍興洮河轉漕又皆增置焉初樞密院言京師役兵不足歲取於諸路而江淮兵每歲漕運道斃相屬略計歲所用外

軍七千人調發增給不貲請募東西八作司壯役指揮諸司雜犯罪人情輕者並配隸以次補雜役効役代諸路役兵從之又言諸路廂軍名額猥多自騎射至牢城其名凡二百二十三其間因事募人團立新額或因工作榷酤水陸運送通道山險橋梁郵傳馬牧隄防堰埭若此者事在而名未可廢及剩員直牢城皆待有罪配隸之人壯城專治城隍不給他役別為一軍而教閱廂軍亦自為額請以諸路不教閱廂軍併為一額餘從省廢其移併如禁軍法奏可遂下諸路轉運司以州大小高下為序始自某州為第一指

揮差次至某州凡為若干指揮每指揮毋過五百人河北曰崇勝河東曰雄猛陝西曰保寧京東曰奉化京西曰勁武淮南曰寧淮兩浙曰崇節江南曰効勇荊湖曰宣節福建曰保節廣南曰清化川四路曰克寧八年詔忻代州諸砦以禁軍代廂軍元豐四年詔升南京青鄆鄧曹濟濮州有馬教閱廂軍及真定府北砦勁勇下環州蕃落未排定指揮並為禁軍五年三月以西邊用兵詔諸處役兵並罷令諸路轉運司剗刷京東西河東北淮南廂軍又令都水監刷河清及客軍共三萬餘人赴陝西團結十月詔諸路教閱

廂軍於下禁軍內增入指揮名額排連並同禁軍於是馬步排定有馬廂軍二十二指揮無馬廂軍二百二十九指揮元豐之末總天下廂兵馬步指揮凡八百四十其為兵凡二十二萬七千六百二十七人而府界及諸司或因事募兵之額不與焉哲宗元祐二年太師文彥博言廂軍舊隸樞密院新制改隸兵部且本兵之府豈可無籍樞密院亦以為言乃詔本部自今進冊以其副上樞密院三年詔京西路廂軍以三萬五百人為額又詔天下州郡以地理置壯城兵元符元年詔罪人應配五百里以上皆配陝西河東

充廂軍諸路經略司各二千人止三年詔撥陝西保寧指揮入諸路廂軍額崇寧四年詔諸路廂軍不以等樣選少壯人招刺又詔廂軍工匠除上京修造外其餘路所差並放還休息之政和五年廣固四指揮各增五百人以備京城之役六年三月增置通濟兵士二千人備御前牽挽綱運於是工役日興增募益廣矣建炎而後兵制靡定逮乾道中四川廂軍二萬九百七十二人禁軍二萬七千九百九十二人厥後廢置損益隨時不同摭其可考者以附見焉其將校則有馬步軍都指揮使有副都指揮使都虞候馬軍

有都指揮使副都指揮使都虞候步軍亦如之馬步軍諸指揮使有指揮使副指揮使每都有軍使副兵馬使都頭副都頭十將將虞候承局押官凡諸州騎兵步兵禁廂兵之類敘列如左其不同者分為建隆以來及熙寧以後之制云

建隆以來之制

馬軍驍射京東路南京青兗鄆曹徐齊濰淮陽○京西路西京河陽陳許鄭潁滑○河北路北京真定滄瀛相恩冀○陝西路永興鳳翔河中陝華秦涇鄜○荊湖路江陵潭鄂岳復安澧鼎永道郴郡桂陽內青淮陽係教閱○威邊京東路南京青鄆密徐曹齊濮濟淄登萊沂單內登係教閱○京西路西京河陽鄭蔡襄鄧滑潁汝郢均商隨唐信陽光化○河北路瀛相邢祁濱霸磁衛趙莫洺乾寧廣信通利○河東路澤遼○陝西路永興鳳翔河中陝同華耀乾解虢○淮南路亳廬宿○荊湖路安昭武南京河中肅戎曹單勇單安武鄆齊必敵鄆陝邠決勝濟飛勇棣靜山兗宜勇敢沂密定邊蔡徐涇馬鬭永興宿安東登萊突陣延定乾懷聽直濟滄莫保雄霸定華保勝鄜光嵐歸恩鳳翔定戎涇安塞環慶游奕許衙隊曹陳德永靜永隴儀峽武勝濠泗保忠滑輕騎邢順節真定敢勝深飛塞環保節陝西路州軍本城馬軍廣必勝慶定塞河北路州軍勁勇真定北砦係教閱下蕃落環外砦係教閱武清晉自此至招收凡十一軍兩朝志無飛騎麟振邊儀環威遠府本城驍子定克戎并清邊陝西忠烈河北鄉兵名神銳後改是軍舊制老病者聽召人承補歸農承補者逃亡復取歸農者充役大中祥符四年詔罷之無敵保安肅廣信軍北平砦

忠銳廣齊招收河北河東舊又有定州揀中廳子易州靜塞并州咸聖後並廢飛將北京亳自此至揀中騎射凡三軍三朝志無保靜恩揀中騎射淮南路揚廬壽宿泗真蘄黃濠光海和通舒漣水高郵無為○江南路宣撫江吉筠袁歙太平池饒信廣德南康南安建昌臨江興國步軍武和開封武肅開封忠靖開封威勇定真定冀滄雄博深乾寧內青鄆淄密濟沂淮陽係教閱左衙南京鄆晉耀陝通安平難亳濠奉化京西路鄭許陳蔡滑○河北路懷○陝西路鳳翔○淮南路揚亳廬壽宿濠和通泰楚舒真泗滁無為漣水高郵曹峽開武曹保寧濟衛開遠揚楚泗齊利歙安平齊靜邊棣六奇楚開山西京秦武勇濰泰懷安泰建安解府靜海徐淮陽通隨身宿隨唐商崇順青階忠略淄安海登水軍京東路登○河東路保德○陝西路秦陝○淮南路揚廬壽光海和泰楚舒蘄黃泗漣水高郵無為○江南路江寧洪袁虔宣歙饒信太平池江吉筠撫興國臨江南康廣德○兩浙路州軍○荊湖路江陵潭衡永郴邵鄂岳復安澧峽鼎歸漢陽桂陽○福建路福建漳泉邵武○利州路興○廣南路廣英賀封連康南雄春廉白邕寧濟萊永安西安耀武河陽鄧楚秦寧華橋道河陽澶壽興開道鄭雄猛絳定安河中開河河中定遠鳳復定邊涇壯武京東路青徐曹兗密濰濟濮登萊淮陽○京西路西京陳蔡鄧襄潁汝光化○陝西路鳳翔河中同耀華乾解陝西安○淮南路揚廬壽黃光海和通蘄楚泰舒滁高郵○荊湖路潭岳安復內兗徐濟萊係教閱寧淮潁壽澶忠順潁壽崇寧汝岳澄海韶循潮連梅南雄英賀封端南恩春惠桂容邕象昭龔蒙潯貴橫融化雷竇南儀白欽鬱林廉崖儋內廣廉高藤梧英賀新蒙龔儋係教閱保定均信陽懷寧定真定祁寧宣節荊湖南路諸州軍監北路岳澧鼎郢荊門諸監步捷金崇化光廣平饒勇勝永興清邊永興延渭鄜慶涇儀隴保安開廣原同建武寧鄜環

永清丹昭勝坊永寧潞永霸澤弓箭秦晉順安慈順霸
隰崇勇成肅清乾懷節澧崇武懷廣霸北京興安北京制
戎冀雄銳真定定虜深招收汾遼澤石潞慈晉絳代忻威勝平定定和定
保順滄清遠雄霸克勝瀛滄黄保定寧邊乾寧開邊平定靜勝揚
寧順廬捷勇壽備邊泗三捷滁寧化舒保勝光懷仁
蘄黄武雄江陵步驛襄江陵荊門循賀封梅康南雄潮韶克寧成都路成都蜀漢雅邛嘉
綿陵彭眉梓州路戎榮普資梓合瀘遂渠昌果懷安廣安利州路興元洋利龍劍蓬壁文興安德三泉夔
渝涪萬達開施忠雲雲安大雲威棹荊湖路江陵歸峽○成都路成都嘉眉簡梓州路諸州軍利州
路劍安德夔州路渝涪萬雲安懷遠興元保節河北路定真定滄瀛相邢洺冀祁德濱保雄磁
博趙深懷衞順安通利信安保定肅永定靜邊○河東路太原晉絳汾遼澤石潞慈麟府憲代忻隰威勝

岢嵐火山保德平定○陝西路永興秦邠寧鄜延環慶涇儀丹隴坊鎮戎德順○淮南路亳○江南路洪
虔江池饒信太平吉筠袁撫興國○福建路汀南劍○荊湖路鄂○利州路龍利懷信利廣
塞興元三泉順化興効勇江寧廣德裏運江寧貢運饒水運潭泰臨江
廣濟京城上下鏁陳壽揚宿高郵漣水通利崇節兩浙路杭越蘇湖溫台衢婺處睦秀○福
建路福漳泉興化○陝西路成寧塞太原汾遼石代忻牢城河北河東陝西淮南京東西江
南荊湖廣南益梓利夔路諸軍州惟汝慶昭保安不置羅城成都水軍奉化京畿諸縣
泰泗船坊洛澶鼎渡船都潭橋閣龍劍三泉文採斫處衢溫梢工
都洪楚真防河成都捍江都杭船務杭婺巡海水軍廣雜作
都壽本城曹秀常山南安梁山梅勁勇邢太原嵐汾遼澤潞晉慈代忻隰岢嵐平定寧
化威勝內真定北砦條教閱裝發真泗楚通利寧海瓊西懷化許新招

靜江邕南懷化許防城泗均水軍橋道泗剩員直亳城清
化桂容邕象昭梧藤龔蒙貴柳宜賓融化竇高南儀白欽鬱林廉瓊儋江橋院明肅寧
城寧崇勝真定碇手明揀中宣節潭澶鼎採造西京秦明堰軍
長安京口昌城彭青裝卸南京亳中軍將潭江宣武大名真定懷衞順節磁此
下至新立本城凡三十八軍天聖後無七擒單安化濱武順懷平海登
英武鄜長劍滑長寧衞德勝相保安博興化洺定勇
深安勝通利霜水夔興造衞潭水路都江陵山場斫軍溫夔睦
本城廣軍廣河東定真本城剩員諸州並有蕃落慶都賓木
軍容新水軍全武定陝西晉絳慈隰定塞河北舊水軍荊湖江南兩浙
淮南剩員澧復下浮橋西京東南道巡海水軍教閱澄海

橾手常慶成慶成軍梅山洞剩員丹捉生延河清河陰汴
宣勇河北河東本鄉兵舊名忠勇保毅秦鄉鄜新立本城曹奉先會登
宮永熙陵此下至酒務雜後凡六十軍天聖以後置六軍京師御營喝探京師揀中
窯務京師看船廣德京師揀中剩員雍丘陳留南京襄邑咸平徐鄆
曹廣濟晉陝靜海徐淮陽通歸定河陽驍勇邠感順慶拓邊環宣
猛威勝靜江京西路東蔡郢○江南路南安○荊湖路江陵潭岳鼎衡永郴全○廣南路廣韶循
潮連梅南雄英賀封端新康春惠桂容邕象昭梧藤龔蒙潯貴柳融宜賓横化竇高雷欽鬱林廉瓊○利
州路利三略陳鼎靜虜深克勝瀛滄黄保定武捷鳳翔秦鳳鄜延涇原儀渭
邠寧階坊丹晉絳隰慈車軍真楚常會通橋道西京司牧永興秦階原德順
鹽車泰真新招梢工真泗拔頭水軍泗造船軍匠吉樓店

務杭造船場廣駕綱水軍廣建安解省作院邠雄勇
火山屯田保清務杭蘇婺温潭靜淮蔡捍海通泰船坊鐵作潭
揀中曹壯城京東路青密濰登沂濮萊淄○京西路西京蔡汝○河北路諸州軍○河東路
太原遼澤晉絳潞汾石慈麟府憲代忻隰嵐寧化保德火山威勝岢嵐○陝西路永興河中涇原儀渭鄜
慶陝耀坊華丹同隰解鎮戎德順○江南路洪彊勇瀛滄懷冀晉絳潞汾遼石慈代忻澤馬監
北京大名相安陽洺廣平衛淇水鄭東平許單鎮西上京洛陽同沙苑鄭原武城面廣端惠循英春
賀梅連康新封白潮戰棹欽廉遞角場留安遠桂作院丹儀色役環
雜攢代作院工匠太原咸平橋道永興運錫循水磨鄭東
西八作西京窯務西京鼓角將潤荊門錢監江鐵木匠營池
酒務營池竹匠營池酒務雜役江寧諸司庫務清河馬
遞鋪等役卒　東西八作司廣備雜役効役壯役牛馬司御輦
院軍器庫後苑造作所後苑工匠文思院内弓箭庫
南作坊北作坊弓弩院法酒庫西染院綾錦院裁造
院修内司翰林司儀鸞司事材場四園苑玉津園養
象廣德金明池雜役鞍轡庫醴泉觀萬壽觀集禧觀
禮賓院駝坊内酒坊右宣徽院轉補分隸三司提舉
司
河清街道司隸都水監
後苑御弓箭庫作坊物料庫後苑東門藥庫内茶紙
庫御廚御膳廚供庖務内物庫外物料庫油庫醋庫

都監院物料庫西水磨庫東水磨務大通門水磨磁
器庫都茶庫内衣庫朝服法物庫衹候庫榷貨務内
藏庫左藏庫布庫奉宸庫尚衣庫内香藥庫退材場
東西窯務竹木務左右廟店宅務修造諸倉修造下卸司
東西裝卸排岸司廣濟左右街司左右金吾仗司西太一宮
鑄瀉務開封府步驛致遠務車營務諸門并府界馬
遞鋪分隸三司提舉司開封府
熙寧以後之制
河北路騎軍之額自騎射而下十有二步軍之額自
奉化而下二十有六並改號曰崇勝凡一百一十二
指揮二萬九千二百七十人橋道澶壯城牢城諸州馬
監北京相州安陽洺州廣平衛州洪水騎射北京真定滄澶相恩冀棣威邊瀛相邢祁濱磁
衛趙莫洺乾寧廣信通利飛將北京飛勇棣突陣懷廳直瀛滄雄霸莫保定
衙隊德靜永保靜恩輕騎邢順節真定敢勝深定塞定真定冀
滄雄博深乾寧奉化懷熙寧七年京東河北置揀中廂軍懷衛濮各二德博棣齊各一靜邊
棣耀武定懷節澶廣翊北京制戎冀雄銳真定定虜深靜
虜趙定和定保順滄清遠雄霸克勝瀛滄莫保定保節定真定滄
瀛相邢洺冀祁德濱保雄磁博趙深懷衛順安通利信安保定安肅永定永靜懷寧定真定祁勁
勇邢元豐四年升為定府北砦勁勇為禁軍宣武大名真定懷衛元祐二年在京師置第十三至
第十五三指揮威勇滄崇勝真定熙寧七年京東河北置揀中廂軍懷濮各一德博棣齊各

二肅寧瀛城廣濟通利熙寧八年詔以六分爲額罷所差客軍屯田保寧邊乾寧彊壯邢宣勇瀛滄懷冀廣威元符元年詔河北路大名府等二十二州軍創置馬步軍五十六指揮馬軍以廣威爲名

河東路騎軍之額自威邊而下二步軍之額自左衛而下十有八並改號曰雄猛凡五十二指揮一萬二千四百一十人本城火山牢城諸州壯城太原遼澤晉絳潞汾石慈麟府憲代忻隰嵐寧化保德火山威勝岢嵐雜攢代作院工匠太原威邊遼澤保勝嵐左衛右衛晉水軍潞保德雄猛絳永寧潞永霸澤弓箭晉順安慈順霸隰宣猛威勝招收汾遼澤石潞慈晉絳代忻威勝平定開邊平定保節太原晉絳汾遼澤石潞慈麟府憲代忻隰威勝岢嵐火山保德平定勁勇太原嵐汾遼澤潞晉憲代忻隰岢嵐平定寧化威勝武捷晉絳隰慈寧塞太原汾遼石代忻廣濟壽陽熙寧八年以六分爲額減諸路所差防河客兵宣勇晉絳潞汾遼石慈代忻澤威勝平定

陝西路騎軍之額自騎射而下有六步軍之額自左衛而下二十有九並改號曰保寧凡二百一十一指揮二萬五百六十三人開山秦關河河中司牧永興秦階原德順省作院邠壯城永興河中涇原儀渭鄜慶陝耀坊華丹同隴乾解鎮戎德順牢城諸州馬監同州沙苑作院丹儀色役環咸陽橋道永興騎射永興鳳翔河中陝華陳涇鄜安邊永興鳳翔河中同華耀乾解虢昭武河中必敵陝邠定邊涇馬關永興突陣延同乾廳直華保勝鄜歸恩鳳翔定戎

涇安塞環慶衙隊隴儀飛砦環必勝慶保節永興秦邠寧鄜延環慶涇原儀渭丹隴坊鎮戎德順左衛耀陝右衛陝保寧渭熙寧七年詔絳後廂禁軍自今權免役專肄習武藝置鳳翔府簡中保寧六指揮三千入專備熙河修城砦元豐五年蘭州置二紹興三年熙河增置四又於涇原創置十元符三年十月詔綴陝西路保寧指揮入廂軍額從知渭州章楶請也隨身商崇順階水軍秦陝熙寧五年鎮洮置一崇寧三年鄯州及龍支城各置二耀武寧華定安河中奉化鳳翔廣平虢勇勝永興清遠永興延渭鄜慶涇儀保安開廣原同建武鄜環昭勝坊弓箭秦崇勇成肅清乾寧遠鳳壯武鳳翔河中同耀華乾解陝保安驍勇邠感順慶拓邊環崇節成武捷鳳翔秦鳳鄜延涇原儀渭邠寧階坊丹威勇河中採造秦元豐四年通遠軍增置一建安解

京東路騎軍之額自騎射而下有三步軍之額自左衛而下有七並改號曰奉化凡五十四指揮一萬四千七百五十人壯城青密濰登沂濮萊淄馬監鄆州東平裝御南京牢城諸州騎射南京青兗鄆曹徐齊濰威邊南京青鄆密徐曹齊濮濟淄萊沂單昭武南京肅戎曹單勇單安武鄆齊必敵鄆決勝濟靜山兗勇敢密沂元符二年環慶增置二百人定邊徐安東登衙隊曹左衛南京鄆右衛南京徐鄆曹廣濟開武懷化曹保寧開遠濟安平齊武勇濰靜海徐濰揚崇順青忠略淄安海水軍登寧濟萊建武密壯武青徐曹兗密濰齊濮登萊淮揚崇武濮崇寧三年詔於京西東河東北開封府界創置馬步軍五萬人步軍以崇武爲名大觀四年詔四輔州闕額於崇武等軍內撥填本

城曹

京西路騎軍之額自騎射而下六步軍之額自奉化

而下二十有五並改號曰勁武凡四十五指揮一萬

五千一百五十八人橋道河陽開道鄭步驛襄會通橋道

西京採造西京牢城諸州壯城西京蔡汝馬監許州單鎮鄭州京武西京洛陽三

水磨鄭東西八作西京騎射西京河陽陳許鄭潁滑威邊西京河陽鄭蔡

襄鄧滑潁汝鄧均商隨唐信陽光化定邊蔡溥奕許衙隊陳保忠滑奉

化鄭許陳蔡滑潁懷化許潁開山西京隨身隨唐永安西京耀武河陽鄧

歸定河陽壯武西京陳蔡鄧襄潁汝光化靜江陳蔡郢三略陳寧淮忠

順潁崇寧汝澄江襄保定均信陽懷寧房宣節郢崇化

宋史一百八十九　宋史志卷一百四十二　十六　李俊寫　王冏刻　四百令六十个

光化長劍滑西懷化許防城均威勇西廣濟陳靜淮蔡

淮南路騎軍之額自威邊而下六步軍之額自左衙

而下二十有七並改號曰寧淮凡一百二指揮四萬

一千二百八十五人橋道壽水運泰梢工都真楚雜作

都壽裝發真泗楚通和水軍橋道泗車軍真楚鹽車泰真新招

梢工真泗拔頭水軍泗牢城諸州裝卸亳剩員直亳城永威

邊亳廬宿飛將亳馬闘宿保勝光武勝泗濠揀中騎射揚廬

壽亳宿泗真蘄黃濠光海和通舒滁漣水高郵無為左衙通平難亳濠奉化揚亳廬壽

宿濠和通泰楚舒真泗滁無為漣水高郵開遠揚楚泗六奇楚武勇泰懷安

泰靜海通隨身宿水軍揚廬壽光海和泰楚舒真蘄黃泗漣水高郵無為耀

武泰壯武揚廬壽黃光海和通蘄楚泰舒滁高郵寧淮忠順雄勇壽靜

勝揚寧川順廬備邊泗三捷滁寧化舒保勝光懷仁蘄黃

保節舒廣濟宿海泰通泗高郵漣水熙寧八年以六分為額水軍奉化泰泗捍

海通泰

兩浙路步軍之額自捍江而下三並改號曰崇節凡

五十一指揮一萬九千八人水軍諸州船坊明船務杭婺

車軍常採造明樓店務杭江橋院明堰軍張安京口呂城杉青

清務杭蘇婺溫捍江杭三本城秀常鼓角將潤

江南路騎軍之額揀中騎射一步軍之額自効勇而

下五並改號曰効勇凡五十三指揮一萬六千六百

宋史一百八十九　宋史志卷一百四十二　十七　李俊寫　王冏刻　字四百令十个

五十八人水軍江寧洪虔宣歙饒信太平池江吉筠撫興國臨江南康廣德東運江寧

貢運饒水運臨江梢工部供造船軍匠吉步驛江寧牢城

諸州軍壯城洪下卸錢監江鐵木匠營酒務營竹匠營

池酒務雜役江寧揀中騎射宣撫江吉筠袁歙太平池饒信廣德南康南安建昌

臨江興國効勇江寧廣德本城南安靜江南安崇寧二年七月召募武威江寧保

節洪虔江池饒信太平吉筠袁撫興國

荊湖路騎軍之額自騎射而下三步軍之額自左衙

而下二十並改號曰宣節凡四十四指揮一萬一千

三百人步驛荊門水軍潭船坊潭鼎渡船都潭清務船坊

鐵作潭騎射江陵潭鄂岳安澧復鼎永道郴邵桂陽威邊安衙隊陝左

衙安水軍江陵潭衡永郴邵鄂岳復安澧峽鼎歸漢陽桂陽寧遠復壯城潭岳安復靜江江陵潭岳鼎衡永郴全三路鼎寧淮澧崇寧岳澄江長宣節南路諸州軍監北路岳澧鼎荆門諸監熙寧七年九月沅置一大觀元年靖置一步捷全威棹江陵歸峽保節鄂崇節潭威勇安牢城諸州軍中軍將潭汀揀中澧揀中宣節潭澧鼎鼓角將荆門

福建路步軍之額自水軍而下三並改號曰保節凡三十三指揮一萬一千一百五十人水軍福建漳泉邵武保節建汀南劍崇節福泉興化

廣南路騎軍之額自靜山而下二步軍之額自水軍而下十並改號曰清化凡八十二指揮一萬二千七

百人步驛循賀封梅康南雄潮韶造船場廣駕綱水軍廣城面廣端惠循英春賀梅連康新封白潮遞角場雷運錫循牢城諸州靜山宜本城馬軍廣水軍廣惠英賀封連康南雄春廉白邕靜江廣韶循潮連梅南雄英賀封端新康春惠桂容邕象昭梧藤龔蒙潯貴柳宜賓橫融化竇高雷欽鬱林廉瓊澄海韶循潮連梅南雄英賀封端南恩春惠桂容邕象昭龔蒙潯貴柳賓橫融化竇南儀白欽鬱林廉崖儋並於配隸中選少壯者巡海水軍廣本城梅寧海瓊崇寧四年廣南西路經略司請置刀牌手三千人於桂州置營俟教閱習熟分戍諸州新招靜江邕清化桂容邕象昭梧藤蒙龔潯貴柳宜賓橫融化竇高南儀雷白欽鬱林廉瓊儋戰棹欽廉安遠桂崇寧元年十月詔川陝招揀足額

四川路步軍之額自開遠而下十並改號曰克寧凡一百一十一指揮二萬三千四百人自河北路至此凡改號指揮人數並因元豐以前其後增改各隨軍額橋道興橋閣龍劍文三泉防河羅城成都牢城益梓利夔開遠利劍水軍興靜江和懷遠興元廣塞興元三泉克寧成都蜀漢雅邛嘉綿陵彭眉簡戎榮普資梓合瀘遂渠昌果懷安廣安興元洋利龍劍蓬璧文興安德三泉夔渝涪茂達開施忠雲忠大寧威棹成都嘉眉簡梓州路諸州軍劍安德夔渝涪萬雲安懷信利川順化興本城梁山武寧元豐七年詔成都府賊發武寧第八指揮置馬軍騎射一

侍衛步軍司宣効揀中宣効揀中六軍武嚴左右龍武軍左右羽林軍左右神武軍左右武肅武和忠靖神衛剩員軍頭司備軍諸司庫務河清馬遞鋪等役

辛朝服法物庫籍田司隸太常寺

東西作坊作坊物料庫東西廣備皮角庫隸軍器監

車營致遠務養象所左右騏驥院左右天駟四監牧養上下監鞍轡庫駝坊皮剝所御輦院隸太僕寺

文思院綾錦院西染裁造院隸少府監

軍器衣甲庫儀鸞司左右金吾仗司左右街司六軍儀仗司軍器什物庫隸衛尉寺

河清街道司隸都水監

修內司東西八作司竹木務東西退材場事材場東西窯務作坊物料庫隸將作院

御廚翰林司牛羊司法酒庫內酒坊外物料庫醋庫
油庫隸光祿寺
左藏庫布庫香藥庫都茶庫左右廂店宅務修造榷
貨務祗候庫隸太府寺
修倉司四園苑都水磨排岸司裝卸金明池雜役隸
司農寺
醴泉觀萬壽觀集禧觀西太一宮禮賓院隸鴻臚寺
廣固隸修治京城所
孳生監隸樞密院
府界諸門馬遞鋪隸尚書駕部已上並元豐以前所
隸後皆因之

建炎後禁廂兵 威果安吉嘉興杭平江常嚴鎮江紹興慶元溫台婺處隆興江
寧國南康潭永衢道邵武建寧南劍全福興化漳汀全捷中興立杭婺安吉平江泉鎮江紹興慶元
寧國寶慶福雄節杭安吉嘉興平江常嚴溫江紹興江陰慶元台婺處鎮武衛鎮江紹興
溫婺潭威捷杭溫鎮江紹興婺潭雄捷中興立紹興威勝中興立寶慶慶元翼
虎中興立隆興雄略中興立吉潭永衢隆興全福廣容忠節中興立隆興撫臨江寧國
江建昌興國南康武雄撫隆興江建昌吉興國南安袁臨江寧國南康靖安中興立全寶慶
靜江桂陽郴衡道全廣節中興立邵武福漳建寧南劍興化汀廣二廣三指揮
中興立泉親効中興立廣澄海廣循連南雄封英德南恩惠潮藤容賀德慶昭高欽雷
建炎後廂兵 武嚴宣効壯役中興立備軍中興立神衛

剩員隸侍衛步軍中興隸廂軍廣豐倉剩員中興立廣効中興有揀中廣効在
廣効立御營喝探中興在京師武和開封一指揮中興左右二指揮在京武肅
中興在京師忠靖一指揮開封屬步軍奉化屬步軍三指揮中興有揀中奉化在奉化上
勁武在京崇勝一指揮中興有揀中崇勝在崇勝上雄猛一指揮保寧中興有揀
中保寧在保寧上寧淮中興在淮南捍江杭宣節中興在寶慶潭永武岡郴衡全
桂陽道沅靖効勇中興江東西保節中興五指揮克寧中興四川寧江中興
立一指揮清化中興廣西牢城諸州以待有罪配隸人崇節中興杭安吉平江江陰常
嚴鎮江溫慶元台婺江東西開江中興平江橫江中興平江杭寧節中興台福寧國
建寧靖清務中興婺山場中興婺効勇中興隆興撫贛建昌興國南安袁吉臨江
寧國南康立靖安中興立潭永常德靜江二指揮威果見禁軍雄略中興四指

揮澄海中興武岡全豐國監中興立建寧駕綱中興立長運中興立
修江中興杭都作院中興杭小作院中興立杭清湖閘中興立杭
湖司中興立杭壯城堰中興立杭西河廣濟中興立杭樓店務中興杭
長安堰閘中興立杭秤斗務中興立杭壯城帥府望鄜立之鼓角匠船
務中興杭

志卷第一百四十二

志卷第一百四十三　宋史一百九十

開府儀同三司上柱國錄軍國重事前中書右丞相監修國史領經筵事都總裁臣脫脫等奉

勑修

兵四 鄉兵一

陝西保毅　河北忠順

河北陝西強人砦戶　河東陝西弓箭手

河北河東強壯

河北等路弓箭社

鄉兵者，選自戶籍或土民應募，在所團結訓練，以為防守之兵也。周廣順中，點秦州稅戶充保毅軍。宋因之。自建隆四年，分命使臣往關西道，令調發鄉兵赴慶州。咸平四年，令陝西係稅人戶家出一丁，號曰保

毅，官給糧賜，使之分番戍守。五年，陝西緣邊丁壯充保毅者至六萬八千七百七十五人。七月，以募兵離去鄉土有傷和氣，詔諸州點充強壯戶者，稅賦止令本州輸納，有司不得支移。之先是，河北忠烈、宣勇無人承替者，雖老疾不得停籍，至是詔自今委無家業代替者，放令自便。自是以至天禧間，幷、代廣銳老病之兵，雖非親屬而願代者聽。河北彊壯，恐奪其農時，則以十月至正月旬休日召集而教閱之。忠烈、宣勇、廣銳之歸農而闕員者，並自京差補戍於河上，而歲月久遠者則特為遷補，貧獨而無力召替者則令逐

處保明放停。當是時，河北、河東有神銳、忠勇、強壯，河北有忠順、強人，陝西有保毅、砦戶、強人、強人弓手，河東、陝西有弓箭手，河北、東、陝西有勇義，麟州有義兵，川峽有土丁、壯丁，荊湖南北有弩手、土丁，廣南東西有槍手、土丁，邕州有溪洞壯丁、土丁，廣南東西有壯丁。當仁宗時，神銳、忠勇、彊壯久廢，忠順、保毅僅有存者。康定初，詔河北、河東添籍彊壯，河北凡二十九萬三千，河東十四萬四千，皆以時訓練。自西師屢衄，正兵不足，乃籍陝西之民，三丁選一，以為鄉弓手。未幾，刺充保捷，為指揮一百八十五，分戍邊州。西師罷，多

揀放焉。慶曆二年，籍河北強壯，得二十九萬五千，揀十之七為義勇，且籍民丁以補其不足。河東揀籍如河北法。其後議者論義勇為河北伏兵，以時講習，無待儲廩，得古寓兵於農之意。惜其束於列郡，止以為城守之備。誠能令河北邢、冀二州分東西兩路，命二郡守分領，以時閱習，寇至即兩路義勇翔集赴援，使其腹背受敵，則河北三十餘所常伏銳兵矣。朝廷下其議，河北帥臣李昭亮等議曰：「昔唐澤潞留後李抱真籍戶丁男，三選其一，農隙則分曹角射，歲終都試，以示賞罰，三年皆善射，舉部內得勁卒二萬。旣無廩

費府庫益實乃繕甲兵為戰具遂雄視山東是時天下稱昭義步兵冠於諸軍此近代之顯効而或謂民兵祇可城守難備戰陣非通論也但當無事時便分義勇為兩路置官統領以張用兵之勢外使敵人疑而生謀內亦提動衆心非計之得姑令在所點集訓練三二年間武藝稍精漸習行陣遇有警得將臣如抱真者統馭制其陣隊示以賞罰何敵不可戰哉至於部分布列量敵應機繫於臨時便宜亦難預圖況河北河東皆邊州之地自置義勇州縣以時按閱耳目已熟行固無疑詔如所議治平元年宰相韓琦言

古者籍民為兵數雖多而贍至薄唐置府兵最為近之後廢不能復今之義勇河北幾十五萬河東幾八萬勇悍純實出於天性而有物力資產父母妻子之所係若稍加練簡與唐府兵何異陝西嘗刺弓手為保捷河北河東陝西皆控西北事當一體請於陝西諸州亦點義勇止涅手背一時不無小擾終成長利天子納其言乃遣籍陝西義勇得十三萬八千四百六十五人是時諫官司馬光累奏謂陝西頃嘗籍鄉弓手始諭以不去鄉里既而涅為保捷正兵遣戍邊州其後不可用遂汰為民徒使一路騷然而於國無

補且祖宗平一海內曷嘗有義勇哉自趙元昊反諸將覆師相繼終不能出一旅之衆涉區脫之地當是時三路鄉兵數十萬何嘗得一人之力議者必曰河北河東不用衣廩得勝兵數十萬閱教精熟皆可以戰又兵出民間合於古制臣謂不然彼數十萬者虛數也閱教精熟者外貌也兵出民間者名與古同而實異蓋州縣承朝廷之意止求數多閱教之日觀者但見其旗號鮮明鉦鼓備具行列有序進退有節莫不以為真可以戰殊不知彼猶聚戲若遇敵則瓦解星散不知所之矣古者兵出民間耕桑所得皆以衣

食其家故處則富足出則精銳今既賦斂農民粟帛以給正軍又籍其身以為兵是一家而給二家之事也如此民之財力安得不屈臣愚以為河北河東已刺之民猶當放還況陝西未刺之民乎帝弗聽於是三路鄉兵唯義勇為最盛熙寧以來則尤重蕃兵保甲之法餘多承舊制前史沿革不復具述取其有損益者著于篇南渡而後土宇雖不及前而兵制多仍其故凡其鄉兵砦兵之可攷者皆附見焉

陝西保毅開寶八年發渭州平涼潘源二縣民治城隍因立為保毅弓箭手分戍鎮砦能自置馬免役逬

死以親屬代因周廣順舊制也咸平初秦州極邊止
置千人分番守戍上番人月給米六斗仲冬賜指揮
使至副都頭紫綾綿袍十將以下皂綾袍五年點陝
西沿邊丁壯充保毅凡得六萬八千人給資糧與正
兵同戍邊郡慶曆初詔悉刺為保捷軍唯秦州增置
及三千人環慶保安亦各籍置是時諸州總六千五
百十八人為指揮三十一皇祐五年涇穀都總管程
戡上言陝西保毅近歲止給役州縣無復責以武技
自黥刺為保捷而家猶不免於保毅之籍或折賣田
產而得產者以分數助役今秦州僅三千人久廢農

業請罷遣詔自今敢私役者計傭坐之治平初詔置
保毅田承名額者悉揀刺以為義勇熙寧四年詔廢
其軍環慶砦戶强人弓手九年詔如禁軍法上其籍
隸于馬軍司廩給視中禁軍

河北忠順自太宗朝以瀛莫雄霸州乾寧順安保定
軍置忠順凡三千人分番巡徼隸沿邊戰權巡檢司
自十月悉上人給糧二升至二月輪半營農慶曆七
年夏竦建議與正兵參戍八年以水沴多逋亡者權
益正兵代其闕額皇祐四年權放業農後不復補

河北陝西强人砦戶强人弓手名號不一咸平四年
募河北民諳契丹道路勇銳可為間伺者充强人置
都頭指揮使無事散處田野寇至追集給器甲口糧
食錢遣出塞偷斫賊壘能斬首級奪馬者如賞格虜
獲財畜皆畀之慶曆二年環州亦募涅手背自備戎
械并馬置押官甲頭隊長戶四等以下免役上番防
守月給奉廩三年涇原路被邊城砦悉置環慶二州
復有砦戶康定中以沿邊弓手涅手背充有警召集
防戍與保毅弓手同大順城西谷砦有邏人弓手天
禧慶曆間募置番戍為巡徼斥候日給糧人賦田八
十畝能自備馬者益賦四十畝遇防秋官給器甲下

番隨軍訓練為指揮六

河北河東强壯五代時瀛霸諸州已置咸平三年詔
河北家二丁三丁籍一四丁五丁籍二六丁七丁籍
三八丁以上籍四為强人五百人為指揮使百人為
都置正副都頭二人節級四人所在置籍擇善騎射
者第補校長聽自置馬勝甲者蠲其戶役五年募其
勇敢團結附大軍為栅官給鎧甲景德元年遣使分
詣河北河東集强壯借庫兵給糧訓練非緣邊即分
番迭教寇至悉集守城寇退營農至康定初州縣不
復閱習其籍多亡乃詔二路選補增其數為伍保迭

糾遊惰及作奸者二十五人為團置正副都頭各一人五都為指揮使各以階級伏事年二十係籍六十免取家人或他戶代之歲正月縣以籍上州州以籍奏兵部按舉不如法者慶曆二年悉揀以為義勇不預者釋之而存其籍以備守葺城池而河東强壯自此寖廢矣其募於河北者舊給塘泊河淤之田力不足以耕重苦蕃教應募者寡熙寧七年罷之以其田募民耕戶兩頃蠲其賦以為保甲

河東陝西弓箭手周廣順初鎮州諸縣十戶取材勇者一人為之餘九戶資以器甲芻糧建隆二年詔釋之凡一千四百人景德二年鎮戎軍曹瑋言有邊民應募為弓箭手者請給以閑田蠲其徭賦有警可參正兵為前鋒而官無資糧戎械之費詔人給田二頃出甲士一人及三頃者出戰馬一匹設堡戍列部伍補指揮使以下據兵有功勞者亦補軍都指揮使置巡檢以統之其後鄜延環慶涇原并河東州軍亦各募置慶曆中諸路總三萬二千四百七十四人為指揮一百九十二是時河東都轉運使歐陽脩言代州岢嵐寧化火山軍被邊地幾二三萬頃請募墾種充弓箭手詔宣撫使范仲淹議以為便遂以岢嵐軍北

草城川禁地募人拒敵界十里外占耕得二千餘戶歲輸租數萬斛自備弓馬涅手背為弓箭手既以并州明鎬沮議而止至和二年韓琦奏訂鎬議非是曰昔潘美患契丹數入寇遂驅旁耕民內徙苟免一時失備之咎其後契丹講和因循不復許人復業遂名禁地歲久為戎人侵耕漸失疆界今代州寧化軍有禁地萬頃請如草城川募弓箭手可得田千餘戶下并州富弼議弼請如琦奏詔具為條視山坡川原均給人二頃其租秋一輸川地畝五升坂原地畝三升毋折變科徭仍指揮即山險為屋以便居止備征防無得擅役先是麟府豐州亦以閒田募置人給屋貸口糧二石而德順軍靜邊砦壕外弓箭手尤為勁勇夏人利其地數來爭占朝廷為築堡戍守至治平末河東七州軍弓箭手總七千五百人陝西十州軍并砦戶總四萬六千三百人先是康定元年詔麟府州募歸業人增補義軍俾耕本戶故地而免其稅租其制與弓箭手畧同而不給田熙寧二年兵部上河東七郡舊籍七千五今籍七千陝西十郡并砦戶舊籍四萬六千三百今唯秦鳳有砦戶三年秦鳳路經略使李師中言前年築熟羊等堡募蕃部獻地置弓箭

手迄今三年所募非良民初未嘗團結訓練竭力田事今當置屯列堡為戰守計置屯之法百人為屯授田於旁塞堡將校領農事休即教武技其牛具農器旗鼓之屬並官予置堡之法諸屯併力自近及遠築為堡以備寇至寇退則悉出掩擊從之五年趙卨為鄜延路以其地萬五千九百頃募漢蕃弓箭手四千九百人帝嘉其能省募兵之費褒賞之六年卨言新募弓箭手頗習武技請更番代正兵歸京師詔審度之十月詔熙河路以公田募弓箭手其旁塞民強勇願自占田出租賦聯保伍或義勇願應募或民戶願

受蕃部地者聽七年正月帶御器械王中正詰熙河路以土田募弓箭手所募人毋拘路分遠近不依常格差官召募仍親提舉三月王韶言河州近城川地招漢弓箭手外其山坡地招蕃弓箭手人給地一頃蕃官兩頃大蕃官三頃仍募漢弓箭手等為甲頭候招及人數補人員與蕃官同管自來出軍多為漢兵盜殺蕃兵以為首功今蕃兵各願於左耳前刺蕃兵字從之十月中書條例司乞五路弓箭手砦戶除防拓巡警及緩急事許差發外若脩城諸役即申經略安撫鈐轄司其有擅差發及科配和雇者並科違制

之罪從之其夔州路義軍廣南槍手土丁峒丁湖南弩手福建鄉丁槍手依此法八年詔涇原路七駐泊就糧上下番正兵弓箭手蕃兵約七萬餘人分為五將別置熙河策應將副十年知延州呂惠卿言自熙寧五年招到弓箭手只是權行差補未曾團定指揮本司見將本路團結將分團成指揮都分置立將校統轄即於臨時易為勾集從之元豐二年計議措置邊防所言以涇原路正兵漢蕃弓箭手為十一將分駐諸州從之三年詔凡弓箭手兵騎各以十人為隊置引戰旗頭左右傔旗及以本屬酋首將校為擁隊

並如正軍法蕃捉生蕃敢勇山河戶亦如之凡募弓箭手蕃捉生強人山河戶不以等樣第募有保任年十七已上弓射七斗任負帶者鄜延路新舊蕃捉生環慶路強人諸路漢弓箭手鄜延路歸明界保毅蕃戶弓箭手皆涅於手背四年涇原路經略司言本路弓箭手闕地九千七百頃渭州隴山一帶川原陂地四千餘頃可募弓箭手二千餘人或不願應募乞收其地入官熙河路都經制司言乞依熙河舊例許涇原秦鳳路環慶及熙河路弓箭手投換仍帶舊戶田土耕種二年即入收官別招弓箭手皆從之五年正

月鄜延路經略司乞以新收復米脂吳堡義合細浮圖塞門五砦地置漢蕃弓箭手及春耕種其約束補職並用舊條從之二月詔提舉熙河等路弓箭手營田蕃部共為一司隸涇原路制置司四月詔蕃弓箭手陣亡依漢弓箭手給賻弓箭手出戰因傷及病羸不能自還者並依軍例賜其家七月提舉熙河路弓箭手營田蕃部司康識兼提舉營田張大寧言乞應新收復地差官分畫經界選知農事廂軍耕佃頃一人其部押人員節級及雇助人工歲入賞罰並用熙河官莊法餘並招弓箭手營田每五十頃為一營差

諳農事官一員幹當從之六年鄜延路經略司言弓箭手於近裏縣置田兩處立戶及四丁已上乞取一丁為保甲一丁為弓箭手有二丁至三丁即且令充弓箭手詔保甲願充弓箭手者聽其見充弓箭手與當丁役毋得退就保甲陝西河東亦如之八年詔罷秦鳳路置場集教弓箭手令經略司購求主人習教所宜立法元祐元年詔罷提舉熙河等路弓箭營田蕃部司三年兵部言涇原路隴山一帶係官地例為人侵冒略無色役非自朝廷置局招置標撥無以杜絕姦弊從之其後殿前司副都指揮使劉昌祚奏根

括隴山地凡一萬九百九十頃招置弓箭手人馬凡五千二百六十一賜敕書獎諭四年詔將隴山一帶弓箭手人馬別置一將管幹仍以涇原路第十二將為名五年詔戶部遣官往熙河蘭岷路代孫路措置弓箭手土田紹聖元年樞密院言熙河蘭岷路經略司奏本路弓箭手自展置以來累經戰鬬內有戰功補三班差使已上之人欲並遣歸所屬差使仍以其地令親屬承刺如無即別召人承之三年正月詔自今漢蕃人互投弓箭手者官司不得收刺違者杖一百五月詔在京府界諸路馬軍槍手並改充弓箭手

兼習蕃槍四年詔張詢巴宜專根括安西金城膏腴地頃畝可以招置弓箭手若干人具團結以聞元符元年二月樞密院言鍾傳奏近往涇原與章楶講究進築天都山南牟等處今相度如展置青南訥心須置一將乞權於熙秦兩路輟那新城內土田并召弓箭手仍置提舉官二員熙秦兩路弓箭手每指揮以三百人為額乞作二十指揮招置不一二年間須得數千民兵以充武備從之七月詔陝西河東路新城砦合招弓箭手投換其元祐八年四月不得招他路弓箭手指揮勿用三年提舉涇原路弓箭手安師文

知涇州罷提舉弓箭手司崇寧元年九月樞密院勘會陝西五路并河東自紹聖開斥以來疆土至廣遠者數百里近者不減百里罷兵以來未曾措置田多膏腴雖累降詔置弓箭手類多貧乏或致逃走州縣鎮砦汚吏豪民冒占沃壤利不及於平民且並緣舊疆侵占新土今遣官分往逐路提舉措置應緣新疆土田分定腴瘠招置弓箭手推行新降條法舊弓箭手如願出佃新疆亦仰相度施行詔湯景仁河東路董采秦鳳路陶節夫環慶路安師文鄜延路並提舉弓箭手元符三年罷提舉司今復置崇寧二年十一月安師文奏

據權通判德順軍事盧逢原申根括打量出四將地分管下五砦新占舊邊壕外地共四萬八千七百三十一頃有奇乞特賜優賞詔安師文特授左朝議大夫差遣如故盧逢原特授朝請郎二年九月熙河路都轉運使鄭僅奏詔相度措置熙河新疆邊防利害僅奏朝廷給田養漢蕃弓箭手本以藩扞邊面使顧應家產人自為力今拓境益遠熙秦漢蕃弓箭手乃在腹裏理合移出然人情重遷乞且家選一丁官給口糧團成耕夫使佃官莊遇成熟日除糧種外半入官半給耕夫候稍成次第聽其所便從之五年三月

趙挺之言湟鄯之復歲費朝廷供億一千五百餘萬鄭僅初建官莊之議朝廷令會計其歲入九五莊之入乃能支一莊之費蓋鄯湟乃西蕃之二小國湟州謂之邈川鄯州謂之青唐與河南本為三國其地濱河多沃壤昔三國分據時民之供輸於其國厚而又每族各有酋長以統領之皆衣食贍足取於所屬之民自朝廷收復以來名為使蕃民各占舊地以居其實屢更戰鬬殺戮寖逐所存無幾今兵將官帥臣知州多召閑民以居貪冒者或受金乃與之地又私取其羊馬駝畜然無一毫租賦供官若以昔輸於三國

者百分之一入於縣官即湟州資費有餘矣帝深然之翌日知樞密院張康國入見力言不可使新民出租恐致擾動衆情且言蕃民既刺手背為兵安可更出租賦帝因宣諭新民不可搖動兼已令多招弓箭手矣挺之奏弓箭手官給以地而不出租此中國法也若蕃兵則其舊俗既輸納供億之物出戰又人皆為兵非弓箭手之比今朝廷所費不貲經營數年得此西蕃之地若無一毫之入而官吏戍卒饋餉之費皆出於朝廷何計之拙也帝曰已令姚雄經畫時累詔令雄括空閑地召人耕墾出課故深以挺之所奏

為然挺之又云鄯湟之復羌人屢叛溪捧羅撒走降夏國夏國納之時時寇邊兵不觧嚴而饋運極艱和糴入粟鄯州以每石價至七十貫湟州五十餘貫蓋倉塲利於客人入中乞取而官吏利於請給斛斗中官獲利百倍人人皆富是以上下相蒙而為朝廷之害熈寧三年熈河運司以歲計不足乞以官茶博糴每茶三斤易粟一斛其利甚博朝廷謂茶馬司本以博馬不可以博糴於茶馬司歲額外增買川茶兩倍茶朝廷別出錢二百萬給之令提刑司封樁又令茶馬官程之邵兼領轉運使由是數歲邊用粗足及撫

之冊相熈河漕司屢申以軍糧不足為急乃令會去年拋降錢数共一千一百萬馱一馱價直三千至四十千二百馱所轉不可勝計今年已降撥銀錢絹等共九百萬乃令更支兩倍茶一百萬馱張康國同進呈得旨乃密換元豐以來茶惟用博馬指揮以進然康國不知兩倍茶自非博馬之數而何執中鄧洵武雜然和之由是兩倍茶更不支給而鄯湟兵費不給矣七年詔邊地廣而耕墾未至膏腴荒閑芻粟翔踴歲糴本不貲昨累降指揮令涇原路經略司與提舉弓箭手司措置召人開墾以助塞下積粟為備邊無

窮之利訪聞提舉弓箭手司與經略司執見不同措置議論不務和協其提舉涇原路弓箭手錢歸善可罷大觀三年二月臣僚言自復西寧州饋給每多而儲積未廣買價數增市物踊踴地利不闢兵籍不敷蓋招置之術失講勸利之法未興也乞委帥臣監司講求或募或招何為而可足弓箭手之數以期于不闕或拘或誘何為而使蕃部著業而責以耕耘田既墾則穀自盈募既充而兵益振是收班超之功盡充國之利也詔熈河洮岷前後收復歲月深久得其地而未得其利得其民而未得其用地利不闢兵籍不

數歲仰朝廷供億非持久之道可令詳究本末條畫來上政和三年秦鳳路經略安撫使何常奏自古行師用兵或騎或步率因地形兵法曰蕃兵惟勁馬奔衝漢兵惟強弩掎角蓋蕃長於馬漢長於弩也今則不然西賊有山間部落謂之步跋子者上下山坡出入谿澗最能踰高超遠輕足善走有平夏騎兵謂之鐵鷂子者百里而走千里而期最能倏往忽來若電擊雲飛每於平原馳騁之處遇敵則多用鐵鷂子以為衝冒奔突之兵山谷深險之處遇敵則多用步跋子以為擊刺掩襲之用此西人步騎之長也我諸路

並塞之民皆是弓箭手地分平居以田獵騎射為能緩急以追逐馳騁相尚又沿邊土兵習於山川慣於馳驟關東戍卒多是硬弩手及摽牌手不惟扞賊勁矢亦可使賊馬驚潰此中國步騎之利也至道中王超丁罕等討繼遷是時馬上用弩遇賊則萬弩齊發賊不能措手足而追又元豐間劉昌祚等趨靈州賊衆守隘官軍不能進於是用牌子為先鋒賊下馬臨官軍其勢甚盛昌祚等乃以牌子踢跳閃爍振以響環賊馬驚潰若遇賊於山林險隘之處先以牌子扞賊次以勁弓強弩與神臂弓射賊先鋒則矢不虛發

而皆穿心達臆矣或遇賊於平原廣野之間則馬上用弩攢射可以一發而盡殪兼牌子與馬上用弩皆已試之效不可不講前所謂勁馬奔衝強弩掎角其利兩得之而賊之步跋子與鐵鷂子皆不足破也又步兵之中必先擇其魁健材力之卒皆用斬馬刀別以一將統之如唐李嗣業用陌刀法遇鐵鷂子衝突或掠我陣脚或踐踏我步人則用斬馬刀以進是取勝之一奇也詔樞密院劄與諸路經略司四年詔西羌久為邊患乍叛乍服譎詐不常頃在先朝使者在廷猶或犯境今植養積歲屢饑久困雖誓表已進羌

夷之性不保其往修備禦於無事之時戒不虞於萃聚之際正在今日可令陝西河東路帥臣訓練兵伍除治軍器繕修樓櫓收積芻糧常若寇至不可謂已進誓表輒或弛怠墮其姦謀所有弓箭手蕃兵常令優恤逃亡者可速招補貧乏者亦令貸借將佐偏裨如或輭懦失職具名以聞或寇至失事並行軍法五年二月詔陝西河東邊路自紹聖開拓邊疆以來及西寧湟廓洮州積石等處新邊各有包占良田並合招置弓箭手以為邊防籬落至今累年曠土尚多應募人數未廣蓋緣自罷專置提舉官隸屬經略司事

權不專頗失措置根括打量催督開墾理斷交侵等職事盡在極邊帥臣無由親到即今夏人通貢邊鄙安靜若不乘此委官往來督責多方招刺弓箭手墾闢閑田補助邊計以寬飛輓之勞竊慮因循寖久曠土愈多銷耗民兵人額有害邊防大計兼提舉文臣玩習翰墨多務安養罕能衝冒寒暑可令陝西河東逐路並復置提舉弓箭手司仍各選差武臣一員充理任請給恩數等並依提舉保甲條例施行每路各置幹當公事使臣二員仍每歲令樞密院取索逐路招到弓箭手并開墾過地土比較優劣殿最取旨黜

陟合措置事節所差官條畫以聞八月樞密院言欲將近裏弓箭手地但有爭訟侵冒之處並行打量庶幾杜絕侵冒之弊從之是月提舉河東路弓箭手司奏本司體訪得沿邊州軍逐處招置弓箭手多將人戶舊用工開耕之地指射剗奪其舊佃人遂至失業且所出租僅比佃戶五分之一於公私俱不便今欲將係官莊屯田已有人租佃及五年者並不在招置弓箭手請射之限其河東路察訪司初不以邊防民兵為重姑息佃戶致有此弊欲乞應熙寧八年以前人戶租佃官田並先取問佃人如願投刺弓箭手每出一丁許依條給見佃田二頃五十畝充人馬地若不願充弓箭手及出丁外尚有請占不盡地土即拘收入官從之十一月詔邊防司奏據提舉熙河蘭湟路弓箭手何灌申漢人買田常多比緣打量其人亦不自安首陳已及一千餘頃若招弓箭手即可得五百人若納租稅每畝三斗五升草二束一歲間亦可得米三萬五石草二十萬束令相度欲將漢人置買到蕃部土田願為弓箭手者兩頃已上刺一名四頃已上刺兩名如願者依條立定租稅輸納其巧為影占者重為禁止從之七年三月詔熙河鄯湟自開拓

以來疆土雖廣而地利悉歸屬羌官兵吏祿仰給縣官不可為後計仰本路帥臣相度以錢糧茶綵或以羌人所嗜之物與之貿易田土田土既多即招置弓箭手入耕出戰以固邊圉宣和六年七月詔已降處分陝西昨因地震摧塌屋宇因而死傷弓箭手內合承襲人速具保明聞奏靖康元年二月臣僚言陝西恃弓箭手為國藩籬舊隸帥府比年始置提舉弓箭手官務取數多自以為功自是選練不精邊使法制寖壞欲乞詳酌罷提舉官以弓箭手復隸帥司務求以振邊聲詔從之河東路依此四月樞密院奏陝西河東逐路漢弓箭手自來並給肥饒田近年以來多將舊人已給田分擘招刺新人蓋緣提舉官貪賞欺蔽務要數多妄行招刺無以激勸朝廷近已罷提舉官令復隸帥司所轄況當今邊事全藉民兵若不早計深慮誤事詔令陝西五路制置使錢蓋及陝西河東逐路帥臣相度措置將已分擘弓箭手田土依舊改正撥還所有新招到人別行給地務要均濟仍仰帥臣嚴切奉行是月徐處仁又奏詔並送詳議司熙寧五年涇原路經略司蔡挺言涇原勇敢三百四十四人久不揀練徒有虛名臣委三將領季一點閱校

其騎射能否升除補有功者以為隊長募極塞傳軍
子嘗歷戰陣者補其闕益募熟戶蕃部以為蕃勇敢
凡一千三百八十人騎一千一百九十四匹挽弓一
石馳逐擊刺如法其有功者受勇敢下等奉餘遇調
發則人給奉三百益以芻糧詔諸路如挺言行之六
年樞密院言勇敢效用皆以材武應募從軍廩食既
優戰馬戎械之具皆出公上平時又得以家居以勞
効賞者凡四補而至借職校弓箭手歲十資淹速相
遠甚非朝廷第功均賞之意請自今河東鄜延秦鳳
環慶熙河路各以三百涇原路以五百為額第一等

步射弓一石一斗馬射九斗奉錢千第二等以下遞
減一斗奉七百至五百季首閱試於經略司射親及
野戰中者有賞全不中者削其奉次季又不中者罷
之戰有功者以八等定賞一給公據二以為隊長三
守闕軍將四軍將五殿侍六三班借差七差使八借
職其弓箭手有功亦以八等定賞一押官承局二將
虞候十將三副兵馬使軍使四副指揮使五都虞候
六都指揮使七三班差使八借職即以闕排連者次
遷元豐三年詔涇原路募勇敢如鄜延路以百人為
額自是以後蕃部益衆而弓箭手多蕃兵矣

弓箭社河北舊有之熙寧三年十二月知定州滕甫
言河北州縣近山谷處民間各有弓箭社及獵射人
習慣便利與夷人無異欲乞下本道逐州縣並令募
諸色公人及城郭鄉村百姓有武勇願習弓箭者自
為之社每歲之春長吏就閱試之北人勁悍緩急可
用從之元祐八年十一月知定州蘇軾言北邊久和
河朔無事沿邊諸郡軍政少弛將驕卒惰緩急恐不
可用武藝軍裝皆不逮陝西河東遠甚雖據即目邊
防事勢三五年間必無警急然居安慮危有國之常
備事不素講難以應變臣觀祖宗以來沿邊要害屯

聚重兵止以壯國威而消敵謀蓋所謂先聲後實形
格勢禁之道耳若進取深入交鋒兩陣猶當雜用禁
旅至於平日保境備禦小寇即須專用極邊土人此
古今不易之論也晁錯與漢文帝畫備邊策不過二
事其一曰徙遠方以實空虛其二曰制邊縣以備敵
國寶元慶曆中趙元昊反屯兵四十餘萬招刺宣毅
保捷二十五萬人皆不得其用卒無成功范仲淹劉
滬种世衡等專務整緝蕃漢熟戶弓箭手所以封殖
其家砥礪其人者非一道藩籬既成賊來無所得故
元昊復臣今河朔西路被邊州軍自澶淵講和以來

百姓自相團結為弓箭社不論家業高下戶出一人又自相推擇家資武藝衆所服者為社頭社副錄事謂之頭目帶弓而鋤佩劍而樵出入山坂飲食長技與敵國同私立賞罰嚴於官府分番巡邏鋪屋相望若透漏北賊及本土强盜不獲其當番人皆有重罰遇其警急擊鼓頃刻可致千人器甲鞍馬常若寇至蓋親戚墳墓所在人自為戰敵深畏之先朝名臣帥定州者韓琦龐籍皆加意拊循其人以為爪牙耳目之用而籍又增損其約束賞罰熙寧六年行保甲法强壯弓箭社並行廢罷熙寧七年懲兩地供輸人戶

除元有弓箭社强壯并義勇之類並依舊存留外更不編排保甲看詳上件兩次聖旨除兩地供輸村分方許依舊置弓箭社其餘並合廢罷雖有上件指揮公私相承元不廢罷只是令弓箭社兩丁以上人戶兼充保甲以至逐捕本界及他盜賊並皆驅使弓箭社人戶用命捉殺見今州縣全籍此等寅夜防拓灼見弓箭社實為邊防要用其勢決不可廢但以兼充保甲之故召集追呼勞費失業今雖名目俱存責其實用不逮往日臣竊謂陝西河東弓箭手官給良田以備甲馬今河朔沿邊弓箭社皆是人戶祖業田產

官無絲毫之損而捐軀捍邊器甲鞍馬與陝西河東無異苦樂相遠未盡其用近日霸州文安縣及真定府北砦皆有北賊驚劫人戶捕盜官吏拱手相視無如之何以驗禁軍弓手皆不得力向使州縣逐處皆有弓箭社人戶致命盡力則北賊豈敢輕犯邊砦如入無人之境臣已戒飭本路將吏申嚴賞罰加意拊循其人輒復拾用龐籍舊奏約束稍加增損別立條目欲乞朝廷立法少賜優異明設賞罰以示懲勸今已密切取會到本路極邊定保兩州安肅廣信順安三軍邊面七縣一砦内管自來團結弓箭社五百八

十八社六百五十一火共計三萬一千四百一十一人若朝廷以為可行立法之後更敕將吏常加拊循使三萬餘人分番晝夜巡邏盜邊小寇來即擒獲不至埋伏以生戎心而事皆循舊無所改作敵不疑畏無由生事有利無害較然可見奏凡兩上皆不報政和六年詔河北路有弓箭社縣分已令解發異等其逐路縣令佐俟歲終教閱異等帥司具優劣之最各取旨賞罰以為勸沮仍具為令又高陽關路安撫司言大觀三年弓箭社人依保甲法政和保甲格較最優劣縣令各減展磨勘年有差詔依保甲格賞罰施

行宣和七年二月臣僚言往年西路提刑梁揚祖奏
請勸誘民戶充弓箭社繼下東路令倣西路例招誘
原立法之意不過使鄉民自願入社者閱習武備為
禦賊之具爾柰何邀功生事之人唯以入社之民衆
多為功厚誣朝廷而歛怨于民督責州縣急於星火
取五等之籍甲乙而次之家至戶到追胥迫脅悉驅
之入社更無免者法始行於西路西路既已冒受厚
賞於是東路憲司前後論列誕謾滋甚近者東路之
奏數至二十四萬一千七百人武藝優長者一十一
萬六千且云比之西路僅多一倍陛下灼知其不然

雖命帥臣與廉訪使者覈實彼安肯以實聞乎今東
路憲司官屬與登淄兩州當職官坐增秩者幾二十
人而縣令佐不及焉不知出入阡陌間勸誘者誰歟
此其誕謾可知矣審如所奏山東之寇何累月淹時
未見殄殲哉則其所奏二十四萬與十一萬殆虛有
名不足以捍賊明矣大抵因緣追擾民不堪其勞則
老弱轉徙道路强壯起為盜賊此亦致寇之一端也
近者仰煩陛下遣將出師授以方略又命近臣持詔
撫諭至於發內庫之藏轉淮甸之粟以振給之寬免
其稅租蕩宥其罪戾丁寧纖悉罔不曲盡方將歸伏
田畝以為遷善遠罪之民詎可以其所甚病擾之邪
且私有兵器在律之禁甚嚴三路保伍之法雖於農
隙以講武事然猶事畢則兵器藏於官府今弓箭社
一切兵器民皆自藏於家不幾於借寇哉望陛下斷
自聖心罷京東弓箭社之名所藏兵器悉送之官使
民得免非時追呼迫脅之擾以安其生應兩路緣弓
箭社推恩者並追奪改正首議之人重賜黜責後來
奏請誕謾亦乞特賜施行庶幾群下悚懼不敢妄進
曲說以肆其姦實今日之先務也詔並依奏梁揚祖
落職兵器並拘入官弓箭社人依已降指揮放散

志卷第一百四十三

志卷第一百四十四　宋史一百九十一

開府儀同三司上柱國錄軍國重事前中書右丞相監修國史領經筵事都總裁臣脫脫等奉

勑修

兵五 鄉兵二

河北河東陝西義勇　陝西護塞
川陝土丁　荊湖義軍土丁弩手
夔施黔思等處義軍土丁　廣南東路槍手
廣南西路土丁　福建路槍仗手
邕欽溪洞壯丁　蕃兵
江南西路槍仗手

河北河東陝西義勇慶曆二年選河北河東強壯并抄民丁涅手背為之戶三等以上置弩一當稅錢二千三等以下官給各營於其州歲分兩番訓練上番

給奉廪犯罪斷比廂軍下番比強壯治平元年詔陝西除商虢二州餘悉籍義勇凡主戶三丁選一六丁選二九丁選三年二十至三十材勇者充止涅手背以五百人為指揮置指揮使副二人正都頭三人十將虞候承局押官各五人歲以十月番上閱教一月而罷又詔秦州成紀等六縣有稅戶弓箭手砦戶及四路正充保毅者家六丁刺一九丁刺二有買保毅田承名額者三丁刺一六丁刺二九丁刺三悉以為義勇是歲詔秦隴儀渭涇原邠寧環慶鄜延十二州義勇遇召集防守日給米二升月給醬菜錢三百蓋

慶曆初河北路總十八萬九千三十一人河東路總七萬七千七十九人陝西路治平初總十五萬六千八百七十三人熙寧初樞密使呂公弼請以河北義勇每指揮揀少壯藝精者百人為上等手背添刺上等字旌別教閱及數外藝優者亦籍之俟有闕則補從之十二月詔河北義勇縣以歲閱當閱于州者宜分番歲以一番災傷當罷者聽旨其以指揮分番者大名府五十三為四番真定瀛洺邢滄定冀恩趙深磁相博自三十九以及十二並為三番德祁澶棣霸濱永靜永寧懷衛乾寧莫保通利自十一以及四並

為二番九指揮已上者再分本番為三教始十月止十二月六指揮已上者再分本番為二教始十月止十一月終滿一月罷遣帝嘗問陳升之曰侯叔獻言義勇上番何如王安石曰此事似可為但少須年歲間議之升之曰今募兵未已且養上番義勇則調度尤不易安石曰言募兵之害雖多及用則患少以民與兵為兩途故也十二月帝言義勇可使分為四番出戍呂公弼曰須先省得募兵乃可議此安石曰計每歲募兵死亡之數乃以義勇補之可也陳升之欲令義勇以漸戍近州安石曰陛下若欲變數百年募

兵之弊則宜果斷詳立法制不然無補也帝以為然曰須豫立定條法不要宣布以漸推行可也兩府議上番或以為一月或以為一季且令近戍文彥博等又言難使遠戍安石辯之甚力是月兵部上陝西河北河東義勇數陝西路二十六郡舊籍十五萬三千四百益以環慶延州保毅弓箭手三千八百總十五萬六千八百為指揮三百二十一河北三十三郡舊籍十八萬九千二百今籍十八萬六千四百為指揮四百三十而河東二十郡自慶曆後總七萬七千為指揮一百五十九凡三路義勇之兵總四十二萬三

千五百人三年七月王安石進呈蔡挺乞以義勇為五番教閱事帝患密院不肯措置安石曰陛下誠欲行則孰能禦此在陛下也涇渭儀原四州義勇萬五千人舊止戍守經略使蔡挺始令遇上番依諸軍結隊分隸諸將選藝精者遷補給官馬月廩時帛郊賞與正兵同遂與正兵相參戰守時土兵有闕召募三千人挺奏以義勇點刺累年雖訓肄以時而未施於征防意可以案府兵遺法俾之番戍以補土兵闕詔復問以措置遠近番之法挺即條上以四州義勇分五番番三千人防秋以八月十五日止十月罷防春

以正月十五日止三月罷周而復始詔從之行之諸路九月秦鳳經略安撫司言保毅人數不曾揀充義勇而其子孫轉易田土分煙析姓少有正身乞令保毅軍已於丁數内揀刺充義勇者與免承認保毅從之十月韓絳乞差著作佐郎呂大忠等赴宣撫司以備提舉義勇從之是月韓絳言令將義勇分為七路延丹坊為一路邠寧環慶為一路涇原儀渭為一路秦隴為一路陝解同河中府為一路階成鳳州鳳翔府為一路乾耀華永興軍為一路逐年將一州之數分為四番緣邊四路十四州每年秋冬合用一番屯

戍近裏三路十二州軍即令依此立定番次未得逐年差發遇本處闕少正兵即得勾抽或那往次邊守戍從之十一月判延州郭逵言陝西起發義勇赴緣邊戰守令後並令自齎一月糗糧折本戶稅賦若不能自備則就所發州軍預請口食一月從之十二月司馬光上疏曰臣以不才兼領長安一路十州兵民大柄到官以來伏見朝廷及宣撫等司指揮分義勇作四番欲令以次於緣邊戍守選諸軍驍銳及募閭里惡少以為奇兵造乾糧炒飲布囊力車以備餽運悉取歲賜趙隶常之物散給緣邊諸路又竭內地府

庫甲兵財物以助之且以永興一路言之所發人馬甲八千副錢九萬貫銀二萬三千兩銀盌六千枚其餘細瑣之物不可勝數動皆迫以軍期上下相驅急於星火官吏狼狽下民驚疑皆云國家將以來春大舉六師長驅深入以討秉常之罪臣以疎賤不得預聞廟堂之議未知茲事為虛為實昨者親承德音以為方今邊計惟宜謹嚴守備其入寇則堅壁清野使之來無所得兵疲食盡可以坐收其弊臣退而思念聖謨高遠深得王者懷柔遠人之道實天下之福及到關中乃見凡百處置皆為出征調度臣不知有司

在外不諭聖意以致有此張皇將陛下黙運神筭不令愚賤之臣得聞其實也臣不勝惶惑竊為陛下危之況關中饑饉十室九空為賊盜者紛紛已多縣官倉庫之積所餘無幾乃欲輕動大衆橫挑猛敵此臣之所大懼也伏望陛下深鑒安危之機消之於未萌杜之於未形速下明詔撫諭關中之民以朝廷不為出征之計其義勇更不分番於緣邊戍守亦不選募奇兵凡諸調發為饋運之具者悉令停罷愛惜內地倉庫之儲以備春深賙救饑窮之人如此豈惟生民之幸亦社稷之福也惟陛下裁察再言之甚力於是

永興一路獨得免四年詔罷陝西路義勇差役又詔罷陝西諸路提舉義勇官委本屬州縣依舊分番教閱五年七月命崇文院校書王安禮專一編脩三路義勇條貫是月帝問王安石義勇事如何安石曰宜先了河東一路河東舊制每年教一月今令上番巡檢下半月或十日人情無不悅又以東兵萬人所費錢糧且取一半或三分之二依保甲養恤其人即人情無不忻願者閏七月執政同進呈河東保甲事樞密院但欲為義勇強壯不別名保甲王安石曰此非王安禮初議也帝曰今以三丁為義勇兩丁為強壯

三丁遠戍兩丁本州縣巡檢上番此即王安禮所奏但易保丁為強壯人習強壯久恐別名或致不安也安石曰義勇非單丁不替強壯則皆第五等戶為之又自置弓弩及箭寄官庫須上教乃給令以府界保甲法推之河東蓋寬利之非苦之也帝曰河東義勇強壯已成次第今欲遣官脩義勇強壯法又別令人團集保甲如何安石曰義勇要見丁數即須隱括因團集保甲即一動而兩業就今既差官隱括義勇又別差官團集保甲即一事分為兩事恐民不能無擾帝卒從安石議彥博請令安石就中書一面施行此

事安石曰本為保甲故中書預議若止欲作義勇強壯即合令樞密院取旨施行帝曰此大事須共議乃可是月秦鳳路經略呂公弼乞從本司選差官自十月初揀諸州上番義勇材武者以為上義勇免齎送芻糧之役募養馬者為有馬上義勇并免其本戶支移從之六年九月詔義勇人員節級名闕須因教閱排連遷補十月熙河路經略司言乞許人投換義勇以地給之起立税額以官地招弓箭手仍許近裏百姓壯勇者占射依內地起税排保甲即義勇願投充及民戶願受蕃部地者聽之其頃畝令經略司以肥瘠定數十一月詔永興軍河中府陝解同華鄜延丹坊邠寧環慶耀十五州軍各依元刺義勇外商虢州保安軍並止團成保甲七年詔義勇正身不許應募充刺已應募者召人對替八年四月詔韓琦等曰河朔義勇民兵置之歲久耳目已熟將校甚整教習亦良然團結保甲一道紛然義勇舊人十去其七或撥入保甲或放而歸農得增數之虛名破可用之成法此又徒起契丹之疑也七月詔應義勇家人投軍後本戶餘丁數少合免義勇並許投軍十月詔五路義勇每年赴州教保甲赴縣教並自十月至次年正月

終義勇不及十指揮保甲不及十都者自十二月起教各據人數分定番次教閱一月不許拆破指揮都保其人數少處只作一番兩番不須滿所教月分其年已上番者止教半月十二月詔五路義勇並與保丁輪充及檢察盜賊有違犯依保丁法九年正月詔義勇保甲逐年遇閱日比試所習武藝五路每州以二十分為率取一分為五等第一等解發四月詔河北西路義勇保甲分三十六番隨便近村分於巡檢縣尉下上番半月一替歲於農閑月并下番人並令所轄巡檢縣尉擇寬廣處聚教五日是月兵部言舊條義勇保甲所習事藝以十分為率弓不得過三分搶刀共不得過二分餘並習弓弩詔搶手依舊專習外刀牌手令兼習弓弩仍額樣下五路施行九月詔永興秦鳳等路義勇以主戶三丁以上充不拘戶等是年諸路所管義勇河北東路三萬六千二百一十八人河北西路四萬五千七百六十六人永興軍路八萬七千九百七十八人秦鳳路三萬九千九百八十人河東路三千五百九十五人總二十四萬七千五百三十七人元豐二年中書樞密院請河北陝西義勇保甲皆如諸軍論教閱法從之三年詔五路轉

運提舉官巡歷所至按閱見教義勇保甲不如法者
牒提點刑獄司施行四年蒲宗孟言乞開封府五路
義勇並改爲保甲自此以次行於諸路矣此後義勇改爲義勇保甲載保甲篇
陝西護塞慶曆元年募土人熟山川道路蕃情善騎
射者涅臂充二百人爲指揮自備戎械就鄉閭習武
枝季一集州閱教無事放營農月給鹽茗有警召集
防守即廩給之無出本路
川陝土丁熙寧七年經制瀘州夷事熊本募土丁五
千人入夷界捕戮水路大小四十六村蕩平其地二

百四十里募民墾耕聯其夷屬以爲保甲元祐二年
瀘南沿邊安撫使司言請應瀘人因邊事補授班行
自備土丁子弟在本家地分防拓之人更無廩給酬
賞若遇賊臨時取旨其敢邀功生事重寘于法從之
政和六年瀘南安撫使孫義叟奏邊民冒法買夷人
田依法盡拘入官招置土丁子弟見招到二千四百
餘人欲令番上從之宣和四年詔茂州石泉軍舊管
土丁子弟番上守把不諳射藝其選施黔兵善射者
各五十人分任教習候精熟日遣回
荊湖路義軍土丁弩手不見創置之始北路辰澧二

州南路全邵道永四州皆置蓋溪洞諸蠻保據巖險
叛服不常其控制須土人故置是軍皆選自戶籍蠲
免徭賦番戍砦柵大率安其風土則罕嬰瘴毒知其
區落則可制狡獪其校長則有都指揮使副都指揮
使指揮使副指揮使都頭副都頭軍頭頭首採斫招
安頭首十將節級皆叙功遷補使相綜領施之西南
寔代王師有禦侮之備而無饋餉之勞其後荊南歸
峽鼎郴衡桂陽亦置慶曆二年北路總一萬九千四
百人南路總五千一百五十人番戍諸砦或以歲或
以季或以月上番人給口糧有功遷補自都副指揮

使歲給綿袍月給食錢指揮使給食錢指揮給紫大
綾綿袍都頭巳上率有廩給熙寧元年籍荊湖南北
路義軍九一萬五千人軍政如舊制六年諸路行保
甲司農寺請令全邵二州土丁弩手弩團與本村土
人共爲保甲以正副指揮使兼充都副保正以都頭
將虞候頭首都甲頭兼充保長以左右節級甲頭兼
充小保長番上則本鋪土丁弩手弩團等同爲一保
其隔山嶺不及五大保者亦各置都保正一人元祐
七年選差邵州邵陽武岡新化等縣中等以下戶充
土丁弩手與免科役七年一替排補將級不拘替故

年分作兩番遣砦防拓不得募人凡上番依禁軍例
教閱武藝及專習木弩如有私役並論如私役禁軍
敕紹聖二年樞密院言荆湖南路安撫轉運提刑常
平司奏請邵州管下緣邊堡砦置弩手一千四百人
乞依元豐六年詔於五等戶輪差並半年一替其上
番人如有故許家人少壯有武藝者代充從之崇寧
二年荆湖南路安撫鈐轄李閎言收復綏寧縣上堡
里臨口砦合用防拓弩手千人乞於邵州邵陽武岡
兩縣中等以下戶選差半年一替遇上番月支錢米
排補階級自正副使而下至左右甲頭依舊為七階

分兩番部轄令邵州給帖從之政和七年以辰沅澧
等州更戍土丁與營田土丁名稱重疊將兵馬都鈐
轄司招填土丁改為鼎澧路營田刀弩手重和元年
辰州招到刀弩手二千一百人其官吏各轉官減磨
勘年有差宣和四年靖州通道縣有邊警詔添置刀
弩手二千人

夔州路義軍土丁壯丁州縣籍稅戶充或自溪洞歸
投分隸邊砦習山川道路遇蠻入寇遣使襲討官軍
但據險策應之其校長之名隨州縣補置所在不一
職級已上冬賜綿袍月給食鹽米麥鐵錢其次紫綾
綿袍月給鹽米其次月給米鹽而已有功者以次遷
施黔思三州義軍土丁總隸都巡檢司施州諸砦有
義軍指揮使把截將砦將并土丁總一千二百八十
一人壯丁六百六十九人又有西路巡防殿侍兼義
軍都指揮使都頭十將押番砦將黔州諸砦有義軍
正副指揮使兵馬使都頭砦將把截將并壯丁總千
六百二十五人思州洪杜彭水縣有義軍指揮使巡
檢將砦將科理旁頭把截部轄將并壯丁總千四百
二十二人

渝州懷化軍溱州江津巴縣巡遏將皆州縣調補其

戶下率有子弟各丁遇有寇警一切責辦主戶巡遏
把截將歲支料鹽襖子領三年其地內無寇警乃給
有勞者增之州縣籍土丁子弟并器械之數使分地
戍守嘉祐中補涪州賓化縣夷人為義軍正都頭副
都頭把截將十將小節級月給鹽有功以次遷及三
年無夷賊警擾即給正副都頭紫小綾綿旋襴一涪
陵武龍二縣巡遏將砦一人以物力戶充免其役其
義軍土丁歲以籍上樞密院

廣南西路土丁嘉祐七年籍稅戶應常役外五丁點
一為之凡得三萬九千八百人分隊伍行陣習槍鏢

排冬初集州按閲後逓歳州縣迭教察視兵械以防牧刈改用十一月教一月罷熙寧七年知桂州劉彛言舊制宜融桂邕欽五郡土丁成丁已上者皆籍之既接蠻徼自懼寇掠守禦應援不待驅策而迩制主戶自第四等以上三取一以為土丁而旁塞多非四等以上若三丁籍一則減舊丁十之七餘三分以為保丁保丁多處内地又俟其並習武事則當蠲土丁之籍恐邊備有闕請如舊制便奏可元豐六年廣西經略使熊本言宜州土丁七千餘人緩急可用欲令所屬編排分作都分除防盗外緣邊有警聽會合掩

捕從之元符二年廣西察訪司言桂宜融等用土丁緣邊防拓差及單丁乞差兩丁以上之家從之

廣南東路槍手嘉祐六年廣惠梅潮循五州以戶籍置三等已上免身役四等以下免戶役歳以十月一日集縣閲教治平元年詔所在遣官按閲一月罷有闕即招補不足選本鄉有武技者充熙寧元年詔廣州槍手十之三教弓弩手是歳會六郡槍手為指揮四十一總一萬四千七百有奇三年知廣州王靖言東路槍手自至和初立為土丁之額農隙肄業一月乃古者寓兵於農之策也然訓練勸奬之制未備請

比三路義勇軍政教法條上約束四年知封州鄭中立請以本路未置槍手州縣如廣惠等五郡例置奏可六年廣東駐泊楊從先言本路槍手萬四千今為保甲兩丁取一得丁二十五萬三丁取一得丁十三萬以少計之猶十倍於槍手願委路分都監二員分提舉教閲詔司農寺立法以聞其後戶四等以上有三丁者以一為之每百人為一都一都之下為一指揮自十一月至二月月輪一番閲習凡三日一試擇其技優者先遣之七年詔廣南東西路舊槍手土丁戶依河北陝西義勇法三丁選一餘州無槍手土丁

者勿置九年兵部言廣惠循潮南恩五郡槍手請籍主戶第以上壯丁毋過舊額一萬四千餘以為保甲奏可元豐二年詔廣惠潮封康端南恩七州皆並邊外接蠻徼宜依西路保甲教習武藝時又詔虔州槍仗手以千五百撫州建昌軍鄉丁關軍槍仗手各以千七百為額監司以農隙按閲武藝如廣東制

邕欽溪洞壯丁治平二年廣南西路安撫司集左右兩江四十五溪洞知州洞將各占隣迭為救應仍籍壯丁補校長給以旗號峒以三十人為一甲置節級五甲置都頭十甲置指揮使五十甲置都指揮使總

四萬四千五百人以為定額各置戎械遇有寇警召集之二年一閱察視戎械有老病并物故名闕選少壯者填三歲一上熙寧中王安石言募兵未可全罷民兵則可漸復至於二廣尤不可緩今中國募禁軍往戍南方多死害於仁政陛下誠移軍職所得官十二三鼓舞百姓豪傑使趨為兵則事甚易成於是蘇緘請訓練二廣洞丁舊制一歲教兩月安石曰訓練之法當什伍其人拔其材武之士以為什百之長自首領以下各以祿利勸獎使自勤於閱習即事藝可成部分可立緩急可用六年廣南西路經略沈起言

邕州五十一郡峒丁凡四萬五千二百請行保甲給戎械教陣隊藝出衆者依府界推恩補授奏可九年趙卨征交阯入辭帝諭以用峒丁之法當先誘以實利然後可以使人甘言虛辭豈能責其效命比鄜延集教蕃兵賴卿有以制之使輕罪可決重罪可誅違西夏則其禍遠違帥臣則其禍速合於兵法畏我不畏敵之義故能責其效命王師之南卿宜選募勁兵數千擇梟將領之以脅諸峒諭以大兵將至從我者有賞其不從者按族誅之兵威既振先脅右江右江既附復脅左江兩江附則諸蠻無不附者然後以攻

交人劉紀巢穴甚非難也郭逵性吝嗇卿宜諭以朝廷兵費無所惜逵復事崖岸不通下情將佐莫敢言者卿至彼以朕語詔之十年樞密院請邕欽峒丁委經略司提舉同巡檢總治訓練之事一委分按歲終上藝優者與其酋首第受賞五人為保五保為隊第為三等軍功武藝出衆為上蠲其徭役人材矯捷為中蠲其科配餘為下邊盜發則酋長相報率族衆以捍寇十二月詔邕欽丁壯自備戎械貧者假以官錢金鼓旗幟官給閱歲大閱畢則斂藏之元豐元年經略司請集兩江峒丁為指揮權補將校奏可二年廣

西經略司言團結邕欽峒丁為指揮一百七十五籍武藝上等一萬三千六百七人詔下諸臣獻議措置峒丁事付曾布參酌損益創為規畫務令詳盡便於施行布乃請令鎮砦監押砦主同管轄兵甲使臣與巡檢等分定州峒總制立賞罰懲勸增置都巡檢使兩員分提舉及增首領丁壯歲閱之以武藝絶倫者聞量材補授詔增都巡檢使二員餘下熊本擇其可者施行之五年詔廣南保甲如戎瀘故事自置裹頭無刃槍竹標排木弓刀蒿矢等習武技遇捕盜則官給器械六年詔樞密承旨司講議廣西峒丁如開封

府界保甲集教團教法是年提點廣西路刑獄彭次雲言邕善獞獷請量留兵更戍餘用峒丁以季月番上給禁軍錢糧詔許彥先度之彥先等言若盡以代正兵恐妨農請計戍兵三之一代以峒丁季輪二千赴邕州肄習武事從之大觀二年詔熙寧團集左右江峒丁十餘萬衆自廣以西賴以防守今又二十萬衆來歸已令張莊依左右江例相度聞奏尚慮有司不知先務措置滅裂令條畫行下其所修法入熙河蘭湟秦鳳路敕遵行之

福建路槍仗手元豐元年轉運使蹇周輔言廖恩為

盜以槍仗手捕殺乃有冒槍仗手之名乘賊勢驚擾村落患有甚於廖恩者詔犯者特加刺配周輔請額定槍仗手人數歲集閱之下其章兵部兵部請依保甲法編排罷舊法以隷提刑司居相近者五人為小保保有長五小保為一大保長十大保為一都副保正具教閱捕盜賊食直等令須馬總一萬二百人有奇以歲之農隙部使者分閱依弓手法賞之二年立法聽自置兵械寄於官遇捕盜乃給數外置者從私有法元祐元年御史上官均言福建路往年因寇盜召募槍手多至數百人少不下一二百人每歲監司

親至按試犒賞比至閱視其老弱不閑武技者十七八監司所至多先期呼集既至往往代名充數冒受支賞徒有呼集之勞而無校試之實欲乞重行考覈不必充滿舊數庶幾得實靖康元年臣僚言天下步兵之精無如福建路槍仗手出入輕捷馭得其術一可當十乞選官前去召募從之

江南西路槍仗手熙寧十年詔籍虔汀漳三州鄉丁槍手等以制置盜賊司言三州壤界嶺外民喜販鹽且為盜非土人不能制故也元豐二年詔虔州槍仗手五百三十六人撫州建昌軍鄉丁闕軍各千七百

七十八人為定額每歲農隙輪監司提舉司官案閱武藝以備姦盜從前江西轉運副使蔣之奇請也宣和三年兵部言近因江西漕臣謂本路槍仗手元豐七年以八千三十五人為額至元祐中減罷七千一百四十二人元符間雖嘗增立人數比之元額猶減其七乞詔諸路監司帥臣並遵熙寧舊制補足元額從之

蕃兵者具籍塞下內屬諸部落團結以為藩籬之兵也西北邊羌戎種落不相統一保塞者謂之熟戶餘謂之生戶陝西則秦鳳涇原環慶鄜延河東則石隰

麟府其大首領為都軍主百帳以上為軍主其次為副軍主都虞候指揮使副兵馬使以功次補者為刺史諸衛將軍諸司使副使承制崇班供奉官至殿侍其充本族巡檢者奉同正員月添支錢十五千米麪傔馬有差刺史諸衛將軍請給同蕃官例首領補軍職者月奉錢自三千至三百又歲給冬服綿袍凡七種紫綾三種十將而下皆給田土康定初趙元昊反先破金明砦殺李士彬父子蕃部既潰乃破塞門安遠砦圍延州二年陝西體量安撫使王堯臣言涇原路熟户萬四百七十餘帳之首領各有職名曹瑋帥

本路威令明著嘗用之以平西羌其後守將失於撫馭寖成驕黠自元昊反鎮戎軍及渭州山外皆被侵擾近界熟户亦遭殺擄蕃族之情最重酬賽因其讎隙而激怒之可復得其用請遣人募首領願效用者籍姓名及士馬之數數及千人聽自推有謀勇者授班行及巡檢職名使將領出境破蕩生户所獲財畜官勿檢覈得首級及傷者給賞仍依本族職名遷補增奉詔如所請慶曆二年知青澗城种世衡奏募蕃兵五千涅右手虎口為忠勇字隸折馬山族言者因請募熟户給以禁軍廩賜使戍邊悉罷正兵下四路

安撫使議環慶路范仲淹言熟户戀土田護老弱牛羊遇賊力戰可以藩蔽漢户而不可倚為正兵大率蕃情黠詐畏強凌弱常有以制之則服從可用如倚為正兵必至驕蹇又今蕃部都虞候至副兵馬使奉錢止七百悉無衣廩若長行遽得禁兵奉給則蕃官必生觖望况歲罕見敵何用長與廩給且錢入熟户蕃部資市羊馬青鹽轉入河西亦非策也若遇有警旋以金帛募勇猛為便議遂格治平二年詔陝西四路駐泊鈐轄秦鳳梁寔涇原李若愚環慶王昭明鄜延韓則順各管勾本路蕃部團結強人壯馬預為經

畫寇至則老弱各有保存之所仍諭寔等往來蕃帳受其牒訴伸其屈抑察其反側者羈縻之勿令猜阻以萌釁隙寔等至蕃部首領稱詔犒勞賫以金帛籍城砦兵馬計族望大小分隊伍給旗幟使各繕堡壘人置器甲以備調發仍約如令下不集押隊首領以軍法從事自治平四年以後蕃部族帳益多而撫御團結之制益密故别附于其後云

秦鳳路砦十三強人四萬一千一百九十四壯馬七千九百九十一三陽砦十八門三十四大部族四十三姓一百八十族總兵馬三千四百六十七○隴城砦五門五大部族三十四小族三十四姓總兵馬二千五十四○弓門砦二大門十七部

族十七姓十七小族總兵馬一千七百四○治坊砦二大門二大部族九姓九小部一族總兵馬三百六十○來穰砦二大門二大部族十一姓十一小族總兵馬一千八十○靜戎砦門三計大部族十六姓十六小族總兵馬六百二十五○定西砦四門四大部族十六姓二十八族總兵馬六百○伏羌砦二門二大部族三十二姓三十三小部族總兵馬一千九百九十二○安遠砦二十三門二十三大部族一百二十六姓一百二十六小族總兵馬五千三百五十○來還砦八門八大部族十九姓十九小族總兵馬一千五百七十四○寧遠砦四門四大部族三十六姓三十六小族總兵馬七千四百八十○古渭砦一百七十二門一百七十一姓十二大部族一萬六千九百七十一小帳兵七千七百馬一千四百九十

鄜延路軍城堡砦十蕃兵一萬四千五百九十五官馬二千三百八十二強人六千五百四十八壯馬八百十永平砦東路都巡檢所領八族兵一千七百五十四馬四百九○青澗城二族兵四千五百十馬七百三十四○隴安砦鬼魁等九族兵五百九十九馬一百二十九○西路德靖砦同都巡檢所領揭家等八族兵一千一百一十四馬一百五十○定安堡東路都巡檢所領十六族兵一千九百八十九馬四百六十○保安軍兩族兵三百六十一馬五十○德靖砦西路同都巡檢所領二十族兵七千八百五馬八百七十七又小胡等十九族兵六千九百五十六馬七百二十五○保安軍北都巡檢所領厥七等九族兵一千四百四十一馬一百六十七○園林堡兩族兵八百二十二馬九十三○肅戎軍卞移等八族兵七百四十八馬一百二十三

涇原路鎮砦城堡二十一強人一萬二千四百六十六壯馬四千五百八十六為一百十甲總五百五隊新城鎮四族總兵馬三百四十一為十六隊○截原砦六族總兵馬五百九十六為六甲二十隊○平安砦十一族總兵馬二千三百八十四為十甲四十六隊○開邊砦十八族總兵馬一千二百五十四為九

甲四十四隊○新門砦十二族總兵馬一千七十三為三甲二十八隊○西壕砦三族總兵馬四百五十四為四甲二十隊○柳泉鎮十二族總兵馬九百八十六為七甲三十一隊○綏宇海寧砦四族總兵馬七百八十八為四十甲三十二隊○靖安砦四族總兵馬一千九百八十二為四甲五十九隊○尾亭砦四族總兵馬五百九十一為四甲十九隊○安國鎮五族總兵馬六百三十四為五甲二十二隊○耀武鎮一族總兵馬三十二為一隊○新砦兩族總兵馬一百九○東山砦四族總兵馬二百二為四甲九隊○彭陽城三族總兵馬一百八十四為六甲十二隊○德順軍強人三千六百七十六壯馬二千四百八十五為三十六甲一百三十五隊本軍二十一族總兵馬二千五百二為三十六隊○德隆砦七族總兵馬二百五十六為一十七甲十九隊○靜邊砦二十四族總兵馬一千八百七為三十六隊○水洛城十九族總兵馬一千三百五十四為十九甲三十八隊○通邊砦五族總兵馬一百七十六為六隊

環慶路鎮砦二十八強人三萬一千七百二十三壯馬三千四百九十五總一千一百八十二隊安塞砦四族強人三百五十一壯馬三十為十六隊○洪德砦二族強人二百七十三壯馬五十二為十隊○肅遠砦三族強人一千五百五十九壯馬二百六十三為六十隊○烏崙砦一族強人六百八十四壯馬一百一十八為二十六隊○永和砦旁家一族計六標強人一千二百五十五壯馬二百二為四十四隊○平遠砦六族強人五百四十壯馬八十七為二十七隊○定遠砦六族強人七百四十八壯馬一百一十六為三十隊○合道鎮十四族強人一千五百六十五壯馬一百八十三為五十七隊○水波鎮十四族強人二千一百六十九壯馬一百九十五為六十一隊○石昌鎮二族強人四百六十二壯馬三十四為十七隊○馬領鎮四族強人一千一十六壯馬八十為二十四隊○團堡隊砦二族強人一千二十二壯馬一百十一為二十四隊○荔原堡十三族強人二千二百二十一壯馬二百九十四為八十二隊○大順城二十三族強人三千四百九十一壯馬三百十四為一百四十一隊○柔遠砦十二族強人二千三百八十

一壯馬一千為九十隊○東谷砦十六族強人四百五十九壯馬五十六為十四隊○西谷砦十族強人一千七百九十四壯馬一百四十為六十五隊○淮安鎮二十七族強人四千三百六十八壯馬三百二十一為一百七十隊○平戎鎮八族強人一千八十五壯馬一百七十一為四十一隊○五交鎮十族強人一千一百七壯馬七十三為四十九隊○合水鎮四族強人六百三十一壯馬九十五為二十四隊○鳳川鎮十三族強人八百七十五壯馬一百四十三為二十隊○華池鎮三族強人二百六十二壯馬三十八為十二隊○業樂鎮十七族強人一千一百七十二壯馬六十四為四十六隊○府城砦一族強人二百三十三壯馬五為七隊

治平四年郭逵言秦州青雞川蕃部頗獻地請於川南牟谷口置城堡募弓箭手以通秦州德順二州之援斷賊入寇之路閏三月收原州九砦蕃官三百八

十一人總二百二十九族七千七百三十六帳蕃兵萬人馬千匹是歲罷四路內臣主蕃部者選逐路升朝使臣諳練蕃情者為之熙寧元年議者謂熟羌乃唐設三使所統之党項也自西夏不臣種落叛散分寓南北為首領者父死子繼兄死弟襲家無正親則又推其旁屬之強者以為族首多或數百雖族首年幼第其本門中婦女之令亦皆信服故國家因其俗以為法其大首領上自刺史下至殿侍並補本族巡檢次首領補軍主指揮使下至十將第受廩給歲久主客族帳混淆莫紀康定中嘗遣蔣偕籍之今踰三

十年主家或以累降失其先職族首名品而客戶或以功為使臣軍班超處主家之上軍興調發有司惟視職名使號令其部曲而衆心以非主家莫肯為用請自今蕃官身殁秩高者子孫如例降等以為本族巡檢其旁邊能捍賊者給奉遠邊者如舊限以歲月其已降等或三班差使殿侍身殁無等可降者子孫不降充軍主指揮使者即以為殿侍如此則本族蕃官名品常在或其部曲立功當任官者非正親毋得為本族巡檢止增其奉其軍主至十將祖父有族帳兵騎者子孫即承其舊限年受廩給能自立功者不

用此令如此則熟羌之心皆知異日子孫不失舊職世為我用矣樞密院乃會河東路蕃部承襲不降資秦鳳路降兩資涇原路蕃官告老以門內人承代亦不降資鄜延環慶路蕃官使臣比類授職蕃官副兵馬使以上元無奏到之人詔鄜延環慶路蕃官本族首領子孫當繼襲者若都軍主以下之子孫勿降殿侍并差使殿侍之子孫充都軍主借職奉職之子孫充殿侍侍禁殿直之子孫充差使殿侍供奉官之子孫補借職承制以下子孫補奉職其諸司副使以上子孫合繼襲者視漢官遺表加恩二等奏可二月知

青澗城劉怤言所隸歸明弓箭手八指揮凡三千四百餘人馬九百匹連歲不登願以丹州儲糧振恤詔下其章轉運司行之二年郭逵奏蕃兵必得人以統領之若專迫以嚴刑彼必散走山谷正兵反受其弊當設六術以用之曰遠斥堠曰擇地利曰從其所長曰捨其所短曰利誘其心曰戰勛其力此用蕃兵法也詔從之三年宣撫使韓絳言親奉德音以蕃部子孫承襲者多幼弱不能統衆宜選其族人為衆信伏者代領其事聖筭深遠真得禦邊之要請下諸路帥臣以詔從事四年詔蕃官殿侍三班差使補職或發

殿侍遷差使及十二年嘗充巡檢或管幹本族公事或為蕃官指揮或嘗備守禦之任者總管司以聞特與遷改五年王韶招納沿邊蕃部自洮河武勝軍以西至蘭州馬銜山洮岷宕疊等州凡補蕃官首領九百三十二人首領給飧錢蕃官給奉者四百七十二人月計費錢四百八十餘緡得正兵三萬族帳數千六年帝謂輔臣曰洮西香子城之戰官軍貪功有斬巴氊角部蕃兵以效級者人極嗟憤昔李靖分漢蕃兵各為一隊無用衆於紛亂王安石進曰李靖非素拊循蕃部者也故其教兵當如此今熈河蕃部既為

我用則當稍以漢法治之使久而與漢兵如一武王用微盧彭濮人但為一法今宜令蕃兵稍與漢同與蕃賊異必先録用其豪桀漸以化之此用夏變夷之術也帝乃詔王韶議其法帝曰岷河蕃部族帳甚衆儻撫御咸得其用可以坐制西夏亦所謂以蠻夷攻蠻夷者也陝西極塞儻會合訓練為用兵之勢以懾敵人彼必隨而聚兵以應我頻年如此自致困弊兵法所謂佚能勞之者也安石對曰朝廷當先為不可勝聚糧積財選兵而已新附之羌厚以爵賞收其豪傑賜之堅甲利兵以激其氣使人人皆有趨赴之志

待我體強力充鼓行而西將無不可者馮京王珪曰儻如聖策多方以誤之彼既疲於點集而我無攻取之實久之必不我應因爾舉兵若蹈無人之境矣帝曰此正晉人取吳之策也夫欲經營四夷宜無先於此矣帝嘗謂蕃部未嘗用兵恐以虛名內附臨事不可使安石對曰剛克柔克所用有宜王韶以為先以恩信結納其人有強梗不服者乃以殺伐加之大抵蕃部之情視西夏與中國強弱為向背若中國形勢強附中國為利即不假殺伐自當堅附矧蕃部之俗既宗貴種又附強國今用木征貴種等三人又稍以

恩信收蕃部則中國形勢愈強恐不假殺伐而所附蕃部自可制使帝以為然是時王韶拓熙河地千二百里招附三十餘萬口安石奏曰今以三十萬之衆漸推文法當即變其夷俗然韶所募勇敢士九百餘人耕田百頃坊三十餘所蕃部既得為漢而其俗又賤土貴貨漢人得以貨與蕃部易田蕃人得貨兩得所欲而田疇墾貨殖通蕃漢為一其勢易以調御請令韶如諸路以錢借助收息又捐百餘萬緡養馬於蕃部且十五其人獎勸以武藝使其人民富足士馬強盛奮而使之則所嚮可以有功令蕃部初附如洪

荒之人唯我所御而已七年詔言討平河州叛蕃闢土甚廣已置弓箭手又以其餘地募蕃兵弓箭手每砦三指揮或至五指揮每指揮二百五十人給田百畝以次蕃官二百畝大蕃官三百畝仍募漢弓箭手為隊長稍衆則補將校暨蕃官同主部族之事其蕃弓箭手並刺蕃兵字於左耳以防漢兵之盜殺而效首者詔如其請十一月王中正團結熙河界洮河以西蕃部得正兵三千八十六人正副隊將六十人供贍一萬五千四百三十人八年五月詔李承之參定蕃兵法十一月詔選陝西蕃兵丁壯戶九丁以上取

五六取四五取三三取二二取一並年二十以上涅手背毋過五丁每十人置十將一五十人置副兵馬使一百人置軍使一副兵馬使一二百人置軍使一副兵馬使三四百人加軍使一副兵馬使一五百人又加指揮使一副兵馬使一過五百人每百人加軍使一副兵馬使一即一族三十人已上亦置副兵馬使一不及二十人止置十將月受奉仍增給錢指揮使一千五百至十將有差十年樞密院言陝西河東議立團結蕃部法欲如所奏上手詔曰夏人所恃以強國者山界部落數萬之衆爾按其地誌朝廷已據

有其半彼用之則并小凌大所向如欲在我則徒能含撫豢養未嘗得其死力豈惟不能用之又恐其為患也故小有悖戾有司惟能以利誘解之上下相習畏憚任其縱散久失部勒其近降之法固未可信其必行然以理言之彼此均有其人而利害遼遠今苟循邊人衆知其說止於舊法聊改一二則收功疑亦不異往日徒為紛紛無補於事可再下呂惠卿參詳以聞元豐六年詔蕃官雖至大使猶處從官小使臣之下朝廷賞功增秩以為激勸乃爾卑抑則孰知遷官之榮宜定蕃漢官序位後河東經略司言蕃官部

堡塞兵出戰，嘗以漢官驅策，恐不當與漢官序位。而兵部請蕃漢非統轄者乃令序官，奏可。熙河蘭會路經略制置使李憲言：「治蕃兵置將領法，貴簡而易行，詳而難犯。臣今酌蕃情立法，凡熙河蘭會五郡各置都同總領蕃兵將二人，本州諸部族出戰蕃兵及供贍人馬各置管押蕃兵使臣十人，五郡蕃兵自為一將。出戰則以正兵繼之，旗幟同色。蕃兵以技藝功勞第為四等，蕃官首領推選如之。」八月，憲又言：「漢蕃兵騎雜為一軍，語言不通，居處飲食悉不便利。昔李靖以蕃落自為一法。臣近以蕃兵自為一將，釐漢蕃為

兩軍，相參號令，軍事惟所使焉。」七年，瀘南緣邊安撫司言：「羅始党生界八姓各願依七姓十九姓剌充義軍，團結為三十一指揮，凡一萬五千六百六十人。」從之。元祐元年，臣僚言：「涇原路蕃兵人馬凡衆，遇臨敵與正兵錯雜，非便。」詔下其章四路都總管詳議。環慶范純粹言：「漢蕃兵馬誠不可雜用，宜於逐將各選廉勇曉蕃情者一員，專充蕃將，令於平日鈐束訓練，遇有調發，即令部領為便。」又言：「頃兵部議乞蕃漢官非相統轄者並依官序相壓，其城砦等管轄蕃官即依舊在本轄漢官之下。詔從其請。且諸路蕃官不問官

職高卑，例在漢官之下，所以尊中國、制遠人也。行之既久，忽然更制，便與不相統轄之官依品序位，即邊上使臣及京職官當在蕃官之下，十有八九，非人情所能堪。蕃部先驕，豈可輒啓。宜悉依舊制，並存漢官之下。」從之。元符二年三月，涇原經略司言：「乞將東西路蕃兵將廢罷，仍於順便城砦隸屬逐將統領，與漢兵相兼差使。」秦鳳路如之。四月，環慶路經略安撫司言：「新築定邊城有西夏來投蕃部甚衆，欲自今將歸順之人就新城收管給由，仍乞選置總領蕃兵正副二員。」從之。

志卷第一百四十四

志卷第一百四十五　宋史一百九十二

開府儀同三司上柱國錄軍國重事前中書右丞相監修國史領經筵事都總裁臣脫脫等奉勑修

兵六　鄉兵三

保甲　建炎後鄉兵　建炎後砦兵

保甲熙寧初王安石變募兵而行保甲帝從其議三年始聯比其民以相保任乃詔畿內之民十家為一保選主戶有幹力者一人為保長五十家為一大保選一人為大保長十大保為一都保選為衆所服者為都保正又以一人為之副應主客戶兩丁以上選一人為保丁附保兩丁以上有餘丁而壯勇者亦附之內家貲最厚材勇過人者亦充保丁兵器非禁者聽習每一大保夜輪五人警盜凡告捕所獲以賞格從事同保犯強盜殺人放火強姦略人傳習妖教造畜蠱毒知而不告依律伍保法餘事非干己又非敕律所聽糾皆毋得告雖知情亦不坐若於法類保合坐罪者乃坐之其居停強盜三人經三日保鄰雖不知情科失覺罪逃移死絕同保不及五家併他保有自外入保者收為同保戶數足則附之俟及十家則別為保置牌以書其戶數姓名既行之畿甸遂推之五路以達于天下時則以捕盜賊相保任而未肄以武事也四年始詔畿內保丁肄習武事歲農隙所隸官期日於要便鄉村都試騎步射並以射中親疎遠近為等騎射校其用馬有餘藝而願試者聽第一等保明以聞天子親閱試之命以官使第二等免當年春天一月馬藁四十稅錢二千本戶無可免或所免不及聽移免他戶而受其直第三第四等視此有差藝未精願候閱試或附甲單丁願就閱試者並聽都副保正武藝雖不及等而能整齊保戶無擾勸誘丁壯習藝及等捕盜比他保最多弭盜比他保最少所隸官以聞其恩視第一等馬都副保正有闕選大保長充都副保正雖勸誘丁壯習藝而輒彊率妨務者禁之吏因保甲事受賕斂掠加乞取監臨三等杖徒編管配隸告者次第賞之命官犯者除名時雖使之習武技而未番上也五年右正言知制誥判司農寺曾布言近日保戶數以狀詣縣願分番隸巡檢司習武技提點司以聞朝廷及司農寺未敢輒議願下提點司送中書詳審付司農具為令於是詔主戶保丁願上番於巡檢司十日一更疾故者次番代之月給口糧薪菜錢分番巡警每五十人輪大保長二都副

保正一統領之都副保正月各給錢七千大保長三
千當番者毋得輒離本所捕逐劇盜雖下番人亦聽
追集給其錢斛事訖遣還毋過上番人數仍折除其
上番日巡檢司量留廂界給使餘兵悉罷應番保丁
武技及第三等已上並記于籍遇歲凶五分已上者
第振之自十五石至三石為差十一月又詔尉司上
番保丁如巡檢司法六年詔開封府畿以都保置木
契左留司農寺右付其縣凡追胥閱試肄習則出契
是月又詔行於永興秦鳳河北東西河東五路唯毋
上番餘路止相保任毋習武藝內荊湖川廣並邊者

宋史一百九十二　四刀个
宋史志卷一百四十五　三　湯惠宮　呈祖刊

可肄武事令監司度之後惟全部土丁邕欽洞丁廣
東槍手改為保甲者則肄焉十二月乃罷河北西路
强壯緣邊弓箭社係籍番上巡守者初開封府畿五
路保甲及五萬人二年一解發請京師閱試命官開
封府畿十人五路七人八年詔開封府畿及一萬人
五路及一萬五千人各許解發一人九年樞密院請
自今都副保正義勇軍校二年一比選縣考其訓習
武藝及等最多捕察而盜賊最少者上于州州上所
轄官司同比較以聞或中選人多則擇武藝最優者
額外尚有可解發者則第其次為之旌勸第一次州

縣籍記姓名犯杖以下聽贖第二次以等第賜杖子
紫衫銀帶犯徒罪情輕奏裁累及三次者降宣補之
給馬及芻菽五路義勇軍校二千解發毋得過三人
保甲都副保正之解發者亦以二年府界六人河北
河東各四人永興秦鳳等路七人都保正指揮使與
下班殿侍副保正副指揮使與三司軍將正副都頭
與守闕軍將並賜衣及銀帶銀裹頭杖給馬有差初
保甲隸司農熙寧八年改隸兵部增同判一主簿二
幹當公事官十分按諸州其政令則聽于樞密院十
年樞密院副都承旨張誠一上五路義勇保甲敎元

宋史一百九十二　四刀个
宋史志卷一百四十五　四　湯惠宮　呈祖刊

豐元年翰林學士權判尚書兵部許將修開封府界
保甲敎成書上之詔皆頒焉二年十一月始立府界
集教大保長法以昭宣使入內內侍省副都知王中
正東上閤門使狄諮兼提舉府界教保甲大保長總
二十二縣為教場十一所大保長凡二千八百二十
五人每十人一色事藝置教頭一凡禁軍教頭二百
七十都教頭三十使臣十弓以八斗九斗一石為三
等弩以二石四斗二石七斗三石為三等馬射九斗
八斗為二等其材力超拔者為出等當教時月給錢
三千日給食官予戎械戰袍又具銀楪酒醪以為賞

犒三年大保長藝成乃立團教法以大保長為教頭教保丁焉凡一都保相近者分為五團即本團都副保正所居空地聚教之以大保長藝成者十人衮教五日一周之五分其丁以其一為騎二為弓三為弩府界法成乃推之三路各置文武官一人提舉河北則狄諮劉定陝西則張山甫河東則黃廉王崇拯以封椿養贍義勇保甲錢糧給其費是歲引府界保甲武藝成帝親閱録用能者餘賜金帛四年改五路義勇為保甲狄諮劉定部領澶州集教大保長四百八十二人見於崇政殿召執政賜坐閱試補三班借職

差使借差凡三十六日餘賜金帛有差遷諮四方館使定集賢校理又詔曰三路見訓民兵非久什長藝成須便行府界團教之錢糧官吏並如畿縣未知及期能辦與不若更稽延月日必致有誤措置大法可令承旨取索會校之其年府界河北河東陝西路會校保甲都保凡三千二百六十六正長壯丁凡六十九萬一千九百四十五歲省舊費緡錢一百六十六萬一千四百八十三歲費緡錢三十一萬三千一百六十六而團教之賞為錢一百萬有奇不與焉凡集教團教成歲遣使則謂之提舉按閱率以近臣挾內

侍往給賞錢按格令從事諸路皆以番次藝成者為序率五六歲一遍獨河東以金帛不足乃至十一歲上以晉人勇悍介遼夏間講勸宜不可後詔賜緡錢十五萬時繫籍義勇保甲及民兵凡七百一十八萬二千二十八人云熙寧九年之數保甲立法之初故老大臣皆以為不便而安石主議甚力帝卒從之今悉著其論難使來者攷焉帝嘗論租庸調法而善之安石對曰此法近井田後世立事粗得先王遺意則無不善今亦無不可為顧難速成爾及帝再問則曰人主誠能知天下利害以其所謂害者制法而加於兼併之

人則人自不敢保過限之田以其所謂利者制法而加於力耕之人則人自勸於力耕而授田不能過限然此須漸乃能成法使人主誠知利害之權因以好惡加之則所好何患人之不從所惡何患人之不避若人主無道以揆之則多為異議所奪雖有善法何由立哉帝謂府兵與租庸調法相須安石則曰今義勇土軍上番供役既有廩給則無貧富皆可以入衛出戍雖無租庸調法亦自可為第義勇皆良民當以禮義獎養今皆倒置者以涅其手背也教閱而縻費也使之運糧也三者皆人所不樂若更敺之就敵使

被殺戮尤人所憚也馮京曰義勇亦有以挽彊得試推恩者安石曰挽彊而力有不足則絶於進取是朝廷有推恩之濫初非勸奬使人趨武事也今欲措置義勇皆當反此使害在於不為義勇而利在於為義勇則俗可變而衆技可成臣願擇鄉閭豪傑以為將校稍加奬拔則人自悦服矧今募兵為宿衛及有積官至刺史以上者移此與彼固無不可況不至如此費官禄已足使人樂為哉陛下誠能審擇近臣皆有政事之材則異時可使分將此等軍矣今募兵出於無賴之人尚可為軍廂主則近臣以上豈不及此輩

此乃先王成法社稷之長計也帝以為然時有欲以義勇代正兵者曾公亮以為置義勇弓手漸可以省正兵安石曰誠然第令江淮置新弓手適足以傷農富弼亦論京西弓手非便安石曰揆文教奮武衛先王所以待遠邇者固不同今處置江淮與三邊事當有異帝又言節財用安石對以減兵最急帝曰比慶曆數已甚減矣因舉河北陝西兵數慮募兵太少又訓擇不精緩急或闕事安石則曰精訓練募兵而鼓舞三路之民習兵則兵可省臣屢言河北舊為武人割據内抗朝廷外敵四鄰亦有禦奚契丹者兵儲不

外求而足今河北戸口蕃息又舉天下財物奉之常若不足以當一面之敵其施設乃不如武人割據時則三路事有當講畫者在專用其民而已帝又言邊兵不足以守徒費衣廩然固邊圉又不可悉減安石曰今更減兵即誠無以待急緩不減則費財困國無已時臣以謂儻不能理兵稍復古制則中國無富彊之理帝曰唐都長安府兵多在關中則為彊本今都關東而府兵盛則京師反不足待四方安石曰府兵在處可為又可令入衛則不患本不彊韓絳呂公弼皆以入衛為難文彦博曰如曹濮人專為盜賊豈宜

使入衛安石曰曹濮人豈無應募皆暴猾無賴之人尚不以為虞義勇皆良民又以物力戸為將校豈當復以為可虞也陳升之欲令義勇以漸戍近州安石曰陛下若欲去數百年募兵之敝則宜果斷詳立法制令本末備具不然無補也帝曰制而用之在法當預立條制以漸推行彦博等又以為土兵難使千里出戍安石曰前代征流求討党項豈非府兵乎帝曰募兵專於戰守故可恃至民兵則兵農之業相半可恃以戰守乎安石曰唐以前未有黥兵然亦可以戰守臣以謂募兵與民兵無異顧所用將帥如何爾將

帥非難求但人主能察見羣臣情偽善駕御之則人
材出而為用不患無將帥有將帥則不患民兵不為
用矣帝曰經遠之策必至什伍其民費省而兵衆且
與募兵相為用矣安石對曰欲公私財用不匱為宗
社長久計募兵之法誠當變革帝曰密院以為必有
建中之變安石對曰陛下躬行德義憂勤政事上下
不蔽必無此理建中所以致變德宗用盧杞之徒而
疎陸贄其不亡者幸也時開封鞫保戶有質衣而買
弓箭者帝恐其貧乏艱於出備安石曰民貧宜有之
抑民使置弓箭則法所弗去也往者冬閱及巡檢番

上唯就用在官弓矢不知百姓何故至於質衣也然
自生民以來兵農為一耒耜以養生弓矢以免死皆
凡民所宜自具未有造耒耜弓矢以給百姓者也然
則雖使百姓置弓矢亦不為過第陛下優恤百姓甚
至故今立法一聽民便爾且府界素多羣盜攻刼殺
掠一歲之間至二百火逐火皆有賞錢備賞之人即
今保丁也方其備賞之時豈無賣易衣服以納官賞
者然人皆以謂賞錢宜出於百姓夫出錢之多不足
以止盜而保甲之能止盜其効已見則雖令民出少
錢以置器械未有損也帝曰賞錢人所習慣則安之

如自然不習慣則不能無怨如河決壞民產民不怨
決河以壞民產則怨矣帝嘗批陳留縣所行保甲每
十人一小保中三人或五人須要弓箭縣吏督責無
者有刑百姓買一弓至千五百十箭至六七百當青
黃不接之際貧下客丁安能出辦又每一小保用民
力築射埒又自辦錢糧起鋪屋每保置鼓遇賊聲擊
民居遠近不一甲家遭賊鼓在乙家則無緣聲擊如
此須人置一鼓費錢不少可速指揮令止如元議團
保覺察盜賊餘無得施行鄉民既憂無錢買弓箭加
以傳惑徙之戍邊是以父子聚首號泣者非虛也安

石進呈不行帝謂安石保甲誠有斬指者此事宜緩
而密安石曰日力可惜帝曰然亦不可遽恐却沮事
安石曰此事自不敢不容權知開封府韓維等言諸
縣團結保甲鄉民驚擾祥符等縣已畢其餘縣乞候
農閑排定時府界諸縣鄉民或自殘傷以避團結安
石辨說甚力時曾孝寬為府界提點榜募告捕扇惑
保甲者雖甚嚴有匿名書封丘郭門者於是詔重賞
捕之安石曰乃者保甲人得其願上番狀然後使之
宜於人情無所驚疑且今居藏盜賊及為盜賊之人
固不便新法陛下觀長社一縣捕獲府界劇賊為保

甲迫逐出外者至三十人此曹既不容京畿又見捕於輔郡其計無聊專務扇惑此聞為首扇惑者已就捕然至京師亦止有二十許人以十七縣十數萬家而被扇惑者才二十許人不可謂多自古作事未有不以勢率衆而能令上下如一者今聯十數萬人為保甲又待其應募乃使之番上比乃以陛下矜恤之至令保甲番上捕盜若任其自去來即孰肯聽命若以法驅之又非人所願且為天下者如止欲任民情所願而已則何必立君而為之張官置吏也今輔郡保甲宜先遣官諭上旨後以法推行之帝曰然一日

帝謂安石曰曾孝寬言民有斬指訴保甲者安石曰此事得於蔡駰趙子幾使駰驗問乃民因斲木誤斬指參證者數人大抵保甲法上自執政大臣中則兩制下則盜賊及停藏之人皆所不欲然臣召鄉人問之皆以為便則雖有斬指以避丁者不皆然也況保甲非特除盜固可漸習為兵既人皆能射又為旗鼓變其耳目且約以免稅上番代巡檢兵又自正長而上能捕賊者奬之以官則人競勸然後使與募兵相參則可以銷募兵驕志且省財費此宗社長久之計帝謂什伍百姓如保甲恐難成不如便團結成指揮

以使臣管轄安石曰陛下誠能果斷不恤人言即便團結指揮亦無所妨然指揮是虛名五百人為一保緩急可喚集雖不名為指揮與指揮使無異乃是實事幸不至大急即免令人騷擾而事集為上策帝遂變三路義勇如府畿保甲法馮京曰義勇已有指揮使指揮使即其鄉里豪傑今復作保甲令何人為大保長安石曰古者民居則為鄉伍家為比比有長及用兵即五人為伍伍有伍司馬二十五家為閭閭有閭胥二十五人為兩兩有兩司馬兩司馬即閭胥伍司馬即比長第隨事異名而已此乃三代六鄉六軍

之遺法其法見於書自夏以來至周不改秦雖決裂阡陌然什伍之尚如古制此所以兵衆而強也征伐唯府兵為近之今舍已然之成憲而乃守五代亂亡之餘法其不足以致安強無疑然人皆恬然不以因循為可憂者所見淺近也安石又奏義勇須三丁以上請如府界兩丁以上盡籍之三丁即出戍誘以厚利而兩丁即止令於巡檢上番如府界法大略不過如此當遣人與經略轉運司及諸州長吏議之及訪本路民情所苦所欲因以寓法帝曰河東修義勇強壯法又令團集保甲如何安石對曰義勇須隱括丁

數若因團集保甲即一動而兩業兢今既遣官隱括義勇又別遣官團結保甲即分為兩事恐民不能無擾或曰保甲不可代正軍上番否安石曰俟其習熟然後上番然東兵技藝亦弗能優於義勇保甲臣觀廣勇虎翼兵固然今為募兵者大抵皆偷惰頑猾不能自振之人為農者皆朴力一心聽令之人則緩急莫如民兵可用馮京曰太祖征伐天下豈用農兵安石曰太祖時接五代百姓困極豪傑多以從軍為利今百姓安業樂生而軍中不復有如嚮時拔起為公侯者即豪傑不復在軍而應募者大抵皆偷惰不能自振之人爾帝曰兵之強弱在人五代兵弱至世宗而強安石曰世宗所收亦皆天下亡命強梁之人文彥博曰以道佐人主者不以兵強天下安石曰以兵強天下者非道也然有道者固能柔能剛能弱能強方其能剛強必不至柔弱張皇六師固先王之所尚也但不當專務兵強爾帝卒從安石議帝曰保甲義勇芻糧之費當預為之計安石曰當減募兵之費以供之所供保甲之費纔養兵十之一二帝曰畿內募兵之數已減於舊強本之勢未可悉減安石曰既有保甲代其役即不須募兵今京師募兵逃死停放一

季乃數千但勿招填即為可減然今廂軍既少禁兵亦不多臣願早訓練民兵民兵成則募兵當減矣又為上言今河北義勇雖十八萬然所可奬慰者不過酋豪百數十人而已此府兵之遺意也帝以為然令議其法樞密院傳上旨以府界保甲十日一番慮太促無以精武事其以一月為一番安石奏曰今保甲十日一番計一年餘八月當番若須一月即番愈疏又昨與百姓約十日一番今遽改命恐愈為人扇惑宜俟其習熟徐議其更番且今保甲閱藝八等勸奬至優人競私習不必上番然後就學臣愚願以數年其藝非特勝義勇當必勝正兵正兵技藝取應官法而已非若保甲人人有勸心也元豐八年哲宗嗣位知陳州司馬光上疏乞罷保甲曰兵出民間雖云古法然古者八百家纔出甲士三人步卒七十二人閑民甚多三時務農一時講武不妨稼穡自兩司馬以上皆選賢士大夫為之無侵漁之患故卒乘輯睦動則有功今籍鄉村之民二丁取一以為保甲授以弓弩教之戰陳是農民半為兵也三四年來又令河北河東陝西置都教場無問四時每五日一教特置使者比監司專切提舉州縣不得關預每一丁教閱一

丁供送雖云五日而保正長以泥堋除草為名聚之教場得賂則縱否則留之是三路耕耘收穫稼穡之業幾盡廢也自唐開元以來民兵法壞戍守戰攻盡募長征兵士民間何嘗習兵國家承平百有餘年戴白之老不識兵革一旦畎畝之人皆戎服執兵奔驅滿野耆舊歎息以為不祥事既草創調發無法比戶騷擾不遺一家又巡檢指使按行鄉村往來如織保正保長依倚弄權坐索供給多責賂遺小不副意妄加鞭撻蠶食行伍不知紀極中下之民罄家所有侵肌削骨無以供億愁苦困弊靡所投訴流移四方襁屬盈路又朝廷時遣使者徧行按閱所至犒設賞賚糜費金帛以巨萬計此皆鞭撻平民銖兩丈尺而斂之一旦用之如糞土而鄉村之民但苦勞役不感恩澤農民之勞既如彼國家之費又如此終何所用哉若使之捕盜賊衛鄉里則何必如此之多使之戍邊境事征伐則彼遠方之民以騎射為業以攻戰為俗自幼及長更無他務中國之民大半服田力穡雖復授以兵械教之擊刺在教場之中坐作進退有似嚴整必若使之與敵人相遇塡然鼓之鳴鏑始交其奔北潰敗可以前料決無疑也豈不誤國事乎又悉罷

三路巡檢下兵士及諸縣弓手皆易以保甲主簿兼縣尉但主草市以裏其鄉村盜賊悉委巡檢兼掌巡按保甲教閱朝夕奔走猶恐不辦何暇逐捕盜賊哉又保甲中往往有自為盜者亦有乘保馬行劫者然則設保甲保馬本以除盜乃更資盜也自教閱保甲以來河東陝西京西盜賊已多至敢白晝公行入縣鎮殺官吏官軍追討經歷歲月終不能制況三路未至大饑而盜賊猖熾已如此萬一遇數千里之蝗旱而失業飢寒武藝成就之人所在蜂起以應之其為國家之患可勝言哉此非小事不可以忽夫奪其衣食使無以為生是驅民為盜也使比屋習戰勸以官賞是教民為盜也又撤去捕盜之人是縱民為盜也謀國如此果為利乎害乎且嚮者干進之士說先帝以征伐開拓之策故立保甲戶馬保馬等法近者登極赦書有云應緣邊州軍仰逐處長吏并巡檢使臣鈐轄兵士及邊上人戶不得侵擾外界務要靜守疆場勿令騷擾此蓋聖意欲惠綏殊方休息生民中外之人孰不歸戴然則保甲戶馬復何所用哉今雖罷戶馬寬保馬而保甲猶存者蓋未有以其利害之詳奏聞者也臣愚以為悉罷保甲使歸農召提舉官還

朝量逐縣戶口每五十戶置弓手一人略依緣邊弓
箭手法許蔭本戶田二頃悉免其稅役除出賊地分
更不立三限科校但令捕賊給賞若獲賊數多及能
獲強惡賊人者各隨功大小遷補職級或補班行務
在優假弓手使人勸慕然後募本縣鄉村戶有勇力
武藝者投充計即令保甲中有勇力武藝者必多願
應募若一人缺額有二人以上爭投者即委本縣令
尉選武藝高強者充或武藝衰退者許他人指名與
之比較若武藝勝於舊者即令衝替其被替者中不
得蔭田如此則不必教閱武藝自然精熟一縣之中

其壯勇者既為弓手其羸弱者雖使為盜亦不能為
患仍委本州及提點刑獄常按察令佐有取舍不公
者嚴行典憲若召募不足且即於鄉村戶上依舊條
權差候有投名者即令充替其餘巡檢兵士縣尉弓
手耆老壯丁逐捕盜賊並乞依祖宗舊法五月以光
為門下侍郎光欲復申前說以為教閱保甲公私勞
費而無所用是時資政殿學士韓維侍讀呂公著欲
復上前奏先自進呈乞罷團教詔府界三路保甲自
來年正月以後並罷團教仍依舊每歲農隙赴縣教
閱一月其差官置場排備軍器教閱法式番次按賞

費用令樞密院三省同立法後六日光再上奏極其
懇切蔡確等執奏不行詔保甲依樞密院已得指揮
保馬別議立法九月監察御史王巖叟言保甲之害
三路之民如在湯火未必皆法之弊蓋由提舉一司
上下官吏逼之使然而近日指揮雖令冬教然尚存
官司則所以為保甲之害者十分之六七猶在陛下
所不知也此皆奸邪遂非飾過而巧辭強辯以欺惑
聖聽將至深之病略示更張以應副陛下聖意而已
非至誠為國家去大害復大利以便百姓為太平長
久之計者也此忠義之良心所以猶抑奸邪之素計

所以尚存天下之識者皆言陛下不絕害源百姓無
由樂生不屏群邪太平終是難致臣願陛下奮然獨
斷如聽政之初行數事則天下之大體無虧陛下高
枕而卧矣十月詔提舉府界三路保甲官並罷令逐
路提刑及府界提點司兼領所有保甲止冬教三月
又詔逐縣監教官並罷委令佐監教十一月巖叟言
保甲行之累年朝廷固已知人情之所共苦而前日
下詔蠲疾病汰小弱釋第五等之田不及二十畝者
省一月之六教而為三月之併教甚大惠也然其司
尚存其患終在今以臣之所見者為陛下言不敢隱

其實以欺朝廷亦不敢飾其事以罔成法夫朝廷知
教民以為兵而不知教之太苛而民不能堪知别為
一司以總之而不知擾之太煩而民以生怨教之欲
以為用也而使之至於怨則恐一日用之有不能如
吾意者不可不思也民之言曰教法之難不足以為
苦而羈縻之虐有甚焉羈縻不足以為苦而鞭笞之
酷有甚焉鞭笞不足以為苦而誅求之無已有甚焉
方耕方耘而罷方幹方營而去此羈縻之所以為苦
也其教也保長得笞之保正又笞之巡檢之指使與
巡檢者又交撻之提舉司之指使與提舉司之幹當

公事者又互鞭之提舉之官長又鞭之一有逃避縣
令又鞭之人無聊生恨不得死此鞭笞之所以為苦
也創袍市巾買弓條箭添弦換包指治鞍轡凉棚畫
象法造隊牌緝架𠍋椅卓圍與紙墨肴定人雇直均
菜緡納稭粒之類其名百出不可勝數故父老之諺
曰兒曹空手不可以入教場非虛語也都副兩保正
大小兩保長平居於家婚姻喪葬之問遺秋成夏熟
絲麻穀麥之要求遇於城市飲食之責望此迫於勢
而不敢不致者也一不如意即以藝不如法為名而
捶辱之無所不至又所謂巡檢指使者多由此徒以

出貪而冒法不顧後禍有踰於保正保長者此誅求
之所以為甚苦也又有逐養子出贅壻再嫁其母兄
弟析居以求免者有毒其目斷其指炙其肌膚以自
殘廢而求免者有盡室以逃而不歸者有委老弱於
家而保丁自逃者保丁者逃則法當督其家出賞錢
十千以募之使其家有所出當未至於逃至於逃則
其困窮可知而督取十千何可以得故每縣常有數
十百家老弱嗟咨於道路哀訴於公庭如臣之愚且
知不忍使陛下仁聖知之當如何也又保丁之外平
民凡有一馬皆令借供逐場教騎終日馳驟往往飢

羸以至於斃誰復敢言其或主家倘因他出一誤借
供遂有追呼笞責之害或因官遣督迫不得已而易
之則有抑令還取之苦故人人以有馬為禍此皆提
舉官吏倚法以生事重為百姓之擾者也竊惟古者
未嘗不教民以戰而不聞其有此者因人之情以為
法也夫緣情以推法則愈久而愈行倚威以行令則
愈嚴而愈悖此自然之理也獸窮則搏人窮則詐自
古及今未有窮其下而能無危者也臣觀保甲一司
上下官吏無毫髮愛百姓意故百姓視其官司不啻
虎狼積憤銜怨人人所同比者保丁執指使逐巡檢

攻提舉司幹當官大獄相繼今猶未已雖民之愚顧豈忘父母妻子之愛而喜為犯上之惡以取禍哉蓋激之至於此極爾激之至深安知其發有不甚於此者情狀如此不可不先事而慮以保大體而圖安靜夫三時務農一時講武先王之通制也一月之間併教三日不若一歲之中併教一月農事既畢無他用心人自安於講武而無憾遂可罷提舉司廢巡教官一以隸州縣而俾逐路安撫司總之每俟冬教於城下一邑分兩番當一月起教則與正長論階級罷教則與正長不相誰何庶使百姓得以優游治生無終

年遁逃之苦無侵漁苛虐之患無爭陵犯上之惡矣且武事不廢威聲亦全豈不易而有功哉惟陛下深計遠慮斷在必行以省多事以為生靈安樂之惠以為國家安靜之福又乞罷三路提舉保甲錢糧司及罷提舉教閱及每歲分保甲為兩番於十一十二兩月上教不必分作四番且不必自京師遣官視教止令安撫司差那使臣為使並從之元祐元年正月樞密院言府界三路保甲已罷團教其教閱器械悉上送官仍立禁約閏二月詔河北河東西路永興秦鳳等路提點刑獄兼提舉保甲並依提刑司例各為一

司三月王巖叟劾狄諮劉定姦贓狀御史孫升亦言劉定上挾章惇之姦黨下附狄諮之庸材大肆憑陵公行恐喝故真定獲鹿之變起於後澶滑之盜作於前願早正其罪於是諮定皆罷與在外宮觀十一月詔府界三路保甲人戶五等已下地土不及二十畝者雖三丁以上並免教從殿中侍御史呂陶之請也紹聖二年七月帝問義勇保甲數宰臣章惇曰義勇自祖宗以來舊法治平中韓琦請遣使諳陝西再括丁數添刺熙寧中先帝始行保甲法府界三路得七十餘萬丁設官教閱始於府界衆議沸騰教藝既成

更勝正兵元豐中始遣使徧教三路先帝留神按閱藝精者厚賞或擢以差使軍將名目而一時賞賚率取諸封樁或禁軍闕額未嘗費戶部一錢元祐弛廢深可惜也元符二年九月御史中丞安惇奏乞教習保甲月分差官按試曾布言保甲固當教習然陝西河東連年進築城砦調發未已河北連年水災流民未復以此未可督責訓練帝曰府界豈不可先行布曰熙寧中教保甲臣在司農是時諸縣引見保甲事藝精熟章惇即日多得班行布曰止是得殿侍軍將然俱更差充巡檢司指揮以此仕官及有力之家子

弟皆欣然趨赴及引對所乘皆良馬鞍韉華楚馬上事藝往往勝諸軍知縣巡檢又皆得轉官或減年以此上下皆踊躍自效然是時司農官親任其事督責檢察極精密縣令有抑令保甲置衣裝非理騷擾者亦皆衝替故人莫敢不奉法其後乃令上番帝曰且與先自府界檢舉施行蔡卞曰於先朝法中稍加裁損無不可之理布以為甚便容檢尋文字進呈十一月蔡卞勸上復行畿內保甲教閱法帝屢以督曾布是日布進呈畿內保丁總二十六萬熈寧中教事藝者凡七萬因言此事固當講求然廢罷已十五年一

旦復行與事初無異當以漸行則人不至於驚擾帝曰固當以漸行之布曰聖諭如此盡之矣若便以元豐成法一切舉行當時保丁存者無幾以未教習之人便令上番及集教則人情洶洶未易安也熈寧中施行亦有漸容臣講求施行次第退以語卞卞殊以為不快乃云熈寧初人未知保甲之法今耳目已習熟自不同矣布不答徽宗崇寧四年樞密院言比者京畿保甲投八百七十一牒乞免教閱又二百三十餘牒遮樞密張康國馬首訴焉是月詔京畿三路保甲並於農隙時教閱其月教指揮勿行五年詔河北

東西河東永興秦鳳路各武臣一員充提舉保甲並兼提刑其見專提舉保甲文臣並罷是月詔京畿差武臣一員充提舉保甲兼提刑仍差文臣提刑兼提舉保甲政和三年四月樞密院言神考制保甲之法京畿三路聚教每番雖號五十日其間有能勤習弓弩該賞者首先拍放一歲之中在場閱教遠者不過二十七日近者止於十八日而已若秋稼災傷則免當年聚教如武藝稍能精熟則有激賞之法斗力出等則免戶下春夫科配最高強者則解發引見試藝命官行之累年人皆樂從惟京東西雖有團成保甲

之名未嘗訓以武事慮其間亦有人材甚衆能習武藝可以命官任使之人今欲依三路保甲編修點擇條約從之八月樞密院言諸路團成保甲者六十一萬餘人悉皆樂從無擾其京東西路提舉官任諒已轉一官直祕閣其朝議大夫已上與轉行武臣武功大夫特與轉遥郡刺史餘官減磨勘年有差宣和元年詔提舉保甲督察州縣都保不如令者限一月改正每歲以改正多寡為殿最二年詔諸路保甲法並遵依元豐舊制京東京西路並罷三年詔先帝若稽成周制保伍之法自五家相比推而達之二十五家

為一大保二百五十家為一都保保各有長都各有
正正各有副使之相保相愛以察姦慝故有所行諸
自外來者同保互告使各相知行止不明者聽送所
屬保內盜賊晝時集捕知而不糾又論如律所以糾
禁幾察纖悉具備奇邪寇盜何所容跡訪聞法行既
久州縣玩習弛廢保丁開收既不以實保長役使又
不以時如修鼓鋪飾粉壁守敗船治道路給夫役催
稅賦之類科率騷擾不一遂使寇賊奇邪無復糾察
良法美意浸成虛文可令尚書省於諸路提點刑獄
或提舉常平官內每路選委一員令專一督責逐縣

令佐將係籍人丁開收取實選擇保正長各更替如
法使鈐束保丁遞相覺察毋得舍亡賴作過等人遇
有盜賊晝時追捕若有過致藏匿者許諸人告首仍
具條揭示欽宗靖康元年三月以尚書戶部侍郎錢
蓋為龍圖閣學士陝西五路制置使專一措置京兆
府路保甲六月御史胡舜陟奏秦元學兵法三十年
陛下拔之下僚為京畿提刑訓練保甲聞者莫不慰
悅乞罷武臣提刑以保甲屬元庶得專一從之十一
月京畿提舉秦元集保甲三萬先請出屯自當一面
不從金兵薄城又乞行訓練乘間出戰守禦使劉韐

奏取保甲自益元謀遂寢云
建炎後鄉兵巡社建炎元年詔諸路州軍巡社並以忠義巡社為名隸宣撫司後募鄉
民為之每十人為一甲有甲長有隊長四隊為一部有部長五部為一社有社長五社為一都有都正於
鄉井便處駐劄紹興初罷之槍杖手建炎二年令福建招五千人土豪建炎四年詔諸
州守臣募土豪民兵聽州縣守令節制後存留強壯餘並放散義兵紹興十年團集諸州名數不等
後皆以縣令為軍正義士紹興元年籍興元良家子弟兩丁取一四丁取二每二十人為一隊號曰
義士民兵建炎二年每五十人為一隊有長副一戶取一丁五丁取二丁淳熙十四年三丁取一五
丁取二十丁取三弓箭手建炎初應諸路漢蕃弓箭手限百日自陳承襲紹興間以京城外關
地依陝西沿邊例招弓箭手蒔種土丁紹興中詔依嘉祐措置三時務農一時講武諸縣逐鄉置
教場自十一月起教至次年正月罷教把截將紹興二十七年詔恭州鴈門控扼之地置土丁

二百人峒丁建炎三年命江西福建諸處總領官鎗定鎗杖手峒丁人數以備調遣紹興中罷之
保勝紹興六年詔金均房三州保甲分為五軍以保勝為名勇敢紹興二年詔池州就招土
人充二千為額保丁二廣保丁每戶一名土丁父子兄弟皆在其數乾道中以拘留擾民罷之山
水砦詳見砦兵萬弩手初熙寧間以鼎澧辰沅靖五郡弓弩手萬三千人散居邊境訓練無
事耕作有警調發紹興以後增損靡定壯丁民社乾道四年楚州置良家子紹興
四年招兩淮關陝流寓及陣亡主兵將子弟驍武不能存立者充月給比強弓手五十人為一隊義
勇湖北諸郡皆有義勇惟澧州石門慈利不置籍其法取於主戶之雙丁每十戶為一甲五甲為團甲
皆有長擇邑豪為總首農隙教武藝食從官司給湖北土丁刀弩手政和七年募土
丁充授以閑山散居邊境教以武藝紹興因之淳熙中李燾力言其不便罷之湖南鄉社舊制
以鄉豪領之大者統數百家小者亦二三百家後言者以其不便淳熙中擇其首領使大者不過五十家

小者減半。忠勇關外西和階成鳳四州所聚民兵謂之忠勇鎮淮初淮南募邊民號鎮淮軍數至十萬月給視効勇惟不黥涅乂之廩不足肆劫掠嘉定初選汰歸農僅存八千餘人以充効用餘補鎮江大軍淮西選二萬六千餘充御前定武軍分為六軍軍設統制忠義民兵福州諸縣舊有忠義社屯結邑民擇豪右為長量授器甲盜由是息人甚賴之後有司煩擾失初意開禧用兵淮襄民兵有籍于官者至用百六十緡以養一兵後又放令歸業而無所歸復散為盜乃令每郡擇豪酋一人授以官民領之

建炎後砦兵兩浙西路臨安府十三砦外沙海內管界茶槽南蕩東梓上管赭山黃灣硤石奉口許村下塘安吉州七砦管界安吉秀塞呂小幽嶺下塘北豪皐塘平江府八砦吳江吳長許浦福山白茅江灣楊林角頭常山五砦管界小河馬跡香蘭分界江陰軍二砦申港石牌嚴州五砦威平港口鳳林茶山管界兩浙東路慶元府十砦浙東結埼三姑管界大嵩海內白峯岱山鳴鶴公塘溫州十三砦城下管界館頭青奧梅奧鹿西門南監東北三尖北監小鹿大荊台州六砦管界亭場吳都白塔松門臨門處州二砦管界梓亭江南東路南康軍五砦大孤山水陸四望山河湖左里江南西路隆興府七砦都巡鄔子松門港口定江杉市營界撫州七砦城南鲁田樂安鎮馬旗步招攜湖平江州六砦管界江內芟石馬當城子頭孤山興國二砦池口磁湖袁州四砦都巡四縣管界白斜臨江軍三砦本軍水陸管界吉州十六砦富田走馬陂永和鎮觀山明德沙溪西平山揚宅栗傳禾山勝鄉造口秀洲新砦北鄉黃茅峽荊湖南路永州三砦都巡同巡衡永界寶慶三砦黃茅西縣盧溪郴州五砦管界安福青要赤石上猶武岡軍十砦三門石查真良岳溪臨口關硤黃石新寧綏寧永和道州四砦營道寧遠江華永明全州四砦上軍魚口吉寧平塘福建路邵武軍十砦同巡檢大寺水口永安明溪仁壽西安永平軍口梅口建寧府七砦黃琦籌嶺盆亭麻沙永吉苦竹仁壽南劍州八砦嶮峽洛陽浮流巖前同巡仁壽萬安黃土泉州五砦都巡同巡石井福州四砦小兇三縣辜嶺甘蔗五縣水口興化軍二砦同巡巡鹽漳州二砦同巡虎嶺廣西路賀州二砦臨賀富川昭州四砦昭平雲峒西嶺立山欽州二砦西縣管界

志卷第一百四十五

開府儀同三司上柱國錄軍國重事前中書右丞相監修國史領經筵事都總裁臣脫脫等奉

敕修

兵七　召募之制

召募之制起於府衛之廢唐末士卒疲於征役多亡命者梁祖令諸軍悉黥面為字以識軍號是為長征之兵方其募時先度人材次閱走躍試瞻視然後黥面賜以緡錢衣屨而隸諸籍國初因之或募土人就所在團立或取營伍子弟聽從本軍或募饑民以補本城或以有罪配隸給役取之雖非一塗而伉健者遷禁衛短弱者為廂軍制以隊伍束以法令當其無事時雖不無爵賞衣廩之費一有征討則以之力戰鬭給漕輓而天下獷悍失職之徒皆為良民之衛矣初太祖揀軍中彊勇者號兵樣分送諸道令如樣招募後更為木梃差以尺寸高下謂之等長杖委長吏都監度人材取之當部送闕者軍頭司覆驗引對便坐分隸諸軍真宗祥符中重定等杖自五尺八寸至五尺五寸為五等諸州部送闕下及等者隸次軍仁宗天聖元年詔京東西河北河東淮南陝西路募兵當部送者刺指揮二字家屬給口糧兵官代還以所

募多寡為賞罰又詔益利梓夔路歲募民充軍士及數即部送分隸奉節川効忠川忠節於是遠方健勇失業之民悉有所歸慶曆七年諸路募廂軍及五尺七寸已上者部送闕下試補禁衛至和元年河北河東陝西募就糧兵騎以四百人步以五百人為一營嘉祐二年復定等杖自上四軍至武肅忠靖皆五尺已上差以寸分而視其奉錢一千者以五尺八寸七寸三寸為三等奉錢七百者以五尺七寸六寸五寸為三等奉錢五百者以五尺六寸五寸五分為三等奉錢四百者以五尺五寸四寸五分為二等奉錢三百者以五尺五寸四寸五分四寸三寸二寸為六等奉錢二百者以五尺四寸三寸五分三寸二寸為四等不給奉錢者以五尺二寸或下五寸七指八指為等唯武嚴御營喝探以藝精者充諸司莞庫執技者不設等杖七年御史唐介言比歲等募禁軍多小弱不勝鎧甲請以初創尺寸為定敢議減縮者論以違制詔禁軍備戰者宜著此令其備役雄武宣敕六軍搭材之類如軍馬敕治平二年募陝西土民營伍子弟隸禁軍一營填止八分又遣使畿縣南京曹濮單陳許蔡亳州募民補虎翼廣勇人加賜絹布各一治

平四年詔延州募保捷五營以備更戍熙寧元年詔諸州募饑民補廂軍二年樞密院言國初邊州無警則罷兵今既講和而屯兵至多徒耗金帛若於近裏糧賤處增募營兵但令往戍極邊甚爲便詔帝與文彥博及韓絳陳升之呂公弼等議之或以爲自古皆募營兵遇事息即罷或以爲緣邊之兵不可多減乃命彥博等詳議以聞三年七月詔京西路於有糧草州軍招廂軍共三萬人爲額十一月知定州滕甫乞下本路依舊制募弓箭社以爲邊備從之四年十二月樞密院言在京係役兵士舊額一萬八千二百五

十九人見闕六千三百九十二人若招揀得足即不須外路勾抽以免不習水土凍餒道斃之患欲於在京及府界京東西河北招少壯兵止供在京功役不許臣僚占差不過朞年可使充足却對減在外招募之數樁管所減糧賜上供以給有司之用從之五年權發遣延州趙卨招到漢蕃弓箭手人騎四千九百八十四爲八指揮遂擢吏部員外郎加賜銀絹二百七年分遣使臣諸路選募熙河效用先以名聞河北河東所募兵悉罷八年詔軍士祖父母父母老疾無侍丁而應募在他處者聽從九年詔選補捧日天武

以下諸軍闕馬軍三分補一步軍十分補五元豐二年二月經制熙河路邊防財用司言岷州床川荔川閭川砦通遠軍熟羊砦乞置牧養十監募兵爲監牧指揮其營田乞依官莊例募永濟卒二百人其永濟卒通以千人爲額從之七月沿邊安撫司言北邊州軍主管刺事人乞給錢三千選募使臣職員或百姓爲之以鈎致敵情仍選通判及監官考其虛實以行賞罰從之是年以兗鄆齊濟濱棣德博民饑募爲兵以補開封府界京東西將兵之闕三年又詔府界諸路將下闕禁軍萬數有司其速募之又詔河北水災

闕食民甚衆宜寄招補軍四年京東西路以調發兵將累請增戍朝廷以兵員有數多寡其軍然州郡實有負山帶海姦盜所窺亦當過爲之慮其令益廣應募者與免貼軍及他役一年六月詔在京奉錢七百以下選募馬步軍萬五千人開封府界及本路共選募義兵保甲萬人如涇原五千人不足於秦鳳路選募五年五月同提舉成都府等路茶場蒲宗閔乞自秦州至熙州量地里遠近險易置車鋪二十八招刺兵士從之八月詔開封府界京西招軍依式賜外仍增錢千十二月詔京城四面巡檢募士於四門取民

年三十五以下者又詔河北立額步軍各於逐指揮額外招百人五年詔一歲内能募及百人者加秩一等四月河東路經略司請以麟州飛騎府州威遠子弟二十五以下刺為兵七年廣西都鈐轄司言本路土兵闕額數多乞選使臣往福建江南廣東招簡投換兵四千人詔於江南福建路委官招換八年四月河東路安撫使呂惠卿言河東敢勇以三百人為額請給微薄應募者少臣頃在鄜延路日奏請增三等請給借支省馬給七分草料置營教習自後應募者衆願依陝西路已得指揮從之哲宗元祐元年三月

詔河北保甲願投軍人及得上四軍等杖事藝者特許招塡合給例物外更增錢五千中軍以下三千比等杖短一指射保甲第一等弓弩並許招刺從右司諫蘇轍請也六月門下侍郎司馬光言諸州軍兵馬全欠不足守禦之處量與立額招添八年樞密院言今新招兵士多是饑民未諳教閱乞自今住營州軍差官訓練候半年發遣赴軍前紹聖元年樞密院乞立招禁軍官員賞格如不及數罰亦隨之四年熙河蘭岷路都總管提點熙河蘭岷等路漢蕃弓箭手司言蘭州金城關欲招置步軍保捷四指揮馬軍蕃落

一指揮從之詔陝西路添置蕃落軍十指揮各以五百人為額於永興軍河中鳳翔同華州各置兩指揮並隸住營州軍將下統制訓練委逐路所屬都總管同選官招人初三省密院欲以牧地募民牧養馬久而未集曾布以謂不若增騎兵為簡便兼土兵乃勁兵又諸路出戍者已竭及建此議衆翕然皆以為允帝亦樂從之蓋收租見存者七百萬歲額一百七十萬而十指揮之費二十五萬而已故可與募人養馬之法兼行也徽宗崇寧元年湖北都鈐轄舒亶奉旨相度召募施黔州土丁致討辰沅山猺每州無過七

百人緣猺賊深在溪洞險阻不通正軍故也三年京東等路招軍五萬馬軍以崇捷崇銳名步軍以崇武崇威名四年七月熙河蘭湟路轉運使洪中孚自河東入覲帝問崇威崇銳新兵教閱就緒否中孚曰教閱易事也臣不知藝祖取天下之兵與神考所分將兵曾無減損若未嘗減損似不須增蓋兵貴簡練不貴多今遽增二軍所費至廣臣不知獻議者於經費之外別有措置或只仰給朝廷也帝憮然曰初議增兵未嘗議費可即罷去中孚曰惰游之卒不復安於南畝今一旦罷遣强者聚而為盜弱者轉徙則重為

朝廷憂不若使填諸營闕無闕聽於額外收管不一
二年盡矣帝稱善九月詔近降指揮在京諸路招崇
捷崇武等指揮十萬人又招效忠蕃落指揮及額內
不足人數慮卒難敷額可先招崇捷崇武十萬人候
人數稍足次第即具申取旨五年詔抑勒諸色人投
軍者並許自身及親屬越訴其已刺字仍並改正政
和二年廣西都鈐司奏廣西兩將額一萬三百餘人
事故逃亡於荊湖南北江南東西寄招緣諸路以非
本職多不用心今兵闕六分欲乞本路鄰路有犯徒
并杖以下情重之人除配沙門島廣南遠惡并犯強

盜兇惡殺人放火事干化外並依法外餘並免決刺
填從之四年中衛大夫童師敏言東南州郡例闕廂
軍凡有役使並是和雇若令諸郡守臣并提刑司措
置招填庶可省費從之宣和元年高陽關路安撫使
吳玠奉手詔招填諸路禁軍闕額以十分為率招及
四分以下遞展磨勘年七分以上遞減磨勘年高陽
關路河間府滄霸恩州信安軍招填數足乞行推賞
從之二年手詔比聞諸路州軍招置廂軍河清壯城
等往往怯懦幼小不及等樣虛費廩食不堪驅使今
後並仰遵著令招填如違戾以違制論四年正月兩

浙東路鈐轄司奏乞將溫處衢婺州元管不係將禁
軍六指揮更招置增為十指揮並以五百人為額凡
五千人庶成全將及更於台州招置不係將禁軍一
指揮以四百人為額從之三月臣僚言竊聞道路洶
洶相怖云諸軍捉人刺涅以補闕額率數人驅一壯
夫且曳且毆百姓叫呼或齧指求免日者金明池人
大和會忽遮門大索但長身少年牽之而去云充軍
致賣蔬茹者不敢入城行旅市人下逮奴隸皆避藏
恐懼事駭見聞今國家閒暇必欲招填禁旅當明示
法令資以金帛捐財百萬則十萬人應募矣捉人於

途實虧國體流聞四方傳播遠邇殊為未便伏望亟
行禁止以弭疑畏時實籙宮道士張繼滋因往尉氏
亦被刺涅事聞手詔提刑司根治四月臣僚因言招
刺闕額禁軍樞密院立限太遽諸營弗戢人用大駭
幸木旋踵德音禁止群情悅服其已被刺涅而非願
者頗亦改正尚有經官求免而未得者輦轂若此況
其遠乎竊聞小人假借聲勢因緣奪攘所在多有若
或哀鳴得脫其家已空令往來猶懷畏避伏望聖明
特賜戒敕應在外招軍去處毋得橫濫從之七年減
掖庭用度減侍從官以上月廩罷諸兼局有司擬所

得數撥充諸路糴本及募兵賞軍之用欽宗即位詔守令募州縣鄉村土豪爲隊長各自募其親識鄉里以行及五十人以上先與進義副尉三百人以上與承信郎募文武官習武勇者爲統領行日所發州軍授以器甲人給糧半月地里遠者所至州縣接續批支京畿輔郡兵馬制置使司言諸路召募敢勇效用每名先給錢三千赴本司試驗給據訖支散銀絹激賞若監司知通令佐并應有官人能召到敢勇效用事藝高强及二百人以上者乞與轉一官每加二百人依此或監司郡守州縣官以下應緣軍期事件稍

有稽緩並依軍法從之靖康元年春正月臣僚言諸路見招募人兵緣逐處漕計闕乏乞於近州應奉司及延福宮西城錢帛並許請用庶得速辦從之又詔龍猛龍騎歸遠壯勇諸軍闕額可行下諸路揀選配填又詔已降指揮逐處各以召募効用敢勇武藝人數多寡等第推賞又詔聞希賞之人抑勒强募自今並取情願敢有違戾當議重罰毋得將羸弱不堪出戰及已有係軍籍者一例充募及詔募武舉及第有材武方略或有戰功曾經戰陣及經邊任大小使臣不以罪犯已發未敘及武學有方略智謀及曾充弓

馬所手弟及諸色有膽勇敢戰之人並許赴親征行營司又詔募陝西土人爲兵并使臣効用等赴姚平仲軍使喚其應募人修武郎已上二十貫進義副尉以上十五貫軍人百姓十貫並於開封府應管官錢內支四月詔已降指揮發還歸朝人往大金軍前如不願往所在量給口券津遣元有官守人並不釐務支奉給之半其願效力軍前者許自陳五月河北河東路宣撫司奏河北諸州軍所管正兵絕少又陝西游手惰民願充軍者亦衆秖緣招刺闕乏例物是致軍額常闕今若給一色銀絹折充例物犒設起發召

募人作義勇止於右臂上刺字依禁軍例物支衣糧料錢陝西五路共可得二萬人比之淮浙等路所得將兵實可使喚從之詔遣文武官各一員前去陝西路募兵二萬人赴闕遂命趙鼎特除開封府曹官种湘差宣撫司準備將領並充陝西路幹當公事專一募兵是月遣戶部員外郎陳師尹往福建路募槍杖手都水使者陳求道言朝廷差官往陝西招軍適當歲豐恐未易招填若就委監司招募保甲啖以例物與免科差以作其氣可得勁兵五萬從之六月樞密都承旨折彥質奏四人結連女真爲月甚久豈無覬

覦關中之志即今諸路人馬皆空萬一敵人長驅何以枝梧言之可為寒心朝廷似未深慮也河東河朔之患已形人故憂之陝西之患未作人故忽之若每路先與十萬緡令帥臣招募土人為保護之計責以控扼不得放令侵入仍須朝廷應副漕司乘時廣行儲蓄以為急務又開封府尹聶山奏招兵者今日之急務近緣京畿諸邑例各招刺至於無人就募則強捕村民及往來行人為之遂致里肆奔駭商旅不行殊失朝廷愛民之意檢準政和令諸盜再犯杖以上情理不可決放而堪充軍者給例物刺充廂軍今京

城裏外間有盜賊皆是豪猾無所畏憚雖經斷罪頑惡弗悛若依上條刺充廂軍不惟得強壯之用又且收集姦黠不復為盜如允所請則自內及外皆可見之施行從之七月陝西五路制置使錢蓋言都水使者陳求道請招刺保甲五萬充軍緣比來陝右正兵數少全藉保甲守禦及運糧諸役差使外所餘無幾若更招刺五萬充軍則是正丁占使殆徧不唯難以選擇兼慮民情驚疑別致生事欲乞令州縣曉諭保甲取其情願如未有情願之人即乞令保甲司於正丁餘數內選擇逼赴闕人共成七萬可以足用從之

是月錢蓋奏陝西募土人充軍多是市井烏合不堪臨敵令折彥實支陝西六路銅錢各十萬緡每名添錢十千自可精擇少壯及等杖人可得正軍一萬六路共得六萬人從之十月樞密院奏召募有材武勇鋭及膽勇人并射獵射生戶從之又奏福建路有忠義武勇立功自效取仕之人理宜召募除保甲正兵外弓手百姓僧行有罪軍人並聽應募如有武藝高強實有膽勇衆所推服願應募為部領人者依逐項名目權攝部領各以所募人數借補官資從之十一月京城四壁共十萬人黃人黃旗滿市時應募者多

庸匄殊無鬭志閏十一月何㮚用王健募奇兵雖操瓢行乞之人亦皆應募倉卒未就紀律奇兵亂毆王健殺使臣數十人內前大擾王宗濋斬渠魁數人乃定及出戰為鐵騎所衝望風奔潰殲焉十一月詔諸軍詐效蕃裝焚劫財物限十日齎贓自首與免罪仍召募潰兵收管給口食馬逃亡之法國初以來各有增損熙寧五年詔禁軍奉錢至五百而亡滿七日者斬舊制三日者死初執政議更法請滿十日帝曰臨陣而亡過十日而首得不長姦乎安石曰臨陣而亡法不計日即入斬刑今當立在軍與所亡滿三日論

如對寇賊律樞密使蔡挺請沿邊而亡滿三日者斬安石曰沿邊有非軍興之所不可一槩坐以重刑本立重法以禁避寇賊及軍興而已帝曰然文彥博固言軍法臣等所當總領不宜輕改如前代銷兵乃生變安石曰前代如杜元穎等銷兵乃其措置失當非兵不可銷也且當蕭俛時天下兵至多民力不給安得不減方幽州以朱克融等送京師請毋遣克融還幽州煽衆為亂而朝廷乃令克融等飄泊京師久之不調復遣歸北克融所以復亂亦何預銷兵事彥博曰國初禁軍逃亡滿一日者斬仁宗改滿三日當時

議者已慮壞軍法安石曰仁宗改法以來活人命至多然於軍人逃亡比舊不聞加多仁宗改法不為不善帝乃詔增為七日元豐元年知鄂州王韶言乞自今逃亡配軍為盜聽捕斬賞錢詔坐條劄韶照會如所犯情重罪不至死奏裁三年六月詔軍士民兵逃亡隨軍効用若首獲並械送所屬論如法雖立戰功不賞仍不許以功贖過令隨軍榜諭四年詔沈括奏以軍前士卒逃亡潰散在路本非得已須當急且招安卿可速具朝旨出榜云聞戰士止是不禁饑寒逃歸其家可各隨所在城砦權送納器甲請給糧食聽

歸所屬節次具招撫數以聞崇寧四年九月樞密院言熙河都總管司舊無兵籍乞令諸將各置籍日具有無開收句具元額見管及逃亡事故細目申總管司本司揭貼都簿委機宜一員逐時抽摘點檢從之十月尚書省言今所在逃軍聚集至以千數小則驚動鄉邑大則公為劫盜累降指揮許以首身或令投換終未革絕昔神宗以將不知兵兵不知將故分兵領將統兵官司凡兵之事無所不統則其逃亡走死豈得不任其責檢會將敕與見行敕令皆未有將官與人員任責之法致令來兵將不加存恤勞役其身

至於逃避而任職之人悉不加罪近日熙河一路逃者幾四萬將副坐視而不禁人員將校故縱而不問至逃亡軍人所在皆有蓋自來立法未詳兼軍中長行節級人員將校什長相統同營相依上下相制豈得致其逃亡漫不省察況招軍既立賞格則逃走安可無禁令參詳脩立賞罰十數條並從之五年樞密院備童貫所言陝西等處差官招諭逃亡軍人並許所在首身更不會問便支口券令歸本營邊上軍人憚於戍守之勞往往逃竄於內郡首身遂得口券歸營恐相習成風有害軍政乞自今應軍人首身並須

會問逃亡赦限依令來招諭指揮若係赦後逃亡即乞依條施行從之大觀三年樞密院備臣僚言云自陝西路提點刑獄吳安憲始陳招誘逃亡廂禁軍之法乃著許令投換改刺之令自此諸弊寖生軍律不肅朝廷洞見其弊已嚴立法然尚有冒名一節其弊未除請如主兵官舊曾占使書札作匠雜技手業之徒或與統轄軍員素有嫌隙意欲舍此而就彼或所部逃亡數多欲避譴責輙將逃軍承逃亡之名便與請給既避譴責又冒請受上下相蒙莫之能革致使軍士多懷擅去之心者良以易得擅住之地也若加

重賞申以嚴刑庶革斯弊有裨成法從之四年樞密院言諸路及京畿逃亡軍數居多雖赦敕立限許首終懷畏避若諸路專委知州通判或職官一員京畿委知縣若招誘累及三百人以上與減一年磨勘五百人以上一年半千人以上取旨推恩於理為便政和二年臣僚言祖宗軍政大備無可議者比多逃亡者緣所在推行未至及主兵司官遵奉未嚴故也其弊有六一曰上下率斂二曰舉放營債三曰聚集賭博四曰差使不均五曰防送過遠六曰單身無火聚似此雖具有條禁而犯者極多欲乞下有司推究除

兵將官歲終立定賞罰條格外詔諸路提刑司每歲終將本路州軍不係將禁軍見管及逃亡人數參互比較具最多最少處各一州知通職位姓名申樞密院從之三年十一月開封少尹陳彥脩言諸廂收到寒凍赤露共五千七百餘人其間逃軍數多合行措置今欲依押送逃軍格每二十人各差使臣一員付與條押送人各踏逐穩便官屋安泊依居養法關請錢米存養候晴和管押前去所有沿路支破口券並依本府押送逃軍法請於合破口券等外更量支盤纏詔每人支盤纏錢三百衲襖一領候二月晴暖即

行發遣四年尚書省着令諸禁軍差發出戍未到軍前或已到而代去半年以上逃亡首獲雖會恩配如捕獲法上軍首身或捕獲會恩配依七日內法下軍本名應配者配千里若本營輙停留與同罪雖該赦仍依配法從之五年立鐵監兵匠逃走刺手背法宣和二年手詔逃卒頗多仰宣撫司措置以聞童貫言凡逃卒冬祀大赦已有百日首身免罪之文緣內有元犯雖首身於常法尚合移降移配者即未敢赴官自陳欲乞在京并京畿京西陝西河東路逃軍自今指揮到日通未滿赦限共一百日許令首身免罪依

舊軍分職次收管仍免本司本營問備及放免官逋如本犯經冬祀赦後猶有移降移配特與原免若限滿不首則依常法科罪凡逃軍係在京住營依限於在京首身者令所隸軍司當日押赴本營若見出戍者即破口券轉押赴本路駐泊州軍並依前項指揮免罪依舊收管凡逃軍在外依限首身者並於所在日破米二升其縣鎮砦並限當日解本州軍每二十人作一番差職員管押仍沿路給破口食交付前路州軍轉送住營去處如見出戍即轉駐泊州軍收管凡首身軍人並不許揀換他軍凡所在當職官如能於限內用心招收逃軍措置轉送住營或出戍處收管候滿在外委提刑司在京委開封府取索到管出戍處公文驗人數最優者申宣撫司取旨推恩並從之三年詔江浙軍前等處應逃竄軍兵並特放罪許於本將見出軍路分州縣首身依舊給請隨處權行收管若走往他處或於住營去處首獲即令所在官司逐旋發遣赴本將應副使喚仍委逐路安撫鈐轄提刑司覺察如所在輒敢隱芘或遂司不行覺察並論違制四年臣僚言中外士卒無故逃亡所在有之祖宗治軍紀律甚嚴若在戍者還家當役者避事必

有轅門之戮今既宥其罪且許揀換不制於什伍之長既立赦限又特展日以寬其自首之期臣恐逃亡得計其弊益滋乞除恩赦外不輕與限使知限之不可為常庶有畏懼從之五年臣僚言今諸軍逃亡者不以實聞諸處冒名請給至於揀閱差役則巧為占破甚不獲已則雇募逋逃以充名數旋即遁去無復實用平居雖於供億緩急無以應用而姦人擁贋其間坐費財賦雖開收勘歛法制滋詳而共利之人一體傅會望賜處分先令當職官覈見實數保明申達轉運司期日委諸郡守貳點閱仍關掌兵官司照會行下不可勾押至州者差官就閱期以同日究見的實稍涉欺罔根治不赦監司使者分郡覆實具數申達于朝以待差官分按必行罪賞使官無虛費而軍有實用則紀律可明國用可省詔送樞密院條畫措置七年二月尚書省言開封府狀乞應在京犯盜配降出外之人復走入京投換者許人告捕科以逃亡捕獲之罪酌情增配其官司及本營典首人員曹級容庇收留各杖一百因致為盜者依差使配軍入京作過法與犯人同罪罪止徒二年不以去官赦原減及在京犯罪編管出外逃亡入京之人雖有斷罪增

加地里條法緣止是募告賞格大輕是致徃徃復走
入京欲乞元犯杖罪賞錢十貫徒罪二十貫流罪三
十貫並以犯事人家財充從之十二月詔應諸路逃
竄軍人或已該赦恩出首避免却歸出戍去處再行
逃竄之人令於所在去處首身並特與免罪於一般
軍分安排支破請給發赴軍前使喚靖康元年三月
詔隨從行宮禁衛軍兵等有逃亡者並依法施行五
月臣僚言泗州頃遣勤王之師管押者不善統制類
多逋歸旣而畏法不敢出本州遂開閤請受在外無
以給養竊慮因聚為盜恐他州亦多如此乞敕應勤

王兵有適歸已經赦宥者並令首身從之六月詔應
河東潰散諸路將佐並仰逐路帥守發遣赴河東河
北制置司以功贖過河北路制置司都統制王淵言
被旨差充招集种師道等下潰散人馬應援太原限
滿不首即寄禁家屬許人收捕赴軍前重行處置從
之仍自指揮到日限以十日河北路制使劉韐奏近
制置使种師中領軍到於榆次失利潰散師中不知
存在奉旨師中下應統制將佐使臣等並與放罪臣
按用兵失主將統制將佐並合行軍法軍法行則人
以主將為重緩急必須護衛若不行軍法緩急之際

爭先逃遁視主將如路人略不顧恤近年以來高永
年陷歿一行將佐及中軍將提轄等未嘗罪以軍法
繼而劉法陷歿今种師中又死王事若兩軍相遇勢
力不加血戰而敗或失主將亦無可言榆次之戰項
刻而潰統制將佐使臣走者十已八九軍士中傷十
無一二獨師中不出若謂師中撫御少恩紀律不嚴
而其受命即行奮不顧身初聞右軍戰却即遣應援
比時諸將已無在者至賊兵犯營師中猶未肯上馬
使師中有偷生之心聞敗即行亦必得出一時將佐
若能戮力相救或可破敵今一軍纔却諸將不有主

帥相繼而遁其初猶有懼色既聞放罪遂皆釋然朝
廷以太原之圍未解未欲窮治今師旅方興深恐無
所懲艾遇敵必不用命欲乞指揮應种師中下統制
將佐並依聖旨處分仍令軍前自效如能用命立功
與免前罪今後非立戰功雖該恩赦不得敘復仍乞
優詔褒贈師中以為忠義之勸詔种師中下統制將
佐並降五官仍開具職位姓名申尚書省餘依劉韐
所奏八月河北河東路宣撫司奏近據都統制王淵
捉獲潰敗使臣已管押赴宣撫副使劉韐軍前交割
依軍法施行外訪聞尚有未曾出首將佐使臣詔限

令指揮到日更與展限十日許令於所在州軍出首仍依元降指揮免罪特與支破遞馬驛券疾速發赴軍前自効候立功日優加推賞如再限滿日更不首身當取見職名重賞購捕定行軍法仍多出榜示諭二年四月詔訪聞諸處潰散軍人嘯聚作過將百姓強刺充軍驅虜隨行使與遇敵使前害枉良民其令有司榜諭被虜強刺之人許以自陳給據各令歸業願充軍者隨等杖刺填禁廂軍依條支給例物又詔昨逃亡班直諸軍雖已降指揮撫諭並與免罪發歸元處其管押兵官未有指揮可候指揮到許於所

在官司自陳亦與免罪建炎初招募多西北之人其後令諸路州軍砦或三衙招募或選刺三衙軍中子弟或從諸郡選刺中軍子弟解發復詔瀕淮及江淮沿流州軍募善沒水經時伏藏者以五千為額神武右軍統制張俊言牙軍多招集烏合之衆擬上等改刺勝捷次等刺振華振武庶得部分歸一訓練為便詔兩浙江東除江陰軍各募水軍三百人紹興元年廣東帥臣言本路將兵元五千二百見千三百十九令擬將官駐劄諸軍洎本路州軍以十分為率各招其半二年累降令行在諸軍毋互相招收及將別軍

人拘執違者行軍法四年詔所招河北人充河北振武餘人刺陝西振華指揮沿江招置水軍備戰艦募東南諳水者充每指揮以五百為額十年詔三京路招撫處置使司招効用軍兵萬人內招使臣二千員十五年福建安撫莫將言汀漳泉劒四州與廣東江西接壤比年寇盜剽劫居民土豪備私錢集社戶防捍有勞有司不為上聞推恩破家無所依歸勢必從賊官軍不習山險且瘴癘侵加不能窮追管屬良民悉轉為盜請委四州守臣募此游手無歸勇健之人各收千人仍以効用為名足可備用實永久利詔令

張淵同措置二十四年殿前都指揮使楊存中言舊制在京所管捧日天武拱聖驍騎驍勝寧朔神騎神勇宣武虎翼廣勇諸指揮禁軍內捧日天武依條升揀扈衛諸班直拱聖神勇以下升揀捧日天武除逃亡有故僅千九百人請於今年分定月內招千人二十七年楊存中奉旨三衙所招効用兵令住招令闕六千七百二十六人若不招填兵數日損詔本司來年正月為始依舊招募隆興元年步軍司郭振言本司在京日軍額三萬九千五百今行在僅千二百一十九詔招填千七百八十一人以三千為額刺充神

衛虎翼飛山床子弩雄武等指揮乾道七年馬軍司王友直言見管戰馬二千七百餘止有傔馬六百餘人請招傔兵千五百並充雄威詔招千人剌步傔二字步軍司吳挺言步司五軍額二萬五千見闕三千六百詔令招填淳熙十六年殿前副都指揮郭鈞言淳熙五年住招兵今踰十載戰隊合用火分傔兵闕詔招千人紹熙二年詔步軍司招軍千人慶元元年詔楚州招到二百六十一人補弩手効用五年詔給降度牒付金州都統招填闕額并揀汰兵照紹熙初年令自五尺四寸至五尺六寸三等招收開禧元年

興元都統秦世輔言本司軍多闕額紹興之末管二萬九千餘人乾道三年立額二萬七千今二萬五千四百差戍官占實萬一百四十三人點閱所部堪披帶人僅六百二十七請從本司酌紹興額招剌參知政事蔣芾言在內諸軍每月逃亡不下四百人若權住招一年半候財用稍足招強壯不惟省費又得兵精且南渡以來兵籍之數紹興十二年二十一萬四千五百餘人二十三年二十五萬四千五百四十人三十年三十一萬八千一百三十八人乾道三年三十二萬三千三百一人只比二十三年已增六萬九千六十一人如此何緣財用有餘寶慶二年知武岡軍吳愈言禁衛兵所以重根本威外夷太祖聚天下精兵在京者十餘萬州郡亦十餘萬嘉定十五年三衙馬步諸軍凡七萬餘闕舊額三萬若以川蜀荆襄兩淮屯戍較之奚啻數倍於禁衛宜遵舊制擇州郡禁兵補禁衛闕州郡闕額帥守招填紹定四年臣僚言州郡有禁卒有壯城有廂軍有土兵一州之財自足以給一州之兵比年尺籍多虛月招歲補悉成文具蓋州郡各養兵之費所招無二三逃亡已六七宜申嚴帥臣廳郡守到罷具兵額若干逃故若干招填

若干攷其數而黜陟之寶祐間州郡闕守承攝者違令招剌不詢材武務盜帑儲咸淳季年邊報日聞召募尤急官降錢甚優厚强剌平民非無法禁所司莫能體上意執民為兵或甘言誑誘或詐名賈舟候負販者群至輒載之去或購舡船人全船疾趨所隸或令軍婦冶容誘于路盡涅剌之由是野無耕人途無商旅往往聚丁壯數十而后敢入市民有被執而赴水火者有自斷指臂以求免者有與軍人抗而殺傷者無賴乘機假名為擾九年賈似道疏云景定元年迄今節次招軍凡二十三萬三千有奇除填額創招

者九萬五千近又招五萬謂之無兵不可十年汪立信書抵賈似道陳三策一謂内地何用多兵宜悉抽以過江可得六十萬矣蓋兵不貴多貴乎訓練之有素若不堪受甲徒取充數將焉用之考之舊制凡軍有闕額即招塡熙寧元豐講求民兵之政於是募兵浸減而三衙多虛籍至于靖康禁衞弱矣中興復用招募立等杖選勇壯數人才驗虛實審刺之法雖在諸屯而已招者兵籍悉總于樞府云

志卷第一百四十六

志卷第一百四十七　宋史一百九十四

開府儀同三司上柱國錄軍國重事中書右丞相兼修國史領經筵事都總裁脫脫等奉

敕修

兵八 揀選之制 廩給之制

揀選之制建隆初令諸州召募軍士部送闕下至則軍頭司覆驗等第引對便坐而分隸諸軍焉其自廂軍而升禁兵禁兵而升上軍上軍而升班直者皆臨軒親閱非材勇絶倫不以應募餘皆自下選補咸平五年於環慶等州廂軍馬步軍六千餘人内選材勇者四千五百人付逐砦屯防以代禁兵景德二年宣示殿前侍衞司諸禁軍中老疾者衆蓋久從征戍失於揀練每抽替至京雖量加閱視亦止能去其尤者今多已抽還宜乘此息兵精加選揀雖議者恐其動衆亦當斷在必行昔太祖亦嘗患此遂盡行揀閱當時人情深以爲懼其後果成精兵樞密使王繼英等曰今兵革休息不乘此時遴選實恐冗兵徒費廩食帝曰然近者契丹請盟夏人納款恐軍旅之情謂國家便謀去兵惜費乃命先於下軍選擇勇力者次補上軍其老疾者俟秋冬愼擇將臣令揀去之三年正月詔遣樞密都承旨韓崇訓等與殿前司侍衞馬步

軍司揀閱諸軍兵士供備庫使帶御器械秦政敏等
分往京東西路揀閱八月詔效順第一軍赴京揀閱
以補虎翼名闕是軍皆河東人帝念其累戍勞苦故
升獎焉大中祥符二年四月詔曰江南廣東西路流
配人等皆以自抵憲章久從配隷念其遠地每用矜
懷屬喬嶽之增封洽溥天之大慶不拘常例特示寬
恩江南路宜差內殿崇班段守倫就昇州洪州廣南
東西路差殿直閤門祗候彭麟就桂州與本路轉運
使同勾抽諸州雜犯配軍揀選移配淮南州軍牢城
及本城有少壯堪披帶者即部送赴闕當議近上軍

分安排如不願量移及赴闕者亦聽若地里遠處即
與轉運使同乘傳就彼依此揀選五年正月帝諭知
樞密院王欽若等在京軍校差充外處人員軍數不
足有妨訓練可詔示殿前侍衛馬步軍司簡補禁軍
逐指揮兵士內捧日上三軍要及三百人龍衛上四
軍各二百五十人拱聖驍騎驍勝寧朔神騎雲武騎
各三百五十人並於下次軍營升填須及得本額等
樣及令軍頭司於諸處招揀到人內選填營在京者
引見分配在外處者準此仍委逐司擘畫開坐以聞
在京差出者候替回揀選九年十一月詔河北河東

陝西諸州軍揀料本城兵五百人以上升為一指揮
於本處置營教閱武藝升為禁軍天禧元年二月遣
使分往諸州軍揀廂軍驍壯及等者升隷上軍六月
召選天下廂兵遷隷禁軍者凡五千餘人天聖間嘗
詔樞密院次禁軍選補法凡入上四軍者捧日天武
弓以九斗龍衛神衛弓以七斗天武弩以二石七斗
神衛弩以二石三斗為中格恩冀員僚直驍捷軍士
選中四軍則不復閱試自餘招揀中者並引對凡員
僚直闕則以選中上軍及龍衛等樣弓射七斗合格
者充仍許如龍衛例選補班直凡選禁軍自奉錢三

百已上弓射一石五斗弩蹠三石五斗等樣及龍衛
者並親閱以隷龍衛神衛凡騎御馬直闕小底則閱
拱聖驍騎少壯善射者充凡弓手內殿直以下選補
殿前指揮使射一石五斗御龍弓箭直選補御龍直
御龍骨朶子東西班帶甲殿侍選補長入祗候御龍
諸直將虞候選補十將射皆一石四斗東西班散直
選補內殿直捧日員僚直天武龍衛神衛親從選補
諸班直御龍骨朶子直弓箭直將虞候選補十將御
龍直長行選補將虞候射皆一石三斗員僚龍御騎
御馬直小底選補散直射皆一石二斗凡弩手東西

班帶甲殿侍選補長騎祗候射四石御龍弩直將虞候選補十將射三石八斗長行選補將虞候射三石五斗其捧日天武龍衛親從選補弩手班御龍弩直者亦如之其次別爲一等減二斗自餘殿前指揮使諸班直以歲久若上名出補外職者所試弓弩斗力皆遞減弓自一石三斗至八斗弩自三石二斗至五斗各有差凡班直經上親閱隸籍者有司勿復按試其升軍額者或取少壯拳勇或旌邊有勞至於河清遞補牢城配軍亦間下詔選補蓋使給役者有時而進負罪者不終廢也其退老疾則以歲首或出軍回

轉員皆揀汰上軍以三歲河北遇大閱亦如之景祐元年詔選教駿填拱聖諸軍退其老疾爲剩員不任役者免爲民三年詔選驍騎雲騎驍勝填拱聖武騎寧朔神騎填驍騎康定元年選御輦官爲禁軍輦官二十六人邀輔臣諠訴斬其首二人餘黥隸嶺南卒選如初慶曆三年詔韓琦田況選京師奉錢五百已上禁軍武技精捷者營取五人樞密院籍記姓名以備驅使況因言今天下兵踰百萬視先朝幾三倍自昔養兵之冗未有若是且諸路宣毅廣勇等軍孱弱衆甚大不堪戰小不堪役宜分遣官選不堪戰者降

爲廂軍不堪役者釋之上然其言皇祐元年揀河北河東陝西京東西禁廂諸軍退其罷癃爲半分甚者給糧遣還鄉里係化外若以罪隸軍或嘗有戰功者悉以剩員處之三年韓琦奏河北就糧諸軍願就上軍者許因大閱自言若等試中格舊無罪惡即部送闕量材升補乃詔四路都總管司自今春秋閱委主管選長五尺六寸已上弓一石五斗弩三石五斗者并家屬部送闕嘉祐二年詔神衛水軍等以五年諸司庫務役兵以三年一揀五年選京東西陝西河北河東本城牢城河清裝御馬遞鋪卒長五尺三寸勝

帶甲者補禁軍其嘗犯盜亡坐黥者配外州軍歸遠壯勇八年右正言王陶奏天下廂軍以歲首揀至於禁軍雖有駐劄還日揀法或不舉臣竊惟調發禁軍本籍精銳軍出之時尤當揀練請下有司凡調發禁軍委當職官汰年六十已上將校年六十五已上衰老者如此則兵精而用省矣下其章殿前馬步軍司奏曰舊制遣戍陝西河北河東廣南被邊諸軍悉揀汰餘路則無令請自今諸軍調發悉從揀法詔可又詔凡選本城牢城軍士以補龍猛等軍者並案籍取嘗給奉錢五百及龍猛等者以配龍猛其不及等與

嘗給奉錢四百以下若百姓黥隸及龍騎等者以配
龍騎其龍騎軍士戍還即選填龍猛自今本城牢城
悉三年一揀耆爲令治平元年閱親從官武技得百
二十人以補諸班直乃詔自今親從官限年三十五
以下者充又詔如聞三路就糧兵多老疾不勝鎧甲
者可勿拘時揀年五十以上有子弟或異姓親屬等
應樣者代之如無聽召外人是歲詔京畿幷諸路揀
龍騎壯勇歸遠本城牢城宣効六軍河清車營致遠
窑務鑄錢監屯田務隸籍三十年勝鎧甲者部送京
師填龍猛等軍其自廣南揀中者就填江西荆湖歸

遠闕額仍詔每三年以龍猛等軍闕數聞又詔諸路
有步射引弓兩石彍弩四石五斗已上者奏遣詣闕
二年詔京東教閱補禁軍先是京東教閱本城自初
置即番隸本路巡檢久不選補上聞其軍多勇壯可
用者欲示激勸故有是詔治平四年五月揀選拱聖
神勇以下勇分以補捧日天武龍神衛闕數元豐三
年六月權主管馬步軍司燕達言内外就糧退軍二
十一指揮八千餘人以禁軍小疾故揀退及武藝淺
弱人配填既不訓練又免屯戍安居冗食耗蠹軍儲
若自今更不增補廢漸銷減候有闕依禁軍選募教

習武藝不數年間退軍可盡變銳士内奉錢七百者
減爲五百依五百奉錢軍等杖招揀從之仍詔上四
軍退軍改作五百奉錢軍額八月殿前步軍司虎翼
十指揮出戍歸營閱其勞苦詔並升補爲神勇指揮
廣西路經略司言雄略澄海指揮闕額請以諸路配
送隸牢城卒所犯稍輕及少壯任披帶者選補從之
四年四月提舉河北義勇保甲狄諮言舊制諸指揮
兵給内有老疾年五十五已上有弟姪子孫及等杖
者令承替名糧其間亦有不堪征役者乞年四十已
上許令承替詔河北馬步諸軍依此十二月詔諸班

直上四軍毋得簡常有罪改配入元祐二年七月詔
諸路每歲於八月後解發試武藝人到闕殿前司限
次年正月軍頭司限二月以前試驗推恩呈試武藝
人同三年閏十二月樞密院言在京諸軍兵額多闕
而京東西路就糧禁軍往往溢額詔差官往逐路同
長使揀選發遣以補其數大觀元年四月詔曰東南
諸郡軍旅之事久失訓齊民雖浮弱而阻山帶江輕
而易搖安必慮危誠不可忽其諸軍事藝生踈精熟
不同非獨見將官訓練優劣實亦繫教頭能否樞密
院請委逐路提舉訓練官妙選精熟教頭二年一替

若能訓練精熟然後推賞從之至若省併之法凡軍
各有營營各有額皇祐間馬軍以四百步軍以五百
人爲一營承平既久額存而兵闕馬一營或止數十
騎兵一營或不滿一二百而將校猥多賜予廩給十
倍士卒遞遷如額不少損帝患之熙寧二年始議併
廢陝西馬步軍營三百二十七併爲二百七十馬軍
額以三百人步軍以四百人其後凡撥併者馬步軍
營五百四十五併爲三百五十五而京師府界諸路
及廂軍皆會總畸零各足其常額凡併營先爲繕新
其居室給遷徙費軍校員溢則以補他軍闕或隨所

併兵入各指揮依職次高下同領帝嘗謂輔臣曰天
下財用朝廷稍加意則所省不可勝計迺者銷併軍
營計減軍校十將以下三千餘人除二節賜予及傔
從廩給外計一歲所省爲錢四十五萬緡米四十萬
石紬絹二十萬匹布三萬端馬藁二百萬庶事若此
邦財其可勝用哉初議併營大臣皆以兵驕已久遽
併之必召亂不可帝不聽獨王安石贊決之時蘇軾
言曰近者併軍蒐卒之令猝然輕發甚於前日矣雖
陛下不恤人言持之益堅而勢窮事礙終亦必變他
日雖有良法美政陛下能復自信乎樞密使文彥博

曰近多更張人情洶洶非一安石曰事合更張豈憚
此輩紛紛邪帝用安石言卒併營之自熙寧以至元
豐歲有併廢元符二年樞密院言已詔諸路併廢堡
砦減罷兵將鄜延秦鳳路已減併餘路未見施行詔
涇原熙河蘭會環慶河東路速議以聞三年罷都護
府安撫使隸河蘭州以省餽運詔邊帥減額外戍兵
建中靖國元年減放秦鳳路土兵大觀三年詔昨降
處分措置東南利害深慮事力未辦應費不貲其帥
府望郡添置禁軍諸縣置弓手並罷其壯城兵士令
帥府置一百人餘望郡置五十人舊多者自依舊沿

邊州軍除舊有外罷增招壯城帥府望郡養馬并步
人選充馬軍指揮及支常平錢收糴封樁斛斗指揮
並罷已添置路分鈐轄路分都監許令任滿江南東
西兩浙各共差走馬承受內臣一員帥府添置機宜
文字去處並罷四年詔四輔州各減一將其軍兵仰
京畿轉運司將未足額并未有人崇銳崇威崇捷崇
武內併廢四十四指揮已揀到人隨等杖撥填四輔
見闕禁軍仍將逐輔係將不係將軍兵以住營遠近
相度重别分隸排定及八將訓練駐劄去處疾速開
具以聞河北河東崇銳崇威河東十八指揮河北不

隸將十三指揮併廢見管兵令總管司撥填本路禁軍闕額河北路撥不盡人發遣上京分填在京禁軍闕額河東撥不盡人並於本路禁軍額外收管宣和五年詔兩浙盜賊寧息其越州置捕盜指揮可均填江東淮東三路州軍闕額至神宗之世則又有簡汰退軍之令治平四年詔揀拱聖神勇以下軍補捧日天武龍衛神衛兵闕熙寧元年詔諸路監司察州兵招簡不如法者按之不任禁軍者降廂軍不任廂軍者免爲民二年從陳升之議量減衛兵年四十以上稍不中程者請受呂公弼及龍圖閣直學士陳薦皆

言退軍不便三年二月司馬光亦曰竊聞朝廷欲揀在京禁軍四十五以上微有呈切者盡減請給兼其妻子徙置淮南以就糧食若實有此議竊謂非宜何則在京禁軍及其家屬率皆生長京師親姻聯布安居樂業衣食縣官爲日固久年四十五未爲衰老微有呈切尚任征役一旦別無罪負減其請給徙之淮南是橫遭降配也且國家竭天下之財養長征兵士本欲備禦邊陲今淮南非用武之地而多屯禁軍坐費衣食是養無用之兵置諸無用之地又邊陲常無事則已異時或小有警急主兵之臣必爭求益兵京

師之兵既少必須使使者四出大加召募廣爲揀選將數倍多於今日所退之兵是棄已教閱經戰之兵而收市井甽畝之人本欲減冗兵而冗更多本欲省大費而費更廣非計之得也臣愚欲願朝廷且依舊法每歲揀禁軍有不任征戰者減充小分小分復不任執役者放令自便在京居止但勿使老病者尚占名籍虛費衣糧人情既安於所習國家又得其力冗兵既去大費自省此國家安危所繫不敢不言右正言李常亦以爲言從之是年詔陝西就糧禁軍額十萬人方用兵之初其令陝西河東亟募士補其闕四

年詔比選諸路配軍爲陝西彊猛其以爲禁軍給賜視壯勇爲優隸步軍司役於逐路都監總管司詔廣東福建江西選本路配軍壯勇者合所募兵萬人以備征戍三月詔廣東路選雜犯配軍丁壯每五百人爲一指揮屯廣州號新澄海如廣西之法七月手詔揀諸路小分年四十五以下勝甲者升以爲大分五十已上願爲民者聽舊制兵至六十一始免猶不即許至是免爲民者甚衆冗兵由是大省十年遣官偕畿內京東西陝西荊湖長吏簡募軍士以補禁軍之闕元豐元年詔以馬軍選上軍上軍選諸班者並馬

射弓一石力諸班直槍弩手闕選親從親事官餘並選揀日龍衛弓箭手二年雲騎軍闕二千一百以雲捷等軍補之六年騎兵年五十以下教武技不成而才可以肄習者並以爲步軍元祐四年詔今後歲揀禁軍節級筋力未衰者年六十五始減充剩員八年涇原路經略司奏揀選諸將下剩員年六十以下精力不衰仍充軍以補闕額從之陝西諸路如之紹聖四年樞密院言龍騎係雜犯軍額闕數尚多今欲將禁軍犯徒兵及經斷者歲揀以填闕從之元符元年又言就糧禁軍闕額於廂軍內揀選年四十以下者

塡從之宣和七年詔京東西淮南兩浙帥司精選諸軍驍銳發赴京畿輔郡兵馬制置使司靖康元年詔軍兵久失教習當汰冗濫精加揀擇然不能精也方兵盛時年五十已上皆汰爲民及銷併之久軍額廢闕則六十已上復收爲兵時政得失因可見矣中興以後兵不素練自軍校轉補之法行而揀選益精大抵有疾患則選有老弱則選藝能不精則選或由中軍揀補外軍或揀外邊精銳以升禁衛考軍防令諸軍招簡等杖天武第一軍五尺有八寸捧日天武第二軍神衛五尺七寸三分龍衛五尺有七寸拱聖神

勇勝捷驍捷龍猛精朔五尺六寸五分驍騎雲騎驍勝宣武殿前司虎翼殿前司虎翼水軍五尺有六寸武騎寧朔步軍司虎翼水軍揀中龍衛神騎廣勇龍騎驍猛雄勇吐渾擒戎新立驍捷驍武廣銳雲翼有馬勁勇步武威捷武衛牀子弩雄武飛山雄武神銳振武新招振武新置振武振華軍雄武弩手上威猛廳子無敵上招收冀州雄勝澄海水軍弩手五尺五寸廣捷威勝廣德克勝陝府雄勝驍雄雄威神虎保捷清邊弩手制勝清澗平海雄武龍德宮清衛寧遠安遠五尺四寸五分克戎萬捷雲捷橫塞捉生有馬

雄略効忠宣毅建安威果全捷川效忠揀中雄勇懷順忠勇教閱忠節神威雄略下威猛五尺四寸亳州雄勝飛騎威遠蕃落懷恩勇捷上威武下威武忠節靖安川忠節歸遠壯勇宣効五尺三寸五分濟州雄勝騎射橋道清塞奉先奉國武寧威勇忠果勁勇下招收壯武雄節靜江武雄廣節澄海懷遠寧海刀牌手必勝五尺三寸揀中廣効武和武肅忠靖三路廂軍五尺二寸建炎三年詔江南江東兩浙諸州軍正兵士兵除鎮江越州委守臣兵官巡檢六分中選一分部轄人年四十五以下長行年三十五以下合用

器甲候旨選擇赴行在有怯弱不堪年甲不應或占庇不如數選發其當職官有刑四年詔神武義軍統制王𤩽下閱到第三等軍兵一千六百六十人填廂禁軍其不任披帶者分填嚴州新禁軍紹興二年上謂輔臣曰邵清單德忠李捧三盜招安至臨安日乂卿等其極揀汰呂頤浩秦檜得旨與張俊同閱視堪留者近七千人詔命張俊選精銳得兵五千人詣行在二十年樞密院言都統吳玠選中護衛西兵千人詔隸殿司又統制楊政選西兵三百二十五人填步軍司二十四年詔御龍直見闕數可以殿步二司選

拍試填諸班乾道二年詔王琪選三百人充馬軍慶元三年殿司言正額効用萬一千五百九十二人闕二百五十九人於雄効內及効用帶甲拍試一石力弓三石力弩合格人填闕額詔崇政殿祗候親從填班直人數特與免其三衙舊司官兵及御馬直合揀班人照闕額補嘉定十一年臣僚言今軍政所先莫如汰卒謂如千兵中有百人老弱遇敵先奔即千人皆廢矣乞嚴敕中外將帥務覈其實其皆併法自咸平始建炎以後臣僚屢言軍額有闕則併隸一等軍分足其舊額以便教閱而指揮制領將佐之屬亦或

罷或省悉從其請蓋當多事之秋患兵之不足望增補以壯軍容事既寧息患其有餘必併省以覈軍實意則在乎少蘇民力也嘉熙初臣僚言今日兵貧若此思變而通之於卒伍中取強勇者異其籍而厚其廩且如百人之中揀十人或二十或三十則是萬人中有三千兵矣時試之弓弩課之武藝暇則馳馬擊毬以為樂秋冬使之校獵其有材力精彊則厚賞賚之又於其中拔其尤者數愈少而廩愈厚待之如子弟倚之如腹心緩急可用蘇轍有言天子必有所私之將將軍必有所私之士又必申命主帥制領鼓動

而精擇之假之統御之權嚴其階級之法將樂與士親士樂為將用則可以運動如意不必別移一軍別招新軍矣咸淳間招兵無虛日科降等下錢以萬計柰何任非其人白捕平民為兵名募無法揀選云乎哉

廩祿之制為農者出租稅以養兵為兵者事征守以衛民其勢然也唐以天下之兵分置藩鎮天子府衛中外校卒不過十餘萬而國用不見其有餘宋懲五代之弊收天下甲兵數十萬悉萃京師而國用不見其不足者經制之有道出納之有節也國初太倉所

儲纔支三二歲承平既久歲漕江淮粟六百萬石而縑帛貨貝齒革百物之委不可勝用其後軍儲充溢常有餘羨內外人安非偶然也凡上軍都校自捧日天武暨龍衛神衛左右廂都指揮使遙領團練使者月俸錢百千粟五十斛諸班直都虞候諸軍都指揮使遙領刺史者半之自餘諸班直將校自三十千至二千凡十二等諸軍將校自三十千至三百凡二十三等上者有傔廂軍將校自十五千至三百五十凡十七等有食鹽諸班直自五千至七百諸軍自一千至三百凡五等廂兵閱教者有月俸錢五百至三百

凡三等下者給醬菜錢或食鹽而已自班直而下將士月給糧率稱是為差春冬賜衣有絹綿或加紬布緡錢凡軍士邊外率分口券或折月糧或從別給其支軍食糧料院先進様三司定倉敖界分而以年月次之國初諸倉分給諸營營在國城西給糧于城東南北亦然相距有四十里者蓋恐士卒習惰使知負檐之勤久之有司乃取受輸年月界分以軍次高下給之凡三歲大祀有賜賚有優賜每歲寒食端午冬至有特支特支有大小差亦有非時給者邊戍季加給銀鞵邠寧環慶緣邊難於爨汲者兩月一給薪水

錢苦寒或賜絮襦袴役兵勞苦季給錢戍嶺南者增月奉自川廣戍還者別與裝錢川廣遞鋪卒或給時服錢屨屯兵州軍官賜錢宴犒將校謂之旬設舊止待屯泊禁軍其後及于本城天聖七年法寺裁定諸軍衣裝騎兵春冬衣各七事步兵春衣七事冬衣六事敢質賣者重寘之法景祐元年三司使程琳上疏論兵在精不在衆河北陝西軍儲數匱而召募不已且住營一兵之費可給屯駐三兵昔養萬兵者今三萬兵矣河北歲費芻糧千二十萬其賦入支十之三陝西歲費千五百萬其賦入支十之五自餘悉仰給

京師自咸平逮今凡二邊所增馬步軍指揮百六十計騎兵一指揮所給歲約費緡錢四萬三千步兵所給歲約費緡錢三萬二千他給賜不預合新舊兵所費不啻千萬緡天地生財有限而用無紀極此國用所以日屈也今同華沿河州軍積粟至於紅腐而不知用沿邊入中粟價常踊貴而未嘗足誠願河北陝西募住營兵勿復增置遇闕即遷廂軍精銳者補之仍漸徙營內郡以便糧餉無事時番戍于邊緩急即調發便近嚴戒封疆之臣毋得侵軼生事以覬恩賞邊今者重寘之法如此則疆埸無事而國用有餘矣

帝嘉納之康定元年詔戰歿士卒給奉終其身宰臣張士遜等言禁兵久戍邊其家在京師者或不能自給帝召內侍卽殿隅條軍校而下爲數等特出內藏庫緡錢十萬賜之慶曆五年詔湖南路發卒征蠻以給裝錢者毋得更予帶甲錢七年帝因閱軍糧諭倉官曰自今後當足數給之初有司以粮漕自江淮積年而後支帷上軍所給斗升僅足中下軍率十得八九而已嘉祐八年殿前諸班請粮比進樣異輙不受散去御史中丞王疇以爲言詔提點倉官自今往檢視有不如樣同坐之軍士不時請及有諠譁悉從軍

法皇祐二年詔在外禁軍凡郊賚折色並給以實估之直五年詔廣南捕蠻諸軍歲滿歸營人賜錢二千月增奉錢二百度嶺陣亡及瘴癘物故者子孫或弟姪不以等樣收一人隷本營者支衣廩之半治平二年詔涇原勇敢軍揀爲三等差給奉錢一千至五百爲三等勿復置營以季集渭州按閱熙寧三年帝手詔倉使給軍粮例有虧減出軍之家侵牟益甚豈朕所以愛養將士意哉自今給粮毋損其數三司具爲令於是嚴河倉乞取減刻之事四年詔付趙卨聞鄜延路諸軍數出至鬻衣裝以自給可寄體糧振恤之

先是王安石言今士卒極窘至有衣紙而擐甲者此最爲大憂而自來將帥不敢言振恤士卒恐成姑息以致兵驕臣愚以爲親士卒如愛子故可與之俱死愛而不能令譬如驕子不可用也前陛下言郭進事臣案進傳言進知人疾苦所至人爲立碑紀德士卒小有違令輙殺之惟其能犒賞存恤然後能殺違令者而人無怨今宜稍寬牽拘將帥之法使得用封樁錢物隨宜振恤然後可以責將帥得士卒死力也四年樞密院言不教閱廂軍撥併各帶舊請外今後招到者並乞依本指揮新定請受河北崇勝河東雄猛

陝西保寧京東奉化京西壯武淮南寧淮各醬菜錢一百月粮二石春衣絹二匹布半匹錢一千冬衣絹二匹紬半匹錢一千綿十二兩兩浙崇節江東西効勇荆南北宣節福建保節廣東西清化除醬菜錢不支外餘如六路川四路克寧已上各小鐵錢一千粮二石春衣絹一匹小鐵錢十千冬衣絹一匹紬一匹綿八兩小鐵錢五千並從之七年增橋道清塞雄勝諸軍奉滿三百又詔今後募禁軍等賞給並減舊兵之半十年詔安南道死戰沒者所假衣奉咸蠲除之弓箭手民兵義勇等有貸於官者展償限一年又中

外禁軍有定額而三司及諸路歲給諸軍亦有常數其闕額未補者會其歲給並封樁樞密承旨司簿其餘數輙移用論如法元豐二年詔荊南雄略軍十二營南戍瘴没者衆其議優䘏之軍校子孫降授職有疾及不願爲兵若無子孫者加賜緡錢軍士子孫弟姪收爲兵並給賻除籍後仍給粮兩月即父母年七十已上無子孫者給衣廪之半終其身哲宗即位悉依舊制徽宗崇寧四年詔諸軍料錢不多比聞支當十錢恐難分用自今可止給小平錢初蔡京謀逐王恩計不行欲陰結環衛及諸士卒乃奏皇城舖兵月給食錢五百者日給一百五十自是每月頓增四貫五百欲因以市私恩也五年樞密院言自熙寧以來封樁隸樞密院比因創招廣勇崇捷崇武十萬人權撥封樁入尚書省緣禁軍見闕數多若專責戶部及轉運司應副恐致悞事詔尚書省候極足十萬人外理合撥還自今應禁軍闕額封樁錢仍隸樞密院宣和七年詔國家養兵衣食豐足近歲以來官不守法侵奪者多若軍司乞取及因事率斂刻剝分數反致不足又官吏冗占猥多脩造役使違法差借雜役之兵食浮於禁旅假借之卒役重於廂軍近因整緝軍

政深駭聽聞自今違戾如前者重寘之法靖康元年詔諸路州軍二稅課利先行樁辦軍兵合支每月粮料春衣冬賜數足方許別行支散官吏請給等禁軍月粮並免坐倉自國初以來內則三司外則漕臺率以軍儲爲急務故錢粮支賜歲有定數至於征戍調發之特支將士功勞之犒賞與夫諸軍闕額而收其奉廪以爲上供之封樁者雖無定數而未嘗無權衡於其間也封樁累朝皆有之而熙寧爲盛其後雖有令後毋不封樁之詔然軍司告乏則暫從其請稍或優足則封樁如舊蓋宰執得人則闕額用於朝廷樞筦勢重則闕額歸之密院此政和軍政所以益不逮於崇寧大觀之間者由兩府之勢互有輕重而不能恪守祖宗之法也中興以後多遵舊制紹興四年御前軍器所言萬全雜役額五百戶部廪給有常法比申明裁減盡皆逃迸若依部所定月米五斗五升日不及二升麥四斗八升斗折錢二百日餐錢百實不足贍詔戶部裁定月米一石七斗增作一石九斗五年詔効用八資舊法內公據甲頭名稱未正其改公據爲守闕進勇副尉日餐錢二百五十米二升甲頭爲進勇副尉日餐錢三百米二升非帶甲入隊人自

依舊法宣撫使韓世忠言本軍調發老幼隨行緣効用内有不調月粮不增給日請軍兵米二升半錢百効用米二升錢二百乞日增給贍米一升半庶幾戰士無家累後顧憂齊心用命詔分屯日即陳請十三年詔殿司諸統領将官無别供給職田日贍不足差兵營運浸壞軍政可與月支供給統制副統制月五百五十千統領官百千正将同正将五十千副将四十千準備将三十千皆按月給既足其家可責後効若仍前差兵負販從私役禁軍法所販物計贓坐之必罰無赦州縣知而不舉同罪主管步軍司趙密言

比定諸軍五等請給招填闕額要以屏革姦弊第數内招收白身効用填馬步軍使臣闕其五等請給例内馬軍効用依五人衙官例步軍効用依三人衙官例緣舊効用曾經帶甲出入日止餐錢二百米二升有少壯善射者既見初收効用廪給稍優因逃他軍以希厚請今擬五等招收白身効用與舊効用不以馬步軍論槩增其給人日支錢二百米二升填使臣闕隆興二年殿前司言諸軍法兵級年六十将校年六十五減充剩員給請内有戰功亦止半給比來年及不與減落乞每營置籍鄉貫年甲招刺日月悉書

之一留本營一留戶部一留總領以備開落乾道八年樞密院言二月爲始諸軍七人例以上二分錢三分銀五分會子五人例三分錢四分銀三分會子軍兵折麥餐錢全支錢使臣折麥料錢統制軍佐供給分數仍舊淳熙三年樞密院言兵部定請受格効用一資守闕毅士二資毅士三資守闕効士月各錢三千折麥錢七百二十米一石五升春冬衣絹各二匹四資効士錢三千折麥錢九百七十二米一石一斗三升有奇衣絹各二匹五資守闕聽候使喚錢四千五百折麥錢一千八十米一石二斗絹三匹有半六

資聽候使喚錢四千五百折麥錢一千二百六十米一石四斗七升絹五匹七資守闕聽候差使八資聽候差使錢四千五百折麥錢一千四百四十米一石六斗八升絹各五匹九資守闕準備使喚十資準備差使錢五千折麥錢一千四百四十米六石八升絹各五匹紹熙元年知常德府王銖言沿邊城砦之官以備疆埸不虞廪禄既薄給不以時孤寒小吏何以養廉致使熟視姦猾泄漏禁物公私庇蓋恬不加問從而狥私受賕者有矣弓手士軍戍卒傭直粮食累月不支迫於饑寒侵漁蠻獠小則致訟爭大則啓邊

覈乞嚴勑州軍按月廩給如其未支守倅即不得先請已奉庶俾城砦官兵有以存濟緩急之際得其宣力安邊弭盜莫此爲急厥後弊日以滋迨至咸淳軍將往往虛立員以冒稍食以建康言之有神策二軍有游擊五軍有親兵二軍有制効二軍有靖安唐灣水軍有游擊采石水軍有精鋭破敵軍有効用防江軍原其初起惟騎戎兩司額耳後乃各剏軍分額多而員少一統制月請以會子計之則成一萬五百千推之他軍槩可見矣九年四川制司有言戍兵生券人月給會子六千蜀郡物貴翔貴請增人月給九千

當是時財賦之出有限廩稍之給無涯浚民膏血盡充邊費金帛悉歸于二三大將之私帑國用盡竭而宋亡矣臣僚嘗言古者兵與農一官無供億之煩國有備禦之責後世兵與農二竭國力以養兵奉之若驕子用之若傭人令守邊急務非兵農合一不可其說者有二曰屯田曰民兵川蜀屯田爲先民兵次之淮襄民兵爲先屯田次之此足食足兵之良策也其言阨于權姦竟不行

志卷第一百四十七

志卷第一百四十八　　宋史一百九十五

開府儀同三司上柱國録軍國重事前中書右丞相兼修國史領經筵事都總裁臣脫脫等奉勑修

兵九　訓練之制

訓練之制禁軍月奉五百以上皆日習武技三百以下或給役或習技其後別募廂兵亦閲習武技號教閲廂軍戍川廣者舊不訓練嘉祐以後稍習焉凡諸日習之法以鼓聲爲節騎兵五習歩兵四習以其坐作進退非施於兩軍相當者然自宋初以來中外諸軍皆用之明道二年樞密使王曙言本廂下軍止給

役而未嘗習武技宜取材勇者訓肄升補禁軍上可其奏康定元年帝御便殿閲諸軍陣法議者謂諸軍止教坐作進退雖整肅可觀然臨敵難用請自今遣官閲陣畢令解鐙以弓弩射營置弓三等自一石至八斗弩四等自二石八斗至二石五斗以次閲習詔行之陜西河東河北路是歲詔教士不衽帶金革緩急不足以應敵自今諸軍各予鎧甲十馬甲五令迭披帶又命諸軍班聽習雜武技勿輒禁止慶曆元年徙邊兵不教者于内郡俾習武技即遣戍邊二年諸軍以射親踈爲賞罰中的者免是月諸役仍籍其名

閲校長則按籍取中多者補樞密直學士楊偕請教騎兵止射九斗至七斗三等弓畫的爲五暈去的二十歩引滿即發射中者視暈數給錢爲賞騎兵佩劈陣刀訓肄時以木桿代之奏可四年詔騎兵帶甲射不能發矢者奪所乘馬與本營藝優士卒韓琦言教射唯事體容及彊弓不習射親不可以臨陣臣至邊嘗定弓弩挽彊蹶硬射親格頒行諸軍立賞肄習歲以春秋二時各一閲諸管先上射親吏卒之數命近臣與殿前馬歩軍司閲之其射親入第四至第七等量先給賜入第三等已上及挽彊蹶硬中格悉引對親閲等數多者其正副指揮使亦第賜金帛詔以所定格班教諸軍四年遣官以陝西陣法分教河北軍士五年密詔並利梓夔路鈐轄司以弓弩習士卒候民間觀聽寖熟即便以短兵日教三十人十日一易知幷州明鎬言臣近籍諸營武藝之卒使帶甲試充奇兵外爲三等庶幾主將悉知軍中武技強弱臨敵可用詔頒其法三路范仲淹請以帶甲射一石充奇兵餘自九斗至七斗第爲三等射力及等即升之詔著爲令六年詔諸軍夏三月毋教弓弩止習短兵又詔以春秋大教弓射一石四斗弩蹶三石八斗槍刀

手勝三人者立爲武藝出衆格中者本營闕階級即以次補至和元年詔諸軍選將校武藝鈞以射親爲上韓琦又言奉詔軍士弩蹶四石二斗并弓箭槍手應舊規選中者即給挺補守闕押官然則排連舊制爲虚文矣請三路兵遇春秋大教武技出衆者優給賞物免本營他役候階級闕如舊制選補奏可治平二年詔河北戰卒三十萬一千陝西四十五萬九百并義勇等委總管司訓練毋得冗占熙寧元年詔曰國家置兵以備戰守而主兵之官冗占者衆肄習弗時或誤軍事帥臣安撫監司其察所部有占兵不如令者以聞十月樞密院請陝西河東選三班使臣及士人任殿侍者以爲河北諸路指使教習騎軍或言河朔兵有教閲之名而無其實請班教法於其軍久而弗能者罷爲廂軍奏可二年帝常語執政並邊訓練士卒何以得其精熟安石對曰京東所教兵已精強願陛下推此法以責邊將閒詔其兵親臨閲試訓練簡閲有不如詔者罰之而賞其能者賞不遺賤罰不避貴則法行而將吏加勸士卒無不奮勵矣九月選置指使巡教諸軍殿前司四人馬歩軍司各三人三年帝親閲河東所教排手進退輕捷不畏矢石遂

詔殿前司步軍指揮當出戍者內擇槍刀手伉健者百人教如河東法藝精者役使以優獎之五年四月詔在京殿前馬步諸軍巡教使臣並以春秋分行校試射命中者第賜銀楪兵房置籍考校以多少定殿最五月詔以涇原路蔡挺衙教陣隊於崇政殿引見仍頒諸路其法五伍爲隊五隊爲陣陣橫列騎兵二隊亦五伍列之其出皆以鼓爲節束草象人而射焉中者有賞馬步皆前三行槍刀後二行弓弩附隊以虎蹲弩床子弩各一射與擊刺迭出皆聞金即退預籍人馬之彊者隱於隊中遇可用則別出爲奇帝以

其點閱周悉常有出野之備故令須行六年詔河北四路象平日久重於改作苟遂因循益隳軍制其以京東武衛等六十二營隸屬諸路分番教習餘軍並分遣主兵官訓練九月詔自今巡教使臣校殿最雖以十分爲率其事藝第一等及九分已上或射親及四分雖殿除其罰第二等事藝及八分或射親不及三分雖最削其賞十月選涇原土兵之善射者以教河朔騎軍馳驟野戰帝曰裁併軍營凡省軍員四千餘人此十萬軍之資也儻訓練精勇人得其用不惟勝敵亦以省財安石等曰陛下頻年選擇使臣專務

訓練間御便殿躬親試閱賞罰既明士卒皆奮觀其技藝之精一人爲數夫之敵此實國家安危所繫也是時帝初置內教法旬一御便殿閱武校程其能否而勸沮之士無不爭勸者七年詔教閱戰法主將度地之形隨宜施行二月詔自今歲一遣使按視五路安撫使以下及提舉教閱諸軍義勇保甲官課其優劣以聞而誅賞之八年詔在京諸軍營屯迫隘馬無所調習比剏四教場益寬大可以馳騁其令騎軍就教者日輪一營以馬走驟閱習五月臧景陳馬射六事一順鬉直射二背射三盤馬射四射親五野戰六

輪弄各爲說以曉射者詔依此教習八月帝令曾孝寬視教營陣大閱八軍陣於荊家陂訖事大賞元豐元年十月詔立在京校試諸軍技藝格第爲上中下三等步射六發而三中爲一等二中爲二等一中爲三等馬射五發驟馬直射三矢背射二矢中數等如步射法弩射自六中至二中床子弩及砲自三中至一中爲及等並賞銀有差槍刀并標排手角勝負計所勝第賞其弓弩墜落或縱矢不及埒或挽弓破體或局而不張或矢不滿或弩蹶不上牙或擭不發或身倒足落並爲不合格即射已中賞餘箭不合格者

降一等無可降者罷之是月賈逵燕達等言近者增損東南排弩隊法與東南所用兵械不同請止依東南隊法以弩手代小排若去敵稍遠則施箭近則左手持弩如小排架隔右手執刀以備斬伐與長兵相參爲用詔可其槍手仍以標兼習十一月京西将劉元言馬軍教習不成請降步軍又不成降廂軍乃下今諸軍約一季不能學者如所請降之十二月詔開封府界京東西将兵十人以一人習馬射受教於中都所遣教頭在京步軍諸營弓箭手亦十人以一人習馬射受教於教習馬軍所藝成則展轉分教于其

軍二年四月遣内侍石得一閱視京西第五将所教馬軍五月得一言其教習無狀詔本将陳宗等具析宗等引罪帝責曰朝廷比以四方驕悍爲可虞選置将臣分總禁旅俾時訓肄以待非常至於部勒規模悉經朕慮前後告戒已極周詳使宗等稍異木石亦宜畧知人意尸禄日久既頑且慵苟遂矜寛是難勵衆可並勒停是月詔殿前步軍司兵各置都教頭掌隸教習之事弩手五營弓箭手十營槍刀標排手五營各選一人武藝優者奏補逐司各舉散直二人爲指使罷巡教使臣是日詔河東陝西諸路舊制馬軍

自十月一日馳射野戰至穀雨日止塞上地凉自今教起八月止五月一日七月詔諸路教閱禁軍毋過兩時九月内出教法格并圖象頒行之步射執弓發矢運手舉足移步及馬射馬使蕃槍馬上野戰格鬬步用標排皆有法象凡千餘言使軍士誦習焉四年五月詔東南諸路轉運提點刑獄司體量将兵自降教閱新法之後軍士有所倍費以聞盖自團立将兵以来軍人日新教閱舊資技藝以給私費者悉無暇爲故也六年從郭忠紹之請步軍弩手第一等者令兼習神臂弓七年八月詔開封府界京東西路專選

監司提舉教閱神宗留心武備既命立武學校七書以訓武舉之士又頒兵法以肄軍旅微妙淵通取成于心群臣莫望焉元祐元年四月右司諫蘇轍上言諸道禁軍自置将以来日夜按習武藝将兵皆蚤晚兩教新募之士或終日不得休息今平居無事朝夕虐之以教閱使無遺力以治生事衣食殫盡憔悴無聊緩急安得其死力請使禁軍除新募未習之人其餘月止一教是月朝請郎任公裕言軍中誦習新法愚懵者頗以爲苦夫射志於中而擊刺格鬬期於勝豈必盡能如法樞密院亦以爲元降教閱新法自合

教者指授不當令兵衆例誦詔從之九月樞密院奏
異時馬軍教御陣外更教馬射其法全隊馳馬皆重
行爲之字透空發矢可迭出最便利近歲專用順鬃
直射抹鞦背射法止可輕騎挑戰即用衆乃不能重
列非便請自今營閲排日馬軍之字射與立背射隔
日互教詔可三年五月罷提舉教習馬軍所六年六
月三衙申樞密院乞近狀七十日依令式放諸軍教
王巖叟白韓忠彥曰景德故事皆内侍省檢舉傳宣
令但歲舉爲常則不復見朝廷恩意忠彥以爲然又
開陳太皇太后曰如此則爲常事待處分内侍省遂

詔今後入狀遣中侍傳宣諸軍住教紹聖元年三月
樞密院言禁軍春秋大教賞法每千人增取二百一
十人給賞有差從之二年二月樞密院言馬軍自九
月至三月每十日一次出城滓渲教習回答野戰走
驟向背施放遇風雪假故權住從之三年五月詔在
京府界諸路禁軍格鬬法自今並依元豐條法教習
七月詔選弩手兼習神臂弓八月詔殿前馬步軍司
見管教頭别選事藝精強通曉教像體法者展轉教
習其弓箭手馬步射射親用點藥包指及第二指知
鏃並如元豐格法是月又詔復神臂弓射法爲百二

十步元符元年十月曾布既上巡教使臣罰格因言
祖宗以來御將士常使恩歸人主而威令在管軍凡
申嚴軍政豈待朝廷立法而後施行耶是管軍失職
矣帝深以爲然政和元年二月詔春秋大教諸軍弓
弩斗力並依元豐舊制四年五月臣僚上言神臂弓
垜遠百二十步給箭十隻取五中爲合格軍中少得
該賞恐惰於習射送殿前馬步軍司勘會將中貼箭
數並改爲上垜其一中貼此兩上垜從之五年三月
詔自今敢占留將兵不赴教閲並以違御筆論不按
舉者如其罪十一月臣僚言春秋大教諸軍弓弩上

取斗力高強其射親中多者激賞大薄無以爲勸詔
依元豐法八年詔州郡禁軍出戍外常留五分在州
教閲從毛友之請也重和元年正月而兵部侍郎宇
文粹中進對論禁軍訓練不精多充雜役帝曰祖宗
軍旅之法最爲密緻神考尤加意訓習近來兵官寖
以弛慢古者春振旅夏茇舍秋治兵冬大閲皆於農
隙以講事大司馬教戰之法大宗伯大田之禮細論
周制大抵軍旅之政六卿無有不總之者今士人作
守倅任勸農事不以勸耕稼爲職管軍府事不以督
訓練爲意自今如後使班直及禁衛者當差人提擧

懲戒吏候日長即親御教閱激賞尋以粹中所奏參照條令行之宣和三年四月立騎射賞法其背射上垜中貼者依步射法推賞靖康元年二月詔軍兵久教習決冗濫令三衙與諸將招軍惟務增數希賞但及等杖不問勇怯招收既不精當教習又不以時雜色占破十居三四令宜揀兵之際精加揀擇既係軍籍專使教習不得以雜色拘占又神臂弓馬黃弩乃中國長技宜多行教習以扞邊騎仍令間用衣甲教閱庶使習熟四月詔復置教場春秋大閱及復內教法以激賞之

陣法熙寧二年十一月趙卨乞講求

諸葛亮八陣法以授邊將使之應變詔郭逵同卨講求相度地形定爲陣圖聞奏五年四月詔蔡挺先進教閱陣圖帝嘗謂今之邊臣無知奇正之體者況奇正之變乎且天地五行之數不過五五陣之變出於自然非強爲之率相韓絳因請諸帥臣各具戰陣之法來上取其所長立以爲法從之帝患諸將軍行無行陣之法嘗曰李靖結三人爲隊必有意星書羽林皆以三人爲隊靖深曉此非無據也乃令賈逵郭固試之十二月知通遠軍王韶請降合行條約詔賜御製攻守圖行軍環珠武經總要神武祕畧風角集古四路戰守約束各一部餘令關秦鳳路經畧司抄錄六年詔諸路經畧司結隊並依李靖法三人爲一小隊九人爲一中隊賞罰俟成序日取裁其隊伍及器甲之數依涇原路牙教法九月趙卨言欲自今大閱漢蕃陣隊且以萬二千五百人爲法旌旗麾幟各隨方色戰國時大將之旗以龜爲飾蓋取前列先知之義令中軍亦宜以龜爲號其八隊旗別繪天地風雲龍虎鳥蛇天地則象其方圓風雲則狀其飛揚龍虎則狀其翔盤之勢以備大閱樞密院以爲陣隊旗號若繪八物應士衆難辨且其間亦有無形可繪者遂

詔止依方色仍異其形制令勿雜而已七年又命呂惠卿曾孝寬比校三五結隊法十月以新定結隊法并賞罰格及置陣形勢等遣近侍李憲付趙卨曰陣法之詳已令憲面諭今所圖止是一小陣卿其從容析問憲必一一有說然置陣法度久失其傳今朕一旦據意所得率爾爲法恐有未盡宜無避忌但具奏來繼又詔曰近令李憲齎新定結隊法并賞罰格付卿同議可否因以團立將官更置陣法卿必深悉朝廷經畫之意如日近可了宜令李憲齎赴闕卨奏曰置陣之法以結隊爲先李靖以五十人爲一隊每三

人自相得者結爲一小隊合三小隊爲一中隊合五中隊爲一大隊餘押官隊頭副隊頭左右傔旗五人即充五十並相依附今聖制每一大隊合五中隊五十人爲之中隊合三小隊九人爲之小隊合三人爲之亦擇心意相得者又選壯勇善槍者一人爲旗頭令自擇如已藝心相得者二人爲左右傔自選勇悍者一人爲引戰又選軍校一人執刀在後爲擁隊凡隊內一人用命二人應援小隊用命中隊應援中隊用命大隊應援大隊用命小隊應援如逗撓觀望不即赴救致有陷失者本隊委擁軍校次隊委本轄隊

將審觀不救所由斬之其有不可救或赴救不及或身自受敵體被重創但非可救者皆不坐其說雖與古同而用法尤爲精密此蓋陛下天錫勇智不學而能也然議者謂四十五人而一長不若五人而一長之密且以五人而一長即五十人而十長也推之於百千萬則爲長者多而統制不一也至如周制五人爲伍屬之比長五伍爲兩屬之閭胥四兩爲卒屬之族師五卒爲旅屬之黨正五旅爲師屬之州長五師爲軍屬之命卿此猶今之軍制百人爲都五都爲營五營爲軍十軍爲廂自廂都指揮使而下各有節級

有員品亦昔之比長閭胥族師黨正之任也議曰謂什伍之制於都法爲便然都法恐非臨陣對敵決勝之術也况八陣之法久失其傳聖制一新稽之前聞若合符節夫法一定易以致人敵好擊虛吾以虛形之敵好背實吾以實形之然而所擊者非其虛所背者非其實故逸能勞之飽能飢之此所謂致人而不致於人也七年七月詔諸路安撫使各具可用陣隊法及訪求知陣隊法者以聞九月崇儀使郭固以同詳定古今陣法賜對於是內出攻守圖二十五部付河北八年二月帝批見校試七軍營陣以分數不齊

前後牴牾難爲施用可令見校試官攈其可取者草定八軍法以聞初詔樞密院曰唐李靖兵法世無全書雜見通典離拆譌舛又官號物名與今稱謂不同武人將佐多不能通其意令樞密院檢詳官與王振曾收王白郭逢原等校正分類解釋令今可行又命樞密院副都承旨張誠一入內押班李憲與振逢原行視寬廣用馬步軍二千八百人教李靖營陣法以步軍副都指揮使楊遂爲都大提舉誠一憲爲同提舉振逢原參議公事夏元象臧景等爲將副部隊將幹當公事凡三十九人誠一等初用李靖六花陣法

約受兵二萬人爲率爲七軍内虞候軍各二千八百人取戰兵千九百人爲七十六隊戰兵内每軍弩手二百弓手三百馬軍五百跳盪四百奇兵四百輜重每軍九百是爲二千八百人帝諭近臣曰黄帝始置八陣法敗蚩尤於涿鹿諸葛亮造八陣圖於魚復平沙之上壘石爲八行晋桓温見之曰常山蛇勢此即九軍陣法也至隋韓擒虎深明其法以授其甥李靖靖以時遇久亂將臣通曉者頗多故造六花陣以變九軍之法使世人不能曉之大抵八陣即九軍九軍者方陣也六花陣即七軍七軍者圓陣也蓋陣以圓

爲體方陣者内圓而外方圓陣即内外俱圓矣故以方圓物驗之則方以八包一圓以六包一此九軍六花陣之大體也六軍者左右虞候軍各一爲二虞候軍左右廂各二爲四廂軍與中軍共爲七軍八陣者加前後二軍共爲九軍開國以來置殿前馬步軍三帥即中軍前後軍帥之别名而馬步軍都虞候是爲二虞候軍天武捧日龍神衛四廂是爲四廂軍也中軍帥總制九軍即殿前都虞候專總中軍一軍之事務是其名實與古九軍及六花陣相符而不必差也今論兵者俱以唐李筌太白陰經中陣圖爲法失之

遠矣朕嘗覽近日臣僚所献陣圖皆妄相眩惑無一可取果如其說則兩敵相遇必須遣使豫約戰日擇寬平之地夷阜塞壑誅草伐木如射圃教場方可盡其法爾以理推之其不可用決矣今可約李靖法爲九軍營陣之制然李筌圖乃營法非陣法也朕採古之法酌今之宜曰營曰陣本出于一法特止曰營行曰陣在奇正言之則營爲正陣爲奇也於是以八月大閲八軍陣於城南荆家陂已事賜遂而下至指使步馬軍銀絹有差八年詔諸路權住教五軍陣止教四御陣九年四月帝與輔臣論營陣法謂爲將者必

知將兵之理且八軍六軍皆大將居中大將譬則心也諸軍四體也運其心智以身使臂以臂使指攻左則右救攻右則左救前後亦然則軍何由敗也元豐四年以九軍法一軍營陣按閲於城南好草陂已事獎諭熙寧七年詔已降五陣法令諸將教習其舊教陣法並罷蓋九軍營陣爲方圓曲直鋭凡五變是爲五陣元祐元年高翔言乞以御陣與新陣法相兼教閲從之盖元豐七年詔專用五陣法而舊教御陣遂廢至是復令互教紹聖三年復罷教御陣大觀二年詔以五陣法頒行諸路靖康元年監察御史胡舜陟奏

通直郎秦元所著兵書陣圖師律三策大八陣圖一
小圖二皆酌古之法參今之宜博而知要實爲可用
詔令賜對當時君臣雖無雄謀遠略然猶切切焉以
經武爲心高宗建炎元年始須樞密院教閱法專習
制禦摧鋒破敵之藝全副執帶出入短槍神臂弓長
柄刀馬射穿甲木挺每歲擬春秋教閱法立新格神
臂弓日給箭二十射親去梁百二十步刀長丈二尺
以上氈皮裹之引鬪五十二次不令刀頭至地每營
選二十人閱習經兩閱者五十人爲一隊教習分合
隨隊多少分隸五軍每軍各置旗號前軍緋旗飛鳥

爲號後軍皂旗龜爲號左軍青旗蛟爲號右軍白旗
虎爲號中軍黃旗神人爲號又別以五色物號制招
旗分旗舉招旗則五軍以旗相應合而成陣舉分旗
則五軍以旗相應分而成隊左右前却或分藏爲伏
或分出爲奇皆舉旗爲號更鳴小金應鼓備瞻望不
及者豫約伏藏之所纔鳴小金即止急鳴應鼓即奇
兵出陣趨戰急鳴小金即伏兵出其春秋大教推賞
依海行格法李綱言水戰之利南方所宜沿河淮海
江帥府要郡宜倣古制造戰船以運轉輕捷安穩爲
良又習火攻以焚敵舟詔命楊觀復往江浙措置河

淮別委官三年親閱水軍于鎮江登雲門外紹興四
年詔內殿按閱神武中軍官兵推賞二十四年臣僚
言州郡禁卒遠方縱弛多不訓練春秋教閱臨時備
數乞申嚴舊制三十一年詔比聞諸路州廂禁軍士
軍有司擅私役妨教閱帥府其嚴責守兵勤兵歸營
訓練精熟以備點視孝宗乾道二年幸候潮門外次
幸白石閱兵三衙率將佐道駕射生官兵就御輦下
獻所獲是日有數將獨手運大刀上曰刀重幾何李
舜舉奏刀皆重數斤有旨卿等教閱精明又諭陳敏
曰軍馬衣裝整肅如此特錫賚鞍馬金帶士卒推賞

有差四年幸茅灘教閱舉黃旗連三鼓變方陣五鼓
舉白旗變圓陣次二鼓舉赤旗變銳陣青旗變直陣
畢事上大悅賞賚加倍兵分東西呈大刀火砲上問
李舜舉按閱比曩時如何舜舉奏今日之兵陛下親
訓練撫以深恩錫以重賞忠勇倍常乾道中詔弓箭
手元射一石四斗力升加三斗元射一石力升加五
斗弩手元射四石力升加五斗元射兩石七斗力升
加八斗進秩推賞有差宰執進射親賞格虞允文曰
拍試以斗力升請給今用射親定賞恐不加意斗力
上曰然他日雖強弓弩可以取勝若止習射親則斗

力不進此賞格不須行淳熙間立槍手及射鐵簾格上謂輔臣曰聞射鐵簾諸軍鼓躍奮厲周必大曰兵久不用此輩無進取自然氣惰今陛下激勸告戒人人皆勝兵於是殿前步軍司諸軍及馬軍舊司弓弩手射鐵簾合格兵共一千八百四十餘詔中垛簾弓箭手一石二斗力十箭弩手四石力八箭依格進兩秩各賜錢百緡弓箭手一石力十箭以上弩手三石力八箭各進兩秩詔中外諸軍賞格亦如之紹熙元年詔殿司許浦水軍并江上水軍歲春秋兩教外每月輪閱習沿海水軍準是知徽州徐誼言諸路禁軍

近法以十分爲率二分習弓六分習弩餘二分習槍牌習弓者聽兼習弩斗力可以觀其進退射親可以察其能否勤惰之實人有稽考詔下諸路遵守之執政胡晋臣言比年用射鐵簾推賞往往獲遷秩是亦足以作成人才上曰射鐵簾不難此賞格太濫其專以武藝精熟爲尚二年樞密院言殿步司諸軍弓箭手帶甲六十步射一石二斗力箭十二六箭中垛爲本等弩手帶甲百步射四石力箭十二五箭中垛爲本等槍手駐足舉手擴刺以四十擴爲本等主帥委統制統領較其藝本等外取升加多者每軍五千五

百人以上弓弩槍手各十五人詣主帥審實上樞密院覆試各擇優等二人升轉兩秩餘人給錢五緡俟將來再試慶元二年幸候潮門外大閱嘉泰二年詔將校閱諸軍賞賚依慶元二年增給寶慶二年莫澤言州郡禁軍平時則以防寇盜有事則以備戎行實録於朝廷非州郡可得私役比年州郡軍政隳廢各於廩給闕額恒多郡官主兵官有窠占寓公有借事存留者不什一當教閱時鈐總路分雖號主兵僅守虛籍莫敢號召入教之次坐作進退殆同兒戲守臣利虛券不招填主兵受厚賂改年甲且一兵請給歲

不下百緡以小計之一郡占三百人是虛費三萬緡也私役禁軍素有常憲守帥闢園池建第宅不給餐錢寓公去城遼絶類得借兵擾害鄉閭近而輔郡至有寓公占四五百兵者良由兵官之權輕而私占之禁弛也乞嚴戒監司守倅等止許借廂軍仍不得妨教閱餘官雖廂軍亦勿借淳祐十一年臺臣條陳軍匠不閑閲習之弊按舊制禁兵毋私役比歲凡州軍屯營駐劄之處多循舊習每一州軍匠無慮數百官無小大各戰破而雕鏤組繡攻金設色之事靡所不有工藝雖精擊刺不習設有小警何能擐甲乞申嚴

帥守及統兵官應軍匠聽歸營伍閲習訓練勿競作無益虛糜廩稍以妨軍實咸淳初臣僚言諸軍統領統制正將副將正欲在軍訓練閑於武事一有調用令下即行士悉將智將悉士勇所向無敵今江南州郡沿江制閫置帳前官專任營運不為軍計實為家謀絶無戰陣新功率從帳前升差大略一軍僅二三千而使臣至五六百以供雜役九年臣僚言比者招募軍兵一時徒取充數以覬賞格涅刺之後更不教閲主兵官苦以勞役日夜罔休一或少違即罹囹圄榜掠之酷兵不堪命而死者逃者接踵也今請以新招軍分隸諸隊使之熟紀律習事藝或旬或月上各郡閲試蓋弊至於此而訓練之制大壞矣

志卷第一百四十八

志卷第一百四十九　宋史一百九十六

開府儀同三司上柱國録軍國重事中書右丞相監修國史領經筵事都總裁脫脫等奉
勑修

兵十 遷補之制 屯戍之制

遷補之制自殿前侍衛馬步軍校每遇大禮後各以次遷謂之轉員轉員至軍都指揮使又遷則遥領刺史又遷為廂都指揮使遥領團練使員溢即從上罷軍職為正團練使刺史之本任或有他州總管鈐轄其老疾若過失者為御前忠佐馬軍都軍頭副軍頭隷軍頭司其黜則為外州馬步軍都指揮使凡軍主闕以軍都指揮使遞遷餘闕以諸軍都虞候指揮使都虞候指揮使營主其一即闕其三殿前左右班都副指揮使行首軍使副行首副兵馬使十將遞遷凡將校一軍營止補十人其廂都指揮使軍都指揮使軍都虞候遥領刺史即與捧日軍都指揮使通以次遷捧日龍衛廂都指揮使仍遥領團練使若員溢即為正刺史補外他如諸軍例遞遷凡列校轉補有司先閲走躍上下馬次出指二十步掩一目試之左右各五占數為見物武藝弓射五斗弩彍一石五斗槍刀手稍練負罪不至徒年未高或雖年高而無疾精力不

耗者並取之凡諸軍轉員後取殿前指揮使長入祗候填行門取東西班長入祗候殿侍諸班直充諸班押班諸軍將校者皆親閱前一日命入內都知或押班一人勾當御藥院內侍一人同軍頭引見司較定弓弩斗力標誌之凡弓弩藝等者人占其一至日引見弓弩列置殿前命取一以射軍頭引見司專視喝箭以奏如喝失當即奏改正入內都知或押班同勾當御藥院內侍殿上察視如引見司不覺舉亦奏改正槍刀手鬥勝負若喝不以實并引見司失覺舉並劾其罪太平興國九年上詣崇政殿轉改諸軍將校

自軍都指揮使以下員僚以上皆按名籍驗勞績而升陟之凡數日而畢內外感悅乃謂宰臣等曰朕選轉軍員先取其循謹能御下者武勇次之若不自謹飭則其下不畏憚雖有一夫之勇亦何所用咸平三年五月上御便殿遷補軍職凡十一日而畢自神衛右第二軍都指揮使恩州刺史周訓而下遞遷者千三十一人四年十二月帝謂呂蒙正曰選衆求才誠非易事朕常孜孜詢訪冀有所得向求於軍校中超擢八九人委以方任其間王能魏能頗甚宣力陳興張禹珪亦有能名蒙正等曰才難求備今拔十得五

有以見陛下知臣之明也五年帝謂知樞密院周瑩曰國朝之制軍員有闕但權領之三歲一遷補未及期以功而授止奉朝請而已今闕員處則乏人部轄須當例與轉補於是瑩等至便殿按軍籍次補其屯戍於外及軍額在下素不該恩例亦溥及之凡再旬方畢景德二年四月帝曰殿前諸班侍衛馬步諸軍及軍頭司諸軍員因衰病或以他事出補外職率皆臨事奏裁殊無定制可條其所入職名類例以聞又曰近累有諸處立功指揮使未可別加遷擢皆特補本軍都虞候舊無此職名蓋權宜加置若後有闕

不須復補又曰內外諸軍所闕小校儻以名次遷補或慮不能盡得武幹之士自今並令閱試武藝選擢爲之大中祥符四年七月詔曰自來轉補軍員皆是議定降宣命訖方引見轉補其間有老病不任職者臨時易之無由整齊經汾陰大禮應殿前馬步軍諸班諸軍員並分作甲次於崇政殿逐人唱名引見朕自視之有不任職者當於不係禁軍處優與安排免轉員之際旋議改易八月詔殿前侍衛馬軍步軍司所管內外禁軍軍員自來補轉體例不一未得均平朕夙夜思之今來該汾陰轉員可立定久遠規制其

馬軍步軍自指揮使以下各別轉補皆令自下而升仍將殿前侍衛馬軍步軍司所轄軍分各衮同轉補如馬軍軍員自近下補至拱聖即雙取之以分補捧日龍衛其近下軍分有闕即却自捧日龍衛雙取升一員資補填其步軍有闕填補並準此又詔所議改更轉補軍員職名恐諸軍未喻可降宣命云殿前侍衛馬步軍司自來多是龍衛更轉入捧日并神衛更入天武之類是致難得出職久成沉滯今來轉員出自朕意並各與分兩頭遷改其龍衛更不入捧日并神衛更不入天武其捧日龍衛闕於拱聖內隔間取

人分頭充填其拱聖闕即將驍騎雲騎分頭轉入其天武神衛闕於神勇內隔間取人分頭充填其神勇闕即將宣武充填其宣武闕取殿前步軍司虎翼充填已上如取盡指定軍員即轉已次軍員充填所有寧朔軍分次第請受并轉員出入今後並特與依驍勝體例施行六年十月詔諸班直并馬步軍事軍員其諸班捧日龍衛天武神衛五頭下出人外其御龍諸直作一處轉員僚直拱聖驍騎雲騎驍勝武騎寧朔神騎已上軍額軍員作一處挨排遞遷水軍神勇宣武殿前司虎翼衛聖步軍司虎翼奉節廣勇神射

已上軍額軍員作一處挨排轉補事內殿前指揮使押班至都知只本班轉其神衛廣勇神射已下至軍使都頭即逐指揮內遞遷內有年及六十已下者並勾押赴闕令殿前司看驗聞奏當議相度安排所有副兵馬使副都頭員闕仍取捧日龍衛神勇十將充填餘並從之內神衛水軍第一指揮令立充神衛水軍指揮殿前司上虎翼第二步軍司上虎翼第一並立充虎翼水軍指揮依舊係逐司管押其神衛水軍見管軍員先自奉節補入多不會舟楫並一齊轉上外却將虎翼水軍兩指揮會水軍員與神衛水軍共

三指揮一處衮轉如轉至神衛水軍指揮使除年老病患依例出職安排外更不轉上天禧元年十月以御前忠佐郭豐等六人並受將軍初軍頭司定年老負犯者將黜之帝以其久居武列命寘環衛其帶遥郡者與大將軍不帶遥郡者與將軍天聖六年將轉員樞密院奏諸軍將校有因循不敢戢士者請諭殿前馬步軍司密以名聞八年詔殿前侍衛司同定內外諸軍排立資次景祐二年詔緣邊就糧兵有員闕奏以舊人次遷康定元年詔三路就糧將校半以次遷半遣自京師又詔陝西土兵校長遣自京師情不

詣達自今悉就本路通補慶曆四年詔捧日天武選
退將校超三資餘超二資悉補外職五年真定府定
州路都總管司奏奉詔閱教軍士選補階級弓射九
斗至一石距垛七十步至百步射最親者為第一等
其閱教時弓不必引滿力競即發務在必中伏緣舊
例軍中揀節級以挽彊引滿為勝今一旦取射親者
為第一等其弓力止九斗一石箭留三兩指而退素
習挽強引滿之士於理未便詔諸軍選節級用舊例
遇閱教即如近制皇祐元年詔諸路就粮兵闕將校
須轉補滿三年聽遷又詔將帥麾下兵非有戰功毋

得請遷隸上軍嘉祐二年詔京東教閱本城騎射威
邊威勇壯武自初募置即給皷旗閱教以代禁軍如
有員闕聽遞遷至副指揮使止轉補後滿三歲闕三
分已上即舉行其指揮使闕即步軍司補之至和三
年詔親從官入殿滿八年者補節級從樞密院之請
也治平元年選諸班直長行洎禁軍副兵馬使已上
有材武者得七十人帝臨軒親閱喻天武右第二軍
都指揮使王秀曰尒武藝雖不中格而有戰功且能
恪守法度其以尒為正刺史務勤乃職無負朕之委
寄也又喻散直都虞候胡從內殿直副都知張思曰

尒能勤以持身忠以事上治軍又皆整肅其以從為
內園使思為崇儀副使自餘擢遷有差二年詔廣南
教閱忠敢澄海一營者即本營遞遷兩營已上者營
三百人補五人二百人至三百人補三人二百人以
下補二人百人以下補一人止於副指揮使凡遞遷
滿三歲五階闕二三階闕一即補四年詔自今一營
及二百五十人已上置校十人闕三人即補二百五
十人已下置校七人闕二人即補京師非轉員并諸
道就粮並準此令凡軍頭十將節級轉補謂之排連
有司按籍閱試如列校轉員法弓射六斗弩彍一石

七斗槍刀手稍練並取之如舊不試武技者即遞遷
其不教閱廂軍節級則其半遞遷其半取伉健未嘗
犯徒刑角力勝者充治平四年有司言軍士闕額多
而將校衆請以實領兵數制將校額第其遷補並通
領五都之事乃詔二百五十人以上補指揮使十人
以下七人闕二人者以次補補十將者馬軍四十人
步軍如馬軍之數而加其一焉百五十人以上者三
十人闕五人者以次補不及百五十人者如舊格補
單將二十人熙寧二年樞密院請自今捧日龍衛天
武神衛廂都指揮使闕無當次遷者並虛之其諸軍

都指揮使都虞候當遷者闕多則間一名補轉兼以
次職事吐渾等軍都指揮使都虞候闕者虛其闕六
月詔河東陝西就粮軍士將校其間材効之人疎遠
無由自達有司審度其有軍功驍勇者以名聞當擢
寘班行以備本路任使四年詔諸班直嘗備宿衛病
告滿尚可療者殿前指揮使補外牢城指揮使餘以
為捧日天武第五軍押營奉錢三千者予五百二千
以下者予三百六年詔軍校老而諳部轄者優假之
雖疾不至罷癃或未七十猶堪任事者勿罷即法雖
當留而不能部轄者以聞當議處之廂軍十月詔軍

士選為節級取兩嘗有功者功等以先後又等以重
輕又等以傷多者為上七年詔十將以下當轉資而
不欲者凡一資以功者賜帛十五匹技擾者十匹六
月詔在京轉員諸軍都虞候已上至軍都指揮使以
軍功當遷而願以授子孫者聽視其秩有差八年轉
員帝親閱凡三日舊制捧日都虞候四人至是補者
五人而馬軍都指揮使闕驍騎二人以捧日一人補
驍騎軍主餘四人如故則次軍皆不得遷乃補四人
者皆為馬步軍副都軍頭舊龍衛拱聖驍騎武騎寧
朔神騎為一百三十一營今省為五十營而馬軍指

揮以下已補八十一營補外尚有溢員乃詔所省營
未移併者凡四十三每營權置下名指揮使副指揮
使各一軍使三以便遞遷九年將轉員樞密院奏換
官稍優軍校由行伍有功不久乃至團練使帝曰祖
宗以來軍制固有意凡隸在京殿前馬步軍司所統
諸營置軍都指揮使都虞候分領之凡軍事止責分
領節制之人責之既嚴則遇之不得不優至若諸路
則軍校不過各領一營不可比也吳充等以本大末
小對帝然之因言周室雖盛成康之後寖以衰微本
朝太平百有餘年由祖宗法度具在豈可輕改也元

豐元年詔禁軍排連者三分其人以其一取立功額
外人二分如令簡試十二月詔諸軍軍使都頭以下
並充兵額正副指揮使以上置於額外軍行則分押
諸隊又詔內殿直以下諸班直闕按籍闕二分者虛
其闕四之一二分以上亦如之不及二分補其半餘
並闕之四年詔五路衮轉土軍與諸路不衮轉禁軍
法十將副都頭副兵馬使都軍頭使並如令自副都
指揮使至都虞候嘗轉資者間以賜帛已賜帛乃遷
五年詔以諸路教閱廂軍為下禁軍排連如禁軍法
七年樞密院言騎軍諸營諸班直以年勞升至軍使

者甚衆無闕可補詔捧日龍衛拱聖驍騎雲騎驍勝權置下名軍使凡二百四十員拱聖驍騎雲騎權置副兵馬使凡九十員以處之元祐元年樞密院奏諸軍將年七十若有疾假滿百日不堪療者諸廂軍指揮使除諸衛大將軍致仕諸軍都指揮使諸班直都虞候帶遥郡除諸衛將軍致仕諸班直上四軍除屯衛拱聖以下除領軍衛仍並以有功勞者為左無功勞者為右從之二年樞密院言舊例行門對御呈試武藝並臨時特旨推恩前期未甞按試至日旋乞增加斗力或涉唐突因以抵罪請於轉員前一日按定

斗力從之四月樞密院言舊例諸班直長行補諸軍員僚並取入班及轉班二十年年四十以上人追元豐四年以闕額數多乃特詔減五年蓋一時之命今諸軍員僚溢額儻不定制即異時遷補不行若便依限年舊法又慮未有合該出職之人請於三次漸次增及舊例年限從之五年樞密院言轉員馬軍指揮使以下至副兵馬使人數溢額轉遷不行詔權置下名軍使一百七十人副兵馬使一百七十五人又言禁軍大閱請以匹帛銀楪支賜罷轉資從之六年又言應排連長行充承局押官者先取年五十五以下

有戰功公據者仍以戰功多少得功先後傷中輕重為次事等而俱無傷中則以事藝營名為次從之紹聖二年詔將來轉員換前班人並從元豐轉員令仍不得過一百二十人元祐所限人數比試家狀指揮勿用三年樞密院進呈轉員及行門試武藝換前班留住等條例曾布言國初以來皆面問其所欲察相人才或換官或遷將校或再任此則威福在人主以至唐突或放罪或行法亦視其情狀而操縱之元祐改法乃令大閱與三司軍頭司先指試定但對御引呈依拍定等第推恩殊失祖宗馭衆之法不許唐突

例坐徒罪兼決責人員皆非舊法唐突人雖有理亦不施行緣情輕者放罪重者取旨自有舊格先朝燕達林廣嘗唐突當降配先帝釋之後皆為名將至情重則杖脊配嶺表者有王明者住留叫呼云若不得換前班乞納命管軍賈逵乞重配先帝亦貸之但降一等與換外官如此故人知恩威皆自人主出豈可一切付之有司帝悦詔令並依元豐以前條例施行五年馬步軍司言三路衆轉軍員請依元豐七年詔應三月一日後續有得功嵌補升名并改轉名職自充下名者並依先補名次各理降宣月日以為高下

審會給據候再經參轉即依欵補升轉名次高下轉
那自今三路軍員參轉亦如之詔侍衛馬步軍司自
今開具合轉補職名申樞密院降宣餘並從之七月
軍頭司引見殿前馬步軍司揀到御龍諸直人材事
藝應格並補遂直將虞候賜杖子一名開弓偃身不
應法黜之八月樞密院言轉員旁通格捧日天武不
帶遙刺軍都指揮使換左藏庫使仍除遙刺殿前班
不帶遙刺都虞候換左藏庫使看詳殿前班帶遙郡
都虞候係與捧日帶遙郡軍都指揮使理先後相壓
轉遷其不帶遙郡殿前班都虞候捧日軍都指揮使

換官班合一等推恩欲殿前班不帶遙郡都虞候依
捧日不帶遙郡軍都指揮使換官又拱聖神勇與驍
騎已下軍分有異其遂軍都虞候指揮使理難一等
換官欲拱聖神勇都虞候依舊換供備庫使外驍騎
雲騎宣武都虞候換左藏庫副使拱聖神勇指揮使
換內殿承制捧日天武神龍衛指揮使皆係上四軍
其捧日天武換西京左藏庫副使龍神衛換內殿承
制比捧日天武隔兩官理有未均欲神龍衛指揮使
換供備庫副使又殿前班上名副都知換供備庫副
使下名副都知換內殿承制自來以左右第一第二

班為資次欲第一班換供備庫副使第二班換內殿
承制又換前班差遣州總管以下並以五路緣邊為
優諸路為次正團練使州總管正刺史州鈐轄諸司
使副都巡檢使駐泊都監內殿承制崇班巡檢州都
監供奉官至借職教押軍隊指使看詳諸司使副已
上差遣見依格施行外承制以下欲依今來轉員所
差遣例又拱聖神勇驍騎雲騎宣武軍都指揮使換
文思仍除遙刺已帶者依舊御龍直都虞候文思使
帶遙刺者依舊內殿直兩次都虞候換左藏庫使一
次文思使帶遙刺者依舊看詳拱聖神勇與驍騎以

下軍分有異兼御龍直都虞候遇轉員合次神勇軍
都指揮使轉行及係環衛諸直人員最上名人兼內
殿直都虞候以次殿前班及轉員無闕合隨龍衛軍
都指揮使轉行理難於驍騎雲騎宣武軍都指揮使
之下換官欲御龍直內殿直都虞候依格合換官外
並除遙刺驍騎雲騎宣武軍都指揮使止與換文思
使更不除遙郡刺史內已帶遙刺者並依舊內殿前
班副都知並與換供備庫副使今馬步軍諸指揮事
藝高彊十將引見取揀充員僚內弓箭手短一指箭
人合降一軍安排弩手括不發事體頗同并弩手墮

箭與括不發亦同欲並降一軍安排從之十一月樞密院言轉員旁通冊內御龍直都虞候至副都頭換官惟指揮使上兩直與文思副使係降兩資餘止降一資散員至金槍都知副都知皆換內殿承制不惟職名有差自副都知約六遷方轉都知兼東西班散直鈞容直係近下班分副都知亦降都知一等換內殿崇班其東西班散直押班與副都知職名不等兩經轉遷方入近下班分副都知理難與都知一等換內殿崇班又散指揮至鈞容直指揮使並換供備庫副使緣東西班散直鈞容直遇轉員止是遷入上班

亦難一等換官詔御龍下兩直指揮使換左藏庫副使散員散指揮散都頭散祗候金槍都知換供備庫副使東西班散直押班換東頭供奉官東西班指揮使換官依舊外散直鈞容直指揮使換左藏庫副使緣轉員旁通冊內未載雲武騎軍都指揮使轉遷換官并恩例等詔並依驍騎軍都指揮使格四年二月軍頭司引見捧日等兵試藝帝於行間召邢斌韓晟問曰開弓猶有餘力乎各對願增二石二斗弓遣內侍監定斗力授之射皆應法並特充殿前指揮使賜緡錢元符元年七月樞密院言將校軍頭十將各轉

補者委本將體量不掩眼試五次二十步見若一次不同試五步掩一眼再試但兩眼共見二十步或一眼全不見二十步仍試上下馬如無病切弓射五斗弩踏一石五斗槍刀標牌手各不至生踈並與轉補即有病切或精神尫悴或將校年六十九或經轉補後犯姦盜贓罪情罪重以上雖該降並隔下奏聽旨如差出者勾赴本將體量在別州者報所在州體量排連長行充承局押官者先取年五十五以下有兩次以上戰功人填闕六人更取一名餘取年四十以下武藝高強無病切人試兩眼各五次二十步見者

選拍內步軍以闕六分為率先取弓手一分次取弩手三分次取槍牌刀手二分更有零分者依六分為率資次取揀周而復始長行犯徒經決及二年或軍人因犯移配杖罪經三年徒罪經四年或已升揀軍分又經一年各無過犯並聽排連不應充軍人已投狀後審會取放逐便雖未給公憑其請給差使並罷有違犯加凡人二等不應充軍人於法許逐便者並追納元請投軍例物訖報合屬去處給公憑放逐便如非品官之家無例物回納願依舊充軍者聽從之三月禮部言檢會故事臣僚申請諸州軍府管押進

奉衙校等祖宗以來並加散官自吏官制階散並罷既罷階散若與轉資似屬太優欲每轉一資支賜絹二十疋如一名管押兩處只許就一處支給或一州一軍差二人同押亦共與上件支賜若一員官兩處進奉只隨本官合推恩處從一支給令押進奉皇帝登寶位禮物衙校等欲依故例施行並從之宣和七年十一月南郊制應軍員送軍頭司未得與差遣者如後來别無過犯却與差遣應廂軍人員補職及十五年未經遷補者令所屬保明聞奏應禁軍廂軍因一犯濫情重不得補充人員及逓遷資給者若經斷

及五年不曾再犯及不曾犯贓委所在候排連日審實特與不礙遷補建炎紹興之間排連轉員屢嘗損益而大率因於舊制乾道六年主管侍衛馬軍司公事李顯忠言本司諸兵將官有闕自來擇衆所推者不以次序上聞升遷比年須自訓練官充準備將準備將及二年升副將副將及二年升正將正將及三年升統領官再及三年升統制官竊恐無以激揚士氣請今後兵將官有闕不以年為限許本司銓量人材膽勇服衆上聞補用詔從其請此誠砥礪兵將之良法也嘉定中樞密院言諸軍轉員遷補務在均一

如内諸班直循舊格排連積習既久往往超躐升轉後名反居前列高下不倫甚失公平之意今參酌前後例格均次資序其一曰内殿直左第一班副都知轉東西班西第二都知内殿直左第二班副都知轉散直左班都知其二曰散員左第二班副都知升内殿直左第一班副都知散員右第一班副都知升内殿直左第一班副都知其三曰散員右第一班副都知升内殿直右第一班副都知散員左第二班副都知升内殿直右第二班副都知其四曰散指揮左第一班副都知升散員左第一班副都知散指揮右第

一班副都知升散員右第一班副都知其五曰散指揮左第二班副都知升散員左第二班副都知散指揮右第三班副都知升右第二班副都知其六曰散都頭左班副都知升散指揮左第一班副都知散都頭右班副都知升散指揮右第一班都知其七曰散祗候左班副都知升散指揮左第二班副都知散祗候右班副都知升散指揮右第二班副都知其八曰内殿直左第一班押班遷轉東西班西第一班副都知内殿直右第一班押班轉東西班西第三班副都知以上各係升四名外御龍直御龍左第一直十將

轉御龍弓箭直副都頭御龍直右第一直十將轉御龍弩直副都頭御龍骨朵子直左第一直十將升御龍左第一直十將御龍弩直左第一直十將升御龍弓箭左第三直十將係各升六名於是超躐積習之弊盡革而為定制焉淳祐十一年御史臺條奏軍功賞格違法之弊在法邊戍獲捷奇功暴露撤戍者制閫軍師舉奏授官必其人身親行陣有戰禦功令自守闕進勇副尉至承信郎承節郎者其弊尤多廼以奉權要酬私恩或轉售於人方等第功賞之初即竄名其中朝廷審核動涉歲年已無稽考甚至承受廳

吏厮卒之流足跡未嘗出都門而沾覦冒矢石往來軍旅之恩授以名器請申嚴帥閫令立功人親授告身廢革冒濫寶祐五年樞密院言應從軍職事必立戰功并隊伍中人曾經拍試武藝若訓練官以遞而升者或年限未及仍帶權字俟年及方升正統制此定法也近年任子雜流冒授者纔無差遣便請從軍縣統領至總管曾幾何時超躐而進甫得總管却恥軍職輒稱私計不便或托父母老疾巧計離軍又以筋力未衰求差正任甚非法意至咸淳中大將若呂文德夏貴孫虎臣范文虎輩矜功怙寵慢上殘下行伍功賞視為己物私其族姻故舊僞作戰士身膏於草莽而姦人坐竊其勳爵矣

屯戍之制凡遣上軍軍頭司引對賜以裝錢代還亦入見犒以飲食簡技精銳退其癃老至於諸州禁廂軍亦皆戍更隸州者曰駐泊戍蜀將校不遣都虞候當行者易管他營凡屯駐將校帶遙郡者以客禮見長吏餘如屯駐將校凡駐泊軍若捍禦邊寇即總管鈐轄共議州長吏等毋預事涉本城并屯駐在城兵馬即知州都監監押同領若州與駐泊事相關者公牒交報凡戍更有程京東西河北河東陝西江淮兩浙荊湖川峽廣南東路三

年廣南西路二年陝西城砦巡檢并將領下兵半年景祐元年詔若聞陝西戍卒多為大將選置麾下及偏裨臨陣解得精銳自隨自今以全軍隸逐將毋得選占三年詔廣桂荊潭鼎澧六州各置雄略一營與歸遠軍更戍嶺外康定元年須銅符木契傳信牌銅符上篆刻曰某處發兵符下鑄虎豹為飾而中分之右符伍左旁作虎豹頭四左符五右旁為四竅令可勘合又以篆文相向側刻十干字為號一甲己二乙庚三丙辛四丁壬五戊癸左符刻十干半字右符止刻甲己等兩半字右五符留京師左符降總管鈐轄

知州軍官高者掌之凡發兵樞密院下符一至五周
而復始指揮三百人至五千人用一虎一豹符五千
人已上用雙虎豹符樞密院下符以右符第一為始
內匣中緘印之命使者齎宣同下云下第一符發兵
與使者復緘右符以還仍疾置聞所在籍下符資次
日月及兵數毋得付所司其木契上下題某處契中
剖之上三枚中為魚形題一二三下一枚中刻空魚
令可勘合左旁題云左魚合右旁題云右魚合上三
枚留總管鈐轄官高者掌之下一枚付諸州軍城砦
主掌之總管鈐轄發兵馬百人已上先發上契第一

枚貯以韋囊緘印之遣指揮齎牒同往所在驗下契
與上契合即發兵復緘上契以還仍報總管鈐轄其
發第二第三契亦如之掌契官籍發契資次日月及
兵數以為驗傳信牌中為池槽藏筆墨紙令主將掌
之每臨陣傳命書紙內牌中持報兵官復書事宜
內牌中而還主將密以字為號驗毋得漏泄軍中事呂
夷簡言自元昊反被邊城砦各為自守計萬一賊有
奔衝即關輔騷擾雖夏竦等屯永興其實兵少自永
興距鄜延環慶諸路皆數百里設有急緩內外不能
相救請募勇敢士三萬訓以武技分置十隊以有謀

勇者三人將之分營永興西寇至則舉烽相應或乘
勢討擊進退不以地分並受夏竦等節制詔從之初
趙元昊反以夏竦陳執中知永興軍節度陝西諸軍
久之無功乃析秦鳳涇原環慶鄜延為四路以秦渭
慶延知州分領本路馬步軍是歲罷銅符木契詔曰
陝西屯重兵盡本路租稅並以內庫錢帛并西川歲
輸而軍儲猶不足宜度隙地為營田務四路總管轉
運懸兼領使慶曆二年詔已發士三萬戍永興委總
管司部分閱教歲以八月遣萬五千人戍涇原儀渭
州鎮戎軍十二月以萬五千人代至二月無警即還

歲以為常葛懷敏等喪師命范仲淹韓琦龐籍復
統四路軍期中覆不及者以便宜從事四年夏人已
納欵乃罷四月帝謂輔臣曰湖廣擊蠻吏士方夏癉
熱而罹疾者衆宜遣醫往為胗視六年詔騎軍以盛
夏出戍馬多道死自今以八月至二月遣發又詔廣
南方春癉癘戍兵在邊者權休善地其自嶺外戍回
軍士予休兩月李昭亮上言舊制調發諸軍先引見
試以戰陣遷補校長今或不暇試戰陣請選彊壯有
武技者每十人引見轉資後遣詔可時契丹使來議
關南地朝廷經制河北武備議者欲增兵屯程琳自

大名府徙安撫陝西上言曰河朔地方數千里連城三十六民物繁庶川原坦平自景德以前邊數有警官軍雖衆罕有成功蓋定州真定府高陽關三路之兵形勢不接召發之際交錯非便況建全魏以制北方而兵隸定州真定府路其勢倒置請以河朔兵為四路以鎮定十州軍為一路合兵十萬人高陽關十一州軍為一路合兵八萬人滄霸七州軍為一路合兵四萬人北京九州軍為一路合兵八萬人其駐泊鈐轄都監各掌訓練使士卒習聞主將號令急緩即成部分天子下其章判大名府夏竦奏鎮定二路

當內外之衝萬一有警各藉重兵控守要害若為應援若合為一則兵柄大重減之則不足以備敵又滄州久隸高陽關道里頗近瀕海斥鹵地形沮洳東北三百里野無民居非賊蹊徑萬一有警可決漳御河東灌塘淀隔越賊兵未易奔衝不必別建一路惟北京為河朔根本宜宿重兵控扼大河南北內則屏蔽王畿外則聲援諸路請以大名府澶懷衛濱棣德博州通利軍建為北京路四路各置都總管副都總管一人鈐轄二人都監四人平時稍以河北安撫使總制諸路有警即北京置四路行營都總管擇嘗任兩府重臣為之議未決竦入為樞密使賈昌朝判大名府復命規度昌朝請如竦議惟保州沿邊巡檢并雄霸滄州界河二司兵馬國初以來拓邊最號彊勁今未有所隸請立沿邊巡檢司隸定州路界河司隸高陽關路於是下詔分河北兵為四路北京澶懷衛德博濱棣州通利保順軍合為大名府路瀛莫雄霸貝冀滄州永靜乾寧保定信安軍合為高陽關路鎮邢洺相趙磁州合為真定府路保深祁州北平廣信安肅順安永寧軍合為定州路凡兵屯將領悉如其議韓琦謂兵勢大分請合定州真定府為一高陽關大

名府為一朝廷以更寘甫新不報詔四路兵依陝西遣部將往來按閱又詔自今兵戍即揀捧日龍衛天武神衛等軍皇祐元年發禁兵十指揮戍京東以歲饑備盜詔陝西邊警既息土兵可備守禦東軍屯戍者徙內郡以省餉饋二年詔如聞河北諸屯將校有老疾廢事而不知退有善部勒著勞效而不得進帥臣監司審察寄以名聞四年詔戍兵歲滿有司按籍遠者前二月近者前一月遣代戍還本管聽休五月又詔廣西戍兵及二年而未得代者罷歸鈐轄司以土兵歲一代之自儂智高之亂戍兵踰二萬四千至

是聽還而令土兵代戍至和元年詔陳許鄭滑曹州各屯禁兵三千嘉祐五年用賈昌朝奏京北路置都監三人駐劄許蔡鄭州分督近畿屯兵七年詔陝西土兵番戍者毋出本路治平二年發兵指揮二十分戍永興軍邠州河中府仍遣官專掌訓練三年詔員僚直龍衛毋出戍神衛嘗留十指揮在營又詔頃以東兵戍嶺南冒犯瘴癘得還者十無五六自今歲滿以江淮教閱忠節威果代之神宗嗣位軍政多所更革熙寧初嘗與輔臣論河北守備韓絳等曰漢唐重兵皆在京師其邊戍裁足守備而已故邊無橫費殫

本弱末其勢亦順開元後有事四夷權臣皆節制一方重兵在西北天寶之亂由京師空虛賊臣得以肆志也帝曰邊上老人亦謂今之邊兵過於昔時其勢如倒植浮圖朕亦毋以此為念也三年詔諸路戍兵畸零不成部伍致乖紀律或互遣郡兵更相往來道路艱梗宜悉罷之易以上番全軍或就粮兵為戍當遣者並隸總管司以詔令從事舊制河北軍馬不出戍帝慮其驕惰五年始命河北河東兵更戍減其一歲以優之其年詔徙河州軍馬駐熙州熙州軍馬駐通遠軍追召易集可省極邊軍儲帝嘗曰窮

吾國用者冗兵也其議徙軍於內郡以弓箭手代之冀省邊費九年詔京師兵比留十萬餘以備四方屯戍數甚減少自今戍兵非應發京師者勿遣其役言者屢請損河北冗兵詔立額止留禁兵七萬而京東增置武衛軍四十二營訓練精銳皆以分隸河北而以三千人散戍東南杭揚江寧諸州以備盜賊嶺外惟廣部南雄州常有戍兵千人桂林以瘴癘間徙軍於全永元豐中或請遣陝西路騎軍五七百戍桂林者詔遣在京軍馬以戍之元祐元年六月右諫議大夫孫覺言將兵之禁宜可少解而責所在守臣與州郡

兵官可令乘時廣行召募稍補前日之額循祖宗之法使屯駐三邊及川廣福建諸道州軍往來道路足以服習勞苦南北番戍足以均其勞佚詔陝西河東廣南將兵不輪戍他路河北輪近裏一將赴河東府界諸路逐將與不隸將兵並更互差撥出戍別路赴三路者差全將或半將餘路聽全指揮分差仍不過半將十月樞密院言東南一十三將自團將以來未曾均定出戍路分及不隸將兵內有出戍窠名數少所管指揮數多去處未得均當欲除廣南東西兩路駐劄三將只充本路守禦差使虔州第六將全永州

第九將準備廣南東西路緩急勾抽策應並不差戍他路外餘八將及不隸將兵依均定路分都鈐轄司駐泊分擘差使內將兵不隸將兵路分却於自京差撥步軍前去補戍候將兵回日却行勾抽從之十二月廣西經略安撫使都鈐轄司言乞[illegible]宜融欽廉州係將不係將馬步軍輪差赴邕州極邊水土惡弱砦鎮監栅及巡防并都同巡檢等處並乞依邕州條例一年一替其餘諸州差往邕州永平古萬太平橫山遷隆砦鎮及左右江溪洞巡檢并欽州如昔峒駐劄抵棹砦並二年一替其諸州巡檢下一年一替

從之二年河東經略安撫使曾布言河外上番四將每將內抽減步軍赴嵐石州分擘沿河等處差使代開封府界等五將兵馬歸營及赴岢嵐火山軍駐劄代東兵兩指揮赴太原府就食從之是月樞密院言昨為熙河蘭會路戍兵數多尋以年滿二千餘人節次抽減歸營兼本路即目見管戍兵比額尚多一千三百餘人今朝旨令熙河蘭會路都總管司遇本路緩急闕人許於秦鳳路勾抽一將應副緣本路即目事宜慮向秋闕人防守欲熙河蘭會路都總管司遇本路緩急闕人聽全勾抽秦鳳路九將應副差使從

京東差步軍五指揮赴永興軍商虢州權駐劄以備秦鳳路勾抽從之紹聖四年樞密院備呂惠卿所言比緣邊諜報西界點集本路叛卒見闕守禦人兵兼土兵未填闕額并蕃兵弓箭手比元豐元年少二千二百有餘東兵馬步軍比元豐四年七年少十六指揮乞於東兵步人內差撥一十六指揮添助防守兼本路自去歲泛差過軍馬三十六指揮比之他路已是倍多即今戍兵三萬六千餘人比之元豐四年人數亦不至闕少自可那融使喚詔鄜延路都總管司詳此照會如遇賊兵犯塞或本路舉兵

委是闕人其年滿人指揮兵級令相度事宜權留三兩月候事宜稍息遣還是月詔河東路總管司那融替換上番兵馬無令戍邊日久致有勞弊如無人替換候春月事宜稍息即先後上番四將抽減一番兵馬歸營元符二年閏九月遣秦鳳戍兵十指揮應副熙河新邊戍守十一月以呂惠卿奏減鄜延戍兵五十指揮三年八月詔遣虎翼軍六千戍熙河路令代蕃兵及弓箭手還家休息十二月詔邊帥減額外戍兵崇寧四年詔廣南瘴癘之鄉東西雖殊氣候無異西路戍兵二年一代而東路獨限三年代不如期

有隕於瘴癘者朕甚惻然其東路亦令二年一替前期半年差人如違以違制論大觀二年六月詔陝西諸路自罷兵以來數年于此兵未曾徹蓋緣邊將怯懦坐費邊儲戍卒勞苦可除新邊的確人外餘並依元豐罷邊事日戍額人數外餘並直抽歸營有司不得占吝如違以違制論又詔東南除見兵額外帥府別屯二千人望郡一千人帥府置奉錢五百一指揮以威捷為名望郡奉錢四百一指揮以威勝為名帥府三指揮望郡一指揮各奉錢三百以全捷為名並以步軍五百人為額三年六月詔國家承平百五十

年東南一方地大人衆已見兵寡勢弱非持久之道可除見今兵額外帥府別屯兵士二千人望郡一千人宣和二年詔河北軍馬與陝西河東更戍三年正月詔河北軍馬與陝西河東更戍非元豐法遂罷其令應拖後人並與免罪依舊收管閏五月江浙淮南等路宣撫使童貫奏勘會江南東路兩浙東西路各有東南一將平日未嘗訓練武藝臨敵必誤驅策昨睦寇初發天兵未到已前遣令上項將兵捕賊遂致敗衂亡失軍兵甚多今睦賊討平之後脅從叛亡者方始還業非增戍兵鎮遏無以潛消兇暴臣今擬留

戍兵二萬五千五百七十八人分置江南東路兩浙東西路州軍防把一年滿替出軍一次依平蠻故事每月別給錢三百歲給鞋錢一千其兵並隸本路安撫司統轄訓練詔從之是年權知婺州楊應誠奏凡屯戍將兵須隸守臣使兵民之任歸一則號令不二然後可以立事詔從之續有旨改從舊制四年臣僚言東軍遠戍四川皆京師及府界有武藝無過之人既至川路分屯散處多不成隊而差使無時委致勞弊蓋四川土兵既有詔不得差使則其役併著東軍實為偏重若令四川應有土兵禁軍與東軍一同

差使不惟勞逸得均抑亦不失熙豐置東軍彈壓蜀人兼備蠻寇之意詔本路鈐轄轉運兩司公同相度利害以聞五年制置所奏江浙增屯戍兵相度節鎮增添兩指揮處餘州各一指揮各不隸將內兩指揮處將一指揮以威果為名一指揮以全捷為名餘州並以威果為名從之七年三月詔廣南東西路地遠山險盜賊間有竊發內郡戍兵往彼屯守多緣瘴癘疾病不任捕盜又不諳知山川道里林壑曲折故盜不能禁可令每巡檢下招置土人健勇輕捷者參戍兵之半互相關防易於擒捕令樞密院行之靖康元

年四月以种師道為太尉依前鎮洮軍節度使河北河東宣撫使後加同知樞密院事時師道駐軍滑州實無兵從行請合山東陝西京畿兵屯於青滄滑衛河陽預為防秋之計徐處仁等謂金人重載甫還豈能復來不宜先自擾費示之以弱議格不行七月河北東路宣撫使李綱奏臣兩具論以七月七日指揮止諸路防秋之兵為不可必蒙聖察令宣撫司既無兵可差不知朝廷既止諸路防秋之兵將何應副兼遠方人兵各已在路又已借請數月本路漕司州縣又已預備半年百日之糧今一放散皆成虛費而實

要兵用處無可摘那深恐誤國大計詔依所奏紹興之初群盜四起有若岳飛劉光世諸大將領兵屯重隨宜調發屯泊要害控制捍蔽是亦權宜之利矣厥後樞府帥臣屢言久戍之弊甚者或十年或二十年而不更元可閔念蓋出戍者皆已老瘁而諸州所留類皆少壯及工匠三司多以坐甲為名占留遣制有終身未嘗一日戍者於是命帥臣鈐轄司置諸州尺籍定其姓名依期更戍帥臣又言有如貴溪戍兵三月一更縣貴溪至池州往返一千五百里即是一月在途徒有勞費頗以一年終更今攷紹興閒邊境弗靖故以大軍屯戍而踐更之期近者三月遠者三年逮和議既成諸軍移屯者漸歸營矣惟防秋仍用移屯更戍之法沿邊備禦亦倚重焉乾道淳熙紹熙之際一遵其制開禧初復議用兵駐劄諸兵始復移屯和議再成邊地一二要郡雖循舊貫其諸駐劄更戍之法不講而常屯之兵益多遠夫端平破川蜀咸淳失襄樊裂淮甸疆宇蹙而兵法壞叛將賣降庸夫秉鉞間有圖國忘死之士則遥制于權姦移屯更戍靡有定方於是戍卒疲於奔命不戰而斃者衆矣至若將校之部曲諸軍之名號士卒之衆寡詳列于屯駐者茲不重錄云

志卷第一百四十九

志卷第一百五十　　宋史一百九十七

開府儀同三司上柱國錄軍國重事前中書右丞相監修國史領經筵事都總裁臣脫脫等奉

勅修

兵十一 器甲之制

器甲之制其工署則有南北作坊院有弓弩院諸州皆有作坊皆役工徒而限其常課南北作院歲造塗金脊鐵甲等凡三萬二千弓弩院歲造角弝弓等凡千六百五十餘萬諸州歲造黃樺黑漆弓弩等凡六百二十餘萬又南北作坊及諸州別造兵幕甲袋梭衫等什物以備軍行之用京師所造十日一進謂之

旬課上親閱視置五庫以貯之嘗令試牀子弩於郊外矢及七百步又令別造步弩以試戎具精緻犀利近代未有開寶三年五月詔京都士庶之家不得私蓄兵器軍士素能自備技擊之器者寄掌本軍之司俟出征則陳牒以請品官准法聽得置隨身器械時兵部令史馮繼昇等進火箭法命試驗且賜衣物束帛淳化二年申明不得私蓄兵器之禁至道二年二月詔先造光明細鋼甲以給士卒者初無襯裏宜以紬裏之俾擐者不磨傷肌體咸平元年六月御前忠佐石歸宋獻木羽弩箭箭裁尺餘而所激甚遠中

鎧甲則幹去而鏃存牢不可拔詔增歸宋月奉且補其子為東西班侍三年四月神騎副兵馬使焦偓獻盤鐵槊重十五斤令偓試之馬上往復如飛命遷本軍使八月神衛水軍隊長唐福獻所製火箭火毬火蒺藜造船務匠項綰等獻海戰船式各賜緡錢先是相國寺僧法山本洺州人彊姓其族百口悉為戎人所掠至是願還俗隸軍伍以效死力且獻鐵輪撥渾重三十三斤首尾有刃為馬上格戰具詔補外殿直五年知寧化軍劉永錫製手砲以獻詔沿邊造之以充用六年十月給軍中傳信牌其制漆木為牌長

六寸闊三寸腹背刻字而中分之置鑿枘令可合又穿二竅容筆墨上施紙札每臨陣則分而持之或傳令則署其言而繫軍吏之頸至彼合契乃書復命因冀州團練使石普之請也仁宗時天下久不用兵天聖四年詔減諸路歲造兵器之半是歲詔作坊造鐵槍一萬五千給秦渭環慶延州鎮戎軍六年詔外器甲久不繕先遣使分詣諸路閱視脩治之景祐二年罷秦州造輸京師弓弩三年詔廣南民家毋得置博刀犯者并鍛人並以私有禁兵律論先是嶺南為盜者多持博刀杖罪輕不能禁轉運使以為言故著是

令四年詔作坊製拐子槍栿槍各五萬康定元年四
月詔江南淮南州軍造紙甲三萬給陝西防城弓手
又詔河東彊壯習弩者聽自置戶四等以下官給之
八月詔陝西製柳木旁牌慶曆元年知州楊偕遣曲
陽縣主簿楊拯獻龍虎八陣圖及所製神盾劈陣刀
手刀鐵連槌鐵簡且言龍虎八陣圖有奇有正有進
有止遠則射近則擊以刀盾彼蕃騎雖衆見神盾之
異必遽奔潰然後以驍騎夾擊無不勝者歷代用兵
未有經慮及此帝閱于崇政殿降詔獎諭其後言者
以為其器重大緩急難用云二年詔鄜延環慶涇原

秦鳳路各置都作院賜河北義勇兵弓弩箭材各一
百萬四年賜鄜延路總管風羽子弩箭三十萬五年
詔諸路所儲兵械悉報三司三司歲具須知以聞仍
約為程式頒之八年詔士庶之家所藏兵器非法
所許者限一月送官敢匿聽人告捕皇祐元年御崇
政殿閱知澧州供備庫副使宋守信所獻衝陣無敵
流星弩拒馬皮竹牌火鑭石火網三刃黑漆順水山
字鐵甲野戰拒馬刀弩若腳車衝陣劍輪無敵車大
風翎弩箭八種四年河北河東陝西都總管司言鄜
延所造獨轅衝陣無敵流星弩可以備軍陣之用詔

弓弩院如樣製之除諸為鄜延路鈐轄許置弩五百
募土民教之既成經略夏安期言其便詔立獨轅弩
軍五年荊南兵馬鈐轄王遂上臨陣拐槍至和元年
詔河北河東陝西路每歲夏暴器甲有損斷者悉令
完備如復閱視有不堪用者知州通判并主兵官並
貶秩嘉祐四年詔京師所製軍器多不鋒利其選朝
臣各一員揀試之七年詔江西制置賊盜司在所有
私造兵甲匠並籍姓名若再犯者并妻子徙淮南熙
寧元年始命入內副都知張若水西上閤門使李評
料簡弓弩而增脩之若水進所造神臂弓實李宏所

獻蓋弩類也以檿為身檀為弰鐵為蹬子槍頭銅為
馬面牙發麻繩扎絲為弦弓之身三尺有二寸弦長
二尺有五寸箭木羽長數寸射三百四十餘步入榆
木半笴帝閱而善之於是神臂始用而他器弗及焉
二年命河北州軍凡戎器分三等以聞又詔內庫凡
器甲擇其良若干條上四年詔諸路遣官詣州分庫
藏甲兵器為三等如沿邊三路而川峽不與五年帝
匣斬馬刀以示蔡挺挺謂製作精而操擊便乃命中
人領工造數萬口賜邊臣鐔長尺餘刃三尺餘首為
大環是歲詔權三司度支副使沈起詳定軍器制度

起以為一己之見有限宜令在京及三路主兵官監官工匠審度法度所宜庶可傳久詔從之時帝欲利戎器而患有司苟簡王雱上疏曰漢宣帝號中興賢主而史稱技巧工匠獨精於元成之時是雖有司之事而上繫朝廷之政方今外禦邊患內虞賊盜而天下歲課弓弩甲冑入充武庫者以千萬數乃無一堅好精利實可為備者臣嘗觀諸州作院兵匠乏少至拘市人以備役所作之器但形質而已武庫之吏計其多寡之數而藏之未嘗責其實用故所積雖多大抵敝惡夫為政如此而欲抗威決勝外攘內脩

未見其可也儻欲弛武備示天下以無事則金木絲枲筋膠角羽之材皆民力也無故聚工以毀之甚可惜也莫若更制法度斂數州之作聚為一處若今錢監之比擇知工事之臣使專其職且募天下良工散為匠師而朝廷內置工官以總制其事察其精窳而賞罰之則人人務勝不加責而皆精矣聞今武庫太祖時弓尚有如新者而近世所造往往不可用此可見法禁之張弛矣大抵雱為此言以迎逢上意欲妄更舊制也六年始置軍器監總內外軍器之政置判一人同判一人屬有丞有主簿有管當公事先是軍

器領於三司至是罷之一總於監凡產材州置都作院凡知軍器利害者聽詣監陳述於是吏民獻器械法式者甚衆是歲又置內弓箭南庫軍器監奏以利害頒諸路作院為式是年冬以騎兵據大鞍不便野戰始製小鞍皮韉木鐙長於回旋馬射得以馳驟且選邊人習騎者分隸諸軍時周士隆上書論廣西交阯事請為車以禦象陣文彥博非之安石以為自前代至本朝南方數以象勝中國士隆策宜可用因論自古車戰法甚辯請以車騎相當試以觀其孰利帝亦謂北邊地平可用車為營乃詔試車法令沿河

採車材三千兩軍器監定法式造戰車以進七年判監呂惠卿言其所上弓式及其他兵器制度下殿前馬步三司令定奪去取而逐司不過取責軍校文狀以聞非獨持其舊說不肯更張又其智慮未必能知作器之意臣於朝廷已行之令非敢言改乞就一司同議帝乃遣管軍郝質赴監定奪皆曰便時軍器監製器不一材用滋耗於是詔不以常制選官馳往州縣根括牛皮角筋能令數羨次第加獎是歲始造箭曰狼牙曰鴨觜曰出尖四棱曰一插刃鑿子凡四種推行之八年詔河北拒馬或多以竹為之不足當敵

令軍器監造三萬具赴北京澶定州又令計河北所少兵器製造其不急者毋得妄費材力又詔民戶馬死舊不以報官者並報輸皮筋以充用帝慮置監未有實効而虛用材役詔中書樞密院覈實其事條畫以聞軍器監奏置監以來增造兵器若干為工若干視前器增而工省帝復詰之且令與御前工作所較工孰省驗器孰良王韶謂如此恐內外相傾成俗且往年軍器監檢察內臣折剝弓弩隙由此生今令內臣較按軍器監又如曩日相傾無已帝曰比累累說軍器監事若不較見事實即中外便以為

聽小臣譖愬令令得實行法所以明曲直也安石曰誠當如此若每事分別曲直明其信誕使功罪不蔽則天下之治久矣王韶曰軍器監事不須比較帝曰事不比較無由見枉直安石曰朝廷治事唯欲直而已其後安石卒以辯口解帝之疑而軍器監獲免欺冒之罪冬十月軍器監欲下河東等路米市曲木為鞍橋帝以勞民費財不許是時河東陝西廣南帥臣邀功不已請增給兵器帝各令給與之至是有乞以耕牛博買器甲者元豐元年冬鄜延路經略使呂惠卿乞給新樣刀軍器監欲下江浙福建路製造帝

不許給以內南庫短刃刀五萬五千口二年御批有曰河東路見運物材於緣邊造軍器顯為迂費張皇可令軍器監速罷之三年吉州奏奉詔市箭笴三十萬非土地所產且民間不素蓄乞豫給緡錢期以一年和市從之時西邊用兵久不解四年春陝西轉運使李稷奏本道九軍什物之外一皆無之乞於永興軍庫以餘財立法營辦七月涇原路奏脩渭州城畢而防城戰具寡少乞給三弓八牛床子弩一槍三劍箭各欲依法式製造詔圖樣給之五年七月鄜延路計議邊事所奏乞緡錢百萬工匠千人鐵生熟五

萬斤牛馬皮萬張造軍器並給之八月詔令沈括以劈陣大斧五千選給西邊諸將十一月陝西轉運使李察言本路都作院五宜各委監司提舉從之六年二月詔熙河路守具有闕給氈三千領牛皮萬張運送之八月從環慶路趙卨之請以神臂弓一千箭十萬給之未幾賜蘭會路藥箭二十五萬七年陝西轉運副使葉康直言秦鳳路軍器見闕名物計四百三十餘萬使一一為之非十餘年可就乞自京給賜詔量給之帝性儉約有司造將官皮甲欲以生絲染紅代氂牛尾為瀝水帝惜之代以他毛於一弓一

矢一甲一牌之用無不盡心焉弓曰闊閃促張弓罷長弰舊法矢曰鍼指箭牌以欒竹穿皮為之以易桐木牌改素鐵甲為編挨甲其法精密乃劉昌祚尹抃閻守懃等所定制度云八年十月詔内外所造軍器以見餘物材工匠造之兵匠民工即罷遣之元祐元年詔三路既罷保甲團教其器甲各送官收貯勿得以破損拘民整治八月詔太僕少卿高遵惠會工部及軍器監内外作坊及諸州都作院工器之數以要切軍器立為歲課務得中道他非要切並權住勿造於是數年之間督責少弛紹聖三年有

司言州郡兵備全為虛文恐緩急不足備禦請稍推行熙寧之詔常令封樁排垜依雜隊法從之元符元年詔江湖淮浙六路合造神臂弓三千箭三十萬二年臣僚奏乞增造神臂弓於是軍器監所造歲益千餘弓是歲詔河北沿邊州城壁樓櫓器械各務脩治有不治者罪之先是二廣路土丁令依熙寧指揮脩置器械三年知端州蕭刓上疏極言傷財害民其弊非一乞住買槍手器械疏奏不報崇寧初臣僚爭言元祐以來因循弛廢兵不犀利詔復令諸路都作院創造脩治官吏考察一如

熙寧時矣時有詔造五十將器械從工部請令内外共造由是都大提舉内外製造軍器所之名立焉初從邢恕之議下令創造兵車數十乘買牛以駕已而蔡碩又請河北置五十將兵器且為兵車萬乘蔡京主其說姦吏旁緣而因為民害者深矣崇寧三年河北陝西都轉運司言兵車之式若用許彥圭所定則車大而費倍若依往年二十將舊式則輕小易用且可省費詔卒以許彥圭式行之時熙河轉運副使李復先奏曰今之用兵與古不同古者征戰有禮不為詭遇多由正塗故車可行而敵不敢輕犯今

之用兵盡在極邊下砦駐軍各以保險為利車不能上又戰陣之交一進一退車不能及一被追襲遂非已有臣屢觀戎馬之間雖粮糗衣服器械不能為用況於車乎臣聞此車之造許彥圭因姚麟以進其說朝廷以麟熟於邊事而不知彥圭輕妄麟立私恩以誤國計其車比於常法闊六七寸運不合轍東來兵夫牽輓不行以致典賣衣物自僦牛具終日而進六七里棄車而逃者往往而是夫未造則有配買物材顧差夫匠之擾既成又難運致則為諸路之患有不可勝言者矣彥圭但圖一官之得不知有誤於

國此而不誅何以懲後今乞便行罷造已造者不復運來以寬民力其後孝圭卒得罪元豐之時河北河東路軍器每季終委逐路職司更互攷察元祐罷之四年因工部之請復行之大觀二年手詔曰前東南備禦指揮深慮監郡縣吏急切者倚法害民廢職者慢令失事如築城壁造軍器教戰馬習水戰之類並可量度工力計以歲月漸次興作毋得急遽科歛及差雇百姓使急不擾民緩不廢事然後為稱尋詔限十年一切畢工四月罷黎雅等州市氂牛尾應為民害八月提舉御前軍器所奏乞如崇寧五年指

揮下諸路買牛角四十萬隻觔十萬斤從之政和二年二月詔諸路州郡造軍器有不用熙寧法式者有司議罰具為令六月又詔並用御前軍器所降法式前二月指揮勿行三年詔馬甲曩用黑髹漆今易以朱是歲姚古奏更定軍器曩時甲二副今析造三副曩時手刀太重今皆令輕便易用曩時神臂弓礦二石三斗今礦一石四斗從之悉下諸路改造六年軍器少監鄧之綱奏國家諸路為將一百三十有一訓練士卒各給軍器以備不虞惟河北諸將軍器乃熙豐時造精利牢密冠於諸路臣恐歲久因循多

致損弊乞自河北陝西路為首令諸路一新戎器仰稱陛下追述先志儲戎器壯國威之意從之七年之綱三上奏一言脩武庫二言整軍器大省國用詔升之綱為大監又遷一官時宇文粹中賜對崇政殿奏武庫事因奏武庫有祖宗所御軍器十餘色乞編入鹵簿圖志遇郊兵重禮陳於儀物之首以識武功且示不忘創業艱難意是年御筆以武庫當脩軍器近一億萬其中箭鏃五千餘萬用平時工料須七十年餘然後可畢於是令鄧之綱分給沿流作院限三年脩之而權住三年上供軍器八年以

之綱奏諸路歲起上供料買分數特免三年綱發然自時厥後申明郡縣牛皮角筋之禁紛然為害者之綱之請也宣和元年權荊湖南路提點刑獄公事鄭濟奏本路惟潭邵二州各有年額製造軍器今年製造已足躬親試驗並依法式不誤施用詔加旌賞以為諸路之勸然自是歲督軍器率用御筆處分工造不已而較數甞闕繕脩無虛歲而每稱弊壞大抵中外相應一以虛文上下相蒙而馴致靖康之禍矣靖康初兵仗皆闕詔書屢下嚴立賞刑而卒亦無補時通判河陽權州事張旂奏曰河陽自今春以來

累有軍馬經過軍士舉隨身軍器若馬甲神臂弓箭槍牌之類於市肆博易熟食名爲寄頓其實棄遺避逃征役拘收三日間得器械四千二百餘物此乃太原援師尚且棄捐器甲則他路軍馬事勢可知宜諭民首納免貽他患帝善祈奏賞以一官初御前軍器監軍器所萬全軍匠以三千七百爲額東西作坊工匠以五千爲額紹興初役兵纔千人久之增至五千六百餘又於諸道增二千九百餘本券外復增給日錢百七十月米七斗半於是內庫累歲兵械山積而諸軍悉除戎器三十六年詔工匠

宜減免江浙福建諸州物料悉蠲之有司奏物料減三之一工匠二千雜役兵五百爲額舊軍器所得專達建炎中嘗以閹官董懿提舉尋罷之紹興五年隸工部復以中人典領三十年工部言非祖宗建官意詔依條檢察孝宗受禪增提點官一員御史方論其不可復隸工部焉　造車之制渡江後東南地多沮洳險隘不以車爲主宗澤李綱有戰車法王大智獻車式皆不復用而屬意甲冑弓矢之利矣建炎初上諭宰執曰方今戰士無慮三十萬若皆被堅執銳加以弓矢之利雖彊敵無足畏也造弓必用良工善

價紹興三年提舉製造軍器所言以七十工造全裝甲一又長齊頭甲每一甲用工百四十一短齊頭甲用工七十四乞以本所全裝甲爲定式席益言諸州造馬蝗弩不若令造弓詔並改造弓弩內馬蝗弩改手射弓紹興四年軍器所言得旨依御降式造甲緣甲之式有四等甲葉千八百二十五表裏磨鋥內披膊葉五百四每葉重二錢六分又甲身葉三百三十二每葉重四錢七分又腿裙鶻尾葉六百七十九每葉重四錢五分又兜鍪簾葉三百一十每葉重二錢五分并兜鍪一盔子眉子共一斤一

兩皮線結頭等重五斤十二兩五錢有奇每一甲重四十有九斤十二兩若甲葉一一依元領分兩如重輕差殊即棄不用虛費工材乞以新式甲葉分兩輕重通融全裝共四十五斤至五十斤止詔勿過五十斤三十二年詔江東安撫司造木弩五千箭五十萬隆興元年御降木羽弩箭式每路依式製箭百萬淳熙九年衢州守臣製到木鶴觜弩二千箭十萬又湖北京西造納無羽箭上曰箭不用羽可謂精巧其屋藏之淮東總領朱佺言鎮江一軍乃韓世忠部曲世忠造克敵弓以當敵衝突其發可至百步其勁可

穿重甲最為利器往歲調發弓不免損失存者歲久亦漸弛壞今考諸軍見弩手八千八百四十二人人合用兩弓一弓一日上教一弓備出戰合用弓萬七千六百八十有四僅存六千五百七十有四餘皆不堪施教乙下鎮江都統司足其額十五年工部侍郎李昌圖言弓矢之利貴於便疾神臂弓斗力及遠屢獲其用後又造神勁弓及遠雖在神臂弓上軍中多言其發遲每神臂三矢而神勁方能一發若臨敵之際便疾反出神臂下上曰平原曠野宜用神勁弓西蜀崇山峻嶺未知孰利詔金州都統司詳議以聞既而都統制吴挺奏神勁弓并彈子頭箭諸軍用之誠便疾神臂不及也詔從其便楚州兵馬鈐轄言弩之力勁者三十石次者十五石矢之鏃狀若鍬所發何啻數百步洞穿數人江上諸軍有弩式皆廢不脩詔兩淮荆襄沿邊城守各製二十枝御前軍器所亦如之紹熙而後日造器械數目山積開慶元年壽春府造𩦎筒木弩與常弩明牙發不同箭置筒内甚穩尤便夜中施發又造突火槍以鉅竹為筒内安子窠如燒放焰絶然後子窠發出如砲聲遠聞百五十餘步咸淳九年沿邊州郡因降式製回回砲有觸類巧思別置砲遠出其上且為破砲之策尤奇其法用稻穰草成堅索條圍四寸長三十四尺每二十條為束別以麻索繫一頭於樓後柱搭過樓下垂至地栿梁垂四層或五層周庇樓屋沃以泥漿火箭火砲不能侵砲石雖百鈞無所施矣且輕便不費財立名曰護陴籬索是時兵紀不振獨器甲視舊制益詳

志卷第一百五十

志卷第一百五十一　　宋史一百九十八

開府儀同三司上柱國錄軍國重事前中書右丞相監脩國史領經筵事都總裁臣脫脫等奉

勅修

兵十二 馬政

國馬之政歷五代寖廢至宋而規制備具自建隆而後其官司之規廐牧之政與夫牧市之利牧地之數支配之等曰券馬曰省馬曰馬社曰括買沿革盛衰皆可得而考焉凡御馬之等三入殿祗候十五匹別駕十四匹從駕二十匹給用之等十有五曰揀中曰不得支使曰添價曰國信曰臣僚曰諸班曰御龍直曰捧日曰龍衛曰拱聖曰驍騎曰雲武騎曰天武曰龍猛曰配軍曰雜使曰馬鋪群號之字十

有七曰左曰右曰千曰立曰永曰官曰吉曰天曰主曰王曰方曰興曰來曰萬曰小曰官曰退毛物之種九十有二吡撥之別八青之別二白之別一烏之別五赤之別五紫之別六驄之別十一赭白之別六驪之別八騧之別六駱之別五騅之別五騟之別八駁膀之別六駁之別三驃之別七其官司之規則太祖承前代之制初置左右飛龍二院以左右飛龍二使領之太平興國五年改飛龍為天廐坊雍熙四年改天廐為左右騏驥院左右天駟監四左右天廐坊二皆隸焉真宗咸平元年刱置估馬司凡市馬掌辨其良駑平其直以分給諸監三年置群牧使以内臣勾當制置群牧司京朝官為判官景德二年改諸州牧龍坊悉為監賜

名鑄印以給之在外之監十有四大名曰大名洺州曰廣平衛州曰淇水並分第一第二河南曰洛陽鄭州曰原武同州曰沙苑相州曰安陽澶州曰鎮寧邢州曰安國中牟曰淳澤許州曰單鎮四年以知樞密院陳堯叟為群牧制置使又別置群牧使副都監增判官為二員凡廐牧之政皆出於群牧司自騏驥院而下皆聽命焉諸州有牧監知州通判兼領之諸監各置勾當官二員又置左右廂提點又置牧養上下監以養療京城諸坊監病馬又詔左右騏驥院諸坊監官並以三年為滿如習知馬事願留者群牧司以

聞而徙涖他監焉其廐牧之政則自太祖置養馬務二葺舊務四以為牧放之地始太平興國四年太宗觀兵于幽得汾晉燕薊之馬四萬二千餘疋内皁充牣始分置諸坊牧養之時殿直李諤坐贓監牧許州盜官芻馬多死并主吏斬於市又詔擇豐曠地置牧龍坊八以便牧養淳化二年十二月詔圉人取善馬數十疋於便殿設皁棧教以秣飼且以其法諭宰執仍頒于諸軍復以醫馬良方賜近臣嘗從趙守倫之請於諸州牧龍坊畜牝馬萬五千疋逐水草牧放不費芻秣生駒蕃息足資軍用至是守倫復言諸坊牧

馬萬疋歲當生駒四千今歲止二千五百典司失職
當嚴責罰若馬百疋歲得駒七十則加遷擢諸坊產
駒即籍以聞牧放軍人當募少壯充役並從之真宗
大中祥符元年立牧監賞罰之令外監息馬一歲終
以十分為率死一分以上勾當官罰一月奉餘等第
決杖牧倍多而死少者給賞緡有差凡生駒一疋兵
校而下賞絹一疋當是時凡內外坊監及諸軍馬凡
二十餘萬疋飼馬兵校一萬六千三十八人每歲京
坊草六十六萬六千圍麩料六萬二千二百四石鹽
油藥糖九萬五千餘斤石諸州軍不預焉左右騏驥

六坊監止留馬二千餘疋皆春季出就牧孟冬則別
其羸病就棧皁養飼其尚乘之馬唯備用者在焉凡
牧監之在河南北天禧後靈昌監為河決所衝至乾
興天聖間兵久不試言者多以為牧馬費廣而亡補
乃廢東平監以其地賦民五年廢單鎮監六年廢洛
陽監於是河南諸監皆廢悉以馬送河北既而詔取
原武監馬赴京師移河北孳生馬牧於原武八年群
牧司上言原武地廣而馬少請增牧數詔以淇水第
二監四歲馬屬原武歲取河北孳生四歲馬分屬淇
水第二并原武監移原武下等馬牧于靈昌鎮廢監

仍隸原武九年詔諸監孳生駁馬四時遊牧勿復登
廄明道元年議者謂自河南六監廢京師須馬取之
河北道遠非便詔遣左廂提點王舜臣往度利害舜
臣言鎮寧靈昌東平淳澤四監雖廢然其地猶牧本
監并騏驥院馬洛陽單鎮去京師近罷之非便乃詔
復二監以牧河北孳生馬景祐二年揀河北諸監馬
一千九百牧於趙州界隸安陽監既而詔廣平廢監
留其一以趙州界牧馬復隸焉所餘一監毋毀廄舍
四年復以原武第二監為單鎮移于長葛縣以縣令
都監兼領之三年詔院坊監馬歲留備用外餘為兩

群牧于咸豐門外牟駝岡凡收養病馬估馬司騏驥
院取病淺者送上監深者送下監分十槽醫療之天
聖六年詔月以都監判官一人提舉八年言者謂上
監去京城遠送病馬非便詔廢之以病淺馬分屬左
右騏驥院六坊監季較抛死數歲終第賞罰更以騏
驥院官迭往提舉明道二年復置上監易名天坰養
無病馬病馬并屬下監景祐二年詔以收養監馬圍
群牧于陳許州界鳳凰陂免耗芻萩歲以為常治平
二年詔院坊監馬之病不堪估賣者送淇水第一監
別為一群以牧養之凡馬之孳生則大名府洺衛相

州七監多擇善種合牝牡為群判官歲以十二月巡行坊監閱二歲駒點印第賞收兵諸軍收駒及二歲即送官天聖七年群牧司言舊制知州軍通判領同群牧事歲終較馬死數及分已上并生駒不及四分並罰奉死數少生駒多即奏第賞三歲都比以該賞者聞今請申明舊制通判始到官書所轄馬數歲一考之官滿較總數為賞罰詔從之嘉祐八年群牧司言孳生七監每監歲定牝馬二千牡馬四百歲約生駒四百以為定數治平二年詔諸監生駒滿三十月已上每歲點印選牡之良

者送淇水第二監餘雜大馬悉送河南三監其淇水第二監馬候滿六十月給配諸監諸監牝馬滿三十月本監別立群牧放候滿五十月乃撥配他監充牧市馬戎人驅馬至邊總數十百為一券一馬預給錢千官給芻粟續食至京師有司售之以隸諸監曰券馬邊州置場市蕃漢馬團綱遣殿侍部送赴闕或就配諸軍曰省馬陝西廣銳勁勇等軍相與為社每市馬官給直外社衆復裒金益之曰馬社軍興籍民馬而市之以給軍曰括買宋初市馬唯河東陝西川峽三路詔馬唯吐蕃回紇党項藏牙族白馬鼻

家保家名市族諸蕃至雍熈端拱間河東則麟府豐嵐州岢嵐火山軍唐龍鎮濁輪砦陝西則秦渭涇原儀延環慶階州鎮戎保安軍制勝關浩亹府河西則靈綏銀夏州川峽則益文黎雅戎茂夔州永康軍京東則登州自趙德明據有河南其收市唯麟府涇原儀渭秦階環州岢嵐火山保安保德軍其後置場則又止環慶延渭原秦階文州鎮戎軍而已太祖時歲遣中使詣邊州市馬先是兩河之民入蕃界盗馬入中國官給其直時方留意撫綏詔禁之太平興國四年詔市吏民馬十七萬匹六年詔内屬戎人驅馬詣

闕下者首領縣次續食且禁富民無得私市十二月詔蕃部鬻馬官取良而棄駑又禁其私市歲入數既不充且無以懷遠人自今委長吏謹視馬之良駑駑即印識之許民私市焉先是以銅錢給諸蕃馬直八年有司言戎人得錢銷鑄為器乃以布帛茶及他物易之天禧中宰相向敏中言國馬倍於先朝廣費芻粟乃詔以三歲以上配軍馬估直出賣先是市馬以三歲已上十三歲已下為率天聖中詔市四歲已上十歲已下既而所市不足群牧司以為言乃詔入券弃省馬市三歲已上十二歲已下明年詔府州岢

嵐軍自今省馬三歲四歲者不以等第五歲已上十
二歲已下骨格良善行者悉許綱送估馬司餘非上
京省馬並送并州揀馬司景祐元年御史中丞韓億
言蕃部以馬抵永康軍中賣所得至少徒使羌人知
蜀山川道路非計之得乃詔罷之四年群牧司奏河
北諸軍闕馬請製等杖六付天雄軍真定府定瀛貝
滄州市上生馬十二歲以下視等第給直馬自四尺
七寸至四尺二寸九六等其直自二萬五千四百五
十至萬六千五百五十課自萬三千四百五十至八
千九百五十九六等取備邊兵戶絕錢充直以第一

等送京師餘就配諸軍康定初陝西用兵馬不足詔
京畿京西淮南陝西路括市戰馬馬四尺六寸至四
尺二寸其直自五十千至二十千凡五等宰臣樞密
使聽畜馬七參知政事樞密副使五尚書學士至知
雜閤門使已上三升朝官閤門祗候已上一餘命官
至諸司職員寺觀主首皆一節度使至刺史殿前馬
步軍都指揮至軍頭司散員副兵馬使皆勿括並邊
七州軍免出內庫珠償民馬直又禁邊臣私市闕者
官給二年詔河北州軍置場市馬雖除等樣如聞所
得不廣宜加增直第一等二萬八千第二等二萬六

千第三等二萬四千第四等以下及牝馬即依舊直
仍自第二等以下遞減一寸慶曆四年詔河北點印
民間馬凡收市外見餘二萬七百除坊郭戶三等鄉
村三等已上養飼如舊餘點印者悉集揀市五年出
內藏庫絹二十萬市馬于府州岢嵐軍六年詔陝西
河東社馬死者本營蠲錢以助馬直至和元年詔蜀
馬送京師道遠多病瘠自今以春秋冬部送陝西四
路總管司二年脩陝西蕃馬驛群牧司每季檄沿路
郡縣察視之邊州巡檢兵校聽自市馬官償其直又
詔陝西轉運使司以銀十萬兩市馬于秦州歲以為

常嘉祐元年詔三司出絹三萬市馬于府州以給河
東軍五年薛向言秦州券馬至京師給直并路費一
馬計錢數萬請於原渭州德順軍置場收市給以解
鹽交引即不耗度支緡錢其券馬姑存以來遠人歲
可別得良馬八千以三千給沿邊軍騎五千入群牧
司七年陝西提舉買馬監牧司奏舊制秦州蕃漢人
月募得良馬二百至京師給綵絹銀椀腰帶錦襖子
蕃官回紇隱藏不引至者並以漢法論罪歲募及二
千給賞物外蕃部補蕃官蕃官轉資回紇百姓加等
給賞今原渭德順軍置場市馬請如秦州例施行詔

從之先是詔議買馬利害吳奎等議於秦州古渭永寧砦及原州德順軍各令置場京師歲支銀四萬兩紬絹七萬五千疋充馬直不足以解鹽鈔并雜支錢給之詔行之八年宰臣韓琦言秦州永寧砦舊以鈔市馬自脩古渭砦在永寧之西而蕃漢多互市其間因置買馬場凡歲用緡錢十餘萬蕩然流入虜中實耗國用詔復置場永寧罷古渭砦中場蕃部馬至徑鬻于秦州治平元年薛向請原渭州德順軍買馬官永興軍養馬務如原州德順軍并渭州同判三年為任悉以所市馬多少為殿最又言秦州山外蕃部至原渭州德順軍鎮戎軍鬻馬充豪商錢至秦州所償止得六百令請於原渭州德順軍官以鹽鈔博易使得輕齎至秦州易蜀貨以歸蜀商以所博鹽引至岐雍換監銀入蜀兩獲其便群牧司請如向言施行是歲詔河東陝西廣銳蕃落闕馬復置社買一馬官給錢三十千久之馬不至乃增置如慶曆詔書第三等三十五千第四等二十八千四年以成都府路歲輸紬絹三萬給陝西監牧司自是蕃部馬至者衆官軍仰給焉先是以陝西轉運使兼本路監牧買馬事後又以制置陝西解鹽官同主之大抵國初市馬歲僅得

五千餘疋天聖中蕃部省馬至三萬四千九百餘疋嘉祐以前原渭德順凡三歲市馬至萬七千一百疋秦州券馬歲至萬五千疋凡牧地自畿甸及近郡使擇水草善地而標占之淳化景德間內外坊監總六萬八千頃諸軍班又三萬九百頃不預焉歲久官失其籍界堠不明廢置不常而淪於浸冒者多矣淳化二年十二月通利軍上十牧草地圖上慮侵民田遣中使檢視疆理嘉祐中韓琦請括諸監牧地留牧外聽下戶耕佃遣都官員外郎高訪等括河北得閒田三千三百五十頃募佃歲約得穀十一萬七千八百石絹三千二百五十疋草十六萬一千二百束群牧司言諸監牧地間有水旱每監牧放外歲刈白草數萬束以備冬飼今悉賦民異時監馬增多及有水旱無以轉徙牧放詔遣左右廂提點官相度除先被侵冒已根括出地權給租佃餘委群牧司審度存留有閑土即募耕佃五年群牧司言凡牧一馬往來踐食占地五十畝諸監既無餘地難以募耕請存留如故廣平廢監先賦民者亦乞取還乃詔河北京東牧監帳管草地自今毋得縱人請射犯者論以違制群牧使歐陽脩言唐之牧地西起隴右金城平涼天水亘

河曲之野内則岐豳涇寧東接銀夏又東至于樓煩今則没入蕃界淪於侵佃不可復得惟河東嵐石之間山荒甚多汾河之側草地亦廣其間水草最宜牧養此唐樓煩監地迹此推之則樓煩元池天池三監舊地尚冀可得臣往年出使嘗行威勝以東及遼州平定軍其地率多閑曠河東一路水草甚佳地勢高寒必宜馬性又京西唐汝之間荒地亦廣請下河東京西轉運司遣官審度若可與置監牧則河北諸監尋可廢罷治平末牧地總五萬五千河南六監三萬二千而河北六監則二萬三千凡支配騏驥院估馬

司以當配軍及新收馬閱于便殿數毋過二百凡配軍視其奉錢之數馬自四尺六寸至四尺三寸奉錢自一千至三百為四等差次給之至五月權止外州軍士闕馬先奏稟乃給荆湖路歸遠雄武軍士配以在所土産馬凡闕馬軍士以分數配填慶曆四年詔陝西河北河東填五分餘路填四分他州軍府界巡檢兵校聽自市官償其直毋過三十千是歲詔諸路以馬給軍士比試武技優者先給比試兩給闕馬十疋以下全給十匹以上如舊數支至和元年詔軍士戍陝西河東河北填七分餘路填六分凡主兵官當

借馬者至罷兵權殿前馬步軍都指揮使賜所借馬三都虞候捧日天武龍神衛四廂都指揮使二軍都指揮使一外州在官當借馬者經略使三總管鈐轄二路分都監承受極邊砦至監押都巡檢把截保丁指使一毋得乘之他州并以假人犯者論以違制寶元元年詔群臣例賜馬者宰相至樞密直學士使相至正任刺史并皇族緣姻事當賜者如舊制餘給以馬直少卿監已上三十五千内殿承制已下二十三千凡群臣假官馬進奉者置籍報左藏庫償直四十千其後多負不償乃詔借馬者先輸直久逋不

償者尅其奉料熙寧以來有保馬戸馬其後又變為給地牧馬神宗嘗患馬政不善謂樞密使文彦博曰群牧官非人無以責成効其令中書擇使卿舉判官冀國馬蕃息以給戰騎於是以比部員外郎崔台符權群牧判官又命群牧判官劉航及台符刪定群牧敕令以唐制參本朝故事而奏決焉熙寧元年又手詔彦博等曰今諸州守貳雖同領群牧而未嘗親涖職事其議更制廐監牧郡守貳並朝廷選授與坊監使臣皆第其能否制賞罰而升黜之宜立法以聞又手詔曰方今馬政不脩官吏無著効豈任不久

而才不盡歟是何監牧之多官吏之衆而乏才之甚也昔唐用張萬歲三世典群牧恩信行乎下故馬政脩舉後世稱為能吏今上自提總官屬下至坊監使臣既非銓擇而遷徙迅速謂之假道欲使官宿其業而盡其能不可得也為今之計者當簡其勞能進之以序自坊監而上至於群牧都監皆課其功而第進之以為任事者勸焉於是樞密副使邵亢請以牧馬餘田脩稼政以資牧養之利而群牧司言馬監草地四萬八千餘頃今以五萬馬為率一馬占地五十畝大名廣平四監餘田無幾宜且仍舊而原武單鎮

洛陽沙苑淇水安陽東平等監餘良田萬七千頃可賦民以收芻粟從之已而樞密院又言舊制以左右騏驥院總司國馬景德中始增置群牧使副都監判官以領廐牧之政使領雖重未嘗躬自巡察不能周知牧畜利病以故馬不蕃息今宜分置官局專任責成乃詔河南北分置監牧使以劉航崔台符為之又置都監各一員其在河陽者為孳生監允外諸監並分屬兩使各條上所當行者諸官吏若牧田縣令佐並委監牧使舉劾專隸樞密院不領於群牧制置先是群牧司請於河北河東陝西都總管治所各置

一監以便給軍乃遣官下諸路詳度既又以知太原唐介之請發沙苑馬五百置監於交城又分置河南河北兩使時上方留意牧監地然諸監牧田皆寬衍為人所冒占故議者爭請收其餘資以佐芻粟言利者乘之始以增賦入為務二年詔括河南北監牧司總牧地舊籍六萬八千頃而今籍五萬五千餘數皆隱於民自是請以牧地賦民者紛然而諸監尋廢是歲天下應在馬凡十五萬三千六百有奇初內外班直騎軍馬以四月下槽出牧迄八月上槽風雨勞逸之不齊故多病斃圉人歲被榜罰吏緣牧事害民

棚井科率無寧歲四年十月乃命同脩起居注曾孝寬較度其利害孝寬請罷諸班直諸軍馬出牧以田募民出租詔自來年如所請仍令三司備當牧五月芻粟五年廢太原監七年廢東平原武監而合淇水兩監為一八年遂廢河南北八監惟存沙苑一監而兩監司牧亦罷矣沙苑先以隸陝西提舉監牧至是復屬之群牧司始議廢監時群牧制置使文彥博言議者欲賦牧地與民而收租課散國馬於編戶而責孳息非便詔元絳蔡確較其利害上之於是中書樞密院言河南北十二監起熙寧二年至五年歲出

馬一千六百四十匹可給騎兵者二百六十四餘僅足配郵傳而兩監牧吏卒雜費及所占地租為緡錢五十三萬九千有奇計所出馬為錢三萬六千四百餘緡而已今九監見馬三萬若不更制則日就損耗於是卒廢之以其善馬分隸諸監餘馬皆斥賣收其地租給市易本錢分寄籍常平出子錢以為市馬之直監兵五千以為廣固指揮脩治京城焉後遂廢高陽真定太原大名定州五監亢廢監錢歸市易之外又以給㵎河歲計諸監既廢淤田司請廣行淤溉增課以募耕者而河北制置牧田所繼言牧田沒於民者五千七百餘頃乃嚴侵冒之法而加告獲之賞自是利入增多元豐三年廢監租錢遂至百一十六萬自群牧使而下賜賚有差乃命太常博士路昌衡秘書丞王得臣與逐路轉運司開封府界提點司按租地約三年中價以定歲額若催督違滯以擅支封樁法論初經制㵎河邊防財用司奏於岷州床川荔川閭川砦通遠軍熟羊砦置牧養十監議者繼言蕃馬法帝欲試之近甸六年手詔樞密院牧馬重事經始之際宜得左右近臣以總其政令自霧澤陂牧馬所造法始於畿內置十監以次推之諸路宜令樞密院

都承旨張承一副都承旨張山甫經度制置權不隸尚書駕部及太僕寺有當自朝廷處分者樞密院主之已而其說皆不効八年同提舉經度制置曹誦言自崇儀副使溫從吉建議刱孳生監迨今二年駒不蕃而死者益衆乃命御史臺校覈自置監以來得駒不及一分四釐馬死已十分之六於是責議者及提舉官而罷畿內十監元祐初議興廢監以復舊制於是詔庫部郎中郭茂恂往陝西河東所當置監尋又下河北陝西轉運提點刑獄司按行河渭并晉之間牧田以聞時已罷保甲教騎兵而還戶馬於民於是右司諫王巖叟言兵之所恃在馬而能蕃息之者牧監也昔廢監之初識者皆知十年之後天下當乏馬已而不待十年其弊已見此甚非國之利也乞收還戶馬三萬復置監如故監牧事委之轉運官而不專置使令鄆州之東平北京之大名元城衛州之淇水相州之安陽洺州之廣平監以及瀛定之間棚塞草地疆畫具存使臣牧卒大半猶在稍加招集則指顧之間措置可定而人免納錢之害國收牧馬之利豈非計之得哉又況廢監以來牧地之賦民者為害多端若復置監牧而收地入官則百姓戴恩如釋重負

矣自是洛陽單鎮原武淇水東平安陽等監皆復初熙寧中併天駟四監為二而左右天廐坊亦罷至是復左右天廐坊時又有旨內外馬事並隸太僕寺不由駕部而達尚書省兵部尚書王存右司諫王覿言先帝講求歷代之法正省臺寺監之職上下相繼各有統制其間或濡滯不通宜量加裁正不可因而隳紊言不果行又詔舊副群牧司者專隸太僕寺直達樞密院不由尚書省及駕部至崇寧中始詔如元豐舊制紹聖初用事者更以其意為廢置而時議復變太僕寺言府界牧田占佃之外尚存三千餘頃議復

畿內孳生十監詔以莊宅副使麥文昞內殿崇班王景儉充提舉後二年而給地牧馬之政行矣先是知任縣韓筠等建議凡授民牧田一頃為官牧一馬而蠲其租縣籍其高下老壯毛色歲一閱亡失者責償已佃牧田者依上養馬知邢州張赴上其說且謂授田一頃為官牧一馬較陝西沿邊弓箭手既養馬又戍邊者為優試之一監一縣當有利而無害樞密院是其請且言熙寧中罷諸監以賦民歲收緡錢至百餘萬元祐初未嘗講明利害惟務罷元豐熙寧之政奪已佃之田而復舊監桑柘井廬多所毀伐監[illegible]牧官

吏為費不貲牧卒擾民棚井抑配為害非一盖自復監以來臣僚屢陳公私之害若循元祐倉卒更張之法久當益弊且左右廂今歲籍馬萬三千有奇堪配軍者無幾惟沙苑六千疋愈於他監今赴等所陳授田養馬既蠲其租不責以孳息而不願者無所抑勒又限以尺寸則緩急皆可用之馬矣乃具為條畫下太僕寺應監牧州縣悉行之時殿中侍御史陳次升言給地牧馬其初始於邢州守令之請未嘗下監司詳度諸路各有利害既不可知民居與田相遠者難就耕牧一頃之地所直不多而亡失責償為錢四五

十千必非人情所願言竟不行時同知樞密院曾布也四年遂廢淇水單鎮安陽洛陽原武監罷提舉所及左右廂惟存東平沙苑二監曾布自叙其事曰元祐中復置監牧兩廂所養馬止萬三千疋而不堪者過半今既以租錢置蕃落十指揮於陝西養馬三千五百又人戶願養者亦數千而所存兩監各可牧萬馬馬數多於舊監而所省官吏之費非一近世良法未之能及時三省皆稱善其後沙苑復隸陝西買馬監牧司而東平監仍廢崇寧元年有司較諸路田養馬之數凡一千八百疋有奇而河北西路占一千

四百他路自二百疋以下至河東路僅九疋而開封府界京西南路京東東路皆無應募者蓋法雖已具而猶未及行也大觀元年尚書省言元祐置監馬不蕃息而費用不貲今沙苑最號多馬然占牧田九千餘頃芻粟官曹歲費緡錢四十餘萬而牧馬止及六千自元符元年至二年亡失者三千九百且素不調習不中於用以九千頃之田四十萬緡之費養馬而不適於用又亡失如此利害灼然可見今以九千頃之田計其磽瘠三分去一猶得良田六千頃以直計之頃為錢五百餘緡以一頃募一馬則人得地利馬

得所養可以紹述先帝隱兵於農之意請下永興軍路提點刑獄司及同州詳度以聞俟見實利則六路新邊閑田當以次推行時熙河路蘭湟牧馬司又請兼募願養牝馬者每收三駒以其二歸官一充賞詔行之是歲臣僚言岷州應募養馬者至萬餘疋於是自守貳而下遞賞有差明年詔熙河路應縣鎮城砦關堡官並兼管幹給地牧事四年復罷京東西路給地牧馬復東平監政和二年詔諸路復行給地牧馬復罷東平監五年提舉河東給地牧馬尚中行以奏報稽違且欲擅更法詔授遠小監當官於是人

皆趣令牧守提舉以率先就緒遷官第賞者甚衆七年有司言給地增牧法成令具諸路告功乃下諸路春秋集教以備選用令下奉行之者益力蔡京既罷政新用事者更言其不便宣和二年詔罷政和二年以來給地牧馬條令收見馬以給軍應牧田及置監處並如舊制又復東平監凡諸監興罷不一而沙苑監獨不廢自給地牧馬之法罷三年而復行時牧田已多所給占乃詔見管及已拘收如官司輒復請占者以違制論六年又詔立賞格應牧馬通一路及三千疋州通縣及一千縣及三百其提點刑獄守

令各遷一官倍者更減磨勘年於是諸路應募牧馬者為戶八萬七千六百有奇為馬二萬三千五百既推賞如上詔而兵部長貳亦以兼總八路馬政遷官然北方有事而馬政亦急矣靖康元年左丞李綱言祖宗以來擇陝西河東河北美水草高涼之地置監凡三十六所比年廢罷殆盡民間雜養以充役官吏便文以塞責而馬無復善者今諸軍闕馬者太半宜復舊制權時之宜括天下馬量給其直不旬日間則數萬之馬猶可具也然時已不能盡行其說矣　保甲養馬者自熙寧五年始先是中書省樞密院議

其事於上前文彥博吳充言國馬宜不可闕今法馬死者責償恐非民願安石以為令下而京畿投牒者已千五百戶決非出於驅迫持論益堅五月詔開封府界諸縣保甲願牧馬者聽仍以陝西所市馬選給之六年曾布等承詔上其條約凡五路義勇保甲願養馬者戶一疋物力高願養二疋者聽皆以監牧見馬給之或官與其直令自市毋或彊與府界毋過三千疋五路毋過五千疋襲逐盜賊外乘越三百里者有禁在府界者免體量草二百五十束加給以錢布在五路者歲免折變緣納錢三等以上十戶為

一保四等以下十戶為一社以待病斃逋償者保戶馬斃保戶獨償之社戶馬斃社戶半償之歲一閱其肥瘠禁苛留者凡十四條先從府界頒焉五路委監司經略司州縣更度之於是保甲養馬行於諸路矣時河東騎軍馬萬一千餘疋番戍率十年一周議欲省費乃行五路義勇保甲養馬法兵部言河東正軍馬九千五百疋請權罷官給以義勇保甲馬五千補之以合額俟正軍馬不及五千始行給配下中書樞密院樞密院以為官養一馬歲為錢二十七千民養一馬纔免折變緣納錢六千五百折米而輸其直

為錢十四千四百餘皆出於民決非所願況減軍馬五千疋邊防事宜何所取備若存官軍馬如故漸令民間從便牧馬不以五千為限於理為可中書謂官養一馬以中價率之為錢二十七千募民牧養可省雜費八萬餘緡計前二年官馬死倍於保甲馬而保甲有馬可以習戰禦盜公私兩便帝卒從樞密院議九年京畿保甲養馬者罷給錢布止免輸草而增馬數元豐六年取河東路保甲十分之二以教騎戰且以本路鹽息錢給之每二十五千令市一馬仍以五年為限七年詔京東西路免教閱每都保養馬五十

疋疋給錢十千限京東以十年京西十五年而數足置提舉保甲馬官京西以呂公雅京東以霍翔領之罷鄉村物力養馬之令養戶馬者免保甲馬皆翔所陳也翔及公雅既領提舉事多所建白請借常平錢每路五萬緡付州縣出息以賞馬之充肥及孳息者願以私馬印為保馬者聽養馬至三匹蠲役外每疋許次丁一人贖杖罪之非侵損於人者詔悉從之公雅又令每都歲市二十疋限十五年者促為二年半京西不產馬民貧乏益不堪上慮有司責數過多百姓未喻上意詔如元令稍增其數公雅乃請每都歲

市八疋限以八年山縣限以十年翔又奏本路馬已
及萬疋請令諸縣弓手各養一疋以贖失捕之罪哲
宗嗣位言新法之不便者以保馬為急乃詔曰京東
西保馬期限極寬有司不務循守遂致煩擾先帝已
嘗手詔詰責今猶未能遵守其兩路市馬年限並如
元詔尋又詔以兩路保馬分配諸軍餘數付太僕寺
不堪支配者斥還民戶而責官直翔公雅皆以罪去
而保馬遂罷　戶馬者慶曆中嘗詔河北民戶以物
力養馬以備官買熙寧二年河北察訪使曾孝寬以
為言始參考行之是時諸監既廢仰給市馬而義勇

保甲馬復從官給朝廷以乏馬為憂元豐三年春以
王拱辰之請詔開封府界京東西河北陝西河東路州
縣戶各計資產市馬坊郭家產及三千緡鄉村五千
緡若坊郭鄉村通及三千緡以上者各養一馬增倍
者馬亦如之至三疋止馬以四尺三寸以上齒限八
歲以下及十五歲則更市如初籍於提舉司於是諸
道各上其數開封府界四千六百九十四河北東路
六百一十五西路八百五十四秦鳳等路六百四十
二永興路一千五百四十六河東路三百六十六京
東東路七百一十七西路九百二十二京西南路五

百九十北路七百一十六時初立法上慮商賈乘時
高直以病民命以群牧司驍騎以上千疋出市以平
其直熙寧中嘗令德順軍蕃部養馬帝問其利
害王安石謂令坊監以五百緡得一馬若委之熙河
蕃部當不至重費蕃部地宜馬且以畜牧為生誠
為便利已而得駒庳劣亡失者責償蕃部苦之其法
尋廢至是環慶路經略司復言已檄諸蕃部養馬詔
閱實及格者一疋支五縑鄜延秦鳳涇原路准此時
西方用兵頗調戶馬以給戰騎借者給還死則償直
七年遂詔河東鄜延環慶路各發戶馬二千以給正

兵河東就給本路鄜延益以永興軍等路及京西坊
郭馬環慶益以秦鳳等路及開封府界馬戶馬既配
兵後遂不復補京東西既更為保馬諸路養馬指揮
至八年亦罷其後給地牧馬則亦本於戶馬之意云
至於牧市則仍嘉祐之制置買馬司於原渭州德順
軍而增為招市之令後開熙河則更於熙河置買馬
司而以秦州買馬司隸焉八年遂置熙河路買馬坊
六而原渭德順諸場皆廢繼又置熙河岷州通遠軍
永寧砦等場而德順軍置馬場亦復先是麟府路上
所市馬三百以其直增於熙河而又多羸瘠乃罷本

路博易令軍馬司自市時又以邊臣之議市嵓嵐火山軍土産馬以增戰騎既又以邊人盜馬越疆以趣利尋皆罷之自是國馬專仰市於熈河秦鳳矣熈寧七年熈河用兵馬道梗絕乃詔知成都府蔡延慶兼提舉戎黎州買馬以經度其事明年延慶言威雅嘉瀘文龍州地接烏蠻西羌皆産善馬請委知州砦主以錦綵茶絹招市未及施行會威茂州夷人盜邊及西邊馬已至八月遂詔罷提舉戎黎買馬元豐中軍興乏馬六年復命知成都吕大防同成都府利州路轉運司經制邊郡之可市馬者遂制嘉州中鎮砦雅

州靈關等買馬場而馬皆不至元祐初乃罷之元祐中嘗詔以蜀馬給陝西軍以陝西馬赴京師崇寧五年增黎州市馬至四千疋然凡云蜀馬者惟沈黎所市為多其他如戎瀘等州歲與蠻人為市第存優恤數馬以給其直大觀初又詔播州夷界巡檢楊桀許歲市馬五十疋於南平軍其給賜視戎州之數熈寧中罷券馬而專於招市歲省三司錢二十萬緡自馬不下槽出牧三司復給芻秣之費更相補除而三司歲償群牧者為緡錢十萬以增市馬券馬之罷已久紹聖初提舉買馬陸師閔奏復行之令蕃漢商人願

以馬結券進賣者先從諸場驗印各具其直給券送太僕寺償之其說以為券馬既盛行則綱馬可罷行之三年樞密院言券馬死不及耋而綱馬之死十倍乃賜師閔金帛加集賢脩撰以賞其功時議既不以券馬為是主管買馬閻令亦言其枉費然曾布力行之崇寧中乃詔買馬一遵元豐法市馬之官自嘉祐中始以陝西轉運使兼本路監牧買馬事後又以制置陝西觧塩官同主之熈寧中始置提舉熈河路買馬命知熈州王韶為之而以提點刑獄為同提舉八年提舉茶場李杞言賣茶買馬固為一事乞同提舉

買馬詔如其請十年又置群牧行司以往來督市馬者元豐三年復罷為提舉買馬監牧司四年群牧判官郭茂恂言承詔議專以茶市馬以物帛市穀而併茶馬為一司臣聞頃時以茶易馬兼用金帛亦聽其便近歲事局既分專用銀絹錢鈔非蕃部所欲且茶馬二者事實相須請如詔便奏可仍詔專以雅州名山茶為易馬用自是蕃馬至者稍衆六年買馬司復罷兼茶事七年更詔以買馬隸經制熈河財用司經制司罷乃復故自李杞建議始於提舉茶事兼買馬其後二職分合不一崇寧四年詔曰神宗皇帝厲精

庚政經營熙河路茶馬司以致國馬法制大備其後監司欲侵奪其利以助糴買故茶利不專而馬不敷額近雖更立條約令茶馬司總運茶博馬之職猶慮有司苟於目前近利不顧悠久深害三省其謹守已行毋輒變亂元豐成法自是職任始一市馬之數以時增損初原渭德順凡三歲共市馬萬七千一百疋而群牧判官王誨言嘉祐六年以前秦州券馬歲至者萬五千疋今券馬法壞請令增市而優使臣之賞熙寧三年乃詔涇原渭德順歲買萬疋三年而會之以十分為率及六分七釐者進一官餘分又析為三

等每增一等者更減磨勘年自是市馬之賞始優矣時誨上馬政條約詔頒行之其後熙河市馬歲增至萬五千紹聖中又增至二萬疋歲費五十萬緡後遂以為定額特詔增市者不在此數崇寧四年提舉程之邵孫鼇抃以額外市戰馬及二萬疋各遷一官鼇抃仍賜三品服大觀元年龐寅孫等又以買御前良馬及三萬疋推恩如之邵例宣和中宇文常何漸等更以遵用元豐成法省費不貲各加職遷官時如此類頗衆賞典優濫官屬利於多市馬取充數而已支配舊制自御馬而下次給賜臣僚次諸軍而驛

馬為下熙寧初樞密院言祖宗時臣僚任邊職者或賜帶甲馬示不忘疆埸之事承平日久僥倖滋長請應使臣閤門祗候以上充三路路分州軍總管鈐轄之類賜馬價如故餘皆罷■給奏可十年群牧司又言去歲給安南行營及兩省宗室諸班直及諸軍諸司馬總三千餘疋未支者猶二千請裁宗室以下所給馬諸司停給從之自罷監至此始闕馬矣熙寧初詔河北騎軍如陝西河東社馬例立社更相助錢以市馬而遞增官直尋出奉宸庫珠十餘萬以充其費其後陝西馬社苦於斂率元豐中乃詔本路罷其法

更從買馬司給之時又諸路置將馬不能盡給則給其直而委諸將自市其在熙河蘭會路者即以為買馬之數初內外諸軍給馬例不及其元額視其闕之多寡以分數填配元豐更立為定制凡諸軍闕馬應給者在京府界京東西河東陝西路無過十之七河北路十之六然其後諸軍闕馬者多紹聖三年乃詔提舉陸師閔於歲額外市馬三萬疋給鄜延環慶路正兵餘支弓箭手仍權不限分數宣和初真定中山高陽等路之馬復給度僧牒令帥臣就市以補諸軍之闕高宗紹興二年置馬監於饒州守倅領之擇官

田為牧地復置提舉俄廢四年置監臨安之餘杭及
南蕩十九年詔馬五百疋為一監牡一而牝四監為
四群歲產駒三分及斃二分以上有賞罰帝謂輔臣
曰議者言南地不宜牧馬昨自牧養今二三年已得
馬數百先是川路所置馬歲牧於鎮江是年春上以
未見蕃息遂分江上諸軍後又置監郢鄂間牝牡千
十餘年僅生二十駒且不可用乃已故凡戰馬悉仰
秦川廣三邊馬秦馬舊二萬乾道間秦川買馬額歲
萬一千九百有奇川司六千秦司五千九百益梓利
三路漕司歲出易馬紬絹十萬四千疋成都路十一

州產茶二千一百二萬斤茶馬司所收大較若此慶
元初合川秦兩司為萬一千十有六嘉泰末合兩司
為萬二千九十四然累歲市易多不及額蓋南渡前
市馬分而為二其一曰戰馬生於西陲良健可備行
陣今宕昌峰貼峽文州所產是也其二曰羈縻馬產
西南諸蠻短小不及格今黎叙等五州所產是也羈
縻馬每綱五十其間良者不過三五中等十數餘皆
下等不可服乘守貳貪賞格以多為貴經涉險遠且
綱卒盜其芻粟道斃者相望成都府馬務歲發江上
諸軍馬凡五十八綱月券錢米二百緡歲計萬一千

六百緡歲發三衙馬百二十綱其費稱是率未嘗如
數蓋茶馬司靳錢帛馬至價不即償致然也舊蕃蠻
中馬良駑有定價紹興中張松為黎倅欲馬溢額覬
賞乃高直市之夷人無厭邀求滋甚後卭部川蠻恃
功趙彥博始以細茶錦與之而夷人每貿馬以茶錦
不堪藉口慶元中金人既失冀北地馬至秦司亦罕
舊川秦市馬赴密院多道斃者紹興二十七年詔川
馬不赴行在分隸江上軍鎮江建康荊鄂軍各七百
五十江池軍各五百殿前司二千五百馬司步司各
千州馬良者二百進御此十九年所定格也廣馬者

建炎末廣西提舉峒丁李棫請市馬赴行在紹興
初隸經略司三年即邕州置司提舉市於羅殿自杞
大理諸蠻未幾廢買馬司帥臣領之七年胡舜陟為
帥歲中市馬二千四百詔賞之其後馬益精歲費黃
金五鎰中金二百五十鎰錦四百絁四千廉州鹽二
百萬斤得馬千五百須四尺二寸已上乃市之其直
為銀四十兩每高一寸增銀十兩有至六七十兩者
土人云尤駔駿者在其產處或博黃金二十兩日行
四百里第官價已定不能致此自北諸蕃本自無馬
蓋轉市之南詔南詔大理國也乾道九年大理人李

觀音得等二十二人至横山砦求市馬知邕州姚恪盛陳金帛誇示之其人大喜出一文書稱利貞二年十二月約來年以馬來所求文選五經國語三史初學記及醫釋等書恪厚遺遣之而不敢上聞也嶺南自產小駟疋直十餘千與淮湖所出無異大理連西戎故多馬雖互市于廣南其實猶西馬也每擇其良赴三衙餘以付江上諸軍寶慶四年兩淮制府貿易北馬五千餘而他郡亦往往市馬不輟咸淳末有紀智立者獻謀以為兩淮軍將武官巨室皆畜馬率三借二二借一一全起團結隊伍借助防江各令飼馬

役夫自乘之官優給月錢一年以半年為約江面寧即放歸又云陳巖守招信團馬至七千出沒張耀此其驗也臣僚言宜倣祖宗遺意亟謀和市馬如出一馬則免其某色力役惟是川秦之馬遵陸則崇岡複嶺盤回斗絶舟行則峽江湍急灘磧險惡每綱運公私經費十倍而人馬俱疲上則耗國用下則困州縣綱兵所經甚於寇賊雖臣僚條奏更迭終莫得其要領豈馬政各因風土之宜而非東南之利歟

志卷第一百五十一

志卷第一百五十二　宋史一百九十九

開府儀同三司上柱國錄軍國重事中書右丞相提調國史領經筵事都總裁臣脫脫等奉
敕修

刑法一

夫天有五氣以育萬物木德以生金德以殺亦甚盭矣而始終之序相成之道也先王有刑罰以糾其民則必温慈惠和以行之蓋裁之以義推之以仁則震懾殺戮之威非求民之死所以求其生也書曰士制百姓于刑之中以教祗德言刑以弼教使之畏威遠罪導以之善爾唐虞之治固不能廢刑也惟禮以防

之有弗及則刑以輔之而已王道陵遲禮制隳廢始專任法以罔其民於是作為刑書欲民無犯而亂獄滋豐由其本末無序不足相成故也宋興承五季之亂太祖太宗頗用重典以繩姦慝歲時躬自折獄慮囚務底明慎而以忠厚為本海內悉平文教寖盛士初試官皆習律令其君一以寬仁為治故立法之制嚴而用法之情恕獄有小疑覆奏輒得減宥觀夫重熙累洽之際天下之民咸樂其生重於犯法而致治之盛幾乎三代之懿元豐以來刑書益繁已而憸邪並進刑政紊矣國既南遷威柄下逮州郡之吏亦頗

尃行而刑之寬猛繫乎其人然累世猶知以愛民爲
心雖其失慈弱而祖宗之遺意蓋未泯焉今擄其實
作刑法志

宋法制因唐律令格式而隨時損益則有編敕一司
一路一州一縣又別有敕建隆初詔判大理寺竇儀
等上編敕四卷凡一百有六條詔與新定刑統三十
卷並頒天下參酌輕重爲詳世稱平允太平興國中
增敕至十五卷淳化中倍之咸平中增至萬八千五
百五十有五條詔給事中柴成務等芟其繁亂定可
爲敕者二百八十有六條準律分十二門總十一卷

又爲儀制令一卷當時便其簡易大中祥符間又增
三十卷千三百七十四條又有農田敕五卷與敕兼
行仁宗嘗問輔臣曰或謂先朝詔令不可輕改信然
乎王曾曰此憸人惑上之言也咸平之所刪太宗詔
令十存一二去其繁密以便於民何爲不可於是詔
中外言敕得失命官修定取咸平儀制令及制度約
束之在敕者五百餘條悉附令後號曰附令敕天聖
七年編敕成合農田敕爲一書視祥符敕損百有餘
條其麗于法者大辟之屬十有七流之屬三十有四
徒之屬百有六杖之屬二百五十有八笞之屬七十

有六又配隸之屬六十有三大辟而下奏聽旨者七
十有一凡此皆在律令外者也既頒行因下詔曰敕
令者治世之經而數動搖則衆聽滋惑何以訓迪天
下哉自今有司毋得輒請刪改有未便者中書樞密
院以聞然至慶曆又復刪定增五百條別爲總例一
卷後又修一司敕二千三百十有七條一路敕千八
百二十有七條一州一縣敕千四百五十有一條其
麗于法者大辟之屬總三十有一流之屬總二十有
一徒之屬總百有五杖之屬總百六十有八笞之屬
總十有二又配隸之屬總八十有一大辟而下奏聽

旨者總六十有四凡此又在編敕之外者也嘉祐初
因樞密使韓琦言內外吏兵奉祿無著令乃命類次
爲祿令三司以驛料名數著爲驛令琦又言自慶曆
四年距嘉祐二年敕增至四千餘條前後牴牾請詔
中外使言敕得失如天聖故事七年書成總千八百
三十四條視慶曆敕大辟增六十流增五十徒增六
十有一杖增七十有三笞增三十有八又配隸增三
十大辟而下奏聽旨者增四十有六又別爲續附令
敕三卷神宗以律不足以周事情凡律所不載者一
斷以敕乃更其目曰敕令格式而律恒存乎敕之外

熈寧初置局脩敕詔中外言法不便者集議更定擇其可采者賞之元豐中始成書二十有六卷復下■二府參訂然後頒行帝留意法令每有司進擬多所是正嘗謂法出於道人能體道則立法足以盡事又曰禁於未然之謂敕禁於已然之謂令設於此以待彼之謂格使彼效之之謂式脩書者要當識此於是凡入笞杖徒流死自名例以下至斷獄十有二門麗刑名輕重者皆為敕自品官以下至斷獄三十五門約束禁止者皆為令命官之等十有七吏庶人之賞等七十有七又有倍全分釐之級九五等有等

級高下者皆為格表奏帳籍關牒符檄之類凡五卷有體制模楷者皆為式元祐初中丞劉摯言元豐編脩敕令舊載敕者多移之令蓋違敕法重違令罪輕此足以見神宗仁厚之德而有司不能推廣增多條目離析舊制因一言一事輒立一法意苛文晦不足以該事物之情行之幾時蓋已屢變宜取慶曆嘉祐以來新舊敕參照去取刪正以成一代之典右諫議孫覺亦言煩細難以檢用乃詔摯等刊定哲宗親政不專用元祐近例稍復熈寧元豐之制自是用法以後衝前攺更紛然而刑制紊矣崇寧元年臣僚言有司所守者法法所不載然後用例今引例破法非理也乃令各曹取前後所用例以類編脩與法妨者去之尋下詔追復元豐法制凡元祐條例悉燬之徽宗每降御筆手詔變亂舊章靖康初群臣言祖宗有一定之法因事攺者則隨條貼說有司易於奉行蔡京當國欲快己私請降御筆出於法令之外前後牴牾宜令具録付編脩敕令參用國初以來條法刪脩成書詔從其請書不果成高宗播遷斷例散逸建炎以前凡所施行類出人吏省記三年四月始命取嘉祐條法與政和敕令對脩而用之嘉祐法與見行不同

者自官制役法外賞格從重條約從輕紹興元年書成號紹興敕令格式而吏胥省記者亦復引用監察御史劉一止言法令具在吏猶得以為姦今一切用其所省記欺蔽何所不至十一月乃詔左右司敕令所刊定省記之文頒之時在京通用敕內有已嘗衝攺不該引用之文因大理正張柄言亦詔刪削十年右僕射秦檜上之然自檜專政率用都堂批狀指揮行事雜入吏部續降條冊之中脩書者有所畏忌不敢刪削至與成法並立吏部尚書周麟之言非天子不議禮不制度不考文乃詔削去之至乾道時臣僚

言紹興以來續降指揮無慮數千抵牾難以考據詔大理寺官詳難定其可否類申刑部以所隸事目分送六部長貳參詳六年刑部侍郎汪大猷等上其書號乾道敕令格式八年頒之當是時法令雖具然吏一切以例從事法當然而無例則事皆泥而不行甚至隱例以壞法賄賂既行乃為具例淳熙初詔除刑部許用乾道刑名斷例司勳許用獲盜推賞例并乾道經置條例事指揮其餘並不得引例既而臣僚言乾道新書尚多抵牾詔戶部尚書蔡洸詳定之凡刪改九百餘條號淳熙敕令格式帝復以其書散漫用

法之際官不暇徧閱吏因得以容姦令敕令所分門編類為一書名曰淳熙條法事類前此法令之所未有也四年七月頒之淳熙末議者猶以新書尚多遺闕有司引用間有便於人情者復令刑部詳定迄光宗之世未成慶元四年右丞相京鏜始上其書為百二十卷號慶元敕令格式理宗寶慶初敕令所言自慶元新書之行令二十九年前指揮殆非一事或舊法該括未盡文意未明須用續降參酌者或舊法元無而後因事立為成法者或已有舊法而續降不必引用者或一時權宜而不可為常法者條目滋繁無

所遵守乞攷定之淳祐二年四月敕令所上其書名淳祐敕令格式十一年又取慶元法與淳祐新書刪潤其閒脩改者百四十條刱入者四百條增入者五十條刪去者十七條為四百三十卷度宗以後遵而行之無所更定矣其餘一司一路一州一縣敕前後時有增損不可勝紀云

五季衰亂禁罔煩密宋興削除苛峻累朝有所更定法吏寖用儒臣務存仁恕凡用法不悖而宜于時者著之太祖受禪始定折杖之制凡流刑四加役流脊杖二十配役三年流三千里脊杖二十二千五百里脊杖十八二千里脊杖十

七並配役一年凡徒刑五徒三年脊杖二十徒二年半脊杖十八二年脊杖十七一年半脊杖十五一年脊杖十三凡杖刑五杖一百臀杖二十九十臀杖十八八十臀杖十七七十臀杖十五六十臀杖十三凡笞刑五笞五十臀杖十下四十三十臀杖八下二十十臀杖七下常行官杖如周顯德五年制長三尺五寸大頭闊不過二寸厚及小頭徑不得過九分徒流皆通用常行杖徒罪決而不役先是藩鎮跋扈專殺為威朝廷姑息率置不問刑部按覆之職廢矣建隆三年令諸州奏大辟案須刑部詳覆尋如舊制大理寺詳斷而後覆

于刑部凡諸州獄則録事參軍與司法掾參斷之自是內外折獄蔽罪皆有官以相覆察又懼刑部大理寺用法之失别置審刑院讞之吏一坐深或終身不進由是皆務持平唐建中令竊盜贓滿三疋者死武宗時竊盜贓滿千錢者死宣宗立乃罷之漢乾祐以來用法益峻民盜一錢抵極法周初深懲其失復遵建中之制帝猶以其太重嘗增為錢三千陌以八十為限既而詔曰禁民為非乃設法令臨下以簡必務哀矜竊盜之生本非巨蠹近朝立制重於律文非愛人之旨也自今竊盜贓滿五貫足陌者死舊法強盜

持杖雖不傷人皆棄市又詔但不傷人者止計贓論令諸州獲盜非狀驗明白未得掠治其當訊者先具白長吏得判乃訊之凡有司擅掠囚者論為私罪時天下甫定刑典弛廢吏不明習律令牧守又多武人率意用法金州防禦使仇超等坐故入死罪除名流海島自是人知奉法矣開寶二年五月帝以暑氣方盛深念縲繫之苦乃下手詔兩京諸州令長吏督獄掾五日一檢視洒掃獄戶洗滌杻械貧不能自存者給飲食病者給醫藥輕繫即時決遣毋淹滯自是每仲夏申勑官吏歲以為常帝每親録囚徒專事欽恤

凡御史大理官屬尤嚴選擇嘗謂侍御史知雜馮炳曰朕每讀漢書見張釋之于定國治獄天下無冤民此所望於卿也賜金紫以勉之八年廣州言前詔竊盜贓至死者奏裁嶺南遐遠覆奏稽滯請不俟報帝覽奏惻然曰海隅習俗貪獷穿窬固其常也因詔嶺南民犯竊盜贓滿五貫至十貫者決杖黥面配役十貫以上乃死太宗在御常躬聽斷在京獄有疑者多臨決之每能燭見隱微太平興國六年下詔曰諸州大獄長吏不親決胥吏旁緣為姦逮捕證佐滋蔓逾年而獄未具自今長吏每五日一慮囚情得者即決

之復制聽獄之限大事四十日中事二十日小事十日不他逮捕而易決者毋過三日後又定令決獄違限準官書稽程律論踰四十日則奏裁事須證逮致稽緩者所在以其事聞然州縣禁繫往往猶以根窮為名追擾輒至破家因江西轉運副使張齊賢言令外縣罪人五日一具禁放數白州州獄别置曆長吏檢察三五日一引問疏理月具奏上刑部閱其禁多者命官即往決遣冤滯則降黜州之官吏會兩浙運司亦言部內州繫囚滿獄長吏輒隱落妄言獄空蓋懼朝廷詰其淹滯乃詔妄奏獄空及隱落囚數必加

深謹募告者賞之先是諸州流罪人皆錮送闕下所在或寅緣細微道路非理死者十恒六七張齊賢又請凡罪人至京擇清強官慮問若顯負沉屈致罷官吏且令只遣正身家屬俟旨其干繫者免錮送迺詔諸犯徒流罪並配所在牢城勿復轉送闕下雍熙元年令諸州十日一具囚帳及所犯罪名繫禁日數以聞俾刑部專意糾舉帝閱諸州所奏獄狀有繫三百人者迺令門留寄禁取保在外并邸店養疾者咸準禁數件析以聞其鞫獄違限及可斷不斷事小而禁繫者有司駁奏之開封女子李嘗擊登聞鼓自言無

兒息身且病一旦死家業無所付詔本府隨所欲裁置之李無它親獨有父有司因繫之李又詣登聞訴父被繫帝駭曰此事豈當禁繫輦轂之下尚或如此天下至廣安得無枉濫乎朕恨不能親決四方之獄固不辭勞尒即日遣殿中侍御史李範等十四人分往江南兩浙四川荊湖嶺南審決刑獄吏之弛怠者劾其罪以聞其臨事明敏刑獄無滞者亦以名上始令諸州十日一慮囚帝嘗謂宰相曰御史臺閤門之前四方綱準之地頗聞臺中鞫獄御史多不躬親垂簾雍容以自尊大鞫按之任委在胥吏求無冤濫豈

可得也乃詔御史決獄必躬親毋得專任胥吏又嘗諭宰臣曰每閱大理奏案節目小未備移文按覆動涉數千里外禁繫淹久甚可憐也卿等詳酌非人命所係即量罪區分勿須再鞫始令諸州笞杖罪不須證逮者長吏即決之勿復付所司群臣受詔鞫獄獄既具騎置來上有司斷已復騎置下之州凡上疑獄詳覆之而無疑狀官吏並同違制之坐其應奏疑案亦騎置以聞二年令竊盜滿十貫者奏裁七貫決杖黥面隸牢城五貫配役三年三貫二年一貫一年它如舊制八月復分遣使臣按巡諸道帝曰朕於獄犴

之寄夙夜焦勞慮有冤滞耳十月親錄京城繫囚遂至日旰近臣或諫勞苦過甚帝曰儻惠及無告使獄訟平允不致枉橈朕意深以為適何勞之有因謂宰相曰中外臣僚若皆留心政務天下安有不治者古人宰一邑守一郡使飛蝗避境猛虎渡河況能惠養黎庶申理冤滞豈不感召和氣乎朕每自勤不怠此志必無改易或云有司細故帝王不當親決朕意則異乎是若以尊極自居則下情不能上達矣自是祁寒盛暑或雨雪稍愆輒親錄繫囚多所原減諸道則遣官按決率以為常後世遵行不廢見各帝紀先是

太祝刁衎上疏言古者投姦人於四裔今乃遠方囚人盡歸象闕配務役神京天子所居豈可使流囚於此聚役禮曰刑人于市與衆棄之則知黃屋紫宸之中非行法用刑之所望自今外處罪人勿許解送上京亦不留於諸務充役御前不行決罰之刑殿前引見司鉗黥法具敕杖皆以付御史廷尉京府或出中使或命法官具禮監科以重明刑謹法之意帝覽疏甚悅降詔褒答然不能從也三年始用儒士爲司理判官令諸州訊囚不須衆官共視申長吏得判乃訊囚刑部張佖言官吏枉斷死罪者請稍峻條章以責其

明愼始定制應斷獄失入死刑者不得以官減贖檢法官判官皆削一任而檢法仍贖銅十斤長吏則停任尋置刑部詳覆官六員專閱天下所上案牘勿復遣鞫獄吏置御史臺推勘官二十人皆以京朝官爲之凡諸州有大獄則乘傳就鞫陛辭日帝必臨遣諭之曰無滋蔓無留滯咸賜以裝錢還必召問所推事狀著爲定令自是大理寺杖罪以下須刑部詳覆又所駁天下案牘未具者亦令詳覆乃奏判刑部李昌齡言舊制大理定刑送部詳覆官入法狀主判官下斷語乃具奏至開寶六年闕法直官致兩司共斷定

覆詞今宜令大理所斷案牘寺官印署送詳覆得當則送寺共奏否即疏駁以聞淳化初始置諸路提點刑獄司凡管內州府十日一報囚帳有疑獄未決即馳傳往視之州縣稽留不決按讞不實長吏則劾奏佐史小吏許便宜按劾從事帝又慮大理刑部吏舞文巧詆置審刑院於禁中以樞密直學士李昌齡知院事兼置詳議官六員凡獄上奏先達審刑院印訖付大理寺刑部斷覆以聞乃下審刑院詳議申覆裁決訖以付中書省當即下之其未允者宰相覆以聞始命論決蓋重愼之至也凡大理寺決天下案牘大

事限二十五日中事二十日小事十日審刑院詳覆大事十五日中事十日小事五日三年詔御史臺鞫徒以上罪獄具令尚書丞郎兩省給舍以上一人親往慮問尋又詔獄無大小自中丞以下皆臨鞫問不得專責所司自端拱以來諸州司理參軍皆帝自選擇民有詣闕稱冤者亦遣臺使乘傳按鞫數年之間刑罰清省矣既而諸路提點刑獄司未嘗有所平反詔悉罷之歸其事轉運司至道二年帝聞諸州所斷大辟情可疑者懼爲有司所駁不敢上其獄迺詔死事有可疑者具獄申轉運司擇部內詳練格律者令

決之須奏者乃奏眞宗性寬慈尤愼刑辟嘗謂宰相曰執法之吏不可輕授有不稱職者當責舉主以懲其濫審刑院舉詳議官就刑部試斷案三十二道取引用詳明者審刑院毋奏案令先具事狀親覽之翌日乃候進止裁處輕重必當其罪咸平元年從黃州守王禹偁之請諸路置病囚院徒流以上有疾者處之餘責保于外景德三年詔諸道州軍斷獄內有宣敕不定刑名止言當行極斷者所在卽寘大辟頗乖平允自今凡言處斷重斷極斷決配朝典之類未得論決具獄以聞四年復置諸路提點刑獄官先是帝出筆記六事其一曰勤恤民隱遴柬庶官朕無日不念也所慮四方刑獄官吏未盡得人一夫受寃卽召災沴今軍民事務雖有轉運使且地遠無由周知先帝嘗選朝臣爲諸路提點刑獄今可復置仍以使臣副之命中書樞密院擇官又曰河北陝西地控邊要尤必得人須性度平和有執守者親選太常博士陳綸李及自餘擬名以聞咸引對於長春殿遣之內出御前印紙爲曆書其績效代還議功行賞如刑獄枉濫不能擿舉官吏曠弛不能彈奏務從畏避者寘以深罪知審刑院朱選上言官吏因公事受財證左明

白望論以枉法其罪至死者加役流從之御史臺嘗鞫殺人賊獄具知雜王隨請臠咼之帝曰五刑自有常制何爲慘毒也入內供奉官楊守珍使陝西督捕盜賊因請擒獲強盜至死者望以付臣凌遲用戒凶惡詔捕賊送所屬依法論決毋用凌遲凌遲者先斷其支體乃抉其吭當時之極法也蓋眞宗仁恕而慘酷之刑祖宗亦未嘗用初殿中侍御史趙湘嘗建言聖王行法必順天道漢制大辟之科盡冬月乃斷此古之善政當舉行之且十二月爲承天節萬方祝頌之時而大辟決斷如故況十一月一陽始出其氣尚微議獄緩刑所以助陽抑陰也望以十一月十二月內天下大辟未結正者更令詳覆已結正者未令決斷所在厚加矜恤掃除獄房供給飲食薪炭之屬防護無致他故情可憫者奏聽敕裁合依法者盡冬月乃斷在京大辟人既當春孟之月亦行慶施惠之時伏望萬幾之暇臨軒躬覽情可憫者特從末減亦所以布聖澤於無窮況愚民之抵罪未斷兩月亦非淹延若用刑順於陰陽則四時之氣和氣和則百穀豐實水旱不作矣帝覽奏曰此誠嘉事然古今異制沿革不同行之慮有淹滯或因緣爲姦矣天禧四年乃詔天

下犯十惡劫殺謀殺故殺鬭殺放火强劫正枉法贓
僞造符印厭魅呪詛造妖書妖言傳授妖術合造毒
藥禁軍諸軍逃亡為盜罪至死者每遇十二月權
住區斷遇天慶節即決之餘犯至死者十二月及
春夏未得區遣禁錮奏裁在仁宗時四方無事戶
口蕃息而克自抑畏其於用刑尤慎即位之初詔
內外官司聽獄決罪須躬自閱實毋枉濫淹滯刑部
甞薦詳覆官帝記其姓名曰是甞失入人罪不得遷
官者烏可任法吏舉者皆罰金獄疑者讞所從來久
矣漢甞詔讞而後不當讞者不為失所以廣聽察防

繆濫也時奏讞之法廢初真宗甞覽囚簿見天下斷
死罪八百人憮然動容語宰執曰雜犯死罪條目至
多官吏儻不盡心豈無枉濫故事死罪獄具三覆奏
蓋甚重慎何代罷之遂命檢討沿革而有司終慮淹
繫不果行至是刑部侍郎燕肅奏曰唐大辟罪令尚
書九卿讞之凡決死刑京師五覆奏諸州三覆奏貞
觀四年斷死罪二十九開元二十五年財五十八今
天下生齒未加於唐而天聖三年斷大辟二千四百
三十六視唐幾至百倍京師大辟雖一覆奏而州郡
獄疑上請法寺多所舉駮率得不應奏之罪往往增

飾事狀移情就法失朝廷欽恤之意望準唐故事天
下死罪皆得覆奏議者必曰待報淹延漢律皆以季
秋論囚唐自立春至秋分不決死刑未聞淹留以害
漢唐之治也下其章中書王曾謂天下皆一覆奏則
必死之人徒充滿狴犴而久不得決諸獄疑若情可
矜者聽上請天聖四年遂下詔曰朕念生齒之蕃抵
冒者衆法有高下情有輕重而有司巧避微文一切
致之重辟豈稱朕好生之志哉其令天下死罪情理
可矜及刑名疑慮者具案以聞有司毋得舉駮其後
雖法不應奏吏當坐罪者審刑院貼奏率以恩釋為

例名曰貼放吏始無所牽制請讞者多得減死矣先
是天下旬奏獄狀雖杖笞皆申覆而徒流罪非繫獄
乃不以聞六年集賢校理聶冠卿請罷覆杖笞而徒
以上雖不繫獄皆附奏詔從其說自定折杖之制杖之長
短廣狹皆有尺度而輕重無準官吏得以任情至是有司
以為言詔毋過十五兩初真宗時以京師刑獄多滯
寃置糾察司而御史臺獄亦移報之八年御史論以
為非體遂詔勿報祖宗時重盜剝桑柘之禁枯者以
尺計積四十二尺為一功三功以上抵死殿中丞于
大成請得以減死論下法官議謂當如舊帝意欲寬

之詔死者上請刑部分四披大辟居其一月覆大辟
不下二百數而詳覆官纔一人明道二年令四披分
覆大辟有能駁正死罪五人以上歲滿改官法直官
與詳覆官分詳天下旬奏獄有重辟獄官毋預燕遊
迎送凡上具獄大理寺詳斷大事期三十日小事第
減十日審刑院詳議又各減半其不待期滿而斷者
謂之急按凡集斷急按法官與議者並書姓名議刑
有失則皆坐之至景祐二年判大理寺司徒昌運言
斷獄有期日而炎暍之時繫囚淹久請自四月至六
月減期日之半兩川廣南福建湖南如急按奏其後

猶以斷獄淹滯又詔月上斷獄數列大中小事期日
以相參考是歲改強盜法不持杖不得財徒二年得
財為錢萬及傷人者死持杖而不得財流三千里得
財為錢五千者死傷人者殊死不持杖得財為錢六
千若持杖罪不至死者仍刺隸二千里外牢城能告群
盜劫殺人者第賞之及十人者予錢十萬既而有司
言竊盜不用威力得財為錢五千即刺為兵反重於
強盜請減之遂詔至十千始刺為兵而京城持杖竊
盜得財為錢四千亦刺為兵自是盜法惟京城加重
餘視舊益寬矣慶曆五年詔罪殊死者若祖父母父

母年八十及篤疾無期親者列所犯以聞承平日久
天下生齒益蕃犯法者多歲斷大辟甚衆而有司未
嘗上其數嘉祐五年判刑部李綖言一歲之中死刑
無慮二千餘夫風俗之薄無甚於骨肉相殘衣食之
窮莫急於盜賊今犯法者衆豈刑罰不足以止姦而
教化未能導其為善歟願詔刑部類天下所斷大辟
歲上朝廷以助觀省從之凡在京班直諸軍請量斗
斛不足出戍之家尤甚倉吏自以在官無祿恣為侵
漁神宗謂非所以愛養將士之意於是詔三司始立
諸倉丐取法而中書請主典役人歲增祿至一萬八

千九百餘緡凡丐取不滿百錢徒一年每百錢則加
一等千錢流二千里每千錢則加一等罪止流三千
里其行貨及過致者減首罪二等徒者皆配五百里
其賞百千流者皆配千里賞二百千滿十千為首者
配沙門島賞三百千自首則除其罪凡更定約束十
條行之其後內則政府外則監司多倣此法內外歲
增吏祿至百餘萬緡皆取諸坊場河渡市利免行役
剩息錢久之議臣欲稍緩倉法編敕所脩立告捕獲
倉法給賞條自一百千分等至三百千而按問者減
半給之中書請依所定詔仍舊給全賞雖按問亦全

給呂嘉問嘗請行貸者宜止以不應為坐之刑部始减其罪及哲宗初嘗罷重祿法而紹聖復仍舊熙寧四年立盜賊重法凡劫盜罪當死者籍其家貲以賞告人妻子編置千里遇赦若災傷减等者配遠惡地罪當徒流者配嶺表流罪會降者配三千里籍其家貲之半為賞妻子遞降等有差應編配者雖會赦不移不釋凡囊橐之家劫盜死罪情重者斬餘皆配遠惡地籍其家貲之半為賞盜罪當徒流者配五百里籍其家貲三之一為賞竊盜三犯杖配五百里或鄰州雖非重法之地而囊橐重法之人以重法論其知縣捕盜官皆用舉者或武臣為尉盜發十人以上限內捕半不獲劾罪取旨若復殺官吏及累殺三人焚舍屋百間或群行州縣之內劫掠江海船栰之中非重地亦以重論凡重法地嘉祐中始於開封府諸縣後稍及諸州以開封府東明考城長垣縣京西滑州淮南宿州河北澶州京東應天府濮齊徐濟單兗鄆沂州淮陽軍亦立重法著為令至元豐時河北京東淮南福建等路皆用重法郡縣寖益廣矣元豐敕重法地分劫盜五人以上凶惡者方論以重法紹聖後有犯即坐不計人數復立妻孥編管法至元符三年

因刑部有請詔改依舊敕先是曾布建言盜情有重輕贓有多少今以贓論罪則劫貧家情雖重而以贓少减免劫富室情雖輕而以贓重論死是盜之生死係於主之貧富也至於傷人情狀亦殊以手足毆人偶傷肌體與夫兵刃湯火固有間矣而均謂之傷朝廷雖許奏裁而州郡或奏或否死生之分特幸與不幸爾不若一變舊法凡以贓定罪及傷人情狀不至切害者皆從罪止之法其用兵刃湯火情狀酷毒及汙辱良家或入州縣鎮砦行劫若驅虜官吏巡防人等不以傷與不傷凡情不可貸者皆處以死刑則輕重不失其當矣及布為相始從其議詔有司改法未幾侍御史陳次升言祖宗仁政加於天下者甚廣刑法之重改而從輕者至多惟是強盜之法特加重者蓋以禁姦宄而惠良民也近朝廷改法詔以強盜計贓應絞者並減一倍贓滿不傷人及雖傷人而情輕者奏裁法行之後民受其弊被害之家以盜無必死之理不敢告官而鄰里亦不為之擒捕恐怨仇報復故賊益逞重法地分尤甚恐養成大寇以貽國家之患請復行舊法布罷相翰林學士徐勣復言其不便乃詔如舊法前詔勿行先是諸路經略鈐轄不得便

宜斬配百姓趙抃嘗知成都乃言當獨許成都四路
王安石執不可而中書樞密院同立法許之其後謝
景初奏成都妄以便宜誅釋多不當於是中書復刪
定敕文惟軍士犯罪及邊防機速許特斷及抃移成
都又請立法御史劉孝孫亦為之請依舊便宜從事
安石寢其奏武臣犯贓經赦叙復後更立年考升遷
帝曰若此何以戒貪吏故命改法熙寧六年樞密都
承旨曾孝寬等定議上之大槩倣文臣叙法而少增
損爾七年詔品官犯罪按察之官並奏劾聽旨毋得
擅捕繫罷其職奉元豐二年成都府利路鈐轄言往

時川陝絹匹為錢二千六百以此估贓兩鐵錢得比
銅錢之一近絹匹不過千三百估贓二匹乃得一匹
之罪多至重法令法寺定以一錢半當銅錢之一元
祐二年刑部大理寺定制凡斷讞奏獄每二十緡以
上為大事十緡以上為中事不滿十緡為小事大事
以十二日中事九日小事四日為限若在京八路大
事十日中事五日小事三日臺察及刑部舉劾約法
狀並十日三省樞密院再送各減半有故量展不得
過五日凡公案日限大事以三十五日中事二十五
日小事十日為限在京八路大事以三十日中事半

之小事參之一臺察及刑部並三十日每十日斷用
七日議用三日五年詔命官犯罪事干邊防軍政文
臣申尚書省武臣申樞密院中丞蘇轍言舊制文臣
吏民斷罪公案歸中書武臣軍士歸樞密而斷例輕
重悉不相知元豐更定官制斷獄公案並由大理刑
部申尚書省然後上中書省取旨自是斷獄輕重比
例始得歸一天下稱明焉今復分隸樞密必有罪同
斷異失元豐本意請並歸三省其事干邊防軍政者
令樞密院同進取旨則事體歸一而兵政大臣各得
其職六年乃詔文武官有犯同按干邊防軍政者刑

部定斷乃三省樞密院同取旨刑部論佃客犯主加
凡人一等主犯之杖以下勿論徒以上減凡人一等
謀殺盜詐有所規求避免而犯者不減因毆致死者
不刺面配鄰州情重者奏裁凡命士死於官或去位
其送徒道亡則部轄將校節級與首率衆者徒一年
情輕則杖百雖自首不免政和間詔品官犯罪三問
不承即奏請追攝若情理重害而拒隱方許加訊邇
來有司廢法不原輕重加訊與常人無異將使人有
輕吾爵祿之心可申明條令以稱欽恤之意又詔宗
子犯罪庭訓示辱比有去衣受杖傷膚敗體有惻朕

懷其今大宗正司恪守條制違者以違御筆論又曰其情理重害別被處分若罪至徒流方許制勘餘止以衆證為定仍取伏辨無得輒加捶考其合庭訓者並送大宗正司以副朕敦睦九族之意中書省言律在官犯罪去官勿論蓋為命官立文其後相因掌典去官亦用去官免罪有犯則解役歸農幸免重罪詔改政和敕掌典解役從去官法左道亂法妖言惑衆先王之所不赦至宋尤重其禁凡傳習妖教夜聚曉散與夫殺人祭祀之類皆著于法訶察甚嚴故奸軌不逞之民無以動搖愚俗間有為之隨輒報敗其事不足紀也

志卷第一百五十二

志卷第一百五十三　宋史二百

開府儀同三司上柱國錄軍國重事前中書右丞相監修國史領經筵事都總裁臣脫脫等奉敕修

刑法二

律令者有司之所守也太祖以來其所自斷則輕重取舍有法外之意焉然其末流之弊專用己私以亂祖宗之成憲者多矣乾德伐蜀之役有軍大校割民妻乳而殺之太祖召至闕數其罪近臣營救頗切帝曰朕興師伐罪婦人何辜而殘忍至此遂斬之時郡縣吏承五季之習黷貨厲民故尤嚴貪墨之罪開寶三年董元吉守英州月餘受贓七十餘萬帝以嶺表初平欲懲掊克之吏特詔棄市峽州民范義超周顯德中以私怨殺同里常古真家十二口古真小子留留幸脫走至是擒義超訴有司峽州奏引赦當原帝曰豈有殺一家十二人可以赦論邪命正其罪八年有司言自三年至今詔所貸死罪凡四千一百八人帝注意刑辟哀矜無辜嘗歎曰堯舜之時四凶之罪止於投竄先王用刑蓋不獲已何近代憲網之密耶故自開寶以來犯大辟非情理深害者多得貸死太平興國六年自春涉夏不雨太宗意獄訟冤濫會歸

德節度推官李承信因市葱管圃戶病創死帝聞之坐承信棄市初太祖嘗決繫囚多得寬貸而開封婦人殺其夫前室子當徒二年帝以其凶虐殘忍特處死至是有涇州安定婦人怒夫前妻之子婦絕其吭而殺之乃下詔曰自今繼母殺傷夫前妻子及姑殺婦者同凡人論雍熙元年開封寡婦劉使婢詣府訴其夫前室子王元吉毒己將死右軍巡推不得實移左軍巡掠治元吉自誣伏俄劉死及府中慮囚移司錄司案問頗得其侵誣之狀累月未決府白于上以其毒無顯狀令免死決徒元吉妻張擊登聞鼓稱冤

帝召問張盡得其狀立遣中使捕元推官吏御史鞫問乃劉有姦狀慙恚成疾懼其子發覺而誣之推官及左右軍巡使等削任降秩醫工詐稱被毒劉母弟欺隱王氏財物及推吏受贓者並流海島餘決罰有差司錄主吏賞緡錢賜束帛初元吉之繫左軍巡卒繫縛搒治謂之鼠彈箏極其慘毒帝令以其法縛獄卒宛轉號叫求速死及解縛兩手良久不能動帝謂宰相曰京邑之內乃復冤酷如此況四方乎端拱閒虜犯邊郡北面部署言文安大城二縣監軍段重誨等棄城遁請論以軍法帝遣中使就斬之既行謂曰

此得非所管州軍召之邪往訊之乃決使至果訊得乾寧牒令部送民入居城非擅離所部遽釋之咸平間有三司軍將趙永昌者素凶暴督運江南多為姦贓知饒州韓昌齡廉得其狀乃移轉運使馮亮坐決停職遂撾登聞鼓訟昌齡與亮訕謗朝政仍偽刻印作亮等求解之狀真宗察其詐於便殿自臨訊永昌屈伏遂斬之釋亮不問而昌齡以他事貶郢州團練副使曹州民蘇莊蓄兵器匿亡命豪奪民產積贓計四十萬御史臺請籍其家帝曰暴橫之民國有常法籍之斯過也論如律其縱捨輕重必當於義

多類此凡歲饑強民相率持杖劫人倉廩法應棄市每具獄上聞輒貸其死真宗時蔡州民三百一十八人有罪皆當死知州張榮推官江嗣宗議取為首者杖脊餘悉論杖罪帝下詔襃之遣使巡撫諸道因諭之曰平民艱食強取餱糧以圖活命爾不可從盜法科之天聖初有司嘗奏盜劫米傷主仁宗曰饑劫米可哀盜傷主可疾雖然無知迫於食不足耳命貸之五年陝西旱因詔民劫倉廩非傷主者減死刺隸他州非首謀又減一等自是諸路災傷即降敕饑民為盜多蒙矜減賴以全活者甚衆司馬光時知諫院

言曰臣聞敕下京東西災傷州軍如貧戶以饑偷盜斛斗因而盜財者與減等斷放臣竊以為非便周禮荒政十有二散利薄征緩刑弛力舍禁去幾率皆推寬大之恩以利於民獨於盜賊愈更嚴急蓋以饑饉之歲盜賊必多殘害良民不可不除頃年嘗見州縣官吏有不知治體務為小仁遇凶年劫盜斛斗輒寬縱之則盜賊公行更相劫奪鄉村大擾不免廣有收捕重加刑辟或死或流然後稍定今若朝廷明降敕文豫言與減等斷放是勸民為盜也百姓乏食當輕徭薄賦開倉振貸以救其死不當使之自相劫奪今

歲府界京東京西水災極多嚴刑峻法以除盜賊猶恐春冬之交饑民嘯聚不可禁禦又況降敕以勸之臣恐國家始於寬仁而終於酷暴意在活人而殺人更多也事報聞帝嘗御邇英閣經筵講周禮大荒大札薄征緩刑楊安國曰緩刑者乃過誤之民耳當歲歉則赦之憫其窮也今衆持兵杖劫糧廩一切寬之恐不足以禁姦帝曰不然天下皆吾赤子也一遇饑饉州縣不能振恤饑莩所迫遂至為盜又捕而殺之不亦甚乎仁宗聽斷尤以忠厚為主隴安縣民誣平民五人為劫盜尉悉執之一人掠死四人遂引服其

家辨于州州不為理悉論死未幾秦州捕得真盜隴州吏當坐法而會赦帝怒特貶知州孫濟為雷州參軍餘皆除名流嶺南賜錢粟五家復其役三年因下詔戒敕州縣廣州司理參軍陳仲約誤入人死有司當仲約公罪應贖帝謂審刑院張揆曰死者不可復生而獄吏雖廢復得叙官命特治之會赦勿叙用尚書比部員外郎師仲說請老自言恩得任子帝以仲說嘗失入人死罪不與其重人命如此時近臣有罪多不下吏劾實不付有司議法諫官王贄言情有輕重理分故失而一切出於聖斷前後差異有傷政體

刑法之官安所用哉請自今悉付有司正以法詔可近臣間有干請輒為言官所斥諫官陳升之嘗言有司斷獄或事連權倖多以中旨釋之請有緣中旨得釋者劾其干請之罪以違制論許之仁宗於賞罰無所私尤不以貴近廢法屢戒有司被內降者執奏毋輒行未嘗屈法以自狥也知虢州周日宣詭奏水災有司論請如上書不實法帝曰州郡多言符瑞至水旱之災或抑而不聞今守臣自陳墊溺官私廬舍意實在民何可加罪英宗在位日淺於政令未及有所更制然以吏習平安慢於奉法稍欲振起其怠惰三

班奉職和欽貸所部綱錢至絞帝命貸死免杖刺隸福建路牢城知審刑院盧士宗請稍寬其罪帝曰刑故而得寬則死者滋衆非刑期無刑之道俟有過誤貸無傷也富國倉監官受米濕惡壞十八萬石會恩當減帝特命奪官停之熙寧二年內殿崇班鄭從易母兄俱亡於嶺外歲餘方知請行服神宗曰父母在遠當朝夕為念經時無安否之問以至踰年不知存亡邪特除名勒停四年王存立言嘉祐中同學究出身為碭山縣尉嘗納官贖父配隸罪請同舉人法得免丁徭帝憫之復賜出身仍與注官九年知

桂州沈起欲經畧交趾取其慈恩州交人遂破欽犯邕管詔邊人橫遭屠戮職其致寇罪悉在起特削官爵編置遠惡州復讎後世無法仁宗時單州民劉玉父為王德毆死德更赦玉私殺德以復父讎帝義之決杖編管元豐元年青州民王贇父為人毆死贇幼未能復讎幾冠刺讎斷支首祭父墓自首論當斬帝以殺讎祭父又自歸罪其情可矜詔貸死刺配鄰州宣州民葉元有同居兄亂其妻縊殺之又殺兄子強其父與嫂為約契不訟鄰里發其事州為上請帝曰罪人以死姦亂之事特出葉元之口不足以定罪且

下民雖無知固宜哀矜然以妻子之愛既罔其父又殺其兄戕其姪逆理敗倫宜以毆兄至死律論紹聖以來連起黨獄忠良屏斥國以空虛徽宗嗣位外事耳目之玩內窮聲色之欲徵發亡度號令靡常於是蔡京王黼之屬得以誣上行私變亂法制崇寧五年詔曰出令制法重輕予奪在上比降特旨處分而三省引用敕令以為妨礙沮抑不行是以有司之常守格人主之威福夫擅殺生之謂王能利害之謂王何格令之有臣強之漸不可不戒自今應有特旨處分間有利害明具論奏虛心以聽如或以常法沮格不

行以大不恭論明年詔凡御筆斷罪不許詣尚書省陳訴如違並以違御筆論又定令凡應承受御筆官府稽滯一時杖一百一日徒二年二日加一等罪止流三千里三日以大不恭論由是吏因緣為姦用法巧文寖深無復祖宗忠厚之志窮極奢侈以竭民力自速禍機靖康雖知悔悟稍誅姦惡而謀國匪人終亦末如之何矣高宗性仁柔其於用法每從寬厚罪有過貸而未嘗過殺知常州周杞擅殺人帝曰朕日親聽斷豈不能任情誅僇顧非理耳即命削杞籍大理率以儒臣用法平允者為之獄官入對即以慘

酷為戒臺臣士曹有所平反輒與之轉官毋臨軒慮
囚未嘗有送下者曰吾恐有司觀望鍛鍊以為重輕
也吏部員外郎劉大中奉使江南回遷左司諫帝尋
以為秘書少監謂宰臣朱勝非曰大中奉使頗多興
獄今使為諫官恐四方觀望耳其用心忠厚如此後
詔用刑慘酷責降之人勿堂除及親民止與遠小監
當差遣當建紹間天下盜起往往攻城屠邑至興師
以討之然得貸亦衆同知樞密院事李回嘗奏強盜
之數帝曰皆吾赤子也豈可一一誅之誅其渠魁三
兩人足矣至待貪吏則極嚴應受贓者不許堂除及

親民犯枉法自盜者籍其名中書罪至徒即不敘至
死者籍其貲諸文臣寄祿官並帶左右字贓罪人則
去之是年申嚴真決贓吏法令三省取具祖宗故
事有以舊法棄市事上者帝曰何至爾耶但斷遣之
足矣貪吏害民雜用刑威有不得已然豈忍寘縉
紳於死地耶在徽宗時刑法已峻雖嘗裁定笞杖之
制而有司猶從重比中興之初詔用政和遞減法自
是迄嘉定不易自蔡京當國凡所請御筆以壞正法
者悉釐正之諸獄具令當職官依式檢校枷以乾木
為之輕重長短刻識其上笞杖不得留節目亦不得

釘飾及加筋膠之類仍用官給火印暑月每五日一
洗濯枷杻刑寺輪官一員躬親監視諸獄司並旬申
禁狀品官命婦在禁別具單狀合奏案者具情款招
伏奏聞法司朱書檢坐條例推司錄問檢法官吏姓
名于後各州每年開收編配羈管奴婢人及斷過編
配之數各置籍各路提點刑獄司歲具本路州軍斷
過大辟申刑部諸州申提刑司其應書禁曆而不
書應申所屬而不申奏案不依式檢坐開具違令
回報不圓致妨詳覆與提刑司詳覆大辟而稽留
失覆大辟致罪有出入者各抵罪知州兼統兵者

非出師臨陳毋用重刑州縣月具繫囚存亡之數
申提刑司歲終比較死囚最多者當職官黜責其
最少者褒賞之舊以絹計贓者千三百為一匹竊
盜至二十貫者徒至是又加優減以二千為一匹
盜至三貫者徒一年三年復詔以三千為一匹竊
盜及凡以錢定罪遞增五分四年又詔特旨處死情
法不當者許大理寺奏審五年歲終比較宣州衢州
福州無病死囚當職官各轉一官舒州病死及一分
惠州二分六釐當職官各降一官六年令刑部體量
公事邵州廣州高州勘命官淹係至久不報詔知

州降一官當職官展二年磨勘當行吏永不收敘德
慶府勘封川縣令事七月不報詔知州勘官各抵罪
九年大理寺朱伯文廣西催斷刑獄還言雷州海賊
兩獄並係平人七人內五人已死帝惻然詔本路提
刑以下重致罰十二年御史臺點檢錢塘仁和縣獄
具錢塘大杖一多五錢半仁和枷一多一斤一輕半
斤詔縣官各降一官十三年詔禁囚無供飯者臨安
日支錢二十文外路十五文十六年詔諸鞫獄追到
干證人無罪遣還者每程給米一升半錢十五文二
十一年詔官支病囚藥物錢舊法刑部郎官四人分

左右廳或以詳覆或以敘雪同僚而異事有防閑
考覆之意南渡以來務從簡省大理少卿止一員刑
部郎中初無分異獄有不得其情法有不當於理者
無所平反追改二十六年右司郎中汪應辰言之詔
刑部郎官依元豐法分左右廳治事二十七年詔四
川以錢引科罪者準銅錢孝宗究心庶獄每歲臨軒
慮囚率先數日令有司進款案披閱然後決遣法司
更定律令必親為訂正之丞相趙雄上淳熙條法事
類帝讀至收驛馬舟舡契書稅曰恐後世有算及舟
車之譏戶令戶絕之家許給其家三千貫及二萬貫

者取旨帝曰其家不幸而絕及二萬貫遍取之是有
心利其財也又捕亡律公人不獲盜者罰金帝曰罰
金而不加罪是使之受財縱盜也又監司知州無額
上供者賞帝曰上供既無額是白取於民也可賞以
誘之乎並令削去之其明審如此且於用刑未嘗以
私廢法鎮江都統戚方以刻剝被罪宰臣陳俊卿言
內臣有主之者帝曰朕亦聞之乃以內侍陳瑜李宗
回等付大理獄究其賂狀獄成決配之乾道二年下
詔曰獄重事也用法一傾則民無所措手足比年以
來治獄之吏巧持多端隨意輕重之朕甚患焉其

自今革玩習之弊明審克之公使姦不容情罰必當
罪用迪於刑之中勉之哉毋忽三年詔曰獄重事也
稽者有律當者有比疑者有讞比年顧以獄情白於
執政探取旨意以輕為重甚亡謂也自今其祗乃心
敬於刑惟當為貴毋習前非不如吾詔吾將大寘於
罰罔攸赦六年詔以絹計贓者更增一貫以四千為
一匹議者又言犯盜以敕計錢定罪以律計絹今律
以絹定罪者遞增一千敕內以錢定罪亦合例增一
千從之臨安府左右司理府院三獄杖直獄子以無
所給至為無籍七年詔人月給錢十貫米六斗每院

止許置一十二人時州縣獄禁淹延八年詔徒以上罪入禁三月者提刑司類申刑部置籍立限以督之其後又詔中書置禁奏取會籍大臣披閱以察刑寺稽違與夫不應問難而問難不應會而會者淳熙初浙西提刑鄭興裔上檢驗格目詔頒之諸路提刑司凡檢覆必給三本一申所屬一申本司一給被害之家紹興法鞫獄官推勘不得實故有不當者一案坐之乾道法又恐有移替事故者即致淹延乃令先決罪人不當官吏案後収坐至是所司請更定死罪依紹興法餘依乾道施行從之其後有司以覆勘不同

則前官有失入之罪往往雷同前勘帝知其弊十四年詔特免一案推結一次於是小大之獄多得其情二廣州軍獄吏畏憲司點檢送勘之害凡有重囚多斃於獄臣僚以為請乃詔二廣提刑司詳覆公事若小節不完不須追逮獄吏委本州究實保明遇有死者必根究其所以致死三衙及江上諸軍各有推獄謂之後司獄成決於主帥不經屬官故軍吏多受財為奸光宗時乃詔通曉條制屬官兼管之廣東路瘴癘惟英德府為最甚謂之人間生地獄諸司公事欲速成者多送之自非死罪至即誣伏亟就刑責以出

五年臣僚言之詔本路諸司公事應送別州者無送英德府至寧宗時刑獄滋濫嘉泰初天下上死案一全年千八百一十一人而斷死者纔一百八十一人餘皆貸之乃詔諸憲臺歲終檢舉州軍有獄空并禁人少者申省取旨嘉定四年詔以絹計贓定罪者江北鐵錢依四川法二當銅錢一江西提刑徐似道言檢驗官指輕作重以有為無差訛交互以故吏姦出入人罪乞以湖南正背人形隨格目給下令於傷損去處依樣朱紅書畫唱喝傷痕衆無異詞然後署押詔從之頒之天下五年詔三衙及江上

四川諸軍以武舉人主管後司公事理宗起自民間具知刑獄之弊初即位即詔天下恤刑又親制審刑銘以警有位每歲大暑必臨軒慮囚自謀殺故殺鬬殺已殺人者偽造符印會子放火官員犯入己贓將校軍人犯枉法外自餘死罪情輕者降從流流降從徒徒從杖杖已下釋之大寒慮囚及祈晴祈雪及災祥亦如之有一歲凡數疏決者後以建康亦先朝駐蹕之地罪人亦得視臨安減降之法帝之用刑可謂極厚矣而天下之獄不勝其酷每歲冬夏詔提刑行郡決囚提刑憚行悉委倅貳倅貳不行

復委幕屬所委之人類皆肆行威福以要餽遺監司郡守擅作威福意所欲黥則令入其當黥之由意所欲殺則令證其當死之罪呼喝吏卒嚴限日時監勒招承催促結款而又擅置獄具非法殘民或斷薪為杖掊擊手足名曰掉柴或木索并施夾兩脰名曰夾幇或纏繩於首加以木楔名曰腦箍或反縛跪地短豎堅木交辮兩股令獄卒跳躍於上謂之超棍痛深骨髓幾於殞命富豪之家稍有罣礙動籍其貲又以趂辦月樁及添助版帳為名不問罪之輕重並從科罰大率官取其十吏漁其百諸重刑皆申提刑司詳

覆或具案奏裁即無州縣專殺之理往往殺之而待罪法無拘鎖之條特州縣一時彈壓盜賊姦暴罪不至配者故拘鎖之俾之省愆或一月兩月或一季半年雖示鎖者亦有期限有口食是時州縣殘忍拘鎖者竟無限日不支口食淹滯囚係死而後已又以已私摧折手足拘鎖尉砦亦有豪強賂吏羅織平民而囚殺之甚至戶婚詞訟亦皆收禁有飲食不充飢餓而死者有無力請求吏卒凌虐而死者有為兩詞賂遺苦楚而死者懼其發覺先以病申名曰監醫實則已死名曰病死實則殺之至度宗時雖累詔切責而禁止之終莫能勝而國亡矣

詔獄本以糾大姦慝故其事不常見初群臣犯法體大者多下御史臺獄小則開封府大理寺鞫治焉神宗以來凡一時承詔置推者謂之制勘院事出中書則曰推勘院獄已遽罷熙寧二年命尚書都官郎中沈衡鞫前知杭州祖無擇于秀州內侍乘驛追逮御史張戩等言無擇三朝近侍而驟繫囹圄非朝廷以廉恥風厲臣下之意請免其就獄止就審問不從又命崇文院校書張載鞫前知明州光祿卿苗振于越州獄成無擇坐貸官錢及借公使酒謫忠正軍節度

副使振坐故入裴士堯罪及所為不法謫復州團練副使獄半年乃決辭所連逮官吏坐勒停衝替編管又十餘人皆御史王子韶啟其事自是詔獄屢興其悖于法及國體所繫者著之其餘不足紀也八年沂州民朱唐告前餘姚主簿李逢謀反提點刑獄王庭筠言其無迹但謗讟語涉指斥及妄說休咎請編配帝疑之遣御史臺推直官蹇周輔劾治中書以庭筠所奏不當并劾之庭筠懼自縊死逢辭連宗室秀州團練使世居醫官劉育等河中府觀察推官徐革詔捕繫臺獄命中丞鄧綰同知諫院范

百祿與御史徐禧雜治獄具賜世居死李逢劉育及徐革並淩遲處死將作監主簿張靖武進士郝士宣皆腰斬司天監學生秦彪百姓李士寧杖脊並湖南編管餘連逮者追官落職世居子孫貸死除名削籍舊勘鞫官吏並劾罪李士寧者挾術出入貴人門常見世居母康以仁宗御製詩上之百祿謂士寧熒惑世居致不軌且疑知其逆謀推問不服禧乃奏士寧贈詩實仁宗御製今獄官以為反因臣不敢同百祿以士寧嘗與王安石善欲鍛鍊附致妖言死罪卒論士寧徒罪而奏禧故出之以媚大臣詔詳

劾理曲者以聞百祿坐報上不實落職若淩遲腰斬之法熙寧以前未嘗用於元凶巨蠹而自是以口語狂悖致罪者麗于極法矣蓋詔獄之興始由柄國之臣藉此以威縉紳逞其私憾朋黨之禍遂起流毒不已紹聖間章惇蔡卞用事既再追貶呂公著司馬光及謫呂大防等嶺外意猶未快仍用黃履疏高士京狀追貶王珪皆誣以圖危上躬其言寖及宣仁上頗惑之最後起同文館獄將悉誅元祐舊臣時太府寺主簿蔡渭奏臣叔父碩嘗於邢恕處見文及甫元祐中所寄恕書具述姦臣大逆不道之謀及甫

彥博子也必知姦狀詔翰林承旨蔡京吏部侍郎安惇同究問初及甫與恕書自謂畢禫當求外入廟之計未可必聞已逆為機穽以榛塞其塗又謂司馬昭之心路人所知又云濟之以粉昆朋類錯立欲以眇躬為甘心快意之地及甫嘗語蔡碩謂司馬昭指劉摯粉昆指韓忠彥眇躬及甫自謂蓋俗稱駙馬都尉為粉侯人以王師約故呼其父堯臣為粉父忠彥乃嘉彥之兄也及甫除都司為劉摯論列又摯嘗論彥博不可除三省長官故止為平章重事及彥博致仕及甫自權侍郎以脩撰守郡母喪除與恕書請補外因為

躁忿詆毀之辭及置對則以昭比摯如舊眇躬乃以指上而粉昆乃謂指王巖叟面如傅粉故曰粉梁燾字況之以況為兄故曰昆斥摯將謀廢立不利於上躬京惇言事涉不順及甫止聞其父言無他證佐望別差官審問乃詔中書舍人蹇序辰審問仍差內侍一員同往蔡京安惇等共治之將大有所誅戮然卒不得其要領會星變上怒稍息然京惇極力鍛鍊不少置既而梁燾卒於化州劉摯卒於新州衆皆疑二人不得其死明年五月詔摯燾據文及甫等所供言語偶逐人皆亡不及考驗明正典刑摯燾諸子

並勒停永不收敘先時三省進呈帝曰摯等已謫遐
方朕遵祖宗遺志未嘗殺戮大臣其釋勿治初元祐
更政嘗置訴理所申理寃濫元符元年中丞安惇言
神宗厲精圖治明審庶獄而陛下未親政時姦臣置
訴理所凡得罪熙寧元豐之間者咸爲除雪歸怨
先朝收恩私室乞取公案看詳從初加罪之意復依
元斷施行時章惇猶豫未應蔡卞即以相公二心之
言迫之惇懼即日置局命蹇序辰同安惇看詳案內
文狀陳述及訴理所看詳於先朝言語不順者具名
以聞自是以伸雪復改正重得罪者八百三十家及

徽宗即位改正元祐訴理之人右正言陳瓘言訴理
得罪自語言不順之外改正者七百餘人無罪者既
蒙昭雪則看詳之官如蹇序辰安惇者安可以不加
罪乎序辰與惇受大臣諷諭迎合紹述之意因謂
訴理之事形迹先朝遂使紛紛不已考之公議宜正
典刑會中書省亦請治惇序辰罪詔蹇序辰安惇並
除名放歸田里靖康初元既戮梁方平太傅王黼責
授崇信軍節度副使永州安置言者論黼欺君罔上
專權怙寵蠹財害民壞法敗國朔方之釁黼主其謀
遣吏追至雍丘殺之取其首以獻仍籍其家又詔賜

拱衛大夫安德軍承宣使李彥死彥根括民田奪民
常產重斂租課百姓失業愁怨盈路官吏稍忤意捃
摭送獄多至憤死故特誅之暴少保梁師成朋比王
黼之罪責彰化軍節度副使行一日追殺之臺諫極
論朱勔肆行姦惡起花石綱竭百姓膏血罄州縣帑
藏子姪承宣觀察者數人廝役爲橫行媵妾有封號
園第器用悉擬宮禁三月竄勔廣南尋賜死趙良嗣
者本燕人馬植政和初童貫使遼國植邀於路說以覆
宗國之策貫挾之以歸卒用其計以基南北之禍至是
伏誅七月暴童貫十罪遣人即所至斬之九月言

者論蔡攸與燕山之役禍及天下驕奢淫佚載籍所
無詔誅攸并弟翛高宗承大亂之後治王時雍等賣
國之罪洪芻余大均陳沖張卿才李彝王及之周懿
文胡思文並下御史臺獄獄具刑寺論芻納景王寵
姬大均納喬貴妃侍兒及之苦辱寧德皇后女弟當
流沖括金銀自盜與宮人飲當絞懿文卿才彝與宮
人飲卿才彝當徒懿文當杖思文於推擇張邦昌狀
內添諂奉之詞罰銅十斤並該赦上閱狀大怒李綱
等共解之上亦新政重於殺士大夫乃詔芻大均沖
各特貸命流沙門島永不放還卿才彝及之懿文思

文並以別駕安置邉郡宋齊愈下臺獄法寺以犯在五月一日赦前奏裁詔齊愈謀立異姓以危宗社非受偽命臣僚之比特不赦腰斬都市詔東京及行在官擅離任者並就本處根勘之淮寧守趙子崧靖康末傳檄四方語頗不遜二年詔御史置獄京口鞫之情得帝不欲暴其罪以棄鎮江罪貶南雄州建炎三年四月苗傳等疾閹宦恣横及聞王淵為樞密愈不平乃與王世脩謀逆詔御史捕世脩鞫之斬於市七月韓世忠執苗傳等磔之建康統制王德擅殺軍將陳彦章臺鞫當死帝以其有戰功特貸之慶

遠軍節度使范瓊領兵入見面對不遜知樞密院張浚奏瓊大逆不道付大理寺鞫之獄具賜死越州守郭仲荀寇至棄城遁過行在不朝付御史臺大理寺雜治貶廣州神武軍統制魯玨坐賊殺不辜掠良家子女帝以其有戰功貸之貶瑞州紹興元年監察御史婁寅亮陳宗社大計秦檜惡之十一月使言者論其父死匿不舉哀下大理寺劾治迄無所得詔免所居官十一年樞密使張俊使人誣張憲謂收岳飛文字謀為變秦檜欲乘此誅飛命万俟卨鍛鍊成之飛賜死誅其子雲及憲于市汾州進士

智浹上書訟飛冤決杖編管袁州廣西帥胡舜陟與轉運使呂源有隙源奏舜陟贓汙僭擬又以書抵檜言舜陟訕笑朝政檜素惡舜陟遣大理官往治之十三年六月舜陟不服死於獄飛與舜陟死檜權愈熾屢興大獄以中異己者名曰詔獄實非詔旨也其後所謂詔獄紛紛類此故不備録云

志卷第一百五十三

百衲本

宋史

〔元〕脫脫等撰

4

國家圖書館出版社

志卷第一百五十四　宋史二百一

開府儀同三司上柱國錄軍國重事前中書右丞相監修國史領經筵事都總裁臣脫脫等奉

勑修

刑法三

天下疑獄讞有不能決則下兩制與大臣若臺諫雜議視其事之大小無常法而有司建請論駁者亦時有焉端拱初廣安軍民安崇緒隸禁兵訴繼母馮與父知逸離今奪資產與己子大理當崇緒訟母罪死太宗疑之判大理張佖固執前斷遂下臺省雜議徐鉉議曰令第明其母馮嘗離即須歸宗否即崇緒準

法處死今詳案內不曾離異其證有四況不孝之刑教之大者宜依刑部大理寺斷右僕射李昉等四十三人議曰法寺定斷為不當若以五母皆同即阿蒲雖賤乃崇緒親母崇緒特以田業為馮強占親母衣食不給所以論訴若從法寺斷死則知逸何辜絕嗣阿蒲何地託身臣等議田產並歸崇緒馮合與蒲同居供侍終身如是則子有父業可守馮終身不至乏養所犯並準赦原詔從昉等議鉉佖各奪奉一月熙寧元年八月詔謀殺已傷按問欲舉自首從謀殺減二等論初登州奏有婦阿云母服中聘於韋惡韋醜陋謀殺不死按問欲舉自首審刑院大理寺論死用違律為婚奏裁敕貸其死知登州許遵奏引律因犯殺傷而自首得免所因之罪仍從故殺傷法以謀為所因當用按問欲舉條減二等刑部定如審刑大理時遵方召判大理御史臺劾遵而遵不伏請下兩制議乃令翰林學士司馬光王安石同議二人議不同遂各為奏光議是刑部安石議是遵詔從安石所議而御史中丞滕甫猶請再選官定議御史錢顗請罷遵大理詔送翰林學士呂公著韓維知制誥錢公輔重定公著等議如安石制曰可於是法官齊恢王師

元蔡冠卿等皆論奏公著等所議為不當又詔安石與法官集議反覆論難明年二月庚子詔今後謀殺人自首並奏聽敕裁是月除安石參知政事於是奏以為律意因犯殺傷而自首得免所因之罪仍從故殺傷法若已殺從故殺法則為首者必死不須奏裁為從者自有編敕奏裁之文不須復立新制與唐介等數爭議帝前卒從安石議復詔自今並以去年七月詔書從事判刑部劉述等又請中書樞密院合議中丞呂誨御史劉琦錢顗皆請如述奏下之二府帝以為律文甚明不須合議而曾公亮等皆

以愽盡同異厭塞言者為無傷乃以衆議付樞密院文彥愽以為殺傷者欲殺而傷也即已殺者不可首呂公弼以為殺傷於律不可首請自今已殺傷依律其從而加功自首即奏裁陳升之韓絳議與安石略同會富弼入相帝令弼議而以疾病久之弗議至是乃決而弼在告不預也蘇州民張朝之從兄以槍戳死朝父逃去朝執而殺之審刑大理當朝十惡不睦罪死案既上參知政事王安石言朝父為從兄所殺而朝報殺之罪止加流役會赦應原帝從安石議特釋朝不問更命呂公著等定議刑名議不稱

宋史二百一　字四百六九个　宋史志卷二百五十四　三　湯惠寫　吳貴才刊

安石意乃自具奏初魯公亮以中書論正刑名為非安石曰有司用刑不當則審刑大理當論正審刑大理用刑不當即差官定議議既不當即中書自當論奏取決人主此所謂國體豈有中書不可論正刑名之理三年中書上刑名未安者五其一歲斷死刑幾二千人比前代殊多如強劫盜並有死法其間情狀輕重有絕相遠者使皆抵死良亦可哀若為從情輕之人別立刑如前代斬右趾之比足以止惡而除害禁軍非在邊防屯戍而逃者亦可更寬首限以收其勇力之効其二徒流折杖之法禁網加密良民偶

有抵冒致傷肌體為終身之辱愚頑之徒雖一時創痛而終無愧恥若使情理輕者復古居作之法遇赦第減月日使良善者知改過自新凶頑者有所拘縶其三刺配之法二百餘條其間情理輕者亦可復古徒流移鄉之法俟其再犯然後決刺充軍其配隸並減就本處或與近地凶頑之徒自從舊法編管之人亦迭送他所量立役作時限無得髠鉗其四令州縣考察士民有能孝悌力田為衆所知者給帖付身偶有犯令情輕可恕者特議贖罰其不悛者科決其五奏裁條目繁多致淹刑禁亦宜删定詔付編敕所詳

宋史二百一　字四百六九个　宋史志卷二百五十四　四　湯惠寫　吳貴才刊

議立法初韓絳嘗請用肉刑曾布復上議曰先王之制刑罰未嘗不本於仁然而有斷肢體刻肌膚以至於殺戮非得已也蓋人之有罪贖刑不足以懲之故不得已而加之以墨劓剕宮大辟然審適輕重則又有流宥之法至漢文帝除肉刑而定笞箠之令後世因之以為律大辟之次處以流刑代墨劓剕宮不惟非先王流宥之意而又失輕重之差古者鄉田同井人皆安土重遷流之遠方無所資給徒隸困辱以至終身近世之民輕去鄉井轉徙四方固不為患而居作一年即聽附籍比於古亦輕矣況折杖之法於古

為鞭扑之刑刑輕不能止惡故犯法日益衆其終必至於殺戮是欲輕而反重也今大辟之目至多取其情可貸者處之以肉刑則人之獲生者必衆若軍士亡去應斬賊盜贓滿應絞則刖其足犯良人於法應死而情輕者處以宮刑至於劓墨則用刺配之法降此而後為流徒杖笞之罪則制刑有差等矣議既上帝問可否於執政王安石馮京互有論辨迄不果行樞密使文彥博亦上言唐末五代用重典以救時弊故法律之外徒流或加至於死國家承平百年當用中典然猶因循有重於舊律者若偽造官文書律止

宋史志卷一百五十四　五

流二千里今斷從絞近凡偽造印記再犯不至死者亦從絞坐夫持杖強盜本法重於造印今造印再犯者死而強盜再犯贓不滿五匹者不死則用刑甚異於律文矣請檢詳刑名重於舊律者以敕律參考裁定其當詔送編敕所又詔審刑院大理寺議重贓併滿輕贓法審刑院言所犯各異之贓不待罪等而累併則於律義難通宜如故事而大理寺言律稱以贓致罪頻犯者並累科若罪犯不等者即以重贓併滿輕贓各倍論累併不加重者止從重蓋律意以頻犯贓者不可用二罪以上之法故令累科為非一犯故

令倍論此從寬之一也然六贓輕重不等若犯二贓以上者不可累輕以從重故令併重以滿輕此從寬之二也若以重併輕後加重則止從一重蓋為進則改從於輕法退亦不至於容姦而疏議假設之法適皆罪等者蓋一時命文耳若罪等者盡數累併不等者止科一贓則恐知法者足以為姦不知者但繫臨時幸與不幸非律之本意也帝是大理議行之八年洪州民有犯徒而斷杖者其餘罪會恩免官吏失出當劾中書堂後官劉衮駁議以謂律因罪人以致罪罪人遇恩者準罪人原法洪州官吏當

宋史志卷二百五十四　六

原又請自今官司出入人罪皆用此令而審刑院大理寺以謂失入人罪乃官司誤致罪於人難用此令其失出者宜如衮議元豐三年周清言審刑院刑部奏斷妻謀殺案問自首變從故殺法舉輕明重斷入惡逆斬刑竊詳律意妻謀殺夫已殺合入惡逆以按問自首變從故殺法宜用妻毆夫死法定罪且十惡條謀與故鬭殺夫方入惡逆若謀而未殺止當不睦既用舉輕明重宜從謀而未殺法依敕當決重杖處死恐不可入惡逆斬刑下審刑院刑部參詳如清議邵武軍奏讞婦與人姦謀殺其夫已而夫醉歸姦

者自殺之法寺當婦謀殺為從而刑部郎中杜紘議
婦罪應死又與元府奏讞梁懷吉往視出妻之病因
寄粟其子輒取食之懷吉毆其子死法寺以盜粟論
而當懷吉雜犯死罪引赦原而紘議出妻受寄粟而
其子輒費用不入捕法議既上御史臺論紘議不當
詔罰金仍展年磨勘而侍郎崔台符以下三人無所
可否亦罰金八年尚書省言諸獲盜有已經殺人及
元犯強姦強盜貸命斷配之人再犯捕獲有司例用
知人欲告或按問自首減免法且律文自首減等斷
遣者為其情非巨蠹有改過自新之心至於姦盜

與餘犯不同難以例減請強盜已殺人并強姦或元
犯強盜貸命若持杖三人以上知人欲告按問欲舉
而自首及因人首告應減者並不在減等例初王安
石與司馬光爭議按問自首法卒從安石議至是光
為相復申前議改焉乃詔強盜按問欲舉自首者不
用減等既而給事中范純仁言熙寧按問欲舉條並
得原減以容姦太多元豐八年別立條制竊詳已殺
人強姦於法自不當首不應更用按問減等至於貸
命及持杖強盜亦不減等深為太重按嘉祐編敕應
犯罪之人因疑被執贓證未明或徒黨就擒未被

指說但詰問便承皆從律按問欲舉首減之科若已
經詰問隱拒本罪不在首減之例此敕當理當時用
之天下號為刑平請於法不首者自不得原減其餘
取嘉祐編敕定斷則用法當情上以廣好生之德下
則無一夫不獲之冤從之又詔諸州鞫訊強盜情理
無可憫刑名無疑慮而輒奏請許刑部舉駁重行朝
典無得用例破條從司馬光之請也光又上言殺人
不死傷人不刑堯舜不能以致治刑部奏鈔兗懷耀
三州之民有鬬殺者皆當論死乃妄作情理可憫奏
裁刑部即引舊例貸之凡律令敕式或不盡載則有

司引例以決今鬬殺當死自有正條而刑部承例免
死決配是鬬殺條律無所用也請自今諸州所奏大
辟情理無可憫刑名無可疑令刑部還之使依法處
斷若實有可憫疑慮即令刑部具其實於奏鈔先擬
處斷門下省審覆如或不當及用例破條即駁奏
取旨勘之元祐元年純仁又言前歲四方奏讞大
辟凡二百六十四死者止二十五人所活垂及九
分自去年改法至今未及百日所奏按凡一百五
十四死者乃五十七人所活纔及六分已上臣固知
未改法前全活數多其間必有曲貸然猶不失罪

疑惟輕之仁自改法後所活數少其間必有濫刑則
深虧寧失不經之義請自今四方奏大辟按並令刑
部大理寺再行審覆略具所犯及元奏因依令執
政取旨裁斷或所奏不當亦原其罪如此則無冤
濫之獄又因尚書省言遠方奏讞待報淹繫始令
川廣福建荊南路罪人情輕法重當奏斷者申安
撫或鈐轄司酌情決斷乃奏門下侍郎韓維言天
下奏按必斷於大理詳議於刑部然後上之中書決
之人主近歲有司但因州郡所請依違其言即上中
書貼例取旨故四方奏讞日多於前欲望刑清事省

難矣自今大理寺受天下奏按其有刑名疑慮情理
可憫須具情法輕重條律或指所斷之法刑部詳審
次第上之詔刑部立法以聞崇寧五年詔民以罪麗
法情有重輕則法有增損故情重法輕情輕法重舊
有取旨之令今有司惟情重法輕則請加罪而法重
情輕則不奏減是樂於罪人而難於用恕非所以為
欽恤也自今宜遵舊法取旨使情法輕重各適其中
否則以違制論宣和六年臣僚言元豐舊法有情
輕法重情重法輕若入大辟刑名疑慮並許奏裁
比來諸路以大辟疑獄決于朝廷者大理寺類以

不當劾之夫情理巨蠹罪狀明白奏裁以幸寬貸固
在所戒然有疑而難決者一切劾之則官吏莫不便
文自營臣恐天下無復以疑獄奏矣願詔大理寺並
依元豐法從之紹興初州縣盜起道不通詔應奏裁
者權減降斷遣以聞既而奏讞者多得輕貸官無失
入之虞而吏有鬻獄之利往往不應奏者率奏之三
年乃詔大辟應奏者提刑司具因依繳奏宣州民葉
全二盜檀偕窖錢偕令佃人阮授阮捷殺全二等五
人棄屍水中有司以屍不經驗奏侍御史辛炳言偕
係故殺衆證分明以近降法不應奏諸獄不當奏而

奏者雖不論罪今宣州觀望欲併罪之帝曰若宣州
加罪則實有疑者亦不復奏陳矣於是法寺刑部止
罰金五年給事中陳與義奏有司多妄奏出入人罪
帝為申嚴立法終不悛二十六年右正言凌哲復上
疏曰漢高入關悉除秦法與民約法三章耳所謂殺
人者死實居其首司馬光有言殺人者不死雖堯舜
不能以致治斯言可謂至當矣臣竊見諸路州軍大
辟雖刑法相當者類以可憫奏裁自去歲郊後距今
大辟奏裁者五十餘人中有實犯故殺鬬殺常赦所
不原者法既無疑情無可憫刑寺並皆奏裁貸減彼

殺人者可謂幸矣被殺者銜恨九原何時已邪臣恐强暴之風滋長良善之人莫能自保其於刑政為害非細應今後大辟情法相當無可憫者所司輒奏裁臧貸者乞令臺臣彈劾帝覽奏曰但恐諸路滅裂實有情理可憫之人一例不奏有失欽恤之意令刑部坐條行下馴至乾道讞獄之弊日益滋甚孝宗乃詔有司緣情引條定斷更不奏裁其後刑部侍郎方滋言有司斷罪其間有情重法輕情輕法重情理可憫刑名疑慮命官犯罪議親議故之類難以一切定斷今後宜於敕律條令明言合奏裁事

件乞並依建隆三年敕文從之六年臣僚請今後大辟只以為首應坐死罪者奏為從不應坐死者先次決遣及流徒罪不許作情重取旨不然則坐以不應奏而奏之罪從之至理宗時往往讞不時報囚多瘐死監察御史程元鳳奏曰今罪無輕重悉皆送獄獄無大小悉皆稽留或以追索未齊而不問或以供款未圓而不呈或以書擬未當而不判獄官視以為常而不顧其遲獄吏留以為利而惟恐其速奏案申牘既下刑部遲延日月方送理寺理寺看詳亦復如之寺回申部部回申省動涉歲月

省房又未遽為呈擬亦有呈擬而疏駁者疏駁歲月又復如前展轉遲回有一二年未報下者可疑可矜法當奏讞矜而全之乃反遲回有矜貸之報下而其人已斃於獄者有犯者獲貸而干連病死不一者豈不重可念哉請自今諸路奏讞即以所發月日申御史臺從臺臣究省部法寺之慢從之而所司延滯寖復如舊景定元年乃下詔曰比詔諸提刑司取翻異駁勘之獄從輕斷決而長吏監司多不任責又引奏裁甚者有十餘年不決之獄仰提刑司守臣審勘或前勘未盡委有可疑除命官命婦宗

婦宗女及合用蔭人奏裁外其餘斷訖以聞官吏特免收坐一次

凡應配役者傅軍籍用重典者黥其面會赦則有司上其罪狀情輕者縱之重者終身不釋初徒罪非有官當贖銅者在京師則隸將作監役兼役之宮中或輸作左校右校役開寶五年御史臺言若此者雖有其名無復役使遇祠祭供水火則有本司供官望令大理依格斷遣於是並送作坊役之太宗以國初諸方割據沿五代之制罪人率配隸西北邊多亡投塞外誘羌為寇乃詔當徒者勿復隸秦州靈武通遠軍及

緣邊諸郡時江廣已平乃皆流南方先是犯死罪獲貸者多配隸登州沙門島及通州海島皆有屯兵使者領護而通州島中凡兩處官煮鹽豪強難制者隸崇明鎮懦弱者隸東州市太平興國五年始令分隸鹽亭役之而沙門如故端拱二年詔免嶺南流配荷校執役初婦人有罪至流亦執鍼配役至是詔罷免之始令雜犯至死貸命者勿流沙門島止隸諸州牢城舊制僮僕有犯得私黥其面帝謂僮使受傭本良民也詔盜主財者杖脊黥面配牢城勿私黥之十貫以上配五百里外二十貫以上奏裁帝欲寬配隸之

刑祥符六年詔審刑院大理寺三司詳定以聞既而取犯茶鹽礬麴私鑄造軍器市外蕃香藥挾銅錢誘漢口出界主吏盜貸官物夜聚為妖比舊法咸從輕減乾興以前州軍長吏往往擅配罪人仁宗即位首下詔禁止且令情非巨蠹者須奏待報又詔諸路按察官取乾興赦前配隸兵籍者列所坐罪狀以聞自是赦書下輒及之初京師裁造院募女工而軍士妻有罪皆配隸南北作坊天聖初特詔釋之聽自便婦人應配則以妻窯務或軍營致遠務卒之無家者著為法時又詔曰聞配徒者其妻子流離道

路罕能生還朕甚憐之自今應配者錄具獄刑名及所配地里上尚書刑部詳覆未幾又詔應配者須長吏以下集聽事慮問後以奏牘煩冗罷錄具獄第以單狀上承進司既又罷慮問焉知益州薛田言蜀人配徒他路者請雖老疾毋得釋帝曰遠民無知犯法終身不得還鄉里豈朕意哉察其情可矜者許還復詔罪狀獷惡者勿許初令配隸罪人皆奏待報既而繫獄淹久奏請煩數明道二年乃詔有司參酌輕重著為令凡命官犯重罪當配隸則於外州編管或隸牙校其坐死特貸者多杖黥配遠州牢城經恩量

移始免軍籍天聖初吏同時以贓敗者數人悉竄之嶺南下詔申儆在位有平羌縣尉鄭宗諤者受賕枉法抵死會赦當奪官帝問輔臣曰尉奉月幾何豈祿薄不足自養邪王欽若對曰奉雖薄廉士固亦自守特杖宗諤配隸安州其後數懲貪吏至其末年吏知以廉自飾犯法者稍損於舊矣罪人貸死者舊多配沙門島至者多死景祐中詔當配沙門島者第配廣南地牢城廣南罪人乃配嶺北然其後又有配沙門島者慶曆三年既疏理天下繫囚因詔諸路配役人皆釋之六年又詔曰如聞百姓抵輕罪而長吏

擅刺隷他州朕甚憫焉自今非得於法外從事者毋得輒刺罪人皇祐中既赦命知制誥曾公亮李絢閱所配人罪狀以聞於是多所寬縱公亮請著爲故事且請益梓利夔四路就委轉運鈐轄司閲之自後每赦命官率以爲常配隷重者沙門島砦其次嶺表其次三千里至鄰州其次羈管其次還鄉斷訖不以寒暑即時上道吳充建請流人冬寒被創上道多凍死請自今非情理巨蠹遇冬月聽留役本處至春月遣之詔可熙寧二年比部郎中知房州張仲宣嘗檄巡檢體究金州金阬無甚利土人憚興作以

金八兩求仲宣不差官及事覺法官坐仲宣枉法贓應絞援前比貸死杖脊黥配海島知審刑院蘇頌言仲宣所犯可比恐喝條且古者刑不上大夫仲宣官五品有罪得乘車今刑爲徒隷其人雖無足矜恐汙辱衣冠爾遂免杖黥流賀州自是命官無杖黥法六年審刑院言登州沙門砦配隷以二百人爲額餘則移置海外非禁姦之意詔以三百人爲額廣南轉運司言春州瘴癘之地配隷至者十死八九願停配罪人詔應配沙門島者許配春州餘勿配既而諸配隷除凶盗外少壯者並寘河州止五百人

初神宗以流人去鄉邑疾死於道而護送禁卒往來勞費用張誠一之議隨所在配諸軍重役後中丞黃履等言罷之凡犯盗刺環於耳後徒流方杖圓三犯杖移於面徑不過五分元祐六年刑部言諸配隷沙門島強盗殺人縱火贓滿五萬錢強姦毆傷兩犯至死累贓至二十萬錢謀殺致死及十惡死罪造蠱已殺人者不移配強盗徒黨殺人不同謀贓滿二十五萬遇赦移配廣南溢額者配隷遠惡餘犯遇赦移配荆湖南北福建路諸州溢額者配隷廣南在沙門島滿五年遇赦不該移配與不許縱還而年及六十以

上者移配廣南在島十年者依餘犯格移配篤疾或年及七十在島三年以上移配近鄉州軍犯狀應移而老疾者同其永不放還者各加二年移配後又定令沙門島已溢額移配瓊州萬安軍昌化朱崖軍紹聖三年刑部侍郎邢恕等言藝祖初定天下主典自盗贓滿者往往抵死仁祖之初尚不廢也其後用法稍寬官吏犯自盗罪至極法率多貸死然甚者猶決刺配島錢仙芝帶館職李希甫歷轉運使不免也比朝廷用法益寬主典人吏軍司有犯例各貸死略無差別欲望講述祖宗故事凡自盗計

贓多者聞出睿斷以肅中外詔今後應枉法自盜罪至死贓數多者並取旨或患加役流法太重官有監驅之勞而道路有奔亡之慮蘇頌元豐中嘗建議請依古圜土取當流者治罪訖髡首鉗足晝則居作夜則置之圜土滿三歲而後釋未滿歲而遇赦者不原既釋仍送本鄉譏察出入又三歲不犯乃聽自如時未果行崇寧中始從蔡京之請令諸州築圜土以居强盜貸死者晝則役作夜則拘之視罪之輕重以為久近之限許出圜土充軍無過者縱釋行之三年其法不便迺罷大觀元年復行四年復罷南渡後諸

配隸祥符編敕止四十六條慶曆中增至百七十餘條至於淳熙又增至五百七十條則四倍於慶曆矣配法既多犯者日衆黥配之人所至充斥淳熙十一年校書郎羅點言其太重乃詔刑寺集議奏聞至十四年未有定論其後臣僚議以為若止居役不離鄉井則幾惠姦不足以懲惡若盡用配法不恤黥刺則面目一壞誰復顧藉强民適長威力有過無由自新檢照元豐刑部格諸編配人自有不移不放及移放條限政和編配格又有情重稍重情輕稍輕四等若依倣舊格稍加參訂如入情重則倣舊刺面用不移不放之格其次稍重則止刺額角用配及十年之格其次稍輕則與免黥刺用不刺面役滿放還之格其次最輕則降為居役別立年限縱免之格儻有從坐編管則置之本城減其放限如此則於見行條法並無牴牾且使刺面之法專處情犯凶蠹而其他偶麗於罪皆得全其面目知所顧藉可以自新省黥徒銷姦黨誠天下之切務即詔有司裁定其後迄如舊制嘉泰四年臣僚言配隸之人蓋有兩等其鄉民一時鬭毆殺傷及胥徒犯贓貸命流配等人設使逃逸未必能為大過止欲從徒配本

州牢城重役限滿給據復為良民至於累犯强盜及聚衆販賣私商曾經殺傷捕獲之人非村民胥吏之比欲並配屯駐軍立為年限限滿改刺從正軍從之其所配之地自高宗來或配廣南海外四州或配淮漢四川迄度宗之世無定法皆不足紀也

凡內外所上刑獄刑部審刑院大理寺參主之又有糾察在京刑獄司以相審覆官制既行罷審刑糾察歸其職於刑部四方之獄則提點刑獄統治之官司之獄在開封有府司左右軍巡院在諸司有殿前馬步軍司及四排岸外則三京府司左右軍巡院諸州

軍院司理院下至諸縣皆有獄諸獄皆置樓牖設漿鋪席時具沐浴食令温暖寒則給薪炭衣物暑則五日一滌枷杻郡縣則所職之官躬行檢視獄弊則修之使固神宗即位初詔曰獄者民命之所繫也比聞有司歲考天下之奏而多瘐死深惟獄吏並緣為姦檢視不明使吾元元横罹其害書不云乎與其殺不辜寧失不經其具為令應諸州軍巡司院所禁罪人一歲在獄病死及二人五縣以上州歲死三人開封府司軍巡歲死七人推吏獄卒皆杖六十増一人則加一等罪止杖一百典獄官如推獄經兩犯即坐從違

制提點刑獄歲終會死者之數上之中書檢察死者過多官吏雖已行罰當更黜責未幾復詔失入死罪已決三人正官除名編管貳者除名次貳者免官勒停吏配隷千里二人以下視此有差不以赦降去官原免未決則比類遞降一等赦降去官又減一等令審刑院刑部斷議官歲終具嘗失入徒罪五人以上京朝官展磨勘年幕職州縣官展考或不與任滿指射差遣或罷仍即斷絶支賜以前法未備故有是詔又嘗詔官司失入人罪而罪人應原免官司猶論如法即失出人罪若應徒而杖罪人應原免者官司乃

得用因罪人以致罪之律帝以國初廢大理獄非是元豐元年詔曰大理有獄尚矣今中都官有所劾治皆寓繫開封諸獄囚既猥多難於隔訊盛夏疾疫傳致瘐死或主者異見歲時不決朕甚愍焉其復大理獄置卿一人少卿二人丞四人專主鞫訊檢法官二人主簿一人應三司諸寺監吏犯杖笞不俟追究者聽即決餘悉送大理獄其應奏者並令刑部審刑院詳斷應天下奏案亦上之五年分命少卿左斷刑右治獄斷刑則評事檢法丞議正審治獄則丞專推劾主簿掌案籍少卿分領其事而卿總焉六年刑部言舊

詳斷官分公案訖主判官論議改正發詳議官覆議有差失問難則書於檢尾送斷官改正主判官審定然後判成自詳斷官歸大理為評事司直議官為丞所斷案草不由長貳類多差忒乞定制分評事司直與正為斷司丞與長貳為議司凡斷公案正先詳其當否論定則簽印注日移議司覆議有辨難乃具議改正長貳更加審定然後判成録奏元祐初三省言舊置糾察司蓋欲察其違慢所以謹重獄事罷歸刑部無復糾察之制請以糾察職事委御史臺刑察兼之臺獄則尚書省右司糾察之三年罷大理寺獄初

大理置獄本以囚繫淹滯俾獄事有所統而大理御史臺符等不能奉承德意雖士大夫若命婦獄辭小有連逮輒捕繫凡逮者所探報即下之獄傅會鍛鍊無不誣服至是台符等皆得罪獄遂罷八年中書省言昨詔內外歲終具諸獄囚死之數而諸路所上遂以禁繫二十而死一者不具即是歲繫二百人許以十人獄死恐州縣弛意獄事甚非欽恤之意詔刑部自今不許輒分禁繫之數紹聖二年戶部如三司故事置推勘檢法官應在京諸司事干錢穀當追究者從杖巳下即定斷三年復置大理寺右治獄官屬視

元豐員仍增置司直一員大理卿路昌衡請分大理寺丞為左右推若有翻異自左移右再變即命官審問或御史臺推究不許開封府互勘及地分探報庶革互送挾讐之弊徒巳上罪移御史臺命官追攝者悉依條若探報涉虛用情託者並收坐以聞初法寺斷獄大辟失入有罰失出不坐至是以失出死罪五人比失入一人失出徒流罪三名亦如之著為令元符三年刑部言祖宗重失入之罪所以恤刑夫失出臣下之小過好生聖人之大德請罷失出之責使有司讞議之間務盡忠恕詔可政和三年臣僚言遂方

官吏文法既疎刑罰失中不能無冤願委耳目之官季一分録所部囚禁遇有冤抑先釋而後以聞歲終較所釋多寡為之殿最其徼功故出有罪者論如法詔令刑部立法諸入人徒流之罪巳結案而録問官吏能駮正或因事而能推正者累及七人比大辟一名推賞紹興六年令諸鞫勘有情款異同而病死者提刑司研究之如冤申朝廷取旨十二年令諸推究翻異獄毋差初官蔭子及新進士擇曾經歷任人二十七年令監察御史每冬夏點獄有鞫勘失實者照刑部郎官直行移送二十九年令殺人無證屍不經

驗之獄具案奏裁委提刑審問如有可疑及翻異從本司差官重勘案成上本路移他監司審定具案聞奏否則監司再遣官勘之又不伏復奏取旨先是有司建議外路獄三經翻異在千里內者移大理寺三十一年刑部以為非祖宗法遂釐正之乾道中諸州翻異之囚既經本州次檄鄰路或再翻異乃移隔路至有越兩路者官吏旁午於道逮繫者困於追對四年乃令鞫勘本路累嘗差官猶稱冤者惟檄鄰路如尚翻異則奏裁淳熙三年令縣尉權縣事毋自鞫獄即令丞簿參之全闕則於州官或鄰縣選官權攝

金作贖刑蓋以鞭朴之罪情法有可議者則寬之也穆王贖及五刑非法矣宋損益舊制凡用官蔭得減贖所以尊爵祿養廉恥也乾德四年大理正高繼申上言刑統名例律三品五品七品以上官親屬犯罪各有等第減贖恐年代已深不肖自恃先蔭不畏刑章今犯罪身無官須祖父曾任本朝官據品秩得減贖如仕于前代須有功惠及民為時所推歷官三品以上乃得請從之後又定流内品官任流外職準律文徒罪以上依當贖法諸司授勒留官及歸司人犯徒流等罪公罪許贖私罪以決罰論淳化四年詔諸

州民犯罪或入金贖長吏得以任情而輕重之自今不得以贖論婦人犯杖以下非故為量輕重笞罰或贖銅釋之仁宗深憫夫民之無知也欲立贖法以待薄刑迺詔有司曰先王用法簡約使人知禁而易從後代設茶酒鹽稅之禁奪民厚利刑用滋章今之編敕皆出律外又數改更官吏且不能曉百姓安得聞之一陷于理情雖可哀法不得贖豈禮樂之化未行而專用刑罰之弊與漢文帝使天下人入粟於邊以受爵免罪幾于刑措其議科條非著于律者或罔利犯禁奢侈違令或過誤可憫別為贖法鄉民以穀麥

市人以錢帛使民重穀麥免刑罰則農桑自勸富壽可期矣詔下論者以為富人得贖而貧者不能免非朝廷用法之意時命輔臣分總職事以參知政事范仲淹領刑法未及有所建明而仲淹罷事遂寢至和初又詔前代帝王後嘗仕本朝官不及七品者祖父母父母妻子罪流以下聽贖雖不仕而嘗被賜予者有罪非巨蠹亦如之隨州司理參軍李抃父毆人死抃上所授官以贖父罪帝哀而許之君子謂之失刑然自是未嘗為比而終宋之世贖法惟及輕刑而已

恩宥之制凡大赦及天下釋雜犯死罪以下甚則常

赦所不原罪皆除之凡曲赦惟一路或一州或別京或畿内凡德音則死及流罪降等餘罪釋之間亦釋流罪所被廣狹無常又天子歲自錄京師繫囚畿内則遣使往往雜犯死罪以下第降等杖笞釋之或徒罪亦得釋若并及諸路則命監司錄焉初太宗嘗因郊禮議赦有秦再恩者上書願勿赦引諸葛亮佐劉備數十年不赦事帝頗疑之時趙普對曰凡郊祀肆眚聖朝彝典其仁如天若劉備區區一方臣所不取上善之遂定赦初太祖將祀南郊詔兩京諸道自十月後犯強竊盜不得預郊祀之赦所在長吏告諭民

無冒法是後將杞必先申明此詔天聖五年馬亮言朝廷雖有是詔而法官斷獄乃言終是會赦多所寬貸惠姦失詔旨遂詔已下約束而犯劫盜及官典受贓勿復奏悉論如律七年春京師雨彌月不止仁宗謂輔臣曰豈政事未當天心耶因言向者大辟覆奏州縣至於三京師至於五蓋重人命如此其戒有司決獄議罪毋或枉濫又曰赦不欲數然捨是無以召和氣遂命赦天下帝在位久明於人之情偽尤惡訐人陰事故一時士大夫習為惇厚久之小人乘間密上書疏人過失好事稍相與唱和又按人赦前事翰

林學士張方平御史呂誨以為言因下詔曰蓋聞治古君臣同心上下協穆而無激訐之俗何其德之盛也朕竊慕焉嘉與公卿大夫同底斯道而教化未至澆薄日滋比者中外群臣多上章言人過失暴揚難驗之罪或外託公言內緣私忿詆欺曖昧苟陷善良又赦令者所以與天下更始而有司多舉按赦前之事殆非信命重刑罰使人洒心自新之意也今有上言告人罪言赦前事者訊之至於言官宜務大體非事關朝政自餘小過細故勿須察舉神宗即位又詔曰夫赦令國之大恩所以蕩滌瑕穢納於自新之地

是以聖王重焉中外臣僚多以赦前事捃摭吏民興起獄訟苟有詿誤咸不自安甚非持心近厚之義使吾號令不信於天下其內外言事按察官毋得依前舉劾具按取旨否則科違制之罪御史臺覺察彈奏法寺有此奏按許舉駁以聞知諫院司馬光言曰按察之官以赦前事興起獄訟禁之誠為大善至於言事之官事體稍異何則御史之職本以繩按百僚糾擿隱伏姦邪之狀固非一日所為國家素尚寬仁數下赦令或一歲之間至於再三若赦前之事皆不得言則其可言者無幾矣萬一有姦邪之臣朝廷不知

誤加進用御史欲言則違今日之詔若其不言則陛下何從知之臣恐因此言者得以藉口偷安姦邪得以放心不懼此乃人臣之至幸非國家之長利也請追改前詔刊去言事兩字光論至再帝諭以言者好以赦前事誣人光對曰若言之得實誠所欲聞若其不實當罪言者帝命光送詔于中書熙寧七年三月帝以旱欲降赦時已兩赦王安石曰湯旱以六事自責曰政事不節與若一歲三赦是政不節矣非所以弭災也乃止八年編定廢免人敘格常赦則郡縣以格敘用九三朞一敘即朞未滿而遇非次赦者亦如之元祐

元年門下省言當官以職事隳曠雖去官不免猶可言至於赦降大恩與物更始雖劫盜殺人亦蒙寬宥豈可以一事差失負罪終身令刑部所修不以官赦降原減條請更刪改徽宗在位二十五年而大赦二十六曲赦十四德音三十七而南渡之後紹熙歲至四赦蓋刑政紊而恩益濫矣宋自祖宗以來三歲遇郊則赦此常制也世謂三歲一赦於古無有景祐中言者以為三王歲祀圜丘未嘗輒赦自唐興兵以後事天之禮不常行因有大赦以蕩亂獄且有罪者寬之未必自新被害者抑之未必無怨不能自新將復

為惡不能無怨將悔為善一赦而使民悔善長惡政教之大患也願罷三歲一赦使良民懷惠凶人知禁或謂未可盡廢即請命有司前郊三日理罪人有過誤者引而赦之州縣須詔到倣此疏奏朝廷重其事第詔罪人情重者毋得以一赦免然亦未嘗行

志卷第一百五十四

志卷第一百五十五　宋史二百二

開府儀同三司上柱國錄軍國重事前中書右丞相監修國史領經筵事都總裁臣脫脫等奉勅修

藝文一

易曰觀乎天文以察時變觀乎人文以化成天下文之有關於世運尚矣然書契以來文字多而世代日降秦火而後文字多而世教日興其故何哉蓋世道升降人心習俗之致然非徒文字之所為也然去古既遠苟無斯文以範防之則愈趨而愈下矣故由秦而降每以斯文之盛衰占斯世之治忽焉宋有天下先

後三百餘年考其治化之污隆風氣之離合雖不足以擬倫三代然其時君汲汲於道藝輔治之臣莫不以經術為先務學士搢紳先生談道德性命之學不絕于口豈不彬彬乎進於周之文哉宋之不競或以為文勝之弊遂歸咎焉此以功利為言未必知道者之論也歷代之書籍莫厄於秦莫富於隋唐隋嘉則殿書三十七萬卷而唐之藏書開元最盛為卷八萬有奇其間唐人所自為書幾三萬卷則舊書之傳者至是蓋亦鮮矣陵遲逮于五季干戈相尋海寓鼎沸斯民不復見詩書禮樂之化周顯德中始有經籍刻

板學者無筆札之勞獲覩古人全書然亂離以來編帙散佚幸而存者百無二三宋初有書萬餘卷其後削平諸國收其圖籍及下詔遣使購求散亡三館之書稍復增益太宗始於左昇龍門北建崇文院而徙三館之書以實之又分三館書萬餘卷別爲書庫目曰秘閣閣成親臨幸觀書賜從臣及直館宴又命近習侍衛之臣縱觀群書真宗時命三館寫四部書二本置禁中之龍圖閣及後苑之太清樓而玉宸殿四門殿亦各有書萬餘卷又以秘閣地隘分內藏西庫以廣之其右文之意亦云至矣已而王宮火延及崇

文秘閣書多煨燼其僅存者遷于右掖門外謂之崇文外院命重寫書籍選官詳覆校勘常以參知政事一人領之書成歸于太清樓仁宗既新作崇文院命翰林學士張觀等編四庫書倣開元四部錄爲崇文總目書凡三萬六百六十九卷神宗改官制遂廢館職以崇文院爲秘書省秘閣經籍圖書以秘書郎主之編緝校定正其脫誤則主于校書郎徽宗時更崇文總目之號爲秘書總目詔購求士民藏書其有所秘未見之書足備觀采者仍命以官且以三館書多逸遺命建局以補全校正爲名設官總理募工繕寫

一置宣和殿一置太清樓一置秘閣自熙寧以來搜訪補輯至是爲盛矣嘗歷考之始太祖太宗真宗三朝三千三百二十七部三萬九千一百四十二卷次仁英兩朝一千四百七十二部八千四百四十六卷次神哲徽欽四朝一千九百六部二萬六千二百八十九卷三朝所錄則兩朝不復登載而錄其所未有者四朝於兩朝亦然最其當時之目爲部六千七百有五爲卷七萬三千八百七十有七焉迨夫靖康之難而宣和館閣之儲蕩然靡遺高宗移蹕臨安乃建秘書省於國史院之右搜訪遺闕屢優獻書之賞於

是四方之藏稍稍復出而館閣編輯日益以富矣當時類次書目得四萬四千四百八十六卷至寧宗時續書目又得一萬四千九百四十三卷視崇文總目又有加焉自是而後迄於終祚國步艱難軍旅之事日不暇給而君臣上下未嘗頃刻不以文學爲務大而朝廷微而草野其所製作講說紀述賦詠動成卷帙纍而數之有非前代之所及也雖其間釽裂大道疵贅聖謨幽怪恍惚瑣碎支離有所不免然而瑕瑜相形雅鄭各趣譬之萬派歸海四瀆可分繁星麗天五緯可識求約於博則有要存焉宋舊史自太祖至

寧宗為書凡四志藝文者前後部帙有亡增損互有
異同今删其重復合為一志盖以寧宗以後史之所
未録者倣前史分經史子集四類而條列之大凡為
書九千八百十九部十一萬九千九百七十二卷云
經類十一曰易類二曰書類三曰詩類四曰禮類五
曰樂類六曰春秋類七曰孝經類八曰論語類九曰
經解類十曰小學類
周易古經一卷薛貞注歸藏三卷易傳十卷題卜子夏傳
周易上下經六卷繫辭說卦序卦雜卦三卷韓康伯注鄭
玄周易文言注義一卷王弼略例一卷易辨一卷阮

嗣宗通易論一卷干寶易傳十卷易髓八卷晉人撰不知姓
名孔頴達正義十四卷玄談六卷易正義補闕七卷
任正一甘棠正義三十卷關朗易傳一卷王肅傳十
一卷陸德明釋文一卷衛元嵩周易元包十卷蘇元明傳
李江注李鼎祚集解十卷史文徽易口訣義六卷成玄
英流演窮寂圖五卷蔡廣成啓源十卷又周易外義
三卷沙門一行傳十二卷王隱要削三卷陸希聲傳
十三卷郭京舉正三卷東鄉助物象釋疑一卷邢璹
補闕周易正義略例疏三卷李翶易詮七卷張弧周
易上經王道小疏五卷張轅啓玄一卷青城山人揲

蓍法一卷王昭素易論三十三卷縱康乂周易會通
正義三十三卷陰洪道周易新論傳疏十卷陳摶易
龍圖一卷范諤昌大易源流圖一卷又證墜簡一卷
胡旦易演聖通論十六卷石介口義十卷龔震周易
義略十卷代淵周易旨要二十卷何氏易講疏十三
卷不著名陸秉意學十卷古易十三卷出王洙家王洙言象
外傳十卷劉牧新注周易十一卷又卦德通論一卷
易數鈎隱圖一卷吴祕周易通神一卷黄黎獻畧例
一卷又室中記師隱訣一卷龔鼎臣補注易六卷彭
汝礪易義十卷趙令湑易發微十卷喬執中易說十

卷趙仲鋭易義五卷謝湜易義十二卷譚世勣易傳
十卷陸太易周易口訣七卷龔珎周易闡微詩六卷
李賛周易說九卷張杲周易罔象成名圖一卷裴通
周易玄解三卷邵雍皇極經世十二卷又叙篇系述
二卷觀物外篇六卷門人張滑記雍之言觀物內篇解二卷雍之
子伯温編邵伯温周易辨惑一卷常豫易源一卷徐庸周
易意蘊凡例總論一卷又卦變解二卷宋咸易訓三
卷又易補注十卷又劉牧王弼易辨二卷皇甫泌易
解十九卷鄭揚庭時用書二十卷又明用書九卷易
傳辭三卷易傳辭後語一卷陳良獻周易發隱二十

卷石汝礪乾生歸一圖十卷鮑極周易重注十卷葉
昌齡圖義二十卷胡瑗易解一十二卷口義十卷繫辭
說卦三卷歐陽脩易童子問三卷阮逸易筌六卷王
安石易解十四卷尹天民易論要纂一卷又易說拾
遺二卷司馬光易說一卷又三卷繫辭說二卷鮮于
侁周易聖斷七卷蘇軾易傳九卷程頤易傳九卷又
易繫辭解一卷張載易說十卷呂大臨易章句一卷
龔原續解易義十七卷又易傳十卷李平西河圖傳
一卷李遇刪定易圖序論六卷張弼易解義十卷顧
叔思周易義類三卷劉槩易繫辭十卷晁說之錄古

周易八卷晁補之太極傳五卷因說一卷太極外傳
一卷游酢易說一卷耿南仲易解義十卷安泳周易
解義一部卷亡陳瓘了齋易說一卷鄒浩繫辭纂義二
卷張根易解九卷周易六十四卦賦一卷題潁川陳君作名亡
林德祖易說九卷陳禾易傳十二卷李授之易解通
義三十卷朱震易傳十一卷卦圖三卷易傳叢說一
卷張汝明易索十三卷郭忠孝兼山易解二卷又四
學淵源論三卷任奉古周易發題一卷陳高八卦數
圖二卷林儦易說十二卷變卦八卷變卦纂集一卷
凌唐佐集解六卷袁樞學易索隱一卷夏休講義九

卷郭雍傳家易解十一卷沈該易小傳六卷都絜易
變體十六卷鄭克揲蓍古法一卷吳沆易璇璣三卷
李椿年易解八卷疑問一卷李光易說十卷李衡易
義海撮要十二卷洪興祖易古經考異釋疑一卷張
行成元包數總義二卷述衍十八卷通變四十八卷
晁公武易詁訓傳十八卷胡銓易傳拾遺十卷程大
昌易原十卷又易老通言十卷楊萬里易傳二十卷
林栗易經傳集解三十六卷李舜臣易本傳三十三
卷曾種大易粹言十卷呂祖謙定古易十二篇爲一
卷又音訓二卷周易繫辭精義二卷朱熹易傳十一

卷又本義十二卷易學啓蒙三卷古易音訓二卷張
浚易傳十卷倪思易訓三十卷趙善譽易說二卷劉
文郁易宏綱八卷吳仁傑古易十二卷又周易圖說
二卷集古易一卷王日休龍舒易解一卷劉翔易解
六卷胡有開易解義四十卷鄒巽易解六卷鄭剛中
周易窺餘十五卷楊簡己易一卷潘夢旂大易約解
九卷麻衣道者正易心法一卷鄭東卿易說三卷項
安世周易玩辭十六卷程迥易章句十卷又外編一
卷占法古易考一卷林至易裨傳一卷葉適習學記
言周易述釋一卷李椿觀畫二卷王炎筆記八卷鄭

汝諧易異傳二卷湯義周易講義三卷樂只道人義
文易論微六卷亡姓名朱氏三宮易一卷亡名劉烈虛谷
子解卦周易三卷劉牧鄭夫註周易七卷楊文煥五
十家易解四十二卷孫份周易先天流衍圖十二卷
程敦厚序劉半千義易正元一卷馮椅易學五十卷商飛
卿講義一卷周易卦類三卷易辭微三卷易正經明
疑錄一卷易傳四卷口義六卷易樞十卷繫辭要旨
一卷並不知作者易乾鑿度三卷易綿七卷易綿稽覽圖
一卷易通卦驗二卷並鄭玄注流演通卦驗一卷不知作者王
栢讀易記十卷又涵古易說一卷大象衍義一卷曾

幾易釋象五卷劉禹偁易解十卷程達易解十卷戴
溪易總說二卷趙汝談易說三卷真德秀復卦說一
卷吳如愚易說一卷李光易傳十卷李燾易學五卷
又大傳雜說一卷朱承祖易摭卦總論一十卷林起
鼇易述古言二卷方實孫讀易記八卷魏了翁易集
義六十四卷又易要義一十卷鄭子厚大易觀象三
十二卷張埜補注
右易類二百十三部一千七百四十卷王栢讀易記以下不著錄
十九部一百八十六卷
尚書十二卷漢孔安國傳古文尚書二卷孔安國隸伏勝大傳

三卷鄭玄注汲冢周書十卷晉太康中於汲郡得之孔晁注陸德明釋
文音義一卷孔頴達正義二十卷馮繼先尚書廣疏
十八卷又尚書小疏十三卷尹恭初尚書新修義疏
二十六卷胡旦尚書演聖通論七卷胡瑗洪範口義
一卷蘇洵洪範圖論一卷程頤堯典舜典解一卷王
安石新經書義十三卷又洪範傳一卷蘇軾書傳十
三卷書說一卷程頤門人記孔武仲書說十三卷曾肇書
講義八卷陳諤開寶新定尚書釋文三卷孟先禹貢
治水圖一卷尚書洪範五行記一卷王晦叔周書音
訓十二卷司馬光等無逸講議一卷吳安詩等無逸

說命解二卷劉彝洪範解六卷曾旼等講義三十卷
葉夢得書傳十卷張綱解義三十卷吳孜大義三卷
吳棫裨傳十三卷張九成尚書詳說五十卷洪興祖
口義發題一卷陳鵬飛書解三十卷程大昌書譜二
十卷又禹貢論五卷禹貢論圖五卷禹貢後論一卷
晁公武尚書詁訓傳四十六卷史浩講義二十二卷
呂祖謙書說三十五卷黃度書說七卷李舜臣尚書
小傳四卷吳仁傑尚書洪範辨圖一卷陳伯達翼範
一卷朱熹書說七卷黃士毅集林之奇集解五十八卷陳
經詳解五十卷康伯成書傳一卷夏僎書解十六卷

王炎小傳十八卷孫泌尚書解五十二卷蔡沈書傳六卷胡瑗尚書全解二十八卷成申之四百家集解五十八卷楊王集尚書義宗三卷三墳書三卷元豐中毛漸所得尚書治要圖五卷尚書解題一卷渾灝發旨一卷並不知作者王栢讀書記十卷又書疑九卷書附傳四十卷袁燮書鈔十卷袁覺讀書記二十三卷黃倫尚書精義六十卷趙汝談書說二卷卞大亨尚書類數二十卷胡銓書解四卷李燾尚書百篇圖一卷劉甄書青霞集解二十卷應鏞書約義二十五卷魏了翁書要義二十卷

右書類六十部八百二卷王栢讀書記以下不著錄十三部二百四十四卷

韓詩外傳十卷漢韓嬰傳毛詩二十卷漢毛萇爲詁訓傳鄭玄箋鄭玄詩譜三卷陸璣草木鳥獸蟲魚疏二卷孔穎達正義四十卷陸德明詩釋文三卷成伯璵毛詩指說統論一卷又毛詩斷章二卷張訢別錄一卷毛詩正數二十卷毛詩釋題二十卷毛詩小疏二十卷鮮于侁詩傳六十卷李常詩傳十卷魯有開詩集十卷胡旦毛詩演聖通論二十卷宋咸毛詩正紀三卷又外義二卷劉宇詩折衷二十卷蘇子才毛詩大義三卷周軾箋傳辨誤八卷丘鑄周詩集解二十卷歐陽脩詩本義十六卷又補注毛詩譜一卷蘇轍詩解集傳二十卷彭汝礪詩義二十卷趙令滑講義二十卷喬執中講義十卷毛漸詩集十卷沈銖詩傳二十卷孔武仲詩說二十卷王商範毛詩序義索隱二卷王安石新經毛詩義二十卷舒王詩義外傳十二卷新解一卷程頤門人記其師之說張載詩說一卷趙仲銳詩義三卷游酢詩二南義一卷范祖禹詩解一卷楊時詩辨疑一卷茅知至周詩義二十卷蔡卞毛詩名物解二十卷董逌廣川詩故四十卷吳良輔詩重文說七卷劉孝孫正論十卷吳景山十五國風咨解一卷劉泉毛詩判

篇一卷吳棫毛詩叶韻補音十卷李樗毛詩詳解四十六卷晁公武毛詩詁訓傳二十卷呂祖謙家塾讀詩記三十二卷鄭樵詩傳二十卷又辨妄六卷范處義詩學一卷又解頤新語十四卷詩補傳三十卷朱熹詩集傳二十卷詩序辨一卷張貴謨詩說三十卷鄭諤毛詩解義三十卷黃度詩說三十卷吳氏詩本義補遺二卷名佚戴溪續讀詩記三卷錢文子白石詩傳一十卷又詩訓詁三卷黃邦彥講義三卷鮮于戣詩頌解三卷黃櫄詩解二十卷總論一卷林岊講義五卷三十家毛詩會解一百卷吳純編王安石解義毛詩釋篇目

疏十卷詩疏要義一卷毛詩玄談一卷毛詩章疏二
卷毛詩提綱一卷毛詩名物性門類八卷義方二十
卷釋文二十卷通義二十卷毛鄭詩學十卷詩關雎
義解一部比興窮源一卷（並不知作者）陳寅詩傳十卷許
奕毛詩說三卷李燾詩譜三卷王應麟詩考五卷又
詩地理考五卷詩草木鳥獸蟲魚廣疏六卷輔廣詩
說一部嚴粲詩集一部王質詩總聞二十卷魏了翁
詩要義二十卷王柏詩辨說二卷又詩可言二十卷
高端叔詩說一卷曹粹中詩說三十卷項安世毛詩
前說一卷又詩解二十卷鄭庠詩古音辨一卷

右詩類八十二部一千一百二十卷（陳寅詩傳以下不著錄十四部二百四十五卷）

儀禮十七篇（高堂生傳）大戴禮記十三卷（戴德纂）禮記二十
卷（戴聖纂）鄭玄古禮注十七卷又周禮注十二卷禮記
注二十卷禮記月令注一卷崔靈恩三禮義宗三十
卷成伯璵禮記外傳十卷（張幼倫注）韋彤五禮精義十卷
又五禮綿書二十卷丘光庭兼明書四卷杜肅禮略
十卷陸德明音義一卷又古禮釋文一卷賈公彥儀
禮疏五十卷又禮記疏五十卷周禮疏五十卷孔穎
達禮記正義七十卷聶崇義三禮圖集註二十卷楊

逢殷禮記音訓指說二十卷上官均曲禮講義二卷
歐陽丙三禮名義五卷魯有開三禮通義五卷殷介
集五禮極義一卷孫玉汝五禮名義十卷余希文井
田王制圖一卷胡先生中庸義一卷（盛喬纂集）李洪澤直
禮一卷張詵喪禮十卷禮粹二十卷（不知作者）王愍中禮
八卷程顥中庸義一卷呂大臨大學一卷又中庸一
卷禮記傳十六卷喬執中中庸義一卷游酢中庸解
義五卷王安石新經周禮義二十二卷王昭禹周禮
詳解四十卷陸佃禮記解四十卷又禮象十五卷述
禮新說四卷儀禮義十七卷何洵直禮論一卷陸佃

大裘議一卷郭忠孝中庸說一卷龔原周禮圖十卷
郭雍中庸說一卷陳祥道註解儀禮三十二卷又禮
例詳解十卷禮書一百五十卷陳暘禮記解義十卷
李格非禮記精義十六卷楊時周禮義辨疑一卷又
中庸解一卷喻樗大學解一卷司馬光等六家中庸
大學解義一卷江與山周禮秋官講義一卷馬希孟
禮記解七十卷四先生中庸解義一卷（程顥呂大臨游酢楊時撰）
方慤禮記解義二十卷王普深衣制度一卷夏休周
禮井田譜二十卷破禮記二十卷周燔儀禮詳解十
七卷李如圭儀禮集釋十七卷史浩周官講義十四

卷鄭諤周禮解義二十二卷黄度周禮說五卷徐煥
周官辨畧十八卷陳傅良周禮說一卷徐行周禮微
言十卷易祓周禮總義三十六卷朱熹儀禮經傳通
解二十三卷又大學章句一卷或問二卷中庸章句
一卷或問二卷中庸輯畧二卷十先生中庸集解二
卷（朱熹序）三家冠婚喪祭禮五卷（司馬光程頤張載定）吳仁傑禘
祫綿蕞書三卷劉彝周禮中義十卷張九成中庸說
一卷大學說一卷戴溪曲禮口義二卷學記口義二卷司馬光中庸
大學廣義一卷錢文子中庸集傳一卷胡銓禮記傳
十八卷又周禮傳十二卷二禮講義一卷倪思中庸

集義一卷汪應辰二經雅言二卷張淳儀禮識誤一
卷俞庭椿周禮復古編三卷黄幹續儀禮經傳通解
二十九卷又儀禮集傳集註十四卷林椅周禮綱目
八卷撫說一卷鄭景炎周禮開方圖說一卷李心傳
丁丑三禮辨二十三卷鄭伯謙太平經國書統集七
卷鄭氏三禮名義疏五卷（不著名）又三禮圖十二卷江
都集禮圖五十卷三禮圖駁議二十卷儀禮類例十
卷周禮類例義斷二卷二禮分門統要三十六卷禮
記小疏二十卷（並不知作者）石𡎴中庸集解二卷項安世
中庸說一卷又周禮丘乘圖說一卷衞湜禮記集說

一百六十卷楊簡孔子閒居講義一卷鄭樵鄉飲禮
七卷張虙月令解十二卷晁公武中庸大傳一卷楊
復儀禮圖解十七卷魏了翁儀禮要義五十卷又禮
記要義三十三卷周禮折衷二卷周禮要義三十卷
趙順孫中庸纂疏三卷袁甫中庸詳說二卷陳堯道
中庸說十三卷又大學說十一卷真德秀大學衍義
四十三卷謝興甫中庸大學講義三卷王與之周禮
訂義八十卷王應麟集解踐祚篇一册
右禮類一百十三部一千三百九十九卷（石𡎴中庸集解以下不著錄二十六部四百六十九卷）

蔡琰胡笳十八拍四卷孔衍琴操引三卷謝莊琴論
一卷梁武帝鍾律緯一卷陳僧智匠古今樂錄十三
卷趙邦利彈琴手勢譜一卷又彈琴右手法一卷唐
玄宗金風樂弄一卷太宗九絃琴譜二十卷琴譜六
卷唐宗廟用樂儀一卷唐肅明皇后廟用樂儀一卷
崔令欽教坊記一卷吳兢樂府古題要解二卷王昌
齡續樂府古解題一卷劉貺大樂令壁記三卷大樂
圖義一卷（不知作者）田琦聲律要訣十卷薛易簡琴譜一
卷段安節琵琶錄一卷又樂府雜錄二卷樂府古題
一卷陸鴻漸教坊錄一卷李勉琴說一卷陳拙琴籍

九卷徐景安新纂樂書三十卷趙惟簡琴書三卷宋
仁宗明堂新曲譜一卷又景祐樂髓新經一卷審樂
要記二卷徽宗黃鍾徵角調二卷沈括樂論一卷又
樂器圖一卷三樂譜一卷樂律一卷馮元宋郊景祐
廣樂記八十一卷宋祁大樂圖一卷聶崇義景祐大
樂圖二十卷劉次莊樂府集十卷樂府集序解一卷
大周正樂八十八卷(三代周竇儼訂論)蜀雅樂儀三十卷房
庶補亡樂書總要三卷真館飲福等一卷蔡攸燕樂
三十四冊范鎮新定樂法一卷崔遵度琴箋一卷李
宗諤樂纂一卷陳康士琴調三卷又琴調十七卷琴

書正聲十卷琴調十七卷琴譜記一卷琴調譜一卷
楚調五章一卷離騷譜一卷李約琴曲東杓譜序一
卷琴調廣陵散譜一卷獨孤寔九調譜一卷齊嵩琴
雅畧一卷僧辨正琴正聲九弄九卷朱文濟琴雜調
譜十二卷蕭祐(一作祜)無射商九調譜一卷呂渭(一作濆)
廣陵止息譜一卷張淡正琴譜一卷蔡翼琴調一卷
僧道英琴德譜一卷王邈琴譜一卷沈氏琴書一卷
失名琴譜調八卷(李翺用指法)琴畧一卷琴式圖一卷琴譜
纂要五卷胡瑗景祐樂府奏議一卷又皇祐樂府奏
議一卷阮逸皇祐新樂圖記三卷陳暘樂書二百卷

僧靈操樂府詩一卷吳良輔琴譜一卷又樂書五卷
樂記三十六卷楊傑元豐新修大樂記五卷劉昺大
晟樂書二十卷又樂論八卷運譜四議二十卷政和
頒降樂曲樂章節次一卷政和大晟樂府雅樂圖一
卷鄭樵系聲樂譜二十四卷李南玉古今大樂指掌
三卷郭茂倩樂府詩集一百卷李昌文阮咸弄譜一
卷滕康叔韶武遺音一卷趙瞻琴聲律二卷又琴圖
一卷令狐揆樂要三卷王大方琴聲韻圖一卷昭微
古今琴樣一卷劉籍琴義一卷沈建樂府廣題二卷
馬少良琴譜三均三卷喻修樞阮咸譜一卷吳仁傑

樂舞新書二卷蔡元定律呂新書二卷李如箎樂書
一卷琴說一卷古樂府十卷趙德先樂說三卷又樂
書三十卷歷代樂儀三十卷樂苑五卷琴箋知音操
一卷樂府題解一卷大樂署三卷歷代歌詞六卷律
呂圖一卷傚蔡琰胡笳十八拍(並不知作者)
右樂類一百十一部一千七卷
春秋七卷(正經)杜預春秋左氏傳經傳集解三十卷又
春秋釋例十五卷何休公羊傳十二卷又左氏膏肓
十卷范甯穀梁傳十二卷董仲舒春秋繁露十七卷
汲冢師春一卷(師春紀集疏左傳卜筮事)荀卿公子姓譜二卷(一名

帝王歷紀譜劉炫春秋述議略一卷又春秋義囊二卷孔
頴達春秋左氏傳正義三十六卷公羊疏三十卷楊
士勛春秋穀梁疏十二卷黄恭啓春秋指要圖一卷
李瑾春秋指掌圖十五卷陳岳春秋折衷論三十卷
春秋災異録六卷春秋謚族圖五卷陸德明三傳釋
文八卷陸希聲春秋通例三卷趙匡春秋闡微纂類
義統十卷陸淳集傳春秋纂例十卷又春秋辨疑七
卷集註春秋微旨三卷盧仝春秋摘微四卷楊藴春
秋公子譜一卷左丘明春秋外傳國語二十一卷韋昭
注柳宗元非國語二卷葉真是國語七卷馮繼先春

秋名號歸一圖又春秋名字同異録五卷杜預春秋
世譜七卷張暄春秋龜鑑圖一卷馬擇言春秋要類
五卷徐彦公羊疏三十卷葉清臣春秋纂類十卷孫
復春秋尊王發微十二卷春秋總論一卷李堯俞春
秋集議略論二卷王沿春秋集傳十五卷章拱之春
秋統微二十五卷王晳春秋通義十二卷又皇綱論
五卷丁副春秋演聖統例二十卷春秋三傳異同字
一卷朱定序春秋索隱五卷杜諤春秋會義二十六
卷朱璦春秋口義五卷劉敞春秋傳十五卷又春秋
權衡十七卷春秋説例十一卷春秋意林二卷蘇

轍春秋集傳十二卷王安石左氏解一卷楊彦齡左
氏春秋集表二卷又左氏蒙求二卷沈括春秋機括
二卷趙瞻春秋論三十卷又春秋經解義例二十卷
唐既濟春秋邦典二卷孫覺春秋經社要義六卷春
秋經解十五卷春秋學纂十二卷晁補之左氏春秋
傳雜論一卷劉攽内傳國語十卷春秋人譜一卷孫子
平練明道同撰朱長文春秋通志二十卷家安國春秋通義
二十四卷張大亨春秋通訓十六卷又五禮例宗十
卷陸佃春秋傳二十卷又補遺一卷程頤春秋傳一
卷黎錞春秋經解十二卷王裴春秋義解十二卷張

昌德春秋傳類音十卷韓台春秋左氏傳口音三卷
陳德寧公羊新例十四卷又穀梁新例六卷陰洪道
注春秋叙一卷張翰一作幹春秋排門顯義十卷李撰
春秋總要十卷袁希一作孝政春秋要類五卷張德昌
春秋傳類十卷沈綰春秋諫類二卷郭翔春秋義鑑
三十卷王仲孚春秋類聚五卷黄彬春秋叙鑑三卷
春秋精義三十卷洪勲春秋圖鑑五卷春秋加減一
卷王叡春秋守鑑一卷春秋龜鑑一卷張傑春秋指
玄十卷塗昭良春秋科義雄覽十卷春秋應判三十
卷丁裔昌春秋解問一卷邵川春秋括義三卷劉英

春秋列國圖一卷春秋十二國年曆一卷謝壁春秋
綴英二卷李塗春秋事對五卷蔡延龜注春秋扶懸三卷
春秋比事三卷春秋要義十卷春秋策問三十卷春
秋夾氏三十卷李融春秋樞宗十卷姜虔嗣春秋三
傳纂要二十卷惠簡春秋通畧全義十五卷元保宗
春秋事要十卷輩濬一作潛春秋琢瑕一卷張傳靖左
傳編紀十卷崔昇春秋分門屬類賦三卷楊均注裴光
輔春秋機要賦一卷尹玉羽卿春秋音義賦十卷韓遂
良注又春秋宇源賦二卷楊文舉注李象續春秋機要賦一
卷王霽春秋括囊賦集注一卷王鄒彥春秋蒙求五

卷張傑春秋圖五卷春秋指掌圖二卷蹇遵品左傳
引帖斷義十卷春秋纂類義統十卷本十二卷第二第四闕春
秋通義十二卷春秋新義十卷春秋十二國年曆一
卷一名春秋齊年春秋文權五卷龠有開春秋指徵十卷國
語音義一卷宋庠國語補音三卷林槩辨國語三卷
崔表世本圖一卷楊蘊春秋年表一卷謝湜春秋義
二十四卷又總義三卷崔子方春秋經解十二卷春
秋本例例要二十卷呂奎春秋要旨十二卷吳元緒
左氏鼓吹一卷劉易春秋經解二卷吳孜春秋折衷
十二卷范柔中春秋見微五卷鄒氏春秋總例一卷

謝子房春秋備對十三卷朱振春秋指要一卷又春
秋正名頤隱要旨十二卷春秋正名頤隱旨要叙論
一卷春秋講義三卷沈滋仁春秋興亡圖鑑一卷陳
禾春秋傳十二卷又春秋統論一卷任伯雨春秋繹
聖新傳十二卷鄭昂春秋臣傳三十卷鄧驥春秋指
蹤二十一卷石公孺春秋類例十二卷王當春秋列
國諸臣傳五十一卷張根春秋指南十卷李棠春秋
時論一卷葉夢得春秋讞三十卷又春秋考三十卷
春秋傳二十卷石林春秋八卷春秋指要總例二卷
胡安國春秋傳三十卷又通例一卷通旨一卷余安

行春秋新傳十二卷韓璜春秋人表一卷范仲春秋
左氏講義四卷黃叔敖春秋講義五卷洪皓春秋紀
詠三十卷胡銓春秋集善十三卷鄧名世春秋四譜
六卷辨論譜說一卷劉本春秋中論三十卷畢良史
春秋正辭二十卷環中左氏春秋二十國年表一卷
春秋列國臣子表十卷鄭樵春秋地名譜十卷又春
秋傳十二卷春秋考十二卷周彥熠春秋名義二卷
毛邦彥春秋正義十二卷王日休春秋孫復解辨失
一卷又春秋公羊辨失一卷春秋左氏辨失一卷春
秋穀梁辨失一卷春秋名義一卷董自任春秋總鑑

十二卷夏沐春秋素志三百一十五卷又春秋麟臺獨講十一卷延陵先生講義二卷吕本中春秋解二卷晁公武春秋故訓傳三十卷王炫春秋門例通解十卷林栗經傳集解三十三卷時瀾左氏春秋講義十卷徐得之左氏國紀二十卷蕭楚春秋經辨十卷胡定春秋解十二卷林拱辰春秋傳三十卷陳傅良春秋後傳十二卷又左氏章指三十卷王汝猷春秋外傳十五卷程迥春秋顯微例目一卷又春秋傳二十卷朱臨春秋私記一卷春秋外傳十卷王葆東宮春秋講義三卷春秋集傳十五卷吕祖謙春秋集解

三十卷又左傳類編六卷左氏博議二十卷左氏說一卷左氏博議綱目一卷（祖謙門人張成招標注）左氏國語類編二卷（祖謙門人所編）沈棐春秋比事二十卷李明復春秋集義五十卷又集義綱領二卷任公輔春秋明辨十一卷楊簡春秋解十卷戴溪春秋講義四卷程公說春秋分記九十卷春秋釋疑二十卷春秋考異四卷春秋加減四卷春秋直指三卷左氏紀傳五十卷春秋四傳二十卷春秋類六卷春秋例六卷春秋表記一卷王侯世系一卷春秋釋例地名譜一卷春秋本旨五卷左氏摘奇十二卷（並不知作者）李浹左氏廣誨蒙

一卷章沖左氏類事始末五卷王柏左氏正傳一十卷高端叔春秋義宗一百五十卷黎良能左氏釋疑譜學各一卷沈棐春秋比事二十卷吴曾春秋考異四卷又左氏發揮六卷方淑春秋直音三卷石朝英左傳約說一卷又百論一卷黄仲炎春秋通說一十三卷辛次膺屬辭比事五卷李孟傳左氏說十卷程大昌演繁露六卷李燾春秋學十卷王應麟春秋三傳會考三十六卷楊士勛春秋公穀考異五卷陸宰春秋後傳補遺一卷趙震揆春秋類論四十卷宇文虛中春秋紀詠三十卷王夢應春秋集義五十卷李

心傳春秋考義十三卷魏了翁春秋要義六十卷陳藻林希逸春秋三傳正附論十三卷

右春秋類二百四十部二千七百九十九卷（王柏左氏正傳以下不著錄二十三部四百八十八卷）

古文孝經一卷（凡二十二章）鄭氏註孝經一卷唐明皇註孝經一卷元行沖孝經疏三卷蘇彬孝經疏一卷邢昺孝經正義三卷司馬光古文孝經指解一卷又古文孝經指解一卷趙克孝孝經傳一卷任奉古孝經講疏一卷張元老講義一卷范祖禹古文孝經說一卷吕惠卿孝經傳一卷吉觀國孝經新義一部（卷亡）家

滋解義二卷王文獻詳解一卷林椿齡全解一卷沈處厚解一卷趙湘孝經義一卷張師尹通義三卷張九成解四卷朱熹刊誤一卷黃榦本旨一卷項安世孝經說一卷馮椅古孝經輯註一卷古文孝經解一卷袁甫孝經說三卷王行孝經同異三卷

右孝經類二十六部三十五卷袁甫孝經說以下不著錄二部六卷

論語十卷何晏等集解皇侃論語疏十卷韓愈筆解二卷陸德明釋文一卷馬總論語樞要十卷陳鋭論語品類七卷論語井田圖一卷邢昺正義十卷周武集解辨誤十卷宋咸增註十卷王令註十卷紀亶論語摘

科辨解十卷王安石通類一卷王雱解十卷孔武仲論語說十卷呂惠卿論語義十卷蔡申論語纂十卷蘇軾解四卷蘇轍論語拾遺一卷程頤論語說一卷劉正容重註論語十卷陳禾論語傳十卷晁說之講義五卷楊時解二卷謝良佐解十卷范祖禹論語說二十卷游酢雜解一卷龔原論語解一部亡卷呂大臨解十卷尹焞論語解十卷又說一卷侯仲良說一卷鄒浩解十卷汪革直解十卷葉夢得釋言十卷黃祖舜解義十卷張九成解十卷吳棫續解十卷又考異一卷說例一卷喻樗玉泉論語學四卷張栻解十卷

湯烈集程氏說二卷倪思論語義証二十卷葉隆古解義十卷洪興祖論語說十卷史浩口義二十卷薛季宣論語小學二卷林栗論語知新十卷朱熹論語精義十卷又集註十卷集義十卷或問二十卷論語註義問答通釋十卷鄭汝解義十卷張演魯論明微十卷意原十卷錢文子論語傳贊二十卷王汝猷論語歸趣二十卷徐煥論語贊言二卷曾幾論語義二卷陳儀之講義二卷姜得平本旨一卷論語指南一卷黃祖禹沈大廉明宏辨論戴溪石鼓答問三卷東谷論語一卷不知作者陳耆卿論語記蒙六卷孔子家語十卷魏王肅注論

語玄義十卷論語要義十卷論語口義十卷論語展掌疏十卷論語閱義疏十卷論語世譜三卷並不知作者王居正論語感發十卷章良史論語探古二十卷黃榦論語通釋十卷又論語意原一卷卞圖論語大意二十卷高端叔論語傳一卷真德秀論語集編一十卷魏了翁論語要義一十卷

右論語類七十三部五百七十九卷王居正論語感發以下不著錄八部八十二卷

周公謚法一卷即汲冢周書謚法篇班固白虎通十卷沈約謚法十卷賀琛謚法三卷晉陽方五經鈞沈五卷王彥

威續古今謚法十四卷劉迅六經五卷春秋謚法一卷即杜預春秋釋例謚法篇陸德明經典釋文三十卷馬光極九經釋難五卷章崇業五經釋題雜問一卷僧十朋五經指歸五卷蘇鶚演義十卷劉鍊六說五卷兼講書五卷授經圖三卷胡旦演聖通論六十卷劉敞七經小傳五卷黃敏求九經餘義一百卷丘光庭兼明書三卷李肇經史釋題二卷顏師古刊謬正俗八卷李涪刊誤二卷九經要畧一卷叙元要畧一卷謚法三卷六家謚法二十卷范正周沆編程頤河南經說七卷又五言集解三卷蘇洵嘉祐謚法三卷皇祐謚錄二十

卷楊會經解三十三卷劉彝七經中義一百七十卷蔡攸政和修定謚法八十卷楊時三經義辨十卷王居正辨學七卷鄭樵謚法三卷李舜臣諸經講義七卷張九成鄉黨少儀咸有一德論孟子拾遺共一卷張載經學理窟三卷項安世家說十卷附錄四卷黃榦六經講義一卷六經疑難十四卷不知作者許奕九經直音九卷又正訛一卷諸經正典十卷論語尚書周禮講義十卷楊甲六經圖六卷林觀過經說一卷戴勛西齋清選二卷葉仲堪六經圖七卷俞言六經圖說十二卷張貴謨泮林講義三卷周士貴經括一卷

游桂經學十二卷九經經旨策義九卷不知作者姜得平詩書遺意一卷沈貴珤四書要義七篇張九成中庸大學孝經說各一卷又四書解六十五卷張綱六經辨疑五卷又確論十卷李燾五經傳授一卷王應麟六經天文編六卷陳應隆四書輯語四十卷劉元剛三經演義一十一卷孝經論孟

右經解類五十八部七百五十三卷沈貴珤四書要義以下不著錄

九部一百四十六卷篇

爾雅三卷郭璞注孔鮒小爾雅一卷楊雄方言十四卷史游急就章一卷劉熙釋名八卷許慎說文解字十

五卷孫炎爾雅疏十卷高璉爾雅疏七卷徐鍇說文解字係傳四十卷又說文解字韻譜十卷說文解字通釋四十卷僧雲棫補說文解字三十卷錢承志說文正隸三十卷張揖廣雅音三卷呂忱字林五卷曹憲博雅十卷顧野王玉篇三十卷韋昭辨釋名一卷王僧虔評書一卷梁武帝評書一卷千字文一卷梁周興嗣次韻顏之推證俗音字四卷又字始三卷虞荔鼎錄一卷蕭該漢書音義三卷陸法言廣韻五卷唐玄宗開元文字音義二十五卷庾肩吾書品論一卷陸德明經典釋文三十卷又爾雅音義二卷顏元孫干祿

字書一卷李嗣真書後品一卷續古今書人優劣一卷王之明述書後品一卷張懷瓘書詁一卷又評書藥石論一卷六體論一卷古文大篆書祖一卷書斷三卷顔真卿筆法一卷又韻海鑑源十六卷朱禹善書評一卷又有唐名書賛一卷林罕字源偏傍小説三卷金華苑二十卷張參五經文字五卷李商隱蜀爾雅三卷顔師古急就篇注一卷虞世南筆髓法一卷唐玄度九經字様一卷又十體書一卷張彦遠法書要録十卷杜林岳集備要字録二卷王僧虔圖書會粹六卷吕總續古今書人優劣一卷蔡希宗法書論一卷劉伯莊史記音義二十卷裴瑜爾雅注五卷僧守温清濁韻鈐一卷黄伯思東觀餘論二卷竇儼義訓十卷崔逢玉璽譜一卷嚴士元重修宋規損潤色郭忠恕佩觽三卷又汗簡集七卷辨字圖四卷歸字圖一卷正字賦一卷孫季昭決疑賦二卷徐玄三家老子音義一卷鄭文寶玉璽記一卷景德韻略一卷戚倫等詳定宋高宗評書一卷亦名翰墨志邢昺爾雅疏十卷歐陽融經典分毫正字一卷沈立稽正辨訛一卷唐耜字説集解三十冊卷亡錢惟演飛白書叙録一卷周越古今法書苑十卷祝充韓文音義五十卷李舟切韻五卷丘

世隆切韻搜隱五卷劉希古切韻十玉五卷胡元質西漢字類五卷陳天麟前漢通用古字韻編五卷陳彭年等重修廣韻五卷韻詮十四卷僧師悅韻關一卷丘雍校定韻畧五卷韻選五卷韻源一卷孫愐唐韻五卷天寶元年集切韻五卷釋智猷辨體補修加字切韻五卷丁度切韻十卷又景祐禮部韻畧五卷墨藪一卷不知作者賈昌朝群經音辨三卷夏竦重校古文四聲韻五卷又聲韻圖一卷司馬光切韻指掌圖一卷又類編四十四卷劉温潤羌爾雅一卷宋初摘粹一卷歐陽脩集古録跋尾六卷又二卷句中正雍熙廣韻一百卷序例一卷又三體孝經一卷楊南仲石經七十五卷又三體孝經一卷燕誨字傍辨誤一卷道士謝利貞玉篇解疑三十卷象文玉篇二十卷石懷德隸書賦一卷楮長文書指論一卷李訓範金録一卷翰林隱術一卷荆浩筆法一卷常氏筆寶兩字五卷徐浩書譜一卷又古跡記一卷宋敏求寶刻叢章三十卷劉敞先秦古器圖一卷李行中引經字源二卷朱長文續書斷二卷王安石字説二十四卷米芾書評一卷又寶章待訪集一卷呂大臨考古圖十卷李公麟古器圖一卷陸佃爾雅新義二十卷埤

雅二十卷蔡京崇寧鼎書一卷張有復古編二卷政和甲午祭禮器款識一卷王楚鍾鼎篆韻二卷吳棫韻補五卷董衛唐書釋音二十卷竇苹唐書音訓四卷宣和重修博古圖録三十卷趙明誠金石録三十卷又別本三十卷薛尚功重廣鍾鼎篆韻七卷歷代鍾鼎彝器款識法帖二十卷張孟押韻十卷許冠韻海五十卷吳升童訓統類一卷鄭樵石鼓文考一卷又字始連環二卷象類書十一卷論梵書三卷爾雅注三卷書考六卷通志六書畧五卷郑升卿四聲類韻二卷又聲韻類例一卷淳熙監本禮部韻畧五卷劉球隸韻畧七卷潘緯柳文音義三卷僧應之臨書關要一卷呂本中童蒙訓三卷周燔六經音義十三卷李盛六經釋文二卷黄壞班書韻編五卷張貟石經注文考異四十卷洪适隸釋二十七卷隸續二十一卷史浩童丱須知三卷朱熹小學之書四卷又四子四卷程端蒙小學字訓一卷呂祖謙少儀外傳二卷陳淳北溪字義二卷婁機班馬字韻二卷漢隸字源六卷廣干禄字書五卷古鼎法帖五卷楊師復漢隸釋文二卷馬居易漢隸分韻七卷翟伯壽籀文二卷胡寅注叙古千文一卷呂氏叙古千文一卷慶元

嘉定古器圖六卷僧妙華互注集韻二十五卷羅點清勤堂法帖六卷李從周字通一卷遼僧行均龍龕手鑑四卷黄伯思法帖刊誤一卷釋元冲五音韻鏡一卷施宿大觀法帖總釋二卷又石鼓音一卷蔡氏口訣一卷（亡名）書録一卷書隱法一卷筆陣圖一卷西漢字類一卷纂注禮部韻畧五卷翰林禁經三卷臨汝帖三卷筆苑文詞一卷法帖字證十卷正俗字十卷書斷例傳五卷洪韻海源二卷互注爾雅貫類一卷諸家小學總録二卷集古系時十卷蕃漢語一卷（並不知作者）劉紹祐字學撅要二卷洪邁次李翰蒙求三卷集齋彭氏小學進業廣記一部王應麟蒙訓四十四卷又小學紺珠十卷小學諷詠四卷補注急就篇六卷

右小學類二百六部一千五百七十二卷（劉紹祐字學撅要以下不著録六部六十九卷）

凡經類一千三百四部一萬三千六百八卷

志卷第一百五十五

志卷第一百五十六　　宋史二百三

開府儀同三司上柱國録軍國重事前中書右丞相監修國史領經筵事都總裁脫脫等奉

勑修

藝文二

史類十三：一曰正史類，二曰編年類，三曰別史類，四曰史鈔類，五曰故事類，六曰職官類，七曰傳記類，八曰儀注類，九曰刑法類，十曰目録類，十一曰譜牒類，十二曰地理類，十三曰霸史類。

司馬遷史記一百三十卷（裴駰等集注）又史記一百三十卷（陳伯宣注）班固漢書一百卷（顏師古注）范曄後漢書九十卷（章懷太子李賢注）趙抃新校前漢書一百卷　余靖漢書刊誤三十卷　劉昭補注後漢志三十卷　陳壽三國志六十五卷（裴松之注）房玄齡晉書一百三十卷　楊齊宣晉書音義三卷　沈約宋書一百卷　蕭子顯南齊書五十九卷　姚思廉梁書五十六卷　又陳書三十六卷　魏收後魏書一百三十卷　魏澹後魏書紀一卷（本七卷）張太素後魏書天文志二卷（本百卷惟存此卷）李伯藥北齊書五十卷　令狐德棻後周書五十卷　顏師古隋書八十五卷　柳芳唐書一百三十卷　唐書叙例目一卷　劉煦唐書二百卷　歐陽脩宋祁新唐書二百五十五卷　目録一卷　李

繪補注唐書二百二十五卷　薛居正五代史一百五十卷　歐陽脩新五代史七十四卷（徐無黨注）張守節史記正義三十卷　司馬貞史記索隱三十卷　張泌漢書刊誤一卷　三劉漢書標注六卷（劉敞劉攽劉奉世）劉攽漢書刊誤四卷　呂夏卿唐書直筆新例一卷　吳縝新唐書糾繆二十卷　又五代史纂誤三卷　朱梁列傳十五卷　張昭遠後唐列傳三十卷　任諒史論三卷　韓子中新唐史辨惑六十卷　吳仁傑兩漢刊誤補遺十卷　富弼前漢書綱目一卷　劉巨容漢書纂誤二卷　汪應辰唐書列傳辨證二十卷　西漢刊誤一卷（不知作者）王旦國史一百二十卷　呂夷簡宋三朝國史一百五十五卷　鄧洵武神宗正史一百二十卷　王珪宋兩朝國史一百二十卷　李燾洪邁宋四朝國史三百五十卷　宋名臣録八卷　宋勳德傳一卷　宋兩朝名臣傳三十卷　咸平諸臣録一卷　熙寧諸臣傳四卷　兩朝諸臣傳三十卷（並不知作者）張唐英宋名臣傳五卷　葛炳奎國朝名臣叙傳二十卷

右正史類五十七部，四千四百七十三卷。（葛炳奎國朝名臣叙傳不著録一部二十卷）

荀悅漢紀三十卷　袁宏後漢紀三十卷　胡旦漢春秋

一百卷問荅一卷皇甫謐帝王世紀九卷竹書三卷荀勗和嶠編蕭方三十國春秋三十卷孫盛晉陽春秋三十卷杜延業晉春秋畧二十卷裴子野宋畧二十卷王通元經薛氏傳十五卷馬總通曆十卷柳芳唐曆四十卷崔龜從續唐曆二十二卷裴煜之唐太宗建元實跡一卷路惟衡帝王曆數圖十卷陳嶽唐統紀一百卷丘悅三國典畧二十卷封演古今年號錄一卷薛璫大唐聖運圖畧三卷帝王照錄一卷王起五位圖三卷苗台符古今通要四卷馬永易元和錄三卷大唐中興新書紀年三卷不知作者韋昭度續皇王寶運錄

十卷程正柔大唐補紀三卷凌璠唐錄政要十三卷唐天祐二年日曆一卷杜光庭古今類聚年號圖一卷唐創業起居注三卷溫大雅撰唐高祖實錄二十卷許敬宗房玄齡等撰唐太宗實錄四十卷許敬宗撰唐高宗復修實錄三十卷唐武后實錄二十卷唐中宗實錄二十卷唐睿宗實錄十卷又五卷並劉知幾吳兢撰唐玄宗實錄一百卷元載令狐峘撰唐肅宗實錄三十卷元載撰唐代宗實錄四十卷令狐峘撰唐德宗實錄五十卷裴洎等撰唐建中實錄十五卷沈既濟撰唐順宗實錄五卷韓愈撰唐憲宗實錄四十卷唐穆宗實錄二十卷並路隋等撰唐敬宗實錄十卷李讓

夷等撰唐文宗實錄四十卷魏謩監撰唐武宗實錄二十卷唐宣宗實錄三十卷唐懿宗實錄二十五卷唐僖宗實錄三十卷唐昭宗實錄三十卷唐哀宗實錄八卷並宋敏求撰五代梁太祖實錄三十卷張袞郗象等撰五代唐懿宗紀年錄一卷五代唐獻祖紀年錄一卷五代唐莊宗實錄三十卷並趙鳳張昭遠等撰五代唐明宗實錄三十卷姚顗等撰五代唐愍帝實錄三卷張昭遠等撰五代唐廢帝實錄十七卷張昭等同撰五代晉高祖實錄三十卷五代晉少帝實錄二十卷並竇貞固等撰五代漢高祖實錄十卷蘇逢吉等撰五代漢隱帝實錄十五卷五代周太祖實錄三

十卷並張昭尹拙劉溫叟等撰五代周世宗實錄四十卷宋王溥等撰南唐烈祖實錄二十卷高遠撰後蜀高祖實錄三十卷後蜀主實錄四十卷並李昊撰宋太祖實錄五十卷李沆沈倫修太宗實錄八十卷錢若水修真宗實錄一百五十卷晏殊等同修仁宗實錄二百卷韓琦等修英宗實錄三十卷曾公亮等修神宗實錄朱墨本三百卷舊錄本用墨書添入者用朱書刪去者用黃抹宋高宗日曆一千卷孝宗日曆二千卷光宗日曆三百卷寧宗日曆五百一十卷重修五百卷神宗日錄二百卷趙鼎范沖重修神宗實錄考異五卷范沖撰哲宗實錄一百五十卷徽宗實錄二百卷並湯思退進徽宗實錄二

百卷（李燾重修）欽宗實錄四十卷（洪邁修）高宗實錄五百卷
（傅伯壽撰）孝宗實錄五百卷光宗實錄一百卷（並傅伯壽陸游等修）
寧宗實錄四百九十九冊理宗實錄初藁一百九十
冊理宗日曆二百九十二冊又日曆一百八十冊度
宗時政記七十八冊德祐事蹟日記四十五冊孫光
憲續通曆十卷范質五代通錄六十五卷劉家叟甲
子編年二卷顯德日曆一卷（周扈蒙董淳賈黃中撰）龔頴運曆
圖三卷陳彭年唐紀四十卷宋庠紀年通譜十二卷
鄭向五代開皇記三十卷兩朝實錄大事二卷王玉
文武賢臣治蜀編年志一卷武密帝王興衰年代錄

二卷五代春秋一卷十代編年紀一卷（並不知作者）章寔
歷代統紀一卷司馬光資治通鑑三百五十四卷又
資治通鑑舉要曆八十卷通鑑前例一卷稽古錄二
十卷歷年圖六卷通鑑節要六十卷帝統編年紀事
珠璣十二卷歷代累年二卷劉恕資治通鑑外紀十
卷又疑年譜一卷通鑑問疑一卷章衡編年通載十
卷王巖叟繫年錄一卷元祐時政記一卷諸葛深紹
運圖一卷楊備歷代紀元賦一卷胡仔孔子編年五
卷朱繪歷代帝王年運銓要十卷司馬康通鑑釋文
六卷李燾續資治通鑑長編一百六十八卷又四朝

史藁五十卷江左方鎮年表十六卷混天帝王五運
圖古今須知一卷宋政錄十二卷宋異錄一卷宋年
表一卷又年表一卷史炤資治通鑑釋文三十卷晁
公邁歷代記年十卷熊克九朝通略一百六十八卷
中興小曆四十一卷呂祖謙大事記二十七卷又宋
通鑑節五卷呂氏家塾通鑑節要二十四卷朱熹通
鑑綱目五十九卷又提要五十九卷宋聖政編年十
二卷（不知作者）汪伯彥建炎中興日曆一卷袁樞通鑑紀
事本末四十二卷喻漢卿通鑑總攷一百十二卷吳
曾南北征伐編年二十三卷徐度國紀六十五卷胡

宏皇王大紀八十卷李丙丁未錄二百卷李心傳建
炎以來繫年要錄二百卷國史英華一卷（不知作者）何許
甲子紀年圖一卷曾慥通鑑補遺一百篇李孟傳讀
史十卷崔敦詩通鑑要覽六十卷王應麟通鑑答問
四卷胡安國通鑑舉要補遺一百二十卷沈樞通鑑
總類二十卷張根歷代指掌編九十卷李心傳孝宗
要略初草二十三卷張公明大宋綱目一百六十七
卷洪邁節資治通鑑一百五十卷又太祖太宗本紀
三十五卷又四朝史紀三十卷又列傳一百三十五
卷黃維之太祖政要一十卷呂中國朝治迹要略十

四卷

右編年類一百五十一部，一萬五百七十五卷。（寧宗實錄以下不著錄六部無卷曾慥通鑑補遺以下不著錄十五部九百六十八卷）

王瓘廣軒轅本紀一卷　汲冢周書十卷　郭璞注穆天子傳六卷　趙曄吳越春秋十卷　皇甫遵注吳越春秋十卷　司馬彪九州春秋十卷　趙瞻史記牴牾論五卷　漢書問答五卷　劉珍等東觀漢紀八卷　孔衍春秋後語十卷　李延壽南史八十卷　又北史一百卷　元行沖後魏國典三十卷　金陵六朝記一卷　王豹金陵樞要一卷　李匡又漢後隋前瞬貫圖一卷　李康唐明皇政

録十卷　袁皓興元聖功録　功臣録三十卷　唐僖宗日曆一卷　劉肅唐新語十三卷　唐總記三卷　渤海填唐廣德神異録四十五卷　歐陽迥（一作炳）唐録備闕十五卷　裴潾大和新脩辨謗略三卷　程光榮（一作柔）唐補注記（注記一作紀）三卷　曹玄圭唐列聖統載圖十卷　郭脩唐年紀録一卷　南卓唐朝綱領圖五卷　唐紀年記二卷　吳兢開元名臣録三卷　又唐太宗勳史一卷　唐書備闕記十卷　高峻小史一百十卷　許嵩建康實録二十卷　張詢古五代新說二卷　劉軻帝王曆數歌一卷　又唐年歷代一卷　裴庭裕東觀奏記三卷　新野史十卷

題（題顯德元年終南山不名子撰）張傳靖唐編記（一作紀）十卷　胡旦唐乘（一作策）七十卷　王沿唐志二十一卷　孫甫唐史記七十五卷　王暐唐餘録六十卷　李匡文兩漢至唐年紀一卷　王禹偁五代史闕文二卷　陶岳五代史補五卷　詹玠唐宋遺史四卷　劉直方大唐機要三十卷　蘇轍古史六十卷　孫沖五代紀七十七卷　王軫五朝春秋二十五卷　劉敚五代春秋一部（卷亡）　劉恕十國紀年四十二卷　常璩華陽國志十卷　江南志二十卷　李清臣平南事覽二十卷　吳書實録三卷（記楊行密事）　真宗聖政紀一百五十卷　又政要十卷　仁宗觀文覽古圖記十卷

丁謂大中祥符奉祀記五十卷　目二卷　又大中祥符迎奉聖像記二十卷　目二卷　李維大中祥符降聖記五十卷　目三卷　王欽若天禧大禮記五十卷　目二卷　呂夷簡三朝寶訓三十卷　李淑三朝訓覽圖十卷　錢惟演咸平聖政録三卷　李昭遘永熙政範二卷　張商英神宗正典六卷　林希兩朝寶訓二十一卷　舒亶元豐聖訓三卷　六朝寶訓一部（卷亡）　鄭居中崇寧聖政二百五十五冊　又聖政録三百二十三冊　賈緯備史六卷　史系二十卷　楊九齡正史雜論十卷　河洛春秋二卷　歷代善惡春秋二十卷　李筌閫外春秋十卷　薛韜

王帝照一卷洗汾元類一卷錫岑皇王寶運録三十
卷瞿（一作瞿）驤帝王受命編年録三十卷徐㢘三朝華
命録三卷錢信皇猷録一卷歷代鴻名録八卷韋光
美嘉號録一卷崔倜帝王授受圖一卷牛檢帝王事
迹相承圖三卷歷代君臣圖二卷龔頴年（一作運）曆
圖八卷賈欽文古今代曆一卷張敦素通記（一作紀）建
元曆二卷柳璨補注正閏位曆三卷杜光庭帝王年
代州郡長曆二卷王起五運圖一卷曹玄圭五運圖
（一作録）十二卷張洽五運元紀一卷古今帝王記十卷
衞牧帝王真僞記七卷紀年志一卷武密帝王年代

録三十卷鄭伯邕帝王年代圖一卷又帝王年代記
三卷焦璐聖朝年代記（一作紀）十卷韋光美帝王年號
圖一卷汪奇古今帝王年號録一卷李昉歷代年號
一卷盖君平重編史雋三十卷孫昱十二國史十二
卷西京史略二卷史記掇英五卷（並不知作者）鄭樵通志
二百卷蕭常續後漢書四十二卷李杞改修三國志
六十七卷陳傅良建隆編一卷（一名開基事要）蔡幼學宋編
年政要四十卷又宋實録列傳舉要十二卷洪偃五
朝史述論八卷（洪邁孫）趙甡中興遺史二十卷樓昉中
興小傳一百篇

右別史類一百二十三部二千二百十八卷（趙甡中興遺史以下不著録二部一百二十卷篇）
馬史精略五十六卷趙世逢兩漢類要二十卷周護
三史菁英三十卷十七史贊三十卷三代說辭十卷
（不知作者）孫玉汝南北史練選十八卷史畧三卷楊侃兩
漢博聞十二卷林鉞漢雋十卷宗諫三國採要六卷
薛儆晉書金穴鈔十卷荀綽晉略九卷張隲晉略二
十卷杜延業晉春秋略二十卷晉史獵精一百三十
卷胡寅讀史管見三十卷又三國六朝攻守要論十
卷趙氏六朝採要十卷杭暕金陵六朝帝王統紀一

卷薛韜玉唐要録二卷張栻通鑑論篤四卷孫甫唐
史論斷二卷石介唐鑑五卷范祖禹唐鑑十二卷又
帝學八卷陳季雅兩漢博議十四卷李舜臣江東十
鑑一卷陳傅良西漢史鈔十七卷東萊先生西漢財
論十卷（呂祖謙論門人編）劉希古歷代紀要五十卷喬舜古
今語要十二卷賈昌朝通紀八十卷趙善譽讀史輿地
攷六十三卷（一名輿地通鑑）裴松之國史要覽二十卷鄭暐
史雋十卷曹化史書集類三卷宋鏞紀年備遺正統
論一卷唯室先生兩漢論一卷（陳長方）張唐英唐史發
潛六卷倪遇漢論十三卷陳惇修唐史斷二十卷王

諫唐史名賢論斷二十卷程鵬唐史屬辭四卷唐帝王號宰臣録十卷名賢十七史確論一百四卷（不知作者）胡旦五代史略四十二卷韓保升文行録五十卷李臯續帝學一卷姚虞賓諸史臣謨八卷鄭少微唐史發揮十二卷陳天麟前漢六帖十二卷陳應行讀史明辨二十四卷又讀史明辨續集五卷師古三國志質疑十四卷又西漢質疑十九卷東漢質疑九卷何博士備論四卷（何去非）陳亮通鑑綱目二十三卷葉學士唐史鈔十卷（不知名）唐仲友唐史義十五卷又續唐史精義十卷楊天惠三國人物論三卷李石世系手

記一卷兩漢著明論二十卷十二國史略三卷章華集三卷縱横集二十卷十三代史選五十卷南史撫實韻句三卷議古八卷史譜七卷五代纂要賦一卷國朝撮要一卷約論十卷（並不知作者）李燾歷代宰相年表三十三卷又唐宰相譜一卷王謝世表一卷五代三衙將帥年表一卷竇濟皇朝名臣言行事對十二卷李心傳舊聞證誤十五卷龔敦頤符祐本末一十卷洪邁記紹興以來所見二卷

右史鈔類七十四部一千三百二十四卷（李燾歷代宰相年表以下不著録八部七十五卷）

班固漢武故事五卷蔡邕獨斷二卷裴烜之承祚實跡一卷王琳魏鄭公諫録五卷武平一景龍文館記十卷吳兢貞觀政要十卷又開元昇平源一卷蘇瓌中樞龜鑑一卷韓琬御史臺記十二卷韋述集賢注記二卷崔庭光德宗幸奉天録一卷沈既濟選舉志三卷馬字鳳池録五卷韋執誼翰林故事一卷李吉甫元和國計略一卷劉公鉉鄴城舊事六卷韋處厚翰林學士記一卷元稹承旨學士院記一卷李德裕西南備邊録一卷又兩朝獻替記二卷柳氏舊聞一卷令狐澄貞陵遺事一卷令狐綯制表疏一卷李司

空論事七卷（唐蔣偕編李絳所論）南卓綱領圖一卷鄭處誨明皇雜録二卷又天寶西幸略一卷吳湘事迹一卷（不知作者）王仁裕開元天寶遺事一卷盧駢御史臺三院因話録一卷柳玭續貞陵遺事一卷鄭向起居注故事三卷蘇頌邇英要覽一部（卷亡）樂史貢舉故事二十卷目一卷鄭略敕語堂判五卷李巨川勤王録二卷楊鉅翰林舊規一卷張著翰林盛事一卷李構御史臺故事三卷李肇翰林内誌一卷又翰林志一卷蘇易簡續翰林志二卷杜宗事迹一卷梁宣底三卷汾陰后土故事三卷（自漢至唐）武成王配饗事迹二十卷（並不知作）

者
林勳國朝典要雜編一卷李大性典故辨疑二十
卷呂夷簡林希進五朝寶訓六十卷三朝太平寶訓
二十卷三朝訓鑒圖十卷（仁宗製序）沈該進神宗寶訓一
百卷神宗寶訓五十卷（不知集姓名）洪邁集哲宗寶訓六
十卷欽宗寶訓四十卷高宗聖政六十卷高宗寶訓
七十卷孝宗寶訓六十卷（並國史實錄院進）史彌遠孝宗寶
訓六十卷紹興求賢手詔一卷高宗聖政編要二十
卷（乾道淳熙中修）高宗聖政典章十卷（不知作者）宋朝大詔令二
百四十卷（紹興中出於宋綬家）永熙寶訓二卷（李昉子宗諤纂）仁宗觀
文鑒古圖十卷王洙祖宗故事二十卷李淑耕籍類

事五卷林特東封西祀朝謁太清宮慶賜總例二十
六卷韓絳治平會計錄六卷李常元祐會計錄三卷
崔立故事稽疑十卷孝宗聖政五十卷彭龜年內治
聖鑒二十卷光宗聖政三十卷富弼契丹議盟別錄
五卷朱勝非秀水閑居錄二卷呂本中紫微雜記一
卷蔡絛北征紀實二卷萬俟卨大后回鑾事實十卷
湯思退等永祐陵迎奉錄十卷大惟簡塞北紀實三
卷宋敏求朝貢錄二十卷張養正六朝事迹十四卷
吳彥夔六朝事迹別集十四卷韓元吉金國生辰語
錄一卷劉珙江東救荒錄五卷宋介執禮集二卷陳

曄通州鬻海錄一卷龔頤正續稽古錄一卷洪遵漢苑
群書三卷又會稽和買事宜錄七卷程大昌北邊備
對六卷慶曆邊議三卷開禧通和錄一卷開禧持書
錄二卷開禧通問本末一卷金陵叛盟記十卷（並不知作
者）宋祥尊號錄一卷又掖垣叢志三卷董煟活民書
三卷又活民書拾遺一卷史館故事錄三卷五國故
事二卷（並不知作者）尉遲偓中朝故事二卷孔武仲金華
講義十三卷王禹偁建隆遺事一卷田錫三朝奏議
五卷曾致堯清邊前要五十卷李至皇親故事一卷
杜鎬鑄錢故事一卷丁謂景德會計錄六卷王曙群

牧故事三卷兩朝誓書一卷（景德中契丹往復書）辛怡顯雲
南錄三卷沈該翰林學士年表一卷蘇耆次續翰林
志一卷錢惟演金陵遺事三卷晁迥別書金坡遺事
一卷李宗諤翰林雜記一卷王皡言行錄一卷王旦
名賢遺範錄十四卷佘靖國信語錄一卷李淑三朝
訓鑒圖十卷陳湜三朝逸史一卷沈立河防通議一
卷富弼救濟流民經畫事件一卷田況皇祐會計錄
六卷陳次公安南議十篇宋咸平朝制要覽十五卷李
上交近事會元五卷范鎮國朝事始一卷又東齋記
事十二卷太平盛典三十六卷國朝寶訓二十卷慶

曆會計録二卷經費節要八卷（並不知作者）張唐英君臣政要四十卷陳襄國信語録一卷趙槩日記一卷司馬光日録三卷鄭曾吳門水利四卷王安石熙寧奏對七十八卷程師孟奏録一卷羅從彥宋遵堯録八卷何澹歷代備覽二卷王禹玉家三世書誥一卷司馬光涑水記聞三十二卷周必大鑾坡録一卷又淳熙玉堂雜記一卷陳模東宮備覽一卷三朝政録十二卷廣東西城録一卷交廣圖一卷（並不知作者）曾鞏宋朝政要策一卷畢仲衍中書備對十卷李清臣張誠一元豐土貢録二卷龐元英文昌雜録七卷韓絳吳充

樞密院時政記十五卷蘇安靜邊說一卷薛向邊隴利害三卷仁宗君臣政要二十卷（不知人編）何郯范祖禹仁皇訓典六卷曾鞏德音寶訓三卷汪浹榮觀集五卷張舜民使邊録一卷朱匪躬館閣録十一卷劉永壽章獻事迹一卷曾布三朝正論二卷林虙元豐聖訓二十卷家安國平蠻録三卷羅晞蓬山記五卷明堂詔書一卷（不知集者）高聿鹽池録一卷吳若虛崇聖恢儒集三卷洪揄創業故事十二卷耿延禧建炎中興記一卷程俱麟臺故事五卷洪興祖續史館故事録一卷張戒政要一卷李源三朝政要增釋二十卷歐陽

安永祖宗英睿龜鑑十卷陳騤中興館閣録十卷趙勰廣南市舶録三卷嚴守則通商集三卷契丹禮物録一卷金華故事一卷兩朝交聘往來國書一卷（並不知作者）臧梓呂丞相勤王記一卷李攸通今集二十卷又宋朝事實三十五卷袁夢麟漢制叢録二十卷倪思合宮嚴父書一卷詹儀之淳熙經筵日進故事一卷又淳熙東宮日納故事一卷李心傳建炎以來朝野雜記十一卷又朝野雜記甲集二十卷乙集二十卷陸游聖政草一卷彭百川治迹統類四十卷又中興治迹統類三十卷江少虞皇朝事實類苑二十六

卷張綱列聖孝治類編一百卷黃度藝祖憲監三卷又仁皇從諫録三卷趙善譽宋朝開基要覽十四卷

右故事類一百九十八部二千九十四卷（彭百川治迹統類以下不著録七部二百二十一卷）

東漢百官表一卷（不知作者）陶彥藻職官要録七卷又職官要録補遺十八卷李吉甫百司舉要一卷唐玄宗六典三十卷杜英師唐職該一卷梁載言具員故事十七卷大唐宰相歷任記二卷任戩官品纂要十卷宰輔年表一卷官品式律一卷歷代官號十卷（並不知作者）楊侃職林三十卷孔至道百官要望一卷閻承琬

君臣政要三十卷蒲宗孟省曹寺監事目格子四十七卷郄殷象梁循資格一卷王涯唐循資格一卷杜儒童中書則例一卷譚世勣本朝宰執表八卷張文褚唐文昌損益三卷萬當世文武百官圖二卷陳繹宰相拜罷圖一卷又樞府拜罷録一卷三省樞密院除目四卷司馬光百官公卿表十五卷孫逢吉職官分紀五十卷梁勗職官品服三十三卷趙氏唐典備對六卷（不知名）三省儀式一卷職事官遷除體格一卷循資格一卷循資曆一卷唐宰相後記一卷國朝撮要一卷宋朝宰輔拜罷圖四卷宋朝官制十一卷三省總括五卷（並不知作者）王益之漢官總録十卷又職源五十卷宋朝相輔年表一卷（中興館閣書目云臣繹上續表曰臣易記）蔡元道祖宗官制舊典三卷趙隣幾史氏懋官志五卷趙𦗟宋官制正誤沿革職官記三卷何異中興百官題名五十卷龔頤正宋特命録一卷司馬光官制遺藁一卷徐自明宰輔編年録二十卷蔡幼學續百官公卿表二十卷又續百官表質疑十卷曾三異宋新舊官制通考十卷又宋新舊官制通釋二卷范仲宰輔拜罷録二十四卷徐均漢官考四卷董正工職官源流五卷金國明昌官制新格一卷（不知何人撰）楊王休

諸史闕疑三卷趙粹中史評五卷王應麟通鑑地理考一百卷又通鑑地理通釋十四卷又漢藝文志考證十卷又漢制考四卷

右職官類五十六部五百七十八卷（楊王休諸史闕疑以下不著録六部一百三十六卷）

劉向古列女傳九卷漢武內傳二卷（不知作者）郭憲洞冥記四卷班昭女戒一卷伶玄趙飛燕外傳一卷皇甫謐高士傳十卷袁宏正始名士傳二卷葛洪西京雜記六卷習鑿齒襄陽耆舊記五卷蕭韶大清紀十卷杜寶大業雜記十卷劉餗國史異纂三卷梁載言梁四公記一卷趙毅大業略記三卷顏師古大業拾遺一卷賈潤甫李密傳三卷李筌中台志十卷杜儒童隋季革命記五卷隋平陳記一卷魏徵隋靖列傳一卷徐浩廬陵王傳一卷劉仁軌河洛行年記十卷李恕已誠子拾遺四卷越國公行狀一卷（唐鍾紹京事迹）陳翃郭令公家傳十卷又忠武公將佐略一卷殷亮顏杲卿家傳一卷又顏真卿行狀一卷李邕狄梁公家傳一卷包諝河洛春秋二卷陳鴻東城父老傳一卷張鷟朝野僉載二十卷又僉載補遺三卷李匡文明皇幸蜀廣記圖二卷郭湜高力士外傳一卷姚汝能安

祿山事迹三卷三朝遺事一卷（載張說姚崇宋璟事不知作者）丼伯宗名醫傳七卷臨川名（一作賢）士賢（一作名）迹傳三卷李淑（一作澂）六賢傳一卷孫仲遺士傳一卷賢牧傳十五卷張茂樞張氏家傳三卷吳操蔣子文傳一卷王方慶魏玄成傳一卷郭元振傳一卷范質桒維翰傳三卷李翰張中丞外傳一卷溫畬（一作畲）天寶亂離記一卷劉諫（一作練）國朝傳記三卷賀楚奉天記一卷大和摧兇記一卷楊棲白南行記一卷王坤僖宗幸蜀記一卷牛朴登庸記一卷江文秉都洛私記十卷胡嶠陷遼記三卷元澄秦京內外雜記一卷蜀記一卷西

戎記二卷顏師古獬豸記一卷靜亂安邦記一卷雎陽得死集一卷（載張巡許遠事不知作者）沈既濟江淮記亂一卷李公佐建中河朔記六卷陳岠朝廷卓絕事記一卷谷況燕南記三卷鄭澥涼國公平蔡錄一卷李涪刊誤一卷陸贄玄宗編遺錄二卷韓昱壺關錄三卷林恩補國史五卷馬總唐年小錄六卷杜祐賓佐記一卷陳諫等彭城公事迹三卷王昌齡瑞應圖一卷路隋平淮西記一卷又邠志三卷李肇國史補三卷李潛用乙卯記一卷房千里投荒雜錄一卷李繁鄴侯家傳十卷李石開成承詔錄二卷李德裕異域歸忠

傳二卷又大和辨謗略三卷會昌伐叛記一卷高少逸四夷朝貢錄十卷李商隱李長吉小傳五卷蔡京王貴妃傳一卷李璋太原事蹟雜記十三卷張雲咸通庚寅解圍錄一卷鄭樵彭門紀亂三卷韓偓金鑾密記一卷朱朴日曆一卷李氏大聖列聖園陵記一卷（不知名）丘旭賓朋宴語一卷盧言雜說一卷于政立類林十卷李奕唐登科記一卷唐顯慶登科記五卷徐鍇登科記十五卷樂史登科記三十卷登科記一卷登科記二卷（起建隆至宣和四年）張觀二十二國祥異記三卷徐岱奉天記一卷徽宗宣和殿記一卷又嵩山崇

福記一卷太清樓特宴記一卷藥莊縱鶴宣和閣記一卷宴延福宮承平殿記一卷明堂記一卷艮嶽記一卷陳繹東西府記一卷沈立都水記二百卷又名山記一百卷章惇導洛通汴記一卷李清臣重修都城記一卷王革天泉河記一卷上黨記叛一卷宋巨（一作宗拒）明皇幸蜀錄一卷趙源一奉天錄四卷陸贄遺使錄一卷李繁北荒君長錄三卷陸希聲北戶雜錄三卷蘇特（一作時）唐代衣冠盛事錄一卷鄭言平剡錄一卷復交阯錄二卷哥舒翰幕府故吏錄一卷李巨川許國公勤王錄三卷乾明（一作寧）會稽錄一卷三楚

新録一卷英雄佐命録一卷世宗征淮録一卷濠州
干戈録一卷樂史孝悌録二十卷讃五卷曹希逵(一作
逢)孝感義聞録三卷張續建中西狩録一卷元宏錢
塘平越州録一卷潘氏家録一卷(潘美行狀告辭)胡訥孝行
録二卷又賢惠録二卷民表録三卷李陞登封誥成
録一百卷淩准邠志二卷鄭廷晦妖亂志三卷韋琯
國相事狀七卷雲南事狀一卷劉中州事迹一卷魏
玄成故事三卷趙寅趙君錫遺事一卷楊時開成紀
事二卷楊九齡桂堂編事二十卷范鎮東齋記事十
二卷李隱(一作隨)唐記奇事十卷史演咸寧王定難實

序一卷登科記解題二十卷樂史廣孝悌(一作新)書五
十卷危高孝子拾遺十卷紹興名臣正論一卷(題瀟湘樵
夫序)呂頤浩遺事一卷(頤浩出處大槩)呂頤浩逢辰記一卷(頤浩
歷官次序)朱勝非年表一卷(勝非孫昱上)朱勝非行狀一卷(劉岑
撰)奉神述一卷(真宗製)史浩會稽先賢祠傳贊二卷張
栻諸葛武侯傳一卷趙彥博昭明事實二卷呂文靖
公事狀一卷(不知作者)王巖叟韓忠獻公別録一卷韓忠
獻公家傳一卷(韓琦五世孫庚卿作)呂祖謙歐公本末四卷韓
莊敏公遺事一卷(韓宗武記)邵伯温邵氏辨誣三卷薛齊
誼六一居士年譜一卷胡剛中家傳一卷(男胡興宗撰)黃

璞閩中名士傳一卷岳珂籲天辨誣五卷李綱等張
忠文節誼録一卷陳曄种師道事迹一卷張琰种師
道祠堂碑一卷談氏家傳一卷(談鑰撰)王淹槐庭濟美
録十卷英顯張侯平寇録一卷(不知作者)洪适五代登科
記一卷周鑄史越王言行録十二卷劉氏傳忠録三
卷(劉學裘撰)陳瓘墓誌一卷(瓘自撰)了齋陳先生言行録一卷
(陳瓘男正同編)趙文定公遺事一卷(不知何人編)常諫議長洲政
事録一卷(常安民撰)朱文公行狀一卷(黃榦撰)李垕趙鼎行
狀三卷岳珂鄂國金佗粹編二十八卷呉柔勝宗澤
行實十卷李朴豐清敏遺事一卷劉岳李魏傳二卷

(張頡撰)劉球劉鄜王事實一十卷尹機宿州事實一卷
石茂良避羌夜話一卷又靖康録一卷中興禦侮録
一卷皇華録一卷南北歡盟録一卷裔夷謀夏録二
卷(並不知作者)張師顏金虜南遷録一卷張棣金亮講和
事迹一卷洪遵泉志十五卷張甲浸銅要録一卷姚
康唐登科記十五卷馬宇段公別集二卷張陟唐年
經略志十卷柳玭柳氏序訓一卷柳程柳氏家學一
卷李躍嵐齋集一卷段公路北戶雜録一卷鄭暐蜀
記三卷野史甘露新記二卷諱行録一卷大和野史
三卷逸史一卷拓跋記一卷文場盛事一卷楊妃外

傳一卷(並不知作者)蕭時和天祚永歸記一卷薛國存河
南記二卷李綽張尚書故實一卷劉昶嶺外録異三
卷王振汴水滔天録一卷王權汴州記一卷高若拙
後史補三卷黄彬莊宗召禍記一卷晉朝陷蕃記一
卷(不知作者)余知古渚宮舊事十卷張昭太康平吳録二
卷王仁裕入洛記一卷又南行記一卷崔氏登科記
一卷(不知作者)范質魏公家傳三卷趙普飛龍記一卷句
延慶成都理亂記八卷錢儼戊申英政録一卷閻自
若唐宋汎聞録一卷曹彬別傳一卷(曹彬之孫偃撰)陳承韞
南越記一卷蔣之奇廣州十賢贊一卷安德裕滕王

廣傳一卷王延德西州使程記一卷張緒續錦里耆
舊傳十卷沈立奉使二浙雜記一卷路政乘軺録一
卷李畋孔子弟子贊傳六十卷又乖崖語録一卷(載張
詠政績)張齊賢洛陽搢紳舊聞記五卷張逵蜀寇亂小
録一卷曾致堯廣中台記八十卷又緑珠傳一卷許
載吳唐拾遺録十卷樂史唐滕王外傳一卷又李白
外傳一卷洞僊集一卷許邁傳一卷楊貴妃遺事二
卷(題岷山叟上)李昉談録一卷(李宗諤撰)潘美事迹一卷平蜀
録一卷國朝名將行狀四卷議盟記一卷寇準遺事
一卷丁謂談録一卷郭贄傳畧一卷(並不知作者)任升梁

益記十卷錢惟演錢俶貢奉録一卷王旦遺事一卷
(王素撰)寇瑊奉使録一卷王皡唐餘録六十卷蔡元翰
唐制舉科目圖一卷劉渙西行記一卷王曾筆録一
卷富弼奉使語録二卷又奉使別録一卷王曙戴斗
奉使録一卷燕北會要録一卷厲庭雜記十四卷契
丹須知一卷陰山雜録十五卷契丹實録一卷學士
年表一卷韓琦遺事一卷孫沔遺事一卷(並不知作者)歐
陽脩歸田録八卷王起甘陵誅叛録一卷趙勰廣州
牧守記十卷又交阯事迹八卷曹叔卿儂智高一卷
滕甫征南録一卷馮炳皇祐平蠻記二卷劉敞使北

語録一卷宋景文公筆記五卷(契丹官儀及碧雲霞附)宋敏求
三川官下記二卷又諱行後録五卷入蕃録二卷春
明退朝録三卷韓正彥韓琦家傳十卷韓漳愛棠集
二卷趙寅韓琦事實一卷杜滋談録一卷(杜師秦等撰)李
復圭李氏家傳三卷朱定國歸田後録十卷陳昉北
庭須知二卷王通元經薛氏傳十五卷宋如愚劒南
須知十卷黄靖國再生傳一卷(廖子孟撰)曾鞏行述一卷
(曾肇撰)曾肇行述一卷(楊時撰)韓琦別録三卷(王嵓叟撰)章邦
傑章氏家傳德慶編一卷胡氏家傳録一卷(不知作者)河
南劉氏家傳二卷(劉唐老上)李遠青唐録一卷李格非永

洛城記一卷又洛陽名園記一卷趙君錫遺事一卷
趙演撰蘇轍儋耳手澤一卷潁濱遺老傳二卷蔡京黨
人記一卷吳栻雞林記二十卷王雲雞林志三十卷
韓文公歷官記一卷程俱撰羅誘羅綺一作宜春傳信録三
卷呂希哲呂氏家塾廣記一卷安燾行狀一卷蒙輯撰
馬永易壽春雜志一卷李季興東北諸蕃樞要二卷
何述溫陵張賢母傳一卷洪興祖韓子年譜一卷孔
傳闕里祖庭記三卷又東家雜記二卷趙令時侯鯖
録一卷王襄南陽先生傳二十卷鄭熊番禺雜記三
卷范太史遺事一卷范祖禹家傳八卷並范沖編韓琦定

策事一卷韓肖胄撰喻子材豐公逸事一卷劉安世譚録
一卷韓瓘撰种諤傳一卷趙起撰劉棐孝行録二卷汪若
海中山麟書一卷胡瑗言行録一卷關注撰胡理道護
録一卷劉安世言行録二卷范純仁言行録三卷使
高麗事纂二卷平燕録一卷三蘇言行五卷並不知作者
趙世卿安南邊說五卷洪适宋登科記二十一卷董
正工續家訓八卷洪邁皇族登科題名一卷俞觀能
孝悌類鑒七卷馮忠嘉海道記一卷淮西記一卷朱
熹五朝名臣言行録十卷又三朝名臣言行録十四
卷四朝名臣言行録十六卷四朝名臣言行續録十

卷並不知何人編呂祖謙閫範三卷黃樞廉吏傳十卷徐度
卻掃編三卷張景倫嵩嶽記三卷史愿北遼遺事二
卷張隱文士傳五卷郴州記一卷洪厓先生傳一卷
開運陷虜事迹一卷殊俗異聞集一卷契丹機宜通
要四卷契丹事迹一卷古今家誡二卷南嶽要録一
卷豪異秘録一卷燕北雜録一卷遼登科記一卷三
國史記五十卷並不知作者高得相海東三國通曆十二
卷金富軾奉使語録一卷董弅誕聖録三卷王安石
舒王日録十二卷倪思北征録七卷張舜民郴行録
一卷闞耆孫建隆垂統畧一卷張浚建炎復辟平江

實録一卷龔頤正清江三孔先生列傳譜述一卷邵
伯溫邵氏聞見録一卷陸游老學菴筆記一卷陳師
道後山居士叢談一卷僧祖秀游洛陽宮記一卷李
綱近世厚德録一卷安丙靖蜀編四卷張九成無垢
心傳録十二卷黎良能讀書日録五卷賀成大瀟湘
師友録三十三卷汪藻裔夷謀夏録三卷又青唐録
三卷晁公武稽古後録三十五卷又昭德堂藁六十
卷讀書志二十卷嵩高樵唱二卷范成大吳門志五
十卷又攬轡録一卷驂鸞録一卷虞衡志一卷吳船
志一卷洪邁贅藁三十八卷又詞科進卷六卷蘇黃

押韻三十二卷張綱見聞録五卷吳芾湖山遺老傳
一卷李燾陶潛新傳三卷又趙普別傳一卷
右傳記類四百一部一千九百六十四卷（張九成無垢心傳録以下不著録二十一部三百十二卷）

志卷第一百五十六

志卷第一百五十七　宋史二百四

開府儀同三司上柱國録軍國重事前中書右丞相監修國史領經筵事都總裁脫脫等奉
勑修

藝文三

衛宏漢舊儀三卷應劭漢官儀一卷蔡質漢官典儀
一卷漢制拾遺一卷（不知何人編）蕭嵩唐開元禮一百五
十卷（一云王立等作）又開元禮儀鏡五卷韋彤開元禮儀釋
二十卷開元禮儀鏡略十卷開元禮百問二卷開元
禮教林一卷開元禮類釋十二卷（並不知作者）顏真卿歷
古創置儀五卷柳珵唐禮纂要六卷韋公肅禮閣新

儀三十卷王彥威（一本作崔靈恩）續曲臺禮三十卷王涇大
唐郊祀録十卷李隨吉凶五服儀一卷紅亭絕吉儀
一卷（獨孤儀及陸贄撰）孟詵家祭禮一卷徐閏家祭儀一卷
鄭正則祠享儀一卷又家祭儀一卷賈頊家薦儀一
卷范傳式寢堂時饗儀一卷孫日用仲享儀一卷袁
郊服飾變古元録三卷裴茝書儀三卷劉岳吉凶書
儀二卷陳致雍曲臺奏議集又州縣祭祀儀五禮儀
鏡六卷寢祀儀一卷朱熹二十家古今祭禮二卷政
和五禮新儀二百四十卷（鄭居中白時中慕容彥達強淵明等撰）杜衍
四時祭享儀一卷劉温叟開寶通禮二百卷盧多遜

開寳通禮儀纂一百卷賈昌朝太常新禮四十卷祕
情子新禮一卷不知名 大中祥符封禪記五十卷丁謂李宗
諤等撰 大中祥符祀汾陰記五十卷丁謂等撰 張知白御史
臺儀制六卷宋綬天聖鹵簿記十卷文彥博高若訥
大饗明堂記二十卷文彥博大饗明堂記要二卷歐
陽脩太常因革禮一百卷韓琦參用古今家祭式無卷
許洞訓俗書一卷王安石南郊式一百十卷李德芻
聖朝徽名録十卷國朝祀典一卷不知作者 陳襄郊廟奉
祀禮文三十卷諸州釋奠文宣王儀注一卷元豐間重修
司馬光書儀八卷又涑水祭儀一卷居家雜儀一卷

范祖禹祭儀一卷幸太學儀一卷元祐六年儀 納后儀一
卷元祐七年儀 呂大防大臨家祭儀一卷橫渠張氏祭儀
一卷張載撰 釋奠祭器圖及諸州軍釋奠儀注一卷崇寧
中頒行 藍田呂氏祭說一卷呂大均撰 伊川程氏祭儀一卷
程頤撰 宣和重脩鹵簿圖記三十五卷蔡攸等撰 李攸皇宋
大典三卷夏休辨太常禮官儀定章九冕服一卷紹
興太常初定儀注三卷范寅賓五祀新儀撮要十五
卷鄭樵鄉飲禮三卷又鄉飲禮圖三卷史定之鄉飲
酒儀一卷中興禮書二卷淳熙中禮部太常寺編 歷代明堂事
迹一卷儀物志三卷祀祭儀式一卷太常圖一卷並不

知作者 葉克刊南劒州鄉飲酒儀一卷汪檝鄉飲規約一
卷淳熙編類祭祀儀式一卷齊慶胄所撰 張維釋奠通祀
圖一卷李塈公侯守宰士庶通禮三十卷趙師羿熙
朝盛典詩二卷趙希蒼趙氏祭録二卷朱熹釋奠儀
式一卷又四家禮範五卷家禮一卷李宗思禮範一
卷韓挺服制一卷張叔椿五禮新儀十五卷高閌送
終禮一卷陳孔碩釋奠儀禮考正一卷周端朝冠婚
喪祭禮二卷司馬氏程氏呂氏禮集 管銳晉聞録一卷吳仁傑
廟制罪言二卷又郊祀贊說二卷潘徽江都集禮一
百四卷本百二十卷今殘闕 和峴祕閣集二十卷王皥禮閣新編六十三卷黃廉大禮式二十卷何洵直蔡確禮文三十

卷唐吉凶禮儀禮圖三卷龐元英五禮新編五十卷
大觀禮書賓軍等四禮五百五卷看詳十二卷大觀
新編禮書吉禮二百三十二卷看詳十七卷歐陽脩
太常禮院祀儀二十四卷和峴禮神志十卷孫奭大
宋崇祀録二十卷賈昌朝慶曆祀儀六十三卷朱梁
南郊儀注一卷吳南郊圖記一卷王涇淨一作 祠儀一
卷陳繹南郊附式條貫一卷向宗儒南郊式十卷陳
暘北郊祀典三十卷蔣猷夏祭敕令格式一部卷亡 宋
郊明堂通儀二卷明堂祫饗大禮令式三百九十三
卷元豐間 明堂大饗視朔頒朔布政儀範敕令格式一

部宣和初卷亡王欽若天書儀制五卷又鹵簿記三卷馮宗道景靈宮供奉敕令格式六十卷景靈宮四孟朝獻二卷諸陵薦獻禮文儀令格式并例一百五十一冊紹聖間卷亡張諤熙寧新定祈賽式二卷張傑春秋車服圖五卷劉孝孫一儀實録衣服名義二卷祭服制度十六卷祭服圖三冊卷亡五服志三卷裴茝五服儀二卷劉筠五服年月年月一作用敕一卷喪服加減一卷李至王辭録三卷朝會儀注一卷元豐間大禮前天興殿儀二卷元豐間葉均徽號冊寶儀注一卷宋綬內東門儀制五卷李淑閤門儀制十二卷又王后儀範三卷梁顥閤門儀制十二卷又并目録十四卷閤門集例并目録大臣特恩三十卷閤門儀制四卷閤門令四卷蜀坤儀令一卷皇后冊禮儀範八冊大觀間卷亡帝系后妃吉禮并目録一百一十卷重和元年王巖叟中宮儀範一部卷亡王與之祭鼎儀範六卷高中六尚供奉式二百冊卷亡王叡雜録五卷營造法式二百五十冊元祐間卷亡張直方打毬儀一卷李詠打毬儀注一卷高麗入貢儀式條令三十卷元豐間高麗女真排辨式一卷元豐間諸蕃進貢令式十六卷董氈鬼章一閩婆一占城一層檀一大食一一勿巡一注輦一羅龍方張石蕃一于闐拂菻一交州一龜茲回鶻一伊州西州沙州一三佛齊一丹眉流一大食陀婆離一人俞盧和地一陀婆離一俞盧和地一王晉使範一卷李商隱使範一卷家範十卷盧僎家範一卷司馬光家範四卷孟詵家祭儀一卷周元陽祭録一卷賈氏葬王播儀一卷鄭洵瑜書儀一卷杜有晉書儀二卷鄭餘慶書儀三卷

右儀注類一百七十一部三千四百三十八卷

律十二卷律疏三十卷唐長孫無忌等撰唐式二十卷李林甫開元新格十卷又令三十卷唐律令事類四十卷度支長行旨五卷大和格後敕四十卷元泳式苑四卷宋璟旁通開元格一卷蕭旻開元禮律格令要訣一卷裴光庭開元格令科要一卷狄兼謩開成刑法格十卷開成

詳定格十卷張戣大中統類十二卷大中刑法總要六十卷大中已後雜敕三卷大中後雜敕十二卷梁令三十卷梁式二十卷梁格十卷天成長定格一卷天成雜敕三卷天福編敕三十一卷張昭顯德刑統二十卷姜虔嗣江南刑律統類十卷江南格令條八十卷蜀雜制敕三卷盧紓刑法要録十卷黃克昇五刑纂要録三卷刑法纂要十二卷斷獄立成三卷黃懋刑法要例八卷張員法鑑八卷田晉章程體要二卷王行先一作仙令律手鑑二卷張履冰法例六贓圖二卷張伾判格三卷盛度沿革制置敕三卷王皡續疑獄集四卷趙綽律鑑一卷法要一卷

外臺秘要一卷百司考選格敕五卷憲問十卷建隆編敕
四卷開寶長定格三卷太平興國編敕十五卷蘇易簡淳
化編敕三十卷柴成務咸平編敕十二卷丁謂田農勑五
卷陳彭年大中祥符編敕四十卷又轉運司編敕三十卷
韓琦端拱以來宣敕劄子六十卷又嘉祐編敕十八卷總
例一卷晁迥禮部考試進士敕一卷呂夷簡一司一務敕
三十卷賈昌朝慶曆編敕十二卷總例一卷貢舉條制十
二卷（至和二年）吳奎嘉祐錄令十卷又驛令三卷審官院編敕
十五卷王珪在京諸司庫務條式一百三十卷銓曹格敕
十四卷孫奭律音義一卷王誨群牧司編十二卷張稚圭

大宗正司條六卷王安禮重修開封府熙寧編十卷
沈立新修審官西院條貫十卷又總例一卷支賜式
十二卷支賜式二卷官馬俸馬草料等式九卷熙寧
新編大宗正司敕八卷陳繹熙編三司式四百卷又
隨酒式一卷馬遞鋪特支式二卷熙寧新定諸軍直
祿令二卷曾肇將作監式五卷蒲宗孟八路敕一卷
李承之禮房條例并目錄十九冊（卷亡）章惇熙寧新定
孝贈式十五卷又熙寧新定節式二卷熙寧新定時
服式六卷熙寧新定皇親祿令十卷司農寺敕一卷
式一卷熙寧將官敕一卷吳充熙寧詳定軍馬敕五

卷沈括熙寧詳定諸色人厨料式一卷熙寧
新修凡女道士給賜式一卷諸敕式二十四
卷諸敕令格式十二卷又諸敕格式三十卷
張叙熙寧葬式五十五卷范鏜熙寧詳定尚書
刑部敕一卷張誠一熙寧五路義勇保甲敕五
卷總例一卷又學士院等處敕式交并看詳二
十卷御書院敕式令二卷許將熙寧開封府界
保甲敕二卷申明一卷沈希顔元豐新定在京
人從敕式三等（卷亡）李定元豐新修國子監大學
小學元新格十卷又令十三卷賈昌朝慶曆編

敕律學武學敕式共二卷武學敕令格式一卷（元豐間）
明堂赦條一卷（元豐間）曾伉新修尚書吏部式三卷蔡
碩元豐將官敕十二卷貢舉醫局龍圖天章寶文閣
等敕令儀式及看詳四百一十卷（元豐間）宗室及外臣
葬敕令式九十二卷（元豐間）皇親祿令并釐修敕式三
百四十卷吳雍都提舉市易司敕令并釐正看詳
二十一卷公式二卷（元豐間）水部條十九卷（元豐間）朱服
國子監支費令式一卷元絳讞獄集十三卷崔台符
元豐編敕令格式并赦書德音申明八十一卷吏部
四選敕令格式一部（元祐初卷亡）元豐戶部敕令格式一

部元祐初卷亡六曹條貫及看詳三千六百九十四冊元祐
間卷亡元祐諸司市務敕令格式二百六冊卷亡六曹敕
令格式一千卷元祐初紹聖續修武學敕令格式看詳
并淨條十八冊建中靖國初卷亡樞密院條二十冊看詳三
十冊元祐間卷亡紹聖續修律學敕令格式看詳并淨條
十二冊建中靖國初卷亡諸路州縣敕令格式并一時指揮
十三冊卷亡六曹格子十冊卷亡中書省官制事目格一
百二十卷尚書省官制事目格參照卷六十七冊卷亡
門下省官制事目格并參照卷舊文淨條釐析總目
目錄七十二冊卷亡徽宗崇寧國子監算學敕令格式

并對修看詳一部卷亡崇寧國子監畫學敕令格式一
部卷亡沈錫崇寧改修法度十卷諸路州縣學法一部
大觀初卷亡大觀新修內東門司應奉禁中請給敕令格
式一部卷亡國子大學辟廱并小學敕令格式申明一
時指揮目錄看詳一百六十八冊卷亡鄭居中政和新
修學法一百三十卷李圖南宗子大小學敕令格式
十五冊卷亡何執中政和重修敕令格式五百四十八
冊卷亡政和祿令格等三百二十一冊卷亡宗祀大禮敕
令格式一部政和間卷亡張動直達綱運法并看詳一百
三十一冊卷亡王韶政和敕令式九百三卷白時中政

和新修御試貢士敕令格式一百五十九卷孟昌齡
政和重修國子監律學敕令格式一百卷接送高麗
敕令格式一部宣和初卷亡奉使高麗敕令格式一部宣和
初卷亡明堂敕令格式一千二百六冊宣和初卷亡兩浙福
建路敕令格式一部宣和初卷亡薛昂神霄宮使司法令
一部卷亡劉次莊青囊本旨論一卷王晉使範一卷和
凝疑獄集三卷竇儀重詳定刑統三十卷盧多遜長
定格三卷呂夷簡天聖編敕十二卷天聖令文三十
卷呂夷簡夏竦等撰八行八刑條一卷大觀元年御製崇寧學制一卷
徽宗學校新法附令敕十八卷慶曆中編不知作者五服敕一卷劉筠宋綬

等撰張方平嘉祐驛令三卷又嘉祐祿令十卷王安石
熙寧詳定編敕等二十五卷新編續降并敘法條貫
一卷編治平熙寧詔旨并官吏犯罪敘法條貫等事曾布熙寧新編常平敕
二卷審官東院編敕二卷熙寧七年編張大中編修入國
條貫二卷又奉朝要錄二卷范鏜熙寧貢舉敕二卷
八路差官敕一卷編熙寧總條審官東院條流內銓條熙寧法寺斷例
十二卷熙寧歷任儀式一卷不知作者蔡確元豐司農敕
令式十七卷李承之江湖淮浙鹽敕令賞格六卷曾
伉元豐新修吏部敕令式十五卷崔台符元豐敕令
式七十二卷呂惠卿新史吏部式二卷又縣法十卷

程龜年五服相犯法纂三卷孫奭律令釋文一卷續
附敕令一卷慶曆中編不知作者三司條約一卷慶曆中纂集陸佃
國子監敕令格式十九卷曾旼刑名斷例三卷章惇
元符敕令格式一百三十四卷鄭居中學制書一百
三十卷蔡京政和續編諸路州縣學敕令格式十八
卷白時中政和新修貢士敕令格式五十一卷李元
弼作邑自箴一卷張守紹興重修敕令格式一百二
十五卷紹興重修六曹寺監庫務通用敕令■格
式五十四卷秦檜等撰紹興重修吏部敕令格式并通用
格式一百二卷朱勝非等撰紹興重修常平免役敕令格

式五十四卷秦檜等撰紹興重修貢舉敕令格式申明二
十四卷紹興中進紹興參附尚書吏部敕令格式七十卷
陳康伯等撰紹興重修在京通用敕令格式申明五十六
卷紹興中進大觀告格一卷鄭克折獄龜鑑三卷乾道重
修敕令格式一百二十卷虞允文等撰淳熙重修吏部左
選敕令格式申明三百卷龔茂良等撰諸軍班直祿令一
卷鄭至道諭俗編一卷趙緒金科易覽一卷劉高夫
金科玉律總括詩三卷金科玉律一卷金科類要一
卷刑統賦解卷並不知作者韓琦嘉祐詳定編敕三十卷
王日休養賢錄三十二卷淳熙重修敕令格式及隨

敕申明二百四十八卷淳熙吏部條法總類四十卷
淳熙二年敕令所編慶元重修敕令格式及隨敕申明二百五
十六卷慶元三年詔重修慶元條法事類八十卷嘉泰元年敕令所編
開禧重修吏部七司敕令格式申明三百二十三卷
開禧元年上嘉定編修百司吏職補授法一百三十三卷
嘉定六年上嘉定編修吏部條法總類五十卷嘉定中詔修趙
仝疑獄集三卷九族五服圖制一卷不知何人編大宗正
司敕令格式申明及目錄八十一卷紹興重修編類諸路
茶鹽敕令格式目錄一卷
右刑法類二百二十一部七千九百五十五卷

吳兢西齋書目錄一卷毋煚古今書錄四十卷李肇
經史釋文題三卷朱遵度群書麗藻目錄五十卷隆
安西庫書目二卷不知作者唐秘閣四部書目四卷唐四
庫搜訪圖書目一卷梁天下郡縣目一卷後唐統類
目一卷杜鎬龍圖閣書目七卷又十九代史目二卷
太清樓書目四卷玉宸殿書目四卷韋述集賢書目
一卷學士院雜撰目一卷歐陽伸一作坤經書目錄十
一卷楊九齡經史書目七卷楊松珍歷代史目十五
卷宗諫注十三代史目十卷商仲茂十三代史目一
卷河南東齋一作齊史書目三卷曾氏史鑑三卷孫玉

汝唐列聖實錄目二十五卷唐書敘例目錄一卷沈建樂府詩目錄一卷蔣彧書目一卷劉德崇家藏龜鑑目十卷田鎬尹植文樞密要目七卷劉沆書目二卷禁書目錄一卷學士院司天監同定王堯臣歐陽脩崇文總目六十六卷沈氏萬卷堂目錄二卷歐陽脩集古錄五卷李淑邯鄲書目十卷吳秘家藏書目二卷祕閣書目一卷史館書新定書目錄四卷不知作者李德芻邯鄲再集書目三十卷崔君授京兆尹金石錄十卷國子監書目一卷荊州田氏書總目三卷田鎬編劉涇成都府古石刻總目一卷趙明誠金石錄三十卷又諸

道石刻目錄十卷徐士龍求書補闕一卷董逌廣川藏書志二十六卷鄭樵求書闕記七卷又求書外記十卷集古今系時錄一卷圖譜有無記二卷群玉會記三十六卷陳貽範穎川慶善樓家藏書目二卷遂安堂書目二卷尤袤集徐州江氏書目二卷呂氏書目二卷三川古刻總目一卷鄱陽吳氏籯金堂書目三卷孫氏群書目錄二卷紫雲樓書目一卷川中書籍目錄二卷祕書省書目二卷陳騤中興館閣書目七十卷序例一卷石延慶馮至游校勘群書備檢三卷晁公武讀書志四卷張攀中興館閣續書目三十卷

諸州書目一卷滕強恕東湖書志一卷

右目錄類六十八部六百七卷

何承天姓苑十卷林寶姓苑三卷又姓史四卷元和姓纂十卷五姓證事二十卷竇從則系纂七卷陳湘姓林五卷李利涉姓氏秘畧三卷又編古命氏三卷五聲類氏族五卷孔平姓系氏族一卷姓略六卷崔日用姓苑略一卷魏子野名字族十卷同姓名譜六卷尚書血脉一卷春秋氏族譜一卷春秋宗族諡譜一卷帝王歷記譜二卷帝系圖一卷李匡文天潢源派譜說一作統一卷又唐皇室維城錄一卷又李氏房

從譜一卷李茂嵩一作高唐宗系譜一卷唐書總記帝系三卷宋玉牒三十三卷仁宗玉牒四卷英宗玉牒四卷李衢皇室維城錄一卷宋敏求韻類次宗室譜五十卷司馬光宗室世表三卷臣寮家譜一卷黃恭之孔子系葉傳三卷文宣王四十二一作三代家狀一卷闕里譜系一卷趙異世趙氏大宗血脉譜一卷趙氏龜鑑血脉圖錄記一卷令狐峘陸氏宗系碣一卷陸師儒陸氏英賢記三卷蔣王惲家譜一卷王方慶王氏譜一卷唐汭家譜一卷劉復禮劉氏大宗血脉譜一卷劉與家卷王僧孺徐義倫家譜一卷李用休

家譜二卷徐商徐詵家譜四卷周長球家譜一卷費氏家譜一卷錢氏集録三卷陸景獻吳郡陸氏宗系譜一卷毛漸毛氏世譜一部(卷亡)曾肇曾氏譜圖一卷洪興祖韓愈年譜一部(卷亡)周文汝南周氏家譜一卷崔班歐陽家譜一卷梁元帝古今同姓名録二卷竇澄之扶風竇氏血脉家譜一卷李林甫唐室新譜一卷又天下郡望姓氏族譜一卷唐相譜一卷(不知作者)孔至姓名古今雜録一卷陶美鱗陶氏家譜一卷李匡文元和縣主昭穆譜一卷又皇孫郡王譜一卷玉牒行樓一卷偕日譜一卷邢曉帝王血脉小史記五卷

又帝王血脉圖(小史)後記五卷韋述百家類例三卷韋述蕭穎士宰相甲族一卷裴楊休百氏譜五卷曹大宗姓源韻譜一卷杜信京兆杜氏家譜一卷劉沆劉氏家譜(一卷唐類氏家)譜一卷韓吏部譜録二卷李(氏郇王家譜一)卷(並不知作者)唐郇唐氏譜略一卷楊偘家譜一卷宋仙源積慶圖一卷(起僖宗迄哲宗)宗室齒(序圖一卷天源類譜一卷祖宗)屬籍譜一卷向敏中家譜一卷(向緘撰)邵思姓解三卷錢惟演錢氏慶系譜二卷王回清河崔氏譜一卷孫秘尊祖論世録一卷蘇洵蘇氏族譜一卷錢明逸熙寧姓纂六卷魏予野古今通系圖一卷李復南陽李英公

家譜一卷成鐸文宣王家譜一卷吳逵帝王系家譜一卷黄邦俊群史姓纂韻六卷顔嶼兖國公正枝譜一卷採真子千姓編一卷符彥卿家譜一卷(符承宗撰)建陽陳氏家譜一卷萬氏譜一卷趙群東祖李氏家譜二卷鮮于氏血脉圖一卷長樂林氏家譜一卷(並不知作)者丁維皐百族譜三卷鄧名世古今姓氏書辨證四十卷李燾晉(司馬氏本支一卷又齊梁本支一卷)徐筠姓氏源流考七十八卷李氏歷代諸史總括姓氏録一卷

右譜牒類一百十部四百三十七卷

桑欽水經四十卷(酈道元注)城塚記一卷(按序魏文帝三年劉裕得此記)

葛洪關中記一卷雷次宗豫章古今記三卷沈懷遠南越志五卷梁元帝貢職圖一卷楊衒之洛陽伽藍記三卷煬帝開河記一卷(不知作者)魏王泰坤元録十卷沙門辨機大唐西域記十二卷梁載言十道四蕃志十五卷韋述兩京新記五卷達奚弘通西南海蕃行記一卷馬溫之鄴都故事二卷李吉甫元和郡國圖志四十卷元結九疑山圖記一卷賈耽皇華四達十卷又貞元十道録四卷国要圖一卷方志圖二卷三代地理志六卷地理論六卷劉之推文括九土(一作州)要略三卷樂史坐知天下記四十卷王曾九域圖三卷王洙皇祐方域圖記三十卷要覽一卷韓郁十道四蕃

引一卷趙珣開元分野圖一卷又十道記一卷十八路圖一卷圖副二十卷熙寧間天下州府軍監縣鎮圖李德芻元豐郡縣志三十卷圖三卷沈括天下郡縣圖一部亡卷陳坤臣郡國人物志一百五十卷歐陽忞巨鼇記五卷孫結唐國鑑圖一卷曹璠國照十卷又元和國計圖十卷韋澳諸道山河地名要略九卷一名纂分語一名新集地理書陳延禧隋朝洛都記一卷又蜀北路秦程記一卷北征雜記一卷姜嶼明越風物志七卷元廣之金陵地記六卷劉公鉉鄴城新記三卷李璋太原事迹十四卷盧求襄陽故事十卷湘中記一卷余知古渚宮

故事十卷張周封華陽風俗錄一卷韓昱江州事迹三卷張宗注韋宙一作寅零陵錄一卷楊備恩蜀都故事二卷許嵩六朝宮苑記二卷邢昺景德朝陵地理記三十卷韋齊一作濟沐雲南行記二卷馬敬寔諸道行程血脉圖一卷陳隱之續南荒錄一卷韋皋一作臯西南夷事狀二十卷西戎記二卷張建章渤海國記三卷顧愔新羅國記一卷達奚洪一作通海外三十六國記一卷雲南風俗錄十卷辛怡顯至道雲南錄三卷李德裕黠戛斯朝貢圖一卷崔峽列國入貢圖二十卷郭璞山海經讚二卷元結諸山記一卷岳瀆福地

圖一卷盧鴻嵩嶽記一卷華山記一卷衡山記一卷峨眉山記二卷僧法琳廬山記一卷陸鴻漸顧渚山記一卷令狐見堯玉笥山記一卷沈立蜀江志十卷宣和編類河防書一百九十二卷東方朔十洲記一卷張華異物評二卷劉恂嶺表錄異三卷嶺表異物志一卷孟琯嶺南異物志一卷南海異事五卷鄭虔天寶軍防錄一卷林特會稽錄三十卷盛度庸調租賦三卷陳傳歐冶拾遺一卷毛漸地理五龍祕法一部亡卷林諝閩中記十卷盧肇海潮賦一卷僧應物九華山記二卷又九華山舊錄一卷盧求成都記五卷樊

綽雲南志十卷又南蠻記十卷李居一王屋山記一卷徐雲虔南詔錄三卷韋莊蜀程記一卷又峽程記一卷莫休符桂林風土記一卷章僚海使程廣記三卷張建章戴斗諸蕃記一卷曹璠須知國鏡二卷王權大梁夷門記一卷吳從政襄沔雜記三卷竇滂雲南別錄一卷陸廣微吳地記一卷曹大宗郡國志二卷韋瑾域中郡國山川圖經一卷唐夷狄貢一卷兩京道里記三卷不知作者張脩九江新舊錄三卷張氏燕吳行役記二卷不知作者羅含湘中山水記三卷平居誨于闐國行程錄一卷胡嶠陷虜記一卷王德璉鄱陽

縣記一卷徐鍇方輿記一百三十卷范子長皇州郡縣志一百卷司馬儼峽山覆平集一卷潘子韶峽江利涉集一卷杜光庭續成都記一卷范旻邕管雜記三卷李昉歷代宮殿名一卷樂史太平寰宇記二百卷魏羽吳會雜錄一卷張參江左記三卷陶岳零陵總記十五卷李宗諤圖經九十八卷又圖經七十七卷越州圖經九卷陽明洞天圖經十五卷李垂導河形勝書一卷王曾契丹志一卷楊備恩平郡譜一卷劉夔武夷山記一卷程世程重脩閩中記十卷鄭之美羅浮山記一卷周衡湘中新記七卷陳倩茅山記一

卷僧文政南嶽尋勝錄一卷李上交豫章西山記二卷廣西郡邑圖志一卷（張維序）王靖廣東會要四卷張田廣西會要二卷劉昌詩六峯志十卷薛常州地理叢考一卷李和虎輿地要覽二十三卷重脩徐州圖經三卷（嘉定中撰）離峯志十卷鴈山行記一卷（不知何人編）王日休九丘總要三百四十卷余嚞聖域記二十五卷程大昌雍錄十卷錢景衎南嶽勝槩一卷曾洵句曲山記七卷周淙臨安志十五卷談鑰吳興志二十卷潘廷立富川圖志六卷韓挺儀真志七卷劉浩然合肥志十卷李說黃州圖經五卷董宗說盱江志十卷

姜得平又續志十卷袁震臨江軍圖經七卷李伸重修臨江志七卷雷孝友瑞州郡縣志十九卷田渭辰州風土記六卷袁觀潼川府圖經十一卷張津四明圖經十二卷史正志建康志十卷江文叔桂林志一卷蔡戡靜江府圖志十二卷熊克鎮江志十卷葛元隲武陽志十卷宋宜之無為志三卷胡兆秋浦志八卷羅願新安志十卷汪師孟黃山圖經一卷范成大桂海虞衡志三卷韋楫昭潭志二卷晁百揆尋陽志十二卷吳芸沅州圖經四卷安南土貢風俗一卷（趙遁中安南入貢客省承詔具其風俗及貢物名數）程九萬歷陽志十卷蘇思恭

曲江志十二卷毛憲信安志十六卷臨賀郡志一卷（不知作者）蕭玠晉康志七卷周端朝桂陽志五卷劉子登武陵圖經十四卷鄭昉都梁志二卷赤城志四十卷（陳耆卿序）陸游會稽志二十卷王中行潮州記一卷莆陽人物志三卷（鄭僑序）王震閬苑記三十卷冉木潛藩武泰志十四卷趙朴成都古今集記三十卷張朏齊記一卷南北對鏡圖一卷混一圖一卷西南蠻夷朝貢圖一卷巨鰲記六卷交廣圖一卷平江府五縣正圖經二卷（並不知作者）李華湟川開峽志五卷宋敏求長安志一十卷又東京記二卷河南志二十卷陳舜俞廬

山記二卷謝顒素海潮圖論一卷王瓘北道刊誤志十五卷林須霍山記一卷檀林甌治拾遺一卷又大理國行程一卷陳冠熙河六州圖記一卷王向溯龍門記三卷王存九域志十卷孟猷上饒志十卷滕宗諒九華山新録一卷朱長文吳郡圖經續記三卷王正論古今洛城事類二卷王得臣江夏辨疑一卷譚掞邕管溪洞雜記一卷李洪鎮洮補遺一卷李獻父隆慶洞天録一卷林嵘永陽志三十五卷曾旼永陽郡縣圖志四卷劉拯濠上摭遺一卷蘇氏夏國樞要二卷左文質吳興統記十卷孫穆雞林類事三卷馬子嚴岳

陽志二卷程縯職方機要四十卷范致明岳陽風土記一卷又池陽記一卷歐陽忞輿地廣記三十八卷虞剛簡永康軍圖志二十卷錢紳同安志十卷徐兢宣和奉使高麗圖四十卷吳致堯九疑考古二卷洪芻豫章職方乘三卷董弅嚴州圖經八卷厲居正齊安志二十卷洪遵東陽志十卷許靖夫齊安拾遺一卷環中汴都名實志三卷陳哲夫李渠志一卷續脩宜春志十卷唐稷清源人物志十三卷李盛章貢志十二卷曾肖括蒼志十卷陳柏朋括蒼續志一卷趙彥勵莆陽志十五卷陸琰莆陽志七卷李獻父相臺

志十二卷江行圖志一卷沈該訂正同安後志十卷大禹治水玄奧録一卷三輔黃圖一卷高麗日本傳一卷南劍州圖經一卷地里圖一卷指掌圖二卷南海録一卷福建地理圖一卷泉南録二卷吳興雜録七卷南朝宮苑記一卷廬山事迹三卷並不知作者李常續廬山記一卷東京至益州地里圖卷占四明山記一卷地里圖一卷南岳衡山記一卷考城圖經一卷常州風土記一卷清溪山記一卷水山記一卷茅山新記一卷青城山記一卷契丹國土記契丹疆宇圖二卷契丹地里圖一卷並不知作者李幼傑莆陽比事七卷何友諒武陽志二十七卷陳謙永寧編十五

卷黃以寧惠陽志十卷劉牧建安志二十四卷又建安續志類編二卷鄒孟卿寧武志十五卷李皐汀州志八卷林英發景陵志十四卷楊彥為保昌志八卷傅巖郎城志十二卷楊泰之普州志三十卷孫祖義高郵志三卷宇文紹奕臨邛志二十卷又補遺十卷林䟽姑孰志五卷王招撫湖圖志九卷楊槱臨漳志十卷方杰清漳新志十卷章頴文州古今記十二卷杜孝嚴文州續記四卷孫楙春陵圖志十卷張貴謨臨汝圖志十五卷徐自明零陵志十卷又浮光圖志三卷梁克家長樂志四十卷張埏零陵志十卷陸峻

丁光遠蘄春志十卷叚子游均州圖經五卷李常之
邵陽圖志三卷黃沃邵陽紀舊一卷鞏嶸邵陵類考
二卷孫顯祖靖州圖經四卷黃曄龜山志三卷李震
彭門古今集志二十卷蔡時續同安志一卷程叔達
隆興續職方乘十卷項預吳陵志十四卷朱端章南
康記八卷又廬山拾遺二十卷練文廬州志十卷吳
機吉州記三十四卷錢之望吳華楚州圖經二卷劉
宗襄陽志四十卷劉清之衡州圖經三卷趙甲隆山
志三十六卷鄒補之毗陵志十二卷王銖荊門志十
卷張孝曾富水志十卷王棨重修荊門志十卷徐得
之郴江記八卷史本古沔志一卷周夢祥贛州圖經
卷亡閻蒼舒興元志二十卷許開南安志二十卷孫昭
先淮南通川志十卷佘元一清湘志六卷鄭少魏廣
陵志十二卷楮孝錫長沙志十一卷鄭紳桂陽圖志
六卷黃曄若龍城圖志十卷胡至重修龍城圖志十
卷陳宇秀州圖經三卷虞太中臨封志三卷曹叔達
永嘉志二十四卷周澂永嘉志七卷鄭應申江陰志
十卷梁希夷新昌志一卷馬景脩通川志十五卷黃
環夷陵志六卷馬導夔州志十三卷四明風俗賦一
卷不知何人撰丁介武陵郡離合記六卷史定之番陽志

三十卷楊潛雲間志三卷徐鈞脩水志十卷張元成
嘉禾志四卷鄧樞鶴山叢志十卷王寬夫古涪志十
七卷李棣浮光圖志二十卷林仁伯右歸志十卷趙興清歷陽志補遺十卷王
知新合淝志十卷霍箎澧陽圖志八卷劉俣陵水圖
志三卷胡槻普寧志三卷王寅孫沈黎志二十三卷
趙汝廈程江志五卷又瓊管圖經十六卷劉灝清源
志七卷沈作賓趙不迹會稽志二十卷邵笥括蒼慶
元志一卷趙善贛通義志三十五卷張士佺西和州
志十九卷李脩已同谷志十七卷李𨨏續同谷志十
卷義太初高涼圖志七卷趙師交潮州圖經二卷鄭
郇洋州古今志十六卷張韙甘泉志十五卷陳峴南
海志十三卷趙伯謙韶州新圖經十二卷俞聞中敘
州圖經三十卷黎伯巽靜南志十二卷任逢墊江志
三十卷劉德禮夔州圖經四卷馬紆續廬山記四卷
江州圖經一卷宕渠志二卷吉陽軍圖經一卷忠州
圖經一卷滁州圖經三卷衢州圖經一卷沅州圖經
四卷復州圖經三卷果州圖經五卷思州圖經一卷
南平軍圖經一卷太寧監圖經六卷並不知作者
右地理類四百七部五千一百九十六卷
越絶書十五卷或云子貢所作趙曄吳越春秋十卷司馬彪

九州春秋九卷常璩華陽國志十二卷和苞漢趙記一卷范亨燕書二十卷蕭方三十國春秋三十卷三十國春秋鈔一卷不知作者吳信都鎬𣲗上英雄小錄二卷吳錄二十卷徐鉉高遠喬舜潘祐等撰南唐書十五卷不知作者王顔南唐烈祖開基志十卷林仁志王氏紹運圖三卷毛文錫前閩中實錄十卷李昊蜀書二十卷蔣文懌蜀王氏記事二卷吳越備史十五卷吳越錢儼託名范坰林禹撰錢儼備史遺事五卷王保衡晉陽見聞要錄一卷董淳後蜀孟氏記事三卷徐鉉湯悅江南錄十卷路振九國志五十一卷又楚書五卷鄭文寶南唐近事集

一卷又江表志二卷陳彭年江南別錄四卷龍袞江南野史二十卷曾穎𣸣海行年記十卷胡賓王劉氏興亡錄一卷陶岳荆湘近事十卷周羽冲三楚新錄三卷曹衍湖湘馬氏故事二十卷王舉天下大定錄十卷盧臧楚錄五卷張唐英蜀檮杌十卷劉恕十國紀年四十卷閩王事迹一卷高氏世家十卷湖南故事十三卷十國載記三卷江南餘載二卷高宗皇帝過江事實一卷廣王事迹一卷並不知作者錢惟演家王故事一卷

右霸史類四十四部四百九十八卷

凡史類二千一百四十七部四萬三千一百九卷

志卷第一百五十七

志卷第一百五十八　宋史二百五

開府儀同三司上柱國錄軍國重事前中書右丞相兼修國史領經筵事都總裁臣脫脫等奉

勑修

藝文四

子類十七：一曰儒家類，二曰道家類釋氏及神仙附，三曰法家類，四曰名家類，五曰墨家類，六曰縱橫家類，七曰農家類，八曰雜家類，九曰小說家類，十曰天文類，十一曰五行類，十二曰蓍龜類，十三曰曆筭類，十四曰兵書類，十五曰雜藝術類，十六曰類事類，十七曰醫書類。

晏子春秋十二卷　曾子二卷　子思子七卷　孟子十四卷陸善經孟子註七卷　王雱注孟子十四卷　蔣之奇孟子解六卷　荀卿子二十卷荀況書戰國趙人　楊倞注荀子二十卷　黎錞校勘荀子二十卷　魯仲連子五卷戰國齊人　董子一卷董無心撰　尸子一卷尸佼撰　子華子十卷自言程氏名本字子華晉國人中興書目曰近世依託朱熹曰僞書也　孔叢子七卷漢孔鮒撰朱熹曰僞書也　桓寬鹽鐵論十卷　揚雄太玄經十卷　又揚子法言十三卷　張齊太玄正義統論一卷　又太玄釋文玄說二卷　宋惟斡太玄經注十卷　王涯注太玄經六卷　柳宗元注揚子法言十三卷宋咸補注　馬融忠經一卷　玄測一卷漢宋衷解吳陸績釋之　王符潛夫論十卷　關朗洞極元經傳五卷　四注孟子十四卷揚雄韓愈李翱熙時子四家注　王通文中子十卷宋阮逸注　太宗帝範二卷　顏師古糾繆正俗八卷　王涯說玄一卷　林慎思續孟子二卷　韓熙載格言五卷　真宗正統十卷　徐鉉質論一卷　許洞演玄十卷　刁衎本說十卷　王敏太平書十卷　賈岡山東野錄七卷　宋咸過文中子十卷　又太玄音一卷　章詧太玄圖一卷　又太玄經發隱一卷　聱隅子歔欷鍱微論一卷黃晞撰　邵亢體論十卷　周惇頤太極通書一卷　司馬光潛虛一卷　又文中子傳一卷　集注四家揚子十三卷　集注太玄經六卷並司馬光集　家範十卷　師望元鑒十卷　范鎮正書一卷　張載正蒙書十卷　又雜述一卷　程頤遺書二十五卷　語錄二卷程頤與弟子問答　孟子解四卷程頤門人記　徐積節孝語一卷江端禮錄　呂大臨孟子講義十四卷　蘇轍孟子解一卷　王令孟子講義五卷　龔原孟子解十卷　陳暘孟子解義十四卷　張諡孟子音義三卷　丁公著孟子手音一卷　孫奭孟子音義二卷　劉安世語錄二卷　王開祖儒志一卷　游酢孟子解義十四卷　又雜解一卷　謝良佐語錄一卷　陳禾孟子傳十四卷　晁說之易玄星紀譜二卷　陳漸演玄七卷　許允成孟子

新義十四卷范沖要語一卷張九成孟子拾遺一卷
語録十四卷張憲武勸學録六卷劉子翬十論一卷
張行成潛虛衍義十六卷又皇極經世索隱一卷觀
物外篇衍義九卷翼玄十二卷鄭樵刋繆正俗跋正
八卷文軫信書三卷宋衷解太玄義經訣十卷李泝集
馬休删孟子一卷陳之方致君堯舜論一卷又削荀
子疵一卷徐庸注太玄經十二卷又玄頤一卷僧全
瑩太玄畧例一卷王紹珪古今孝悌録二十四卷尹
惇孟子解十四卷語録四卷尹惇門人馮忠恕祁寬呂堅中記鄭浩
孟子解十四卷朱熹孟子集注十四卷又孟子集義

十四卷或問十四卷延平師弟子問荅一卷語録四
十三卷朱熹門人所記張栻孟子詳說十七卷又孟子解七
卷蔡沉至書一卷張氏孟子傳三十六卷錢文子孟
子傳贊十四卷王汝猷孟子辨疑十四卷諸儒鳴道
集七十二卷濂溪涑水橫渠等書程迴諸論辨一卷近思録十
四卷朱熹呂祖謙編類周敦程頤程顥張載等書外書十二卷程顥程頤講學邵
雍漁樵問對一卷祝禹圭東西銘解一卷蘇籕遺言
一卷曾發泮林討古二卷張九成語録十四卷胡宏
知言一卷麗澤論說集十卷呂祖謙門人記周葵聖傳録一
卷吳仁傑鹽石論丙丁二卷陳舜申審是集一卷塗

近正明倫二卷彭龜年止堂訓蒙二卷呂氏鄉約儀
一卷呂大鈞撰李公省心雜言一卷不知名董與幾學政發
緩一卷高登修學門庭一卷劉敞弟子記一卷石月
至言一卷余應求刊其父之言戴溪石鼓孟子荅問三卷陳師
道後山理究一卷北山家訓一卷伊洛淵源十三卷
聞見善善録一卷質疑請益一卷並不知作者楊浚韋子
内篇三卷又聖典三卷王向忠經三卷劉餗續說苑
十卷法聖要言十卷李琪皇王大政論十卷高舉帝
道書十卷魯大公公侯正術十卷蕭佚牧宰政術二
卷趙瑩君臣政論二十五卷興政論三卷丘光庭康

教論一卷張弧素履子一卷張陟里訓十卷趙湶中
庸論一卷趙隣幾鯫子一卷朱昂資理論三卷何涉
治道中說三十篇卷亡龔鼎臣中說解十卷范祖禹帝
學八卷章懷太子修身要覽十卷太宗文明政化十
卷真宗承華要略二十卷名墨縱橫家無所增益荅邇
英聖問一卷仁宗書三十五事丁度等荅顔之推家訓七卷狄仁
傑家範一卷先賢誡子書二卷開元御集誡子書一
卷古今家戒四卷黄訥家戒一卷柳玢誡子拾遺十
卷孫奕示兒編一部
右儒家類一百六十九部一千二百三十四卷篇

河上公老子道德經注一卷嚴遵老子指歸十三卷
王弼老子注二卷又道德略歸一卷陸修靜老子道
德經雜説一卷傅奕道德經音義二卷唐玄宗注老
子道德經二卷有序唐玄宗道德經音疏六卷成玄英
道德經開題序訣義疏七卷杜光庭道德經廣聖義
疏三十卷僧文儻道德經疏義十卷趙至堅道德經
疏三卷張惠超道德經志玄疏三卷陸氏道德經傳
四卷扶少明道德經譜二卷谷神子註經諸家道德經
疏二卷河上公葛仙公鄭思遠睿宗玄宗疏李若愚道德經注一卷喬
諷道德經疏義節解二卷道德經小解一卷陳景元
道德注二卷蔣之奇老子解二卷又老子繫辭解二
卷張湛列子音義一卷張昭補注莊子十卷張烜莊
子通真論三卷南華真經篇目義三卷子暹訓文子
注十二卷朱弁文子注十二卷墨布一作希子文子注
十二卷王源亢倉子注三卷亢倉子音義一卷范乾
元一作九四子樞要二卷衛偕一作稽白朮子三卷太公
等陰符經注一卷張果陰符經注一卷又陰符經辨
命論一卷袁淑真陰符經注一卷又陰符經疏三卷
陰符集解五卷韋洪陰符經疏訣一卷蔡望陰符經
注一卷又陰符經要義一卷陰符經小解一卷張魯陰

符經元義一卷李靖陰符機一卷房山長注大冊黃
帝陰符經一卷梁丘子注黃庭內景玉經一卷黃庭
外景經一卷黃庭外景玉經注訣一卷黃庭五藏論
圖一卷老子黃庭內視圖一卷胡愔黃庭內景圖一
卷黃庭外景圖一卷魏伯陽周易參同契三卷參同
大易誌三卷徐從事注周易參同契三卷參同契合
金丹行狀十六變通真訣一卷鄭遠之參同契心鑑
一卷張處參同契大易圖一卷晁公武老子通述二
卷老子道德經三十家注六卷唐道士張君相集解葛玄老子
道德經節解二卷道德經內解二卷不知作者老子道德
經內節解二卷題尹先生注王顧老子道德經疏四卷李
榮老子道德經注二卷李約老子道德經注四卷碧
雲子老子道德經藏室纂微二卷不知名老子道德經
義二卷老子指例略一卷並不知作者張湛列子注八卷
郭象注莊子十卷成玄英莊子疏十卷文如海莊子
正義十卷又莊子邈一卷黃帝陰符經一卷舊書目云驪山老母注
李筌撰集注老子二卷明皇河上公王弼王雱等注呂知常老子講
義十二卷李筌陰符經疏一卷陰符玄譚一卷不知作者
文子十二卷舊書目云周文子撰鶡冠子三卷不知姓名漢志云楚人居深山
以鶡羽為冠因號云亢倉子三卷一名庚桑子戰國時人老子弟子抱朴子別

旨二卷(不知作者)司馬子微坐忘論一卷天機經一卷道
體論一卷無能子一卷(並不知作者)吳筠玄綱一卷劉向
關尹子九卷劉驥老子通論語二卷徽宗老子解二
卷列子解八卷呂惠卿莊子解十卷司馬光老子道
德經注二卷蘇轍老子道德經義二卷趙令穆老子
道德經解二卷李士表莊子十論一卷沈該陰符經
注一卷朱熹周易參同契一卷朱安國陰符元機一卷
程大昌易老通言十卷(右道家類一百二部三百五十九卷)
鳩摩羅什譯金剛般若波羅蜜經一卷沙門曇景譯
佛說未曾有因緣經二卷玄奘譯波般若波羅蜜多

心經一卷般剌密帝彌伽釋迦譯首楞嚴經十卷佛
說一乘究竟佛心戒經一卷佛說三亭廚法經二卷
佛說法句經一卷佛垂涅槃略說教戒經一卷(四經失譯)
馬鳴大師摩訶衍論五卷起信論二卷僧肇寶藏論
三卷彥宗福田論一卷道信大乘入道坐禪次第要
論一卷法林辨正論八卷(陳子良注)慧海大師入道要門
論一卷淨本和尚論語一卷惠能仰山辨宗論一卷
勸修破迷論一卷金沙論一卷明道宗一卷偈宗祕
論一卷(四論不知撰人)法藏心經一卷惟慤首楞嚴經疏六
卷宗密圓覺經疏六卷圓覺道場修證儀十八卷起

信論鈔三卷傳大士寶誌金剛經贊一卷惠能金剛
經口訣義一卷金剛大義訣二卷大白和尚金剛經
訣一卷法深起信論疏二卷忠師百法明門論疏二
卷蕭子良統略淨住行法門一卷元康中觀論三十
六門勢疏一卷華嚴法界觀門一卷(宗密注)傳大士心
王傳語一卷行道難歌一卷竺道生十四科元贊義
記一卷灌頂國清道場百錄一卷楞伽山主小參錄
一卷道宣通感決疑錄一卷大唐國師小錄法要集
一卷紹修漳洲羅漢和尚法要三卷(裴休集)白居易八漸
真議一卷張雲元中語寶三卷大闡和尚顯宗集一

卷大雲和尚要法一卷(惠海)元覺一宿覺傳一卷魏靜
永嘉一宿覺禪宗集一卷達摩血脈一卷本先竹林
集一卷寶覺禪師見道頌一卷(寓言居士注)道瑾禪宗理
性偈一卷石頭和尚參同契一卷(宗美注)惠忠國師語
一卷(冉氏)東平大師默論一卷義榮天台國師百會語
要一卷齊寶神要三卷懷和百丈廣語一卷統休無
性和尚說法記一卷惠明棲賢法雋一卷龍濟和尚
語要一卷荷澤禪師微訣一卷楊士達禪關八問一
卷(宗美)句令禪門法印傳五卷淨惠禪師偈頌一卷義
淨求法高僧傳二卷飛錫往生淨土傳五卷法海六

祖法寶記一卷壇經一卷卒崇僧伽行狀一卷靈湍攝山棲霞寺記一卷師資前代王修行記一卷盧求金剛經報應記三卷賢首華嚴經纂靈記元偉真門聖胄集五卷雲居和尚示化實録一卷覺旻高僧纂要五卷智月僧美三卷裴休拾遺問一卷神澈七科義狀一卷夢徵内典編要十卷紫陵語一卷大藏經音四卷真覺傳（一卷 韓渾）混子三卷（解寶藏論）遺聖集一卷善提心記一卷積元集一卷相傳雜語要一卷德山集一卷（仰山潙山語）會昌破胡集一卷妙香丸子法一卷潤文官録一卷（唐人）迦葉祖裔記一卷釋門要録五卷（紫陵）

（以下不知撰人）十朋請禱集一卷瑞象歷年記一卷惟勁禪師贊訟一卷釋華嚴漩澓偈一卷馬裔孫看經贊一卷法喜集二卷文益法眼禪師集一卷法眼禪師集真贊一卷高越舍利塔記一卷可洪藏經音義隨函三十卷建隆雍熙禪頌三卷魏德謩無上祕密小録五卷程讜釋氏蒙求五卷延壽感通賦一卷李遵天聖廣燈録三十卷呂夷簡景祐寶録二十一卷僧肇寶藏論一卷又般若無知論一卷涅槃無名論一卷僧慧皎高僧傳十四卷僧佑弘明集十四卷僧寶唱比丘尼傳五卷僧佑釋迦譜五卷甄鸞笑道論三卷

僧慧可達摩血脉論一卷費長房開皇歷代三寶記十四卷又開皇三寶録總目一卷國清道場百録五卷（僧灌頂纂 僧智顗修）僧法琳破邪論三卷又辨正論八卷僧彦琮釋法琳别傳三卷僧慧能注金剛經一卷又撰金剛經口訣一卷僧慧昕注壇經二卷僧辨機唐西域志十二卷僧道宣續高僧傳三卷又佛道論衡三卷三寶感應録三卷釋迦氏譜一卷弘明集三十卷僧政覺金沙論一卷僧會神荷澤顯宗記一卷華嚴法界觀門一卷（僧法順集 僧宗密注）僧宗密禪源諸詮二卷又原人論一卷大乘起信論一卷魏靜永嘉一宿覺禪

師集一卷僧道世法苑珠林一卷僧慧忠十答問語録一卷無住和尚説法二卷（僧銑 林集）僧普願語要一卷龐蘊語録一卷（唐于頔編）僧神清北山參元語録十卷僧慧海頓悟入道要門論一卷僧義淨求法高僧傳三卷僧元應唐一切經音義一十五卷僧澄觀華嚴經疏十卷僧紹脩語要一卷裴休傳心法要一卷唐六譯金剛經贊一卷（鄭覃等撰）僧慧祥古清涼傳二卷釋迦方志一卷（唐終南大一山僧撰）僧應之四注金剛經一卷僧延壽宗鏡録一百卷僧贊寧僧史略三卷僧道原景德傳燈録三十卷晁迥法藏碎金十卷道院集要三卷

(不知作者)僧延昭衆吼集一卷僧重顯瀑布集一卷又語
録八卷僧世冲釋氏詠史詩三卷僧居本廣法門名
義一卷僧慧皎僧史二卷僧契嵩輔教編三卷僧省
常錢塘西湖淨社録三卷僧道誠釋氏須知三卷僧
道誠釋氏要覽三卷王安石注維摩詰經三卷朱士
珽伏虎行狀一卷僧自嚴行狀一卷(陳嘉謨撰)李之純成
都大悲寺集二卷又成都大慈寺記二卷僧惟白續
燈録三十卷僧宗頤勸孝文二卷又禪苑清規十卷
蹇序辰諸經譯梵三卷王敏中勸善録六卷楊諤水
陸儀二卷僧智達祖門悟宗集二卷樓頴傳翁小録

要集一卷僧宗永宗門統要十卷僧智圓閑居編五
十一卷僧懷深注般若波羅密多心經一卷僧原白
注證道歌一卷僧宗杲語録五卷(黃文昌撰)僧慧達夾科
肇論二卷僧應乾楞嚴經標指要義二卷僧靈操釋
氏蒙求一卷僧馬鳴釋摩訶衍論十卷僧闍那多迦
譯羅漢頌一卷僧善提達磨存想法一卷又善提達
磨胎息訣一卷頌證道歌一卷(篇首題正覺禪師撰)淨慧禪師
語録一卷蓮社十八卷賢行狀一卷法顯傳一卷諸
經提要二卷五公符一卷寶林傳録一卷(並不知作者)李
通玄華嚴合論一卷張戒注楞伽集注八卷佛陁多

羅譯圓覺經二卷般剌密諦譯楞嚴經十卷法寶標
目十卷(王古編)僧肇譯維摩經十卷晁迥耄智餘書三
卷八方珠玉集四卷(大圓塗毒二僧集諸家禪語)王日休金剛經
解四十二卷淨土文十一卷(王日休撰)語録二卷(松源和尚講解
答問)普燈録三十卷(僧正受集)諸天傳二卷(僧行霆述)奏對録一
卷(佛照禪師德光奏對之語)崇正辨三卷(胡演撰　右釋氏類二百二十二部凡百四
十九卷)劉向列仙傳三卷王褒桐栢真人王君外傳一
卷周季通玄洲上卿蘇君記一卷葛洪神仙傳十卷
馬陰二君内傳一卷上真衆仙記一卷隱論雜訣一
卷金木萬靈訣一卷抱朴子養生論一卷太清玉碑

子一卷(葛洪與鄭思遠問答)二女真詩一卷(紫微夫人及東華中候王夫人作)黃帝
施真人銘真論一卷旌陽令許遜靈劍子一卷黃帝
内傳一卷(籛鏗得於石室)東方朔十洲三島記一卷淮南王
劉安太陽真粹論一卷黃玄鍾蓬萊山西竈還丹歌
一卷婁敬草衣子還丹訣一卷魏伯陽還丹訣一卷
周易門戶參同契一卷大丹九轉歌一卷華佗老子
五禽六氣訣一卷陸脩靜老子道德經雜説一卷五
牙導(引元精經一卷黃庭經一)卷(其文初為五言四章後皆七言論人身扶養修治之理)李
千乘黃庭中景經注一卷尹喜黃庭外景經注一卷
襄楷太平經一百七十卷李堅東極謝真人傳一卷

王禹錫海陵三仙傳一卷施肩吾真仙傳道集二卷
三住銘一卷西都群仙會真記一卷長孫滋崔氏守
一詩傳一卷吳筠神仙可學論一卷又形神可固論
一卷著生論一卷明真辨偽論一卷心目論一卷玄
門論一卷元綱論一卷諸家論優劣事一卷辨方士
惑論一卷杜光庭二十四化詩一卷又二十四化圖
一卷神仙感遇傳十卷墉城集仙錄十卷應現圖三
卷仙傳拾遺四十卷歷代帝王崇道記一卷道教靈
驗記二十卷道經降傳世授年載圖一卷謝良弼中
嶽吳天師內傳一卷李渤李天師傳一卷真系傳一

卷張隱居演龍虎上經二卷盧潘侯真人傳一卷沈
汾續仙傳三卷尹文操樓觀先師本行內傳一卷玄
元聖記經十卷刁琰廣仙錄一卷見素子洞仙傳十
卷傳元鎮應緣道傳十一卷睎暘子賓仙傳三卷南
嶽夫人清虛王君內傳一卷范邈南嶽魏夫人內傳
一卷李遵三茅君內傳一卷梁日廣釋仙論一卷赤
松子中誡篇一卷金石論一卷門天老曆一卷泠然
子學神仙法一卷賈嵩陶先生傳序三卷吳先主孫
氏太極左仙公神仙本起內傳一卷華僑真人周君
內傳一卷劉海蟾詩一卷太一真君固命歌一卷晉葛

洪譯張融三破論一卷陶弘景養性延命錄二卷導引
養生圖一卷神仙玉芝瑞草圖二卷上清握中訣三
卷登真隱訣三十五卷真誥十卷華陽道士韋處玄
注老子西昇經二卷魏曇巒法師服氣要訣一卷陳
處士同洪讓書老子道經一卷李淳風正一五真圖
一卷孫思邈退居志一卷真氣銘一卷九幽福壽論
一卷龍虎亂日篇一卷李用德晉州羊角山慶曆觀
記一卷王元正清虛子龍虎丹一卷驪山母黃帝陰
符大丹經解一卷房山長集吳兢保聖長生纂要坐隅障
二卷僧一行天真皇人九仙經一卷尹愔老子五廚

經注一卷周溢頴陽書一卷昝商導養方三卷李廣
中指真訣一卷僧遵化養生胎息秘訣一卷高駢性
箴金液頌一卷黃仲山玄珠龜鏡三卷裴鉉延壽赤
書一卷張果紫靈丹砂表一卷內真妙用訣一卷休
糧服氣法一卷大易誌圖參同經一卷玄宗與葉靜能一行答問語
王紳太清宮簡要記一卷康真人氣訣一卷盧遵
元太上肘後玉經方一卷楊知玄淮南王練聖法一
卷老子元道經一卷南統孟謫仙傳授李延章中元論一卷
胡微玉景內篇二卷黃庭內景五藏六腑圖一卷大白山見
素女子胡愔撰王懸河三洞珠囊三十卷王貞範洞天集二

卷捷神子唐元指玄篇一卷中央黄老君洞房内經
一卷黄老中道君洞房内經一卷黄老神臨藥經一
卷太清真人絡命訣一卷太上老君血脉論一卷靈
寶服食五芝精一卷黄帝内經靈樞略一卷黄帝九鼎
神丹經訣十卷黄帝内丹訣一卷太極真人風鳴爐
火經一卷紫微帝君王經寶訣一卷太上老君服氣
胎息訣一卷老子中經二卷老子神仙歷藏經一卷
王母太上還童採華法一卷紫微帝君紫庭秘訣一
卷茅真君靜中吟一卷王茅君雜記一卷陰真君還
丹歌一卷金液還丹歌一卷元君付道傳心法門一
卷徐真君丹訣一卷張真君靈芝集一卷彭君訣黄
白五元神丹經一卷太一真君元丹訣一卷陳大素
九天飛步内訣真經一卷河間真人劉演金碧潛通
秘訣一卷大白山李真人調元妙經一卷陳少微大
洞煉真寶經一卷申天師服氣要訣一卷張天師石
金記一卷玄元先生日月混元經一卷鄭先生不傳
氣經一卷建平然先生少來苦樂傳一卷赤城隱士
服藥經三卷卧龍隱者少玄胎息歌一卷蜀郡處士
胎息訣一卷成都李道士太上洞玄靈寶修真論一
卷務元子混成經一卷務成子注太上黄庭内景經

一卷含光子契真刊謬玉鑰匙一卷鄧雲子清虛真
人裴君内傳一卷廣成子靈仙秘録陰丹經一卷紫
陽金碧經一卷昇玄養生論青霞子旨道篇一卷又
龍虎金液還丹通玄論一卷寶藏論一卷易元子勸
道詩一卷逍遙子内指通玄訣三卷攝生秘旨一卷
升玄子造化伏汞圖一卷頡陽子神仙修真秘訣十
二卷元陽子金石還丹訣一卷真一子金鑰匙一卷
九真中經一卷赤松子傳暢元子雜録經訣尊用要事一
卷狐剛子粉圖五卷左掌子證道歌一卷中皇子服
氣要訣一卷桼榆子新舊氣經一卷玄明子柳沖用
巨勝歌一卷葉真卿玄中經一卷丁少微真一服元
氣法一卷洞元子通元子通玄指真訣一卷真常子
服食還丹證驗法一卷煙蘿子内真通玄歌一卷獨
孤滔丹方鏡源文三卷天台白雲服氣精義論一卷
徐懷遇學道登真論一卷曹聖圖鉛汞五行圖一卷
張素居金石靈臺記一卷高先大道金丹歌一卷陳
君舉朝元子玉芝書三卷呂洞賓九真玉書一卷陶
植蓬壺集三卷修仙要訣一卷鮮于期里先生授於上相青
童太上八術知慧滅魔神虎隱文一卷碧巖張道者
中山玉櫃服神氣經一卷世詞抱陽翊術一卷金明七

真人三洞奉道科誡三卷楊歸年修真延秘集三卷陰長生三皇經一卷馬明生赤龍金虎中鉛鍊七返還丹訣巇卷上司翼養生經一卷王弁新舊服氣法一卷傳士安還丹訣一卷徐道邈注老子西昇經二卷劉仁會注西昇經一卷張隨解參同契一卷李審顒神論二卷處士劉詞混俗頤生錄一卷閭丘方遠太上經秘旨一卷道士張乾森自然券立成儀一卷張承先度靈寶經表具事一卷王晨奔日月圖一卷真秘訣一卷(寶冠授達磨)僧玄玄疑甄正論三卷王長生紫微內庭秘訣三卷傳授五法立成儀一卷寒山子大

還心鑑一卷守文居鎰長生纂要一卷莊周氣訣一卷朗然子詩一卷山居道士佩服經符儀一卷(不知名)蘇登天老神光經一卷內外丹訣二卷(集王元正李黃中等撰)崔公入樂鏡三卷混元內外觀十卷張君房雲笈七籤百二十卷樂史總仙秘錄一百三十卷佘卞十二真君傳二卷李信之雲臺異境集一卷賈善翔高道傳十卷猶龍傳三卷張隱龍三茅山記一卷王松年仙苑編珠一卷李昌齡感應篇一卷朱宋卿徐神翁語錄一卷太宗真宗三朝傳授讚詠儀二卷真宗汴水發願文一卷徽宗天真示現記三卷陳摶九室指

玄篇一卷王欽若七元圖一卷先天紀三十六卷翊聖保德傳三卷丁謂降聖記三十卷耿肱養生真訣一卷青霞子丹臺新錄九卷李思聰道門三界詠三卷張(端)金液還丹悟真篇一卷彭(曉)周易參同契分章通真儀三卷參同契明鑑訣一卷姚稱攝生月令圖一卷錢景衎南嶽勝槩編一卷謝修通王笥山祖記實錄一卷張無夢還元篇一卷純陽集一卷上清五牙真秘訣一卷二仙傳一卷成仙君傳一卷劉真人傳一卷平都山仙都觀記二卷師譜一卷十真記一卷仙班朝會圖五卷賴鄉記一卷大還丹照鑑登仙集

一卷斷穀要法一卷裴君傳行事訣一卷太上墨子枕中記二卷太上太素玉錄一卷太上倉元上錄一卷學仙辨真訣一卷洞真金元八景玉錄一卷五嶽真形圖一卷祭六丁神法一卷神仙雜歌詩一卷玄門大論一卷九轉丹歌一卷太和樓觀內紀本草記一卷老君出塞記一卷五嶽真形論一卷黃帝三陽經五明乾贏坤巴訣一卷正一肘後脩用訣一卷正一法文目一卷正一論一卷正一上元九星圖一卷正一脩行指要三卷正一法十籙召儀一卷正一奏章儀一卷正一醮江海龍王神儀都功版儀一卷太

上符鏡一卷谷神賦一卷黃書過度儀一卷太上八道命籍二卷靈寶聖真品位一卷靈寶飛雲天篆一卷上清佩文訣五卷上清佩文黑券訣一卷福地記一卷曲素憂樂慧辭一卷皇人三一圖一卷西昇記一卷胎精記解結行事訣一卷高上金真元籙一卷長牘法一卷大洞玄保真養生論一卷曲素訣辭一卷太上丹字紫書一卷絶玄金章一卷紫鳳赤書一卷靈寶步虛詞一卷金紐太清陰陽戒文一卷太上紫書錄傳一卷度太一玉傳儀一卷奔日月二景隱文一卷司命楊君傳記一卷回耀太真隱書一卷思

道誡一卷潘尊師傳一卷三尸經一卷金簡集三卷無名道者歌一卷大丹會明論一卷太清真人九丹神秘經一卷金鏡九真玉書一卷八公紫府河車歌一卷大還秘經一卷神仙肘後三宮訣二卷太極紫微元君補命秘錄一卷老君八純玄鼎經一卷海蟾子還金篇一卷太清篇火式一卷太一真人五行重玄論一卷龍虎大還丹秘訣一卷煉五神丹法一卷太清丹經經一卷神仙庚辛經一卷紫白金丹訣一卷仙公藥要訣一卷三十六水法一卷金虎赤龍經一卷玉清內書一卷太上老子服氣口訣一卷燒煉

雜訣法一卷太清金液神丹經三卷休糧諸方一卷胎息根旨要訣一卷修真內煉秘訣一卷上清修行訣一卷大道感應論一卷太上習仙經契錄一卷回耀飛光日月精氣上經一卷攝生增益錄一卷神氣養形論一卷服餌仙方一卷鉛汞指真訣一卷服食日月皇華訣一卷神仙藥名隱訣一卷鍊花露仙醽訣一卷繕生集一卷道術旨歸一卷按摩要法一卷醮入神法一卷上清大洞真經玉訣一卷草金丹法一卷十二月五藏導引一卷大易二十四篇一卷服氣鍊神秘訣一卷老君金書內序一卷尹真人本行記一卷陶

陸問答一卷諸家修行纂要一卷谷神秘訣三卷太清導引調氣經一卷大玄部道典論二十七卷富貴日用篇一卷入室思赤子經一卷餌芝草黃精經一卷治身服氣訣一卷玉皇聖台神用訣一卷燒金石藥法一卷神仙服食經一卷三天君烈紀一卷養生要錄三卷神仙九化經一卷調元氣法一卷太上保真養生論一卷神仙秘訣三論三卷元君肘後術三卷山水穴竇圖一卷養生諸神仙方一卷五經題迷一卷右神仙類三百九十四部一千二百十六卷

右道家附釋氏神仙類凡七百十七部二千五百二

十四卷

管子二十四卷齊管夷吾撰商子五卷衛公孫鞅撰慎子一卷慎到撰韓子二十卷韓非撰尹知章注管子十九卷杜佑管氏指略二卷丁度管子要略五篇卷亡董仲舒春秋決事作獄十卷丁氏主黄氏正李文博治道集十卷張去華大政要録三卷

右法家類十部九十九卷

公孫龍子一卷趙人尹文子一卷齊人鄧析子二卷鄭人即郡人物志二卷杜周士廣人物志二卷

右名家類五部八卷

墨子十五卷宋墨翟撰

右墨家類一部十五卷

鬼谷子三卷高誘注戰國策三十三卷鮑彪注國策十卷

右縱横家類三部四十六卷

夏小正戴氏傳四卷傅崧卿注蔡邕月令章句一卷杜臺卿玉燭寶典十二卷唐玄宗刪定禮記月令一卷李林甫注解月令一卷韓鄂歲華紀麗四卷韋行規月録一卷李綽秦中歲時記一卷一名咸鎬記李邕金谷園記一卷徐鍇歲時廣記一百二十卷内八卷闕賈昌朝國朝時令集解十二卷宋綬歲時雜詠二十卷劉安靖時鏡新書五卷孫邕備閱注時令一卷歲中記一卷十二月纂要一卷保生月録二卷四時録四卷並不知作者張方夏時志別録一卷又夏時考異一卷許狀元節序故事十二卷許尚編真宗授時要録十二卷孫思邈齊人月令三卷宗懍荆楚歲時記一卷李綽輦下歲時記一卷劉靖時鑑雜新一作書四卷賈黔李月壁一卷孫翰月鑑二卷嵇含南方草木狀三卷賈思勰齊民要術十卷則天皇后兆人本業三卷陸羽茶經三卷又茶記一卷温庭筠採茶録一卷茶苑雜録一卷不知

作者張又新煎茶水記一卷韓鄂四時纂要十卷賈魷醫牛經一卷亡淮南王養蠶經一卷孫光憲蠶書三卷秦處度蠶書一卷毛文錫茶譜一卷史正志菊譜一卷任璹彭門花譜一卷周序洛陽花木記一卷陶朱公養魚經一卷熊寅亮農子一卷賈朴牛書一卷王旻山居要術三卷又山居雜要三卷山居種蒔要術一卷戴凱之竹譜三卷無求子酒經一卷不知姓名大隱翁酒經一卷是齋售用一卷李淳風四民福祿論二卷牛皇經一卷辨五音牛欄法一卷農家切要一卷荔枝故事一卷並不知作者封演錢譜一卷張台錢録一卷于

公甫古今泉貨圖一卷侯氏萱堂香譜一卷范如圭田夫書一卷賈元道大農孝經一卷陳靖勸農奏議三十篇林勳本政書十卷又本政書比校二卷治地旁通一卷王章水利編三卷僧贊寧筍譜一卷僧仲休花品記一卷丁謂北苑茶録三卷又天香傳一卷歐陽脩牡丹譜一卷蔡襄茶録一卷沈立香譜一卷又錦譜一卷茶法易覽十卷丁度土牛經一卷孔武仲芍藥譜一卷張峋花譜一卷沈括志懷録三卷賓華酒譜一卷馮安世林泉備五卷呂惠卿建安茶用記二卷劉攽芍藥譜一卷王觀芍藥譜一卷洪芻香

譜五卷章炳文壑源茶録一卷吳良輔竹譜二卷葛澧酒譜一卷高伸食禁經三卷劉异北苑拾遺一卷宋子安東溪茶録一卷陳翥桐譜一卷張宗誨花木録七卷周絳補山經一卷葉庭珪南蕃香録一卷樓璹耕織圖一卷曾安正禾譜五卷曾之謹農器譜三卷陳旉農書三卷熊蕃宣和北苑貢茶録一卷韓彦直永嘉橘録三卷王居安經界弓量法一卷

右農家類一百七部四百二十三卷篇

鬻熊子一卷呂不韋呂氏春秋二十六卷（高誘注）陸賈新語二卷賈誼新書十卷淮南子鴻烈解二十一卷（淮南王安撰）許慎注淮南子二十一卷高誘注淮南子十三卷劉向新序十卷又説苑二十卷仲長統昌言二卷王充論衡三十卷邊誼續論衡二十卷應劭風俗通義十卷徐幹中論十卷蔣子萬機論十卷（魏蔣濟撰）諸葛亮武侯十六條一卷沈顔聱書十卷傅子五卷（晉傅玄撰）陸機正訓十卷崔豹古今注三卷周蒙續古今注三卷張華博物志十卷葛洪抱朴子内篇二十卷又抱朴子外篇五十卷劉子三卷（題劉晝撰）奚克讓劉子音釋三卷又音義三卷湘東王繹金樓子十卷庾仲容子鈔三十卷顧野王符瑞圖二卷孫綽子十卷范泰古

今善言三十卷沈約袖中記三卷尹子五機論三卷商孝逸商子新書三卷鄭璋道言録三卷杜正論百行章一卷李文博治道集十卷虞世南帝王略論五卷劉嚴芻堯論三卷李賢修書要覽十卷羅隱兩同書二卷李直方正性論一卷韓熙載格言五卷又格言後述三卷黄希聲隅書十卷李淳風感應經三卷魏徵時務策一卷又祥瑞録十卷朱敬則十代興亡論十卷張説才命論一卷楊相如君臣政要論三卷趙自勔造化權輿六卷元子十卷（元結撰）杜佑理道要訣十卷皇甫選注何亮本書三卷邵元體論十卷馬總

意林三卷又意樞二十卷林愼思伸蒙子三卷丘光庭規書一卷又兼明書十二卷牛希濟理源二卷又治書十卷宋朴致理書十卷盧藏用子書要略三卷臧嘉猷史玄機論十卷歐陽淺周紀聖賢故實十卷徐融帝王指要三卷張輔宰輔明鑒十卷趙湘補政忠言十篇（二卷）徐氏忠烈圖一卷孝義圖一卷趙彥衛雲麓漫鈔二十卷又雲麓續鈔二卷南唐後主李煜雜說二卷劉子法語二十卷（劉鶚撰）又通論五卷宋齊丘化書六卷又理訓十卷葛澧經史撫微四卷劉賡稽瑞一卷趙㷍長短要術九卷吳筠兩同書二卷馬

縞中華古今注三卷蘇鶚演義十卷樂朋龜五書一卷徵微子服飾變古一卷孤剛子感應類從譜一卷通幽子靈臺隱秘寶符一卷（扶風隱者）李恂前言往行錄三卷尹子五卷鄭至道諭俗編一卷彭仲剛諭俗續編一卷黃巖虙犧範圍圖傳二卷張時舉弟子職女誡鄉約家儀鄉儀一卷李宗思尊幼儀訓一卷呂本中官箴一卷何遠春渚記聞十三卷王普答問難疑一卷徐度卻掃編十三卷吳曾漫錄十三卷魏泰書可記一卷又續東軒雜錄一卷馮忠恕涪陵記一卷洪興祖聖賢眼目一卷又語林五卷姚寬叢語上

下二卷唐稷硯岡筆志一卷吳箕常譚二卷袁采世範三卷又欹歔子一卷葉適習學記言四十五卷項安世項氏家記十卷徐彭年涉世錄二十五卷又涉世後錄二十五卷坐忘論一卷呂祖謙紫微語錄一卷葉模石杯過庭錄三十七卷李石樂善錄十卷劉鵬縣務綱目二十卷周朴三教辨道論一卷僧贊寧物類相感志十卷又要言二卷柳寀藪記十卷王錡動書一卷宋祁筆錄一卷龍昌期天保正名論八卷胥餘慶瑞應雜錄十卷刁衎治道中術三卷朱景先黙書三卷鄧綰馭臣鑒古論二十卷王韶敷陽子七

卷天隱子一卷（不知姓名）吳宏群公典刑二十卷高承事物紀原十卷陳瓘中說一卷孔平仲良史事證一卷李新塾訓十三卷又欲書五卷李格非史傳辨志五卷晁說之客語一卷方行可治本書一卷王揚英韛衰誡一卷何伯熊機客（刺害一卷）李鎬審理書一卷張大櫼翠微洞隱百八十卷李易要論一卷何亮本書三卷劉長源治本論一卷鄭樵十說二卷潘祖志筌書二卷洪氏雜家五卷（不知名）瑞錄十卷冗錄一卷治獄須知一卷之官申戒一卷瑞應圖十卷玉泉子一卷中興書一卷汲世論一卷（並不知作者）東莞子十卷李子

正辨十卷劉潛群書集三卷成嵩韻史一卷陳鄂十經韻對二十卷又四庫韻對九十九卷魏玄成祥應一作瑞圖十卷劉振通籍録異二十卷趙志忠大遼事跡十卷

右雜家類一百六十八部一千五百二十三卷篇

志卷第一百五十八

志卷第一百五十九　宋史二百六

開府儀同三司上柱國録軍國重事前中書右丞相監修國史領經筵事都總裁臣脫脫等奉勑修

藝文五

燕丹子三卷東方朔神異經二卷晉張華傳師曠禽經一卷張華注王子年拾遺記十卷晉王嘉撰干寶搜神總記十卷寶櫝記十卷並不知作者殷芸小說十卷劉義慶世說新語三卷任昉述異記二卷吳均續齊諧記一卷沈約俗說一卷陶弘景古今刀劍録一卷江淹銅劍讚一卷顧協錢譜一卷顏之推還寃志三卷陽松玠八代談藪二卷張說五代新説二卷又鑑龍圖記一卷陸藏用神告録一卷劉餗傳記三卷又隋唐佳話一卷小說三卷段成式酉陽雜俎二十卷又續酉陽雜俎十卷廬陵官下記二卷封演聞見記五卷張讀宣室志十卷唐臨冥報記二卷陸長源辨疑志三卷柳宗源龍城録一卷柳氏小說舊聞六卷柳公權撰柳珵常侍言旨一卷盧弘正昭義軍別録一卷溫造瞿童述一卷韋絢戎幕閒談一卷又劉公嘉話一卷賓客佳話一卷房千里南方異物志一卷鍾輅前定録一卷劉軻牛羊日曆一卷李翱卓異記一卷李德裕志支

機實一卷又幽怪録十四卷李商隱雜纂一卷范攄
雲溪友議十一卷陸勲集異志二卷李復言續玄怪
録五卷李亢獨異志十卷袁郊甘澤謡一卷裴紫芝
續卓異記一卷鄭遂洽聞記二卷康駢劇談録二卷
馬贄雲仙散録一卷尉遲樞南楚新聞三卷皇甫枚
三水小牘二卷王叡炙轂子雜録五卷胡璩談賓録
五卷劉崇遠金華子雜編三卷趙璘因話録六卷郭
良輔武孝經一卷女孝經一卷(侯莫陳邈妻鄭氏撰)皇甫松酒
孝經一卷羅邵會稽新録一卷李隱大唐奇事十卷
又瀟湘録十卷陳翰異聞集十卷焦潞稽神異苑十

卷李匡文資暇録三卷顔師古隋遺録一卷(鄭棨)開天
傳信記一卷俞子螢雪叢説一卷李羲山雜藁一卷
劉存事始三卷劉睿續事始三卷馮鑑續事始五卷
李濬松窻小録一卷劉悫知命録一卷張固幽閑鼓
吹一卷會昌解頤録五卷樹萱録三卷桂苑叢談一
卷聞奇録三卷滇洪録二卷靈怪集一卷燈下閑談
二卷續野人閑話三卷吳越會粹一卷(並不知作者)關史
一卷(參家子述)佛孝經一卷(舊題名鷄不知姓)陳善捫虱新話八
卷吳會能改齋漫録十三卷盧氏逸史一卷劉氏耳
目記二卷調露子角力記一卷沈氏驚聽録一卷(並不

知名)漢武帝洞溟記四卷(東漢郭憲編)史虚白釣磯立談記
一卷陳致雍晉安海物異名記三卷綦師系元道孝
經一卷文谷備忘小鈔二卷杜光庭虬鬚客傳一卷
僧庭藻續北齊還寃志一卷高擇群居解頤三卷王
仁裕玉堂閑話三卷石文德唐新纂三卷劉曦度鑑
誡録三卷潘遺紀聞談一卷皮光業妖怪録五卷逢
行珪鬻子注一卷李諷譔林五卷鄭餘慶談綺一卷
續同歸説三卷王定保摭言十五卷李綽(一作緯)尚書
故實(一作事)一卷柳祥瀟湘録十卷陸希聲頤山録一
卷柳珵家學要録二卷賂子解(一作録)一卷何光遠鑑

誡録三卷又廣政雜録三卷蒲仁裕蜀廣政雜記(一作
紀)十五卷楊士逵儆戒録五卷王仁裕見聞録三卷
又唐末見聞録八卷韋絢佐談十卷周文玘開顔集
二卷皮光業皮氏見聞録十三卷啓顔録六卷三餘
外志三卷楊九齡三感志三卷段成式錦里新聞三
卷牛肅紀聞十卷(崔造注)周隨南溪子三卷盧光啓初
舉子三卷玉泉筆論五卷李遇之淺疑論三卷金利
用玉溪編事三卷玉川子嘯旨一卷章程四卷孫棨
北里志一卷同歸小説三卷胡節還醉鄉小略一卷
楊魯龜令圃芝蘭集一卷唐説纂四卷司馬光遊山

行記十二卷趙瞻西山別録一卷唐恪古今廣説一百二十卷張舜民南遷録一卷高彥休闕史三卷林思（一作黄仁望）史遺一卷黄仁望續遺五卷興國拾遺二十卷姚崇六誡一卷李大夫誡女書一卷海鵬忠經一卷正順孝經一卷曹希達孝感義聞録三卷東方朔感應經三卷王轂（一作穀）報應録三卷夏大珏（一作侯大珏）奇應録五卷孤剛子靈圖感應歌一卷周子良冥通記四卷牛僧孺玄怪録十卷李復言搜古異録十卷焦璐搜神録三卷麻安石祥異集驗二卷陳邵（一作召）通幽記三卷吳淑異僧記一卷杜光庭録異記十

卷李攻（一作政）纂異記一卷元真子神異書三卷裴鉶傳奇三卷傳載一卷曹大雅靈異圖一卷裴約言靈異志五卷曾寓鬼神傳二卷曹衍湖湘神仙顯異三卷靈怪實録三卷秦再思洛中紀異十卷秉（一作乘）異三卷貫怪圖二卷鍾輅感定録一卷馮鑑廣前定録七卷趙自勤定命録二卷温奢續定命録一卷陳翰（一作翶）卓異記一卷樂史續廣卓異記三卷小名録三卷陸龜蒙古今小名録五卷名賢姓字相同録一卷三教論一卷周明辨五經評判六卷虞荔古今鼎録一卷歙硯圖一卷史道碩畫八駿圖一卷異魚圖五

卷沈如筠異物志二卷通微子十物志一卷釋贊寧物類相感志五卷丘光庭（海潮）論一卷海潮記一卷張宗■誨花木録七卷僧仲休花品一卷蔡襄荔枝譜一卷同塵先生庭萱譜一卷竇常正元飲略三卷皇甫松醉鄉日月三卷尹建峯令海珠璣三卷何自然笑林三卷路氏笑林三卷南陽德長戲語集説一卷集補江總白猿傳一卷蘇鶚杜陽雜編二卷薛用弱集異記一卷國老閑談二卷（題君玉撰，不知姓）大隱居士詩話一卷（不知姓名）釋常談三卷王洙談録一卷（並不知作者）曾季貍艇齋詩話一卷譚世卿廣説二卷嘯旨集異記

傅異志一卷（谷神子纂，不知姓）費袞（梁谿）漫志一卷何谿汶竹莊書話二十七卷晁氏談助一卷（不知名）幽明雜警三卷（題退夫興仲之所纂，不著姓）張氏儆誡會最一卷唯室先生步里客談一卷沈括筆談二十五卷又清夜録一卷王銍續清夜録一卷郭彖睽車志一卷洪邁隨筆五集七十四卷又夷堅志六十卷（甲乙丙志）夷堅志八十卷（丁戊己庚志）胡仔漁隱叢話前後集四十卷姚迥隨因紀述一卷王煥北山紀事十二卷何晦摭言十五卷又廣摭言十五卷僧贊寧傳載八卷徐鉉稽神録十卷蘇轍龍川志六卷蘇軾東坡詩話一卷楊囦道四六餘

話二卷謝伋四六談麈二卷葉凱南宮詩話一卷葉夢得石林避暑録二卷馬永卿嬾真子五卷趙槩見聞録二卷王同叙事一卷劉斧翰府名談二十五卷又摭遺二十卷青瑣高議十八卷僧文瑩湘山野録三卷又玉壺清話十卷李端彥賢已集三十二卷王陶談淵一卷錢明逸衣冠盛事一卷句讀坐右書一卷曾鞏雜識一卷張師正怪集五卷又倦遊雜録十二卷括異志十卷畢仲詢幕府燕閑録十卷劉攽三異記一卷岑象求吉凶影響録八卷龎元英南齋雜録一卷孔平仲釋稗一卷又續世說十二卷孔氏雜說一卷

魏泰訂誤集二卷又東軒筆録十五卷陳正敏劒溪野話三卷又遯齋閒覽十四卷李廌師友談記十卷王山筆奩録七卷董逌錢譜十卷王闢之澠水燕談十卷宋肇筆録三卷次其祖庠遺語李孝友歷代錢譜十卷劉延世談圃三卷成材朝野雜編一卷張舜民畫墁録一卷陳師道談叢究理一卷後山詩話一卷李獻民雲齋新說十卷和平談選士一卷章炳文搜神秘覽三卷王得臣麈史三卷令狐皡如歷代神異感應録二卷王讜唐語林十一卷黄朝英靑箱雜記十卷李注李冰治水記一卷王鞏甲申雜記一卷又聞見

近録一卷朱無惑萍州可談三卷僧惠洪冷齋夜話十三卷汪藻世說叙録三卷洪皓松漠紀聞二卷方勻泊宅編十卷費伯高好還集十卷何侑歎息一卷周煇清波別志二卷孫宗鑑東皐雜記十卷洪炎侍兒小名録一卷陸游山陰詩話一卷秦再思洛中記異十卷姚寬西溪叢話二卷耿煥牧豎閑談三卷又野人閑話五卷陳纂葆光録三卷孫光憲北夢瑣言十二卷潘若冲郡閣雅言二卷王舉雅言系述十卷吳淑秘閣閑觀五卷又江淮異人録三卷李昉太平廣記五百卷陶岳貨泉録一卷張齊賢太平雜編二

卷賈黄中談録一卷張洎撰錢易洞微志三卷又滑稽集一卷南部新書十卷陳彭年志異十卷祖士衡西齋話記一卷樂史廣卓異記二十卷張君房潮說三卷又乘異記三卷科名分定録七卷搢紳脞說二十卷王績補妬記八卷李畋該聞録十卷蘇耆閑談録二卷黄林復茅亭客話十卷歐靖宴閑談柄一卷上官融友會談叢三卷王子融百一紀一卷梁嗣眞荆山雜編四卷邵思野說三卷勾台符岷山異事三卷聶田俱異志十卷盧臧范陽家志一卷丘濬洛陽貴尚録十卷宋庠楊億談苑十五卷湯巖起詩海遺珠

一卷趙辟公雜說一卷江休復嘉祐雜志三卷竊神記十卷延賓佳話四卷林下笑談一卷世說新語一卷翰苑名談三十卷說異集二卷墨客揮犀二十卷北窓記異一卷道山新聞一卷紺珠集十三卷儆告一卷垂虹詩話一卷（並不知作者）

右小說類三百五十九部一千八百六十六卷

甘石巫咸氏星經一卷石氏星簿讚曆一卷張衡大象賦一卷苗為注張華小象賦一卷乾象錄一卷抱真子上象握鑑歌三卷呂晚成上象鑑三卷大象玄文二卷垂象志二卷閭丘業大象玄機歌一卷（本三卷殘）

關天象圖一卷大象曆一卷入象度一卷乾象秘訣一卷祖暅天文錄十三卷天文總論十二卷天文廣要三十五卷立成天文三卷符天經一卷曹士蒍符天經疏一卷符天通真立成法二卷天文秘訣二卷天文經三卷天文錄經要訣一卷（題祖暅書）後魏天文志四卷王安禮天文書十六卷二儀賦一卷李淳風乾坤秘奧七卷太陽太陰賦二卷日月氣象圖五卷上象二十八宿纂要訣一卷太白會運逆兆通代記圖一卷日行黃道圖一卷月行九道圖一卷雲氣圖一卷渾天方志圖一卷九州格子圖一卷張商英三才定位

圖一卷大象列星圖三卷大象星經一卷乾文星經二卷劉表星經一卷又星經三卷上象占要略一卷天文占三卷天象占一卷乾象秘占一卷占北斗一卷張華三家星歌一卷又玉函寶鑑星辰圖一卷渾天列宿應見經十二卷眾星配位天隔圖一卷文殊星曆二卷上象星文幽棲賦一卷唐昧秤星經三卷星說繫記（一作紀）一卷浣天星圖一卷陶隱居天文星經五卷徐承嗣星書要略六卷星經手集二卷天文星經五卷皇祐星經一卷五星交會圖一卷徐昇長慶筭五星所在宿度圖一卷七曜雌雄圖一卷文殊

七曜經一卷七曜會聚（一作曆）一卷符天九星筭法一卷李世勣二十八宿纂要訣一卷又日月運行要訣一卷僧一行二十八宿秘經要訣一卷宋均妖瑞星圖一卷妖瑞星雜氣象一卷桑道茂大方廣（一作大方廣）經神圖曆一卷仰覆玄黃圖十二分野躔次一卷仰觀十二次圖一卷宿曜度分域名錄一卷華夏諸國城名曆一卷渾儀一卷渾儀法要十一卷渾天中影表圖一卷歐陽發渾儀十二卷又刻漏五卷晷影法要一卷豐稷渾儀浮漏景表銘詞四卷蘇頌渾天儀象銘一卷韓顯符天文明鑑占十卷瞿曇悉達開元占經四卷二十八宿分野五星巡應占一卷推占龍母探

珠詩一卷古今通占三十卷楃掌占十卷荆州占三
卷蕃占星書要略五卷占風九天玄女經一卷雲氣
測賦候一卷占候雲雨賦一卷驗天大明曆一卷符
天五德定分曆三卷王洪暉日月五星慧孛凌犯應
驗圖三十卷上象應驗録一十卷郭頴夫（一作士）符天
大衍休咎訣一卷五星休咎賦一卷張渭符天災福
新術五卷天文日月星辰變現災祥圖一卷仁宗寶
元天人祥異書十卷徐彦卿徵應集三卷玄象應驗録
二十卷祥瑞圖一卷都利聿斯經一卷聿斯四門經
一卷聿斯歌一卷樞要經一卷青霄玉鑑二卷碧霄

金鑑三卷碧落經十卷蔣權卿應輪心鑑五卷崔寓
神象氣運圖十卷紫庭祕訣一卷玄緯經二卷辨貟
（一作真）經二卷大霄論璧第五一卷氣象圖一卷乙巳
略例十五卷唐書距子經一卷陶弘景象曆一卷括
星詩一卷玄象隔子圖一卷鏡圖三卷天文圖一卷
三元經傳一卷大衍明疑論十五卷交食論一卷（並不
知作者）王希明丹元子步天歌一卷楊惟德乾象新書
三十卷新儀象法要一卷張宋臣列宿圖一卷張宏
圖天文志訛辨一卷阮泰發水運渾天機要一卷鄒
淮考異天文書一卷

右天文類一百三十九部五百三十一卷

郭璞三命通照神白經三卷陶弘景五行運氣一卷
青子録班氏經一卷（不知名）李淳風五行元統一卷王
希明太一金鏡式經十卷僧一行遁甲通明無惑十
八鈐局一卷元兢禄命厄會經一卷楊龍光禄命厄
運歌一卷李吉甫三命行年韜鈐祕密二卷李虛中
命書格局二卷珞琭子賦一卷（不知姓名宋李企注）許季山易
訣一卷周易八帖四卷周易髓要雜訣一卷周易天
門子訣二卷周易三略經三卷易林三卷諸家易林
一卷易新林一卷易傍通手鑑八卷易玄圖一卷周

易稡蓂訣一卷易頌卦一卷大清易經訣一卷周易
通貞三卷周易子夏占一卷周易口訣開題一卷周
易飛燕轉關林一卷周易括世應頌一卷周易鬼靈
經一卷周易三空訣一卷周易三十六占六卷周易
文詠八卷周易鬼鎮林一卷周易金鑑歌一卷周易
聯珠論一卷周卦轆轤關一卷易轆轤圖頌一卷易
大象歌一卷周易卜卦一卷又玄理歌一卷地理觀
風水歌二卷陰陽相山要略二卷郭璞周易玄義經
一卷周易察微經一卷周易鬼御算一卷周易逆剌
一卷易鑑三卷黃子（一作景）玄易頌一卷王守一周易

揲玄九卷本卷十易訣雜頌一卷易杜祕林一作林祕一卷易大象林一卷李鼎祚易髓三卷目一卷瓶子記三卷成玄英易流演五卷虞翻注京房周易律曆一卷陶隱居易髓三卷王鄯周易通神歌一卷張胥周易繚繞詞一卷靈隱子周易河圖術一卷焦氏周易玉鑑頌一卷周易三備雜機要一卷周易經類一卷法易一作易法一卷周易竅書一卷周易靈真述一卷周易靈真訣一卷易卦林一卷周易飛伏例一卷周易火竅一卷周易備要一卷周易六神頌一卷天門子易髓一卷管公明隔山照一卷文王版詞一卷王巖金箱要錄一卷朱异稽疑二卷周象玄珠五卷六證括天地經一卷黃帝天輔經一卷孫臏卜法一卷劉表荊州占二卷海中占十卷武密古今通占鑑三十卷李淳風乙巳占十卷又雜占一卷帝王氣象占一卷氣象占一卷西天占書一卷白澤圖一卷周遁三元纂例一卷陰陽遁八一作入局立成法一卷陰陽二遁萬一訣四卷遁甲要用歌式二卷陽遁天元局法一卷陰陽遁甲經三卷陰陽遁甲立成一卷天一遁甲兵機要訣二卷三元遁甲經一卷遁甲符應經三卷太一玄鑑十卷太一新鑑三卷樞會賦一卷九宮口

訣三卷玉帳經一卷乾坤祕一作要七卷蓬瀛經三卷濟家備急廣要錄一卷三元經一卷二宅賦一卷行年起造九星圖一卷宅心鑑式一卷相宅經一卷宅體一作髓經一卷九星修造吉凶歌一卷陰陽二宅歌一卷二宅相占一卷太白會運纖記一卷九天祕記一作訣一卷詳思記一卷玄女金石玄悟術三卷西王母玉訣一卷通玄玉鑑頌一作頌二卷封演元正一作正元占書一卷周輔占經要訣二卷番占要略五卷天機立馬占一卷統占二卷六甲五行雜占機要二卷乙巳指占圖經三卷入倫寶鑑卜法一卷杜靈貴卜法一卷占候應驗二卷晷新筭經法三卷易晷限筭一卷晷限立成一卷費直焦貢晷限曆一卷韋偉入元晷限經三卷銘五卷軌革祕寶一卷軌革指迷照膽訣一卷軌革照膽訣一卷史蘇五兆龜經一卷又龜眼玉鈐論三卷五兆金車口訣一卷五兆祕訣三卷五行日見五兆法三卷五兆穴門術三卷靈碁經一卷龜繚繞訣一卷聶承休龜經雜例要訣一卷玄女玉函龜經三卷古龜經二卷神龜卜經二卷劉玄龜髓經論一卷毛寶定龜竅一卷龜甲曆一卷龜兆口訣五卷龜經要略二卷龜髓訣二卷春秋龜策經一卷黃

石公備氣三元經二卷玄女五兆筮經五卷李進注
靈碁經一卷金石經三卷靈骨經一卷螺卜法一卷
大道通靈肉𥆧論一卷皷角證應傳一卷鄭子占鳥
經二卷占鳥法圖一卷袁天綱（一作孫思邈）九天玄女墜
金法一卷怪書一卷響應經一卷玄女三廉射覆經
一卷通明玉帳法一卷遁甲步小遊太一諸將立成
圖二卷相書七卷相氣色詩一卷要訣三卷玄明經
一卷閭丘純射覆經一卷東方朔射覆經三卷又占
神光耳目法一卷相枕經一卷馬經三卷相馬經三
卷盧重玄夢書四卷柳璨夢儁一卷周公解夢書三

卷王升縮（或無縮字）占夢書十卷陳襄校定夢書四卷又
校定相笏經一卷校定京房婚書三卷李靖候氣祕
法三卷又六十甲子占風雨一卷五音法一卷陰陽
律體（一作髓）一卷靈關訣益智二卷袖中金五卷玄女
常手經二卷神訣一卷遊都璧玉經一卷麻安石災
祥圖一卷風角鳥情三卷日月風雲氣候一卷日月
暈貫氣一卷日月暈蝕一卷氣色經一卷諸葛亮十
二時風雲氣候一卷五行雲霧歌二卷占風雨雷電
一卷年代風雲（一作雨）占一卷竇維鋈廣古今五行記
三十卷周麟竹倫經三卷馮思古遁甲六經（卷亡）丘延

翰金鏡圖一卷通真子玉霄寶鑑經一卷三命指掌
訣一卷文靖通玄五命新括三卷董子平太陰三命祕
訣一卷楊繪元運元氣本論一卷何朝命術一卷李
燕三命九中歌一卷徐鑒三命機要說一卷林開五
命祕訣五卷僧善嵩訣金書一十四字要訣一卷凝神
子一卷（不知姓名）凝神子八殺經一卷凝神子解悟經一
卷西城野人參五志二卷八九變通一卷白雲愚叟
五行圖一卷知玄子秦浼太一占玄歌一卷劉烜元
中祛惑經一卷占雨晴法一卷金鑑占風訣一卷三
元飛化九宮法一卷行年五鬼運轉九宮法一卷山

罔機要賦一卷山罔氣象雜占賦一卷五音地理詩
三卷五音地理經訣十卷陰陽葬經三卷搖機口訣
一卷搖鑑經（一作握鑑經）五卷洞幽識祕要圖三卷靈寶
六丁通神訣三卷通天靈應寶勝法二卷黃石記五
卷劉啓明雲氣測候賦一卷定風占詩三卷風角五
音占一卷日月暈圖經二卷占候雲雨賦一卷風雲
關鑰祕訣一卷雲氣形象玄占三卷天地照耀占一
卷李經表虹蜺災祥一卷宿曜録鬼鑑一卷日月城
砦■氣象災祥圖一卷中樞祕頌太一明鑑五卷太
一五元新曆一卷太一七術一卷太一陰陽定計主

客决勝法一卷太一循環曆一卷太一會運逆順通代記陣圖一卷六壬軍帳賦一卷六壬詩一卷六壬六十四卦名一卷六壬戰勝歌一卷六壬出軍立就曆三卷六壬玉帳經一卷王承昭（一作紹）占風雲歌一卷占風雲氣候日月星辰圖七卷望江南（風角）集二卷張良陰陽二遁一卷胡萬頃太一遁甲萬勝時定主客立成訣一卷一行遁甲十八局一卷司馬驤遁甲符實萬歲經圖曆一卷馮繼明遁甲元樞二卷玄女遁甲祕訣一卷天一遁甲圖一卷天一遁甲鈐曆一卷天一遁甲陰局鈐圖一卷遁甲搜元經一卷遁甲

陽局鈐一卷遁甲陰局鈐一卷杜惟翰（一作幹）太一集八卷太一年表一卷十三神太一一卷御序景祐三式太一福應集要十卷王處訥太一青虎甲寅經一卷康洙序時遊太一立成一卷廣夷太一秘歌一卷太一細行草一卷太一雜集筆草一卷太一時計鈐一卷太一陽九百六經一卷太一神樞長曆一卷太一陽局鈐一卷太一陰局鈐一卷九宮太一一卷樂產王佐祕珠五卷神樞靈轄經十卷馬先天寶靈應式經（一作紀一作記）五卷日遊太一五子元出軍勝負七十二局一卷黃帝龍首經一卷九宮經三卷九宮圖一

卷九宮占事經一卷桑道茂九宮一卷又三命吉凶二卷撮要日鑑一卷六十四卦歌一卷郗良玉三元九宮一卷九宮應瑞太一圖一卷楊龍光九宮要訣一卷又九宮詩一卷九宮推事式經一卷祿命歌一卷祿命經一卷風后三命三卷朱琬六壬寸珠集一卷六壬錄六卷五真降符六壬神武經一卷六壬關例集三卷六壬維干煦幽曆六卷張氏六壬用三十六禽祕訣三卷大六壬式局雜占一卷六壬玄機歌三卷六壬七曜氣神星禽經（一作紀）一卷馬雄絳囊經一卷金匱經三卷髓經心經鑑三卷徐琬啓蒙纂要一

卷李筌玉帳歌十卷祕寶翠羽歌三卷明鑑連珠歌一卷清華經三卷推人鈞元法一卷由吾裕式心經略三卷式合書成一卷用式法一卷式經纂要三卷玄女式鑑一卷三式訣三卷天關五符式一卷三式參合立就曆三卷金照式經十卷雷公式局一卷靈應式五卷小遊宮曆一卷三元六紀曆一卷玉鈐曆一卷明鑑起例曆三卷枝元長曆一卷日輪曆一卷五音百忌曆二卷葬疏三卷孫洪禮萬歲循環曆一卷僧德濟勝金曆一卷畢天水曆一卷畢天六甲曆六卷選日樞要曆四卷姸神曆一卷擇十二月鈐曆

二卷七門行曆一卷大要曆三卷三皇祕要曆一卷
選課歲曆一卷大明曆二卷杜崇龜明時總要曆一
卷陳恭釗天寶曆注例二卷唐七聖曆一卷横推曆
一卷兵鈐月鏡纂要立成曆一卷李淳風十二宫入
式歌一卷僧居白五行指掌訣二卷逍遥子鮮鶚經
三卷不知姓名三命總要三卷太一中天密旨三卷西天
都例經一卷三元經三卷淘命歌一卷三元龜鑑一
卷五命一卷五音鳳髓經一卷大衍五行數法一卷
三局天關論一卷六十甲子釋名一卷金掌圖竅一
卷三局九格六陽三命大數法奇門萬一訣遁甲萬

一訣太一遁甲萬一訣已上四部無卷陰陽萬一訣一卷金
樞八象統元經三卷太一陰陽二遁一卷陰陽二遁
局圖一卷陰陽二遁立成曆一卷遁甲玉女返閉局
一卷太一金鏡備式録十卷太一立成圖一卷太一
飛鳥十精曆一卷僧重輝一作耀正德通神曆三卷大
會殺曆卷史序乾坤寶典四百五十五卷乾坤總録
五卷黄淳通乾論五卷黄帝朔書一卷託大公師曠東方朔撰
年鑑一卷劉玄一作先之月令圖一卷陰陽寶録一卷
西天陰符槊微七政經論一卷五符圖一卷選日陰
陽月鑑一卷李遂通玄三命論三卷李燕三命一卷

又三命詩一卷三命九中歌一卷珞琭子三命消息賦
一卷凝神子五行三命手鑑一卷三命大行年入局
鶺鈐三卷大行年推禄命法一卷三命殺曆一卷孟
遇三命訣三卷禄命人元經三卷禄訣經三卷五行
貴盛生月法一卷五行消息訣一卷蕭古一作吉五行
大義五卷金書四字五行一卷四季觀五行論一卷
珞琭子五行家國通用圖録一卷訓字五行歌二卷
珞琭子五行疏十卷樵子五行志五卷羅賓老五行
定分經三卷濮陽鷃子復五行志五卷寶塗廣古今陽復
五行記三十卷五行通用曆一卷金河流水訣一卷

王叔政推太歲行年吉凶厄一卷李燕穆護詞一卷
息一作馬融消機口訣洪範碎金訓字一卷七曜氣神星禽經
三卷納禽宿經一卷廖惟馨星禽曆一卷杜百一作相伯
子禽法一卷司馬先生三十六禽歌一卷占課禽宿
情性訣一卷蘇登神光經一卷許負形神心鑑圖一
卷始一作姑布子卿相法一作書一卷朱述相氣色面圖
一卷玄靈子祕術骨法圖一卷相禄歌二卷察色相
書一卷人鑑書七卷龜照口訣五卷人倫真訣十卷
女仙相書三卷相氣色圖五卷雲蘿通真神相一作明
訣十卷柳清風相歌二卷郭峴述顯光師相法一卷

十七家集衆相書一卷占氣色要訣圖一卷柳陰(一作
隨)風占氣色歌一卷形神論氣色經一卷元解訣一
卷相書二卷月波洞中龜鑑一卷應玄玉鑑一卷六
神相字法一卷相笏經三卷陳混掌相笏經一卷(管輅
李淳風法)蕭繹相馬經一卷常知非馬經三卷谷神(一作鬼谷)
子辨養馬(一作養良馬)論一卷相馬病經三卷相犬經一
卷王立豹鷹鷂候訣一卷鷹鷂五藏病源方論一卷
堪輿經一卷太史堪輿一卷商紹太史堪輿曆一卷
黃帝四序堪輿經一卷占婚書一卷周公壇經三卷
王佐明集壇經一卷李遠龍紀聖異曆一卷五音三

元宅經三卷陰陽宅經一卷陰陽宅經圖一卷王澄
二宅心鑑三卷又二宅歌一卷陰陽二宅圖經一卷
黃帝八宅經一卷淮南王見機八宅經一卷一行庫
樓經一卷上象陰陽星圖一卷金圖地鑑一卷地鑑
書三卷孫李邕葬範五卷地里六壬六甲八山經八
卷地理三寶經九卷五音山岡訣一卷地論經五卷
地理正經十卷朱仙桃地理贊一卷又玄堂範一卷
地理口訣一卷僧一行地理經十二卷又靈轄歌三
卷玉關歌一卷含意歌七卷通玄靈應頌三卷天一
通玄機微翼圖一卷天一玄成局一卷玄樞經一卷

玄樞纂要一卷知人秘訣二卷玄中祛惑經三卷遁
甲鈐一卷八門遁甲入式歌一卷三元陰局一卷難
逃論一卷靈臺篇一卷藻鑑了義經一卷鄗首經三
卷玄象秘録一卷真象論一卷清霄玉鏡要訣一卷
二十八宿行度口訣一卷星禽課一卷群書古鑑録
無卷(並不知作者)仁宗洪範政鑑十二卷楊惟德王立翰
太一福應集要一卷楊惟德景祐遁甲符應經三卷
七曜神氣經二卷(楊惟德王立翰李自立河堪等撰)丘濬霸國環周
立成曆一卷張中太一金照辨誤歸正論一卷魏申
太一總鑑一百卷上官經邦大始元靈洞微數一卷

張宏國五行志訛辨一卷黃石公地鏡訣一卷(一名照寶
曆題東方朔進)庚肴吾金英玉髓經一卷陶弘景握鏡圖一
卷陳樂産神樞靈轄經十卷李靖九天玄機八神課
一卷六壬透天關法一卷李鼎祚明鏡連珠十卷呂
才廣濟百忌曆二卷李淳風乾坤秘奧一卷九天觀
燈法一卷六壬精髓經一卷(一名甲經)婁質龜論一卷濤
(風石室得於)僧一行肘後術一卷選日聽龍經一卷僧令
岑六壬翠羽歌三卷漢道士姚可久山陰道士經三
卷碧眼先生壬髓經三卷(茅山野叟湯渭注)發蒙陵西集一
卷發蒙入式真草一卷陰陽集正曆三卷選日纂聖

精要一卷玄女關格經一卷皆六壬占驗之訣式法一卷起甲子終癸亥皆六壬雜驗之法雜占覆射一卷六壬金經玉鑑一卷載六壬生旺剋殺之數萬年祕訣一卷載擇日辰吉凶之法玉女肘後述一卷以六壬三傳之法為歌玉關歌一卷載六壬三傳之驗黃河餅子記一卷神樞萬一祕要經一卷越覆經一卷事神歌一卷會靈經一卷載六壬雜占之法纈翠經一卷灰火經一卷蛇髓經一卷以日辰衰旺為占九門經一卷小廣濟立成雜曆一卷文武百官赴任上官壇經一卷玄通玉鏡占一卷六壬課祕訣一卷六壬課鈐一卷玉樞真人玄女截壬課訣一卷占燈法一卷三鏡篇一卷周易神煞旁通曆一卷雜占祕要一卷乾坤變異錄一卷玄女簡要清華經三卷太一占鳥法一卷黍玄通正曆一卷擇日要法一卷選時圖二卷黃帝龍首經一卷易鑑一卷月纂一卷萬勝候天集一卷並不知作者雲雨賦一卷崇文總目有劉啓明占候雲雨賦式即此書也鄭德源飛電歌一卷僧紹端神釋應夢書三卷詹省遠夢應錄一卷楊惟德六壬神定經十卷王升六壬補闕新書五卷上官撮要一卷陳從吉類編圖注萬曆會同三十卷劉氏三曆會同一卷周渭彈冠必用一卷胡舜申陰陽備用十三卷趙希道消吉撮要一卷顧眺壇經簪飾一

卷蔣文舉陰陽備要一卷趙景先拜命曆一卷徐道符六壬歌三卷陸漸六壬了了歌一卷佘琇六壬玄鑑一卷王齊瞽門玉髓課一卷張玄達相押字法一卷苗公達六壬密旨二卷楊稠六壬旁通曆一卷劉玄之月令節候圖一卷姜岳六壬賦三卷楊可五行用式事神一卷郭璞山海經十八卷趙浮丘公相鶴經一卷左慈助相規誡一卷郭璞瘞書一卷山海圖經十卷郭璞序不著姓名袁天罡玄成子一卷孫思邈坐照論并五行法一卷柳清風周世明等玉冊寶文八卷李淳風立觀經一卷僧一行地理經十五卷呼龍經一卷金歌四季氣色訣一行撰論孫知古人倫龜鑑三卷王澄陰陽二宅集要二卷僧正固骨法明鏡三卷丘延翰銅函記一卷天定盤古局一卷漢赤松子海角經一卷明鏡碎金七卷唐舉肉眼通神論三卷金鑠歌一卷鬼谷子觀氣色出圖相一卷黃石公八宅二卷許負相訣三卷李淳風一行禪師葬律祕密經十卷呂才楊烏子改墳枯骨經一卷曾楊一青囊經歌二卷楊救貧正龍子經一卷曾文展八分歌一卷李筌金華經三卷宋齊丘玉管照神局二卷天花經三卷序云黃巢得於長安晏氏辨氣色上面詩一卷不知名劉虛白三

輔學堂正訣一卷危延真相法一卷五星六曜面部
訣一卷裴仲卿玄珠囊骨法一卷劉度具氣色真相
法一卷王希逸地理秘妙歌訣一卷地理名山異形歌
一卷孫臏墊白骨曆一卷亡隱逸人王環經一卷不知姓名天
涯海角經一卷不知作者九江李麟注解徽宗太平廣覽圖一卷
陳搏人倫風鑑一卷司空班范越鳳尋龍入式歌一
卷王洙地理新書三十卷蘇粹明地理指南三卷蔡
望五家通天局一卷報應九星妙術文局一卷劉次
莊青囊本旨論二十八篇一卷胡翊地理詠要三卷
魏文卿撥沙經一卷李戒營造法式三十四卷月波

洞中記一卷月師歌一首言墾地二十四位星辰休咎麻子經一
卷玄靈子三卷通心經三卷藻鑑淵微一卷雜相骨
聽聲一卷亡氣色微應三卷通微妙訣一卷亡中定聲氣骨法
一卷亡金歌氣色秘錄一卷學堂氣骨心鏡訣一卷亡玉葉歌
一卷洞靈經要訣一卷雜相法一卷天寶星經一卷
青囊經一卷亡陰陽七元升降論一卷亡玄女墓龍冢山年月
一卷玄女星羅寶圖訣一卷紫微經歌一卷亡白鶴望山
經一卷八山二十四龍經一卷天仙八卦真妙訣一
卷黃泉敗水吉凶法三卷踏地賦一卷分龍真殺五
音吉凶進退法一卷地理澄心秘訣一卷八山穿珠

歌一卷山頭步水經一卷山頭放水經一卷大卦煞
人男女法一卷地理搜破穴訣一卷臨山寶鏡斷風
訣一卷叢金訣一卷錦囊經一卷玉囊經一卷黃囊
大卦訣一卷地理秘要集一卷通玄論一卷地理八
卦圖一卷駐馬經一卷活曜修造吉凶法一卷天中
寶經知吉凶星位法一卷修造九星法歷代史相一
卷相具經一卷並不知作者李仙師五音地理訣一卷赤
松子碎金地理經二卷地理珠玉經一卷地理妙訣
三卷石函經十卷銅函經三卷周易八龍山水論地
理一卷老子地鑑訣秘術一卷五姓合諸家風水地

理一卷昭幽記一卷鬼靈經并枯骨經二卷唐刪定
陰陽墊經二卷唐書地理經十卷青烏子歌訣二卷
金鷄曆一卷五音二十八將圖一卷赤松子三卷易
括地林一卷丘廷翰五家通天局一卷夫子搖斗記
一卷孔子金鏁記一卷推背圖一卷鬼谷子白虎經
一卷又白虎五通經訣一卷洞幽秘要圖一卷孝經
雌雄圖四卷河上公金藏秘訣要略一卷玄珠握鑑
三卷玉函寶鑑三卷真人水鑑十三卷張華三鑑靈
書三卷陶弘景握鑑方三卷證應集三卷金婁先生
秘訣三卷真圖秘訣一卷銘軌五卷胡濟川小遊七

十二局立成一卷大小遊三奇五福立成一卷十一神旁通太歲甲子圖一卷曹植黃帝寶藏經三卷括明經一卷悟迷經一卷余考(一作秀)旦暮經一卷神樞萬一祕經一卷紀重政祕要一卷玄女十課一卷呂佐公撮殺律一卷徐遂發蒙一卷雷公印法三卷雷周地論七曜一卷陰術氣神一卷七曜氣神歷代帝紀五卷玉堂祕訣一卷大運祕要心髓訣一卷呂才陰陽書一卷五姓鳳髓寶鑑論一卷陰陽雜要一卷玄珠録要三卷張良玄悟歌一卷斗書一卷陰陽二卷論卷黃帝四序經一卷寶臺七賢論一卷五姓玉訣旁

通一卷選日時向背五卷陰陽立成選日圖一卷七曜選日一卷周公要訣圖一卷師曠擇日法一卷假黃帝問卷淮南子術一卷推貴甲子太極尊神經一卷祕訣歌一卷福應集十卷連珠經十卷玄女斷卦訣一卷明體經一卷心注餅子記一卷錦纈囊一卷心鏡歌三卷指要三卷萬一訣一卷符應三卷隨軍樞要三卷禳厭祕術詩三卷廣知集二卷圓象玄珠經五卷脉六十四卦歌訣一卷人元祕樞經三卷陶隱居一卷風后一卷李寬一卷通元論三卷凝神子三卷黃帝四序經一卷聿斯四門經一卷氣神經三卷氣

神帝紀五卷符天人元經一卷聿斯經訣一卷大定露膽訣一卷聿斯都利經一卷應輪心鏡三卷秤經三卷聿斯隱經三卷碧落經十卷新書三十卷三鏡三卷九天玄女訣一卷龍母探珠頌一卷通玄玉鑑頌一卷徵應集三卷王與之鼎書十七卷

右五行類八百五十三部二千四百二十卷

三墳易典三卷(題貫子注)周易三備三卷(題孔子師徒所述蓋依託也)嚴遵卦法一卷焦贛易林傳十六卷京房易傳筭法一卷易傳三卷管輅遇仙訣五音歌六卷周易八仙歌三卷易傳一卷郭璞周易洞林一卷呂才軌限周

易通神寶照十五卷李淳風周易玄悟三卷易通子周易菥蓂璇璣軌革口訣三卷蒲乾貫周易指迷照膽訣三卷黃法五兆曉明龜經一卷祿隱居士易英揲蓍圖一卷(不知名)中條山道士王鄯易鏡三卷無惑先生易鏡正經二卷耿格大演天心照一卷牛思純太極寶局一卷任奉古明用蓍求卦一卷林儵天道大備五卷軌革金庭玉鑑七卷周易神鏡鬼谷林一卷通玄海底眼一卷六十四卦頌諭一卷文象雜占一卷六十四卦火珠林一卷周易靈祕諸關歌一卷鑿骨林一卷靈龜經一卷軌革傳道録一卷證六十

甲子納音五行一卷龜圖一卷周易讚頌六卷（並不知作者）

右蓍龜類三十五部一百卷

志卷第一百五十九

志卷第一百六十　宋史二百七

開府儀同三司上柱國錄軍國重事前中書右丞相監修國史領經筵事臣脫脫等奉

勑修

藝文六

苗銳新删定廣聖曆二卷僧一行開元大衍曆議十三卷啓玄子天元玉冊十卷甄鸞五曹筭術二卷海島筭術一卷趙君卿周髀筭經二卷張立建筭經三卷夏侯陽筭經三卷王孝通緝古筭經一卷謝察微筭經三卷李籍九章筭經音義一卷又周髀筭經音義一卷李紹穀求一指蒙筭術玄要一卷郭獻之唐

寶應五紀曆三卷徐承嗣唐建中貞元曆三卷邊岡唐景福崇玄曆十三卷大唐長曆一卷馬重績晉天福調元曆二十三卷王處訥周廣順明元曆一卷又建隆應天曆六卷王朴周顯德欽天曆十五卷蜀武成永昌曆三卷唐保大齊政曆三卷苗訓太平乾元曆九卷太平興國七年新修曆經三卷史序儀天曆十六卷曹士蔿七曜符天曆二卷七曜符天人元曆三卷楊緯（緯一作緷）符天曆一卷王公佐中正曆三卷正象曆一卷李思議重注曹士蔿小曆一卷七曜符天曆一卷大衍通玄鑑新曆三卷沈括熙寧奉元曆一

部卷上熙寧奉元曆經三卷立成十四卷備草六卷比較交蝕六卷衞朴七曜細行一卷新曆正經三卷義略二卷立成十五卷隨經備草五卷七曜細行一卷長曆三十卷並孫思恭注大衍曆經二卷大衍曆立成十一卷大衍曆議略一卷大衍議十卷宣明曆經二卷宣明曆立成八卷宣明曆要略一卷大衍曆經二卷正元曆立成八卷崇元曆經三卷崇元曆立成七卷調元曆經二卷調元曆立成十二卷調元曆草八卷欽天曆經二卷欽天曆立成六卷欽天曆草三卷應天曆經二卷應天曆立成一卷乾元曆經二卷乾元

曆立成二卷儀天曆經二卷儀天曆立成十三卷崇天曆經二卷崇天曆立成四卷明天曆經三卷明天曆立成十五卷明天曆略二卷符天曆三卷姚舜輔蝕神隱耀曆三卷丘濬霸國環周立成曆一卷陰陽集正曆三卷曆日纂聖精要一卷曆樞二卷難逃論一卷符天行宮一卷轉天圖一卷萬歲日出入晝夜立成曆一卷五星長曆一卷正象曆一卷胡秀林正象曆經一卷章浦符天九曜通元立成法二卷氣神經三卷氣神鈐曆一卷氣神隨日用局圖一卷莊守德七曜氣神歌訣一卷呂才刻漏經一卷錢明逸西

國七曜曆一卷闞子明注安脩睦都聿斯訣一卷聿斯隱經一卷聿斯妙利要旨一卷李淳風注釋九章經要略一卷又注釋孫子算經三卷注王孝通五經算法一卷注甄鸞五曹算法二卷劉徽徽一作九章算田草九卷王孝適緝古算經一卷程柔五曹算經求一法三卷曾靖五曹時要算術三卷五曹乘除見一捷例算法一卷夏翰一作翔新重演議海島算經一卷甄鸞注徐岳大衍算術法一卷謝察微發蒙算經三卷僧一行心機算術括一作格一卷僧棲巖注徐仁美增成玄一算經三卷陳從運得一算經七卷三問田算術

一卷龍受益算法二卷又求一算術化零歌一卷新易一法算範九例要訣一卷徐岳術數記遺一卷合元萬分曆三卷作者名術不知姓名注九章算經九卷魏劉徽唐李淳風注孫子算經三卷不知名五曹算經五卷李淳風等注長慶宣明大曆二卷萬年曆十二卷青蘿妙度真經大曆一卷行漏法一卷太始天元玉冊截法六卷求一算法一卷細曆書一卷王曆通政經三卷並不知作者燕肅蓮花漏法一卷錢明逸刻漏規矩一卷王普小漏欽識一卷官曆刻漏圖一卷衞朴奉元曆經一卷觀天曆經一卷紹聖元符頒行姚舜輔統元曆經一卷裴伯

壽陳得一紀天曆統七卷又統元曆五星立成二卷
統元曆盈縮朏朒立成一卷統元曆日出入氣刻立
成一卷統元曆義二卷統元七曜細行曆二卷統元
曆氣朔八行草一卷統元曆考古日食一卷三曆會
同集十卷紹興初撰不知名張祚注法筭三平化零歌一卷
龍受益法王守忠求一術歌一卷筭範要訣二卷明筭指
掌三卷江本一位筭法二卷任弘濟一位筭法問答
一卷楊鍇明微筭經一卷法筭機要賦一卷法筭口
訣一卷筭法秘訣一卷筭術玄要一卷劉孝榮新曆考
古春秋日食一卷新曆考漢魏周隋日月交食一卷

新曆考唐交食一卷新曆氣朔八行一卷疆弱月格
法數一卷賈憲黃帝九章筭經細草九卷張宋圖史
記律曆志訛辨一卷儀象法要一卷紹聖中編細行曆書
二十卷起慶元庚申至嘉定己卯太史局進
右曆筭類一百六十五部五百九十八卷
風后握機一卷晉馬隆畧序六韜六卷不知作者司馬兵法三
卷齊司馬穰苴撰孫武孫子三卷吳起吳子三卷黃帝秘珠
三略三卷陰符二十四機一卷握機圖一卷決勝孫
臏集一卷太公兵書要訣四卷朱服校定六韜六卷
又校定孫子三卷校定司馬法三卷校定吳子二卷

校定三略三卷魏武帝注孫子三卷蕭吉注或題曹蕭注
孫子一卷賈林注孫子一卷陳皥注孫子一卷宋奇
孫子解并武經簡要二卷吳章注司馬穰苴兵法三
卷吳起玉帳陰符三卷白起陣書一作圖一卷又神妙
行軍法三卷戰國策三十三卷黃石公神光輔星祕
訣一卷又兵法一卷三鑑圖一卷兵書統要三卷三
略祕要三卷成氏注三略三卷諸葛亮行兵法五卷
又用兵法一卷行軍指掌二卷占風雲氣圖一卷兵
書七卷陶侃六軍鑑要一卷李靖韜鈐祕術一卷又
總要三卷六十甲子厭勝法一卷兵書三卷占風雲

氣一作雲三卷風雲論三卷三軍水鑑三卷用兵手訣
七卷出軍占風氣候十卷衛國公手記一卷李世勣
六十甲子內外行兵法一卷李淳風諸家秘要三卷
又行軍明時秘訣一卷太白華蓋法二卷雲氣營寨
占一卷行軍曆一卷李筌通幽鬼訣二卷又軍旅一作攻
指歸三卷北帝武威經三卷青囊託守勝敗歌并
營野戰一卷李光弼將律一卷又武記一卷九天察
氣訣三卷玄女厭陣法一卷又兵要式一卷行兵法
二卷兵法一卷雜占法一卷六甲陰符兵法一卷軍
謀前鑑十卷兵家正書十卷閫外紀一作記事十卷李

氏秘要兵書二卷又秘要兵術四卷對敵權變逆順法一卷佐國玄機一卷礮經一卷總戎志二卷李鼎祚兵鈐手曆一卷許子兵勝苑十卷統軍玉鑑錄一卷張守一鑿門詩一卷秘寶輿軍集一卷胡萬頃軍鑑式二卷王適行軍立成七十二局一卷安營臨陣觀災氣一卷決戰勝負圖一卷風雲氣象備急占一卷祕寶風雲歌一卷九宮軍要祕術一卷倚馬立成鑑圖一卷出軍占怪曆三卷羅子岊（岊一作）神機武略歌三卷易靜神機武略歌一卷行軍占風氣一卷軍占要略二卷鄭先忠軍機討略策三卷古今兵略十卷論天鏡（鑑一作）出戰要訣一卷將兵祕要法一卷武師左領記三卷牛洪道玄機立成法一卷孤虛明堂圖一卷軍用立成一卷何延錫辨解序一卷紀勳軍國要制五卷將軍總錄三卷李遠武孝經一卷王鑾行軍廣要算經三卷金符經三卷十二月立成陣圖法一卷行軍走馬立成法一卷立成掌中法一卷行軍要略分野星圖法一卷黃道法一卷徐漢卿制勝略三卷牟知白專征小格略一卷圖南兵略三卷從征錄五卷出軍別錄一卷兵書總要四卷兵策祕訣三卷萬勝訣二卷戰鬪祕訣一卷英雄龜鑑一卷兵

訣一卷隨軍要訣一卷軍謀要術一卷韜鈐祕要一卷軍旅要術一卷軍祕禳厭術一卷占軍機勝負龜訣一卷訓將勝術二卷兵書手鑑二卷尉繚子五卷（戰國時人）常穰經三卷（燕昭王太子撰蓋依託）黃石公三略三卷又素書一卷（張良所傳）諸葛亮將苑一卷兵書手訣一卷文武奇編一卷武侯八陣圖一卷鬼谷天甲兵書常穰術三卷（梁昭明太子撰）陶弘景真人水照十三卷李靖六軍鏡三卷六十甲子禳敵克應決勝術一卷玉帳經一卷李靖兵鈐新書一卷（並不知作者）九天玄女孤虛法一卷李淳風懸鏡經十卷郭代公安邊策三卷（唐郭震撰）李筌太白陰經十卷占五行星度吉凶訣一卷注孫子一卷閫外春秋十卷李光弼統軍靈轄祕策一卷五家注孫子三卷（魏武帝杜牧陳皞賈隱林孟氏）杜牧孫子注三卷裴緒新令二卷曹杜注孫子三卷（曹操杜牧）劉玄之行軍月令一卷李大著江東經略十卷綦先生兵書一十六卷（並不知名）許洞虎鈐兵經二十卷樂產太一王佐祕珠五卷靈元韜珠祕訣一卷黃帝太公兵法三卷（虞齊行進）趙彥譽南北攻守類攷六十三卷柴叔達浮光戰守錄一卷冲晦郭氏兵學七卷（郭雍述）論五府形勝萬言書一卷閫外策鈐五卷經武略二百九十卷治亂貫

怪記三卷三賢安邊策十一卷邊防備衛策一卷出
軍占候歌一卷通玄玉鑑一卷握鏡訣怪祥歌一卷
玄女遁甲經三卷李僕射馬前訣一卷防城動用一
卷彭門玉帳訣録一卷遁甲專征賦一卷帝王中樞
賦二卷長世論十卷武備圖一卷兵鑑五卷陰符握
機運宜要五卷並不知作者仁宗攻守圖術三卷曾公亮
武經總要四十卷蔡挺裕陵邊機處分一卷符彥卿
人事軍律三卷曾致堯清邊前要十卷王洙三朝經
武聖略十卷清邊武略十五卷風角占一卷康定間司天臺
集任鎮康定論兵一卷趙珣聚米圖經五卷慶曆軍

録一卷不知作者曾公奭軍政備覽一卷耿恭平戎議三
卷邊臣要略二十卷趙瑜安邊致勝策三卷吕夏卿
兵志三卷丘濬征蠻議一卷阮逸野言一卷劉滬備
邊機要一卷薛向陝西建明一卷吉天保十家孫子
會注十五卷王韶熙河陣法一卷韓縝元豐清野備敵
一卷何去非三備略講義六卷備論十四卷戴溪歷
代将鑑博議十卷張文伯百将新書十二卷劉温潤
西夏須知一卷王維清武昌要訣一卷徐研司命兵
機祕略二十八卷徐確總夫要録一卷張預集注百
将傳一百卷余壹兵籌類要十五卷葉上達神武祕

略論十卷夏休兵法三卷汪褘進復府兵議一卷古今
屯田總議七卷游師雄元祐分疆録二卷崇寧邊略
三卷不知作者劉荀建炎德安守禦録三卷度濟兵録八
十卷西齋兵議三卷文覺凡弟問答兵機章頡四将傳三卷神
機靈祕圖三卷軍鑑圖二卷紀重政軍機決勝立成
圖三卷兵書氣候旗勢圖一卷諸家兵法祕訣四卷
行師類要七卷古今兵書十卷五行陣決一卷會稽
兵術三卷六十甲子出軍祕訣一作畧一卷玄珠要訣
一卷軍塾兵鈐三卷韜鈐祕録五卷将略兵機論十
二卷三軍指要五卷纂下六甲營圖一卷五十七陣

出軍甲子一卷行軍玄機百術法一卷兵書出軍雜
占五卷兵法機要三卷神兵要術三卷神兵機要三
卷總戎策二卷兵書精訣二卷權經對三卷行軍用
兵玄機三卷兵機要論五卷行軍備曆六十卷兵機
簡要十卷兵談三卷韓霸水陸陣圖三卷強弩備術三
卷九九陣圖一卷軍林要覽三卷制勝權略三卷兵
書精妙玄術十卷兵籍要樞三卷太一行軍祕術詩
三卷戎機二卷通神機要三卷劉玄一作定之兵家月
令一卷又軍令備急一卷湯渭天一兵機舉要歌一
卷王洪暉行軍月令四卷裴守一軍誡三卷兵家正

史九卷行軍周易占一卷張從實将律一卷焦大憲
兵易歌神兵苑三卷星度用一卷将術一卷行兵攻
具術一卷行兵攻具圖一卷兵家祕寶一卷祕寶書
一卷軍律三卷張昭制旨兵法十卷王洙青囊括一
卷杜希全兵書要訣三卷釋利正長度人事軍律三卷
董承祖至德元寳王函經十卷王公亮行師類要七
卷劉可久契神經一卷李滂靈關訣二卷一名靈關集孟智
兵機法一卷太一厭禳法一卷五行陣圖一卷兵論
十卷六十甲子行軍法一卷會稽兵家術日月占一
卷統戎式令一卷六甲五神用軍法一卷要訣兵法

立成歌一卷六甲攻城破敵法一卷馬前祕訣兵書
一卷石普軍儀條目三卷仁宗神武祕略十卷又行
軍環珠一部卷亡又四路獸守約束一部卷亡軍誡三卷
武記一卷定遠安邊策三卷新集兵書要訣三卷兵
書要略一卷揀將要略十卷兵論十卷符彥卿五行
陣圖一卷新集行軍月令四卷雲氣圖十二卷統戎
式鏡二卷行軍氣候祕法三卷天子氣章雲氣圖十
二卷預知歌三卷從軍占三卷兵書論語三卷彭門
玉帳歌三卷太一行軍六十甲子禳厭祕術詩三卷
兵機舉要陽謂歌一卷鄰子新修六壬大玉帳歌十

卷郭固軍機決勝立成圖一卷又兵法攻守圖術三
卷王存樞密院諸房例冊一百四十二卷蔡挺教閱
陣圖一卷林廣陣法一卷王拱辰平蠻雜議十卷敵
樓馬面法式及申明條約并修城女墻法二卷楊伋
兵法圖議一卷韓縝樞密院五房宣式一卷又論五
府形勝萬書一卷方坰重演握奇三卷又握奇陣圖
一卷梁燾安南獻議文字并目録五卷愈見禦戎十
冊韓絳宣撫經制録三卷王華政和營繕軍補録序
一卷余臺兵籌類要十五卷溱播州勝兵法二部任
諒兵書十卷

右兵書類三百四十七部一千九百五十六卷
李廣射評要録一卷梁冀彈棊經一卷梁元帝畫山
水松石格一卷姚最續畫品一卷李嗣真畫後品一卷
竇蒙畫録拾遺一卷張又新畫總載一卷裴孝源貞
觀公私畫録一卷李淳風歷監天元主物薄三卷皇
甫松醉鄉日月三卷張彥遠歷代名畫記十卷韋蘊
九鏡射經一卷唐畫斷一卷王琚射經一卷王堅道
射訣一卷荆浩筆法記一卷李氏墨經一卷張學士
棊經一卷宋景真唐賢名畫録一卷墨圖一卷釣鰲
圖一卷端硯圖一卷畫總録五卷嘯真一卷樗蒲圖

一卷並不知作者蘇易簡文房四譜五卷李永德點頭文
一卷李畋益州名畫録三卷唐續硯圖譜一卷紀亶
廣弓經一卷王德用神射式一卷劉懷德射法一卷
趙景小酒令一卷趙明遠皇宋進士彩選一卷蔡襄
墨譜一卷卜恕投壺新律一卷劉敞漢官儀三卷亦投
子選也唐詢硯録二卷竇譝飲戲助歡三卷郭若虛圖
畫見聞志六卷司馬光投壺新格一卷王趯投壺禮
格二卷劉道醇新編五代名畫記一卷宋朝畫評四
卷李誡新集木書一卷米芾畫史一卷任權弓箭啓蒙一
卷張仲商射訓一卷馬思永射訣一卷王越石射議

一卷李孝美墨苑三卷李薦德隅堂畫品一卷溫子
融畫鑑三卷王愼修宣和彩選一卷陳日華金淵利
術八卷黃鑄玉籤詩一卷李洪續文房四譜五卷何
珪射義提要一卷射經三卷張仲素射經三卷田逸
射經四卷王琚射經二卷九鑑射圖一卷徐諧射書
十五卷韋韞射訣一卷李章射訣三卷張子霄神射
訣一卷李靖弓訣一卷法射指訣一卷黃損射法一
卷張守忠射記一卷弓訣一卷呂惠卿弓試一部卷亡
上官儀投壺經一卷鍾離景伯韓書洪範無逸中庸韻
譜十卷唐續棊圖五卷金谷園九局譜一卷王積新

等棊訣三卷棊勢論幷圖一卷徐鉉棊圖義例一卷
棊勢三卷楊希璨一作璨四聲角圖一卷又雙泉圖一
卷王溪圖一卷蔣元吉等棊勢三卷太宗棊圖一卷
局譜一卷韋斑棊圖一卷奕棊經一卷棊經要略一
卷王子京彈棊圖一卷樗蒲經一卷雙陸格一卷李郃
骰子彩選格三卷劉蒙叟彩選格一卷尋仙彩選七
卷葉子格三卷李煜妻周氏繫蒙小葉子格一卷偏
金葉子格一卷小葉子例一卷謝赫古今畫品一卷
徐浩畫品一卷曹仲連畫評一卷李嗣真畫後品一
卷胡嶠廣梁朝畫目三卷王慠不絕筆畫圖一卷郭

若虛圖畫見聞誌六卷朱遵度漆經三卷馬經一卷
辨馬圖一卷馬口齒訣一卷醫馬經一卷明堂灸馬
經二卷論駞經一卷療駞經一卷醫駞方一卷
右雜藝術類一百十六部二百二十七卷
陸機會要一卷朱澹遠語麗十卷杜公瞻編珠四卷
祖孝徵修文殿御覽三百六十卷歐陽詢藝文類聚
一百卷虞世南北堂書鈔一百六十卷高士廉房玄
齡文思博要一卷徐堅初學記三十卷燕公事對十
卷張鷟龍筋鳳髓判十卷杜佑通典二百卷陸贄備
擧文言三十卷張仲素詞圃十卷白居易白氏六帖

三十卷前後六帖三十卷前白居易後宋孔傳撰李翰蒙求三卷丘延翰唐蒙求三卷劉綺莊集類一百卷李商隱金鑰二卷崔鉉弘文館續會要四十卷李途記室新書三卷顏休文飛應韶十五卷高測韶對十卷劉揚名戚苑纂要十卷又戚苑英華十卷孟詵錦帶書八卷喬舜封古今語要十二卷蘇冕古今國典一百卷又會要四十卷章得象國朝會要一百五十卷宋初至慶曆四年大孝一作存僚御覽要略十二卷冊府元龜音義一卷王欽若彤管懿範七十卷目十卷彤管懿範音義一卷歐陽詢麟角一百二十卷白氏家傳記二十

卷薛高立集類三十卷邊崖類聚三十二卷類事十卷徐叔陽羊頭山記十卷于政立類林十卷杜光庭歷代忠諫書五卷諫書八十卷唐諫諍論十卷王貽遠禁垣備對十卷魏玄成勵忠節四卷王伯璵勵忠節鈔十卷書判幽燭四十卷軺車事類三卷周佑之五經資政二十卷經典政要三卷尹弘遠經史要覽三十卷章句纂類十四卷李知實一作寶檢志三卷李愼微一作徵理樞七卷鄒順廣蒙書十卷劉漸群書系蒙三卷九經對語十卷錢承志九經簡要十卷經史事對三十卷子史語類拾遺十卷韋稔筆語類對十卷

又應用類對十卷一名筆語類對黃彬經語協韻二十卷朱澹語類五卷楊名廣一作唐略新書三卷十議典錄三卷李德孫學堂要記一作紀十卷裴說脩文異名錄十一卷搢紳要錄二卷段景文場纂要二卷文場秀句一卷王雲文房纂要十卷彫玉集類二十卷彫金集三卷劉國潤廣彫金類集十卷庾肩吾彩壁五卷金鑾秀蘂二十卷陸贄青囊書十卷蔣氏寶車一作庫十卷瓊林採實三卷溫庭筠學海兩字三十卷鄭嵑一作嵎雙金五卷孫翰錦繡谷五卷齊逸人府新書三卷叢髓三卷盧重華文髓一卷勁弩子三卷玉苑麗文

五卷段景疊辭二卷玉英二卷玉屑二卷金匱二卷常脩半臂十卷紫香囊二十卷陸羽警年十卷窮神記十卷李齊莊事解七卷王氏千門四十卷郭道規事鑑五十卷沈寥子文鑑四十卷李大華康國集四卷姚勗起予集四十卷李貴臣家藏龜鑑錄四卷徐德言分史衡鑑十卷薛洪古今精義十五卷筆藏論三卷蘇源治亂集三卷治道要言十卷馬幼昌穿楊集四卷李欽玄累玉集十卷支遷喬一作奇京國記二卷郭微屬文寶海一百卷樂黃目學海搜奇錄六十卷皇覽總論十卷張陟唐年經略志十卷楊九齡名

苑五十卷晁光乂十九書類語十卷雍公叡注張楚
金翰苑十一卷劉濟九經類議一作義二十卷黎翾廣
略六卷王愽古脩文海十七卷郭翔春秋義鑒三十
卷曹化兩漢史海十卷楊知俾名字族十卷馮洪敏
寶鑑絲綸二十卷胡旦將帥要略二十卷劉顔輔弼
名對四十卷景泰邊臣要略二十卷石待問諫史一
百卷王純臣青宮懿典十五卷李虚一溉漕新書四
十卷童子洽聞一卷麟角抄十二卷雷壽之古文類
纂十卷漢臣蒙求二十卷李伉系蒙求十卷丘光庭
同姓名録一卷王殷範續蒙求三卷王先生十七史

蒙求十六卷黄簡文選韻粹三十五卷白氏玉連環
七卷白氏隨求一卷不知名重廣會史一百卷資談六
十卷聖賢事迹三十卷引證事類備用三十卷門類
解題十卷瓊林會要三十卷青雲梯籍二十卷南史
類要二十卷粹籍十五卷六朝採要十卷十史事語
十卷十史事類十二卷三傳分門事類十二卷嘉祐
新編二經集粹十卷鹿革事類二十卷職官事對九
卷掞天集六卷文章叢説十卷新編經史子集名卷
六卷碎玉四淵海集百九十五卷書林四卷寶龜三卷
離辭筆苑二卷詩句類二卷南北事偶三卷五色線

一卷珠浦一卷重廣策府沿革一卷鴻都編一卷文
章庫一卷十三代史選三十卷左傳類要五卷唐朝
事類十卷群玉雜俎三卷增廣群玉雜俎四卷分聲
類説三十二卷文選雙字類要四十卷書林事類一
百卷並不知作者鄭氏歷代蒙求一卷孫應符初學須知
五卷王敦詩書林韻會二十八卷曾恬孝類書二卷
邵笥賡韻孝悌蒙求二卷譙令憲古今異偶一百卷
宋六朝會要三百卷章得象編王珪續會要三百卷虞允文等
撰中興會要二百卷梁克家等撰孝宗會要二百卷楊濟鍾必
萬總修光宗會要一百卷寧宗會要一百五十卷秘書省進

國朝會要五百八十八卷張從祖纂輯王溥續唐會要一
百卷五代會要三十卷李安上十史類要十卷李昉
太平御覽一千卷王僖班史名物編十卷蘇易簡文
選菁英二十四卷宋白李宗諤續通典二百卷皮文
粲鹿門家鈔籍詠五十卷曾致堯仙鳧羽翼三十卷
僧守能典籍一百卷王欽若冊府元龜一千卷龔適
名臣事纂九卷方龜年群書新語十一卷晏殊天和
殿御覽四十卷類要七十七卷宋庠鷄跖集二十卷
過勗至孝通神集三十卷鄧至群書故事十五卷故
事類要三十卷宋并登瀛秘録八卷范鎮本朝蒙求

二卷馬共元祐學海三十卷任廣書籍指南二十卷
朱繪事原三十卷陳彥禧纂堂要覽十卷陳紹重廣
六帖學林三十卷吳淑事類賦三十卷王資深擬史
四卷馬永易實賓録三十卷異號録三十卷陳貽範
千題適變録十六卷楊諮古紟賢歌詩押韻二十四
卷江少■虞皇朝事實類苑二十六卷葉庭珪海録
碎事二十三卷陳天麟前漢六帖十二卷蕭之美十
子奇對三卷莊子寓言類要一卷三傳合璧要覽二
卷三子合璧要覽二卷四子合璧要覽二卷劉玨兩
漢蒙求十卷吳逢道六言蒙求六卷徐子光補注蒙

求四卷又補注蒙求八卷群書治要十卷祕閣所録蔡攸
政和會要一百一十卷晏袤數會要一百卷謝諤孝
史五十卷度濟諫録二十卷葉才老和李翰蒙求三
卷林越漢雋十卷倪遇漢書家範十卷李宗序隆平
政斷二十卷鄭大中漢規四卷張磁仕學規範四十
卷歐陽邦基勸戒別録三卷閻一德古今政事録二
十一卷僧道蒙仕途經史類對十二卷吕祖謙觀史
類編六卷讀書記四卷洪邁經子法語二十四卷春
秋左氏傳法語六卷史記法語八卷前漢法語二十
卷後漢精語十六卷三國志精語六卷晉書精語五

卷南史精語六卷唐書精語一卷程大昌演蕃露十
四卷又續演蕃露六卷攷古編十卷續攷古編十卷
程俱班左誨蒙三卷唐仲友帝王經世圖譜十卷錢
端禮諸史提要十五卷陳傅良漢兵制一卷備邊十
策九卷徐天麟西漢會要七十卷漢兵本末一卷曾
慥類說五十卷錢文子補漢兵志一卷錢諷史韻四
十二卷鄭應龍務學須知二卷高似孫緯略十二卷
子略四卷吳曾南北分門事類十二卷魏彥惇名臣
四科事實十四卷王掄群王義府五十四卷范師道
垂拱元龜會要詳節四十卷國朝類要十二卷俞鼎

俞經儒學警悟四十卷鄭厚通鑑分門類要四十卷
柳正夫西漢蒙求一卷李孝美文房監古三卷竇革
載籍討源一卷王仲閎語本二十五卷毛友左傳類
對賦六卷俞觀能孝經類鑑七卷胡宏叙古蒙求一
卷玉山題府二十卷熙寧題髓十五卷帝王事實十
卷聖賢事實十卷漢唐事實十五卷國朝韻對八卷
引證事類三十卷曾史分門屬類賦一卷古今通編
八卷諸子談論三卷並不知作者
右類事類三百七部一萬一千三百九十三卷
黃帝內經素問二十四卷唐王冰注素問八卷隋全元起注黃

帝靈樞經九卷黃帝鍼經九卷黃帝灸經明堂三卷
黃帝九虛內經五卷楊玄操素問釋音（一作言）一卷素
問醫療訣一卷秦越人難經疏十三卷黃帝脉經一
卷又脉訣一卷張仲景脉經一卷又五藏榮衛論一
卷耆婆脉經三卷徐氏脉經三卷王叔和脉訣（一作經）一
卷孩子脉論一卷李勣脉經一卷張及脉經手訣
一卷（王善注）徐裔脉訣二卷韓氏脉訣一卷脉經一卷
百會要訣脉經一卷碎金脉訣一卷元門脉訣一卷
身經要集一卷大醫秘訣診候生死部一卷倉公決
死生秘要一卷神農五藏論一卷黃帝五藏論一卷

黃庭五藏經一卷黃庭五藏六府圖一卷趙業黃庭
五藏論七卷張向容大五藏論一卷又小五藏論一
卷五藏金鑑論一卷段元（一作允）亮五藏鑑元（一作源）四
卷孫思邈五藏旁通明鑑圖一卷又針經一卷張文
懿藏府通玄賦一卷五藏攝養明鑑圖一卷吳兢五
藏論應家象一卷裴王庭五色旁通五藏圖一卷五
藏要訣一卷太元心論一卷岐伯針經一卷扁鵲鍼
傳一卷玄悟四神針經一卷甄攤針經抄三卷王處
明玄秘會要針經五卷呂博金滕玉匱鍼經三卷黃
帝問岐伯灸經一卷顏齊■灸經十卷明堂灸法三

卷皇甫謐黃帝三部鍼灸經十二卷（即甲乙經）岐伯論針
灸要訣一卷山眺（一作兆）鍼灸經一卷公孫克針灸經
一卷吳復珪小兒明堂針灸經一卷王惟一明堂經
三卷明堂玄真經訣一卷朱遂明堂論一卷金鑑集
歌一卷黃帝大素經三卷（楊上善注）刺法一卷太上天寶
金鏡靈樞神景內編九卷扁鵲注黃帝八十一難經
二卷（秦越人撰）扁鵲脉經一卷張仲景傷寒論十卷五藏
論一卷王叔和脉經十卷脉訣機要三卷巢元方巢
氏諸病源候論五十卷崔知悌灸勞法一卷王冰素
問六脉玄珠密語一卷褚澄褚氏遺書一卷華佗藥

方一卷金匱要略方三卷（張仲景撰王叔和集）葛洪肘後備急
百一方三卷劉涓子神仙遺論十卷（東蜀李頓錄）宇文士
及粧臺記六卷師巫顱顖經二卷孫思邈千金方三
十卷千金髓方二十卷千金翼方三十卷玉函方三
卷王起仙人水鏡一卷王燾外臺秘方四十卷陳藏
器本草拾遺十卷孔志約唐本草二十卷李昉開寶
本草二十卷目一卷盧多遜詳定本草二十卷目錄
一卷補注本草二十卷目錄一卷李含光本草音義
五卷蕭炳四聲本草四卷本草韻略五卷楊損之刪
繁本草五卷杜善方本草性類一卷陳士良食性本

草十卷龐安時難經解義一卷宋庭臣黃帝八十一難經注釋一卷張仲景療黃經一卷又口齒論一卷金匱玉函八卷王叔和集扁鵲療黃經三卷又枕中祕訣三卷青烏子風經一卷吳希言風論山兆一作眺經一卷文義方通玄經十卷呂廣金韜玉鑑經三卷雷一作靈公仙人養性治一作理身經三卷醫源兆經一卷林億黃帝三部鍼灸經十二卷楊曅膳夫經手錄四卷延年祕錄十一卷混俗頤生錄二卷千金纂錄二卷金匱錄五卷司空輿發焰錄一卷梅崇獻醫門祕錄五卷治風經心錄五卷郭仁普拾遺候用深靈玄錄

五卷養性要錄一卷党求平擴醫新說三卷代榮醫鑑一卷衛嵩金寶鑑三卷段元亮病源手鑑二卷田誼卿傷寒手鑑三卷千金手鑑二十卷王勃醫語纂要一卷華顒醫門簡要十卷蘇越群方祕要一作會三卷古詵三教保光纂要三卷醫明要略一卷張叔和新集病總要略一卷外臺要略十卷司馬光醫問七卷耆婆六十四問一卷伏氏醫苑一卷神農食忌一卷吳群意醫紀曆一卷孔周南靈方志一卷穆脩靖靈芝記五卷羅公遠注張隱居金石靈臺記一卷菖蒲傳一卷李翺何首烏傳一卷張尚容延齡至寶抄一卷

醫家要抄五卷黃帝問答疾狀一卷陶隱居靈奇祕奧一卷南海藥譜一卷家寶義囊一卷小兒藥證一卷神仙玉芝圖二卷經食草木法一卷孫思邈芝草圖三十卷又太常分藥格一卷神枕方一卷崔氏產鑑圖一卷攝生月令圖一卷六氣導引圖一卷侍膳圖一卷徐玉藥對二卷宗令祺廣藥對三卷方書藥類三卷王承宗刪繁藥脈三卷蔣淮療黃歌一卷郭晏封草食論六卷藥性論四卷張果傷寒論一卷陳昌祚明時政要傷寒論三卷李涉傷寒方論二十卷青烏子論一卷石昌璉明醫顯微論一卷清溪子消

渴論一卷龍樹眼論一卷邢一作鄰元朴癰疽論一卷癰疽論三卷李言少嬰孺病論一卷楊全迪崔氏小兒論一卷療小兒疳病論一卷劉豹子眼論一卷蘇巉一作游玄感論一卷李暄嶺南腳氣論二卷發背論二卷邵英俊口齒論一卷蕭一作蘭宗簡水氣論三卷骨蒸論一卷唐一作賓陵正師口齒論一卷風疾論一卷楊太業三十六種風論一卷喻義瘡腫論一卷又廣癰疽要訣一卷蘇游鐵粉論一卷又玄感傳尸方一卷褚知義鍾乳論一卷李昭明嵩臺論三卷玉鑑論五卷王守愚產前產後論一卷小兒眼論一卷普濟方

五卷應驗方三卷應病神通方三卷張文仲法象論
一卷小兒五疳二十四候論一卷劉涓子鬼論一卷
僧智宣發背論一卷沈泰之癰疽論二卷蘇敬徐玉
唐侍中三家脚氣論一卷吳昇宋處新修鍾乳論一
卷白岑發背論一卷西京巢氏水氣論一卷李越一作
鉞新脩榮衛養生用藥補瀉論十卷楊大鄴嬰兒論
二卷採藥論一卷制藥論法一卷連方五藏論一卷
五勞論一卷大壽性術論一卷咽喉口齒方論五卷
產後十九論一卷小兒方術論一卷李溫萬病拾遺
三卷張機金石制藥法一卷王氏食法五卷嚴龜食

法十卷養身食法三卷太清服食藥法七卷按摩法
一卷攝養禁忌法一卷王道中石藥異名要訣一卷
譚延鎬色脉要訣一卷吳復圭金匱指微訣一卷葉
傳右醫門指要訣一卷華子顒相色經妙訣一卷制
藥總訣一卷修玉粉丹口訣一卷服雲母粉訣一卷
伏火丹砂訣序一卷陳玄北京要術一卷蕭家法饌
三卷饌林四卷藥林一卷王氏醫門集二十卷李崇
慶燕臺集五卷穿玉集一卷劉翰全體治世集三十
卷雷繼暉神聖集三卷華氏集十卷楊氏粧臺寶鑑
集三卷南陽公主傷寒證辨集一卷賈黃中神醫普救方

一千卷目十卷楊歸一作師厚產乳集驗方三卷安文
恢萬全一作金方三卷孫廉金鑑方三卷金匱方三卷
韋宙獨行方十二卷又玉壺備急方一卷鄭氏惠民
方三卷鄭氏圓田通玄方三卷又惠心方三卷纂要
祕要方三卷溥濟安衆方三卷支觀通玄方十卷劉
氏五藏旁通遵一作導養方一卷白仁叙集驗方五卷
服食導養方三卷孟氏補養方三卷崔元亮海上集
驗方十卷崔氏骨蒸方三卷元希聲行要備急方二
卷劉禹錫傳信方二卷王顏續傳信方十卷嬰孩方
十卷黃漢忠秘要合煉方五卷鈄眼一作眼鈄鈎方一卷

穆昌緒一作叙療眼諸方一卷孩孺一作嬰孩雜病方五卷
朱傳孩孺明珠變蒸七疳方一卷小兒祕録集要方
一卷延齡祕寶方集五卷録古今服食導養方三卷
服食神祕方一卷姚和衆童延齡至寶方十卷又保
童方一卷許詠一作泳六十四問祕要方一卷塞上方
三卷晨昏寧待方二卷王道外臺祕要乳石方二卷
耆婆要用方一卷崔行功纂要方十卷千金祕要備
急方一卷華宗壽昇天一作元廣濟方三卷段詠一作泳
走馬備急方一卷天寶神驗藥方一卷貞元集要廣
利方五卷大和濟安方一卷羅普宣靈寶方一百卷

悟玄子安神養性方一卷篋中方一卷蕭存禮百一
問答方三卷包會應驗方三卷雜用藥方五十五卷
神仙雲母粉方一卷服朮方一卷慶曆善救方一卷
胡道洽方一卷賈沇備急單方一卷李八百方一卷
波馳波利譯吞字貼腫方一卷李繼皐南行方三卷
杜氏集驗方一卷韓待詔肘後方一卷王氏祕方五
卷徒都子膜外氣方一卷潛真子神仙金匱服食方
二卷楊太僕醫方一卷沇承澤集妙方三卷童秀言
草木諸藥單方一卷吳希言醫門括源方一卷王朝
昌新集方一卷老子服食方一卷葛仙公杏仁煎方
一卷刪繁要略方一卷集諸要妙方一卷備急簡要
方一卷纂驗方一卷養性益壽備急方一卷奏聞單
方一卷反魂丹方一卷玄明粉方一卷瘰癧方一卷
婆羅門僧服仙茅方一卷高福攝生要録三卷李絳
兵部手集方三卷孟詵食療本草六卷沇知言通玄
祕術三卷昝殷產寶三卷食醫心鑑二卷甘伯宗歷
代名醫録七卷鄭景岫廣南四時攝生論一卷葉長
文啓玄子元和紀用經一卷張文懿本草括要詩三
卷雷斅炮炙方三卷宋徽宗聖濟經十卷通真子續
注脉賦一卷脉要新括二卷李大忝家傷寒指南論

一卷嚴器之傷寒明理論四卷王維一新鑄銅人腧
穴鍼灸圖經三卷高若訥素問誤文闕義一卷傷寒
類要四卷徐夢符外科灸法論粹新書一卷趙從古
六甲天元運氣鈐二卷丁德用醫傷寒慈濟集三卷
馬昌運黃帝素問入試祕寶七卷王宗正難經疏義
二卷楊介存四時傷寒總病論六卷僧文宥必効方
三卷陳師文校正太平惠民和劑局方五卷陳氏經
驗方五卷不知名唐慎微大觀經史證類備急本草三
十二卷王寔傷寒證治三卷又局方續添傷寒證治
一卷郭稽中婦人產育保慶集一卷裴宗元藥詮總
辨三卷孫用和傳家祕寶方五卷錢乙小兒藥證直
訣八卷洪氏集驗方五卷不知名李石司牧安驥集三
卷又司牧安驥方一卷張渙小兒醫方妙選三卷王
俁編類本草單方三十五卷趙鑄癉瘧備急方一卷
李璆張致遠瘴論二卷鄭樵鶴頂方二十四卷本草
外類五卷食鑑四卷張傑子母祕録十卷王蘧經効
癰疽方一卷張銑雞峯備急方一卷王世臣傷寒救
俗方一卷胡權治癰疽膿毒方一卷錢竿海上名方
一卷何偁經驗藥方二卷劉元實神巧萬全方十二
卷黨永年擴醫新說三卷史源治背瘡方一卷王貺

濟世全生指迷方三卷王衮王氏博濟方三卷王伯
順小兒方三卷漢東王先生小兒形證方三卷胡愔
補瀉內景方三卷栖真子嬰孩寶鑑方十卷蔣淮藥
證病源歌五卷成無已傷寒論一卷東旦傷寒論方
一卷沈虞卿衛生產科方一卷沈柄產乳十八論一卷
溫舍人方一卷不知名党禹錫嘉祐本草二十卷劉方
明幼幼新書四十卷吳得夫集驗方七卷馬延之馬
氏録驗方一卷李朝正備急總效方四十卷陳言三
因病源方六卷陳抃手集備急經效方一卷張允蹈
外科保安要用方五卷史載之方二卷夏德懋衛生

十全方十三卷陸游陸氏續集驗方二卷卓伯融妙
濟方一卷胡元質總效方十卷王璆百一選方二十
八卷朱端章衛生家寶方六卷又衛生家寶產科方
八卷衛生家寶小兒方二卷衛生家寶湯方三卷楊
倓楊氏家藏方二十卷許叔微普濟本事方十二卷
胡氏經驗方五卷不著名備用方二卷岳州守臣編不著名氏丘
哲備急效驗方三卷宋霖丹毒備急方三卷黃環備
問方二卷王碩易簡方一卷方導方氏集要方二卷
王世明濟世萬全方一卷張松究源方五卷董大英
活幼悟神集二十卷安慶集十卷曾孚先保生護命

集一卷戴衍尊生要訣一卷定齋居士五痔方一卷
李氏癰疽方一卷不知名集效方一卷中興備急方二
卷灸經背面相二卷神應鍼經要訣一卷伯樂鍼經
一卷傷寒要法一卷蘭室寶鑑二十卷小兒秘要論
一卷紹聖重集醫馬方一卷傳信適用方一卷治未
病方一卷用藥須知一卷治發背惡瘡內補方一卷
博濟嬰孩寶書二十卷川玉集一卷產後論一卷冲
和先生口齒論一卷脚氣論一卷靈苑方二十卷秘
寶方二卷古今秘傳必驗方一卷大醫西局濟世方
八卷產科經真環中圖一卷陳玕醫鑑後傳一卷陳

蓬天元秘演十卷龐時安難經解一卷朱肱內外二
景圖三卷南陽活人書二十卷席延賞黃帝鍼經音
義一卷莊綽膏肓腧穴灸法一卷黃氏中藏經一卷
靈寶洞主探微真人撰劉溫舒內經素問論奧四卷劉清海五
藏類合賦一卷耆婆五藏論一卷劉皓眼論審的歌
一卷徐氏黃帝脉經指下秘訣一卷平堯卿傷寒玉
鑑新書一卷傷寒證類要略二卷董常南來保生回
車論一卷黃維聖濟經解義十卷東軒居士衛濟書
寶一卷李檉傷寒要旨一卷醫家妙語一卷小兒保
生要方三卷湯民望嬰孩妙訣論三卷伍起予外科

新書一卷灘疽方一卷董伋脚氣治法總要一卷程迥醫經正本書一卷婁居中食治通説一卷蘇頌校本草圖經二十卷王懷德太平聖惠方一百卷姚和衆童子祕要論三卷錢聞禮錢氏傷寒百問方一卷閻孝忠重廣保生信効方一卷劉甫十全博救方一卷周應簡要濟衆方五卷王素經驗方三卷張田幼幼方一卷劉彝贛州正俗方二卷李端愿簡驗方一卷崔源本草辨誤一卷晏傳正明効方五卷葛懷敏神効備急單方一卷沈括良方十卷蘇沈良方十五卷（沈括蘇軾所著）陳直奉親養老書一卷文彥博藥準一卷董汲旅舍備要方一卷初虞世古今錄驗生養必用方三卷龐安驗方書一卷勝金方一卷王趙選祕方二卷

右醫書類五百九部三千三百二十七卷

凡子類三千九百九十九部二萬八千二百九十卷

志卷第一百六十

志卷第一百六十一　宋史二百八

開府儀同三司上柱國錄軍國重事前中書右丞相監修國史領經筵事都總裁脫脫等奉勑修

藝文七

集類四一曰楚辭類二曰別集類三曰總集類四曰文史類

楚辭十六卷（楚屈原等撰）楚辭十七卷（後漢王逸章句）晁補之續楚辭二十卷又變離騷二十卷黃伯思翼騷一卷洪興祖補注楚辭十七卷考異一卷周紫芝竹坡楚辭贅説一卷朱熹楚辭集註八卷辨證一卷黃銖楚辭協韻一卷離騷一卷（錢杲之集傳）

右楚辭十二部一百四卷

董仲舒集一卷枚乘集一卷劉向集五卷王褒集五卷揚雄集六卷又二十四箴二卷李尤集二卷張衡集六卷張超集三卷蔡邕集十卷諸葛亮集十四卷曹植集十卷魏文帝集一卷王粲集八卷陳琳集十卷嵇康集十卷阮林集十卷張華集二卷又詩一卷江統集一卷傅玄集一卷束晳集一卷張敏集二卷潘岳集七卷索靖集一卷劉琨集十卷陸機集十卷陸雲集十卷郭璞集六卷蘭亭詩一卷陶淵明集十卷

謝莊集一卷顏延之集五卷謝靈運集九卷謝惠連集五卷王僧達集十卷鮑昭集十卷江淹集十卷王融集七卷孔稚圭集十卷謝眺集十卷又詩一卷顏之推稽聖賦一卷梁簡文帝集一卷昭明太子集五卷沈約集九卷又詩一卷劉子綽集一卷劉孝威集一卷吳均詩集三卷何遜詩集五卷庾肩吾集二卷任昉集六卷庾信集二十卷又哀江南賦一卷陳后主集一卷江總集七卷沈炯集七卷徐陵詩一卷張正見集一卷唐太宗詩一卷玄宗詩一卷王續集五卷許敬宗集十卷任敬臣集十卷宋之問集十卷沈

佺期集十卷崔融集十卷李嶠詩十卷蘇味道詩一卷杜審言詩一卷徐鴻詩一卷王勃詩八卷又文集三十卷雜序一卷楊烱集二十卷又拾遺四卷盧照鄰集十卷駱賓王集十卷陳子昂集十卷劉希夷詩四卷趙彥昭詩一卷崔湜詩一卷武平一詩一卷李乂詩一卷孫逖集二十卷張說集三十卷又外集二卷蘇頲集三十卷張九齡集二十卷李白集三十卷嚴從中黃子三卷毛欽一集三十卷（李白撰）梁肅集二十卷李翰集一卷孟浩然詩三卷王昌齡集十卷崔顥詩一卷盧象詩一卷李適詩一卷陶翰詩一卷皇

甫曾詩一卷皇甫冉集二卷嚴維詩一卷祖詠詩一卷丘爲詩一卷常建詩一卷岑參集十卷崔國輔詩一卷則天中興集十卷又別集一卷太宗御集一百二十卷真宗御集三百卷目十卷又御集一百五十卷仁宗御集一百卷目錄三卷英宗御製一卷神宗御筆手詔二十一卷又御集一百六十卷哲宗御製前後集共二十七卷徽宗御製崇觀宸奎集一卷又宮詞一卷阮籍集十卷阮咸集一卷王道珪注哀江南賦一卷張庭芳注哀江南賦一卷陸淳東皋子集略二卷魏文正公時務策五卷郭元振九諫書一卷

又安邦策三卷李靖霸國箴一卷王起注崔融寶國贊一卷許恭集十卷任希古集十卷王勃舟中纂序五卷盧照鄰幽憂子三卷駱賓王百道判二卷李嶠新詠一卷吳筠（一作均）集十一卷杜甫小集六卷薛蒼舒杜詩刊誤一卷元結元子十卷又琦玕子一卷常袞詔集二十卷賀知章入道表一卷鮑防集五卷又雜感詩一卷（令狐）楚梁苑文類三卷李司空論事十七卷馮宿集十卷邵說集十卷杜元潁五題一卷李紳批荅一卷劉軻翼孟三卷李德裕窮愁志三卷又雜賦二卷平泉草木記一卷段全緯集五卷薛逢別集

九卷李虞仲制集四卷柳冕集四卷李程表狀一卷李群玉後集五卷又詩集二卷令狐綯表疏一卷夏侯韞與凉州書一卷高璠丹陽集一卷舒元輿文一卷譚正夫文一卷張璟（一作璟）文一卷來擇秣陵子集一卷又集三卷齊夔文一卷暢當詩一卷皇甫松大隱賦一卷于武陵詩一卷陸希聲頤山録詩一卷陸鸞集一卷沈棲遠景臺編十卷袁皓集一卷黄滔編略十卷賈島小集八卷費冠卿詩一卷孟遲詩一卷王德輿詩一卷鄭谷宜陽集一卷郁渾百篇一卷周濆詩一卷薛瑩洞庭詩一卷李洞詩集三卷丁稜詩一卷朱鄴賦三卷又詩三卷盧延讓詩集一卷楊弇詩一卷賀蘭明吉集一卷徐融集一卷韋説詩一卷劉綺莊集十卷張琳集十卷徐杲集八卷宗嚴集一卷薛逢賦四卷又别紙十三卷宋言賦一卷郭賁體物集一卷楊復恭行朝詩一卷韓偓詩一卷又入翰林後詩一卷馮涓懷秦賦一卷又集十三卷龍吟集三卷長樂集一卷朱朴荆山子詩集四卷又雜表一卷孫郃小集三卷楊士達擬諷諫集五卷陳光詩一卷吳仁璧詩一卷戚同文孟諸集二十卷王振詩一卷嚴虔崧寶囊五卷又表狀五卷倪明基詩一卷李

洪皋集二卷又表狀一卷韋文靖牋表一卷崔昇魯史分門屬類賦一卷韋鼎詩一卷孫諮詩一卷衛單詩一卷蔡融詩一卷來鵬詩一卷謝璧賦一卷又詩集四卷策林十卷詠高士詩一卷沃山焦山賦一卷扈蒙鼇山集二十卷毛欽一文二卷張友正文一卷南卓集一卷陳陶文録十卷封鼇翰藁八卷胡會集十卷李商隱賦一卷又雜文一卷劉鄴集四卷又從事三卷陳（一作劉）顗集一卷陳汀五源文集三卷又賦一卷張次宗集六卷劉三復景臺雜編十卷又問遺集三卷别集一卷王嘏集十卷倪曙獲藁集三卷又賦一卷皮日休别集七卷陸龜蒙詩編十卷又賦六卷錢珝制集十卷又舟中録二十卷楊夔集五卷又賦一卷冗書十卷冗餘集十卷鄭昌士白巖集五卷又詩集十卷程遜集十卷温庭筠漢南真藁十卷又集十四卷握蘭（一作簡）集三卷記室備要三卷詩集五卷崔嘏管記集十卷蔣文彧記室定名集三卷盧肇愈風集十卷又大統賦注六卷海潮賦一卷通屈賦一卷鄭賓（一作寶）行宫集十卷張澤飲河集十五卷劉宗（一作蒙）望制集八卷陸扆禁林集七卷張玄晏集二卷高駢集三卷李稹鼎國集三卷顧雲集遺十卷又

賦二卷啓事一卷茗（昭一作）亭雜筆五卷纂新十卷茗（昭一作）川總載十卷康軿九筆雜編十五卷樂朋龜集七卷又綸閣集十卷徐寅別集五卷吳融賦集五卷崔致遠筆耕集二十卷又別集一卷崔蠙集二卷羅袞集二卷李山甫雜賦二卷李磎集四卷羊昭業集十五卷韋震肥川集十卷又唐肩集十卷李景略南燕染翰二十卷孫郃孫文子纂四十卷汪文蔚集三卷劉蛻美從軍集四十卷郭子儀表奏五卷顏真卿集十五卷元結集十卷李峴詩一卷常袞集三十三卷又集十卷韋應物集十卷高適詩集十二卷李嘉

祐詩一卷張謂詩一卷盧綸詩一卷李端詩三卷耿緯詩三卷司空文明集一卷韓翊詩五卷錢起詩十二卷郎士元詩二卷張繼詩一卷陸贄集二十卷王仲舒制集二卷羊士諤詩一卷雍裕之詩一卷裴度集二卷武元衡詩三卷權德輿集五十卷韓愈集五十卷又遺文一卷昌黎文集序傳碑記一卷西掖雅言五卷祝光韓文音義五十卷朱熹韓文考異十卷樊汝霖譜注韓文四十卷洪興祖韓文年譜一卷韓文辨證一卷方崧卿韓集舉正一卷柳宗元集三十卷張敦頤柳文音辨一卷劉禹錫集三十卷又外集

十卷呂溫集十卷李觀集五卷李賀集一卷又外集一卷歐陽詹集一卷歐陽袞集一卷張籍集十二卷孟東野詩集十卷李翺集十二卷皇甫湜集八卷賈島詩一卷盧仝詩一卷劉乂詩一卷沈亞之詩十二卷樊宗師集一卷吳武陵詩一卷張碧詩一卷又歌行一卷包幼正詩一卷朱放詩二卷符載集二卷鮑溶歌詩五卷李益詩一卷李約詩一卷熊孺登詩一卷蔣防集一卷崔元翰集十卷張登集六卷竇叔向詩一卷竇鞏詩一卷穆員集九卷殷堯藩詩一卷獨孤及集二十卷張仲素詩一卷劉言史詩十卷章孝

標集七卷莊南傑雜歌行一卷朱灣詩一卷張祜詩十卷李絳文集六卷元稹集四十八卷又元相逸詩二卷趙暘詩一卷白居易長慶集七十一卷袁不約詩一卷施肩吾集十卷李甘集一卷朱慶餘詩一卷李程集一卷王涯翰林歌詞一卷令狐楚表奏十卷又歌詩一卷李涉詩一卷楊巨源詩一卷喻鳧詩一卷薛瑩詩一卷牛僧孺集五卷李紳詩三卷李德裕集二十卷又別集十卷記集二卷姑臧集五卷（德裕翰苑所作）杜牧集二十卷温庭筠集七卷薛（段成）式集七卷薛能詩集十卷崔嘏制誥十卷薛逢詩一卷馬戴詩一

卷姚鵠詩一卷顧況集十五卷顧非熊詩一卷裴夷
直詩二卷項斯詩一卷劉駕古風詩一卷李廓詩一
卷韓宗詩一卷李遠詩一卷曹鄴古風詩二卷許渾
詩集十二卷姚合詩集十卷李頻詩一卷李郢詩一
卷雍陶詩集三卷于鄴詩十卷陸暢集一卷劉得仁
詩集一卷趙嘏編年詩二卷孫樵集三卷儲嗣宗詩
一卷李鍇詩一卷鄭巢詩一卷鄭嵎津陽門詩一卷
李殷古風詩一卷盧肇文標集三卷李商隱文集八
卷又四六甲乙集四十卷別集二十卷詩集三卷劉
滄詩一卷于鵠詩一卷鄭畋集五卷又詩集一卷論
事五卷皮日休文藪十卷滑臺集一卷弔江都賦一
卷劉蛻集十卷李昌符詩一卷侯圭江都賦一卷沈
光詩集一卷陸龜蒙集四卷喻坦之集一卷周賀詩
一卷曹唐詩三卷許棠詩集一卷獨孤霖玉堂集二十
卷李山甫詩一卷胡曾詠史詩三卷又詩一卷張喬
詩一卷王棨詩一卷于濆古風詩一卷聶夷中詩一
卷林寬詩一卷薛廷珪鳳閣書詞十卷羅虬比紅兒
詩十卷羅鄴詩一卷羅隱湘南應用集三卷又淮海
寓言七卷甲乙集三卷外集詩一卷啓事一卷讒本
三卷讒書五卷崔道融集九卷高駢詩一卷顧雲編

藁十卷又鳳策聯華三卷司空圖一鳴集三十卷崔
塗詩一卷崔魯詩一卷林嵩詩一卷王駕詩六卷唐
彥謙詩集二卷方干詩二卷徐凝詩一卷周朴詩一
卷陳陶詩十卷王貞白集七卷陸希聲君陽遁叟山
集記一卷鄭渥詩一卷鄭雲叟擬峯集二卷杜甫詩
二十卷又外集一卷杜詩標題三卷題鮑氏不知名王維集
十卷賈至集十卷又詩一卷儲光羲集二卷綦毋潛
詩一卷劉長卿集二十卷蕭穎士集十卷李華集二
十卷秦系秦隱君詩一卷張鼎詩一卷程晏集十卷
李華集二十卷張南史詩一卷陳黯集一卷杜荀鶴
唐風集二卷嚴郾詩一卷李溪奏議一卷吳融集五
卷褚載詩一卷曹松詩一卷翁承贊詩一卷張蠙詩
一卷孫郃集二卷秦韜玉集三卷鄭谷詩三卷又詩
一卷外集一卷韓偓香奩小集一卷又別集三卷王
轂詩三卷裴說詩一卷李雄詩三卷說李中集三卷李
善夷集六卷黃璞集五卷孫元晏六朝詠史詩一卷
賓永賦一卷閻防詩一卷王季友詩一卷林藻集一
卷劉憲詩一卷朱景玄詩一卷蘇拯詩一卷王建集
十卷楊炎集十卷唐于公異奏記一卷麴信陵詩一
卷劉商集十卷戎昱集五卷戴叔倫述藁十卷張韋

詩一卷陳羽詩一卷李愼詩一卷劉威詩一卷邵謁
詩一卷鄭昌士四六集一卷柳倓詩一卷任藩詩一
卷楊衡詩一卷文丙詩一卷皮氏玉筒集一卷（不知作者）
黃滔莆陽黃御史集二卷黃寺丞詩一卷（不著名題唐人）蘆
中詩二卷（不知作者）李琪金門集十卷韋莊浣花集十卷
諫草一卷殷文圭冥搜集二十卷又登龍集十五卷
孫晟集五卷李崧眞珠集一卷高輦崑玉集一卷馬
幼昌集四卷林鼎吳江應用二十卷王叡炙轂子三
卷又聯珠集五卷周延禧百一集二十卷沈文昌集
二十卷張沈一飛集三卷呂述東平小集三卷馮道

集六卷又河間集五卷詩集十卷李松錦囊集三卷
又別集一卷王仁裕乘軺集五卷又紫閣集五卷紫
泥集十二卷紫泥後集四十卷詩集十卷公乘億珠
林集四卷又華林集三卷集七卷賦十二卷王翅洋
源集十卷又鳳鳴集三卷孫開物集十六卷李琪應
用集三卷崔拙集二卷李愚白沙集十卷又五書一
卷丘光業詩一卷錢鏐吳越石壁記一卷孫光憲荆
臺集四十卷又筆傭集十卷紀遇詩十卷鞏湖編翫
三卷橘齋集二卷和凝演論集三十卷又游藝集五
十卷紅藥編五卷賈緯草堂集二十卷又續草堂集

十五卷張正西掖集三十卷陳九疇集五卷韋莊諫
疏牋表四卷楊懷玉忘筌集三卷王倓後集十卷喬
諷集十卷李洪茂集十卷毛文晏昌城後寓集十五
卷又西閣集十卷東壁出言三卷杜光庭廣成集一
百卷又壺中集三卷庾傳昌金行啓運集二十卷李
堯夫梓潼集二十卷勾令言玄舟集十二卷童九齡
潼江集二十卷王朴翰苑集十卷李瀚丁年集十卷
塗昭良集八卷李昊蜀祖經緯略一百卷又樞機集
二十卷商文圭從軍藁二十卷又鏤冰録二十卷筆
耕詞二十卷游恭東里集三卷又廣東里集二十卷

短兵集三卷朱潯昌吳啓霸集三十卷沈松錢金集
八卷郭昭度芸閣集十卷李氏金臺鳳藻集五十卷
李爲光斐然集五卷程簡之金鏤集十二卷沈顏陵
陽集五卷又聲書十卷解聱十五卷程柔安居雜著
十卷陳濬揖讓録七卷李煜集十卷又集略十卷詩
一卷宋齊丘杞玄集三卷孫晟續古關文一卷陳致
雍曲臺奏議集二十卷孟拱辰鳳苑集三卷湯筠戎
機集五卷喬舜擬謎十卷張安石詩一卷趙摶歌詩
二卷方納遠華集一卷韋鵠詩一卷張傑詩一卷謝
礎隱雜感詩二卷戴文（一作又）廻文詩一卷守素先生

遺榮詩集三卷譚用藏詩一卷羅紹威政餘詩集一卷章碣詩一卷商緒潛陽詩集三卷熊惟簡湘西詩集三卷李明詩集五卷郭鵬詩一卷孟賓子金鼇詩集二卷李叔文一作父詩一卷王希羽詩一卷廖光圖詩集二卷廖凝詩集七卷廖邈詩集二卷廖融詩集四卷王梵志詩集一卷左紹冲集三卷熊皦屠龍集五卷章一作辛鄖詩一卷朱存金陵覽古詩二卷韓溉詩一卷高蟾詩二卷孫魴詩集三卷成文幹詩集五卷吳蛻一字至七字詩二卷羅浩源廬山雜詠詩一卷王道一作遵詠史一卷奐訪詠史十卷孫玄晏覽北

史三卷崔道融申唐詩三卷杜輦詠唐史十卷趙容一作谷刺賢詩一卷閻承琬詠史三卷六朝詠史六卷童汝為詠史一卷陸元皓詠劉子詩三卷高邁賦一卷謝觀賦集八卷蔣防賦集一卷俞巖賦集一卷侯圭賦集五卷鄭濆賦二卷王雄賦集二卷賈嵩賦集三卷蔣凝賦集三卷桑維翰賦二卷林絢大統賦二卷大紀賦三卷李希運兩京賦一卷崔篠數賦十卷毛濤一作鑄渾天賦一卷劉惲悲甘陵賦一卷張龍泉章孝標注盧獻卿愍征賦一卷張瑩一作棨弔梁梁下或有郊字賦一卷王朴樂賦一卷趙鄰幾禹別九州賦三卷曾褒錢

神論一卷潘詢注才命論一卷錢棲業大虛潮論一卷杜光庭三教論一卷大寶論一卷丁友亮唐興贊論一卷丘光庭海潮論一卷趙昌嗣海潮論一卷九證心戒一卷杜嗣先兔園策十卷鄭寬百道判一卷吳康仁判一卷崔銑判一卷趙璘表狀一卷李善夷表集一卷鄭嵎表狀略三卷彭齊啓狀一卷鄭氏貽孫集四卷張濬表狀一卷李巨川啓狀二卷鄭準渚宮集四卷李翥魚化集一卷樊景表狀集五卷羅貫啓狀二卷梁震表狀一卷趙仁拱潛龍筆職三卷黃台江西表狀二卷周慎辭表狀五卷郭洪記室袖中

備要三卷金臺倚馬集九卷擬狀制集三卷章表分門一卷兩制珠璣集二卷搢紳集三卷蓬壺集一卷忘機子五卷並不知作者張昭嘉善集五十卷高錫簪履編七卷王祐集二十卷羅處約東觀集十卷郭贄文懿集三十卷陳摶釣潭集二卷王溥集二十卷趙上文集二十卷薛居正集三十卷竇儀端揆集四十五卷白稹集十卷徐鉉質論一卷蘇易簡章表十卷李昉集五十卷朱昂集三十卷王旦集二十卷鞠常集二十卷李瑩集十卷梁周翰苑制草集二十卷王禹偁制誥集十二卷韓乂奏議三卷楊億號略集七卷

劉宣集一卷楊徽之集五卷趙師民儒林舊德集三十卷丘旭詩一卷又賦一卷曾致堯直言集一卷張翼詩一卷章文化韶程詩一卷趙晟金山詩一卷李度策名詩一卷楊日嚴集十卷趙抃成都古今集三十卷宋敏求書闈前後集西垣制詞文集四十八卷呂惠卿文集一百卷又奏議一百七十卷龔鼎臣諫草三卷程師孟文集二十卷又奏議十五卷楊繪文集八十卷張方平玉堂集二十卷王洙昌元集十卷承幹文集十卷田況文集三十卷鄧綰治平文集三十卷又翰林制集十卷西垣制集三卷奏議二十卷雜文詩賦五十卷劉彝明善集三十卷又居易集二十卷趙世繁歌詩十卷張詵文集十卷又奏議三十卷韓絳文集五十卷又內外制集十三卷奏議三十卷龐元英文集三十卷李常文集六十卷又奏議二十卷孫覺文集四十卷又奏議十二卷外集十卷呂公孺詩集奏議二十卷熊本文集三十卷又奏議二十卷傅堯俞奏議十卷葉康直文集十卷李承之文集三十卷又奏議二十卷盧秉文集十卷又奏議三十卷晁補之雞肋集一百卷王庠文集五十卷劉紋集六十卷孔文仲文集五十卷孔武仲奏議二卷蒲

宗孟文集奏議七十卷張利一奏議三卷喬執中古律詩賦十五卷又雜文碑誌十卷趙仲庠內外制十卷又雜文五十卷制誥表章十卷趙仲銳文集十卷李之純文集二十卷又奏議五卷趙世逢英華集十卷李清臣文集一百卷又奏議三十卷李新集四十卷沈銖文集十卷杜紘文集二十卷又奏議十卷後山集三十卷曾肇元祐制集十二卷又曲阜外集三十卷張舜民畫墁集一百卷王存文集五十卷李昭集三十卷蔣之奇荊溪前後集八十九卷又別集九卷北扉集九卷西樞集四卷卮言集五卷芻言五十篇舒亶文集一百卷龔原文集七十卷又潁川唱和詩三卷安燾文集四十卷又奏議十卷張商英文集一百卷蔡肇文集三十卷劉跂集二十卷秦敏學集二卷曾孝廣文集二十卷張閣文集二十卷吳居厚文集一百卷又奏議一百二十卷呂益柔文集五十卷又奏議一卷姚祐文集六十卷又奏議二十卷上官均文集五十卷又奏議十卷葉煥繼明集一卷趙仲御東堂集一卷李長民汴都賦一卷鮑慎由文集五十卷游酢文集十卷劉安世文集二十卷許安國詩三卷唐恪文集八十卷譚世勣文集三十卷又奏

議二十一卷外制五卷師陶集二卷孫希廣樵漁論三卷竇夢證東堂集三卷恭翔集十卷又表奏集十卷盧文度集二卷崔氏干旗録六卷李愼儀集十二卷唐鴻集五卷青燕編集一卷陳光圖集七卷李洪源集二卷鄭炎文四篇沈彬閑居集十卷羅隱後集二十卷又汝江集三卷歌詩十四卷吳越掌書記集三卷熊皎南金集二卷龔霖詩一卷倪曉賦一卷譚用之詩一卷扈載集五卷南唐李後主集十卷宋齊丘文傳十三卷徐鍇集十五卷馮延巳陽春録一卷田霖四六一卷潘佑榮陽集二十卷左偃鍾山集一卷

張為詩一卷徐演探龍集五卷張麟答興論三卷楊九齡桂堂編事二十卷蔡崑詩一卷廖正圖詩一卷劉昭禹詩一卷孫魴詩五卷李建勳集二十卷杜田注杜詩補遺正繆十二卷薛倉舒杜詩補遺五卷續注杜詩補遺八卷洪興祖杜詩辨證二卷范質集三十卷趙普奏議一卷李瑩集一卷陶穀集十卷王佑襄陽風景古跡詩一卷柳開集十五卷徐鉉集三十二卷湯悅集三卷宋白集一百卷又柳枝詞一卷賈黃中集三十卷李至集三十卷張洎集五十卷李諮集二十卷楊朴詩一卷潘閬詩一卷羅處約詩一卷

李光輔集一卷王操詩一卷盧稹曲肱編六卷趙湘集十二卷古成之集三卷章士廉集二卷張君房野語三卷李九齡詩集一卷廖氏家集一卷王禹偁小畜集三卷又外集二十卷承明集十卷別集十六卷田錫集五十卷又別集三卷奏議二卷魏野草堂集二卷又鉅鹿東觀集十卷張詠集十卷寇準詩三卷又巴東集一卷丁謂集八卷又虎丘録五十卷刀筆集二卷青衿集三卷知命集一卷胡旦集十六卷陳靖集十卷晁迥昭德新編三卷穆修集三卷熊知至集一卷劉隨諫草二十卷林逋詩七卷又詩二卷柴

慶集十卷劉夔應制一卷謝伯初詩一卷呂祐之集二十卷錢惟演擁旄集五卷陳堯佐愚丘集二卷又潮陽新編一卷石介集二十卷夏竦集一百卷又策論十三卷宋庠緹巾集十二卷又操縵集六卷連珠一卷王隨集二十卷石延年詩二卷宋郊文集四十四卷宋祁集一百五十卷又濡削一卷刀筆集二十卷西川猥藁三卷鄭文寶集三十卷楊億蓬山集五十四卷又武夷新編集二十卷頴陰集二十卷刀筆集二十卷別集十二卷汝陽雜編二十卷鑾坡遺札十二卷劉筠冊府應言集十卷又榮遇集二十卷山

中刀筆集三卷表奏六卷肥川集四卷韓丕詩三卷
种放集十卷李介种放江南小集二卷柴成務集二
十卷孫何集四十卷孫僅詩一卷許申集一卷錢易
集六十卷高弁集三卷錢昭度詩一卷唐異詩集一
卷江爲詩一卷李畋集十卷張餗集三卷張景集二
十卷郭震集四卷鄭脩集一卷許允豹詩一卷劉若
冲永昌應制集三卷陳漸集十五卷陳充民士編二
十卷錢彥遠諫垣集三十卷又諫垣遺槀五卷齊唐
集三十卷又策論十卷鮑當集一卷又後集一卷何
涉治道中術六卷仲訥集十二卷梅堯臣集六十卷

又後集二卷畢田詩一卷楊備姑蘇百題詩三卷宋
綬常山祕殿集三卷又託車集五卷常山遺札三卷
許推官吟一卷袁陟廬山四游詩一卷又金陵訪古
詩一卷會交集三卷鄭伯玉詩一卷顏大初集十卷
范仲淹集二十卷又別集四卷尺牘二卷奏議十五
卷丹陽編八卷呂申公試卷一卷杜衍詩一卷丘濬
觀時感事詩一卷困編一卷晏殊集二十八卷又臨
川集三十卷詩二卷二州集十五卷二府別集十二
卷北海新編六卷平臺集一卷胡宿集七十卷又制
詞四卷包拯奏議十卷廖偁朱陵編一卷戴真詩二

卷錢藻賢良策五卷蘇舜欽集十六卷張伯玉蓬萊
詩二卷孫復集十卷周曇詠史詩八卷尹洙集二十
八卷崔公度感山賦一卷燕肅詩二卷尹源集六卷
又幕中集十六卷葉清臣集十六卷李淑書殿集二
十卷又筆語十五卷龍昌期集八卷田況策論十卷
蔣康叔小集一卷張俞集二十六卷寇隨詩一卷王
琪詩二十卷狄遵度集十卷黃亢集十二卷李問詩
一卷李祺刀筆集十五卷又象臺四六集七卷陳亞
藥名詩一卷黃通集三卷湛俞詩一卷江休復集四
十卷王回集十卷蘇洵集十五卷又別集五卷李泰

伯直講集三十三卷又後集六卷黃庶集六卷劉輝
集八卷王同集十卷王令集二十卷又廣陵文集六
卷余靖集二十卷又諫草三卷孫沔集十卷劉敞集
七十五卷蔡襄集六十卷又奏議十卷歐陽脩集五
十卷又別集二十卷六一集七卷奏議十八卷內外
制集十一卷從諫集八卷韓琦集五十卷又諫垣存
槀三卷富弼奏議十二卷又劄子十六卷呂誨集十
五卷又章奏二十卷趙抃南臺諫垣集二卷又清獻
盡言集二卷元絳玉堂集二十卷又玉堂詩十卷鄭
獬集五十卷王陶詩三十卷又集五卷宋敏求東觀

絶筆二十卷晁端友詩十卷程師孟長樂集一卷陶弼集十五卷強至集四十卷邵雍集二十卷張載集十卷張先詩二十卷陳襄集二十五卷又奏議一卷曾鞏元豐類藁五十卷又別集六卷續藁四十卷楊蟠詩二十卷袁思正集六卷晁端忠詩一卷章望之集四十卷又集十一卷吳頎詩一卷劉渙詩十二卷吳孝宗集二十卷呂南公灌園集三十卷王韶奏議六卷李師中詩三卷楊繪諫疏七卷傅異之集一卷任大中集三卷方子通詩一卷王震元豐懷遇集七卷張徽集三卷又北閣詩一卷王無咎集十五卷司

馬光集八十卷又全集一百十六卷龔鼎臣集五十卷文彥博集三十卷又顯忠集二卷王安石集一百卷張方平集四十卷又進策九卷王珪集一百卷范鎮諫垣集十卷又奏議二卷程顥集四卷朱光庭奏議三卷范祖禹集五十五卷王巖叟集四十卷趙瞻集二十卷又奏議十卷楊傑集十五卷又別集十卷解于佺集二卷蘇頌集七十二卷又略集一卷劉攽集六十卷王剛中文集六卷顏復集十三卷孔平仲詩戲一卷劉摯集四十卷邢居實呻吟集一卷陳軒綸閣編六卷又榮名集二卷臨汀集六卷陳敦詩六

卷陳先生揭陽集十卷不知名劉定詩一卷許彥國詩三卷張重集八卷王定民雙譩編二十四卷何宗元十議三卷張公庠詩一卷韋驤集十八卷又賦二十卷李清臣集八十卷又進策五卷程頤集二十卷蘇軾前後集七十卷奏議十五卷補遺三卷南征集一卷詞一卷南省說書一卷應詔集十卷內外制十三卷別集四十六卷黃州集二卷續集二卷和陶詩四卷北歸集六卷儋耳手澤一卷年譜一卷王宗稷編蘇轍欒城集八十四卷應詔集十卷策論十卷均陽雜著一卷黃庭堅集三十卷樂府二卷外集十四卷書尺

十五卷陳師道集十四卷又語業一卷秦觀集四十卷蔣之奇集一卷曾布集三十卷呂惠卿集五十卷曾肇集四十卷又奏議十二卷西垣集十二卷庚辰外制集三卷內制集五卷張來集七十卷又進卷十二卷李昭玘集三十卷晁補之集七十卷李廌集三十卷蔡肇集六卷又詩三卷呂陶集六十卷張舜民集一百卷張商英集十三卷鄭俠集二十卷錢惟演伊川集五卷陳簡能集一卷馮京潛山文集一卷陳舜俞集三十卷又治說十卷應制策論一卷金君卿集十卷劉煇東歸集十卷王安國集六十卷又序言

八卷王安禮集二十卷范純仁忠宣集二十卷又彈
事五卷國論五卷韓維南陽集三十卷又潁邸記室
集一卷奏議一卷李復潏水集四十卷傅堯俞集十
卷丁騭奏議二十卷又奏議一卷陳師錫奏議一卷
彭汝礪鄱陽集四十卷龔夬奏議一卷范百祿榮國
集五十卷又奏議六卷内制五卷外制五卷鄒浩文
卿集四十卷郭祥正集三十卷陳瓘集四十卷又責
沈一卷諫垣集三卷四明尊堯集五卷了齋親筆一
卷尊堯餘言一卷李新集四十卷吳栻蜀道紀行詩
三卷又菴峯集一卷徐積集三十卷任伯雨戇草二

宋史二百八 字四百个 宋史志卷二百六十一 二十二 李俊写 徐楣刊

卷又乘桴集三卷葛次仲集句詩三卷鄭少微策六
卷石柔橘林集十六卷謝逸集二十卷又溪堂詩五
卷謝薖集十卷陸純集一卷張勵詩二十卷廖正一
集八卷韓鎬集一卷張勸詩二卷王寀南陔集一卷
楊天惠集六十卷劉跂集二十卷王家撰唐庚集二十
二卷馬存集十卷又經濟集十二卷朱服集十三卷
毛滂集十五卷李樵詩二卷朱減集十二卷劉珏奏
議一卷崔鶠集三十卷李若水集十卷梅執禮集十
五卷晁說之二十卷楊時集二十卷又龜山集三十
五卷李朴集二十卷王安中集二十卷徐俯集三卷

呂本中詩二十卷翟汝文集三十卷汪藻集六十卷
程俱集三十四卷李綱文集十八卷趙鼎得全居士
集二卷又忠正德文集十卷朱勝非奏議十五卷綦
崈禮北海集六十卷葉夢得石林集一百卷又奏議
十五卷建康集八卷孫覿鴻慶集四十二卷汪伯彥
後集二十五卷又續編一卷胡銓澹菴集七十卷李
光前後集三十卷張澂澹巖集四十卷李邴草堂後
集二十六卷饒節倚松集十四卷吳則禮集十卷韓
駒陵陽集十五卷又別集三卷傅察集三卷趙鼎臣
竹隱畸士集四十卷趙育酒隱集三卷曾匪集十六

宋史二百八 四百个 宋史志卷二百六十一 二十三 李俊写 呈燾刊

卷陳東奏議一卷章誼奏議二卷又文集二十卷劉
安世元城盡言集十三卷許景衡橫塘集三十卷田
晝集二卷劉弇龍雲集三十二卷慕容彥逢集三十
卷李端叔姑溪集五十卷又後集二十卷米芾山林
集拾遺八卷倪濤玉溪集二十二卷張彥實東牕集
四十卷又詩十卷劉一止苕溪集五十五卷王賞玉
臺集四十卷馮時行縉雲集四十三卷高登東溪集
十二卷仲并浮山集十六卷王洋東牟集二十九卷
闗注集二十卷葛立方歸愚集二十卷曹勛松隱集
四十卷辛次膺奏議二十卷又箋表十卷周麟之海

陵集二十三卷王銍集二十三卷任古拙齋遺藁三
卷任正言小醜集十二卷又續集五卷張積鶴鳴先
生集四十一卷呂大臨玉溪先生集二十八卷胡恭
政議進藁一卷葉訪所業二卷勾滋達齋文集七卷
吳正肅制科文集十卷王發元祐進本制舉策論十
卷呂頤浩忠穆文集十五卷張元幹蘆川詞二卷三
顧隱客文集十一卷文選精理二十卷岳陽黃氏靈
仙集十五卷以下不知名宋初梅花千詠二卷易安居士
文集七卷宋李格非女撰又易安詞六卷辛棄疾長短句十
二卷又稼軒奏議一卷吳楚紀行一卷宋峽州守吳氏撰不知名

劉子翬屏山集二十卷劉珙集九十卷又附錄四卷
鄧良能書潛集三十卷游桂畏齋集二十二卷王十
朋南游集二卷又後集一卷史浩真隱漫錄五十卷
洪适盤洲集八十卷洪遵小隱集七十卷洪邁野處
猥藁一百四卷又瓊野錄三卷劉儀鳳奇堂集三十
卷又樂府一卷羅願小集五卷張嵲紫微集三十卷
周紫芝大倉稊米集七十卷毛幵樵隱集十五卷張
行成觀物集三十卷倪文舉綺川集十五卷張嗣良
漱芳集十四卷又南澗甲乙藁七十卷韓元吉愚戇
錄十卷宋汝爲忠嘉集一卷又後集一卷陳熙甫奏

劄一卷陳康伯葛谿集三十卷陳恬澗上卷三十卷
汪中立符桂錄三卷王萊龜湖集十卷何遇蒙野集
四十九卷曹彥章箕潁集一十卷孫應時燭湖集十
卷沈與求龜溪集十二卷呂祖儉大愚集十一卷顏
師魯文集四十四卷陳峴東齋表奏二卷聶冠卿蘄
春集十卷沈夏文集二十卷陳正伯書舟雅詞十一
卷劉給事文集一卷鄧忠臣文集十二卷賀鑄慶湖
遺老集二十九卷林栗集三十卷又奏議五卷龔茂
良靜泰堂集三十九卷周必大詞科舊藁三卷又掖
垣類藁七卷玉堂類藁二十卷政府應制藁一卷歷

官表奏十二卷省齋文藁四十卷別藁十卷平園續
藁四十卷承明集十卷奏議十二卷雜著述二十三
卷書藁十五卷附錄五卷朱松韋齋集十二卷又小
集一卷朱熹前集四十卷後集九十一卷續集十卷
別集二十四卷張栻南軒文集四十八卷呂祖謙集
十五卷又別集十六卷外集五卷附錄三卷汪應辰
翰林詞章五卷鄭伯熊集三十卷鄭伯英集二十六
卷陸九淵象山集二十八卷又外集四卷潘良貴集
十五卷林待聘內外制十五卷吳鎰敬齋集三十二
卷沈樞宜林集三十卷吳芾湖山集四十三卷又別

集一卷和陶詩三卷附録三卷當塗小集八卷吳天驥鳳山集十二卷雍焯過溪前集二十卷又後集三卷趙彥端介菴集十卷又外集三卷介菴詞四卷龎謙孺白蘋集藁四卷李迎遺藁一卷謝諤江行雜著三卷曾丰樽齋緣督集十四卷陳傅良止齋集五十二卷陳亮集四十卷又外集詞四卷蔡幼學育德堂集五十卷曾煥毅齋集十八卷又臺城丙藁四卷南城集十八卷曾習之詩文二卷蘇元老文集三十二卷彭克玉壺梅花三百詠一卷王景文集四十卷劉安上文集四卷劉安節文集五卷周博士文集十卷

黃季岑玉餘集十卷不知名吳億溪園自怡集十卷周邦彥清真居士集十一卷程大昌文集二十卷蘇籀雙溪集十一卷楊椿芸室文集七十五卷蔣邁桂齋拙藁二卷又施正憲遺藁二卷丘崇文集十卷羅適赤城先生文集十卷王灼頤室文集五十七卷余安行石月老人文集三十五卷陸游劍南續藁二十一卷又渭南集五十卷費氏芸山居士文集二十一卷不知名李正民大隱文集三十卷杜受言磁硤集十三卷鄧肅栟櫚集二十六卷胡安國武夷集二十二卷胡寅斐然集二十卷程敦儒龍堂集六十八卷又後集二

十卷朱翌集四十五卷又詩三卷廖剛高峯集十七卷趙令時安樂集三十卷陸九齡文集六卷周孚鉛刀編三十二卷王堂梅林文集二十卷又雲溪類集三十卷李璜蘗菴文集十二卷江公望釣臺棄藁十四卷吳沇環溪集八卷月湖信筆三卷不知作者趙雄奏議二十卷許開志隱類藁二十卷項安世丙辰悔藁四十七卷趙逵棲雲集二十五卷黃策集四十卷連寶學奏議二卷不知名衛膚敏諫議遺藁二卷姜夔白石叢藁十卷陳伯魚澹齋草紙目録四十二卷彭龜年止堂集四十七卷彭鳳梅坡集五卷李彌遜筠溪集二

十四卷龔日華北征讜議十二卷蕭之敏直諒集三卷李士美北門集四卷劉清之文集二十三卷葉適文集二十八卷周南山房集五卷王秬復齋制表一卷倪思奏議二十六卷又歷官表奏十卷翰林奏草一卷翰林前藁二十卷翰林後藁二卷畢仲游文集五十卷王之道相山居士文集二十五卷又相山長短句二卷王從三近齋餘録五卷謝伋藥寮叢藁二十卷羅點奏議二十三卷李蘩奏議二卷詹儀之奏議二卷胡勢萬石書一卷周行己集十九卷鮑欽止集二十卷黃裳集六十卷林敏功集十卷方孝能文

集一卷王庠集五十卷蔡敏學集二卷姚述堯蕭臺公餘一卷蒙泉居士韓文英華二卷蘇過斜川集十卷王彥輔鳳臺子和杜詩三卷杜甫詩詳說二十八卷（不知作者）郭徽南湖詩八卷陸長翁文集四十卷詹叔義狂夫論十二卷朱敦儒陳淵集二十六卷又詞三卷王寔集三十卷蘇庠集三十卷李師稷皇華編一卷劉一止集五十卷（苕溪集多五卷張攀書目以此本為非齋類藁）葛勝仲集八十卷傅崧卿集六十卷又奏議二卷制誥三卷句龍如淵雜著一卷洪皓集十卷胡宏集一卷曾惇詩一卷黃邦俊集三卷又強記集八卷江袤集二十

卷盛溆策論一卷潘闢集杜詩句一卷林震集句二卷溢江集六卷（不知作者）周總集一卷張守集五十卷又奏議二十五卷又十八卷范成大石湖居士文集（卷）又石湖別集二十九卷石湖大全集一百三十六卷許翰襄陵文集二十二卷樓鑰文集一百二十卷張宰蓮社文集五卷胡世將集十五卷又忠獻胡公集六十卷洪龜父詩一卷柯夢得抱甕集十五卷姜如晦月溪集三十二卷錢聞詩文集二十八卷又廬山雜著三卷芮曄家藏集七卷王洛雪齋文集四十卷李燾文集一百二十卷薛齊誼六一先生事證一卷

（附告詞）王大昌六一先生在滁詩一卷汪居正竹西文集十卷李觀顯親集六卷陳汝錫鶴溪集十二卷陳逢寅山谷詩注二十卷朱熹校昌黎集五十卷王洙注杜詩三十六卷方醇道類集杜甫詩史三十卷僧道翹寒山拾得詩一卷傅自得至樂齋集四十卷俞汝尚溪堂集四卷劉燾詩集二十卷方惟深集十卷又錄一卷王庭雲鏊集三卷蔡柟浩歌集一卷王庭珪盧溪集十卷邵緝荊溪集八卷吳氏符川集一卷（不知名）陳克天台詩十卷又外集四卷劉綺清溪詩集三卷王質雪山集三卷蕭德藻千巖擇藁七卷又外

編三卷楊萬里江湖集十四卷又荊溪集十卷西歸集八卷（南海集八卷朝天集十一）卷江西道院集三卷朝天續集八卷江東集十卷退休集十四卷危稹文集二十卷林憲雪巢小集二卷葉鎮會稽覽古詩一卷邵博文集五十七卷鄭剛中文集八卷李浩文集二卷許及之文集三十卷又涉齋課藁九卷黃幹文集十卷錦屏先生文集十一卷（不知名）祝充韓文音義五十卷宋德之青城遺藁二卷沈渙文集五卷王述文集二十卷毛友文集四十卷王惟之雪溪集八卷范浚香溪文集二十二卷胡嶧如村冗藁二十卷唐文若遯菴文

集三十卷黃公度莆陽知稼翁集十二卷方有聞文集一卷陳楠文集十六卷陳與義詩十卷又岳陽紀詠一卷張文伯江南凱歌二十卷曾幾集十五卷張孝祥文集四十卷又詞一卷古風律詩絕句三卷石行正玉壘題詠九卷何耕勸戒詩一卷孫稽仲谷橋愚藁十卷臨邛計用章集十二卷李縝梅百詠詩一卷倪正甫兼山小集三十卷黃畬復齋漫藁二卷丁逢南征詩一卷京鏜詩七卷又詞二卷趙時逢山牕斐藁一卷王稱詩四卷徐璣泉山詩藁一卷黃虎詩藁一卷黃景說白石丁藁一卷吳賦之文集一卷曾

布之丹丘使君詩詞一卷朱存金陵詩一卷石召集一卷潘咸詩一卷文史聯珠十三卷不知作者得全居士詞一卷不知名汪遵詠史詩一卷韓遂詩一卷張安石集一卷盧士衡詩一卷葉楚詩一卷陳三思詩一卷丁稜詩一卷江漢編七卷不知作者晉惠遠廬山集十卷僧棲白詩一卷僧子蘭詩一卷僧懷浦詩集一卷僧安綬鴈蕩山集一卷僧虛中詩一卷僧貫休集三十卷僧清塞集一卷僧齊己集十卷又白蓮華或無華字編外集十卷僧義現集三卷僧應之集一卷僧承詠集一卷僧無顔集一卷僧靈矝集一卷僧靈護鈞源集十

卷僧可朋玉壘集十卷僧自牧括囊集十卷僧賓付集一卷僧尚顏荊門集五卷僧曇域龍華集十卷僧文雅集一卷僧先白蓮社集二十卷又虎溪集十卷僧處默詩一卷僧希覺擬江東集五卷僧鴻漸詩一卷僧智暹詩一卷僧康白詩十卷僧惠崇詩三卷僧文暢碧雲集一卷僧楚巒詩一卷僧皎然詩十卷僧無可詩一卷僧靈澈詩一卷僧脩睦詩一卷僧彙征集三卷僧本先集一卷僧文彧詩一卷僧祕演集二卷僧保暹集二卷僧智圓閒居編五十一卷僧大容集一卷僧來鵬詩一卷僧可尚揀金集九卷僧惠澄

詩一卷僧有鵬詩一卷僧警淳詩一卷僧靈一詩一卷止禪師青谷集二卷僧惠洪物外集二卷又石門文字禪三十卷僧祖可詩十三卷道士主父果詩一卷曾玄機詩集一卷李季蘭詩集一卷唐女道士李裕撰勾台符卧雲編三卷石仲元詩二卷謝希孟詩二卷又采蘋詩一卷曹希蘊歌詩後集二卷蒲氏玉清編一卷吳氏南宮詩二卷王尚恭詩一卷王元妇徐氏閨秀集一卷王氏詩一卷王綸瑶臺集二卷許氏詩一卷許彥國母楊吉登瀛集五卷劉京集四十卷

右別集類一千八百二十四部二萬三千六百四卷

志卷第一百六十一

志卷第一百六十二　宋史二百九

開府儀同三司上柱國錄軍國重事前中書右丞相監修國史領經筵事都總裁臣脫脫等奉

敕修

藝文八

孔逭文苑十九卷蕭統文選六十卷李善注庾自直類文三百六十二卷竇儼東漢文類三十卷五臣注文選三十卷周明辨文選彙聚十卷文選類聚十卷常寶鼎文選名氏類目十卷卜鄰續文選二十三卷樂史唐登科文選五十卷宋白文苑英華一千卷目五十卷宋遵度群書麗藻一千卷目五十卷王勉楚辭章句二卷楚辭釋文一卷離騷約二卷徐鍇賦苑二百卷目一卷廣類賦二十五卷靈仙賦集二卷甲賦五卷賦選五卷江文蔚唐吳英秀賦七十二卷桂香賦集三十卷楊翺典麗賦六十四卷類文賦集一卷謝璧七賦一卷杜鎬君臣賡載集三十卷李虛己明良集五百卷劉元濟正聲集五卷王正範續正聲集五卷又洞天集五卷韋莊採玄集一卷陳正圖備遺綴英集二十卷劉明素麗文集五卷劉松宜陽集十卷叢玉集七十卷李商隱桂管集二十卷樂贍文囿集十卷雜文集二十卷劉贊蜀國文英八卷分門文集十卷劉從

義遺風集二十一卷游恭短兵集三卷鮑溶集六卷
皮日休藪文一卷徐陵玉臺新詠十卷廣玉臺集三
十卷文選後名人詩九卷高仲武詩甲集五卷詩乙
集五卷唐省試詩集三卷顧陶唐詩類選二十卷鍾
安禮資吟五卷張為前賢詠題詩三卷僧玄鑒續古
今詩集三卷詩纘集三卷元稹白居易李諒杭越寄
和詩集一卷唐集賢院詩集二卷蘇州名賢雜詠一
卷新安名士詩三卷應制賞花詩十卷許恭宗文館
詞林詩一卷喬舜桂香詩一卷雍子方沈括編集賢
院詩二卷趙仲庠詩十卷朱壽昌樂府集十卷蔣文

彧廣樂府集三卷許南容五子策林十卷周仁贍古
今類聚策苑十四卷禮部策十卷楊愉論苑十卷唐
凌煙閣功臣贊一卷國子監武成王廟贊二卷大中
祥符封禪祥瑞贊五卷丁謂大中祥符祀汾陰祥瑞贊
五卷馬文敏王言會最抄五卷唐制誥集十卷元和
制誥集十卷元和制策三卷滕宗諒大唐統制三十
卷擬狀注制集十卷費乙舊制編錄六卷貞元制敕
書奏一卷毛文晏咸通麻制一卷雜制詔集二十一
卷朱梁宣底八卷制誥（一作詔）二卷後唐麻藁集三卷
長興制集四卷江南制集七卷吳越石壁集二卷李

愼儀集制二十卷五代國初內制雜編十卷建隆景
德雜麻制十五卷神哲徽三朝制誥三卷李琪玉堂
遺範三十卷蔡省風瑤池集二卷唐哀冊文四卷孫
洙褒恤雜錄三卷晉宋齊梁彈文四卷馬總奏議集
二十卷張元璥歷代忠諫事對十卷歷代名臣文疏
三十卷唐名臣奏七卷張易唐直臣諫奏七卷御集
諫書八十卷唐奏議駁論一卷趙元拱諫爭集十卷
唐初表章一卷毛漸表奏十卷任諒建中治本書一
卷沈常總戎集十卷顧臨梁燾總戎集十卷續羽書
六卷王紹顏軍書十卷李緯縱橫集二十卷趙化基

止戈書五十卷張銂管記苑十卷李大華掌記略十
五卷新掌記略九卷林逢續掌記略十五卷唐格群
經雜記十卷周明辨五經手判六卷徐德言分史衡
鑑十卷劉攽經史新義一部（卷亡）南康筆代耕心鑑十
卷干祿寶典二十七卷薛廷珪克家志九卷趙世繁
忠孝錄五卷趙世逢幽居錄五卷臧嘉猷羽書集三
卷呂廷祚注文選三十卷劉允濟金門待詔集五卷
僧惠淨續古今詩苑英華十卷孫翌正聲集三卷崔
融珠英學士集五卷竇常南薰集三卷搜玉集一卷
（唐崔湜至融凡三十七人集者不知名）太平內制三卷（睿宗玄宗時制詔）賀鑑

歸鄉集一卷奇章集四卷（李林甫至崔百餘家詩）唐德音三十
卷（起武德元年五月迄天寶十三年正月）張曲江雜編一卷（集者並不知名）李
康玉臺後集十卷殷璠河嶽英靈集二卷又丹陽集
一卷蕭昕送邢桂州詩一卷曾恩起予集五卷李吉
甫麗則集五卷又類表五十卷許孟容謝亭詩集一
卷竇氏連珠集一卷孟總唐名臣奏議集二十卷送
毛仙翁詩集一卷（牛僧孺韓愈等贈）高仲武中興間氣集二
卷（錢起張衆甫等詩）集賢院諸廳壁記二卷（李吉甫武元衡常袞題詠集）
大曆浙東酬唱集一卷臨淮尺題集二卷臨平詩集
一卷送白監歸東都詩一卷洛中集一卷名公唱和

集四卷垂風集一卷咸通初表奏集一卷唐十九家
詩十卷雲門寺詩一卷章奏集類二十卷唐百家詩
選二十卷陸海六卷（集者並不知名）令狐楚斷金集一卷又
纂雜詩一卷劉禹錫彭陽唱和集二卷又彭陽唱和
後集一卷汝洛唱和集三卷吳蜀集一卷劉白唱和
集三卷段成式漢上題襟十卷檀溪子道民連壁詩
集三十二卷孟啓本事詩一卷盧瓌抒情集二卷僧
䛒光上人詩一卷姚合極玄集一卷韋莊又玄集三
卷皮日休松陵集十卷柳宗直西漢文類四十卷芮
挺章國秀集三卷宋太祖真宗御製國子監兩廟贊

二卷賜陳摶詩八卷送張無夢歸山詩一卷賜王韶
手詔一卷（漢魏文章二卷漢名臣奏二卷）漢賢遺集一卷三國志文
類六十卷晉代名臣集十五卷謝氏蘭玉集十卷古
詩選集十卷宋二百家詩二十三卷長樂三王雜事
十四卷（集者並不知名）陳彭年宸章集二十五卷宋綬本朝
大詔令二百四十卷又唐大詔令一百三十卷目錄
三卷洪遵中興以來玉堂制草三十四卷周必大續
中興玉堂制草三十卷韓忠彥追榮集一卷朱昱五
制集一卷熊克京口詩集十卷李仁剛浯溪古今石
刻集錄一卷侍其光祖浯溪石刻後集再集一卷李

燾謝家詩集一卷曾慥宋百家詩選五十卷又續選
二十卷吳說編古今絕句三卷廖敏得浯溪石刻續
集一卷呂祖謙東萊集詩二卷孔文仲三孔清江集
四十卷壯觀類編一卷（劉燾楊萬里米芾等作）邵浩坡門酬唱
二十三卷倪恕安陸酬唱集六卷管銳橫浦集二卷
方松卿續橫浦集十二卷趙不敵清漳集三十卷廖
遲樵川集十卷洪适荆門惠泉詩集二卷詹淵括蒼
集三卷陳百朋續括蒼集五卷柳大雅括蒼別集四
卷胡舜舉劒津集十卷許份漢南酬唱集一卷楊恕
臨江集三十四卷汪浹元祐榮觀集五卷衛博定菴

類藁十二卷于霆南紀集五卷湯邦傑南紀別集一卷家求仁名賢雜詠五十卷又草木蟲魚詩六十八卷程九萬三老奏議七卷畢仲游元祐館職詔策詞記一卷謝逸溪堂師友尺牘六卷羅唐二茂才重校唐宋類詩二十卷三洪制藁六十二卷（洪适遵邁撰）李壁中興諸臣奏議四百五十卷洪邁唐一千家詩一百卷三蘇文集一百卷（郎曄進）臨賀郡志二卷相江集十卷豫章類集十卷千家名賢翰墨大全五百一十八卷三蘇文類六十八卷續本事詩二卷集選一百卷唐賢長書一卷唐三十二僧詩一卷四僧詩八卷唐雜詩一卷五代制詞一卷重編類啓十卷潤州金山寺詩一卷（集者並不知名）蔡省風瑶池集一卷陳匡圖擬玄類集十卷韋縠唐名賢才調詩集十卷李昉扈蒙文苑英華一千卷劉吉江南續又玄集二卷田錫唐明皇制誥後集一百卷蘇易簡禁林宴會集一卷子起家宴集五卷（不知姓）楊徽論苑十卷馮翊巖滁州琅琊山古今名賢文章一卷朱愽叢玄集二十卷二李唱和詩一卷（李昉李至作）楊億西崐酬唱集二卷陳充九僧詩集一卷四釋聯唱詩集一卷（丁謂等）楊偉號郡文齋集五卷姚鉉唐文粹一百卷讁仙集十卷（句龍褒集古今人詞）

（以李白為首）僧仁贊唐宋類詩二十卷許洞徐鉉雜古文賦一卷郭希朴養閑亭詩一卷幼暐金華瀛洲集三十卷王咸典麗賦九十三卷華林義門書堂詩集一卷（王欽若錢惟演等作）張逸楊諤潼川唱和集一卷李祺天聖賦苑一十八卷又珍題集三十卷滕宗諒岳陽樓詩二卷陶叔獻西漢文類四十卷徐徽滁陽慶曆集十卷韓琦閱古堂詩一卷送僧符遊南昌集一卷（范鎮序）石聲編一卷（趙師旦家編集）南犍唱和詩集一卷（吳中復吳秘張谷等作）鄭雍古今名賢詩二卷歐陽脩禮部唱和詩集三卷送元絳詩集一卷送文同詩一卷（鮮于侁序）晏殊張士遜笑臺詩一卷慧明大師靈應天竺集一卷宋璋錦里玉堂編五卷孫洙褒題集三十卷又張氏詩傳一卷宋敏求寶刻叢章三十卷寶刻叢章拾遺三十卷孫氏吳興詩三卷（不知名）姚闢荊溪唱和一卷林少穎觀瀾文集六十三卷呂祖謙皇朝文鑑一百五十卷又國朝名臣奏議十卷呂本中江西宗派詩集一百十五卷曾紘江西續宗派詩集二卷石處道松江集一卷江文叔桂林文集二十卷劉褒續集十二卷黃岦續乙集八卷張脩桂林集十二卷徐大觀又續集四卷丁逢郴江前集十卷又後集五卷郴江續集九卷

楊傒南州集十卷王仁澧陽集四卷道士田居實司
空山集二卷姜之茂臨川三隱詩集三卷熊克館學
喜雪唱和詩二卷陳天麟遊山唱和一卷史正心清
暉閣詩一卷葛郛載德集四卷王十朋楚東唱酬集
一卷莫琮椿桂堂詩一卷何紘籍桂堂唱和集一卷
莫若冲清湘泮水酬和一卷陳讜西江酬唱一卷廖
伯憲岳陽唱和三卷黃學行又（乙集一卷）劉璿政和縣齋
酬唱一卷林安宅南海集三十卷曾肇滁陽慶曆前
集十卷吳珏滁陽慶曆後集十卷千越題詠三卷（李彝
序）郝箎鄱梁集十卷西湖寓隱回文類聚一卷郢州

白雪樓詩一卷（蕭德藻序）三蘇翰墨一卷（蘇軾等書）桂香集六
卷留題落星寺詩一卷翰苑名賢集一卷宋賢文集
三卷宋賢文藪四十卷先容集一卷制誥章表二卷
又制誥章表十五卷儒林精選時文十六卷玉堂詩
三十六卷辭林類藁三卷海南集十八卷鄞江集九
卷嘉禾詩文一卷潯陽琵琶亭紀詠三卷潯陽庾樓
題詠一卷滕王閣詩一卷膾炙集一卷玉枝集三十
二卷永康題紀詩詠十三卷聖宋文粹三十卷布袋
集一卷元祐密號一卷唐宋文章二卷聖宋文選十
六卷唐宋詩後集十四卷君山寺留題詩集一卷制

誥三卷春貼子詞一卷高麗表章一卷登瀛集五十
二卷羅浮寓公集三卷羅浮一卷（集者不知名）陳材夫仕
途必用集十卷翁恍岳陽別集二卷鍾興秭歸集八
卷卜無咎廬山記拾遺一卷商侑盛山集一卷劉充
唐詩續選十卷王安石建康酬唱詩一卷又唐百家詩
選二十卷四家詩選十卷送朱壽昌詩三卷韓忠彥
考德集三卷元積中江湖堂詩集一卷孔延之會稽
掇英集二十卷程師孟續會稽掇英集二十卷曾公
亮元日唱和詩一卷孫覺荔枝唱和詩一卷蒲宗孟
曾公亮勳德集三卷馬希孟揚州集三卷曾肢潤州

類集十卷魏泰襄陽題詠二卷蘇夢齡摛華集三卷
王得臣江夏古今紀詠集五卷楊傑高僧詩一卷孫
頎抄齋唱和集一卷薛傳正錢塘詩前後集三十卷
唐愈江陵集古題詠十卷章粢成都古今詩集六卷
孫永康簡公崇終集一卷道士龔元正桃花源集二
卷紹聖三公詩三卷（司馬光歐陽脩馮京所著）陸經靜照堂詩一
卷劉珵宣城集三卷唐庚三謝集一卷上官彝麻姑
山集三卷翁公輔下邳小集九卷彈粹鵝城豐湖亭
詩一卷蔡驛惠泉詩一卷林虙西漢詔令十二卷俞
向長樂集十四卷四學士文集五卷（黃庭堅晁補之張耒秦觀所著）

内制六卷（晏殊以下所撰）沈晦三沈集六十一卷輶軒唱和集三卷（洪皓張邵朱弁所集）程邁止戈堂詩一卷樊汝霖唐書文藝補六十三卷何琥蘇黄遺編一卷楊上行宋賢良分門論六十二卷戴覺李丁單題詩十二卷廖剛世綵集三卷送王周歸江陵詩二卷（杜衍等所撰）許端夫齋安集十二卷黄仁榮永嘉集三卷李知己永嘉集三卷晁新詞一卷（晁端禮晁冲之所撰）陸時雍宏詞總類前後集七十六卷梅江三孫集三十一卷（孫立節及子勵孫何所著）鮑喬豫章類集十卷鄧植小有天後集一卷蕭一致濂溪大成集七卷館閣詞章一卷館閣詩八卷（並中興館閣諸臣所撰）

右總集類四百三十五部一萬六百五十七卷

劉勰文心雕龍十卷鍾嶸詩評一卷任昉文章緣起一卷李允（一作元，或作克）翰林論三卷王昌齡詩格一卷又詩中密旨一卷杜嗣先兔園策府三十卷柳璨史通析微十卷劉餗史例三卷劉知幾史通二十卷白居易白氏金針詩格三卷又白氏制朴一卷僧皎然詩式五卷又詩評一卷辛處信注文心雕龍十卷王瑜卿文旨一卷王正範文章龜鑑五卷范攄詞林一卷孫郃文格二卷倪宥文章龜鑑一卷劉蘧應求類二卷實華載籍討源一卷舉要二卷吳武陵十三代史駁議十二卷林槩史論二十卷王謙唐史名賢論斷二十卷程鵬唐史屬辭四卷王損之絲綸點化二卷蔣方仲舒究判玄微一卷樂史登科記解題二十卷蔣之奇廣州十賢贊一卷白行簡賦要一卷范傳正賦訣一卷浩虛舟賦門一卷紇于俞賦格一卷和凝賦格一卷毛友左傳類對賦六卷王維詩格一卷王杞（一作超）詩格一卷賈島詩格密旨一卷元兢詩格一卷又古今詩人秀句二卷僧辭遠詩式十卷許文貴（一作貢）詩鑑一卷僧元鑒續古今詩人秀句二卷司馬光

續詩話一卷姚合詩例一卷鄭谷國風正訣一卷王叡炙轂子詩格一卷張仲素賦樞一卷倪宥詩體一卷張爲唐詩主客圖二卷僧齊己玄機分明要覽一卷又詩格一卷李洞賈島詩句圖一卷僧神彧詩格一卷徐鋭詩格一卷馮鑑修文要訣二卷林逋句圖三卷李淑詩苑類格三卷僧定雅寡和圖三卷劉攽詩話一卷邵必史例總論十卷司馬光詩話一卷馬偁賦門魚鑰十五卷蔡寬夫詩史二卷吳處厚賦評一卷蔡希蘧古今名賢警句圖一卷魏泰隱居詩話一卷楊九齡正史雜編十卷郭思瑤谿集十卷蔡絛

西清詩話三卷李頎古今詩話錄七十卷李錞詩話一卷僧惠洪天廚禁臠三卷周紫芝竹坡詩話一卷強行父唐杜荀鶴警句圖一卷黃徹䂬溪詩話十卷鄭樵通志叙論二卷曾𥙿選注摘遺三卷胡源聲律發微一卷費袞文章正派十卷李善五臣同異一卷嚴有翼藝苑雌黃二十卷方道醇集諸家老杜詩評五卷方絟續老杜詩評五卷彭郁韓文外抄八卷趙師懿柳文筆記一卷葛立方韻語陽秋二十卷呂祖謙古文關鍵二十卷新集詩話十五卷集者不知名元祐詩話一卷歷代吟譜二十卷唐宋名賢詩話二十卷金馬統例三卷詩談十五卷韓文會覽四十卷並不知作者

右文史類九十八部六百卷

凡集類二千三百六十九部三萬四千九百六十五卷

志卷第一百六十二

表卷第一　宋史二百十

開府儀同三司上柱國錄軍國重事前中書右丞相監修國史領經筵事都總裁臣脫脫等奉勑修

宰輔一

宋宰輔年表前九朝始建隆庚申終靖康丙午凡一百六十七年居相位者七十二人位執政者二百三十八人後七朝始建炎丁未終德祐丙子凡一百四十九年居相位者六十一人位執政者二百四十四人叙古曰古之史法主於編年至司馬遷作史記始易以新意叙國家世祚人事歲月散於紀傳世家先後始終遼難考見此表之不可無而編年不容於盡變也厥後班固漢史乃曰百官公卿表先叙官名職秩印綬等然後書年以表其姓名歐陽脩唐史又專以宰相名篇意必有所在矣宋自太祖至欽宗舊史雖以三朝兩朝四朝各自為編而年表未有成書神宗時常命陳繹檢閱二府除罷官職事因為拜罷錄元豐間司馬光嘗叙興以來百官公卿沿革除拜作年表上之史館自時而後曾鞏譚世勣蔡幼學李燾諸人皆嘗續為之然表文簡嚴世罕知好故多淪落無傳今纂脩宋史故

采紀傳以為是表其間所書宰輔官職勳■間有不同者官制沿革有時而異也然中書位次既止於參知政事而樞府職序自同知副使而下雖簽書同簽書亦與焉者皆執政也故不得而略焉夫大臣之用舍關於世道之隆汙千載而下將使覽者即表之年觀紀及傳之事此登載之不容於不謹也表之所書雖無褒貶是非於其間然歲月昭於上姓名著於下則不惟其人之賢佞邪正可指而議而當時任用之專否政治之得失皆可得而見矣後之覽者其必有所勸也夫其亦有所戒也夫

紀年	建隆元年庚申 太祖
宰相進拜加官	二月乙亥周宰相范質自守司徒兼門下侍郎同中書門下平章事昭文館大學士參知樞密院事依前守司徒加兼侍中王溥自尚書右僕射兼門下侍郎同中書門下平章事監脩國史參知樞密院事加守司空兼門下侍郎同平章事魏仁浦自樞密使行中書侍郎
罷免	二月乙亥范質王溥並罷參知樞密院事
執政進拜加官	二月己亥吳廷祚自樞密使加同中書門下平章事五月己未親征李筠吳廷祚東京留守八月戊子趙普自右諫議大夫樞密直學士兵部侍郎加樞密副使十一月丁亥親征李重進吳廷祚東京留守
罷免	

正月甲辰即位	二年辛酉	三年壬戌	乾德元年癸亥
同中書門下平章事集賢殿大學士加尚書右僕射兼中書侍郎同平章事 范質 王溥 魏仁浦	范質 王溥 魏仁浦	范質 王溥 魏仁浦	范質 王溥 魏仁浦
		十月辛丑趙普自樞密副使加檢校太保兼御史大夫樞密使李處耘自宣徽北院使加宣徽南院使檢校少保樞密副使	
		六月癸巳吳廷祚自樞密使出為雄武軍節度使依前同中書門下平章事	九月丁卯李處耘自樞密副使責授淄州刺史

二年甲子	三年乙丑	四年丙寅	五年丁卯
正月庚寅趙普自樞密使加門下侍郎同平章事集賢殿大學士壬寅加監脩國史 范質 王溥 魏仁浦 趙普	趙普	趙普	二月丙午趙普自門下侍郎加尚書右僕射兼門下侍郎昭文館大學士十二月趙普丁母憂丙子起復 趙普
正月戊子司徒范質以太子太傅司空王溥以太子太保尚書右僕射魏仁浦依前守本官並免			
正月庚寅李崇矩自宣徽北院使判三司加檢校太保樞密使己亥王仁贍自內客省使樞密承旨加樞密副使 四月乙丑薛居正呂餘慶自樞密直學士兵部侍郎並參知政事			二月乙丑沈義倫自西川轉運使加戶部侍郎遷樞密副使
	二月乙卯呂餘慶自參知政事權知成都府		正月甲寅王仁贍自樞密副使責授右衛大將軍罷歸本班

開寶元年戊辰	二年己巳	三年庚午	四年辛未
趙普	趙普	三月戊辰右僕射趙普落起復加特進 趙普	趙普
正月庚寅呂餘慶召還	六月癸巳樞密副使沈義倫丁憂起復		

五年壬申	六	年癸酉	七年甲戌
趙普	九月己巳薛居正自吏部侍郎參知政事加門下侍郎同平章事仍兼都提點湖南等路轉運	事監脩國史 沈義倫自戶部侍郎樞密副使加中書侍郎同平章事集賢殿大學士仍兼提點劒南等路轉運事 趙普 薛居正 沈義倫	薛居正 沈義倫
	八月甲辰趙普自右僕射以檢校太尉河陽三城節度使同中書門下平章事		
二月庚寅劉熙古自端明殿學士兵部侍郎除參知政事 十一月庚辰薛居正以參知政事兼提點三司淮南荊湖嶺南諸州水陸轉運使事 呂餘慶兼提點三司荊南劒南諸州水陸轉運使事	四月戊申薛居正自參知政事加監脩五代史 九月己巳盧多遜自翰林學士兵部員外郎遷	中書舍人參知政事 楚昭輔自左驍衛大將軍判三司遷樞密副使 十一月丙午參知政事盧多遜丁父憂起復	
九月癸酉李崇矩以樞密使出為鎮國軍節度使	五月庚申參知政事劉熙古足疾以戶部尚書致仕 九月丁卯參知政事呂餘	慶以疾遷尚書左丞免	

八年乙亥	九年丙子太宗十月癸丑即位	十二月改太平興國元年	二年丁丑
薛居正 沈義倫	十月庚申薛居正自門下侍郎同平章事加尚書左僕射兼門下侍郎昭文館大學士 沈義倫自中書侍郎同平章事加尚書右僕射兼門下侍郎監	脩國史 盧多遜自吏部侍郎參知政事遷中書侍郎同中書門下平章事集賢殿大學士 薛居正 沈義倫 盧多遜	薛居正 沈義倫 盧多遜
	二月庚戌曹彬自宣徽南院事義成軍節度使遷樞密使加檢校太尉領忠武軍節度使 戊午參知政事盧多遜遷秩落起復 八月壬子楚昭	輔以樞密副使領宣徽院事 十月庚申由樞密副使進樞密使	

宋史二百十 字一百九十二个

宋史表卷第一 八

李俊鸿寫 王祖刊

三年戊寅	四年己卯	五年庚辰	六年辛巳
薛居正 沈義倫 盧多遜	十月乙亥薛居正自尚書左僕射加司空 薛居正 沈義倫 盧多遜	薛居正 沈義倫 盧多遜	九月辛亥趙普自太子太保加守司徒兼侍中昭文館大學士 薛居正 沈義倫 盧多遜 趙普
			六月甲戌尚書左僕射薛居正薨
	正月癸巳石熙載自樞密直學士遷簽署樞密院事 四月庚申進樞密副使 十月乙亥曹彬自樞密使加侍中		九月辛亥石熙載自刑部侍郎樞密副使遷戶部尚書樞密使
			十一月己未樞密使楚昭輔以左驍衛上將軍免

宋史二百十 字四百二十九个

宋史表卷第一 九

李俊鸿寫 王祖刊

七年壬午	八年癸
沈義倫 盧多遜 趙普	十一月壬子宋琪自刑部尚書參知政事李昉自工部尚書參知政事並守本官加同中書門下平章事 趙普 宋琪 李昉
四月戊辰盧多遜自中書侍郎同中書門下平章事責授兵部尚書免 庚辰沈義倫自尚書右僕射責授工部尚書免	十月己酉趙普自司徒兼侍中以檢校太尉兼侍中武勝軍節度使出鎮鄧州
四月甲子竇偁自右正諫大夫樞密直學士郭贄自中書舍人並守本官參知政事 柴禹錫自如京使遷宣徽北院使兼樞密副使	正月己卯王顯自東上閤門使遷宣徽南院使弭德超自酒坊使遷宣徽北院使並兼樞密副使 三月癸亥宋琪自右諫議大夫同判三司遷左諫議大夫參知政事 六月己亥王顯自樞密副使加檢校太保進樞密使 七月庚辰李昉自文明殿學士工部尚書守本官參知政事 十一月壬申李穆自翰林學士知開封府呂蒙正自翰林學士都官員外郎李至自翰林學士都官郎中知制
十月己卯參知政事竇偁卒	正月戊寅樞密使曹彬以天平軍節度使免 四月壬子樞密副使弭德超坐詬同列語涉怨望削官并親屬配瓊州 七月辛未參知政事郭贄坐被酒奏事責授秘書少監 八月庚戌樞密使石熙載有疾以尚書右僕射免

未			誥並參知政事張齊賢王沔自樞密直學士並遷右諫議大夫同簽書樞密院事十二月李穆丁母憂起復	
雍熙元年甲申	十二月庚辰宋琪自同中書門下平章事加昭文館大學士李昉加監脩國史 宋琪 李昉			正月癸酉參知政事李穆卒
二年乙酉	宋琪 李昉	十二月丙辰宋琪自同中書門下平章事以本官免		十二月丙辰柴禹錫自樞密副使以左驍衛大將軍免
三年丙戌	李昉		六月甲辰辛仲甫自御史中丞遷給事中參知政事 八月丁酉朔王沔自左諫議大夫簽書樞密院事張宏自樞密直學士遷右諫議大夫並樞密副使	正月戊戌李至自參知政事以禮部侍郎免 七月戊子張齊賢自簽書樞密院事遷秩知代州

四年丁亥	李昉		四月己亥趙昌言自御史中丞遷樞密副使	四月己亥張宏自樞密副使以御史中丞免
端拱元年戊子	二月庚子趙普自檢校太師兼侍中山南東道節度使加太保兼侍中昭文館大學士呂蒙正自給事中參知政事加中書侍郎兼戶部尚書監脩國史並同中書門下平章事 趙普	二月庚子李昉自同中書門下平章事以尚書右僕射免	二月庚子王沔自樞密副使加戶部侍郎參知政事 張宏自御史中丞加工部侍郎樞密副使 乙巳楊守一自內客省使遷宣徽北院使簽書樞密院事	三月甲戌趙昌言自工部侍郎樞密副使責授崇信軍節度使行軍司馬 九月乙酉朔楊守一卒
二年己丑	趙普 呂蒙正		七月甲申張齊賢自左諫議大夫簽書樞密院事遷刑部侍郎樞密副使 張遜自鹽鐵使遷宣徽北院使簽書樞密院事	
淳化元年庚寅	趙普 呂蒙正	正月戊子趙普自太保同中書門下平章事守太保兼中書令西京留守河南尹		

宋史二百十 字四百三十个

宋史表卷第一 十二

二年辛卯	三年壬辰	四
九月己亥李昉自守尚書右僕射兼中書侍郎同平章事監脩國史 張齊賢自刑部侍郎參知政事加吏部侍郎同平章事 呂蒙正 李昉 張齊賢	李昉 張齊賢	十月辛未呂蒙正自守吏部尚書加同中書門下平章事
九月己亥呂蒙正自同中書門下平章事以吏部尚書免	三月乙未趙普守太師給宰相俸西京養疾	六月丙寅張齊賢自吏部侍郎同平章事以尚書左丞免
四月辛巳張齊賢自刑部侍郎樞密副使陳恕自鹽鐵使給事中並參知政事 張遜自宣徽北院使簽書樞密院事遷樞密副使 温仲舒寇準自樞密直學士並左諫議大夫遷樞密副使 九月己亥賈黃中李沆自翰林學士並給事中參知政事 甲辰張遜自樞密副使遷知樞密院事 温仲舒寇準進同知樞密院事仍並兼副使		六月壬申柴禹錫自涪州觀察使遷宣徽北院使知樞密院事 劉昌言自樞密
三月乙丑辛仲甫自給事中參知政事以工部尚書知陳州 四月辛巳張宏自樞密副使以吏部侍郎免 九月丁酉王沔自參知政事守戶部侍郎陳恕守給事中並免 癸卯王顯自檢校太傅樞密使責授隨州刺史崇信軍節度觀察處置等使		六月壬申張遜自樞密副使同知院事責授右領軍衛將軍

李俊寫 馮庚刊

宋史二百十 字四百廿三个

宋史表卷第一 十三

年癸巳	五年甲午	至道元
李昉 張齊賢 呂蒙正	呂蒙正	四月癸未呂端自左諫議大夫參知政事加戶部侍郎同平章事 呂蒙正 呂端
十月辛未李昉自中書侍郎同平章事以本官免		四月癸未呂蒙正自同中書門下平章事以右僕射出判河南府
直學士加右諫議大夫遷同知樞密院事 呂端自右諫議大夫樞密直學士守本官參知政事 十月辛未趙鎔自樞密都承旨宣徽北院使向敏中自樞密直學士遷右諫議大夫並同知樞密院事 蘇易簡自翰林學士遷給事中參知政事 丁丑趙昌言自知大名府加給事中參知政事 八月癸卯趙昌言自參知政事出為川陝都部署 九月乙亥寇準自守同知樞密院事除參知政事		正月戊辰錢若水自翰林學士遷同知樞密院事 四月癸未張洎自翰林學士除參知政事 甲申趙鎔自同知樞密院事進知樞密院事
寇準自右諫議大夫樞密副使同知院事罷守本官 十月辛未賈黃中李沆自給事中參知政事温仲舒自右諫議大夫同知樞密院事並罷守本官		正月癸亥趙昌言自參知政事以戶部侍郎知鳳翔府 戊辰劉昌言自同知樞密院事以給事中免 四月癸未柴

李俊寫 馮庚刊

年乙未	二年丙申	三年丁酉真宗三月癸巳
	呂端	四月癸卯呂端自户部侍郎同平章事加監脩國史 呂端
	二月庚辰李昌齡自御史中丞除參知政事	正月丙子温仲舒自户部侍郎王化基自禮部侍郎並參知政事 李惟清自給事中遷同知樞密院事 四月甲辰李至自尚書左丞兼太子賓客李沆自禮部侍郎兼太子賓客並參知政事 八月己亥曹彬自鎮海軍節度使加檢校太師兼侍中樞密使向敏中自同知樞密院事進樞
禹錫自知樞密院事以鎮寧軍節度使知涇州 蘇易簡自給事中參知政事以禮部侍郎出知鄧州	七月丙寅寇準自參知政事以給事中守本官免	正月丙子張洎自參知政事以刑部侍郎免 五月甲戌李昌齡自參知政事責授忠武軍節度行軍司馬 六月乙巳錢若水自同知樞密院事以集賢院學士免 八月己亥趙鎔自知樞密院事以壽州觀察使免 李惟清自同知樞密院事

即位	咸平元年戊戌	二年己亥	三年庚子
	十月戊子張齊賢自守户部尚書知安州加兵部尚書同中書門下平章事 李沆自户部尚書參知政事仍本官加同中書門下平章事監脩國史 呂端 張齊賢 李沆	十一月南郊禮成張齊賢加門下侍郎兼兵部尚書李沆加中書侍郎 張齊賢 李沆	張齊賢 李沆
	十月戊子同中書門下平章事呂端有疾以太子太保免		十一月丙申門下侍郎張齊賢以朝會失儀守本官免
密副使 夏侯嶠自給事中遷樞密副使	十月己丑向敏中自樞密副使加兵部侍郎除參知政事 楊礪自翰林學士給事中知制誥加工部侍郎宋湜自翰林學士中書舍人加給事中並遷樞密副使	七月己丑王顯自橫海軍節度使兼御史大夫依前檢校太傅除樞密使	二月癸亥周瑩自宣徽北院使遷宣徽南院使王繼英自樞密都承旨客省使遷宣徽北院使並知樞密院事 王旦自中書舍人翰林學士遷同知樞密院事
以御史中丞 免	十月戊子李至自工部尚書參知政事以檢校太傅武勝軍節度使免 己丑温仲舒自吏部侍郎參知政事以禮部尚書免 夏侯嶠自樞密副使以户部侍郎翰林侍讀學士兼秘書監翰林學士免	六月戊午樞密使曹彬卒 八月癸酉樞密副使楊礪卒	正月壬辰樞密副使宋湜卒于澶州 二月癸亥王顯自樞密使以山南東道節度使同中書門下平章事免

四年辛丑	五年壬寅	六年癸卯
三月庚寅呂蒙正自行尚書左僕射加同中書門下平章事昭文館大學士向敏中自行兵部侍郎參知政事加同中書門下平章事集賢殿大學士　李沆　呂蒙正　向敏中	十月庚申呂蒙正自行尚書左僕射加守司空兼門下侍郎　李沆　呂蒙正　向敏中	李沆　呂蒙正
	十月丁亥同中書門下平章事向敏中坐違詔貿薛安上第奏對不實以戶部侍郎免	九月甲申守司空兼門下侍郎呂蒙正以有疾以太子太師萊國公免
三月辛卯王旦自給事中同知樞密院事除參知政事馮拯自樞密直學士祠部員外郎加右諫議大夫陳堯叟自主客郎中加右諫議大夫並同知樞密院事四月乙未王欽若自知制誥翰林學士左諫議大夫除參知政事		
三月辛卯王化基自參知政事以工部尚書知揚州	六月己卯周瑩自知樞密院事以永清軍節度使免	

景德元年甲辰	二年乙巳	三年
八月己未畢士安自行尚書吏部侍郎參知政事加同中書門下平章事監修國史寇準自三司使行尚書兵部侍郎加同中書門下平章事集賢殿大學士　李沆　畢士安　寇準	畢士安　寇準	二月戊戌王旦自尚書左丞參知政事加工部尚書同中書門下平章事　寇準　王旦
七月丙戌右僕射平章事李沆薨	十月乙酉吏部侍郎平章事畢士安薨	二月戊戌寇準自兵部侍郎同平章事以刑部尚書免
七月庚寅畢士安自翰林侍讀學士兵部侍郎遷吏部侍郎除參知政事八月己未王繼英自宣徽南院使檢校太保知樞密院事進樞密使馮拯陳堯叟自同知樞密院事並遷工部侍郎簽書樞密院事閏九月乙亥王欽若自參知政事守本官出判天雄軍兼都部署	四月癸卯馮拯自工部侍郎簽書樞密院事除參知政事	二月己亥王欽若自資政殿大學士兵部侍郎遷尚書左丞陳堯叟自刑部侍郎簽書樞密院事遷兵部侍郎並知樞密院事仍兼群牧制置使趙安仁自知制
	正月甲寅王欽若自判天雄軍兼都部署還朝四月癸卯欽若遷以資政殿學士免	二月丁亥樞密使王繼英卒

丙午	四年丁未	大中祥符元年戊申
	八月丁巳王旦自工部尚書平章事加監脩國史 王旦	王旦
詔翰林學士遷右諫議大夫參知政事 韓崇訓自樞密都承旨四方館使加檢校太傅馬知節自樞密都承旨東上閤門使加檢校太保並簽書樞密院事 五月丁未知樞密院事陳堯叟丁父憂戊午起復		八月甲午知樞密院事陳堯叟落起復
	八月庚子簽書樞密院事韓崇訓有疾以齊州防禦使免	

二年己酉	三年庚戌	四年辛亥	五年
王旦	王旦	王旦	二月庚戌王旦自工部尚書平章事加昭文館大學士 四月戊申向敏中自資政殿大學士行刑部尚書兼秘書監加同平章事集賢殿大學士
		七月甲午馮拯自參知政事以刑部尚書知河南府兼西京留守	九月戊子王欽若自行吏部尚書知樞密院事監脩國史陳堯叟自行戶部尚書知樞密院事監脩國史並加檢校太傅同平章事樞密使 馬知節自檢校
			九月戊子刑部侍郎參知政事趙安仁以兵部侍郎仍領玉清昭應宮使免依前監脩國史

壬子	六年癸丑	七年甲寅
王旦 向敏中	王旦 向敏中	十一月己丑王旦自工部尚書平章事加司空 王旦 向敏中
太傅宣徽北院使簽書樞密院事進樞密副使丁謂自鹽鐵使右諫議大夫權三司使加戶部侍郎除參知政事		六月乙亥寇準自行兵部尚書加檢校太尉兼同平章事樞密使七月甲辰王嗣宗自同州觀察使曹利用自嘉州防禦使並加檢校太保樞密副使
		六月乙亥王欽若自行吏部尚書檢校太尉同平章事以吏部尚書免陳堯叟自行戶部尚書檢校太尉同平章事樞密使以戶部尚書免馬知節自檢校太傅宣徽北院使樞密副使以潁州防禦使免

八年乙卯	九年丙辰
王旦 向敏中	二月戊子工部侍郎平章事王旦以兩朝國史成加司徒 王旦 向敏中
四月壬戌王欽若自判尚書都省知通進銀臺司兼門下封駁事依前吏部尚書同平章事陳堯叟自依前戶部尚書檢校太尉同平章事並遷樞密使堯叟兼群牧制置使	正月丙辰張旻自侍衛馬軍副都指揮使威塞軍節度使檢校太保加宣徽南院使兼樞密副使王曾自翰林學士兵部侍郎知制誥加左諫議大夫張知白自諫議大夫權御史中丞加給事中並除參知政事任中正自樞密直學士給事中權知開封府加工部侍郎遷樞密副使
四月壬戌行兵部尚書檢校太尉同平章事樞密使寇準與林特忿爭以武勝軍節度等使免七月戊午王嗣宗自樞密副使以天平軍節度使檢校太保免	八月丙戌樞密使陳堯叟辭疾以尚書右僕射免九月甲辰丁謂自參知政事以平江軍節度使免

天禧元年丁巳	二年戊午	三年己未	四年
二月戊寅，王旦自工部侍郎平章事加太保，五月戊申加太尉兼侍中。八月庚午，王欽若自樞密使同平章事加尚書左僕射兼中書侍郎同平章事，依前會靈宮使。壬申，向敏中自刑部尚書同平章事加監脩國史。 王旦 向敏中 王欽若	向敏中 王欽若	六月戊戌，寇準自山南東道節度使檢校太尉同平章事加中書侍郎兼吏部尚書同平章事，仍充景靈宮使。十二月辛丑，向敏中加昭文館大學士，寇準加集賢殿大學士。 向敏中 王欽若 寇準	七月丙寅，李迪自參知政事兼太子賓客加吏部侍郎兼太子少傅同平章事，景靈宮使集賢殿大學士。七月庚午，丁謂自樞密使吏部尚書檢校太尉加同平章事，充玉清昭應宮使昭文館大學士監脩國史。十一月丙寅，加門下侍郎兼太子太
七月丁巳，王旦自太尉兼侍中同中書門下平章事以玉清昭應宮使免。九月癸卯薨。		六月甲午，王欽若自中書侍郎同平章事以太子太保免。	三月己卯，左僕射兼中書侍郎同平章事向敏中薨。六月丙申，寇準自中書侍郎兼吏部尚書同平章事以太子太傅封萊國公免。十一月戊辰，檢校太尉同平章事丁謂、太子少傅同平章事李迪忿事於上前
九月癸卯，李迪自翰林學士右諫議大夫知制誥加給事中除參知政事，依前會靈宮使。馬知節自潁州防禦使知天雄軍加檢校太尉宣徽南院使知樞密院事。曹利用自檢校太傅樞密副使加檢校太尉宣徽北院使兼群牧制置使。任中正自樞密副使兼刑部侍郎，周起自樞密直學士右諫議大夫加給事中，並遷同知樞密院事。	六月乙未，曹利用自檢校太尉宣徽北院使同知樞密院事進知樞密院事，仍兼群牧制置使。	六月戊戌，丁謂自保信軍節度使檢校太尉遷吏部尚書參知政事。十二月辛卯，曹利用自檢校太尉宣徽北院使知樞密院事兼群牧制置使，丁謂自吏部尚書參知政事加檢校太尉，並遷樞密使。任中正自刑部侍郎同知樞密院事，周起自兵部侍郎給事中同知樞密院事加禮部侍郎，並遷樞密副使。	正月乙丑，曹瑋自華州觀察使鄜延路副都總管環慶秦鳳等州沿邊巡檢安撫使宣徽北院使鎮國節度觀察留後除簽書樞密院事。七月丙寅，馮拯自判尚書都省加吏部尚書檢校太傅同平章事兼樞密使。七月庚午，曹利用自樞密使依
二月己亥，參知政事陳彭年卒。八月庚午，張旻自樞密副使以河陽三城節度使免。九月癸卯，王曾自參知政事以禮部侍郎即免。	閏四月癸卯，馬知節自檢校太尉宣徽南院使知樞密院事以彰德軍節度觀察留後免。十二月丙午，張知白自參知政事以刑部侍郎翰林侍讀學士知天雄軍。		九月乙未，周起自禮部侍郎樞密副使以戶部侍郎知青州。曹瑋自簽書樞密院事以宣徽南院使出為環慶路馬步軍都部署。

庚申	五年辛酉	乾興元年壬戌 仁宗二月戊午即位
傅 庚午馮拯自行吏部尚書檢校太傅同平章事樞密使加右僕射兼中書侍郎太子少傅同平章事景靈宮使集賢殿大學士 寇準 李迪 丁謂 馮拯	三月壬寅丁謂自左僕射太子少師同平章事加司空 丁謂 馮拯	二月丙寅丁謂自左僕射太子少師同平章事加司徒馮拯自右僕射兼中書侍郎太子少傅同平章事加司空並兼侍中七月辛未拯加司徒昭文殿大學士 王曾自參知政事加中書侍郎兼禮部尚書同中書門下平章事集賢殿大學士 丁謂 馮拯 王曾
謂以戶部尚書知河南府迪以戶部侍郎知鄆州		六月癸亥丁謂自左僕射太子少師同平章事以太子少保分司西京七月辛卯貶崖州司戶
前檢校太尉加同平章事 八月乙酉任中正月兵部侍郎樞密副使王曾自吏部侍郎並除參知政事 錢惟演自翰林學士刑部侍郎知制誥遷樞密副使	正月丁酉張士遜自樞密直學士遷樞密副使	二月丙寅曹利用自樞密使加兼侍中七月辛未加節度使 呂夷簡自龍圖閣直學士知開封府魯宗道自龍圖閣直學士兼侍講並除參知政事 錢惟演自樞密副使進樞密使 十一月壬午張知白自參知政事遷樞密副使
		六月丙寅參知政事任中正坐黨丁謂以太子賓客知鄆州 十一月丁卯朔錢惟演自樞密使以保大軍節度使知河陽

天聖元年癸亥	二年甲子	三年乙丑	四年丙寅
九月丙寅王欽若自太子太保加司空同中書門下平章事昭文館大學士監修國史 馮拯 王曾 王欽若	三月甲辰司空同中書門下平章事王欽若以實錄成加司徒 王曾 王欽若	十二月癸丑王曾自中書侍郎兼禮部尚書同中書門下平章事加昭文館大學士監修國史 張知白自樞密副使加同中書門下平章事集賢殿大學士 王曾 張知白	王曾 張知白
九月丙寅右僕射馮拯有疾以武勝軍節度兼侍中判河南府		十一月戊申司空同中書門下平章事王欽若薨	
		十月辛酉晏殊自翰林學士禮部侍郎遷樞密副使 十二月癸丑曹利用自樞密使加司空 乙丑張旻自淮南節度使檢校太師同平章事依前官遷樞密使 旻改名耆	

五年丁卯	六年戊辰	七年己巳
王曾 張知白	三月辛亥王曾自中書門下平章事加兼吏部尚書 壬子張士遜自樞密副使尚書左丞祥源觀使加禮部尚書同平章事集賢殿大學士 王曾 張知白 張士遜	二月丙寅呂夷簡自龍圖閣直學士兼侍讀知開封府守本官加同平章事集賢殿大學士 八月己丑加昭文館大學士監脩國史 王曾 張士遜 呂夷簡
	二月壬子同中書門下平章事張知白薨	二月丙寅禮部尚書同平章事張士遜坐救曹利用出知江寧府 六月甲寅王曾自中書門下平章事以吏部尚書出知兗州以應宮災故
正月戊辰夏竦自翰林學士龍圖閣直學士除右諫議大夫樞密副使	三月癸丑姜遵自右諫議大夫知永興軍遷樞密副使 己未范雍自龍圖閣直學士右諫議大夫權三司使公事遷樞密副使	二月丁卯夏竦自右諫議大夫樞密副使薛奎自右諫議大夫權三司使事並除參知政事 陳堯佐自翰林學士兼龍圖閣直學士右諫議大夫權知開封府遷樞密副使 八月庚寅夏竦自參知政事加■部侍郎樞密院使 陳堯佐自樞密副使加給事中 王曙自御史中丞加工部侍郎 並除參知政事
正月庚申樞密副使晏殊以刑部侍郎免		正月癸卯樞密使曹利用罷 二月庚申朔參知政事魯宗道卒 癸酉曹利用以崇信軍節度副使安置房州

八年庚午	九年辛未	明道元年壬申
呂夷簡	呂夷簡	二月庚戌張士遜自知許州定國軍節度使加刑部尚書平章事集賢殿大學士 呂夷簡加右僕射中書侍郎 十一月癸未夷簡加門下侍郎兼吏部尚書 士遜加中書侍郎兵部尚書 呂夷簡 張士遜
九月己巳趙稹自樞密直學士刑部侍郎遷樞密副使		八月辛丑晏殊自守刑部侍郎遷樞密副使 丙午除參知政事 甲寅楊崇勳自殿前副都指揮使鎮南節度使遷樞密副使 十一月癸未張耆自樞密使加兼侍中 十二月壬寅楊崇勳自樞密副使進樞密使
九月乙丑樞密副使姜遵卒		七月乙酉參知政事王曙辭疾以資政殿學士出知陝州

表卷第二

開府儀同三司上柱國錄軍國重事前中書右丞相監修國史領經筵事都總裁臣脱脱等奉

鍪

宰輔二

紀年	宰相進拜加官	罷免	執政進拜加官	罷免
二年癸酉	四月己未，張士遜自刑部尚書平章事加門下侍郎、昭文館大學士、監修國史；李迪自資政殿大學士、工部尚書判都省以本官平章事加集賢殿大學士。十月戊午，呂夷簡自武勝軍節度使同平章事判陝州加兼吏部尚書同平章事、昭文館大學士、監修國史。張士遜 呂夷簡 李迪	四月己未，呂夷簡自門下侍郎同平章事以使相判澶州。十月戊午，中書侍郎平章事張士遜以過楊崇勳飲稽留慰班爲中丞范諷所劾，以左僕射判河南府，己未改授使相。	四月己未，王隨自翰林侍讀學士戶部侍郎除參知政事；李諮自樞密直學士禮部侍郎權三司使遷樞密副使；王德用自步軍副都指揮使福州觀察使加檢校太保簽書樞密院事。五月乙亥，李諮丁父憂起復。十月戊午，王曙自資政殿學士吏部侍郎知河南府加檢校太傅遷樞密使；宋綬自端明殿學士兼翰林侍讀學士刑部侍郎除參知政事；王德用自檢校太保簽書樞密院事、蔡齊自龍圖閣學士權三司使事並遷樞密副使。	四月己未，張耆自樞密使以左僕射檢校太師兼侍中護國軍節度使判許州；夏竦自樞密副使以禮部尚書知襄州；陳堯佐自參知政事以戶部尚書知永興軍；范雍自樞密副使以戶部侍郎知荊南府；趙稹自樞密副使以尚書左丞知河中府；晏殊自參知政事以禮部尚書知江寧府。十月戊午，楊崇勳自樞密使以三城河陽節度使同平章事判許州。十一月癸亥，湖參知政事薛奎辭疾以資政殿學士判都省免。
景祐元年甲戌	李迪 呂夷簡		七月庚子，王曙自樞密使加平章事。八月庚午，王曾自天平軍節度使檢校太師同平章事除樞密使。	八月癸亥，樞密使王曙卒。
二年乙亥	二月戊辰，王曾自樞密使加右僕射兼門下侍郎同平章事、集賢殿大學士；呂夷簡自門下侍郎兼吏部尚書平章事加右僕射。十一月乙巳，夷簡加申國公，曾加沂國公。李迪 呂夷簡 王曾	二月戊辰，李迪自集賢殿大學士工部尚書平章事以刑部尚書知亳州。	二月戊辰，王隨自參知政事加吏部侍郎、李諮自樞密副使加戶部侍郎並知樞密院事；王德用自簽書樞密事加奉德軍節度使留後；韓億自御史中丞加工部侍郎並同知樞密院事；蔡齊自樞密副使加禮部侍郎；盛度自端明殿學士兼翰林侍讀學士加禮部侍郎並除參知政事。	

三年丙子	四年丁丑	寶元元年戊寅	二年己卯	康
呂夷簡 王曾	四月甲子王隨自知樞密院事加門下侍郎同中書門下平章事昭文館大學士監脩國史陳堯佐自戶部侍郎知鄭州加同中書門下平章事集賢殿大學士 呂夷簡 王曾 王隨 陳堯佐	三月戊戌張士遜自山南東道節度使同平章事判河南府加門下侍郎兼兵部尚書平章事昭文館大學士監脩國史章得象自同知樞密院事守本官加平章事集賢殿大學士 王隨 陳堯佐 張士遜 章得象	張士遜 章得象	五月壬戌呂夷簡自鎮安軍節度使判許州加右僕射門下侍郎同平章事昭文館大學士監脩國史
	四月甲子呂夷簡自右僕射申國公以鎮安軍節度使同平章事判許州王曾自右僕射沂國公以左僕射資政殿大學士判鄆州	先是右司諫韓琦疊言宰執非才三月戊戌王隨自門下侍郎同中書門下平章事以彰信軍節度使守本官判河陽陳堯佐自同中書門下平章事以淮康軍節度使守本官判鄭州 十一月己卯王曾薨		五月壬戌張士遜自門下侍郎兼兵部尚書平章事罷守太傅進封鄧國公
十二月丁卯王德用自同知樞密院事進知樞密院事章得象自翰林學士承旨兼侍讀學士龍圖閣直學士禮部侍郎遷同知樞密院事	四月甲子盛度自禮部侍郎參知政事除知樞密院事王鬷自樞密直學士左司郎中右諫議大夫除同知樞密院事韓億自工部侍郎同知樞密院事遷三司使程琳自吏部侍郎石中立自翰林學士承旨兼龍圖閣學士並除參知政事庚午王德用自樞密副使加定武軍節度使	三月戊戌盛度自知樞密院事加武寧軍節度使檢校太傅王鬷自知樞密院事加龍圖閣學士李若谷自工部侍郎權知開封府並除參知政事 王博文自龍圖閣直學士給事中權三司使加龍圖閣直學士陳執中自工部郎中知永興軍加右諫議大夫並除同知樞密院事 四月乙亥張觀自給事中權御史中丞除同知樞密院事	五月壬子夏守贇自鎮海軍節度使真定都部署除知樞密院事 十月壬寅王鬷自參知政事加工部侍郎除知樞密院事宋庠自翰林學士知制誥加諫議大夫除參知政事	三月戊寅晏殊自三司使刑部尚書宋綬自禮部尚書知河南府並除知樞密院事 王貽永自保安軍節度使檢校
十二月丙寅樞密副使李諮卒	初呂夷簡王曾不協曾言夷簡招權交論於上前參知政事宋綬善夷簡樞密副使蔡齊頗附曾四月甲子綬以尚書左丞齊以吏部侍郎並免	三月戊戌韓億自參知政事罷守本官歸班尋知應天府石中立自參知政事以戶部侍郎資政殿學士免 四月癸酉同知樞密院事王博文卒	五月壬子王德用自宣徽南院使定國軍節度使樞密副使以武寧軍節度使免 十月丁酉盛度自武寧軍節度使知樞密院事坐馮士元事奪節貶秩以尚書右丞知楊州程琳自參知政事以光祿卿知潁州	二月丁亥夏守贇自知樞密院事除宣徽南院使陝西都部署兼經略安撫等使 三月戊寅知

定元年庚辰	慶曆元年辛巳	二年壬午	三
張士遜 章得象 呂夷簡	十月壬午呂夷簡自右僕射加司空固辭 章得象 呂夷簡	七月壬午呂夷簡自右僕射門下侍郎同平章事判樞密院事 章得象自守同知樞密院事平章事兼樞密使 晏殊自樞密使加同平章事 九月丙午呂夷簡改兼樞密使 是年冬夷簡以疾授司空平章軍國重事固辭 章得象 呂夷簡 晏殊	三月戊子呂夷簡自司空平章軍國重事以疾授司徒監脩國史與議軍國大事 章得象自平章事加工部尚書昭文館大學士 晏殊自檢校太
			四月甲子司徒呂夷簡罷與議軍國大事九月戊辰以太尉致仕
太傅駙馬都尉除同知樞密院事 七月丁亥夏守贇自宣徽南院使陝西都部署復除同知樞密院事 八月戊申杜衍自龍圖閣學士刑部侍郎權知開封府除同知樞密院事 九月戊午宋綬自守尚書左丞起復加翰林學士兼龍圖閣學士晁宗慤自左司郎中知制誥加右諫議大夫並除參知政事 鄭戩自龍圖閣直學士起居舍入權三司使加右諫議大夫除同知樞密院事 戊辰晏殊自知樞密院事加檢校太傅樞密使 王貽永杜衍鄭戩並自同知樞密院事進樞密副使	五月辛未王舉正自翰林學士兵部侍郎知制誥加右諫議大夫除參知政事 任中師自樞密直學士右諫議大夫知益州任布自給事中知河南府並除樞密副使		三月戊子夏竦自宣徽南院使判蔡州遷戶部尚書除樞密使 賈昌朝自右諫議大夫權御史中丞除參知政事 富弼自右正言知制誥史館脩
樞密院事王鬷同知樞密院事陳執中張觀並以西兵不利又議鄉兵不決鬷知河南府執中知青州觀知相州 九月戊午李若谷自參知政事以疾授資政殿大學士吏部侍郎提舉會靈觀 十二月癸卯參知政事宋綬卒	五月辛未宋庠自參知政事守本官知揚州 鄭戩自樞密副使以資政殿學士知杭州	三月辛酉晁宗慤自參知政事以疾遷資政殿學士給事中免 七月丙午任布自樞密副使遷秩知河陽府	四月乙巳樞密使夏竦既至為臺諫所論免 七月丙子王舉正自參知政事以資政殿學士知許州 九月乙亥任

年癸未

尉刑部尚書同平章事加同中書門下平章事集賢殿大學士並兼樞密使九月戊辰章得象加監脩國史
章得象
呂夷簡
晏殊

擢除右諫議大夫樞密副使固辭
四月甲辰韓琦自陝西四路馬步軍都部署兼經略安撫招討等使樞密直學士右諫議大夫范仲淹自安撫經略招討使並樞密副使
乙巳杜衍自吏部侍郎樞密副使除樞密使
七月丁丑范仲淹自樞密副使除參知政事
富弼自史館脩撰除樞密副使
皆固辭八月丁未復命之

中師自樞密副使以禮部侍郎資政殿學士知永興軍

四年甲申

九月甲申杜衍自檢校太傅依前行吏部侍郎加同平章事兼樞密使集賢殿大學士
晏殊
章得象
杜衍

九月庚午同中書門下平章事晏殊為孫甫蔡襄所論以工部尚書知潁州

六月壬子范仲淹自參知政事出為陝西河東宣撫使
八月甲午富弼自樞密副使出為河北宣撫使
九月甲寅賈昌朝自右諫議大夫參知政事加檢校太傅行工部侍郎樞密使
陳執中自資政殿學士工部侍郎知青州除參知政事蔡襄孫甫等言其剛愎不可任上不聽

五年乙酉

正月丙戌賈昌朝自樞密使檢校太傅依前工部侍郎加同平章事兼樞密使集賢殿大學士
四月戊申陳執中自參知政事依前行工部侍郎加同平章事集賢殿大學士
昌朝尋加昭文館大學士監脩國史兼譯經潤文使
杜衍
章得象
賈昌朝
陳執中

正月丙戌杜衍自行吏部侍郎同平章事以行尚書左丞知兗州
四月戊申章得象自檢校太尉工部尚書同平章事以檢校太傅同平章事鎮安軍節度使知陳州
十月庚辰詔宰臣罷兼樞密使

正月丙戌王貽永自宣徽南院使保寧軍節度使依前檢校太傅除樞密使
宋庠自資政殿學士給事中知鄆州除參知政事
吴育自翰林學士禮部郎中知制誥權知開封府加右諫議大夫龍圖閣學士
龐籍自右諫議大夫知延州並除樞密副使
四月庚戌吴育自諫議大夫樞密副使除參知政事
丁度自翰林學士承旨端明殿學士除工部尚書樞密副使

正月乙酉范仲淹自右諫議大夫以資政殿學士出知邠州兼陝西四路沿邊安撫使
富弼自右諫議大夫以資政殿學士京東西路安撫使兼知鄆州
用錢明逸疏也
先是樞密副使韓琦上疏論富弼不當輕罷不報董士廉又訟水洛城事三月辛酉琦以資政殿學士出知揚州

六年丙戌

賈昌朝
陳執中

二月癸丑王貽永自檢校太傅樞密使加同平章事
八月癸酉參知政事吴育以與賈昌朝論事不合改樞密副使
丁度自工部侍郎樞密副使除

宋史二百十一　三百八十个

宋史表卷第二　九

七年丁亥

三月乙未陳執中自工部侍郎平章事加昭文館大學士監脩國史兼譯經潤文使
賈昌朝
陳執中

先是賈昌朝與吳育爭論上前三月乙未昌朝以武勝軍節度使判大名府兼北京留守

參知政事
初上欲以河陽三城節度使檢校太尉同平章事知大名府夏竦為相臺諫言其與陳執中素不合三月乙未乃命竦為樞密使
文彥博自樞密直學士戶部郎中知益州加右諫議大夫除樞密副使丁酉除參知政事
高若訥自右諫議大夫御史中丞除樞密副使

三月乙未吳育自右諫議大夫樞密副使以給事中歸班

八年戊子

閏正月戊申文彥博自諫議大夫參知政事加行禮部侍郎同平章事集賢殿大學士
陳執中
文彥博

四月辛未明鎬自端明殿學士給事中權三司使除參知政事
五月辛酉宋庠自給事中參知政事除樞密使
龐籍自樞密副使左諫議大夫除參知政事

四月辛未丁度自參知政事遷紫宸殿學士兼侍讀學士
五月辛酉夏竦自樞密使以檢校太師依前同平章事河陽三城節度使判河南府兼西京留守司以何郯論其姦邪故也
六月甲午參知政事明鎬卒

李俊寫　費才刊

宋史二百十一　三百令五个

宋史表卷第二　十

皇祐元年己丑

八月壬戌文彥博自行禮部侍郎同平章事加侍郎昭文館大學士監脩國史
宋庠自樞密使檢校太傅行工部侍郎加兵部侍郎同平章事集賢殿大學士
陳執中
文彥博

八月壬戌陳執中自工部侍郎平章事以兵部尚書出知陳州

是歲賈昌朝自山南東道節度使同平章事安國公判鄭州依前尚書右僕射觀文殿大學士判尚書都省
八月壬戌王貽永自樞密使檢校太傅同平章事加兼侍中
龐籍自左諫議大夫參知政事加檢校太傅行工部侍郎樞密使
高若訥自樞密副使右諫議大夫加工部侍郎除參知政事
梁適自翰林學士吏部郎中加右諫議大夫除樞密副使

二年庚寅

文彥博
宋庠

三年

十月庚子龐籍自樞密使檢校太傅依前戶部侍郎加同平章事昭文館大學士監脩國史兼譯經使

先是包拯吳奎等言宋庠無所建明三月庚申庠以行刑部尚書觀文殿大學士出知河南

三月庚申劉沆自龍圖閣學士工部侍郎權知開封府除參知政事
十月庚子高若訥自戶部侍郎

李俊寫　費才刊

辛卯	文彦博 宋庠 龐籍	府十一月庚子文彦博自吏部侍郎同平章事以行吏部尚書觀文殿學士出知許州	參知政事除檢校太傅樞密使辛丑梁適自樞密副使給事中除參知政事王堯臣自給事中翰林學士承旨除樞密副使	
四年壬辰	龐籍		先是樞密使王貽永以疾求罷五月丁未聽解侍中為同平章事依前樞密使六月丁亥狄青自彰化軍節度使知延州除檢校司空樞密副使王舉正賈黯皆論其不可不聽九月庚午青宣徽南院使判湖北路宣撫使都大提舉廣南東西路經制盜賊事辛未詔宣撫回日依前樞密副使	
五年癸	七月壬申陳執中自集慶軍節度使判大名府加行吏部尚書同平章事昭文館大學士監修國史兼譯經潤文使 梁適自參知政事加禮部侍郎	龐籍甥與堂吏受賕諫官韓絳論之七月壬申籍依前戶部侍郎同平章事以京東西路安撫使出知鄆州	二月癸未狄青以宣徽南院使復為樞密副使五月乙巳狄青自樞密副使護國軍節度使檢校太尉河中尹兼御史大夫仍守前官除樞密使	五月乙巳高若訥自戶部侍郎樞密使以尚書左丞觀文殿學士兼群牧制置使免

巳	同平章事集賢殿大學士 龐籍 陳執中 梁適		丁未孫沔自樞密直學士給事中知杭州除樞密副使	
至和元年甲午	八月丙午劉沆自參知政事依前工部侍郎加同平章事集賢殿大學士 陳執中 梁適 劉沆	七月丁卯中丞孫抃等劾梁適戊辰適罷守本官出知鄭州尋加觀文殿大學士知秦州	二月壬戌田況自三司使禮部侍郎除樞密副使 三月己巳王德用自檢校太師同平章事兼群牧制置使判鄭州冀國公仍守前官除樞密使兼河陽三城節度使 七月丁卯程戡自端明殿學士給事中知益州除參知政事	二月壬戌孫沔自樞密副使以資政殿學士出知杭州 三月己巳王貽永自樞密使依前檢校太師以行尚書右僕射兼侍中鄧國公景靈宮使領彰德軍節度使
二年乙未	六月戊戌文彦博自忠武軍節度使檢校太尉兼知永興軍加禮部尚書同平章事昭文館大學士兼譯經潤文使 富弼自宣徽南院使檢校太保判并州加戶部侍郎同平章事集賢殿大學士 劉沆自工部侍郎同平章事加兵部侍郎監修國史 陳執中 劉沆 文彦博 富弼	六月戊戌行吏部尚書同平章事陳執中以檢校太尉同平章事鎮海軍節度判亳州		

嘉祐元年	丙申	二年丁酉
十二月壬戌文彥博自禮部尚書同平章事加監脩國史 劉沆 文彥博 富弼		文彥博 富弼
中丞張昪等論劉沆踈十七上十二月壬子沆以行工部尚書觀文殿大學士出知應天府		
閏三月癸未王堯臣自樞密副使給事中除戶部侍郎參知政事 程戡自給事中參知政事除戶部侍郎樞密副使 八月癸亥韓琦自三司使加檢校少傅依前行工部尚書樞密使 十一月辛巳賈昌朝自京南東道節度使檢校太師兼侍中判大名府兼北京留守許國公仍	守前官除樞密使襄州觀察使 十二月壬子曾公亮自翰林學士權知開封府除給事中參知政事	
八月癸亥狄青自樞密使依前檢校太尉以同平章事護國軍節度使判陳州 十一月辛巳王德用自樞密使依前檢校太師以同平章事景靈宮使領忠武軍節度使 十二月壬戌樞密使賈昌朝解兼侍中		

三年戊戌	四年	己亥	五年
六月丙午富弼自戶部侍郎同平章事加禮部侍郎昭文館大學士監脩國史兼譯經潤文使 韓琦自樞密使工部尚書依前官加同平章事集賢殿大學士 文彥博 富弼 韓琦	富弼 韓琦		富弼 韓琦
六月丙午文彥博自檢校太師同平章事以河陽三城節度使判河南府兼西京留守			
六月丙午宋庠自觀文殿大學士依前行兵部尚書同平章事兼群牧制置使樞密使 田況自樞密副使禮部侍郎檢校太傅除樞密使 張昪自右諫議大夫權御史中丞除樞密副使			四月癸未孫抃自翰林學士承旨兼侍讀學士禮部侍郎除樞密副使 十一月辛丑曾公亮自參知政事檢校太傅依前禮部侍郎除樞密副使 張昪自樞密副使右諫議大夫 孫抃自禮部侍郎樞密副使並除參知政事
六月丙午賈昌朝自樞密使以行尚書左僕射檢校太師兼侍中景靈宮使領鎮安軍節度使 八月己未參知政事王堯臣卒	五月丙辰田況自樞密使以尚書右丞觀文殿學士兼翰林侍讀	學士提舉景靈宮事	四月癸未程戡自樞密副使以禮部侍郎觀文殿學士兼翰林侍讀學士同羣牧制置使免 十一月辛丑宋庠自檢校太尉行兵部尚書同平章事兼群牧制置使莒國公樞密使以河陽三城節度

庚子	六年	辛丑	七年壬寅
	六月甲戌富弼起復以前官同平章事固辭 閏八月庚子韓琦自工部尚書同平章事加昭文館大學士監脩國史 曾公亮自樞密	副使檢校太傅兼羣牧制置使行吏部侍郎加同平章事集賢殿大學士 韓琦 曾公亮	韓琦 曾公亮
	三月己亥禮部侍郎同平章事富弼丁母憂		
歐陽脩自翰林學士兼侍讀學士禮部侍郎知制誥史館脩撰陳旭自樞密直學士右諫議大夫趙槩自御史中丞加禮部侍郎並除樞密副使旭後改名升之	四月庚辰包拯自三司使給事中除樞密副使 閏八月庚子張昪自右諫議大夫參知政事加檢校太傅行工部侍郎除樞密使	歐陽脩自禮部侍郎樞密副使除參知政事 胡宿自翰林學士兼端明殿學士左司郎中知制誥史館脩撰除左諫議大夫樞密副使	二月乙卯趙槩自樞密副使禮部侍郎除參知政事 吳奎自翰林學士權知開封府除樞密副使
使同平章事判鄭州	四月庚辰樞密副使陳旭以資政殿學士知定州		三月乙卯孫抃自參知政事以觀文殿侍讀學士同羣牧制置使免 五月庚午樞密副使包拯卒

李俊寫 貴才刊

八年癸卯英宗四月壬申朔即位	治平元年甲辰	二年乙巳
韓琦 曾公亮	閏五月戊辰韓琦自門下侍郎兼兵部尚書同平章事昭文館大學士監脩國史魏國公加尚書右僕射 韓琦 曾公亮	韓琦 曾公亮
五月戊午富弼既除喪授樞密使檢校太師行禮部尚書同平章事	十二月丙午王疇自翰林學士禮部侍郎除樞密副使	三月己未起復吳奎固辭 五月癸亥陳旭自資政殿學士禮部侍郎除樞密副使 七月庚辰文彥博自淮南節度使檢校太師兼侍中行揚州大都督長史潞國公除樞密使 辛巳呂公弼自工部侍郎權三司使除樞密直學士守本官樞密副使
	十二月戊子樞密副使吳奎丁父憂	二月癸卯樞密副使王疇卒 七月癸亥富弼自行戶部尚書以檢校太師同平章事鎮海軍節度使判河陽 庚辰張昪自樞密使辭疾以檢校太尉同平章事彰信軍節度使判許州

李俊寫 貴才刊

三年丙午	四年丁未	神宗正月丁巳即位
韓琦 曾公亮	正月戊辰韓琦自尚書右僕射同平章事魏國公加守司空兼侍中九月壬寅曾公亮自集賢殿大學士同中書門下平章事加尚書左僕射	韓琦、 曾公亮
	九月辛丑韓琦自守司空兼侍中同平章事魏國公以守司徒兼侍中檢校太師鎮安武勝軍節度使判相州	
四月庚戌郭逵自殿前都虞候容州觀察使加檢校太保除同簽書樞密院事	正月丙寅吳奎除喪復樞密副使三月癸酉以禮部侍郎參知政事九月辛丑呂公弼自樞密副使刑部侍郎除檢校太傅樞密使張方平自翰林學士承旨兼龍圖閣學士端明殿學士戶部尚書趙抃自龍圖閣學士右司郎中知諫院並除參知政事抃遷右諫議大夫韓絳自三司使吏部侍郎邵亢自樞密直學士兵部員外郎知開封府並除樞密副使亢遷右諫議大夫	
四月庚戌胡宿自樞密副使以觀文殿學士吏部侍郎知杭州十月丁亥郭逵自同簽書樞密院事除陝西四路沿邊宣撫使兼判渭州	三月壬申歐陽脩自尚書右丞參知政事以觀文殿學士刑部尚書知亳州九月辛丑吳奎自參知政事以資政殿學士戶部侍郎知青州陳旭自樞密副使戶部侍郎以觀文殿學士尚書右丞知越州癸卯郭逵自同簽書樞密院事以宣徽南院使判鄆州十月己酉參知政事張方平丁父憂	

熙寧元年戊申	二年己酉
曾公亮	二月己亥富弼自觀文殿大學士行尚書左僕射鄭國公依前左僕射加兼門下侍郎同平章事昭文館大學士監脩國史十月丙申曾公亮自行吏部侍郎同平章事集賢殿大學士加昭文館大學士監脩國史兼譯經潤文使魯國公陳旭自尚書右丞知樞密院事加行禮部尚書同平章事集賢殿大學士 富弼 曾公亮 陳旭
	十月丙申富弼自左僕射兼門下侍郎同平章事加檢校太師依前行左僕射同平章事以武寧軍節度使判亳州
正月丙申唐介自龍圖閣學士給事中權三司使除參知政事七月己卯陳旭自觀文殿學士尚書左丞知越州除知樞密院事	二月庚子王安石自翰林學士工部侍郎兼侍講除右諫議大夫參知政事
正月丙申趙槩自參知政事以吏部尚書觀文殿學士知徐州十二月辛酉邵亢自樞密副使以資政殿學士給事中知越州	四月丁未參知政事唐介卒

三年庚戌	四年辛亥
十二月丁卯韓絳自吏部尚書參知政事加同平章事昭文館大學士 王安石自右諫議大夫參知政事加禮部侍郎同平章事監脩國史 曾公亮 陳旭 韓絳 王安石	正月壬子陳旭起復仍禮部尚書加同平章事辭不拜 韓絳 王安石
九月庚子曾公亮自行吏部侍郎同平章事昭文館大學士以守司空檢校太師兼侍中領河陽三城節度使集禧觀使五日一奉朝請 十月戊寅陳旭自行禮部尚書同平章事丁母憂	三月丁未韓絳自同平章事守吏部侍郎知鄧州
二月壬申司馬光自翰林學士兼侍讀學士右諫議大夫史館脩撰除樞密副使辭不拜 四月己卯韓絳自樞密副使除兼參知政事 七月壬辰馮京自 部侍郎權御史中丞除右諫議大夫樞密副使 九月辛丑馮京自樞密副使除參知政事 吳充自翰林學士右司郎中權三司使除右諫議大夫樞密副使 十二月丁卯王珪自翰林學士承旨端明殿學士翰林侍讀學士禮部侍郎仍守本官除參知政事	
四月己卯趙抃自參知政事右諫議大夫以資政殿學士知杭州 七月壬辰呂公弼自樞密副使以吏部侍郎觀文殿大學士知太原府 九月乙未韓絳自樞密副使除陝西路宣撫使	

五年壬子	六年癸丑	七年甲寅	八
王安石	王安石	四月丙戌韓絳自觀文殿大學士行吏部侍郎知大名府守本官加同中書門下平章事監脩國史 王安石 韓絳	二月癸酉王安石自觀文殿大學士吏部尚書知江寧府依前官加同平章事昭文館大學士 韓絳
		四月丙戌王安石自禮部侍郎同平章事以吏部尚書觀文殿大學士知江寧府	八月庚戌韓絳自觀文殿大學士行吏部侍郎同中書門下平章事以禮部尚書觀文殿大學士知許州
二月丙寅蔡挺自龍圖閣直學士右諫議大夫知渭州除樞密副使 十二月壬午陳旭以檢校太傅行禮部尚書同平章事除樞密使	四月己亥文彥博自劍南西川節度使守司空兼侍中樞密使以守司徒兼侍中河東節度使判河陽	四月丙戌呂惠卿自翰林學士右正言兼侍讀除右諫議大夫參知政事 十二月丁卯王韶自觀文殿學士兼端明殿學士龍圖閣學士禮部侍郎知熙州除樞密副使	四月戊寅吳充自樞密副使右諫議大夫除檢校太傅行工部尚書樞密使 十二月壬寅元絳自翰林學士兼侍讀學士判
			正月庚子蔡挺自右諫議大夫樞密副使以資政殿學士判南京留司御史臺 馮京自右諫議大夫參知

年乙卯	九年	丙辰	十年丁巳
	十月丙午吳充自樞密使檢校太傅行工部侍郎守前官加同平章事監脩國史	王珪自禮部侍郎參知政事守前官加同平章事集賢殿大學士 王安石 吳充 王珪	吳充 王珪
	十月丙午王安石自檢校太傅依前尚書左僕射領鎮南軍節度使判江寧府		
太常寺兼群牧使工部侍郎除參知政事 曾孝寬自龍圖閣直學士起居舍人兼樞密都承旨同群牧使除樞密直學士簽書樞密院事	十月丙午馮京自資政殿學士右諫議大夫知成都府除知樞密院事		
政事以守本官知亳州 閏四月乙未陳旭自禮部尚書同平章事樞密使以檢校太尉鎮江軍節度使同平章事判揚州 十月庚寅呂惠卿以參知政事守本官知陳州			二月己亥王韶自樞密副使以戶部侍郎觀文殿大學士知洪州

李俊寫 吳惠刊

元豐元年戊午	二年	己未	三年庚
吳充 王珪	吳充 王珪		九月丙戌王珪自同中書門下平章事加監脩國史 吳充 王珪
			三月己丑吳充辭疾以吏部尚書觀文殿大學士西太一宮使免
閏正月壬辰孫固自權知開封府樞密直學士右諫議大夫除同知樞密院事 九月乙酉呂公著自端明殿學士兼翰林侍讀學士寶文閣學士戶部侍郎薛向自樞密直學士工部侍郎並除同知樞密院事	五月戊子蔡確自右諫議大夫權御史中丞直學士院判司農寺除參知政事		二月丙午章惇自翰林學士右正言知審官東院除右諫議大夫參知政事 九月癸未薛向自工部侍郎同知樞密院事加正議大夫孫固自右諫議大夫同知樞密院事加太中大夫並除樞密副使 丙戌馮京自通議大夫知樞密
閏正月己亥簽書樞密院事曾孝寬丁父憂五月庚辰起復固辭	五月甲申元絳自參知政事以工部侍郎知亳州		

李俊寫 吳惠刊

申	四年辛酉	五年壬戌
	王珪	是年改官制以左右僕射為宰相 四月癸酉王珪自銀青光祿大夫兼門下侍郎同中書門下平章事依前官加尚書左僕射兼門下侍郎 蔡確自太中大夫參知政事依前官加右僕射兼中書侍郎 王珪 蔡確
院事除正議大夫樞密使 丁亥呂公著自戶部侍郎同知樞密院除正議大夫樞密副使	正月辛亥孫固自樞密副使太中大夫除兼群牧制置使知樞密院事 呂公著自樞密副使正議大夫加龍圖閣直學士韓縝自太中大夫樞密都承旨兼群牧使並除同知樞密院事 三月甲辰張璪自翰林學士除太中大夫參知政事	四月甲戌章惇自太中大夫知定州加守門下侍郎 張璪自太中大夫參知政事加守中書侍郎 蒲宗孟自翰林學士加中大夫守尚書左丞 王安禮自翰林學士加中大夫守尚書右丞
	正月辛亥馮京自正議大夫兼群牧制置樞密使以光祿大夫觀文殿學士判河陽府 三月癸卯章惇自參知政事坐父俞強占民田及為朱服所奏而報上不實以太中大夫知蔡州	四月丁丑呂公著自正議大夫同知樞密院事以光祿大夫資政殿大學士知定州

六年癸亥	七年甲子	八年乙丑 哲宗三月戊戌即位
王珪 蔡確	王珪 蔡確	五月戊午蔡確自通議大夫右僕射兼中書侍郎加左僕射兼門下侍郎 韓縝自通議大夫知樞密院事加兼中書侍郎右僕射 王珪 蔡確 韓縝
		五月庚戌左僕射兼門下侍郎王珪薨
七月丙辰韓縝自太中大夫同知樞密院進知樞密院事 安燾自太中大夫試戶部尚書除同知樞密院事 八月辛卯王安禮自守尚書右丞除尚書左丞 李清臣自吏部尚書除中大夫尚書右丞		五月戊午章惇自通議大夫門下侍郎除知樞密院事 司馬光自資政殿學士通議大夫知陳州加守門下侍郎 七月戊戌呂公著自資政殿大學士銀青光祿大夫兼侍讀加尚書左丞
七月丙辰孫固自知樞密院事以通議大夫觀文殿學士知河陽 八月辛卯蒲宗孟自中大夫以守尚書左丞知汝州	七月甲寅王安禮自尚書左丞以端明殿學士知江寧府	

表卷第二

表卷第三　宋史二百十二

開府儀同三司上柱國錄軍國重事前中書右丞相監修國史領經筵事都總裁臣脫脫等奉

敕修

宰輔三

年紀	宰相進拜加官	罷免	執政進拜加官	罷免
元祐元年丙寅	閏二月庚寅，司馬光自正議大夫守門下侍郎依前官加左僕射兼門下侍郎。壬辰，呂公著自金紫光祿大夫尚書左丞加門下侍郎。四月壬寅，呂公著自金紫光祿大夫門下侍郎依前官加右僕射兼中書侍郎。文彥博自河東節度使守太師開府儀同三司潞國公落致仕加太師平章軍國重事。韓縝　蔡確　司馬光　呂公著　文彥博	閏二月庚寅，左僕射蔡確累為劉摯、孫覺、蘇轍、朱光庭、王巖叟所論，守前官以觀文殿大學士知陳州。四月己丑，韓縝自右僕射以光祿大夫觀文殿大學士知潁昌府京西北路安撫使。九月丙辰朔，左僕射兼門下侍郎司馬光薨。	閏二月丙午，李清臣自通議大夫守尚書右丞除尚書左丞。呂大防自試吏部尚書除中大夫尚書右丞。乙卯，安燾自同知樞密院事進知樞密院事。范純仁自試吏部尚書兼侍讀除中大夫同知樞密院事。五月丁巳朔，韓維自資政殿大學士正議大夫兼侍讀除守門下侍郎。十一月戊午，劉摯自試御史中丞除中大夫尚書左丞。呂大防自中大夫尚書左丞除中書侍郎。	閏二月辛亥，正議大夫知樞密院事章惇為劉摯、王巖叟、朱光庭等所論，又於簾前爭論諠惇，罷守本官知汝州。九月己卯，張璪自中書侍郎以資政殿學士光祿大夫知鄭州。
二年丁卯	文彥博　呂公著		五月丁卯，劉摯自中大夫守尚書右丞除尚書左丞。王存自守兵部尚書除中大夫尚書右丞。六月辛丑，安燾自正議大夫同知樞密院事進知樞密院事。	四月戊申，李清臣自尚書左丞以資政殿學士知河陽。七月辛未，韓維自正議大夫門下侍郎以資政殿大學士知鄧州。
三年戊辰	四月辛巳，呂公著自金紫光祿大夫尚書右僕射兼中書侍郎加司空平章軍國重事。呂大防自中書侍郎加太中大夫左僕射兼門下侍郎。范純仁自同知樞密院加太中大夫右僕射兼門下侍郎。文彥博　呂公著　呂大防　范純仁		四月壬午，孫固自觀文殿學士正議大夫兼侍讀除門下侍郎。王存自中大夫尚書右丞除尚書左丞。胡宗愈自試御史中丞除中大夫尚書右丞。趙瞻自中散大夫試戶部侍郎除簽書樞密院事。	
四年	文彥博　呂公著　呂大防　范純仁	二月甲辰，司空同平章軍國事呂公著薨。六月甲辰，范純仁自太中大夫右僕射守前官以觀文殿學士知	六月丙午，韓忠彥自樞密直學士戶部尚書除中大夫尚書左丞。趙瞻自簽書樞密院事進同知樞密院事。十一月癸未，孫	三月己卯，胡宗愈自尚書右丞以資政殿學士知陳州。六月甲辰，王存自中大夫尚書左丞以端明殿學士

己巳	五年庚午	六年辛未
	文彥博 呂大防	二月辛卯劉摯自守門下侍郎太中大夫加右僕射兼中書侍郎 呂大防 劉摯
潁昌府	二月庚戌文彥博自太師平章軍國重事以守太師儀同三司河中興元尹護國軍山南西道節度使致仕	十一月乙酉朔劉摯自右僕射以觀文殿學士知鄆州
固自門下侍郎除光祿大夫知樞密院事 劉摯自中大夫守中書侍郎除門下侍郎 傅堯俞自試吏部尚書除中大夫守中書侍郎	三月壬申韓忠彥自中大夫尚書左丞遷同知樞密院事 蘇頌自翰林學士承旨知制誥兼侍讀除右光祿大夫尚書左丞	二月辛卯王巖叟自龍圖閣待制知開封府除簽書樞密院事 癸巳蘇轍自龍圖閣學士御史中丞除中大夫尚書右丞
知蔡州 七月乙亥安燾自知樞密院事丁母憂 十月乙卯詔起復燾辭	三月丙寅朔中大夫同知樞密院事趙瞻卒 四月甲辰右光祿大夫知樞密院事孫固卒 十二月辛卯朔許將自尚書右丞以太中大夫資政殿學士知定州	十一月辛丑中大夫守中書侍郎傅堯俞卒

李俊寧　李正明

七年壬申	八年癸酉
六月辛酉蘇頌自守尚書左僕射加左光祿大夫守尚書左僕射兼中書侍郎 呂大防 蘇頌	七月丙子朔范純仁自觀文殿大學士知潁昌府加通議大夫尚書右僕射兼中書侍郎 呂大防 蘇頌 范純仁
	三月癸未蘇頌自右僕射依前左光祿大夫觀文殿大學士集禧觀使
六月辛酉蘇轍自守尚書右丞除中大夫門下侍郎 韓忠彥自同知樞密院事除中大夫知樞密院事 范百祿自翰林學士太中大夫除中書侍郎 梁燾自翰林學士除中大夫尚書左丞 鄭雍自太中大夫御史中丞除尚書右丞 劉奉世自左朝請大夫寶文閣待制權戶部尚書除簽書樞密院事	
五月丙午王巖叟自簽書樞密院事以端明殿學士知鄭州	三月辛卯范百祿自中書侍郎以太中大夫資政殿學士知河中府 六月戊午梁燾自尚書左丞以資政殿學士領醴泉觀使

李俊寧　李正明

紹聖元年甲戌	四月壬戌，章惇自通議大夫提舉洞霄宮加左正議大夫守尚書左僕射兼門下侍郎 呂大防 范純仁 章惇	三月乙亥，呂大防自左僕射中書侍郎以觀文殿大學士右光祿大夫知潁昌府，改知永興軍 四月壬戌，范純仁自尚書右僕射兼中書侍郎以右正議大夫觀文殿大學士知潁昌府京西北路安撫使	二月丁未，李清臣自資政殿學士守戶部尚書除正議大夫中書侍郎 鄧溫伯自端明殿學士守兵部尚書除右光祿大夫尚書左丞 閏四月甲申，安燾自觀文殿學士右正議大夫除門下侍郎 六月癸未，曾布自翰林學士承旨知制誥兼侍讀除中大夫同知樞密院事	三月丁酉，蘇轍自太中大夫門下侍郎以守本官知汝州 五月辛亥，劉奉世自簽書樞密院事以端明殿學士真定府路安撫使兼知成德軍 乙丑，尚書左丞鄧潤甫卒 潤甫舊名溫伯復今名
二年乙亥	章惇		十月甲戌，許將自守吏部尚書兼侍讀除守尚書左丞 蔡卞自翰林學士兼侍讀修國史除守尚書右丞	十月甲子，鄭雍自太中大夫尚書右丞以資政殿學士知陳州 十一月乙未，安燾自右正議大夫門下侍郎以觀文殿學士知河南府
三年丙子	章惇			正月庚子，韓忠彥自太中大夫知樞密院事以觀文殿學士知真定府

四年丁丑	章惇	二月己未，故司馬光自左僕射追貶清海軍節度副使 故呂公著自司空平章軍國事追貶建武軍節度副使 癸未，前宰相呂大防責授舒州團練副使循州安置 前宰相劉摯責授鼎州團練副使新州安置 前宰相范純仁責授武安軍節度副使永州安置 甲申，前太師致仕文彥博降授太子少保致仕 故左僕射王珪追貶萬安軍司戶	閏二月壬寅，曾布自同知樞密院事除太中大夫知樞密院事 林希自翰林學士知制誥除太中大夫同知樞密院事 許將自守尚書左丞除正議大夫中書侍郎 蔡卞自太中太夫守尚書右丞除尚書左丞 黃履自試吏部尚書除中大夫尚書右丞	正月庚戌，李清臣自正議大夫中書侍郎以資政殿大學士知河南府 二月己未，故王巖叟自端明殿學士追貶雷州別駕 癸未，蘇轍自前門下侍郎責授化州別駕雷州安置 梁燾自前資政殿學士責授雷州別駕化州安置 劉奉世自前端明殿學士落職分司南京郴州居住 韓維自前資政殿大學士致仕落職特授左朝議大夫致仕
元符元年戊寅	章惇			四月壬辰，林希自同知樞密院事出知亳州

二年己卯	三年庚辰	徽宗正月己卯即位
章惇	四月甲辰韓忠彥自門下侍郎加正議大夫右僕射兼中書侍郎十月丁酉遷左僕射兼門下侍郎進封儀國公 壬寅曾布自知樞密院事加右	銀青光祿大夫守尚書右僕射兼中書侍郎 章惇 韓忠彥 曾布
	先是豐稷陳次升龔夬陳瓘劾章惇為山陵使而喪轝陷濘暴露九月辛未以守本官知越州	
	二月戊午韓忠彥自通議大夫守吏部尚書仍前官加門下侍郎 黃履自資政殿學士提舉中太乙宮兼侍讀仍前官加尚書右丞	四月甲辰李清臣自左正議大夫禮部尚書加門下侍郎 蔣之奇自翰林學士通議大夫知制誥除同知樞密院事 十一月戊寅安燾自觀文殿學士提舉太乙宮兼集禧觀公事兼侍讀除知樞密院事 辛卯范純禮自禮部尚書除中大夫守尚書右丞
閏九月辛巳黃履自通議大夫尚書右丞以守本官知亳州	先是龔夬陳瓘累疏劾蔡卞五月乙酉卞以資政殿學士知江寧府 十一月庚辰尚書右丞黃履以資政殿大學士仍前	正議大夫提舉中太乙宮兼集禧觀公事

建中靖國元年辛巳	崇寧元年
韓忠彥 曾布	七月戊子蔡京自守尚書左丞加通議大夫守尚書右僕射兼中書侍郎 韓忠彥 曾布 蔡京
正月癸亥前宰相觀文殿學士中太乙宮使范純仁薨	五月庚申韓忠彥自左僕射兼門下侍郎以觀文殿大學士出知大名府兼北京留守甲子落職 閏六月壬戌曾布自右僕射以觀文殿大學士右銀青光祿大夫出知潤州
七月丁亥蔣之奇自正議大夫同知樞密院事進知樞密院事 陸佃自試吏部尚書除中大夫尚書右丞 章楶自端明殿學士通議大夫提舉中太乙宮兼集禧觀事除同知樞密院事 十一月庚申陸佃自守尚書右丞除尚書左丞 溫益自試吏部尚書兼侍讀除中大夫尚書右丞	六月丙申許將自右銀青光祿大夫守中書侍郎加門下侍郎 溫益自中大夫守尚書右丞加中書侍郎 蔡京自翰林學士承旨中大夫知制誥兼侍讀脩國史實錄脩撰除尚書左丞 趙挺之自試吏部尚書兼侍讀脩國史編脩國朝會要除中大夫尚書右丞八月己卯遷尚書左丞 張商英自翰林
六月戊午范純禮自中大夫尚書右丞以仍前官出知潁昌府 七月丙戌安燾自左正議大夫知樞密院事以觀文殿學士出知河南府兼西京留守 十月乙未李清臣自右光祿大夫門下侍郎以資政殿學士出知大名府兼北京留守	六月丙申陸佃自尚書左丞依前太中大夫出知亳州 七月庚午章楶自同知樞密院事以資政殿學士領中太乙宮使 十月癸亥蔣之奇自知樞密院事依前右正議大夫以觀文殿學士出知楊州

宋史二百十二　計字三百令六个

宋史表卷第三　九

壬午	二年癸	未	三年甲申
	正月丁未蔡京自右僕射加右光祿大夫尚書左僕射兼門下侍郎 蔡京		五月己卯蔡京自尚書左僕射加司空 蔡京
學士知制誥兼侍讀脩國史實錄脩撰除中大夫尚書右丞 十月戊寅蔡卞自資政殿學士左正議大夫中太乙宮使兼侍讀除知樞密院事	四月戊寅趙挺之自中大夫尚書左丞除中書侍郎 張商英自中大夫尚書右丞除尚書左丞 吳居厚自戶部尚書除中大夫	尚書右丞 安惇自兵部尚書兼侍讀除中大夫同知樞密院事	九月乙亥趙挺之自右光祿大夫中書侍郎加門下侍郎 吳居厚自右光祿大夫尚書右丞加中書侍郎 張康國自翰林學士承旨知制誥除尚書左丞 鄧洵武自刑部尚書除尚書右丞
	正月壬辰中書侍郎溫益卒 八月戊申張商英自尚書左丞以通議大夫出知亳州尋改蘄州		八月乙巳許將自門下侍郎仍前官以資政殿學士出知河南府 十二月戊午同知樞密院事安惇卒

李俊寫　王三道刊

宋史二百十二　五百五十五个

宋史表卷第三　十

四年乙酉	五年	丙戌	大觀
三月甲辰趙挺之自門下侍郎加右銀青光祿大夫尚書右僕射兼中書侍郎 蔡京 趙挺之	二月丙寅趙挺之自尚書右僕射兼中書侍郎加特進光祿大夫尚書右僕射	兼中書侍郎 蔡京 趙挺之	正月甲午蔡京自安遠軍節度使依前司空左僕射兼門下侍郎魏國公 十二月庚寅蔡京自司空左僕射兼門下侍郎魏國公加太尉 趙挺之 蔡京
六月戊子趙挺之自右僕射授金紫光祿大夫觀文殿大學士領中太乙宮使	二月丙寅蔡京自左僕射以守司空安遠軍節度使開府儀同三	司領中太乙宮使	三月丁酉趙挺之自尚書右僕射兼中書侍郎以特進觀文殿大學士領佑神觀致仕
二月甲寅張康國自中大夫守尚書右丞仍前官知樞密院事 劉逵自兵部尚書兼侍讀脩國史兼實錄脩撰除中大夫同知樞密院事 何執中自太中大夫試吏部尚書兼侍讀除尚書左丞	正月甲辰吳居厚自右光祿大夫中書侍郎加門下侍郎 劉逵自中大夫	同知樞密院事加中書侍郎	正月壬子何執中自太中大夫尚書左丞加中書侍郎 鄧洵武自中大夫守尚書右丞除尚書左丞 梁子美自中大夫試戶部尚書除尚書右丞 三月丁酉何執中自中書侍郎加門下侍郎 鄧洵武自尚書左丞加中書侍郎
正月丙申蔡卞自金紫光祿大夫知樞密院事仍前官以資政殿大學士出知河南府	十二月戊午劉逵自中大夫中書侍郎守本官出知亳州		正月壬寅吳居厚自右光祿大夫門下侍郎以資政殿學士仍前官領太一宮使 五月庚寅鄧洵武自中書侍郎以守本官知隨州 六月己亥尚書右丞朱諤卒 十月癸酉尚書右丞徐處

李俊寫　黃才刊

元年丁	亥	二年戊子
		正月己未蔡京自太尉左僕射兼門下侍郎魏國公加太師 蔡京
梁子美自尚書右丞遷尚書左丞 朱諤自吏部尚書除中大夫尚書右丞 六月乙未梁子美加中書侍郎 八月庚申徐處仁自試戶部尚書除中大夫尚書右丞 林攄自太中大夫試吏部尚書兼侍讀實錄修撰仍前官同知樞密院事 閏十月丙戌林攄自中大夫同知樞密院事除	尚書左丞 鄭居中自資政殿學士太中大夫中太乙宮使兼侍讀實錄修撰仍前官同知樞密院事 十二月壬寅起復徐處仁辭	九月辛亥林攄自右光祿大夫尚書左丞加中書侍郎 余深自試吏部尚書除尚書左丞
仁丁母憂		八月丙申梁子美自中書侍郎以資政殿學士正奉大夫出知鄆州

三年己丑	四年庚寅
六月辛巳何執中自行中書門下侍郎加特進尚書左僕射兼門下侍郎 蔡京 何執中	六月乙亥張商英自守中書侍郎加通議大夫守尚書右僕射兼中書侍郎 何執中 張商英
六月辛巳蔡京自左僕射以依前太師領中太乙宮使	
四月癸巳鄭居中自右光祿大夫同知樞密院事進知樞密院事 管師仁自中大夫試吏部尚書除同知樞密院事 癸卯余深自中大夫尚書左丞加中書侍郎 薛昂自試兵部尚書兼侍讀除中大夫尚書左丞 劉正夫自試工部尚書兼侍讀實錄院修撰除尚書右丞	二月己丑余深自中大夫中書侍郎加門下侍郎 張商英自資政殿學士通議大夫中太乙宮使加中書侍郎 侯蒙自朝奉大夫試戶部尚書除中大夫同知樞密院事 八月乙亥劉正夫自中大夫尚書右丞加中書侍郎 侯蒙自中大夫同知樞密院事除尚書左丞 鄧洵仁自翰林
三月戊申知樞密院事張康國暴卒 四月戊寅林攄自中書侍郎依前正奉大夫出知滁州 六月甲戌管師仁自同知樞密院事以資政殿學士依前中大夫領佑神觀使尋卒	五月丙寅余深自門下侍郎以資政殿學士仍中大夫出知青州 六月丙申薛昂自尚書左丞以資政殿大學士仍中大夫出知江寧府 十月丁酉鄭居中自正奉大夫知樞密院事仍前官以觀文殿學士領中太乙宮使

寅

學士承旨太中大夫知制誥兼侍讀除尚書右丞　庚辰吳居厚自資政殿學士宣奉大夫佑神觀使加門下侍郎　十月庚申除知樞密院事

政和元年辛卯

何執中　張商英

八月丁巳張商英自右僕射以觀文殿大學士出知河南府兼西京留守

三月癸酉王襄自試吏部尚書除中大夫同知樞密院事

九月戊寅王襄自同知樞密院事以中大夫出知亳州

二年壬辰

四月庚戌何執中以哲宗帝紀成加司空　五月己巳蔡京落致仕依前太師三日一至都堂治事十一月辛巳進封魯國公　何執中自尚書左僕射加少傅爲太宰仍兼門下侍郎

蔡京　何執中

六月己丑知青州余深復門下侍郎

三年癸巳

八月丙子何執中自尚書左僕射加少師

蔡京　何執中

正月乙亥鄭居中自特進觀文殿學士中太乙宮使兼侍讀復除知樞密院事　四月己酉薛昂自資政殿學士通議大夫除尚書右丞

正月乙亥吳居厚自知樞密院事宣奉大夫以武康軍節度使知洪州　四月癸巳鄧洵仁自尚書右丞以通議大夫資政殿學士出知亳州尋落職

四年甲午

蔡京　何執中

五年乙未

蔡京　何執中

六

五月庚子鄭居中自特進知樞密院事加少保太宰兼門下侍郎　劉正夫自銀青光祿大夫中書侍郎加特進少

四月辛未何執中自尚書左僕射以太傅致仕　十二月乙酉劉正夫自少宰以安化軍節度使開府儀同

五月壬寅鄧洵武自保大軍節度使佑神觀使兼侍讀除正奉大夫知樞密院事　八月乙巳薛昂自銀青光祿大

宰兼中書侍郎三司致仕

蔡京
何執中
鄭居中
劉正夫

夫尚書右丞除尚書左丞侯蒙自中大夫尚書左丞除中書侍郎十一月辛卯童貫自節度使開府儀同三司陝西河東河北宣撫使除簽書樞密院事庚子白時中自禮部尚書兼侍讀除中大夫尚書右丞

七年丁酉

十一月辛卯鄭居中自太宰丁母憂起復門下侍郎余深特進少宰兼中書侍郎

蔡京
鄭居中
余深

八月庚午鄭居中自太宰丁母憂

二月以童貫爲陝西河東河北宣撫使仍帶同簽書樞密院事三月乙未改權領樞密院事十一月辛卯白時中自中大夫尚書右丞加中書侍郎十二月丁巳薛昂自銀青光祿大夫尚書左丞加特進門下侍郎庚午童貫領樞密院事

十月戊寅侯蒙自中書侍郎以資政殿學士出知亳州

重和元年戊戌

七月壬午鄭居中自太宰加少傅余深自少宰加少保九月辛丑鄭居中罷起復

蔡京
鄭居中
余深

正月庚戌王黼自翰林學士承旨以尚書左丞起復七月壬午領樞密院事童貫加檢校太保八月甲寅加太保九月庚寅白時中自中書侍郎遷門下侍郎王黼自尚書左丞加中書侍郎馮熙載自翰林學士承旨知制誥兼侍講除中大夫尚書左丞范致虛自刑部尚書除中大夫尚書右丞

九月庚寅薛昂自門下侍郎除彰化軍節度使佑神觀使兼侍讀

宣和元年己

正月戊午余深自特進少宰兼中書侍郎加太宰兼門下侍郎王黼自通議大夫中書侍郎加特進少宰兼中書侍郎神霄玉清萬壽宮使

蔡京
余深
王黼

二月戊戌鄧洵武自守中書侍郎知隨州加少保三月己未馮熙載自尚書左丞遷中書侍郎范致虛自尚書右丞遷尚書左丞張邦昌自翰林學士除尚書右丞七月甲寅童貫自知樞密院事加太傅十一月戊辰張邦昌自通議大夫尚書右丞遷尚書左丞

八月丁酉尚書左丞范致虛丁母憂

宋史二百十二 宋史表卷第三 十六 李俊寫 本中刊 字三百六十

亥	二年庚子	三年辛
	九月癸亥太宰兼門下侍郎余深以哲宗寶訓成進少傅 十一月庚戌王黼自特進少宰兼中書侍郎加少保太宰兼門下侍郎 蔡京 余深 王黼	九月丙寅王黼自少保太宰兼門下侍郎加少傅 王黼
	六月戊寅蔡京自太尉左僕射兼門下侍郎魏國公以太師魯國公致仕 十一月巳亥余深自太宰以少傅鎮江軍節度使出知福州	
王安中自翰林學士承旨知制誥除中大夫尚書右丞	十二月巳丑少傅威武軍節度使鄭居中權領樞密院事	正月癸卯童貫自太保領樞密院事除江浙淮等路宣撫使 五月戊戌鄭居中落權字依童貫例領樞密院事 八月乙巳童貫加太師 鄭居中加少師 十月庚申童貫仍舊領陝西河東河北宣撫使 十一月丁丑張邦昌自尚書左丞加中書侍郎 王安中自中大夫尚書右丞遷尚書左丞
		正月壬寅少保知隨州鄧洵武卒 十一月丁丑馮熙載自中書侍郎以資政殿學士出知亳州

丑	四年壬寅	五年癸卯
	六月丙午王黼加少師 王黼	五月庚申王黼自太宰兼門下侍郎加太傅依蔡京昨任太師例 王黼
李邦彥自翰林學士承旨太中大夫知制誥兼侍讀脩國史除尚書右丞		二月乙酉朔李邦彥自太中大夫尚書右丞遷尚書左丞 趙野自翰林學士知制誥除中大夫尚書右丞 五月庚申鄭居中自少師領樞密院事加太保 癸亥童貫落節鉞依前太師 六月乙巳蔡攸以少師安遠軍節度使領樞密院事
		正月辛酉王安中自中大夫尚書左丞以慶遠軍節度使河北河東燕山府路宣撫使知燕山府 六月丁未鄭居中自領樞密院事太保致仕 明日卒 七月己未童貫自領陝西河東河北宣撫使致仕

六年甲	辰	七年乙巳欽宗十二月庚申即位
九月乙亥李邦彥自通奉大夫守尚書左丞加銀青光祿大夫少宰兼中書侍郎神霄玉清萬壽宮使 白時中自金紫光祿大夫門下侍郎加特進太宰兼門下侍郎神霄玉清萬壽宮使 十二月癸亥蔡京自太師魯國公落致仕依前太師領三省事神霄玉清萬壽宮使	王黼 蔡京 白時中 李邦彥	蔡京 白時中 李邦彥
十一月丙子太宰兼門下侍郎楚國公王黼以太傅致仕		四月庚申蔡京罷領三省事復以太師魯國公致仕
四月丁巳李邦彥丁憂起復 八月乙卯童貫自劍南東州節度使落致仕依前太師領樞密院事陝西河東燕山府路宣撫使進封徐豫國公 九月乙亥趙野自中大夫尚書右丞遷尚書左丞 宇文粹中自翰林學士承旨宣奉大夫除尚書右丞 蔡懋自朝議大夫試開封府尹	除中大夫同知樞密院事 蔡攸自少師安遠軍節度使領樞密院事落節鉞依前少師	六月己未蔡攸自少師領樞密院事加太保 十二月庚申吳敏中自試給事中直學士院加中大夫門下侍郎 壬戌耿南仲自徽猷閣學士朝散大夫太子詹事除資政殿學士簽書樞密院事

靖	康
正月辛未李邦彥自銀青光祿大夫少宰兼中書侍郎起復加特授太宰兼門下侍郎 張邦昌自正奉大夫加特授依前官少宰兼中書侍郎神霄玉清萬壽宮使二月庚戌加光祿大夫太宰兼門下侍郎 吳敏自知樞密院事遷太中大夫少宰兼中書侍郎 三月己巳徐處仁自守中書侍	郎加通奉大夫太宰兼門下侍郎 八月己未唐恪自正奉大夫加少宰兼中書侍郎 閏十一月壬辰何㮚自守門下侍郎加通奉大夫右僕射中書侍郎 蔡京 白時中 李邦彥 張邦昌 吳敏 徐處仁 唐恪 何㮚
正月辛未白時中自太宰以觀文殿大學士領中太乙宮使依前特進慶國公 二月庚戌李邦彥自太宰兼門下侍郎以觀文殿學士領中太乙宮使 甲寅蔡京自太師魯國公致仕責授中奉大夫秘書監分司南京河南居住 三月己巳張邦昌自太宰	兼門下侍郎以觀文殿大學士領中太乙宮使 八月己未徐處仁自太宰以觀文殿大學士領中太乙宮使 吳敏自少宰以觀文殿大學士領醴泉觀使 閏十一月壬辰朔唐恪自少宰以觀文殿大學士領中太乙宮使兼侍讀依前光祿大夫
正月己巳吳敏自中大夫守門下侍郎除知樞密院事親征行營副使 李梲自正奉大夫守吏部尚書除同知樞密院事 庚午李綱自試兵部侍郎中大夫除尚書右丞 辛未趙野自通議大夫尚書左丞除門下侍郎 王孝迪自通議大夫翰林學士承旨除中書侍郎 蔡懋自中大夫	同知樞密院事除尚書左丞 甲戌唐恪自正議大夫守吏部尚書除同知樞密院事 耿南仲自簽書樞密院事進同知樞密院事 辛巳路允迪自試兵部尚書除資政殿學士簽書樞密院事 丁亥种師道自檢校少保靜難軍節度使河北河東制置使除同知樞密院事 三月戊戌尚書右丞李綱罷辛
二月癸卯蔡懋自尚書左丞以資政殿學士依前中大夫知大名府兼北京留守 王孝迪自中書侍郎以資政殿學士提舉醴泉觀 癸丑种師道自同知樞密院事以檢校少傅領中太乙宮使 甲寅童貫自太師廣陽郡王徐豫國公責授左衛上	將軍致仕池州居住 蔡攸自太保領樞密院事燕國公責授太中大夫提舉亳州明道宮任便居住 三月戊辰李梲自尚書左丞以正奉大夫資政殿學士提舉南京鴻慶宮 庚午宇文虛中自簽書樞密院事以資政殿學士仍中大夫出知青州

元年

丑復職
癸卯徐處仁自觀文殿大學士大名尹除中書侍郎
宇文虛中自保和殿大學士除資政殿大學士簽書樞密院事
庚戌李綱自中大夫尚書右丞除知樞密院事
耿南仲自同知樞密院事除尚書左丞
李梲自正奉大夫同知樞密院事除尚書右丞
三月己巳唐恪自正議大夫同知樞密院事依前官加中書侍郎
何㮚自翰林學士知制誥除中大夫尚書右丞
許翰自御史中丞除中大夫同知樞密院事
四月癸卯耿南仲自太中大夫尚書左丞依前官加門下侍郎
是月种師道自檢校少傅中太乙宮使復除同知樞密院事
六月戊戌李綱宣撫河北河東
八月丙申种師

四月庚戌趙野自門下侍郎以資政殿學士出知襄陽府
六月癸卯路允迪自簽書樞密院事以資政殿學士提舉醴泉觀
八月戊午許翰自同知樞密院事以延康殿學士出知亳州
九月丁丑李綱自知樞密院事以觀文殿學士出知揚州
十月戊午王寓自尚書左丞坐辭使軍前責授單州團練副使新州安置
辛酉种師道卒
十一月戊辰馮澥自知樞密院除資政殿學士太子賓客
丁丑何㮚中書侍郎依前官提舉醴泉觀使兼侍讀
丁亥李回自簽書樞密院

丙午

道代李綱為宣撫
己未何㮚自太中大夫尚書右丞除中書侍郎
陳過庭自太中大夫試禮部尚書兼侍讀除尚書右丞
聶昌自開封府尹除中大夫同知樞密院事
李回自朝請大夫御史中丞兼侍讀除延康殿學士簽書樞密院事
九月丁丑王寓自禮部尚書除尚書左丞
十月丁未馮澥自禮部尚書太子詹事兼侍讀除中大夫知樞密院事
十一月丁丑陳過庭自太中大夫尚書右丞除中書侍郎
孫傅自試兵部尚書除中大夫尚書右丞甲申除同知樞密院事
曹輔自御史中丞除延康殿學士簽書樞密院事
庚寅何㮚自資政殿學士中大

事除提舉萬壽觀

夫提舉萬壽觀兼侍讀領開封府事除門下侍郎
閏十一月丁酉馮澥自資政殿學士中大夫太子賓客除尚書左丞
庚子張叔夜自延康殿學士南道都總管除簽書樞密院事

宋史二百十二 七十二 个
宋史表卷第三
二十三
李俊寫 吳惠

表卷第三

表卷第四　宋史二百十三

開府儀同三司上柱國錄軍國重事前中書右丞相監修國史領經筵事都總裁臣脫脫等奉

勅修

宰輔

年	宰相進拜加官罷免	執政進拜加官罷免
建炎元年丁未高宗五	五月甲午李綱自資政殿學士領開封府職事除正議大夫守尚書右僕射兼中書侍郎七月壬寅自右僕射除銀青光祿大夫尚書左僕射同平章事御營使兼門下侍郎 同日黃潛善自守門下侍郎除正議大夫尚書右僕射同平章事兼中書侍郎御營使 張邦昌 李綱 黃潛善	五月庚寅黃潛善自徽猷閣直學士大元帥府兵馬副元帥遷中大夫中書侍郎 汪伯顏自顯謨閣直學士中大夫大元帥府兵馬副元帥除同知樞密院事 己未呂好問自試兵部尚書遷中大夫尚書右丞 六月癸亥黃潛善自中大夫中書侍郎除門下侍郎未幾兼權中書侍郎 戊寅汪伯彥自中大夫同知樞密院事除知樞密院事 壬午張慤同知樞密院事 七月癸卯許翰自太中大夫提舉鴻慶宮召為尚書右丞
	五月壬辰張邦昌罷權左僕射為太保奉國軍節度使同安郡王 八月丁丑李綱罷左相以觀文殿大學士提舉杭州洞霄宮	五月癸巳耿南仲自門下侍郎以觀文殿學士提舉杭州洞霄宮 己未馮澥自尚書左丞以資政殿學士知潼川府 七月癸卯呂好問罷尚書右丞授資政殿學士知宣州 八月丙戌許翰罷尚書右丞以資政殿學士提舉洞霄宮

宋史二百十三 四孑七十二
宋史表卷四
一
林俊寫 蕭正刊

月庚寅即位　二年戊申

十二月己巳黃潛善自右僕射兼中書侍郎除光祿大夫守左僕射兼門下侍郎汪伯彥自知樞密院事除正議大夫守右僕射兼中書侍郎

黃潛善
汪伯彥

十一月乙未張慤自通議大夫同知樞密院事除尚書右丞仍兼御營副使顏岐自工部尚書遷中大夫除同知樞密院事丙午再遷尚書左丞同知樞密院事同日郭三益自試刑部尚書遷中大夫除同知樞密院事十二月丙子許景衡自試御史中丞遷中大夫除尚書右丞

五月戊子朱勝非自翰林學士知制誥兼侍讀遷中大夫除尚書右丞十二月己巳盧益自試兵部尚書遷太中大夫除簽書樞密院事顏岐自中大夫尚書左丞除門下侍郎朱勝非自太中大夫尚書右丞除中書侍郎

五月乙酉許景衡罷尚書右丞以資政殿學士提舉洞霄宮

三年

三月庚辰朱勝非自守中書侍郎除通奉大夫守右僕射兼中書侍郎兼御營使故事命相進官三等勝非特進五官四月癸丑呂頤浩自資政殿學士同簽書樞密院事授宣奉大夫守右僕射兼中書侍郎閏八月丁亥杜充自同知樞密院事授太中大夫守右僕射同平章事兼御營使

朱勝非
呂頤浩
杜充

二月己巳黃潛善罷左相以觀文殿大學士知江寧府汪伯彥罷右相以觀文殿大學士知洪州四月癸丑朱勝非罷右相以觀文殿大學士知洪州

正月甲申路允迪自資政殿學士提舉洞霄宮除簽書樞密院事二月丁巳呂頤浩自資政殿學士江浙制置使除簽書樞密院事三月除知樞密院事己巳葉夢得自試戶部尚書遷中大夫除尚書左丞張澂自試御史中丞遷中大夫除尚書右丞三月辛巳盧益自中大夫同知樞密院事除尚書左丞王淵自御營都統制除簽書樞密院事兼御營使司都統制戊子王孝迪除中書侍郎丙午李邴自翰林學士知制誥遷端明殿學士除同簽書樞密院事鄭瑴自試御史中丞遷端明殿學士除同簽書樞密院事四月壬子張浚自尚書禮部侍郎

四月癸丑路允迪罷簽書樞密院事以資政殿學士提舉醴泉觀兼侍讀顏岐罷門下侍郎以資政殿大學士提舉南京鴻慶宮王孝迪罷中書侍郎以端明殿學士提舉西京嵩山崇福宮張澂罷尚書左丞以資政殿學士知江州

巳

郎遷通奉大夫除知樞密院事癸丑李邴自同簽書樞密院事遷中大夫除尚書左丞鄭瑴自同簽書樞密院事除簽書樞密院事庚申李邴改除參知政事是日罷左右丞門下中書侍郎復為參知政事五月癸未滕康自翰林學士知制誥遷端明殿學士除簽書樞密院事

朱俊寫 顧正刊

酉

七月壬寅李邴自參知政事除權知三省樞密院事杜充自端明殿學士中大夫東京留守召除同知樞密院事滕康自簽書樞密院事除權同知三省樞密院事周望自朝奉大夫試兵部尚書遷端明殿學士除同簽書樞密院事王綯自資政殿學士兼權太子太傅遷中大夫

四

五月甲辰范宗尹自中大夫參知政事授通奉大夫守右僕射同平章事兼知樞密院事十一月癸卯詔

二月乙未杜充罷右相以觀文殿大學士提舉江州太平觀四月乙未呂頤浩罷右相

五月壬子張守自端明殿學士同簽書樞密院事遷中大夫除參知政事趙鼎自朝奉大夫御史中丞遷

五月乙卯王綯罷參知政事甲子周望罷同知樞密院事及兩浙宣撫使授提舉

除參知政事九月張守自翰林學士知制誥遷端明殿學士除同簽書樞密院事十一月范宗尹自試御史中丞遷中大夫除參知政事

朱俊寫 顧正刊

年 庚 戌

追封贈元祐故宰相呂大防呂公著范純仁 呂頤浩 杜充 范宗尹

以鎮南軍節度使開府儀同三司充醴泉觀使六月丙戌前宰相呂頤浩朱勝非罷為江東西兩浙安撫大使

端明殿學士除簽書樞密院事八月辛未朔謝克家自禮部尚書遷中大夫除參知政事十月己丑李回自端明殿學士權同知三省樞密院事遷中大夫除同知樞密院事十一月戊申富直柔自御史中丞除簽書樞密院事

江州太平觀十一月甲辰趙鼎罷簽書樞密院事

紹興元年辛亥	二年壬子
八月丁亥秦檜自參知政事授通奉大夫守右僕射同平章事兼知樞密院事九月癸丑呂頤浩自鎮南軍節度使開府儀同三司江東路安撫大使授少保左僕射同平章事兼知樞密院事 范宗尹 呂頤浩 秦檜	九月己丑朱勝非自觀文殿大學士提舉萬壽觀兼侍讀除左宣奉大夫右僕射同平章事兼知樞密院事 呂頤浩 秦檜 朱勝非
七月癸亥范宗尹罷右相授觀文殿大學士提舉洞霄宮九月汪伯彥復正議大夫觀文殿學士江東安撫大使知池州	二月庚午詔李綱為湖廣宣撫使兼知潭州八月甲寅秦檜罷右相以觀文殿學士提舉江州太平觀
二月辛巳秦檜自試禮部尚書兼侍讀遷中大夫除參知政事八月己卯富直柔自端明殿學士簽書樞密院事除同知樞密院事李回自中大夫同知樞密院事除參知政事十月庚午孟庾自試戶部尚書中大夫除參知政事	四月庚午翟汝文自翰林學士承旨左中大夫知制誥除參知政事元年十二月詔文階繫銜復分左右五月辛酉權邦彥自左朝議大夫試兵部尚書遷端明殿學士除簽書樞密院事
正月辛亥謝克家罷參知政事以資政殿學士提舉洞霄宮八月己卯張守罷參知政事以資政殿學士提舉洞霄宮九月癸丑李回罷以資政殿學士江南西路安撫大使兼知洪州十一月戊戌富直柔罷同知樞密院事以中大夫提舉臨安府洞霄宮	六月翟汝文由參知政事致仕

三年癸丑	四年甲寅
七月癸酉朱勝非以右僕射起復仍知樞密院事 呂頤浩 秦檜 朱勝非	九月癸酉趙鼎自知樞密院事除左通奉大夫右僕射同平章事兼知樞密院事 秦檜 朱勝非 趙鼎
四月庚寅朱勝非以母憂去位九月戊午呂頤浩罷左相以鎮南軍節度使開府儀同三司提舉臨安府洞霄宮	九月庚午朱勝非罷右相聽持餘服俟服闋除觀文殿大學士提舉洞霄宮
二月辛亥席益自工部尚書遷中大夫除參知政事徐俯自翰林學士左中大夫知制誥遷端明殿學士除簽書樞密院事五月丁卯韓肖胄自太中大夫吏部侍郎遷端明殿學士除同簽書樞密院事	三月戊午趙鼎自江南西路安撫大使遷中大夫除參知政事七月戊申胡松年自左朝奉大夫試吏部尚書遷端明殿學士除簽書樞密院事九月甲戌沈與求自試吏部尚書兼權翰林學士遷中大夫除參知政事十一月乙未張浚自資政殿學士左通奉大夫提舉萬壽觀兼侍讀除知樞密院事
	正月癸酉韓肖胄罷同簽書樞密院事二月癸未席益罷參知政事以資政殿學士提舉江州太平觀三月乙丑張浚罷知樞密院事以資政殿大學士提舉洞霄宮四月丙午徐俯罷簽書樞密院事提舉臨安府洞霄宮

五年乙卯

二月丙戌，趙鼎自右僕射授左宣奉大夫守左僕射同平章事兼知樞密院都督諸路軍馬。張浚自知樞密院事授左宣奉大夫守右僕射同平章事兼樞密院都督諸路軍馬。

秦檜　趙鼎　張浚

四月己丑，孟庾自左通奉大夫參知政事除知樞密院事，依舊兼總制司。

閏二月，胡松年罷簽書樞密院事。

七月己卯，孟庾罷知樞密院事，以觀文殿學士知紹興府。

六年丙辰

秦檜　張浚　趙鼎

十二月乙巳，趙鼎罷左相，以觀文殿大學士知紹興府。

三月，折彥質自左朝議大夫試兵部尚書諸路軍馬事都督府參謀遷端明殿學士除簽書樞密院事。

十二月辛亥，張守自資政殿學士提舉洞霄宮除參知政事。

二月癸亥，沈與求罷參知政事，以資政殿學士知明州。

十二月丙午，折彥質罷簽書樞密院事。

七年丁巳

九月丙子，趙鼎自觀文殿大學士充萬壽觀使授左金紫光祿大夫守尚書左僕射兼樞密使。

秦檜　張浚　趙鼎

九月壬申，張浚罷右相，以觀文殿大學士提舉江州太平觀。

正月癸未，陳與義自翰林學士除參知政事。沈與求自資政殿學士提舉洞霄宮召為萬壽觀兼侍讀，既至，以為同知樞密院事。乙酉，秦檜自觀文殿學士醴泉觀使兼侍讀除樞密院使。三月戊寅，沈與求除知樞密院事。

八年戊午

三月壬辰，秦檜自樞密使左宣奉大夫守右僕射同平章事兼樞密使。

秦檜　趙鼎

十月甲戌，趙鼎罷左相，授奉國軍節度使知紹興府。

三月庚寅，王庶自兵部尚書除樞密副使。劉大中自禮部尚書除參知政事。

十一月甲申，孫近自翰林學士承旨除參知政事。

十二月甲戌，韓肖胄自端明殿學士除簽書樞密院事。

十二月己未，李光自吏部尚書除參知政事。

正月戊戌，張守罷參知政事，以資政殿學士知婺州。

三月甲午，陳與義罷參知政事，以資政殿學士知湖州。

十月丁巳，劉大中罷參知政事，以資政殿學士知處州。

十一月甲辰，王庶罷樞密副使，以資政殿學士知潭州。

九年己未

秦檜

二月，張浚自提舉洞霄宮詔復資政殿學士知福州。

正月丙戌，王倫除同簽書樞密院事。

三月辛丑，樓炤自翰林學士承旨知制誥除簽書樞密院事。

十二月辛酉，李光罷參知政事。

十年庚申

七月丙午，王次翁自御史中丞除參知政事。

二月，韓肖胄罷簽書樞密院事，以資政殿學士知紹興府。

六月甲子，樓炤以丁父憂去。

十一年辛酉	十二年壬戌	十三年癸亥	十四年甲子	十五年乙丑
六月己亥秦檜自右僕射加特進仍兼樞密使封慶國公左僕射 秦檜	九月己巳秦檜自少保左僕射加太師以徽宗梓宮及太后還故有是命 秦檜	秦檜	秦檜	秦檜
四月壬辰韓世忠自揚武翊運功臣太保橫海武寧安化軍節度使淮東路宣撫使除樞密使張俊自安民靖難功臣少師鎮洮崇信奉寧軍節度淮西路宣撫使除樞密使岳飛自少保武勝定國軍節度使湖北京西路宣撫使除樞密副使 七月庚子范同自翰林學士除參知政事 十月癸巳韓世忠罷樞密使授太傅橫海武寧安化軍節度使充醴泉觀使 十一月乙卯何鑄自御史中丞遷端明殿學士除簽書樞密院事	七月何鑄兼權參知政事 八月甲戌万俟卨自御史中丞除參知政事 九月乙未孟忠厚自少保護國軍節度使判紹興府信安郡王除樞密使 十月乙亥程克俊自翰林學士遷端明殿學士除簽書樞密院事兼權參知政事		二月樓炤自資政殿學士知建康府除簽書樞密院事兼權參知政事 五月乙丑李文會自御史中丞遷端明殿學士除簽書樞密院事兼權參知政事 十二月辛丑楊愿自御史中丞遷端明殿學士除簽書樞密院事	十月秦熺自翰林學士承旨除知樞密院事 癸未李若谷自敷文閣直學士樞密都承旨兼侍讀遷端明殿學士除簽書樞密院事兼權參知政事
四月己卯孫近罷參知政事以資政殿學士提舉洞霄宮 八月甲戌岳飛罷樞密副使依前少保武安定國軍節度使充萬壽觀使 十一月己亥范同罷參知政事	八月何鑄罷簽書樞密院事以本職提舉太平觀 十一月癸巳張俊罷樞密使自太傅廣國公授鎮洮崇信等節度醴泉觀使清河郡王 是月孟忠厚罷樞密使以少傅知建康府	閏四月乙卯王次翁罷參知政事以資政殿學士提舉洞霄宮 六月程克俊罷簽書依前職提舉洞霄宮	二月丙午万俟卨罷參知政事 五月甲子樓炤罷簽書 十二月李文會罷簽書樞密院事	十月丙子楊愿罷簽書樞密院事

十六年丙寅	十七年丁卯	十八年戊辰
秦檜	秦檜	秦檜
	正月壬辰李若谷自端明殿學士簽書樞密院事除參知政事何若自御史中丞除簽書樞密院事三月己卯段拂自翰林學士除參知政事四月己亥汪勃自御史中丞遷端明殿學士除簽書樞密院事	二月汪勃兼權參知政事七月丁酉詹大方簽書樞密院事兼權參知政事十月丙辰余堯弼簽書樞密院事兼權參知政事
	二月辛酉李若谷罷參知政事三月乙亥何若罷簽書	正月乙未段拂罷參知政事七月丙申汪勃罷簽書九月詹大方卒

宋史二百十三 一百九十四个 宋史表卷四 十二 朱浚寫 黄青刊

十九年己巳	二十年庚午	二十一年辛未	二十二年壬申
秦檜	秦檜	秦檜	秦檜
	二月癸未余堯弼自簽書樞密院事除參知政事巫伋自給事中遷端明殿學士除簽書樞密院事	十一月巫伋自簽書樞密院事兼權參知政事	四月辛巳章夏自御史中丞遷端明殿學士除簽書樞密院事兼權參知政事十月甲戌宋樸自御史中丞遷端明殿學士除簽書樞密院事兼參知政事
		十一月庚戌余堯弼罷參知政事以資政殿學士提舉洞霄宮	四月丙子巫伋罷簽書九月癸丑章夏罷簽書

宋史二百十三 一百八十四个 宋史表卷四 十三 朱浚寫 黄青刊

年	宰相進拜加官	罷免	執政進拜加官	罷免
二十三年癸酉	秦檜		十月壬申，史才自諫議大夫遷端明殿學士除簽書樞密院事兼權參知政事	十月戊辰，宋樸罷簽書，以端明殿學士提舉洞霄宮
二十四年甲戌	秦檜		六月甲午，魏師遜自御史中丞遷端明殿大學士除簽書樞密院事兼權參知政事。十一月丁卯，施鉅自吏部侍郎除參知政事，鄭仲熊自吏部侍郎遷端明殿學士除簽書樞密院事尋兼權參知政事	六月癸巳，史才罷簽書，以端明殿大學士提舉洞霄宮。十一月乙丑，魏師遜罷簽書
二十五年乙亥	秦檜	十月丙申，秦檜自太師左僕射進封建康郡王致仕，子熺亦加少師致仕	六月辛巳，湯思退自禮部侍郎遷端明殿學士除簽書樞密院事。八月丙戌，董德元自吏部尚書除參知政事。十月，湯思退自簽書樞密院事兼參知政事。十一月癸丑，魏良臣自敷文閣直學士召除參知政事。十二月甲午，沈該自敷文閣待制前知夔州召除參知政事	四月乙酉，施鉅罷參政，以資政殿學士提舉太平興國宮。六月己卯，鄭仲熊罷簽書。十二月乙酉，董德元罷參政，以資政殿學士提舉太平興國宮

宋史二百十二　三百四十卝　宋史表卷四　十四　朱淩寫　芳青刊

年	宰相進拜加官	罷免	執政進拜加官	罷免
二十六年丙子	五月壬寅，沈該自參知政事授左朝議大夫守左僕射同平章事；万俟卨自參知政事授左宣奉大夫守右僕射同平章事。沈該　万俟卨	正月甲子，趙鼎追復觀文殿大學士。是年冬，万俟卨進授金紫光祿大夫致仕	三月己未，万俟卨自資政殿學士提舉萬壽觀除參知政事。五月甲辰，湯思退自端明殿學士簽書樞密院事進知樞密院事。六月丁丑，程克俊自端明殿學士知明州除參知政事。八月甲午，張綱自吏部侍郎除參知政事。九月乙巳，陳誠之自敷文閣學士除同知樞密院事	正月甲子，孫近復資政殿學士。二月辛卯，魏良臣罷參政，以資政殿學士知紹興府
二十七年丁丑	六月戊申，湯思退自知樞密院事授右通奉大夫守右僕射同平章事。沈該　湯思退		二月戊午，湯鵬舉自御史中丞除參知政事。八月乙未，湯鵬舉自參知政事除知樞密院事。九月戊寅，陳康伯自吏部尚書除參知政事	九月癸酉，張綱罷參政，以資政殿學士知婺州。十一月癸未，湯鵬舉以資政殿學士提舉洞霄宮
二十八年戊寅	沈該　湯思退		二月丙申，陳誠之自同知樞密院事除知樞密院事。乙巳，王綸自工部侍郎兼學士院除同知樞密院事	

宋史二百十三　四百卝　宋史表卷四　十五　朱淩寫　芳青刊

二十九年己卯	九月甲午陳康伯右僕射湯思退左僕射 沈該 陳康伯 湯思退	六月乙酉沈該罷左相以觀文殿大學士提舉洞霄宮	七月丁亥賀允中自吏部侍郎除參知政事 十二月辛未王綸自同知樞密院事除知樞密院事	六月丁酉陳誠之罷知樞密院事
三十年庚辰	湯思退 陳康伯	十二月乙巳朔湯思退罷左相以觀文殿大學士提舉太平興國宮	正月葉義問自殿中侍御史除同知樞密院事 七月戊戌朱倬自御史中丞除參知政事 葉義問自同知樞密院事除知樞密院事 周麟之自翰林學士兼侍讀除同知樞密院事	六月庚午王綸罷知院以資政殿大學士知福州 八月癸丑賀允中罷參政以資政殿學士致仕
三十一年辛巳	三月庚寅陳康伯自右僕射授左光祿大夫遷左僕射同平章事 朱倬自參知政事授左通奉大夫遷右僕射同平章事 湯思退 陳康伯 朱倬	十月張浚復觀文殿大學士判建康府	三月壬午楊椿自兵部尚書兼權翰林學士除參知政事 九月庚辰黃祖舜自給事中除同知樞密院事	六月庚申周麟之罷同知樞密院事
三十二年壬午	十二月丁卯宰相陳康伯仍兼樞密使 陳康伯 朱倬	六月朱倬罷右僕射以觀文殿學士提舉太平興國宮	四月戊寅汪澈自御史中丞除參知政事 七月己巳史浩自翰林學士知制誥遷左中大夫除參知政事 十月戊子張燾	十月乙巳陳義問罷樞密院事以資政殿學士提舉太平興國宮

孝宗 六月丙子即位			自左太中大夫提舉太平興國宮除同知樞密院事	
隆興元年癸未	正月庚午史浩自參知政事除左通奉大夫守右僕射同中書門下平章事兼樞密使 七月庚寅湯思退自觀文殿大學士左金紫光祿大夫充醴泉觀使兼侍讀除特進右僕射同平章事兼樞密使進封榮國公 十二月丁丑湯思退自特進右僕射榮國公授左僕射兼樞密使進封慶國公 張浚自降授特進樞密使魏國公授右僕射同平章事兼樞密使依前都督江淮東西路建康鎮江府江陰軍江池州屯駐軍馬 張浚 湯思退 陳康伯 史浩	五月史浩罷右僕射以觀文殿大學士知紹興府 十二月丁巳朔陳康伯罷相除少保觀文殿大學士判信州進封福國公	正月庚午張浚自少傅觀文殿大學士充江淮東西路宣撫使節制沿江軍馬魏國公除樞密使 三月癸巳張燾自同知樞密院事遷太中大夫除參知政事 辛次膺自御史中丞遷左中大夫除同知樞密院事 五月丁未辛次膺自同知樞密院事除參知政事 洪遵自翰林學士承旨知制誥兼侍讀遷左中大夫除同知樞密院事 六月戊辰周葵自兵部侍郎兼侍讀遷左太中大夫除參知政事	二月癸未黃祖舜罷同知以資政殿學士知潭州 五月癸亥汪澈罷參政以資政殿大學士提舉洞霄宮 六月戊寅辛次膺罷參政以資政殿學士提舉臨安府洞霄宮

二年甲申

十一月戊戌陳康伯自少保觀文殿大學士醴泉觀使福國公拜左僕射同平章事兼樞密使依前少保進封魯國公

張浚

陳康伯

湯思退

四月丁丑張浚罷右僕射授少師保信軍節度使判福州依前魏國公

十一月辛卯湯思退罷左僕射授觀文殿大學士提舉太平興國宮依前特進岐國公

七月己巳周葵兼權知樞密院事

八月己酉賀允中自資政殿大學士左通議大夫提舉萬壽觀除知樞密院事兼參知政事

九月辛丑王之望自左諫議大夫淮西宣諭使還左中大夫除參知政事

十一月辛丑錢端禮自兵部尚書賜同進士出身除端明殿學士簽書樞密院事兼權參知政事

十一月壬寅虞允文自顯謨閣學士知平江府召除端明殿學士同簽書樞密院事兼權參知政事

十二月辛卯錢端禮自簽書樞密院事除參知政事兼權知樞密院事

虞允文自朝請大夫簽書樞密院事除同知樞密院事兼權參知政事

王剛中自禮部尚書除端明殿學士簽書樞密院事

七月丁亥洪遵罷同知以端明殿大學士提舉太平興國宮

閏十一月丙辰周葵罷參政以資政殿學士提舉臨安府洞霄宮

乙亥王之望罷參政以端明殿學士提舉太平興國宮

乾道元年乙酉

十二月戊寅洪适自參知政事除左通奉大夫守右僕射兼權樞密使

陳康伯

洪适

二月戊申陳康伯罷左僕射授少師觀文殿大學士魯國公致仕

三月庚申虞允文自同知樞密院事除參知政事兼同知樞密院事

王剛中自簽書樞密院事遷左中奉大夫除同知樞密院事

四月丙戌洪适自翰林學士左中奉大夫知制誥除端明殿學士簽書樞密院事

八月己丑洪适自簽書樞密院事除參知政事

葉顒自吏部侍郎權尚書除端明殿學士簽書樞密院事兼權參知政事

九月甲戌汪澈自端明殿學士除知樞密院事

十二月戊寅汪澈自左通議大夫知樞密院事除樞密使

庚寅葉顒自簽書樞密院事除參知政事兼同知樞密院事

八月己丑虞允文罷參政以端明殿學士提舉江州太平興國宮

丙申錢端禮罷參政以資政殿大學士提舉萬壽觀

二年丙戌	三
十二月甲申葉顒自參知政事除左通奉大夫左僕射同平章事兼樞密使魏杞自參知政事除左正議大夫右僕射同平章事兼樞密使 洪适 葉顒 魏杞	葉顒 魏杞
三月辛未洪适罷右僕射授觀文殿學士提舉江州太平興國宮	十一月癸酉葉顒罷左僕射提舉太平興國宮
三月癸酉魏杞自給事中權吏部尚書除同知樞密院事兼權參知政事五月庚戌魏杞自樞密院事除參知政事八月戊子兼同知樞密院事林安宅自右諫議大夫除同知樞密院事兼權參知政事辛亥蔣芾自中書舍人除端明殿學士簽書樞密院事八月戊子兼權參知政事 十二月戊寅葉顒自資政殿學士左中大夫提舉洞霄宮除知樞密院事甲申蔣芾自端明殿學士簽書樞密院事兼參知政事遷左中大夫除參知政事陳俊卿自左朝議大夫試吏部尚書除同知樞密院事兼權參知政事	二月辛巳虞允文自端明殿學士提舉太平興國宮遷左太中
四月乙未汪澈罷樞密使以觀文殿學士提舉臨安府洞霄宮五月庚戌葉顒罷參政以資政殿學士提舉洞霄宮八月丙戌林安宅罷同知樞密院事	

年丁亥	四年戊子	五年己丑
	二月蔣芾自參知政事除左正議大夫守右僕射兼樞密使十月庚子陳俊卿自參知政事除左正議大夫右僕射同平章事兼樞密使 蔣芾 陳俊卿	八月己丑陳俊卿自右僕射同平章事兼樞密使虞允文自樞密使除右僕射同平章事兼樞密使 陳俊卿 虞允文
魏杞罷右僕射提舉太平興國宮	七月蔣芾以母喪去位	
大夫除知樞密院事十一月癸酉陳俊卿自同知樞密院事兼權參知政事除參知政事劉珙自翰林學士知制誥除同知樞密院事	二月己巳王炎自右朝奉大夫試兵部侍郎賜同進士出身除端明殿學士簽書樞密院事七月壬戌劉珙自同知樞密院事兼參知政事	二月甲寅王炎自端明殿學士簽書樞密院事兼權參知政事兼同知國用事知樞密院事梁克家自給事中除端明殿學士簽書樞密院事四月壬辰兼參知政事六月己酉虞允文自資政殿大學士知樞密院事四川宣撫使召除樞密使
	八月辛亥劉珙以知隆興府罷	

六年庚寅	七年辛卯	八年壬辰	九
陳俊卿 虞允文	虞允文明年二月改僕射官名爲左右丞相	二月辛亥虞允文自右僕射除左丞相特進兼樞密使封華國公 梁克家自參知政事除右丞相兼樞密使 梁克家 虞允文	十月甲戌曾懷自參知政事遷左宣奉大夫除右丞相 梁克家 曾懷
五月陳俊卿罷左僕射除觀文殿大學士知福州		九月戊寅虞允文罷左丞相授少師武安軍節度使充四川宣撫使封雍國公	十月辛未梁克家罷右丞相以觀文殿大學士知建寧府
閏五月癸巳梁克家自端明殿學士簽書樞密院事除參知政事兼同知樞密院事兼同知國用事明年三月癸未兼權知樞密院事	三月己丑張說自明州觀察使知閤門事兼樞密副都承旨除簽書樞密院事	二月癸酉王之奇自吏部侍郎權尚書賜同進士出身除端明殿學士簽書樞密院事 丙寅曾懷自戶部尚書賜同進士出身除參知政事	正月乙亥張說自安慶軍節度使簽書樞密院事除同知樞密院事 沈夐自戶部侍郎兼侍講除端明殿學士簽書樞密院事 辛巳鄭聞自權
			正月辛未王之奇罷簽書以資政殿學士知揚州淮南安撫使 己丑王炎罷樞密使以觀文殿學士提舉臨安府洞霄宮

年癸巳	淳熙元年
	七月壬辰曾懷自觀文殿大學士提舉太平興國宮遷光祿大夫除右丞相 十一月丙午葉衡自兼樞密使參知政事遷通奉大夫除右丞相 曾懷 葉衡
	六月戊寅曾懷罷右丞相除觀文殿大學士提舉太平興國宮 十一月丙午曾懷罷右丞相以觀文殿大學士提舉洞霄宮
刑部尚書兼侍讀除端明殿學士簽書樞密院事 十月甲戌遷左中大夫除參知政事 十月甲戌張說自同知樞密院事除知樞密院事 沈夐自端明殿學士簽書樞密院事遷左中大夫同知樞密院事 十二月己丑姚憲自御史中丞兼侍讀除端明殿學士簽書樞密院事	四月己卯姚憲自端明殿學士簽書樞密院事遷中大夫除參知政事 葉衡自朝散大夫戶部尚書除端明殿學士簽書樞密院事 六月癸未遷中大夫除參知政事 十月詔兼權知樞密院事 七月丁亥鄭聞自資政殿學士太中大夫四川宣撫使除參知政事 乙未楊倓自昭慶軍節度使提
十二月甲子沈夐罷同知以資政殿學士知荊南府	三月丙申鄭聞以資政殿大學士四川宣撫使罷 六月癸未姚憲罷參政以端明殿學士領官觀 七月乙未張說罷知樞密院事以太尉提舉隆興府玉隆觀依前安慶軍節度使 十一月楊倓以昭慶軍節度使罷簽書知荊南府

甲午	二年乙未	三年丙申
	葉衡	
	九月乙未葉衡罷右相依前中奉大夫知建寧府	
舉佑神觀除簽書樞密院事十一月戊戌龔茂良自禮部侍郎兼權吏部尚書除參知政事十二月丁巳李彥頴自吏部尚書除端明殿學士簽書樞密院事	五月沈复自資政殿大學士中大夫四川宣撫使除同知樞密院事閏九月丁巳李彥頴自端明殿學士簽書樞密院事除參知政事王淮自翰林學士知制誥除端明殿學士簽書樞密院事	七月王淮自端明殿學士簽書樞密院事遷中大夫除同知樞密院事趙雄自朝散郎試禮部尚書兼侍讀兼給事中除端明殿學士簽書樞密院事
	閏九月丁未沈复以知鎮江府罷	

四年丁酉	五年戊戌	六年己亥
	三月壬子史浩自觀文殿大學士充醴泉觀使兼侍讀永國公依前少保授右丞相封衛國公十一月丁丑趙雄自參知政事遷正議大夫除右丞相 史浩 趙雄	趙雄
	十一月甲戌史浩罷右相授少傅保寧軍節度使充醴泉觀使兼侍讀依前衛國公	
五月王淮自中大夫同知樞密院事除參知政事十一月庚子趙雄自簽書樞密院事除同知樞密院事	四月丙寅范成大自禮部尚書兼直學士院遷中大夫除參知政事六月乙酉錢良臣自給事中除端明殿學士簽書樞密院事已未王淮自參知政事除知樞密院事趙雄自同知樞密院事除參知政事十一月丁丑王淮自知樞密院事遷太中大夫除樞密使乙亥錢良臣自簽書除參知政事	
六月丁丑龔茂良罷參政以資政殿學士知鎮江府	三月李彥頴罷參政以資政殿學士知紹興府六月甲戌范成大罷參政以資政殿學士知婺州	

七年庚子	八年辛丑	九年壬寅	十年癸卯
趙雄	八月王淮自樞密使信國公除光祿大夫右丞相兼樞密使封福國公 趙雄 王淮	王淮	王淮
	八月趙雄罷右丞相除觀文殿大學士四川安撫制置使兼知成都府		
五月戊辰周必大自吏部尚書除參知政事謝廓然自刑部尚書除端明殿學士簽書樞密院事	八月甲寅謝廓然自權參知政事除同知樞密院事九月兼權參知政事	六月丁巳周必大自參知政事除知樞密院事十二月丁丑施師點自朝請大夫給事中除端明殿學士簽書樞密院事明年正月丙戌兼權參知政事	八月戊申施師點自端明殿學士簽書樞密院事兼權參知政事遷中大夫除參知政事兼同知樞密院事黃洽自御史中丞兼侍讀遷中大夫除參知政事
	九月庚寅錢良臣以資政殿學士與在外宮觀罷	六月丁巳謝廓然自同知樞密院致仕	

十一年甲辰	十二年乙巳	十三年丙午	十四年丁未
王淮	王淮	王淮	二月丁亥周必大自樞密使遷光祿大夫除右丞相 王淮 周必大
		十一月丙寅梁克家罷右丞相授觀文殿大學士充醴泉觀使兼侍讀依前特進鄭國公	
六月庚申周必大自知樞密院事進樞密使		閏七月戊申留正自敷文閣學士除端明殿學士簽書樞密院事	二月戊子施師點自參知政事除知樞密院事八月癸未留正自簽書樞密院事除參知政事兼同知樞密院事

十五年戊申	十六年己酉二月壬戌光宗即位	紹熙元年庚戌
王淮 周必大	正月己亥周必大自右丞相除特進左丞相封許國公 留正自參知政事兼同知樞密院事遷通奉大夫除右丞相 留正 周必大	七月乙卯留正自宣奉大夫右丞相遷金紫光祿大夫除左丞相 留正
五月己亥王淮罷左丞相除觀文殿大學士判衢州依前特進魯國公	三月甲寅前宰相史浩自太傅保寧軍節度使致仕魏國公授太師依前官致仕 五月丙申周必大罷左丞相以觀文殿大學士判潭州	
	正月己亥王藺自禮部尚書除參知政事 葛邲自刑部尚書除同知樞密院事 五月甲午王藺自參知政事除知樞密院事兼參知政事	七月甲寅葛邲自宣奉大夫同知樞密院事除參知政事 王藺自知樞密院事除樞密使 胡晉臣自太中大夫給事中兼侍講除端明殿學士簽書樞密院事 十二月丁亥胡晉臣自端明殿學士簽書樞密院事除參知政事兼同知樞密院事 葛邲自參知政事除知樞密院事
	正月丙申黃洽罷知樞密院事以資政殿大學士知隆興府 乙巳蕭燧罷參知政事除資政殿學士提舉臨安府洞霄宮	

二年辛亥	三年壬子	四年癸丑
留正	留正	三月辛巳葛邲自光祿大夫知樞密院事遷特進除右丞相 留正 葛邲
	六月辛丑陳騤自禮部尚書除同知樞密院事	三月辛巳陳騤自同知樞密院事除參知政事 胡晉臣自參知政事除知樞密院事 趙汝愚自吏部尚書除同知樞密院事 十月壬午趙汝愚自中大夫同知樞密院事除知樞密院事仍進封開國公五年七月己巳兼參知政事 余端禮自通議大夫吏部尚書除同知樞密院事

慶元元年	甲子即位	五年甲寅寧宗七月
四月己未余端禮自知樞密院事兼參知政事遷銀青光祿大夫除右丞相。趙汝愚　余端禮		八月丙辰趙汝愚自樞密使除右丞相。留正　葛邲　趙汝愚
二月戊寅趙汝愚罷右丞相除觀文殿大學士依前銀青光祿大夫知福州		正月葛邲罷右相授觀文殿大學士依前特進判建康府。八月丙辰留正罷左相
四月己未鄭僑自宣奉大夫同知樞密院事除參知政事。京鏜自太中大夫參知政事除知樞密院事。謝深甫自中奉	十二月庚午京鏜自簽書樞密院事除參知政事。鄭僑自吏部尚書除同知樞密院事。余端禮自參知政事除知樞密院事明年二月戊寅兼參知政事	七月丙午余端禮自同知樞密院事除參知政事兼同知樞密院事癸未免兼。陳騤自參知政事除知樞密院事八月丙申兼參知政事。七月癸未趙汝愚自知樞密院事除樞密使。甲申羅點自兵部尚書除端明殿學士簽書樞密院事。九月壬申京鏜自刑部尚書除端明殿學士簽書樞密院事
		十二月己巳陳騤罷知樞密院事

四年戊午	三年丁巳	二年丙辰	乙卯
京鏜	京鏜	正月庚寅余端禮自右丞相遷特進除左丞相。京鏜自知樞密院事遷正議大夫除右丞相。余端禮　京鏜	
		四月甲子余端禮罷左丞相以觀文殿大學士判隆興府	
正月丙寅葉翥同知樞密院事。八月丙子謝深甫自參知政事除知樞密院事兼參知政事。許及之自吏部尚書除同知樞密院事		正月庚寅鄭僑自參知政事除知樞密院事。謝深甫自簽書樞密院事除參知政事三年正月癸卯兼知樞密院事。何澹自御史中丞除同知樞密院事四月壬申除參知政事。同日葉翥自吏部尚書除端明殿學士簽書樞密院事	大夫試御史中丞兼侍讀除端明殿學士簽書樞密院事
	正月壬寅鄭僑罷知樞密院事以資政殿大學士知福州		

五年己未	六年庚申	嘉泰元年辛酉	二
京鏜	閏二月庚寅京鏜自右丞相拜少傅左丞相封翼國公謝深甫自知樞密院事遷金紫光祿大夫除右丞相 謝深甫 京鏜	謝深甫	謝深甫
	八月丁酉少傅左丞相京鏜薨		
	閏二月庚寅何澹自參知政事除知樞密院事兼參知政事 七月丁卯陳自強自御史中丞除端明殿學士簽書樞密院事	七月甲子陳自強自簽書樞密院事除參知政事兼同知樞密院事 張釜自禮部尚書除端明殿學士簽書樞密院事 八月甲申程松自諫議大夫除同知樞密院事 張巖自給事中除參知政事	八月丙子袁說友自吏部尚書除同知樞密院事
		七月乙卯何澹罷知樞密院事 八月甲申張釜罷簽書樞密院事	七月己巳同知樞密院事程松以父喪去官

年壬戌	三年	癸亥	四
	五月戊寅陳自強自知樞密院除右丞相 謝深甫 陳自強		陳自強
	正月己卯謝深甫罷右丞相授觀文殿學士判建康府		
十一月庚戌許及之參知政事陳自強自參知政事除知樞密院事明年正月丙申兼參知政事	正月戊戌袁說友自同知樞密院事除參知政事 傅伯壽自翰林學士除端明殿學士簽書樞密院事 二月乙巳費士寅除端明殿學士簽書樞密院	事 五月戊寅許及之自參知政事除樞密院兼參知政事 十月癸卯費士寅自簽書樞密院事除參知政事四年四月丙午兼知樞密院事 張孝伯自華文閣學士知鎮江府召除同知樞密院事	四月丙午張孝伯自同知樞密院事兼參知政事八月罷 錢象祖自吏部
	正月甲午張巖罷參知政事以資政殿學士知平江府 九月庚午袁說友罷參知政事		四月甲辰許及之罷知樞密院事

年甲子	開禧元年乙丑	二年丙寅	三
	七月辛酉韓侂胄自太師永興軍節度使充萬壽觀使平原郡王拜平章軍國事 陳自強 韓侂胄	陳自強 韓侂胄	十二月辛酉錢象祖自參知政事授正奉大夫兼國用使除右丞相兼樞密使
		四月故太師秦檜特追王爵降充銀青光祿大夫衛國公	十一月甲戌韓侂胄罷平章軍國事 陳自強罷右丞相
尚書除同知樞密院事 十月庚子張巖自資政殿學士知揚州詔除參知政事開禧二年三月乙巳兼知樞密院事	四月戊子劉德秀自吏部尚書除端明殿學士簽書樞密院事 戊戌錢象祖自同知樞密院事除參知政事兼知樞密院事明年三月乙巳罷	七月癸卯李壁自禮部尚書除參知政事 張巖自光祿大夫參知政事除知樞密院事明年九月丙申罷 十一月甲申丘崈自端明殿學士兼江淮宣撫使除簽書樞密院事仍督江淮軍馬明年正月辛卯罷	四月戊辰錢象祖自資政殿學士提舉萬壽觀兼侍讀除參知政事十一月甲戌兼知樞密院
	三月癸未費士寅罷參政以資政殿學士知興元府 九月丁亥劉德秀罷簽書		十一月甲戌李壁罷參知政事

年丁卯	嘉定元年戊
陳自強 韓侂胄 錢象祖	十月丙子錢象祖自右丞相除特進左丞相兼樞密使兼太子賓客 史彌遠自知樞密院事除通奉大夫右丞相兼樞密使兼太子少傅 錢象祖 史彌遠
	十一月戊子右丞相史彌遠丁母憂 十二月丙寅錢象祖罷相以觀文殿大學士判福州
事 十一月丙戌衛涇自中奉大夫試御史中丞除端明殿學士簽書樞密院事丁亥兼權參知政事 十二月壬戌衛涇自簽書樞密院事雷孝友自御史中丞並除參知政事 史彌遠自禮部尚書除同知樞密院事 林大中自吏部尚書除端明殿學士簽書樞密院事	正月壬辰史彌遠自同知樞密院事除知樞密院事六月辛卯兼參知政事 七月癸丑丘崈同知樞密院事 八月辛巳婁機自禮部尚書除同知樞密院事兼太子賓客十月丙子參知政事 樓鑰自吏部尚書除端明殿學士簽書樞密院事兼太子賓客十月丙子進同知樞密院事 十月丙子雷孝
	六月乙亥衛涇罷參政以資政殿學士知潭州

宋史二百十三
一百四十个

辰	二年己巳	三年庚午	四年辛未
	五月丙申史彌遠起復拜右丞相兼樞密使兼太子少師 史彌遠	史彌遠	史彌遠
支自參知政事除知樞密院事兼參知政事	正月丁巳樓鑰自同知樞密院事除參知政事 章良能自御史中丞遷中大夫除同知樞密院事 宇文紹節自通議大夫試吏部尚書除端明殿學士簽書樞密院事仍兼太子賓客		
		十二月戊午婁機罷參政以資政殿學士知福州	

宋史表卷四　三十六

朱溶寫　李京刊

宋史二百十一
一百三十五个

五年壬申	六年癸酉	七年甲戌	八年乙亥
史彌遠	史彌遠	史彌遠	史彌遠
	四月丙子章良能自同知樞密院事除參知政事	七月甲子鄭昭先自朝奉大夫試左諫議大夫遷端明殿學士除簽書樞密院事兼權參知政事兼太子賓客	七月辛酉鄭昭先自簽書樞密院事除參知政事 曾從龍自正議大夫守禮部尚書除端明殿學士簽書樞密院事兼太子賓客

宋史表卷四　三十七

朱溶寫　李京刊

年	宰相	罷免	執政進拜加官	執政罷免
九年丙子	史彌遠			
十年丁丑	史彌遠			
十一年戊寅	史彌遠			
十二年己卯	史彌遠		二月庚戌曾從龍自簽書樞密院事進同知樞密院事兼江淮宣撫使任希夷自權吏部尚書除簽書樞密院事三月己巳鄭昭先自參知政事除知樞密院事曾從龍自同知樞密院事除參知政事四月癸巳鄭昭先兼參知政事	

年	宰相	罷免	執政進拜加官	執政罷免
十三年庚辰			七月丙午任希夷自知樞密院事兼參知政事	
十四年辛巳	史彌遠	八月乙丑追封史浩爲越王	八月壬戌宣繒自兵部尚書除同知樞密院事俞應符自給事中除簽書樞密院事閏十二月辛巳朔宣繒兼參知政事俞應符兼權參知政事	八月乙卯任希夷罷知樞密院事及兼參知政事
十五年壬午	史彌遠		九月辛亥宣繒自同知樞密院事除參知政事程卓自給事中除同知樞密院事薛極自吏部尚書賜出身除簽書樞密院事	六月辛卯簽書樞密院事俞應符卒
十六年癸未	史彌遠			六月丁酉同知樞密院事程卓卒

十七年甲申閏八月丁酉理宗即位
史彌遠
十二月戊子葛洪除端明殿學士同簽書樞密院事

表卷第四　宋史二百十三　字四十[illegible]

宋史表卷四　四十　朱浚寫　李[illegible]刊

表卷第五　宋史二百十四

開府儀同三司上柱國錄軍國重事前中書右丞相監修國史領經筵事都總裁臣脫脫等奉

勑修

宰輔

紀年	寶慶元年	乙酉	二年丙戌	三年
宰相進拜加官	史彌遠		史彌遠	三月丙寅史彌遠少師右丞相兼樞密使提舉編脩玉牒提舉編脩國朝會要提舉國史實錄院提舉編脩敕令封魯國公
罷免				九月癸未故少保觀文殿大學士魏國公致仕贈太師留正定謚忠宣
執政進拜加官	四月己未薛極端明殿學士正議大夫簽書樞密院事　十一月癸亥宣繒自參知政事除同知樞密院事　薛極自簽書樞密院事除參知政事	葛洪自同簽書樞密院事進簽書樞密院事		正月乙亥宣繒特轉正奉大夫參知政事兼同知樞密院事權監脩國史日曆同提舉編脩敕令　薛極特轉宣奉大夫參知政事
罷免				

宋史二百十四　字二百七十

宋史表卷五　一　朱浚寫　呈[illegible]刊

丁亥	史彌遠		同提舉編脩敕令葛洪端明殿學士特轉中奉大夫簽書樞密院事	
紹定元年戊子	史彌遠		六月戊申薛極自參知政事除同知樞密院事　十二月辛亥薛極進知樞密院事兼參知政事　葛洪自簽書樞密院事除參知政事　袁韶自吏部除同知樞密院事　鄭清之端明殿學士除簽書樞密院事	
二年己丑	史彌遠			
三年庚寅	九月己酉史彌遠少師右丞相兼樞密使魯國公加食邑實封　史彌遠		十二月甲子袁韶自同知樞密院事除兩浙西路安撫制置使兼知臨安府　庚辰免制置使依舊同知樞密院事　乙丑鄭清之除參知政事兼簽書樞密事　喬行簡除端明殿學士同簽書樞密院事	

年				
四年辛卯	史彌遠		四月丁丑鄭清之除兼同知樞密院事　喬行簡依舊端明殿學士除簽書樞密院事	
五年壬辰	史彌遠	十月丙辰宰執以火延太廟五奏乞罷詔史彌遠特降奉化郡公	五月己丑薛極鄭清之喬行簡並復元官　七月丁酉陳貴誼自禮部尚書除端明殿學士同簽書樞密院事	十月丙辰以火延太廟故薛極鄭清之喬行簡詔各降一官
六年癸巳	十月丙戌史彌遠特授太師左丞相仍兼樞密使魯國公加封邑　鄭清之特授光祿大夫右丞相兼樞密使加封邑　史彌遠　鄭清之	十月丁亥史彌遠自太師左丞相兼樞密使魯國公除保寧昭信軍節度使充醴泉觀使進封會稽郡王　壬辰致仕　乙未薨	十月丁亥薛極自金紫光祿大夫知樞密院事進樞密使　喬行簡自簽書樞密院事除參知政事兼同知樞密院事　陳貴誼自同簽書樞密院事除參知政事兼簽書樞密院事	十二月庚辰薛極以觀文殿大學士知紹興府
端平	鄭清之		六月戊寅喬行簡自參知政事兼同知樞密院事除知樞密院事　曾從龍自資政殿大學士除參	四月辛卯薛極少保依舊觀文殿大學士和國公致仕　五月庚子贈少師　乙巳卒

元年甲午	二年乙未
	六月戊寅鄭清之自光祿大夫右丞相兼樞密使除左丞相喬行簡自宣奉大夫知樞密院事兼參知政事除右丞相 鄭清之 喬行簡
知政事鄭性之自太中大夫兼侍讀除端明殿學士簽書樞密院事陳貴誼自兼簽書樞密院事進同知樞密院事	三月乙巳曾從龍自參知政事兼同知樞密院事 真德秀自翰林學士除參知政事 陳卓自正議大夫守吏部尚書除端明殿學士同簽書樞密院事 六月壬午曾從龍除知樞密院事兼參知政事 崔與之自端明殿學士太中大夫廣南東路經略安撫使馬步軍都總管兼知廣州召除參知政事 鄭性之除同知樞密院事 陳卓依舊端明殿學士除簽書樞密院事 十一月乙丑曾從龍除樞密使督視江淮軍馬 魏了翁除端明殿學士同簽書
十月丙戌陳貴誼自參知政事兼同知樞密院事乞守本官致仕庚寅特贈少保資政殿大學士癸巳卒	四月辛卯真德秀除資政殿學士在京宮觀兼侍讀 五月己亥特轉一官守資政殿學士提舉佑神觀兼侍讀致仕甲辰卒特贈銀青光祿大夫 六月己卯葛洪除資政殿大學士通議大夫提舉臨安府洞霄宮 十二月魏了翁自同簽書樞密院事督視京湖軍馬除簽書樞密院事力辭改

	三年丙申	嘉熙元年丁酉
	九月乙亥崔與之自參知政事特轉正議大夫除右丞相兼樞密使 十一月喬行簡自觀文殿大學士醴泉觀使兼侍讀授特進左丞相兼樞密使進封肅國公加封邑 鄭清之 喬行簡 崔與之	喬行簡 崔與之
	九月乙亥鄭清之罷左丞相兼樞密使除觀文殿大學士醴泉觀使兼侍讀 喬行簡罷右丞相兼樞密使除觀文殿大學士醴泉觀使兼侍讀 十二月癸卯特進鄭清之仍舊觀文殿大學士提舉臨安府洞霄宮	
樞密院事督視京湖軍馬	七月丁卯鄭性之自太中大夫同知樞密院事兼權參知政事除參知政事 李鳴復自權刑部尚書除端明殿學士簽書樞密院事 九月乙亥鄭性之兼同知樞密院事 李鳴復授兼參知政事	二月癸未鄭性之自參知政事兼同知樞密院事除知樞密院事兼參知政事 鄒應龍除端明殿學士簽書樞密院事兼參知政事 李宗勉除端明殿學士同簽書樞密院事 八月癸巳李鳴復自兼參知政事除參知政事 李宗勉自同簽書樞密院事除簽書樞密院事
資政殿學士湖南安撫使	九月癸亥宣繒自資政殿大學士光祿大夫提舉臨安府洞霄宮除觀文殿學士致仕	

二年戊	戌	三
喬行簡 崔與之		正月喬行簡自特進左丞相兼樞密使加少傅平章軍國重事 李宗勉自參知政事除左丞相
		六月庚子崔與之力辭相位詔依前官特授觀文殿大學士致仕
正月戊申余天錫自少中大夫試吏部尚書除端明殿學士同簽書樞密院事 辛酉史嵩之自通奉大夫京西京湖南北路安撫制置使除端明殿學士依舊京湖安撫制置使兼沿江制置副使兼知鄂州恩例並同執政 五月癸未李鳴復自參知政事除知樞密院事 李宗勉自簽書樞密院事除參知政事	余天錫自同簽書樞密院事依舊端明殿學士除簽書樞密院事 七月庚辰趙以夫自朝奉大夫右文殿修撰樞密都承旨除沿海制置副使兼知慶元府宣奉大夫同知樞密院事	正月余天錫自簽書樞密院事除參知政事 游佀除端明殿學士簽書樞密院事
		十月庚申許應龍罷簽書樞密院事 林略罷同簽書樞密院事

朱浚寫 呈長洲

年己亥	四年庚子	淳祐
史嵩之自京湖安撫制置使除右丞相 喬行簡 崔與之 李宗勉 史嵩之		史嵩之
	九月癸亥喬行簡自少傅平章軍國重事特授少師保寧軍節度使醴泉觀使進封魯國公加封邑奉祠 閏十二月丙寅左丞相李宗勉薨	二月壬午少師魯國公喬行簡薨
二月壬寅余天錫兼同知樞密院事 八月戊戌游佀自簽書樞密院事除參知政事 許應龍自中大夫試禮部尚書除端明殿學士簽書樞密院事 林略自試右諫議大夫除端明殿學士同簽書樞密院事 十一月丙子范鍾除端明殿學士簽書樞密院事	閏十二月丙寅游佀自中大夫參知政事除知樞密院事兼參知政事 范鍾自中大夫簽書樞密院事除參知政事 徐榮叟自朝奉大夫權禮部尚書除端明殿學士簽書樞密院事	
		三月己酉趙以夫自宣奉大夫同知樞密院事乞祠不允依舊集英殿修撰差知建寧府

朱浚寫 長洲

元年辛丑

十二月庚申，資政殿大學士通議大夫知慶元府余天錫乞守本官致仕，除觀文殿學士，特轉兩官致仕。丁卯卒。

二年壬寅

史嵩之

二月甲戌，范鍾自參知政事除知樞密院事兼參知政事。徐榮叟自簽書樞密院事除參知政事。趙葵賜出身，同知樞密院事。別之傑除簽書樞密院事。五月己酉，趙葵自同知樞密院事除資政殿大學士、知潭州、湖南安撫使。六月丙寅，別之傑自簽書樞密院事除同知樞密院事兼權參知政事。高定子除端明殿學士、簽書樞密院事。杜範除端明殿學士、同簽書樞密院事。

二月，游佀出帥浙東，尋奉祠。六月癸亥，徐榮叟除資政殿大學士、提舉臨安府洞霄宮。十二月丙寅，別之傑自同知樞密院事兼權參知政事除資政殿學士、湖南安撫大使兼知潭州。趙葵自同知樞密院事依舊資政殿大學士除福建安撫使、知福州。

三年癸卯

史嵩之

正月戊寅，高定子自簽書樞密院事除兼參知政事。

八月庚午，林略自端明殿學士提舉臨安府洞霄宮除資政殿學士致仕。

四年甲辰

九月癸卯，以右丞相史嵩之在告，詔知樞密院事范鍾、簽書樞密院事劉伯正輪日當筆。丙午，史嵩之依前官起復，加永國公。十二月庚午，范鍾自通議大夫知樞密院事兼參知政事授正奉大夫，除左丞相兼樞密使。杜範自資政殿學士中大夫提舉萬壽觀兼侍讀授通奉大夫、右丞相兼樞密使。

史嵩之
范鍾
杜範

九月癸卯，右丞相史嵩之以父彌忠病給告歸慶元府，未幾彌忠卒，去位。

正月壬寅，李鳴復自知樞密院事除參知政事。杜範自同簽書樞密院事進同知樞密院事。劉伯正自中大夫刑部尚書除端明殿學士、簽書樞密院事。已未，兼權參知政事。三月己未，金淵除端明殿學士、簽書樞密院事。十二月庚午，游佀自資政殿大學士通議大夫提舉萬壽觀除知樞密院事兼參知政事。劉伯正自知樞密院事兼參知政事除參知政事兼簽書樞密院事。甲戌，趙葵自資政殿大學士通奉大夫除同知樞密院事。

正月丁巳，參知政事李鳴復依舊資政殿大學士、知福州、福建路安撫使。杜範自同知樞密院事除資政殿學士、知婺州。

五年乙巳	六年丙午
三月己卯范鍾左丞相兼樞密使加封邑杜範右丞相兼樞密使加封邑十二月己卯游佀自知樞密院事兼參知政事授宣奉大夫除右丞相兼樞密使加封邑史嵩之范鍾游佀	史嵩之范鍾游佀
四月丙戌右丞相杜範薨十二月己卯鄭清之自少傅觀文殿大學士充醴泉觀使兼侍讀越國公特授少師奉國軍節度使依前醴泉觀使兼侍讀越國公仍加封邑	二月戊辰左丞相范鍾再乞歸田里詔除觀文殿大學士醴泉觀使兼侍讀十二月乙未右丞相史嵩之守本官致仕
五月乙卯李性傳自太中大夫權禮部尚書除端明殿學士簽書樞密院事兼權參知政事十一月乙卯陳韡除端明殿學士同簽書樞密院事十二月己卯趙葵自通奉大夫同知樞密院事除知樞密院事兼參知政事李性傳自端明殿學士簽書樞密院事除同知樞密院陳韡自端明殿學士同簽書樞密院事除兼參知政事	六月壬子陳韡自同知樞密院事除參知政事兼同知樞密院事
正月乙卯劉伯正罷參知政事十二月癸未李性傳除職予郡	閏四月乙未徐榮叟卒

七年丁未	
四月辛丑鄭清之自少師奉國軍節度使充醴泉觀使兼侍讀越國公特授太傅右丞相兼樞密使依前越國公加封邑鄭清之游佀	九月庚午太傅右丞相兼樞密使越國公鄭清之以明堂禮成加食邑一千户食實封四百户
四月辛丑游佀罷右相除觀文殿大學士醴泉觀使兼侍讀封邑如故五月戊寅再辭免官特許歸田	
四月辛丑王伯大自通奉大夫守刑部尚書除端明殿學士簽書樞密院事吳潛自翰林學士除端明殿學士同簽書樞密院事辛丑趙葵自知樞密院事兼參知政事特授樞密使兼參知政事督視江淮京西湖北軍馬陳韡自兼同知樞密院事除知樞密院事湖南安撫使兼知潭州五月丁巳王伯大自簽書樞密院事除兼參知政事壬申吳潛自同簽書樞密院事除兼權參知政事七月丁卯別之傑除參知政事鄭寀除端明殿學士同簽書樞密院事	五月己巳趙葵自樞密使兼參知政事督視江淮京西湖北軍馬兼知建康軍府事特授宣奉
三月戊辰李韶依舊端明殿學士提舉萬壽宮兼侍讀七月乙丑吳潛罷同簽書樞密院事丁丑依舊端明殿學士知福州福建安撫使八月甲申鄭寀罷同簽書樞密院事守舊職奉祠甲辰參知政事高定子卒	七月癸酉王伯大以資政殿學士知建寧府十月甲戌參知政事別之

八年戊申	鄭清之		大夫依前樞密使兼參知政事督視江淮京西湖北軍馬兼知建康府事兼營內勸農使兼行宮留守江南東路安撫使馬步軍都總管長沙郡開國公加封邑 七月辛亥王伯大自簽書樞密院事除參知政事 應䌖自翰林學士中奉大夫除同知樞密院事 謝方叔自朝散大夫試給事中除端明殿學士簽書樞密院事 史宅之自正奉大夫守吏部尚書除端明殿學士同簽書樞密院事 九月庚午樞密使兼參知政事督視江淮京西湖北軍馬趙葵以明堂禮成加食邑一千户食實邑四百户 十月乙亥應䌖謝方叔並兼參知政事	傑乞歸田里乙亥除資政殿大學士知紹興府
九年己酉	閏二月甲辰鄭清之自太傅右丞相兼樞密使越國公特授太師左丞相兼樞密使進封魏國公加封邑 趙葵自樞密使兼參知政事特授金紫光祿大夫右丞相兼樞密使加封邑 鄭清之 趙葵	正月己巳前左丞相范鍾薨	閏二月甲辰應䌖謝方叔並參知政事 史宅之自同簽書樞密院事除同知樞密院事 十二月乙巳吳潛自同簽書樞密院事除同知樞密院事兼參知政事 徐清叟自朝請大夫試禮部尚書除同知樞密院事兼參知政事	正月丁卯前簽書樞密院事許應龍卒 閏二月甲辰陳韡以觀文殿學士福建安撫大使知福州 吳淵以端明殿學士沿江制置使江東安撫使兼知建康府兼行宮留守 五月甲午前同簽書樞密院事鄭寀卒 十一月庚辰參知政事應䌖乞歸田里除資政殿學士知平江府 十二月壬子同知樞密院事史宅之卒
十年庚戌	鄭清之 趙葵	三月戊子右丞相兼樞密使趙葵辭相位特授觀文殿大學士充醴泉觀使兼侍讀仍奉朝請依前金紫光祿大夫封邑如故 十一月壬申加特進依舊觀文	三月庚寅賈似道除端明殿學士兩淮制置大使淮東安撫使知揚州 五月丙寅吳淵除資政殿學士依舊職任與執政 五月吳潛自同知樞密院事除資政殿學士	

宋史二百十四　宋史表卷五　十二　朱俊寫　二百三十个　芳刻

宋史二百十四　宋史表卷五　十三　朱俊寫　字四百二十个　芳刻

戌	十一年辛亥	十二年壬子
	四月己酉鄭清之依前太傅左丞相兼樞密使兼脩國史日曆魏國公加封邑十月戊戌再加封邑十一月甲辰進封齊國公十一月甲寅謝方叔自知樞密院事授正奉大夫除左丞相兼樞密使依前永康郡開國公加封邑 吳潛自參知政事授宣奉大夫右丞相兼樞密使依前金陵郡開國公加封邑 鄭清之 謝方叔 吳潛	謝方叔 吳潛
殿大學士判潭州湖南安撫大使戊寅進封信國公加封邑	十一月庚戌太傅左丞相齊國公鄭清之薨	十一月庚寅右丞相吳潛罷十二月乙卯除觀文殿大學士提舉江州太平興國宮
沿江	三月戊寅謝方叔自中大夫參知政事除知樞密院事兼參知政事吳潛自太中大夫同知樞密院事除參知政事徐清叟自朝請大夫簽書樞密院事除中大夫同知樞密院事四月己酉謝方叔特授通議大夫依前知樞密院事兼參知政事永康郡開國公 十月丁酉謝方叔除通議大夫知樞密院事兼參知政事永康郡開國公 十二月丙辰董槐召除簽書樞密院事	十月癸丑徐清叟自同知樞密院事除參知政事 董槐自簽書樞密院事除同知樞密院事

寶祐元年癸丑	二年甲
謝方叔	九月戊辰左丞相謝方叔以明堂禮成加封邑十月丙戌特授銀青光祿大夫加封邑尋授金紫光祿大夫進封惠國公再加封邑 謝方叔
	十一月甲寅趙葵依前特進觀文殿大學士充醴泉觀使免奉朝請信國公加封邑 吳潛依前觀文殿大學士宣奉大夫提舉臨安府洞霄宮金陵郡開國公加封邑
七月庚子董槐自同知樞密院事除兼權參知政事	五月乙丑徐清叟自參知政事除知樞密院事兼參知政事 董槐自同知樞密院事除參知政事 李曾伯除參知政事帥蜀郡 賈似道除銀青光祿大夫同知樞密院事兩淮制置大使兼淮南東西路安撫使知揚州軍州事兼管內勸農營田屯田等使臨海郡開國公加封邑 十月丙戌徐清叟特授正議大夫依前知樞密院事兼參知政事普寧郡開國公加封邑 董槐特授通奉大夫依前參知政事定遠郡開
三月丙申前參知政事別之傑卒四月戊申贈少師 七月壬午前參知政事王伯大卒 十二月前參知政事劉伯正卒	

寅	三年乙卯
	八月乙丑董槐自通奉大夫參知政事特授宣奉大夫右丞相兼樞密使依前濠梁郡開國公加封邑 謝方叔 董槐
	四月甲戌趙葵依前特進觀文殿大學士信國公特授京湖南路安撫大使判潭州事 七月丙辰左丞相謝方叔為朱應元所劾八月乙丑罷特授觀文殿大學士提舉臨安府洞霄宮依前金紫光祿大夫惠國公封邑如故景定二年七月戊寅以常挺言追奪合得恩數 八月辛未趙葵依舊官除沿江制置使 八月戊子依前特進觀文殿大學士醴泉觀使信國公免奉朝請
國公加封邑 癸巳賈似道詔再依前官職任加封邑	三月辛巳吳淵兼夔路策應大使 六月丙子王埜自通奉大夫守禮部尚書除端明殿學士簽書樞密院事 程元鳳自中大夫權工部尚書除端明殿學士同簽書樞密院事 賈似道自銀青光祿大夫同知樞密院事特授金紫光祿大夫加封邑 八月乙丑程元鳳依舊端明殿學士除簽書樞密院事 蔡抗自太中大夫守尚書工部侍郎除端明殿學士同簽書樞密院事 吳淵依舊官兼京湖屯田大使
	七月丙辰知樞密院事徐清叟為朱應元所劾八月乙丑除資政殿大學士提舉隆興府玉隆萬壽宮九月丙午依舊官提舉臨安府洞霄宮 六月辛卯王埜罷簽書樞密院事 八月丙子前知樞密院事鄭性之兼參知政事卒 庚寅應繇為丁大全所劾落職罷祠令致仕辛卯 辛

四年丙辰	五
七月乙卯程元鳳自參知政事特授通奉大夫右丞相兼樞密使進封新安郡開國公加封邑 董槐 程元鳳	程元鳳
六月癸未右丞相董槐為丁大全所劾詔程元鳳蔡抗時暫輪日當筆 七月癸巳董槐特授觀文殿大學士提舉臨安府洞霄宮景定二年正月己卯依前觀文殿大學士宣奉大夫福建路安撫大使豪梁郡開國公致仕	正月丁亥趙葵除少保寧遠軍節度使京湖宣撫大使判江陵府兼夔路策應大使丁酉進封衛國公加封邑二月辛
四月癸未賈似道自同知樞密院事除參知政事依舊兩淮制置大使兼淮東安撫使兼知揚州 程元鳳自簽書樞密院事除參知政事 蔡抗自同簽書樞密院事除同知樞密院事七月乙卯除參知政事 張磻自權刑部尚書除端明殿學士簽書樞密院事十一月癸丑除同知樞密院事 丁大全自侍御史兼侍讀除端明殿學士簽書樞密院事 馬天驥自中奉大夫試尚書禮部侍郎除同簽書樞密院事	正月丁亥賈似道自金紫光祿大夫參知政事除知樞密院事依舊兩淮制置大使兼兩淮宣撫使兼知揚州 吳淵自觀文殿學士正奉大夫
四月己丑徐清叟王埜並褫職罷祠 十二月庚申參知政事蔡抗擅自去國為林存所劾罷職予祠	正月甲辰吳淵特授光祿大夫守參知政事致仕辛亥卒 十月己丑張

年丁巳

西兼湖廣總領

除參知政事一月戊午賈似道除兼兩淮安撫制置大使八月庚子張磻自同知樞密院事除參知政事丁大全自簽書樞密院事進同知樞密院事兼參知政事十月丁酉林存自試尚書吏部侍郎除端明殿學士簽書樞密院事

磻特轉三官守參知政事致仕明日卒

六年戊

四月丁未丁大全自參知政事特授正奉大夫右丞相兼樞密使依舊丹陽郡開國公加封邑

程元鳳

丁大全

二月辛巳趙葵依舊少保寧遠軍節度使判福州兼福建路安撫大使馬步軍都總管四月甲辰依舊少保寧遠軍節度使衞國公除醴泉觀使兼侍讀四月甲辰右丞相程元鳳辭職詔丁大全林存時暫輪日當筆丁未元鳳特授觀文殿大學士判福州福

正月辛亥丁大全自同知樞密院事除參知政事兼同知樞密院事林存自簽書樞密院事除兼權參知政事四月丁未林存除同知樞密院事兼權參知政事朱熠端明殿學士簽書樞密院事十一月壬戌進同知樞密院事兼權參知政事饒虎臣自尚書禮部侍郎除端

十一月丁巳林存以資政殿學士知建寧府

午

建安撫大使依前金紫光祿大夫新安郡開國公封邑如故六月乙未程元鳳辭免觀文殿大學士判福州詔仍前觀文殿大學士提舉臨安府洞霄宮

明殿學士簽書樞密院事賈似道自知樞密院事進樞密使兩淮宣撫大使辛未朱熠仍舊職特授中大夫

開慶元

十月壬申吳潛自銀青光祿大夫醴泉觀使兼侍讀崇國公特進左丞相兼樞密使進封相國公加封邑丙子改封慶國公賈似道自金紫光祿大夫樞密使授特進右丞相兼樞密使依前京西湖南北四川宣撫大使都大提舉兩淮兵甲總領湖廣江西京西財賦湖北京西軍馬錢糧專一報發御前軍馬文字兼提領措置屯田判江陵府軍事兼管內勸農營田使進封茂國公加封邑十二月壬子吳潛改封許國公

九月辛酉趙葵依舊特進觀文殿大學士衞國公判慶元府沿海制置大使十月壬申丁大全罷右丞相授觀文殿大學士光祿大夫判鎮江府依前丹陽郡開國公加封邑景定三年七月戊寅以常挺言責授彰州團練副使貴州安置癸酉趙葵依前特進觀文殿大學士特授沿江江東宣撫大使置司建康府任責隆興府饒州江州徽州事

正月丁卯賈似道依前金紫光祿大夫樞密使除京西湖南北四川宣撫大使都大提舉兩淮兵甲總領湖廣京西財賦湖北京西軍馬錢糧專一報發御前軍馬文字兼提領措置屯田兼知江陵軍府事兼管內勸農營田使臨海郡開國公封邑如故六月辛巳朱熠自同知樞密院事除參知政事饒虎臣自簽書樞密院事除同知樞密院事九月庚申戴慶炣除端明殿學士簽書樞密院事

正月乙丑林存以資政殿學士知建寧府二月丁亥依舊資政殿學士提舉臨安府洞霄宮七月庚戌蔡抗自參知政事致仕癸亥卒

年己未	景定元
賈似道改封肅國公 丁大全 吳潛 賈似道	四月癸丑賈似道特授少師依前右丞相兼樞密使進封衛國公加封邑七月庚寅兼太子少師 吳潛 賈似道
兩界防招調遣時暫兼判建康府行宮留守衛國公八月戊子吳潛依舊觀文殿大學士判寧國府特進崇國公九月丙寅依前觀文殿大學士銀青光祿大夫特授醴泉觀使兼侍讀崇國公	四月己酉吳潛罷右相除觀文殿大學士提舉臨安府洞霄宮 五月戊辰趙葵依舊少保除兩淮宣撫大使判揚州進封魯國公
十一月壬寅朱熠自參知政事除兼權知樞密院事 饒虎臣戴慶炣並兼權參知政事	四月癸丑朱熠自兼權知樞密院事除知樞密院事兼參知政事 饒虎臣自兼權參知政事除參知政事 戴慶炣自兼權參知政事除同知樞密院事兼參知政事 皮龍榮除端明殿學士簽書樞密院事 癸未皮龍榮自簽書樞密院事除兼權參知政事 沈炎除端明殿
	五月戊辰饒虎臣罷參知政事戊子以資政殿學士提舉臨安府洞霄宮八月 庚辰前參知政事戴慶炣卒 六月戊申前簽書王埜卒 九月甲午厲文翁依舊端明殿學士提舉臨安府洞霄宮

年庚申		二年
	正月己卯賈似道自太保右丞相以進書加太傅	賈似道
八月壬寅程元鳳依舊觀文殿學士除淮浙發運大使判平江府明年十一月己未授特進醴泉觀使兼侍讀依前觀文殿大學士新安郡開國公封邑如故		
學士同簽書樞密院事	三月癸未知樞密院事朱熠簽書樞密院事皮龍榮同簽書樞	密院事沈炎以進書各轉兩官 四月乙未皮龍榮自簽書樞密院事除參知政事 沈炎自同簽書樞密院事除同知樞密院事兼權參知政事 何夢然自試右諫議大夫除簽書樞密院事 八月乙巳江萬里自通奉大夫守吏部尚書除端明殿學士同簽書樞密院事 十月丙午何夢然自簽書樞密
	三月戊子朱熠罷知樞密院事以觀文殿學士知建	寧府 七月壬申福建安撫大使陳韡卒 十月丙辰沈炎除資政殿學士提舉臨安府洞霄宮 十二月壬辰江萬里為先純父所劾壬寅依舊端明殿學士提舉臨安府洞霄宮

辛酉

院事授中大夫除同知樞密院事兼參知政事

十二月甲午皮龍榮自參知政事除兼權知樞密院事

何夢然自同簽書樞密院事除參知政事

馬光祖自觀文殿學士除同知樞密院事依舊兼提領戶部財用兼知臨安府浙西安撫使兼太子賓客

三年壬

賈似道

六月己亥董槐依舊觀文殿大學士除特進致仕

三月乙丑孫附鳳自右諫議大夫兼侍讀除簽書樞密院事兼太子賓客六月庚寅除兼權參知政事

楊棟自通奉大夫試禮部尚書除端明殿學士同簽書樞密院事兼太子賓客

十月甲子楊棟依舊端明殿學士除簽書樞密院事兼權參知政事兼太子賓客

葉夢鼎自試吏部尚書除端明

二月皮龍榮自知樞密院事以資政殿學士為湖南安撫使

九月戊辰資政殿學士沈炎薨

十月辛未徐清叟授宣奉大夫守觀文殿學士致仕

十一月丙申卒

戌

殿學士同簽書樞密院事兼太子賓客

四年癸亥

賈似道

三月庚子何夢然自參知政事除兼權知樞密院事九月甲午除知樞密院事兼參知政事

三月庚子楊棟自簽書樞密院事除同知樞密院事兼權參知政事

葉夢鼎自同簽書樞密院事除簽書樞密院事

六月丁巳馬光祖依舊觀文殿學士提舉臨安府洞霄宮

五年甲子　度宗十月丁卯即位

賈似道

五月辛卯楊棟自同知樞密院事除參知政事

葉夢鼎自簽書樞密院事除同知樞密院事兼權參知政事

姚希得除簽書樞密院事兼太子賓客八月乙丑除參知政事

十一月乙未葉夢鼎自同知樞密院事除參知政事

姚希得自簽書進同知樞密院事兼參知政事

咸淳元年乙丑
四月甲寅賈似道除太師依舊右丞相兼樞密使魏國公 賈似道
三月壬午太傅右丞相兼樞密使魏國公賈似道為理宗攢宮總護使五月丙戌依前太師除鎮東軍節度使充侍讀衛國公仍奉朝請
正月癸巳姚希得自正議大夫特授光祿大夫依前同知樞密院事兼權參知政事 葉夢鼎自宣奉大夫特授銀青光祿大夫依前參知政事 二月丁未姚希得自同知樞密院事除參知政事 江萬里自簽書樞密院事進同知樞密院事 戊申楊棟依舊職知慶元府兼沿海制置使 壬戌王爚依舊端明殿學士除簽書樞密院事 閏五月癸丑江萬里自同知樞密院事除參知政事 王爚自簽書樞密院事進同知樞密院事兼權參知政事 馬廷鸞自權禮部尚書除端明殿學士簽書樞密院事 十月壬午楊棟詔復元官 十一月辛丑留夢炎自權禮部尚書除端明殿學士簽書樞密院事
正月丁丑皮龍榮楊棟並依舊職提舉臨安府洞霄宮

二年丙寅	三年
賈似道	正月戊戌太傅右丞相賈似道特轉兩官二月乙丑除太師特授平章軍國重事一月三赴經筵三日一朝赴都堂治事 三月壬辰程元鳳自少保觀文殿大學士除少傅右丞相兼樞密使進封吉國公加封邑 八月辛未葉夢鼎自金紫光祿大夫參知政事除特進右丞相兼樞密使 賈似道 程元鳳 葉夢鼎
十一月己亥趙葵自觀文殿大學士除少師武安軍節度使致仕	三月丁未程元鳳為監察御史陳宜中所劾罷右丞相依舊少保觀文殿大學士醴泉觀使
五月甲寅王爚自同知樞密院事除參知政事 留夢炎自簽書樞密院事進同知樞密院事 包恢自守刑部尚書除端明殿學士簽書樞密院事	正月壬辰王爚自同知樞密院事進知樞密院事兼參知政事 留夢炎自同知樞密院事兼參知政事 葉夢鼎自知慶元軍府事除參知政事 常挺自吏部尚書除端明殿學士簽書樞密院事 戊戌王爚自知樞密院事特授光祿大夫職任依前仍加封邑 留夢炎自參知政事特授通議大夫職任依前進封信安郡開國公 常挺自簽書樞
正月癸丑江萬里乞祠除湖南安撫使兼知潭州 四月壬午姚希得以資政殿學士提舉臨安府洞霄宮 丁亥王爚以病免同知樞密院事 六月己巳姚希得依舊職資政殿學士特與宮觀致仕	辛未楊棟仍舊資政殿學士特與宮觀致仕 己卯王爚除資政殿學士知慶元府兼沿海制置使 屬文翁以資政殿大學士朝請大夫贈七官致仕

丁卯	四年戊辰
	八月壬寅太師平章軍國重事賈似道右丞相兼樞密使葉夢鼎各進二秩 賈似道 葉夢鼎
密院事特授通奉大夫職任依前仍加封邑六月壬戌馬光祖自沿江制置大使除參知政事八月辛未留夢炎自參知政事除樞密使壬申常挺自簽書樞密院事進同知樞密院事兼權參知政事十一月庚戌除參知政事馬廷鸞自簽書樞密院事進同知樞密院事	四月庚寅馬廷鸞除兼權參知政事
	正月乙巳留夢炎除觀文殿學士知潭州湖南安撫使起居郎兼侍講十一月壬戌常挺以資政殿學士致仕丁未贈少保十二月丙戌包恢以資政殿學士致任

宋史二百十四　二百七十　宋史表卷五　二十六　朱浚寫　梁保刊

五年己巳	六年庚午	七年辛未
三月戊辰江萬里自參知政事進一秩除左丞相兼樞密使馬廷鸞自參知政事進一秩除右丞相兼樞密使 賈似道 葉夢鼎 江萬里 馬廷鸞	賈似道 江萬里 馬廷鸞	賈似道 馬廷鸞
正月癸亥葉夢鼎罷右相依前少保特授觀文殿大學士判福州兼管內勸農使福建路安撫大使馬步軍都總管進封信國公三月庚戌程元鳳守少保觀文殿大學士致仕	正月丙寅江萬里為鮑度所劾罷左相戊辰以觀文殿學士知福州福建安撫使	十二月己亥謝方叔特敘復元官以惠國公致仕
正月甲子馬廷鸞自同知樞密院事除參知政事兼同知樞密院事甲戌江萬里自湖南安撫使除參知政事三月己巳馬光祖自參知政事除知樞密院事兼參知政事	正月丙寅陳宗禮除端明殿學士簽書樞密院事趙順孫自吏部侍郎除端明殿學士同簽書樞密院事十月甲申陳宗禮趙順孫並兼權參知政事	
五月己酉馬光祖依舊觀文殿學士提舉臨安府洞霄宮	十一月乙未陳宗禮進資政殿學士守兼參知政事致仕	正月壬申楊棟升觀文殿學士致仕

宋史二百十四　三百五十　宋史表卷五　二十七　朱浚寫　梁保刊

八年壬申

十二月甲寅葉夢鼎自少保觀文殿學士除少傅右丞相兼樞密使屢辭不拜
賈似道
馬廷鸞

十一月乙卯馬廷鸞罷右相除觀文殿學士知饒州己未免知饒州以觀文殿學士鄱陽郡公提舉洞霄宮九年十二月甲子除浙東安撫使知紹興府

三月丙子趙順孫自同知樞密院事兼參知政事授中大夫六月丁酉章鑑自權吏部尚書除端明殿學士同簽書樞密院事十月丁未兼權參知政事

五月己巳王爚除觀文殿學士提舉萬壽觀兼侍讀十二月丁未留夢炎以臺臣言奪職罷祠

九年癸酉

賈似道

九月辛巳章鑑自同簽書除簽書樞密院事陳宜中自兼權吏部尚書除端明殿學士同簽書樞密院事

十年甲戌七月癸未瀛國公即位

十一月丙戌王爚自知樞密院事進兩秩除左丞相兼樞密使章鑑自同知樞密院事進兩秩除右丞相兼樞密使十二月癸亥賈似道依舊起復太傅平章軍國重事魏國公都督諸路軍馬
賈似道
王爚
章鑑

正月戊子江萬里乞輿疾去任詔依舊觀文殿大學士提舉洞霄宮

十月乙丑章鑑自簽書進同知樞密院事兼權參知政事陳宜中自同簽書除簽書樞密院事兼權參知政事

二月己酉趙順孫自同簽書除福建安撫使正月己丑留夢炎除知潭州兼湖南安撫使四月辛亥依舊觀文殿學士知潭州兼湖南安撫使

德祐元年乙亥

三月乙亥王爚自觀文殿學士除左丞相兼樞密使丙子陳宜中自知樞密院事除特進右丞相兼樞密使己卯並都督諸路軍馬四月丙辰王爚詔如文彥博故事朝參起居外並免拜六月甲寅除平章軍國重事一月兩赴經筵五日一朝陳宜中左丞相兼樞密使都督諸路兵馬留夢炎除右丞相兼樞密使都督諸路兵馬十月丁未除左丞相陳宜中自觀文殿大學士除右丞相兼樞密使
賈似道
王爚
陳宜中
留夢炎

二月庚午陳宜中乞誅似道詔罷平章都督予祠三月丙子章鑑罷右相予祠戊戌罷祠六月庚戌放歸田里七月壬辰罷王爚為醴泉觀使九月己巳陳宜中授觀文殿大學士醴泉觀使兼侍讀十一月乙未左丞相留夢炎遁丙午遣使召還十二月戊申王爚薨

正月乙酉陳宜中自簽書樞密院事進同知樞密院事兼參知政事二月己巳除知樞密院事兼參知政事曾淵子除同知樞密院事兩淮安撫制置大使兼知臨安府文及翁自試尚書禮部侍郎除簽書樞密院事倪普除同簽書樞密院事二月丁未姚希得除參知政事三月丙申陳合除同簽書樞密院事四月壬子高斯得除簽書樞密院事兼權參知政事四月丁卯李庭芝除參知政事七月乙未陳文龍除簽書樞密院事兼權參知政事十一月庚午除同知樞密院事兼權參知政事黃鏞除同簽書樞密院事十二月庚子吳堅除簽書樞密院事黃鏞除兼權參

三月庚寅曾淵子自同知樞密院事除兩浙轉運副使四月己未文及翁倪普削一官奪執政恩數

二年丙子	
正月辛未吳堅自簽書除左丞相兼樞密使乙酉文天祥自知臨安府除右丞相兼樞密使陳宜中吳堅文天祥	
正月甲申右丞相陳宜中遁	
正月庚午黃鏞自同簽書除參知政事辛未常楙除參知政事丁丑夏士林除簽書樞密院事己卯全允堅加太尉除參知政事乙酉家鉉翁賜進士出身除簽書樞密院事賈餘慶除簽書樞密院事知臨安府	知政事癸卯陳文龍除參知政事兼權知樞密院事謝堂賜同進士出身除同知樞密院事
正月庚午參知政事陳文龍遁謝堂除兩浙鎮撫大使己卯參知政事常楙遁庚申簽書夏士林遁	

表卷第五

表卷第六　宋史二百十一

……中書右丞相……總裁……等奉　敕修

宗室世系一

昔者帝王之有天下莫不衆建同姓以樹蕃屏其不得以有國者則亦授之土田使帥其宗氏輯其分族故繼別之宗百世不遷豈惟賴其崇獎維持以成不拔之基哉蓋親親之仁爲國大經理固然也周官宗伯掌三族之別以辨親疏於是叙昭穆而禮法之隆殺行焉此世系之所以不可不謹也後世封建廢而宗法壞帝王之裔至或雜於民伍淪爲皁隸甚可歎也宋太祖太宗魏王之子孫可謂蕃衍盛大矣支子而下各以一字別其昭穆而宗正所掌有牒有籍有錄有圖有譜以叙其系而第其服屬之遠近列其男女昏因及官爵叙遷而著其功罪生死歲月雖封國之制不可以復古而宗法之嚴恩禮之厚亦可槩見然靖康之變往往淪徙死亡於兵難南渡所存十無二三而國之枝葉日以悴矣今因載籍之舊考其源委作宗室世系表

太祖四子長滕王德秀次燕王德昭次舒王德林次秦王德芳德秀德林無後

燕王房

表六 二

永興軍節度使贈太師中書令燕懿王德昭

建寧軍節度使觀察留後惟正

馮翊侯從讜

榮國公世程

太子右內率府副率令艾 | 太子右內率府副率令完 | 太子右內率府副率令輗 | 太子右內率府副率令丑 | 贈感德軍節度使華原郡公令瑢

三班奉職子洵 | 贈修武郎子源

伯詵 | 伯謗

師復 | 師倩 | 師徹 | 師彷 | 師衡 | 師復

希鄖 | 希垂 | 希曹 | 希回 | 希恪 | 希尚 | 希格 | 希嵩 | 希喬 | 希石 | 希佑 | 希嘉 | 希晧 | 希仙 | 希告 | 希岳 | 希嗑 | 希咏 | 希聲

與鑑 | 與義 | 與賢 | 與隆 | 與適 | 與達 | 與通 | 與道 | 與遷 | 與洛 | 與潤 | 與淵 | 與适 | 與琵 | 與蒙 | 與迪

一百四十二

表六 三

從義郎子淑 | 忠訓郎子辯 | 忠翊郎子瀛 | 忠訓郎子渠 | 子淵 | 保義郎子濟 | 從義郎子昇 | 成忠郎子泚 | 子石 | 子棨 | 子邵 | 子衡 | 三班奉職子澥

太子右內率府副率令璨 | 東陽郡王令譮

伯誠 | 伯韶 | 伯謝 | 伯訥 | 伯誥 | 伯詠 | 伯謨 | 伯譓

師禺 | 師果 | 師磬 | 師晃 | 師价 | 師信 | 師徽 | 師待 | 師傳 | 師价 | 師仁 | 師仍 | 師賓

希說 | 希謨 | 希瑁 | 希錄 | 希坤 | 希道 | 希炤 | 希騤 | 希文 | 希鑒 | 希禹 | 希嵥 | 希愈

與霖 | 與英

申國公世智

太子右內率府副率令齋　房陵郡公令析　右屯衛大將軍令儲　右監門率府副率令璐

贈武功大夫子堅　成忠郎子惠　三班奉職子鵠　武翼郎子舉　左奉議郎子輕　承節郎子儁　成忠郎子昌　承節郎子棨　東頭供奉官子厚

武翼大夫令懸　左侍禁令瑾　秉義郎令㾡　敦武郎令領

右班殿直子雯　承節郎子立　承節郎子許　成忠郎子澤　成忠郎子棨　成信郎子譽

伯過　伯達　伯連　伯迨　伯俊

師定　師孟　師琮　師杜　師複　師儒

希度　希麟　希澂

與德

馮翊侯世準

太子右率府副率令建　贈少師建國公令綷

三班奉職子元　贈武義郎子瓔　西京左藏庫副使子理　武翼大夫子琳　從義郎子昕　修武郎子暘

伯壽　伯過　伯恩　伯虬

師曰　師古　師心　師顓

希綸　希僅　希作　希似

與巖

保康軍承宣使奉化郡公令疇

從義郎子嶧　武經郎子稀　從義郎子五　武翼郎子晴　三班奉職子懿　武節郎子佩

伯顯　伯諫　伯祐　伯裡

師譽　師訥　師循　師愍　師蹤　師約　師職　師春　師節

希侶　希佼　希徐　希倩　希佰　希倆　希文　希儒　希德　希道　希安　希向

一百六十四

表六

六

令：武[illegible]公令璩

子：訓武郎子玘　三班奉職子球　贈武翼郎子[illegible]

伯：伯祉　伯擇　伯楧　伯裕　伯頌

師：師參　師伊　師何　師脩　師份　師佚　師伸　師侑　師儉　師德　師揆

希：希褊　希遹　希遅　希源　希紂　希玷　希嘗　希瓌　希玟　希玗　希瑛　希助　希璪　希錄　希勸

子：修武郎子景　右侍禁子強　修武郎子杲　訓武郎子薦　從義郎子鸞　武德郎子高

伯：伯緘　伯鎡　伯鍼　伯鉉　伯鐇　伯鐸　伯鉽　伯鑑

師：師一　師僚　師晉　師賛　師鄴

希：希囦　希冉　希逮　希洴　希適　希汶　希鷟　希賜

與：與昌

一百六十八

表六

七

令：遂康侯令剸

子：忠翊郎子曦　修武郎子石　忠翊郎子雄　右朝請大夫子琥

伯：伯有　伯鐵　伯鑄　伯銖　伯鑠　伯銓　伯鏻　伯凱　伯顥　伯昌

師：師覬　師吶　師嘈　師瑛　師琥　師琳　師仁　師樂　師姃

希：希冉　希商　希纂　希彭　希謁　希扎

與：與進　與權

令：東牟侯令賽

子：朝奉大夫子璪　秉義郎子玖　武翊大夫子淙　子惇

伯：伯餘　伯榮　伯殳　伯璩

師：師臧　師逮　師迹　師賛　師周　師舜　師禹　師擄

希：希詔　希制　希昉　希鎮　希頫　希遝　希溪　希溈　希昫　希洴　希炆

與：與約　與謹　與泳　與滜　與墄

孟：孟熠　孟燎　孟抃　孟擸

江伯高

表六 八

令：太子右監門率府率令[illegible]　贈正議大夫令諴

子：右奉議郎子孟

伯：伯周　伯嵩　伯宗

師：師復　師榆　師意　師利　師[illegible]

希：希婕　希緜　希蜓　希[illegible]　希析　希鋒　希鉞　希鋼　希鑌　希[illegible]

與：與渠　與坍　與塭　與仁　與沁　與訒　與識　與遑　與弈　與[illegible]　與壽　與潭　與汭　與稽　與塈

孟：孟瓔　孟潔　孟[illegible]　孟[illegible]　孟瞎

令：開國伯令琬　左藏庫使令洄

子：承事郎子晉　迪功郎子漸　子澤　子和　成忠郎子虞　三班奉職子惠

伯：伯勞　伯埜　伯山　伯邵

師：師从　師向　師同　師薛

希：希焱　希趨　希遶　希弁　希彝　希猙　希畀　希湑　希琀　希碧　希暎

與：與硔　與犄　與琛　與揩　與根　與榴　與欋　與[illegible]　與楄

表六 九

令：贈太保令釭　左班殿直令愽　贈朝散郎令牟

子：保義郎子邁　保義郎子熙　從義郎子文　武翼大夫子亮　承信郎子頡

伯：伯康　伯[illegible]　伯藻　伯弓

師：師晉　師筝　師保　師晌　師俁　師惟　師萬　師弁　師袞

希：希豫　希杭　希[illegible]　希擇　希瀍　希諱　希庚

與：與楠　與枱　與桐　與[illegible]　與柢

孟：孟杌

令：武翊郎令彬

子：朝奉大夫子頔　承事郎子[illegible]　忠翊郎子顥　忠翊郎子昌　訓武郎子畯　武經郎子昂

伯：伯璿　伯朋　伯功　伯[illegible]　伯彝　伯[illegible]　伯隨　伯从　伯譽　伯年　伯湨　伯璋　伯珂

師：師仙　師儒　師憺　師伊　師聃　師鄰　師衎

希：希欣　希[illegible]　希鷴

與：與漠　與檗

信都郡公世縈

左班殿直令劇　東平侯令閑　太子右監門率府率令畋　敦武郎令玧

秉義郎子京　中大夫子昇　右班殿直子溫　宣教郎子求

伯壽　伯淵　伯源　伯瀛

師褒　師晄　師應　師褒　師衮

希㝥　希戈　希衡　希欽

榮國公世卓

敦武郎令橦　右班殿直令城　修武郎令凱　武翼大夫令乾　武節郎

右迪功郎子褒　承節郎子振　成忠郎子才　子畇　成忠郎子璠

伯頫

師莘

希犻　希觸　希槐

令庥　右班殿直令濤　右班殿直令起　右班殿直令鈇　從義郎令岐

子瓌　子琚　子衜　子瑚

伯龍　伯蕃　伯鈺　伯鋑

師稷　師槃　師鏵　師湘

希潅　希愐　希遵　希灃　希溤　希瀅　希遴　希邀

感德軍節度使贈少師丹陽郡王從節

南康郡王世永

崇國公諡溫獻令圖

太子右內率府副率子上　子張

伯鈛　伯代　伯谷　伯參

師拊　師揄　師掾　師推　師橾　師棠　師掌　師山　師說　師琖

希儴　希衍　希仩　希祈　希油　希齡　希辯

與輝　與遠　與年

孟溫　孟忠

由瑢　由玳

保[illegible]承宣使子野

伯隨　伯夔　伯莊

師言　師充　師真　師心　師召　師孟　師惠

希虓　希魯　希顏　希鏵　希現

與昌　與宋　與流　與思

孟愿　孟愬　孟慈　孟懋　孟志　孟惐　孟憶　孟濂　孟椿　孟涫　孟湄　孟溢

由關　由閔

伯能　伯源　伯脩　伯适

師文　師尹　師向　師文　師哲　師德　師[illegible]　師魯　師敃　師古　師横

希煥　希腸　希悉　希譆　希瀾

與懋　與楫　與稠　與悉　與炎　與規　與鈢　與勉

孟琰　孟淪　孟滿　孟謨

宋史二百十五

榮國公諡良懿令璲

太子右內率府副率子瀓　太子右內率府副率子印　封馮翊侯子奭　三班奉職子庠　內殿崇班子彥

伯友　伯僑

師顥

希洽　希鴻　希歆

與召　與慶　與韶　與簿

孟僑　孟夔　孟嶐

武經郎子雕

伯崇　伯華

師律　師潘　師汚　師景

希瑱　希奮　希奭　希亭　希育

與孚　與梓　與從　與逸　與迓　與傅　與隱　與敷　與陵　與存　與恕　與時　與俠　與恍

孟鐕

師餘　師昇　師杲

希賓　希居　希詁　希詷　希謙　希褒　希肖　希嶒　希弇　希訡

與悛　與愃　與郰　與止　與忲　與鮑　與遴　與遽　與遞　與的　與晤　與穗　與澍

孟顏

東陽郡公令樞

華州觀察使士赤

伯光

希彼

師佀　師元

希功　希褸　希善　希璸　希珈　希琭

與暘　與昉　與曬　與昕　與學　與基　與合　與老

孟醇　孟通　孟傳　孟喻　孟嶧　孟咊

由墳

宜高

內殿崇班士菹　修武郎士奐　太子右率府副率士棣　封贈國　使士熙　右班殿

伯祿　伯仁　伯祐　伯禔　伯端　伯嫺

希瑚

與沂　與問　與睇

孟儱

由攏

房國公令滓　建國公令朔

直士森　右班殿直士部　東頭供奉官士建　修武郎

伯堅　伯誠　伯達

師道　師翊　師輗　師家　師勝

希侑　希逸　希璁　希璑　希璪

與懋　與憲　與忞　與泙　與高　與榗　與楊

子健 修武郎
子廷 秉義郎
子挺
伯禧
伯祈
師價
希懋
與倰
孟贇
孟定
孟宬
忠翊郎
子巡
子廷
保義郎
子適
承節郎
子迥
承信郎
伯杞
希忞

子選
秉義郎
子徹
忠翊郎
子臘
單州防禦使令朔
右內率府副率子蕭
武經大夫子廉
彭城侯華原郡公令穢
太子右內率府副率
崇國公世延
伯況
師憲
希憲
與詣
孟連
由倫
字晉
安晉
孟述
孟蓬
與詩
孟選
孟邁
與瑤
孟淞
與謌
孟溥
由桂

與諮
孟瀾
孟沁
孟瀞
與訃
與詠
與曆
希瓌
孟著
由寬
孟若
與嘗
與訴
孟芳
與謦
與謅
與諫
與譚
孟津
孟濂
孟湟
孟涸
孟瀚
孟滴

孟洤
孟灑
與諴
希明
師恩
希章
與訦
孟澄
孟週
孟遠
與諷
與謚
與謹
孟連
孟滏
孟鐘
由洙
由泗
孟銑
孟鏴
孟錭
孟錤
與諸
希懿

宋史表卷六　十八

常僕
令推

左領軍衞將軍子紳　三班奉職子紳　武經大夫子綱

伯蒲　伯文　伯浩　伯洙　伯湛　伯洵　伯嘉　伯順　伯和

師宣　師察　師傅　師右

希惠　希宥　希夔

與詅

孟鍔

脩武郎子綸

伯順　伯添

師古

希倪

與法　與湏　與減　與滸　與澮　與浪　與滢

孟扑　孟杞　孟棟　孟權　孟櫓　孟模　孟柟　孟瑂　孟橦　孟楷　孟椿　孟樸　孟糙　孟栐

由瑚　由瓌　由琁　由璠　由烤　由燦　由珮

宋史表卷六　十九

伯訔　伯威　伯訢　伯譁

師㙆　師直　師志　師眷　師周　師堯　師秀

希顓　希琪　希璨　希璧　希巨

與瀛　與點　與梲　與楄　與栝　與捀　與夔　與淳　與棧

孟櫟　孟逢　孟敝　孟鏻　孟浯　孟諒　孟義　孟㟧

左侍禁子綬　右班殿直子綾

伯訟　伯和

師毫　師閔

希受　希壐　希醴　希妙　希祛　希珀　希左

與檽　與𠍋　與偬　與瑢　與琦　與瓘

孟徑　孟褲　孟樞　孟鐸　孟銖　孟鍵

由滆　由渚

宋史二百十五

宋史表卷六

二十

師顏　師粗

希渫　希佚　希禼　希會　希棨　希陘　希陵

與旖　與休　與陵　與容　與及　與夔　與齊　與琇

孟垣　孟淳　孟成　孟鞅　孟覘　孟軓　孟輪　孟輗　孟款

由璹　由達　由道　由玿　由瑭　由迡

湯惠寫

師李

希諸　希楷　希韋　希琢　希璩

與官　與櫟　與琰　與璁　與壐　與瑨　與轅　與轍　與軺　與軿　與轄　與猷

孟桱　孟瀴　孟伉　孟銲　孟鏻　孟藻　孟莞　孟琡　孟瑀　孟瑂　孟瓌　孟瓔

芳青刊

一百二十四丁

宋史二百十五

宋史表卷六

二十一

子統

伯通

師文　師軾　師曉

希玐　希迩　希鐘　希銘　希鐵　希錦　希鉥　希勵　希蘽　希燮　希光

與銓　與綢　與杉　與鐺　與祇　與睩　與睢　與旰　與晄　與睲　與肥　與諍

孟鐩　孟鉥

湯惠寫

伯通

師豪　師裹　師亶　師儀　師亦　師尹

希僚　希陶　希贊　希盛　希召

與瀍　與瀹　與洎　與潘　與慷　與慢　與然　與樵　與熏　與安

孟瑞　孟樵　孟瑀　孟慨　孟海　孟潤　孟涣　孟憓　孟滋

由任　由侁　由伏　由瀉

芳青刊

一百三十丁

宋史二百十五　宋史表卷六　二十二　湯惠寫　一百二十个

伯進　伯連

師臣　師靖　師勣　師望　師典

希稷　希麟　希婺　希桀　希㮚　希榕　希樘　希椯

與坤　與瑚　與瑢

孟澄　孟浹　孟僖　孟倛

由佟　由儒　由佳　由倈　由保

北海郡公世將

太子右內率府副率令季　彭城侯令[illegible]　令[illegible]

保義郎子鐸　太子右內率府副率子獻　[illegible]副使子猷

伯源　伯滌　伯洪　伯江　伯夷　伯通　伯烑　伯菝　伯澤

師楝　師澤　師湛

希翔　希聽

宋史二百十五　宋史表卷六　二十三　湯惠寫　黃壽刊　一百二十个

右監門衛大將軍令邦　贈高密侯令[illegible]

內殿崇班子歆　忠訓郎子衷　左班殿直子支　子襄　修武郎子豪　訓武郎子襲

伯儀　伯道　伯逵　伯強　伯伸

師繪

修武郎子褒　子錫

伯儼　伯伸　伯儀　伯睽　伯訥

師導　師召　師燻　師嵩　師顯　師貢　師謐

希鵬　希論　希晉　希諝　希謳　希𢿙　希帛　希善　希獻　希庬

與揩　與鼎　與灌　與悄　與撫　與增　與埘

淮陽侯守約
右監門率府率世龍
北海郡公世靜
左班殿直令[illegible]
太子右內率府副率令伯
昌國公令遵
子祐
右班殿直子[illegible]
子元
武節郎
伯歉
伯侮

湯惠寫 黄刊

子仲
贈武節大夫子朔
伯嘉
伯逸
伯遵
師孟
師回
師錫
師銑
師權
師勱
希冉
希洇
希奇
希韋
與珁
與憤
與翰
與輯
與榕
與軾
與輕
與韞
孟檽
孟騤
孟偨

伯述
師龍
希醇
與珎
孟采
孟杓
由泱
與爆
孟末
與疄
孟絫
希宿
與瓌
孟文
孟禂
孟彰
與埊
希蓁
與室
孟佀
與寓
孟俐
希忲
與琮
與盤
與比
孟伶
與玭
師犧
希穗
與珅
孟儁
與珽
孟楞
師武
希
與淞
與漾

湯惠寫 黄青刊

贈武翊大夫子樑
伯擇
師文
師內
希桊
與衛
孟運
由翊
由檜
由棣
希濂
與熾
孟鏌
孟輅
孟侗
希濕
伯黨
伯吝
伯迪
伯谷
師恭
師商
希瀣
與柜
孟筴
孟爕
孟暕
孟焥
與櫔

師許 師試

希瀕 希瀷 希鐙 希鈆 希銻 希鍋 希□ 希□ 希瑞 希□

與秩 與棣 與枱 與樴 與樎 與槁 與獻 與殷 與杭 與瀊

孟熩 孟燰 孟焌 孟煛 孟槩 孟櫄

修武郎子映 武經郎子昇 從義郎子瞳

伯泠

師讀 師胥 師珏 師璋

希藻 希隨 希椿 希假 希臍

與涎 與瀫 與洵 與汲 與地

孟樘 孟欄

贈潭國公世綿

令傒 令器 太子右內率府副率 令排 太子右內率府副率

武節郎子□ 從義郎子韡 子璋 子琭

伯椿 伯鎮 伯筠 伯感 伯侮 伯詵

師壽

希勉

與杓

孟璞

由作

博平侯令虛

文林郎子瓌 武節郎子僑

伯玉

師正 師必

希騂 希驂 希騏 希驛 希知 希昔

與朴 與忠 與棄 與佴 與材 與宜 與鉊 與退 與交

孟鄰 孟高 孟倫 孟煇 孟浮 孟瑮 孟友 孟睥 孟煥

由順 由興 由俊 由傳

□遠

伯才

師元 師鍾

希源 希得 希懕 希恩

與序 與俅 與僕 與傚 與佩 與放 與邊 與迢

孟煒 孟鏞 孟質 孟賚 孟漾 孟垌 孟圳 孟墻 孟洲 孟鋪 孟遲

由誨 由禮 由伸 由佀

伯琭

師虔 師武 師度 師慶 師炼

希教 希咮 希漢 希瀿 希熙 希燦 希黠 希黔 希枋 希脉

與避 與瑛 與六 與榴 與攝 與墫 與攢 與檄 與遊 與迁 與邈

孟鈁 孟銷 孟鎊 孟鐔

伯珪 伯岡

師炫 師煜 師煉 師燴 師英

希堂 希時 希懃 希訟 希至 希綰 希褒 希兖 希選 希殖 希液 希垾

與遐 與彩 與僮

孟鍵 孟垠 孟壕 孟垤

儋顯公 諡慶僖 令熅

屠奉大 夫子鈞

伯言 伯誠 伯詠

師昊 師尉 師爻 師藝 師呂 師參 師璽 師吾

希饑 希槁 希條 希傾 希壯 希霖 希邢 希鴻 希營 希騰

與儗 與濬 與椒

宋史二百十五　一百六十八

宋史表卷六　三十

瑒惠寫　陳貞刻

贈高密侯令□

子鎛　子權　子濬　秉義郎子煇　從義郎子坦　成忠郎子監　忠義郎子槩　子榮　三班奉職子滔　修武郎

伯誂　伯說　伯訢　伯讜

師惜

希宿

與㭬

子雍

伯成　伯勔　伯勤

師仁　師義　師禮　師憲　師賓　師造

希閎　希弨　希梈

與揀　與檀　與榕　與榻　與梁　與櫾　與榔　與芬　與薰　與萇　與清　與溥　與瀖

孟燡　孟爟　孟榑　孟椅

由墉

宋史二百十五　一百六十八

宋史表卷六　三十一

瑒惠寫　陳貞刻

右班殿直子京　右班殿直子盥　秉義郎子覰　贈朝請大夫子亮　秉義郎子充　子彝　贈訓武郎子皐

伯勳　伯助　伯𣪘　伯瓚

師文　師礪　師近　師洵　師汴　師灝

希和　希琁　希昕　希琥　希時　希昭　希暄　希睞

與瀏　與滐　與潼　與淦　與衛　與律　與濾　與淋　與潘

孟徽　孟仁　孟伺　孟倸　孟璒　孟珀　孟柠　孟桁　孟烱

保義郎 筆傳 勤子懋
伯憶 伯悅
師倣 師侃 師穩 師顯 師碩 師韻
希滬 希瀸 希瀋 希初 希建 希禪 希烝 希各 希涵 希涽 希汋 希涀
與澔 與柖 與榜 與倈 與伻 與澥 與傑 與讀 與杯
孟泉 孟鏵

贈右衛大將軍令騂
成忠郎子堅
伯恪 伯憺 伯浚
師頔 師辛 師佑 師倭 師邀 師劉 師旦
希角 希阮 希階 希隋 希陔 希陪 希府 希綂 希綸 希瑧 希玔 希玅 希珗
與韡 與贇 與轒 與轗 與樞 與悠 與爊

武翊郎子坣
伯紹 伯滌
師望 師躬 師譁
希絇 希旻 希顒 希頔 希鐕 希鍼 希鍞 希頯 希亢
與僊 與璽 與意 與葸 與廡 與涵 與沰 與珸 與壜
孟鐩 孟鉻 孟琋 孟梠 孟捷 孟灃

忠訓郎
伯溫 伯淵 伯澄 伯澎 伯洋 伯滂 伯褒 伯覽
師愍 師懃
希顧 希菘 希莠 希崢 希耕 希嶇
與潊 與洺 與滂 與渚 與翊
孟拯 孟椆 孟楷 孟浠

宋史二百十五

右千牛衛將軍令郄　贈榮國公令嬉

子堅　太子右內率府副率子遷　右班殿直子瑢　訓武郎子珣

伯戡　伯來　伯順　伯騏　伯頌

師滭

希頫　希源　希準

與岊　與樟　與棫

宋史表卷六　三十四　楊惠寫

二萬六个

師蘇　師董

希温　希泗　希瀟　希浦　希澣　希漣　希灝

與檯　與[illegible]　與楠　與榍　與檻　與樿　與溉　與楕　與棧　與棟　與楅　與桁　與欂　與欗　與檏　與析　與檯

孟燋　孟熠　孟煩　孟烶

陳刊

宋史二百十五

忠訓郎子暐

伯類　伯顯　伯頴　伯頓　伯頵

師鵲　師壼

希溶　希江　希潮　希滂　希濆　希澰　希鄉

與橡　與瞞　與漆　與椋　與檬　與燕

孟渭　孟埔　孟義　孟焰　孟亨

宋史表卷六　三十五　湯惠心寫

百一十个

修武郎子棋　右班殿直子真

伯顗　伯顓

師著　師恭

希太　希熊　希祥

與進　與達　與逅　與照　與運

孟謹　孟諒　孟誠　孟獻　孟皎　孟暐

由遜　由鏷　由燴　由玑　由瑋　由濱

羅善刊

宋史二百十五　二百三十六

宋史表卷六　三十六

贈東平侯令鑑
忠翊郎子璋　秉義郎子玦　訓武郎子璪　訓武郎子瑑　右班殿直子琇　子珣
伯驥　伯适
師磊　師覘　師智
希珹　希瑝　希璆　希璬　希瓊　希拼

贈昌國公令柯　贈安南侯令璘
承節郎子晉　武經郎子彭　左班殿直子周　右侍禁子瑜
伯杲　伯通　伯寿　伯益
師授　師坐　師悠　師穀　師範　師模　師學
希隆　希鑪　希釪　希銚　希錚　希鋌　希祇
與遷　與宕　與浮
孟頫

湯惠寫　羅善刊

宋史二百十五　二百四十七

宋史表卷六　三十七

濟陰郡公世長　昌國公世滋
太子右內率府副率令輯　太子右內率府副率令錢　太子右內率府副率令昆　贈河內侯令埤
子綸　贈武節郎子侑
伯脊　伯德
師肇　師彰　師彭　師形
希貫　希誧　希峻
與詩　與寬　與璞
孟詠　孟許

伯青　伯象
師勿　師形
希侑　希如　希清　希禎　希摯　希擇　希掐　希肇
與迩　與釤　與杓　與效　與敫　與散　與敔　與鄉　與拳　與槊　與邇
孟浸　孟浹　孟晫　孟昕　孟曨　孟璋　孟瞕

湯惠寫　羅善刊

宋史二百十五　一百二十五

宋史表卷六　三十八

成忠郎子伋　秉義郎子偘
伯詠
師紀　師流　師貢　師旻
希謹　希淀　希渊　希僎　希棣　希諹　希幹
與逮　與堪　與蜂　與烱　與煻　與縱　與襄　與禀　與書　與棨
孟琤　孟瑶　孟溘　孟壚　孟燿

贈秉義郎忠訓郎　候令棁子繼
伯仝
師鉉　師焯
希轄　希　希瑛　希玉　希棠　希琭　希銔
與棻　與榯　與櫞　與橙　與寓　與齊　與毅　與橒
孟槩　孟熘　孟煤　孟爈　孟檔　孟煇　孟巽　孟簡　孟瀍　孟淡

湯惠寫　羅善刊

宋史二百十五　一百十千

宋史表卷六　三十九

右侍禁子亮　右侍禁子純　秉義郎子維
伯全　伯把
師霍　師霸
希陽　希夷
與祿　與選
孟傎　孟伕　孟僐　孟僤　孟拱　孟推　孟採　孟捡　孟侶　孟　孟埊
由材

師霏　師溥
希陳　希際　希對　希則　希膺　希業　希綜　希玖
與潰　與漫　與洇　與途　與得　與進　與察　與隶　與宥　與宇　與宰　與々
孟泉　孟玸　孟璩　孟璇　孟璪　孟玏　孟灊　孟瀧

湯惠寫　羅善刊

宋史二百十五

宋史表卷六

四十

師雱　希玲　希岦　與榛　與寀　與宝　孟晏　子孫瀚（？）

與樑　與榨　與檣　與椊　與楼　與棨

希芳

師寵　希嶺　希嬍　與堅　與巠　與㙗

希數　希黴　與垒　孟晛　孟睍

希致

希叡　希敵

右班殿直子繹　伯超　師琬　師璹

希潏　希洵　希濟　與熊　與忻　與恒　孟鉠　由樞　孟鋙　孟鐱

與堡　與瑊　孟鏑　孟鑊

與珬　孟銑

希㦝　希潦　與珧　孟公　孟儁

與培　與墀

湯惠寫　羅浩善刊

表卷第六

宋史二百十五

富水侯世祚

東頭供奉官令播

太子右內率府副率令鉀

伯越

師玭　師璟

希泚　希沆

與埭　孟錮

與溴　孟鏸

宋史表卷六

四十一

湯言心寫　羅浩善刊

表卷第七

宋史二百十六

開府儀同三司上柱國錄軍國重事中書右丞相監修國史領經筵事都總裁臣脫脫等奉

敕修

宗室世系二

守	世	令	子	伯	師	希	與	孟	由
楚國公守巽	太師魏王世清	太子右內率府副率贈少師令郁	贈[illegible]使子壽						
				伯應					
				伯膺	師珵				
					師輊				
				伯廣	師瑊				
					師玠				
					師瑜				
				伯慶	師璧	希諸	與夔	孟玠	
								孟昳	
							與翕	孟懔	
				伯毓					
				伯珽	師球	希瞋	與崈	孟瀾	由侶
								孟寓	
							與齡		
							與渙		
							與高		
				伯林	師權	希洙	與及		
							與僎		
						希諺			
		[illegible]令閔		伯庶	師濤	希昇	與春	孟鐸	
								孟鍇	
								孟鉶	
							與計	孟燊	
							與澤	孟樑	
							與常		
							與燁		
						希溢	與龍	孟溍	
							與焰		
							與朦		
							與烁		
						希充	與瑞		
							與棖		
						希良	與剡	孟持	
								孟猜	
					師羲				
					師嘉				
				伯庠					

伯	師	希	與	孟	由
伯旗					
	師祿				
	師蘇				
	師仰	希祐	與瀎	孟淙	
				孟渭	
				孟澥	
				孟漳	
			與櫨	孟悳	由明
				孟慈	由最
				孟懃	由權
					由悰
					由恮
			與鏵		
			與鐖		
			與鈿		
		希彥	與鈊		
		希昶	與鉚		
			與鏙	孟婁	
				孟垐	
		希拱	與鈽	孟悒	
				孟曉	
				孟壘	
			與鈔	孟暐	
				孟暈	
				孟宫	
			與鎏	孟曦	
				孟曎	
	師仔	希躋	與瀍	孟意	
				孟懲	
				孟慮	
				孟恩	
			與埜		
			與壑	孟肥	
				孟憓	
		希民	與熚		
			與爟		
			與熉		
			與熾		
			與沂		
伯庳					
伯康					
伯唐					
伯度	師信	希湛			
	師侶	希棵			
伯雍	師賾	希蘇			
		希巘			
	師焰				
	師綬	希鑢			

一百七十七　表七　三　宋

忠訓郎子損　武翊大夫子極　贈榮國公令戟　封始安侯子扎

伯庳　伯應　伯麾　伯龐　伯適　伯迎　伯迪　伯逢

師巡　師宿　師兢　師閶　師琨　師駟　師左　師圍　師璵　師瑮　師頵　師閱　師唐　師賢　師感　師道　師蘧

希竣　希絢　希樅　希綵　希繝　希止　希槙　希賁　希膶　希鏆　希鈺　希鉞　希德　希衍　希浴　希可　希淙　希山　希霸　希俱　希倪　希健

與挾　與潛　與涓　與渢　與燵　與燔　與燃　與鄰　與袺　與逵　與遇　與約　與伊　與佞　與鍍

孟仳　孟位　孟尉　孟僮　孟倈　孟珋　孟瓓　孟璨　孟琺　孟琮　孟瓚　孟琨　孟檏　孟瑒　孟琬　孟墉　孟璘

由玫　由㻒　由瑢

一百七十六　表七　四　朱在明

贈成州觀察使子倫

伯適　伯遠

師陸　師勉　師原　師廋

希偶　希建　希翽　希禎　希對　希陽　希閭　希閑　希閭　希臘　希玲　希旁　希守　希韓

與紹　與晉　與玖　與石　與白　與皇　與案　與稱　與遒　與國　與稷　與節　與劍　與宣　與開

孟明　孟偶　孟環　孟縉　孟濤　孟汴　孟泠　孟淇　孟澳　孟潭　孟沂　孟灣　孟泗　孟洲　孟渭　孟泺　孟儁　孟凱　孟嵤　孟崗　孟岦　孟璕　孟琚　孟琇　孟功　孟析　孟塘　孟垓　孟壁　孟鏈　孟鍇　孟塊

由湃　由澗　由皺　由恩　由恳　由摑　由忠　由擇　由相　由樑　由枫　由櫶　由瓊　由熾　由烷　由應　由淳

贈東陽侯令揭

武經郎子瑒 左侍禁子華

伯邃 伯適

師公

希行 希孚 希望 希峴

與倪 與龠 與顧 與夆 與皓 與篨 與介

孟玑 孟璪 孟極 孟楧 孟樱 孟芭 孟墳 孟堝 孟滋 孟涑

由淑 由繼 由溥 由還 由鑰 由鋼 由熹 由鏴 由漂 由遂

三班奉職子㻻 武經郎子璘 承節郎子璭 承節郎子璥 贈從義郎子珏

伯興 伯與 伯璹

師孟 師福 師望 師琴

希汕 希舒 希里 希木 希搏 希俁

與洵 與壞 與格 與抑 與羔 與游 與侁 與佳 與讀 與渑 與[illegible] 與湥

孟仰 孟侑 孟弥 孟瀚 孟棣

伯東 伯大

師岐 師[illegible] 師[illegible] 師旬 師[illegible] 師[illegible] 師[illegible] 師峧 師峪 師璪 師碧 師鋻 師玩 師[illegible] 師淨

希朮 希侗 希付 希偉 希俶 希休 希綬 希雄 希詩 希僥 希倡 希[illegible] 希[illegible]

希[illegible] 希[illegible] 希箱 希淘 希設 希[illegible] 希捲 希聃 希慕 希恋 希急 希想 希忑 希怱 希[illegible] 希歷

與辦 與諒 與護 與誌 與諷 與謝 與論 與敦 與[illegible] 與達 與還 與拔 與播 與[illegible] 與稼 與諗

與吁 與[illegible] 與[illegible] 與娃 與湝 與[illegible] 與潛

孟賓 孟賓 孟鉷 孟鍈 孟憲 孟震

表七　七

東陽郡公世茂

朝請大夫令䄵　太子右內率府副率令照　贈奉化郡公令澧

加贈右奉議郎子勉　子勛　子勣　承仕郎子防　贈右領軍衛將軍[illegible]　子颿　子晦　贈右領軍衛將軍子[illegible]　子[illegible]　國信參官子晦

伯達　伯起　伯熹　伯鍵　伯曦　伯輔　伯壽　伯熹　伯禮

師顒　師孟　師轉　師莊　師古　師言　師魯　師回　師禹　師愈　師仁　師傑　師愬　師璧

希哲　希畝　希謙　希呂　希从　希暸　希博

與浴　與性　與傅　與儹　與誅　與穎　與涸　與晟　與秀　與諗

孟瑛　孟曦　孟璐　孟璆　孟僾　孟僩　孟儆　孟儇　孟僳

由庚　由洪　由泖　由灝　由涎　由潦　由潒

表七　八

贈開國侯令晳

忠翊郎子昇　右侍禁子明　左朝請大夫子昇　贈武經郎子昱　忠訓郎子衆

伯恪　伯惇　伯違　伯适　伯遐　伯迪　伯遵　伯奇　伯遐　伯邈　伯迅　伯滌　伯浩　伯淵

師祿　師正　師恩　師惠　師德　師恩　師沚　師漢　師訓　師說　師諫　師語　師議　師護　師計　師誘　師諸

希燁　希暎　希昕　希昕　希翻　希禹　希讜　希德　希佺　希僳　希安　希棣　希峨　希嶠　希儀　希儆　希俁　希懷　希[illegible]　希玧

與遂　與賓　與意　與坤　與鮒　與瑛　與高　與鐵　與濬　與徽　與迈　與驛　與徹

孟富

[illegible]八十一

表七 九

武當侯世績

太子右內率府副率令緊　贈南康侯令賞

太子右內率府副率子瑕　再贈武略郎子浩

伯林　伯攉　伯倫

師逵　師造　師逵　師遠　師迪　師選　師奎　師宣

希內　希若　希古　希斌　希從　希仰　希倒　希价　希像　希傍　希雖

與守　與旰　與嘀　與暕　與湛

孟宣　孟宇　孟容

由榦

何崖

太子右內率府副率令玥　贈廣陵郡公令褒

秉義郎子暖　保義郎子瑞　子琢　右侍禁子岡　武節郎子淵

伯梓　伯桂　伯岸　伯暕

師蹇　師密　師華　師述

希导　希佔　希什　希僮　希僦　希倫　希僐　希征　希鍊　希嶝

與忞　與宿　與鏮

[illegible]七十九

表七 十

司空崇國公世[illegible]

贈開[illegible]國公令琮

忠翊郎子瞍　成忠郎子璣　子琢　太子右監門率府率子賁　內殿崇班子球

伯[illegible]　伯機　伯昉　伯敦　伯所　伯[illegible]　伯暸　伯祐

師連　師選　師遁　師迩　師逆　師遭　師遙　師途　師近　師適　師偶　師侄　師鉦　師禹

希祺　希鎬　希嘉　希春　希英

與勤　與[illegible]

伯提

師羿　師吝　師仲　師倚

希文　希盛　希贊　希吮　希停　希琢

與汶　與睿　與鑑　與鐃　與樓　與振　與代　與衛　與[illegible]　與傷　與秒　與懷　與禮　與溶　與遽

孟伽　孟鑰　孟价　孟桴　孟拼　孟榆　孟椒　孟[illegible]　孟嵋　孟價　孟横　孟倖　孟漢

由鋼

伯福　師信
修武郎子暎
子晚
贈武經郎子道　伯槐　師澧　希夾　與晦　孟槪
孟祿
與垍　孟埧
與儀　孟碧
孟崽
孟穹
孟堯
孟嵩
希圂　與膺
與撤　孟玢　由賓
由灃
與麋　孟琭
希采　與煒
希逷
希僼　與証
與皋
與峻　孟嶒
孟漗
與嘆　孟鑿

與哼
與宅
與僞
希琈　與倖
希卷
師佳　希世　與寀　孟淫
與業
與粲
與振
與懦
希峃　與快　孟玒
與懊　孟桌
與佃　孟畔
希褱
希晃
希尼　與珇　孟怖
與戕
與迦
希且
希河　與禮　孟瑶
與鋒　孟蘐
孟玩
與鋮
師倪　希鈽

師禧　希商　與錚
與信　孟愿
孟膽
希息　與溧
與汫
師份　希鶚　與玿
與階
希攸
希昌　與鋼
希憬
師視
師竹　希經　與倬
希鋼
師譚
子通
沂州防禦使令歟　封馮翊侯子雅　伯恩
伯忞
伯賢
伯穎　師古　希宜　與畤　孟瑺
孟琀
孟瓚　由鑠
與信　孟璹
與蕃

師嵆　希仁　與務　孟逵
與熙
與正
與光
與溫
與簡
希僕
希俁　與祥　孟岍
希綜　與同　孟敷
與曾　孟文
孟鋭　由泱
孟瑠
與陞　孟揑　由中
孟嶽　由晏
與鋭　孟炳
與蝴　孟祿
孟華
與語　孟逵　由壇
希仰　與采　孟堅
孟介
希傅
希健　與璹　孟爛
孟㵒
希僮

師男 師𨪔 師文

希津 希僣 希竹 希聰 希及 希佃 希德 希伏 希浮 希佸 希家 希佺 希房 希僊 希觀 希琰

與淀 與理 與昫 與建 與生 與楨 與兀 與亮 與裕 與紹 與壽 與澄 與暐 與彪 與玞 與瓌 與旺 與熊 與𤪹 與[illegible] 與瑢 與𡏖 與墉 與溢 與[illegible] 與[illegible]

孟識 孟蘿 孟訪 孟潘 孟駿 孟篆 孟䝉 孟晴 孟㫋 孟箬 孟[illegible] 孟家 孟宥 孟[illegible] 孟晤 孟發 孟㩦 孟篆 孟璣 孟佐 孟佑 孟僑 孟畋 孟𠐊 孟优 孟㑘 孟俶 孟瑚 孟瑎 孟楷 孟[illegible] 孟[illegible] 孟安

由迴 由全 由侖 由懷 由[illegible] 由仁 由儁 由[illegible] 由德 由倎 由[illegible]

英成

左侍禁子昀 右侍禁子晉 左侍禁子壽 太子右監門率府率令㝡 從事郎子𣊟 從義郎子遹

伯碩 伯碩 伯灝 伯顒 伯禎

師一 師範 師尹 師𤈦 師明 師旦 師仲

希侯 希价 希衡 希𢀓 希諸 希𠑻 希萬 希鉄 希均 希顒 希宋

與㥿 與璩 與懌 與仗 與璡 與𩊺 與僘 與衡 與侯 與徐 與本 與梓 與𣓌 與[illegible] 與𨱔 與鉞 與鏈 與鍋

孟璽 孟曁 孟𧫒 孟晄 孟𩑉 孟𥊍 孟褚 孟切 孟給 孟析 孟𣐊 孟𣏌 孟棪

由𨧨 由暟 由𨮹 由鉸 由㬈 由僅 由德 由儉

川成

百九十

表七

贈朝請大夫令愻
秉義郎子楢
伯山
宣德郎令雄
子衡
從政郎子衎
伯儻
師焦
希荀
興傑
興玫
孟琫
孟衕
孟巙
由鑲
興璪
孟衎
由鎮
興瓖
興琺
孟潒
孟拱
希僩
興慈
孟株
興璄
興瑻
希諲
興瓆
孟楧
興璩
孟渻
興瑠
孟澞
興璮
孟瀙
興琱
孟灝
興璪
孟滑
伯佰
師秦
希孔
興料
師先
師生
希沵

十五

師酉
希郃
師閣
希懺
興璨
孟𡐤
由𡩋
孟曠
希沂
興瑰
興磅
興璀
孟鎬
興岭
希虔
師閔
希璪
希問
伯仁
師奮
師龍
希錡
興璠
孟坐
由棋
孟𡑭
孟坐
孟壇
孟型
興璒
興璩
興璣
興瓚
興琋
興瑆
孟臺
孟墶
興瑒
師相
師尊
希吉
興璹
孟鐵

倪顺昌

百七十九

表七

從政郎子衡
從義郎子術
伯靖
師文
希綸
希誾
希祐
希樸
伯埼
師害
希崇
興益
孟岳
希礦
希鏍
希銘
師害
希鋳
希銨
希浮
興穎
孟瑺
孟鏳
孟鑛
孟瀆
興梘
孟芯
孟喦
希湰
興櫶
孟泝
孟滗
興橀
孟㯳
希睐
興棐
興橥

十六

伯瑺
師容
希璭
希璩
興慶
伯爀
伯鏍
師璉
希偗
師璓
希僎
希儼
秉義郎子術
伯鳴
子行
伯茶
伯豪
伯黎
右班殿直令
武經郎令瞀
忠翊郎子滓
伯伸
伯瀚
伯祥
追封北海侯世應
贈朝請大夫令術
從事郎子綴
伯愈
伯達
伯黍
師璫
希樸
興衎
師雄
希樾
希㯳
師衕

一八五

表七　十七

王清谷

	盧江侯守度
	蘄春侯世宏　太子右司率府率世逷　高密郡公世玠
	太子右內率府副率令門　太子右內率府副率　率　贈奉化侯令夫　太子右內率府副率令䄅　太子右內率府副率令詠　贈河內侯令讓　忠州團練使令許
	三班奉職子直　三班奉職子愿　秉義郎子頫　子頻　子頍　成州團練使子𣍯　忠訓郎子暐　忠訓郎子儀　武經郎子鑑
	伯存　伯隨　伯𢗅　伯愿　伯彥　伯裕
	師誕　師皓　師轍　師直　師奭　師是　師尹　師文　師書　師傅　師縺
	希發　希豪　希奐　希玔　希瀸　希僜　希僭　希通　希迴　希堂　希䴉
	與涓　與璩　與琿　與𨖬　與𩆜

一九一

表七　十八

	華陽侯世萬
	贈冀州侯令媞
	忠訓郎子暉　子棻　武翼大夫子震
	伯袞　伯初　伯瑛　伯㥦　伯端　伯瑜　伯瑋
	師憖　師懌　師禹　師文　師答　師章　師頴　師聖　師閱　師炎　師渊　師煥　師虜　師厚
	希鉌　希咏　希沇　希介　希俞　希企　希淦　希仚　希旦　希遵　希仲　希謐　希亨　希潛　希勇　希沂　希潭　希澂　希沭
	與鐵　與及　與譖　與近　與遵　與過　與垂　與讜　與立　與中　與是　與遡　與䢵　與伶　與璩　與𠷎　與僊
	孟𢨋　孟璥　孟彪　孟傑　孟瞸　孟道　孟遂　孟俞　孟奎　孟迪　孟衍　孟玏　孟才　孟德
	由聰　由衎　由檣　由㯖　由櫨　由鋼　子宣孟　由鏘　由渙　由偃　由侻

表七 十九

忠訓郎子霖

伯城 伯鏵

師壓 師純 師紘

希溢 希瀆 希渭 希汚 希濬 希漢 希漫 希譊 希淨 希制

與伋 與俶 與𢖍 與祚 與敏 與佮 與碩 與臨 與淪 與迅 與逌 與僎 與修 與高 與適 與由 與粹

孟望 孟治 孟清 孟滔 孟潔

伯鐈 伯聰

師縱 師原 師閎 師嵩 師淵 師玉

希殷 希語 希淑 希學 希倧 希傎 希催 希儁 希嵾 希采 希聚 希渠

與息 與揆 與倩 與榣 與梧 與象 與棌 與端 與爔 與燻 與熗 與爆 與熹

孟恩 孟垒 孟燦 孟墜 孟爍 孟燔 孟垟 孟墩

表七 二十

承節郎子賓 右班殿直子霽 保義郎子霖 保義郎子 保義郎子霧

伯瑄 伯堅 伯格 伯讓 伯齡 伯料

師京 師汝 師淛 師富 師浚 師綸 師淐

希賞 希沖 希態 希懃 希意 希訟

與嵩 與撣 與揌 與檎 與

贈高密侯令物

忠訓郎子霖 修武郎子琦 武翊郎子璉 贈大中大夫子瑄

伯紹 伯興 伯華 伯瑛 伯與 伯構 伯勇

師政 師回 師閔 師倏 師伏 師保 師偲 師僅 師潞

希慕 希意 希慈 希訍 希詘 希譯 希識 希覲 希燠

與鄰 與顒 與深 與鈫 與芇 與藩

孟纍 孟鎬

君峁

表七

二十一

嘉國公世括

彥國公謚孝恪令稼

贈中大夫子琇　訓武郎子育　修武郎子兀　成忠郎子褒

伯玶　伯[illegible]　伯畋　伯暥　伯曦　伯晰　伯瞰　伯暉　伯暿　伯暌　伯晛　伯晅　伯

師億　師倬　師淵　師禽　師析　師戩　師績　師更　師杰　師龍

希掾　希誌　希云　希寀　希釋　希紘　希芬　希荃　希芸　希孝　希𣂏　希誠　希凝　希蘊　希鄣　希法　希騤　希國　希漭　希譜　希、

與峴　與堅　與拼　與扛　與㯙　與規　與全　與冠　與褒　與璐　與巖　與晞　與富　與澳　與圳　與樀

孟祠　孟綸　孟襘　孟沚　孟潚　孟塗　孟賁　孟潤

由儴

陳福

一百八十五

表七

二十二

修武郎子奭

伯時

師褧　師意　師稚

希遵　希過　希迎　希迴　希丞　希壚　希邁　希迷　希適

與溢　與廣　與康　與璔　與湊　與遣　與注　與潑　與華　與蓀　與蕆　與芮　與萊　與蘧　與袞　與京　與褢　與奕　與褭　與瓚　與瑄　與瑜　與璩

孟瓊　孟璟　孟境　孟意　孟透　孟珆　孟瑑　孟璥　孟槃　孟棨　孟端　孟䌛　孟熙　孟穎　孟楨　孟株　孟杭　孟澧　孟渶　孟均　孟潽　孟燐　孟瀍　孟鐈　孟泰　孟澤　孟浩　孟淄　孟澳　孟渚　孟庶　孟溶　孟脩　孟滌

由烈　由燾　由杞　由𣝕　子宜煓　由栢　子宜燗　宜焯　宜熾　宜燠　由墉　由橡　由櫨　由栟　由櫰　由植　由樘　由㭊

陳福

表七　二十三

謝子昌

（右半）

子：忠訓郎子璽　忠訓郎子膂　修武郎

伯：伯畯

師：師倘　師偶

希：希[illegible]　希蓬　希適　希逵　希曈

與：與球　與琮　與璲　與琫　與瑩　與玟　與瓌　與琺　與玢　與傃　與珽　與珣　與綿

孟：孟湔　孟鏻　孟凰　孟洽　孟渤　孟淇　孟澄　孟濶　孟溎　孟澍　孟汶　孟曦　孟聴　孟曜　孟琮

由：由檄　由梓　由抗

（左半）

令：贈博平侯令叟　贈博平侯令門　贈博平侯令夬　贈華陰侯令皖　贈右金紫光祿大夫令陛

子：子亦　成忠郎子幸　子夒　子元　子褒　右　子　三班職子　右班殿直子欽　保義郎子滇　秉義郎子圖　贈朝議大夫子阜

伯：伯曅　伯觀

師：師月　師輿　師誼

希：希証　希櫄　希紀　希嶠　希洙

與：與夋　與滿

一百七十七

表七　二十四

（右半）

子：贈金紫光祿大夫子英

伯：伯謙　伯鼎　伯晉　伯[illegible]

師：師訒　師些　師熺　師㤰　師淵　師鬵　師犇　師夏

希：希故　希徨　希謨　希郇　希竹　希杕　希懥　希憽　希愯　希惇　希憰　希代

與：與注　與渫　與㶁　與濎　與壁　與溯　與初　與祜　與柫　與秙　與畾　與秕　與埏　與科　與穗　與積

孟：孟落

（左半）

伯：伯涗　伯洙

師：師輿　師端　師筝　師寮　師原

希：希懽　希佗　希樺　希夏　希堯　希窗　希亮　希巃　希嶒　希崟　希屙　希庾　希㡯　希膂　希賾　希冲　希德

與：與玧　與習　與晉　與譬　與響　與體　與瞥　與書　與諸　與埸　與梓　與櫚　與札　與煮　與絲　與熏　與圍

孟：孟盂　孟蕃

令汲 武翼郎
子正 贈武義大夫
子蒙

師禎 希恳
希篤
希遹
希念
與夾
與熈
希懇 與纂
伯渲 師開 希僘
希倰
師羽 希偦 與許
希僣
希侻
希倜 與諴
希儔
師慇 希傚 與謎
與譏
希僊 與諭
師鄰
師棨 希矢 與雋
伯沂
伯瀯 師折
師踌 希道 與派
與涵
師宫 希迎

希適
希遺
師秉
師郢 希邊
伯澥 師抗 希炤
師儃 希焜 與壂
伯巽 師釪 希瑚
師鎔 希潘
希澧
希洊
希燮
希溹
伯趾
伯泰 師構 希面
希奕
伯禹 師涉 希玥 與情
與杜
師喻
師賓 希篤
希㬊
伯憖 師瑚
師珽 希偬
伯惠 師錫

子部 修武郎

伯慫 師珠 希謂 與桂 孟佰
與禎
希訶
師珊 希詒
希謝
伯篙
伯濕 師勱
師理 希邀 與儀
師玧 希逮
與儷
希逵 與徹
師琥 希透
師瓏 希遵 與俘
與傷
希止
師瓆 希㧑
伯鄭 師璘 希梧 與徽
與璩
希傅 與沅 孟憲
希僕 與流 孟急
孟恕
師瑁
師瓊 希月

子師 贈訓武郎

師玳 希鐩
希鐫
希槽
師琁 希槃
希橘
希樟 與炓
與爆
希杷
師現 希爆 與鐈
希璮
師瑀
師璽 希消
希湊
伯悆
伯悳 師渾
師湜 希懷 與促
希診
師翰 希鑽
希離 與瀬
希瘠
師劭 希憓 與熠
希懋 與瓓
與瑎

表七　二十七

國公世著

武翊郎令沖　嘉國公令出

朝散郎子□　子蹤　左侍禁子倩

伯祥　伯和　伯燻　伯郃　伯敔　伯奎

師勸　師飭　師勁　師劬　師勳　師古　師老　師文　師旦　師杰

希擇　希櫟　希櫓　希鉞　希楷　希柢　希檜　希櫆

與玫　與玩　與炂

贈左屯衛大將軍令忱

右班殿直子樵

伯漫　伯塈　伯愿　伯憲

師煜　師章　師向　師峴　師艶　師詖

希穰　希杰　希瀾　希燮

與騤　與驎　與習　與灉　與澤　與駿　與杞　與檜　與櫞　與說　與明　與湲　與沸　與玲

孟潔　孟俯　孟烰　孟燏　孟優　孟仏　孟璧　孟鬷　孟棒　孟咳

由衎

謝成

表七　二十八

郴州防禦使令敞　成節郎令惟

文林郎子榜　成忠郎子昂　保義郎子聰　保義郎子發　忠訓郎子迪　忠訓郎子遒　忠訓郎子遠　子邁　成忠郎

伯忞　伯皙　伯宣　伯宜　伯疊

師債　師強　師贇

希羿　希儁

與儀　與䨺　與衮　與沭　與漢

孟曆

滏陽侯守廉

贈華原郡公世奉

修武郎令燕　贈建安侯令賚

子達　右班殿直子銳　再贈武經郎子歸

伯旦　伯靳　伯達　伯适

師擧　師畏　師騂　師崧　師寶

希微　希偰　希脩　希稷　希悅　希惜　希憣　希悄　希殳　希騑　希制　希淡　希剡

與瀶　與涑　與湀　與瓌　與迄　與池　與涖　與玗　與乂　與秉　與瑒　與玬　與瑞

孟灊　孟淵　孟珣　孟濂　孟械　孟池　孟裒

謝成

武經郎令磅

保義郎子鏜　子鎑　子鏻　子鍃　忠訓郎子鉞　子錡　成忠郎子銑

伯達　伯導　伯遊　伯述　伯造

師卿　師瀞　師伍　師訙　師黄　師簵　師璺

希霍　希令　希熄　希菅

與僩　與俔　與仫　與傕　與捨　與持　與搊

孟檠　孟珷

子鏄　從義郎子鑑

伯過

師元　師麿　師杞　師燮　師丨

希華　希銘　希尊　希村　希揆　希會　希想　希瑁　希懸

與例　與璃　與錄　與佪　與僕　與嘩　與潯　與瀟　與方　與密

孟俇　孟瑀　孟璋　孟瑒　孟壇　孟潸　孟瀷　孟添　孟珴　孟璧　孟瓌　孟琊

伯遴　伯逖

師仂　師岱　師詠　師訪　師僭　師鑄　師檎

希劉　希頤　希榆　希硫　希礪　希勸　希連　希海　希淄　希貽　希洲　希涼　希璒

與行　與烽　與漢　與溪　與燋　與禧　與潤　與滝　與征　與浪　與梢　與初　與倰　與宁　與征　與悰　與橽　與燎

孟荃　孟塔　孟坼　孟琢　孟璭

忠翊郎子鑛

伯遈　伯丨

師主　師倍　師戩　師亢　師瓆　師瓆

希槩　希[?]　希禾　希懺　希燧　希璹　希津　希清　希洄　希汗　希滭

與橥　與宝　與窬　與寘　與窯　與窳　與擅　與縱　與佐　與桐　與樯　與枎　與杚　與朾

孟燸　孟訯　孟諭　孟諤　孟鑊　孟逕

子	伯	師	希	與	孟
			希嵈		
		師珎	希廟		
			希漠	與秋	
				與德	孟譓
				與櫚	
			希濟	與濡	
				與衬	
				與榱	
			希淦		
	伯逾	師玨	希淪		
			希湘		
			希滑	與蘖	
			希湊		
			希乏		
			希濤	與鏽	
				與遞	
		師瑋			
贈中奉大夫子鄒	伯迭	師光	希畋		
			希稷	與坰	
			希尾		
		師今	希溱	與佈	
				與名	
			希澮		
			希紻	與玅	
				與澤	
			希衡	與栨	
			希遡		
		師咨	希鯉	與儴	
			希襄		
		師叟			
		師邕	希塽	與璧	
			希圴		
	伯迦	師琦	希鉐		
	伯遍	師準			
		師竦	希璪	與蒃	
				與苹	
			希縻	與葖	孟傃
		師流	希絜	與荃	孟傑
			希孌	與蘭	
				與蘆	
			希系	與蕃	
		師放	希畋		
				與師	
子顥					
子顗					
子顯					

表卷第七

右千牛衛將軍惟固		
	西頭供奉官令廉	
		左班殿直令鶻
		西頭供奉官令畀
		右班殿直令跂
		右班殿直令岀

儀同三司上柱國錄軍國重事前中書右丞相監修國史領經筵事[illegible] 修

宗室世系三

許國公惟忠
東莞侯從恪
安陸侯世安
太子右監門率府率令展
榮城郡公令趙
贈奉國軍節度使子韶
伯演　伯冠　伯羅　伯溫　伯良　伯恭　伯欽　伯惠
師尹　師錫　師道　師古

蔣士良

訓武郎子宴　左侍禁子詡
伯羲　伯魚　伯山　伯識　伯潛
師仁　師智　師雲　師立　師覲
希暗　希聘　希晴　希畤　希品　希崖　希嵩
與功　與璉　與閬　與明　與謨　與錫
孟迪　孟迺　孟遷　孟淺　孟淏　孟櫝
由祐　由付　由僑　由信　由涫　由澤　由櫃　由琰　由果

士良

博平侯世融
贈華原郡公令妟
贈銀青光祿大夫子潡　承節郎子騏　承節郎子翊　右班殿直子韶　武義郎子刷
伯光　伯璟　伯端　伯侑　伯不一
師望　師侃　師懷　師白　師蒙　師摯
希顔　希鐸　希璞　希珽　希鏻　希鑛　希深　希畬
與堅　與誼　與謹　與許　與䳡　與綮
孟寬　孟恵　孟贇　孟漭
由瑊　由[illegible]

伯常　伯克　伯亢　伯元
師一　師心　師稷　師契　師夔　師孟　師充　師益
希圓　希華　希外　希勳　希琇　希瑠　希乂
與佐　與𢢷　與僖　與偕　與俁　與徐　與迴　與達　與隨　與遷
孟淩　孟濟　孟汭　孟汝　孟濂　孟櫨　孟瑀
由瀚　由據　由偵　由述　由德　由璪

表八

三

胡子秀

令: 贈華陰侯令蔵

子: 朝請大夫子滌　武節郎子溥　封華陰侯子春　封壽國公子劌

伯: 伯先　伯莧　伯允　伯覿(?)　伯覲(?)　伯覗(?)　伯覦(?)　伯强　伯僖　伯槻(?)　伯昂　伯禺　伯旻

師: 師直　師乂　師常　師鑑(?)　師逾(?)　師驟(?)　師成　師古　師迅　師夷(?)　師道　師疑　師適　師過　師宣　師厚　師稷

希: 希祉　希僚　希英　希莊　希寶　希奕　希説　希詵　希璿(?)　希瓊(?)　希熹　希圻　希垺　希鈿(?)　希驊(?)　希奇(?)

與: 與沧　與达　與瓚　與櫟　與琦　與璐(?)　與戆(?)　與擔　與嬌(?)　與枔　與邁　與實　與賜　與佶　與瀶(?)　與鉞(?)　與灣(?)

孟: 孟玞　孟珣　孟槐(?)　孟濬　孟濂　孟鑑　孟鑄　孟銘　孟鎬　孟錄(?)　孟鋁(?)

由: 由堉　由壅(?)　由埤　由圩(?)　由瀟(?)　由勳(?)

表八

四

子秀

世: 洋川侯世昌　太師魯國公世觀(?)

令: 太子右內率府副率令班(?)　贈清源郡公令褒(?)　太子右內率府副率令焼(?)　贈少師(?)公令璞(?)

子: 太子右內率府副率子房　子情　太子右內率府副率子陽　從義郎子侯　子溥　贈威州防禦使子鈞(?)　右班殿直子绚(?)

伯: 伯恳(?)　伯鳳(?)　伯尊(?)　伯震　伯友　伯過　伯達　伯允　伯席　伯元　伯尚　伯琳

師: 師禊(?)　師挺　師傳　師鍼(?)　師禪　師損

希: 希渼　希位　希鏊(?)　希彬(?)　希智　希棨　希圃　希暾(?)　希瀹

與: 與禽(?)　與教　與弇　與民　與偏　與償　與備　與意(?)

孟: 孟鏵　孟搆　孟扶　孟撼　孟據　孟抱　孟擣　孟穰　孟滓　孟偶　孟倫　孟讖

表八 五

贈洋國公令蕆　贈襄陽侯令鷁

三班奉職子汾　子瀹　子睿　忠訓郎[illegible]事免子度　太子右內率府副率子橐　封蘄春侯子貫　子貴　武節郎子贄　右班殿

伯迪　伯遷　伯杭　伯璜　伯璋　伯璣　伯益

師鍛　師瑰　師璐

希逵　希鎵　希崇　希熇

贈廣陵侯令鑲

直子賀　承議郎子賢　左朝請郎子貢　子贇　子寶　從義郎子緩　武翊郎子峰　子鏵

伯珙　伯璘　伯壽　伯威　伯遷

師檳　師枝　師儒

希欽　希鑄　希鎮　希鑑　希鑄　希銳

與筵　與道　與適　與袍

表八 六

朝奉郎子縝

伯倫　伯仙

師灝　師汚　師源　師灋　師滋　師沂　師歷　師邊　師漥　師蕍　師渢

希玭　希瑜　希璩　希琇　希琇　希璿　希琪　希玿　希瓔　希瑾　希璹　希瑒　希琱

與巢　與鍔　與鉊　與謙　與善　與諒　與管　與濂　與質　與鑑　與良　與述

孟迤　孟侶　孟仿

由壺

贈清川郡公令白

保義郎子鲜　太子右內率府副率子顯　武翊郎子僮　左侍禁子儀　忠訓郎子健　武德郎子僊

伯備　伯虎

師洸　師淵　師沃

希琦　希球　希瑅　希璩　希璲　希琥　希集

與共　與夏　與鎬　與儒　與輝　與志

孟瑞　孟瓚　孟璉

表八　七

子	左班殿直子燐、右朝散大夫子亮
伯	伯孺、伯家、伯逵、伯謙
師	師舉、師卦、師昇、師華、師偁
希	希闊、希閽、希炬、希燎、希闢、希簡、希爛、希陶、希閭、希亨、希杜
與	與濠、與充、與煜、與洸、與激、與㵾、與鋼、與綱、與銓、與鑰、與護、與杭、與僮、與僑
孟	孟恃、孟初、孟琮、孟樑、孟瑄、孟鐩、孟鎗
由	由瓊、由璿

令	右屯衛大將軍令諒、贈富城侯令亍
子	訓武郎子僎、忠翊郎子倚、三班奉職子紬、三班奉職子𧨻、左侍禁子[illegible]、子[illegible]
伯	伯全、伯余、伯㮚、伯張
師	師遜、師逵、師延、師璞
希	希巴、希𧸖、希[illegible]、希禎、希福、希向
與	與邠、與仟、與徽、與琢
孟	孟鍜、孟鑽、孟鏤、孟鉞、孟鈉、孟衎、孟鏞、孟鍋

表八　八

公	韓國公[illegible]
世	右監門率府率世[illegible]、右武衛大將軍世[illegible]、右驍衛大將軍世[illegible]、武當侯世宣
令	率府副率令[illegible]、太子右監門率府率令[illegible]、令[illegible]、和國公諡孝僖令[illegible]
子	贈[illegible]節度使子[illegible]
伯	伯誂、伯詋、伯諷
師	師騎、師駉、師駁、師古
希	希晉、希谷、希奇、希言、希坷、希敏、希叶、希璃、希高、希游
與	與[illegible]、與[illegible]、與晏、與[illegible]、與映、與義、與盈
孟	孟本

令	贈右屯衛大將軍令遵
子	修武郎子丕
伯	伯毛、伯逵、伯誠、伯奭、伯庸、伯立
師	師莊、師直
希	希驰、希濟、希夾
與	與莊、與說
孟	孟仕、孟儔、孟[illegible]、孟材、孟[illegible]
由	由萬、由選、由灣、由適、由遶、由迦、由迪、由適、由遵、由善、由還

卷二百二十七　表八　九

贈廣平侯令檣　三班借職子有　左班殿直子𤥨　右班殿直子充

贈東平侯令㯿　訓武郎子平　伯逵　師旦　希伯　與杖　孟𨏩　希合　與瀫　孟稹　希成　希留　與琇　孟堵　孟㥾　孟𢞁　與珮　孟垤　孟埤　孟墩

師勐

希亮　與璪　與𤨏　希衮　希懋　與琿　孟鐻　孟鏞　伯恭　師耋　希昌　與瀿　與璸　孟鈞　孟鐩　由符

與玎　與璟　孟依　由淦　與玲　孟錡　孟夔　孟霧　孟丞　希允　與瑋　孟俐　與璐　孟僼　由道　孟佳　由遠　由逵　與琭　孟𠊧　由滽　由近　孟侊　孟儞　孟侁　希迹　與玠　孟倪　由尉　孟俯　孟僳　與琪　與璂　孟㑎　由暖　孟嵩　與璆　孟鏑　由淳　孟鏞

卷二百二十七　表八　十

希儀　與瑞　與玟　孟鐩　孟証　孟偉　孟仉　孟個　與璐　孟僔　孟伍　希同　與瑕　與璒　與瑵　希璘　與玥　孟㽞　與瑰　與琿　孟岳　孟岱　孟璽　孟瀫　希載　與瑊　孟湃　孟敷　孟滘　希齋　希瞲　與璸　與玶　希倩　與瓛　與玦

與琪　與瑩　孟致　希附　希富　與裔　孟曜　師信　希濯　與寅　孟靜　孟𪻐　與宅　孟𧫒　由𧫒　孟瑧　孟𤩽　孟璩　希𦣻　與𦣻　師德　希𥙖　師仍　希廢　與迪　與䢼　孟價　孟併　由𠾆　孟僃　與這　與䢺　希䭫　與訾　孟洎　與璪　與𪻐　孟𪻐　與璅　與𤨏

百五十七

表八

十一

秉義郎子常

伯忠　伯慮　伯虔

師謚　師公

希彔　希韡　希球　希瑊　希珖　希瑩　希綱

與玗　與玦　與瑊　與琥　與珈　與珍　與琲　與璥　與徽　與衡　與僅　與孫

孟憬　孟傻　孟僮　孟傑　孟滌　孟龜　孟送　孟迢　孟遺　孟遵　孟愈　孟懋

由泄　由濂　由埤　由坡　由呼　由埈

視平山

伯彝

師注

希鉀　希鏡　希璿　希鋼　希鉞　希林

與愫　與憔　與黨　與僕　與櫟　與櫻　與楓　與柤　與樸　與枇　與桯　與枎　與佋　與仍　與保

孟鶯　孟適　孟慈　孟恩　孟鑿　孟棈　孟華　孟華　孟慰

由墉　由璿

百六十四

表八

十二

伯廉

師誨

希鄂　希樣　希杓　希壇　希埠　希增

與僞　與僖　與烈　與僳　與優　與脩　與偉　與佩　與格　與源　與進　與逢　與邁

孟鏤　孟鏵　孟鑑　孟鍊　孟村　孟鑑　孟釵　孟鎧　孟錄　孟釬　孟鐢　孟應　孟鎏　孟游　孟港　孟澆　孟汴　孟清

由楓　由桄　由楗

贈奉化侯令愔

訓武郎子勸　忠訓郎子肇　子㦤

伯謙　伯訓　伯謹　伯賡

師孟　師蔡　師靖

希元　希宏　希寔　希嶬　希奐　希均　希壘　希墿

與逵　與遴　與賓　與賦　與賕　與賦　與賁

孟洵　孟渭　孟清　孟睦　孟晬

由欒　由粿　由鐵　由櫺

右侍禁子隠　武翊郎子奎
伯迪　伯述
師章　師勛
希節　希錫　希炳　希有　希進　希卓　希續　希𤎼　希起
與儳　與昴　與楫　與葉　與傅　與侍　與佯　與瑀　與瑑　與棨
孟瑑　孟珙　孟璺　孟輔　孟裕　孟軾　孟鞴　孟輻　孟轊　孟敘
由璄　由玥　由莛　由理

子戳　武德郎子臧
伯戩　伯愁
師祭　師㮚　師剣　師統　師坤
希宴　希斌　希琍　希栢　希瀋　希冽　希導　希稹　希窮　希升　希庭　希淑　希烽　希燻
與堯　與燁　與績　與侃　與偲　與陰　與玗　與籌　與賓　與瑍　與錦
孟鋭　孟傳　孟灯　孟館　孟㻸　孟槁　孟禧

保義郎子敦
伯适　伯俊　伯仁
師撫　師䚡　師特
希式　希渡　希活　希沱　希浼　希濆　希淌　希涸　希淀　希瀛　希疇　希沫　希濄
與瑀　與圭　與坪　與垟　與泉　與霞　與震　與遡　與遪　與达　與仚　與彷　與衞
孟稷　孟埕　孟璐

師剣
希遵　希鋭　希格　希蓋　希爛
與坴　與𡵓　與賓　與鰈　與暐　與官　與審　與寄　與賁　與害　與齐　與觀　與覵　與覞　與觀　與琉
孟贇　孟補　孟禕　孟珊　孟燕　孟檜　孟悄　孟性　孟崖　孟憬　孟燈　孟忖　孟㴯　孟忦　孟恤　孟璪　孟瓊
由壐　由烟

一万八十四

表八

十五

希汙 與僩
與烇
希湙 與㩉
與栻
與枑
師㭨 希泸 與棠 孟霙
與栗 孟浚
希滉 與柬
與梗
希忭 與榴
與紬
師鉻 希濟 與桐
與橃
希瀼 與鵬
希汃
希瀏
贈訓武郎子卑 伯時 師寧 希易 與洺
與淮 孟侯
孟㑀
與瀞 孟覫
孟㨗
與淶
希真 與浯 孟燕

朱豈

孟鄂
與浞 孟櫰
與澤 孟扒 由煙
孟巑
孟檣
與潤 孟洸
與液 孟柯
與泝 孟神
孟惡
孟謝
孟誅
與漮 孟豫
孟杼
師孚 希忡 與汻 孟煙
希槙 與淅 孟瑯
與浛
師寬 希煮 與渫 孟邊
希應 與瀌 孟徐
與湑 孟撚
孟授
與浥 孟揮
希鳳 與浛 孟梧
與溝 孟拾
孟拭
師富 希錧 與滴

一万五十四

表八

十六

與汥 孟植 由璧
孟柏
孟杲
與浣 孟槊
與滆 孟杲
孟渠
孟某
孟杲
孟黨
與瀹 孟蓁
與澧 孟搭
孟橍
希鐻 與澤 孟摳
與㴴 孟鄰 由犀
孟螉
與湾 孟幡
孟杉
孟杭
孟㧑
孟擁
孟撲
孟㯋
孟撮
與盪 孟橦

孟栢
孟掘
孟柘
孟枝
孟梅
孟瑃
師龍 希杰 與海 孟鞋
師寓 希壺 與湰
與汻 孟技
希栱 與沈 孟鐗
與沉
與濬
希室 與溪
與沼
與滻
與溱
伯昊 師道
伯參
伯常 師參
師迪
師達 希岩 與愧 孟灝
師寘 希冠 與沆 孟滃
希上 與鐶

表八 十七

子□
東頭供奉官子□
保義郎

贈永寧郡公令□

伯安

師岳 師廣 師□

希□ 希耆 希□ 希僥 希漸 希量 希栓 希□ 希耀 希煋 希煥 希炭

與鎖 與鈉 與□ 與□ 與沆 與諝 與□ 與□ 與沖 與□ 與涉

孟襃 孟□ 孟□ 孟鑣 孟錫

成王世準

太子右內率府副率令□
令□
太子右內率府副率令□
贈□□衛大將軍令□

子□
從義郎子□

伯長 伯成 伯強

師正 師閔

希仲 希沆

與□ 與□ 與□

孟□ 孟□ 孟□ 孟□ 孟□ 孟炊 孟□ 孟□ 孟□ 孟□ 孟炆

由□ 由□ 由□

表八 十八

贈太師消□王□
贈太傅□□□□□
右班殿直子消
贈少師子淵

伯□ 伯□ 伯璨

師諄 師□ 師滄

希貫 希公 希實 希察 希易 希□

與言 與回 與□ 與商 與行 與求 與溢 與拓 與誠 與娛 與謐 與悉 與雋

孟倫 孟鉅 孟□ 孟□ 孟□ 孟□ 孟□ 孟璋 孟□ 孟杰

由□ 由遠 由□ 由□ 由坊

伯牛

師直 師□ 師旦 師□

希□ 希□ 希□ 希傳 希価 希義

與□ 與許 與□ 與庠 與□ 與□ 與庚 與□ 與□ 與□ 與□ 與進 與湘 與程 與儉 與□ 與□

孟□ 孟□ 孟□ 孟□ 孟□ 孟□ 孟□ 孟□ 孟□ 孟□ 孟□ 孟澏

由陸 由□ 由□

二千八

表八　十九

太廟齋郎子漸　承務郎子渙　修武郎子淙　累贈太師子道

伯材　伯玗　伯瑃　伯曦　伯己

師古　師德　師愈

希盅　希韓　希叔　希希　希洎　希憼

與戡　與珠　與劇　與恙　與桂　與忿　與瑚　與義　與炯

孟漆　孟焜　孟瑜　孟晃　孟琦　孟侯　孟渫　孟偲

由璚　由瞻　由琥　由珍

李以成

伯熏

師白　師回　師璩　師滋　師道　師暁　師碩

希憼　希裕　希鬱　希悯　希遠　希賓　希雰　希案　希泮　希旧

與銳　與果　與梓　與澤　與術　與瀟　與墀　與晏　與遇　與鬱　與瓏　與綷　與瑚　與熔　與銘

孟瀛　孟嵐　孟濊　孟侯　孟濂　孟淬　孟洸　孟洛　孟蟠　孟脩　孟侗　孟佚　孟併　孟僎　孟健　孟偈

二九三二

表八　二十

贈少師郡公令晛

中奉大夫子沂　累贈太中大夫子滌

伯偷　伯益　伯寅　伯杰　伯禮　伯燾

師明　師閔　師簡　師範　師烽　師熙　師鷺　師默　師熙　師炳

希據　希丙　希遇　希道　希璽　希基　希峴　希堋　希坏　希垚

與東　與璽　與珂　與潢　與瀵　與寰　與仁

孟鑒　孟徽　孟良　孟璧　孟儕　孟玖

以成

贈武當侯令恂

三班奉職子游　子評　訓武郎子衿

伯紀　伯譜

師學　師炤　師灼

希憲　希柳　希覺　希喊　希燁　希壕

與文　與晢　與翔　與試　與誨　與鏈　與銘　與佚　與驛　與誦　與瑤　與塋　與觀　與沖　與儴

孟什　孟遒　孟評　孟玖　孟琈　孟璿　孟鏘　孟鏡　孟璪　孟畯

由閎　由璧

表八 二十一

子：武經大夫子初　秉義郎子棣　承信郎子𢡟?
伯：伯纘　伯平　伯紀　伯錀
師：師僎　師周　師觀　師朝　師攻　師秉　師路?　師濆
希：希庠?　希撰　希穼?　希杉　希舉　希夷　希浮　希尊　希藴　希鑄　希𡷊?　希淦　希墳　希惜?　希理　希午　希𨨏?　希千　希謝
與：與脩　與鎔　與𡷊?　與玟　與烽　與頤　與料　與鈞　與柔　與能　與增　與波　與玳　與覺　與英　與謹　與盈　與芝　與其　與許　與淑　與泳　與憑　與質　與竹　與泣　與譚　與素　與傺　與慥
孟：孟櫰　孟穎　孟溍　孟琪　孟隨　孟玕　孟姒　孟暘　孟莊　孟陳　孟管　孟莳　孟瀧　孟需　孟滕　孟緦　孟坤
由：由瓏

李友文

表八 二十二

令：贈正奉大夫令郎
子：子𡸁?　修職郎子峣　朝散郎子峨　贈左朝請大夫子嵴
伯：伯經　伯紳　伯栝　伯林　伯發
師：師銓　師汾　師劭　師僥　師俞　師柞　師善　師德　師直　師恩　師輿　師檣　師寬　師靭　師贊
希：希謫　希鋤?　希譜　希藻　希樞?　希楬　希磺　希濛　希皓　希樂　希遷　希𢛁?　希仿　希文　希慎　希岷?　希鳳　希[illegible]
與：與璧　與䥶　與鎔　與登　與蔵　與璹　與琊　與彈?　與誅　與譽?　與侅　與劍　與侗　與偹　與琪　與漂
孟：孟輶　孟倚　孟松　孟倚　孟假　孟晉　孟光　孟儀　孟桴　孟傯　孟溫　孟瀛　孟滸　孟灝　孟洧?　孟浩

伯忌

師亦 師僊 師伊 師仲 師傅

希央 希賢 希虞 希禨 希錡 希象 希熟 希錦 希渺 希舊

與懽 與鎮 與戍 與𤧫 與湏 與𡻕 與迸 與濂 與淦 與淩 與澡 與蒨 與芒 與積 與鄒 與捷 與𢏺 與䝼 與玠 與棕 與琗

孟漢

贈朝請大夫子嚴

伯傚 伯行

師奉 師鄧 師窗 師宅 師電 師燕 師祐

希炊 希珀 希錄 希續 希撲 希謝 希鉄 希由 希臭 希曰

與甯 與擣 與鎔 與鉉 與潾 與沁 與濆 與化 與柳 與槙 與祈 與橢 與木 與滑 與𦂶 與陵 與垚

孟瑕 孟咮

贈少師開府儀同三司子彥

贈太師嗣濮王謚……大夫子矜

希麟 子仍

伯衛 伯術 伯桁 伯曄 伯瀚 伯充 伯皋 伯意 伯武

師態 師暘 師石 師贄 師季 師啟 師壽 師寓

希傈 希辰 希圃 希目 希鏞 希𩆜 希宮 希暢 希𢏺 希康

與擭 與抱 與燒 與壹 與訶 與嚈 與𢴉 與杌 與簡

孟佗 孟瑍 孟𥨊 孟漢 孟灞

贈太子少師封嗣濮王子𢁉 大夫子敬

伯陽 伯師 伯庬 伯厚

師忞 師感 師惠 師惪 師悉 師伋 師慥 師估 師憤

希奎 希鐵 希𢇍 希送 希瑰 希𨑳 希𥗯 希權 希殼 希𥿲 希𤧫 希𦂶 希懽

與𢲵 與枅 與𠲖 與濾 與𤄫 與𦂶 與鎔

孟惜

彭城郡公世本

左班殿直令熇　左侍禁令絅　武節郎令據　贈[illegible]公令岩

三班奉職子筐　子範　子篮　子策　子璜　[illegible]子釜　三班奉職子陞　武經郎子適

伯傑

師倜　師慘　師璐　師殺

希送　希迓　希慜　希供　希貨　希機　希柯　希桑　希杞　希松　希楫　希櫆　希樞　希東　希敓

與麿　與營　與皖　與時　與旺　與旼　與伎　與葱　與葳　與朸　與琥　與回　與鍼　與淡　與璽　與珷

孟鐫　孟穀　孟蚪　孟銲　孟炤　孟熗　孟爆　孟璥　孟翔　孟瓊　孟過　孟遊　孟潢　孟琫　孟璺　孟逵　孟趍　孟邁　孟遭　孟逵

由待　由仉　由璡　由琦　由琂　由珹　由浩　由濱　由昇　由楠　由琥　由徐

修武郎子遵　成忠郎子溯　子適　忠訓郎子珠

伯祥　伯仲　伯俊　伯祿　伯謙

師兌　師古　師懷　師恁　師湧　師石

希球　希膺　希隆　希陵　希檳　希恍　希允　希汎　希元　希珈　希效　希數　希白　希乙　希淑　希璧　希玶　希琥

與成　與交　與宙　與家　與省　與錦　與韻　與鐸　與卸　與齊　與鈺　與鍋　與立　與鐵　與鋼　與鈴　與戈　與衡　與鍾　與瑚　與璥　與琳　與璘　與璫　與瑜　與琫　與璸

孟墉　孟題　孟适　孟述　孟進　孟連　孟邊　孟迟　孟遵　孟遥　孟逸　孟淳　孟邉　孟逮　孟適　孟迺　孟魏　孟綉　孟靜　孟鐶　孟試　孟誘　孟詖　孟謙　孟謀

由濤　由淚　由瓊　由璿　由鍼　由瑛

表八　二十七

令：左中大夫令高

子：訓武郎子遹　從政郎子選　從政郎子遊

伯：伯衆　伯頼　伯顒　伯寧　伯賡　伯康　伯庠　伯勲

師：師愬　師奭　師旰　師明　師管　師柤　師休　師諶　師器　師倘　師侗　師儃

希：希奕　希獻　希奮　希列　希筭　希琁　希僙　希欣　希郇　希説　希郟　希圓　希拳　希諱　希橼　希淮　希曆　希湊　希瀧　希總　希紐　希紆　希鑌　希撓　希鐵

與：與璇　與瑀　與璟　與環　與擒　與瀊　與渤　與洋　與嚳　與瓊　與付　與佩　與畊　與坪　與墉　與埭　與墫　與集　與綜　與拆　與圳　與越

孟：孟康　孟壑　孟戲　孟鐃　孟鏞　孟鐷　孟錮　孟僕　孟懷　孟僻

表八　二十八

令：武經郎令頫　武德郎令俅

子：子邁　承節郎子逵　忠訓郎子遣　忠訓郎子連　承信郎子倢　承信郎子遡　子激　武忠郎子濬

伯：伯宗　伯許　伯褒　伯瀬　伯慶　伯吉　伯誠　伯諱　伯譔　伯達　伯亨

師：師傳　師璜　師琥　師琦　師璪　師玭　師德　師行　師術　師往　師衡　師隊　師稹　師達　師琫　師珨　師瑺　師裕　師禴

希：希亭　希銘　希量　希鹹　希旛　希董　希蘇　希颯　希滋　希遊　希來　希杠　希銍　希搭　希橅　希孟　希傳　希侊　希儀　希岷

與：與過　與壤　與埒　與堤　與僨　與仿　與淳　與香　與拓　與栻　與枺　與銅　與鍷

孟：孟樀　孟榣　孟僅　孟璜

表八

九十九

ㄗ五千七

艾爪成

西頭供奉官令𢡱
子遇　子遷
伯圓
師識　師甫　師禋
希示　希立　希偐　希嵝　希崃　希嵑　希嶢　希溥
與嵤　與璦　與被　與𤩽　與鍃　與軻　與𠐊　與鏃　與畦　與璽　與𤩝　與玟　與𤨾　與鈸　與鐃　與璪　與鎵　與錸　與鐦
孟𠎀　孟㴀　孟偲　孟鍭

師箴　師業　師滿
希俀　希㢈　希𣂁　希達　希邁　希遺　希逑　希退　希庚　希交　希光　希秦
與奕　與佛　與𢛳　與渠　與桔　與梓　與𠊱　與櫎　與代　與誠　與㢈　與錦　與𠀁　與睒　與琅　與𤨝　與璘
孟𢡤　孟𣗳　孟鐸　孟琺　孟洋　孟運

ㄗ八十八

表八

三十

以成

安國公世綱
贈右領衛將軍令𧞶
秉義郎子仲
伯參
師𢦏　師宗　師克　師卿
希𥫗　希岾　希古　希㑷　希任　希伏
與𠯌　與𤧎　與鉉　與璩　與𥇦　與𥆾　與𥉒　與𥆧　與奎　與𥋤　與絹　與𥈾　與𥇤　與貢　與貢　與𥉐　與𡜊
孟廖　孟𥇦　孟𥇫　孟𥉒　孟𥋤　孟𤈦　孟𥈾　孟𥆧　孟𥇱　孟𥊑　孟𥆾　孟寄　孟賁　孟𥇤　孟𥉐　孟𤤷

忠訓郎子𠎀
伯𠎀　伯𢡳　伯思　伯𥊑
師瑛
希什　希陞　希瑛　希𥇱　希𥆧
與𢤱　與𥇫　與𤋠　與𥊐　與𥉒　與宵　與雷　與音　與𥈾　與𥇦　與𤤷　與𥇤　與𥆾
孟𤤷　孟𥋤　孟𥈾　孟𥉐　孟晒　孟𤨾　孟𥊐　孟𥆧　孟𥇱　孟𥋤　孟𥈾　孟𥆾　孟𥉒　孟𥉐　孟𥇤
由𨧀

表八　三十一

伯誠　伯紆　伯擣　伯劃　伯綱

師瓚　師琁　師琫　師珏　師琭　師璡　師珷　師瓔　師珩

希汾　希濯　希騰　希騄　希竇　希鄭　希官　希宿　希容　希憲　希𥧌　希隋

與亮　與允　與牟　與俋　與仉　與貽　與賊　與貯　與傳　與佇　與佺　與價　與綱

孟㮾　孟櫟　孟𤍠　孟遺

孫仁

子伉

伯講

師璆　師瑑

希防　希脩　希邦　希陸　希隱　希陞　希隋　希陞　希隱

與鏊　與鎔　與橡　與福　與滑　與㯿　與鍼　與㯿　與蓁　與鞏　與鋳　與鑃　與讒　與鋒　與錚　與鋼　與鎔　與鏆

孟濱　孟切　孟流　孟畤　孟潰

表八　三十二

閤門祗候令耆

忠訓郎子倩　承節郎子偕　子諕　修武郎子誘　武經郎子訢　成忠郎子訓

伯錘　伯鍼　伯傑　伯價　伯佩　伯过　伯男

師沂　師濱　師繩

希鐩　希炮　希夏　希恩　希萱　希程　希稆

與帝　與勳　與垣　與璽　與嵊　與代　與績　與逵　與銅

孟滌　孟鑄

由𤊹

承節郎子䜣　承節郎子䜥　贈秉義郎子瞽

伯迨　伯還　伯迸　伯壽　伯長　伯崧　伯崧　伯檜　伯里

師斗　師牧　師共　師慎　師異　師恵　師奎　師慈

希儁　希儼　希櫟　希櫚　希紀　希鐇　希鍊　希鐺　希垧　希櫟　希綠　希錫　希鉵　希鍵　希惶

與琫　與浒　與邁　與貞　與迸　與迨　與衛

孟遳

二八十七

表八

三十三

伯沈 師丹 希拾 與楷
師灌 希朽 與嫜
希禍
希曦
希劍 與猕
希鈞 與逶
希樣 與潒
希彭 與漷
希鎰 與沉
與瀲
伯楠 師煙 希鍔 與沂 孟秘
師濂 希禮 與禘
師溪 希賧
師卑
師辯 希崢
希換
希扮
希複 與愆
師讀 希焯 與陀
希嗣 與除
希豐 與駿
與緩
希寅 與役

師沿 希鎔 與琢
保義郎子誣 伯週 師珪 希槁
希禱
師嵝 希捷 與烓
希楹 與港
與洑
希枧 與軸
希梲 與鏈
希枫 與醒
希畑 與瑕
師琭 希璇 與寶
與寧
與獻
與軌
希晗 與倖
與俓
與御
希曦
師琳 希丹
伯逕 師韜 希滄 與潛
與泥
希樞
希檀 與瀘

二八十五

表八

三十四

彭城侯 武翊郎 承節郎
子堯
伯淶
承節郎子璣 伯淩
忠翊郎子勞
贈襄陽侯令謙 三班奉職子長
師攘
師賣 希綱 與蓬
希煳 與潦
希栓
與淺
師侖 希鐳 與滾
希洪
希鏕
師過 希釦
希拍
希瑕 與逵
與瀧
師潑 希興 與衸
希坊 與捷
希扚

世岳 令杕 子翼 伯昌
伯峻 師鄖 希韻 與倩 孟㦤
與侄
希班 與碱 孟煙
孟楕
孟燔
孟湝
孟潲
孟熵
孟涉
孟逵夫
與值
與傑
師兔
師紉 希梓 與瑙
師興 希捺 與僑
師萱 希搨 與璪 孟儁
伯福 師古 希墻
希燚 與均 孟倜
與墻 孟儆
與珏
與鄉
希燁 與諵
與墡
與詼
希焴 與壁

表八　三十五

武翊郎令傅

子齊　秉義郎子滑

伯和　伯椽　伯義　伯咸　伯本

師木　師畦　師械　師璜　師靜　師桐

希尚　希訢　希瑞　希懿　希僑　希艷　希駿　希長　希濩

與濟　與鳳　與挺　與掄　與權　與拱　與擇　與敝　與禎　與坳　與益

伯顒

師霖　師宰　師渾　師頊　師劭　師璧

希諍　希侖　希愫　希懽　希悟　希珪　希琥　希瓏　希璩　希烽　希焜　希燧　希灯　希燠　希煽　希炟　希煒　希蔥

與職　與鑒　與璽　與璟　與奎　與楠　與衧　與瑧　與墨

孟仞

表八　三十六

徐汝舟

伯蕃　伯灝

師鬲　師壽　師祿　師詞　師郭　師芳　師部　師璪

希邕　希儼　希增　希墥　希轄　希倍　希縩　希薛　希縚　希鄉　希篆

與鉉　與鋼　與鑲　與犀　與鏐　與嬅　與壇　與鐸　與煌　與錦

師趣　師蕙　師實　師盤

希栒　希撑　希撕　希掎　希攇　希稀　希粹　希澥　希夫　希懸　希鏻　希愨　希攻　希覿　希摹　希曉　希楂　希苑　希泖　希蓮　希梭　希控

與勝　與轄　與徽

表卷第八

表卷第九　宋史二百十八

開府儀同三司上柱國錄軍國重事前中書右丞相監修國史領經筵事都總裁臣脫脫等奉

敕修

宗室世系四

秦國公世映

右班殿直令裔　朝請郎令龜　朝散大夫令儋

宣教郎子巍

伯琁

師槻　師槼　師槩

希戭　希嫣　希雲

與絺　與紋　與絿

伯珹

師桐　師杇　師櫓

希霆　希露　希霈　希玢　希硤　希瀘　希确　希烙　希瀚　希滅　希熠

與堵　與境　與磁　與塀　與蒉　與衢　與傛　與黴　與魚　與條　與僵　與圢　與墂

孟徹

通直郎子岃　修武郎子嵸

伯珊　伯璁　伯珖　伯瑑　伯珽

師撟　師榛　師棬　師杓　師櫻　師揖　師擳　師槿　師櫶　師欂

希煖　希潪　希炈　希墪　希渃　希滤

與淏　與拵　與揄

贈武節郎令崴

子欽

伯璉　伯琱　伯珌

師梓　師榕　師援　師贇　師朙　師滭　師渚　師沼

希濾　希溢　希瞟　希睢　希崆　希崘　希崌　希崻　希璹　希臺　希捆　希摽

與歷　與玥　與埍

宋史二百十八 一百二十八

宋史表卷九 二

令掖承事郎
令衿贈少師贈通議大夫
子覺

伯琨 伯𨥤

師𤥭 師玾 師瀌 師濟 師湅 師溪

希湃 希瀹 希漣 希澴 希瑚 希璬 希瑍 希朾 希椽 希梅

與崠 與嵱 與崍 與僅 與芥

伯鷲 伯𪁺 伯鳳 伯熊 伯鯉 伯駿

師決 師雋 師洽 師涇 師君 師㪉 師營 師禮 師澢 師福 師鈞 師韠 師䩞 師職

希㙇 希望 希𭅯 希𥔁 希伒 希儆 希𪣻 希𤩽 希𡑍 希𢔶 希臬 希𫷷 希僴

與髙 與𡩋 與滏 與誠 與禰

趙維新寫 雷 刊

宋史二百十八 一百三十二

宋史表卷九 四

伯虯 伯犀 伯馭 伯鹿

師暎 師芬 師蓁 師芷 師柟 師樅 師樫 師搉 師𥳑 師協 師譁 師訡 師訓 師書 師譽 師誓

希轞 希溯 希澄 希熉 希嵁 希鏶 希錄 希𥇦

伯騁 伯衎 伯翥 伯衢

若傳 紫令卷 承議郎 令結 贈奉議郎 子倆

師龍 師訟 師潛 師造 師冀 師篆 師猗 師濤 師淳

希瞞 希𣊤 希𥉻 希䨓 希𪓬 希霄 希𥴐 希霰 希啁 希𩅦

與炟 與𤊵 與烷 與烕 與𡡅

趙維新寫 雷 刊

彭城侯世救

贈奉直大夫令譮

子點

伯術 伯授 伯揖

師邇 師環 師爕 師瑁 師蘿 師珎

希佩 希傌 希体 希序 希遷 希玦 希儧 希假 希憒 希俯 希偟 希僧 希傭

與逾 與右 與遂 與遼 與造

伯撥

師珞 師玲 師埻 師玻 師珊 師佩

希假 希佻 希俚 希侯 希倖 希化 希信 希僑 希儤 希例 希答

與嘻 與吉 與吟 與稽 與嗚 與訥 與詻 與譴 與訴 與埒

孟漁

再贈朝議大夫子韡

伯総

師珽 師蒯

希倫 希慾 希倡 希儴 希侻 希混 希灊

與賑 與賝 與賆 與賙 與暐 與槭 與杭 與栱 與檉 與柯 與楙

孟熄 孟焞 孟焴 孟燏 孟煌

師蒸 師黃 師若

希河 希淇 希汲 希漣 希璘

與棫 與榛 與穗 與礽 與槙 與楆 與栩 與榕 與柲 與榏 與櫝 與椎

孟烓 孟燧 孟端 孟熺 孟炘 孟炑 孟爓 孟卿 孟烯 孟焫

宋史二百十八　一百五十五

宋史表卷九　七

伯摠　師珈　希硝　希蕩　與椎　與椒　與桀　與福

伯摠　師荥　希沱　希涓　希浥　希淏　希浣　與楸　與樸　與祿　與擅　與緣　與棽　孟炷　與捐　與覲　與槽

師琇　希灘　希涂　師球　希滏　與忝　師瑕

伯棣　伯紀　師芇　希霅　與櫲　師芑　希漯　與櫂　孟旝

贈通議大夫子熙

伯振　師皋　希龖　與櫟　孟鄒　孟郜　與禾　與𢺸　與秖

師悠　希洼　希浙　與揖　與覩　與搽

伯拔　師并　希諠　與任　與旼　希譁　與壄　與璽

趙雅新寫　王七　刑

宋史二百十八　一百四十八

宋史表卷九　八

伯掄　師揄　希設　希泫　與𢪞　師棣　希源　師辰　希侁　希御　希代

贈通直郎子熾　伯揹　師𡙇　希鄌　與櫻　與檝　與㮾

師新　希枝　師逢　希阼　希鄭

伯掎　師瑲　伯柏　師㭰　師校　師椅

師淞　希曬　師㮚　希涫　希滴　師鐵　希澧

右班殿直子熙

[illegible]陽侯右驍衛大將軍[illegible]太子右監門率府率世謚[illegible]少師[illegible]國公[illegible]從類

贈武經郎子漢　贈正奉大夫子[illegible]　成忠郎[illegible]

趙雅新寫　王七　刑

淳

伯炎　伯燹?

師恣　師忩　師[illegible]　師憯

希吉　希吉　希枘　希擴　希墱

與褌　與俙　與僩　與傎　與傴　與倨　與迴　與墅　與壂　與坙　與埊　與逕　與塗　與墨　與綫　與絺

孟瞰　孟䐷　孟鏸　孟鍌　孟鑒

伯昌　伯芻

師惎　師慫　師懯　師志

希墦　希坑　希埥　希墀　希坈　希墺　希塲　希坏　希咈　希咦　希嘷

與綖　與綝　與鈹　與鐐　與僮　與徐　與腥

子澤，贈修武郎。子源，成忠郎。

伯詰　伯呂

師忞　師懕　師念　師忮　師態　師悉　師意

希諮　希謚　希誂　希听　希嗑　希嚜　希軹

與係　與堊　與狀　與綺　與塈　與堤　與封

令[illegible]　令鄘，贈奉直大夫。令玠

子洪　修義郎。子沖　贈□郎。子壽

伯所　伯僊　伯拜　伯正　伯懶

師寔　師戀　師御　師崧　師詸　師燿

希珀　希答　希德　希枳　希挽　希丞　希鐽

與澗　與楠　與衎　與芸　與勳鏊　與從鉴　與賢鉴

宋史表卷九

十一

師熚 師熺 師烜

希垒 希壄 希坒 希䃼 希龍 希壶 希垩

與鋻 與鑾 與釗 與滚 與鋮 與鈐 與鏈 與銑 與紓 與鏊 與鏽 與鐵 與鏄

孟汲 孟璋

承節郎子滭

伯主 伯搏 伯棣

師烝 師休 師明 師熏 師光 師燮 師樵 師歡 師燂 師熸 師烱

希㙮 希堞 希埒 希璲 希壂 希垄 希块 希墠 希堦 希壈

與鈾 與礩 與鏴 與鏋

宋史表卷九

十二

朝請郎令客 右朝奉大夫令遷 贈朝奉郎

子津 忠翊郎子澄 子澐 右迪功郎子洵 子滁

伯柤 伯闞 伯衡 伯林 伯羽 伯瞻 伯楷

師 師寮 師鎬 師鏞 師鐵 師禰 師迦

希鏌 希銜 希瑢 希琰

大夫令錡

修武郎子瀕

伯拱

師鯀 師羨 師脩 師侑

希燾 希璽 希賢 希坣 希㛤 希學

與鑄 與釵 與鑵 與錇 與欽 與鑰 與鋑 與鏞 與鐖 與鍈 與銅 與鐘 與遭 與遴 與琊

孟瀍 孟澗 孟泙 孟瀿

宋史二百十八　一百二十二

宋史表卷九　十三

文林郎子瀹

伯玕　伯榦　伯榆　伯櫰　伯桷

師奭　師㵵　師湟　師淙　師滔　師韇　師僖　師戒　師尤　師錦

希詝　希灗　希𣸣　希渟

與球　與玶　與琑　與瑀　與琠

文林郎子洞

伯朴　伯枘　伯機　伯柯　伯榛

師焄　師煓　師爊　師璇　師璪　師鉢

希琭　希巳　希神　希遶　希逌　希逮　希追　希遂

與焞　與燧　與埭　與玘　與鐫　與鍫　與釪　與鉺　與釙　與淦　與鑒　與鈔

趙維新寫　[illegible]刊

宋史二百十八　一百四十二

宋史表卷九　十四

贈奉直大夫令瀾　朝請郎令軸

從義郎子淙　修職郎子溥　從義郎子御　成忠郎子逵　承信郎子愷　承信郎

伯从　伯朴　伯櫛　伯癸　伯槿　伯裯

師坑　師曠　師㭫

希垷　希珋　希𥢌

與瀹　與瀘　與𡟀

朝奉郎令嘽　贈宣奉大夫令詪

子勰　朝請郎子澥

伯梯　伯綝

師默　師麃　師涪　師黨　師魚　師熊

希迳　希遯　希壓　希墍　希㘸　希墅　希鼭　希繄　希抖

與松　與傛　與　與紈　與縞　與瑫　與瑑

趙維新寫　[illegible]刊

宣城侯從謹

贈廣平侯世崇

贈東平侯令蟥

朝奉大夫子淮　奉議郎子渢　贈奉議郎子沇

伯臨、伯壎　伯達、伯造　伯揆

師烝　師臬　師道　師逸、師遠、師邁　師敦

希星、希塗　希奎、希濆　希撥　希閔、希璛

與玏、與瑕　與晉、與譏、與譜　與䥇

東頭供奉官子沇　右班殿直子浣

伯振、伯挖　伯攜、伯擴

師初、師祖、師禔　師古、師哲、師善

希圩　希璝　希𨑴

與鑄、與塡、與銖、與録、與鉦、與擦、與擞

孟紋

武當侯世祥

太子右內率府副率贈高密郡公令燾

子淵　三班奉職子擴　從義郎子持　子才　武經郎子拊

伯澄　伯滑　伯摯、伯憺

師鉞　師茹、師泰、師恭

希鄭、希鼎　希羲、希綝

與岦　與真　與敉

孟嶄　孟奚

少師贈太傅吳國公令□

太子右監門率府率令搽

左朝奉郎子良　忠訓郎子伍　子由　子敏　子林　三班借職子

伯溫、伯瀕　伯煇、伯棣、伯擇、伯濱、伯津、伯鈞、伯鋡　伯理、伯球

師堊

希𨑴

國公
世享
公令椃
職子琯　三班借職子琳　子玩　武顯郎子玓
伯驎　伯致　伯康
師鑑　師鎰
希道　希瀫　希域
與儁　與佺　與侄　與弁　與采　與綱
孟聰　孟寔　孟宔　孟詳　孟諲　孟誌　孟諆　孟謙

承議郎子玗　左朝奉
伯道　伯逵
師慶
希坵　希埏　希堨　希地　希圻　希塇　希旦
與順　與準　與遑　與礪　與佺　與惜　與豥
孟淦　孟洸　孟湝　孟潚　孟洵　孟潒　孟溕

郎子琛
伯熡　伯炳
師殖
希盉　希文　希栐
與𤪌　與議　與新　與辯　與慶　與漣　與譽
孟武　孟珹　孟瑀　孟琮　孟檡　孟櫄　孟杋　孟衎　孟遂　孟構　孟迅
由銶　由錫　由鈾　由鑄　由鑒　由濇　由遹　由溧　由瀊　由璘

文林郎子璵　累贈訓武郎子琮
伯顯　伯皡
師敏　師志　師勤　師懋　師詎
希昆　希䍧　希憸　希涕　希慄　希懦　希怡
與深　與繹　與洋　與濠　與濟　與漢　與儜　與倚
孟端

宋史表卷九 十九

師譓

希暢 希性 希愊

與侯 與鉼 與偦 與俔 與相 與儫 與仳 與儀 與儒 與掾 與墻 與壏 與埒 與僅 與遐 與侕

孟墵 孟琩 孟澤

師謹 師誠 師善

希憬 希㥫 希恩 希悛 希懼 希慶 希愖 希覞 希瞄 希晰 希瞎 希慨 希惟

與洲 與濡 與邃 與涂 與鏽 與適 與蓮 與近 與遡 與玦 與璩 與璟 與璣

孟鑑 孟野

趙維翰寫 梁濟刊

宋史表卷九 二十

贈奉直大夫令誕

贈朝奉郎子超

伯果 伯衡 伯僑

師褰 師冕 師寀

希揄 希樸 希柘 希覸 希檣 希深 希晙 希鑿 希垾 希鈚 希昕 希鑿 希突

與焼 與懞 與傢 與稻 與詠 與璺 與留

贈中大夫子璲

伯衡 伯衢 伯衚 伯衙

師武 師言 師正 師曈 師泉 師洪 師潡 師滓 師寄

希傒 希世 希倚 希佟 希杆 希倸 希琫

與銘 與鈗 與鋮 與鏞 與鉏 與鐸 與傑 與橾

孟珎

趙維翰寫 梁保刊

宋史二百十八　二百十个

宋史表卷九　二十一

內殿承制令坦

子瑑　忠翊郎子煦　秉節郎子旻　子常　子宰

伯術　伯衎　伯衍

師檮　師兆　師管　師朧　師瀌

希敿　希浧　希瀞　希瀎　希淸　希霱　希沾　希檍　希檏

與孚　與的　與措

右班殿直令譔　贈右朝散郎令讜

左朝奉大夫子瑋

伯禔　伯福　伯祚　伯褘

師範　師篇　師蛀　師規　師籥　師符　師箬　師尊

希洸　希瀾　希儱　希佇　希似　希墉

與墫　與蟣　與堺　與瞪　與垗

子孟御

趙雍新寫　梁保栻

宋史二百十八　字□卅五个

宋史表卷九　二十二

武經大夫令籍　武經大夫令嶷

成忠郎子郃　子紳　子絹　子紀　子經　子悛

伯估　伯俊　伯僚　伯仁　伯傑　伯儐　伯貢　伯敷

師簉　師超　師瑨　師瑛　師秦　師高

希樹　希遇　希玲

與鎗　與鐭　與綜　與禎

子孟廣　孟滰　子孟溹　子孟櫻　子孟榛

子馳　贈武義大夫子駿

伯數　伯攸　伯政　伯敞

師璲

希潼　希激　希淮　希淇　希澧

與佋　與栿　與任　與佇　與佪　與僊　與懋　與榆　與揎　與鏗

子孟樟　孟暄　孟顓　子孟碩　孟顥

趙雍新寫　劉文彪刊

師班　師封

希涑　希浤　希溋　希潒　希㴱　希瀹　希濚　希滈　希湔　希湜　希瀅　希汝　希濛

與錄　與鏞　與詒　與譜　與向　與延

孟頊　孟鉠　孟鋺

希沆

與逵　與遑　與迎　與譊　與講　與訪　與諒

孟釭　孟鍂　孟碱　孟樺　孟橋　孟槮　孟栳　孟槺　孟鎰　孟鐙　孟鐏　孟鏥　孟鏆　孟鐪　孟鏔

師璔

希汶　希洋　希潯　希浹　希濮　希泒　希沐

與詠　與譸　與諗　與剮　與甌　與跘　與鑰　與偡　與瑋　與爰　與瑶　與補　與梅

孟僥　孟傷　孟仔　孟豔　孟莨　孟蕤

伯徽

師璚　師璠　師瑊

希湍　希灝　希汰　希豊　希宪　希卜

與裕　與鏐　與祝　與禔　與滄　與寳　與寤　與竇　與僕　與儀　與儕　與儱　與倠　與迬　與倫　與謙

孟遷　孟邃　孟仔　孟迩

宋史表卷九

二十五

伯璡 伯琳 伯僥 伯謨

師玕 師確 師偹 師讚 師譜 師譯

希宋 希御 希慄 希愢 希龍 希禕 希砭 希涇 希滔 希頫 希隃 希旁

與俊 與後 與衎 與儞 與体 與榕 與㮇 與梽 與寀 與擁 與鏑

孟稷

子驍 子駯 子驊 承信郎 子騰 子騆

伯數 伯敉

師設 師諺 師敫 師暄 師銅

希譓 希遶 希滗 希滑 希瀖 希淄 希輕 希堶 希壤

與逯 與淹 與逷 與櫚

宋史表卷九

二十六

修武郎 令湝 贈朝議大夫 武翊大夫 令諳 請大夫 子維

伯栩

師鋉 師鉤 師渭 師林 師森

希梅 希圳 希樾 希梅 希梂 希鑭 希遡 希遷 希鏐 希鑯 希遺 希逵

與㩦 與堙 與文 與史 與叟

孟灂

承信郎

伯桂 伯檮 伯橡 伯榆 伯桎

師淢 師鋑 師鏑 師滐 師瀵 師潤 師滐 師灛 師湉 師潞

希近 希沘 希迭 希遷 希逑 希逯 希鏧 希熑

與璛

脩武郎令擦

子繹　子約　忠翊郎子綱　子紀　承節郎子晉　承信郎子綠

伯燮　伯銅

師拭　師提　師掄　師掴　師捸　師揩

希杌　希樋　希指　希㯫　希欍　希榴

贈直龍圖閣令佳　馮翊侯世陙　贈房陵郡公令琭

迪功郎子彝　文林郎子昇　忠訓郎子遴　訓武郎子璿

伯輝　伯焯　伯梓　伯熏　伯熿　伯昪　伯昇

師璦　師衡　師瑋　師琿

希雋　希傍

與顧　與頌　與顗

孟贇

成忠郎子瓘　令瑨　子瑱　子遷　贈武翼郎子瑀　太子右內率府副率子瑋

伯成　伯昇　伯充　伯憼　伯感　伯悠

師鍊　師誐　師蒼　師石　師穀　師東　師護　師遷

希齡　希豐　希珪　希琳　希樽　希澈　希沫　希汶　希磊　希嵤　希惱　希僧　希紛　希蘇　希峴

與頡　與岳　與淖　與還　與璞　與瑕　與墉　與埧　與梓　與嶙　與■　與櫰　與擽　與㩗　與杆　與𢹂　與詁

孟偵　孟熠　孟■

子璡　承節郎　子瑛　成忠郎　子耳

伯軆　伯忍　伯悬　伯仁

師漸　師實　師亮　師賁　師艮

希朝　希洛　希慈　希慧　希恴　希賓　希宋　希檄　希豐

與溱　與湊　與滗　與錯　與璵　與溶

孟森

華原郡公　士勞

從義郎　令■　保義郎　令舟　武翼郎　令煥　武經郎　令揥　武翼郎　令儼　東陽侯　令率

子游　承節郎　子志　承直郎　子五　子建　右班殿直　子瑒　右班殿直　子瑛　武德郎

子璫

伯彬　伯材

師端　師驗　師銑　師遏　師應　師徽

希鎡　希映　希芳　希懇　希愀　希歷　希畢　希復　希趾　希尤

與垍　與埈　與謡　與誕　與稜　與峑　與付　與絉　與皓　與暇　與犨

孟傛　孟佩　孟蹇

伯松　伯樵

師裕　師檜　師式　師闡　師幹　師聰　師友　師覲　師藏　師濬

希蝶　希諴　希玔　希璀　希靚　希鉞　希靶　希譔　希謁　希謨　希悅

與曣　與瞞　與瑁　與鏃　與諻　與璪

孟檟　孟傣

師準

希偺　希攸　希偯　希封　希佾　希矜　希剕　希悔　希涫

與調　與鏑　與錍　與釪　與潧　與銀　與鋳　與鏁　與鋑　與琅　與約　與玙　與鉩

孟源

師濫　師洁　師朔

希浪　希傳　希倜　希控　希扶　希优　希倹　希䇲　希傳　希偹　希晦　希齡

與拖　與袖　與揑　與檈　與汏　與橦　與搵　與檰　與橒　與琭

孟䞇

贈少師、追封昌國公、世恬

從義郎令旈　子瑞　子瑶　伯捭　師安

贈衛大將軍、集州防禦使令宴　從義郎子敎　子宫　伯機　伯挺　伯槱　伯枅

贈右朝奉大夫子韺　伯權　師曾　師周　師伊　希綿　希琭

贈開府

贈太子少師令蔥　朝請大夫子顧　伯潛　師窴

贈開府儀同三司子鎣

贈右朝奉大夫子韺

贈太子太傅、奉寧軍節度使、贈鄆國公令鎦

少傅、贈少師、榮國公世括

太子太傅、雍寧軍節度使、鄂國公令蔥　贈陵侯令卒

儀同三司子筠　伯柷　師鼎　希賁　希鄉　與濱

通直郎子蕃　伯撫　師瑑　師遁　師粹　希潘　希蓑　希潸

子桌　伯檝

贈中大夫子銳　伯瑀　伯琦　師協　師龍　師德　希祈　與稷

宋史二百十八　字四千七百廿五

宋史表卷九　二十三　趙惟新寫　淮文之刊

伯璩
師忕　師皋　師尚　師禹
希遂　希週　希逵　希造
與份　與儼　與攸　與侑　與俊　與仔　與佑　與任　與作　與伸
孟績　孟琇　孟珊　孟繹　孟絟　孟約　孟純　孟綱　孟縯　孟綰　孟紀

伯瑊　伯瑙
師益　師棻　師嚳　師詰　師合　師磐　師豐
希逢　希邇　希遴　希逯　希逅　希遺　希遼　希杓　希淏　希灼　希澗
與倬　與僑　與仕　與僥　與傷　與訥
孟緒　孟紳　孟繙　孟境　孟煌　孟烱　孟燦
由寔

宋史二百十八　字一百十个

宋史表卷九　二十四　趙維新寫　王詛刊

希淋　希循　希淩　希汭
與譜　與誠　與諟　與諗　與諫　與讀　與詥　與招　與權　與扞
孟滋　孟渾　孟湘　孟澈　孟俱　孟僕　孟條　孟凝　孟僎　孟桂　孟楊
由鑌

右班殿直子鑑
伯瑾　伯琥　伯瑨　伯琳　伯璕
師羿　師彌　師紋
希楷　希真　希溥　希謠　希恩　希怨
與覓　與睠　與佛　與僭　與徑　與賓　與睽　與賊　與貫
孟泠　孟賜　孟侻　孟儆

贈右屯衛大將軍令謐　太子右內率府副率令煒　贈[illegible]公令晙

武節郎子鈁　宣教郎子鎬　左班殿直子交　拜贈太中大夫

伯佑　伯憩

師[illegible]　師徽　師[illegible]

希璹

贈和州觀察使令瘖

子癸　成忠郎子友　左朝請郎子恭

伯驥　伯駒　伯驎　伯騏　伯驌　伯驊　伯騩　伯遵　伯葵

師舒　師羿　師弁　師珸

希蒸　希蒼　希慶　希祐　希唫　希滌

與道　與戇　與慇　與遡

孟峻　孟嶀　孟竦　孟墱

訓武郎

伯章

師玥　師賢

希銖　希鏞　希錄　希璘　希珩

與儃　與銄　與鑃　與鉻　與檟　與榯　與枍

孟壤　孟緯　孟綸　孟紹　孟紵　孟濼　孟澼　孟泎　孟淳　孟滈　孟濾　孟潫　孟瀐

子春　贈嘉州刺史子青

伯強　伯穎　伯達　伯梁　伯達　伯縉　伯驛　伯寓

師巽　師昇　師弇　師𢍰　師昪　師弁　師奎

希樓　希櫰　希檀　希烷　希熇　希烶　希爝　希爕

與近　與康

孟壂

贈興州防禦使令傭
秉義郎子懋　朝請郎子巽　從義郎子戴　贈武翊大夫子巽
伯墉　伯仁　伯義　伯濬
師鏻　師仁　師用　師塼　師伋
希燾　希理　希時　希謎　希訑　希鉚　希珹
與僾　與佇　與伶　與槃
孟㦿　孟甲

與燦　與衎　與杪　與材　與橋　與櫌　與榕　與宊　與摶　與樃　與㨗　與迿
孟鑒　孟鐵　孟熇　孟璏　由鏦
希璜　希墍　希李　希炌　希熠　希炷　希熉　希瑞　希㷮
師約　師況　師倞　師訴
伯涇

左班殿直令組　右侍禁令注
成忠郎子瀾　忠訓郎子皷
伯澂　伯溙　伯滄　伯苹
師皋　師溱　師梳　師忠　師訓　師能
希熾　希撽　希檷　希拓　希燔　希炔　希檐　希埶　希僻
與御　與遷　與適　與遇　與瑩　與歸　與墐
孟墣　孟錝

贈吉州團練使令戣　宣德郎令清　贈武義郎令磻
子皂　成忠郎子㻗　保義郎子德　子䰅　忠訓郎子燾　武德郎子玦
伯覺
師德　師宋
希尌　希原　希順
與炏　與墹　與優　與僨　與僳
孟盜

朝議大夫令顒 保義郎令名 保義郎

伯學

希賞 希倖 希庯

與鉄 與倖 與儲 與儆 與偃 與悟 與忻 與悌 與悅 與彷

孟汎 孟汧 孟瀆 孟瀷

令萠

子程

伯鏽 伯瀼 伯滓

師撒 師峽 師岫 師嶧 師詹 師弁 師奐 師儆 師鏑

希瑓 希瑒 希棶 希檑 希棕 希槐 希撕 希壞 希櫕 希漱 希㩟 希枽

與脎 與䡴 與脈

濮陰侯贈[illegible]郡公世統 令

修武郎子鴝 通直郎子暐

伯換 伯霆 伯霮 伯雷

師僖 師佩 師任 師伏

希嵱 希瘖 希璈 希玎 希鎬 希鉀 希錄 希鏴

與泑 與滤 與池 與涯 與汗 與頏

從義郎子昞

伯霖

師倌 師仁 師侍

希錄 希鈚 希鐐 希巍 希蓊 希管 希迥 希遒 希迥

與頎 與淥 與濼 與滴 與逞 與達 與適 與璜 與璿 與瑑 與玗

孟浵 孟瀟 孟穗 孟燊 孟橘

由櫺 由熄 由炒 由烇

宋史表卷九　四十一

武經郎子暉
伯霽　伯攄
師依　師侗　師俠　師攸　師翰
希琅　希瓘　希衎　希排　希愷　希惰　希諫　希謨　希詵　希訥　希律　希諰　希許　希璹
與負　與熬　與汚　與滈　與潭　與冲　與澳　與瀆
孟珊　孟璁　孟泭

成忠郎子曜　從義郎子温　贈昭化軍節度使令僚
伯攢　伯楙　伯濡
師仲　師仰　師健　師優
希安　希從　希循　希逵　希連　希憲　希館
與沇　與淀　與涤　與泗　與沚　與浀　與浣　與涀　與逮　與遂　與僉
孟㮕　孟睐　孟琮　孟琦　孟業　孟榉　孟柳　孟烈　孟栏　孟苹　孟沐

宋史表卷九　四十二

伯澄
師僑　師璜　師瑞　師琮　師珣
希寀　希富　希㽃　希蓺　希萊　希淞　希湝　希沄　希慄　希憤　希濬　希瀫　希灊　希㦗　希慦
與乏　與隍　與析　與爓　與柲

武翼郎子淵
伯璘　伯瓌　伯璁
師逮　師進　師南　師岑　師荀　師雄　師偶
希檄　希堃　希珅　希瓌　希戢　希先　希郜　希圓　希陟　希楊　希張　希錫　希鈜　希鋌　希燡
與許　與烯　與彬
孟週

贈武翊大夫子漸
伯凜　伯序　伯樸
師椙　師水　師雩　師鏈
希鈸　希嗶　希迭　希璲　希僕　希穩　希揄　希禮　希佮
與原　與饒　與澄　與琬　與青　與寠　與宙　與机　與室

武翊郎子淵
伯祿　伯祉　伯禧　伯梩　伯鈞　伯鏐　伯鉅
師嶷　師邁　師遒　師週　師过　師迩
希珞　希砦　希礐　希龗　希邦　希鑒　希憁
與抒　與捈　與椹　與檥　與槽　與桉　與毳　與袷
孟暴　孟慂

贈武經郎子湘
伯鑄　伯鎔　伯瀏　伯然
師舛　師琳　師奧　師奕　師奘　師旦
希浞　希駒　希澶　希偏　希惟　希佋　希伹　希淡
與潆　與逢　與僪　與爆　與鄰　與姝　與瞰
孟熂　孟爈　孟炆

武翊郎令俁
子澤
師上　師里
希薔　希蔡　希令　希蕃　希川　希箕
與斌　與忪　與被　與裀
孟壍　孟塗　孟錄　孟奭　孟㶿　孟煙

表卷第九

表卷第十　宋史二百十九

開府儀同三司上柱國錄軍國重事前中書右丞相監修國史領經筵事都總裁臣脫脫等奉

敕修

宗室世系五

博陵侯從質　南康侯世哲　贈高密郡公令僊　子喜

伯通

師洙　師潛　師涗

希曾　希東　希儴　希任　希脩　希倅

與晙　與名　與諮　與噂　與洎　與洳　與潼　與旼　與瀇

孟傑　孟錠

由豔

伯逵

師泗　師淵　師鐿

希喻　希合

與滌　與懇　與愍　與憗　與甜　與熙

孟浟　孟佟　孟佸　孟偪　孟俫　孟璜　孟瑋　孟璫　孟瓌　孟瑛　孟珏　孟琳　孟湘

由檡　由梓　由機　由偕　由𥻘　由欐　由炤　由煇　由熛　由樟　由櫞

宜燧　宜福

伯逸

師稷　師商　師鏷　師津　師洞

希儴　希如　希嫮　希昭　希璟　希琮　希璵

與愍　與佯　與湔　與玭　與道　與周　與栝　與藺　與楡　與琦　與楝　與棣　與柄　與柱

孟俊　孟坏　孟僨

由綺　由慧

伯适

師漢　師旦　師訒　師譓

希珎　希瑶　希璠　希璉　希瑀　希琯　希琺

與標　與梅　與桄　與堂　與埜　與墐　與友　與絛　與贇

孟鉦　孟錦　孟洲　孟熙　孟烝　孟熏

由㵽　由迵

贈通直郎子章

伯迥 伯辿 伯逑 伯遷

師滋 師定 師申 師文 師交

希珎 希軨 希騏 希重 希靖 希顒 希邵 希璟

與琎 與晃 與昊 與璘 與勝 與邈 與賁 與闓 與倍 與儴 與儦

孟浚 孟瀹

右班殿直子荀 左班殿直子宰 累贈武義大夫子盍

伯迌

師澤 師鄭 師潯 師得 師淇 師泗

希肅 希康 希定 希佖 希僩 希偘 希僆 希僎 希備 希寤

與山 與珦 與魋

高密郡公從京

高密郡公令敏

封華陰侯子雲 子蔚 子茂 子伸

伯造 伯維 伯漢 伯理

師錯 師尹

希宝 希迪 希伋 希佹

與清 與浚 與寧 與廉 與章 與稟 與膺 與逢

孟松 孟挺 孟洋 孟傑

由遴 由煥 由熺

伯積 伯寧

師仆 師銑

希修 希評

與邁 與遷 與邊 與慥 與訒 與娀 與政 與譚 與榛 與禧

孟汶 孟臧 孟溪 孟泞 孟潮 孟槐 孟櫝 孟橲 孟棣 孟忞 孟儀 孟偵 孟備 孟僟

由鉥 由鎡

師賦

希本　希爻　希藤

與詰　與得　與式　與工　與僖　與貨　與贊　與讚　與貨　與孚　與淳　與季　與游

孟傞　孟僆　孟逵　孟逞　孟進　孟遡　孟僕　孟柲　孟濂　孟洋　孟橥　孟㯿　孟梀　孟詒

伯端

師綽　師壽

希辛　希早　希辛　希辛　希鳳

與徽　與欽　與衎　與經　與如　與衕　與雅　與榦　與州　與籾　與訒

孟諡　孟訏　孟直　孟緘　孟傑　孟代　孟偲　孟備　孟僞　孟琇

伯椎

師聖　師魏

希政　希寬

與猷　與陽　與椿　與願　與事　與淳　與梨　與浏

孟適　孟珌　孟琬　孟璉　孟琉　孟璿　孟瑆　孟邁　孟遵　孟泛　孟迥　孟遡　孟邈

由顯　由淀　由[illegible]　由璣　由泌　由漯　由仞

伯益　伯斂　伯鎮　伯震　伯諴

武翊郎子思

師鄧　師列　師倫　師仁

希悠　希暴　希瑱　希沼　希洽　希湄

與柚　與槫　與裓　與沸　與烴　與穦　與鍋

孟漉　孟澈　孟淋　孟瀸　孟凝　孟塤　孟略　孟暸　孟鄉　孟瑳

宋史二百十九 字二百二十八個

宋史表卷十 七

修武郎子恭 忠訓郎子才 秉義郎子吉 子倍 訓武郎子元

伯敵 伯玕 伯藏 伯羽 伯譆 伯嘉 伯曈 伯映 伯志

師寧 師翼 師埈 師堉 師坏 師塏 師墇 師墺 師坡 師圻 師鳳 師韶 師嶼

希恬 希譜 希澄 希欽 希迴 希鐙 希謹 希謙 希灌 希鐺 希輊 希僑

與鎰 與鑅 與鑌 與錆 與鎮 與鐘 與靚 與輇 與璆 與碧 與哲 與尚 與晉 與諶

孟蕃

甘真寫 俟昭合刻

宋史二百十九 字二百四十四個

宋史表卷十 八

秉義郎子山 忠訓郎子昚 從義郎子紳

伯俊 伯偃 伯傳 伯仁 伯偏

師道 師文 師周 師謨 師貴 師日 師革 師葳 師撝 師樓

希鐩 希冬 希鈸 希淵 希潘 希桑 希麟 希濟 希檡 希機 希穆 希稜 希子 希況 希濼 希瀰 希瀹 希濯 希嵘

與壿 與堰 與埰 與盛 與豆 與悚 與惆 與櫚 與留 與驌 與穰 與鈸 與揆 與懐 與忻 與恆 與慓 與篆 與袠 與亨 與龍 與寓 與寧 與童 與官 與韜

孟駉 孟淀 孟鏈 孟橘 孟懷 孟悟

甘真寫 俟昭全刻

宋史二百十九　宋史表卷十　九　甘真寫　呈陵刊　字一百令十个

訓武郎子由

伯倚

師瑠　師壍　師琰

希瀫　希灟　希滌　希鍊　希錯　希總　希鈿　希鉦　希鍠　希釭　希鐈　希鉞

與咏　與滉　與瀷　與汰　與沂　與澥　與瀩　與湖　與泙

孟稔

太子右內率府副率令褚　贈南陽侯令濟

武經郎子牢　右侍禁子仁

伯付　伯善　伯壽　伯求

師增　師華　師遵

希鏈　希亶　希瑊　希蒯　希玢

孟揩

宋史二百十九　宋史表卷十　十　甘真寫　呈陵刊　字一百三十个

秉義郎子常　贈武經郎子通　訓武郎子欸　左班殿直子與　承節郎子亮

伯慶　伯通　伯益　伯越

師是　師恕　師騫

希掖　希瑔　希騵　希僎

與諆　與緘　與禩　與枋　與梭

孟桁　孟衝　孟琫

贈華陰侯令玖

承節郎子哲　贈奉議郎子佑　忠翊郎子伋　從義郎

伯玉　伯洪　伯淨　伯勇　伯求　伯潞

師裾　師玓　師珅　師玫　師顒　師玽　師瑲　師瑮

希紱　希瀹　希訥　希詃　希諱

與櫓　與鑒

孟熅

宋史二百十九　字一百二十八个

宋史表卷十　十一

呈陵刊　甘真寫

子偉　承節郎子仲　贈秉義郎子傑

伯揆　伯棣　伯𢣟　伯拱　伯老　伯益

師滂　師城　師潤　師表

希論　希椿　希傑　希熹　希莒　希蘭　希蓁

與戣　與鉎　與鍤　與鏻　與鉦　與鉞

孟珩　孟琟　孟潒　孟瀞　孟瀌　孟㴁

師煥　師燁　師烜　師煌　師熺　師熉

希荳　希垌　希垒　希增　希坡　希塈　希堉

與鍷　與金　與鋆　與鎜　與鑕　與鈊　與礅　與錆　與鐘　與錫　與鐩

孟楥　孟梆　孟櫨　孟秈　孟潩　孟泚　孟澧

宋史二百十九　字一百令十五个

宋史表卷十　十二

呈陵刊　甘真寫

伯達

師省　師光　師固　師㸌　師烽　師煖　師燐

希培　希搖　希憓　希坦　希傑　希怷　希迈

與鐃　與堝　與垌　與遍　與迁　與達　與瀸　與輻　與輗

孟求　孟杙　孟樸　孟欉　孟梢　孟遂　孟濯　孟瀿

伯損

師格　師采　師權　師燭

希𦒿　希奘　希奎　希壘　希鑑　希壑　希積　希璫　希轅　希峻　希岊

與韃　與隋　與傕　與企　與僵　與伯　與偶

孟涉　孟謨　孟訴

太子右内率府副率令晁　贈武功郎令琦

忠訓郎子脩

伯晉

師燧　師粹　師滕

希鏸　希蕪　希轄　希輧　希贈　希求　希庚　希廙

與鄉　與瀅　與倍　與佔　與鐸　與祿

孟滉　孟渦　孟涺

加贈大中大夫子慶

伯鉽

師駪　師洄

希花　希丘　希徐　希炎　希䄵　希栭　希橡　希欋

與奐　與儨　與揵　與檄　與栟　與擠　與扶　與桯　與燸

孟爽　孟講　孟玗　孟琊　孟戔　孟璳

由澳

承信郎子庠　武翼郎子序

伯錞　伯銖　伯鍇　伯銓　伯昔

師瀐　師浣　師淨　師泣　師涂　師汝　師灋　師濤

希檝　希杍　希槙　希棣　希棋　希精　希檔　希榛　希睞

與爈　與爐　與焰　與烙　與炉　與僔　與燛

孟埊

秉義郎子廣　從義郎子度　承節郎

伯習　伯沓　伯凱　伯登　伯鉤　伯昌

師諸　師弋　師昕　師淪　師憲　師瀾

希檝　希榴　希霖　希佯　希佯　希衡　希懷　希倰　希適

與町　與頎

右屯衛大將軍世徙

敦武郎令鉦　左班殿直令僖　贈房州觀察使郡公令休

子庚　保義郎子章　子華　子舉　子卓　太子右內率府副率

伯棟　伯材

師志　師愿

希溢　希璒　希琑　希璀　希琭　希玞　希璿

與瑋　與聰　與賺　與員　與賁

孟鑄

子演　贈金紫光祿大夫子益

伯瑜　伯琮　伯璋

師仁　師份　師晉　師耳

希坦　希衎　希煦　希聲　希是

與鄣　與摩　與平　與逑　與晦　與鍔　與方　與彭　與恩　與豐　與閭

孟檝　孟錨　孟鏌　孟鐵　孟鉦　孟鑌

由漾　由洽　由淵　由滄

甘真官　李正刊

宋史二百十九

秉義郎　直翰林　修武郎

伯瑞　伯瓛　伯才

師序　師仵　師保

希賣　希近　希述

與澪　與淌　與淨　與浙　與燻　與灯　與烇　與熷

孟摘　孟橦　孟棟　孟㨿　孟杭　孟杲

伯璨　伯球

師信　師鄉　師化

希避　希遊　希公　希梓　希核　希秘　希逯

與睃　與瞳　與畹　與船　與歲　與峙　與峄　與崐　與岎　與仝　與鄰　與昕　與戚

孟菁　孟苡　孟蕢　孟榮　孟孳　孟甯

甘真官　李正刊

贈高密公令揆

忠訓郎子林　子覆　子常　子右　子侁　贈武略郎子文

伯琳　伯瑛　伯瓘　伯璪　伯望　伯隱　伯迪

師記　師似

希孳　希銓　希聲

與辯　與厷　與恙　與繼　與慰　與盛

孟宝　孟賓

與泳　與絹　與續　與綬　與纖　與緘　與繡　與坐　與宣　與聖　與靡

希候　希賞　希戩　希教　希諮　希記

師湨

孟瑜　孟銘　孟轎　孟軓　孟搾　孟棭　孟璕　孟瞷　孟劚　孟濱　孟漯　孟奩　孟壂

由墱　由賫

伯近

師份　師渙　師澄

希談　希賁　希晃　希尹　希梳　希槮

與綸　與槽　與爗　與熡　與熸　與爗　與燧　與煌　與焆　與炘　與燮　與灼　與必

孟堈　孟球　孟增　孟壕　孟壕　孟墒　孟圭　孟垚

師濱　師淵　師汲　師淥　師洌　師澐　師淋

希抨　希擁　希捏　希栝　希樽　希梓　希棐　希檉　希滐　希栻　希栴　希榗　希檠　希楮

與潒

孟璧　孟堅

宋史二百十九

宋史表卷十　十九

子撤 武經郎

伯迒　伯選

師湯　師源　師瞰　師仍　師昱　師杓　師鵬

希倫　希賡　希政　希宣　希信　希夔

與孚　與穌　與林　與櫹　與棩　與棨　與柔　與櫹　與庬

孟㝡　孟僎　孟璐　孟瀟　孟莞　孟㴋　孟僊

由禮　由禩

太子右內率府副率贈右領軍衛將軍令帀

子遴　子詢

伯邁

師容　師景　師旻

希躬　希諭　希淮

與綵　與瑺　與瀠　與勝　與遷

孟㯶　孟僴　孟鑒

甘真寫　李正刊

宋史二百十九　字一百五十六

宋史表卷十　二十

少師昌國公世表

太子右內率府副率令佗　太子右內率府副率令喬　贈漢東郡公令甘

子平　子受　左侍禁子兆

伯迫　伯近　伯俊　伯逵

師渙　師旦　師道　師忠

希鐃　希堃　希御　希伸　希淡　希瀍　希傑

與璪　與𢲴　與欄　與枏

孟焞　孟㺞　孟燦

贈左屯衛大將軍令[illegible]　贈[illegible]侯令航

子先　秉義郎子[illegible]　子立　子永　三班奉職子平　成忠郎子受　子力　子侙　忠訓郎子伯

伯暘　伯興　伯康

師惪

希伐

與𤣯　與棲

孟焌　孟烋

甘真寫　李正刊

再贈右朝請大夫子淡

伯倓　伯侃

師道　師德　師揆

希鳥　希佳　希晉　希棲　希柱　希枅　希榼　希櫨

與鍾　與楄　與樌　與櫝　與鉗　與鋁　與鋒

孟玞　孟琗　孟珊　孟淦　孟璨

伯僖　伯供

師義　師浹　師章　師育　師音　師備　師端　師求　師予

希櫶　希核　希桁　希榹　希鑄　希牧　希比　希昌

與墳　與浼　與璇　與揩　與瑞　與欽　與球

孟保　孟侯

由澤　由裿

贈北海忠訓郎

伯儀　伯侔　伯伊

師謀　師閔　師路　師荀　師瑛　師倪　師蔦　師頊　師倲

希璥　希珎　希罳　希眺　希嵘　希巘　希崢　希盉　希澍　希湧　希岠

與浹　與瀲　與沼　與瀟

孟逖　孟遑　孟迨　孟遵

右武衛大將軍世鎮

侯令泮　贈北海侯令繪

子句　子仲　子頵　子卿　子碩　武翊郎子鼐

伯維　伯嶠　伯榮　伯犖

師孟　師璉　師僎

希方　希矩　希啟　希畆

與邀　與鉉　與隊　與鐏　與鈴

孟僑　孟栿

宋史二百十九

宋史表卷十

二十三

贈東平侯令璽
贈奉化侯令蓋

右侍禁子彰
從義郎子歸
子季
忠訓郎子迥
忠翊郎子余
三班奉職子伯

伯順

師邇

希蕆
希揀
希詑
希謹
希譁

與燗
與炯
與熄

甘真寫　李正刊

高密國公世家

贈右屯衛大將軍令殘
太子右內率府副率令鏞
贈景城侯令勁

修武郎子賢
訓武郎子應
右侍禁子暕
成忠郎

伯脩
伯元
伯歸
伯椿

師向
師白

希棄
希坊
希濆
希澹

與端
與近
與選
與遣
與補

宋史二百十九

宋史表卷十

二十四

高密國公世籍

贈[illegible]郡公令碑

子說
子文
秉義郎子禮
武經郎

伯禔
伯謹
伯至
伯旦
伯固

師确
師取
師諹

希年
希濟
希忞
希覵
希術
希衞
希衡

與總
與悠
與恣
與忩
與愢
與意

孟璣
孟塽
孟括
孟檩
孟桄
孟香

甘真寫　李正刊

子祐

伯直

師錄
師褱
師絳

希嶒
希撇
希魚
希珉
希盈
希筌
希謖
希紳

與竣
與備
與偲
與倩
與憲
與慈
與轅
與滁
與汴
與淩

孟儆
孟辰
孟靂
孟曆
孟羲
孟㬎
孟機
孟祺
孟絛
孟檪

伯亶

師邦　師祉

希績　希鏌　希讜　希倴

與懕　與慈　與懋　與愢　與愁　與懇　與忘　與恩　與惷　與怨　與逃　與遂

孟昇　孟景　孟早　孟椽　孟播　孟搖　孟構　孟榭　孟樸

希傚　希保　希值

與遷　與迎　與逡　與玧　與琪　與琛　與琲　與璘　與璩　與璸　與瑋　與汃　與憓

孟桐　孟櫸　孟演　孟涑　孟諝　孟讀　孟詢　孟謚　孟騁　孟蒿　孟曈　孟盼

朝請郎令珪

三班奉職子作　子祉　保義郎子禔　從義郎子覩　承信郎

伯豐　伯亘

師鄭

希僊　希傒　希瓏

與澀　與邀　與球　與詷　與濱　與湅　與湄

孟暎　孟晚　孟論

東陽侯贈洋國

贈武節大夫令淌

子靚　武節郎子川　子言　從義郎子昌

伯初　伯衣

師錢　師簿　師劉　師簧　師茉　師菅

希治　希灝　希汶

與逵　與選　與御　與迟　與迫　與遭

孟室　孟賚

世敞
武節郎子賦
從義郎子聃
伯湑 伯漴 伯濤
師騫
希楷 希柏 希儼 希墩 希伉 希脩
與贊 與許 與綬 與緡 與紳 與䄍 與璭
孟遇 孟蓮 孟槤 孟策 孟褀 孟櫂 孟翊 孟瑰 孟玉

師駒
希仕 希偶 希僚 希佈 希嫣
與彌 與詻 與淵 與繪 與綵 與繚 與珉 與玫 與塈 與琣 與悰 與恪 與墉 與坰 與垸
孟璧 孟璞 孟玢 孟韡 孟璡 孟璒

武翊郎子賜
伯潒 伯漕
師鐵 師適 師潻 師淲 師漇 師虓
希鉠 希棣 希裛 希顴 希樒 希抃 希仔 希僊 希懷 希傑 希僅 希遑
與埜 與逵 與遺 與遒 與逵 與逷 與潍 與堭 與璧

保義郎子膠 贈武功大夫子駢
伯詩 伯淮 伯洵
師縁 師樸 師榕 師撲 師𢼸 師杠 師橒
希烔 希■ 希棫 希炷 希熛 希燭 希殯 希祥 希逵 希烟 希栻
與坏 與埩 與㚐

宋史二百十九

宋史表卷十

二十九

贈少師子濂

伯洲 伯溥

師翀 師揩 師梓 師固 師回 師呂 師周

希燀 希炑 希焊 希炂 希燥 希烳 希儒 希處 希乾 希僭 希元

與墠 與奎 與熹 與褏 與褒 與申 與宕 與楨 與杵 與栟

伯洄 伯污

師心 師聖 師儆 師謷 師審 師肯

希凭 希鼈 希克 希徽 希藊 希艾 希萱 希菁 希蘧

與撻 與挑 與棨 與會 與競 與襄 與伏 與傍 與何 與僥 與樅 與榆 與枷

孟遙 孟撫

甘真寫

王三達刻

字一百三十來

宋史二百十九

宋史表卷十

三十

伯渙 伯津 伯淳

師琮 師稟 師粟 師竺 師鑠 師鑑 師仇 師儁 師賑 師柄

希慧 希點 希任 希亶 希裔 希數 希畋 希秘 希穩 希科 希紃 希絹 希爕

與墳 與達 與頓 與鉥 與邵 與道 與潘 與闕 與愈 與憊 與愬

孟杅

承節郎子貽 忠翊郎子涸 西染院 忠翊郎

伯洪 伯湜 伯渭 伯泌 伯沆

師羲 師岌 師督 師穗 師抑 師鄭

希徒 希悚 希僑 希李 希稘 希岍 希桼 希彭 希彰 希彩

與橅 與杞 與駰 與駝 與錂

孟圀

甘真寫

王三達刻

字一百五十个

宋史二百十九　字二百三十八

宋史表卷十　三十二

甘真寫　王三道刊

使令僧

子賓 保義郎　子績 成忠郎　子贄　子嶠

伯墊　伯峑　伯全

師珠　師念　師点　師讖　師覵

希幹　希輅　希轔　希輞　希硯　希磯　希造　希策　希逵

與諮　與尊　與硤　與蕘　與蘇　與偓　與許

孟伯　孟伋

由壚

師丞　師諍　師止　師登　師壯

希迄　希邈　希迂　希剛　希規　希[illegible]　希適　希逢　希道　希遷

與諏　與訊　與謐　與講　與諛　與請　與讃　與鐠　與穹　與宣　與說　與■

孟御　孟備　孟佫　孟珢

由瑹

宋史二百十九　字二百四十六个

宋史表卷十　三十二

甘真寫　王三道刊

右班殿直令琭　內殿承制令僥

從義郎子寶　秉義郎子財

伯灝　伯昌

師淀　師散

希迢　希遑　希迁　希導　希灝　希澄

與■　與註　與詡　與岃　與岩　與豐　與崙　與嶠　與峇　與良

西頭供奉官令敷　保義郎令僑

子■ 保義郎

伯晃　伯■

師棨　師謝　師倰　師揔　師尹

希纘　希卯　希酉　希動　希効　希詸　希横　希秦　希陵

與樾　與禰　與祜　與神　與零　與捧　與櫂　與溪　與坫　與魯　與昔　與晃

孟倰　孟瑊　孟球　孟瓔　孟誠　孟謙

宋史二百十九　一百个

宋史表卷十　二十三

希咸　希安　希瀍　希扔

與昚　與眞　與雲　與谷　與逡　與迴　與遵　與逾　與[illegible]　與遘　與遙　與閭

孟諄　孟評　孟詔　孟沃　孟注　孟澳

左班殿直令銂　武翊郎令洄　子胴　子貽

世炳華陰侯　贈[illegible]　[illegible]衛將軍　秉義郎

師諸　師𠷭

希捂　希拼　希耆　希茀　希㔶　希穮　希悇

與閶　與閎　與闌　與閭　與堉　與迁

甘真　陳貞刊

宋史二百十九　字一百三十

宋史表卷十　二十四

子通　伯覬　師莛　希佩　與默　與識　與諾

伯升　伯復

師韞　師棣　師沛　師湯　師壕

希作　希滂　希乙　希申　希誨　希識　希翌　希愎

與亨　與諱　與訓　與訥　與緒　與濟　與鑒　與覺　與路

孟琛　孟瘑　孟硅　孟琉　孟玧　孟渢　孟璲　孟復　孟佺　孟鈊

師方　師仪

希㑴　希倍　希伶　希㑁　希僕　希璯

與凌　與熠　與烊　與熄　與熑　與佰　與傅　與俻　與僾　與嶧　與憎

孟鈌　孟飾　孟欽　孟　孟　孟衡　孟瀅

甘真　陳貞刊

宋史一百十九

宋史表卷十　三十五

承直郎子迪
忠翊郎子進

伯履
伯現
伯淦
伯靚

師安
師教
師敔
師敵
師㵾
師敉

希搏
希招
希駟
希卞
希璿
希鉉
希持
希榛
希㵾

與鋑
與瓛
與供
與釜
與埏
與愷
與塤

孟偀
孟誥
孟溧
孟灝

表卷第十

河內侯世系

西頭供奉官令父
保義郎子[illegible]
伯精

西頭供奉官令璩
太子右內率府副率令悙
右[illegible]嚴
東令[illegible]

表卷第十一　宋史二百二十

開府儀同三司上柱國錄軍國重事前中書右丞相監修國史領經筵事都總裁脫脫等奉敕修

宗室世系六

楚國公從信
康國公世顒
贈東平侯令典
贈建國公令貢
右侍禁子明
贈中大夫子昉
武翼郎子晚
伯緩
伯純
伯傳
伯山
伯川

宋史二百二十

宋史表卷十一　一

忠訓郎子昕
伯達
伯适
伯遇
師古
師性
師弓
師彤
希略
希适
希繼
希瀹
希鑭
希錫
希逵
與稍
與枝
與摺

忠訓郎子時
從義郎子照
伯術
師旦
希誦
希誠
希壕

朝請郎令璹
子睽　贈武翊郎子晴
伯術　伯潤
師回　師宓　師蒿　師諱　師田　師晢
希鋹　希省　希鐠　希嶧　希銶　希闠　希畇　希迫
與烈　與偮　與傒　與德　與鐩　與鐊　與錄　與悝　與捕

贈特進子皎
伯閬　伯瀾　伯源
師賢　師悳　師純　師恍　師沄　師矩　師卓
希道　希折　希誓　希仵　希脩　希忤　希供　希傢
與愚　與憲　與態　與悫　與忞　與鈇　與鏞　與鈋
孟僼　孟徙　孟傂　孟歸　孟琥

內殿崇班令禹
保義郎子暐　成忠郎子晫　子曈　武節郎子昕　承忠郎子皞
伯濠　伯順　伯頊
師晦　師鱣　師注
希洋　希寗　希仢　希炅　希蘷　希旼　希昕　希暩
與選　與鍗　與錸　與鋑　與伴　與琯

河內侯世淵
右侍禁令坪　武經郎令森　太子右內率府副率令省　贈洋川郡公令扁
成忠郎子晦　右侍禁子珍
伯諏　伯逵
師沾　師涓　師淋　師孟
希盱　希澐　希佸　希廈　希渙
與聰　與桂
孟鉅　孟銓　孟鑽

子：從義郎子珏
伯：伯逝
師：師頠　師閔　師言　師中　師單
希：希常　希淩　希朋　希仔　希森
與：與功　與居　與輔　與改　與模　與紕　與化　與柘　與巽　與致　與松
孟：孟璵　孟熜　孟炳　孟勲　孟焗　孟孜　孟爀　孟烼　孟竣
由：由棣　由塡　由埱　由墇

子：右侍禁子雄　成忠郎子瑾
伯：伯邈
師：師猛　師孚
希：希異　希禕　希拯
與：與麐　與亦　與俱　與爲
孟：孟浩　孟佇　孟壕　孟仁　孟儒　孟儀　孟僊　孟伸　孟義　孟能　孟存
由：由初　由祥　由裡　由耑

師：師向　師芝　師重
希：希掄　希懕　希抑　希騰　希符　希考　希暮　希騣　希倦　希儲
與：與眞　與熾　與頴　與契　與巇　與崧　與倴　與矄　與曉
孟：孟正　孟楊　孟信　孟潡　孟鉍　孟鋳　孟鏍　孟鍗

伯：伯逸
師：師餗　師乂　師息
希：希僑　希俟　希僃　希損　希倉　希扛　希信　希憓　希念　希良
與：與僕　與進　與試　與頭　與邂　與倈　與倅　與倢　與倡　與俄　與端
孟：孟奭　孟墿　孟揹　孟穗　孟埴　孟埣

希坤　希巽

與倘　與鏽　與靜　與迪　與光　與爾　與福

孟垎　孟塀　孟壇　孟墠　孟昭　孟作　孟遠　孟恭　孟論　孟訢　孟禮　孟燠　孟懲　孟倘　孟倩　孟雅　孟酉　孟俁

由㷆　由鍄

師瓘　師恬　師緒

希僎　希叚　希訪　希童　希諷　希訏

與用　與稷　與諹　與詣　與濱　與尉　與驥　與衆　與瑢　與捷

孟倓　孟僴　孟佋　孟伻　孟滰　孟珪　孟孝　孟峻　孟崘　孟溥　孟瀘　孟備

修武郎子瓚

伯通　伯造

師涓　師招　師遐　師惸　師偟

希韽　希譜　希談　希麽　希龍　希華　希富　希韋

與鉞　與盆　與鐪　與鐊　與橫　與桐　與㭘　與棨　與鍼　與鎧　與鐐

孟埊　孟壆　孟壓

贈洎內　保義官

成忠郎子璔　子琞　子墇　從政郎　子理　子璪　贈武略大夫

伯逵　伯遵　伯遇　伯衎　伯宣　伯民　伯徽　伯璭

師囂　師義　師仁　師禮

希敵　希諁

右半葉	左半葉
	北海侯世奕
	贈衛將軍令竈 軍令潾 贈洋國公令洋
子玘	忠訓郎子琦 子琰 秉義郎子發 三班奉職子振
伯章 伯宜 伯交	伯立 伯戢 伯慾 伯惠 伯逵
師積 師得 師美 師治 師莘 師茲	師義 師瀞 師允 師申
希垠 希屋 希約 希圭 希右 希橐 希然	希度 希鎡 希壽 希籌 希鑠
與華 與稷 與曉 與衎 與耐 與董 與典	與騆 與坐 與在 與晼 與暋
孟㦛 孟林 孟標 孟桐 孟搪 孟材 孟傚 孟儁 孟伋	

右半葉	左半葉
朝請大夫子俶	
伯祜 伯祿	伯析 伯提
師乙 師戈 師呂	師蕃
希錤 希顺 希頎 希鯤 希梁 希程 希甫 希裝 希忠 希愈	希平 希倫 希堯
與縜 與立 與彝 與梓 與楞 與榕 與樵 與柷	與楷 與瀛 與淏 與湧 與潤 與知 與王 與喻
孟携 孟僧 孟信 孟协 孟璽 孟便 孟諾	孟該 孟仕 孟慄 孟億 孟倘 孟倰 孟侍 孟儋 孟祿 孟鐖 孟鎧 孟祥 孟栝 孟祉
	由璞

宋史表卷十二

十

伯祐

師清 師契

希勉 希譏 希静 希忠 希磨 希錡 希扶 希柳 希棖

與極 與比 與瀟 與唯 與噲 與仙 與僨 與儋 與崛 與焯 與姚

孟樫 孟倥 孟崢 孟翊 孟澆

師鴻

希㯄 希檀 希寮 希燮

與煬 與倫 與珧 與暹 與璭 與壇

孟鑒 孟鋈 孟鎔 孟錯 孟錡 孟鐖 孟鑽 孟鋮 孟鑢 孟鐺 孟錄 孟鎖 孟鑷

由暐

甘真寫 羅善刊

宋史表卷十一

十一

朝請大夫子仁

伯顥 伯瀨 伯頎 伯碩 伯順

師溉 師表 師蓺 師珉

希檃 希賁 希嫛 希岌 希蘐

與瑨 與琭 與享 與皋 與欒 與亨

孟賁 孟脒 孟賀 孟賚

子億 武德郎 子㑊 子伾 修武郎 子傑 右班殿直子健 武經郎 子伋

伯璃 伯祥 伯禮 伯問 伯泰

師進 師頩 師逵 師稟 師渡 師文

希寅 希寄 希鼬 希追 希運

與嶠 與洽

孟御

由燁 由煒

甘真寫 徐昌刊

贈右屯衛大將軍令擬　贈河內侯令晄　贈感德軍承宣使令感

三班奉職子紳　三班奉職子宣　保義郎子澤　修武郎子漣

伯憲　伯愆　伯應　伯恩

師存　師定

希彬　希欣　希急

與琚　與瓊　與肖

孟宏　孟㝚　孟秉

由佇　由仫

子仰　武翼郎子攸

伯碩　伯裀　伯熹

師珉　師植　師昀　師㦸　師墉　師愿

希蕫　希昇　希汸　希㴽　希敀　希晼　希昳　希晦　希㬮　希晅　希煜

與爵　與奎　與鉄　與鋹　與鉀　與鏓　與鉚　與逵

孟㚟

贈奉議郎令慈　贈大中大夫令㨗（贈奉大中大夫令䅵）

伯標　伯鮹

師邑　師易　師臯　師賜　師秩

希優　希韓　希道　希僎　希濤　希侃　希曅

與盱　與悍　與禹　與耆　與振　與㦤　與垌　與釷　與揚　與㵶　與映

孟浚　孟㩴　孟堅　孟壁　孟錶

由仕　由仰

伯魯

師恬　師元　師樞　師焌

希遡　希俟　希滉　希心　希偲　希徠　希仍　希祚　希巛　希價　希倅

與津　與嶺　與嵿　與易　與謹　與揆　與奭　與會　與揠　與爟　與㾿　與熓　與謹　與諫　與諸

孟斻　孟隆　孟璟　孟㑽

左朝請大夫子汲
直秘閣子決　左承議郎子涣

伯鯉　伯樟　伯杞　伯扔
伯樞　伯適　伯衬　伯拘

師俗　師佀　師倧　師俶　師佮　師供　師熾
師熺　師炘　師煖　師偪　師儋　師休　師墣　師儕

希鑒　希工　希聖　希丕　希拭　希揮　希措　希塴　希埈　希埼　希堎
希址　希圠　希坫　希壋　希堔　希壇　希墠　希珧　希邀　希違　希遴

與瑁　與璌　與塋　與淳　與贛　與鉩　與鍴　與鐇
與鐸　與璁

孟杅　孟樻　孟榗　孟錸　孟搡

贈高密郡公令楠

朝議子浚
贈右承事郎子浩　朝散郎

伯梗
伯棣　伯棋

師儃　師偉　師伶　師洪　師穗　師肵　師泙　師侊
師克　師虔　師田　師季

希邅　希邁　希遽　希迭　希遄　希逬　希逮
希逾　希迪　希遾　希邁　希遭　希遼　希迺　希逨　希邇　希逖　希週

與琳　與球　與瓛　與坰　與珖　與琖
與譜　與珂　與和　與客　與該　與調

宋史二百二十 一百三十个

宋史表卷十一　十六

甘真寫　刊

贈太師惠王
奉大夫　無贈

子渤　秉義郎子□　子汶　通直郎子□　子湯　從事郎子淇　朝奉郎子彰　子澂　秉義郎子□　子洞

伯彰　伯彩　伯禧　伯慇　伯穀　伯祥　伯漢　伯傑　伯墳　伯儼

師暈　師隗　師贇

令應

子游

伯禾　伯來

師勲　師烈　師焯　師點

希塘　希琮　希珧　希閔

與賓　與宧　與棣　與搗　與稷　與探　與提　與拔　與榛　與扔　與播

孟琛　孟璘　孟瑠　孟璣　孟珬　孟玿　孟治　孟暕　孟吤

宋史二百二十 字一百四十个

宋史表卷十一　十七

甘真寫　呈　刊

伯渠　伯栗

師鮨　師匯　師熹　師尹　師額　師瑜　師逹　師豆

希彝　希饒　希逢　希敍　希悚　希孟

與延　與遐　與逑　與鲁　與讋　與謇　與漫　與瀫　與僎　與菘　與柯

孟沅　孟瀚　孟耆　孟香

伯杲

師石　師勉　師峴

希文　希核　希柠　希核　希㯋　希煐　希羹　希烇　希熔

與掞　與廻　與迕　與遣　與馥　與撒　與貞　與冰　與塭　與壓　與埒　與堪　與埗　與愬　與坤

孟僎　孟伯　孟鐩

伯果 伯茉

師宜 師珇 師肆 師至

希賓 希啓 希郲 希遷 希吝 希篚 希詧 希旣 希宮

與佝 與懆 與懔 與惔 與忯 與懍 與悄 與遴 與澂 與性 與倈 與懌 與惀 與悚 與懽

孟傳 孟保 孟仔

師璹 師琭 師瘞 師瓛 師瑤 師珂

希宕 希詒 希訒 希窘 希昚 希郤 希笥 希詥

與憋 與萃 與忦 與惜 與倲 與慼

孟何 孟休 孟符 孟宿 孟仍 孟僕 孟倞 孟倜 孟什 孟值

伯綮

師珥 師瑞 師同

希誯 希諳 希器 希杌 希露 希謹 希鋃

與濠 與濯 與璧 與罄 與炵 與全 與澮 與敫 與涼 與灑 與傂 與俁

孟樾 孟掠 孟宦 孟仚 孟盅 孟榛 孟椅 孟栫 孟班

由錦 由昝 由撰 由潽

伯乘

師雲 師周 師召 師秀

希瀴 希浾 希滂 希湎 希龍 希檍 希愚 希宅

與框 與樊 與蕋 與祺 與柳 與杜 與逢 與遷 與迥 與迺 與逮 與遨 與遡 與遇

孟璟 孟璥 孟儷 孟鏊

由潔 由澴 由淡

三班奉職子濬　修職郎子淙　宣教郎子渟
伯欒　伯栞　伯果　伯棌
師仲　師樞　師吉　師材
希革　希鈂　希鋼　希鍔　希鍵　希鏞　希鈁　希鋅　希鉼　希賁　希尊　希瞱
與瀸　與墐　與孺　與潘　與適

子淳　保義郎子[illegible]　閤門[illegible]　子潒
伯槩
師綰　師繕　師綸
希歸　希過　希恬　希惜　希迈　希適　希火
與逴　與漢　與葵　與蓍　與范　與憖　與急　與愢　與忍　與應　與娫　與炭
孟垄　孟堂　孟璘　孟嘒

忠翊郎令伽　武翼郎令鞏
秉義郎子溓　宣教郎子淙　子瀨
伯㮚　伯樸　伯椿　伯莊　伯棻　伯楶
師紹　師瞻　師聯　師屽　師爕
希鑒　希述　希東　希頫　希軝
與逵　與煤　與悚　與墄
孟璧　孟發　孟凱

[illegible]
[illegible]
子琪　保義郎子[illegible]　子琭　子擇　訓武郎子揆
伯佺　伯瑑
師玉
希逅　希適

師華國公世鴻

贈遂安侯令揣

忠訓郎子琦　武經郎子祇

伯瓗　伯璲　伯演

師益　師繕　師總　師綖　師岩　師潛　師併　師俯

希迮　希㷮　希潞　希械　希滮　希橀

與鞴　與曝　與騰　與眄　與眹　與意　與態　與璲

武經郎子祿

伯渙　伯活　伯詵　伯崇　伯輔

師仵　師菖　師菖　師恮　師慄　師棆　師壽　師視　師祚　師裾　師㦗

希玤　希潘　希洞　希澳　希沾　希激　希㵲　希夸　希鬻　希珥　希彫

與礸　與礦　與㰁　與柚　與鐳　與鏄　與樸　與璗　與桄

孟俓　孟燾

伯松　伯瑞　伯勝　伯喜　伯擬

師柔　師浥　師翩　師決　師陶　師譫　師濛　師僮　師倢　師書　師焙　師懂

希瓶　希電　希秈　希謏　希跡　希晈　希瑳

與煮　與羔　與淴　與諳　與潨

從事郎子視　子祖　子視　忠翊郎子祐

伯沂　伯緡　伯紘　伯繪

師瑩　師璭　師璘　師勤　師灤　師濂

希衎　希僾　希熄　希鐥　希鐉

與潷　與灕　與滐　與蘐　與冰　與湏　與湜　與湆　與澌

西頭供奉官令澈　令悆

子作　子禮　子禎　承節郎子[illegible]　子初

伯文

師擇

希賁　希湯　希摦

與華　與董　與琡　與班　與暐　與瞻　與昂　與蕙　與菖　與萊　與滂

孟透　孟遺

甘真寫　梁保刊

伯歌

師持　師拂　師摧

希輯　希稈　希賞　希穰　希諾　希性　希瀛　希启　希緒　希姬　希莘

與遂　與涫　與瀍　與淑　與琢　與俠　與懃　與萱　與远　與瑊　與瑞　與茂

孟桃　孟樗　孟壥　孟臺　孟瞰　孟縧

子祈　保義郎子[illegible]　子禪

伯合　伯守

師振　師棣　師賚　師命　師耆

希閒　希椁　希岵　希揆　希龠　希杍　希橘　希漪　希樞

與讚　與爛　與淡　與謚　與譜　與鄰

孟玫　孟宋　孟肇　孟宓　孟孜　孟優

甘真寫　鄭文[illegible]

伯瑾

師鏞　師隯　師鍾

希默　希宗　希桂　希桃　希檯　希庁　希機　希伐

與飛　與瀧　與江　與槻　與逵　與追　與畛　與珞　與功　與畤　與眈　與㐰

孟德　孟侳　孟依　孟佃　孟轅

贈通議大夫令睹
成忠郎子偷 子衿 贈左朝散郎子祠
伯玖 伯瑚 伯璩 伯珣 伯琇 伯玗 伯淵 伯清
師鉞 師聰 師鏘 師悳 師郇
希岳 希姚 希楓 希適 希浩 希浚 希湔 希顛 希類
與梘 與淏 與傈 與傍 與稀 與穗 與種 與昝 與普 與曆 與盼 與淇 與涸 與洊 與舉 與沐 與奇
孟琯 孟璝 孟鋭 孟鉞 孟鑣 孟鐳 孟璸 孟瑝 孟埏 孟珽 孟璙 孟祠 孟祄 孟沍 孟涟 孟估
由珯

贈通奉大夫子綸
伯倣 伯淙 伯璩 伯汶 伯洋 伯濂 伯源 伯沖 伯晟 伯易
師漣 師弨 師滈 師悫 師坦 師盈 師懸 師辱 師季 師睿 師寯
希願 希淦 希闐 希闟 希岐 希僉 希聰 希㞩 希玲 希銑 希舉 希葸 希湨 希經 希溫
與侊 與況 與櫻 與涇 與涓 與濬 與牧 與敦 與傣 與錄 與璧 與塊 與瑲 與佺 與偏 與惜 與攡
孟杅 孟傈 孟洎 孟鴻 孟瀍 孟洄 孟鉒 孟鋹 孟琭 孟鏘 孟數
由暐

馮翊侯世登

武翊郎令注　贈洋川郡公令搴

子裕　子禧　子漣　子元　三班奉職子倩　職子五　三班借

伯昴　伯浩　伯汶　伯澤　伯浚

師雷　師霆　師逸　師然　師膺

希溥　希勵　希劼

與維　與琥　與扳

孟■

職子建　三班借　職子延　保義郎　子佐

伯瑜

師慈　師後　師下

希詩　希謜　希粟　希意　希[illegible]

與懋　與德　與滋　與湉　與潮　與焯　與菅　與恭　與會　與咸

孟槐　孟堎　孟儀　孟璁　孟瑢　孟珈　孟珣

由鐙

伯琓

師和　師闡　師盈　師新　師功　師孝　師翰

希闡　希燕　希權　希典　希詳　希蔚　希求　希憿

與墽　與復　與玖　與瑑　與蕃　與使　與傣　與柳　與揎

孟瑕　孟瑀　孟玥　孟玟　孟瑛　孟椒　孟玦

高密郡公世耀

贈[illegible]侯令[illegible]　贈華原郡公令優

武翼郎子傳　子播　子諸　子珍　子瑞　忠武郎子瞶

伯璃　伯琢　伯玠

師孟　師酉　師彗　師詠

希謗　希爆　希豈　希岩

與琜

宋史二百二十一　一百二十七个

宋史表卷十二　三十

左班殿直令充　右班殿直令瓛　贈武節郎令瑩　忠訓郎令琈

武節郎子驌　右班殿直子駿　贈武翼大夫子驤　子騎

伯宸　伯烜

師亨　師褒　師享　師逵　師恢　師悟

希亘　希磊　希蘇　希梓

與濱　與傳

伯雯

師慨　師憶　師浦　師濟　師瀼　師潭　師漢　師濤　師滁

希茬　希無　希璁　希𨚕　希鯨　希櫄　希瑓　希璈　希禊　希櫻　希潒　希樹　希錩　希圩

與渲　與陸　與皇　與獨　與例　與衍　與術　與瓔

甘真寫　[illegible]興刊

宋史二百二十　一百一十个

宋史表卷十一　三十一

令禁　令琈　右侍禁令怡

子駜　忠訓郎子𩢍　子騆

伯霆　伯珉　伯彩　伯奎

師泮　師蘷　師恁　師崽

希膂　希焦　希憔　希黨　希閭

與椋　與隆　與邦　與樵　與彙　與禳　與渾

太子右內率府副率世頼　南康侯世棠

右班殿直令什　右班殿直令諒　右班殿

伯膺　伯翔　伯翔　伯暹　伯參　伯向

師逖

希圉　希闓　希煥

與郗　與郈

甘真寫　王英刊

宋史二百二十一

宋史表卷十一

三十二

從義郎世福

直令楩　忠訓郎令冊　左班殿直令嵩　贈洛交郡公令郜

子寅　子宥　右班殿直子隆　成忠郎子正　成忠郎子直

伯硅　伯種

師泌　師則

希騆　希助　希代

與熇　與增　與延　與歘

孟健

希提　希習　希睦　希拚

與裕　與鏛　與柘　與禍　與襘　與禊　與祺　與穡　與稜　與邊　與祈

孟倪　孟球　孟璋　孟璣　孟玨　孟球　孟琳　孟鉉　孟鑠　孟鐫

甘真寫　王英刊

宋史二百二十一

宋史表卷十一

三十三

伯瑜　伯珧

師休　師傅　師欽

希駟　希睡　希赤　希弓　希謹　希𤅢　希㚇

與儦　與鏃　與澤　與玠　與珈　與訂　與警　與訣　與誠

孟蓍　孟嘉　孟莒　孟鏽　孟錤　孟鏇　孟鈐　孟佯　孟佰

由鑵

修武郎子富

伯強

師怕　師忽　師仍

希瀅　希治　希濡　希彝　希偕　希延　希玫　希旺　希任　希渚

與樹　與㻶　與渚　與濂　與鋼　與鈗　與浚　與涑　與泝　與過　與閭　與閲

孟柝　孟栖

甘真寫　王林刊

宋史表卷十二 三十四

伯承 伯熊 伯烈

師汲 師作 師英 師滄

希沚 希彰 希用 希登 希郝 希郈 希鑠 希勇

與無 與檤 與㯙 與亮 與埘 與靖 與崨 與墺 與埤 與壕

子陟 忠翊郎 子順 保義郎 子常

伯舉 伯孚 伯周

師渝 師象 師悅 師僕 師儋

希綫 希驩 希域 希坤 希珏 希璊 希桴 希栓 希橵 希櫨

與通 與沛 與瀊 與瀡 與滷 與侎

孟璊

宋史表卷十二 三十五

權安定郡王令林

修武郎子麟

伯璩 伯璟 伯琇 伯琮 伯璗

師忻 師懷 師忭 師瀹 師溢 師快 師濟 師汶 師泌 師澧

希寯 希霖 希昆 希霄 希拘 希淂 希蕓 希鎔 希眞

與揮 與揩 與槐 與栝

忠翊郎 子說 修武郎 子褒 子需 子晋 成忠郎 子節 子貴 從義郎 子允 秉義郎 子萃 承節郎 子巽

伯瑨 伯琿 伯玲 伯瓚 伯禹 伯豐

師僙 師㦤 師倢

希㚟 希瀆 希澆

與侗

宋史二百二十　一百二十五个

宋史表卷十一　二十六

武翊郎令牲　右侍禁令鄒　右侍禁令碧

子逵　子遇　秉義郎子俊　子赫　子亮　子善　贈武經郎子道　贈忠訓郎子逵

伯璧　伯壽　伯益　伯奮　伯高

師怟　師鎰　師鑛

希擠　希銘　希璁　希琽　希滷

與雁　與潕　與淹　與謐

孟熹

師録　師鈁　師納　師鏁　師鑨

希灃　希謁　希玧　希琫　希玐　希鼓　希湏　希沇　希瀎　希滲　希漚　希滋

與謨　與謜　與禃　與讜　與欽　與容　與君　與鑾　與逡

甘真寫　朱名刊

宋史二百二十　一百二十个

宋史表卷十一　二十七

武翊大夫令訑

成忠郎子遇　秉義郎子適

伯陽　伯儁　伯儦　伯僱　伯僩　伯豪　伯山　伯魏　伯嵡

師隆　師鑾　師詹　師喜　師瓜　師洲　師韋　師活

希盱　希智　希渻　希端　希期

與泗　與銘

伯嵒　伯塞

師滄　師濚　師渌　師漏　師簡　師濠　師漉　師潒

希鉎　希寔　希鑰　希鉑　希鋼　希銹　希鑣　希鍘　希錯　希鑠　希鏈　希鏶　希針

與樺　與端　與壎　與墻

甘真寫　朱名刊

忠訓郎子邁 子遾

伯啓 伯棣 伯琕 伯癸 伯寍 伯仙 伯企

師沾 師溆 師淩 師渼 師瀾 師淲 師渙 師岑 師瀾 師棟 師㦣

希鐊 希錨 希鑯 希鉠 希鎬

與聖

修武郎

子達 子迅

伯洋 伯諒 伯檀 伯畄 伯摘 伯偲

師頖 師巉 師嵏 師嵿 師枰 師覰 師掾 師擾 師鑠 師璀 師琑

希諄 希琲 希鑯 希鑄 希鉅 希瀾 希璇 希瑹 希璨 希璸 希璘 希琛

東陽侯世寘 高密侯世榮

令惟 忠翊郎令峒 令謙 右班殿直令儀 右班殿直令儀 奉官令頵 令㑒 令邑 右班殿直令□ 右班殿直令瑀 右班殿直令□ 右班殿直令函 右班殿直令□ 右班殿直令□ 右班殿直令□ 右侍禁令□ 令庶

保義郎子駿

右侍禁令禁 令退 右班殿直令□ 右班殿直令屼 右班殿直令□ 右班殿直令嶼

子聃

伯潛 伯達

表卷第十一

表第十二

宋史二百二十[illegible]

開府儀同三司上柱國錄軍國重事中書右丞相監修國史領經筵事都總裁臣脫脫等奉敕修

宗室世系七

少師榮國公世[illegible]

贈開府儀同三司令誥

忠訓郎子暐

伯通　伯達

師襄　師圻　師錄　師戴

希遺　希道　希爱　希鏻

與隱　與沘　與陶　與立　與歌　與檬　與繪　與大　與崍　與雄　與強　與昇

孟伊　孟鴻　孟福　孟聰　孟[illegible]　孟僑　孟餘

一

師璪　師城

希鵷　希鏵　希鄯　希堯　希岭

與暐　與綰　與紘　與湊　與使　與德　與脩　與阮　與動　與劭　與仂　與劬　與勞

孟鈐　孟泗　孟涨　孟琢　孟實　孟鐵　孟賁　孟忱　孟怡　孟悏　孟愢　孟愷　孟愉　孟悰　孟憒　孟懲　孟浹　孟禮　孟懫　孟惆　孟懌　孟懋

由侇　由度

左班殿直子儇　保義郎子禮　保義郎子傅　承節郎

伯達　伯琮　伯汶

師會　師析　師琮　師定　師安

希本　希嶒　希岦　希堇　希錮　希銖　希鈴

與勁　與勸　與劭　與滉　與洪　與淅　與璽　與賢

孟恩　孟憵　孟慰　孟鉄　孟荻　孟椒　孟檸　孟穰　孟撲

二

子仔　秉義郎子儇

伯順　伯川　伯鈞

師有　師敵　師鄭　師右　師瑱

希汪　希泌　希瓊　希璿　希謐　希杓　希稷　希檉　希瀚　希濇

與瑚　與瑋　與荔　與嶷　與鈐　與瑢　與鎮　與鐐　與鎊　與鎛　與璟　與琢　與玕　與壇　與璗　與料　與栭

孟鐇　孟集　孟集　孟珥　孟穰　孟曉

東頭供奉官令琬　右班殿直令淶　贈武翊大夫令譢　左侍禁令隅　修武郎令璺

忠訓郎子儒　承信郎子僐　子備　子傑　子佩　子傭　秉義郎子僜　秉義郎子佐　武翊郎子傛　秉義郎子侑　忠訓郎子僖　承節郎子儔　承信郎子倚　子伸　子仁　保義郎子佑　保義郎子倜　承信郎子保

伯顒　伯顯　伯叶　伯逸　伯濮　伯清　伯潒　伯澄　伯言　伯珈

師勝　師俐　師璠　師瑄　師瑾　師沸　師嶠　師僣　師懷

希晫　希皦　希岫　希潚　希初　希扶　希拂　希擿　希鏾

右侍禁令垂　左班殿直令穮　從義郎令漕　忠翊郎令由　從義郎令請　毅武郎令鄰　秉義郎令傪　忠訓郎令辭　贈永國公令櫂

修武郎子作　子倪　子滌　子伯　子伽　子仁　子僩　子倪　子伻　子傑　子偓　子革　子偲　子彬　子眷　忠訓郎子淳

伯逑　伯邁　伯遴　伯遜　伯迪　伯達　伯珞　伯璹　伯玩　伯瑒　伯經

師可　師謏　師請　師誧　師詒　師評　師諜　師鐵　師壘　師增

希眘　希墇　希㙶　希栴　希攃　希揩　希振　希指　希知　希詥

與柢　與鐸

百九十二　表十二　五

房陵郡公世重
康州團練使令瓛
贈修武郎子彪
伯粹
師譽　師岁　師澧　師文　師古
希爊　希道　希遐　希逑　希遼　希逵　希邊　希逊　希遭　希鎔　希璧　希鷟　希灑
與瞕　與琲　與敆　與斂　與斅　與藏　與叢　與鋭　與鈵　與釿　與鈺　與鎣　與曠
孟瓏　孟孃　孟埭　孟琛　孟橐
由潚

贈武翊大夫令臣　左侍禁令巍
贈太傅子彤　成忠郎子鐸　子濘　子鐵
伯諗　伯論　伯穎　伯顒　伯頡
師絫　師淯　師昇　師禇　師侚　師愠　師愰　師習
希亶　希楅　希燐　希儉　希堡　希鑒　希墼　希保　希松　希條
與鏄　與省　與眩　與昇　與拖　與畓　與晳
孟淀　孟孫　孟濱　孟泓　孟塗　孟榥

百八十　表十二　六

東陽侯世職
從義郎令稱　修武郎令崍　右班殿直令遠　右班殿直令丙　敦武郎令玕
贈訓武大夫子銑
伯嫪　伯璹　伯達　伯遂　伯遷
師棻　師䇯　師瀾　師鋁　師鏞　師奇　師錄
希舜　希鍆　希紕　希洋　希漳　希湣　希洌　希漏
與萬　與鋒　與琢

贈武翼大夫令悅
左修職郎子淵　承信郎子烟　忠訓郎子均　秉義郎子參　修武郎子彰
伯穟　伯顒　伯頎　伯穎　伯頫　伯管　伯贇　伯省
師膺　師莌　師璧　師閎　師從　師彝　師阜　師訏
希官　希嫘　希燮　希琳　希圛　希圛　希圖　希淳　希姚
與悝　與悛　與愊　與熠　與烆　與壚

右金吾衛大將軍世根
太子右內率府副率令瑊
承信郎子詰　贈從義郎子歔
伯遇　伯退　伯邈　伯遡　伯連
師楙　師㯳　師訾　師琮　師警　師巖　師曹　師稗　師剴　師鍔　師鉉
希覺　希撲　希傢　希僭　希倫　希慣　希俐　希千　希向　希阜　希憕　希倜
與䚷　與謏　與瀐　與洲　與渹　與滿　與瀰　與淦

右班殿直令悰　敦武郎令瑰　武德郎令辭　房陵郡公世引　武翼郎令湇
修武郎子祐　子裕　承節郎子璪　子箏　忠訓郎子昉　承信郎子修
伯迴　伯樅　伯松　伯琛
師鉞　師璐　師頍　師古　師蘡
希𡻕　希鏻　希鏁　希鉚　希應
與洼　與濇　與潞　與垄　與臺　與墳

建國公世朏
修武郎令蔡　武節郎令韡
子先　子俊　子真　子思　子褱　武經郎子佃
伯集　伯概　伯賁　伯瑒　伯珱　伯璙　伯焯
師琳　師穎　師頌　師鏻　師珶　師羲　師晰　師蟑
希瑛　希瓆　希桓　希鑌　希邦　希境　希墺　希墹　希墣
與復　與黃　與菘　與室　與塗　與𡌡　與遜　與悉

武翼郎令律
子佺　承節郎子悰
伯華　伯鉞　伯瑛
師暲　師曨　師夬　師庾　師觀　師斱　師撣　師章　師擅　師拱
希燁　希奮　希淼　希𡸁　希嵺　希曄　希舟　希𠣬　希息　希懸　希褰　希兜　希悠　希懟
與瑶　與炯　與鳴　與釭　與塈　與臺　與墬　與醬　與翼　與草　與芰

一四五七二

表十二

九

成忠郎子倩

伯擧 伯僕 伯持

師拭 師極 師桐 師栝 師柄 師賽 師賡 師縱 師璒 師璡 師忞

希忠 希迫 希迨 希選 希迎 希授 希賓 希福 希衿 希標 希總 希襆 希襪

與蘽 與梟 與珽 與泓 與栖 與瑜 與璿 與璃 與禱

左侍禁贈封安定郡王令帆

子銜

伯灿 伯鍚 伯撣 伯郊 伯淯 伯沃 伯潤

師迓 師䕫 師瑩 師但 師債 師征 師出 師瞻 師璿 師琢 師瓊 師球 師秩 師錦 師念 師忍 師愁

希褑 希檪 希穰 希乾 希蹇 希襮

一四五七三

表十二

十

贈平侯世觀

秉義郎令坚 右班殿直令續 右班殿直令桓 武功大夫令畯

保義郎子式

伯开 伯覬

師曦 師貼 師玲 師聘 師廣 師莆

希鉠 希纘 希群 希多 希鐙 希鑄 希敏 希鍇 希鍬 希暖 希琛 希璬

與墫 與基 與冀 與瀿

伯蛙

師贊 師巳 師鑽 師翰 師鉉 師卜 師訓

希勳 希疇 希瑺 希璿 希瑆 希琛 希璲 希璣 希瞍 希鬐 希啓 希瑚 希璠 希褒 希瓚 希侗 希埢 希墉

與遷 與鑒 與鋈 與鋆 與鑿 與堅 與塈 與墀 與鐍 與鎮

房國公世光

右班殿直令懽　修武郎令控　左侍禁令磐　敦武郎令踶　右侍禁令瘃　秉義郎令暍

從義郎子聊　承節郎子原　忠訓郎子厚

伯瑳　伯瓓　伯琅　伯韡

師鏵　師鍷　師鍾　師晳　師占　師鄭

希潾　希暎　希曖　希暟

與鐸

武經郎令勴

武經郎子華　子慈　贈開府儀同三司子恭

伯携　伯衡　伯準　伯侶　伯逵　伯迥　伯逵　伯道

師道　師適　師棌　師脩　師濰　師漢　師逑　師註　師誩　師遲　師誼　師諲

希棷　希轎　希槁　希櫶　希遒　希檥　希穡　希㯝

與緗　與𤩰　與然　與燊　與熫　與𤏸

左侍禁令劭　忠訓郎令倏　從義郎令馴　修武郎令唫　武翼郎令滓

成忠郎子寬　子穀　子普　子厚　承節郎子鈞　承節郎子欽

伯墝　伯芃　伯覓　伯琛　伯𥕢

師孚　師閎　師如　師萱　師壂　師墊

希𤣰　希𢓬　希鄲　希彶　希御

與瓏　與𢿛

贈朝散大夫令剬

保義郎子鏵　封安定郡王贈開府儀同三司子𥴬

伯瑋　伯秋　伯稛　伯穗　伯稔　伯意　伯痊　伯旨　伯覿

師堪　師逆　師壁　師壘　師基　師逯　師戴　師洿　師𪫺　師保　師伍

希𥐛　希𤩰　希徉　希遙　希徥　希浩　希麂　希𪻐　希劍　希塔

與敎　與攸

令	子	伯	師	希	與
	從義郎子觀	伯夏	師範	希塤	
				希壒	
		伯璽	師鈉		
			師鍵		
			師鈃		
	承節郎子覘	伯李	師玻		
			師堅	希銖	
		伯亦			
		伯燮			
		伯旋			
	朝奉郎子觀	伯辛	師玶	希鏦	
				希鉼	
				希錦	
				希鏘	
		伯永	師瑚	希鎣	
				希墳	
			師琛	希樊	
				希喪	
			師琢	希蕢	
	子覬	伯率	師橦		
		伯橐			
		伯粟			
		伯膂	師邵		
			師璬		
		伯扚			
		伯琊			
忠訓郎令拓					
贈開府儀同三司令樢	舜曉修武郎子綖	伯寬			
	訓武郎子鏵	伯懋	師澤	希傈	
				希僂	
				希繗	
				希衎	
			師澶	希植	
	子鈍				
	秉義郎子曄				
武翊郎令賫	子璡				
	子琢				
成忠郎令行	子安				

莊子

令	子	伯	師	希	與
	保義郎子宿	伯攝			
武節郎令汲	子璲				
	從義郎子瑆				
	子郿	伯睎	師扎		
			師樞		
		伯旺	師扔		
			師溥	希𣝕	
	子瑋				
	子璡	伯昭	師潛		
	保義郎子瓊	伯奄			
		伯槐	師減	希熾	與圻
				希瑨	
			師撫	希藻	
			師挺		
	子玘				
	子瑔				
	子琲				
	子瑊				
武翼大夫令璲	子俊				
	左奉議郎子倬	伯滇	師璜		
		伯洼	師釭		
		伯汲	師鋒	希挽	
	秉義郎子仍	伯池	師鑵		
			師鉠		
		伯澇	師鑭	希擂	
	修武郎子休	伯泗			
		伯濱			
		伯湘	師憓	希犍	
			師櫥		
			師㯿		
			師撲	希襽	
		伯鏞	師塒		
成忠郎令鼐					
平陽侯諡貲　右班殿直令鏻					
右班殿直令贊					

武經郎令槮 從義郎令紓 子侁 伯壽 師棋 師楓 師楷 希瓔 與瑛 孟訨 希瓚 與惎 與懕
希玘 希璛 希瑺 與暷 希琱 與睩 希瑠
師佮 師樟 希瑢 與曔 希珹 與腴 與曚
希瑮 希瑎 與臚 希鉌
伯鋌 師僩 希澗
武翊郎令珕 秉義郎

令霶 右班殿直令撝 馮翊侯世劭 右班殿直令㯼 左侍禁令賁 子俊 伯文 敦武郎令澶 從義郎子送 伯柔 子儀
武翊郎令慎 子聰 子俊 右侍禁令罕 濟陰侯世造 右班殿直令欒 武翊郎令穤 子豪 子莊 武節郎令顒 承節郎子哲 伯受 伯可 伯稷

伯凄 師鍏 希曦 希聆 希昨
武翊郎令糠 子垚 子磊 伯霸 師琮
右班殿直令淯 高密郡公世擴 武翼大夫令珖 再贈武顯大夫子奕 伯升 師適 希濂 希瀣
師倘 希會 與鉡 希金 與矘 希會 與玗 希龠 與諰 希畲 與瑙 孟鴻
伯晋 師優 希齡 師晨 希鏇 與瑒 希鐙 與臻 孟徜 希蓋 師晃 希燁 與菷 與旨 與壐

希熵 師旻 希彥 希顏 與濬 師昌 希桀 希吾 師旱 伯寅 師軒 希寋 與𣿅 希闇 希嶬 師婁 希洛 希渰 希決
伯忍 師婁 師傑 希遴 師迫 師㸌 師𢡟 從義郎子燊 伯仁 伯傑 師泌 希芑 與遺 孟供 希苑 與𨘷 孟𥝢 孟窒 孟𥨭 與遴 孟儦

修武郎令窀

子發　秉義郎子桊　子爽　承節郎子方　忠訓郎子言　從義郎子立

伯嶶　伯綸　伯洽　伯沿　伯添　伯瀛

師宗　師允　師棐　師丙　師喬　師負　師奭　師鎗　師燧　師使　師僑　師儁　師傣

希意　希茇　希枞　希鋤　希瀚　希璧　希琭　希菌　希方　希溢　希堯　希莩　希滌　希䓫　希芃　希六一　希滻　希璹　希勢　希[illegible]　希暐　希寬　希曦　希曙

與蓮　與逵　與玩　與[illegible]　與臺　與塥　與浦　與濯　與濆　與淊　與瑩　與遵　與逡　與沚　與[illegible]　與𤩽　與[illegible]　與澩　與傳

孟[illegible]　孟[illegible]

永清軍節度觀察留後清源郡公惟和

襄陽侯從諫

濟陽侯世逸

太子右監門率府率令璪　贈滑州侯令甲

贈左宣奉大夫子擬

伯㬎

師鯤　師𡏖

希昇　希宲　希勷　希援

與濸　與忠　與𤊹　與[illegible]　與埔　與卦　與珩

孟[illegible]　孟松　孟岡　孟瓚　孟𠕇　孟址　孟權

由[illegible]　由[illegible]　由[illegible]　由[illegible]　由朋　由鈒

武翊郎令夰　保義郎令減　保義郎令兗

承信郎子京　忠訓郎子瑛　保義郎子乂　子齊　子卞

伯瀍　伯遑　伯友　伯[illegible]　伯遑

師㶷　師[illegible]　師鈴　師鍏　師[illegible]　師[illegible]　師[illegible]

希森　希[illegible]　希鈷　希鈐　希釙　希[illegible]　希邃　希淼　希[illegible]　希潽　希橘

與[illegible]　與瓏　與[illegible]　與湍

富水侯世儀
太子右內率府副率令闕　贈右屯衛大將軍令晁　贈右屯衛大將軍令收　贈右太中大夫令組
武經大夫子㯿　從事郎子稚
伯蒙　伯䙝
與憲　與蠡　與芃
孟垩　孟堎　孟堝　孟堅　孟型　孟墁　孟壂

封天水縣開國男子庫　朝奉郎子木　贈朝散郎子惠
伯申　伯召　伯方　伯尚　伯野　伯山　伯鈗　伯嶸
師瀛　師阮　師瀘　師張　師蓉　師服　師猿
希札　希愢　希概　希琛　希焞　希雄　希適　希崨　希岩
與詒　與記　與淋　與洮　與爐　與綸　與沅　與沐　與渝　與瓊　與璙
孟琾

信王世閑
贈少師衛國公令戈　嘉州防禦使令駪　宣義郎令儀
子柄　朝議大夫子槫　朝散大夫子棫　子樫　左班殿直子樟　左班殿直子稷
伯筆　伯益　伯燮
師數　師頫　師媛
希適　希遺　希采　希鐃　希暾　希鈐　希增　希墀
與緒　與嗣　與巉　與弘　與眞　與遂
孟蕭　孟賁　孟清
由楄

贈盛郡公從審
太子右內率府副率世統　金州觀察使世英
太子右內率府副率令銓　太子右內率府副率令曾　贈安康侯令驅
三班奉職子約　忠訓郎子紞
伯棣　伯祺　伯瑞
師帥　師疊
希德
與週　與參　與屺　與遜　與迥
孟謙　孟任

唐書七十一　表十一　世系之一　　二十二

右武衛大將軍世堅	右武衛大將軍世及	右屯衛大將軍世崎	安陸侯世賦
	贈南康侯令在		贈河內侯令[illegible]

贈高密侯令鑽

子	武節郎子峒；秉義郎子經；宣教郎子紘；左朝奉郎子峴；三班奉職子鈐；左侍禁子玉；左侍禁子諒；右侍禁子嚴；左班殿直子嶹；武翼郎子善；成忠郎子韶；承節郎子正；承節郎子文；子醍；忠翊郎子琳；左班殿直子高；三班奉職子時
伯	伯視；伯禘；伯祥；伯衍；伯櫃；伯壽；伯禱
師	師泰；師[illegible]；師論；師韵
希	希仙；希曼；希俟；希漣；希蓉；希寓；希渼
與	與逵
孟	孟圻

唐書七十一　表十二　　二十三

子	子沉；左侍禁子仁
伯	伯豊；伯晉；伯貫；伯晉；伯觀；伯[illegible]；伯[illegible]
師	師昇；師[illegible]；師許；師俠；師參；師渦；師[illegible]；師[illegible]；師[illegible]；師[illegible]；師[illegible]
希	希璽；希霖；希[illegible]；希宴；希由；希[illegible]；希[illegible]；希[illegible]；希[illegible]；希[illegible]；希[illegible]；希[illegible]；希[illegible]；希[illegible]；希俊
與	與鐺；與玖；與莽；與[illegible]；與模；與[illegible]；與[illegible]；與[illegible]；與[illegible]；與[illegible]；與鐃；與鉞；與琢；與[illegible]；與[illegible]；與[illegible]；與針；與[illegible]；與[illegible]；與[illegible]；與[illegible]；與[illegible]；與[illegible]；與[illegible]；與[illegible]；與臧；與[illegible]
孟	孟[illegible]；孟浥；孟華；孟沖；孟[illegible]；孟城；孟僩；孟[illegible]；孟[illegible]；孟[illegible]；孟檯；孟[illegible]；孟[illegible]

表十二

二十三

令	
子	贈武義大夫子孚　再贈中大夫子温
伯	伯瞉　伯耆　伯耇
師	師丁　師跌　師商　師敉　師梓　師機　師錸　師鐈　師鈍　師撝
希	希鉞　希圖　希傈　希僓　希侗　希徐　希傓　希倫　希愴　希偍　希駛　希個　希徽　希猷　希寘　希玠　希嵱　希熠　希餉　希惰　希鸎　希避　希追
與	與淥　與瀾　與垛　與墒　與熔　與避　與樹　與湟　與濮　與儋　與溥　與濆　與梃　與憧　與櫸　與櫟　與檀　與滲　與淑　與鐻　與佃　與鰥　與郡　與榛　與臟　與鑊　與璘
孟	孟澧　孟塈　孟繪　孟疇　孟潑　孟忡　孟灝　孟潋

表十二

二十四

令	太子右內率府副率令纘　贈高密侯令誕　贈成德侯令駿　太子右內率府副率令宿
子	子澤　子偃　子恭　左班殿直子植　忠訓郎子松　忠翊郎子櫂　右班殿直子蕃　右侍禁子彖　子華　忠翊郎子矢　子芇
伯	伯秀　伯欣　伯叟　伯忞　伯愈　伯念
師	師樸　師燧　師焞　師炷　師炬　師境　師垃　師曠　師瑢　師玑　師璽
希	希壣　希袞　希曉　希嶬　希楦　希喙　希墒　希帆　希汙　希璘　希擾　希逵　希塈　希圢　希倉　希鏆　希鍏
與	與傑　與壆　與壆　與灟　與洸
孟	

北海郡公世雄
贈少師令僉
子宰 修武郎子華 三班奉職子革 朝散郎子迪 再贈銀青光祿大夫子晝
伯脩 伯丁 伯同 伯安 伯懷 伯兗 伯暘
師宗 師鏈 師韓
希叙 希玕 希充 希擇 希億
與濂 與漆 與楤 與浩 與瀟 與滄

子寧 子閒 子華 成忠郎子簡 保義郎子援 贈武德郎子中
伯昂 伯量 伯璋 伯石
師展 師淑 師御 師賀
希潼 希鄰 希渾 希渙 希洞 希裕 希林 希禎 希炎 希烑
與秫 與鍈 與檣 與撰 與擇 與縮 與爽 與䳘
孟奭 孟𡏖 孟㙩 孟𡑞 孟清

贈右屯衛大將軍令𤧬
成忠郎子郁 秉義郎子鄣 保義郎子董 西頭供奉官子玠 秉義郎子莞 忠訓郎子尺
伯杲 伯㻺 伯曖 伯皇 伯顯
師蒨 師奐 師裝 師覺 師頁 師瑩 師鏤
希余 希定 希泊 希璩 希琇 希韜 希眞
與𥟖 與鎉 與許

成忠郎子俊
伯𩑶 伯顯 伯勇 伯止
師仲 師紳 師瑩 師䕃 師奠 師㬥
希儦 希𢶢 希鉄 希鋼 希鋁 希鐈 希𢰝 希瑢 希𣔈 希械 希𢲼 希㨖 希㵽 希澤
與琦 與𣖾 與𦯀 與𡏖 與㬳 與神 與㬦 與𣝋 與葉 與汲 與琬 與濶

内殿承制令訶
保義郎子奉
子芳
子專
從義郎子掁
伯俊
伯倫

承信郎子持
伯檠
師邁
伯明
師迎
師迹

子璋
子瑛

西頭供奉官令譽

左侍禁令濾
承信郎子樞
伯儼
師邁
希禐
與達
與缛
孟璃
與誘
孟鉟
師迹
師邊
希櫓
師廻
希核

承信郎子楹
伯佻
師遵
師邊
希沛
與諧
伯充
師但
師迓
希瀶
伯元
師適
希檄
與諭
孟璪
與謎
希櫞
與岣
與娛

秉義郎子柄
伯坦
師濟
希譁
希宰
希董
伯瑭
師星
希炳
希炌
與墩

贈開府儀同三司子棟
伯許
伯濮
師伴
師俵
伯鄂
伯公
師濃
希琫
與楠
希瓚
與槵
希璣

表卷十二

武德郎令滸
子觀
子穀
師渡
希鋼
希璃
師滯
希瑒
希珽
希璘
師潬
希邠

令僤

馮翊侯世[illegible]
馮翊侯令護
忠訓郎子悉
伯達
伯迂
師崧
希熚
與墅
孟鏡
孟穰
希適
希煬
與璘
孟鐫
希熠
與瓏
希爕
與潢
師藻
師璧

右屯衛大將軍世仍
太子右內率府副率令梲

贈博平侯令韶
贈左班殿直子侃

東頭供奉官令檄

表卷第十三

開府儀同三司上柱國錄軍國重事前中書右丞相監修國史領經筵事都總裁臣脫脫等奉

敕修

宗室世系八

秦王房

贈太師中書令兼尚書令秦王德芳

保靜軍觀察留後高平郡王惟叙

建州觀察使從濤

潤國公世克

太子右內率府副率令湊　太子右監門率府率令嚐　贈高密侯令畋

忠訓郎子昌

伯附

師睽

希僃　希澗　希敞　希倢

與穎

董大誠

師核　師冀

希㑽　希支　希伯　希夋　希播　希栩　希瓚　希季　希膾　希楨　希据

與畐　與贊　與得　與塑　與堅　與保　與佰　與佖　與偏　與俛　與什　與伉　與倧　與僟　與偲　與佯　與儞

孟旁　孟棠　孟曉　孟暘　孟棻　孟昭

再贈通議大夫子乙

伯史　伯乂　伯文　伯存　伯覺　伯愚

師瑱　師憙　師丑　師虔　師居　師由　師蕃

希闕　希亢　希瞿　希鹿　希戣　希濬

與壄　與燁　與垠　與坰　與㸌　與瑒　與弘　與珏　與瞻　與扶　與槊

孟鈓　孟鏞　孟鎔　孟璪　孟㻶　孟賁

修武郎令倫　敦武郎令忠

保義郎子忠　子旦　子景

伯壁　伯達

師宥　師淳　師孔

希淑　希悰　希𢠸　希公　希蕭　希讕　希轅　希演　希灊

與坊　與橘　與櫃　與祾　與柳　與垓　與域　與坑　與峻　與橋　與攸　與燦　與焓

孟㴘　孟基　孟瑛　孟瑢　孟灉

表十三 三

從覗：齊國公從覗

世：惠國公世逗

令：武功大夫令寔　左班殿直令幹　右班殿直令綃　太子右內率府副率令祉　太子右內率府副率令偈　贈廣平侯令㙶　贈高密侯令廆

子：承信郎子褒　從義郎子亨　承信郎子奕　修武郎子萬　左侍禁子𡨴　修武郎子宵

伯：伯鋒　伯維　伯茀　伯箴　伯革　伯壓　伯亮　伯畯　伯與

師：師佗　師仟　師什　師儔　師倬　師例　師仿　師信　師曦　師晉　師璦　師綱　師琢　師支

希：希𤦺　希璿　希璉　希瓏　希琳　希璠　希瑞　希鉤　希逈　希遴　希鏻　希鍋　希價　希宵　希徠　希琲　希昒　希鄉　希仍　希儼　希衿

與：與佷　與伎　與僴　與演　與洵　與磻　與榛

表十三 四

子：贈武經大夫子定

伯：伯珪　伯瑋　伯斯　伯琳　伯瑊

師：師藏　師鐵　師溫　師華　師柄　師及　師淩

希：希爔　希赤　希衣　希京　希市　希竹　希仟　希侌　希儆　希悈　希迓　希伏　希儀　希象

與：與評　與訴　與謹　與詮　與充　與玄　與恭　與謦　與簡　與發　與贊　與淦　與洽　與𢻼　與仲　與卓　與灩　與褌　與璇　與啟　與起

孟：孟遵　孟遶　孟男　孟迺　孟章　孟迎　孟遖　孟揚　孟績　孟瀵　孟鄭　孟郙　孟郇　孟迍　孟遉　孟逵　孟浙　孟遒　孟澶　孟踕　孟迖　孟逸　孟璽　孟寰　孟鑾

由：由𤎖　由綺　由𩓐　由詝　由調　由謐　由玘　由什　由詒　由漆　由壽

百二十六

表十三

五

伯琥

師閑 師鍬 師邁 師壽 師貴 師巽 師通 師沆

希秋 希嬰 希聚 希寶 希袁 希璞 希諒 希稜 希譚 希琛 希賓 希驊

與協 與鷹 與勝 與龍 與璟 與瑞 與岐 與瑄 與度 與歡 與翔 與潤 與璐 與善 與修 與侈 與僑 與星 與濰 與邁 與達 與爽 與汾 與清 與淦 與漕 與冷 與滌 與汾 與淪 與溫

孟釘 孟鏡 孟淌 孟瓛 孟鮮 孟軒 孟付 孟璟 孟洲 孟渾 孟瀛 孟涇 孟宏 孟瓏 孟賓 孟爵 孟槭 孟據 孟璦 孟琮 孟璞 孟抱 孟拼 孟儞

二百二十四

表十三

六

太子右內率府 副率令伍 贈博平侯令珂

從義郎子宣 秉義郎子宇 忠訓郎子宗 子宜 從義郎子充 承節郎子寬 子寔 子寶 子儀

伯璉 伯紅 伯曉 伯逵 伯崧 伯巖 伯崇 伯驊 伯嵩 伯彥 伯壽 伯仍 伯伋 伯仁 伯檜 伯祺 伯楠

師艾 師杏 師憲 師廬 師侁 師仲 師舟 師舜 師真 師紅

希駰 希晋 希旦 希皆 希晟 希夔 希璟 希軒

與濃 與沈 與榭 與晴 與藝 與羿 與鐃 與穎 與升 與粹 與諮

孟悅 孟儒 孟傭 孟瞬 孟煒 孟蜊 孟暐

- 令：贈左領軍衛將軍令恵　武節郎　令穰
- 子：忠翊郎子宰　子家　秉義郎子正　子玥　承信郎子珂　保義郎子宜　子膺
- 伯：伯仁　伯儀　伯暉　伯頏　伯亶　伯智　伯會　伯檀　伯圭　伯祺　伯璪　伯琭　伯壽
- 師：師璘　師鼐　師養　師逮　師譚　師孔　師喆　師訥
- 希：希鍇　希鮮　希適　希禹　希蟠　希彰　希良　希雍　希庠　希商　希璘　希琿
- 與：與竦　與䌷　與玎　與才　與址　與褆　與被　與襪　與栩　與祠　與治　與豪　與桂　與倜　與懽　與傚　與楔　與倜　與樞　與方
- 孟：孟洸　孟提　孟塘　孟得　孟行　孟濟　孟涑　孟渭　孟泰　孟涔　孟潏　孟湛　孟瀨　孟沫　孟淮
- 由：由㷂　由鑑

- 惟：昭信軍節度使兼侍中英國公惟憲
- 從：金州觀察使從郁
- 世：閑廄使世奕
- 令：贈武節大夫令玥　左班殿直令燧　右班殿直令辛　太子右內率府副率令恢　太子右內率府副率令譜　贈黔中郡公令檜
- 子：子欒　忠翊郎子瑧　子隳　子宗　武節郎子瑀　子璩　贈慶遠軍節度使子西
- 伯：伯淵　伯浩　伯彥　伯濬　伯仝　伯立　伯才　伯正　伯實　伯國　伯典
- 師：師脘　師獲　師孟　師暢　師荀　師莊　師頗　師益　師成　師等
- 希：希涑　希鐵　希淮
- 與：與碁　與璿　與玕　與琳　與理
- 孟：孟鏈　孟鉦　孟熵　孟汁　孟鐵　孟鈗　孟鐍
- 由：由竹

表十三　九

西頭供奉官子晉　武經郎子璽　從義郎子亞　贈承事郎子霖

伯通　伯遵　伯逵　伯适　伯蘊　伯暐　伯夔　伯莊

師㷆　師栗　師翰　師章　師范　師蕭　師駿　師德　師褚　師孟

希澈　希騏　希璧　希儒　希濃　希東　希衡　希蝀　希袤　希曾　希獻　希濾

與𧬈　與許　與謳　與誸　與詡　與譔　與誣　與讕　與謙　與訦　與諱　與課　與漉　與譒　與謨　與話　與誦　與訕　與諸　與訦　與備　與裿　與承　與至　與圭

孟培　孟塈　孟燭　孟曙　孟漚　孟流　孟澗　孟沟　孟漣　孟洸　孟澈

由琥　由鎡　由鑰　由鍠　由鈗

表十三　十

太子右司禦率府率世毅　華陰侯世術

贈右領軍衛將軍令聞　贈順國公謚良恪令璿

秉節郎子湧　承議郎子渲

伯武　伯爽　伯仔　伯伸　伯仁

師歡　師箭　師楷　師櫓　師良　師覃

希忽　希濬　希潍　希申　希年　希厚　希平　希鑾　希向　希勵　希酊

與璗　與全　與丙　與勳　與勐　與觔　與位　與鑰　與瀹　與泰　與瀛　與溥　與淪　與依　與份　與倜　與偉　與德　與玠　與允

孟沖　孟湔　孟瑛　孟瑒　孟玟　孟瑪　孟瑑　孟忭　孟忭　孟廸　孟鉒　孟釋　孟邊　孟璘　孟遒　孟捷　孟邁　孟逖　孟玘　孟倓　孟珮

由泳　由亮　由鈴　由檄

表十三

十二

元仲

累贈正奉大夫子淦

伯伏　伯儒　伯佁　伯儻

師颯　師旺　師房　師洪　師邦　師要　師勝　師瑚

希音　希春　希著　希交　希超　希晉　希械　希琫　希趙　希足　希趫　希賁　希博　希茂　希鵝　希晥　希鐸　希鎋　希逵　希宥　希寮　希寧　希憲　希畝　希恕　希彈　希艷　希鼐　希昂　希淳　希擢　希淪　希棫

與遶　與適　與邊　與訟　與驊　與膻　與携　與昨　與碎　與則　與償　與賁　與賓　與邀　與豐　與杅　與揮　與機　與餞　與昭　與破　與戀　與忝　與槩　與鈸

孟參　孟鍊　孟鎮　孟潔　孟熹　孟鋝　孟樀　孟埒

曰九十一

表十三

十二

累贈奉直大夫子棨　武翊郎子洽

伯俠　伯澥　伯保　伯儇　伯佺　伯倜　伯信　伯伋　伯儀　伯俅　伯仲

師頊　師科　師榆　師煉　師汎　師褎　師譓　師盧　師旦　師古　師雕　師酬　師緻　師証　師諝　師銓　師許　師欽

希傑　希城　希墍　希玠　希竣　希悞　希杩　希垾　希堙　希檈　希覬　希沆　希鏶　希鈴　希浴　希覲　希光　希鈞　希銘　希鎔　希嶂

與澍　與逆　與樵　與畜　與沛　與溱　與鑫　與侄　與爽　與芥　與枚　與祺　與槙　與濂　與橋　與械　與審　與渚　與湮　與機　與特　與裔　與檣　與杓

孟瓘　孟禤　孟雍　孟濠　孟洽　孟璵　孟軒　孟璹　孟梓　孟曜　孟罐　孟璐　孟澈

由僖

表十三　　十三

贈隋州侯令贊　贈開府儀同三司令庇

秉義郎子彔　從義郎子楪　忠翊郎子瑩　三班借職子昌　武經郎子辯　左班殿直子彬　右侍禁子衡　武節郎子衎　武翊郎子術

伯阡　伯成　伯禛　伯份　伯璆　伯昌　伯展　伯備　伯仁　伯益　伯息　伯集

師謨　師鈞　師錯　師錦　師顏　師孟　師文　師瑋　師琺　師琱　師經　師皓

希功　希琦　希瑞　希老　希覓　希玩　希璜　希羽　希廷　希鋰　希龍　希全　希慶　希鎰　希斛　希斗　希蟒　希范

與祠　與椰　與古　與衡　與昌　與城　與嵊　與衎　與球　與綫　與金

孟嶒　孟鑑　孟顒　孟頤　孟楓　孟瀼

施澤之

表十三　　十四

贈清源侯令梯

武翊郎子瀟　從義郎子瘵

伯呈　伯脩　伯伶　伯衛　伯賓　伯營　伯賢　伯稷

師澤　師曉　師旦　師謙　師琦　師評　師曦　師單　師覆　師隊　師昉　師和　師寬　師㷆　師燦　師千

希僩　希歐　希藹　希鉌　希憑　希嬋　希晦　希名　希迓　希雯　希簡　希雅　希泰　希鏡　希翊　希符　希璦　希注　希濮　希都　希賽　希靈　希虾　希來　希甯

與錦　與鎮　與紅　與饉　與鑑　與祓　與楸　與集　與儦　與崢　與嶒　與峻　與栢　與家　與鉌　與托　與楠　與寬　與諠　與櫟　與壟　與儒　與趣　與祚

孟濃　孟洪　孟江　孟檣

表十三

十五

贈太師成國公令譮

追封秀王謚安僖子偁　子[illegible]　三班借職子彇

伯圭　伯牙　伯賁

師鋼　師䅵　師玠　師夔　師揆　師垂　師禹　師皋　師岊　師璥

希璉　希玥　希璁　希瑜　希琛　希卬　希鄭　希戩　希古　希閔　希訃　希謨　希諳　希謙　希溢　希㳺　希特　希僕　希蕙　希徽　希微

與杝　與杆　與棉　與枰　與璣　與璲　與法　與簪　與慭　與恕　與忘　與書　與文　與㮤　與衡　與知　與孜　與褎　與倫　與鳴

孟峸　居君用　孟頌　孟頊　孟嶢　孟穎　孟顥　孟頫　孟顯　孟穎　孟頔　孟偭　孟瓊

表十三

十六

太子右內率府副率世秩　馮翊侯世觀　廣平侯世芬　榮王從式　漢東侯世謨

贈博平侯令璫　右班殿直令淮　開國公令穰　贈馮翊侯令䢵　贈屯衛大將軍令駒

成忠郎子恣　訓武郎子潭　子確　訓武郎子潭　三班奉職子傑　三班奉職子遊　左班殿直子祥　武翊郎子瑀

伯倪　伯傑　伯俄　伯儀　伯像

師貢　師夔　師誥　師適　師還　師近　師灝　師瀛　師濰　師淦　師漢　師胃　師藩　師壎　師過

希贊　希昀　希容　希客　希夔　希謂　希璉　希娉　希晏　希蓄　希忭　希戚　希璧　希曼　希鄉

與賀　與貢　與賁　與諱　與適　與叢　與綸　與壎　與樑　與穠　與留　與涫　與璐

孟嚟　孟濼

表十三　十七

隸國公世采					
太子右內率府副率令梲	贈襄陽侯令邦	太子右內率府副率令	播	贈少卿行郡郡公令社	
三班借職子禮	左侍禁子碓	修武郎子卿	武德郎子璣	從義郎子先	左侍禁子思　從義郎子釆
伯榮		伯定　伯寧	伯祿　伯綱	伯仲	伯俊　伯倈　伯倹　伯傑
師遊　師楂			師朔　師滆　師億　師佐	師闓	師言　師瓌　師謨　師擇
希惠　希宴　希選			希蘂　希栩　希櫻	希賡　希儚	希頂　希頞　希櫝　希梽　希楢　希逵　希適　希達　希戣
興師			興璃　興璞　興孃　興璹	興璲	興璿　興瑱　興洵　興圃　興汶　興灝　興傚
				孟遹　孟遷　孟邁	孟晛　孟陵　孟熾

倪順昌

百七十六

表十三　十八

忠訓郎子生				從義郎子告	
伯役		伯僑　伯偷		伯楠　伯倫　伯綸	
師哲	師奕	師轉　師石　師召　師脊		師味　師馮	師灝
希跨　希疊　希詠　希談　希鈍　希鯆　希鍼	希闕　希蘼　希梛	希榆	希搡	希撰　希撲　希搪	希棌　希玻　希璪　希銅　希逕
興鑑　興鉞　興逸　興迈　興遵　興遵　興適　興適			興淪	興濇	興憊　興意　興暄　興璒　興烣　興繓　興縷　興紀　興鯰　興息
孟襨　孟性　孟猎　孟行　孟湝　孟案　孟宷　孟鑞　孟熇　孟爍					孟邁　孟建　孟適　孟僑　孟備　孟儋　孟瑋　孟璘　孟遣　孟迅
由港　由玄　由紱　由虒　由珷　由琥					由瀐　由詠

表十三

孟迥
孟瑜
孟迁
孟边
與直
與忘
與惠 孟迶 由葢
由珽
孟達 由玠
孟遲
孟遹
侯義郎子彬
伯社
伯僖 師賜 希鄧
希鄭 與陳 孟錫
子儁 伯儁 師烯 希堅 與銨 孟奎
與適 孟瓚
孟堤
與鏵
與鏞 孟瑕
與頠
與鑠
希德 與維 孟琳
希鎋 與河 孟銘

十九

施犀之

孟鏛
與淌 孟鑕
與沈
希淵 與鋮
希有 與道 孟祿
與鍍
與鑾
贈東平侯修武郎子行 子璪
伯榮 師均 希諒 與鈁
與鉤
師睦 希𤥽
希沆 與謚 孟徵
希琬 與端
希琚 與詒 孟休
孟傳
孟鋌
與謂
希瓌
希珊
希玗 與謝
與誠
與諮
希瑞 與請

百六十四

表十三

伯榮 師僴 希威
希度 與嵩
希過 與材 孟濆
孟淦
與㯿
與枫
與梆
與橡
與藴
希戚 與慜
希瑚
師孟 希㷉 與𢿱
希暕 與玒 孟𤩽
與昭
伯榮 師盛 希頫 與卿
希𫓧
希瀫
師倅 希第
希畀 與璲
與𫟪
希鄉 與鑰
與鏽
與鐮
與鑷

二十

與鈽
師覺 希湳
贈武翼郎子𢌿 伯無 師古 希甘 與彥 孟瀌
與從
與哲 孟淩 由衢
孟淥
希黍 與禮
與郜 孟代
孟𤩽
孟筏
孟復
與璿 孟𤨒
與瑊 孟玥 由𤥒
與𤪱
與璪 孟鏻
孟𨯰
與𤦎 孟𤨣
孟穮
孟秖
孟𥢶
與璭
師郁 希適 與𤩴
與𤨬

贈馮翊侯令侹

秉義郎子像　修武郎子修　右班殿直子悉　從義郎子懋

伯滌　伯臬　伯案　伯豢　伯珍

師琿　師敞　師撩　師致　師思　師燦

希逢　希遼　希適　希允　希詢　希稼　希逮　希逵

與瞰　與沃　與戀　與逵　與遘　與濮　與曦

孟招　孟檣　孟颯　孟琿　孟硯

贈東萊侯令畤

保義郎子意　保義郎子愨　三班奉職子元　忠訓郎子京

伯邢　伯瓔　伯珎　伯玕　伯琳

師道　師琦　師郊　師訖　師瑰　師玷

希能　希頫　希徽　希泊　希滂　希勃　希漸　希況　希宸

與溧　與瀓　與綱　與畋　與峻　與畯　與耕　與瑀

孟珵　孟琬　孟野　孟澂

師琦　師瑚　師紀　師璹　師珖

希宥　希晤　希駿　希伎　希寅　希緘　希錢　希瀹　希𧝑　希珉　希醬　希弘　希銛

與倪　與鐸　與鏽　與竹　與勝　與瀞　與條　與一　與果　與果　與琭　與臬　與欄　與紘　與敉　與檷　與瀑　與集　與澦

孟滿

右侍禁令琢　內殿承制令燴

忠翊郎子卞　子盤　保義郎子衷　左侍禁子術　保義郎子正　從義郎子庚　忠翊郎子平

伯明　伯明　伯覡　伯賜　伯熙　伯仁　伯僅　伯徵

師信　師仝　師咏　師松　師貫

希鐘　希泰　希冰

與橐　與豪　與琛

百三十四

表十三　二十三

子挺　子應

伯諸　伯騄　伯弁

師侶　師禽　師宥　師雋　師頡

希沇　希汝　希濼　希郜　希鄴　希甯　希鉓　希銤　希釪　希鋒　希鐧　希錸　希鏈

與宿　與濟　與宿　與宴　與瑍　與瑕　與琍　與祥　與璐　與珊　與玑　與勱　與玹　與宴　與寫　與晦

孟鏞　孟錠

伯先　伯律　伯稷

師宦　師宋　師褱　師宸　師御　師儐　師僊　師傳　師愧

希鋳　希鈑　希鍜　希鐩　希鑰　希蝽　希箕　希甃　希芜　希玩　希畔　希汫　希誕

與晫　與晭　與鏞　與鄉　與苯　與莽　與祐　與瀟　與複　與音　與晋

謝成

表十三　二十四

左班殿直令駁　左班殿直令騰　武翊郎令鯀

承信郎子游

伯甬　伯安　伯迢

師儲　師侻　師度　師華

希逭　希會　希逵　希遭　希還　希瓖　希璫

與柰　與汴　與鑑　與濩　與徽　與渼　與濬　與澗　與詶　與琮　與詒　與論　與紬

孟褒　孟賓　孟齊　孟賁

武翊郎令晴

子渙

伯迥

師升　師坦　師擴　師僨　師懋　師忘　師悤　師悠　師竑　師氣

希跟　希瑆　希儃　希心　希褭　希伹　希熙　希泟　希搢　希潛

與諄　與諄　與譁　與珽　與波　與絜　與摽　與槵　與敏　與軏

謝成

世	燮國公世思
令	敦武郎令劉　武翊郎令稚　贈魯國公令勳
子	從義郎子烟　追封秦國公子裡　右侍禁子撥　子詳　贈博州防禦使子祕　子裕　修武郎子檜　秉節郎子權
伯	伯瓏　伯琳　伯琬　伯源　伯澄　伯牧　伯瑞
師	師建　師儀　師滕　師忞　師儆　師怡　師悾　師鉊　師嵩　師謹
希	希馴　希鉿　希鉍　希曜　希攸　希翀　希轄　希瑠　希戕　希琴　希執　希韋
與	與訴　與瀆　與勳　與倚　與財　與黼　與睢　與昄　與繡　與植　與桐　與邁　與適　與迂　與巡　與錯　與迹　與運　與修　與臺
孟	孟福　孟褫　孟㳤　孟淞　孟澣　孟晉

令	東頭供奉官令㮚　武經郎令勸　武翊郎令覬
子	循義郎子祺　子報　保義郎子徇　贈武翊郎子鏊　從義郎子圭　從事郎子桂　承節郎子琰　秉節郎子臻
伯	伯璥　伯英　伯裳　伯撲　伯一
師	師伋　師晛　師邂　師旋　師役　師衎　師徐　師盡　師衡　師民　師棨　師鎔　師詩
希	希喜　希視　希倘　希騂　希儼　希曾　希𦪇　希琶　希瑾　希鉦　希賚　希鱗　希賛　希卧　希聆　希嫺　希姸　希𡢃　希煌　希熔　希護
與	與淦　與瑒　與儉　與仗　與憎　與逕　與見　與㘰　與泗　與鐺　與淮　與澄　與鏃　與鎕　與鉁　與㶕　與鑠　與訟
孟	孟憎　孟忞　孟鷊

表十三 二十七

承寧侯從涯

太子右內率府副率世文

右班殿直令虔　武翊郎令琣　右侍禁令剸

成忠郎子珏　忠翊郎子琬　子琭　子鐖

伯諄　伯英　伯盛　伯方

師源　師櫝　師庾

希潅　希涛　希滦　希漪　希沽　希澈

與謣　與繎　與鐖　與漈

太子右內率府副率世覺　崇國公世璣

右侍禁令棨　右侍禁令杓

秉義郎子撞　秉義郎子璩

伯仲　伯强　伯俊

師及　師永

希熙　希見　希詮　希音　希鏗

與徊　與傪　與傃　與侠　與佋　與伍　與歆　與檠　與桂　與裕

孟至　孟璧　孟坐　孟壘　孟䥽　孟鐙　孟有　孟荏

表十三 二十八

恭國公從賁

太子右內率府副率世求　太子右內率府副率世昔　右屯衛大將軍世英　漢東侯世釟

右監門衛大將軍令赦　忠翊郎令蒋　武翼郎令逸

三班借職子旻　成忠郎子轂　保義郎子眞　成忠郎子霄　保義郎子寓　忠翊郎子鑑　忠翊郎子壽　成忠郎子鈞　子石　子壽　修武郎子璹

伯增　伯備　伯衛　伯檀　伯暐　伯瓊　伯居　伯琦　伯珪　伯曙　伯玥　伯瑥

師价　師和　師務　師藏　師剛　師大

希戭　希僳　希偎　希懱　希礼　希懈　希性　希矬　希琑　希琉

與幹　與𢧐　與傲　與傃　與膫　與猕

孟傳　孟𫛫　孟佶　孟儞

令	子	伯	師	希	與	孟
		伯珋				
	子構					
從義郎令津	子俊	伯褓	師圭	希棰	與玓	
					與璸	
				希稄		
				希榊		
				希椆		
				希構		
				希校		
				希樳		
				希榤		
				希檣		
				希櫂	與碏	
		伯福				
		伯杒	師琢			
			師琪	希椁	與𣶏	
		伯稷				
		伯樸	師璵	希榆	與洧	孟晤
					與沂	
					與潙	孟鏃
					與潜	
					與濼	
					與澥	
			師玘	希樟	與淛	
			師琰			
			師瑁	希拒	與襛	
					與邁	
				希橙	與貝	
					與夐	
				希櫃		
				希栰	與祅	
					與炷	
				希欄		
			師玒	希檖	與爐	
				希根		
				希橣		
				希橋		
			師玢	希鏑	與濤	
					與淦	
					與瀆	
				希斌		
			師職	希料	與迦	
				希輪	與漣	
			師璵			
			師瓚			
	忠翊郎子像	伯敞	師寓			

令	子	伯	師	希	與	孟
右朝請大夫令蕆	贈通議大夫子鼎	伯悫	師彥	希暄		
				希芭		
			師嚮	希弁	與咏	
				希贇		
					與植	孟棣
						孟樀
				希泉		
				希庠		
			師磐	希顗	與鄉	
				希鎔	與鉶	孟溢
						孟濤
				希呂		
			師岳	希戫		
			師嵒	希鳴	與塩	
					與璯	
					與瑚	
				希咻		
				希坤		
			師舉	希噂		
				希淀		
				希汻		
				希瀆	與倫	
			師客			
			師乔			
		伯抃	師縱			
			師岊	希敉		
			師孝	希机		
		伯櫟	師崟			
			師喜	希棠		
			師崙	希桼	與蚌	
				希棗		
				希染		
				希橡		
贈武略大夫令毅	秉節郎子充	伯帶				
		伯爻				
		伯羊	師欒			
	子文					
	贈武功郎子立	伯莞	師駕	希璲	與漁	
			師佰	希瓏		
				希瑒		
				希瓘		
		伯蔚	師遜			
			師馨	希鏞	與桐	

表第十三卷

子允
忠訓郎子參
伯省 伯息
伯寅 伯辯
師才 師勉 師翊
師叭 師沈 師塊
希鏵 希鎮 希鍋 希峙 希峻 希鐫 希鎛

表卷第十四　宋史二百二十三

開府儀同三司上柱國錄軍國重事前中書右丞相監修國史領經筵事都總裁臣脫脫等奉
勑修

宗室世系九

集慶軍節度觀察留後同中書門下平章事南康郡公惟能
保靜軍節度使同中書門下平章事遂寧郡王從古
右領軍衛將軍世邁
太子右監門率府率令袒
贈信都郡公令譔
訓武郎子儀
伯卿
師仲

李俊寫 馮庚刊

華陰侯世瑞
贈右武衛大將軍令騶
右侍禁子僎
伯彥　師冉　希朴
伯和　師舜
子修
伯祥　師儀
修武郎子俅
伯郁　師雄　希沮　與鑽
修武郎子惇
保義郎子攸
武經郎令鄖
奉化侯世傳
贈武功大夫令檜
成忠郎子忠
修武郎子寔
伯度　師文　希摭　與葢　孟濤
希籤　與稑

宋史二百二十三

一百二十九个

宋史表卷第十四

二

贈昌州防禦使子舒

伯靡　伯廣　伯鄺

師泉　師猷　師愉　師巘　師再　師宰

希鈐　希棻　希旦　希㭬　希稖　希遴　希烱

與裯　與伏　與鄭　與郤　與洌　與塼　與傒　與峴

孟悬　孟息　孟熹　孟森

忠訓郎子真

伯脩　伯康　伯膚

師冏　師滸　師照　師魄

希籀　希積　希栟　希搯　希杅　希輪　希輻　希輮　希輇

與潔　與伇　與傚　與俒　與偽　與侂　與佳　與佪　與僛

孟■

李俊寫

馮寅刊

宋史二百二十三

百四十八个

宋史表卷第十四

三

武經郎子寀　秉義郎子宏

伯庚　伯汪　伯𪎭　伯麻

師正　師全　師迣　師棨　師楔　師禮　師好　師憲　師璋

希得　希淳　希衎　希標　希作　希淵　希官　希滓　希漙

與意　與陸　與隮　與仵　與墍　與沫　與种　與懦　與衍　與祥　與檝

孟廷　孟煉

武翊郎令庥　秉義郎令迹　武節大夫

忠信郎子愈　武翊郎子苛　承節郎子寀　子悳　子俊　從義郎子脩　忠信郎子俅

伯庲　伯嶧　伯豪

師球　師琊　師傅

希汴　希鍈

與洪　與潩

李俊寫

馮庚刊

平陽侯世法

夫令軽　右班殿直令熏　中大夫令盅　武功大夫令逵

從義郎子宜　成忠郎子寄　訓武郎子晏　迪功郎子繪　承信郎子綸　忠信郎子巌　秉義郎子綱　贈奉直大夫

伯墩　伯涔　伯容

師涔

子恍　贈武義郎子恢

伯瑄　伯琮　伯璜　伯輝　伯璬

師辯　師實　師顯　師昂　師炕　師俠　師鉍　師埏

希雷　希露　希輝　希塗　希柏　希梢　希禛　希膺　希玫　希岙　希芝　希昡　希譔　希檦

與澥　與嘉　與鼎　與楊　與禛　與蕕

贈右朝散大夫令刋

秉義郎子愉　贈朝奉郎子紡

伯琊　伯璲　伯璉　伯琫　伯璥　伯虎　伯彪　伯琥　伯號

師神　師禎　師臻　師圓　師圃　師敉　師悆　師幵　師巍　師悳

希鑽

武節郎子繹

伯▣　伯惠　伯慮　伯虘　伯盧　伯詗

師直　師中　師覬　師罕　師鄰　師豐　師瑨　師慫

希爇　希認　希遒　希諦　希誄　希武　希滲　希榔　希棒

與僑　與僖　與埒　與棨　與椸　與謩　與畬

子：武經郎子綜

伯：伯敷　伯敵　伯儔　伯虛　伯儥　伯廓　伯處

師：師努　師烝　師鏐　師讞　師陵　師煸　師褎

希：希櫚　希濬　希晳　希㯶　希滏　希灤　希龐　希霰　希備　希琫　希社　希仡

與：與棋　與拼　與海　與鑄　與燾

世：右領軍衛將軍世潤　榮國公世設

令：右班殿直令鈞　西頭供奉官令傑　右班殿直令沁　右侍禁

子：子純　子續　訓武郎子締　子溫　子孚　承節郎子閭　成忠郎子偭

伯：伯僥　伯贊　伯巒　伯慶

師：師炳　師焴

希：希濂　希橡

令：令議　西頭供奉官令熔　贈武翊大夫令銳

子：子其　保義郎子奇　修武郎子靜　贈武經大夫子馥

伯：伯賢　伯隆　伯滐　伯通　伯陝　伯防　伯阡　伯陵　伯陪

師：師淝　師亦　師銘　師坐　師濤　師廉　師郟

令：武翊大夫令玓

子：保義郎子靖　秉義郎子憚

伯：伯洣　伯沂

師：師諆　師諫　師閭　師譸　師楄　師楠　師楊

希：希藤　希覯　希愕　希環　希瑢　希璿

與：與傎　與儦　與岱　與儋　與澗

孟：孟柜　孟扮　孟欆　孟棧　孟桐

宋史二百二十二　一百五十四个

宋史表卷第十四　八

濮州防禦使河間侯從
太子左清道率府率世期
贈湖州觀察使令譁　修武郎令刿　忠翊郎令汝
追封考陵郡公　子崇　子崇　子仁　子高　子鼎　子懷　忠訓郎子愷
伯邍　伯逵　伯琪　伯璜　伯晉
師彧　師溫　師俁　師侶
希勲　希景　希璸
與德
孟醴

伯彥　伯[illegible]　伯述　伯夔
師閔　師顏　師禼　師暉
希珏　希勤
與惪　與恭　與淘　與智　與直　與賢
孟汾　孟賁　孟德　孟永　孟琳　孟瑭　孟琪　孟㻂　孟深　孟穌
由鍾　由鑑　由欽　由俗

李俊寫　馮庚刊

宋史二百二十三　一百三十六个

宋史表卷第十四　九

子駟
伯迥　伯澮
師獲　師遺　師原　師儉
希俾　希僤　希闓　希頎　希闇　希瑛　希瑊
與皎　與暵　與曎　與鑠　與瑝　與琢　與玭　與樂　與珙　與奧　與命
孟鍾　孟鏞　孟珍　孟爲　孟淑
由言　由誼　由詩

追封遂安侯子瑱
伯逑　伯遷
師裯　師禖　師欣　師文
希璣　希硂　希秤　希儆　希徭　希俗　希徇　希倸
與徹　與軌　與驄　與折　與採　與暖　與瞻　與喚
孟㑣　孟灑　孟瀰　孟澮　孟迕　孟矯
由仕

李俊寫　馮庚刊

武節大夫子莊
伯通
希愔
希懔
與櫯
與待
與偷
與僊
與傻
與徽
與提
孟頎 孟僨 孟俊 孟松 孟僊 孟化 孟俸 孟儹 孟暘 孟偕 孟伯 孟傳 孟僮

子禮
伯輝 伯脩 伯仁 伯倫 伯賢
師數 師闡 師鉖 師道 師誠
希褡 希祖 希瑢 希閲 希謐
與型 與龍 與岦 與鏈 與麟 與頵 與塤 與滂 與昶 與暎 與曜
孟遠 孟瑈 孟增 孟瑒 孟玤 孟煇 孟憧 孟燱

吳興侯世經
贈崇國公諡恭敏令攖
三班奉職子耆 子棠 太子右監門率府率子並 三班奉職子奇 三班奉職子章 右監門衛大將軍領貴州防禦使子㦂
伯堅 伯權 伯貢
師舉

秉義郎子奐 贈朝奉郎子靖
贈彭城侯令松
訓武郎子𥐟 三班奉職子蝺 修武郎子博 從義郎子娖
伯釪 伯璋 伯沇 伯瑊 伯琇 伯玉
師助 師勳

成忠郎子嵊　武德郎子竦　武經郎子傑

伯忞　伯懇　伯思

師孟　師珋　師武　師雄　師百

希㤭　希臻　希罕　希育　希壹

與蔚　與憓　與蔆　與徠　與鍦　與碱　與沾

孟剑　孟鏹　孟壅　孟䗍　孟壁

訓武郎子宏

伯忞　伯思　伯惠

師褒　師談　師儒

希懋　希杲　希端　希味

與逖　與邋　與遾　與律　與濂　與繗　與泡　與實　與箪　與蕉　與濆　與𣊫

贈清源侯令蕭　贈和州

承議郎子珣　武節郎子巘

伯愿　伯愈　伯忠　伯易　伯暢

師醇　師孚　師獻　師仍

希概　希𥢶　希捻　希稈　希柿　希鐖　希𤇣　希焰

與煇　與袖

防禦使令勳

修武郎子卓　從義郎子意

伯璠　伯瓅　伯琢　伯玠　伯瑰

師圓　師白　師軛

希溒　希泝　希濶　希鍴　希鐺　希劍　希鈉　希武　希威　希𢧐

與遄　與棱　與楉　與檀　與怩　與熋　與煛　與燦

孟滏

宋史二百二十三　二百十五个

宋史表卷第十四　十四

贈萊州團練使子彥

伯琮　伯玖　伯𤊹　伯臻　伯璉

師轃　師淳　師灝　師瀹　師路　師軻　師輅　師轄

希檠　希琳　希椰　希迣　希达　希迨　希遷

與遁　與送　與迹　與還　與然

孟堅　孟檠

右班殿

伯琦

師軏　師輶　師軼　師軼　師輕　師郃　師訡　師誴

希道　希迁　希迴　希迢　希遼　希邏　希逸　希迪　希璡　希延　希遴　希焦　希煎

與寶　與雯

李俊寫　徐福刊

宋史二百二十三　二百二十个

宋史表卷第十四　十五

太子右內率府副率世略　東陽郡公世復

直令萩　贈武德郎令誥　太子右內率府副率令匹

武德郎子埻　子奐　忠翊郎子翊　秉義郎子新

伯彝　伯琳　伯瑺

師謹　師尾　師耕

希贊　希儧

與佟　與社

贈彭城侯令道　太子右內率府副率令琳　右侍禁令滓

子幸　子彥　從義郎子寗　承信郎子安　子侯　忠翊郎　子紳　秉義郎　子純　秉義郎

伯和　伯扣

李俊寫　徐福刊

令：武經郎令宁
子：子紀　朝散郎子紳　修武郎子怵
伯：伯揖　伯相　伯遷
師：師運　師追　師逑　師逢　師遼　師邀　師逵　師川
希：希翊　希種　希武　希捻　希仫　希伸　希獮　希聲
與：與諺　與詼　與調　與諑　與譬　與警　與音　與拼
孟：孟曈　孟矃　孟暘　孟珂

子：承信郎子倚
伯：伯迪　伯逌　伯戢
師：師溥　師洽
希：希琳　希晦　希玲　希珣　希珴　希珸
與：與曄　與曦　與曀　與晎　與暰　與曋　與睦　與聰　與暉　與晻　與曀　與邃
孟：孟珎　孟瑄　孟䐲　孟臚　孟鐳

子：秉義郎子紘　成忠郎子仁　贈武略郎子傳
伯：伯源　伯清　伯潤　伯山　伯岫　伯崧　伯巖　伯崑　伯巢　伯茇
師：師逖　師永　師煥
希：希坳　希騑　希壓　希適
與：與邀　與適　與邃　與遝
孟：孟鏋

子：子晉　子倜　子攸　承信郎子傑
伯：伯堯　伯崗　伯先　伯琳　伯瑅
師：師澧　師灝　師洛　師淮　師虪　師肅
希：希燡　希烻　希料　希爊　希櫄　希偟　希僩
與：與磬　與鈃　與僳　與閟　與飭　與餘　與浮　與有　與瀋
孟：孟囍　孟壓　孟喆

伯任

師歆　師行　師詰　師勣　師夂　師柊　師謍　師訃

希儔　希仉　希佋　希伍　希儁　希儦　希儌　希仡　希倧　希仕　希偎

與𤎽　與漲　與玌　與溋　與琨　與漳　與玕　與熒　與琳

太子右內率府副率令相　贈蕎令保令琤

子顴　子康　成忠郎子庠　累贈中奉大夫子麾

伯倧　伯穎　伯虎　伯養

師昶　師鎮　師鑒　師膺　師戚

希龕　希揩　希播　希犍　希遶

與滯

師夒　師棗　師叐

希邉　希祐　希㦹　希櫺　希衿　希社　希㯭　希流　希禓　希褾　希禪　希巳

與諓　與諰　與佸　與脩　與㻉　與意　與惁　與懋　與意　與憝　與爈　與埢　與彨

孟華　孟襟

昌國公贈右屯衛將軍世豪　濟國公世爽

令燀　右班殿直令海　武德郎令聆　敦武郎令璐　從義郎令䜣　令致　贈武略郎令徽

子綱　子繪　忠翊郎子㧝

伯端

師賁　師中　師本

希鄰　希卯　希燀

宋史二百二十三

宋史表卷第十四

二十

子朴 加贈中大夫　子校

伯璪

師儦　師位　師偕　師俊　師傳

希進　希遽　希逯　希隆　希鏞　希鍦　希錄　希鄂

與撞　與懍　與悛　與賑　與術　與斗　與逌　與道　與逞　與迴

孟爕　孟檻　孟穚

李俊寫

芳刎刊

字一百二十五

伯璲　伯琪

師慄　師熑　師惟　師寀

希追　希謑　希謀　希詡　希諤　希謗　希訪

與栒　與樜　與禖　與衿　與禎　與業　與梓　與樸　與相　與演　與泱　與瀘　與僐

孟靚　孟譚　孟鉤　孟鏤　孟墻

宋史二百二十三

宋史表卷第十四

二十一

師齡　師敷

希跡　希詝　希[illegible]　希謔　希竺　希鐐　希該

與適　與遺　與遼　與偷　與悻　與忧　與性　與曦　與睃　與晰　與儁　與彸　與俾　與偪　與龔　與侊

孟鋼

李俊寫

徐福刊

字一百二十十

伯价

師恕　師明

希調　希熊　希諱　希讜　希乂　希過　希前　希加

與榲　與擇　與焦　與騏　與德　與足　與橅　與榗　與㯹　與櫥　與櫟　與拐　與懃

孟溱　孟泓　孟淮　孟汯　孟偫　孟俊　孟烊　孟[illegible]

再贈奉直大夫子韞

伯璘　伯珩　伯璠　伯琯　伯瑋

師埜　師儈　師禰　師祊　師巖

希鐊　希側　希遷　希　希巖　希詒　希訓

與扛　與孩　與漾　與汀　與儨　與僕　與俚

右朝請郎令荐

子捕　子梅　右迪功郎子鐊　保義郎子垠　從義郎子良

伯瑛　伯共　伯豫

師備　師寂　師碁　師汜　師鑛

希郊　希鄞　希鄯　希鄹　希鄰　希鄘　希濺　希淤

太子右內率府副率世名

忠訓郎子止

伯珇　伯璫

師鐳　師侳　師鎖

表卷第十四

表卷第十五　　宋史二百二十四

開府儀同三司上柱國錄軍國重事前中書右丞相監修國史領經筵事都總裁臣脫脫等奉

勅修

宗室世系十

太宗九子：長漢王元佐，次昭成太子元僖，次真宗，次商王元份，次越王元傑，次鎮王元偓，次楚王元偁，次周王元儼，次崇王元億，世絕。

漢王房

漢王謚恭憲元佐

漢王謚懿恭允升

韓國公贈博州防禦使謚恭靖宗禮

通義侯贈惠國公仲翹

士翮

三班奉職不傾

三班奉職不愠

三班奉職不壟

贈右屯衛大將軍謚良僖仲翌

榮國公謚戴士競

右班殿直不間

右侍禁不圓

善嘉

汝弼

三班奉職不述

保義郎不黨

保義郎不暗

惠國公仲軏

太子右內率府副率士綺

東平侯右朝議

宋史二百二十四　計字二百五十六个

宋史表卷第十五　一

李俊寫　王二道刊

宋史二百二十四　計字一百八十七个

宋史表卷第十五　二

李俊寫　王三道刊

高密郡公仲耆

右班殿直士勳

右侍禁士暖

武德郎士奄

不感

不咸

訓武郎不猜

不毒

不暇

善遷

善述

善迷

善瑛

汝霖

崇視

必攸

士穮

大夫不猛

善琚

汝播

崇檣

必傳

汝杆

崇襟

右班殿直士鉷

武功郎士庭

不勇

善利

汝㦡

不杰

修武郎士亞

不汲

善懲

汝璽

崇德

善訏

汝鈴

崇樠

成忠郎士如

成忠郎士暘

高密侯宗道

欽國公仲登

華陰侯士貳

從義郎不昧

善信

汝均

崇□

必劃

崇体

崇𤟹

崇𥜿

崇禮

汝濂

必篤

必家

必□

宋史二百二十四

計字二百三十九个

宋史表卷第十五

三

李俊寫　王二道刊

善樓

汝雩　汝仲　汝褏　汝蒙

崇楕　崇石　崇町　崇晶　崇留　崇灑　崇濠　崇訏

必寀　必賓　必宓　必寅　必鉀　必鏽　必澠　必愢　必邊　必濤　必纖　必緬　必經

學士諡孝恭　宗旦

右監門率府率仲蘇　贈榮國公諡安僖仲玘

榮州防禦使士詰　秉義郎士啓　贈左屯衛大將軍士□

忠翊郎不失　三班奉職不竭　不不　不埭　贈左屯衛大將軍不疑

善貸

汝褱　汝裏

崇湞　崇湊

宋史二百二十四

計字一百六十五个

宋史表卷第十五

四

李俊寫　王三道刊

武經郎不湎

善一　善及　善持　善良　善振　善珎

汝賢　汝方　汝作　汝爲　汝冀　汝自　汝礎

崇傳　崇名　崇聖　崇愉　崇异　崇途　崇逵

必蓬　必迎　必丞　必望　必譜　必鴯　必誧　必謌　必源　必蕆　必譏

良諮　良誠

贈右監門率府率士歸

右班殿直不悔　忠訓郎不慊

善耐　善斷

汝磐　汝勛　汝章

崇彬　崇篤　崇福　崇榮　崇祇

必講　必琥　必垿　必琰　必銘　必誼　必纘　必瀲

良份　良僚　良佃　良值　良倬　良粲　良傑　良濩

邠州觀察使士簪
承節郎不悸　武翼郎不驕
善積　善建　善衛
汝選　汝熙　汝佫　汝興　汝贊　汝盎
崇禋　崇楝　崇俱　崇僇　崇邦　崇偲　崇畚
必有　必伍　必泜　必澳
良沂　良湓　良輊　良柞

不厭　從義郎不僭
善建
汝盎　汝寵　汝退　汝簡
崇穗　崇栻　崇扐　崇栢　崇棗　崇泝　崇杅　崇迨　崇榑　崇楫　崇㯐
必次　必瑚　必璐　必㻩　必壑　必援　必琏　必瓏
良軻

子右監門率府
成忠郎不競　不武　不虛
善明
汝洃　汝怒　汝衛
崇鏓　崇迆　崇㭊　崇迹　崇宕　崇邊　崇彝
必璋　必煦　必泳　必珒　必鎮　必鏗　必琤　必鑄　必儞　必垒

右屯衛大將軍仲寅　沂國公諡敏
率士鏑　武德郎士汙　右屯衛大將軍士臨　內殿崇
武節郎不修　成忠郎不危　承節郎不溢　保義郎不悍　宣教郎
善硼　善瑩　善翟
汝泅　汝剏
崇葳　崇麓　崇傳　崇侍
必藻　必沿
良安　良定　良賫　良棫　良𢱭

仲淹

士彰

不憤　忠訓郎不悱

善仕　善儀　善禍　善偘　善僤

汝爲　汝夏　汝枳　汝闌　汝察

崇晉　崇襄　崇璧　崇拘　崇竊　崇曉　崇定　崇復

必羆　必易　必晷　必長　必全　必薰　必■

善促

汝舜　汝禹　汝有

崇行　崇畯　崇陵　崇恣　崇悆　崇奇　崇憲　崇患　崇彝　崇窠　崇恩　崇慇

必璐　必珏　必瑗　必璁　必璉　必增　必瓆　必璁　必璇　必璿　必瑆　必璫

李俊寫　王三道刻

汝嶋　汝賓　汝达　汝㚅　汝丞　汝遜

善侍

崇進　崇滌　崇坑　崇鄒　崇日　崇由　崇啓　崇瞞　崇瞰　崇僜　崇熠　崇覿　崇㚖

必琇　必琉　必禮　必撟　必枳　必贇　必濂　必和

右監門率府率士放　東頭供奉官　士灃　武經郎士雩

不怯　不夸　不倚　不盈　不肆

善信

汝逕　汝辨

崇嫌　崇犇　崇切　崇坒

必栻　必櫟

李俊寫　王三道刻

建國公諱宗□　右內率府副率仲決

率府率士輅　西頭供奉官士瑞　右班殿直士銲　左班殿直士陳　右班殿直士廉　從義郎士覲

不耀　不怠　不伏

善顒　善領　善顓

汝禮　汝嶟

崇傚

武翼郎　夫主簿

不貪　不藏　不清　不溷

善晲　善臚　善明

汝呸　汝嶐　汝鑒　汝釜　汝砡　汝攄　汝積　汝歸

崇枕　崇礠　崇硍　崇礦　崇碖　崇礚　崇檏　崇燁　崇蹟

必玫　必玶　必琲　必徙　必誦　必諫

良憓

忠訓郎士統

善輝　善盼

汝橦　汝溫　汝鍪　汝鋈　汝鏧　汝鋈

崇睹　崇惎　崇恩　崇恕　崇悉　崇怹　崇搭　崇掄　崇愁　崇掾　崇憑　崇灤

必濮　必榮　必成　必簡

右監門率府率仲適　房國公諡良□仲戩

右班殿直士恬　武翼郎從義郎士僅

不訥

善舉　善獲

汝庚　汝疉　汝雍　汝豐

崇宥　崇寮　崇庸　崇害　崇㐂　崇審　崇宮

必選　必贊　必逍　必睞　必阮　必端

良璟

宋史二百二十四　字一百二十个

宋史表卷第十五　十一

善尊

汝膺　汝聿　汝燮　汝椅　汝旋　汝忘　汝於　汝敔

崇犖　崇寰　崇豪　崇衡　崇住　崇徙　崇顒　崇瓌　崇現　崇韡　崇鉀　崇銉　崇鎗　崇琇

必像　必倛　必僈　必僩

良傑

忠訓郎不訢

善淵

汝灌　汝桯　汝澌　汝征　汝枚　汝析

崇巘　崇璥　崇晼　崇犖　崇扐　崇諸　崇參　崇信　崇詮

必宓　必芥　必館　必寔　必晉　必鑒

良瑾　良瑢　良晙　良瓆　良琊

李俊寧　王三道刊

宋史二百二十四　字二百四十个

宋史表卷第十五　十二

東頭供奉官士斿　中奉大夫士徹

不詘　不許　不适　承節郎不矜

善仲　善眷

汝搖　汝檟　汝樗　汝裔　汝積

崇孝　崇峴　崇輔　崇致　崇駁　崇驥

必寓　必宥　必篤　必宅　必粲　必鍗　必鑲

良斂　良標　良櫰　良稿

從義郎不燕　右通直郎不惎

善回　善象　善宓　善璟

汝序　汝宮　汝修　汝瀼　汝壢　汝弁

崇驎　崇穠　崇燕　崇諱　崇柯　崇衸　崇弇　崇迦　崇適

必愉　必龢　必韶　必辭　必齡　必識　必倈　必俙

李俊寧　王三道刊

東陽郡公仲璩

成忠郎士衎　秉義郎士縿　忠訓郎士欽　保義郎士聰

不絆　不悗　不作　不逸　不苛　不茹

善掌　善份　善滂　善濤

汝徙　汝掎　汝滮　汝鄜

崇爍　崇榷　崇龐　崇涉　崇樵

必搞　必寔　必偈　必憮

武經郎士絢

不華　不忮　不恃　將仕郎不求　忠訓郎不越

善斟　善革　善訒　善評　善譽

汝居　汝知　汝湜　汝沆　汝浹　汝漕　汝焱

崇綦　崇来　崇柒　崇蕖　崇杲

必垳

武經大夫士崙　秉義郎士細　武翼郎士約

秉義郎不崵

善彥　善弇　善岊　善揆　善豐　善杰　善墩

汝槻　汝櫻　汝僕　汝㑎　汝梃　汝探　汝搭　汝檻　汝樵　汝掏

崇騆　崇淘

必樓

贈少師太原郡王仲琮

秉義郎士斗　武略郎士軍

成忠郎不吝　保義郎不疊　武翼大夫不敵

善啓　善渝　善崟　善訃　善謗　善庠

汝棓　汝僕　汝仕　汝賫　汝藻　汝複　汝鏈　汝鈑　汝岊　汝岦　汝詻

崇歷　崇采　崇琴　崇伋　崇穹　崇轤

必鏶

安康郡公仲仚

忠翊郎士甫　左班殿直士乖　右奉議郎士樵　右班殿直士㟜　右班殿直士鑑　右班殿

保義郎不競　秉義郎不佀言

善飭　善郤　善洇　善彝　善剬

汝詎　汝譜　汝犖　汝剏　汝畀　汝諂　汝傺　汝昳　汝沔　汝偲　汝刹　汝縪　汝總

崇軨　崇䡵　崇柞　崇撻　崇轢　崇軼　崇坫　崇䟒　崇璗　崇聖　崇遭　崇迸　崇御　崇囊　崇鍪　崇瀑　崇滰　崇箕

必埻　必纓　必綖　必儆　必鄉　必玜

濮東侯贈少師榮國公諡孝良宗楷

華陰郡公仲皐

直士識　秉義郎士謀　忠訓郎

不動　三班奉職不晞　承德郎不慭　承議郎不忞　秉義郎不懟　成忠郎不難　保義郎不惑

善澹　善悌　善惏　善損　善憐

汝墫　汝𡎚　汝饎　汝飾　汝昨　汝瞸　汝嘱　汝曜

崇鏌　崇鈇　崇鉊　崇堊　崇[illegible]　崇䭿　崇旌　崇激　崇汀　崇瀾　崇沚　崇璝　崇湍

必愕　必歔　必綦　必傣

良儆　良傎

高密侯仲侔

贈左領軍衛將軍士吉　武節大夫士閩　武翼郎士孫　武翼郎士茁　東頭供奉官士啞　建國公士極

不慭　右班殿直不恡　不棄　不厭　承節郎不濂　武義郎不劃

善什　善脩　善遷

汝堅　汝霖　汝楫

崇戒　崇賢

必潼

良瀸　良浚

武翼郎不貪　修武郎不琦　訓武郎不求　從義郎不貳　右班殿

善建　善治　善存

汝礪

崇武

必渊　必渲　必浹

良法　良鎡　良錢　良璟　良琛　良琖

李俊寫　梁保刊

北海侯士繢

直不擇　三班奉職不同　武訓郎不劌

善積　善從

汝惠　汝廣　汝規

崇囦　崇滮　崇沝　崇昭　崇藩

必騰　必方　必贊　必佈　必洪　必濠　必全　必建　必滄

良倧　良洒　良備　良仕　良倲　良泗　良杵　良臬　良槼

友悬　友慈　友憸　友憲　友愆

善輿

汝肖　汝奇

崇恭　崇麗　崇洺　崇磋

必鉉　必槙　必法　必豪　必亮　必勵　必祥　必侃

良珊　良榛　良櫃　良環　良璫　良珇　良瑀　良琛　良週　良造　良玿　良瀅　良瀷　良汎　良淵

友偕

李俊寫　梁保刊

宋史表卷第十五 十九

武經大夫士譽　西頭供奉官士閭

秉義郎不奪　不遷　修武郎不懼　保義郎不懈　保義郎不陋　不忮　不删　保義郎不怠　保義郎不敏　不同　不溢　不侮

善縛　善逯　善迪　善述

汝賚　汝賔

崇碩　崇煮　崇憝　崇悉　崇羔　崇儴　崇任　崇侚　崇㒟　崇[illegible]

必信　必戴　必歷　必里　必■　必壂　必闡　必閶　必閑　必闐　必閔　必闌　必闇

良玧　良瓔　良茳

友畯

李俊寫　梁保刊

宋史表卷第十五 二十

贈右屯衛大將軍、追封洋川郡公士伽　右班殿直士渤　從義郎士朋

不沫　承節郎不危　武節郎不器

善閶　善閔　善梓

汝賸　汝壁　汝璀

崇仍　崇儈　崇滂　崇傀　崇併　崇儆　崇僐　崇阜　崇節　崇悳　崇遜

必娍　必闓　必闇　必得　必夔　必豫　必茂　必奮　必行　必衛　必親　必伸　必濬

良鐠　良鉾　良簡　良甎　良壁　良瀈　良溥　良池　良維　良濯　良煊　良熔　良焚

友僅　友儋　友保　友支　友萱　友讀

李俊寫　梁保刊

宋史二百二十四 一百个

宋史表卷第十五 二十一

善元

汝一

崇懃 崇■ 崇遵

必召 必張 必恪 必灝 必共 必貫 必■ 必■ 必悅 必賙

良寰 良澍 良潞 良伺 良復 良倖 良伻 良保 良僅 良儼 良儀 良侔

友■ 友■ 友■ 友識

崇彰

必賬 必際 必既 必賦 必賜 必和 必嘻

良侊 良佺 良偕 良任 良僐 良儲 良佋 良玠 良現 良琰 良璝 良福 良鑄 良湶 良璿

友詡

李俊寫 梁保刊

宋史二百二十四 一百个

宋史表卷第十五 二十二

武翼大夫不習

善毅 善嘉 善時 善世 善謙 善願 善順 善褒 善益 善良

汝綽

崇信 崇秀

必治 必忠 必知 必賢

良埭 良橦 良璵 良儁 良倡

善俯

汝勤 汝達 汝鵬

崇仰 崇仕 崇任 崇善 崇璣 崇璋 崇弘 崇琳 崇鉦 崇運 崇造

必琦 必璲 必濡 必消 必洽 必德 必遲 必烊

良伉 良珪 良璘 良瑀

李俊寫 梁保刊

右監門率府率仲睢
士程　贈中奉大夫士許
贈朝請大夫不憂　不慮　儒林郎不懟　不器　不譽　朝議大夫不棄
善淵　善應　善廣　善僊
汝悰　汝弼　汝尋　汝萌　汝暐
崇譓　崇顥　崇表　崇裱　崇堦
必鍺　必錄

贈少師景國公謚孝恭仲廖
右班殿直士瞰　侍禁士遞　華陰侯士贛
右班殿直不愁
善武　善懃　善淵　善悝
汝淋　汝爲　汝瀅　汝湄　汝忖　汝忒　汝璐
崇懃　崇德　崇像　崇柞　崇珂　崇寧　崇道　崇濫
必切　必鐸　必徑　必垛
良壢

李俊寫　梁保刊

三班奉職不愚　三班奉職不懇　武經郎不愁　從義郎不誓　贈武德郎不慾
善約　善結　善蛸
汝悉　汝灑　汝渥　汝皋　汝亮
崇齡　崇燿　崇矑　崇盅
必棟

武翼郎不息
善皓
汝㛹　汝戣　汝戟　汝表　汝谷　汝禮　汝韓　汝參　汝宜　汝偦　汝順
崇徨　崇玠　崇玣　崇𤸷　崇琜　崇拓　崇棵　崇捏　崇瑹　崇駉　崇驥
必鏙　必党　必掌　必淆　必訊　必奄

李俊寫　梁保刊

右班殿直士中 修武郎士㥁
不惜 保義郎
善赴 善暮 善濃
汝睦 汝愷 汝遵 汝鑯 汝誧 汝告
崇璘 崇瓔 崇琁 崇熛 崇鉞 崇澧 崇游 崇澳 崇季 崇鏘 崇迼 崇賫
必灩 必河 必億 必便
良錡

贈朝散郎不武 善卞 善淺 善源
汝裒 汝的 汝頔 汝燮 汝勉 汝斐 汝敦 汝敔 汝志
崇賀 崇埲 崇燾 崇璲 崇近 崇坣 崇垓
必釭 必鏌 必鋅 必鈉 必鉻 必鎏
良霧 良雩 良霖

左班殿直士侍 右侍禁士儆 從義郎士僚 敦武郎
不償 不使 秉義郎不標 不競
善潵 善澮 善沐 善岀 善退
汝■ 汝勛 汝弃
崇增
必鉊
良震 良靄 良雩

士㣉 從義郎士倎 武節郎士儀 右班殿直士傳 修武郎士僈 右班殿直士𤩽 東頭供奉官士悗 東頭供奉官士搋 秉義郎
金城侯仲冊

遂國公謚恭靖宗懋

仲庞　仲涵　高密郡公仲爲

士暌　右班殿直武功郎士付　朝請郎士悖　武翼郎士諭　忠訓郎士詢

忠訓郎不傑　不俺　不率　保義郎不佛

善錄　善遐

汝能　汝浙

崇麗　崇茵　崇襄

漢東郡公宗回謚孝修

仲華　太子右監門率府率士對　洋川郡公士纓

不求　保義郎不湞　武經郎不濟

善諱　善訃　善特

汝勝　汝動　汝烜　汝僳　汝倦　汝憕

崇託　崇誦　崇搢　崇錯　崇鐠

濬陽侯士懣

武節郎不息　武翼郎不息　三班奉職不矜

善壁　善淵

汝僧　汝鑒　汝瀠　汝稠　汝秀　汝欽

崇　崇蜻　崇壙　崇鍠　崇坏　崇墒　崇壚　崇墣　崇經

必泰　必新　必燝　必墖

良訒　良諲　良謹

友楷

感忠郎

汝　汝季　汝弦

崇橙　崇彥　崇珹　崇湄　崇瀵　崇棋　崇樅

必溥　必禮　必紘　必紳　必綱　必紱　必鋼　必鍴　必鋌　必玽　必璥

良炤　良愉　良昊　良性　良械　良悆　良杼　良鏵　良枂　良欀　良槸　良曜　良榏

士證 博平侯

不倨　忠訓郎不擒

善咸　善長

汝言　汝講　汝璪

崇做　崇侑　崇仔　崇侶　崇任　崇坑　崇墲

必璒　必珈　必裕　必滌　必琊　必■　必■　必熔　必微　必倍　必倨　必偵

良𤩽　良堝　良潔　良偵　良付　良涇

宋史表卷第十五　二千九

李俊寫　王酉刊

善嘉　善蕤　善滕

汝弼　汝鳴　汝功　汝言

崇孟　崇郁　崇竦　崇擇　崇緣　崇寶　崇壹

必奄　必逸　必邁　必曜　必暌　必泳　必鏑

良碤　良礌　良皞　良曄　良釪　良鉞　良鋻

友鋋　友鏃

善從　善陳　善穀

汝疇　汝尤　汝明

崇蓋　崇塗　崇霂　崇墅　崇新

必法　必瀸　必瑊　必瀏　必纍　必榮　必瀤　必泉　必騄　必錯　必鐅

良德　良倈　良儇　良槳　良徽　良俕

宋史表卷第十五　三十

李俊寫　王爾刊

士俓 內殿崇班

忠翊郎不貪　承務郎不約　修武郎不柰　贈從義郎不吝

善長　善達　善障　善文　善羿

汝溢　汝濚　汝泳　汝■　汝藏　汝究　汝洴　汝賁　汝瑍　汝𦮙

崇伊　崇飭　崇潥　崇■　崇霞　崇霍　崇瑋

宋史表卷第十五

三十一

贈武經大夫士翀

贈通議郎不言　忠翊郎不亦

善鈊　善覺　善僖

汝橡　汝桱　汝榭　汝扐　汝勉　汝愓　汝遷

崇豙　崇僨　崇倈　崇僕　崇供　崇傕　崇惔　崇憶　崇愢　崇佟　崇慓　崇懌

必鋋

成忠郎不晉　贈朝散大夫不㥶

善蓍　善恭

汝延　汝邊　汝遭　汝遠　汝百　汝惟　汝弘

崇㦖　崇慖　崇怦　崇怗　崇儚　崇珈　崇量　崇鏐　崇釭

必槳　必灩　必潔　必浩　必泟　必壽

李□寫　畐□刊

宋史表卷第十五

三十二

汝砲　汝琜　汝琫　汝琯　汝彀

崇鑾　崇鋏　崇鐘　崇鈔　崇鏄　崇㵿　崇淼　崇悳

必沼　必逢　必遲　必溥　必轍　必鎔　必洛　必汛　必桸　必榿　必村　必榻

良■　良磦　良圻

善認　善譯　善訡　善請　善謀

汝琦　汝瑋　汝珄　汝璳　汝璠　汝理　汝瑚　汝玦　汝瑓　汝玟　汝璕

崇慕　崇懲　崇磚　崇磬　崇鐔　崇𫝹　崇燃　崇憓　崇烈　崇鑲　崇偲

必臨　必涟

李□寫　畐□刊

宋史二百二十四

右侍禁士稀　修職郎不忒　不矜

善瞪　汝楧　崇旂　崇劃　崇剻　汝㭬　崇㨉　崇旑　崇㦧　汝楷　崇斿

善速　汝佋　崇椭　崇棋　必釪　必鈳

崇柱　崇䉡　崇㭬

善道　汝儼　崇集

汝行

善逑　汝倖　崇初　必梲

宋史表卷第十五

三十三

李俊寫

王林刊

字一百四十个

善逴　汝佮　崇覦　必櫍　崇詭　崇譊

汝倨　崇裉　崇邦　崇鄭　必槿　崇邸

汝休

奉國公謚僖孝仲洽　太子右內率府副率士綜　太子右內率府副率士□　建陽侯士贍　武翼□郎不誤　善鄰　汝英　崇升　必翊　良杼

汝邁　崇湯　必琬　良棣

宋史二百二十四

贈武德大夫士憓　成忠郎不欺　保義郎不伏　不讞　不憲　贈正議大夫不𩍐

必㺿　必玙　崇凱　汝㵾

必璐　崇煮　汝㤈

必轃　崇燋

善招

善問

善信　汝𡲬

善行　汝蔭

宋史表卷第十五

三十四

李俊寫

王林刊

字一百二十个

善仁　汝捅　崇球　必逷

崇瑰　必遊　必遨　良懷　良僘　良

崇琰　必忿　必慜

崇壍　必謳　必讀

汝承　崇登　必週

汝及

汝闈　崇慷　必遷　必柎

善義

善嫻　汝瀶　崇迥

崇鉞　必熤

汝蕭　崇熄　必㦽

崇熚　必寶　良忞

左朝請郎不易

善示 善美 善水

汝啓 汝敷 汝莊 汝蓀 汝瞻 汝靜

崇珌 崇栩 崇鏄 崇江 崇洽 崇壆 崇堅 崇墪 崇莽 崇檖 崇扶

必渁 必珚 必珞 必瑀 必寀 必渠 必滷 必洌

良棍

[illegible]陽郡[illegible]榮國公，[illegible]諡[illegible]僖，仲頵

武翼大夫士[illegible] 右班殿直士[illegible] 左班殿直士[illegible] 右班殿直士[illegible] 左班殿直士[illegible] 直士[illegible] 士諸 武經郎、承節郎[illegible]

不瑑

善繼 善誠

汝是

崇樟 崇棆 崇杼 崇精 崇渠 崇鑒

必汜 必滓 必溘 必墅

潤國公，諡恭惠，仲微

右班殿直士[illegible] 直士錦 秉義郎士仰 博平侯士執 右班殿直士[illegible] 直士什 成忠郎士堙

不玷 不器 不嚚 武翼郎不危 武節郎不謐

善亨 善襄

汝憲

崇鹿 崇眏 崇慰

必䨻

榮國公，諡良，士雷

三班奉職不懾 武德郎不懼

善褒 善亮 善昌 善廣

汝彙 汝絅 汝緈 汝誨

崇庭 崇意 崇康 崇國 崇回 崇圃 崇圜 崇棊

必曬 必浚 必濂 必初 必炤 必燏 必煮

良埠 良堉 良增

宋史二百二十四

宋史表卷第十五

三十七

字一百二十个

修武郎不慊

善渭　善同　善章

汝詑

汝叅　汝基　汝稟　汝棨　汝渠　汝蠡　汝璞　汝蠡

崇移　崇欆　崇桔　崇榼　崇橦　崇袍

崇櫨　崇爔　崇爌　崇燧　崇煒　崇焯　崇焟　崇僎　崇儕　崇仁　崇僤　崇僎　崇佾

必炬　必灼　必熏　必爊　必煖　必熅　必熛　必憓　必燭　必熢　必燮　必煛

必熇　必琫　必繂　必緬　必衢　必他　必聰

良埴　良漳　良演　良垓　良潪　良壇　良璧　良埜

良淹

李俊寫　王林州

宋史二百二十四

宋史表卷第十五

三十八

字一百二十个

通義郎士耳

忠訓郎不比　武經郎不怍

善舉　善千　善十　善犖　善脩

善卑　善輔

汝傪　汝仗　汝侏　汝侳　汝拳

汝能　汝郜　汝傑

崇俛　崇家　崇檠　崇褭　崇琉　崇旗　崇櫇　崇爵

崇鑄　崇儁　崇溥　崇璹　崇峙

必晅　必瞛　必堦　必墀　必勵　必振　必逈

必適　必遲　必遡　必逯　必遏　必計　必詠　必諭

良滓　良淦　良倩

良樽　良僃　良僩　良備　良佑　良駒　良駟　良駿　良鎣　良鋁　良鐥

友客　友定　友瓊　友琳

李俊寫　王林州

高密郡公贈大中大夫不愫　武翼郎不惴

善攺　善洵　善鎰　善侑

汝弼　汝忠　汝溱　汝寬　汝敏　汝霖

崇時　崇秩　崇彝　崇圾　崇如　崇綬　崇𢍰　崇上　崇公　崇仁　崇賢　崇振　崇揮

必請　必誘　必呂　必堣　必壚　必烔　必熢　必猜　必傍　必玎　必施　必諭　必玗　必玡　必攘　必掩　必撊　必何　必補　必拓　必櫳　必學

良撣　良栖　良檀　良礽　良案　良知　良輳　良茸　良柩　良機　良棪　良樸　良鏒　良鎌

忠翊郎不懈　忠訓郎不愠　不傔　保義郎　不恪　承五郎不欺

善伯　善脩　善寓　善最

汝盱　汝晛　汝賢　汝弼　汝激　汝慶

崇阮　崇阼　崇隄　崇儒　崇俊　崇諫　崇讞　崇咨　崇謐

必編　必鏶　必細　必欄　必閒　必授　必伺　必偃　必瑞　必維　必綸　必約　必濬　必適　必造　必遜　必淇　必論　必譯　必徵　必憲　必息

良樍　良復　良鎏

左侍禁士曈　不愚

善才　善淵

汝廈

崇記　崇講　崇訔　崇請　崇譍　崇誼　崇詳　崇謏　崇邅

必惣　必急　必戉　必僕　必遡　必慥　必愉　必恍　必忻

良棨　良徐　良侍

武經郎士卬　秉義郎不倓　不憎　修武郎不慳

善遵　善還　善滿　善憑　善湫　善湧　善沂　善潙　善湣　善淡

汝霞　汝霆　汝聱　汝懃

士棐　承信郎不衝　不㦛

不懈　不愠　不怜　不惧

贈□□郡王諡欽恪仲碩　太子右內率府副率士有

左班殿直士贇　秉義郎不斷　修武郎不棁

宣義郎士佌　忠訓郎不間　不渝

善珎　善儻

汝勃　汝後　汝汨　汝舜

崇檀

必赫　必蝦

朝散大夫士崝　武翼郎不必　不污　贈朝散郎不淪

善硂　善昕　善明　善暲

汝筍　汝玓　汝賷　汝舉　汝罙　汝鄺　汝嶧　汝廡　汝傎

崇括　崇追　崇佽　崇柘　崇櫂　崇槽　崇楠　崇錐　崇嵒

必破　必琑

宋史二百二十四　二百十五下

宋史表卷第十五

四十三

善晤　善暎

汝龐　汝瘠　汝痳　汝癃　汝磨　汝垂　汝傅　汝摹　汝滌　汝覓

崇脩　崇偏　崇鍇　崇陝　崇樓　崇璿　崇遷　崇適　崇嵇

必淪　必慕　必忘　必衢　必墩　必壇　必鑒　必鈪　必鏷

汝曠　汝需　汝雲　汝零　汝實　汝雪

崇構　崇玶　崇鐸　崇鏗　崇鑑　崇錫　崇緈　崇絳　崇緗　崇擢　崇裴　崇愬　崇禎　崇俛　崇櫨

必鏽　必儇　必皷　必提　必濤　必顥　必穎　必濬　必懷

李俊寫　王林刊

宋史二百二十四　二百十下

宋史表卷第十五

四十四

不溺　不汩　丞信勳　不還

善眩　善聽

汝寀　汝莊　汝慶　汝蔭　汝庚　汝芳

崇詞　崇譎　崇謐　崇訣　崇瑀　崇泝　崇謙　崇譜　崇顒　崇頡

必鉴　必鑒　必鋪　必鈿　必鈄　必璪　必璣

良遹　良還

善皡　善乙

汝數　汝首　汝忞　汝芷　汝薦　汝蒇　汝蒸

崇瀕　崇頻　崇預　崇頟　崇頫　崇穎　崇願　崇預　崇顓

必軾　必轍　必塱　必璧　必軫　必瓌　必墍

良適

李俊寫　區二刊

不逸 善郭 汝鏗
汝瑛
汝琰
汝汲
不適 善耶 汝毅 崇渠 必默
崇棧 必爆
崇柱
崇檝
崇柖
崇捌 必爊
善鄘 汝演 崇杫
汝澈 崇杯
汝淪 崇攏
汝濟 崇椂
汝濃 崇榗
善[illegible] 汝瀘 崇杼

崇拖
朝請大夫直華文閣不過 善鄙 汝沅 崇擢 必奕
汝況 崇槴
崇捄
善鄰 汝滾
汝㮚
汝汎 崇秘
汝洸 崇核
汝浣 崇𣘻
善郎 汝能
汝汔
汝淄 崇耗
汝瀲 崇棟

善郲 汝洇
汝沱
汝洸
善鄧
善郛
中奉大夫直敷文閣不迂 善鄧 汝濤 崇棣 必碌
崇集
汝瀕 崇檍 必熵
崇櫧
崇神
崇檄
汝濾
汝浡
汝通
汝繼

善鄉 汝濾 崇榔
善邡
善郤
善鄰
朝請郎不遂 善郯 汝濠
汝湍
汝潼
汝汯
善鄉 汝沛
汝㶁
汝潘
汝橋
汝滏
善鄉
善邵
善郢 汝濡
善廓 汝澋
贈[illegible]

宋史二百二十四　二百三十二个

宋史文表卷十五　四十七

大夫不泚　朝請大夫不沮

善鄧　善邵　善迦　善鄉　善鄜　善郇　善郢　善鄙　善鄘

汝玭　汝瀘　汝浪　汝汃　汝滿　汝潘　汝滰　汝桯　汝熏　汝檝　汝瀞　汝湲　汝瀆　汝溓

崇悆　崇芟　崇栝　崇岐　崇撥

國公仲玊　從義郎士敦

修武郎不逕　三班奉職不仇　保義郎不使　不悚　不愀

善鄘　善郯　善鄭　善郇　善琅　善贇

汝瀫　汝泯　汝滹　汝洞　汝淮　汝注　汝涷　汝泱　汝瑊

崇擀　崇擶　崇采　崇敉

李俊寫　區二刊

宋史二百二十四　二百三十二个

宋史文表卷十五　四十八

濟陰郡公謚安憲仲滂

奉官士丙　率府副率士瓔　士畫　門率府率士九　右班殿直士眼　朝散大夫士國

不濃　從政郎不厭　迪功郎不徽

善修　善傃

汝璽　汝兢　汝回

崇遠　崇遺　崇瀞

必㮚

西頭供奉官士猥

不徽　不蔽　忠訓郎不竭

善作　善坊　善昌　善脩　善瑛

汝倫　汝編　汝橧　汝柊　汝緯　汝鄣

崇熷　崇勇　崇瞍　崇渭　崇樞

必繹　必咏　必賓　必貢　必責　必慈　必懋

良簽　良鑒　良瑩

李俊寫　區二刊

汝尊 汝超 汝椅 汝鄮

崇暹 崇𣸣 崇潛 崇濂 崇澗 崇傈 崇傚 崇鋌 崇鏻 崇飾 崇錭 崇鑮 崇錸 崇鉗

必晡 必滂 必澴 必濯 必澥 必淀 必渚 必渙

善[illegible]

汝彤 汝祖

崇鏥 崇瀆 崇漉 崇浯 崇測 崇碩 崇郚 崇𡻨 崇鄉 崇[illegible] 崇硂

必捎 必打 必衲 必集 必蘂 必槷 必賢 必賚 必坐 必璺 必賫 必[illegible] 必[illegible]

良佇 良倭 良懼

濮翊侯仲默

太子右內率府副率士青 內殿崇班士𢇁 東頭供奉官士訥

贈崇義郎不容 不摵 贈當數郎不校 修武郎不柔

善能 善扶

汝鉉 汝鏇

崇砎 崇潎 崇瀦 崇瀷

必璽 必輹 必鑐

贈金州觀察使安康侯宗默

左監門率府率仲圭 濮翊侯仲僊

右監門率府率士阮 清源郡王 度使士暕

奉議郎不傾 贈武翼大夫不謟

善長 善喬 善補 善問 善交

汝漢 汝霖 汝塈 汝錫 汝理 汝剔

崇賓 崇攸 崇備 崇宙

必澧 必濟 必僮

善安

汝砑　汝褒　汝狩　汝劾

崇寵　崇[illegible]　崇客　崇𥪕　崇被　崇俱　崇遐　崇梓　崇玖　崇怖　崇埘　崇擇

必璪　必滄　必稷　必像　必祐　必藨　必憩　必得　必憧　必滋　必瀰

良璇　良豫　良玩　良猖

武經郎士誦　敦武郎士議

武翼郎不佷　從事郎不謁　修職郎不恠　不回　不晦　忠翊郎不盈　奉議郎不匯

善灘　善泠　善沂　善玶　善威　善益　善澤

汝吝　汝霸　汝停　汝渧　汝琢　汝琚　汝國　汝庚

崇可　崇樺

必恮

善溉

汝鋼　汝詮　汝俞

崇總　崇簡　崇一　崇咸　崇岠　崇平　崇鋈　崇依　崇祖

必憓　必慷　必挨　必諒　必忞　必憖　必甚　必震　必熙　必皐　必諧　必鄘　必義　必尉　必岦

良鏞　良■

表卷第十五

贈崇儀副使宗直

保義郎不朋　忠訓郎不群

善清　善邑

汝程　汝顏

崇紃　崇紐　崇綺　崇絉　崇繡

必芷

表卷第十六　宋史二百二十五

開府儀同三司上柱國錄軍國重事前中書右丞相監脩國史領經筵事都總裁臣脫脫等奉敕修

宗室世系十一

平陽郡王宗奭

華陰侯仲叙

贈右領軍衛將軍士褭　洋國公諡僖恭士編

贈朝請大夫不匿

善文

汝鄭

崇謙　崇訥　崇計

必元　必榑　必桿

良晥　良𩪁

友意

善積

汝倖　汝紹

崇訪　崇諄　崇語　崇諳　崇謐　崇訶　崇謂　崇諧　崇譜　崇調　崇詠

必程　必椿　必倈　必憙　必賁　必賓　必戢　必憲　必悠　必愿

良賦　良壤　良墁　良貞　良巘

贈修武郎士塈

秉義郎不虛　秉義郎不愚　秉義郎不器　修職郎不起

善顯

汝會　汝逵

崇諾　崇諱　崇株　崇椢　崇朸　崇鉄　崇構　崇料　崇柠

必燮　必爔　必更　必灯　必緝　必繼　必灑　必褧

河內侯仲向　[illegible]國公諡恭安仲集

東頭供奉官士俔　西京左藏庫副使士[illegible]　太子右內率府副率士龍　太子右內率府副

承奉郎不唱　修職郎不窒　不愚

善頤　善類

汝賢

崇鄉

必絥　必績　必縯

榮國公仲琥

率府副率士□　贈榮州刺史士讚　武義大夫士輗　秉義郎士船　修武郎士編　武義郎士璵　贈武翼郎士場

承節郎不俞　保義郎不燭　忠訓郎　不巷

善隱　善昭　善䴉

汝賙　汝怦

崇橡　崇瀾

必陝　必墍　必淞

路贈奉直大夫

汝能　汝添

崇梡　崇租　崇秵　崇槐　崇桔　崇戩

必祥　必佮　必爛　必炔　必綠　必炯　必燁　必料　必炡　必燷　必燉　必熅　必煟　必㷟

良坙　良軹　良㮚　良懺

贈右屯衛大將軍仲考　安康郡公仲延

敦武郎士彝　敦武郎士琭　右班殿直士世

不哂　保義郎不移

善洙　善淋　善洸　善滕　善洼　善沂

汝詵　汝謌　汝書　汝譜　汝譓　汝詒　汝訜

崇玠　崇昵　崇眼　崇忓　崇章

必鐨　必𤆬　必燵

建國侯仲雄

修武郎士即　武經郎士邦　西頭供奉官士旋

不塱　承節郎不作

善詎　善繼　善印

汝灑　汝涼　汝樀　汝調

崇畨　崇畄　崇㓞　崇錄　崇璯　崇𣿬

必熠　必綎　必爝　必燇　必熼　必期

宋史表卷十六　五

善燮　善鋅

汝謳　汝譴　汝訖　汝循　汝神　汝詵　汝茀　汝藎　汝棍　汝斷　汝郕

崇播　崇檻　崇楬　崇構　崇檬　崇撰　崇榴　崇櫓　崇杫　崇櫞　崇橦　崇樾　崇達　崇柿

必慜　必域　必昇

河間侯仲造

宣德郎士綦　敦武郎士森　秉義郎士彪　武翼郎士蕃　武翼郎贈奉議郎士勳

保義郎不窒　承節郎不稱　保義郎不竦　不赦

善倖　善迹

汝　汝　汝■

崇曦　崇馳

必熡　必伶

成俊寫　鄧文之

宋史表卷十六　六

右侍禁士酢　忠訓郎士頣　武經郎士頔

忠訓郎不瘠　左奉議郎不痾　宣教郎不疚

善逾　善鄰　善椰　善御

汝堵　汝屏　汝撲　汝■　汝璮　汝曜

崇馭　崇壞　崇壥　崇衿　崇德　崇袗

必諒

彭城侯仲青

修武郎士徂　修武郎士厷　忠翊郎士著

武德郎不疵　承節郎不陋　不倚　不苟

善卽　善多　善醴　善惺　善忻

汝畛　汝時　汝桅　汝柾　汝櫓　汝杍　汝棁　汝磻

崇捅　崇宴　崇埼　崇俯　崇鈐　崇鉎

李俊寫　鄧文之刊

華陰侯仲榑

從義郎士杉　忠訓郎士慶　修武郎士楛　修武郎士栫　左侍禁士沂　忠訓郎士軏　右班殿直士徽　忠翊郎士纓

不志　不愚　不愁　不欺　不啓　不爭

善楫　善惕

華原郡公仲披

成忠郎士雅　士枸

忠訓郎不憤

善愿　善悳　善懇　善寔

汝謐　汝搏　汝湟　汝鴻　汝滔　汝澈　汝潆　汝錄

崇璀　崇鷄　崇碳　崇砂　崇渠　崇确　崇墙　崇埤　崇橙　崇銅　崇鍋　崇琢　崇櫳　崇橡

必崧　必悬　必璿　必瓊　必隑　必革　必讃　必滲

良軫

從義郎士惰　敦武郎士恪　景城侯仲聰

不感　忠翊郎不愧　左侍禁　士頎　忠訓郎　士境　秉義郎　士曉

善門

汝鉛　汝鏘　汝釗

崇縛　崇相　崇榛　崇批

必懷　必養　必鄉　必繭　必霆

饒陽侯仲均

忠翊郎士榷　敦武郎士恍　右班殿直士巖　贈朝奉郎士檜

秉義郎不惘　朝散郎不彼　正議大夫不儆

善珣　善轍　善璘　善瑁

汝積　汝積　汝械　汝桃　汝柖

崇透　崇遐　崇逕　崇愿　崇惠

鄧王謚勤孝宗惠
北海侯仲貌　崇國公仲真
忠翊郎士禮　太子右內率府副率士禹　太子右內率府副率士[illegible]　太子右內率府副率士[illegible]　太子右內率府副率士圓　太子右內率府副率士禹　太子右內率府副率士勳　奉職率士[illegible]　使士瑾　右侍禁士[illegible]　士伷　太子右監門率府率士劉
不弊　不琢

郯平侯士註　贈武翼大夫士鴻
秉義郎不浼　承信郎不器　贈武功郎不倚
善誠　善調　善計
汝愊　汝憚
崇祿　崇禔　崇禪　崇第　崇忞　崇應　崇懋　崇憲
必睽　必浣　必洄　必淩　必惰　必焱　必烇
良望

東頭供奉官士辯
感忠郎不驕　成忠郎不帚
善倘　善詩　善討
汝愉　汝尹　汝愧　汝惜　汝慄　汝怏　汝慊
崇橋　崇揩　崇禓　崇褐　崇袷　崇襆　崇禮　崇彭
必迢　必迣　必遼　必瓘　必鴻　必淼　必燦
良環　良望　良健

奉議郎士晉　朝議大夫直秘閣士紱
不偽　秉義郎不恥　保義郎不危　連功郎不溢　承節郎不懼　不咯　承節郎不惆
善道　善壽　善朴　善師
汝褎　汝芹　汝純　汝菘　汝怜

宋史表卷十六　十一

東頭供奉官士湷　右侍禁士漱　敦武郎士漉　武翼郎士涓

不盈　不求　保義郎不訥　訓武郎不潾

善憮　善鄰　善哨　善僧　善儋

汝暘　汝墣　汝繩　汝儴　汝稅

崇鍋

建國公仲奭

右班殿直士隆　保義郎士南　北海侯士綴

承節郎不誘　承節郎不詆　忠翊郎不慍

善闓　善閭　善閲　善門　善閫　善闉

汝萸　汝蕭　汝堯　汝芮　汝淡　汝鈷　汝壡　汝玠　汝茉

崇瓏

宋史表卷十六　十二

忠訓郎不惰

善學

汝翼　汝爲

崇吕　崇冉　崇契　崇大

必曦　必暕　必昭　必寬　必順　必舉　必躬　必勇　必寧　必昇

良琦　良瑀　良璹　良璪　良瑨　良璟　良琳　良琡　良珽　良瑚　良玫

汝徽　汝雖　汝勸

崇畋　崇橐　崇方　崇岱　崇樸　崇禴

必詮　必諟　必憶　必僾　必御　必俺　必大　必熿　必焯　必焞　必燀　必炌　必爀　必煓

良璮　良璪　良昭　良熚　良琦

友瑢

汝奭　汝安　汝牧　汝騤
崇照　崇晧　崇俛　崇賢　崇授　崇開　崇娖　崇寶
必遂　必忞　必恩　必贛　必纂　必穰　必悠　必邇　必倅　必僊　必侊　必翰
良珜　良玖　良職　良璨　良徹　良俸　良昕

汝常　汝爰
崇知　崇晦　崇年　崇尚　崇長　崇岡
必惪　必僖　必瑀　必棻　必衎　必辯　必澆　必淵　必滄　必漗
良聰　良璉　良玒　良仫　良徹　良伀　良遴　良侍　良俠

不讙　忠訓郎不悚
善政　善仁　善信
汝在　汝傅　汝輿　汝山
崇維　崇銳　崇隆　崇輝　崇欣　崇逸　崇圭　崇戈　崇詩　崇雲　崇螭　崇圩　崇里
必借　必潛　必模　必株　必固　必叟　必溜　必注　必境

儒林郎不作　不儕　內殿承制贈宣義郎不惵
善能
汝璇　汝璐　汝琛　汝璓
崇倫　崇僚　崇僎　崇儦　崇例　崇譽
必鎔　必権　必濠　必樌　必植　必槺　必松　必棟
良遠　良濾　良瀕　良濩

宋史表卷第十六

十五

善問			善指											
汝玠	汝璣		汝玠	汝瓛										
崇僙			崇識	崇義	崇侅	崇灑	崇湊	崇漶	崇瀌	崇洈				
必達			必恂	必瓔	必速	必惔	必懊	必村						
良騰	良腴	良瞚	良期	良賑	良膝	良錟	良鑄							
友許			友源											

汝塘		汝珇				汝壘			汝浪				
崇椅	崇梧	崇麟	崇祖	崇怳	崇恂	崇燧	崇楮	崇揩	崇棫	崇洒			
必浣	必涼	必湫	必羔	必潡	必沱	必瀌	必熙	必彭	必鈃	必爍	必熄	必瀸	必諭

李俊寫
劉用刊

宋史表卷第十六

十六

汝爐			汝墾				汝珊									
崇信	崇傪	崇嵥	崇噪	崇瑀	崇崢	崇喻	崇鍈	崇鏻	崇鍢	崇傈						
必訪	必諝	必恕	必濾	必沫	必灘	必潦	必灑	必涀	必湝	必瀊	必煦	必淌	必瀘	必過	必渚	必沁
良攄	良鍋															

善脩												
汝斌	汝暉	汝爍	汝珩	汝瑕								
崇倀	崇祕	崇盟	崇枅									
必盆	必痞	必褑	必褕	必褕	必謣	必証	必講	必譂	必諱	必謝	必節	必異
必譆												
良僊	良倩	良倣	良傛	良備	良儈	良實	良磨					
友清												

李俊寫
劉用刊

秉義郎不愧　不惓　不憾　承信郎不

善説　善應　善嘉　善詵　善時　善佼

汝瓌　汝瑁　汝輖　汝輯　汝洪

崇杓　崇校　崇早　崇斆　崇修　崇術　崇輪

必誧　必謨　必譾　必詠

良侍

修武郎士燭

不憍　不怫　敦武郎不郍　成忠郎不釗

善眞　善綍　善楧

汝艦　汝艤　汝琲　汝國　汝璠　汝瑕　汝濰　汝鑒　汝璹

崇逵　崇法　崇紹　崇掌　崇衙　崇御　崇鑭　崇鐩　崇鐽　崇鋊　崇鍽

太子右內率府副率仲纓　贈右屯衛大將軍仲傒建國公

成忠郎士橾　成忠郎士洩

不迷

善禂　善褚　善稜

汝玕　汝瞓　汝瞖　汝瀯　汝璪　汝璙

崇鐵　崇鑕

諡懿恭仲企

內殿承制士鏞　西頭供奉官士應

宣教郎不矜　從事郎不伐　三班奉職不比　不剛　贈武節郎不器

善弼　善謀　善勝　善怤

汝賈　汝譔

崇數　崇慎

必文　必周　必勤　必謙

良昕　良墤　良玙　良理　良諸　良玗

友賓

善序　善慶
汝達　汝憲　汝豆　汝吶　汝濚
崇與　崇瓔　崇埌　崇勵　崇壄
必逹　必淀　必鐮　必僎　必潄　必忯
良詔　良玟　良珆　良珮　良琜　良珖　良璚　良僑　良像
友鑽

善賡
汝司　汝墳　汝懸　汝伉
崇僑　崇慦　崇沶　崇嶧　崇倯　崇申　崇浯　崇嵩　崇嵩　崇覍　崇暐　崇體　崇賚　崇鱧
必塈　必墂　必鯨　必鏈　必鋃　必瀨　必記　必鈦　必畑　必琚　必琍
良珵　良琫

贈太師追封嵩國公不求
善晃　善懕
汝愨　汝篤　汝愚
崇騏　崇賁　崇貝　崇資　崇憲　崇範
必鑽　必鐶　必鏈　必潄　必恳　必崖　必剡　必益　必鋭
良忞　良智　良贇　良昌　良櫞　良淑
友忠　友泉　友謹　友愁　友鍃

崇楷　崇樸　崇度　崇要
必峻　必肅　必同　必佑　必譬　必珂　必悌　必恬　必恰　必悰　必棪
良漢　良源　良俊　良涵　良輻　良意　良韡　良發　良淳　良忞　良懇　良恩
友樞　友植　友傳　友仰　友健　友儀

崇寔
必撫　必捄　必撰　必楠　必棠　必輯　必正　必蓮　必透　必邊
良[illegible]　良慭　良心　良恐　良備　良儆　良憝　良懟　良悬　良　良憩　良剄

汝拙
崇潔　崇尹　崇慭
必惪　必溥　必愈　必瑠　必志　必懃　必賓
良建　良堲　良貨　良墱　良滑　良璘　良轍　良侑　良潤　良滂　良涫　良瀚　良慧　良恕　良忕

九十六个

崇夏　崇熯　崇畏
必宣　必𣏾　必愈　必紘　必柄　必奭　必猷　必紹　必詔　必琪　必琬　必壇　必滮　必逯　必洧
良忽　良伸　良俟　良伊　良諛　良迠
友瑋　友瑞　友璒

汝曾
崇朴　崇頔　崇穌　崇徽
必琅　必迨　必逕　必孚　必雅　必雄　必玘　必瑚
良僥　良蒿　良揾　良術　良倚　良穗　良衎　良衛　良衡　良衢　良翔　良栻　良搒　良鐇　良𢴺
友嵮　友亮　友闓　友瑋　友璩

百廿个

宋史二百二十五　一百令十个

宋史表卷第十六

二十三

善思　善恩　善淵　善信　善沐

汝納　汝覿　汝侚　汝恭　汝憼　汝岃

崇惁　崇鑒　崇縝　崇縚　崇紛　崇秉　崇閱　崇皡　崇暢

必瓛　必瑄　必仔　必棅　必倨　必婁　必玞　必琢　必琥　必瓆

良桂　良椿

汝寫　汝覃　汝轅

崇施　崇矗　崇耦　崇覧　崇惪　崇譬　崇柢　崇楢　崇鋅　崇堵

必亟　必洪　必珷　必瑭　必玬　必玻　必珊　必琇　必豪　必巽　必泒

李俊寫　裴七刊

宋史二百二十五　百令十四个

宋史表卷第十六

二十四

武翼郎士焆

不摸　贈武翼郎不跃

善寄　善寬　善崇

汝俅　汝仙　汝倓　汝𢧵　汝倫

崇墋　崇埘　崇虔　崇玲　崇琛　崇翔　崇茆　崇灝　崇莞　崇萱　崇璿

必衎　必衞　必適　必許　必根　必枸　必訥

良翅

汝侗　汝佑　汝儒

崇璠　崇璜　崇珠　崇璋　崇斑　崇琇　崇棋　崇祇　崇禰　崇枋　崇玳　崇璟

必揄　必沂　必渭　必濟　必爽　必泣

良址　良㯳　良豪　良珣

李俊寫　裴七刊

宋史二百三十五　一百六十八

宋史表卷第十六　二十五

李俊寫　王富刻

善宇　善宏
汝健　汝僩　汝憓　汝佺
崇珩　崇玗　崇璐　崇現　崇珂　崇杜　崇櫾
必瀅　必瀳　必瀌　必浦　必㻸　必珣　必坎　必擻　必能　必洑　必試　必誠　必諳　必謐　必訥　必畔
良環

善宕
汝保　汝俘　汝穎　汝莅　汝價　汝儼　汝冉
崇　崇杅　崇檄　崇搽　崇扰　崇捷　崇㯉　崇擒　崇金　崇黃　崇秣　崇相
必瀝　必達　必湎　必澴　必泝　必瀸　必潦　必澢　必滹　必浥　必菼　必銛　必遯　必姚　必䝨

宋史二百三十五　一百六十九

宋史表卷第十六　二十六

李俊寫　王富刻

聰諡議
善雯
汝功　汝位　汝催
崇梓　崇撝　崇棧　崇揄　崇㠊　崇欒　崇搖　崇抽　崇拒　崇架　崇撡
必慧　必膰　必服　必膲　必肵　必臧

恭聰諡善僧
汝懃　汝戀　汝懇　汝愻　汝懋
崇衍　崇毅　崇得　崇鈸　崇潢　崇枌　崇俞　崇濠　崇木　崇後　崇湘
必逸　必佸　必倡　必俓　必僱　必煌　必熵　必綺

宋史二百二十五　二百卅二个

宋史表卷第十六　二十七

善仁　善能　善時

汝整　汝俩　汝頭　汝瑋　汝郊　汝息　汝隱　汝懿

崇璐　崇滈　崇邑　崇偵　崇湑　崇澤　崇墀　崇坊

必鏘　必偵　必娟　必堞　必鈀　必禴　必㨪　必瓃　必瀍

善能　善則　善璺　善傀　善偉

汝悠　汝綺　汝潕　汝膭　汝秅　汝泙　汝旟　汝羸　汝待　汝憓　汝瓖　汝復　汝醲　汝遠　汝退　汝遊

崇決　崇戳　崇輅　崇鑒　崇錦　崇墊　崇務　崇澧　崇琥　崇諟　崇誶　崇灤

李俊寫　王富刊

宋史二百二十五　二百十八个

宋史表卷第十六　二十八

彭城侯仲琗

修武郎士誃　修武郎士遵　修武郎士諳　右班殿直士瓏　直事郎士

不吳　不悚　不違　不佞　不固　不懋　不殆

善彪　善儵

汝譚　汝郅　汝黻　汝謌　汝謗　汝璺

崇㮚

右班殿直士瓏　右班殿直士毅　直士卿　左班殿直士毅　直士龐　贈右朝請大夫士𢘑

從義郎不擇

善詛

汝謹　汝侈　汝佻

崇育　崇卞　崇玲　崇璿　崇衛　崇翰

必交　必面　必璠　必稽　必往

李俊寫　王富刊

秉義郎監秘閣不拙

善詼　善發　善昇　善涵

汝誹　汝錄　汝鑒　汝陽　汝蔥　汝藏　汝芥　汝炎

崇燸　崇煥　崇煩　崇斗　崇璋　崇總　崇垌　崇標　崇纓　崇繪　崇緡　崇織　崇朋

修武郎不埃　修武郎不攙　不拒　忠訓郎贈中奉

善容　善回　善圃　善甫　善贊　善濟

汝憑　汝憧　汝經　汝玫　汝艤　汝萌　汝北　汝曰　汝岐　汝譴　汝衙　汝璣　汝浦　汝潸

崇意

士覲　保義郎士近　承信郎士奭

不慮　不訥　不忘　不忒

善考　善京　善遹　善迴　善遼　善遲

汝予　汝杼　汝付　汝溪　汝湑　汝滌　汝擭

崇騰　崇覜　崇昵　崇私　崇摠　崇御　崇繡　崇絧

太子右內率府副率仲　贈右屯衞大將軍仲鶡

右班殿直士矩　右侍禁

不惡

善迒　善道　善遒　善迂　善迖

汝傲　汝淯　汝活　汝帽　汝濛　汝嶧　汝岭

崇僂　崇嶺　崇峻　崇崆

必欃

士衡　右班殿　直士棐　右侍禁　士琬　朝奉郎　士鉠　秉義郎

不謀　不慮　不誠　不華　不居　不憲　不耀　保義郎　不耕

善時　善政　善徽　善教

贈左領

士碑　忠訓郎　士懶　秉義郎　士連　武經郎　士康　成忠郎　士銖　士駿　左班殿

不耘　秉義郎　不伋　不惕　忠訓郎　不像　不恍　保義郎　不惄

善昇　善職　善涔

汝楠　汝綠

軍仲當　贈左屯衛將軍　仲琰

直士來　朝請郎　士枌　朝請郎　士碣　修武郎　士置

有從政　郎不隕　不瑕　不犯

善訊　善詠　善悛

汝昇　汝玶　汝側　汝實　汝逵　汝愿

崇芳　崇非　崇戣　崇墩　崇桂　崇官　崇愧　崇碑　崇碩　崇柏

必穗　必漣　必濃

善擇

汝中　汝懸　汝惪　汝劃　汝荷　汝慈

崇捧　崇倈　崇儴　崇倞　崇屺　崇鏴　崇挺　崇賜　崇擇　崇捽　崇拷　崇榑

必活　必溜　必鐫　必琎　必漱　必油　必浙　必瀛　必涪

良湛

宋史二百二十五　宋史表卷第十六　三十三　李俊寫　黄夠刊　百二十八

華陰侯仲䍐

左班殿直士𤩽　直士洒　從義郎士堤　成忠郎士輔　武節郎保義郎士瀨

不諱

善頤　善駹　善顒

汝交　汝琦　汝敏　汝試　汝瀾　汝樸　汝橋

崇楧　崇埽　崇攄　崇授　崇瀛　崇沃　崇𢳣　崇㨿

必金

南陽侯仲丞

右侍禁士彝　右班殿直士𤩽　忠訓郎士暲

成忠郎不尊　不試　不諍　不誣　從事郎不忼　不伉　成忠郎不訣　忠訓郎不解

善忻

汝鋋　汝鑑　汝軩

宋史二百二十五　宋史表卷第十六　三十四　李俊寫　黄夠刊　字二百二十六

士鄭　保義郎士肪　武翼郎士囿

不性　不恂　不懵

善巻　善晛　善睚

汝标　汝碾　汝湎　汝鑄　汝錦　汝鍪

崇劇　崇壘　崇伸　崇陂　崇陽　崇附　崇阧　崇陞　崇隊　崇院

必槿　必柹　必椭　必櫍

善骈　善昇　善暟

汝鈌　汝鐇　汝鑛　汝鏞　汝錄　汝洎　汝澳　汝雝　汝𤄙　汝鋟　汝鈋　汝鑠　汝鏈

崇鄰　崇阤　崇燁　崇炢　崇鉊　崇录　崇譁　崇㯉　崇𢶍　崇振　崇汝

必烟　必圳　必壕　必嵒

仲央　博■侯

成忠郎士駬　成忠郎士杲　贈武經郎士奕　士洹

從義郎不迆　訓武郎不慢

善㬉　善棨

汝鑰　汝鋁　汝鋼　汝銘　汝鍍　汝鏲　汝逸

崇掃　崇礦　崇迫　崇盔　崇箪　崇稲　崇閞　崇闇

必挺　必操

良絜　良燧　良墠

善綵　善愻

汝迨　汝迋　汝邉　汝透　汝遨　汝迂　汝遥　汝遹　汝裔

崇閏　崇禮　崇㮀　崇椽　崇禆　崇褍　崇袷　崇褤　崇擋　崇棧　崇璪

必犨　必樌　必瑨　必确

右朝奉郎不陈　武節郎不伅　忠翊郎不慵

善恩　善審　善奭　善敟　善棨　善家

汝肱　汝向　汝數　汝儁　汝隆　汝俛　汝倈

崇浧　崇燔　崇鐩　崇迁　崇壃　崇墧

必奪　必犇　必穗

良檟

右班殿直士欽　武翼大夫士㴬

翊郎不慨　忠翊郎不慊　乘義郎不慵　承節郎

善儆　善愚　善褒　善僊　善得

汝懋　汝愢　汝珝　汝迟　汝淇　汝謳　汝謫　汝訓

崇鍛　崇綅　崇硃　崇鵍　崇揀　崇循　崇欽　崇䳽　崇滛　崇熯

必璧　必第

榮州防禦使仲節

右班殿直士縱 右班殿直士蒙 修武郎士啃 武翼郎士微

不懷 不傲 不詖 不謫 不全

善詔 善詢 善憧 善熇 善燁 善魁

汝玞 汝珊 汝弼 汝綠 汝鎊 汝餌 汝鑌 汝沖 汝煬 汝劉

崇濰 崇裾 崇儁

華陰侯宗本

贈□□侯仲勸

成忠郎士續 秉義郎公士樞 武經郎士甜 左班殿直士閑 贈武顯大夫 贈朝議大夫

訓武郎不已 不危 忠訓郎不允 不比 不息

善龐 善侃 善倫 善輿 善迴

汝僧 汝濂 汝矜 汝頲 汝裕

崇凱 崇偶

必坻

太子右內率府副率仲舉 贈房國公諡孝僖

武經郎 成忠郎

迪功郎不先

善僖 善遺 善保

汝適 汝麓 汝緝 汝戩 汝才 汝發

崇誄 崇伉 崇仏 崇訟 崇詔 崇誼 崇效 崇致 崇松

必納 必蕢 必芠

仲方 贈左領軍衛將軍 仲昞 贈左領軍衛將軍 贈左屯衛大將軍

士森 左班殿直士孝

不息

善撫

汝賅 汝悠 汝秫

崇鍰 崇鏶 崇鋸 崇坍 崇僅 崇瑩 崇埴 崇蟾 崇坐

必沂 必回 必鑰 必衛 必銜

東陽郡公宗辯

軍仲韋　太子右內率府副率仲傳　東平侯仲奇

太子右內率府副率士索　遂東郡公士穫

三班借職不濟　不累　修武郎不黨　從義郎不溢　忠訓郎不伐　從忠郎

善長　善師

不朋

善信

汝骹　汝貫

崇薦　崇旻　崇晃　崇瘐　崇康　崇膺　崇蔭　崇庠　崇庄

必迡　必保　必遯　必過　必邊　必建　必蒯　必類　必憚　必攄　必鈞　必瀐

良適　良邁　良僤　良倍　良璓　良璾　良堤　良珣　良瑀

李俊寫　黃勿刊

贈中奉大夫不敷

善時

汝搢　汝高　汝亢　汝云　汝鎔

崇祀　崇祥　崇梓　崇潤　崇濤　崇淮　崇準　崇滂

必留　必隆　必揲　必權　必扶　必栿　必材

良盛　良墍　良鏄　良炳　良焯　良炬　良烇

友型　友逮　友排

汝鍾　汝鉞　汝錄

崇漻　崇沚　崇滌　崇滋　崇涸　崇泌　崇浹　崇洸

必桂　必楧　必撣　必棣　必穗　必桷　必杭　必欅　必樹　必穗　必橅　必榴　必璹　必楡　必樽

良熘　良煤　良燵　良爔

李俊寫　黃勿刊

宋史二百二十五　字一百三十个

宋史表卷第十六　四十一　李俊寫　黃勿刑

善晦

汝鑒　汝鏈　汝銓

崇沆　崇溉　崇淳　崇瀚　崇淨　崇浩　崇浦

必枹　必擋　必杲　必集　必森　必築　必楽　必樞　必相　必杞

良煇　良煒　良辩　良沇　良勳　良燆　良燁　良熺　良墉　良烓　良煠　良煥　良灼

友垵　友壕　友壆

善曠

汝鍠　汝鎧　汝鈗　汝鉄

崇潪　崇注　崇波　崇澋　崇融　崇欉　崇渠　崇泙　崇沕　崇淇

必椆　必橈　必楸　必乂　必檕　必擂　必柜　必樍　必協　必櫞

良籀　良滐　良奭　良端　良槺　良焆　良烷

宋史二百二十五　一百四十五个

宋史表卷第十六　四十二　李俊寫　黃勿刑

華原郡公士陸

贈朝議大夫不忮　不欺　三班奉職不愧　忠訓郎不惑

善寧　善護

汝銘　汝瑊　汝點

崇洽　崇潞　崇唯　崇的　崇悠　崇滑　崇真　崇泰　崇桼

必檷　必櫳　必根　必琰　必遥　必遣　必迦　必遽

良典

右班殿直不華　武翼郎不私

善實　善機

汝嘉　汝昜　汝盈　汝黙

崇鈳　崇順　崇良　崇說　崇董　崇㝥　崇傑　崇恩

必送　必曦　必儀　必侻　必著　必詳　必瀚　必忍　必求

良怖　良墱　良槐　良積　良璜　良榛　良招

友瓔

善智　善甑　善信

汝基　汝美　汝穹　汝䫌　汝繕

崇彩　崇曨　崇瀆　崇洊　崇巂　崇巧　崇倁　崇瀨　崇清　崇瀘

必㮚　必瓊　必櫞　必樳　必揆　必槐　必楒　必杭　必樯　必礦

忠訓郎不懾　不酒　不感　忠訓郎不厭

善實　善貨　善■　善文　善珊

汝汴　汝潘　汝浚　汝漁　汝溥　汝澪　汝涼

崇仞　崇僤　崇偈　崇俺　崇俘　崇催　崇仿　崇儞　崇俯

必念

[illegible]國公

內殿崇班士純　內殿承制士恕　右班殿直士鮨

[illegible]不諱　成忠郎不愚　不先　不討

善教　善文　善安　善述　善道　善達　善還　善隆　善慶　善利

汝猜　汝勳　汝綠　汝璲

崇備　崇僮　崇惝

必略

[illegible]仲綰

[illegible]國公士託

修武郎不焗　不嫌　三班奉職不喻　贈武德郎不朋

善斌

汝坦　汝諧

崇左　崇興　崇進　崇慶　崇遷　崇建

必乃　必擿　必擇　必擢　必淳　必源　必漑　必該

良環　良珀　良瑄　良徹　良隱　良腊　良晞　良鯵

宋史二百二十五　一百廿六个

宋史表卷第十六　四十五

信陽公仲理

宣德郎士伴　右班殿直士[illegible]　直士併　右侍禁士[illegible]　士春　右班殿直士[illegible]　直士阰　右班殿直士[illegible]　直士冠　右侍禁士[illegible]

汝平

崇顥　崇倚

必訃　必价　必舍

良化　良偏　良傾　良傳　良仁

友佁

榮國公[illegible]仲緘

士洤　右侍禁士[illegible]　士聽　不長　右班殿直士[illegible]　直士軌　從義郎士[illegible]　士輔　不[illegible]　忠翊郎士[illegible]　不滅　士強　贈朝請大夫士[illegible]　朝請大夫不汻

善徔　汝倎　崇緗

汝僞

善姓　汝遺　崇春　崇莄　崇鴝

汝邏　崇[illegible]

李俊寫　王富刊

宋史二百二十五　一百一十九个

宋史表卷第十六　四十六

保義郎[illegible]　不悖

[illegible]郎　不悚

文林郎

善偏　善徹　善偕

汝迦　汝迎　汝边　汝遗　汝還　汝琴　汝錮　汝渚　汝瀋　汝瀰

崇詒　崇鐳　崇轄　崇輺　崇蒯　崇提　崇掘　崇轕　崇輖　崇轖　崇摔

不惕　善後　汝紂　崇肯　崇宴

善復　汝綿　崇樂　崇冉

汝線　崇腺　崇緣

汝絅　崇膠

保義郎[illegible]　不懼

汝練　崇[illegible]　汝緤　崇膝　汝繗

秉義郎士[illegible]　士衙　武翼郎士[illegible]　士[illegible]　不竭　不悖

善傑

李俊寫　王七刊

襄陽侯仲洐

武經郎士福

不遠　不謊　不退　不收　不括　不施

善俺　善徐　善慶　善修　善峴　善崎

汝浃

崇澆

必銚

汝況　汝槩　汝傑　汝棨　汝曾　汝虎

崇襄　崇褒　崇禮　崇義　崇紺　崇琛　崇情　崇增　崇壙　崇擀　崇推　崇儀　崇和　崇濂

必樾　必鐕　必捸　必祺

李儉寫　畱刊

右侍禁士令　修武郎士遠　秉義郎士稍　左班殿直士禕

汝郊

崇澂

李俊寫　畱刊

表卷第十六

表卷第十七　宋史二百二十六

開府儀同三司上柱國錄軍國重事前中書右丞相監修國史領經筵事都總裁臣脫脫等奉

勅修

宗室世系十二

雲安侯仲現

右班殿直士瑰　從義郎士牽

不湛　不屈　不憤　不擇

善長

汝鏕　汝鈐　汝鎬

崇珥　崇軏　崇㯐

必堝

武翼郎士㴋

保義郎不求　成忠郎不僂

善信　善潾　善化　善澧

汝鍼　汝退　汝鑄　汝銑　汝垙　汝䲣　汝料

崇嵤　崇潧　崇澳　崇璘　崇珄　崇保　崇側　崇埴　崇墺　崇鋗

必玟　必琛　必沂　必聯　必潓　必瀩　必延

李俊寫　王英刊

朝請郎不器　保義郎不佗　不裘　忠訓郎不患　保義郎不剛

善沉　善淬　善瀨　善添　善瀅　善澗　善治　善汪　善湍

汝烔　汝㦤　汝室　汝儆　汝倏　汝墐　汝坑　汝賚　汝誓　汝諫

保義郎士旎　從義郎士智　武翼郎士亢　保義郎士膜

保義郎不避　不通　不竦　忠訓郎不增　不薄

善漆　善浥　善椶　善寧

汝諭　汝銹　汝潆　汝鐩　汝腫　汝服　汝臙

崇畸　崇暕

必璣　必澌　必湛

李俊寫　王英刊

宋史二百二十六

一百二十六个

宋史表卷第十七

三

高密郡公仲閔

從義郎士帶　奉朝請大夫直秘閣士珍

不濁　不犯　不玘　不紀　不記　保義郎不溢　保義郎不頊　不謏　贈通直郎不儻

善探

汝訢　汝訌

崇瑚　崇曦

武節郎士璪

文林郎不忤　從政郎不倚　訓武郎不儆　訓武郎不僖

善提　善稔　善仚　善伐　善崿　善儌　善挐　善懺

汝譜　汝訦　汝壇　汝誐　汝誸　汝論　汝詷　汝墿　汝壎　汝玌　汝稀

崇滋　崇晛

李俊寫　王榮刊

宋史二百二十六

一百卅一个

宋史表卷第十七

四

士佗　武經郎士蘇

不佹　承節郎不蕭　不湎　承節郎不止　從義郎不虛

善鋪　善忞　善戩　善𡉏　善耆　善棨　善倩　善程　善碧

汝褪　汝愿　汝鎰　汝賁　汝碧

崇鏕　崇僕　崇效　崇敵

必檄　必臘　必聰

武經郎士積　秉義郎士轄

武翼郎不他

善詮　善瀚　善潯　善濤　善滃　善津

汝𥂕　汝煌　汝槼　汝槕　汝槊　汝柒　汝棨　汝㮚　汝架　汝槀

崇奕　崇渙　崇奭　崇奐　崇奚　崇奠

必腫

李俊寫　王榮刊

武經郎士䣛

武節郎不念 朝奉郎不低 承奉郎不隘

善迨 善逵 善迩 善迭 善迅 善成 善褒

汝岀 汝忞 汝忍 汝惣 汝息 汝精 汝裯 汝𥊍 汝涪 汝勑

崇倖 崇尊 崇䢘 崇長

李俊寫 王英刊

從義郎不雲 忠翊郎不轇

善宮 善害 善憲 善穹 善穹 善康 善寂 善覿

汝汏 汝浣 汝体 汝泳 汝漆 汝諱 汝詥 汝誣 汝譏 汝譃

崇𤥭 崇𨙸 崇玭 崇璵 崇㒒

敦武郎士紕 敦武郎士琛

朝請郎不困 不踶 修武郎不傲 忠訓郎不侮 成忠郎不驚 忠翊郎不負

善宣 善鏻 善郘 善埂 善鐸 善沶 善滉 善諒 善从

汝圿 汝堂 汝熑 汝渫 汝景 汝玳 汝綫 汝溿

崇鏠 崇礦

李俊寫 王英刊

彭城郡公宗厚

贈華州觀察使仲鼓 右監門率府率仲畋 開國公仲遣

左班殿直士憲 秉義郎士䙴 清源侯士宇

善𡵙

汝涕 汝端 汝潤 汝盎

崇㚣 崇曦 崇𤦼 崇眙 崇𥢌 崇䥫 崇拆

宋史表卷第十七　七

朝請大夫不同
善烊　善燀　善炎　善光
汝鄭　汝鞅　汝藺　汝聽
崇圤　崇念　崇曜　崇瑢　崇端　崇恤　崇垙　崇嵴　崇莱
必熾　必熄　必違　必迹　必闓　必顏　必增　必蛾　必份　必脩　必垄
良璣

贈朝奉大夫不淲
儒林郎不害　左朝請大夫不已　忠翊郎不識　朝奉郎不諛　不兟　左承議
善炳　善燠　善儹　善楬　善晳
汝鉅　汝賁　汝璁　汝暄　汝颿
崇墷　崇謙　崇亘　崇湶　崇鐇
必亳　必昝　必菅　必兆

李俊寫　王英册

宋史表卷第十七　八

郎不韙　贈中奉大夫不儌
善觀　善游　善贊　善禮　善玘
汝估　汝仙　汝連　汝遵
崇起　崇嵒　崇磐　崇瑭　崇棟　崇植　崇樸　崇鍋　崇鑰　崇鏁
必溎　必睽　必硌　必滌　必鏤　必鑽　必灌　必焴

善靄
汝通　汝遐　汝欣　汝歆　汝歎　汝歔　汝邲　汝逢　汝逷　汝遴
崇鎤　崇金　崇鈴　崇鉿　崇錄　崇鎧　崇鋼　崇鏁　崇銳　崇鑾　崇鎣　崇鍌　崇鋈　崇鈁　崇釲　崇鎔
必渟　必杠　必潚　必湒　必滿　必瀨　必熙　必汸

李儀寫　王英册

宋史表卷第十七　九

世代	右半葉（由右至左）
士	武翼郎士洋
不	不碬　修武郎不諍
善	善遷　善僮　善運　善逖　善達
汝	汝怖　汝逅　汝偶　汝瓔　汝漻　汝確　汝礁
崇	崇鐺　崇鍘　崇銇　崇惌　崇懷　崇慌　崇璬　崇瞻　崇俵
必	必洸　必墈　必䙡　必趫　必壇
良	良俅

世代	左半葉（由右至左）
士	武節郎士嶂
不	不干　不呆　從義郎不毇　忠訓郎
善	善迠　善通　善章　善登　善嬗
汝	汝絪　汝邑　汝綮　汝搨　汝釋　汝嬰　汝讓　汝潰　汝湧
崇	崇譔　崇訙　崇誅　崇埏　崇嵦　崇境　崇俓
必	必瀼

李俊寫　王𢒆刊

宋史表卷第十七　十

世代	右半葉（由右至左）
士	贈右朝議大夫士隆
不	不瑕　承節郎不比　不轒　不憲　贈左承議郎不忌
善	善擇　善摠　善淵　善督　善菁　善埿　善儷　善仁
汝	汝肇　汝華　汝泌　汝洸　汝滴　汝闇　汝坐　汝譙　汝譓
崇	崇評　崇謹　崇諺　崇碧　崇現　崇規
必	必夐

世代	左半葉（由右至左）
善	善衍
汝	汝謨　汝譽　汝許
崇	崇晊　崇賔　崇賛　崇禰
必	必聃　必孜　必宥　必儁　必瀰　必畋　必曒　必昕　必晉　必昔　必昱　必昉　必晒
良	良瀟　良波　良驥　良驄　良騏　良駰　良繙　良紳　良紋　良㦤

李俊寫　王𢒆刊

承節郎不忩

善從 善律

汝誥 汝謂 汝訑

崇顏 崇閔 崇況 崇武 崇愈 崇赴

必呲 必當 必堂 必㦍 必侄 必脩 必富 必鄰 必陳 必鄘 必㗖 必邊

良銹 良餘 良餗 良呻 良註 良証 良棣 良僑 良管

良惪 良慦 良惠 良惒 良戇 良鏶

必晥 必皓 必晟 必溱 必澠 必漳 必汎 必琢 必璞 必藥 必琛

崇瑛 崇僊 崇愊 崇禪 崇嵩 崇嘩 崇韓 崇奉

善循

汝証

善循

汝詐 汝譚 汝謗 汝詘

崇渝 崇深 崇𡻕 崇瀍 崇淏 崇涯 崇涴 崇汎

必樸 必烓 必樌 必櫰 必杓 必㯮 必录 必𣏌 必㰂 必櫄 必㰈 必相

良燬 良劉 良𣗥 良爍 良𤇾

訓武郎不惉

善衛

汝訖 汝試 汝颿

崇共 崇殯 崇歡 崇泗 崇泳 崇沄 崇鏈

必惀 必惆 必逌 必㯕 必榦 必揖 必秉 必烒 必移 必謐 必槃 必格

良恋 良熫 良煵 良熔 良㷇 良熠 良焯 良燁 良焥

友松

宋史表卷第十七　十三

贈忠訓郎不侶

善衎　善衛　善儧

汝譏　汝諒　汝續　汝請　汝誌　汝巖　汝省

崇濺　崇減　崇父　崇浥　崇潢　崇僕　崇瀚　崇竟　崇趦　崇琦　崇沔　崇洩　崇邁　崇燮

必檣　必標　必珪　必振　必業　必楷　必湝　必覓　必埊

良煥　良熾　良焞

武翼郎士危

承節郎不懘　不隱　忠翊郎不識

善衕　善豫　善灝　善咨

汝奉　汝罕　汝潤　汝傍　汝儋　汝似　汝佃　汝依　汝恬

崇煥　崇奎　崇迨　崇淶　崇律　崇揖　崇懷　崇徽

必攜　必偈　必秘

李俊寫　王詛刊

宋史表卷第十七　十四

康國公諡敏修仲憢

從義郎士樹　秉義郎士帖　朝請郎士桎　保義郎士顬

不茗　秉義郎不竭　承信郎

善浩　善溫　善演　善畏

汝份　汝侶　汝抗　汝儇　汝儋　汝術

崇荷　崇謝

必鑰

不敵　不孴　承信郎不才

善忠　善憨　善人　善也

汝福　汝慨　汝爐　汝燎

崇瑀　崇臣　崇琁　崇瑜　崇袚　崇邀　崇迖

必德　必穰　必精　必芭　必爍　必嫩　必爆　必皇　必堃　必斐　必珌　必鉶

李俊寫　王詛刊

修武郎不嫶 承信郎不益 承節郎不琫

善達 善樑 善憤 善贇 善來 善禮

汝燠 汝焃 汝鐕 汝鑰 汝逾 汝曩 汝舉 汝緆 汝泑 汝禔

崇達 崇槩 崇橡 崇訛 崇諄 崇訣 崇諓 崇讕 崇諝 崇讃 崇隃

必鳳

敦武郎士袟

秉義郎不妬 承節郎不秤 承信郎不閒 不頃

善玎 善逵 善錫 善鎔 善而 善柎 善其

汝樀 汝袷 汝襛 汝僠 汝璸 汝珽 汝飾 汝鈴 汝鉡

崇緇 崇楳 崇柔 崇夏 崇畐 崇澮

武翼大夫士禧

不近 不虧 不詒 武經郎不遴 不適

善敗 善敔 善青 善崇 善亨[?] 善麻 善脩

汝户 汝墂 汝坏 汝鑾 汝夯 汝康 汝康

崇嘆 崇啜 崇呷 崇噢 崇瑹 崇昑 崇毗 崇睞 崇曠 崇腱 崇膃

必彌

贈喬國公諡僖簡仲能

秉義郎士稅 士稚 忠翊郎士禖[士稚] 忠訓郎[?]士祺 贈通議大夫士玦

不逸 保義郎不通 不退 保義郎不拳 訓武郎不恢

善嶸 善委 善浚 善紀 善繼 善繹

汝宬 汝施

崇驤 崇驌

宋史表卷第十七 十七

忠訓郎不俠　朝奉大夫不任　文林郎不得

善紵　善盎　善爻　善聚　善請

汝悛　汝御　汝裕　汝覘　汝順　汝但　汝垅　汝顧　汝劬　汝覠　汝頃

崇騏　崇洵　崇原　崇勸　崇輯　崇勷

必儻　必徽　必徽　必茵

李俊寫

崇德軍節度使仲渙

朝散郎士珧　右班殿直士𢽛　從義郎士峇　左朝請大夫士頊

不欺　迪功郎不悄　從義郎不鎔

善歆　善戒　善斜　善選　善周　善每

汝荷　汝荐　汝諆　汝譞

崇䓘　崇燧　崇爁　崇邀

必淤　必漁

王祖刊

宋史表卷第十七 十八

贈中大夫不鉳

善龔　善用　善寶　善著

汝念　汝憲　汝懋　汝懦　汝悒　汝意　汝懟

崇桶　崇槺　崇櫰　崇洎　崇樟　崇滸　崇桀　崇㨉　崇宷　崇櫨　崇芝　崇蘭　崇栿　崇棁

必璩　必律　必漽　必灝

李俊寫

贈光祿大夫士顗

不鎧　保義郎不鈍　武翼郎不鎧

善忞　善遬

汝懇　汝悝　汝慺　汝懟　汝惹　汝侊

崇杩　崇衡　崇挑　崇樍　崇埈　崇埍　崇堈

必綊　必絨　必璥　必椽　必旌　必墼　必鍌　必峹　必鈕

王祖刊

宋史二百二十六 字一百二十个

宋史表卷第十七 十九

武翼大夫不錄 不銖 不鑣

善迓 善延 善韋 善遥 善遼

汝訓 汝總 汝偖 汝傚 汝攸 汝㯨 汝愁 汝愿 汝悳

崇塩 崇𢷥 崇協 崇横 崇棱 崇構 崇榲 崇渠 崇粲

必鋽

贈光祿大夫士賴 武經郎士頫

右從事郎不鹹

善遊 善遄 善迨 善檄 善逌 善遭 善遽

汝歸 汝僨 汝価 汝優 汝佪 汝眄

崇瀛 崇偶 崇虎 崇柏 崇禄 崇榿 崇煤 崇逢 崇遴

必珨

李俊寫 王祖刊

宋史二百二十六 字一百三十个

宋史表卷第十七 二十

華陰侯仲環

忠翊郎士褘 右班殿直士俞 忠翊郎士合 秉義郎士舍

秉義郎不侮

善閭 善旨 善傲 善徼

汝瓶 汝呂 汝造 汝惟

崇皓 崇嵘 崇岑 崇施 崇崎 崇抗

必侄 必簡 必瑶 必琫 必瑚 必琯 必璣

秉義郎士長 武翼郎士欽

不復 不惚

善讐 善諫 善謁 善惰 善侄

汝暎 汝曹 汝睐 汝峒 汝樓 汝栎 汝檀 汝鍾 汝鋌 汝鍝

崇昕 崇昫 崇疊 崇泰 崇泉 崇眼

李俊寫 王祖刊

睿國公允言

祁國公宗説

太子右監門率府副率仲豈　贈左領軍衛將軍仲鄖

安陸侯士律　太子右監門率府副率士安　華陰郡公士馮

太子右內率府副率不瀆　保義郎不黨

善倭　善脩　善彴　善佋　善偵

汝岡　汝坰　汝珽　汝琨　汝瓚　汝崠

武翼郎不威

善珏　善清

汝賢　汝節　汝冀

崇嶷　崇矩　崇寅　崇孝

必俊　必悻　必侗　必先　必達　必世　必昌　必進　必簡　必勝

良瑢　良佐　良鏜　良瑞　良琦　良珏　良道　良翰

友晤　友瀅　友遂　友汀　友鏵　友鍈

汝弼　汝郛

崇龜　崇志　崇德　崇光

必端　必賁　必用　必尊　必從　必利　必袖

良進　良通　良逵　良權　良櫻　良顯　良得　良遂　良遡　良遇　良瑎　良琇　良璉　良瑨

友許　友徽　友儻　友偉

崇羨　崇壽

必固　必隆　必純　必咏　必叶　必諭　必惟　必聰　必恕　必憲

良禄　良珊　良瓈　良砎　良磁　良磯　良讚　良談　良詩　良洭

友濦　友泌　友沶

汝南侯安懿仲輌
士傑
忠翊郎不敗　不愚　不忒　不抑　直右班殿不惑　直右班殿不危　直右班殿不罰
善通　善尚　善國　善珍
汝章　汝喜　汝果　汝霖
崇耳　崇千
必申　必峙　必嶸
良碩　良硂　良鋒　良鋇

贈右屯衛大將軍士詩　房陵侯士會　高密郡■奇
不倦　贈右屯衛大將軍不欺　三班奉職不逸　成忠郎不率　三班奉職不傾　不僞　不佞　武翼大夫不倚
善愬
汝瑕
崇杓　崇檸　崇鍉
必倈　必潩　必減

丹陽侯
贈節郎不諝　不侮　不愈　不伎　不仔　承節郎不僭　忠訓郎不倦　忠訓郎不侈　武翼郎
善積　善刷　善樗
汝瓣　汝弱　汝卸　汝張
崇椎　崇禘　崇槍　崇禨　崇擇
必涸　必瀧　必渢　必鉤　必大
良鐸　良鐐　良僧　良瀟　良浩　良昭

士禁
郎不儆
善翔
汝楳　汝禬
崇璉　崇琦　崇瑄　崇瑒　崇瑚
必潤　必深　必湘　必瀛　必逮　必通　必逾　必逅　必迨　必遠　必還
良采　良鉅　良欽　良鏧　良鑒　良總　良鏻　良泝　良潏　良澉　良瀍

宋史二百二十六
一百十四个

宋史表卷第十七
二十五

崇理 崇珪 崇瑄 崇琳 崇璓

必湫 必足 必遵 必止 必述 必遂 必遹 必延 必迂 必橋 必进 必伉 必僥

良鏵 良順 良睬 良貺 良貿 良價 良賀

善歐

汝休 汝恕

崇璋 崇瑜 崇琊 崇瓌 崇玞 崇璃

必份 必洙 必洲 必洸 必滂 必汶 必濂 必漳 必廣 必厚 必庇

良俟 良儒 良僕 良儸 良倉 良畣 良逵 良遜 良官 良伯

友嘻 友瞎

李俊寫
羅善刊

宋史二百二十六
一百二十二个

宋史表卷第十七
二十六

汝愁 汝君

崇玒 崇玠 崇瓓

必應 必慶 必膺 必庠 必庸 必廙 必廕 必廑 必英 必眷 必莘 必衡

良迪 良佮 良賓 良咨 良遘 良宣 良富 良宛 良宁 良寔 良湧

友僖 友傑

承節郎 不僞 承節郎

善聿 善珏

汝愚 汝應 汝蘇 汝忞 汝崽

崇珖 崇璧 崇眷 崇沆 崇封

必进 必奠 必浩 必滋 必渙 必遴 必選

良浟 良漕 良寅 良官 良宵 良芳 良宇 良賓

李俊寫
羅善刊

西頭供奉官不億 不倫 右班殿直不愚 不佸 三班奉職不侵 不伐 修武郎不佞
善庠
汝翊
崇讀 崇証
必循 必徹 必徵 必徥 必徯
良琥 良鑋 良鏒 良鈥

訓武郎不憧
善序 善庇 善昌
汝誼 汝賢
崇課 崇護 崇談
必禖 必彶 必征 必徶 必衎 必徕 必穮
良棡 良洼 良通 良潔 良璨 良瑛 良瑫 良珉 良璉 良珈 良湣

太子右監門率府率士領 右班殿直士𤣿 右班殿直士扶 內殿崇班士鈘
不悚 不懦 不憍 不遐 不侶 秉義郎不俗
善利 善㥲 善過 善詢 善削 善洽
汝諧 汝徐
崇讃 崇紳
必暘

右班殿直士齋
秉義郎不儻
善浩 善能 善廩 善青
汝穗 汝榅 汝錢 汝鬱 汝鈞
崇綸 崇紱 崇絟 崇繼 崇繪 崇言 崇璟 崇栩 崇諸 崇琭 崇璲 崇戩
必僑 必倜 必僐 必倎 必倩

宋史二百二十六　一百四十八

宋史表卷第十七　二十九

贈右屯衛大將軍仲賚　馮翊侯仲許

右監門率府率士潔　左領軍衛將軍士護　馮翊侯士年

不快　右監門衛大將軍、領資州防禦使不矜

善閔

汝明　汝忍

崇沂　崇灤　崇注

必㮾　必檡　必備　必扶　必樎　必稷

良娃

東平侯士躬

右侍衛不惑　修武郎不忒　三班奉職不騎　三班奉

善閭　善仁　善脩

汝沖　汝鋼　汝僻　汝感　汝達　汝詈

崇瀧　崇惼　崇裕　崇晢　崇藝　崇業

必儇　必洋　必謨　必滑

良泳　良溪

李俊寫　羅善刊

宋史二百二十六　一百三十五

宋史表卷第十七　三十

李高　率府副率士奇　東平侯士棘

職不懲　不移　成忠郎不倦　忠訓郎不偽　三班奉職不偷　修職郎不伐

善品　善侐　善俊　善攸　善瞰

汝弼　汝曼　汝奭　汝冀　汝[illegible]　汝[illegible]

崇欽　崇信　崇周　崇璨

必滄　必游　必嘉　必澂

良睽　良縝　友鏄　良端

汝[illegible]　汝[illegible]　汝[illegible]　汝榆

崇龍　崇儇　崇僖　崇佺　崇卸　崇郛　崇鄧　崇鄯

必幹　必澇　必柟　必汀　必溢　必湃　必汫　必湮　必測　必濠　必涇

良淑　良塾　良樸　良棧

李俊寫　羅善刊

宋史二百二十六　一百五十个

宋史表卷第十七　三十二

士稹　東陽侯贈武經大夫不二　忠訓郎不佞　贈武翼郎不傲

善俊　善係　善僊　善隤　善熒　善焯　善烜　善煜　善炳

汝楧　汝因　汝繇　汝稔　汝樸　汝柜　汝柾　汝稼　汝消　汝弼　汝琿　汝琅　汝雋　汝現

崇瀘　崇溲　崇洪　崇御　崇后　崇佰　崇徫　崇徫　崇禂　崇通　崇垌

必湊　必宋　必殫　必估　必遅　必迪　必紀　必欣　必詩　必詁　必俠　必岳　必告　必俌　必僅　必仟　必倫　必鏵　必猶

良爟　良炤　良焰　良熗　良識　良遂　良爋　良暉　良暐　良祿　良悋　良燈

友至

李俊寫　羅善刊

宋史二百二十六　一百十六个

宋史表卷第十七　三十二

閬國公仲全　奉化侯士雋　康州團練使不溢　東陽侯士琫　右侍禁不磷　直不愚　右班殿　不惑　從義郎

善成　善輔　善述　善端　善淵　善國　善弼　善仁

汝玵　汝璹　汝辟　汝正

崇情　崇澶　崇濂　崇湖　崇沖　崇滓　崇栒　崇璬　崇德　崇功　崇詡　崇讉

必泰　必忼　必歡　必歆　必埈　必埧

良誨　良詒　良訪　良鏳　良鈔　良鏵　良樞　良椋　良梴　良㑺

友浤

李俊寫　羅善刊

[illegible]節郎
善倫　善休　善仔
汝直　汝忠
崇京　崇亳　崇奇
必墿　必埽　必壕　必塘　必墦　必域　必㙇　必坩　必塜
良揄　良扯　良撑　良茂　良茵　良沅　良惠

不懼　不黨　左文林郎不毅
善械　善河　善嘉　善毅　善從
汝霝　汝棣　汝歷　汝加　汝長　汝彥
崇道　崇玩　崇賦　崇謀　崇諶　崇謹　崇讘
必皇　必偶　必湜　必澈　必大　必覿　必邏　必逕　必遽
良探　良儻

贈右屯衛大將軍士貞　郴州團練使士黝　西頭供奉官士儻
不侉　不悱　不惡　右班殿直不誼　右班殿直不潰　保義郎不爲　不憔
善擇　善仔　善莊
汝蓬　汝迫　汝嘉
崇謔　崇沭　崇迴　崇貴
必渲
良臬

保義郎　不吝　贈武德郎贈武翼大夫通直郎不愠
善儀　善明　善脩　善仁　善週
汝能　汝翼　汝令
崇老
必楧　必栱　必括　必潁
良錄　良鈁　良鈋　良鐀　良鉤　良鉺

宋史二百二十六　表卷第十七　三十五　李俊寫

善進　善適

汝從　汝䔂　汝弓　汝壽　汝奚　汝芝　汝芸　汝苟　汝非

崇構　崇栟　崇挈　崇遹　崇運　崇悚　崇槽

必堈　必竦　必珪　必衛　必貫　必見　必櫟　必堃　必樣　必駷

良沸　良僭　良徹

一百三十九　李正刊

右千牛衛將軍仲變

太子右監門率府率士薦　承務郎士銑

忠翊郎不隱　不求　不惓　不惰

善信　善一　善𨰻

汝約　汝迩　汝瑈　汝鐙　汝鏾　汝鋹　汝鉞

崇徒　崇健　崇璨

必勵　必勆　必熾

良造　良逮

宋史二百二十六　表卷第十七　三十六　李俊寫

太子右監門率府率士玫　華陰侯士瓏

三班奉職不探　修武郎不儒

善勝　善應　善益

汝範　汝椿

崇謨　崇訢　崇許　崇訂　崇詠　崇諱

必迮　必適　必伐　必憲　必家　必釗　必錸

良燉　良菲　良昔　良更

一百四十八　李正刊

武節郎不誄

善長　善淵

汝礜　汝男

崇譜　崇診　崇譖　崇談　崇誧　崇懋　崇忞　崇忞　崇惪

必釬　必鏌　必鈽　必埶　必諳　必迨　必遞　必逵　必逢　必迂　必旃　必情　必櫺

良瑛　良鈷　良鋼　良錫　良灯　良燊

友儆

馮翊侯仲璀

左班殿直士總　奉化侯士夲

儒林郎不器　不驕　秉義郎不僭

善詳　善強

汝祁　汝閱　汝亮　汝埴　汝斌

崇鈘　崇鐔　崇臬　崇壐　崇意　崇志　崇廣　崇岉　崇鋾　崇坒　崇塈

必培　必湙　必潾　必遷　必齊　必冰

良棩　良榫　良楠

馮翊侯仲旻

太子右監門率府率士知　太子右內率府副率士比　通議大夫士蓍

成忠郎不慴　成忠郎不悚　保義郎不怡　不慚　贈中大夫不換

善詩　善建　善肆

汝揖　汝悳　汝靖

崇心　崇鈉

必道　必稹

善浣　善津

汝券　汝嚮　汝勑　汝勤　汝明

崇忞　崇劂　崇忯　崇悛　崇懽　崇繼　崇甚　崇袠

必綜　必逞　必躩　必鼓　必僪　必僣　必鑊　必鉽　必鈥　必錄　必仰　必遡

良應　良窶　良雯　良霄　良霖

右班殿

不愚　不弃　三班奉職不啓　不剄

善思

汝玫　汝琱

崇塈　崇瑳　崇瑂　崇慧　崇誌　崇嶠　崇鏜　崇鏶

必纁　必槐　必榴　必椽　必迻　必涓

良鏵　良鈧　良鉊　良鍏　良鍠　良鍝　良玻

高密侯仲譁

直士穌　右班殿直士鍜　清源侯士氷

西頭供奉官不輟　不折　武翼郎不輕

善敏　善敫

汝詔　汝揖　汝注

崇古　崇裔　崇緡　崇淵　崇泓　崇沐

必盛　必詵　必環　必古

良槐　良楨　良椑　良榰　良搞　良梓　良璁

崇沂　崇汲　崇洤　崇洙

必熾　必熺　必炘　必炳　必爔　必禧　必禍　必儆　必祒

良琿　良瑊　良琫　良璇　良珠　良璣　良玔　良琦　良現　良理　良櫶

李俊寫　李正刊

河內侯古巟　左武衛奉延

從義郎不翰　保義郎不疑　忠訓郎不惑　武經郎不倦

善致　善時　善政　善數　善改　善長　善安　善實　善誼

汝畢　汝帝　汝雷　汝比　汝愿　汝愈　汝忞

崇慶　崇燮　崇連　崇燕　崇衎　崇灩　崇淖　崇湜　崇涂　崇瀨　崇釋　崇菸　崇泄　崇泓　崇密　崇港　崇澫　崇溢　崇淒　崇淳

必徽　必禖　必繹　必昕　必灑　必瀚　必瀟　必涔

李俊寫　李正刊

保義郎不侮　秉義郎不茹　感忠郎
善淵　善謹　善文
汝態　汝志　汝應　汝鷹
崇肸　崇昭　崇晏　崇持　崇壟
必鑵　必鎛　必鏟　必鏑　必鐵　必鏆
良瓚　良騋　良聖

贈武翼郎　奉吉許
不愠　文林郎不憯　訓武郎不佴　不偉　贈武翼奏不伎
善同　善均　善靈　善汘　善但
汝頡　汝濟　汝㬎
崇洗　崇許　崇對　崇戚　崇琟　崇岀　崇俅
必堅　必垩　必型　必璷　必璥　必球　必璹　必埜
良鏌

河內侯仲謙
門率府率士見　承議郎士捋
不佾　贈通直郎不倚　武翼郎不瑕　從義郎　不玷　不玩　不謟
善芼　善岵　善甡　善林
汝兼　汝效　汝霖　汝忭　汝奮
崇俠　崇仙　崇酉　崇謰　崇撲
必鎰　必恕　必悉　必杶　必昇　必瓚
良樊

信都侯士奄
忠翊郎不傲　武翼郎不忮
善沖　善先　善奭
汝忠　汝懋　汝定　汝官　汝貢
崇迸　崇迪　崇連　崇邁　崇逵
必陞　必檡　必櫳　必袷　必掎
良琨　良琡　良琅　良儦　良溪　良玞　良璐　良珊　良涤
友櫶　友杞

右監門率府率仲詞　右監門率府率仲祿　右監門率府率仲絺　太子右內率府副率仲乙　太子右內率府副率仲截　太子右內率府副率仲鞶　博平侯仲璘

西頭供奉官士磷　武德郎士蘋

保義郎不桃　不㐂　不鮮　保義郎不弃　承信郎不宰　不占　不惑　不擇

善適　善遜　善得

汝平　汝价　汝楳

崇浚　崇鎮　崇澤　崇塵

必鉞　必鎔

良淲

汝撫　汝搏　汝拊　汝攜　汝棌　汝㯿　汝抃　汝挺　汝推

崇㢝　崇序　崇㢓　崇唐　崇魔　崇庇　崇㢋　崇康　崇厲　崇庙　崇賡　崇㢑　崇庾　崇府　崇龐　崇廉　崇靡　崇庾　崇㡯

必鐇　必釩　必鑷　必鏃　必鋸　必鉉　必徙　必徊　必瀖　必嗾　必汶　必濟　必潲　必泄　必儇　必儚　必僨　必修　必淞　必鐵　必鉡　必祢

良壿　良瑁　良璗　良瓏　良𤀹

宋史二百二十六　一百二十

宋史表卷第十七　四十五

善遇

汝措　汝掄　汝攖　汝搭

崇靡　崇尾　崇席　崇譯　崇譓　崇誋　崇諏　崇訒　崇譪　崇拂　崇詯

必爋　必構　必紃　必鋼　必俥　必伻　必腆　必膴　必臚　必濩　必巇

善迹

汝提　汝挾　汝仲　汝倰　汝倀　汝佻　汝御

崇謵　崇謁　崇譚　崇誣　崇裊　崇鑯　崇毅　崇岩　崇碧　崇砮　崇瘞　崇硶

必竚　必蠖　必頊　必琭　必縮　必緆　必濼

李儉寫　許文

宋史一百二十六　一百三十

宋史表卷第十七　四十六

秉義郎不償　不捄　贈奉直大夫不憪

善佚　善㒥　善源　善結　善永

汝標　汝捌　汝拷　汝攜　汝搣　汝倬　汝㰅　汝備　汝鳥　汝磬

崇詵　崇銑　崇琳　崇閭　崇聸　崇筌　崇㶉

必㧑　必復　必鐵　必綏　必緒

善沐　善楅

汝仕　汝倍　汝佣　汝傳　汝佚　汝勸

崇擶　崇犏　崇枳　崇擇　崇㯹　崇燃　崇福　崇崗　崇岐　崇荊

必料　必烇　必䝘　必焜　必煁　必烟　必煬　必焥　必芙　必戀　必恣　必意　必啓　必汝

良壇　良附

李儉寫　許文

宋史二百二十六

右內率府副率仲禧　贈屯衛大將軍仲籽

善生

汝僎　汝侑　汝偪　汝仇

崇昆　崇蚩　崇詔　崇屺　崇崆　崇嵯　崇欄　崇椅　崇桶

必漸　必泓　必奐　必大　必胥

宋史表卷第十七

四十七

李俊寫　陳文

一万四十

贈右領軍衛將軍仲軒　贈右屯衛大將軍仲球

右內率府副率士䫀　右班殿直士珅　右班殿直士勢　保義郎士侖　武經郎士充

不換　贈武略郎不溢

善傚

汝桴

崇暉

必忘　必悉　必慈

良珇　良玢

宋史二百二十六

益川侯仲堤

武經郎士淡　忠訓郎士紩　秉義郎士紉　忠訓郎士縹

不馳

善持　善畋　善采　善璒

汝脩　汝濯　汝捌　汝柄

崇曈　崇璘　崇漼　崇聯　崇騋

必慧　必意　必懃

宋史表卷第十七

四十八

李俊寫　陳文

一万二十三

贈右屯衛大將軍仲楷　華原侯仲俞

右班殿直士翊　從義郎士懦　從義郎士樞　從義郎士柔　右班殿直士板　秉義郎士棱　內殿崇班士旁　武翼郎士忿

不惑　不愠　承節郎

宋史表卷第十七

忠翊郎

贈武德郎士袁

不違　修武郎不恤

善傻　善淵

汝煬　汝能　汝珞　汝譸　汝軌

崇販　崇腰　崇盱　崇梭　崇聰　崇琓　崇榛　崇邅　崇連　崇樹

必珧　必環　必瑹　必瑺　必枅　必杷

贈武衛大將軍仲敎

士家　修武郎士柄

贈奉議郎不侮

善達　善邇　善遵

汝豫　汝卒　汝速　汝稽　汝溯　汝瀍　汝光

崇璯　崇球　崇珵　崇琅　崇瑜　崇瑠　崇璆　崇琳　崇瑋　崇璞

必誇　必讀　必誌　必蛆　必坡　必椆　必樵　必管

良邇　良墀　良暈

宋史表卷第十七

善遨　善達

汝垠　汝儲　汝岳　汝力　汝坡　汝登

崇埭　崇嵈　崇齡　崇焜　崇惟　崇釗　崇詠　崇峿　崇墾　崇鍵　崇瑙　崇睫　崇鉒　崇埒　崇牖

必松　必棱　必升　必德　必濉

信義郎不■

善彬　善孝

汝鉞　汝麗　汝敷　汝性　汝擇　汝楷　汝招

崇瑀　崇鈞　崇珖　崇珮　崇域　崇圭　崇省　崇瑛　崇璂　崇瑩　崇灤　崇灌

必伎　必俸　必減　必標　必泝　必錦　必宙　必窗　必弈

良盆

不欺

汝握　汝㦸

崇涵　崇強　崇𤪶　崇瑅　崇璬　崇瑩

必溫　必滂　必浃　必伏　必沼　必桂　必枚　必柚

表卷第十七

表卷第十八　宋史二百二十七

開府儀同三司上柱國錄軍國重事前中書右丞相提舉國史領經筵事都總裁脫脫等奉勑修

宗室世系十三

商恭靖王元份

太子右內率府副率仲舒　華陰侯仲琳

武當侯士穎

武翼大夫不倰　贈太中大夫不侮　贈右奉直大夫不迷

善結　善繪　善良

汝勖　汝飭　汝勸　汝勵　汝勍　汝勛　汝勤　汝諸　汝詵　汝讜

崇訢　崇詵　崇適　崇暭　崇謏　崇䜩　崇爻　崇似

必忿　必銓　必超　必名　必嚶　必嗎　必清　必濾　必沐　必復　必漢

良樓　良儒　良儋　良他　良搴　良璣

宋史二百二十七　字一百四十五个

宋史表卷十八　二

武節郎不佾
忠訓郎不紘
左班殿直不鈸
善行
善術
善衢
善祚
汝誼
汝言
汝惠
汝璦
崇僎
崇儁
崇儀
崇脩
崇价
崇俱
崇遊
必暹
必過
必迫
必邁
必遏
必遵
必達
良琬
良璲
良玘
良並

太子右內率府副率仲畯
福國公仲蔡
崇國公士䫊
士昇
晉寧郡公士悊
三班殿直不危
保義郎不偏
右班殿直不騫
不僊
修武郎不他
善暈
善澤
善緎
汝晙
汝暘
汝璪
崇正
崇備
崇但
崇祿
崇標
必邋
必御
必遡

甘真寫　呈甲刊

宋史二百二十七　一百四十二个

宋史表卷十八　三

右侍禁士除
三班奉職不愚
贈武顯郎不抑
善祀
善脩
善僅
善傳
汝綪
汝聨
汝翼
汝貫
汝詔
汝昕
崇基
崇景
崇溫
崇譽
崇賓
崇吉
崇辯
崇孩
崇昞
崇滐
崇溫
必佚
必誣
必撣
必櫍
必楠
必燃
必欗
良但
良俁
良儇

汝敢
汝普
崇瀆
崇洄
崇[illegible]
崇珦
崇杰
崇瑑
崇潔
崇源
必栽
必佗
必俯
必樗
必棣
必梃
必潨
必浦
必遈
必澄
必丞
必熊
必芝
良俁
良璋
良瑁
良全
良似
良似
良坡
良坦
良浚
良深
友直

甘真寫　呈甲刊

宋史二百廿七　二百二十八

宋史表卷十八　四

汝鑴　汝麦　汝覎　汝鈺

崇琦　崇璣　崇琔　崇珍　崇瓌　崇灝　崇淇　崇洪　崇淲　崇湜

必蒧　必植　必櫃　必橫　必䄂　必拱　必淏　必授　必㶾　必蒸

良琲　良球　良瓘　良璵　良作

善時　善仁　善信

汝曦　汝鏜　汝脊

崇迥　崇迷　崇逵　崇䙁　崇椅　崇榪　崇週　崇櫚　崇欑　崇㯻

必溦　必涇　必褧　必麻　必諳　必詄　必評　必鍍

良僕　良倅　良傚　良僻　良𠌫　良徊　良徳　良彷

甘真寫　呈甲刊

宋史二百二十七　二百二十二个

宋史表卷十八　五

漢國公仲來

右班殿直士書　彭城侯、贈右千牛衛大將軍士傀

汝沫　汝遂　汝忌

崇塚　崇播　崇㙄　崇械　崇澄

必猷　必兮　必洛　必凋　必潡　必稡　必烽　必㵩　必燮　必焌

良璠　良轃　良𫐐

將軍、追封魏國公不儀　贈武翼郎不爭

善秉　善魯　善聞　善泗

汝夂　汝沵

崇忞　崇忘　崇眷

必瀼　必浪　必渙　必烯　必煟　必滭　必熠

良鏓　良鍺　良璁　良弘

友㻶　友墶

甘真寫　呈甲刊

武翼郎不懷　承節郎不柔　不吝　承節郎

善信　善道　善琺　善富

汝俶　汝儆　汝僅　汝倜　汝佳

崇志　崇湜　崇旺　崇榴　崇棱

必鐼　必錡　必枳　必栦　必檜　必譚　必俫

良澴　良泓

不悔　不儀　贈金紫光祿大夫訓武郎不矜

善輤　善軫

汝直　汝強　汝南　汝奎

崇訓　崇祁　崇文

必康　必肇　必泰　必安　必豐　必豆

良湑　良瑑　良玭　良彤　良膴　良膳　良滓　良惪

友瀿

右朝散大夫不倚

善譽　善舉

汝真　汝翦　汝獻　汝義　汝築　汝岌

崇岳　崇杓　崇瓊　崇璪　崇檥　崇橡　崇棖　崇梅　崇楣

必通　必湑　必住　必佮　必佋　必㑭　必倫　必衎　必斂　必戩

良浴　良瀇

朝奉郎不吝　贈武翼郎不伐

善及　善貴　善樸

汝弟　汝希　汝岠　汝渭　汝品　汝嚣　汝佗

崇稷　崇禎　崇稛　崇神　崇權　崇樹　崇邁　崇達

必咸　必戩　必壇　必增　必基　必㸌　必炌　必壏　必坏

良鐵

贈銀青光祿大夫不惠　不息　不恙

善𢷎　善揆　善慶

汝傅　汝侉　汝秉　汝俔　汝俱　汝原　汝臧

崇遷　崇豐　崇芨　崇茲　崇邧　崇裾　崇祾　崇盂　崇俉　崇複　崇莊

必滮　必珣

太子右內率府副率士鏤　贈武略大夫士湲

忠訓郎不競

善交　善廣　善𢈢　善膺

汝傾　汝柔　汝厷　汝翰　汝膚　汝彰

崇誼　崇喆　崇𨔵　崇姒　崇穰　崇瑋　崇滄　崇瑊

必柖　必㯲　必㮾　必瀋

善清　善璪　善擢

汝必　汝𣗋　汝槔　汝激　汝昜

崇璪　崇玦　崇璣　崇墦　崇玎　崇琫　崇汙　崇溓　崇符　崇淡　崇稼　崇鏞　崇錯　崇銓　崇鏇

必峿　必滴　必潜　必沉　必灦　必洎　必濩

良樹

武德郎

秉節郎不求　從義郎不憂　秉義郎不器

善能　善壽　善和　善壽　善譆　善矜　善淵　善聰　善仁　善問　善潜　善璠

汝㬊　汝淀　汝旺　汝昕　汝琄

崇燔　崇炎

必㙮

士調
不寬　不忽　不暉
善進　善闓　善閱
汝犖　汝迹　汝觀　汝稷
崇官　崇宇　崇信　崇諴　崇訑　崇詷　崇諰　崇鄭　崇鄺
必濰　必漯　必澢　必洸　必汎　必瞵　必晦　必畯

不佞
善惟
汝鄰　汝壯　汝石
崇郢　崇鄙　崇郯　崇詾　崇問　崇遷　崇奠
必道　必僮　必彷　必倚　必僊　必讃　必過　必迷　必誺　必詒
良瀴　良音　良杳　良望　良塗

宋史二百二十七
宋史表卷十八

善服　善篤
汝漇　汝倅　汝侃
崇婁　崇譞　崇讀　崇興　崇奠　崇劭　崇詒
必詁　必珊　必譔　必瀾　必愷　必惰　必瞰　必倈　必衞　必棧　必荷　必彷　必招　必樸　必杺　必橦　必律　必瞎

汝忭　汝傳　汝懷　汝伏
崇譚　崇楧　崇杝　崇覼　崇嵩　崇宅　崇邉　崇邊
必沚　必渼　必瀛　必澨　必湑　必適　必㮋　必徠　必膾　必㢊　必脩　必厖
良鑫　良㙓　良鋈　良鐄

善參　善向

汝佗　汝致　汝緼　汝穗　汝訓　汝雱

崇綵　崇縜　崇繐　崇欋　崇杪　崇藺　崇濡　崇鑾　崇金　崇鈌　崇鉨　崇璹　崇璚　崇瓗　崇鈽

必室　必倅　必㯳　必淳　必碓　必磻

武德郎士輗　武德郎士跡

不欺　武節郎不息　承信郎不惹　不戒　不忽　贈朝議大夫不吝

善拂　善捧　善積　善稹

汝兹　汝暢　汝兩　汝霈

崇㕑　崇梗　崇顴　崇瑰　崇淑　崇睦

必莊　必攄

善鬈　善臂　善歠　善慜

汝碩　汝蛙　汝佇　汝璒　汝璪　汝瑺

崇叟　崇榷　崇攢　崇佑　崇行　崇昂　崇离　崇育

必俚　必御　必媗　必建　必迥　必逵　必違　必獎　必邇　必遌　必迶　必迫　必邂　必鴻

良㻳　良玶　良璗

從義郎士郎

忠訓郎不其　秉義郎不亦

善衛　善仁　善仙

汝琿　汝湏　汝瓕　汝敷

崇羲　崇扛　崇珹　崇揆　崇嘐

必灤　必瘍　必鍉　必鈙　必鍊　必總　必鏁　必鍏　必鈌　必鏷　必鏑　必冶　必凝

良巢

太子右內率府

秉義郎不愚　成忠郎不惑

善揀　善仁　善傳　善保　善倚　善倧

汝哼　汝嵩　汝岱　汝[illegible]

崇有　崇肴　崇朝　崇骨

必涼　必游　必蔬　必蘋　必蘇　必曾　必瑫　必蘞　必[illegible]

副率仲鉏　濟陽侯仲養

太子右內率府副率士鷹　供備庫副使士伀

忠訓郎不已

善奭

汝德　汝衎

崇寵　崇寧　崇卯　崇壽　崇懋

必適　必适　必述　必㦎　必炟　必賏　必貯　必華　必菁　必宣

良衡　良詮　良僾

贈武翼郎士蘇

保義郎不雖　不跖　不始　承信郎不忌

善鏞　善鉦　善鍋

汝遶　汝瑒　汝瞬　汝璽　汝淮　汝棽　汝寧

崇籌　崇振　崇神　崇芥　崇茵　崇蘇　崇桂　崇桑　崇溙　崇滙

必筌　必鏞

良佀

不欺　秉義郎士𧨝　不岡　武經郎不杌

善緈　善悉　善恐

汝瑢　汝玶　汝適　汝違　汝遡　汝偃　汝璠

崇邀　崇柁　崇栓　崇檉　崇玞　崇璲

必錤　必鍔　必鏲　必鎗　必流

良玞　良儫

宋史二百二十七　一百三十七个

忠翊郎士揪
不貳
善斌　善材　善墳
汝壑　汝山　汝得　汝脩　汝供
崇超　崇斗　崇越　崇釗　崇璧　崇剎　崇　崇叶　崇室　崇榶　崇祝
必鈞　必銛　必鉞　必鐏　必錯　必繙　必絲　必磁　必碟　必晙
良晉

廣平侯仲鐩
武經郎士飯　忠成郎士穜
不慍　贈奉直大夫不憒
善儐　善頤　善傑
汝珹　汝僊　汝錫　汝僑　汝儒　汝僕　汝諤
崇擿　崇杝　崇櫪　崇棘　崇郊　崇鄆　崇遴
必烱　必焕　必涵　必滬　必穹　必磷　必顴

宋史表卷十八　十六　甘真寫　賈打補

宋史二百二十七　一百个二

善佳
汝詠　汝誠　汝諾　汝謙　汝讕　汝諫　汝謏
崇達　崇遞　崇遨　崇爣　崇邈
必晤　必映　必瞷　必曤　必睲　必睎　必晞　必根　必瞽
良歷　良滕　良臃　良滕

汝訴　汝譽　汝遘　汝造　汝逵　汝遥
崇遺　崇過　崇追　崇遷　崇迎　崇鏞　崇鍋　崇鑰　崇鏝　崇錄　崇警　崇鐗　崇垠　崇寡
必瑛　必琉　必璹　必琡　必琄

宋史表卷十八　十七　甘真寫　賈打補

眉州防禦使仲頎　北海侯仲爍

右班殿直士濰　右班殿直士逵　成忠郎士奇　秉義郎士棨

成忠郎不憮

善竝

汝浩　汝潛　汝績　汝謙　汝諱

崇壐　崇賽　崇寀　崇瑱　崇珈　崇鐇　崇傑

必任　必格　必璘

東陽侯宗迥

太子右內率府副率仲耔　太子右內率府副率仲彤　太子右內率府副率仲產　太子右內率府副率仲　南康侯仲行

安康侯贈朝散大夫士㮚

不迆

善言

汝樊

崇望

必偣

汝璔

崇懿　崇憊　崇恕　崇意　崇濰

必倫　必儁　必代　必傳　必佀　必儈　必倪　必坡　必壘　必仯　必御　必俊　必物　必提　必佊　必佟　必件

良議　良訥　良鏃

善行　善積

汝璑　汝璿　汝珝　汝璞　汝廷　汝制　汝玥　汝性　汝侗

崇棐　崇邠　崇郅　崇部　崇𡼝　崇域　崇宋　崇孔　崇瓚　崇淄　崇拒　崇堦　崇璘

必德　必代　必䨲　必償　必爍　必鉞　必瀟　必徐　必任

良瑰

開國伯仲璊

武經郎士甝　右侍禁士宰　武翼郎士遵

右班殿直不函　不逾　不迎　不擬　保義郎不怠　不武　不惑　不佞　不懲

善鉉

汝澮

崇附　崇阡

必逡　必遹　必鍋　必鏌

良玦　良琥　良瑆

善鎰

汝渡　汝澧　汝滴　汝釜　汝淏

崇聰　崇宴　崇室　崇鎰　崇傳　崇僕　崇樹　崇樾　崇杭　崇陵

必憲　必鑒　必寥　必倆　必偈　必俘　必珣　必壬　必璧　必䉁　必燮　必璀

鄖國公允成

汝陰侯宗育　遂國公宗裕

華陰侯太子右

武翼大夫士嵘

不焴　不俗　從義郎不矜　不愚　保義郎不器　不黨

善寔　善縣　善宏　善賈　善瑝　善揖

汝沾

崇揖　崇濡

必稼

崇頻　華陰侯宗訥

仲連　太子右內率府副率仲均　太子右內率府副率仲丹　贈右屯衛大將軍仲緘

內率府副率士𤩽　巴州刺史士穎　太子右內率府副率

三班奉職不拔　保義郎不華

士馨　益川侯士舜
西頭供奉官不伐　訓武郎不璘　武翼郎不憂　不已　忠翊郎不危
善淵　善明　善權
汝䟽
崇義　崇焞
必大　必璘　必䃂　必砎
良弼　良能　良真

從義郎不懼　訓武郎不惑
善捽
汝鵬　汝醴　汝熛　汝稟
崇先　崇丙　崇降　崇御　崇實　崇旰　崇宇　崇拱　崇肇　崇愆
必至　必城　必章　必爲　必𢔶　必倎　必緯　必握　必捸
良棬

善述
汝霑　汝詩　汝埏
崇豐　崇友　崇編　崇徇　崇洞　崇象　崇斐　崇襲
必掄　必据　必掖　必圻　必徙　必壞　必坊　必坍　必坑　必鐵　必鈁　必鐇　必撒　必漫

贈右衞率府率宗頡　華陰侯宗鼎
申國公謚恭僖仲嬰
太子右監門率府副率士翩　太子右內率府率士𩦅　榮州刺史士藝
不虧　訓忠郎不賷　修武郎不懟　承直郎不愆
崇椎　崇渾
必鑾　必暐
良塡

不謀 武經郎不奇 文林郎不識

善涇 善脩 善能 善清

汝榮 汝梓 汝義 汝惟

崇𦳝 崇藨 崇升 崇撤 崇淣 崇細 崇訏 崇譲

必瑀 必碧 必僩 必愃 必邀 必遻 必邃 必遭

良瀟

崇諮

必遳 必迸 必逗 必機 必邂 必芾 必芯

善珣 善津

汝暘 汝球 汝琢 汝舒

崇寓 崇寓 崇偕

良椽

不忿 保義郎不殊 不悚 不悆 華陰侯 修武郎

士伻

不懈 武翼大夫不敔 武翼郎不悳

善彰 善友 善信 善時 善謗 善繼 善覺 善守

汝顗 汝昕 汝聰 汝作

崇懷 崇約 崇繹 崇繼 崇純 崇惠 崇慭 崇耻 崇惎

必儉 必誠 必迥 必悅

汝追 汝毫 汝偉 汝爲 汝猷 汝神

崇涇 崇清 崇剡 崇紘 崇謌 崇禮 崇仁 崇儉 崇本

必惼 必櫞 必榆 必遜 必榭 必壽 必懦 必仞 必譓 必玨 必錫

良鐳 良璠 良碧 良璿 良琮 良璕 良鑌

善睞

友鍋 友鏤

武翼大夫不愚

善同　善誠　善穡　善强　善廣

汝相　汝居　汝湛　汝協　汝恍　汝覬　汝秧

崇煥　崇質　崇軾　崇轍　崇輞　崇輕　崇爽　崇勳　崇槷　崇亂　崇事

必燈　必楷

良徊

修武郎不惑

善或　善應　善導

汝軫　汝東　汝軝　汝師　汝紀

崇祥　崇禕　崇璞　崇玿　崇皆　崇辛　崇燒　崇蕃　崇展　崇埊　崇璣

必琳　必璟　必護　必譓　必鉽　必鏠　必鉅　必鉗　必鑠　必鐎

善息　善庚

汝㵎　汝準　汝時　汝徐　汝誸　汝提

崇琿　崇琖　崇瀹　崇淳　崇淪　崇漕　崇渤

必錢　必鈹　必相　必樑　必櫓　必瀴　必淙　必栴　必欄　必槽　必樗　必鏶　必鑨

良坐

如京副使士評

保義郎不黨　右班殿直不危　保義郎不比　承節郎不盡　成忠郎不懼　不剛　不弊

汝諦

崇汜　崇汎　崇涓　崇慄　崇惼

必鎊

右侍禁士卒

不華　不危　從事郎不棲　贈武義郎不違

善交　善褒　善黍　善訴

汝乞　汝字　汝遐

崇俊　崇磬　崇儀　崇僞　崇僴　崇儁　崇僖　崇僘

必葵　必臺　必濂　必繹　必絹　必道

贈朝奉郎士㽌

贈朝議大夫不紊

善珅　善滌　善光　善裨　善儔

汝夫　汝冀　汝敞　汝衞　汝晉　汝繪　汝簡　汝端　汝週

崇治　崇召　崇羲　崇音　崇整　崇瑞　崇璨　崇進

必鏘　必鐵　必滕　必胙　必前　必勳　必熹　必鎔

良鑑　良材　良馭

朝散郎

善倫　善攸　善𢾍　善佚

汝遜　汝連　汝遹　汝懊　汝悄　汝脩

崇㝁　崇濰　崇湉　崇塘　崇湮　崇想　崇憑　崇愗　崇懃　崇代

必欽　必滔　必鏡　必精　必瀘　必扔　必櫥　必歷　必堅

良鋝　良端　良藏

不疑　承事郎不非　承直郎不矜　贈朝散

善嘉　善淑　善勳　善焄　善達

汝朠　汝旦　汝圍　汝同　汝剡　汝禍　汝邑

崇秀　崇庢　崇揚　崇幹　崇昪　崇仵　崇埃　崇瑫

必輮　必浰　必訾　必盦　必宿　必皞　必乂　必充

良淋　良儴　良佂

右侍禁士岐
秉義郎不滿　忠翊郎不踈　不斡
善教　善佑　善僎　善仍　善伋
汝立　汝許　汝鈒　汝寶　汝淑　汝成　汝堅　汝恩　汝職　汝訒
崇特　崇徑　崇循　崇侳　崇鐭　崇鉉　崇曉　崇聃
必郕　必郘　必迅　必漫　必浙

東平侯仲噲
內殿崇班士洪　秉義郎士𦨴　士𦨴　秉義郎士𦨴　士究　武義郎士𦨴　士鉦　太子右監門率府率士歎　博平侯士諍
不已　不嚚　左班殿直不儮　左班殿直
汝系　汝繙
崇鋈

宋史二百二十七
宋史表卷十八

贈右中大夫士瑃　右侍禁士𦨴
直不撓　不害　秉義郎不違　忠訓郎不朋　左朝請大夫不茹　不遲　不速　不荒　不迎　承信郎
善逸　善速　善迪
汝勃　汝勒
崇胥　崇㷰　崇懋

士剛
不諒
善備
汝濱　汝澶　汝溶　汝洋
崇根　崇比　崇矕　崇吻　崇盍　崇嘉　崇棨　崇棟　崇喜　崇及
必樠　必棣　必梯　必楷　必爑　必檮　必樺　必樭　必榑　必橦　必㯚　必鏃　必鎣
良熷　良鏝　良陘　良垩　良洐　良潹　良世

宋史二百二十七 字一百二十五个

宋史表卷十八 三十二

彭城郡公宗嚴

同州觀察使仲虞 太子右內率府副率仲新 洋國公仲防

太子右內率府副率士褒 贈左領軍衛將軍士觀 右侍禁士尊

成忠郎不砠 不嚣 忠翊郎不隋 忠訓郎不珪 保義郎不剛 成忠郎

善頃

汝浚 汝澄 汝沂 汝汶 汝清

崇眲 崇邁 崇迒 崇還 崇遠 崇逝 崇逌 崇瑰 崇逄 崇遡 崇述 崇遴

必傳 必衛 必估 必軫 必輪

良倸

甘真寫 呈稼刊

宋史二百二十七 字一百二十五个

宋史表卷十八 三十三

武經郎士嵒 右班殿直士秀 武翼大夫士蘊 供備庫副使士傈

不敳 不珪 不喍 從事郎不慣 朝散郎不沒 承信郎不湄 成忠郎不沮 不老 不濫 不徂 忠翊郎不極 不物 不致 不怉 不挂 忠翊郎不求

善道 善提 善化 善認 善調 善嘉 善諗 善訓 善評 善謗 善衡

汝瑚 汝玲 汝瑋

崇湄 崇寧 崇缽 崇堁 崇墩 崇鍱

甘真寫 呈稼刊

贈右衛大將軍
太子右監門率府
武翼郎士倰　右班殿直士工　秉義郎士䄇
不濺　不澌
善大　善嗣　善謳
汝珥　汝熤　汝涽　汝垄　汝厓
崇鏶　崇壓　崇瀚　崇瀊　崇澌　崇縵　崇錄

仲商
副率士治　右侍禁士嘯　右屯衛大將軍士綬　武顯郎士耤
不同　不罍　不皦　不息　不矜　贈訓武郎不凝　左承議郎不悱
善仁　善抱　善長　善亨　善循
汝璺　汝璀　汝懷　汝懌
崇桔　崇佳　崇操　崇遂
必塤　必瑄　必權　必祿
良膺

左文林郎不作　左從事郎不恍　不慘
善修　善縱　善亶　善堅　善瑊
汝慥　汝慷　汝惴　汝取　汝檗
崇廷　崇僳　崇俐　崇仍
必諒　必趯　必廷
良壆　良堅　良瑩　良壓

南陽侯仲樵
左班殿直士菌　武節郎士訌
忠訓郎不惑　忠訓郎不過　不逮　保義郎不迂　不遷　不透
善瑜　善璨　善瑀　善進　善任　善傒　善倬　善侊　善佚　善道
汝輅　汝瑅
崇陛　崇松　崇慭
必紼

宋史二百二十七　宋史表卷十八　三十六

武節郎士圭　忠訓郎士階

不攺　保義郎不壹　贈修武郎不競　贈忠訓郎不同　承信郎不欺

善進　善銘　善俊　善民　善晉

汝壇　汝穎　汝澥　汝揆　汝止　汝梗　汝瑚　汝璧

崇欒　崇齒　崇撤　崇滏　崇減　崇撻

必鍼　必頎　必爍　必緗　必繐

良琛

不愠　成忠郎士回

善普　善正　善政　善致　善教

汝璀　汝齡　汝鍉　汝烀　汝晤　汝神　汝杆　汝儀　汝持　汝應　汝森　汝惆　汝圜

崇琥　崇烯　崇俊　崇启　崇鍉　崇器　崇官　崇端

必蕙　必煉　必爍

良轅

甘真寧　呈斲刊

宋史二百二十七　字一百五十个

宋史二百二十七　宋史表卷十八　三十七

右班殿直士泉　右班殿直士穌　士遡

承節郎不悱　保義郎不劌　不懟　忠翊郎不悚　不克　不隱

善學　善亥　善質　善濟　善紀

汝閎　汝情　汝棻　汝孚　汝臑　汝肖

崇磨　崇譍　崇塺　崇磬　崇靡

甘真寧　吳惠刊

宋史二百二十七　一百五十七

安陸侯宗晦　諡恭僖　仲隨

贈武衛大將軍士茂　河内侯士軿　贈朝散大夫士諕

不殖　左侍禁不盈　不恕　贈通議大夫不猷

善晰　善養

汝綜　汝新　汝或　汝竑

崇勛　崇勸　崇勤　崇勅　崇助　崇勵

必鼐　必異　必觀

良瑑　良滋

善義 善蔚 善鱓 善麐
汝恍 汝煒 汝潡 汝漼 汝添 汝淲 汝洿 汝漫 汝沿
崇昜 崇訪 崇勷 崇鐵 崇榼 崇梴 崇搖 崇梢 崇榕 崇樧 崇樓 崇蝸 崇蘱
必峴 必焞 必焟 必琅 必玥 必弘

普寧侯宗儒
濮國公仲銑 贈右屯衛大將軍仲善 濮陽侯仲盤
右監門衛大將軍士際 東陽侯士鐬 右班殿直士奭 贈右朝
訓武郎不忮 朝請大夫不求 忠訓郎不遠 不恌
善嶧 善玠
汝賀
崇𨯅 崇鋈
必鐇 必軟

散大夫士諝 武翼郎士寏
從事郎不遯 不慓 左朝散郎不化 左朝請郎不助 贈從義郎不將 左朝請郎不迎
善歸 善拯 善㧑 善摘 善夂 善信 善端 善偣
汝忽 汝習 汝益 汝復
崇𨪐 崇家 崇珅 崇頫
必連 必盫 必鏡 必鏊

武經大夫士求 武經郎士親
成忠郎不殆 不競 不武 保義郎不憚 承信郎不揚
善遂 善過 善遇 善賢 善顯 善頑 善額
汝酢 汝欽
崇鑴 崇撫 崇擂 崇璞
必洋 必遨 必逌

宋史表卷十八　四十

善顒

汝侍　汝堤　汝扑　汝鎮

崇瑀　崇求　崇益　崇飾　崇晉　崇會　崇桑　崇㦧　崇傳

必遊　必湊　必瀌　必溫　必寀　必家　必寨　必宁　必賽　必宋

良楮　良裕　良楙　良擇　良球　良溢

鐽毅　直講　武翼郎　志奕

保義郎　不慽　修武郎　不伕

善頫　善琈

汝瓆　汝㦛　汝𡡉　汝瀿　汝漢　汝焯　汝獲

崇㬇　崇倏　崇肖　崇育　崇眷　崇宵　崇曾

必宏　必宽　必澥

宋史表卷十八　四十一

武經郎士弇

忠訓郎　不遷　承節郎　不近

善招　善榆　善言　善諧　善謡

汝溫　汝潦　汝涯　汝烼　汝數　汝慢　汝坔　汝困　汝旋　汝瓌

崇似　崇峻　崇嶧　崇烯　崇晴　崇涇

必珪　必瑑　必瑱

汝陽侯仲午

朝奉大夫士并　左班殿直士檻　右侍禁

從政郎　不悲　不迕　不逑　不矜　不代

善同　善言　善寘

汝　汝樂　汝平　汝克　汝宏　汝燧　汝恢　汝遁

崇　崇憲　崇卑　崇縱　崇翀　崇䅋

必霸　必偃

高密侯宗仁

太子右內率府副率仲勵　太子右內率府副率仲果　景國公仲虎

士倰　左班殿直士萬　右班殿直士輊　忠訓郎士翰　從義郎士贖　秉義郎士彪　太子右內率府副率士模　東頭供奉官士畐

不屈　從政郎不倚　不遹　贈武功大夫不榴　忠翊郎不滯　秉義郎

善壽　善彤　善慶　善良

汝渠　汝惎　汝敉

崇型　崇坌　崇儵　崇傍　崇佗

必汲　必教　必數

左侍禁士顓　武德郎士幸　贈武功大夫士嫠

不奢　修武郎不惰　武節郎不恬　秉義郎不逮　成忠郎不燕　贈武略大夫不恩

善豆　善叶　善譚　善誠　善誘　善溓

汝辟　汝誠　汝磨　汝尉　汝霙　汝昂　汝昇

崇遭　崇譽　崇昔　崇齊　崇曆　崇晳　崇忻　崇儁　崇悦　崇愉　崇怡　崇俔　崇懷　崇憓　崇棟　崇慎　崇惓

必軒　必逮　必兹　必著　必芒　必奉　必迢　必通　必迁　必遨　必僕　必伀　必作　必遊　必還　必遄　必遹

宋史二百二十七　一百四十一个

宋史表卷十八　四十四

成忠郎不睽　贈武義郎不跋
善濂　善濡　善泌　善淦
汝昱　汝晳　汝昇　汝華　汝禹　汝樵　汝里　汝袠
崇慨　崇愫　崇換　崇世　崇惆　崇徽　崇鑒　崇賫　崇贊　崇鼎　崇貴
必遒　必趯　必玓　必瑫　必瑹　必璊　必瓔

左班殿直士更　中奉大夫士秦
保義郎不擁　訓武郎　承節郎不飾
善謇　善涼　善汲　善濯
汝敍　汝枷　汝儀　汝伉　汝佫　汝效　汝敏　汝敟　汝燁
崇貫　崇賫　崇燴　崇瑭　崇綂

甘真寫　吳惠刊

宋史二百二十七　一百三十九个

宋史表卷十八　四十五

不廢　成忠郎不讓　承節郎不尤　不忽　朝請大夫不比
善達　善述　善遽　善速　善途　善遂
汝寀　汝梟　汝賽　汝彔　汝集　汝求　汝鐵　汝科　汝穠
崇浚　崇遑　崇綸　崇據　崇者

忠翊郎士高　忠訓郎士耒　秉義郎士楷　贈修武郎士莊
不繆　贈武翼大夫不劃
善鏄　善邑　善毓　善從　善稷
汝顧　汝賁　汝瑜　汝際　汝櫬　汝聘
崇咎　崇料　崇縱　崇詳　崇諺
必鈙　必綍　必祺　必珴

甘真寫　吳惠刊

不忽　秉義郎不湾
善擱　善域　善捷
汝彪　汝涔　汝沰　汝逢　汝揄　汝縛　汝僵　汝倰　汝儦
崇璉　崇齊　崇炷　崇暹　崇運　崇送　崇遹　崇逞　崇曞　崇賨　崇瀼　崇溝　崇潨
必愐　必据　必揮　必椅　必総　必乘
良塱　良煮

高密郡公仲弓　東陽侯士輜
不倫　忠翊郎不拗　成忠郎不投　不遷　修武郎不奠
善學　善舉　善贊　善茂　善柲
汝傆　汝仉　汝僥　汝球　必班　汝翎
崇漫　崇鄺　崇璥　崇熚
必鋹　必鉻

武功大夫士區
不萌　承信郎不荒　不華　修武郎不諸
善柔
汝翻　汝翩
崇焰　崇燭　崇焆　崇焜　崇烊　崇熽　崇爈　崇烤　崇煐　崇烴
必鉌　必鐵　必錯　必伏　必儆

善蓼　善言　善式　善祥　善直　訓武郎不證　善剛
汝威　汝全　汝衾　汝亨　汝卓
崇䜴　崇篓　崇軫　崇近　崇香　崇冀　崇劭　崇企　崇嘉　崇篙　崇車
必浯　必澈　必勤　必勅
良鐈

漢東郡公仲㳽

右侍禁士瑕　忠訓郎士閑　敦武郎士劇

保義郎不訛　不擇　從義郎不抗

善胄

汝右　汝愉　汝華　汝琤

崇甡　崇瑙　崇鉞　崇䔥　崇葆　崇偉　崇俔　崇僾　崇倢　崇侊　崇僑

必臧　必漊　必錮　必錄

修職郎

善甲　善由　善軸

汝瑁　汝璹　汝堅　汝道　汝煥

崇涿　崇溥　崇潛　崇瀛　崇僊　崇佛　崇俟　崇從　崇浒　崇濼　崇湎

必銅　必楙　必鉛　必鏶　必濡　必鐗

甘真寫　吳惠刊

宣教郎士固

不佚　忠翊郎不侮　秉節郎不僻　不荷　不閔　保義郎不闕　左班殿直不闞

善搏　善材　善楷

汝珣　汝緈　汝縡　汝綍

崇佃　崇偡　崇㷆

隋國公諡良僖仲談

宣教郎士籓　右班殿直士諴　贈太子少師太夫士驚　左班殿直士　贈通直郎士　大夫士

武翼郎不戚　成忠郎不惠　朝請大夫不愁　不惠　不孝　贈奉議郎不惑

善奇　善逵　善從　善福　善孳

汝瀛　汝灌　汝圖　汝瀍

崇𧯳　崇

甘真寫　貴才刊

贊　中大夫士鵬
從義郎不念　通直郎不忿　贈朝散大夫不忘
善開　善謟　善言
汝究　汝宿　汝宙　汝奭　汝宣　汝豜
崇佩　崇儁　崇倨　崇楉　崇增　崇復　崇儀　崇椪　崇德
必韞　必沅　必澔　必洺

秉義郎士錞
贈朝議大夫不惪　通直郎不愆　秉義郎不應
善訓　善譓
汝靚　汝詹　汝脩　汝損　汝鈹　汝錤
崇傜　崇珹　崇嵁　崇墊　崇衝　崇墋
必潩　必瀘　必焄　必熫　必熏　必煎　必絲

高密郡公仲棱
贈武翼大夫士堅　敦武郎士忭
不恐　忠翊郎不侈　秉節郎不侗
善詰　善認　善紘
汝瑭　汝頫　汝僻　汝綗　汝諮　汝惆　汝燻
崇汕　崇泮　崇瀏　崇灌　崇瀰　崇逮　崇逢
必瞯　必晍　必暕

修武郎不測　忠翊郎不儕　從義郎不傲
善紹　善纘　善緋　善緯　善績　善繼　善儒
汝珽　汝杜　汝檸　汝櫍　汝搏　汝桐　汝虎
崇巡　崇遅　崇連　崇燎　崇焎　崇焠　崇烽　崇焥　崇焥　崇炟　崇熏
必效　必煒　必埴

不倨　不倥
善緣
汝棣　汝微　汝烝　汝羔
崇桄　崇禱　崇褱　崇衸　崇祄　崇行　崇瑜　崇潡　崇渾　崇璨　崇鏓
必渻　必龔　必棨　必挻　必黴　必隆　必齊　必霽
良賜　良駐

從義郎士儐　武經郎成忠郎
不琪
善庀　善家　善醇　善鈮　善臺　善辛　善粃
汝搴　汝嵯　汝䕺　汝葰　汝宿　汝憲　汝榮　汝椆　汝撣　汝稻
崇粮　崇泌　崇栖　崇稙　崇搖

士珉　從義郎士勛
不謚　不動
善續
汝栢　汝檣　汝栿　汝榪　汝根　汝樜　汝檣　汝槵
崇燧　崇燸　崇㜃　崇燻　崇灯　崇爗　崇㸂　崇烽　汝梃　汝㯿　汝樾
必壈　必聚　必泉

許王房

許王贈皇太子，諡聖成，元偓　二子不及名，以允成子繼其孫
存得紫　宗夷
新平郡王，諡恭靖，宗保
贈安德軍節度使，諡純僖，仲恕
燕國公士盝
忠訓郎不愆　從義郎不倣
善元　善述　善士　善品　善容
汝得　汝陳　汝覓
崇甚　崇淵　崇溎　崇洑　崇眘
必俑　必昊

右侍禁士阜　贈銀青光祿大夫士洎
贈通議大夫不紊　不錫

善千　善享　善後　善泰　善叙　善麟　善瓘　善璐　善璊　善增

汝盎　汝恵　汝進　汝玖　汝徽　汝倅　汝偵　汝伸　汝侁

崇綜　崇喜　崇襄　崇向　崇春　崇監　崇是　崇慄　崇尚　崇摹　崇芬　崇接　崇料　崇㮣　崇雍　崇萬　崇澨　崇葳　崇什　崇淩　崇流

必玫　必捷　必欒　必灁　必濟　必濾　必瓛　必沂　必鈴　必銘　必美　必憶　必忔　必悟　必佯　必僨　必怵　必㩉　必抹　必抗　必欒　必窠　必租　必抹

良鋼　良塑　良渦　良垐

仲輶

成忠郎士靖　承節郎　士又　成忠郎　士鄘　武翼郎　士諷　士熠

朝請大夫不吝　不敏　不滿　成忠郎　不降　武翼郎　不華　不斁　不抑　不愆

善擴　善璟　善湳　善勃　善劝　善齊　善綸　善悅

汝稷　汝穎　汝渙　汝侊　汝褒　汝矜　汝僖　汝伸　汝倰　汝顒

崇泝　崇涗　崇嵱　崇涫　崇濋　崇滮　崇紬　崇纏　崇縱　崇辭　崇惲　崇湦　崇凋　崇津

必可

宋史表卷十八　五十六

武經郎士詮									
不濡	忠訓郎不璘	忠翊郎不倘							
善悅	善愉	善憧	善嗣	善吟	善春	善適	善同	善造	善遵
汝伽	汝仁	汝倢	汝儔	汝偲	汝碩	汝錯	汝革		
崇厭	崇曠	崇庵	崇隴	崇郝	崇住	崇衡			
必黃									

[illegible]郡公仲粹					
右班殿直士珽	右班殿直士璟	右班殿直士鑰	右侍禁士桀	士劉	右班殿直士毅
訓武郎不秩	不儒				
善造	善達	善昊	善享		
汝燮	汝本	汝興	汝鑄	汝媛	
崇湊	崇倫	崇倅	崇儀	崇僎	崇僬

甘真宫　黄才刊

宋史表卷十八　五十七

榮州防禦使仲詵		
直士曄	右班殿直士□	直士暮

甘真宫　黄才刊

表卷第十八

表卷第十九　　宋史二百二十八

開府儀同三司上柱國錄軍國重事前中書右丞相監修國史領經筵事都總裁脫脫等奉

勑修

宗室世系十四

簡王房

簡王諡恭靖元份

信安郡王諡僖穆允寧

朝王諡懿恩宗誨

贈右領軍衛將軍仲侃　[illegible]　仲迓

太子右內率府副率士立　太子右內率府副率士載　贈右朝奉大夫士是

不揆　修武郎不違　贈右朝請大夫不華

善廉　善政

汝泗　瀹　汝灝　汝川　汝騁　汝驎

崇墍　崇對　崇嵎　崇峽　崇彧　崇然　崇璜　崇燁　崇煥

東國公諡敦孝仲越

秉義郎士奐　贈保康軍節公衛房國公諡良僖士盉

宣教郎不諫　三班奉職不擇　從義郎不陂

善教　善辨　善戎　善戈　善述

汝經　汝績　汝方　汝文　汝能　汝堅

崇德　崇獻　崇太　崇乂　崇奂　崇夷　崇史　崇奕　崇突　崇交

必鏄　必聰　必逸　必遏　必迹　必達　必遵　必迹　必道　必運　必遊　必遵　必舜　必玑　必璿　必琱

良和　良宏　良舞　良瑧

汝諧 汝審

崇奭 崇齒 崇史 崇猷 崇賜 崇鳳 崇乂 崇蕃

必淑 必浥 必鍨 必鏵 必鋂

良儋 良徽 良侑 良信 良仲 良价 良侑 良僖 良倚 良瀛 良璩

友祿 友集 友諭 友坦

忠訓郎不倨 保義郎不柔 忠訓郎不忘 成忠郎不臧 忠翊郎不盗 保義郎不場

善孝 善長 善學 善莛

崇官

必鋙

良琇 良櫚 良穆

秉義郎 副使吉琢 內殿承制吉埕 武義郎吉儉

不耀 忠訓郎 不器 承節郎 不古 不比 不明 承節郎 不回

善理 善膺 善卞 善廉

汝咨 汝鴻 汝評

崇鍾 崇禬

必循

贈通議大夫左中奉大夫主簿不溢

善府 善瑄 善琦

汝寧 汝幸 汝楫 汝掄 汝傑

崇播 崇偘 崇廄 崇案 崇品 崇㽞 崇豆 崇備

必泰 必享 必奕 必遷 必邑 必庠 必豫 必巽 必璐 必愼 必息 必烝 必恿

良編 良維 良鐸 良縉 良綬 良緣

太子右監門率府副率仲厥

汝偍

崇憙　崇則　崇訐　崇半　崇中

必　必賔　必宮　必懃　必邁　必造　必遷　必逵　必避　必依　必致

良纁　良埒　良統

成室謚贈眉州防禦使孝良仲營

武德郎士誅

不同

善諫　善謀

汝可　汝諏　汝資

崇極　崇積　崇松　崇㮚　崇枝　崇念　崇悊　崇俾

必兼　必楷　必播　必柟　必倪　必候　必充　必沛　必浧　必漸

良杆　良極　良櫣

成忠郎不凡　不俗　保義郎不武

善言　善詒　善詢　善議　善恩

汝巽　汝熒　汝美　汝琡

崇僨　崇鏵　崇迥　崇𢝊　崇悉　崇懸　崇態　崇圭

必瓛　必墹　必朶　必微　必彿　必備

右迪功郎不役

善覞　善拜

汝琭　汝玠　汝蘗　汝闢　汝棄　汝翕

崇鐠　崇鏞　崇鉻　崇鑯　崇鎛　崇頠　崇鍏　崇義　崇善　崇鏘　崇銑

必瀌　必泗　必泓　必犀　必淞　必稷　必約　必榴

成忠郎不廢　忠訓郎不由
善經
汝黽　汝蒭　汝端
崇錄　崇鑒　崇鏖　崇諒　崇諰　崇謓　崇諳
必儒　必弇　必傭　必倢　必俱　必侻　必儲　必併　必偟　必偤　必佯

保義郎不斐　不朋　武翼郎不壓　武經郎不勢
善戉　善瀷　善評　善斷　善縱　善譖　善廩
汝綜　汝縮　汝方　汝文　汝陸　汝偶　汝作　汝鐵　汝佗　汝昌
崇諫　崇諸　崇誐　崇德　崇焊　崇爛　崇炏
必儕　必烯
良珣

右班殿直士譎　右中大夫士穆
不迷　不言　武翼郎不邪　右儒林郎不願
善錭　善迁
汝鄉　汝琇　汝稑　汝端　汝警　汝擗　汝訣
崇搴　崇浚　崇沛
必瓘　必瑛　必現

贈武翼大夫士竘
右從事郎不降　武經郎不微　修武郎不矹
善時　善式　善述　善遺　善逞
汝譽　汝許　汝芳　汝誠　汝諫
崇笙　崇籙　崇祼　崇熑　崇橦　崇拼
必疇　必時　必暸

宋史表卷十九　九

贈左中奉大夫士言　贈左奉大夫士靖

不凋　忠翊郎不殫　贈承議大夫不衰　左朝請郎不退

善遵　善德　善任　善迪　善俊　善宿

汝課　汝諮　汝譽　汝灝　汝塈　汝正　汝悖　汝就　汝躋　汝聿　汝伯　汝俠　汝像

崇撲　崇鋅　崇鍋　崇銻　崇鉏　崇鏶　崇大　崇夵　崇瀌　崇涌　崇倡　崇滂　崇禛　崇荳　崇茗　崇操　崇格　崇柄　崇楷　崇握　崇搏　崇楷　崇揔

必崧　必德　必逯　必秕　必相　必煻　必焠　必磷　必礉

良熜

宋史表卷十九　十

贈蘄州防禦使不進

善熒　善僚　善宮

汝偁　汝佚　汝儦　汝佊　汝傻　汝倛　汝俗　汝儴　汝偫　汝傚　汝侐　汝侀　汝僊　汝垶　汝璲　汝瓌　汝鍊　汝璿

崇掄　崇撫　崇扶　崇擢　崇時　崇捷　崇挺　崇揀　崇瑃　崇滲　崇道　崇迁　崇逸　崇適　崇遷　崇蓮

必濛　必璵　必珀　必玢　必䌌　必炂　必燔　必熷　必炷　必傑

良瑋　良鐵　良瓀

西頭供奉官士㯳　士悰　右朝請大夫直祕閣
不昏　不逆　從義郎不適　右迪功
善介　善宁　善宋　善託
汝莌　汝㴊　汝玗　汝硫　汝碣　汝泉　汝鷟
崇陵　崇祿　崇遷
必瀧　必澶

士諒　修武郎士端
不窬　將仕郎不還　不嚚　贈奉直大夫不琢
善監　善鐮
汝度　汝易　汝㝷　汝𧸘　汝曦　汝奭
崇止　崇情　崇㽔　崇炭　崇爆　崇榊　崇橪　崇樺　崇滕　崇臆　崇昕　崇瑿
必晛

善鈛　善鎧　善鏈　善鍸
汝胆　汝慄　汝弁　汝徵　汝儁　汝晃　汝礌　汝寮　汝碧
崇膇　崇僶　崇𢏺　崇酌　崇旌　崇汴　崇流　崇膳　崇戀　崇輅　崇復　崇徽
必賁

必師遹　義侯　仲料
右班殿直士洮
訓武郎不涸
善鈗　善鉊　善鉞　善鋄　善錭　善簡
汝彤　汝詸　汝迣　汝湏　汝緇　汝嗛　汝翠　汝設　汝詩　汝膽　汝書
崇𧆞　崇璩　崇騂　崇盼　崇瞜　崇騰

宋史二百二十八　一百一十三字

宋史表卷十九　十三

士俾　贈左通議大夫

不舟　贈太中大夫

善時　善敏

汝宜　汝良　汝玉　汝塹

崇令　崇巳　崇報　崇昌　崇素

必言　必克　必埸　必仁　必照　必冲　必梓　必滌　必𪋮　必權　必铣

良珅　良珵　良瓊　良鏽

崇覍　崇綰　崇蘊　崇揃　崇誧

必儔　必緈　必讌　必址　必壂　必許　必潑　必僊　必偃　必价　必傢　必仉　必僭　必佞　必佚　必津　必機

良玦

甘真寫　吳本中刊

宋史二百二十八　一百一十八

宋史表卷十九　十四

善瀜　善應　善養　善姝

汝倪　汝依　汝僿　汝伊　汝值　汝祈

崇椥　崇欅　崇楠　崇榭　崇杠　崇欄　崇齊　崇寧　崇晄　崇滓　崇愨　崇東

必極　必泫　必敫　必習　必謚　必訒　必迂

不傲　贈朝議大夫

善賢　善從　善期

汝灼　汝乙

崇書　崇枡　崇翔　崇樸　崇範　崇盬

必訴　必諶　必倘　必傃　必攜　必杜　必輝　必聽　必待　必適　必揚　必遷　必遺　必迸

良塬　良琦

甘真寫　本中刊

贈朝奉郎不俚

善鈚 善峪 善烱 善暾

汝鏞 汝重 汝約 汝圻 汝墩 汝嶠 汝方

崇作 崇僕 崇琲 崇舒 崇彰 崇學 崇偶 崇諜 崇晙 崇禔 崇寬

必暐 必爍 必迓 必像 必什

贈朝奉郎不倚

善脩 善郅

汝祖 汝櫚 汝燧 汝筆 汝張 汝俯 汝孳

崇裕 崇紙 崇塔 崇埒 崇禚 崇適 崇熚 崇道 崇退 崇遂

必傒 必受 必瓗 必椮 必璠 必瑛 必曨

良胥 良松 良瀧

贈朝奉郎不伐

善齡 善利

汝澗 汝衆 汝僖 汝霍

崇邁 崇進 崇遽 崇逵 崇述 崇迖 崇遷 崇粹

必玗 必珩 必璿 必玖 必瑒 必嶧 必爍

良福 良祿

循州觀察使仲佡

敦武郎士解 左班殿直士招 武翼郎士謙

右修武郎不為 保義郎不兮 不求 保義郎不吝

善祥 善繼 善愿

汝渲 汝沚 汝淏 汝佯

崇楯 崇煇 崇訓 崇堅 崇壑

必鈺 必鍊 必錄 必梓 必伎 必榛 必傈 必愿 必憲

良坤 良炎 良汜 良僑

宋史表卷十九

十七

忠訓郎 士擬 忠翊郎 士依 成忠郎 士循 成忠郎

成忠郎 不柔

善邀 善琰

汝櫹 汝東 汝家 汝同 汝詵

崇芾 崇寘 崇巽 崇潦

必遷 必造 必憓 必迴 必球

忠翊侯贈武議大夫 仲維

贈中散大夫 士學 士彰

大夫 不漸

善石 善視 善悟 善務

汝尚 汝嘻 汝咏 汝軒 汝唯 汝模 汝翊 汝儋 汝㮰 汝慌 汝嫣

崇價 崇衡 崇椿 崇祠 崇福 崇櫟 崇桔 崇撚

必璋

宋史表卷十九

十八

武翼大夫右從政 太和郎不泛

右承議郎 不同

善森 善詵 善厲 善閭 善浣 善撰 善燧 善準 善從 善道 善凤

汝兆 汝栗 汝換 汝虒 汝愫 汝琉 汝塝 汝洽 汝律 汝圖

崇政 崇當 崇智 崇檄 崇嘉

必華

右文林郎 不涸

善介 善谷 善必 善六

汝夢 汝真 汝提 汝退 汝轍 汝櫻 汝森 汝糒 汝最 汝星 汝鄉 汝昇 汝春

崇倖 崇伸 崇遑 崇詆 崇禡 崇譁 崇嫌 崇玖

武經大夫士[illegible]

武翼郎不漂　不湮　不危　不迯　修武郎不訒　武翼郎不詵

善公　善定　善米　善[illegible]　善[illegible]　善恣　善[illegible]

汝晅　汝宬　汝清　汝琳　汝[illegible]　汝芟

崇[illegible]　崇燾　崇鐈　崇鏢　崇楅　崇榛

武經大夫修武郎士[illegible]不漏　從義郎不淄

善憓　善悠　善楄　善[illegible]　善樫　善搭　善璥　善瑠　善[illegible]　善櫨　善楠　善梓

汝裹　汝俼　汝僅　汝偕　汝揖　汝墉　汝愕　汝姓　汝介　汝[illegible]

甘真亭　嚴正刪

武翼郎士陽

忠訓郎不凌　忠翊郎不淪　右迪功郎不謹　保義郎不謗　承信郎不誠

善揀　善扶　善瑰　善式　善綿　善勑　善枌

汝鷹　汝方　汝杲　汝諒　汝崍　汝嫈

崇紐　崇階

會稽侯宗敏

贈昌國公謚思仲[illegible]

武經郎士揻　[illegible]　郡公士感

承節郎不陿　三班奉職不求　武翼大夫不愚

善儀　善袷　善憬　善梓

汝璽　汝舟

崇固

必適

良呂　良賢　良耜　良臣

友揀　友柯　友桂　友槐　友檜　友賀

甘真學　嚴正刪

太子右內率府副率士監　右班殿直贈武翼大夫士趨
職不踰　不渝　不盈　贈金紫光祿大夫不尤
善悉
汝鐸　汝厳　汝鄉　汝鏡　汝駟
崇琚　崇滂　崇洇　崇挺　崇拔　崇謄
必垚

贈武德郎不惑　三班奉
善晉　善太　善異
汝松　汝畬　汝玘　汝琪
崇烈　崇熹　崇燕　崇熏　崇湡　崇沍
必逵　必明　必彡　必珍　必𪄀　必俛　必垎　必僦　必倏
良淏

不亢　武翼大夫承節郎不溢　夫士劾
善良　善與　善鋆
汝錫　汝冊　汝疋
崇涼　崇庸　崇明　崇椽　崇焘
必瑜　必璣　必瑞　必瑅　必琚　必瑾
良趙　良揖　良持　良撣　良樬　良杷　良禕　良椽　良褫　良榛
友烓　友爊

善洩　善忌　善昊　善義
汝鉉　汝鋌　汝鐧　汝舒　汝釬　汝鑄　汝鎛　汝鏂　汝鉷　汝鞋　汝瞻
崇玕　崇邁　崇瑠　崇靦　崇瀲　崇豚　崇膝　崇溫　崇濟　崇澧　崇洴　崇通　崇墩　崇涇　崇鏃
必邃　必遨　必催　必捷　必橂

宋史二百二十八　　百四十六

宋史表卷十九　二十三

太子右內率府副率仲通
博陵郡公仲伋　馮翊侯士[illegible]　右班殿直不悔
北海侯士[illegible]　修武郎不惕
士倞　不惕　善德　汝霖　崇流　必淥
必䂓
秉義郎不危
忠翊郎不類　善碩　汝璁　崇棡
汝烈
汝德
汝裡
汝[illegible]　崇欒
崇欒

善毅　汝明　崇僑　必琳　良鐘
汝橠　崇董　必昂　良輸
善嘉　汝南　崇微　必[illegible]　良明
汝尚　崇信
汝[illegible]
汝[illegible]
汝彩　崇燮　必玠　良杼
崇佐　必鋽
必能
必璸　良[illegible]
必璸
必琒
良莲　良蕎　良英　良方

甘泉　嚴正　孙　寧

宋史二百二十八　　百四十五

宋史表卷十九　二十四

清源侯士鄆　忠翊郎不愚
士鄆
忠翊郎不[illegible]　善旅
不[illegible]
不[illegible]
承節郎不約　善述　汝閤　崇皓
士斐
汝鍍
崇允　必璪　良鈎
崇珣　必琺　良鎓
必琭　良鏷　良鋱
崇恩　必[illegible]　良鍵　良鈜　良金
必[illegible]
必潭　良[illegible]

博陵侯[illegible]　汾仲漣
東陽侯士[illegible]
奉官士[illegible]
士彤
左班殿直士[illegible]
右[illegible]士[illegible]
南陽侯士[illegible]
士康　秉義郎不移
武翼大夫不[illegible]
善能　汝禡　崇遠　必備　良瑾　友昭
善逵　善遵
善適　善遴　汝陵　崇戈　崇偲　必閑　必闠　良涓　良洰
崇曨　必瑾
崇[illegible]　必瑫

甘真　嚴正　孙　寧

宋史二百二十八　一百二十四

宋史表卷十九　二十五

甘真寫　藏正刊

善言

汝運

崇敵

必佐　必倞　必健　必保　必諸　必證

良璑　良鏶　良錦　良鋅　良鉒　良鏵　良鏞　良鏈　良玥　良錄　良璎　良坤

友暐　友昽　友渼　友淳　友況　友暘　友佪　友浼　友晉

崇旻

必才

西頭供奉官士逞　敦武郎士僑　從義郎

有待　不棠　保義郎不越　保義郎不慍　承節郎不怠　不象　保義郎

善進　善淵　善婉　善學　善珪

宋史二百二十八　一百四十五

宋史表卷十九　二十六

甘真寫　藏正刊

榮國公　諡恭追封越國公　仲寀

士鉠　士歡

不鉅　承信郎不閡　不倦　開國男不諒　朝請大夫不億　修武郎不看　武翼郎

善拓　善述　善權　善建　善問

汝句　汝翼

崇聘　崇瑞　崇徽

必㙜　必琭

良楸　良臻

友儒

不妄　贈朝散大夫

善應　善能　善淵　善治　善信

汝遷　汝夔　汝褒　汝丙　汝焞

崇允　崇森　崇澧　崇正　崇達　崇庠　崇悉　崇意　崇息　崇執　崇簡

必芹　必焴　必寂　必闡　必梻　必瑠　必壑　必朴　必祠

良鑑　良珪　良鋄

宋史二百二十八　一百二十五之一

宋史表卷十九　二十七

不忌
善建
汝琣　汝弌　汝榫
崇琓　崇直　崇介　崇汰　崇瓘　崇璿
必遷　必傑　必秀　必因　必漵　必淳　必逯　必澤　必佰
良仰　良俛　良瑀　良琮　良玹　良杰　良棣　良幹　良補　良瑚
友諒　友澗

善繼　善繪
汝餅　汝蘩　汝賢　汝謙　汝遲
崇埕　崇芮　崇鑄　崇容　崇諒　崇註　崇唱　崇炓　崇賁　崇阿
必催　必極　必檻　必緫　必擽　必極　必諾　必面　必醇　必祉
良璜　良塤　良珂

甘填寫　藏正冊

宋史二百二十八　一百三十个

宋史表卷十九　二十八

左朝請大夫不搖
善濟　善谨
汝璪　汝適　汝理　汝低　汝驛　汝殺　汝毅
崇位　崇檟　崇溭　崇僮　崇泆　崇湝　崇謝　崇廈　崇淙　崇泌　崇淦　崇棣
必彙　必檇　必栝　必吕　必璠　必梓　必柠　必儲
良枒

贈承議郎不誡
不渝　秉義郎不黨　朝奉郎不㝵
善端　善掘　善假　善儒
汝搆　汝拒　汝松　汝款　汝暐
崇璜　崇凝　崇瑴　崇畊　崇爽　崇聰　崇佪　崇炌　崇德
必揩　必懐　必珊　必穗
良智

甘填寫　本中冊

善像
汝皓
宗漆 宗漸 宗詵 宗諒
必積 必說 必頼 必搁 必種 必総 必禎 必祝 必祷 必閔 必闈 必靖 必鍃
良悺 良琳 良珊 良倈 良璑 良瑋 良瑠

宗譗 宗謹 宗誘
必渇 必江 必速 必迓 必遺 必逯 必龍 必遄 必遴
良琉 良玗 良璉 良珇 良珆 良褱 良現 良瓊 良玜 良玲 良琪 良珎 良璈 良珌
友鏄 友鐕

不迎
善任 善喻
汝聽 汝峻 汝剢
宗亶 宗鋤 宗錆 宗鑞 宗鋳 宗録 宗鑚
必遒 必遝 必遠 必遷 必逩 必瑙 必瓚 必珽
良堤 良玏 良璲 良瓌 良瑜

士侍 士韃
不鄂 不固 不愧
善柔 善楢
汝雀 汝鼎 汝頎 汝隆 汝修
宗錢 宗鐪 宗銲 宗營 宗豐 宗追 宗適 宗勉
必滌 必灃 必湑 必洐 必官 必宛 必宿
良松 良搶 良懅 良堁 良基 良屋

修武郎士啃

不倚　忠翊郎不俣

善夂　善時　善昉

汝名　汝訦　汝珝　汝璵　汝煘　汝珽　汝釪

崇導　崇壐　崇繻　崇緑　崇繼　崇線　崇纓　崇晞　崇砥

必伀　必濫　必瀅　必鐪　必瑑　必墿　必境　必墫

良桙　良概

秉義郎不張　承節郎士㘣　承節郎不瞰　贈朝請郎士昇　秉義郎不忽

善曜　善昭　善睲　善晫　善宙　善禴　善燧　善縉

汝岩　汝儻　汝伙　汝摧　汝掌　汝摠　汝撞　汝瓚　汝汎

崇境　崇侈　崇漊　崇瀓　崇揄

必穫

從事郎不隱　從義郎不隘

善瀍　善瀠　善沭　善瓏　善穀　善輕

汝玩　汝玲　汝鐳　汝藝　汝溢　汝扮　汝恕　汝驄　汝態

崇調　崇誦　崇諿　崇識

必盪　必琛　必鏦　必鋑　必舒

從義郎不賁　不摟

善軓　善悉

汝愈　汝恩　汝鏤　汝醲　汝鎊　汝潯　汝稯

崇鎌　崇銍　崇䋲　崇鐵　崇鐫　崇鑛　崇懥　崇鑾　崇槊　崇鋑　崇鑒

必玏　必琗　必湖　必逯　必適　必悠

宋史二百二十八　一百二十六个

宋史表卷十九　三十三

不遭　贈朝議大夫不槁　訓武郎不[illegible]

善沛　善潢　善灝

汝郛　汝鄜　汝灺　汝煠　汝樓

崇僑　崇偷　崇徊　崇袖　崇值　崇得　崇傻　崇佛　崇異　崇表　崇暈

必健　必寔　必憲

武德郎士瀰

不窮　從義郎不執

善專　善誘　善舉　善野　善悛　善揚　善勝

汝翻　汝遏　汝億　汝侑　汝迥　汝遞

崇坐　崇秴　崇穫　崇權　崇橅　崇曠　崇曚　崇睄　崇曬

必萷　必潺　必堪　必涫　必鍑　必畸　必晴　必泧

良聰　良桸

甘真寫　本中刑

宋史二百二十八　一百四十四个

宋史表卷十九　三十四

武翼郎士稆

秉義郎不伯　從義郎不[illegible]　成忠郎不熟

善膺　善運　善府　善康

汝嚴　汝昆　汝昊　汝熊　汝錞　汝流　汝壇

崇睞　崇瞻　崇瑝　崇鄉　崇撜　崇科　崇脉　崇町

必鞬　必介

武翼郎士歡

忠訓郎不危

善淵　善適　善昌　善智　善呐　善尾

汝耆　汝胥　汝若　汝亶　汝滌　汝北

崇贇　崇瀕　崇惠　崇愆　崇慈　崇慹　崇思　崇忽　崇憶　崇鑛

必疆　必橙　必揶　必譚　必訓　必覡　必煉　必燠　必通　必鏞　必總　必議　必熊

良佰

甘真寫　吳本中刑

士	士秫　郎不敝	武經郎士㵽　成忠郎不介
善	善瑎　善卦　善鄰　善祁	善郁　善鄂　善都　善邦　善棨
汝	汝盍　汝秕　汝濯　汝璒　汝鼓　汝玘　汝㯿	汝冢　汝表　汝膺　汝衫　汝褁
崇	崇鋗　崇昳　崇賊　崇堅　崇暹　崇𢘛　崇墉　崇恙　崇愸　崇沛	崇瑎　崇設　崇訹　崇鐕　崇鈇　崇鏈　崇鉚　崇縉　崇紩　崇綀　崇緣　崇維　崇詑
必	必惟　必忡　必佛　必播　必操　必揥	必擂

仲	順國公謚惠穆仲當	
士	從義郎士飪　修武郎士㶒　從義郎士㥆　太子右內率府副率士㯬　贊善大夫贈朝請郎士瀟	朝請大夫　右奉議郎
不	不爁　不遲	儒林郎不處　迪功郎不迹　有祓政　不矯
善	善仁　善義　善禮	善時　善明　善昭　善嶷　善於
汝	汝袊　汝袞　汝衿	汝洵　汝渼　汝播
崇		崇秞　崇社　崇來　崇術
必		必琛　必玐　必栓　必檣　必枝　必枰　必柘　必詩　必淮　必濠

宋史表卷十九　三十七

朝奉郎士裹

不渝　訓武郎不動　承信郎不錄　保義郎不耀

善襄　善袞　善　善元　善良　善㙍　善瑭

汝奇　汝戩　汝望　汝河　汝　汝問　汝錄　汝礦　汝巖

崇禪　崇味　崇嫌　崇舟　崇羌　崇惰　崇韶　崇悔　崇伏　崇俙　崇遥　崇僥　崇侏　崇儗　崇倆　崇舟　崇弁　崇溥　崇邅

必修　必復　必墻　必鄉　必壘　必㻶　必坪　必珥　必增　必璐　必琥　必曦　必睞　必㬢　必暎　必昭　必暖

良鏑

宋史表卷十九　三十八

武翼郎士澤　武翼郎士磨　從義郎士侗

忠訓郎不械　承節郎不疑　不凝　不擬　不惺　承節郎不礙　不拔　不苟　承信郎不玷

善勤　善言　善降　善追　善恍　善嘉　善學

汝悰　汝昇　汝杋　汝愛　汝謀　汝諫　汝誕　汝諳　汝陞

崇蹇　崇求　崇瓌　崇尊　崇鄭　崇併　崇初　崇擒　崇托　崇偕　崇倜　崇偓　崇儋　崇憧　崇侔　崇遮

必洵　必滜　必瀑　必彪　必潡　必浦　必㯰　必㯯　必滌　必榕　必移　必紓　必殘

良熹

宋史表卷十九　三十九

從義郎士玫　右班殿直士檀　忠訓郎士枋

不貳　成忠郎不絿　承節郎不紆　忠訓郎不縱　不綺　不謁　不邪　不迴

善遷　善式　善舉　善秉

汝枋　汝岌　汝還

崇錝　崇琥　崇爀

必坐　必垐

良瓛

嘉國公仲遲

右班殿直士[illegible]　承義郎士爽　太子右監門率府副率士穌　保義郎士頎

訓武郎不他

善信　善遵

汝淺　汝裒　汝褢　汝霓　汝楫

崇禔　崇裀　崇珞　崇璪　崇浩　崇禮

必陂　必偟　必備　必侍

良腆

宋史表卷十九　四十

秉義郎不為　保義郎不作　修武郎不懸

善揚　善舉　善燕　善隆　善戎　善彰　善璐

汝騤　汝太　汝俣　汝涂　汝方　汝怡

崇燮　崇倅　崇伐　崇軹

必億　必鑑　必鈉　必塗　必潆　必涉

成忠郎不易

善純　善南　善桴

汝迁　汝冷　汝徽　汝珖

崇箕　崇端　崇篁　崇贊　崇恂　崇恬　崇江　崇渝　崇泙　崇湄　崇漉　崇洋

必汰　必濛　必溏　必澂　必師　必璪　必錟　必鑲　必鐇　必鈐　必錚　必鐈　必鐧　必瀞

良熾

秉義郎士晞

承節郎不矜 秉義郎不伎

善政 善嚴 善裕 善栝 善祐

汝瑨 汝宴 汝夲 汝隲 汝隸 汝訓 汝説 汝敬 汝瞰

崇沂 崇鎔 崇駓 崇纍 崇繖 崇耆 崇偶 崇謳 崇諢

必璟 必壚 必球 必端

贈武郎士犄

承信郎不愓 不怯 忠翊郎不憚 不悚 承信郎不慉 不懷 不愠 不懽 朝奉大夫不已

善堂 善信 善脩 善言

汝畐

崇㬎 崇然

必畐 必畱

武翼郎士昵 從義郎士奉

不貳 保義郎不回 修武郎不肆 不數 成忠郎不庛

善珈 善瓊 善璦 善述 善道 善進 善後 善循

汝金 汝鏞 汝鋸 汝闓

崇沂 崇瀓 崇潄 崇歛

忠訓郎 不滯 承節郎 不傻 承節郎

善察 善亀 善執 善應 善棨

汝越 汝使 汝銶 汝遒 汝冦 汝佪 汝府 汝沟 汝其

崇耆 崇鋤 崇棱 崇扱 崇捍 崇拓

士慻 修武郎

不屈　不誤 修武郎　不琢

善智　善從　善旨　善晒　善誠

汝雅　汝槼　汝嬃　汝驃　汝瀆　汝秷　汝花　汝偈

崇還　崇敢　崇綰　崇迅　崇達　崇通

必鑣　必銑　必鑌　必鏵　必鏑

不玽 秉義郎　不玷 忠翊郎

善學

汝代　汝便　汝慰

崇過　崇逢　崇迫　崇遠　崇邊　崇週　崇道　崇誕

必鎡　必釗　必伶　必傜　必銳　必曔　必暎　必瞟　必暖　必鑒　必宮　必寰　必倌　必恭

甘真寫　賈才刊

善逵

汝慰　汝恖　汝慼　汝濡　汝上

崇宸　崇訊　崇詔　崇優　崇僵　崇鏞　崇殊　崇鏞　崇健　崇就　崇悤

必祈　必祉　必湝　必映　必賓　必潼　必暐　必傻　必拾　必消　必鑌

良玗　良璧

士稽 武翼郎

不缺　不誠 承節郎

善積

汝復　汝粤　汝涸

崇琍　崇劍　崇鋒　崇鉞　崇鉠　崇換　崇㯟　崇樑　崇槵　崇櫹

必淅　必銅　必淦　必滐　必江　必湊　必瀓　必湲　必鄉　必票　必沐　必烷

良臺

甘真寫　吳惠刊

宋史表卷十九

四十五

不謏　不譮　不謡　贈通直郎不晦

善旺　善賫　善舉　善曇

汝照　汝昐　汝焥　汝傳　汝儲　汝備

崇穮　崇琮　崇稌　崇硑　崇磯　崇揆　崇据　崇肇　崇揄

必庚　必便　必鐮　必棋　必桴　必滵　必堧　必埇　必圵　必填　必𡒄　必塼

良㥪　良[illegible]

善恖　善卷

汝信　汝𠏉　汝喬　汝悉　汝愜　汝[illegible]

崇揔　崇燠　崇掾　崇攄　崇抑　崇拭　崇撣　崇桅　崇鈞　崇算　崇弉　崇簀　崇甊　崇篆　崇敃

必堎　必壙　必瀞

甘真宫　吳惠刊

宋史表卷十九

四十六

從義郎士逞　成忠郎士桊　右班殿直士湍　武翼大夫士武

不𢙈　不惑　不曾　不或

善擇

汝祥　汝襏　汝宅

崇晛　崇曈　崇𡍩　崇繪　崇鈗　崇絺

必烈　必念　必惠　必慈

不息　從義郎不懟　成忠郎不懟　從義郎

善檄　善標　善扔　善摠

汝僐　汝燋　汝儸　汝𦥯　汝衝　汝僻　汝𠎀　汝俀　汝佪

崇棽　崇鑾　崇銑　崇釤　崇鈙

必意　必璣　必硫

甘真宫　吳惠刊

不恕
承信郎不慭
承信郎不慝
善折
善格 善析 善揵 善琥 善扮
善禁 善揀 善撫
汝通 汝遭 汝迮
汝錸
汝袖 汝稞 汝淯 汝樛
崇敍
崇紵 崇縱 崇錫 崇縛 崇纏

忠訓郎士引
不德
善攲
汝綜

宋史二百二十八　七十四个
宋史表卷十九　四十七
甘眞刻　吳惠刊

表卷第十九

表卷第二十　宋史二百二十九

開府儀同三司上柱國錄軍國重事中書右丞相監修國史領經筵事都總裁臣脫脫等奉敕修

宗室世系十五

欽國公諡恭靖仲胡
武經郎士𢷬
修武郎士䳴
成忠郎不畧
訓武郎不居
善
善劬
善勛
汝必 汝𣽊 汝奇 汝璘 汝琳
崇儴
崇麦

善勛
汝璪
崇準
必爟 必熼 必焞 必煊 必菖 必琣
崇縄 崇平 崇牢 崇汏 崇侄 崇衛 崇術 崇迨
汝場 汝玷 汝璝 汝晃
善勛 善劭 善勧 善勔
不違
必宥 必坟 必地 必坤 必鞘 必翌
崇懔 崇㦤 崇禠 崇恩

宋史二百二十九　字一百七十个
宋史表卷二十　一
甘眞刻　徐福刊

宋史表卷二十　二

武翼郎士塈
不佞　修武郎不朋　不疑　不虛
善志　善沸　善進　善鍔　善矼　善良　善御
汝遷　汝霙　汝衆　汝旌　汝命　汝置　汝孚　汝應　汝皓　汝續　汝細
崇漳　崇漢　崇浓　崇禂　崇瓓

贈武經郎士悬　秉義郎士瞵
忠翊郎不誣　不傾　修武郎不怫　保義郎不恌　不慄　不惛　不愽　不倦　不非
善江　善潞　善轅　善淵　善脩　善機　善治
汝嶤　汝剻　汝紉　汝爛　汝千　汝諸
崇果　崇術　崇煇　崇曉　崇橡　崇遒
必僬　必鑄

宋史表卷二十　三

右侍禁士值　修武郎士跡　武翼郎士栩
不吝　贈宣義郎不崖
善積　善溥　善仲
汝兩　汝僑　汝偰　汝論　汝設
崇樺　崇柷　崇損　崇㩎　崇櫄　崇悝　崇樆　崇埕
必瓔　必斑　必璥　必玉　必璽　必堅　必皇
良翁

忠訓郎士追　修武郎士還　武節大夫
不窮　不識　承信郎不必　不息
善錯　善溢　善膠　善昇　善恭
汝語　汝詞　汝記　汝褕　汝服　汝絺　汝殖　汝遜　汝懋　汝徇
崇垚　崇璪　崇墉　崇曦　崇澠　崇仳　崇書
必瑩

夫士逈　武經大夫士陸

不粗　贈宣教郎不摭　不柔　忠訓郎不畫　秉義郎不汲　忠翊郎不珍

善適　善道　善倜　善倚

汝沃　汝潢　汝湉　汝洍　汝淤　汝靈　汝銖　汝鏞　汝鋌　汝鐵

崇勳　崇枘　崇嶂　崇澤　崇澳

必晄

不殞　武翼大夫不柰　迪功郎不汧

善莅　善謹　善㷄　善彝　善徠　善摯　善祀　善豈　善章

汝鏵　汝著　汝盟　汝盈　汝扺　汝擗　汝櫚　汝榴　汝梭

崇儆　崇格　崇狀　崇壁

宋史二百二十九 字二百三十个

贈渼侯宗孟　舒王諡安孝宗爾

華原郡公諡僖節仲先

華陰侯追封商國公士稷

不佸　不俊　不屈　訓武郎不渝

善賨　善賓　善戚　善遺　善奇　善俊　善通　善脩　善徽

汝畬　汝鑿　汝詞　汝躬

崇輳　崇轐

武功郎士帽

不濁　宣教郎不孬　贈武經大夫不泯　秉義郎不瀆　成忠郎不汨

善虎　善豹　善楧　善山

汝樘　汝誅　汝說　汝眠

崇檣　崇此　崇現　崇斯　崇瑰　崇建　崇遨

宋史二百三十九　字一百四十个

東頭供奉官士烋

不涸　忠訓郎不溢　武翼郎不愷

善峻　善孚

汝逸　汝恤　汝憬　汝惔　汝慎　汝斎　汝閫　汝昱

崇迮　崇暕　崇晧　崇睽　崇昕　崇瞻　崇昇

必滏　必憙　必憲　必董　必蔔　必鄭　必耀

良鋈

善祐

汝惺　汝白　汝愨　汝邈　汝嶠　汝諳　汝盥

崇瑩　崇暄　崇暐　崇晈　崇暘　崇昆　崇晞　崇昕　崇晄　崇膡　崇侵　崇憲　崇賁　崇榛　崇僧

必謹　必訒　必訶　必瀑　必儀　必衛　必瀬　必陵　必熠

良穩

宋史表卷二十　六

甘真鸣　徐福刊

宋史二百三十九　字一百四十个

修武郎不錙

善覺　善壽　善滌　善逺　善格　善訟

汝沂　汝豫　汝逢　汝壆　汝拭　汝減　汝滅　汝憋　汝漢

崇橘　崇訒　崇穢　崇舎　崇營　崇廉　崇威　崇賵

必烯　必烧　必鑠　必現　必琿　必柷　必諱

博平侯仲丁　房國公仲曉

忠順郎贈朝散郎不愆　士迂

善濆　善弱　善沇　善祚　善蓮

汝琢　汝戩　汝球　汝譯　汝璧　汝琯　汝璣　汝減　汝珠

崇識　崇橞　崇垙　崇潔　崇朋　崇儁　崇堉　崇鑣　崇瀀　崇鋭

必杵　必灛　必淴　必莅

宋史表卷二十　七

甘真鸣　徐福刊

宋史表卷二十　八

武翼郎士鄜

不怍　不慊　不懈　不愠　不愧　不惡

善迺　善侍　善鑒

汝杜　汝艢　汝篝　汝濬　汝燮　汝峘　汝尧　汝岷

崇竒　崇皇　崇彼

必鏊　必鎣　必崘　必嵦　必嵱　必鏞

不儆　不悚　從義郎不忓

善瀘　善縻　善局　善曆　善康

汝客　汝崀　汝峒　汝嶒　汝對　汝崆　汝崢　汝擢　汝發　汝攘　汝接　汝機　汝櫚　汝摻　汝當

崇穆　崇光　崇臺　崇壽

宋史表卷二十　九

武翼郎士雝　忠翊郎士偶　忠訓郎士諒

不惆　不慑　不怖　不懼　不悚　秉義郎不忿

善輪　善輯　善誘

汝琴　汝揹　汝鍼　汝覺　汝倧　汝仟

崇瓔　崇墿　崇書　崇鑲　崇纁　崇浡　崇涛　崇埭

必挑　必鑁　必堵

良壤　良圳　良壕

友諠

承信郎不懃

善詩　善爰　善剡

汝武　汝卷　汝匝　汝玲　汝鍼　汝關　汝戚　汝邑　汝尉　汝鸞

崇壮　崇場　崇暄　崇鐘　崇堞　崇儀　崇墤　崇擽　崇鍼　崇鏞　崇㵾　崇吟　崇榔

必鑿

華安侯仲洗

保義郎士攺　武德郎士悳　秉義郎士應　忠訓郎士忠　武翼郎士寄

不怠　不慭　修武郎不苟　承信郎不貪　忠訓郎不湮

善銓　善驋　善瞰　善證

汝彷　汝台　汝鏤　汝銑

崇瀰

左武衛大將軍仲肭

成忠郎士倫　左班殿直士訢　右班殿直士僖　敦武郎

修武郎不注　保義郎不浞　不淺　不慥　不惹　承信郎

善顥　善納　善謀

汝彭　汝鉤　汝鐮　汝塙　汝埭　汝佫　汝亭

士軹

不惪　忠翊郎不惕

善纚

汝玒　汝璠　汝坐

崇適　崇邀　崇遝　崇迷　崇邈　崇貫　崇選　崇逊　崇遒　崇逵　崇遫

必溘　必濼　必濯　必漕　必稽　必弜　必鋒　必柚　必盱

良瓎　良瑨　良潰　良浮

東陽侯仲塾

武經大夫士販

不危　承節郎不悱

善綬　善長　善才　善數

汝傅　汝璃　汝燔　汝誦　汝璽　汝諱

崇迣　崇遝　崇義　崇瑗　崇琡　崇璣　崇珠　崇湮

必瓐　必祼　必璥　必瓃　必璇　必瓌　必學　必穎　必檣　必枋　必橡　必櫶

善敦　善湲

汝櫂　汝弁　汝藹　汝斐　汝堂　汝浒　汝曦

崇瑊　崇球　崇祉　崇珋　崇押　崇誐　崇念　崇忐　崇恰　崇惬

必璘　必輮　必理　必衆　必鋅　必桀　必沇　必沾　必湑　必絜　必湛　必澠

良栓　良榛

善儆

汝鏻　汝塙　汝玢　汝瑧　汝堊

崇聚　崇秩　崇㴶　崇息　崇忞　崇㦤　崇懋　崇懕　崇惠　崇鋆　崇煥　崇爈　崇倉

必堅　必汪　必潮　必股　必胏　必鐺　必滕　必炆　必衆　必擠

右班殿直士[illegible]　[illegible]郎士賁　士暸　秉義郎士[illegible]　士僎　成忠郎[illegible]

不華　不敵　不苛　不群　不迷　不移

善何　善傳　善慓　善仰　善德

汝璪　汝逮

崇命　崇侖

平陽郡王諡僖從宗翰

河內侯仲來　康州防禦使仲穡　彭城侯仲[illegible]

贈中大夫士𤠫　右班殿直士來　從義郎士[illegible]　武經大夫士璩

不欺　不矒　不斯　保義郎不儗　承節郎不緬

善辛　善亢　善燠

汝儔　汝曎　汝霈　汝吳　汝奎

崇棣　崇瀑

必壂　必鏞　必誕

武翼大夫士覆

不戭　忠訓郎不緎　不猛

善豫　善數　善袤

汝讜　汝夸　汝裯　汝栵　汝讘　汝夸　汝潘　汝置

崇鉽　崇鋑　崇銀　崇鑯　崇圩　崇儀

必墜　必琦　必奠　必萱　必鋋

良歷　良冰　良洸

安康郡公仲罃

贈武節大夫士宗　武德郎士儆　贈朝議大夫士珇

不　贈訓武郎不争　不悔　訓武郎不去

善報　善貢　善棠　善造　善果　善言

汝瓏　汝璿　汝鎬　汝栶　汝得　汝驎　汝繡

崇瘴　崇扃　崇序　崇廠　崇膺　崇僉　崇麃

不危　不邪　不弱

善詞　善沅　善説　善世　善碁

汝尌　汝芟　汝滰　汝溉　汝崍　汝岡　汝歔　汝龍　汝仿　汝縶　汝允　汝晛

崇鍾　崇錙　崇緝　崇綸　崇宸　崇宬　崇揂　崇僟　崇袟　崇絧

必顒

善溙

汝𢡟　汝珎　汝櫂　汝福　汝謹　汝諲

崇紆　崇綵　崇結　崇餙　崇蒸　崇消　崇倀　崇心　崇𤷃　崇墳　崇饌　崇酉　崇鄭

必傾　必傪　必倜　必稹　必袂

不泰 不亂 保義郎不猗

善僻 善纖 善邑 善集 善粲 善邇 善綮

汝炘 汝鯖 汝𠑊 汝毅 汝奐 汝晃 汝詛 汝秩 汝勳 汝傚 汝謝 汝凜

崇憒 崇綯 崇䅡 崇務 崇道 崇褫

必迩 必鐻 必壙

保義郎不括

善榛 善葦 善穉 善甫 善婺

汝虛 汝捷 汝拼 汝捕 汝遹 汝淦 汝藕 汝藟 汝湑 汝暢

崇補 崇襘 崇俳 崇燮 崇溥 崇麈

必埖 必庳 必光 必㰲 必熵

左朝散大夫士纘

保義郎不及 宣教郎不憤 不息 左奉議郎不忞 從義郎

善嚴 善神 善焆 善謫 善諫 善芬 善呼

汝倚 汝壁 汝謳 汝衮 汝床 汝亢

崇茬 崇堇 崇岑 崇儷 崇熾 崇緣

必琿

秉義郎士槃 左朝散大夫士毅

不由 成忠郎不惑 忠翊郎不忒 不晦 朝奉郎不汙

善至 善毅 善靡

汝敝 汝晦 汝弦 汝俳 汝衡 汝休

崇淞 崇莅 崇苍 崇讜 崇蔦 崇烈 崇意

必遨 必蕙

武翼郎士多

將仕郎不簡　不競　不謾　忠翊郎不誹

善體　善瀾　善秘　善叟　善壘　善遷

汝燭　汝瑋　汝述　汝遒　汝遨

崇相　崇栖　崇桎　崇楢　崇櫳　崇棊　崇榝　崇當

汝邂　汝述　汝遵　汝憲　汝憾　汝懿　汝意　汝息　汝倉　汝怨

崇保　崇侑　崇俺　崇憶　崇僅　崇撩　崇檬　崇椺　崇犳　崇璣　崇璷

善過

訓武郎不訕

善閫

汝龜

崇忠

必潛

訓武郎士詢

忠翊郎士園　忠翊郎士堂　忠翊郎士檝

不屈　不伐　秉義郎不矜

善遠　善效　善與　善智　善從　善論　善試

汝馳　汝剡　汝煥　汝琁　汝璐　汝瑞　汝珍　汝濱

崇秠　崇楰　崇楷　崇湖　崇滙

修武郎士孫　武翼郎士奐　士蠢

保義郎不悔　不礙　不倨　秉義郎不勞　保義郎不假　保義郎不佪

善謨　善制　善譽　善譚　善迫　善眺　善畔　善禮

汝僧　汝伯　汝得　汝綸　汝總　汝鉀　汝行　汝概　汝惷　汝沸　汝狀

崇藝　崇情　崇悄

宋史二百二十九　百五十个

宋史表卷二十　二十

仲撖　武功大夫徐州防禦使

士原　右朝散大夫　士壹　敦武郎　士勑　修武郎

不修　不伐　承直郎　不諛　不讓　左文林郎　不缴　忠訓郎　不苟　忠訓郎

善玑　善琭　善玠　善𨠑　善壽　善化　善仁　善晁　善逢　善遹　善則

汝浛　汝綮　汝瀼　汝㥛　汝搕　汝俵　汝傳　汝偡　汝佇　汝德　汝價　汝楝　汝細　汝儀　汝呼

崇詳　崇澳　崇渦　崇渡　崇䕶　崇培　崇攄　崇旒　崇絨　崇總　崇綍　崇涑　崇瀾　崇漆　崇秧　崇穫　崇矜

必勛　必洪　必拾　必桃　必𢹲　必雩　必𢳲

甘真寫　李京刻

宋史二百二十九　字二百二十个

宋史表卷二十　二十一

不求

善𨍏　善轂　善惪　善驩　善闓　善昰　善畢　善瑫

汝𣓨　汝晼　汝鍍　汝掾　汝栓　汝皋　汝珞　汝墀　汝淑　汝漪　汝滸　汝泜　汝晅　汝𥜹　汝役　汝俾　汝話　汝褊

崇碆　崇硫　崇撫　崇竉　崇𡙇　崇㧨　崇炲　崇懷　崇僊　崇佴　崇栁　崇栩　崇滀　崇韻　崇昫　崇靖　崇緑　崇倌　崇迎　崇垓　崇蟆　崇甦　崇逡　崇𣜬　崇𢷏　崇椒　崇槃

必𢡱　必圮　必瀴　必覵　必濵　必滕

甘真寫　劉朋刻

保義郎士爄
贈武翼大夫士瓌

不隱
不侵
不愚
不憾
秉義郎不瓬
承節郎不慍
修武郎不恎
成忠郎

善述
善速
善道
善靠
善珖
善璛

汝代
汝錯
汝穫

崇郴

濮王謚安懿允讓
贈舒王謚良靖宗懿

太子右內率府副率仲鼎
太子右內率府副率仲嬌
贈右屯衛大將軍仲猿

漢國公士建
右班殿直不
建國公謚恭懿士宥
忠訓郎不危

不惰

善儆
善俶
善僵
善洪

汝旋
汝清
汝潭

宋史二百三十九
宋史表卷二十
二十三

保義郎不誕
贈武德郎
承信郎不詠

善鑒
善扶
善綺

汝棻
汝析
汝撞
汝甲

崇瓌
崇琢
崇琨
崇歆
崇坰
崇戡
崇闡

必僑
必傚
必伾
必侶
必仍
必瓩
必尊
必珖

良財
良時

善楼

汝坤
汝壬
汝徑
汝檝
汝醇

崇鼎
崇敫
崇鏞
崇錧
崇鉤
崇釪
崇錦
崇棓
崇達
崇迺
崇邁
崇佩
崇倌
崇樹
崇俏
崇傻

必圭
必伷
必佃

洋國公諡良
南陽侯 士傺 右班殿直士嶷

善劭
善鉿 汝炤 崇彝
崇鈞
崇郊
善瑜 汝渾 崇㙦 必鋌
汝若 必償
善眺 汝載 崇圮
崇執
汝紳 崇銛 必寅
汝坤 崇傑 必寮
汝瀟 崇繙

仲
直士臙
右班殿直士毅
直士寄
東頭供奉官士吏
左屯衛大將軍士雅
贈左屯衛大將軍士
贈武翼郎不懈 善淯 汝允 崇諒
崇誇
崇證
汝廣
汝遊
右監門衛大將軍

崇國公諡僖恭惠 仲隗 士洞
富士崕
贈承議郎 奕 善聰 汝作 崇昇
崇晟 必壽
必拾
崇昊 必煉
崇鐵 必適
崇吟 必來
汝洛
汝僚 崇賚 必畱 良榮
良璜
崇賛 必遷
必袗 良玩
良璸
良瑍
良璟
良球
崇賁

崇貿 必運 良琰
必椎
崇責 必邊
必壙
善球 汝瞯 崇侹
崇傳
崇儇
善承 汝宣 崇端 必在
必垂
必璺
必璩
必抑
崇夔 必舒 良父
必肯 良金
崇奎 必朕
汝真

善夫

汝堂　汝彝　汝訓　汝丕　汝琮

崇浙　崇佻　崇僻　崇應　崇悠　崇慥　崇傑

必揆　必鋭　必夊　必修　必直　必樉　必杼

良繡　良隨　良騂　良駒　良尉　良濆　良澧

汝亘　汝敏　汝瑄　汝迬　汝瑋　汝璪　汝潛

崇愸　崇悬　崇邇　崇僊　崇略　崇稷

必檡　必杆　必曮　必榪　必裯　必檍　必識　必均　必堪

良熣　良惼　良銑　良鉠　良褒　良培

汝檝

崇疇　崇里　崇圍　崇虎

必墉　必培　必壃　必勉　必楫　必錧　必鑰　必銓　必鏐　必鑈

良椽　良溇　良楈　良枌　良樫　良櫧　良槫　良瓖　良榛　良稧

友滰

僊武郎不玙

善冲　善緻

汝植　汝根　汝栱　汝橦　汝祚

崇汭　崇穉　崇洋　崇濠　崇丞　崇魚

必鐀　必鉤　必託　必鈍　必鐂　必鏄　必鍏　必監　必鋕　必育　必鍸　必鏍　必鋴　必鏽　必璺

良鐳　良璕　良濋

贈[illegible]大夫不攲

善隅　善潘　善惇　善忭　善恬

汝柯　汝樫　汝梠　汝楠　汝濾　汝禎　汝傻　汝揀

崇㷫　崇熵　崇熅　崇煊　崇炆　崇鑌　崇譪　崇譾　崇譚

必㭎　必坧　必焜　必株

良璥

贈[illegible]郎不譏　忠翊郎不參

善協　善悛　善恰　善匯

汝枸　汝放　汝㣿　汝佐　汝聰　汝禆　汝憶　汝悍　汝恫

崇謝　崇橋　崇樺　崇澧　崇鄭　崇杼　崇䕭　崇諫　崇霧

必泯

康州刺史叔遲　榮州防禦使叔灝　[illegible]　嘉州刺史叔灦　存孚牛

忠翊郎不謟　保義郎不騎　忠翊郎不許　忠翊郎不倰　忠翊郎不侮　忠翊郎不野　忠翊郎不協

榮國公諡[illegible]安仲汾

衛將軍叔遙　右班殿直叔武　贈武略大夫叔恩　贈[illegible]衛大將軍叔弼

右班殿直不愢　保義郎不濁　忠翊郎不毀　贈武公郎不犯

善敗　善綱　善績　善砥

汝禄

崇珪　崇琦

必僃

武翼郎不奸

善僭　善德

汝發　汝裹　汝崧　汝峙　汝岐　汝研　汝宸　汝憑　汝熽

崇擅　崇程　崇琪　崇瀟　崇旬　崇瑕　崇瑀

必沖　必淡　必瀞　必彤　必鈴　必鋪　必湅　必澗

右班殿直士僊贈保義郎節度使和義郡公士贈

保義郎不彼

善樂　善禧　善竑　善椅　善紬

汝琫　汝璃　汝瑪　汝瓆

崇鋤　崇軌　崇勔　崇劬　崇勑　崇都

贈左領軍衛大將軍士怨　惠國公士儞

秉義郎不惔　訓武郎不斥　武翼大夫不夸　贈武德郎不凋

善贊　善包　善靜　善椒　善覿　善秦　善苑

汝工　汝錄　汝鐘　汝橙　汝移　汝抨　汝攄　汝來

崇訓　崇薰　崇默　崇焓　崇㥾　崇闡　崇堆

必潞　必樅　必坶

贈武顯大夫不違　武德郎不憐　秉義郎不頗　贈武翼郎不抗　贈主簿不

善侗　善奐　善夷　善棻　善淇　善鉀

汝㮣　汝擅　汝棋　汝拾　汝迸　汝杠

崇銑　崇睞　崇試　崇壽

右監門衛大將軍榮州防禦使贈崇國公士阾　秉義郎士剡

成忠郎不惪　不恕　成忠郎不弩　贈朝議大夫不靡　保義郎不倜　保義郎不肴　淩

善收

汝擭　汝譒

崇檽　崇猨

必梱　必掃

追封益王士迕

善綜　善編　善睬　善晈　善玠　善珹　善畦

汝殊　汝澨　汝珀　汝則　汝本　汝檦　汝杭　汝操　汝授

崇鏊　崇祐　崇樓　崇棡　崇琡　崇暐　崇橦

必總

和王謚[illegible]孝宗揆

太子右內率府副率仲蔚　華原郡王謚[illegible]孝仲佺

[illegible]士振

右班殿直不[illegible]　不凋　贈武節大夫不誣　修武郎不祎

善庋　善㵐　善鶚　善樊

汝瑺　汝璺　汝圯　汝砮　汝澥　汝海

崇園　崇遠

必矚

汝周　汝森　汝禧

崇著　崇高　崇璲　崇犇　崇遻　崇遾　崇對　崇快　崇規　崇偵　崇佟　崇僥　崇慸　崇冲

必捂　必梓　必櫰　必梗　必侗　必暾　必琡　必建　必嘉　必宭　必擠

良㣑

善身
汝浩　汝𡧮　汝守　汝審　汝宰
崇賞　崇能　崇廣　崇聲　崇儲　崇華
必徹　必典　必列　必灝　必渟　必演　必昺　必最
良𤆬　良垌　良境　良堪　良坳　良味　良請　良託

不下贈武顯大夫　不文
善賀　善談　善蘊
汝咨　汝湯　汝宅　汝泉　汝孝　汝悉　汝謖　汝柑
崇戊　崇衍　崇愷　崇甦　崇鯉　崇璠　崇礪　崇懋　崇思
必洪　必錄　必鍪　必存　必沃　必灘　必依
良[illegible]

崇惠　崇聰　崇隱　崇感　崇城　崇應
必俯　必佩　必械　必儫　必佚　必後　必偒　必值　必儼　必佺　必偬　必倖　必傷　必倍
良瀿　良卬　良璮　良琯　良瑒

不疾贈[illegible]功
善鄰
汝換　汝疑　汝勢　汝瀆
崇佚　崇側　崇旋　崇撲　崇恢　崇傈　崇懫
必僥　必埒　必墳　必封　必埴　必環　必祚　必祇　必墒
良璠　良璡　良瑱　良琠

宋史二百二十九　　一百二十四个

宋史表卷二十　三十六

大夫不隋

善謜　善登　善寧

汝明　汝綱　汝祐　汝堪　汝康

崇孚　崇臨　崇山　崇韋　崇渙　崇遒　崇蓬　崇快　崇訓　崇議　崇謨　崇詁

必作　必閎　必繩　必誼　必論　必謹　必式　必垟　必迎　必鐙　必鏤　必鐽　必鈆　必淦　必凝　必調　必位　必傳　必僎　必蔴　必炊

良儥　良佺　良僕　良琜　良圻　良璹　良瑭　良琰　良劍　良鈞　良鐲　良鑄　良鑮　良玔　良璆　良瑨　良璋　良環

友學

甘真寫　徐[illegible]刊

宋史二百二十九　　一百卅二个

宋史表卷二十　三十七

贈武略大夫不過

善與　善充　善序　善蠲

汝錡　汝瑜　汝帖　汝熚　汝贊　汝武　汝地　汝昌　汝賓　汝奭　汝瑛

崇誕　崇閒　崇諹　崇設　崇廣　崇抗　崇鐙　崇浩　崇英　崇瑑

必鷹　必蘭　必蘘　必蕺　必蔭　必芳　必蒸　必琨　必瘖　必優　必鷸　必譫　必鐵　必謙　必謨　必澎　必寄　必空　必室　必演　必連

良瑄　良璃　良琭　良琤　良玨　良瑛　良瑕　良瑩　良鋈　良珧　良珞　良侗　良植　良橦　良棣

甘真寫　徐[illegible]刊

宋史二百三十九　一百四十个

宋史表卷二十　三十八

甘真寫　徐晶刻

武德郎不偷

善原　善植　善熙

汝珎　汝珙　汝瑛　汝政

崇鏞　崇鋐　崇鐩　崇鈇　崇銘　崇鍼　崇鉅　崇入　崇湨　崇泠

必選　必遡　必遒　必溙　必洹　必虎　必存　必洿　必祇　必僊　必祚

良什　良棱　良碁　良璧　良璹

華容侯士型

武德郎不昧

善　善堂

汝釆　汝宿　汝宇　汝洴　汝嗣　汝蟾　汝隨

崇煥　崇午　崇幸　崇隼　崇圩　崇塚　崇埜　崇軫　崇鏊　崇佬　崇稽　崇服

必壗　必璡　必琗　必壔　必緆　必繼　必修　必仍

良驥

宋史二百三十九　一百二十个

宋史表卷二十　三十九

甘真寫　徐晶刻

忠訓郎不弛　從義郎不認

善壽　善地　善瑊　善寧　善拭

汝誧　汝詩　汝續

崇隮　崇絨　崇琤　崇珉　崇時　崇徯　崇梓　崇勁　崇葉　崇机　崇梈

必仂　必沃　必淶　必涑　必讜　必後

右千牛衛將軍士脩　武經郎士淵

不諛　不乖　從義郎不湮　修武郎不遽

善圻　善璠　善㚖

汝給　汝景　汝培　汝涀　汝漙　汝洞　汝雩　汝譪

崇揩　崇杜　崇洞　崇蟒　崇泰　崇益　崇窈

必迂

宋史二百二十九　一百一十个

宋史表卷二十　四十

[illegible]鑑　門率府

成忠郎不忞　成忠郎不徐　成忠郎不昏　不泗

汝瀏　汝湛

崇直　崇翰　崇鼎　崇省

必佾　必倧　必佪　必衆　必覵　必棻　必藺

副率士覯　右班殿直士銅　贈右金吾衛將軍士覼

武節郎不燕

善擁　善模　善射　善開

汝渫　汝竢　汝仰　汝汪　汝奥　汝宄　汝富

崇褚　崇傚　崇袂　崇汚　崇滿

必玩　必璶　必瑜　必鏃　必淖

甘真亨　徐一詔刊

宋史三百二十九　一百四个

宋史表卷二十　四十一

不緘　不慄　成忠郎不幽　保義郎不[illegible]　不怟　保義郎不修　贈朝請大夫不忱

善求　善躬

汝奇　汝禹　汝雩　汝任

崇槐　崇益　崇廣　崇光　崇侁

贈武功大夫[illegible]吉

善俁　善睿

汝僖　汝祇　汝提　汝浸　汝祖　汝褅　汝襗　汝祠　汝禕　汝祓　汝裯　汝袍

崇覫　崇櫶　崇適　崇近　崇逵　崇逯　崇漇　崇納

必膳　必腒　必櫒

甘真亨　一詔刊

華陰侯仲龐
榮國公諡和恩仲倜

右千牛衛將軍士覩
太子右內率府副率士瓊
右侍禁士愃
太子右內率府副率秉義郎

潮州刺史不譩
不惛
不俠

善妓
善掖

汝閶
汝闢

崇遐
崇瘳

必懀
必悅

士涌
右班殿直贈太師恩王諡溫靖士俴

不泯
修武郎不闕
贈武略大夫不闕

善積
善繇

汝謀
汝讚
汝諡
汝慤

崇峇
崇峯
崇孚
崇綱
崇泉
崇逸

必揆
必擅
必佂
必諻

贈宣奉大夫不閡

善掄
善植
善毛
善鍊

汝諭
汝崿
汝利
汝與
汝虞
汝奭
汝涪
汝汭

崇鐁
崇鑹
崇林
崇剌
崇塔
崇堵
崇圾
崇壕
崇園
崇楘
崇潸
崇穡
崇夬

必綾
必禊

贈寧遠軍節度使不敵

善景
善率
善恢
善段
善全

汝玘
汝墐
汝璘
汝監
汝昭
汝玲
汝式
汝蓋

崇奉
崇粘
崇常
崇食
崇悅
崇軸
崇鍱
崇低
崇杳

宋史二百二十九　一百二十四下

宋史表卷二十　四十四　甘真富刊

善扶　善齡　善部

汝莠　汝淑　汝儀　汝碩　汝鍊　汝叶　汝右　汝吾　汝戩　汝謝　汝諰　汝稗

崇宸　崇昳　崇憧　崇譓　崇謇　崇銛　崇鐖　崇釲　崇葦　崇滌　崇硫　崇嶒

必蓁　必苯

贈武功郎不岾

善許

汝玨　汝罥　汝璲　汝瑑　汝琟　汝玻　汝珀

崇嵊　崇廙　崇鈇　崇詠　崇嵱　崇琿　崇以　崇櫻　崇櫚　崇玎　崇楊　崇稌　崇戀　崇歎　崇樓

必彩　必諮　必僭

宋史二百二十九　一百二十四下

宋史表卷二十　四十五　甘真寫刊

贈武德郎不庚　贈武節大夫

善圓　善珂　善鍾　善撓

汝留　汝扛　汝尨　汝楷　汝琭　汝巧　汝班

崇職　崇醇　崇鶱　崇謎　崇諭　崇遴　崇抗　崇楪　崇獬　崇郜　崇譽

必適　必遂　必滕　必燮　必堅　必渝　必鈞

贈太傅安王士輵

不菲　忠訓郎不拂　保義郎不悋

善翔　善謨　善倪　善摯

汝騏　汝總　汝蓁　汝礿　汝僉　汝恚　汝椽　汝瑿　汝豐　汝蜜

崇譬　崇遴　崇岑　崇合　崇令

太子右內率府

忠翊郎不伾　保義郎不屈　朝奉大夫不熄

善騰　善腴　善肱　善肵

汝璨　汝淖　汝淪　汝瀕　汝還　汝瑜　汝瑰　汝璩　汝琢　汝頫

崇諭　崇謔　崇鏄

副率士棍　贈屯衛大將軍士陵　贈開府儀同三司永國公士闓　全芭

天水縣開國侯　不舍

善璩　善瞳　善旰　善昨　善映　善曇　善昌　善旨

汝瑑　汝脉　汝纚　汝揞

右監門率府率仲敳　博平侯仲壬

太子右監門率府副率士經　太子右監門率府率士妣　太子右內率府副率士訪　右班殿直士瀛　右千牛衛將軍士東　右監門衛大將軍士嚢　太子右監門率府副率士遏　右千牛衛將軍士歸　右千牛衛將軍

善晏　善暈

贈訓武郎不塗　保義郎不彼

善圭

汝琚　汝彊

崇祿　崇偭　崇潘

必礩

宋史二百二十九　一百一十五

宋史表卷二十　四十八

士焯　右千牛衛將軍士齊　右千牛衛將軍士綾　武略大夫士鑌

修武郎不訟　贈朝散大夫不訴

善豐　善新

汝傚

崇羅　崇端　崇諸　崇許　崇說　崇譜

必炳　必薄　必煟

良輢

善教

汝楔　汝僈　汝偓　汝佟　汝倪　汝傳　汝條

崇薦　崇寵　崇彪　崇巘　崇甩　崇駒　崇驅　崇騄　崇漠

必炒　必瀧　必崗　必寵　必洴　必汝

良軽　良輹

甘真寫　留刋

宋史二百二十九　一百二十二

宋史表卷二十　四十九

廣陵郡國公王諡莊孝宗諡仲諭　果州防禦使仲謹

太子右內率府副率士悟　太子右監門率府率士　右侍禁士熗　右班殿直士僙　右監門衛大將軍士鎛　右班殿直士鋼　左班殿直士鈞　右千牛衛將軍士鎰　右班殿直士耕　右監門衛大將軍士種　太子右內率府副率士振

秉義郎不訥

汝俠

隋州防禦使仲縱

甘真寫　留刋

太子右內率府副率士祼

太子右內率府副率士裀　忠訓郎不惰

太子右內率府副率士禟

太子右內監門率府率士禨

太子右監門率府率士禧

表卷第二十

表卷第二十一　宋史二百三十

開府儀同三司上柱國錄軍國重事前中書右丞相監修國史領經筵事都總裁脫脫等奉

敕修

宗室世系十六

餘杭郡王宗諫　東陽郡公謚榮

順仲辟

萬仲侯贈泉使　右班殿直不玉

仲山　士揆　右班殿直不疊

武顯郎不違　善美

右班殿直不丞

廣侯士穎

遥王宗師

太子右內率府副率仲坦　贈左屯衛大將軍士璆　贈左朝請大夫直徽猷閣不試　忠訓郎不玩

奉安使仲廉　贈左屯衛大將軍士快　從義郎不拚　善交　汝霖　崇智　必年　必愷

善止　汝璸　崇濟　崇顯　崇需　崇光　必烈　良璉

宋史二百二十　字了三十四个

宋史表卷二十一　二

甘真寫　呈改

贈左領軍衛將軍士謦
忠訓郎不愲

贈千牛衛將軍士愶
贈太中大夫不積

善言

汝㯺　汝忏　汝夷

必潧

崇宗　崇允　崇禮　崇璒　崇愛　崇駒

必璽　必延　必瑧　必洞　必潥　必𪫺　必濛　必湅

良宥　良鍙　良濬

友皓

善洛

汝猒　汝羿　汝智　汝翱

崇驊　崇彪　崇地　崇瀍　崇息　崇芸　崇參

必起　必越　必赴　必趧　必趯　必趣　必赶　必禮　必微　必瀆　必淨

良琚　良棬　良林　良𣝗　良棍　良樣

宋史一百二十　字一了四十个

宋史表卷二十一　三

草真寫　呈改別

贈武翼郎不朊

善賫　善擇

汝翊　汝翔　汝翔　汝詰　汝从　汝辣　汝靓　汝綵

崇諌　崇𢯲　崇諮　崇迦　崇倊　崇僆　崇敐　崇鉦　崇璬　崇壇　崇璌

必珆　必域　必珖　必璆

良攄　良柽

善䤴　善壽　善定

汝譴　汝邊　汝腕　汝生　汝逵　汝道

崇像　崇伉　崇偏　崇𠌥

必理　必珅　必嵩　必莌　必企

良綺　良穆

訓武郎不𥁕

善寘　善㝨

汝賢

崇受　崇㮣　崇擁

必鑣　必韡　必轂　必誠　必詿

贈武節郎

右千牛衛將軍士壹
右班殿直士斂　贈崇慶軍節度使會稽郡王士壴

不刻　不移　不失　不懷　忠訓郎不復　成忠郎不卷　武德郎不褻　贈武翼郎不汲　保義郎不惱

善高　善傳　善僚　善管　善畬　善梲　善挺　善摛

汝企　汝潭　汝渦　汝訴　汝崎　汝豎　汝扢　汝棱　汝典　汝賽　汝亭　汝諗　汝僤　汝縱　汝芼　汝燮

崇珍　崇玜　崇瑳　崇璥　崇璨　崇鏞

必滯

懷王謚榮穆宗暉

沂王謚恭憲仲損

右千牛衛將軍士弢　右班殿直士津　右班殿直士瓏　太子右內率府副率士濼　右監門衛將軍士沖

贈武略郎不黙　成忠郎不辭　不倚　從義郎不隋　成忠郎不悳

善甄　善錫　善欽　善序

汝語　汝鏞　汝鋹　汝紆　汝郴　汝援　汝池　汝栽　汝搏　汝格　汝措　汝漁　汝贇

崇佗　崇潘　崇峪　崇聽　崇泝　崇蟠　崇蟾　崇蜣　崇虹　崇瞎　崇紀　崇英　崇誠

必鐈　必昤　必瞳　必偈　必潢

宋史二百三十 宗室世系表 宋史表卷二十二 六 字一百三十六 甘 真 呈 民 彭 鳥

右千牛衛將軍士澤 集慶軍節度使追封崇國公諡[illegible] 開國子[illegible]簡 士圖

成忠郎不鑄 不息

善臨

汝淡 汝鏽 汝訓 汝謂 汝詁

崇豫 崇陶 崇龔 崇系 崇咸 崇績

必海 必濡 必渾 必琥 必傺 必僑 必佋 必儆

善防 善下 善詠

汝檜 汝琥 汝旗 汝亟 汝至 汝酉 汝臣 汝訴 汝註 汝謣 汝謕

崇曜 崇敃 崇睢 崇映 崇碣 崇穰 崇搞 崇杭 崇特 崇饋 崇棱 崇縁 崇線 崇績 崇鑠

必漆 必珉

宋史二百三十 宗室世系表 宋史表卷二十一 七 字一百四十 甘 真 呈 長 彭 鳥

秦王仲右班殿 爰

直士邀 內殿承制士芴 贈大保 慶遠軍節度使士檻

修武郎不害 從義郎不闇 忠訓郎不敵 成忠郎不頡 成忠郎不恚 贈武節郎不震

善勝 善分 善首

汝詀 汝邃

崇勲 崇爕

必傻 必倌 必豼 必誕

從義郎不枸

善豫 善淅 善騏 善騏 善驕

汝憚 汝暹 汝迷 汝迫 汝遺

崇桃 崇爝 崇烇 崇灯 崇烼 崇焆 崇玲 崇瑒 崇瑊

必証 必淦 必璽 必岳 必稓 必秝 必浘 必洮

均州觀察使士珉

秉義郎不絿　武翼郎不紛　忠信郎不絈

善瑕　善容　善平

汝忎　汝𤋮　汝敵　汝鑒

崇䝳　崇堅　崇儁　崇懼　崇婀　崇淥　崇洸　崇積　崇溢

必㳂　必澌　必褸　必禔　必彬　必樀

良棨　良儅

善璣

汝鏌　汝鉻　汝鏌　汝盟　汝滢　汝賢

崇濡　崇濡　崇濋　崇涀　崇滮　崇譙　崇埋　崇楈　崇橘　崇橲　崇灉

必榴　必樠　必櫚　必䢮　必柳　必彖　必台　必右　必言　必合　必樑

良僄　良松　良焠

濟國公諡良仲沇

右監門衛大將軍士琛　右監門衛大將軍士開　贈左屯衛大將軍士圓　贈昭慶軍節度使清源公士園

贈左衛大將軍不湾

善瑤　善運

汝霖　汝均　汝鎦

崇衿　崇禍　崇淍　崇溯

必㯶

良煋

武經郎不隅

善謨　善育

汝澍

崇穰　崇械　崇桔　崇㮴　崇褀　崇櫝　崇攢　崇棖　崇棁

必成　必夻　必棌　必詰

贈福州觀察使濟陽侯士崢

贈武顯郎不儞

善廓　善光　善荃

汝誼

崇賟

宋史二百三十

字一万三十个

宋史表卷二十一　　十

廣陵侯士礝

忠訓郎不廢　忠訓郎不朊　贈朝議大夫不異

善護　善瓔

汝諕　汝謤　汝譜　汝計　汝詠　汝諺

崇財　崇璉　崇湾　崇憪　崇品　崇喰

必桑　必枸　必拼　必攮　必潹

會稽郡公士窖

忠訓郎不黍　贈左屯衛大將軍不瘦　武節郎不忼

善頡　善龔　善輞　善勳　善懃

汝譪　汝訔　汝詣　汝据　汝誼　汝猷　汝濆　汝瀀　汝橅　汝混　汝庤　汝洞

崇敷

甘真秀

宋史二百二十

字一万二十个

宋史表卷二十二　　十一

太子右監門率府率士文　太子右監門率府副率士率

贈秉義郎不沾

善遹　善翘

汝廖　汝詁　汝俺　汝詠　汝鯨　汝鰷　汝淑

崇玫　崇送　崇為　崇春　崇倩

冀城侯仲遂　贈左屯衛將軍仲念

太子右監門率府率士倓　右班殿直士棨　贈右領軍衛將軍士佳　潤國公士筏

贈武略大夫不祐　成忠郎不沇

善雖

汝隋　汝薛

崇爽　崇宵

甘真秀

太師樂王謚榮宗輔

太子右內率府副率仲諫

太子右內率府副率士才　右監門衛大將軍、象州刺史士訣　太子右監門率府率士瓅　右班殿直士濡　右侍禁士魁

成忠郎不畏　不愚

華國公謚孝仲敵

右班殿直士俱　敦武郎士閎　武經郎士晅

忠翊郎不怯　不愚　成忠郎不燥　保義郎不窺　從義郎不永

善飂

汝公　汝略　汝紘

崇壬　崇藹　崇曇

必輔　必容　必縉

從義郎士栥　右千牛衛將軍士偶　太子右監門率府率士麟　贈利州觀察使士璫

成忠郎不忘　成忠郎不畜　忠翊郎不饕　不比　贈武經大夫不蔽

善膺

汝資

崇懇　崇舉

必伊

良逭

善若

汝腢　汝瞻　汝肢　汝睛

崇堅　崇墅　崇培　崇均　崇址　崇謚

必俐　必儆　必停　必侏　必傒　必偬　必惺　必儻　必侍　必儦　必衕　必彰　必儁　必僚　必僊　必偳

宋史二百三十

宋史表卷二十一　十四

贈武經大夫不偏

善笄

汝曦　汝腺　汝穎　汝綏

崇訒　崇誅　崇坦　崇潮　崇澮　崇汾　崇釗

必潛　必滗　必瀆　必液　必洌　必德　必瓚　必琭　必瑝　必玦　必鏻

良淘

右千牛衛將軍士崧　左班殿直士傑　太子右內率府副率士佛

忠訓郎不圖　不踈　保義郎不寧　成忠郎不恇　修武郎不徽　保義郎不圩

宋史二百三十

宋史表卷二十一　十五

光山軍承宣使仲球

右千牛衛將軍士性　右監門衛大將軍貴州團練使士耻　贈保寧軍節度使諡恭惠士䜴

成忠郎不況　成忠郎不　成忠郎不狼　不悖　保義郎不騙

善耄

太子右內率府副率士結　右監門衛大將軍士得　贈開府儀同三司崇國公謚訓　贈富州防禦使遂國侯士禍

保義郎不磺　武節郎不瑜

善侯　善沱

汝璘　汝翀　汝瑑　汝鈉　汝鑠

崇枬

宋史表卷二十一　十六

太子右內率府副率仲熼

太子右監門率府率士論　太子右監門率府率士㚟　太子右監門率府率士蚰

善汾　善洢　善洗

汝鏚　汝瑤　汝鍃　汝鋭

崇歔　崇碟　崇硼

贈左領軍衛將軍仲騑　儀王諡恭孝仲湜

贈太傅吉國公士從

武功郎不遶　成忠郎不遣　贈朝散郎不遙　贈光祿

善名　善彖　善■

汝俟　汝倌　汝倫　汝餘

崇裎　崇禑　崇禒　崇麻　崇鉌　崇嚶　崇敘　崇收

必助　必鑒　必燀

宋史表卷二十一　十七

大夫不遨

善約　善宣　善窩　善皖　善晛　善訏

汝脅　汝錤　汝鉒　汝員　汝賀　汝麃　汝貫　汝綖

崇識　崇血　崇盟　崇茂　崇翻　崇傈　崇遴　崇逑　崇㚟　崇墀

必楠　必璺　必鎏　必尖　必巹

良汴　良錤

保義郎不透　贈中奉大夫不遨

善荀　善隆　善俱

汝賫　汝縜　汝塡　汝賁　汝鬒　汝瞳　汝頌　汝橯　汝櫎　汝瀌　汝㴸

崇圤　崇杸　崇匡　崇䓣　崇㰍　崇櫼　崇楹

右班殿直右千牛衛贈太傅武義郎手士街　右宮教郎不逭　不速　從義郎　不迂　朝議大夫不迦　申國公　不遡　福州觀

善耽　善彤　善諭　善度　善琭　善珉　善玖　善瑱　善琨　善玲　善謹　善誉

汝滔　汝驊　汝鴆　汝聘　汝遙　汝湅　汝洞　汝兌　汝爲　汝漣　汝檮　汝櫰　汝潰　汝欄　汝璋　汝抗　汝浥　汝涵　汝溥

崇攎　崇崽　崇崐　崇僻　崇淵　崇焆　崇孈　崇爽　崇檔　崇袂　崇鋌　崇愛　崇奱　崇蔵

必鏢　必鑄　必鏍

承使無　秉義燕　從義長　不逸　秉義郎　不遜　贈左領軍衛將軍不淹　忠翊郎　不濯　武翼郎　不陋

善璵　善玕　善璡　善珇　善湘　善潼

汝鞅　汝藏　汝萊　汝暖　汝机　汝鬯　汝穩　汝梓　汝熠　汝枏　汝

崇緈　崇侑　崇傯　崇熙　崇煦　崇熾　崇燚　崇燧　崇炆　崇炫　崇熹　崇然　崇羙　崇炋　崇炅　崇爽　崇烾　崇勳

必鑋　必堂

贈少師永國公士術

成忠郎不訥　贈武翼大夫不迫　忠訓郎不迆

善湄　善救　善略　善球

汝礐　汝憒　汝忦　汝㥰

崇寬　崇寘　崇䙴　崇埻　崇坎　崇壚　崇堤　崇埒　崇塼

贈太師新定郡王士錢

武翼郎不迋　武德郎不酷　贈朝請大夫不偈

善頤　善耆　善疽　善親　善珍　善淳

汝恰　汝峪　汝岫　汝峸　汝[illegible]　汝讀

崇晅　崇昳　崇昄　崇榛　崇櫟　崇樫　崇儆

右承事郎不佚　贈奉直大夫不俗

善珌　善閎　善侖　善遲　善顏　善純　善燦　善璪

汝階　汝錦　汝詠　汝遜　汝識　汝間　汝躬

崇僳　崇迁　崇術　崇錡　崇端　崇傁

必栝　必衮　必稟　必東

武翼郎

贈太中大夫不捐

善浴　善溥　善泚　善琳　善流　善瞻　善禪

汝遺　汝篆　汝攬　汝柈　汝濮　汝瓌　汝琅　汝瓊　汝墻　汝瞬　汝澄

崇[illegible]　崇樴　崇桰　崇桂　崇校　崇邅　崇仳　崇[illegible]　崇熔

宋史二百三十

字一百二十五个

宋史表卷二十一　二十二

甘真寫　呈澄刊

贈太師新安郡王士衎

不偘　承奉郎不地　保義郎不促　文林郎不勉　從義郎不梧

善瑧　善廋　善騤　善騆　善駹

汝腆　汝盼　汝睃　汝睡　汝萬　汝要　汝紘　汝嘉　汝緭

崇灑　崇濟

贈少師永嘉郡王士程　贈武節郎不溦　朝請大

善琸　善璽　善瑫　善識　善當

汝餡　汝縫　汝緭　汝釦　汝鏝　汝鉞　汝鍧　汝奮　汝倭　汝倢　汝儶　汝价　汝滕　汝箕　汝筒

崇徽　崇華

必濤

宋史二百三十

字一百一十个

宋史表卷二十一　二十三

甘真寫　呈澄刊

奉直賁　顓閑　不愰　秉義郎不貲　右文殿修撰不艱

善騄　善埴　善論　善綴　善紡

汝擇　汝蝶　汝畯　汝畛　汝惪　汝腴　汝契　汝精

崇史　崇蹄　崇壇　崇旹　崇鉌　崇笵　崇賛　崇賝

右千牛衛將軍士埶贈武安軍承宣使開國伯

秉義郎不熄

善渡　善春　善曾　善莒　善眘

汝適　汝遹　汝臏　汝臧　汝陪　汝陖　汝鷹　汝陸　汝俠

宋史二百三十　字一百五十七个

宋史表卷二十二　二十四

權知濮王謚[illegible]王國令士石

曾贈秉義郎不如　襲封嗣濮王不嫖　贈通直郎不騖

善瑛　善騰　善轙　善塑　善話　善开

汝鈊　汝朧　汝稷　汝琰　汝忿　汝意　汝汗　汝津　汝湋

崇忭　崇假　崇緘　崇伽　崇汝　崇禮　崇拚

武德郎不鶩　朝奉郎不暗　忠訓郎不毅　武經郎不悟　從義郎不犒

善虎　善龍　善麒　善讜　善璐　善趟　善沔　善湮　善侶　善沚

汝鹿　汝宁　汝洴　汝磨　汝庄　汝鄗　汝玗　汝橦

崇嵥　崇嵋　崇音　崇曾　崇衡

甘　嘉　呈　斂　刊　寫

宋史二百三十　字一百二十个

宋史表卷二十一　二十五

副率士歆

從義郎不瘵　不謭　贈[illegible]郎不僭　[illegible]使不閒

善隋　善墀　善芝　善董　善蕃　善邑

汝穗　汝栽　汝稼　汝枝　汝楝　汝樹　汝偵　汝奎

崇樛　崇槭　崇樴　崇樟　崇梢　崇楙

閤門[illegible]士峴

朝散大夫不憮　領貴州刺史不遶　封開國子不捷　修武郎不劌　武翼郎不鑯　通直郎不贇　進封[illegible]

善桂　善燕　善觀　善琨　善鬲　善豎　善瓛

汝塞　汝賁

甘　嘉　寫　呈　[illegible]　刊

成忠郎
王仲羽
右千牛
衛將軍成忠郎
士龜不劬
右監門
衛大將
軍安州
國子禾
嚕
進封開
國伯不
佟
善鄉
善數
善繁
善孝
善濬
善孝
汝忠
汝鏌
汝鑄
汝鑽
汝銉
汝撤
刺史
士綰
太子右
內率府
副率
士傈
右監門
衛大將
軍惠州
刺史成忠郎
士桸不懟
太子右
監門率
府率成忠郎
士柳不貧
太子右
監門率
府率成忠郎

士鏑不勞
太子右
監門率
府率
士訪
太子右
監門率
府率
士誎
太子右
監門率
府率
士载
太子右
監門率
府率
士閎
贈開府
儀同三
司永國迪功郎
公士矩不異
不他
善種
善峒
善岷
金州觀
察使
仲強
右班殿
直士閶
右千牛
衛將軍
士僂
右千牛
衛將軍
士鄗
太子右
內率府
副率

貴州團練使仲郎
士根
右千牛衛將軍士峴
太子右內率府副率士昆
太子右內率府副率士飭
基州觀察使仲嶓
右千牛衛大將軍士驟
太子右監門率府率士勳
贈左領軍衛將軍仲璲
武翼大夫不壅
善亭
汝嘻
崇柵
必埛

太子右內率府副率士峪
太子右內率府副率士澗
太子右內率府副率
善峴
善巘
汝晴
汝瞻
汝番
汝璟
汝瞰
汝曦

簡王謚穆孝仲增
士淋
贈屯衛大將軍士郊
太子右監門率府率士珉
太子右監門率府副率士耿
朝奉郎不俅
忠訓郎不佐
不侊
永寧郡王謚敏思仲熙
供備庫副使士勛

左侍禁從義郎不偕
士秥
贈武節郎不浮
善趧
汝墀
不激
右監門衛將軍士懐
不蔽
成忠郎不淇
贈少保追封將國公不秲
善範
善輅
善輻
汝旨
崇檄
善軜
善軿
彼竣

太子右監門率府率士慎　太子右內率府
成忠郎不敎　成忠郎不逭　贈承議郎不寒
善轄　善琇　善希　善謹　善階
汝拯　汝控　汝羽　汝脩　汝翹　汝琡　汝詡
崇畢　崇瑚　崇鐈　崇理　崇鋌　崇時
必淘

副率仲理
副率士伏　太子右監門率府率士穎　太子左監門率府率士審　贈武略大夫士[illegible]
忠訓郎不譏　武翼郎不迺　贈武翼
善施　善心　善尊　善肅
汝韜　汝平
崇玥
必鍠　必晐
良億

大夫不齗　從義郎
善久　善本
汝嶨　汝立　汝覺　汝覘　汝詑　汝訢　汝諍　汝諒
崇澤　崇碼　崇寶　崇凱　崇顥　崇翔　崇過　崇適
必墾　必洺　必淑　必助　必濮　必泂　必溥　必軨　必墻　必峒　必崼　必瑥
良瓚　良玹　良集　良栖

不泥　贈武功大夫榮州團練使不悋
善規　善綸　善邦　善馳　善瞷
汝皀　汝晟　汝鏻　汝鏞　汝錠　汝新　汝敝　汝存　汝法　汝賓
崇徽　崇沾　崇淳　崇遷　崇熾　崇仂　崇穆　崇栝
必珣　必琳　必瑋

宋史二百三十　一百廿字

宋史表卷二十一　三十二

甘真鸟　王英刊

善類　善騒

汝斧　汝諨　汝誴　汝善　汝秀　汝訇　汝譽　汝詖　汝壽　汝訊　汝論

崇檣　崇褰　崇竇　崇篪　崇朴　崇機　崇樓　崇簧　崇箏　崇什　崇軿　崇珽

必坐　必墐　必宄　必璩　必珨　必瓗

秉義郎　不吝　不倨　贈少師　不倦

善埊　善救　善訴　善堅

汝瀧　汝峴　汝巍　汝嶅　汝屹　汝煇　汝鍔　汝銛

崇玦　崇璨　崇環　崇瑯　崇旼　崇岕　崇岷　崇遑　崇濤

必榶　必樀　必恍

良爟

宋史二百三十　一百二十个

宋史表卷二十一　三十三

甘真鸟　王英刊

善丕

汝鐩　汝錀　汝鎡　汝豈

崇濡　崇灘　崇佽　崇澢　崇泞　崇澹　崇洋　崇溪　崇瀟　崇河　崇湳　崇泣　崇岋　崇炭

必檣　必椅　必檉　必林　必集　必柔　必桑　必激　必謝

良焯　良佪

從義郎　不訌

善掀　善盤　善詔

汝陵　汝升　汝繁　汝桑　汝瑨　汝璩　汝郕

崇陵　崇敫　崇嫩　崇孜　崇敞　崇鎮　崇鑣　崇銑　崇檣　崇澮　崇灘　崇學

必浼　必名　必膺　必凱　必僎

良福

宋史二百三十

一百一十八

宋史表卷二十一

二十四

甘莫高

王英刊

善辰

汝淦 汝僎 汝詡 汝轄 汝乘 汝鍫 汝瑞 汝玳

崇駰 崇磧 崇椎 崇壉 崇埤 崇扞 崇祰 崇禎 崇櫧 崇據 崇伍 崇英 崇墼 崇柖 崇瀛 崇瑚 崇椋

必佃 必倄 必儴

良超

善恪 善慄 善恮 善傈

汝耒 汝墩 汝英 汝珏 汝珂 汝奄 汝奩 汝賚 汝佗 汝奄

崇陪 崇琨 崇佁 崇僴 崇恭 崇種 崇檖 崇楩 崇烯 崇掃 崇琮 崇巃

必柱 必衕

宋史二百三十

一百一十一

宋史表卷二十一

二十五

甘莫高

王英刊

太子右內率府副率士織 右班殿直士悅

不盈 成忠郎不消

善惲 善儆

汝枝 汝瑳 汝珈 汝路

崇灼 崇拂 崇代 崇役 崇祕 崇攜 崇振

必滘 必瀆

右班殿直士睃 太子右內率府副率士順 右千牛衛將軍士灉

贈武顯郎不殆

善應 善儴 善滴

汝轍 汝軸 汝軼 汝鍾 汝軿 汝遴 汝輈 汝輶 汝軻

崇道 崇潻 崇璘 崇瑗 崇璃

必曛 必餘

太子右監門率府率士勤

秉義郎不懐　成忠郎不剝　忠訓郎不剳　贈武顯大夫不貳

善惿　善睦　善裒

汝轔　汝謹　汝諟　汝議　汝謞　汝炼

崇鄰　崇梓　崇櫾　崇涓　崇家　崇鈂

必企　必離　必涯

良琚

善洞　善常　善鳴

汝爟　汝墻　汝崙　汝埴　汝垓　汝玬

崇隲　崇淳　崇杉　崇鐘　崇鈜　崇鈗　崇鐵　崇際　崇防　崇壆　崇墒　崇迆　崇邁　崇迅　崇逞

必池　必𢷋　必潮　必溝　必寠

右千牛衛將軍士沆

武翼大夫不汰

善越　善辨　善檡　善偲

汝瑙　汝鍠　汝鑄　汝錯　汝錧　汝鐇　汝漙

崇遜　崇道　崇問　崇闓　崇篠　崇戀　崇惡　崇急　崇忞

必巍　必頊

友璘　直士瀿　贈少師永國公士秦

贈朝請郎不勤　不徇　武經大夫不征　武翼大夫不縉　武義郎

善㚟　善偕　善鏐　善責　善悾

汝㦿　汝軏　汝鄉　汝愢　汝鎾　汝檫　汝扶　汝淦

崇晏　崇寧　崇櫾

嘉國公諡孝恭仲篤

太子右監門率府率士晝　太子右監門率府率士侃　贈金吾衛將軍士羿

不齟　訓武郎不愉　成忠郎不談　訓武郎不顯　秉義郎

善滲　善崧　善奭　善逃　善諮

汝憶　汝汀

崇主

右千牛衛將軍士勢

不睽　贈武功大夫忠州防禦使不陋　贈武經大夫不孤

善依　善比　善攻　善鮮

汝稂　汝脊　汝揚　汝渾　汝忻　汝摸　汝抖　汝鍊　汝畐　汝鋈

崇梁　崇幹　崇謨　崇壓　崇廖　崇埇

必僕

贈感德軍節度使安定侯士珚

不顯　武翼大夫不戕　保義郎不偪　贈武經大夫不讓

善暉　善樸

汝闓　汝沔　汝涇　汝濤　汝滬　汝湞　汝溧

崇衛　崇瑥　崇程　崇墉　崇墐

贈建州觀察使追封遂安侯士匽

忠訓郎不貫　贈武經大夫不器

善銓　善堤　善勁　善裁

汝嶙　汝嶒　汝嶠　汝岵　汝嵦　汝嶒　汝嶢　汝嶸　汝屹　汝嵲　汝嵥

崇筮　崇湑　崇奘

太子右內率府副率士謝　忠訓郎不妣

贈少師保慶軍節度使東陽侯士諭　贈[illegible]大夫不[illegible]

善決　善護　善以　善洪

汝稔　汝喁　汝峮　汝屺　汝嘯　汝錝　汝鉱

崇禮　崇繇　崇莒

必㾏　必璵

善課　善誦

汝鋑　汝鏈　汝鑋　汝鈉　汝錯　汝鑿　汝鎮　汝錝　汝鈁　汝鑭

崇蓮　崇咏　崇慭　崇諿　崇蕾　崇芊　崇苞　崇莨　崇蕘　崇蘭　崇艾　崇薪　崇茁　崇蘡　崇菁

必瀼　必玧　必泵　必閶　必傷　必傑　必珪　必聰

右千牛衛將軍士亳

右千牛衛將軍士扁　保義郎不皆

太子右內率府副率士化

太子右內率府副率士廓

贈昭信軍節度使安康郡公士公　武節郎不披　武翼大夫不內(?)　武翼大夫

善諾　善遲　善系　善點　善澡　善應

汝鏊　汝鈊　汝鈅　汝釜　汝轢　汝洗　汝東　汝謝　汝瀸

崇東　崇茼　崇茷　崇蔡　崇莆　崇墠　崇垺　崇謏　崇諧　崇瑓　崇軏

必瑛

宋史二百三十　字一百二十五个

宋史表卷二十一　四十二

甘真寫　王樹刊

贈昭慶軍節度使遂安侯士稟

太子右監門率府率士楪

大夫不軼　武經郎不隋　不拒　不慉

修武郎不謏　朝奉大夫不戒　修武郎不諛　贈武翼大夫不怠

善孫　善意　善茹　善宰　善歡　善戣　善彝

善圖　善幸　善日　善霈

汝輻　汝轅　汝轆　汝輇　汝倈　汝彼　汝作　汝俴　汝衛　汝俸

汝僧　汝凋　汝世　汝畐　汝臬　汝釜

崇峇　崇瓔

崇櫞　崇鏤　崇講　崇挑　崇稊　崇僩　崇棪　崇耕　崇耜　崇秉

必睦　必夔

宋史二百三十　字一百二十个

宋史表卷二十一　四十三

甘真寫　王樹刊

淄王宗邈

贈康郡公仲戩　贈崇侯仲瀛

沂國公諡良信仲覽

太子右監門率府率士位　右千牛衛將軍士靳　太子右內率府副率士問　右千牛衛將軍士閭　右千牛衛將軍士敵　贈威德軍節度使開府儀同三司安康郡公士緺

不訥　不克

朝散大夫不佾

善葆　善淵

善酡

汝呂　汝面

汝明　汝能

崇紓　崇鋤

崇莞　崇宋

必登　必立　必表

良瓚　良瓘　良珂　良珙　良璹　良璞

贈觀察　使益川　侯字載
武經郎　不儉

三班奉　職不倦　不迪　右班殿　直不億　保義郎　不俅　不由

善資　善酛　善戲　善施　善圖　善崇　善諷

汝會　汝奭　汝悅　汝耔　汝卿　汝興　汝顯

崇舜　崇第　崇柔　崇盇　崇盛　崇佋　崇復　崇坴　崇壟

必忠　必趍　必羡　必傳　必謦　必及　必晉　必蕃　必靜　必戒　必傭　必浹　必激　必汃　必涑　必洋

良瑭　良僠　良樸　良瑀　良濩

友涝

贈武經　大夫　士睓

成忠郎　不要　保義郎　不伕　秉義郎　不濺　右班殿　直不話　贈武經　大夫　不詘

善榮　善學

汝極　汝士　汝[illegible]

崇偁　崇德　崇効　崇辦　崇啟　崇摧　崇剴　崇膺

必但　必僊　必鏃　必攻　必斂　必敞　必敷　必政　必成　必權　必憲　必懋　必滂

良魏　良訔　良崗　良檜　良机　良櫓　良覵　良鉢　良鉍　良鐩　良環　良瑛　良璬　良漢　良服　良機　良楠　良騰

友譓　友焼　友瑫　友綸　友僴

善令 善彰

汝賢 汝商 汝味

崇安 崇彰 崇行 崇韞 崇斂 崇鞴 崇立 崇教 崇至

必本 必運 必晛 必踝 必䁥 必棣 必瑀 必𠌫 必侑 必綱 必纁

良璵 良玥 良彌 良烈 良模 良際 良隋 良珙

武經郎不諮

善陜

汝良 汝僾 汝峯 汝魚

崇用 崇式 崇忞 崇北 崇癸 崇歺 崇瀾 崇侵 崇遡 崇鱐 崇甄 崇𨗺

必燒 必煒 必鑒 必銖 必鑠 必爲 必瓔 必班 必瀏 必僩

良倫 良儒 良顏 良頤 良瑱 良述

太子右內率府副率

不誕 不騫 不順

善悅

汝聳 汝谿 汝唐 汝璵 汝湖 汝擇 汝柚 汝揖

崇㻱 崇儀 崇癸 崇凱 崇製

必程 必栖 必琡 必璉

滕國公謚溫仲翻

士泉 贈青州觀察使北海侯士僎

秉義郎不敏 登仕郎不侮 三班奉職不作 忠翊郎不藏 成忠郎不却 成忠郎不怫 贈武節郎不淤

善矩

汝璥 汝璪

崇濤

善裕

汝灘　汝祺　汝椅　汝樵　汝杓　汝俑

崇瀷　崇潓　崇獎　崇崙　崇墉　崇靖　崇岷　崇湘　崇漈　崇過　崇俟　崇僵　崇枘

必蕭　必逡　必絑　必善　必細　必綠　必鐐　必鑫　必灵　必熢　必沓

右監門衛大將

贈武節郎士侗

不疑　成忠郎不蔿　武翼郎不瑑

善緘　善始　善傻　善援　善獎

汝杅　汝茉　汝梠

崇峻　崇嶟　崇翊　崇竚

必鐳　必經　必紡　必縱　必繹　必綅　必縮

軍使

太子右內率府副率士侏

表卷第二十一

表卷第二十二　宋史二百三十一

開府儀同三司上柱國錄軍國重事中書右丞相監修國史領經筵事都總裁脫脫等奉　勑修

宗室世系十七

贈太師昌王諡端孝宗晟

郇王諡康孝仲御

太子右內率府副率士祺　右班殿直士瓛　右班殿直士驥　右班殿直士𤩽　奉議郎士敦　贈中奉大夫士驥

修武郎不測　贈中奉大夫不派　贈中奉大夫不阿

善侶　善唯

汝樵　汝豈　汝耕　汝觿　汝霖　汝匯　汝穀　汝豹

崇闓　崇■　崇肇　崇潏　崇奭　崇淹　崇奚　崇暎　崇頫　崇淵

必格　必梅　必棣　必机

左班殿直士𡊮　直士妧　士𢹂　濮安懿王　三國事　贈太師循王士褭

忠訓郎不[illegible]　不捐　贈光祿大夫不凡　不𩢍　不識

善占　善覓　善研　善鈎　善續　善綝　善權　善願　善閒

汝壽　汝執　汝崇　汝僅　汝術　汝璺　汝舄　汝礪　汝愭

崇邦　崇鄰　崇朝　崇械　崇愥　崇僙　崇扔　崇揞　崇捫　崇嵱　崇懮　崇詎　崇譪　崇徐　崇𧻓

必琊　必擢　必[illegible]　必巖　必明　必升　必揚　必稱　必遂　必紆

良檝　良瑛　良琿　良璐　良鑯

宋史二百三十一

宋史表卷二十二　三

汝艤　汝冉　汝艘　汝磐　汝俞

崇碏　崇砥　崇礐　崇凝　崇謍　崇野　崇渝　崇禎　崇頔　崇儁

必詠　必謹　必諗　必謎　必櫨　必榯　必珉　必琊　必璊　必則　必毀

善涓　善偲

汝般　汝起　汝旟　汝曈　汝都　汝酌　汝畣　汝咸

崇禹　崇仉　崇㦞　崇鳳　崇誼　崇臬　崇榏　崇異　崇旻　崇湕　崇撖　崇鑿　崇晁　崇敏　崇信

必翊　必錞　必暐　必竣　必識　必忞　必諄　必謡

甘真寫　李正刊

宋史二百三十一

宋史表卷二十二　四

不撊　萊國公不柚　武經大夫不㬎

善謂　善証　善諄　善璲　善朋

汝瀾　汝淍　汝清　汝瀞　汝淙　汝僾　汝倪　汝侹

崇纙　崇樬　崇櫚　崇榑　崇𥼶　崇沭　崇搵　崇校　崇袖

必玲　必珊　必㵩

善懋　善旋　善嶙　贈武經郎不鄙　善肇　善肈　善穗　善收

汝展　汝航　汝軾　汝羕　汝墻　汝垤　汝璺　汝藺　汝滋　汝瀝

崇祋　崇賢　崇納　崇繹　崇縺　崇■　崇嶱　崇嵲　崇燕

必棪　必倣

甘真寫　李正刊

宋史表卷二十二

左班殿

贈武翼郎不替　武節大夫不謏　武經大夫不蠢　武節郎不泆

善埕　善墪　善淞　善翀　善鑀　善繪　善滕

汝錚　汝杖　汝壇　汝墿　汝截　汝忽　汝懕　汝慹　汝忞　汝儔　汝邇　汝折

崇澤　崇澡　崇伽　崇倚　崇張

直士秸　左班士嚴　直士徽　右領軍衛將軍士槻　贈右屯衛將軍士沆

贈銀青光祿大夫不奪　贈中撤十八夫

善興　善愖　善忖

汝淇　汝渻　汝液　汝■　汝澐　汝洌　汝滭

崇邍必璟　崇遀　崇邏　崇遣

宋史二百三十

宋史表卷二十二

不膺

善稱　善譓　善秀　善訏　善調　善稼

汝濬　汝潛　汝湘　汝洄　汝澡　汝澳　汝澮　汝澂　汝池　汝潮

崇提必急　崇檄必離　必然　崇榴　崇莱　崇墉　崇朽　崇賴　崇掾　崇檮　崇燦　崇橦

右監門衛大將軍榮州防禦使士㚤權主奉濮安懿王祠事贈太師

武節郎不損　成忠郎不兢

善曠　善倬　善禔　善陶

汝節　汝涖

崇遽　崇綸　崇犠

韶王謚恭靖士樽

保義郎不乏　贈中大夫不悅　朝奉大夫不刊

善周　善璜　善坫　善轅　善怨　善夔　善詷　善表

汝叜　汝期　汝昪　汝龏　汝眪　汝賙

崇禴　崇袁　崇脩　崇僚　崇導　崇豐　崇聰　崇僬　崇懺　崇琰

必訥　必塡　必槲

贈光祿大夫不宮

善唐　善脅　善沄　善寅　善懋　善攄　善許　善陰

汝耘　汝眦　汝標　汝壑　汝莊　汝壑　汝煮　汝浥　汝憮　汝連　汝繩　汝訶　汝滿

崇湞　崇俾　崇鑾　崇世　崇珅　崇熄　崇炤　崇霍

必洸　必流

贈武翼大夫不野

善悚　善終　善紓　善昪　善璁　善拊　善棣

汝▉　汝訨　汝情　汝懌　汝檁　汝劉　汝瀚　汝湫

崇電　崇寶　崇塱　崇圊　崇因　崇圍　崇蕢

秉義郎不陞　贈武顯大夫不臞

善備　善抑　善適　善熹　善琮　善瀍　善湛

汝浮　汝挑　汝濟　汝淲　汝鎖　汝珅　汝融　汝墉　汝壜　汝堭　汝址　汝鑠　汝灼

崇檀　崇奮　崇拜　崇筍　崇鐠

善沃　善潤　善湜　善潛　善瀏

汝謚　汝謐　汝憚　汝鍭　汝鑒　汝鑄　汝玎　汝鑨　汝橦　汝檀　汝槺　汝柜　汝执　汝朽

崇巖　崇嵰　崇岍　崇峸　崇埛　崇爔　崇莠

必椋　必樅

保義郎不樂　保義郎不即　訓武郎不怡　從義郎不覬　從義郎

善濛　善淇　善泠　善脕　善腴

汝樸　汝挹　汝品　汝嶢　汝峪　汝歸　汝則　汝事

崇弘　崇瑛　崇彰

必楙

右監門衛大將軍吉州刺史士柵　右監門衛大將軍貴州防禦使士桼

不羨　忠訓郎不轉　保義郎不堅　保義郎不腆　贈武翼大夫不嫚

善救　善鵜　善摩　善晨

汝焴　汝微　汝梁　汝攄　汝破

崇榭　崇僕

右監門衛大將軍吉州刺史士訴　右監門衛大將軍吉州刺史士鄏　右監門衛大將軍吉州刺史士昳　贈傳

不誑

善杲

汝磧

崇儹　崇塵

和國公士嗛
保義郎不吳
贈武翼大夫不遣
善箴
汝滗
崇鄗
汝泮
崇黨
善晬
汝頫
汝鞹
汝棉
汝瑀
保義郎不瑴
保義郎不怛
訓武郎不寧
善集
善暢
汝佖

太子右監門率府率士繼
太子右監門率府率士腱
太子右監門率府率
成忠郎不忱
武節郎不磨
善漫
汝桼
崇璃
善琰
武經郎不薾
善彪

士棫
太子右監門率府率士選
贈明州觀察使奉化侯士遜
不彼
贈富敎郎不僥
善紳
汝奐
汝燚
善培
汝樊
汝臭
善綸
汝鏵
善綑
汝袷
善扯
太子右

監門率府率士鄹
右班殿直士奠
北海郡王仲聘
武德郎士穌
右班殿直不器
右侍禁不代
左領軍衛將軍士趚
從義郎不游
善及
汝瀰
崇選
崇陥
汝覾
崇洵
保義郎不鐸
忠訓郎不潜
善古
汝碼
崇墉

太子右監門率府率士嵘
贈朝議大夫不屋
善括
汝賓
崇沆
必錫
汝礬
崇穗
必莊
汝暮
太子右監門率府率士揮
不潤
不僖
太子右監門率府率士覲
太子右監門率府率士鑒
左班殿直士懽
贈寧遠軍節度使建安郡公士峗
成忠郎不痛
善耘
汝物
崇湯
汝佰
善機
汝傒
崇獲
善邦
汝僊
崇琢
崇琦
崇墫
汝衎
崇埠

贈鄞州觀察使南陽侯士鵬
忠訓郎不煩
汝徥
崇昪
汝擢
秉義郎不愆
善優
汝估
崇泐
必塧
必坲
汝憁
善俞
崇潒
必塭
必墉
崇淵
必橡
太子右內率府副率士卿
太子右內率府副率士梗
左班殿直士悅
左班殿直士懞
左班殿直士壹
太子右內率府副率士墫
忠訓郎不僑
善辭
汝賁
汝賓
善營
汝貸
崇迹

宋史二百三十一　九十八

宋史表卷二十二　十五

右監門衛大將軍貴州團練使士嵒
右千牛衛大將軍士忝
右千牛衛大將軍士崘
太子右監門率府率士森
太子右監門率府率士鋪
太子右內率府副率士巿
太子右監門率府率士間
太子右監門率府率士閭

善陞
善闡
善膺　汝民　崇嵒
　　　　　　崇湖　必御
　　　　　　崇噲

甘眞寫　羅善

宋史二百三十一　百四十六

宋史表卷二十二　十六

保康軍節度使開府儀同三司仲嶬
右監門衛大將軍士揃
右監門衛大將軍袁州刺史士挻　修武郎不混　善飭
善可
善專　汝升
善膺　汝臧　崇樴
善椿　汝諦
善瓘　汝諠　崇澥
善岡　汝誏　崇濼
汝誇

右監門衛大將軍濟州防禦使士授
右監門衛大將軍士持

簡王謚恭僖宗博　東平郡王士樓　贈通奉大夫贈光祿大夫不棄　善悅　汝秩　崇勳
崇守
崇正
崇支
汝彥　崇原　必拆
良朋
良服
崇宓
汝息　崇券

甘眞寫　羅善

宋史二百三十一

一百十八个

宋史表卷二十二

十七

忠訓郎不礦　從義郎不苟

善究　善詮

汝奇　汝砥

崇禴　崇裕　崇樘　崇僾　崇儀　崇價

必鉷　必錙　必迠　必迭　必逯　必遖　必遴　必遒　必樾　必畋　必穗　必慝　必倬

良瑯　良藻　良湨　良玐　良琤

朝奉郎士㑭　榮州刺史士沓　右千牛衛大將軍士慶　合州刺史士玻　右監門衛大將軍士宿　太子右

汝楫

崇明　崇靜　崇樗　崇黿

必權　必儴

良錡

甘貞寫　羅善刊

宋史二百三十一

一百四十五

宋史表卷二十二

十八

東牟侯仲歆

率府副率士肆　右監門衛大將軍士郲　右監門衛大將軍士志　贈左領軍衛大將軍士模

忠翊郎不譃　秉義郎不恃　修武郎不耆

善叓　善絹

汝譚

崇鈿　崇栝　崇紓　崇煽

必堹

修武郎不昀

善纘　善韓　善貴　善護　善宸

汝楫　汝營　汝戩　汝郁　汝佋　汝嵩　汝潔　汝頔

崇磔　崇格　崇鍚　崇珠　崇址　崇塔　崇埒　崇廣　崇嶧　崇鍾　崇𡽾　崇墧

必邁　必聘　必懌　必慨　必惜　必鐸　必絟　必瓊　必瑀

良顥　良闓　良闅　良浒

甘貞寫　羅善刊

忠翊郎不悒　保義郎不弜　成忠郎不恨　贈武德郎不偏

善惟　善需　善軏　善昻

汝甄　汝瓌　汝隆　汝瓚　汝詹　汝埤　汝寀

崇閎　崇乙　崇倫　崇錀　崇鉍

必泠　必璪　必瀧　必檀

良滔　良璬

善遹　善玕　善賁　善棐

汝檻　汝櫳　汝椅　汝雲　汝餘

崇鈒　崇鋈　崇鈺　崇緝　崇緩　崇纔

必楷　必析　必竽　必篔　必箱　必徽　必曜　必昧　必璵　必逞

良籌　良符　良簫　良篆

榮國公仲眘

左班殿直士祖　右監門衛大將軍士憬　右監門衛大將軍士騤　右監門衛大將軍士幸　吳興郡公士廞

成忠郎不汨　忠翊郎不讋　成忠郎不僻　贈武翼大夫不務

善顒　善鼐　善蕤　善宜　善熊

汝驪　汝驂　汝騆　汝訓　汝鈋　汝鎖　汝縝　汝纁　汝纓　汝紵　汝縉

崇販　崇時　崇清　崇璲　崇弧　崇泜　崇潤　崇沐　崇湇　崇簡　崇榮　崇欒　崇梴　崇楄

必衙　必徠　必挑　必樸　必潛　必埁　必條

良涇　良淂　良謙

宋史二百三十二

宋史表卷二十二　二十一

贈武翼郎不怵　武翼郎不悗　武德郎不陂

善昶　善積　善工　善扛　善維

汝紅　汝豫　汝是　汝灘　汝海　汝浮　汝縴　汝緩　汝絢

崇鐵　崇墳　崇壇　崇塡　崇垐　崇壍　崇坡　崇樾　崇倬　崇汾　崇淀　崇淌

必剸　必鐩　必鉢　必壓　必鏞

贈武德郎不閭

善臻　善昱　善斬　善力　善我

汝料　汝緒　汝紎　汝敍　汝綈　汝緫　汝緘　汝紡　汝纘　汝緹　汝繰　汝緬　汝棗

崇滜　崇洛　崇淒　崇沅　崇[illegible]

必鎮

宋史二百三十二

宋史表卷二十二　二十二

右監門衛大將軍士錫

成忠郎不谷　贈武義大夫不宿

善貫　善封　善儲　善勸

汝湶　汝林　汝淼　汝楙　汝鉀　汝賀　汝渻　汝縱　汝綍　汝綬　汝縮

崇鎮　崇掇　崇墨　崇壁　崇埊　崇秋

善加　善鑄　善聘

汝緼　汝縩　汝縈　汝紺　汝綠　汝縕　汝級　汝紓　汝纁　汝綢　汝纙　汝絿

崇稽　崇橫　崇穠　崇烶　崇緩　崇教　崇捷　崇數　崇洌　崇櫝　崇澠　崇條

必鑑　必臺　必堪　必世

不濺　不泚

善畴　善覩　善覲　善誼

汝絿　汝縺　汝絅　汝紾　汝縉　汝繟　汝崌　汝岼

崇汥　崇根　崇榴　崇搠　崇綑　崇搋　崇榴　崇秆　崇穖　崇儒　崇畋　崇諍

成忠郎不悅

右監門衛大將軍英　太子右監門率府率士羌　左班殿直士嵩　右千牛衛將軍士鈐

右監門率府率仲伊　建安郡公仲詰

贈太師崇王謚孝溫宗瑗

贈右千牛衛將軍士鉞　太子右內率府副率士鏵　右千牛衛將軍士鐇　贈右領軍衛將軍士鈉　贈右監門衛將軍士鍋　太子右

贈武翼大夫不閉

善滹　善諟

汝曆

信都侯仲譂

監門率府率士羨　右班殿直士連　右班殿直士壽　右班殿直士嶽　贈右監門衛將軍士沆　贈右監門衛大將軍士顒

贈朝議大夫不辭

善纁

汝擢

崇淦　崇炷

必亮　必宙

善	善肯　善將　善讀　善凝
汝	汝柢　汝接　汝㨂　汝揣　汝擇　汝撰　汝授　汝掾　汝揔　汝操　汝括
崇	崇滁　崇榧　崇爟　崇闓　崇閭　崇焱　崇㸂　崇茫　崇熹　崇烘　崇熄　崇曖
必	必從

士	太子右內率府副率士怫　太子右內率府
善	善䠶　善璘　善孫　善晶
汝	汝柄　汝桂　汝捍　汝揮　汝捧　汝掞
崇	崇煌　崇炤　崇曈　崇爊　崇晴　崇鏞　崇銉　崇鏚　崇闓　崇閡

士	副率士踐　[illegible]武經郎
不	不嗟
善	善瑚　善感　善靖
汝	汝杞　汝棣　汝櫃　汝樞　汝粲　汝集　汝沐　汝采
崇	崇炑　崇煠　崇熿　崇燔　崇墳　崇賢　崇圻　崇棨　崇态
必	必鐭　必瑱　必鑽　必鎬　必鉦　必鐠

士	太子右內率府副率士破　贈武翼大夫　贈右領軍衛將軍士福
不	忠訓郎不跔　贈武略郎不偯　保義郎不祖
善	善齊　善布
汝	汝讀　汝熏　汝訥　汝鋼
崇	崇爍　崇熩　崇淳　崇禪
必	必鉌　必鍐　必鉤　必鐶

士紆
不硊保義郎 不詼 贈武訓郎不韻
善璠 善紐 善賓
汝吟 汝龔 汝稟 汝璬 汝鳴 汝昕 汝敵
崇示 崇諷 崇容 崇脉 崇燁 崇燃 崇炑 崇鐵 崇建 崇玹
必坦 必堂 必墀 必塙 必黴

善昣
汝機 汝流 汝漕 汝洨 汝畋 汝敞 汝敖
崇時 崇兹 崇憲 崇峯 崇岎 崇凑 崇稷 崇林 崇椗 崇衎 崇犨 崇擶 崇稽 崇治 崇濙 崇瀅 崇涷
必檬

武德郎 贈修武郎不泫
善封 善鋭 善講 善讀 善整
汝徹 汝附 汝防 汝剖 汝韶 汝詮 汝派 汝熇 汝褰 汝寓 汝秀
崇滇 崇瀴 崇炬 崇熠 崇衎 崇循 崇衕 崇衛
必恔 必鏄 必棋

華陰侯仲詔
承議郎士灉
不咤 保義郎不諑 成忠郎不壬 贈武德郎不惑
善昂 善掭 善績 善嶢 善誨
汝眸 汝犢 汝輜 汝軺 汝輅 汝輿 汝春 汝焴 汝湄 汝波
崇淳 崇瀀 崇樓 崇倬 崇梲

齊安郡公仲譁　保大軍承宣使

贈[illegible]國公士洪　右千牛衛將軍士鉞　太子右內率府副率士鈛　右監門衛大將軍士鍠　右千牛衛將軍士緤　太子右監門率府率士妃　右千牛衛將軍士琳　太子右內率府

武德郎不讓　保義郎不猱　保義郎不好　武經大夫不濟

善緄　善飾　善域　善胄　善囿　善咨

汝洺　汝溥　汝瀟　汝頤　汝私

崇鏵　崇鉞

仲諄

副率士鎮　右監門衛大將軍士勐

贈武經大夫不慮　贈武經大夫不晉

善直　善盟　善瑢　善詀　善悃　善宗　善綱　善續　善尹　善瓚

汝僎　汝鼎　汝閎　汝棨　汝圪　汝增　汝遏　汝沵　汝諍　汝詢　汝譪　汝諰　汝諦　汝墣　汝瀸　汝熅　汝琥　汝灕　汝贊

崇遹　崇掘　崇宿　崇寀　崇滄　崇諱　崇瀆　崇鋸　崇榛　崇倂　崇侯　崇瑁　崇硝　崇硫　崇遡　崇送　崇適

必諭　必穆　必睃　必搽　必鵬

贈太師襄王謚恭憲宗愈

郡王謚敦孝仲僕

贈左武衛將軍士爛　右千牛衛將軍士功

贈和州防禦使不跲

善超

汝畚　汝澤　汝華　汝雖　汝幾

崇齡　崇尉　崇徹　崇椐　崇材　崇楹

必灟　必浛　必璁　必汲　必滐

良惪　良惠　良忠　良憗

忠州團練使士膹

秉義郎不濆　成忠郎不德　不謙　訓武郎不奪

善養　善省　善卷　善為　善則　善廣　善祇　善該

汝釗　汝匯　汝拳　汝建　汝沄　汝傳　汝鐔

崇脩　崇渚　崇巍　崇軾

必濟　必淶

房陵郡公仲壅

右班殿直士詠　貴州團練使士發　榮州防禦使士囂　贈右金吾衛將軍士祠　太子右監門率府率士紃　贈保寧軍節度使

忠訓郎不紊　成忠郎不貪　成忠郎不虔　忠訓郎不嘗　成忠郎不弄　保義郎不曠　成忠郎不酩　成忠郎不孤　成忠郎不卑　不慊　承節郎不汏　成忠郎不罷　武德大

善徐　善如　善繩　善瑩

汝家　汝譎　汝諿

崇積　崇棘

必淕

宋史二百三十　一百三十九個

宋史表卷二十二　二十三

保康軍□□大夫不倚　贈光祿大夫不憺
善俟　善暎　善衍　善闓　善閑　善闠
汝遷　汝迥　汝遭　汝途　汝瑲　汝臧　汝玠　汝璉　汝珣　汝璿　汝琣
崇櫶　崇釋　崇稆　崇透　崇鏻　崇鉠　崇鐵　崇鉀　崇釪　崇鉀　崇逵　崇冲
必漎　必滘　必璲　必跡
良穗　良樸

必傲
太子右監門率府率士溫　太子右監門率府率士政　太子右監門率府率士琦
崇丘　崇師
必發　必臻　必任　必伉
良謙　良讀

畢貞　馮惠　刊　宮

宋史二百三十一　一百四十四個

宋史表卷二十二　二十四

贈□□□節度使仲劭　保康軍節度使仲瑺
右班殿直士亦　右千牛衛將軍士嶒　右班殿直士豳　太子右內率府副率士堅　右千牛衛將軍士聖
保義郎不屈　贈朝議大夫不憚
善宰
汝昌
崇庚　崇穆　崇協　崇制
必濬
良捷

平海軍節度使仲皎
太子右內率府副率士培　右班殿直士爣　太子右
保義郎不瓞
汝大　汝兵
崇克　崇假　崇石　崇合　崇儆
必漧　必膠　必鏳　必鈗　必敷
良詔

甘英　馮惠　宮

宋史二百三十一　字一百二十个

宋史表卷二十二　三十五

甘真　王祖

太子右監門率府率

內率府副率士迆　不芠

贛州防禦使士崐　贈大夫不惟

善抗　汝課　崇扒

善博

善㩦　汝澳　汝濘　汝涸　汝渭　汝詩　崇掠　汝淌　汝洐　崇鐏　必瑑　汝渏

士讙

太子右內率府副率士海　保義郎不緬

太子右內率府副率士減

右監門衛大將軍嘉州

太子右內率府副率士須

右監門衛大將軍崇慶軍節度使忠訓郎

宋史二百三十　字一百二十个

宋史表卷二十二　三十六

甘真　王祖

仲習

軍節度使不繞

禦州防禦使士宛

吉州刺史士酌

贈太師感安郡王士剸　朝散郎不尨　善僑　汝乢　善朴　善僚　汝仔　汝僓

朝請郎不病　善偉　汝統　汝緎　汝营　崇珢　崇玦　崇琳　崇瓌　崇淭

太子右內率府

太子右監門率府率士遵

善侻　汝琈

善付　汝蟳　汝濩　汝端　崇玟　必潙　崇墐

善諭　汝秘　汝祎　汝揣　汝秩　汝楯　善涑　汝璟

副率仲韋
華原郡公仲嶶

太子右監門率府率士奄
太子右監門率府率士欽
忠訓郎不悅
太子右監門率府率士標
修武郎不捐
東陽郡公士陪
贈武翼郎不隋
善輯
汝确
崇燮
善昇
汝生
崇琢

贈利州觀察使不讓
修武郎不巔

善冀
善懃
善玠
善瑹
善鏜

汝湖
汝祀
汝搴
汝琦
汝琪
汝珬
汝僨
汝譁
汝儁
汝綦
汝伶
汝僕

崇珝
崇謞
崇讓
崇餺

字一百三十个

安康侯士晴
保義郎不取
忠訓郎不隨

善濃
善杓
善轄
善泫
善瀞

汝町
汝昿
汝暻
汝暍
汝昄
汝朦
汝愢
汝鐵
汝鉬

崇墨
崇堃
崇瀆
崇台
崇瀅
崇燋
崇偑
崇祖
崇埆
崇沆
崇漈

右千牛衛將軍士東
太子右監門率府率

秉義郎不駁
左領軍衛將軍
閤門
不惪
忠訓郎不趯
忠訓郎不縉

善翅
善昳
善淮
善楷

汝燦
汝搏
汝管

崇嶫
崇坤
崇墉
崇堉

字一百三十个

贈太師潤王謚

華王謚

贈華州 仲從

士前 太子右監門率府率 士瑞 太子右監門率府率 士椦 太子右內率府副率 士産 太子右監門率府率 士埒 贈武騫

傳惠 宗隱

孝信 仲癸

軍節度使士譚 右班殿直士延 贈右領軍衛大將軍士硝

武翼郎不獨 不吝 保義郎不雜 贈武翼大夫不謏

善樗 善愛 善知

汝則 汝琥 汝鑑 汝識 汝邃

崇玉 崇儁 崇僕 崇滋 崇威 崇祐

必榛 必福 必淦

良儉 良僊

善訊

汝義 汝鸖

崇峪 崇忭 崇柘 崇昱 崇暑 崇勔 崇諭 崇麦 崇商 崇渠

必渼 必逅 必溪 必瑞 必璿 必琪 必鋗 必玠 必磧 必硴 必礦

良絟 良縫 良細

忠訓郎不庶

善憓 善融

汝瑞 汝鑿 汝雍

崇堯 崇力 崇柄 崇棗 崇手 崇鴛 崇隆 崇勳 崇劢

必磏 必礦 必瓚 必謗 必譁 必諳 必璦 必擇

太子右內率府副率士碩　太子右內率府率士鄰　太子右監門率府率

忠訓郎不倦　成忠郎不恍　成忠郎不校　成忠郎不惑　保義郎不吁　成忠郎

河東郡王謚孝良仲鞱

士仗　內殿崇班士救　贈左千牛衛將軍

不忠　訓武郎不朋　右班殿直不識　贈武德郎　軍節度使不昌

善松　善鸞　善貽　善鄖　善縧　善脩

汝椽　汝灑　汝彌　汝漣　汝算　汝奐

崇平

必庋　必奪

善頌　善成

汝介　汝構　汝榆　汝郁　汝鄉　汝郗　汝鄢　汝邦　汝鄆　汝鄘

崇弼　崇宣　崇張　崇麓　崇護　崇嚴　崇勤　崇鑿　崇的　崇孫　崇濬　崇瀚

必悉　必捍　必拓　必昴　必船

秉義郎不穀　贈朝散大夫不俠

善碼　善銜　善應　善哲

汝郎　汝瀚　汝秀　汝霝　汝曬　汝勳　汝鄉

崇溫　崇勸　崇松　崇誼　崇旨　崇鐩　崇歉　崇恩　崇芍　崇城

必聯　必惠　必慈

良塚　良靖　良增

西頭供奉官士耀
成忠郎不退　成忠郎不遺
善慦　善㮚
汝楠　汝彛　汝山　汝朋　汝𣗥　汝苂
崇巎　崇瑢　崇𤨏　崇環　崇越　崇逾　崇㪺　崇璏
必浤　必㯶　必𢘎　必愮　必𤢫　必瀆

福國公諡純僖仲㦸
贈左領軍衛將軍士𢙟　右班殿直士護　修武郎士貴　右班殿直士俸　贈太師　賀王謚孝敏士㚆
忠翊郎不𧴩　保義郎不懈　追封滕國公諡恭靖不𢖍
善𥗐

贈太師安化郡王士太
朝議大夫直秘閣不𢣧　朝議大夫不訥　贈朝議大夫不諱
善𥖅　善𢣧　善鉅　善硯　善碤　善居　善𢤟
汝和　汝𢇀　汝璃　汝信　汝𩨓　汝多　汝尾　汝通　汝忖　汝葸
崇㵭　崇𡎺　崇𦙶　崇𦢊　崇瑚　崇玔

右奉議郎不賕
善迎　善夯　善吏　善虎　善悰　善瀗
汝𣧑　汝𢡖　汝𢘦　汝想　汝恩　汝𢢪　汝𡮣　汝琗　汝㻶　汝琏　汝玠　汝璥　汝禱
崇𥝉　崇𧭩　崇敥　崇𨫝　崇𨫣　崇傢　崇偊　崇僥
必𡋯　必棉　必𢟪　必𢤟

贈朝議大夫不澈　贈武功郎不桀

善職　善撫　善僊　善涟　善悅　善克

汝線　汝撤　汝橉　汝健　汝僊　汝塈　汝穎　汝頤　汝逵

崇僂　崇勣　崇勤　崇棟　崇果

必捺　必健　必福　必辯　必畔

贈朝奉大夫不騁　贈承議郎不呰

善有　善璀　善域　善嚮

汝濡　汝綝　汝鏲　汝讖　汝詍　汝辰　汝玲　汝儞　汝輊　汝愜

崇撩　崇捨　崇晉　崇鉉　崇寂　崇實　崇忱　崇悃　崇怉　崇愁

不蕃

善東　善起　善琥

汝惆　汝校　汝惰　汝瑛　汝播　汝璐　汝堎　汝浣　汝條

崇畔　崇畛　崇晬　崇潙　崇澪　崇稀　崇彝　崇蕭　崇露　崇瑲　崇碧　崇崖　崇瑀　崇暹

必瀴

不刓　贈承議郎不躍　贈武翼郎不孱

善多　善鬼　善熙　善鏞　善鎧　善騫　善遠

汝奕　汝奕　汝腾　汝搭　汝捆　汝豫　汝芮　汝逸

崇鐺　崇璆　崇瑕　崇憲　崇綠

必濺　必[illegible]　必滌

漢國公 從[illegible]

高州刺史世弁 贈少師崇慶軍節度使建國公世奇

[illegible]大夫不萬 忠訓郎不愆 保義郎不騙

善芹 善棨 善蓋

汝普 汝谷 汝簪 汝平

仲釋 建州觀察使仲青

右千牛衞將軍士鮮 右千牛衞將軍士揚 右千牛衞將軍士眞 贈開府儀同三司永國公士諮

保義郎不褒 贈左領軍衞將軍不止 右監門

善瀰

贈左屯衞大將軍仲飴 南陽侯仲欽

右班殿直士琦 右班殿直士逈 太子右內率府副率士彭 右班殿直士詵 右班殿直士碏 太子右內率府副率士用 太子右內率府副率士嶠 太子右內率府副率士匠 太子右內率府副率士意 贈武略

衞大將軍領昌州刺史開國伯不■

善攏 善瀞

宋史二百三十一

二百卅个

漢東郡王宗汚　贈太師榮王諡孝靖

右監門衛大將軍仲覗　太子右內率府副率仲足　太子右內率府副率仲霄　襄王諡康孝

大夫士溙　太子禹率府副率士特　太子右內率府副率士措　太子右內率府副率士匯　太子右內率府副率士舒　太子右監門率府率士瓚　池州防御使

武節郎不浼　不嫁　忠訓郎不羑　成忠郎

善緜　善来

汝駉　汝驎

崇軏

宋史表卷二十三

四十九

甘真寫

王福州

宋史二百三十一

二百廿个

宗綽

仲蘗

士纏

贈[illegible]節郎不醯　秉義郎不糅

善紹　善逢　善述　善設　善适　善羣　善什

汝惚　汝念　汝惷　汝息　汝懃　汝似　汝詳　汝奠　汝菲　汝孚　汝懋

崇鏶　崇銛　崇擺　崇柘　崇擢　崇諱　崇瑜　崇陔　崇瑨　崇珨　崇璮　崇墉　崇琥　崇礽　崇玕　崇星　崇職　崇聽　崇膝　崇聽　崇暎

必滈　必湄　必澴　必宴　必家　必寘　必賓　必奧　必喬　必穹　必譜　必譜　必訏　必諆

宋史表卷二十三

五十

甘真寫

劉福州

贈監門衛大將軍士奧　右千牛衛將軍士奎　太子右監門率府率士卯

贈武訓郎不玷　武經郎不漣　忠訓郎不憒　武經郎不渚

善慶

汝槃　汝扑　汝嵒

高密郡公仲巒

太子右內率府副率士枊　太子右內率府副率士鏞　太子右內率府副率士齋　右監門衛大將軍士雈

贈朝請郎不杏

善訓　善暉　善恪

汝悉　汝遵　汝歷

崇鎣　崇岫

必扔

右武衛大將軍濮州防禦使仲漼

右班殿直士樞　右千牛衛將軍士盅　太子右監門率府率士烟　太子右監門率府率士詔　太子右內率府副率士友

右監門率府率士度　右監門衛大將軍士旆　太子右內率府副率士錫　右監門衛大將軍士紀

忠翊郎不翾　武翼大夫不澳

善顧

汝昕　汝旻　汝暐　汝趺

崇琲　崇珇　崇畯

必詳　必檖

右千牛衛將軍贈右屯衛大將軍仲爍　太師信王諡康宗治　岐王諡簡獻仲忽

安康郡王士說

贈銀青光祿大夫不柔

善契　善法　善待

汝驫　汝械　汝成　汝勤　汝讀　汝述

崇果　崇昺　崇晉　崇謹　崇𨘋　崇縴

必毅　必懇　必鉑　必鄷　必璠

良玠

武翼郎不捨

善膺　善麃　善禮　善雅

汝逵　汝遇　汝适　汝槵

崇豥　崇緜　崇纏　崇縝　崇絢　崇𢍉　崇急

必常　必翼　必翱　必協　必劭　必洋　必淡　必淥　必淄　必渼　必浸

良璧　良忻　良㯏　良衜　良傔　良鳳　良　良禮

成忠郎不稼　訓武郎不忻　從義郎不權　保義郎

善來　善原　善從　善謙　善裒

汝專　汝易　汝慶　汝庶　汝庇

崇徹　崇得　崇寧　崇寘　崇懋　崇宛

必㳅　必爀　必擬　必瀎　必渡　必㴬　必灋

左班殿直士戩　左班殿直士穮　[illegible]

不鑠　忠訓郎不蘐　成忠郎不慝

善枏　善鐙　善鄣

汝迥　汝煒　汝燦　汝熺

崇碩　崇須　崇領

必磨　必涌　必硧　必湮　必鈋

御使　士蹟　贈保寧軍節度使紓　太子右監門率府率

贈武經大夫　不據　保義郎　不佇

善䌹　善安　善盈　善駒

汝迵　汝家　汝規　汝鳳　汝夙

崇清　崇洴　崇浙

士潔　明州觀察使贈國伯　士鎮

贈宣教郎　不墊

善綠　善穡　善柾

汝遨　汝遭　汝迺　汝運　汝遂　汝適　汝逖　汝遳

崇槓　崇繸　崇鑯　崇釬　崇鍣　崇鏠　崇俗　崇付　崇俅　崇輮　崇楧

必譬

保義郎　不隆　不尤　追封永國公諡恭靖　不戆

善燁　善莡　善淵　善頎

汝育　汝莞　汝遷　汝近　汝適　汝運　汝頵

崇裯　崇熷　崇夫　崇逕　崇還　崇逞

必僶　必存　必往　必偆

右千牛衛將軍　士䕸　贈鄧州觀察使　士播　成州團練使　士能　榮州防御使　士覿　開州防御使

善韞

汝量

崇迮　崇還　崇逮　崇遽

宋史二百三十一 字一百三十个

宋史表卷二十二 五十七

甘真寫 黄刋

士廉贈太師、和義郡王語 朝請郎不執 追封

善戟 善鐵 善卑

汝謐 汝讜 汝織 汝櫄 汝捽 汝楗 汝踼

崇錡 崇鋏 崇鐉 崇鋹 崇鐶 崇鍘 崇爊

必遭 必連 必注 必瀆 必滉 必滈 必瀰 必泥

國公不流 秉義郎不論 成忠郎不敫

善芳 善帯 善芷 善書 善璘

汝夔 汝袙 汝斋 汝瀛 汝黄 汝祿 汝沇 汝驩 汝繙 汝楣 汝霄

崇逍 崇逦 崇連 崇追 崇遹 崇汝 崇條

宋史二百三十一 字一百令五个

宋史表卷二十二 五十八

甘真寫 黄刋

天水縣開國子不應 武翼郎不劬

善攜 善掎 善芸 善譽 善蒿

汝鏡 汝金 汝邃 汝迆 汝達 汝遴 汝眥 汝絺 汝塭 汝緣 汝晉

崇傚 崇排 崇攃 崇披

秉義郎不猜 成忠郎不疷 天水郡開國伯

善夔 善茀 善蘭 善徵

汝畲 汝桼 汝章 汝賁 汝納 汝達 汝俐

崇礁 崇瀕 崇槫 崇㰒 崇㭷 崇憲 崇慭

廣平侯仲庠

贈建州觀察使廣平侯士䪼　右監門衛大將軍士禜

不慢　從義郎不僩　修武郎不炳　成忠郎不諱　武經郎不敎

善弗　善証　善訥　善語

汝珶　汝培　汝璕　汝謁　汝蓁　汝美　汝僯

崇程　崇尚　崇昇

必里

贈安武軍承宣使仲淶

贈保寧軍節度使濟陽侯士傚

忠訓郎不能　贈太中大夫不緇

善從　善竦

汝珊　汝珖　汝瑲

崇義　崇阜　崇䡵　崇淏　崇滉

必寀　必害　必守　必宇　必㝌　必稼　必稠

良傂　良

善貫

汝珇　汝固

崇湝　崇淂　崇滑　崇澥　崇滮　崇潩　崇渡　崇湊　崇瀏　崇灩

必佇　必倰　必儼　必換　必稼　必梗　必檦　必攓　必㨂　必樘　必杖　必耜　必楫　必榛　必迎　必邇

良俵　良御　良復　良得

汝胄　汝臣

崇栗　崇橥　崇聚　崇棃　崇棐　崇梯　崇棻　崇槃　崇樂　崇樓　崇栩　崇楸　崇櫄　崇杰

必適　必進　必嶢　必遺　必延　必遴

宋史二百三十
字一百十个

宋史表卷二十二　六十一

甘真寫　徐楄刋

贈中散大夫不抑

善潔

汝琊

崇樂　崇棟　崇燮　崇㮣　崇彙　崇朶　崇杲　崇侗　崇儆　崇偞　崇俇

必宰　必弦　必奐　必龍

良贊　良貫　良賓　良贇

善瑱　汝瑀　崇緝　崇緼　必賁

善饒　汝筍　崇塞

善桀　汝東　崇實

善拳　汝贇　崇崔　崇液　必傑

汝鋒　崇逭　崇滔　崇紓　崇紘　崇緩

善然　汝錄　汝鉚　汝堂　崇繕　崇綮　崇緬　崇鍰　必寢

宋史二百三十一
字六十个

宋史表卷二十二　六十二

甘真寫　徐楄刋

右千牛衛將軍士蹔
太子右監門率府率士麗
右千牛衛將軍士之
太子右監門率府率士亨
右千牛衛將軍士縕

成忠郎不熏之

汝瑱　汝畦　汝堅

表卷第二十二

表卷第二十三　　宋史二百三十二

開府儀同三司上柱國錄軍國重事前中書右丞相監修國史領經筵事都總裁臣脫脫等奉

勅修

宗室世系十八

太師建王諡孝昌國公[illegible]仲江
武功郎士謂
秉義郎不替
善性
汝礪　汝箏
崇敏　崇贊　崇儁　崇份　崇侁　崇佋　崇倲
必審　必豪　必龕　必芳

成忠郎不硯　贈武翼大夫不[illegible]
善足　善畫　善遷　善符　善愚　善告
汝韶　汝丹　汝濼　汝淮　汝愿　汝奄　汝太　汝雋
崇德　崇臧　崇錄　崇全　崇志　崇褒　崇覺
必潤　必訥　必譏　必禹　必愜
良噲

慶平侯仲佹
右侍禁士館　太子右內率府副率士芹　太子右內率府副率士禹　太子右內率府副率士彌　左班殿直士諭　右班殿直士瞍　直士湄
秉義郎不惰　保義郎不璐
善中　善勇
汝臨
崇璩　崇直　崇串
必忭　必德

安康郡公仲郢
贈昭慶軍節度使豫章侯士[illegible]
保義郎不沔　左朝散大夫直秘閣不敵　贈武功
善肆　善緯
汝胖　汝膺　汝騰　汝機　汝腴　汝朧
崇烟　崇煉　崇堂　崇坊　崇錦
必雲　必晏　必時　必普　必華　必景　必睿

宋史表卷二十三　三

不	善	汝	崇	必
大夫、蘄州防禦使不罵	善紆	汝合	崇璲	
			崇玭	必倆
				必墐
				必墺
				必墺
	善也	汝思	崇滐	必堤
		汝清	崇寀	必煥
				必熵
				必奭
			崇禾	
			崇森	必柊
			崇鍵	必戴
	善秉	汝淨		
		汝仝		
		汝慜		
		汝息		
		汝淂		
		汝俾		
保義郎不騫				
右承奉郎不泯	善覽	汝室		
		汝芳		
		汝輳		
	善鑒	汝積	崇㦸	必碩
		汝竣	崇鄉	
		汝墕	崇救	
武翼郎不嗼	善勸	汝頊		
		汝賜	崇錸	必漈
		汝睹	崇鐵	

朱凌亨　王三道刊

宋史表卷二十三　四

仲	士	不	善	汝	崇	必
			善燁	汝瀟	崇戚	必警
						必渼
						必瀆
			善錄	汝邈	崇寫	
					崇榘	必扑
					崇享	
			善標	汝倬	崇灌	
			善穗	汝奕		
			善暘	汝茹		
				汝龐	崇澜	
榮國公、右千牛衛將軍仲的	士倫	秉義郎不讀	善利	汝常	崇希	必攝
						必中
					崇稆	
	右班殿直士蒂	修武郎不嬌			崇稔	
		不犯				
		不紀				
		不圯				
	贈少師、和國公士僚	保武郎不嗷	善時			
			善漈	汝朴	崇逵	必臻
					崇迂	必瓅
					崇迟	必盟
					崇熵	
		訓武郎不虔	善忑	汝禓		

朱凌亨　王三道刊

不求
武翼大夫不每

善熙
善組
善踐

汝晞
汝捲
汝草
汝樺
汝瑒
汝曼
汝暈
汝鼻
汝纍
汝昴
汝校
汝桴
汝撿

崇傪
崇御
崇釪
崇涔
崇熾
崇爔

必釭
必瑳
必鑞
必鎬
必鏊

善統
善峋

汝槺
汝隰
汝櫟
汝銷
汝鉦
汝槃
汝𤃩
汝棠
汝瓛
汝振
汝訟
汝稼
汝扎
汝瑊
汝㽦

崇諭
崇燕
崇僬
崇無
崇爊
崇熏
崇黙

必瑋
必環
必礦

字二百三十个

朱浚寫

王三道刊

太子右內率府副率、右班殿直、贈武顯大夫不䛐
右班殿直不修

善㕧
善翰

汝㯿
汝藻
汝木
汝栝
汝檍
汝志
汝悳

崇儫
崇論
崇諤
崇譜
崇熊
崇翩
崇㖩

必效
必救
必璏
必𨱖
必𤸃
必鎂

嗣請

善寵
善珙

汝柔
汝憓
汝澧
汝愍
汝慭
汝怨
汝戀
汝芯

崇明
崇昀
崇佸
崇濛
崇緻
崇盈
崇畦
崇睢
崇浮
崇滜
崇扎

必穗
必鑣
必鉦

字二百二十五

朱浚寫

王三道刊

奕士敵　贈金吾衛將軍士手

忠訓郎不尤　不違　忠翊郎不駭　贈武翼大夫不敘

善璞　善意

汝僭　汝淫　汝㣿　汝儒　汝傻

崇變　崇瓔　崇璜　崇瑪　崇瑚　崇鐙　崇瑕　崇晴

必談　必詿　必讁

朝散郎不絀

善謹　善神　善覃　善琥　善戩

汝㓛　汝佩　汝儕　汝堪　汝柳　汝歐　汝側　汝傯　汝俾　汝僅　汝佩　汝恰

崇昕　崇鍍　崇㡱　崇僮　崇䚄　崇賙　崇隙　崇睟　崇則

必枅　必枌

率士高　率府副率士悅　右千牛衛將軍　士休　右千牛衛將軍　士順　率士高　率府副率士深　率士查　門率府率士憤　贈寧遠軍節度使永國公

不役　贈武寶

公士穆

保義郎　郎不歆

善畧　善磬　善觀

汝鍾　汝鋌　汝鏑　汝鎗　汝鑣　汝銀　汝攢　汝愔　汝倦　汝修

崇畲　崇栻　崇崢　崇衛　崇衛　崇勒　崇佰　崇僮　崇惚　崇擶　崇會　崇條

必逵　必渺

宋史二百三十二　字一百十五个

宋史表卷二十三　九

朱浚寫　王三酉刊

贈武翼郎不議　不諤

善歲　善洽　善僴

汝榛　汝挐　汝孿　汝鏊　汝瑱　汝躊　汝攉　汝櫃　汝撢　汝櫓

崇遺　崇寮　崇蒖　崇逄　崇迋　崇逡　崇萴　崇軥

良[illegible]

武翼郎不諫　追封閩國公不緘　武翼郎

善鄉　善企　善翰　善翃

汝救　汝楒　汝沐　汝溪　汝泭　汝瀧　汝托　汝偶　汝靖

崇𡾰　崇砌　崇摎　崇攥　崇稱　崇柚　崇砦　崇磬

宋史二百三十二　字一百二十个

宋史表卷二十三　十

朱浚寫　王三酉刊

不倂

善基　善奘　善寁　善奐　善夹

汝調　汝諡　汝謪　汝恓　汝謢　汝譔　汝膴　汝訑　汝誼　汝訏　汝謏

崇班　崇玩　崇球　崇琫　崇瑾　崇琉　崇玻　崇璟

贈開府儀同三司崇國公季秀

忠訓郎不庬　秉節郎不跂　進封開國伯不揞　訓武郎不檏　修武郎不紫　修武郎不仙

善凱　善香　善頔　善䚢　善慈　善瀆　善洌　善捸　善表　善晃

汝摘　汝境

宋史二百三十二　字一百二十五个

宋史表卷二十三　十一

太子右內率府副率仲愿　華陰侯仲戚

贈武翼郎士訓

贈武節郎不敏

善早　善要　善掾　善亘

汝轄　汝轢　汝轂　汝轢　汝輪　汝軏

崇枋　崇杵　崇揄　崇櫚　崇楄　崇棖　崇桎　崇桴　崇擢　崇杜　崇梀

右千牛衛將軍士卿

武翼郎不儕

善又　善陜　善俊　善泮　善廡　善鑠

汝轓　汝乾　汝儂　汝伺　汝鎊　汝硝　汝礮　汝礫

崇柖　崇玫　崇頫　崇鎮　崇鈺

朱　浚　寫　王二　道　刊

宋史二百三十二　字一百六十个

宋史表卷二十三　十二

贈太師王諡僖孝宗勝

右監門率府率仲呂　昌國公諡恭孝仲弁

右監門衛大將軍士侑　贈梓州觀察使東陽侯士踽

忠翊郎不晞　贈武翼郎不盈　贈武翼郎不俗　秉義郎不億

善俗　善儀　善濟　善喇　善班　善嚴　善華

汝滾　汝流　汝碣　汝迒　汝瓊　汝珅　汝憤　汝鎮　汝仢　汝鐩　汝榕　汝擠　汝櫰　汝玢　汝瑝　汝勱

崇浪　崇港　崇駿　崇愬　崇玘　崇淦　崇搗　崇淳　崇溧　崇墠

必僕　必湘　必棫　必急　必息　必愁　必榛　必楮　必杵　必汗

良擶

朱　浚　寫　王三　道　刊

宋史二百三十二　字一百四十个

宋史表卷二十三　十三

太子右內率府副率士輸　右監門衛大將軍士儼

成忠郎不相　贈武功大夫不諱

善紱　善璵

汝鏇　汝仍　汝槽　汝宓　汝造

崇圳　崇浥　崇粹　崇渚

必銓　必淨　必錄　必瞻　必夯　必寯　必勔　必劢

北海侯仲塤

士譽　太子右內率府副率士錢

不嫉　保義郎不卸

善社　善愨　善聯　善祺　善縡

汝邈　汝迎　汝道　汝琇　汝楫　汝逾　汝偕

崇欣　崇穀　崇謏　崇諲

必勅　必諠　必憖　必壇　必堇

朱浚寫　王二道刊

宋史二百三十二　字一百四十个

宋史表卷二十三　十四

右班殿直士鏙　榮州團練使贈開府儀同三司士畞　右監門衛大將軍士敎　太子右內率府副率士諤　太子右內率府副率士効

保義郎不卸　不備　秉義郎不悖　贈明州觀察使不黷　成忠郎

善裒

嘉國公贈蔡州團練使仲佽

士寺　太子右內率府副率士邁　率府副率士通　敦武郎士纖　太子右內率府副率士禹　太子右內率府副率士勔

不懣　忠翊郎不虔　成忠郎不狴　成忠郎不蹇　成忠郎不御　成忠郎不彫

善誠

李浚寫　汪三道刊

率士蒙
右監門
衛大將
軍士璽
太子右
監門率府
率士卒
率士衣
濟陽侯仲參
門率府成忠郎
率士豁不閑
成忠郎
不愭
贈太師□
王諡僖 平陽郡 朝議大 修武郎
節崇邁 王仲賜 夫士悠 不欺
秉義郎
不司
善式
汝鄙
崇槐
崇揆 必夔
崇標 必奭
汝溥
崇楠
崇械 必㛃
崇揵 必奮
崇栈 必棣
汝穎
汝楧
汝抑
汝鈍
崇槊
太子右監門率府副率士高
率士蒙
右千牛
衛將軍士記
忠翊郎
不諴
昌國公朝散奏

仲噶 士虓
惠國公高州團練使
仲璲 贈少師諡
修武郎不勠
善勛
汝慕
汝忞
汝營
善惪
善芑
汝瑾
崇檀
汝葡
汝觀
崇㮤
善初
汝奩
汝蘭
崇攖
贈太師欽
王諡榮 右監門
僖 率府率
仲彌
清源侯右班殿
仲厰 直士韙
右班殿
直士淦
太子右
率府副
率士蹈
右監門
衛大將
軍士招 成忠郎
不惓
右監門
衛大將
軍士翰
康州刺
史士途
右班殿
直士漸
簡國公贈太中
謚榮安大夫士俩 不話
仲瑳 不悭
不詔

成忠郎不湦　贈武經郎不懵

善譽　善諳

汝番　汝鈞　汝劭　汝玗　汝鎏

崇岫　崇嶸　崇嵊　崇錦　崇嶓　崇曉　崇侑　崇仟

必歆　必華　必成　必崚　必邊　必岱　必岊　必嵤　必僕　必漁　必佋　必瞎　必昉

良簪

成忠郎不邀　成忠郎不𢿙　贈中奉大夫不懊

善釭　善澧　善𧖣　善詒　善祁　善棠

汝銓　汝硂　汝㨝　汝劲　汝勢　汝劭　汝劬

崇值　崇録　崇鈖　崇嶟　崇岾　崇沆　崇洣　崇堪　崇墿

必夲　必柷

贈越州觀察使士朊　康州刺史士磑　贈保信軍節度使東陽侯士靚

不㦧　忠翊郎不憬　不慄　秉義郎不詰　成忠郎不㳚　成忠郎不恪　不慨　武經郎不悄

善㕻　善覺

汝辭　汝滄　汝浮　汝燰

崇懵

贈奉直大夫士負　訓武郎不剸

善昇　善齋　善諏　善卒

汝熄　汝熹　汝俩　汝伍　汝訥　汝謜　汝延　汝埊　汝玗

崇笛　崇范　崇熠　崇鏑　崇㷄　崇楉　崇謍　崇瞽　崇譮　崇盍　崇鉀

必壌　必㯫　必渚

宋史二百三十二

宋史表卷二十三

十九

贈瑯州觀察使東陽侯士𣻓　太子右監門率府率士鶴　太子右監門率府率士卞

成忠郎不訐　追封安化郡公不外　不諛

善燥　善樓　善棉

汝璔　汝璲

崇鍇

必溮

沂國公仲玲

太子右監門率府率士科　贈保寧軍節度使新安郡公士淼　士沖　右監門衛大將軍吉州刺史

保義郎不九　太子右監門率府率不楷　保義郎不杜　不悔　成忠郎不𡕒

善琬　善琉

百四十二不

朱浚寫

吳惠刊

宋史二百三十二

宋史表卷二十三

二十

忠州團練使仲傚　太子右內率府副率仲曄　博平侯仲覬

史惠　太子右監門率府率士𣺱　太子右監門率府率士彅　太子右監門率府率士𣻏　右千牛衛將軍士閶　太子右朝奉大夫士鬬　衛將軍士闗

右千牛衛將軍士闓　贈明州觀察使奉化侯士闐

武翼郎不疎

從義郎不诊　從義郎不揄　訓武郎不傈　武德郎不㐌

善似　善值　善俭　善穌　善鮨　善須　善豪　善壆

汝甯　汝璲　汝稀　汝逭

崇灑　崇滰

百令五十不

朱浚寫

吳惠刊

宋史二百三十二 一百六十四个

右屯衛將軍仲瑒
贈太師景王諡孝簡宗漢
武康軍節度使仲珙
忠翊郎士衎
贈保信軍節度使東陽郡公士武
忠翊郎不秕
贈從義郎不缺
善庭 善敝 善銖 善執
汝逍 汝遒 汝建 汝道 汝迄
崇泆 崇沂 崇冽 崇稷 崇白 崇珝
必玚

宋史表卷二十三 二十一
朱浚寫 吴惠刊

武德大夫不遷
贈訓武郎不瑑
忠訓郎不突
善泰 善僉 善畳 善緣
汝邁 汝样 汝礽 汝穮 汝測 汝灑 汝佰 汝詻 汝焯 汝熄
崇槐 崇淲 崇櫰 崇焦 崇賕 崇犕 崇誇 崇消
必篥 必渠 必晊 必旴

宋史二百三十二 一百四十八个

武德郎不諼
右監門衛大將軍士鑄
成忠郎不鋼
右監門率府率士錫
右監門率府率士錄
右監門率府率士
安遠軍承宣使
善細 善靜 善摽
汝逵 汝滲 汝望 汝璛 汝刋

宋史表卷二十三 二十二
朱浚寫 吴惠刊

仲彩
右監門率府率士涎
右監門率府率士鐸
贈武顯大夫不酦
善揮
汝棣 汝綮 汝爊 汝櫂 汝櫃
崇仍 崇僡 崇璛 崇倘 崇佫 崇佃 崇俠 崇澍 崇玙 崇脩 崇伉
必榳 必御 必佲 必𥳑 必睿 必鲞

贈太師咸安郡王諡敏士銖

訓武郎不劌　贈武經郎不郄　贈武翼大夫不渝　成州團練使不儔

善搆　善瓌　善揣　善驗　善玒　善詠　善奎　善㫤　善璨　善瑛　善遇　善與

汝樛　汝禳　汝迅　汝棫　汝櫟　汝柱　汝袍　汝熵　汝澗　汝汻　汝沘　汝暙　汝洩　汝潒

崇僩　崇渫　崇枇　崇堰　崇袨　崇旰　崇睞　崇脛　崇䏶　崇撓　崇■　崇攬　崇案　崇樑　崇棹

必太　必鐢　必憤　必潤　必儉

太子右監門率府率贈武翼大夫不㖄

不執　朝散大夫不踑　追封安化郡■不詠　贈朝散郎不繘

善戠　善慇　善錙　善脊　善鄉　善覎　善倢

汝御　汝濩　汝滈　汝潻　汝褱　汝度　汝璺　汝埊　汝墊

崇桝　崇栓　崇槙　崇鈉　崇鍚　崇鉟　崇璫　崇璧　崇玭　崇琁　崇璘　崇璬　崇琀

必瀅　必澗　必沄　必泓　必洐　必沽　必訴　必淀　必潍　必瑍　必洳　必沔　必湘　必瀆　必濠　必學

善鉤　善鶴

汝淑　汝泓　汝津　汝溶　汝濟　汝淖　汝渼　汝湜　汝琥

崇樫　崇櫨　崇楷　崇儅　崇稽　崇憺　崇悄　崇梅　崇樀　崇乘　崇東　崇轉　崇轄

必熙　必嬰　必熄　必訢　必熵　必烽

良垓　良堉　良墀

善訪　善灼　善冠

汝珪　汝璫　汝栝　汝樍　汝椽　汝檴　汝檟　汝梟　汝槺

崇櫃　崇煬　崇爓　崇遴　崇邈　崇隧　崇適　崇遝　崇全　崇佘

必鋹　必鏈　必鏞　必樵　必暎

良逢

武德郎不播

善猜　善瀛　善潛

汝新　汝洋　汝灘　汝汾　汝迈　汝過　汝賁　汝迁　汝送　汝騄

崇悤　崇瀞　崇沕　崇淤　崇雰　崇湊　崇溆

必顒　必籲　必頗　必悠

昭信軍承宣使吉州刺感忠郎

太子右監門率府率士夫　太子右監門率府副率士嘉　太子右監門率府率士達

善轍

汝駁　汝驄　汝潏　汝息　汝瀛

崇原　崇補　崇秠　崇檜

宋史二百三十二　一百二十六

宋史表卷二十三　二十七

仲眘　右監門率府率仲賢　感德軍承宣使仲倸

史士糅　榮州刺史士曦　太子右內率府副率士祈　右千牛衛將軍士浩　太子右監門率府率士滿　太子右監門率府率士褆　太子右內率府副率士湛　太子右監門率府率士義　從義郎士雄

不暎　成忠郎不竭　不幾　訓武郎不舒

善鑰　善鏗

汝㯳　汝憐　汝㯳　汝鑄　汝錫

崇隱　崇陴　崇愷　崇惠

朱浚寫　黄[illegible]刊

宋史二百三十二　字一百十四

宋史表卷二十三　二十八

右千牛衛將軍不戾　保義郎不盅　訓武郎不鈕

善銑　善錄　善鍛　善鐵　善燦　善鐵　善鍬

汝潰　汝打　汝濤　汝砅　汝璃　汝鑽　汝燁　汝琦　汝懇

崇烺　崇燻　崇鍛　崇惠　崇慈

昭慶軍承宣使仲分

贈右衛將軍士鍇

保義郎不抑　忠翊郎不竭　成忠郎不遺　不紊

善鉛　善飭

汝鉠　汝憝　汝愬　汝憲　汝憲　汝憲　汝愬

崇鏞　崇憧

朱浚寫　劳[illegible]刊

贈舒州觀察使、安康侯士珸
太子右內率府副率士報
右千牛
武節郎不糾
善邃
善迁
汝綸
汝僩
汝潒
汝澧
崇潆
崇畟
汝憓
崇縈
武翼郎不寺
從義郎不袴
善機

衛將軍士與
不伎
太子右內率府副率士憂
右千牛衛將軍士儮
太子右內率府副率士椶
太子右內率府副率仲傑
保國公仲璝
太子右監門率府率士拾
贈開府

[illegible]儀同三司、和國公士周
贈武顯郎不騫
善禋
汝逮
汝適
汝逢
崇珠
崇烗
崇熅
善瑛
善堦
汝諢
汝諛
善錯
善[illegible]
汝坿
武德郎不黜
善贇
汝沼
汝洺
汝灑
善軻
善軓

廉州防禦使仲琊
太子右監門率府率士表
太子右監門率府率士濤
太子右監門率府率士賽
太子右監門率府率士賢
太子右監門率府
忠訓郎不吪
善庬
善張
善柯
汝昭

忠州團練使仲琊

率士灝　太子右監門率府率士毅　太子右監門率府率士偶　贈開府儀同三司士懇

不危　從義郎不施

善琬　善麾　善露

汝杉　汝柘　汝臬　汝硤　汝燓

崇璘　崇瑞　崇擱　崇陸　崇濛

武翼郎不推　武翼郎

善祿　善豢　善禀　善騂　善拼　善錄　善梗　善魏　善揆

汝構　汝捽　汝御　汝橘　汝株　汝潭　汝濂　汝淬　汝烽　汝煐　汝熇　汝熵

崇警　崇詠

越王房

右監門率府率仲拘　右監門率府率仲藕　右監門率府率仲晗　右監門率府率仲炤

不蹟

善宰　善宋　善諧　善歷

汝鑒

越王諡文惠元不　嗣無後及名詔　以允言　子宗望爲高密郡　繼其孫公宗望

贈保靜軍節度使開府儀同三司諡良僖仲邴

贈陳州觀察使陳國公士嗣　贈越州觀察使會稽侯士護

襲封越國公士鍇　左侍禁不伐

善賀

汝賁

崇道　崇信　崇德　崇業　崇倡　崇大　崇贊　崇亮

必規　必開

宋史二百三十二　字一万二十个

宋史表卷二十三　三十三

贈安化軍節度使觀察留後高密郡公士耕　　右班殿直不累　從義郎不黨　秉義郎不苛　成忠郎不緘　承信郎不忮

三班奉職不遠

贈右屯衛大將軍士蚪

右侍禁士晛　承信郎

不欺

秉義郎士碥

右侍禁士㮫

朝散大夫士曒

東平侯仲嘉　贈開府儀同三司士附　三班奉職不矜　右侍禁不復　右班殿直不仲　三班奉

崇至

朱浚寫　茅寿刊

宋史二百三十二　字一万二十个

宋史表卷二十三　三十四

職不愆　三班奉職不擕　忠訓郎不怡

贈中州觀察使高密郡公士絙　宣義郎不絿　三班奉職不仲　左班殿直不臨　不斁　不偈　不踈

武功郎士錠　訓武郎不華

承節郎不抗　善時　汝羲

武翼郎不宴　善璇　汝俊　汝穹　善效　汝最　崇允　汝峻

成忠郎不耀

保義郎不違

忠翊郎不同　善建　汝鷛　汝疆

成信郎不惑

不雉

忠訓郎　承節郎

朱浚寫　茅寿刊

河内侯仲炎

士晉　太子右內率府副率士[illegible]　太子右內率府副率士良　太子右內率府副率士[illegible]

不著　秉義郎不倦　成忠郎不染

善鋋　善欽　善倚　善[illegible]　善劍

汝枌　汝[illegible]　汝納　汝[illegible]　汝芬　汝[illegible]　汝符　汝梲

率士[illegible]　太子右內率府副率士[illegible]　贈左屯衛大將軍士[illegible]　贈武功大夫士远

贈武翼郎不何

善詭　善淵　善謀　善謙

汝弈　汝究　汝[illegible]　汝著　汝[illegible]　汝青　汝褭　汝下

崇璫　崇璜　崇瀓

贈保大軍承宣使華原郡公仲峭

使高密侯士[illegible]　士充

承直郎不撼　武翼郎不息　不必　不愈　三班奉職不回　武翼郎不溢

善詩　善調　善[illegible]　善謏　善楎　善建

汝忻　汝昭　汝家

崇楧

必達

右班殿直士珋　贈敦武郎士[illegible]

修武郎不求　不已　不僭

善仁

汝[illegible]　汝儸　汝能

崇烙　崇愷　崇字　崇華　崇保　崇億　崇[illegible]　崇慨　崇珪　崇璟　崇瓌　崇[illegible]

必信

宋史二百三十二　字一万三十四个

宋史表卷二十二　二十七

承節郎不羣　善亶　汝憩　崇俟　必戬

崇詢

崇漪　必茂

汝晄　崇倬

崇憪

善僾

善賛

不佞

右侍禁士岩　保義郎不愚

修武郎不溢

右班殿直士葵　秉義郎不回

承信郎不盈

武經郎左承直

士訢　郎不乙　善達　汝典

汝巽　崇儒

忠翊郎不丙

承信郎不丁　善㬥

善嵒　汝勵

不未

不戊

右班殿直士冀

右班殿直士鑿

敦武郎士涇　不倚

右監門率府率右班殿直士汶

中絶

朱浚写　芳寿刊

表卷第二十三

右班殿直士沆

武經郎士考

秉義郎士棣

宋史二百三十二　字二十二个

宋史表卷二十三　三十八

朱浚写

宋史二百三十三

表卷第二十四

開府儀同三司上柱國録軍國重事前中書右丞相監修國史領經筵事都總裁臣脫脫等奉

敕修

宗室世系十九

鎮王房

鎮王諡（秦孝[illegible]）

相王諡

和國公[illegible]

仲瑑　濟國公仲[illegible]　仲敘

內殿崇班士[illegible]　直士[illegible]

大夫不懼

善況　善雄　善回

汝勍

崇策　崇見

不愆　不溢　不柔　內殿崇班士[illegible]　贈武翼郎[illegible]　武經郎不[illegible]　奉直大夫不屯

善愈　善仁　善智　善信　善許　善診　善註　善謚

汝駿　汝覲　汝驟　汝檣　汝[illegible]　汝僥　汝鏞

崇驗　崇盤　崇檣　崇駟　崇秩　崇樸

必瑱　必璷　必琫

良[illegible]

不衰　不慊　不[illegible]　[illegible]郎不[illegible]　不戈　[illegible]郎不[illegible]

善決　善璐　善隸　善鏞　善諦　善琥　善誕　善詞　善論

汝劭　汝摽　汝[illegible]　汝閱　汝德　汝[illegible]　汝梓　汝粮　汝[illegible]　汝訥

崇[illegible]　崇旌　崇[illegible]

高密郡公仲誘　贈率府率士[illegible]　率士[illegible]　贈[illegible]州觀察使[illegible]　贈感德軍承宣使[illegible]　武經大夫士[illegible]

不[illegible]郎　不[illegible]　[illegible]郎不[illegible]　不[illegible]　感[illegible]郎不[illegible]　不[illegible]　三班奉職不[illegible]

善郢　善識　善拭

汝[illegible]　汝[illegible]　汝[illegible]

宋史二百三十三　二百卅二下

宋史表卷二十四　三

大夫士屹　左班殿直士瞷　武翼大夫士□

成忠郎不誥　成忠郎不逆

善延　善颭

汝介　汝膦　汝壟

崇積　崇標　崇碏　崇玑　崇璲　崇垠

必袤　必笺　必蕙　必萬　必章　必決　必菂　必滆　必桼

右班殿直士建　右班殿直士𥂃　右侍禁士慹

武翼郎不僂　不逞　不湣

善挹　善彬　善揚

汝騄　汝睹　汝邉

崇軺　崇轋　崇浪　崇輊　崇軺　崇軝　崇贊

必鍓　必銲　必鋈

朱汝寫　王昌刊

宋史二百三十三　二百卅五下

宋史表卷二十四　四

秉義郎士兹　奉化郡公仲鴻　贈感德軍承宣使清源侯士瓊

修武郎不倚

善濟　善淵

汝賢　汝霖　汝稱　汝錫

崇祐　崇積　崇嗣　崇黯　崇高　崇柟

必高　必旺　必穠　必桂　必識　必謎　必譽　必彰　必魁

良德　良梓　良橪

成忠郎不慦

善信

汝郴　汝梅　汝悅　汝晳

崇玢　崇玶　崇琪　崇琮　崇瑀

必慨　必僚　必佇　必儁　必佩　必僊　必息　必暐　必璜　必鑰

良壖　良塌　良演　良逢　良遷

朱浚寫　王昌刊

宋史二百三十三 百卅八

宋史表卷二十四 五

珠 浚 鳴 王 富 刊

武經郎士仔

武經郎不覘 秉信郎不越 秉節郎不敏 承節郎不俺 秉義郎不毒 武經郎不譁 承節郎不饒 從義郎不誇 從義郎不誠

善愊 善恔 善沽 善恂 善長 善言 善恪 善恹 善悖 善懌 善愠 善澐 善㾍 善瞀

汝須 汝煙 汝諳 汝試 汝明 汝實 汝魁 汝隅 汝犨 汝秸 汝誠 汝控

崇埠 崇憒 崇爌 崇櫟 崇塊 崇臺 崇昀

必磋

宋史二百三十三 百廿六

宋史表卷二十四 六

珠 浚 官 王 富 刊

忠訓郎士庳 武翼郎士豪

秉義郎不許 從義郎不他 不赦 不驕 秉義郎不黨 忠訓郎 不倚 不比 不吝 忠訓郎不溢

善顏 善祖 善淵 善倍 善邵 善愿 善味

汝慈 汝封 汝愬 汝權 汝擇 汝傑 汝樗 汝楠 汝彫 汝宗 汝旂 汝賓 汝麾

崇域 崇濟 崇職 崇以 崇滌 崇薰 崇潙 崇頡 崇衛 崇鏶 崇鑄 崇招 崇謨

必舒 必蠲 必鐦 必石

嘉國公仲騎
武翼郎士意 秉義郎士駘 右侍禁士燕 武經郎士曠
不驕 從義郎不迷 保義郎不荒
善呂 善綰
汝攻 汝鄉 汝伉 汝陶
崇誏 崇課 崇諸 崇鑅
必淬 必滓 必淑

武經郎士祿 左班殿直士代 修武郎士弁
承信郎不過 不退 不還 修武郎不適
善彝 善佯 善饒 善鉦
汝讓 汝純 汝陞 汝學 汝雲 汝認 汝訪 汝訒
崇閫 崇闔 崇閲 崇徘 崇僳 崇濟
必瑧 必琰

武翼郎士杌 秉義郎士喃 右班殿直士麟 敦武郎士碎 從義郎士毗 保義郎士奈
不逸 不逼
善蹬
汝詩 汝棫 汝祓 汝濾
崇濂 崇璿 崇淰 崇璩

彭城郡公宗鑒 南陽郡王謚良孝宗繢
河內侯仲鋈 贈左領軍衛將軍仲頎 鎮國公仲磨
成忠郎士怖 敦武郎士陪 武翼郎士懿
從義郎不溢 保義郎不瀆 秉義郎不伙 秉義郎不湍
善惠 善恩
汝墳 汝淵
崇墉
必坺
良嵘

宋史二百三十三 一百十七

宋史表卷二十四 九

訓武郎

汝奎 汝真 汝盈

崇暎 崇股 崇幢 崇眩 崇曠 崇痛 崇悰 崇暢 崇憫

必靖 必鐵 必湊 必臺 必臺 必塋 必晌 必苣 必義 必蒙

良時 良晦

修武郎士履

不汚 武經郎不浪

善昌 善哭 善鮑 善嚬 善涸 善攜

汝審 汝鄙 汝瀹 汝湨 汝緞 汝船

崇樓 崇標 崇祛 崇桃 崇襤 崇梢 崇俯 崇魚 崇娥 崇蠰

必濺 必洄

朱友寫 芳青刊

宋史二百三十三 一百十八

宋史表卷二十四 十

宣教郎士綠

保義郎不惑 右班殿直不重 修武郎不貪 不病 不貳 保義郎不渝 忠翊郎不珂

善元 善職 善偒 善聆 善睃 善嶠

汝翮 汝璹 汝覲 汝邃 汝㫆

崇璿 崇黻 崇錚 崇陘

贈右領軍衛將軍仲逸 濟陽侯 贈武功

保義郎士瑋 贈武功大夫 郎士充

不悖 不況 不違 不道 不適 不擯 武翼郎 不狹 不妨

善鋒 善珽 善禊 善栓 善昳

汝鑑

朱友寫 芳青刊

宋史二百三十三　字一百卅七个

宋史表卷二十四　十一

仲憓
士蠢　武經郎士祛
不華　贈武經郎不懒　不湮
善璟　善齊　善持　善穗　善移
汝瞀　汝鈔　汝香　汝樹　汝楠　汝係　汝　汝解
崇塱　崇垛　崇陛　崇壘　崇壆　崇墅　崇緹　崇總　崇紋　崇繼　崇彿　崇嬫
必岷　必[illegible]　必逑

汝喚　崇玧　必惶
崇怜　必怪
承節郎不懒　善櫨　善杞　善極　善楮
修武郎不慬　善麟　汝緻　崇伏
汝絹　崇圓
汝約
武翼郎士鑿　武節大夫士邑　修武郎不已　善璨　善璯　善琇

宋浚写　芳青刊

宋史二百三十三　字一百六十个

宋史表卷二十四　十二

贈太師太子右
贈正奉大夫士　贈朝議大夫不愧
善琯
善珎　汝逢　崇穦
善璲　汝宅
汝淦　崇壂
汝鍈
善瑀　汝鋆　崇葯　必厲
必壓
贈宣奉大夫不悔　善環　汝考　崇檮　必然
善玩
朝散大夫不恪
承議郎不
不慍
武德郎不誹　善環　汝卯

循王諡忠宗　率府副率贈
嘉國公仲鄒
修武郎士鏻
秉義郎士
士俸
右班殿直士
右班殿直士雅
右班殿直士任
忠翊郎士夙　不躋　善昌　汝腆
善兆
忠翊郎
士贄
武節郎修武郎士悝　不凡山　善鑒
善瑛　汝鏽　崇僧

朱浚写　芳青刊

宋史表卷二十四　十三

修武郎　不踏　不距　不踦　不躪

善寘　善海　善璪　善蓷　善臬　善壁　善㴋

汝諮　汝諿　汝貯　汝譁

崇誠　崇璧　崇評　崇嶒　崇崵　崇峒　崇巑　崇峭　崇椋

必塗

贈司空南陽郡王謚恭懿康孝壽

鎮東軍承宣使仲溫　華陰侯仲汏

秉義郎士勳　贈乾州團練使士瀛　成忠郎士廸　保義郎士塈　士琚

不躁　不踦　不貪　不貿　保義郎不詔

善鐩　善超　善俊

汝詬　汝里　汝椐　汝枭

崇德

必正

良誠　良忠

宋浚寫　黄旹刊

宋史表卷二十四　十四

汝烈

崇奭　崇姚　崇敏　崇衡　崇永　崇述　崇鎮

必勇　必榮　必邁　必祿　必俠　必謀　必煜　必鉐

良才　良正　良慶　良詵　良論　良證　良澤　良洪　良璵　良璹　良璿　良琢

保義郎不敵　成忠郎不迫　不詐　成忠郎不誹　不誕

善龍　善冀　善政　善濬　善叔　善祐　善㦗

汝謇　汝逵　汝識　汝鐸　汝衡　汝聽　汝聆

崇漸　崇謝　崇適　崇僖

必瓚　必瑁　必鎬

宋浚寫　黄旹刊

宋史二百三十三

不訥

不詭

武功大夫、榮州團練使士珸　修武郎不諂　善同

善從

善駿　汝匪

保義郎不許

秉義郎不跪　善迺　汝鏶

汝鐺

汝鏝

右千牛衛將軍仲洸　忠翊郎士進

成忠郎

宋史表卷二十四

十五

朱浚寫

宋史二百三十三

字一百四十五个

士釗

右千牛衛將軍仲坦　右班殿直士誤

溫國公諡孝恪宗儒　追封陳國公

仲芮　贈武翼郎士鐃　忠翊郎不踰

秉義郎不敫　善勵　汝燕　崇臻

不逸

右侍禁士鈹　忠訓郎不悰　善長　汝鈗

贈武節郎士㻐　贈承議郎不㷫　善埴

宋史表卷二十四

十五

黄青刊

宋史二百三十三

崇國公從義郎　仲譓　士愻　不儒

士銈

從義郎

士錸

從義郎

武翼郎不憚　善鄘

善堂　汝鎔

汝錳

汝鋼

高密侯仲晥　忠翊郎士倰　忠訓郎不亶

不𡟤

左班殿直士召

宋史表卷二十四

十六

朱浚寫

宋史二百三十三

字一百三十个

武翼郎士覸　忠訓郎不攸　善䢛　汝𤇃

秉節郎不器　善積　汝羨　崇愍

崇德

崇𢘅

善柜

保義郎不㞾　善槁　汝賢

汝賀

汝賓

善棫　汝貴

善允　汝羲

贈右朝散郎士鐈

左班殿直士鋒

右班殿直士㚐

宋史表卷二十四

十六

黄青刊

宋史二百三十三　一百四十八个字

宋史表卷二十四　十七

朱俊鳴　侯昂全刊

北海郡
彭城侯左班殿
文安侯仲枘
成忠郎士淬　成忠郎士㵟　贈武略郎士棫　武德郎士備　修武郎士槖　敦武郎士俶　士侃
成忠郎不慼　成忠郎不諂　不冰　忠翊郎不東
善覩　善璲　善瓚　善瑛
汝夔　汝度　汝徙

公宗剏
仲雪
直士機　右班殿直士珅　武經郎士璧　贈武翼郎士遽　左班殿直士懋　武節郎
承信郎不吝　不惕　不懼　成忠郎不濁　武翼郎不塤
善愀　善昛　善庢　善兆　善淡
汝奭　汝務　汝遨　汝邈

宋史二百三十三　一百二十七字

宋史表卷二十四　十八

朱俊鳴　侯昂全刊

閬中郡
士惄　武經大夫士僖　右侍禁
進武校尉不言　秉節郎不亮　從義郎不表　不衮　不遴　不速
善理　善璒　善瓆　善敷
汝祚　汝裯　汝裀　汝禧　汝禬　汝袖　汝祜　汝祺
崇企

公仲歆　濟州防禦使仲吟
士緈　右侍禁士峙　右班殿直士悏　修武郎士河
承節郎不嫌　忠翊郎不冀　訓武郎不苟
善考　善疊　善言　善夔　善晰　善誠　善伋
汝家　汝新　汝熙　汝斤　汝肴

宋史二百三十三　二百三十八個字

宋史表卷二十四　十九

朱浚寫　龔鼎全刊

率府副率仲誥　　太子右內

從義郎士寔　士辟　士亭

不虒　不謬　承信郎不虐　不曖　不訧

善迨　善嫩　善玉　善桐　善棣　善述

汝駿　汝龍　汝憲　汝業　汝壽　汝內

崇伋

右侯成忠郎　仲遐　饒陽侯　仲汯

士義　修武郎士詘　贈武義郎士僅

成忠郎不瑕　不玷　贈武經郎不捷

善圖　善俠　善氛　善氲　善佺　善俅　善和　善僭

汝措　汝機　汝㧑　汝捤　汝鐸　汝鑑　汝戭

宋史二百三十三　二百二十個字

宋史表卷二十四　二十

朱浚寫

武翼郎保義郎士俠　士俠　武經郎保義郎士龜

不剌　不隱　不㸒　成忠郎不害　武翼郎不丙

善健　善孖　善切　善珮　善峴　善昪　善僕　善鼂　善瑚　善珊　善璷

汝僕　汝拓　汝㞢　汝鈿

武節郎贈通奉士峰

奉不擇　忠訓郎　不擢　不打

善艤　善侃　善慈　善穿　善粵　善熗　善摘　善保　善役　善璪

汝昌　汝顓　汝洴　汝汨　汝峪　汝澗　汝瀧　汝溴　汝孔　汝唳

宋史二百三十三　一百四十五个字

宋史表卷二十四　二十二

朱　浚　宫　侯冯印全刋

饒家信　郥傳

從事郎不摖　保義郎　不侊　不蓋　不武　不倢　不合　不懵　不性

善國　善評　善涽　善俯　善仲　善敞

汝稷　汝㴍　汝德　汝潤　汝㻣　汝譔

楚王房

楚王諡恭憲元偁

贈左屯衛大將軍允拄　贈汝州防禦使允則

子紹允升　王為孫　高密郡王謚孝憲宗達

東陽郡公仲忽　惠國公士叉

三班奉職不倦　贈武翼郎不詒

善榮

汝順　汝冊

崇稪　崇士　崇向　崇戡　崇譽　崇祉

必堅　必強

良肱

宋史二百三十三　一百个字

宋史表卷二十四　二十二

朱　浚　宫　侯得全刋

善義　善截

汝㪍　汝享　汝嘉　汝漸

崇舉　崇簡　崇曹　崇珏　崇晋　崇萃　崇覿　崇速　崇遷　崇玷

必興　必濟　必滋　必恣　必升　必謙　必信　必勃　必欽

良輸

善慶　善言

汝茂　汝續　汝㓂　汝渙　汝文

崇迒　崇避　崇措　崇竑　崇掕　崇掎　崇棫　崇海　崇澗　崇瀾　崇溢　崇濯　崇傷　崇儆　崇仰　崇儀　崇洽

修武郎不訥　武經大夫不諠

善浛　善輔　善能　善長

汝明　汝鑾　汝泰　汝和　汝會　汝綸

崇溥　崇發　崇觀　崇志　崇信　崇該　崇璵　崇輅　崇摠　崇詩　崇倧　崇倪　崇便

必大

建國公士紘

成忠郎不謀　忠翊郎不遠　忠訓郎不遺　秉義郎不逆　成忠郎不速

善政　善候　善資　善尋

汝受　汝幹　汝漣　汝聒　汝企　汝溟　汝适　汝畬　汝吏

贈左領軍衛將軍中幾贈保寧軍節度使觀察使奉國公嗣濮王士㯫

修武郎士循　從義郎士號

不止　不匪　訓武郎不逸

善丞　善敏　善巧　善彬

汝睉　汝侵　汝恚　汝孚

崇闇

不伍

善膺

汝晦　汝時　汝映　汝昉　汝韡

崇伋　崇剛　崇熙　崇祻　崇軒　崇達　崇聞　崇識　崇硃　崇熏　崇宿　崇郁　崇思　崇僎　崇𡨥　崇扑

修武郎士桂

承節郎不譁　承節郎不惰　不義　保義郎不吝

善韜　善鼓　善適　善和

汝曉　汝祥　汝桂　汝隆　汝暎　汝俊　汝暉　汝諧

崇憙　崇定

忠翊郎不惪　承節郎不變

善用　善同　善固　善圖　善因　善回　善周

汝爲　汝功　汝嬰　汝享　汝資　汝德　汝壽　汝粲　汝弼　汝能　汝明

崇珍

右監門率府率仲錦　贈左領軍衛將軍仲洙

右侍禁士撰　右班殿直士暉　右班殿直士龍　右班殿直士慨　武翼郎士■　修武郎士嶠

承節郎不趙　不竦　不嫺

周王房

周王恭肅元儼

博平侯允熙　安恭王允良

贈太師安康郡王謚孝宗樸

右監門率府率仲蹟　右監門率府率仲峻　贈■■

忠訓郎士■　武翼郎士茂

不靖　修武郎不斛

善聞　善發　善淑　善陝　善淨

汝仁　汝明　汝陵

軍衛將軍仲會
贈軍遂軍節度使仲綎
東頭供奉官士龍
承節郎不昉
承節郎不快
右侍禁
士鏘
成忠郎
士義
成忠郎
士嘉
成忠郎
士鵠
成忠郎
士懲
蘄州防

宋史表卷二十四

二十七

朱竣寫 王祖刊

禦使仲牧
左班殿直士璘
右侍禁
士幾
右侍禁
士寧
右班殿直士寶
右班殿直士楫
忠訓郎
士滿
左班殿直士洋
敦武郎
士臧
武德郎
士琳
從義郎
不伸
善取
汝謚
觀察使仲撫

贈左領軍衛大將軍仲遠
右班殿直士遣
保寧軍節度使
右侍禁
象州刺史
士鄜
忠翊郎
不借
忠訓郎
不傷
善早
汝辰
善收
汝逈
汝述
善敷
汝逾
汝迷
汝遲
善撤
汝遑
汝逸
善啟
汝遴
汝達

宋史表卷二十四

二十八

朱竣寫 王祖刊

士谷
成忠郎
士㦤
東陽侯
右侍禁
仲兄
士膺
承信郎
士韺
不謏
贈左領軍衛將軍仲傑
贈武功大夫成州團練使仲丞
武翼郎
秉義郎
士托
武經大夫
不懲
士遂
從義郎
善遷
不惎

南陽侯仲鏞

忠訓郎士鄭　成忠郎士胼　成忠郎士駉　敦武郎士元　贈武節郎奉士翮

秉節郎不憲　不憩　忠訓郎不恩　保義郎不惑　不慼　不忘　訓武郎不憯

善遽

右監門

成忠郎士桔　武義大夫士準

保義郎不玷　從義郎不踰　承節郎不佑　秉義郎不仲　不忤　成忠郎不凇

善建　善遺　善運　善近　善逸　善邃　善誘

汝昌　汝昇

衛大將軍仲培　和州防禦使仲埴

右侍禁士椿　成忠郎士氣　保義郎士稽　成忠郎士珍　士鄰　武經郎　成忠郎士偉　武經郎士岍

訓武郎不復　不悠　不詒　不梅

善剛　善旋

貴州刺史仲姒　太子右內率府副率仲堅　奉化侯仲垕

成忠郎士儀　贈明州觀察使奉化侯士褒　從義郎士寅

右監門率府率不速　不過　保義郎不返　不退　不送　承信郎不攘　不迭　不遺

贈司空、晉安郡王宗簡
高密郡公仲鋕
武經郎士軏
保義郎不迭　不伐　成忠郎不獵
善學　汝能
善德　汝夔
不驕　不爭　不危　不忒
善璹　汝燏
善謀　善從　善言　善誘
右班殿直士䉡
秉義郎不慘　承信郎
士𨁧
不隱　不回　不作　承信郎不𧽚
善翻　汝毅　崇典
汝潾　崇良　崇賢
汝㦂　汝能
善瑰　汝壽　崇賢
善憲　汝玶　崇樬
汝理　汝珴　汝璕
善璐　汝禄
善琟　汝霖　崇謍　崇謨
汝賢

秉義郎士■
保義郎士適
成忠郎士蕫
成忠郎士珈
成忠郎士瑁
太子右內率府副率仲兼
中州團練使仲涓
成忠郎士溥
成忠郎士玥
成忠郎朝請郎士誠　不將
成忠郎士齡
士林
馮翊侯宗史
贈左武衛大將軍仲敔
贈左屯衛大將軍仲𠀤　忠翊郎士造
太子右內率府副率仲楓
信都郡公宗勐
成州刺史仲摩　修武郎士頎　承節郎

士譓　修武郎士誠

不忡　宣教郎不惜　不怍　不悰　不憤　不校　不愆

善遡　善過　善适　善邃　善邀　善邁　善選　善逸　善綱　善經　善綸

汝豆　汝單　汝我　汝揖　汝為　汝能　汝嘉　汝桂　汝林　汝椿　汝僥　汝倆

成忠郎士卿

承信郎不忞　忠訓郎不憩　不瓔　不愆　不悱

善檝　善佪　善佶　善煸　善從　善璲　善緒

汝什　汝儒　汝彼　汝能　汝俟　汝諧　汝評　汝說

[illegible]郡王謚思恪允迪

贈[illegible]州觀察使宗易　太子右監門率府率宗象

博平侯仲衢　右千牛衛將軍仲[illegible]

從義郎士譁　忠翊郎士醴　成忠郎士睢

不憫　不懞

善續　善詩　善給

汝霖　汝俊　汝龜　汝作

贈太保[illegible]康惠宗粹

太子右內率府副率仲翼　贈右屯衛大將軍仲戡

忠訓郎士瓨　敦武郎士鎮　忠訓郎士鑄

承忠郎不毓　贈武[illegible]郎不昧　不欺　忠翊郎不閭

善積　善耆　善傳　善珀　善忠　善奉　善灌

汝賢　汝蕃　汝澆　汝邀

榮國公仲靗

秉義郎士録　朝奉郎士羝　忠訓郎士瑋　右朝請大夫士倏　秉義郎士忻

不亘　不奇　右迪功郎不饒　不薄　忠訓郎不太　不菲　不璩　保義郎不均　不群

善軾　善瑄

汝瑒

建寧軍承宣使仲軒

貴州團練使士穰　文州團練使士循　右朝請郎士驕

不密　承信郎不矜　承節郎不懶　不傾　不群　不空　不旦　不佞

善敵　善遵　善慶　善問　善良

汝弁

武德郎士駿　秉義郎士儔　右班殿直士彪　武經大夫士侁

忠翊郎不逸　不違　修武郎不紮　忠訓郎不裕　不枲

善邈　善眩　善嚴　善撰　善偲　善當

汝墳　汝雝　汝良　汝增

崇虎

永國公

忠翊郎士瑢　成忠郎士尚　忠翊郎士即　成忠郎士昌　右班殿

不柔　不侮　贈朝奉郎不佞

善固　善憔　善愮　善僂　善憧　善謚　善譮

汝誧　汝誠　汝柎　汝析　汝橳　汝槫　汝梧

宋史二百三十三　一百十字

宋史表卷二十四　三十七

仲衡

直士竇　贈右朝散大夫士叜

朝散大夫不逮　保義郎不違　不違　武節郎不迫　訓武郎不逭　保義郎不運　不遠

善楠　善文　善琟　善溢　善謀　善調　善佰

汝瀎　汝鏞　汝鏋　汝鍱

武經郎士鵑

不遠　不逭　不邊　不遶　不詑　不迂　不違　不遺　不過　承節郎不訥　武經郎不膠　不纖　不訣　不詗

善全　善亦　善康　善穀　善言

朱俊寫　王英刻

宋史二百三十三　一百四十字

宋史表卷二十四　三十八

德慶

武翼郎士以　武翼郎士琟　忠訓郎士耘

不害　不乏　不泰　不仇　不欲　不亥　承信郎不道　承信郎不述　承信郎不退　不逝　不迂

善璋　善錫　善景　善享

汝信

節度使仲溫　右監門衛大將軍仲鏗　忠州防禦使

武翼郎士精　保義郎士宿　士叜　忠翊郎　忠翊郎

保義郎不亂　左侍禁不敵

善倬　善溥　善淀　善奭　善智　善信　善儋

汝大　汝誇　汝謙　汝諒　汝瑩　汝說　汝謀

朱俊寫　王英刻

博平郡王謚安恭允初

仲軏
和州防禦使仲轄
詔以宗曾孫繼允初爲嗣贈東陽侯仲連

忠翊郎士彦
修武郎士嬞
贈左朝請大夫士崎

不矜
不懶
不惸
贈朝散郎不頡

善儔
善積
善學
善長
善傳
善言

汝儀
汝文

承信郎不忒
忠訓郎不設
承信郎不括
贈中大夫不柔

善能
善杰
善結
善伶
善志
善絅
善肅
善錢

汝括
汝頎
汝瑢
汝琪
汝瓊
汝戫
汝自
汝昕

崇嵏

右迪功郎不器
承信郎

善謀
善悳
善紀
善常
善杰
善泰

汝曼
汝眺
汝咄
汝吾
汝封
汝咄
汝齊
汝眺
汝方
汝晏
汝稽

從義郎士覩
成忠郎士旗
秉義郎士廉

不踰
不惑
承信郎不貪
不謬
不居

善畱
善閒

汝諄
汝公
汝絅
汝龔

英宗四子長神宗次吳榮王顥次潤王顏早亡次益

端獻王頵

吳榮
嗣濮侯

宋史二百三十三

王顥

孝純 晉康郡追封■ 王孝騫原郡公

安紞 右千牛衛將軍安邵

居欽 居穀 居端 居晴

多福 多壽 多譽 多譔 多才

自牧 自康 自師 自誠 自重 自明 自公 自達 自適 自祐

深甫 次甫 和甫 山甫 介甫 及甫 清甫 仲甫

宋史表卷二十四　四十一　朱浚寫

字一百四十八个　王掛刊

益端獻王顥

東國公孝錫 博平侯孝椿 檢校少保淮康軍節度使孝詒

安炳 安甗 汀州防禦使安祚

居易

多藝 多見

自正 自安 自顯 自謙 自勉

生甫 華甫 茂甫 尹甫 吉甫 咨甫 章甫

宋史二百三十二

贈太師追封文安郡王安時 奉官監門率府

居廣 居仁 居申 居修 居禮

多懋 多義 多述 多識 多智 多功 多學 多益

自東 自欽 自恭 自純 自勤

亨甫

宋史表卷二十四　四十二　朱浚寫

二百一十八个　區一刊

榮[illegible]郡王孝參

率安憲 太子右監門率府率安審 貴州刺史安正 右監門衛大將軍安民 右監門衛大將軍安上 右監門衛大將軍保靜 太子右監門率府

居民 居久

宋史二百二十三

贈司空

平原郡追封惠

率安龍

太子右監門率府率安雅

太子右監門率府率安叔

太子右監門率府率安紀

太子右監門率府率安謹

太子右監門率府率安覘

宋史表卷二十四　四十三　朱浚寫　區二刊

一百二十四

孝奕

國安稽　居中　多能　自存

自任

多助　自儉

自得　遵甫

自廉

康州刺史安中

檢校少保寧武軍節度使壽陽

右監門衛大將軍安世　居簡

居億

太子右監門率府率安謐　居閒　多慶　自約

自柔

多賢

太子右監

宋史二百二十三

檢校少保泰寧軍節度使開府儀同三司恭懷

門率府率安嗣

太子右監門率府率安贊

太子右監門率府率安式

太子右監門率府率安郁

太子右監門率府率安儀

太子右監

宋史表卷二十四　四十四　朱浚寫　今周刊

字一百二十五

門率府率安祐

太子右監門率府率安明

太子右監門率府率安毅

太子右監門率府率安遜

順昌軍節度使孝穎

太子右監門率府率安遠

太子右監門率府率安翊

太子右監

神宗十四子長成王佾次惠王僅次唐哀獻王俊次

檢校少保靜江軍節度使孝稷　贈司空廣陵郡王孝永

門率府率安節　安基　率府監率安憲　門率府率安惠　忠州防禦使安正

居厚

多聞　多惠

自治

褒王伸次冀王僩次哲宗次豫悼惠王价次徐冲惠王偶次吳榮穆王佖次儀王偉次徽宗次燕王俁次楚榮憲王似次越王偲惟佖似偲俁四王有子餘八王皆早亡

贈侍中尚書令兼中書令徐州牧追封華原郡公謚榮穆佖

有恪　和義郡王有奕　安遠軍節度使

太原成都牧燕王俁　贈太師尚書令兼中書令冀州牧楚王謚榮憲似　真定牧追封

有常　興寧軍節度使有章　追封博平侯有鄰　追封文安侯有成　永寧郡王有恭

越王偲

使有儀　遂安軍節度使有忠　右驍騎衛將軍有德

徽宗三十一子欽宗為長子高宗為第九子棫之弟材之兄也檉楫材栱椿機早亡

贈太師尚書令兗王謚沖穆桓太原牧兼杭州牧鄆

王楷
贈太師
尚書令
兼中書
令追封
荊王謚
悼敏揮
太保保
平武寧
軍節度
使士蕭
王樞
太保荊
南鎮東
軍節度
使景
王杞
太傅謚

朱陵寫
谷用刊
字二百个

國寧海
軍節度
使濟
生姻
檢校太
尉開府
儀同三
司淮海
節度揚
州管內
觀察處
置等使
益王棫
贈太師
兼右弼
追封沂
王謚沖
穆材

開府儀
同三司
武勝興
寧軍節
度使和
王模
開府儀
同三司
寧江軍
節度使
差王樞
開府儀
同三司
靜難軍
節度使
儀王朴
山南東
道河陽

宋史二百三十三
宋史表卷二十四

朱陵寫
谷用刊
字二百个

三城節
度使徐
王棣
劍南東
川威武
軍節度
使太保
沂王拐
贈太師
尚書令
追封鄆
王謚沖
懿栱
鎮海安
化軍節
度使檢
校太傅
和王栻

慶遠昭
化軍節
度使檢
校太傅
信王榛
慶源軍
節度使
檢校太
保贈太
師兼尚
弼追封
濮王謚
中昭椿
開府儀
同三司
領安軍
節度使
安康郡

王握
開府儀
同三司
保靜軍
節度使
廣平郡
王楧
贈太師
兼尚弼
陳王謚
悼惠機
武康軍
節度使
檢校少
保祁國
公椺
平海軍
節度使

檢校少
保瀛國
公機
開府儀
同三司
武安軍
節度使
建安郡
王橫
定國軍
節度使
檢校少
保嘉國
公椅
雄武軍
節度使
檢校少
保漢國

公楝
集慶軍
節度使
檢校少
保英國
公棟
保慶軍
節度使
檢校少
保儀國
公桐
淮東軍
節度使
檢校少
保昌國
公柄
靖海軍
節度使
檢校少

保濟國公追封原王

朴榛穗不知所終楧從徽宗出薨於青城餘皆北遷

欽宗二子長皇太子諶北遷次訓生于五國城

高宗一子元懿太子旉三歲亡

孝宗四子長莊文太子愭次魏惠憲王愷次光宗次

開府儀同三司淮原軍節度使邵悼肅王恪早亡

光宗二子長保寧軍節度使挺早亡次寧宗

寧宗九子長不及名次兗沖惠王埈次邠沖温王坦

次郢沖英王■次華沖穆王坰次順沖懷王圻次申

沖懿王墌次肅沖靖王垍次邳沖美王坻皆早亡

表卷第二十四

表卷第二十五　宋史二百三十四

開府儀同三司上柱國錄軍國重事前中書右丞相監修國史領經筵事都總裁臣脫脫等奉

勅修

宗室世系二十

魏王廷美十子長高密郡王德恭次廣平郡王德隆

次潁川郡王德彝次廣陵郡王德雍次鄎國公德鈞

次江國公德欽次原國公德潤無子次申王德文次

姑臧侯德愿無子次紀國公德存分為八房

高密郡王房

高密郡王謚恭惠

循國公克敵

惠源恭叔慶

直克臨

建國公漏翊侯 克繼 叔灤

太子右內率府副率勳之 太子右內率府副率發之 利州觀察使釋之

贈直秘閣

贈中大夫議郎

三班借職公益 左班殿直公溥 右班殿直公潤

宋史表卷二十五　二

（右半葉）

榮國公叔敖

贈[illegible]使貞[illegible]驂之　祿之

右侍禁公迥　保義郎公淵　武翼郎公秩

彥琭　彥礼　彥璆　彥琳　彥環　彥元

澡夫　衜夫　雍夫　冊夫　及夫　瞖夫　文夫

時欝　時性　時愷　時息　時櫄　時拭　時括

（左半葉）

河内侯徽之

右侍禁公度　訓武郎公柔　武翼郎公宰　公南　武翼郎公真

彥通　彥仁　彥信　彥章　彥文　彥武

直夫　澳夫　滕夫　紹夫

時俅　時俑　時纂

若濳　若澂　若消

宋史表卷二十五　三

（右半葉）

三班奉職　武經郎善之

右班殿直公明　公悅　從義郎公亘

彥李　彥軾

經夫　繕夫　緞夫　綝夫　續夫　緝夫　綯夫　維夫　覩夫

時戣　時埴　時柔　時杰　時熊　時戩

若鈞　若鏗　若元　若砎

嗣傑

（左半葉）

從義郎公泉　公昇　公會京

彥賢　彥尹　彥文

興夫　懋夫　烝夫　次夫

時昱　時休　時迦　時佮　時佫　時疰

若弨　若弧　若彊　若拘　若俱　若侊　若俶

嗣淦　嗣澗　嗣瀹　嗣汾　嗣澁

宋史二百三十四　宋史表卷二十五　四

武功大夫貴之
公昱　公俊　公義　公智　秉義郎公訓　武義大夫公謀
彥弦　彥瑀　彥𡼖　彥銎　彥籍
瑾夫　瑆夫　洸夫　仔夫　惪夫　憑夫　思夫　心夫　愢夫
時爛　時熷　時摞　時儓　時滄
若堃　若𡐓　若熹　若杰　若佺

右班殿直廷之　承議郎傃之
從義郎公譜　忠翊郎公義
彥策　彥篪　彥鎰　彥逌
𢡟夫　儓夫　侀夫　侵夫　俅夫　僕夫　佫夫　軝夫　意夫　南夫　護夫
時湢　時輇　時樸　時僾　時盰
若玭　若恙

宋史二百三十四　宋史表卷二十五　五

秉義郎寧之
保義郎公倚　保義郎公傅　公暘
彥達　彥遽　彥逾　彥連
掄夫　臻夫　珹夫　瓓夫　滌夫
時矚　時嵩　時義　時銳　時㥯　時鐵　時釿　時鉊　時攘　時璣
若蕙　若鏐　若憲

東平侯叔夜　靜童　承信郎叔劉
保義郎元之
三班奉職公顧　贈武略大夫公慧
彥油　彥漾　彥溥
價夫　俺夫　俟夫　侗夫　使夫　偃夫　倍夫
時班　時瑞

宋史二百三十四　一百四十八

宋史表卷二十五　六

秉義郎公皓　忠翊郎

彥治　彥濆　彥滋　彥淄　彥泮　彥渝　彥潤

偓夫　俑夫　僨夫　璘夫　𡌅夫　居夫　琀夫　倅夫　璟夫　璵夫　玏夫

時燕　時瞍　時樾　時拎　時檀　時楸

若適　若逵

坊海侯諡恭僖　克絢　叔蕃

秉義郎敏之　寶之　武翼郎叩之　忠翊郎未之　右監門衛大將軍忠州刺史延之　右侍禁坦之

公俊　公壽　訓武郎公倧　成忠郎公彥

彥璉　彥杭　彥忞

長子二男幼亡　謙夫

時勝　時騰

若質　若鑽

朱浚寫　羅善刊

宋史二百三十四　一百三十七

宋史表卷二十五　七

馮翊侯

秉義郎公立

彥翊　彥京

諄夫　倫夫　佈夫　僐夫　憤夫

時碩　時碩　時頌　時瀕　時道　時栗　時濤　時要　時賁

若璮　若鏈　若楹　若梓　若漆　若寡

叔魚　右千牛衛將軍叔䮵

秉義郎道之　忠訓郎公誼

彥絕　彥仁

琳夫　琛夫　瑕夫　瑱夫

時膺　時澔　時貴　時滌　時需　時與　時華

若瑜　若楹　若橋　若榆　若棣　若澳　若瀾　若澡

嗣昭　嗣暖　嗣守　嗣宥

朱浚寫　馮秉刊

中散大夫公誕

彥倚

璉夫　琑夫　璔夫　璠夫　琁夫

時值　時孚　時罕　時蕃　時術　時韋　時華　時阜　時番　時迟　時來　時耕　時耙　時英　時楙

若泌　若滗

嗣鐔

贈右朝請大夫邃之

右朝請大夫公鑰

彥俄　彥與　彥伊

珄夫　琥夫　玕夫　瑝夫　璪夫　瑨夫　璵夫　商夫　壎夫　端夫　瑀夫　琡夫

時僞　時昰　時常　時潮　時和　時省　時褒

若瑠　若玩　若蔺　若璶

嗣通　嗣寬

太子右內率府副率叔鼎　太子右內率府副率叔䘵　贈平陽侯叔驥

贈武經郎淳之

大夫公濟

彥傳

㻂夫　翊夫　祭夫　澈夫　燁夫　玫夫

時暐　時傑　時內　時富　時充　時廣　時序　時韻

若譜　若籲　若怡

嗣瀶

惠國公克孝

高密郡公叔老

南陽侯誠之　興之　棐之　瑩之

修武郎公澤　公淳　公湲　保義郎公信　修武郎公輔

彥峴　彥㽘　彥岠　彥正　彥仍

玘夫　琦夫　玗夫　嶽夫

時滂　時瀌　時圖　時遭　時薵　時瑮　時敷

若枝　若訓　若櫰

嗣儁

右班殿直公與 承節郎公弼 修武郎公明 承節郎公緯 贈正奉大夫公雍

彥仁 彥佀 彥慥 彥間

其夫 允夫 亮夫

時𡌴 時得 時伽 時侃

若璭 若璲 若珇 若珋 若璋

嗣靖 嗣宴 嗣永 嗣方

次會

時僭 時偤 時偶 時俊

若瑥 若琜 若瑀 若混 若壂 若鎏 若鋈 若璽 若璨 若璬 若琺 若珵

嗣亢 嗣立 嗣庚 嗣鏞 嗣鐩 嗣鐐 嗣昌 嗣華 嗣高

次昂 次昇 次旦

彥惜 彥倫

晃夫 光夫 莞夫

時伉 時僟 時俿 時[illegible] 時僑

若璐 若玧 若瑝 若瓛 若璨 若珇 若鏷 若鑣 若[illegible] 若珥

嗣亨 嗣充 嗣官 嗣卞 嗣交 嗣昱 嗣京 嗣亦 嗣奇

訓武郎公朋 秉義郎公純

彥倫 彥悖 彥情 彥懌 彥側 彥忻

芹夫 聴夫 晛夫 昞夫 照夫 曉夫 聤夫 千夫 洮夫

時傳 時傒 時份 時俔 時得 時詎 時譓 時穆 時橫 時棣

若珪 若璵 若琢 若𢫬 若潔

朱浚写

武經郎公選　成忠郎公器

彥忭　彥惜　彥佺　彥憤　彥恪　彥順　彥愷

妃夫　蹭夫　用夫

時瑧　時據　時儦　時儇　時伊

若漻　若熺　若理　若瑾　若玲　若璆　若玶　若琱　若珋

僑夫　休夫

時湜　時洛　時詑　時談　時歆　時頟　時諲　時護　時韶　時鈁　時溪　時壏　時治

若璬　若瓔　若珒　若璧　若瑞　若珽　若鍗　若鐧　若鍍　若傳　若事

朱浚写

西頭供奉官

彥悌　彥恢　彥憓　彥悅

逵夫　通夫　涌夫　元夫

時鐀　時錝　時鉠　時鍏　時鏵　時鈴　時物　時熺　時燴　時飾

若泒　若浛　若鄉　若涯

適之

公權　秉義郎公攜　成忠郎公綽　公欲　贈銀青光祿大夫公言

彥冀　彥文　彥褒　彥寔　彥標

儋夫　馨夫　南夫

時琙　時琉

若汫　若浩　若汾　若灌　若澧　若汚　若淤　若瀸

嗣儒　嗣淇　嗣渙

彥操
獻夫 賓夫 賡夫 賀夫 贊夫 廩夫 饗夫
時迪 時迿 時迋 時迧 時迣 時遶 時遹 時違 時衛 時琛 時球 時玸 時理
若釪 若鑪 若錤 若鏻 若𡑒 若竦

忠訓郎心之 贈承節郎存之 秉義郎恕之
保義郎公高 秉義郎公渙 公浚 從義郎公談 公訓
彥撰 彥強 彥端 彥乂 彥𢳆 彥駒 彥驛 彥伋 彥悃 彥堈
曇夫 涖夫 覞夫 㮚夫
時滺 時㶟 時炘
若澤 若㴬

保義郎統之 三班奉職禱之
公譜 公詔 公諒 公譓 公議 保義郎公㡚
彥衙 彥瑩 彥賓 彥璧 彥緻
彊夫 勛夫 乘夫 耘夫 輪夫 勠夫 吟夫
時琗 時玫 時璔 時衛 時潫
若綑

建安侯叔滕
右侍禁護之 左屯衛大將軍里之 武經郎和之
保義郎公定 秉義郎公管 承節郎公㛃 承節郎公𢡟 公袛 承信郎公巻 公㦛 公璪
彥衎 彥憖 彥悠 彥恵
道夫 懋夫 㞺夫
時潪 時洋 時琉
若瀨
嗣濱 嗣澗

三班奉職佰之　秉義郎修武郎居之　修武郎赫之

公端　承信郎公正　公逸

彥昌　彥呂　彥璀　彥徹

閏夫　閶夫　閎夫　閭夫　筱夫　憤夫

時紆　汝冒亡　時紼　時続　時綜　時傈　時祓　時衲

若控

彥僊

憶夫　穆夫　怡夫　惔夫

時过　時祢　時沃　時滙　時敓　時剡　時逌　時遷　時洞　時沅　時潼　時溥　時濛　時滓

若櫕　若翄　若折　若捕　若敨

懌夫　憻夫　忖夫　愖夫　慚夫　憯夫　惆夫

時利　時滚　時涖　時涼　時鉦　時鉠　時淙　時瀹　時枉　時漆　時漸　時渼　時淯

若櫞　若柁　若揔　若槐　若林　若樸　若㨶　若擣　若㧑

脩職郎叔垡

寶之　右侍禁愛之　三班奉職鑑之　忠翊郎護之

公逞　公達　從事郎公說　從政郎公觀

彥傾　彥仁　彥輝　彥曜　彥愽

憎夫　惲夫　憤夫　悟夫

時滌　時滸　時淀

若櫳　若櫓

宋史二百三十四　一百二十六

宋史表卷二十五　十八

開國公叔紆

成忠郎晉之　從義郎仰之　益之　忠翊郎健之

公鼎　秉義郎公鼐

彥憪　彥諗

摶夫　椮夫　徽夫　習夫

時爛　時灯　時潤　時剛　時玠　時瑀　時珹　時宴　時遹

若琛　若溫　若璃

保義郎盈之

公庠　保義郎公軫

彥諴　彥評　彥英　彥道　彥通　彥選　彥昭

燧夫　乂夫　澤夫　莒夫

時側　時鈇　時鏌　時逢　時玑

若瀌　若淳　若滓　若洳　若滿　若澆

朱浚寫

宋史二百三十四　一百六十

宋史表卷二十五　十九

彥鞴　彥迤　彥時　彥煙　彥逵

芾夫　傳夫　佩夫　保夫　傢夫　僧夫　隱夫　棟夫

時球　時鏺　時彭　時遈　時譜　時鎮　時鍾　時鉛　時銅　時錐

若耨　若栟　若琣　若玎　若蕙　若淋

贈秉義郎公董

彥博　彥漢　彥橫　彥易　彥突　彥客　彥密

傾夫　眘夫　祴夫　儷夫　億夫　傯夫　仏夫　伳夫　俱夫

時稹　時遇　時選　時邃

若秷

朱浚寫

彥威 彥寔 彥室

㑪夫 佇夫 㑩夫 裿夫 偪夫 伔夫 㒓夫 優夫 備夫 營夫

時延 時遼 時途 時遊 時邈 時遷 時遜 時瞻 時暌 時顥 時透 時建 時邊 時邋 時遵

若詩 若邅

忠翊郎公寧

彥察 彥客 彥突 彥翔

緣夫 仇夫 煌夫 暹夫 迢夫 烟夫 導夫 企夫 伺夫 郘夫 滎夫

時逞 時逕 時遂 時逡 時昵 時晄 時啡 時越 時乾 時寧 時宥 時奐

建安郡公叔梔 大安侯叔靖

保義郎偆之 三班奉職任之 三班奉職真之 武翼郎寧之 秉義郎定之 武功大夫果州團練使

公㝐 公富 公安 承信郎

彥霈 彥窖 彥空 彥宕

諲夫 㰹夫

時空

贈左屯衛大將軍叔昇 敦武郎叔最

康之 三班奉職將之 延之

公溫 承信郎公濩 公演 公瀕 贈武節郎公澹 公峻

彥𢸝 彥欝 彥櫟 彥蔘

錯夫 㵙夫 瀣夫 濕夫

贈右屯衛大將軍克省　祈國公克頟

右侍禁叔侊　修武郎叔旂　武翼郎叔擔　河內侯叔慈　太子右內率府副率叔繖　右監門率府率叔僖　和國公叔象

左班殿直得之　左班殿直持之　贈武功訓武郎奕且之

公擠

彥騤　彥騆

寵夫　簫夫　詁夫　湊夫　袞夫　譫夫

時楚　時棟　時朴　時柲　時禡　時概　時椺　時楪　時淅

若琢　若璣　若璵　若瑽　若科　若璢　若瑠　若琤　若琈　若琲　若琝　若琊

嗣瀟　嗣漫

宋史二百三十四
宋史表卷二十五
二十三
朱陵寫

益州侯叔鮑　西頭供奉官叔勛

武德郎昇之　贈從義郎磨之　左承直郎崇之

秉節郎公迨　公亟　武德郎公瑚　武經郎公寔　公賦

彥使　彥倧　彥聰　彥育　彥首　彥辯　彥儀　彥悔　彥文

訓夫　顯夫　預夫　溝夫　橋夫　涉夫　寶夫　郡夫　銘夫　摎夫　岊夫　覹夫　戒夫　成夫　戩夫

時轅　時聰　時檀　時播　時料　時柏　時鵬　時蘇　時湟　時櫨　時習　時傑　時英

若琛　若遵　若滌　若海　若韓　若燮　若夷

嗣申　嗣宗　嗣家　嗣貫　嗣俊　嗣秀　嗣甲

武當侯承壽　饒陽侯克巳　令稀郡安國公叔韶　檢之

右千牛衛將軍

秉義郎覓之

明之　謙之　修武郎堂之

公八　公珣

彥根

德夫　傸夫

時佑　時修

若洪　若梅　若傳　若稷

嗣愬

彥採　彥褚

醇夫

時佐　時儁

若涫　若滈　若潢

公路

清源侯公邵

彥魯　彥仍　彥辨

堯夫

時謀

右監門衛大將軍領榮州刺史公餗

彥玉　彥傳　彥向　彥尹

華陰侯公綰

彥聖　彥荀　彥才

會夫

時富

若謙　若謀

彥汲

時客　若謨

時宋　若憑　嗣荃

時迭　若愻　若忠　嗣英　嗣龐　嗣茂

若憾　若節　若賢　若壎

端夫

時臻　若儀　嗣緣　嗣溢

若潽　若湙　若漾　若濛　若楫

時育　時豐　若冲

時輔　若頹　嗣昌　嗣孚

時安　若剛　若松　若鈞　若淵　若伊　嗣嚞

嗣廉　嗣侑　嗣嶓

彥褚

巖夫　瀕夫

時昂　若礪

時豪　若僖　嗣吉

太子右內率府副

彥採　彥概

薇夫

南陽侯深之

率公諫 武經大夫公彥 右班殿直公佑 訓武郎公明 忠訓郎公鑑 修武郎公徹 右監門率府率

彥況 彥愈 彥桎 彥烈 彥博 彥簡 彥雲 彥揚 彥一

秀夫

公尚 西頭供奉官公著

彥孟

正夫 怭夫

時順 時明 時寵

若古 若田 若璉 若鎛 若欽 若鎮 若憲 若鉷

嗣賢 嗣佺 嗣伸 嗣榆 嗣源、嗣榛 嗣揆 嗣榆 嗣儀 嗣俘 嗣援 嗣梢

次定 次山 次向

宋史二百三十四

右監門衛大將軍叔曠

太子右內率府副率化之 平陽侯朧之

訓武郎公誨

彥世 彥聲 彥古

仍夫 評夫 誠夫 諴夫 訙夫 誌夫

時璡 時勤 時言 時相 時備 時夷 時儲 時鍵

嗣其 嗣侁

東平郡公叔衰

贈右屯衛大將軍[illegible][illegible]淮陽侯致之

右侍禁公弼 右班殿直公墍 內殿崇班公元

彥言 彥莊 彥祿

揄夫

時惇 時恬 時意 時憓

若津 若珇 若殫 若崧 若椛 若崟

嗣巖 嗣峑 嗣堪 嗣玥

公兒 訓武郎公兗 從事郎公覺 秉義郎公允 贈通直郎公覽

彥持 彥網 彥玘 彥維 彥經 彥咸 彥成

迥夫 邁夫

時憖 時沛 時應

若儒 若懷 若周

嗣烇 嗣境 嗣璿 嗣瑞

朱淩寫

迻夫 逵夫

時恕 時忞 時慶 時蕙 時慇 時佳

若用 若閔 若宣 若盥 若朴 若栱 若榻 若權 若機 若渶 若壚 若錡 若鐸 若鈴 若鐖

嗣[illegible] 嗣[illegible] 嗣鎵 嗣覘 嗣珙 嗣瑨 嗣璣

贈右中奉大夫贈金紫光祿大夫公峴

從事郎公寬

彥威 彥駿 彥勛 彥勵 彥勤

毅夫 敵夫 賡夫 逌夫 翻夫 戒夫 蔵夫 戩夫

時囦 時純 時保 時佟 時滌 時尹 時燮 時循 時征 時僭 時敫

若新 若鏦 若山 若壂

朱竣寫

公覲 忠訓郎公規

彥勵 彥勳

職夫 岐夫 峨夫 灌夫 秤夫 汧夫

時梗 時瑞 時鎣 時猜 時皆 時諠 時謰 時識

若膝 若傺 若沫 若憶 若映 若津 若溺 若珂 若瓏 若銀

嗣璣

景陵侯克基

華陰侯叔材

武衛大將軍[illegible]州刺史共之　景城侯燭之

修武郎公奭　秉義郎公[■]　修武郎公奕

彥遷　彥邊　彥道　彥遠　彥逵　彥進　彥升

端夫　竭夫　倚夫　奇夫　勇夫　平夫　能夫

濮東郡公昞之

承信郎公宰　朝奉大夫公宏　贈宣奉大夫公奭

彥道　彥頹　彥韓　彥千

誕夫　諛夫　蒙夫

時遂　時遽　時迹　時逸

若春　若智　若晳　若容　若著　若禹

嗣裕　嗣綸　嗣鈥　嗣鑾

彥博

寶夫　賛夫　贊夫　賁夫　資夫

時迵　時邊　時述　時适　時適　時縣　時餘　時迥　時邊　時遥　時允　時嵩

若嚧　若冑　若暎　若栻　若瑜　若璞　若虢　若瑲　若寀　若瓏　若玔　若瑞　若琦　若璪

嗣端　嗣錯　嗣欽　嗣鐵

彥鑑　彥車

賈夫　溪夫　模夫　鐩夫　域夫　沔夫

時蓬　時萱　時薦　時峀　時邀　時瑚　時儥　時僮　時僚　時能　時連　時守

若概　若禾　若稱　若桐　若宷　若沁　若璇　若柖　若樹

嗣儻

三班奉職公各贈武翼

彥里

顴夫　震夫　賓夫　朋夫　邦夫　炎夫　盟夫

時迎　時遺　時遂　時連　時樺　時協　時柳

若班　若瑞　若忞　若志　若熏　若丕　若堌　若壇

嗣凉　嗣遂

太子右內率府副率叔蹇之　武翼大夫宣之

秉義郎公豫　成忠郎公立　保義郎公衮

彥博　彥本　彥協　彥膺　彥孟　彥近

固夫　博夫　賁夫　榮夫　柯夫　納夫　君夫

時伽　時健　時優

若珩　若珊　若璡　若玗

嗣逸　嗣過

太子右內率府副率叔業　太子右內率府副率叔當　右監門率府率叔豐　高密郡公叔明

太子右內率府副率戴之　贈武翼奉官之

贈訓武郎公儼

彥迪　彥遜　彥明

時撦

若銘　若璭

彥晃　彥暉　彥曦

櫛夫　桐夫　楠夫　桂夫　楹夫

時玗　時珊　時璿　時瑜　時玩　時琬　時琿　時璲　時璆　時瑚　時際

若栗　若滁　若館　若軽　若軻　若輔　若翢　若轃　若輚　若錄　若軫　若輊

嗣草

中文秀乃制

椓夫　梃夫　杓夫

時珖　時琦　時璄　時珇　時琱　時璮　時瑅　時珈　時玵　時璙　時瓌　時琓　時琈　時瑠　時玲　時珀

若軺　若軿　若轒　若輻

贈奉直大夫公燃　孝早

椙夫　棣夫　椿夫　林夫　楫夫　槓夫

時嘻　時現　時乃　時粱　時盈　時璟　時航

若鐨　若鋙　若鍼　若錸　若緝　若綸　若金　若鋸　若璣　若璽

贈懷州防禦使文安侯　淑侯　讓之

武翼郎公傳　秉信郎公倚　三班奉職公辦　成忠郎公錡

彥星　彥銳　彥達　彥速　彥訌　彥規

穡夫　儀夫　宣夫　棻夫　宓夫　龐夫　西夫

時諮　時怙　時邁　時忠　時德　時辦

若搏　若綜

三班奉職敦之　右侍禁□之　堉之　武節大夫覺之

秉信郎公孝　從事郎公譽　秉節郎公康　秉節郎公度　承節郎公僅　贈武翼郎公諒

彥淶　彥湏　彥睦　彥轍

其夫　褒夫　厦夫

時倖　時健　時彬　時侼

若璥　若鉅　若耿

嗣覵　嗣涵

公愈　公明

彥鴻　彥覵　彥輞

庌夫　度夫　麾夫　靡夫　測夫　擯夫　湢夫　漨夫　渻夫

時位　時綺　時繪　時纁　時煎　時涛　時壁　時拼　時林

若燓

朝請郎誘之

公俊　公侑　公僩　公僬　公价

彥迈　彥翊　彥翮　彥翔　彥翱　彥翀　彥繹　彥績

珽夫　燡夫　熢夫　質夫　瓌夫　瑟夫　翊夫　琡夫　暈夫

時壜　時堅　時坐　時壖　時墖　時廙　時銖　時鍈　時鍤

朱浚寫　呈[illegible]刊

成忠郎保之　演之　贈左朝議大夫直秘閣訓之

文林郎公淪　公渙

彥緘　彥貢　彥勺　彥攄　彥桐　彥權

既夫　漖夫　熑夫　爖夫　炬夫　焊夫　爟夫　煡夫

時鍘　時昳　時墜　時墊　時臺　時鏊　時塋　時埤　時塯　時壙

保義郎淇之　保義郎立之

公濟　保義郎公海　成忠郎公愈

彥樀　彥檝　彥暘

灺夫　烒夫　熵夫　煉夫　炥夫　熣夫　遹夫　穀夫　讀夫

時堊　時壘　時塤　時錦　時鈀　時銷　時鈌　時鉆　時鐕

若焆

朱浚寫　呈[illegible]刊

保義郎舜之

公圀
公征
承信郎公計

岳汝
彥攸

析夫
峚夫
視夫
簣夫
速夫
寔夫
泝夫
温夫

時括
時錆
時鈌
時樸
時鍬
時鐃
時迦
時遒
時適
時鍊

若憶

馮翊侯克脩

君國公叔充

彭城侯撫之
洋國公百之

武翼郎公戭

彥謨
彥琮
彥湜
彥男

斗夫
燊夫
琄夫
沼夫
帣夫
麿夫

時鐊
時鏤
時銅
時鏓
時鑐
時鏑
時鑛
時棫
時僧

若垧
若壞
若墤

安康侯臨之

鄞武侯公戩
贈武德 公傑

彥澤
彥龢
彥猷

延夫
悳夫
滋夫
灼夫
淪夫
織夫
紺夫
絍夫

時浄
時滴
時楮
時珥
時嗜
時容
時偘
時偶
時倈
時忻
時佑
時湜

若雷
若滚
若㦎
若椽
若操

贈武翼郎公潛

彥昚
彥顏
彥貫
彥武
彥成

剡夫
洄夫
逵夫

時湛
時穎
時煜
時範
時植
時遷
時賓
時振
時㬋
時寀
時桊
時橐
時綜

若楷
若唱
若崙
若穆
若珀
若璩
若熿

嗣煉

宋史二百三十四

彥顒

燚夫 高夫 鵬夫 藇夫

時棻 時㮚 時墍 時圭 時學 時身 時聰 時搏 時掄 時捭 時杓 時秉 時望 時機 時審

若玠 若瑲 若膺 若微 若湄 若淪

嗣惠

宋史表卷二十五　四十　朱竣寫　呈甫刊

字一百二十六

太子右內率府副率旬之 三班奉職延之 右侍禁祐之 右侍禁闕之 贈中散 秉義郎之

公舉 右班殿直公翰 公弼 公适

彥㢠 彥洛 彥沼

璥夫 志夫 忭夫 惠夫 樹夫

時瀞 時瀉 時鉉 時堂

若㮚 若析

宋史二百三十四

保義郎公建 朝請大夫公邁

彥通 彥達 彥汲 彥淵 彥渙 彥宓

文夫 恣夫 忍夫

時德 時愻 時憲 時璲 時瑽 時琡 時釗 時檽

若滅 若濂 若發 若裦 若䎘 若晧 若晰

宋史表卷二十五　四十一　朱竣寫　呈甫刊

字一百一十八

彥向

悠夫 意夫 勢夫 龐夫 埜夫

時榴 時侈 時鏞 時餦 時鈇 時況 時滄 時洵 時涞 時渙 時樺 時嗪 時嘆 時呼 時嗞

若嫌 若沇 若裛 若滮 若秬 若涼 若涓 若漫 若涸

忠翊郎公迪 秉義郎公遂

彥鬲 彥甞 彥堅 彥䖍 彥灝 彥崖 彥湘

廑夫 鄜夫 永夫 言夫 莘夫 坑夫

時晌 時飭 時勴 時勸 時勱 時庄 時灼 時爗 時烧 時㥶 時雲 時寘

若槮 若撕 若胡 若穡

武節郎戣之

公遜 忠訓郎公份

彥溥 彥愬 彥津 彥昭

錫夫 璪夫 璡夫 眞夫 㝢夫

時虎 時彪 時礙 時礪 時磧 時碏 時澄 時泳 時渙 時漱 時澧

若攓 若墂 若坊 若埰 若坎 若坥 若培 若霱 若靄

秉義郎公傅

彥畋 彥畈 彥暐 彥國 彥順 彥固 彥楊 彥章 彥㚖

瀗夫 適夫 遴夫 肅夫 順夫 漨夫 潅夫 通夫 受夫

時涓 時淦 時棨 時玔 時瀆 時翊 時壤 時玢 時珅

若霮

秉義郎颺之

贈宣義郎公倫 右承事郎公俛

彥亨 彥褎 彥齊 彥交 彥範

軾夫 拜夫 玒夫 玗夫 鯉夫 逢夫 佚夫

時瑱 時勃 時勳 時鏧 時鑒 時鑿 時譪 時譎 時詠

若淲 若洔 若汎 若汧 若汶

即秉之公慤　贈朝請訓武郎

彥輅　彥仁　彥傷

序夫　庇夫　琁夫　玩夫　鈊夫　鈀夫　璇夫

時忠　時憲　時窓　時璇　時瀛　時洸　時滑　時洮　時渝　時浩　時涂

若鶚　若鸜　若麒　若麓　若鹿　若麗

大夫公慤　贈朝請

彥侃

鋂夫　容夫　英夫　耆夫　執夫

時冷　時衡　時文公　時綫　時組　時緒

若鑾　若淑　若瀰　若遂　若濯　若汰　若瀵　若澀　若湍　若竣

嗣竦　嗣褑　嗣禮　嗣湍　嗣福

彥偁

黍夫　諭夫　重夫　珹夫　診夫

時瑁　時瑒　時璮　時琎　時理　時堅　時瑬　時璺　時遴　時遂　時节　時道

若浣　若邊　若淵　若㵎　若樾　若棋　若炊　若攝　若塗　若淶　若積

嗣賦　嗣賻

彥僑　彥偃

蛻夫　倈夫　筱夫　僤夫　傒夫　傈夫　倍夫　億夫　像夫　轄夫　轓夫　輱夫　輪夫　軺夫

時堅　時壓　時珮　時璺　時琲　時治

宋史二百三十四　宋史表卷二十五　四十六　朱浚寫

成忠郎公慭

彥倪　彥倍　彥倬　彥僎　彥醇

軫夫　輇夫　軾夫　壚夫　珅夫　玭夫　玻夫　瑠夫　暘夫　愐夫

時純　時審　時寔　時遴

若潤　若櫻　若臻　若楙　若阜

字百二十个　呈　罕刊

嘉國公叔于

三班借職甃之　忠翊郎顯之　景城侯勵之　直之　贈修武

公瑋　公顯　左班殿直公侃　公偉　公佐　公僅　武翼郎

彥僧

惻夫　憚夫　益夫

時逨　時浪　時湍　時涪　時娀

若凱

宋史二百三十四　宋史表卷二十五　四十七　朱浚寫

郎恕之

公順　公東　忠訓郎公義

彥陝　彥輔　彥軾

信夫　侊夫　傳夫　僯夫　价夫　僑夫　伸夫　伉夫

鄙夫　受夫　時京　時下　時發　時衷　時亦　時衷　時畫　時膏

若源　若浚　若湘　若瀾　若濂　若霽　若渾　若澋

嗣檽　嗣梓　嗣桂　嗣棬　嗣檠

字一百三十四　呈　罕刊

右班殿直勸之　修武郎助之　三班奉職勸之　秉義郎

公護

彥轔

億夫　份夫

時燮　時彙　時正　時萊　時衮　時曾　時棐

若濟　若瀛　若得　若囦　若涺　若錄

宋史二百三十四
宇二百二十七

劭之　左朝請大夫叅之

公爲　公序　迪功郎公寓　公飪

彥袁　彥昀

熾夫　熖夫　榮夫　梟夫　綮夫　棻夫　榭夫　棉夫

時埔　時圦　時烽　時姝　時烟

若軺　若壁　若輮

榮國公季寫　叔急

率府副率淦之　從義郎進之　右侍禁益之　修武郎湘之

承信郎公南　公恭　從義郎公選　承節郎公敏　從義郎公玘　承信郎

彥諮　彥晉　彥試

左班殿直彀之　修武郎文之　武翼郎諗之

公環　公着　公雅　秉義郎公幸

彥迴　彥迅　彥遂

恢夫　悌夫

時埍　時坊　時堵　時墺

若鐵　若琣　若墚　若境　若璋　若璸

嗣滑

寧州觀察使叔瑁

贈朝議大夫叅之

武經郎公晉　承信郎公嚴

彥逮　彥逞　彥倩

慨夫　烈夫　惝夫　惺夫　繩夫　絨夫

時培　時墸　時壇　時墩　時坡　時墪　時垤　時墅　時墺　時圳

若鎰　若錫　若縉　若祟

敦武郎述之
忠訓郎公健
彥漪　彥湮　彥安　彥宥　彥宗　彥歲　彥銈
衝夫　芳夫　皎夫　皓夫　儥夫　瞻夫
時慄　時豹　時撫　時懞　時悜　時惹　時恰　時忭　時愲　時憒
若諾　若諴　若諫　若讄　若詒　若謙　若詰
嗣鑌　嗣鍃　嗣鋏

右承議郎頔之
公玠　公信　公份　武翼郎公捘
彥容　彥綺　彥堦　彥壎
璠夫　堦夫　顗夫　熊夫　佚夫　烝夫　熊夫　庭夫　磨夫　廪夫　廡夫
時悟　時悚　時濾　時澗　時汭　時涞　時濡
若澩　若軥　若輍

彥壞　彥坤
歷夫　稹夫　穢夫　荳夫　蓋夫　錄夫　館夫　鋒夫　鎦夫　砡夫　磧夫　磷夫
時溋　時潡　時淳　時瀑　時澮　時溢　時渢　時澂　時沐　時泐　時澂　時訣　時詢　時諱　時許
若瑋

濟陰郡公克敘
崇國公叔夏
右驍衛大將軍惠州團練使好之
公椿　三班借職公褒　忠訓郎公燮　承議郎公高
彥彷　彥璞　彥圭　彥讜　彥謨　彥琳　彥珵　彥理
輍夫　鎡夫　鏂夫　銀夫
時讓

宋史二百三十四　一百八个

宋史表卷二十五　五十二　朱浚官　週州

保義郎公邀
三班奉職公溉
三班奉職公奐
成忠郎公逵
成忠郎公邁　彥回　剛夫　時胄　若僟
若倅
若伴
若偳
彥倫　亞夫
彥肅
彥章
彥依

忠訓郎公數　彥賫
承信郎公黲　彥廣
武經郎公章　彥肅　忠夫　時貞
彥聿
彥賁　慧夫　時総
承信郎公述　彥騰
彥賬
彥服　逸夫
彥肵
彥膳
彥腆
忠翊郎公裔

宋史二百三十四　一百三十八个

宋史表卷二十五　五十三　朱浚官　週州

成忠郎公才
公説　彥倫
彥依
安樂郎太子右內率府副率叔賁　率補之
奉議郎敎之
公浩
公槐
公渙
三班借職公僾
武德郎育之　承事郎公珣
訓武郎公瑞　彥蒂
彥俊

秉義郎公翊　彥鏞　罣夫　時慧
承節郎公璟　彥侁　粢夫　時人
時渡　若渝
若澆
時濠　若浥
若濿
時覵
時汏
廣平侯叔塀
東陽侯叔嫣
高密郡公叔㯿　武經郎應之　承節郎公恕　彥颯　吉夫　時懌　若浼
若洌

忠翊郎公憲
彥雩
介夫 遵夫 僑夫 遹夫
時憺 時悔 時邊 時適 時巡 時逄 時迂 時微 時敄
若輷 若鞋 若軟 若珊 若瑿 若瑚 若琉 若璸 若玜 若珠 若琝 若瓟 若珦

三班奉職齊之 敦武郎余之 右朝議奕之
右迪功郎公祐 忠翊郎公哲 公彥 公旦 將仕郎公价 保義郎公璠
彥倫 彥端 彥靈 彥磬 彥振
近夫 部夫 邊夫 逅夫 耦夫
時敢 時獻 時絢

忠訓郎惪之
將仕郎公祀 公永 公璘
彥佐 彥偉 彥債 彥仔 彥翊 彥債 彥寍 彥定 彥安 彥寧
遹夫 远夫 遵夫 遥夫 迪夫 辺夫 迮夫
時繒

表卷第二十五

左班殿直叔熹 內殿承制叔圻 右班殿直叔禩
亨之 修職郎迪之
公璪
彥寬
遂夫
時納 時憲

宋史二百三十五

表卷第二十六

開府儀同三司上柱國錄軍國重事前中書右丞相監修國史領經筵事都總裁脫脫等奉

勅修

宗室世系二十一

廣平郡王房

廣平郡王贈深州 王贈秦王諡康惠 德隆承訓

克勤 贈國公東陽郡公右監門率府

率府副率叔之 安康侯右內率府副率叔之 右監門率府副率公尹 美之 河內侯

公劍 三班奉職公緯 右侍禁

彥誂 彥許

致夫 敝夫 杲夫 敎夫 敏夫 敵夫 攸夫 收夫

時雍 時楙 時伸 時俊 時价 時颮 時震 時奕 時營 時譓 時謹

若功 若勳 若谷 若孟 若曾

藏之 馮翊侯

公熠 承信郎公炳 清源侯公鉉 太子右內率府副率公繪

公炤 三班奉職公繹 秉義郎公煥

彥淵

玉夫

時飛 時敵 時睦 時麟 時鳳 時選

隨州團練使務之 安康侯千之

三班奉職公適 承節郎公泰 太子右內率府副率公魏 右內率府副率公璘 左侍禁公燮 修武郎公望 武翼郎

彥誠 彥孟

挺夫

時譽 時繹

若珏

宋史表卷二十六 （三）

宋史二百三十五

贈萊州團練使聽之

公紈　承節郎公紹　秉義郎公全

彥堪　彥增　彥文

辛夫　訓夫　顗夫　志夫　緯夫　總夫　綱夫

時諤　時諏　時詵　時諝　時受　時舍　時得　時萬　時億　時秭　時璸

若璟　若瑑　若瑀　若克　若允

贈湖州觀察使抗之

保義郎公麟　承節郎公焯　公弁　右班殿直公羕

彥行　彥忠　彥裔　彥泰

悖夫　凱夫

時成　時陋　時懌　時嗣　時登　時惠　時指　時估

朱凌寫　黎正刊

宋史表卷二十六 （四）

宋史二百三十五

監門衛大將軍政之　贈武節郎周之　贈右金紫光祿大夫應之

右班殿直公直　公彥　修武郎公永　左朝議大夫公擇

彥忽　彥晟　彥衡　彥衛　彥衙

鍔夫　鍊夫　鑑夫　銑夫　鍾夫　規夫　現夫　渙夫

時演　時餉　時鋼

左朝請郎公爚　宣議郎公鑰　承奉郎公權

彥何　彥泰　彥垍　彥端

亞夫　相夫　政夫　智夫　郁夫　光夫　鑒夫　銓夫　鍾夫　川夫

時懋　時德　時定　時亨

朱凌寫　黎正刊

承信郎公翼　贈保義郎曾皇叔公恪　承節郎公悌　贈節敏
彥靖　彥竦　彥璽　彥器
倞夫　侄夫　信夫　拔夫　搣夫　杋夫　安夫　寬夫　宏夫　寅夫
時諫　時諭　時雍　時昌　時英　時亨　時亮

右班殿直叔載　太子右內率府副率叔奎　太子右內
昇之　成忠郎珣之
奉公佶　承信郎公辛　承信郎公意　承信郎公奇
彥敏　彥政
敞夫　敳夫　斅夫　敵夫　救夫　敘夫

率府副率叔齊　太子右內率府副率叔璉　彭城郡公叔愷
太子右內率府副率倚之　建安侯澄之　三班奉職元之　右班殿直潤之　左侍禁道之　三班借
成忠郎公謹
彥俊　彥強
潤夫

濟南侯克儉
太子右內率府副率叔旃　贈右監門衛大將軍叔璉
職湛之　修武郎誠之　武經郎辯之
保義郎公晦　贈奉直大夫公耆
彥弗　彥樸
似夫　任夫　佳夫　僴夫　僖夫　值夫　岳夫

秉信郎公誠 修武郎公績 贈武翼郎公賓

彥禔 彥由 彥棨 彥斌 彥端 彥竒

化夫 秬夫 賓夫 忻夫 卿夫 易夫 顒夫 禧夫 祐夫 掄夫

時璋 時錫

朱淩寫 蕭正

彭城侯

東平侯 秉義郎渙之

成忠郎 公璧 忠翊郎 公弼 從義郎 公顯 保義郎 公璽 承信郎 公訓 公說 公謂 公佐

彥畩 彥竦 彥澄 彥侁

沖夫 瀅夫

叔澣

仰之 贈右屯衛大將軍應之 文安侯旬之

左班殿直公著

彥顏

傃夫 俁夫 明夫

時遷 時通 時夏 時丕 時貢 時速 時述 時遵 時邁 時萬 時二 時平 時巨

若訓 若諟

朱淩寫 嚴正

贈武翼郎公岳

彥愈 彥賢

敏夫 質夫 際夫 賁夫 資夫 膺夫

時靄 時舉 時許 時譾 時說 時寧 時隆 時政 時臣 時恭 時鈞 時階 時椅

若愚 若安 若慶 若定 若先

右侍禁克禋　彭城侯克孚

右千牛衛將軍叔啓　右領軍衛將軍、賜進士及第叔歆　右衛率府率叔猗　高密郡公叔建

武翼郎成之　武衛大將軍、榮州防禦使損之　右千牛衛將軍田之　武德郎履之

公譽　承信郎公祉　公定　承信郎公寧　左班殿直公允　右班殿直公闞　公閩　三班借職公式　承信郎公緈　忠翊郎

彥忠

瓚夫　貢夫

時肅　時用

若磐

朱燮寫　嚴正刊

宋史二百三十五

武德郎祜之　秉義郎贈武經郎禺之

公緈　秉義郎公緈　承信郎公續　三班借職公代　承信郎公綽　公遠

彥麒　彥麗　彥龍　彥鎣　彥聊　彥喆　彥硆

仁夫　仍夫　信夫　伋夫　琄夫　璐夫　瑜夫　璉夫　珹夫　儼夫　富夫　審夫　客夫　官夫　寔夫　侗夫　仕夫　儒夫　倘夫　倀夫　儆夫　倬夫　侄夫　仇夫

時侍　時份　時佺　時讜　時識　時琭　時抑　時措

宋史表卷二十六　十

朱燮寫　嚴正刊

臨安侯叔肸　博平侯叔樂

秉義郎輔之　贈武[illegible]郎[illegible]之

承節郎公升　承節郎公雲　公黽　公良　公卯

彥垚　彥給　彥僚

禹夫　晰夫　憲夫　軌夫　輶夫　軏夫　悆夫　意夫

時施　時辯

若祉

嗣詞

廣平侯叔曹

右班殿直直之　右班殿直得之　東頭供奉官器之　修武郎濤之　保義郎盈之

承信郎公壽　忠翊郎公慶　公訴

彥玩　彥鞘　彥埏　彥化　彥柬

鐄夫

時輅

河內侯叔遂

成忠郎永之　從之　從義郎道之　忠翊郎和之　左侍禁明之　經武郎稱之

承信郎公沂　公禹　公沂　公設

彥儒　彥斌　彥遵

潽夫　澮夫　浹夫

時棣　時潤

若淏　若岱　若嵒　若嵘　若嵒　若岦

公謔　公諤

彥貫　彥贊　彥泰

芑夫　庇夫

時霖　時晉　時露　時霙　時僾　時維

若鈁　若鏮　若珌　若秩　若琫　若批　若柞　若楈　若柝　若榕　若攜　若璉　若櫛

嗣賓　嗣旁　嗣什　嗣鏈　嗣祉　嗣僟　嗣佩　嗣倩　嗣僎　嗣仿　嗣佺

宋史二百三十五

宋史表卷二十六

十三

公許　公諝

彥春　彥昭

逆夫　琥夫

時愿　時致　時嵱　時賜

若檍　若寬　若雄　若逯　若浙　若瀛　若沛　若濯

嗣鐔　嗣寧　嗣賫　嗣安　嗣定　嗣佳　嗣賢　嗣信　嗣倀　嗣逵　嗣遵　嗣寘

次宏　次寔　次憧

奉化侯叔窈

說之

[illegible]秉義郎公定

公諮　公訢　承節郎

彥慱　彥浮　彥澡　彥浞　彥潛

珎夫　臺夫　霖夫　頳夫　顯夫　顗夫　頎夫　顴夫　頡夫

時數　時攸　時鏃　時寵　時憲　時態　時懋

若嵲　若嶒　若崧　若行　若振

一百四十

朱浚寫　蔡正刊

宋史二百三十五

宋史表卷二十六

十四

公祐　承節郎公侑

彥沂　彥洄　彥淵　彥㯋

繳夫　畚夫　介夫　碩夫　芮夫　鄆夫

時昇　時昺　時暲　時瞰　時暇　時聯　時曬　時暖

若扔　若榀　若樺　若腴　若裀　若捈　若禬　若裥　若袊　若禔

武經郎益之　修武郎諤之　諫之

公源　公澤　承節郎公侃　公俊

彥彖　彥懃　彥定　彥寧

趣夫　盅夫　快夫　轍夫　雅夫　楚夫　瑆夫

時晙　時曚　時景　時覡　時追　時遴

若剡　若佋　若㑥　若傑　若仍

一百三十

朱浚寫　蔡正刊

忠翊郎公燧　武翼郎公退

彥止　彥汭　彥溥　彥淑　彥泌　彥淳　彥落　彥濤

杻夫　鋼夫　釗夫　鏘夫　欽夫　渶夫　煊夫　熀夫

時[illegible]　時脛　時挑　時賚　時贊　時貞　時賀

右監門衛大將軍[illegible]遹

秉義郎申之

成忠郎公淇　公勝　公義

彥榛　彥斡　彥灃　彥濟　彥臣　彥竑

堙夫　墳夫　夰夫

時闐　時訢　時上

若漢　若瀏　若汃　若涔　若渚　若澂　若肥　若灘

嗣絧　嗣挾　嗣松　嗣𢶏　嗣抻　嗣櫕

公善　公羲

彥圬　彥証　彥謐

宦夫　宥夫　鄭夫

時愈　時宗　時實　時濠　時滇　時湧　時湑　時杠　時泗

若[illegible]　若晦　若佐　若柏　若榕　若燦　若燁　若付　若僎

嗣捎　嗣㩳　嗣捱　嗣琛　嗣珬

[illegible]率府副率

存禁　[illegible]之　忠翊郎脩之　承節郎行之　成忠郎循之　承節郎衎之

婣夫　懷夫

時漟　時時　時昆　時愕　時移

若掐　若瀬　若瑩　若轔

南陽郡公克懋
率叔爵
安康郡公叔瑣
馮翊侯沇之
三班奉職公連
清源侯稱之
左班殿直公允
修武郎公袞
修武郎公立
彥文
贈承議郎公舒
彥褒
鎡夫
普夫
悳夫
時漢
若棲
若檖
若棻
時濂
若楣
若梱
若椅

贈朝議大夫公彥
彥和
彥禮
翼夫
時羊
若禪
若珖
若玹
時蕚
若玢
時康
若珊
時岸
若仩
時肩
若璽
時力
訒夫
詡夫
時勛
時勸
時効
若僑
若倎
若俙
若偭
若倓
時扐

武節大夫肴之
朝散郎公惠
彥邦
詢夫
時勢
若璩
時遷
時迎
成忠郎公愈
公恩
成忠郎公懃
忠翊郎公意
彥椿
彥模
浦夫
時瑾
時瓔
時環
時琮

惠國公叔紞
北海侯楫之
三班奉職公安
秉義郎公棨
忠翊郎公福
修武郎
時瓏
時廼
敢夫
時還
若淛
淏夫
時送
淨夫
時僟
時仍
時倩
渙夫
時鏴
濂夫
時釺
時鑒

公富 秉義郎公儀 秉義郎公春 保義郎公安 承節郎公博
彥益 彥石 彥德 彥端 彥幸
傾夫 嘉夫 昌夫
時銓 時鉞 時鏁 時琪
若嵒 若坒 若嵐 若岩 若懌 若悅

西頭供奉官喜之 忠訓郎寧之 左班殿直勝之
承節郎公寶 保義郎公祐 公壽
彥弼 彥名
麟夫
時瓏 時鐙 時鍊 時燮
若汴 若灊 若潞

濮陽侯叔耶
贈右朝奉郎贈中大夫潔之
公亶 承節郎公奭
彥端 彥超 彥靖 彥娛 彥煉 彥魚
戚夫 立夫 傒夫
時脩 時珅 時璿 時瓛
若㰅 若嵩 若徽 若巖 若畯
嗣初 嗣裡 嗣禮 嗣迪 嗣遂 嗣渭 嗣瀷 嗣泓

忠翊郎左之 忠翊郎紡之 成忠郎錄之 承信郎稽之 成忠郎貫之
秉義郎公高 公京 公晶 公毅 秉義郎公隱
彥恩 彥文 彥韶 彥斐 彥端 彥柔 彥瑾
暄夫 麗夫
時儀
若炯

武義郎贈朝議大夫公遠 朝散大夫直秘閣公適

彥憲 彥棻 彥璲

屬夫 鄰夫 郁夫 僭夫 傃夫 諟夫 縻夫 傃夫 素夫

時墇 時墰 時奄 時徑 時泊 時嶸 時嵱 時嵋 時城

若鐵 若釔 若壁

公述

彥珂 彥悉 彥順 彥宗 彥敏 彥玫 彥玲

順夫 厘夫 墅夫 溤夫 預夫 玒夫 瑒夫 琭夫 欽夫

時勵 時劭 時鐈 時湼 時俾 時蔿 時原 時帰 時屧 時逐 時迥

若衢 若像 若偃 若佳 若湊 若[illegible] 若涇 若澧 若汎

潁川郡王房

潁川郡王諡安簡德雍

廣平侯承矩

光國公克廣

建國公叔亞

安康侯報之

右班殿直公恕 贈中奉大夫公忞

彥孟

充夫

時綬 時聲

若暲 若琮 若璣 若琦 若璜

嗣穎 嗣顒 嗣順 嗣顥

左班殿直叔貿 左班殿直叔敫

[illegible]郎鄭之

華陽郡公宰之

公惠 秉義郎公憲 右侍禁公瑾 右侍禁公雍

彥𩐨 彥茵 彥莊

仁夫

時牧 時稷 時教

若琅 若瑕 若璫 若璣 若瑄 若錕

嗣約 嗣紹 嗣纓 嗣綸 嗣綺

宋史二百二十五 一百二十

宋史表卷二十六 二十三

贈武德郎公璲

彥古　彥國

訫夫　倕夫

時及　時適　時蓬　時榮　時豫　時倚

若沄　若沂　若淦　若涂　若洽　若汴　若瀍　若賽　若珷　若璲　若琿　若璉

嗣琨　嗣瑛　嗣瑾　嗣琪　嗣瑑

清源侯導之

承議郎公撥

彥佾

倖夫　竟夫　琦夫　瑜夫

時忕　時棟　時儗　時价　時脩　時傳

若諲　若金　若蒼　若石　若墊　若鳳　若虎　若麟　若晳

嗣清　嗣溥　嗣洽　嗣復　嗣澈　嗣湑　嗣漙　嗣錦

宋史二百三十五 一百二十

宋史表卷二十六 二十四

珽夫　珣夫

時邁　時遇　時速　時邀　時迄　時爻

若危　若倫　若辯　若嵂　若詛　若詝　若讕　若議　若誇　若訵　若謚　若註　若臧　若猛

嗣燮　嗣誼　嗣祺　嗣普　嗣祥　嗣熹　嗣業

彥酌

琦夫　理夫　韞夫

時奕　時儀　時儆　時權　時濟　時欽

若悳　若介　若鑒　若畤　若和　若荃　若仁　若見　若虞

嗣淵　嗣謙　嗣誄　嗣紳　嗣纉　嗣縉　嗣陞　嗣炳　嗣紹　嗣鈞　嗣鍾　嗣釭　嗣鉽　嗣琰　嗣賓

宋史表卷二十六　二十五

武德郎公撥
彥皐　彥回
玗夫　玫夫　厳夫　森夫
時証　時澄　時訪　時炳　時翕　時翻　時芳
若林　若角　若螢　若火　若楠　若枉　若環　若璜　若詩　若謹　若記　若證
嗣賓　嗣寶　嗣珂

彥齡
渾夫　瑩夫
時著　時新　時羕　時劭　時偃　時佚　時億　時仞
若設　若訴　若諧　若讃　若調　若譯　若諒　若諓　若洙　若灝　若湈　若湝
嗣璋　嗣瓆　嗣瑋　嗣琉　嗣邈

宋史表卷二十六　二十六

忠訓郎公振　忠訓郎公揆
彥稷　彥契　彥說　彥純　彥紹
巽夫　■夫　璡夫　琦夫
時備　時做　時僕　時兟　時企　時僩
若豫　若瀧　若浤　若潁　若弭　若沐　若涇　若泓　若漁　若溥

武功郎公趍　武翼大脩武郎夫約之公迪
彥華　彥斤　彥帝　彥弟　彥之　彥章　彥介　彥仇　彥儒
𢳚夫　拘夫　榻夫　祝夫　移夫　顒夫　頊夫
時澧　時俏　時澂　時遂　時淵
若濰　若玢

秉議郎公邁　從事郎公適　從事郎公适　忠訓郎公迅

彥伸　彥僳　彥俊　彥偲　彥倖　彥進　彥侃　彥儅　彥儀　彥僖　彥儧　彥僑

惄夫　慝夫　頎夫

公逵　承節郎公進　公遹　公逯

彥倭　彥僩　彥倜　彥僕

碩夫　詠夫　誘夫　㑺夫　俯夫　傔夫　偷夫　僡夫　儇夫　顛夫

時甯　時賓　時玢　時琭　時璥　時璁　時瓖

忠訓郎經之

左儒林郎公鍩　成忠郎公弁

彥侚　彥弦　彥戢　彥述　彥僑

介夫　履夫

時秀　時煥　時紳　時紀　時紹

若文　若徽　若潤　若鑾　若格　若址　若墀　若墉　若埃　若增

嗣滉　嗣潤　嗣鉀

昌國公叔萌

太子右監門率府副率　太子右監門率府副率

公詰　公鋭　公朋　公从　公珏

彥仁　彥回　彥齡

泰夫　褰夫

時琴　時岑　時[illegible]　時珌

若[illegible]　若壕　若墁　若瀴　若稽

嗣錫

左班殿直繹之 承議郎緝之 二班奉直公衎 秉義郎公衡 彥文 訓夫 時琰 若時 嗣瀴
若昫 嗣濉
嗣洮
成忠郎公默 彥俊
修武郎公術 彥脩
彥傳
彥通 召夫 時偵 若鑄 嗣洌
若鏞
若鏌
左班殿直繹之 左班殿直公衎

濟陽侯叔定 武經郎緯之
崇國公贈叔蘭 贈清源軍節度使 贈武節郎率之 武翼郎公亢 彥良 菲夫 時慱 若畝
若廉
時懷
觀夫 章夫 時悰 若寶
若寶
時愐 若棐
時懆 若宦
時儺

公卞 秉義郎公度 彥仲 會夫 時冕 若磷
彥价 繼夫 堯夫 時棣
秉義郎公麗 彥适
彥逵
彥惻 休夫 時蕫 若現
若琿
若瑢
若璸
時旗
公慶 僑夫 時瑛
公奭 彥波 論夫 時僊 若快

左侍禁衮之 秉義郎褒之 公稟 秉義郎公彥 彥晃
承信郎公庠 彥賢 許夫 時使 若摧
時仳
武翼郎公寄 彥髦 鑑夫 時溺 若柳
彥芳 愍夫 時淆 若杼
時泬
時泥
彥肇 保夫 時沂 若揮
若棣
彥槩 急夫

宋史二百三十五　宋史表卷二十六　三十一　朱浚寫　梁保刊

敦武郎贈武義郎公應
襃之

彥繁　彥樓

綮夫　躐夫　遐夫　訏夫

時汃　時瀞　時櫚　時禾　時焌　時爚　時煒

若㩶　若桀　若㴽　若玜　若鑲　若湜　若深　若沃　若潚　若溙　若沓

嗣活　嗣鋅　嗣銆　嗣琫　嗣鏠　嗣鎛　嗣鍔　嗣鏌　嗣貿

從義郎
襃之

承信郎公康　公廙　公沂　公濟

詡夫　諏夫　諦夫

時炤　時邃　時遮　時玻　時室　時宭

若汝　若泝　若湅　若遴　若硂　若礚

嗣班　嗣琊　嗣珎

一百二十

宋史二百三十五　宋史表卷二十六　三十二　朱浚寫　梁保刊

公沛

贈[illegible]作職
秉義郎公應

修武郎公礪

彥華　彥阜　彥孔　彥半　彥斗

牛夫　羔夫　鸞夫　虎夫　龍夫　駁夫　駃夫　鎔夫

時申　時侔　時脩　時儇　時驤　時墂　時躍　時趾　時踐　時潒　時澍

若徃　若儤　若倓

河內侯
叔會

李太監
閤門府
祇措之

公鄘　公廙　朝議大夫公廙

彥畢　彥章　彥臯　彥鞏　彥中

鐲夫　鏠夫　鉫夫　補夫

時淡　時湉　時澆　時淇　時潍　時瀘　時澥

若悬　若鏽　若桃

一百二十五

宋史二百三十五

濟國公克彰

太子右內率府副率叔羨 太子右內率府副率叔緡 高密郡公叔標

左侍禁孝之 武節郎靖之 太子右內率府副率適之 右監門衛大將軍忠州團練使愆之

公勉 修武郎公誌 秉義郎公詔

彥璣

宋史表卷二十六 三十三

朱滚寫 梁保刊

一百三十五

武翼郎公諫

彥憲

岩夫 廗夫 庫夫 康夫

時俊 時駪 時驗 時矸 時寬 時璉 時彌 時垕

若注 若溓 若淶 若璝 若璬 若鑄 若鋑 若銃 若鍽 若鋁 若鋒 若鍉 若鈴 若錝 若鏵

嗣㩦 嗣拂 嗣揖 嗣漊 嗣濱 嗣淩

宋史二百三十五

忠翊郎公詳 武經郎公㲉

彥輔 彥弼 彥葵

嵩夫 環夫 瑄夫

時萬 時全 時佗 時儔 時俠 時荐 時芠 時藹 時芨 時犢

若掄 若霰 若雩 若露 若霅 若霈 若霦 若霄

嗣課 嗣讙 嗣詡

宋史表卷二十六 三十四

朱滚寫 梁保刊

一百个

右侍禁習之 修武郎温之 忠翊郎誾之 秉義郎粲之

公說 公諫 公誦 公達 公宜 公載 公蠡

彥環 彥俱

叔　欽國公叔充

之　太子右內率府副率恭之　太子右內率府副率推之　博平侯傳之

公　公全　武節郎公淵　成忠郎公澤

彥　彥椿　彥松　彥檜　彥櫄　彥校　彥周　彥呂

夫　旦夫　撝夫　擲夫　溥夫

時　時宜　時燧　時凝

若　若城　若射

叔　宣城侯叔鄭

之　西頭供奉官僊之　西頭供奉官僅之　從義郎伯之　右侍禁作之　右班殿

公　公琮　公珪　公琥　公琪　公瑾　公璨　公律　公縈

之　忠訓郎倓之　儇之　敦武郎倧之　宣教郎隆之　敦武郎保之　信之

公　秉義郎公畋　公璇　公軾　成忠郎公鍵　承信郎公敏

彥　彥賢　彥穗　彥璪　彥瑀　彥沖

夫　傳夫　琨夫　歙夫　圖夫

時　時彌　時漣　時德　時泌　時碤

若　若擢

之　贈武翼郎松之

公　公效　承信郎公質　武翼郎公諡

彥　彥渦　彥冉　彥洞

夫　[illegible]夫　韓夫　讀夫　勍夫　確夫　鉚夫　棠夫

時　時洲　時磻　時瀷　時濤　時桼　時晶　時[illegible]　時賓　時攬　時攏

若　若埏　若杳　若訾　若稽　若梨　若僊

武經郎公奭

彥潚 彥湅 彥滑 彥濛 彥淹 彥湛

棐夫 嵲夫 槶夫 箏夫 噏夫 岳夫 珴夫 鑠夫 爽夫

時黙 時意 時燾 時焄 時湯 時沚 時悳 時郁 時鄰 時譁 時璀 時瑆

若洪

朱俊寫 梁保刊

武翼郎公縣

彥緝 彥海 彥被 彥河 彥淇

篤夫 柞夫 導夫 頲夫 權夫 柎夫 勬夫 穉夫 參夫

時璪 時瑚 時坳 時撕 時黶 時賫 時蔚 時階 時鍰 時燊 時蕙

若僧

信都郡公叔壓

忠訓郎清之 忠翊郎仕之

保義郎公彥 公份 公達

彥語 彥謂 彥毓 彥悅 彥澈

遺夫 衎夫 撍夫 榦夫 禹夫 盤夫 衙夫 寔夫 虎夫

時蒙 時鈸 時釭 時鑰 時瓘 時珑 時悚 時瑥

朱俊寫 梁保刊

忠訓郎淨之

秉義郎公謙

彥廉 彥臺 彥裒 彥褒

逬夫 迮夫 頎夫 濡夫 深夫 運夫 暢夫 輻夫 載夫 輊夫

時宙 時鋈 時燻 時駟 時滂 時濮

若沅 若潙 若洩 若皓 若賾 若樺

宋史二百二十五　一百个

宋史表卷二十六　三十九

冰之　秉義郎淶之

訓武郎公謚

彥庚　彥秘　彥禕　彥枚　彥裯　彥棫

勱夫　輅夫　崑夫　綏夫　棯夫　裯夫　緋夫　逞夫　世夫　效夫　徽夫

時玠　時鉗

承節郎潛之　武翼郎滌之

公醇　承信郎公醴　忠訓郎公酢　武經郎公綸

彥江　彥春　彥新　彥寧　彥廛　彥寯　彥褎　彥衛　彥調　彥詨

惿夫　職夫　秉夫　穰夫

時溉　時服　時郗　時鏄　時姝　時熛

朱淩寫　梁保刊

宋史二百二十五　一百个

宋史表卷二十六　四十

公盱　成忠郎公猛

彥褒　彥文　彥佼　彥感　彥潽　彥坦　彥縱　彥譖　彥征　彥酆　彥鄮　彥郿

亶夫　裒夫　虢夫　祿夫　禰夫　樠夫　鉆夫　鋇夫　鋸夫　鈿夫

時浹　時衎　時徹

公廣　承節郎公璜

彥鄂　彥郎　彥渙　彥劉　彥洞　彥澳　彥湝

釛夫　鍽夫　鎌夫　鏸夫　璩夫　釿夫　僑夫　彿夫　檍夫　欄夫　稔夫　穟夫　[illegible]夫　球夫　棁夫

朱淩寫　梁保刊

濮國公叔尊
左班殿直祚之 武德郎立之
承信郎公春 公才 公溯 贈[illegible]郎公亮
彥瀿 彥鏻
瑓夫 慄夫 恬夫
時淌 時㑌 時倧
若鑑 若鐙 若錦 若偲 若傕 若伸 若僥 若佴 若倢 若儳 若儆

彥瑜 彥球
侚夫 健夫 辯夫
時侅 時儴 時儹 時信 時忠 時制
若境 若端 若垎 若鼎 若順 若泰 若益 若震 若觀 若孚 若蒙 若臨
嗣光 嗣先 嗣愈 嗣全 嗣企 嗣佑

左班殿直載之 秉義郎
保義郎公覺
彥瑀 彥瑋 彥玘
造夫 蘂夫
時仔 時樂 時祐 時依 時開
若壯 若巽 若詵 若訦 若誠 若謐 若諼 若誅 若劍 若揝 若僕
嗣佟

太子右內率府副率叔嶃 濮國公叔峙
襄之 三班奉職補之 朝請郎進之
公誼 公詢 公謹 公諭 公望
彥旺 彥耆 彥燁 彥孑 彥孶
逢夫 侑夫 熙夫
時璘 時珄 時謹 時珞 時洳 時愈

宋史二百三十五　一百十个

宋史表卷二十六　四十三

右從政郎公純

孝弼　孝輔

夾夫　熹夫　貞夫　秀夫

時急　時悉　時憃　時頹　時頌　時顧　時頡　時昇　時鎔　時起　時銓

若歸　若駟　若驊　若騂　若贍　若澧　若渙　若灝　若温　若瀋　若澡

嗣徫　嗣祖　嗣賓

朱濙寫　梁保刊

保義郎公悦

孝佐　孝𡩋　孝潛　孝淞　孝潼

𤅩夫　譽夫　恫夫　隕夫　歆夫　簪夫　鐃夫

時鉅　時瑛　時璛　時恕　時惻　時瓚

若潨　若濃　若憓　若鉠　若鍌　若𡫹

嗣鋌

宋史二百三十五　一百二十五

宋史表卷二十六　四十四

左中大夫宣義郎公衍　從之

儒林郎公衎　從事郎公衡

孝顒　孝點　孝直　孝擯　孝弼　孝仁　孝勲

莊夫　襄夫　裕夫　雝夫　懿夫　正夫　通夫

時鑄　時縈　時璣　時現

若稽　若𢹂

朱淩寫　梁保刊

修武郎廷之　保義郎公禄　公璋　通直郎在之　公賢　宣教郎緝之　公衡　公贇　成忠郎素之　公岫　承議郎

孝熙　孝默　孝黝　孝稜　孝俊　孝廊

對夫　儆夫　達夫

時衢　時伽　時僕　時璩

若瀼　若𡨴

宋史二百三十五

宋史表卷二十六　四十五

朱俊写

修武郎 竦之 有𡨥之 郢之 紘之 翊之 敎之

公孚 忠訓郎 公頎 公顏 公熲 公術 公瑢

彥畬 彥柷 彥彝 彥旗

夫 鐵夫 保夫 寶夫 凝夫 逯夫 的夫

時瑯 時倚 時崟 時淤 時瓖 時僑

若睽 若䁈 若穼 若禮

一百三十二个

濟陽侯 叔綢

巽之 承節郎 佐之 武經郎 佖之

忠訓郎 公洋

彥鐸 彥颭 彥側 彥珖 彥理 彥瑑

民夫 虎夫 盼夫 鈂夫 齊夫 霆夫 運夫 遝夫 遼夫 鍋夫

時衡 時循

宋史二百三十五

宋史表卷二十六　四十六

朱浚写

仡之

公洙 承節郎 公洄 公浩 公淳 公源 公濤

彥瞓 彥俶 彥英 彥濠 彥傑 彥雋 彥璩

鉦夫 夫 釜夫 鈆夫 銋夫 鈴夫 鏘夫 鏃夫 鎬夫

時𢿊

一百二十二个

嘉國公 克紹

叔嘏 叔侯 叔𢿊 叔官 叔紅 叔 叔績 叔信 叔 叔 叔自 叔

敎之 承節郎 載之 承忠郎 之

公沔 公濆 公潒 公輔 公瀚

彥璩

聰夫

宋史二百二十五　一百二十四

宋史表卷二十六　四十七

學國公北海侯贈中大夫公脫　叔鸞　必之

彥遺　彥遠　彥述　彥逸

養夫　玫夫　皦夫　默夫　郝夫　共夫

時乂　時乂　時俯　時邊　時謙　時繢　時倈　時學　時儼　時價

若谷　若樸　若榫　若棘　若巩　若超　若璠　若璟　若玭　若一

嗣褱

從義郎公暕

彥選　彥遴　彥逢　彥逢

詵夫　惠夫　懃夫　懃夫

時倫　時預　時利　時滋　時集　時恂　時予　時向

若弛　若雋　若海　若珉　若熣　若諵

嗣垚　嗣垓　嗣墇　嗣垪

朱倓家　文秀刊

宋史二百二十五　一百二十四

宋史表卷二十六　四十八

三班奉職公暐　贈穆贈太師　奉議之公熙

彥迓　彥逾

廣夫　倪夫　僐夫　徽夫　傴夫　傯夫　僙夫　发夫

時衍　時柄　時杖　時謗　時謐　時謹　時音　時鍶　時鋇　時鉦　時鋪　時鏃　時侑

若塱　若琢　若坡

嗣訢

鼓夫　桀夫

時份　時僑　時俟　時佺　時械　時儔　時俱　時俓　時仗　時餙　時像　時份

若堉　若埏　若垂　若墉　若譂　若諳　若詎　若璀　若瑛

嗣檝　嗣樋　嗣槑　嗣練

朱倓家　十文秀刊

彥遐 彥送

箴夫 數夫 微夫 敎夫 敎夫 覞夫 俄夫 倫夫 倅夫

時翊 時珪 時玨 時璣 時璘 時琦 時琡 時琫 時璐 時鉌 時宦 時瀛 時讙 時諏

若鏈 若鈔 若鏑 若壇 若埕 若球 若瑯

武翼郎公時 公昉

彥[illegible] 彥迂 彥送 彥遠 彥逮 彥導

倰夫 竟夫 筌夫 笥夫 侵夫 倣夫 儆夫 梓夫 坐夫 堊夫

時詳 時璹 時瑂 時堊 時斑 時墊 時濂 時僎 時仿

若諂 若皖 若㯹 若玫 若珈

武德郎贈承議郎公听 誨之

彥通 彥迊 彥迴 彥追

汸夫 渭夫 涗夫 涞夫 灊夫 汎夫 淇夫 濘夫 減夫 瀫夫

時鐮 時秩 時擇 時机 時犍 時撻 時握 時攪 時掄 時捻 時拯 時傚

若墺 若坙 若埻 若愿 若懇 若惠 若悉

三班殿職諷之 右侍禁講之 宣教郎誌之 修武郎訊之 敦武郎諱之 傅平侯秉義郎致之 叔頫

忠翊郎公昱 公晩 公景 修武郎公美 公棨

潭夫

時傳 時倖

宋史二百三十五

一百四十八

宋史表卷二十六

五十二

贈右屯衛大將軍叔豐
清源侯彝之
公輔
忠訓郎秉節郎現之
公炳
修武郎公煥
彥瑿
倫夫
從義郎公煒
彥慭
莪夫
彥念
明之
襄陽侯叔韜
右班殿直說之
秉義郎謂之
公曜
彥瀼
茵夫
時塳
煤夫
㷺夫
鏄夫

承議郎証之
公景
彥燭
蒐夫
時渼
若玳
坤夫
時垶
若𤫩
井夫
時堪
若瑎
時址
時堞
時垌
彥漆
笠夫
時攉
時拭
時揵
時屺
彥澗
藏夫
垌夫
時暎
若瀘
若淌
若湞
若圢
若坤
䒷夫
時膂

宋史二百三十五

一百三十四

宋史表卷二十六

五十二

高陽侯克循
惠國公叔拳
公華
彥蒨
穗夫
時輸
若埠
時昭
時轅
時埠
時竣
彥漸
垠夫
時恌
坎夫
彥灘
彥沈
坏夫
監門率府率溢之
寧陵侯益之
秉義郎公康
修武郎公廉
秉義郎

公㢑
秉義郎公序
彥進
皇夫
彥遠
彥諸
諆夫
時敔
若祉
若樠
秉義郎公度
彥儔
潤之
公悅
公楨
武經郎濆之
成忠郎公綬
承信郎公紀
忠翊郎公紘
彥逵
紳夫
時賢
若鉤
彥過

太子右內率府副率贈榮國公叔悝

右侍禁沂之　右班殿直桔之　三班奉職褆之　右班殿直析之　修武郎禎之

公成　秉義郎公禮

彥惟

櫂夫　謂夫

時萱　時豐

若鋘

彥永

君夫　邑夫　諗夫　右夫　召夫　公夫

時琨　時能　時培　時玭　時瓛　時璐　時亮　時襄　時術　時暘　時企　時涪　時嵩

若瑁　若汸　若農　若湎　若湉　若沚　若汴　若浣　若瑑

嗣榆　嗣錯　嗣僎

景城侯叔座

修武郎檜之　右侍禁璭之　右班殿直球之　左班殿直琳之　右侍禁侃之

公賁　公鐀　承信郎公搏

名夫　吾夫　品夫

時彥　時袅　時[illegible]　時瘐　時捷　時暄

若珣　若瑜

武翼郎瑢之　修武郎琢之

公鏄　秉義郎公鐸　忠訓郎公銑

彥高　彥文　彥昇　彥滄　彥淦　彥昌　彥昇　彥陜

堅夫　綬夫　纏夫　鏊夫　[illegible]夫　直夫　端夫

時游　時榜　時坙　時墊　時垩　時塾　時垒

宋史二百三十五　一百三十六

宋史表卷二十六　五十五

公錙　承信郎公鋭
彥邵　彥鄰　彥旆　彥歟　彥斤　彥序
蒨夫　燚夫　酒夫　惓夫　喇夫　鈊夫　址大　增夫　塤夫　堪夫　璐夫　瑨夫　琊夫　終夫
時滚　時崟　時鐵　時鑪　時鈐　時偫　時膃　時杝
若泱

贈武議郎瑄之
贈朝奉郎公鐘　承節郎公綱　公銓　承節郎公鏤　承節郎
彥棪　彥檀　彥栝　彥泗　彥澳　彥濡　彥瀛　彥瀚　彥賚
本夫　荃夫　滴夫　珩夫　环夫　誦夫　譚夫　㯖夫　褳夫　櫪夫　柚夫
時佣　時裡

朱浚寫

宋史二百三十五　一百十二

宋史表卷二十六　五十六

右監門衞大將軍惠頤侯　忠訓郎招德之
公鉞　忠訓郎公詠　右迪功郎公㳡　忠訓郎修武郎沇之公言　贈武翼郎承義郎仆之公謹
彥沆　彥淩　彥甫　彥賓　彥仁　彥同
秫夫　驥夫　遂夫　華夫　奧夫
時收　時敎　時斂　時觀　時覯　時眼　時覬　時遜
若珂　若璨　若玳　若鎋　若畿
嗣份　嗣埻

修武郎公謙
彥雍　彥賁　彥䓁
革夫　瑊夫　璩夫　玭夫　璽夫　瓛夫　玓夫　璟夫　璞夫　瓌夫　機夫　甲夫　尉夫
時鎔　時瀠　時瀛　時溙　時淤　時就　時沌
若潛　若通　若溦　若滙　若棊
嗣翁　嗣椿　嗣嫌

朱浚寫

武翼郎公訓
彥巽
彥番　液夫
彥茂　策夫
彥尉　楇夫
彥賓　梅夫
参夫
璭夫　時浚　若棐　若渠　若檯　若檀
忠訓郎公誠
彥奇　又夫　時椿　若璲　若烯　若瑋
時然

彥蕃
滸夫　時樫　若炎　若炤
時楠　若昊
瀫夫　時栱
澂夫　時槽　若爝　若炥
彥郇
斗夫　時捋
時楪
時惃
俓夫　時逮　若鑒
佫夫　時潼
愻夫　時瀴
佾夫　時楢
倚夫　時逑
保義郎

贈左衛大將軍叔盥
保之

表卷第二十六

宋史二百二十七

表第二十七

儀同三司上柱國……前中書右丞相監修國史領經筵事……等奉敕修

宗室世系二十二

克	贈宣徒使新平侯 宣州刺史克櫄 承濮
叔	濮翊侯夫子右內率府副率叔瑮
之	特之
公	贈國公 追……秉義郎公政
彥	彥孟
夫	烈夫
時	時成；時強；時敘；時會；時威；時直；時道
若	若公；若訥；若水；若堅；若虛；若思；若愚；若昇；若盛；若冰；若升；若褀；若先；若雲；若賓；若川；若尹；若椿；若橾；若欄；若瀶；若屢
嗣	嗣智；嗣魯；嗣傑；嗣樺；嗣鑒；嗣忠；嗣錡；嗣鉌；嗣鉦；嗣鋼；嗣鑽；嗣鎦；嗣璭；嗣墉；嗣康；嗣僞；嗣僊；嗣斑；嗣隆；嗣蘇；嗣鉦；嗣鑕；嗣琭；嗣璍；嗣瑀；嗣璹；嗣鉗
次	次鎰；次鐵；次通；次逵；次珍；次濤；次琛；次璋；次怵

施澤之

公	右班殿直公寄；贈武功大夫公置
彥	彥和；彥𡧍；彥守；彥才
夫	被夫；揚夫；乞夫；憼夫；華夫；長夫；印夫；丞夫；寬夫；暢夫；戀夫；亮夫
時	時叙；時興；時功；時協；時靖；時烱；時雲；時行；時式；時覺；時閭；時品；時滄
若	若汶；若潒；若汧；若漪；若霖；若宗；若鷸；若璩；若神；若裕；若瓔；若琫；若瑁；若琁；若物；若鐩；若鋺；若僳；若代；若挺；若瀈；若滏
嗣	嗣鯡；嗣鐩；嗣鉞；嗣鉊；嗣鋒；嗣矗；嗣鐀；嗣鍏；嗣鏞；嗣鍊；嗣鏐；嗣鍗；嗣燧；嗣熚；嗣熚；嗣興；嗣暹；嗣答；嗣許；嗣滸
次	次璿；次璣；次沂；次瓔；次琪；次瘁；次煥；次軾；次轍

世次	右半葉（自右至左）
彥	彥惠　彥拂　彥忠　彥慨　彥隨　彥泰　彥憙　彥惡
夫	饑夫　鎮夫　舜夫　欽夫　緯夫　純夫　濠夫　洄夫　儋夫　濯夫　忻夫　滾夫
時	時朋　時晡　時義　時方　時暢　時亨　時志　時略　時宛　時淳　時彰
若	若鏇　若鎧　若鐐　若紅　若渾　若瑨　若璪　若瀟
嗣	嗣沅

世次	左半葉（自右至左）
公	保義郎公訓　武翼郎公誠　忠訓郎公詳　忠翊郎公誂
彥	彥懃　彥聰　彥能　彥華　彥話　彥聘　彥暎　彥璠　彥玖
夫	溥夫　丙夫　端夫　壽夫　與夫　郘夫　斐夫　端夫　交夫　幾夫　比夫
時	時孚　時戭　時涫　時沼　時旅　時稷　時曜
若	若檁　若諂　若証　若漆

世次	右半葉（自右至左）
彥	彥玓　彥付　彥珙　彥民
夫	司夫　騏夫　眷夫　對夫　如夫　積夫　肩夫　宦夫　㞉夫　親夫
時	時懸　時錚　時錫　時鈛　時鈔　時辦　時晞　時㯲　時涾　時湫　時湘　時潼　時輯
若	若濾　若嫂　若模　若樟　若漻　若溦　若橤　若海　若慝　若仍　若沭　若映
嗣	嗣瑨

世次	左半葉（自右至左）
叔	博平侯叔況
之	右侍禁合之　太子右內率府副率弨之　博陵侯敦之
公	承節郎公謂　公亮　訓武郎公邕　成忠郎公彥
彥	彥鎣　彥理　彥琮　彥珦
夫	列夫　壽夫　鐔夫　遇夫
時	時伶　時欄　時錯　時瀉　時潷
若	若坰　若挿　若燀　若洸　若汀

表二十七　五

修武郎公輔

忠訓郎公著　彥奭　璀夫　時肇　若釚　嗣淦

時圍

時芾　若鍾

若鍇

若鯱

若鈺

謙夫

琫夫　時近　若訪

時邃　若瀫

時逨　若訒

若圅

墍夫　時瀎　若崎

時瀤　若瀗

若蜣

時洸

時洄

瑧夫

彥舉

彥鵲　琱夫　時是

時林

時過

彥輪　瀸夫　時鏞

時鈿　若𠌻

若㴔

申夫　時璩　若怙

若僶

若儋

時瑪

時璿

琨夫　時邎

璜夫

謙夫

讚夫

商夫

慶夫

吉夫

顯夫

濟夫

清夫

洗夫

泯夫

迪公郎公佐

表二十七　六

閤門衛大夫、[illegible]州防禦使[illegible]之

左屯衛大將軍[illegible]　從義郎[illegible]之　承信郎公憓　彥曌

彥遡　念夫　時湜

時瀹

彥逸　瑠夫

申夫　時昭　若鑾

若鑒

若鍛

若鈊

時儆　若滗

時撰

時𢜞

公佐　彥琬

彥琭　存夫　時𢜞　若𡐤

若隋

若坑　嗣壑

時悊

時璞

時瑜

時雍

盈夫　時乃

時爵

彥玗　蕫夫

野夫

卦夫

介夫

承節郎公坤

公有　彥議　議夫　時捸

時詗

侃夫　時馨　若沕

時檠　若渡

時僊

時輻

彥𡎎　鑣夫　時至　若璘

劭夫

修武郎公信　彥琛　蓋夫

彥隊

三班借職揎之

襄陽侯叔寤

修武郎訪之　忠翊郎公嬛　彥洽　誼夫　時畴　若漂

若瀆

若曨

						誦夫			
						講夫	時塝		
							時琅		
						計夫			
						諳夫			
					彥汾				
					彥澳	義夫			
						鮮夫			
				成忠郎公瑞	彥酉	周夫	時檗	若釟	
							時璲		
						懷夫	時謝	若燧	
				從義郎公躋	彥庚	否夫			
						壯夫			
						葷夫	時師	若需	
							時槊	若葉	
								若晉	
						試夫	時祖	若銀	
					彥飲	福夫			
						㯖夫	時琳		
						睽夫			
						捉夫			
					彥心	夬夫			

						鄉夫	時德	若栓	
								若梜	
							時烋		
							時懋		
						俊夫	時安		
						德夫			
						信夫			
					彥畢	瘞夫	時效		
							時徽		
						鄺夫	時徼	若稷	
						疑夫	時敫		
							時歐		
							時斆		
				承節郎公琨	彥興				
					彥洲	釗夫			
				保義郎公璩					
				公瓊					
				公琪					
				公玠	彥興				
					彥棨				
			左侍禁諒之						

			從義郎鏻之	公琬					
				公琰					
			右班殿直瞻之						
			諝之						
			從義郎譪之	公昭	彥文	寬夫			
						征夫			
						訓夫	時元	若鍏	嗣徽
								若鏷	嗣億
									嗣倞
				公晦					
				公曄	彥旨	絨夫			
						增夫	時復		
							時徽		
							時筱		
				公睢					
			秉義郎諒之						
			文林郎詠之	忠訓郎公彬	彥政				
					彥熿	塏夫			
						奐夫	時鈉		

							時鏻		
						封夫	時璡		
					彥熇	璞夫	時琓		
遂寧郡王承範謚僖溫	昌國公克思謚孝裕	太子右內率府副率叔彪							
		太子右內率府副率叔巘							
		太子右內率府副率叔盈							
		太子右內率府副率叔齡							
		東平侯叔鮀	敦武郎誘之	公寀					
				公叙					
			左侍禁諴之	公覿					
				公靚					
			敦武郎讚之	公其					

丹陽侯叔驌

三班借職詵之　三班借職睢之　贈武節郎連之

武節郎公謙　武翼郎公諄

彥杜　彥裾　彥棆　彥棣　彥錭　彥杓　彥梈　彥瑨　彥磐　彥巘　彥璡

繹夫　濮夫　遂夫　濆夫　俒夫　詠夫　瑚夫　璘夫

時慶　時鍓　時鍠　時鑰　時迈　時彰　時彰　時曉　時褭

若櫧　若澣　若淖

公誼　承信郎公詩　忠訓郎公議

彥琛　彥亘　彥高　彥讞　彥瞻　彥啟　彥璥　彥丞

臣夫　羿夫　應夫　佾夫　𢹂夫　潙夫　漢夫　洺夫　泓夫　沈夫

時禬　時鍢　時粲　時霽　時倘　時柍　時桔　時憇

若杅　若檏　若栦　若邊　若遷　若逮　若迂　若迟

忠翊郎進之　忠翊郎攉之　武德郎迪之

秉義郎公𧩙　保義郎公譓　公謐　公諾　贈從義郎公愿

彥瑂　彥瑒　彥琍　彥釟　彥筒　彥瓛　彥杓　彥倲

僖夫　厲夫　鏥夫　謙夫　謹夫　勸夫　諄夫　話夫

時濛　時璧　時滁　時樱　時抗　時淞　時津　時譜

彥惲　彥莅

記夫　識夫　謁夫　韶夫　謹夫　諷夫　潘夫　諍夫　讓夫　認夫　談夫

時諠　時瀾　時潘　時澮　時潰　時沔　時錮　時錡　時旺　時壁　時烱　時淮　時烓　時熚　時鉎　時鉼

若材　若鎣　若柚　若榕　若檄　若僎　若璐　若敏　若玨　若瑮　若瀆　若濛

一百七十八　表二十七　十一　行達

武經郎
贈承節郎公愬　彥術　語夫
彥倌　時夫　時蔑
彥便　儍夫　時葛
公意　彥供　峻夫　時徹
彥儆
彥俾　邠夫　時茲
公忞　彥凝
彥制
彥棱
時鏔
彥傑　設夫　時鋑
詰夫　時復
暐夫　時犀
諝夫
彥禮　諫夫
諫夫
時鐺　若泙
若灃
時館　若淦
若潛
若浚
時鐵　若滂

遜之　公彰
訓武郎公憒　彥槃　仁夫
修夫　時瑛　若滄　嗣嵱
時璽
伋夫
俊夫　時琙　若鉦
佗夫　時球
時璟
時瑀
時瑊
仟夫
儹夫
佽夫　時珩
時萊
時蒿
時鄙
時鏘
彥熙　銨夫　璉夫　時焯　若賓
若壕
若墦
瑰夫　時惊
佚夫　時魁　若玠
若珆
若瑒　嗣銳

一百八十五　表二十七　十二

達之
敦武郎
遷之　公淡　彥觀　楊夫　時益　若簫
鑠夫
彥滉　鐊夫　時璵
彥翰
時崧
鐐夫　時贈
彥涅　鐮夫　時曦
嚷夫
彥湝　璪夫　時鋻
鐸夫　時峙
時瑰
時瑀
公林
公廣　彥藹　珌夫　時擽
彥桌
彥爛
若恩
時譚　若惪
時鐏
彥僳　佰夫　時巇
嗣鋮
嗣鏌

保義郎適之
忠翊郎公濟　彥覯　知夫　時瑫
斐夫　時諭
彥相　爛夫　時垩
彥覓
彥觀　廢夫
庠夫
廖夫
太子右內率府副率叔提
康國公叔嵩　武翊郎訢之　忠翊郎公雅　彥卉　陟夫
芮夫
贈忠翊郎公璟　彥蕃　扐夫　時臥　若泉
時詰　若濂
若瀹
時舁　若滎
時綱　若潸
時緘　若儀
若潒

表二十七　十三

敦武郎訙之　敦武郎譓之　贈武略大夫訡之

公橞　忠翊郎公傳　公叟　公耆　公旺　贈武經大夫公褒

彥暕　彥塏　彥叡　彥最　彥昆　彥昭　彥盈　彥如　彥盟　彥炅　彥好　彥穀　彥璵

圻夫　垓夫　甫夫　晞夫　勝夫　剡夫　昇夫　蔡夫　典夫　龔夫　瑚夫　戛夫　孋夫　棨夫　騏夫　琴夫　襲夫　廷夫　寄夫　容夫　讓夫　純夫　繼夫　蕢夫　蓄夫　櫳夫　礑夫　憬夫　愼夫　棨夫

時翻　時琢　時馭　時騏　時桱　時桯　時裔　時昇　時纁　時苗　時並　時易　時初　時數　時溧　時許　時文　時汲

若皖　若焴　若嫌　若濼　若豐　若宵　若宝　若畬

表二十七　十四

贈朝奉大夫公堯　武翼郎公膏

彥瑑　彥釭　彥璐　彥玲　彥裕　彥顏　彥宴　彥壚　彥瑜　彥瑮

濡夫　遂夫　邇夫　逌夫　逭夫　松夫　橡夫　繫夫　誠夫　誡夫　鈰夫　鉊夫　鋋夫　鍪夫　潤夫　涉夫　潘夫　瀋夫　灝夫　淑夫　除夫　還夫　逍夫　迥夫

時溫　時鐸　時鐵　時韶　時瓌　時紛　時澎　時誦　時詝　時櫞　時檫　時愻　時修　時俊　時佺　時𩔗　時徐　時滴　時湊　時浚　時準　時詛　時認　時署　時儇　時從　時俊　時儀　時儆

若榤　若州　若榛　若鏈　若鈍　若强　若嶂　若滄　若瀾

彥琢
儹夫 時昨
時睞
僨夫 時竑
時噌
𥿂夫 時菓 若暌
櫄夫 時構
時捋
時杄
左夫 時奇
時燮
俊夫 時燏
优夫 時墉
時鑑
彥劭
朝請大夫公亢 彥琇
淯夫 時緝
濞夫 時湧 若煒
瀾夫 時雖
時謾
瀍夫 時樓
淪夫 時拄 若㑥
溆夫 時榴 若滑
時楳
沇夫 時梲

時椌 若熄
時杯
俙夫 時遲 若璊
時通
時遴
儥夫 時橦 若爍
時梓
時椿
彥珖 汜夫 時椅 若炳
若憚
若煜
時榆 若焯
若炤
若燧
若𤎖
時塭 若炘 嗣垣
嗣壇
若燁
時鉊 若灼
瀆夫 時柜
時樱 若熧
豐夫 時樸 若烰
時朴 若燧
若熞

茅啓用

時杭
汗夫 時擇 若熸
潫夫
浮夫
洋夫 時櫶
時柳
時𢹂
瀘夫 時撥
時檥
時櫚
時㯳
彥璪 洲夫
淨夫 時檴 若煤
時𪆺
時璐 若焚
淩夫 時玗 若熉
若奐
彥璜
彥璉 瀞夫 時代
漾夫
浙夫
流夫 時蕖 若璟
若際
彥琈 瀜夫

漪夫
滉夫
澴夫
涿夫
彥瑀 溧夫
淯夫
滏夫
彥瑞 漣夫
沂夫 時傑
彥琿 鏽夫 時榹
時椗
綜夫
彥瓏 錟夫 時榤
錡夫 時㴚
時栝
錄夫 時枏
時梓
彥球
彥㖒
彥岩
修武郎誌之 公郊
忠翊郎公裕 彥德 滽夫 時唐 若㒓

一丁十二

表二十七　十七

贈武翼郎諫之　秉義郎登之　武翼大夫誠之　武節郎曤之

從義郎公逵　承信郎公進　承信郎公遷　承忠郎公邀　公退　公村　公林　公楢　承信郎公遇　保義郎公選　忠訓郎公安

彥溢　彥與　彥璲　彥浴　彥素　彥淸　彥牛　彥騏　彥壽　彥良　彥俛　彥倅　彥傣　彥仰　彥伶

洼夫　沐夫　溜夫　洵夫　濃夫　惰夫　流夫　潄夫　海夫　涑夫　熱夫　凞夫　薰夫　價夫　御夫　衎夫　偰夫　榆夫

時賓　時容　時虎　時麻　時橢　時楳　時梃　時播　時瀲　時潤　時晷　時頊　時熾　時投　時疊　時評　時諗

若瓌　若焯　若爛　若琢

林茂卿

一丁十八

表二十七　十八

樂國公叔混謚孝僖

秉義郎淙之　忠訓郎諮之　保義郎璿之　保義郎瑾之　武德郎訥之　右侍禁欽之　右侍禁鎮之　敦武郎鄉之　武翼郎釣之　武功大夫榮州刺史鍋之

武翼郎公寓　公定　公宥　保義郎公亮　公峸　公逵　公邁　迪功郎公稱　公元　公壽　承節郎公丕　承節郎公巽　修武郎公勤

彥例　彥偏　彥侶　彥倰　彥俛　彥倅　彥蔹　彥燰　彥價　彥儴　彥饋　彥布　彥珽

適夫　慫夫　彌夫　种夫　季夫　宇夫　揮夫　藏夫　鉉夫　峪夫　岦夫　嶷夫　廣夫　鏤夫　鍗夫　鎳夫

時鑑　時鍔　時鐘　時臣　時明　時鈸　時鏻　時鉞　時鏐　時鑾　時鋆

表二十七　十九

武節郎銘之　敦武郎
公編　成忠郎
彥珹　彥琉　彥珖　彥僎　彥瑩　彥珈　彥曨　彥倩　彥侈　彥僮　彥俊
潛夫　澤夫　雄夫　雝夫　雒夫　色夫　倬夫
時燦　時烊　時造　時纓　時遴　時鱗　時滖　時防　時陶　時陷　時皎
若畋　若許　若詢　若訨

鋭之　忠訓郎鎔之　武翼郎錸之
公光　公憲　公忻　保義郎公懷　公晴　公玹　公宓
彥墅　彥瓚　彥璲　彥瑛　彥瑳　彥晴　彥瑕　彥湝　彥麻　彥庶　彥庇
淨夫　述夫　鐩夫　熹夫　喻夫　熏夫　熙夫　仙夫　路夫　垂夫　既夫　基夫
時鏊　時祥　時燕　時迥　時玟　時琢　時鐊

表二十七　二十

忠翊郎鈞之　從義郎鐸之
承節郎公宥　公祐　公祥
彥龐　彥惠　彥鈐　彥代　彥倢　彥清　彥燁
淬夫　信夫　嵸夫　情夫　瑩夫　晄夫　誰夫　蕃夫　鍾夫　詔夫　价夫　社夫　璋夫
時銳　時鈸　時鏌　時傳　時㩶　時賢　時鉓　時鍼　時鏍　時鐺　時銓
若桄　若杓

武忠郎鐩之
公祈　公祺　公祚
彥遵　彥宜　彥埈　彥驛　彥公　彥㦤　彥滋　彥政　彥蹀　彥璮　彥𡒄　彥賁
曜夫　㦤夫　時夫　閱夫　說夫　柄夫　楠夫　徹夫　桄夫　瑾夫　垶夫　瀧夫　閎夫　閨夫　玧夫　佯夫　㧑夫　𩚾夫
時暗　時職　時業

內殿承班叔錕　西頭供奉官叔玢　東頭供奉官叔潛

保義郎僴之　忠訓郎紛之　益之　忠翊郎用之　保義郎饱之　左文林郎頡之　修武郎頔之

公度　公興　保義郎公僎　公監　公昂　公昴　承節郎公罕　公揆　公援　公擇　公樞

彥杉　彥槖　彥郊　彥懷　彥檀

瑢夫　榫夫　㮀夫

東陽郡公克䜭

右侍禁叔放　房國公叔𦒿諡恭

贈高陽侯詢之

左班殿直公太　訓武郎公儔　贈武經大夫公價

彥倕　彥煐　彥珍　彥瑞

頎夫　𩔈夫　頩夫　頒夫　傾夫　合夫　品夫　僊夫

時滑　時陞　時櫌　時寧　時頵　時頎　時棉　時森　時楢　時漸　時泮

若滭　若洽　若㶿　若橦　若㝡　若烱　若挺　若遴　若芒

陳正

供備庫副使諭之　西京左藏庫副使植之

保義郎公价　成忠郎公扂　修武郎公揩　忠訓郎公撥

彥瑜　彥玲　彥瑛　彥瓈　彥琟　彥曉　彥文　彥武　彥喆

𤩝夫　𤥽夫　端夫　瀠夫　元夫　豫夫　坦夫

時清　時泰　時寔　時顯

若𤁦　若灝　若冲　若憲　若淳

嗣琳　嗣淑　嗣㑺

貫之　贈武翼郎詮之

忠翊郎公抃　訓武郎公昇

彥懋　彥瑜　彥德　彥龍

瞰夫　𢦏夫

時允　時良　時昭　時膺　時旦　時邁　時誠

若澄　若瀠　若潇　若澰　若渼　若瑋　若𤋮　若濮　若㵟

嗣暐　嗣偤　嗣僎　嗣𠍱　嗣𠌨　嗣儻　嗣倫　嗣侗

表二十七 二十三

南康侯克[illegible]
贈右屯衛大將軍叔布 濟陽侯叔奢 遂國公叔[illegible]封[illegible]
保義郎威之 左侍禁澄之 武經大夫東之 贈武略大夫仰之 修武郎中之 西頭供奉官家之
公旦 承信郎公景 公弼 公强 保義郎公渥 從義郎公澄 忠翊郎公澮 贈訓武郎公湜 公蟠 成忠郎公浩
彥賡 彥亨 彥遂 彥追 彥初 彥[illegible] 彥章 彥奕 彥奇 彥煴
秉夫 行夫 全夫 談夫 賁夫 鏞夫 鏵夫
時[illegible] 時瓚 時琳 時瑶 時瑜 時千 時琇 時鼎 時呂 時[illegible]
若謨 若沈 若軾 若优 若鐺 若鎖 若鎮 若謐 若詞 若誨 若冲 若澤 若洛 若濶 若洵
嗣陟 嗣[illegible]

林茂

表二十七 二十四

贈左領軍衛將軍叔倪 東平侯叔訛
武翊大夫肅之 贈左領軍衛將軍[illegible]之 武功郎博之 左侍禁珏之 敦武郎[illegible]之 忠翊郎靖之
公雅 公[illegible] 成忠郎公逮 從義郎公瑟 保義郎公壽 公儀 公[illegible] 承信郎公逵
彥允 彥[illegible] 彥蛃 彥[illegible] 彥端 彥[illegible] 彥工 彥俊 彥[illegible] 彥[illegible]
憲夫 裔夫 衞夫 懸夫 翰夫 葺夫 學夫 諤夫
時則 時賦 時質 時贊 時[illegible] 時珍 時逕 時迒 時指 時靚 時苑 時僥 時鐵 時昌 時[illegible]
若悠 若[illegible] 若兆 若盼 若[illegible] 若樸 若榴 若[illegible] 若杲 若[illegible] 若伉 若[illegible] 若鳩 若[illegible] 若郝 若[illegible]
嗣[illegible] 嗣濱

表二十七 二十五

世次	右半	左半
叔	廣平侯	叔峴
之	奉議郎 ／ 忠翊郎茂之 ／ 修武郎孝之	進之 ／ 承義郎劃之 ／ 中大夫直秘閣將之 ／ 左朝散大夫成之
公	承信郎公遂 ／ 承信郎公還 ／ 承信郎公近 ／ 贈武義郎公福 ／ 公祥 ／ 保義郎公璜 ／ 公旦 ／ 承節郎	公藹 ／ 忠訓郎公蒲 ／ 將仕郎公位 ／ 將仕郎公倚 ／ 公德 ／ 公僼(?) ／ 公憧(?) ／ 公佐 ／ 公仁 ／ 公伉 ／ 公驥(?) ／ 朝奉大夫公紹
彥	彥鑣(?) ／ 彥簪(?) ／ 彥昔(?) ／ 彥詧(?) ／ 彥訥 ／ 彥謙 ／ 彥許 ／ 彥逭(?)	彥和 ／ 彥縅 ／ 彥秬 ／ 彥璺 ／ 彥堂(?) ／ 彥壁
夫	達夫 ／ 遘夫 ／ 積夫 ／ 瓚夫(?) ／ 仍夫 ／ 岑夫 ／ 岃夫 ／ 嵛夫(?) ／ 巘夫	忎夫 ／ 濶夫 ／ 中夫
時	時似	時棨

周十

表二十七 二十六

世次	右半	左半
叔	左侍禁叔嶢(?)	武功大夫叔嶽(?)
之	修武郎覩之(?) ／ 秉義郎果之 ／ 敦武郎挺之	成忠郎徽之 ／ 武經郎棣之 ／ 忠翊郎御之 ／ 秉義郎銜之
公	迪功郎公鍇 ／ 承節郎公亘 ／ 公矩 ／ 秉義郎公讞(?) ／ 忠翊郎公韻(?) ／ 公頤(?) ／ 公穎	訓武郎公麟(?) ／ 公琰(?) ／ 武翼郎公琅 ／ 保義郎公瑰 ／ 從政郎公玩 ／ 武忠郎公瑶(?) ／ 承義郎公珥
彥	彥曜 ／ 彥昧(?) ／ 彥暐 ／ 彥俊(?) ／ 彥僨(?) ／ 彥颯(?) ／ 彥倍 ／ 彥儔 ／ 彥僚(?)	彥侈(?) ／ 彥秸 ／ 彥秙 ／ 彥傳 ／ 彥偈 ／ 彥俚(?) ／ 彥僣 ／ 彥楊 ／ 彥澿 ／ 彥溥 ／ 彥汴 ／ 彥滿
夫	澡夫 ／ 汸夫 ／ 濂夫 ／ 澼夫(?) ／ 清夫 ／ 潤夫 ／ 漢夫 ／ 定夫 ／ 安夫 ／ 瑩夫	檝夫 ／ 楝夫
時	時簡 ／ [illegible]	

周十

叔：右侍禁叔賁　武翼郎叔攸　秉武郎叔皖　武翼郎叔峻　武翼郎叔力　修武郎叔嵩

之：俅之　伸之　保之　武翼郎似之　從義郎倏之　承節郎保之

公：承信郎公玦　承信郎公玢　公璋　修武郎公佩　公珂　公琏　公琬　公琳　秉義郎公瑛

彥：彥祥　彥禮　彥彼　彥僑　彥祋　彥訏　彥諓　彥論　彥諑　彥諿　彥證　彥諗　彥譚　彥訏

夫：絅夫　原夫　淳夫　汜夫　轄夫　道夫　逵夫　炳夫　烒夫　煠夫　熜夫　熠夫　振夫

叔：敦武郎叔崤　武經郎叔顯

之：信之　僩之　承信郎侑之　偰之　倚之　敦武郎便之　從義郎辛之

公：公玨　承節郎公璘　公璟　成忠郎公基　保義郎公璡　保義郎公環　公俸　公邁　公逆　從義郎公迅　公逾

彥：彥詻　彥謁　彥議　彥讜　彥訓　彥詔　彥諭　彥視　彥椿　彥彼　彥懷　彥柘　彥福　彥繻　彥梓　彥棣　彥祉　彥宗　彥琮　彥奠　彥覩　彥宿　彥寧　彥妙　彥甡　彥弼　彥静

夫：燚夫　發夫　汰夫　泳夫　涯夫　潤夫　彤夫　樂夫　瑋夫　頊夫　森夫　品夫　嘉夫

右半：

叔：秉義郎叔巖　右侍禁叔𪩘　武翼郎叔嵘

之：介之　忠訓郎韋之　恬之　將之　秦之　武修郎球之

公：公迫　成忠郎公遘　從事郎公遭　公述　公游　公逡　公逞　承信郎公稑　公穡　承信郎公轔

彥：彥抒　彥沂　彥㥄　彥僱　彥履　彥辭

左半：

克：沂國公克揚　太子左內率府副率克遼　常山侯克斐

叔：右監門率府率叔閒　武節大夫叔圖　太子右內率府副率叔鐃　左班殿直叔珠

之：恭之　忠翊郎善之　循之　夔之　居之　稻之　吉之

公：公錄　公輸　公軻　公俊　公垚　公圭　公橐

彥：彥𣸈　彥瀟

右半：

承：南陽郡公承拱　遂寧郡公承衎

克：太子左內率府副率克就　許州防禦使克勳　左武衛大將軍克詣

叔：左侍禁叔𬙋　太子右內率府副率叔閑　華原郡公叔汰

之：左侍禁聰之　東頭供奉官順之

公：忠訓郎公忌　公愿　承信郎公惠　承信郎公懇　武翼郎公惓

彥：彥章　彥辛　彥學　彥備

夫：瓖夫　闢夫　璐夫

時：時立　時鱗　時宣

左半：

之：秉義郎遵之

公：成忠郎公念　成忠郎公恕　忠翊郎公懋

彥：彥偕　彥傈　彥仍　彥申　彥峻　彥靖

夫：珹夫　正夫　遒夫　𪔂夫　瑋夫　玢夫　瑋夫　斱夫　臨夫　宰夫　卓夫

時：時益　時融　時新　時智　時春　時諄

廣平侯叔鳳　河內侯叔邪

承事郎仟之　承節郎備之　從義郎明之　修武郎用之　忠訓郎鏞之　三班奉職和之　三班奉職倚之　贈朝散郎欽之

公意　公總　訓武郎公衮　忠翊郎公褎　承信郎公靚　承節郎公友　武翼郎公太

彥奎　彥犇　彥宏　彥速　彥揚

蕩夫　力夫　啓夫　岦夫

陳國公承錫謚榮懷傳

華陰侯克告　贈左領軍衛將軍克省

建安侯叔閩　叔鄭

武翼郎保之　忠訓郎遒之　成忠郎拱之

承節郎公本　從義郎公覯　承信郎公覿　公常　公肇

彥從　彥鄰　彥郈　彥傃　彥傓　彥偏　彥伉　彥侔

嶅夫　詠夫　叙夫　㸒夫　敨夫　敺夫　救夫　收夫　敓夫　敷夫　𢿘夫

時蓋　時霈　時尚

太子右內率府副率叔湖　武經大夫叔甫　右侍禁叔犨　西頭供奉官叔瑙

武翼郎仅之　三班奉職傳之　忠訓郎僑之　保義郎端之　成忠郎岣之　承節郎相之　敦武郎樞之

公巽　公習　公亮　公耑　忠訓郎公弁

彥洒

右朝議大夫叔藹

承節郎諴之　訓之

秉義郎公消　承節郎公淵　修武郎公渭　公濡　贈從義郎公侈

彥序　彥安　彥羔　彥晉　彥婁　彥璋

楷夫　槐夫　棠夫　栱夫　裕夫　裴夫　褭夫　璪夫　玏夫　璣夫　琭夫　璘夫　璐夫　寀夫　穹夫

時熾　時煴　時貫　時資

表二十七　三十三

武經郎叔鍵

贈中奉大夫誂之　忠訓郎詠之　秉義郎謹之　誘之　秉義郎傑之　价之　僮之　承節郎俊之　承信郎侃之

朝請大夫公頎　通議大夫寶謨閣待制公藤　朝散大夫公升　承節郎公紀　保義郎公俛　承信郎公任　公仕　保義郎公度

彥旻　彥昺　彥熠　彥侯　彥倍　彥俗　彥逑　彥儋　彥适　彥汻　彥淵　彥沭　彥退　彥旦　彥㬇　彥珎

澂夫　浴夫　洽夫　洵夫　潸夫　囦夫　圝夫　沂夫　滈夫　淳夫　薫夫　佐夫　佑夫　悫夫　忠夫　懷夫　僤夫　畢夫　男夫　仰夫　瑆夫

任懋之草

表二十七　三十四

濮陽侯克關　昌國公克纖　襄陽侯克禀

武翼大夫叔鄂　左班殿直叔庶　太子右內率府副率叔舍　武經郎叔翻　贈左太中大夫叔堅

忠訓郎持之　保義郎導之　秉義郎僞之　承信郎檄之　渠之　恂之　忠翊郎東之　保義郎厚之　楠之

武翼郎公桐　保義郎公㧕　承信郎公榈　公抲　公栒　公抗　公橡　公扎　公㮀　公挂　公守　保義郎公杰　公豁

彥僩　彥絕　彥佸　彥仟　彥僎　彥倰　彥僻　彥佪　彥健　彥伸　彥俘　彥儆　彥偕　彥仁　彥暉　彥柯　彥扔　彥模　彥桂　彥枱　彥灑　彥烋　彥勲

奎夫　并夫　惪夫　鄰夫　祁夫　淌夫

表二十七

三十五

之	朝議大夫充之；忠訓郎憒之
公	右從政郎公泌；公問；右文林郎公熙；右修職郎公鑒；朝請郎公植；承信郎公稷；忠訓郎公琢；訓武郎公贈；從義郎公玕
彥	彥熹；彥鈞；彥極；彥相；彥程；彥海；彥[illegible]；彥[illegible]；彥[illegible]；彥補；彥[illegible]；彥栓
夫	銓夫；憲夫；[illegible]夫；[illegible]夫；[illegible]夫；晛夫；[illegible]夫；謙夫；[illegible]夫

叔	朝奉郎叔彪；右朝請大夫叔迨；朝議大夫叔仔；左班殿直叔袁；武翼大夫叔儀
之	敎之；成忠郎愻之；立之；澤之；修武郎燁之
公	公璉；秉義郎公璣；忠翊郎公欏；承信郎公稙；武翼郎公孝；武信郎公觀
彥	彥枘；彥校；彥韓；彥鴻；彥法；彥[illegible]；彥[illegible]；彥璞
夫	汃夫

表二十七

三十六

克	左領軍衛將軍克[illegible]；贈左衛大將軍克佑
叔	秉義郎叔峻；武翼大夫叔敳；忠訓郎叔璠；右班殿直叔玠；忠訓郎叔瑄
之	從義郎溎之；從義郎仟之；秉義郎偕之；秉義郎仵之
公	公正；成忠郎公岫；承信郎公瑛；公珠；公[illegible]；公蟠；公壽；公[illegible]；公奇
彥	彥宝
夫	鈴夫；鈿夫

克	贈[illegible]州觀察使克[illegible]
叔	左禁衛叔忍；左班殿直叔[illegible]；武經大夫叔[illegible]；修武郎叔[illegible]
之	忠翊郎樯之；棋之；杜之；楠之
公	承節郎公緝；公綰；公綺；公緯
彥	彥紘；彥峰；彥[illegible]；彥屹；彥岳；彥獻；彥[illegible]；彥淮；彥洓；彥湣；彥澥
夫	境夫；汀夫；褋夫；楓夫；檡夫

表二十七　三十七

									安康郡公克家			
忠訓郎叔懇	宣教郎叔憲	左班殿直叔志	忠訓郎叔愈		成忠郎叔疄	成忠郎叔淵	成忠郎叔犀	成忠郎叔佀	右班殿直叔琯	朝請大夫叔墧		
			稍之							僎之	㤼之	倫之
			公遂	公適								

朝請大夫叔玠								左班殿直叔珪	右班殿直叔瑞	忠訓郎叔琮	武翼郎叔玗						
琥之		從政郎俠之									右迪功郎億之	文林郎偉之			承議郎侃之		
公恢	公抃	公輔	公佐	公弼			公明					公勸	公勤	公能		公揖	公鏞
彥質				彥迂	彥邁	彥遠											彥珠

表二十七　三十八

													忠訓郎叔劑	武德郎叔贊		
左文林郎僖之	從政郎伸之	朝奉郎保之			從事郎僖之					所之	忠翊郎俊之			朝散郎像之		
承信郎公美	公正	迪功郎公高	公亮	公亨		公璟			公纂	公瑀	公策	保義郎公鏡	公範		迪功郎公綸		迪功郎公括
彥英						彥濟	彥渙	彥昊							彥云	彥徵	彥成

	朝散大夫儼之						承議郎佘之		忠訓郎帨之			㒒之	忠翊郎倫之			保義郎僱之		任之	情之	依之	
公析	修職郎公梂					公瞿		公梄		公扶	公榊			公攉	公惺		公愉			公擇	公楝
	彥泗	彥湊	彥蘭	彥㳅	彥沫										彥潛						

成忠郎叔裝

仍之　倸之　微之　德之

公揺　公撫　公拱　公拊

表卷第二十七

章寺卯

表卷第二十八

宋史二百三十七

開府儀同三司上柱國錄軍國重事前中書右丞相監修國史領經筵事都總裁脫脫等奉敕修

宗室世系二十三

廣陵郡王房

廣陵郡王德雍諡康簡

南康侯承睦

河間侯克順

太子右內率府副率叔庚　高密郡公叔援

左侍禁煥之

盛國公　溫國公太子右率府副率

克戒

叔杲　河州防禦使閤門祗候叔殺

太子右內率府副率砥之　右監門率府率敘之　禮賓副使奉官護之　禮賓副使奉官颯之　贈閤門祗候紀之　右班殿直誨之　承議郎

公換　公謜

建國公叔滿
朝議大夫諮之　左侍禁談之　謐之　贈武翼郎詠之
公霖　贈武翼大夫公震
彥翔　彥翔
畊夫　畯夫　穮夫
時从　時竈　時謙　時誦
若祕　若櫺　若橦　若棫　若檥　若燋　若

洋國公叔涉
三班奉職諝之　三班奉職齡之　贈朝議大夫詵之
保義郎公雅　公邁　贈奉議郎公維
彥翻　彥懷
陘夫　齋夫　阡夫　虬夫　蠍夫　蜿夫
時芥　時豐　時對　時嚳

彥驩　彥馴
蚖夫　棠夫　穹夫　寔夫　僊夫　儃夫　佽夫　伈夫
時璵　時廙　時庾　時罷　時杠　時珇　時膂　時庇　時塵　時庚
若鏈　若釪　若鑽　若錸　若瑑　若漯　若溥　若銹

朝請郎詳之
公佳　贈朝議大夫公道
彥駿　彥驊
倪夫　僕夫　僊夫　國夫　楉夫　棖夫　来夫
時启　時膺　時爍　時恢　時均　時懩　時戩　時燧
若粲

右侍禁叔愍

三班奉職譔之 三班奉職訏之 武經郎璐之 秉義郎從之 忠翊郎彥之 奉議郎許之

公晙 公羲 訓武郎公斐 公悅 公慥

彥敫 彥聰 彥琮

矩夫 滌夫 汋夫

時賓 時璽 時[illegible]

內殿承制叔垶

武翼郎譯之 忠翊郎誥之

公恢 公什 公愉 公遂

彥璡 彥瑀 彥賁 彥翔

揵夫 援夫 燁夫 燿夫 咸夫 翹夫 昺夫 獵夫 衙夫 震夫

時究 時容 時鉥 時咮 時遭 時[illegible]

若傒

贈敦武郎叔忞

贈武功大夫誨之 秉義郎誼之

贈武節郎公劊 公則 贈朝議大夫 公劉

彥翊 彥翶 彥翻 彥衕 彥佩

御夫 栗夫 弇夫 嵊夫 洞夫 滌夫 洸夫 松夫 瀘夫 沙夫 懇夫

時莊 時撥 時樘 時樻 時樓 時瓚 時勳

若均

彥儦

憲夫 悉夫

時瑄 時琯 時垷 時垌 時晉 時埂 時鐩

若星 若埜 若檡 若檈 若橡 若鈝 若鍑 若鉛 若鐈 若濱 若爊 若撙 若投 若掄

右清道率府率克協
東平侯叔頫 武德郎叔繧
諝之 成忠郎詡之 評之 承節郎誦之 太子右內率府副率寧之 鎮陽侯
公詡
愔夫 憯夫 悈夫
時瑰 時敎 時璗 時璜 時璆 時玫
若綨 若綩 若顙 若橎 若僴 若偤
嗣凍

南康侯克凝 澤州郡公叔潪
檡之 太子右內率府副率 率楷之 文安侯士之 贈朝奉大夫明之
公益 保義郎公瀌 公滋
彥瑜 彥璥 彥鼎
求夫 正夫
時習
若臻 若珬 若琦 若璥
嗣洪 嗣潤 嗣潗 嗣伊 嗣淦 嗣涼

右侍禁鯉之
公竦 忠訓郎公端
彥縿 彥繹 彥紀 彥綸 彥經 彥綵
諄夫 諝夫 寀夫 宦夫 篆夫 訊夫 礪夫
時敏 時舉 時邀 時遴 時退 時華 時苾 時瑞 時煥
若禮 若神 若曾
嗣璘

成忠郎公妤
彥績
磬夫 碗夫 寬夫 宅夫
時敞 時敷 時撒 時樋 時嵱 時屽 時倡 時佶 時僚 時伏 時滌 時㑭
若晉 若普 若旨 若習 若受 若瑩 若儀 若桂 若棨

〔右半葉〕

奉化侯叔晰

太子右內率府副率辯之
太子右內率府副率衡之
三班奉職德之
右侍禁昇之
贈朝請大夫資之
贈中大夫公懋

彥範
彥真

康夫
案夫
寯夫

時什
時侶
時羿
時掐
時環

若忻
若伹

〔左半葉〕

安陸侯克伸

右監門率府率叔霸

武翼郎興之
公鼎
異之
贈通議郎郛之
武經郎公度

彥瑰
彥琝

儒夫
檀夫
亶夫
南夫
嵩夫

時敢
時永
時孚
時安
時元
時禮
時晲

若滌
若洪
若濡
若漳

嗣炅
嗣模
嗣權
嗣榛

次珸

〔右半葉〕

訓武郎公權

彥琳
彥琦
彥璀
彥衵

古夫
笱夫
芸夫
節夫
瑛夫
猷夫
衕夫

時穎
時廣
時向
時奎
時浦
時浩
時滿

若濡
若滢
若鋑
若瑤
若琛
若珅
若誼

嗣寔
嗣嬉
嗣慨
嗣槐
嗣維

〔左半葉〕

彥禧
彥福

昭夫

時赫
時闓
時帥
時猛
時夔

若諶
若謣
若誠
若棋
若樹
若榞
若涎
若濬

嗣潛
嗣寧
嗣搴
嗣綬
嗣綖
嗣鈕
嗣坤
嗣陼

贈武節郎
保義郎
贈朝議大夫公紘
贈朝請郎公綬
武翼郎譽之
公達
公遠
公述
公近
公迪
公鄰
右奉議大夫丞之
公久
彥祚
彥祿
彥祐
彥珪
彥輔
彥獨
彥約
彥光
朝夫
豫夫
時才
時滂
時涑
若祕

太子右內率府副率
修武郎渙之
忠訓郎戩之
公圭
公常
公麟
彥輝
晦夫
嶠夫
磨夫
時宏
時畯
時良
時皓
時董
時玘
若河
若循
若擻
若杅
若經

昌國公克寧謚良安
率叔瀆
右監門率府率叔賀
太子右內率府副率叔愁
高密郡公叔納
右侍禁昭之
琦之
從事郎璜之
承信郎公澤
公渙
公漸
彥奐
彥奕
彥鎦
彥畬
楙夫
舒夫
時扱
時霆
時誉
時飛

原國公承炳
克咸
通義侯太子右內率府副率叔都
建國公叔儒
贈通義侯援之
武經郎公益
公賁
彥奇
彥曾
鉐夫
鎰夫
鏓夫
儒夫
佖夫
時合
時會
時感
時蕭
時壇
若圭
若珍
若琺
若城
嗣鍒
嗣𧬊

修武郎總之
公畠
承信郎公懋
彥臣
俔夫 僕夫 悰夫
時耕 時菁 時舊 時賁 時伾 時佗 時便 時覵 時經 時倖
若陞 若珩 若珈 若琊 若鉊 若鐈 若鋋

從義郎捧之 保義郎桔之 修武郎揮之 保義郎
承信郎公匯 公奐 公輔 公信 公弼
彥興 彥南 彥微 彥璪 彥深
鍈夫 介夫 企夫 全夫 玭夫 碧夫
時衛 時褶

崇國公克懽
彭城郡公叔琥贈秀州觀察使
撫之 承節郎扮之 敦武郎揄之 賁之
成忠郎公瑩 修武郎公讓 公諫 公謹
彥山 彥光 彥奎 彥偲 彥倓 彥倡 彥佩
玠夫 琬夫 埩夫 瓏夫 暨夫
時芹 時著
若濆

武德郎睽之
公俊
彥懌 彥恰 彥賜
仁夫 溫夫 溥夫 法夫
時儀 時玲 時揩 時諆 時假 時任 時核 時龔 時增 時罐
若訟 若謌 若諵 若論 若㳂 若傑 若珊 若鑼

宋史二百二十七

字一百令五个

宋史表卷二十八

十四

趙維新寫

呈良刊

彥閎

淦夫 洙夫 焌夫

時緯 時縉 時纘 時標 時㝐 時宅 時御 時同 時泉 時彰

若鏻 若璘 若䉡 若㯹 若譳 若許 若㬱 若謝 若譁 若墥 若墁

嗣忞 嗣悉

彥亩 彥扎

彥帥

炳夫 耕夫 儉夫 惚夫 迁夫

時語 時許 時游 時源 時務 時綝 時璲 時莊

若樀 若綱 若鎡 若憲 若憖 若愢 若忝 若惡 若鑢

嗣沬

宋史二百二十七

字一百三个

宋史表卷二十八

十五

趙維新寫

呈良刊

左班殿直㬉之 右班殿直㪷之 右班殿直畯之 象齕供奉官暐之

公平 公訥 公佐 公傑 公建

彥懌 彥恍 彥晦

性夫 愉夫

時僬 時偹

若溪 若淺 若沕 若沆

武翼郎?曦之 右監門率府率

彥巂 彥民 彥儦

怵夫 悢夫 愃夫

時慊 時僕 時憮 時儀 時懼 時做 時儁 時傑 時俐 時倏

若第

馮翊侯克䏠

叔環　太子右內率府副率叔瓚　太子右內率府副率叔杞　太子右內率府副率叔敝　博陵侯叔光

左班殿直禅之　福之　承節郎䕫之

承節郎公勲

彥以

恂夫　竑夫　端夫

時純　時誨　時邁

椿之　承節郎裕之

公勳　贈中散大夫公驥　訓武郎公瞻

彥深　彥璵　彥助　彥盡　彥黨

忻夫　逵夫　湉夫　道夫

時晲　時疇　時眭　時佰　時伶

若泫　若淯　若涫　若謝　若仳　若鏝　若鉞

祐之　右朝奉大夫稿之

承節郎公恮　右通功郎公秀　右通功郎公昔

彥強　彥獮　彥遜　彥遡　彥遴

麒夫　儁夫　龢夫　仳夫

時淩　時像　時戣　時戩　時戠　時金

若銷　若垶　若墡　若圳　若埤　若坂　若沘　若滐

贈左武衛大將軍崇州團練使叔迭

贈三班借職修之　贈武義郎佐之

訓武郎公立

彥球　彥瓛

御夫　俌夫　偈夫　僮夫　倎夫

時談　時謨　時洪　時伊　時流　時渫

若壆　若綜

宋史二百三十七　字一百一十个

宋史表卷二十八　十八

趙維新寫　呈長刻

公瑾　公誨

彥玶　彥璋　彥玠　彥琅　彥立　彥謹

微夫　俛夫　他夫　健夫　侄夫　偲夫　仍夫　侶夫　傚夫

時朴　時棟　時博　時揄　時沂　時江　時宏　時成　時淺

若淒　若浪　若僭　若榜

河內侯叔偕

右迪功郎仰之　右班殿直裕之　右班殿直祿之　三班奉職祚之　提之　敦武郎橫之

公求　公尃

彥詒　彥應　彥忽　彥恩　彥愈

慍夫　憤夫

時樣　時栒　時棱　時樽　時檝

宋史二百三十七　字一百二十个

宋史表卷二十八　十九

趙維新寫　呈長刻

贈武翼大夫叔英

武翼郎適之

從義郎公高　公言　公家　公卞　保義郎公慶

彥枅　彥樾　彥瑮　彥慈

鏦夫　綮夫　繩夫

時浥　時瀚　時潽　時顯　時滚

若明　若濂　若勑　若瑤　若璉　若璘　若境　若玗

嗣諫

彥胄　彥皐　彥夔

鏴夫　程夫　綽夫　紇夫　絅夫　縝夫　綖夫

時倚　時佃　時佼　時迦　時犕　時進　時衛　時儀　時偖　時僊　時僎　時棅

若恁　若息　若懃　若忠　若鑄　若鑯

宋史二百三十七
字九十六个

宋史表卷二十八

二十

趙維新寫
呈長刊

永州助教遵之

絪夫 績夫 紃夫 縺夫 絢夫 絟夫 紡夫

時代 時傒 時櫂 時伷 時伀 時倏 時僣 時衙 時作 時佪 時儋

若鏷 若蒙 若慫 若棻 若轔 若橾

秉義郎遷之

公磨 公縻 公禧

彥府 彥庫 彥咗 彥嚋 彥喻 彥嘈 彥咈 彥味

繻夫 緑夫 緵夫 絇夫 絧夫 纊夫 綈夫 綅夫

宋史二百三十七
字一百三十个

宋史表卷二十八

二十一

趙雖新寫
伯彦刊

馮翊侯克偕

太子右內率府副率叔尼 嚴州觀察使叔堵

武翼大夫宜之

武節郎公明 成忠郎公暐 武翼郎公曚

彥行 彥衡 彥㭘 彥俅 彥衍

康夫 疥夫 痾夫 膐夫 麻夫 應夫 廞夫

時材 時梅 時憓 時倸

贈太中大夫宗之

保義郎公瞳 贈太中大夫公顒

彥衡 彥綝 彥縉 彥絟 彥絅

僾夫 衡夫 徐夫 循夫 僎夫 侁夫 徦夫 偍夫 徑夫 伷夫 傒夫 祉夫

宋史二百三十七　字一百二十五个

宋史表卷二十八　二十二

趙維新寫　伯序刪

秉義郎寧之　武經郎甯之

贈奉大夫公碩　公栱　公梓　公樁　忠訓郎公□　公倚　公衙　公信　公偉

彥紓　彥紆　彥絖　彥綍　彥組　彥球　彥綱　彥紀　彥結

汝夫　瀷夫　瀲夫　溥夫　侍夫

右驍衛大將軍康州防禦使[illegible]

成忠郎覽之　敦武郎先之　忠翊郎

公誼　公諶　公謨　公闓　承節郎公石　秉節郎公原

彥簡　彥瀾　彥弦　彥昭　彥剛　彥盡

慈夫　巘夫　斐夫　翊夫

宋史二百三十七　字一百二十三个

宋史表卷二十八　二十三

趙維新寫　伯序刪

南陽侯叔礪

光之　承節郎堯之　保義郎見之　承節郎亢之　武翼大夫通之

公愈　公惠　公澤　贈武德郎公朴

彥典　彥穢　彥拱　彥樽　彥栻

澐夫　鉞夫　鋭夫　扃夫　雄夫　徒夫　慷夫

忠翊郎道之　贈武翼大夫遵之

從義郎公沛　贈中奉大夫公希

彥櫶　彥飭　彥極　彥振　彥摺

瑕夫　燈夫　寘夫　宙夫　絳夫　忞夫　表夫　徽夫　綸夫　是夫

時授　時云

濮陽侯有傳禁

敦武郎　逞之　保義郎　逮之　忠翊郎　琔之　迒之

公秘　公侃　公旻　公政　公詳　公棠　公齊　公棐

彥梗　彥池　彥波

憲夫　寓夫　湧夫　灝夫

時修

叔逵　贈敦武郎叔賦　武德郎叔緩

端之　贈武節郎　澥之　忠訓郎　誨之　承節郎　誠之　修武郎　諺之

武經郎　公清　公興　公适　公達　公進　承節郎　公邃

彥味　彥奮　彥鼎　彥鼎　彥熙　彥棠

欽夫　鐸夫

樂平郡王承亮　諡恭靖

太子右內率府副率克權　贈武信軍節度使克沖

博陽郡公叔廉

武功大夫昱之　三班奉職晏之　忠訓郎　量之

保義郎　公鎮　承信郎　公銖　修武郎　公鑑

彥深　彥溥　彥浩　彥淑　彥盼

黼夫　蒞夫　綦夫

贈朝議大夫公壽

公錡　左朝散郎公白　贈奉議大夫公泰

彥騰　彥朋　彥股　彥腴　彥將

厲夫　思夫　紹夫　誼夫　約夫　桂夫　洋夫　隆夫　亞夫　良夫　楫夫

時儔　時鑄　時佐　時升　時仰

宋史表卷二十八　二十六

信國公叔睽謚榮敏

東之　武翊郎明之　敦武郎　愛之　高密侯矢之

修武郎公澤　武經郎公濟　從義郎公潤　公泳

彥侯　彥脩　彥因　彥固　彥興　彥和　彥適

鈞夫　明夫

時立　時孚

成忠郎冒之　承節郎易之　承節郎

公兒　贈訓武郎公適　承節郎公適

彥衛　彥衎　彥衎　彥術　彥震　彥徽　彥森

搏夫　黔夫　磻夫　洙夫　淙夫　添夫　常夫　鉞夫　琦夫

時傑　時伸　時措　時弦　時玹

宋史表卷二十八　二十七

安[illegible]侯遜之

忠翊郎公瀛　承節郎公淨　保義郎公瀛　承信郎公世　贈濠州團練使公善

彥仁　彥任　彥偉　彥變　彥老

達夫　通夫　隨夫　謙夫　垚夫

時發　時顯　時扶　時孜　時敦　時澤

若咪　若拙

修武郎公褒　承義郎公豐　贈武經大夫公參

彥復　彥信　彥瑞　彥騎　彥常

逵夫　著夫　署夫　明夫　顥夫　燕夫

時俏　時俱　時位　時傳　時悅　時淳　時齊　時衣

宋史二百三十七　字一百二十个

宋史表卷二十八　二十八

修職郎公鑾

彥紀　彥綱　彥龜　彥英　彥俊　彥豪

恖夫　惎夫　恙夫　懯夫　懰夫　窗夫　烜夫　境夫　誥夫　追夫　宣夫

時毫　時珍　時僊　時倪　時倬　時克

道雖新寫　伯序刊

贈武德大夫仲之　贈武德大夫譽之

忠翊郎公元　公綬　武經郎公緯　承節郎公卓　武翼郎公憲

彥傑　彥家　彥東　彥隆　彥芳　彥垌　彥柔　彥詵

同夫　定夫　倧夫

時髦　時贇

宋史二百三十七　字一百令五个

宋史表卷二十八　二十九

傳禁　牧之　存傳棊　益之　贈武義郎晉之

公紳　公虎　公訓　承信郎公誠　訓武郎公許

彥遐　彥迥　彥遑

享夫　弼夫　拜夫　喆夫　總夫　還夫　郯夫　櫏夫

道雖新寫　伯序刊

保義郎東之　敦武郎頤之　約之　秉義直　德之　贈承議郎道之

贈宣教郎公恪　朝奉郎公御

彥遠　彥邁　彥遊　彥道　彥諒　彥迪

仁夫　偕夫　僊夫

秉義郎擴之　三班奉職曠之　三班奉職光之

訓武郎公佽　承節郎公愷　保義郎公性　秉義郎公惕　訓武郎公恃　公忬　保義郎公㻫　秉義郎公郰　承信郎

彥遲　彥遭　彥伐　彥還　彥迎　彥逅　彥選　彥逡　彥迡　彥遨　彥逢　彥遡

彴夫　鑰夫　忠夫　慫夫　忞夫　念夫　愈夫　恕夫　慈夫　愍夫　蕙夫　思夫　葸夫

嘉國公叔皮

三班奉職㮚之　東頭供奉官昪之　修武郎景之　內殿崇班璵之　從義郎晁之　通之　贈□大夫

公玹　承信郎公玠　訓武郎公倪　秉義郎公識　修武郎公輔　保義郎公敞　承信郎公玫

彥芮　彥蒙　彥英　彥文　彥琦　彥玭　彥煥　彥縕　彥綬　彥絪　彥纘　彥紘

鼎夫　牖夫　驤夫　侑夫　僉夫　僎夫　儷夫　份夫　倬夫　傑夫

時暘　時暢　時升　時興　時譽　時萬　時億　時光　時椿

宋史二百三十七　字二百五个

宋史表卷二十八　三十二

夫昇之　從義郎晏之　秉義郎昌之　左班殿直旻之　渙之　成忠郎晃之　修武郎邁之　贈秉義郎果之

公持　忠訓郎公稱

彥稼

穎夫　曾夫　邃夫

忠訓郎暠之　忠翊郎是之　忠訓郎昂之　忠翊郎昻之　承信郎晟之

公懋　訓武郎公膺　公靡　公廒

彥种　彥潭　彥濂　彥注　彥榀

閎夫　端夫　雄夫

趙維新寫　芳忽刊

宋史二百三十七　字二百十四个

宋史表卷二十八　三十三

安康侯叔炅

敦武郎晨之　暈之　忠訓郎晶之　求之　左侍禁

公康　公廉　公舉　從義郎公諆　公諫　承信郎公訥

彥琢　彥茂　彥萬　彥興　彥名　彥茵　彥耆

森夫

憲之　秉義郎舜之　左班殿直敞之　綬之　修武郎滂之

公仔　公明　保義郎公疑　保義郎公俁　承節郎公霖　公佇

彥昭　彥砥　彥恩　彥雖　彥旰　彥映　彥聖

竭夫

趙維新寫　芳忽刊

魏國公叔羲
忠翊郎琳之　明之　武翼大夫仁之
保義郎公悆　承信郎公愬　朝議大夫公愈　公建　公逸　公邈　公遜
彥潾　彥邈　彥涯　彥建
詮夫　譚夫　詔夫
時謦

趙繼新寫　黃朋刊

魏國公充愉謚文思
太子右內率府副率叔發　魏國公叔才
從義郎儀之　忠翊郎佾之　佟之　价之　贈左衛大將軍貢之
忠翊郎公綬　修武郎公純　公和　武翼郎公紳
彥確　彥傳　彥僥
源夫
時邁

雅州防
武節郎公緒　朝奉郎公綱
彥仍　彥役　彥脩　彥綸　彥佃　彥僖　彥傢　彥俁　彥儼　彥蒼　彥佛
淵夫　濬夫　諾夫　濕夫　滮夫　沛夫　淠夫　瀚夫　信夫

趙繼新寫　黃朋刊

溫國公叔董
禦使象之　贈右金吾衛大將軍賢之　右監門率府率　淪之　修武郎溫之
忠翊郎公縉　公穎　從義郎公岳
彥壽　彥祺　彥犇　彥伏
岩夫　獻夫　嚴夫　瑀夫
時舉

宋史二百三十七　字一百令十五个

宋史表卷二十八　三十六

右侍禁保義郎伉之　公道　公棨　彥勢　朋夫　時佐　時佑
澄夫　時偉
洪夫
從義郎秉義郎麟之　公佐　彥翰　珏夫
琣夫
璙夫
琿夫
彥醆　彰夫
倘夫　時祀
彫夫
彥著　瓆夫
玿夫
彥禱　檜夫
堂夫

左班殿直豐之　秉義郎公言　彥邁
彥遵
彥迭
彥迵
彥逌
彥迒
敦武郎崇之　公達　彥僉
公逵　彥華
彥碩　璶夫
彥題
彥顗
成忠郎行之

趙維新寫　黄□刊

宋史二百三十七　字一百四十八个

宋史表卷二十八　三十七

修武郎用之　公進
公遷
公俅
武翼郎保義郎佑之　公武
左朝請郎公彬　彥勉　楠夫
彥虎
秉義郎公彰　彥愷
從義郎公彤　彥佐　櫝夫
保義郎公釤　彥劭
彥勒
秉義郎　彥勞

魁之　公經　彥晉
公禬
公詥　彥惪
公禪
公社
贈右屯衛大將軍叔潘　三班借職拱之　秉義忠訓郎
郎立之　公壚　彥澤
承信郎
庶之
濮源侯諡恭靖叔緯　承節郎秉義郎
宣教郎益之　公衮
贈敦武郎秉義郎知之　公彥　彥杅　倚夫　時肅
彥揆　畯夫

趙維新寫　黄勿刊

贈奉國軍節度使進之
承信郎公頫　贈武德大夫公顈
彥柄　彥梅　彥虓　彥璐　彥璕
纖夫　僾夫　玨夫　俾夫　烋夫　湏夫　潤夫　諭夫　誥夫　謐夫　謫夫　諒夫
時中　時舉　時昇　時英　時敏　時啟　時和　時俊

忠訓郎信之　存禁　從之　承節郎德之　贈朝散大夫奇之
武翼郎公頊　修武郎公領　公淡　贈朝請大夫公僉
彥瑁　彥瑋　彥珥　彥闓　彥璿　彥俠
注夫　昇夫　籛夫　蒙夫　安夫
時貴　時震

數之　承信郎勝之　保義郎高之　成忠郎感之
秉義郎公桼　公襄　承信郎公濤　承信郎公治　承信郎公泱　成忠郎公起
彥興　彥共　彥滔　彥左　彥右
瑉夫　濟夫　濱夫　清夫
時德

贈曹州觀察使叔熊
修武郎宜之　秉義郎能之
忠訓郎公宜　訓武郎公立
彥玫　彥珏　彥璩　彥倆　彥汭
嶒夫　嵡夫　栻夫　橑夫　柜夫　楞夫　柛夫　棣夫　杓夫

宋史二百三十七　　字一百一十个

宋史表卷二十八　四十

成忠郎直之　忠翊郎懷之　成忠郎瑞之　承節郎純之　德之　承節郎倩之

公戩　承節郎公欽　承信郎公鈐　公鑑　公肅　承信郎公英

彥珨　彥澤　彥昌

㨋夫　端夫　鑑夫

迪功郎持之　保義郎升之　忠訓郎挺之

公進　公宗　公密　公痛　公謙　公玉　公全　公至　成忠郎

彥材　彥梓　彥椿　彥松　彥文　彥壽　彥祿

節夫

趙維新寫　黃勿刊

宋史二百三十七　一百三十三个

宋史表卷二十八　四十一

秉義郎叔源

修武郎聞之　秉義郎嘉之　左班殿直鎮之　宣教郎宥之

公祇　承信郎公鎮　公鑄　公鉄　公銖　承節郎公銓　公剛　忠翊郎公或

彥敵　彥數　彥瀤　彥俓　彥保

過夫　雖夫

時長

武經郎叔庄

忠訓郎堅之

修武郎公俊　武翼郎公現　忠訓郎公仔

彥伯　彥僊　彥御　彥詩　彥濟　彥澄　彥對　彥法

周夫　召夫　宣夫　慕夫　禹夫　文夫　武夫　顯夫　復夫　常夫　飾夫　儴夫

趙維新寫　寗刊

公修
承事郎公傅
朝請大夫公介
成忠郎公悰

彥[illegible]
彥秩
彥宙
彥楷
彥鉷
彥崲
彥黃
彥疇
彥涇
彥寧

逖夫
譔夫
詰夫
鄉夫
邢夫
郢夫
[illegible]夫

西頭供奉官叔腆
武翼郎叔徒

承節郎裕之
承節郎元之
承信郎遠之
能之
保義郎得之
忠翊郎衡之
復之

公俊
公惠
公砥
承節郎公確

彥馨
彥嶧
彥崎

琰夫
伎夫

敦武郎

從之
棕之
稑之

承節郎公碩
承節郎公碭

彥[illegible]
彥岐
彥嶠
彥豈
彥嶒
彥崝
彥崁

汴夫
淡夫
溫夫
濾夫
澥夫
澈夫
顧夫
顒夫
潕夫

季高
季雨勛
季亮鏞

叔餘

表卷第二十八

表卷第二十九　　宋史二百三十八

開府儀同三司上柱國錄軍國重事前中書右丞相監修國史領經筵事都總裁臣脫脫等奉敕修

宗室世系二十四

信國公克類，諡靖惠

建國公叔儺

贈左太中大夫褒之

訓武郎公璦　修職郎公琦　從政郎公珞

彥充　彥允　彥純　彥綸

堯夫　舜夫　時夫　仁夫　信夫　選夫　進夫

時儇　時僻　時侍　時信　時儆　時佘　時榛

若浹　若渙　若澥　若澎　若泙　若澮　若流

嗣欅　嗣枋　嗣棟　嗣㮧　嗣樿　嗣鍝　嗣鐡　嗣鏍

三班奉職

通仕郎公琥　公琰　公璪

彥糾　彥紳　彥綜　彥紋　彥章　彥亨　彥永　彥龐　彥組　彥綬

逢夫　迁夫　邇夫　遠夫　逑夫　遺夫　邊夫　遨夫　遭夫　瞻夫　藝夫　蘭夫　侃夫　濤夫　恭夫　豪夫　良夫　椈夫　桯夫

時例　時脩　時藷　時侏　時僡　時倭　時㰁　時總　時緗　時緭　時紵　時龜　時回　時琑　時紬　時檲

若滄　若𠍱　若堤　若櫟　若槐　若檣　若錙　若錄　若瀗

左班殿直晉之　右班殿直燮之　卞之　忠訓郎奕之

秉節郎公璁　公瓚　保義郎

彥像　彥備　彥倞　彥侶　彥徐　彥休

諮夫　甿夫　曅夫　[illegible]夫　睲夫　曚夫　昳夫

時釗　時鏑　時娟　時潔

武經郎立之

公琯　公瑾　公璀　公瑱　秉節郎公琲　公瑞　公珍　公瑗

彥儗　彥僸　彥諑　彥廕　彥忠　彥浹

旨夫　嘿夫　播夫　洒夫

時睞　時詣　時詻

若闋　若闓　若閿　若亘

信夫　衡夫　俊夫　修夫　便夫

時謀　時宲　時安　時運　時逵　時遵　時遹　時習　時瓚　時鐸　時修　時俊　時傑

若輿　若春　若蒙　若聖　若泰　若隱　若愚　若禹

房國公叔勻　安康侯叔軒

朝奉郎性之　成忠郎快之　保義郎快之　保義郎烟之　左班殿直嘉之　敦武郎畢之

公昇　公弁

彥熙　彥熊　彥烈

時憶　時仔

從義郎叔倅 右朝散大夫叔偝

忠翊郎綼之 奉議郎蕐之

公旦 公景 公旻 公晏 承信郎公繹 文林郎公旣

彥烝 彥敔 彥致 彥歐 彥敓 彥敫 彥敆

僎夫 堅夫 罪夫 琰夫 偶夫 儆夫 栟夫

時㩲

訓武郎公貢 修武郎公賀 秉節郎公贊

彥畋 彥數 彥敉 彥徹 彥效 彥敎 彥敝 彥敊 彥效 彥敹

㦤夫 恍夫 璯夫 㯳夫 纁夫 紬夫 繙夫

時檄

高密侯克夐

右監門率府率叔瀣 右監門率府率叔糾 東頭供奉官叔搽 敦武郎叔㨾

忠翊郎聿之

迪功郎公賚 公賁 公賓

彥敀 彥數 彥敷 彥牧 彥敢

穗夫 璧夫 秫夫

仰之 韋之 成忠郎隶之 成忠郎肃之

公澤 公渙

彥禧 彥祐 彥裕 彥鐾 彥傅 彥端 彥竑 彥嶟 彥嶠 彥逮

墚夫 淬夫 㻑夫

宋史二百三十八　二百十个

宋史表卷二十九　七

敦武郎叔情													
承節郎識之													
公升	贈朝請郎公玠												
彥瑑	彥代					彥儆							
選夫	咊夫					譖夫							
	時逈	時遨	時蕖	時澮	時避	時遞	時這	時遼	時邁				
	若鍰	若錣	若錄	若璉	若栖	若㯽	若柠	若枹					

彥偘										彥侍	彥傳		
璀夫			珠夫		玭夫	璩夫			琥夫		瀇夫	瀰夫	消夫
時泓	時池	時迪	時迕	時迭	時鏕	時逮	時檣	時窨	時槼	時杍	時櫰	時㮑	
					若遬								

趙維新寫　梁保刊

宋史二百三十八　一百个

宋史表卷二十九　八

彥俟				彥備			彥翺		彥諫		
櫂夫	鉞夫	鍼夫	鑌夫	綵夫	綸夫	沁夫	沂夫	瑛夫	沚夫	淀夫	
時昚	時莌	時遷	時迫	時逬	時迨			時鑽			
								若柰	若藩		

承節郎誨之											
公旦	公奭	保義郎公逌									
彥儐		彥伲			彥偡		彥伀			彥征	
沸夫	澍夫	櫝夫	梱夫	梅夫	核夫	柳夫	湣夫	潏夫	歷夫	璵夫	
時適		時烝	時㷊	時緒							

趙維新寫　梁保刊

宋史二百三十八　一百十个

宋史表卷二十九　九

忠信郎公述　承信郎公璹　成忠郎公遞　公迎　公邂　將仕郎公遨

彥横　彥佮　彥峻　彥俍　彥什　彥偶　彥儰　彥俗　彥鈁　彥鈗

灔夫　溻夫　鈍夫

武翼郎叔駞

左儒林郎賢之　秉義郎習之

公追　公絛　承節郎公譙　承德郎公燊

彥鐺　彥鉼　彥佯　彥洮　彥燙　彥璫　彥浯　彥丕　彥濂　彥淖

爚夫　楢夫　汻夫　沖夫　晳夫　鉼夫　鋅夫　鐔夫　熽夫

趙維新寫　梁保刊

宋史二百三十八　一百十四个

宋史表卷二十九　十

贈秉義郎畺之　修武郎弁之

從義郎公棨　承信郎公彙　公集　公葉

彥滮　彥瀜　彥鍋　彥鑄　彥鐻

熜夫　鉥夫　鑕夫　瀿夫　潩夫　澿夫

時褭　時燻　時烤　時焗　時焰　時烶

若洊　若湟　若濠

嗣遷

高密侯

信都侯　右班殿直叔衢　修武郎叔遇

博平侯　慎之　詠之

公全　公輔　公惠

彥鏞　彥鑠　彥熹　彥廡　彥杰　彥璹

原夫　昂夫　孝夫　奕夫　俶夫

時特　時表

若鏞　若鐸

趙維新寫　梁保刊

克塈
叔氏
晦之 武翼大夫揆之
成忠郎公增 公璉 公瑋 從義郎僧之 公照 公宜
彥稱 彥楼 彥楧 彥恭 彥綸 彥栢 彥釐 彥椽 彥檜 彥梗 彥擇 彥造 彥遹 彥追 彥遍 彥逄 彥遜
成夫 惺夫 洛夫 昱夫 濬夫 洼夫 鋇夫 鉞夫 金夫 方夫 尼夫 育夫 炎夫 闓夫 黨夫 佃夫 璉夫 但夫
時枇 時璪 時玦 時棪 時橡 時詡 時給 時纙 時棣 時㨉 時㳌 時於
若棋 若櫻 若榭 若瀆 若滘 若城

贈武翼大夫叔陵
保義郎橫之 修武郎揚之
公惇 從事郎公儀 忠翊郎公仲 公任 公仍 成忠郎公佐
彥國 彥圃 彥仝 彥全 彥金 彥介 彥仚 彥衔 彥復 彥賢 彥繁 彥堅
任夫 適夫 正夫 遊夫 述夫 迟夫 邀夫 庠夫 應夫 鷗夫 能夫 宜夫
時溥 時澍 時遴 時遵 時逵 時道 時傚 時佹
若樹 若鑒
嗣渟 嗣潭 嗣湜 嗣滮 嗣潛 嗣瀌

贈右千牛衛大將軍叔諄

朝請郎紳之　秉義郎培之　忠翊郎祈之

承節郎公任　公仔　公休　公係　公但　公議　公囧　公論　公全

彥良　彥童

保義郎樫之

承節郎公輔　保義郎公惠　公寅

彥熹　彥廡　彥閿

愿夫　昂夫　孝夫　变夫　倣夫　湯夫

時特　時廉　時靡　時睨　時勶　時[illegible]

若儍　若依　若僬　若[illegible]　若鋈　若鏊

公進　承信郎公貿

彥問　彥覺

俞夫　揺夫　畬夫　舍夫　起夫

時琣　時璚　時急　時聦　時轞　時俅　時倍　時個

若惪　若戀　若慈　若息　若瓃　若瓔　若璀　若[illegible]　若瑶　若璹　若壁

保義郎禔之

公旦　公壽　公呈　秉義郎公明

彥需　彥佻　彥忞　彥邦

礒夫　雩夫　恊夫　鍍夫　舒夫　鉤夫　鏢夫　訑夫　訕夫　詩夫

時璘　時璹　時珢　時珂　時[illegible]　時瀸　時輧　時[illegible]　時錋

若輪　若泙

宋史二百三十八　宗子二百一十八　宋史表卷二十九　十五　趙毓新寫　蘇文之

東莞侯
秘之　忠翊郎被之　三班借
帝夫　謨夫　弟夫　請夫
時鐠　時鈉　時鈅　時濠　時鐇　時舒　時佺
若藻　若琈　若塯　若至　若墨　若磁　若明

叔渾　文安侯叔釗　武節郎叔譽
職禧之　左班殿直樺之　保義郎敭之　保義郎僪之　承節郎祖之　承節郎祐之　保義郎英之　保義郎
公謹　公僬　公謚　公汴　公源　公湛
彥琖　彥珇

宋史二百三十八　宗子一百四十八　宋史表卷二十九　十六　趙毓新寫　蘇文之

贈承議郎叔縕
蓋之　文林郎詠之
公實　承信郎公曠　公暘　公暉　公昭　承節郎
彥縉　彥璐　彥瑧　彥經
退夫　鏶夫　銅夫　鐇夫　扔夫　錊夫　銈夫　鏮夫　烘夫
時禱　時祈　時城　時濱　時鋻　時蕱
若璽　若陘

武翼大夫叔斯
秉義郎遷之　贈中奉大夫演之
公皷　公勉　公扐　朝奉大夫公賁
彥糾　彥繡　彥纁　彥則　彥圉
熯夫　燧夫　炔夫　焀夫　岡夫　回夫　當夫　党夫
時塻　時塭　時遷　時昴　時祺　時稓　時衖　時果　時䏘

贈金紫光祿大夫叔貽

秉義郎紘之

承信郎公元 公化

彥牧 彥傾 彥緷 彥墍 彥祺

域夫 燠夫 沖夫 翀夫 璞夫 涼夫 楮夫 玠夫 璘夫 琱夫 培夫 皆夫 棨夫

時攺 時褱 時熆

若垒

右奉大夫開國男紹之

從政郎公起 承直郎公賫 文林郎公贇 從政郎公琤

彥聳 彥鉠 彥訪 彥𧹞 彥謏 彥詛 彥計

絛夫 杅夫 懟夫 噲夫 穃夫 棥夫 橡夫 檘夫 棂夫 檡夫

時璥 時根 時熕 時礎 時熇 時熒 時奧

右朝請大夫繼之

秉義郎公橐 修武郎公威

彥謹 彥議 彥誅 彥愷 彥省 彥蘇 彥潯 彥長 彥陵

杭夫 桂夫 櫹夫 翿夫 榎夫 槽夫

時運 時璘 時琥 時垻 時璩

若昇 若溶

修武郎續之

承議郎公隰 從政郎公鼐 宣教郎公卣 從事郎公𢘅 從政郎公碚

彥審 彥岡 彥愬 彥憑 彥意 彥宴 彥秦 彥棣 彥慊 彥比 彥琦

颯夫 泅夫 瞀夫 驟夫 淩夫

時樸

朝請郎公砬　迪功郎公磦

彥商　彥威　彥邠　彥璹　彥瑚　彥珺

瀢夫　檕夫　宕夫　宿夫　淝夫　濈夫　免夫　侎夫　澥夫　瀫夫　沕夫　灘夫

時廡　時房　時壓　時神　時桄　時榴　時積　時偪

若煥

忠訓郎維之　忠翊郎緒之

成忠郎公砸　公岊　公峹　公嶅　承信郎公岛　承信郎公備　承節郎公衡

彥詷　彥儒　彥演

晛夫　曦夫　昨夫　棁夫

時禰　時搽　時熉　時烀　時焻

彥瑋　彥法　彥沃

真夫　隳夫　耒夫　括夫　情夫　拼夫　標夫　橋夫　棉夫　櫞夫

時燓　時煲　時煬　時燎　時熄　時炤　時煇　時烱　時熄　時煉　時焴　時燎　時燐　時燓　時燮　時林　時燠

若臣

武節大夫叔辨

承節郎保義郎繹之　忠翊郎琇之　承節郎珣之　城之

公潵　成忠郎公泳　公一　公二　公千　公釜　公儀

彥萁　彥恭　彥璹　彥浩　彥鎡　彥良　彥起　彥迪

檖夫　估夫　端夫　德夫　註夫　賞夫

時盻　時譆　時諷

若僊

承節郎璺之 璟之 玠之 珙之 瓊之 成忠郎珏之 琮之
公誶 公燾 公禹 公語 公應 公熾 公萊 公爲 公復 公闞 公笑 公直
彥倬 彥揄 彥緝 彥縕

成經郎叔瑰
保義郎玹之 肅之 厚之 載之
公梓 成忠郎公槽 公鳥
彥霆 彥繽 彥潮 彥洙 彥邦 彥鎔 彥乂
謐夫 諠夫 鍋夫 鐙夫 錫夫 鋮夫 鏄夫 劭夫
時堨 時棖

左班殿直叔渡 敦武郎叔嶒
承節郎九之 承信郎儁之 忠訓郎用之
承信郎公節 承信郎公彥 秉義郎公及 公琺 公晞
彥銓 彥鋼 彥燧 彥際 彥擬 彥談 彥韶
昆夫 遐夫 通夫 進夫 遂夫 道夫 腆夫 茅夫 耆夫
時英

左班殿直叔腴 左班殿直叔幟 秉義郎叔嘿
忠訓郎寶之
公遷 公昕 公眈 公俊
彥讚 彥誏 彥玭 彥譜 彥誘 彥護 彥環 彥玦 彥玎 彥諠
淄夫 仍夫 作夫 遷夫

秉義郎宏之
秉義郎憲之

承節郎公作
承節郎公僨
公信
公倚
公仁
保義郎公執

彥詩
彥討
彥訦
彥訹
彥訢
彥諭
彥禧
彥厲
彥猛

機夫
珋夫
玧夫
遹夫
迖夫
槭夫
賚夫

右監門率府率克播
樂平郡王克暨

高密郡公叔耘

武功大夫銜之
右侍禁理之
武翼大夫

公厚
秉義郎公原
公謹
承節郎公澤
承信郎公巽

彥韞
彥挑
彥儔
彥𢥞
彥律
彥鐩

復夫

時雍

大資之
敦武郎攝之
祜之
忠之
從義郎巽之
秉義郎和之

公敏
公寧
公壽
公圭
保義郎公焯
忠翊郎公行

彥慮
彥淳
彥湍
彥樺
彥能
彥熙
彥熊

閒夫
桂夫
昌夫
弁夫
顯夫

時用

立之

公明
公夙
忠翊郎公仮
公興
承信郎公諧
公徹

彥塗
彥矗
彥屺
彥可
彥表
彥偶
彥推

闐夫
才夫
安夫
仲夫
媚夫
闇夫
杈夫

時昕
時聰
時方

宋史二百三十八

字一百二十五个

宋史表卷二十九

二十五

趙維新寫

王祖刊

饒陽侯叔狗

敦武郎先之　修武郎道之　承節郎順之　忠翊郎碩之

保義郎公權　公桂　承信郎公櫶　公仙　承節郎公域

彥曗　彥嵩　彥皚　彥昕　彥瓛　彥伎　彥璔

內殿崇班叔繕　內殿崇班叔蠡　武安郎

予之　似之　修武郎偕之　補之　忠訓郎宜之　保之　保義郎

公畏　公暉　公堅　公壽　公彊　公彌　公彌　承信郎

彥銳　彥璈　彥珽　彥裒　彥瑁

麟夫　銜夫

宋史二百三十八

字一百二十二个

宋史表卷二十九

二十六

趙維新寫

王祖刊

叔宴　東頭供奉官叔環　修武郎

令之　從之　球之　從義郎宜之

公鑑　承信郎公燾　公㷊　承節郎公珪　承節郎公瑈

彥宣　彥若　彥晴　彥欽　彥輝　彥竑

幼夫　遊夫　端夫　連夫

叔僤　左班殿直叔詖　右班殿直叔鏞　武經郎叔蟥　從義郎

總之　修武郎誦之　保義郎諾之　從義郎蹢之

公彥　公詰　承節郎公易　承信郎公撤

彥頫　彥曜　彥𤨏　彥晰　彥墰

漣夫

贈夸領

叔育 武翼郎叔貴 叔跗 右侍禁叔瑩 叔瑨 右班殿直叔詳 修武郎叔瓆

成忠郎過之 穎之 珙之

承節郎公明 公顯 承信郎公曒 公時

彥暖 彥穂 彥曬 彥滴

沾夫 械夫 譙夫

右衛將軍克壯 贈右屯衛大將軍克終 榮國公克類諡良孝

忠翊郎叔獮

武翼郎全之

承節郎公弼 承節郎公昌 承信郎公從 將仕郎

彥麇 彥廉 彥麃 彥熙

拾夫 楷夫 橋夫 椽夫 璔夫

敦武郎同之

公邠 公拜 訓武郎公赫 公珏 公覲 公衮 承節郎公奄

彥儻 彥燻 彥脩 彥儀 彥祿 彥臻 彥變 彥編

植夫 櫁夫 棖夫 垠夫 棗夫 鎏夫

贈武翼郎叔蕙

顧之 左班殿直顯之

公應 秉義郎公慶 承節郎公載 贈朝散大夫公驥

彥約 彥縞 彥紹 彥通 彥緩 彥維 彥純 彥經

棫夫 樟夫 栿夫 靖夫 翊夫 材夫

時俊 時傑 時宏 時顯

趙維新寫　王祖刊

秉義郎
秉節郎

彥繩　彥繪　彥絅　彥綏

樸夫　招夫　掞夫　康夫　森夫　恪夫　集夫　甄夫　巘夫　品夫　槆夫　初夫　檜夫

時傁　時倩　時儒　時僾　時悉　時譬　時淵　時瑕　時鑒　時槩

武功大夫叔璲

頎之　願之　修武郎穮之　忠訓郎穗之　敦武郎程之

公戭　公偃　公伸　秉節郎公俁

彥紡　彥孚　彥擇　彥秀　彥穫　彥挏

摽夫　諸夫　詠夫　謹夫　譏夫　譖夫　譯夫　諶夫　銳夫　銛夫

時楙

趙維新寫　王祖刊

秉節郎稹之　忠訓郎稷之

朝奉郎公傚　成忠郎公伋　武經郎公伃　公儼　公侶　公仰

彥紡　彥穜　彥穛　彥矜　彥穛　彥稔　彥稕　彥艾　彥奐　彥成

穋夫

秉節郎稱之　移之　忠訓郎穏之　秉義郎秘之　修武郎穠之

公彥　公儻　公份　公倬　公僳　公揵　公訒　公側　公信　公俅

彥諒　彥統　彥琠　彥謳

融夫

東頭供
奉官　叔訂忠訓郎　叔武經郎　叔
左班殿直　贈右通議大夫
忠翊郎　棣之　撥之承節郎　縫之忠翊郎　稃之忠訓郎
一之　立之　保義郎棫之　秉義郎程之
公僖　成忠郎公儉　公養　公數　公俌　公仲　公佾　公件　公侶　公歟　公俁
成忠郎公會　公得　承信郎公孜　公孟　公魯
彥毛　彥崇　彥實　彥林
彥詠
秀夫　壽夫　貫夫

趙愷謝寫　孔宥刊

保義郎近太[illegible]之
卞之　燮之右迪功
公喆　右迪功郎公實　朝奉大夫公賓
公賓　公寶　秉義郎　公求　公燮
彥耆　彥壽　彥冰　彥僎　彥價　彥假　彥倪　彥僾
彥仍　彥仟　彥儆　彥惠　彥偶　彥傈　彥倘　彥侶　彥誠　彥諴
珽夫　璿夫　琇夫　瓏夫　玘夫　琹夫　璲夫　璜夫　綰夫　紋夫　纘夫　緬夫　旺夫
尊夫　謙夫　議夫

趙惟辛寫　孔宥刊

郎俶之

公賓 修職郎公滓 公渻 承節郎公汻 迪功郎公漸 公洪

彥模 彥壚 彥琙 彥裕 彥鈇 彥悉

儴夫 俁夫 修夫 傳夫 僐夫 絜夫 境夫 場夫 璥夫 瞷夫 睟夫 栩夫

時燮 時搊 時轒 時倅

趙維新寫 孔希爵刊

武經大夫叔玑 內殿崇班叔㮛 成忠郎叔鄖

繪之 修職郎琰之 保義郎樺之 成忠郎顥之 成忠郎頎之

公言 公靚 公頌 公領

彥潛 彥彝 彥玒 彥玗 彥珆 彥琿

祝夫 禪夫 祑夫 祊夫 爨夫 褫夫 櫎夫

時逵

修職郎頎之

承節郎公珹

彥琲 彥現 彥㔉 彥岍 彥崾 彥嶠

棱夫 禰夫 禝夫 褖夫 禞夫 祄夫 棁夫 椽夫 榕夫 瀆夫 巖夫 徹夫 繒夫 綨夫 綿夫

時璽 時鎏 時湔 時欃 時澥

趙維新寫 孔希爵刊

修武郎叔益

贈朝奉郎箕之

公琪 承節郎公琅 承節郎公璲 朝請郎公意 忠訓郎公忠

彥嵎 彥駜 彥鉅 彥紅 彥芸 彥述 彥芊

絺夫 濂夫 淺夫 最夫 重夫 賓夫 守夫 定夫 寧夫 曒夫 桱夫 桓夫

宋史二百三十八　一百四十七字

宋史表卷二十九　三十五

趙維辛寫　孔斋刊

秉義郎善勛之

從義郎公愻　公悉　訓武郎公憙　忠訓郎公憲　成忠郎公愸　公息　公憓

彥甲　彥栄　彥臧　彥客　彥邑　彥全　彥聚　彥让　彥孫

楠夫　祕夫　杼夫　棬夫　槿夫　棲夫　橙夫

時梃　時礫　時碱　時邊

若鏄　若鐈

安定侯叔倸

太子右內率府副率克勉　常山郡公克助　贈嘉國公叔復謚　叔壽良

秉義郎延之　朝奉郎建之

公慈　公遠　公位　公表　公遷　公說

彥以　彥建　彥驤

僾夫　纓夫　樋夫　梯夫

時鏄　時鉸

宋史二百三十八　一百三十字

宋史表卷二十九　三十六

趙維辛寫　孔斋刊

修武郎祉之　秉義郎禔之

公懋　承信郎公愬　承信郎公戣

彥傳　彥偲　彥汯　彥翺　彥瀶

衿夫　謙夫　和夫　源夫　齊夫

時僾　時禄　時徹　時枚　時脅　時膈　時厅　時庙

若爨　若岫　若戀　若饋

康州防禦使叔洞

忠訓郎衡之　朝奉大夫術之

公譖　保義郎公从　承節郎公儒　左從政郎公傑

彥肆　彥略　彥暗

弥夫　訶夫　杉夫　彌夫　灑夫　澤夫

時瀹　時琝　時漆　時洼　時澡　時拂　時愬

若夯　若賁

右從政郎公健　富義郎公億　公保　儒林郎公俠

彥晤　彥昞　彥暈　彥昇　彥曉

泜夫　轙夫　轔夫　軼夫　歷夫

時悫　時憲　時愡　時潓　時憁　時忢　時急　時衙　時愐

若璺　若熿　若碥　若碏

武德郎叔昉

從義郎衛之　秉義郎衙之　忠訓郎定之

承信郎公佖　成忠郎公倓　成忠郎公倬　公倚

彥晰　彥聿

轄夫　轙夫　遲夫　㙞夫　坐夫　𢘥夫

時播　時梗　時檟　時瑋

若愨

彥譯

衛夫　宁夫　寫夫　從夫　宇夫　立夫

時璣　時茵　時芝　時讕　時珽　時鑄　時鈙　時鐺　時鈴　時釬　時誌　時諯　時詁

若潦　若湔　若澣　若涎　若忞　若恭　若悪

承節郎寬之

公瑮　公碧

彥樟　彥擂　彥揑　彥攬

情夫　悾夫　愔夫　慽夫

時詮　時詥　時詗　時諙　時訂　時瀜　時浙　時鈷　時飄　時潫　時穗　時穰

若奮　若悉　若懲　若愸

宋史二百三十八

宋史表卷二十九

三十九

宗之 寀之 宲之 容之

公琪 公錠 公𤩪 公璿 公億

彥撕 彥拾 彥禠 彥祼

諏夫 調夫 譝夫 詒夫 譿夫 讓夫 柎夫 攬夫

時琜 時璽 時壆 時𡑞 時璺

內殿承

公侁 修職郎公併 公倘 公倢

彥述 彥遲 彥遂 彥遜 彥怡 彥僃

擯夫 抱夫 槁夫 楪夫 概夫 蜀夫 珹夫 玹夫 璩夫 椇夫

時褎 時員 時燮 時票 時垿 時塨

二百十一字

趙椿 辛寫 孔裔 刊

宋史二百三十八

宋史表卷二十九

四十

南陽郡公承豐

建國公克劭 濟陰侯克眷

制叔勵 武功大夫叔嶸 右監門衛率副使叔倫 遂 武翼郎叔禮 內殿崇班叔瑛 宣城侯叔傑 叔澡

忠訓郎 琬之 琦之 珙之 修職郎 戩之 保義郎 壽之

公實 公寔

彥從 彥徽 彥歧 彥巖

坊夫

時心

若晭 若堅

北海侯克近

內殿崇班叔庚 右班殿直叔表 武功郎叔驍

保義郎 貴之 秉義郎 習之 保義郎 拱之

公文 公文 公文 文林郎 公乂

彥肆 彥瞟

𩔃夫 壿夫 傑夫 侊夫 偦夫 堯夫

時𢞗 時湉 時滮

若𥌓 若𤥭 若𤩡

二百六十二字

趙椿 辛寫 孔裔 刊

宋史二百三十八 一百二十八个

宋史表卷二十九 四十一

忠訓郎充之

公志　公悉

彥物　彥適

續夫　适夫　礿夫　燭夫

時汧　時瀫　時儲　時健　時倫　時儋　時誼　時烯　時倸　時傅　時倧　時傢

若竢　若鈅　若鉉　若倌　若軨　若銑　若鍘　若墇　若錚

奉議郎彥之　右之

承信郎公褒　公惠

彥鏗　彥鉞　彥坪

騫夫　岦夫　臬夫　撚夫　承夫　淲夫　浛夫　漓夫　鍊夫　籌夫　篆夫

時晛　時堂　時傜　時灝　時原　時銘　時鍉　時鐗　時茄　時淇

若轃

湖北新寫 鄂東刊

宋史二百三十八 一百三十个

宋史表卷二十九 四十二

右侍禁叔銳

承信郎識之　從事郎和之　左文林郎厚之

公憲　保義郎公都　公貴　公心　公旦

彥琿　彥綜　彥鏞

綏夫　篙夫

時潫　時挨　時擶　時捆　時搡　時攄　時掎　時拊

若璠

武經郎叔瀧

修職郎仲之　定之　兆之　右朝奉郎約之

公琲　從事郎公甫　訓武郎

彥畮　彥沈　彥灝　彥信　彥洛　彥惠　彥江

瑷夫　瑚夫　僯夫　邊夫　恓夫　儻夫

時鏄　時鐐　時鉏　時雯　時鋋　時霙

湖北新寫 鄂東刊

東頭供奉官克慕

右侍禁叔琮

希之 益之 揖之 恭之 忠訓郎淑之

公申 保義郎公均 公斤

彥先 彥允 彥嶸 彥諏 彥穮 彥畜

肖夫 衆夫 纓夫 紡夫 掌夫 著夫 蕃夫 蕙夫

時謌

保義郎公楷 公文

彥昇 彥歸 彥達

霍夫 慓夫 忬夫

時樅 時相 時諠 時誠 時瑫 時鄉 時璜 時峻 時鎬 時澈 時淅 時訒 時詒 時課 時詘

若逵 若遷 若念 若念 若應 若恝

秉義郎公武 公政

彥遠 彥遵 彥適 彥遊 彥堂 彥通

惝夫 悍夫 恢夫 杯夫 栤夫 橡夫 濬夫 伈夫

時璜 時玥 時磴 時鄰 時璋 時瓔 時淳 時煇 時稀 時墾

秉義郎叔誠 左班殿直叔衎 右侍禁叔鋼 武經郎叔卷

昌化侯承嗣

右監門率府率克念

彥遐

表卷第二十九

鮑雄新寫 淳庚刊

[illegible]三司上柱國錄軍國重事中書右丞相監修國史領經筵事[illegible]等修

宗室世系二十五

鄭國公房

保平軍節度使鄭國公德鈞

贈解州防禦使承褒

河內侯克明

贈右武衛大將軍叔璘

太子右內率府副率訪之　太子右內率府副率次之　鄭國公沆之　右侍禁公匪　修武郎公允

武經郎公旻

彥仁　彥弼　彥輔　彥閔　彥璺　彥舜　彥文　彥授

誠夫　營夫　耗夫　仝夫　秀夫

時雨　時弼　時鑑　時約　時感　時笼　時當　時其　時裕　時思　時詵

若栢　若瑱　若杞　若㦷　若棹　若僚　若櫓　若栭　若湜　若穹　若秉　若鏻

嗣橦　嗣衢　嗣璿　嗣文　嗣熹　嗣序

膺之仲

太子右監門率府率擬之　贈右屯衛大將軍積之　新泰郡公與之

三班借直公英　右班殿直公威　三班借職公敏　公疊　公至

彥逸　彥騊　彥翺

㮚夫　顯夫　瑢夫　㺹夫　理夫　璿夫

時法　時鏻　時璪　時纂　時倫　時儒　時迮　時仲　時侶　時湧　時請　時偰

若鎔　若鍭　若鋻　若鍋　若鐺　若鏸　若鐘　若鋼　若鑰　若鈐　若清　若璲　若滂　若瀣　若鉱　若鏞　若鈴　若鎬　若鏡　若激

嗣漢　嗣晞　嗣昉　嗣賓　嗣宛　嗣泰　嗣愷　嗣益　嗣稷　嗣岐　嗣曾　嗣頫　嗣賁　嗣旦　嗣葉　嗣睦　嗣萊　嗣蕙　嗣萃

八九

表三十

三

任德章

安定郡王承簡

東安郡公克荷

延安郡公叔釃　右武衛大將軍叔庠

高密侯楠之　右武衛大將軍康州防禦使寫之

左侍禁公應　武翼郎　公禮　左班殿直公曦　武翼郎公彦

彥䮐　彥時　彥疃　彥助　彥德　彥仁　彥曽　彥說

璉夫　球夫　羲夫　潔夫　義夫　吉夫　壹夫　雲夫　偉夫

時俊　時倲　時儴　時悦　時鑷　時优　時儁　時蒙　時倣　時茂　時儉　時宣　時宇　時昌　時永　時康

若澶　若津　若淨　若浵　若斿　若譓　若頫　若顓　若頷　若焱　若墠　若楸　若禬　若路　若濟　若陞　若堂　若柄　若漸　若桂　若無

嗣壇　嗣珩　嗣蘇　嗣逵　嗣嶸　嗣嵓　嗣崊　嗣銓　嗣鍬

八三

表三十

四

贈朝議大夫公騫　忠翊郎公玘　太子右監門率府率宇之　武翼大夫譴之

公達　從義郎公悦

彥元　彥綬　彥明　彥和　彥通　彥明　彥通　彥韓　彥適　彥升

儞夫　仲夫　仰夫　定夫　仁夫　義夫　侠夫　誕夫　知夫　峻夫　寶夫　璽夫　堯夫　埰夫

時潚　時寶　時麋　時席　時夼　時磨　時儁　時援　時㴇　時湯　時浩　時揚　時球　時泰　時用　時淳　時寶　時琬　時儆

若銜　若鏌　若瀾　若瓛　若璡　若瑝　若瑼　若暢　若瓔　若玗　若㯶　若鏢　若楝　若㵎　若愉　若佟

嗣達　嗣還　嗣遐　嗣逸　嗣通　嗣憲

表二十　五

南陽侯克興
右班殿直叔俶
修武郎叔儇
成忠郎庸之
奇之
武翼郎定之
忠訓郎望之
益夫
龍夫
夔夫
鍵夫
時流
錚夫
時潤
鈸夫
時漠
承信郎公料
彥情
鉦夫
公統
彥義
彥旦
從義郎公照
彥興
時適

承節郎康之
忠訓郎良之
公允
彥旎
璞夫
彥攡
彥涵
彥沅
彥淳
彥輔
彥潛
公堯
公先
保義郎公保
彥植
公依
承信郎公果
左班殿直叔秩
武經郎叔魷
修武郎啓之
公新
承信郎公翊
義之

表二十　六

安定郡王承幹
和國公克敦
高密郡公叔盎
右殿直璪之
右班殿直瑮之
秉義郎琡之
公宅
秉義郎公定
彥遵
彥迴
保義郎
公寶
瑗之
公遵
彥瓛
彥佶
彥鈉
溫夫
彥鐵
材夫
彥錫
孝之
公賛
蕃之
公遷
公逵
彥佖
媧夫
時瀣
兇夫
婥夫
時犞
時雗
婔夫
時槃
媾夫

公寶
公安
公粲
承節郎公寬
彥述
忠訓郎瓚之
武翼大夫叔皦
忠訓郎瓛之
承節郎璟之
公儀
公蔟
武經郎叔謨
東平侯克璬
右監門率府率叔愼
太子右監門率府率宴之
榮國公叔炤
汝南侯韡之
成忠郎公贉

表三十

贈朝議大夫承之　贈修武郎榮之

訓武郎公遣　公瑀　修武郎公抃　公石　公緯　訓武郎公達

彥槫　彥倰　彥癖　彥烟　彥榆

銑夫　瀗夫　潸夫　瀲夫　泫夫　濠夫　湣夫　湋夫　淳夫　湣夫　覃夫　魏夫　虵夫　韋夫　潦夫

時遴　時迅

若謁　若種　若㯖

七

朱仁

朝請大夫公説

彥垯　彥壇　彥札　彥㛃　彥畊

汴夫　鎧夫　鍚夫　鈉夫　鈐夫　鏀夫　鍵夫　鐵夫　鏉夫　鏻夫　鑑夫　鑾夫　鑒夫

時遷　時烟　時崐　時畊　時濆　時圓　時冲　時禋　時湖　時濂　時衡　時浤　時滋　時㬌　時坤

若濤　若翊　若詔　若烟　若琳　若棣

表三十

武翼郎　贈之

贈右朝請大夫　贈特進公智　通直郎公誼

彥闢　彥程　彥棋　彥勉　彥樗　彥圻　彥瑕

琪夫　烑夫　烯夫　釟夫　瑚夫　殲夫　㶅夫　瓚夫　熔夫　鐈夫　鉞夫　錆夫　鐔夫　鑣夫　鈺夫　鎮夫　鐩夫　鐫夫

時介　時嗽　時枇　時遲　時邏　時迓　時蓮　時滂

八

彥翺　彥丞　彥畯　彥璽

鑄夫　㸃夫　時夫　儀夫　竹夫　浯夫　淳夫　淸夫　鐏夫　鑠夫　鑯夫　忻夫　忞夫　㚖夫　洄夫　洙夫　濘夫　忞夫

時俞　時[illegible]　時樊　時亨　時升　時佳　時鏈　時豎　時炤　時瑠　時詳

若鐈　若鍚　若鉞　若鐲　若鈁　若櫓　若濇　若淅　若𥐓　若鏈

表三十　九

贈武經大夫穆之
公侖　贈武經郎公晉　武翼郎公錫　成忠郎公厚
彥梧　彥柜　彥棣　彥泙　彥鑢　彥特　彥瑮　彥珊　彥緌
緦夫　琊夫　琳夫　玠夫　玐夫　穡夫　翼夫　滿夫　懋夫　諝夫　佇夫　誕夫　儇夫　備夫　個夫
時鍵　時嚶　時粟　時頖　時格　時暢　時檝　時枋　時振　時辭　時逍
若沘　若滗　若汥

建國公叔戍
敦武郎晉之　右監門衛大將軍要之　贈宣教郎安之　秉義郎慶之
公压　公塔　承信郎公敏　公堅　迪直郎公遴　保義郎公壽
彥琎　彥揄　彥淉　彥灊　彥濋　彥瀛　彥鑿
充夫　棄夫　銶夫　㮚夫　枘夫　鋼夫　鍱夫　謀夫
時恩　時㟁　時孏　時燔
若㷫　若墽　若灶　若澍

表三十　十

贈武經郎倚之
忠翊郎公祿　承信郎公惪　公絢　公記　秉義郎公轄　修職郎公弼　秉義郎公韆　贈朝請郎公壇
彥及　彥顏　彥遇　彥嬌　彥迷　彥括
瑀夫　傈夫　順夫　鏉夫　贊夫　穎夫　實夫　龐夫
時先　時傋　時倉　時㸌　時蔱
若釩　若玶　若暱　若孏　若鈗
嗣俊

敦武郎彥之
承信郎公實　公遼　公賓　保義郎公家
彥璧　彥理　彥神　彥溫　彥逿
文夫　詳夫　以夫　回夫　錫夫　鏵夫　固夫　膺夫
時熱　時𪰂　時濬　時倅　時琳　時𤏸　時𡐓　時玧　時炙　時𨔹
若涚　若眉　若浚　若𡍲　若𨮝　若綸　若侃
嗣張　嗣玕

表二十

十一

忠訓郎愿之　忠翊郎充之

公度　公審　公吟

彥珈　彥璥　彥豫

汲夫

時櫟　時仟　時旻　時審　時曾

若杖　若釶　若鎚　若鏵　若汀　若洞　若濊　若滕　若肱　若豫　若滕　若朦　若臏　若朋　若朦

嗣琦　嗣璇　嗣鉍　嗣鎔

周中山

買夫　瀹夫　浉夫

時昊　時吊　時畢　時曆　時磨　時若　時蕢　時嶂　時噲　時瑎　時峪　時曈

若膰　若腱　若脈　若胙　若腴　若腆　若膸　若胃　若膝　若背　若脥　若臙　若肢　若雕　若脲　若所　若膝　若朋

表三十

十二

彥剴　彥鎦

湯夫　嶽夫　滁夫　漑夫　沱夫　滸夫

時曜　時晲　時觀　時膞　時埗　時暾　時曉　時曦　時晉　時諠　時驟　時晕　時曦　時最　時歡　時晨　時敢

若饋　若貨　若脒　若臏　若朦　若脈　若脁　若肕　若嶹　若臞　若迴　若侃

公橪　承信郎公實　公峻　武德郎通之　公暷　忠翊郎公吹

彥直　彥立　彥臨　彥岬　彥旦

褔夫　斌夫　瀷夫　濑夫　濼夫　濚夫　澗夫　澀夫　灝夫　瀘夫

時徑　時憕　時憶　時庇　時儕　時憣　時彷　時凞　時諴　時曐　時昉　時曦

若明　若膻　若環　若蘽　若仰　若緣　若瑱　若僖

表三十 十三

華原郡王叔濛

成忠郎晉之　左侍禁畤之　武翼郎決之　敦武郎信之

公家　公[illegible]　公彥　公敏　公鄰　公奕

彥回　彥炤　彥嫖　彥僥　彥健

崴夫　彭夫　承夫　曦夫　綑夫　𣈶夫　炳夫　津夫　美夫　首夫

時琰　時璥　時珂　時莙　時畢　時軻　時𥎊　時𤓰　時壓

若社　若堅　若坐　若衢

公燮

彥倖　彥鼾　彥悅

闓夫　灊夫　穀夫　蟜夫　正夫　英夫　晉夫　濬夫　湑夫　淀夫　漬夫　汭夫　滉夫　澮夫　濇夫　滉夫　涂夫

時瑝　時玎　時琦　時玞　時瑀　時壚　時瑱　時𤩱　時璔　時五　時璽

若㮡　若梧　若槽

子文

表三十 十四

成忠郎　從義郎正之　贈武經郎用之

公充　保義郎公皷　公泰　武翼郎公㿉　承信郎公府　承信郎公庚　公康　公庶

彥感　彥悛　彥𢙽　彥儀　彥寧　彥容　彥宅　彥覓　彥寧　彥喬　彥韋

濠夫　激夫　浮夫　英夫　𤾣夫　浚夫　清夫　斯夫　琰夫

時琉　時瑺

若梅

崇國公叔佁

懷之　承信郎成之　承信郎厚之　承信郎佩之　承信郎肅之　武功郎膺之

公堯　承信郎公備　公埼　公𡺠　保義郎公章

彥福　彥飛　彥𩤁　彥資　彥貴

收夫　瑪夫　暐夫　瑀夫　暉夫　映夫　暶夫

時莠　時濂

宋史卷二百三十五 表二十 十五

行	右半	左半
三	武經郎	彥之
四	忠翊郎 公奇 成忠郎公滿 公辛 公端 忠訓郎公毅 公鱗 修武郎公護	公茂
五	彥燮 彥璿 彥達 彥瑑 彥琅 彥賓 彥貴	彥玢 彥纂 彥珪
六	楊夫 陛夫 壘夫 宏夫 奭夫 宴夫 晤夫	楳夫 得夫 滏夫 焞夫 悅夫 苾夫 蘄夫 卣夫 瑞夫
七	時念 時恩 時息 時嬌 時晴 時吞 時鏞 時贇 時祚 時禎	時傳 時勉 時暉 時悳 時武 時露 時通 時涓 時拾
八		若臻 若聖 若珎 若璣 若瑬 若鍱 若嶧 若琮 若燮 若璉 若璥

元仲

宋史卷二百三十五 表三十 十六

行	右半	左半
三	濟陽侯叔綱	
四	秉義郎廣之 贈朝請大夫崇之 從義郎延之	
五	公衎 公衍 修武郎公迪 公達 公遇 公邁 贈武翼郎公瓛	訓武郎公觀 承節郎公鋆
六	彥攸 彥仙 彥儼 彥銳 彥暢 彥儦 彥兮	彥愫 彥心 彥深 彥淮 彥雍 彥浚 彥肥 彥淏
七	洽夫 潛夫 湜夫 洪夫 澄夫 洵夫 治夫 泱夫 濃夫 滑夫 澈夫 僑夫 价夫	瓔夫 璫夫 璪夫 琯夫 玘夫 琥夫 鑰夫 櫼夫 櫰夫 楠夫 檷夫 楊夫
八	時爐 時烊 時琄 時鵰 時皖	時杆 時瀔 時顧 時璵 時櫃 時瑮 時地
九		若瞳 若璜 若瓀 若蒔 若時

百九十八　表三十　十七　林茂

贈濮州團練使承偉

廣平侯克溫　暨陽侯克周

內殿崇班叔洪　臨汝侯叔徹　河內侯叔民　華國公叔戩

承節郎堅之　太子右監門率府率測之　贈左領軍衛將軍占之　修武郎壽之　西頭供奉官得之　高密侯迎之　廣平侯體之　馬明侯風之

公才　公韶　公廷　公恪　公粹　公迪　忠訓郎公亦　贈宣奉大夫公澤

彥朔　彥古　彥孟　彥榮　彥犇

琈夫　汮夫　修夫　儕夫　暌夫　中夫　纂夫　謙夫　實夫　寔夫　鉉夫　舒夫

時檝　時語　時鏞　時發　時道　時奔　時煥　時攻　時澈　時禳

若虞　若潜　若珪　若饒　若樸　若玠　若琯　若球　若琪　若璐　若璆

嗣犁　嗣商　嗣樫　嗣魁

百八十二　表三十　十八

安定郡王叔東

太子右內率府副率章之　左班殿直流之　忠訓郎櫛之　秉義郎果之　武經郎堅之

武節郎公允　公寶　公泳　公壽　公標　秉義郎公燠

彥高　彥參　彥質

晉夫　祚夫　翼夫　碩夫　楯夫　柘夫

時駿　時璣　時有　時準　時璨　時猷　時琬　時栿　時僚　時瀚

若璜　若璃　若樸　若䌷　若檟　若洲　若綷　若錦　若鉀　若鐵　若瑋　若璇　若瓛

嗣安　嗣爰　嗣綠　嗣璈　嗣璉　嗣洤　嗣璩　嗣息　嗣邊　嗣叟　嗣汜　嗣逸　嗣汝　嗣儲　嗣坤　嗣伊　嗣价　嗣松　嗣僊　嗣仡　嗣叩　嗣仍　嗣闕

表三十

十九

贈右宣教郎堂之

左承議郎公緯　保義郎公㟩

彥賀　彥賛　彥贊　彥賁　彥胄　彥鶴　彥龠　彥翔

珂夫　曈夫　湛夫　沆夫　源夫　瀘夫　湜夫　滴夫　瀞夫　意夫　瀞夫　寫夫　冉夫　憤夫

時僃　時儔　時敔　時焰　時㥅　時伩　時𩔐　時瞖　時琮　時璸　時延　時遼　時迴　時迹　時𧼯　時槐　時橦　時桎　時還　時遨　時青　時𤏲　時鉛　時迴　時蓬　時運　時逌

若𢡟　若𢤱　若嶒　若莪　若藻　若藩　若惠　若懲　若𢀖　若恂　若蟠　若鋒　若鈴　若劍　若卓　若鐵　若鑄　若錦　若鍊　若璠　若瓘　若豔　若欽

嗣㮏　嗣機

仲凱

表三十

二十

榮國公叔何

左班殿直埜之　彪之　右班殿直發之　贈左承議郎亟之　秉義郎里之　武德大夫𫖮之　忠訓郎輯之　贈通議大夫幹之

承議郎公傅　忠訓郎公儦　承節郎公㒞　公俚　秉義郎公巢　贈武義大夫公　亮　忠訓郎公芾　承節郎公退　忠翊郎公在　忠翊郎公直　公符　武翼郎公時　贈大中大夫公晰

彥皓　彥胥　彥兖　彥宗　彥宰　彥仁　彥防　彥方　彥雯　彥𢘊　彥縈

滸夫　瑜夫　琛夫　凍夫　彰夫　瀟夫　彭夫　同夫

時昻　時晉　時又　時咸　時鋆　時鑿

若蘢　若莄　若塱

武翼郎公煒　武經郎公昹
孝允　孝鍼　孝聖　孝瑜　孝臺　孝鶚
鬻夫　巇夫　建夫　轉夫　葸夫　鏽夫　綵夫　鱗夫　昭夫　東夫　鏞夫
時璺　時敝　時熾　時劭　時穹　時㯢　時埒　時燁　時烽　時壁　時鑭　時汘　時打
若埩　若溥　若涌　若渾　若激　若湖

忠翊郎鑣之　武翼大夫矜之
保義郎公騂　保義郎公通　朝散郎公㦸
孝㕣　孝廷　孝巘　孝鋼　孝瑢
能夫　仁夫　鞝夫　鯀夫　鑒夫　子夫　麟夫　敷夫　伍夫　㣘夫　鐃夫　復夫　濬夫　瑃夫　璪夫
時捎　時海　時淡　時琭　時䶵　時熤　時㴱　時僔

宣城侯承雅
永嘉郡王克端
太子右內率府副率叔川　太子右內率府副率叔金　華陰侯叔嫦　建國公叔彰
三班奉職祥之　秉義郎靖之　三班借職務之　敦武郎文之　秉義郎應之
訓武郎公閑　公篤　公志　公憲　公勉
孝浮　孝泣　孝順　孝湧　孝玉　孝璺　孝璜　孝明　孝璽　孝姚　孝璣　孝琳　孝璠
瞰夫　昂夫　暉夫　鍉夫　鏈夫　譯夫　謢夫　潩夫　浣夫　昂夫　汭夫　鑾夫　鍺夫　仍夫　攏夫　曉夫　基夫　奇夫
時逾　時灊　時室　時涉　時㰚　時橐　時㰖　時砌　時椇　時𢡾　時㶊　時敝　時䄲　時招

成忠郎繝之
忠翊郎元之

訓武郎公衢
訓武郎公怤
武翼郎公志
成忠郎公卷
公憓
公撖
公棨

彥淵　彥熠　彥曖　彥唷　彥昕　彥嬅　彥晤
彥琚　彥縱　彥㵾　彥琿　彥晩　彥曝　彥闓　彥鈍　彥彝　彥一　彥正　彥協

垩夫　㵳夫　嵧夫　嗚夫　調夫　琥夫　淊夫　談夫
綸夫　澡夫　爲夫　獅夫　特夫　枯夫　時夫　鯨夫　澄夫

時𣻏　時濱　時㵘　時淪　時潭　時煋　時㴚　時汝　時鐩　時坤　時䤹　時料　時隧　時煒　時烘
時習　時晳　時晉

贈樂國公克用
贈左武衛上將軍克肇

太子右內率府副率叔㢲
房陵郡公叔濆
太子右內率府副率叔輔
太子右內率府副率叔𦈈
太子右內率府副率叔𡍬
太子右內率府副率叔瞻
太子右內率府副率叔飛
雲安侯叔到
通義侯叔輝

三班奉職直之
武翼郎實之
右班殿直全之
保義郎熙之
敦武郎伸之
忠翊郎巘之
承節郎僔之
保義郎蒴之
敦武郎仁之

公鮮
忠翊郎公閑
公明
公遠
成忠郎公𢢀

彥通　彥最　彥監　彥昱　彥昇
彥清　彥訶

𦈈夫
璩夫

時𦊏
時𣂏

表三十　廿五　盧起潜

(right half)

贈右金吾衛大將軍叔瑛

承務郎僩之

保義郎公述　承節郎公間　承節郎

彥豆

㵙夫　証夫　閔夫　原夫　董夫

時畹　時畋　時甯　時瞿　時嘉　時犨　時壽　時如

若巳　若霙　若梵　若息　若思　若覞　若意　若晤　若澍　若淇　若湞

嗣垺　嗣沓　嗣潩　嗣豆

(left half)

右監門衛大將軍康州防禦使叔僖

從事郎信之　承信郎代之　三班奉職修之　敦武郎傳之　武德郎儆之

公闢　成忠郎公塌　秉義郎公璥

彥犟　彥習　彥傑　彥溥　彥彬　彥𧴩　彥松　彥梓　彥壚　彥櫞

逌夫　埴夫　坡夫　儞夫

時達　時遄　時遊　時遵　時適

若汱

表三十　廿六

(right half)

贈武義大夫叔侁

武翼郎闇之　成忠郎

成忠郎公瑛　文林郎公曙　秉義郎公琡　武翼郎公証

彥榴　彥材　彥鑰　彥劭　彥楷　彥璨　彥鏞　彥樸　彥詞

汸夫　濰夫　灌夫　浹夫　諸夫　渦夫　滾夫

時檠　時墺　時場　時塗　時犨　時讀

(left half)

贈右奉直大夫叔亢

閱之　闡之　贈太中大夫僑之　贈太中大夫成之

贈朝奉郎公宗　修職郎公璟　贈朝議大夫公翰

彥來　彥曾　彥暐　彥元　彥凱　彥坦　彥𪎊

涓夫　滐夫　沖夫　澴夫　彬夫　慄夫　鍇夫　鏞夫　棨夫

時沔　時濡　時璩　時鉞

若淯　若滲　若漉　若湋

表二十　二十七

世次	右半（自右至左）	左半（自右至左）
叔		敦武郎叔紕
之	成忠郎行之	僴之　儵之
公	武節郎公禯　右迪功郎公激　通直郎公津　忠翊郎公平	公遠　公逸　公迭　公邁　公送　公適　承節郎公迪
彥	彥㦃　彥槵　彥𣛭　彥械　彥洲　彥棨　彥栻　彥繸　彥亘	彥秘　彥樅　彥厚　彥雲　彥友　彥酌
夫	惻夫　昺夫　昀夫　鑄夫　詒夫　攔夫　燎夫　濩夫　彰夫　墀夫　鱗夫　潢夫　旟夫	櫶夫　楢夫　櫟夫　垄夫　永夫　密夫　的夫　騎夫　虹　焯夫　欄夫　泡夫
時	時滂　時瀏　時傛　時遲　時滄　時埸	時裒　時憲　時林　時顯　時鼎　時瞄　時铉　時鬱　時退　時昳　時炕

表二十　二十八

世次	右半（自右至左）	左半（自右至左）
叔	右班殿直叔譽　武經郎叔尚　武德郎叔煊　敦武郎叔時　武翼郎叔𢥞	忠訓郎叔潭　忠翊郎叔渦
之	似之　保之　儔之　忠訓郎价之　洸之　植之　傅之　重義郎	餘之　撰之　僔之
公	公遽　公遄　公逮　公進　公鍋　公謀　公晧　公璋　公良　從義郎	公避　保義郎公峋　公瓓　公瑄　公璿　公璐　公瓖　公璵　公玢　公珩　公墐　公璲　公瓛
彥	彥漴　彥泒　彥溍　彥濆　彥瓚　彥皈	彥懭　彥璬　彥琰　彥燁
夫	颯夫　琦夫　錫夫	曜夫　驊夫　駒夫
時	時鳴	
若	若昇	

祈國公承裔
贈右領軍衛將軍克平
高密郡公叔沂
武翼大夫行之　武翼郎戩之　右侍禁申之　左班殿直槩之　保義郎欽之　承節郎挺之　承信郎
公繪　保義郎公物　公純　公繹　公兜
彥明　彥賢　彥智　彥昀
寀夫　褒夫
時樅　時抗　時祓　時祺

高密郡公克寬
河間侯叔詣
揆之　右侍禁道之　武經郎淵之
公進　公合　公企
彥滌　彥淳　彥濵　彥浚　彥湑　彥彤　彥漳
涪夫　歃夫　憎夫　終夫　滌夫　侶夫　僤夫　滭夫　湢夫　燧夫　津夫　嫉夫　陵夫　循夫
時擿　時擇　時揀　時掄
若雷　若霖　若震　若霈　若霈

保義郎遷之
承節郎公定　忠翊郎公實
彥文　彥灕　彥渲　彥仁　彥俊　彥閒　彥伺　彥憬　彥忭
釗夫　鐸夫　瓛夫　彷夫　賠夫　礦夫　嫿夫　紅夫　適夫　迎夫　甲夫　辰夫　淯夫　淇夫
時歉　時晌　時增　時戀　時泱　時麂　時憲　時中
若霞

華陰侯克支
太子右內率府副率叔瞿　彭城侯叔驗
信之　秉義郎洹之　保義郎安之　保義郎煥之　承節郎誕之　秉義郎宗之　左班殿直祐之　武經郎守之
公協　公䰟　公成　右通直郎公寶
溫夫　夔夫

贈中奉大夫尙之　忠訓郎正之

武經郎公育　贈朝奉大夫公鄜　贈朝奉大夫公賡　公立　公作　公檣

彥伾　彥倡　彥儆　彥侘　彥伇　彥復　彥伸　彥儒　彥倓　彥俞

洌夫　得夫　溥夫　云夫　階夫　直夫　漉夫　宏夫　寬夫

左朝奉郎舉之　行之　秉義郎慎之　立之　直之

保義郎公亊　公亮　公卞　保義郎公獻　公檠　忠訓郎公圭

彥儔　彥噌　彥唪　彥衡　彥衙　彥錫　彥傑　彥傳　彥勉

紂夫　淟夫　省夫　迴夫　過夫　閬大　正夫　緃夫　珠夫

時永　時鑓　時發　時觿　時[illegible]

贈右武衛大將軍克任　榮國公克勇

博平侯叔耊　華原侯叔荊

贈武節郎成之　忠翊郎由之　贈朝議大夫盈之

承信郎公偭　訓武郎公傃　承信郎公信　贈朝散大夫公儁

彥應　彥愬　彥襄　彥放　彥愈　彥忠　彥洪　彥慘　彥憕　彥伏　彥恢

登夫　仁夫　晌夫　鈗夫　躇夫　纚夫　鋒夫　真夫　清夫　儇夫

贈左朝散大夫叔僕

修武郎婣之　武翊郎寶之　宣教郎罪之　從義郎俟之

武德郎公伊　武經郎公侠　公浩　承信郎公激　公傳

彥惺　彥御　彥柢　彥懞　彥慓　彥炃　彥炳　彥昌

同夫　逵夫　銓夫　立夫　孱夫　亨夫　百夫　搶夫　祜夫　祥夫

時泰

表三十

東陽侯承鑒

齊南侯克悚　信都郡公克𠛷

東頭供奉官叔佖　右侍禁叔珋　汝南侯叔蚡　德國公叔眉

二班借職進之　三班借職通之　三班借職賢之　賓之　贊之　三班借職先之　武翼郎貢之　左班殿直實之　武翼郎寳之　武經郎貢之　贈武翼大夫賁之　忠翊郎賞之　成忠郎贄之　忠翊郎賚之

修武郎公任　秉義郎公僖　從義郎公幹

彥發　彥昇　彥暉　彥璆　彥封

福夫　祺夫　德夫　提夫　蔡夫　華夫

時恭

右班殿直克

三十

表卷第三十一　宋史二百四十

開府儀同三司上柱國錄軍國重事前中書右丞相監修國史領經筵事都總裁臣脫脫等奉勑修

宗室世系二十六

鄆國公房

建安郡王承裕

華國公克諶

富水侯叔蓮　益　從　叔耒　武翼郎叔詠

太子右內率府副率接之　敦武郎唐之　傳禁協之

感忠郎宥之　秉義郎有之　保義郎坦之　植之　贈朝奉郎鑄之　修武郎叔旄

承節郎公邀　承節郎公達　從義郎

彥桂　彥樽　彥椿　彥松

浩夫　溪夫　冷夫　沆夫　維夫　沂夫

宋史表卷三十一　一

宋史二百四十　一百六十八

趙維新寫　呈祖刊

公進 朝請大夫公遴 承信郎公遠 武經郎公迉 承節郎公選 公遐

彥樞 彥杉 彥機 彥宗 彥栞 彥棠 彥萊 彥朱 彥槫 彥寀 彥椅 彥棨

唯夫 熷夫 炯夫

疇之 濤之

宣教郎公逆 保義郎公邃 公遡 承節郎公迨 成忠郎公逸 承節郎公迦 承信郎公逵

彥橦 彥梲 彥椐 彥橘 彥楒 彥棨 彥楷 彥櫻 彥標 彥榆

房國公克敏

敦武郎叔驤 武經郎叔鄙 右班殿直叔儻 左侍禁叔徽 叔革 右侍禁叔机

疇之 璹之 保義郎暉之 秉義郎勳之 承節郎爵之 熙之

公迥 公迢 公皇 公輅 公覲

彥杞 彥仁

秉節郎叔鄒 左班殿直叔緫 秉義郎

忠翊郎穟之 朝奉郎柿之

公頣 公顧 公錫 公鏘 公鉌 公釭 公鉞 迪功郎公劉 公鑾 公鎣

彥珌 彥潭 彥璽 彥雯 彥宓

崇國公克巍
叔華
武翼郎叔邑　修武郎劍之　秉節郎公瑊
公容
公訔
成忠郎甡之　公琦
公瓚
公珪
武翼郎叔炵
武翼郎叔悊
武翼郎叔服
武經郎叔括　敦武郎穪之　公璩　彥憒
彥奐

公瑜　彥侣　日夫
欲夫
公琳
公珪
公如
右班殿直叔[illegible]　譚之
從義郎叔鈐　武節郎禩之　秉義郎公夏
公亜
武節郎叔[illegible]　保義郎諰之　修職郎公恍　彥頤
彥頴
彥頊
從義郎叔恪
修武郎叔憕　承信郎侊之　公圭　彥詸

成忠郎邦之　承節郎公樞　彥溉
彥澳
彥湄
公炎　彥豐
保義郎傑之　公昌
文林郎公玨　彥重
彥刊
奉禁叔驗
忠翊郎叔垓　保義郎詷之　公城
公璇
忠訓郎叔良
忠訓郎叔倰

成忠郎叔乱
成忠郎叔岐
成忠郎叔秀
成忠郎叔捷
馮翊侯叔鉁　保義郎闢之　公明　彥右
閬郡公承詡
馮翊侯克淳
河內侯克贇
南康侯克勤　右監門衛大將軍達州團練使

叔琪 武翼郎叔佀 東頭供奉官叔汭

成忠郎敵之 成忠郎進之 承節郎樵之 從事郎賁之 從政郎資之

承信郎公瑶 公鄰

彥劍 彥錠 彥迁 彥陶 彥政

滜夫 滿夫 演夫 誄夫 諡夫 憙夫 愿夫 浩夫

贈右金紫光祿大夫叔屖

朝奉郎進之 右朝請大夫迺之 遜之 贈右議大夫逵之

公慶 右迪功郎公源 公深 從義郎公侹 太平縣開國男公佪

彥標 彥栫 彥註 彥誠

微夫 迨夫 遽夫 營夫 惪夫 潛夫 淮夫

修武郎逸之

承直郎公任 文林郎公楅 從政郎公僅

彥誥 彥譞 彥竦 彥諭 彥諟 彥誌 彥琜

沅夫 益夫 潓夫 泱夫 憓夫 潢夫 湄夫 麒夫 鳳夫 安夫 與夫

武翼郎叔仕 武經郎

贈奉議郎運之

公檜 朝請大夫公若 忠訓郎公箕 秉義郎公旨

彥需 彥寓 彥窒 彥渶 彥澧 彥澂 彥寀 彥樂

旺夫 寓夫 寧夫 和夫 烓夫 焴夫

宋史二百四十　一百四十个字

清源侯克猛

叔韡　武德郎叔遠　右班殿直叔琟　武經郎叔適

承信郎守之　承節郎存之　燕之　次之　從事郎穎之

公茂　公明　公瑭　公壽

彥舜　彥鏄　彥聖　彥佳　彥傿　彥偪　彥佪　彥促　彥偬

執夫

宋史表卷三十一　八

趙維新寫　呈陰刊

武翼大夫叔敢　右班殿直叔璯　武經郎

粹之　成忠郎憲之　忠翊郎懋之　敦武郎惺之　忠翊郎恕之　忞之

承信郎公珇　公揩　承信郎公玏　公瑹

彥繪　彥淮　彥濟

杖夫

宋史二百四十　字一百三十五个

房陵郡公克劭

叔郱　洋國公叔虎

綧之　敦武郎繻之　經之　贈朝請大夫衡之　宣教郎直之

承議郎公庇　從政郎公築　武翼郎公一

彥濤　彥帶　彥晉　彥普　彥仁

江夫　羽夫　鑾夫　逷夫　鐳夫

時蕑　時鴈　時槳　時覺　時淇

若梓　若塗

宋史表卷三十一　九

趙維新寫　呈陰刊

東頭供

奉議郎開之　儒林郎約之　武翼郎敎之　詳之　敦武郎寧之

公永　承節郎公穎　公準　公瞯　武經郎公暐　公立　公明　公逵　公臬　公敀

彥中　彥又

奉官叔僭
秉義郎全之
公諒　奉議郎公旦　公壽
彥昊　彥戚　彥躬　彥鼎　彥昱
岑夫　蘭夫　梓夫　麗夫　根夫　誂夫　栻夫　鵬夫　鴻夫　鳴夫　鸞夫　鶼夫　義夫　爾夫
時恭　時憲

道維新寫　呈發刊

字一百令十个

修武郎叔启
承節郎價之　從事郎闡之
訓武郎公祉　保義郎公望
彥成　彥適　彥宏　彥益　彥舜　彥昺　彥杲
廣夫　慶夫　庠夫　廉夫　慧夫

敦武郎叔庚　從義郎叔冑　贈右朝
忠翊郎閥之　秉之　惱之　埶之
公璠　公琛　公璉　承信郎公玫
彥乾　彥膺　彥筠　彥同　彥璧　彥祿　彥邈　彥過
宋夫　縣夫

道維新寫　呈發刊

二百二十个

請大夫叔良
承節郎郁之　敏之　朝奉郎鄧之　承議郎析之　敦武郎鄰之　修武郎
公壽　公瑀　公瓛　公曄　武經郎公昞　成忠郎公晚
彥拜　彥山　彥虤　彥林　彥从　彥昇　彥朋
壇夫　墩夫

宋史二百四十
百二十五

江國公房

忠正軍節度使江國公德鈞

樂安侯承遹

右金吾衛大將軍光州團練使克虔

忠訓郎叔郢　太子右內率府副率叔湛　秦國公叔武

邵之　贈觀察使偃之　濟陽侯爵之　河內侯和之　右班殿直興之　贈?頭

公綬　忠翊郎公覡　承務郎公暎　修武郎公琢　三班奉職公證　三班奉職公佐　公卓　公儀　公興　公徹　公衍

彥昭　彥雍　彥高　彥文

端夫　燾夫　衛夫

時舜

若輿

宋史表卷三十一　十二

趙維新寫　呈祥刊

宋史二百四十
一百二十

武功郎叔滌

供奉官震之　左侍禁永之　武翼郎豫之　右班殿直總之　右班殿直遵之　忠訓郎札之　成忠郎式之　成忠郎忻之

公依　忠翊郎公緯　忠翊郎公紘　承信郎公綬　公諫　公保　公儀　忠翊郎　公俊　公達　承信郎公禦　公諴

彥億　彥仔　彥佃　彥浚　彥鳴　彥輔　彥珣　彥溢

瑲夫　正夫　籀夫　璣夫　堯夫　契夫　穎夫　端夫　系夫　絢夫

時玭

宋史表卷三十一　十三

趙維新寫　貴才刊

南康侯克戚
左班殿直叔遹 高密侯叔黎
[illegible]侯 忖之
忠訓郎公理 成忠郎公瑋 成忠郎
彥佺 彥平 彥帝
正夫 端夫 靖夫 城夫 宇夫 進夫
時麟 時昌 時大 時然 時仰 時訓 時乂 時暴
若掘 若恩 若納 若采

公珉 忠翊郎公建 忠翊郎公玶 忠翊郎公琦 開國公叔生之 秉義郎公綱 公度
彥儀 彥侯 彥彬 彥松 彥林 彥拊 彥乘 彥鼎 彥文 彥牟
福夫 恒夫 道夫 達夫 通夫
時可

左班殿直通之 東頭供奉官康之 右侍禁度之
公佐 承節郎公石 忠訓郎公悅 保義郎公進 右文林郎公輔
彥丘 彥永 彥頫 彥過 彥達 彥通 彥適 彥通 彥權
杲夫 搁夫 橑夫 茂夫 謙夫
時禹 時偕

東平公叔陳
淮海侯台之
從事郎公至 訓武郎公綬
彥秧 彥林 彥材 彥昭
褋夫 寧夫 珣夫 埴夫 浯夫 壎夫 端夫
時伯 時候 時來 時與 時藝 時藩 時瑢 時璋 時儀 時興 時遜 時沂 時動 時迋
若川

宋史二百四十　一百令八个

宋史表卷三十二　十六

忠翊郎公緯　訓武郎公綽

彥俊　彥攸　彥仁　彥信

正夫　能夫　謙夫　器夫　舒夫　簡夫　勵夫　直夫　亨夫　潛夫　達夫　通夫

時亨　時享　時發　時誠　時舉　時功

西頭供奉官獻之　武翼郎求之

保義郎公逵　從事郎公達　從事郎公遠　公適　武翼郎公遜

彥澤　彥滂

顒夫　壽夫　懋夫

時康　時賚　時膺

若珪

趙維新寫　吳貴才刊

宋史二百四十　一百十四个

宋史表卷三十二　十七

贈武略郎繼之　承節郎公年

彥滐　彥激　彥僑　彥儋

璜夫　俩夫　挹夫　括夫　竦夫　僐夫　撤夫　擇夫　傒夫　惁夫　尭夫　舜夫　湯夫

時度　時慈　時慈　時惣　時悠　時憲　時驤

贈中大夫公壽

彥侁　彥信

文夫　勤夫　朴夫　鄖夫　璵夫　瑅夫　琡夫　琢夫　珌夫　璁夫　珉夫

時遲　時樞　時杞　時柚　時椊　時杲　時橚　時指　時寀　時寮　時彬　時楙

趙維新寫　吳貴才刊

宋史二百四十 一百二十五个

宋史表卷三十一 十八

克覩

馮翊侯叔鞅 舒國公叔海

華陰侯捨之 贈右領軍衛將軍蘊之 西頭供奉官則之 武翼郎□之 西頭供奉官

公焕 公槐 公權 公綽 公直 右侍禁公剩 公應

彥驌

牧夫 政夫

益之 秉義郎從之 贈武德郎郾之

秉義郎公粹 公榮 從事郎公暐 秉義郎公澣 公暐 承信郎公明 保義郎公旺 訓武郎

彥遂 彥良

誠夫 訓夫 謙夫 彥倧

時若 渙夫 鴻夫

趙鍊新寫 吳貴才刊

宋史二百四十 一百二十个

宋史表卷三十一 十九

丹陽侯叔前

右侍禁孝之 秉義郎

公月 承節郎公奭 公愈 承節郎公愿 贈朝奉郎公愬 忠翊郎

彥棘 彥景 彥榮 彥孫 彥鼎 彥鼒

代夫 偽夫 信夫 賢夫 諒夫 允夫 亮夫 亢夫

時賢 時堅 時轉 時萬 時耕

成之 右侍禁僅之 西頭供奉官萬之 忠翊郎

公才 成忠郎公顯 忠翊郎

彥溫 彥良 彥遜 彥倫 彥恭 彥寬 彥寀

運夫 侍夫 側夫 述夫 義夫 避夫 遂夫 達夫

趙鍊新寫 吳貴才刊

禮之 敦武郎賞之 忠訓郎佑之 成忠郎尚之

公華 忠訓郎公傑 公默 承信郎公皂

彥強 彥勸 彥康 彥侑 彥家 彥寵 彥璽

貴夫 覽夫 祕夫 栖夫 遺夫 乾夫 秉夫

襄陽侯叔麟

保義郎渼之 秉義郎銳之 深之 左班殿直處之 三班奉直皇之 修武郎包之 成忠郎倩之

公立 公彥 忠翊郎公劭 承信郎公勤

彥普 彥昇 彥時 彥曠

益夫 廉夫

趙維新寫 吳史貝才

成忠郎進之

承信郎公諒 成忠郎公勇 保義郎公勵 公勤 公靡

彥郘 彥定 彥安 彥寶

文夫 正夫 俊夫 信夫 侁夫 儇夫 價夫 儒夫

右清道率府率克諶 右監門

敦武郎叔轅

宜之 格之 价之 遺之 謂之

公巳 公招 公桑 公量 公摯 公明 公暉

彥寔

倞夫 伸夫

趙維新寫 吳貝才刊

率府率克岐　高陽侯克偃

太子右內率府副率叔同　太子右內率府副率叔誕　淮海郡公叔藏　雲安侯叔豹　博陵侯叔龍若

右侍禁靜之　三班奉職鐔之　三班奉職傻之　內殿承制欽之　忠訓郎補之　三班借職及之

從義郎公福　公他　公脩

彥仁　彥倆　彥褒

陽夫　湖夫　隆夫　爕夫　陶夫　陳夫　阡夫　隲夫　隨夫　陖夫　陜夫　隩夫　陵夫　阮夫　陘夫

和國公叔玩

修武郎象之　武節郎辨之　西頭供奉官鵠之　西頭供奉官磊之　忠翊郎謙之　忠翊郎賒之　三班奉職覺之　贈武經大夫義之

忠翊郎公適　承節郎公修　公攸　公佃　朝請大夫公碩　從義郎公福　武經郎　公谷

彥僧　彥佳　彥佚　彥信　彥純　彥輔　彥宜　彥熊　彥署　彥弄

應夫　義夫　晦夫　啓夫　方夫

時寶　時琥

武當侯克真

寧國侯叔駘　益川侯叔羅

蘊之　太子右率府副率翔之　右班殿直橫之　直之　敦武郎輔之　左侍禁鼎之

公岩　迪功郎公琦　公釭

武翼郎彥值　彥倚　彥脩　彥傳　彥俊

鑛夫　鋭夫

時昌　時保　時奭

秉義郎羲之

公簡

彥儕　彥儼　彥俊　彥條　彥譽　彥訔　彥善

鎰夫　鏜夫　夫　鉉夫　銃夫　鋑夫　鎬夫　錫夫　鑑夫　澋夫　鑄夫　鑑夫　賢夫

時溥　時慎　時傅　時倡

忠訓郎敬之　成忠郎承之　贈武經郎某之

公俊　從義郎公仁

彥進　彥邁　彥迥　彥迖　彥達　彥逸

璟夫　敬夫　牧夫　致夫　斂夫　敷夫　微夫

贈承議郎公傳　秉義郎公條　贈承議郎公傳

彥進　彥遄　彥逆　彥迅　彥逵　彥越　彥建　彥還

敢夫　數夫　璿夫　悛夫　汪夫　灑夫

時述　時感　時宕　時汪

宋史二百四十　字一百一十九个

宋史表卷三十一　二十六

贈左領軍衛將軍叔多
秉義郎會之　左班殿直盱之
公㑽　成忠郎公堅　保義郎公岐
彥道　彥運　彥迹　彥遡　彥迋　彥遂　彥敷　彥松　彥岷
泗夫　漳夫　澧夫　巖夫　諒夫　諤夫
時坦　時肅

信都侯右侍禁叔昂
曦之　成忠郎明之　忠訓郎會之　忠翊郎暉之
承信郎公川　保義郎公儀　訓武郎公侁　承信郎公昌
彥成　彥迺　彥諸　彥寓　彥謀　彥諱
升夫

趙維新寫　吳本中刊

宋史二百四十　字一百一十三个

宋史表卷三十一　二十七

西染院使叔璘
保義郎昕之　成忠郎贄之　修武郎資之　成忠郎賡之　保義郎賁之　承信郎贈朝議郎贊之
公福　公壽　公裕　公祥　公祉　公禧　公祐　公祚　公格　承信郎公逵　保義郎公汜　保義郎公閱　公閎
彥禹　彥運　彥遜　彥傪　彥備　彥搸　彥撞　彥撣　彥扶　彥抗　彥鯨　彥柯
誢夫　詛夫　頤夫　俊夫　元夫

表卷第三十一

表卷第三十二

宋史二百四十一

開府儀同三司上柱國錄軍國重事前中書右丞相提舉國史領經筵事都總裁脫脫等奉

敕修

宗室世系二十七

申王房

申王諡恭裕德文

樂平郡公承顯

樂平郡王克柔

太子右內率府副率叔時　太子右內率府副率叔顓　太子右內率府副率叔包　贈右屯軍叔撤　太子右內率府副率叔頠　溫國公叔雉

太子右內率府副率東之　右班殿直材之　敦武郎劬之

趙維新寫　吳本中刊

忠翊郎擇之　左班殿直誠之　從義郎愛之　拯之　從義郎

武翼郎公璭　承節郎公瑞　保義郎公琥　保義郎公瑱　承信郎公琭　公脩

彥晅　彥昭　彥晭　彥龍　彥晛

寬夫　嵲夫　峒夫

播之　從義郎擇之　忠訓郎撫之　忠翊郎揖之　成忠郎抗之　贈忠訓郎揲之　成忠郎

公璣　忠翊郎公玗　公璞　公珣　承節郎公席

彥清　彥沚　彥雲　彥必　彥汕　彥澆

郴夫　勳夫

趙維新寫　吳本中刊

秦化郡公叔韋　建安侯叔游

提之　三班借職璿之　右班殿直元之　武翼郎皶之　三班奉職　贈綠之　成忠郎鉉之　右班殿直錙之　武翼大夫

公綻　忠訓郎公伐　右承務

彥飛　彥敏

義夫　啓夫

清源侯叔夌

秉縣之　忠翊郎鞠之　武節郎緗之　武翼郎鬱之

郎公墳　武經郎公現　公鐸　公鑑　公震　公茂　承節郎公巽　從義郎公倜

彥瓚　彥瑫　彥郛　彥玕　彥敏　彥魁

蘊夫　䖍夫　芥夫　欸夫　鏃夫　釭夫

武德郎叔黻

鞬之　從義郎欽之　從義郎鈗之

秉義郎公意　公雲　公操　公振　公抗　公提　從義郎公乾　承節郎公倫

彥敢　彥邟　彥陽　彥性　彥懷　彥悟

端夫　誼夫　綱夫　訟夫　諫夫

時瀾

鎮之　鋮之　從義郎錫之　修武郎

贈宣教郎公彪　公琇　通直郎

彥悕　彥　彥械　彥柄　彥憤　彥慄　彥愖　彥悅　彥迄　彥遲　彥途　彥逵

鋈夫　惆夫　譔夫　繢夫　緘夫　絺夫

淮南侯克恂

太子右內率府副率叔遇　崇國公叔諏

鏗之　右侍禁懣之　右班殿直康之　右侍禁廞之

公烜　成忠郎公悅　成忠郎公謁　公蕩　公立　公逵

彥迦　彥選　彥迹　彥适

溷夫　涸夫

武翼郎荷之　右侍禁靡之　贈武節大夫庚之

忠翊郎公神　公禮　武節大夫公遴　承信郎公適　贈武翼大夫公高

彥逖　彥毓　彥濤

淛夫　佃夫　僳夫　償夫　佴夫　縱夫　賢夫

趙維新寫　吳本中刊

敦武郎存之　修武郎

公佐　保義郎公裕　公望　公儀　公亮　公亦　公高　公言　公佐

彥嘉　彥砯　彥材　彥繼　彥附　彥繩

莒夫　轅夫　爽夫　軻夫

時復

感國公

廛之　右班殿直德之　左班殿直立之　修武郎澤之　忠翊郎廩之　修武郎成之　修武郎原之　贈武經

公德　公修　公棨　公益　忠訓郎公衡　公行　公傑　成忠郎公齊　武翼郎

彥識　彥悅

趙維新寫　吳本中刊

宋史表卷三十二　七

叔黔　奉議之公儒
彥瑯　夢夫　時英
　　　　　　時美
　　　山夫
　　　緦夫
訓武郎公覓　彥枯　誠夫
　　　　　　　　　誌夫
　　　　　　　　　謙夫
　　　　　　彥秘　譓夫
　　　　　　　　　說夫
　　　　　　　　　訓夫
　　　　　　　　　燡夫
贈武德郎忠訓郎公寀
忠訓郎公亨
武節郎公明　彥琦

朝散大夫本之　成忠郎公寀　彥璔　像夫
　　　　　　　　　　　　　彥琤　佺夫　時宥
　　　　　　　　　　　　　　　　婧夫　時寀
　　　　　　　　　　　　　彥琭　娟夫　時寅
　　　　　　　　　　　　　　　　埻夫　時崋
　　　　　　　　　　　　　　　　埩夫　時棨
　　　　　　　忠翊郎公亘　彥璎
　　　　　　　贈朝散大夫公禮　彥佺　碩夫
　　　　　　　　　　　　　　　彥佃　銓夫
　　　　　　　將仕郎公師

宋史表卷三十二　八

漢東郡公叔鑄　右侍禁從之
　　　　　　　右班殿直[illegible]之
　　　　　　　西頭供奉官[illegible]之
　　　　　　　[illegible]之
　　　　　　　右班殿直[illegible]之
　　　　　　　[illegible]之
　　　　　　　左班殿直[illegible]
　　　　　　　[illegible]之　秉節郎公說
　　　　　　　衡之
廬江侯叔藥
右監門率府率叔棟
華陰侯克倫

右監門率府率叔伽
太子右內率府副率叔[illegible]
武經郎叔錦　獻之
　　　　　　峴之
　　　　　　旦之
　　　　　　晉之
　　　　　　溫之
　　　　　　澄之　公析
　　　　　　　　　秉節郎公郊
　　　　　　　　　公邵　彥摐　淳夫
　　　　　　　　　公鄖

宋史表卷三十二 九

武翼郎叔邠
修武郎貴之 承議郎勉之 修武郎直之
公衢 公邕 修武郎公郯 承節郎公象 成忠郎公荀
彥植 彥烈 彥瑪 彥瑋 彥溢 彥蕍 彥忠 彥才

忠翊郎叔宓 右侍禁叔盛 內殿承制叔緩
宣教郎獻之 從事郎峴之 且之 承節郎晉之 右通直郎浚之 成忠郎琰之 秉義郎湊之
公衍 公霞
彥修 彥發

宋史表卷三十二 十

舒國公謚榮僖
奉化郡公宗暨
太子右內率府副率叔戢 贈開府儀同三司叔輾
承節郎潤之 承信郎叔之 修武郎嵩之
奉直大夫公兗
彥燦 彥獻 彥瑒 彥璫
焌夫 悠夫 愧夫 鎰夫 錡夫 鍪夫 鉄夫 鏽夫

崇國公叔集
秉義郎昇之 贈東頭供奉官球之 承德郎琦之 右班殿直璹之 右班殿直職之 忠訓郎珺之 承德大
公持 公遲 忠翊郎公誠 公詵 忠翊郎

永國公克常

右監門率府率叔興　漢東郡開國公叔邑

夫晲之　朝請大夫逢之

公諶　忠翊郎公誠　公讚　公調　訓武郎公峻　逵　公濟

彥玲　彥珹　彥玹　彥清

遯夫　洋夫　恤夫　奇夫

贈武翼大夫逢之

保義郎公遨　從事郎公擇　訓武郎公邁　贈武義郎公遂

彥清　彥淨　彥路　彥淳　彥積　彥穆　彥積

特夫　感夫　洛夫　忭夫　嵩夫　括夫　嚳夫　崧夫

時忠　時駒　時裳　時郃　時遵　時詰

若顥

秉義郎逵之　保義郎遞之　武經大夫逈之

公球　公琳　武翼大夫公珵

彥秩　彥戈　彥武　彥沙　彥鍔

係夫　佈夫　信夫　僻夫　給夫　縺夫

時玖　時鐀　時銲　時麟　時鎣

若還　若迹　若迪　若壎　若冰　若清　若凌

右金吾衛大將軍寧州防禦使叔亥　贈保寧軍節度觀察留後叔巨　內殿承制叔璵

右班殿直檥之　忠翊郎佑之　三班奉職諗之　秉義郎俅之　右班殿直逢之　右班殿直儔之

彥鑣

縡夫　素夫

時㺹

宋史二百四十一　一百四十八个

宋史表卷三十二　十三

趙雅新寫　吳惠刊

偉之　武節郎伉之　贈武翼郎縠經　保義郎績之

公棨　從義郎公玠　武節郎公銅　公夏　公逵　從義郎公俊

彥徇　彥儃　彥慊　彥褱　彥璩

態夫　佺夫　佐夫

時岌　時學　時崧

若煥　若烌　若炷　若檖　若檵　若檤　若燀

嗣稧　嗣秄

若烷　若浻

公㒒

彥惠　彥瑅　彥杬　彥栝　彥烟

倓夫　倞夫　什夫　訢夫　諧夫　譈夫　訡夫　璸夫

時栐　時榕　時滔　時渥　時沭　時淄　時圩　時熛　時靖

若焟　若瀊　若鐀　若鐏　若樠

宋史二百四十一　一百今三十七个

宋史表卷三十二　十四

趙雅新寫　吳惠刊

繹之　武翼郎

保義郎公僅　承信郎公瑖　承信郎公瑀

彥桼　彥問　彥謹　彥訡　彥誼　彥譁

璪夫　濞夫　浧夫　禮夫　榑夫　福夫　忒夫

時堦　時埊　時杍　時禄　時楮　時豫　時瀘　時適

若檖　若譲　若誘　若擢　若俊

公玠　承節郎公璲

彥謀　彥詵

潥夫　輔夫　輞夫　直夫　薦夫

時祥　時猳　時適　時建　時益　時衡　時萃　時璆　時璌　時班　時禝　時樌　時琭

若鍶　若栖　若楃　若戗

宋史二百四十七
第一百二十四

秉義郎經之
公怡 承信郎公珪 承信郎公璹 忠訓郎公琮
彥護 彥詒
償夫 金夫 式夫
時涼 時澀 時攸 時湕 時濠 時仂
若積 若璉 若璪 若焴 若熄 若燁 若煌 若爐 若政 若致

武夫 霙夫 胥夫 璵夫 季夫 峻夫
時仟 時尚 時金 時傾 時節 時濡 時郘 時邦 時郊 時鄒 時鄑
若蓮 若棻 若片 若㚴 若槩 若㟩 若果 若瞻

宋史表卷三十二 十五
趙維新寫 吳惠刊

宋史二百四十一
一百令三十八

武翼郎 承節郎
武翼郎繼之
公進
彥諶 彥識 彥諍 彥訊 彥銓
堭夫 塚夫 墚夫 謎夫 茹夫 稷夫 崟夫
時湑 時僥 時濱 時隲 時陽 時陵 時陝 時隱 時郎

吉國公克務
叔態 榮國公叔傳
組之 約之 繩之 綬之 敦武郎營之 左班殿直隨之 武節郎艮之 修武郎
公廖 公持 公揚 公措
彥深 彥皝
一夫 翁夫 暌夫 曦夫
時燁 時起
若堵 若壝

宋史表卷三十二 十六
趙維新寫 吳惠刊

宋史二百四十二

博陵郡王承選

贈左武衛大將軍克丕　奉化郡公克親

太子右內率府副率叔戢　霍　朝散郎叔酬　武經郎叔倈　承直郎叔擧　武翼郎叔軺

升之　左班殿直貢之　敦武郎悅之　承節郎授之　武經郎徽之

忠訓郎公逵

彥玘

潓夫　漨夫

時搽

宋史表卷三十二　十七

趙雄新寫　李正刊

彥颯　彥珦　彥璘　彥遑

淶夫　稟夫　絓夫　真夫　揵夫　漯夫　滓夫　淀夫　濠夫　灟夫　泑夫

時搸　時岳　時鷲　時許　時鍘　時鏟　時涇　時淟　時氾　時灟　時僑　時僕　時郊

若垄　若鉏　若鏶

宋史二百四十二

武節郎叔璽　武顯大夫叔湧

脩武郎徹之　承信郎修之　保義郎觀之　忠翊郎勳之

保義郎公昉　公舨　公明　承信郎公時　公暄

彥玥　彥璹　彥森　彥棣　彥榔　彥杖

洵夫　濦夫　賽夫　寤夫　溍夫　禖夫

時晢　時晞　時睒　時曒

宋史表卷三十二　十八

趙雄新寫　李正刊

武節郎叔抗

保義郎壽之　杰之　忠訓郎爆之

公喇　公皓　承直郎公杲

彥埴　彥焊　彥樽　彥英　彥綸　彥坐　彥墊

醴夫　㮚夫　甥夫　湟夫　淤夫　涯夫　潙夫　灤夫　涪夫　洑夫

時錕　時鍪　時鑾

保義郎熚之

成忠郎公旻　公銑

彥壄　彥堅　彥華　彥琳　彥琭　彥墁　彥玖

潽夫　漆夫　泌夫　濫夫　瀆夫　滬夫　汪夫　漣夫　鏊夫　鍪夫　粲夫　滎夫　漿夫　原夫

承德郎烜之　烟之

公鈜　承德郎公黻　公積　公墟　公忻　公堪　公圯

彥解　彥洎　彥邈　彥鉊　彥鏷　彥錀

恬夫　愧夫　檑夫　遹夫　垌夫　塥夫　壔夫　墍夫　晥夫　戩夫　錙夫　浚夫

趙鏞新寫　李正刊

建國公克茁

左班殿直叔洽　武翼郎叔趣　右侍禁叔苢

煜之　稹之　枯之

公琍　公皞　公皎　公皪　公皈　公晘　公應

彥鏐　彥鐄　彥鋒　彥聰　彥暇　彥繹　彥綿

晉夫　京夫　辛夫

時溠

從義郎

成忠郎

公慶　公麻　承信郎公唐

彥矜　彥緣　彥織　彥續

命夫　倉夫　會夫　侖夫　倉夫　劾夫　侑夫　相夫　揔夫　撊夫

時棹　時捷　時撚　時栝　時轃　時漏　時祚　時礫　時滉

趙鏞新寫　李正刊

樂平郡公承滾
太子右內率府副率克文
叔罰　忠翊郎叔潛
僧之　忠翊郎祚之　仍之　裿之
公亶　公西　公詞　公趣　公正
彥申　彥卒　彥鞏　彥穡　彥彝　彥章　彥塞
立夫　衡夫　宮夫　綋夫　盞夫

趙維新寫　李正刊

贈少傅克功
朝奉郎叔臟　叔禁　叔仿　奉議大夫開國男叔溓　從義郎
越之　鐸之　鈦之　從義郎總之　將仕郎鉢之　錄之　秉義郎
迪功郎公繼　公綬
彥篤　彥芒　彥易　彥熒　彥活
㴶夫　旌夫　摵夫　焰夫　瑀夫
時憚　時揞　時㷇　時椽
若全

安陸侯叔嘏
宣城侯克運
叔戀　右監門率府率　叔海　右班殿直叔杰　右班殿直叔勱　右侍禁叔顗
鍐之　鑑之　承奉郎擬之
公眙　承節郎公晶
彥坰
㴜夫
時熔　時焟　時燁
若埒　若鑑　若壇　若垌　若塡

趙維新寫　李正刊

彥叶
瑳夫　偃夫　栢夫　襄夫　懋夫　𦽰夫　㯓夫
時焿　時烷　時炟　時烋　時熠　時熄　時煜　時燠　時爂　時焴　時烓　時熇　時㷁　時乾
若壁　若㻋　若嵩　若堂

承信郎拯之

公韙　公山

彥勔　彥璵　彥瓚　彥瓌　彥颮

丕夫　重夫　整夫　鑛夫　榕夫　靚夫　鈉夫　錠夫　瓚夫　玭夫

時湃　時鍏　時鉼　時撜　時沓　時爢　時擶　時埼　時硔　時磫　時硠

援之　採之　承節郎抃之

公真　公弗　公盡　公序　公澄　公匱

彥多　彥龔　彥胄　彥汪　彥俙　彥侑　彥侏　彥玤　彥繕　彥協

瓃夫　璁夫　琛夫　珍夫　璒夫

時闓

右班殿直叔憚

撤之　提之　椽之　之

公昌　公昕　承信郎公鐈　公諿　公詮　公大　公導　公　公盞

彥生　彥瑚

偃夫

紀國公房

河東郡王承衍

太子右內率府副率克褭　越國公克暢

太子右內率府副率叔稽　榮國公叔泰　彭城侯叔錄

三班奉職不逸　從之　承義郎悌之

公明　公正　公謹　公廉

武經郎叔𨻸
武經大夫叔僇
左班殿直衞之
忠翊郎翼之
右侍禁賓之
從事郎裁之
成忠郎慶之
承議郎戒之
秉義郎
公㫐
彥詵
彥煦
彥獲
信夫 立夫 東夫 亨夫 潛夫 浚夫

秉義郎叔晦
睦之
忠翊郎靜之
忠訓郎象之
忠翊郎覠之
忠翊郎問之
右班殿直明之
成忠郎
公湜 公遹 公遵 公適 公适
成忠郎公頲
忠訓郎公顧
公秉
彥紳 彥琦 彥瓊 彥緒 彥沖
遜夫

之
左班殿直叔俊
武翼郎叔僑
承信郎迁之
儒林郎公翊
彥琫 彥毅 彥璟
榮國公克奮
右侍禁叔起
左班殿直明之
修武郎 之
叔暾
右侍禁叔倬
右侍禁叔邁
敦武郎叔離
右從政郎善之
忠訓郎公允
公亮
彥械

右班殿直叔起
右武衞大夫象州刺史克頌
眉州防禦使叔憭
承事郎慶之
三班奉職廑之
英國公克監
太子右率府副率叔廷
右班殿直叔潼
左朝散大夫叔
家
房陵郡公克廷
博陽侯叔敷

宋史二百四十一

武經大夫叔紘

修武郎忻之　惇之　贈宣教郎悖之

公濟　修武郎公潡　公淮　訓武郎公滙

彥尚　彥唯　彥占　彥谷　彥碣　彥启　彥彧

塋夫　厔夫　潮夫　傳夫

宋史表卷三十二　二十七　趙惟新寫　王三道刊　字二百四十六

洋國公克依

武經大夫叔鄒　右班殿直叔吶　內殿承制叔寄

忖之　修武郎立之　秀之　成忠郎昌之　從義郎球之

承信郎公滌　保義郎公譆　修職郎公該　承信郎公信　忠翊郎公謹

彥珀　彥琰　彥適　彥湑　彥溢　彥忖　彥懋

宋史二百四十一

左班殿直叔畐

承節郎瑗之

忠翊郎公嚮　成忠郎公訥　秉義郎公擣　公訓　公汶

彥夷　彥勇　彥粹　彥符　彥晥　彥番　彥松　彥桼　彥巽　彥廣

宋史表卷三十二　二十八　趙惟新寫　王三道刊　字一百三十个

高密郡公克戒　建國公克一

成忠郎叔觀　右監門衛大將軍貴州刺史叔閎　右班殿直叔島　右班殿直叔對　修武郎叔仕　敦武郎叔梓

成忠郎新之　右班殿直沂之　成忠郎昕之　宲之

公湯

彥聯

欽國公克綏

右侍禁叔權　左班殿直叔僑　敦武郎叔伻　秉義郎叔愔　武功郎叔增

寬之　宿之　定之　羊之　節之　武翼郎褒之

公膺　公榮　公寧　秉義郎公琬　公斗

彥聰　彥鏻

趙維新寫　嚴正刊

秉義郎巽之　良之

公球　公瑊　公璆　秉義郎公玥　忠翊郎公玞　公琥　公理　公璀

彥座　彥嵒　彥明　彥聃　彥挺　彥隨　彥春　彥夔　彥回　彥喜

嘉國公克施

武德郎叔性　武節郎叔鵬　左班殿直叔琈　左班殿直叔瀷　贈右奉直大夫叔濟

泰之　敦武郎默之　敦武郎獻之　忠訓郎

保義郎公翰　公鍾　公鏃　右迪功郎公洸　秉義郎

彥志　彥俊　彥政　彥丙

趙維新寫　嚴正刊

彪之　右迪直郎璽之　右從政郎颻之　修武郎祥之

公秀　公晉　忠翊郎公貫　公鑄　承節郎公仰　成忠郎公丙　承信郎公長

彥瘦　彥基　彥雲　彥雷　彥寬　彥卞　彥慢

泰夫　亨夫　畢夫　滋夫　深夫　言夫　行夫

宋史二百四十一 一百三十

宋史表卷三十二 三十一

趙維新寫 嚴正刋

秉義郎學之　文林郎選之　中之　右迪功郎遂之

保義郎公晉　公烈　公燾　忠翊郎公杞　公隨　公芭　公率　宣教郎公適

彥英　彥揑　彥撫　彥裘　彥敏　彥墳　彥槐　彥俞

修武郎叔巧　朝奉郎叔溍

忠翊郎頡之　潁之　保義郎頎之　開之

公偉　公息　公志　公助　承信郎公曤　公昔　公煥　從政郎公汚

彥僉　彥店　彥矛　彥湘　彥淋　彥深　彥寶

壁夫　壅夫　檟夫　檐夫　櫝夫

宋史二百四十一 一百四十

宋史表卷三十二 三十二

趙維新寫 嚴正刋

漢東郡公允　彭城侯

右班殿直叔龍　武經郎叔杭　秉義郎叔怡　左班殿直叔眷　武節郎叔桂　右班殿直叔碩　保義郎叔潼

訓之　諲之　追之　逾之　遷之　節之　識之　承信郎講之　諴之

公璹　公琮　公玑　公球　承節郎公悬　公追　保義郎公過　公逞　修武郎公近　公循　公訓　公詵

彥敵　彥珍　彥琬　彥進　彥翊　彥乾　彥憲　彥閬　彥孔　彥禹　彥祚

穹夫　密夫　端夫　鑄夫　域夫　崇夫

克惴

宋史二百四十一　一百二十

宋史表卷三十二　二十三

嘉靖新寫　欽正刊

武翼郎叔堣

通直郎彖之　保義郎坦之　忠翊郎懋之

公振　保義郎公撝　承信郎公攬　公儔　公博　從事郎公悅　忠翊郎公傳　迪功郎公畫　公撒　從事郎公擧

彥隅　彥接　彥擯　彥珞　彥燾　彥瀟　彥瓏

棣夫

表卷第三十二

忠訓郎叔暘

敦武郎績之　忠訓郎表之

公捅　從政郎公經　公接　從政郎公揖　公損　公操　保義郎公搜　公提　保義郎公攄　公摠　公拭　公操　公扎

表三十二　十八

武翼郎叔䢜

忠訓郎拱之　㮾之

承節郎公聽　承節郎公瞿　公瞻　承節郎公駐　公臨　公玨　公玥　公濟

彥奔　彥熲　彥嵩　彥高　彥譜　彥瑊　彥璲　彥峆　彥崃　彥遣　彥適　彥過　彥還　彥疊　彥迮　彥勤　彥劭　彥勔　彥潊　彥楅　彥䂊　彥璣

𢆶夫　灃夫　鋨夫　容夫　寘夫　鍦夫　鋊夫　鈇夫　燻夫　澤夫　丸夫　棖夫　楓夫　㭷夫　俼夫　㯭夫　𥗲夫　俹夫　倩夫　與夫　蕃夫　簣夫　歡夫　𡏺夫　㒒夫

時諕　時玳　時鄉　時瞮　時睞　時燵　時瑆　時桑　時墷　時壉　時鑿　時鎖　時鎾　時鈬　時充　時晉

此葉從依元鈔本影補為成化本所無應插入本卷第二十三葉前半葉時晉與公建彥穎格夫兩行之間

司判官以尚書金部員外郎爲梓州路轉運使徙益州路時三司歲市上供綾錦鹿胎萬二千匹抗言蜀民困憊願少紓其力以備泰中他日之用是年郊祀蠲其數之半黎州歲售蠻馬詔擇不任戰者卻之抗奏朝廷與蠻夷互市非所以取利也今山前後五部落仰此爲衣食一旦失利侵侮不知費直幾馬也臣念蜀久安不敢奉詔尋如舊制除江淮發運使召爲三司鹽鐵副使時抗老矣爲御史所劾罷知宣州累遷光祿少卿分司南京明堂覃恩改少府監卒抗喜藏書至萬卷江西士大夫家鮮及也抗子陟少刻厲好學善爲詩終殿中丞

徐起字豫之濮州鄄城人舉進士試祕書省校書郎知隰川縣積官尚書都官員外知楚州樞密直學士張宗象薦之擢提點廣南西路刑獄入判三司開拆司歷開封三司度支判官館伴契丹使還奏所過州縣使者既去官吏將校皆出郊旅賀燕飲久之城邑爲之空乃下約束禁止之出爲荊湖北路轉運使部有戍卒殺人繫獄其徒欲劫之起聞亟往按誅之分其徒隸他州徙江西知徐州就爲轉運使募富室得米十七萬斛振饑殍又移粟以贍河北京西者凡三百萬與安撫使劉夔不相能徙京西又徙江東起請開長淮舊浦以便漕運知洪州徙兗州有都巡檢虞所部而部兵百餘人持兵至庭下州人大恐起不爲動以禍福開諭之衆感泣聽命因按致其首奏罷都巡檢復爲度支判官累遷祕書監知 湖州卒

張旨字仲微懷州河內人父延嘉頗讀書不願仕州上其行賜號嵩山處士旨進保定軍司法參軍上書轉運使鍾離瑾願補一縣尉捕劇賊以自效瑾壯其請爲奏徙安平尉前後捕盜二百餘人嘗與賊鬬流矢中臂不顧猶手殺數十人擢試祕書省校書郎知遂城縣遷著作佐郎明道中淮南饑自詣宰相陳捄禦之策命知安豐縣大募富民輸粟以給餓者既而浚淠河三十里疏泄支流注芍陂爲

斗門溉田數萬頃外築堤以備水患再遷太常博士知尉氏縣徙通判忻州元昊反特遷尚書屯田員外郎通判府州州依山無外城旨將築之州將曰吾州據險敵必不來旨不聽城垂就寇大至乃聯巨木補其罅守以強弩中外不相聞者累日人心震恐庫有雜綵數千段旨矯詔賜守城卒卒皆東望呼萬歲賊疑以救至也州無井民取河水以飲賊斷其路旨夜開門率兵擊賊少卻以官軍壁兩旁使民出汲復以濕泥覆積草賊望見以爲水有餘督居民乘城力戰賊死傷者衆隨解去以功遷都官員外郎徙知萊州葉清臣舉材堪將帥召對改知邢州擢提點河東路

刑獄范仲淹歐陽脩復言其驚武有謀略除閤門使固辭進工部郎中知鳳翔府加直史館知梓州以直龍圖閣知荆南入判尚書刑部累遷光禄卿知潞晉二州以老疾權判西京御史臺尋卒

齊廓字公闢越州會稽人舉進士第自梧州推官累遷太常博士知審刑詳議官知通泰州提點荆湖南路刑獄潭州鞫繫囚七人爲強盜當論死廓訊得其狀非強付州使劾正乃悉免死平陽縣自馬氏時税民丁錢歲輸銀二萬八千兩民生子至壯不敢束髮廓奏蠲除之歷三司度支開封府判官出爲江西淮南轉運使時初兼按察同時奉使者競爲苛刻邀聲名獨廓奉法如平時人以爲長厚入判鹽鐵句院加史館知荆南府徙明舒湖三州積官光禄卿直祕閣以疾分司南京改祕書監卒廓寬柔恭謹人犯之不校弟唐爲吉州司理參軍博覽彊記嘗舉賢良方正對策入等越州蔣堂奏廓及唐父母垂老窮居鄉里二子委而之官唐復久不歸省於是罷唐令歸侍養廓方使湖南雖置不問然士論薄之

鄭驤字士龍河南人登進士第更慶汝鄭秦州推官改祕書省著作郎知垣曲縣康繼英辟簽書衛州判官事劉從德代繼英又表驤有善狀進一官尋監左藏庫遷太常博士知乾州提點益州路刑獄爲三司度支判官建言蜀人引江水溉田率有禁歲旱利不均宜弛其禁又言京西旱舊禁粟無出國門可且勿禁慶曆中與魚周詢刺陝西民兵十餘萬除陝西轉運按察使兼三門發運使加直史館河北轉運使入爲度支副使河決德州入王紀口議欲徙州詔驤往視之還言州不當徙已而州果無患又爲河北轉運使王則反討平之除天章閣待制知鳳翔府先是皇甫泌夏安期皆爲轉運使泌先謫去安期後至不及賞驤因辭不受顧命推功與二人復爲河北都轉運使累遷尚書工部郎中以疾知華州卒

論曰歷觀數子風跡雖不同其爲政愛民謙已利物有古道焉若旨浚渾河觀罷採金抗論互市起振窮戢暴驟推功與人皆無所愧矣趙賀不忘李中庸而齊廓兄弟兼親以徇榮用心何其不同哉

列傳卷第六十

百衲本

宋史

（元）脱脱等撰

5

國家圖書館出版社

列傳卷第一　宋史二百四十二

開府儀同三司上柱國錄軍國重事前中書右丞相提調國史領經筵事都總裁脫脫等奉
敕修

后妃上

太祖母昭憲杜太后

太祖孝惠賀皇后　孝明王皇后

孝章宋皇后

太宗淑德尹皇后　懿德符皇后

明德李皇后　元德李皇后

真宗章懷潘皇后　章穆郭皇后

章獻明肅劉皇后　李宸妃

楊淑妃　沈貴妃

仁宗郭皇后　慈聖光獻曹皇后

張貴妃　苗貴妃

周貴妃　楊德妃

馮賢妃

英宗宣仁聖烈高皇后

周人尊祖之詩曰厥初生民時維姜嫄蓋推本后稷之所自出以為王跡之所由基也宋之興雖由先世積累然至宣祖功業始大昭憲杜后實生太祖太宗內助之賢母範之正蓋有以開宋世之基業者焉觀其訓太祖以無逸治天下至於豫定太宗神器之傳為宗社慮蓋益遠矣厥後慈聖光獻曹后擁佑兩朝宣仁聖烈高后垂簾聽政而有元祐之治南渡而后若高宗之以母道事隆祐孝宗奉明慈怡愉之樂皆足以為百王法程宋三百餘年外無漢王氏之患內無唐武韋之禍豈不卓然而可尚哉昭憲垂裕之功至是茂矣舊史稱昭憲性嚴毅有禮法易之家人上九曰有孚威如終吉其是之謂歟作后妃傳

太祖母昭憲杜太后定州安喜人也父爽贈太師母

范氏生五子三女太后居長既笄歸于宣祖治家嚴毅有禮法生邕王光濟太祖太宗秦王廷美夔王光贊燕國陳國二長公主周顯德中太祖為定國軍節度使封南陽郡太夫人及太祖自陳橋還京師人走報太后曰點檢已作天子太后曰吾兒素有大志今果然太祖即位尊為皇太后太祖拜太后於堂上衆皆賀太后愀然不樂左右進曰臣聞母以子貴今子為天子胡為不樂太后曰吾聞為君難天子置身兆庶之上若治得其道則此位可尊苟或失馭求為匹夫不可得是吾所以憂也太祖再拜曰謹受教建隆

二年太后不豫太祖侍藥餌不離左右疾亟召趙普
入受遺命太后因問太祖曰汝知所以得天下乎太
祖嗚噎不能對太后固問之太祖曰臣所以得天下
者皆祖考及太后之積慶也太后曰不然正由周世
宗使幼兒主天下耳使周氏有長君天下豈為汝有
乎汝百歲後當傳位于汝弟四海至廣萬幾至衆能
立長君社稷之福也太祖頓首泣曰敢不如教太后
顧謂趙普曰尒同記吾言不可違也命普於榻前為
約誓書普於紙尾書臣普書藏之金匱命謹密宮人
掌之太后崩于滋德殿年六十謚曰明憲葬安陵神

主祔享太廟乾德二年更謚昭憲合祔安陵
太祖孝惠賀皇后開封人右千牛衛率府率景思長
女也性温柔恭順動以禮法景思常為軍校與宣祖
同居護聖營晉開運初宣祖為太祖聘焉周顯德三
年太祖為定國軍節度使封會稽郡夫人生秦國晉
國二公主魏王德昭五年寢疾薨年三十建隆三年
四月詔追冊為皇后乾德二年三月有司上謚曰孝
惠四月葬安陵西北神主享于别廟神宗時與孝章
淑德章懷並祔太廟
孝明王皇后邠州新平人彰德軍節度饒第三女孝
惠崩周顯德五年太祖為殿前都點檢聘后為繼室
后恭勤不懈仁慈御下周世宗賜冠帔封琅邪郡夫
人太祖即位建隆元年八月冊為皇后常服寬衣佐
御膳善彈箏鼓琴晨起誦佛書事杜太后得驩心生
子女三人皆夭乾德元年十二月崩年二十二有司
上謚翰林學士竇儀撰哀冊文二年四月葬安陵之
北神主享于别廟太平興國二年祔享太廟
孝章宋皇后河南洛陽人左衛上將軍偓之長女也
母漢永寧公主后幼時隨母入見周太祖賜冠帔乾
德五年太祖召見復賜冠帔時偓任華州節度后隨

母歸鎮孝明后崩復隨母來賀長春節開寶元年二
月遂納入宮為皇后年十七性柔順好禮每帝視朝
退常具冠帔候接佐御饌太祖崩號開寶皇后太平
興國二年居西宮雍熙四年移居東宮至道元年四
月崩年四十四有司上謚權殯普濟佛舍三年正月
祔葬永昌陵北命吏部侍郎李至撰哀冊文神主享
于别廟神宗時升祔太廟
太宗淑德尹皇后相州鄴人滁州刺史廷勛之女兄
崇珂保信軍節度太宗在周時娶焉早薨及帝即位
詔追冊為皇后并謚葬孝明陵西北神主享于别廟

後升祔太廟
懿德符皇后陳州宛丘人魏王彥卿第六女也周顯
德中歸太宗建隆初封汝南郡夫人進封楚國夫人
太宗封晉王改越國開寶八年薨年三十四葬安陵
西北帝即位追冊為皇后謚懿德享于別廟至道三
年十一月詔有司議太宗配宰相請以后配詔從之
奉神主升祔太廟后姊周世宗后也淳化四年殂
明德李皇后潞州上黨人淄州刺史處耘第二女開
寶中太祖為太宗聘為妃既納幣會太祖崩至太平
興國三年始入宮年十九雍熙元年十二月詔立為

皇后后性恭謹莊肅撫育諸子及嬪御甚厚嘗生皇
子不育至道二年封后嫡母吳氏為衛國太夫人後
改封楚國及封后母陳氏為韓國太夫人太宗崩真
宗即位至道三年四月尊后為皇太后居西宮嘉慶
殿咸平二年宰相請別建宮立名從之四年宮成移
居之仍上宮名曰萬安景德元年崩年四十五謚明
德權殯沙臺三年十月祔葬永熙陵禮官請以懿德
明德同祔太宗廟室以先後為次從之
李賢妃真定人乾州防禦使英之女也太祖聞妃有
容德為太宗聘之開寶中封隴西郡君太宗即位進

夫人生皇女二人皆早亡次生楚王元佐妃嘗夢日
輪逼已以裾承之光耀遍體驚而悟遂生真宗太平
興國二年薨年三十四真宗即位追封賢妃又進上
尊號為皇太后有司上謚曰元德咸平三年祔葬永
熙陵以中書侍郎平章事李沆為園陵使車駕詣普
安院攢宮素服行禮拜伏嗚咽命駕部郎中知制誥
梁周翰撰哀冊神主祔別廟大中祥符元年追贈后
父英檢校太尉安國軍節度常山郡王母魏國太夫
人大中祥符三年禮官趙湘請以后祔太宗廟室真
宗曰此重事也俟令禮官議之六年秋宰相王旦與

群臣表請后尊號中去太字升祔太廟明德之次從
之
真宗章懷潘皇后大名人忠武軍節度美第八女真
宗在韓邸太宗為聘之封莒國夫人端拱二年五月
薨年二十二真宗即位追冊為皇后謚莊懷葬永昌
陵之側陵名保泰神主享于別廟舊制后謚冠以帝
謚慶曆中禮官言孝字連太祖謚德字連太宗謚遂
改莊為章以連真宗謚云
章穆郭皇后太原人宣徽南院使守文第二女淳化
四年真宗在襄邸太宗為聘之封魯國夫人進封秦

國真宗嗣位立為皇后景德四年從幸西京還以疾崩年三十二后謙約惠下性惡奢靡族屬入謁禁中服飾華侈必加戒勗有以家事求言於上者后終不許兄子出嫁以貧欲祈恩賚但出裝具給之上尤加禮重及崩上深嗟悼禮官奏皇帝七日釋服特詔增至十三日太常上謚曰莊穆靈駕發引命翰林學士楊億撰哀冊葬永熙陵之西北神主享于別廟以后弟崇儀副使崇仁為莊宅使康州刺史姪承慶承壽皆遷官大中祥符中封后母高唐郡太夫人梁氏萊國太夫人仁宗即位升祔真宗廟室改謚章穆

章獻明肅劉皇后其先家太原後徙益州為華陽人祖延慶在晉漢間為右驍衛大將軍父通虎捷都指揮使嘉州刺史從征太原道卒后通第二女也初母龐夢月入懷已而有娠遂生后后在襁褓而孤鞠於外氏善播鼗蜀人龔美者以鍛銀為業攜之入京師后年十五入襄邸王乳母秦國夫人性嚴整因為太宗言之令王斥去王不得已置之王宮指使張耆家太宗崩真宗即位入為美人以其無宗族乃更以美為兄弟改姓劉大中祥符中為修儀進德妃自章穆崩真宗欲立為皇后大臣多以為不可帝卒立之李宸妃生仁宗后以為己子與楊淑妃撫視甚至后性警悟曉書史聞朝廷事能記其本末真宗退朝閱天下封奏多至中夜后皆預聞宮闈事有問輒傅引故實以對天禧四年帝久疾居宮中事多決於后宰相寇準密議奏請皇太子監國以謀泄罷相用丁謂代之既而入內都知周懷政謀廢后殺謂復用準以輔太子客省使楊崇勳內殿承制楊懷吉詣謂告謂夜乘犢車挾崇勳懷吉造樞密使曹利用謀明日誅懷政貶準衡州司馬於是詔皇太子開資善堂引大臣決天下事后裁制於內真宗崩遺詔尊后為皇太后

軍國重事權取處分謂等請太后御別殿太后遣張景宗雷允恭諭曰皇帝視事當朝夕在側何須別御一殿於是請帝與太后五日一御承明殿帝位左太后位右垂簾決事議已定太后忽出手書第欲禁中閱章奏遇大事即召對輔臣其謀出於丁謂非太后意也謂既貶馮拯等三上奏請如初議帝亦以為言於是始同御承明殿百官表賀太后哀慟有司請制令稱吾以生日為長寧節出入御大安輦鳴鞭侍衛如乘輿令天下避太后父諱群臣上尊號曰應元崇德仁壽慈聖太后御文德殿受冊天聖五年正旦太

后御會慶殿群臣及契丹使者班廷中帝再拜跪上壽是歲郊祀前出手書諭百官毋請加尊號禮成帝率百官恭謝如元日七年冬至天子又率百官上壽范仲淹力言其非不聽九月詔長寧節百官賜衣天下賜宴皆如乾元節明道元年冬至復御文德殿有司陳黃麾仗設宮架登歌二舞明年帝親耕籍田太后亦謁太廟乘玉輅服褘衣九龍花釵冠齋于廟質明服袞衣十章減宗彝藻去劍冠儀天前後垂珠翠十旒薦獻七室皇太妃亞獻皇后終獻加上尊號曰應天齊聖顯功崇德慈仁保壽太后是歲崩年六十

五謚曰章獻明肅葬于永定陵之西北舊制皇后皆二謚稱制加四謚自后始追贈三世皆至太師尚書令兼中書令父封魏王初仁宗即位尚少太后稱制雖政出宮闈而號令嚴明恩威加天下左右近習亦少所假借宮掖間未嘗妄改作內外賜與有節柴氏李氏二公主入見猶服髲鬄太后曰姑老矣命左右賜以珠璣帕首時潤王元份婦安國夫人李氏老髮且落見太后亦請帕首太后曰大長公主太宗皇帝女先帝諸妹也若趙家老婦寧可比耶舊賜大臣茶有龍鳳飾太后曰此豈人臣可得命有司別製入香

京挺以賜之賜族人御食必易以釦器曰尚方器勿使入吾家也常服絁繻練裙侍者見仁宗左右簪珥珍麗欲效之太后戒曰彼皇帝嬪御飾也汝安得學先是小臣方仲弓上書請依武后故事立劉氏廟而程琳亦獻武后臨朝圖后擲其書于地曰吾不作此負祖宗事有漕臣劉綽者自京西還言在庾有出賸糧千餘斛乞付三司后問曰卿識王曾張知白呂夷簡魯宗道乎此四人豈因獻羨餘進哉后稱制凡十一年自仁宗即位乃諭輔臣曰皇帝聽斷之暇宜詔名儒講習經史以輔其德於是設幄崇政殿之西廡

而日命近臣侍講讀丁謂曹利用既以侮權貶竄而天下惕然畏之晚稍進外家任內宮羅崇勳江德明等訪外事崇勳等以此勢傾中外兄子從德死姻戚門人廝役拜官者數十人御史曹脩古楊偕郭勸段少連論奏太后悉逐之太后保護帝既盡力而仁宗所以奉太后亦甚備上春秋長猶不知為宸妃所出終太后之世無毫髮閒隙焉及不豫帝為大赦悉召天下醫者馳傳詣京師諸嘗為太后謫者皆內徙死者復其官其後言者多追詆太后時事范仲淹以為言上曰此朕所不忍聞也下詔戒中外毋輒言於是

泰寧軍節度使錢惟演請以章獻章懿與章穆並祔真宗室詔三省與禮院議皆以謂章穆皇后位崇中壼已祔真宗廟室自協一帝一后之文章獻明肅處坤元之尊章懿感日符之貴功德莫與為比謂宜崇建新廟同殿異室歲時薦饗一用太廟之儀仍別立廟名以崇世享翰林學士馮元等請以奉慈為名詔依慶曆五年禮院言章獻章懿二后請遵國朝懿德明德元德三后同祔太宗廟室故事遷祔真宗廟詔兩制議翰林學士王堯臣等議請遷二后祔序於章穆之次從之

李宸妃杭州人也祖延嗣仕錢氏為金華縣主簿父仁德終左班殿直初入宮為章獻太后侍兒莊重寡言真宗以為司寢既有娠從帝臨砌臺玉釵墮妃惡之帝心卜釵完當為男子左右取以進釵果不毀帝甚喜已而生仁宗封崇陽縣君復生一女不育進才人後為婉儀仁宗即位為順容從守永定陵章獻太后使劉美張懷德為訪其親屬得其弟用和補三班奉職初仁宗在襁褓章獻以為己子使楊淑妃保視之仁宗即位妃嘿處先朝嬪御中未嘗自異人畏太后亦無敢言者終太后世仁宗不自知為妃所出也

明道元年疾革進位宸妃薨年四十六初章獻太后欲以宮人禮治喪於外丞相呂夷簡奏禮宜從厚太后遽引帝起有頃獨坐簾下召夷簡問曰一宮人死相公云云何歟夷簡曰臣待罪宰相事無內外無不當預太后怒曰相公欲離間吾母子耶夷簡從容對曰陛下不以劉氏為念臣不敢言尚念劉氏則喪禮宜從厚太后悟遽曰宮人李宸妃也且柰何夷簡乃請治喪用一品禮殯洪福院夷簡又謂入內都知羅崇勳曰宸妃當以后服殮用水銀實棺異時勿謂夷簡未嘗道及崇勳如其言後章獻太后崩燕王為仁

宗言陛下乃李宸妃所生妃死以非命仁宗號慟頓毀不視朝累日下哀痛之詔自責尊宸妃為皇太后謚莊懿幸洪福寺祭告易梓宮親哭視之妃玉色如生冠服如皇太后以水銀養之故不壞仁宗嘆曰人言其可信哉遇劉氏加厚陪葬永定陵廟曰奉慈又即景靈宮建神御殿曰廣孝慶曆中改謚章懿升祔太廟拜用和為彰信軍節度使檢校侍中寵賚甚渥既而追念不已顧無以厚其家乃以福康公主下嫁用和之子瑋

楊淑妃益州郫人祖瑫父知儼知儼弟知信隸禁軍

為天武副指揮使妃年十二入皇子宮真宗即位拜才人又拜婕妤進婉儀仍詔婉儀升從一品位昭儀上帝東封西祀凡巡幸皆從章獻太后為脩儀妃與之位幾埒而妃通敏有智思奉順章獻無所忤章獻親愛之故妃雖貴幸終不以為已間後加淑妃真宗崩遺制以為皇太后始仁宗在乳褓章獻使妃護視凡起居飲食必與之俱所以擁佑扶持恩意勤備及帝即位嘗召其姪永德見禁中欲授以諸司副使妃辭曰小兒豈勝大恩小官可也更命為右侍禁章獻遺誥尊為皇太后居宮中與皇帝同議軍國事閤門

趣百僚賀御史中丞蔡齊目臺吏毋追班乃入白執政曰上春秋長習知天下情僞今始親政事豈宜使女后相繼稱制乎乃詔刪去遺誥同議軍國事語第存后號奉緡錢二萬助湯沐後名其所居宮曰保慶稱保慶皇太后景祐三年無疾而薨年五十三殯於皇儀殿帝思其保護之恩命禮官議加服小功初仁宗未有嗣后每勸帝擇宗子近屬而賢者養于宮中其選即英宗也英宗立言者謂禮慈母於子祭於孫止請廢后廟瘞其主園陵英宗弗欲遽也■下有司議未上會帝崩遂罷后父祖皆累贈至一品知信贈節度使知信子景宗見外戚傳

沈貴妃宰相倫之孫父繼宗光禄少卿大中祥符初以将相家子被選初為才人歷美人婕妤充媛至德妃為人淑儉不華帝亦以妃家世故待之異衆長秋虛位帝欲立之有從中沮之者不果嘉祐末進貴妃熈寧九年薨年八十三許出殯其家車駕臨奠輟視朝三日謚昭靜

仁宗郭皇后其先應州金城人平盧軍節度使崇之孫也天聖二年立為皇后初帝寵張美人欲以為后章獻太后難之后既立而頗見踈其後尚美人楊美

人俱幸數與后忿爭一日尚氏於上前有侵后語后不勝忿批其頰上自起救之誤批上頸上大怒入內都知閻文應因與上謀廢后且勸帝以爪痕示執政上以示呂夷簡且告之故夷簡亦以前罷相怨后乃曰古亦有之后遂廢詔封為淨妃玉京冲妙仙師賜名清悟居長樂宮於是中丞孔道輔諫官御史范仲淹段少連等十人伏閤言后無過不可廢道輔等俱被黜青景祐元年出居瑤華宮而尚美人亦廢於洞真宮入道楊美人別宅安置又賜后號金庭教主冲靜元師後帝頗念之遣使存問賜以樂府后和荅之

辭甚愴惋帝嘗密令召入后曰若再見召者須百官
立班受冊方可屬小疾遣文應挾醫診視數日乃言
后暴甍中外疑閻文應進毒而不得其實上深悼之
追復皇后而停謚冊祔廟之禮
慈聖光獻曹皇后真定人樞密使周武惠王彬之孫
也明道二年郭后廢詔聘入宮景祐元年九月冊為
皇后性慈儉重稼穡常於禁苑種穀親蠶善飛帛書
慶曆八年閏正月帝將以望夕再張燈后諫止後三
日衛卒數人作亂夜越屋叩寢殿后方侍帝聞變遽
起帝欲出后閉閤擁持趣呼都知王守忠使引兵入

賊傷宮嬪殿下聲徹帝所宦者以乳嫗毆小女子紿
奏后叱之曰賊在近殺人敢妄言耶后度賊必縱火
陰遣人挈水踵其後果舉炬焚簾水隨滅之是夕所
遣宦侍后皆親剪其髮諭之曰明日行賞用是為驗
故爭盡死力賊即禽滅閤內妾與卒亂當誅祈哀幸
姬姬言之帝貸其死后具衣冠見請論如法曰不如
是無以肅清禁掖帝命坐后不可立請移數刻卒誅
之張妃怙寵上僭欲假后蓋出游帝使自來請后與
之無靳色妃喜還以告帝曰國家文物儀章上下有
秩汝張之而出外廷不汝置妃不懌而輟英宗方四

歲育禁中后拊鞠周盡迨入為嗣子贊策居多帝夜
暴疾崩后悉斂諸門鑰寘於前召皇子入及明宰臣
韓琦等至奉英宗即位尊后為皇太后帝感疾請權
同處分軍國事御內東門小殿聽政大臣日奏事有
疑未決者則曰公輩更議之未嘗出己意頗涉經史
多援以決事中外章奏日數十一一能紀綱要檢柅
曹氏及左右臣僕毫分不以假借宮省肅然明年夏
帝疾益愈即命撤簾還政帝持書久不下及秋始行
之敕有司崇峻典禮以弟佾同中書門下平章事神
宗立尊為太皇太后名宮曰慶壽帝致極誠孝所以

承迎娛悅無所不盡從行登覽每先後策掖后亦慈
愛天至或退朝稍晚必自至屏扆候矚間親持膳飲
以食帝外家男子舊毋得入謁后春秋高佾亦老帝
數言宜使入見輒不許他日佾侍帝帝復為請乃許
之因偕詣后閤少焉帝先起若令佾得伸親親意后
遽曰此非汝所當得留趣遣出晚得水疾侍醫莫能
治元豐二年冬疾甚帝視疾寢門衣不解帶旬日崩
年六十四帝推恩曹氏拜佾中書令進官者四十餘
人初王安石當國變亂舊章后乘間語神宗謂祖宗
法度不宜輕改熙寧宗祀前數日帝至后所后曰吾

昔聞民間疾苦必以告仁宗因赦行之今亦當爾帝曰今無他事后曰吾聞民間甚苦青苗助役宜罷之安石誠有才學然怨之者甚衆帝欲愛惜保全之不若暫出之於外帝悚聽垂欲止復為安石所持遂不果帝嘗有意於燕薊已與大臣定議乃詣慶壽宮白其事后曰儲蓄賜予備乎鎧仗士卒精乎帝曰固已辦之矣后曰事體至大吉凶悔吝生乎動得之不過南面受賀而已萬一不諧則生靈所係未易以言苟可取之太祖太宗收復久矣何待今日帝曰敢不受教蘇軾以詩得罪下御史獄人以為必死后違豫中

聞之謂帝曰嘗憶仁宗以制科得軾兄弟喜曰吾為子孫得兩宰相今聞軾以作詩繫獄得非仇人中傷之乎捃至於詩其過微矣吾疾勢已篤不可以冤濫致傷中和宜熟察之帝涕泣軾由此得免及崩帝哀慕毀瘠殆不勝喪有司上謚葬于永昭陵

張貴妃河南永安人也祖頴進士第終建平令父堯封亦舉進士為石州推官卒時堯封兄堯佐補蜀官堯封妻錢氏求挈孤幼隨之官堯佐不收恤以道遠辭妃幼無依錢氏遂納于章惠皇后宮寢長得幸有盛寵妃巧慧多智數善承迎勢動中外慶曆元年封清河郡君歲中為才人遷修媛忽被疾曰妾姿薄不勝寵名願為美人許之皇祐初進貴妃後五年薨年三十一仁宗哀悼之追冊為皇后謚溫成追封堯封清河郡王謚景思而堯佐因緣僥倖致位通顯云

苗貴妃開封人父繼宗母許先為仁宗乳保出嫁繼宗帝登位得復通籍妃以容德入侍生唐王昕福康公主封仁壽郡君拜才人昭容德妃英宗育於禁中妃擁佑頗有恩既踐阼疇其前勞進貴妃贈其父至太師吳國公母陳楚國夫人福康下嫁當馳恩外家抑不肯言元祐六年薨年六十九哲宗輟朝出奠發

哀苑中謚曰昭節

周貴妃開封人生四歲從其姑入宮張貴妃育為女稍長遂得侍仁宗生兩公主帝崩妃日一蔬食屏處一室誦佛書困則假寐覺則復誦晝夜不解衣者四十年公主下嫁錢景臻郭獻卿連進至賢妃徽宗立加貴妃歷五朝勤約一致啓壽藏於周氏塋南傍建僧屋費緡錢六萬皆貯儲奉賜郭公主先亡詔許出外第與親戚相往來年九十三薨謚昭淑

楊德妃定陶人天聖中以章獻太后姻連選為御侍封原武郡君進美人端麗機敏妙音律組紃書藝一

過目如素習父忠爲侍禁仁宗欲加奬擢辭曰外官當積勞以取貴今以恩澤徼倖恐啓左右請謁之端帝悅命徙居肅儀殿贈其祖貴州刺史而官其叔弟五人積與郭后不相能后既廢妃亦遣出後復召爲婕妤歷脩媛脩儀熙寧五年薨年五十四贈德妃

馮賢妃東平人曾祖炳知雜御史祖起兵部侍郎妃以良家女九歲入宮及長得侍仁宗生邢魯國二公主封始平郡君帝將登其品秩力辭不拜養女林美人得幸神宗生二王而沒王尚幼妃保育如己子累加才人婕妤脩容在禁掖幾六十年始終五朝動循

禮度薨年七十七贈賢妃

英宗宣仁聖烈高皇后亳州蒙城人曾祖瓊祖繼勳皆有勳王室至節度使母曹氏慈聖光獻妃姊也故后少鞠宮中時英宗亦在帝所與后年同仁宗謂慈聖異日必以爲配既長遂成昏濮邸生神宗皇帝岐王顥嘉王頵壽康公主治平二年冊爲皇后后弟殿內崇班士林供奉久帝欲遷其官后謝曰士林獲升朝籍分量已過豈宜援先后家比辭之神宗立尊爲皇太后居寶慈宮帝累欲爲高氏營大第后不許久之但斥望春門外隙地以賜凡營繕百役費悉出寶

慈不調大農一錢元豐八年帝不豫浸劇宰執王珪等入問疾乞立延安郡王爲皇太子太后權同聽政帝頷之珪等見太后簾下后泣撫王曰兒孝順自官家服藥未嘗去左右書佛經以祈福喜學書已誦論語七卷絕不好弄乃令王出簾外見珪等珪等再拜謝且賀是日降制立爲皇太子初岐嘉二王日問起居至是令毋輒入又陰敕中人梁惟簡使其妻製十歲兒一黃袍懷以來蓋密爲踐阼倉卒備也哲宗嗣位尊爲太皇太后驛召司馬光呂公著未至迎問今日設施所宜先未及條上已散遣脩京城役夫減皇

城覘卒止禁庭工技廢導洛司出近侍尤亡狀者戒中外毋苛歛寬民間保戶馬事由中旨王珪等弗預知又起文彥博於既老遣使勞諸途諭以復祖宗法度爲先務且令亟疏可用者從父遵裕坐西征失律抵罪蔡確欲獻諛以固位乞復其官后曰遵裕靈武之役塗炭百萬先帝中夜得報起環榻行徹旦不能寐聖情自是驚悸馴致大故禍由遵裕得免刑誅幸矣先帝肉未冷吾何敢顧私恩而違天下公議確悚慄而止光公著至並命爲相使同心輔政一時知名士彙進於廷凡熙寧以來政事弗便者次第罷之於

是以常平舊式改青苗以嘉祐差役參募役除市易之法追茶鹽之禁舉邉砦不毛之地以賜西戎而宇内復安契丹主戒其臣下復勿生事於疆場曰南朝盡行仁宗之政矣蔡確坐車蓋亭詩謫嶺表后謂大臣曰元豐之末吾以今皇帝所書佛經出示人是時惟王珪嘗奏賀遂定儲極且以子繼父有何間言而確自謂有定策大功妄扇事端規為異時眩惑地吾不忍明言姑託訕上為名逐之耳此宗社大計姦邪怨謗所不暇恤也廷試舉人有司請循天聖故事帝后皆御殿后止之又請受冊寶於文德后曰母后當

陽非國家美事况天子正衙豈所當御就崇政足矣上元燈宴后母當入觀止之曰夫人登樓上必加禮是由吾故而越典制於心殊不安但令賜之燈燭遂歲以為常姪公繪公紀當轉觀察使力遏之帝請至再僅遷一秩終后之世不敢改又以官冗當汰詔損外氏恩四之一以為宫掖先臨政九年朝廷清明華夏綏定宋用臣等既被斥祈神宗乳媼入言之冀得復用后見其來曰汝來何為得非為用臣等游說乎且汝尚欲如曩日求内降干撓國政耶若復爾吾即斬汝媼大懼不敢出一言自是内降遂絶力行故事

抑絶外家私恩文思院奉上之物無問巨細終身不取其一人以為女中堯舜元祐八年九月屬疾崩年六十二後二年章惇蔡卞邢恕始造為不根之謗皇太后太妃力辨其誣事乃已語在恕傳至高宗時昭暴惇卞恕罪褒録后家贈曹夫人為魏魯國夫人弟士遜士林及公繪公紀皆追王擢從孫世則節度使他受恩者又十餘人云

列傳卷第一

列傳卷第二　宋史二百四十三

開府儀同三司上柱國録軍國重事前中書右丞相監修國史領經筵事都總裁臣脱脱等奉勑修

后妃下

神宗欽聖憲肅向皇后河内人故宰相敏中曾孫也治平三年歸于潁邸封安國夫人神宗即位立為皇后帝不豫后贊宣仁后定建儲之議哲宗立尊為皇太后宣仁命葺慶壽故宮以居后后辭曰安有姑居西而婦處東瀆上下之分不敢徙遂以慶壽後殿為隆祐宮居之帝將卜后及諸王納婦后敕向族勿以女賓選中族黨有欲援例以恩換閤職及為選人求京秩者且言有特旨后曰吾族未省用此例何庸以

私情撓公法一不與帝倉卒晏駕獨決策迎端王章惇異議不能沮徽宗立請權同處分軍國事后以長君辭帝泣拜移時乃聽凡紹聖元符以還惇所斥逐賢大夫士稍稍收用之故事有如御正殿避家諱立誕節之類皆不用至聞賓召故老寬徭息兵愛民崇儉之舉則喜見于色纔六月即還政明年正月崩年五十六帝追念不已乃數加恩兩舅宗良宗回皆位開府儀同三司封郡王而自敏中以上三世亦追列王爵非常典也

欽成朱皇后開封人父崔傑早世母李更嫁朱士安后鞠於所親任氏熙寧初入宮為御侍進才人婕妤生哲宗及蔡王以徐國公主累進德妃哲宗即位尊為皇太妃時宣仁欽聖二太后皆居尊故稱號未極元祐三年宣仁詔春秋之義母以子貴其尋繹故實務致優隆於是輿蓋仗衛冠服悉侔皇后紹聖中欽聖復命即閤建殿改乘車為輿出入由宣德東門百官上牋稱殿下名所居為聖瑞宮贈崔任朱三父皆至師保徽宗立奉禮尤謹崇寧元年二月薨年五十一追冊為皇后上尊謚陪葬永裕陵

欽慈陳皇后開封人幼穎悟莊重選入掖庭為御侍生徽宗進美人帝崩守陵殿思顧舊恩毀瘠骨立左右進粥藥揮使去曰得早侍先帝願足矣未幾薨年三十二建中靖國元年追冊為皇太后上尊謚陪葬永裕陵

林賢妃南劍人三司使特之孫司農卿洙之女幼選入宮既長遂得幸封永嘉郡君升美人生燕王俁越王偲邢國公主進婕妤元祐五年薨詔用一品禮葬贈貴儀又贈賢妃

武賢妃始以選入宮元豐五年進才人生吳王佖賢和公主歷美人婕妤徽宗即位進昭儀賢妃大觀元年薨乘輿臨奠輟朝三日謚曰惠穆

哲宗昭慈聖獻孟皇后洺州人眉州防禦使馬軍都虞候贈太尉元之孫女也初哲宗既長宣仁高太后歷選世家女百餘入宮后年十六宣仁及欽聖向太后皆愛之教以女儀元祐七年諭宰執孟氏子能執婦禮宜正位中宮命學士草制又以近世禮儀簡畧詔翰林臺諫給舍與禮官議冊后六禮以進至是命尚書左僕射呂大防攝太尉充奉迎使同知樞密院韓忠彥攝司徒副之尚書左丞蘇頌攝太尉充發策

使僉書樞密院事王巖叟攝司徒副之尚書右丞蘇轍攝太尉充告期使皇叔祖同知大宗正事宗景攝宗正卿副之皇伯祖判大宗正事高密郡王宗晟攝太尉充納成使翰林學士范百祿攝宗正卿副之吏部尚書王存攝太尉充納吉使權戶部尚書劉奉世攝宗正卿副之翰林學士梁燾攝太尉充納采問名使御史中丞鄭雍攝宗正卿副之帝親御文德殿冊為皇后宣仁太后語帝曰得賢內助非細事也進后父閤門祗候在為崇儀使榮州刺史母王氏華原郡君久之劉婕妤有寵紹聖三年右朝景靈宮訖事就

坐諸嬪御立侍劉獨背立簾下后閤中陳迎兒呵之
不顧閤中皆忿冬至日會朝欽聖太后於隆祐宮后
御坐朱髹金飾宮中之制惟后得之婕妤在他坐有
愠色從者為易坐製與后等衆弗能平因傳唱曰皇
太后出后起立劉亦起尋各復其所或已撤婕妤坐
遂仆于地懟不復朝泣訴于帝內侍郝隨謂婕妤曰
毋以此戚戚願為大家早生子此坐正當為婕妤有
也會后女福慶公主疾后有姊頗知醫嘗已后危疾
以故出入禁掖公主藥弗效持道家治病符水入治
后驚曰姊寧知宮中禁嚴與外間異邪令左右藏之

俟帝至具言其故帝曰此人之常情耳后即爇符於
帝前宮禁相傳厭魅之端作矣未幾后養母聽宣夫
人燕氏尼法端與供奉官王堅為后禱祠事聞詔入
內押班梁從政管當御藥院蘇珪即皇城司鞫之捕
逮宦者宮妾幾三十人搒掠備至肢體毀折至有斷
舌者獄成命侍御史董敦逸覆錄罪人過庭下氣息
僅屬無一人能出聲者敦逸秉筆疑未下郝隨等以
言脅之敦逸畏禍及己乃以奏牘上詔廢后出居瑤
華宮號華陽教主玉清妙靜仙師法名沖真初章惇
誣宣仁后有廢立計以后逮事宣仁惇又陰附劉賢

妃欲請建為后遂與郝隨構成是獄天下冤之敦逸
奏言中宮之廢事有所因情有可察詔下之日天為
之陰翳是天不欲廢后也人為之流涕是人不欲廢
后也且言嘗覆錄獄事恐得罪天下後世帝曰敦逸
不可更在言路曾布曰陛下本以皇城獄出於近習
推治故命敦逸錄問今乃貶錄問官何以取信中外
乃止帝久亦悔之曰章惇誤我元符末欽聖太后將
復后位適有布衣上書以后為言者即命以官於是
詔后還內號元祐皇后時劉號元符皇后故也崇寧
初郝隨諷蔡京再廢后昌州判官馮澥上書言后不

得復臺臣錢遹石豫左膚等連章論韓忠彥等信一
布衣狂言復已廢之后以掠虛美望斷以大義蔡京
與執政許將溫益趙挺之張商英皆主其說徽宗從
之詔依紹聖詔旨復居瑤華宮加賜希微元通知和
妙靜仙師靖康初瑤華宮火徙居延寧宮又火出居
相國寺前之私第金人圍汴欽宗與近臣議再復后
尊為元祐太后詔未下而京城陷時六宮有位號者
皆北遷后以廢獨存張邦昌僭位尊后為宋太后迎
居延福宮受百官朝胡舜陟馬伸又言政事當取后
旨邦昌乃復上尊號元祐皇后迎入禁中垂簾聽政

后聞康王在濟遣尚書左右丞馮澥李回及兄子忠
厚持書奉迎命副都指揮使郭仲荀將所部扈衛又
命御營前軍統制張俊逆于道尋降手書播告天下
王至南京后遣宗室士㒟及内侍邵成章奉圭寶乘
輿服御迎王即皇帝位改元后以是日撤簾尊后為
元祐太后尚書省言元字犯后祖名請易以所居宮
名遂稱隆祐太后上將幸揚州命仲荀衛太后先行
駐揚州州治會張浚請先定六宮所居地遂詔忠厚
奉太后幸杭州以苗傅為扈從統制踰年傅與劉正
彥作亂請太后聽政又請立皇子太后諭之曰自蔡

京王黼更祖宗法童貫起邊事致國家禍亂今皇帝
無失德止為黃潛善汪伯彥所誤皆已逐矣傅等言
必立皇太子太后曰今強敵在外我以婦人抱三歲
小兒聽政將何以令天下傅等泣請太后力拒之帝
聞事急詔禪位元子太后垂簾聽政朱勝非請令臣
僚得獨對論機事仍日引傅黨一人上殿以釋其疑
太后從之每見傅等曲加慰撫傅等皆喜韓世忠妻
梁氏在傅軍中勝非以計脫之太后召見勉令世忠
速來以清巖陛梁氏馳入世忠軍諭太后意世忠等
遂引兵至逆黨懼朱勝非等誘以復辟命王世修草

狀進呈太后喜曰吾責塞矣再以手札趣帝還宮即
欲撤簾帝令勝非請太后一出御殿乃命撤簾是日
上皇太后尊號太后聞張浚忠義欲一見之帝為召
浚至禁中承議郎馮楫嘗貽書苗傅勸復辟上未之
知太后白其事楫得遷秩帝幸建寧命僉書樞密院
事鄭瑴衛太后繼發比至帝率群臣迎于郊會防秋
追命劉寧止制置江浙衛太后往洪州百司非預軍
事者悉從仍命滕康劉珏權知三省樞密院事從行
凡四方奏讞吏部差注舉辟功賞之類皆隸焉復命
四廂都指揮使楊惟忠將兵萬人衛從帝慮敵人來

侵密諭康珏緩急取太后旨便宜以行過落星寺舟
覆宮人溺死者十數惟太后舟無虞既至洪州議者
言金人自蘄黃渡江陸行二百餘里即到洪州帝憂
之命劉光世屯江州光世不為備金人遂自大冶縣
徑趣洪州康珏奉太后行次吉州金人追急太后乘
舟夜行質明至太和縣舟人景信反楊惟忠兵潰失
宮人一百六十康珏俱遁兵衛不滿百遂往虔州太
后及潘妃以農夫肩輿而行帝慮太后徑入閩廣遣
使歷詢后所在及知在虔州遂命中書舍人李正民
來朝謁時虔州府庫皆空衛軍所給惟得沙錢市買

不售與百姓交鬬縱火肆掠土豪陳新率衆圍城康珏惟忠弗能禁惟忠步將胡友自外引兵破新于城下新乃去帝聞罷康珏命盧益李回代之諭輔臣曰朕初不識太后自迎至南京愛朕不啻己出今在數千里外兵馬驚擾當亟奉迎以慰朕朝夕慕念之意遂遣御營司都統辛企宗帶御器械潘永思迎歸太后至越帝親迎于行宫門外遍問所過守臣治狀入宫禁中嘗微苦風眩有宫人自言善符呪疾良已太后驚曰吾豈敢復聞此語耶立命出之太后生辰置酒宫中從容謂帝曰宣仁太后之賢古今母后未有其比昔奸臣肆為謗誣雖嘗下詔明辨而國史尚未刪定豈足傳信吾意在天之靈不無望於帝也帝聞之悚然後廼更脩神宗哲宗實録始得其正而奸臣情狀益著帝事太后極孝雖帷帳皆親視或得時果必先獻太后然後敢嘗宣教郎范燾與忠厚有憾誣與太后客養欽宗子帝曰朕於太后如母子安得有此即治其罪紹興五年春患風疾帝旦暮不離左右衣弗解帶者連夕四月崩於行宫之西殿年五十九遺命擇地攢殯俟軍事寧歸塟園陵帝詔曰朕以繼體之重當從重服凡喪祭用母后臨朝禮上尊號曰

昭慈獻烈皇太后推恩外家凡五十人殯于會稽上皇村附神主于哲宗室位在昭懷皇后上三年改謚昭慈聖獻后性節儉謙謹有司月供千緡而止幸南昌斥賣私絹三千匹充費尋詔文書應奏者避后父名不許群臣請上太皇太后號亦不許忠厚直顯謨閣臺諫給舍交章論列后聞即令易武命學士院降詔戒敕忠厚等不得預聞朝政通貴近至私第謁見宰執以恩澤當得官者近八十員后未嘗陳請初后受冊日宣仁太后歎曰斯人賢淑惜福薄耳異日國有事變必此人當之後皆如所云

昭懷劉皇后初為御侍明豔冠後庭且多才藝由美人婕妤進賢妃生一子二女有盛寵能順意奉兩宫時孟后位中宫后不循列妾禮且陰造奇語以售謗內侍郝隨劉友端為之用孟后既廢后竟代焉右正言鄒浩上䟽極諫坐竄徽宗立冊為元符皇后明年尊為太后名宫崇恩帝緣哲宗故曲加恩禮后以是頗干預外事且以不謹聞帝與輔臣議將廢之而后已為左右所逼即簾鉤自縊而崩年三十五

徽宗顯恭王皇后開封人德州刺史藻之女也元符二年六月歸于端邸封順國夫人徽宗即位冊為皇

后生欽宗及崇國公主后性恭儉鄭王二妃方亢寵
后待之均平巨閹妄意迎合誣以闇昧帝命刑部侍
郎周鼎即秘獄參驗略無一跡獄止后見帝未嘗一
語輙及帝憪然憐之大觀二年崩年二十五謚曰靜
和葬裕陵之次紹興中始附徽宗廟室改上今謚云
鄭皇后開封人也父紳始為直省官以后貴累封太
師樂平郡王后本欽聖殿押班徽宗為端王每日朝
慈德宮欽聖命鄭王二押班供侍及即位遂以二人
賜之后自入宮好觀書章奏能自製帝愛其才崇寧
初封賢妃遷貴妃有異寵徽宗多賚以詞章天下歌

之王皇后崩政和元年立為皇后將受冊有司創製
冠服后言國用未足冠珠費多請命工改製妃時舊
冠又乞罷黃麾仗小駕鹵簿等儀從之恩澤皆弗陳
請時族子居中在樞府后奏外戚不當預國政必欲
用之且令充妃職帝為罷居中居中復用后歸寧還
言居中與父紳相往還人皆言其招權市賄乞禁絕
許御史奏劾后性端謹善順承帝意劉貴妃薨帝思
之不已將追冊為后后即奏妃乃其養子乞別議褒
崇之禮帝大喜欽宗受禪尊為太上皇后遷居寧德
宮稱寧德太后從上皇幸南京金師退先歸時用事

者言上皇將復辟於鎮江人情危駭或謂后將由端
門直入禁中內侍董頻勸欽宗嚴備帝不從出郊迎
后於是兩宮歡甚洽上皇聞之即罷如洛之議汴京
破從上皇幸青城北遷留五年崩于五國城年五十
二紹興七年何蘇等使還始知上皇及后崩高宗大
慟詔立重成服謚顯肅后親族各遷官有差祔主徽
宗室以聞哀日為大忌梓宮歸入境承之以槨納翬
衣其中與徽宗合攢于會稽永佑陵先是后至金營
許于粘罕曰妾得罪當行但妾家屬不預朝政乞留
不遣粘罕許之故紳得歸后既行紳亦以是年薨謚

僖靖家屬流寓江南高宗憐之詔所在尋訪賜官有
鄭藻者后近屬也紹興中帶御器械用后祔廟恩拜
隴州防禦使凡四使金歷官至保信軍節度使加太
尉卒追封榮國公謚端靖
王貴妃與鄭后俱為押班徽宗立封平昌郡君進位
至貴妃生鄆王楷莘王植陳王機惠淑康淑順德柔
福沖懿帝姬政和七年九月薨謚曰懿肅
韋賢妃開封人高宗母也初入宮為侍御崇寧末封
平昌郡君大觀初進婕妤累遷婉容高宗在康邸出
使進封龍德宮賢妃從上皇北遷建炎改元遙尊為

宣和皇后封其父安道為郡王官親屬三十人由是遣使不絕紹興七年徽宗及鄭皇后崩聞至帝號慟諭輔臣曰宣和皇后春秋高朕思之不遑寧處屈己講和正為此耳翰林學士朱震引唐建中故事請進尊為皇太后從之已而太常少卿吴表臣請俟嘉祐治平故事俟三年喪畢然後舉行乃先降御札播告天下后三代俱追封王帝以后久未歸每顰蹙曰金人若從朕請餘皆非所問也王倫使回言金人許歸后未幾金人遣蕭哲來亦言后將歸狀遂豫作慈寧宮命莫將韓恕為奉迎使十年以金人猶未歸后乃

進上皇太后冊寶於慈寧殿是後生辰至朔皆進行賀禮洪皓在燕求得后書遣李微持歸帝大喜曰遣使百輩不如一書遂加微官金人遣蕭毅邢具瞻來議和帝曰朕有天下而養不及親徽宗無及矣今立誓信當明言歸我太后朕不耻和不然朕不憚用兵毅等還帝又語之曰太后果還自當謹守誓約如其未也雖有誓約徒為虚文命何鑄曹勛報謝召至内殿諭之曰朕北望庭闈無淚可揮卿見金主當曰慈親之在上國一老人耳在本國則所繫甚重以至誠說之庶彼有感動鑄等至金國首以后歸為請金主

曰先朝業已如此豈可輒改勛再三懇請金主始允鑄等就館館伴耶律紹文來言金主許從所請洪皓聞之先遣人來報鑄等還具言其實遂命參政王次翁為奉迎使金人遣其臣高居安完顏宗賢等扈從以行十二年四月次燕山自東平舟由清河至楚州既渡淮命太后弟安樂郡王韋淵秦魯國大長公主吳國長公主迎于道帝親至臨平奉迎普安郡王宰執兩省三衙管軍皆從帝初見太后喜極而泣八月至臨安入居慈寧宮先是以梓宮未還詔中外輟樂至是慶太后壽節始用樂謁家廟親屬遷官幾二千

人太后聰明有智慮初金人許還三梓宮太后恐其反覆呼役者畢集然後起攢時方暑金人憚行太后慮有他變乃陽稱疾須秋凉進發已而稱貸于金使得黄金三千兩以犒其衆由是途中無間言太后在北方聞韓世忠名次臨平呼世忠至簾前慰勞還宮帝侍太后或至夜分未去太后曰且休矣聽朝宜早恐妨萬幾又嘗謂兩宮給使宜令通用不然則有彼我之分而使人間言易以入也時皇后未立太后屢為帝言帝請降手書太后曰我但知家事外庭非所當預將行冊命承平典禮悉能記之帝先意承志惟

恐不及或一食稍減輒不勝憂懼常戒宫人曰太后年已六十惟優游無事起居適意即壽考康寧事有所關愼毋令太后知第來白朕十九年太后年七十正月朔即宫中行慶壽禮親屬各遷官一等太后微恙累月不出殿門會牡丹盛開帝入白太后欣然步至花所因留宴竟日盡歡翌日以諭宰執后苦目疾募得醫皇甫坦治即愈二十九年太后壽登八十復行慶禮親屬進官一等庶人年九十宗子女君貢士已上父母年八十者悉官封之九月得疾上不視朝敕輔臣祈禱天地宗廟社稷赦天下減租稅俄崩于

慈寧宫諡曰顯仁攢于永祐陵之西祔神主太廟徽宗室親屬進秩者十四人授官者三人太后性節儉有司進金唾壺太后易令用塗金宫中賜予不過三數千所得供進財帛多積於庫至是喪葬之費皆仰給焉然好佛老初高宗出使有小婢言見四金甲人執刀劍以衛太后曰我祠四聖謹甚必其陰助既北遷常設祭及歸立祠西湖上

喬貴妃初與高宗母韋妃俱侍鄭皇后結爲姊妹約先貴者毋相忘既而貴妃得幸徽宗遂引韋氏二人愈相得二帝北遷貴妃與韋氏俱至是韋妃將還貴妃以金五十兩贈高居安曰薄物不足爲禮願好護送姊還江南復舉酒酹韋氏曰姊善重保護歸即爲皇太后妹無還期終死於朔漠矣遂大慟以別

劉貴妃其出單微入宫即大幸由才人七遷至貴妃生濟陽郡王棫祁王模信王榛政和三年秋薨先是妃手植芭蕉於庭曰是物長吾不及見矣已而果然左右奔告帝帝初以其微疾不經意趣幸之已薨矣始大悲惻特加四字諡曰明達懿文敘其平生紘諸樂府又欲踵温成故事追崇使皇后表請因册贈爲后而以明達諡焉時又有安妃劉氏者本酒保家女

初事崇恩宫宫罷出居宦者何訢家内侍楊戩譽其美復召入妃以同姓養爲女遂有寵爲才人進至淑妃生建安郡王楧嘉國公椅英國公橞和福帝姬政和四年加貴妃朝夕得侍上擅愛顓席嬪御爲之稀進擢其父劉宗元節度使妃天資警悟解迎意合旨雅善塗飾每製一服外間即傚之林靈素以技進目爲九華玉真安妃肖其像于神霄帝君之左宣和三年薨年三十四初諡明節和文旋用明達近比加册贈爲皇后葬其園之西北隅帝悼之甚後宫皆往唁帝相與啜泣崔妃獨左視無戚容帝悲怒疑其爲厭

蠱卜者劉康孫緣妃以進喜妄談休咎捕送開封獄醫曹孝忠侍疾無狀閤內侍王堯臣坐盜金珠及出金明池游宴事併鞫治獄成同日誅死遂廢崔妃為庶人崔生漢王椿及帝姬五人云

欽宗朱皇后開封祥符人父伯材武康軍節度使欽宗在東宮徽宗臨軒備禮冊為皇太子妃欽宗即位立為皇后追封伯材為恩平郡王后既北遷不知崩聞慶元三年上尊號謚仁懷祔于太廟欽宗室推恩后家十五人五年奉安神御于景靈宮兄二人孝孫靖康中以節鉞換授右金吾衛上將軍卒贈開府儀

同三司孝章一曰孝莊官至永慶軍承宣使卒贈昭化軍節度使

高宗憲節邢皇后開封祥符人父煥朝請郎高宗居康邸以婦聘之封嘉國夫人王出使夫人留居蕃衍宅金人犯京師夫人從三宮北遷上皇遣曹勛歸夫人脫所御金環使內侍持付勛曰幸為吾白太王願如此環得早相見也王憐之及即位進冊為皇后官后親屬二十五人紹興九年后崩于五國城年三十四金人祕之高宗虛中宮以待者十六年顯仁太后回鑾始得崩聞上為輟朝行釋服之祭謚懿節祔主于別廟紹興十二年八月后梓宮至攢于聖獻太后梓宮之西北帝思后殊悵不樂皇后吳氏知帝意乃請為其姪珣璩婚邢氏二女以慰帝心淳熙末改謚憲節祔高宗廟

憲聖慈烈吳皇后開封人父近以后貴累官武翼郎贈太師追封吳王謚宣靖近嘗夢至一亭扁曰侍康傍植芍藥獨放一花殊妍麗可愛花下白羊一近寤而異之后以乙未歲生方產時紅光徹戶外年十四高宗為康王被選入宮人謂侍康之徵王即帝位后常以戎服侍左右后頗知書從幸四明衛士謀為變

入問帝所在后紿之以免未幾帝航海有魚躍入御舟后曰此周人白魚之祥也帝大悅封和義郡夫人還越進封才人后益博習書史又善翰墨由是寵遇日至與張氏並為婉儀尋進貴妃顯仁太后回鑾亦愛后憲節皇后崩聞至秦檜等累表請立中宮太后亦為言紹興十三年詔立貴妃為皇后帝御文德殿授冊后即穆清殿廷受之追王三代親屬由后官者三十五人顯仁太后性嚴肅后身承起居順適其意嘗繪古列女圖置坐右為鑒又取詩序之義扁其堂曰賢志初伯琮以宗子召入宮命張氏育之后時為

才人亦請得育一子於是得伯玖更名璩中外議頗籍籍張氏卒併育子后后視之無間伯琮性恭儉喜讀書帝與后皆愛之封普安郡王后嘗語帝曰普安其天日之表也帝意決立為皇子封建王出璩居紹興高宗内禪手詔后稱太上皇后遷居德壽宮孝宗即位上尊號曰壽聖太上皇后月朔朝上皇畢入見后如宮中儀乾道七年加號壽聖明慈淳熙二年以上皇行慶壽禮復加壽聖齊明廣慈之號十年以后年七十親屬推恩有差十二年加尊號曰備德上皇崩遺詔改稱皇太后帝欲迎還大内太后以上皇几

筵在德壽宮不忍舍去因名所御殿曰慈福居焉光宗即位更號壽聖皇太后以壽皇故不稱太皇太后也帝嘗言及用人后曰宜崇尚舊臣紹熙四年后壽八十帝乃觀后奉冊禮加尊號曰隆慈備福五年正月帝率群臣行慶壽禮嘉王侍側后勉以讀書辨邪正立綱常為先夏孝宗崩始正太皇太后之號時光宗疾未平不能執喪宰臣請垂簾主喪事后不可已而宰執請如唐肅宗故事群臣發喪太極殿成服禁中許之后代行祭奠禮尋用樞密趙汝愚請於梓宮前垂簾宣光宗手詔立皇子嘉王為皇帝翌日冊夫

人韓氏為皇后撤簾慶元元年加號光祐遷居重華宮汝愚後以謫死中書舍人汪義端目汝愚為李林甫欲併逐其黨太后聞而非之三年十月后寢疾詔禱天地宗廟社稷大赦天下踰月而崩年八十三遺誥太上皇帝疾未痊癒宜於宮中承重皇帝服齊衰五月以日易月詔服朞年喪謚曰憲聖慈烈攢祔于永思陵

潘賢妃開封人元懿太子母也父永壽直翰林醫局官高宗居康邸時納之邢后北遷妃未有位號帝即位將立為后呂好問諫止之立為賢妃太子薨從隆祐太后于江西踰年還紹興十八年薨永壽贈太子少師

張賢妃開封人建炎初為才人有寵進婕妤帝欲擇宗室子養禁中輔臣問帝以宮中可付託者誰耶帝曰已得之矣意在婕妤已而伯琮入宮年尚幼婕妤與潘賢妃吳才人方環坐以觀其所向時賢妃新失皇子意忽忽不樂婕妤手招之遂向婕妤帝因命婕妤母之是為孝宗尋遷婉儀十二年卒上為輟朝二日贈賢妃弟莘閤門宣贊舍人妃薨遷秩二階

劉貴妃臨安人入宮為紅霞帔遷才人累遷婕妤婉

容紹興二十四年進賢妃頗恃寵驕侈嘗因盛夏以水晶飾脚踏帝見之命取為枕妃懼撤去之淳熙十四年甍父懋累官昭慶軍節度使金人南侵獻錢二萬緡以助軍興賞懋子允升紹興末為和州防禦使知閤門事奉使還遷荊州防禦使福州觀察使

劉婉儀初入宮封宜春郡夫人尋進才人與劉婉容俱被寵進婉儀婉儀頗恃恩招權嘗遣人諷廣州蕃商獻明珠香藥許以官爵舶官林孝澤言于朝詔止其獻金人將叛盟劉錡主戰幸醫王繼先從中沮之因諜誅錡帝不懌一日在婉儀位有憂色婉儀陰訪

得其言以寬譬帝意帝怍與繼先言合詰之婉儀急具以實對帝大怒託以他過廢之兄侁累官和州防禦使知閤門事婉儀既廢乃與祠罷歸

張貴妃開封祥符人初入宮封永嘉郡夫人乾道六年進婉容淳熙七年封太上皇淑妃十六年進貴妃紹熙元年甍美人馮氏才人韓氏吳氏李氏王氏俱被寵幸後皆廢吳氏中宮近屬也紹興三十年復故封李氏王氏俱明謚淳熙末上皇愛之及崩憲聖后見二才人每感憤孝宗即追告命許自便蓋非常制云

孝宗成穆郭皇后開封祥符人奉直大夫直卿之女孫其六世祖為章穆皇后外家孝宗為普安郡王時納郭氏封咸寧郡夫人生光宗及莊文太子惜魏惠憲王愷邵悼肅王恪紹興二十六年甍年三十一追封淑國夫人三十一年用明堂恩贈福國夫人既建太子追封皇太子妃及受禪追冊為皇后謚恭懷尋改安穆及營阜陵又改成穆祔孝宗廟父瑊累官昭慶軍承宣使追封榮王孝宗待郭氏恩禮彌厚然不假外戚以官爵后弟師禹師元官不過承宣使師元不及建節而卒將內禪師禹始除節度使光宗朝官

至太保封永寧郡王

成恭夏皇后袁州宜春人曾祖令吉為吉水簿夏氏初入宮為憲聖太后閤中侍御普安郡王夫人郭氏甍太后以夏氏賜王封齊安郡夫人即位進賢妃踰年奉上皇命立為皇后乾道二年謁家廟親屬推恩十一人三年崩謚安恭寧宗時改謚成恭初后之生也有異光穿室父協奇之及長以姿納宮中久之父居益困及歸客袁之僧舍號夏翁翁亡后始貴訪得其弟執中補承信郎閤門祇候未幾遷右武郎閤門宣贊舍人累遷奉國軍節度使提舉萬壽觀寧宗即

位加少保踰年卒于家初執中與其微時妻至京宮人諷使出之擇配貴族欲以媚后執中弗為動他日后親為言執中誦宋弘語以對后不能奪既貴始從師學作大字頗工復善騎射高宗行慶壽禮近戚爭獻珍環執中獨大書一人有慶萬壽無疆以獻高宗喜錫賚甚渥嘗為館伴副使連射皆命中金人駭服孝宗聞其才將召用之謝曰他日無累陛下保全足矣人以此益賢之

成肅謝皇后丹陽人幼孤鞠於翟氏因冒姓焉及長被選入宮憲聖太后以賜普安郡王封咸安郡夫人

王即位進婉容踰年進貴妃成恭皇后崩中宮虛位淳熙三年妃侍帝過德壽宮上皇諭以立后意尋遣張去為傳旨立貴妃為皇后復姓謝氏親屬推恩者十人光宗受禪上尊號壽成皇后孝宗崩尊為皇太后慶元初加號惠慈嘉泰二年加慈佑太皇太后三年崩謚成肅攢祔于永阜陵后性儉慈減膳羞每食必先以進御服澣濯衣有數年不易者弟淵以后貴授武翼郎后嘗戒之曰主上化行恭儉吾亦躬服澣濯爾宜崇謙抑遠驕侈後歷閤門宣贊舍人帶御器械光宗朝遷果州團練使寧宗立轉萊州防禦使擢知閤門事仍幹辦皇城司三遷至保信軍節度使尋加太尉開府儀同三司成肅皇后崩遺誥賜淵錢十萬緡金二千兩田十頃僦緡日十千後累陞三少封和國公嘉定四年薨贈太保

蔡貴妃初入宮為紅霞帔封和義郡夫人進婉容淳熙十年冬拜貴妃十二年秋薨父滂宜春觀察使

李賢妃初入宮為典字轉通義郡夫人進婕妤淳熙十年卒贈賢妃時李燾在經筵嘗諫省後宮費帝曰朕老矣安有是近葬李妃用三萬緡耳帝雖在位久後宮寵幸無著聞者

光宗慈懿李皇后安陽人慶遠軍節度使贈太尉道之中女初后生有黑鳳集道營前石上道心異之字后曰鳳娘道帥湖北聞道士皇甫坦善相人乃出諸女拜坦坦見后驚不敢受拜曰此女當母天下坦言於高宗遂聘為恭王妃封榮國夫人進定國夫人乾道四年生嘉王七年立為皇太子妃性妒悍嘗訴太子左右於高孝二宮高宗不懌謂吳后曰是婦將種吾為皇甫坦所誤孝宗亦屢訓后宜以皇太后為法不然行當廢汝后疑其說出於太后及太子即位冊為皇后光宗欲誅宦者近習皆懼遂謀離間三宮會

帝得心疾孝宗購得良藥欲因帝至宮授之宦者遂訴於后曰太上合藥一大丸俟宮車過即投藥萬一有不虞其奈宗社何后覘藥實有心銜之頃之內宴后請立嘉王為太子孝宗不許后曰妾六禮所聘嘉王妾親生也何為不可孝宗大怒后退持嘉王泣訴于帝謂壽皇有廢立意帝惑之遂不朝太上帝嘗宮中浣手睹宮人手白悅之他日后遣人送食合于帝啓之則宮人兩手也又黃貴妃有寵因帝親郊宿齋宮后殺之以暴卒聞是夕風雨大作黃壇燭盡滅不能成禮帝疾由是益增劇不視朝政事多决於后矣

后益驕奢封三代為王家廟逾制衛兵多於太廟后歸謁家廟推恩親屬二十六人使臣一百七十二人下至李氏門客亦奏補官中興以來未有也是時帝久不朝太上中外疑駭紹興四年九月重明節宰執侍從臺諫連章請帝過宮給事中謝深甫言父子至親天理昭然太上之愛陛下亦猶陛下之愛嘉王太上春秋高千秋萬歲後陛下何以見天下帝感悟趣命駕朝重華宮是日百官班列俟帝出至御屏后挽留帝入曰天寒官家且飲酒百僚侍衛相顧莫敢言中書舍人陳傅良引帝裾請毋入因至屏後后叱曰此何地爾秀才欲斫頭耶傅良下殿慟哭后復使人問曰此何理也傅良曰子諫父不聽則號泣而隨之后益怒遂傳旨罷還宮其後孝宗崩帝不能親執喪宰相趙汝愚議內禪立寧宗尊后曰太上皇后上尊號曰壽仁慶元六年崩年五十六謚慈懿

黃貴妃淳熙末在德壽宮封和義郡夫人光宗為皇太子傅無侍姬上皇以夫人賜之遂專寵即位拜貴妃紹熙二年冬十一月為皇后李氏所殺帝聞而成疾又有張貴妃亦舊侍東宮次婕妤符氏後出嫁於民間

寧宗恭淑韓皇后相州人其六世祖為忠獻王琦初后與姊俱被選入宮后能順適兩宮意遂歸平陽郡邸封新安郡夫人進崇國夫人王受禪冊夫人為皇后后父同卿由知泰州陞揚州觀察使母莊氏封安國夫人慶元六年崩謚恭淑同卿累遷慶遠軍節度使加太尉慶元五年卒贈太師謚恭靖同卿季父侂胄自以有定策功聲勢熏灼同卿每懼滿盈不敢干政時天下皆知侂胄為后族不知同卿乃后父也同卿歿一年而后崩侂胄竟敗人始服其善遠權勢云同卿子㙉后兄也官至承宣使

恭聖仁烈楊皇后少以姿容選入宮忘其姓氏或云
會稽人慶元元年三月封平樂郡夫人三年四月進
封婕妤有楊次山者亦會稽人后自謂其兄也遂姓
楊氏五年進婉儀六年進貴妃恭淑皇后崩中宮未
有所屬貴妃與曹美人俱有寵韓侂冑見妃任權術
而曹美人性柔順勸帝立曹而貴妃頗涉書史知古
今性復機警帝竟立之次山客王夢龍知其謀密以
告后后深銜之與次山欲因事誅侂冑會侂冑議用
兵中原俾皇子曮入奏侂冑再啓兵端將不利於社
稷帝不荅后從傍贊之甚力亦不荅恐事泄俾次山

擇廷臣可任者與共圖之禮部侍郎史彌遠素與侂
冑有隙遂欣然奉命參知政事錢象祖嘗諫用兵貶
信州彌遠乃先告之禮部尚書衛涇著作郎王居安
前右司郎官張鎡皆預其謀開禧三年十一月三日
侂冑方早朝彌遠密遣中軍統制夏震伏兵六部橋
側率健卒擁侂冑至玉津園槌殺之復命彌遠象祖
等俱赴延和殿以殛侂冑聞帝不之信越三日帝猶
謂其未死蓋是謀悉出中宮及次山等帝初不知也
后既誅侂冑彌遠日益貴用事嘉定十四年帝以國
嗣未定養宗室子貴和立為皇子賜名竑彌遠為丞

相既信任於后遂專國政竑漸不能平初竑好琴彌
遠買美人善琴者納之而私厚美人家令伺皇子動
靜竑嬖之一日竑指輿地圖示美人曰此瓊崖州也
他日必置史彌遠於此地美人以告彌遠竑又書字
於几曰彌遠當決配八千里竑左右皆彌遠腹心走
白彌遠彌遠大懼陰蓄異志欲立他宗室子昀為皇
子遂陰與昀通十七年閏八月丁酉帝大漸彌遠夜
召昀入宮后尚未知也彌遠遣后兄子谷及石以廢
立事白后后不可曰皇子先帝所立豈敢擅變是夜
凡七往反后終不聽谷等乃拜泣曰内外軍民皆已

歸心苟不立之禍變必生則楊氏無噍類矣后默然
良久曰其人安在彌遠等召昀入后拊其背曰汝今
為吾子矣遂矯詔廢竑為濟王立昀為皇子即帝位
尊皇后曰皇太后同聽政寶慶二年十一月戊寅加
尊號壽明紹定元年正月丙子復加慈睿四年正月
后壽七十帝率百官朝慈明殿加尊號壽明仁福慈
睿皇太后十二月辛巳后不豫詔禱祠天地宗廟社
稷宮觀赦天下五年十二月壬午崩于慈明殿壽七
十有一謚恭聖仁烈次山官至少保封永陽郡王次
山二子谷封新安郡王石永寧郡王自有傳姪孫鎮

尚理宗女周漢公主官至左領軍衛將軍駙馬都統
宗族鳳孫等皆任通顯云
理宗謝皇后諱道清天台人父渠伯祖深甫后生而
黧黑瞖一目渠伯早卒家產益破壞后嘗躬親汲飪
初深甫爲相有援立楊太后功太后德之理宗即位
議擇中宮太后命選謝氏諸女后獨在室兄弟欲納
入宮諸父擽伯不可曰即奉詔納女當厚奉資裝異
時不過一老宮婢事奚益會元夕縣有鵲來巢燈山
衆以爲后妃之祥擽伯不能止乃供送后就道后旋
病疹良已膚蛻瑩白如玉醫又藥去目瞖時賈涉女

有殊色同在選中及入宮理宗意欲立賈太后曰謝
女端重有福宜正中宮左右亦皆竊語曰不立真皇
后乃立假皇后邪帝不能奪遂定立后初封通議郡
夫人寶慶三年九月進貴妃十二月冊爲皇后后既
立賈貴妃專寵貴妃薨閻貴妃又以色進后處之裕
如略不介懷太后深賢之而帝禮遇益加焉開慶初
大元兵渡江理宗議遷都平江慶元后諫不可恐搖
動民心乃止理宗崩度宗立咸淳三年尊爲皇太后
號壽和聖福進封三代父渠伯魏王祖深甫曾祖景
之皆魯王宗族男女各進秩賜封賞賚有差度宗崩

瀛國公即位尊爲太皇太后太后年老且疾大臣屢
請垂簾同聽政強之乃許加封五代太后以兵興費
繁痛自裁節汰慈元殿提舉已下官省汎索錢緡月
萬平章賈似道兵潰陳宜中上疏請正其罪太后曰
似道勤勞三朝豈宜以一旦罪而失遇大臣禮先削
其官後乃寘法貶死京朝官聞難往往避匿遁去太
后命揭榜朝堂曰我國家三百年待士大夫不薄吾
與嗣君遭家多難爾小大臣不能出一策以救時艱
內則畔官離次外則委印棄城避難偷生尚何人爲
亦何以見先帝於地下乎天命未改國法尚存凡在

官守者尚書省即與轉一資負國逃者御史覺察以
聞德祐元年六月朔日食既太后削聖福以應天變
丞相王爚老病陳宜中留夢炎庸懦無所長日坐朝
堂相爭戾而張世傑兵敗於焦山宜中棄官去太后
累召不至遺書宜中母使勉之十月始還朝太后又
親爲書召夏貴等兵曰吾母子不足念獨不報先帝
德乎貴等亦罕有至者是月大元兵破常州太后遣
陸秀夫等請和不從宜中即率公卿請遷都太后不
許宜中痛哭固請不得已從之明日當啓行而宜中
倉卒失奏於是宮車已駕日且暮而宜中不至太后

怒而止明年正月更命宜中使軍中約用臣禮宜中難之太后涕泣曰苟存社稷臣非所較也未幾大元兵薄皐亭山宜中宵遁文武百官亦潛相引去二月辛丑大軍駐錢塘宋亡瀛國公與全后入朝太后以疾留杭是年八月至京師降封壽春郡夫人越七年終年七十四無子兄奕宋時封郡王姪堂兩浙鎮撫大使尚榮郡公主暨堇並節度使端平初頗干國政云

度宗全皇后會稽人理宗母慈憲夫人姪孫女也略涉書史幼從父昭孫知岳州開慶初秩滿歸道潭州

時大元兵自羅鬼入破全衛永桂圍潭州人有見神人衛城者已而潭獨不下逾年事平至臨安會忠王議納妃初丁大全請選知臨安府顧嵓女已致聘矣大全敗嵓亦罷去臺臣論嵓大全黨宜別選名族以配太子臣僚遂言全氏侍其父昭孫往返江湖備嘗艱險其處貴富必能盡警戒相成之道理宗以母慈憲故乃詔后入宮問曰爾父昭孫昔在寶祐間沒於王事每念之令人可哀后對曰妾父可念淮湖之民尤可念也帝深異之語大臣曰全氏女言辭甚令宜配冢嫡以承祭祀景定二年十一月詔封永嘉郡夫人十二月冊為皇太子妃弟永堅等補承信郎直秘閣度宗立咸淳三年正月冊為皇后追贈三代賜家廟第宅弟清夫庭輝等一十五人各轉一官五年三月后歸寧推恩姻族五十六人進一秩咸平郡夫人全氏三十二人各特封有差后生子不育次生瀛國公十年度宗崩瀛國公立冊為皇太后宋亡從瀛國公入朝于燕京後為尼正智寺而終

楊淑妃初選入宮為美人咸淳二年進封淑妃推恩親屬幼節等三十四人進秩有差生建國公昰宋亡昰走温州又走福州衆推為主冊妃為太后封弟昺

衛王昺脩容俞氏所生也至元十四年大軍圍昰於海上明年四月昰卒昺代立十六年春二月昺投海死妃聞之大慟曰我艱關忍死者正為趙氏祭祀尚有可望爾今天命至此夫復何言遂赴海死其將張世傑葬之海濱

列傳卷第二

列傳卷第三　　宋史二百四十四

開府儀同三司上柱國錄軍國重事前中書右丞相監修國史領經筵事都總裁臣脫脫等奉

敕修

宗室一

魏王廷美　　燕王德昭

秦王德芳 秀王子偁附

昔周之初興大封建宗室及其東遷晉鄭有同獎之功然其衰也榦弱而枝强後世於是有矯其失者而封建不復古矣宋承唐制宗王襁褓即裂土而爵之然名存實亡無補於事降至疏屬宗正有籍玉牒有

名宗學有教郊祀明堂遇國慶典皆有禄秩所寓州縣月有廩餼至於宗女適人亦有恩數然國祚既長世代浸遠恒產豐約去士庶之家無甚相遠者靖康之亂諸王駢首以斃於金人之虐論者咎其無封建之實故不獲維城之助焉雖然東都之仁宗南渡之高寧元良虛位立繼小宗大策一定卒無動摇磐石之固亦可知矣且宋於宗室稍有過差君臣之間不吝於改尤不憚於言涪陵武功真宗即位尋議追復改塟封其子孫濮邸尊稱言者惟務格非不少避忌宋末濟邸國事將亡諫疏不息必褒䘏而後止是蓋

歷代之所難得者歟表而出之作宗室傳

魏悼王廷美字文化本名光美太平興國初改今名太祖兄弟五人兄光濟早亡宋興追封邕王改曹王弟光義即太宗次廷美次光贊幼亡追封夔王改岐王建隆元年授廷美嘉州防禦使二年遷興元尹山南西道節度使乾德二年加同中書門下平章事開寶六年加檢校太保侍中京兆尹永興軍節度使太宗即位加中書令開封尹封齊王又加檢校太師從征太原進封秦王七年三月或告秦王廷美驕恣將有陰謀竊發上不忍暴其事遂罷廷美開封尹授西

京留守賜襲衣通犀帶錢千萬緡絹綵各萬匹銀萬兩西京甲第一區詔樞密使曹彬餞廷美於瓊林苑以太常博士王遹判河南府事開封府判官閻矩判留守事以如京使柴禹錫為宣徽北院使兼樞密副使楊守一為東上閤門使充樞密都承旨賞其告廷美陰謀功也左衛將軍樞密承旨陳從龍為左衛將軍皇城使劉知信為右衛將軍弓箭庫使惠延真為商州長史禁軍列校皇甫繼明責為汝州馬步軍都指揮使定人王榮為濮州教練使皆坐交通廷美及受其燕犒也榮未行或又告榮嘗與廷美親吏狂言

我不久當得節帥坐削籍流海島會趙普再相廉得
盧多遜與廷美交通事上聞上怒責授多遜兵部尚
書下御史獄捕繫中書守堂官趙白秦府孔目官閻
密小吏王繼勳樊德明趙懷祿閻懷忠等命翰林學
士承旨李昉學士扈蒙衛尉卿崔仁冀膳部郎中兼
御史知雜滕中正雜治之多遜自言累遣趙白以中
書機事密告廷美去年九月中又令趙白言於廷美
云願宮車晏駕盡力事太王廷美遣樊德明報多遜
云承旨言正會我意我亦願宮車早晏駕私遣多遜
弓箭等多遜受之閻密初給事廷美上即位補殿直

仍隸秦王府恣橫不法言多指斥王繼勳尤為廷美
親信嘗使求訪聲妓怙勢取貨賄汚狼藉樊德明素
與趙白遊處多遜因之以結廷美廷美又遣趙懷祿
私召同母弟軍器庫副使趙廷俊與語閻懷忠嘗為
廷美詣淮海王錢俶求犀玉帶金酒器懷忠受俶私
遺白金百兩金器絹扇等廷美又嘗遣懷忠齎銀盌
錦綵羊酒詣其妻父御前忠佐馬軍都軍頭開封潘
潾嘗燕軍校至是皆伏罪詔文武常參官集議朝堂
太子太師王溥等七十四人奏多遜及廷美顧望咒
詛大逆不道宜行誅滅以正刑章趙白等處斬詔削

奪多遜官爵并家屬流崖州廷美勒歸私第趙白閻
密王繼勳樊德明趙懷祿閻懷忠皆斬於都門外籍
其家財詔秦王廷美男女等宜正名稱貴州防禦使
德恭等仍為皇姪皇姪女適韓氏去雲陽公主之號
右監門將軍韓崇業降為右千牛衛率府率仍去駙
馬都尉之號並發遣西京就廷美居止五月貶西京
留守判官閻矩為涪州司戶參軍前開封推官孫嶼
為融州司戶參軍皆秦王廷美官屬坐輔導無狀也
趙普以廷美謫居西洛非便復教知開封府李符上
言廷美不悔過怨望乞徙遠郡以防他變詔降廷美

為涪陵縣公房州安置妻楚國夫人張氏削國封命
崇儀使閻彥進知房州監察御史袁廓通判州事各
賜白金三百兩八年正月涪陵縣公廷美母陳國夫
人耿氏卒雍熙元年廷美至房州因憂悸成疾而卒
年三十八上聞之嗚咽流涕謂宰相曰廷美自少剛
愎長益凶惡朕以同氣至親不忍寘之於法俾居房
陵冀其思過方欲推恩復舊遽茲殞逝痛傷奈何因
悲泣感動左右遂下詔追封廷美為涪王謚曰悼為
發哀成服其後太宗從容謂宰相曰廷美母陳國夫
人耿氏朕乳母也後出嫁趙氏生廷俊朕以廷美故

令廷俊屬鞬左右而廷俊泄禁中事於廷美邇者鑿西池水心殿成橋梁未備朕將泛舟往焉廷美與左右謀欲以此時竊發不果即詐稱疾於邸俟朕臨省因而為變有告其事者若命有司窮究則廷美罪不容誅朕不欲暴揚其醜及盧多遜交通事發止令居守西洛而廷美不悔過益怨望出不遜語始命遷房陵以全宥之至于廷俊亦不加深罪但從朕宥朕於廷美蓋無負矣言未訖為之惻然李昉對曰涪陵悖逆天下共聞西池禁中事若非陛下委曲宣示臣等何由知之初昭憲太后不豫命太祖傳位太宗因顧

謂趙普曰爾同記吾言不可違也命普於榻前為約誓書普於紙尾書云臣普書藏之金匱命謹密宮人掌之或謂昭憲及太祖本意蓋欲太宗傳之廷美而廷美復傳之德昭故太宗既立即令廷美尹開封德昭實稱皇子德昭不得其死德芳相繼夭絕廷美始不自安已而柴禹錫等告廷美陰謀上召問普普對曰臣願備樞軸以察姦變退復密奏臣忝舊臣為權倖所沮因言昭憲太后顧命及先朝自愬之事上於宮中訪得普前所上章并發金匱得普書遂大感悟召普謂曰人誰無過朕不待五十已盡知四十九年

非矣辛亥以普為司徒兼侍中他日太宗嘗以傳國之意訪之趙普普曰太祖已誤陛下豈容再誤邪於是廷美遂得罪凡廷美所以遂得罪普之為也至道初命司門員外郎孫蠙為皇姪諸孫教授廷美諸子之在京者肄業焉真宗即位追復皇叔涪王廷美西京留守檢校太師兼中書令河南尹秦王張氏楚國夫人咸平二年閏三月詔擇汝鄧地改塟汝州梁縣之新豐鄉仁宗即位贈太師尚書令徽宗即位改封魏王子十人德恭德隆德彝德雍德鈞德欽德潤德文德愿德存故事皇族封王者物故則本宮之長封

國公其後以次受封於是德鈞子承簡屬最長襲封徐國公官至保康軍留後贈彰化軍節度使安定郡王謚和懿承簡既薨德雍子承亮襲封昌國公神宗即位拜感德軍節度使改封榮熙寧二年詔宣祖太祖太宗之子皆擇其後一人為宗世世封公以奉其祀不以服屬盡故殺其恩禮三年太常禮院言本朝近制諸王之後皆用本宮最長一人封公繼襲去年詔祖宗之子皆擇其後一人為宗世世封公即與舊制有異按禮文諸王公侯伯子男皆子孫承嫡者傳襲若無嫡子及有罪疾立嫡孫無嫡孫以次立嫡子

同母弟無母弟立庶子無庶子立嫡孫同母弟無同母弟立庶孫曾孫以下準此合依禮令傳嫡承襲詔可乃以承亮為秦國公奉秦王廷美祀明年薨贈樂平郡王謚曰恭靜子克愉嗣克愉卒子叔牙嗣元符三年改今封德恭字復禮太平興國四年以皇子出閤拜貴州防禦使廷美從房陵諸子悉從行因免官廷美卒復以德恭為峯州刺史弟德隆為瀼州刺史韓崇業為靜難行軍司馬雍熙元年十二月詔以德恭為左武衛大將軍封安定郡侯判濟州德隆為右武衛大將軍封長寧郡侯判沂州諸弟皆隨赴治所

令高品衛紹欽送至州常奉外歲給錢三百萬命起居舍人韓檢右補闕劉蒙叟分任二州通判上臨遣之曰德恭等始歷郡善裨贊之苟有闕失而不力正止罪爾等端拱元年進封德恭安定郡公淳化四年改左驍衛大將軍至道二年加左神武大將軍真宗嗣位就轉左武衛大將軍咸平二年召赴闕改封樂平郡公判虢州乞奉朝請從之遷勝州團練使景德初改衛州防禦使三年被疾子承慶刲股肉食之五月卒年四十五上臨哭之慟廢朝三日贈保信軍節度使追封申國公天禧二年從承慶請加贈護國軍

節度兼侍中明道二年追封高密郡王謚慈惠子承慶承壽承慶官至和州團練使卒贈武信軍節度使循國公子六人克繼善楷書尤工篆隸宗正薦之仁宗親臨試及令臨蔡邕古文法寫論語詩書復詔與士朝分隸石經帝曰李陽冰唐室之秀今克繼朕之陽冰也訓子弟力學一門登儒科者十有二人嘗進所集廣韻字源帝称善藏之秘閣元祐五年以定武軍節度觀察留後卒贈開府儀同三司建國公謚章靖承壽終南作坊使贈德州刺史武當侯子四人克己曉音律嘗作雅樂圖樂曲以獻侍宴大清樓進所

學虞世南書賜器加等終右千牛衛大將軍贈深州防禦使饒陽侯子叔韶字君和慶曆六年與諸宗子帝前臨真宗御書選第一皇祐初進所為文召試學士院中等賜進士及第自太子右監門率府副率遷右領軍衛將軍入謝命坐賜茶仁宗曰宗子好學者頗多獨爾以文章第進士前此蓋未有也朕欲天下知屬籍有賢者宜勿忘所學叔韶頓首謝既退又出九經賜之遷右屯衛大將軍至和中上書求試煩劇加領賀州刺史終和州防禦使贈鎮東節度觀察留後會稽郡公克脩字子莊仁宗為皇子時得出入禁

中侍學故仁宗待遇殊厚帝嘗御大清樓召宗室試
書以克脩爲善終右神武軍大将軍成州團練使贈
同州觀察使馮翊侯子叔充父早世異母弟叔瑁甚
幼叔充撫視誨敕成人先是繼母無叙封法叔充請
於朝詔從之遂爲定制藏書至萬卷子九人登科者
三卒官唐州防禦使贈崇信軍節度使尹國公謚孝
齊遺表祈任子有司格不下子撫之抗章自列乞如
外官法朝廷從其請宗室正任有遺恩自此始德隆
字日新雍熙三年卒官沂州守年二十三贈寧遠軍
節度追封臨沂郡公天禧二年從其子承訓之請加

贈崇信軍節度同平章事承訓官至順州刺史卒贈
深州團練使德彝字可久太祖召鞠於宫中德隆卒
授右千牛衛大将軍封長寧郡侯代兄德隆判沂州
時年十九飛蝗入境吏民請坎瘞火焚之德彝曰上
天降災守臣之罪也乃責躬引咎齋戒致禱既而蝗
自殪儒生乙怨者郊居肄業一日有尸横舍下所司
捕怨抵獄将寘於法德彝疑其寃命他司按之無異
因令緩刑以俟未幾果獲殺人者怨遂得釋進封郡
公淳化四年爲右監門衛大将軍遷左武衛大将軍
改封廣平部民詣闕乞留有詔嘉奬真宗初召還咸

平二年命判滁州與德恭並留不遣三年授徐州刺
史累遷保信軍節度觀察留後大中祥符八年卒年
四十九上臨奠廢朝三日贈昭信軍節度使追封信
都郡王謚安簡明道二年改封潁川子承謨前卒承
矩終莊宅使贈博州刺史承勗至供奉官贈六宅副
使承範承拱並西京作坊使承衎内殿崇班承錫供
奉官德雍字仲達淳化初授右驍衛将軍歷右羽林
龍武二将軍累遷蔡州觀察使咸寧郡公終天平軍
節度觀察留後贈宣德軍節度同中書門下平章事
謚康簡明道中追封廣陵郡王子承睦承亮承睦終

左領軍衛大将軍彭州團練虔州觀察使南康侯承
亮封秦國公事見上德鈞字子正性和雅善書翰好
爲篇什淳化初拜右武衛将軍四遷至右衛将軍景
德二年加右監門衛大将軍四年卒贈河州觀察使
追封安鄉侯時妻亦卒男女十四人皆幼上甚嗟悼
之子承震早卒承緒供奉官承偉承雅承裔承鑑承
則並西京作坊使承裕禮賓副使承璵内殿崇班承
簡襲徐國公承幹終懷州防禦使贈保靜軍節度使
蕭國公子克敦嗜經術以宗正薦召試中選賜錢三
十萬元豐間集父承幹遺文以進神宗嘉之詔承幹

父子以藝文儒學名于宗藩宜有褒勸於是追封承幹為東平王而賜克敦敕書獎諭以宣州觀察使卒贈開府儀同三司和國公德欽字丕從淳化元年授右屯衛將軍四遷右羽林將軍景德元年六月卒年三十一贈雲州觀察使追封雲中侯子承遵西京作坊使德潤字温玉頗好學善為詩淳化元年始授右領軍衛將軍四遷右羽林將軍咸平六年二月卒年三十九贈應州觀察使追封金城侯德文字子砥淳化初授右監門衛將軍累遷滑州觀察使馮翊郡公少好學凡經史百家手自抄撮工為辭章真宗以其刻勵如諸生嘗因進見戲呼之曰五秀才宮中由是悉稱之德文本廷美第八子其兄三人早卒故德文於次為第五也帝封泰山祀汾陰幸亳德文必奏賦頌帝每賜詩輒令屬和數言願得名士為師友特命翰林學士楊億與之游億卒為詩十章悼之天聖中遷橫海軍節度觀察留後拜昭武軍節度使易感德武勝二軍加同中書門下平章事仁宗嘗稱為五相公而不名慶曆四年宗室王者四人以德文屬祖且賢方漢東平王蒼進封東平郡王加兼侍中德文雖老嗜學不倦晚被足疾不能朝六年薨年七十二初得疾仁宗臨視親調藥飲之及訃聞復臨哭贈太尉中書令申王謚恭裕子六人承顯以王後襲封康國公官至昭化軍節度使薨年七十四贈太尉樂平郡王德愿字公謹淳化元年授右千牛衛大將軍三進秩為左武衛大將軍咸平二年閏三月卒年二十四贈涼州觀察使追封姑臧侯德存字安世九歲授右千牛衛將軍歷監門至驍衛從祠泰山領奬州刺史祀汾陰以恩遷左羽林將軍大中祥符四年六月卒年三十贈洮州觀察使追封洮陽侯子承衎禮賓副使

太祖四子長滕王德秀次燕懿王德昭次舒王德林次秦康惠王德芳德秀德林皆早亡徽宗時追賜名及王封

燕懿王德昭字日新母賀皇后乾德二年出閤故事皇子出閤即封王太祖以德昭冲年欲其由漸而進授貴州防禦使開寶六年授興元尹山南西道節度使檢校太傅同中書門下平章事終太祖之世竟不封以王爵太宗太平興國元年改京兆尹移鎮永興兼侍中始封武功郡王詔與齊王廷美自今朝會宜班宰相之上三年二月娶太子太傅王溥女封韓國

夫人是冬郊祀加檢校太尉四年從征幽州軍中嘗夜驚不知上所在有謀立德昭者上聞不悅及歸以北征不利久不行太原之賞德昭以為言上大怒曰待汝自為之賞未晚也德昭退而自刎上聞驚悔往抱其尸大哭曰癡兒何至此邪贈中書令追封魏王賜謚後改吳王又改越王德昭喜慍不形於色真宗即位贈太傅乾興初加贈太師子五人惟正惟吉惟固惟忠惟和慶曆四年詔封十王之後以惟忠子從藹襲封潁國公而惟吉子守巽以與王後最長與從藹同封守巽官至和州防禦使贈武成軍節度使楚

國公從藹至齊州防禦使贈武勝軍節度觀察留後韓國公守巽從藹卒以惟忠子從信襲封榮國公官至雄州防禦使贈保寧軍節度使楚國公從信卒以惟忠之孫從恪子世規襲封崇國公官至右龍武大將軍沂州防禦使以卒守巽子世清累官茂州防禦使以本宮之長得封申國公熙寧中坐上書請襲曾祖越懿王封不當奪一官既而議者是其說乃還越州觀察使襲封越國公進會稽郡王至保信軍留後愛諸弟作棣華會於邸中會元豐升祔四后受命告廟方屬疾自力就事未幾薨贈安化軍節度使開府

儀同三司號王謚恭安子令廓嗣元符三年改今封先是熙寧中詔封楚康惠王之孫從式為安定郡王奉太祖祀及從式薨乃以懿王曾孫世準襲封安定郡王世準從藹子也為人內恕外嚴無綺羅金玉之好凡天子郊廟必從祀由金州觀察使拜保靜軍節度使薨年六十八贈開府儀同三司追封成王世開襲封世開從誨子惟和孫也七八歲日誦萬言既長學問該洽事後母孝撫孤姪如己子宮官吳申為御史薦其學行命試學士院累召不赴神宗褒異之召對便殿論事甚衆時宮僚有缺不即請而以他官攝

故私謁公行宗女當嫁皆富家大姓以貨取不復事銓擇世開悉言之帝嘉納欲以為宗正固辭乃進一官以其所列著為令官至奉國軍留後薨贈開府儀同三司追封信王謚獻敏世雄嗣世雄亦從藹子少力學知名熙寧中詔宗子以材能自表見者官長及學官以名上世雄子令鑠在選中嘗請營都宅以處踈屬立三舍以訓學者詔用其議置兩京敦宗院六宮各建學徽宗即位以世雄於太祖之宗最為行尊拜崇信軍節度使襲安定郡王知大宗正事崇寧四年薨年七十五贈太尉追封淄王謚恭憲世福襲封

世福從信子官至集慶軍節度使薨贈儀王令濾襲爵令濾秦康惠王曾孫也惟正天聖七年以久病帝欲慰安之由保靜節度觀察留後樂安郡公特拜建寧軍節度使卒贈侍中追封同安郡王謚僖靖無子以弟惟忠子從讜爲嗣官至左龍武大將軍溫州團練使坐射殺親事官削官爵幽之別宅從讜少好學以剛褊廢遂自剄死帝甚悼之贈濟州防禦使濟南侯惟吉字國祥母鄭國夫人陳氏惟吉生甫彌月太祖命輦至內廷擇二女媪養視之或中夜號啼必自起撫抱三歲作弱弓輕矢植金錢爲的俾之戲射十發八中帝甚奇之五歲日讀書誦詩帝嘗射飛鳶一發而中惟吉從旁雀躍喜甚帝亦喜鑄黃金爲奇獸瑞禽賜之常乘小乘輿及小鞍韉馬命黃門擁抱出入常從太祖崩惟吉裁六歲晝夜哀號孝章皇后慰諭再三始進饘粥太宗即位猶在禁中日侍中食太平興國八年始出居東宮授左監門衛將軍封平陽郡侯加左驍衛大將軍進封安定郡公淳化四年遷左羽林軍大將軍至道二年授閬州觀察使凡邸第供億車服賜與皆與諸王埒自餘王子不得偕也真宗即位授武信軍節度加同平章事時石保吉先爲

使相詔惟吉班其上大中祥符初封泰山以疾不從行詔許疾愈馳詣行在還頓鄆州惟吉迎謁上勞問再三改感德軍節度明年疾復作上屢臨省之親視灼艾日給御膳爲營佛事三年五月薨時年四十五廢朝五日贈中書令追封南陽郡侯謚康孝惟吉好學善屬文性至孝孝章皇后撫養備至親爲櫛沐咸平初以太祖孝章畫像服玩器用賜惟吉歲時眞享哀慕甚至每誦詩至蓼莪篇涕泗交下宗室推其賢孝雅善草隸飛白真宗次爲七卷御製序命藏祕閣其子守節以父所書真草千文以獻詔書褒答仍付史館追贈太尉明道二年封冀王子守節守約守巽守度守廉守康守節累遷彰化軍節度觀察留後同知大宗正事卒贈鎮江軍節度使追封丹陽郡王謚僖穆子世永世延世求襲邢國公官至鎮南軍留後熙寧元年薨贈昭信軍節度使南康郡王謚脩孝世延終右武衛大將軍絳州防禦使贈武寧軍節度觀察留後彭城郡公守約終內園使康州刺史贈沂州團練使子世靜世長世靜至左武衛大將軍均州防禦使卒贈鎮海軍節度觀察留後北海郡公世長終左武衛大將軍解州防禦使贈張信軍節度觀察留

後濟陽郡公守巽及其子世清事見上守度終左領軍衞大將軍英州團練使贈廣州觀察使廬江侯守廉終拱備庫副使贈內藏庫使守康至供奉官惟固字宗幹本名元扆太平興國八年改賜名授左千牛衞將軍是冬卒惟忠字令德初名文起太平興國八年賜今名授右千牛衞將軍四遷右龍武軍眞宗即位改右千牛衞大將軍大中祥符二年進左監門衞大將軍敘州刺史五年進昌州團練使八年卒贈郢州觀察使追封江夏侯明道二年加贈彰化軍節度使追封舒國公子從恪從藹從秉從頴從謹從質從

信從讜從恪累官西染院使卒贈磁州刺史東萊侯子世規襲封崇國公從藹終左衞大將軍齊州防禦使贈武勝軍節度觀察留後追封韓國公子世豐終太子右衞率追贈進士及第世準世雄並安定郡王從信封榮國公官至雄州防禦使贈保寧軍節度使楚國公謚安僖子世福襲安定郡王從秉從頴從謹並禮賓使從質內殿崇班從讜出繼惟正惟和字子禮端拱元年授右武衞將軍歷右驍衞神武龍武軍右衞將軍大中祥符元年領涇州刺史四年遷右千牛衞大將軍六年卒年三十六贈汝州防禦使臨汝

侯明道二年加贈永清軍節度觀察留後追封清源郡公惟和雅好學爲詩頗清麗工筆札優游典籍以禮法自居宗室推重嘗和御製詩上稱其有理致及卒上謂宰相王旦等曰惟和好文力學加之謹愿皇族之秀也不幸短命嗟悼久之至於泣下録其藁二十二軸上親製序藏于秘閣子從審從誨從審終復州防禦使贈寧國軍節度觀察留後宣城郡公嘗坐與人姦除名已而復官從誨終左金吾衞大將軍台州團練使贈襄州觀察使襄陽侯子世開安定郡王事見上紹興元年詔曰太祖皇帝剏業垂統德被萬

世神祖詔封子孫一人爲安定郡王世世勿絕令其封不舉朕甚憫之有司其上合封人名遵故事施行時燕秦二王後爭襲封禮部員外郎王居正上言燕王親太祖長子其後當襲封議遂定自紹興至嘉定襲封者十五人惟令畤令廣令詪令衿述頗著餘皆繼嗣娖娖無足稱令畤字德麟燕懿王玄孫也蚤以才敏聞元祐六年簽書頴州公事時蘇軾爲守愛其才因薦于朝宣仁太后曰宗室聰明者豈少哉顧德行何如耳竟不許軾被竄令畤坐交通軾罰金已而附內侍譚稹以進紹興初官至右朝請大夫呂頤浩

請以令時主行在大宗正司帝命易環衛官顧浩言
令時讀書能文恐不須易帝曰令時昔事譚稹頗違
清議改右監門衛大將軍榮州防禦使權知行在大
宗正事遷洪州觀察使襲封安定郡王尋遷寧遠軍
承宣使同知行在大宗正事四年薨貧無以為殮帝
命戶部賜銀絹贈開府儀同三司令矼紹興五年由
邵武軍兵馬都監襲封授華州觀察使尋除同知大
宗正事踰年薨令應字深之初懿王生昌州團練使
惟固惟固生楚安僖王從信從信生益公世逢世逢
生令應授右班禁直遷東頭供奉官累監州縣場庫

監司薛昂薦其才易資承事郎調潁州簽判歷綿州
通判累知蜀州閬州慶源府召除衛尉少卿權秘閣
脩撰再知慶源府建炎二年分西外宗子於泰州命
令應知西外宗正事除御營使司參贊軍事挈宗子
避地福州因置司焉元懿太子薨帝命令應選藝祖
後得三四人尋擢集英殿脩撰知南外宗正再選宗
子得伯琮伯浩養宮中後選得伯玖性亦聰惠高宗
喜轉令應知泉州尋與祠以歸令矼薨令應改閬州
觀察使襲封除同知大宗正事踰年授鎮東軍承宣
使再遷保平軍節度使紹興十三年薨年七十五贈

少師後追封惠王謚襄靖子子游官至湖北提刑用
戶部侍郎王俣薦加直秘閣會建寧節度使士㒟知
南外宗正司以事去官言者請擇宗室文臣之廉正
者代之遂以命子游西南外宗官用文臣自子游始
令詪字君序以父任補右班殿直政和中遷承忠郎
召試授從事郎宣和二年以貢士試舍選合格授宣
教郎調信州永豐縣丞中興初累遷福州運判兼提
點刑獄公事秦檜方柄用安定郡王絕封者十餘年
檜死次令衿當封適以事被拘遂命令詪襲封已而
令詪以爵遜令衿乃陞令衿秘閣脩撰知台州移知

紹興府召權戶部侍郎領嚴饒二州鑄錢局先是諸
州錢監兵匠多缺不補積其衣粮號三分缺額錢令
詪請以其錢付諸監省朝廷降銅本錢又建議州縣
賣官田計所入高下守令進秩減磨勘有差州縣義
倉多紅腐請歲出三之一以易新粟水旱為災捡放
不及七分處所即許振恤皆從之令衿薨令詪由崇
慶軍承宣使再襲封隆興初除同知大宗正事奏減
生日支賜并郊祀賞給以助軍興詔褒之遷敷文閣
直學士特授左中大夫知紹興府引疾乞祠以歸尋
薨年六十八令詪涖事明敏有風采然在廣東日嘗

與副使章茇不協陰中以法陷茇於死世以此少之
令衿嘉孝穆公世峡子也博學有能文聲中大觀二
年舍選靖康初為軍器少監言事忤旨奪官紹興七
年以都官員外郎召張浚罷令衿請對留浚言官石
公揆論令衿阿大臣復罷久之以事抵臨安中丞李
文會劾令衿昔為大臣緩頰令復奔走請託詔送吏
部吏部直令衿奏除德安府通判遷知泉州泉屬邑
有隱士秦系故廬唐相姜公輔塋邑旁令衿建堂合
祠之郡人感其化歸寓三衢嘗會賓客觀秦檜家廟
記口誦君子之澤五世而斬之句通守汪召錫檜兄

壻也頗疑令衿諷教官莫汲訴令衿論日月無光謗
訕朝政侍御史董德元承風旨劾之誣以贓私詔下
令衿獄案驗無狀乃論令衿謗訕不遜追一官勒停
令南外宗正司拘之檜除召錫湖南提舉以報之街
令衿必欲置死地初趙鼎之子汾歸過衢令衿餞之
侍御史徐嘉希檜旨誣令衿與汾有密謀伺朝廷機
事捕汾下大理寺俾汾自誣與張浚李光等謀逆而
令衿預焉獄上檜病不能省乃獲免檜死復爵二十
六年授明州觀察使襲封引疾乞奉燕王祠許之尋
加慶遠軍承宣使二十八年薨贈開府儀同三司令

話建炎末為右武衛大将軍信州防禦使熙寧初首
封秦王孫從式已而更封燕王曾孫世清宣和中又
封秦王元孫令盪令盪卒令庇年最長禮官以為小
宗不當封紹興元年六月令話得襲封授寧州觀察
使二年七月薨贈開府儀同三司令德乾道元年為
武德郎時安定郡王令詪換文階大宗正司奏令德
授定武軍承宣使襲封令德貧幾不能出蜀七年令
德薨令㦬當封以沈湎聲色不任襲詔武德郎令擓
襲封除金州觀察使令擓薨時秦王後無當襲者武
翼郎子揀屬燕王後年又最長得襲封子揀薨九年

九月忠訓郎子彤襲授容州觀察使紹興二年薨年
八十餘慶元元年十月忠翊郎子恭襲授利州觀察
使子恭薨嘉定二年七月子覿襲授金州觀察使四
年十一月伯栩襲授宣州觀察使嘉定元年十月伯
祝襲授福州觀察使八年十一月伯澤襲授潭州觀
察使
秦康惠王德芳開寶九年出閤授貴州防禦使太平
興國元年授興元尹山南西道節度使同平章事三
年冬加檢校太尉六年三月寢疾薨年二十三車駕
臨哭廢朝五日贈中書令岐王及謚後加贈太師改

楚王子三人惟叙惟憲惟能慶曆四年詔封十王之
後以惟叙子從照封安國公終左金吾衛大將軍歸
州團練使贈同州觀察使齊國公從照卒以惟能子
從古封安國公終延州觀察使贈保靜軍節度使同
中書門下平章事楚國公謚恵恪從古卒惟憲子從
式襲封封國公神宗即位謂刱業垂統實自太祖顧
無以稱乃下詔令中書門下攷太祖之籍以屬近而
行尊者一人裂土地而王之使常從獻于郊廟世世
勿復絕於是有司推擇以從式應詔封安定郡王終
保康軍節度使贈同中書門下平章事追封榮王謚
安僖從式旣薨詔以越王曾孫世準襲封安定郡王
而以從式子世恩襲爵為楚國公主楚王德芳之祀
遷楚州防禦使卒贈奉國軍節度使謚良僖徽宗即
位改封楚王為秦王惟叙字懋功性純謹頗好學端
拱初授左武衛將軍四遷左衛將軍領勤州刺史大
中祥符四年從祀汾陰拜左千牛衛大將軍八月卒
年三十五贈懷州防禦使追封河內侯明道二年加
贈保靜軍節度觀察留後高平郡公子從照封安國
公從溥至右侍禁內殿崇班惟憲字有則美丰儀少
頗縱肆長修謹善射好吟詠多讀道書端拱初授左

屯衛將軍累遷左羽林將軍領演州刺史加左衛大
將軍領賀州團練使真拜資州團練使大中祥符九
年五月卒年三十八贈安德軍節度使兼侍中英國
公子從式始封安定郡王事見上從演禮賓副使從
戎從戒從湜並內殿崇班從貴供奉官惟能字若拙
端拱初授右屯衛將軍累遷右神武軍將軍大中祥
符元年五月卒年三十贈蔡州防禦使張掖侯明道
二年加贈集慶軍節度觀察留後南康郡公子從古
襲安國公從善內殿承制從贊崇班
安僖秀王子偁秦康恵王之後高宗族兄也康恵生
英國公惟憲惟憲生新興侯從郁從郁生華陰侯世
將世將生東頭供奉官令譮令譮生子偁宣和元年
舍試合格調嘉興丞是年子伯琮生後被選入宮是
為孝宗子偁召赴都堂審察改宗教郎通判湖州尋
除直秘閣賜五品服孝宗既封建國公就傳子偁召
對言宗室之寓于外者當聚居官舍選尊長鈐束之
年未十五附入州小學十五入大學許依進士就舉
未出官者亦許入學聽讀及一年聽參選高宗納其
說遷朝奉郎秘閣脩撰知處州已而乞祠許之累官
左朝奉大夫紹興十三年秋致仕明年春卒于秀州

時孝宗爲普安郡王疑所服詔侍從臺諫議奏熺等請解官如南班故事普安亦自請持服許之及普安建節子偁以恩贈太子少師既爲太子加贈太師中書令封秀王謚安僖配張氏封王夫人孝宗受禪稱皇伯園廟之制未備紹熙元年始即湖州秀園立廟奉神主建祠臨安府以藏神貌如濮王故事仍班諱

嗣秀王伯圭字禹錫孝宗同母兄也初以恩補將仕郎調秀州華亭尉累官至浙西提刑司幹辦公事除明州添差通判孝宗受禪上皇詔除集英殿脩撰知台州伯圭在郡頗著政績除敷文閣待制改知明州

兼沿海制置使蕃商死境內遺貲巨萬吏請沒入伯圭不可戒其徒護喪及貲以歸陞敷文閣直學士以憂去服闋再知明州新學官命宗子入學闢以規矩詔從戍定海兵於許浦伯圭奏定海當控扼之衝不可撤備請摘制司軍以實其地從之海寇猖獗伯圭遣人諭降其豪蔦明又遣明禽其黨倪德二人素號桀黠伯圭悉撫而用之賊黨遂散以功進一官累陞顯謨閣龍圖閣學士在郡十年政寬和浚湖陂均水利辨冤獄嘗獲鑄銅者不忍寘諸法諭令易業民由是無再犯淳熙三年授安德軍節度使尋加開府儀同三司充萬壽觀使朝德壽宮上皇賜玉帶加少保封滎陽郡王高宗崩入臨充攢宮總護使除少傅光宗即位陞少師踰年召見遷太保封嗣秀王賜甲第於安僖祠側臣僚上言治平中追崇濮邸王子孫幾二十人皆自環衛序遷其官今居南班者止師夔一人非所以強本支而固磐石也前未建秀邸時欲賦以祿則不免責以吏事今已建邸而猶責吏事他日或不免於議治則傷恩不則廢法曷歸之南班俾無吏責而享富貴遂詔伯圭諸子得換班紹興二年除判大宗正事建請別立宗學以教宗子超拜太師免

奉朝請尋兼崇信軍節度使賜第還湖州尋薨于家訃聞帝爲輟朝三日追封崇王謚憲靖伯圭性謙謹不以近屬自居每日見行家人禮雖宴私隆洽執臣節愈恭一日孝宗問潛龍時事伯圭辭曰臣老矣不復能記問至再三終不言帝笑曰何太謹也益愛重之嘗欲廣其居並湖爲複閣有司既度材矣伯圭固辭而止阜陵成遷中書令凡五讓寧宗嘉其志詔別議褒崇之禮贈贊拜不名肩輿至殿門子九人師藥師揆師垂師禼師禹師皐師岩師彌師貢師夔字汝一初以祖恩補官調太平州蕪湖簿隆興元年改右承

務郎歷台州秀州通判直秘閣尋知徽州新學舍進直徽猷閣知湖州時歸附從軍而廩於湖者衆不能給師夔請增廩仍別給僦屋錢以安其心帝稱善詔諸郡行之除直龍圖閣遷浙西提刑改江東運判建康務場往往奪民利為害滋甚師夔首罷之守臣以郡計所資詰師夔請復舊不從池州軍帥奮政與守臣交上書相攻詔師夔究曲直政密遣人求庇師夔斥之具言狀政坐罷去改秘閣脩撰知明州兼沿海制置使加敷文閣待制轉承慶軍承宣使紹熙元年侍父入覲除興寧軍節度使寧宗即位加檢校少保

充阜陵橋道頓遞使阜陵成遷開府儀同三司侍父歸父薨未踰月師夔亦卒年六十一贈少師追封新安郡王師揆字元輔初補右承務郎奉祠除添差湖州簽判改婺州通判加直秘閣守臣韓元吉薦其材上以問史浩浩言其聰爽可任召對除江東提舉奏免失陷常平人毋責償改淮南漕尋遷淮西提刑兼提舉領屯田事奏以荒圩給軍士其屯田為民世業者勿奪從之及代去吏請獻羨錢二十萬師揆曰後將病民矣除直秘閣改江東轉運副使加秘閣脩撰知明州紹興元年授觀察使寧宗即位除奉國軍承

宣使尋陞節度使召見賜肴輿趨檢校太保開府儀同三司充萬壽觀使襲封開禧元年奉朝請嘉定七年薨贈太傅追封澧王謚恭惠弟師禹由保康軍節度使除開府儀同三司襲封十六年薨贈太傅追封和王謚端肅

列傳卷第三

列傳卷第四　宋史二百四十五

開府儀同三司上柱國錄軍國重事前中書右丞相監修國史領經筵事都總裁臣脫脫等奉

勑修

宗室二

漢王元佐　昭成太子元僖　商王元份

越王元傑　鎮王元偓　楚王元偁

周王元儼　悼獻太子　濮王允讓

太宗九子長楚王元佐次昭成太子元僖次真宗次商恭靖王元份次越文惠王元傑次鎮恭懿王元偓次楚恭惠王元偁次周恭肅王元儼次崇王元億

漢恭憲王元佐字惟吉初名德崇母元德皇后少聰警貌類太宗帝鍾愛之年十三從獵近郊兔走乘輿前太宗使元佐射一發而中契丹使在側驚異之從征太原幽薊太平興國中出居內東門別第拜檢校太傅同中書門下平章事封衛王赴上于中書後徙居東宮改賜今名加檢校太尉進封楚王初秦王廷美遷涪陵元佐獨申救之廷美死元佐遂發狂至以小過操挺刃傷侍人雍熙二年疾少間帝喜為赦天下重陽日內宴元佐疾新愈不與諸王宴歸暮過元佐第曰若等侍上宴我獨不與是棄我也遂發忿被酒夜縱火焚宮詔遣御史捕元佐詣中書劾問廢為庶人均州安置宰相宋琪率百官三上表請留元佐京師行至黃山召還廢居南宮使者守護諮議趙齊王適翊善戴元頓首請罪帝赦之曰是子朕教之猶不悛汝等安能輔導耶真宗即位起為左金吾衛上將軍復封楚王聽養疾不朝再加檢校太師右衛上將軍元佐生日真宗賜以寶帶平居不接人事而事或預知帝嘗遣術士管歸真為醮禳左右未及白元佐遽曰管歸真至矣帝聞之曰豈非為物所憑乎封泰山真拜太傅祀汾陰遷太尉兼中書令又加太師

尚書令兼中書令遂拜天策上將軍興元牧賜劒履上殿詔書不名時禁中火元佐表停奉稟助完宮闕不許加兼雍州牧仁宗為皇太子兼興元牧仁宗即位兼江陵牧薨年六十二贈河中鳳翔牧追封齊王謚恭憲宗室子弟特給假七日以鹵簿鼓吹導至永安陪葬永熙陵明道二年改封潞王又改魏王子三人允升允言允成神宗封王後以允言子宗說恭憲王長孫嗣封祈國公皇祐中坐帷薄不修除名又生坑殺女僕鎖閉官室外宅其子仲旻官右武衛大將軍道州刺史後因朝叩頭殿下泣訴云父老且病願

納身官以贖神宗亦愍之而未俞其請出就馬氣塞
不能言及家而卒贈同州觀察使馮翊侯宗誂幽死
熙寧三年以允升子宗惠襲封魏國公中書言宗惠
不應封以恭憲族長孫允言子宗立嗣宗立從張揆
學春秋大清樓侍宴預坐悉賦裸玉詩宗立詩先成
仁宗稱善屢賜飛白書旌其文雅至是襲封終武寧
軍節度觀察留後贈昭信軍節度使同中書門下平
章事南康郡王子仲來嗣終金州刺史子不儻嗣徽
宗立改封魏王為漢王不儻卒子彥清乞襲父爵奉
漢王祀詔從之允升字吉先初免乳養明德太后宮

太后親撫視之元佐有疾允升始出第真宗賜名元
中授右監門衛將軍更賜今名累遷澶州觀察使封
延安郡公進武寧軍節度觀察留後歷安德建雄安
國軍節度使景祐二年卒贈太尉平陽郡王謚懿恭
子十三人宗禮宗旦宗悌宗惠知名宗禮嘗侍宴太
清樓仁宗賦詩命屬和侍射苑中復獻詩終虔州觀
察使成國公贈安遠軍節度使同中書門下平章事
韓國公子仲翹仲鼇宗旦字子文七歲如成人選為
仁宗伴讀帝即位獲超遷為群從所詆上書言狀帝
曰宗旦陪朕幼學勤勞居多此出朕意豈應詆以常

格所生母死請別擇塋域歲時奠祀後遂著為法治
平中同知大宗正事神宗即位拜崇信軍節度使同
中書門下平章事為大宗正賜方團金帶非朝會得
乘肩輿元豐三年封華陰郡王加開府儀同三司長
屬疾十六年宗子有過優游誨導一善必以聞異時
赴朝請者率以私丁給侍宗旦建請始得從官給薨
贈太尉滕王謚恭孝聽旗節印綬從葬宗悌字元發
輕財好施故相王氏子持父所服帶求質錢宗悌惻
然曰宰相子亦至是乎歸帶而與之錢所親用詐取
藏鏹得其狀曰吾不以小故傷骨肉恩竟不問所生

母早世宗悌不識也聞父婢語平生輒掩泣繼得其
肖貌繪而奉之如生終明州觀察使贈保寧軍節度
使同中書門下平章事東陽郡王謚曰孝憲宗惠封
魏國公尋以旁支黜終武昌軍節度觀察留後江夏
郡王贈鄭王允言累官左屯衛將軍嘗託疾不朝降
太子左衛率府率歲中復官又坐笞侍婢而兄允升
勸止悖慢無禮貶副率絕朝謁出之別第以祀汾陰
恩復率府率還宮久之復朝謁歷左監門衛大將軍
黃州刺史天聖七年卒贈明州觀察使奉化侯明道
二年贈安遠軍節度使追封密國公子宗說宗正事

並見上宗育終右屯衛將軍贈潁州防禦使汝陰侯允成終右神武將軍濮州防禦使贈安化軍節度使郇國公明道二年加贈鎮江軍節度使兼侍中子宗顏宗訥宗鼎宗嚴宗魯宗儒宗奭皆為環衛刺史

昭成太子元僖初名德明太平興國七年出閤授檢校太保同平章事封廣平郡王與兄衛王德崇同日受封八年進封陳王改名元佑詔自今宰相班宜在親王上宰相宋琪李昉請遵舊制不允宋琪等懇請久之上曰宰相之任實總百揆與群司禮絕藩邸之設止奉朝請而已元佐等尚幼欲其知謙損之道雍

等無固讓也雍熙二年元佐被疾以元僖為開封尹兼侍中改今名進封許王加中書令上為娶隰州團練使李謙溥女為夫人因謂宰相曰朕嘗語諸子今姻偶皆將相大臣之家六禮具備得不自重乎淳化元年宰相呂蒙正復上言乞班諸王下詔不允三年十一月己亥元僖早入朝方坐殿廬中覺體中不佳徑歸府車駕遽臨視疾已亟上呼之猶能應少頃遂薨上哭之慟廢朝五日贈皇太子謚恭孝元僖姿貌雄毅沈靜寡言尹京五年政事無失及薨上追念不已悲泣達旦不寐作思亡子詩示近臣未幾人有言

元僖為嬖妾張氏所惑張頗專恣捶婢僕有至死者而元僖不知張又於都城西佛寺招魂葬其父母僭差踰制上怒遣昭宣使王繼恩驗問張縊死左右親吏悉決杖停免毀張氏父母冢墓親屬皆配流開封府判官右諫議大夫呂端推官職方員外郎陳載並坐裨贊有失端黜為衛尉少卿載為殿中侍御史許王府諮議工部郎中趙令圖侍講庫部員外郎閻象並坐輔道無狀削兩任免詔停冊禮以一品鹵簿葬真宗即位始詔中外稱太子之號焉乾興初改謚無子仁宗時詔以允成子宗保出後昭成太子為孫宗

保生二歲母抱以入見章獻后后留與處宗保七歲授左侍禁帝親為巾其首久之歸本官詔朔望出入禁省累官代州防禦使襲封燕國公性仁恕主藏吏盜米至千斛貫不問嘗書忍字於座右以為戒熙寧七年卒神宗臨奠其子仲鞠泣曰先臣幼養宮中終身不自言帝感悼遂優贈靜難軍節度使新平郡王謚恭靜仲鞠亦好學能詩事親居喪以孝聞宗保卒子仲恕嗣官至忠州團練使謚純僖子士盉嗣

商恭靖王元份初名德嚴太平興國八年出閤改名元俊拜同平章事封冀王雍熙三年改今名加兼侍

中威武軍節度使進封越王淳化中兼領建寧軍改
鎮寧海鎮東真宗即位加中書令徙鎮永興鳳翔改
王雍永熙復土為山陵使拜太傅真宗北征為東京
留守薨年三十七贈太師尚書令鄆王改陳王又改
潤王治平中封魯王元份寬厚言動中禮標望偉如
娶崇儀使李漢斌之女李悍妒慘酷宮中女婢小不
如意必加鞭杖或致死上每有恩賜詔令均給李盡
取之及元份卧病上親臨問見左右無侍者因輟宮
人為主湯劑初太宗崩戚里皆赴禁中朝晡臨李多
稱疾不至元份生日李以衣服器用為壽皆飾以龍

鳳居元份喪無戚容而有謗上之語上盡知其所為
以元份故優容之及是復不欲顯究其罪狀止削國
封置之別所元份子三人長允寧次允懷改允中早
卒次則濮王允讓也允讓薨以允寧子宗諤襲號國
公至熙寧三年以宗肅嗣封魯國公宗肅亦允寧子
也子仲先嗣徽宗即位改封魯王為商王詔曰宗室
諸王追封大國其世襲子孫尚仍舊國甚未稱正名
之意如魯王改封商王其子尚襲魯國之類其令大
宗正司攷正制以寧遠軍節度使魯國公仲先改封
商國公允寧字德之性至孝因父感疾恍惚失常既

而嗜學尤喜讀唐史通知近朝典故工虞世南楷法
真宗賜詩激賞之又善射嘗侍射後苑屢破的賜金
帶器幣初授右千牛衛將軍四遷右武衛歷唐州團
練潁州防禦同州觀察使進彰信軍節度觀察留後
武定軍節度使景祐元年卒贈太尉信安郡王謚僖
簡子宗諤宗敏宗孟宗肅宗諤封號國公官累集慶
軍節度使同中書門下平章事進封豫章郡王乞比
外使相給奉仁宗以非兼侍中令詰主吏宗諤上章
自陳於是御史張商英劾其招權友威等罪坐落平
章事英宗即位還所奪元豐五年薨贈太尉韓王太

常謚榮孝上省集議駮之改榮恭僕射王珪復駮之
遂謚榮恩宗肅封魯國公兄宗諤嘗亡實器意宗肅
家人子竊之宗肅曰吾廉不足取信兄弟如此乎立
償其直宗諤愧不取乃施諸僧久之器得宗肅不復
言元豐五年終安化軍留後以嘗從英宗入慶寧優
贈鎮海軍節度使開府儀同三司北海郡王宗敏終
右千牛衛大將軍文州刺史贈越州觀察使會稽侯
頗涉書傳緣郊恩建請封所生母范氏宗室子得封
所生母自宗敏始
越文惠王元偁字明哲初名德和太平興國八年出

閤改名授檢校太保同平章事封孟王端拱初加兼
侍中成都尹劍南東西川節度淳化中徙封吳王領
揚潤大都督府長史淮南鎮江軍節度使至道二年
改揚州大都督淮南忠正軍節度真宗即位授檢校
太尉兼中書令徐州大都督武寧泰寧等軍節度使
改封兗王咸平中再郊祀皆為終獻加守太保六年
七月暴薨年三十二元傑穎悟好學善屬詞工草隸
飛白建樓貯書二萬卷及為亭榭遊息之所嘗作假
山既成置酒召僚屬觀之翊善姚坦獨顰首不視元
傑強之坦曰坦見血山安得假山言州縣鞭撻微民

以取租稅假山實租稅所為耳語見姚坦傳中及薨
真宗聞之震悼不俟旦步及中禁門乃乘輦臨視哀
動左右廢朝五日贈太尉尚書令追封安王諡文惠
後改邢王後改陳王無子仁宗以恭憲王之孫允言
子宗望為之後宗望字子國終右武衛大將軍舒州
防禦使贈安化軍節度使觀察留後高密郡公仁宗
嘗御延和殿試宗子書以宗望為第一又常獻所為
文賜國子監書及以塗金紋羅御書好學樂善四字
賜之即所居建御書閣帝為題其榜子仲郃嗣熙寧
三年與商恭靖王孫宗肅等同日封陳國公官至陳

州觀察使卒諡良僖子士關嗣父卒徒行護喪數百
里路人嗟惻卒贈陳州觀察使徽宗即位改封陳王
為越王
鎮恭懿王元偓字希道端拱元年出閤授檢校太保
左衛上將軍封徐國公至道二年拜洪州都督鎮南
軍節度使真宗即位加同平章事封彭城郡王俄加
檢校太傅改鎮靜難彰化進封寧王郊祀東封悉為
亞獻禮成授檢校太尉兼侍中護國鎮國等軍節度
三年文武官詣闕請祠后土元偓以領節帥亦奏章
以請詔許之將行命為河華管內橋道頓遞使明年

車駕入境元偓奏方物酒餼金帛名藥為貢儀物甚
盛至河中與判府陳堯叟分導乘輿度蒲津橋上登
鄭丘亭目元偓曰橋道頓置嚴辦之力也元偓頓首
謝及還加中書令領成德安國等軍節度改封相王
五年加守太傅真宗自即位以來屢以學術勖宗子
元偓首冠藩戚益自修勵上每製篇什必令屬和一
日謂宰相曰朕每戒宗子作詩習射如聞頗精習將
臨觀焉因幸元偓邸第宴從官宮僚畢會賦七言詩
元偓奏觴上壽賜襲衣金帶器幣緡錢又與宗室射
于西南亭日晡從官退上獨以中官從幸元偁元儼

官復宴元儼宮如家人禮夜二鼓而罷六年進位太尉八年七月以榮王宮火徙元儼宮於景龍門外車駕臨幸是冬加兼尚書令天禧元年二月換成德鎮寧二鎮進封徐王二年春宮邸遺燼燔舍數區元儼驚悸暴中風眩薨年四十二帝臨哭廢朝五日贈太師尚書令鄧王賜謚恭懿元儼姿表偉異厚重寡言曉音律後改封密王又改王蘇治平中追封韓王子允弼八歲召入禁中令皇子致拜允弼不敢當御樓觀酺得與王子並坐皇子即位是為仁宗允弼累遷武寧軍節度使兼侍中判大宗正事封北海郡王英

宗時拜中書令徙王東平神宗即位拜太保鳳翔雄武軍節度使朝朔望熙寧二年丁母憂悲痛不勝喪固辭起復母塟有日而允弼病篤顧諸子以不得終大事為恨薨帝臨哭之慟輟朝三日贈太師尚書令兼中書令追封相王謚孝定允弼性端重時然後言諸宮增學官員允弼已貴猶日至講席延伴讀官讀孟子一節領宗正三十年與濮安懿王共事相友愛為宗屬推敬子宗續襲祖恭懿王封為韓國公卒贈南康郡王謚良簿續弟宗景以相州觀察使同知大宗正事神宗以其父允弼司宗久故復選用之宗景

事母孝居喪如不能勝居第火冒急赴家廟不恤其他火亦不為害元祐中累遷彰德軍節度開府儀同三司檢校司空封濟陰郡王宗景喪其夫人將以妾繼室先出之於外而託為良家女且納焉坐奪開府既而還之紹聖四年薨年六十六贈太師循王謚曰思宗續既卒子仲磨嗣自平川節度使徙劒南西川徽宗改封韓王為鎮王

楚恭惠王元偁字令聞七歲授檢校太保右衛上將軍涇國公久之領鄂州都督武昌軍節度使真宗即位加同平章事安定郡王進檢校太傅景德二年郊

祀遷宣德保寧兩鎮進封舒王大中祥符初封泰山加檢校太尉兼侍中移平江鎮江軍從祀汾陰加兼中書令改鎮南寧國軍節度使五年拜太保自景德後每有大事皆為終獻元偁體素羸多病上幸真源時已被疾懇求扈從至鹿邑疾甚肩輿先歸車駕還臨問數四七年薨年三十四廢朝五日贈太尉尚書令追封曹王謚恭惠後改封華王蔡王有集三卷筆札一卷上為製序藏之秘閣子允則官至右千牛衛大將軍卒先是諸王子授官即為諸衛將軍餘以父官及族屬親踈差等天禧元年令宗正卿趙安仁議

為定制安仁請以宣祖太祖太宗孫初廕授將軍曾孫授右侍禁玄孫授右班殿直內父爵高者聽從高廕其事緣特旨者不以為例詔中書門下樞密院參定行之允則無子以平陽懿恭王之子宗達為後熙寧三年襲封蔡國公鄰家失火盜因為奸竊宗達所服帶既而得之且知其主名貸不問浚井得鎰復投之官累武信軍留後薨贈安化軍節度使開府儀同三司高密郡王子仲約嗣徽宗即位改封蔡王為楚王

周恭肅王元儼少奇穎太宗特愛之每朝會宴集多

侍左右帝不欲元儼早出宮期以年二十始就封故宮中稱為二十八太保蓋元儼於兄弟中行第八也真宗即位授檢校太保左衛上將軍封曹國公明年為平海軍節度使拜同中書門下平章事加檢校太傅封廣陵郡王封泰山改昭武安德軍節度使進封榮王祀汾陰加兼侍中改鎮安靜武信加檢校太尉祠太清宮加兼中書令坐侍婢縱火延燔禁中奪武信節降封端王出居故駙馬都尉石保吉第每見帝痛自引過帝憫憐之尋加鎮海安化軍節度使封彭王進太保仁宗為皇子加太傅歷橫海永清保平定國節度陝州大都督改通王涇王仁宗即位拜太尉尚書令兼中書令徙節鎮安忠武封定王賜贊拜不名又賜詔書不名天聖七年封鎮王又賜劒履上殿明道初拜太師換河陽三城武成節度封孟王改永興鳳翔京兆尹封荊王遷雍州鳳翔牧景祐二年大封拜宗室授荊南淮王節度大使行荊州揚州牧仍賜入朝不趨元儼廣顙豐頤嚴毅不可犯天下崇憚之名聞外夷事母王德妃孝妃每有疾躬侍藥晨夕盥潔焚香以禱至憂念不食母喪哀戚過人平生寡嗜慾惟喜聚書好為文詞頗善二王書工飛白仁宗

沖年即位章獻皇后臨朝自以屬尊望重恐為太后所忌深自沉晦因闔門卻絕人事故謬語陽狂不復預朝謁及太后崩仁宗親政益加尊寵凡有請報可必手書謝牘方陝西用兵上所給公用錢歲五十萬以助邊費帝不欲拒之聽入其半嘗問翊善王渙曰元昊平未對曰未也曰如此安用宰相為聞者畏其言慶曆三年冬大雨雪木冰陳楚之地尤甚占者曰憂在大臣既而元儼病甚上憂形于色親至臥內手調藥屏人與語久之所對多忠言賜白金五千兩固辭不受曰臣羸憊且死將重費家國矣帝為嗟泣明

年正月薨贈天策上将軍徐兖二州牧燕王謚恭肅比葬三臨其喪詔以元儼墨跡及所為詩分賜宰臣餘藏祕閣子十三人允熈允良允迪允初餘皆早卒熈寧中以允良子宗綽嗣封吴國公徽宗改封吴王為周王允熈終右監門衛将軍滁州刺史贈博州防禦使博平侯允良歷五節度領寧海平江两軍封華原郡王改襄陽由同中書門下平章事兼侍中至太保中書令好酣寢以日為夜由是一官之人皆晝睡夕興薨贈定王有司以其反易晦明謚曰榮易允迪累官耀州觀察使居父喪不哀又嘗宫中為優戲為

宋史二百四十五 宋史列傳卷四 十五 湯惠宫 徐福刊 字三百九十三

妻昭國夫人錢氏所告制降右監門衛大将軍絶朝謁錢氏亦度為洞真道士允初初名允宗勤於朝會雖風雨不廢未嘗問財物厚薄惟誦佛書人以為不慧累遷寧國軍節度使同中書門下平章事治平元年卒贈中書令博平郡王無子英宗臨奠以允初後事屬其兄允良乃以允成孫仲連為之後

崇王元億早亡追賜名封代國公治平中封安定郡王徽宗即位加封崇王

真宗六子長温王禔次悼獻太子祐次昌王祗次信王祉次欽王祈次仁宗禔祗祈皆蚤亡徽宗賜名追封

悼獻太子祐母曰章穆皇后咸平初封信國公生九年而薨追封周王賜謚悼獻仁宗即位贈太尉中書令明道二年追冊皇太子

仁宗三子長楊王昉次雍王昕次荆王曦皆早亡徽宗時改封

濮安懿王允讓字益之商王元份子也天資渾厚外莊内寬喜愠不見于色始為右千牛衛将軍周王祐薨眞宗以緑車旄節迎養于禁中仁宗生用簫韶部樂送還邸官衛州刺史仁宗即位授汝州防禦使累

宋史二百四十五 宋史列傳卷四 十六 湯惠宫 徐福刊 字三百六十二

拜寧江軍節度使上建睦親宅命知大宗正寺宗子有好學勉進之以善若不率教則勸戒之至不變始正其罪故人莫不畏服焉慶曆四年封汝南郡王拜同平章事改判大宗正司嘉祐四年薨年六十五贈太尉中書令追封濮王謚安懿仁宗在位久無子乃以王第十三子宗實為皇子仁宗崩皇子即位是為英宗治平元年宰相韓琦等奏請下有司議濮安懿王及譙國夫人王氏襄國夫人韓氏仙遊縣君任氏合行典禮詔須大祥後議之二年乃詔禮官與待制以上議翰林學士王珪等奏曰謹按儀禮喪服為人

後者傳曰何以三年也受重者必以尊服服之為所後者之祖父母妻妻之父母昆弟昆弟之子若子謂皆如親子也又為人後者為其父母傳曰何以期不二斬持重於大宗降其小宗也為人後者為其昆弟傳曰何以大功為人後者降其昆弟也先王制禮尊無二上若恭愛之心分於彼則不得專於此故也是以秦漢以來帝王有自旁支入承大統者或推尊其父母以為帝后皆見非當時取譏後世臣等不敢引以為聖朝法況前代入繼者多宮車晏駕之後援立之策或出臣下非如仁宗皇帝年齡未衰深惟宗廟

之重祇承天地之意於宗室衆多之中簡推聖明授以大業陛下親為先帝之子然後繼體承祧先有天下濮安懿王雖於陛下有天性之親顧復之恩然陛下所以負扆端冕富有四海子子孫孫萬世相承皆先帝德也臣等竊以為濮王宜準先朝封贈期親尊屬故事尊以高官大國譙國襄國仙遊並封太夫人攷之古今為宜稱於是中書奏王珪等所議未見詳定濮王當稱何親名與不名珪等議濮安於仁宗為兄於皇帝宜稱皇伯而不名如楚王涇王故事中書又奏禮與令及五服年月敕出繼之子於所繼所生

皆稱父母又漢宣帝光武皆稱父為皇考今珪等議稱濮王為皇伯於典禮未有明據請下尚書省集三省御史臺議奏方議而皇太后手詔詰責執政於是詔曰如聞集議不一權宜罷議令有司博求典故以聞禮官范鎮等又奏漢之稱皇考稱帝稱皇立寢廟序昭穆皆非陛下聖明之所法宜如前議為便自是御史呂誨等彈奏歐陽脩首建邪議韓琦曾公亮趙槩附會不正之罪固請如王珪等議既而內出皇太后手詔曰吾聞群臣議請皇帝封崇濮安懿王至今未見施行吾載閱前史乃知自有故事濮安懿王譙

國夫人王氏襄國夫人韓氏仙遊縣君任氏可令皇帝稱親濮安懿王稱皇王氏韓氏任氏並稱后事方施行而英宗即日手詔曰稱親之禮謹遵慈訓追崇之典豈易克當且欲以塋為園即園立廟俾王子孫主奉祠事翌日誨等以所論列彈奏不見聽用繳納御史敕告家居待罪誨等所列大抵以為前詔稱權罷集議後詔又稱且欲以塋為園即追崇之意未已英宗命閤門以告還之誨等力辭臺職誨等既出而濮議亦寢至神宗元豐二年詔以濮安懿王三夫人可並稱王夫人云王二十八子長宗懿英宗時為宿

州團練使封和國公神宗以宗懿濮安懿王元子追封舒王子仲鸞常州防禦使父薨諸子皆進官獨不忍受喜翰墨樂施與九族稱賢卒贈武康軍節度使洋國公謚曰良仲鸞弟仲汾幼喜書史一讀成誦居父喪鄰於毀瘠卒官萊州防禦使贈昭化軍節度使榮國公次宗樸為隴州防禦使封岐國公宗樸與英宗友愛初詔英宗入居慶寧宮固辭宗樸卒近屬敦勸乃入治平中建濮王園廟宗樸遂拜彰德軍節度使封濮國公奉王後神宗即位加同平章事兼侍中進封濮陽郡王薨贈太師中書令追封定王謚僖穆

子仲佺父歿不食者數日母塟時天大雪步泥中扶翼道路歎惻以潤州觀察使卒贈開府儀同三司宗樸既薨宗誼襲封官至昭化軍節度使同中書門下平章事薨贈太師中書令廣陵郡王謚莊孝宗暉元豐中以淮康軍節度使襲濮國公安懿王及三夫人改祔命為誌并題神主加同中書門下平章事開府儀同三司進嗣濮王哲宗立改鎮南節度使檢校司徒紹聖元年薨年六十七贈太師追封懷王謚榮穆子仲璲先是濮國嗣王四孟詣洛享園廟以河南府縣官充亞終獻宗暉之襲封也神宗始命以其子為

之仲璲遂以終獻侍祠凡十餘年父喪哀痛不能勝纔服除而卒官右監門衛大将軍合州刺史宗晟紹聖元年六月以武安軍節度使判大宗正事加檢校司徒嗣濮王明年三月薨年六十五贈太師昌王謚端孝宗晟好古學藏書數萬卷仁宗嘉之益以國子監書治平将郊而雨或議改祫享英宗訪諸宗晟對曰陛下初郊見上帝盛禮也豈宜改卜至誠感神在陛下精意而已帝嘉納及郊雨霽帝數被疾密請早建儲貳以係天下之望世稱其忠宗晟薨哲宗紹聖二年四月宗愈以鎮安節度使開府儀同三司檢校

司徒嗣封故事嗣王以四時詣祠所宗愈方屬疾或曰不可以暑行曰吾身主祀而不往非禮也强輿以行疾遂亟是年八月薨年六十五贈太師追封襄王謚恭憲宗綽嗣官至河陽三城節度使檢校司徒紹聖三年二月薨年六十二贈太師追封榮王謚孝靖宗楚累拜武勝軍節度使開府儀同三司封南陽郡王紹聖三年三月以檢校司徒改武昌節度使嗣濮王既嗣爵當詣園薦獻會疾以弟宗漢代行歎曰不能親奉籩豆饗我先王而浮食厚祿安乎請以爵授弟不許四年六月薨贈太師惠王謚僖節宗祐克己

自約蕭然若寒士好讀書尤喜學易嘉祐中從父允
初未立嗣咸推其賢詔以宗祐為後泣曰臣不幸幼
失怙恃將終身悲慕恐為人後乎敢以死請仁宗憐
而從之累遷清海軍節度使開府儀同三司封乘城
郡王紹聖四年八月加檢校司徒嗣濮王時已病當
祠園廟不肯稜疾自秋涉冬連往來元符元年春又
亟往遂薨于祠下贈太師追封欽王謚穆恪宗漢英
宗幼弟也累拜保寧軍留後鄆國公東陽安康郡王
元符初以彰德軍節度使開府儀同三司檢校司空
嗣濮王徽宗即位徙寧江保平泰寧三鎮判大宗正

事加檢校司徒太保太尉帝幸濮邸遷其子孫官時
安懿王諸子獨宗漢在恩禮隆腆大觀三年八月薨
贈太師追封景王謚孝簡宗漢善畫嘗作八鴈圖人
稱其工仲增嗣仲增濮王孫於屬為長故封官至彰
德軍節度使開府儀同三司政和五年九月薨贈少
師追封簡王謚穆孝仲御自幼不群通經史多識朝
廷典故居父宗晟喪哲宗起知宗正力辭詔虛位以
須終制累遷鎮寧保寧昭信武安節度使封汝南嗣
郡王政和中以檢校少傅泰寧軍節度使開府儀同
三司嗣封天寧節遼使在廷宰相適謁告仲御攝事

率百僚上壽若素習者帝每見必加優禮稱為嗣王
宣和四年五月薨年七十一贈太傅追封郇王謚康
孝仲爰嗣徽宗即位拜建武節度使為大宗正加開
府儀同三司封江夏郡王徙節泰寧定武檢校少保
少傅宣和五年六月薨年七十贈太保追封恭王仲
理嗣靖康初為安國軍節度使加檢校少保開府儀
同三司嗣濮王者英宗本生父後也治平三年立濮
王園廟元豐七年封王子宗暉為嗣濮王世世不絕
封高宗南遷奉濮王神主于紹興府光孝寺仲湜字
巨源楚榮王宗輔之子安懿王孫也初名仲洹熙寧

十年授右內率府副率累遷密州觀察使知西外宗
正事保大軍承宣使欽宗嗣位授靖海節度使更今
名召知大宗正事未行汴京失守康王即帝位于南
京仲湜由漢上率衆徑謁時嗣濮王仲理北遷乃詔
仲湜襲封加開府儀同三司歷檢校少保少傅紹興
元年充明堂亞獻七年薨帝為輟朝賜其家銀帛追
封儀王謚恭孝仲湜事母以孝聞喜親圖史性酷嗜
珊瑚每把玩不去手大者一株至以數百千售之高
宗嘗問墜地則何如仲湜對曰碎矣帝曰以民膏血
易無用之物朕所不忍仲湜慚不能對子士從士街

士籛士衎士歆士從靖康末為洛州防禦使建炎二年同知西外宗正事主管高郵軍宗子士從招潰卒置屯奏假江淮制置使許之賊李在犯楚州士從遣部將乘虛擣襲狃於小勝軍無紀律敗績士從移司衡溫二州臣僚以其弟士籛撓州縣士從不能制遂罷紹興四年遷涇洪二州觀察使權知濮王園令士從乞擇利便地奉安神位從之六年士街授象州防禦使遷華州觀察使同知大宗正事安慶軍承宣使主奉濮王祠事初以軍興南班宗子權罷歲賜至有身歿而不能殮者士街言于朝詔復舊制三十年拜

安德軍節度使典宗司凡十四年士籛官至安慶軍節度使同知大宗正事隆興元年上言宗司文移視官敘高下令誤臣兄也位反居臣下失尊卑敘乞易置之詔可其奏士衎官至崇慶軍節度使知西外宗正事右諫議何溥論士衎强市海舟罷官已而詔歸南班奉朝請隆興中以邊事未寧與士籛奏藏奉給恩賞之半以助軍興詔加獎諭仲偘景王宗漢子也初授右內率府副率轉右監門衛大將軍建炎末授武功大夫忠州防禦使紹興中遷濟州知南外宗正事八年加檢校少保向德軍節度使襲封嗣濮王仲

偘生而不慧以次得封入見榻前慟哭帝驚問故吞語狂謬帝優容之九年薨上輟朝三日追封瓊王謚恭惠士伐安懿王曾孫也紹興二十五年十一月襲封除崇慶軍節度使初仲偘薨秦檜專政罷襲檜死始封士伐踰年薨贈少師追封思王謚溫靖士輵士伐弟也紹興二十八年由建州觀察使襲封授昭化軍節度使初懿王神貌奉安報恩寺西挾屋居隘陋士輵請別營祠堂許之久之加檢校少保累加開府儀同三司賜嗣濮王居為世業除知大宗正事累加三少充醴泉觀使淳熙七年薨贈太傅追封安王士

歆仲湜第十一子也由保康軍節度使襲封加開府儀同三司累陞三少慶元二年薨贈太傅追封歆王不秭安懿王玄孫也年七十六累轉武功郎士歆既薨不秭年最高得襲封除福州觀察使由庶官襲封自不秭始慶元五年轉武安軍承宣使俄薨贈開府儀同三司追封蔣國公不璺由武經大夫授利州觀察使襲封開禧初遷寧遠軍承宣使薨贈開府儀同三司追封安國公不儔開禧二年由安遠軍承宣使襲封除昭慶軍節度使遷檢校少保嘉定十年薨贈少師追封高平郡王不嫖由武翼大夫襲封授福州

觀察使時嘉定十一年也踰年而薨贈開府儀同三司追封惠國公臣僚上言嗣濮王元降指揮雖有擇高年行尊之文然高宗朝儀王仲湜以德望俱隆越仲琮而選拜武德郎蘄次當襲封以官卑乃命士㒟權奉祠事越十六年始正士㒟之封是亦不拘定制也乞自今應封者命大宗司銓量都堂審察閤門引見然後奏取進止寧宗然之不淩父士穙不嫖既薨不淩由右千牛衛將軍授福州觀察使襲封嘉定十五年遷奉國軍承宣使十七年薨贈開府儀同三司追封惠國公

列傳卷第四

列傳卷第五　宋史二百四十六

開府儀同三司上柱國錄軍國重事前中書右丞相監修國史領經筵事都總裁臣脫脫等奉勑修

宗室三

吳王顥　益王頵　吳王偲
燕王俁　楚王似　獻愍太子茂
鄆王楷　肅王樞　景王杞
濟王栩　徐王棣　沂王樗
和王栻　信王榛　太子諶弟訓
元懿太子旉　信王璩　莊文太子愭
魏王愷　景獻太子詢　鎮王竑

英宗四子長神宗次吳榮王顥次潤王顏次益端獻王頵皆宣仁聖烈高皇后出也顏早亡徽宗賜名追封

吳榮王顥字仲明初名仲糺自右內率府副率為和州防禦使封安樂郡公轉明州觀察使進祁國公治平元年加檢校太傅保寧軍節度使同中書門下平章事封東陽郡王三年出閤神宗立進封昌王官制行冊拜司空徙王雍哲宗嗣位加太保換成德橫海二鎮徙封揚王賜贊拜不名五日一謁禁中帝致恭

如家人禮神宗祔廟拜太傅移鎮京兆鳳翔自熙寧以來顥屢請居外章上輒卻至元祐初乃賜咸宜坊第一區榜曰親賢與弟頵對邸車駕偕三宮臨幸留宴終日拜太尉諸子皆命賜官制曰先皇帝篤兄弟之好以恩勝義不許二叔出居于外蓋武王待周公之意太皇太后嚴朝廷之禮以義制恩始從其請出就外宅得孔子遠其子之意二聖不同同歸于道皆可以為萬世法朕承侍兩宮按行新第顧瞻懷思濟然出涕昔漢明帝問東平王在家何以為樂王言為善最樂帝大其言因送列侯印十九枚諸子五歲以

上悉佩之著之簡策天下不以為私今王諸子性于忠孝漸于禮義自勝衣以上頎然皆有成人之風朕甚嘉之其各進一官以助其為善之樂尚勉之哉毋忝父祖以為邦家光徙封徐王詔書不名宣仁有疾顥旦旦入問因亦被病宣仁祔廟拜太師徙王冀賜入朝不趨改淮南荊南節度使徙封楚王病益篤帝親挾醫視診令晝夜具起居狀聞小愈則喜既而薨年四十七帝即臨哭輟朝五日成服苑中贈尚書令兼中書令揚荊冀三州牧燕王謚曰榮陪葬永厚陵徽宗即位改封吳王顥天資穎異尤嗜學始就外傅

每一經終即遺講讀官以器幣服馬工飛白善射好圖書博求善本神宗嘉其志尚每得異書亟馳使以示嘗賜方團玉帶俾服而朝顥辭乃為製玉魚以別之是後親王遂踵為故實初居英宗喪丐辭官終制以厭於至尊不克遂服慈聖光獻太后之服易月當除顥曰身為孫而情文缺然若是可乎請如心喪禮須上禫除即吉詔可子孝騫嗣終寧國軍節度使晉康郡王孝錫終嘉州團練使贈永國公

益端獻王頵初名仲格封大寧郡公進鄆國公樂安郡王嘉王所歷官賜略與兄顥同更武勝山南西保

信保靜武昌武安武寧鎮海成德荊南十節度徙王曹荊位至太尉元祐三年七月薨年三十三贈太師尚書令荊徐二州牧魏王謚端獻徽宗改封益王頵端重明粹少好學長博通群書工飛白篆籀薦拔官僚歲滿當去輒奏留久者至十餘年頗好醫書手著普惠集效方且儲藥以救病者子九人孝哲右驍衛將軍早亡孝奕彰化軍節度觀察留後贈司空平原郡王孝參奉國軍節度使改寧武武勝封豫章郡王孝永邢州觀察使贈司空廣陵郡王孝詒孝騭孝悅孝穎孝愿皆至節度使

神宗十四子長成王佾次惠王僅次唐哀獻王俊次褒王伸次冀王僩次哲宗次豫悼惠王价次徐沖惠王倜次吳榮穆王佖次儀王偉次徽宗次燕王俁次楚榮憲王似次越王偲八王皆早薨佾僅伸偉徽宗賜名追封俊僩倜价徽宗改封

吳榮穆王佖帝第九子初授南山東道節度使封儀國公哲宗立加開府儀同三司大寧郡王進申王拜司空帝崩佖於諸弟為最長有目疾不得立徽宗嗣位以帝兄拜太傅加殊禮旋拜太師歷京兆真定尹荊揚太原興元牧徙國陳崇寧五年薨輟視朝七日

贈尚書令兼中書令徐州牧燕王謚榮穆又加贈侍中改封吳王子有奕武信軍節度使和義郡王

燕王俁帝第十子越王偲帝第十二子母曰林婕妤俁初授定武軍節度使檢校太尉封成國公偲初授武成軍節度使檢校太尉祁國公哲宗朝俱加開府儀同三司封咸寧郡王偲加開府儀同三司封永寧郡王是後累換節鉞歷任尹牧俁進封莘王偲封睦王徽宗朝俱歷太保太傅俁進封衛王魏王燕王偲進封定王鄧王越王靖康元年同遷太師俁授河東劍南西川節度使成都牧偲授永興成德軍節度使雍州真定牧二年上皇幸青城父老邀之不及道遇二王哭曰願與王俱死徐秉哲捕為首者戮之並兵衛送二王于金營北行至慶源境上俁乏食薨偲至韓州而薨紹興初有崔紹祖者至壽春府稱越王次子受上皇蠟詔為天下兵馬大元帥興師恢復鎮撫使趙霖以聞召赴行在事敗送臺獄伏罪斬于越州市

楚榮憲王似帝第十三子初為集慶軍節度使和國公進普寧郡王元符元年出閤封簡王似於哲宗為母弟哲宗崩皇太后議所立宰相章惇以似對右曰

均是神宗子何必然乃立端王徽宗定位加司徒改鎮武昌武成徙封蔡拜太保移鎮保平鎮安又改鳳翔雄武以王府史語言指斥送大理寺驗治似上表待罪左司諫江公望上疏以為親隙不可開開則言可離貳疑迹不可顯顯則事難磨滅陛下之得天下也章惇嘗持異議已有隙迹矣蔡王出於無心年尚幼小未達禍亂之萌恬不以為恤陛下一切包容已開之隙復塗已顯之迹復泯矣恩意渥縟慊然不失兄弟之情若以曖昧無根之語加諸至親骨肉之間則有魏文相煎太急之譏而忘大舜親愛之道豈治

世之美事邪臣頗陛下寤詔有司凡無根之言勿形案牘倘有瑕可指一入胸次則終身忘迹不可泯隙不可塗則骨肉離矣一有浸淫旁及蔡王之語不識陛下將何以處之陛下何顏見神考於太廟乎疏入公望罷知淮陽軍徽宗雖出公望然頗思其言止治其左右崇寧中徙鎮荊南武寧崇寧五年薨贈太師尚書令兼中書令冀州牧韓王改封楚王謚榮憲子有恭定國軍節度使永寧郡王

哲宗一子獻愍太子茂昭懷劉皇后為賢妃時所生帝未有子而中宮虛位后因是得立然纔三月而夭

追封越王謚沖獻崇寧元年改謚獻愍后之立也鄒浩凡三上疏諫隨削其藁至是或謂浩有殺卓氏而奪其子欺人可也詎可以欺天乎之語徽宗昭暴其事復竄浩昭州而峻茂典冊后上表謝然浩蓋無是言也

徽宗三十一子長欽宗次兗王檉次鄆王楷次荊王楫次肅王樞次景王杞次濟王栩次益王棫次高宗次邠王材次祁王模次莘王植次儀王朴次徐王棣次沂王㮙次鄆王栱次和王栻次信王榛次漢王椿次安康郡王楃次廣平郡王楗次陳國公機次相國公梴次瀛國公樾次建安郡王楧次嘉國公椅次溫國公棟次英國公橞次儀國公桐次昌國公柄次潤國公樅檉楫材栱椿機六王早薨

鄆王楷帝第三子初名煥始封魏國公進高密郡王嘉王歷奉寧鎮安鎮東武寧保平荊南寧江劍南西川鎮南河東寧海十一節度使政和八年廷策進士唱名第一母王妃方有寵遂超拜太傅改王鄆仍提舉皇城司出入禁省不復限朝暮於外第作飛橋複道以通往來北伐之役且將以為元帥會白溝失利而止欽宗立改鎮鳳翔彰德軍靖康初與諸王皆北

遷

肅王樞帝第五子初封吳國公進建安郡王肅王歷節度六鎮靖康初金人圍京城要帝子弟為質且求輸兩河於是遣宰臣張邦昌從樞使斡离不軍為金人所留約俟割地畢遣還而挾以北去

景王杞初授武安軍節度使檢校太尉封冀國公大觀二年改授山南東道節度使加開府儀同三司封文安郡王政和中授檢校太保尋遷太保改授護國武昌軍節度使追封景王靖康元年授荊南鎮東軍節度使遷太傅二年遣詣金營充賀正旦使既歸又

從上幸青城及上皇出郊杞日侍左右衣不解帶食不食肉上皇製發願文述祈天請命之意以授杞杞頓首泣及北行鬚髮盡白

濟王栩初授鎮洮軍節度使檢校太尉封曾國公大觀二年改授彰武軍節度使加開府儀同三司封安康郡王政和中授檢校太保改荆南清海軍節度使進封濟王靖康元年授護國寧海軍節度使遷太傅同景王杞爲賀金人正旦使既還又與何㮚爲請命使金帥紿栩曰自古有南即有北不可相無今所欲割地而已栩回以白上且言金帥請與上皇相見上

曰豈可使上皇蒙塵遂自出以栩從行及索諸王家屬栩夫人曹氏避難他出徐秉哲捕而拘之遂同北去

徐王棣初授鎮江軍節度使檢校太尉封徐國公政和中授檢校太保宣和中改鎮南軍節度使加開府儀同三司封高平郡王尋改山南東道河陽三城節度使進封徐王後從淵聖北去紹興二年有萬州李勃者僞稱祁王內侍楊公謹與言徐王起居狀勃遂改稱徐王宣撫使張浚遣赴行在上命王府故吏驗視言非真詔送大理情得棄市

沂王㮙初授横海軍節度使檢校太尉冀國公政和中授檢校太保宣和中改劒南西川節度使加開府儀同三司封河間郡王尋改劒南東川威武軍節度使遷太保進封沂王後從淵聖出郊至北方與駙馬劉彥文告上皇左右謀變金遣人按問上皇遣莘王植駙馬蔡鞗等對辨凡三日㮙彥文氣折金人誅之

和王栻初授靜江軍節度使檢校太尉廣國公三年授檢校太保尋改定武軍節度使加開府儀同三司封南康郡王靖康元年授瀛海安化軍節度使檢校太傅追封和王後從淵聖出郊有遺女一人高宗朝

封樂平縣主出適杜安石命大宗正司主婚

信王榛初授建雄軍節度使檢校太尉封福國公三年授檢校太保宣和末改安遠軍節度使加開府儀同三司封平陽郡王靖康元年授慶陽昭化軍節度使遷檢校太傅進封信王後從淵聖出郊北行至慶源亡匿真定境中時馬廣與趙邦傑聚兵保五馬山砦陰迎榛歸奉以爲主兩河遺民聞風響應榛遣廣詣行在奏之其略曰邦傑與廣忠義之心堅若金石臣自陷賊中頗知其虛實賊今稍惰皆懷歸心且累敗於西夏而契丹亦出攻之今山西諸砦鄉兵約十

餘萬力與賊抗但皆苦窘蕪闕戎器臣多方存恤惟
望朝廷遣兵來援不然父之恐反為賊用臣於陛下
以禮言則君臣以義言則兄弟其憂國念親之心無
異願委臣總大軍與諸砦鄉兵約日大舉決見成功
廣既至黃潛善汪伯彥疑其非真上識榛手書遂除
河外兵馬都元帥潛善伯彥終疑之廣將行密授朝
旨使幾察榛復令廣聽諸路節制廣知事不成遂留
于大名府不進會有言榛將渡河入京朝廷因詔擇
日還京以伐其謀金人恐廣以援兵至急發兵攻諸
砦斷其汲道諸砦遂陷榛亡不知所在或曰後與上

皇同居五國城紹興元年鄧州有楊其姓者聚千餘
人自稱信王鎮撫使翟興覺詐遣將斬之以聞
欽宗皇太子諶朱皇后子也政和七年生為嫡皇孫
祖宗以來所未有徽宗喜蔡京奏除檢校少保常德
軍節度使封崇國公從之會王黼得政謀傾京言其
以東宮比人主遂降為高州防禦使靖康元年遷檢
校少保昭慶軍節度使大寧郡王尋進檢校少傳寧
國軍節度使四月詔立為皇太子二年上幸青城命
寄院同知孫傅兼太子少傅吏部侍郎謝克家兼太
子賓客輔太子監國稱制行事未幾金人請二帝諭

太子出城統制吳革力請留欲以所募士微服衛太
子潰圍以出傳不許乃謀匿民間別求狀類太子者
并宦者二人殺之送金人給以宦者竊太子欲投獻
都人爭之併傷太子遲疑不決者五日吳幵莫儔督
脅甚急范瓊恐變生以危言讋衛士遂擁太子與皇
后共車以出百官軍吏奔隨號哭太學諸生擁拜車
前太子呼云百姓救我哭聲震天已而北去弟訓
訓乃北地所生有碭山人留遇僧者金人見之曰全
似趙家少帝遇僧竊喜紹興十年三京路通詔求宗
室遇僧自言少帝第二子守臣遣赴行在過泗州州

官孫守信疑之白其守請于朝閤門言淵聖無第二
子乃詔守信劾治遇僧伏罪黥隸瓊州後有自北至
者曰淵聖小大王訓見居五國城
元懿太子諱旉高宗子也母潘賢妃建炎元年六月
生于南京拜檢校少保集慶軍節度使封魏國公金
人侵淮南帝幸臨安會苗傅劉正彥作亂逼帝禪位
于旉改元明受既而傳等伏誅帝復位乃以旉為皇
太子從幸建康太子立屬疾宮人誤蹴地上金鑪有
聲太子驚悸疾轉劇薨謚元懿
信王榛字潤夫初名伯玖藝祖七世孫秉義郎子彥

之子也生而聰慧初伯琮以宗子被選入宮高宗命鞠于婕妤張氏吳才人亦請于帝遂以伯玖命才人母之賜名璩除和州防禦使時生七歲矣伯琮以建國公就傅璩獨居禁中俄拜節度使封吳國公宰執趙鼎劉大中王庶等堅持之命不果行會秦檜專政遂除保大軍節度使封崇國公尋詔赴資善堂聽讀紹興十五年加檢校少保進封恩平郡王出就外第時伯琮已封普安郡王璩官屬禮制相等夷號東西府踰年改武昌軍節度使二十二年子彥卒璩去官持服終喪還舊官顯仁太后崩普安郡王始立為皇

太子璩因加恩稱皇姪名位始定遷開府儀同三司判大宗正事置司紹興府孝宗即位璩表請入賀許之特授少保改靜江軍節度使頃之省紹興府宗正事改判西外宗正司璩累章乞閑改醴泉觀使淳熙中除少傅高宗崩奔赴得疾踰年而薨年五十九追封信王累贈太保太師始璩之入宮也儲位未定者垂三十年中外頗以為疑孝宗既立天性友愛璩入朝屢召宴內殿呼以官不名也賜予無算子四人師淳歷忠州團練使永州防禦使師灝師淪師路並補武翼大夫孫希楙特補保義郎

莊文太子諱愭孝宗嫡長子也母郭皇后初名愉補右內率府副率尋賜名愭除右監門衛大將軍榮州刺史孝宗為皇子時愭拜蘄州防禦使及受禪除少保永興軍節度使封鄧王故事皇子出閤封王兼兩鎮然後加司空愭自防禦使躐拜少保章異數也乾道元年立為皇太子冊廣國夫人錢氏為妃詔增東宮從衛太子謙讓及奏損月給雜物從之三年秋太子病暍醫誤投藥病劇上皇與帝親視疾為赦天下越三日薨年二十四謚莊文太子賢厚上皇與帝皆愛之帝從禮官議服期以日易月文武百官服衰服

一日而除東宮臣僚齊衰三月臨七日而除比葬帝再至東宮命宰臣奉謚冊大小祥皆以執政官行禮子挺錢氏所生也甫晬除福州觀察使封榮國公乾道九年卒贈武當軍節度使追封豫國公寧宗時命宗子希璂為太子後希璂藝祖九世孫也賜名搢補右千牛衛將軍置教授于府開禧二年除忠州防禦使嘉定八年更名思正

魏惠憲王諱愷莊文同母弟也初補右內率府副率轉右監門衛大將軍貴州團練使孝宗受禪拜雄武軍節度使開府儀同三司封慶王莊文太子薨愷次

當立帝意未決既而以恭王英武類已竟立之加愷雄武保寧軍節度使追封魏王判寧國府妻華國夫人韋氏特封韓魏兩國夫人以示優禮賜黃金三千兩白金一萬兩命宰執設祖于王津園王登車顧謂虞允文曰更望相公保全比至鎮奏朝天申節許之府長史上言欲與司馬分治郡俾王受成愷奏曰臣被命判府今專委長史司馬是處臣無用之地況一郡置三判府臣恐吏民紛競不一徒見其擾長史司馬宜主錢穀訟牒俾擬呈臣依而判之庶上下安事益易治又請增士人貢額朝廷悉從之愷究心民事

桑圩田之隤圮者帝手詔嘉勞之淳熙元年徙判明州轄屬邑田租以贍學得兩岐麥圖以獻帝復賜手詔曰汝勸課藝植農不游惰宜獲瑞麥之應加愷荊南集慶軍節度使行江陵尹尋改永興成德軍節度使揚州牧七年薨于明州年三十五帝素服發哀於別殿贈淮南武寧軍節度使揚州牧兼徐州牧謚惠寧王性寛慈上皇雅愛之雖以宗社大計出王於外然心每念之賜賚不絕訃聞帝泫然曰向所以越次建儲者正為此子福氣差薄耳治二郡有仁聲薨之日四明父老乞建祠立碑以紀遺愛子二人攄早卒

柄生於明州母卜氏信安郡夫人王薨還居行在柄性早慧帝愛之將內禪升耀州觀察使封嘉國公慶元間封吳興郡王領昭慶軍節度使開禧三年薨贈太保封沂王謚靖惠子垓三歲而夭詔立宗室希瞿子為其後更名均領右千牛衛將軍置教授于府尋加福州觀察使後更名貴和即鎮王竑也

景獻太子諱詢燕懿王後藝祖十一世孫也初名與愿寧宗既失兗王從宰執京鏜等請取與愿養于宮中年六歲賜名曮除福州觀察使嘉泰二年拜威武軍節度使封衛國公聽讀資善堂開禧元年時邊事

益急金人請誅首謀用兵者曮用翊善史彌遠計奏韓侂胄輕起兵端上危宗社宜賜黜罷以安邊境從之曮立為皇太子拜開府儀同三司封榮王更名幬詔御朝太子侍立宰執日赴資善堂會議尋用天禧故事宰輔大臣並兼師傅賓客太子出居東宮更名詢嘉定十三年薨年二十九謚景獻

鎮王竑希瞿之子也初沂靖惠王薨無嗣以竑為之後賜名均尋改賜名貴和太子詢薨迺立貴和為皇子賜名竑授寧武軍節度使封祁國公嘉定十五年五月加檢校少保封濟國公十七年六月辛未竑生

子詔告天地宗廟社稷宮觀八月癸未賜竑子名銓授左千牛衛大將軍丁亥銓薨贈復州防禦使追封永寧侯竑上表稱謝竑好鼓琴丞相史彌遠買美人善鼓琴者納諸御而厚廩其家使美人瞷竑動息必以告美人知書慧黠竑嬖之宮壁有輿地圖竑指瓊厓曰吾他日得志置史彌遠於此又嘗呼彌遠為新恩以他日非新州則恩州也彌遠聞之嘗因七月七日進乞巧奇玩以覘之竑乘酒碎於地彌遠大懼日夕思以處竑而竑不知也時沂王猶未有後方選宗室希瓐子昀繼之一日彌遠為其父飯僧淨慈寺獨

與國子學錄鄭清之登慧日閣屏人語曰皇子不堪負荷聞後沂邸者甚賢今欲擇講官君其善訓迪之事成彌遠之坐即君坐也然言出於彌遠之口入於君之耳若一語泄者吾與君皆族矣清之拱手曰不敢乃以清之兼魏忠憲王府教授清之日教昀為文又購高宗書俾習焉清之上謁彌遠即以昀詩文翰墨以示彌遠譽之不容口彌遠嘗問清之吾聞其賢已熟大要竟何如清之曰其人之賢更僕不能數然一言以斷之曰不凡彌遠頷之再三策立之意益堅清之始以小官兼教授其後累遷兼如故寧宗崩彌

遠始遣清之往告昀以將立之之意再三言之昀默然不應最後清之乃言曰丞相以清之從遊之久故使布腹心於足下今足下不答一語則清之將何以復命于丞相昀始拱手徐答曰紹興老母在清之以告彌遠益相與歎其不凡竑跂足以需宣召久而不至彌遠在禁中遣快行宣皇子令之曰今所宣是沂靖惠王府皇子非萬歲巷皇子苟誤則汝曹皆處斬竑不能自已屬目牆壁間見快行過其府而不入疑焉已而擁一人徑過天已暝不知其為誰甚惑昀既至彌遠引入柩前舉哀畢然後召竑竑聞命亟赴至則

每過宮門禁衛拒其從者彌遠亦引入柩前舉哀畢引出帷殿帥夏震守之既而召百官立班聽遺制則引竑仍就舊班竑愕然曰今日之事我豈當仍在此班震紿之曰未宣制以前當在此宣制後乃即位耳竑以為然未幾遙見燭影中一人已在御坐宣制畢閤門贊呼百官拜舞賀新皇帝即位竑不肯拜震捽其首下拜皇后矯遺詔竑開府儀同三司進封濟陽郡王判寧國府帝因加竑少保進封濟王九月丁丑以竑充醴泉觀使令就賜第寶慶元年正月庚午湖州人潘壬與其弟丙謀立竑竑聞變匿水竇中壬等

得之擁至州治以黃袍加身竑號泣不從不獲已與
之約曰汝能勿傷太后官家乎衆許諾遂發軍資庫
金帛會子犒軍命守臣謝周卿率官屬入賀僞為李
全榜揭于門數彌遠廢立罪云令領精兵二十萬水
陸進討比明視之皆太湖漁人及巡尉兵卒不滿百
人耳竑知其謀不成率州兵討之遣王元春告于朝
彌遠命殿司將彭任討之至則事平彌遠令客秦天
錫託召醫治竑疾竑本無疾丙戌天錫詣竑諭旨逼竑
縊于州治帝輟朝賻銀絹各一千會子萬貫贈少師
保靜鎮潼軍節度使給事中盛章權直舍人院王塈
一再繳奏詔從之右正言李知孝累奏追奪王爵降
封巴陵縣公於是在廷之臣真德秀魏了翁洪咨夔
胡夢昱等每以竑為言彌遠輒惡而斥遠之端平元
年詔復官爵妻吳氏為比丘尼賜惠淨法空大師月
給錢百貫景定五年度宗降詔追復元贈節度使
德祐元年提領戶部財用兼修國史常楙請立竑後
試禮部侍郎兼中書舍人王應麟請更封大國表墓
錫謚命大宗正司議選擇立後迎善氣銷惡運莫先
於此下禮部議贈太師尚書令依舊節度使陞封鎮
王謚昭肅以田萬畝賜其家遣應麟致祭

卷第五

列傳卷第六　宋史二百四十七

開府儀同三司上柱國錄軍國重事中書右丞相監修國史領經筵事都總裁脫脫等奉
勅修

宗室四

子淔　子崧　子櫟　子砥
子晝　子濡　師睪　希言
希懌　士晤　士㒟　士嶠
士晴　不羣　不棄　不尤
不息　善俊　善譽　汝述
叔近　叔向　彥倓　彥橚
彥逾

子淔字正之燕王五世孫父令鑠官至寶文閣待制
子淔以蔭補承務郎累遷少府監主簿攺河南少尹
時治西內子淔有幹才漕使宋昇器之或事有未便
子淔輒力爭昇每攺容謝之除蔡河撥發綱運官會
夏旱河水涸轉餉後期貶秩一級提舉三門白波輦
運事除直秘閣丁內艱起復累進龍圖閣秘閣脩撰
除陝西轉運副使初蔡京鑄夾錫錢民病壅滯子淔
請鑄小鐵錢以權之因範格以進徽宗大說御書宣
和通寶四字為錢文既成子淔奏令民以舊銅錢入

官易新鐵錢旬日易得百餘萬緡帝手札以新錢百
萬緡付五路均糴細麥命子湑領其事民苦限迫詣
子湑訴者日數百人子湑奏請寬其期民便之會蔡
京再相言者希京意論子湑亂錢法落職奉祠靖康
初復祕閣脩撰金人侵洛子湑奔荆南潰兵祝靖盛
德破荆南城子湑匿民家靖等知之來謁言京城已
破子湑泣謂之曰君輩宜亟還都城護社稷取功名
無貪財擾州縣也皆應曰諾子湑因草檄趣之翌日
靖等遂北行紹興元年召見復徽猷閣直學士知西
外宗正司改江西都轉運使時建督府軍須浩繁子

湑運餉不絕以功進寶文閣直學士再知西外宗正
司三京新復除京畿都轉運使以疾辭卒于家年六
十七子湑幼警悟蘇軾過其家抱置膝上謂其父曰
此公家千里駒也及長善談論工詩然崇寧大觀間
土木繁興子湑每董其役識者鄙之
子崧字伯山燕懿王後五世孫登崇寧五年進士第
宣和間官至宗正少卿除徽猷閣直學士知淮寧府
汴京失守起兵勤王道阻未得進聞張邦昌僭位以
書白康王宜遣師邀金人河上迎請兩宮問罪僭逆
若議渡江恐誤大計遂與知潁昌府何志同等盟傳

檄中外已而聞金人退引兵襄邑遣范塤徐文中詣
濟王請王進兵南京且言國家之制無親王在外者
主上特付大王以元帥之權此殆天意亟宜承制號
召四方豪傑則中原可傳檄而定王命子崧充大元
帥府參議官東南道都總管邦昌家在廬州子崧檄
通守趙令儦幾察之且請捕誅其母子以絕姦心又
言自圍城以來朝命隔絕乞下諸路凡有事宜並取
大元帥府裁決僞檄毋輒行宣撫使范訥逗撓營私
所宜加罪宜蠲被兵州縣租經理淮南荆浙形勢之
地毋為群盜所據檄止諸路毋受邦昌僞赦移書責

邦昌曰人臣當見危致命今議者籍籍謂劫請傾危
之計實由閣下不然金人何堅拒孫傅之請而卒歸
於閣下也敵既遠去宜速反正若少遲疑則天下共
誅逆節雖悔無及矣又遺書王時雍曰諸公相與亡
人之國方且以為佐命功臣不知平日所學何事會
邦昌遣使迎王次第白子崧子崧即貽王書曰似聞
謂以京師殘破不可復入止欲即位軍中便圖遷徙
臣竊惑焉夫欲致中興當謹舉措宜先謁宗廟覲母
后明正誅賞降霈四方若京師果不可都然後徐議
所向遂傳檄京師奏于隆祐太后曰諸路先聞二聖

北遷易姓改國恐間有假討逆之名以竊據州郡者乞速下明詔諭四方以迎立康王之意庶幾人心慰安奸宄自消矣尋以所部兵會濟州康王即位子崧請放諸路常平積欠錢又言臺諫為人主耳目近年用非其人率取旨言事請遵舊制聽學士中丞互舉范祖禹常安民上官均先朝言事盡忠請録其子帝皆可其奏因建三屯之議一屯澶淵一屯河中陝華一屯青鄆間以張聲勢萬一敵騎南侵則三道並進可成大功除延康殿學士知鎮江府兩浙路兵馬鈐轄上章論王時雍徐秉哲吳幵莫儔范瓊胡思王紹

王及之顏博文余大均等逼遷上皇取太子辱六宮捕宗室竊禁物都人指為國賊伏望肆諸市朝以為臣子之戒時滑州兩經殘破子崧薦傳亮可任除亮滑州通判黃潛善沮之命遂寢賊趙萬犯鎮江子崧遣將擊萬於丹徒調鄉兵乘城為備頃之官軍敗歸鄉兵驚潰子崧率親兵保焦山寺賊據鎮江初昌陵復土司天監苗昌裔謂人曰太祖後當再有天下子崧習聞其說靖康末起兵檄文頗涉不遜子崧與御營統制辛道宗有隙道宗求得其文上之詔御史往案其獄情得帝震怒不欲暴其罪坐以前擅棄城降

單州團練副使謫居南雄州紹興二年赦復集英殿脩撰而子崧已卒于貶所

子櫟燕懿王後五世孫登元祐六年進士第靖康中為汝州太守金人再渝盟破荆湖諸州獨子櫟能保境土李綱言于朝遷寶文閣直學士尋提舉萬壽觀紹興七年卒

子砥藝祖後令珣之子也仕至鴻臚丞北遷至燕山久之欲遁歸乃遣其徒朱國賓王孝安至中京求得上皇宸翰懷之以歸建炎二年六月至行在帝命輔臣召問子砥言金人講和以用兵我國斂兵

以待和往者契丹主和議女真主用兵十餘年間竟滅契丹今復蹈其轍譬人畏虎啗虎以肉食盡終必食人若設陷穽待之庶能制虎因復故官已而賜對稱旨命知台州卒

子晝字叔問燕王五世孫少警敏強記工書翰累官憲州通判宣和初充詳定九域圖志編脩官出知澤州改密州詔為刑部員外郎以憂去建炎四年遷吏部員外郎尋用大宗正士㒟薦遷尚書左司員外郎兼權貨務歲收茶鹽香錢六百九萬餘緡以功進秩一階試太常少卿集太常因革禮八十篇為二十七

卷上言復春分祀高禖禮除權禮部侍郎遷徽猷待制樞密都承旨以公族為侍從及改官制後都承旨用文臣皆自子畫始衢嚴信饒之民生子多不舉子畫請禁絕之累求補外遷徽猷閣直學士知秀州既而奉祠以歸寓于衢紹興十二年卒年五十四

子濂字清卿秦康惠王後孝靖公令輿之子也七歲而孤家貧力學登宣和中進士第調眞州刑曹掾與守爭獄事解官去改衢州推官胡唐老奇其才任之屬時多故子濂佐唐老繕完城具苗劉兵至城下不能攻以功進一秩累官吏部郎中求補外遷戶部郎中總領江淮軍馬錢糧諸司饋禮月以千緡悉歸之公帑除直秘閣兩淮轉運副使朝廷遣人檢沙田蘆場欲槩增租額子濂以爭買異冒占力止之時議者言田之並太湖者被水患宜分道諸浦注之江詔子濂往案視還言太湖當數州巨浸豈松江一川所能獨泄昔人於常熟北開浦二十四以達大江又開浦十於崑山東南以入海今皆湮塞宜加疏浚從之遂浚常熟東栅至雉浦入于溼谷又疏鑿福山塘至尚市橋北注大江分殺其勢水患用息明州守趙善繼治郡殘酷子濂率諸監司劾罷之除直敷文閣知臨

安府吏不能欺禁權家僦人子女為僕妾者詔權戶部侍郎陞華文閣待制復知臨安府調三衙卒修築都城不擾而辦金主亮渝盟子濂獻助軍錢十五萬緡特遷一秩帝幸建康充行宮留守參謀官扈蹕還復知臨安府金人來議和子濂謂事情叵測宜以軍禮待之孝宗嗣位志圖恢復子濂練兵習為鵝鸛魚麗陣上觀於便殿嘉之賜金帶擢敷文閣直學士移知明州沿海制置使臺諫王十朋王大寶抗疏留之帝曰朕委以防海行召還矣初海寇以賂通郡胥吏吏反為之用匿其蹤迹賊遂大熾商船不通子濂以禮延土豪俾率郡胥分道入海告之曰用命者有厚賞不則殺無貸胥衆震恐爭指賊處悉禽獲凡豪猾為賊囊槖者窮治之海道遂平陞龍圖閣直學士知福州歲饑告糴旁郡米價頓平民賴以濟進龍圖閣學士移知泉州吏有掠民女為妾者其妻妬悍殺而磔之貯以缶抵其凡興化掾安解中妾父詣郡訴吏不決子濂訪知狀亟遣人往興化果得缶以歸獄遂決其發擿槩類此乾道二年卒于官年六十六

師羿字從善系出燕懿王王生彰化軍節度使惟忠惟忠生宣城侯從讜從讜生崇國公世恬世恬生嘉

國公令晙中興初韓世清挾令晙爲變裂黃旗被其身固拒獲免令晙生朝奉郎子笈子笈生和州防禦使伯驌伯驌少從高宗于康邸以文藝侍左右師羼伯驌之子也舉進士第除司農簿遷金部郎中孝宗竒其才顧遇頗厚師羼奏左右曹度支倉部宜立總計司歸併財物之數以絶吏奸制可知吉州即山鍊銅足治欠額二十萬進戶部郎官淮東總領光宗初擢太府少卿知秀州改淮南運判時郡鐵錢不行鹽商弗至師羼請發度牒出倉粟以收鐵錢鹽利遂通累遷司農卿知臨安府有僧號散聖者以妖術惑衆師羼捕治黥之韓侂胄用事師羼附之遂得尹京侂胄生日百官爭貢珎異師羼最後至出小合曰願獻少果核侑觴啓之乃粟金蒲萄小架上綴大珠百餘衆慚沮侂胄有愛妾十四人或獻北珠冠四枚於侂胄侂胄以遺四妾其十人亦欲之侂胄未有以應也師羼聞之亟出錢十萬緡市北珠製十冠以獻妾爲求遷官得轉工部侍郎侂胄嘗飲南園過山莊顧竹籬茅舍謂師羼曰此真田舍間氣象但欠犬吠鷄鳴耳俄聞犬嘷叢薄間視之乃師羼也侂胄大笑久之以工部尚書知臨安府侂胄將用兵師羼度侂胄村

踈意廣必召禍乃持異論侍御史鄧友龍劾罷之侂胄死其黨多坐謫以師羼嘗與侂胄異故獲用除寳謨閣直學士知鎭江府會荆湖始置制閫以命師羼給事中蔡幼學繳其命遂罷歸未幾詔爲兵部尚書知臨安府幼學時爲學士亦不草詔留元剛草之時楮輕糴貴師羼尹京未數月楮價寖昂糴亦稍平執政愈益賢之會武學士柯子冲盧宣德以事至府師羼擅撻遣之衆盡讙文武二學之士交投牒師羼乃罷免與祠卒于家年七十師羼四尹臨安有能聲嘗鉤致民罪沒其家貲諂事權貴人以是鄙之

希言字若訥惠王令廩元孫也淳熈十四年登第調衢州司戶合郡民以計表其坊里標其戶數爲圖獻于守守才之西安令不職守檄希言攝邑漕善令會嚴州請復烏龍嶺稅場檄希言往訪之俾令得復職希言力陳烏龍場不當復漕怒曰衢巳復孔步章戴二場何烏龍獨不可復希言謂二場當併罷去漕不能奪二場竟亦廢改吉州司理屬邑有誣人以殺人罪者吏治之急囚誣服希言鞫得實檄縣他捕乃得真盜用楊萬里周必大薦授臨安府司法改淮西總所幹辦移書約諸郡綱必時發至即受納無滯留始

至軍庫見錢不滿千緡比去庫錢充溢知臨安仁和縣闢學宮四百餘畝適大旱蝗集御前蘆場中亘數里希言欲去蘆以除害中使沮其策希言驅卒燔之臨平塘隄決希言督役親捧土投石兵民爭奮堤成因築重隄後不復決民病和買絹折錢重希言節公費代其輸除大社令遷樞密院編脩官兼右司上言諸將但務城守敵來不拒去不復追異時之憂殆不止保江而已宜諭諸將一軍受圍諸軍共守敵不渡淮則均受賞以戰為守毋以守為守遷宗正丞請南班得與輪對許之累遷秘書丞著作郎軍器少監皆兼右司又充密院檢詳為宰屬樞掾凡六年奉祠去嘉定十七年卒年六十一贈資政殿大學士封越國公謚忠憲子與權登進士第再中刑法科官至開府儀同三司

希懌字伯和燕王八世孫登淳熙十四年進士第趙汝愚帥福建希懌為屬吏嘗言治人如脩身治政如理家愛民如愛昆弟取古今官著惠愛者緝為一編曰是吾師矣汝愚嘉之薦于憲辛棄疾棄疾尚氣傲吏不敢與可否希懌獨盡言無所避屬邑候官苦稅重每不登額希懌稽核公帑羨錢以足之棄疾亦薦

其能汝愚當國調江東運司幹辦同寅有坐侂胄黨者諸司莫敢薦希懌賢其人請以薦己者薦之改太平州通判先是盜黥而逃者捕得處死希懌言強盜特貸命而輒逃者斬今黥罪致死非法之平也自是皆減死論遷江西茶鹽提舉歲饑惡少聚劫希懌將自臨按幕屬力止之不聽曰希懌不出饑民終不得食且召亂矣遂行發粟賑給禽首謀者治之其黨遂散陞本路帥兼漕事黑風峒羅世傳寇郴陽奸民潛通賊陰濟以糧希懌捕治之賊乏食乃去未幾李元礪寇郴陳廷佐寇南安復誘羅世傳與合劫掠至龍泉有何光世者能知賊動息希懌授光世計俾誘世傳誅元礪以自贖功未竟移知平江府其後世傳果縛元礪以獻廷佐勢孤亦降移知太平州希懌為倅日習知其民利病遂損折市價減榷酤額以蘇民力已而乞祠遷端明殿學士換昭信軍節度使開府儀同三司致仕嘉定五年卒年五十八贈少保封成國公

士晤字公美濮安懿王曾孫也天資警敏兒時儼如成人比弱冠為右監門衛大將軍貴州團練使從上皇北遷次洺州東與諸宗室議欲道還據城謀未就

而金人圍合皆散走士晤乘驢西亡夜半盜欲驢去徙步疾趨遲明抵武安酒家語人曰我皇叔也邑官聞之來謁資以衣冠鞍馬因募得少壯百餘人從至磁州招集義兵以解洛圍旬日間得勝兵五千人歸附者數萬時洛州守臣王麟欲叛降敵軍民怒殺之推統制韓一爲主士晤夜半薄城下力戰破圍翌日入城部分守禦敵治壕塹樹鹿角示以持久士晤礪將士死守飛火砲碎其攻具以計生得其首領敵乃解圍去以功遷權知洛州仍兼防禦使建炎二年金人再犯洛粮盡援絕衆不能守乃擁士晤出城由白家灘抵大名府詔赴行在紹興五年遷泉州觀察使再遷平海軍承宣使知南外宗正事時泉邸新建向學者少士晤奏宗子善軫文藝卓絕衆所推譽乞免文解由是人知激勸遷節度使未拜而卒年四十六贈少師追封和義郡王淳熙中謚忠靖子不流歷臨安紹興帥治有聲

士㒟字立之郇康孝王仲御第四子有大志好學善屬文初補右班殿直累遷忠州防禦使鄭州觀察使由寧遠軍承宣使轉權同知大宗正事時康王建大元帥府士㒟請於孟太后乞命帥府得承制便宜行事又請奉王承大統太后從之王遂即位除光山軍節度使扈蹕南幸黄潛善等用事士㒟論其誤國潛善斥之出知南外宗正事會苗傅劉正彥作亂士㒟易服入杭以蠟書遺張浚趣其勤王復遺呂頤浩書勉其與浚同濟國難苗傅等怒浚浚坐謫復遺浚書謂朝廷無他意俾賊勿疑耳事平加檢校少保除同知大宗正事丁母憂起復除大宗正事請序位安定郡王下從之累乞祠不許以定策功詔其子不議改文秩不柚易環衛官加士㒟檢校少師尋加開府儀同三司判大宗正事入覲勸帝留意恤民金人既歸

河南陝西地命士㒟謁陵寢遂入栢城披歷榛莽隨宜葺治禮畢而還特封齊安郡王以旌其勞尋權主奉濮安懿王祠事軍興罷宗室賜予至有喪不能斂者士㒟以聞詔緦麻袒免親任環衛官而身亡者賜錢有差士㒟數言事忤秦檜及岳飛被誣士㒟力辨曰中原未靖禍及忠義是忘二聖不欲復中原也臣以百口保飛無他檜大怒諷言者論士㒟交通飛蹤迹詭秘事切聖躬遂奪官中丞万俟卨復希旨連擊之謫居于建凡十二年而薨年七十帝哀之贈太傅追封循王六子皆進官二階長子不凡方苗傅之亂

封股納蠟書詣告張浚以功轉兩官易文資從趙哲收復建州殺葉濃以功賜爵二級

士嵲字仰夫太宗五世孫初以廕補官累轉太子率府副率建炎初隆祐太后幸洪州敵奄至百司散走士嵲至一大船中見二帝御容負以走遇潰兵數百同行至山中衆欲聚爲盜士嵲出御容示之曰盜不過求食爲朝夕計耳孰若仰給州縣士嵲以近屬諭之必從如此則今日不饑餓後日不失賞是一舉而兩得也衆聽命乃走謁太后虔州會虔民作亂鄉兵在外爲應與官軍相持士嵲詣執政謂當請太后急

肆赦人知免死庶可安集又宜急諭城中城中定則外寇可弭譬如服藥心腹已安外禦風濕乃餘事耳赦既下城中遂定遷右監門衛大將軍惠州防禦使紹興二十一年卒贈建寧軍承宣使追封建安郡王

士晴太宗之後商濮王之裔也從上皇俱北遷乘間變姓名入僧寺中落髮衣僧衣以行抵會稽扈駕循幸以覃恩轉千牛衛將軍奉朝請而卒

不群字介然太宗六世孫宣和中量試授承事郎靖康初宰濟南章丘縣縣當山東河北之衝不群募效用五千人增城浚濠爲戰守備敵攻圍兩月不能下

遷維州通判陞直祕閣通判鎮江府辟充兩浙宣撫司主管機宜文字高宗在越詔改郴州時群盜出沒湖湘間不群嚴備禦盜不能犯進直顯謨閣移知鼎州充湖北兵馬副鈐轄既而朝廷慮郴失守復留不群于郴會岳飛破曹成成遁因犯郴不郡乘城固守拒郤之進直寶文閣移知宣州軍需以時辦而民不擾進秩二階知廬州酈瓊叛擁不群北去尋釋之以歸帝召見問瓊叛故不群曰由劉錡除制置瓊等以爲圖已兼撫諭後時故叛帝悔之除知荆南府累遷兩浙路轉運副使卒于官

不棄字德夫太宗之裔紹興中爲江東轉運判官秦檜忌四川宣撫使鄭剛中以不棄能制之除太府少卿四川宣撫司總領官初趙開總蜀賦宣撫司文移率用申狀不棄至官用張憲成故事以平牒見剛中剛中愕然久之始悟其不隸己遂有隙不棄欲盡取宣撫司所儲剛中不與不棄怒剛中辟利州轉運使王陟兼本司參議不棄劾罷之二人愈不相能檜倂召還剛中在蜀服用頗踰制不棄復文致其事檜乃罷剛中陞不棄敷文閣待制知臨安府踰年改工部侍郎尋除敷文閣直學士知紹興府時浙東旱饑民

多流亡提舉秦昌時檜兄子也不棄言其悉心振恤全活甚衆昌時得遷秩其媚檜如此未幾卒

不尤有武力靖康之難與王明募義兵與金人戰雄張河南北盜皆避其鋒曰此小使軍也高宗即位引衆歸補武翼郎從岳飛平湖寇飛死檜奪其兵遣守横州而卒子善悉進士登第累官敷文閣直學士兩浙轉運副使

不息字仁仲嗣濮王宗暉曾孫也父士圃從上皇北遷遂拜集慶軍節度使不息初補保義郎紹興二十七年登第易左宣義郎調婺州金華丞治縣豪何汝

翼械請於郡編隸他州邑人慴服除永州通判郡歲輸米倍收其贏民病之不息言於守損其數帥司檄不息録靖州獄辨出寃者數十百人靖人德之繪其像以祠除知開州開在巴東俗鄙陋不息為興學俾民知孝義郡有鹽井舊長吏必遣所親監之私其利不息罷遣鹽利倍入郡計用饒以羨餘代民輸夏秋兩税及天申節銀絹在開二年民絶鬬爭夜戶不閉諸司交薦以比古循吏轉夔州轉運判官開人數千遮城門不得行至夔民病上供銀時部使者以親故攝大寧鹽場專其利不息斥去而鹽獲羨餘乃出錢市羨鹽數十萬斤易米得三萬餘斛運抵湖北市銀以歸代諸郡納上供銀省緡錢十五餘萬改成都路轉運判官適歲饑不息行抵瀘南貸官錢五萬緡遣吏分糴比至下令曰米至矣富民爭發粟米價遂平雙流朱氏獨閉糴邑民群聚發其廪不息抵朱氏法籍其米縣盜米者民遂定永康軍歲治都江堰籠石蛇絶江遏水以灌數郡田吏盜金減役夫堰不固而圮田失水故歲屢饑不息躬視操板築繩吏以法乃出令民業耕者田主貸之事末作者富民振之老幼疾患者官為粥視全活數百萬黎州青羌奴結兒反

制司調兵往戍屬不息給餉故事富人出粮而下戶以力致于邊不息曰民饑不可擾也以糴餘米發卒運之已而朝廷命不息攝制司初官兵敗前制使遣人賂奴結兒以和不息曰奴結兒吐蕃小種也今且和若大族何不聽會酋豪奚東畜列率數千人入漢地二百餘里成都大恐不息静以鎮之召僚屬飲夜遣步將領飛山軍徑赴沉黎又徙綿州兵戍卭州為後援戒之曰堅守勿動密檄諸蕃部生獲吐蕃一人賞十縑殺一人二縑於是卭部川首領崖襪合諸部落大破吐蕃於漢源斬奚東畜列首來獻凡十有六

日而平嘉州盧恨蠻入寇不悳標吐蕃首境上蠻懼
一夕遁去不悳乃令緣邊家出丁夫一人分戍諸堡
復其家不悳罷歸蜀人送者自成都至雙流遮道不
得行未幾除成都提刑改江西路轉運判官廷臣薦
其賢詔授右監門衛大將軍惠州防禦使知大宗正
事非常制也吏白承受奏請須用中貴人不悳曰有
司不存乎罷不用中貴人或請見輒謝出之進明州
觀察使俄陞招慶軍承宣使金人完顔烈來聘充館
伴副使金使從者舊見館使皆對揖不悳不為禮宴
玉津園不悳連射皆中使者驚服不悳以文行訓勉

族屬薦其秀傑者奏新學官增廣弟子員倣大學校
定法置自訟齋使有過者讀書其中人人感勵淳熙
十四年卒年六十七贈開府儀同三司封崇國公不
悳性篤孝生七歲遭父北遷每思慕涕泣長力學母
曹氏止之荅曰君父讐未報非敢志富貴也登第時
已入仕法當超兩秩請回授其母母封法止令人高
宗嘉其志特封郡夫人居官所至有聲立朝好言天
下事蜀中武帥操重權不悳請復置安撫司相維而
治其論王抃不宜揀選諸路軍王友直不可為副都
指揮使尤人所難言者遇大旱一日九疏勸上求直

言通下情退而燔其藁時布衣上書狂悖多抵罪不
悳謂太上皇帝不罪言者此宜書之御座右帝悚然
可之既嘉其忠諒每宴禁中帝飲之酒顧謂皇太子
曰此賢宗室也一日坐待漏院有給事中白英國公
借擊毬馬不悳正色曰上惟一皇孫萬一馬驚蹟斬
汝輩無益也馬竟不可得所敬者朱熹張栻栻死為
請謚又請用熹其好尚如此

善俊字俊臣太宗七世孫父不褒閩路兵馬鈐轄善
俊初補承節郎紹興二十七年登第換左承務郎調
南城丞改昭信軍簽判奇之虞允文亦薦其有邊帥

才除幹辦諸司審計司知郴州敷奏稱旨留為太府
寺丞尋擢帥知廬州會歲旱江浙饑民麇至善俊括
境内官田均給之貸牛種僦屋以居死者為給櫬人
至如歸州城舊毀于兵善俊葺完之因言異時恃焦
湖以通饋餉今既堙涸宜募鄉兵保孤姥二山治屋
以儲粟敵或敗盟則吾城守有餘餉道無乏矣又增
築學舍新包拯祠春秋祀之人感其化累遷龍圖閣
直學士移知建州建俗生子往往不舉善俊痛繩之
給金穀捐己奉以助其費再知廬州首言和好不可
恃當高城浚濠以為備復芍陂七門堰農政用修免

責屬邑坊場河渡羨錢百姓德之以父憂去服闋起
知鄂州適南市火善俊亟往視事弛竹木稅發粟振
民闢古溝創火巷以絶後患僚屬爭言用度將不足
善俊曰吾將瘠己肥人乃省燕游車騎鼓吹之費郡
計用饒代輸民役錢垂知建州歲饑民群趨富家發
其廩監司議調兵掩捕善俊曰是趣亂也諭許自新
平米價民乃定邑尉入盜十三人死罪以希賞善俊
辨其冤徙知隆興府移江西轉運副使時朝廷議減
月樁錢善俊言及州不及縣則縣仍迫取於民猶不
減也宜一路通裁其額下之漕臣科郡縣輕重均減

之又奏和買已是白科從而折變益加糜費其數反
重於正絹併乞蠲減點卒遇赦還者刺充鋪兵可除
民害所言多見用轉湖南帥郴桂地絶遠守多非才
善俊謂宜精其選代輸潭州經總制錢停醴陵渌水
渡錢加秘閣脩撰移知鎮江府丁母憂終喪而卒年
六十四善俊風儀秀整喜功名尤好論事孝宗時日
中有黑子地屢震每以飭邊備為戒孝宗英武獨運
缺相者累年善俊極言相位不可無人尤人所難言
者

善譽字靜之父不倚太宗之後也善譽幼敏慧力學
乾道五年試禮部第一初調昌國簿攝邑事勸編戶
裒金買田以助嫁娶喪塟捕得海盜全黨守欲上其
功善譽曰奈何以人命希賞守益賢之薦于朝授兩
浙運幹改知撫州臨川縣縣嘗預借民賦善譽閱籍
發遣負按籍征催卒以時辦集遂罷預借改常州添
差通判史浩言其賢詔赴都堂審察累遷大理丞湖
北常平茶鹽提舉會大旱善譽通融諸郡常平計戶
振貸嗣歲麥禾倍收民爭負以償奏罷稅場十餘渡
四十五民便之俾諸郡售田委郡文學董其入以給
計偕者移潼川路提刑轉運判官遂寧守徐詡之廉

聲部使者以其故御史寬假之善譽過遂寧詡出迎
善譽抑使循廊詡大沮郡人聞之爭訟其過善譽劾
諸朝宰相王淮善詡寢其章善譽徑以聞罷詡又以
羨貲給諸郡置莊民生子及娠者俱給米威惠並孚
宗子寓蜀者少業儒善譽即郡庠立學以教之人始
感勵引年乞祠歸處一室以圖書自娛無疾而卒年
四十七時淳熙十六年也善譽早失怙恃撫育諸季
備至居官廉靖自將多所著述郭雍朱熹嘗取其易
說云

汝述字明可太宗八世孫曾祖士說從二帝北遷臨

河罵敵而死汝述登淳熙十一年進士第調南劍州順昌尉嘉定六年詔主管官告院自是常兼宰士累遷將作少監權侍立脩注官八年除起居郎兼密院都承旨俄遷兵部侍郎以母憂去服闋改刑部侍郎遷尚書知平江府卒汝述為尉應詔上封事論議懇惻立朝薦引多知名之士然為時相所親躐躋通顯人亦以此少之

叔近悼王元孫榮良公克類之子也建炎元年為秀州守杭卒陳通反詔辛道宗將西兵討之兵潰為亂抵秀州城下叔近秉城諭以禍福亂兵乃去未幾差權兩浙提刑叔近招通通聽命叔近以素隊數十人入賊城衆猶不解甲叔近置酒推誠待之遂皆感服城中稍定叔近奏通初無叛心止緣葉夢得賞不時給遂至紛爭今已就招請赦其徒二百餘人帝許之臺諫皆言不可遂寢叔近還秀州已而王淵兵至杭詐傳呼云趙秀州來通郊迎淵遂誅之初淵在汴京狎娼周氏周氏後歸叔近淵銜之乃誣叔近通賊奪職拘于州以朱芾代之芾肆殘虐軍民怨憤小卒徐明率衆因芾迎叔近領郡事叔近不得辭因撫定之請擇守于朝奏未達朝廷命張俊致討俊淵部曲也

辭行淵謂之曰叔近在彼俊諭意領兵至郡叔近出迎俊叱令置對方操筆群刃遽前斷其右臂叔近呼曰我宗室也俊曰汝既從賊何云宗室語未竟已折首于地徐明等見叔近死遂反戕嬰城縱火驅掠翌日俊斬關入捕明等誅之取周氏歸于淵紹興九年御史言叔近之冤贈集英殿脩撰

叔向魏王之系也方汴京破時叔向潛出之京西金入退引衆屯青城入至都堂叱王時雍等速歸政置救駕義兵其後為部將于渙上變告叔向謀為亂詔劉光世捕誅之

彥倓字安鄉彭城侯叔聚曾孫也父公廣饒州太守彥倓初調溧陽尉邑民潘氏兄弟橫邑中號三虎畜僮僕數百邑官莫敢誰何彥倓白其守治之縛潘氏昆弟正其罪改揚州司户攝獄掾有告主藏吏屢錢餘千萬治之急吏泣請死彥倓察其情辟人問則諸吏共貸也乃許自首免罪一日而畢改平江府推官攝宜興縣縣自中興後預借民明年稅民挾此得慢其令彥倓請禁預借邑遂易治知臨安於潛縣縣胥往往通臺省吏得肆其奸彥倓執其黠者械送府臺省吏從中救之彥倓力爭竟抵胥罪浮橋屢以水敗

彥倓梁以石民免溺死陞臨安府通判開禧初知興國軍歲旱蝗而軍需益急屬邑令吳格負上供銀尤多彥倓坐累與秩格愧謝彥倓曰屬時多艱宜寬民力以崇根本何謝爲潰卒據外城爲變彥倓募能斬捕者賞之既而各斬首以獻散其餘黨累遷湖南運判徭人羅孟傳反累歲不能平彥倓謂帥臣曰徭人讐殺乃其常情況主斷不平是激之使叛也能遣諜者離其黨與俾還自相讐破之易矣帥從其計遂降孟傳尋知紹興府楮價輕彥倓權以法民便之復鹿鳴禮置興賢莊以資其費築捍海石塘亦置莊以備

增築會旱饑民聚陂湖中彥倓取死囚冪首刖足徇於衆曰此劫菱藕者也遂散其衆乃第民高下損其稅有差免輸湖籍田米舉緡錢四十萬以助荒政民賴以濟詔改太府少卿遷顯謨閣知太平州調江西轉運使嘉定十一年卒于官年六十四

彥橚字文長悼王七世孫祖訓之在忠義傳彥橚登乾道二年進士第尉樂清會大旱令循故事禱雨而責租益急彥橚曰損斂已責所以招和氣何禱爲邑而果雨累官福建路運幹屬邑負振鹽本錢數千萬累歲不能償彥橚白其長蠲之慶元初知晉陵縣歲饑彥橚振恤有方所活幾二十萬又以羨錢爲五等戶代輸擢監登聞檢院時韓侂胄方柄用朝士悉趨其門彥橚切歎惋出知汀州州民業姓者嘯聚汀贛間彥橚遣將捕戮之遷廣西提刑諸郡鬻官鹽取息之六以奉漕司後增至八分彥橚復其舊以蘇民力朝廷從之侂胄死詔戶部侍郎兼樞密院檢詳士大夫前與兵議者坐侂胄黨將併逐之彥橚歎曰士方以僞學廢今又以兵端斥去苟欲錮士何患無名毋見帝必言才難遷湖廣總領舊士卒物故大將不落其籍而私其月請彥橚置別籍稽核之或傳軍中有

怨言彥橚曰不樂者主帥耳何損士卒持之三年掛虛籍者贏三萬額減錢百萬緡用度以饒比去餘七百萬而諸路累積逋負猶四百萬盡蠲之知平江府郡之昆山並大海盜出没莫可蹤迹彥橚奏分其半置嘉定縣屯兵以守轉寶謨閣待制卒于官年七十一

彥逾字德先魏悼王後崇簡國公叔寓曾孫也紹興三十年登第淳熙五年知秀州累遷大府少卿四川總領將入境利西帥吳挺遣屬吏安丙來逆彥逾見即喜其人從容問之曰太尉統衆六萬得無虛籍乎

丙以情告彦逾遺挺書俾損虚籍數千以寬四川之
賦挺不敢隱改知鎮江府郡適旱饑彦逾節浮費發
粟振糴民賴以濟遷戶部侍郎工部尚書孝宗崩光
宗疾不能持喪樞密趙汝愚議請立嘉王為皇帝欲
倚殿帥郭杲為用遣中郎將范任告之杲不應時中
外洶洶彦逾見汝愚對泣汝愚密告以翊戴之議彦
逾大喜力贊其決郭杲嘗被誣彦逾為白于帝杲德
之遂馳告杲曰彦逾與樞密第能謀之耳太尉為國
虎臣當任其責杲未及對彦逾急責之杲許諾遂領
兵為衛寧宗即位汝愚謂彦逾曰我輩宗臣不當言

功會留正免相汝愚登右揆彦逾以端明殿學士出
知建康兼江東安撫使未行改四川安撫制置使兼
知成都府彦逾為政不擾蜀人便安之以定策勳累
遷資政殿大學士嘉泰間知明州兼沿海制置使嘉
定間乞祠以歸尋卒彦逾始與汝愚協濟大計兾汝
愚引己共政及外除頗觖望乃疏當時名臣上之目
為汝愚黨帝由是疑汝愚其兩入蜀皆有聲然吳氏
世守武興兼利西安撫操重權吳挺卒朝廷用丘崈
議併利西安撫於東路以革世將之弊而彦逾奏復
利西安撫乃領以武帥其後吳曦因之以生變人以

是咎彦逾云

列傳卷第六

列傳卷第七　　宋史二百四十八

開府儀同三司上柱國錄軍國重事前中書右丞相監修國史領經筵事都總裁臣脫脫等奉
敕修

公主

秦國大長公主　　太祖六女
太宗七女　　真宗二女
仁宗十三女　　英宗四女
神宗十女　　哲宗四女
徽宗三十四女　　孝宗二女
光宗三女　　魏惠獻王一女

寧宗一女　　理宗一女

秦國大長公主太祖同母妹也初適米福德福德卒太祖即位建隆元年封燕國長公主再適忠武軍節度使高懷德賜第興寧坊開寶六年十月薨太祖臨哭廢朝五日賜謚恭懿真宗追封大長公主元符三年改秦國政和四年改封恭懿大長帝姬有姊一人未笄而夭建隆三年追封陳國長公主元符改封荊國大長公主政和改封恭獻大長帝姬

太祖六女申國成國永國三公主皆早亡

魏國大長公主開寶三年封昭慶公主下嫁左衛將軍王承衍賜第景龍門外太宗即位進封鄭國淳化元年改封秦國真宗至道三年進長公主大中祥符元年薨賜謚賢肅元符改封魏國大長公主政和改賢肅大長帝姬

魯國大長公主開寶五年封延慶公主下嫁左衛將軍石保吉太宗即位進封許國淳化元年改晉國真宗初進長公主大中祥符二年進大長公主薨賜謚賢靖元符改封魯國政和改賢肅大長帝姬

陳國大長公主開寶五年封永慶公主下嫁右衛將軍魏咸信太宗即位進封虢國淳化元年改齊國真

宗初進許國長公主咸平二年薨謚貞惠後改恭惠景祐三年追封大長公主元符改封陳國政和改賢惠大長帝姬

太宗七女長滕國公主早亡

徐國大長公主太平興國九年封蔡國下嫁左衛將軍吳元扆淳化元年改魏國薨謚英惠至道三年追封燕國長公主景祐三年進大長公主元符改徐國政和改英惠大長帝姬

邠國大長公主太平興國七年為尼號員明大師八年卒至道三年追封曹國長公主景祐三年進大長

公主元符改邠國
楊國大長公主至道三年封宣慈長公主咸平五年
進魯國下嫁左衛將軍柴宗慶賜第普寧坊宗慶禹
錫之孫帝命主以婦禮謁禹錫第歷徙韓魏徐福四
國仁宗立進鄧國大長公主明道二年薨進封晋國
謚和靖元符封揚國改和政和靖大長帝姬主性妬
宗慶無子以兄子為後
雍國大長公主至道三年封賢懿長公主咸平六年
下嫁右衛將軍王貽永進封鄭國賜第景德　元年
薨謚懿順景祐三年追封大長公主皇祐三年改韓

國徽宗改封雍國政和改懿順大長帝姬
衛國大長公主至道三年封壽昌長公主大中祥符
二年進封陳國改吳國號報慈正覺大師改楚國又
改邠國天禧二年改建國乾興元年封申國大長公
主天聖二年薨賜謚慈明徽宗改衛國政和改慈明
大長帝姬
荆國大長公主幼不好弄未嘗出房闥太宗嘗發寶
藏令諸女擇取之欲以觀其志主獨無所取真宗即
位封萬壽長公主改隨國下嫁駙馬都尉李遵勗舊
制選尚者降其父為兄弟行時遵勗父繼昌亡恙主

因繼昌生日以舅禮謁之帝聞益以兼衣寶帶器幣
助其為壽遵勗賓客皆一時賢士每燕集主必親視
饔饎嘗有盜入主第帝命有司訊捕主請出所逮繫
人以私錢募告者果得真盜法當死復請貫之歷封
越宿鄂冀四國明道元年進魏國初遵勗出守許州
暴得疾主亟欲馳視之左右白須奏得報乃可行主
不待報而往從者裁五六人帝聞遽命內侍督諸縣
邏兵以衛主車其後居夫喪衰麻未嘗去身服除不
復御華麗嘗燕禁中帝親為簪花辭曰自誓不復為
此久矣嘗因浴仆地傷右肱帝遣內侍責侍者主曰

早衰力弱不任步趨非左右之過由是悉得免主善
筆札喜圖史能為歌詩尤善女工之事嘗誡諸子以
忠義自守無恃吾以速悔尤視他子與己出均及病
目帝挾醫診視自后妃以下皆至第候問帝親舐其
目左右皆感泣帝亦悲慟曰先帝伯仲之籍十有四
人今獨存大主奈何嬰斯疾復顧問子孫所欲主曰
豈可以母病邀賞邪賚白金三千兩辭不受帝因謂
從臣曰大主之疾倘可移於朕亦所不避也主雖喪
明平居隱几沖淡自若誡諸子曰汝父遺令柩中無
藏金玉時衣數襲而已吾歿後當亦如是皇祐三年

薨年六十四帝臨奠輟視朝五日追封齊國大長公主謚獻穆徽宗改封荆國政和改獻穆大長帝姬

真宗二女長惠國公主早亡

昇國大長公主初入道明道二年封衛國長公主號清虛靈照大師慶曆七年追封魯國謚昭懷徽宗改封昇國大長公主政和改昭懷大長帝姬

仁宗十三女徐國鄧國鎮國楚國商國魯國唐國陳國豫國九公主皆早亡

周陳國大長公主帝長女也寶元二年封福康嘉祐二年進封兗國主幼警慧性純孝帝嘗不豫主侍左

右徒跣籲天乞以身代帝隆愛之帝念章懿太后不及享天下養故擇其兄子李瑋使尚主瑋朴陋與主積不相能主中夜扣皇城門入訴瑋皇懼自劾諫官王陶論宮門夜開乞繩治護衛御史又共論主第內臣多不謹帝為黜都監梁懷一輩十餘人後數年不復協詔出瑋於外主降封沂屏居內廷久之復召瑋使為駙馬都尉如初英宗立進越國長公主神宗治平四年進楚國大長公主熙寧三年薨年三十三以瑋奉主無狀貶陳州輔臣議謚帝以主事仁祖孝命曰莊孝追封秦國徽宗加周陳國政和改封莊孝明懿大長帝姬

秦魯國賢穆明懿大長公主仁宗皇帝第十女也母曰周貴妃嘉祐五年封慶壽進惠國治平四年進魯國大長公主下嫁吳越忠懿王之曾孫右領軍衛大將軍錢景臻政韓周燕國徽宗朝進秦魏兩國政和三年更封令德景行大長帝姬靖康二年諸帝姬北徙姬以先朝女金人不知留于汴建炎初復公主號政封秦魯國避地南渡賊張遇掠其家中子愕被害公主至揚州朝謁復避地之閩紹興三年自閩至會稽請入見因留居焉後從台州上以公主行尊年高

甚敬之每入內見必先揖靖康中戚里例納節至是公主為其子忱請還舊官上以忱為瀘川節度使仍詔戚里不得援例久之又為忱請優賜推恩上重違之加忱開府儀同三司時主有三子愐愷非己所出故獨厚於忱上戒之曰長主壽考如此乃仁宗皇帝四十二年深仁厚澤是以鍾慶於長主長主待遇諸子宜法仁宗用心之均一主感服薨年八十六上輟朝五日幸其第臨奠詔子孫皆進官一等謚曰賢穆二十九年加謚明懿

兗國大長公主帝第十一女也嘉祐六年封永壽進

榮國長公主治平四年進祁國大長公主熙寧九年
改魯國下嫁左領軍衛大將軍曹詩主性儉節於池
臺苑囿一無所增飾十年夏旱曹族以主生日將盛
具為壽主曰上方損膳徹樂吾何心能安悉屏之元
豐六年薨年二十四追封荊國諡賢懿遷其二子暐
旼皆領團練使徽宗追封兗國又改賢懿恭穆大長
帝姬
燕舒國大長公主帝第十二女也嘉祐六年封寶壽
八年進封順國長公主治平四年進冀國大長公主
元豐五年改魏國下嫁開州團練使郭獻卿八年進

楚國徽宗改吳國進吳越國改秦兗國政和二年薨
追封燕舒國諡懿穆復改懿穆大長帝姬
英宗四女舒國公主早亡
魏楚國大長公主帝長女嘉祐八年封德寧治平三
年進封徐國下嫁左衛將軍王師約四年進陳國長
公主元豐八年薨追封燕國大長公主諡惠和元祐
四年追封秦國徽宗追封魏國加韓魏國改魏楚國
又改惠和大長帝姬
魏國大長公主帝第二女母曰宣仁聖烈皇后嘉祐
八年封寶安公主神宗立進舒國長公主改蜀國下

嫁左衛將軍王詵詵母盧寡居主屢之近舍日致膳
羞盧病自和湯劑以進帝厚於姊妹故主第池籞服
翫極其華縟主以不得日侍宣仁於寶慈宮居常悒
然間遇旱暵帝降損以禱主亦如之曰我奉賜皆出
公上固應同其休戚帝居慈聖光獻皇后喪毀甚主
曰吾與上同體視此亦復何聊立散遣歌舞三十輩
元豐三年病篤主性不妬忌王詵以是自恣嘗貶官
至是帝命還詵官以慰主意太后臨問已不省后慟
哭久稍能言自訴必不起相持而泣帝繼至自為診
脈親持粥食之主強為帝盡食賜金帛六千且問所

須但謝復詵官而已明日薨年三十帝未上食即駕
往望第門而哭輟朝五日追封越國諡賢惠後進封
大長公主累改秦荊魏三國主好讀古文章喜筆札
賙恤族黨中外稱賢詵不矜細行至與妾姦主旁妾
數抵戾主薨後乳母訴之帝命窮治杖八妾以配兵
既葬謫詵均州子彥弼生三歲卒
韓魏國大長公主帝第三女與魏國同生始封壽康
公主改祁國衛國下嫁張敦禮進冀國大長公主改
秦越楚國加今封政和三年改賢德懿行帝姬宣和
五年薨

神宗十女楚國鄆國潞國邢國邠國兗國六公主皆
早薨
周國長公主帝長女也母曰欽聖憲肅皇后封延禧
公主生而警悟自覊丱習嗜宛如成人年十二卒帝
后皆變服哀送追贈燕國元符末改封周國
唐國長公主帝第三女也始封淑壽公主初帝念韓
琦功德欲與為婚姻故哲宗緣先帝意以主降琦之
子嘉彥歷封溫曹冀雍越燕六國政和元年薨追封
唐國長公主
潭國賢孝長公主帝第四女也母曰宋貴妃始封康
國紹聖四年下嫁王遇歷韓魯陳鄆四國大觀二年
薨追加封諡
徐國長公主帝幼女也母曰欽成皇后始封慶國進
益冀蜀徐四國年及笄猶處聖瑞宮侍母疾晝夜不
暫去藥餌非經手弗以進追疾革號慟屢絕左右不
忍視崇寧三年下嫁鄭王潘美之曾孫意事姑脩婦
道潘故大族夫黨數千百人賓接皆盡禮無裏外言
志向冲淡服玩不為紛華歲時簡嬉遊十年間惟一
適西池而已再生子不成而死媵妾得女拊視如己
出政和三年改稱淑惠帝姬五年薨年三十一追封

賢靜長帝姬
哲宗四女鄧國揚國二公主早亡
陳國公主始封德康公主進瀛國榮國大觀四年下
嫁石端禮徙陳國改淑和帝姬政和七年薨
秦國康懿長公主帝第三女也始封康懿進嘉國慶
國政和二年改韓國公主出降潘正夫改淑慎帝姬
靖康末與賢德懿行大長公主俱以先朝女留于汴
建炎初復公主號改封吳國覲上于越以玉管筆小
玉山奇畫為獻上溫辭卻之避地至婺州紹興四年
入見其子堯卿等五人各進官一等主奏言祖宗以
來駙馬都尉石保吉魏咸信柴宗慶皆除使相今正
夫歷事四朝在汴京曾建議迎陛下至杭州又言禁
衛未集預宜防變乞除開府上不許八年再入見留
宮中三日時極暑上每正衣冠對之飲食又為正夫
求恩數上曰官爵豈可私與人况今日多事未暇及
此時趙鼎當國方論群臣紹述之奸頗抑正夫鼎去
位正夫始得開府之命給事中劉一正言其非舊恐
援例者多乃詔哲宗惟正夫為近親餘人毋得援例
顯仁太后歸主同秦魯國大長公主迎于道十九年
又入朝子長卿粹卿端卿皆自團練使陞觀察使從

所請也孝宗即位進封秦國大長公主隆興二年薨謚康懿主在日正夫官至少傅封和國公温御寧國軍承宣使長御寧江軍承宣使端御昭信軍承宣使清御容州觀察使墨御才御並帶團練使其盛如此正夫薨於紹興二十二年贈太傅

徽宗三十四女政和三年改公主號為帝姬國號易以美名二字

嘉德帝姬建中靖國元年六月封德慶公主改封嘉福尋改號帝姬再封嘉德下嫁左衛將軍曹晟

榮德帝姬初封永慶公主改封榮福尋改號帝姬再封榮德下嫁左衛將軍曹晟

順淑帝姬初封順慶公主薨追謚益國及改帝姬號追封順淑

安德帝姬初封淑慶公主改封安福尋改號帝姬再封安德下嫁左衛將軍宋邦光

茂德帝姬初封延慶公主改封康福尋改號帝姬再封茂德下嫁宣和殿待制蔡鞗

壽淑帝姬初封壽慶公主薨追封豫國及改帝姬號追封壽淑

惠淑帝姬初封惠慶公主薨追封鄧國及改帝姬號追封惠淑

安淑帝姬初封安慶公主改封隆福薨追封蜀國及改帝姬號追封安淑

崇德帝姬初封和慶公主改封崇福尋改帝姬號下嫁左衛將軍曹湜再封崇德宣和二年薨

康淑帝姬初封康慶公主改封承福薨追封商國及改帝姬號追封康淑

榮淑帝姬初封崇慶公主改封懿福薨追封蔡國及改帝姬號追封榮淑

保淑帝姬初封保慶公主薨追封曾國及改帝姬號追封保淑

成德帝姬初封昌福公主改號帝姬再封成德下嫁向子房

洵德帝姬初封衍國公主改號帝姬尋改封洵德下嫁田丕

悼穆帝姬初封徽福公主改號帝姬薨追封悼穆

顯德帝姬初封顯福公主改號帝姬尋改封顯德下嫁劉文彥

熙淑帝姬初封熙福公主薨追封華國及改帝姬追封熙淑

敦淑帝姬初封壽福公主薨追封涇國及改帝姬追
封敦淑
順德帝姬初封順德公主改號帝姬尋改封順德下
嫁向子扆
柔福帝姬初封柔福公主後改帝姬
申福帝姬初封薨追封冲慧
寧福帝姬政和四年封
保福帝姬追封莊懿
賢福帝姬追封冲懿
仁福帝姬追封順穆

和福帝姬
永福帝姬
惠福帝姬
令福帝姬
華福帝姬
慶福帝姬
儀福帝姬
純福帝姬
恭福帝姬
右三十四帝姬早亡者十四人餘皆北遷獨恭
福帝姬生纔周晬金人不知故不行建炎三年
薨封隋國公主安德帝姬有遺女一人後適嗣
秀王伯圭封秦國夫人榮德帝姬至燕京駙馬
曹晟卒改適習古國王紹興中有商人妻易氏
者在劉超軍中見內人言宮禁事遂自稱榮德
帝姬鎮撫使解潛送至行在遣內夫人驗之詐
付大理寺獄成詔杖死又有開封尼李靜善者
內人言其貌似柔福靜善即自稱柔福蘄州兵
馬鈐轄韓世清送至行在遣內侍馮益等驗視
遂封福國長公主適永州防禦使高世榮其後
內人從顯仁太后歸言其妄送法寺治之內侍
李㮚自北還又言柔福在五國城適徐還而薨
靜善遂伏誅柔福薨在紹興十一年從梓宮來
者以其骨至葬之追封和國長公主

孝宗二女長嘉國公主紹興二十四年封碩人進永
嘉郡主三十二年卒詔以醫官李師克等屬吏孝宗
時居東宮奏臣女幼而多疾不宜罪醫遂寢乾道二
年贈嘉國公主次女生五月而夭未及封
文安郡主光宗長女也次女封和政郡主季女封齊
安郡主皆早卒紹熙元年並追贈公主

安康郡主魏惠獻王女也初封永寧郡主改封通義以父遺表遂升安康歸殿前司前軍統領羅忠信子良臣詔王府主管鄧從義諭旨皇女孫郡主宜執婦道務成肅雍之德毋敢或違賜甲第居之良臣以恩轉秉義郎除閤門祗候官開禧元年郡主薨年三十九

祁國公主寧宗女也生六月而薨追封祁國

周漢國公主理宗女也母賈貴妃早薨帝無子公主生而甚鍾愛初封瑞國公主改昇國開慶初公主年及笄詔議選尚宰臣請用唐太宗下降士人故事欲以進士第一人尚主遂取周震炎廷謝日公主適從屏內窺見意頗不懌帝微知之景定二年四月帝以楊太后擁立功乃選太后姪孫鎮尚主擢鎮右領軍衛將軍駙馬都尉進封公主為周國公主帝欲時時見之乃為主起第嘉會門飛樓閣道密邇宮苑帝常御小輦從宮人過公主第特賜董役官緡三年磨勘工匠犒賞有差明年進封周漢國公主拜鎮慶遠軍承宣使鎮宗族姻婭皆推官加封寵異甚渥七月主病有烏九首大如箕集主家搗衣石上是夕薨年二十二無子帝哭之甚哀謚端孝鎮官節度使云

列傳卷第七

列傳卷第八　宋史二百四十九

開府儀同三司上柱國錄軍國重事中書右丞相監修國史領經筵事都總裁臣脫脫等奉

敕修

范質 子旻 兄子杲　王溥 父祚

魏仁浦 子咸信 孫昭亮

范質字文素大名宗城人父守遇鄭州防禦判官質生之夕母夢神人授以五色筆九歲能屬文十三治尚書教授生徒後唐長興四年舉進士為忠武軍節度推官遷封丘令晉天福中以文章干宰相桑維翰深器之即奏為監察御史及維翰出鎮相州歷泰寧晉昌二節度皆請質為從事維翰再相質遷主客員外郎直史館歲餘召入為翰林學士加比部郎中知制誥契丹侵邊少帝命漢祖等十五將出征是夜質入直少帝令召諸學士分草制質曰宮城已閉恐泄機事獨具草以進辭理優贍當時稱之漢初加中書舍人戶部侍郎周祖征叛每朝廷遣使齎詔處分軍事皆合機宜周祖問誰為此辭使者以質對歎曰宰相器也周祖自鄴起兵向闕京城擾亂質匿民間物色得之喜甚時大雪解袍衣之且令草太后誥及議迎湘陰公儀注質蒼黃論撰稱旨遣白太后以質為兵

部侍郎樞密副使周廣順初加拜中書侍郎平章事集賢殿大學士翌日兼參知樞密院事郊祀畢進位左僕射兼門下侍郎平章事監修國史從征高平還加司徒弘文館大學士顯德四年夏從征壽州還加爵邑質建議以律條繁冗輕重無據吏得因緣為奸世宗特命詳定是為刑統六年夏世宗北征質病留京師賜錢百萬俾市醫藥及平關南至瀛州質見于路左師還以樞密使魏仁浦為相命質與王溥並參知樞密院事世宗不豫入受顧命恭帝嗣位加開府儀同三司封蕭國公及太祖北征為六師推戴自陳橋還府署時質方就食閤中太祖入率王溥魏仁浦就府謁見太祖對之嗚咽流涕具言擁逼之狀質等未及對軍校羅彥瓌舉刃擬質曰我輩無主今日須得天子太祖叱彥瓌不退質不知所措乃與溥等降階受命宋初加兼侍中罷參知樞密俄被疾太祖征澤潞幸其第賜黃金器二百兩銀器千兩絹二千匹錢二百萬太祖初即位庶事謙抑至於藩戚尚未崇建幕府賓佐未列于位質因上奏曰自古帝王開基創業封建子弟樹立磐維宗戚既隆社稷永固伏見皇弟泰寧軍節度使光義自居戎職特負將材及領

藩維尤積時望嘉州防禦使光美椎俊老成脩身樂善嘉譽日聞乞並行封冊申錫命書皇子皇女雖在襁褓者亦乞下有司許行恩制此臣之願也臣又聞為宰相者當舉賢能以輔佐天子竊以端明殿學士呂餘慶樞密副使趙普精通治道經事藩府歷歲滋深覩其公忠誠堪毗倚乞授以台司俾申才用帝嘉納之先是宰相見天子議大政事必命坐面議之從容賜茶而退唐及五代猶遵此制及質等憚帝英武每事輒具劄子進呈具言曰如此庶盡稟承之方免妄庸之失帝從之由是奏御寖多始廢坐論之禮乾德初帝將有事圜丘以質為大禮使質與鹵簿使張昭儀仗使劉溫叟討論舊典定南郊行禮圖上之帝尤嘉獎由是禮文始備質自為序禮畢進封魯國公質奉表固辭不允二年正月罷為太子太傅九月卒年五十四將終戒其子旻勿請謚勿刻墓碑太祖聞之為悲惋罷朝贈中書令賵絹五百匹粟麥各百石質力學強記性明悟舉進士時和凝以翰林學士典貢部覽質所試文字重之自以登第名在十三亦以其數處之貢闈中謂之傳衣鉢其後質登相位為太子太傅封魯國公皆與凝同云初質既登朝猶手不

釋卷人或勞之質曰有善相者謂我異日位宰輔誠如其言不學何術以處之後從世宗征淮南詔令多出其手吳中文士莫不驚伏質每下制敕未嘗破律命刺史縣令必以戶口版籍為急朝廷遣使視民田按獄訟皆延見為述天子憂勤之意然後遣之世宗初征淮南駐壽濠銳意攻取且議行幸揚州質以師老與王溥泣諫乃止及再駕揚州因事怒竇儀罪在不測質入謁請見世宗意其救儀起避之質趨前曰儀近臣也過小不當誅因免冠叩頭泣下曰臣備位宰相豈可使人主暴怒致近臣於死地耶願寬儀罪世宗意遂解復坐即還赦儀質性卞急好面折人以廉介自持未嘗受四方饋遺前後所得祿賜多給孤遺閨門之中食不異品身沒家無餘貲太祖因論輔相謂侍臣曰朕聞范質止有居第不事生產真宰相也太宗亦嘗稱之曰宰輔中能循規矩慎名器持廉節無出質右者但欠世宗一死為可惜爾從子校書郎杲求奏遷秩質作詩曉之時人傳誦以為勸戒有集三十卷又述朱梁至周五代為通錄六十五卷行于世子旻

旻字貴參十歲能屬文以父任右千牛備身太子司

議郎累遷著作佐郎宋初為度支員外郎判大理正事俄知開封縣太宗時領京尹數召與語頗器重之嶺南平遷知邕州兼水陸轉運使俗好淫祀輕醫藥重鬼神旻下令禁之且割已奉市藥以給病者愈者千計復以方書刻石置廳壁民感化之會南漢知廣州官鄧存忠劫土人二萬衆攻州城七十餘日旻屢出親戰矢集於胸猶激勵將卒殊死戰賊遂少却病創日篤堅壁固守遣使十五輩求援廣州救兵至圍解賜璽書獎之旻病甚詔令有司以肩輿載歸闕下疾愈通判鎮州有能聲賜錢二百萬遷庫部員外郎

開寶九年知淮南轉運事太祖謂旻曰朕今委卿以方面之重凡除民隱急軍須之務悉以便宜從事無庸一一中覆也歲運米百餘萬石給京師當時稱有心計太平興國初召為水部郎中錢俶獻地以旻為考功郎中權知兩浙諸州軍事旻上言俶在國日徭賦繁苛凡薪粒蔬菓箕帚之屬悉收筭欲盡釋不取以蠲其弊從之車駕征晉陽上書求從召為右諫議大夫三司副使判行在三司又兼吏部選事師還加給事中坐受人請求擅市竹木入官為王仁贍所發貶房州司戶語在仁贍傳量移唐州六年卒年四十六有集二十卷邕管記三卷其後子貽孫上言詔復舊官貽孫官至主客員外郎

杲字師回父正青州從事杲少孤貧視如己子刻志於學與姑臧李均汾陽郭昱齊名為文深僻難曉後生多慕效之以蔭補太廟齋郎再遷國子四門博士嘗携文謁陶穀竇儀咸大稱賞謂杲曰若舉進士當待汝以甲科及秋試有上書言伐閱之家不當與寒士爭科第杲遂不應舉稍遷著作佐郎出為許鄧二州從事坐事免太平興國初遷著作郎直史館歷右拾遺左補闕雍熙二年同知貢舉俄上書自言其才

比東方朔求顯用以觀其效太宗壯之擢知制誥杲家貧貸人錢數百萬母兄晞性嗇嘗為興元少尹居京兆殖貨鉅萬親故有自長安來者紿杲曰少尹不復靳財物已揮金無筭矣杲聞之喜因上言兄老求典京兆以便養太宗從其請改工部郎中罷知制誥杲既至而晞吝如故且常以不法事干公府杲大悔杲視事踰年境内不治會賊帥劉渥剽掠屬縣吏卒解散遂驚悸成疾移知壽州上言家世史官願秉直筆成國朝大典召為史館脩撰固求掌誥詞帝從之時翰林學士宋白左遷鄜州賈黄中李沆參知政事

蘇易簡轉承旨杲連致書相府求為學士且言於宰
相李昉曰先公嘗授以制誥一編謂杲才堪此職因
出示昉昉屢開鮮之未幾太宗飛白書玉堂額以賜
翰林杲又上玉堂記因請備職太宗惡其躁競改右
諫議大夫知濠州復召為史館脩撰初太宗以太祖
朝典策未備乃議召杲杲聞命喜甚以為將加優擢
晨夜趨進至宋州遇朗州通判錢熙杲問以朝議將
任僕何官熙言重脩太祖實録爾杲默然久之感疾
至京師旬月卒年五十六太宗閔之録其二子杲性
虛誕與人交好面譽背非惟與柳開善更相引重始

終無間不善治生家益貧杲端坐終日不知計所出
人皆笑之子坦亦登進士第

王溥字齊物并州祁人父祚為郡小吏有心計從晉
祖入洛掌鹽鐵案以母老解職歸漢祖鎮并門統行
營兵拒契丹委祚經度芻粟即位擢為三司副使歷
周為隨州刺史漢法禁牛革輦送京師遇暑雨多腐
壞祚請班鎧甲之式於諸州令裁之以輸民甚便之
移刺商州以奉錢募人開大秦山岩梯路行旅感其
惠顯德初置華州節度以祚為刺史未幾改鎮潁州
均部內租稅補實流徙以出舊籍州境舊有通商渠
距淮三百里歲久湮塞祚疏導之遂通舟楫郡無水
患歷鄭州團練使宋初升宿州為防禦以祚為使課
民鑿井脩火備築城北隄以禦水災因求致政至闕
下拜左領軍衛上將軍致仕溥漢乾祐中舉進士甲
科為秘書郎時李守貞據河中趙思綰反京兆王景
崇反鳳翔周祖將兵討之辟溥為從事河中平得賊
中文書多朝貴及藩鎮相交結語周祖籍其名將按
之溥諫曰魑魅之形伺夜而出日月既照氛沴自消
願一切焚之以安反側周祖從之師還遷太常丞從
周祖鎮鄴廣順初授左諫議大夫樞密直學士二年

遷中書舍人翰林學士三年加戶部侍郎改端明殿
學士周祖疾革召學士草制以溥為中書侍郎平章
事宣制畢周祖曰吾無憂矣即日崩世宗將親征澤
潞馮道力諫止溥獨贊成之凱還加兼禮部尚書監
脩國史世宗嘗從容問溥曰漢相李崧以蠟書與契
丹猶有記其詞者信有之耶溥曰崧為大臣設有此
謀肯輕示外人蓋蘇逢吉誣之耳世宗始悟詔贈其
官世宗將討秦鳳求帥於溥溥薦向拱事平世宗因
宴酌酒賜溥曰為吾擇帥成邊功者卿也從平壽春
制加階爵顯德四年丁外艱起復表四上乞終喪世

宗大怒宰相范質奏觧之溥懼入謝六年夏命參知樞密院事恭帝嗣位加右僕射是冬表請修世宗實録遂奏史館脩撰都官郎中知制誥扈蒙右司員外郎知制誥張淡左拾遺王格直史館左拾遺董淳同加脩纂從之宋初進位司空罷參知樞密院乾德二年罷為太子太保舊制一品班於臺省之後太祖因見溥謂左右曰溥舊相當寵異之即令分臺省班於東西遂為定制五年丁内艱服闋加太子太傅開寶二年遷太子太師中謝日太祖顧左右曰溥十年作相三遷一品福履之盛近世未見其比太平興國初

封祁國公七年八月卒年六十一輟朝二日贈侍中謚文獻溥性寛厚美風度好汲引後進其所薦至顯位者甚衆頗吝嗇祚頻領牧守能殖貨所至有田宅家累鉅金溥在相位祚以宿州防禦使家居每公卿至必首謁祚置酒上壽溥朝服趨侍左右坐客不安席輒引避祚曰此豚犬尒勿煩諸君起溥諷祚求致政祚意朝廷未之許也既得請祚大駡溥曰我筋力未衰汝欲自固名位而幽囚我舉大挺將擊之親戚勸諭乃止溥好學手不釋卷嘗集蘇冕會要及崔鉉續會要補其闕漏為百卷曰唐會要又采朱梁至周為三十卷曰五代會要有集二十卷子貽孫貽正貽慶貽序貽正至國子博士貽慶比部郎中貽序景德二年進士後改名貽矩至司封員外郎貽正子克明尚太宗女鄭國長公主改名貽永令與其父同行見外戚傳貽孫字象賢少隨周祖典商潁二州署衙内都指揮使顯德中以父在中書改朝散大夫著作佐郎宋初遷金部員外郎賜紫累遷右司郎中淳化中卒太祖平呉蜀所獲文史副本分賜大臣溥好聚書至萬餘卷貽孫遍覽之又多藏法書名畫太祖嘗問趙普拜禮何以男子跪而婦人否普問禮官不能對

貽孫曰古詩云長跪問故夫是婦人亦跪也唐太后朝婦人始拜而不跪普問所出對云大和中有幽州從事張建章著渤海國記備言其事普大稱賞之端拱中右僕射李昉求郡省百官集議舊儀貽孫具以對事見禮志時論許其諳練云

魏仁浦字道濟衛州汲人幼孤貧母為假黄縑製暑服仁浦年十三嘆曰為人子不克供養乃使慈母求貸以衣我我能安乎因慷慨泣下辭母詣洛陽濟河沉衣中流誓曰不貴達不復渡此晉末隸樞密院為小史任職端謹儕輩不能及契丹入中原仁浦隨衆

北遷會契丹主殂于真定仁浦得脫歸魏帥杜重威素知仁浦謹厚善書計欲留補牙職仁浦以重威降將不願事之遂遁去重威遣騎追之不及漢祖起太原次鞏縣仁浦迎謁道左即補舊職時周祖掌樞密召仁浦問闕下兵數仁浦悉能記之手疏六萬人周祖喜曰天下事不足憂也遷兵房主事從周祖鎮鄴乾祐末隱帝用武德使李鄴等謀誅大臣楊邠史弘肇等密詔澶帥李洪義殺騎將王殷令郭崇害周祖洪義知事不濟與殷謀遣副使陳光穗齎詔示周祖周祖懼召仁浦入計且示以詔曰朝廷將殺我我死

不懼獨不念麾下將士乎仁浦曰侍中握強兵臨重鎮有功朝廷君上信讒圖害忠良雖欲剖心自明奚可得也事將奈何今詔始下外無知者莫若易詔以盡誅將士為名激其怒心非徒自免亦可為楊史雪寃周祖納其言倒用留守印易詔書以示諸將衆懼且怒遂長驅渡河及即位以仁浦為樞密副承旨俄遷右羽林將軍充承旨周祖嘗問仁浦諸州屯兵之數及將校名氏令檢簿視之仁浦曰臣能記之遂手疏於紙校簿無差周祖尤倚重焉廣順末太原劉崇寇晉州仁浦居母喪而宅適宮城周祖步登寛仁門

密遣小黃門召仁浦計事明日起復舊職周祖大漸謂世宗曰李洪義長與節鎮魏仁浦無遣遠禁密世宗即位授右監門衛大將軍樞密副使從征高平周師不利東偏已潰仁浦勸世宗出陣西殊死戰遂克之師還拜檢校太保樞密使故事惟宰相生辰賜器幣鞍馬世宗特以賜仁浦從平壽春加檢校太傅進爵邑遷中書侍郎平章事集賢殿大學士兼樞密使世宗欲命仁浦為相議者以其不由科第世宗曰古人為宰相者豈盡由科第耶遂決意用之恭帝嗣位加刑部尚書宋初進位右僕射以疾在告太祖幸其

第賜黃金器二百兩錢二百萬再上表乞骸骨不許乾德初罷守本官開寶二年春宴太祖笑謂仁浦曰何不勸我一杯酒仁浦奉觴上壽帝密謂之曰朕欲親征太原如何仁浦曰欲速不達惟陛下慎之宴罷就第復賜上尊酒十石御膳羊百口從征太原中途遇疾還至梁侯驛卒年五十九贈侍中仁浦性寛厚接士大夫有禮務以德報怨漢乾祐中有鄭元昭者開封浚儀人為安邑解縣兩池榷鹽使遷解州刺史會詔以仁浦婦翁李溫玉為榷鹽使管兩池元昭不得專其利仁浦方為樞密院主事元昭意仁浦必庇

温玉會李守真以河中叛温玉子在城中元昭即繫
温玉以變聞時周祖總樞務知其有間置而不問顥
德中仁浦為樞密使元昭不自安及代歸闕道洛都
以情告仁浦弟仁滌仁滌曰公第去可無憂我兄素
寬仁有度雖公事不欲傷於人豈念私隙乎元昭至
京師仁浦果不介意白周祖授元昭慶州刺史漢隱
帝寵作坊使賈延徽延徽與仁浦並居欲併其第屢
譖仁浦幾至不測及周祖入汴有擒延徽授仁浦者
仁浦謝曰因兵戈以報怨不忍為也力保全之當時
稱其長者世宗朝近侍有忤上至死者仁浦力救之

全活者衆淮南之役獲賊兵數千人仁浦從容上言
俾隸諸軍軍中無濫殺者景德四年其子咸信請諡
曰宣懿子咸美咸熙咸信咸美以左司禦率府率致
仕咸熙性仁孝嘗會賓客家童數輩覆核碎器客皆
驚愕咸熙色不變止令更設饌具其寬厚若此以父
任累遷屯田郎中後至太僕少卿卒年四十九子昭
慶駕部員外郎昭文西染院使昭素供奉官閤門祗
候

咸信字國寶建隆初授朝散大夫太子右坊通事舍
人改供奉官初太祖在潛邸昭憲太后嘗至仁浦第
咸信方幼侍母側儼如成人太后奇之欲結姻好開
寶中太宗尹京成昭憲之意延見咸信於便殿命與
御帶党進等較射稱善遂選尚永慶公主授右衛將
軍駙馬都尉踰年出領吉州刺史太平興國初真拜
本州防禦使四年詔用奉外賜錢十萬五年坐遣親
吏市木西邊矯制免所過稅筭罰一季奉俄遷慎州
觀察使雍熙三年冬契丹擾邊王師出討悉命諸主
壻鎮要地王承衍知大名石保吉知河陽咸信知澶
州四年本郡黄河清咸信以聞詔褒荅之籍田畢就
拜彰德軍節度八月遣歸治所淳化四年河決澶淵

陷北城再命知州事太宗親諭方略傳置而往時遣
閤承翰脩河橋咸信請及流水未下造舟為便承翰
入奏方冬難成請權罷其役咸信因其去乃集工成
之奏至上大悅河平遣還役兵俄詔留築隄咸信以
為天寒地凍無決溢之患復奏罷之真宗即位改定
國軍節度咸平中大閱東郊以為舊城内都巡檢車
駕北征為貝冀路行營都統署詔督師至貝州敵人
退召還行在所景德初從幸澶州石保吉與李繼隆
為排陣使契丹請和帝置酒行宮面賞繼隆保吉咸
信避席自愧無功上獎而撫慰之二年改武成軍節

度知曹州秋霖積潦咸信決廣濟河隄以導之民田無害車駕朝陵還上言先墳在洛欲立碑求涖盟津以便其事即改知河陽大中祥符初從東封加檢校太尉將祀汾陰命知澶州令入內副都知張繼能諭旨移領忠武軍節度未幾召還年已昏眊見上希旨求寵渥七年表乞任用上出示中書向敏中曰咸信聯榮戚里位居節制復何望耶是冬以新建南京獎太祖舊臣加同平章事俄判天雄軍天禧初改陝州大都督府長史保平軍節度有感風疾苦歸真宗嘗謂宰相曰咸信老病諸子不克承順身後復能保守

其家業耶未幾卒年六十九贈中書令録其諸子孫姪遷官者七人咸信頗知書善待士然性吝喜利仁浦所營邸舍悉擅有之既卒為諸姪所訟時人恥之子昭易昭亮昭侃昭易西京作坊使知隰州昭侃改名昭昞為崇儀使

昭亮字克明公主所生幼未名太宗召入禁中命賦賞花詩詩成上之太宗大悅酌以上尊酒命筆題從訓昭亮二名令自擇之拜如京副使遷如京洛苑使掌翰林司丁公主憂起復授六宅使領富州刺史遷內藏庫副使未幾拜西上閤門使進秩東上上言閤門舊儀制未當乃詔龍圖閣學士陳彭年待制張知白引進使白文肇與昭亮同加詳定既成賜白金千兩又建議設儀石於內殿加領恩州團練使時咸信在大名屬生日命昭亮就賜禮物是日告命至軍府榮之父卒遷四方館使仍兼掌客省多糾群官之失儀者昭亮多病在告詔給其奉天禧二年卒昭亮未死日數遣人入謁求進用加兼端州防禦使未及拜命死仍以制書賜其家贈貝州觀察使以弟昭侃為供備庫使子餘慶為內殿崇班昭亮與陳彭年款昵彭年嘗稱其才昭亮居官務皦察多遣人偵伺僚輩

樞密承旨尹德潤嘗少之會閤門副使焦守節內殿崇班郭盛以役卒與德潤洽第昭亮廉知發其事皆坐黜削李維即王曾妻之叔父同在翰林曾受詔試舉人以家事屬維昭亮意曾受祈請奏其竊語遣中使參問無他狀曾始得釋昭亮陰險多此類時人惡之餘慶改名成德為供備庫副使

贊曰五季至周之世宗天下將定之時也范質王溥魏仁浦世宗之所拔擢而皆有宰相之器焉宋祖受命遂為佐命元臣天之所置果非人之所能測歟質以儒者曉暢軍事及其為相廉慎守法溥刀筆家子

而好學終始不倦仁浦嘗為小史而與溥皆以寬厚長者著稱豈非絶人之資乎質臨終戒其後勿請謚立碑自悔深矣太宗評質惜其欠世宗一死嗚呼春秋之法責備賢者質可得免乎

列傳卷第八

列傳卷第九　宋史二百五十

開府儀同三司上柱國錄軍國重事前中書右丞相監修國史領經筵事都總裁臣脫脫等奉

勅修

石守信 子保興 保吉 孫元孫　王審琦 子承衍 承 孫克臣等

高懷德　韓重贇 子崇訓 崇業

張令鐸　羅彥瓌

王彥昇

石守信開封浚儀人事周祖得隷帳下廣順初累遷親衛都虞候從世宗征晉陽遇敵高平力戰遷親衛左第一軍都校師還遷鐵騎左右都校從征淮南為先鋒下六合入渦口克揚州遂領嘉州防禦使充鐵騎控鶴四廂都指揮使從征關南為陸路副都部署以功遷殿前都虞候轉都指揮使領洪州防禦使恭帝即位加領義成軍節度太祖即位遷侍衛馬步軍副都指揮使改領歸德軍節度李筠叛守信與高懷德率前軍進討破筠衆于長平斬首三千級又敗其衆三萬于澤州獲僞河陽節度范守圖降太原援軍數千皆殺之澤潞平以功加同平章事李重進反揚州以守信為行營都部署兼知揚州行府事帝親征至大儀頓守信馳奏城破在朝夕大駕親臨一鼓可

平帝亟赴之果克其城建隆二年移鎮鄆州兼侍衛親軍馬步軍都指揮使詔賜本州宅一區乾德初帝因晚朝與守信等飲酒酒酣帝曰我非爾曹不及此然吾爲天子殊不若爲節度使之樂吾終夕未嘗安枕而臥守信等頓首曰今天命已定誰復敢有異心陛下何爲出此言耶帝曰人孰不欲富貴一旦有以黃袍加汝之身雖欲不爲其可得乎守信等謝曰臣愚不及此惟陛下哀矜之帝曰人生駒過隙爾不如多積金帛田宅以遺子孫歌兒舞女以終天年君臣之間無所猜嫌不亦善乎守信謝曰陛下念及此所

謂生死而肉骨也明日皆稱病乞解兵權帝從之皆以散官就第賞賚甚厚已而太祖欲使符彥卿管軍趙普屢諫以爲彥卿名位已盛不可復委以兵權太祖不從宣已出普復懷之太祖迎謂之曰豈非符彥卿事耶對曰非也因奏他事既罷乃出彥卿宣進之太祖曰果然宣何以復在卿所普曰臣託以處分之語有侏儷者復留之惟陛下深思利害勿復悔太祖曰卿苦疑彥卿何也朕待彥卿厚彥卿豈負朕耶普對曰陛下何以能負周世宗太祖默然事遂中止開寶六年秋加守信兼侍中太平興國初加兼中書令

二年拜中書令行河南尹充西京留守三年加檢校太師四年從征范陽督前軍失律責授崇信軍節度兼中書令俄進封衛國公七年徙鎮陳州復守中書令九年卒年五十七贈尚書令追封威武郡王謚武烈守信累任節鎮專務聚斂積財鉅萬尤信奉釋氏在西京建崇德寺募民輦瓦木驅迫甚急而傭直不給人多苦之子保興保吉

保興字光裔本名保正太祖取興宗之義改之建隆初年十四以蔭補供奉官明年遷尚食副使太祖嘗召功臣子弟詢以時事保興年最少應對明白太祖

奇之拜如京使開寶中領順州刺史太宗征河東爲御砦四面都巡檢太平興國八年出爲高陽關監軍守信卒起復領本州團練使雍熙初契丹擾邊與戴興楊守一並爲瀛州前軍駐泊李繼遷入鈔徙銀夏綏府都巡檢使嘗巡按砦子砦並黑水河趣谷中夏人知之以數千騎據險渡河求戰保興所部不滿二千人乃分短兵伏於河滸俟其半渡急擊之斬首百餘級追北數十里優詔褒美端拱中知平戎軍徙莫州俄爲西京都巡檢使淳化五年真拜蘄州團練使爲永興軍鈐轄改夏綏麟府州鈐轄至道二年徙延

州都巡檢使兼署州事改本路副都部署與范重召等五路討賊有芨伽羅膩數族率衆來拒保興選敢死士數百人銜枚夜擊殲之自是異移越移諸族歸降還至烏白池賊又為方陣來拒保興麾衆出入陣中會乘馬中流矢挺身持滿易騎奮呼且行且鬬凡三日四十二戰賊遂引去咸平二年知威虜軍會夏人入鈔保興發官帑錢數萬緡分給戰士主者固執不可保興曰城危如此安暇中覆事定覆而不允願以家財償之夏人退驛置以聞真宗貸而不問三年就拜棣州防禦使徙知邢州改澶州在郡頗峻刑罰

每捶人令緩施其杖移晷方畢五年以疾求歸京師未幾卒年五十八子元孫保與世豪貴累財鉅萬悉為季弟保從之子所廢

保吉字祐之初以蔭補天平軍衙内都指揮使開寶四年召見賜襲衣玉帶金鞍勒馬選尚太祖第二女延慶公主拜左衛將軍駙馬都尉俄領愛州刺史太平興國初還本州防禦使五年坐遣親吏市竹木秦隴間矯制渡關為王仁贍所發罰一季奉七年改朔州觀察使守信卒起復為威塞軍節度雍熙三年出知河陽四年召入復命知大名府兼兵馬都部署連

改横海安國二鎮節度真宗即位加檢校太尉保平軍節度車駕北巡命為河北諸路行營都部署屯定州景德初改武寧軍節度同平章事冬幸澶淵命與李繼隆分為駕前東西面都排陣使軍于北門外遼騎數萬驟至城下保吉不介馬而馳當其鋒遼人引去俄而請盟錫宴射於行宮後苑帝謂繼隆等曰自古北邊為患今其畏威服義息戰安民卿等力也保吉進曰臣受命禦患上稟成筭至於布列行陣指授方畧皆出於繼隆繼隆曰宣力用心躬率將士臣不及保吉帝曰卿等協和共致太平軍旅之事朕復何

憂歡甚賜以襲衣金帶鞍勒馬二年改鎮安軍節度未幾自治所來朝願奉朝請從之四年部民上治狀乞還鎮所詔獎諭之仍從其請大中祥符初從東封攝司徒封祀壇奉俎加檢校太師還鎮冬公主疾詔歸視主薨明年保吉卒年五十七贈中書令謚莊武保吉姿貌瓌碩頗有武幹累世將相家多財所在有邸舍別墅雖饌品亦飾以綵繢好治生射利性尤驕倨所至峻暴好殺待屬吏不以禮鎮大名也葉齊查道皆知名士嘗械以運粮初程能為京西轉運保吉託治其私丐能不從至是其子宿為屬邑吏將辱之

會有辟召乃止又染家貸錢息不盡入質其女其父上訴真宗亟命遣還嘗有僕侵盜私積不時求對懇請配隸帝曰是有常法不可保吉請不已帝戒勗之善弋獵畜鷙禽獸數百令官健羅鳥雀飼之人有規勸者輒怒之在陳州盛飾廨舍以迓貴主因完葺城壘踈牖于上以瞰衢路如箭窓狀未嘗上聞賓佐諫之不聽頗涉衆議初守信鎮陳五十七年卒及保吉繼是鎮壽亦止是談者異之保吉子貽孫任崇儀使帶御器械坐事免官孝孫西京左藏庫使

元孫字善良始名慶孫避章獻太后祖諱易之以守

信蔭為東頭供奉官閤門祗候累遷如京副使仁宗即位改文思副使内當法酒庫吏盜酒坐失察追二官復如京副使為澶州巡檢徙知莫州有治迹以禮賓使再任又徙保州領廉州刺史兼廣信安肅軍緣邊都巡檢時開屯田鑿塘水有訟元孫擅污民田者遣官按視訟者以誣服即賜白金五百兩詔褒諭之再遷西上閤門使并代州兵馬鈐轄歷侍衛親軍步軍殿前都虞候鄜延副都總管緣邊安撫使遷邕州觀察使康定初夏人寇延州元孫與戰于三州口軍敗見執傳者以為已死贈中正軍節度使兼太傅録其子孫七人及元昊納款縱元孫歸諫官御史奏元孫軍敗不死辱國請斬塞下賈昌朝獨言曰在春秋時晉獲楚將穀臣楚獲晉將知罃亦還其國不誅因入對探袖出魏志于禁傳以奏曰前代將臣敗覆而還多不加罪帝乃貸元孫安置全州以升祔赦内徙襄州侍御史劉湜言元孫失軍辱命朝廷貸而不誅若例從量移無以勸用命之士元孫遂不徙後徙許州還京師卒

王審琦字仲寶其先遼西人後徙家洛陽漢乾祐初隸周祖帳下性純謹甚親任之從平李守貞以功署

廳直左番副將廣順中歷東西班行首内殿直都知鐵騎指揮使從世宗征劉崇力戰有功遷東西班都虞候改鐵騎都虞候轉本軍右第二軍都校世宗召禁軍諸校宴射苑中審琦連中的世宗嘉之賞賚有加俄領勤州刺史親征淮南舒州堅壁未下詔以郭令圖領刺史命審琦及司超以精騎攻其城一夕拔之擒其刺史獲鎧仗軍儲數十萬計令圖既入城審琦等遂救黄州數日令圖為舒人所逐審琦選輕騎銜枚夜發信宿至城下大敗舒人令圖得復還治所世宗嘉之授散員都指揮使又破南唐軍于紫金山

先登中流矢轉控鶴右廂都校領虔州團練使世宗圍濠州審琦率敢死士數千人拔其水砦奪月城濠州遂降及攻楚州為南面巡檢城將陷審琦意淮人必遁設伏待之少頃城中兵果鑿南門而潰伏兵擊之斬數千級繫五千餘人獻于行在賜名馬玉帶錦綵數百匹淮南平改鐵騎右廂都校又從平瓦橋關恭帝即位遷殿前都虞候領睦州防禦使宋初擢為殿前都指揮使領泰寧軍節度從征李筠為御營前洞屋都部署為飛石所傷車駕臨視澤潞平改領武成軍節度李重進叛副石守信為前軍部署討之建

隆二年出為中正軍節度在鎮八年為政寬簡所部邑令以罪停其錄事吏幕僚白令不先咨府請按之審琦曰五代以來諸侯强橫令宰不得專縣事今天下治平我忝守藩維而部內宰能斥去黠吏誠可嘉爾何按之有聞者歎服開寶二年從征太原為御營四面都巡檢三年改鎮許州賜甲第留京師太祖嘗召審琦宴射苑中連中的賜御馬黃金鞍勒六年與高懷德並加同平章事七年卒年五十初審琦暴疾不能語帝親臨視及卒又幸其第哭之慟賜中書令追封琅琊郡王賻贈加等塟日又為廢朝審琦重厚

有方畧尤善騎射鎮壽春歲得租課量入為出未嘗有所誅求素不能飲嘗侍宴太祖酒酣仰祝曰酒天之美祿審琦朕布衣交也方與朕共享富貴何靳之不令飲邪祝畢顧謂審琦曰天必賜卿酒量試飲之勿憚也審琦受詔飲十杯無苦自此侍宴常引滿及歸私家即不能飲或强飲輙病子承衍承衎承德承祐承俊承偓承僎承僅承休承德西上閤門使會州刺史承祐至如京使承俊承僎至內殿崇班承偓至閤門祗候承僅至左神武將軍致仕承休至內殿承制

承衍字希甫幼端謹審琦鎮兖海壽春皆署以牙職開寶初補內殿供奉官都知三年尚太祖女昭慶公主授右衛將軍駙馬都尉仍充都知踰年領恩州刺史加本州防禦使太平興國初遷應州觀察使二年春太宗幸其第賜宴承衍以金器名馬為壽詔賜銀萬兩錦綵五千匹三年加檢校太保坐市竹木秦隴矯制免稅筭罰一季奉七年授彰國軍節度雍熙中出知天雄軍府兼都部署時契丹擾鎮陽候騎至冀州去魏二百餘里鄰境戒嚴城中大恐屬上元節承衍下令市中及佛寺然燈設樂與賓佐宴遊達旦人

頼以安明年召還復為貝冀都部署端拱初換永清軍節度再知天雄軍吏民千餘詣監軍請為本道節帥詔褒之真宗即位改河中尹護國軍節度加檢校太尉咸平六年以疾求罷節鉞三抗表不許帝自臨問至卧内慰勉父之賜予甚厚擇尚醫數人迭宿其第卒年五十二車駕親臨贈中書令給鹵簿葬謚恭肅其後公主請置守冢五戸從之承衍善騎射曉音律頗涉學藝好吟咏以功臣子尚主貴顯擁富貲自奉甚厚子世安世隆世雄世融世安至崇儀副使通事舍人世隆字本支以公主子為如京副使歷洛苑六宅二使領平州刺史性驕恣每坐諸叔之上人皆嗤之景德初卒特贈泰州防禦使召見其三子賜名克基克緒克忠皆面授供奉官世雄至内殿崇班世融為内殿承制世安子克正殿中丞克基克忠並為西染院副使兼閤門通事舍人克緒至内殿承制世隆幼子克明為西上閤門副使

承衍字希悦開寶中授閑廐使面賜紫袍金帶纔十二歲太平興國中出監徐州軍又為西京水南廵檢使改如京使表求治郡自效命知潭州還六宅使領昭州刺史俄知澶州加莊宅使咸平中兩賜川峽傳

詔慰撫官吏經略蠻洞連知延代并三州皆兼兵馬鈐轄改尚食使鳳翔張雍病命承衍代之徙涇州授西上閤門使改領永州刺史景德中真宗以天水近邊蕃漢雜處擇守臣撫治擢承衍知秦州徙知天雄軍大中祥符初進秩東上閤門使承衍病足在大名不能騎政多廢弛及代賜告家居表求解職不允以久不朝請求近郡改左武衛大將軍知壽州二年卒年四十九詔遣其弟承僎馳往護喪承衍頗涉學喜為詩所至為一集曉音律多與士大夫遊意豁如也初審琦鎮壽春承衍生于郡廨至卒亦於其地人咸異之子世京為閤門祗候世文内殿崇班

克臣字子難祖承衍尚秦國賢穆公主克臣第景祐進士仁宗閲其文顧侍臣曰賢穆有孫登科可喜也仕累通判壽州鼓角卒夜入州廨擊郡將既就擒而監兵使所部被甲操刃立庭中官吏駭觀克臣徐言曰此不過為盜耳立遣甲者去戒兇卒勿妄引他人衆讙服是日天貺節率掾屬朝謁如常儀人頼以安猶坐貶監潭州稅熙寧中為開封度支二判官遷鹽鐵副使時鄭俠以上書竄嶺表克臣嘗薦俠且餽之白金又坐奪官復為户部副使以集賢殿脩撰知鄆

州京東多盜克臣請以便宜處決遂下諸郡使械送尤桀者斬以徇盜為少衰河決曹村克臣亟築隄城下或曰河決澶淵去鄆為遠且州徙於高八十年不知有水患安事此克臣不聽役愈急隄成水大至不沒者才尺餘復起甬道屬之東平王陵埽人得趨以避水事寧皆繪像祀之進天章閣待制徙知瀛州有告外間入境容旨趣具獄株連甚衆克臣陰緩之已而得為間者於他道徙知太原王中正西討罔功而誣克臣姑息士卒使無固志黜為單州明年拜工部侍郎至是神宗幸尚書省至部舍止輦奬其治力以

為雖少者不及顧其子駙馬都尉師約使入覲元祐四年以龍圖閣直學士太中大夫卒年七十六

師約字君授少習進士業英宗欲求儒生為主壻命宰相召克臣諭旨令師約持所為文至第明日獻賦一編即坐中賦大人繼明詩遂賜對選為駙馬都尉尚徐國公主授左衛將軍面賜玉帶又賜九經筆硯勉之進學神宗即位拜嘉州刺史遷成州團練使國朝故事主壻未嘗居職帝始令師約同管當三班院試其才明年主就館乃罷遷汝州防禦使始制駙馬都尉七年考績法轉晉州觀察使哲宗立遷鎮安軍節度觀察留後宣仁后臨朝師約屢上書言事元符初議者以為職不當上言褫其秩徽宗即位乃復保平軍留後又為樞密都承旨未幾復罷崇寧元年卒年五十九師約善射嘗陪遼使燕射玉津園一發中鵠發必破的屢受金帶及鞍勒馬之賜子殊主所生至閤州觀察使

高懷德字藏用真定常山人周天平節度齊王行周之子懷德忠厚倜儻有武勇行周歷延潞二鎮及留守洛都節制宋亳皆署以牙職晉開運初遼人侵邊以行周為北面前軍都部署懷德始冠白行周願從

北征行周壯之許其行至戚城遇遼軍被圍數重援兵不至危甚懷德左右射縱橫馳突衆皆披靡挾父而出以功領羅州刺史賜珎裘寶帶名馬以寵異之及行周移鎮鄆州改集州刺史仍領牙校又遷信州刺史從行周再鎮宋州晉末契丹南侵以行周為邢趙路都部署禦之留懷德守睢陽會杜重威降契丹京東諸州群盜大起懷德堅壁清野敵不能入行周率兵歸鎮敵遂解去漢初行周移鎮魏博及再領天平以懷德為忠州刺史領職如故周祖征慕容彥超還過汶上寵賜行周甚厚并賜懷德衣帶繒鞍勒

馬行周卒召懷德爲東西班都指揮使領吉州刺史改鐵騎都指揮使太原劉崇入寇世宗討之以懷德爲先鋒都虞候高平克捷以功遷鐵騎右廂都指揮使領果州團練使從征淮南知廬州行府事充招安使戰廬州城下斬首七百餘級尋遷龍捷左廂都指揮使領岳州防禦使賜駿馬七匹南唐將劉仁贍據壽春許元據紫金山置連珠砦爲援以抗周師世宗命懷德率帳下親信數十騎覘其營壘懷德夜涉淮遲明賊始覺來戰懷德以少擊衆擒其裨將以還盡偵知其形勢强弱以白世宗世宗大喜賜襲衣金帶

器幣銀鞍勒馬世宗一日因按轡淮壖以觀賊勢見一將追擊賊衆奪槊以還令左右問之乃懷德也召至行在慰勞許以節鉞世宗北征命與韓通率兵先抵滄州初得關南又命副陳思讓爲雄州兵馬都部署克瓦橋關降姚內斌以歸恭帝嗣位擢爲侍衛馬軍都指揮使領江寧軍節度又爲北面行營馬軍都指揮使太祖卽位拜殿前副都點檢移鎭滑州充關南副都部署尚宣祖女燕國長公主加駙馬都尉李筠叛上黨帝將親征先令懷德率所部與石守信進攻破筠衆於澤州南事平以功遷忠武軍節度檢校

太尉從平揚州建隆二年改歸德軍節度開寶六年秋加同平章事冬長公主薨去駙馬都尉號太宗卽位加兼侍中又加檢校太師太平興國三年春被病詔太醫王元佑道士馬志就第療之四年從平太原改鎭曹州封冀國公七年改武勝軍節度是年七月卒年五十七贈中書令追封渤海郡王謚武穆懷德將家子練習戎事不喜讀書性簡率不拘小節善音律自爲新聲度曲極精妙好射獵嘗三五日露宿野次獲狐兔累數百或對客不揖而起由別門引數十騎從禽於郊子處恭歷莊宅使至右監門衛大將軍

致仕處俊至西京作坊使

韓重贇磁州武安人少以武勇隸周太祖麾下廣順初補左班殿直副都知從世宗戰高平以功遷鐵騎指揮使從征淮南先登中流矢轉都虞候俄遷控鶴軍都指揮使領虔州刺史宋初以翊戴功擢爲龍捷左廂都校領永州防禦使從征澤潞還命代張光翰爲侍衛馬步軍都指揮使領江寧軍節度討李重進爲行營馬步軍都虞候建隆二年改殿前都指揮使領義成軍節度三年發京畿丁壯數千築皇城東北隅且令有司繪洛陽宮殿按圖脩之命重贇董其役

乾德三年秋河決澶州命重贇督丁壯數十萬塞之四年太祖郊祀以為儀仗都部署時有譖重贇私取親兵為腹心者太祖怒欲誅之趙普諫曰親兵陛下必不自將須擇人付之若重贇以讒誅即人人懼罪誰復為陛下將親兵者太祖納其言重贇得不誅後聞普嘗救已即詣普謝普拒不見五年二月出為彰徳軍節度開寶二年太祖征太原過其郡重贇迎謁於王橋頓召赴燕飲帝曰契丹知我是行必率衆來援彼意鎮定無備必由此路入卿為我領兵倍道兼行出其不意破之必矣乃命為北面都部署重贇令

軍士銜枚夜發果遇契丹兵于定州見重贇旗幟大駭欲引去重贇乗之大破其衆獲馬數百匹太祖大喜優詔褒美七年卒贈侍中重贇信奉釋氏在安陽六七年課民採木為寺郡内苦之子崇訓崇業重贇與張光翰趙彥徽分領諸軍節度嘉其翊戴功也光翰後唐山南節度使虔釗兄子及卒贈侍中彥徽真定安喜人與太祖同事世宗太祖兄事之及卒贈侍中

崇訓字知禮乾德中以蔭補供奉官遷西京作坊副使出為澶州河南北都巡檢使從太宗征河東還以貝冀等州都巡檢使權知麟州雍熙中李繼遷寇夏州崇訓領兵赴援大敗之徙監夏州軍歷知越泉登莫四州徙知威虜軍改知京使咸平初出知石州屬繼遷犯境崇訓追襲之至賀蘭山而還二年再知麟州又敗繼遷於城下崇訓由河西徙閤越再移北邊凡二十五年以勞擢西上閤門使邠寧環慶清遠軍都巡檢使徙鎮定高陽關行營鈐轄屯鎮州兼河北都轉運使事契丹兵至方順河將冦威虜軍崇訓陳兵唐河折其要路敵遣別騎冦赤堠驛崇訓分兵擒戮之既而值霖雨敵兵飢乏不敢進遂遁去移并代

鈐轄權知并州徙部署張進領兵由土門會大將王超襲破契丹于定州六年授四方館使樞密都承旨又命為鎮定高陽馬步軍都鈐轄屯定州景德初契丹入寇至唐河崇訓陳兵河南翌日又與王超追襲至鎮州既而都部署桑贊逗留不進崇訓帥兵獨往時車駕幸澶州召崇訓乃還三年春拜檢校太傅大中祥符二年授右龍武軍大將軍領詔防禦使以本官分司西京卒年五十六崇訓為人長厚謙畏未嘗忤物子允恭禮賓副使有謀略好學人以為能世其家云

崇業字繼源以蔭補供奉官選尚秦王廷美女雲陽公主授左監門衛將軍駙馬都尉廷美得罪降爲右千牛衛率府率分司西京俄削秩去駙馬之號從貶房陵廷美卒起爲靜難軍行軍司馬雍熙三年授寧州刺史公主卒楚州境真宗初始得入朝咸平四年改左屯衛大將軍領高州團練使追封公主爲虢國長公主五年十月卒年四十一子允升爲内殿承制閤門祇候

張令鐸棣州厭次人少以勇力隸軍伍後唐清泰中補寧衛小校晉初改隸奉國軍漢乾祐中從周太祖

平河中以功遷奉國軍指揮使廣順初遷控鶴指揮使累遷本軍左廂都指揮使領虔州團練使從世宗征淮南移領虎捷左廂加常州防禦使再征壽春命與龍捷右廂柴貴分爲京城左右廂巡檢世宗將北征命與韓通髙懷德領兵先赴滄州又副韓令坤爲霸州部署率兵戍守恭帝即位授侍衛親軍步軍都指揮使領武信軍節度使令鐸本名鐸以與河中張鐸同姓名故賜今名宋初遷馬步軍都虞候領陳州節制太祖征李筠以令鐸爲東京舊城内都巡檢建隆二年出爲鎮寧軍節度帝爲皇弟興元尹光美娶其第三女開寶二年來朝被病車駕臨問賜帛五千匹銀五千兩并賜其家人甚厚明年春卒於京師年六十帝甚悲悼贈侍中令鐸性仁恕嘗語人曰我從軍三十年大小四十餘戰多摧堅陷敵未嘗妄殺一人及卒人多惜之子守正至内園使守恩淳化中累至崇儀副使稍遷崇儀使領綿州刺史景德初知原州就加西上閤門使知泰州卒録其子奉禮郎求安爲大理評事後至殿中丞

羅彦瓌并州太原人父全德晉泌州刺史彦瓌得補内殿直少帝在澶州欲命使宣慰大名府時河北契

丹騎充斥遂募軍中驍勇士十人從行彦瓌備選銜枚夜發往返如期繇是補興順指揮使開運末契丹主至汴遣彦瓌送廐馬千匹赴幽薊彦瓌至元氏聞漢祖建號太原以馬歸漢漢祖嘉之及入汴擢爲護聖指揮使周初遷散員都虞候坐樞密使王浚黨出爲鄧州教練使世宗嗣位召爲伴飲指揮使改馬步軍都軍頭從向訓收秦鳳有功遷散指揮都虞候顯德末太祖自陳橋入歸公署見宰相范質等未及言彦瓌挺劔而前曰我輩無主今日須得天子質等由是降階聽命擢爲控鶴左廂都指揮使改内外馬軍

都軍頭領眉州防禦使從平澤潞還命代趙彥徽為侍衛步軍都指揮使領武信軍節度建隆二年出為彰德軍節度乾德二年改安國軍節度與昭義軍節度李繼勳大破契丹四年春又與閤門使田欽祚敗太原軍千餘人于靜陽擒其將鹿英等獲馬三百匹明年移鎮華州開寶二年卒年四十七

王彥昇字光烈性殘忍多力善擊劍號王劍兒本蜀人後唐同光中蜀平徙家洛陽初事宦官驃騎大將軍孟漢瓊漢瓊以其趫勇言於明宗補東班承旨晉天福中轉內殿直開運初契丹圍大名少帝幸澶淵

募勇敢士齎詔納城中彥昇與羅彥瓌應之一夕突圍而入以功遷護聖指揮使周廣順中從向拱破太原兵虒亭南斬敵帥王璋於陣以功遷龍捷右第九軍都虞候累轉鐵騎右第二軍都校領合州刺史世宗征淮南從劉崇進宋偓破金牛水砦擒偽軍校閻承旺范橫又從李重進扞吳兵于盛唐斬二千餘級又從張永德攻瀛州下東城改散員都指揮使太祖北征至陳橋為衆推戴彥昇以所部先入京遇韓通於路逐至第殺之初太祖誓軍入京不得有秋毫犯及聞通死意甚不樂以建國之始不及罪彥昇拜恩州團練使領鐵騎左廂都指揮使後為京城巡檢中夜詣王溥第溥驚悸而出既坐乃曰此夕巡警甚困聊就公一醉耳彥昇意在求賄溥佯不悟置酒數行而罷翌日溥密奏其事乃出為唐州刺史乾德初遷申州團練使開寶二年改防州防禦使是冬又移原州西人有犯漢法者彥昇不加刑召僚屬飲宴引所犯以手捽斷其耳大嚼卮酒下之其人流血被體股慄不敢動前後啗者數百人西人畏之不敢犯塞七年以病代還次乾州卒年五十八太祖以其專殺韓通終身不授節鉞

論曰石守信而下皆顯德舊臣太祖開懷信任獲其忠力一日以黃袍之喻使自解其兵柄以保其富貴以遺其子孫漢光武之於功臣豈過是哉然守信之貨殖鉅萬懷德之馳逐敗度豈非亦因以自晦者邪至於審琦之政成下蔡重贇之功宣廣陵卓乎可稱令鐸身四十餘戰未嘗妄殺可謂勇者之仁矣彥瓌於革命之日首挺劍以語范質於宋則未必功在衆先於周則其過不在人后矣王彥昇殺韓通太祖雖不加罪而終身不授節鉞是足垂訓後人矣保吉承衍咸以帝壻致位藩鎮其被驅策著戎功則保吉為

優况推功李繼隆尤為不伐而有讓然械役名士縱
意禽荒累德多矣

列傳卷第九

列傳卷第十　宋史二百五十一

開府儀同三司上柱國錄軍國重事前中書右丞相監修國史領經筵事都總裁臣脫脫等奉

敕修

韓令坤父倫　慕容延釗子德豐 從子德琛

符彥卿子昭愿 昭壽

韓令坤磁州武安人父倫少以勇敢隸成德軍兵籍累遷徐州下邳鎮將兼守禦指揮使世宗以令坤貴擢陳州行軍司馬及令坤領陳州徙倫許州罷職復居宛丘多以不法干郡政私酤求市利掊斂民財公私患之項城民武鄩詣闕訴其事命殿中侍御史率汀按之倫詐報汀云被詔赴闕汀奏之世宗怒追劾具伏法當棄市令坤泣請於世宗遂免死流海島顯德六年為左驍衛中郎將遷左監門衛將軍宋初拜磁州刺史轉亳州團練使乾德四年改本州防禦使卒令坤少隸周祖帳下廣順初歷鐵騎散員都虞候控鶴右第一軍都校領和州刺史世宗即位授殿前都虞候俄賞高平之功為龍捷左廂都虞候領容州團練使進本廂都指揮使領泗州防禦使征太原為行營前軍馬軍都校未幾為侍衛馬軍都指揮使領定武軍節度世宗命宰相李穀將兵征淮南俾令坤

等十二將以從穀退保正陽為吳人所乘令坤與宣祖李重進合兵擊之大敗吳人世宗親征聞揚州無備遣令坤及宣祖白延遇趙晁等襲之令坤先令延遇以精騎數百遲明馳入城中不之覺令坤繼至撫之民皆按堵南唐東都副留守馬延魯為僧匿寺中令坤求獲之送行在遂以令坤知州事由是泰州懼以城降時錢俶受詔攻常潤團毗陵反為南唐所敗南唐乘勝遣將陸孟俊逼泰州周師不能守孟俊遂進軍蜀岡逼揚州令坤棄其城世宗怒命太祖與張永德領兵趨六合援之令坤聞援至復入城守與孟

俊兵戰大敗之擒孟俊敗其將馬貴于楚州灣頭堰擒漣州刺史秦進崇俄命向拱為緣江招討使以令坤副之下壽州歸朝加檢校太尉領鎮安軍節度使世宗乃復幸淮右次楚州遣令坤率兵先入揚州命權知軍府事揚州城為吳人所毀詔發丁壯別築新城命令坤為修城都部署六年春命令坤以汴亳民導汴水入于蔡三月世宗將北征命率龍捷虎捷驍武兵先赴大名又副王晏為益津關一路都部署俄為霸州都部署率所部兵戍之恭帝即位加檢校太尉侍衛馬步軍都虞候冬詔防北邊宋初移領天平

軍加侍衛馬步軍都指揮使同平章事太祖親征李筠詔令坤率兵屯河陽及澤潞平還京錫宴令坤等于禮賢講武殿賜襲衣器幣鞍勒馬有差以功加兼侍中又從討李重進建隆二年改成德軍節度充北面緣邊兵馬都部署將赴鎮上於別殿置酒餞之因勗其為治乾德六年疽發背卒年四十六太祖素服發哀于講武殿錄其子慶朝為閑廄使慶雄為閑廄副使令坤有才略識治道與太祖同事周室情好親密鎮常山凡七年北邊以寧聞其卒甚悼惜之初南唐遣邊鎬破湖南以馬希崇分司揚州及令坤克取

之希崇以妓楊氏獻令坤甚嬖之會擒陸孟俊將械送行在所楊氏於簾間窺見之即拊膺慟哭令坤怪問之楊氏曰孟俊往年入潭州殺我家二百口惟妾為希崇所匿得免願甘心焉令坤以詰孟俊孟俊具伏令坤乃殺之

慕容延釗太原人父章襄州馬步軍都校領開州刺史延釗少以勇幹聞漢祖之興也周祖為其佐命以延釗隸帳下周廣順初補西頭供奉官歷尚食副使鐵騎都虞候世宗即位為殿前散指揮使都校領溪州刺史高平之戰督左先鋒以功授虎捷左廂都指

揮使領本州團練使遷殿前都虞候領睦州防禦使從征淮南改龍捷左廂都校沿江馬軍都部署歸朝復為殿前都虞候出為鎮淮軍都部署顯德五年世宗在迎鑾江口聞吳人舟數百艘泊東洲即命延釗與左神武統軍宋延偓討之延釗以驍騎由陸進延偓督舟師沿江繼進大破之淮南平還殿前副都指揮使領淮南節度恭帝即位改鎮寧軍節度充殿前副都點檢復為北面行營馬步軍都虞候太祖即位延釗方握重兵屯真定帝遣使諭旨許以便宜從事延釗與韓令坤率所部兵按治邊境以鎮靜聞太

祖嘉之加殿前都點檢同中書門下三品避其父名故也李筠叛初命與王全斌由東路會兵進討俄為行營都部署知潞州行府事及平加兼侍中詔還澶州建隆二年長春節來朝賜宅一區表解軍職徙為山南東道節度西南面兵馬都部署是冬大寒遣中使賜貂裘百子氊帳四年春命師南征以延釗為湖南道行營前軍都部署時延釗被病詔令肩輿即戎事賊將汪端與衆數千擾朗州延釗擒之磔于市荆湘既平加檢校太尉是冬卒年五十一初延釗與太祖友善顯德末太祖任殿前都點檢延釗為副常兄

事延釗及即位每遣使勞問猶以兄呼之洎寢疾御封藥以賜聞其卒慟哭久之贈中書令追封河南郡王録其子弟授官者四人子德業德豐德鈞德業至衛州刺史德鈞至尚食副使延釗弟延忠歷內殿直供奉西頭官都知至磁州刺史延卿至虎捷軍都指揮使延卿子德琛

德豐字日新幼聰悟延釗愛之嘗曰興吾門者必此子八歲補山南東道衙內指揮使延釗卒授如京使開寶中從征太原領御砦南面巡檢又為揚州都監征南唐為洞子都監城既下命為昇州都監市壓安

靜澤國富饒使者多裒聚金帛德豐獨以廉潔聞俄領蔚州刺史太平興國二年知慶州兼邠寧都巡檢嘗破小遇族奪名馬數十匹詔書褒諭居任九年以簡靜為治邊鎮安之雍熙四年使登萊閱強壯及還拜西上閤門使是冬出為定遠軍鈐轄命領後陣中隊別將萬騎以禦邊害淳化二年進秩東上知邢州三年改判四方館事出知延州時侯延廣知靈武或言其得西夏情偽強難制命德豐代之就賜白金三千兩會建使名改為四方館使未幾以所部不治徙知慶州俄又改靈州兼部署敍價湧貴德豐出私廩

賑饑民全活者衆轉引進使賊入境德豐率兵擊走
獲羊馬甚衆咸平二年遷客省使知鎮州召對使坐
撫慰甚至是冬遼人南侵德豐繕兵固守餉饋不絕
詔獎之三年改滄州德豐輕財好施厚享將士在西
邊時母留京師妻孥寓長安貧甚真宗憫之特詔給
團練使奉踰年進領州團練使知貝瀛二州五年卒
年五十五家無餘財談者善之子惟素至殿內承制
德琛以延劍蔭補供奉官累遷內殿崇班知夔州李
順之亂賊酋張餘領衆十萬餘舟千艘來寇與順戰
龍山斬首千餘級又與白繼贇擊賊斬二萬餘悉焚

其舟賊剽開州圍雲安德琛往援之又斬百餘級累
詔褒諭歷西京作坊左藏二副使咸平二年轉崇儀
副使荆湖北路鈐轄蠻擾澧鼎境上德琛戰於北汊
奪耕牛鎧甲斬馘以歸徙峽路鈐轄未至復知夔州
景德中領梧州刺史復任峽路再遷莊宅使又為并
代鈐轄知憲州天禧初改右監門衛大將軍

符彥卿字冠侯陳州宛丘人父存審後唐宣武軍節
度蕃漢馬步軍都總管兼中書令彥卿年十三能騎
射事莊宗於太原以謹愿稱出入卧内及長以為親
從指揮使入汴遷散員指揮使郭從謙之亂莊宗左

右皆引去惟彥卿力戰射殺十數人俄矢集乘輿遂
慟哭而去天成三年以龍武都虞候吉州刺史討王
都于定州大破契丹于嘉山明年克其城授耀州團
練使改慶州刺史奉詔築堡方渠北烏崙山口以招
党項清泰初改易州兼領北面騎軍賜戎服介胄戰
馬嘗射獵遂城鹽臺淀一日射麞鹿狼狐兔四十二
觀者神之晉天福初授同州節度兄彥饒亦鎮滑臺
俄而彥饒叛彥卿上表待罪乞歸田里晉祖釋不問
改左羽林統軍俄兼領右羽林改鎮鄜延少帝幼與
彥卿狎即位召還出鎮河陽三城遼人南侵詔彥卿

率所部拒戰澶淵契丹騎兵數萬圍高行周于鐵丘
諸將莫敢當其鋒彥卿獨引數百騎擊之遼人遁去
行周得免又副李守貞討平青州楊光遠移鎮許州
封祈國公開運二年與杜重威李守貞經略北鄙契
丹主率衆十餘萬圍晉師于陽城軍中乏水鑿井輒
壞爭絞泥吮之人馬多渴死時晉師居下風將戰弓
弩莫施彥卿謂張彥澤皇甫遇曰與其束手就擒曷
若死戰然未必死彥澤等然之遂潛兵尾其後順風
擊之契丹大敗其主乘橐駝以遁獲其鎧甲旗仗數
萬以歸少帝嘉之改武寧軍節度同平章事為左右

所間會再出師河朔彥卿不預易其行伍配以羸師數千戍荆州口及杜重威以大軍降於滹水急詔彥卿與高行周領禁兵屯澶淵會彥澤引遼兵入汴彥卿與行周遂歸遼遼主以陽城之敗詰彥卿彥卿對曰臣事晉王不敢愛死今日之事死生唯命遼主笑而釋之會徐宋寇盜蠭起遼主即遣彥卿歸鎮行次甬橋賊魁李仁恕擁衆數萬攻徐州彥卿領數十騎遽至城下仁恕遣其徒執彥卿馬請隨入城俄頃彥卿子昭序自城中遣軍校陳守習縋而出大呼賊中曰相公當為國討賊何故自入虎口乃助賊攻城我

雖父子今為仇敵當死戰城不可入賊惶愧羅拜彥卿前乞免罪彥卿為設誓乃解去漢祖入汴彥卿自徐州來朝改鎮兗州加兼侍中乾祐中加兼中書令封魏國公拜守太保移鎮青州及殺楊邠輩召促赴闕下周祖即位封淮陽王劉銖誅以其京城第宅賜彥卿及征兗州彥卿朝行在獻馬及錦綵軍糧萬石連被賜賚俄移鎮鄆州會召魏府王殷欲以彥卿代鎮俄遼人起兵留殷控扼故彥卿不入朝殷得罪即以彥卿為大名尹天雄軍節度進封衛王世宗初幷人擾潞州潞兵敗命彥卿領兵從磁州固鎮路壓其

背及帝親征命為行營一行都部署兼知太原行府事領步騎二萬進討初彥卿之行也世宗以幷人雖敗朝廷饋運不繼未議攻擊且令觀兵城下徐圖進取及周師入境汾晉吏民望風款接皆以久罹虐政願輸軍須以資兵力世宗從之而連下數州彥卿等皆以芻糧未備欲旋軍世宗不之省乃調山東近郡輓軍食濟之及世宗至城下命與郭從義向訓白重贊史彥超率萬騎屯忻口以拒北援又下盂縣遼人駐忻北遊騎及近郊史彥超以二千騎當其鋒左右馳擊彥超死之敗遼衆二千餘遼騎遁走先鋒為遼

人所掩重傷數百人諸將論議矛盾師故不振世宗乃班師數賜彥卿繒綵鞍勒馬遣歸本鎮還京拜彥卿太傅改封魏王恭帝即位加守太尉太祖即位加守太師建隆四年春來朝賜襲衣玉帶宴射于金鳳園太祖七發皆中的彥卿貢名馬稱賀開寶二年六月移鳳翔節度被病肩輿赴鎮至西京上言疾亟請就醫洛陽從之假滿百日猶請其奉為御史所劾下留司御史臺太祖以姻舊特免推鞫止罷其節制八年六月卒年七十八喪事官給彥卿將家子勇略有謀善用兵存審之第四子軍中謂之符第四前後賞

賜鉅萬悉分給帳下故士卒樂爲効死遼人自陽城之敗尤畏彥卿或馬病不飲齕必唾而呪曰此中豈有符王邪晉少主既陷契丹德光之母問左右曰彥卿安在或對曰聞其已遣歸徐州矣德光母曰留此人中原何失策之甚其威名如此鎮大名餘十年政委牙校劉思遇思遇貪黠怙勢歛貨財公府之利多入其家彥卿不之覺時藩鎮率遣親吏受民租槩量增溢公取其餘羨而魏郡尤甚太祖聞之遣常參官主其事由是斛量始平詔以羨餘粟賜彥卿以愧其心彥卿酷好鷹犬吏卒有過求名鷹犬以獻雖盛怒

必貰之性不飲酒頗謙恭下士對賓客終日談笑不及世務不伐戰功居洛陽七八年每春月乘小駟從家僮一二遊僧寺名園優游自適周世宗宣懿皇后太宗懿德皇后皆彥卿女也自恭帝及太祖兩朝賜詔書不名子昭信昭愿昭壽昭信天雄軍衙內都指揮使領賀州刺史周顯德初卒贈檢校太保閬州防禦使

昭愿字致恭謹厚謙約頗讀書好事周廣順中以蔭補天雄軍牙職俄領興州刺史開寶中改領恩州彥卿養疾居洛入補供奉官四年改領羅州刺史七年遷西京作坊副使俄授尚食使出護陳許蔡潁等州巡兵從征太原爲御營四面巡檢使及攻幽州命與定國軍節度宋偓率兵萬餘置砦城南師還真拜蔡州刺史知并澶二州不踰月復移并門兼副部署丁內艱起復爲本州團練使連知永興軍梓滑二州咸平初又爲天雄軍邢州二鈐轄三年以疾求歸京師詔遣中使尚醫馳傳診視既還帝賜以名方御藥拜本州防禦使四年卒年五十七車駕臨哭贈鎮東軍節度子承煦爲左千牛衛將軍

昭壽初補供奉官開寶七年改西京作坊副使歷遷

六宅副使領蘭州刺史雍熙二年冬命與劉知信護鎮州屯兵會遣將北征又與知信爲押隊都監轉尚食使真拜光州刺史端拱二年知洪州淳化四年改定州咸平初遷鳳州團練使益州鈐轄昭壽以貴家子日事遊宴簡倨自恣常紗帽素氅衣偃息後圃不理戎務有所裁決即令家人傳道多集錦工就廨舍織纖麗綺帛每有所須取給於市餘半歲方給其直又令部曲私邀取之廣羅黍稻未及成熟者亦取之悉貯寺觀中久之損敗即勸道釋償之縱其下凌忽軍校鈎南自李順平後人心洶洶知州牛冕緩弛無

政昭壽又不能御軍人皆怨憤神衛卒趙延順等人謀欲害昭壽未敢發三年正旦中使自峨眉山還京昭壽戒馭吏具鞍馬將送之延順等悉解廐中馬韁奔逸庭下陽逐諠呼登廳執昭壽殺之并殺二僕椽甲仗庫取兵器都監王澤聞之急召本軍都虞候王均率兵擒捕延順左執昭壽首右操劍彷徨無所適卒見均至即與衆推均為帥合驍猛威武兵為亂牛冕洎轉運使張適奔漢州是秋官兵討平之見雷有終傳昭壽子承諒娶齊王女嘉興縣主至內殿承制

論曰五季之亂內則權臣擅命外則藩鎮握兵宋興內外廓清若天去其疾或納節以備宿衛或請老以奉朝請雖太祖善御諸臣知機要亦否極而泰之象也彥卿一門二后累朝襲寵有謀善戰聲振殊俗與時進退其名將之賢者歟令坤延釗素與太祖親善平荊湘則南服底定鎮常山則北邊載寧未嘗恃舊與功以啓嫌隙創業君臣有過人者類如是夫

列傳卷第十

列傳卷第十一 宋史二百五十二

開府儀同三司上柱國錄軍國重事前中書右丞相監修國史領經筵事都總裁臣脫脫等奉
勑修

王景 子廷義　王晏
郭從義 曾孫承祐　李洪信 弟洪義
武行德　楊承信
侯章

王景萊州掖人家世力田景少倜儻善騎射不事生業結里中惡少為群盜梁大將王檀鎮滑臺以景隸麾下與後唐莊宗戰河上檀有功景嘗左右之莊宗

入汴景來降累遷奉聖都虞候清泰末從張敬達圍晉陽會契丹來援景以所部歸晉祖天福初授相州刺史范延光據鄴叛屬郡多為所脅從景獨分兵拒守晉祖嘉之遷耀州團練使及代會晉祖幸鄴留為京城巡檢使改洺州團練使開運初授侍衛馬軍左廂都校二年契丹南侵少帝幸澶淵景與高行周等大破契丹衆于戚城遷侍衛馬軍都指揮使領鄭州防禦使出為晉州巡檢使知州事拜橫海軍節度契丹至汴以其黨代景景歸次常山聞契丹主殂欒城即間道歸鎮斬關而入契丹遁去漢乾祐初加同平

章事會契丹饑幽州民多度關求食至滄州境者五千餘人景善懷撫詔給田處之周祖微時與景善及即位加兼侍中景起身行伍素無智略然臨政不尚刻削民有訟必面詰之不至大過即諭而釋去不為胥吏所摇由是部民便之廣順初入朝民周環等數百人遮道留之不獲有截景馬鐙者俄以景為護國軍節度歲餘遷鎮鳳翔顯德初封褒國公加開府階世宗即位加兼中書令先是秦鳳陷蜀州旁蕃漢户詣闕請收復世宗命景與向拱率兵出大散關進討連陷砦柵遂命景為西面行營都部署大破蜀軍于

上邽斬首數萬級是秋秦州降逾年徙景鎮秦州兼西面緣邊都部署恭帝即位進封涼國公宋初加守太保封太原郡王建隆二年春來朝太祖宴賜加等復以為鳳翔節度西面緣邊都部署四年卒年七十五贈太傅追封岐王謚元靖初景之奔晉也妻坐戮二子逃獲免晉祖待之厚賞賜萬計嘗問景所欲對曰臣自歸國受恩隆厚誠無所欲固問之景稽顙再拜曰臣昔為卒嘗負胡牀從隊長出入屢過官妓侯小師家意甚慕之今妻被誅誠得小師為妻足矣晉祖大笑即以小師賜景景甚寵嬖之後累封楚國夫人侯氏嘗盜景金數百兩私遺舊人景知而不責性謙退折節下士每朝廷使至雖卑位必降階送迎周旋盡禮左右或曰王位尊崇無自謙抑景曰人臣重君命固當如是我惟恐不謹耳初封郡王朝廷以吏部尚書張昭將命景尤加禮重以萬餘緡遺昭左右或言其過厚景曰我在行伍間即聞張尚書名今使於我是朝廷厚我也豈可以往例為限耶景子廷義廷睿廷訓廷訓至驍衛大將軍致仕廷義起家供奉官改如京副使以善騎射周世宗擢為虎捷都虞候遷龍捷右第二軍都校領珍州刺史宋初改內外馬

步軍副都軍頭乾德四年與韓重贇率師護治滑州靈河新堤六年增治京城又命廷義董其役開寶二年加領橫州團練使從征太原廷義性勇敢親鼓士乘城獨免冑矢中其腦而顛經宿卒年四十七太祖甚惜之優詔贈建雄軍節度廷義性驕傲好夸誕每言我當代王景之子聞者咸笑之因目為王當代

王晏徐州滕人家世力田晏少壯勇無賴嘗率群寇行攻刼梁宋徐方大亂屬邑皆為他盜所剽惟晏鄉里恃晏獲全後唐同光中應募隸禁軍累遷奉國小校晉開運末與本軍都校趙暉忠衛都校侯章等戍

陝州會契丹至汴遣其將劉愿據陝恣行暴虐晏與暉等謀曰今契丹南侵天下洶洶英雄豪傑固當乘時自奮且聞太原劉公威德遠被人心歸服若殺愿送款河東為天下唱首則取富貴如反掌耳暉等然之晏乃率敢死士數人夜踰城入府署劫庫兵給其徒遅明斬愿首懸府門外衆請暉為帥章為本城副指揮使內外巡檢使兼都虞候遣其子漢倫奉表晉陽時漢祖雖建號威聲未振得晏等來歸甚喜即日以暉為保平軍節度章為鎮國軍節度晏為絳州防禦使仍領舊職既而暉等表晏始謀功為第一遷建

雄軍節度漢祖入汴加同平章事周祖即位加兼侍中廣順元年劉崇侵晉州晏閉關不出設伏城上并人以為怯競攀堞而登晏麾伏兵擊之顛死者甚衆遂焚橋遁遣漢倫追北數十里斬首百餘級擢漢倫濱州刺史八月來朝周祖以晏家彭城授武寧軍節度俾榮其鄉里三年周祖征兗州次張康鎮晏來朝獻馬七匹賜襲衣金帶親郊畢封滕國公加開府階世宗即位加兼中書令初晏至鎮悉召故時同為盜者遺以金帛從容置酒語之曰吾鄉素多盜我與諸君昔嘗為之後來者固當出諸君之下為我告諭令

不復為若不能改吾必盡滅其族由是境內安靜吏民詣闕舉留請為晏立衣錦碑世宗初復請立德政碑世宗命比部郎中知制誥張正撰文賜之詔改其鄉里為使相鄉勳德里私門立戟未幾改河南尹西京留守顯德三年移鳳翔節度六年從世宗北征為益津關一路馬軍都部署韓令坤副焉遂平三關太祖即位進封趙國公從征李筠師還改安遠軍節度乾德元年進封韓國公上章請老拜太子太師致仕每朝會令綴中書門下班俄歸洛陽別墅四年冬卒年七十七廢朝三日贈中書令初晏為軍校與平陸

人王興善其妻亦相為娣姒晏既貴乃薄興興不能平晏妻病興語人曰吾能治之晏遽訪興興曰我非能醫但以公在陝時止一妻今妓妾甚衆得非待糟糠之薄致夫人怏怏成疾耶若能斥去女侍夫人之疾可立愈晏以為謗已乃誣以他事悉案誅其夫妻守西洛日白重贊鎮河陽時世宗征淮南重贊慮并人乘間為寇因葺城壘且約晏為援晏意欲兼有三城即與漢倫同率兵赴之重贊聞其來拒不納遣人語之曰公在陝州已立大功河陽小城不煩枉駕慙不能對遂引兵還

郭從義其先沙陁部人父紹古事後唐武皇忠謹特見信任賜姓李氏紹古卒從義纔丱角莊宗畜於宮中與諸子遊明宗與紹古同事武皇情好款狎即位以從義補內職累遷內園使晉天福初始復姓郭氏坐事出為宿州團練副使丁內艱北歸遂家太原漢祖在鎮表為馬步軍都虞候屢率師破契丹于代北及建大號從義首贊其謀擢鄭州防禦使充東南道行營都虞候領首軍自太行路渡河漢祖入汴以為河北都巡檢使杜重威據大名叛以為行營諸軍都虞候重威降為鎮寧軍節度趙思綰之叛為行營都部署賜戎裝器仗金帶師至永興圍其城即以從義為永興軍節度思綰糧盡城中人相食從義繫書矢上射入城中說思綰令降仍表於朝廷許以華州節制隱帝從其計即遣使諭思綰思綰開門納款翊日從義具軍容入城憩候館中思綰入謁即令武士執之并其黨三百餘人悉斬於市以功加同平章事周廣順初加兼侍中移鎮許州顯德初親郊加檢校太師世宗將征劉崇從義適來朝因請扈從世宗甚悦改天平軍節度即令從符彥卿破契丹于忻口師還以功加兼中書令四年從征淮南移鎮徐州及世宗

自迎鑾至泗州見於行在恭帝即位加開府階宋初加守中書令太祖征揚州從義迎謁於路願扈從不允乾德二年又為河中尹護國軍節度六年以疾歸京師開寶二年改左金吾衛上將軍逾年上章請老拜太子太師致仕四年卒年六十三贈中書令從義性重厚有謀略多技藝尤善飛白書初思綰之叛也巡檢使喬守溫遣去姬妾悉入思綰思綰敗從義盡取之守溫詣從義求其愛妾雖不敢拒而心銜焉遂發守溫逃遁事坐棄市人皆冤之從義善擊毬嘗侍太祖於便殿命擊之從義易衣躍驢馳驟殿庭周旋擊拂曲盡其妙既罷上賜坐謂之曰卿技固精矣然非將相所為從義大慙子守忠守信守忠至閑廄副使守信字實臣頗知書與士大夫游至東上閤門使知邢州卒子世隆為比部員外郎世隆子昭祐承祐昭祐為閤門祗候

承祐字天錫娶舒王元偁女授西頭供奉官仁宗為皇太子承祐補左清道率府率春坊左謁者真宗為玉石小牌二勒銘以戒飭之帝即位遷西染院副使兼閤道通事舍人勾當翰林司遷西上閤門副使坐盜御酒及用尚方金器除名岳州編管徙許州別駕

起為率府率遷西京作坊使勾當右騏驥院院之大校試路馬者前鳴鞭擁御蓋承祐代試之其僭如此進六宅使象州團練使承祐性狡獪緣東宮恩又憑藉王邸親暱屢復用廼僭言事或指切人過失同列謂之武諫官真授衛州刺史知相州入為群牧副使改濰州團練使歷知曹鄭澶鄆貝州徙澶州兵馬總管役卒有異謀者廉得不待奏捕斬之再知澶州會中使過還延入問管軍闕補何人使者曰聞朝廷方擇才武者承祐起挽彊自衛左右皆笑入為龍神衛四廂都指揮使以父喪起復真定府定州等路副都總管諫官歐陽脩余靖論其非才改知相州尋徙大名府副都總管樞密使杜衍惡承祐驕恣奏罷軍權為相州觀察使永興軍副都總管改知邢州徙河陽兵馬總管衍去位復進為殿前都虞候并代州副都總管兼知代州徙邢州諫官錢明逸言承祐無廉守邢民素厭苦之改相州徙秦鳳路副總管累遷建武軍節度使殿前副都指揮使尋以宣徽南院使判應天府府壁壘不完盜至卒無以禦承祐始城南關浚沙瀰盟三河徙亳州諫官言承祐在應天府給糧不以次且擅留糧綱批宣頭不發戍還兵越法杖配輕罪僭用翰林儀衛出入擁旗槍以禁兵擬周衛體涉狂僭無人臣禮罷宣徽南院使許州都總管徙節保靜軍知許州轉運使蘇舜元薦承祐有將帥才政事如龔黃帝謂輔臣曰彼庸人監司乃龔黃比之何所取信哉改知鄭州未行暴疾卒贈太尉謚曰密承祐所至多興作為煩擾百姓苦之

李洪信并州晉陽人漢昭聖太后弟也后弟六人洪信居長少善騎射後唐明宗在藩時隸帳下及即位愛將朱弘實總領捧聖軍弘實擢洪信為爪牙漸遷小校應順中潞王舉兵少帝殺弘實而東奔捧聖軍數百騎從行洪信預焉及次衛州少帝與晉高祖遇因有疑貳謀害晉祖其從兵皆亂時漢祖方護晉祖洪信以兵應之獲免清泰中又為雍王重美牙校晉初為興順左廂都指揮使漢祖統禁軍遷鎮太原奏隸麾下漢祖領陳州刺史左護聖左廂都指揮使俄加岳州防禦使從漢祖降鄴以警邑之勞授侍衛馬軍都指揮使領武信軍節度乾祐中以群小用事心懷憂懼白太后求解軍職出為鎮寧軍節度歲餘遷保義軍節度初楊邠以元從功臣為方鎮者不諳政務令三司擇軍將分補諸鎮都押牙孔目官或恃以

朝選藩帥難制洪信聞內難即召馬步軍都校聶召奉國軍校楊德王建黃全武楊進翟本右牙都校任溫武德護聖都校康審澄及判官路濤掌書記張洞都押牙楊昭勍孔目官魏守恭悉殺之誣奏謀逆周廣順初加同平章事洪信常以此妄殺自歉及革命內不自安周祖猶以漢太后之故移鎮京兆本城兵不滿千王峻西征至陝州以援晉州為辭又取去數百人及劉崇北遁還禁兵千餘屯京兆洪信益懼即請入朝懇辭藩鎮拜左武衞上將軍世宗即位遷左驍衞上將軍顯德五年改右龍武軍統軍從世宗北

征為合流口部署乾德五年改左驍衞上將軍開寶五年請老以本官致仕八年卒年七十四洪信無他才術徒以外戚致位將相歛財累鉅萬而吝嗇尤甚時節鎮皆廣置帳下親兵惟洪信最寡少弟洪義

洪義本名洪威避周祖名改焉漢祖鎮太原補親校開國授護聖左廂都校領岳州防禦使遷侍衞馬軍都指揮使領武信軍節度少帝即位改鎮寧軍節度會誅楊邠史弘肇等時侍衞步軍都指揮使王殷屯澶州即遣供奉官孟業賫密詔令洪義殺之又令護聖都指揮使郭崇等害周祖於鄴洪義素怯懦慮殷覺遷延不敢發遽引業見殷殷乃錮業送密詔於周祖洎周祖起兵少帝又詔洪義扼河橋及周祖兵至洪義就降漢室之亡由洪義也廣聖初權知宋州節度未幾真拜歸德軍節度加同平章事權知許州歲餘改鎮安州顯德初加檢校太師世宗即位加兼侍中未幾徙青州六年夏遷京兆尹永興軍節度恭帝嗣位加開府階宋初加兼中書令移鄜州乾德五年代歸卒年五十九贈太師

武行德并州榆次人身長九尺餘材貌奇偉家甚貧常採樵鬻之自給晉祖鎮并門暇日從禽郊外值行

德負薪趨拱於道左晉祖見其魁岸又所負薪異常令力士更舉之俱不能舉頗奇之因留帳下晉天福初授奉國都頭遷指揮使改控鶴指揮使寧國軍都虞候開運中契丹至汴行德被獲乃偽請於契丹以自效契丹信之方具舟數十艘載鎧甲令行德率將校軍卒送歸其國泝汴至河陰行德謂諸將曰我輩受國厚恩而受制於契丹與其離鄉井投邊塞為異域之鬼曷若與諸君驅逐兇黨共守河陽姑俟契丹兵退視天命所屬歸之建功業定禍亂以圖富貴可乎衆素服行德威名皆曰所向惟命不敢愛死行德

即殺契丹監使分授鎧甲由汜水倍道抵河陽契丹節度使崔廷勳出兵來拒行德麾衆逆擊自旦及午殊死戰廷勳大敗棄城走行德遂據河陽盡以府庫分給将士因推行德知州事時契丹兵尚充斥行德厲士卒繕甲兵據上游士氣益奮人望歸之聞漢祖起太原即自稱河陽都部署遣其弟行友間道奉表勸進漢祖覽奏喜甚即授行德河陽三城節度漢祖由晉絳至洛行德迎候境上以所部兵翼至京師還河陽乾祐中加同平章事移真定尹成德軍節度廣順初加兼侍中俄改忠武軍節度遷河南尹西京留守時禁鹽入城犯者法至死告者給厚賞洛陽民家嫗将入城鬻蔬俄有僧從嫗買蔬就筥翻視密寘鹽筥中少荅其直不買而去嫗持入城抱關者搜得鹽擒以詣府行德見盛鹽襆非村嫗所有疑而詰之嫗言適有僧自城外買蔬取視久之而去即捕僧訊治具伏與關吏同誣嫗以希賞行德釋嫗斬僧及抱關吏數輩人畏之若神明部下凜然三年丁外艱起復顯德初加開府階進封譙國公世宗即位兼中書令初世宗自河東還次河陽以洛陽城頭缺令葺之行德率部民萬餘完其城封邢國公是秋代王晏為武寧軍節度與晏兩換其任先是唐末楊氏據淮甸自甬橋東南決汴匯為汙澤二年将議南征遣行德率所部丁壯於古隄疏導之東達于泗上及親征以行德為濠州行營都部署破淮軍二千餘人於郡境俄遣率師屯定遠以逼其城為吳人所敗死者數百人行德以身免左授右衛上将軍五年下淮南復授行德保大軍節度兼中書令恭帝嗣位進封宋國公宋初加中書令進封韓國公再授忠武軍節度改封魏國公乾德二年冬移鎮安州加開府儀同三司開寶二年入為太子太傅太平興國三年以本官致仕四年卒年七十二贈太師

楊承信字守真其先沙陀部人父光遠仕晉至太師壽王承信光遠第三子幼以父任自義武軍節院使領蘭州刺史歷宣武平盧二軍牙校開運初光遠以青州叛少帝遣李守貞等討之食盡勢窮承信兄承勳刼其父以降青州平光遠死承信與弟承祚詣闕請死詔釋之以承信為右羽林将軍承祚為右驍衛将軍放歸服喪私第尋安置鄭州初光遠送款契丹求援兵未至而光遠降及契丹來寇承勳時為鄭州防禦使召數其罪殺之以承信為平盧軍節度繼父

職仕漢歷安鄜二州節度累加檢校太師周廣順初
加同平章事諸將西討劉崇承信表求預行以郊祀
恩加開府階封杞國公世宗即位進韓國公顯德初
征淮南為濠州攻城副都部署改壽州北砦都部署
兼知行府事壽州平累戰功擢忠正軍節度同平章
事時從州治下蔡承信既增廣其城又遣監軍薛友
柔敗淮人六百餘于廬州北恭帝即位進封魯國公
宋初加兼侍中來朝會征李筠命為澤州西面都部
署筠平移鎮河中乾德元年進封趙國公二年卒年
四十四贈中書令承信身長八尺美儀表善持論且

多藝能雖叛臣之子然累歷藩鎮刻勵為政而不苛
故能始終富貴其卒也蒲民表乞祠之則其遺愛之
在人者可知矣景德四年録其孫松為奉職
侯章并州榆次人初在并門事後唐莊宗為隊長明
宗朝遷小校晉開運末為忠衛指揮使屯兵陝州為
內外馬步軍都指揮使兼三城巡檢使會契丹入中
原與趙暉王晏謀斬契丹將劉愿送款於漢祖漢祖
入汴擢為鎮國軍節度乾祐初加同平章事尋移鎮
邠州章居鎮無善政傲上剝下以貪很聞用見戶為
逃擅其租賦乃矯奏貧民數千戶負稅租久禁繫不

能輸願以己奉代時方姑息詔褒之副使趙彥鐸有
良馬章欲之不與誣彥鐸謀逆殺之亦置而不問俄
加檢校太師周初加兼侍中廣順二年入朝獻銀帛
請開宴周祖謂左右曰諸侯來朝天子自當錫宴以
申懽樂豈俟其貢奉為之耶命復賜之仍令有司自
今藩鎮有進奉者勿受俄賜宴廣政殿章又獻銀千
兩馬七匹上壽復不納三年授鄧州節度周祖親郊
加開府階封申國公世宗即位加兼中書令世宗親
征壽陽命章為攻城水砦都部署右衛大將軍王璨
副之俄徙西北水砦都部署再為武勝軍節度建隆

元年八月授太子太師封楚國公既罷節鎮居常快
快一日於朝堂與故舊言晉漢間事時有輕忽章者
章厲聲曰當邊主疾作謀歸有上書請避暑嵩山者
我麤人以戰鬭取富貴若此諫佞未嘗為之坐中有
憚者乾德五年卒
論曰王景輩微時或至為盜負薪遭五代之亂奮身
戎功重據邊要宋興稽顙北嚮太祖待以誠信宜無
不自安者景趨利改圖乃至滅族王晏郭從義遷怒
肆忿誣人以死侯章在藩邸有剝下之名李洪義狃
於肺腑之戚而無外禀之志咎孰甚焉斯皆亂世之

習有不能盡去之者武行德守洛邑辯究欺罔民用
畏服顧不優於諸人耶

列傳卷第十一

列傳卷第十二　宋史二百五十三

開府儀同三司上柱國錄軍國重事前中書右丞相監修國史領經筵事都總裁臣脫脫等奉
敕修

折德扆 子御勳 御卿 曾孫克行　馮繼業　王承美
李繼周　孫行友 子全照

折德扆世居雲中為大族父從阮自晉漢以來獨據府州控扼西北中國賴之仕周至靜難軍節度使其鎮府州時署德扆為馬步軍都校廣順間周世宗建府州為永安軍以德扆為節度使時從阮鎮邠寧父子俱領節鎮時人榮之顯德中德扆率師攻下河市

鎮斬弃軍五百餘級入朝以其弟德愿權總州事時世宗南征還次通許橋德扆迎謁且請遷內地世宗以其素得蕃情不許厚加賜賚而遣之德扆未至德愿又破弃軍五百餘于沙谷砦斬其將郝章張劍宋初德扆又破河東沙谷砦斬首五百級建隆二年來朝待遇有加遣歸鎮乾德元年敗太原軍于城下擒其將楊璘二年卒年四十八贈侍中子御勳御卿

御勳字世隆德扆鎮府州日表為右職德扆卒以御勳領汾州團練使權知府州事開寶二年太祖征太原御勳詣行在謁見以為永安軍留後四年以郊祀

來朝禮畢歸鎮九年郊祀西洛復來朝道病後期改
秦寧軍節度使留京師太平興國二年卒年四十贈
侍中
御卿幼補節院使御勲知州事署為兵馬都校御勲
徙鎮召為閑廄副使知府州太宗征河東命御卿與
尹憲領屯兵同攻嵐州又破岢嵐軍擒其軍使折令
圖以獻遂下嵐州又殺其憲州刺史霍翊又擒其將
馬延忠等七人遷崇儀使淳化三年凡四遷而為府
州觀察使五年拜永安軍節度使既而契丹衆萬餘
入寇御卿大敗之於子河汊斬首五千級獲馬千匹

契丹將號突厥太尉司徒舍利死者二十餘人擒其
吐渾一人自是契丹知所畏太宗因遣使問御卿曰
西北要害皆屯勁兵戎人何自而至御卿對曰敵緣
山峽小徑入諜剽略臣諜知之遣人邀其歸路因縱
兵大擊敗走之人馬墜崖谷死者相枕其大將韓德
威僅以身免皆聖靈所及非臣之功也上嘉之歲餘
御卿被病德威諜知之且為李繼遷所誘率衆來侵
以報子河汊之役御卿力疾出戰德威聞其至不敢
進會疾甚其母密遣人召歸御卿曰世受國恩邊寇
未滅御卿罪也今臨敵棄士卒自便不可死於軍中

乃其分也為白太夫人無念我忠孝豈兩全言訖泣
下翊日卒年三十八上聞悼惜久之贈侍中以其子
惟正為洛苑使知州事惟正歸朝以其弟惟昌繼之
咸平二年河西黃女族長蒙異保及惟昌所部啜訛
引趙保吉之衆入寇麟州萬户谷進至松花砦惟昌
與從叔同巡檢使海超弟供奉官惟信率兵赴戰會
保吉兵衆官軍不敵惟昌臂中流矢墜馬攝弓起得
裨將馬突圍出海超惟信没焉九月保吉黨萬私保
移埋復來寇惟昌與宋思恭劉文質合戰于埋井峯
敗走之又破言泥族拔黃砦焚其器甲車帳俘斬甚

衆以功領富州刺史改文思使景德元年與王萬海
等破賊砦護芻糧抵麟州秋入朔州界破狼水砦時
契丹方圍岢嵐軍聞敗遁去明年拜興州刺史大中
祥符二年表求赴闕真宗命近臣與射於苑中宴賜
甚厚上言先臣御卿蒙賜旗三十竿以壯軍容請別
給賜許之七年命河東民運糧赴麟州當出兵為援
惟昌力疾領步騎屯寧遠砦冒風沙而行時疾已亟
猶與賓佐宴飲談笑自若焉明日卒年三十七以其
弟惟忠繼之惟忠字藎臣初以兄惟信戰没補西頭
供奉官擢閤門祗候及惟昌卒以惟忠為六宅使知

府州兼麟府路都巡檢使領晉州刺史再遷左藏庫使真拜嘉州刺史改資州進簡州團練使丧毋起復雲麾将軍卒惟忠知兵事天聖中契丹與夏國會兵境上聲言嫁娶惟忠覘得其實率麾下往備之戒士卒毋輕動一夕風霾有騎走營中以為寇至惟忠堅臥不動徐命擒之得數誕馬蓋虜所縱也既卒録其弟姪子孫七人以其子繼宣嗣州事父之特贈惟忠耀州觀察使寶元中繼宣坐苛虐掊刻種落嗟怨紬為左監門衛將軍楚州都監擢其弟右侍禁繼閔為西京作坊使嗣州事繼閔字廣孝慶曆中元昊兵攻

麟州不克進圍州城城險且堅東南有水門厓壁峭絶阻河賊緣厓腹微徑魚貫而前城中矢石亂下賊轉攻城北士卒復力戰賊死傷甚衆遂引去圍豐州豐州遂陷繼閔以城守勞特遷宮苑使普州刺史未幾護送麟州戍卒冬服賊伏兵邀擊之盡掠所齎繼閔脫身豁間道歸會赦止奪宮苑使後復官領果州團練使自元昊反繼閔招輯歸業者三千餘户皇祐二年卒以其弟繼祖嗣州事繼祖字應之由右侍禁遷西染院使累轉皇城使成州團練使臨政二十餘年奏乞書籍仁宗賜以九經韓絳發河東兵城囉兀繼祖為先鋒深入敵帳降部落户八百加解州防禦使卒繼祖有子當襲州事請以授兄之子克柔詔從之而進其三子官録二孫為借職弟繼世少從軍為延州東路巡檢嵬名山之内附繼世先知之遣其子克懃報种諤諤用是取綏州繼世以騎歩萬軍于懷寧砦入晉祠谷往銀川分名山之衆萬五千户居於大理河夏人來攻再戰皆捷諤抵罪逮繫獄以兵付之而行遂同名山守綏州録功領忠州刺史説韓絳城囉兀以撫横山因畫取河南之策絳以為然以左騏驥使果州團練使卒諸司使無賻禮詔以繼世蕃

官捍邊有績特給之從子克行

克行字導道繼閔子也初仕軍府無所知名夏人寇環慶种諤拒之詔河東出師為援克行請往諤使以兵三千護餉道戰于葭盧川先登斬級四百降户千馬畜萬計諸老将瞿然曰真折太尉子也擢知府州秦兵討夏國張世矩将河外軍民克行與俱廷議謂守臣難自行詔克行選兵隷世矩克行抗章願率部落先驅未報即委管鑰而西大酋咩保吴良以萬騎來躡克行為後拒度賊半度臨縱擊大破之殺咩保吴良師還自劾釋不問王中正出塞克行先拔宥州

每出必勝夏人畏之益左廂兵專以當折氏太原孫覽議城葭蘆諸將論多不合召克行問策即領兵吐渾河約勒部伍為深入窮討之狀敵疑不敢動既訖役又入津慶龍橫川斬級三千詔河東進築八砦通道鄜延延帥遣秦希甫來共議克行請兩路併力以遠者為先希甫曰由近及遠法也克行曰不然事有奇正今乘士氣之銳所利在速故先遠役以出其不意若徐圖之士心且怠矣希甫持不可弁上二議卒用克行策城成諜言寇至軍中皆戒嚴克行止之曰彼自擾耳已而果然克行在邊三十年善拊士卒戰

功最多羌人呼為折家父官至泰州觀察使卒贈武安軍節度使子可大為榮州團練使知府州從子可適可適未冠有勇馳射不習而能鄜延郭逵見之歎曰真將種也薦試廷中補殿侍隷延州從种諤出塞遇敵馬以少年易之可適索與鬬斬其首取馬而還益知名米脂之役與夏人戰三角嶺得級多又敗之於蒲桃谷東兵久不得食千人成聚籍籍于軍門或欲掩殺以為功可適曰此以饑而逃耳非叛也單馬出諭之曰爾輩何至是不為父母妻子念而甘心為異域鬼耶皆回面聲喏流涕謝再生各遣歸羌夏人

十萬入寇可適先得其守烽卒姓名詐為首領行視呼出盡斬之烽不傳因卷甲疾趨大破之于尾丁磑回次檉楊溝正午駐營分騎據西山曰彼若躡吾後腹背受敵必敗果舉軍來可適所部纔八千轉戰至高嶺迺從間道趣洪德設伏邀其歸路敵至伏發衝之其國母踰山而遁焚棄輜重雖帷帳首飾之屬亦不返衆相蹈籍赴崖㵎死者如積論前後功至皇城使成州團練使知岷蘭州鎮戎軍渭帥章楶合熙秦慶三道兵築好水川命總管王文振統之而可適將軍為副熙州兵千人失道盡死文振歸罪於可適楶

即下之吏宰相章惇欲按軍法哲宗不許猶削十三官而罷楶請留以責效乃以權第十二將嵬名阿埋昧勒都逋皆夏人桀黠用事者詔可適密圖之會二酋以畜牧為名會境上可適諜知之遣兵夜往襲幷俘其族屬三千人遂取天都山帝為御文德殿受賀以其地為西安州遷可適東上閤門使洺州防禦使涇原鈐轄知州事真拜和州防禦使進明州觀察使為副都總管帥鍾傳行邊為敵所隔以輕騎拔之得歸傳議取靈武環慶亦請出師命可適將萬騎往即薄靈州川夏人扶老挾稚中夜入州城明日俘獲甚

黟而慶兵不至乃引還詔使入覲帝以傳策訪焉對曰得之易守之難當先侵弱其地待吾藩籬既固然後可圖帝曰卿言是也進武安軍節度觀察留後歩軍都虞候大城蕭關與傳議齟齬會覆師數百于踏口傳劾之貶鄭州觀察使俄知衛州拜淮康軍節度使轉運使請於平夏通峽鎮戎西安四砦分築塲圃置芻粟五百萬可適以費大難之又欲借車牛以運及致十萬斛於熈河皆奏其意乃中以疑謗召為佑神觀使明年復以為渭州命其子彥質直祕閣參軍事數月而卒年六十一彥質紹興中簽書樞密院別

有傳

馮繼業字嗣宗大名人父暉朔方節度封衛王繼業幼敏慧有度量以父任補朔方軍節院使隨父歷邠孟及再領朔方皆補牙職周廣順初暉疾繼業圖殺其兄繼勳暉卒遂代其父為朔方軍留後以郊祀恩加靈州大都督府長史遷朔方節度靈環觀察處置度支溫池榷稅等使恭帝時繼業既殺兄代父領鎮頗驕恣時出兵刼畧羌夷羌夷不附又撫士卒少恩繼業慮其為變以太祖居鎮日嘗得給事乃豫從其弩關下建隆初來朝連以驍馬寶器為獻開寶二年賜詔獎諭拜靜難軍節度使三年改鎮定國軍吏民立碑頌其遺愛太平興國初來朝封梁國公留京師明年卒年五十一贈侍中

王承美豐州人本河西藏才族都首領其父事契丹為左千牛衛將軍開寶二年率衆來歸承美授豐州牙內指揮使父卒改天德軍蕃漢都指揮使知州事移豐州刺史遣軍校詣闕言頡誘退渾突厥內附上嘉其意太平興國七年與契丹戰斬獲以萬計禽其天德軍節度使韋太以獻明年契丹來寇又擊敗其衆萬餘追北至青冢百餘里斬獲甚衆以功授本州

團練使以乞黨族次首領弗香克浪買為歸德郎將没細大首領越移為懷化大將軍瓦窰為歸德大將軍淳化二年冬來朝令歸所部控子河汊自是諸蕃歲修貢禮頗效忠順景德初來朝以其守邊歲久遷本州防禦使以還自承美內屬給奉同蕃官例至是特詔月增五萬尋請於州城置孔子廟詔可之未幾被疾遣中使挾醫視之大中祥符五年卒贈恩州觀察使六年錄其子文寶孫懷筠以官初承美養其長孫文玉為子奏署殿直及卒其本族首領上言文玉曉達軍政請令襲承美任下蕃漢議同以為侍禁

知州事文王父文恭時為侍禁在沂州表訴其事詔改文恭為供奉官九年承美葬詔以縉帛米麪羊酒賜其家

李繼周延州金明人祖計都父孝順皆為金明鎮使繼周嗣掌本族太平興國三年東山蕃落集衆寇清化砦繼周率衆敗之殺三千餘人補殿前承旨雍熙中又與侯延廣敗未藏未腋等族於渾州西山淳化四年遷殿直賜介胄戎器茶綵明年討李繼遷命開治塞門鵶兒兩路又招降族帳首領二十餘人率所部入夏州敗蕃兵數千於石堡砦以功轉供奉官復

加恩賞仍賜官第繼周以向都關塞門盧關等砦最居邊要遂覘修築砦城有磨盧家媚咩拽藏等族居近盧關未嘗內順繼周夜率所部往襲焚之斬首俘獲甚衆至道二年授西京作坊副使賜袍帶銀綵雕戈以寵之大軍討西夏命為延州路踏白先鋒會繼遷邀戰於路繼周戰却之咸平初改西京左藏庫副使三年復為先鋒入賊境焚積聚殺人畜獲器甲凡六十餘萬授供備庫使領金明縣兵馬都監新砦解家河盧關路都巡檢五年授西京作坊使蕃騎入鈔繼周逐之出境景德元年夏人圍麟州繼周受詔率兵會李繼福掩擊之加領誠州刺史大中祥符二年卒年六十七詔邊臣擇其子可襲職者以名聞邊臣言其子殿直士彬遜愞從子士用朴忠練邊事自為部落所伏乃詔士彬管勾部族事士用為巡檢都監以左右之士彬後至供備庫副使金明縣都監新砦解家河盧關路巡檢康定元年元昊反攻保安軍而潛兵襲金明士彬父子俱被禽士彬兄士紹至內殿崇班士用至供奉官閤門祗候李繼福者亦與繼周同時歸順授永平砦羗村軍主以戰功歷歸德將軍領順州刺史至內殿崇班新歸明諸族都巡檢

孫行友莫州清苑人世業農初定州西二百里有狼山者當易州中路舊有城堡邊人賴之以避寇山中蘭若有尼姓孫氏名深意有術惑衆行友兄子方諫名之為姑師事之甚謹及尼坐亡行友益神其事因以其術然香燈聚民漸衆自晉少帝與契丹絕好邊州困於轉輸遺民往往依方諫推以為帥方諫懼主帥捕逐乃表歸朝因署為東北西招收指揮使且賜院額曰勝福每契丹軍來必率其徒襲擊之鎧仗畜產所得漸多人益依以避難焉易定帥聞于朝因以方諫為邊界遊奕使行友副之自是捍禦侵軼多所

殺獲乘勝入祁溝關平膚城破飛狐砦契丹頗畏之
邊民千餘家賴以無患然亦陰持兩端以圖自固已
而晉師失律薊人導契丹陷中原方諫之密搆也契
丹授方諫定州節度行友易州刺史壽以番將耶律
忠代方諫於雲州方諫不受命歸保狼山契丹北歸
焚刼中山方諫自狼山率衆復保定州歸命於漢授
行友易州刺史行義泰州刺史弟兄犄角以居寇每
入諸軍鎮閉壘坐視一無所得行友嘗遣都校王友
遇巡警於石河與契丹遇殺百餘騎又嘗獲其刺史
蔡福順清苑令王璉乾祐中契丹復犯塞行友禦之

俘殺數百人周太祖北征行友道獻俘馘人馬以求
見且請自效迺厚加賜予留之軍門及周祖受命行
友屢上言偵得契丹離合頗得勁兵三千乘間平定
幽州乃移方諫鎮華州以行友為定州留後顯德初
正授節鉞世宗自河東還加檢校太傅六年世宗北
征行友攻下契丹之易州擒其刺史任欽以獻宋初
加同平章事狼山佛舍妖妄愈甚衆趨之不可禁行
友不自安累表乞解官歸山詔不允建隆二年乃徙
其帑廩召集丁壯繕治兵甲欲還狼山以自固兵馬
都監藥繼能密表其事太祖遣閤門副使武懷節馳

騎會鎮趙之兵稱巡邊直入其城行友不之覺既而
出詔示之令舉族赴闕行友蒼黃聽命既至命侍御
史李維岳就第鞫之得實下詔切責削奪從前官爵
勒歸私第仍戮其部下數人遣使馳詣狼山輦其尼
師之屍焚之行友弟易州刺史方進兄子保塞軍使
全暉皆詣闕待罪詔釋之四年秋詔免行友禁錮未
幾以郊祀恩起為右龍武軍將軍乾德二年遷右監
門衛大將軍又改左龍武軍大將軍太平興國六年
卒年八十贈左衛上將軍方進至德州刺史子全照
全照字繼明以蔭補殿直雍熙中授京南巡檢俄隸

幽州部署曹彬麾下遷供奉官閤門祗候歷靜戎威
勇二軍監軍從田重進擊賊有功就加西京作坊使
兼知威勇軍連為廣韶鄜延二路都巡檢使淳化五
年率兵與李繼隆克綏州因與張崇貴等同戍守之
俄護屯兵於夏州兼知州事召還為登萊路都巡檢
使遷左藏庫使延州監軍兼阿都關盧關路都巡檢
事咸平初入掌軍頭引見司二年加如京使為涇原
路鈐轄兼安撫都監是冬徙幷汾等州都巡檢使三
年改知順安軍代還復為環慶路鈐轄與李繼和規
度靈州道路四年加西上閤門使復為環慶路鈐轄

五年將城綏州以慕與為綏州路部署全照為鈐轄既又慮全照素剛執與與不協乃以曹璨代之既調兵夫二萬餘全照言其非便乃罷又嘗命度地河北全照言沿河高阜可分置城堡屯戍者寧邊軍南武強縣側凡二處上重於興役止命營安平南徙置祁州俄知天雄軍府六年夏上裁定防秋禦戎之要命為平邊軍部署領兵八千扼要害之路以全照好陵人取其嘗所保薦者王德鈞裴自榮共事焉景德元年上幸澶淵命為駕前西面邢洺路馬步軍鈐轄兼天雄軍駐泊兼管勾東南貝冀等州鈐轄全照言若

敵騎南逼魏城但得騎兵千百必能設奇取勝上賞其忠果乃傳詔都部署周瑩若全照欲擊賊即分兵給之既而邊騎果逼府城全照拒退之真宗遣使勞慰時契丹請和朝廷遣曹利用就其行帳議事全照疑非誠懇勸判府王欽若留不遣故德清軍不能守吏民多為賊所害及契丹出境北面將帥還師併至府城全照令以次雙行入門魏能不從其約率兵馬坌入全照坐城樓引弓射之欽若入朝就命全照知軍府事以城守勞加檢校工部尚書增食邑三百戶徙鎮州召還進東上閤門使領英州刺史全照形短

精悍知兵以嚴毅整衆然性剛使氣專任刑罰中書初進擬嚴州刺史上曰全照深刻常慮人以嚴察議已令授此州似涉譏誚乃改焉三年為邠寧環慶都部署趙德明納款朝議減西鄙戍兵令屯近地全照以邊防不可無備未即奉詔上曰全照是好勇多言者德明使已至闕復何慮焉因徙全照知永興軍府仍拜四方館使西師移屯者至府命全照兼駐泊鈐轄全照許州有別墅求典是州可之大中祥符中遷引進使踰歲表求歸朝命掌閤門客省四方館事四年車駕西幸留為新城都巡檢未幾卒年六十

論曰五代之季邊圉之不靖也久矣太祖之興雖不勤遠略而向之陸梁跋扈而不可制者莫不竭忠效節雖奔走僵仆而不避豈人心之有異哉良由威德之並用控御之有道也折氏據有谷府與李彝興之居夏州初無以異太祖嘉其嚮化許以世襲雖不無世卿之嫌自從阮而下繼生名將世篤忠貞足為西北之捍可謂無負於宋者矣承美繼周分涖種落亦能世其職者也繼業雖出戕叛之族而有循良之風方諫行友介遼晉間持兩端以取將相終以首鼠獲咎其諸異端之害歟全照職親禁衛素稱嚴果而昧

於弭兵之利君子所不予也

列傳卷第十三　宋史二百五十四

開府儀同三司上柱國錄軍國重事前中書右丞相監修國史領經筵事都總裁臣脫脫等奉

勅修

侯益 子仁矩 仁寶 孫延廣　張從恩　扈彥珂

薛懷讓　趙贊　李繼勳

藥元福　趙晁 子延溥

侯益汾州平遥人祖父以農為業唐光化中李克用據太原益以拳勇隸麾下從莊宗攻大名先登擒軍校擢為馬前直副兵馬使征劉守光先登遷軍使破洺州為擲石傷足莊宗親以藥傳其瘡及愈改護衛指揮使梁小將李立李建以驍勇聞軍中憚之會莊宗與梁人戰河上益挺身出鬬擒其二將遷馬前直指揮使莊宗入汴為本直副都校從明宗討趙在禮於鄴會諸軍推戴明宗益脫身歸洛莊宗撫其背出涕明宗立益面縛請罪明宗曰爾盡忠節又何罪也改本直左廂都校天成初朱守殷據夷門叛益率所部斬關先入轉左右馬前從馬直都校領潘州刺史王都據定州叛益從王晏球攻討會契丹來援益逆擊之破其衆唐河北克其城授寧州刺史入為羽林軍五十指揮都校領費州刺史時夏師李仁福卒子

彝超擅命自立以邀節鉞命益師師討之明宗不豫
遽追還應順初潞王舉兵鳳翔以益為西面行營都
虞候益知軍情必變稱疾不奉詔執政怒出為商州
刺史蜀軍寇金州益率鎮兵襲擊大破之詔賜襲衣
名馬加西面行營都巡檢使晉初召為奉國都校領
光州防禦使范延光反大名張從賓據河陽為聲援
晉祖召益謂曰宗社危若綴旒卿能為朕死耶益曰
願假銳卒五千人破賊必矣以益為西面行營副都
部署率禁兵數千人次虎牢從賓軍萬餘人夾汜水
而陣益親鼓士乘之大敗其衆擊殺殆盡汜水為之

不流從賓乘馬入水溺死築京觀刻石紀功晉祖大
喜拜河陽三城節度兗鄆都行營都虞候會延光以
城降移鎮潞州天福四年晉祖追念虎牢之功遷武
寧軍節度同平章事遣中使謂益曰朕思卿前年七
月九日大立戰功故復以此月此日徙卿鎮彭門領
相印仍賜門戟改鄉里為將相鄉勳賢里九月徐州
大火益出金粟振之明年徙鎮秦州克西面都部署
階州義軍校王君懷苦其刺史暴虐率衆數千投蜀
請為先鋒下秦成諸州益聞之懼請援於朝又潛遣
書於蜀將以達誠意少帝聞之疑為邊患議徙於內

地會蒲帥安審琦移鎮許下以益為河中尹護國軍
節度契丹入汴益率僚屬歸京師詣契丹主自陳不
預北伐之謀契丹授以鳳翔節度漢祖即位加兼侍
中益自以嘗受契丹命聞漢兵入洛憂之浚城隍為
備孟昶遣益所親掌樞密王田齎書招益復遣綿州
刺史吳崇惲厚遺之崇惲本秦州押衙益故吏也及
何重建為帥遣崇惲奉表以階秦歸蜀授刺史故昶
遣之益遂與其子歸蜀昶令重建率川兵數萬出大
散關以應之漢祖知其事遣客省使王景崇率禁軍
數千倍道趨岐下召益入朝時漢祖已不豫召至臥

內謂之曰侯益貌順朝廷心懷攜貳爾往至彼如益
來即置勿問苟遲疑不決即以便宜從事景崇至京
兆合岐雍邠涇之師以破蜀軍益懼即謀入朝會聞
漢祖崩景崇欲誅益慮隱帝不知先朝密旨從事程
渥景崇里人也益因遣之說景崇曰君致位通顯亦
可小知止足何必懷禍人之心為已甚之事乎況侯
君親戚爪牙甚衆事若妄發禍亦旋踵至矣景崇怒
曰子去勿為游說吾將族爾益知不用渥言即率數
十騎奔入朝隱帝遣侍臣問益結連蜀軍之由益對
曰臣欲誘之出關掩殺之耳隱帝笑之益厚賂史弘

羣輩言景崇之横怒諸權貴深庇護之乃授以開封尹兼中書令俄封魯國公景崇聞之遂據城叛益親屬在城中餘七十口悉為景崇所害及周祖起兵隱帝議出師禦之益獻計曰王者無敵於天下兵不宜輕出況大名戍卒家屬盡在京城不如閉關以挫其鋭遣其母妻發降以招之可不戰而定慕容彥超以為益衰老作懦夫計沮之隱帝遣益與彥超及張彥超閻進卿吳虔裕守澶州至赤岡周師奄至戰留子陂漢軍不利益臨陣見士卒無闘志又占候不祥乃與焦繼勳等夜謁周祖周祖慰勞遣還廣順初封楚國公改太子太師俄又改封齊國公顯德元年冬告老以本官致仕歸洛遣使賜茶藥錢帛就撫問之太祖即位遣賜罷幣歲一來朝太祖以耆舊厚待之乾德初郊祀詔綴中書門下班禮與丞相等三年卒年八十贈中書令五子仁愿仁矩仁寶仁遇仁興仁愿至左金吾衛大將軍蓬州刺史仁遇西京內園使仁興右屯衛將軍仁愿子延濟西京作坊使康州刺史仁矩從益為商州牙校益之討張從賓也仁矩首犯賊鋒以功領蓬州刺史充河南牙職從益歷潞徐秦三鎮開運初入為氊毯使出為天平行軍司馬漢初

授隰州刺史至郡決滯訟一日釋繫囚百餘獄為之空民情悅服仕周歷左羽林將軍出為泗州刺史改通州兼屯田鹽鐵監使宋初歷祈雄二州刺史治軍有方略歷數郡咸有善政開寶二年卒年五十六太祖甚惜之特命中使護喪子延廣延之咸平二年進士及第

仁寶以蔭遷太子中允即趙普妹壻盧多遜與普有隙普罷相即以仁寶知邕州州之右江生毒藥樹宣化縣人常採貨之仁寶以聞詔盡伐去九年不代太平興國中上言陳取交州之策太宗大喜令馳驛召歸多遜遽奏曰若召仁寶其謀必泄蠻夷增備未易取也不如授仁寶飛輓之任且經度之別遣偏將發荆湖士卒一二萬人長驅而往勢必萬全帝以為然遂以仁寶為交州水陸計度轉運使前軍發遇賊鋒甚盛援兵不繼遇害死江中太宗聞之甚悼惜特贈工部侍郎錄其子延齡延世並為齋郎延齡至殿中丞延世至太子中舍

延廣初在襁褓中遭王景崇之難乳母劉氏以己子代延廣死劉氏行丐抱持延廣至京師還益延廣父歷通祁雄三州刺史悉以補牙職仁矩在雄州日方

飲宴虜數十騎白晝入州城居民驚擾延廣引親信數騎馳出衙門射殺其酋長一人斬首數級悉禽其餘黨延廣持首級以獻仁矩喜拊其背曰興吾門者必汝也監軍李漢超以其事聞詔書褒美賜錦袍銀帶仁矩卒補西頭供奉官從党進討太原太平興國初預修永昌陵出護延州軍兼緣邊巡檢善撫士卒下樂為用戎人畏服遷閤門祗候會西北戎入寇邊人擾亂求可使徼巡者近臣言延廣將家子習邊事無出其右延廣時被病強起之遷崇儀副使充同鄜坊延丹緣邊都巡檢使延廣力疾入辭太宗賜以名藥及方遣太醫隨侍其疾亦尋愈戎人聞延廣之至不敢復為寇亂叛卒劉渥嘯聚亡命數百人寇耀州富平縣謀入京兆其勢甚盛所過殺居民奪財物縱火而去關右騷然延廣率兵數百自間道追之會渥於富平西十五里渥衆已千餘人相持久之渥素悍延廣傳言我草間求活觀死如鴻毛耳侯公家世富貴奈何不思保守而與亡卒爭一旦之命於鋒鏑之下延廣怒因擊之挺身與渥鬬大樹下斷渥右臂渥脫走乘勢大破其衆渥創甚止谷中後數日為追兵所獲渥素號驍勇無敵至是為延廣所殺群盜喪氣

餘黨稍稍自歸關右以定上嘉之擢拜崇儀使淳化二年李繼遷始擾夏臺即命延廣領獎州刺史知靈州賜金帶名馬會趙保忠陰結繼遷朝廷命騎將李繼隆率兵問罪以延廣護其軍既而夏臺平保忠就縛手詔褒美錫賚甚厚師還留為延州鈐轄會節帥田重進老耄郡中不治以延廣同知州事兼緣邊都巡檢使先是延廣知靈州部下嚴整戎人悅服李繼遷素避其鋒監軍康贊元害其功誣奏延廣得虜情恐後倔強難制遽詔還以慕容德豐代之部內甚不治至道間繼遷寇靈州朝廷謀帥同知樞密院事錢若水稱延廣可使就拜寧州團練使知靈州兼兵馬都部署賜白金二千兩歲增給錢二百萬戎人塞道鄜傳餽餉皆不通延廣獨引數十騎之鎮戎人素服其威名皆相率引避二年春被病上遣御醫馳驛視之醫至疾已亟延廣謂中使李知信曰延廣自度必不起家世受國恩今日得死所矣但恨未立尺寸功以報上耳言訖而卒年五十上聞之為出涕賵賻甚厚以其子為六品正員官子紹隆東染院使帶御器械紹隆子宗亮右侍禁閤門祗候

張從恩并州太原人父存信振武軍節度後唐明宗

微時嘗隸存信麾下時從恩尚幼頗無賴明宗甚薄之及即位止授散秩從恩不得志乃退歸太原晉祖鎮河東為少帝娶從恩女晉初以外戚擢為右金吾衛將軍未幾改刺貝州遷北京副留守移授澶州防禦使歷樞密副使宣徽南院使權西京留守俄判三司安從進叛于襄陽以從恩為行營兵馬都監少帝嗣位襄陽平遷檢校太尉開封尹充東京留守少帝自鄴歸汴改鄴都留守錫賚加等仍賜銀裝肩輿二俾迎其家明年契丹擾河朔從恩僅能完守尋加同中書門下平章事是歲契丹將趙延昭據甘陵命從

恩為貝州行營都部署從恩至延昭遁去詔與杜重威合兵三萬北伐開運初改天平軍節度契丹復擾邊命十五將北征以從恩充北面行營都監二年移鎮晉州又改潞州及契丹入汴從恩欲降從事高防諫曰公晉室之親宜盡臣節從恩不聽乃棄城而去巡檢使王守恩悉取其家財以城歸漢漢祖至汴從恩惶懼不敢出漢祖召賜襲衣金帶鞍勒馬罷幣以安慰之尋拜右衛上將軍奉朝請周初遷左金吾衛上將軍周祖征兗州從恩從行世宗嗣位加檢校太師封褒國公宋初改封許國公久之以病免乾德四年卒年六十九

扈彥珂代州鴈門人幼事王建立以謹厚稱晉天福中建立節制潞州卒遺表薦彥珂得補河東節度左都押衙會漢祖自太原建號擢為宣徽南院使未幾授鎮國軍節度華商等州觀察處置等使乾祐初河中李守貞永興趙思綰鳳翔王景崇並據城叛周祖為樞密使總兵出征道出華州時議多以先討景崇思綰為便周祖意未決彥珂曰三叛連衡推守貞為主宜先擊河中河中平則永興鳳翔失勢矣今捨近圖遠若景崇思綰逆戰于前守貞兵其後腹背受敵

為之奈何周祖從其言及平河中以功遷護國軍節度時蒲人彫弊思得良帥鎮撫彥珂暗弱朝議少之廣順初就加同平章事移鎮滑州歲餘代歸與鳳翔趙暉俱獻縑帛請開宴不納以滑州李守貞宅賜之世宗嗣位授左衛上將軍顯德三年以老疾上章求退授開府儀同三司太子太師致仕歸西京太祖即位遣使就賜罷幣數月卒年七十五

薛懷讓其先戎人徙居太原少勇敢喜戰鬭後唐莊宗在鎮得隸帳下累歷軍職明宗時改神武右廂都校領奬州刺史東川董璋遣懷讓率本軍從晉祖討

賊賊平遷絳州刺史清泰初移申州明年表乞罷郡
赴代北軍力陳不允晉天福中范延光叛於鄴以懷
讓為招牧使及戰中流矢詔賜湯藥存問又歷沂遼
密懷四州刺史所至無善政頗事誅斂楊光遠反青
州召懷讓至闕賜襲衣玉帶為行營先鋒都指揮使
以功改宿州團練使會契丹南侵少帝幸澶州遣懷
讓與李守貞皇甫遇梁漢璋率兵萬人緣河而下以
守汶陽時契丹歲擾邊陲朝廷擇驍將守要郡命懷
讓為洺州團練使會符彥卿北討契丹以懷讓為馬
軍左廂排陣使又從北面都招討杜重威為先鋒都

指揮使及重威降契丹於中渡橋懷讓亦在籍中非
其志也契丹主北歸留麻答守鎮州麻答遣安健督
洺州供運懷讓聞漢祖舉義晉陽即殺安健奉表歸
漢漢祖遣郭從義分兵萬餘與懷讓取邢州時偽帥
劉鐸守邢臺堅壁拒之不克而還麻答遣副將楊安
以八百騎攻懷讓又命剛鐵將三百騎繼之懷讓戰
不勝退保本州契丹大掠其封內及麻答為鎮軍所
逐楊安亟遁鐸又納款漢祖懷讓乘其不虞遣人紿
鐸云我奉詔為邢州帥令率衆襲契丹請置頓于郡
鐸無拒心輙開門迎之懷讓殺鐸奪其城漢祖即授

以安國軍節度隱帝即位移鎮同州及殺楊邠等急
召懷讓至闕會北郊兵敗懷讓降于周祖周祖登位
賜襲衣金帶鞍勒馬遣還任加同平章事劉崇入寇
懷讓表求西征詔褒之夏陽富人張廷徽誣告趙隱
等五人為盜殺人且奪賂懷讓子有光懷讓知之即
諷吏掠治隱等強伏之遣掌書記李炳親校賈進家
追判官劉震等鍛成其獄隱等皆棄市家人詣闕訴
冤懷讓亦自入朝遽獻錢百萬請開宴不納俄捕獲
本賊下御史臺鞫問懷讓懼獻馬十匹復不納有司
請逮懷讓繫獄周祖以宿將釋不問杖流震等俄以

懷讓為左屯衛上將軍世宗即位加左武衛上將軍
顯德五年請老拜太子太師致仕恭帝即位封杞國
公建隆元年卒年六十九贈侍中懷讓好畜馬駞馬
有大烏小烏者尤奇駿漢隱帝使求之吝而不獻及
罷節鎮環衛祿薄猶有馬百匹橐駝三十頭傾資以
給芻粟朝夕閱視為娛家人屢勸諷以供費懷讓不
聽及死童僕皆剺面以哭蓋其俗也

趙贊字元輔本名霸後改焉幽州薊人祖德鈞後唐
盧龍節度封北平王父延壽尚明宗女興平公主至
樞密使忠武軍節度贊幼聰慧明宗甚愛之與諸孫

外孫石氏並育於六宅暇日因遍閱諸孫數十人目贊曰是兒令器也贊七歲誦書二十七卷應神童舉明宗詔曰都尉之子太尉之孫幼能誦書弱不好弄克彰庭訓宜錫科名可特賜童子及第仍附長興三年禮部春牓父之延壽出鎮宣武軍因奏署牙內都校清泰末晉祖起并門命延壽以樞密使將兵屯上黨德鈞將本軍自幽州來會時晉祖以契丹之援引兵南下德鈞父子降晉契丹主盡錮之北去贊獨與母公主留西洛天福三年晉祖命贊奉母歸薊門契丹署為金吾將軍數年契丹以延壽為范陽節度又

署贊為牙內都校開運末契丹主將謀南侵委政延壽及平原陷贊復受契丹署為河中節度延壽從契丹北歸贊得留鎮河中未幾漢祖起晉陽贊奉表勸進漢祖加檢校太尉仍鎮河中改京兆尹晉昌軍節度贊懼漢疑己潛遣親吏趙仙奉表歸蜀判官李恕者本延壽賓佐深所委賴至家事亦參之及贊出鎮從為上介至是恕語贊曰燕王入遼非所願也漢方建國必務懷柔公若泥首歸朝必保富貴狼狽入蜀理難萬全儻復不容後悔無及公能聽納請先入朝為公申理贊即遣恕詣闕漢祖見恕問贊何以附蜀

恕曰贊家在燕薊身受契丹之命自懷憂恐謂陛下終不能容招引西軍蓋圖茍免臣意國家甫定務安臣民所以令臣乞哀求覲漢祖曰贊之父子亦吾人也事契丹出於不幸今聞延壽落於陷穽吾忍不容贊耶恕未還贊已離鎮入朝即命為左驍衛上將軍徙恕邠州判官贊仕周歷左右羽林左龍武三統軍世宗南征初遣贊率師巡警壽州城外俄命為淮南道行營左廂排陣使世宗歸京留贊與諸將分兵圍壽春贊獨當東面諸將戰多不利贊獨持重自秋涉冬未嘗挫衂及受詔移軍尺椽片瓦悉輦而行城中

人無敢睥睨者會吳遣驍將魯公綰帥十餘萬衆泝淮奄至跨山為柵阻肥水俯瞰城中時大軍已解圍贊與大將楊承信將輕騎斷吳人饟路又獨以所部襲破公綰軍為流矢所中世宗再征壽春命造橋渦口以通濠泗令騎帥韓令坤董其役俾贊副之屬霖雨淮水漲溢濠人謀乘輕舟奄焚其橋贊覘知之設伏橋下濠人果至贊令強弩亂發殺獲甚衆及世宗移兵趣濠以牛革蒙大盾攻城贊親督役矢集于胄雖被重傷猶力戰遂拔其羊馬城刺史唐景思死焉團練使郭延請以城降世宗詔褒美之又以所部兵

巡撫滁和之間破吳人五百于石潭橋淮南平以戰功多授保信軍節度贊入視事盡去苛政務從寬簡居民便之恭帝即位加開府階宋初加檢校太師移忠正軍節度預平維揚歲餘改鎮延州受密旨許以便宜行事將及州境乃前後分置步騎綿綿不絕林莽之際遠見旌旗所部羌渾來迎無不懾服乾德六年移建雄軍節度秋命將征太原以贊為邠州路部署開寶二年太祖將討晉陽又以為河東道行營前軍馬步軍都虞候車駕薄城下分軍四面贊扼其西偏并人乘晦自突門潛犯贊壘贊率衆擊之久而方

退弩矢貫足太祖勞問數四賜良藥傅之四年改鎮鄜州太宗即位進封衛國公太平興國二年來朝未見而卒年五十五贈侍中贊頗知書喜為詩容止閑雅接士大夫以禮馭衆有方略其為政雖無異跡而吏民畏服亦近代賢帥也

李繼勳大名元城人周祖領鎮選隸帳下廣順初補禁軍列校累遷至虎捷左廂都指揮使領永州防禦使顯德初遷侍衛步軍都指揮使領昭武軍節度歲餘改領曹州世宗親征淮上令繼勳領兵屯壽州城南進洞屋雲梯以攻其城繼勳怠於守禦為其所敗死者數萬梯屋悉皆被焚召歸闕出為河陽三城節度議者以為失責帥之義及再幸壽春回左授繼勳右武衛大將軍又以其掌書記陳南金裨贊無狀并黜之顯德四年冬復從世宗南征及次迎鑾即命繼勳帥黑龍船三十艘於江口灘敗吳兵數千獲戰船二艘以功遷左領軍衛上將軍七月改右羽林統軍六年春世宗幸滄州以繼勳為戰棹左廂都部署前澤州刺史劉洪副之俄權知邢州恭帝即位授安國軍節度加檢校太傅宋初加檢校太尉太祖平澤潞繼勳朝于行在即以為昭義軍節度是秋率師入河

東燔平遙縣俘獲甚衆建隆二年冬又敗并軍千餘人斬首百餘級獲其遼州刺史傅廷彥及弟延勳來獻乾德二年詔與康延沼尹勳率步騎萬餘攻遼州太原將郝貴超領兵來援戰于城下繼勳大敗之州將杜延韜危蹙與拱衛都指揮使龔進兵馬都監供奉官侯美籍部下兵三千送款於繼勳即遣內供奉官都知慕容延忠入奏詔褒之未幾并人誘契丹步騎六萬人來取遼州復遣繼勳與羅彥瓌郭進曹彬等領六萬衆赴之大破契丹及太原軍於城下五年加同平章事開寶初將征河東以繼勳為行營前軍

都部署敗幷人於渦河二年太祖親征河東命繼勳為行營前軍都部署駕至城下分軍四面繼勳柵其南三年春移鎮大名太平興國初加兼侍中俄以疾求歸洛陽許之賜錢千萬白金萬兩是秋上表乞骸骨拜太子太師致仕朝會許綴中書門下班尋卒年六十二贈中書令繼勳累歷藩鎮所至無善政然以質直稱信奉釋氏與太祖有舊故特承寵遇弟繼偓亦有武勇周顯德末補內殿直宋初累歷軍職開寶中為步軍副都軍頭太平興國三年遷內外馬步軍副都軍頭坐事改右衛率府率六年加本衛將軍領

獎州刺史累至龍衛右廂都指揮使領本州團練使繼勳子守恩至如京使守元至北作坊使守徽為崇儀副使

藥元福幷州晉陽人幼有膽氣善騎射初事邢帥王檀為廳頭軍使以勇敢聞事後唐為拱衛威和親從馬鬬軍都校天平軍內外馬軍都指揮使晉天福中為深州刺史開運初契丹陷甘陵圍魏郡師次於河少帝駐軍澶淵契丹陣於城北東西連亘掩城兩隅登陴望之不見其際元福以左千牛衛將軍領兵居陣東偏澶民有馬破龍者告契丹曰先攻其東即浮梁可奪契丹信之盡銳來戰元福與慕容鄴各領二百騎為一隊躍出而鬬元福奮鐵撾擊契丹斃者數人左右馳突無不披靡契丹兵潰少帝登城見元福力戰召撫之曰汝奮不顧命雖古之忠烈無以過之元福三馬皆中流矢少帝擇名馬賜之明日將戰面授元福鄭州刺史為權臣所沮止刺原州俄改泰州明年契丹復入命元福與李守貞符彥卿皇甫遇張彥澤等禦之於陽城為右廂副排陣使晉師列方陣設拒馬為行砦契丹以奇兵出陣後斷糧道晉人乏水士馬飢渴鑿井未及泉土輒壞塞契丹順風揚塵

諸將皆曰彼勢甚銳俟風反與戰破之必矣守貞與元福謀曰軍中飢渴已甚若俟風反出戰吾屬為虜矣彼謂我不能逆風以戰宜出其不意以擊之此兵家之奇也元福乃率麾下騎開拒馬出戰諸將繼至契丹大敗追北二十餘里殺獲甚衆敵帥與百餘騎遁去以元福為威州刺史會靈武節度王令溫以漢法治蕃部西人苦之共謀為亂三族酋長拓跋彥超石存也廝褒率衆攻靈州令溫遣人間道入奏乃以河陽節度馮暉鎮朔方召關右兵進討以元福將行營騎兵元福與暉出威州土橋西遇彥超兵七千餘

邀暉行李元福轉戰五十里殺千級禽三十餘人又遣部校援出令温護送洛下朔方距威州七百里無水草號旱海師須齎糧以行至耀德食盡比明行四十里彥超等衆數萬布為三陣扼要路據水泉以待暉軍軍中大懼暉遣人賂以金帛求和解彥超許之使者往復數四至日中列陣如故元福曰彼知我軍飢渴邀我於險既許和解而日中未決此豈可信哉欲困我耳還延至暮則吾黨成禽矣暉驚曰柰何元福曰彼雖衆而精兵絶少依西山為陣者是也餘不足患元福請以麾下騎先擊西山兵公但嚴陣不動

俟敵少却當舉黃旗為號旗舉則合勢進擊敗之必矣暉然其策遂率衆進擊敵衆果潰元福即舉黃旗以招暉暉軍繼進彥超大敗橫尸蔽野是夕入清邊軍明日至靈州元福還郡詔賜暉元福衣帶繒帛銀器漢乾祐中從趙暉討王景崇於鳳翔時兵力寡弱不滿萬人蜀兵數萬來援景崇至寶鷄依山列柵都監李彥從以數千人擊蜀軍衆寡不敵漢軍少却元福領數百騎自後驅之下令還顧者斬衆皆殊死戰大敗蜀兵追至大散關殺三千餘人餘皆棄甲遁去鳳翔平以功遷淄州刺史周廣順初王彥超討徐州

叛將楊温以元福為行營兵馬都監數月克之率師還京改陳州防禦使未幾劉崇引契丹擾晉州命樞密使王峻率兵拒之以元福為西北面都排陣使軍過蒙坑崇夜燒營遁峻令元福與仇超陳思讓追至霍邑既行又遣止之元福謂思讓等曰劉崇召契丹擾邊志在疲弊中國今兵未交而遁宜追奔深入以挫其勢諸將畏懦遂止周祖知其事明年因調兵戍晉州謂左右曰去年劉崇之遁若從樂元福之言則無邊患矣俄與曹英向訓討慕容彥超於兖州元福為行營馬步軍都虞候詔元福自晉州率所部入朝

即遣東行賜六銖袍帶鞍馬器仗周祖謂曰比用曹州防禦使鄭璋我度彥超凶狡多計謀恐璋不能集事選爾代之已勑曹英向訓不令以軍禮見汝及至軍中英訓皆尊禮之當時有為宿將築連城以圍兖彥超晝夜出兵元福屢擊敗之遂閉壁不敢出十餘日元福營柵皆就又穴地及築土山百道攻其城會周祖親征元福以所部先入羊馬城諸軍鼓譟角進拔之以功授建雄軍節度世宗高平之戰劉崇敗走太原遂縱兵圍其城以元福為同州節度充太原四面壕砦都部署時攻具悉備城中危急以糧運不繼

詔令班師元福上言曰進軍甚易退軍甚難世宗曰一以委卿遂部分卒伍為方陣而南元福以麾下為後殿崇果出兵來追元福擊走之師還加檢校太尉移鎮陝州又歷定廬曹三鎮宋初加檢校太師九月卒年七十七贈侍中元福雖老筋骨不衰人或言其氣貌益壯當復領兵必大喜曲致禮待或加以贈遺時稱驍將

趙晁真定人初事杜重威為列校重威誅屬周祖鎮鄴中晁因委質麾下周祖開國擢為作坊副使慕容彥超據兖州叛以晁為行營步軍都監兖州平轉作

坊使晁自以逮事霸府復有軍功而遷拜不滿所望居常怏怏時樞密使王峻秉政晁疑其軋己一日使酒詬其第峻峻不之責世宗嗣位改控鶴左廂都指揮使領賀州刺史從征劉崇轉虎捷右廂都指揮使領本州團練使兼行營步軍都指揮使軍至河內世宗意在速戰令晁倍道兼行晁私語通事舍人鄭好謙曰賊勢方盛未易敵也宜持重以挫其銳好謙以所言入白世宗怒曰汝安得此言必他人所教言其人則舍爾不言當死好謙懼遂以實對世宗即命幷晁械於州獄軍迴始赦之及征淮南改虎捷左廂

領閬州防禦使充前軍行營步軍都指揮使又為緣江步軍都指揮使時李重進敗吳人于正陽以降卒三千人付晁晁一夕盡殺之世宗不之罪壽春平拜檢校太保河陽三城節度孟懷等州觀察措置等使恭帝即位加檢校太傅宋初加檢校太尉未幾以疾歸京師卒年五十二太祖甚悼之贈太子太師再贈侍中晁身長七尺儀貌雄偉好聚斂屢方鎮以賄聞以周初與宣祖分掌禁軍有宗盟之分故太祖常優禮之再加贈典焉子延溥

延溥周顯德中以父任補左班殿直宋初為鐵騎指

揮使開寶初太祖親征晉陽太宗守京邑延溥以所部為帳下牙軍轉殿前散員指揮使九年改鐵騎都虞候太宗即位遷散指揮都虞候領恩州刺史太平興國二年轉內殿直都虞候三年改馬步軍都虞候從平太原略地燕薊六軍扈從有後期至者帝怒欲寘于法延溥遂進曰陛下巡行邊陲以防禦外侮今契丹未殄而誅譴將士若舉後圖誰為陛下戮力乎帝嘉納之師還遷內外馬步軍都軍頭領本州防禦使五年殿前白進超卒即日以延溥為日騎天武左右廂都指揮使兼權殿前都虞候事坐遣親吏市竹

木所過關渡矯稱制免筭責授登州團練使令赴任是冬帝北巡至大名復以廷溥為本州防禦使即命為幽州東路行營壕砦都監詔修緣邊城壘逾年加凉州觀察使仍判登州又為鎮州兵馬都部署俄判霸州雍熙二年改蔚州觀察使判冀州會命曹彬等北征又與內衣庫使張紹勍引進副使董愿為幽州西北道行營都監師還命知貝州改滑州部署四年再知貝州以疾求代代未至卒年五十贈天德軍節度子承彬至內殿崇班承彬子咸一為虞部員外郎知宗正丞事咸熙天聖八年進士及第

論曰侯益在晉漢時數為反覆觀其受命契丹私交僞蜀赤岡之戰復夜謁周祖宗屬長幼遭景崇鯨鯢殆無噍類推其心迹豈懷貳之罰歟薛懷讓趙晁為将皆恐於殺降晁子廷溥能救後至之誅雖父子之親仁暴相戾有若是者餘皆逢時奮武致身榮顯扈彥珂請擊河中卒用其策愚者之一慮云

列傳卷第十三

列傳卷第十四　宋史二百五十五

開府儀同三司上柱國錄軍國重事前中書右丞相監修國史領經筵事都總裁臣脫脫等奉敕修

郭崇　楊廷璋　宋偓　向拱
王彥超　張永德　王全斌曾孫凱
康延澤王繼濤高彥暉附

郭崇應州金城人重厚寡言有方略初名崇威避周祖名止稱崇父祖俱代北酋長崇弱冠以勇力應募為卒後唐清泰中為應州騎軍都校晉祖割雲應地入為契丹崇恥事之奮身南歸歷鄆河中潞三鎮騎

軍都校開運中戍太原會漢祖起義以崇為前鋒入汴改護聖左第六軍都校領鄂州刺史改領富州從周祖平河中以功遷果州防禦使領護聖右廂都指揮使周祖鎮鄴以崇領行營騎軍兼天雄軍都巡檢使乾祐三年冬崇從周祖平國難與李筠拒慕容彥超於劉子陂走之以崇補侍衛馬軍都指揮使遣馮道等迎湘陰公贇於徐州將立之會契丹南侵周祖北征次于澶州為六軍推戴樞密使王峻在京師聞變遣崇率七百騎東拒贇遇於睢陽崇陣于牙門外贇懼登門樓呼崇曰汝等何遽至此崇曰澶州軍變

遣崇等來衛乘輿非有他也贇召崇升樓崇未敢登即遣道下與語崇乃登具言軍情有屬天命已定贇執崇手泣俛首久之俄而贇所領衛兵都校張令超以衆歸崇贇親將賈王等數怒目視道將害之贇曰汝輩勿草草此非關令公事崇即送贇就館舍廣順初領定武軍節度又為京城都巡檢使修城都部署兼知步軍公事未幾復升陳州為節鎮以潁州隸焉命崇為節度周祖親郊加同平章事出鎮澶州周祖不豫促還鎮所世宗立幷人侵潞州命崇與符彥卿出固鎮以禦之世宗親征又副彥卿為行營都部署

師還加兼侍中冬移真定尹成德軍節度四年世宗征淮南契丹出騎萬乘餘掠邊崇率師攻下束鹿縣斬數百級俘獲甚衆五年天清節崇來朝表求致政不允賜襲衣金帶器幣鞍勒馬遣之世宗平關南至靜安軍崇來朝恭帝嗣位加檢校太師宋初加兼中書令崇追感周室恩遇時復泣下監軍陳思誨密奏其狀因言常山近邊崇有異心宜謹備之太祖曰我素知崇篤於恩義蓋有所激發爾遣人覘之還言崇方對賓屬坐池潭小亭飲博城中晏然太祖笑曰果如朕言未幾來朝時命李重進為平盧軍節度重進

叛改命崇為節制乾德三年卒年五十八太祖聞之震悼贈太師子守璘至洛苑副使妻即明德皇后之姊也子允恭以父任授殿直至崇儀副使知常州卒次女為仁宗皇后天聖三年詔贈崇尚書令兼中書令守璘太尉寧國軍節度允恭太傅安德軍節度六年又詔追封崇英國公加贈守璘永清軍節度兼中書令允恭忠武軍節度兼侍中允恭子中庸左侍禁閤門祗候副使中和娶潁川郡王德彝女為西染院副使

楊廷璋字溫玉真定人家世素微賤有姊寡居京師

周祖微時欲聘之姊不從令媒氏傳言恐逼姊以告廷璋廷璋往見周祖歸謂姊曰此人姿貌異常不可拒姊乃從之周祖從漢祖鎮太原廷璋屢省其姊周祖愛其純謹姊卒留廷璋給事左右及出討三叛入平國難廷璋數獻奇計即位追冊廷璋姊為淑妃擢廷璋為右飛龍使廷璋固辭不拜頗推恩其父洪裕即令召洪裕赴闕以老病辭就拜金紫光祿大夫真定少尹廷璋歷皇城使昭義兵馬都監澶州巡檢使世宗自澶淵還京言廷璋有幹材遷客省使俄為河陽巡檢知州事涇帥史懿稱疾不朝周祖命廷璋往

代之将行謂之曰懿不就命卽圖之廷璋至屏左右以詔書示懿諭以禍福懿卽日載路俄聞周主崩廷璋嘔血不食者數日世宗立拜左驍衛大将軍充宣徽北院使征劉崇以為建雄軍節度在鎮數年頗有惠愛前後率兵入太原境拔仁義高壁等砦獲刺史軍校數十人俘其民數千戸獲兵器羊馬數萬計并人棄沁州二百里退保新城廷璋遂置保安與同白壁等十餘砦會隰州刺史孫議卒廷璋遣監軍李謙溥領州事謙溥至并人來攻其城議者以為宜速救之廷璋曰隰州城壁堅完并人奄至未能為攻城具

當出奇以破之乃募敢死士百餘人許以重賞由間道遣人約謙溥為内應既至卽銜枚夜擊城中鼓譟以出并人大潰追北數十里斬首千餘級獲器甲萬計奏至世宗喜曰吾舅真能禦寇詔褒之世宗自河東還加檢校太保顯德六年夏率所部入河東界下堡砦十三降巡檢使靳漢晁等三人恭帝卽位加檢校太傅宋初加檢校太尉吏民詣闕請立碑頌功德太祖命盧多遜撰文賜之李筠叛潛遣親信使齎蠟書求援鄰境廷璋獲之械送京師因上攻取之策卽下詔委以經略及車駕親征詔廷璋率所部入陰地

分賊勢賊平歸鎮是秋來朝改鎮邠州乾德四年移鄜州開寶二年召為右千牛衛上将軍四年卒年六十賻帛二百匹廷璋美鬚長上短下好修容儀雖見小吏未嘗懈惰善待士幕府多知名人在晉州日太祖命荆罕儒為鈐轄罕儒以廷璋周朝近親疑有異志每入府中從者皆持刀劍欲圖廷璋廷璋推誠待之殊不設備罕儒亦不敢發終亦無患議者以廷璋在涇州保全史懿陰德之報也洪裕少時嘗漁於貂裘陂忽有馳騎至者以二石鴈授洪裕一翼掩左一翼掩右曰吾北嶽使者也言訖忽不見是年生淑妃

明年生廷璋家遂昌盛廷璋子七人皆不為求官惟表其孫甥安崇勳得西頭供奉官崇勳後唐樞密使重誨子也廷璋子坦塤皆進士及第坦至屯田員外郎鹽鐵副使判官塤為都官郎中

宋偓河南洛陽人讌恭下士祖瑤唐天德軍節度燕中書令父廷浩尚後唐莊宗女義寧公主生偓廷浩歷石原房三州刺史晉初為汜水關使張從賓之叛力戰死之偓年十一以父死事補殿直遷供奉官晉祖嘗事莊宗每偓母入見詔令勿拜因從容謂之曰朕於主家誠無所靳但朝廷多事府庫空竭主所知

也今主居輦下新來爲憂當奉主居西洛以就豐泰命偓分司就養敕有司供給至於醯醢率有加等漢祖在晉陽遣其子承訓至洛奉書偓母與偓結昏即永寧公主也累授北京皇城使漢乾祐初拜右金吾衛大將軍駙馬都尉隱帝即位授昭武軍節度移鎮滑州周祖舉兵向闕時偓在鎮開門迎謁周祖深德之偓率所部兵從周祖至劉子陂隱帝衛兵悉走投周祖周祖謂偓曰至尊危矣公近親可亟去擁衛無令驚動偓策馬及御營軍已亂矣廣順初丁內艱服除授左監門衛上將軍世宗征淮南令偓與左龍武

統軍趙贊右神武統軍張彥超前景州刺史劉建於壽州四面巡檢師還以偓爲右神武統軍充行營右廂都排陣使又爲廬州城下副部署吳人大發舟師次東沛洲斷蘇杭之路世宗遣偓領戰艦數百艘襲之又遣大將慕容延釗率步騎而進水陸合勢大破之世宗嘗次于野有虎逼乘輿偓引弓射之一發而斃及江北諸州悉平畫江爲界世宗駐迎鑾命偓率舟師三千泝江而上巡警諸郡師還復授滑州節制又移鎮鄧州恭帝即位加開府儀同三司宋初加檢校太師遣領舟師巡撫江徼舒州團練使司超副之

李重進謀以揚州叛偓察其狀飛章以聞太祖令偓屯海陵以觀重進去就遂從征揚州爲行營排陣使及平以功改保信軍節度來朝從鎮華州會鑿池都城南命偓率舟師數千以習水戰車駕數臨觀焉五年改忠武軍節度開寶初太祖納偓長女爲后偓本名延渥以父名下字從水開寶初上言改爲偓三年徙邠州太平興國初加同平章事二年移定國軍節度四年從平太原又從征幽州詔偓與尚食使侯昭愿領兵萬餘攻城南面師還歸鎮五年冬車駕幸大名召偓詣行在詔知滄州六年封邢國公俄遷同州

九年又爲右衛上將軍雍熙中曹彬等北伐班師命偓知霸州歸闕端拱二年卒年六十四廢朝贈侍中謚莊惠中使護葬偓莊宗之外孫漢祖之壻女即孝章皇后近代貴盛鮮有其比子元靖至供備庫使元慶至供備庫副使元載元享並至左侍禁閤門祗候初孝章寢疾語晉國長公主曰我瞑目無他憂惟慮族屬不敦睦貽笑於人景德中偓幼子元翰果詣京府求析家財真宗聞之詔釋勿問仍諭其族屬務遵先后遺戒焉元慶子惟簡爲殿直惟易爲奉職

向拱字星民懷州河內人始名訓避周恭帝諱改焉

少倜儻負氣弱冠聞漢祖在晉陽招致天下士將往依之中途遇盜見拱狀貌雄偉意為富家子隨之將刼其財拱覺行至石會關殺所乘驢市酒會里中豪傑告其故咸出丁壯護拱至太原以策干漢祖漢祖不納客於周祖門下及周祖領節鎮署拱知客押牙周祖即位授宮苑使廣順中遷皇城使出監昭義屯軍并人領馬步十五都來侵拱與巡檢陳思讓逆戰於虒亭南殺三百餘人擒百人獲其帥王璠曹海金又敗其軍於壺關師還會征慕容彥超命為都監賜以六銖袍帶鞍勒馬器仗即日遣行賊平命為陝州

巡檢未幾改客省使知陝州會延州高允權卒其子紹基欲求繼襲即自領使務朝廷發禁兵戍守命拱權知州事俄遷內客省使嘗請禁州民賣軍裝兵器於西人從之所屬部落有侵盜漢戶者拱招其酋帥犒之令誓不敢侵犯召拜左神武大將軍宣徽南院使劉崇入寇遣馬軍樊愛能步軍何徽赴澤州令拱監護之世宗親征拱以精騎居陣中高平之捷以功兼義成軍節度河東行營前軍都監師還出鎮陝州先是晉末秦州節度何建以秦成階三州入蜀蜀人又取鳳州至是宰相王溥薦拱討之乃召拱與鳳翔

王景並率兵出大散關連下城砦復命拱為西南面行營都監蜀人聞鳳州急發卒五千餘出鳳州北堂倉鎮路行至黃花谷將絕周師糧道拱與王景偵知之命排陣使張建雄領兵二千直抵黃花谷又遣別將領勁卒千人出敵後截其歸路敵果為建雄所敗奔堂倉又為勁卒所逼合勢掩擊擒其監軍王巒孫韜等千五百餘由是劍門之下州邑營砦望風宵遁秦鳳階成平召歸宴於金祥殿賜襲衣金帶銀器繒帛鞍勒馬顯德二年世宗親征淮南以拱權東京留守兼判開封府事時揚州初平南唐令境上出師謀

收復韓令坤有棄城之意即驛召拱赴行在拜淮南節度依前宣徽使兼緣江招討使以令坤為副時周師久駐淮陽都將趙晁白廷遇等驕恣橫暴不相稟從惟務貪濫至有刼人妻女者及拱至戮其不奉法者數輩軍中肅然六月追叙秦鳳功加檢校太尉時周師圍壽春經年未下江淮草寇充斥吳援兵柵於紫金山與城中烽火相應而舒蘄和泰復為吳人所據拱上言欲且徙揚州之師併力攻壽春俟其城下然後改圖進取世宗從之拱乃封庫付揚州主者復遣本府牙將分部按巡城中秋毫不犯軍民感悅及

師行吳人有負糗糧以送者至壽春與李重進合勢以攻其城改淮南道招討都監敗淮南軍二千于黃蓍砦世宗再幸壽州召拱宴賜甚厚以爲武寧軍節度命領其屬駐鎮淮軍及克壽州以功加同平章事領武寧軍節度四年從歸德軍節度淮南平改山南東道節度俄充西南面水陸發運招討使恭帝即位加檢校太師河南尹西京留守宋初加兼侍中太祖征李筠拱迎謁至汜水言於上曰筠逆節久著兵力日盛陛下宜急濟大河踰太行乘其未集而誅之緩則勢張難爲力矣帝從其言卷甲倍道趨之筠果率兵南向聞車駕至惶駭走澤州城守遂見擒乾德初從郊祀畢封譙國公拱尹河南十餘年專治園林第舍好聲妓縱酒爲樂府政廢弛群盜晝劫太祖聞之怒移鎮安州命左武衛上將軍焦繼勳代之謂繼勳曰洛久不治選卿代之無復效拱爲也太平興國初進封秦國公來朝授左衛上將軍八年代王彥超判左金吾街仗事表獻西京長夏門北園詔以銀五千兩償之雍熙三年卒年七十五贈中書令咸平初真宗聞拱之後有寒餒流離者録其孫憚爲國子助教拱子德明至洛苑使昱大中祥符八年進士出身德明子悅爲虞部郎中

王彥超大名臨清人性溫和恭謹能禮下士少事後唐魏王繼岌從繼岌討蜀還至渭南會明宗即位繼岌遇害左右遁去彥超乃依鳳翔重雲山僧舍暉道人爲徒暉善觀人謂彥超曰子富貴人也安能久居此給資帛遣之時晉祖帥陝乃召至帳下委以心腹及移鎮太原將引兵南下遣從事桑維翰求援契丹以彥超從行天福初累遷奉德軍校再轉殿前散指揮都虞候領蒙州刺史漢初領岳州防禦使兼護聖左廂都校出爲復州防禦使周祖平內難後北征契丹以彥超爲行營馬步左廂都排陣使從周祖入汴時自彭門迎湘陰公入纘位會軍變周祖革命即命彥超權知徐州節度未行湘陰公舊校鞏廷美據州叛真拜彥超武寧軍節度命討之彥超督戰艦破其水砦乘勝拔之又與樞密使王峻拒劉崇於晉州彥超以騎兵進崇遁去授建雄軍節度復以所部追賊至霍邑賊步騎墮崖谷死者甚衆彥超歸鎮所俄改河陽三城節度移鎮河中顯德初加同平章事劉崇南寇命彥超領兵取晉州路東向邀擊從戰高平彥超自陰地關與符彥卿會兵圍汾州諸將請急攻彥

超曰城已危矣旦暮將降我士卒精銳儻驅以先登必死傷者衆少待之翌日州將董希顔果降遂引兵趣石州彥超親鼓士乘城躬冒矢石數日下之擒其守將安彥進獻行在師還改忠武軍節度加兼侍中詔率所部浚胡盧河城李晏口工未畢遼人萬餘騎來侵彥超擊敗之殺傷甚衆宰相李穀征淮南以彥超為前軍行營副部署敗淮南軍二千于壽州城下吳兵水陸來援穀退保正陽吳人躡其後會李重進兵至合勢急擊大敗吳人三萬餘衆追北二十餘里還改京兆尹永興軍節度六年夏移鎮鳳翔恭帝嗣

位加檢校太師西面緣邊副都部署宋初加兼中書令代還太祖與彥超有舊因幸作坊召從臣宴射酒酣謂彥超曰卿昔在復州朕往依卿何不納我彥超降階頓首曰勺水豈能止神龍耶當日陛下不留滯於小郡者蓋天使然爾帝大笑彥超翌日奉表待罪帝遣中使慰諭令赴朝謁未幾復以為永興軍節度又以其父光祿卿致仕重霸為太子少傅致仕乾德二年復鎮鳳翔三年丁外艱起復開寶二年為右金吾衛上將軍判街仗事太平興國六年封邠國公七年彥超語人曰人臣七十致仕古之制也我年六十

九當自知止明年表求致仕加太子太師給金吾上將軍祿彥超既得請盡斥去僕妾之冗食者居處服用咸遵儉約雍熙三年卒年七十三贈尚書令開寶初彥超自鳳翔來朝與武行德郭從義白重贊楊廷璋俱侍曲宴太祖從容謂曰卿等皆國家舊臣久臨劇鎮王事鞅掌非朕所以優賢之意彥超知旨即前奏曰臣無勲勞久冒榮寵今已衰朽願乞骸骨歸丘園臣之願也行德等竟自陳夙昔戰功及履歷艱苦帝曰此異代事何足論翌日皆罷行德等節鎮時議以此許彥超初彥超將致政每戒諸子曰吾累為統

帥殺人多矣身死得免為幸必無陰德以及後汝曹勉為善事以自庇及卒諸子果無違者宣化門內有大第園林甚盛不十餘年其家已鬻之矣孫克從咸平元年進士及第亦止於州縣

張永德字抱一并州陽曲人家世饒財曾祖丕尚氣節後唐武皇鎮太原急於用度多嚴選富家子掌帑庫或調度不給即坐誅沒入貲產丕為之滿歲府財有餘宗人政當次補其任率族屬泣拜請丕濟其急丕又為代掌一年鄉里服其義父頴事晉至安州防禦使永德生四歲母馬氏被出育於祖母事繼母劉

以孝聞周祖初為侍衛吏與頡善另以女妻永德永
德迎其母妻詣宋州時寇賊充斥乃易弊衣毀容儀
居委巷中有賊過即邀乞馬紿曰此悲田院耳賊即
舍去繇是免禍周祖為樞密使表永德授供奉官押
班乾祐中命賜潞帥常遇生辰禮幣遇周祖之外兄
弟也時周祖鎮鄴被讒族其家永德在潞州聞有密
詔授遇永德探知其意謂遇曰得非泄殺永德耶永
德即死無怨恐累君侯家耳遇愕然曰何謂也永德
曰姦邪蠹政郭公誓清君側願且以永德屬吏事成
足以為德不成死未晚遇以為然止令壯士嚴衛然

所以餽之甚厚親問之曰君視丈人事得成否永德
曰殆必成未幾周祖使至遇賀且謝曰老夫幾誤大
事初魏人柴翁以經義教里中有女後唐莊宗時備
掖庭明宗入洛遣出宮柴翁夫妻往迎之至鴻溝遇
雨甚踰旬不能前女悉取裝具計直千萬分其半以
與父母令歸魏曰兒見溝旁郵舍隊長項黵黑為雀
形者極貴人也願事之問之乃周祖也父母大愧然
終不能奪他日語周祖曰君貴不可言妾有緡錢五
百萬資君時不可失周祖因其資得為軍司柴翁好
獨寢人傳其能司寘問事一日晨起大笑不已妻問

之不對翁好飲其妻逼令飲極醉因漏言曰花項漢
作天子矣其妻頗露之遇亦微有聞未深言至是永
德故以此諷遇遇送永德歸周祖周祖登位封永德
妻為晉國公主授永德左衛將軍內殿直小底四班
都知加駙馬都尉領和州刺史逾年擢為殿前都虞
候領恩州團練使俄遷殿前都指揮使泗州防禦使
時年二十四顯德元年并州劉崇引契丹來侵世宗
親征戰于高平大將樊愛能何徽方戰退衂時太祖
與永德各領牙兵二千永德部下善左射太祖與永
德厲兵分進大捷降崇軍七千餘衆及駐上黨世宗

晝臥帳中召永德語曰前日高平之戰主將殊不用
命樊愛能而下吾將案之以法永德曰陛下欲固守
封疆則已必欲開拓疆宇威加四海宜痛懲其失世
宗擲枕於地大呼稱善翌日誅二將以徇軍威大振
進攻太原師薄城下永德與符彥卿史彥超北控忻
口以斷契丹援路太原城四十里周師去城三百步
圍之三匝自四月至六月攻之不克契丹援兵果至
彥超戰沒繼敗其衆二千餘衆遁去以永德領武信
軍節度師還徙義成軍節度時永德父頡為隸人曹
澄等所害因奔南唐會議南征永德請行自効許之

師至壽春劉仁贍堅壁不下永德出游兵誘之傍伏精騎每戰陽不利北退三十里伏兵突起夾攻大敗之仁贍僅以身免三年世宗親征至壽州城下仁贍執濠等三人檻送行在意求緩師詔賜永德俾其甘心太祖與永德領前軍至紫金山吳人列十八砦戰備嚴整敵壘西偏有高隴下瞰其營中永德選勁弓強弩伏隴旁太祖麾兵直攻第一砦戰陽不勝淮人果空砦出鬭永德亟登隴發伏馳入據之敵衆散走翌日又攻第二砦鼓譟而進始攻北門淮人開南門而遁時韓令坤在揚州復為吳人所逼欲退師世宗

怒遣永德率師援之又敗泗州軍千餘于曲溪堰俄屯下蔡時吳人以周師在壽春攻圍日急又恃水戰乃大發樓船蔽江而下泊于濠泗周師頗不利吳將林仁肇帥衆千餘水陸齊進又以船數艘載薪乘風縱火將焚周浮梁周人憂之俄而風反吳人稍却永德進兵敗之又夜使習水者沒其船下縻以鐵鏁引輕舸急擊吳人既不得進溺者甚衆奪其巨艦數十艘永德解金帶賞習水者乃距浮梁十餘步以鐵索千餘尺橫截長淮又維巨木自是備禦益堅矣俄又敗千餘衆於淮北岸獲戰船數十艘吳人多溺死詔

褒美之冬擢為殿前都點檢四年從克壽州還制授檢校太尉領鎮寧軍節度五年夏契丹擾邊命永德率步騎二萬拒之從世宗北伐還駐澶淵解兵柄加檢校太尉同中書門下平章事恭帝嗣位移忠武軍節度太祖即位加兼侍中永德入朝授武勝軍節度入覲召對後苑道舊故飲以巨觥每呼駙馬不名時幷汾未下太祖密訪其策永德曰太原兵少而悍加以契丹為援未易取也臣以每歲多設游兵擾其農事仍發間使以諜契丹絕其援然後可下也帝然之俄歸本鎮會出師討金陵永德以己貲造戰船數十

艘運糧萬斛自順陽沿漢水而下富民高進者豪橫莫能禁永德乃發其姦寘于法進潛詣闕誣永德緣險固置十餘砦圖為不軌太祖命樞密都承旨曹翰領騎兵察之詰其砦所進曰張侍中誅我宗黨殆盡希中以法報私憤爾翰以進授永德永德遽解縛就市笞而釋之時稱其長者太平興國二年來朝拜左衛上將軍五年坐市秦隴竹木所過矯制免關市筭降為本衛大將軍數月復舊秩六年進封鄧國公雍熙中連知滄雄定三州端拱元年拜安化軍節度召還為河北兩路排陣使屯定州嘗與契丹戰斬獲甚

泉二年丁内艱起復淳化初又代田重進知鎮州二年改泰寧軍節度兼侍中出判幷州兼幷代都部署永德明天文術嘗與僚佐會食有報遼兵寇州境者永德用太白萬勝訣占之語坐客曰彼雖以年月便利乘金而來反值歲星對逆兵家大忌必敗未幾折御卿捷報至衆始歎伏自五代用兵多姑息藩鎮頗㤼部下販鬻宋初功臣循習舊事太宗初即位詔群臣乘傳出入不得齎貨邀利及令人諸處圖回與民爭利永德在太原嘗令親吏販茶規利闌出徼外市羊為轉運使王嗣宗所發罷為左衛上將軍真宗即

位進封衛國公未幾判左金吾街仗事咸平初屢表請老授太子太師分司西京仍以其孫大理寺丞文蔚監務洛下以便就養二年冬契丹入邊帝將北巡以永德宿將召入對便殿賜坐訪以邊要以老不可從行留為東京内外都巡檢使三年制授檢校太師彰德軍節度知天雄軍俄以衰耄命還本鎮是秋卒年七十三遣内園使馮守規護柩還京師贈中書令諸孫遷秩者五人永德出母後適安邑劉祚及永德鎮南陽祚已卒迎母歸州廨起二堂與繼母劉並居劉卒馬預中參時年八十一太宗勞之賜冠帔封莒

國大夫人同母弟劉再思署子城使於市西里起大第聚劉族初永德寓睢陽有書生鄰居卧疾永德療之獲愈生一日就永德求汞五兩既得即置鼎中煑之成中金自是日與永德游一日告適淮上語永德曰後當相遇于彼永德曰吳境不通子何可去生曰吾自有術永德送行數舍懇求藥法生曰君當大貴吾不吝此慮損君福言訖而去及永德屯下蔡牙帳前後隊部曲八百人皆金銀刀槊繡旗幟永德善騎射左右分掛十的握十矢疾馳至發發必中淮民環觀有一僧睥睨永德遽召之乃睢陽書生也夜宿帳

中復求汞法僧曰始語君貴今不謬矣終能謹節當保五十年富貴安用此為然能降志禮賢當別有授公藥法者永德由此益罄家資延致方士故太祖以方外待之初睢陽書生嘗言太祖受命之兆以故永德潛意拱嚮太祖將聘孝明皇后也永德出緡錢金帛數千以助之故盡太祖朝而恩渥不替孫文蔚虞部員外郎文炳殿中丞

王全斌幷州太原人其父事莊宗為岢嵐軍使私畜勇士百餘人莊宗疑其有異志召之懼不敢行全斌時年十二謂其父曰此蓋疑大人有他圖願以全斌

為質必得繹父從其計果獲全因以隸帳下及莊宗入洛累歷內職同光末國有內難兵入宮城近臣宿將皆棄甲遁去惟全斌與符彥卿等十數人居中拒戰莊宗中流矢扶掖至絳霄殿全斌慟哭而去明宗即位補禁軍列校晉初從侯益破張從賓於汜水以功遷護聖指揮使周廣順初改護聖為龍捷以全斌為右廂都指揮使及討慕容彥超于兗州為行營馬步都校顯德中從向訓平秦鳳遂領恩州團練使俄遷領泗州防禦使從世宗平淮南復瓦橋關改相州留後宋初李筠以潞州叛全斌與慕容延釗由東路

會大軍進討以功拜安國軍節度詔令完葺西山堡砦不踰時而就建隆四年與洺州防禦使郭進等率兵入太原境俘數千人以歸進克樂平乾德二年冬又為忠武軍節度即日下詔伐蜀命全斌為西川行營前軍都部署率禁軍步騎二萬諸州兵萬人由鳳州路進討召示川陝地圖授以方略十二月率兵拔乾渠渡萬仞燕子二砦遂下興州蜀刺史藍思綰退保西縣敗蜀軍七千人獲軍粮四十餘萬斛進拔石圖魚關白水二十餘砦先鋒史延德進軍三泉敗蜀軍數萬擒招討使韓保正副使李進獲粮三十餘萬

斛既而崔彥進康延澤等逐蜀軍過三泉遂至嘉陵殺虜甚衆蜀人斷閣道軍不能進全斌議取羅川路以入延澤潛謂彥進曰羅川路險軍難並進不如分兵治閣道[illegible]與大軍會於深渡彥進以白全斌全斌然之命彥進延澤督治閣道數日成遂進擊金山砦破小漫天砦全斌由羅川趣深渡與彥進會蜀人依江列陣以待彥進遣張萬友等奪其橋會暮夜蜀人退保大漫天砦詰朝彥進延澤萬友分三道擊之蜀人悉其精銳來逆戰又大破之乘勝拔其砦蜀將王審超監軍趙崇渥遁去復與三泉監軍劉延祚大將

王昭遠趙彥韜引兵來戰三戰三敗追至利州北昭遠遁去渡桔柏江焚梁退守劍門遂克利州得軍糧八十萬斛自利州趨劍門次益光全斌會諸將議曰劍門天險古稱一夫荷戈萬夫莫前諸君宜各陳進取之策侍衛軍頭向韜曰降卒牟進言益光江東越大山數重有狹徑名來蘇蜀人於江西置砦對岸有渡自此出劍關南二十里至清強店與大路合可於此進兵即劍門不足恃也全斌等即欲卷甲赴之康延澤曰來蘇細徑不須主帥親往且蜀人屢敗併兵退守劍門莫若諸帥協力進攻命一偏將趨來蘇若

逵清強比擊劍關與大軍夾攻破之必矣全斌納其策命史延德分兵趨來蘇造浮梁於江上蜀人見梁成棄砦而遁昭遠聞延德兵趨來蘇至清強即引兵退陣於漢源坡留其偏將守劍門全斌等擊破之昭遠崇韜皆遁走遣輕騎進獲傳送闕下遂克劍州殺蜀軍萬餘人四年正月十三日師次魏城孟昶遣使奉表來降全斌等入成都旬餘劉廷讓等始自峽路至昶饋遺廷讓等及犒師並同全斌之至及詔書須賞諸軍亦無差降由是兩路兵相嫉蜀人亦構主帥遂不協全斌等先受詔每制置必須諸將僉議至是

雖小事不能即決俄詔發蜀兵赴闕人給錢十千未行者加兩月廩食全斌等不即奉命由是蜀軍憤怨人人思亂兩路隨軍使臣常數十百人全斌彥進及王仁贍等各保庇之不令部送蜀兵但分遣諸州牙校蜀軍至綿州果叛刼屬邑衆至十餘萬自號興國軍有蜀交州刺史全師雄者嘗為將有威惠士卒畏服適以其族赴闕下綿州遇亂師雄恐為所脅乃匿其家於江曲民舍後數日為亂兵所獲推為主帥全斌遣都監米光緒往招撫之光緒盡滅師雄之族納其愛女及橐裝師雄聞之遂無歸志率衆急攻綿州

為橫海指揮使劉福龍捷指揮使田紹斌所敗遂攻彭州遂刺史王繼濤殺都監李德榮據其城成都十縣皆起兵應師雄師雄自號興蜀大王開幕府置僚屬署節帥二十餘人令分據灌口導江郫新繁青城等縣彥進與張萬友高彥暉田欽祚同討之為師雄所敗彥暉戰死欽祚僅免賊衆益盛全斌又遣張廷翰張煦往擊之不利退入成都師雄分兵綿漢間斷閣道緣江置砦聲言欲攻成都自是邛蜀眉雅東川果遂渝合資簡昌普嘉戎榮陵十七州並隨師雄為亂郵傳不通者月餘全斌等甚懼時城中蜀兵尚餘

二萬全斌慮其應賊與諸將謀誘致夾城中盡殺之未幾劉廷讓曹彬破師雄之衆於新繁俘萬餘人師雄退保郫縣全斌仁贍又攻破之師雄走保灌口砦賊勢既衂餘黨散保州縣有陵州指揮使元裕者師雄署為刺史衆萬餘仁贍生擒之磔于成都市俄虎捷指揮使呂翰為主將所不禮因殺知嘉州客省使武懷節戰櫂都監劉漢卿與師雄黨劉澤合衆至五萬遂普州刺史劉楚信殺通判劉沂及虎捷都校馮紹又果州指揮使宋德威殺知州八作使王永昌及通判劉渙都監鄭光弼遂州牙校王可璙率州民為

亂位贍等討呂翰於嘉州翰敗走入雅州師雄病死
於金堂推謝行本為主羅七君為佐國令公與賊將
宋德威唐陶鼈據銅山旋為康延澤所破仁贍又敗
呂翰於雅州翰走黎州為下所殺棄屍水中後丁德
裕等分兵招輯賊衆始息全斌之入蜀也適屬冬暮
京城大雪太祖設氊帷於講武殿衣紫貂裘帽以視
事忽謂左右曰我被服若此體尚覺寒念西征將衛
犯霜雪何以堪處即解裘帽遣中黃門馳賜全斌仍
諭諸將以不徧及也全斌拜賜感泣初成都平命參
知政事呂餘慶知府事全斌但典軍旅全斌嘗語所

親曰我聞古之將帥多不能保全功名今西蜀既平
欲稱疾東歸庶免悔吝或曰今寇盜尚多非有詔旨
不可輕去全斌猶豫未決會有訴全斌及彥進破蜀
日奪民家子女玉帛不法等事與諸將同時召還太
祖以全斌等初立功雖犯法不欲辱以獄吏但令中
書問狀全斌等具伏詔曰王全斌王仁贍崔彥進等
被堅執銳出征全蜀彼畏威而納款尋馳詔以申恩
用示哀矜務敦綏撫應孟昶宗族官吏將卒士民悉
令安存無或驚擾而乃違戾約束侵侮憲章專殺降
兵擅開公帑豪奪婦女廣納貨財斂萬民之怨嗟致

群盜之充斥以至再勞調發方獲平寧洎命旋歸尚
欲含忍而銜冤之訴日擁國門稱其隱沒金銀犀玉
錢帛十六萬七百餘貫又擅開豐德庫致失錢二十
八萬一千餘貫遂令中書門下召與訟者質證其事
而全斌等皆引伏其令御史臺於朝堂集文武百官
議其罪於是百官定議全斌等罪當大辟請準律處
分乃下詔曰有征無戰雖舉於王師禁暴戢兵當崇
於武德蠢茲庸蜀自敗姦謀爰伐罪以宣威俄望風
而歸命遽令按堵勿犯秋毫庶德澤之涵濡俾生聚
之寧息而忠武軍節度王全斌武信軍節度崔彥進

董茲銳旅奉我成謀既居克定之全功宜體輯柔之
深意比謂不日清謐即時凱旋懋賞策勳抑有彝典
而罔思寅畏速此悔尤貪殘無厭殺戮非罪稽于偃
革職爾玩兵尚念前勞特從寬貸止停旄鉞猶委藩
宣我非無恩爾當自省全斌可責授崇義軍節度觀
察留後彥進可責授昭化軍節度觀察留後特建隨
州為崇義軍金州為昭化軍以處之仁贍責授右衛
大將軍開寶末車駕幸洛陽郊祀召全斌侍祠以為
武寧軍節度謂之曰朕以江左未平慮征南諸將不
遵紀律故抑卿數年為朕立法今已克金陵還卿節

錢仍以銀器萬兩帛萬匹錢千萬賜之全斌至鎮數月卒年六十九贈中書令天禧二年録其孫永昌為三班奉職全斌輕財重士不求聲譽寬厚容衆軍旅樂為之用黜居山郡十餘年怡然自得識者稱之子審鈞崇儀使富州刺史廣州兵馬鈐轄審鋭供奉官閤門祗候曾孫凱

凱字勝之祖審鈞嘗為永興軍駐泊都監以擊賊死遂家京兆饒於財凱散施結客日馳獵南山下以踐蹂民田捕至府時寇準守長安見其狀貌奇之為言全斌取蜀有勞而審鈞以忠義死當録其孤遂以為

三班奉職監鳳翔盩厔稅歷左右班殿直監益州市買院慶州合水鎮兵馬監押監在京草場先是守卒掃遺稈自入凱禁絶而衆欲害之事覺他監官皆坐故縱凱獨得免自右侍禁雄州兵馬監押擢閤門祗候定邢趙都巡檢使元昊反徙麟州都監嘗出雙烽橋染枝谷遇夏人破之又破龐青黃羅部再戰于伺候烽前後斬首三百餘級獲區落馬牛橐駝器械以數千計夏人圍麟州乘城拒鬬晝夜三十一日始解去特遷西頭供奉官代還邊寇猶鈔掠以為内殿崇班麟州路緣邊都巡檢使與同巡檢張岊護糧道于青眉浪寇猝大至與岊相失乃分兵出其後夾擊之復與岊合斬首百餘級又入兔毛川賊衆三萬凱以兵六千陷圍流矢中面鬬不解又斬首百餘級賊自蹂踐死者以千數遷南作坊副使後為并代州鈐轄管勾麟府軍馬事夏人二萬寇青塞堡凱出鞋邪谷轉戰四十里至杜胋川大敗之復得所掠馬牛以還經略使明鎬言凱在河外九年有功遂領資州刺史久之召還未及見會甘陵盜起即命領兵赴城下賊平拜澤州刺史知邠州未幾為神龍衛四廂都指揮使澤州團練使歷環慶并代定州路副都總管捧日天

武四廂綿州防禦使累遷侍衛親軍步軍副都指揮使涇州觀察使又徙秦鳳路辭日帝諭以唃氏木征交易阻絶頗有入寇之萌宜安静以處之凱至與主帥以恩信撫接遂復常貢召拜武勝軍節度觀察留後侍衛親軍馬軍副都指揮使卒年六十六贈彰武軍節度使謚莊恪凱治軍有紀律善撫循士卒平居與均飲食至臨陣援枹鼓毅然不少假故士卒畏信戰無不力前後與敵遇未嘗挫衄兔毛川之戰内侍宋永誠哭于軍中凱劾罷之尤篤好於故舊子緘緘子詵字晉卿能詩善畫尚蜀國長公主官至留後

康延澤父福晉護國軍節度兼侍中延澤天福中以
蔭補供奉官周廣順二年與李洪信入覲遣延澤
往巡檢遷内染院副使宋初從慕容延釗李處耘平
湖湘時荊南高保融卒其子繼沖嗣領軍事命延澤
齎書幣先往撫之且察其情偽及還盡得其機事因
前導大軍入境遂下荊峽以勞授正使乾德中征蜀
為鳳州路馬軍都監破白水閣子二砦進擊西縣三
泉獲韓保正由來蘇路會大軍克劍門及孟昶降延
澤以百騎先入成都安撫軍民盡封府庫而還就命
為成都府都監會全師雄復亂徙為晉州刺史時有

降兵二萬七千諸將懼為内應欲盡殺之延澤請簡
老幼疾病七千人釋之餘以兵衛還浮江而下賊若
來刼奪即殺之未晚諸將不能用俄出兵敗賊黨劉
澤三萬人復有王可璙率數郡賊兵來戰延澤擊走
之追北至合州又破可璙餘黨謝行本等擒羅七君
事平優詔嘉獎就命為東川七州招安巡檢使全斌
等得罪延澤亦坐貶唐州教練使開寶中起為供奉
官遷左藏庫副使坐與諸姪爭家財失官居西洛卒
兄延沼幼隸後唐明宗帳下仕晉祖為尚食使改散
指揮使都虞候興聖軍都指揮使出為隨澤二州刺

史周祖北征延沼與白文遇李彦崇曹奉金并從廣
順中為侍衛馬步軍都軍頭領信州刺史從世宗征
劉崇率兵攻遼州轉龍捷右廂都校領岳州防禦使
真拜蔡齊鄭楚四州防禦使晉潞二州兵馬鈐轄宋
初李重進叛以延沼為前軍馬軍都指揮使建隆四
年改懷州防禦使乾德六年命李繼勳等征河東以
延沼為先鋒都監太祖親征太原以延沼宿將熟練
邊事詔領兵屯潞州會以疾歸郡開寶二年卒年五
十八

王繼濤河朔人少給事漢祖左右乾祐初補供奉官

歷諸司副使仕周為右武衛大將軍淮南平為天長
軍使顯德五年遷和州刺史宋初為左驍騎大將軍
再遷左神武大將軍乾德二年命護徙治安陵隧道
大軍伐蜀為鳳州路壕砦使興元降王全斌命繼濤
權府事孟昶降全斌又遣繼濤與供奉官王守訥部
送昶歸闕守訥白全斌言繼濤問昶求宮妓金帛全
斌遂留繼濤止令守訥送昶俄詔以繼濤為彭州刺
史綿州軍亂刼全師雄為帥率衆攻彭州繼濤與都
監李德榮拒之德榮戰死繼濤身被八槍單騎走至
成都素與通事舍人田欽祚有隙會欽祚入朝乃誣

奏繼濤以他事太祖驛召繼濤將面質之道病卒詔曰故彭州刺史王繼濤先登擊賊身被重創優典未加齎志而殁故階州刺史高彥暉師師討賊奮不顧命垂老之年殞身鋒鏑永言痛悼不忘于懷宜各賜其家粟帛

高彥暉薊州漁陽人仕契丹為瀛州守將世宗北征以城來降遷耀階二州刺史王師伐蜀為歸州路先鋒都指揮使全師雄之亂崔彥進遣彥暉與田欽祚共討之至導江與賊遇賊據隘路設伏竹箐中官軍至遇伏發遂不利彥暉謂欽祚曰賊勢張大日將暮

請收兵詰朝與戰欽祚欲遁慮賊曳其後乃紿之曰公食厚祿遇賊畏縮何也彥暉復麾兵進欽祚潛遁去彥暉獨與部下十餘騎力戰皆死之時年七十餘彥暉老將練習邊事上聞其歿甚痛惜故並命優恤之

論曰郭崇感激昔遇發於垂涕太祖察其忠厚亟焚思晦之奏雖魏文不彊於楊彪宋武無猜於徐廣何以加之廷璋開懷以待罕儒宋偓抗章以察重進向拱獻謀以平上黨乘時建功各奮所長有足尚者王彥超起自戎昭歷典藩服引年高蹈武夫之貞至於自悔多殺垂戒後裔近乎仁人之用心張永德前朝勳伐夙識太祖潛懷尊奉雖有橋公祖之知而非人臣之不二心者矣乾德伐蜀之師未七旬而降款至諸將之功何可泯也王全斌黷貨殺降尋啓禍變太祖罪之而從八議之貸斯得馭功臣之道延澤能相地險豫謀屯備繼濤彥暉先登重傷殞沒無避咸可稱焉

列傳卷第十四

列傳卷第十五　宋史二百五十六

開府儀同三司上柱國錄軍國重事前中書右丞相監修國史領經筵事都總裁臣脫脫等奉

敕修

趙普 弟安易

趙普字則平幽州薊人後唐幽帥趙德鈞連年用兵民力疲弊普父迥舉族徙常山又徙河南洛陽普沈厚寡言鎮陽豪族魏氏以女妻之周顯德初永興軍節度劉詞辟為從事詞卒遺表薦普於朝世宗用兵淮上太祖拔滁州宰相范質奏普為軍事判官宣祖臥疾滁州普朝夕奉藥餌宣祖由是待以宗分太祖嘗與語奇之時獲盜百餘當棄市普疑有無辜者啓太祖訊鞫之獲全活者衆淮南平調補渭州軍事判官太祖領同州節度辟為推官移鎮宋州表為掌書記太祖北征至陳橋被酒臥帳中衆軍推戴普與太宗排闥入告太祖欠伸徐起而衆軍擐甲露刃諠擁麾下及受禪以佐命功授右諫議大夫充樞密直學士車駕征李筠命普與呂餘慶留京師普願扈從太祖笑曰若勝胄介乎從平上黨遷兵部侍郎樞密副使賜第一區建隆三年拜樞密使檢校太保乾德二年范質等三相同日罷以普為門下侍郎平章事集

賢殿大學士中書無宰相署敕普以為言上曰卿但進敕朕為卿署之可乎普曰此有司職爾非帝王事也令翰林學士講求故實竇儀曰今皇弟尹開封同平章事即宰相任也令署以賜普既拜相上視如左右手事無大小悉咨決焉是日普兼監修國史命薛居正呂餘慶參知政事以副之不宣制班在宰相後不知印不預奏事不押班但奉行制書而已先是宰相兼敕皆用內制普相止用敕非舊典也太祖數微行過功臣家普每退朝不敢便衣冠一日大雪向夜普意帝不出久之聞叩門聲普亟出帝立風雪中普惶懼迎拜帝曰已約晉王矣已而太宗至設重裀地坐堂中熾炭燒肉普妻行酒帝以嫂呼之因與普計下太原普曰太原當西北二面太原既下則我獨當之不如姑俟削平諸國則彈丸黑子之地將安逃乎帝笑曰吾意正如此特試卿爾五年春加右僕射昭文館大學士俄丁內艱詔起復視事遂勸帝遣使分詣諸道徵丁壯籍名送京師以備守衛諸州置通判使主錢穀由是兵甲精銳府庫充實開寶二年冬普嘗病車駕幸中書三年春又幸其第撫問之賜賚加等六年帝又幸其第時錢王俶遣使致書於普及海

物十瓶置於廡下會車駕至倉卒不及屏帝顧問何物普以實對上曰海物必佳即命啓之皆瓜子金也普惶恐頓首謝曰臣未發書實不知帝嘆曰受之無妨彼謂國家事皆由汝書生爾普為政頗專廷臣多忌之時官禁私販秦隴大木普嘗遣親吏詣市屋材聯巨筏至京師治第吏因之竊貨大木冒稱普市貨鬻都下權三司使趙玭廉得之以聞太祖大怒促令追班將下制逐普賴王溥奏解之故事宰相樞密使每候對長春殿同止廬中上聞普子承宗娶樞密使李崇矩女即令分異之普又以隙地私易尚食蔬圃

以廣其居又營邸店規利盧多遜為翰林學士因召對屢攻其短會雷有鄰擊登聞鼓訟堂後官胡贊李可度受賕骫法及劉偉偽作攝牒得官王洞嘗納賂可度趙孚授西川官稱疾不上皆普庇之太祖怒下御史府按問悉抵罪以有鄰為秘書省正字普恩益替始詔參知政事與普更知印押班奏事以分其權未幾出為河陽三城節度檢校太傅同平章事太平興國初入朝改太子少保遷太子太保頗為盧多遜所毀奉朝請數年鬱鬱不得志會柴禹錫趙鎔等告秦王廷美驕恣將有陰謀竊發帝召問普言願備樞

軸以察姦變退又上書自陳預聞太祖昭憲皇太后顧託之事辭甚切至太宗感悟召見慰諭俄拜司徒兼侍中封梁國公先是秦王廷美班在宰相上至是以普勳舊再登元輔表乞居其下從之及涪陵事敗多遜南遷皆普之力也八年出為武勝軍節度檢校太尉兼侍中帝作詩以餞之普奉而泣曰陛下賜臣詩當刻石與臣朽骨同瘞泉下帝為之動容翌日謂宰相曰普有功國家朕昔與游今齒髮衰矣不容煩以樞務擇善地處之因詩什以導意普感激泣下朕亦為之墮淚宋琪對曰昨日普至中書執御詩涕泣

謂臣曰此生餘年無階上答庶希來世得效犬馬力臣昨聞普言今復聞宣諭君臣始終之分可謂兩全雍熙三年春大軍出討幽薊久未班師普手疏諫曰伏覩今春出師將以收復關外屢聞克捷深快輿情然晦朔屢更荐臻炎夏飛輓日繁戰鬭未息老師費財誠無益也伏念陛下自翦平太原懷徠閩浙混一諸夏大振英聲十年之間遂臻廣濟遠人不服自古聖王置之度外何足介意竊慮邪諂之輩蒙蔽睿聰致興無名之師深蹈不測之地臣載披典籍頗識前言竊見漢武時主父偃徐樂嚴安所上書及唐相姚

元崇獻明皇十事忠言至論可舉而行伏望萬機之暇一賜觀覽其失未遠雖悔可追臣竊念大發驍雄動搖百萬之衆所得者少所喪者多又聞戰者危事難保其必勝兵者凶器深戒於不虞所繫甚大不可不思臣又聞上古聖人心無固必事不凝滯理貴變通前書有兵久生變之言深為可慮苟或更圖稽緩轉失機宜旬朔之間時涉秋序邊庭早涼弓勁馬肥我軍久困切慮此際或誤指蹤臣方冒寵以守藩爲敢興言而沮衆蓋臣已日薄西山餘光無幾酬恩報國正在斯時伏望速詔班師無容玩敵臣復有全策

願達聖聰望陛下精調御膳保養聖躬挈彼疲氓轉之富庶將見邊烽不警外户不扃率土歸仁殊方異俗相率嚮化契丹獨將焉往陛下計不出此乃信邪諂之徒謂契丹主少事多所以用武以中陛下之意陛下樂禍求功以為萬全臣竊以為不可伏願陛下審其虛實究其妄謬正姦臣誤國之罪罷將士伐燕之師非特多難興王抑亦從諫則聖也古之人尚閶尸諫老臣未死豈敢面諛為安身之計而不言哉帝賜手詔曰朕昨者興師選將止令曹彬米信等頓於雄霸裹糧坐甲以張軍聲俟一兩月間山後平定潘

美田重進等會兵以進直抵幽州然後控扼險固恢復舊疆此朕之志也柰何將帥等不遵成筭各騁所見領十萬甲士出塞遠鬬速取其郡縣更還師以援輜重往復勞弊為遼人所襲此責在主將也況朕踵百王之末粗致承平蓋念彼民陷於邊患將救焚而拯溺匪黷武以佳兵卿當悉之也疆埸之事已為之備卿勿為憂卿社稷元臣忠言苦口三復來奏嘉愧實深普表謝曰昨以天兵久駐塞外未克恢復漸及炎蒸事危勢迫輒陳狂狷甘俟憲章陛下特鑑衷誠親紆宸翰密諭聖謀臣竊審命師討罪信為上策將

帥能遵成筭必可平定惟其不副天心由茲敗事今既邊鄙有備更復何虞況陛下登極十年坐隆大業無一物之失所見萬國之咸寧所宜端拱穆清嗇神和志自可遠繼九皇俯觀五帝豈必窮邊極武與契丹較勝負哉臣素虧壯志矧在衰齡雖無功伐願竭忠純觀者咸嘉其忠四年移山南東道節度自梁國公改封許國公會詔下親耕籍田普表求入覲辭甚懇切上惻然謂宰相曰普開國元臣朕所尊禮宜從其請既至慰撫數四普嗚咽流涕陳王元僖上言曰臣伏見唐太宗有魏玄成房玄齡杜如晦明皇有姚

崇宋璟魏知古皆任以輔弼委之心膂財成帝道康
濟九區宗祀延洪史策昭煥良由登用得其人也今
陛下君臨萬方焦勞庶政宵衣旰食以民為心歷考
前王誠無所讓而輔相之重未偕曩賢況為邦在於
任人任人在乎公正公正之道莫先於賞罰斯為政
之大柄也苟賞罰匪當淑慝莫分朝廷紀綱漸致隳
紊必須公正之人典掌衡軸直躬敢言以辨得失然
後彝倫式序庶務用康伏見山南東道節度使趙普
開國元老參謀締構厚重有識不妄希求恩顧以全
祿位不私徇人情以邀名望此真聖朝之良臣也竊

聞憸巧之輩朋黨比周衆口嗷嗷惡直醜正恨不斥
逐遐徼以快其心何者蓋慮陛下之再用普也然公
讜之人咸願陛下復委以政啓沃君心羽翼聖化國
有大事使之謀之朝有宏綱使之舉之四目未察使
之明之四聰未至使之達之官人以材則無竊祿致
君以道則無苟容賢愚洞分玉石殊致當使結朋黨
以馳騖聲勢者氣索縱巧佞以援引儕類者道消沈
寘廢滯得以進名儒懿行得以顯大政何患乎不舉
生民何患乎不康匪踰期月之間可臻清靜之治臣
知慮庸淺發言魯直伏望陛下旁采群議俯察物情

苟用不失實邦國大幸籍田禮畢太宗欲相呂蒙正
以其新進藉普舊德為之表率册拜太保兼侍中帝
謂之曰卿國之勳舊朕所毗倚古人恥其君不及堯
舜卿其念哉普頓首謝時樞密副使趙昌言與胡旦
陳象輿董儼梁顥厚善會旦令翟馬周上封事排毀
時政普深嫉之奏流馬周黜昌言等鄭州團練使侯
莫陳利用驕肆僭侈大為不法普廉得之盡以條奏
利用坐流商州普固請誅之其嫉惡彊直皆此類李
繼遷之擾邊普建議以趙保忠復領夏臺故地因令
圖之保忠反與繼遷同謀為邊患時論歸咎於普頗

為同列所窺不得專決舊制宰相以未時歸第是歲
大熱特許普夏中至午時歸私第明年免朝謁止日
赴中書視事有大政則召對冬被疾請告車駕屢幸
其第省之賜予加等普遂稱疾篤三上表求致仕上
勉從之以普為西京留守河南尹依前守太保兼中
書令普三表懇讓賜手詔曰開國舊勳惟卿一人不
同他等無至固讓俟首塗有日當就第與卿為別普
捧詔涕泣因力疾請對賜坐移晷頗言及國家事上
嘉納之普將發車駕幸其第淳化三年春以老衰久
病令留守通判劉昌言奉表求致政中使馳傳撫問

凡三上表乞骸骨拜太師封魏國公給宰相奉料令養疾俟損日赴闕仍遣其弟宗正少卿安易齎詔書賜之又特遣使賜普詔曰卿頃屬微痾懇求致政朕以居守之重慮煩耆耋維師之命用表尊賢佇聞有瘳與朕相見今賜羊酒如別錄卿宜愛精神近醫藥強飲食以副朕眷遇之意七月卒年七十一卒之先一歲普生日上遣其子承宗齎器幣鞍馬就賜之承宗復命未幾卒次歲普已罷中書令故事無生辰之賜特遣普姪婿左正言直昭文館張秉賜之禮物普聞之因追悼承宗秉未至而普疾篤先是普遣親吏

甄潛詣上清太平宮致禱神為降語曰趙普宋朝忠臣久被病亦有冤累耳潛還普力疾冠帶出中庭受神言涕泗感咽是夕卒上聞之震悼謂近臣曰普事先帝與朕故舊能斷大事嚮與朕嘗有不足衆所知也朕君臨以來每優禮之普亦傾竭自效盡忠國家真社稷臣也朕甚惜之因出涕左右感動廢朝五日為出次發哀贈尚書令追封真定王賜謚忠獻上撰神道碑銘親八分書以賜之遣右諫議大夫范杲攝鴻臚卿護喪事賻絹布各五百匹米麪各五百石葬日有司設鹵簿鼓吹如式二女皆笄普妻和氏言願

為尼太宗再三諭之不能奪賜長女名志願號智果大師次女名志英號智圓大師初太祖側微普從之游既有天下普屢以微時所不足者言之太祖豁達謂普曰若塵埃中可識天子宰相則人皆物色之矣自是不復言普少習吏事寡學術及為相太祖常勸以讀書晚年手不釋卷每歸私第闔戶啟篋取書讀之竟日及次日臨政處決如流既薨家人發篋視之則論語二十篇也普性深沈有岸谷雖多忌克而能以天下事為己任宋初在相位者多齷齪循默普剛毅果斷未有其比嘗奏薦某人為某官太祖不用普

明日復奏其人亦不用明日普又以其人奏太祖怒碎裂奏牘擲地普顏色不變跪而拾之以歸他日補綴舊紙復奏如初太祖乃悟卒用其人又有群臣當遷官太祖素惡其人不與普堅以為請太祖怒曰朕固不為遷官卿若之何普曰刑以懲惡賞以酬功古今通道也且刑賞天下之刑賞非陛下之刑賞豈得以喜怒專之太祖怒甚起普亦隨之太祖入宮普立於宮門久之不去竟得俞允太宗入弭德超之譖疑曹彬不軌屬普再相為彬辨雪保證事狀明白太宗嘆曰朕聽斷不明幾誤國事即日竄逐德超遇彬如

舊祖吉守郡為姦利事覺下獄案劾爰書未具郊禮
將近太宗疾其貪墨遣中使諭旨執政曰郊赦可特
勿貸祖吉普奏曰敗官抵罪宜正刑辟然國家卜郊
肆類對越天地告于神明奈何以吉而隳陛下赦令
哉太宗善其言乃止真宗咸平初追封韓王二年詔
曰故太師贈尚書令追封韓王趙普識冠人彝才高
王佐翊戴興運光啓鴻圖雖呂望肆伐之勳蕭何指
縱之効殆無以過也自輔弼兩朝周旋三紀茂巖廊
之碩望分屏翰之劇權正直不回始終無玷謀猷可
復風烈如生宜預享於大烝永同休於宗祏茲為茂

典以答舊勳其以普配饗太祖廟庭普子承宗羽林
大將軍知潭鄆二州皆有聲承煦成州團練使弟固
安易固至都官郎中
安易字季和建隆初攝府州錄事參軍節度使折德
扆言其清幹遂命即真再遷河南府推官會普居相
位十年不赴調太平興國中歷華邢二鎮掌書記部
芻糧至太原城下拜監察御史知興元府轉殿中賜
緋魚袋先是兩川民輸稅者以鐵錢易銅錢安易言
其非便請許納鐵錢詔從之九年起拜宗正少卿知
定州會以曹璨知州徙安易為通判未幾代歸又表

求外任命知耀州留不遣命按視北邊事淳化中嘗
建議以蜀地用鐵錢準銅錢數倍小民市易頗為不
便請如劉備時令西川鑄大錢以十當百下都省集
議吏部尚書宋琪等言劉備時蓋患錢少因而改作
今安易之請反患錢多非經久計也而安易論請不
已仍募工鑄大錢百餘進之極其精好俄墜殿階皆
碎蓋鎔鑠盡其精液矣太宗不之詰猶嘉其用心賜
以金紫且遣其典鑄既而大有虧耗歲中裁得三千
餘緡衆議喧然遂罷之事具食貨志歷知襄廬二州
就遷宗正卿歸朝復領卿職時屬籍未備奏請纂錄

咸平初乃命梁周翰與安易同修安易略涉書傳性
強很好談世務而疎闊不可用初太宗嘗問農政安
易請復井田之制又以其家本燕薊多訪以邊事景
德初禮官詳定明德皇太后靈駕發引於京師壬地
權攢依禮埋懸重升祔神主安易上言禮云既虞作
主虞者已窆設吉祭也明未窆則未立虞主及神主
所以周制但鑿木為懸重以主神靈王后七月而窆
則埋懸重掩玄堂凶仗轀輬車龍輴之屬焚於柏城
訖始可立虞主吉仗還京備九祭復埋虞主然後立
神主升廟室自曠古至皇朝上奉祖宗陵廟行此禮

何以今日乃違典章苟且升祔方權攢妥立神主未
太塋輙埋懸重且棺柩未歸園陵則神靈豈入太廟
奈柏城未焚凶仗則凶儀唐突祖宗望約孝章近例
但於壬地權攢未立神主升祔凶儀一切祗奉俟丙
午年靈駕西去園陵東回祔廟如此則免於顛倒不
利國家乃詔有司再加詳定判禮院孫何等上言按
晋書羊太后崩廢一時之祀天地明堂去樂不作又
按禮王后崩五祀之祭不行既殯而祭所言五祀不
行則天地之祭不廢遂議以園陵年月不便須至變
禮從宜又緣先準禮文俟神主升祔畢方行享祀若

俟丙午歲則三年不祭宗廟禮文有闕況明德皇太
后德配先朝禮合升祔遂與史館檢討同共參詳以
為廟未祔則神靈不至伏恐祭祀難行攢既畢則葬
宫在郊可以塋禮比附遂按禮云塟者藏也欲人不
得而見也既不欲穿壙動土則龍輴攢木題湊象槨
上四柱如屋以覆盡塗之所合埋重一依近例便可
升祔神主安易妄言以凶仗為凶穢目群官為顛倒
指梓宫為棺柩令百司分析園陵凟瀆聖聽誣罔臣
下安易又云昔日覩群官盡公奉二帝諸后並先山
陵後祔廟今日覩群官顛倒奉明德皇太后獨先祔

廟後園陵者今詳當時先山陵後祔廟正為年月便
順別無陰陽拘忌今則年月未便理合從宜未埋重
則禮文不備未升祔則廟祭猶闕須從變禮以合聖
情無明德皇太后將赴權攢而安易所稱柏城未焚
凶仗則凶穢唐突祖宗按檀弓云喪之朝也順死者
之孝心也鄭玄注云謂遷柩於廟又云其哀離其室
也故至於祖考之廟而後行商朝而殯於祖周朝而
遂塟今亦遥辭宗廟而後行豈可以禮經所出目為
顛倒吉凶具儀謂之唐突𢀖又云孝章皇后至道元
年崩亦緣有所嫌避未赴園陵出京權攢之時不立

神主入廟直至至道三年西去園陵禮畢然後奉虞
主還京易神主祔廟以合典禮今詳當時文籍緣孝
章為太宗嫂氏上僊之時止輟五日視朝百官不曾
成服與今不同從初亦無詔命令住廟享今明德皇
太后母儀天下主上孝極曾顔況上僊之初即有遺
命權停享祀今按禮文固合如此安易荒唐庸昧妄
有援引以大功之親比三年之制欺罔君上乃至於
斯況安易以訐直自負所詆者無非良善以清要自
高所尚者無非鄙俗名宦之志老而益堅詩書之文
懵而不習本院所議並明稱典故旁考時宜雖曰從

權粗亦稽古請依元議施行從之安易又屢言陵廟事詞多鄙俚晚歲進趍不已時論嗤之二年卒年七十六贈工部尚書録其子承慶為國子博士孫從政為太常寺奉禮郎

論曰自古創業之君其居潜舊臣定策佐命樹事建功一代有一代之才未嘗乏也求其始終一心休戚同體貴為國卿親若家相若宋太祖之於趙普可謂難矣陳橋之事人謂普及太宗先知其謀理勢或然事定之後普以一樞密直學士立於新朝數年范王魏三人罷相始繼其位太祖不亟於酬功普不亟於

得政及其當揆獻可替否惟義之從未嘗以勳舊自伐偃武而修文慎罰而薄斂三百餘年之宏規若平昔素定一旦舉而措之太原幽州之役終身以輕動為戒後皆如其言家人見其斷國大議閉門觀書取決方冊他日竊視乃魯論耳昔傳說告商高宗曰學于古訓乃有獲事不師古以克永世匪說攸聞普為謀國元臣乃能矜式往哲蓍龜聖模宋之為治氣象醇正茲豈無助乎晚年廷羙多遜之獄大為太宗盛德之累而普與有力焉豈其學力之有限而猶有患失之心歟君子惜之

列傳卷第十五

列傳卷第十六　宋史二百五十七

開府儀同三司上柱國録軍國重事前中書右丞相監修國史領經筵事都總裁臣脫脫等奉勑修

吳廷祚子元輔 元載 元扆　李崇矩子繼昌

王仁贍　楚昭輔

李處耘子繼隆 繼和

吳廷祚字慶之并州太原人少頗讀書事周祖為親校廣順初授莊宅副使遷内軍器庫使知懷州入為皇城使會天平符彦卿移鎮大名以廷祚權知鄆州世宗即位遷右羽林将軍充内客省使未幾拜宣徽

北院使世宗征劉崇為北面都巡檢使師還權判澶州歸闕加右監門衛大将軍俄遷宣徽南院使判河南府知西京留守事汴河決命廷祚督丁壯數萬塞之因增築堤防自京城至臨淮數旬訖工世宗北征權東京留守是夏河決鄭州原武縣命廷祚發近縣丁壯二萬餘塞之師還以廷祚為左驍衛上将軍檢校太傅充樞密使恭帝即位加檢校太尉宋初加同中書門下三品以其父名璋故避之會李筠叛廷祚白太祖曰潞城岩險且阻太行賊據之未易破也筠素勇而輕若速擊之必離上黨來邀我戰猶獸亡其

藪魚脫於淵因可擒矣太祖遂親征以廷祚留守東
京無判開封府鎬果領兵來戰澤州南其衆敗走及
討李重進又為東京留守建隆三年夏帝謂之曰卿
掌樞務有年于茲與卿秦州以均勞逸明日制出恐
卿以離朕左右為憂故先告卿即以為雄武軍節度
先是秦州夕陽鎮西北接大藪多材植古伏羌縣之
地高防知州日建議就置采造務調軍卒分番取其
材以給京師西夏酋長尚波于率衆爭奪頗傷役卒
防捕繫其黨以狀聞上令廷祚代防賚詔赦尚波于
等夏人感悅是年秋以伏羌地來獻乾德二年來朝

改鎮京兆開寶四年長春節來朝俄遇疾車駕臨問
命爇艾灸其腹遣中使王繼恩監視之未幾卒年五
十四贈侍中官給塟事廷祚謹厚寡言性至孝居母
喪絕水漿累日好學聚書萬餘卷治家嚴肅尤崇奉
釋氏子元輔元載元範元裒元吉元慶元範元慶仕
皆至禮賓副使元吉閤門祗候元吉子昭允太子中
舍元慶子守仁內殿崇班

元輔字正臣頗好學善筆札周廣順中以父任補供
奉官世宗嗣位遷洛苑使宋初授左驍衛將軍澶州
巡檢累官至定州鈐轄卒年四十八子昭德昭遜昭
普並閤門祗候

元載建隆初授太子右春坊通事舍人賜緋魚袋廷
祚出鎮秦雍並補衙門都校廷祚卒授供奉官太平
興國三年加閤門祗候與太祝毋賓古使契丹九年
擢為西上閤門副使出知陝州雍熙三年徙知秦州
州民李益者為長道縣酒務官家饒於財僮奴數千
指恣橫持郡吏短長長吏而下皆畏之民負息錢者
數百家郡為督理如公家租調獨推官馮伉不從益
遣奴數輩伺伉按行市中拽之下馬因毀辱之先是
益厚賂朝中權貴為庇護故累年不敗及伉屢表其

事又為邸吏所匿不得達後因市馬譯者附表以聞
譯因入見上其表帝大怒詔元載逮捕之詔書未至
京師權貴已報益益懼亡命元載以聞帝愈怒詔州
郡物色急捕之獲於河中府民郝氏家鞫于御史府
具得其狀斬之盡沒其家益子仕衡先舉進士任光
祿寺丞詔除籍終身不齒益之伏法民皆飯僧相慶
端拱初遷西上閤門使淳化二年加領富州刺史俄
徙知成都府蜀俗奢侈好遊蕩民無贏餘悉市酒肉
為聲技樂元載禁止之吏民細罪又不少貸人多怨
咎及王小波亂元載不能捕滅受代歸闕而成都不

守時李仕衡通判華州常衡元載因事殺其父伺元載至闕遣人閱行裝收其關市之稅元載拒之仕衡抗章疏其罪坐責郢州團練副使移單州以疾授左衛將軍致政卒年五十三子昭明為內殿崇班昭矩太子中舍

元扆字君華太平興國八年選尚太宗第四女蔡國公主授左衛將軍駙馬都尉明年正月領愛州刺史是冬領本州團練使雍熙三年有事北邊元扆表求試劇郡命知鄆州逾年召入尋知河陽還朝改鄜州觀察使特詔朝會序班次節度使奉祿賜予悉增之

再知河陽淳化元年以主疾召還主薨復遣之任五年秋霖河溢奔注溝洫城壘將壞元扆躬涉泥滓督工補塞民多構木樹杪以避水元扆命濟以舟楫設餅餌以食時澶陝悉罹水災元扆所部賴以獲安真宗即位換安州觀察使俄知澶州咸平三年轉運使劉錫上其治狀詔書嘉奬遷寧國軍留後知定州時王超王繼忠領兵踰唐河與遼人戰元扆度其必敗乃急發州兵護河橋既而超軍果敗遼人乘之至橋見陣兵甚盛遂引去考滿吏民詣闕貢馬疏其善政十事願借留樹碑表其德政詔褒之屬歲旱吏白召巫以土龍請雨元扆曰巫本妖民龍止獸也安能格天惟精誠可以動天乃集道人設壇潔齋三日百拜祈禱澍雨沾洽景德三年代歸拜武勝軍節度三年以陵域積水議埋掘溝澗命為脩諸陵都部署以內侍副都知閻承翰副之出知潞州初并代澤潞皆分轄戍卒後并於太原至是以元扆臨鎮遂分領澤潞晉絳磁隰威勝七州軍戎事委元扆專總之東封表求扈從命祀青帝禮畢加檢校太傅知徐州大中祥符四年以祀汾陰恩改領山南東道五月制書下元扆被疾卒年五十贈中書令謚忠惠子弟進秩者五

人五年塟元扆時上元欲觀燈帝為移次夕元扆性謹讓在藩鎮有憂民心待賓佐以禮喜讀春秋左氏聲色狗馬一不介意所得祿賜即給親族孤貧者將赴徐州請對言臣族屬至多其堪祿仕者皆為表薦餘皆均奉贍之公主有乳媼得入參宮禁元扆慮其去後妄有請託白上拒之真宗深所嘉嘆於帝壻中獨稱其賢及歿甚悼惜之且以元扆得疾本州不以聞詔劾其官屬子守禮至六宅使澄州刺史以帝甥特贈和州防禦使守嚴至內殿崇班天禧中錄守嚴子承嗣承緒並為殿直守良為內殿崇班守讓閤門

袛候

李崇矩字守則潞州上黨人幼孤貧有至行鄉里推服漢祖起晉陽次上黨史弘肇時為先鋒都校聞崇矩名召署親吏乾祐初弘肇總禁兵兼京城巡檢多殘殺軍民左右懼稍稍引去惟崇矩事之益謹及弘肇被誅獨得免周祖與弘肇素厚善即位訪求弘肇親舊得崇矩謂之曰我與史公受漢厚恩戮力同心共奬王室為姦邪所構史公卒罹大禍我亦僅免汝史氏家故吏也為我求其近屬吾將恤之崇矩上其母弟福崇矩素主其家盡籍財產以付福周祖嘉之以

崇矩隸世宗帳下顯德初補供奉官從征高平以功轉供備庫副使改作坊使恭帝嗣位命崇矩告哀於南唐還判四方館事宋初李筠叛命崇矩率龍捷驍武左右射禁軍數千人屯河陽以所部攻大會砦拔之斬首五百級改澤潞南面行營前軍都監與石守信高懷德羅彥瓌同破筠衆於碾子谷及平澤潞遣崇矩先入城收圖籍視府庫因上言曰上黨臣鄉里也臣父尚槀塟願護櫬歸京師許之賜予甚厚師還會判三司張美出鎮拜右監門衛大將軍充三司使從征李重進還為宣徽北院使仍判三司乾德二年

代趙普拜樞密使五年加檢校太傅時劒南初平禁軍校呂翰聚衆構亂軍多亡命在其黨中言者請誅其妻子太祖疑之以語崇矩崇矩曰叛亡之徒固當孥戮然案籍合誅者餘萬人太祖曰朕恐有被其驅率非本心者乃令盡釋之翰衆聞之亦稍稍自歸未幾翰敗歲開寶初從征太原會班師命崇矩為後殿次常山被病帝遣太醫診視命乘涼車還京師崇矩叩頭言涼車乃至尊所御是速臣死爾固辭得免時趙普為相崇矩以女妻普子承宗相厚善帝聞之不悅有鄭伸者客崇矩門下僅十年性險詖無行崇矩

待之漸薄伸銜之因上書告崇矩陰事崇矩不能自明太祖釋不問出為鎮國軍節度賜伸同進士出身以為酸棗主簿仍賜器幣襲衣銀帶六年崇矩入為左衛大將軍太平興國二年夏河防多決詔崇矩乘傳自陝至滄棣按行河堤是秋出為邕貴潯賓橫欽六州都巡檢使未幾移瓊崖儋萬四州都巡檢使麾下軍士咸憚於行崇矩盡出器皿金帛凡直數百萬悉分給之衆乃感悅時黎賊擾動崇矩悉抵其洞穴撫慰以己財遺其酋長衆皆懷附代還拜右千牛衛上將軍雍熙三年命代宋渥判右金吾街仗兼六軍

司事端拱元年卒年六十五贈太尉謚元靖崇矩性純厚寡言尤重然諾嘗事史弘肇及貴見其子孫必厚禮之振其乏絶在嶺海四五年恬不以炎荒嬰慮舊涉海者多𧧎舟以俟便風或旬餘或彌月崇矩往來皆一日而渡未嘗留滯士卒僮僕隨者皆無恙信奉釋氏飯僧至七十萬造像建寺尤多又喜黄白術自遠迎其人館於家以師之雖知其詐猶以為神仙試巳終無悔恨子繼昌

繼昌字世長初崇矩與太祖同府厚善每太祖誕辰必遣繼昌奉幣為壽嘗畀弱弓輕矢教以射法建隆

三年蔭補西頭供奉官太祖欲選尚公主崇矩謙讓不敢當繼昌亦自言不願崇矩亟為繼昌聘婦太祖聞之頗不悦開寶五年選魏咸信為駙馬都尉繼昌同日遷如京副使崇矩出華州補鎮國軍牙職入為右班殿直東頭供奉官監大名府商税歳課增羨會詔擇廷臣有勞者府以名聞丁外艱服闋授西京作坊副使淳化中齊鐵多盜命為登萊沂密七州都巡檢使至道二年蜀賊平餘黨頗嘯聚拜西京作坊使峽路二十五州軍捉賊招安都巡檢使旋改兵馬鈐轄賊酋喻雷燒者久為民患以金帶遺繼昌繼昌僞納之賊懈不設備因掩殺之進西京左藏庫使咸平三年王均亂蜀與雷有終上官正石普同受詔進討砦于城西門賊忽開城僞遁有終等各以所部徑入繼昌覺亟止之不聽因獨還砦賊果閉關發伏悉陷之有終等僅以身免繼昌拔堵如故所部諸校聞城中戰聲泣請引去繼昌曰吾位最下當俟主帥命是夕有終馳報至徙繼昌屯鴈橋門三月破彌牟砦斬首千級大獲器仗進逼魚橋門均脱走繼昌入城嚴戒部下無擾民者獲婦女童幼置空寺中俟事平遣還其家繼昌急領兵追賊至資州聞均梟首乃還以

功領獎州刺史俄知青州入掌軍頭引見司景德二年將幸澶州遣先赴河上給諸軍鎧甲遼人請和欲近臣充使乃令繼昌與其使姚東之偕詣遼部俄與韓杞同至行在及遼人聘至又命至境首接伴尋擢為西上閤門使三年又副任中正使契丹是冬將朝陵寢以汝州近洛衛兵所駐命知州事兼兵馬鈐轄駕還召歸出知延州兼鄜延路鈐轄大中祥符元年進秩東上閤門使俄以目疾求歸京師入對勞問再三遣尚醫診視假滿仍給以奉少愈令樞密院傳旨將真拜刺史復任延安繼昌以疾表求休致未幾改

右驍衛大将軍領郡如故祀汾陰留為京師新城巡檢鈐轄改左神武軍大将軍權判右金吾街仗其子遵勗尚萬壽長公主天禧初主誕日邀繼昌過其家迎拜為壽帝知之寵以襲衣金帶器幣珍果美饌賜之翌日主入對帝問繼昌彊徤能飲食拜連州刺史出知涇州表求兩朝御書及謁拜諸陵皆許之二年冬卒年七十二遣中使護櫬以歸錄其子贊善大夫文晟為殿中丞殿直文旦為侍禁繼昌性謹厚士大夫樂與之遊為治尚寬所至民懷之任峽路時與上官正聯職正殘忍好殺嘗有縣胥護芻糧地遠後期

正令斬之繼昌徐為解貸焉鄭伸者早死其母貧餓嘗詣繼昌乞丐家人競前詬逐繼昌召見與白金百兩時人稱之遵勗初尚主詔升為崇矩子授昭德軍留後駙馬都尉

王仁贍唐州方城人少倜儻不事生產委質刺史劉詞詞遷永興節度署為牙校詞将卒遺表薦仁贍材可用太祖素知其名請於世宗以隸帳下宋初授武德使出知秦州改左飛龍使建隆二年遷右領軍衛将軍充樞密承旨高繼冲請命以仁贍為荆南巡檢使繼冲入朝命知軍府乾德初遷左千牛衛大将軍不踰月加內客省使二年春召赴闕擢為樞密副使七月加左衛大将軍興師討蜀命仁贍為鳳州路行營前軍都監蜀平坐没入生口財貨殺降兵致蜀土擾亂責授右衛大将軍初劒南之役大将王全斌等貪財軍政廢弛寇盜充斥太祖知之每使蜀來者令陳全斌等所入賄賂子女及發官庫分取珠金等事盡得其狀及全斌等歸帝詰仁贍仁贍歷詆諸将過失欲自解帝曰納李廷珪妓女開豐德庫取金寶豈全斌輩邪仁贍不能對廷珪故蜀将也帝怒令送中書鞫全斌等罪仁贍以新立功第行降黜而已帝幸

洛以仁贍判留守司三司兼知開封府事及召沈倫赴行在以仁贍為東京留守兼大內都部署駕還遂判三司俄命權宣徽北院事太平興國初拜北院使兼判如故加檢校太保四年親征太原充大內部署仍判留守司三司總轄裏外巡檢司公事師還加檢校太傅五年仁贍廉得近臣戚里遣人市竹木秦隴間聯巨筏至京師所過關渡矯稱制免筭既至厚結有司悉官市之倍收其直仁贍密奏之帝怒以三司副使范旻戶部判官杜載開封府判官呂端屬吏旻載具伏閤上為市竹木入官端為秦府親吏喬瓘請

託執事者貶旻為房州司户載均州司户端商州司户判四方館事程德玄武德使劉知信翰林使杜彦圭日騎天武四廂都指揮使趙延溥武德副使竇神興左衛上將軍張永德左領軍衛上將軍祁廷訓駙馬都尉王承衎石保吉魏咸信並坐販竹木入官責降罰奉是歲車駕北巡命仁贍為大内部署七年春以政事與僚屬相矛盾爭辯帝前仁贍辭屈責授右衛大將軍翌日改唐州防禦使月給奉錢三十萬仁贍之獲罪也兵部郎中判勾院宋琪及三司判官並降秩先是仁贍掌計司殆十年恣下吏為奸怙恩寵

無敢發者前年發范旻等事中外益畏其口會屬吏陳恕等數人率以曒察不畏強禦自任因議本司事有不愜者朝參日恕獨出班持狀奏其事帝詰之仁贍屈伏帝怒甚故及於譴而恕等悉獎擢琪與恕等聯事始合謀同奏至帝前而宋琪猶附會仁贍故亦左降仁贍既失權勢因快快成疾數日卒年六十六後帝因言及三司財賦謂宰相趙普等曰王仁贍領邦計積年恣吏為姦諸場院官皆隱没官錢以千萬計朕悉令罷之命使分掌仁贍再三言恐虧舊數朕拒之未踰年舊獲千緡者為一二萬緡萬緡者為六七萬緡其利數倍用度既足儻遇水旱即可免民租稅仁贍心知其非頗亦懟悖朕優容之子昭雍為崇儀副使

楚昭輔字拱辰宋州宋城人少事華帥劉詞詞卒事太祖隸麾下以才幹稱甚信任之陳橋師還昭憲太后在城中太祖憂之遣昭輔問起居昭輔具言士衆推戴之狀太后乃安宋初為軍器庫使太祖親討澤潞及征淮揚並以昭輔為京城巡檢建隆四年權知揚州使江表還命鈎校左藏庫金帛數日而畢條對稱旨開寶四年帝以其能心計拜左驍衛大將軍權

判三司六年遷樞密副使九年命權宣徽南院事太平興國初拜樞密使三年加檢校太傅從征太原加檢校太尉俄以足疾請告帝親臨問以所居湫隘命有司廣之昭輔慮侵民地固讓不願治帝嘉其意賜白金萬兩令別市第昭輔被疾家居近一歲始以石熙載代之昭輔不求解職上亦不忍罷會郊祀畢罷為驍騎衛上將軍踰年卒年六十九廢朝贈侍中命中使護其喪歸葬鄉里無子録其兄子吉為供奉官敏為殿直昭輔性勤介人不敢干以私然頗吝嗇前後賜予萬計悉聚而畜之嘗引賓客故舊至藏中縱

觀且曰吾無汗馬勞徒以際會得此吾爲國家守爾後當獻于上及罷機務悉以市善田宅時論鄙之初詞卒昭輔來京師問卜於瞽者劉悟悟爲筮卦曰汝遇貴人見奇表豐下者即汝主也宜謹事之汝當貴矣及見太祖狀貌如悟言遂委質焉咸平三年録第之子諒爲潛職大中祥符八年又録從孫鼎爲右班殿直吉至內殿崇班吉子隨敏子咸並進士及第隨爲太常博士咸屯田員外郎

李處耘潞州上黨人父肇仕後唐歷軍校至檢校司徒從討王都定州契丹來援唐師不利肇力戰死之

晉末處耘尚幼隨兄處疇至京師遇張彥澤斬關而入縱士卒剽略處耘年猶未冠獨當里門射殺十數人衆無敢當者會暮夜遂退迨曉復鬭又殺數人鬭未解有所親握兵聞難來赴遂得釋里中賴之漢初折從阮帥府州召置門下委以軍務從阮後歷鄧滑陝邠四節度處耘皆從之在新平日折氏甥詣闕誣告處耘之罪周祖信之黜爲宜祿鎮將從阮表雪其冤詔復隸麾下顯德中從阮遺表稱處耘可用會李繼勳鎮河陽詔署以右職繼勳初不爲禮因會將吏宴射處耘連四發中的繼勳大奇之令升堂拜母稍委郡務俾掌河津處耘白繼勳曰此津往來者懼有姦焉不可不察也居數月果得契丹諜者索之有與西川江南蠟書即遣處耘部送闕下太祖時領殿前親軍繼勳罷鎮世宗以處耘隸太祖帳下補都押衙會太祖出征駐軍陳橋處耘見軍中謀欲推戴遽白太宗與王彥昇謀召馬仁瑀李漢超等定議始入白太祖太祖拒之俄而諸軍大譟入驛門太祖不能卻處耘臨機決事謀無不中太祖嘉之授客省使兼樞密承旨右衛將軍從平澤潞遷羽林大將軍宣徽北院使討李重進爲行營兵馬都監賊平以處耘知揚

州大兵之後境內凋弊處耘勤於綏撫奏減城中居民屋稅民皆悅服建隆三年詔歸京師老幼遮道涕泣累日不得去拜宣徽南院使兼樞密副使賜甲第一區朗州軍亂詔慕容延釗率師討之以處耘爲都監入辭帝親授方略令會兵漢上先是朝廷遣內酒坊副使盧懷忠使荆南覘勢強弱使還具言可取之狀遂命處耘圖之處耘至襄州先遣閤門使丁德裕假道荆南請具薪水給軍荆人辭以民庶恐懼願供芻餼於百里外處耘又遣德裕諭之乃聽命遂令軍中曰入江陵城有不由路及擅入民舍者斬師次荆

門高繼冲遣其叔保寅及軍校梁延嗣奉牛酒犒師
且來覘也處耘待之有加諭令翌日先還延嗣大喜
令報繼冲以無虞荆門距江陵百餘里是夕召保寅
等宴飲延釗之帳處耘密遣輕騎數千倍道前進繼
冲但俟保寅延嗣之還遽聞大軍奄至即惶怖出迎
遇處耘於江陵北十五里處耘揖繼冲令待延釗遂
率親兵先入登北門比繼冲還則兵已分據城中荆
人束手聽命即調發江陵卒萬餘人并其師晨夜趨
朗州又先遣别將分麾下及江陵兵趨岳州大破賊
於三江口獲船七百餘艘斬首四千級又遇賊帥張

從富於澧江擊敗之逐北至敖山砦賊棄砦走俘獲
甚衆處耘釋所俘體肥者數十人令左右分啗之黥
其少健者令先入朗州會暮宿砦中遲明延釗大軍
繼至黥者先入城言被擒者悉為大軍所啗朗人大
懼縱火焚城而潰會朗師周保權年尚幼為大將汪
端刼匿於江南砦僧寺中處耘遣麾下將田守奇帥
師渡江獲之遂入潭州盡得荆湖之地初師至襄州
衢肆鬻餅者率減少倍取軍人之直處耘捕得其尤
者二人送延釗延釗怒不受往復三四處耘遂命斬
於市以徇延釗所部小校司義舍於荆州客將王氏

家使酒詬恣王氏愬於處耘處耘召義呵責義又譖
處耘於延釗至白湖處耘望見軍人入民舍良久舍
中人大呼求救遣捕之即延釗圉人也乃鞭其背延
釗怒斬之由是大不恊更相論奏朝議以延釗宿將
貰其過謫處耘為淄州刺史處耘懼不敢自明在州
數年乾德四年卒年四十七廢朝贈宣德軍節度檢
校太傅賜地塟於洛陽偏橋村處耘有度量善談當
世之務居常以功名為已任荆湖之役處耘以近臣
護軍自以受太祖之遇思有以報故臨事專制不顧
群議遂至於貶後太祖頗追念之及開寶中為太宗

納其次女為妃即明德皇后也子繼隆繼和自有傳
繼恂官至洛苑使順州刺史贈左神武大將軍繼恂
子昭遜為供備庫使處疇官至作坊使子繼凝
繼隆字霸圖幼養於伯父處疇及長以父蔭補供奉
官處耘貶淄州繼隆亦除籍會長春節與其母入貢
復舊官時權臣與處耘有宿憾者忌繼隆有才繼隆
因落魄不治產以游獵為娛乾德中平蜀選為果閬
監軍年方弱冠母憂其未更事將輔以處耘左右繼
隆曰是行兒自有立豈須此輩頗不以為慮母慰而
遣之代還夜涉棧道雨滑與馬偕墜絕澗深十餘丈

維於大樹騎卒馳數十里外取火引綆以出之會征江南領雄武卒三百戍邵州止給刀盾蠻賊數千陣長沙南截其道繼隆率衆力戰賊遁去手足俱中毒矢得良藥而愈部卒死傷者三之一太祖聞其勇敢而器重之又與石曦率兵襲袁州破桃田砦追賊二十里入潭富砦焚其梯衝芻積復從李符督荊湖漕運給征南諸軍吳人以王師不便水戰多出舟師斷餉道繼隆屢與鬪糧悉善達日馳四五百里常令往來覘候一日中途遇虎射殺之嘗獲吳將部送赴闕至項縣而病斬其首以獻太祖益嘉之與吳人戰流

矢中頟以所冠胄堅厚得不傷太祖察其才且追念其父欲援用之謂曰昇州平可持捷書來當厚賞汝時內侍使軍中者十數輩皆伺城陷獻捷會有機事當入奏皆不願行而繼隆獨請赴闕太宗見其來時城尚未下甚訝之繼隆度金陵破在旦夕因言在途遇大風晦暝城破之兆也翌日捷奏至太祖召謂曰如汝所料矣吳將盧絳聚衆萬餘攻掠州縣命繼隆招來之江南平錄功遷莊宅副使從幸西洛改御營前後巡檢使太平興國二年改六宅使嘗詔與王文寶李神祐劉承珪同護浚京西河又與梁迥竇神寶

治決河迥體肥碩所乘舟弊不能濟繼隆易以己舟已而繼隆舟果覆棲枯桑杪賴他舟以免從征太原為四面提舉都監與李漢瓊領梯衝地道攻城西面機石過其旁從卒仆死繼隆督戰無怠討幽州與郭守文領先鋒破契丹數千衆及圍范陽又與守文為先鋒大敗其衆于湖濯河南後為鎮州都監契丹犯邊與崔翰諸將禦之初太宗授以陣圖及臨陣有不便衆以上命不可違繼隆曰事有應變安可預定設獲違詔之罪請獨當也即從宜而行敗之于徐河四年遷宮苑使領嬀州刺史護三交屯兵與潘美出征

北邊破靈丘縣盡略其人以歸改定州駐泊都監嘗領兵出土鐙砦與賊戰獲牛羊車帳甚衆詔書褒美李繼遷叛命繼隆與田仁朗王侁率兵擊之四月出銀州北破悉利諸族追奔數十里斬三千餘級俘蕃漢老幼千餘梟代州刺史折羅遇及其弟埋乞首牛馬鎧仗所獲尤多又出開光谷西杏子坪破保寺保香族斬其副首領埋乜巳五十七人降銀三族首領折八軍等三千餘衆復破沒邵浪悉訛諸族及濁輪川東兔頭川西生擒七十八人斬首五十九級俘獲數千計引師至監城吳移越移四族來降惟岌伽羅

賊十四族怙其衆不下迺與尹憲襲擊之夷其帳千
餘俘斬七千餘級俄改領環州團練使又護高陽關
屯兵從曹彬征幽州率兵助先鋒薛繼昭破其衆數
千於固安南下固安新城進克涿州矢中左股血流
至踵獲契丹貴臣一人彬欲上其功繼隆止之俄而
傳潛米信軍敗衆潰獨繼隆所部振旅而還即命繼
隆知定州尋詔分屯諸軍繼隆令書吏盡録其詔旬
餘有敗卒集城下不知所向繼隆按詔給券俾各持
詣所部太宗益嘉其有謀三年遷侍衛馬軍都虞候
領武州防禦使契丹大入邊出為滄州都部署劉廷

讓與敵戰君子館先約繼隆以精卒後殿緩急為援
既而敵圍廷讓數重繼隆引麾下兵退保樂壽廷讓
力不敵全軍陷没裁以單騎遁免上怒追繼隆赴闕
令中書問狀既而得釋逾年加領本州觀察使端拱
初制授侍衛馬軍都指揮使領保順節度九月出為
定州都部署初朝議有寇至令堅壁清野勿與戰一
日契丹驟至攻蒲城至唐河護軍袁繼忠慷慨請出
師中黃門林延壽等五人以詔書止之繼隆曰閫外
之事將帥得專乃與繼忠出兵戰數合擊走之二年
冬送芻粟入威虜軍蕃將于越率騎八萬來邀王師

繼隆所領步騎裁一萬先命千人設伏城北十里而
與尹繼倫列陣以待敵衆方食繼倫出其不意擊走
之繼隆追奔過徐河俘獲甚衆嘗有詔廢威虜軍繼
隆言梁門為北面保障不可廢遂城守如故訖為要
地淳化初上遣使至定州密諭繼隆若契丹復入寇
朕當親討繼隆上奏曰自北邊肆孽邊邑多虞陛下
不知臣不材任以疆事臣敢不講求軍實震耀戎容
奉揚天聲以遏外侮然臣奉辭之日曾瀝愚衷誠以
蜂蠆之妖必就鯨鯢之戮臣子之分死生以之望不
議於親巡屢煩勞於天步今聆聖誨將決親征且一

人既行百司景從次舍驅馳郡縣供饋勞費滋甚殄
此微妖當責將帥臣雖駑弱誓死為期是歲契丹不
入邊議遂止四年夏召還太宗面獎之改領靜難軍
節度復遣還屯所時夏州趙保忠與繼遷連謀朝廷
患之又綏州牙校高文岯舉城效順河外蕃漢大擾
以繼隆為河西行營都部署尚食使尹繼隆為都監
以討之既而繼遷遁去擒保忠以獻初裨將侯延廣
監軍秦翰議請誅保忠及出兵追之繼隆曰保忠机
上肉爾當請於天子今繼遷遁去千里窮磧艱於轉
餉宜養威持重未易輕舉延廣等服其言會密詔廢

夏州隳其城繼隆命秦翰與弟繼和及高繼勳同入
奏以為朔方古鎮賊所窺覦之地存之可依以破賊
并請於銀夏兩州南界山中增置保戍以扼其衝且
為內屬蕃部之障蔽而斷賊糧運皆不報至道二年
白守宗守榮馬紹忠等送糧靈州為繼遷所邀敗於
洛浦河上聞之怒亟命繼隆為靈環十州都部署是
秋五路討繼遷以繼隆出環州取東關鎮由赤檉苦
井路赴之繼隆以所出道回遠乏水請由橐駝路徑
趨賊之巢穴且遣繼和入奏太宗召詰之知其必敗
因遣周瑩齎手詔切責督其進軍赤檉瑩至繼隆以

便宜發兵不俟報與丁罕行十餘日果不見賊而還
諸將失期士卒困乏繼隆素剛因懟憤肆殺戮乃奏
轉運使陳緯梁鼎軍儲不繼亟坐削秩三年春繼遷
以番部從順者衆遣其軍主史乩遇率兵屯橐駝口
西北雙堆以遏絕之執倉族番官乩遇來告繼隆遣
劉承蘊田敏會乩遇討之斬首數千級獲牛馬橐駝
萬計先是受詔送軍糧赴靈州必由旱海路自冬至
春而芻粟始集繼隆請由古原州蔚茹河路便衆議
不一繼隆固執論其事太宗許焉遂率師以進壁古
原州令如京使胡守澄城之是為鎮戎軍真宗即位

改領鎮安軍節度檢校太傅踰月召還加同中書門
下平章事解兵柄歸本鎮咸平二年丁內艱起復會
秋潦暴集蔡水壞岸繼隆乘危督士卒補塞自辰訖
午衝波稍息四年加檢校太師王師失利於望都繼
隆累表求詣闕面陳邊事因乞自效俄召還延見詢
訪因言醜類假據蓋亦常事頗委將帥討伐不煩親
征真宗慰諭之改山南東道節度判許州景德初明
德皇太后不豫詔入省疾九月復許會葬是冬契丹
大入踰魏郡至河上真宗幸澶淵繼隆表求扈從命
為駕前東西排陣使先赴澶州陳師於北城外戰車

為營敵數萬騎急攻繼隆與石保吉率衆禦之追奔
數里及上至幸北門觀兵召問慰勞見其所部整肅
歎賞久之翌日幸營中召從臣飲宴二年春還京加
開府儀同三司食邑實封詔始下會疾作上親臨問
繼和時為并代鈐轄驛召省視卒年五十六車駕臨
哭之慟為制服發哀贈中書令謚忠武以其子昭慶
為洛苑使從子昭■昭遜並為內殿崇班又録其門
下二十餘人乾興初詔與李沆王旦同配享真宗廟
庭繼隆出貴胄善騎射曉音律感慨自樹深沉有城
府嚴於御下好讀春秋左氏傳喜名譽賓禮儒士在

太宗朝特被親信每征行必委以機要真宗以元舅之親不欲煩以軍旅優游近藩恩禮甚篤然多智用能謙謹保身明德寢疾欲面見之上促其往繼隆但詣萬安宮門拜牋終不入又嘗命諸王詣第候謁繼隆不設湯茗第假王府從行茶爐烹飲焉昭慶改名昭亮至東上閤門使高州刺史

繼和字周叔少以蔭補供奉官三遷洛苑使淳化後繼隆多在邊任繼和常從行友愛尤至每令入奏機事繼隆罷兵柄手錄唐李勣遺戒授繼和曰吾門不墜者在爾矣初繼隆之請城鎮戎軍也朝廷不果於

行繼和面奏曰平涼舊地山川險阻旁扼夷落為中華襟帶城之為便太宗乃許焉後復不守咸平中繼和又以為言乃命版築以繼和知其軍兼原渭儀都巡檢使城畢加領平州刺史建議募貧民及弓箭手墾田積粟又屢請益兵朝議未許上曰苟緩急部署不為濟師則或至失援矣命繼和兼涇原儀渭鈐轄時繼遷未弭命張齊賢梁顥經略因訪繼和邊事繼和上言鎮戎軍為涇原儀渭北面扞蔽又為環慶原渭儀秦熟戶所依正當回鶻西涼六谷吐蕃咩逋賊遇馬臧梁家諸族之路自置軍已來克張邊備方於至道中所葺今已數倍誠能常用步騎五千守之涇原渭州苟有緩急會于此軍并力戰守則賊必不敢過此軍而緣邊民戶不廢耕織熟戶老幼有所歸宿此軍苟廢則過此新城止皆廢壘有數路來寇若自隴山下南去則由三百堡入儀州制勝關自瓦亭路南去則由彈箏峽入渭州安國鎮自清石嶺東南去則由小盧大盧潘谷入潘原縣若至潘原而西則入渭州東則入涇州若自東石嶺東公主泉南去則由東山砦故彭陽城西並入原州其餘細路不可盡數如以五千步騎令四州各為備禦不相會合則兵勢

分而力不足禦矣故置此城以扼要路即令自靈環慶鄜延石隰麟府等州以外河曲之地皆屬於賊若更攻陷靈州西取回鶻則吐蕃震懼皆為吞噬西北邊民將受驅劫若以可惜之地甘受賊攻便思委棄以為良策是則有盡之地不能供無已之求也臣慮議者以調發芻糧擾民為言則此軍所費上出四川地里非遙輸送甚易又劉琮方興屯田屯田若成積中有備則四州稅物亦不須得況今繼遷強盛有踰曩日從靈州至原渭儀州界次更取鍬子山以西接環州山內及平夏次并黃河以東以南隴山內外接

儀州界及靈州以北河外蕃部約數十萬帳賊來足
以鬭敵賊遷未盛不敢深入今則靈州北河外鎮戎
軍環州并北微靈武平夏及山外黃河以東族帳悉
為繼遷所吞縱有一二十族殘破奔迸事力十無二
三自官軍瀚海失利賊愈猖狂群蕃震懼絕無鬬志
兼以咸平二年棄鎮戎後繼遷徑來侵掠軍界蕃族
南至渭州安國鎮北一二十里西至南市界三百餘
里便於蕭關屯聚萬子米逋西鼠等三千以脅原渭
靈環熟戶常時族帳謀歸賊者甚多賴聖謨深遠不
惑群議復置此軍一年以來蕃部咸以安集邊民無

復愁苦以此較之則存廢之說相失萬倍矣又靈州
遠絕居常非有尺布斗粟以供王府今關西老幼疲
苦轉餉所以不可棄者誠恐滋大賊勢使繼遷西取
秦成之群蕃北掠回鶻之健馬長驅南牧何以枝梧
昨朝廷訪問臣送芻糧道路臣欲自蕭關至鎮戎城
砦西就胡盧河川運送但恐靈州食盡或至不守清
遠固亦難保青岡白馬曷足禦扞則環州便為極邊
若賊從蕭關武延石門路入鎮戎縱有五七千兵亦
恐不敵即回鶻西涼路亦斷絕伏見咸平三年詔書
緣邊不得出兵生事蕃夷蓋謂賊如猛獸不怫其心

必且不動臣愚慮此賊他日愈熾不若聽驍將銳旅
屢入其境彼或聚兵自固則勿與鬬妖黨繞散則令
掩擊如此則王師逸而賊兵勞賊心內離然後大舉
及靈州孤壘戍守最苦望比他州尤加存恤且守邊
之臣內憂家屬之窘匱外憂姦邪之憎毀憂家則思
為不廉憂身則思為退迹思不廉則官局不治思退
迹則庶事無心欲其奮不顧身令出惟行不可得已
良由賞未厚恩未深也賞厚則人無顧內之憂恩深
則士有效死之志古之帝王皆懸爵賞以拔英俊卒
能成大功大凡君子求名小人徇利臣為兒童時嘗

聞齊州防禦使李漢超守關南齊州屬州城錢七八
萬貫悉以給與非次賞賚動及千萬漢超猶私販榷
場規免商算當時有以此事達于太祖者即詔漢超
私物所在悉免關征故漢超居則營生戰則誓死賞
產厚則心有所繫必死戰則動有成績故畢太祖之
世一方為之安靜今如漢超之材固亦不少苟能用
皇祖之遺法選擇英傑使守靈武高官厚賞不吝先
與往日留半奉給其家半奉資其用然後可以責潔
廉之節保必勝之功也又戎事內制或失權宜漢時
渤海盜起龔遂為太守尚聽便宜從事且渤海漢之

內地盜賊國之饑民況靈武絕塞西鄙彊戎又非渤海之比苟許其專制則無失事機縱有營私冒利民政不舉亦已不問用將之術異於他官貪勇知愚無不皆錄但使法寬而人有所慕則久居者安心展體竭材盡慮何患靈州之不可守哉又朝廷比禁青鹽甚為允愜或聞議者欲開其禁且鹽之不入中土困賊之良策也今若謂糧食自蕃界來雖鹽禁不能困賊此鬻鹽行賄者之妄談也蕃粟不入賊境而入于邊廪其利甚明況漢地不食青鹽熟户亦不入蕃界博易所禁者非徒糧食也至於兵甲皮幹之物其名益多以朝廷雄富猶言擿山煮海一年商利不入則或闕軍須況蕃戎所賴止在青鹽禁之則彼自困矣望固守前詔為便五年繼和領兵殺衛埋族於天麻川自是瀧山外諸族皆恐懼內附願於要害處置族帳砦柵以為戍守繼和因請移涇原部署於鎮戎以壯軍勢又請開道環延為應援真宗以其精心戎事甚嘉之戎人伺警巡弛備一夕塞長壕越古長城抵城下繼和與都監史重貴出兵禦之賊據險再突城隍列陣接戰重貴中重創敗走之大獲甲騎有詔嘉獎別出良藥縑帛牢酒以賜繼和習武藝好談方略

頗知書所至幹治然性剛忍御下少恩部兵終日擐甲常如寇至及較閱之際杖罰過當人多怨焉真宗屢加勗勵且為覆護之嘗上言保捷軍新到屯所多亡命者請優賜緡錢苟有亡逸即按軍法舊制凡賜軍中雖緣奏請者亦以特旨給之上以繼和峻酷欲軍士感其惠特令以所奏著詔書中而加賜之且以計情定罪自有常制不許其請終以邊防之地慮人不為用遣張志言代還既即路軍中皆恐其復來六年又出為并代鈐轄將行請對欲領兵去按度邊壘上曰河東巖險兵甲甚衆賊若入寇但邀其歸路自可致勝不必率兵而往也景德初北邊入寇徙北平砦車駕駐澶淵繼和受詔與魏能張凝領兵赴趙州躡敵後契丹請和邊民猶未寧又命副將張凝為緣邊巡檢安撫使事平復還并代時朝廷每詔書約束邊事或有當行極斷之語官吏不詳深意即處大辟繼和言其事乃詔自今有云重斷極斷處斬決配之類悉須裁奏先是繼隆卒繼和恥以遺奏得官久之遷西上閤門使未幾擢殿前都虞候領端州防禦使大中祥符元年卒年四十六贈鎮國軍節度遣諸王率宗室素服赴弔二子早卒帝以其族盛大諸姪皆

㓜令三班選使臣為主家事第繼恂至洛苑使順州
刺史贈左神武大將軍子昭遜為供備庫使

論曰夫乘風雲之會依日月之光感慨發憤效忠駿
奔居備要任出握重兵如是而令名克終斯固可偉
也吳廷祚策李筠之破如目覩其事誠有將略李崇
矩秉純厚之德感史弘肇之恩保其叛亡之孥然交
鄭伸不知其傾險坐謫炎海固無先見之明矣其子
繼昌忘父仇以恤伸母之貧雖非中道亦人所難王
仁贍征蜀殺降附之卒肆貪矯之行鬱鬱而斃自貽
伊戚尚何尤乎楚昭輔當陳橋推戴太祖遣之入安
母后亦必可託以事者及為三司善於心計入不可
干以私然終以訐直取寡信之名何歟處耘於創業
之始功參締構克荊山靖衡湘勢如拉枯而志昧在
和勲業弗究良可惜也幸聯戚畹之貴秉旄繼世抑
造物之報嗇此而豐彼歟

列傳卷第十六

列傳卷第十七　宋史二百五十八

開府儀同三司上柱國錄軍國重事前中書右丞相監脩國史領經筵事都總裁臣脫脫等奉

敕修

曹彬 子璨瑋琮　潘美 李超附

曹彬字國華真定靈壽人父芸成德軍節度都知兵馬使
彬始生周歲父母以百玩之具羅於席觀其所取彬左手
持干戈右手取俎豆斯須取一印他無所視人皆異之及
長氣質淳厚漢乾祐中爲成德軍牙將節帥武行德見其
端愨指謂左右曰此遠大器非常流也周太祖貴妃張氏
彬從母也周祖受禪召彬歸京師隸世宗帳下從鎮澶淵
補供奉官擢河中都監蒲帥王仁鎬以彬帝戚尤加禮遇
彬執禮益恭公府讌集端簡終日未嘗旁視仁鎬謂從事
曰老夫自謂夙夜匪懈及見監軍矜嚴始覺己之散率也
顯德三年改潼關監軍遷西上閤門使五年使吳越致命
訖即還私覿之禮一無所受吳越人以輕舟追遺之至於
數四彬猶不受既而曰吾終拒之是近名也遂受而籍之
以歸悉上送官世宗強還之彬始拜賜悉以分遺親舊而
不留一錢出爲晉州兵馬都監一日與主帥暨賓從環坐
於野會鄰道守將走价馳書來詣使者素不識彬潛問人
曰孰爲曹監軍有指彬以示之使人以爲紿己笑曰豈有

國戚近臣而衣弋綈袍坐素胡床者乎審視之方信遷引進使初太祖典禁旅彬中立不倚非公事未嘗造門群居讌會亦所罕預由是器重焉建隆二年自平陽召歸謂曰我疇昔常欲親汝汝何故疎我彬頓首謝曰臣為周室近親復忝內職靖恭守位猶恐獲過安敢妄有交結遷客省使與王全斌郭進領騎兵攻河東平樂縣降其將王超侯霸榮等千八百人俘獲千餘人既而賊將攷進率兵來援三戰皆敗之遂建平樂為平晉軍乾德初改左神武將軍時初克遼州河東召契丹兵六萬騎來攻平晉彬與李繼勳等大敗之於城下俄兼樞密承旨二年冬伐蜀詔以劉

光毅為歸州行營前軍副部署彬為都監峽中郡縣悉下諸將咸欲屠城以逞其欲彬獨申令戢下所至悅服上聞降詔褒之兩川平全斌等晝夜宴飲不恤軍士部下漁奪無已蜀人苦之彬屢請旋師全斌等不從俄而全師雄等構亂擁衆十萬彬復與光毅破之于新繁卒平蜀亂時諸將多取子女玉帛彬橐中唯圖書衣衾而已及還上盡得其狀以全斌等屬吏謂彬清介廉謹授宣徽南院使義成軍節度使彬入見辭曰征西將士俱得罪臣獨受賞恐無以示勸上曰卿有茂功又不矜伐設有微累仁贍等豈惜言哉懲勸國之常典可無讓六年遣李繼勳党進率師征

太原命為前軍都監戰洞渦河斬二千餘級俘獲甚衆開寶二年議親征太原復命為前軍都監率兵先往次團柏谷降賊將陳廷山又戰城南薄于濠橋奪馬千餘及太祖至則已分砦四面而自主其北六年進檢校太傅七年將伐江南九月彬奉詔與李漢瓊田欽祚先赴荊南發戰艦潘美帥步兵繼進十月詔以彬為昇州西南路行營馬步軍戰櫂都部署分兵由荊南順流而東破峽口砦進克池州連克當塗蕪湖二縣駐軍采石磯十一月作浮梁跨大江以濟師十二月大破其軍於白鷺洲八年正月又破其軍於新林港二月師進次秦淮江南水陸十餘萬陳於城

下大敗之俘斬數萬計及浮梁成吳人出兵來禦破之於白鷺洲自三月至八月連破之進克潤州金陵受圍至是凡三時居人樵采路絕屢經敗衄李煜危甚遣其臣徐鉉奉表詣闕乞緩師上不之省先是大軍列三砦美居守北偏圖其形勢來上太祖指北砦謂使者曰吳人必夜出兵來寇爾亟去令曹彬速成深溝以自固無墮其計中既成吳兵果夜來襲美率所部依新溝拒之吳人大敗奏至上笑曰果如此長圍中彬每緩師冀煜歸服十一月彬又使人諭之曰事勢如此所惜者一城生聚若能歸命策之上也城垂克彬忽稱疾不視事諸將皆來問疾彬曰余之疾

非藥石所能愈惟須諸公誠心自誓以克城之日不妄殺一人則自愈矣諸將許諾共焚香爲誓明日稍愈又明日城陷煜與其臣百餘人詣軍門請罪彬慰安之待以賓禮請煜入宮治裝彬以數騎待宮門外左右密謂彬曰煜入或不測奈何彬笑曰煜素懦無斷既已降必不能自引決煜之君臣卒賴保全自出師至凱旋士衆畏服無輕肆者及入見刺稱奉勅江南幹事回其謙恭不伐如此初彬之總師也太祖謂曰俟克李煜當以卿爲使相副帥潘美預以爲賀彬曰不然夫是行也仗天威遵廟謨乃能成事吾何功哉況使相極品乎美曰何謂也彬曰太原未平爾及

還獻俘上謂曰本授卿使相然劉繼元未下姑少待之旣聞此語美竊視彬微笑上覺遽詰所以美不敢隱遂以實對上亦大笑乃賜彬錢二十萬彬退曰人生何必使相好官亦不過多得錢爾未幾拜樞密使檢校太尉忠武軍節度使太宗即位加同平章事議征太原召彬問曰周世宗及太祖皆親征何以不能克彬曰世宗時史彥超敗于石嶺關人情驚擾故班師太祖頓兵甘草地會歲暑雨軍士多疾因是中止太宗曰今吾欲北征卿以爲何如彬曰以國家兵甲精銳翦太原之孤壘如摧枯拉朽爾何爲而不可太宗意遂決太平興國三年進檢校太師從征太原加

兼侍中八年爲彌德超所誣罷爲天平軍節度使旬餘上悟其誣進封魯國公待之愈厚雍熙三年詔彬將幽州行營前軍馬步水陸之師與潘美等北伐分路進討三月敗契丹于固安破涿州戎人來援大破之于城南四月又與米信破契丹于新城斬首二百級五月戰于岐溝關諸軍敗績退屯易州臨易水而營上聞亟令分屯邊城追諸將歸闕先是賀令圖等言於上曰契丹主少母后專政寵倖用事請乘其釁以取幽薊遂遣彬與崔彥進米信自雄州田重進趣飛狐潘美出鴈門約期齊舉將發上謂之曰潘美之師但先趣雲應卿等以十萬衆聲言取幽州且持重

緩行不得貪利彼聞大兵至必悉衆救范陽不暇援山後矣既而美之師先下寰朔雲應等州重進又取飛狐靈丘蔚州多得山後要害地彬亦連下州縣勢大振每奏至上已訝彬進軍之速及彬次涿州旬日食盡因退師雄州以援餽餉上聞之曰豈有敵人在前反退軍以援芻粟失策之甚也亟遣使止彬勿前急引師緣白溝河與米信軍會案兵養銳以張西師之勢俟美等盡略山後地會重進之師而東合勢以取幽州時彬部下諸將聞美及重進累建功而己握重兵不能有所攻取謀議蜂起彬不得已乃復裹糧再往攻涿州契丹大衆當前時方炎暑軍士乏困糧

且盡彬退軍無復行伍遂爲所躡而敗彬等至詔鞫於尚書省令翰林學士賈黃中等雜治之彬等具伏違詔失律之罪彬責授右驍衛上將軍彥進右武衛上將軍信右屯衛上將軍餘以次黜四年起彬爲侍中武寧軍節度使淳化五年徙平盧軍節度眞宗即位復檢校太師同平章事數月召拜樞密使咸平二年被疾上趣駕臨問手爲和藥仍賜白金萬兩問以後事對曰臣無事可言臣二子材器可取臣若内舉皆堪爲將上問其優劣對曰璨不如瑋六月薨年六十九上臨哭之慟對輔臣語及彬必流涕贈中書令追封濟陽郡王謚武惠且贈其妻高氏韓國夫人官其親族門客親校十餘人八月詔彬與趙普配饗太祖廟庭彬性仁敬和厚在朝廷未嘗忤旨亦未嘗言人過失伐二國秋毫無所取位兼將相不以等威自異遇士夫於塗必引車避之不名下吏每白事必冠而後見居官奉入給宗族無餘積平蜀回太祖從容問官吏善否對曰軍政之外非臣所聞也固問之唯薦隨軍轉運使沈倫廉謹可任爲帥知徐州日有吏犯罪既具案逾年而後杖之人莫知其故彬曰吾聞此人新娶婦若杖之其舅姑必以婦爲不利而朝夕笞詈之使不能自存吾故緩其事然法亦未嘗屈焉北征之失律也趙昌言表請行軍法及昌言自延安

還被劾不得入見彬在宥府爲請於上乃許朝謁子璨珝瑋玹玘珣琮珝娶秦王女興平郡主至昭宣使玹左藏庫副使玘尚書虞部員外郎珣東上閤門使琮西上閤門副使玘之女即慈聖光獻皇后也芸累贈魏王彬韓王玘吳王謚曰安僖玘之子佾傅佾見外戚傳傅后兄也榮州刺史謚恭懷

璨字韜光性沉毅善射以蔭補供奉官常從彬征討得與計議彬以爲類己特鍾愛焉遷宮苑副使出爲高陽關及鎮魏并代趙五州都監雍熙中命知定州改尚食使淳化二年領富州刺史徙知代州明年擢爲鎮州行營鈐轄徙綏銀夏麟府等州鈐轄契丹入寇屢戰有功諸將多欲窮追璨慮有伏力止之至道初遷四方館使知靈州徙河西鈐轄改引進使范廷召將兵出塞命璨爲之副丁外艱起復爲鄜延路副都部署拜趙州刺史領武州團練使充麟府濁輪副部署出蕃兵邀繼遷俘馘甚衆入爲樞密都承旨改領亳州團練使契丹入寇命爲鎮定高陽關三路行營都鈐轄領康州防禦使再知定州明年冬拜侍衛馬軍副都指揮使天德軍節度入爲東京舊城都巡檢使連拜彰國保靜武寧忠武等軍節度使在禁衛十餘年未嘗忤旨天禧三年春以足疾授河陽節度使同平章事卒年七

十贈中書令諡武懿璨起貴胄以孝謹稱能自奮厲以世其家習知韜畧好讀左氏春秋善撫士卒兼著威愛雖輕財不逮其父而仁敬和厚亦有父風子儀官至耀州觀察使

瑋字寳臣父彬歷武寧天平軍節度使皆以瑋爲牙內都虞候補西頭供奉官閤門祗候沉勇有謀喜讀書通春秋三傳於左氏尤深李繼遷叛諸將數出無功太宗問彬誰可將者彬曰臣少子瑋可任即召見以本官同知渭州時年十九眞宗即位改內殿崇班知渭州馭軍嚴明有部分賞罰立決犯令者無所貸善用間周知虜動靜舉措如老

將彬卒請持喪不聽改閤門通事舍人遷西上閤門副使徙知鎮戎軍李繼遷虐用其國人瑋知其下多怨即移書諸部諭以朝廷恩信撫養無所間以動諸羌由是康奴等族請內附繼遷略西蕃還瑋邀擊于石門川俘獲甚衆以鎮戎軍據平地便於騎戰非中國之利請自隴山以東循古長城塹以爲限又以弓箭手皆土人習障塞蹊隧曉羌語耐寒苦官未甞與兵械資糧而每戰輙使先拒賊恐無以責死力遂給以境內閒田春秋耕斂州爲出兵護作而蠲其租繼遷死其子德明請命于朝瑋言繼遷擅河南地二十年兵不解甲使中國有西顧之憂今國危子弱不即

捕滅後更強盛不可制願假臣精兵出其不意禽德明送闕下復河西爲郡縣此其時也帝方以恩致德明不報既而西延家妙娥熟魏數大族請拔帳自歸諸將猶豫不敢應瑋曰德明野心不急折其翮後必颺去即日將騎士薄天都山受降者內徙德明不敢拒遷西上閤門使爲環慶路兵馬都鈐轄兼知邠州封泰山進東上閤門使帝以瑋習知河北事徙以爲眞定路都鈐轄領高州刺史瑋甞上涇原環慶兩道圖至是帝以示左右曰華夷山川城郭險固出入戰守之要舉在是矣因敕別繪二圖以一留樞密院一付本道俾諸將得按圖計事復爲涇原路都鈐轄兼

知渭州與秦翰破章埋族于武延川分兵滅撥臧于平涼於是隴山諸族皆來獻地瑋築堡山外爲籠竿城募土兵守之曰異時秦渭有警此必爭之地也祀汾陰進四方館使踰年上表還州事願專督軍旅帝不欲遽更守臣以密詔敦諭之改引進使英州團練使復知秦州兼涇原儀渭鎮戎緣邊安撫使時唃廝囉強盛立遵佐之立遵乃上書求號贊普瑋言贊普可汗號也立遵一言得之何以處唃廝囉邪且復有求漸不可制徙以立遵爲保順軍節度使恩如廝鐸督西羌將舉事必先定約束號爲立文法唃廝囉使其舅賞樣丹與廝敦立文法於離王族謀內寇瑋陰

結厮敦解寶帶予之厮敦感激求自效間謂瑋曰吾父何所使欲吾首猶可斷以獻瑋曰我知賞樣丹時至汝帳下汝能為我取賞樣丹首乎厮敦愕然應之後十餘日果斷其首來厮敦因獻南市地南市者秦渭之阨也瑋城之表厮敦為順州刺史初張佶知秦州置四門砦侵奪羌地羌人多叛去佶得罪不敢出瑋招出之令入馬贖罪還故地至者數千人每歲馬六十匹給綵一端築弓門冶坊床穰靜戎三陽定西伏羌永寧小洛門威遠十砦浚壕三百八十里皆役屬羌廂兵工費不出民伏羌首領厮雞波李磨論私立文法瑋潛兵滅其帳其年唃厮囉率衆數萬大入

寇瑋迎戰三都谷追奔三十里斬首千餘級獲馬牛雜畜器仗三萬餘還客省使康州防禦使馬波叱臘立柵野吳谷瑋選募神武軍二百人斬柵獲生口孳畜甚衆宗哥大首領甘遵治兵于任奴川瑋遣間殺遵及破魚角蟬所立文法于吹麻城既而河州洮蘭安江妙敦邈川黨逋諸城皆納質為熟戶時瑋作塹抵拶囉咜拶囉咜西蕃要害地也先是瑋遣小吏楊知進護賜物通甘州可汗王還過宗哥界立遵邀知進語曰秦州大人直以兵入拶囉咜來幸為我言願罷兵歲入貢約蕃漢為一家因使種人黨失畢陵從知進來獻馬自是唃厮囉勢蹙退保磧中不出秦人

請刻石紀功有詔褒之天禧三年德明寇柔遠砦都巡檢楊承吉與戰不利以瑋為華州觀察使鄜延路副都總管環慶秦等州緣邊巡檢安撫使委乞骨咩大門等族聞瑋至歸附者甚衆拜宣徽北院使鎮國軍節度觀察留後簽書樞密院事宰相丁謂逐寇準惡瑋不附己指為準黨除南院使環慶路都總管安撫使乾興初謫左衛大將軍容州觀察使知萊州瑋以宿將為謂所忌即日上道從弱卒十餘人不以弓韔矢箙自隨謂敗復華州觀察使知青州徙天雄軍以彰化軍節度觀察留後知永興軍拜昭武軍節度使知天雄軍以疾守河陽數月為真定府定州都總

管改彰武軍節度使卒贈侍中謚武穆瑋用士得其死力平居甚閒暇及師出多奇計出入神速不可測一日張樂飲僚吏中坐失瑋所在明日徐出視事而賊首已擲庭下矣嘗稱疾加砭艾卧閤內不出會賊至瑋奮起裹創披甲跨馬賊望見皆遯去將兵幾四十年未嘗少失利唃厮囉聞瑋名即望瑋所在東嚮合手加額契丹使過天雄部勒其下曰曹公在此毋縱騎馳驅也真宗慎兵事凡邊事必手詔詰難至十數反而瑋守初議卒無以奪後雖他將論邊事者往往密付瑋處之渭州有告戎卒叛入夏國者瑋方對客奕棋遽曰吾使之行也夏人聞之即斬叛者投其

首境上羌殺邊民入羊馬贖罪瑋下令曰羌自相犯從其俗犯邊民者論如律自是無敢犯環慶屬羌田多爲邊人所市致單弱不能自存因没彼中瑋盡令還其故田後有犯者遷其家內地所募弓箭手使馳射較強弱勝者與田二頃再更秋獲課市一馬馬必勝甲然後官籍之則加五十畝至三百人以上團爲一指揮要害處爲築堡使自塹其地爲方田環之立馬社一馬死衆出錢市馬降者既多因制屬羌百帳以上其首領爲本族軍主次爲指揮使又其次爲副指揮使不及百帳爲本族指揮使其蕃落將校止於本軍敘進以其習知羌情與地利不可徙他軍也開邊壕率令深廣丈五尺山險不可塹者因其峭絶治之使足以限敵後皆以爲法天雄卒有犯盜者衆謂獄具必殺之瑋乃處以常法人或以爲疑瑋笑曰臨邊對敵斬不用命者所以令吾衆非好殺也治內郡安事此乎初守邊時山東知名士賈同造瑋客外舍瑋欲按邊即同舍邀與俱同問從兵安在曰已具既出就騎見甲士三千環列初不聞人馬聲同歸語人曰瑋殆名將也瑋爲將不如其父寛然自爲一家嘉祐八年詔配享仁宗廟庭

琮字寶章兄瑚娶秦王女興平郡主琮幼時從主入禁中太宗置膝上拊其背曰曹氏有功我家此亦佳兒也及彬領鎮海軍節度使補衙內都指揮使彬卒特遷西頭供奉官閤門祗候勾當騏驥院群牧估馬司市馬課有羨再遷西上閤門副使與曹利用連姻利用貶出爲河陽兵馬都監領內軍器庫遷東上閤門使榮州刺史仁宗冊琮兄女爲后禮皆琮主辦除衛州團練使琮因奏曰陛下方以至公屬天下臣既備后族不宜冒恩澤亂朝廷法族人敢因緣請託願致于理時論稱之出爲環慶路馬步軍總管知邠州遷秦州防禦使秦鳳路副都總管兼知秦州度羨材爲倉廩大積穀古渭冀城生羌屢入鈔邊琮懷以恩信擊牛釃酒犒之多請內屬寶元初南郊召入侍祠會元昊反拜同州觀察使復知秦州上攻守禦三策久之兼同管勾涇原路兵馬定國軍節度觀察留後劉平石元孫敗闗輔震恐琮請籍民爲義軍以張兵勢於是料簡鄉弓手數萬人賊寇山外還天都刦儀秦屬戶琮發騎士設伏以待之賊遂引去琮欲誘吐蕃犄角圖賊得西川舊賈使諭意而沙州鎮王子遣使奉書曰我本唐甥天子實吾舅也自党項破甘涼遂與漢隔今願率首領爲朝廷擊賊帝善琮策改陝西副都總管經畧安撫招討副使拜步軍副都指揮使與夏竦屯鄜州還爲馬軍副都指揮使以疾卒帝臨奠后再出臨喪就第成服贈安化軍節度使兼侍中謚忠恪

琮小心謹畏善贊謁御軍整嚴死時家無餘貲子佺皇城使嘉州防禦使佺子詩尚魯國大長公主

潘美字仲詢大名人父璘以軍校戍常山美少倜儻隷府中典謁嘗語其里人王密曰漢代將終兇臣肆虐四海有改卜之兆大丈夫不以此時立功名取富貴碌碌與萬物共盡可羞也會周世宗爲開封府尹美以中涓事世宗及即位補供奉官高平之戰美以功遷西上閤門副使出監陝州軍改引進使世宗將用師隴蜀命護永興屯兵經度西事先是太祖遇美素厚及受禪命美先往見執政諭旨中外陝帥袁彥兇悍信任群小嗜殺黷貨且繕甲兵太祖

慮其爲變遣美監其軍以圖之美單騎往諭以天命既歸宜修臣職彥遂入朝上喜曰潘美不殺袁彥能令來覲成我志矣李重進叛太祖親征命石守信爲招討使美爲行營都監以副之揚州平留爲巡檢以任鎮撫以功授泰州團練使時湖南叛將汪端既平人心未寧乃授美潭州防禦使嶺南劉鋹數寇桂陽江華美擊走之溪峒蠻獠自唐以來不時侵略頗爲民患美窮其巢穴多所殺獲餘加慰撫夷落遂定乾德二年又從兵馬都監丁德裕等率兵克郴州開寶三年征嶺南以美爲行營諸軍都部署朗州團練使尹崇珂副之進克富川鋹遣將率衆萬餘來援遇戰大破之遂克賀州十月又下昭桂連三州西江諸州以次降美以功移南面都部署進次韶州韶廣之北門也賊衆十餘萬聚焉美揮兵進乘之韶州遂拔斬獲數萬計鋹窮蹙四年二月遣其臣王珪詣軍門求通好又遣其左僕射蕭漼中書舍人卓惟休奉表乞降美因諭以上意以爲彼能戰則與之戰不能戰則勸之守不能守則諭之降不能降則死不能死則亡非此五者他不得受美即令殿直冉彥衮部送漼等赴闕鋹復遣其弟保興率衆拒戰美即率厲士卒倍道趨柵頭距廣州百二十里鋹兵十五萬依山谷堅壁以待美因築壘休士與諸將計曰彼編竹木爲柵

若攻之以火彼必潰亂因以鋭師夾擊之萬全策也遂分遣丁夫數千人人持二炬間道造其柵及夜萬炬俱發會天大風火勢甚熾鋹衆驚擾來犯美揮兵急擊之鋹衆大敗斬數萬計長驅至廣州鋹盡焚其府庫遂克之擒鋹送京師露布以聞即日命美與尹崇珂同知廣州兼市舶使五月拜山南東道節度五年兼嶺南道轉運使土豪周思瓊聚衆負海爲亂美討平之嶺表遂安八年議征江南九月遣美與劉遇等率兵先赴江陵十月命美爲昇州道行營都監與曹彬偕往進次秦淮時舟楫未具美下令曰美受詔提驍果數萬人期於必勝豈限此一衣帶水而不徑

度平遂麾以涉大軍隨之吳師大敗及采石磯浮梁成吳人以戰艦二十餘鳴鼓泝流來趨利美麾兵奮擊奪其戰艦擒其將鄭賓等七人又破其城南水砦分舟師守之奏至太祖遣使令亟徙置戰櫂以防他變美聞詔即徙軍是夜吳人果來攻砦不能克進傅金陵江南水陸十萬陳於城下美率兵襲擊大敗之李煜危甚遣徐鉉來乞緩師上不之省仍詔諸將促令歸附煜遷延未能決夜遣兵數千持炬鼓譟來犯我師美率精銳以短兵接戰因與大將曹彬率士晨夜攻城百道俱進金陵平以功拜宣徽北院使秋命副党進攻太原戰于汾上破之且多擒獲太平興國

初改南院使三年加開府儀同三司四年命將征太原美爲北路都招討判太原行府事部分諸將進討并州遂平繼征范陽以美知幽州行府事及班師命兼三交都部署留屯以捍北邊三交西北三百里地名固軍其地險阻爲北邊咽喉美潛師襲之遂據有其地因積粟屯兵以守之自是北邊以寧美嘗巡撫至代州既秣馬蓐食俄而遼兵萬騎來寇近塞美誓衆銜枚奮擊大破之封代國公八年改忠武軍節度進封韓國公雍熙三年詔美及曹彬崔彦進等北伐美獨拔寰朔雲應等州詔內徙其民會遼兵奄至戰於陳家谷口不利驍將楊業死之美坐削秩三等責

授檢校太保明年復檢校太師知眞定府未幾改都部署判并州加同平章事數月卒年六十七贈中書令謚武惠咸平二年配饗太宗廟庭子惟德至宮苑使惟固西上閤門使惟正西京作坊使惟清崇儀使惟熙娶秦王女平州刺史惟熙女即章懷皇后也美後追封鄭王以章懷故也

惟吉美從子累資爲天雄軍駐泊都監雖連戚里能以禮法自飭歷中外人咸稱其勤敏云李超者冀州信都人爲禁卒常從潘美軍中主刑刀美好乘怒殺人超每潛緩之美怒解輒得釋以是全者甚衆人謂其有陰德子濬字德淵中進士累擢秘書知康州咸平中入爲刑部詳覆御

史臺推直官屢上書言事遷開封府推官賜緋魚景德初拜虞部員外郎兼侍御史知雜事賜金紫從幸澶淵頗上疏言便宜師還命與陳堯咨安撫河北踰年判吏部銓濬居憲府未再歲帝寵待之擢樞密直學士宰相王旦言濬雖有剸劇才然驟歷清切時望未允眞宗曰朕業已許之矣尋知開封能撿察隱微京師稱之累遷至右司郎中出知秦州暴疾卒濬與李宗諤同歲同月後一日生其卒也亦後一日衆以爲異

論曰曹彬以器識受知太祖遂膺柄用平居於百蟲之蟄猶不忍傷出使吳越籍上私餽悉用施予而不留一錢則

其總戎專征而秋毫無犯不妄戮一人者益可信矣潘美素厚太祖信任於得位之初遂受征討之託劉鋹遣使乞降覲美所喻辭義嚴正得奉辭伐罪之體則其威名之重豈待平嶺表定江南征太原鎮北門而後見哉二人皆謚武惠皆與配饗兩家子孫皆能樹立享富貴而光獻章懷皆稱賢后非偶然也君子謂仁恕清慎能保功名守法度唯彬爲宋良將第一豈無意哉若李濬者亦以材幹自結主知遂歷清顯謂爲陰德所致理或然也

列傳卷第十七

列傳卷第十八　　宋史二百五十九

開府儀同三司上柱國錄軍國重事中書右丞相監修國史領經筵事都總裁臣脫脫等奉
勅修

張美　郭守文　尹崇珂　劉廷讓
袁繼忠　崔彥進　張廷翰　皇甫繼明
張瓊

張美字玄圭貝州清河人少善書計初爲左藏小吏以彊幹聞三司薦奏特補本庫專知出爲澶州糧料使周世宗鎮澶淵每有求取美必曲爲供給周祖聞之怒將譴責之而恐傷世宗意徙美爲濮州馬步軍都虞候世宗即位召爲樞密承旨時宰相景範判三司被疾世宗命美爲右領軍衛大將軍權判三司世宗征淮南留美爲大內部署一日方假寐忽覺心動遽驚起行視宮城中少頃內醞署火起旣有備即撲滅之俄眞授三司使四年世宗再幸淮上皆爲大內都點檢北征又爲大內都部署師還爲左監門衛上將軍充宣徽北院使判三司美彊力有心計周知其利病每有所條奏釐革上多可之常以幹敏稱世宗連歲征討糧餽不乏深委賴焉然以澶淵有所求假頗薄之美亦自愧恭帝嗣位加檢校太傅宋初加檢校太尉初李筠鎮上黨募亡命多爲不法漸倔彊難制美度筠必叛陰積

粟於懷孟間後筠果叛太祖親討之大軍十萬出太行經費無闕美有力焉拜定國軍節度縣官市木關中同州歲出緡錢數十萬以假民長吏十取其一謂之率分錢歲至數百萬美獨不取未幾他郡有詣闕訴長吏受率分錢者皆命償之乾德五年移鎭滄州太平興國初來朝改左驍衛上將軍美獻都城西河曲灣果園二蔬圃六亭舍六十餘區八年請老以本官致仕雍熙二年卒年六十八淳化初謚恭惠子守瑛至供備庫使孫士宗至內殿承制士宗卒士禹爲崇班士安至閤門祗候士宣爲禮賓副使

郭守文并州太原人父暉仕漢爲護聖軍使從周祖征河中戰死守文年十四居喪哀毀周祖憐之召隸帳下廣順初補左班殿直再遷東第二班副都知宋初遷西頭供奉官蜀平選知簡州時郊外多寇守文悉招來集附從潘美征嶺南會擒劉鋹遣守文馳傳告捷遷翰林副使從曹彬等平金陵護送李煜歸闕下時煜以拒命頗自歉不欲生見太祖守文察知之因謂煜曰國家止務恢復疆土以致太平豈復有後至之責耶煜心遂安改西京作坊使領翰林司事俄從党進破并寇於團栢谷太平興國初秦州內附蕃部騷動命守文乘傳撫諭西夏悦伏三年遷西上閤門使是夏汴水決于寧陵發宋亳丁壯四千五百塞之命

守文董其役是冬又與閤門副使王侁西八作副使石全振護塞靈河縣決河及征太原守文與判四方館事梁迥分護行營馬步軍會劉繼元降其弟繼文據代州依遼人之援以拒命遣守文討平之俄受詔護定州屯兵大破遼人於蒲城以功遷東上閤門使領澶州刺史召還擢拜內客省使八年滑州房村河決發卒塞之命守文董其役遼人擾雄州命守文率禁兵數萬人赴援旣至遼人遁去雍熙二年詔守文率兵屯三交俄加領武州團練使屬夏人擾攘命守文帥師討之破夏州鹽城鎭岌羅膩等十四族斬首數千級俘獲生畜萬計又破咩嵬族殪馬諸部畏懼相率來降凡銀麟夏三州歸附者百二十五族萬六千餘戶西鄙遂寧三年春大舉北伐爲幽州道行營前軍步軍水陸都監卒與遼人遇爲流矢所中氣色不撓督戰益急軍中服其量會大軍不利坐違詔逗遛退軍左遷右屯衛大將軍事具曹彬傳明年復舊職裁三月拜宣徽北院使又與田欽祚並爲北面排陣使屯鎭州端拱初改南院使鎭州路都部署又爲北面行營都部署兼鎭定高陽關兩路排陣使是冬遼騎南侵大破之唐河端拱三年十月卒年五十五太宗悼惜之贈侍中謚忠武追封譙王遣中使護喪歸葬京師守文沉厚有謀畧頗知書每朝退習書百

行出言温雅未嘗忤人意先是將臣戍邊者多攻寇以邀
戰功河朔諸州殆無寧歲既敗歧溝關乃命守文以内職
總兵鎮常山以經略之守文既㦲月餘中使自北邊來言
守文死軍士皆流涕帝問何以得此對曰守文得奉禄賜
賚悉犒勞士卒死之日家無餘財帝嗟歎久之賜其家錢
五百萬爲眞宗納其女爲夫人即章穆皇后也子崇德至
太子中舍崇信至西京左藏庫使同知皇城司贈福州觀
察使崇儼至崇儀使全州刺史贈潤州觀察使諸司使無
廢朝贈官之例崇信崇儼咸以后兄故特示優禮崇德子
承壽至虞部員外郎天禧五年録承壽子若水爲太常寺

奉禮郎崇仁爲解州團練使
尹崇珂秦州天水人後徙居大名父延勳歷磁同滁三州
刺史崇珂初事周世宗於藩邸以謹厚稱及即位補東西
班都知從戰高平有勞績遷本班副點檢從征淮南遷都
虞候轉都指揮使改殿前都指揮使宋初出爲淄州刺史
有善政民詣闕請刻石頌德太祖命殿中侍御史李穆撰
文賜之討湖南爲行營前軍馬軍都指揮使荆湘平授朗
州團練使又與潘美丁德裕克郴州乾德中征嶺表以崇
珂爲行營馬步軍副部署克廣州擒劉鋹即日詔與潘美
同知廣州兼市舶轉運等使録功遷保信軍節度未幾南

漢開府樂範容州都指揮使鄧存忠韶州賊帥周思瓊率
思道都指揮使麥漢瓊等據五州之地以叛崇珂討之太
祖遣中使李神祐督戰數月盡平其黨還治所六年卒年
四十二贈侍中遣中使護其喪歸葬洛陽以其子昭吉弟
崇珪並爲西京作坊使昭吉領會州刺史崇珪領歙州刺
史初太宗在周朝娶崇珂妹追謚淑德皇后昭吉至洛苑
使次子昭輔至供奉官閤門祗候
劉廷讓字光乂其先涿州范陽人曾祖仁恭唐盧龍軍節
度祖守文襲滄州盧彥威遂據其城昭宗授以節鉞後其
弟守光囚父仁恭守文舉兵討之軍敗爲守光所殺廷讓

與其父延進避難南奔少有膂力周祖鎮鄴以隸帳下廣
順初補内殿直押班累遷龍捷都校從世宗征淮南以功
領雷州刺史再遷涪州團練使領鐵騎右廂宋初轉江州
防禦使領龍捷右廂從征李筠爲行營先鋒使建隆二年
改侍衛馬軍都指揮使領寧江軍節度乾德二年春詔領
兵赴潞州以備并寇冬興師伐蜀爲西川行營前軍兵馬
副都部署率禁兵步騎萬人諸州兵萬人由歸州進討入
其境連破松木三會巫山等砦獲蜀將南光海等五千餘
人擒戰棹都指揮使袁德宏等千二百人奪戰艦二百餘
艘又獲水軍三千人因度南岸斬三千餘級初夔州有鏁

江爲浮梁上設敵棚三重夾江列礮具廷讓等將行太祖以地圖示之指鏁江曰我軍至此泝流而上慎勿以舟師爭勝當先以步騎陸行出其不意擊之俟其勢却即以戰櫂夾攻取之必矣及師至距鏁江三十里舍舟步進先奪其橋復牽舟而上破州城守將高彥儔自焚悉如太祖計遂進克萬施開忠四州峽中郡縣悉下明年正月次遂州州將陳愈率吏民來降盡出府庫金帛以給將士初出師也太祖命之曰所得郡縣當傾帑藏爲朕賞戰士國家所取唯土疆爾故人皆效命所至成功蜀平王全斌等皆坐縱部下掠奪子女玉帛及納賄賂左降惟廷讓秋毫無犯及全師雄等作亂郡縣相應寇盜蠭起廷讓又與曹彬破之以功改領鎮安軍節度從征太原開寶六年出爲鎮寧軍節度太平興國二年入爲右驍衛上將軍雍熙三年曹彬敗於岐溝關諸將失律多坐黜免既而契丹擾邊時議遣將無惬上意者時廷讓與宋偓張永德並罷節鎮在環列帝欲令擊契丹自效乃遣分守邊郡以廷讓知雄州又徙瀛州兵馬都部署是冬契丹數萬騎來侵廷讓與戰君子館時天大寒兵士弓弩皆不能彀契丹圍廷讓數重廷讓先分精兵屬李繼隆爲後殿緩急爲援至是繼隆退保樂壽廷讓一軍皆沒死者數萬人僅以數騎獲免先鋒將賀令圖楊重進皆陷於契丹自是河朔戍兵無鬬志又料鄉民為兵以守城皆未習戰鬬契丹遂長驅而入陷深祁德數州殺官吏俘士民所在輦金帛而去博魏之北民尤苦焉太宗聞之下哀痛之詔初廷讓詣闕待罪太宗知為李繼隆所誤不之責四年復命代張永德知雄州兼兵馬部署是秋以疾聞帝遣內醫診視因上言求歸京師不俟報遽離屯所帝怒下御史按問獄具下詔曰右驍衛上將軍劉廷讓朕以其宿舊荐董軍政擢自環尹付之成師俾控邊關式防寇鈔而乃以病為解不俟報命委棄戎重傲裝上道剏萬旅所集實制於中權列燧相望或虞於外侮

事機一失咎責安歸有司議刑當在不赦録其素效特從寬典可削奪在身官爵配隸商州又黜其子如京使永德為濠州團練副使崇儀副使永和為唐州刺史廷讓既黜怏怏不食行至華州卒年五十九帝録其舊勳贈太師子永德至內殿崇班永恭至西京作坊副使永和為內殿承制永錫至崇班永保永昌永規並至閤門祇候永崇為崇班永寧及孫允忠並為閤門祇候

袁繼忠其先振武人後徙并州父進仕周為階州防禦使繼忠以父任補右班殿直太祖平澤潞討并汾悉預攻戰乾德中征蜀隸大將劉廷讓麾下既克蜀知雲安軍歷嘉

蜀二州監軍開寶中伐廣南為先鋒壕砦廣南平以功遷
供奉官護隰州白壁關屯兵時河東拒命繼忠累入其境
破三砦擒將校二人得生口馬牛羊鎧仗踰萬計近戍主
將懼無功受譴以誠告繼忠繼忠以所獲分與之遂與都
巡檢郭進略地忻代州改天平軍巡檢太宗即位以為閤
門祗候令擊梅山洞賊破之又巡遏邊部於唐龍鎮太宗
征太原繼忠預破鷹揚軍先登陷陣契丹入代境繼忠率
兵擊走之以功遷通事舍人護高陽關屯兵與崔彥進破
契丹長城口殺獲數萬衆璽書襃美時有勸繼忠自論其
功者繼忠不答會趙保忠來朝獻其地綏州刺史李克憲
偃蹇不奉詔遣繼忠諭旨竟率克憲入朝遷西上閤門副
使詔與田仁朗率兵定河西諸州大破西人於葭蘆州遷
引進副使護定州屯兵雍熙二年遷西上閤門使三年大
將田重進征契丹命繼忠為定州路行營馬步軍都監領
師取飛狐下靈丘平蔚州擒其帥大鵬翼以獻事見重進
傳師還繼忠為後殿行列甚整至定州重進欲斬降卒後
期至者繼忠諭以殺降不祥皆救免之遷判四方館事領
播州刺史護屯兵如故大將李繼隆以易州靜塞騎兵尤
驍果取隸麾下留其妻子城中繼忠言於繼隆曰此精卒
止可守城萬一敵至城中誰與捍者繼隆不從既而契丹

入寇城陷卒妻子皆為所俘繼隆疑此卒怨已欲分隸諸
軍繼忠曰不可但奏升其軍額優以廩給使之盡節可也
從之衆皆感悅繼忠因自請以隸麾下會契丹騎大至駐
唐河北諸將欲堅壁待之繼忠曰今彊敵在近城中屯重
兵不能剪滅令長驅深入侵略他郡雖欲謀自安之計豈
折衝禦侮之用乎我將身先士卒死於寇矣辭氣慷慨衆
壯之靜塞軍摧鋒先入契丹兵大潰太宗聞之降璽書獎
諭賜予甚厚淳化初遷引進使護鎮定高陽關兩路屯兵
三年被病召赴闕卒年五十五繼忠長厚忠謹士大夫多
與遊前後賜賚鉅萬計悉以犒賞士卒身死之日家無餘
財搢紳稱之子用成雍熙初登進士第至太常博士
崔彥進大名人純質有膽畧善騎射漢乾祐中隸周祖帳
下廣順初補衛士世宗鎮澶淵令領禁兵以從顯德初為
控鶴指揮使從征淮南以功遷散員都虞候從平瓦橋關
改東西班指揮使領昭州刺史宋初改控鶴右廂指揮使
領果州團練使征李筠為先鋒部署以功遷常州防禦使
從平李重進改虎捷右廂建隆二年遷侍衛步軍都指揮
使領武信軍節度大舉伐蜀為鳳州路行營前軍副都部
署蜀平坐縱部下畧玉帛子女及諸不法事左遷昭化軍
節度觀察留後太祖郊祀西洛彥進來朝授彰信軍節度

太平興國二年移鎮河陽四年正月遣將征太原分命攻城以彥進與鄆州防禦使尹勳攻其東彰德軍節度李漢瓊冀州刺史牛思進攻其南桂州觀察使曹翰翰林使杜彥圭攻其西彰信軍節度劉遇光州刺史史珪攻其北彥進督戰甚急太祖嘉之晉陽平從征幽州又與內供奉官江守鈞率兵攻城之西北及班師詔彥進與西上閤門副使薛繼興閤門祗候李守斌領兵屯關南以功加檢校太尉是秋契丹侵遂城彥進與劉廷翰崔翰等擊破之斬首萬級五年車駕北巡以彥進為關南都部署敗契丹於唐興口雍熙三年正月命將北伐分兵三路詔彥進為幽州

道行營馬步軍水陸副都部署與曹彬米信出雄州大軍失利彥進坐違彬節制別道回軍為敵所敗召還貶右武衛上將軍事具彬傳四年春授保靜軍節度端拱元年被病召歸闕卒年六十七贈侍中彥進頗立戰功然好聚財貨所至無善政沒後諸子爭家財有司攝治太宗召見為決之謂左右曰此細務朕不宜親臨但以彥進嘗任節制不欲令其子辱於父耳子懷遵至內殿崇班懷清至崇儀副使懷遵子上賢娶鎮王女崇安縣主懷清子從湜娶岐王女永壽縣主為西京左藏庫副使後坐事除名

張廷翰澤州陵川人初為漢祖親校漢祖入汴補內殿直遷東西班軍使周初改護聖指揮使從世宗平淮甸以功遷鐵騎右第二軍都虞候顯德末改殿前散都頭都虞候宋初權為鐵騎左第二軍都校領開州刺史從平揚州又以功遷控鶴左廂都指揮使領果州團練使未幾轉龍捷左廂都指揮使領春州團練使乾德中興師伐蜀以廷翰為歸州路行營馬軍都指揮使隨劉廷讓由歸州路進討師次夔州廷讓頓兵白帝廟西俄而夔州監軍武守謙率所部來拒戰廷翰引兵逆擊敗之於豬頭鋪乘勝拔其城蜀平授侍衛馬步軍都虞候領彰國軍節度開寶二年寢疾太祖親臨問未幾卒年五十三贈侍中

皇甫繼明冀州蓨人父濟汾川令繼明身長七尺善騎射以膂力聞郡中刺史張廷翰以隸左右薦於太祖補殿前指揮使歷左右番押班都知太宗即位累遷至捧日軍都指揮使領檀州刺史太平興國七年坐秦王廷美事出為汝州馬步軍都指揮使雍熙三年召入為馬步軍副都軍頭四年復為捧日右廂第三軍都指揮使領澶州刺史田重進北征繼明為前鋒以功加馬步軍都軍頭端拱二年轉龍神衛四廂都指揮使領羅州防禦使即日命副高瓊為并代部署淳化二年又副范廷召為平虜橋砦兵馬都部署改高陽關部署至道元年改領洋州觀察使充環慶

路馬步軍都部署繼明謹愿御下嚴肅士卒頗畏憚之二
年受詔護送輜重赴靈州繼明已先約靈州部署田紹斌
率軍迎接適被病裨將白守榮謂繼明曰君疾甚不可行
恐失期會守榮當率兵先往繼明宿將慮守榮等輕佻與
戎人接戰因謂之曰我疾少間遂雙轡被甲上馬强行至
清遠軍卒年六十三詔贈彰武軍節度遣其子懷信爲供
奉官
張瓊大名館陶人世爲牙中軍瓊少有勇力善射隸太祖
帳下周顯德中太祖從世宗南征擊十八里灘砦爲戰艦
所圍一人甲盾鼓譟而前衆莫敢當太祖命瓊射之一發

而踣淮人遂却及攻壽春太祖乘皮船入城濠城上車弩
遥發矢大如椽瓊亟以身蔽太祖矢中瓊股死而復蘇鏃
著髀骨堅不可拔瓊索杯酒滿飲破骨出之血流數升神
色自若太祖壯之及即位擢典禁軍累遷内外馬步軍都
軍頭領愛州刺史數日太宗自殿前都虞侯尹開封太祖
曰殿前衛士如狼虎者不啻萬人非瓊不能統制即命瓊
代爲都虞侯遷嘉州防禦使瓊性暴無機多所凌轢時史
珪石漢卿方用事瓊輕侮之目爲巫媪二人銜之切齒發
瓊擅乘官馬納李筠隸僕畜部曲百餘人恣作威福禁軍
皆懼又誣毁太宗爲殿前都虞侯時事建隆四年秋郊禋

御下方欲肅靜京師乃召訊瓊瓊不伏太祖怒令擊之漢
卿即奮鐵撾亂下氣垂絶曳出遂下御史案鞫之瓊知不
免行至明德門解所繫帶以遺母獄具賜死於城西井亭
太祖旋聞家無餘財止有僕三人甚悔之因責漢卿曰汝
言瓊有僕百人今何在漢卿曰瓊所養者一敵百耳太祖
遂優恤其家以其子尚幼乃擢其兄進爲龍捷副指揮使
論曰崔彦進與王全斌征蜀黷貨殺降以致蜀亂惟劉廷
讓一軍秋毫無犯紀律嚴否於斯别矣尹崇珂斤斤謹厚
臨淄攻守之績嶺嶠廓清之勞至於率事皇甫繼明力疾
以護軍行純誠勇節皆足嘉尚張廷翰西征未覩奇效張

美雖稱幹敏而初有自愧之行郭守文敦詩閲禮輕財好
施慎保封疆士卒樂用終以勳舊冡眷聯姻戚里宋初諸
將要終而論臧否異趣何昭昭若是哉

列傳卷第十八

列傳卷第十九　宋史二百六十

開府儀同三司上柱國錄軍國重事前中書右丞相監修國史領經筵事都總裁脫脫等奉

敕修

曹翰　楊信　党進　李漢瓊

劉遇　李懷忠　米信　田重進

劉廷翰　崔翰

曹翰，大名人。少為郡小吏，好使氣陵人，不為鄉里所譽。乾祐初，周太祖鎮鄴，與語奇之，以隸世宗帳下。世宗鎮澶淵，署為牙校。入尹開封，留翰在鎮。會太祖寢疾，翰不俟召歸見世宗，密謂曰：「主上不豫，王為冢嗣，不侍醫藥而決事於外廷，失天下望。」世宗悟，即入侍，以府事屬翰總決。及世宗即位，補供奉官。從征高平，參豫謀畫，尋遷樞密承旨。護塞決河。世宗征淮南，留鎧甲千數在正陽。既而得降卒八百，部送歸京師。時翰適從京師來詣，過正陽十數里許遇之，慮刼兵器為叛，矯殺之。及見世宗，具言其事，世宗不悅。翰曰：「賊以困歸我，非心服也。所得器甲盡在正陽，苟為所刼，是復生一淮南矣。」因不之罪。從征瓦橋關，會班師，留知雄州。世宗大漸，諭范質等以王著為相，翰為宣徽使。質以著嗜酒，翰飾詐而專，並寢之，改德州刺史。宋

初，從征澤潞，還，改濟州刺史。乾德二年，太祖親征西蜀，移刺均州。澗谷深險，翰令鑿石通道，師旋以濟。詔兼西南諸州轉運使，自石門徑趨歸州，餉運不乏。由夔萬入會王全斌軍。成都以平。時全師雄擁衆十萬餘據郫縣叛，謀窺成都，翰率兵會劉光毅、曹彬等討平之。未幾，軍校呂翰殺武懷節，據嘉州以叛，翰及諸將奪其城。諜知賊約三鼓復來攻，翰戒知更使緩，向晨猶二鼓，賊衆不集而潰，因而破之。劒南遂平。師還，遷蔡州團練使。開寶二年，從征太原，復為行營都壕砦使。既班師，會河決澶州，令翰董其役，翰出銀器助役，沉所乘白馬以祭。復決陽武，再護役，皆有成績。將征江南，命翰率兵先赴荆南，改行營先鋒使，進克池州。金陵平，江州軍校胡德、牙將宋德明據城拒命，翰率兵攻之，凡五月而陷，屠城無噍類，殺兵八百，所略金帛以億萬計。偽言欲致廬山東林寺鐵羅漢像五百頭於京師，因調巨艦百艘載所得以歸。錄功，遷桂州觀察使、判潁州。太平興國四年，從征太原，為攻城南面都部署，與崔彥進、李漢瓊、劉遇三節度分部攻城。翰攻東北，而劉遇攻西北，與劉繼元直，城尤險固。遇欲與翰易處，翰言觀察使班次下，當部東北。遇堅

欲易之數日不決上慮諸將不協遣諭翰曰卿智勇
無雙西北面非卿不能當也翰乃奉詔築土山瞰城
中數日而就繼元甚恐軍中乏水城西十餘里谷中
有娘子廟翰往禱之穿渠得水人馬以給又從征幽
州率所部攻城東南隅卒掘土得蟹以獻翰謂諸將
曰蟹水物而陸居失所也且多足彼援將至不可進
拔之象况蟹者解也其班師乎已而果驗五年從幸
大名拜威塞軍節度仍判潁州復命為幽州行營都
部署詔督役開南河自雄達莫以通漕運議築大隄
以捍之翰遣徒數萬伐巨木於漢境遣騎五授五色

旗為斥候前遇丘陵水澤寇賊煙火則各舉其旗以
為應又起烽燧于境上敵疑不敢近塞得巨木數萬
以濟用訖事歸鎮翰在郡歲久征斂苛酷政因以弛
上以其有功每優容之會汝陰令孫崇望詣闕訴翰
私市兵器所為多不法詔遣御史滕中正乘傳鞫之
獄具當棄市上貸其罪削官爵流錮登州雍熙二年
起為右千牛衛大將軍分司西京四年召入為左千
牛衛上將軍賜錢五百萬白金五千兩淳化三年卒
年六十九贈太尉上命遷其四子守譙守能守節守
貴官其六子守讓守贇守澄守恩守英守吉皆補殿

直翰陰狡多智數好夸誕貪冒貨賂飲酒至數斗不
亂每奏事上前雖數十條皆默識不少差嘗作退將
詩曰曾因國難披金甲恥為家貧賣寶刀翰直禁日
因語及之上憫其意故有銀錢之賜咸平元年賜謚
武毅
楊信瀛州人初名義顯德中隸太祖麾下為裨校宋
初權内外馬步軍副都軍頭建隆二年領賀州刺史
改鐵騎控鶴都指揮使遷殿前都虞候領漢州防禦
使乾德初親郊為儀仗都部署四年信病瘖上幸其
第賜錢二百萬五年改靜江軍節度開寶二年散指

揮都知杜廷進等將為不軌謀泄夜啓玄武門召信
逮捕遲明十九人皆獲上親訊而誅之六年遷殿前
都指揮使改領建武軍節度太祖嘗令御龍直習水
戰於後池有鼓譟聲信居玄武門外聞之遽入服皁
綈袍以見上謂曰吾教水戰爾非有他也出上目送
之謂左右曰真忠臣也九年授義成軍節度太平興
國二年改鎮寧軍並領殿前都指揮使三年春以瘖
疾在告俄卒贈侍中信雖瘖疾而質實自將善部分
士卒指顧申儆動有紀律故見信任而終始無疑焉
有童奴田玉者能揣度其意每上前奏事及與賓客

談論或指揮部下必迴顧王書掌為字王因直達其意無失信未死前一日瘖疾忽愈上聞而駭之遷幸其第信自言遭遇兩朝恩寵隆厚敘謝感慨涕泗橫集上加慰勉錫賚有差信弟嗣贇嗣建隆初以信薦為殿直三遷崇儀副使火山軍監軍雍熙四年就命知軍事代還以吏民借留再任俄遷高陽關戰權都監淳化二年改知保州門無私謁轉運使言其治狀優遷威虜軍改崇儀使與曹思進同為靜戎軍保州長城蒲城緣邊都巡檢使改知京使再知保州有戰功真宗即位加洛苑使咸平初領獎州刺史三年與敵人戰於廉良斬首二千級獲戰馬輜重甚衆以功真拜保州刺史召還授本州團練使時楊延昭方為刺史嗣言嘗與延昭同官驟居其上不可願守舊官上嘉其讓乃遷延昭官嗣與延昭久居北邊俱以善戰聞時謂之二楊嗣以武人治郡不脣細務又兼領巡徼在郡日少城堞圮壞有未葺者詔供備庫副使趙彬代之改深州團練都巡檢使兼保州鈐轄五年邊人寇保州嗣與楊延昭禦之部伍不整為所襲士馬多亡失代還特宥其罪明年與防秋之策條陳北面利害以其練達邊事出為鎮定高陽關三路後陣

鈐轄移定州副都部署留其家京師假官第以居景德初改鎮州路副都部署上以嗣耄年總軍政慮有廢闕旋命代之連為趙貝深三州部署大中祥符五年復出為天雄軍副都部署六年以左龍武大將軍致仕明年卒年八十一錄其子承憲為侍禁贊稍知書無異能以兄故得掌禁旅累資朝著至牧守焉

党進朔州馬邑人幼給事魏帥杜重威重威愛其淳謹及壯猶令與姬妾雜侍重威敗進以膂力隸軍伍周廣順初補散指揮使累遷鐵騎都虞候宋初轉本軍都校領欽州刺史遷馬步軍副都軍頭領虔州團練使改虎捷右廂都指揮使領睦州防禦使建隆二年改領閬州乾德初改龍捷左廂都虞候領利州觀察使後四年權步軍杜審瓊卒命進代領其務五年領彰信軍節度兼侍衛步軍都指揮使開寶元年將征太原以進將河東行營前軍開寶二年太祖師臨晉陽置砦四面命進主其東偏師未成列太原驍將楊業領突騎數百來犯進奮身從數人逐業業急入隍中會援兵至緣縋入城獲免上激賞之六年改侍衛馬軍都指揮使領鎮安軍節度九年又命將河東行營兵征太原入其境敗太原軍于城北太祖崩召

還太平興國二年出為忠武軍節度在鎮歲餘一日自外歸有大蛇卧榻上寢衣中進怒烹食之遇疾卒年五十一贈侍中進出戎行形貌魁岸居常恂恂每擐甲冑毛髮皆竪進名進自稱曰暉人問之則曰吾欲從吾便耳先是禁中軍校自都虞候已上悉書所掌兵數於梃上如笏記焉太祖一日問進所掌幾何進不識字但舉梃以示於上曰盡在是矣上以其朴直益厚之嘗受詔巡京師閭里間有畜養禽獸者見必取而縱之罵曰買肉不將供父母反以飼禽獸乎太宗嘗令親吏臂鷹雛于市進亟欲放之吏曰此晉

王鷹也進乃戒之曰汝謹養視小民傳以為笑其變詐又如此杜重威子孫有貧困者進分月俸給之士大夫或有愧焉子崇義閑廐使崇貴閤門祇候

李漢瓊河南洛陽人曾祖裕邢州刺史漢瓊體質魁岸有膂力晉末補西班衛士遷內殿直周顯德中從征淮南先登遷龍旗直副都知改左射指揮使宋初再遷鐵騎第二軍都校領饒州刺史遷控鶴左廂都校領瀘州刺史改澄州團練使轉虎捷左廂都指揮使領融州防禦使遷侍衛馬軍都虞候領洮州觀察使王師征江南命領行營騎軍兼戰櫂左廂都指揮使自蘄春攻峽口砦斬首數千級獲樓船數百艘沿流拔池州破銅陵取當塗作浮梁於牛渚以濟大軍分圍金陵率所部度秦淮取巨艦實葦其中縱火攻其水砦拔之江南平以功領振武軍節度太平興國二年出為彰德軍節度四年太宗親征太原改攻城都部署漢瓊與牛思進主攻城南偏漢瓊先登矢集其腦併中指傷甚猶力疾戰上召至幄殿賜良藥以慰勞之先是攻城者以牛革冒木上士卒蒙之而進謂之洞子上欲幸其中以勞士卒漢瓊極諫以為矢石之下非萬乘之尊所宜輕往上乃止太原平改鎮

州兵馬鈐轄契丹數萬騎寇中山漢瓊與戰于蒲城大敗之逐至遂城俘斬萬計加檢校太尉車駕幸大名漢瓊上謁陳邊事稱旨命為滄州都部署加賜戰馬金甲寶劍戎具以寵之六年以病還京賜白金萬兩月餘卒年五十五贈中書令漢瓊性木彊使酒難近然善戰有功無子弟漢贇漢彬太平興國初漢贇補供奉官嘗監高陽關平戎軍乘傳衢婺二州捕劇賊程白眉數十人悉殲焉累仕崇儀使知寧州大中祥符七年卒漢彬至禮賓副使

劉遇滄州清池人少魁梧有膂力周祖鎮大名隸帳

下廣順初補控鶴都頭改副指揮使宋初遷御馬直
指揮使俄領漢州刺史改領眉州累遷控鶴右廂都
指揮使領瓊州團練使從征太原以功遷虎捷右廂
改領尉州防禦使開寶六年轉侍衛步軍都虞候領
洮州觀察使征江南領步軍戰棹都指揮使時吳兵
三萬屯皖口遇會諸路兵破之擒其將朱令贇王暉
等獲戎艦數萬金陵以平錄功加領大同軍節度車
駕雩祀西洛命率禁衛以從太平興國二年出為彰
信軍節度四年征太原與史珪攻城北面平之進攻
范陽師還坐所部失律責授宿州觀察使五年從幸

大名復保靜軍節度幽州行營都部署護保州威
虜靜戎平塞長城五城八年徙鎮滑州晨興方對客
足有灸瘡痛其醫謂火毒未去故痛不止遇即解衣
取刀割瘡至骨曰火毒去矣談笑如常時旬餘乃差
遇性淳謹待士有禮尤善射太宗待之甚厚雍熙二
年卒年六十六贈侍中歸葬京師

李懷忠涿州范陽人初名懷義太祖掌禁兵時隸帳
下為散都頭累遷殿前都指揮使都虞候領開州刺
史乾德中授東西班都指揮使改領富州開寶中從
太祖征晉陽累月未下會盛暑欲班師以休息士卒

懷忠謂賊嬰孤城內無儲峙外無援兵其勢危困若
急攻之破在旦夕臣願奮銳為士卒先會大熱戰不
利懷忠中流矢力疾戰益奮還授散指揮使遷富州
團練使改日騎左右廂都指揮使上幸西京愛其地
形勢得天下中正有留都之意懷忠乘間進曰東京
有汴渠之漕歲致江淮米數百萬斛禁衛數十萬人
仰給於此帑藏重兵皆在焉根本安固已久一旦遽
欲遷徙臣實未見其利上嘉納之太宗即位改領本
州防禦使稍遷侍衛步軍都虞候領大同軍節度三
年改步軍都指揮使五月卒贈侍中錄其子紹宗等

三人為供奉官大中祥符三年又錄其子德鈞為借
職

米信舊名海進本溪族少勇悍以善射聞周祖即位
隸護聖軍從世宗征高平以功遷龍捷散都頭太祖
總禁兵以信隸麾下得給使左右遂委心焉改名信
署牙校及即位補殿前指揮使遷直長平揚州日信
執弓矢侍上側有游騎將迫乘輿射之一發而斃遷
內殿直指揮使開寶元年改殿前指揮使領郴州刺
史太宗即位轉散都頭指揮使繼領高州團練使太
平興國三年遷領洮州觀察使四年征太原命為行

管馬步軍指揮使與田重進分督行營諸軍并人潛
師來犯信擊敗之殺其將裴正并州平遂移兵攻范
陽師還以功擢保順軍節度使時信族屬多在塞外
會其兄子全自朔州奮身來歸召見俾乘傳詣代州
伺間迎致其親屬發勁卒護送之既而全宿留踰年
邊境斥候嚴竟不能致信慷慨嘆曰吾聞忠孝不兩
立方思以身徇國安能復顧親戚哉北望號慟戒子
姪勿復言五年命與郭守贇等同護定州屯兵六年
秋還定州駐泊部署八年改領彰化軍節度使雍熙
三年征幽薊命信為幽州西北道行營馬步軍都部

署敗契丹于新城契丹率衆復來戰王師稍却信獨
以麾下龍衛卒三百禦敵敵圍之數重矢下如雨信
射中數人麾下士多死會暮信持大刀率從騎大呼
殺數十人敵遂小却信以百餘騎突圍得免坐失律
議當死詔特原之責授右屯衛大將軍明年復授彰
武軍節度端拱初詔置方田以信為邢州兵馬都部
署以監之二年改鎮橫海軍信不知書所為多暴橫
上命何承矩為之副以決州事及承矩領護屯田信
遂專恣不法軍人資犒甚薄嘗私市絹附上計吏稱
官物以免關征上廉知之四年召為右武衛上將軍

明年判左右金吾街仗事未踰月吏卒以無罪被撻
撻者甚衆強市人物妻死買地營葬妄發居民冢墓
家奴陳贇老病羸之致死為其家人所告下御史鞫
之信具伏獄未上而卒年六十七贈橫海軍節度子
繼豐內殿崇班閤門祗候

田重進幽州人形質奇偉有武力周顯德中應募為
卒隸太祖麾下從征契丹至陳橋還遷御馬軍使積
功至瀛州刺史太平興國四年從征太原還錄功擢
為天德軍節度使六年改侍衛步軍指揮使八年改
領靜難軍節度使九年河決滑州韓村重進總護

其役以劉吉為之副河遂塞雍熙中出師北征重進
率兵傅飛狐城下用袁繼忠計伏兵飛狐南口擒契
丹驍將大鵬翼及其監軍馬贇副將何萬通并渤海
軍三十餘人斬首數千級俘獲以萬計逐北四十里
連下飛狐靈州等城進攻蔚州其牙校李存璋等殺
首帥蕭啜理執耿紹忠率吏民來附會曹彬之師不
利乃命重進董師駐定州還定州駐泊兵馬都部署
三年率師入遼境攻下岐溝關殺守城兵千餘及獲
牛馬輜重以還四年春改彰信軍節度淳化三年改
真定尹成德軍節度未幾移京兆尹永興軍節度五

年改知延州復還鎮至道三年卒年六十九贈侍中
重進不事學太宗居藩邸時愛其忠勇嘗遺以酒炙
不受使者曰此晉王賜也何為不受重進曰為我謝
晉王我知有天子爾卒不受上知其忠朴故終始委
遇焉子守信六宅使守吉閤門祗候

劉廷翰開封浚儀人父紹隱後唐末隸兵籍晉天福
中以隊長戍魏博從范延光反紹隱力戰死焉周世宗
鎮澶淵廷翰以膂力隸帳下即位補殿前指揮使累
從征伐以戰功再遷至散指揮第一直都知宋初預
平上黨維揚遷鐵騎都指揮使領廉州刺史太宗即

位遷右廂都指揮使領本州團練使遷雲州觀察使
太平興國四年從征太原領鎮州駐泊都鈐轄太宗
北伐既班師上以邊備在於得人乃命廷翰李漢瓊
率兵屯真定崔彥進屯關南崔翰屯定州冬契丹果
縱兵南侵廷翰先陣於徐河彥進率師出黑蘆堤北
銜枚躡契丹後崔翰漢瓊兵繼至合擊之大敗其衆
於蒲城廷翰以功領大同軍節度殿前都虞候八年
改領彰信軍節度雍熙四年春改鎮滑邢端拱中鎮
州駐泊馬步軍都部署郭守文卒上特命廷翰代之
淳化三年改大名尹天雄軍節度三年以病求解官

還闕上親臨問賜賚有加未幾卒年七十贈侍中廷
翰自衛士至上將頗以武勇自任寬厚容衆雖不事
威嚴而長於御下為殿前都指揮使入朝常行衆中
每歷宮殿門少識之者嘗與郊祀恩當追封三世廷
翰少孤其大父以上皆不逮事忘其家諱上為撰名
親書賜之子贊元宮苑使澄州刺史贊明皇城使勤
州團練使

崔翰字仲文京兆萬年人少有大志風姿偉秀太祖
見而奇之以隸麾下從周世宗征淮南平壽春取關
南以功補軍使宋初遷御馬直副指揮使從征澤潞

開寶初遷河東降民以實陝西地晉人勇悍多習武
藝命翰差擇之及閱試河北鎮兵取其驍果者以分
配天武兩軍九年領端州刺史太宗即位進本州團
練使太平興國二年秋講武於西郊時殿前都指揮
使楊信病瘖命翰代之翰分布士伍南北綿亘二十
里建五色旗號令將卒望其所舉以為進退六師周
旋如一上御臺臨觀大悅以藩邸時金帶賜之謂左
右曰晉朝之將必無如崔翰者四年從征太原命總
侍衛馬步諸軍率先攻城流矢中其頰神色不變督
戰益急上即軍帳撫問之太原平時上將有事幽薊

諸將以為晉陽之役師罷餉匱劉繼元降賞賚且未給邊有平燕之議不敢言翰獨奏曰所當乘者勢也不可失者時也取之易上謂然定議北伐既而班師命諸將整暇以還至金臺驛大軍南向而潰上令翰率衞兵千餘止之翰請單騎往至則諭以師律衆徐以定不戮一人既復命上喜因命知定州得以便宜從事緣邊諸軍並受節制軍市租儲得以專用冬契丹兵數萬寇蒲城翰會李漢瓊兵於徐河河陽節度崔彥進兵自高陽關繼至因合擊之契丹投西山坑谷中死者不可勝計俘馘數萬所獲他物又十倍焉

以功擢武泰軍節度使初劉繼元降上令翰往撫慰俘略無得出城時秦王廷美以數十騎將冒禁出翰呵止之至是搆於上明年夏出為感德軍節度使至鎮時盜賊充斥翰誘其渠魁戒以禍福群盜感悟散歸農畝境內肅然雍熈二年移知滑州三年北伐不利上追念徐河之功召翰為威虜軍行營兵馬都部署四年春改鎮定國軍二年移鎮鎮安軍淳化三年召還以疾留京師稍間入見上曰臣既以身許國不願死於家得以馬革裹尸足矣上壯之復令赴鎮月餘卒年六十三贈侍中翰驍勇有謀所至多立功輕財好施死之日家無餘貲晚年酷信釋氏子繼顒虞部員外郎孫承業內殿承制閤門祗候承祐內殿崇班

論曰自曹翰而下嘗任將帥居節鎮者凡十人其初率由拳勇起家戎行雖不事問學而皆精白一心以立事功始終匹休而無韓彭之禍者由制御保全之有道也楊信以篤實重進以忠朴劉遇以淳謹廷翰以武勇稱故皆終始變遇而不替漢瓊雖木彊使酒米信所為雖多暴橫党進恂恂類懷姦詐懷忠論遷似昧大體然以征太原平江南戰徐河觀之皆不害

其為驍果也至於好謀善戰輕財好施所至立功則未有優於曹翰崔翰者也然不可與古之良將同日而語者崔之論奏平燕未免出於率爾而曹之殺降卒屠江州則又過於忍者也君子謂功莫優於二子而過亦莫先於二子信矣

列傳卷第十九

列傳卷第二十　宋史二百六十一

開府儀同三司上柱國錄軍國重事前中書右丞相監修國史領經筵事都總裁脫脫等奉敕修

李瓊　郭瓊　陳承昭　李萬超

白重贇　王仁鎬　陳思讓孫若拙

焦繼勳子守節　劉重進　袁彥

祈廷訓　張鐸　李萬全田景咸王暉附

李瓊字子玉幽州人祖傳正涿州刺史父英涿州從事瓊幼好學涉獵史傳杖策詣太原依唐莊宗屬募勇士即應募與周祖等十人約為兄第一日會飲瓊

熟視周祖知非常人因舉酒祝曰凡我十人龍蛇混合異日富貴無相忘苟渝此言神降之罰皆刺臂出血為誓周祖與瓊情好尤密嘗過瓊見其危坐讀書因問所讀何書瓊曰此閫外春秋所謂以正守國以奇用兵較存亡治亂記賢愚成敗皆在此也周祖令讀之謂瓊曰兄當教我自是周祖出入常袖以自隨遇暇輒讀每問難瓊謂瓊為師及討河中乃解瓊兵籍令參西征軍事賊平表於朝授朝散大夫大理司直歲中遷太子洗馬周祖鎮鄴表為大名少尹廣順初拜將作監充內作坊使賜金紫連知亳陝二州改

濟州刺史世宗初遷洛州團練使改安州防禦使治郡寬簡民請立碑頌德詔中書舍人竇儀撰文賜之宋初召為太子賓客建隆三年上章請老改右驍衛上將軍致仕瓊信釋氏明年四月八日詣佛寺遇疾歸至暮卒年七十三贈太子少師

郭瓊平州盧龍人祖海本州兩冶使父令奇盧臺軍使瓊少以勇力聞事契丹為蕃漢都指揮使後唐天成中挈其族來歸明宗以為亳州團練使改刺商州遷原州清泰初移階州城壘未葺蜀人屢寇瓊患之因徙城保險民乃無患受詔攻文州拔二十餘砦生

擒數百人晉天福中移刺警州屬羌渾騷動朔方節度張希崇表瓊為部署將兵共討平之連領滑坊虢衛四州開運初為北面騎軍排陣使陽城之役戰功居多改沂州刺史充刜口砦主兼東面行營都虞候擒莫州刺史趙思以獻改刺懷州俄為北面先鋒都監契丹陷中原盜賊蠭起山東為甚契丹主命瓊復刺沂州以禦盜瓊即日單騎赴郡盜聞瓊威名相率遁去漢乾祐中淮人攻密州以為行營都部署未至淮人解去會平盧節度劉銖恃佐命之舊稱疾不朝將相大臣懼其難制先遣瓊與衛州刺史郭超以所

部兵屯青州銖不自安置酒召瓊伏壯士幕下欲害瓊瓊知其謀屏去從者從容就席略無懼色銖不敢發瓊因爲陳禍福銖感其言遂治裝俟詔至即日上道瓊改潁州團練使又加防禦使時朗州結荆淮廣南合兵攻湖南詔瓊以州兵合王令溫大軍攻光州尋以內難不果罷歸朝遣詣河北計度兵甲芻糧周祖祀南郊召權知宗正卿事世宗征劉崇爲北面行營都監歷絳蔡齊三州防禦使在齊州民饑瓊以己俸賑之人懷其惠相率詣闕頌其德政詔許立碑宋建隆三年告老加右領軍衛上將軍致仕歸洛陽乾

德二年卒年七十二瓊雖起卒伍而所至有惠政尊禮儒士孜孜樂善蓋武臣之賢者也

陳承昭江表人始事李景爲保義軍節度周世宗征淮南景以承昭爲濠泗楚海水陸都應援使世宗既拔泗州引兵東下命太祖領甲士數千爲先鋒遇承昭於淮上擊敗之追至山陽北太祖親禽承昭以獻世宗釋之授右監門衛上將軍賜錦袍銀帶改右領軍衛上將軍分司西京宋初入朝太祖以承昭習知水利督治惠民五丈二河以通漕運都人利之建隆二年河成賜錢三十萬承昭言其壻王仁表在南唐帝爲致書於李景令遣歸闕歷左右神武統軍四年春大發近甸丁壯數萬修畿內河堤命承昭董其役又令督諸軍子弟數千鑿池於朱明門外以習水戰從征太原承昭獻計請壅汾水灌城城危甚會班師功不克就乾德五年遷右龍武軍統軍開寶二年卒年七十四贈太子太師中使護喪大中祥符元年錄其孫宗義爲三班借職

李萬超幷州太原人幼孤貧負販以養母晉祖起幷門萬超應募隸軍籍戰累捷稍遷軍校從李守貞討楊光遠於青州奮勇先登飛石中其腦氣不屬者久

之開運中從杜重威拒契丹於陽城流矢貫手萬超拔矢復戰神色自若以功遷肅銳指揮使契丹入中原時萬超以本部屯潞州主帥張從恩將棄城歸契丹會前驍衛將軍王守恩服喪私第從恩即委以後事遁去及契丹使至專領郡務守恩遂無所預萬超奮然謂其部下曰我輩垂餌虎口苟延旦夕之命今欲殺使保其城非止逃生亦足建勳業汝曹能乎衆皆躍然喜曰敢不唯命遂率所部大譟入府署殺其使推守恩爲帥列狀以聞漢祖從其請仍命史弘肇統兵先渡河至潞見萬超語之曰得復此州公之力

也吾欲殺守恩以公爲帥可乎萬超對曰殺契丹使以推守恩蓋爲社稷計爾令若賊害於人自取其利非宿心也弘肇大奇之表爲先鋒馬步軍都指揮使路經澤州刺史翟令奇堅壁拒命萬超馳至城下諭之曰今契丹北遁天下無主并州劉公仗大義定中土所向風靡後服者族盍早圖之令奇乃開門迎納弘肇即留萬超權州事漢祖遂以爲刺史及征李守貞以萬超爲行營壕砦使河中平拜懷州刺史周祖開國從征慕容彥超又爲都壕砦使以功授洺州團練使預收秦鳳改萊州從平淮南連移蘄登二州所

至有善政屬有詔重均田租前牟平令馬陶籍隸文登縣隱苗不通命繫之將斬而後聞陶懼遁去由是境內肅然宋初入爲右武衛大將軍遷左驍衛大將軍開寶八年卒年七十二

白重贊憲州樓煩人其先沙陁部族重贊少從軍有武勇漢初自散員都虞候三遷護聖都指揮使乾祐中李守貞據河中叛隱帝以重贊爲行營先鋒都指揮使河中平以功領端州刺史周祖轉護聖左廂都指揮使未幾出爲鄭州防禦使改相州留後廣順中授義成軍節度在鎮日河屢決重贊親部丁壯塞大程六合二堤詔書褒美世宗征劉崇以重贊爲河東道行營馬軍都指揮使重贊與李重進居陣西偏樊愛能何徽居陣東偏既合戰愛能與徽皆遁走惟重贊與重進率所部力戰世宗自督親軍合勢薄之并人大敗既誅愛能等重贊以功授保大軍節度使及世宗征太原以河陽劉詞爲隨駕都部署命重贊副之其忻州監軍殺刺史趙皐及契丹大將楊耨姑以城降而契丹兵猶盛命重贊及符彥卿擊走之世宗還京改河陽三城節度檢校太尉及征淮南命重贊率親兵三千軍于潁上未幾改淮南道行營馬步軍都

虞候俄遷彰義軍節度宋初加檢校太師改鎮涇州有馬步軍教練使李玉本燕人兇狡與重贊有隙遂與部下閻承恕謀害重贊密遣人市馬纓僞造制書云重贊構逆令夷其族乃自持僞制并馬纓以告都校陳延正曰使者致而去矣延正具白重贊重贊封其書以聞太祖大駭令驗視之率皆誕謬遂命六宅使陳思誨馳赴涇州會玉及承恕鞫問伏罪棄市延正擢領刺史以賞之仍詔諸州凡被制書有關機密則詳驗印文筆迹俄改泰寧軍節度乾德四年又爲定國軍節度開寶二年改左千牛衛上將軍奉朝請

三年卒年六十二

王仁鎬邢州龍岡人後唐明宗鎮邢臺署爲牙校即位擢爲作坊副使累遷西上閤門使清泰中改右領軍衛將軍晉天福中青州楊光遠將圖不軌以仁鎬爲節度副使伺其動靜歷二年或譖仁鎬于朝改護國軍行軍司馬仁鎬至河中數月光遠反書聞漢乾祐中歷昭義天雄二軍節度副使周祖鎮鄴表仁鎬爲副留守及起兵仁鎬預其謀周祖即位仁鎬爲王峻所忌出爲唐州刺史遷棣州團練使入爲右衛大將軍充宣徽北院使兼樞密副使顯德初出爲永興

軍節度使世宗嗣位移河中會殿中丞上官瓚使河中還言河中民多匿田租遂遣瓚按視均定百姓苦之多逃亡他郡仁鎬抗論其事廼止丁繼母憂去官五年拜安國軍節度制曰眷惟襄國實卿故鄉分予龍節之權成爾錦衣之美郡民扶老攜幼迎於境上有獻錦袍者四仁鎬皆重衣之厚酬以金帛視事翌日省其父祖之墓周視松檟潸泗嗚咽謂所親曰仲由以爲不如負米之樂信矣時人美之郡有群盜仁鎬遣使遺以束帛諭之悉遁去不復爲盜恭帝嗣位移山南東道節度宋初加檢校太師建隆二年以疾

召還次唐州卒於傳舍年六十九仁鎬性端謹儉約崇信釋氏所得俸祿多奉佛飯僧每晨誦佛經五卷或至日旰方出視事從事劉謙責仁鎬曰公貴爲藩侯不能勤恤百姓孜孜事佛何也仁鎬斂容遜謝無愠色當時稱其長者

陳思讓字後己幽州盧龍人父審確仕後唐至晉歷檀順涿均沁唐祁城八州刺史預征蜀權利州節度終金州防禦使思讓初隸莊宗帳下即位補右班殿直晉天福中改東頭供奉官再遷作坊使安從進叛於襄陽以思讓爲先鋒右廂都監從武德使焦繼勳

領兵進討遇從進之師於唐州花山下急擊大破之從進僅以身免以功領獎州刺史從進平授坊州刺史八年冬契丹謀入寇以思讓監澶州軍賜鞍勒馬器帛討楊光遠於青州也又爲行營右廂兵馬都監兵罷改磁州刺史會符彥卿北征契丹思讓表求預行未幾改衛州連丁內外艱時武臣罕有執喪禮者思讓不俟詔去郡奔喪聞者嘉之起復隨州刺史漢初移淄州罷任歸朝會淮南與朗州馬希萼合兵淮南攻湖南馬希廣來乞師旋屬內難又周祖北征乃分兵令思讓往郢州赴援兵未渡而希廣敗思讓留

於郢周祖即位遣供奉官邢思進召思讓及所部兵
還劉崇僭號太原周祖思得方略之士以備邊遣思
讓率兵詣磁州控扼澤潞未幾授磁州刺史充北面
兵馬巡檢未行陞磁州爲團練即以思讓充使廣順
元年九月劉崇遣大將李瓌領馬步軍各五都鄉兵
十都自團柏軍於箬子店思讓與都監向訓張仁謙
等率龍捷吐渾軍至虒亭西與瓌軍遇殺三百餘人
生禽丁入獲崇偏將王璠曹海金馬五十匹俄遣王
峻援晉州以思讓與康延昭分爲左右廂排陣使令
率軍自烏嶺路至絳州與大軍合崇燒營遁去思讓

又與藥元福襲之俄命權知絳州明年春遷絳州防
禦使顯德元年九月改亳州防禦使充昭義軍兵馬
鈐轄屢敗并人及契丹援兵遷安國軍節度觀察留
後充北面行營馬步軍排陣使五年敗并軍千餘於
西山下斬五百級是秋邢州官吏耆艾邢銖等四十
人詣闕求借留思讓詔褒之十二月改義成軍節度
觀察留後六年春世宗將北征命先赴冀州以俟命
及得瓦橋關爲雄州命思讓爲都部署率兵戍守世
宗不豫還京留思讓爲關南兵馬都部署恭帝嗣位
授廣海軍節度宋初加檢校太傅乾德二年又爲保

信軍節度時皇子興元尹德昭納思讓女爲夫人開
寶二年夏改護國軍節度河中尹七年卒年七十二
贈侍中思讓累歷方鎮無敗政然酷信釋氏所至多
禁屠宰奉祿悉以飯僧人目爲陳佛子身沒之後家
無餘財弟思誨至六宅使子欽祚累遷至香藥庫使
長州刺史欽祚子若拙

若拙字敏之幼嗜學思讓嘗令持書詣晉邸太宗嘉
其應對詳雅將縻以府職若拙懇辭太平興國五年
進士甲科解褐將作監丞通判鄂州改太子右贊善
大夫知單州以能政就改太常丞遷監察御史充鹽

鐵判官益州繫囚甚衆太宗覽奏訝之召若拙面諭
委以疏決遷殿中侍御史通判益州淳化三年就命
爲西川轉運副使未幾改正使召歸會李至守洛都
表若拙佐治改度支員外郎通判西京留司久之柴
禹錫鎮涇州復奏爲通判遷司封員外郎部送芻糧
至塞外優詔獎之入爲鹽鐵判官轉工部郎中與三
司使陳恕不協求徙他局改主判開拆司車駕北巡
命李沆留守東京以若拙爲判官河決鄆州朝議徙
城以避水患命若拙與閻承翰往規度尋命權京東
轉運使因發卒塞王陵口又於齊州浚導水勢設巨

隄於采金山奏免六州所科梢木五百萬民甚便之河平真授轉運使召還拜刑部郎中知潭州時三司使缺若拙自謂得之及是大失望因請對言父母年老不願遠適求納制命上怒謂宰相曰士子操修必須名實相副頗聞若拙有能幹特遷秩委以藩任而貪進擇祿如此徃有黄觀者或稱其能選爲西川轉運使輙訴免當時黜守遠郡今若拙復爾亦須譴降凡用人豈以親疎爲間苟能盡瘁奉公有所樹立何患名位之不至也乃追若拙所授告敕黜知處州從温州代還復授刑部郎中再爲鹽鐵判官改兵部郎

中河東轉運使賜金紫會親祀汾陰若拙以所部繒帛芻粟十萬輸河中以助費經度制置使陳堯叟言其幹職擢拜右諫議大夫徙知永興軍府時鄰郡歲饑前政拒其市糴若拙至則許貿易民賴以濟又移知鳳翔府入拜給事中知澶州蝗旱之餘勤于政治郡民列狀乞留天禧二年卒年六十四録其子映爲奉禮郎若拙多誕妄寡學術當時以第二人及第者爲牓眼若拙素無文故目爲瞎牓云

焦繼勳字成績許州長社人少讀書有大志嘗謂人曰大丈夫當立功異域取萬户侯豈能孜孜事筆硯哉遂棄其業游三晉間爲輕俠以飲博爲務晉祖鎮太原繼勳以儒服謁見晉祖與語悦之留帳下天福初授皇城兼宫苑使遷武德使安重榮反鎮州安從進自襄陽舉兵爲應晉祖命繼勳督諸將進討至唐州南遇從進軍萬餘設伏擊敗之禽其牙將安洪義鮑洪等五十餘人得山南東道印從進單騎奔還從進弟從貴率兵千餘人援均州刺史蔡行遇繼勳殺其衆七百生禽百獲從貴斷腕放入城中從進自此不能復鎮繼勳以功就拜齊州防禦使少帝即位從進平藉繼勳威名鎮之徙襄陽防禦使歲餘入爲右

千牛衛大將軍拜宣徽北院使遷南院使西人寇邊朝議發師致討繼勳抗疏請行拜秦州觀察使兼諸蕃水陸轉運使既至推恩信設方略招誘諸郡酋長相率奉玉帛牛酒乞盟邊境以安俄徙知陝州就遷保義軍兵馬留後漢初鳳翔軍校陽彦昭據城叛命繼勳率師討之以功授保大軍節度召入會漢祖幸大名留爲京城右廂巡檢使俄改右羽林統軍隱帝未命繼勳領兵北征及周祖舉兵向闕繼勳奉隱帝逆戰於留子陂戰不利遂歸周祖廣順初改右龍武統軍世宗征淮南爲左廂排陣使又改右羽林統

[illegible]軍左屯衛上將軍以戰功拜彰武軍節度宋初召爲右金吾衛上將軍改右武衛上將軍乾德三年權知延州四年判右街仗杜審瓊卒命繼勳代之時向拱爲西京留守多飲燕不省府事群盜白日入都市劫財拱被酒不出捕逐太祖選繼勳代之月餘京城肅然太祖將幸洛遣莊宅使王仁珪內供奉官李仁祚部修洛陽宮命繼勳董其役車駕還嘉其幹力召見褒賞以爲彰德軍節度仍知留府事仁珪領義州刺史仁祚爲八作副使繼勳以太平興國三年卒年七十八贈太尉繼勳獵涉史傳頗達治道所至有善

政然性吝嗇多省公府用度時論少之子守節

守節字東直初補左班殿直選爲江淮南路採訪還奏稱旨擢閤門祇候李順餘黨擾西川命與上官正討平之高溪州蠻內寇又命往圖方略守節言山川回險非我師之利詔許招納咸平中置江淮南荊湖路兵馬都監首被選擢又討施夔州叛蠻以大義諭其酋長皆悔過內附因爲之畫界定約還遷閤門通事舍人監香藥榷易院三司言歲課增八十餘萬時守節已爲衣庫副使當遷閤門副使真宗謂輔臣曰守節緣財利羨餘而遷橫行何以勸邊陲効命者止以爲宮苑副使奉使契丹館伴丁求說指遠山謂曰此黃龍府也守節應聲曰燕然山距此幾許求說慚服又之遷皇城副使管勾軍頭引見司坐以白直假樞密院副承旨尹德潤治第免所居官三遷東上閤門使加榮州刺史數請補外歷知襄鄧汝三州遷四方館使以右神武大將軍致仕卒

劉重進幽州人本名晏僧梁末隸軍籍晉初以習契丹語應募使北邊改右班殿直因賜是名遷西頭供奉官再使契丹契丹主以其敏慧留爲帳前通事俄南侵署重進忠武軍節度漢初移鎮鄧州漢法禁牛

革甚嚴州民崔彥陳寶選八人自本鎮持革詣漢祖廟鞔皷重進杖遣之判官史在德謂重進不善用法宜置極典及大理刑部詳覆重進所斷爲是在德坐故入杖死之乾祐末罷鎮來朝周祖起兵至封丘詔重進與左神武統軍袁義率兵拒之重進望塵退走周廣順初從征兗州未幾封薛國公俄召爲右神武統軍累加檢校太師世宗南征爲右廂排陣使顯德三年世宗聞揚州無備遣宣祖韓令坤與重進等往襲取之又爲先鋒都部署進克泰州初揚行密子孫居海陵號永寧宮周師渡淮盡爲李景所殺重進入

其家得玉硯玉杯盤水晶盞碼磁盆翡翠瓶以獻俄
命判廬州行府事兼行營都部署敗淮人千餘于州
境又敗五百衆于白城湖及世宗再巡吳師潰于紫
金山有至東山口者重進殺三千餘衆及下壽州以
功授武勝軍節度淮南平改鎮邠州世宗北征爲先
鋒都指揮使恭帝即位封開府宋初進封燕國公建
隆二年秋授右羽林統軍乾德五年改左領軍衛上
將軍重進徒善譯語無他才能值契丹入中原遂至
方鎮及在環衛嘗從幸玉津園太祖召與語既退謂
左右曰觀重進應對不逮常人前朝以爲將帥何足

重耶六年卒年七十
袁彥河中河東人少以趫勇應募從事隸奉國營漢
乾祐中周祖領軍討李守貞以彥置麾下及鎮鄴以
為部直小將周廣順中世宗在澶淵遷為親事都校
世宗尹京改開封府步直指揮使顯德初授內外步
軍都軍頭領泉州刺史未幾改岳州防禦使從征壽
州為城北造竹龍都部署竹龍者以竹數十萬竿圍
而相屬上設版屋載甲士數百人以攻其城又命於
渦口修橋橋成世宗幸焉因立為鎮淮軍李繼勳以
淮上失律罷軍職命彥為武信軍節度權侍衛步軍

都指揮使又命為淮南道行營馬步軍副都指揮使
賜衣服金帶鞍勒馬鎧甲器仗遣赴軍前太祖下滁
陽禽皇甫暉姚鳳彥皆有勞績詔褒之又令率師屯
下蔡以逼壽春及劉仁贍降從世宗攻濠泗又禽南
唐將許文縝邊鎬等以獻師還真授步軍都指揮使
領彰信軍節度六年春發近畿丁壯浚五丈河命彥
董其役恭帝嗣位移保義軍節度宋初加檢校太尉
是秋來朝改鎮曹州乾德六年為靜難軍節度開寶
二年移鄜州五年罷鎮歸闕卒年六十六景德四年
特詔錄其孫昭慶為借職大中祥符八年昭慶上彥

周朝所受告敕有二聖名諱者特遷殿直
祈廷訓本名廷義避太宗舊名改焉河南洛陽人父
珪梁左監門衛大將軍廷訓善書計騎射隸周祖帳
下廣順中歷東西班右番行首鐵騎都虞候世宗即
位改東西班都指揮使遷內殿直都指揮使繼領蘭
睦二州刺史從征淮南賜以明光細甲令董舟師巡
江界吳人伏兵三江口蔽葭中掩擊廷訓廷訓力戰
大破之俘馘千人餘黨遁去江北平以功遷吉州團
練使領鐵騎左廂都指揮使月餘遷嵐州防禦使領
龍捷右廂都指揮使宋初為安遠軍節度觀察留後

是秋改河陽乾德二年又改彰德軍節度留後俄權知鄧州五年就拜義武軍節度開寶二年太祖征太原以廷訓爲北面副都部署太平興國元年來朝二年冬改左領軍衛上將軍五年坐私販竹木貴鬻入官責本衛大將軍未幾復舊官六年卒年五十八廷訓形貌魁岸無才略臨事多規避時人目爲祈禳駞以其麤大而無所取也

張鐸河朔人少以材武應募隸軍籍漢初爲奉國右第六軍都指揮使領澧州刺史周祖以樞密使鎮鄴鐸以所部從行及起兵鐸預焉廣順初鐸爲奉國左廂都指揮使韓通爲右廂都指揮使俄並兼防禦使鐸領永州通領睦州會改奉國爲虎捷鐸仍領其職是冬出爲密州防禦使改亳州三年授鎮國節度郊祀畢加檢校太傅世宗初移彰義軍未幾加檢校太尉顯德三年又移河中尹護國軍節度宋初加檢校太師俄復鎮涇州州官歲市馬鐸厚增其直而私取之累至十六萬貫及擅借公帑錢萬餘緡侵用官麴六千四百餅事發召歸京師本州械繫其子保常及親吏宋習太祖以鐸宿舊釋不問罷鎮爲左屯衛上將軍奉朝請而已其所盜用仍蠲除之保常習亦得

釋鐸又嘗假晉邸錢百六十萬太宗即位詔貰之俄命判左金吾街仗及駕征河東以鐸爲京城內外都巡檢鄜州刺史高繼充閑廐副使張守明分爲裏城左右廂巡檢雍熙三年卒年七十二贈太傅子熙載至左千牛衛大將軍熙載子禹珪字天錫粗知書有方略幼事太宗藩邸即位補東西班承旨改殿直帶御器械以材勇擢居禁衛殿前散祇候都虞候咸平初授內殿直都虞候領牕州刺史三年出爲滁州刺史知洺瀛霸三州並兼兵馬鈐轄徙嵐州西人勤厥麻誘衆叛禹珪率衆討之俘六千餘人獲名馬孳畜甚衆景德初授高陽關行營副都部署契丹既請和帝思守臣有武幹能鎮靜邊郡者親錄十餘人名付中書禹珪預焉遂知石州徙代兗州又移澶州頗勤政治以瑞麥生獄空連詔嘉獎會河堤決溢禹珪率徒塞之宰相王旦使兗州還言其狀優詔褒之就拜洺州團練使尋知廣信軍天禧初復爲高陽關副都部署兼知瀛州明年召還將授四廂之職卒年五十九錄其二子

李萬全吐谷渾部人善左右射隸護聖軍爲騎士累遷至本軍都校與田景咸王暉等從周祖入汴號十

軍主顯德中爲彰武軍節度宋初加檢校太尉橫海軍節度乾德中代歸太祖數召於苑中宴射萬全無將畧惟挽強弓老而不衰帝亦以此賞之

田景咸王暉皆太原人景咸仕漢爲奉國右廂都校從周祖入汴爲龍捷左廂都校改安國軍留後俄真拜陞本軍節度世宗時拜武勝軍節度宋初爲左驍衛上將軍開寶三年卒景咸性鄙吝務聚斂每使命至惟設肉一器賓主共食後罷鎮常忽忽不樂妻識其意引景咸徧閱囊儲景咸方自釋在邢州日使者王班至景咸勸班酒曰王班請滿飲典客曰是使者

姓名也景咸悟曰我意王班是官爾何不早諭我聞者笑之暉性亦吝嗇貲甚富而妻子飯疏糲縱部曲誅求民甚苦之世宗以先朝功臣知而弗問焉至右神武統軍建隆四年終右領軍衛上將軍

論曰太祖事漢周同時將校多聯事兵間及分藩立朝位或相亞宋國建皆折其猛悍不可屈之氣俛首改事且爲盡力焉楊雄有言御之得其道則狙詐咸作使此太祖之英武而爲創業之君也歟

列傳卷第二十

列傳卷第二十一　宋史二百六十二

開府儀同三司上柱國錄軍國重事前中書右丞相監修國史領經筵事都總裁臣脫脫等奉勑修

李穀　昝居潤　竇貞固
李濤弟澣孫仲容　王易簡　趙上交子曮
張錫　張鑄　邊歸讜
劉温叟子燁孫几　劉濤　邊光範
劉載　程羽

李穀字惟珍潁州汝陰人身長八尺容貌魁偉少勇力善射以任俠爲事頗爲鄉人所困發憤從學所覧

如宿習年二十七舉進士連辟華泰二州從事晉天福中擢監察御史少帝領開封尹以穀爲太常丞充推官晉祖幸鄴少帝居守加穀虞部員外郎仍舊職少帝爲廣晉尹穀又爲府推官及即位拜職方郎中俄充度支判官轉吏部郎中罷職天福九年春少帝親征契丹詔許扈從充樞密直學士加給事中爲馮玉李彥韜所排會帝再幸河北改三司副使權判留司三司事開運二年秋出爲磁州刺史北面水陸轉運使契丹入汴少帝蒙塵而北舊臣無敢候謁者穀獨拜迎於路君臣相對泣下穀曰臣無狀負陛下因

傾囊以獻會契丹主發使至州轂禽斬之密送欵於
漢祖潛還河朔酋豪梁暉入擾安陽契丹主患之即
議北旋會有告契丹以城中虛弱者契丹還攻安陽
陷其城轂自郡候契丹遂見獲契丹主先設刑具謂
之曰爾何背我歸太原轂曰無之契丹主因引手車
中似取所獲文字而轂知其詐因請曰如實有此事
乞顯示之契丹國制人未伏者不即寘死自後凡詰
轂者六次轂詞不屈契丹主病且曰我南行時人云
爾謂我必不得北還爾何術知之今我疾甚如能救
我則致爾富貴轂曰實無術蓋爲人所陷耳轂氣色

不撓卒寬之俄而德光道殂永康繼立署轂給事中
時契丹將麻荅守真定而李崧和凝與家屬皆在城
中會李筠何福進率兵逐麻荅推護聖指揮使白再
榮權知留後再榮利崧等家財令甲士圍其居以求
賂既得之復欲殺崧等滅口轂遽見再榮謂之曰今
國亡主辱公董握勁兵不能死節雖逐一契丹將城
中戰死者數千人非獨公之力也一朝殺宰相即日
中原有主責公以專殺其將何辭以對再榮甚懼崧
等獲免漢初入拜左散騎常侍舊制罷外郡歸本官
至是進秩獎之也俄權判開封府時京畿多盜中牟

尤甚轂誘邑人發其巢穴有劉德輿者梁時屢攝畿
佐居中牟素有幹材轂即署攝本邑主簿浹旬轂請
侍衛兵數千佐德輿悉禽賊黨其魁一即縣佐史一
御史臺吏搜其家得金玉財貨甚衆自是行者無患
俄遷工部侍郎周祖西征爲西南面行營水陸轉運
使闕右平改陳州刺史會有內難急召赴闕周祖兵
入汴命權判三司廣順初加戶部侍郎未幾拜中書
侍郎平章事仍判三司初漢乾祐中周祖討河中轂
掌轉運時周祖已有人望屬漢政紊亂潛貯異志屢
以諷轂轂但對以人臣當盡節奉上而已故開國之

初倚以爲相是歲淮陽吏民數千詣闕請立生祠許
之轂懇讓得止先是禁牛革法甚峻犯者抵死轂乃
校每歲用革之數凡田十頃歲出一革餘聽民私用
又奏罷屯田務以民隸州縣課役盡除宿弊轂父祖
本居河南洛陽經巢之亂園廬蕩盡轂生於外既貴
訪得舊地建蘭若又立垣屋凡族人之不可仕者分
田居之詔改清風鄉高陽里爲賢相鄉勳德里二年
晨起仆階下傷右臂在告旬中三上表辭相位周祖
不允免朝參視事本司賜白藤肩輿召至便殿勉諭
轂不得已起視事征兖州爲東京留守判開封府事

顯德初加右僕射集賢殿大學士從世宗征太原遇賊於高平匿山谷中信宿而出追及乘輿世宗慰撫之世宗將趨太原命穀先調兵食又代符彥卿判太原行府事師還進位司空門下侍郎監修國史穀以史氏所述本於起居注喪亂以來遂廢其職上言請令端明樞密直學士編記言動為內廷日曆以付史官是歲河大決齊鄆發十數州丁壯塞之命穀領護刻期就功二年冬議伐南唐以穀為淮南道行營前軍都部署兼知廬壽等州行府事忠武軍節度王彥副之韓令坤以下十二將率從穀領兵自正陽渡淮

先鋒都將白延遇敗吳軍數千于來遠又破千餘人于山口鎮進攻上窑又敗千餘衆獲其小校數十人長圍壽春南唐遣大將劉彥貞來援穀召將佐謀曰今援軍已過來遠距壽陽二百里舟櫂將及正陽我師無水戰之備萬一斷橋梁隔絕王師則腹背受敵矣不如退守浮梁以待戎輅之至初世宗至圍鎮已聞此謀亟走內侍乘馹止之穀已退保正陽仍焚芻糧回軍之際遞相掠奪淮北役夫數百悉陷于壽春世宗聞之怒亟命李重進率師代之以穀判壽州行府是秋詔歸闕得風痺疾告滿百日累表請致仕優

詔不允每軍國大事令中使就第問之四年春吳人壁紫金山築甬道以援壽春不及者數里師老無功時請罷兵為便世宗令范質王溥就穀謀之穀手疏請親征有必勝之利者三世宗大悅用其策及淮南平賞賜甚厚出穀疏令翰林學士承旨陶穀為贊以賜之是夏世宗還穀扶疾見便殿詔令不拜命坐御坐側以抱疾既久請辭祿位世宗怡然勉之謂曰譬如家有四子一人有疾棄而不養非父之道也朕君臨萬方卿處輔相之位君臣之間分義斯在柰何以祿奉為言穀愧謝而退俄以平壽州敘功加爵邑是

秋穀抗表乞骸骨罷相守司空加邑封令每月肩輿一詣便殿訪以政事五年夏世宗平淮南回賜穀錢百萬米麥五百斛芻粟薪炭等恭帝即位加開府儀同三司進封趙國公求歸洛邑賜錢三十萬從其請太祖即位遣使就賜器幣建隆元年卒年五十八太祖聞之震悼贈侍中穀為人厚重剛毅深沉有城府雅善談論議政事能近取譬言多詣理辭氣明暢人主為之聳聽人有難必救有恩必報好汲引寒士多至顯位與韓熙載善熙載將南渡密告穀曰若江東相我我當長驅以定中原穀笑曰若中原相我下江

南探囊中物耳穀後果如其言李昉嘗爲穀記室在淮上被病求先歸穀視之曰子他日官禄當如我昉後至宰相司空周顯德中扈載以文章馳名樞密使王朴薦令知制誥除書未下朴詣中書言之穀曰斯人薄命慮不克享耳朴曰公在衡石之地當以材進人何得言命而遺才載遂知制誥遷翰林學士未幾卒世謂朴能薦士穀能知人穀歸洛中昭義李筠以穀周朝名相遺錢五十萬他物稱是穀受之既而筠叛穀憂恚而終子吉至補闕拱至太子中允

昝居潤博州高唐人善書計後唐長興中隸樞密院

爲小吏以謹愿稱晉初出掌滑州廩庾遂補牙職會景延廣留守西洛署爲右職延廣卒居潤往依陝帥白文珂文珂致仕乃表薦居潤於周祖時世宗尹京詔以補府中要職即位擢爲軍器庫使從征高平以功遷客省使知青州從向拱西征爲行營都監秦鳳平以居潤爲秦州歷知鳳陽河中府顯德三年秋遷內客省使代王朴知開封府四年冊幸壽州命爲副留守十月幸淮上以居潤爲宣徽北院使兼副留守五年夏南征還復判開封府六年征關南爲東京副留守及吳廷祚出塞河命居潤權知開封府事廷祚爲樞密使真判開封府改左領軍衛上將軍恭帝嗣位加檢校太傅太祖立加檢校太尉及征澤潞命赴澶州巡警師還權知鎮州加左領軍衛上將軍建隆二年又權知澶州八月拜義武軍節度在鎮數年得風痺詔還京師乾德四年卒年五十九贈太師居潤性明敏有節槩薦於行義初晉室將亡景延廣委其族自洛赴難至則爲遼人所執遼人在洛者邀欲悉摽掠延廣僚吏部曲悉遁獨居潤力保護其家以安居潤與太祖同事世宗情好款浹嘗薦沈倫於太祖以爲純謹可用後至宰相世稱其知人子惟質至內

園使弟居濟至水部員外郎大中祥符三年録其孫建中爲三班借職

竇貞固字體仁同州白水人父專後唐左諫議大夫貞固幼能屬文同光中舉進士補萬全主簿丁內艱去官服除授河東節度推官時晉祖在藩以貞固廉介甚重之及即位擢爲户部員外郎翰林學士就拜中書舍人天福三年詔百僚各上封事貞固疏曰臣聞舉善爲明知人則哲聖君在位藪澤豈有隱淪昭代用材政理固無紊亂求賢若渴從諫如流鄭所以譽子皮魯所以譏文仲爲國之要進賢是先陛下方

樹丕基宜求多士乞降詔百僚令各司議定一人有何能識堪何職官朝廷依奏用之若能符薦引果謂當才所奏之官望加獎賞如乖其舉或涉徇私所奏之官宜加殿罰自然官由德序位以才升三人同行尚聞擇善十目所視必不濫知臣職在論思敢陳狂狷書奏帝深嘉之命所司著爲令典明年改御史中丞與太常卿崔棁刑部侍郎呂琦禮部侍郎張允同詳定正冬朝會禮節樂章及二舞行列歷刑部門下二侍郎少帝即位拜工部尚書遷禮部尚書知貢舉舊制進士夜試繼以三燭長興二年改令晝試貞固

以晝晷短難盡士材奏復夜試擇士平允時論稱之改刑部尚書出爲潁州團練使歲餘復拜刑部尚書漢祖入汴貞固與禮部尚書王松率百官見于滎陽西漢祖駐駕勞問久之初營宗廟帝以姓自漢出遂襲國號尊光武爲始祖幷親廟爲五詔群臣議貞固上言曰按王制天子七廟諸侯五大夫三士一正義曰周之制七廟者太祖及文王武王之祧與親廟四也又曰七廟者據周也有其人則七無其人則五至光武中興及魏晉宋齊隋唐或立六廟或立四廟蓋建國之始未盈其數也禮曰德厚者流光此天子可

以祀六世之義也今陛下大定寰區重興漢祚旁求典禮用正宗祧伏請立高曾祖禰四親廟及自古聖王祖有功宗有德更立始祖在四廟之外不拘定數所以或五廟或七廟今請尊高皇帝光武皇帝爲始祖法文王武王不遷之制用歷代六廟之規庶合典禮漢祖從之論者以天子建國各從其所起堯自唐侯禹生大夏是也立廟皆祖其有功商之契周之后稷魏之武帝晉之三廟是也高祖起於晉陽而追嗣兩漢徙以同姓爲遠祖甚非其義貞固又以四親匹庶上合高光失之彌遠矣但援立親廟可也餘皆非禮

纔遷吏部尚書初帝與貞固同事晉祖甚相得時蘇逢吉蘇禹珪自霸府僚佐驟居相位思得舊臣冠首以貞固持重寡言有時望乃拜司空門下侍郎平章事弘文館大學士貞固少時中蠱若贅在喉中常鯁閼及爲相日因大吐有物狀蜥蜴落銀盤中毒氣衝盤焚於中衢臭聞百步外人皆異之隱帝即位加司徒改本貫永安鄉爲賢相鄉班瑞里爲勳貴里楊邠史弘肇王章樹黨恣橫專權凌上貞固但端莊自持不能規救周祖兵起貞固與蘇逢吉奉隱帝兵次于野敗逢吉倉黄自殺貞固遂詣周祖周祖稱太后制委

貞固與蘇禹珪王峻同掌軍國政事周祖登位加兼侍中會以馮道爲首相改監修國史俄罷相守司徒封沂國公世宗即位以范質爲司徒貞固遂歸洛陽輸課役齒爲編民貞固不能堪愬於留守向拱拱不聽宋初以前三公赴闕陪位詣范質求任東宮三少預朝請質不爲奏乃還洛放曠山水與布衣輩携妓載酒以自適開寶二年病囷自爲墓誌卒年七十八

李濤字信臣京兆萬年人唐敬宗子郇王瑋十一世孫祖鎮臨濮令父元將作監朱梁革命元以宗室懼禍挈濤避地湖南依馬殷署濤衡陽令濤從父兄郁仕

梁爲閤門使上言濤父子旅湖湘詔殷遣歸京師補河陽令後唐天成初舉進士甲科自晉州從事拜監察御史遷右補闕宋王從厚鎮鄴以濤爲魏博觀察判官歲餘入爲起居舍人晉天福初改考功員外郎史館修撰晉祖幸大梁張從賓以盟津叛陷洛陽扼虎牢故齊王全義子張繼祚者實黨之晉祖將族其家濤上疏曰全義歷事累朝頗著功効當巢蔡之亂京師爲墟全義手披荊棘再造都邑垂五十年洛民賴之乞以全義之故止罪繼祚妻子從之嘗奉詔爲宋州括田使前雄州刺史袁正辭齎束帛遺濤以田園爲託濤表其事晉祖嘉之正辭坐降一階濤遷浚儀令改比部郎中鹽判官改刑部郎中涇帥張彥澤殺記室張式奪其妻式家人詣闕上訴晉祖以彥澤有軍功釋其罪濤伏閤抗疏請寘於法晉祖召見諭之濤植笏叩階聲色俱厲晉祖怒叱之濤執笏如初晉祖曰吾與彥澤有誓約恕其死濤厲聲曰彥澤私誓陛下不忍食其言范延光嘗賜鐵券今復安在晉祖不能荅即拂衣起濤隨之諫不已晉祖不得已召式父鐸弟守貞子希範等皆拜以官罷彥澤節制濤歸洛下賦詩自悼有三諫不從歸去來之句先是范

延光據鄴叛晉祖賜鐵券許以不死終亦不免故濤引之晉祖崩濤坐不赴臨停未幾起爲洛陽令遷屯田職方郎中中書舍人會契丹入汴彥澤領突騎入京城恣行殺害人皆爲濤危之濤詣其帳通刺謁見彥澤曰舍人懼乎濤曰今日之懼亦猶足下昔年之懼也向使先皇聽僕言寧有今日之事彥澤大笑命酒對酌濤神氣自若漢祖起義至洛濤自汴奉百官表入對漢祖問京師財賦從契丹去後所存幾何濤具對稱旨漢祖嘉之至汴以爲翰林學士杜重威據鄴叛高祖命高行周慕容彥超討之二帥不協濤密

疏請親征高祖覽奏以濤堪任宰輔即拜中書侍郎兼戶部尚書平章事隱帝即位楊邠周祖共掌機密史弘肇握兵柄與武德使李鄴等中外爭權互作威福濤疏請出邠等藩鎮以清朝政隱帝不能決白于太后太后召邠等諭之反為所搆免相歸第時中書廚釜鳴者數四濤晝寢閣中夢嚴飾廳事群吏趨走云迎新宰相帶諸司使既寤心異之數日濤罷以邠為相兼樞密使及周祖舉兵太后倉皇涕泣曰不用李濤之言宜其亡也周初起為太子賓客歷刑部戶部二尚書世宗晏駕為山陵副使恭帝即位封莒國

公宋初拜兵部尚書建隆二年濤被病有軍校尹勳董浚五丈河陳留丁壯夜潰勳擅斬隊長陳琲等十人丁夫七十人皆杖一百則其左耳濤聞之力疾草奏請斬勳以謝百姓家人謂濤曰公久病宜自愛養朝廷事且置之濤憤言曰人孰無死但我為兵部尚書坐視軍校無辜殺人烏得不奏太祖覽奏嘉之詔削奪勳官爵配隸許州濤卒年六十四贈右僕射濤慷慨有大志以經綸為己任工為詩筆札遒媚性滑稽善諧謔亦未嘗忤物居家以孝友聞景德三年其孫惟勤詣闕自陳詔授許州司士參軍子承休至尚書水部郎中承休子仲容

濤弟澣字日新幼聰敏慕王楊盧駱為文章後唐長興初吳越王錢鏐卒詔兵部侍郎楊凝式撰神道碑令澣代草凡萬餘言文彩遒麗時輩稱之秦王從榮召至幕中從榮敗勒歸田里久之起為校書郎集賢校理晉天福中拜右拾遺俄召為翰林學士會廢學士院出為吏部員外郎遷禮部郎中知制誥復置翰林遷中書舍人再為學士時濤在西掖搢紳榮之契丹入汴澣與同職徐台符俱陷塞北永康王兀欲襲位置澣宣政殿學士兀欲死述律立以其妻族蕭海

貞為幽州節度使海貞與澣相善澣乘間諷海貞以南歸之計海貞納之周廣順二年澣因定州孫方諫密表言契丹衰微之勢周祖嘉焉遣諜者田重霸賫詔慰撫仍命澣通信澣復表述契丹主幼弱多寵好擊鞠大臣離貳若出師討伐因與通好乃其時也請速行之屬中原多事不能用其言澣在契丹嘗遣歸為其所獲防禦彌謹契丹應曆十二年六月卒時建隆三年也濤收澣文章編之為丁年集澣二子承確主客郎中承續職方郎中

仲容字儀父舉進士甲科除大理評事知三原縣累

擢監察御史爲殿試進士考官真宗問題義對稱旨
詔試中書擢左司諫直史館天聖中以起居郎爲知
制誥累遷右諫議大夫在西掖八年次當補學士而
不爲宰相張士遜所喜罷爲給事中集賢院學士判
史館司農寺復知制誥及石中立張觀補學士始以
爲翰林侍讀學士久之兼龍圖閣學士至戶部侍郎
卒仲容性醇易喜飲酒不與物忤與人言未嘗及勢
利三弟早卒字其諸孤十餘人如己子當世稱其長
者然於吏事非所長自集制草爲冠鳳集十二卷
王易簡字國寶京兆萬年人性介特寡合曾祖朏唐

劔州刺史祖遠連州刺史父貫唐州刺史易簡少好
學工詩會僖宗幸蜀長安兵亂避地山谷梁乾化中
邵王友誨鎮陝易簡舉進士詣府拔解友誨贈錢二
十萬明年遂擢第復隱華山邠帥韓恭辟觀察支使
府罷華帥李保衡復辟從事踰年尹皓代保衡易簡
仍在幕府會朱友謙以河中叛歸莊宗攻華州甚急
城中危懼咸請築月城以自固皓恃勇不聽下令曰
有敢復言者斬易簡固請廼許板築始畢外城果壞
軍民賴之會夜不能攻友謙遂遁去皓卒易簡歸田
里久之召爲著作郎數月棄去復召爲右拾遺上書

忤旨出爲鄧州節度推官後唐同光中遣魏王繼岌
伐蜀以宰相郭崇韜爲招討使辟易簡爲巡官改魏
王都督府記室參軍明宗即位周帥羅周敬辟爲掌
書記府罷退居華陰作小隱詩二十首幷序以見志
好事者多傳誦秦王從榮聞而重之謂宰相馮道李
愚曰易簡有才豈宜久居外地即召爲祠部員外郎
改水部郎中知制誥拜中書舍人晉初賜金紫判弘
文館史館事晉祖爲治務求速效易簡上漸治論以
諫之詔書褒荅以論付史館及廢翰林學士易簡兼
知內制又拜御史中丞歷右丞吏部侍郎左丞判吏

部銓嘗上言選門格敕條件具存藩府官僚習熟者
少凡給文解未曉規程以致選人詣都親求解樣往
來跋涉重可傷閔傳寫少差旋復駁放乞自今委南
曹詳定解樣兼錄長定格取解條下諸州板置州院
門每取解時準條式遵行從之晉祖在大梁臺省湫
隘易簡奏舉故事一歲得光省錢二百萬繕治省署
及造器物號爲舉職周朝諱簡易止名易廣順初遷
禮部尚書是冬合三銓爲一令易簡權判俄改刑部
尚書周祖將親郊命判兵部會冊四廟命爲副使周
祖晏駕爲山陵副使顯德四年告老以太子少保致

仕歸鄉里宋初召加少傅所居華陰構一鳴堂二品樓優游自適建隆四年四月無疾卒年七十九子景讓進士及第至尚書郎

趙上交涿州范陽人本名遠字上交避漢祖諱遂以字稱祖光鄴鄴州錄事參軍父簡章涿州司馬上交身長七尺黑色美風儀善談論負才任氣為鄉里所推後唐同光中嘗詣中山干王都有和少微者亦在都門下忌之頗毀訾上交都遂不為禮上交不得志因南游洛陽與中官驃騎大將軍馬紹宏善紹宏領北面轉運制置大使表為判官遷殿中丞秦王從榮

開府兼判軍衛以上交為虞部員外郎充六軍諸衛推官李澣張沆魚崇遠皆白衣在秦府悉與上交友善累遷司封郎中充判官從榮性豪邁不遵禮法好昵群小上交從容言曰王位尊崇當修令德以慰民望王忽為此獨不見恭世子戾太子之事乎從榮怒出之歷涇秦二鎮州節度判官從榮及禍僚屬皆坐斥上交由是知名晉初召為左司郎中度支判官歷右諫議大夫會廢翰林學士以上交為中書舍人知內外制遷刑部侍郎嘗上言伏覩長興中詔書州縣官在任詳讞刑獄昭雪人命者不限歲月赴選許令超資注官仍賜章服諸道州府給付公驗躬赴行部投狀隨給優牒庶絕欺罔以存激勸載詳元詔止言州縣未該內外職司乞自今但能雪活冤獄不限中外官並加旌賞諸道州縣委長吏抄案以聞俟本人考滿即詣刑部投狀毋得隔越年歲庶使內外同律詔從之俄遷戶部侍郎拜御史中丞彈舉無所阿避契丹入汴立明宗幼子許王從益為帝以禮部尚書王崧為左丞相上交為右丞相契丹去上交請去偽號稱梁王漢祖將至從益遣上交馳表獻款授檢校禮部尚書太僕卿遷秘書監周祖監國命太師馮道

迎湘陰公于徐州以上交副之廣順初拜禮部侍郎會將試貢士上交申明條制頗為精密始復糊名考校擢扈載甲科及取梁周翰董淳之流時稱得士轉戶部侍郎明年再知舉謗議紛然時樞密使王峻用事嘗薦童子上交拒之峻怒奏上交選士失實貶商州司馬朝議以為太重會峻貶乃止但坐所取士李觀侯纍賦落韻改太子詹事顯德初遷賓客二年拜吏部侍郎多請告不朝時出游別墅世宗因問陶穀曰上交豈衰老乎穀對曰上交昔掌貢舉放鬻市家子李觀及第受所獻名園多植花卉優游自適世宗

恕免其官宋初起爲尚書右丞建隆二年正月卒年六十七上交所蒞官以幹聞當時稱有公輔器尤好吟詠有集二十卷張昭爲序子曮字可畏七歲喪母過哀十二能屬文與兄晙同舉進士未成名而兄夭遂以蔭補千牛備身歷祕書郎殿中丞著作郎卒年二十六有集十卷太宗嘗取以入內

張錫福州閩縣人梁末劉君鐸任棣州刺史辟爲軍事判官棣爲鄆之屬郡郡有麴務鄆以牙將主之頗橫恣民有犯麴三斤牙將欲寘于死君鐸力不能救旣而牙將盜麥百斛私造麴事覺錫判曰麴犯三斤

求生不克麥盜百斛免死誠難時郡吏以使府牙將乞免錫不允固寘于法同光末趙在禮舉兵於鄴瀕河諸州多罹亂錫權知州事即出省錢賞軍皆大悅一郡獨全棣人賴之後爲淄川令不畏強禦專務愛民刺史有所徵不咨由是銜之及代白其事於宰相馮道道知錫介直即奏召爲監察御史出爲陝虢觀察判官晉開運二年拜右補闕歷起居郎刑部員外郎開封府判官浚儀令司門駕部二郎中並以清節聞周顯德中以老疾求解官授右諫議大夫致政宋初改給事中錫無子宰相范質嘗兄事之館於別墅錫以執政之門不欲久處徙依鄉人鄧州觀察判官黃保緒建隆二年六月卒于穰下

張鑄字司化河南洛陽人性清介不事生產曾祖居卿祖裼父文蔚在唐俱舉進士裼至翰林學士承旨天平軍節度檢校吏部尚書文蔚中書侍郎平章事五代史有傳鑄梁貞明三年舉進士補福昌衛集賢校理拜監察御史遷殿侍御史仕後唐歷起居郎金部員外郎賜緋改右司員外郎明宗初轉金部郎中賜金紫嘗上言曰國家以務農爲本守令以勸課爲先廣闢田疇用資倉廩竊見所在鄉村浮戶方事墾闢甫

成生計種田未至二頃植木未及十年縣司以定色役民畏責斂捨之而去殊乖撫恤之方徒設招携之令望令諸州應有荒田縱民墾蒔俟及五頃已上三年外始聽差科從之使兩浙還遷考功郎中晉天福初福州王延羲奉表稱藩遣鑄持節冊爲閩國王少帝即位改河南令開運二年召爲太常少卿避曾祖諱不拜改祕書少監判太常寺事踰年轉右庶子分司西京周廣順初入爲左諫議大夫給事中使朗州顯德三年授檢校禮部尚書光祿卿又以祖名請避改祕書監判光祿寺宋初加檢校刑部尚書建隆四

年卒年七十三鑄美姿儀善筆札老能燈下細書如蠅頭由晉以來天地宗廟及上徽號封拜王公冊文皆詔鑄書之及卒身無兼衣家人鬻其服馬園圃得錢十萬以塟

邊歸讜字安正幽州薊人父退思檀州刺史歸讜弱冠以儒學名後唐末客遊并汾晉祖鎮太原召置門下表爲河東節度推官試秘書省校書郎改太原府推官試大理評事天福初拜監察御史歷殿中侍御史禮部員外郎充戶部判官遷水部郎中賜金紫拜比部郎中知制誥歷右諫議大夫給事中嘗上言使

臣經過州縣券料外妄自徵需以豐傔從多索人驢用遞行李挾命爲勢凌下作威供億稍遲即加鞭箠吏民受辱寧免怨嗟欲望察訪得情嚴示懲戒從之俄遷右散騎常侍漢初歷禮部刑部二侍郎時史弘肇怙權專殺閭里告訐成風歸讜言曰邇來有匿名書及言風聞事構害善良有傷風化遂使貪吏得以報復私怨讒夫得以肆其虛誕請明行條制禁遏誣罔凡顯有披論具陳姓名其匿名書及風聞事者並望止絕論者韙之周廣順初遷兵部戶部二侍郎世宗聞其亮直擢爲尚書右丞樞密直學士以備顧問就轉左丞世宗以累朝以來憲綱不振命爲御史中丞歸讜雖號廉直而性剛介言多忤物顯德三年冬大宴廣德殿歸讜酒酣揚袂言曰至於一栝而已世宗命黃門扶出之歸讜回顧曰陛下何不決殺趙守微守微者本村、民因獻策擢拾遺有妻復娶又言涉指斥坐決杖配流故歸讜語及之翌日伏閤請罪詔釋之仍於閤門復飲數爵以愧其心五年秋歸讜與百官班廣德殿門外忽厲聲聞於帝詔奪一季奉宋初遷刑部尚書建隆三年告老拜戶部尚書致仕乾德二年卒年五十七子定雍㵐二年進士及第

劉溫叟字永齡河南洛陽人性重厚方正動遵禮法唐武德功臣政會之後叔祖崇望相昭宗父岳後唐太常卿溫叟七歲能屬文善楷隸岳時退居洛中語家人曰吾兒風骨秀異所未知者壽耳今世難未息得與老夫皆爲溫洛之叟足矣故名之溫叟以蔭補國子四門助教河南府文學清泰中爲左拾遺內供奉以母老乞歸就養改監察御史分司時臺署廢弛溫叟作新之未幾召爲右補闕晉初王松權知青州表爲判官加朝散階入爲主客員外郎少帝領開封尹奏爲巡官命典文翰又改廣晉府巡官少帝即位

拜刑部郎中賜金紫改都官郎中充翰林學士初岳
仕後唐嘗居内署至是温叟復居斯任時人榮之温
叟既受命歸爲母壽候立堂下須叟聞樂聲兩青衣
舉箱出庭奉紫袍兼衣母命捲簾見温叟曰此即爾
父在禁中日内庫所賜者温叟拜受泣下退開影堂
列祭以文告之母感愴累日不忍見温叟歲滿加知
制誥契丹入汴温叟懼隨契丹北遷與承旨張允共
上表求解職契丹主怒欲出允等爲縣令趙延壽曰
言學士才不稱職求解者守本官可也不可加貶出
遂得罷職出院漢祖南下温叟自洛從至鄭州稱疾

不行及入汴温叟久之方至授駕部郎中周初拜左
諫議大夫逾年改中書舍人加史館修撰判館事顯
德初遷禮部侍郎知貢舉得進士十六人有譖于帝
者帝怒黜十二人左遷太子詹事温叟實無私後數
年其被黜者相繼登第温叟與張昭同修漢隱帝及
周祖實録恭帝即位遷工部侍郎兼判國子祭酒事
宋初改刑部建隆九年拜御史中丞丁内艱退居西
洛旋復本官三年兼判吏部銓因上言曰伏見兩京
百司漸之舊人多隳故事雖檢閲具存於往冊而舉
行湏在於攸司蓋因年限得官歸司者例與減選冬集

赴調授任者尋又出京兼有裁滿初官不還舊局但
稱前資用圖免役又有嘗因停任切欲歸司而元敕
不該無由復職遂使在司者失於教習歷事者艱於
追還伏望自今諸司職掌除官勒留及歸司者如理
減外欠三選以下仍須在司執行公事及三十月即
許赴集如理選外欠三選以上及在官不成資考者
即准元敕處分若在任停官及在司停職者經恩後
於刑部出給雪牒却勒歸司如無關負即令守闕餘
依敕格處分一日晚歸由闕前太祖方與中黄門數
人偶登明德門西闕前騶者潛知之以白温叟温叟

令傳呼如常過闕翌日請對具言人主非時登樓則
近制咸望恩宥輦下諸軍亦希賞給臣所以呵導而
過者欲示衆以陛下非時不御樓也太祖善之憲府
舊例月賞公用荼中丞受錢一萬公用不足則以贓
罰物充温叟惡其名不取任臺丞十二年屢求代太
祖難其人不允開寶四年被疾太祖知其貧就賜器
幣數月卒年六十三温叟事繼母以孝聞雖盛暑非
冠帶不敢見五代以來言執禮者惟温叟焉在朝有
德望精賞鑒門生中尤器楊徽之趙鄰幾後皆爲名
士范杲幼時嘗以文贄温叟大加稱奬以女妻之太

宗在晋邸聞其清介遣吏遺錢五百千温叟受之貯廳西舍中令府吏封署而去明年重午又送角黍執扇所遣吏即送錢者視西舍封識宛然還以白太宗太宗曰我錢尚不用況他人乎昔日納之是不欲拒我也今周歲不啓封其苦節愈見命吏輦歸邸是秋太宗侍宴後苑因論當世名節士具道温叟前事太祖再三賞歎雍熙初子炤罷徐州觀察推官待選以貧詣登聞求注官及引對太宗問誰氏子炤以温叟對太宗愀然召宰相語其事且言當今大臣罕有其比因問炤當得何官宰相言免選以為厚恩帝曰其

父有清操録其子登朝庶足示勸擢炤太子右賛善大夫歷判三司理欠憑由司江南轉運司入朝為司封郎中炳燁並進士及第

燁字耀卿進士及第積官秘書省著作郎知龍門縣群盜殺人燁捕得之將械送府恐道亡去皆斬之衆服其果通判益州召還時王曙治蜀或言其政苛暴真宗問曙治狀與凌策孰愈燁曰策在蜀歲豐事簡故得以寛假民比歲小歉盜賊竊發非誅殺不能禁然曙所行亦未嘗出陛下法外帝善之天禧元年始置監官帝謂宰相曰諫官御史當識朝廷大體於是以燁為右正言會歲荐饑河決滑州大興力役饑殍相望燁請策免宰相以應天變都城東南有泉出民爭傳可以已疾詔即其地建祥原觀燁言其詭妄不經且亢旱不可興土木以營不急又請罷提點刑獄禁民棄父母事佛老者皆不報表請補外帝以燁憂言事乃以判三司户部勾院出安撫京西還直集賢院同修起居注遷右司諫以尚書工部員外郎兼侍御史知雜事權判吏部流内銓請京朝官遭父母憂官司毋得奏留故事當起復者如舊因詔益梓利夔路長吏仍舊奏裁餘乞免持服者論其罪改三司户

部副使擢龍圖閣待制提舉諸司庫務權發遣開封府事累遷刑部郎中龍圖閣直學士知河南府徙河中府卒初王曙坐寇準貶官在朝無敢往見者燁歎曰友朋之義獨不行於今歟往餞之經宿而還嘗善河中處士李瀆瀆死為陳其高行詔以著作郎贈之唐末五代亂衣冠舊族多離去鄉里或爵命中絶而世系無所考惟劉氏自十二代祖北齊中書侍郎環雋以下仕者相繼而世牒具存焉子几

几字伯壽以燁任為將作監主簿生而豪儁長折節讀書第進士從范仲淹辟通判邠州邠地鹵民病遠

汲几浚渠引水注城中役與客曰自郭汾陽城此州苟外水可釃何待今日無爲虛費勞人也几不答未幾水果至鑿五池于通逵民大便利孫沔薦其才堪將帥換如京使知寧州俗喜巫軍校仗妖法結其徒亂有日几使他兵伏壘門以伺夜半盡禽之加本路兵馬鈐轄知邠州儂智高犯嶺南几上書願自效以爲廣東西捉殺道聞蔣偕張忠戰沒疾馳至長沙見狄青曰賊若退守巢穴瘴毒方興當班師以俟再舉若恃勝求戰此成擒耳賊果悉衆來大戰于歸仁鋪前鋒孫節死几以右軍搏鬭自辰至巳勝負未決几言

於青出勁騎五千張左右翼擣其中堅賊駭潰進皇城使知涇州陛見辭以母老丐復文階歸養仁宗諭之曰涇內地也將母莫便焉命特賜冠帔領循州刺史遷西上閤門使再歸郎中班曾公亮薦之復以嘉州團練使爲太原涇原路總管夏人寇周家堡轉運使陳述古攝渭帥几移文索援兵不聽率諸將偕請又不聽乃趣以手書述古怒移几爲鳳翔且劾生事朝廷以總管非轉運使所得徙置遣御史出按述古黜几亦改鄜州召判三班院邊吏告夏人趨大順英宗問几几曰大順天險非夏人可得近正恐與趙明爲

讎爾帝曰明之子奔馬入城幾爲所掩卿料敵一何神也以爲秦鳳總管神宗即位轉四方館使知保州治狀爲河北第一踰六年即請老還爲秘書監致仕元豐三年祀明堂大臣言几知音詔詣太常定雅樂几曰古樂備四清聲訖五季亂離廢請增之樂成予一子官几得謝二十年放曠嵩少間遇唐末異人靖長官者得養生訣故益老不衰間與人語邊事謂張秉曰比見詔書禁邊吏夜飲此曹一旦有急將使輸其肝腦而平日禁其爲樂爲今役者不亦難乎夫推牛釃酒豐犒而休養之非欲以醉飽爲德所以增士

氣也未敬識其語再加通議大夫卒年八十一几篤於風義推父遺恩官從兄已得任子必先兄弟子之孤者其議樂律最善以爲律主於人聲不以尺度求合古今異時聲亦隨變猶以古冠服加於今人安得而稱儒者泥古致詳於形名度數間而不知清濁輕重之用故求於器雖合而考於聲則不諧嘗游佛寺聞鐘聲曰聲嘶而悲主者且不利是夕主僧死在保州聞角聲曰宮微而商離至秋守臣憂之及期几遇疾然所學頗雜鄭衛云

劉濤字德潤徐州彭城人後唐天成中舉進士釋褐

爲鳳翔掌書記拜右拾遺賜緋時太常丞■在德上章詞理鄙俗仍犯廟諱濤上言請正其罪雖不允時論是之出爲山南東道節度判官召爲左補闕遷起居舍人晉天福初改司勳員外郎史館修撰遷工部郎中賜金紫歷度支職方二郎中掌左藏庫時少帝養從常以銀易金廣其器皿李崧判三司令上庫金之數及崧以元簿較之少數千鎰崧責曰帑庫通式一曰不受虛數毫釐則有重典濤曰帑司常有報不盡數以備宣索崧令有司劾濤濤事迫以情告樞密使桑維翰乃止罰一月奉漢初宰相蘇禹珪薦爲中書舍人周廣順中坐令子監察御史項代草誥命左遷少府少監分司西京項亦貶復州司戶顯德初就改太常少卿俄拜右諫議大夫四年再知貢舉樞密使王朴嘗薦童子劉譜於濤濤不納朴銜之時世宗南征在迎鑾濤引新及第人赴行在朴時留守上都飛章言濤取士不精世宗命翰林學士李昉覆試出者七人濤坐責授太子右贊善大夫恭帝即位遷右詹事濤性剛毅不撓素與宰相范質不協常鬱鬱不得志遂退居洛陽之清化里杜門以書史自娱太祖素知濤履行開寶二年召赴闕以老病求退授秘書監

致仕年七十二卒清泰初中書舍人盧導受詔主文將鎖宿濤力薦薛居正以爲文章器業必至台輔導取之後果爲相世稱其知人項子晟晟子訥譚並進士及第晟至屯田員外郎訥爲殿中侍御史

邊光範字子儀幷州陽曲人性謙退和雅有吏材父仁嗣忠武軍節度副使光範後唐天成二年起家榆次令召爲殿中丞賜緋長興四年改太常丞丁內艱晉天福初服闋授檢校戶部員外郎北京留守判官兼侍御史二年拜太府少卿上書曰臣聞唐太宗有言朕居深宮之中視聽不能及遠所委者惟都督刺史則知此官實繫治亂必須得人今則刺史或因緣世祿或貢奉家財或微立軍功或但循官序寔恐撫民無術御吏無方以此牧民而民受其賜鮮矣望選能吏以蘇民瘼用致升平奏入留中不出俄爲冊秦王李從曮副使張從恩以外戚爲河南尹奏授判官遷秘書監兼御史中丞入拜大理少卿少帝尹京改衛尉少卿充開封府判官又改光祿少卿廣晉府判官賜金紫少帝即位拜右諫議大夫權知開封府事遷給事中會蝗災遣使亳州括借軍糧稱爲平允時與契丹失歡河朔連兵命光範出使脩好會契丹復

南入光範行至趙州召還開運元年權知鄭州拜左散騎常侍二年入爲樞密直學士少帝以光範藩邸舊僚待遇尤厚因遊宴見光範位翰林學士下即日拜尚書禮部侍郎知制誥充翰林學士仍直樞密院漢初改檢校刑部尚書衛尉卿上言伏見朝廷除刺史不限年月或未及期年又聞除代往來跋涉豈暇撫懷望慎選良牧立定年限以責輯綏之効疏入不報乾祐二年連使宋州虞城汝州襄城按視民田之傷稼者是冬爲吳越加恩使周廣順初出知陳州遷秘書監俄召拜御史中丞賜襲衣銀器繒綵鞍勒馬

復爲禮部侍郎時禮部侍郎於貢部或掌或否光範拜官將及秋試乃言於執政曰單門偶進何言名第若他曹公事光範不敢辭若處文衡校閱名賢品藻優劣非下走所能執政曰公晉末爲翰林樞密直學士勿避事也及期光範辭疾不出乃以翰林學士承旨徐台符掌之時論多其自知世宗即位改刑部侍郎權知開封府俄遷户部顯德三年命往大名檢民田五年遣使普均租稅光範詣宋州時韓通掌禁兵領宋師修汴堤訪郡民皆言光範均平之狀乃具以聞世宗嘉之宋初征澤潞命光範爲前軍轉運計度

鄭洛汝孟懷芻糧秋拜太常卿時張昭爲吏部尚書朝議以其耆老令光範簽判選事建隆四年襄州節度慕容延釗征湖南以光範權知州事路當衝會餉饋無闕是冬郊祀召還會延釗卒復知襄州大軍數萬由陜路討蜀出漢上光範復當供億人不知勞嘗舉本鎮判官李繊爲殿中侍御史繊後坐事除籍光範左遷太子賓客仍知襄州五年兼橋道使朝廷遣使督治道常六七輩一使所調發民皆數百人吏緣爲姦多私取民課所發不充數而道益不脩光範計其工以州卒代民官給器用役不淹久人以無擾詔

書褒美開寶四年復判吏部銓曹御史中丞劉温叟卒以光範判御史臺事數月真拜中丞六年以疾解銓曹任辛年七十三光範性至孝謙退和易雅有吏幹母病疽光範嘗吮之景德中錄其孫易從同學究出身

劉載字德輿涿州范陽人唐盧龍節度濟之六世孫父昭下蔡令載後唐清泰中舉進士晉初解褐校書郎遷著作佐郎賜緋拜左拾遺集賢殿直學士漢初爲殿中侍御史丁内艱服闋復拜舊官判西京留臺改倉部員外郎嘗著五論曰爲君爲相爲將去讒納

諫頗爲文士所稱周世宗初擢知制誥顯德三年拜右諫議大夫與右拾遺鄭起尚書博士李寧同校道書遷給事中使許州定田租俄賜金紫爲魏王符彥卿加恩國信使宋初浚五丈河自陳橋達曹州之西境命護其役建隆四年貝州節度使張光翰來朝遣載權知州事光翰歸鎮載還知貢舉乾德初掌建安榷貨務六年就爲江南國主生辰使召還令知鎮州開寶四年坐與何繼筠不協改山南東道行軍司馬十年不召嘗受詔權點檢州事太平興國初復入爲給事中三年出知襄州六年代還告老改工部侍郎致仕乃賜一子出身八年卒年七十一載尤好學博通史傳善屬文嘗受詔撰明憲皇后謚冊文又作南戰國賦萬餘言行於世雅信釋典敦尚名節子宗言至比部郎中宗望景德二年進士及第大中祥符四年其孫介以載文集來獻以爲試將作主簿

程羽字沖遠深州陸澤人少好學能屬文晉天福中擢進士第授陽穀主簿歷虞鄉醴泉新都令皆有政績開寶中選爲兩使判官入對太祖詢以時事數奏稱旨擢著作郎出知興州踰年改知興元府■■八年詔歸闕以本官領開封府判官羽性淳厚涖事恪謹時太宗尹京頗以長者待之及即位拜給事中知開封府未幾出知成都府爲政寬簡蜀人便之入朝拜禮部侍郎上欲優以清職故事端明殿設學士二員居翰林學士上專備顧問馮道趙鳳始居是職累朝因之及是即殿名以羽爲文明殿學士位在樞密副使下且即泰寧坊營第以賜之太平興國五年典試貢士御試得人居多六年以老疾求解職拜兵部侍郎未幾致仕仍給全奉雍熙元年卒年七十二贈禮部尚書子希振以廕至尚書虞部員外郎大中祥符元年卒其子遹賜同學究出身從孫琳別傳

論曰五季爲國不四三傳輒易姓其臣子視事君猶傭者焉主易則他役習以爲常故唐方滅即北面于晉漢甫禪已相率下拜于周矣君子傷之此雜臣傳所繇立也李穀邊歸讜竇貞固李濤輩或在廟堂或侍帷幄世主之所寵任社稷之所倚賴而更事異姓不能以名節生死論義廢矣且穀以籌策自名乃不能料藝祖有容人之量及受李筠餽遺懼其見發遂以憂死又何繆耶嗚呼魏范絜齊顔見遠宜見褒於前史也

列傳卷第二十一

列傳第二十二　　宋史二百六十三

開府儀同三司上柱國錄軍國重事前中書右丞相監脩國史領經筵事都總裁臣脫脫等奉修

張昭　　竇儀 弟儼 偁　　呂餘慶
劉熙古 子蒙正 蒙叟　　石熙載 子中立
李穆 弟肅

張昭字潛夫本名昭遠避漢祖諱止稱昭自言漢常山王耳之後世居濮州范縣祖楚平壽張令楚平生直即昭父也初楚平赴調長安值巢寇亂不知所終直幼避地河朔既冠以父失所在時盜賊蠭起道路榛梗乃自秦抵蜀徒行丐食求父所在積十年不能得乃發哀行服躬耕海濱青州王師範開學館延置儒士再以書幣招直署賓職師範降梁直脫難北歸以周易春秋教授學者自遠而至時號逍遙先生昭始七歲能誦古樂府詠史詩百餘篇未冠徧讀九經盡通其義處儕類中緩步闊視以爲馬鄭不已若也後至贊皇遇程生者專史學以爲專究經旨不通今古率多拘滯繁而寡要若極談王霸經緯治亂非史不可因出班范漢書十餘義商搉乃授昭荀紀國志等後又盡得十三代史五七年間能馳騁上下數千百年事又注十代興亡論處亂世躬耕負米以養親後唐莊宗入魏河朔游士多自效軍門昭因至魏攜文數十軸謁興唐尹張憲憲家富文籍每與昭燕語講論經史要事恨相見之晚即署府推官同光初奏授眞秩加監察御史裏行憲爲北京留守昭亦從至晉陽莊宗及難聞鄴中兵士推戴明宗憲部將符彥超合戍兵將應之昭謂憲曰得無奉表勸進爲自安之計乎憲曰我本書生見知主上位至保釐廷布衣之極苟靦顏求生何面目見主於地下昭曰此古人之志也公能行之死且不朽矣相泣而去憲遂死之時論重昭能成憲之節時有害昭者昭曰明誠所至期不再生主辱臣亡死而無悔衆執以送彥超彥超曰推官正人無得害之又逼昭爲牓安撫軍民事寧以昭爲北京留守推官加殿中侍御史內供奉官賜緋天成三年改安義軍節度掌書記時以武皇莊宗實錄未修詔正國軍節度盧質西川節度副使何瓚祕書監韓彥輝纘錄事迹瓚上言昭有史材嘗私撰同光實錄十二卷又聞其欲撰三祖志并藏昭宗朝賜武皇制詔九十餘篇請以昭所撰送史館拜昭爲左補闕史館修撰委之撰錄昭以懿祖獻祖太祖並不踐帝位仍補爲紀年錄二十卷又撰莊宗實錄三十卷上之優詔褒美遷都官員外郎時皇子竟尚奢侈昭疏諫曰帝王之子長於深宮安於逸樂紛華之玩絲竹之音日接於

耳目不與驕期而驕自至儻非天資英敏識本清明以此蕩心焉能無惑苟不豫為教道何以置之盤牙臣見先帝時皇子皇弟盡喜無稽玩物之言厭聞致治經邦之論入則務飾姬姜出則廣增僕馬親賓蒲坐食客盈門箴規者少諧謔者多以此而欲託以主鬯不亦難乎臣請諸皇子各置師傅陛下令皇子屈身師事之講論道德使一日之中止記一事一歲之內所記漸多每月終令師傅具錄聞奏或皇子上謁之時陛下更令侍臣面問十中得五為益良多博識安危之理深知成敗之由臣又聞古之人君即位而封太子拜諸王究其所由蓋有深旨使庶不亂嫡疏不間親禮秩有常邪慝不作近代人君失於此道以至邦家構患釁隙萌生昔隋祖聰明煬帝亦傾楊勇太宗齊聖魏王終覆承乾臣每讀古書深悲其事願於聖代杜此厲階其於卜貳封宗在臣未敢輕議臣請諸皇子於恩澤賜與之間婚姻省侍之際依嫡庶而為禮秩據親疏而定節文示以等威絕其徼幸保宗之道莫大於斯明宗覽疏而不能用四年上武皇以來功臣列傳三十卷以本官知制誥明宗好畋獵昭疏諫曰太祖初鎮太原每年打鹿於北鄙先帝在位暇日射鴈於近郊此蓋軍務之餘畋遊自適洎先帝膺圖啓祚嚮明御宇則宜易彼諸侯之事肅乎萬

乘之儀而猶因習舊風失其威重馳逐原獸殆無虛日臣愚以為事有可畏者四焉洛都舊制宮城與禁苑相連人君宴遊不離苑囿御馬來往輦路坦夷不涉荒郊何憂蹶失今則驅馳驂服涉歷榛蕪此後節氣嚴凝徑塗凍滑萬一有銜橜之變陛下縱自輕奈宗廟社稷何所可畏者一也又陛下新有四海宜以德服萬邦今則江嶺未平淮夷尚梗彼初聞陛下革先朝之失政還太古之淳風御物以慈節財以儉有典有則不矜不驕彼必有三苗率服之心七旬來格之意如聞陛下暫遊近甸彼即以為復好畋遊所可畏者二也臣又聞作法於涼其弊猶貪作法於貪弊將如何且打鹿射鴈之事新敗軌傾輈之轍在常宜永鑒不可因循所可畏者三也臣又聞作事可法貽厥孫謀若以陛下齊聖廣淵之機聰明神武之量其可以宴遊蒐狩之事少累聖明所謂城中好廣眉城外加半額為法之弊靡不由茲所可畏者四也伏望陛下居高慮遠慎始圖終思創業之艱難知守成之不易念老氏馳騁之戒樹文王忠厚之基約三驅之舊章定四時之遊幸始出有節後不敢違疏奏明宗嘉納之長興二年丁內艱賻絹布五十匹米麥五十石昭性至孝明宗聞其居喪哀毀復賜以錢幣服除改職方員外郎知制誥充史館修撰上言乞復本朝

故事置觀察使察民疾苦御史彈事諫官月給諫紙並從之又奏請勸農耕及置常平倉等數事明宗方務聽納昭復上疏曰臣聞安不忘危治不忘亂者先儒之丕訓靡不有初鮮克有終者前經之至戒究觀列辟莫不以驕矜怠惰有虧盛德恭惟太宗貞觀之初玄宗開元之際焦勞庶政以致太平及國富兵消年高志逸乃忽守約之道或貽執簡之譏陛下以慈儉化天下以禮法檢臣隣絀姦邪之黨延正直之論務遵純儉以節浮費信賞必罰至公無私其創業垂統之規如貞觀開元之始然陛下有始有終無荒無怠臣又伏念保邦之道有八審焉願爲陛下陳之夫

委任審於材器聽受審於忠邪出令審於煩苛興師審於德力賞罰審於喜怒毀譽審於愛憎議論審於賢愚嬖寵審於姦佞推是八審以決萬機庶可以臻至治明宗覽之稱善清泰初改駕部郎中知制誥撰皇后冊文遷中書舍人賜金紫二年加判史館兼點閱三館書籍校正添補預修明宗實錄成三十卷以獻三年遷禮部侍郎改御史中丞晉天福初從幸汴州昭請創宮闕名額及振舉朝綱條疏百司廨舍二年改戶部侍郎宰相桑維翰薦爲翰林學士內署故事以先後入爲次不繫官序特詔昭立位次承旨崔梲晉祖嘗幸內署與昭語及幷魏舊事甚重之錫賚

頗厚直以昭故授著作佐郎致仕至是卒歸西洛賻賜加等五年服闋召爲戶部侍郎以唐史未成詔與呂琦崔梲等續成之別置史院命昭兼判院事昭又撰唐朝君臣正論二十五卷上之改兵部侍郎八年遷吏部判東銓兼史館修撰判館事開運二年秋唐書成二百卷加金紫階進爵邑三年拜尚書右丞判流內銓權知貢舉漢初復爲吏部侍郎時追尊六廟定謚號樂章舞曲命昭權判太常卿事月餘即眞乾祐二年加檢校禮部尚書少帝年十九猶有童心昵比羣小昭上言請聽政之暇數召儒臣講論經義周廣順初拜戶部尚書子秉陽爲陽翟主簿抵罪昭自

以失教奉表引咎左遷太子賓客歲餘復舊官嘗奏請興制舉設賢良方正能直言極諫經學優深可爲師法詳閑吏治達於教化三科職官士流黃衣草澤並許應詔諸州依貢舉體式量試策論三道共以三千字以上爲準考其文理俱優解送尚書吏部其登朝之官亦聽自舉從之顯德元年遷兵部尚書世宗以昭舊德甚重焉二年表求致仕優詔不允促其入謁嘗詔撰制旨兵法十卷又撰周祖實錄三十卷及梁郢王均帝後唐閔帝廢帝漢隱帝五朝實錄梁二主年祀寖遠事皆遺失遂不克修餘三帝實錄皆藏史閣世宗好拔奇俊有自布衣及下位上書言事者

多不次進用昭疏諫曰昔唐初劉洎馬周起於徒步太宗擢用爲相其後柳璨朱朴方居下僚昭宗亦加大用此四士者受知於明主然太宗用之而國興昭宗用之而國亡士之難知如此臣願陛下存舊法而用人當以此四士爲鑒戒世宗善之詔令詳定經典釋文九經文字制科條式及問六璽所出并議三禮圖祭玉及鼎釜等昭援引經據時稱其該博恭帝即位封舒國公宋初拜吏部尚書乾德元年郊祀昭爲鹵簿使奏復宮闕廟門郊壇夜警晨嚴之制禮畢進封鄭國公與翰林承旨陶穀同掌選穀嘗誣奏事引昭爲證昭免冠抗論太祖不說遂三拜章告老以本

官致仕改封陳國公開寶五年卒年七十九昭博通學藝書無不覽兼善天文風角太一卜相兵法釋老之說藏書數萬卷尤好纂述自唐晉至宋專筆削典章之任嶺南平擒劉鋹將獻俘莫能知其禮時昭已致政太祖遣近臣就其家問之昭方卧病口占以授使者著嘉善集五十卷名臣事迹五卷子秉國進士及第秉謙至尚書郎

竇儀字可象薊州漁陽人曾祖遜玉田令祖思恭嬀州司馬父禹鈞與兄禹錫皆以詞學名禹鈞唐天祐末起家幽州掾歷沂鄧安同鄭華宋澶州支使判官周初爲戸部郎中賜金紫顯德中遷太常少卿右諫議大夫致仕儀十五

能屬文晉天福中舉進士侍衛軍帥景延廣領夔州節度表爲記室延廣後歷滑陝孟鄆四鎮儀並爲從事開運中楊光遠以青州叛時契丹南侵博州刺史周儒以城降光遠與儒遣人引契丹輕騎於馬家渡渡河時延廣掌衛兵顏衍知州事即遣儀入奏儀謂執政曰昨與衍論事勢有所預慮所以乘驛晝夜不息而來國家若不以良將重兵控博州渡必恐儒引契丹踰東岸與光遠兵合則河南危矣俄而儒果導契丹渡河增置壘柵少帝軍河上即遣李守貞等率兵萬人水陸並進守汶陽據要害契丹果大至擊走之漢初召爲右補闕禮部員外郎周廣順初改倉部

員外郎知制誥未幾召爲翰林學士周祖幸南御莊宴射坐中賜金紫歷駕部郎中給事中並充職劉溫叟知貢舉所取士有覆落者加儀禮部侍郎權知貢舉儀上言請依晉天福五年制廢明經童子科進士省卷令納五軸以上不得有神道碑誌之類帖經對義有三通爲合格却復畫試其落第者分爲五等以詞理紕繆之甚者爲第五等殿五舉其次爲第四等殿三舉以次稍可者爲第三第二第一等並許次年赴舉其學究請併周易尚書爲一科各對墨義三十道毛詩依舊爲一科亦對墨義六十道及第後並減爲七選集諸科舉人第一場十否殿五舉第二第三

場十否殿三舉三場內有九否殿一舉解試之官坐其罪進士請解加試論一首以五百言以上爲準奏可俄以父病上表解官世宗親加慰撫手封金丹俾賜其父父卒歸葬洛陽詔賜錢三十萬米麥三百斛終喪召拜端明殿學士從征淮南判行在三司世宗以其餉饋不繼將罪之宰相范質救解得免淮南平判河南府兼知西京留守事恭帝即位遷兵部侍郎充職俄使南唐既至將宣詔會雨雪李景請於廡下拜受儀曰儀獲將國命不敢失舊禮儻以霑服失容請俟他日景即拜命於庭建隆元年秋遷工部尚書罷學士兼判大理寺奉詔重定刑統爲三十卷會翰林學士王著以酒失貶官太祖謂宰相曰深嚴之地當待宿儒處之范質等對曰竇儀清介重厚然已自翰林遷端明矣太祖曰非斯人不可處禁中卿當諭以朕意勉令就職即日再入翰林爲學士乾德二年范質等三相並罷越三日始命趙普平章事制書既下太祖問翰林學士曰質等已罷普敕何官當署承旨陶穀時任尚書乃建議相位不可以久虛今尚書乃南省六官之長可以署敕儀曰穀所陳非承平之制皇弟開封尹同平章事即宰相之任太祖曰儀言是也即命太宗署敕賜之俄加禮部尚書時御史臺議欲以左右僕射合爲表首太常禮院以東宮三師

爲表首儀援典故以僕射合爲表首者六而謂三師無所據朝議是之四年秋知貢舉是冬卒年五十三贈右僕射儀學問優博風度峻整弟儼侃偁僖皆相繼登科馮道與禹鈞有舊嘗贈詩有靈椿一株老丹桂五枝芳之句縉紳多諷誦之當時號爲竇氏五龍初周祖平兗州議將盡誅脅從者儀白馮道范質同請於周祖皆得全活顯德中太祖克滁州世宗遣儀籍其府庫太祖復令親吏取藏中絹給麾下儀曰太尉初下城雖傾藏以給軍士誰敢言者今既著籍乃公帑物也非詔不可取後太祖屢對大臣稱儀有執守欲相之趙普忌儀剛直乃引薛居正參知政事及儀卒太祖憫然謂左右曰天何奪我竇儀之速耶蓋惜其未大用也侃漢乾祐初及第至起居郎偁周廣順初及第至左補闕子譔諤詰俱登進士第譔至都官員外郎諤至祕書丞

儼字望之幼能屬文既冠舉晉天福六年進士辟滑州從事府罷授著作佐郎集賢校理出爲天平軍掌書記以母憂去職服除拜左拾遺開運中諸鎮恣用酷刑儼上疏曰案名例律死刑二絞斬之謂也絞者筋骨相連斬者頭頸異處大辟之目不出兩端淫刑之興近聞數等蓋緣外地不守通規或以長釘貫人手足或以短刀臠人肌膚遷延

信宿不令就死寃聲上達和氣有傷望加禁止從之儼仕漢爲史館修撰周廣順初遷右補闕與賈緯王伸同修晉高祖少帝漢祖三朝實録改主客員外郎知制誥時儀自閣下入翰林兄弟同日拜命分居兩制時人榮之俄加金部郎中拜中書舍人顯德元年加集賢殿學士判院事父憂去職服闋復舊官時世宗方切於治道儼上疏曰歷代致理六綱爲首一曰明禮禮不明則彝倫不叙二曰崇樂樂不崇則二儀不和三曰熙政政不熙則羣務不整四曰正刑刑不正則巨姦不懾五曰勸農農不勸則資澤不流六曰經武武不經則軍功不盛故禮有紀若人之衣冠樂

有章若人之喉舌政有統若人之情性刑有制若人之呼吸農爲本若人之飲食武爲用若人之手足斯六者不可斯須而去身也陛下思服帝猷寤寐獻納亟下方正之詔廓開藝能之路士有一技必得自効故小臣不揆輒陳禮樂刑政勸農經武之言世宗多見聽納南征還詔儼考正雅樂俄權知貢舉未幾拜翰林學士判太常寺儼校鍾磬筦籥之數辨清濁上下之節復舉律呂旋相爲宮之法迄今遵用會詔中外臣僚有所聞見並許上章論議儼疏曰設官分職授政任功欲爲政之有倫在位官之無曠今朝廷多士省寺華資無事有員十乃六七止於計月待奉計

年待遷其中廉幹之人不無愧恥之意如非歷試何展公才請改兩畿諸縣令及外州府五千户以上縣令爲縣大夫升爲從五品下畿大夫見府尹如赤令之儀其諸州府縣大夫見本部長如賓從之禮郎中員外郎起居補闕拾遺侍御史殿中侍御史監察御史光禄少卿以下四品太常丞以下五品等並得衣朱紫滿日準在朝一任約舊官遷二等自拾遺監察除授回日即爲起居侍御史中行員外郎若前官不是三署即罷後一年方得求仕如此則士大夫足以陳力賢不肖無以駕肩各繫否臧明行黜陟利民益國斯實良規又以爲家國之方守穀帛而已二者不

出國而出於民其道在天其利在地得其理者蕃阜失其理者耗嗇民之顓蒙宜有勸教請於齊民要術及四時纂要韋氏月録中采其關於田蠶園圃之事集爲一卷鏤板頒行使之流布疏奏不報宋初就轉禮部侍郎代儀知貢舉當是時祠祀樂章宗廟謚號多儼撰定議者服其該博車駕征澤潞以疾不從卒年四十二儼性夷曠好賢樂善優游策府凡十餘年所撰周正樂成一百二十卷詔藏於史閣其通禮未及編纂而卒有文集七十卷儼與儀尤爲才俊對景覽古皆形諷詠更迭唱和至二百篇多以道義相敦勵並著集儼顯德中奉使荆南荆南自唐季以來高氏

據有其地雖名藩臣車服多僭侈踰制以至司賓賤隸候館小胥皆盛服彯纓與王人亢禮儼諷以天子在上諸侯當各守法度悉令去之然後宣達君命尤善推步星歷逆知吉凶盧多遜楊徽之同任諫官儼嘗謂之曰丁卯歲五星聚奎自此天下太平二拾遺見之儼不與也又曰儼家昆弟五人皆登進士第可謂盛矣然無及相輔者唯偁稍近之亦不久居其位卒如其言儼有子早卒以姪說爲嗣

偁字日章漢乾祐二年舉進士周廣順初補單州軍事判官遷祕書郎出爲絳州防禦判官宋初歷武寧軍掌書記西京留守判官天雄歸德軍節度判官開寶六年拜右補

闕知宋州嘗作遂命賦以自悼太宗領開封尹選偁判官時賈琰爲推官偁不樂其爲人太宗嘗宴諸王偁琰預會琰言矯誕偁叱之曰巧言令色心不獨愧乎上愕然因罷會出偁爲彰義軍節度判官太平興國五年車駕幸大名府召至行在所拜比部郎中時議北征偁請休兵牧馬以徐圖之上從其言歸以偁爲樞密直學士賜第一區六年遷左諫議大夫充職七年參知政事上謂偁曰汝何能臻此偁曰陛下不忘舊臣太宗曰非也卿能以公正責賈琰朕旌直臣爾是秋卒年五十八車駕臨哭贈工部尚書初偁在涇州與丁顥同官顥子謂方幼偁見之曰此兒必遠到以女妻之後爲宰相三公太祖嘗謂宰相曰近朝卿士竇儀質重嚴整有家法閨門敦睦人無譏語諸弟不能及偁亦中人材爾偁有操尚可嘉也

呂餘慶幽州安次人本名胤犯太祖偏諱因以字行祖兗橫海軍節度判官父琦晉兵部侍郎餘慶以蔭補千牛備身歷開封府參軍遷戶曹掾晉少帝弟重睿領忠武軍節度以餘慶爲推官仕漢歷周遷濮州録事參軍太祖領同州節制聞餘慶有材奏爲從事世宗問曰得非嘗爲濮州糾曹者乎即以爲定國軍掌書記世宗嘗鎮澶淵濮爲屬郡故知其爲人也太祖歷滑許宋三鎮餘慶並爲賓佐及

即位自宋亳觀察判官召拜給事中充端明殿學士清泰中琦亦居是職官秩皆同時人榮之未幾知開封府太祖征潞及揚並領上都副留守建隆三年遷戶部侍郎丁母憂荊湖平出知潭州改襄州遷兵部侍郎知江陵府召還以本官參知政事蜀平命知成都府時盜賊四起軍士恃功驕恣大將王全斌等不能戢下一日藥市始集街吏馳報有軍校被酒持刃奪賈人物餘慶立捕斬之以徇軍中畏伏民用按堵就加吏部侍郎歸朝兼劍南荊南等道都提舉三司水陸發運等使開寶六年與宰相更知政事印旋以疾上表求解機務拜尚書左丞九年卒年五十贈鎮

南軍節度餘慶重厚簡易自太祖繼領藩鎮餘慶爲元僚
及受禪趙普李處耘皆先進用餘慶恬不爲意未幾處耘
黜守淄州餘慶自江陵還太祖委曲問處耘事餘慶以理
辨釋上以爲實遂命參知政事會趙普忤旨左右爭傾普
餘慶獨辨明之太祖意稍解時稱其長者至道中以弟端
爲宰相特詔贈侍中

劉熙古字義淳宋州寧陵人唐左僕射仁軌十一世孫祖
實進嘗爲汝陰令熙古年十五通易詩書十九通春秋子
史避祖諱不舉進士後唐長興中以三傳舉時翰林學士
和凝掌貢舉熙古獻春秋極論二篇演例三篇凝甚加賞

召與進士試擢第遂館於門下清泰中驍將孫鐸以戰功
授金州防禦使表熙古爲從事晉天福初鐸移汝州又辟
以隨熙古善騎射一日有鴉集戟門槐樹高百尺鐸惡之
投以瓦石不去熙古引弓一發貫鴉于樹鐸喜令勿拔矢
以旌其能後二歲鐸卒調補下邑令俄爲三司户部出使
巡官領永興渭橋華州諸倉制置發運仕漢爲盧氏令周
廣順中改亳州防禦推官歷澶州支使秦鳳平以爲秦州
觀察判官太祖領宋州爲節度判官即位召爲左諫議大
夫知青州車駕征惟揚追赴行在建隆二年受詔制置晉
州榷礬增課八十餘萬緡乾德初遷刑部侍郎知鳳翔府

未幾移秦州州境所接多寇患熙古至諭以朝廷恩信取
蕃部酋豪子弟爲質邊鄙以寧轉兵部侍郎徙知成都府
六年就拜端明殿學士丁母憂開寶五年詔以本官參知
政事選名馬銀鞍以賜歲餘以足疾求解拜户部尚書致
仕九年卒年七十四贈右僕射熙古兼通陰陽象緯之術
作續聿斯歌一卷六壬釋卦序例一卷性淳謹雖顯貴不
改寒素歷官十八登朝三十餘年未嘗有過嘗集古今事
迹爲歷代紀要五十卷頗精小學作切韻拾玉二篇摹刻
以獻詔付國子監頒行之子蒙正蒙叟

蒙正字順正善騎射乾德中以蔭補殿直遷供奉官王師

征江南命乘傳軍中承奉事盧絳以舟師來援潤州蒙正
白部署丁德裕請分精甲百人出與絳戰矢中左臂戰愈
力及下潤州獲知州劉澄監軍崔諒部送闕下嶺南陸運
香藥入京詔蒙正往規畫蒙正請自廣韶江泝流至南雄
由大庾嶺步運至南安軍凡三鋪鋪給卒三十人復由水
路輸送又掌朝服法物庫會重製繡衣鹵簿多其規式太
平興國四年轉内藏庫副使進崇儀使自創内藏庫即詔
蒙正典領凡二十餘年眞宗初改知京使出知滄冀磁三
州戎人犯境蒙正調丁男乘城固守有勞未幾以擅乘驛
馬責授亳州團練副使咸平四年卒年七十二

蒙叟字道民乾德中進士甲科歷岳宿二州推官以所知論薦授太子中允知乾興拜監察御史徙知濟州俄以秦王子德恭判州事就命爲通判郡事皆決於蒙叟遷右補闕轉起居舍人户部鹽鐵判官再遷屯田郎中歷知廬濠滁汝四州遷都官咸平中上䟽曰陛下已周諒闇方勤萬務望崇儉德守前規無自矜能無作奢縱厚三軍之賜輕萬姓之徭使化育被於生靈聲教加於中外且萬國已覩其始惟陛下慎守其終思鮮克之言戒性習之漸則天下幸甚上嘉之以本官直史館車駕北巡令知中宮名表獻宋都賦述國家受命建號之地宜建都立宗廟時雖未遑後卒從之會詔直館各獻舊文以蒙叟所著爲嘉政職方郎中景德中以足疾拜太常少卿致仕卒年七十三蒙叟好學善屬辭著五運甲子編年曆三卷子宗儒太子中舍宗溯宗誨並進士及第

石熙載字凝績河南洛陽人周顯德中進士登第踈儁有量居家嚴謹有禮法宋初太宗以殿前都虞候領泰寧軍節制辟爲掌書記及尹京邑表爲開封府推官授右拾遺遷左補闕丁外艱將起復以讒出爲忠武崇義二軍掌書記太宗即位復以左補闕召同知貢舉時梅山洞蠻屢爲寇以熙載知潭州召還擢爲兵部員外郎領樞密直學士未幾簽書樞密院事詔賜官第一區太平興國四年親征河東以給事中充樞密副使從行還遷刑部侍郎五年拜户部尚書樞密使以病足在告寢疾久之未愈八年上表求解職詔加慰撫授尚書右僕射九年卒年五十七贈侍中謚元懿上爲悲歎累日且謂其事君之心純正無他適當委用而奄忽至此深爲可惜國朝大臣謝事而卒車駕臨視者唯熙載焉熙載性忠實遇事盡言是非好惡無所顧避人有善即推薦之時論稱其長者初游學時爲養負米嘗行嵩陽道中遇一叟熟視熙載曰眞人將興子當居輔弼之位言訖不見及居太宗幕下頗盡誠節典樞務日上眷注甚篤方將倚以爲相俄遘疾不起熙載事繼母牛氏以孝聞弟熙導牛氏前夫子隨母歸石氏以熙載故奏補殿直從弟熙古幼弟熙政皆登進士第熙載撫之如一熙載卒時子中孚中立皆幼熙政惡熙導以異姓居已上乃詐傳上旨令已籍熙導家財由是交訟有司歸罪熙導上召問中孚中立令有司再鞫得實熙導還本姓中孚亦養子勿問熙政坐除名上素知熙載以毋故育熙導甚厚雖令還宗而不奪其官復以財產量給之咸平二年八月熙載配饗太宗廟庭熙政後至供備庫副使中孚至尚書虞部員外郎子行簡大中祥符進士

中立字表臣年十三而孤性踈曠好諧詭人不以爲怒初補西頭供奉官後五年改光禄寺丞家財悉推與諸父無所愛擢直集賢院與李宗諤楊億劉筠陳越相厚善校讎祕書凡更中立者人爭傳之判三司理欠憑由司帝幸亳命修所過圖經爲臨鐵判官累遷尚書禮部侍郎判吏部南曹注釋御集爲檢閱官改判户部句院遷户部郎中史館脩撰糾察在京刑獄以吏部郎中知制誥領審官院又同知禮部貢舉判集賢院坐舉官不當落史館脩撰罷審官院頃之復糾察刑獄領三班院歷右諫議大夫給事中入爲翰林學士判祕閣會知制誥並知貢舉詔中立與張

觀兼行外制遷尚書禮部侍郎爲學士承旨兼龍圖閣學士景祐四年拜參知政事明年災異數見諫官韓琦言中立在位喜詼笑非大臣體與王隨陳堯佐韓億皆罷以户部侍郎爲資政殿學士領通進銀臺司判尚書都省進大學士遷吏部侍郎提舉祥源觀以太子少傅致仕遷少師卒贈太子太傅謚文定中立練習臺閣故事不汲汲近名喜賓客客至必與飲酒醉乃得去初家產歲入百萬錢末年費幾盡帝聞其病賜白金三百兩既死其家至不能辦喪子居簡至太子中允集賢校理

李穆字孟雍開封府陽武人父咸秩陝州大都督府司馬穆幼能屬文有至行行路得遺物必訪主歸之從酸棗王昭素受易及莊老書盡究其義昭素謂曰子所得皆精理往往出吾意表且語人曰李生異日必爲廊廟器以所著易論三十三篇授之周顯德初以進士爲郢汝二州從事遷右拾遺宋初以殿中侍御史選爲洋州通判既至剖決滯訟無留獄焉移陝州通判有司調郡租輸河南穆以本鎮軍食闕不即應命坐免又坐舉官削前資時弟肅爲博州從事穆將母就肅居雖貧甚兄弟相與講學意泊如也開寶五年以太子中允召明年拜左拾遺知制誥五代以還詞令尚華靡至穆而獨用雅正悉矯其弊穆與盧多遜

爲同門生太祖嘗謂多遜李穆性仁善辭學之外無所豫對曰穆操行端直臨事不以生死易節仁而有勇者也上曰誠如是吾當用之時將有事江南已部分諸將而未有發兵之端乃先召李煜入朝以穆爲使穆至諭旨煜辭以疾且言事大朝以望全濟今若此有死而已穆曰朝與否國主自處之然朝廷甲兵精銳物力雄富恐不易當其鋒宜熟思之無自貽後悔使還具言狀上以爲所諭要切江南亦謂其言誠實太平興國初轉左補闕三年冬加史館脩撰判館事面賜金紫四年從征太原還拜中書舍人預脩太祖實録賜衣帶銀器繒綵七年以與盧多遜款狎又

為秦王廷美草朝辭笏記為言者所劾責授司封員外郎八年春與宋白等同知貢舉及侍上御崇政殿親試進士上憫其顏貌癯瘁即日復拜中書舍人史館脩撰判館事五月召為翰林學士六月知開封府剖判精敏姦猾無所假貸由是豪右屏迹權貴無敢干以私上益知其才十一月擢拜左諫議大夫參知政事月餘丁母憂未幾起復本官穆三上表乞終制詔彊起之穆益哀毀盡禮九年正月晨起將朝風眩暴卒年五十七穆自責授員外郎復中書舍人入翰林參知政事以至于卒不及周歲上聞其死哭謂近臣曰穆國之良臣朕方倚用遽茲淪沒非斯人之不

幸乃朕之不幸也贈工部尚書穆性至孝母嘗臥疾每動止轉側皆親自扶掖乃稱母意初穆坐秦王事屬吏其子惟簡紿祖母以穆奉詔鞫獄臺中及責授為省郎還家亦不以白母每隔日陽為入直即訪親友或游僧寺免歸暨于牽復母終弗之知及居喪思慕以至滅性穆善篆隸又工畫嘗晦其事質厚忠恪謹言慎行所為純至無有矯飾深信釋典善談名理好接引後進多所薦達尤寬厚家人未嘗見其喜慍所著文章隨即毀之多不留槀子惟簡以父任將作監丞多材藝性沖澹不樂仕進去官家居二十餘年人多稱之真宗素聞其有履行景德三年詔授惟簡子郊將作監主簿大中祥符七年冬召惟簡入對特拜太子中允致仕後加太常丞天禧四年卒賜其家錢十萬仍給郊月奉終制郊後為太子中舍

肅字季雍七歲誦書知大義十歲為詩往往有警語舉進士登甲科性嗜酒歷濮博二州從事遷保靜軍節度推官詔方下一夕與親友會飲酣寢而卒年三十三嘗作大宋樂章九首取九成九夏之義以頌國家盛德其文甚工又作代周顒答北山移文弔幽憂子文病雞賦意皆有所規焉

論曰張昭居五季之末專以典章譔述為事博洽文史

旁通治亂君違必諫時君雖嘉尚之而不能從宋興敦獎碩儒多所詢訪庶幾獲稽古之效矣竇氏弟昆以儒學進並馳時望儀之剛方清介有應務之才將試大用而遽淪亡儼優游文藝修起禮樂太宗尹京偁實元僚沖淡回翔晚著忠讜若其門族宦業之盛世或以為陰德之報其亦義方之效也餘慶當太祖居潛歷任幕府名亞趙普李處耘及二人登用一不介意其後相繼為衆所傾乃能為之辯釋熙古居大任自處如寒素熙載立朝言無顧避喜薦善人穆以文學孝行見稱於時數賢雖當創業之始而進退之際藹然承平多士之風焉宜宋治之日進於盛也

列傳卷第二十二

列傳卷第二十三　宋史二百六十四

開府儀同三司上柱國錄軍國重事前中書右丞相監修國史領經筵事都總裁臣脫脫等奉

敕修

薛居正 子惟吉　沈倫 子繼宗　盧多遜 父億

宋琪 宋雄

薛居正字子平，開封浚儀人。父仁謙，周太子賓客。居正少好學，有大志。清泰初，舉進士不第，爲遣愁文以自解，寓意倜儻，識者以爲有公輔之量。踰年登第。晉天福中，華帥劉遂凝辟爲從事。遂凝兄遂清領邦計，奏署鹽鐵巡官。開運初，改度支推官。宰相李崧領鹽鐵，又奏署推官，加大理司直，遷右拾遺。桑維翰爲開封府尹，奏署判官。漢乾祐初，史弘肇領侍衛親軍，威權震主，殘忍自恣，無敢忤其意者。其部下吏告民犯鹽禁，法當死。獄將決，居正疑其不實，召詰之，乃吏與民有私憾，因誣之，逮吏鞫之，具伏抵法。弘肇雖怒甚，亦無以屈。周廣順初，遷比部員外郎，領三司推官，旋知制誥。周祖征兗州，詔居正從行，以勞加都官郎中。顯德三年，遷左諫議大夫，擢弘文館學士，判館事。六年，使滄州定民租，未幾，以材幹聞於朝，擢刑部侍郎，判吏部銓。宋初，遷戶部侍郎。太祖親征李筠及李重進，並判留司三司。俄出知許州。建隆三年，入爲樞密直學士，權知貢舉。初平湖

湘以居正知朗州會亡卒數千人聚山澤爲盜監軍使疑
城中僧千餘人皆其黨議欲盡捕誅之居正以計緩其事
因率衆翦滅羣寇擒賊帥汪端詰之僧皆不預賴以全活
乾德初加兵部侍郎車駕將親征太原大發民餽運時河
南府饑逃亡者四萬家上憂之命居正馳傳招集浹旬間
民盡復業以本官參知政事五年加吏部侍郎開寶五年
兼淮南湖南嶺南等道都提舉三司水陸發運使事又兼
判門下侍郎事監修國史又監修五代史踰年畢錫以器
幣六年拜門下侍郎平章事八年二月上謂居正等曰年
穀方登庶物豐盛若非上天垂佑何以及斯所宜共思濟

物或有關政當與振舉以成朕志居正等益修政事以副
上意焉太平興國初加左僕射昭文館大學士從平晉陽
還進位司空因服丹砂遇毒方奏事覺疾作遽出至殿門
外飲水升餘堂吏掖歸中書已不能言但指廡間儲水器
左右取水至不能飲偃閤中吐氣如煙燄輿歸私第卒六
年六月也年七十贈太尉中書令謚文惠居正氣貌瓌偉
飲酒至數斗不亂性孝行純居家儉約爲相任寬簡不好
苛察士君子以此多之自參政至爲相凡十八年恩遇始
終不替先是太祖嘗謂居正曰自古爲君者鮮克正己爲
臣者多無遠略雖居顯位不能垂名後代而身陷不義子

孫羅殃蓋君臣之道有所未盡吾觀唐太宗受人諫疏直
詆其非而不恥以朕所見不若自不爲之使人無異詞又
觀古之人臣多不終始能保全而享厚福者由忠正也開
寶中居正與沈倫並爲相盧多遜參知政事九年冬多遜
亦爲平章事及居正卒而沈倫責授多遜南流論者以居
正守道蒙福果符太祖之言居正好讀書爲文落筆不能
自休子惟吉集爲三十卷上之賜名文惠集咸平二年詔
以居正配饗太宗廟庭

惟吉字世康居正假子也居正妻妬悍無子婢妾皆不得
侍側故養惟吉愛之甚篤少有勇力形質魁岸與京師少

年追逐角抵蹴踘縱酒不謹雅好音樂嘗與伶人游居正
不能知蔭補右千牛衛備身歷太子通奉舍人改西頭供
奉官太宗即位三相子皆越次拔擢沈倫盧多遜子並爲
尚書郎惟吉以不習文故爲右千牛衛大將軍及居正卒
太宗親臨居正妻拜於喪所上存撫數四因問不肖子安
在頗改行否恐不能負荷先業柰何惟吉伏喪側竊聞上
語懼赧不敢起自是盡革故態謝絕所與游者居喪有禮
既而多接賢士大夫頗涉獵書史時論翕然稱之上知其
改行令知澶州改揚州上表自陳還左千牛衛大將軍丁
內艱卒哭起復本官懇求終制不許俄詔知河南府又知

鳳翔府淳化五年秦州温仲舒以伐木爲蕃戶攘奪驅其部落徙居渭北頗致騷動詔擇守臣安撫之乃命惟吉與仲舒對易其任未幾遷左領軍衛大將軍至道二年移知延州未行卒年四十二惟吉既知非改過能折節下士輕財好施所至有能聲然御家無法及其死家人爭財致訟妻子辨對於公庭云

沈倫字順宜開封太康人舊名義倫以與太宗名下字同止名倫少習三禮於嵩洛間以講學自給漢乾祐中白文珂鎮陝倫往依之周顯德初太祖領同州節度宣徽使昝居潤與倫厚善薦於太祖留幕府太祖繼領滑許宋三鎮皆署從事掌留使財貨以廉聞及受周禪自宋州觀察推官召爲戶部郎中奉使吳越歸奏便宜十數事皆從之道出揚泗屬歲饑民多死郡長吏白於倫曰郡中軍儲尚百餘萬斛儻貸於民至秋復收新粟如此則公私俱利非公言不可還具以白朝論沮之曰今以軍儲振饑民若荐饑無徵孰任其咎太祖以問倫曰國家以廪粟濟民自當召和氣致豐稔豈復有水旱耶此當決於宸衷太祖即命發廪貸民建隆三年遷給事中明年春爲陝西轉運使王師伐蜀用爲隨軍水陸轉運使先是王全斌崔彥進之入成都也競取民家玉帛子女倫獨居佛寺蔬食有以珍異奇

巧物爲獻者倫皆拒之東歸篋中所有纔圖書數卷而已太祖知之遂貶全斌等以倫爲戶部侍郎樞密副使親征太原領大內都部署判留司三司事先是倫第庳陋處之晏如時權要多冒禁市巨木秦隴間以營私宅及事敗露皆自啓於上前倫亦嘗爲母市木營佛舍因奏其事太祖笑謂曰爾非踰矩者知其未葺居第因遣中使按圖督工爲治之倫私告使者願得制度狹小使者以聞上亦不違其志開寶二年丁母憂起復視事六年拜中書侍郎平章事集賢殿大學士兼提點荊南劍南水陸發運事雩祀西洛以倫留守東京兼大內都部署尋召赴行在令預大禮太平興國初加右僕射兼門下侍郎監修國史親征太原復以倫爲留守判開封府事師還加左僕射五年史官李昉扈蒙撰太祖實錄五十卷倫爲監修以獻賜襲衣金帶六年加開府儀同三司是歲疾作自是多請告盧多遜事將發倫已上表求致仕明年多遜敗以倫與之同列不能覺察詔加切責降授工部尚書其子都官員外郎繼宗本由父蔭不宜更在朝行可落班簿時倫病不能興上表謝未幾倫再奉章乞骸骨復授左僕射致仕上以倫國初舊臣遽復繼宗官以慰其心雍熙四年卒年七十九贈侍中倫清介醇謹車駕每出多令居守好釋氏信因果嘗盛夏

坐室中恣蚊蚋嘬其膚童子秉箑至輒叱之冀以徼福在
相位日值歲饑鄉人假粟者皆與之殆至千斛歲餘盡焚
其券徽時娶閻氏無子妾田氏生繼宗及貴閻以封邑固
讓田倫乃爲閻治第太康田遂爲正室搢紳非之初有司
議謚倫曰恭惠繼宗上言曰亡父始從冠歲即事儒業未
遑從賊遽赴賓招叨遇明時陟於相位伏見國朝故相薛
居正謚文惠王溥謚文獻此雖近制實爲典常若以臣父
起家不由文學即嘗歷集賢修史之職伏請改謚曰文判
太常禮儀院趙昂判考功張洎駁曰沈倫逮事兩朝早升
台弼有祇畏謹守之美有矜恤周濟之心案謚法不懈于

四百四十　列傳二十三　六

位與夫謹事奉上執事堅固執禮御賓率事以信接下不
驕能遠恥辱賢而不伐尊賢貴讓愛民長悌不懈爲德既
過能改數者皆謂之恭又云慈民好與與夫柔質慈民愛
民好柔寬裕不苛和質受諫數者皆謂之惠由漢以來皆
爲美謚如唐相温彥博之出納明允止謚曰恭實易直之
公舉無避乃謚曰恭惠而沈倫備位台衡出於際會徒能
謹飭以自保全以恭配惠厥美居多又按謚法道德博聞
曰文忠信接禮曰文寬不慢廉不劌曰文堅强不暴曰文
敏而好學不恥下問曰文德美才秀曰文修治班制曰文
昔張說之謚文正楊綰之謚文簡人不謂然蓋行義有所

未充雖蒙特賜誠非至公若夫大臣子孫許其爲父陳請
則曲臺考功之司爲虛器而彰善癉惡之義微矣繼宗以
其父曾任集賢殿學士及監修國史之職輒引薛居正王
溥爲比則彼皆奮跡辭場歷典誥命以文爲謚允合國章
至於集賢國史皆宰相兼領之任非必由文雅而登其沈
倫謚伏望如故從之
繼宗字世卿倫爲樞密副使以蔭補西頭供奉官倫作相
授水部員外郎加朝散大夫遷都官職方知浚儀縣轉屯
田郎中出知單州代歸命使京東計度財賦濮州土貢銀
課民織造不折省稅鄆州節度配屬縣納藥物皆爲民病

四百卄五　列傳二十三　七　宋 在明

繼宗歸歷言於上以除其弊至道末領淮南轉運使繼宗
貴家子倦於從吏既因疾以將作少監致仕東封歲求扈
從復授職方郎中禮畢改太僕少卿判吏部南曹遷光祿
少卿判三司三勾院繼宗善營産業厚於養生不飲酒不
嗜音律而喜接賓客終日宴集無倦大中祥符五年卒年
五十五前後録其子惟温惟清惟恭並爲將作監主簿惟
温後至祕書丞惟清娶密王女宜都縣主至内殿承制
盧多遜懷州河内人曾祖得一祖眞啓皆爲邑宰父億字
子元少篤學以孝悌聞舉明經調補新鄉主簿秩滿復試
進士校書郎集賢校理晉天福中遷著作佐郎出爲鄆州

觀察支使節帥杜重威驕蹇黷貨幕府賄賂公行唯億清介自持會景延廣鎮天平表億掌書記留守西洛又表爲判官時國用窘乏取民財以助軍河南府計出二十萬緡延廣欲並緣以圖羨利增爲三十七萬緡億諫曰公位兼將相既富且貴今國帑空竭不得已而取資於民公何忍利之乎延廣慚而止漢初以魏王承訓爲開封尹授億水部員外郎充推官時侍衛諸軍驕恣朝廷姑息之軍士成義以驢負鹽入都門閽者不敢執反擒平民孟柔送侍衛司柔自誣伏論當棄市億察其冤言於漢祖而釋之周初爲侍御史漢末兵亂法書亡失至是大理奏重寫律令格

式統類編敕乃詔億與刑部員外郎曹匪躬大理正段濤同加議定舊本以京兆府改同五府開封大名府改同河南府長安萬年改爲次赤縣開封浚儀大名元城改爲赤縣又定東京諸門薰風等爲京城門明德等爲皇城門啓運等爲宮城門昇龍等爲宮門崇元等爲殿門廟諱書不成文凡改點畫及義理之誤字二百一十有四又以晉漢及周初事關刑法敕條者分爲二卷附編敕自爲大周續編敕詔行之俄以本官知雜事加左司員外郎遷主客度支郎中並兼弘文館直學士世宗晏駕爲山陵判官出爲河南令宋初遷少尹億性恬退聞其子多遜知制誥即上

章求解乾德二年以少府監致仕多遜顯德初舉進士解褐祕書郎集賢校理遷左拾遺集賢殿修撰建隆三年以本官知制誥歷祠部員外郎乾德二年權知貢舉三年加兵部郎中四年復權知貢舉六年加史館修撰判館事開寶二年車駕征太原以多遜知太原行府事移幸常山又命權知鎮州師還直學士院三年春復知貢舉四年冬命爲翰林學士六年使江南還因言江南衰弱可圖之狀受詔同修五代史遷中書舍人參知政事丁外艱數日起復視事會史館修撰扈蒙請復修時政記詔多遜專其事金陵平加吏部侍郎太平興國初拜中書侍郎平章事四年

從平太原還加兵部尚書多遜博涉經史聰明強力文辭敏給好任數有謀略發多奇中太祖好讀書每取書史館多遜預戒吏令白已知所取書必通夕閱覽及太祖問書中事多遜應答無滯同列皆伏焉先是多遜知制誥與趙普不協及在翰林日每召對多攻普之短未幾普出鎮河陽太宗踐祚普入爲少保數年普子承宗娶燕國長公主女承宗適知澤州受詔歸闕成婚禮未踰月多遜白遣歸任普由是憤怒初普出鎮河陽上言自愬云外人謂臣輕議皇弟開封尹皇弟忠孝全德豈有間然矧昭憲皇太后大漸之際臣實預聞顧命知臣者君願賜昭鑒太祖手封

其書藏於宮中至是普復密奏臣開國舊臣爲權倖所沮因言昭憲顧命及先朝自愬之事上於宮中訪得普前所上表因感悟即留承宗京師未幾復用普爲相多遜益不自安普屢諷多遜令引退多遜貪固權位不能決會有以多遜嘗遣堂吏趙白交通秦王廷美事聞太宗怒下詔數其不忠之罪責授守兵部尚書明日以多遜屬吏命翰林學士承旨李昉學士扈蒙衛尉卿崔仁冀膳部郎中知雜事滕中正雜治之獄具召文武常參官集議朝堂太子太師王溥等七十四人奏議曰謹案兵部尚書盧多遜身處宰司心懷顧望密遣堂吏交結親王通達語言咒詛君父

大逆不道干紀亂常上負國恩下虧臣節宜膏鈇鉞以正刑章其盧多遜請依有司所斷削奪在身官爵準法誅斬秦王廷美亦請同盧多遜處分其所緣坐望準律文裁遣遂下詔曰臣之事君貳則有辟下之謀上將而必誅兵部尚書盧多遜頃自先朝擢參大政洎予臨御俾正台衡職在燮調任當輔弼深負倚毗不思補報而乃包藏姦宄窺伺君親指斥乘輿交結藩邸大逆不道非所宜言爰遣近臣雜治其事醜跡盡露具獄已成有司定刑外廷集議僉以梟夷其族污瀦其宮用正憲章以合經義尚念嘗居重位久事明廷特寬盡室之誅止用投荒之典實汝有負非

我無恩其盧多遜在身官爵及三代封贈妻子官封並用削奪追毀一家親屬並配流崖州所在馳驛發遣縱經大赦不在量移之限朞周已上親屬並配隸邊遠州郡部曲奴婢縱之餘依百官所議中書吏趙白秦王府吏閻密王繼勳樊德明趙懷祿閻懷忠並斬都門外仍籍其家親屬流配海島閻密初給事廷美左右太宗即位補殿直仍隸秦邸恣橫不法王繼勳尤廷美所親信嘗使求訪聲妓繼勳因怙勢以取貨賄德明素與趙白游處多遜因之傳達機事以結廷美又累遣懷祿私召同母弟軍器庫副使趙廷俊與語懷忠嘗爲廷美使詣淮海國王錢俶遺白金釦

器絹扇等廷美又嘗遣懷忠齎銀器錦綵羊酒詣其妻父潘璘營宴軍校至是皆伏罪多遜累世墓在河南未敗前一夕震電盡焚其林木聞者異之多遜至海外因部送者還上表稱謝雍熙二年卒于流所年五十二詔徙其家於容州未幾復移置荊南端拱初錄其子雍爲公安主簿還其懷州籍沒先塋雍卒諸弟皆特敕除州縣官初億性儉素自奉甚薄及多遜貴顯賜賚優厚服用漸侈愀然不樂謂親友曰家世儒素一旦富貴暴至吾未知稅駕之所後多遜果敗人服其有識咸平五年又錄雍弟寬爲襄州司士參軍寬弟察中景德進士將廷試特詔授以州掾大中

祥符二年始改簿尉三年察奉多遜喪歸葬襄陽又詔本州賜祭錢三十萬四年仍録其孫又玄爲襄州司士

宋琪字叔寶幽州薊人少好學晉祖割燕地以奉契丹契丹歲開貢部琪舉進士中第署壽安王侍讀時天福六年也幽帥趙延壽辟琪爲從事會契丹内侵隨延壽至京師延壽子贊領河中節度漢初改授晉昌軍皆署琪爲記室周廣順中贊罷鎮補觀城令世宗征淮南贊自右龍武統軍爲排陣使復辟琪從征及金陵歸款以贊鎮廬州表爲觀察判官部有冤獄琪辨之免死者三人特加朝散大夫贊任宋連移壽陽延安二鎮皆表爲從事乾德四年召拜

左補闕開封府推官太宗爲府尹初甚加禮遇琪與宰相趙普樞密使李崇矩善出入門下遂惡之乃白太祖出琪知龍州移閬州開寶九年爲護國軍節度判官太宗即位召赴闕時程羽賈琰皆自府邸攀附致顯要抑琪久不得調太平興國三年授太子洗馬召見詰責琪拜謝請悔過自新遷太常丞出知大通監五年召歸將加擢用爲盧多遜所沮改都官郎中出知廣州將行復以藩邸舊僚留判三司勾院七年與三司使王仁贍廷辨事忤旨責授兵部員外郎俄通判開封府事京府置通判自琪始八年春正月擢拜右諫議大夫同判三司三月改左諫議大夫參知政事是秋上將以工部尚書李昉參預國政以琪先入乃遷琪爲刑部尚書十月趙普出鎮南陽琪遂與昉同拜平章事自員外郎歲中四遷至尚書爲相上謂曰世之治亂在賞當其功罰當其罪即無不治謂爲飾喜怒之具即無不亂卿等愼之九年九月上幸景龍門外觀水磑因謂侍臣曰此水出於山源清泠甘美凡近河水味皆甘豈非餘潤之所及乎琪等對曰實由地脉潛通而然亦猶人之善惡以染習而成也其年冬郊祀禮畢加門下侍郎昭文館大學士一日上謂琪等曰在昔帝王多以崇高自處顔色嚴毅左右無敢貢言者朕與卿等周旋款曲商榷時事蓋

欲通上下之情無有壅蔽卿等但直道而行無得有所顧避琪謝曰臣等非才待罪相府陛下曲賜温顔令盡愚懇敢不傾竭以副聖意會詔廣宫城宣徽使柴禹錫有別第在表識内上言願易官邸上覽奏不悦禹錫陰結琪欲因白請盧多遜舊第上益鄙之先是簡州軍事推官王澣引對上嘉其儁爽面授朝官翌日琪奏澣經學出身一任幕職例除七寺丞上曰吾已許之矣可與東宫官琪執不從擬大理丞告牒進入上批曰可右贊善大夫琪勉從命上滋不悦初上令琪娶馬仁瑀寡妻高繼沖之女厚加賜與以助釆廣南轉運王延範高氏之親也知廣州徐休復密

奏其不軌且言其依附大臣上因琪與禹錫入對問延範
何如人琪未知其端盛言延範強明忠幹禹錫旁奏與琪
同上意琪交通不欲暴其狀因以琪素好詼諧無大臣體
罷守本官禹錫授左驍衛大將軍琪將罷前數日有異烏
集琪待漏之所驅之不去及是罷相人以為先兆云端拱
初上親耕籍田以舊相進位吏部尚書二年將討幽薊詔
羣臣各言邊事琪上疏謂大舉精甲以事討除靈旗所指
燕城必降但徑路所趨不無險易必若取雄霸路直進未
免更有陽城之圍蓋界河之北陂淀坦平北路行師非我
所便況軍行不離於輜重賊來莫測其淺深欲望回轅西

適山路令大軍會於易州循孤山之北漆水以西挾山而
行援糧而進涉涿水並大房抵桑乾河出安祖砦則東瞰
燕城裁及一舍此是周德威收燕之路自易水距此二百
餘里並是沿山村墅連延溪澗相接採薪汲水我占上游
東則林麓平岡非戎馬奔衝之地內排槍弩步隊寔王師
備禦之方而於山上列白幟以望之戎馬之來二十里外
可悉數也從安祖砦西北有盧師神祠是桑乾出山之口
東及幽州四十餘里趙德鈞作鎮之時欲遏西衝曾灌此
水況河次半有崖岸不可徑度其平處築城護之守以偏
師此斷彼之右臂也仍慮步奚為冦可分雄勇兵士三五

千人至青白軍以來山中防遏此是新州嬀川之間南出
易州大路其桑乾河水屬燕城北隅繞西壁而轉大軍如
至城下於燕丹陵東北橫堰此水灌入高梁河高梁岸狹
桑水必溢可於駐蹕寺東引入郊亭淀三五日瀰漫百餘
里即幽州隔在水南王師可於州北繫浮梁以通北路賊
騎來援已隔水矣視此孤壘浹旬必克幽州管內洎山後
八軍聞薊門不守必盡歸降蓋勢使然也然後國家命重
臣以鎮之敷恩澤以懷之奚霫部落當劉仁恭及其男守
光之時皆刺面為義兒服燕軍指使人馬疆土少劣於契
丹自被脅從役屬以來常懷骨髓之恨渤海兵馬土地盛

於奚帳雖勉事契丹俱懷殺主破國之怨其薊門洎山後
雲朔等州沙陁吐渾元是割屬咸非叛黨此蕃漢諸部之
衆如將來王師討伐雖臨陣擒獲必貸其死命署置存撫
使之懷恩但以罪契丹為名如此則蕃部之心願報私憾
契丹小醜克日殄平其奚霫渤海之國各選重望親嫡封
冊為王仍賜分器鼓旗軍服戈甲以優遣之必竭赤心求
服皇化俟克平之後宣布守臣令於燕境及山後雲朔諸
州厚給衣糧料錢別作禁軍名額召募三五萬人教以騎
射隸於本州此人生長塞垣諳練戎事乘機戰鬬一以當
十兼得奚霫渤海以為外臣乃守在四夷也然自阿保機

時至於近日河朔戶口虜掠極多并在錦帳平盧亦遁柳城遼海編戶數十萬耕墾千餘里旣殄異類悉爲王民變其衣冠被以聲教願歸者俾復舊貫懷安者因而撫之申畫郊圻列爲州縣則前代所建松漠饒落等郡未爲開拓之盛也琪本燕人以故究知蕃部兵馬山川形勢俄又上奏曰國家將平燕薊臣敢陳十策一契丹種族二料賊衆寡三賊來布置四備邊五命將六排陣討伐七和蕃八饋運九收幽州十滅契丹契丹蕃部之別種代居遼澤中南界潢水西距邢山疆土幅員千里而近其主自阿保機始彊盛因攻渤海死於遼陽妻述律氏生三男長曰東丹次曰德光德光南侵還死於殺胡林季曰自在太子東丹生永康永康代德光爲主謀起軍南侵被殺於大神淀德光之子述律代立號爲睡王二年爲永康子明記所篡明記死幼主代立明記妻蕭氏蕃將守興之女今幼主蕭氏所生也晉末契丹主頭下兵謂之大帳有皮室兵約三萬皆精甲也爲其爪牙國母述律氏頭下謂之屬珊屬珊有衆二萬乃阿保機之牙將當是時半已老矣南來時量分借得三五千騎述律常留餘兵爲部族根本其諸大首領有太子偉王永康南北王于越麻荅五押等于越謂其國舅也大者千餘騎次者數百騎皆私甲也別族則有奚霫勝

兵亦萬餘人少馬多步奚其王名阿保得者昔年犯闕時令送劉琋崔廷勳屯河洛者也又有渤海首領大舍利高模翰步騎萬餘人並髠髮左衽竊爲契丹之飾復有近界尉厥里室韋女眞党項亦被脅屬每部不過千餘騎其三部落吐渾沙陁洎幽州管內鴈門已北十餘州軍部落漢兵合二萬餘衆此是石晉割以賂蕃之地也蕃漢諸族其數可見矣每蕃部南侵其衆不啻十萬契丹入界之時步騎車帳不從阡陌東西一槩而行大帳前及東西面差大首領三人各率萬騎支散遊奕百十里外亦交相偵邏謂之欄子馬契丹主吹角爲號衆即頓舍環繞穹廬以近及遠折木梢屈之爲弓子鋪不設槍營壍柵之備每軍行聽鼓三伐不問昏晝一匝便行未逢大敵不乘戰馬俟近我師即競乘之所以新羈戰蹄有餘力也且用軍之術成列而不戰俟退而乘之多伏兵斷糧道冒夜舉火土風曳柴饋餉自齎退敗無恥散而復聚寒而益堅此其所長也中原所長秋夏霖霪天時也山林河津地利也槍突劍弩兵勝也財豐士衆力強也乘時互用較然可知王師備邊破敵之計每秋冬時河朔州軍緣邊砦柵但專守境勿輒侵漁令彼尋戈其詞無措或戎馬旣肥長驅入寇契丹主行部落萃至寒雲翳日朔雪迷空鞍馬相持氊褐之利所宜

中陣坐甲以逸待勞令騎士並屯於天雄軍貝磁相州以來若分在邊城緩急難於會合近邊州府只用步兵多屯弩手大者萬卒小者千人堅壁固守勿令出戰彼以全國之兵此以一郡之衆雖勇懦之有殊處衆寡之不敵也國家別命大將總統前軍以遏侵軼只於天雄軍邢洺貝州以來設犄戎之備俟其陽春啓候虜計既窮新草未生陳荄已朽蕃馬無力疲寇思歸逼而逐之必自奔北前軍行陣之法馬步精卒不過十萬自招討以下更命三五人蕃侯充都監副戎排陣先鋒等職臨事分布所貴有權追戎之陣須列前後其前陣萬五千騎陣身萬人是四十指揮

左右梢各十指揮是二十將每指揮作一隊自軍主都虞候指揮使押當每隊用馬突或刃子槍一百餘並弓劍骨朶其陣身解鐙排之俟與戎相搏之時無問厚薄十分作氣槍突交衝馳逐往來後陣更進彼若乘我深入陣身之後更有馬步人五千分爲十頭以撞竿鐙弩俱進爲回騎之舍陣梢不可輕動蓋防橫騎奔衝此陣以都監主之進退賞罰便可裁決後陣以馬步軍八萬招討董之與前陣不得過三五里展梢實心布常山之勢左右排陣分押之或前陣擊破寇兵後陣亦禁其馳驟輕進蓋師正之律也牧誓云四伐五伐乃止齊焉愼重之戒也是以開運中晉

軍犄戎未嘗放散三四年間雖德光爲戎首多計桀黠而無勝晉軍之處蓋併力禦之厥後以任人不當爲彥澤之所誤如將來殺獲驅攘之後聖人務好生之德設息兵之謀雖降志難甘亦和戎爲便魏絳嘗陳五利奉春僅得中策歷觀載籍前王皆然易稱高宗用伐鬼方詩美宣王薄伐玁狁是知戎狄侵軼其來尚矣然則兵爲凶器聖人不得已而用之若精選使臣不辱君命通盟繼好弭戰息民此亦策之得也臣每見國朝發兵未至屯戍之所已於兩河諸郡調民運糧遠近騷然煩費十倍臣生居邊土習知其事況幽州爲國北門押蕃重鎭養兵數萬應敵乃其常

事每逢調發惟作糗糧之備入蕃旬浹軍糧自齎每人給麨斗餘盛之於囊以自隨征馬每匹給生穀二斗作口袋飼秣日以二升爲限旬日之間人馬俱無饑色更以牙官子弟戮力津擎裹送則一月之糧不煩饋運俟大軍既至定議取捨然後圖轉饟亦未爲晚臣去年有平燕之策入燕之路具在前奏願加省覽疏奏頗采用之淳化二年詔百官轉對琪首應詔建明堂辟雍之議五年李繼遷寇靈武命侍衞馬軍都指揮使李繼隆爲河西兵馬都部署以討之西川賊帥李順攻劫州縣以昭宣使王繼恩爲劍南西川招安使琪又上書言邊事曰臣頃任延州節度判官

經涉五年雖未嘗躬造夷落然常令蕃落將和斷公事歲
無虛月蕃部之事熟於聞聽大約党項吐蕃風俗相類其
帳族有生戶熟戶接連漢界入州城者謂之熟戶居深山
僻遠橫過寇略者謂之生戶其俗多有世讎不相來往遇
有戰鬭則同惡相濟傳箭相率其從如流雖各有鞍甲而
無魁首統攝並皆散漫山川居常不以為患党項界東自
河西銀夏西至靈鹽南距鄜延北連豐會厥土多荒隙是
前漢呼韓邪所處河南之地幅員千里從銀夏至青白兩
池地惟沙磧俗謂平夏拓拔蓋蕃姓也自鄜延以北多土
山柏林謂之南山野利蓋羌族之號也從延州入平夏有

三路一東北自豐林縣葦子驛至延川縣接綏州入夏州
界一正北從金明縣入蕃界至盧關四五百里方入平夏
州南界一西北歷萬安鎮經永安城出洪門至宥州四五
百里是夏州西境我師如入夏州之境宜先招致接界熟
戶使為鄉導其強壯有馬者令去官軍三五十里踏白先
行緣此三路土山柏林溪谷相接而復隘陿不得成列躡
此鄉導可使步卒多持弓弩槍鋸隨之以三二千人登山
偵邏俟見坦途寧靜可傳號勾馬遵路而行我皆嚴備保
無虞也長興四年夏州李仁福死有男彝超擅稱留後當
時詔延州安從進與李彝超換鎮彝超據夏州固不奉詔

朝廷命邠州藥彥稠總兵五萬送從進赴任時頓兵城下
議欲攻取軍儲不繼遽命班師而振旅之時不能嚴整失
戈棄甲遂為邊人之利臣又聞党項號為小蕃非是勍敵
君得出山布陣止勞一戰便可盡除深入則饋運艱難窮
追則窟穴幽隱莫若緣邊州鎮分屯重兵俟其入界侵漁
方可隨時掩擊非為養勇亦足安邊凡烏合之徒勢不能
久利於速鬭以騁兵鋒莫若持重守疆以挫其銳彼無城
守衆乏餱糧威賞不行部族分散然後密令覘其保聚之
處預於麟府鄜延寧慶靈武等州約期會兵四面齊進絕
其奔走之路合勢擊之可以翦除無噍類矣仍先告諭諸

軍擊賊所獲生口資畜許為己有彼為利誘則人百其勇
也靈武路自通遠軍入青岡峽五百里皆蕃部熟戶向來
使人商旅經由並在部族安泊所求賂遺無幾謂之打當
亦如漢界逆旅之家宿食之直也此時大軍或須入其境
則鄉導踏白當如夏州之法況彼靈州便是吾土芻粟儲
畜率皆有備緣路五七程不煩供饋止令逐都兵騎裹糧
輕齎便可足用諺所謂磨鎌殺馬劫一時之力也旬浹之
餘固無闕乏矣又臣曾受任西川數年經歷江山備見形
勢要害利州最是咽喉之地西過桔柏江去劍門百里東
南去閬州水陸二百餘里西北通白水清川是龍州入川

大路鄧艾於此破蜀至今廟貌存焉其外三泉西縣興鳳等州並爲要衝請選有武略重臣鎮守之奏入上密寫其奏令繼隆擇利而行至道元年春大宴於含光殿上問琪年對曰七十有九上因慰撫久之二年春拜右僕射特令月給實奉一百千又以其衰老詔許五日一朝是年九月被病令其子貽序秉筆授辭作多幸老民叙大抵謂洪範五福人所難全而已兼有之實天幸也又口占遺表數百字而卒贈司空謚惠安起復貽序爲右賛善大夫貽庥爲大理評事貽廣童子出身貽序上表乞終喪制從之天禧初録其孫宗諒試秘書郎琪素有文學頗諧捷在使府前

後三十年周知人情尤通吏術在相位日百執事有所求請多面折之以是取怨於人貽序嘗預修冊府元龜筆札遒勁未幾坐事左遷復州副使起爲殿中丞卒

宋雄者亦幽州人初與琪齊名燕薊間謂之二宋雄仕契丹爲應州從事雍熙三年王師北伐雄與其節度副使艾正以城降授正本州觀察使以雄爲鴻臚少卿同知州事改光禄少卿歷知均唐二州未幾護河陰屯兵以知河渠利害因命領護汴口均節水勢以達轉漕京師賴之改太子詹事復爲光禄少卿遷將作監所至職務修舉公私倚任焉雄涉獵文史善談論有氣節士流多推許之景德元年卒年七十六録其子可久爲太常寺奉禮郎賦禄終制

論曰自薛居正而下嘗居相位者凡四人其始終出處雖不同然觀於其行事槩可見矣初朗州亡卒嘯聚爲盜監軍使疑城中僧千餘人皆與謀欲盡殺之居正緩其事賊禽而僧不與卒賴以活沈倫使吳越還請以揚泗軍儲百萬餘斛貸飢民朝論難之倫曰國家以廩粟濟民自當召和氣致豐稔豈復有水旱得請乃已太祖每取書史館盧多遜預戒吏令白已知所取必通夕閱覽以是答問多中宋琪始爲程羽賈琰所抑繼爲多遜所忌其後自負外郎歲中四遷至尚書居相位即此而觀則守道蒙福者非幸

致而投荒竄死者非不幸也宋雄善持論有氣節雖與琪齊名而爵位不侔者所遇不同焉爾嗚呼自昔懷材抱藝而抑鬱下僚以終其身者多矣豈特宋雄爲然哉

列傳卷第二十三

列傳卷第二十四　宋史二百六十五

開府儀同三司上柱國錄軍國重事前中書右丞相監修國史領經筵事都總裁臣脫脫等奉

勑修

李昉 子宗訥 宗諤 孫昭述等　呂蒙正　張齊賢 子宗誨

賈黃中

李昉字明遠深州饒陽人父超晉工部郎中集賢殿直學士從父右資善大夫沼無子以昉為後蔭補齋郎選授太子校書漢乾祐舉進士為秘書郎宰相馮道引之與呂端同直弘文館改右拾遺集賢殿修撰周顯德二年宰相李穀征淮南昉為記室世宗覽

軍中章奏愛其辭理明白已知為昉所作及見相國寺文英院集乃昉與扈蒙崔頌劉衮竇儼趙逢及昉弟載所題並善昉詩而稱賞之曰吾久知有此人矣師還擢為主客員外郎知制誥集賢殿直學士四年加史館修撰判館事是年冬世宗南征從至高郵會陶穀出使內署書詔填委乃命為屯田郎中翰林學士六年春丁內艱恭帝嗣位賜金紫宋初加中書舍人建隆三年罷為給事中四年平湖湘受詔祀南嶽就命知衡州踰年代歸陶穀誣奏昉為所親求京畿令上怒召吏部尚書張昭面質其事昭老儒氣直免

冠上前抗聲云穀罔上上疑之不釋出昉為彰武軍行軍司馬居延州為生業以老三歲當內徙昉不願宰相薦其可大用開寶二年召還復拜中書舍人未幾直學士院三年知貢舉五年復知貢舉秋預宴大明殿上見昉坐盧多遜下因問宰相對曰多遜學士昉直殿爾即令真拜學士令居多遜上昉之知貢舉也其鄉人武濟川預選既而奏對失次昉坐左遷太常少卿俄判國子監明年五月復拜中書舍人翰林學士冬判吏部銓時趙普為多遜所搆數以其短聞於上上詢於昉對曰臣職司書詔普之所為非臣所

知普尋出鎮多遜遂參知政事太宗即位加昉戶部侍郎受詔與扈蒙李穆郭贄宋白同修太祖實錄從攻太原車駕次常山常山即昉之故里因賜羊酒俾召公侯相與宴飲盡歡里中父老及嘗與遊從者咸預焉七日而罷人以為榮師還以勞拜工部尚書兼承旨太平興國中改文明殿學士時趙普宋琪居相位久求其能繼之者宿舊無踰於昉遂命參知政事十一月普出鎮昉與琪俱拜平章事未幾加監修國史復時政記先進御而後付有司自昉議始也雍熙元年郊祀命昉與琪並為左右僕射昉固辭乃加中書侍

郎王師討幽薊不利遣使分詣河南東籍民爲兵凡
八丁取一昉等相率奏曰近者分遣使籍河南東四
十餘郡之民以爲邊備非得已也然河南之民素習
農桑罔知戰鬬一旦括集必致動搖若因而嘯聚更
須剪除如此則河北閭閻既困於戎馬河南生聚復
擾於萑蒲矧當春和有妨農作陛下若以明詔既頒
難於反汗則當續遣使臣嚴加戒飭所至點募人情
若有不安即須少緩容奏取裁庶免後患上嘉納之
端拱初布衣翟馬周擊登聞鼓訟昉居宰相位當北
方有事之時不爲邊備徒知賦詩宴樂屬籍田禮方

畢乃詔學士賈黃中草制罷昉爲右僕射且加切責
黃中言僕射百僚師長實宰相之任今自工部尚書
而遷是職非黜責也若曰文昌務簡以均勞逸爲辭
斯爲得體上然之會邊警益急詔文武群臣各進策
備禦昉又引漢唐故事深以屈己脩好弭兵息民爲
言時論稱之淳化二年復以本官兼中書侍郎平章
事監脩國史三年夏旱蝗既雨時昉與張齊賢賈黃
中李沆同居宰輔以燮理非材上表待罪上不之罪
四年昉以私門連遭憂戚求解機務詔不允遣齊賢
等諭旨復起視事後數月罷爲右僕射先是上召張

洎草制授昉左僕射罷相洎言昉居燮理之任而陰
陽乖戾不能決意引退俾居百僚師長之任何以示
勸上覽奏乃令罷守本官晉侍中崧者與昉同宗且
同里時人謂崧爲東李家昉爲西李家漢末崧被誅
至是其子璨自蘇州常熟縣令赴調昉爲訟其父冤
且言周太祖已爲昭雪贈官還其田宅録璨而官之
然璨年幾五十尚淹州縣之職臣昔與之同難豈宜
叨遇聖明儻推一視之仁澤及衰微之祚則已絕之
冤獲伸於下而繼絕之恩永光簡冊矣詔授璨著作
佐郎後官至右贊善大夫明年昉年七十以特進司

空致事朝會宴饗令綴宰相班歲時賜予益加厚焉
至道元年正月望上觀燈乾元樓召昉賜坐於側酌
御罇酒飲之自取果餌以賜上觀京師繁盛指前朝
坊巷省署以諭近臣令拓爲通衢長廊因論晉漢君
臣昏闇猜貳枉陷善良時人不聊生雖欲營繕其暇
及乎昉謂晉漢之事臣所備經何可與聖朝同日而
語若今日四海清晏民物阜康皆陛下恭勤所致也
上曰勤政憂民帝王常事朕不以繁華爲樂蓋以民
安爲樂爾因顧侍臣曰李昉事朕兩入中書未嘗有
傷人害物之事宜其今日所享如此可謂善人君子

矣二年陪祀南郊禮畢入賀因拜舞仆地臺吏掖之以出臥疾數日薨年七十二贈司徒謚文正昉和厚多恕不念舊惡在位小心循謹無赫赫稱爲文章慕白居易尤淺近易曉好接賓客江南平士大夫歸朝者多從之遊雅厚張洎而薄張佖及昉罷相洎草制深攻詆之而佖朔望必詣昉或謂佖曰李公待君素不厚何數詣之佖曰我爲廷尉日李公方秉政未嘗一有請求此吾所以重之也昉所居有園亭別墅之勝多召故人親友宴樂其中旣致政欲尋洛中九老故事時吏部尚書宋琪年七十九左諫議大夫楊徽

之年七十五郢州刺史魏丕年七十六太常少卿致仕李運年八十水部郎中朱昂年七十一廬州節度副使武允成年七十九太子中允致仕張好問年八十五吳僧贊寧年七十八議將集會蜀寇而罷昉素與盧多遜善待之不疑多遜屢譖昉於上或以告昉不之信及入相太宗言及多遜事昉頗爲解釋帝曰多遜居常毀卿一錢不直昉始信之上由此益重昉昉居中書日有求進用者雖知其材可取必正色拒絕之已而擢用或不足用必和顏溫語待之子弟問其故曰用賢人主之事若受其請是市私恩也故峻

絕之使恩歸於上若不用者旣失所望又無善辭取怨之道也初超未有子昉母謝方娠指腹謂叔母張曰生男當與叔母爲子故昉出繼于超昉拜相因表其事求贈所生父母官詔贈其祖溫太子太傅祖母權氏莒國太夫人超太子太師謝氏鄭國太夫人昉素病心悸數歲一發發必彌年而後愈蓋典誥命三十餘年勞役思慮所致及居相位益加憂畏有文集五十卷子四人宗訥宗誨宗諤宗諒宗誨右贊善大夫宗諒主賓客員外郎

宗訥字大辯以蔭補太廟齋郎遷第四室長代謁吏

部銓邊光範意其年少未能屬辭語之曰苟援筆成六韻詩雖不試書判可入等矣宗訥易之光範試詩賦立就明日[illegible]擬授祕書省正字又明日上命擢國子監丞蓋上居藩邸時每有篇詠令昉屬和前後數百章皆宗訥繕寫上愛其楷麗問知爲宗訥所書故有是命太平興國初詔賈黃中集神醫普救方宗訥暨劉錫吳淑呂文仲杜鎬舒雅皆預焉雍熙初昉在相位上欲命宗訥爲尚書郎昉懇辭以爲非承平故事止改祕書丞歷太常博士宗訥頗習典禮淳化中呂端掌禮院引宗訥同判累遷比部郎中咸平六年

卒年五十五子昭迥大中祥符五年獻文召試賜進
士第後為屯田員外郎昭遜太子中舍
宗諤字昌武七歲能屬文耻以父任得官獨由鄉舉
第進士授校書郎明年獻文自薦遷祕書郎集賢校
理同修起居注先是後苑陪宴校理官不與京官乘
馬不得入禁門至是皆因宗諤之請復之遂為故事
真宗即位拜起居舍人預重修太祖實録從幸大名
上䟽曰國家馭邊之術制勝之謀將帥之短長兵衛
之衆寡宸筭廟謨盡在吾術中矣今之言事者不過
請陛下益兵貯粮分道掩殺言之甚易行之則難始

宋史二百六十五 字四百三个 宋史列傳卷二十四 七 万士才寫 羅定刊

受命則無不以攻堅陷陣為壯圖及遇敵則惟以閉
壘塞關為上計孤君父之重委致生靈之重困興言
及此誠可嘆息自古行軍出師無不首擇將帥夫將
帥隨材任使守一郡控一城分領驍勇爭據要害又
豈直三路主帥之名然後能制六師生死之命乎今
陛下選任非不至也權位非不重也告戒非不丁寧
也處置非不專一也而外敵犯塞車駕親征曾不聞
出丁人一騎為之救助不知深溝高壘秣馬厲兵欲
安用哉臣以為臨軍易帥拔卒為將在此時也有功
者拔於朝不用者戮於市亦此時也惟陛下圖之然

後下哀痛之詔行蠲復之恩回鑾上都垂衣當宁豈
不盛哉遷知制誥判集賢院纂西垣集制刻石記名
氏嘗牒御史臺不平空中丞呂文仲移文詰之徃復
再三宗諤執言兩省故事與臺司不相統攝者凡八
事聞卒如宗諤議景德二年召為翰林學士是秋將
郊命判太常大樂鼓吹二署先是樂工率以年勞遷
補至有抱其器而不知聲者宗諤素曉音律遂加審
定奏斥謬濫者五十人因修完器具更署職名條上
利病二十事帝省閱而賞歎之事具樂志又著樂纂
以獻命付史館自是月再肄習焉時諸神祠壇多闕

宋史二百六十五 字四百八个 宋史列傳卷二十四 八 万士才寫 羅定刊

外壝之制因深塹列樹以表之營葺齋室舊典因以
振起屬契丹遣使來賀承天節詔宗諤為館伴使自
郊勞至飲餞皆刊定其儀大中祥符初從封泰山改
工部郎中二年始建昭應宮命副丁謂為同修宮使
三年知審官院屬祀汾陰后土命為經度制置副使
同權河中府事禮成優拜右諫議大夫嘗侍宴玉宸
殿上謂曰聞卿至孝宗族頗多長幼雍睦朕嗣守二
聖基業亦如卿之保守門户也又曰翰林清華之地
前賢敭歷多有故事卿父子為之必周知也宗諤嘗
著翰林雜記以紀國朝制度明日上之宗諤究心典

禮凡創制損益靡不與聞修定皇親故事武舉武選入官資敘閤門儀制臣僚導從貢院條貫餘多裁正五年迎真州聖像副丁謂爲迎奉使五月以疾卒年四十九帝甚悼之謂宰相曰國朝將相家能以聲名自立不墜門閥唯昉與曹彬家爾宗諤方期大用不幸短命深可惜也既厚賻其家以白金賜其繼母又録其子若弟以官焉初昉居三館兩制之職宗諤不數年皆踐其地風流儒雅藏書萬卷內行淳至事繼母符氏以孝聞二兄早世奉嫂字孤恩禮兼盡與弟宗諒友愛尤至覃恩所及必先群從及歿而己子有

未仕者程宿早卒有弟無所依宗諤爲表請於朝而官之勤接士類無賢不肖恂恂盡禮獎拔後進唯恐不及以是士人皆歸仰之宗諤工隸書有文集六十卷內外制三十卷嘗預修續通典大中祥符封禪汾陰記諸路圖經又作家傳談録並行于世子昭遘昭述昭適

昭述字仲祖以父蔭爲祕書省校書郎召試學士院賜進士出身爲刑部詳覆官累遷祕書丞群牧制置使曹利用薦爲判官鄆州牧地侵於民者凡數千頃昭述悉復之以太常博士知開封縣特遷尚書屯田員外郎開封推官坐嘗被曹利用薦出知常州遷爲三司度支判官改河北轉運使江陵屯兵譁言倉粟陳腐欲以動衆昭述取以爲奉且以飯其僚屬衆遂定徙湖南澶州戍卒憤監軍酷暴欲構亂或指昭述謂曰如李公長者何可負其謀遂寢昭述聞之以戒監軍監軍自是不復爲暴比去衆遮道羅拜指妻子曰嚮非公無噍類矣徙淮南轉運使兼發運使加直史館徙陝西轉運使糾察在京刑獄爲三司户部副使累遷刑部郎中陝西用兵提點陝西計置粮草還授度支鹽鐵副使以右諫議大夫爲河北都轉運使河

決澶淵久未塞會契丹遣劉六符來乃命昭述城澶州以治隄爲名調兵農八萬逾旬而就初六符過之真以爲隄也及還而城具甚駭愕初置義勇軍人情訩訩昭述乘疾置日行數舍開諭父老衆始安宣撫使表其能除龍圖閣直學士知澶州又爲樞密直學士陝西都轉運使河北始置四路以爲真定府路安撫使知成德軍大水民多流亡籍僧舍積粟爲粥糜活飢民數萬計改龍圖閣學士知秦州諫官御史言昭述庸懦不可負重鎮留真定府居四年入領三班院以翰林侍讀學士知鄭州未幾知通進銀臺司判太

常寺復領三班累遷尚書右丞從祫享致齋於朝堂得暴疾卒贈禮部尚書謚恪李氏居京城北崇慶里凡七世不異爨至昭述稍自豐殖為族人所望然家法亦不隳

昭遘字逢吉宗諤從子也以蔭為將作監主簿幼時楊億嘗過其家出拜億命為賦既成億曰桂林之下無雜木非虛言也其後薦之召試授館閣校勘改集賢院校理坐失誤落秩未幾復為鹽鐵判官初議罷天下職田及公使錢昭遘以為不可三司使姚仲孫惡其異己請詰所以興利之實昭遘爭不屈遂罷判

官為白波發運使因入奏事仁宗謂曰前所論罷職田等事卿言是也遷直史館知陝州諫官歐陽脩言陝府關中要地昭遘無治劇材不宜遣改判三司理欠司徙度支判官使契丹還道除陝西轉運使坐家僮盜遼人銀酒盃降知澤州陽城冶鑄鐵錢民冒山險輸礦炭苦其役為奏罷鑄錢又言河東鐵錢真偽淆雜不可不革後復直史館知陝州城中舊無井唐武德中刺史長孫操始疏廣濟渠水入城衆賴其利昭遘至立廟祠之歸為三司戶部判官糾察在京刑獄進直龍圖閣改集賢殿脩撰累遷尚書工部郎中歷知鳳翔河中府晉州遷管勾登聞檢院權天章閣待制知滄州用諫官吳及言復改知陝州徙鄭州卒昭遘性和易不忤物能守家法

呂蒙正字聖功河南人祖夢奇戶部侍郎父龜圖起居郎蒙正太平興國二年擢進士第一授將作監丞通判昇州陛辭有旨民事有不便者許騎置以聞賜錢二十萬代還會征太原召見行在授著作郎直史館加左拾遺五年親拜左補闕知制誥初龜圖多內寵與妻劉氏不睦并蒙正出之頗淪躓窘乏劉誓不復嫁及蒙正登仕迎二親同堂異室奉養備至龜圖

旋卒詔起復未幾遷都官郎中入為翰林學士擢左諫議大夫參知政事賜第麗景門上謂之曰凡士未達見當世之務戾于理者則怏怏于心及列於位得以獻可替否當盡其所蘊雖言未必盡中亦當僉議而更之俾協于道朕固不以崇高自恃使人不敢言也蒙正初入朝堂有朝士指之曰此子亦參政耶蒙正陽為不聞而過之同列不能平詰其姓名蒙正遽止之曰若一知其姓名則終身不能忘不若毋知之為愈也時皆服其量李昉罷相蒙正拜中書侍郎兼戶部尚書平章事監脩國史蒙正質厚寬簡有重望

以正道自持遇事敢言每論時政有未允者必固稱
不可上嘉其無隱趙普開國元老蒙正後進歷官一
紀遂同相位普甚推許之俄丁内艱起復先是盧多
遜為相其子雍起家即授水部員外郎後遂以為常
至是蒙正奏曰臣忝甲科及第釋褐止授九品京官
況天下才能老於巖穴不霑寸禄者多矣今臣男始
離襁褓膺此寵命恐罹陰譴乞以臣釋褐時官補之
自是宰相子止授九品京官遂為定制朝士有藏古
鏡者自言能照二百里欲獻之蒙正以求知蒙正笑
曰吾面不過楪子大安用照二百里其聞者歎服淳

化中右正言宋抗上疏忤旨抗蒙正妻族坐是罷為
吏部尚書復相李昉四年昉罷蒙正復以本官入相
因對論及征伐上曰朕比來征討蓋為民除暴苟好
功黷武則天下之人熸亡盡矣蒙正對曰隋唐數十
年中四征遼碣人不堪命煬帝全軍陷没太宗自運
土木攻城如此卒無所濟且治國之要在内脩政事
則遠人來歸自致安靜上韙之嘗燈夕設宴蒙正侍
上語之曰五代之際生靈凋喪周太祖自鄴南歸士
庶皆罹剽掠下則火災上則彗孛觀者恐懼當時謂
無復太平之日矣朕躬覽庶政萬事粗理每念上天

之貺致此繁盛乃知理亂在人蒙正避席曰乘輿所
在士庶走集故繁盛如此臣嘗見都城外不數里饑
寒而死者甚衆不必盡然願陛下視近以及遠蒼生
之幸也上變色不言蒙正侃然復位同列多其直諒
上嘗欲遣人使朔方諭中書選才而可責以事者蒙
正退以名上上不許他日三問三以其人對上曰卿
何執耶蒙正曰臣非執蓋陛下未諒爾固稱其人可
使餘人不及臣不欲用媚道妄隨人主意以害國事
同列悚息不敢動上退謂左右曰蒙正氣量我不如
既而卒用蒙正所薦果稱職至道初以右僕射出判

河南府兼西京留守蒙正至洛多引親舊歡宴政尚
寬靜委任僚屬事多總裁而已真宗即位進左僕射
會營奉熙陵蒙正追感先朝不次之遇奉家財三百
餘萬以助用葬日伏哭盡哀人以為得大臣體咸平
四年以本官同平章事昭文館大學士國朝以來三
入相者惟趙普與蒙正焉郊祀禮成加司空兼門下
侍郎六年授太子太師封蔡國公改封隨又封許景
德二年春表請歸洛陛辭日肩輿至東園門命二子
掖以升殿因言遠人請和弭兵省財古今上策惟願
陛下以百姓為念上嘉納之因遷從簡太子洗馬知

簡奉禮郎蒙正至洛有園亭花木日與親舊宴會子
孫環列迭奉壽觴怡然自得大中祥符而後上朝永
熙陵封泰山祠后土過洛兩幸其第錫賚有加上謂
蒙正曰卿諸子孰可用對曰諸子皆不足用有姪夷
簡任潁州推官宰相才也夷簡由是見知於上富言
者蒙正客也一日白曰兒子十許歲欲令入書院事
廷評太祝蒙正許之及見驚曰此兒他日名位與吾
相似而勳業遠過於吾令與諸子同學供給甚厚言
之子即弼也後弼兩入相亦以司徒致仕其知人類
如此許國之命甫下而卒年六十八贈中書令謚曰

文穆蒙正初為相時張紳知蔡州坐贓免或言於上
曰紳家富不至此特蒙正貧時勾索不如意今報之
爾上命即復紳官蒙正不辨後考課院得紳實狀復
黜為絳州團練副使及蒙正再入相太宗謂曰張紳
果有贓蒙正不辨亦不謝在西京日上數遣中貴人
將命至蒙正待之如在相位時不少貶時人重焉子
從簡再為國子博士惟簡太子中舍承簡司門員外
郎行簡比部員外郎務簡亦國子博士居簡殿中丞
知簡太子右贊善大夫蒙正弟蒙休咸平進士至殿
中丞龜圖弟龜祥殿中丞知壽州子蒙亨舉進士高

等既廷試以蒙正居中書故報罷後歷下蔡武平主
簿至道初考課州縣官蒙亨引對文學政事俱優命
為光祿寺丞改大理寺丞卒次子蒙巽虞部員外郎
蒙周淳化進士及第蒙亨子即夷簡也次子宗簡亦
進士及第慶曆中居簡提點京東刑獄時夏竦有憾
於石介介死竦言於上曰介未嘗死北走鄰國矣乃
遣中使發棺驗之居簡謂曰萬一介果死則朝廷為
無故發人之墓奈何中使曰於君何如居簡曰介死
當時必有內外親族及門生會葬問之可也中使乃
令結狀保證以聞介事乃白居簡長者其行事多類

此徐州妖人孔直溫挾左道誘軍士為變或詰轉運
使告不受詞居簡令易其牒盡捕究黨與貸詿誤者
請於朝斬直溫等濮州復叛都民驚潰居簡馳往獲
首惡誅之因大閱兵享勞姦不得發用二事遷秩鹽
鐵判官拜集賢院學士知梓州應天府徙判南進龍
圖閣直學士知廣州陶甓甃城人以為便以兵部侍郎
判西京御史臺卒年七十二
張齊賢曹州冤句人生三歲值晉亂徙家洛陽孤貧
力學有遠志慕唐李大亮之為人故字師亮太祖幸
西都齊賢以布衣獻策馬前召至行宮齊賢以手畫

地條陳十事曰下幷汾曰富民曰封建曰敦孝曰舉賢曰太學曰籍田曰選良吏曰慎刑曰懲姦内四說稱旨齊賢堅執以為皆善上怒令武士拽出之及還語太宗曰我幸西都唯得一張齊賢爾我不欲爵之以官異時可使輔汝爲相也太宗擢進士欲置齊賢高第有司偶失掄選上不悅一榜盡與京官於是齊賢以大理評事通判衡州時州鞫劫盜論皆死齊賢至活其失入者五人自荆渚至桂州水遞鋪夫數千戶困於郵役衣食多不給論奏減其半四年代還會親征晋陽齊賢上謁遷秘書丞忻州新下命知州事

明年召還改著作佐郎直史館改左拾遺冬車駕北征議者皆言宜速取幽薊齊賢上疏曰方今海内一家朝野無事關聖慮者豈不以河東新平屯兵尚衆幽燕未下輦運為勞臣愚以為此不足慮也自河東初下臣知忻州捕得契丹納米典吏皆云自山後轉般以授河東以臣料契丹能自備軍食則於太原非不盡力然終為我有者力不足也河東初平人心未固嵐憲忻代未有軍砦入寇則田牧頓失擾邊則守備可虞及國家守要害增壁壘左控右扼疆事甚嚴恩信已行民心已定乃於鴈門陽武谷來爭小利此

其智力可料而知也聖人舉事動在萬全百戰百勝不若不戰而勝若重之慎之則契丹不足吞燕薊不足取自古疆場之難非盡由敵國亦多邊吏擾而致之若緣邊諸砦撫御得人但使峻壘深溝蓄力養銳以逸自處寧我致人此李牧所以用趙也所謂擇卒不如擇將任力不如任人如是則邊鄙寧邊鄙寧則輦運減輦運減則河北之民獲休息矣民獲休息則田業增而蠶績廣務農積穀以實邊用且敵人之心固亦擇利避害安肯投諸死地而爲寇哉臣聞家六合者以天下為心豈止爭尺寸之事角強弱之勢而

已乎是故聖人先本而後末安内以養外人民本也疆土末也五帝三王未有不先根本者也堯舜之道無他在乎安民而利之爾民既安利則遠人斂衽而至矣陛下愛民人利天下之心真堯舜也臣慮群臣多以纖微之利尅下之術侵苦窮民以為功能至于生民疾苦見之如不見聞之如不聞斂怨速尤無大于此伏望慎擇通儒分路採訪兩浙江南荆湖西川嶺南河東凡前日賦斂苛重者改而正之因而利之使賦稅課利通濟可經久而行爲聖朝定法除去舊弊天下諸州有不便于民者委長吏以聞敢循故常

者重寘之法使天下耳目皆知陛下之心戴陛下之
惠以德懷遠以惠刑民則遠人之歸可立而待也六
年爲江南西路轉運副使冬改右補闕加正使齊賢
至官詢知饒信虔州土産銅鐵鉛錫之所推求前代
鑄法取饒州永平監所鑄以爲定式歲鑄五十萬貫
凡用銅八十五萬斤鉛三十六萬斤錫十六萬斤詣
闕面陳其事敷奏詳確議者不能奪先是諸州罪人
多錮送闕下路死者十常五六齊賢道逢南劒建昌
虔州所送索牒視之率非首犯悉伸其冤抑因力言
于朝後凡送囚至京請委強明吏慮問不實則罪及

原問官屬自是江南送罪人者爲減太半先是江南
諸州小民居官地者有地房錢吉州緣江地雖淪没
猶納勾攔地錢編木而浮居者名水場錢皆前代弊
政齊賢悉論免之初李氏據有江南民戸税錢三千
已上者戸出丁一人黥面自備器甲輸官庫出即給
之日支糧二升名爲義軍既内附皆放歸農至是言
者以爲此輩久在行伍不樂耕農乞遣使選充軍伍
并其家屬送闕下齊賢上言江南義軍例皆良民横
遭黥配無所逃避克復之後便放歸農久被皇風並
皆樂業若逐戸搜索不無驚擾法貴有常政尚清淨

前敕既放營農不若且仍舊貫齊賢居使職勤究民
弊務行寬大江左人思之不忘召還拜樞密直學士
擢右諫議大夫簽書樞密院事雍熙初遷左諫議大夫
三年大舉北伐代州楊業戰没上訪近臣以策齊賢
請行即授給事中知代州與部署潘美同領緣邊兵
馬是時遼兵自湖谷入寇薄城下神衛都校馬正以
所部列南門外衆寡不敵副部署盧漢贇畏懦保壁
自固齊賢選廂軍二千出正之右誓衆慷慨一以當
百遼兵遂卻先是約潘美以并師來會戰無何間使
爲遼人所得齊賢以師期既漏且虞美衆爲遼所乘

既而美使至云師出并州至北井得密詔東師敗績
于君子舘并之全軍不許出戰已還州矣于時遼兵
塞川齊賢曰賊知美之來而不知美之退乃閉其使
密室中夜發兵二百人持一幟負一束芻距州城西
南三十里列幟然芻遼兵遥見火光中有旗幟意謂
并師至矣駭而北走齊賢先伏步兵二千於土磴砦
掩擊大敗之擒其北大王之子一人帳前舍利一人
斬數百級獲馬二千器甲甚衆捷奏且歸功漢贇端
拱元年冬拜工部侍郎遼人又自大石路南侵齊賢
預簡廂兵千人爲二部分屯繁畤崞縣下令曰代西有

寇則崞縣之師應之代東有寇則繁時之師應之
比接戰則郡兵集矣至是果爲繁時兵所敗二年置
屯田領河東制置方田都部署入拜刑部侍郎樞密
副使淳化二年夏參知政事數月拜吏部侍郎同中
書門下平章事齊賢母孫氏年八十餘封晉國太夫人
每入謁禁中上歎其福壽有令子多手詔存問加賜
與搢紳榮之初王延德與朱貽業同掌京庾欲求補外
貽業與參政李沆有姻婭託之以請於沆沆爲請於
齊賢齊賢以聞太宗以延德嘗事晉邸怒其不自陳
而干祈執政召見詰責延德貽業皆諱不以實對齊

賢不欲累沆獨任其責四年六月罷爲尚書左丞十
月命知定州以母老不願往未幾丁內艱水漿不入
口者七日自是日啖粥一器終喪不食酒肉蔬菓尋
復轉禮部尚書知河南府時獄有大辟將決齊賢至
立辨而釋之三日徙知永興軍時閤門祗候趙贊以
言事得幸提點關中芻糧所爲多豪横齊賢論列其
罪卒抵於法俄徙襄州移荊南又徙安州踰年加刑
部尚書真宗即位召拜兵部尚書同中書門下平章
事嘗從容爲上言皇王之道而推本其所以然且言
臣受陛下非常恩故以非常爲報上曰朕以爲皇王

之道非有跡但庶事適治道則近之矣時戚里有分
財不均者更相訟又入宮自訴齊賢曰是非臺府所
能決臣請自治上俞之齊賢坐相府召訟者問曰汝
非以彼所分財多汝所分少乎曰然命具欵乃召兩吏令甲家
入乙舍乙家入甲舍貨財無得動分書則交易之明
日奏聞上大悅曰朕固知非君莫能定者郊祀加門
下侍郎與李沆同事不相得坐冬至朝會被酒失儀
免相四年李繼遷陷清遠軍命爲涇原等州軍安撫
經略使以右司諫梁顥爲之副齊賢上言謂清遠軍
陷沒以來青岡砦燒棄之後靈武一郡援隔勢孤此

繼遷之所覬覦而必至者也以事勢言之加討則不
足防遏則有餘其計無他蕃部大族首領素與繼遷
有隙者若能啗以官爵誘以貨利結之以恩信而激
之以利害則山西之蕃部族帳靡不傾心朝廷矣臣
所領十二州軍見二萬餘人若緣邊料東本城等軍
更得五萬餘人招致蕃部其數又踰十數萬但彼出
則我歸東備則西擊使之奔走不暇何能爲我患哉
今靈武軍民不翅六七萬陷於危亡之地若繼遷來
春於我兵未舉之前發兵救援靈武盡驅其衆并力
攻圍則靈州孤城必難固守萬一失陷賊勢益增縱

多聚甲兵廣積財貨亦難保必勝矣臣所以乞封潘羅支爲六谷王而厚以金帛者恐繼遷旦暮用兵斷彼賣馬之路也苟朝廷信使得達潘羅支則泥埋等族西南遠蕃不難招集西南旣稟命而緣邊之勢張則鄜延環慶之淺蕃原渭振戎之熟戶自然歸化然後使之與對替甲兵及駐泊軍馬互為聲援則萬山閭之必不敢於靈州河西頓兵矣萬山旣退則賀蘭蕃部亦稍稍叛繼遷矣若曰名器不可以假人爵賞不可以濫及此乃聖人爲治之常道非隨時變易之義也齊賢又請調江淮荊湘丁壯八萬以益防禦朝

議以爲動搖蕪澤國人民遠戍西鄙亦非便計遂寢齊賢又言靈州斗絶一隅當城鎮完全積路未梗之時中外已言合棄自繼遷爲患已來危困彌甚南去鎮戎約五百餘里東去環州僅六七日程如此畏途不須攻奪則城中之民何由而出城中之兵何由而歸欲全軍民理須應接爲今之計若能增益精兵以合西邊屯駐對替之兵從以原渭鎮戎之師率山西熟戶從東界而入嚴約師期兩路交進設若繼遷分兵以應敵我則乘勢而易攻且奔命途道首尾難衛千里趍利不敗則禽臣謂兵鋒未交而靈州之圍自解

然後取靈州軍民而置砦於蕭關武延川險要處以僑寓之如此則蕃漢土人之心有所依賴栽候平寧却歸舊貫然後縱蕃漢之兵乘時以爲進退則成功不難矣時不能用未幾靈武果陷閏十二月拜右僕射判汾州不行改判永興軍兼馬步軍部署時薛居正子惟吉妻柴氏無子早寡盡畜其貨產及書籍論告欲改適齊賢惟吉子安上訴其事上不欲實于理命司門員外郎張正倫就訊柴氏所對與安上狀異下其事於御史乃齊賢子太子中舍宗誨教柴氏爲詞齊賢坐責太常卿分司西京宗誨貶海州別駕景德

初起爲兵部尚書知青州上幸澶淵命兼青淄濰州安撫使二年改吏部尚書上疏言曰臣在先朝常憂靈夏兩鎮終爲繼遷幷吞言事者以臣所慮爲太過略舉既往之事以明本末當時臣下皆以繼遷只是懷戀父祖舊地別無他心先帝與以銀州廉察庶滿其意爾後攻劫不已直至降麟府州界八部族蕃酋又脇制賀蘭山下帳族言事者猶謂封獎未厚洎陛下賜以銀夏土壤寵以節旄自此姦威愈滋逆志尤暴屢斷靈州糧路復撓緣邊城池數年之間靈州終爲吞噬當靈池清遠軍舁欲陷沒臣方受經略之命臣

恩繼遷須是得一兩處強大蕃族與之為敵此乃以蠻夷攻蠻夷古今之上策也遂請以六谷名目封潘羅支俾其展効其時近臣所見全與臣謀不同多為沮撓及繼遷為潘羅支射殺邊患謂可少息今其子德明依前攻刼析逋遊龍鉢等盡在部下其志又似不小臣慮德明乘大駕東幸之際去攻六谷則瓜沙甘肅于闐諸處漸為控制矣向使潘羅支尚在則德明未足為虞今潘羅支已亡厮鐸督恐非其敵望委大臣經制其事從東封還復拜右僕射時建玉清昭應宫齊賢言繪畫符瑞有損謙德又違奉天之意屢請

罷其役三年出判河陽從祀汾陰還進左僕射五年代還請老以司空致仕入辭便坐方拜而仆上遽止之許二子扶掖升殿命益坐茵為三歸洛得裴度午橋莊有池榭松竹之盛日與親舊觴詠其間意甚曠適七年夏薨年七十二贈司徒諡文定齊賢資儀豐碩議論慷慨有大略以致君自負留心刑獄多所全活喜提奬寒雋少時家貧父死無以為葬河南縣吏為辦其事齊賢深德之事以兄禮雖貴不替也仲兄昭度嘗授齊賢經及卒表贈光禄寺丞又嘗依太子少師李肅家肅死為營塟事歲時祭之趙普嘗薦齊

賢於太宗未用普即具前列事以謂陛下若進齊賢則齊賢他日感恩更過於此上大悅遂大用种放之起齊賢所薦也齊賢四踐兩府九居八座以三公就第康寧福壽時罕其比居相日數起大獄又與寇準相傾人或以此少之齊賢諸子皆能有立宗信内殿崇班宗理大理寺丞宗諒殿中丞宗簡閤門祗候宗訥太子中舍宗禮最賢雖累資登朝而畏羈束故多居田里

宗誨字習之齊賢第二子也少喜學兵法陰陽象緯之書無不通究以父任為秘書省正字遷至太子中

舍貶海州別駕嘗通判河陽徙知富順監會夷人斗郎舂叛群獠皆騷動宗誨將郡兵攻破之擢開封府判官三司度支勾院宗誨在開封日御史王沿劾其嗜酒廢事又為河北轉運使乃發沿居喪假官舟貫販朝論惡之會以調發擾民徙知徐州累遷太常少卿後為永興軍兵馬鈐轄又徙鄜延路兼知鄜州元昊寇延安劉平石元孫敗沒鈐轄黄德和遁還延州不納又走鄜州宗誨曰軍奔將無所歸激之則為亂矣乃納之拘德和以聞是時鄜城不完且無備傳言寇兵至人心不安宗誨乃嚴斥候籍入而禁出使老幼

併力守禦之敵亦自引去領輿州防禦使復徙永輿鈐轄燕知邠州以秘書監致仕嘗事干謁其子曰昔賀秘監以道士服東歸會稽明皇賜以鑑湖以為休老之地今洛下雖無鑑湖而嵩少伊瀍天下佳處雖非朝廷所賜皆閑逸之人所有爾大人盍衣羽服以優游何必更事請謁乎宗誨曰吾作白頭老監秘書而服何以賀老流沙之服為哉時以為名言初齊賢守代州宗誨嘗預計畫其保任親族不問疎近以年為先後然性貪雖謝事猶事貨殖以至于卒子二人子皐字叔謨少有才名而不自負人樂與之游最善

尹洙洙曰吾交天下士多矣不以通否易意者子皐也舉進士試秘書郎知新鄭縣以齊賢相遷校書郎館閣獻頌擢著作佐郎進直史館累官至尚書司封員外郎子宪字孝章以蔭將作監主簿以獻文賜同進士出身累遷尚書刑部郎中知光化軍戍卒逐其帥韓綱餘黨作亂子宪招降之征稅重人多逋負子宪奏除之歷太常少卿三司鹽鐵判官直史館知洪州遷右諫議大夫知桂州不赴御史劾之降秘書監復為光祿卿加直秘閣知廬州遷秘書監累職徙揚州卒

賈黃中字娲民滄州南皮人唐相耽四世孫父玭字仲寶晉天福三年進士解褐宋初為刑部郎中終水部員外郎知浚儀縣年七十卒玭嚴毅善教子士大夫子弟來謁必諄諄誨誘之初通判鎮州葬鄉黨群從之未葬者十五喪孤貧不自給者咸教育而婚嫁之黃中幼聰悟方五歲玭每旦令正立展書卷比之謂之等身書課其誦讀六歲舉童子科七歲能屬文觸類賦詠父常令蔬食曰俟業成乃得食肉十五舉進士授校書郎集賢校理遷著作佐郎直史館建隆三年遷左拾遺歷左補闕開寶八年通判定州判太常禮院黃中多識典故每詳定禮文損益得中號為

稱職嶺南平以黃中為採訪使廉直平恕遠人便之還奏利害數十事皆稱旨會克江表選知宣州歲饑民多為盜黃中出己奉造糜粥賴全活者以千數仍設法弭盜因悉解去太宗即位遷禮部員外郎太平興國二年知昇州時金陵初附黃中為政簡易部內甚治一日案行府署中見一室扃鑰甚固命發視之得金寶數十匱計直數百萬乃李氏宮閣中遺物也即表上之上覽表謂侍臣曰非黃中廉恪則亡國之寶將汙法而害人矣賜錢三十萬丁父憂起復視事五年召歸關有薦黃中文學高第召試中書拜駕部員

外郎知制誥八年與宋白呂蒙正等同知貢舉遷司封郎中充翰林學士雍熙二年又知貢舉俄掌吏部選端拱初加中書舍人二年兼史館脩撰凡再典貢部多束拔寒俊除擬官吏品藻精當淳化二年秋與李沆並拜給事中參知政事太宗召見其母王氏命坐謂曰教子如是真孟母矣作詩以賜之須賜甚厚黄中素重呂端爲人屬端出鎮襄陽黄中力薦於上因留爲樞密直學士遂參知政事當世文行之士多黄中所薦引而未嘗言人莫之知也然畏慎過甚中書政事頗留不決四年冬與沆並罷守本官明年知襄

州上言母老乞留京改知澶州辭日上戒之曰夫小心翼翼君臣皆當然若太過則失大臣之體黄中頓首謝上因謂侍臣曰朕嘗念其母有賢德七十餘年未覺老每與之語甚明敏黄中終日憂畏必先其母老矣因目參知政事蘇易簡曰易簡之母亦如之自古賢母不可多得易簡前謝曰陛下以孝治天下獎及人親臣實何人膺茲榮遇至道初黄中遘疾詔令歸闕會建儲宮擇大臣有德望者爲賓友黄中在選中以久疾改命李至李沆兼賓友黄中亦特拜禮部侍郎代至兼秘書監黄中素嗜文籍既居內閣甚以爲慰二年以疾卒年五十六其母尚無恙卒如上言贈禮部尚書上聞其素貧別賜錢三十萬既葬其母入謝又賜白金三百兩上謂之曰勿以諸孫爲念朕當不忘也黄中端謹能守家法廉白無私多知臺閣故事談論亹亹聽者忘倦焉在翰林日太宗召見訪以時政得失黄中但言臣職典書詔思不出位軍國政事非臣所知上益重之以爲謹厚及知政事卒無所建明時論不之許有文集三十卷子守謙雍熙二年進士守正獻文召試賜進士第後爲虞部員外郎守約國子博士守文殿中丞守訥右贊善大夫

論曰詩云允也天子降爲卿士實爲阿衡實左右商王言有是君則有是臣有是臣則足以相是君也太宗勵精庶政注意輔相以昉舊德亟加進用繼擢蒙正齊賢迭居相位復進黄中俾參大政而四臣者將順德美脩明庶政以致承平之治可謂君臣各盡其道者矣君子謂李昉爲多遜所毀而不校蒙正爲張紳所污而不辨齊賢爲同列所累而不言黄中多所薦引而不有其功此固人之所難也而況四臣者皆賢宰輔又能進退有禮曾以善終非盛德君子其孰能與於斯

列傳卷第二十四

列傳卷第二十五　　宋史二百六十六

開府儀同三司上柱國錄軍國重事前中書右丞相監修國史領經筵事都總裁脫脫等奉
勅修

錢若水 從弟若冲　蘇易簡　郭贄
李至　辛仲甫　王沔
温仲舒　王化基 子舉元 舉正 孫詔

錢若水字澹成一字長卿河南新安人父文敏漢青
州帥劉銖辟為錄事參軍歷長水鄷都尉扶風令相
州錄事參軍先是府帥多以筆牘私取官庫錢韓重
贇領節制頗仍其弊文敏不從重贇假他事廷責之

文敏不為屈太祖嘉其有守授右贊善大夫知瀘州
召見講武殿謂曰瀘州近蠻境尤宜綏撫聞知州郭
思齊監軍郭重遷掊斂不法恃其荒遠謂朝廷不知
爾至為朕鞫之苟一毫有侵於民朕必不赦至郡有
政迹夷人詣闕借留詔改殿中丞許再任三遷司封
員外郎又知洺州建昌軍卒年七十二若水幼聰悟
十歲能屬文華山陳摶見之謂曰子神清可以學道
不然當富貴但忌太速爾雍熙中舉進士釋褐同州
觀察推官聽決明允郡治賴之淳化初寇準掌選薦
若水洎王扶程肅陳充錢熙五人文學高第召試翰

林若水最優擢秘書丞直史館歲餘遷右正言知制
誥會置理檢院於乾元門外命若水領之俄同知貢
舉加屯田員外郎詔詣原鹽等州制置邊事還奏合
旨翌日改職方員外郎翰林學士與張洎並命俄知
審官院銀臺通進封駁司嘗草賜趙保忠詔有云不
斬繼遷開狡兔之三穴潛疑光嗣持首鼠之兩端太
宗大以為當至道初以右諫議大夫同知樞密院事
真宗即位加工部侍郎數月以母老上章求解機務
詔不許若水請益堅遂以本官充集賢院學士判院
事俄詔修太宗實錄若水引柴成務宗度吳淑楊億

同修成八十卷真宗覽書流涕錫賚有差初太宗有
畜犬甚馴常在乘輿左右及崩嗥號不食因送永熙
陵寢李至嘗詠其事欲若水書之以戒浮俗若水不
從呂端雖為監修以不涖局不得署名至抉其事以
為專美若水稱詔旨及唐朝故事以折之時議不能
奪既又重修太祖實錄參以王禹偁李宗諤梁顥趙
安仁未周歲畢安仁時為宗正卿上言魏王於太宗
屬當為兄實錄所紀繆誤若水援國初詔令廷諍數
四乃定俄判吏部流內銓從幸大名若水陳禦敵安
邊之策有曰孫武著書以伐謀為主漢高將將以用

法為先伐謀者以將帥能料敵制勝也用法者以朝廷能賞罰不私也令傅潛領雄師數萬閉門不出坐視邊寇俘掠生民上孤委注之恩下挫銳師之氣蓋潛輩不能制勝朝廷未能用法使然也軍法臨陣不用命者斬今若斬潛以徇然後擢如楊延朗楊嗣者五七人增其爵秩分授兵柄使將萬人間以強弩分路討除孰敢不用命哉敵人聞我將帥不用命退則有死豈獨思遁抑亦來歲不敢犯邊矣如此則可以坐清邊塞然後鑾輅還京天威懾於四海矣臣嘗讀前史周世宗即位之始劉崇結敵入寇敵遣其將楊

衮領騎兵數萬隨崇至高平當時懦將樊愛能何徽等臨敵不戰世宗大陳宴會斬愛能等援偏將十餘人分兵擊太原劉崇聞之股慄不敢出即日遁去自是兵威大振其後收淮甸下秦鳳平關南特席捲爾以陛下之神武豈讓世宗乎此今日禦敵之奇策也若將來安邊之術請以近事言之太祖朝制置最得其宜止以郭進在邢州李漢超在關南何繼筠在鎮定賀惟忠在易州李謙溥在隰州姚內斌在慶州董遵誨在通遠軍王彥昇在原州但授緣邊巡檢之名不加行營部署之號率皆十餘年不易其任立邊功

者厚加賞賚其位皆不至觀察使蓋位不高則朝廷易制任不易則邊事盡知然後授以聖謀來則掩殺去則勿追所以十七年中北邊西蕃不敢犯塞以至屢使乞和此皆陛下之所知也苟能遵太祖故事慎擇名臣分理邊郡罷部署之號使不相統轄置巡檢之名俾遞相救應如此則出必擊寇入則守城不數年間可致邊烽罷警矣俄知開封府時北邊未寧內出手札訪若水以策若水陳備邊之要有五一曰擇郡守二曰募鄉兵三曰積芻粟四曰革將帥五曰明賞罰何謂擇郡守今之所患患在戰守不同心望陛

下選沉厚有謀諳邊事者任為邊郡刺史令兼緣邊巡檢許召勇敢之士為隨身部曲廩贍不充則官為支給然後嚴亭障明斥候每得事宜密相報示寇來則互為救應齊出討除寇去則不令遠追各務安靜苟無大過勿為替移儻立微功就加爵賞如此則戰守必能同心敵人不敢近塞矣何謂募鄉兵今之所患患在不知敵情望詔逐州沿邊民為招收軍給與糧賜蠲其賦租彼兩地之中各有親族使其懷惠來布腹心彼若舉兵此必預知苟能預知則百戰百勝矣何謂積芻粟今之所患患在困民力望陛下令緣

邊各廣營田以州郡長官兼其使額每歲秋夏較其課程立鼓旗以齊之行賞罰以勸之仍縱商人入粟緣邊儻鎮戍有三年之備則敵人不敢動矣何謂革將帥令之所患患在重兵居外輕兵居內去歲傳潜以八萬騎屯中山魏博之間鎮兵全少非鑾輅親征則城邑危矣望陛下慎選將臣任河北近鎮仍依舊事節制邊兵未能削部署之名望且減行營之號有警則暫巡邊徼無事則却復舊藩豈惟不啓戎心況復待勞以逸如此則不失備邊之要又無舉兵之名且使重兵不屯一處進退動靜無施不可矣何謂明賞罰令之所患患在戎卒驕惰臣自知府以來見侍衛殿前兩司遞到邊上亡命軍卒人數甚多臣試詢之皆以思親為言此蓋令之不嚴也平時尚敢如此況臨大敵乎望陛下以此言示將帥俾申嚴號令以警其下古人云賞不勸謂之止善罰不懲謂之縱惡又曰法不可移令不可違臣嘗聞郭進出鎮西山太祖每遣戍卒必諭之曰汝等謹奉法我猶赦汝郭進殺汝矣其假借如此故郭進所至未嘗少衂陛下能鑒前日之事即今日之元龜也若水又言邊部用兵唯視太白與月為進退者誠以太白者將軍也星辰

者廷尉也合則有戰不合則無戰合於東則主勝合於西則客勝陛下能用臣言以謹邊備則邊部不召而自來矣太祖臨御十七年間未嘗生事疆埸而敵人往往遣使乞和者以其任用得人而備禦有方也陛下苟思兵者凶器戰者危事而不倒持太阿授人以柄則守在四夷而常獲靜勝此備禦之上策也未幾出知天雄軍兼兵馬部署時言事者請城綏州屯兵積穀以備党項邊城互言利害前後遣使數輩按視不能決時已大發丁夫將興其役詔若水自大名馳往視之若水上言綏州頃為內地民賦登集尚須旁郡轉餉自賜地趙保忠以來人戶凋殘若復城之即須增戍芻糧之給全仰河東其地隔越黃河鐵碣二山無定河在其城下緩急用兵輸送艱阻且其地險若未葺未完邊寇奔衝難於固守況城邑焚毀片瓦不存所過山林材木匱乏城之甚勞未見其利復詣闕面陳其事上嘉納之遂罷役初若水率衆過河分布軍伍咸有節制深為戍將推服上謂左右曰若水儒臣中知兵者也是秋又遣巡撫陝西緣邊諸郡令便宜制置邊事還拜鄧州觀察使幷代經略使知幷州事六年春因疾炎兩足創潰出血數斗自是體

貌羸瘵手詔慰勞之俾歸京師數月始赴朝謁因與僚友會食僧舍假寢而卒年四十四贈戶部尚書賜其母白金五百兩子延年甫七歲錄為太常奉禮郎若水美風神有器識能斷大事事繼母以孝聞雅善談論尤輕財好施所至推誠待物委任僚佐總其綱領無不稱治汲引後進推賢重士襟度豁如也精術數知年壽不永故懇避權位其死也士君子尤惜之有集二十卷兄若愚比部員外郎從弟若沖大中祥符中調河陽令有僕酗酒杖之百數僕挾刀夜潛室中斷其臂若沖大呼又害其幼子詔磔僕於其門真宗念若水母老遣使存問賜繒綿羊酒且賜若沖帛三十端補孟州別駕延年後以獻文賜進士出身歷太常博士集賢校理

蘇易簡字太簡梓州銅山人父協舉蜀進士歸宋累任州縣以易簡居翰林任開封縣兵曹參軍俄遷光祿寺丞卒特贈祕書丞易簡少聰悟好學風度奇秀才思敏贍太平興國五年年踰弱冠舉進士太宗方留心儒術貢士皆臨軒覆試易簡所試三千餘言立就奏上覽之稱賞擢冠甲科解褐將作監丞通判昇州遷左贊善大夫八年以右拾遺知制誥雍熙初以

郊祀恩進秩祠部員外郎二年與賈黃中同知貢舉有詔凡親屬就舉者籍名別試易簡妻弟崔範匿父喪充貢奏名在上第又王千里者水部員外郎孚之子協為孚門生千里預薦上聞坐範及千里罷易簡緣是罷知制誥以本官奉朝請未幾復知制誥三年充翰林學士初易簡充貢宋白掌貢部至是裁七年易簡幼時隨父河南賈黃中來使嘗教之屬辭及是悉為同列易簡連知貢舉陳堯叟孫何並甲廷試淳化元年丁外艱二年同知京朝官考課遷中書舍人充承旨先是曲宴將相翰林學士皆預坐梁迥啓太祖罷之又皇帝御丹鳳樓翰林承旨侍從升樓西南隅禮亦廢至是易簡請之皆復舊制易簡續唐李肇翰林志二卷以獻帝賜詩以嘉之帝嘗以輕綃飛白大書玉堂之署四字令易簡牓於廳額易簡會韓伾畢士安李至等往觀上聞遣中使賜宴甚盛至等各賦詩紀其事宰相李昉等亦作詩頌美之他日易簡直禁中以水試歙器上密聞之因晚朝問曰卿所玩得非歙器耶易簡曰然江南徐邈所作也命取試之易簡奏曰臣聞日中則昃月滿則虧器盈則覆物盛則衰願陛下持盈守成慎終如始以固丕基則天下

幸甚會郊祀充禮儀使先是扈蒙建議以宣祖升配易簡引唐故事請以宣祖太祖同配從之知審官院言初任京朝官未嘗歷州縣不得擬知州通判詔可改知審刑院俄掌吏部選遷給事中參知政事時趙昌言亦參知政事與易簡不協至忿爭上前上皆優容之未幾昌言出使劍南中路命改知鳳翔府明年易簡亦以禮部侍郎出知鄧州移陳州至道二年卒年三十九贈禮部尚書易簡外雖坦率中有城府由知制誥入爲學士年未滿三十屬文初不達體要及掌誥命頗自刻勵在翰林八年眷遇夐絕倫等李沆

後入在易簡下先參知政事故以易簡爲承旨錫賚均焉太宗遵舊制且欲稔其名望而後正台輔易簡以親老急於進用因亟言時政闕失遂參大政蜀人何光逢易簡之執友也嘗任縣令坐賂削籍流寓京師會易簡典貢部光逢代人充試以取貲易簡於稠人中屏出之光逢遂造謗書斥言朝廷事且譏易簡易簡得其書以聞逮捕光逢獄且坐棄市易簡以殺光逢非其意居常怏怏母薛氏以殺父執切責之易簡泣曰不謂及此易簡罪也及易簡參知政事召薛氏入禁中賜冠帔命坐問曰何以教子成此令器對曰幼則束以禮讓長則教以詩書上顧左右曰眞孟母也易簡性嗜酒初入翰林謝日飲已微醉餘日多沉湎上嘗戒約深切且草書勸酒二章以賜令對其母讀之自是每入直不敢飲及卒上曰易簡果以酒死可惜也易簡常居雅善筆札尤善談笑旁通釋典所著文房四譜續翰林志及文集二十卷藏於秘閣三子曰宿曰壽曰耆大中祥符間皆祿之以官云

郭贄字仲儀開封襄邑人乾德中舉進士中首薦太宗尹京因事藩邸太平興國初擢爲著作佐郎右贊善大夫俄兼皇子侍講賜緋魚太宗至東宮出戒子

篇命贄注解且令委曲講說以喻諸王三年與劉蒸張洎王克正同知貢舉遷右補闕與宋白並拜中書舍人賜金紫五年復與程羽侯陟宋白同知貢舉置京朝官差遣院凡將命出入受代歸闕官悉考校勞績銓量才品命贄洎滕中正雷德驤領之七年以本官參知政事曹彬爲弭德超所誣贄極言救解深爲宰相趙普所重嘗因論事奏曰臣受不次之遇誓以愚直上報太宗曰愚直何益於事贄言雖然猶勝姦邪無何以入對宿醒未解左遷秘書少監知荆南府府俗尚淫祀屬久旱盛陳禱雨之具贄始至命悉撤

去投之江不數日大雨就加左諫議大夫入為鹽鐵使時諸路積逋欠犯人雖死猶繫其子孫贊條陳其事多所蠲貸籍田超拜工部侍郎淳化中知澶州坐河決免所居官久之起為給事中復工部侍郎知審官院通進銀臺封駁司真宗即位拜刑部出知天雄軍翌日贊入對懇辭上曰全魏之地所寄尤重卿宜亟去入判太常寺吏部流内銓加集賢院學士判院事知河南府歸朝獻詩自陳進秩吏部仍兼秘書監初真宗未出閤贊已授經上嘗至其家後楊可法繼其任上以為輔導不及贊嘗稱贊純厚長者至是在

秘府屢賜對詢訪舊事且愍其已老特拜工部尚書翰林侍讀學士作詩賜之有啓發冲言曉典常語東封還禮部尚書太宗在晉邸時凡製篇咏多令屬和真宗嘗訪其賜本贊集為四卷以獻詔獎之大中祥符三年卒年七十六上以舊學之故特親臨哭之贈左僕射謚文懿錄其子昭度為大理寺丞昭升昭用並大理評事昭允左贊善大夫贊屬文敏速而不雕刻昭度集為三十卷上之賜名文懿集性溫和頗能延譽時雋宋白以文學沉下位贊薦引之遂同掌誥命趙昌言兒時一見器之及掌貢部以為奏名之首

後卒貴顯贊初充賦有聲邑人同在籍中者忌之潛加構毀自是連上不中選洎贊再知貢舉邑人子以明經充薦詔下日悔逝而去贊聞之命其所親召還慰諭俾就舉遂預薦中第然吝嗇切於治生晚節不事事人頗以是少之

李至字言幾真定人母張氏嘗夢八仙人自天降授字圖使吞之及寤猶若有物在胷中未幾生至七歲而孤鞠於飛龍使李知審家幼沉靜好學能屬文及長辭華典贍舉進士釋褐將作監丞通判鄂州擢著作郎直史館會征太原命督澤潞芻糧還右補

闕知制誥太平興國八年轉比部郎中為翰林學士冬拜右諫議大夫參知政事雍熙初加給事中時議親征范陽至上疏以為兵者凶器戰者危事用之之道必務萬全幽州為敵右臂王師所嚮彼必拒張攻城數萬兵食倍之今日邊庾未充況范陽之傍坦無陵阜去山既遠取石尤難金湯之堅必資機石儻有未備願且繕完畜威養銳觀釁以伐謀更縱彌年亦未為晚必若聖心獨斷在於必行則京師天下之本陛下恭守宗廟不離京國示敵人以閒暇慰億兆之仰望策之上也大名河朔之咽喉或暫駐鑾輅揚言

自將以壯軍威策之中也若乃遠提師旅親抵邊陲
北有契丹之虞南有中原之慮則曳裾之懇切斷鞅
之狂愚臣雖不省耻在二賢後也至以目疾累表求
解機政授禮部侍郎進秩吏部會建秘閣命兼秘書
監選三館書置閣中俾至總之至每與李昉王化基
等觀書閣下上必遣使賜宴且命三館學士皆與焉
至是昇秘閣次於三館從至請也上嘗臨幸秘閣出
草書千字文爲賜至勒石上曰千文乃梁武得破碑
鍾繇書命周興嗣次韻而成理無足取若有資於教
化莫孝經若也乃書以賜至薦潘慎修舒雅杜鎬吳

淑等入充直館校理請購亡書聞以新書奏御必便
坐延見恩禮甚厚淳化五年兼判國子監至上言五
經書疏已板行惟二傳二禮孝經論語爾雅七經疏
未備豈副仁君垂訓之意今直講崔頤正孫奭崔偓
佺皆勵精強學博通經義望令重加讎校以備刊刻
從之後又引吳淑舒雅杜鎬檢正譌謬至與李沆總
領而裁處之至道初真宗初正儲位以至與李沆並
兼賓客詔太子事以師傅禮真宗每見必先拜至等
上表不敢當禮詔荅曰朕旁稽古訓肇建承華用選
端良資於輔導籍卿宿望委以護調蓋將曷以謙冲

故乃異其禮數勿飾當仁之讓副予知子之心至等
相率謝太宗謂曰太子賢明仁孝國本固矣卿等可
盡心規誨若動皆由禮則宜贊助事有未當必須力
言至於禮樂詩書義有可裨益者皆卿等素習不假
朕之言諭也真宗即位拜工部尚書參知政事一日
上訪以靈武事至上疏曰河湟之地夷夏雜居是以
先王置之度外繼遷異類騷動疆埸然臍不足彌其
患擢髮不足數其罪然聖人之道務屈已含垢以安
億民蓋所損者小所益者大望陛下以元元爲念不
以巨憝介意料彼脅從亦厭兵久矣苟朝廷舍之不

問啖以厚利縻以重爵亦安肯迷而不復訖於淪胥
哉昨鄭文寶絕青鹽使不入漢界禁粒食使不及羌
夷致彼有詞而我無謂此之失策雖悔何追今若復
禁止不許通糧恐非制敵懷遠不戰屈人之意昔唐
代宗雖罪田承嗣而不禁魏鹽陛下宜行此事以安
邊鄙使其族類有無交易售鹽以利之通糧以濟之
彼雖遠夷必然向化互相誥諭一旦懷恩舍逆効順
則繼遷豎子孤而無輔又安能爲我蜂蠆哉今靈州
不可不棄非獨臣愚以爲當然若移朔方軍額於環
州亦一時之權也或指靈州爲咽喉之地西北要衝

安可棄之以為敵有此不智之甚非臣之所敢知也
後靈武卒不能守咸平元年以目疾求解政柄授武
信軍節度入辭節制不允居二年徙知河南府四年
以病求歸本鎮許之詔甫下卒年五十五贈侍中詔
給其子惟良惟允惟熙等奉終制至嘗師徐鉉手寫
鉉及其弟鍇集置於几案又賦五君詠為鉉及李昉
石熙載王祐李穆作也至剛嚴簡重人士罕登其門
性吝嗇幼育於知審及貴即逐其養子以利其資知
審因至赤至右金吾衛大將軍

辛仲甫字之翰汾州孝義人曾祖實石州推官祖迪
壽陽令父藩河東節度判官仲甫少好學及長能吏
事偉姿儀器局沉厚周廣順中郭崇掌親軍領武定
節制署仲甫掌書記顯德初出鎮澶淵仍署舊職崇
所親吏為廂虞候部民有被刼殺者訴除識賊魁即
捕盜吏也官不敢詰仲甫請自捕逮鞫之吏故稽其
獄仲甫曰民被寇害而使自誣服蠹政甚矣焉用僚
佐為請易吏以雪寃憤崇悟移鞫之乃得實狀崇移
鎮真定改深趙鎮觀察判官太祖受命以崇為監軍
陳思誨密奏崇有姦狀上怒且疑遣中使馳往驗之
未至崇憂懣失據謂賓佐曰苟王人不察為之柰何
皆愕相視仲甫曰皇帝膺運公首効節軍民處置率
循常度且何以加辭第遠偵使者率僚屬盡郊迎禮
聽彼伺察又當自辨矣崇如其言使者至視崇無他
意還奏上大喜歸罪於思誨仲甫又隨崇為平盧軍
節度判官崇卒改鄆齊觀察判官累雪寃枉乾德五
年入拜右補闕出知光州州有橫河與城直會霖潦
暴疾水溢潰廬舍仲甫集船數百艘軍資民儲皆賴
以濟六年移知彭州州卒誘營兵及諸屯戍謀以長
春節宴集日為亂屬春初仲甫出城巡視見壕中草
深意可藏伏命燒薙之兇黨疑謀泄有自首者禽百

餘人盡斬之先是州少種樹暑無所休仲甫課民栽
柳蔭行路郡人德之名為補闕柳太祖問群臣文武
兼資者為誰趙普以仲甫對徙益州兵馬都監代還
選為三司户部判官太平興國初遷起居舍人奉使
契丹遼主問党進何如人如進之比有幾仲甫曰國
家名將輩出如進鷹犬材耳何足道哉遼主欲留之
仲甫曰信以成命義不可留有死而已遼主竟不能
屈使還以刑部郎中知成都府既至奏免歲輸銅錢
罷榷酤政尚寬簡蜀人安之八年加右諫議大夫時
彭州盜賊連結為害詔捕未獲仲甫誘令自縛詣吏

者凡百餘人餘因散去九年入知開封府拜御史中丞雍熙二年拜給事中參知政事端拱中進戶部侍郎時呂蒙正以長厚居相位王沔任事仲甫從容其間而已淳化二年以足疾罷為工部尚書出知陳州代歸會蜀有寇以仲甫素著恩信將令輿疾招撫以疾未行無何以太子少保致仕真宗即位加太子少傅咸平三年卒年七十四贈太子太保子若沖若虛若蒙若濟若渝皆能其官孫有孚有鄰俱中進士

王沔字楚望齊州人太平興國初舉進士解褐大理評事四年太宗親征太原見於行在授著作郎直史

館遷右拾遺出為京西轉運副使明年加右補闕知懷州八年春與宋白賈黃中等同知貢舉擢膳部郎中樞密直學士遷右諫議大夫同簽書樞密院事賜第崇德坊雍熙元年加左諫議大夫樞密副使端拱初改戶部侍郎參知政事淳化初宰相趙普出守西洛呂蒙正以寬簡自任政事多決於沔沔與張齊賢同掌樞務頗不叶齊賢出知代州沔遂為副使參預政事陳恕好苛察亦嘗與沔忤淳化二年齊賢洎恕參知政事沔不自安慮僚屬有以中書舊事告齊賢等會左司諫王禹偁上言自今宰相及樞密使不得於本廳見客許於都堂延接沔喜即奏行之直史館謝泌以為如此是疑大臣以私也疏駁之太宗追還前詔沔暨恕因是罷守本官翌日蒙正亦罷沔見上涕泣不願離左右未幾鬚髮皆白會省吏事發連中書因有奏毀者上語毀者曰呂蒙正有大臣體王沔甚明敏毀者慙而止三年上欲黜陟官吏命沔與謝泌王仲華同知京朝官考課沔上言應京朝官殿犯乞令刑部條報以贓及公私罪分三等以聞立法苛察欲因是以求再用受命甫旬日方視事以暴疾卒年四十三贈工部尚書沔聰察敏辯有適時之用上

前言事能委曲敷繹每對御讀所試進士辭賦音吐明暢經讀者多中高第性苛刻少誠信掌機務日凡謁見者必啗以甘言皆喜過望既而進退非允人胥怨之沔弟淮太平興國五年進士任殿中丞嘗掌香藥榷易院坐贓論當棄市以沔故詔杖一百降定遠主簿沔以是頗為寇準所詆云

溫仲舒字秉陽河南人太平興國二年舉進士為大理評事通判吉州再遷秘書丞知汾州坐事除名未幾復起為右贊善大夫通判睦州端拱初拜右正言直史館判戶部憑由司三年拜工部郎中樞密直學

士知三班院秋彗星見召對別殿仲舒以為國家平太原以來燕代之交城守年深殺傷剽掠彼此迭見大河以北農桑廢業戶口減耗凋弊之餘極力奉邊丁壯備徭老弱供賦遺廬壞堵不亡即死邪人媚上猶云樂輸加以兵卒踐更行者辛苦居者愁曠願推恩宥以綏民庶太宗嘉納之遂赦河北淳化二年拜右諫議大夫樞密副使改同知樞密院事四年罷知秦州先是俗雜羌戎有兩馬家朶藏梟波等部唐末以來居於渭河之南大洛小洛門砦多產良木為其所據歲調卒采伐給京師必以貲假道於羌戶然不

免攘奪甚至殺掠為平民患仲舒至部兵歷按諸砦諭其酋以威信諸部獻地內屬既而悉徙其部落於渭北立堡砦以限之民感其惠為畫像祠之會有言仲舒生事者上謂近臣曰仲舒嘗總機密之職在吾左右當以綏懷為務古者伊洛之間尚有羌渾雜居況此羌部內屬素居渭南土著已久一旦擅意斥逐或至騷動又煩吾關右之民乃命知鳳翔薛惟吉與仲舒對易其任連知興元江陵二府加給事中會內侍監繼宗使秦州還言得地甚利乃召仲舒拜戶部侍郎尋參知政事二砦後為內地歲獲巨木之利咸

平初拜禮部尚書罷政出知河陽踰年知開封府五年以京府務劇求罷遂以本官兼御史中丞尋遷刑部尚書知天雄軍徙河南景德中并州缺守上以北門重鎮須大臣鎮撫非張齊賢溫仲舒不可令宰相諭旨皆不願往未幾復知審官院大中祥符中進秩戶部尚書三年判昭文館大學士命下卒年六十七贈左僕射謚恭肅仲舒敏於應務少與呂蒙正契厚又同登第仲舒黜廢累年蒙正居中書極力援引及被任用反攻蒙正士論薄之自為正言至貳樞密皆與寇準同進時人謂之溫寇子嗣宗嗣良嗣先嗣立

仲舒既卒帝憫其孫弱並祿以官

王化基字永圖鎮定人太平興國二年舉進士為大理評事通判常州遷太子右贊善大夫知嵐州時趙普為相建議以縣用人無益于治改淮南節度判官入為著作郎遷右拾遺抗疏自薦太宗覽奏曰化基自結人主慷慨之士也召試知制誥以右諫議大夫權御史中丞一日侍便殿問以邊事對曰治天下猶植木焉所患根本未固固則枝幹不足憂朝廷治則邊鄙何患乎不安又嘗令薦士即一疏數十人王嗣宗薛映耿望皆其人也化基嘗慕范滂為人慨澄清

畧言時事有五其一復尚書省曰國家立制動必法天尚書省上應玄象對臨紫垣故六卿擬喉舌之官郎吏應星辰之位斯實乾文昭著故事具明方今省署名實未稱夫三司使額乃近代權制判官推官勾院開拆磨勘憑由理欠孔目勾押前後行皆州郡吏局之名請廢三司止於尚書省設六尚書分掌其事廢判官推官設郎官分掌二十四司及左右司公事使一人掌一司廢孔目勾押前後行為都事主事令史廢勾院開拆磨勘憑由理欠等司歸比部及左右司如此即事益精詳且盡去州郡吏局之名也六卿

如闕即選名品相近有才望者權之郎官如闕則於兩省三院選名幹有清望者依資除之其二十四司公事若繁簡不同望下本省府量衆酌其類均而行之其二慎公舉曰朝廷頻年下詔以類求人但聞例得舉官未見擇其舉主欲望自今先責朝官有聲望者各舉所知其舉到官員則置籍并舉主名姓籍之所舉之官實著廉能則特旌舉主若所舉貪冒敗事連坐舉主陛下自登寶位十年于玆七經選擇得人多矣然下條遠官不無沉滯望令採訪司及州郡長吏廉察以聞籍以待用則下無遺材矣其三懲貪吏

曰貪吏之於民其損甚大盖法煩刑御私肆虐使民之受害甚於木之受蠧若乃用非其人而不繩以法雖夷齊顏閔不能自見盖中人之性如水之在器方員不常顧用之者何如爾望令諸路轉運使副兼採訪之名責以覺察州府軍監長吏得失俟其澄清部內則待以不次之擢置於侍從之間所責周知物理能備顧問且足為外官之勸也其四省冗官曰古人建官初不必備者惟得其人也國家封疆雖踰前世而分設庶官實倍常數意欲盡籠天下之利而民物轉加凋弊二十年前江淮諸郡揚楚最居要衝務穰

事衆地廣民繁然止設知州一人署領官事其餘通判官推官及州官等悉皆分莞權務倉庫當時事無不集兼少獄訟其後十年臣任揚州時朝廷添置監臨使臣等職實踰本州官數諸州冗員似此非一今以朝官諸色使臣及縣令簿尉等高卑相折而計之一人月費不啻十千以千人約之歲計用十餘萬千更倍萬約之萬又過倍使皆廉吏止縻公帑設或貪夫參錯其間則取於民者又加倍焉望委各路轉運使副與知州同議裁減若縣令簿尉等官自前多不備置可兼者兼之如此則冗官汰矣其五擇遠官曰

負罪之人多非良善會殘寃暴無所不至若授以遠方牧民之官其或怙惡不悛恃遠肆毒小民罹殃卒莫上訴甚非撫綏遠人之意也若自今以往西川廣南長吏不任負罪之人則遠人受賜矣書奏太宗嘉納之初柴禹錫任樞密有奴受人金而禹錫實不知也參知政事陳恕欲因以中禹錫太宗怒引囚訊其事化基為辨其誣太宗感悟以化基為長者淳化中拜中丞俄知京朝官考課遷工部侍郎至道三年超拜參知政事咸平四年以工部尚書罷知揚州移知河南府進禮部尚書大中祥符三年卒年六十七贈

右僕射謚惠獻化基寬厚有容喜慍不形僚佐有相凌慢者輒優容之在中書不以蔭補諸子官然善教訓故其子舉正舉直舉善舉元皆有所立

舉正字伯仲幼嗜學厚重寡言化基以為類已器愛異諸子以蔭補秘書省校書郎進士及第知伊闕任丘縣館閣校勘集賢校理真宗實錄院檢討國史編修官三遷尚書度支員外郎直集賢院修三朝寶訓同修起居注擢知制誥其妻父陳堯佐為相改龍圖閣待制堯佐罷以兵部郎中復知制誥為翰林學士拜右諫議大夫參知政事前一日吏有馳報者舉正方燕居齋舍徐謂吏曰安得漏禁中語既入謝仁宗曰卿恬於進取未嘗干朝廷以私故不次用卿時陝西用兵呂夷簡以宰相判樞密院舉正曰判名重不可不避也乃改兼樞密使遷給事中御史臺舉李徽之為御史舉正友壻也格不行徽之訟曰舉正妻悍不能制如謀國何歐陽脩等亦論舉正懦默不任事舉正亦自求去遂以資政殿學士尚書禮部侍郎知許州光化軍叛卒轉寇傍境而州兵有謀起為應者舉正潛捕首惡者斬之徙知應天府累遷左丞皇祐初拜御史中丞乃奏張堯佐庸人緣妃家一日領四

使使賢士大夫無所勸不報舉正因留班廷諍乃奪宣徽景靈二使又曰先朝用人雖守邊累年者官止遷郡刺史今所用未盡得人而遽期待遷使後有功者何所勸耶且轉運使察官吏能否生民休戚賴焉命甫下而數更不終歲而再易恩澤所以未宣民疾所以未瘳者職此故也御史唐介坐言事貶春州舉正力言之介得徙英州居半歲堯佐復為宣徽使家居凡七上疏及狄青為樞密使又言青出兵伍不可為執政力爭不能奪因請解言職帝稱其得風憲體遣賜就第賜白金三百兩除觀文殿學士禮部尚書

知河南府入兼翰林侍讀學士每進讀及前代治亂之際必再三諷諭以太子少傅致仕卒贈太子太保謚安簡賜黃金百兩文章雅厚如其為人有平山集中書制集內制集五十卷

舉元字懿臣以上父章賜進士出身知潮州江水敗隄盜乘間竊發舉元夜召里豪計事盜既獲乃治隄為河陰發運判官或言大河決將犯京師舉元適入對具論地形證其妄已而果然歷郡牧戶部判官京東轉運使沙門島多流人守吏顧貲槖陰殺之舉元請立監以較賞罰自是全活者衆徙淮南河東夏人

來爭屈野地舉元從數騎度河設幕與之議示以赤心夏人感服治平中又徙成都邛井鹽歲入二百五十萬為冉稜阜箇所侵積不售下令止之鹽登於舊召提舉在京修造英宗勞之曰官廬舍害於水僅有存者卿究心公家毋憚其勞俄進鹽鐵副使拜天章閣待制知滄州改河北都轉運使知永興軍慶人夏人色境上有窺我意舉元使二裨將以千騎扼其要害長安遣從事來會兵涇原戒勿輕舉大將竇舜卿銳意請行不聽舉元曰不過三日虜去矣至期果去神宗以細札諮攻守策舉元請省官減戍益備去兵勿營亭障與論不合遂引疾求解徙陳州未行而卒官至給事中年六十二子詔

詔字景獻用蔭補官通判廣信軍事知博州魏俗尚椎剽姦盜相囊槖詔請開及告殺并贖罪法以攜其黨元祐初朝廷起回河之議未決而開河之役遽興詔言河朔秋潦水淫為菑民人流徙頼發廩振贍恩稍蘇其生謂宜安之未可以力役傷也從之擢開封府推官富民貸後絕僧牒為緡錢十三萬踰期復責倍輸身死貲籍又錮其妻子詔請免之出為滑州州屬縣有退灘百餘頃歲調民刈草給河隄民病其役

詔募人佃之而收其餘為度支郎中使契丹時方討西夏逆者耶律誠欲嘗我言曰河西無禮大國能容之乎詔曰夏人侮邊既正其罪矣何預兩朝和好事入賀故事跪而飲蓋有誤拜者乃彊詔詔曰南北百年所守者禮其可紛更耶卒跪飲之崇寧中由太理少卿為卿徙司農御史論詔在滁日請蘇軾書醉翁亭碑罷主崇福宮旋知汝州鑄錢卒罵大校詔斬以徇而上章待罪除直秘閣言者復抉滁州事罷去起知深兖二州徙同州過闕留為左司郎中遷衛尉太府卿刑部侍郎詳定敕令舊借緋紫者不佩魚詔言

章服所以辨上下今與胥吏不異遂皆佩魚歷工兵户三部侍郎轉開封尹時子璹使京西攝尹洛父子兩京相望人以為榮進刑部尚書拜延康殿學士提舉上清寶籙宮復為工部尚書徽宗閔其老命毋拜詔皇恐於是但朝朔望儀以銀青光祿大夫致仕卒年七十九

論曰自昔參大政賛機務非明敏特達之士不能勝其任若又飭以文雅濟以治具則盡善矣若水機鑒明敏儒而知兵李至剛嚴簡重好古博雅其於柄用宜矣王沔臨事精審能遠私謁而考課之議頗傷苛刻仲甫以吏事為時用未免苟容之誚瑕瑜固不相掩也仲舒見舉於蒙正而反攻其短易簡不能周恤光逢而置之死地其不可與郭贄辨曹彬之誣化基伸禹錫之枉同日而語也明矣此紘厚長者之稱所以獨歸於二子歟舉正繼踐台佐得風憲體舉元任職邊郡有持重稱詔之父子又並尹兩京克濟其美何王氏子孫之多賢也

列傳卷第二十五

列傳第二十六

元中書右丞相總裁……脫脫等修

張宏　趙昌言　陳恕 魏羽附　劉昌言
張洎　李惟清

張宏字巨卿青州益都人高祖茂昭唐易定節度使曾祖玄易州刺史祖持蒲城令父峭業春秋一舉不第退居丘園後唐天成中以賢師後補協律郎至平利令宏太平興國二年舉進士為將作監丞通判宣州改太子中允直史館遷著作郎賜緋魚預修太平御覽歷左拾遺六年出為峽路轉運副使就加左補闕會省副使知遂州以勤幹聞入為度支員外郎雍熙中呂蒙正李至張齊賢王沔薦其文行改主客郎中史館修撰數日以本官充樞密直學士賜金紫太宗召對便殿謂曰成都重地卿為朕鎮之因厚賜以遣至鄭州促召歸闕拜右諫議大夫樞密副使會太宗親試禮部不合格貢士令樞密院給牒因謂宏曰朕自御極以來親擇群材大者為棟梁小者為榱桷卿與呂蒙正皆中朕選大臣頗有沮議非朕獨斷豈能及此乎宏頓首謝時河朔用兵宏居位無所建白御史中丞趙昌言多言邊事乃以昌言副樞密宏為中丞兩更其任端拱初改

工部侍郎再爲樞密副使淳化二年以吏部侍郎罷俄判吏部銓權知開封府太宗御便殿慮囚以府獄多壅詔劾其官屬宏等頓首請罪乃釋之眞宗尹京宏罷奉朝請至道初出知潞州二年就轉右丞眞宗即位加工部尚書咸平初還朝知審官院通進銀臺封駮司二年眞宗以上封者衆慮其稽留命宏與王旦知登聞鼓院再掌吏部選四年卒年六十三廢朝贈右僕射命中使涖葬事録其子可久大理評事可道太祝可度奉禮郎宏循謹守位不求赫赫之譽歷踐通顯未嘗敗事可久至虞部員外郎可道國子博士可度太子中舍

趙昌言字仲謨汾州孝義人父廠從事使府太宗尹開封選爲雍丘太康二縣令後終安申觀察判官昌言少有大志趙逢高錫寇準皆稱許之太平興國三年舉進士文思甚敏有聲於場屋爲貢部首薦廷試日太宗見其辭氣俊辯又覩其父名謂左右曰是嘗爲東畿宰朕之生辰必獻詩百韻爲壽善訓其子亦可嘉也擢寘甲科爲將作監丞通判鄂州拜右拾遺直史館賜緋魚選爲荆湖轉運副使遷右補闕會省副職改知青州入拜職方員外郎知制誥預修文苑英華雍熙初加屯田郎中明年同知貢舉俄出知天雄軍時曹彬崔彥進米信失律于歧溝昌言遣觀察支使鄭蒙上䟽請誅彬等優詔褒答召拜御史中丞太宗宴金明池特召預焉憲官從宴自昌言始也河朔用兵樞密副使張宏循默守位昌言多條上邊事太宗即以昌言爲左諫議大夫代宏爲樞密副使遷工部侍郎時鹽鐵副使陳象輿與昌言善知制誥胡旦度支副使董儼皆昌言同年右正言梁顥嘗在大名幕下四人者日夕會昌言之第京師爲之語曰陳三更董半夜有傭書翟頴性險誕與旦狎旦爲作大言之辭使頴上之爲頴改姓名馬周以爲唐馬周復出也其言多毀時政自薦爲大臣及歷舉數十人皆公輔器期昌言爲内應陳王尹開封廉知以聞詔捕

頴繫獄鞫之盡得其狀昌言坐貶崇信軍節度行軍司馬頴杖脊黥面流海島禁錮終身初太宗厚遇昌言垂欲相之趙普以勳舊復入惡昌言剛戾乃相呂蒙正裁數月會有頴獄普以昌言樹黨再勸太宗誅之太宗特寬焉淳化二年起昌言知蔡州逾年召拜右諫議大夫或議弛茶鹽禁以省轉漕命昌言爲江淮兩浙制置茶鹽使昌言極言非便太宗不納趣昌言往昌言固執如初即以戶部副使雷有終代之卒以無利而罷昌言復知天雄軍賜錢二百萬大河貫府境豪民峙芻茭圖利誘姦人潛穴隄防歲仍決溢昌言知之一日隄吏告急命徑取豪家廥積以給用

自是無敢爲姦利者屬澶州河決流入御河漲溢浸府城昌言籍府兵負土增隄數不及千乃索禁卒佐役皆偃蹇不進昌言怒曰府城將墊人民且溺汝輩食厚祿欲坐觀耶敢不從命者斬衆股慄赴役不浹旬城完太宗手詔褒諭之召拜給事中參知政事俾乘疾置以入即赴中書時京城連雨昌言請出廐馬分牧外郡或以盛秋備敵馬不可闕昌言曰塞下積水敵必不至太宗從之未幾王小波李順構亂于蜀議遣大臣撫慰昌言獨請發兵無使滋蔓廷論未決會嘉眉連陷始命王繼恩等分路進討昌言擿祭太廟宿齋中因召對滋福殿復贊兵計遂遣使督繼恩

戰繼恩御衆寡術餘寇未殄擁兵留成都士無鬬志郡縣復有陷者太宗意頗厭兵召昌言謂曰西川本自一國太祖平之訖今三十年矣昌言知意即前指畫攻取之策太宗喜命昌言爲川峽五十二州招安行營馬步軍都部署昌言懇辭敦諭不許賜精鎧良馬白金五千兩別賜手札數幅皆討賊方畧自繼恩以下並受節度既行有奏昌言無嗣鼻折山根頗有反相不宜遣握兵入蜀後旬日召宰相於北苑門曰昨令昌言入蜀朕思之有所未便且蜀賊小醜昌言大臣未易前進且令駐鳳翔止遣內侍衛紹欽賫手書指揮軍事亦可濟也詔書追及昌言已至鳳州留

俟館百餘日賊平改戶部侍郎罷政事知鳳翔府徙澶涇延三州眞宗即位遷兵部侍郎知陝州表求還京不許未幾移知永興軍咸平三年與呂蒙正寇準同召以本官兼御史中丞知審官院有言門資官不宜任親民昌言手疏以才不才在人豈以寒進世家爲限遂罷其議加工部尚書仍兼中丞先時多遣臺吏巡察羣臣踰越法式者昌言建議請遵故事令左右巡使分領之會知審刑院趙安仁判大理寺韓國華斷獄失中解職昌言因上言詳斷官宜加慎擇自今有議刑不當嚴示懲罰授以遠官若有罪被問不即引伏者許令追攝又天下大辟斷訖皆錄款聞奏

付刑部詳覆用刑乖理者皆行按劾惟開封府未嘗奏案或斷獄有失止罪元勘官吏知府判官推官檢法官皆不及責則何以辨明枉濫表則方夏望自今如外州例施行從之會孟州民常德方訟臨津尉任懿以賄登第事下御史乃知舉王欽若受之昌言以聞欽若自訴詔邢昺覆按坐昌言故入奪官貶安遠軍行軍司馬移武勝軍景德初拜刑部侍郎求兼三館職命判尚書都省眞宗幸澶淵以盟津居要增屯兵命知河陽歷知天雄軍府境內有小盜昌言牓諭能告賊者給賞牙吏即遷職樞密使王繼英以爲小盜不當擅爲賞格乃詔昌言易其牓有勞者俟朝旨

未幾徙知鎮州遷戶部侍郎大中祥符二年卒年六十五贈吏部尚書謚曰景肅錄其子慶嗣爲國子監丞賦祿終喪姪孫允明同學究出身昌言喜推奬後進掌漕湖外時李沆通判潭州昌言謂有台輔之量表聞于朝王旦宰岳州平江昌言一見識其遠大以女妻之後皆爲賢相王禹偁自卑秩擢詞職亦昌言所薦也昌言強力尚氣槩當官無所顧避所至以威斷立名雖屢經擯斥未嘗少自抑損然剛愎縱率對僚吏倨慢時論以此少之慶嗣至太子洗馬

陳恕字仲言洪州南昌人少爲縣吏折節讀書江南平禮部侍郎王明知洪州恕以儒服見明與語大奇之因資送令預計偕太平興國二年進士解褐大理評事通判洪州恕以鄉里辭改澧州澧自唐季爲節鎮兼領吏多緣簿書乾沒爲姦恕盡擿發其弊郡中稱爲強明以吏幹聞召入爲右贊善大夫同判三司勾院遷左拾遺充度支判官與判使王仁贍廷爭本司事仁贍屈伏坐貶秩擢恕爲度支員外郎仍舊職再遷工部郎中知大名府時契丹內寇受詔增浚城隍其器用取於民者不時集恕立擒府中大豪一人會將吏將斬之宗族號慟賓佐競前請救大豪叩頭流血請翌日集事違期甘死恕令械之以徇民皆恐慄無

敢後期者數日功就會契丹引去召入爲戶部郎中戶部副使遷右諫議大夫知澶州驛召爲河北東路營田制置使太宗諭以農戰之旨恕對曰古者兵出於民無寇則耕寇至則戰今之戎士皆以募致衣食仰給縣官若使之冬持兵禦寇春執耒服田萬一生變悔無及矣太宗曰卿第行朕思之恕行數日果有詔止令修完城堡通導溝瀆而已營田之議遂寢俄知代州入判吏部選事拜鹽鐵使恕有心計釐去宿弊太宗深器之親題殿柱曰眞鹽鐵陳恕遷給事中參知政事數月太宗言及戶部使樊知古所部不治恕與知古聯事情好款洽密以語之欲知古修舉其職知古愬於太宗太宗怒恕泄禁中語罷守本官旋出知江陵府大發羣吏姦贓坐徙流停廢者甚衆郡內惕息淳化四年太宗從魏羽段惟一之請分三司爲十道置左右計使以魏羽董儼分主之召恕爲工部侍郎充總計使判左右計事左右計使分判十道事凡議論計度並令恕等參預恕以官司各建政令互出難以經久極言其非便歲餘果罷復以恕爲鹽鐵使時太宗留意金穀召三司吏李溥等二十七人對於崇政殿詢以計司利害溥等言條目煩多不可以口占願給筆札以對太宗遣中黃門送詣相府限五日悉條上之溥等共上七十一事詔以四十四事

付有司行之其十九事下恕等議可否遣知雜御史張秉
中使張崇貴監議令中書籍其事專檢舉之無致廢格賜
溥等白金緡錢悉補侍禁殿直領其職太宗謂宰相曰溥
等條奏事頗有所長朕嘗語恕等若文章稽古此輩固不
可望若錢穀利病頗自幼至長寢處其中必周知根本卿
等但假以顏色引令剖陳必有所益恕等剛強終不肯降
意詢問呂端對曰耕當問奴織當問婢寇準曰夫子入太
廟每事問乃以貴下賤先有司之義後數日太宗又曰國
家歲入財數倍於唐唐中葉以降藩鎮擅命征賦多不入
公家下陵上替經制隳壞若前代為得即已致太平豈復

煩朕心慮也因召恕等責以職事曠廢恕等對曰今土宇
至廣庶務至繁國用軍須所費浩瀚又遇諸州凡有災沴
必盡蠲其租臣等每舉摧利朝廷必以侵民為慮皆尼而
不行縱使耿壽昌桑弘羊復生亦所不逮臣等駑力惟盡
心簿領終不足上裨聖治太宗曰卿等清而不通專守繩
墨終不能為國家度長挈大剖煩析滯只如京城倉庫主
吏當改職者簿領中壹處即目未備即至十年五年不決
以致貧無資給轉徙溝壑此卿等之過豈不傷和氣哉恕
等頓首謝五年賜三司錢百萬募吏有能言本司不便者
令恕等量事大小以錢賞之錢盡更給至道二年欲併三

司命官總判其勾院磨勘理欠憑由支收行帳提點等司
令恕條列其事以聞恕奏曰伏以封域寖廣財穀繁多三
司之中簿牒填委朝廷設法督責尤嚴官吏救過不暇若
為三部各設主司擇才非難辦事亦易事辦過鮮不撓上
心此亦一時之良策也其勾院磨勘兩司出於舊制關防
之要莫加於此理欠憑由二司雖非舊設自理欠失序憑
由散落故設二司專令典掌綱目咸具制置有倫逋欠無
失理之名憑由鮮流散之弊實亦要切不可廢除若兩司
併委一官方及判官一員之事其主轄支收司先因從京
支度財貨轉輸外地此除彼附照驗稽滯若京城得賢主

吏使居此司專行檢轄凡支撥官物便給除破文憑卻於
所司置簿記錄催到收附文記即乃勾銷簿書取捷之門
亦為允當其行帳司近日權置專了絕舊帳帳目告盡司額
自除提點司是中旨特置提振三司廢怠之事固非有司
敢得擬議也詔三司都憑由理欠司宜令為一處命官兼
判應諸道逋負官物令三司逐部理納理欠司但總其所
逋之數糾督之餘悉從恕奏恕將立茶法召茶商數十人
俾各條利害恕閱之第為三等語副使宋大初曰吾觀下
等固滅裂無取上等取利太深此可行於商賈不可行於
朝廷惟中等公私皆濟吾裁損之可以經久於是始為三

法行之貨財流通峽路諸州承孟氏舊政賦稅輕重不均閬州稅錢千八百為一絹果州六百為一絹民前後擊登聞鼓陳訴歷二十年詔下本道官吏因循不理轉運副使張曄年少氣鋭會受詔按覆即便宜行之恕奏曄擅改法計果州一歲虧上供絹萬餘曄坐削一任免恕每便殿奏事太宗或未深察必形詰讓恕斂板踧縮退至殿壁負立若無所容俟意稍解復進懇執前奏終不改易如是或至三四太宗以其忠多從之遷禮部侍郎真宗即位加戶部命條具中外錢穀以聞恕久不進晝趣之恕曰陛下富於春秋若知府庫充實恐生侈心臣是以不敢進真宗嘉之

咸平二年帝北巡充行在轉運使俄以母老求解拜吏部侍郎知通進銀臺封駁司審官院上言封駁之任實給事中之職隸於左曹雖別建官局不可失其故號請以門下封駁事隸銀臺司從之五年知貢舉恕自以洪人避嫌凡江南貢士悉被黜退又援貢舉非其人之條故所取甚少而所取以王曾為首及廷試糊名考校曾復得甲科時議稱之恕每自歎曰吾得曾名世才也不愧於知人矣恕事母孝母亡哀慕過甚不食葷茹遂至羸瘠起復視事遷尚書左丞權知開封府恕已病猶勉強親職數月增劇表求館殿之職獲奉以濟其貧真宗曰卿求一人可代者聽卿去是時寇準罷樞密使恕即薦以自代遂以準為三司使恕為集賢學士判院事準即檢尋恕前後改革興立之事類以為冊及以所出榜別用新板躬至恕第請判押恕亦不讓一一押之自是計使無不循其舊貫至李諮為三司使始改茶法恕之規模漸革矣帝重恕詔太醫診療百日有司請停奉不許未幾卒年五十九恕將卒口占遺奏及約束後事送終之具無不周悉真宗悼惜廢朝贈吏部尚書錄其子執中為太常寺太祝執古為奉禮郎恕頗涉史傳多識典故精於吏理深刻少恩人不敢干以私前後掌利柄十餘年強力幹事胥吏畏服有稱職之譽善談論聽

者忘倦素不喜釋氏嘗請廢譯經院辭甚激切真宗曰三教之興其來已久前代毀之者多矣但存而不論可也恕性吝怒子淳私用錢及寢疾上言淳不率教導多與非類遊常習武藝願出為外州軍校真宗曰戎校管鎮兵非丞郎家子弟所滋也以為滁州司馬恕卒召復舊官後竟以贓敗執中至同中書門下平章事別有傳執古至虞部員外郎執方執禮並太子中舍

魏羽者字垂天歙州婺源人少能屬文上書李煜署弘文館校書郎時建當塗縣為雄遠軍以羽為判官宋師渡江出其境羽以城降太祖擢為太子中舍仍舊職金陵平入

朝出知興州太平興國初知棣州改京兆府六年受詔詣
瀛州覆軍市租得隱漏數萬計因上言本州録事參軍郭
震十年未代河間令崔能前任即墨未滿歲遷秩有司調
選失平號遠何由聞達請罪典司以肅欺弊上賜詔褒諭
復命遷太常博士知宋州又徙閬州就改膳部員外郎丁
外艱起復涖事入判大理寺歷度支戶部二判官召拜本
曹郎中因上號言三司職官頗衆願省其半可以責成仍
條列利病凡二十事詔下有司詳議皆以為便改鹽鐵判
官時北邊多警朝議耕戰之術以羽為河北東路營田副
使改兩浙轉運使遷兵部郎中淳化初選為秘書少監踰

傳二十六 十二

月遷左諫議大夫俄拜度支使改鹽鐵使四年併三部為
一司以羽判三司先是三司簿領堆積吏緣為姦雖嘗更
立新制未為適中是冬羽上言依唐制天下郡縣為十道
兩京為左右計各署判官領之制三司使二員以羽為左
計使董儼為右計使中分諸道以隸焉未久以非便罷守
本官出知滑州丁內艱起復加給事中徙潭州遣使諭旨
真宗即位遷工部侍郎連徙杭揚二州召權知開封府車
駕北巡判留司三司再為戶部度支使咸平四年以疾解
職拜禮部侍郎謝日召升便殿從容問諭勉以醫藥月餘
卒年五十八羽涉獵史傳好言事淳化中許王暴薨或有

以宮府舊事上聞者太宗怒追捕僚吏將窮究之羽乘間
上言曰漢戾太子竊弄父兵當時言者以其罪當笞耳今
許王之過未甚於是太宗嘉納之繇是被劾者皆獲輕典
嘗建議有唐以來凡制詔皆經門下省審有非便者許其
封駁請遵故事擇名臣專領其職迄今不廢羽強力有吏
幹克小心謹事太宗嘗謂左右曰羽有心計亦明吏道但
無執守與物推移耳歷劇職十年始踰四十鬚鬢盡白亦
可憐也羽出入計司凡十八年習知金穀之事然頗傷煩
急不達大體景德二年長子玠卒其妻自陳家貧無祿上
憫之次子校書郎璀為奉禮郎後為殿中丞琰為太子中

傳二十六 十三

舍孫平仲天禧三年同進士出身羽同時有劉式者亦久
居計司翔端拱中三年磨勘之法首以式主之
式字叔度袁州人也李煜時舉三傳中第歸宋歷遷大理
寺丞贊善大夫監通州豐利監及主三司都磨勘司仍賜
緋式又建議置主轄支收司以謹財賦出納時以為當遷
秘書丞與陳靖使高麗至道中併三勾院為一命式領之
再轉工部員外郎賜金紫遷刑部式深究簿領之弊江淮
間舊有橫賦逋積至多式奏免之人以為便然多所條奏
檢校過峻為下吏所訟免官卒真宗追錄前效賜其子立
本學究出身次子立之後為國子博士立德立禮並進士

及第立禮為殿中丞
劉昌言字禹謨泉州南安人少篤學文詞靡麗本道節度陳洪進辟功曹參軍掌牋奏洪進遣子文顥入貢令昌言偕行太祖親勞之太平興國二年洪進歸朝改鎮徐州又辟推官五年舉進士入格太宗矜惜科第止授歸德軍掌書記八年復舉得第遷保信武信二鎮判官宰相趙普鎮南陽重昌言有吏幹錢俶帥鄧表薦之移泰寧軍節度判官入為左司諫賡南安撫使淳化初趙普留守西京表為通判委以府政普疾篤昌言後事普卒昌言感普知己經理其家事太宗以為忠於所舉拜起居郎賜金紫錢五十萬連對三日皆至日旰昌言捷給詼詭能揣人主意無不稱旨太宗謂宰相曰昌言質狀非偉若以貌取失之子羽矣遷工部郎中踰月守本官充樞密直學士與錢若水同知審官院二十八日遷右諫議大夫同知樞密院事昌言驟用不為時望所伏或短其閩語難曉太宗曰惟朕能曉之又短其委母妻鄉里十餘年不迎侍別娶旁妻太宗既寵之詔令迎歸京師本州給錢辦裝縣次續食時又有光祿丞何亮家果州秘書丞陳靖家泉州不迎其親下詔戒諭文武官父母在劍南峽路漳泉福建嶺南皆令迎侍敢有違者御史臺糾舉以聞昌言自以登擢非次懼人傾奪

會誅凶人趙贊昌言與贊素善前在河南嘗保任之心不自安因太宗言及近侍有與贊交者昌言蹶然出位頓首稱死罪太宗慰勉之然自此惡其為人以給事中罷出知襄州上言水旱民輸稅愆期舊制六月開倉臣令先一月許所在縣驛輸納以便民獲盜當部送闕下臣恐吏柔懦不能制再亡命配隸軍籍此二事臣從便宜不如詔書憲譊應因而浸潤頗陛下察之太宗下詔責其不循舊章歛怨於民自今敢背棄詔條謹責不復恕至道二年徙知荊南府真宗即位就拜工部侍郎咸平二年卒年五十八贈工部尚書子有方比部員外郎有政虞部員外郎

張泊滁州全椒人曾祖敢澄城尉祖蘊泗上轉運巡官父煦滁州司法掾泊少有俊才博通墳典江南舉進士解褐上元尉李景長子弘冀卒有司謚武宣泊議以為世子之禮但當問安視膳不宜以武為稱旋命改謚擢監察御史泊自以論事稱旨遂肆彈擊無所忌大臣游簡言等嫉之會景遷國豫章留煜居守即薦泊為煜記室不得從未幾景卒煜嗣擢工部員外郎試知制誥滿歲為禮部員外郎知制誥遷中書舍人清輝殿學士參預機密恩寵第一泊舊字師黯改字偕仁清輝殿在後苑中煜寵泊不欲離左右授職內殿中外之務一以諮之每兄弟宴飲作妓樂泊

獨得預為建大第宮城東北隅及賜書萬餘卷煜嘗至其
第召見妻子賜予甚厚洎尤好建議每上言未即行必稱
疾煜手札慰諭之始復視事及王師圍城踰年城危甚洎
勸煜勿降每引符命云玄象無變金湯之固未易取也北
軍旦夕當自引退苟一旦不虞即臣當先死既而城陷洎
携妻子及橐裝自便門入止宮中紿光政使陳喬同升閣
欲與俱死喬自經氣絕洎反下見煜曰臣與喬同掌樞務
國亡當俱死又念主在誰能為主白其事不死將有以報
也歸朝太祖召責之曰汝教煜不降使至今日因出帛書
示之乃圍城日洎所草詔召上江救兵蠟丸書也洎頓首
請罪曰實臣所為也犬吠非其主此其一爾他尚多有今
得死臣之分也辭色不變上奇之貸其死謂曰卿大有膽
不加卿罪今之事我無替昔日之忠也拜太子中允歲餘
判刑部太宗即位以其文雅選直舍人院考試諸州進士
未幾使高麗復命改戶部員外郎太平興國四年出知相
州明年夏徙貝州是冬又知相州部內不治轉運使田錫
言其狀代還洎求見廷辯上以其儒生不責以吏事詔不
問令以本官知譯經院遷兵部員外郎禮戶二部郎中雍
熙二年同知貢舉端拱初契丹寇邊詔群臣言事洎上奏
以練兵聚穀分屯塞下來則備禦去則勿追為要略曾錢

俶薨太常定謚忠懿洎時判考功為覆狀經尚書省集議
虞部郎中張佖奏駁曰按考功覆狀一句云亢龍無悔實
非臣子宜言者況錢俶生長島夷夙為荒服未嘗署居尊
位終是藩臣故名不可稱龍位不可為亢其亢龍無悔四
字請改正事下中書以詰洎對狀曰竊以故秦國王明德
茂勳格于天壤處崇高之富貴絕纖介之譏嫌太常禮院
稽其功行定茲嘉謚考功詳覆之際率遵至公故其議狀
云茲所謂受寵若驚居亢無悔者也謹按易乾之九三云
君子乾乾夕惕若厲無咎王弼注云處下體之極居上體
之下履重剛之險因時而惕不失其幾可以無咎處下卦
之極愈於上九之亢易例云初九為元士九二為大夫九
三為諸侯正義云易之本理以體為君臣九三居下體之
極是人臣之體也其免亢龍之咎者是人臣之極可以慎
守免禍故云免亢極之禍也漢書梁商傳贊云地居亢滿
而能以謹厚自終楊植許由碑云錙銖九有亢極一夫杜
鴻漸讓元帥表云祿位亢極過踰涯量盧杞郭子儀碑云
居亢無悔其心益降李翰書霍光傳云有伊周負荷之明
無九三亢極之悔張說祁國公碑云一無目牛之全一無
亢龍之悔也況考功狀內止稱云受寵若驚居亢無悔即
本無亢龍無悔之語斯蓋張佖擅改公奏罔冒天聰請以

元狀看詳反坐其人以懲姦妄俄下詔曰張洎援引故實皆有依據張佖學識甚淺敷陳失實尚示矜容免其黜降可罰一月俸洎未幾選為太僕少卿同知京朝官考課拜右諫議大夫判大理寺又充史館修撰判集賢院事淳化中上令史館修撰楊徽之等四人修正入閤舊圖洎同奉詔因討論故事獨草奏以聞洎又言按舊史中書門下御史臺為三署謂侍從供奉之官今起居日侍從官先入殿庭東西立定俟正班入一時起居其侍從官東西列拜甚失北面朝謁之儀請准舊儀侍從官先入起居行畢分侍立於丹墀之下謂之蛾眉班然後宰相率正班入起居雅

合於禮臣又聞古之王者躬勤庶務其臨朝之疏數視政事之繁簡唐初五日一朝景雲初始修貞觀故事自天寶兵興之後四方多故肅宗而下咸隻日臨朝雙日不坐其隻日或遇陰霪盛暑大寒泥濘亦放百官起居雙日宰相當奏事即特開延英召對或蠻夷入貢勳臣歸朝亦特開紫宸殿引見陛下自臨大寶十有五年未嘗一日不鷄鳴而起聽天下之政雖剛健不息固天德之常然而游焉息焉亦聖人之謨訓儻君父焦勞於上臣子緘默於下不能引大體以爭則忠良之心有所不至矣臣欲望陛下依前代舊規隻日視朝雙日不坐其隻日遇大寒盛暑陰霪泥濘亦放百官起居其雙日於崇德崇政兩殿召對宰臣常參官以下及非時蠻夷入貢勳臣歸朝亦特開上閤引見並請准前代故事處分奏入不報時上令以儒行篇刻於版印賜近臣及新第舉人洎得之上表稱謝上覽而嘉之翌日謂宰相曰群臣上章獻文朕無不再三省覽如張洎一表援引古今甚不可得可召至中書宣諭朕意數月擢拜中書舍人充翰林學士上顧謂近臣曰學士之職清要貴重非他官可比朕常恨不得為之故事赴上日設燕教坊以雜戲進又罷其事至是令盡設之仍詔樞密直學士呂端劉昌言及知制誥柴成務等預會時以為榮俄判吏

部銓嘗引對選人上顧之謂近臣曰張洎富有文藝至今尚苦學江東士人之冠也洎與錢若水同在禁林甚被寵顧時劉昌言驟擢樞要入望甚輕董儼方掌財賦欲以計傾之會楊徽之錢熙嘗言洎及若水旦夕當大用熙以語昌言昌言曰洎必參政柄若水後進年少豈遽及此時翰林小吏諳事在側昌言慮洎聞之即對小吏盡述熙言令告洎洎方修飭邊幅以固恩寵疑徽之遣熙以搆飛語中已遂白於上上怒召昌言質之以徽之為鎮安軍行軍司馬熙罷職通判朗州會皇子益王元傑改封吳王行揚州潤州大都督府長史領淮南鎮江兩軍節制洎當草制因

上號議曰謹按前史皇子封王以郡爲國置傅相及内史中尉等佐王爲治自漢魏以降所封之王始不之國朝廷命卿大夫臨郡即稱内史行郡事東晉永和泰元之際有瑯琊王會稽王臨川王故謝靈運王羲之等爲會稽臨川内史即其事也唐有天下以揚益潞幽荆五郡爲大都督署長史司馬爲上佐即前代内史之類也其大都督之號非親王不授其揚益等郡或有親王遥領朝廷命大臣臨郡者即皆長史副大使知節度事也臣請質之前代段文昌出鎮揚州云淮南節度副大使知節度事兼揚州大都督府長史李載義鎮幽州云盧龍軍節度副大使知節度

事兼幽州大都督府長史即其例也今益王以揚潤二郡建社爲吴國王居大都督之任又已正領節度事豈宜却加長史之號乃是國王自爲上佐矣若或朝廷且以長史拜受其加銜内又無副大使知節度使之目儻或他日别命守將俾臨本郡即不知以何名目而授除也臣草制之夕便欲上陳慮奏報往反有妨明日宣降兹事有關國體況吴王未領恩命尚可改正乞付中書門下商議施行宰相以制命已行難於追改洎又上表論列呂蒙正言越王領福州長史今吴王獨爲大都督居越王之上非便上令俟異日除授并改正之至明年上郊祀覃慶遂改焉俄奉

詔與李至范杲張佖同脩國史又判史館洎博涉經史多知典故每上有著述或賜近臣詩什洎必上表援引經傳以將順其意上因賜詩褒美有翰長老儒臣之句與蘇易簡同在翰林尤不協及易簡參知政事洎多攻其失既而易簡罷即以洎爲給事中參知政事與寇準同列先是準知吏部選事洎掌考功爲吏部官屬準年少新進氣銳思欲老儒附己以自大洎夙夜坐曹視事每冠帶俟準出入於省門揖而退不交一談準益重焉因延與語洎捷給善持論多爲準規畫準心伏乃兄事之極口談洎於上上欲進用又知其在江左日多讒毀良善李煜殺潘佑洎嘗預

謀心疑之翰林待詔尹熙古吴郢皆江東人洎嘗善待之上一夕召熙古輩侍書禁中因問以佑得罪故熙古言煜忿佑諫説太直耳非洎謀也自是涣然遂加擢用蓋準推挽之也既同秉政奉準愈謹政事一決於準無所參預專脩時政記甘言善柔而已後因奏事異同準復忌之至道二年五月四方館使曹璨自河西馳騎入奏邊事言繼遷率萬餘衆寇靈州上詔宰相呂端知樞密院事趙鎔等各以所見畫策即日具奏來上呂端相率詣長春殿見上言曰臣等若各述所見則非詢謀僉同之議望許共爲一狀陳其利害洎越次奏曰端等備位輔弼上有所詢問反緘

默不言深失訏謨之體端曰洎欲有言不過揣摩陛下意耳必無鯁切之理上默然翌日洎上疏引賈捐之棄珠崖事請棄靈武以省關西饋運上嘗有此意既而悔之洎果迎合覽奏不悅既以疏付洎謂之曰卿所陳朕不曉一句洎惶恐而退上召同知樞密院事向敏中等謂曰張洎上言果為呂端所料朕已還其疏矣洎既議事不稱旨恐懼欲自固權位上已嫌準專恣恩寵衰替洎慮一旦同罷免因奏事大言寇準退後多誹謗準但色變不敢自辯上由是大怒準旬日罷未幾洎病在告滿百日力疾請對方拜蹈於上前左右掖起之明日上章求解職優詔不允後月

餘改刑部侍郎罷知政事奉詔嗚咽疾遂亟十餘日卒年六十四贈刑部尚書以其二子皆為京官洎風儀灑落文采清麗博覽道釋書兼通禪寂虛無之理終日清談亹亹可聽尤險詖好攻人之短李煜既歸朝貧甚洎猶丐索之煜以白金頮面器與洎洎尚未滿意時潘慎修掌煜記室洎疑慎修教煜素與慎修善自是亦稍疎之煜子仲寓雅好獵博飲宴洎因切諫之仲寓謝過後數月人有言仲寓獵博如故洎遂與之絕及仲寓死郢州葬京師洎亦不赴弔與張佖議事不協遂為讐隙始以從父禮事佖既而不拜尤善事內官在翰林日引唐故事奏內供奉官藍敏政為學士使內侍裴愈副之上覽奏謂曰此唐室弊政朕安可踵此覆轍卿言過也洎慙而退性鄙吝雖親戚無所霑及江表故舊亦罕登其門素與徐鉉厚善後因議事相忤遂絕交然手寫鉉文章訪求其筆札藏篋笥甚於珍玩洎有文集五十卷行于世子安期至國子博士方回後為虞部員外郎方回子懷玉王欽若壻賜進士及第大理寺丞祕書校理

李惟清字直臣下邑人父仲行為章丘簿因徙家焉惟清開寶中以三史解褐涪陵尉蜀民尚淫祀病不療治聽於巫覡惟清擒大巫笞之民以為及禍他日又加箠焉民知

不神然後教以醫藥稍變風俗時遣宦官督輸造船木縱恣不法惟清奏殺之由是知名秩滿遷大理寺丞太平興國三年遷為京湖北路轉運判官五年改左贊善大夫充轉運副使升正使就改監察御史兼總南路嘗入奏事太宗問曰荊湖累年豐稔又無徭役民間蘇否惟清曰臣見官賣鹽斤為錢六十四民以三數斗稻價方可買一斤廼詔斤減十錢徙京西轉運使入為度支判官改主客員外郎雍熙三年大舉取幽州惟清以為兵食未豐不可輕動朝廷業已興師奏入不報判度支許仲宣建議通鹽法以賣鹽歲課賦于鄉村與戶稅均納惟清奉詔往荊湖諸路

詳定奏言以鹽配民非便遂罷使還上又問民間苦樂不均事惟清言前在荆湖民市清酒務官釀轉鬻者斗給耗二升今三司給一升民多他圖而歲課甚減詔復其舊未幾出爲京東轉運使會募丁壯爲義軍惟清曰若是天下不耕矣三上疏諫繇是獨選河北而餘路悉罷權屯田郎中度支副使端拱初還右諫議大夫歷戶部使改度支使會遣使河朔治方田大發兵惟清以盛春妨農懇求罷廢太宗曰兵夫已發矣止令完治邊城而已淳化三年還給事中充鹽鐵使遂以帳式奏御太宗曰費用若此民力久何以堪如可減省即便裁度惟清曰此開寶軍興之際其數倍多蓋以將帥未得其人邊事未寧屯兵至廣也臣聞漢有衛青霍去病唐有郭子儀李晟西北望而畏之如此則邊事息而支用減矣望慎擇將帥以有威名者俾安邊塞庶節費用上言彼一時此一時也今之西北變詐與古不同選用將帥亦須深體今之幾宜韓彭雖古之名將以彼時之見制今之敵亦恐不能成功今縱得人未可便如古委之此乃機事卿所未知也淮南榷貨務賣岳茶斤爲錢百五十主吏言陳惡者二十六萬六千餘斤惟清擅減斤五十錢不以聞滁泗濠楚州漣水軍亦以岳茶陳惡減價市之計虧錢萬四千餘貫爲句院吏盧守仁所發左授

傳二十六　二十四

衛尉少卿黜判官李琯爲本曹員外郎賜守仁錢十五萬俄出知廣州至道初就拜右諫議大夫太宗聞其廉平詔獎之二年徙廣南東西路都轉運使尋召拜給事中踰月同知樞密院事惟清倜儻自任有鉤距臨事峻刻所至稱強幹然以俗吏進無人望纔數月真宗即位加刑部侍郎復除御史中丞既去樞要怫鬱尤甚肆情彈擊咸平元年卒年五十六贈戶部尚書子永錫蔭至光祿寺丞頗涉學屬辭尚氣少檢喜交結馮拯王濟皇甫選多與之游日聚舉子於家談議時政真宗將幸河朔永錫猶服父喪上章大言列詆近臣自謂有致太平滅敵之術選爲戶部判官因對袖表以獻又自薦揚真宗駐蹕大名召赴行在試策不中貶瀧水縣主簿選爲南劍州團練副使俄復光祿寺丞六年又坐交游非類監和州商稅後至右贊善大夫次子永德至殿中丞

論曰張宏爲樞副當用兵之際循默備位趙昌言爲御史中丞屢上書言兵乃兩易之中丞可使循默者居之乎宋失政矣昌言識李沆器王旦陳恕取士得王曾舉代得寇準皆可謂知人之明然趙好獎拔而頗樹黨與終以取敗陳典貢舉務黜南士以避嫌疑皆非君子所爲也昌言尚氣敢言恕爲宋人能吏之首庶足稱矣劉昌言感趙普之

傳二十六　二十五

遇身後經理其家然委親鄉里十年而不迎侍厚薄失措又何取乎張洎初勸李煜勿降既而不能死之犬吠非主之對徒以辯舌僥倖得免厥後揣摩百端譖毀正直利口之士鮮不爲反覆小人也李惟清居臺端恨失政柄恣情鷙擊舊史稱爲俗吏又奚責焉

列傳卷第二十六

列傳卷第二十七　宋史二百六十八

開府儀同三司上柱國錄軍國重事前中書右丞相監修國史領經筵事都總裁臣脫脫等奉
勑修

柴禹錫　張遜　楊守一
趙鎔　周瑩　王繼英
王顯

柴禹錫字玄圭大名人少時有客見之曰子質不凡若輔以經術必致將相禹錫由是留心問學時太宗居晉邸以善應對獲給事焉太平興國初授供奉官三年改翰林副使遷如京使仍掌翰林司每夜直上

以藩府舊僚多召訪外事遷宣徽北院使賜第寶積坊告秦王廷美陰謀擢樞密副使踰年轉南院使服勞既久益加勤敏雍熙中議廣宮城禹錫有別業在表識中請以易官邸上因是薄之又與宰相宋琪厚善會廣州徐休復密奏轉運王延範不軌狀且言倚附大臣無敢動揺者上因訪琪及禹錫曰延範何如人延範與琪妻爲踈屬甚言其忠勤禹錫亦傍贊之上意其交通滋不悅禹錫又爲琪請盧多遜故第上益惡其朋比坐琪以詼諧罷相不欲顯言之也下詔切責禹錫以驍衛大將軍出知滄州在任勤於政治部

民詣濱州列狀以聞改涪州觀察使徙澶鎮二州駐泊部署俄知潞州州民乞留三載詔獎之徙知永興軍府再召爲宣徽北院使知樞密院事至道初制受鎮寧軍節度知涇州入謝日上謂曰由宣徽罷者不過防禦使爾今委卿旌節兼之重鎮可謂優異矣禹錫流涕哽咽而已咸平中移知貝州是歲契丹兵奄至城下禹錫内嚴備禦寇尋引去明年徙陝州景德初子宗慶選尚召禹錫歸闕令公主就第謁見行舅姑禮固辭不許頃之還鎮未幾卒年六十二贈太尉子宗亮太子中允宗慶永清軍節度

張遜博州高唐人數歲喪父養於叔父職方員外郎幹後隨母歸魏仁浦家駙馬都尉咸信其異父弟也太宗在晉邸召隸帳下太平興國初補左班殿直從征太原還遷文思副使再遷香藥庫使嶺南平後交阯歲入貢通關市並海商人遂浮舶販易外國物闍婆三佛齊渤泥占城諸國亦歲至朝貢由是犀象香藥珍異充溢府庫遜請於京置榷易署稍增其價聽商人金帛市之恣其販鬻歲可獲錢五十萬緡以濟經費太宗允之一歲中果得三十萬緡自是歲有增羨至五十萬雍熙二年録其勞遷領嬀州刺史三年

與安忠並命爲東上閤門使數月會許仲宣罷判度支即以遜爲度支使端拱初遷鹽鐵使二年授宣徽北院使簽署樞密院事未幾兼樞密副使知院事與同列寇準不協每奏事頗相矛盾一日遜等晚歸私第準與溫仲舒並轡有狂民迎馬首拜呼萬歲街使王賓舊與遜同事晉邸遜又嘗舉賓雅相厚善因奏民迎準拜呼萬歲準自辯實與仲舒同行蓋遜令賓獨奏斥臣辭意俱厲因互發其私太宗惡之下詔切責遜左降右領軍衛將軍準亦罷職會判右金吾街仗蔡玉冒奏富人子爲州大校黜官命遜代掌其事

西蜀李順爲亂詔發兵水陸進討以荆渚居其要害命遜爲右驍衛大將軍知江陵府賜錢二百萬白金三千兩遜既至會峽路諸漕卒數千人聚江陵有告其謀變以應蜀寇府中議欲盡誅之遜止捕首惡揚承進等二十一人斬於市餘黨親加慰撫飛奏以聞太宗嘉之詔以其卒分配州郡數月遜卒年五十六時至道元年也贈桂州觀察使歸葬京師遜小心謹慎徒以攀附至貴顯其討謀獻替無聞焉子敏中初補供奉官遜在宣徽表言嘗業文願改秩即換大理寺丞累至比部郎中次子虛中娶宗室申國公女至

供奉官閤門祗候敏中子先進士及第
楊守一字象先其先河南洛陽人唐末避亂徙家宋鄭閻守一稍通周易及左氏春秋事太宗於晉邸太宗即位補右班殿直太平興國中出護登州兵召還監儀鸞司累遷西頭供奉官其下多貴族子弟頗豪縱徼幸始置三班院令守一專其事考覈授任漸有條制歲餘改翰林學士守一初名守素至是詔改之七年與趙鎔柴禹錫相里勳等告秦王廷美陰謀事擢東上閤門使兼樞密都承旨八年改判四方館事雍熙中詔護遷雲朔歸附安慶兵屯于潞州三年轉

內客省使仍兼都承旨端拱元年授宣徽北院使簽署樞密院事是秋卒年六十四贈太尉中使護葬守一性質直勤謹無他材術徒以肇自王府久事左右適會時機故歷職通顯飾終之禮率加常數焉子安期歷國子博士坐事貶卒安期子夔得進士及第
趙鎔字化鈞滄州樂陵人以刀筆事太宗於藩邸即位補東頭供奉官因使吳越賜國信及錢俶納土遣檢校帑廩轉內酒坊副使以告秦王廷美陰事遷六宅使領羅州刺史掌翰林司擢東上閤門使郭贄參知政事鎔以同府之舊嘗有所請託贄不從鎔摭堂吏過失以聞贄見上白鎔私謁即召鎔廷辯詞屈出為梓遂州都巡檢使改左驍衛大將軍領郡如故代還知滄州兼兵馬部署鎔在郡完城塹嚴戰具冦嘗數百騎至境上聞有備引去遷左神武大將軍會崔翰知州改鎔為本州鈐轄又知廬州因對自陳願留不許踰年召為樞密都承旨同掌三班俄拜宣徽北院使同知樞密院事與柴禹錫並掌機務嘗遣吏卒變服散之京城察事卒乘醉與賣書人韓玉鬪毆不勝因誣玉言涉指斥禹錫等遽以聞玉坐抵法太宗尋知其冤自後廉事不復聽禹錫出鎮鎔加知院事

真宗即位改南院使檢校太傅以心疾求解是秋授壽州觀察使咸平元年三月卒年五十五贈忠正軍節度錄其三子宮鎔少涉獵文史美書翰委質晉邸以勤謹被眷本名容太宗改為鎔曰陶鎔所以成器也鎔性好佛多畜古書畫三子忠輔西京左藏庫副使忠愿虞部員外郎忠厚內殿崇班
周瑩瀛州景城人右領軍衛上將軍景之子也景家富財好交結歷事唐漢周習水利嘗浚汴口導鄭州郭西水入中牟渠脩滑州河堤累遷至是官太宗潛邸時瑩得給事左右即位補殿直領武騎卒巡警泉

福州卒纔數百捕劇賊千餘遷供奉官天雄軍節度
孫永祐轉運使楊緘稱薦之又使綏銀州按邊事還
奏稱旨擢鞍轡庫副使雍熙二年爲杭睦五州都巡
檢使兼杭州都監會妖僧紹倫爲變瑩擒獲之逮捕
就戮者三百餘人人以爲酷濫代還改崇儀使滄州
都監召拜西上閤門使領鎮定高陽關都監加判四
方館事與郝守濬護塞宋州決河俄改三路排陣鈐
轄歷知天雄軍真定二府就遷引進使至道二年代
還會李繼隆討西夏詔瑩詣軍前授以機事還拜客
省使簽書樞密院諸房公事俄兼提點宣徽諸房鼓

司登聞院與劉承珪並任真宗嗣位承珪分使河北
告諭加領富州刺史上聞其母老病閔之特封武功
郡太夫人秋拜宣徽北院使先是宣徽著位在樞密副
使上瑩表請居下從之咸平二年大閱命爲隨駕部署
從征河朔又爲駕前馬步都部署三年遷南院使知樞
密院事會蜀平部送脅從者數十百人至闕下西川轉
運使馬亮因入奏請赦其罪遣還瑩以爲當盡誅之
令瑩亮廷議上是亮議悉原其罪五年高陽關都部
署闕藩侯無足領之者宰相請輟宣徽使以居其任
時王繼英任北院上以瑩練達軍事乃拜永清軍節

度兼領其任爲三路排陣使瑩隸人有錢仁慶者頗
有軍功與虎翼小校劉斌相競爲殿直閻遷所發以
瑩故詔勿問止徙斌隸他軍契丹入寇詔瑩兵赴寧
邊軍爲援瑩至則寇兵已去即日還屯所上聞曰瑩
何不持重少留示以不測輕於舉措非將帥體也景
德初丁內艱起復代王顯爲天雄軍都部署兼知軍
府事嘗召洺州騎士千五百人赴大名道與寇直力
戰有死傷者瑩猶謂其玩寇將悉誅之詔賜金帛諭
瑩勿治其罪車駕北巡爲駕前東西貝冀路都部署
明年改知陝州俄徙永興軍府又移邠州兼環慶路

都部署時夏州內屬詔省戍兵還營以減饋餉之費
仍手詔諭瑩瑩遽奏乞留以張邊威上謂瑩庸懦不
智以曹瑋代之徙知澶州大中祥符初改天平軍節
度明年爲鎮定都部署兼知定州轉運使奏其曠弛
徙知澶州境內屢有寇盜宰相以瑩任居將帥不能
以威望鎮靖請徙他郡上曰處之閑僻適使其自偷
爾遂下詔督責令其擒捕時發卒脩河防而軍中所
給糗糧多腐敗不可食又役使不均瑩不加恤以故
亡命者衆七年入朝復遣還鎮又以澶淵當契丹之
衝藉其廩給之厚復命知澶州九年被疾求還京師

卒年六十六贈侍中初謚忠穆後改元惠録其二子供奉官普顯為内殿崇班二孫永昌永吉為殿直瑩居樞近無他謀略及涖軍旅歷藩鎮功業無大過人者故事大禮畢慶外藩無賜物例東封歲瑩鎮澶淵車駕所經故特有襲衣金帶器帛之賜祀汾陰瑩知定州乃預上言禮成所賜望於治所支給人咸笑之普後為崇儀副使顯至内殿承制

王繼英開封祥符人少從趙普給筆札普自罷河陽為少保從者皆去繼英趨事逾謹普再入相繼英隸名中書五房院時真宗在藩邸選為導吏兼内知客事太宗召見謂曰汝昔事趙普朕所備知今奉親賢尤宜盡節及建儲授左清道率府副率兼左春坊謁者謁者本宦職副率品秩頗崇非趨走左右者所宜為俾兼領之執政之誤也真宗即位擢為引進使咸平初領恩州刺史兼掌閤門使遷左神武大將軍樞密都丞旨改客省使契丹入寇繼英密請車駕北巡上從之即命繼英馳傳詣鎮定高陽關閱視行宮儲頓宣諭將士俄充澶州鈐轄會大將傅潛逗撓得罪令繼英即軍中召還屬吏尋掌三班拜宣徽北院使與周瑩同知樞密院事瑩出鎮繼英遂冠樞宥小心

慎靖以勤敏稱上倚賴之景德初授樞密使舊制樞密院使祖母及母止封郡太夫人有詔特加國封嘗因進補軍校白上曰疎外之人急於攀附者謂臣蒙蔽不為薦引上曰此輩雖有夤緣亦須因事立功方許擢用不可過求僥倖卿勿復言也從幸澶州契丹請和諏訪經畧繼英預焉明年郊祀加特進檢校太傅三年卒年六十一上臨哭之賜白金五千兩贈太尉侍中謚恭懿且為葬其祖父贈其妻賈長樂郡太夫人録其子婿門下親吏數十人初繼英幼孤寄育外氏既貴外王父諸舅有族殯者時方奏遣其子營葬會卒特詔有司給辦焉子遵式遵誨遵度遵範皆至顯官

王顯字德明開封人初為殿前司小吏太宗居藩嘗給事左右性謹介不好狎未嘗踐市肆即位補殿直稍遷供奉官太平興國三年授軍器庫副使遷尚食使逾年與郭昭敏並為東上閤門使八年春拜宣徽南院使兼樞密副使是夏制授樞密使上謂之曰卿世家本儒少遭亂失學今典朕機務無暇博覽群書能熟軍戒三篇亦可免於面墻矣因取是書及道德坊宅一區賜之其後居位既久機務益繁副使趙

昌言寇準鋒氣皆銳慢顥顯或失誤護短終不肯改
上每面戒之淳化三年八月詔加切責黜授隨州刺
史充崇信軍節度觀察等使遣之任俄知永興軍徙
延州時夏臺蕃部寇擾顥上疏曰間歲以來戎事未
息李繼遷負恩於靈夏王小波干紀於巴邛河右坤
維並興師旅而繼遷勦然向化遣子入覲願脩職貢
陛下曲加容納許其內附示以德信伸以恩錫所以
綏懷之者至矣然而狼子野心未可深信所宜謹屯
戍固城壘積芻糧然後遴選才勇付以邊任縱有緩
急則備禦有素彼又奚能為患哉至若蜀寇未平神

人共憤謂宜申飭將帥速期蕩平既免老師以費財
且防事久則生變又況邛蜀物產殷富其間士卒驕
怠遲留顧戀寔兼有之莫若勿憚往來潛為更代既
可均其勞逸抑可免於遷延至於河北關防所當加
謹者誠以國家方事西南寇謀興舉若分中朝之勢
力則長外寇之姦謀矣時制沿邊糧斛不許過河西
河西青塩不得過界販鬻犯者不以多少處斬顥請
犯多者依法自餘別為科斷以差其罪章上未報移
知秦州初溫仲舒知州日開拓山林諷蕃部獻其地
後朝廷雖賞給還而採伐如故轉運使盧知翰請量

給蕃部茶綵以酬所獻詔遣張從式與顥同往規度
顥言乃者朝命以趙保吉脩貢邊城務使安靜若今
動衆開斥疆境非便議遂罷咸平初入朝改橫海軍節
度出知鎮州二年曹彬卒復拜樞密使郊祀加檢校
太師眞宗幸大名內樞惟顥與副使宋湜從言者多
謂顥專司兵要謀畧非長會湜卒乃以參知政事向
敏中權同知樞密院事三年春改授山南東道節度
同中書門下平章事定州路行營都部署河北都轉
運使兼知定州秋吏民詣駐泊都部署孔守正言顥
治狀願借留守正以聞明年秋加鎮定高陽關三路

都部署許便宜從事十月契丹入寇前軍過威虜軍
北時方積雨契丹以皮為弦濕緩不堪用顥因大破
之梟獲名王貴將十五人及羽林印二鈕斬首二萬
級顥上言先奉詔令於近邊布陣及應援北平控扼
之路無何敵騎已越亭障顥之前陣雖有捷克終違
詔命上章請罪上降手札以慰其憂悸明年求致仕
不許改河陽三城節度將之鎮時議親征契丹顥言
盛寒在序敵未犯塞鑾輿輕舉直抵窮邊寇若不逢
師乃先老況今繼遷未滅西鄙不寧儻北邊部落與
之結援則中國之患未可量也議者乃於此時請復

幽薊非討之得也凡建議大事上下協力舉必成功今公卿士大夫以至庶人尚有異同未可謂爲萬全之舉若能選擇將帥訓練士卒堅城壘而繕甲兵亦足以待敵矣必欲復燕薊舊地則必脩文德養勇銳伺時之利以奉行天罰而後可景德初從知天雄軍府又言祖宗以來多命近臣統領軍旅今後宣徽使宜於文武群臣中擇曉達邊事者爲之蓋位高則威名著識遠則勳勞立故也武臣以罪黜者宜加容貸不以一眚遂廢苟用之有恩必得其死力故曰使功不如使過也至若臨敵命將則貴專任出師應敵則

約束將校使相應援全是數者則軍威倍壯人心增勇矣既而上表請赴行在從之是年秋遣還鎮契丹入寇上議親征顯復陳三策謂大將軍方在鎮定契丹必不南侵車駕止駐澶淵詔鎮定出兵會河南軍合擊之可也若契丹母子虛張聲勢以抗我師潛遣銳兵南攻駕前諸軍則令鎮定之師直衝戎帳攻其營砦則沿河遊兵不戰而自屈矣否則遣騎兵千步兵三千於濮州渡河橫掠澶州繼以大軍追北掩擊亦可出其不意也已而契丹請盟趙德明遣使脩貢稱藩朝廷加賞錫且許通青鹽以濟邊民從顯之請

也三年冬被病詔中使偕尚醫療視明年正月許還京師時車駕上陵顯謂賓佐曰余年位偕極今天子道出虎牢不得一拜屬車之塵是遺恨也言訖涕下至京信宿卒年七十六車駕至鄭州聞之遣宮苑使鄧永遷馳還護喪贈中書令謚忠肅錄其二子顯自三班不數年正樞任獎擢之速時無儗之者顯吏軍司時張永德以滑州節制爲殿前都點檢及顯自樞密鎮孟津兼相師永德由太子太師爲相師同日宣制永德兼大夫反在顯下時人訝之顯居中執政矯情以厚胥吏齪齪自固而已在藩鎮頗縱部曲擾下論

者非之子希逸字仲莊以蔭補供奉官好學尤熟唐史聚書萬餘卷換秩授朝奉大夫太子中允咸平初改殿中丞直史館預脩冊府元龜加祠部員外郎卒

希範至如京副使

論曰自柴禹錫而下率因給事藩邸以攀附致通顯者凡七人若守一之質直趙鎔之勤謹服勞雖久而益脩乃職則其被眷遇也宜矣張遜優於理財而未免於媢嫉周瑩練習軍旅而頗傷於酷濫禹錫素稱勤敏而不能不涉於朋比王顯雖謹介自將而昧於學識故莫逃於齪齪之譏若以勤謹被信任者德冠

樞宥而善終如始者其惟繼英乎易曰君子有終吉此之謂也

列傳卷第二十七

列傳第二十八 宋史二百六十九

開府儀同三司上柱國錄軍國重事前中書右丞相監修國史領經筵事都總裁臣脫脫等奉勅修

陶穀 扈蒙 王著

王祐 子旭 孫質 楊昭儉 魚崇諒

張澹 高錫 從子冕

陶穀字秀實邠州新平人本姓唐避晉祖諱改爲陶歷北齊隋唐爲名族祖彥謙歷慈絳澧三州刺史有詩名自號鹿門先生父渙領夷州刺史唐季之亂爲邠帥楊崇本所害時穀尚幼隨母柳氏育崇本家十餘歲能屬文起家校書郎單州軍事判官嘗以書干宰相李崧崧甚重其文時和凝亦爲相同奏爲著作佐郎集賢校理改監察御史分司西京遷虞部員外郎知制誥會晉祖廢翰林學士兼掌內外制詞目繁委穀言多委愜爲當時最少帝初賜緋袍靴笏黑銀帶天福九年加倉部郎中初崧從契丹以北高祖入京師以崧第賜蘇逢吉而崧別有田宅在西京逢吉皆取之崧自北還因以宅券獻逢吉逢吉不悅而崧子弟數出怨言其後逢吉乃誘告崧與弟嶼義等下獄崧懼移病不出崧族子昉爲祕書郎嘗往候崧崧語昉曰邇來朝廷於我有何議昉曰無他聞唯陶給事往往於稠人中厚誣

叔父崧歎曰穀自單州判官吾取爲集賢校理不數年擢掌誥命吾何負於陶氏子哉及崧遇禍昉嘗因公事詣穀穀問昉識李侍中否昉歛袵應曰遠從叔爾穀曰李氏之禍穀出力焉昉聞之汗出穀性急率嘗與兗帥安審信集會杯酒相失爲審信所奏時方姑息武臣穀坐責授太常少卿嘗上言頃泣西臺每見臺司詳斷刑獄少有即時決者至於閭閻夫婦小有爭訟淹滯積時坊市死亡喪葬必俟臺司判狀奴婢病亡亦須檢驗吏因緣爲姦而邀求不已經旬不獲埋瘞望申條約以革其弊從之俄拜中書舍人嘗請教習樂工停二舞郎及禁民伐桑棗爲薪並從其

請開運三年賜金紫契丹主北歸脅穀令從行穀逃匿僧舍中衣布褐陽爲行者狀軍士意其詐持刃陵脅者日數四穀頗工歷數謂同輩曰西南五星連珠漢地當有王者出契丹主必不得歸國及耶律德光死有孛光芒指北穀曰自此契丹自相魚肉永不亂華矣遂歸漢爲給事中乾祐中令常參官轉對穀上言曰五日上章曾非舊制百官叙對且異昌言徒澆天聰無益時政欲乞停轉對在朝群臣有所聞見即許不時詣閤聞奏從之仕周爲右散騎常侍世宗即位遷户部侍郎從征太原時魚崇諒迎母後至穀乘間言曰崇諒宿留不來有顧望意世宗頗疑之崇諒

又表陳母病詔許歸陝州就養以穀爲翰林學士世宗嘗謂宰相曰朕觀歷代君臣治平之道誠爲不易又念唐晉失德之後亂臣黠將僭竊者多今中原甫定吳蜀幽并尚未平附聲教未能遠被宜令近臣各爲論策宣導經濟之略乃命承旨徐台符以下二十餘人各撰爲君難爲臣不易論平邊策以進其策率以修文德來遠人爲意惟穀與竇儀楊昭儉王朴以封疆密邇江淮當用師取之世宗自克高平常訓兵講武思混一天下及覽其策忻然聽納由是平南之意益堅矣顯德三年遷兵部侍郎加承旨世宗留心稼穡命工刻木爲耕夫織婦蠶女之狀置於禁中思

廣勸課之道穀爲贊辭以進顯德六年加吏部侍郎宋初轉禮部尚書依前翰林承旨穀在翰林與竇儀不協儀有公望慮其軋已嘗附宰相趙普與趙逢高錫輩共排儀儀終不至相位乾德二年判吏部銓兼知貢舉再爲南郊禮儀使法物制度多穀所定時范質爲大禮使以鹵簿清游隊有甲騎具裝莫知其制度以問於穀穀曰梁貞明丁丑歲河南尹張全義獻人甲三百副馬具裝二百副其人甲以布爲裏黃絁表之青綠畫爲甲文紅錦綠青絁爲下帬絳韋爲絡金銅玦長短至膝前膺爲人面二目背連膺纏以紅錦騰蛇馬具裝蓋尋常馬甲但加珂拂於前膺及後

𢇁爾莊宗入洛悉焚毁贋命有司如穀說造以給用又乘輿大輦久亡其制穀創意造之後承用焉明德門成詔穀爲之記乾德中命庫部員外郎王貽孫周易博士奚嶼同考試品官子弟穀屬其子鄁於嶼鄁書不通以合格聞補殿中省進馬俄爲人所發下御史府案問嶼責授乾州司户貽孫責授左贊善大夫奪穀奉兩月穀後累加刑部户部二尚書開寶三年卒年六十八贈右僕射穀強記嗜學博通經史諸子佛老咸所總覽多蓄法書名畫善隸書爲人儁辨宏博然奔競務進見後學有文采者必極言以譽之聞達官有聞望者則巧詆以排之其多忌好名類此初太祖將受禪未有禪文穀在旁出諸懷中而進之曰已成矣太祖甚薄之嘗自曰吾頭骨法相非常當戴貂蟬冠爾葢有意大用也人多笑之子邴至起居舍人天禧四年録穀孫寔試秘書省校書郎

扈蒙字日用幽州安次人曾祖洋涿州别駕祖智周盧龍軍節度推官父曾内園使蒙少能文晉天福中舉進士入漢爲鄠縣主簿趙思綰叛遣郭從義討之郡縣吏供給皆戎服趣事蒙冠服褒博舉止舒緩從義頗訝之轉運使李穀謂曰蒙文學名流不習吏事遂不之問周廣順中從歸德軍節度趙暉爲掌書記召爲右拾遺直史館知制誥蒙

從弟載時爲翰林學士兄弟竝掌内外制時號二扈宋初由中書舍人遷翰林學士坐請託於同年仇華黜爲太子左贊善大夫稍遷左補闕掌大名市征六年復知制誥充史館脩撰開寶中受詔與李穆等同修五代史詳定古今本草五年連知貢舉七年蒙上書言昔唐文宗每召大臣論事必命起居郎起居舍人執筆立於殿側以紀時政故文宗實録稍爲詳備至後唐明宗亦命端明殿學士及樞密直學士輪修日曆送史官近來此事都廢每季雖有内殿日曆樞密院録送史館然所記者不過臣下對見辭謝而已帝王言動莫得而書緣宰相以漏泄爲虞昧於宣播史官踈遠何得與聞望自今凡有裁制之官優恤之言發自宸衷可書簡策者竝委宰臣及參知政事每月輪知抄録以備史官撰集從之即以參知政事盧多遜典其事九年正月受朝乾元殿降王在列聲明大備蒙上聖功頌以述太祖受禪平一天下之功其詞誇麗有詔褒之爲盧多遜所惡出知江陵府太宗即位召拜中書舍人旋復翰林學士與李昉同修太祖實録太平興國四年從征太原還轉户部侍郎加承旨雍熙三年被疾以工部尚書致仕未幾卒年七十二贈右僕射自張昭竇儀卒典章儀注多蒙所刊定初太祖受周禪追尊四廟親郊以宣祖配天及太

宗即位禮官以為舜郊嚳商郊冥周郊后稷王業所因興也若漢高之太公光武之南頓君雖有帝父之尊而無預配天之祭故自太平興國三年六年再郊並以太祖配於禮為允太宗將東封蒙定議曰嚴父莫大於配天請以宣祖配天自雍熙元年罷封禪為郊祀遂行其禮識者非之蒙性沉厚不言人是非好釋典不喜殺縉紳稱善人有笑疾雖上前不自禁多著述有鰲山集二十卷行於世載字仲熙有傳見五代史

王著字成象單州單父人性豁達無城府幼能屬文漢乾祐中舉進士周祖鎮大名世宗侍行聞著名召置門下因

得謁見周祖廣順中世宗鎮澶州辟觀察支使隨世宗入朝遷殿中丞即位拜度支員外郎顯德三年充翰林學士六年丁家艱起復南唐李景使其弟從善來貢會恭帝嗣位命著伴送至睢陽加金部郎中知制誥賜金紫世宗靈駕赴慶陵符后從行公務悉資於著宋初加中書舍人建隆二年知貢舉時亳州獻紫芝鄆州獲白兔隴州貢黃鸚鵡著獻頌因以規諫太祖甚嘉其意下詔褒之四年春宿直禁中被酒髮倒垂被面夜扣滋德殿門求見帝怒發其醉宿倡家之過黜為比部員外郎乾德初改兵部員外郎二年復知制誥數月加史館脩撰判館事三年就轉戶部郎中六年復為翰林學士加兵部郎中再知貢舉開寶二年冬暴卒年四十二著少有俊才世宗以幕府舊僚眷待尤厚常召見與語命皇子出拜每呼學士而不名屢欲相之以其嗜酒故遲留久之及世宗疾大漸太祖與范質入受顧命謂質等曰王著藩邸舊人我若不諱當命為相世宗崩乃止著善與人交好延譽後進當世士大夫稱之有傳見五代史

王祜字景叔大名莘人祖言仕唐黎陽令父徹舉後唐進士至左拾遺祜少篤志詞學性倜儻有俊氣晉天福中以書見桑維翰稱其藻麗由是名聞京師鄴帥杜重威辟為

觀察支使漢初重威移鎮睢陽反側不自安祜嘗勸之使無反漢不聽祜坐是貶沁州司戶參軍因作書貽鄉友以見志辭氣俊邁人多稱之仕周歷魏縣南樂二令太祖受禪拜監察御史由魏縣移知光州遷殿中侍御史乾德三年知制誥六年加集賢院修撰轉戶部員外郎太祖征太原已濟河諸州餉饋集上黨城中車乘塞路上聞之將以稽留罪轉運使趙曾曰六師方至而轉運使以獲罪聞敵必謂儲峙不充有以窺我矣非威遠之道也俾能治劇者往蒞其州足矣即命祜知潞州及至饋餉無乏路亦無壅班師召還會符彥卿鎮大名頗不治太祖以祜代之俾察

彥卿動靜謂曰此卿故鄉所謂晝錦者也祜以百口明彥卿無罪且曰五代之君多因猜忌殺無辜故享國不永願陛下以爲戒彥卿由是獲免故世謂祜有陰德繼以用兵嶺表徙知襄州湖湘平移知潭州召還攝判吏部銓時左司員外郎侯陟自揚州還復判銓祜判門下省陟所注擬祜多駁正盧多遜與陟善陟因訴之多遜素惡祜不比已遂出祜爲鎮國軍行軍司馬太平興國初移知河中府入爲左司員外郎拜中書舍人充史館修撰未幾知開封府以病請告太宗謂祜文章清節兼著特拜兵部侍郎月餘卒年六十四初祜掌誥會盧多遜爲學士陰傾趙普多遜累諷祜比已祜不從一日以宇文融排張說事勸釋之多遜滋不悅及普再入多遜果敗與宇文融事頗類識者服其先見祜子三人曰懿曰旦曰旭旦自有傳初祜知貢舉多拔擢寒俊畢士安柴成務皆其所取也後與其子旦同入兩制居中書懿字文德勵志爲學舉進士嘗知袁州有政績卒年四十九

旭字仲明嚴於治內恕以接物尤篤友誼以蔭補太祝嘗知緱氏縣時官鄰邑者多貪猥民有永寧三鑁緱氏一鎌之謠又知雍丘縣真宗尹京時素聞其能及踐祚三遷至殿中丞自旦居宰府旭以嫌不任職王矩嘗薦旭材堪治

劇真宗召旦謂曰前代弟兄同居要地者多矣朝廷任才豈以卿故屈之邪命授京府推官旦固辭改判南曹由判國子監出知潁州荒政修舉大中祥符間旦既薨歷中外卓有政績由兵部郎中出知應天府卒年六十八懿子睦旭子質皆能其官

質字子野少謹厚淳約力學問師事楊億億歎以爲英妙伯父旦見其所爲文嗟賞之以蔭補太常寺奉禮郎後獻文召試賜進士及第被薦爲館閣校勘改集賢校理累遷尚書祠部員外郎丁父憂與諸弟飯脫粟茹蔬終喪通判蘇州州守黃宗旦少質嘗因爭事宗旦曰少年乃與丈人抗邪質曰事有當爭職也卒不爲屈宗旦得盜鑄錢者百餘人下獄治退告質曰吾以術鉤致得之喜見於色質曰以術鉤人寘之死而又喜仁者之政固如是乎宗旦慙沮爲薄其罪還判尚書刑部吏部南曹知蔡州州人歲時祀吳元濟廟質曰安有逆醜而廟食於民者毀之爲更立狄仁傑李愬像而祠之蔡人至今號雙廟以本曹郎中召爲開封府推官時兄雍爲三司判官質不欲兄弟並居省府懇辭得知壽州徙廬州盜殺其徒并貲而遁捕得之質論盜死大理以謂法不當死質曰盜殺其徒自首者原之所以疑壞其黨且許之自新此法意也今殺人取貲而捕獲

貸之豈法意乎疏上不報降監舒州靈仙觀採古今鍊形攝生之術撰寶元總録百卷逾年韓琦知審刑院請盜殺其徒非自首者勿原著爲令於是鄭戩葉清臣皆言質非罪且稱其材起知泰州遷度支郎中徙荆湖北路轉運使嘗攝江陵府事或訴民約婚後期民言貧無貲以辦故違約質問其費幾何出私錢予之吏捕盜人衣者盜叩頭曰平生不爲過迫飢寒而至於此質命取衣衣之遣去加史館修撰同判吏部流内銓擢天章閣待制出知陜州卒質家世富貴兄弟習爲驕侈而質克己好善自奉簡素如寒士不喜畜財至不能自給初旦爲中書舍人家貧與昆弟

貸人息錢違期以所乘馬償之質閲書得故券召子弟示之曰此吾家素風爾曹當毋忘也范仲淹貶饒州治朋黨方急質獨載酒往餞或以誚質質曰范公賢者得爲之黨幸矣世以此益賢之

楊昭儉字仲實京兆長安人曾祖嗣復唐門下侍郎平章事吏部尚書祖授唐刑部尚書父景梁左諫議大夫昭儉少敏俊後唐長興中登進士第解褐成德軍節度推官歷鎮魏掌書記拜左拾遺直史館與中書舍人張昭遠等同修明宗實録書成遷殿中侍御史天福初改禮部員外郎晉祖命宰相馮道爲契丹冊禮使以昭儉爲介授職方員外郎旋加虞部郎中俄以本官知制誥不逾月三拜命時人榮之又爲荆南高從誨生辰國信使賜金紫使回拜中書舍人又爲翰林學士時驕將張彦澤鎮涇原暴殺從事張式朝廷不加罪昭儉與刑部郎中李濤諫議大夫鄭受益抗疏論列請置之法疏奏不報會有詔令朝臣轉對或有封事亦許以不時條奏昭儉復上疏曰天子君臨四海日有萬機懋建諍臣彌縫其闕今則諫臣雖設言路不通藥石之論不達於聖聰而邪佞之徒取容於左右御史臺紀綱之府彈糾之司銜冤者固當昭雪爲蠹者難免放流陛下臨御以來寛仁太甚徒置兩司殆如虚器遂令節使

慢侮朝章屠害幕吏始詐冤於丹闕反執送於本藩苟安跋扈之心莫恤冤抑之苦願回睿斷誅彦澤以謝軍吏由是權臣忌之會請告洛陽不赴晉祖喪爲有司所糾停官未幾起爲河南少尹改祕書少監尋復中書舍人時河決數郡大發丁夫以本部帥董其役既而塞之晉少主喜詔立碑記其事昭儉表諫曰陛下刻石紀功不若降哀痛之詔摛翰頌美不若須罪己之文言甚切至少主嗟賞之卒罷其事周世宗愛其才復召入翰林爲學士歲餘改御史中丞多振舉臺憲故事未幾以鞫獄之失與知雜御史趙礪侍御史張糾並出爲武勝軍節度行軍司馬開寶二年

入爲太子詹事以眼疾求退六年以工部尚書致仕太宗即位就加禮部尚書太平興國二年卒年七十六昭儉美風儀善談名理事晉有直聲然利口喜譏訾執政大臣懼其構謗多曲徇其意

魚崇諒字仲益其先楚州山陽人後徙於陝崇諒初名崇遠後避漢祖諱改之幼能屬文弱冠相州刺史辟爲從事會魏帥楊師厚卒建相州爲昭德軍分魏郡州縣之半以隸之魏人不便裨校張彥及帳下囚節度使賀德倫歸款莊宗崇諒奔歸陝明宗即位秦王從榮表爲記室從榮誅坐除籍流慶州清泰初移華州俄以從榮許歸葬放還陝

三年起爲陝州司馬仕晉歷殿中侍御史鳳翔李儼表爲觀察支使奉方物入貢宰相薦爲屯田員外郎知制誥開運末契丹入汴契丹相張礪薦爲翰林學士契丹主北歸留崇諒京師漢祖之入盡索崇諒所受契丹詔敕焚於朝堂復令知制誥俄拜翰林學士就加中書舍人隱帝即位崇諒以母老求就養除保義軍節度副使領台州刺史食郡奉會舉師討三叛節度使白文珂在軍前崇諒知後事凡供軍備備調發皆促期而辦近鎮賴之崇諒親屬盡在鳳翔城中踰年城破李穀爲轉運使庇護崇諒家數十口皆無恙崇諒請告自岐迎居於陝未幾王仁裕罷內職朝

議請召崇諒爲學士周祖踐祚書詔繁委皆崇諒爲之廣順初加工部侍郎充職會兖州慕容彥超加封邑彥超已懷反側遣崇諒充使賜官告仍慰撫之時多進策人命崇諒就樞密院引試考定升降崇諒以母老思鄉里求解官歸養詔給長告賜其母衣服繒帛茶藥緡錢假滿百日令本州月給錢三萬米麥十五斛俄拜禮部侍郎復爲學士詔令侍母歸闕崇諒再表以母老病乞終養優詔不允世宗征高平崇諒尚未至陶穀乘間言曰魚崇諒逗留不來有顧望意世宗頗疑之崇諒又表陳母病詔許歸陝州就養訖太祖朝不起太宗即位詔授金紫光祿大夫尚書兵

部侍郎致仕歲餘卒

張澹字成文其先南陽人徙家河南澹幼而好學有才藻晉開運初登進士第宰相桑維翰器之妻以女解褐校書郎直昭文館再遷祕書郎充鹽鐵推官歷左拾遺禮部員外郎並充史館修撰出爲洛陽令秩滿授吏部員外復充史館修撰周恭帝初拜右司員外郎知制誥建隆二年加祠部郎中會祕書郎張去華上書自薦有文藝願與澹及祠部員外郎知制誥盧多遜殿中侍御史師頌並試斅定優劣太祖令並試於講武殿澹所對不應策問責授左司員外郎未幾通判秦州兼海陵鹽監副使蜀平通判梓州

復拜祠部郎中開寶初就轉倉部郎中四年冬以本官復知制誥六年會李昉責授盧多遜使江南內署闕學士太祖令澹權直學士院七年長春節攝殿中監進酒命賜金紫六月權點檢三司事不踰旬疽發背卒年五十六太祖聞其無子甚愍之命中使護葬於洛陽澹美風儀善談論歷官黽務所至皆治初與詞臣校藝黜居郎署頗怏怏晚年附會盧多遜方再獲進用淳化中太宗論及文士曰澹典書命而試以策非其所長此蓋陶穀高錫黨張去華以阻澹爾若使穀輩出其不意而遽試之豈有不失律者邪

高錫字天錫河中虞鄉人家世業儒幼穎悟能屬文漢乾祐中舉進士王晏鎮徐州辟掌書記留守西洛又辟河南府推官坐按獄失實奪官遷置涇州會赦得歸周顯德初劉崇入寇宰相請選將拒之世宗銳意親征破崇高平誅敗將樊愛能等由是政無大小悉親決之不復責成有司錫徒步詣招諫匭上書請擇賢任官分治衆職疏奏不報世宗嘗令翰林學士及兩省官分撰俳優詞付教坊肄習以奉遊宴錫復上疏諫後爲蔡州防禦推官宋初棄官歸京師詣匭上疏請禁兵器疏入不報建隆五年又以書干宰相范質質奏用爲著作佐郎明年春遷監察御史秋拜左拾遺知制誥加屯田員外郎乾德初賜緋太宗尹京石熈載在幕中錫弟銑應進士舉干熈載望首薦銑辭藝淺薄熈載不許錫深銜之數於帝前言熈載裨贊無狀帝具以語太宗且曰當爲汝擇人代之太宗曰熈載勤於延職聞高錫嘗求薦其弟熈載拒之慮爲錫所構帝大悟雖怒之未有以發會使青州私受節帥郭崇賂遺又嘗致書澧州刺史爲僧求紫衣爲人所告事下御史府核實責授萊州司馬遇赦改均州別駕移陳州太平興國八年卒兄子冕

冕字子莊周顯德中詣闕上書稱旨擢爲諫議大夫宰相范質以爲超擢太過詔特授將仕郎守右補闕賜賚加等宋初由膳部都官員外郎累至膳部郎中出知益州雍

熈二年卒年五十贈右諫議大夫錄其子垂休爲固始主簿

論曰自唐以來翰林直學士與中書舍人對掌訓辭頌宣功德箴諫闕失不專爲文墨之職也宋興亦釆詞藻以備斯選若穀之才雋著之敏達澹之治迹錫之策慮冕之敢質咸有可觀然豫成禪代之詔見薄時君終身不獲大用及夫險詖忌前酬嚐少稔附勢希榮構讒謀已皆無取焉蒙博洽長厚繼實儀裁定儀制惜乎南郊之議請去太祖以宣祖配天爲識者所非昭儉抗論踐扈志除驕將而多言歷詆自取惡名抑好訐爲直者與崇諒奉親篤至反罹

間毀終身歸養而不復起後蒙旌賁之典則爲善者聳動矣枯以百口明符彥卿無他志且言以猜忌殺無辜者享國不長因以杜太宗之他疑又卻盧多遜之傾趙普以致被黜仁者有後宜乎子旦爲宋元臣焉

列傳卷第二十八

列傳卷第二十九　宋史二百七十

開府儀同三司上柱國錄軍國重事前中書右丞相監修國史領經筵事兼總裁脫脫等奉敕修

顏衎　劉可久　趙逢　蘇曉
高防　馮瓚　邊珝　王明
許仲宣　楊克讓　段思恭　侯陟
李符　魏丕　董樞

顏衎字祖德兗州曲阜人自言兗國公四十五世孫少苦學治左氏春秋梁龍德中擢第解褐授北海主簿以治行聞再調臨濟令臨濟多淫祠有針姑廟者里人奉之尤篤衎至即焚其廟後唐天成中為鄆平令符習初鎮天平習武臣之廉慎者以書告屬邑毋聚斂為獻賀衎未領書以故規行之尋為吏所訟習遽召衎答之幕客軍吏咸以為辱及正人習甚悔焉即表為觀察推官且奏前事長興初召拜太常博士習力奏留之習致仕衎東歸養親未幾房知溫鎮青州復辟置幕下知溫險愎厚斂多不法衎每極言之不避其患晉祖入洛知溫恃兵力偃蹇衎勸其入貢知溫以善終衎之力也知溫諸子不慧衎勸令以家財十萬餘上進晉祖嘉之歸功於衎知溫子彥儒授

沂州刺史衎拜殿中侍御史俄遷都官員外郎充東都留守判官改河陽三城節度副使檢校左庶子知州事居半歲得家問父在青州有風痺疾衎不奏棄官去侍疾不復有仕宦意歲餘父疾不能起衎親自擁矢未嘗少倦晉祖聞之召為工部郎中樞密直學士連使促召至闕辭曰臣無他才術未知何人誤有聞達望放臣還遂其私養晉祖曰朕自知卿非他人薦也俄廢樞密院以本官奉朝請踰年上表請還侍養授青州行營司馬丁父憂哀毀甚俄召為駕部郎中鹽鐵判官以母老懇辭有詔止守本官未幾復出

為天平軍節度副使開運末授左諫議大夫權判河南府召拜御史中丞喪亂之後朝綱不振衎執憲頗有風采嘗上言纔除御史者旋授外藩賓佐復有以私故細事求假外拜州郡無參謁之儀出入失風憲之體漸恐四方得以輕易百辟無所準繩請自今藩鎮幕僚勿得任臺官雖親王宰相出鎮亦不得奏充賓佐非奉制勘事勿得出京自餘不令鞏雜務詔惟辟召入幕如故餘從其請復抗表求侍養改戶部侍郎衎又堅乞罷免詔書褒許即與其母東歸漢乾祐末丁憂服除詔鄆州高行周津遣赴闕衎辭以足疾

不至周廣順初起為尚書右丞俄充端明殿學士太祖征兗州駐城下遣衎往曲阜祠文宣王廟城平以衎權知州事歸朝權知開封府時王峻持權衎與陳觀俱為峻所引用會峻敗觀左遷衎罷職守兵部侍郎顯德初上表求解官授工部尚書致仕還鄉里臺閣縉紳祖餞都門外冠蓋相望時人榮之建隆三年春卒于家年七十四衎守章句無文藻然諒直孝悌為時所推

劇可久字尚賢涿州范陽人沉毅方正明律令與馮道趙鳳為友後唐同光初鳳薦於朝補徐州司法以

幹職聞召為大理評事賜緋踰年遷大理正坐誤治獄責授登州司戶遇赦召為著作郎仕晉歷殿中少監太子右諭德大理少卿賜金紫晉祖崩可久方在病告有司糾以不赴國哀坐免未幾復官遷大理卿周廣順初改太僕卿復為大理卿會鄭州民李思美妻詣御史臺訴夫私鬻鹽罪不至死判官楊瑛寘以大辟有司攝治瑛瑛具伏可久斷瑛失入減三等徒二年半宰相王峻欲殺瑛召可久謂之曰死者不可復生瑛枉殺人其可恕耶可久執議益堅瑛得免死由是忤峻改太僕卿分司西京顯德三年所舉官犯

贓可久坐停任明年復起為右庶子世宗以刑書深古條目繁細難於檢討又前後敕格重互亦難詳審於是中書門下奏曰伏以刑法者御人之銜勒救弊之斧斤有國家者不可一日而廢也雖堯舜之世亦不能捨此而致治今奉制旨删定律令有以見明罰敕法之意也竊以朝廷之所用者律十二卷律疏三十卷式二十卷令三十卷開成格一十卷大中統類一十二卷後唐以來至漢末編敕三十三卷及國朝制敕等律令則文辭古質或難以詳明格敕則條目繁多或有所疑誤將救舞文之弊宜伸畫一之規所

冀民不陷刑吏有所守臣等商議望準制旨施行仍命侍御史知雜事張湜太子右庶子劇可久殿中侍御史率汀職方郎中鄧守中倉部郎中王瑩司封員外郎賈玭太常博士趙礪國子博士李光贊大理正蘇曉太子中允王伸等十人編集新格勒成部秩律令之有難解者就文訓釋格敕之有繁雜者隨事删削其有矛盾相違輕重失宜者盡從改正無或拘牽候畢日委御史臺尚書省四品以上及兩省五品以上官參詳可否送中書門下議定從之自是湜等於都省集議删定仍令大官供膳五年書成九三十卷

目曰刑統宰相請頒天下與律疏令式並行可久復拜大理卿建隆三年告老改光祿卿致仕卒年七十七可久在廷尉四十年用法平允以仁恕稱

趙逢字常夫嬀州懷戎人性剛直有吏幹父崇事劉守光為牙校後唐天祐中莊宗遣周德威平幽州因誅崇逢尚幼德威録為部曲令與諸子同就學及德威戰没胡柳陂逢乃游學河朔間久之西遊客鳳翔李從曮門下從曮卒侯益領節制逢又依之漢乾祐中益入為開封尹表逢為巡官逢不樂乃求舉進士是歲禮部侍郎集賢殿學士司徒詡典貢舉擢登甲

科解褐授祕書郎直史館周廣順中歷左拾遺右補闕皆兼史職世宗嗣位遷禮部員外郎史館脩撰顯德四年改膳部員外郎知制誥逾年轉水部郎中仍掌誥命恭帝即位賜金紫宋初拜中書舍人太祖征澤潞逢從行次河內聞李筠擁兵入寇又慮太行艱險乃妄言墜馬傷足留於懷州駕還京有密旨除拜逢當草制又稱疾不入太祖謂宰相曰此人得非規避行役者耶對曰誠如聖言遂貶房州司戶會恩量移汝州司馬乾德初召赴闕授都官郎中知制誥充史館脩撰判館事二年改判昭文館未幾充樞密直

學士加左諫議大夫蜀平出知閬州時部內盜賊攻州城逢防禦有功賊既平誅滅者僅千家妻朱氏病死京師詔給葬事代還遷給事中充職六年權知貢舉太祖征太原以逢為隨軍轉運使鑄印賜之會發諸道丁壯數十萬築堤壅汾水灌晉陽城逢白太祖乞效用即命督其版築時方盛暑逢於烈日中親課力役因而遘疾輿歸京師開寶八年卒逢揚歷清近所至有聲然傷慘酷又言多詆訐故縉紳目之為鐵緱大中祥符三年特詔録其子極為叄班借職

蘇曉字表東京兆武功人父瓚仕後唐歷秘書少監長興初曉辟鄧州從事漢祖鎮太原表為觀察支使周廣順初由華州支使入為大理正以讞獄有功遷少卿顯德中歷屯田郎中宋初詔與竇儀奚嶼張希讓等同詳定刑統為三十卷及編敕四卷建隆四年權大理少卿事遷度支郎中乾德三年出為淮南轉運使建議榷蘄黄舒廬壽五州茶置十四場規其利歲入百餘萬緡開寶三年遷司勲郎中改西川轉運使仍掌京城市征先是朝廷遣供備庫使李守信市木秦隴間守信盜官錢鉅萬既受代為部下所發守信至中牟自剄於傳舍太祖命曉案之逮捕甚衆右拾遺通判秦州馬適妻李即守信息女守信嘗用木為筏以遺適曉得守信所送書以進太祖將捨之曉上章固請寘於法仍籍其家餘所連及者多至破產盡得所隱沒官錢擢拜曉右諫議大夫判大理寺賜金紫遷左諫議大夫七年監在京商稅九年六月卒年七十三曉深文少恩當時號為酷吏及卒無子有一女甚鍾愛亦先曉卒人以為深刻所致

高防字脩己并州壽陽人性沉厚守禮法累世將家父從慶戍天井關與梁軍戰死防年十六護柩以歸事母孝好學善為詩初張從恩為北京副留守奏攝

太原府倉曹掾從恩移澶州防禦使表為判官有親校段洪進盜官木造器市取其直從恩聞之怒將殺之洪進懼思緩其罪紿曰判官使為之從恩召防詰之防即引伏洪進得免從恩遣防錢十千馬一疋遣之防拜受而去終不自明既而悔之命騎追及防不得已而還賓主如初又居帳下歲餘稍稍有言防自誣以活人從恩益加禮重從恩入為樞密副使防授國子監丞從恩留守西洛又為推官召拜殿中丞充鹽鐵推官以母喪去官服除隨從恩歷鄆晉潞三鎮判官契丹入汴晉主北行從恩欲歸款契丹召拜計

議防為陳逆順請固守臣節為左右所擠從恩不用其言遂歸契丹既行命副使趙行遷知留後從恩所親王守恩為巡檢與防同領郡事防與守恩謀誅行遷以城歸漢祖漢祖召防赴太原加檢校金部郎中乾祐初授屯田員外郎攺浚儀令時楊邠用事與防有隙未幾免職居數月夢一吏以白帕裹印自門入授防防寤而思曰白主刑吾當為主刑官乎俄而周祖即位起為刑部員外郎吏齎印至一如夢中所覩攺開封令遷本府少尹除刑部郎中宿州民以刃殺妻妻族受賂偽言風狂病瘖吏引律不加考掠具獄

上請覆防云其人風不能言無醫驗狀以何為證且禁繫踰旬亦當須索飲食願再劾必得其情周祖然之卒實於法世宗尹京判官崔頌忤旨簡求僚佐宰相首以防薦周祖曰朕方欲用之乃以防代頌世宗即位拜左諫議大夫賜金紫鞍勒馬顯德二年遷給事中從征淮南初下泰州即命防權知州事兼判海陵監事會吳師至廼遷州民入牙城分兵固守以俟外援俄而揚帥韓令坤馳騎召防吳軍復至廣陵防與令坤敗之詔書嘉奬三年攺左散騎常侍其秋召歸闕復歷知蔡宋二州再從世宗南征判行泗州及

城降命防知州事復知蔡州五年遷戶部侍郎世宗謀取蜀以防為西南面水陸轉運制置使屢發芻糧赴鳳州為征討之備太祖還自陳橋防所居為里民所略詔賜綾絹衣服衾裯鞍馬及征李筠防又為潞州東北路計度轉運使澤潞平拜尚書左丞賜銀器綵帛鞍勒馬建隆二年出知秦州州與夏人雜處罔知教養防齊之以刑舊俗稍革州西北夕陽鎮連山谷多大木夏人利之防議建採造務闢地數百里築堡要地自渭而北夏人有之自渭而南秦州有之募卒三百歲獲木萬章夏部尚波千等率諸族千餘人

涉渭奪木筏殺役兵防出與戰俘四十七人以獻太祖慮擾邊郡詔諭酋帥賜所獲之俘錦袍銀帶以遣之遂罷採木之役命吳廷祚為節度以代防歸為樞密直學士復出知鳳翔乾德元年卒年五十九太祖甚悼惜賜其子太府寺丞延緒詔曰爾父有幹蠱之才懷匪躬之節朕所眡倚遽茲淪亡聞之盡傷不能自已矧素尚清白諒無餘資殯殮所須特宜優恤今遣供奉官陳彥珣部署歸塟西洛凡所費用並從官給

馮瓚字禮臣齊州歷城人性便佞任數務巧進父知

兆後唐司農卿瓚以蔭補解褐授秘書省校書郎遷著作佐郎出為諸城令歲滿授太子右贊善大夫漢初改監察御史周廣順元年遷殿中侍御史河陽判官宋仁範與洛陽嫠婦交訟詔瓚劾之獄成大理斷以官當徒追兩官告身刑部員外郎張處素覆核無異奏行仁範詣闕訴其事詔還一官瓚洎處素俱坐降一階顯德初遷刑部員外郎充三司判官歲餘改祠部郎中充集賢院直學士宋初轉兵部郎中加金紫階瓚風神俊爽善談論有吏材太祖甚寵之擢拜左諫議大夫出知舒州境內有菰蒲魚鱉之饒居民

採以自給防禦使司超盡征之瓚奏奪民利請蠲除從之建隆四年春徙知廬州乾德三年以本官充樞密直學士時劍外初平卒有亡命者散匿為盜命瓚知梓州無何蜀軍校上官進率亡命三千餘人掠民數萬夜攻州城瓚曰賊乘夜奄至此烏合之衆以箠梃相擊必無固志正可持重以鎮之旦自潰矣城中止有雲騎兵三百令分守城門瓚坐城樓密令促其更籌未夜分擊五鼓賊悉遁去因縱兵追之擒上官進斬於市誘其餘黨千餘人並釋其罪境內獲安初太祖欲任用瓚常與趙普言瓚有奇材普忌之乃遣

詣蜀平冦潛令所親信從其行密察其過即亡入京師擊登聞鼓訟瓚及監軍綾錦副使李美通判殿中侍御史李檝受賕為姦事急召歸闕親問之詞理屢屈乃屬吏既而普遣人至潼關閱其囊裝得金帶珍玩之物皆封題將以賂劉嶅嶅方在太宗幕府瓚具伏普言法當死太祖欲貸之普固執不可乃削去名籍瓚流登州沙門島美配隸通州海門島嶅免所居官李檝者嘗與王德裔佐王饒幕太祖納孝明皇后因識之德裔輕率而檝謹厚太祖薄德裔而厚檝至是檝特免配流未幾復為御史瓚在海上凡十年不

得召開寶末遇赦放還太宗即位授左贊善大夫太平興國元年冬與禮部員外郎賈黃中左補闕程能分掌左藏三庫先是貨泉與金帛通至是以帑藏充溢乃命分之二年復賜金紫明年判大理寺改度支判官遷秘書少監充職四年上親征太原以瓚為隨駕三司判官凱旋改大理卿兼判秘書省以足疾求解優詔免朝請令於本司視事瓚抗章請退除給事中致仕復舊勳階五年卒年六十七子克忠至內殿崇班閤門祇候

邊珝字待價華州鄭人也曾祖頡石泉令祖操下邳

令父蔚太常卿琡晉天福六年舉進士解褐秘書省
校書郎直洪文館漢乾祐初為右拾遺加朝散大夫
澤州鐵奉詔視民田周廣順元年遷右補闕三年轉
起居舍人顯德二年改庫部員外郎丁外艱服闋授
職方員外郎知通州琡課鬻鹽於狼山歲增萬餘石
宋初詣衛州視秋稼及掌京倉建隆二年兄玗自河
南令入為吏部員外郎復以琡為洛陽令兄弟迭尹
赤邑時人榮之乾德初召為倉部郎中蜀平命琡知
三泉縣開寶初遷職方郎中監京兆麴務又掌永安
軍榷貨奏徙務揚州有富民訴廣陵尉謝圖殺其父

本部巡尉因之官吏推劾累三百日獄未具州以狀
聞詔琡案鞫盡得其實乃富民以私憾誣告尉即反
坐之就命權知州事仍兼榷貨務罷郡又兼掌酒稅
塩礬務未幾丁母憂起復知州事會征江表兼領淮
南轉運使金陵平知江北諸州轉運事太宗即位遷
吏部郎中召還賜金紫充廣南轉運使初至桂州守
張頌卒頌濰州人葉葬城外舊制不許以族行僕人
乃分匿其家財琡召官吏悉追取之部送其柩歸濰
州又屬郡守與護軍有忿隙者但奏令易地不致之
於罪興國五年代歸拜右諫議大夫領吏部

選事七年移知開封府明年夏卒年六十三琡精力
有吏材帝方欲倚用及聞其卒歎惜數四賻其家絹
四百匹錢二十萬琡一子早卒以其從子俊為尉氏
主簿兄玗至金部郎中弟玢右贊善大夫從子倣至
殿中丞倚為比部員外郎

王明字如晦大名成安人晉天福中舉進士不第驍
騎將藥元福為原州刺史辟為從事馮暉節制靈武
表為觀察巡官周廣順初元福領陳州防禦使奏署
判官會劉崇寇晉州命元福將兵援之事多咨於明
先是州縣吏部送丁壯餉糧一夕夫盡遁去元福怒

盡驅官吏出軍門將就戮明馳往止之入白元福曰
今軍儲無闕丁夫數萬人文吏懦不能制斷之何益
不如寬以待之賊敗凱旋公無專殺之名不亦善乎
元福感悟盡免其死既而崇衆宵遁即命元福為建
雄軍節度留鎮因奏署明為書記賜緋魚顯德初元
福移鎮陝恃功多驕恣明以直道規之忤其左右多
毀明於元福元福亦稍疎之明以父病求歸省元福
數召明明因謝絕之詣闕上書求任州縣歷清平鄆
城二縣令宋初荊南高繼沖入覲授彭門節鉞以明
為武寧軍節度掌書記乾德初召公卿近臣各舉清

白有吏幹者一人給事中馬士元以明塞詔召為左拾遺蜀平選知榮州代歸遷右補闕會用兵於嶺南選為荆湖轉運使開寳三年大舉南征以明為隨軍轉運使山路險絶舟車不通但以丁壯數萬人轉遞供億不闕每下一郡一城必先保其簿書守其倉庫既而賀州未下明入與主帥計曰當急取之恐援兵至則我師勝負未可知諸將頗猶豫明乃擐甲冑率所部護送輜重卒百人擁丁夫數千畚鍤皆作堙其塹直抵城門城中懼開門納款遂據有之因抵廣州賊衆十餘萬拒戰是夕大風發屋折木衆乃驚懼明

與都部署潘美等謀命丁夫數千人人持二炬間道先擣賊壘大軍蓐食陣以待之俄而萬炬皆發焚其柵賊驚果來犯大軍因逆擊之賊大敗斬首數萬劉鋹以城降廣州平為本道轉運使太祖嘉其功擢授祕書少監領韶州刺史充轉運使俄以潘美尹崇珂為嶺南轉運使以明為副使明偏歷部内視民疾苦舊無名科歛悉條奏除之嶺表遂安七年代歸帝召見勞問賜襲衣金帶鞍勒馬是歳將用師南唐以明為黄州刺史帝密授成筭明既視事即完葺城壘訓練士卒衆莫解其意俄而王師自荆渚乘戰艦而下

即以明為池州至岳州江路巡檢戰棹都部署擊鄂州軍於江南斬首三百級又破萬餘人於武昌殺江南軍七百人拔樊山砦破江州軍斬首三千級又破江南軍三百人於江中獲船十餘艘又擊敗湖口軍萬餘衆奪戰艦五百艘時南唐將朱令贇自上江領衆十五萬連大艦沿流而下將焚采石浮梁抵金陵為援明率所部舟師屯獨樹口遣其子馳奏請添造戰艦三百艘以襲令贇帝曰非應急策也令贇朝夕至金陵之圍解矣乃密遣人諭明令樹長木於洲浦間若帆檣之狀令贇望見之果疑大軍襲其後逗撓

不敢進明移檄諸軍相為掎角因督兵權襲之至小孤山與諸軍合勢大破之擒令贇衆赴水死者十五六金陵平詔明安撫諸郡因命知洪州太宗即位兼領江南諸路轉運使召為右諫議大夫充三司副使太平興國七年與侯陟同判三司事八年召分三司各命使領之改左諫議大夫為鹽鐵使遷給事中雍熙四年改光州刺史出知并州端拱元年代還表求换秩改禮部侍郎會契丹擾邊詔以明知真定府契丹遁去淳化初詔歸闕知京朝官差遣事二年卒年七十三子挺扶並進士及第歷臺省累為轉運使皆

知名挺至殿中侍御史扶嘗直集賢院至工部員外郎景德中録幼子揆為光禄寺主簿大中祥符八年又録其孫師顔為三班借職揆至殿中丞

許仲宣字希粲青州人漢乾祐中登進士第時年十八周顯德初解褐授濟陰主簿考功員外郎張乂薦為淄州團練判官宋初赴調引對便殿仲宣氣貌雄偉太祖悅之擢授太子中允受詔知北海軍仲宣度其山川形勢地理廣袤可以為州郡因畫圖上之遂升為濰州初議建牧馬監令仲宣行視諸州頗得善地從征并門掌給納四十餘州資糧悉能集事帝益知其彊幹開寶四年知荊南轉運事及征江南又兼南面隨軍轉運事兵數十萬供饋無闕南唐平以漕輓功拜刑部郎中中謝日召升殿獎諭賜緋九年詔知永興軍府事太宗嗣位遷兵部郎中驛召赴闕賜金紫授西川轉運使屬西南夷寇鈔邊境仲宣親至大度河諭以逆順示以威福夷人率服會言事者云江表用兵時仲宣乾沒官錢召還令御史臺盡索財計簿鉤校凡數年而畢無有欺隱改廣南轉運使會征交州其地炎瘴士卒死者十二三大將孫全興等失律仲宣因奏罷其兵不待報即以兵分屯諸州開

庫賞賜草檄書以諭交州交州即送款內附遣使修貢仲宣復上章待罪帝嘉之太平興國六年冬南郊畢遷吏部郎中八年與膳部郎中知雜滕中正兵部郎中劉保勳刑部郎中辛仲甫皆以久次郎署擢隆諫垣仲宣為左諫議大夫未幾召還以本官權度支雍熙四年出知廣州未上移知江陵府俄改河南府端拱中遷給事中淳化元年卒年六十一仲宣性寬恕倜儻不檢有心計初為濟陰主簿時令與簿分掌縣印令畜孽妾與其室爭寵令弗能禁孽欲陷其主竊取其印藏之封識如故以授仲宣翌日署事發匣則無其印因逮捕縣吏數輩及令簿家人下獄鞫問果得之於令舍竈突中令聞之倉皇失措仲宣處之晏然人服其量嘗從征江南都部署曹彬令取陶器數萬給士卒為燈具仲宣已預料置奉之如其數其才幹類此子待用至國子博士待問再舉及第至殿中丞待旦至比部員外郎待用子巨源亦登進士第

楊克讓字慶孫同州馮翊人高祖公略洪州都督晉末舉進士不第州將劉繼勳辟為戶曹掾漢乾祐中本府節度張彥成表授掌書記周廣順初彥成移鎮安陽辟下克讓以舊職從行彥成入為執金吾病篤

奏稱其材可用克讓以彥成死未葬不忍就祿退居別墅俟張氏子外除時論稱之歷鎮寧軍掌書記顯德二年調授鳳翔府司錄參軍加兼監察御史以祖母老解官歸養未幾改延州觀察推官與通判宋琪並為節度使趙贊所禮累加朝散大夫兼殿中侍御史連以家難去職太祖素知其名會贊入覲復稱其才即起為左補闕掌斬口權貨務乾德六年知果州上言願畢襄事特賜緡錢許葬畢赴任開寶三年就命為西川轉運副使蜀民懷其善政璽書褒美代歸闕下疏民利病十事稱旨太祖召升殿賜坐勞問面

賜金紫將大用為侯陟所沮事見陟傳征南唐命克讓知昇州行府昇州平就知州事兼水陸計度轉運使事加兵部員外郎太平興國初就加刑部郎中知大名府會錢俶陳洪進來歸疆土以克讓為兩浙西南路轉運使泉州民嘯聚為盜克讓在福州即率其屯兵至泉州與王明王文寶共討平之四年徙知廣州俄兼轉運市舶使明年卒年六十九克讓少好學手寫經籍盈於簽笥多收圖畫墨跡歷官廉謹幹局所至有聲每視事自旦至暮或通夕斷決如流無有凝滯當時稱為能吏子希閔字無間生而失明令諸弟讀經史一歷耳輒不能忘屬文善緘尺趙普守西洛府中牋疏皆希閔所為將奏署本府掾固辭不受普優加給贍張齊賢李沆薛惟吉張茂宗繼領府事皆優待之卒年三十九有集二十卷自教三子曰華曰嚴曰休皆登進士第曰華都官員外郎曰嚴職方員外郎曰休殿中丞希閔弟希甫淳化三年進士至屯田員外郎從子曰宣亦登進士第

段思恭澤州晉城人曾祖約定州司戶祖昶神山令父希堯晉祖鎮太原辟為從事與桑維翰同幕府晉有天下希堯累歷清顯思恭以門蔭奏署鎮國軍節

度使官天福中希堯任棣州刺史兼權鹽鐵制置使思恭解官侍養奉章入貢改國子四門博士賜緋闕運初出為華商等州觀察支使劉繼勳節制同州辟為掌書記繼勳入朝會契丹入汴軍士諠譟請立思恭為州帥思恭諭以禍福拒而弗從乃止漢祖建國授左補闕隱帝時蝗詔徧祈山川思恭上言赦過宥罪議獄緩刑苟獄訟平允則災害不生望令諸州速決重刑無致淹濫必召和氣從之歷度支駕部周顯德中定濱州田賦世宗嘉之賜金紫丁外艱服闋拜左司員外郎建隆二年除開封令遷金部郎中乾德

初平蜀通判眉州時亡命集衆攻逼州城刺史趙廷
進懼不能敵將奔嘉州思恭止之因率屯兵與賊戰
彭山軍人皆觀望無鬪志思恭矯詔募軍士先登者厚賞
於是諸軍賈勇大敗賊思恭矯詔以上供錢帛給之
後度支請按其罪太祖憐其果幹不許令知州事丁
母憂起復俄召為考功郎中知泗州會馮繼業自靈
州舉宗來朝帝以思恭代知州事仍語之曰馮繼業
言靈州非衛霍名將鎮撫之不可汝其往哉思恭曰
臣奉詔而往必能治之帝壯之賜窄衣金帶錢二百
萬仍以塗涉諸部令別齎金帛以遺之思恭下車矯

繼業之失綏撫夷落訪求民病悉條奏免之俄而回
鶻入貢路出靈州交易於市思恭遣吏市硇砂吏爭
直與之競思恭釋吏械其使數日貰之使還愬其主
復遣使齎牒詣靈州問故思恭理屈不報自是數年
回鶻不復朝貢久之遷右諫議大夫知揚州朝廷方
經略江表命思恭兼沿江巡檢每出巡委州事於通
判以牌印皷角金鉦自隨驛書自京師來者令齎至
其所事多稽滯因與通判李宥相告訐詔以屬吏思
恭辭不直責授太常少卿改知宿州太宗即位遷將
作監知泰州坐擅借官庫銀造器又妄以貢奉為名

賤市羝毛虎皮為馬飾為通判王廷範所發降授少
府少監知邢州太平興國六年遷少府監雍熙元年
南郊畢表乞復舊官再為右諫議大夫二年知壽州
端拱初遷給事中尋知陝州淳化三年卒年七十三
思恭以門資歷顯官不知書無學術然踐更吏事所
至亦著勤績子惟一至太常博士三司度支判官從
子惟幾第進士仕至兵部員外郎

侯陟淄州長山人漢末舉明經周廣順初試校書郎
為西州回鶻國信使判官還補雷澤主簿司門員外
郎姚恕凡四薦陟為襄城令汝州防禦判官濮陽襄

邑令建隆初為寬句令以清幹聞二年擢為左拾遺
仍知縣事節度袁彥頗為不法陟抗章言之彥上表
謝自陳無罪太祖亦不窮治四年令兼領本縣屯兵
俄改淮南轉運使賜緋衣黑銀帶遷右補闕乾德三
年就改侍御史明年入為左司員外郎度支判官朝
議欲以本官領省事改度支員外郎依前充判官開
寶五年復為左司員外郎六年權判吏部銓俄賜金
紫十二月詔與戶部員外郎知制誥王祐等同知貢
舉未鎖宿出知揚州會出師收金陵陟以所部敗南
唐軍千人於宣化城俄為部下所訟追赴闕陟度理

窮乃求哀盧多遜多遜素與陟善為其畫計時江表未披太祖厭兵南土暑熾軍卒疫死方議休兵以為後圖陟適從揚州來知金陵危甚多遜令上急變求見陟時被病令掖入即大言曰南唐平在朝夕陛下柰何欲班師願急取之臣若誤陛下願夷三族上屏左右召升殿問狀遂寢前議並赦陟罪復知吏部選事太平興國初遷戶部郎中俄而選人有妄冒事發詞涉於陟南曹雷德驤將奏劾之陟造便殿自首出為河北轉運使征太原為太原東路轉運使駕還次鎮州命先還上都供頓軍需以功遷左諫議大夫權御史中丞事五年同知貢舉開寶末趙普在中書陟嘗上疏言其短至是普再入相陟頗憂恚六年南郊畢加給事中七年三司使王仁贍左降以陟與王明同判三司八年卒贈工部尚書陟有吏幹性狡獪好進善事權貴巧中傷人太祖嘗召刑部郎中楊克讓命坐與語且諭以將大用陟素忌克讓偵知之因奏事上問識楊克讓否陟曰臣與克讓甚善知其人才識朝廷佳士也近聞其自言上許以大用多市白金作飲器以自奉臣頗恠之上怒亟令克讓出典郡其險詖如此

李符字德昌大名內黃人漢乾祐中郭從義討趙思綰於京兆辟符在幕府表為京兆府戶曹掾歷郿縣主簿保義軍節度推官丁內艱服除調汝州防禦判官權知州事右庶子楊格薦為大理正乾德中知歸州轉運司制置歸朝以京西諸州錢帛不登選知京西南面轉運事奏便宜百餘條凡四十八事命著為令賜緋魚因奏對稱旨遷起居郎後荊湖轉運許仲宣隨軍討南唐詔符赴荊湖調發芻糧符領船數千艘順流而下事畢賜金紫符又建議鑿橫江河以通漕運發和州三縣丁壯給其役太祖欲幸西京有事于南郊符上書陳八難曰京邑凋弊一也宮闕不備二也郊廟未修三也百司不具四也畿內民困五也軍食不充六也壁壘未設七也千乘萬騎盛暑扈行八也不從禮畢還京改比部員外郎判刑部太平興國初遷駕部轉祠部郎中知廣州兼轉運使二年符圖海外諸城及嶺外花木各一以獻在任有善政民為立生祠五年召為右諫議大夫判吏部銓兼大理寺理三司副使范旻得罪以符代之賜白金三千兩車駕幸大名領行在三司未幾坐與官屬競課最罷職守本官七年春開封尹秦王廷美出守西京以符

知開封府廷美事發太宗令歸第省過趙普令符上
言廷美在西洛非便恐有他變宜遷遠郡以絶人望
遂有房陵之貶普恐泄言坐符用刑不當貶寧國軍
行軍司馬盧多遜貶崖州也符白普曰珠崖雖遠在
海中而水土頗善春州稍近瘴氣甚毒至者必死願
徙多遜處之普不荅先是太宗尹京符因宋琪薦彌
德超事藩邸符貶德超為樞密副使屢稱其寃會德
超以事貶帝惡其朋黨徙符嶺表普移符知春州至
郡歲餘卒年五十九符無文學有吏幹好希人主意
以求進用終以此敗至道二年郊祀追復右諫議大

夫祥符五年録其子璜試將作監主簿
魏丕字齊物相州人頗涉學問周世宗鎮澶淵辟司
法參軍有盜五人獄具丕疑其寃緩之不數日果獲
真盜世宗嘉其明慎歷頓丘冠氏元城三縣令世宗
即位改右班殿直自陳本以儒進願受本資官世宗
曰方今天下未一用武之際藉卿幹事勿固辭也未
幾出監明靈砦軍世宗征淮甸丕獲江南諜者四人
部送行在詔奬之賜錢十萬遷供奉官供備庫副使
太祖即位改作坊副使時楊承信帥河中或言其反
側未安命丕賜承信生辰禮物陰察之還言其無狀

太祖嘗召對語丕曰作坊久積弊爾為我脩整之丕
在職盡力以久次轉正使開寶九年領代州刺史凡
典工作十餘年討澤潞維揚下荆廣收川峽征河東
平江南太祖皆先期諭旨令修料器械無不精辦舊
牀子弩射止七百步令丕增造至千步及改繡衣鹵
簿亦專敕丕裁製丕撤本坊舊屋為舍衛中收餘直
及斃死馬骨歲得錢七千餘緡工匠有資者均給之
太祖幸洛郊祀三司使王仁贍議雇民車牛運法物
太祖以勞民不悅召丕議之丕請揀本坊匠少壯者
二千餘分為遞鋪輸之時以為便雍熙四年代郝正

為戶部使端拱初遷度支使是冬出為黄州刺史還
朝召對便坐賜御書急就章朱邸集丕退作歌以獻
因自述願授臺省之職太宗面諭曰知卿本儒生然
清望官奉給不若刺史之優也淳化初改汝州刺史
歷知鳳州改襄州境内久旱丕以誠禱之二夕雨沾
足明年召還屢求退居西洛不許四年表求致仕授
左武衛大將軍仍領汝州刺史俄判金吾街仗初六
街巡警皆用禁卒至是詔左右街各募卒千人優以
廪給使傳呼備盜丕以新募卒引對遂分四營營設
五都一如禁兵之制五年改領鄆州刺史俄改領復

州遷左驍衛大將軍咸平二年卒年八十一丕好歌詩頗與士大夫遊接有時稱南唐主李煜妻卒遣丕充弔祭使且使觀其意趣煜邀丕登升元閣賦詩丕有朝宗海浪拱星辰之句以風動之太宗嘗賜詩令丕與柴禹錫和焉

董樞真定元氏人後唐太清中以獻書授校書郎累歷賓佐晉天福中為左拾遺知樞密院表奏周廣順初為左補闕世宗即位詔常參官各奏封事樞上平吳策淮南平遷浚儀令恭帝即位遷殿中侍御史太祖乾德初遷主客員外郎上書請伐蜀蜀平通判劍

州會全師雄叛攻劍刺史張仁謙足疾不能戰欲棄城走樞固爭戰賊敗之因招餘衆降仁謙飲樞令醉密殺降數百誣奏樞與賊通會中使自成都還備言其事太祖並召之庭辯曲直仁謙遂屈下御史臺鞫之黜宋州教練使以樞嘗貢西伐計遷比部郎中三年出蒞桂陽監使上書請伐廣南詔蒞桂陽戍卒三千令樞統之開寶二年又上方略會劉鋹令內侍曾居實侵桂陽樞擊退之三年大舉伐鋹令樞率兵趨連口克之改兵部郎中權知連州兼行營招撫使嶺南平賜錢三百萬四年移知襄州又為河北轉運使改判西京留司御史臺初樞罷桂陽監以左贊善大夫孔璘代之璘通三禮嘗講學於河朔擢第歷州縣及升朝蒞桂陽歲滿以太子洗馬趙瑜代之瑜趙州人家世豪右自言諳練邊事開寶中命為易州通判歲滿移桂陽瑜至即稱疾遂以著作郎張侃代之侃至月餘奏瑜在任累月得羨銀數十斤雖送官而不具數聞計樞與璘隱沒可知矣詔下御史案之獄具有司計盜贓法俱當死太祖曰趙瑜非自盜但不能發擿耳樞璘並坐死瑜決杖流海島擢侃為屯田員外郎

論曰顏衎振舉風憲不避彊禦劇可久居廷尉之任以平允聞趙逢果斷之士而獨尚嚴酷處之要密之職則非所宜蘇曉銳意深刻樂致人罪後嗣衰謝厥報不誣高防陳逆順以聳臣節體明慎而究疑獄洽迹清操沒而彌章若其自誣以救人之死古人何加焉馮瓚省關市之苛賦設方畧以擊賊功若可稱而巧宦任數竟致傾敗理固然矣邊珝王明許仲宣揚克讓當官效用以清幹稱然仲宣寬簡持重造次不撓蓋人之難能者王明累參戎事預立戰功至若開諭元福止其暴誅此赴蹈之仁也段思恭遏亂兵擊

群寇便宜從事以著奇績斯亦可矣然不能動遵規
矩速訟左降者再焉侯陟吏才適用患在忮刻李符
博通時務乃事深文以致技葸自斃遂為口實魏丕
久典工効以濟戎用至於平反冤盜之獄拔揚承信
之誣善尤可稱董樞論平吳伐蜀及取廣南咸克舉
之且多戰功而以貪墨取敗惜哉

列傳卷第二十九

列傳卷第三十　宋史二百七十一

開府儀同三司上柱國錄軍國重事前中書右丞相監修國史領經筵事都總裁脫脫等奉勑修

馬令琮　杜漢徽　張廷翰　吳虔裕
蔡審廷　周廣　張勳　石曦
張藏英　陸萬友　解暉　李韜
王晉卿　郭廷謂從子延濬 子延澤　趙延進
輔超

馬令琮本名令威避周祖名改之大名人父全節五
代史有傳全節歷橫海定遠昭義彰德定武天雄六
節度皆署令琮為牙校累授彰德牙內都指揮使檢
校尚書左僕射領勤州刺史令琮少善騎射嘗從其
父平安州及與鎮州安重榮戰皆有功由是知名晉
開運二年全節卒令琮起復拜隰州刺史漢祖開國
為西京巡撿使周祖受命改陳州刺史徙兗州為京
城四門外巡撿世宗嗣位移隨州顯德二年入為虎
捷左第一軍都指揮使六年兼領建州刺史太祖即
位出刺懷州李筠叛將親征召三司張美調兵食美
言河內密邇上黨令琮日夜儲蓄以俟王師太祖善
之命授團練使執政言令琮方供億大軍不可移他

郡故升懷州為團練以令琮充使又充先鋒都指揮使澤潞平為昭義兵馬鈐轄踰年被疾詔許歸郡乾德元年卒年三十九太祖甚憐之録其子延恩為殿直

杜漢徽京兆長安人父阿孫為太原威勝軍使漢徽有膂力善騎射年十七仕後唐武皇為廳直隊長天成中累遷護聖軍使晉天福六年與慕容鄴等討安州李金全生禽指揮使孫厚以功遷興順指揮使八年從征鎮州安重榮改護聖指揮使贈阿孫為左賛善大夫開運二年以所部戍深州破契丹於樂壽殺

獲甚衆漢初從高行周討杜重威於鄴屢為流矢所中身被重創猶力戰觀者壯之又率所部戍鎮州破契丹於靈壽獲車馬甚衆周世宗征劉崇漢徽有戰功補龍捷左第五軍都虞候移所部屯安平縣破契丹於縣南獲器甲車帳遷本軍左第四軍都虞候宋初補本軍都校領茂州刺史改領潮州從平李筠又從平李重進録功居多建隆三年出為天長軍使移雄武軍使知屯田事是冬被病即以符印授通判宋鸞請告歸京家人勸其求醫藥漢徽笑曰我在戎行四十年大小百餘戰不死幸矣安用藥為未幾卒

張廷翰冀州信都人父慎圖仕周為兵部郎中廷翰少慷慨有智略善騎射晉天福中冀州刺史張建武召補牙校其後刺史李冲署為本州牢城軍校契丹入中原署其黨何行通為刺史契丹主道殂州人共殺行通推廷翰知州事漢初就拜刺史廷翰盡捕殺行通者戮於市為政寛厚簡易民甚愛之周廣順初召赴闕周祖見其貌魁偉謂樞密使王峻曰冀州近邊雖更擇人亦無踰廷翰者即日遣還在郡八年契丹將高年翰數擾邊皆為廷翰擊走廷翰家富於財歳遣人齎金帛北入市善馬常得數百匹貢獻外悉

遺貴近甚獲美譽顯徳中歷棣海沂三州團練使屢率兵敗淮人移萊州宋初又歷冀亳二州乾徳二年卒年四十七

呉虔裕許州許田人父徽左屯衛將軍虔裕少為郡吏漢祖鎮許愛其精謹署以右職及移鎮太原以虔裕從開國擢為引進使轉内客省使時鎮州節度劉在明卒遣虔裕率兵巡護隱帝即位召為宣徽北院使周祖討三叛以虔裕為河中行營都監率護聖諸軍五千以徃李守貞出兵五千餘設梯橋分五路於長連城西北以禦周祖周祖令虔裕率大軍横擊之

蒲人敗走奪其梯橋殺傷大半師還賜襲衣玉帶會
樞密使楊邠上言求解職隱帝遣人諭邠曰樞機之
任非卿不可卿何聽間離而為此請耶使至而虔裕
在坐即颺言曰機要重地非可久處俾後來者迭居
可也使還以白帝帝怒出虔裕為鄭州防禦使乾祐
末誅大臣急詔入朝命將兵守澶州及留子陂戰敗
遂降周祖廣順初遣還賜以襲衣玉帶鞍勒馬從周
祖討慕容彥超破之改汝州防禦使歷右衛左金吾
衛二大將軍兼街仗使太平興國六年遷右千牛衛
上將軍仍判左街仗事虔裕掌金吾三十餘年端拱

宋史二百七十一 三百九十八个 宋史列傳卷三十 四 湯惠寫 朱名刊

初卒年八十八贈太尉虔裕性簡率言多輕肆右金
吾上將軍王彥超告老虔裕語人曰我縱僵仆殿階
下斷不學王彥超七十致仕人傳笑之每朝會及從
遊宴太宗憐其壽高常慰撫之子延彬至儀鸞副使
延彬子仁美至內殿崇班

蔡審廷磁州武安人曾祖凝邢州別駕祖綰武安遠
城三冶使父顥洺州長史審廷少能騎射晉初應募
補護聖散都頭周顯德初擢為殿前散員轉鐵騎副
兵馬使從世宗戰高平有功遷軍使太祖為殿前都
點檢從世宗征淮南審廷隸麾下預戰紫金山改副

指揮使宋初授殿前散都頭指揮使從征李筠攻澤
州先登為飛石傷足帝賜以良藥美酒及車駕還京
幸其官署問之賜賚甚厚尋轉內殿直都虞候俄改
伴飯都指揮使建隆中領富州刺史兼內外馬步軍
副都軍頭乾德初授冀州刺史征太原時為北面步
軍都指揮使屯兵易州審廷訓練士卒甚整太祖過
鎮陽見於行在所賜名馬寶劍命為鎮州兵馬都鈐
轄開寶八年卒年六十九

周廣字大均其先應州神武川人父密事晉歷鄜延
晉三鎮節度使周廣順初至太子太師致仕廣幼從

宋史二百七十一 三百十二个 宋史列傳卷三十 五 湯德鴻 徐名鴻

其父為牙校漢初授供奉官未幾擢左千牛衛將軍
周祖命將討慕容彥超於兗州以廣為行營都監賊
平錄功遷右武衛將軍俄改右神武將軍充鎮淮軍
兵馬都監從世宗征淮南既得江北數州即命廣勞
來安集民甚德之因領常州刺史兼內外馬步軍都
軍頭淮南平改眉州刺史宋初授隰州刺史乾德三
年遷潘州團練使令訓練雄武諸營開寶二年從征
太原為攻城樓櫓戰櫂都部署師還加內外馬步軍
副都軍頭六年改右屯衛大將軍領郡如故太平興
國二年卒

張勳河南洛陽人晉開運中事留守景延廣為典客延廣表為供奉官周世宗將征淮南以勳為申州緣淮巡檢因採光州機事聞于朝廷即命勳率兵同討平之遂監光州軍充內外巡檢後攻黃州敗吳人於麻城復破栢業山砦目中流矢還內園副使及征瀛莫以為霸州兵馬都監初征李筠勳從石守信董前軍拔大會砦及敗筠衆於太行破澤州皆預有功太祖還京命權知許州未幾李重進叛又詔與石守信李處耘先率兵進討拔揚州以勳為兵馬都監還遷氈毯使討朗陵充前軍兵馬都監荊湖平以功就拜衛州刺史乾德初克郴州及桂陽監以勳為刺史兼監使五年代歸至揚州卒年六十八太祖甚憐之錄其子廷敏為殿直勳性殘忍好殺每攻破城邑但揚言曰且斬頗有橫罹鋒刃者將赴衛州州民皆涕泣相謂曰張且斬至矣吾輩何以安乎

石曦并州太原人晉祖弟韓王暉之子天福中以曦為右神武將軍歷漢至周為右武衛左神武二將軍恭帝即位初為左衛將軍會高麗王昭加恩命曦副左驍衛大將軍戴交充使建隆三年再使高麗遷左驍衛大將軍護秦州屯兵西人犯邊曦率所領擊破之斬渠帥十三人太祖征晉曦領兵二千人自澤潞除道至太原壅汾水灌其城又益兵千人部攻遼州俄知雄州代為潭州鈐轄開寶八年領兵敗南唐軍二千餘于袁州平梅山板倉諸洞蠻寇俘馘數千人太平興國中歷右神武右羽林大將軍連知孟襄二州遷領誠州刺史雍熙四年改知霸州兼部署會陳廷山謀以平戎軍叛入北邊曦察知之與侯延濟定計禽廷山以獻錄其功加領本州團練使同知鎮州淳化二年移原州遷右龍武軍大將軍被病請告詔特給全奉四年卒年七十四賵賻加等

張藏英涿州范陽人自言唐相嘉貞之後唐末舉族為賊孫居道所害藏英年十七僅以身免後逢居道於幽州市引佩刀刺之不死為吏所執節帥趙德鈞壯之釋而不問以補牙職藏英後聞居道避地關南乃求為關南都巡檢使至則微服携鐵檛匿居道舍側伺其出擊之仆於地齧其耳啖之遂禽歸設父母位陳酒肴縛居道於前號泣鞭之臠其肉經三日剖其心以祭即詣官首服官為上請而釋之燕薊間目為報讎張孝子契丹用為盧臺軍使兼榷鹽制置使領坊州刺史周廣順三年率內外親屬并所部兵千

餘人及煮鹽戶長幼七千餘口牛馬萬計舟數百艘航海歸周至滄州刺史李暉以聞周祖頗疑之令館於封禪寺俄賜襲衣銀帶錢十萬絹百匹銀器鞍勒馬數月世宗即位授德州刺史未幾召歸對便殿詢以備邊之策藏英請於深州李晏口置砦及誘境上亡命者以隸軍願為主將得便宜討擊世宗悉從之以為緣邊招收都指揮使賜名馬金帶藏英遂築城李晏口累月募得勁兵數千人會遣鳳翔節度王彥超巡邊為契丹所圍藏英率新募兵馳往擊之轉戰十餘里契丹解去改濮州刺史仍領邊任契丹將高

牟翰以精騎數千擾邊藏英逆擊於胡盧河北自旦至晡殺傷甚衆值暮收兵契丹遁去後因領兵巡樂壽契丹幽州驍將姚內斌偵知藏英兵少以精騎二千陣於縣之北藏英率麾下擊之自辰及申士皆殊死戰內斌遂解去世宗降璽書褒美征瓦橋關為先鋒都指揮使敗契丹騎數百於關北下固安縣又改關南排陣使宋初遷瀛州團練使并護關南軍建隆三年卒於治所年六十九孫鑑自有傳

陸萬友蔚州靈丘人少隸太原為裨校漢祖起義擢為護聖指揮使隱帝即位出為天雄軍馬軍都指揮使周祖之起兵也萬友預謀及踐阼擢為散員都指揮使領獎州刺史世宗嗣位遷龍捷左第三軍都指揮使轉控鶴右廂都校領虔州團練使改虎捷右廂領閬州防禦使恭帝嗣位出為安州防禦使宋初歷沂蘄二州防禦使乾德四年改汝州開寶中討南唐造舟于采石磯以濟師命萬友守之江南平為和州防禦使太宗嗣位以為晉絳等州都巡檢使帝征太原充汾石二州以萬友為石州都巡檢使俄兼知石州移巡警鳳翔秦隴代歸詔知瀛州在郡二年政務苟簡雍熙二年改右監門衛大將軍充河陰兵馬都

監逾年卒年七十三萬友始業圬鏝既貴達不忘本以銀為圬鏝器數十事示子孫性猛暴以武勇自任所至無善政太宗以其勳舊恩遇不替聘其次女為許王■夫人

解暉洛州臨洛人父珪應募為州兵後唐天成中西征至劒門歿於陣暉少有勇力以父死戎事得隸兵籍戍鴈門與契丹接戰斬首七級獲酋長一人以功遷奉國軍隊長晉天福中安重榮反鎮州因舉兵向闕至宋城晋師逆戰大破之暉募軍中壯士百餘人夜擣賊壘殺獲甚衆暉頰中流矢而督戰自若顏色

不撓以功遷本軍列校周廣順初劉崇與契丹侵晉州暉從都部署樞密使王峻等往援之暉率敢死十三十餘夜入契丹帳擊之殺獲甚衆遷本軍第五指揮使從世宗征淮南率所部下黄州禽刺史高弼遷虎捷第一軍都虞候宋初步軍都軍頭從征澤州力戰目中流矢師還策勲為内外馬步軍副都軍頭建隆四年充湖廣道行營前軍戰權都指揮使潭州平降璽書奬諭偽統軍黄從志據岳州暉率舟師討平之生禽從志及將校十四人俘斬數千溺死者衆改控鶴右第二軍都指揮使領高州刺史乾德六年詔領所部軍屯上黨從李繼勲略太原開寶九年破太原軍於境上斬首千餘級獲馬三十匹改均州刺史太平興國二年詔於潞州北亂柳石圍中築城名威勝軍以暉為軍使從征并州與尚食使石彥贇率所部先下隆州殺并州三百餘禽招討使李詢等六人以獻于行在所賜予有加復令與彥贇督戰士隸城西行營分攻太原劉繼元降太宗以太原宮女三人賜暉俄以功遷本州團練使知覇州雍熙初充雲應寰朔忻代等州都巡檢使三年代歸本郡淳化二年被病上章告老改右千牛衛上將軍致仕詔未至而

卒年八十暉鷙猛木強每受詔征伐常身先之人所憚者暉視之若甚易由是頻立戰功金創徧體時稱驍將子守顒至内殿崇班閤門袛候

李韜河朔人有勇力膽氣善用矟為禁軍隊長周祖征三叛韜從白文珂攻河中兵傳其城文珂夜詣周祖議犒軍留韜城下時營柵未備李守貞乘虚來襲營中忽見火發知賊驟至惶怖失據客省使閻晉卿率左右數十人遇韜於月城側謂韜曰事急矣城中人悉被黄紙甲為火光所照色俱白此殊易辨奈軍士無鬬志何韜憤怒曰豈有食君禄而不為國致死耶即援矟而進軍中死士十餘輩隨韜犯賊鋒蒲有猛將躍馬持戈擬韜韜刺之洞胷而墜又連殺數十人蒲軍遂潰因擊大破之守貞自是閉壘不敢出俄驍將王三鐵降城遂平韜由此知名累遷軍校出為趙州刺史移慈州乾德六年卒

王晉卿河朔人少勇敢為鄉里所推周世宗在澶淵晉卿以武藝求見得隸帳下及即位補東頭供奉官從戰高平征淮甸每遣宣傳密旨甚親信之洎北征為先鋒都監督戰有功詔權控鶴都虞候克關南授軍器庫使顯德四年為龍捷右第一軍都指揮使領

彭州刺史恭帝即位出為濱州刺史乾德中為興州刺史四年移漢州時蜀初平寇盜充斥晉卿嚴武備設方略禽捕剪滅靡有遺漏自是雖劇賊無敢窺其境然以賄聞太祖惜其才而不問秩滿歸闕以疾求頤養改左監門衛將軍奉朝請貢重錦十匹銀千兩以謝詔不納以其黷貨愧之也未幾詔戍北邊疆埸清肅開寶四年復授莫州刺史在郡謹斥候善撫循士卒皆樂為之用邊民安堵六年八月卒年六十七

郭廷謂字信臣徐州彭城人父全義仕南唐為濠州觀察使廷謂幼好學工書善騎射補殿前承旨改濠

州中軍使李景每令偵中朝機事入奏全義卒擢莊宅使濠州監軍周世宗攻淮右南人屢敗城中甚恐廷謂與州將黃仁謙為固禦之計周師遣諜以鐵券及其壘廷謂拒之城中負販之輩率不逞廷謂慮其亡逸籍置大寺遣兵守之給日食俾製防城具隨其所習以故周師卒不得覘城中虛實周師為浮梁渦口命張從恩焦繼勳守之廷謂語仁謙曰此濠壽之患也彼以騎士勝故利於陸我以舟師銳故便於水今夏久雨淮流汎溢願假舟兵二千斷其橋屠其城直抵壽春仁謙初沮其議不得已從之即輕擢銜枚抵其橋麾兵斷笮悉焚之周師大衂死者不可計焚其資糧而還以功授武殿使周師退保定遠又募壯士為負販狀入定遠偵軍多寡及守將之名還曰武行德周務勍也廷謂曰是可圖也又籍鄉兵萬餘洎卒五千日夕訓練依山銜枚設伏以破之周師大潰行德單騎脫走時有以玉帛子女餉廷謂者悉拒之唯取良馬二百匹以獻以功為滁州刺史上淮巡檢應援兵馬都監及紫金山之戰南唐諸將多歸降者獨廷謂以全軍還守濠州追不能及時濠守欲棄城走廷謂止之俄加本州團練使繕戈甲治溝壘常若

敵至是秋周師復至表于景請援且言周兵四臨乞甲辭請和以固鄰好夜出敢死士千餘襲周營焚頭車洞屋周師蹂躪死者甚衆既而援兵不至周師急擊廷謂集諸軍壘門之外南望大慟而降于周至山陽見世宗特加宴勞賜金帶襲衣良馬器皿拜亳州防禦使以其弟本州馬步都校廷讚為和州刺史命攻天長軍降其將馬贇又為樓櫓戰櫂左右廂都監俄歸譙郡宋初從征上黨拜知亳州乾德二年代還改絳州防禦使兩川平馮瓚知梓州為僕夫所訟召廷謂為靜江軍節度觀察留後以代之州承舊政有

莊宅戶車脚戶皆隸州將鷹鷂戶日獻雉兎田獵戶歲入皮革又有鄉將都將鎮將輩互擾閭里廷謂悉除之開寶五年卒年五十四廷謂性恭謹事母以孝聞未嘗不束帶立侍子廷濬廷謂兄廷諭仕南唐爲太子洗馬致仕宋初至祕書監廷諭子延澤

延濬字利川幼謙和初廷謂爲靜江軍節度使延濬爲桂州牙内都指揮使廷謂卒太祖録延濬爲供奉官屢使西北宣諭機事太平興國初以内庭宣索及殿前賜賚移文庫務未有專領之者乃置合同憑由應命延濬與内藏庫副使劉蒙正掌之又領八作司

及督治汴河雍熙三年改崇儀使詔與翟守素田仁朗王繼恩往河北分路按行諸州城壘發鎮兵葺之端拱二年詔建河北方田命延濬等五人共往規畫會罷其務而止淳化四年李順亂改西京作坊使充成都十州都巡檢使時成都將陷延濬單騎入城與郭載議募亡卒退保劒門賊數千來躡其後擊破之王繼恩率兵至以延濬爲先鋒壕砦使即領兵倍道先進賊出探騎數十延濬悉禽之盡得賊機事延濬易旗變號賊不知覺斬關擁入斬千餘級繼恩又請延濬知漢州州經兵燹廨舍橋梁城砦悉毀延濬募軍民葺之又率州將以應軍須録功改洛苑使又命率兵屯遂州劒門鈐轄轉運使劉錫言其勞詔書襃獎眞宗初改内園使代還會河朔用兵延濬馳往邊城按視砦壘咸平二年疾卒子有倫爲供奉官閤門祗候

延澤字德潤南唐試祕書省正字乾德中四遷著作佐郎轉殿中丞知建州淳化二年太宗聞延澤泊右贊善大夫董元亨皆好學博通典籍詔宰相召問經史大義皆條對稱旨命爲史館撿討歷國子周易博士國子博士咸平中求休退授虞部員外郎致仕居

濠州城南有小園以自娛其詠牡丹千餘首聚圖籍萬餘卷手自刋校范杲韓丕皆與之游景德初卒元亨亦至虞部員外郎嘗纘玄門碑誌三十卷

趙延進澶州頓丘人父暉周太子太師暉爲偏將時趙在禮據鄴延進頗親學嘗與軍中少年入民家競取財賄延進獨持書數十編以歸同輩哂之漢末暉領鳳翔節度未赴鎮王景崇據城反命暉爲都招討使擊之延進年十八屢當軍鋒景崇平延進奉捷奏以入授鳳翔牙内指揮使領貴州刺史暉徙宋州亦從爲牙職改領滎州刺史雎陽有盜數百各立酋帥

為民患延進以父命領牙兵千餘悉禽戮之詔書褒
美丁外艱表求持服既終喪周世宗征淮南延進獻
萬緡以助軍仍請對世宗召見之時延進有從兄為
虎捷都虞候帳前横衝指揮使世宗指延進語之曰
爾弟拳勇有謀將授以禁軍大校延進自陳好讀書
不願也翌日授右千牛衛將軍濠州兵馬鈐轄從征
瓦橋關為隨駕金吾街仗使宋初遷右羽林軍將軍
濠州都監會伐蜀以襄州當川路津要命為鈐轄同
知州務蜀平專領郡事漢江水歲壞隄害民田常與
工修護延進累石為岸遂絕其患入為兩浙漳泉國

信使開寶二年授右龍武將軍知靈州以母老願留
得擢判右金吾街仗使歷知河中府梓相青三州太
平興國中大軍平并州討幽薊皆為攻城八作壕砦
使嘗詔督造礮具八百期以半月延進八日成太宗
親試之大悅又令主城北諸洞子及班師命與孟玄
喆藥可瓊留屯定州遼人擾邊命延進與崔翰李繼
隆將兵八萬禦之賜陣圖分為八陣俾以從事師次
蒲城遼騎坌至延進乘高望之東西亘野不見其際
翰等方按圖布陣陣去各百步士衆疑懼略無鬭志
延進謂翰等曰主上委吾等以邊事蓋期於克敵爾

今敵衆若此而我師星布其勢懸絕彼若持我將何
以濟不如合而擊之可以決勝違令而獲利不猶愈
於辱國乎翰等曰萬一不捷則若之何延進曰儻有
喪敗則延進獨當其責於是改為二陣前後相副士
衆皆喜三戰大破之獲人馬牛羊鎧甲數十萬以功
遷右監門衛大將軍知鎮州及代吏民數千守闕借
留詔許留一年俄改右領軍衛大將軍出為高陽關
平戎軍都監兼緣邊巡檢改鈐轄知揚州召入授右
屯衛大將軍徙知相州遷右驍衛大將軍改知鄧州
淳化初飛蝗不入境詔褒之還判右金吾街仗事至

道二年拜右金吾衛大將軍咸平二年卒年七十三
贈左武衛上將軍延進姿狀秀整涉獵經史好作詩
什士流以此多之延進妻即淑德皇后之妹故在顯
德興國中頗任以腹心子昻太平興國二年登進士
第至户部郎中直昭文館

輔超忻州秀容人家世業農超少勇悍有力晉開運
中應募隸澶州軍籍漢乾祐中趙思綰據永興叛周
祖護諸將討之督兵攻城超率驍勇十七人升雲梯
斫北門樓樓壞而入士卒繼進城遂陷以功補小校
顯德中從太祖征淮南常執銳前驅定滁泗破淮陰

下揚州以功轉日騎副兵馬使宋初從平上黨幷遷
内直都知太宗即位以超為馬軍都軍頭會親征太
原冐矢石攀堞先登身被十三創帝嘉其勇賜錦袍
銀帶帛五十段詰朝幷乘城中流矢者八復加厚賜
大舉襲范陽分兵三路超隷偏將米信為田重進先
鋒取飛狐蔚州遷馬步軍副都軍頭俄出補曹州馬
步軍都指揮使領峯州刺史改欒州召歸轉都軍頭
淳化三年出為徳州刺史坐誣奏使者毆殺驛吏責
授右監門衛将軍領誠州刺史五年復加都軍頭領
澄州刺史真宗即位加領撫州團練使真拜萊州團

練使以年老願留京師從之景徳元年卒年七十七

論曰太祖有天下凡五代之臣無不以恩信結之既
以安其反側亦藉其威力以鎮撫四方故一時諸将
呉虔裕蔡審廷之徒數從征討咸有勞績焉若馬令
琮守河内儲兵食以迎王師解暉擊湖南冐鋒鏑以
禽敵將此忠藎驍果尤可稱者漢徽之疾危辭藥藏
英之為親復讎亦皆一節之美惟張勳嗜殺晉卿冐
貨雖立威著勳所不取也

列傳卷第三十

列傳卷第三十一　宋史二百七十二

開府儀同三司上柱國録軍國重事前中書右丞相監修國史領經筵事都總裁臣脱脱等奉
敕修

楊業 子延昭等 王貴附　荆罕儒 從孫嗣
曹光實 從子克明　張暉
司超

楊業并州太原人父信為漢麟州刺史業幼倜儻任
俠善騎射好畋獵所獲倍於人嘗謂其徒曰我他日
為将用兵亦猶用鷹犬逐雉兎爾弱冠事劉崇為保
衛指揮使以驍勇聞累遷至建雄軍節度使屢立戰

功所向克捷國人號為無敵太宗征太原素聞其名
嘗購求之既而孤壘甚危業勸其主繼元降以保生
聚繼元既降帝遣中使召見業大喜以為右領軍衛
大将軍師還授鄭州刺史帝以業老於邊事復遷代
州兼三交駐泊兵馬都部署帝密封槖裝賜予甚厚
會契丹入鴈門業領麾下數千騎自西京而出由小
陘至鴈門北口南嚮背擊之契丹大敗以功遷雲州
觀察使仍判鄭州代州自是契丹望見業旌旗即引
去主將戍邊者多忌之有潛上謗書斥言其短帝覽
之皆不問封其奏以付業雍熙三年大兵北征以忠

武軍節度使潘美為雲應路行營都部署命業副之以西上閤門使蔚州刺史王侁軍器庫使順州團練使劉文裕護其軍諸軍連拔雲應寰朔四州師次桑乾河會曹彬之師不利諸路班師美等歸代州未幾詔遷四州之民於內地令美等以所部之兵護之時契丹國母蕭氏與其大臣耶律漢寧南北皮室及五押惕隱領衆十餘萬復陷寰州業謂美等曰今遼兵益盛不可與戰朝廷止令取數州之民但領兵出大石路先遣人密告雲朔州守將俟大軍離代州日令雲州之衆先出我師次應州契丹必來拒即令朔州

民出城直入石碣谷遣強弩千人列於谷口以騎士援於中路則三州之衆保萬全矣侁沮其議曰領數萬精兵而畏懦如此但趨鴈門北川中鼓行而往文裕亦贊成之業曰不可此必敗之勢也侁曰君侯素號無敵今見敵逗撓不戰得非有他志乎業曰業非避死蓋時有未利徒令殺傷士卒而功不立今君責業以不死當為諸公先將行泣謂美曰此行必不利業太原降將分當死上不殺寵以連帥授之兵柄非縱敵不擊蓋伺其便將立尺寸功以報國恩今諸君責業以避敵業當先死於敵因指陳家谷口曰諸君

於此張步兵強弩為左右翼以援俟業轉戰至此即以步兵夾擊救之不然無遺類矣美即與侁領麾下兵陣於谷口自寅至巳侁使人登托邏臺望之以為契丹敗走欲爭其功即領兵離谷口美不能制乃緣交河西南行二十里俄聞業敗即麾兵却走業力戰自午至暮果至谷口望見無人即拊膺大慟再率帳下士力戰身被數十創士卒殆盡業猶手刃數十百人馬重傷不能進遂為契丹所擒其子延玉亦沒焉業因太息曰上遇我厚期討賊捍邊以報而反為姦臣所迫致王師敗績何面目求活耶乃不食三日死

帝聞之痛惜甚俄下詔曰執干戈而衛社稷聞鼓鼙而思將帥盡力死敵立節邁倫不有追崇曷彰義烈故雲州觀察使楊業誠堅金石氣激風雲挺隴上之雄才本山西之茂族自委戎乘式資戰功方提貔虎之師以效邊陲之用而群帥敗約援兵不前獨以孤軍陷於沙漠勁果猋厲有死不回求之古人何以加此是用特舉徽典以旌遺忠魂而有靈知我深意可贈太尉大同軍節度賜其家布帛千匹粟千石大將軍潘美降三官監軍王侁除名隸金州劉文裕除名隸登州業不知書忠烈武勇有智謀練習攻戰與士

卒同甘苦代北苦寒人多服氈罽業但挾纊露坐治軍事傍不設火侍者殆僵仆而業怡然無寒色為政簡易御下有恩故士卒樂為之用朔州之敗麾下尚百餘人業謂曰汝等各有父母妻子與我俱死無益也可走還報天子衆皆感泣不肯去淄州刺史王貴殺數十人矢盡遂死餘亦死無一生還者聞者皆流涕業既沒朝廷録其子供奉官延朗為崇儀副使次子殿直延浦延訓並為供奉官延瓌延貴延彬並為殿直

延昭本名延朗後改焉幼沉默寡言為兒時多戲為

軍陣業嘗曰此兒類我每征行必以從太平興國中補供奉官業攻應朔延昭為其軍先鋒戰朔州城下流矢貫臂鬬益急以崇儀副使出知景州時江淮凶歉命為江淮南都巡檢使改崇儀使知定遠軍徙保州緣邊都巡檢使就加如京使咸平二年冬契丹擾邊延昭時在遂城城小無備契丹攻之甚急長圍數日契丹每督戰衆心危懼延昭悉集城中丁壯登陴賦器甲護守會大寒汲水灌城上旦悉為冰堅滑不可上契丹遂潰去獲其鎧仗甚衆以功拜莫州刺史時真宗駐大名傅潛握重兵頓中山延昭與楊嗣石普屢請益兵以戰潛不許及潛抵罪召延昭赴行在屢得對訪以邊要帝甚悅指示諸王曰延昭父業為前朝名將延昭治兵護塞有父風深可嘉也厚賜遣還是冬契丹南侵延昭伏鋭兵於羊山西自北掩擊且戰且退及西山伏發契丹衆大敗獲其將函首以獻進本州團練使與保州楊嗣並命帝謂宰相曰嗣及延昭並出疎外以忠勇自效朝中忌嫉者衆朕力為保庇以及於此五年契丹侵保州延昭與嗣提兵援之未成列為契丹所襲軍士多喪失命李繼宣王汀代還將治其罪帝曰嗣輩素以勇聞將收其後效即

宥之六年夏契丹復侵望都繼宣逗遛不進坐削秩復用延昭為都巡檢使時講防秋之策詔嗣及延昭條上利害又徙寧邊軍部署景德元年詔益延昭兵滿萬人如契丹騎入寇則屯靜安軍之東令莫州部署石普屯馬村西以護屯田斷黑盧口萬年橋敵騎奔衝之路仍會諸路兵掎角追襲令魏能張凝田敏奇兵牽制之時王超為都部署聽不隷屬延昭上言契丹頓澶淵去北境千里人馬俱乏雖衆易敗凡有剽掠率在馬上願飭諸軍扼其要路衆可殲焉即幽易數州可襲而取奏入不報乃率兵抵遼境破古城

俘馘甚衆及請和真宗選邊州守臣御筆録以示宰相命延昭知保州兼緣邊都巡檢使二年追叙守禦之勞進本州防禦使俄徙高陽關副都部署在屯所九年延昭不達吏事軍中牒訴常遣小校周正治之頗為正所罔因緣為姦帝知之斥正還營而戒延昭焉大中祥符七年卒年五十七延昭智勇善戰所得奉賜悉犒軍未嘗問家事出入騎從如小校號令嚴明與士卒同甘苦遇敵必身先行陣克捷推功於下故人樂為用在邊防二十餘年契丹憚之目為楊六郎及卒帝嗟悼之遣中使護櫬以歸河朔之人多望

柩而泣録其三子官其常從門客亦試藝甄叙之子

文廣

文廣字仲容以班行討賊張海有功授殿直范仲淹宣撫陝西與語奇之置麾下從狄青南征知德順軍為廣西鈐轄知宜邕二州累遷左藏庫使帶御器械治平中議宿衛將英宗曰文廣名將後且有功遷擢成州團練使龍神衛四廂都指揮使遷興州防禦使秦鳳副都總管韓琦使築篳篥城文廣聲言城噴珠率衆急趣篳篥比暮至其所部分已定遲明敵騎大至知不可犯而去遺書曰當白國主以數萬精騎逐汝文廣遣將襲之斬獲甚衆或問其故文廣曰先人有奪人之氣此必爭之地彼若知而據之則未可圖也詔書褒諭賜襲衣帶馬知涇州鎮戎軍為定州路副都總管遷步軍都虞候遼人爭代州地界文廣獻陣圖并取幽燕策未報而卒贈同州觀察使

王貴者并州太原人廣順初補衛士宋初累遷至散員都指揮使馬步軍都軍頭領勝州刺史太平興國二年出為淄州刺史受詔從潘美北征攻沁州頗立戰功及從楊業為遼兵所圍親射殺數十人矢盡張空拳又擊殺數人遂遇害年七十三擢其子文昱供

奉官文昱殿直

荆罕儒冀州信都人父基王屋令罕儒少無賴與趙鳳張輦為群盜晉天福中相率詣范陽委質燕王趙延壽得掌親兵開運末延壽從契丹主德光入汴署罕儒密州刺史漢初改山南東道行軍司馬周廣順初為率府率奉朝請貧不能振顯德初世宗戰高平戮不用命者因求驍勇士通事舍人李延傑以罕儒聞即召赴行在命為招收都指揮使會征太原命罕儒率步卒三千先入敵境罕儒令人負束芻徑趨太原城焚其東門擢為控鶴弩手大劍直都指揮使從

平淮南領光州刺史改泰州為下蔡守禦都指揮使兼舒蘄二州招安巡檢使四年泰州初下真拜刺史兼海陵鹽城兩監屯田使明年三月世宗幸泰州以罕儒為團練使賜金帶銀器鞍勒馬六年春軍吏耆艾詣闕請留恭帝詔褒之建隆初升鄭州防禦以罕儒為使改晉州兵馬鈐轄罕儒恃勇輕敵嘗率騎深入晉境人多閉壁不出虜獲甚衆是年冬復領千餘騎抵汾州城下焚其草市案兵以退夕次京土原劉鈞遣大將郝貴超領萬餘衆襲罕儒黎明及之罕儒遣都監氈毯副使閻彥進分兵以禦貴超罕儒錦袍

衷甲據胡牀享士方割羊臂臑以啖聞彥進小卻即上馬麾兵徑犯賊鋒并人攢戈舂之罕儒猶格鬭手殺十數人遂遇害劉鈞素畏罕儒之勇常欲生致及聞其死求殺罕儒者戮之太祖痛惜不已擢其子守勳為西京武德副使因索京土原之不效命者黜慈州團練使王繼勳為率府率閻彥進為殿直斬其部下龍捷指揮使石進德等二十九人罕儒輕財好施在泰州有煮海之利歲入鉅萬詔聽十收其八用猶不足家財入有籍出不問其數有供奉官張奉珪使泰州自言後唐張承業之子罕儒曰我生平聞張特進名幸而識其子厚加禮待遺錢五十萬米千斛罕儒雖不知書好禮接儒士進士趙保雍登科覆落客游海陵罕儒問其所欲保雍以將歸京師且言緣江榷務以絲易茗有厚利罕儒立召主藏奴令籍藏中絲得四千餘兩盡以與之然好勇善戰不顧勝負常欲削平太原志未果而及於敗人皆惜之罕儒兄廷福廷福孫嗣

嗣乾德初應募為控鶴卒從李繼勳討河東繼勳擇悍勇百人間道截落陽砦嗣出行間請行手斬五十餘級賊焚砦宵遁進薄汾河賊將楊業扼橋路嗣與

衆轉戰賊退踰橋殺業所部兵千計射中業從騎獲旗鼓鎧甲甚衆業退保城進焚南門奪羊馬城矢集于面賊數千夜來薄砦繼勳選勇敢五百人接戰而嗣為冠及旦戰數合多所斬馘從太祖征太原賊來拒焚洞子遣殿前楊信領百人援之嗣預焉率先陷陣召見補御龍直太平興國初三遷至天武軍校太宗再征太原嗣自陳願率一隊先登命主城西洞子車駕巡師嗣登城手刃數賊足貫雙箭中手礮折二齒太宗見之亟召賜錦袍銀帶從征幽州隸殿前崔翰斬三十級補龍猛副指揮使五年契丹侵雄州據

龍灣堤嗣隸袁繼忠繼忠令率千兵力戰奪路內侍
有至州閱城壘者出郛外敵進圍之亟出兵援戰十
數合斬騎卒七百餘嗣軍夜相失在古城莊外三鼓
突敵圍壁于莫州城下又領百人斧敵望櫓斬五十
級敵為橋界河將遁嗣邀擊之殺獲甚衆六年從崔
彥進捍契丹于靜戎北砦于唐興口彥進遣嗣率所
部度河與契丹戰敗之追奔二十餘里八年李繼遷
寇邊嗣從袁繼忠田欽祚戍三叉口為前鋒斬賊千
餘追之獲牛羊鎧甲弓矢數千計進至萬井口狐路
谷餘賊復來請戰初以雄武千人為後殿為賊所掩

繼忠命嗣援之凡數戰始與雄武合隊因列陣格鬬
復奪人馬七百餘欽祚夜還依山為營賊亦砦其下
募勁卒五十往襲之嗣為其帥抵賊所刺殺百餘人
焚其砦而還詔賜錦袍銀帶雍熙三年從田重進譚
延美率師入遼境疾戰飛狐口遼師不利重進引全
師合擊遼騎引去進至飛狐城北遼將大鵬翼率衆
復至重進陣壓東偏數戰不勝命嗣出西偏麾兵薄
山崖以短兵接戰遼兵敗投崖而下手斬百餘級敵
卒千餘在野嗣呵止之悉斷弦折筈來降追至河槽
復擊退餘衆屯土嶺裨將黄明與戰不勝將退嗣謂

之曰汝且領兵於此為我聲援我當奪此嶺遂力戰
追奔五十餘里抵倉頭而還又領招收卒千人克倉
頭小治二砦黄明與戰克直谷砦命嗣屯焉數日遼
人復致師重進與戰奔突往來大軍頗擾重進召嗣
合戰悉走之奪礮具鎧冑賊乘夜復圍直谷石門二
砦重進遣嗣以精兵五百濟之嗣曰敵二萬餘今援
師甚寡難以解圍重進頗憂之嗣曰譚師屯小治舘
兵二千願間道以往邀其策應中夜匹馬詣廷美廷
美曰敵勢若此何可解也嗣曰請移全軍就平川植
旗立隊別擇三二百人張白旗於道側彼見旗幟綿

亘遠甚謂大軍繼至嗣自以所部五百疾驅往鬬必
克其砦廷美許焉一日凡五七戰遼兵遂引去咸如
嗣所料蔚州之降也重進先命嗣率勇士數十人縋
入見守將得其實狀翌日將受降而敵反拒大軍所
出之路遂與鬬殺傷甚衆屢縋入城取守將之歸服
者重進之壘糧運頗乏嗣遣降卒輦州廩濟之遼援
兵大至副都指揮使江謙妄言惑衆嗣即斬之悉收
兵歛輜重還重進砦與遼人轉戰時軍校五人其四
悉鬬死至大嶺嗣與戰敗走之師還太宗引見便殿
重進言其有勞補本軍都虞候又從李繼隆禦敵於

北平砦將赴蒲城道遇敵疾戰俘獲甚衆又戰于鸞女祠繼隆遣步卒二千伏定州古城為敵所攻命嗣援之至唐河橋嗣扼橋路出戰解敵圍數重與伏兵合分為三隊背水為陣敵將于越率騎百餘隊臨烽臺求戰嗣整兵與戰數合得與繼隆會又陣於東偏大敗之繼隆以聞詔嘉獎之還本軍都指揮使領澄州刺史至道二年加御前忠佐馬步軍頭屯定州遼人入侵隸范廷召提偏師捍邊兵於嘉山廷召徙高陽命嗣以兵二千為殿過平敵城遼衆十餘萬來嗣屢出戰及桑贊秦翰來援夜二鼓敵再至嗣曰彼不

利夜戰我當破其砦以趣大軍即與贊翰合勢戒所部望敵炬火多處并力衝之詰旦至瀛州咸平三年加領本州團練使出為郎山路都巡檢使破敵砦於蒲陰俘獲甚衆四年命嗣領萬人斷西山路會敵遽至大兵不及進而止五年真拜蔡州團練使趙州部署踰年徙滄州是冬遼人入侵命率所部自齊州抵淄青警備景德初又命與劉漢凝田思明率兵至冀州防邊俄赴澶州行在所會遼人請和復遣還任歷鄆州鳳翔永興部署車駕幸亳州留為舊城內同都巡檢使大中祥符七年改虢州防禦使邠寧環慶副

部署卒嗣起行間以勞居方面經百五十餘戰歿兄子信貴並為左侍禁貴至內殿崇班

曹光實雅州百丈人父疇為蜀靜南軍使控扼邛崍以捍蠻夷光實少武勇有膽氣輕財好施不事細行意豁如也疇卒光實嗣職遷永平軍節度管內捕盜遊奕使乾德中太祖命王全斌等平蜀俄而盜賊群起夷人張忠樂者嘗群行攻劫且憾光實殺其徒黨率衆數千中夜奄至環其居鼓譟並進光實負其母揮戈突圍以出賊衆辟易不敢近賊殺其族三百餘口又發冢墓壞其棺槨光實詣全斌具以事白誓雪

冤憤時蜀中諸郡未下乃圖雅州地形要害兼陳用兵攻取之策請官軍先下之全斌壯其志令率兵先導果克其城獲忠樂而甘心焉全斌乃署光實為義軍都指揮使殘寇猶據沈黎光實以所部盡平之遂以光實知黎雅二州兼都巡檢使安集勞來蠻族懷之六年秋全斌遣入貢京師遂言境內安又乞罷義軍歸農太祖喜謂左右曰此蜀中傑俊也詔升殿勞問久之以為黎州刺史開寶三年改唐州刺史及平交廣群盜未息以光實為嶺南諸州都巡檢使既至捕逐群盜海隅以寧太平興國二年就遷本州團練

使車駕征河東以光實知威勝軍事令調軍食光實入告願提一旅奮鋭先登帝曰資糧事重亦足宣力也河東平命為汾遼石沁等州都巡檢使五年改汝州團練使大軍北征與潘美分道出鴈門光實為前鋒遇敵迎擊敗之斬首數千級優詔嘉奬李繼捧之入朝也以光實為銀夏綏麟府豐宥州都巡檢使繼捧弟繼遷逃入蕃落為邊患光實乘間掩襲至地斤澤俘斬甚衆破其族帳獲繼遷母妻及牛羊萬計繼遷僅免使人紿光實曰我數奔北勢窘不能自存矣公許我降乎因致情款陳甥舅之禮期某日降於葭蘆川光實信之且欲専其功不與人謀及期繼遷先設伏兵令十數人近城迎致光實光實從數百騎往赴之繼遷前導北行將至其地舉手麾鞭而伏兵應之光實遂遇害卒年五十五帝聞之驚悼賵賻加等以其子大理評事克讓為右賛善大夫克恭為殿直淳化二年又録克己為奉職後至內殿承制克廣至閤門祗候從子克明

克明字堯卿既生會敵攻百丈縣父光遠遇害姆抱克明匿葦藪中得免既長喜兵法善騎射從父光實奇之補為衙內都虞候光實擊敵于葭蘆川戰歿克

明時護輜重在後聞光實死懼軍亂秘不發喪陽令人西來傳光實命還軍銀州而潛與僕張貴入敵中獲光實尸以還葬京師繇是顯名初蜀人留京師者禁不得還鄉里克明以母老間道歸李順反聞克明將家子且有名欲脅以官克明挈母遁山谷夜止神祠中夢有人叱之起既覺而去賊果至及賊陷雅州克明募衆數萬人以迎王師遂復名山火井夾門等九縣分兵嘉眉邛三州立七砦以邀賊復收雅州斬六十餘人賊將何承禄等走雲南蜀平擢西頭供奉官黎州兵馬監押以餘寇未息權邛州駐泊巡檢明年峽路潰卒鄧紹等復起攻雅州克明又平之還軍邛州遇賊王珂戰于延貢鎮擊以矛中左踝後又設伏山下以數十騎與賊接戰克明僞北而所部失期伏不發克明挺身走賊追急乃倚大石引弓三發斃三人由是獲免入朝改內殿崇班為溫台等七州都巡檢使景德中蠻冦邕州改供備庫副使知邕州左右江蠻洞三十六克明召其酋長諭以恩信是歲承天節相率來集克明慰拊出衣服遺之感泣而去獨如洪峒恃險不至克明諭兩江防遏使黃衆盈引兵攻之斬其首領陸木前梟于市宜州澄海軍校陳進

反時鬱江暴漲州城摧圮克明率丁夫伐木為連舫維之水上狀如郛郭又多張旗幟浮巨栰陳兵其上為守禦備募溪峒兵三千而黃衆盈亦濟兵千五百將趣象州會巡撫使曹利用約克明會兵行次貴州遇賊大敗之斬首四百餘級賊平利用專其功代還真宗問南方事對稱旨賜一子官還供備庫使江淮兩浙都大提舉捉賊克明使人捕賊輒出私錢資之以故人人盡力視賊中趫勇者釋縛使還捕其黨前後獲千餘人知江寧府張詠以其事聞賜錢四十萬領平州刺史知辰州撫水蠻叛徙宜融桂昭柳象邕

欽廉白十州都巡檢使兼安撫使既至蠻酋獻藥一器曰谿峒藥藥箭中人以是解之可不死克明曰何以驗之曰請試以雞犬克明曰當試以人乃取藥箭刺酋股而飲以藥即死群蠻慙懼而去是年冬安撫都監王文慶馬玉出天河砦東克明與中人楊守珍出環州樟嶺西磴道危絕林木深阻蠻多伏弩以待玉所向力戰屢敗蠻軍是時朝廷意在招附數詔諭克明而克明亦憚深入屢移文止玉玉至如門團為蠻所扼不得進克明遷延顧望月餘乃至撫水州與知州蒙承貴等約盟而還未幾知桂州兼管勾溪峒

公事始置溪峒司又奏閱廣南兩路土軍為忠敢軍州人覆茅為屋歲多火克明選北軍教以陶瓦又激江水入城以防火災代還知滁州徙鼎州會交阯李公蘊寇邕州以文思使復知邕州既至遣人入交阯諭以利害公蘊拜表謝罪遷西上閤門使歷知登舒邵三州復徙鼎州卒

張暉幽州大城人後唐清泰初隸控鶴軍累遷奉國弩手都頭晉開運末與武行德奪契丹甲船於河陰行德領河陽以暉為弩手指揮使復令引兵趣懷州契丹將遁去因領州軍漢祖入汴暉迎於滎陽授懷

州刺史乾祐初鄆州刺史慕容業治多不法以暉為緣漢都巡檢使領唐州屯兵至鄆州即代業還京改鄆州刺史周廣順初劉崇寇晉絳召暉為步軍左廂排陣使師還改沂州刺史三年吏民詣闕舉留俄改冀州會詔築李晏口東鹿安平博野百八橋武強等城命暉護其役踰月而就從世宗征淮甸充壕砦都指揮使既拔楚泗即授泗州未幾改耀州俄為西南面橋道使宋初從征澤潞為行營壕砦使先登陷陣事平遷華州團練使在郡頗有治狀建隆二年太原未下詔入覲問計暉對曰澤潞經李筠之叛瘡痍未

復軍旅一興恐人力重困不若戢兵育民俟富庶而後為謀乃賜襲衣金帶鞍勒馬令還州朝廷方議伐蜀遷鳳州團練使兼緣邊巡檢壕砦橋道使暉盡得山川險易因密疏陳之太祖覽之大悅乾德二年大軍西下乃以暉充西川行營先鋒都指揮使督兵開大散關路躬撫士卒且役且戰人忘其勞十二月至青泥嶺卒天禧五年暉妻年百五歲家貧詣闕自陳詔賜束帛錄其孫永德為三班借職

司超大名元城人初事邢帥安叔千漢祖在太原超往依之隸帳下為小校漢祖將渡河遣超先領勁騎

由晉絳趨河陽及入汴以超為鄆州必敵指揮使時京東諸州寇盜充斥以超為宋宿亳三州遊奕巡檢使改宿州西固鎮守禦都指揮使移屯潁州下蔡鎮屢與淮人戰有功周世宗命宰相李穀討淮南以超為步軍先鋒副都指揮使又為廬壽光黃等州巡檢使大敗淮人三千餘衆於盛唐縣獲糧船四十餘艘禽其監軍高弼果毅指揮使許萬以獻時黃州未下即命超進領刺史兼樓櫓戰權右廂都校師還改光州刺史敗吳軍千餘於麻城北顯德四年冬與王審琦攻舒州敗吳軍三千先禽刺史施仁望獻於行在即以超為舒州團練使宋初命副宋偓領舟師巡撫江徼月餘特詔升舒州為防禦以超充使太祖討李重進以為前軍步軍都指揮使及平遣歸治所建隆三年春遷蔡州防禦使乾德六年改絳州防禦使徙晉州兵馬鈐轄是秋又副趙贊為邠州行營都部署進攻河東及太祖親征為行營前軍步軍都指揮使改鄭州防禦使開寶七年朝廷將討江左以超久在淮右習知江山險易徙蘄州防禦使行至淮西卒年七十一天禧元年錄其孫文睿為三班奉職

論曰昔許子卒於師葬之加等春秋書之所以褒臣

節而儆官守也業罕儒光實咸當捍城之寄臨戎力戰歿于敵境雖罕儒恃勇不戒光實甘賊還之言失在輕敵然其忘軀徇節誠可嘉也業本太原驍將感太宗寵遇思有以報常勝之家千慮一失然其素得士心部卒不忍離去從之以歿則忠義之風槩可見矣嗣與延昭並克紹勳伐延昭久居邊閫總戎訓士威名方略聞于敵人於嗣為優暉於危時則有陷陣之功平日則獻息戎之諫超頻戰以清淮海其忠誠勇果率有可尚者焉

列傳卷第三十一

同三司上柱國錄軍國重事前中書右丞相監脩國史領經筵事都總裁臣脫脫等奉

李進卿子延渥　楊美　何繼筠子承矩
李漢超子守恩　郭進牛思進附　李謙溥子允正
姚內斌　董遵誨　賀惟忠　馬仁瑀

李進卿并州晉陽人少以驍勇隸護聖軍晉天福中杜重威帥師敗安重榮於宗城進卿力戰有功擢爲興順軍校周祖開國命領所部兵戍靈壽久之遷龍捷指揮使顯德初從世宗戰高平改鐵騎指揮使歷散員左射都校改鐵騎及內殿直都虞候宋初領貴州刺史三遷鐵騎左廂都指揮使領乾州團練使乾德初遷控鶴左廂都指揮使改漢州團練使二年轉虎捷左廂都指揮使領澄州團練使是歲冬伐蜀以進卿爲歸州路行營步軍都指揮使拔巫山砦下夔萬二州蜀平錄功拜侍衛親軍步軍都虞候領保順軍節度開寶二年太祖親征河東留進卿爲在京都巡檢潁州刺史常暉淄州刺史韓光愿分爲河南北巡檢及還改親軍馬軍都虞候六年遷步軍都指揮使領靜江軍節度卒年五十九贈侍中子延渥延信延信至內殿崇班

延渥以蔭補供奉官尋爲閤門祗候三遷至西京左藏庫使咸平初歷知平戎寧邊順安軍保州威虜軍鈐轄又知冀州六年徙瀛州景德初契丹大舉擾邊經胡盧河踰關南十月抵城下晝夜鼓譟四面夾攻旬日其勢益張唯擊鼓伐木之聲相聞驅奚人負板秉燭乘墉而上延渥率州兵強壯又集巡檢史普所部乘城發礧石巨木擊之皆纍纍而墜殺傷甚衆翌日契丹主與其母親鼓衆急擊發矢如雨延渥分兵拒守益堅契丹遁去死者三萬餘傷者倍之獲鎧甲兵矢竿牌數百萬驛書以聞賜延渥錦袍金帶將士緡錢遷延渥本州團練使以通判太子中允陸元凱爲國子博士賜緋推官李翔爲太子中允錄事參軍蔡亨爲右賛善大夫侍禁兵馬監押王誨殿直貝冀同巡檢史普爲內殿崇班充職如故初戍棚垂板護城纔數寸許契丹射之矢集其上凡二百餘及請葺城詔取板視之眞宗頗稱其勞又聞城守之際陸元凱流矢中面史普勇敢不避敵復遷元凱屯田員外郎普尚食副使普尋卒又錄其子昭度爲右侍禁昭儉爲奉職二年延渥徙知邢州歷天雄軍貝州副都部署知冀貝博三州大中祥符八年入朝以疾連賜告換右領軍衛大將軍領演州團練使明年從其請以左武衛大將軍致仕天禧初卒子宗禹爲內殿崇

班

楊美幷州文水人本名光美避太宗舊名改焉美狀貌雄偉武力絶人以豪俠自任漢乾祐中周祖征三叛美杖策詣軍門求見周祖召與語壯之留帳下廣順初累遷禁軍大校從世宗征淮南以功擢鐵騎都指揮使領白州刺史太祖與美有舊即位以爲內殿直都知建隆三年升青州北海縣爲軍以美爲軍使爲政尚簡易民皆德之乾德二年召還北海民數百詣闕乞留詔諭之不去笞爲首者始罷遷馬步軍都頭會討蜀以美爲歸州路戰櫂左右廂都指揮使蜀平遷內外馬步軍副都軍頭領恩州團練使開

寶二年改領端州防禦使六年加都軍頭領宣州觀察使俄授虎捷左右廂都指揮使領河西軍節度會遣党進潘美征太原命美爲行營馬軍都虞候太平興國二年冬出爲保靜軍節度三年夏以疾求解官歸京師尋醫藥詔遣內侍與道士馬志視之未幾卒年四十八贈侍中命中使護葬美爲人任氣好施凡得予賜及奉祿盡賙給親戚故舊死之日家無餘財人多歎息之

何繼筠字化龍河南人父福進歷事後唐至周累官忠武成德天平三節度繼筠幼時與群兒戲必分行伍爲戰陣之象晉初補殿直周祖討三叛表繼筠從行賊平改供奉官廣順初福進鎭眞定署衙內都校嘗領偏師出土門與幷人戰斬首數千級以功領欽州刺史契丹將高模翰率二千騎擾深冀以葦栰度胡盧河繼筠與虎捷都指揮使劉誠誨率兵拒之至武強獲老稚千餘人模翰遁去俄隨福進入朝爲內殿直都知福進卒起復爲濮州刺史領兵戍靜安軍契丹內侵繼筠逆擊敗之改棣州刺史世宗征瓦橋關命繼筠以所部兵出百井道破幷人數千衆恭帝即位以爲西北面行營都監建隆二年升棣州爲團練以繼筠充使三年命爲關南兵馬都監乾德四年加本州防禦使開寶元年秋命昭義節度李繼勳等征太原以繼筠

爲先鋒部署至渦河與幷人遇擊走之奪汾河橋敗其衆於城下獲馬五百匹擒其將張環石贇以獻二年春太祖親征晉陽契丹來援繼筠時屯兵陽曲縣驛召至行在所授以方略命將精騎數千赴石嶺關拒契丹謂之曰翌日亭午俟卿來奏捷也至期帝御北臺以俟見一騎自北來亟遣逆問之乃繼筠子承睿來獻捷生擒刺史二人獲生口百餘斬首千餘級馬七百餘匹器甲甚衆初幷人恃契丹爲聲援及捷奏太祖命以所獲首級鎧甲示城下幷人喪氣繼筠以功拜建武軍節度判棣州三年來朝詔賜鞍馬戎仗令戍邊四年秋來朝疽發背車駕幸其第錫賚甚

厚未幾卒年五十一帝親臨之爲之流涕從容謂侍臣曰繼筠捍邊有功朕不早授方鎮者慮其數奇耳今纔領節制果至淪没良可惜也贈侍中賻絹五百匹中使護喪令以生平所佩劒及介胄同葬繼筠深沉有智略前後備邊二十年與士卒同甘苦得其死力善揣邊情邊人畏伏多畫像祠之子承矩

承矩字正則幼爲棣州衙内指揮使從繼筠討劉崇擒其將胡澄以獻開寶四年授閑廐副使太平興國三年漳泉陳洪進納土詔承矩乘傳監泉州兵會仙遊莆田百丈寇賊嘯聚承矩與喬維岳王文寶討平之以功就遷閑廐使

疏爲政之害民者數十事上之悉被容納會改使名即爲崇儀使五年知河南府時調丁男百十輩轉送上供綱承矩以爲橫役奏罷其事徙知潭州凡六年囹圄屢空詔嘉奬之入爲六宅使端拱元年領潘州刺史命護河陽屯兵米信知滄州以其不習吏事命承矩知節度副使實專郡治時契丹撓邊承矩上疏曰臣幼侍先臣關南征行熟知北邊道路川源之勢若於順安砦西開易河蒲口導水東注于海東西三百餘里南北五七十里資其陂澤築隄貯水爲屯田可以遏敵騎之奔軼俟期歲間關南諸泊悉壅闐即播爲稻田其緣邊州軍臨塘水者止留城守軍士不煩發兵廣戍收地利以實邊設險固以防塞春夏課農秋冬習武休息民力以助國經如此數年將見彼弱我強彼勞我逸此禦邊之要策也其順安軍以西抵西山百里許無水田處亦望選兵戍之簡其精鋭去其冗繆夫兵不患寡患驕慢而不精將不患怯患偏見而無謀若兵精將賢則四境可以高枕而無憂太宗嘉納之屬霖雨爲災典者多議其非便承矩引援漢魏至唐屯田故事以折衆論務在必行乃以承矩爲制置河北緣邊屯田使俾董其役事具食貨志由是自順安以東瀕海廣袤數百里悉爲稻田而有莞蒲蜃蛤之饒民賴其利淳化四年擢爲西上閤門

使知滄州踰年徙雄州御書印紙録其功最仍賜以弓劒承矩推誠御衆同其甘苦邊民有告機事者屏左右與之款接無所猜忌故契丹動息皆能前知至道元年契丹精騎數千夜襲城下伐鼓縱火以逼樓堞承矩整兵出拒遲明列陣酣戰久之斬馘甚衆擒其酋所謂鐵林相公者契丹遁去是年春府州嘗敗契丹衆承矩條教獲以諭州民或揭於市契丹愧忿故有是役太宗意其輕率致寇復命與滄州安守忠兩换其任魏廷式使河北得雄州功狀抗表上言又遣内侍劉勍齎實褒慶下士有功者千餘人皆進擢賚賜眞宗嗣位復遣知雄州賜承矩詔曰朕嗣守鴻

業惟懷永圖思與華夷共臻富壽而契丹自太祖在位之日先帝繼統之初和好往來禮幣不絶其後尅復汾晉疆臣貪地爲國生事信好不通今者聖考上仙禮當計告汝任居邊要洞曉詩書凡有事機必能詳究輕重之際務在得中承矩貽書契丹諭以懷來之旨然未得其要咸平二年契丹南侵屢遣内侍以密詔問禦過之計密封以獻嘗詔聽邊民越拒馬河塞北市馬承矩上言曰緣邊戰櫂司自淘河至泥姑海口屈曲九百餘里此天險也太宗置砦二十六鋪百二十五廷臣十一人戍卒三千餘部舟百艘往來巡警以屛姦詐則緩急之備大爲要害今聽公私貿市則人馬交度深非便宜且砦鋪皆爲虛設矣疏奏即停前詔屢被手札褒飭三年召還拜引進使州民百餘詣闕貢馬乞借留承矩詔書嘉奬復遣之承矩上言曰契丹輕而不整貪而無親勝不相讓敗不相救以馳騁爲容儀以弋獵爲耕釣櫛風沐雨不以爲勞露宿草行不以爲苦復恃騎戰之利故頻年犯塞臣聞兵有三陣日月風雲天陣也山陵水泉地陣也兵車士卒人陣也今用地陣而設險以水泉而作固建設陂塘綿亘滄海縱有敵騎安能折衝昨者契丹犯邊高陽一路東負海西抵順安士庶安居即屯田之利也今順安西至西山地雖數軍路纔百里縱有

丘陵岡阜亦多川瀆泉源因而廣之制爲塘埭自可息邊患矣今緣邊守將多非其才不悅詩書不習禮樂不守疆界制御無方動誤國家雖提貔虎之師莫遏犬羊之衆臣按兵法凡用兵之道校之以計而索其情謂將孰有能天地孰得法令孰行兵衆孰強士卒孰練賞罰孰明此料敵制勝之道也知此而用戰者必勝否則必敗夫惟無慮而易敵者必擒於人也伏望愼擇疆吏出牧邊民厚之以奉祿使悅其心借之以威權使嚴其令然後深溝高壘秣馬厲兵爲戰守之備修仁立德布政行惠廣安輯之道訓士卒闢田疇勸農耕畜芻粟以備凶年完長戟修勁弩謹烽燧繕保戍以防外患來則禦之去則備之如此則邊城按堵矣臣又聞古之明王安集吏民順俗而教簡募良材以備不虞齊桓晉文皆募兵以服鄰敵故強國之君必料其民有膽勇者聚爲一卒樂進戰効力以顯忠勇者聚爲一卒能踰高赴遠輕足善鬭者聚爲一卒此三者兵之練銳内出可以決圍外入可以屠城況小大異形強弱異勢險易異備卑身以事強小國之形也以蠻夷伐蠻夷中國之形也故陳湯統西域而郅支滅常惠用烏孫而邊部寧且聚膽勇樂戰輕足之徒古稱良策請試行之且邊鄙之人多負壯勇識外邦之情僞知山川之形勝望於邊郡置營

召募不須品度人才止求少壯有武藝者萬人倶契丹有警令智勇將統而用之必顯成功乃中國之長筭也又如榷場之設蓋先朝從權立制以惠契丹縱其渝信犯盟亦不之廢似全大體今緣邊榷場因其犯塞尋即停罷去歲以臣上言於雄州置場賣茶雖貲貸並行而邊氓未有所濟乞廷訪大臣議其可否或文武中有抗執獨議是必別有良謀請委之邊任使施方略責以成功苟空陳浮議上惑聖聽秪如靈州足爲證驗況茲契丹又非夏州之比也四年十月建議選銳兵於乾寧軍挽刀魚船自界河直趣平州境以牽西面之勢五年詔兼領制置屯田使始建榷

場或者謂承矩意在繼好然契丹無厭未足誠信徒使公行窺伺會契丹有殺斥候卒者復罷之時契丹數窺邊城大浚渠頗撓其役詔承矩握兵深入其境以分其勢承矩以無騎兵第遣數千卒出混泥城襲之而還景德元年入朝進領英州團練使真宗謂宰相曰承矩讀書好名以才能自許宜擇善地處之冬出知澶州承矩自守邊以來嘗欲朝廷懷柔遠人爲息兵之計及是車駕按巡本部卒與契丹和益加歎賞韓杞之至也命郊勞之明年春復知雄州是歲契丹始遣使奉幣承矩以朝廷待邊人之禮悠久可行者悉疏以聞手詔嘉納仍聽事有未盡者便宜裁處三年真拜雄州團練使時邊兵稍息農政未修又置緣邊安撫使命承矩爲之且詔邊民誘其復業承矩曰契丹聞之必謂誘其部屬也乃易詔文爲水旱流民之意王欽若時知樞密援漢蟲達周仲居改詔請罪承矩帝曰承矩任邊有功當優假之第詔自今朝旨未便者奏稟進止承矩頗有識鑒典長沙日李沆王旦爲佐承矩厚待之以爲有公輔器善推步自知冥數乃以老疾求僻郡詔自擇其代承矩以李允則爲請乃授承矩齊州團練使遣之任至郡裁七日卒年六十一特贈相州觀察使賻錢五十萬絹五百匹中使護葬以其子龜齡爲侍禁昌齡九齡爲殿直遐

齡爲齋郎緣邊泊涿易州民聞承矩卒皆相率詣雄州發哀飯僧昌齡娶齊王女太和縣主至内殿崇班昌齡子象中爲閤門祗候

李漢超雲州雲中人始事鄴帥范延光不爲所知又事鄆帥高行周亦不見親信會周世宗鎮澶淵漢超遂委質焉即位補殿前指揮使三遷殿前都虞候宋初改散指揮都指揮使領綿州刺史累遷控鶴左廂都校領恩州團練使從平李重進尋遷齊州防禦使兼關南兵馬都監漢超在關南人有訟漢超強取其女爲妾及貸而不償者太祖召而問之曰汝女可適何人曰農家也又問漢超未至關南

契丹如何曰歲苦侵暴曰今復爾耶曰否太祖曰漢超朕之責臣也爲其妾不猶愈於農婦乎使漢超不守關南尚能保汝家之所有乎責而遣之密使諭漢超曰亟還其女并所貸朕姑貰汝勿復爲也不足於用何不以告朕耶漢超感泣誓以死報在郡十七年政平訟理吏民愛之詣闕求立碑頌德太祖詔率更令徐鉉撰文賜之霸州監軍馬仁瑀嘗兄事漢超多自肆擅發麾下卒入遼境剽奪人口羊馬由是二將交惡太祖慮其生變遣中使賜漢超仁瑀金帛令和解之太平興國初遷應州觀察使判齊州仍爲關南巡檢二年八月卒於屯所太宗甚悼惜贈太尉忠武

軍節度中使護葬漢超善撫士卒與之同甘苦死之日軍中皆流涕子守恩

守恩少驍果善戰有父風初補齊州牙職開寶二年太祖親征太原漢超爲北面行營都監守恩從父軍中會契丹遣兵援河東至定州西嘉山將入土門守恩領牙兵數千騎戰敗之斬首三千級獲戰馬器甲甚衆擒首領二十七人隨漢超見于行在賜戎服金帶器幣緡錢太祖謂左右曰此稚子能若是他日將帥才也漢超卒擢爲驍猛軍校累官至隴州刺史知靈州與轉運使陳緯部芻糧過瀚海爲賊所邀守恩及子廣文助教象之隴州衙內指揮使望之弟寄班守忠皆没眞宗聞之震悼特贈守恩洪州觀察使次子祐之順之用之潤之夔之成之藏之

郭進深州博野人少貧賤爲鉅鹿富家傭保有膂力倜儻任氣結豪俠嗜酒蒱博其家少年患之欲圖殺進婦竺氏陰知其謀以告進遂走晉陽依漢祖漢祖壯其材留帳下晉開運末契丹擾邊漢祖建號太原契丹主道殂漢祖將入汴進請以奇兵間道先趨洺州因定河北諸郡累遷乾坊二州刺史少帝即位改磁州周廣順初移淄州二年吏民詣觀察使舉留是秋遷登州刺史會群盜攻劫居民進率鎭兵平之部内清肅民吏千餘人詣闕請立屛盜碑許

之顯德初移衞州衞趙邢洺間多亡命者以汲郡依山帶河易爲出没伺間椎剽吏捕之輒遁去故累歲不能絶其黨類進備知其情狀因設計發擿之數月間翦滅無餘郡民又請立碑記其事改洺州團練使有善政郡民復詣闕請立碑頌德詔左拾遺鄭起撰文賜之進嘗於城四面植柳壕中種荷芰蒲薍後益繁茂郡民見之有垂涕者曰此郭公所種也建隆初太祖親征澤潞遷本州防禦使充西山巡檢嘗與曹彬王全斌入太原境獲數千人開寶二年太祖親征河東以進爲行營前軍馬軍都指揮使九年命將征河東以進爲河東道忻代等州行營馬步軍都監招

徠山後諸州民三萬七千餘口太平興國初領雲州觀察使判邢州仍兼西山巡檢賜京城道德坊第一區四年車駕將征太原先命進分兵控石嶺關爲都部署以防北邊契丹果犯關進大破之又攻破西龍門砦俘馘來獻自是并人喪氣時田欽祚護石嶺軍恣爲姦利諸不法事進雖力不能禁亦屢形於言進武人性剛烈戰功高欽祚以他事侵之心不能甘自經死年五十八欽祚以暴卒聞太宗悼惜久之贈安國軍節度中使護葬後頗聞其事因罷欽祚內職出爲房州團練使進有材幹輕財好施然性喜殺士卒小違令必寘於死居家御婢僕亦然進在西山太祖遣戍卒必諭之曰汝輩謹奉法我猶貸汝郭進殺汝矣其御下嚴毅若此然能以權道任人嘗有軍校自西山詣闕誣進者太祖詰知其情狀謂左右曰彼有過畏罰故誣進求免爾遣使送與進令殺之會并人入寇進謂誣者曰汝敢論我信有膽氣今捨汝罪能掩殺并寇即薦汝於朝如敗可自投河東其人踴躍聽命果致克捷進即以聞乞遷其職太祖從之初開寶中太祖令有司造宅賜進悉用筩瓦有司言舊制非親王公主之第不可用帝怒曰進控扼西山十餘年使我無北顧憂我視進豈減兒女耶亟往督役無妄言太平興國初又賜宅一區

牛思進者祁州無極人少從軍以膂力聞嘗取強弓絓於耳以手引之令滿又負墻立力士二人撮其乳曳之嶷不動軍中咸異之太平興國四年知平定軍從征河東石嶺關部署郭進卒命思進代之師還以功改本州團練使七年授右千牛衞上將軍致仕卒

李謙溥字德明并州盂人性慷慨重然諾父羲後唐清泰中晉祖鎭并門署爲參謀天福初爲開封府推官使契丹還上言屈節外國非久長策時晉祖方父事契丹不悅其言出爲汝州魯山令卒官謙溥少通左氏春秋從晉祖入汴補殿直奉使契丹少帝即位改西頭供奉官漢初還東頭周祖討三叛及守鄴都謙溥往來宣密命周祖愛之廣順初遷供備庫副使世宗征劉崇遼州刺史張乙堅壁不下遣謙溥單騎說之乙以城降以功改閑廄使師還留爲晉州兵馬都監以偏師入河東境頻致克捷世宗詔褒美之會隰州刺史孫議卒時世宗親征淮南謙溥謂節帥楊廷璋曰大寧咽喉要地不可闕守且車駕出征若俟報則孤城陷矣廷璋即署謙溥權隰州事至郡亟命浚城隍嚴兵備凡八日并人果以數千騎來寇時盛暑謙溥單衣持扇從二小吏登城徐步按視戰具并人退舍後旬餘大發衝車攻城謙溥募敢死士得百餘人短兵堅甲銜枚夜縋

出城會廷璋兵至合勢夾攻掩其不及并人大擾悉衆遁
去追北數十里斬首千餘級時顯德四年也明年五月攻
破孝義縣以功領衞州刺史監軍如故世宗北征召赴行
在恭帝即位爲瀛州巡檢使詔城莫州數旬而就改丹州
刺史建隆四年移燕州兼晉隰緣邊都巡檢行石州事以
興同砦爲治所冬將有事于南郊太祖命四路進兵略地
太原鄭州刺史孫延進絳州刺史沈繼深通事舍人王睿
等師出陰地以謙溥爲先鋒會霍邑謙溥因畫攻取之策
繼深等共沮之延進不能用軍還出白壁關次谷口謙溥
語諸將曰王師深入敵境今既退軍彼必乘我諸君當備

之諸將不客謙溥獨令所部擐甲俟追騎果至延進等倉
皇走谷中獨謙溥麾兵拒之并人引退未幾移隰州刺史
開寶元年命李繼勳等征太原以謙溥爲汾州路都監太
祖征晉陽爲東砦都監前軍副部署党進遣謙溥伐木西
山以給軍用未至聞鼓聲乃并人逼西砦大將趙贊禦之
并衆未退謙溥麾所部赴之太祖遽至觀戰怪其赴援者
非精甲問之乃謙溥也帝甚喜謙溥在州十年敵人不敢
犯境有招收將劉進者勇力絕人謙溥撫之厚藉其死力
往來境上以少擊衆并人患之爲蠟丸書以間進佯遺書
道中晉帥趙贊得之以聞太祖令械進送闕下謙溥詰其

事進伏請死謙溥曰我以舉宗四十口保汝矣即上言進
爲并人所惡此乃反間也奏至帝悟遽令釋之賜以禁軍
都校戎帳服具進感激願擊敵自効開寶三年召謙溥爲
濟州團練使後邊將失律復爲晉隰緣邊巡檢使邊民聞
之喜爭相迎勞於道左六年領兵入太原連拔七砦八年
以疾求歸肩輿抵洛太祖遣中使領太醫就視之至京師
疾篤累上章辭祿不許明年春卒年六十二太祖甚痛惜
之賻贈有加葬事官給謙溥與宣祖同里閈弟謙昇與太
祖爲布衣交其母閻嘗厚待太祖及即位數迎入宮中使
左右掖之不令拜命坐飲食話及舊故賜賚優厚雍熙中

太宗爲許王納謙昇女爲夫人以謙昇爲如京副使謙溥
子允則允正允則至寧州防禦使從子允恭爲內殿崇班
閤門祗候

允正字修己以蔭補供奉官太平興國中掌左藏庫屢得
升殿奏事太宗頗記憶其舊故雍熙中與張平同掌三班
俄爲閤門祗候四年遷閤門通事舍人時女弟適許王以
居第質于宋偓太宗詰之曰爾父守邊二十餘年止有此
第耳何以質之允正具以奏即遣內侍輦錢贖還擢紳咸
賦詩頌美淳化中命討戎瀘州叛蠻還西上閤門副使太
宗慮京城獄囚淹繫命允則提總之嘗請詔御史臺給開

封府司錄司左右軍巡四排岸司印紙作四簿署禁繫月日條其罪犯歲滿較其殿最詔從其請踰年開封府上言京師浩穰禁繫尤衆御史府考較之際胥吏奔命有妨推鞫況無欺隱不煩推校卒罷之允正又提點左右藏屢乘傳北面經度邊要五年爲衛州修河部署會建清遠軍積石砦命詣瀚海部分其役還拜西上閤門使并州駐泊鈐轄俄代張永德知州事徙代州咸平初使西蜀詢訪民事還進秩東上閤門使歷知鎮莫二州又爲并代馬步軍鈐轄契丹擾邊車駕駐大名允正與高瓊率太原軍出土門路來會召見便殿所部有廣銳騎士數百皆素練習命允

正引以入賜緡錢遣屯邢州與石保吉逐遼人遼人遁去俄以兵會大名復還并代五年合涇原儀渭邠寧環慶兩路爲一界命王漢忠爲都部署驛召允正爲鈐轄兼安撫都監即日上道又命與錢若水同詣洪德懷安沿邊諸砦經度邊事加領誠州刺史七月罷兩路之職復任并代鈐轄每錢若水按巡邊壘即詔權涖州事進四方館使代馬知節爲鄜延部署兼知延州改客省使知定州兼鎮定都鈐轄大中祥符三年累表求還至京師將祀汾陰以疾難於扈從命爲河陽部署以便養會張崇貴卒趙德明頗踰軼亟詔徙允正爲鄜延部署內侍密詔存諭禮成領河州團練使允正頗知書性嚴毅踈財喜自修飭素病痔僂以是卒在要近累典邊任多殺戮是秋從知永興軍卒年五十一

姚內斌平州盧龍人仕契丹爲關西巡檢瓦橋關使周顯德六年太祖從世宗北征兵次瓦橋關內斌率衆五百人以城降世宗以爲汝州刺史吏民詣闕舉留恭帝詔褒之內斌本名犯宣祖諱下一字遂改今名從平李筠改虢州刺史西夏數犯西鄙以內斌爲慶州刺史兼青白兩池榷鹽制置使在郡十數年西夏畏伏不敢犯塞號內斌爲姚大蟲言其武猛也初內斌降其妻子皆在契丹乾德四年

子承贊密自幽州來歸五年幽州民田光嗣等又以內斌兒女六人間道來歸太祖並召見賜以衣服緡錢鞍馬令中使護送還內斌開寶四年召赴闕上待之甚厚遣歸治所七年春暴得疾卒年六十四遣中使護喪歸葬洛陽賞賻外賜其子田三十頃承贊爲供奉官閤門祗候死于陣承鑒至殿中丞

董遵誨涿州范陽人父宗本善騎射隸契丹帥趙延壽麾下嘗以事說延壽不能用及延壽被執舉族南奔漢祖得之擢拜隨州刺史署遵誨隨州牙校周顯德初世宗北征大將高懷德遵誨之舅也表遵誨從行師次高平與晉人

遇將接戰晉兵未成列懷德命遵誨先出奇兵擊之晉人潰大軍繼進遂敗之二年討秦鳳大將韓通又表遵誨自隨與賊戰于唐倉先登陷陣擒蜀招討使王鸞以獻克秦鳳二州師還錄其前後功補東西班押班又遷驍武指揮使四年從世宗征淮南攻合肥下之六年從韓通平雄霸二州太祖微時客遊至漢東依宗本而遵誨憑藉父勢太祖每避之遵誨嘗謂太祖曰每見城上紫雲如蓋又夢登高臺遇黑蛇約長百尺餘俄化龍飛騰東北去雷電隨之是何祥也太祖皆不對他日論兵戰事遵誨理多屈拂衣而起太祖乃辭宗本去自是紫雲漸散及即位一日便殿

召見遵誨伏地請死帝令左右扶起因諭之曰卿尚記往日紫雲及龍化之夢乎遵誨再拜呼萬歲俄而部下有軍卒擊登聞鼓訴其不法十餘事太祖釋不問遵誨益惶愧待罪太祖召而諭之曰朕方赦過賞功豈念舊惡耶汝可勿復憂吾將錄用汝遵誨再拜感泣又問遵誨母安在遵誨奏曰母氏在幽州經離亂睽隔太祖因令人賂邊民竊迎其母送與遵誨遵誨遣外弟劉綜貢馬以謝太祖解其所服眞珠盤龍衣命齎賜之綜曰遵誨人臣豈敢當此太祖曰吾方委以方面不此嫌也會李筠叛澤潞令遵誨從慕容延釗討之還馬軍都軍頭因留之鎮守三年召歸再

遷爲散員都虞候乾德六年以西夏近邊授通遠軍使遵誨既至召諸族酋長諭以朝廷威德刲羊釃酒宴犒甚至衆皆悅服後數月復來擾邊遵誨率兵深入其境擊走之俘斬甚衆獲羊馬數萬夷落以定太祖嘉其功就拜羅州刺史使如故太宗即位兼領靈州路巡檢遵誨不知書豁達無崖岸多方略能挽強命中武藝皆絶人在通遠軍凡十四年安撫一面夏人悅服嘗有剽略靈武進奉使鞍馬兵器者遵誨部署帳下欲討之夏人懼盡歸所略拜伏請罪遵誨即慰撫令去自是各謹封略秋毫不敢犯歷太祖太宗朝委遇始終不替許以便宜制軍事太平興國六年

卒年五十六帝軫悼久之遣中使護葬賵賻加等錄其子嗣宗嗣榮爲殿直

賀惟忠忻州定襄人少勇敢善騎射周祖將兵討三叛惟忠謁於道左自陳其有武藝周祖悅之即留置所部洎開國得隸世宗帳下奏補供奉官不辭輒入朝世宗怒之及嗣位終不遷擢初授儀鸞副使令知易州捍邊有功尋遷正使開寶二年太祖駐常山以惟忠爲本州刺史兼易定祁等州都巡檢使嘗中流矢六年金瘡發而卒太祖聞之嗟悼即以其子昭度爲供奉官惟忠性剛果知書洞曉兵去有方略在易州繕完亭障撫士卒得其死力每乘塞用

兵所向必克威名震北邊故十餘年間契丹不敢南牧卲
度至西京作坊使淳化中知通遠軍有罪當棄市減死流
商州

馬仁瑀大名夏津人十餘歲時其父令就學輒逃歸又遣於鄉校習孝經旬餘不識一字博士笞之仁瑀夜中獨往焚學堂博士僅以身免嘗集里中群兒數十人與之戲爲行陣之狀自稱將軍日與之約鞭其後期者群兒皆畏伏又市果均給之益相親附及長善射挽弓二百斤漢乾祐中周祖鎮鄴仁瑀年十六願隸帳下周祖素聞其勇既見甚喜留置左右廣順初補内殿直世宗嗣位命衛士習射

苑中仁瑀弓力最勁而所發多中賜錦袍銀帶會太原劉崇入寇世宗親征至高平周師不利諸將多引退仁瑀謂衆曰主辱臣死安用我輩乃控弦躍馬挺身出陣射賊數者數十人士氣益振大軍乘之崇遂敗績世宗至上黨諸將坐失律誅者七十餘人擢仁瑀爲弓箭控鶴直指揮使及還京又遷散指揮使從征淮南至楚州攻水砦砦中建飛樓高百尺餘世宗觀之相去殆二百步樓上望卒厲聲嫚罵世宗怒甚命左右射之逺莫能及仁瑀引滿應弦而顛及淮南平身被數十創賜以良藥遷内殿直都虞候又從平三關恭帝嗣位詔從太祖北伐初以佐命功授散員

都指揮使領貴州刺史俄遷鐵騎右廂都指揮使又爲虎捷左廂都指揮使領扶州團練使從平澤潞以功領常州防禦使改龍捷左廂都指揮使建隆二年改領岳州防禦使俄又移領漢州初詔仁瑀等領荆湖諸郡不數歲復其地至是將征蜀又詔領川峽諸郡遂平之先是薛居正知貢舉仁瑀私囑所與者榜出無其人聞喜宴日仁瑀酒酣攜所囑者詣居正切責之爲御史中丞劉溫叟所劾帝優容之王繼勳以后族驕恣陵蔑將帥人皆引避獨仁瑀詞氣不相下嘗攘臂欲毆之會帝將講武郊外遂欲相圖各勒所部兵私市白梃太祖密知之詔罷講武出仁瑀爲密

州防禦使太祖征晉陽命仁瑀率師巡邊至上谷漁陽契丹素聞仁瑀名不敢出因縱兵大掠俘生口牛羊數萬計駕還仁瑀歸治所明年群盜起兖州賊首周弼毛龔甚勇悍材貌奇偉弼號曰長脚龍監軍討捕數不利詔仁瑀掩擊仁瑀率帳下十餘卒入泰山擒弼盡獲其黨魯郊遂寧開寶四年遷瀛州防禦使兄子嘗因醉誤殺平民繫獄當死民家自言非有宿憾但過誤爾願以過失殺傷論仁瑀曰我爲長吏而兄子殺人此怙勢爾非過失也豈敢以私親而亂國法哉遂論如律給民家布帛爲棺斂具太平興國初移知遂州四年車駕征太原命仁瑀與成州刺史慕

容超飛龍使白重贇八作使李繼昇分兵攻城及征范陽命仁瑀率禁兵擊契丹於盧龍北契丹兵奔潰師還遷朔州觀察使判瀛州事七年卒年五十贈河西軍節度葬事官給

論曰宋初交廣劍南太原各稱大號荆湖江表止通貢奉契丹相抗西夏未服太祖常注意於謀帥命李漢超屯關西馬仁瑀守瀛州韓令坤鎮常州賀惟忠守易州何繼筠領棣州以拒北敵又以郭進控西山武守琪戍晉州李謙溥守隰州李繼勳鎮昭義以禦太原趙贊屯延州姚内斌守慶州董遵誨屯環州王彥昇守原州馮繼業鎮靈武以備西夏其族在京師者撫之甚厚郡中筦榷之利悉以與之恣其貿易免其所過征稅許其召募亡命以爲爪牙凡軍中事皆得便宜每來朝必召對命坐厚爲飲食錫賚以遣之由是邊臣富貲能養死士使爲間諜洞知敵情及其入侵設伏掩擊多致克捷二十年間無西北之憂以至命將出師平西蜀拓湖湘下嶺表克江南所向遂志蓋能推赤心以馭群下之所致也若李進卿楊美亦專師西征而美居北海以樂易結民心誠得爲政之本延渥承矩守恩允正皆紹先業以勳名著承矩議屯田贊和好其謀甚遠守恩以果敢死事宋之武功於斯爲盛焉

列傳卷第三十二

列傳卷第三十三　　宋史二百七十四

開府儀同三司上柱國錄軍國重事前中書右丞相總裁國史領經筵事都總裁臣脫脫等奉

敕修

王贇　張保續　趙玭　盧懷忠

王繼勳　丁德裕　張延通　梁迥

史珪　田欽祚　侯贇　王文寶

翟守素　王侁　劉審瓊

王贇澶州觀城人少爲小吏累遷本州馬步軍都虞候周世宗鎮澶淵每旬決囚贇引律令辨析中理問之知其嘗事學問即署右職及即位補東頭供奉官累遷右驍衛將軍三司副使時張美爲使世宗問京城衛兵歲廩幾何美不能對贇代奏甚析美因是銜之及征關南言於世宗以贇爲客省使領河北諸州計度使五代以來姑息藩鎮有司不敢繩以法贇所至發擿姦伏無所畏忌振舉綱領號爲稱職由是邊臣切齒師還復爲三司副使建隆初始平李重進太祖素知贇材幹可委以完葺即令知揚州既行舟覆於閶橋下溺死親屬隨沒者三人上甚嗟悼謂左右曰溺吾樞密使矣蓋將大用也賻其家絹三百匹米麥各三百斛

張保續字嗣光京兆萬年人父洪唐左武衛上將軍保續以蔭補太廟齋郎梁貞明中調補臨濟尉選充四方館通事舍人後唐天成初領亳州官告國信副使郊祀改右贊善大夫晉天福中歷太府光祿二少卿職同正領通事舍人開運二年契丹入寇杜重威李守貞符彥卿等率兵禦之命保續馳騎往來軍中諭機事既而大破敵於陽城使還以本官充西上閤門副使明年使荆南復命轉東上閤門副使契丹犯闕被驅北徙留范陽歲餘逃歸漢乾祐初出爲隴州防禦使周祖革命召爲東上閤門副使從平慕容彥超累遷引進副使知閤門事世宗即位授西上閤門使明年進秩東上閤門使從上征淮南會壽州納款遣保續先徃慰撫及劉仁贍率將卒出降以功遷判四方館事就遷客省使從平瓦橋關奉使吳越宋初遷衛尉卿判四方館客省閤門事保續性介直好儉素在閤門前後四十年善宣贊辭令聽者傾聳累使藩國不辱命歷事六朝未嘗有過從征李筠以足疾留河內後歸京師建隆三年卒年六十四

趙玭澶州人家富於財晉天福中以納粟助邊用補集賢小史調濮州司户參軍刺史白重進以其年少欲試以事因以滯獄授之玭爲平決悉能中理重進移刺虢成二州連辟爲從事會契丹構難秦帥何重建獻地於蜀孟知祥

署高彥儔秦州節度成爲支郡因署玭秦成階等州觀察
判官周顯德初命王景帥兵討秦鳳彥儔出兵救援未至
聞軍敗因潰歸玭閉門不納召官屬諭之曰今中朝兵甲
無敵於天下自用師西征戰無不勝蜀中所遣將皆武勇
者卒皆驍銳者然殺戮遁逃之外幾無孑遺我輩安忍坐
受其禍去危就安當在今日衆皆俯伏聽命玭遂以城歸
朝世宗欲命以藩鎮宰相范質不可乃授鄆州刺史歷汝
密澤三州刺史建隆中入爲宗正卿乾德初出爲泰州刺
史二年改左監門衛大將軍判三司玭狂躁婞直多忤上
旨太祖頗優容之嘗廉得宰相趙普私市秦隴大木事潛

以奏白然懼普知因稱足疾求解職五年春罷使守本官
自是累獻密疏皆留中不出常疑普中傷六年詣闕納所
授告命詔勒歸私第又請退居鄆州不許玭不勝忿踰年
伺普入朝馬前揚言其短上聞之召玭及普於便殿面質
其事玭大言詆普販木規利上怒促令集百官遜普且諭
其事王溥等奏玭誣罔大臣普事得解上詰責玭命武士
撾之令御史鞫於殿庭普爲營救得寬其罰黜爲汝州
牙校太平興國三年卒年五十八

盧懷忠瀛州河間人少有膂力善騎射漢乾祐初寓居河
中值李守貞之叛周祖圍其城懷忠夜踰城出見陳攻取
便宜河中平奏補供奉官從征慕容彥超於兗州顯德初
監沂州軍以所部破海州功居多世宗議北征先遣懷忠
按視出師道路三關平遷如京副使宋初遷內酒坊副使
會朗州軍亂太祖將出師致討遣懷忠使荊南因謂曰江
陵人情去就山川向背我欲盡知之懷忠使還奏曰繼冲
甲兵雖整而控弦不過三萬年穀雖登而民苦於暴斂南
通長沙東距金陵西迫巴蜀北奉朝廷觀其形勢蓋日不
暇給矣太祖召宰相范質等謂曰江陵四分五裂之國今
出師湖南假道荊渚因而下之萬全策也即以懷忠爲前
軍步軍都監荊湖平以功遷內酒坊使乾德二年改判四

方館事知江陵府四年王師伐蜀江陵當峽江會衝以供
億之勞遷客省使又明年使江南還中途遇疾肩輿歸京
師太祖遣醫丸艾以賜之未幾卒年四十九大中祥符四
年錄其子熙爲校書郎

王繼勳陜州平陸人隸河中府爲牙校李守貞之叛令繼
勳據潼關爲郭從義所破走還河中俄白文珂劉詞領兵
至城下守貞又遣繼勳與其愛將聶知遇夜出攻河西砦
復爲漢兵所敗被創而遁繼勳度守貞必敗遂踰城出降
周祖奏補供奉官廣順初領汾州刺史充晉磁隰等州緣
邊巡檢歷憲麟石磁四州刺史宋初遷磁州團練使坐境

上用兵失律判罕儒陷陣責授右監門衛率初平荆襄命權知道州未幾授本州刺史州境與廣南接劉鋹屢引兵入寇繼勳因上言嶺表可圖之狀及王師南伐以爲賀州道行營馬步軍都監繼勳有武勇在軍陣常用鐵鞭鐵槊鐵檛軍中目爲王三鐵

丁德裕洺州臨洺人父審琦彰武軍節度周廣順初以蔭補供奉官宋初歷通事舍人西上閤門副使建隆三年遷東上閤門使從慕容延釗平荆湖以功授引進使又與潘美尹崇珂克郴州遷客省使乾德五年遷内客省使時成都初平群寇大起用爲西川都巡檢使與閤門副使張延

通同率師討之擒賊帥康祚磔於市歲餘盡平其黨頗與延通不協歸朝告其陰事延通坐棄市又奏轉運使禮部郎中李鉉嘗醉酒言涉指斥上怒驛召鉉下御史案之鉉言德裕在蜀日屢以事請求多拒之皆有狀御史以聞太祖悟止坐鉉酒失責授左贊善大夫未幾德裕亦出知潞州會征江南遣德裕爲常州行營兵馬都監領吳越兵助主帥進討常州平命權知州事又改昇州東南路行營都監敗潤州軍五千餘於城下及拔潤州移領常潤等州經略巡檢使德裕以傾險爲衆所惡恃勢剛狠不恤士卒黷貨無厭越人苦之錢俶奏其事貶房州刺史卒

張延通潞州潞城人父彦成周右金吾衛上將軍延通性穎悟有才幹蔭補供奉官宋初歷通事舍人遷東上閤門副使開寶中爲西川兵馬都監太祖以蜀寇未平命同内客省使丁德裕引進副使王班内臣張嶼領兵屯蜀部德裕頗專恣延通面質其短德裕銜之又與張嶼不協延通亦爲和解之德裕疑延通與嶼爲黨益不悦會太祖征太原有使自行在至備言太祖當盛暑躬冒矢石勞頓萬狀延通曰主上勤勞若此而吾輩日享安樂蓋言不自安也德裕不答會張嶼先歸闕太祖賜予甚厚延通德裕繼至則召延通顧問而待德裕稍薄德裕頗疑懼遂奏延通嘗

對衆言涉指斥且多不法事指嶼爲黨太祖怒即收延通張嶼及王班下御史臺鞫之延通等引伏太祖始欲捨之及引問延通抗對不遜遂斬之嶼班并内臣王仁吉並杖脊嶼配流沙門島班許州仁吉西窑務時開寶二年也

梁迥博州聊城人少爲吏部小史周世宗在藩邸日得給事左右及嗣位補殿直改供奉官四遷至左藏庫使太祖將討西蜀以迥監秦州戍兵蜀平改監霸州兵轉宮苑使從征太原還會命蜀州刺史聶章爲沁州兵馬部署以迥監其軍無何并人入寇迥與閻彦進同率兵擊敗之以功遷東上閤門使開寶五年命爲廣南道兵馬都監兼諸州

巡檢八年奉使江南迴素貪冒外務矯飾初若嚴毅不可犯雖饋食亦不受江南人頗憚之既而奉以貲貨殆直數萬緡迴即大喜過望登舟縱酒繼日宴樂及歸戀戀不發人多笑之暨王師伐金陵命迴與潘美劉遇率步兵先赴荆南且以迴護行營步兵及左廂戰櫂與吳人戰采石殺獲甚衆江南平以功領順州團練使太宗即位判四方館事領禁軍戍澤州太平興國三年錢俶來朝命往淮泗迎勞夏汴水大決詔迴發畿內丁男三千護塞汴口四年征太原以迴爲行營前軍馬步軍都監督軍攻城中流矢四車駕還命與孟玄喆崔翰率兵屯定州以功遷引進使五年受詔與潘美城并州於三交及築緣邊堡障七年李繼遷寇邊以迴領兵護銀夏州八年召歸授唐州防禦使令赴職雍熙二年繼遷誘殺都巡檢使曹光實乘勢數寇邊復召迴爲銀夏都巡檢使赴邊捍禦之三年夏卒於銀州官舍年五十九迴性麤率尤不喜文士故事節帥出鎮及來朝便殿宴勞翰林學士皆預坐開寶中迴爲閤門使白太祖曰陛下宴犒將帥安用此輩預坐自是罷之至淳化中翰林學士蘇易簡白於太宗始復預焉大中祥符八年錄迴子廷翰爲奉職

史珪河南洛陽人父暉晉嚴衛指揮使珪少以武勇隸軍籍周顯德中遷小校太祖領禁衛以珪給事左右及受禪用爲御馬直隊長四遷馬步軍副都軍頭兼控鶴弓弩大劍都指揮使開寶六年加都軍頭領毅州刺史太祖初臨御欲周知外事令珪博訪珪廉得數事白於上驗之皆實由是信之後乃漸肆威福民有市官物不當價者珪告其欺罔當寘法列肆無不側目上聞之因下詔曰古人以獄市爲寄者蓋知小民唯利是從不可盡法而繩之也況先甲之令未嘗申明苟陷人於刑深非理道將禁其二價宜示以明文自今應市易官物有妄增價直欺罔官錢者案鞫得實並以枉法論其犯在詔前者一切不問自是珪不

復敢言時德州刺史郭貴知邢州國子監丞梁夢昇知德州貴族人親吏之在德州者頗爲姦利夢昇以法繩之貴素與珪善遣人以其事告珪圖去夢昇珪悉記於紙將伺便言之一日上因言爾來中外所任皆得其人珪遽曰今之文臣亦未必皆善乃探懷中所記以進曰秖如知德州梁夢昇欺蔑刺史郭貴幾至於死上曰此必刺史所爲不法夢昇眞清強吏也因以所記紙付中書曰即以夢昇爲贊善大夫既又曰與左贊善珪以譖不行居常怏怏九年坐漏泄禁中語出爲光州刺史會歲饑淮蔡民流入州境珪不待聞即開倉減價以糶所全活甚衆吏民詣闕請植

碑頌德者數百人太平興國初以爲揚楚等九州都巡檢使四年征太原命珪與彰信軍節度劉遇攻城北面從征幽州坐所部逗撓失律責授定武行軍司馬數月召爲右衛將軍領平州刺史督浚惠民河自尉氏達京九十里數旬而畢民咸便之會江淮民䴾謀首等數十百人聚爲盜命珪率龍猛騎兵五百往捕悉獲之六年遷隰州刺史知保州靜戎軍上緣邊便宜十五事皆從之雍熙中從曹彬征幽州爲押陣部署以所部下涿州師還卒年六十一珪多智數好以甘言小惠取譽於人故所至不忍其去云

田欽祚潁州汝陰人父令方漢虢州團練使帳下伶人靖

邊庭妻有美色令方私之邊庭不勝忿會陝西三叛連衡關輔間人情大擾邊庭率其徒數人夜縋入州廨害令方因掠郡民投趙思綰至潼關與守關使者戰遂敗散朝廷録欽祚爲殿直改供奉官周世宗征淮南爲前軍都監從征關南還會塞澶淵決河命欽祚領禁兵護役因令督治澶州城淮人寇高密刺史王萬威求濟師命欽祚領州兵援之既至圍解宋初遷閤門通事舍人乾德二年冬討蜀爲北路先鋒都監令乘傳往來宣達機事孟昶降奉捷書馳奏遷西上閤門副使蜀土寇亂又遣欽祚率師討平之四年春幷人寇樂平從羅彥瓌拒之獨以所部三千人破

寇擒副將一人俘獲甚衆以功遷西上閤門使開寶二年又與何繼筠破賊兵千石嶺關領賀州刺史判四方館使三年契丹寇中山以欽祚爲定州路兵馬都部署與戰遂城自旦及晡殺傷甚衆欽祚馬中流矢踣騎士王超授欽祚以馬軍復振敵解去朝廷將議討江表遣欽祚覘之還奏合旨江南所得寶貨直三千萬悉以賜欽祚會興師首命欽祚與曹彬李漢瓊率騎軍先赴江陵就命爲昇州西南路行營馬軍兼左廂戰棹都監領兵敗吳軍萬餘于溧水斬其主帥李雄等五人擒裨將二人進圍金陵爲南面攻城部署既平以功加領汾州防禦使太平興國初遷引

進使爲晉州都鈐轄太原驍將楊業率衆寇洪洞縣欽祚擊敗之斬首千餘級獲馬數百太宗賜欽祚白金五千兩令市宅四年從征太原護前鋒騎兵屯石嶺關以扞契丹欽祚性剛戾負氣多所忤犯與主帥郭進不協進戰功高屢爲欽祚所陵心不能甘遂自縊死初賊兵奄至進出戰欽祚但閉壁自守既去又不追所受月奉芻粟多販鬻規利爲部下所訴責授睦州團練使車駕北巡以爲幽州西路行營壕砦都監六年秋改房州團練使逾年又改柳州嶺外多瘴氣因藉疾累表乞生還闕下上憐之遷郢州團練使在郡二年入覲欽祚見上涕泣不已以爲銀夏綏宥

都巡檢使俄召還會征幽州命欽祚與宣徽南院使郭守文爲排陣使時欽祚已被病受詔不勝喜一夕卒欽祚性陰狡尤不喜儒士好狎侮同列人多惡之子承誨仕至供奉官閤門祗候承誥至崇儀副使

侯贇并州太原人父義漢遼州刺史贇以蔭補殿前承旨周顯德中再遷至供奉官使江南復命領三門集津發運事宋初爲諸衛將軍先是朝廷歳仰關中穀麥以給用贇掌其事歷三十年國用無闕累遷至右武衛將軍開寶中歷知建安軍揚徐二州皆有善政太宗即位移知福州改右衛將軍太平興國二年錢俶初納土詔贇馳往兩浙諸州閱視軍儲芻茭累遷右衛大將軍七年知靈州按視蕃

落宴犒以時得邊士心部內大治遷左衛在朔方凡十餘年上念久次求可代者而難其人淳化二年卒于官年七十四贈本衛上將軍

王文寶開封陽武人以任子補殿直太平興國初累遷至軍器庫使嘗使契丹會陳洪進獻漳泉地以文寶監泉州兵羣盜大起文寶與轉運使楊克讓知州喬惟岳共討平之以功領嬀州刺史加内弓箭庫使二年京西轉運使程能議開新河自襄漢至京師引白河水注焉以通湘潭之漕詔發唐鄧汝潁許蔡陳鄭丁夫數萬赴其役又發諸州兵萬人助之命文寶與六宅使李繼隆作坊副使李仁祐劉承珪分往護作既而地高水下不能通卒堙廢焉雍熙四年改東上閤門使歷知涇延二州會遼人寇通遠軍命文寶率師致討還遷判四方館事文寶歷内職三十年雅好言外事太祖太宗頗信任之中外咸畏其口出爲高陽關兵馬鈐轄淳化二年卒于官

翟守素濟州任城人父溥晉左司禦率府率守素以父任爲殿直歷漢周遷供奉官領承天軍使乾德中爲引進副使從王全斌伐蜀以往來馳告軍事爲職蜀平擢判四方館事以兩川餘寇未殄慮致騷動再令守素入蜀經略諸

郡分兵以防遏之開寶中會麟府内屬戎人爭地不決因致擾亂命守素馳往撫喻守素辨其曲直戎人悦服從征太原命海州刺史孫方進圍汾州守素監其軍轉引進使開寶三年命爲劍南十州都巡檢使東上閤門使郭崇信副之賜守素錢五百萬入謝日復遣爲岐帥符彥卿官告使守素辭以錫賚優厚不敢更當奉使之詔上不許九年吳越國王錢俶來朝命守素護諸司供帳迎勞郊外并壘未下詔與洺州防禦使郭進率兵深入其境蹈藉禾稼守素多所虜獲太宗即位遷客省使領憲州刺史太平興國三年夏河決滎陽詔守素發鄭之丁夫千五百人與卒千

人領護塞之是秋梅山洞蠻恃險叛命詔遣守素率諸州屯兵往擊之值霖雨彌旬弓弩解弛不堪用明日將接戰守素一夕令削木爲弩及旦賊奄至交射之賊遂敗乘勝逐北盡平其巢穴先是數郡大吏富人多與賊帥包漢陽交通既而得其書訊數百封守素並焚之反側以定俄而錢俶獻浙右之地詔守素爲兩浙諸州兵馬都監安撫諸郡人心甚悅即以知杭州歲滿爲西京巡檢使秦王廷美以事勒歸私第以守素權知河南府兼留守司事屬洛陽歲旱艱食多盜上憂之守素既至漸以寧息未幾遷商州團練使雍熙二年改知延州自劉廷讓敗于君子館河朔

諸州城壘多圮四年詔守素與田仁朗王繼恩郭延濬分路案行發諸州鎮兵增築護其役賜白金三十兩留充天雄軍兵馬鈐轄知大名府改知潞州會建方田命爲代北方田都部署并州兵馬鈐轄從屯夏州改知鳳翔府淳化中夏帥趙保忠上言其弟繼遷誘戎人爲寇且求援師詔守素率兵復屯夏州未幾又徙石州以老病上疏求歸本郡從之三年卒年七十一守素逮事四朝緜歷內職五十餘年性謹慎寬仁容衆所至有治績凡斷大辟獄雖罪狀明白仍徧詢僚案僉同而後決屬吏有過不面折必因公宴援往事之相類者言其獲咎以微警之新進後生多至

節帥而守素久次不遷殊無隕穫意時論以此多之

王侁字祕權開封浚儀人父朴周樞密使侁以父任太僕寺丞朴卒世宗幸其第召見諸孤以侁爲東頭供奉官開寶中征江南命侁率師戍桐城王師渡江與樊若水同知池州領兵敗江南軍四千餘于宣州金陵平加閤門祗候太平興國初預討梅山洞蠻契丹使來貢詔侁送于境上還使靈州通遠軍及旋言主帥所留牙兵率與邊人交結頗桀黠難制歲久當慮請悉代之太宗因遣侁調內郡卒往代之戍者聞代多不願還侁察其中旅拒者斬之以徇衆皆悚息遂將以還一歲中數往來西邊多奏便宜上多聽

用遷通事舍人四年從征太原以侁護陽曲塌地石嶺關諸屯賜廐馬介胄五月即城下轉東上閤門副使晉陽平留爲嵐憲巡檢九年代還遷西上閤門使賜錢百萬河西三族首領折遇乜叛入李繼遷侁帥師討擒之以功領蔚州刺史王師北征命爲并州駐泊都監又爲雲應等州兵馬都監侁性剛愎以語激楊業業因力戰陷於陣侁坐除名配隸金州事載楊業傳會赦移均州團練副使淳化五年召還道病至京師卒弟僎供奉官閤門祗候坐征交阯軍敗誅備偃並進士及第偃至太常博士朴弟格宋初爲右補闕直史館至都官員外郎廣南轉運使格子侗太平

興國進士至都官員外郎

劉審瓊涿州范陽人家素貧漢乾祐中湘陰公鎮彭門審瓊始隸帳下周祖受命適去依永興軍節度劉詞頗委任之詞卒屬太祖節鎮給事左右及受禪補殿直從平澤潞改供奉官開寶中累遷至軍器庫使會樞密使李崇矩門人鄭伸擊登聞鼓誣告崇矩受太原席義叟黃金私結翰林學士扈蒙以甲科私義叟引審瓊為證上怒召審瓊詰問審瓊具言其誣枉得解遂出知鎮州七年太宗征河東駐蹕月餘備將無闕遷領檀州刺史知潭州州素多火日調民積水為防民甚勞之審瓊至悉罷之以為民便徙知河陽淳化三年受代歸陳衰老乞正受郡將上閔其舊人授坊州刺史至道三年卒于官審瓊嘗給事外諸侯雅善酒令博鞠年八十餘筋力不衰髭髮黳黑孫爽進士及第後為祠部員外郎祕閣校理

論曰王贊奮迹小校有奉公之節繩姦列郡不畏強禦保續單車出使不辱君命懷忠識荊渚之將危繼勳知番禺之可取侯贇久治邊郡文寶數護屯兵斯各一時之效也德裕梁迥欽祚王侁皆練習戎旅頗著勳勞然率彊戾而乏溫克以速於戾斯乃明哲之所戒玭以剛險蒙悔吝珪以發擿肆威福其不逞者歟守素不事躁競審瓊克享期頤易曰視履考祥其旋元吉此之謂也

列傳卷第三十三

開府儀同三司上柱國録軍國重事前中書右丞相監修國史領經筵事都總裁脫脫等奉
勑修

劉福　安守忠　孔守正
譚延美　元達　常思德
尹繼倫　薛超丁罕趙瑂附　郭密傅思讓李斌附
田仁朗　劉謙

劉福徐州下邳人少倜儻魁岸有膂力周顯德中世
宗征淮南福徒步謁見于壽春世宗奇之因留麾下
每出戰則令福率衛士為先鋒與破紫金山砦淮南

平録功授懷德指揮使宋初遷橫海指揮使率所部
隸步帥劉光毅由峽路征蜀比至成都孟昶已降大
將王全斌部送降卒歸京師至綿州降卒盜庫兵劫
蜀舊將全師雄以叛焚廬舍剽財貨以去刺史成彥
饒以同華兵百餘人守其城全斌遣米光緒將七百
騎及福所部以屯護之光緒盡殺師雄妻孥師雄領
叛卒益聚村民十餘萬衆攻城益急會龍捷指揮使
田紹斌率精銳百騎由東山西北行福領所部由山
南行出賊不意夾擊之賊衆大潰斬首及溺江死者
以萬計以功授虎捷都虞候繼隸曹彬麾下平江南

還授指揮使領蔚州刺史從太宗克并汾遷馬步都
軍頭武州團練使端拱初出為洺州防禦使二年改
雄州防禦使兼本州兵馬部署雄州地控邊塞常屯
重兵福至部按行城壘調鎮兵以給繕完出私錢以
資宴犒寇雖大至而恃以無恐矣淳化初遷涼州觀
察使判雄州事二年卒年六十四贈太傅福雖不學
而御下有方略為政簡易人甚德之領雄州五年郡
境寧謐福既貴諸子嘗勸起大第福怒曰我受祿厚
足以僦舍以庇汝曹既無尺寸功以報朝廷豈可營
度居室為自安計乎卒不許既死上聞其言賜其子

白金五千兩使市第宅
安守忠字信臣并州晉陽人父審琦為周平盧軍節
度封陳王晉天福八年審琦出領山南東道以守忠
為牙內指揮使領繡州刺史周顯德四年春改鞍轡
庫使會淮南初下命守忠馳往宣諭時藩臣驕蹇遇
朝使多簡傲守忠抗以正禮無所辱命未幾改衛州
刺史宋初入為左衛將軍建隆四年湖南初平命為
永州刺史乾德中護河陰屯兵蜀平太祖知遠俗苦
苛虐南鄭為走集之地故特命守忠知興元府以撫
綏之四年改漢州刺史時寇難甫平使車旁午公帑

不足守忠出私錢以給用每遣使太祖必戒之曰安守忠在蜀能律己以正汝行見之當效其為人也開寶初改濮州刺史會河決澶州命守忠副潁州團練使曹翰護役河決遂塞五年知遼州民有陰召并寇謀內應者事泄守忠悉斬以徇九年命將征太原守忠受詔與孫晏宣由遼州入既而與路羅砦監押馬繼恩遇乃相與會兵入賊境燔砦四十餘獲牛羊數千議將深入會上崩乃班師太平興國初移知靈州在官凡七年雍熙二年改知易州徙夏州每西戎犯邊戰無不捷錄功就拜濮州團練使端拱中知滄州

改瀛州兼高陽關駐泊部署遷瀛州防禦使初守忠嘗夢一漢字方丈餘及領是郡幾二十年於是始寤淳化二年徙知雄州方與僚佐宴飲有軍校謀變擐甲及闌闠者倉卒入白守忠言笑自若徐顧坐客曰此輩酒狂爾擒之可也人服其量焉明年加耀州觀察使兼判雄州未幾召還條陳邊事數奏稱旨賜錢五百萬五年又知滄州至道初移雄州三年復知滄州拜感德軍節度觀察留後徙宋州兼制置營田使威德兼著吏民不忍其去咸平三年入覲遣還未行暴卒年六十九贈太尉錄其子繼昌為供備庫副使

壻王世及為光祿寺丞守忠謹愨淡薄為治簡靜太祖居藩日素相厚善及受禪後每優任之守忠處之益謙從征太原多與謀略人罕知之者所至藩郡樂施予豐宴犒且喜與士大夫遊從故時論多與之初審琦以愛妾故為隸人所戕守忠終身不畜妓妾而喜佞佛蓋有所懲云

孔守正開封浚儀人幼事後唐明宗子許王從益漢初為東西班承旨事魏王承訓周世宗征淮南以材勇選為東班承旨宋初補內殿直兼領驍雄吐渾指揮從劉廷翰平蜀還遷驍雄副指揮使開寶中太祖

征太原守正隸何繼筠麾下會契丹遣兵來援晉陽守正接戰於石嶺關大敗之斬首萬級獲其將王破得時宋師之陷敵者數百人守正以騎軍馳之盡奪以還太平興國中累遷日騎東西班指揮使太宗親征晉陽守正分主城西洞屋領步卒大呼先登繼與內侍蔡守恩等率騎兵力戰晉軍遂潰從征范陽至金臺驛詔與劉仁蘊先趨岐溝關時城未下守正毅超垣度鹿角臨機橋以大軍將至說關使劉禹使降禹解懸橋守正遂入城撫諭其軍民以城守屬纂廷朗而已赴行在時契丹兵在涿州東守正與傅潛率

御前東西班分兩陣馳擊之逐北二十餘里降其羽林兵數百人繼與高懷德劉廷翰合兵追之至桑乾河契丹自是不敢近塞以勞尋遷日騎都指揮使領濡州刺史端拱初遷龍衛都指揮使領長州團練使出鎮真定是年秋出為潁州防禦使未幾太宗以其練習戎旅特置龍衛神衛四廂都指揮使以授之改領振州防禦使明年拜殿前都虞候領容州觀察使一日侍宴北苑上入玄武門守正大醉與王榮論邊功于駕前忿爭失儀侍臣請以屬吏上弗許翌日俱詣殿廷請罪上曰朕亦大醉漫不復省遂釋不問俄命為定州行營副部署受詔詣保州軍開道遇敵于曹河與戰數合梟首三十餘獲馬五十四上聞而壯之淳化初擢高陽關副都部署軍中小將有詈其校長者守正械送闕下取裁於上未嘗專決焉明年護浚惠民河塞澶州決河就命知州軍改慎州觀察使還領代州部署連移并代夏綏麟府三鎮與李繼遷戰大橫岡援范廷召出塞破賊于白池至行莊焚掠甚衆改代夏二州部署真宗即位復徙代州咸平初授昌化軍節度觀察留後守正上言四任鴈門邊亭久安願徙東北以自效會夏人入寇改定州行營副都部署四年移彰德軍留後以風疾妨政改安化軍留後景德初復以不任職代時議防秋北鄙守正猶屢表請行上閔之不許無何卒年六十六贈泰寧軍節度使

譚延美大名朝城人軀幹壯偉少不逞遇群盜聚謀將行剽劫延美即趣就之及就捕法皆抵死延美以與盜素不相識獲免自後往來澶魏間為盜于鄉里鄉里患之周世宗鎮澶淵募置帳下即位補殿前散都頭從征淮南以勞遷控鶴軍副指揮使又從克三關時太祖領禁兵留督牙隊建隆元年補控鶴指揮使稍遷都虞候馬步副都軍頭征湖南與解暉分領行營戰權都指揮使時汪端寇攻朗州甚急招討慕容延釗遣延美率兵赴之大敗賊衆擒端以還擢鐵騎副指揮使領睦州刺史四遷至內殿直都知太平興國初為蘄州刺史連徙廬壽濠光州軍巡檢使劇賊之為害者悉就捕六年徙知威虜軍雍熙三年舉兵北伐命延美為幽州西面行營都監與田重進出飛狐北俄遇敵延美曰彼恃衆易我宜出其不意先攻之即麾騎軍直進敵兵將潰大軍繼至遂敗之斬首五百獲其將大鵬翼以獻以功擢本州防禦使逾

年改亳州出爲鎮州鈐轄端拱元年徙知寧遠軍一旦契丹兵抵城下延美開門以示之不敢入圍城數日開門如故民出取芻糧者無異平日契丹卒疑之遂引去二年進邕州觀察使判亳州兼知代州是時任邊郡者皆令兼領內地一州處其家屬徙知潞陜涇州咸平四年以左領軍衛上將軍致仕六年卒年八十三贈建武軍節度子繼倫至崇儀副使雍虞部員外郎

元達初名守旻洺州雞澤人身長八尺餘負膂力善射家業農不任作苦委耒耜慨歎而去之事任俠縱

酒嘗醉見道旁槐樹拔劍斬之樹立斷達私喜曰吾聞李將軍射石虎飲羽今樹爲我斷豈神助歟嘗從少年數十百人欲起爲盜里中父老交戒之乃止時郡以戶籍調役達當送徒闕下行數舍乃悉縱之曰吾觀汝曹亦丈夫也豈樂爲是哉可善自爲計吾亦從此逝矣已而郡遣追捕至則達援弓引滿待之追者不敢近由是亡命山林間爲鄉里患太宗居晉邸時達求見得隸帳下嘗侍太宗習射園亭命之射達射四發不中的已而連中上喜爲更其名曰達及即位補御龍直隊長雍熙初累遷嬀州刺史繼領本州團練使時州郡部送亡命者至闕左右諷殺之達奏曰此類竄匿者衆豈能盡殺之哉不如赦之以開其自新之路且以成好生之德上悅因悉原之端拱二年擢侍衛步軍都虞候領幽州刺史歷北面行營都部署由常山鎮入爲京城巡檢淳化四年卒年四十二贈昭化軍節度達雖奮自草野歷職戎署至交士夫能折節盡禮人以是稱之

常思德開封人周顯德初以材勇應募隸天武軍累遷神衛都虞候雍熙初從曹彬征幽州因署牙校尋鎮威虜軍端拱初以弓箭直都虞候領溪州刺史淳

化中李順叛蜀命往夔峽招捕師次達州新寧縣調近州土兵捕殺賊徒三千餘人于梁山時雷有終領大軍抵合州境上賊衆二萬來拒思德與尹元裴莊等合擊之合州遂平賊帥田奉正蘇榮據果州思德因其遁而追捕之斬首八百果州既定餘賊保渠州及走廣安梁山乃分兵爲二抵廣安梁山者思德領之趣渠州者元莊領之合力進討盡殲其黨自是川峽賴以安靜無復寇患以功眞授汝州刺史初曹彬北征不利至涿州左右皆潰散獨思德以所部護至易州語人曰既備戎行則與主帥同死生可也若視

利害以為去就將何面目以見君父乎太宗嘗聞其言至是陛辭深加慰勞且諭之曰為臣以忠實為本汝少壯時既以驍勇自効且能盡心于主將事朕之日雖久而忠實如一今雖老亦當盡心乃職庶無負乎朕之委寄也未幾移慶州路副都部署屯邠州咸平初與李繼隆同部芻糧赴靈州以疾改陳留都監換左神武大將軍二年卒年六十五

尹繼倫開封浚儀人父勲鄜州防禦使嘗內舉繼倫以為可用太祖以補殿直權領虎捷指揮預平嶺表下金陵太宗即位改供奉官從征太原還遷洛苑使

充北面緣邊都巡檢使端拱中威虜軍糧餽不繼契丹潛議入寇上聞遣李繼隆發鎮定兵萬餘護送輜重數千乘契丹將于越諜知之率精銳數萬騎將邀于路繼倫適領兵巡徼路與寇直于越徑趨大軍過繼倫軍不顧而去繼倫謂其麾下曰寇蔑視我爾彼南出而捷還則乘勝驅我而北不捷亦且洩怒於我將無遺類矣為今日計但當卷甲銜枚以躡之彼銳氣前趣不虞我之至力戰而勝足以自樹縱死猶不失為忠義豈可泯然而死為胡地鬼乎衆皆憤激從命繼倫令軍中秣馬俟夜人持短兵潛躡其後行數十里至唐州徐河間天未明越去大軍四五里會食訖將戰繼隆方陣于前以待繼倫從後急擊殺其將皮室一人皮室者契丹相也皮室既擒衆遂驚潰于越方食失箸為短兵中其臂創甚乘善馬先遁寇兵隨之大潰相蹂踐死者無數餘黨悉引去契丹自是不敢窺邊其平居相戒則曰當避黑面大王以繼倫面黑故也以功領長州刺史仍兼巡檢淳化初著作佐郎孫崇諫自契丹逃歸太宗詢以邊事極言徐河之戰契丹為之奪氣故每聞繼倫名則倉皇不知所措於是遷繼倫尚食使領長州團練使以勵邊將淳

化五年李繼隆奉詔討夏州以繼倫為河西兵馬都監未幾以深州團練使領本州駐泊兵馬部署至道二年分遣將帥為五道以討李繼遷時大將李繼隆由靈環路往逗撓不進上怒急召繼倫至京師授靈慶兵馬副都部署欲以夾輔繼隆也時繼倫已被病強起受詔上素聞其嗜酒以上尊酒賜而遣之即日乘驛赴行營至慶州卒年五十上聞之嗟悼賻賵加等遣中使護其喪而歸葬焉

薛超遼州平城人少有勇力乾德初應募為虎捷卒從崔彥進伐蜀平録功補虞候遷十將太平興國初

四遷至天武指揮使從征太原領遊騎千人備禦鎮定境上以張軍勢及車駕還契丹頻寇鎮定侵掠無巳超從大將劉廷翰率兵至徐河賊將領騎十餘出挑戰超躍馬直前連射數人斃敵勢遂却大軍乘之奮擊斬首萬餘級以功加步軍都軍頭遷神衛軍都校領敘州刺史雍熙三年從潘美北征至鴈門西陘路與契丹遇又戰敗之追至寰州斬首五百餘級其將趙彥辛以城降超連被創流血濡甲縷部分軍士自若乘勝抵應州其節度副使艾正以城降還加馬步軍都軍頭淳化初屯鎮州遷天武指揮使領澄州團練使至道元年卒年五十七

丁罕者穎州人應募補衞士累遷指揮使從劉廷翰戰徐河以奪橋功遷本軍都虞候累遷天武指揮使領獎州團練使淳化三年出爲澤州團練使知霸州會河溢壞城壘罕以私錢募築民咸德之五年以容州觀察使領靈環路行營都部署與李繼遷戰斬首俘獲以數萬計至道中率兵從大將李繼隆出青岡峽賊聞先遁追十日程不見而返三年真拜容州觀察使知威虜軍徙貝州咸平二年卒子守德能世其家

趙瑫者貝州清河人由衞士累遷龍衞指揮使亦以徐河戰功加鎮州團練使至兵馬部署至道二年卒于官年七十贈歸義軍節度使

郭密貝州經城人軀幹雄偉膂力絶人幼孤隨母適同郡王乙因冒姓王氏以知瀛州馬仁瑀薦隸晉王帳下給事左右太宗即位補指揮使復姓郭氏至淳化間凡八遷移貝州駐泊兵馬部署會夏人寇邊以密有武略擢領安州觀察使充靈州兵馬都部署訓練士卒號令嚴肅夏人畏服邊境賴以寧謐至道二年卒年五十八贈保順軍節度

傅思讓者冀州信都人少無賴有勇力善騎射太宗居晉邸補親事都校即位補衞士直長累遷至平州刺史奉詔破契丹兵于唐興口端拱中四遷爲容州觀察使知莫州移隴州上命殿中丞林特同判州事以夾輔之以思讓所爲多不法故也至道二年卒年七十四贈保順軍節度

李斌者青州人太宗在晉邸聞其狀貌魁偉召置左右即位補御龍直副指揮使太平興國中以天武指揮使領鄭州刺史七年坐嘗受秦王廷美饋遺貶曹州都校雍熙三年遷營州刺史四年領溪州團練使連爲貝冀二州駐泊都監淳化中繼領萊州洺州團練使勤於政理人服其清慎轉運使陳緯以狀聞於朝至道初拜桂州觀察使仍判

洺州徙滄州及代吏民不忍其去鄰境亦上其善狀
詔書褒美之咸平三年卒年六十一
田仁朗大名元城人父武仕晉昭義軍節度使仁朗
以父任西頭供奉官太祖即位從討李重進攻城有
功還與右神武統軍陳承昭浚五丈河以通漕運乾
德中討蜀命仁朗為鳳州路壕砦都監伐木除道大
軍以濟録功遷染院副使太祖征太原與陳承昭壅
汾水灌城城將陷會班師俄遷內染院使數日改左
藏庫使為中官所譖太祖怒立召詰之至殿門命去
冠帶仁朗神色不撓從容曰臣嘗從破蜀秋毫無犯

陛下固知之今主藏禁中豈復為姦利以自汙太祖
怒釋止停其職開寶六年起為権易使七年以西北
邊內侵選知慶州仁朗至率麾下往擊之短兵將接
前鋒稍却仁朗斬指揮使二人軍中震恐爭乞効命
遂大破之其酋長相率請和仁朗烹牛置酒與之約
誓邊境乃寧璽書褒美太平興國初秦州羌為寇命
仁朗屯兵清水會李飛雄事敗召為西上閤門使四
年征太原命仁朗與閤門祗候劉緒按行太原城四
面壕砦閱視攻城梯衝器械太原平留仁朗為兵馬
鈐轄閑廐使武再興軍器庫副使賈湜並為巡檢俄

命仁朗與再興役民築榆次新城從幸大名又命為
滄州鈐轄俄遷東上閤門使知秦州九年判四方館
事會議東封命仁朗自京抵泰山督役治道李繼遷
為亂命仁朗率兵巡銀夏歲餘召還未幾繼遷攻麟
州誘殺曹光實遂圍三族砦命仁朗與閤門使王侁
副使董愿宮苑使李繼隆馳傳發邊兵數千擊之仁
朗次綏州奏請益兵留月餘俟報會三族砦將折遇
乜殺監軍使者與繼遷合太宗聞之大怒亟遣軍器
庫使劉文裕自三交乘疾置代仁朗繼遷乘急攻撫
寧砦仁朗不知為文裕所代喜謂諸將曰敵人逐水

草散保巖險常烏合為寇勝則進敗則走無以窮其
巢穴今繼遷嘯聚羌戎數萬盡銳以攻孤壘撫寧小
而固兵少而精未可以旬浹破當留信宿俟其困以
大兵臨之分强弩三百邀其歸路必成擒矣仁朗部
署已定欲示閑暇日縱其樗博不恤軍事上知之遣
使召仁朗赴闕下御史按問仁朗請益兵及陷三族
狀仁朗對曰所召銀綏夏兵其州皆留防城不遣所
部有千餘人皆曹光實舊卒器甲不完故請益兵況
轉輸芻粟未備三族砦與綏相去道遠非元詔所救
昨臣已定擒繼遷策會詔代臣其謀不果因言繼遷

得部落情願降優詔懷來之或以厚利啗諸酋長密
圖之不爾恐他日難制大為邊患御史以其狀聞上
大怒切責憲府官吏曰仁朗不恤軍政得為過乎大
理遂當仁朗乏軍興及征人違期二十日以上坐死
上特貸之下詔責授商州團練副使馳驛發遣是役
也仁朗計已決為王侁等所構逗撓不進軍故及於
貶後數月上知其無罪召拜右神武軍大將軍部修
河北東路諸州城池數月而就留知雄州加領澄州
刺史時河北用兵大藩多用節將朝議以通判權位
不倫選諸司使有吏幹者佐之以仁朗知定州節度

副使事俄召赴闕未聞命而卒年六十時端拱二年
也仁朗性沉厚有謀略頗涉書傳所至有善政雅好
音律尤臻其妙時內職中咸以仁朗為稱首故死之
日人多惜之

劉謙博州堂邑人曾祖直以純厚聞于鄉黨里有盜
其衣者置不問州將廉知俾人故竊其衣亦不訴理
即召詰前盜衣者俾還之直給云衣乃自以遺少年
非竊也州將義之賜以金帛不受而去父仁罕輕俠
自任五代末寇盜充斥仁罕率衆斷澶州浮橋以潰
賊因誘獲數十人出芻粟給官軍補內黃鎮將嘗因

事至酒家遇群寇暴集以計悉禽其首擕詣西京留
守向拱補汜水鎮將俄為散都頭宋初遷許州龍衛
副指揮使會王師征廣南為前鋒還改同州都校卒
謙少慷慨不拘小節初詣嶺表省父仁罕資以金帛
令北歸行商還堂邑會野中為鄉里惡少所辱謙不
勝怒毆殺之亡命京師遂應募從軍補衛士稍遷內
殿直都知至道初真宗升儲邸增補宮衛太宗御便
坐親選諸校授謙西頭供奉官東宮親衛都知賜袍
笏鞾帶器幣真宗即位擢授洛苑使謙起行伍不樂
禁職求換秩改殿前左班指揮使給諸司使奉料咸

平初遷御前忠佐馬步軍都軍頭領勤州刺史加殿
前右班都虞候上幸大名至北苑屬謙有疾遣歸將
護謙懇請從行既俾其二子隨侍仍挾尚醫以從御
廚調膳以給之疾瘳毀所服鞾勒以遺中使上聞賜
白金二百兩駕還改捧日左廂都指揮使領本州團
練使四年遷捧日天武四廂都指揮使領本州防禦
使權殿前都虞候時高翰為天武左廂都校有卒負
債殺人瘞尸翰營中累日發土得之上怒翰失檢察
執見于便殿謙即前奏翰職在巡邏及閱教諸軍不
時在營本營事宜責之軍頭上為釋翰罪景德初加

侍衛馬軍都虞候改領潯州防禦使俄權步軍都指揮使明年冬制授殿前副都指揮使振武軍節度先是謙久權殿前都虞候俄擢曹璨正授謙頗形慨嘆至是璨副馬軍而升謙領禁衛焉河北屯兵常以八月給冬衣謙上言邊城早寒請給以六月後以為例無何以足疾求典郡上召見敦勉之大中祥符初從東封上升太山詔都總山下馬步諸軍與西京左藏庫副使趙守倫閱視山門設施有法著籍者乃得上焉禮成進授都指揮使移領保静軍節度明年八月卒年六十贈侍中初謙將應募與同軍王仁德訊於日者日者指謙謂仁德曰爾當為此人廐吏及謙帥殿前仁德果隸役廐中子懷懿後為東染院副使懷詮内殿崇班閤門祗候

論曰宋初諸將率奮自草野出身戎行雖盜賊無賴亦厠其間與屠狗販繒者何以異哉及見於用皆能卓卓自樹由御之得其道也劉福御下有方略所至著績受禄雖厚而不為燕安之謀可謂國爾忘家者矣守忠練達邊事褆身謙慎弭卒校之變於談笑之頃非善於行權者不能也仁朗沈毅有謀累從征討綏州之役不惟無功而反坐逗撓豈其計之不善哉特為讒邪所搆爾自餘諸子皆積戰功以取通侯若延美之開門示敵思德之翼衛主帥繼倫之襲擊契丹薛超之裹創赴戰元達之請赦亡命郭密之訓撫士卒斯皆忠義仁勇有足稱者罕瑫思讓若斌若謙雖乏奇功而亦克共乃職能寡過者也守正素練戎旅累任邊要而矜勞肆忿視於勞謙之君子能無愧乎

列傳卷第三十四

列傳卷第三十五　　宋史二百七十六

開府儀同三司上柱國錄軍國重事前中書右丞相監修國史領經筵事都總裁脫脫等奉敕修

劉保勳　滕中正　劉蟠
孔承恭　宋璫　袁廓
樊知古郭載附　臧丙　徐休復
張觀　陳從信　張平子從吉
王繼升子昭遠　尹憲　王賓
安忠

劉保勳字修業河南人父處讓仕後唐入晉拜樞密使出為彰德軍節度保勳少好騎射後唐清泰中裁十許歲攝潞州左司馬隨父署彰德軍衙內都校父卒補供奉官習刑名之學頗工詩因獻詩宰相桑維翰奇之奏擢為太常丞歷漢為祕書丞周廣順初有薦其詳練法律兼大理正遷工部員外郎歷掌鄆宋楚三州鹽麴商稅宋初拜戶部遭母喪起復出掌蘄口榷茶徙雲安監鹽制置使歲滿出羨餘百萬轉運使欲以狀聞保勳曰貪官物為己功可乎乃止開寶初遷司封員外郎監左藏庫六年知宋州太平興國初遷祠部郎中通判晉州二年選為江南西路轉運使賜錢百萬三年徙兩浙東北路太宗征晉陽改戶部郎中為隨軍轉運使兼勾當北面轉運事又與侯陟同勾當軍前諸事會陝西北路轉運使雷德驤調發沁州軍糧後期詔劾德驤以保勳代之太原平命知并州逾年召入判大理寺出知昇州是冬召歸點檢三司開拆司會鹽鐵使闕又命權領其事遷兵部郎中兼判三司勾院八年拜右諫議大夫俄知開封府寡婦劉詣府訴夫王前妻子元吉寘堇食中毒已將死按驗獄成元吉妻撾登聞鼓訴冤事下御史臺其實劉有姦狀元吉知之劉慙悸成疾故誣告之保

勳坐奪奉三月俄以辛仲甫代之未幾復判大理寺雍熙二年權御史中丞兼勾當差遣院是秋罷權中丞三年春命曹彬等征幽州保勳以本官知幽州行府事子利涉以開封府兵曹督芻粟隨軍常從其父會王師不利濟巨馬河吏相蹂躪多死保勳馬陷淖中利涉自後掀出之力不勝人馬相擠壓遂俱死時年六十二上命恤其後保勳三子二子先保勳死季子隨沒以其孫巨川為嗣授祕書正字端拱初特召贈工部侍郎保勳性純謹少寐未嘗忤物精於吏事不憚繁劇嘗語人曰吾受君命未嘗辭避接同僚未

嘗失意居家積貲未嘗至千錢及死聞者皆痛惜之
至道三年又録其次孫世長為正字咸平初保勳妻
卒詔賜錢十萬巨川累為比部郎中
滕中正字普光青州北海人曾祖珽高郵令祖煦即
墨令父保裔興平令中正弱冠舉進士不第周顯德
中滑帥向拱奏辟為掌書記拱移鎮彭門會中正丁
外艱復表奪情仍署舊職加朝散大夫拱鎮襄陽以
中正為襄均房復觀察判官及留守西路又奏署河
南府判官檢校戶部員外郎乾德五年度支員外郎
侯陟表中正有材幹入為殿中侍御史兩川平選知

興元府判西京留臺俄通判河南府留守司事太祖
雩祀西洛以祗事之勤轉倉部員外郎太宗即位遷
考功員外郎授四川東路轉運使太平興國五年召
為膳部郎中兼侍御史知雜事六年命與中書舍人
鄭贊戶部郎中雷德驤同知京朝官考課中正嘗薦
舉監察御史張白知蔡州假貸官錢二百貫糴粟麥
以射利坐棄市中正降為本曹員外郎依舊知雜未
幾又擢拜右諫議大夫權御史中丞雍熙元年春大
宴上歡甚以虛盞示群臣宰相言飲酒過度恐有失
儀之責上顧謂中正曰今君臣相遇有失者勿彈劾

也因是令官盛言宴會之樂上曰朕樂在時平民安
是冬乾明節群臣上壽酒既三行上目中正曰三爵
之飲實惟常禮朕欲與群臣更舉一卮可乎中正曰
陛下聖恩甚厚臣敢不奉詔殿上皆稱萬歲二年以
年老辭出知河南府未幾被病罷分司西京淳化初
判留司御史臺命其子玄錫權河南司録以便養二
年卒年八十四中正性峻刻連鞫大獄時議以為深
文權中丞日振舉綱憲人以稱職許之二子並舉進
士玄錫至刑部郎中玄晏後名世寧至工部郎中
劉蟠字士龍濱州渤海人漢乾祐二年舉進士解褐

孟都主簿宋初歷安遠軍及河陽節度推官保義軍
掌書記乾德五年召拜監察御史典染院事初蘇曉
掌京城市征頗幹集及卒選蟠代之冬命為太宗生
辰使開寶七年與殿中丞劉德言同知淮南諸州轉
運事太平興國初就遷倉部員外郎改轉運使歲漕
江東米四百萬斛以給京師頗為稱職秩滿部內僧
道乞留詔許再任賜金紫改駕部員外郎八年丁內
艱時以諸州綱運留滯起復知京城陸路發運司事
會河決韓村大發丁夫塞之命蟠調給其餉未幾河
塞朝廷方議封禪以蟠為東封水陸計度轉運使會

詔罷其禮儀遷工部郎中充河北水路轉運使改刑部郎中就充水陸轉運使入判本部事籍田畢遷左諫議大夫淳化初兼同考京朝官差遣二年暴中風眩上遣太醫視之賜以金丹卒年七十三賜錢十萬給其喪事皤性清介寡合能攻苦食淡專事苛刻好設奇詐以售知人主典染作日太祖多臨視之皤偵車駕至輒衣短後衣芒屩持梃以督役頭逢不治遽出迎謁太祖以為勤事賜錢二十萬嘗受詔巡茶淮南部民私販者衆皤乘羸馬偽稱商人抵民家求市茶民家不疑出與之即擒寘于法子鍇初以父蔭為大理評事咸平二年擢進士第嘗獻幸太學頌真宗中夜覽書得鍇頌頗嘉賞之出以示輔臣且言鍇幼孤能自立召試命直史館累遷至戶部郎中鹽鐵副使

孔承恭字光祖京兆萬年人唐昭宗東遷舉族隨之遂占籍河南五世祖戡唐書有傳戡孫洵萊州刺史洵子昌庶虞部郎中昌庶子莊仕晉為右諫議大夫由戡至莊皆登進士第承恭莊之子也以門蔭授祕書省正字歷溫安豐二縣主簿時王審琦節制壽春以承恭名家子奏攝節度推官府罷調補鄭州錄事參軍入為大理寺丞獻宮詞託意求進太祖怒其引喻非宜免所居官放歸田里太宗即位以赦復授舊官時初榷酒以承恭監西京酒麴歲增課六千萬遷大理正議獄平允擢庫部員外郎判大理少卿事遷屯田兵部二郎中同考校京朝官課第端拱三年下詔曰九寺三監國之羽儀制度聲名往往而在各有副貳率其司存品秩素高職任尤重郎吏遷授斯為舊章比聞搢紳之流頗以臺閣自許目為散地甚無謂焉朕將振之自我而始其以兵部郎中孔承恭為太常少卿魏羽為祕書少監戶部郎中柴成務為光祿少卿魏庠為衛尉少卿張洎為太僕少卿呂端為大理少卿臧丙為司農少卿袁廓為鴻臚少卿工部郎中張雍為太府少卿又以屯田郎中雷有終為少府少監虞部郎中索湘為將作少監時裴祚慎從吉宋惟先為少卿皆改授東宮官又詔承恭與左散騎常侍徐鉉刊正道書儀以疾求解官且言早遊嵩少間樂其風土願卜居焉上召見哀其羸瘠出御藥賜之授將作監致仕以其子玢同學究出身為登封縣尉俾就祿養未果行而卒年六十二承恭少疎縱及長能折節自勵嘗上䟽請令州縣長吏詢訪耆老求

知民間疾苦吏治得失及舉令文賤避貴少避長輕避重去避來請詔京邑并諸州於要害處設木牌刻其字違者論如律上皆為行之尤奉佛多蠲食所得奉禄太半以飯僧嘗勸上不殺人又請於征戰地脩寺及普度僧尼人多言其迂闊云

宋璫字寶臣華州渭南人父鸞監察御史璫乾德中進士及第拔萃登科解褐青城主簿好寫書秩滿載數千卷以歸吳廷祚鎮永興辟掌書奏廷祚卒復調下邽主簿擢著作佐郎知綿州太宗即位改右贊善大夫為峽路轉運副使代還召對賜緋魚復出知秦

州有善政就拜監察御史充陝西轉運使以臯亶代知秦州璫去州未百日亶坐事繫獄上以璫前有治績賜錢五十萬再命知秦州安集諸戎部內清肅雍熙初轉比部員外郎在任凡六年召歸面賜金紫授度支判官俄遷屯田郎中知益州屬歲饑多盜璫始至以方略擒捕招輯盜皆首伏屏息下詔嘉奬端拱初就拜右諫議大夫時兩川轉運使副皆坐事免以璫為西川轉運使加左諫議大夫改知陝州淳化中三吳歲饑疾病民多死擇長吏養治之命璫知蘇州璫體豐碩素病足至州地卑濕疾益甚人或勸其謝

疾北歸璫曰天子以民病俾我綏撫我以身病而辭焉非臣子之義也既而太白犯南斗占斗為吳分民方飢天象如此長吏得無咎乎四年卒年六十一上聞之嗟悼錄其子明遠為蒲城主簿俾護其喪歸葬焉璫性清簡歷官三十年未嘗問家事唯聚書以貽子孫且曰使不忘本也明遠淳化三年進士後為都官員外郎次子柔遠亦舉進士及第垂遠閤門祗候

袁廓劒州梓潼人在蜀舉進士及第入宋補豐流縣主簿又為西平縣主簿勾稽漏籍得民丁萬餘州將薦其勤職就遷上蔡令又以課最擢太子右贊善大

夫令於御史府分領推事掌権貨務廓性夸誕敢大言好誑訐太祖以奇士待之太宗即位遷殿中丞出知楚州歸掌京師市征歲中增課數萬緡上嘉之賜緋魚賚錢百萬會錢俶盡籍土宇以獻命廓按籍浙中諸州軍倉庫之物悉輸京師得以便宜從事仍詔每公宴別席而坐以寵異之復命知鄆州會河決溢入城浸居人廬舍至冬月結為冰廓大發民鑿取以竹輿舁出城散積之使者至謂其有略致水不入城乃以狀聞拜監察御史至春凍解州地下流漸溢入為民患會秦王廷美遷置房州以崇儀副使閻彥進

知州事廓通判州事並賜白金三百兩廓俄轉殿中
侍御史召為戶部判官命與陳恕李惟清專計度芻
糧事改戶部員外郎又為度支判官籍田轉本曹郎
中判戶部勾院廓強項好爭數與判使等較曲直於
上前聲氣俱厲上每優容之然勾稽精密由是部領
擁積為郡吏所訴詔御史辨問廓謁見宰相趙普自
理屬鄭州團練使侯莫陳利用得罪廓嘗與利用書
札往還稔昵普謂之曰職司常事此不足云與利用
交結款密於理可乎廓驚懸泣下不能對數日出知
溫州就遷鴻臚少卿同郡袁仁甫掌州之關征素以

宗盟之分頗相親善一旦不協互有論奏上遣光祿
寺丞牛韶往按驗韶至並攝繫獄置對上疑廓被誣
驛召赴闕廓性剛褊被詰治峻急詔書未至以憤死
上聞甚追悼之復驗仁甫所訴多無實狀免韶官貶
仁甫商州長史贈廓右諫議大夫錄其子丘賀為奉
禮郎始十歲上猶念廓不已又詔削仁甫名籍配隸
商州

樊知古字仲師其先京兆長安人曾祖傅濮州司戶
參軍祖知諭事吳為金壇令父潛事李景任漢陽石
埭二縣令因家池州知古嘗舉進士不第遂謀北歸

廼漁釣采石江上數月乘小舟載絲繩維南岸疾棹
抵北岸以度江之廣袤開寶三年詣闕上書言江南
可取狀以求進用太祖令送學士院試賜本科及第
解褐舒州軍事推官嘗啓於上言老母親屬數十口
在江南恐為李煜所害願迎至治所即詔煜令遣之
煜方聞命即厚給齎裝護送至境上七年召拜太子
右贊善大夫會王師征江表知古為鄉導下池州八
年以知古領州事先是州民保險為寇知古擊之連
拔三砦擒其魁以獻餘皆潰散方議南征命高品石
全振往湖南造黃黑龍船以大艦載巨竹絙自荊南

而下遣八作使郭守濬等率丁匠營之議者以謂江
濤險壯恐不能就乃於石碑口試造之移置采石三
日橋成不差尺寸從知古之請也金陵平擢拜侍御
史令乘傳按行江南諸州詢訪利民復命知江南東
路轉運事數日改授江南轉運使賜錢一百萬先是
江南諸州官市茶十分之八復征其餘分然後給符
聽其所往商人苦之知古請蠲其稅仍差增所市之
直以便於民江南舊用鐵錢十當銅錢之一物價翔
踴民不便知古亦奏罷之先是李煜用兵權宜調斂
知古悉奏為常額豫章洪氏嘗掌昇州榷酤逋鐵錢

數百萬至是知古挾微時嘗辱於洪氏責償銅錢以
快意太宗即位授庫部員外郎召歸換金紫賜錢百
萬命為京西北路轉運使太平興國六年加虞部郎
中就改知邠州移鳳翔府入為鹽鐵判官出領荊湖
轉運使雍熙初遷比部郎中會河朔用兵分諸郡為
兩路以給漕輓遷知古為東路轉運使遷駕部郎中
賜錢五十萬知古本名若水字叔清因召見上問之
曰卿名出何書對曰唐尚書右丞倪若水亮直臣竊
慕之上笑曰可改名知古知古頓首奉詔倪若水實
名若氷知古學淺妄引以對人皆笑之端拱初遷右

諫議大夫河北東西路轉運使賜白金千兩兩路各
置轉運副使都轉運使之名自知古始二年詔加河
北西路招置營田使奏請修城木五百餘萬牛革三
百萬上曰萬里長城豈在於此自古匈奴黃河互為
中國之患朕自即位以來或疆埸無事則有修築河
隄之役近者邊烽稍警則黃河安流無害此蓋天意
更迭垂戒常令惕厲然而預備不虞古之善教深溝
高壘亦王公設險之義也所請過當不亦重困吾民
乎乃詔有司量以官物給之會度支使李惟清上言
河北軍儲無備請發河南十七軍州轉粟以赴太宗

曰農事方殷豈可更興此役惟清固以為請上遣左
正言馮拯乘傳與知古計之知古即言河北軍儲可
以均濟足俟農隙令民轉餉拯復命太宗曰不細籌
之則民果受弊矣未幾入朝奏事稱旨拜給事中俄
為戶部使知古有才力累任轉運使甚得時譽及在
戶部頗以職事不治詔書切責名益減素與陳恕親
善恕時參知政事太宗言及計司事有乖違者恕具
以告後因奏事知古遂自解上問從何得知曰陳恕
告臣上怒恕泄禁中語且嫉知古輕侻故兩罷之出
知古知梓州未至改西川轉運使知古自以嘗任三

司使一旦掌漕運劒外鬱鬱不得志常稱足疾未嘗
按行郡縣蜀中富饒羅紈錦綺等物甲天下言事者
競商搉功利又土狹民稠耕種不足給繇是兼并者
益糴賤販貴以規利淳化中青城縣民王小波聚徒
為亂謂其衆曰吾疾貧富不均今為汝輩均之附者
益衆遂攻陷青城縣掠彭山殺其令齊元振巡檢使
張玘與鬬于江源縣射小波中其額旋病創死玘亦
被殺衆遂推小波妻弟李順為帥初小波黨與裁百
人州縣失於備禦故所在蠭起至萬餘人攻蜀州殺
監軍王亮及官吏十餘人陷邛州害知州桑保紳通

判王從式及諸僚吏逐都巡檢使郭允能率麾下與戰新津江口為賊所敗同巡檢殿直毛儼徒步以身免賊勢益張衆至數萬人陷永康軍雙流新津温江郫縣縱火大掠留其黨守之徃攻成都燒西郭門不利引去陷漢州彭州旋陷成都時已詔知梓州右諫議大夫張雍代知古為轉運使雍未至知古與知府郭載及屬官走東川詔復令掌兩川漕運知古具伏擅離所部制置無狀上特宥之以本官出知均州視事旬日憂悸卒年五十二上猶嗟憫賜其子漢公同學究出身知古明俊有吏幹辭辯捷給及任西川不能弭盜而逃雖獲宥終以慙死云

郭載字咸熙開封浚儀人父暉右監門衛將軍義州刺史載蔭為右班殿直累遷供奉官閤門祗候雍熙初提舉西川兵馬捕盜事太宗賜鞍馬器械銀錢以遣之四年以積勞加崇儀副使召還上言川峽富人俗多贅婿死則與其子均分其財故貧者多詔禁之端拱二年擢引進副使知天雄軍入同勾當三班出知秦州兼沿邊都巡檢使先是巡邊者多領兵騎以威戎人所至頗煩苦之載悉減去戎人感悅遷西上閤門使改知成都府載在天雄軍屢奏市糴朝臣段獻可馮伉等所市麤惡軍人皆曰此物安可充食太宗頗疑使覆驗之及報與載奏同獻可等皆坐削官仍令填償及載受代獻可等所市皆支畢復有羨數三司判勾馮拯以聞太宗召度支使魏羽詰之羽曰獻可等所市不至麤惡亦無欠數臣與伉親舊是以未敢白太宗曰此公事爾何用畏避因召宰相謂曰此乃郭載力奏朕累與卿等議皆云有實今支畢頗有羨餘軍士復無詞訴郭載朕向以純誠待之何為矯誣及此然已委西川俟還日別當詰責於是獻可等悉復官載行至梓州時李順已搆亂有日者潛告載曰益州必陷公徃當受禍少留數日可免載怒曰吾受詔領方面阽危之際豈敢遷延邪即日入成都順兵攻城益急不能拒守乃與樊知古率僚屬斬關出以餘衆由梓州趨劒門隨招安使王繼恩統兵討順平之復入成都月餘憂恚成病卒年四十載前在蜀頗能為民除害故蜀民悅之洎至成都即值兵亂及隨繼恩平賊亦有所全濟故其死也成都人多歎惜之

臧丙字夢壽大名人弱冠好學太平興國初舉進士解褐大理評事通判大寧監官課民煮井為鹽丙職

兼總其事先是官給錢市薪吏多侵牟致歲課不充坐械繫者常數十百人丙至召井戶面付以錢既而市薪積山歲鹽致有羨數太宗平晉陽以丙爲右贊善大夫知遼州丙素剛果有吏幹會同年生馮汝士以秘書丞知石州與監軍不協一夕剸刃於腹而死事可疑丙上疏言汝士死非自殺乞按治上覽奏驚駭即遣使鞫之召丙問狀丙曰汝士居牧守之任不聞有私罪而言自殺若使寃死不明不加宿直者以罪今後書生不能治邊郡矣上嘉其直改著作郎俄遷右拾遺直史館加工部員外郎充河東轉運使俄

兼本路營田使代歸授戶部郎中同知審官院朝廷方以九等亞列爲重改司農少卿淳化二年拜右諫議大夫出知江陵府歲餘疾上聞之遣中使及尚醫馳往視之踰月卒年五十三上軫悼之以其子待用爲四門助教丙舊名愚字仲囿既孤常夢其父召丙偶立於庭向空指曰老人星見矣丙仰視之黃明潤大因望而拜既寤私喜曰吉祥也以壽星出丙入丁乃改名焉至是無驗丙於禮不當更名古人戒數占夢無妄喜也待用歷金部郎中東染院使賀州刺史次子列進士及第至太常丞

徐休復字廣初濮州鄄城人太平興國初舉進士解褐大理評事通判轉運使薦其材代歸授太子右贊善大夫改著作郎直史館賜緋魚遷左拾遺六年加右補闕充兩浙東北路轉運副使移知明州七年秋被召赴闕明年授庫部員外郎知制誥九年出知廣州是歲加水部郎中雍熙二年就遷比部郎中充樞密直學士賜金紫依舊知州事休復與轉運使王延範不協乃奏延範私養術士厚待過客撫部下吏有恩發書與故人韋務昇作隱語偵朝廷事反狀巳具詔遣內侍閻承翰與休復同按劾之遂抵於法端拱

初加左諫議大夫召爲戶部使淳化元年罷使遷給事中連知青潞二州休復先上言以父母藁葬青社願得領州事因營丘壠至青州踰年但聚財殖貨終不言葬事至潞州數月瘍生於腦既而疾甚若見王延範休復但號呼稱死罪後數日卒年五十三休復無他能掌誥命甚不稱職履行不見稱於搢紳云

張觀字仲賓常州毗陵人在江南登進士第歸宋爲彭原主簿太平興國初移興元府掾復舉進士不第調鷄澤主簿再求試特授忠武掌書記就改觀察判官上請復刺史及不遣武德卒詣外州偵事頗稱旨

召拜監察御史充桂陽監使獻所業文賜進士及第
會三司言嶺外賦稅輕詔觀乘傳按行諸州因令稍
增之觀上疏言遠民不宜輕動撓因而撫之猶慮其
失所况增賦以擾之乎設使積粟流衍用輸京師愈
煩漕輓之力固不可也或以分兵就食亦非安存之
策徒歛怨於民未見國家之利太宗深以爲然因留
不遣其後復上疏曰臣憑藉光寵備位風憲每遇百
官起居日分立于庭司察不如儀者舉之因見陛下
天慈優容多與近臣論政德音往復頗亦煩勞至於
有司職官承意將順簿書叢脞咸以上聞豈徒褻黷

至尊實亦輕褻國體况帝王之道言則左史書之動
則右史書之列于緗素垂爲軌範不可不慎也若夫
方今之急者遠人未服邊鄙不寧陰陽未序倉廩猶
虛澆朴未還奢風尚熾縣道未治逋逃尚多刑法未
措禁令猶密隆典未復封祀猶闕凡此數者皆朝廷
之急務也誠願陛下聽斷之暇宴息之餘體貌大臣
以之揚搉使沃心造膝極意論思則治體化源何所
不至臣又嘗讀唐史見貞觀初始置崇文館命學士
耆儒更直互進聽朝之際則入內殿講論文義商搉
時政或日旰忘倦或宵分始罷書諸信史垂爲不朽

况陛下左右前後皆端士偉人伏望釋循常之務養
浩然之氣深詔近臣闡揚玄風上爲祖宗播無疆之
休下爲子孫建不拔之業與夫較量金穀剖析毫釐
以有限之光陰役無涯之細務者安可同年而語哉
上覽而稱之召賜緋魚以爲度支判官歲餘遷左司
諫鹽鐵判官嘗因奏事白上曰陛下務敦淳化殿宇
采飾皆徹去之惟尚朴素天下幸甚然於服御器用
臣願亦從純儉上曰朕庶事簡約至於所服多用絁
紬皆經澣濯爾卿言甚善觀頓首謝觀數在省署及
長春殿次中諸事於其使李惟清辨說抵梧失禮容

惟清不能甘因奏解其任觀抗章論列上亦察其無
失故未幾復授舊職又諫罷冶佛寺不報俄出爲諸
路茶鹽制置副使上疏言更茶鹽之制於理非便不
合旨改知黃州遷揚州皆有善政會三司改舊貫均
州縣之籍以分其職召爲三司河東道判官有詔諸
司官屬不得越局言他事觀自以任諫官乃上書指
陳拾遺補闕之職言事固當然不奉詔上怒謂宰相
曰朕俾警三司僚屬各率其職非令諫官不言時務
觀乃妄有援引以諷刺朕姑爲容忍不欲深責乃令
出知道州移廣南西路轉運使坐奏交州黎桓爲亂

兵所殺丁濬復位事不實被劾獄未具卒於桂州年五十三觀廣覽漢史雅好論事辭理切直有古人之風焉

論曰保勲從其子以死事宋璫忘其身以恤民職丙信友誼以明枉其所履歷皆有足觀中正粗振風紀而峻深寡恕袁廓剛狷夸誕以徼寵任承恭平恕知止而好佞佛固皆未盡於善知古首獻征南之謀遂階試用而其攬轡舊都猶尋宿怨與昔人所謂不以私怨惡廢鄉黨之好者異矣郭載肆為矯誣而懷恚以死休復虧慎終之孝而樂致人於禍庸何議焉若

觀之獻納忠讜識達體要則又可嘉者也

陳從信字思齊亳州永城人恭謹強心計精敏太宗在晉邸令典財用王宮事無大小悉委焉累官右知客押衙開寶三年秋三司言倉儲月給止及明年二月請分屯諸軍盡率民船以資江淮漕運太祖大怒責之曰國無九年之蓄曰不足爾不素計而使倉儲垂盡乃請屯兵括民船以運是可卒致乎今設汝安用苟有所闕當罪汝以謝衆三司使楚昭輔懼詣太宗求寬釋使得盡力太宗既許召從信問之對曰從信嘗遊楚泗知糧運之患良以舟人之食日歷郡縣勘給是以凝滯若自發舟計日往復併支可以責其程限又楚泗運米于舟至京復輦入倉宜宿備運卒令即時出納如此每運可減數十日楚泗至京千里舊八十日一運一歲三運若去淹留之虛日則歲可增一運焉今三司欲籍民舟若不許則無以責辦許之則冬中京師薪炭殆絕矣不若募舟之堅者漕糧其損敗者任載薪炭則公私俱濟今市米騰貴官價斗錢七十賈者失利無敢致於京師雖居商厚儲亦匿而不糶是以米益貴民將餓殍若聽民自便即四方奔湊米多而價自賤矣太宗明日具奏太祖可之

其事果集焉太宗即位遷東上閤門使充樞密都承旨會八作副使綦廷珪因疾假滿不落籍愈日不朝參即入班中宣徽使潘美王仁贍並坐奪奉一季從信與閤門使商鳳責授閑廄使閤門祗候餘抵罪有差太平興國三年改左衛將軍復為樞密都承旨太宗征并汾以為太內副部署七年坐秦王廷美事以本官罷明年分使三部以從信為度支使賜第于浚儀實積坊加右衛大將軍九年卒年七十三贈太尉從信好方術有李八百者自言八百歲從信事之甚謹冀傳其術竟無所得又俟莫陳利用者所為多不

法始因從信推薦人以是少之
張平青州臨朐人弱冠寓單州依刺史羅金山金山移滁州署平馬步都虞候太宗尹京兆置其邸及秦王廷美領貴州復署為親吏後數年有譖平匿府中錢物秦王白太宗鞫之無狀秦王益不喜遂遣去太宗憐其非罪以隸徐帥高繼冲繼冲署為鎮將平歎曰吾命雖蹇後未必不為福也太宗即位召補右班殿直監市木秦隴平悉更新制建都務計水陸之費以春秋二時聯巨筏自渭達河歷砥柱以集于京期歲之間良材山積太宗嘉其功遷供奉官監陽平都

木務兼造船場舊官造舟既成以河流湍悍備其漂失凡一舟調三戶守之歲役戶數千平遂穿池引水繫舟其中不復調民有寇陽核華者往來關輔間為患積年朝廷命內侍督數州兵討之不克平以好辭遣人說之遂來歸改崇儀副使仍領其務凡九年計省官錢八十萬緡雍熙初召還同知三班事遷如京使三年改西上閤門使纔三月又改客省使四年代王明為鹽鐵使平掌陽平署積年是秋聞陝西轉運使李安發其舊為陽平姦利憂恚成疾而卒年六十三廢朝贈右千牛衛上將軍官給葬具平好史傳微時遇興書盡日耽玩或解衣易之及貴聚書數千卷在彭門日郡吏有侮平者數輩後悉被罪配京窯務平子從式適董其役見之以語平平召至第為設酒饌勞之曰公等不幸偶罹斯患慎勿以前為念給以緡錢且戒從式善視之未幾遇赦得原時人稱其寬厚從式事太宗藩邸累官文思使次子從吉以蔭補殿直轉供奉官知宜州屢破溪蠻轉運使堯叟上其狀累遷內殿崇班閤門祇候在任凡八年代還為如京副使咸平中知環州嘗與宋沆率兵襲西夏小勾部署張凝表其專責授內殿崇班俄知澧州復舊秩

景德四年宜州軍校陳進叛命副曹利用為廣南東西路安撫使將兵討之次象州大鳥岩與賊戰進為先鋒郭志言所刺遂入城斬首六十級以平賊功改莊宅副使未還卒年四十九

王繼升冀州阜城人性純質謹愿事太宗於藩邸太宗信任之即位補供奉官累遷軍器庫副使陳洪進來獻漳泉之地以繼升為泉州兵馬都監會游洋洞民萬餘叛攻泉繼升潛率精騎二百夜擊破之擒其魁械送闕下餘黨悉平召還遷軍器庫使領順州刺史知諸道陸路發運事雍熙四年以諸道水陸發運

併為一司命繼升與刑部員外郎董儼同掌其事號為稱職俄遷右神武軍將軍端拱初改領本州團練使三月卒年六十四太宗頗嗟悼贈洋州觀察使葬事官給子昭遠，

昭遠形貌魁偉色黑繼升名之鐵山有膂力善騎射少時入山捕鷹鷂值澗水暴漲十餘丈昭遠升大樹經宿得免嘗涉河冰陷二公傍共援出之昭遠神色自若喜與里中惡少遊處一日衆祀里神昭遠適至有以博投授之謂曰汝他日儻有節鉞試擲以卜之昭遠一擲六齒皆赤南遊京師事太宗於晉邸特被

親遇嘗呼其小字及即位補殿前指揮使稍遷都知從征太原先登為流矢所中血漬甲縷戰益急會劉繼元降命守城門籍兵仗又從征范陽多所擒獲超散員指揮使涪王之遷房陵也禁衛諸校楊均王榮等以依附被譴獨昭遠無所預太宗以為忠再遷東四班都虞候轉殿前班都指揮使領寰州刺史改馬步軍都軍頭命乘傳鎮定高陽關募兵以備契丹又為冀州駐泊都監俄授澤州團練使洛州都部署太宗屢稱其能可備急使端拱初召為殿前都虞候領勤州防禦使命有司治綾錦院為公署掘地得一鐵

若山形或言此地即鐵山故營又與昭遠幼名合聞者異之太宗嘗草書紈扇作古詩賜諸將意多比諷其賜昭遠尤加賞遇二年領沙州觀察使再為并代副都部署至道中李繼遷擾西鄙絕靈武糧道命昭遠為靈州路都部署護二十五州芻粟竟達靈武繼遷不敢犯真宗即位徙定州行營都部署未幾拜保靜軍節度使充天雄軍都部署知府事咸平二年移知河陽數月卒年五十六時車駕在大名為廢朝贈太尉謚惠和中使護葬昭遠頗知書性吝嗇所至無善政母弟昭懿亦事晉邸至捧日都虞候弟昭遜西

京作坊使初祖母郭氏嘗對昭遠母指昭遠曰此兒有貴相他日必至公侯指昭懿曰此兒奉錢過二萬不能勝矣果皆如其言昭遠子懷普九歲事太宗左右至西京左藏庫使平州刺史懷一供備庫副使懷正內殿承制懷英內殿崇班

尹憲并州晉陽人開寶中事太宗於藩邸太宗即位擢為殿直充延州保安軍使改供奉官太平興國四年護府州屯兵與鄜州三族會攻嵐州破敵千餘衆擒偽知嵐州事馬延忠拔緣河諸砦以功轉西京作坊副使入朔州界破寧武軍殺其軍使獲人馬器甲

甚衆改護夏州兵轉供備庫使殺戮三族醜奴莊岌
伽羅膩葉十四族及誘其渠帥屢降詔書褒美雍熙
初詔就知夏州攻破李繼遷之衆于地斤澤繼遷遁
走俘獲四百餘帳奏請於所部抽移諸帳別置騎兵
號曰平砦以備其用詔從之俄殺蘆關及南山野狸
數族諸族遂擾代還為洪州巡檢未幾命護莫州屯
兵三年詔知瀛州兼兵馬鈐轄領富州刺史遷東上
閤門使端拱二年知滄州移邢州皆兼鈐轄淳化初
與王文寶並命為四方館使連護鎮定州屯兵改知
貝州移高陽關兵馬鈐轄五年知定州與兵馬部署

王榮不協榮素粗暴因忿毆憲仆地憲怏怏致疾數
日卒年六十三

王賓許州許田人小心謹愿年十餘事宣祖左右及
長善騎射太宗領兗海節制太祖以署府中右職太
平興國初補東頭供奉官亳州監軍賓妻妬悍賓不
能制時監軍不許挈家至任所妻擅至亳賓具白上
太宗召其妻俾衛士捽之杖百以妻忠靖卒一夕死
遷賓儀鸞副使領內酒坊從征太原又從征范陽與
彰信節度劉遇攻城東面五年車駕北巡副王仁贍
為大內都部署七年改洛苑使會汴漕壅滯軍食不
給詔別置水陸發運兩司以賓有心計會領演州刺
史與儒州刺史許昌裔同掌其事凡四年儲積增羨
號為稱職俄改右神武將軍黎陽當舟車交會禁兵
常屯萬餘以度支使張遜薦命賓護黎陽軍兼領黃
御兩河發運事俄領本州團練使以賓請黎陽建通
利軍命就知軍事賓規起公署郵館供帳之器咸具
加本軍大將軍歲別給錢二百萬俄兼河北水陸路
轉運使貝州兵屯無壁壘分寓邸肆賓選隙地築舍
千二百餘以處之優詔褒美召為右羽林軍大將軍
判左金吾兼六軍諸衛儀仗司事淳化四年出知揚

州兼淮南發運使徙為通許鎮都監至道元年卒年
七十三賻贈加等賓事宣祖太祖太宗殆六十年最
為勤舊故恩寵尤異前後賜賚數千萬俱奉釋氏在
黎陽日按見古寺基即以奉錢修之掘地丈餘得數
石佛及石碣有賓姓名賓異其事以聞詔名寺為淳
化賜新印經一藏錢三百萬以助之

安忠河南洛陽人祖叔于仕晉累任方鎮以太子太
師致仕父延翰左清道率府率忠形貌魁岸不知書
纔通姓名而已事太宗藩邸殆二十年太宗即位授
東頭供奉官掌弓箭庫遷內弓箭庫副使西京作坊

使掌翰林司內衣庫提點醫官院掌屯兵于雄州會曹彬敗于拒馬河忠分岩兵布列緣邊以備游騎又鑿河葺城壁俄徙威虜軍又隸鎮定路大陣之左廂就擢東上閤門使與大將李繼隆田重進崔翰追契丹兵祁州北詔書獎飭端拱元年移護高陽關屯兵契丹侵鎮定又與崔翰拒之傳潛陣于瀛州忠當城之西面二年徙知壽州踰月移貝州有劇賊十二人久為民患忠捕之悉獲淳化四年判左金吾街仗王賓出知揚州以忠代為左龍武軍大將軍忠泣請諸衛將軍列在朝外不得迎左右顧復舊職上笑曰環

列之官古官也大將軍三品汝終不知朝廷表著之位因從其請俄復東上閤門使充淮南諸州兵馬鈐轄至道三年以病求歸至泗州卒年六十四天禧元年錄其孫惟慶為殿直

論曰太宗居潛左右必求忠厚彊幹之士及即位脩舊邸之功陳從信張平王繼升尹憲王賓安忠六人者咸備任使又皆畀以兵食之重寄而各振舉其職焉有足稱者矣然平不脩舊怨庶幾進於士夫之度從信所進邪佞以術蠱惑上心猶不免於近侍之常態歟

列傳卷第三十五

列傳卷第三十六　宋史二百七十七

開府儀同三司上柱國錄軍國重事前中書右丞相監修國史領經筵事臣脫脫等奉敕修

張鑑　姚坦　索湘　宋太初
盧之翰　鄭文寶　王子輿　劉綜
卞衮　許驤　裴莊　牛冕 張適附
欒崇吉　袁逢吉　韓國華　何蒙
慎知禮 子從吉

張鑑字德明瀛州團練使藏英之孫父裔以蔭補供奉官鑑本將家幼能嗜學入衛州霖落山肄業凡十餘年太平

興國三年擢進士第釋褐大理評事監泰州柴墟榷務升朝為太子右贊善大夫知婺州就遷著作郎還拜監察御史奉詔決獄江左頗雪冤滯歷殿中侍御史會命曹彬等進討幽州聞羣臣以方略鑑上疏極言不可論者以鑑燕人沮議非忠也太宗置不問與趙延進同掌左藏延進恃恩踰規鑑廷奏之有旨罷延進以鑑判三司度支憑由催欠司時三部各置憑由催欠鑑請併為一從之王明李惟清薦其能用為江南轉運使本部有大姓為民患者鑑以名聞太宗盡令部送魁首及妻子赴闕以三班職名羈縻之江左震肅又建議割瑞州清江吉州新淦袁州新喻三

縣置臨江軍時以爲便召還特被慰奬梓州符昭愿驕僭不法即以鑑代之遷刑部員外郎判大理寺遷屯田郎中判三司都催欠司改都勾院擢拜樞密直學士知通進銀臺封駁司又掌三班上言供奉官以下不考校殿最恐無沮勸即詔鑑兼磨勘職改三司爲左右計分天下爲十道鑑奏其非便未幾果復舊淳化中盜起西蜀王繼恩討平之而御軍無政其下恃功暴横益州張詠密奏請命近臣分屯師旅即遣鑑與西京作坊使馮守規偕往召對後苑門面授方略鑑曰益部新復軍旅不和若聞使命驟至易其戎伍慮或猜懼變生不測請

假臣安撫之名太宗稱善鑑至蜀繼恩猶偃蹇不意朝廷聞其縱肆鑑之行付以空名宣頭及廷臣數人鑑與詠即遣部戍卒出境繼恩麾下使臣亦多遣東還督繼恩革分路討捕殘寇而鑑等招輯反側事平歸朝未至拜左諫議大夫戶部使會五路進兵討西夏令鑑乘傳往環州與李繼隆議護送芻糧入靈州及還上疏曰關輔之民數年以來併有科役畜産蕩盡室廬頓空加以浦洛之行曾經剽刧原州之役又致遷延非獨令之弗從實緣力所不逮況復先棄糧草見今逐處追科本戶稅租互遣他州送納往返千里費耗十倍愁苦怨歎

充塞路岐自春徂冬曾無暫息糇糧乏絶力用殫窮顧此疲羸尤堪軫恤今若復有差率益致流亡縱令驅迫必恐撓潰願陛下特垂詔旨無使重勞因茲首春俾務東作況靈州一方僻居絶塞雖西陲之舊地實中夏之蠹區竭物力以供須困甲兵而援送蕭然空壘祇益外虞不若以賜繼遷使懷恩奉籍稍息飛輓之役事當深慮理要預防若待川決而後防火熾而方救則焚溺之患深矣雖欲拯救其可得乎尋詔鑑專督軍糧以軍興法從事饋運頗集眞宗即位遷給事中使如故咸平初改工部侍郎出知廣州居二年民條其政績上請刻石三年移知朗州溪洞羣蠻

數寇擾鑑召酋豪諭以威信皆俯伏聽命初鑑在南海李夷庚爲通判謝德權爲巡檢皆與之不協二人密言鑑以貲付海賈往來貿市故從小郡至是鑑自陳有親故讁瓊州每以奉米附商船寄贍之又言夷庚德權險人貪凶之狀上意稍釋召還以疾徙知相州有芝草生於監牧之室鑑表其祥異以爲河朔弭兵款附之兆優詔答之景德初卒年五十八子士廉爲殿中丞士宗太子洗馬士程屯田員外郎

姚坦字明白曹州濟陰人開寶中以尚書權第調補將陵尉歷隰州推官將作監丞知潯州太平興國三年召還爲

著作佐郎通判唐州八年諸王出閤詔給諫以上於朝班中舉年五十以上通經有文行者以備宮僚乃以戶部員外郎王適監察御史趙齊爲衛王府諮議左贊善大夫戴玄爲本府翊善水部員外郎趙令圖爲廣平郡王府諮議國子博士閻象爲本府翊善又以起居舍人楊可法國子博士楊幼英左贊善大夫杜新及坦並爲皇子翊善國子博士邢昺爲諸王府侍講坦仍賜緋魚太宗召適等謂曰諸子生長深宮未知世務必資良士贊導使日聞忠孝之道汝等皆朕所慎簡各宜勉之坦歷殿中丞倉部員外郎賜金紫遷本曹郎中轉考功仍爲益王府翊善坦性木強

固滯王嘗於邸中爲假山費數百萬既成召賓僚樂飲置酒共觀之坦獨俛首王强使視之曰但見血山耳安得假山王驚問故坦曰在田舍時見州縣催租捕人父子兄弟送縣鞭笞流血被體此假山皆民租稅所爲非血山而何是時太宗亦爲假山聞而毀之王少佚豫坦即醜詆王頗鄙其爲人自是坦每暴揚其事上嘗誡之曰元傑知書好學亦足爲賢王矣少不中節亦須婉辭規諷況無大故而詆訐之豈裨贊之道邪頃之左右乃教王詐稱疾不朝太宗日使視疾逾月不瘳甚憂之召王乳母問狀乳母曰王本無疾徒以姚坦檢束居常不得自便王不樂故成疾上怒曰吾選端士輔王爲善王不能用規諫而又詐疾欲使朕去正人以自便何可得也且王年少必爾輩爲之謀耳因命捽致後苑杖之數十召坦慰諭曰卿居王宮能以正爲羣小所疾大爲不易卿但如是勿慮讒間朕必不聽王薨改衛尉少卿判吏部南曹他日因事得對上以其舊人召升殿與語坦言及故府意短諸王而稱已之敢言坦退上謂近臣曰坦在宮邸不能以正理誨諭事有微失即從而揚之此賣直取名耳景德初求補郡俾知鄧州轉運使表其治狀詔嘉奬之大中祥符初復知光州二年卒年七十五

索湘字巨川滄州鹽山人開寶六年進士釋褐鄆州司理參軍齊州有大獄連逮者千五百人有司不能決湘受詔按鞫事隨以白太平興國四年轉運使和峴薦其能遷太僕寺丞充度支巡官改太子右贊善大夫轉殿中丞充推官拜監察御史九年河決壞民田命與戶部推官元玘同按行會詔下東封與劉蟠同知泰山路轉運事又爲河北轉運副使湘經度供饋以能幹聞事集加屯田員外郎明年契丹入寇王師衄於君子館敵兵乘勝據中渡橋壅土門將趨鎮州諸將計議未定湘爲田重進畫謀結大陣東行聲言會高陽關兵敵以爲然即擁衆邀我于平虜城夜

三鼓率兵而南徑入鎭陽據唐河乘其無備破砦柵及敵兵覺悉遁走雍熙中召爲鹽鐵判官改駕部員外郎端拱二年河北治方田命副樊知古爲招置營田使會議罷復爲河北轉運使轉虞部郎中選爲將作少監居無何有訟其擅易庫縑以自用者坐授膳部員外郎知相州時有羣盜聚西山下謀斷澶州河橋入攻磁相州援旗伐鼓白晝鈔劫鄰郡發兵千人捕逐無敢近湘擇州軍得精銳三百人偵其入境卽掩擊而盡擒之轉運使王嗣宗以狀聞詔復舊官命爲河東轉運使湘以忻州推官石宗道憲州錄事胡則爲幹職命以自隨所至州郡勾檢其簿領爲二人

後皆歷清要明年王超等率師趨烏白池抵無定河水源涸絕軍士渴乏時湘已輦大鍬千枚至令鑿井衆賴以濟真宗卽位入爲右諫議大夫復充河北轉運使屬郡民有幹釀歲輸課甚微而不逞輩因之爲姦盜湘奏廢之德州舊賦民馬以給驛又役民爲步遞湘代以官馬兵卒人皆便之會內殿崇班閻日新建議請於靜戎威虜兩軍置場鬻茶收其利以資軍用湘言非便遂止又言事者請許榷場商旅以茶藥等物販易於北界北界商旅許於雄霸州市易資其懋遷庶息邊患詔湘詳議以聞乃上言曰北邊自興置榷場商旅輻湊制置深得其宜今若許其交相販易則沿邊商人深入戎界竊爲非便又北界商人若至雄霸其中或雜姦僞何由辨明況邊民易動難安蕃戎之情宜爲羈制望且仍舊爲便會有詔規度復修定州新樂蒲陰兩縣湘以其地迫窄非屯兵之所遂奏罷之湘少文而長於吏事歷邊部所至必廣儲蓄爲備豫計出入軍旅間頗著能名先是邊州置榷場與蕃夷互市而自京輦物貨以充之其中茶茗最爲煩擾復道遠多損敗湘建議請許商賈緣江載茶詣邊郡入中既免道途之耗復有征筭之益又威虜靜戎軍歲燒緣邊草地以虞南牧言事者又請於北砦山麓中興置銀冶湘以爲召寇亦奏罷之咸平二

年入爲戶部使受詔詳定三司編敕坐與王扶交相請托擅易板籍責授將作少監三年出知許州徙荊南復爲右諫議大夫知廣州四年卒詔遣其子希顏護喪傳置歸鄉里

宋太初字永初澤州晉城人太平興國三年舉進士解褐大理評事通判戎州以善政聞有詔褒美遷將作監丞贊善大夫通判晉州轉太常丞雍熙三年通判成都府賜緋魚會詔求直言者守成箴以獻淳化初遷監察御史時北面用兵選爲雄州通判入判度支勾院二年爲京西轉運副使未幾移河東四年遷正使改殿中侍御史至道初遷

兵部員外郎充鹽鐵副使賜金紫時陳恕爲使太初有所規畫必咨恕未嘗自用爲功恕甚德之會西鄙有警轉餽艱急改刑部郎中充陝西轉運使二年命白守榮馬紹忠護芻糧分三番抵靈州轉運副使盧之翰違旨併往爲戎人所剽上怒捕太初及副使祕書丞竇玭繫獄太初責懷州團練副使之翰玭悉除名之翰貶許州司馬玭商州司戶掾明年起太初爲祠部郎中知梓州俄復舊秩眞宗嗣位召還復命經度陝西餽運事咸平初拜右諫議大夫知江陵府蠻寇擾動太初以便宜制遏詔奬之三年再知梓州明年益州雷有終以母老求還詔太初就代時分川陝

爲四路各置轉運使上以事有緩急難於均濟命太初爲四路都轉運使要切之務俾同規畫太初與鈐轄楊懷忠頗不協時蜀土始安上慮其臨事矛盾亟召太初還會御史中丞趙昌言等坐事被劾命權御史中丞先是按劾有罪必豫請朝旨太初以爲失風憲體獄成然後聞上時論韙之俄出知杭州太初有宿疾以浙右卑濕不便求近地得廬州疾久頗昏忘不能治大郡連徙汝光二州景德四年卒年六十二錄其弟繼讓試校書郎太初性周愼所至有幹職譽嘗著簡譚三十八篇自序略曰廣平生纂文史老釋之學嘗謂禮之中庸伯陽之自然釋氏之無爲其歸一也喜以古聖道契當世之事而患未博也忽外物觸於耳目內機發於性情因筆而籀之以備闕忘耳子傳慶後爲太子中舍

盧之翰字維周邠州人曾祖玄暉鴻臚卿祖知誨天雄軍掌書記父宏蔡州防禦判官之翰少篤學家貧客遊單州防禦使劉乙館於門下乙徙錢塘之翰隨寓其郡太平興國四年舉進士不得解詣登聞自陳詔聽附京兆府解試明年登第解褐大理評事知臨安縣三遷殿中丞通判洺州會契丹入寇之翰募城中丁壯決漳御河以固城壁虜不能攻吏民詣闕求借留召還遷太常博士爲河東轉運

副使徙京西轉運副使改工部員外郎建議導潩河合于淮達許州以便漕運以勞加戶部員外郎又改陝西轉運使遷吏部員外郎至道初李順亂蜀命兼西川安撫轉運使賊平還任之翰嘗薦李憲爲大理丞憲坐贓抵死之翰當削三任時副使鄭文寶議城清遠軍又禁蕃商貨鹽之翰心知其非便以文寶方任事不敢異其議及文寶得罪之翰并前愆左授國子博士領使如故尋復舊職會調發芻糧輸靈州詔分三道護送命洛苑使白守榮馬紹忠領其事之翰違旨擅併爲一爲李繼遷邀擊于浦洛河大失輜重詔國子博士王用和乘傳逮捕繫獄鞫問之翰坐除

名貶許州司馬明年起爲工部員外郎同勾當陝西轉運使眞宗即位復吏部員外郎充轉運使以父次召拜禮部郎中賜金紫復遣之任咸平元年以疾命國子博士張志言代還未幾復出爲京西轉運使先是朝廷議城故原州以張守備之翰沮罷之其後西鄙不寧修葺爲鎭戎軍之翰坐横議非便黜知歸州便道之官限五日即發三年授廣南西路轉運使會廣州索湘卒就改太常少卿知州事之翰無廉稱又與轉運使凌策不協陰發其事五年徙知永州未行卒年五十七

鄭文寶字仲賢右千牛衛大將軍彥華之子彥華初事李煜文寶以蔭授奉禮郎掌煜子清源公仲寓書籍還校書郎入宋煜以環衛奉朝請文寶欲一見慮衛者難之乃被蓑荷笠以漁者見陳聖主寬宥之意宜謹節奉上勿爲他慮煜忠之後補廣文館生深爲李昉所知太平興國八年登進士第除修武主簿遷大理評事知梓州録事參軍事州將表薦轉光禄寺丞留一歲代歸獻所著文召試翰林改著作佐郎通判頴州丁外艱起知州事召拜殿中丞使川陝均税次渝涪聞夔州廣武卒謀亂乃乘舸泛江一夕數百里以計平之授陝西轉運副使許便宜從事會歲歉誘豪民出粟三萬斛活飢民八萬六千口既而李順亂西蜀秦隴賊趙包聚徒數千將趣劒閣以附之文寶移書蜀郡分兵討襲獲其渠魁餘黨殲焉文寶前後自環慶部糧越旱海入靈武者十二次曉達蕃情習其語經由部落每宿酋長帳中其人或呼爲父遷太常博士內侍方保吉出使陝右頗恣横且言文寶與陳堯叟交遊爲薦其弟堯佐驛召令辨對途中上書自明太宗察其事坐保吉罪厚賜文寶而遣之俄又召至闕下文寶奏對辯捷上深眷遇俄加工部員外郎時龍猛卒戍環慶七年不得代思歸謀亂文寶矯詔以庫金給將士且自劾請代償詔蠲其所費先是諸羌部落樹藝殊少但用池鹽與邊民交易穀麥會饒

輓趨靈州爲繼遷所鈔文寶建議以爲銀夏之北千里不毛但以販青白鹽爲命爾請禁之許商人販安邑解縣兩池鹽於陝西以濟民食官獲其利而戎益困繼遷可不戰而屈乃詔自陝以西有敢私市者皆抵死募告者差定其罪行之數月犯者益衆戎人乏食相率寇邊屠小康堡內屬萬餘帳亦叛商人販兩池鹽少利多取他徑出唐鄧襄汝間邀善價吏不能禁關隴民無鹽以食境上騷擾上知其事遣知制誥錢若水馳傳視之悉除其禁召諸族撫諭之乃定朝廷議城古威州遣內侍馮從順訪于文寶文寶言威州在清遠軍西北八十里樂山之西唐大中時靈武

朱叔明收長樂州邠寧張君緒收六關即其地也故壘未圮水甘土沃有良木薪秸之利約葫蘆臨洮二河壓明沙蕭關兩戍東控五原北固峽口足以襟帶西涼咽喉靈武城之便然環州至伯魚伯魚抵青岡青岡拒清遠皆兩舍而清遠當羣山之口扼塞門之要芻車野宿行旅頓絶威州隔城東隅堅石盤互不可浚池城中舊乏井脉又飛烏泉去城尚千餘步一旦緣邊警急賊引平夏勝兵三千據清遠之衝乘高守險數百人守環州甜水谷獨家原傳箭野貍十族脅從山中熟戶党項孰敢不從又分千騎守磧北清遠軍之口即自環至靈七百里之地非國家所有豈

威州可禦哉請先建伯魚青岡清遠三城爲頓師歸重之地古人有言金城湯池非粟不能守俟二年間秦民息肩臣請建營田積粟實邊之策修五原故城專三池鹽利以金帛啖党項酋豪子弟使爲朝廷用不唯安朔方制堅子至於經營安西綏復河湟此其漸也詔從其議文寶至賀蘭山下見唐室營田舊制建議興復可得秔稻萬餘斛減歲運之費清遠據積石嶺在旱海中去靈環皆三四百里素無水泉文寶發民負水數百里外留屯數千人又募民以榆槐雜樹及貓狗鵶鳥至者厚給其直地舄鹵樹皆立枯西民甚苦其役而城之不能守卒爲山水所壞又令寧

慶州爲水磑亦爲山水漂去繼遷酋長有嵬囉嵬悉俄者文寶以金帛誘之與手書要約留其養子爲質令陰圖繼遷即遣去謂之曰事成朝廷授汝以刺史文寶又預漆木爲函以備馳獻繼遷之首又發民曳古碑石詣清遠軍將圖紀功而嵬囉等盡以事告繼遷繼遷上表請罪上怒文寶猶含容之既而文寶復請禁鹽邊民冒法抵罪者甚衆太常博士席羲叟決獄陝西廉知其事以語中丞李昌齡昌齡以聞文寶又奏減解州鹽價未滿歲虧課二十萬貫復爲三司所發乃命鹽鐵副使宋太初爲都轉運使代文寶還下御史臺鞫問具伏下詔切責貶藍山令未幾移枝

江令真宗即位徙京山咸平中召還授殿中丞掌京南榷貨時慶州發兵護芻糧詔靈州文寶素知山川險易上言必爲繼遷所敗未幾果如其奏轉運使陳緯沒於賊繼遷進陷清遠軍時文寶丁內艱服未闋即命相府召詢其策略文寶因獻河西隴右圖叙其地利本末且言靈州可棄時方遣大將王超援靈武即復文寶工部員外郞爲隨軍轉運使至環州或言靈州已陷文寶乃易其服引單騎冒大雪間道抵清遠故城盡得其實遂奏班師就除本路轉運使上疏請再葺清遠軍都部署王漢忠言其好生事遂徙河東轉運使嘗上言管內廣銳兵萬餘難得資糧請從

置近南諸州又欲令强壯户市馬備征役宰相李沆等以爲廣銳州兵皆本州守城置營必慮安土重遷徙之即致紛擾又强壯散處村落無所拘轄勸其市馬亦恐非便上復令文寶條對文寶固執前議且言土人久留恐或生事上曰前令團併軍伍改置營壁欲其互移本貫行之已久而文寶確陳其利因命錢若水詳度以聞若水所對與沆等同遂罷之先是麟府屯重兵皆河東輸饋雖地里甚邇而限河津之阻土人利於河東民罕至則芻粟增價上嘗訪使邊者言河裁闊數十步乃詔文寶於府州定羌軍經度置浮橋人以爲便會繼遷圍麟州令乘傳晨夜赴之圍

解遷刑部員外郎賜金紫頃之寇準薦其熟西事可備驅策因復任陝西轉運使嘗出手劄密戒令邊事與僚屬計議勿得過有須索重擾于下後有言其張皇者詔徙京西以朱台符代之景德元年冬契丹犯邊又徙河東文寶安輯所部募鄉兵張邊備又領蕃漢兵赴河北手詔褒諭未幾復涖京西契丹請和文寶陳經久之策上嘉之三年召還未至遇疾表求藩郡散秩詔聽不除其籍續奉養疾以其子鄭州推官於陵爲大理寺丞知襄城縣以便其養大中祥符初改兵部員外郎車駕祀汾陰還文寶至鄭州請見上以其久疾除忠武軍行軍司馬文寶不就以前官歸襄城別墅六年卒年六十一文寶好談方略以功名爲己任久在西邊參預兵計心有餘而識不足又不護細行所延薦屬吏至多而未嘗擇也晚年病廢從子爲邑多擅縣政能爲詩善篆書工鼓琴有集二十卷又撰談苑二十卷江表志三卷

王子輿字希孟密州莒人曾祖甲以義勇爲鄉人所推唐末淄青徐兖皆南結吳人以拒梁梁得三鎮吳人北侵益急沂密尤被其害州民聚爲八砦以扞寇遂署甲爲八砦都指揮使祖徽襲父職晉末賊帥趙重進掠高密徽戰没父璉復嗣其事周世宗平淮南始去兵即農厚自封殖子

輿少業文詞太平興國八年舉進士解褐北海主簿歷大理評事知臨海縣改光禄寺丞使西蜀決獄還知興國軍淳化中雷有終爲江浙荆湖茶鹽制置使奏子輿爲判官轉太子中允改著作郎江淮兩浙制置茶鹽就轉太常博士眞宗即位遷殿中侍御史因入對與三司論列利害以子輿爲長轉度支員外郎子輿以每事上計司移報稽滯求兼省職乃命爲鹽鐵判官仍領制置增歲課五十餘萬貫咸平三年就命兼充淮南轉運使子輿精於吏事久掌茶鹽漕運周知利害裁量經制公私便之所至郡縣以公事申請者文牒紛委頃刻待報子輿皆即決遣曾無凝滯

明年表求代詔許自擇子輿以下裦劉師道名聞即命裦
與師道爲轉運使召子輿拜右諫議大夫户部使五年二
月方奏事便殿俄疾作仆地命中使掖之以出至第卒以
子道宗方幼命三司判官朱台符檢校其家子輿止一子
而三女皆幼道宗尋卒家寓楚州子輿妻劉還父母家子
輿旅櫬在京師景德中官借船移柩還葬其里鬻京師居
第以錢寄楚州官庫以備三女資送從其從弟之請也
劉綜字居正河中虞鄉人少依外兄通遠軍使董遵誨遵
誨嘗遣貢馬太祖嘉其敏辯將授三班之職綜自陳素習
詞業願應科舉及還上解眞珠盤龍衣令賜遵誨綜辭曰

遵誨人臣安敢當此賜上曰吾委遵誨以方面不以此爲
疑也雍熙二年舉進士第解褐邛州軍事推官就改永康
軍判官遷大理評事通判眉州轉太僕寺丞代還對便殿
因言蜀地富庶安寧已久益州長吏望慎擇其人上嘉之
改太子中允未幾李順果爲亂復召見面賜緋魚尋爲三
門發運同水陸轉運使通判大名府連丁家難起知建安
軍先是天長軍及揚州六合縣民輸賦非便綜奏請降天
長軍爲縣隸揚州以六合縣隸建安軍自是民力均濟時
淮南轉運使王嗣宗兼發運事規畫多迂滯綜因上言請
復置都大發運司專幹其職至道三年遷太常丞職事修

舉多稱薦者咸平初命代王欽若判三司都理欠憑由司
出爲河北轉運副使嘗言州縣幕職官以昏耄放罷者其
間有實廉謹之士或幼累無託或居止無定全藉祿廩以
濟朝夕一旦停罷則飢寒無依似傷和氣望自今並除致
仕官又言法官斷獄皆引律令之文以定輕重之罪及其
奏御復云慮未得中別取進止殊非一成不變之道且復
煩於聖斷望降旨約束不得復然時河北承兵寇之後民
户凋弊吏部所銓幕職州縣官皆四方之人不習風俗且
有懷土之思以是政事多因循不舉綜議請自今並以河
朔人充之冀其安居勤於職事夏人擾西邊環慶大屯士

馬詔徙綜爲陝西轉運副使轉太常博士時梁鼎議禁解
鹽官自貨鬻乃命綜與杜承睿制置青白鹽事綜條上利
害力言非便卒罷其事時靈州孤危獻言者或請棄之綜
上言曰國家財力雄富士卒精銳而未能剪除凶孽者誠
以賞罰未行而所任非其材故也今或輕從羣議欲棄靈
州是中賊之姦計矣且靈州民淳土沃爲西陲巨屏所宜
固守以爲扞蔽然後於浦洛河建軍城屯兵積糧爲之應
援此暫勞永逸之勢也況鎮戎軍與靈州相接今若棄之
則原渭等州益須設備較其勞費十倍而多則利害之理
昭然可驗矣俄充轉運使四年又獻議於鎮戎軍置屯田

務又録唐安國鎮制置城壕鎮戎古記石本以進詔從其請俄詣閤奏事稱旨賜金紫緡錢五十萬復遣泚職又嘗言天下州郡長吏審官皆據資例而授未爲得人自今西川荆湖江浙福建廣南知州或地居津要或户口繁庶之處望親加選任其執政舊臣及給舍以上知州處亦擇官通判又京朝官當任遠官者率以父母未葬爲辭意求規免請自今父母委未葬者許請告營辦審官投狀並明言父母已葬方許依例考課違者並罷其官從之五年拜工部員外郎兼侍御史知雜事六年遷起居舍人再爲河北轉運使時兩河用兵邊事煩急轉漕之任尤所倚辦綜繼

領其職號爲詳練至是眷矚甚厚警急之際輒資其奏處契丹請和乃遣近臣諭以擢用之意景德三年召拜户部員外郎樞密直學士勾當三班院綜言御史員數至少每奉朝請劾制獄多以他官承之甚紊彝制望詔兩制以上各舉材堪御史者充三院共置十員若出使按獄所經州郡官吏能否生民利病刑獄枉濫悉得察舉四年西幸道出河陽境上時節度王顯被疾還京以綜權知孟州事未幾召還復出知并州以政績聞州民乞留優詔嘉奬歸朝知審官院改吏禮二部郎中充職兼知通進銀臺封駁司大中祥符四年館伴契丹使因作大雪歌以獻即命同知貢舉以李宗諤代爲館伴使俄權知開封府綜以貴要交結富民爲之請求或託爲親屬奏授試秩緣此謁見官司頗紊公政因建議請加抑止又文武官居遠任而家屬寓京師其子孫弟姪無賴者望嚴行約束并其交遊輩劾罪從之七年以末疾求典河中眞宗以太寧宮廟長吏奉祠綜艱於拜起慮不克恭事命知廬州明年罷學士授左諫議大夫八年卒年六十一綜强敏有吏材所至抑挫豪右振舉文法時稱幹治然尚氣好勝不爲物論所許子建中正中並賛善大夫弟綽淳化三年進士官刑部郎中

卞袞字垂象益州成都人父震工爲詩舉蜀進士渝州刺

史南光海辟爲判官蜀平仍舊職會賊杜承褒率衆圍城援兵不至震躬率士卒且戰且拒爲流矢所中創甚不能臨軍而州兵重傷卷甲宵遁刺史陳文龑不能遏賊遂入據郡城以僞官厚賄誘震震皆斬其使賊有東章者本州兵校也因遣人述朝廷威德諭以禍福章懼且信因伏兵擊其黨類承褒之衆素不爲備即時大潰震與文龑分部餘卒夾攻之賊衆遂平文龑坐陷失州城削籍爲民震以前功得贖以虢州録事參軍卒太平興國八年袞登進士第累遷大理評事知將樂縣改光禄寺丞通判泗州遷著作佐郎廣南轉運司承受公事俄通判宣州淳化中上命

采廣僚中廉幹者給御書印紙俾書課最仍賜實奉以旌
異之袤預焉改太常丞咸平初遷監察御史爲淮南轉運
副使同荆湖發運事以幹職聞就加殿中侍御史入判三
司開拆司再爲淮南轉運使兼發運使咸平六年併三司
使之職而分置副貳以袤爲刑部員外郎充鹽鐵副使景
德初疽發於背卒年四十五錄其弟扆爲臨潁主簿子咸
爲將作監主簿袤明敏有吏幹累掌財賦淸心治局號爲
稱職然性慘毒掊克嚴峻專事棰楚至有大蟲之號眞宗
嘗謂近臣曰袤公忠盡瘁無所畏避人罕能及然須在外
任頗傷殘酷所至州縣纖微之過無所容貸大凡督察部
下糺逖懲違非有大故所宜矜恕官吏自當畏威懷惠不
敢貳過公家之事亦無不濟乃知爲吏之方適中爲善也

許驤字允升世家薊州祖信父唐世以財雄邊郡後唐之
季唐知契丹將擾邊白其父曰今國政廢弛狄人必乘釁
而動則朔易之地民罹其災苟不即去且爲所虜矣信以
資產富殖不樂他徙唐遂潛齎百金而南未幾晉祖革命
果以燕薊賂契丹唐歸路遂絕嘗擁商貲於汴洛間見進
士綴行而出竊嘆曰生子當令如此因不復行賈卜居睢
陽娶李氏女生驤風骨秀異唐曰成吾志矣郡人戚同文
以經術聚徒唐携驤詣之且曰唐頃者不辭父母死有餘

恨今拜先生即吾父矣又自念不學思教子以興宗緒此
子雖幼願先生成之驤十三能屬文善詞賦唐不識字而
罄家產爲驤交當時秀彥驤太平興國初詣貢部與呂蒙
正齊名太宗尹京頗知之及廷試擢甲科解褐將作監丞
通判益州賜錢二十萬遷右贊善大夫五年轉右拾遺直
史館改右補闕六年出爲陝府西北路轉運副使會罷副
使徙知鄜州召還爲比部員外郎歷知宣昇二州雍熙二
年改江南轉運副使洪吉上供運船水損物主吏懼罪故
覆舟鞫獄者按以欺盜當流死者數百人驤馳往訊問得
其情實以聞多獲輕典優詔褒之又上言劫盜配流遇赦
得原還本鄉讎告捕者多所殺害自今請以隸軍詔可遷
正使端拱初拜主客郎中俄徙知福州累表求還不俟報
入朝召對便殿延問良久改兵部郎中領西川轉運使以
久處外任爲辭擢授右諫議大夫就命知益州召歸上言
蜀民浮窳易搖宜擇忠厚者撫之爲備豫既而李順叛衆
頗伏其先見命知審官院遷御史中丞以疾固讓不許占
謝日命坐勞問出良藥賜之曰此朕所服得驗者後驤以
久病不能振職眞宗即位改工部侍郎屢求小郡養疾因
入朝失儀爲御史所糾特詔不問命知單州咸平二年卒
年五十七贈工部尚書賜其子宗壽出身驤雖無他才略

而人以儒厚長者稱之宗壽後爲殿中丞
裴莊字端己閬州閬中人曾祖琛後唐昭州刺史祖逺河東觀察支使父全福鄠縣令莊在蜀以明經登第歸宋歷虹縣尉高陵主簿本府召權司理掾轉運使雷德驤以威望自任嘗廵按至境官屬皆出迎候莊獨視事本局徐謁道周德驤稱其有守徙權忻州録事參軍先是并州衙積軍儲條制甚峻掌出納者常十餘人及莊代之獨任其事擢授絳州防禦推官提點并嵐二州緡帛芻糧改遼州判官仍涖舊局雍熈三年命將廵邊以莊掌隨軍糧料內客省使楊守一稱薦之授大理寺丞時遷雲朔降户於汝洛

四百卅四 傳三十六 二十二 王仁

遣莊安輯之俄通判忻州未上道會魏咸信出鎭澶州改命爲通判未踰年咸信表其能遷太子中允端拱初潘美鎭眞定又辟爲通判時契丹掠趙深邊將無功莊上書以爲周世宗誅樊愛能何徽二將遂取淮南克巴蜀願陛下申明紀律無使玩寇又言緣邊砦柵戍兵旣寡戎人易以襲取咸請廢罷以益州兵會詔建方田莊復上言大役兵師慮生事於邊鄙上善之淳化三年召訪以邊事稱旨面賜緋魚令授清資官翊日拜監察御史判湖南路轉運使未行改三司鹽鐵判官上䟽請給兩省官諫紙又引故事禁屠月勿報重刑會劉式建議請廢緣江榷務莊力言其

非便出爲荆湖北路轉運使五年李順亂蜀命與雷有終並兼陝路隨軍轉運同兵馬事或言莊本蜀人不宜此任上益倚信之許以便宜事平轉殿中侍御史歷工部司封二員外郎特召問討賊方略至道二年遣將五路出討李繼遷莊陰料師出無功因請加恩繼遷俟其倔强拒命則按甲塞外俘擒未晚旣而諸將果敗績俄遷祠部郎中眞宗即位遷度支充河東轉運使上章言慶邠延州通遠軍咸處邊要請武幹如姚內斌董遵誨者任之又言田紹斌嘗被疑韓崇業本秦王壻程德玄始事晉邸初甚親近後踈遠外遷皆懷怨望不宜委以戎寄未幾移知蘇州咸平

四百四十 傳三十六 二十三 王仁

二年命廵撫江南使還言池州興國軍得良吏餘無足稱者且言朝廷所命知州通判率以資考而授至有因循偷安無政術而繼得親民者其素蘊公器有政績者偶緣公坐則黜司冗務眞僞莫辨僥倖滋甚自今望愼選其人勿以資格補授有政績者加以恩禮是年秋契丹犯塞命爲河北轉運使時傅潛統大軍駐定州北莊屢條奏其無謀略慮或失幾會王顯掌樞密顯與潛俱起羣附頗庇之莊奏至多不報徙知越州俄傅潛得罪莊因上言顯潛皆非材致誤邊事請行嚴誅以肅羣議未幾徙知宣州會詔百辟上封直言莊條列四事一曰去暴征二曰省煩刑三曰

擇吏職四曰敦稼政蹟奏詔令開陳其所宜行先後莊對甚悉改司封郎中景德中命安撫兩浙奏能吏二十人慢官者五人多所升黜又知潞邢二州大中祥符初東封改鴻臚少卿入判登聞鼓院祀汾陰遷太僕少卿爲北嶽加號册禮副使撰北行記三卷以獻六年出知襄州明年車駕幸南京莊以逮事太宗恩例授太府卿權判西京留司御史臺天禧二年入判刑部以疾分司西京郊祀改光祿卿求歸上都以便醫藥卒年八十一錄其孫慶孫試將作監主簿莊有吏幹頗無清操慷慨敢言太宗奬其忠讜多所聽納好爲規畫然寡學術嘗建議請置廣聽院西垣學

士聞者嗤之晚年退居製棺櫝以自隨喜接賓客終日無倦子奐咸平三年進士屯田郎中稷左班殿直閤門祗候

牛冕字君儀徐州彭城人太平興國三年進士解褐將作監丞通判郴州徙和州加左贊善大夫遷太常丞知滁州以勤政聞召歸轉監察御史端拱元年召試文章遷左正言直史館出知潤州徙泉州未至就命爲福建轉運使加左司諫建議廢邵武軍歸化金坑土人便之至道初召入進秩兵部員外郎知潭州至郡裁數日復召拜兼侍御史知雜事眞宗在東宮冕嘗奉使賜生辰禮幣即位尚記其名改工部郎中永熙陵復土會關中丞命爲儀仗使時三司各設官局多不均濟冕請合爲一使分設其貳則事務不煩而辦其後卒用冕議咸平元年選知益州仍拜右諫議大夫兩川自李順平後民雖困苦未安其業朝廷綏於矜恤故戍卒乘符昭壽之虐嘯集爲亂冕與轉運使張適委城奔漢州詔遣赴闕至京兆劾其罪並削籍冕流儋州適爲連州參軍冕遇赦移欽英二州歷鄂海二州別駕淮南節度副使大中祥符初眞宗語宰相曰冕素純善黜棄久矣量宜甄叙即起知漣水軍俄復爲祠部員外郎卒年六十四子昭儉至殿中丞

張適者太平興國五年進士任藩郡有治績以廉敏稱爲

水部員外郎知鄜州獲對太宗喜其詞氣俊邁賜緋魚旋改京東轉運副使加直集賢院一日三被寵渥時人榮之徙西川轉運使坐貶後起爲彰信軍節度副使知淮陽軍卒

藥崇吉字世昌開封封丘人少爲吏部令史上書言事調補臨淄主簿會令坐贓敗即命崇吉代之復以書判優等改舒州團練判官未行留爲中書刑房堂後官改太子右贊善大夫出掌揚州榷務未幾遷殿中丞復爲堂後官兼提點五房公事崇吉明習文法清白勤事至道初擢度支員外郎度支副使時以堂後官著作佐郎楊文質爲祕書

丞提點五房事上召見謂曰汝見擢用繇崇吉否當自勗勵崇吉俄加祠部郎中眞宗時累擢爲江南轉運使代還判刑部兼鼓司登聞院後遷司農少卿知洪州有司歲斂民財造舟崇吉至奏罷之以疾徙濠州遷衛尉少卿以將作監致仕卒子二人源虞部員外郎沂殿中丞

表逢吉字延之開封鄢陵人曾祖儀仕唐以軍功至黄州刺史祖光甫尉氏令父蟾大理評事逢吉四歲能誦爾雅孝經七歲兼通論語尚書周太祖召見發篇試之賜束帛以賞其精習開寶八年擢三傳第釋褐清江尉知州王明薦其能就除豐城令明年又與轉運使張去華條上治狀

以春秋博士召端拱初遷國子博士度支推官又判户部勾院度支憑由理欠司淳化中改户部判官歷水部司門員外郎出爲西京轉運使轉水部郎中宰相呂蒙正稱其有經術宜任學官會蜀叛方籍其吏資授西川轉運使至道初從荆湖北路時賊方平夔峽猶聚官軍供饋出於荆楚逢吉憚涉遠不赴軍前計度坐乏糧餉罷職知夔州會遣使川陝採訪因條上知州通判有治迹者七人逢吉與朱協李虛己薛顏邵曄查道劉檢預焉皆賜詔褒諭歷司門庫部二郎中咸平中復爲京東轉運使連知福江陳襄四州大中祥符中權西京留司御史臺徙知汝州以逮事太祖拜鴻臚少卿七年卒年六十九逢吉性修謹練達時務初鄆州牧馬草地侵民田數百頃牒訴連上凡五遣使按視不決逢吉受命往則悉還所侵田民咸德之兄及甫歷京東峽路轉運副使至駕部郎中逢吉子咸務至比部員外郎京東轉運副使從子楚材至虞部員外郎

韓國華字光弼相州安陽人太平興國二年舉進士解褐大理評事通判瀘州就遷右贊善大夫代還除彰德軍節度判官遷著作佐郎監察御史雍熙中假太常少卿使高麗時太宗將北征以高麗接遼境屢爲其所侵命齎詔諭之且令發兵西會既至其俗頗獷驁恃險遷延未即奉詔

國華移檄諭以朝廷威德宜亟守臣節否則天兵東下無以逃責於是俯伏聽命使還賜緋魚雍熙三年改右拾遺直史館判鼓司登聞院俄充三司開拆推官四年判本司遷左司諫充鹽鐵判官淳化二年契丹請和朝議疑其非實遣國華使河朔以察之既至盡得其詐以聞每歲後苑賞花三館學士皆得預三年春國華與潘太初因對自言任兩省清官兼計司職不得侍曲宴願兼館職即日命並直昭文館後二日陪預苑宴三司屬官兼直館自國華等始未幾授刑部員外歷判三司勾院復爲鹽鐵判官又爲左計判官尋都判三勾賜金紫改兵部員外郎屯田郎中

京東轉運使徙陝西路舊制川陝官奉緡悉支鐵錢資用多乏國華奏增其數加都官郎中入判大理寺改職方郎中以詳定失中命梁顥代之知河陽潞州轉運使言其善綏輯供億幹辦詔奬之景德中假祕書監使契丹又爲江南廵撫入權開封府判官眞宗朝陵魏咸信自曹州召入扈從命國華權州事俄改太常少卿出知泉州大中祥符初遷右諫議大夫四年代還至建州卒于傳舍年五十五賜其子琉出身國華偉儀觀性純直有時譽子琚璩琦並進士及第琦相英宗神宗自有傳

何蒙字叔昭洪州人少精春秋左氏傳李煜時舉進士不

第因獻書言事署録事參軍入宋授洺州推官太平興國五年調遂寧令時太宗親征契丹還作詩以獻召見賞歎授右贊善大夫三遷至水部員外郎通判廬州時郡中火燔廨舍榷務俱盡蒙假民器僦鄰郡麴米爲酒旣而課增倍户部使上其狀詔賚緡錢奬之稍遷司門廵撫使潘愼修薦其材敏驛召至京因面對訪以江淮茶法蒙條奏利害稱旨賜緋魚及錢十萬後二日復對又上淮南酒榷便宜特改庫部復賜錢二十萬因命至淮右提總其事自是歲有羨利使還知溫州未行留提舉在京諸司庫務求外任復命知溫州坐舉人不當削一官眞宗即位復前資因上言請開淮南鹽禁時卞衮楊允恭輩方以禁鹽爲便共排抑之出知梧州須之改水部郎中上所著兵機要類十卷時審官擬知漢陽軍及引對改知鄂州大中祥符初轉庫部四年加太府少卿未幾知太平州又知袁州州民多采金蒙建議請以代租稅上曰若此則農廢業矣不許俄徙濠州六年上表謝事授光禄少卿致仕命未下卒年七十七

愼知禮衢州信安人父溫其有詞學仕錢俶終元帥府判官知禮幼好學年十八獻書干俶署校書郎未幾命爲學書記宋初介俶子惟濟入覲歸署營田副使太平興國三

年從俶歸朝授鴻臚卿歷知陳州興元府知禮母年八十餘居宛丘懇求歸養退處十年搢紳稱其孝及母服除表請納禄至道三年以工部侍郎致仕知禮自幼至白首歲讀五經周而後止每開卷必正衣冠危坐未嘗少懈焉咸平初卒年七十一子從吉

從吉字慶之錢俶之壻也爲元帥府長史歸宋歷將作少監會擇朝士有望者補少列改太子右庶子眞宗升儲換衛尉少卿眞宗即位復爲右庶子遷詹事從吉自歸朝居散秩幾三十年頗以文酒自娛士大夫多與之游景德初上言求領事務判刑部頗留意法律條上便宜天下所奏

成案率多糾駮取本司所積負犯人告身鬻之以市什器大中祥符初改授衛尉卿糾察在京刑獄拜右諫議大夫判吏部銓初選人試判多藉地而坐從吉以公錢市莞席給之臨事敏速勤心公家所至務皦察多請對陳事上謂其無隱八年改給事中權知開封府旣受命召戒之曰京府浩穰凡事太速則誤太緩則滯惟須酌中耳請屬一無所受裁數月有咸平縣民張斌妻盧氏訴姪質被酒詬悖張素豪族質本養子而證左明白質賄于吏從吉子大理寺丞銳時督運石塘河往來咸平爲請于縣宰斷復質劉姓第令與盧同居質洎盧迭爲訟縣聞於府從吉命户曹參軍呂楷就縣推問盧之從叔虢略尉昭一賂白金三百兩於楷楷久不決盧兄文質又納錢七十萬于從吉長子大理寺丞鈞鈞以其事白從吉而隱其所受盧又詣府列訴即下其事右軍巡院昭一兄澄嘗以手書達錢惟演云寄語從吉事速鈞銳請緩之從吉頗疑懼密請付御史臺即詔御史王奇直史館梁固鞫之獄成從吉坐削給事勤停惟演罷翰林學士楷鈞免官配隸衡郢州銳文質皆削一官澄昭一並決杖配隸又高清者庫部郎中士宏之子景德中舉進士宰相寇準以弟之女妻之寇氏卒故相李沆家復壻之歷官以賄聞頗恃姻援驕縱被服如公侯家

以是欺蠹小民知太康縣民有詣府訴家產者清納其賄時已罷任即逃居他所銳嘗就清貸白金七十兩清以多納賄賂事將敗求以爲助時方鞫盧氏獄從吉請對發其事欲以自解逮清等繫獄命比部員外郎劉宗言御史江仲甫劾之清枉法當死特杖脊黥面配沙門島銳又削衛尉寺丞從吉坐首露在巳發當贖銅特削諫議大夫天禧三年起爲衛尉卿明年判登聞鼓院坐與寇準親善以光祿卿致仕未幾卒年七十從吉喜爲詩時有警語兼工醫術子孫登仕者甚衆第進士升朝及朱紱者數人家富於財尤能治生多作負販器皦債以至鬻棺櫝於市又善爲餱具分遺權要晚年進趣彌篤以至于敗物論鄙之子鏞金部度支員外郎祕閣校理錯太常博士

論曰八政之首食貨以國家之經費不可一日而無也然生之有道而用之有節則存乎其人焉爾張鑑將命西蜀處制得宜庶乎可與行權者也子輿裁損經制索湘議罷鬻茶許驤謹守儒行知禮篤信經學國華不辱君命皆有足稱者焉太初自謂達性命之蘊而卒流於釋老之歸文寶父任邊郡而不免以生事蒙黜劉綜著勞朔易而短於經術從吉勤於公務而踈於訓子固未得爲盡善也自餘諸子之翰衛潔白之操卞衮乏仁恕之道晃之棄其城守

坦之蹤於輔導則君子所不予也

列傳卷第三十六

列傳卷第三十七　宋史二百七十八

開府儀同三司上柱國錄軍國重事中書右丞相監修國史領經筵事都總裁臣脫脫等奉

敕修

馬全義子知節　雷德驤子有終 簡夫　孫孝先

王超子德用

馬全義幽州薊人十餘歲學擊劍善騎射十五隸魏帥范延光帳下延光叛晉祖征之以城降悉籍所部來上全義在籍中因補禁軍以不得志遂遁去漢乾祐中李守貞鎮河中召置帳下及守貞叛周祖討之全義每率敢死士夜出攻周祖壘多所殺傷守貞貪而無謀性多忌克全義屢爲畫策皆不能用城陷遂變姓名亡命周廣順初世宗鎮澶淵全義往事之從世宗入朝周祖召見補殿前指揮使謂左右曰此人忠於所事昔在河中屢挫吾軍汝等宜效之世宗即位遷右番行省從世宗戰高平以功遷散員指揮使從征淮南以功遷殿前指揮使右番都虞候恭帝即位授鐵騎左第二軍都校領播州刺史宋初歷內殿直都知控鶴左廂都校領果州團練使從征李筠筠退保澤州城小而固攻之未下太祖患之召全義賜食御榻前問計對曰筠守孤城若併力急攻立可殄滅儻緩之適足長其姦爾太祖曰此吾心也即麾兵急擊之全義率敢死士數

十人乘城攀堞而上爲飛矢貫臂流血被體全義接鏃臨敵士氣益奮遂克其城遷虎捷左廂都校領睦州防禦使又從征李重進領控鶴虎捷兩軍爲後殿賊平班師錄功居多改龍捷左廂都校領江州防禦使俄被疾太祖遣太醫診視仍諭密旨曰俟疾間當授以河陽節制全義疾已亟但叩頭謝數日卒年三十八特贈檢校太保大同軍節度使子知節

知節字子元幼孤太宗時以蔭補供奉官賜今名年十八監彭州兵以嚴泣衆衆憚之知老將又監潭州兵時何承矩爲守頗以文雅飾吏治知節慕之因折節讀書雍熙間

護兵博州契丹入邊敗我師於君子館先是知節完城繕甲儲積芻粟吏民以爲生事既而契丹果至以有備引去從知定遠軍時議調河南十三州之民輸餉河北轉運使樊知古適至軍議事知節曰軍少粟多數其紅腐尚當得十之六七知古從之果獲粟五十萬斛分給諸屯遂省河南之役時部民入保避寇卒有盜婦女首飾者護軍止笞遣之知節曰民避外患而來反罹內寇此而可恕何以肅下即命斬之知深慶二州遷西京作坊使旋知梓州李順之叛詔與王繼恩同討賊繼恩恃勢自任惡知節不附已遣守彭州付以羸兵三百彭之舊卒悉召還成都知節累

請益兵不從賊衆十萬攻城知節力戰自晨抵晡士多死慨然嘆曰死賊手非壯夫也即橫槊潰圍出遲明援兵至復鼓譟入賊遂潰去太宗聞而歎曰賊衆我寡知節不易當也授益州鈐轄加益漢九州都巡檢使遷內園使會韓景祐帳下劉旴脅牙兵爲亂連下州縣衆踰二千知節領兵三百追至蜀州與戰旴走邛州知節曰賊破邛州必乘勝渡江薄我既息而後戰官軍雖倍制之亦勞不如乘其弊急擊之破之必矣遂行次方井鎮與旴遇殺之無噍類咸平初領登州刺史知秦州州嘗質羌酋支屬餘二十人踰二紀矣知節曰羌亦人爾豈不懷歸悉遣之羌人感之

訖終更不犯塞時州有銀坑歲久鑛竭課額弗除主吏破產償之不足知節請蠲之章三上乃允遷西上閤門使知益州兼本路轉運使自乾德後歲漕蜀物動踰萬計時籍富民以部舟運坐沉覆破產者衆知節請代以省校而程其漕事自是蜀人賴以免患徙知延州兼鄜延駐泊部署邊寇將至方上元節遽命張燈啓關累夕宴樂寇不測即引去會鎮州程德玄政事曠弛徙知節代之詔發澶魏等六州糧輸定武時兵交境上知節曰糧之來是資盜也止令於舟車所至收之寇無所得而遁車駕在澶淵時王超擁兵數十萬屯眞定逗留不進知節移書誚讓之超始

出兵猶以中渡無橋爲辭知節預命度材一夕而具景德中徙知定州未幾拜東上閤門使樞密都承旨擢拜簽書樞密院事當是時契丹已盟中國無事大臣方言符瑞而知節每不然之嘗言天下雖安不可忘戰去兵以爲戒自陳年齒未衰五七年間尚可驅策如邊方有警願預其行但得副都部署名及良馬數匹輕甲一聯足矣上以爲然因命製鋼鐵鎖子甲以賜焉進宣徽北院使加兼樞密副使時王欽若爲樞密使知節薄其爲人遇事敢言未嘗少屈每廷議得其不直輒面詆之時欽若寵顧方隆知節愈不爲下大中祥符七年出爲潁州防禦使知潞州天禧初

移知天雄軍召拜宣徽南院使知樞密院事以疾乞罷除彰德軍留後知貝州兼部署將行眞宗閔其癯瘁止命歸鎭時上黨大名之民已爭來迎謁未幾卒年六十五贈侍中謚正惠知節將家子慷慨以武力智謀自許又能好書賓友儒者所與善厚必一時豪傑論事謇謇未嘗有所顧忌故聞其風者亦知其爲正直云

雷德驤字善行同州郃陽人周廣順三年舉進士解褐磁州軍事判官召爲右拾遺充三司判官賜緋魚顯德中入受詔均定隨州諸縣民田屋稅稱爲平允宋初拜殿中侍御史改屯田員外郎判大理寺其官屬與堂吏附會宰相

趙普擅增刑名因上言欲求見太祖以白其事未引對直詣講武殿奏之辭氣俱厲太祖詰之德驤對曰臣值陛下日旰未食方震威嚴爾帝怒令左右曳出詔置極典俄怒解黜爲商州司戶參軍刺史知德驤舊爲省郎以客禮之及奚嶼知州希宰相旨至則倨受庭參德驤不能堪出怨言嶼銜之適有言德驤至郡爲文訕上者嶼召德驤與語潛遣吏紿其家人取得之即械繫德驤具狀以聞太祖貸其罪削籍徙靈武數年其子有鄰擊登聞鼓訴中書不法事趙普由是出鎭河陽召德驤爲祕書丞俄分判御史臺三院事又兼判吏部南曹開寶七年同知貢舉太祖崩以

德驤爲吳越國告哀使還遷戶部員外郎兼御史知雜事改職方員外郎充陝西河北轉運使歷禮部戶部郎中入爲度支判官太平興國四年車駕征太原爲太原西路轉運使六年同知京朝官考課俄遷兵部郎中七年以公累降本曹員外郎出知懷州未幾復舊官又命爲兩浙轉運使其子殿中丞有終亦爲淮南轉運使父子同日受詔搢紳榮之俄遷右諫議大夫雍熙二年徵歸朝同知京朝官考課初帝謂宰相曰朕前日閱班籍擇官爲河北轉運使所患不能周知羣臣履行自今令德驤錄京朝官履歷功過之狀引對既得漸識羣臣擇才委任且使有官政者樂

於召對負瑕累者恥於顧問可以爲懲勸矣端拱初遷户
部侍郎會趙普再入相宜制之日德驤方立班不覺僕笏
遽上䟽乞歸田里太宗召見安諭之賜白金三千兩罷知
考課止以本官奉朝請會議事尚書省乘酒叱起居員外
郎鄭構爲盜御史奏劾下御史臺案問具伏帝止令罰月
奉而釋之訖趙普出守西洛帝終保全之淳化二年爲其
壻如京副使衛濯訟有鄰子秘書省校書郎孝先内亂帝
素惡德驤恐暴揚其醜不以孝先屬吏止除名配均州德
驤坐失教責授感德軍行軍司馬并其子少府少監有終
責授衛州團練副使德驤因憤懣成疾三年卒年七十五

有終爲三司鹽鐵副使表乞追復舊官從之德驤無文采
頗以強直自任性褊躁多忤物不爲士大夫所與有鄰開
寶中舉進士不第其父既竄黜意宰相趙普擠抑之時
堂後吏胡贊李可度在職歲久或稱其請託受賕而秘書
丞王洞與德驤同年登第有鄰每造謁洞洞多以家事委
之一日洞令有鄰市白金半鋌因曰此令吾子知要與胡
將軍蓋謂贊也時又有詔應擧官三任解由全者許投牒
有司即得召試録用有鄰素與前攝上蔡主簿劉偉交游
知偉雖嘗三攝而一任失其解由偉造僞印令其兄前進
士侁書寫之因是得試送銓遂具章告其事並下御史府

按鞫有鄰出入贊家故其事多實獄具偉坐棄市洞等並
決杖除名贊可度仍籍其家有鄰授秘書省正字賜公服
靴笏銀鞍勒馬絹百匹自是累上䟽密告人陰事俄被病
白晝見偉入室以杖箠其背有鄰號呼聞于外數日而死
賜德驤錢十萬以給喪事

有終字道成幼聰敏以蔭補漢州司户參軍時侯陟典選
木彊難犯選人聽署於庭無敢譁者有終獨抗言願爲大
郡治獄掾陟叱之曰年未三十安可任此官有終不爲沮
署萊蕪尉知監左拾遺劉祺以有終年少頗易之有終發
其姦贓祺坐罪杖流海島以有終代知監事先是三司補

吏爲冶官率以貲進多恣横至是受署者憚有終率多避
免太宗即位聞其名遣内侍伍守忠同掌監事且察其治
迹守忠至裁周月即還奏有終彊濟之狀亟詔爲大理寺
丞會德驤任陝西轉運奏爲解州通判特許德驤不巡察
是州有終入奏鹽池利害改贊善大夫令還權知軍事省
通判太平興國六年遷殿中丞知密州徙淮南轉運副使
賜緋魚改太常博士時德驤主漕兩浙往往省于境上時
人榮之雍熙中王師北征命爲蔚州飛狐路隨軍轉運使
入爲鹽鐵判官歷户部度支副使賜金紫出知昇州淳化
初就遷少府少監知廣州二年女弟壻衛濯訟其家法不

謹有終坐覩累責授衡州團練副使奪章服俄丁外艱行
及許田召歸入對賜錢八十萬起爲都官員外郎歷度支
監鐵副使復金紫時以江南嶺外茶鹽價不一細民冒禁
私販多陷重辟詔有終領江淮兩浙荆湖福建廣南路茶
鹽制置使就出鹽產茶之地以便宜裁制使還改工部郎
中知大名府不踰月復爲少府少監徙知江陵李順之亂
王師西征命與裴莊爲峽路隨軍轉運使同知兵馬事調
發兵食規畫戎事皆有節制師行至峽中遇盜格鬬衆渴
乏會天雨軍士以兜牟承水飲之且行且戰進至廣安軍
軍壘瀕江三面樹柵會夜陰晦賊衆奄至鼓譟舉火士伍

恐懼有終安坐櫛髮自若賊圍既合有終引奇兵出其後
擊之賊衆驚擾赴水死者無筭就拜右諫議大夫知益州
次簡州寓佛舍度賊必至命左右重閉召土人嚴更警備
初夕間道而出賊圍守數重及壞寺入惟擊柝者在焉俄
兼同招安使賊平改知許州三年改給事中知并州眞宗
嗣位加工部侍郎咸平二年代還知審刑院俄授戶部使
三年將巡師大名遣有終乘馹先詣澶州督納糧草車駕
還次德清軍會益州奏至神衛戍卒以正旦竊發害兵馬
鈐轄符昭壽擁都虞候王均爲亂逐知州牛冕即日拜有
終瀘州觀察使知益州兼川峽兩路招安捉賊事御廚使

李惠洛苑使石普供備庫副使李守倫並爲招安巡檢使
給步騎八千命往招討又以洺州團練使上官正爲東川
都鈐轄西作坊使李繼昌爲峽路都鈐轄崇儀副使高繼
勳王阮並爲益州駐泊都監供奉官閤門祗候孫正辭爲
諸州都巡檢使正月三日均率衆陷漢州進攻綿州旬日
不能下趨劒門先是知劒州祕書丞李士衡度寇必至城
不能守悉徙官帑保劒門焚其倉廩又署榜招軍卒之流
逸者得數千人已而賊果至士衡與劒門都監左藏庫副
使裴臻逆擊之時風雪連日均衆無所掠唯食敗糟臻與
戰斬首數千級賊衆疲劇宵遁還保益州士衡即馳騎入

奏上嘉之拜士衡度支員外郎賜緋臻崇儀使領峯州刺
史仍舊職知蜀州供奉官閤門祗候楊懷忠聞變即調鄉
丁會十一路巡檢兵刻期進討蜀民不從賊者相率抗禦
儕伍謂之清壇衆擇清壇之魁七十餘人悉補巡檢將遣
判官高本馳驛以聞十七日懷忠率衆入益州焚城北門
至三井橋時均尚留劒門與賊將曾麻胡陣于江瀆廟前
自晨至晡戰數合懷忠兵勢不敵退還所部懷忠部下多
李順舊黨頗貪剽劫故敗績焉懷忠移文嘉眉七州調軍
士丁男來會二月再攻益州時均方遣逆黨趙延順攻邛
蜀懷忠逆與之戰賊稍退懷忠與轉運使陳緯麾兵由子

城南門直入軍資庫與緯署其庫籥均衆皆銀槍繡衣爲數隊分列子城中賊兵出通遠門與懷忠戰數合會暮懷忠復退軍作橋背水列陣砦樠木橋南以扞卭蜀之路賊故不復能南略自清水壩溫江金馬三道來攻樠木砦出官軍後焚江原神祠斷卭蜀援路懷忠三路分兵以抗之斬首五百餘級驅其餘衆入皁江獲甲弩甚衆乘勝逐賊至益州南十五里砦于雞鳴原以俟王師均亦閉成都東門以自固是月有終等至令石普先與綿漢都巡檢張思鈞收復漢州進壁升僊橋賊出攻砦有終擊走之一日均開城僞爲遁狀有終與上官正石普率兵徑入官軍分剽民財部伍不肅賊閉關發伏布床榻於路口官軍不得出因爲所殺有終等緣堞而墜李惠死之退保漢州益州城中民皆奔迸四出復爲賊黨分騎追殺或囚縶之支解族誅以恐衆又脅士民僧道之少壯者爲兵先刺手背次髡首次黥面給軍裝令乘城與舊賊黨相間有終署榜招之至則署其衣袂釋之日數百人三月進攻彌牟砦斬首千餘級復爲賊所拒四月賊由升僊橋分路來寇併軍於東偏有終率兵逆擊大敗之殺千餘人奪其繖蓋金槍等物均單騎還城有終遣其子奉禮郎孝若馳奏上召孝若問敗賊之由笑謂左右曰均鼠竊爾雖嬰城自守計日可擒

矣孝若因言嘗習武藝願改秩以効卽補供奉官儀以刑部員外郎馬亮爲轉運使國子博士張志言副之供備庫副使張昫爲綿漢都巡檢使楊懷忠又分所部砦於合水尾浣花等劇樹機石設笓籬以拒之賊自升僊之敗徼橋塞門官軍進至清遠江爲梁而度有終與石普屯於城北門之西依壕爲土山分設鹿角又得舊草場造棖衝洞車攻具普專主之高繼勳張昫孫正辭攻城東上官正李繼昌王阮攻城西楊懷忠與巡檢殿直閤門祗候馬貴攻城南賊將趙延順盡驅兇黨以拒既而延順中流矢死又遣其黨丁重萬立城門上官軍射之殪每攻城輒會兩城滑不能上官軍及丁夫爲洞屋以進賊又鑿地道出擁之溺壕中死者千餘軍勢小衄時方暑濕軍士多疾有終市藥他州療之是月詔洛苑使入內副都知秦翰爲兩川捉賊招安使有終與翰叶議於城北魚橋又築土山八月克城北羊馬城遂設鴈翅敵棚覆洞屋以進逼羅城九月城北洞屋成賊對設敵樓以抗官軍有終遣卒焚之賊自是銷沮築月城以自固有終募敢死士間道以入賊爲藥矢中者立死有終令卒蒙氊秉燧以入悉焚其砲樓機石先遣東西南砦鼓譟攻城有終與石普分主洞屋以進普穴城爲暗門成賊攢戟於前無敢進者有二卒請行許以厚

賞乃麾戈直衝之賊鋒稍却遂入城有終登城樓下瞰賊之餘衆猶砦天長觀前於文翁坊密設礮架高纔勳白于馬亮請給稭秆油糯衆執長戟巨斧秉炬以進悉焚之楊懷忠焚其砦天長觀前追至大安門復敗焉是夕二鼓均與其黨二萬餘南出萬里橋門突圍而遁有終疑有伏遣人縱火城中詰朝與秦翰登門樓牙吏有受僞署官職者捕得立樓下傍積薪厝火其上索男子魁壯者令辨之曰其嘗受某職即命左右捽投火中自晨至晡焚死者數百人時謂寃酷均既走度合水尾由廣都略陵榮趣富順監所過斷橋塞路焚倉庫而去初有終遣懷忠領虎翼軍追之後二日石普繼往以全軍爲後援十月均至富順其將校以筏度江趨戎瀘蠻境朝廷每歲孟冬朔詔富順監具酒肴犒內屬蠻酋是日裁設具而均黨適至皆食焉聞懷忠追騎將至均心易之謂其黨曰速降懷忠令其衆負樐以行懷忠距富順六十里於楊家市少憩賊衆在後者邀戰懷忠遣騎士登高原覘賊且語其左右曰縱賊度江後悔無及聞石侯將至當以奇兵取之乃臨江列陣擊之餘黨散走有挐舟將度江而遁者懷忠合強弩射之溺死甚衆懷忠張旗鳴鼙入城均方在監署中其衆多醉均窮蹙縊死虎翼軍校魯斌斬其首詣懷忠獲僭僞法物旌旗甲

馬甚衆禽其黨六千餘人逆徒殲焉懷忠旋軍出北門石普之衆始至奪均首馳歸成都梟于北市均本隸開封散從直後補軍校初神衞軍之戍成都者以均及董福分二指揮以領之福御衆有法部下皆優足均縱其下飲博軍裝亦以給費是歲車駕幸河朔符昭壽與牛冕大閱於東郊蜀人趨觀之二軍衣服鮮弊不等均衆因是慙憤益州知州與鈐轄二廨並禁旅爲牙隊歲除冕以酒肴犒部士而昭壽既驕恣復肆侵害冕亦寬弛無政故詰朝合起爲亂神衞卒既殺昭壽是日成都官吏方相與賀正聞變皆奔竄牛冕與轉運張適縋城而出惟都巡檢使劉紹榮冒刃格鬭既而衆寡不敵叛卒尚未有主或欲奉紹榮爲帥者紹榮攝弓罵曰我燕人也比棄鄉土來歸本朝豈能與汝同逆汝亟殺我我肯負朝廷哉衆未敢動監軍王澤與均適至乃謂均曰汝所部爲亂盍自往招安均既往叛卒即擁之爲主紹榮自經死均僭號大蜀改元化順署置官稱設貢舉以張鍇爲謀主鍇本名美太原舊卒後爲神衞小校狡獪嘗歷戰陣粗習陰陽以熒惑同惡故勸均爲亂均實戇愞無謀嘗言官軍若至我當先路出迎自陳被脅之狀鍇聞之擇軍中子弟署寄班以防守均令不與人接見官軍圍城每射箭招誘及令均子弟至城下均皆不之

知得箭書鍇悉焚之自起至敗所守止一城而已均初署親軍爲天降虎翼後東爲虎翼軍所殺賊既平遣承受供奉官楊崇勳乘傳告捷賜崇勳錦袍銀帶器幣有終加保信軍節度觀察留後以秦翰爲内園使恩州刺史石普爲冀州團練使高繼勳王阮並爲崇儀使孫正辭爲内殿崇班李繼昌爲獎州刺史張昫爲供備庫副使楊懷忠爲供備庫副使馬貴爲供奉官是役也懷忠之功居最爲石普所忌朝廷微聞之遣寄班安守忠按視戰所盡得其功狀以故懷忠復遷崇儀使領恩州刺史四年有終代還命爲涇原儀渭鎮戎路都部署辭不拜改知永興軍府從秦州

景德初徙爲幷代副都部署賜黃金四百兩丁内艱起復契丹入寇上幸澶淵詔有終率所部由土門抵鎮州與大兵會既而王超桑贊逗撓無功唯有終赴援威聲甚振河北列城賴其雄張俄而契丹脩好命還屯所就判幷州召拜宣徽北院使檢校太保二年七月暴疾卒年五十九贈侍中録其子孝若爲内殿崇班閤門祗候孝傑爲内殿崇班孝緒爲供奉官孝恭爲侍禁親族門客給事輩遷補者八人有終倜儻自任不拘小節有幹局沈敏善斷不畏強禦輕財好施歷典藩閫能撫士卒豐於宴犒官用不足則傾私帑及權錢以給之家無餘財奉身甚菲薄常所御者銅鞍勒馬而已第在崇仁里者德驤所創有終在蜀嘗貸備用庫錢數百萬奏納其第償之優詔蠲免爲宣徽使特給廉鎮公用錢歲二千貫身没之日宿負猶不啻千萬官爲償之王繼英在樞密頗忌有終進用屢言其在蜀及守邊厚費以收士卒心眞宗不之信卒保護焉

孝先字子思有鄰子也舉進士試秘書省校書郎知天長縣以衛濯訟其内亂除籍配均州後復知宛丘縣李繼隆判陳州薦其能加試大理評事契丹内寇眞宗幸大名孝先以部芻糧河北首至行在擢太常寺奉禮郎王均反益州隨父有終進討孝先率先鋒與賊戰升僊橋斬首數

百得均金槍黃繖以獻改將作監丞李繼遷陷靈州朝廷調兵軍費多出於民關内大擾孝先請益募商人入粟塞下償以茶鹽召對稱旨命馳驛陝西與轉運使鄭文寶議立規畫後多施行累遷尚書屯田員外郎嘗建置三司拘收司以檢天下財利出入之數詔如其請知興元府坐保任失實降通判華州徙知鄆州宰相寇準舉換内園使知貝州會德州民張熙載詐稱黃河都總管籍並河州郡芻糧數至貝州孝先覺其姦捕繫獄孝先欲因此爲奇功以動朝廷迫司理參軍紀瑛教熙載僞爲契丹諜者號景州刺史兼侍中司空大靈宮使部送京師樞密院按得孝先

所劾狀謫澤州都監利號三州改環慶路兵馬鈐轄知邠州踰年領昭州刺史爲益州鈐轄再遷左藏庫使權西上閤門使涇原路鈐轄兼知渭州復知邠州徙耀州以右領軍衛大將軍昭州刺史分司西京卒子簡夫

簡夫字太簡隱居不仕康定中樞密使杜衍薦之召見以祕書省校書郎簽書秦州觀察判官公事既罷居長安自以處士起不復肯隨衆調官多爲岐路求辟薦時三白渠久廢京兆府遂薦簡夫治渠事先時治渠歲役六縣民四十日用梢木數百萬而水不足簡夫用三十日梢木比舊三之一而水有餘知坊州徙閬州用張方平薦知雅州既

而辰州蠻酋彭仕義內寇三司副使李參侍御史朱處約安撫不能定繼命簡夫往至則督諸將進兵築明溪上下二砦據其險要拓取故省地石馬崖五百餘里仕義內附擢三司鹽鐵判官以疾出知虢同二州累遷尚書職方員外郎卒録其子壽臣爲郊社齋郎簡夫始起隱者出入乘牛冠鐵冠自號山長關中用兵以口舌捭闔公卿既仕自奉稍驕侈騶御服飾頓忘其舊里閭指笑之曰牛及鐵冠安在

王超趙州人弱冠長七尺餘太宗尹京召置麾下及即位以隸御龍直淳化二年累遷至河西軍節度使殿前都虞候眞宗嗣位以翊戴功加檢校太傅領天平軍節度咸平二年秋大閱禁兵二十萬于東郊超執五方旗以節進退上御戎幄觀之面賜褒獎從幸大名與都虞候張進並爲先鋒都大點檢傅潛逗撓得罪以超爲侍衛馬步軍都虞候鎮州行營都部署又帥鎮定高陽關三路契丹入邊與戰于遂城西俘馘二萬計斬其裨王騎將十五人手詔褒美李繼遷陷清遠軍以超將西面行營之師禦之從帥永興軍宰相言超材堪將帥遂以超帥定州路行營王繼忠副之尋加鎮定高陽關三路都部署密遣中使賜以御弓矢許便宜從事加開府儀同三司檢校太尉咸平六年遼

師大入超召鎮州桑贊高陽關周瑩率兵會定州瑩以非詔旨不至遼兵圍望都超贊率兵赴之陣于縣南六里繼忠在陣東偏契丹出其背遮絶糧道人馬乏困繼忠馳前與契丹戰超贊遂旋師繼忠孤軍沒焉上即遣劉承珪李允則馳往察退衄之狀且言鎮州副部署李福拱聖軍都指揮使王昇當戰先旋福坐削籍流封州昇決杖配隸瓊州景德初上親巡澶淵召超赴行在復緩師期契丹遂深入會南北通好故薄其責止罷超三路帥爲崇信軍節度使徙知河陽又移鎮建雄知青州卒贈侍中再贈尚書令追封曾國公謚武康超爲將善部分御下有恩與高瓊同

與禁旅嘗休假他適過營壘軍校不時將迎瓊即命箠罰
超以爲非公行不當加罪人稱其恕然臨軍寡謀拙於戰
闞子德用
德用字元輔父超爲懷州防禦使補衙内都指揮使至道
二年分五路出兵擊李繼遷超師兵六萬出綏夏德用年
十七爲先鋒將萬人戰鐵門關斬首十三級俘掠畜產以
數萬計進師烏白池他將多失道不至虜銳甚超按兵不
進德用請乘之得精兵五千轉戰三日敵勢却德用曰歸
師追險必亂乃領兵距夏州五十里絕其歸路下令曰亂
行者斬一軍肅然超亦爲之按轡繼遷躡其後左右望見

四五九二　列傳廿七　十八

隊伍甚嚴聳莫敢近超撫其背曰王氏有子矣累遷内殿
崇班以御前忠佐爲馬軍都軍頭出爲邢洺磁相巡檢盜
張洪霸相聚界上吏不能捕德用以氈車載勇士詐爲婦
人飾過邯鄲賊果來邀勇士奮出悉禽之徙督捕陝西東
路盜賊相戒曰此禽張洪霸者皆相率逃去爲環慶路指
揮使尋以奏事忤旨責授鄆州馬步軍都指揮使歷内殿
直都虞候殿前左班都虞候柳州刺史遷捧日左廂都指
揮使英州團練使天聖初以博州團練使知廣信軍城壞
久不治德用率禁軍增築之有詔褒諭徙冀州歷龍神衛
捧日天武四廂都指揮使康州防禦使侍衛親軍步軍馬

軍都虞候召還又爲并代州馬步軍副都總管還殿前都
虞候步軍副指揮使歷桂州福州觀察使章獻太后臨朝
有求内降補軍吏者德用曰補吏軍政也不可與太后固
欲與之卒不奉詔乃止太后崩有司請衛士坐甲德用曰
非故事也不奉詔仁宗閱太后閤中得德用前奏軍吏事
奇之以爲可大用拜檢校太保簽書樞密院事德用謝曰
臣武人幸得以馳驅自效賴陛下威靈待罪行間足矣且
臣不學不足以當大事帝遣使者趣入院遂爲副使久之
以奉國軍節度觀察留後同知院事遷知院歷安德軍加
檢校太尉定國軍節度使宣徽南院使趙元昊反德用請

四五九十　列傳廿七　十九

自將討之不許德用狀貌雄毅面黑頸以下白皙人皆異
之言者論德用貌類藝祖御史中丞孔道輔繼言之且謂
德用得士心不宜久典機密遂罷爲武寧軍節度使徐州
大都督府長史有言德用市馬於府州者上其券乃市於
商人者言者猶不已降右千牛衛上將軍知隨州州置判
官家人皆惶恐德用舉止言色如平時惟不接賓客而已
徙知曹州或謂德用曰孔中丞害公今死矣德用曰中丞
言官豈害我者朝廷亡一忠臣可惜也起爲保靜軍節度
觀察留後知青州改澶州陝西用兵久無功契丹遣劉六
符來求復關南地以兵壓境德用見帝流涕言臣前被罪

陛下赦而不誅今不足辱命帝慰勞曰河北方警藉卿鎮撫之又賜手詔慰勉拜保靜軍節度使歲大熟六符見德用拜曰此公仁政所及也徙眞定府定州路都總管還奏事復以宣徽南院使判成德軍未行徙定州路都總管日訓練士卒久之士殊可用契丹使諜者來覘或請捕殺之德用曰第舍之彼得實以告是服人之兵以不戰也明日大閱援桴鼓之士皆踴躍進退坐作終日不戮一人乃下令具糗糧聽吾鼓聲視吾旗幟所向覘者歸告契丹謂漢兵將大入既而復議和遂徙陳州又徙河南不行入奉朝請出判相州拜同中書門下平章事判澶州徙鄭州封祁國公還爲會靈觀使德用素善射雖老不衰侍射瑞聖園辭曰臣老矣不能勝弓矢帝再三諭之持二矢未發帝顧之使必中乃收弓矢謝一發中的再發又中帝笑曰德用欲中即中爾孰謂老且衰乎賜襲衣金帶加檢校太師復判鄭州徙澶州改集慶軍節度使封冀國公皇祐三年上疏乞骸骨以太子太師致仕大朝會綴中書門下班德用將家子習知軍中情僞善以恩撫下故多得士心雖屢臨邊境未嘗親矢石督攻戰而名聞四夷雖閭閻婦女小兒皆呼德用曰黑王相公帝嘗遣使問邊事德用曰咸平景德中賜諸將陣圖人皆死守戰法緩急不相救以至于屢

敗誠願不以陣圖賜諸將使得應變出奇自立異效帝以爲然德用雖致仕乾元節上壽預班廷中契丹使語譯者曰黑王相公乃復起耶帝聞之起爲河陽三城節度使同中書門下平章事判鄭州至和元年遂以爲樞密使命入謁拜明年富弼相契丹使耶律防至德用與防射玉津園防曰天子以公典樞密而用富公爲相將相皆得人矣帝聞之喜賜弓一矢五十後封魯國公求去位至六七乃以爲忠武軍節度使景靈宮使又以爲同羣牧制置使有詔五日一會朝聽子孫一人扶掖卒年七十九贈太尉中書令諡武恭加賜其家黃金德用諸子中咸融最鍾愛晩年頗縱之多不法後更折節自飭官至左藏庫使眉州防禦使

論曰全義德驤遇知太祖太宗超復翊戴眞宗宜致崇顯然華董無齋人者而各有子勤勳於國籍若知節生將家喜讀書立朝爭事以剛正稱天下其邦之司直歟有終起進士明幹知兵平蜀鉅賊振聲隣敵可謂肇敏戎公矣至於精神折衝名聞四夷矯矯虎臣則德用其有焉

列傳卷第三十七

⋯司上柱國錄軍國重事中書右丞相監脩國史領經筵事⋯脫脫等奉

王繼忠　傅潛　戴興　王漢忠
王能　張凝　魏能　陳興
許均　張進　李重貴　呼延贊
劉用　耿全斌　周仁美

王繼忠開封人父珫爲武騎指揮使戍瓦橋關卒繼忠年
六歲補東西班殿侍眞宗在藩邸得給事左右以謹厚被
親信即位補內殿崇班累遷至殿前都虞候領雲州觀察

使出爲深州副都部署改鎮定高陽關三路鈐轄兼河北
都轉運使遷高陽關副都部署俄徙定州咸平六年契丹
數萬騎南侵至望都繼忠與大將王超及桑贊等領兵援
之繼忠至康村與契丹戰自日昳至乙夜敵勢小却遲明
復戰繼忠陣東偏爲敵所乘斷餉道超贊皆畏縮退師竟
不赴援繼忠獨與麾下躍馬馳赴服飾稍異契丹識之圍
數十重士皆重創殊死戰且戰且行傍西山而北至白城
遂陷于契丹眞宗聞之震悼初謂已死優詔贈大同軍節
度賵賻加等官其四子景德初契丹請和令繼忠奏章乃
知其尚在朝廷從之自是南北戢兵繼忠有力焉歲遣使

至契丹必以襲衣金帶器幣茶藥賜之繼忠對使者亦必
泣下嘗附表懇請召還上以誓書約各無所求不欲渝之
賜詔諭意契丹主遇繼忠甚厚更其姓名爲耶律顯忠又
改名宗信封楚王後不知其所終子懷節懷敏懷德懷政
眞宗宮邸攀附者繼忠之次有王守俊至濟州刺史蔚昭
敏至殿前都指揮使保靜軍節度翟明至洺州團練使王
遵度至磁州團練使楊保用至西上閤門使康州刺史鄭
懷德至御前忠佐馬步軍都軍頭永州團練使張承易至
禮賓使吳延昭至供備庫使白文肇至引進使昭州團練
使彭睿至侍衛馬軍副都指揮使武昌軍節度靳忠至侍

衛馬軍都虞候端州防禦使郝榮至安國軍節度觀察留
後陳玉至冀州刺史崔美至濟州團練使高漢美至鄭州
團練使楊謙至御前忠佐馬步軍副都軍頭河州刺史

傅潛冀州衡水人少事州將張廷翰太宗在藩邸召置左
右即位隸殿前左班三遷東西班指揮使征太原一日再
中流矢又從征范陽先至涿州與契丹戰生擒五百餘人
翌日上過其所見積尸及所遺器仗嘉歎之師旋擢爲內
殿直都虞候上對樞密言潛從行有勞賞薄復加馬步都
軍頭領羅州刺史改捧日右廂都指揮使領富州團練使
遷日騎天武左右廂都指揮使領雲州防禦使雍熙二年

命大將曹彬北征以潛爲幽州道行營前軍馬步軍都指揮使師敗於拒馬河責受右領軍衞大將軍自檢校司徒降爲右僕射仍削功臣爵邑明年起爲内外馬步都軍頭領潘州防禦使尋拜殿前都虞候領容州觀察使端拱初加殿前副都指揮使領昭化軍節度出爲高陽關都部署淳化二年四月拜侍衞馬步軍都虞候領武成軍節度至道中出爲延州路都部署改鎭州眞宗即位領忠武軍節度數月召還咸平二年復出爲鎭定高陽關三路行營都部署契丹大入緣邊城堡悉飛書告急潛麾下歩騎凡八萬餘咸自置鐵檛鐵椎爭欲奮擊潛畏懦無方畧閉門自

守將校請戰者則醜言罵之無何契丹破狼山砦悉銳攻威虜畧寧邊軍及祁趙游騎出邢洺鎭定路不通者踰月朝廷屢間道遣使督其出師會諸路兵合擊范廷召桑贊秦翰亦屢促之皆不聽廷召等怒因詬潛曰公恇怯乃不如一嫗爾潛不能答都鈐轄張昭允又屢勸潛潛笑曰賊勢如此吾與之角適挫吾銳氣爾然不得已分騎八千步二千付廷召等於高陽關逆擊之仍許出兵爲援洎廷召等與契丹血戰而潛不至康保裔遂戰死及車駕將親征又命石保吉上官正自大名領前軍赴鎭定與潛會潛卒逗遛不發致敵騎犯德棣渡河湊淄齊刦人民焚廬舍上駐大名而邊捷未至且諸將屢請益兵潛不之與有戰勝者潛又抑而不聞上繇是大怒乃遣高瓊單騎即軍中代之令潛詣行在至則下御史府命錢若水同劾按一夕獄具百官議法當斬從駕羣臣多上封請誅之上貸其死下詔削奪潛在身官爵并其家屬長流房州潛子内殿崇班從範亦削籍隨父流所仍籍没其貲産五年會赦徙汝州景德初起爲本州團練副使改左千牛衞上將軍分司西京大中祥符四年車駕西巡至洛因令從駕還京遷左監門大將軍還其宅父之判左金吾街仗天禧元年卒張昭允者字仲孚衞州人以父秉蔭試大理評事潘美妻以女

奏換右班殿直以久次遷通事舍人端拱初契丹内擾命爲雄州監軍敵騎乘秋掠境上昭允與知州田仁朗選銳卒襲其帳敗走之進西上閤門副使提總左右藏金銀錢帛昭允以諸州綃常度外長數尺請裂取付工官備他用歲獲羡餘既而士卒受冬服度之不及程出怨言昭允坐免官俄起爲崇儀副使累遷西上閤門使河西馬步軍鈐轄屯石州會討李繼遷王超出夏綏州路領後陣超深入數百里踰白池道阻糧絶昭允以所部援之戎人大敗眞宗即位以昭允章懷皇后姊壻頗被親信咸平二年命爲鎭定高陽關行營馬步都鈐轄時傅潛爲都部署畏愞城

守昭允屢勸其出兵潛按兵不動潛既得罪昭允亦削奪官爵長流道州景德二年起爲楚州團練副使改右神武將軍大中祥符元年卒昭允喜筆札習射曉音律子正中居中

戴興開封雍丘人年十餘歲以勇力聞里中及長身長七尺餘美鬚髯眉目如畫太宗在藩邸興詣府求見奇之留帳下即位補御馬左直遷直長再遷御龍直副指揮使從征太原先登中流矢補御龍弓箭直指揮使遷都虞候一日帝問興曰汝頗有尊屬否對曰臣父延正兄進皆力田即召延正爲諸衛將軍進爲天武軍使俄以興領嚴州刺

史改天武左廂都指揮使領勝州團練使雍熙三年曹彬等北征失律諸將多坐黜免以興爲侍衛步軍都虞候領雲州防禦使契丹撓邊命興屯澶州以備非常改本州觀察使充天雄軍副都部署端拱初遷步軍都指揮使領鎮武軍節度賜襲衣金帶鞍勒馬歷澶州天雄軍都部署改殿前副都指揮使出帥鎮定二州時盜賊羣起會五巡檢兵討之踰月不能克興陰勒所部潛出擊之擒戮殆盡秦幾徙高陽關遷殿前都指揮使領定國軍節度賜白金萬兩歲加給錢七百萬淳化五年出爲定武軍節度歲加給錢千萬西北未平徙夏州路行營都部署知州事時五路討李繼遷興所部深入千餘里不見賊會太宗崩三上表求赴國哀不俟報上道及至京師以擅離所部左遷左領衛上將軍咸平初兼判左金吾街仗俄出知京兆府卒贈太尉遣中使護其喪歸葬鄉里錄其子永和永豐

王漢忠字希傑徐州彭城人少豪蕩有膂力形貌魁岸善騎射節帥高繼沖欲召至帳下漢忠不往因毆殺里中少年遂亡經宿復蘇其父遣人追及於蕭縣漢忠不肯還西至京師太宗在藩邸召見奇其材力置左右即位補殿前指揮使累遷內殿直都知從征太原先登流矢中䏶戰益急上壯之遷東西班指揮使劉繼元降以所部安撫城中

師還改殿前左班指揮使三遷右班都虞候領涿州刺史雍熙中改馬步軍都軍頭端拱初出爲賓州團練使歷冀貝二州部署從天雄軍二年入爲侍衛馬軍都虞候領洮州觀察使高陽關副都部署契丹南侵漢忠合諸軍擊敗之斬馘甚衆淳化初徙定州五年遷殿前都虞候真宗即位自中山召歸俄復出爲高陽關都部署進領威塞軍節度咸平三年又爲涇原環慶兩路都部署兼安撫使遷侍衛馬軍都指揮使改鎮定高陽關都部署三路都排陣使契丹掠中山漢忠率諸將陣于野契丹遁追斬甚衆擒其貴將加殿前副都指揮使改領保靜軍節度五年出爲西面

經略使命漢忠爲邠寧環慶兩路都部署李允正宋沆爲鈐轄領戍兵二萬五千人委漢忠分道控制數月召還坐違詔無功責爲左屯衛上將軍出知襄州常奉外增歲給錢二百萬未上道暴得疾卒贈太尉以其長子内殿崇班從吉爲閤門祗候次子從政從益爲左右侍禁漢忠有識略軍政甚肅每行師誥旦必行香祝曰願軍民無犯吾令違者一毫不貸故所部無盜性剛果不務小節輕財樂施好讀書頗能詩喜儒士待賓佐有禮名稱甚茂以是自矜尚羣帥不悅漢忠沒後其子從吉詣闕上書訟父冤因歷詆羣臣有行賂樹黨及蒙蔽邊防屯戍艱苦之事眞宗命樞密王繼英等問狀從吉止誦狀中語他無所對上以從吉付御史具伏乃進士楊逢爲之辭從吉坐除名配隨州逢杖配春州

王能廣濟定陶人初事州將表彥太宗在晉邸召置左右即位補内殿直六遷至殿前左班指揮使進散員都虞候久之領潘州刺史再遷殿前右班都虞候兼御前忠佐馬步軍都軍頭咸平初自捧日右廂都指揮使出爲濟州團練使知靜戎軍建議決鮑河斷長城口北注雄州塘水爲戎馬限方舟通漕以實塞下又開方田盡靜戎順安之境北邊來寇能擊走之初眞宗詢軍校勤勇者委以方面因語宰相曰聞王能魏能頗宣力公家陳興張禹珪亦有聲于時才固難全拔十得五亦有助也景德初擢本州防禦使與魏能張凝並命出爲邢洺路都部署俄改鎭定高陽關三路行營都部署押策先鋒護城祁州躬率丁夫旦暮不離役所宴犒周洽會詔使自北至者言之手詔褒飭連從天雄軍高陽關二部署改定州副都部署大中祥符二年詔合鎭定兩路部署爲一命能領之明年召入拜侍衛步軍副都指揮使領曹州觀察使祀汾陰留爲京城巡檢兼留司殿前司事禮成加領振武軍節度復爲鎭定副都部署兼知定州八年表求入覲許之先是節帥陛見必飲於長春殿掌兵者則不預至是特令用藩臣例有司言能旣赴坐則殿前馬軍帥皆當侍立繇是特令諸帥預坐自是掌兵者率以爲例俄還屯所改領靜江軍節度天禧元年轉都指揮使領保靜軍節度是冬代還入見以足疾免舞蹈賜宴累表求解特與告醫療二年制授彰信軍節度罷軍職赴鎭以地近其鄉里寵之也明年卒年七十八贈太尉而録其子守信等官

張凝滄州無棣人少有武勇倜儻自任鄉人趙氏子以材稱凝恥居其下因挾弓與角勝負約築土百步射之凝一發洞過矢激十許步抵大樹而止觀者歎服節帥張美壯

之召置帳下太宗在藩邸聞其名以隸親衛即位補殿前指揮使稍遷散祗候班都虞候淳化初以其有材幹與王斌王憲並授洛苑使凝領繡州刺史賜襲衣金帶每須賚必異等出爲天雄軍駐泊都監移貝州改高陽關行營鈐轄六宅使眞宗踐阼加莊宅使遷北作坊使咸平初契丹南侵凝率所部兵設伏於瀛州西出其不意腹背奮擊挺身陷敵凝子昭遠年十六從行即單騎疾呼突入陣中掖凝出左右披靡不敢動明年契丹兵大至車駕幸大名凝與范廷召於莫州東分據要害斷其歸路契丹宵遁凝縱兵擊之盡奪所掠生口資畜徙鎮定高陽關路前陣鈐轄

遷趙州刺史四年召還代潘璘爲邠寧環慶靈州路副部署兼安撫使時斥堠數擾轉運使劉綜懼飛輓不給問計於凝凝曰今當深入因敵資糧不足慮也乃自白豹鎮率兵入敵境生擒賊將燒蕩三百餘帳芻糧八萬斬首五千餘獲牛馬器甲二萬降九百餘人慶州蕃族胡家門等桀黠難制凝因襲破之又熟戶與生羌錯居頗爲誘脅凝引兵至八州原分水嶺柔遠鎮降酋敎等百七十餘族合四千戶邊境獲安就加寧州團練使景德初還本州防禦使代楊嗣爲定州路行營副部署徙保州駐泊又兼北面安撫使時王超爲總帥以大兵頓中山朝議擇凝與魏能田

敏楊延昭分握精騎俟契丹至則深入以牽其勢超嘗請四人悉隸所部上以本設奇兵撓敵之心腹若復取裁大將則無以責効乃令凝等不受超節度時魏能逗撓退保城壁衆皆憤悱責讓能凝獨默然或問之凝曰能麤材險愎既不爲諸君所容吾復切言之使其心不自安非計也上聞而嘉其有識車駕觀兵澶淵凝率衆抵易州既而契丹受盟北歸所過猶侵剽不已遂以凝爲緣邊安撫使提兵躡其後契丹乃不敢略奪改高陽關部署明年議勞就加殿前都虞候卒凝忠勇好功名累任西北善訓士卒繕完器仗前後賞賜多以犒師家無餘貲京師無居第眞宗

悼惜之贈彰德軍節度遣中使護喪還京官給葬事厚卹其家子昭遠

魏能鄆人也少應募隸雲騎軍後遷補日騎左射又隸殿前班七遷散員左班都知舊制諸軍辭見才器勇敢或迥異出羣者許將校交舉以任使毋枉其志能時戍外藩咸未有舉者太宗曰能材勇過人朕可自保由是進用之端拱二年加御前忠佐馬軍副都軍頭歷殿前左班都虞候領溪州刺史加秩轉馬步軍都軍頭咸平三年眞拜黃州刺史明年爲鎭定高陽關三路前陣鈐轄五年知鄭州團練使復任威虜軍契丹入寇能當城西與諸將合戰無憚

色大敗其衆斬首二萬級契丹統軍鐵林公來薄陣能發
矢殪之并其將十五人奪甲馬兵械益衆契丹復入能率
州軍逆戰南關門遣其子正與都監劉知訓間道絕敵行
勢戰數十合退薄西山下破走之獲器甲十八萬契丹嘗
謀入鈔能偵知即發兵逆擊生擒酋帥殄滅殆盡六年改
威虜軍部署知軍事士民詣闕下乞留能詔嘉之能建言
戍卒逸邊境者請沒其妻與子為奴婢上慮嚴迫聽緩期
自新違以法坐會浚順安軍營田河道以扼寇徙莫州路
部署石普屯兵順安之西境詔能與楊延昭田敏犄角為
備景德初破敵長城口追越陽山斬首級獲兵器益衆詔

賜錦袍金帶復以所部禦寇于順安六月召拜防禦使復
出為寧邊軍路部署詔推能果略再任以威虜使副精兵
伺敵動止邊人百餘掠居民樹畜僧為師能與田敏楊勳
合兵設伏擊之擒其帥賊來逼城能出兵拒之小衄即卻
陣入城張凝以兵擊卻之會詔能與凝領偏師分道入幽
易牽制契丹之勢能畏懦不前且不戢所部多俘奪人馬
俄徙屯定州及遣凝躡迹北行能麤險自度無功心愧多
怨辭以訕閫朝議謂能剛猾少檢不可專任乃命叅政敏
為鈐轄俾同職焉明年師還大名時王能曹璨各領兵歸
闕即城下鈐轄孫全照遣能璨之師由北門分道先入能

師繼之能怒全照之後已即疾驅競入全照射之能嘖唶
不堪奪全照弓以去翌日詣判府王欽若訴全照射傷押
隊閤門楊凝詞頗紛競全照密疏能擁兵退縮師緩失期
及師旋不整狀上初聞能逗遛微怒會全照奏乃質實于
張凝白守素等即責授右羽林將軍出為鞏縣都監明年
以自陳特改官右驍衛大將軍虢州都監累遷加領康州
團練使大中祥符八年卒錄其子正為閤門祗候靖為三
班奉職

陳興澶州衛南人開寶中應募為卒得隸御龍右直太宗
征河東幸幽陵興常從特被賞賜累遷天武指揮使端拱

中改御前忠佐步軍副都軍頭王超為并代部署奏興隨
軍遣戍汾州明年李繼隆行營河西興隸麾下部清朔龍
衛諸軍克綏夏銀州繼隆命權知夏州尋還屯所受詔提
轄河東緣邊城池器甲芻糧至道初繼隆薦其材幹召補
御龍弩直都虞候咸平初為馬軍都軍頭領蒙州刺史三
年真授憲州刺史知霸州徙滄州副都部署移石隰駐泊
會城綏州詔興錢若水往視利害事與若水傳又徙涇原
儀渭鎮戎軍部署上言鎮戎軍去渭州瓦亭砦七十餘里
中有二堡請留兵三百人戍之俄與曹瑋秦翰領兵抵鎮
戎軍西北武延鹹泊川掩擊蕃寇章埋族帳斬二百餘級

生擒三百餘人奪鎧甲牛羊駞馬三萬計詔書嘉獎賜金帶錦袍器幣繼遷所部康奴族往歲鈔刼靈州援糧恃險與衆尤桀黠難制復與秦翰等合衆進討窮其巢穴俘老幼獲器畜甚衆盡焚掘其窖藏復詔褒之仍加賜賚其年六合大首領潘羅支言欲率諸蕃擊賊請會兵靈州上以道遠難刻師期詔興俟羅支報至即勒所部過天都山以援勿須奏命會繼遷死事寢景德三年遷本州團練使知徐州興起行伍有武略所至頗著聲績真宗言軍校之材必以興為能大中祥符初召為龍神衛四廂都指揮使領登州防禦使出為邠寧環慶路副都部署兼知邠州坐擅

釋刼盜罷軍職改叙州防禦使知懷州六年卒

許均開封人父邈太常博士均建隆中應募為龍捷卒征遼州以功補武騎十將賜錦袍銀帶開寶中遷武騎副兵馬使從曹彬征金陵率衆陷水砦流矢貫手改本軍使從征河東攻隆州城先登陷之中八創遷副指揮使前後屢被賞賚出屯杭州妖僧紹倫結黨為亂均從廵檢使周瑩悉擒殺之端拱初補指揮使從李繼隆秦翰赴夏州擒趙保忠令均率兵衛守改龍衛第四指揮使俄屯夏州賊來犯境一日十二戰走之又從石普擊賊于原州牛欄砦深入獲牛羊漢生口甚衆普表上其功遷第三軍指揮使咸平初以御前忠佐馬軍都軍頭戍秦州王均之亂遣乘傳之蜀隷雷有終麾下守魚橋門又從秦翰追殺賊黨於廣都降其衆七千餘驛召授東西班都虞候領順州刺史五年稍遷散員都虞候嘗召見訪以北面邊事翌日真拜磁州刺史深州兵馬鈐轄六年改涇州駐泊部署數月知鎮戎軍嘗出廵邊至隴山木峽口真宗以其無故離城慮有狂寇奔突詔書戒敕俄以其不明吏治用曹瑋代之徙為邠州駐泊部署改永興軍部署車駕將廵汾脽詔均與知府向敏中及鳳翔涑鼎同提總諸州廵檢捕盜事至河陽召赴行在時有王長壽者本亡命卒有勇力多計慮聚徒

百餘是春抵陳留剽刼縣民捕之不獲朝廷遣使益兵逐之澶濮間會契丹南侵夾河民庶驚擾長壽結黨愈衆人皆患之均至胙城長壽與其徒五千餘人入縣鈔掠均部下徒兵楊褆與閻均以方略誘之生擒長壽斬獲惡黨皆盡上以方擾敵未欲因捕賊獎均但賞均部下卒被傷者賜帛遷級焉明年追叙前勞擢為本州團練使尋出知代州四年秋均被疾以米鋭代還未至而均卒錄其子懷忠為奉禮郎懷信為侍禁幼子懷德自有傳

張進兗州曲阜人拳勇善射挽彊及石餘應募曹州隷鎮兵太祖親選勇士奇進才力以補控鶴官積勞至御龍弩

直都虞候領恩州刺史至道中兼御前忠佐步軍都軍頭
太宗嘗幸內廐進以親校執鉞前導體貌瓌岸迥出儕輩
太宗熟視異之擢爲天武右廂都指揮使領賀州團練使
咸平初遷昭州防禦使充龍神衛四廂都指揮使京城左
右廂巡檢未幾遷捧日天武四廂都指揮使二年秋閱武
近郊進與殿前都指揮使王超親執金鼓節其進退軍容
甚肅從上北征又與超管勾大陣及先鋒策應三年權殿
前都虞候遷侍衛步軍都虞候鎮州副部署徙天雄軍部
署會河決鄆州王陵口發數州丁男塞之命進董其役凡
月餘畢詔褒之移并代副都部署李繼遷寇麟州州將遣

單介間道乞師太原諸將以無詔旨猶豫未決進獨抗議
發兵赴援既至而圍解手詔褒美契丹侵中山命進率廣
鋭二萬騎由土門會兵鎮定未至而敵退復歸晉陽景德
元年卒上遣中使護喪還京官給葬事子元晉至內殿崇
班閤門祗候天禧末録其次子元素爲三班借職

李重貴孟州河陽人姿狀雄偉善騎射少事壽帥王審琦
頗見親信以甥妻之補合流鎮將鎮有群盜以其尚少謀
夜入劫鈔重貴知之即桀棚課民習射盜聞之潰去太宗
在藩邸知其勇幹召隸帳下即位補殿前指揮使累遷至
龍衛左第四軍都指揮使領河州刺史改捧日右廂都指
揮使領蘄州團練使至道二年出爲衛州團練使未行會
命將五路討李繼遷以重貴爲麟府州濁輪砦路都部署
得對便殿因言賊居沙磧中逐水草牧畜無定居便戰鬭
利則進不利則走今五路齊入彼聞兵勢太盛不來接戰
且謀遠遁欲追則人馬乏食將守則地無堅壘賊既未平
臣輩何顔以見陛下太宗善之出御劍以賜又累遣使撫
勞既而諸將果無大功及還命爲代并副都部署真宗即
位加本州防禦使徙高陽關行營副都部署咸平二年契
丹南侵議屯兵楊疃張凝領先鋒遇敵重貴率策應兵酣
戰全軍而還范廷召自定州至遇契丹兵交戰康保裔大

陣爲敵所覆重貴與凝赴援腹背受敵自申至寅疾力戰
敵乃退時諸將頗失部分獨重貴與凝全軍還屯凝議上
將士功狀重貴喟然曰大將陷沒而吾曹計功何面目也
上聞而嘉之明年春以勞進階及食邑徙知貝州召至勞
問復遣入郡是冬徙滄州駐泊副都部署兼知州事以疾
求還京就醫藥既愈連爲邢州天雄軍二部署又知冀州
景德初車駕幸澶淵召還爲大內都部署明年春出知鄭
州以疾甚授左武衛大將軍領潘州防禦使改左羽林軍
大將軍致仕大中祥符三年卒

呼延贊并州太原人父琮周淄州馬部都指揮使贊少爲

驍騎卒太祖以其材勇補東班長入承旨遷驍雄軍使從王全斌討西川身當前鋒中數創以功補副指揮使太平興國初太宗親選軍校以贊爲鐵騎軍指揮使從征太原先登乘城及堞而墜者數四面賜金帛獎之七年從崔翰戍定州翰言其勇擢爲馬軍副都軍頭稍遷內員寮直都虞候雍熙四年加馬步軍副都軍頭嘗獻陣圖兵要及樹營砦之策求領邊任召見令之作武藝贊具裝執鞭馳騎揮鐵鞭棗槊旋繞廷中數四又引其四子必與必改必求必顯以入迭舞劍盤槊賜白金數百兩及四子衣帶端拱二年領富州刺史俄與輔超並加都軍頭淳化三年出爲保州刺史冀州副都部署至屯所以無統御材改遼州刺史又以不能治民復爲都軍頭領扶州刺史加康州團練使咸平二年從幸大名爲行宮內外都巡檢眞宗嘗補軍校皆敘己功或至讙譁贊獨進曰臣月奉百千所用不及半忝幸多矣自念無以報國不敢更求遷擢將恐福過災生再拜而退衆嘉其知分三年元德皇太后園陵命掌護儀衛及還而卒贊有膽勇驁悍輕率嘗言願死於敵徧文其體爲赤心殺賊字至於妻孥僕使皆然諸子耳後別刺字曰出門忘家爲國臨陣忘死爲主及作破陣刀降魔杵鐵折上巾兩旁有刃皆重十數斤絳帕首乘雕馬服飾詭

異性復鄙誕不近理盛冬以水沃孩幼冀其長能寒而勁健其子嘗病贊封股爲羹療之贊卒後擢必顯爲軍副都軍頭

劉用相州人祖萬進河中府馬步軍都指揮使父守忠左驍衛大將軍致仕用曉音律善騎射事太宗于晉邸即位補軍職累遷散都頭都虞候端拱初爲馬步軍副都軍頭領涼州刺史鎭定招安使轉捧日都指揮使李順亂蜀爲西路行營鈐轄賊平遷祈州刺史至道初爲河西烏白池都鈐轄斬首千餘級奪馬五百疋改高陽關副都部署眞宗即位加本州團練使并州副都部署咸平中徙貝州俄知瀛州復爲高陽關副都部署時烽候數警用建議益邊兵侯其南牧即率驍銳出東路以牽制其勢因圖上地形上召宰相閱視可其奏且令轉運使於保州威虜靜戎順安軍預備資糧六年命將三路出師扞敵詔用與劉漢凝田思明領兵五千由東路會石普孫全照犄角攻之未幾換鎭州副部署景德初爲邢州部署車駕北征用以城守之勞進爵邑歷知齊隰潞三州大中祥符二年卒

耿全斌冀州信都人父顥懷順軍校全斌少豐偉顥攜謁陳摶摶謂有藩侯相顥戍西蜀全斌往省乘舟泝江夜大風失纜漂七十里至曙風未止舟忽泊岸人頗異之後游

京師屬太宗在藩邸全斌候拜于中衢自薦材幹得召試
武藝以善左射隸帳下即位補東班承旨稍遷驍猛副兵
馬使從征太原還遇契丹于蒲陰追擊至徐河因據水口
要害遷補日騎副兵馬使雲騎軍使屯瀛州與契丹戰所
乘馬兩中流矢死凡三易乘戰不卻契丹爲引去端拱初
擊蕃部于宥州敗之歷雲騎指揮使御前忠佐馬軍副都
軍頭改馬軍都軍頭戍深州累轉散直都虞候領順州刺
史改殿前左班都虞候馬步軍都軍頭全斌在軍中有能
名真宗嘗召問邊事全斌口陳利害甚稱旨因謂輔臣曰
元澄鄭誠耿全斌人多稱之觀其詞氣若有志操止在宿

衛無以見其才宜以邊郡試之遂拜雄州刺史知深州徙
石隰部署以備河西繼遷死全斌率兵入伏落關誘蕃部
來歸者數千人俄知安肅軍嘗繪山川險易爲圖以獻契
丹來侵自山北抵河濟全斌遣子從政焚橋砦分率精兵
擊走之改冀州刺史高陽關鈐轄擢從政爲侍禁寄班祗
候大中祥符初封禪泰山以爲濮州鈐轄其年還京師卒
周仁美深州人開寶中應募隸貝州驍捷軍關南李漢超
選備給使屢捕獲契丹諜者從漢超戰于西嘉山身中重
創補隊長漢超上其功隸殿前班賜衣帶鞍勒馬什物奴
婢器械命王繼恩引入縱觀過祗候庫太祖問其力能貫

錢幾許仁美曰臣可勝七八萬太祖曰可惜壓死止命貫
四萬五千因賜之稍遷右班都知御前忠佐馬軍副都軍
頭戍環州時牛耶泥族累歲爲寇仁美與陳德玄宋思恭
往擊之斬首三千級獲牛羊三百餘發戎族囷窖以餉師
又與思恭討募窟泉岌拖族格鬬斬八十餘級至道初石
昌牛耶泥族復叛德玄令仁美提兵撫輯之仁美謂石昌
鎮主和文顯曰此賊不除邊患未弭因厚設殽酒召酋長
二十八人縛送州獄自是諸族慴畏二年又與馬紹忠白
守榮田紹斌部芻糧趣清遠軍仁美爲先鋒至岐子平與
虜角走之明日又戰于浦洛河自巳至戌戰數十合進壁

乾河紹忠守榮皆敗走紹斌退止浦洛獨仁美所部不滿
三千身中八創護芻糧官吏直抵清遠紹斌繼至深歎其
勇幹表上其功時運糧民道路被傷者相繼仁美領徒援
護悉抵環州又遇虜於橐駝路擊走之先是諸蕃每貢馬
京師爲繼遷邀擊仁美領騎士爲援賊不敢犯補澶州龍
衛軍都虞候部署李繼隆奏留麾下選軍中伉健者千人
令仁美領之屢入敵境戰有功俄還澶州召見會令諸軍
射仁美自陳筋力未衰願對殿廷發二矢上許之既而前
奏曰臣老於戎門多戍外郡罕曾入覲京闕前後征行體
被三十餘創今日得對萬乘千載之幸儻或備員宿衛立

殿庭下一日足矣上顧傳潛而笑潛亦稱其武幹力留補馬步軍副都軍頭潛屯北面常以自隨契丹攻蒲陰仁美領萬騎解其圍又從王超屯鎮定儀渭界遷龍衛軍都指揮使領順州刺史復屯鎮定時州有亡命卒聚盜劉村閭爲患王超委仁美招捕仁美選勇敢卒詐亡命趣賊所得其要領即自往諭以禍福留賊中一日超怨失仁美求之甚急詰旦仁美至具道其事乃出庫錢付仁美爲賞不數日賊悉降凡得二百餘人以隸軍籍景德中從屯陳州入掌軍頭引見司大中祥符元年從駕泰山命檢視山下諸壇壝牲牢祭饌明年出爲磁州團練使知衛州俄改滄州部署移高陽關副部署八年擢爲龍神衛四廂都指揮領奬州防禦使遷捧日天武四廂都指揮使改領端州防禦使權京新城內都巡檢先是巡兵捕亡卒盜賊不獲皆有罰而獲者無賞仁美因差立賞格以聞詔從其請天禧三年卒

論曰繼忠臨陣赴敵以死自效其生也亦幸而免然在朔庭貴寵用事議者方之李陵而大節固已虧矣潛爲三路帥握兵八萬餘大敵在前逗撓畏縮致康保裔以無援戰沒此而不誅宋於是乎失刑矣與均華或由藩邸進或自行伍起一時際會出則書勳轅門入則拱扆巖陛求其如古名將則未之見也

列傳卷第三十八

開府儀同三司上柱國錄軍國重事前中書右丞相監修國史領經筵事都總裁臣脫脫等奉

敕修

田紹斌　王榮　楊瓊　錢守俊
徐興　王杲　李重誨　白守素
張思鈞　李琪　王延範

田紹斌汾州人仕河東劉鈞為佐聖軍使戍遼州周顯德四年領五十騎來歸鈞屠其父母家屬世宗召補驍武副指揮使宋初隨崔彥進征李筠攻大會砦破之以功遷龍捷指揮使又敗筠於澤州茶碾村筠退保澤州紹斌鑿濠圍守流矢中左目前軍部署韓令坤以其事聞及太祖召見于潞州紹斌殺晉軍監衆奪其鎧甲又從討李重進于揚州壁城南圍三日城潰斬首踰千級賜袍帶緡帛尋補馬軍副都軍頭龍衛指揮使下荊湖平嶺南率皆從行討蜀隸大將劉延讓麾下會全師雄冠神泉紹斌率所部敗其黨數千時漢劍道梗因賴以寧太祖遣使孫晏濟詔賜賚有加凡在蜀三歲剽盜殄除還改龍捷都虞候嘗盜官馬貿直盡償博進事發獄具有司引見講武殿紹斌稱死罪太祖知其驍勇欲宥之執於門外遣內

侍私謂之曰爾今死有餘責紹斌曰若恩貸臣死當盡節以報俄復引見釋之且密賜白金會征江南擇諸軍借事得五百人為步鬬軍令紹斌領之及率雲騎二千抵昇州城下克獲居多太祖親討河東命紹斌從何繼筠扼契丹兵于北百井奪賊鼓幟而還太平興國初擢龍衛軍指揮使領江州刺史二年梅山洞蠻叛命與翟守素分往擊之至邵州聞蠻酋符漢陽死去其居十里大潰其衆擒蠻二萬令軍中取利劍二百斬之餘五千遣歸諭諸洞自是其黨帖服太宗賜以金帛緡錢金帶鞍馬歷天武日騎軍指揮使改馬步都軍頭出戍鎮定高陽關曹彬之攻幽州也命為先鋒指揮數遇契丹兵鬬奪牛羊器甲師還召見便殿加領溪州團練使復遣屯北面端拱元年拜冀州防禦使尋改解州淳化中為河中同丹坊鄜延橫嶺蕃界都巡檢使會鄭文寶議城席雞城砦為清遠軍紹斌與文寶領其役城畢以文寶之請命為知軍事至道元年拜會州觀察使仍判解州俄充靈州馬步軍部署領徒入蕃討賊斬首二千級獲羊馬橐駝二萬計馬以給諸軍之闕者捷聞手詔嘉諭之數部金粟帛詣靈武清遠遠人讋服不擾未幾皇甫繼

明白守榮等督轉餉於靈州紹斌率兵援接抵鹹井賊踰三千餘來薄陣且行且鬬至耀德凡殺千人寇復尾後紹斌為方陣使被傷者居中自將騎三百步弩三百與敵兵确于浦洛河大敗之初守榮與紹斌為期既而繼明卒故後一日遂為賊所圍守榮等欲擊之紹斌曰蕃戎輕佻勿棄輜重與戰當按轡結陣徐行守榮等忿曰若但率兵來迎勿預吾事紹斌因率所部去輜重四五里繼遷初見紹斌旌旗不敢擊守榮等自欲邀功與戰賊先伏兵以羸騎挑戰已而伏發守榮等戰敗丁夫愕眙道蹂踐至死者衆紹斌

率所部徐還一無遺失至清遠與張延州會食見濠中人裸而呼曰我白守榮也縋引而上解衣遺之遣內侍馬從順驛聞太宗嘉之優詔褒美時命李繼隆范延召討繼遷就命紹斌為本州都部署兼內外都巡檢使繼隆以浦洛之敗上聞言紹斌握兵不顧自言靈武非我不能守欲圖方面有異志太宗怒曰此昔嘗背太原來投今又首鼠兩端真賊臣也即遣使捕繫詔獄鞫問貶右監門衛率府副率虢州安置真宗即位召還授右監門衛大將軍領叙州刺史尋改萊州防禦使詔還其所籍居第賜良馬十四調環

慶靈州清遠軍部署慶州有野雞族數為寇掠道路患之嘗有驍捷卒二十餘往邠州為其掠奪即馳告紹斌紹斌召其酋帥三人斷臂馘劓放還寇感而化帖服紹斌素勇悍與同職頗不叶轉運使宋太初每按部靈州清遠多貿市紹斌語發其私太初心銜之及還朝言紹斌之過尋赴召直其事咸平二年北面寇警復命為鎮定高陽關路押先鋒隸傅潛潛遣與石普並戍保州普陰與知州楊嗣議出兵擊討之及夜普嗣未還紹斌疑其敗衂即領兵援之普嗣果為賊所困度嚴涼河頗喪師衆及紹斌至即合兵疾戰

獲一百四十餘人以勞遷邢州觀察使潛屯中山紹斌三馳書於潛且言邊衆大至但列兵唐河南背城與戰慎無窮追潛性巽懦聞之益不敢出賊衆益熾焚刼城砦車駕駐大名召潛屬吏詞逮紹斌即遣使械繫下御史臺鞫問免官黜為左衛率府副率送往上都禁其出入五年授右千牛衛將軍致仕景德初起為左龍武軍將軍永城兵馬都監三年遷左監門衛大將軍帝以紹斌久失職不宜在衛要乃從考城都監太中祥符初領長州刺史從東封朝覲壇就班軍士建充庭旗旗倒壓紹斌仆地遽起無傷時紹斌

已老其壯健若此遷左領軍衛大將軍領康州團練
使肇縣都監二年卒年七十七紹斌長兵間習戰法
其後累以格鬬立功然性暴戾故屢被黜子守信為
内殿崇班閤門祗候
王榮定州人父洪嗣仕晉為本州十縣遊奕使榮少
有膂力事瀛州馬仁瑀為廝役太宗在藩邸得隸左
右即位補殿前指揮使稍遷本班都知員僚直都虞
候盜發棣州州兵不能捕榮往討擒之加御前忠佐
馬步軍都軍頭領懿州刺史坐受秦王廷美宴勞出
為濮州馬軍教練使未行馬仁瑀子告榮與秦王親

吏善因狂言我不久當得節帥坐削籍流海島雍熙
中召還為副軍頭端拱初改員寮左右直都虞候兼
都軍頭復領懿州刺史累遷龍衛都指揮使領羅州
團練使率兵戍邊城邊騎來寇擊敗之擒千餘人召
拜侍衛馬軍都虞候峰州觀察使出為定州行營都
部署榮麤率所為不中理侵取官地蒔蔬吝惜公錢
不以勞將士且母老不迎養供給甚薄太宗聞而怒
曰忠臣出於孝子之門榮事親若此竄逐之餘兇行
弗悛豈可復置左右效晉帝養成張彥澤耶即詔罷
督責授右驍衛大將軍寄班供奉官張明護定州兵

覩榮不法間嘗規正榮護短每疾其攻己在宅使王
斌亦監軍是州素與榮善意明搆榮之罪因撫明以
報怨下樞密院問狀皆不實上怒語左右曰張明起
賤微中以蹴鞠事朕潛邸小心見於輩流夫刑罰之
加必當其罪今王斌以榮故而曲奏明罪欲致刑憲
苟失其當適足以快榮之心而誣罔得以肆行矣且
榮凌轢同類事君與親鮮竭其力國家賞罰之柄非
所敢私將帥之職非裨校同朕豈黨張明而棄王榮
哉柰何不求直於理之當也遂賜勞明緡錢束帛榮
遷右羽林軍大將軍真宗即位領獎州刺史尋授濱

州防禦使遷涇原儀渭駐泊部署咸平二年車駕北
征召為貝冀行營副都部署師旋復還涇原明年援
送靈武芻糧疎於智略不嚴斥候至積石夜為蕃寇
所劫營部大亂衆亡殆盡法當誅恕死除名配均州
六年起為左衛將軍景德初權判左金吾街仗司事
上觀兵澶淵契丹游騎涉河冰抵濮州境命為黃河
南岸都巡檢使與鄭懷德自行在領龍衛兵追襲時
已詔滄州部署荊嗣先率所部屯淄青遣榮等合兵
邀擊之二年遷左神武軍大將軍領恩州刺史郊祀
改左龍武軍領達州團練使大中祥符中遷左衛大

將軍領昌州防禦使六年朝太清宮命為河南府駐
泊都監九年卒年七十官其一子榮善射嘗引強注
屋棟矢入木數寸時人目為王硬弓
楊瓊汾州西河人幼事馮繼業以材勇稱太宗召置
帳下即位隸御龍直三遷神勇指揮使從征太原以
勞補御龍直指揮使雍熙初改弩直都虞候兼御前
忠佐馬步都軍頭領顯州刺史淳化中李順叛蜀瓊
往夔峽擒賊招安領兵自峽上與賊遇累戰抵渝合
與尹元裴莊分路進討克資普二州雲安軍斬首數
千級詔書嘉獎遣使即軍中真拜單州刺史至道初

召還共職明年徙知覇州兼鈐轄未幾改防禦使靈
慶路副都部署河外都巡檢使賊累寇疆瓊固捍有
功導黃河溉民田數千頃敗賊於合河鎮北擒獲人
畜居多賊騎五百掠城下擊破之追北三十里並賜
詔嘉諭咸平二年命為涇原儀渭邠寧環慶清遠軍
靈州路副都部署尋徙鎮定高陽關三路押策先鋒
屯定州之北明年副王超為鎮州都部署再遷環慶
徙定州四年召還以鄜州觀察使充靈環十州軍副
都部署兼安撫副使嘗遣使諭旨賊若寇清遠及青
岡白馬砦即合兵與戰是秋果長圍清遠頃積石河

清遠屢走間使詣瓊請濟師瓊將悉出兵為援鈐轄
內園使馮守規都監崇儀使張繼能曰敵近重兵在
前繼無以進不可悉往乃止命副部署海州團練使
潘璘都監西京左藏庫劉文質率兵六千赴之且曰
伺我之緩至瓊逗遛不進頓慶州寇鼓兵攻南門其
子阿移攻北門堙壕斷橋以戰瓊遣鈐轄李讓嚮精
卒六百往援至則城陷矣賊泊青岡城下瓊與守規
繼能方緩行出師及聞清遠之敗益恇怯不前順州
刺史王環普謂瓊曰青岡地遠水泉非屯師計願棄
之瓊合謀焚芻糧兵仗驅老幼以出瓊卻師退保洪

德砦寇威浸熾未嘗交一鋒事聞于上傳召瓊輩悉
繫御史獄治罪當死兵部尚書張齊賢等議請如律
詔特貸命削官長流崖州繼能守規輩同坐籍其家
業明年移道州景德初起為右領軍衛將軍分司西
京累遷左領軍衛大將軍領賀州團練使知兗州有
州卒自言得神術能飛行空中州人頗惑瓊捕至折
其足奏戮之五年卒年六十七錄其子舜臣為奉職
長子舜賓內殿崇班閤門祗候
錢守俊濮州雷澤人少勇鷙嘗為盜陂澤中稱轉陂
鶻周顯德中應募為鐵騎卒早事太祖從征淮南戰

紫金山下壽春獲戰艦千餘艘繼從克關南宋初補禁衛隸散員直乾德中轉殿前班都知尋從征太原方戰矢中左足拔而復進格鬭不已還改東西班指揮使遷馬步軍副都軍頭太平興國四年命與張紹勍李神祐劉承珪率師屯定州以備北邊俄加領演州刺史移屯趙州又從征范陽師還道遇敵戰于徐河斬首千級奪馬百疋雍熙三年命將北征田重進出飛狐道守俊以偏師為援邊騎雲集守俊按甲從容進戰大敗之連護屯兵于趙定代還掌軍頭引見司淳化三年出為單州團練使又明年改遷齊州時

河西蕃部內擾命以副都部署鎮其地既而徙屯石州數改官時有言守俊病且老握重兵不堪其職召還授左領軍衛大將軍領潘州防禦使權金吾街仗大中祥符三年卒年八十一守俊累從軍征討前後中三十六創景德中錄其子允慶為奉職弟守信官崇儀副使守榮內園使

徐興青州人以拳勇得隸兵籍周顯德中從太祖征淮右宋初隸御龍直會平澤潞上其功補控鶴軍使征晉陽部卒壅汾水灌并州城益多其勞遷遷本軍副指揮使太平興國初從潘美趣團柏谷奮與賊鬬有果敢氣人莫能勝生擒偽兵馬都監李美身被重創無所回撓加指揮使太宗征太原討幽薊興從戰屢中流矢以著績聞補天武都虞候累遷秩出為洺州部署初議建方田命興董其事尋復轄端拱中脩鎮定城逾月訖工改莫州防禦使知靜戎軍歷祁博二州咸平中為涇原環慶十州部署詔督轉靈武芻糧道積石寨掠於寇興以步兵畏恧戰不利時王榮援兵不應遂敗走坐削籍流郢州會赦入為右衛將軍遷左監門衛大將軍景德二年卒年六十八

王杲齊州人周顯德中應募為卒從世宗收三關隸

先鋒宋初征澤潞平揚州杲應選從行既獲戰功乃揀遷散指揮使累轉馬軍副都軍頭屯并州雍熙中為龍衛右第二軍都虞候會遣趙保忠還夏州命杲引兵護送及還保忠以方物贐杲拒不納太宗知之詔賜白金百兩遷右第一軍屯鎮州契丹入寇隸大將郭守文扞城杲守北關寇退命督餉粟趣威虜軍還抵徐河時尹繼倫與寇戰小衂杲適遇賊河上即按兵拒之殺賊奪所乘馬守文上聞得召見問狀補部軍頭領勤州刺史命監河北有能聲尋命閱教定州諸軍騎射入掌軍頭司引見司李順亂與尹元並

為西川招安使敗賊斬首萬級以功真拜唐州刺史時賊雖平道路尚梗餘黨或保山林以肆姦杲與石普等追捕於彭州於是始平至道初乃還復遷靈州副部署道環州留改并州徙知夏州會趙保吉歸款召還次伏落津移知石州徙石隰副部署未幾以轉餉河西失期降右千牛衛大將軍咸平五年出為亳州永城縣都監被召將入見以疾亟弗果卒年六十四

李重誨應州金城人祖高後唐莊宅使獎州刺史父彥榮仕契丹署環州刺史重誨嘗為其應州馬步軍

都指揮使太平興國五年潘美出師禦寇重誨從其節度使蕭咄李迎戰于代州北嶺大敗美斬咄李擒重誨以獻太宗召見補鄧州馬步軍都指揮使會趙普出鎮奏監州軍雍熙三年召還為武州刺史出為忻州都巡檢緣邊十八砦招安制置使賜服帶鞍馬北兵寇邊重誨以所部邀戰敗之獲羊馬鎧甲甚衆賜詔嘉美會嶺蠻叛改廣桂融宜柳州招安捉賊使聽便宜從事至道初累遷涇原儀渭鎮戎軍鈐轄咸平三年徙邠寧環慶路坐轉餉靈武不嚴斥候至積石為虜騎掠於道營部大亂除名流光州五年起為

內殿崇班鄜延駐泊都監俄遷崇儀使景德中趙德明既納款或言以麟府謀有他志上以涇原地要兵衆慮有緩急遂徙重誨為鈐轄復遷益州改皇城使大中祥符六年卒年六十八重誨純愨寡過真宗悼其沒於遠土命其子秉傳往護柩歸聽止驛舍之別次子禹謨錄為將作監主簿弟重贇歷官澄州團練使子禹偁閤門祗候

白守素開封人祖延遇仕周至鎮國軍節度父廷訓宋初為龍捷都指揮使領博州刺史守素以蔭補東班承旨太平興國五年遷補右班殿直以善射授供奉

官帶御器械三遷至供備庫使咸平三年春契丹犯邊命與王能戍邢州俄又與麥守恩石贇領先鋒禦之敵退復與荊嗣督河北京東捕賊四年命為鎮州行營鈐轄領騎兵攝大陣西偏屢當格鬬俄改定州鈐轄復徙鎮州王繼忠之陷也宋師還度河敵人乘之守素據橋有失數百每發必中敵不敢近遂引去真宗與輔臣議三路禦賊咸曰威虜扼北道要害尤甚請分騎兵六千屯之命魏能為部署上曰能頗強愎尤難共事聞守素久練邊計張鋹性頗和善衆知戎務庶克相濟乃命守素鋹為鈐轄戍順安以貳之

景德元年契丹侵長城口守素與能發兵破之追北
過陽山斬首級獲鎧械甚衆賜錦袍金帶俄徙屯冀
州轉運使劉綜舉其智勇材任將帥加領康州刺史
又提騎卒戍靜戎軍兼沿邊營田之役俄爲鎮定鈐轄
是冬契丹復內侵守素敗其前鋒獲車重又入敵境
俘擒甚衆及請和省邊戍之職與曹璨留任鎮定追
敘前勞加合州團練使大中祥符三年命副李迪使
契丹守素居邊歲久名聞北庭頗畏伏之上慮其不
欲行密遣內侍詢於守素守素頓首感咽即以崔可
道代焉再遷南作坊使大中祥符五年卒上甚惜之

常贈外别賚錢五十萬令護喪還京師錄其一子官
張思鈞邢州沙河人祖中正漢澤州刺史思鈞少善
擊劍挽强善博奕初應募爲卒晉開運間遷廣銳軍
使周廣順初從聶知遇攻河東破其衆三千餘從向
訓東征爲捉生將擒小校張萬子江褚嶺又從符彥
卿與并人鬬代州留爲南北兩關巡檢宋初補龍衛
指揮使李繼勳下遼州戰帶甲衵斬首萬餘級追奔
至長城擒其將莫山鮑溆掠人騎二百餘俄屯潞州
合戰三十餘乾德中以勞秩遷都虞候開寶三年郭
進田欽祚戍三交嘗從戰於石嶺關斬首萬五千餘
級閤門祗候齊延琛苗昌永陷軍中思鈞鼓勁騎突入
奪還何繼筠入晉境思鈞隸麾下拔南橋徑度大將
之出必辟爲先鋒太平興國初屯定州領兵援磁窰
戰敗其衆身中五十創奮不顧乃逐賊薄軍城奪馬
及鎧甲居多未幾邊人復攻逆戰城下斬首萬餘級
上嘉之命賜服帶領河州刺史雍熙三年邊人寇河
間劉廷讓會戰君子館命思鈞翼從時天大寒弓不
得彀援兵不至於是敗績陷留軍中數年役役不得
還端拱初自契丹始逃歸授澄州刺史知齊州思鈞
以武進素不知民政僅踰月即徙濮鄆濱棣州巡檢

至道中改鄜延巡檢使會葦右堡砦石擊寇走之未幾
寇逼保安軍與曹璨往援追躡五十餘里至木場寇
乃遁去真宗即位徙益州鈐轄兼綿漢九州都巡檢
使咸平中以王鈞之亂出兵保綿州賊陷漢州思鈞
進攻克之斬僞刺史苗進又與石普敗賊彌牟砦巴
西尉傅翙有善馬思鈞求之翙不與思鈞平賊恃
功居多召翙至責以轉餉後期斬之上聞其事傳召
付御史臺鞫治罪當斬特貸之削籍流封州六年起
爲左司禦率府率考城監軍車駕幸澶淵召詣行在
命李繼隆石保吉同議兵事賜服御有加景德二年

為西京水北都巡檢使俄分司西京召對行在上憫其老授唐州防禦副使徙鄭州大中祥符二年再遷左千牛衛將軍四年七月卒年八十九子承恩為三班奉職思鈞起行伍從征討稍有功貌狀小而精悍太宗嘗稱其樓羅自是人目為小樓羅焉

李琪河南伊闕人幼生長兵家得給事宣祖左右太祖以材力稱進備執御及受禪命補鎮職太宗在京府復令事之由是累遷効忠都虞候開封府馬步軍副都指揮使領富州刺史嘗請對自言經事太祖而京師無居宅太宗以官第假之琪性素鄙歷事三朝

而行不加脩每分遣士卒守護關梁必覘其賂遺視所厚薄為重輕太宗知之遂改授屯衛大將軍領郡如故乃顧曰吾欲置琪於無過之地爾加左武衛大將軍景德中以老且病表求五日一赴起居俄為臺諫所糾令赴常參真宗念其舊特賜給月奉以養大中祥符元年卒年八十四

王延範江陵人形貌奇偉喜任俠家富於財父保義為荊南高氏行軍司馬兼領武泰軍留後高從誨奏署延範太子舍人後隨從誨孫繼冲入覲薦為大理寺丞知泰州累遷司門員外郎太平興國九年為廣南轉運使性豪率尚氣尤好術數嘗通判梓州有杜先生以左道惑衆謂延範曰汝意有所之我常陰為之助延範心喜敢為恣橫後為江南轉運使有劉昂賣卜於吉州市其言多驗謂延範曰公當偏霸一方又有徐肇為延範推九宮筭法得八少一筆驚起曰君侯大貴不可言當如江南李國主前戎城主簿田辯自言善相謂延範曰君是坐天王形頻伽眼仙人鼻雌龍耳虎望有大威德猛烈富貴之相也即日當乘四門輦至是有豹入其公宇噬傷數吏從者皆恐慄不敢進延範獨挺戟前逐刺殺之益以此自負與廣

州掌務殿直趙延貴將作監丞雷說會宿觀天象延貴指西方一大星曰此所謂火星入南斗天子下殿走者也雷說出星經證之乃太白行度經南斗延貴謬為火星也延範日夕與掌市舶陸坦議欲發兵會坦代歸延範寓書左拾遺韋務昇為隱語偵朝廷機事延範奴視僚屬峻刑多怨會懷勇小將張霸給使轉運司延範因事杖之霸知延範與知廣州徐休復不協詣休復告延範將謀不軌及諸不法事休復馳奏之太宗遣高品閻承翰乘傳會轉運副使李琯暨休復雜治延範具伏與昂辯坦俱斬廣州市籍沒延

範家務昇除名配商州延貴等皆抵罪賜霸錢十萬

論曰紹斌從征討凡踰百戰未嘗以為憚屢被廢斥未嘗以為慊太祖宥盜馬罪引見賜予屈法使過用能致其力也榮薄事親下詔暨過瓊折州卒足以釋妖惑王杲辭贓于夏思鈞拔身自歸當斬而貸琪以鄙稱守俊興輦以勇得備給使守素久練邊計人頗畏伏重誨雖將畧不足亦有可稱大抵武夫悍卒不能無過而亦各有所長略其過而用其長皆足以集事至於一勝一負兵家常勢顧其大節何如耳若榮也薄其所生大節虧矣屢以罪黜宜哉

列傳卷第三十九

列傳卷第四十　宋史二百八十一

開府儀同三司上柱國録軍國重事前中書右丞相監修國史領經筵事都總裁臣脫脫等奉敕修

呂端　畢士安 子仲衍 仲游　寇準

呂端字易直幽州安次人父琦晉兵部侍郎端少敏悟好學以蔭補千牛備身歷國子主簿太僕寺丞秘書郎直弘文館換著作佐郎直史館太祖即位遷太常丞知浚儀縣同判定州開寶中西上閤門使郝崇信使契丹以端假太常少卿為副八年知洪州未上改司門員外郎知成都府賜金紫為政清簡遠人便

之會秦王廷美尹京召拜考功員外郎充開封府判官太宗征河東廷美將有居留之命端白廷美曰主上櫛風沐雨以申弔伐王地處親賢當表率扈從今主留務非所宜也廷美由是懇請從行尋坐王府親吏請托執事者違詔市竹木貶商州司戶參軍移汝州復為太常丞判寺事出知蔡州以善政吏民列奏借留改祠部員外郎知開封縣遷考功員外郎兼侍御史知雜事使高麗暴風折檣舟人怖恐端讀書若在齋閤時遷戶部郎中判太常寺兼禮院選為大理少卿俄拜右諫議大夫許王元僖尹開封又為判官

王薨有發其陰事者坐裨賛無狀遣御史武元頴内
侍王繼恩就鞫于府端方決事徐起候之二使曰有
詔推君端神色自若顧從者曰取帽來二使曰何遽
至此端曰天子有制問即罪人矣安可在堂上對制
使即下堂隨問而答左遷衞尉少卿會置考課院群
官有負譴寘散秩者引對皆泣涕以飢寒為請至端
即奏曰臣前佐秦邸以不撿府吏謫掾商州陛下復
擢官籍辱用今許王暴薨臣輔佐無狀陛下又不重
譴俾亞少列臣罪大而幸深矣今有司進退善否苟
得頴州副使臣之願也太宗曰朕自知卿無何復舊

官為樞密直學士踰月拜參知政事時趙普在中書
嘗曰吾觀呂公奏事得嘉賞未嘗喜遇抑挫未嘗懼
亦不形于言真台輔之器也歲餘左諫議大夫寇準
亦拜參知政事端請居準下太宗即以端為左諫議
大夫立準上每獨召便殿語必移晷擢拜戶部侍郎
平章事時呂蒙正為相太宗欲相端或曰端為人糊
塗太宗曰端小事糊塗大事不糊塗決意相之會曲
宴後苑太宗作釣魚詩有云欲餌金鉤深未達磻溪
須問釣魚人意以屬端後數日罷蒙正而相端焉初
端兄餘慶建隆中以藩府舊僚參預大政端復居相

位時論榮之端歷官僅四十年至是驟被獎擢太宗
猶恨任用之晚端為相持重識大體以清簡為務慮
與寇準同列先居相位恐準不平乃請參知政事與
宰相分日押班知印同升政事堂太宗從之時同列
奏對多有異議惟端罕所建明一日内出手札戒諭
自今中書事必經呂端詳酌乃得聞奏端愈謙讓不
自當初李繼遷擾西鄙保安軍奏獲其母至是太宗
欲誅之以寇準居樞密副使獨召與謀準退過相幕
端疑謀大事邀謂準曰上戒君勿言於端乎準曰否
端曰邊鄙常事端不必與知若軍國大計端備位宰

相不可不知也準遂告其故端曰何以處之準曰欲
斬於保安軍北門外以戒凶逆端曰必若此非計之
得也願少緩之端將覆奏入曰昔項羽得太公欲烹
之高祖曰願分我一杯羹夫舉大事不顧其親況繼
遷悖逆之人乎陛下今日殺之明日繼遷可擒乎若
其不然徒結怨讎愈堅其叛心爾太宗曰然則何如
端曰以臣之愚宜置於延州使善養視之以招來繼
遷雖不能即降終可以繫其心而母死生之命在我
矣太宗撫髀稱善曰微卿幾誤我事即用其策其母
後病死延州繼遷尋亦死繼遷子竟納款請命端之

力也進門下侍郎兼兵部尚書太宗不豫真宗爲皇太子端日與太子問起居及疾大漸内侍王繼恩忌太子英明陰與參知政事李昌齡殿前都指揮使李繼勳知制誥胡旦謀立故楚王元佐太宗崩李皇后命繼恩召端端知有變鎖繼恩於閣内使人守之而入皇后曰宮車已晏駕立嗣以長順也今將如何端曰先帝立太子正爲今日今始棄天下豈可遽違命有異議邪乃奉太子至福寧庭中真宗既立垂簾引見群臣端平立殿下不拜請卷簾升殿審視然後降階率群臣拜呼萬歲以繼勳爲使相赴陳州貶昌齡

忠武軍司馬繼恩右監門衛將軍均州安置旦除名流潯州籍其家貲真宗每見輔臣入對惟於端肅然拱揖不以名呼又以端軀體洪大宮庭階陛稍峻特令梓人爲納陛嘗召對便殿訪軍國大事經久之制端陳當世急務皆有條理真宗嘉納加右僕射監修國史明年夏被疾詔免常參就中書視事上疏求解不許十月以太子太保罷在告三百日有司言當罷奉詔賜如故車駕臨問端不能興撫慰甚至卒年六十六贈司空謚正惠追封妻李氏涇國夫人以其子藩爲太子中舍荀大理評事蔚千牛備身鵠殿中省

進馬端姿儀瓌秀有器量寬厚多恕善談諧意豁如也雖屢經擯退未嘗以得喪介懷善與人交輕財好施未嘗問家事李惟清自知樞密改御史中丞意端抑已及端免朝謁乃彈奏常參官疾告逾年受奉者又構人訟堂吏過失欲以中端端曰吾直道而行無所愧畏風波之言不足慮也端祖兗嘗事滄州節度劉守文爲判官守文之亂兗舉族被害時父琦方幼同郡趙玉冒鋒刃紿監者曰此予之弟非呂氏子也遂得免玉子文度爲耀帥文度孫紹宗十餘歲端視如已子表薦賜出身故相馮道鄉里世舊道子正之

病廢端分奉給之端兩使絶域其國敬重之後有使往者每問端爲宰相否其名顯如此景德二年真宗聞端後嗣不振又錄蔚爲奉禮郎藩後病足不任朝謁請告累年有司奏罷其奉真宗特令復舊官分司西京給奉家居養病端不蓄貲産藩兄弟貧匱又迫婚嫁因質其居第真宗時出内府錢五百萬贖還之又別賜金帛俾償宿負遣使檢校家事藩荀皆至國子博士蔚至太子中舍

畢士安字仁叟代州雲中人曾祖宗昱本縣令祖球本州別駕父乂林累辟使府終觀城令因家焉士安少好

學事繼母祝氏以孝聞祝氏曰學必求良師友乃與如
宋又如鄭得楊璞韓丕劉錫爲友因爲鄭人乾德四年
舉進士邠師楊廷璋辟幕府掌書奏開寶四年歷濟州
團練推官專掌榷酤課增羨改兖州觀察推官太平
興國初爲大理寺丞領三門發運事吳越錢俶納土選
知台州言錢氏上圖籍有司皆張侈賦數今湖海新民
始得天子命吏宜有安輯願一用舊籍詔從之明年遷
左贊善大夫從饒州改殿中丞召還爲監察御史復出
知乾州以母老願降任就養改監汝州稻田務雍熙二
年諸王出閤慎擇僚屬以虞部郎中王龜從兼陳王

府記室參軍水部員外郎王素兼韓王府記室參軍
祕書丞張茂直兼益王府記室參軍士安遷左拾遺
兼冀王府記室參軍太宗召謂曰諸子生長宮庭未
閑外事年漸成人必資良士贊導使日聞忠孝之道
卿等勉之賜襲衣銀帶鞍勒馬士安本名士元以元
犯王諱遂改焉遷考功員外郎端拱中詔王府僚屬
各獻所著文太宗閱視累日問近臣曰其才已見矣
其行孰優或以士安對上曰正協朕意俄以本官知
制誥王請對願留府邸不許淳化二年召入翰林爲
學士大臣以張洎薦太宗曰洎視畢士安詞藝踐歷

固不減但履行遠在下爾士安以父名乂林抗章引
避朝議謂二名不偏諱不聽三年與蘇易簡同知貢
舉加主客郎中以疾請外改右諫議大夫知潁州真
宗以壽王尹開封府召爲判官及爲皇太子以兼右
庶子遷給事中登位命權知開封府事拜工部侍郎
樞密直學士時近臣有怙勢強取民間定婚女其家
訴於府士安因對奏還之宮府常從爲廷職者每授
任於外必令士安戒勗咸平初辭府職拜禮部侍郎
復爲翰林學士詔選官校勘三國志晉唐書或有言
兩晉事多鄙惡不可流行者真宗以語宰相士安曰

惡以戒世善以勸後善惡之事春秋備載真宗然之
遂命刊刻士安以目疾求解改兵部侍郎出知潞州
特加月給之數入爲翰林侍讀學士景德初兼祕書
監契丹謀入境士安首疏五事應詔陳選將餉兵理
財之策真宗嘉納李沆卒進士安吏部侍郎參知政
事入謝真宗曰未也行且相卿士安頓首真宗曰朕
倚卿以輔相豈特今日然時方多事求與卿同進者
其誰可對曰宰相者必有其器乃可居其位臣駑朽
實不足以勝任寇準兼資忠義善斷大事此宰相才
也真宗曰聞其好剛使氣又對曰準方正慷慨有大

節忘身徇國秉道疾邪此其素所蓄積朝臣罕出其
右者第不爲流俗所喜今天下之民雖蒙休德涵養
安佚而西北跳梁爲邊境患若準者正所宜用也真
宗曰然當藉卿宿德鎮之未閲月以本官與準同拜
平章事士安兼監脩國史居準上準爲相守正嫉惡
小人日思所以傾之有布衣申宗古告準交通安王
元傑準皇恐莫知所自明士安力辯其誣下宗古吏
具得姦罔斬之準乃安景德元年九月契丹統軍撻
覧引兵分掠威虜順安北平侵保州攻定武數爲諸
軍所却益東駐陽城淀遂攻高陽不得逞轉窺貝冀
天雄兵號二十萬真宗坐便殿問策安出士安與寇
準條所以禦備狀又合議請真宗幸澶淵士安言澶
淵之行當在仲冬準謂當亟往不可緩卒用士安議
初咸平六年雲州觀察使王繼忠戰陷契丹至是爲
契丹奏請議和大臣莫敢如何獨士安以爲可信力
贊真宗當羈縻不絶漸許其成真宗謂敵悍如此恐
不可保士安曰臣嘗得契丹降人言其雖深入屢挫
不甚得志■陰欲引去而耻無名且彼寧不畏人乘
虚覆其巢穴此請殆不妄繼忠之奏臣請任之真宗
喜手詔繼忠許其請和時已詔巡幸而議者猶閧閧

二三大臣有進金陵及成都圖者士安亟同準請對
力陳其不可惟堅定前計真宗嚴兵將行太白晝見
流星出上台北貫斗魁或言兵未宜北或言大臣應
之士安適卧疾移書準曰屢請寢疾從行手詔不許
今大計已定唯君勉之士安得以身當星變而就國
事心所願也已而少間追至澶淵見于行在時已聚
兵數十萬契丹大震猶乘衆掠德清至澶北鄙爲伏
弩發射撻覧死衆潰遁去會曹利用自契丹使還具
得要領又與其使者姚東之俱來講和之議遂定歲
遺契丹銀絹三十萬朝論皆以爲過士安曰不如此
契丹所顧不重和事恐不能久及罷兵從還乃按邊
要選良守將易置之雄州以李允則定州馬知節鎮
州孫全照保州楊延昭它所擇用各得其任令塞上
得境外牛馬類者悉還之通互市除鐵禁招流亡廣
儲蓄未幾夏州趙德明亦款塞內附二方既定中外
畧安量時制法次第施行復置賢良方正直言極諫
等科以廣取士二年章七八上以病求免優詔不允
遣使敦諭不得已復起視事十月晨朝至崇政殿廬
疾暴作真宗步出臨視已不能言詔内侍竇神寶以
肩輿送歸第卒年六十八車駕臨哭廢朝五日贈太

傅中書令諡文簡以皇城使衛紹欽治塋有司給鹵簿錄其子世長爲太子中舍慶長爲大理寺丞孫從古爲將作監主簿士安端方沉雅有清識醞藉美風采善談吐所至以嚴正稱年耆目眊讀書不輟手自讎校或親繕寫又精意詞翰有文集三十卷嘗謂人曰僕仕官無赫赫之譽但力自規檢庶幾寡過爾凡交游無黨援唯王祐呂端見引重王旦寇準楊億相友善王禹偁陳彭年皆門人也禹偁濟州人幼時以事至士安官舍士安識其非常童留之教以學學業日顯後遂登科進用更在士安前及士安知制誥其

命乃禹偁詞也士安沒後真宗謂寇準等曰畢士安善人也事朕南府東宮以至輔相飭躬慎行有古人之風遽此淪沒深可悼惜及王旦爲相面奏陛下前稱畢士安清慎如古人在位聞之感歎仕至輔相而四方無田園居第沒未終喪家用已屈真不負陛下所知然使其家假貸爲生宜有以周之者竊謂當出上恩非臣敢爲私惠真宗感歎賜白金五千兩子世長至衛尉卿慶長至大府卿孫從善光祿少卿從古駕部郎中從厚從誨檢校水部員外郎從簡博羅令從道殿中丞從範山南西道節度推官從益太常寺

太祝從周朝散郎知洋州曾孫仲達仲偃仕至郡守仲衍仲游仲愈

仲衍字夷仲以蔭爲陽翟主簿張昪縣人也方鎮許請於朝欲興鄉校既具材計工又聽民自以其力輸助邑子馬宏以口舌橫閭里謾謂諸豪曰張公興學而縣令乃因以取諸民由十百而至千萬未已也君將不堪誠捐百金予我我能止役豪信其能予百金宏即詣府宣言縣吏盡私爲學之費又將賦於民昪果疑焉敕縣且止又揭其事於道令欲上疏辯仲衍曰亡益也不如取宏治之不辯自直矣會攝縣事即

逮捕驗治五日得其姦言于昪流宏鄧州一縣相賀給事中張問居里中謂仲衍曰詩云鋤一惡長十善君之謂也舉進士中第調沈丘令歐陽脩呂公著薦之入司農爲主簿升丞吳充引爲中書檢正奉使契丹宴射連破的衆驚異之且偉其姿容密使人取其衣爲度製服以賜時預其元會盡能記其朝儀節奏圖畫歸獻後錢勰出使契丹主猶問畢少卿何官令安在王珪與充不相能以仲衍爲充所用數求罪過欲傷之卒無可乘但留滯不遷經四年乃以祕閣校理同知太常禮院爲官制局檢討官制文字千萬計

區別分類損益刪補皆曲盡其當凡從中問其事必須仲衍然後報他人不知也撰中書備對三十卷士大夫家爭傳其書高麗使入貢詔館之上元夕與使者宴東闕下作詩誦聖德神宗次韻賜焉當時以爲寵官制行帝自擢起居郎王珪留除命謂爲太峻爭於前帝連稱曰是當得爾未幾暴得疾一夕卒年四十三帝遣中使唁其家賻錢五十萬

仲游字公叔與仲衍同登第調壽丘柘城主簿羅山令環慶轉運司幹辦公事從高遵裕西征運期迫遽陝西八十縣餽輓之夫三十萬一旦悉集轉運使范

純粹李察度受其賦而給之食必曠日乃可會僚屬議皆不知所爲以諉仲游仲游集諸縣吏令先効金帛緡錢之最戒勿啓鐍共簿其名數以爲質預飭其斛量數千洞撤倉庾牆壁使贏糧者至其所人自槩縣輸其半而以半自給不終朝霍然而散明日大軍遂行純粹察歎且謝曰非君幾敗吾事元祐初爲軍器衛尉丞召試學士院同策問者九人乃黃庭堅張耒晁補之輩蘇軾異其文擢爲第一加集賢校理開封府推官出提點河東路刑獄韓縝以故相在太原按視如列郡縝奴告有卒剽其衣於公堂之側縝怒將寘卒於理仲游曰奴衣服甚薄而敢掠之於帥牙非人情也取以付獄治卒得免太原銅器名天下獨不市一物懼人以爲矯也且行買二茶匕而去縝曰如公叔可謂貞清矣召拜職方司勳二員外郎改祕閣校理知耀州是歲大旱仲游先民之未飢揭喻境內曰郡振施與平糶若干萬碩實虛張其數富室知有備亦相勸發廩凡民就食者十七萬九千口無一人去其鄉徽宗時歷知鄭郢二州京南淮南轉運副使入爲吏部郎中言孔子廟自顏回以降皆冑命於朝冠冕居正而子鯉孫伋乃野服幅巾以祭爲不

稱詔皆追侯之仲游早受知於司馬光呂公著不及用范純仁尤知之當國時又適居母喪故未嘗得尺寸進然亦墮黨籍坎壈散秩而終年七十五仲游爲文切於事理而有根柢不爲浮誇詭誕戲弄不莊之語蘇軾在館閣頗以言語文章規切時政仲游憂其及禍貽書戒之曰孟軻不得已而後辯孔子欲無言古人所以精謀極慮固功業而養壽命者未嘗不出乎此君自立朝以來禍福利害繫身者未嘗言顧直惜其言爾夫言語之累不特出口者爲言其形於詩歌贊于賦頌託于碑銘著于序記者亦語言也今知

畏於口而未畏於文是其所是則見是者喜非其所非則蒙非者慾喜者未能濟君之謀而慾者或已敗君之事矣天下論君之文如孫臏之用兵扁鵲之醫疾固所指名者矣雖無是非之言猶有是非之疑又況其有耶官非諫臣職非御史而非是人所未是危身觸諱以游其間殆猶抱石而救溺也司馬光為政反王安石所為仲游予之書曰昔安石以興作之說動先帝而患財之不足也故凡政之可以得民財者無不用蓋散青苗置市易斂役錢變鹽法者事也而欲興作患不足者情也苟未能杜其興作之情而徒

欲禁其散斂變置之事是以百說而百不行今遂廢青苗罷市易蠲役錢去鹽法凡號為利而傷民者一掃而更之則向來用事於新法者必不喜矣不喜之人必不但曰青苗不可廢市易不可罷役錢不可蠲鹽法不可去必操不足之情言不足之事以動上意雖致石人而使聽之猶將動也如是則廢者可復散罷者可復置蠲者可復斂去者可復存矣則不足之情可不預治哉為今之策當大舉天下之計深明出入之數以諸路所積之錢粟一歸地官使經費可支二十年之用數年之間又將十倍於今日使天子曉

然知天下之餘於財也則不足之論不得陳於前然後所論新法者始可永罷而不可行矣昔安石之居位也中外莫非其人故其法能行今欲救前日之敝而左右侍職司使者十有七八皆安石之徒雖起二三舊臣用六七君子然累百之中存其十數烏在其勢之可為也勢未可為而欲為之則青苗雖廢將復散況未廢乎市易雖罷且復置況未罷乎役錢鹽法亦莫不然以此救前日之敝如人久病而少間其父子兄弟喜見顏色而未敢賀者以其病之猶在也光軾得書聳然竟如其慮仲愈歷國子監丞諸王府侍

講知鳳翔府坐兄仲游陷黨籍例廢黜徽宗曰畢仲衍被遇先帝可除罪籍以仲愈為都官郎中擢秘書少監卒

寇準字平仲華州下邽人也父相晉開運中應辟為魏王府記室參軍準少英邁通春秋三傳年十九舉進士太宗取人多臨軒顧問年少者往往罷去或教準增年答曰準方進取可欺君邪後中第授大理評事知歸州巴東大名府成安縣每期會賦役未嘗輒出符移唯具鄉里姓名揭縣門百姓莫敢後期累遷殿中丞通判鄆州召試學士院授右正言直史館為

三司度支推官轉鹽鐵判官會詔百官言事而準極陳利害帝益器重之擢尚書虞部郎中樞密院直學士判吏部東銓嘗奏事殿中語不合帝怒起準輒引帝衣令帝復坐事決乃退上由是嘉之曰朕得寇準猶文皇之得魏徵也淳化二年春大旱太宗延近臣問時政得失衆以天數對準對曰洪範天人之際應若影響大旱之證蓋刑有所不平也太宗怒起入禁中頃之召準問所以不平狀準曰願召二府至臣即言之有詔召二府入準乃言曰頃者祖吉王淮皆侮法受賕吉贓少乃伏誅淮以參政沔之弟盜主守財至千萬止杖仍復其官非不平而何太宗以問沔沔頓首謝於是切責沔而知準為可用矣即拜準左諫議大夫樞密副使改同知院事準與知院張遜數爭事上前他日與溫仲舒偕行道逢狂人迎馬呼萬歲判左金吾王賓與遜雅相善遜嗾上其事準引仲舒為證遜令賓獨奏其辭頗厲且互斥其短帝怒謫遜準亦罷知青州帝顧準厚既行念之常不樂語左右曰寇準在青州樂乎對曰準得善藩當不苦也數日輒復問左右揣帝意且復召用準因對曰陛下思準不少忘聞準日縱酒未知亦念陛下乎帝默然明年

召拜參知政事自唐末蕃戶有居渭南者溫仲舒知秦州驅之渭北立堡柵以限其往來太宗覽奏不懌曰古羌戎尚雜處伊洛彼蕃夷易動難安一有調發將重困吾關中矣準言唐宋璟不賞邊功卒致開元太平疆埸之臣邀功以稔禍深可戒也帝因命準使渭北安撫族帳而徙仲舒鳳翔至道元年加給事中時太宗在位久馮拯等上疏乞立儲貳帝怒斥之嶺南中外無敢言者準初自青州召還入見帝足創甚自褰衣以示準且曰卿來何緩耶準對曰臣非召不得至京師帝曰朕諸子孰可以付神器者準曰陛下為天下擇君謀及婦人中官不可也謀及近臣不可也唯陛下擇所以副天下望者帝俛首久之屏左右曰襄王可乎準曰知子莫若父聖慮既以為可願即決定帝遂以襄王為開封尹改封壽王於是立為皇太子廟見還京師之人擁道喜躍曰少年天子也帝聞之不懌召準謂曰人心遽屬太子欲置我何地準再拜賀曰此社稷之福也帝入語后嬪宮中皆前賀復出延準飲極醉而罷二年祠南郊中外官皆進秩準素所喜者多得臺省清要官所惡不及知者退序進之彭惟節位素居馮拯下拯轉虞部員外郎惟節

轉屯田員外郎章奏列銜惟節猶處其下準怒堂帖戒拯毋亂朝制拯憤極陳準擅權又條上嶺南官吏除拜不平數事廣東轉運使康戩亦言呂端張洎李昌齡皆準所引端德之洎能曲奉準而昌齡畏愞不敢與準抗故得以任胸臆亂經制太宗怒準適祀太廟攝事召責端等端曰準性剛自任臣等不欲數爭慮傷國體因再拜請罪及準入對帝語及馮拯事自辯帝曰若廷辯失執政體準猶力爭不已又持中書簿論曲直於帝前帝益不悅因歎曰鼠雀尚知人意況人乎遂罷準知鄧州真宗即位遷尚書工部侍郎

咸平初徙河陽改同州三年朝京師行次閿鄉又徙鳳翔府帝幸大名詔赴行在所遷刑部權知開封府六年遷兵部為三司使時合鹽鐵度支戶部為一使真宗命準裁定遂以六判官分掌之繁簡始適中帝久欲相準患其剛直難獨任景德元年以畢士安參知政事踰月並命同中書門下平章事準以集賢殿大學士位士安下是時契丹內寇縱游騎掠深祁間小不利輒引去徜徉無鬬意準曰是狃我也請練師命將簡驍銳據要害以備之是冬契丹果大入急書一夕凡五至準不發飲笑自如明日同列以聞帝大

駭以問準準曰陛下欲了此不過五日爾因請帝幸澶州同列懼欲退準止之令候駕起帝難之欲還內準曰陛下入則臣不得見大事去矣請毋還而行帝乃議親征召群臣問方畧既而契丹圍瀛州直犯貝魏中外震駭參知政事王欽若江南人也請幸金陵陳堯叟蜀人也請幸成都帝問準準心知二人謀乃陽若不知曰誰為陛下畫此策者罪可誅也今陛下神武將臣協和若大駕親征賊自當遁去不然出奇以撓其謀堅守以老其師勞佚之勢我得勝筭矣柰何棄廟社欲幸楚蜀遠地所在人心崩潰賊乘勢深

入天下可復保邪遂請帝幸澶州及至南城契丹兵方盛衆請駐蹕以覘軍勢準固請曰陛下不過河則人心益危敵氣未懾非所以取威決勝也且王超領勁兵屯中山以扼其亢李繼隆石保吉分大陣以扼其左右肘四方征鎮赴援者日至何疑而不進衆議皆懼準力爭之不決出遇高瓊於屏間謂曰太尉受國恩今日有以報乎對曰瓊武人願效死準復入對瓊隨立庭下準厲聲曰陛下不以臣言為然盍試問瓊等瓊即仰奏曰寇準言是準曰機不可失宜趣駕瓊即麾衛士進輦帝遂渡河御北城門樓遠近望見

御蓋踴躍懽呼聲聞數十里契丹相視驚愕不能成列帝盡以軍事委準準承制專決號令明肅士卒喜悅敵數千騎乘勝薄城下詔士卒迎擊斬獲太半乃引去上還行宮留準居城上徐使人視準何為準方與楊億飲博歌謔懽呼帝喜曰準如此吾復何憂相持十餘日其統軍撻覽出督戰時威虎軍頭張瓌守床子弩弩撼機發矢中撻覽額撻覽死乃密奉書請盟準不從而使者來請益堅帝將許之準欲邀使稱臣且獻幽州地帝厭兵欲羈縻不絕而已有譖準幸兵以自取重者準不得已許之帝遣曹利用如軍中

議歲幣曰百萬以下皆可許也準召利用至幄語曰雖有敕汝所許毋過三十萬過三十萬吾斬汝矣利用至軍果以三十萬成約而還河北罷兵準之力也準在相位用人不以次同列頗不悅它日又除官同列因吏持例簿以進準曰宰相所以進賢退不肖也若用例一吏職爾二年加中書侍郎兼工部尚書準頗自矜澶淵之功雖帝亦以此待準甚厚王欽若深嫉之一日會朝準先退帝目送之欽若因進曰陛下敬寇準為其有社稷功邪帝曰然欽若曰澶淵之役陛下不以為恥而謂準有社稷功何也帝愕然曰何故欽若曰城下之盟春秋恥之澶淵之舉是城下之盟也以萬乘之貴而為城下之盟其何恥如之帝愀然為之不悅欽若曰陛下聞博乎博者輸錢欲盡乃罄所有出之謂之孤注陛下寇準之孤注也斯亦危矣由是帝顧準浸衰明年罷為刑部尚書知陝州遂用王旦為相帝謂旦曰寇準多許人官以為己恩俟行當深戒之從封泰山遷戶部尚書知天雄軍祀汾陰命提舉貝德博洺濱棣巡檢捉賊公事遷兵部尚書入判都省幸亳州權東京留守為樞密院使同平章事林特為三司使以河北歲輸絹闕督之甚急而

準素惡特頗助轉運使李士衡而沮特且言在魏時嘗進河北絹五萬而三司不納以至闕供請劾主吏以下然京師歲費絹百萬準所助纔五萬帝不悅謂王旦曰準剛忿如昔旦曰準好人懷惠又欲人畏威皆大臣所避而準乃為己任此其短也未幾罷為武勝軍節度使同平章事判河南府徙永興軍天禧元年改山南東道節度使時巡檢朱能挾內侍都知周懷政詐為天書上以問王旦旦曰始不信天書者準也今天書降須令準上之準從上其書中外皆以為非遂拜中書侍郎兼吏部尚書同平章事景靈宮使

三年祀南郊進尚書右僕射集賢殿大學士時真宗
得風疾劉太后預政於内準請間曰皇太子人所屬
望願陛下思宗廟之重傳以神器擇方正大臣為羽
翼丁謂錢惟演佞人也不可以輔少主帝然之準密
令翰林學士楊億草表請太子監國且欲援億輔政
已而謀洩罷為太子太傅封萊國公時懐政反側不
自安且憂得罪乃謀殺大臣請罷皇后預政奉帝為
太上皇而傳位太子復相準客省使楊崇勳等以告
丁謂謂微服夜乘犢車詣曹利用計事明日以聞乃
誅懐政降準為太常卿知相州徙安州貶道州司馬

帝初不知也他日問左右曰吾目中久不見寇準何
也左右莫敢對帝崩時亦言惟準與李迪可託其見
重如此乾興元年再貶雷州司户參軍初丁謂出準
門至參政事準甚謹嘗會食中書羮汚準鬚謂起徐
拂之準笑曰參政國之大臣乃為官長拂鬚邪謂甚
愧之由是傾構日深及準貶未幾謂亦南竄道雷州
準遣人以一蒸羊逆境上謂欲見準準拒絶之聞家
僮謀欲報仇者乃杜門使縱博毋得出伺謂行遠乃
罷天聖元年徙衡州司馬初太宗嘗得通天犀命工
為二帶一以賜準及是準遣人取自洛中既至數日

沐浴具朝服束帶北面再拜呼左右趣設卧具就榻
而卒初張詠在成都聞準入相謂其僚屬曰寇公奇
材惜學術不足爾及準出陝詠適自成都罷還準嚴
供帳大為具待詠將去準送之郊問曰何以教準詠
徐曰霍光傳不可不讀也準莫諭其意歸取其傳讀
之至不學無術笑曰此張公謂我矣準少年富貴性
豪侈喜劇飲每宴賓客多闔扉脱驂家未嘗爇油燈
雖庖匽所在必然炬燭在雷州踰年既卒衡州之命
乃至遂歸葬西京道出京南公安縣人皆設祭哭於
路折竹植地挂紙錢逾月視之枯竹盡生筍衆因為

立廟歳時享之無子以從子隨為嗣準殁後十一年
復太子太傅贈中書令萊國公後又賜謚曰忠愍皇
祐四年詔翰林學士孫抃撰神道碑帝為篆其首曰
旌忠

論曰吕端諫秦王居留表表已見大器與寇準同相
而常讓之留李繼遷之母不誅真宗之立閉王繼恩
於室以折李后異謀而定大計既立猶請去簾升殿
審視然後下拜太宗謂之大事不糊塗者知臣莫過
君矣宰相不和不足以定大計畢士安薦寇準又為
之辨誣契丹大舉而入合辭以勸真宗遂幸澶淵終

却鉅敵及議歲幣因請重賄要其久盟由是西夏失牽制之謀隨亦內附景德咸平以來天下乂安二相協和之所致也準於太宗朝論建太子謂神器不可謀及婦人謀及中官謀及近臣此三言者可爲萬世龜鑑澶淵之幸力沮衆議竟成雋功古所謂大臣者於斯見之然挽衣留諫面詆同列雖有直言之風而少包荒之量定策禁中不慎所與致啓懷政邪謀坐竄南裔勳業如是而不令厥終所謂臣不密則失身豈不信哉

列傳卷第四十

列傳卷第四十一　宋史二百八十二

開府儀同三司上柱國錄軍國重事前中書右丞相監修國史領經筵事都總裁臣脫脫等奉

勑修

李沆弟維　王旦　向敏中

李沆字太初洺州肥鄉人曾祖豐泰陵令祖滔洺州團練判官父炳從邢帥薛懷讓辟爲觀察支使懷讓徙同州又爲掌書記歷邠州鳳翔判官拜殿中侍御史知舒州太祖征金陵緣淮供億惟舒尤甚以勞加侍御史卒沆少好學器度宏遠炳嘗語人曰此兒異日必至公輔太平興國五年舉進士甲科爲將作監丞通判潭州遷右贊善大夫轉著作郎相府召試約束

邊將詔書既奏御太宗甚悅命直史館雍熙三年右拾遺王化基上書自薦太宗謂宰相曰李沆宋湜皆嘉士也即命中書幷化基召試並除右補闕知制誥沆位最下特升于上各賜錢百萬又以沆素貧多負人錢別賜三十萬償之四年與翰林學士宋白同知貢舉謗議雖衆而不歸咎于沆遷職方員外郎召入翰林爲學士淳化二年判吏部銓嘗侍曲宴太宗目送之曰李沆風度端凝眞貴人也三年拜給事中參知政事四年以本官罷奉朝請未幾丁內艱起復遂

出知昇州未行改知河南府真宗升儲遷禮部侍郎
兼太子賓客詔東宮待以師傅禮真宗即位遷戶部
侍郎參知政事咸平初以本官平章事監修國史改
中書侍郎會契丹犯邊真宗北幸命沆留守京師鑾
然真宗還沆迎于郊命坐置酒慰勞久之累加門下
侍郎尚書右僕射真宗問治道所宜先沆曰不用浮
薄新進喜事之人此最爲先問其人曰如梅詢曾致
堯等是矣後致堯副溫仲舒安撫陝西於閤門疏言
仲舒不足與共事輕銳之黨無不稱快沆不喜也因
用他人副仲舒罷致堯帝嘗語及唐人樹黨難制遂

使王室微弱蓋姦邪難辨爾沆對曰佞言似忠姦言
似信至如盧杞蒙蔽德宗李勉以爲真姦邪是也真
宗曰姦邪之迹雖曰難辨然久之自敗一夕遣使持
手詔欲以劉氏爲貴妃沆對使者引燭焚詔附奏曰
但道臣沆以爲不可其議遂寢駙馬都尉石保吉求
爲使相復問沆沆曰賞典之行須有所自保吉因緣
戚里無攻戰之勞台席之拜恐騰物議他日再三問
之執議如初遂止帝以沆無密奏謂之曰人皆有密
啓卿獨無何也對曰臣待罪宰相公事則公言之何
用密啓夫人臣有密啓者非讒即佞臣常惡之豈可

效尤時李繼遷叛兵衆日盛有圖取朔方之意朝
廷困於飛輓中外咸以爲靈州乃必爭之地苟失之
則緣邊諸郡皆不可保帝頗惑之因訪於沆沆曰繼
遷不死靈州非朝廷有也莫若遣使密召州將使部
分軍民空壘而歸如此則關右之民息肩矣方衆議
各異未即從沆言未幾而靈州陷帝由是益重之沆
爲相王旦參政事以西北用兵或至旰食旦嘆曰我
輩安能坐致太平得優游無事耶沆曰少有憂勤足
爲警戒他日四方寧謐朝廷未必無事後契丹和親
旦問何如沆曰善則善矣然邊患既息恐人主漸生

修心耳旦未以爲然沆又日取四方水旱盜賊奏之
旦以爲細事不足煩上聽沆曰人主少年當使知四
方艱難不然血氣方剛不留意聲色犬馬則土木甲
兵禱祠之事作矣吾老不及見此此參政他日之憂
也沆沒後真宗以契丹既和西夏納款遂封岱祠汾
大營宮觀蒐講墜典靡有暇日旦親見王欽若丁謂
等所爲欲諫則業已同之欲去則上遇之厚乃以沆
先識之遠嘆曰李文靖真聖人也當時遂謂之聖相
寇準與丁謂善屢以謂才薦於沆不用準問之沆曰
顧其爲人可使之在人上乎準曰如謂者相公終能

抑之使在人下乎沆笑曰他日後悔當思吾言也準後爲謂所傾始伏沆言沆爲相接賓客常寡言馬亮與沆同年生又與其弟維善語維曰外議以大兄爲無口匏維乘閒達亮語沆曰吾非不知也然今之朝士得升殿言事上封論奏了無壅蔽多下有司皆見之矣若邦國大事北有契丹西有夏人日旰條議所以備禦之策非不詳究薦紳如李宗諤趙安仁皆時之英秀與之談猶不能啓發吾意自餘通籍之子坐起拜揖尚周章失次即席必自論功最以希寵獎此有何策而與之接語哉苟屈意妄言即世所謂籠罩

籠罩之事僕病未能也沆又嘗言居重位實無補惟中外所陳利害一切報罷之此少以報國爾朝廷防制纖悉備具或徇所陳請施行一事即所傷多矣陸象先曰庸人擾之是已憸人苟一時之進豈念厲民耶沆爲相常讀論語或問之沆曰沆爲宰相如論語中節用而愛人使民以時尚未能行聖人之言終身誦之可也景德元年七月沆待漏將朝疾作而歸詔太醫診視撫問之使相望於道明日駕往臨問賜白金五千兩方還宮而沆薨年五十八上聞之驚歎趣駕再往臨哭之慟謂左右曰沆爲大臣忠良純厚始

終如一豈意不享遐壽言終又泣下廢朝五日贈太尉中書令謚文靖錄其弟國子博士貽爲虞部員外郎光祿寺丞源爲太子中舍屯田員外郎直集賢院維爲戶部員外郎子宗簡爲大理評事甥蘇昻妻兄之子朱濤並同進士出身乾興元年仁宗即位詔配享真宗廟庭沆性直諒內行修謹言無枝葉識大體居位慎密不求聲譽動遵條制人莫能干以私公退終日危坐未嘗跛倚治第封丘門內廳事前僅容旋馬或言其太隘沆笑曰居第當傳子孫此爲宰相廳事誠隘爲太祝奉禮廳事已寬矣至於垣頹壁損不

以屑慮堂前藥闌壞妻戒守舍者勿葺以試沆沆朝夕見之經月終不言妻以語沆沆曰豈可以此動吾一念哉家人勸治居第未嘗答弟維因語次及之沆曰身食厚祿時有横賜計囊裝亦可以治第但念內典以此世界爲缺陷安得圓滿如意自求稱足今市新宅須一年繕完人生朝暮不可保又豈能久居巢林一枝聊自足耳安事豐屋哉沆與諸弟友愛尤器重維暇日相對宴飮清言未嘗及朝政亦未嘗問家事沆沒後或薦梅詢可用真宗曰李沆嘗言其非君子其爲信倚如此

維字仲方第進士爲保信軍節度推官真宗初獻聖德詩召試中書擢直集賢院以沆相避知歙州至郡興學舍歲時行鄉射之禮沆沒入爲戸部員外郎契丹請和以爲賀正旦使真宗方幸西京維還詣行在具言其待遇禮厚必保盟好擢兵部員外郎知制誥自是每北使至多命維主之擢爲翰林學士累遷中書舍人以疾辭出知許州復入翰林爲學士承旨加史館修撰仁宗初再遷爲尚書左丞兼侍讀學士預修真宗實録遷工部尚書會塞下傳契丹將絶盟復遣維往使其主隆緒重維名館勞加禮使賦兩朝悠久詩詩成大喜既還帝欲用爲樞密副使或斥維賦詩自稱小臣乃寢遷刑部尚書辭不拜引李士衡故事求換官除相州觀察使爲諫官劉隨所詆知亳州請起本鎮改河陽久之還朝復出知陳州卒維博學少以文章知名至老手不廢書景德以後巡幸四方典章名物多維所參定嘗預定七經正義修續通典册府元龜性寬易喜慍不見於色獎借後進嗜酒善謔而好爲詩嘗曰人生觴詠自適餘何營哉既沒家無餘貲景祐元年贈尚書右僕射子師錫虞部員外郎公謹太子中舍

王旦字子明大名莘人曾祖言黎陽令祖徹左拾遺父祐尚書兵部侍郎以文章顯于漢周之際事太祖太宗爲名臣嘗諭杜重威使無反漢拒盧多遜害趙普之謀以百口明符彥卿無罪世多稱其陰德祐手植三槐于庭曰吾之後世必有爲三公者此其所以志也旦幼沉默好學有文祐器之曰此兒當至公相太平興國五年進士及第爲大理評事知平江縣其廨舊傳有物怪憑戾居多不寧旦將至前夕守吏聞羣鬼嘯呼云相君至矣當避去自是遂絶就改將作監丞趙昌言爲轉運使以威望自任屬吏屏畏入旦境稱其善政以女妻之代還命監潭州銀場何承矩典郡薦入爲著作佐郎預編文苑英華詩類遷殿中丞通判鄭州表請天下建常平倉以塞兼并之路徙濠州淳化初王禹偁薦其才任轉運使驛召至京旦不樂吏職獻文召試命直史館二年拜右正言知制誥初祐以宿名久掌書命旦不十年繼其任時論義之錢若水有人倫鑒見旦曰真宰相器也與之同列每曰王君凌霄聳壑棟梁之材貴不可涯非吾所及李沆以同年生亦推重爲遠大之器明年與蘇易簡同知貢舉加虞部員外郎同判吏部流内銓知考課

院趙昌言參機務旦避嫌引唐獨孤郁權德輿故事辭職太宗嘉其識體改禮部郎中集賢殿修撰昌言出知鳳翔即日以旦知制誥仍兼修撰判院事面賜金紫擇牯犀帶寵之又令冠西閣至道元年知理撿院二年進兵部郎中真宗即位拜中書舍人數月爲翰林學士兼知審官院通進銀臺封駁司帝素賢旦嘗奏事退目送之曰爲朕致太平者必斯人也錢若水罷樞務得對苑中訪近臣之可用者若水言旦有德望堪任大事帝曰此固朕心所屬也咸平三年又知貢舉鎖宿旬日拜給事中同知樞密院事踰年以

工部侍郎參知政事契丹犯邊從幸澶州雍王元份留守東京遇暴疾命旦馳還權留守事旦曰願宣寇準臣有所陳準至旦奏曰十日之間未有捷報時當如何帝默然良久曰立皇太子旦既至京直入禁中下令甚嚴使人不得傳播及駕還旦子弟及家人皆迎于郊忽聞後有騶訶聲驚視之乃旦也二年加尚書左丞三年拜工部尚書同中書門下平章事集賢殿大學士監修兩朝國史契丹既受盟寇準以爲功有自得之色真宗亦自得也王欽若甚準欲傾之從容言曰此春秋城下之盟也諸侯猶恥之而陛下以爲功臣竊不取帝愀然曰爲之柰何欽若度帝厭兵即謬曰陛下以兵取幽燕乃可滌恥帝曰河朔生靈始免兵革朕安能爲此可思其次欽若曰唯有封禪泰山可以鎮服四海誇示外國然自古封禪當得天瑞希世絕倫之事然後可爾既而又曰天瑞安可必得前代蓋有以人力爲之者惟人主深信而崇之以明示天下則與天瑞無異也帝思久之乃可而心憚旦曰王旦得無不可乎欽若曰臣得以聖意諭之宜無不可乘間爲旦言旦黽勉而從帝猶尤豫莫與籌之者會幸祕閣驟問杜鎬曰古所謂河出圖洛出書

果何事耶鎬老儒不測其旨漫應之曰此聖人以神道設教爾帝繇此意決遂召旦飲歡甚賜以尊酒曰此酒極佳歸與妻孥共之既歸發之皆珠也由是凡天書封禪等事旦不復異議大中祥符初爲天書儀仗使從封泰山爲大禮使進中書侍郎兼刑部尚書受詔撰封祀壇頌加兵部尚書四年祀汾陰又爲大禮使遷右僕射昭文館大學士仍撰祠壇頌將復進秩懇辭得免止加功臣俄兼門下侍郎玉清昭應宮使五年爲玉清奉聖像大禮使景靈宮建又爲朝脩使七年刻天書兼刻玉使選御廄三馬賜之玉清昭

應宮成拜司空京師賜酺旦以慘恤不赴會帝賜詩道意焉國史成遷司空旦爲天書使每有大禮輒奉天書以行恒邑邑不樂凡柄用十八年爲相僅一紀會契丹修和西夏誓守故地二邊兵罷不用真宗以無事治天下旦謂祖宗之法具在務行故事慎所變改帝久益信之言無不聽凡大臣有所請必曰王旦以爲如何旦與人寡言笑默坐終日及奏事羣臣異同旦徐一言以定歸家或不去冠帶入靜室獨坐家人莫敢見之旦弟以問趙安仁安仁曰方議事公不欲行而未決此必憂朝廷矣帝嘗示二府喜雨詩旦

袖歸曰上詩有一字誤寫莫進入改邪否王欽若曰此亦無害而密奏之帝慍謂旦曰昨日詩有誤字何不來奏旦曰臣得詩未暇再閱有失上陳惶懼再拜謝諸臣皆拜獨樞密馬知節不拜具以實奏且曰王旦畧不辨真宰相器也帝顧旦而笑焉天下大蝗使人於野得死蝗帝以示大臣明日執政遂袖死蝗進曰蝗實死矣請示于朝率百官賀旦獨不可後數日方奏事飛蝗蔽天帝顧旦曰使百官方賀而蝗如此豈不爲天下笑耶宮禁火災旦馳入帝曰兩朝所積朕不妄費一朝殆盡誠可惜也旦對曰陛下富有天

下財帛不足憂所慮者政令賞罰之不當臣備位宰府天災如此臣當罷免繼上表待罪帝乃降詔罪己許中外封事言得失後有言榮王宮火所延非天災請置獄劾當坐死者百餘人旦獨請曰始火時陛下已罪己詔天下臣等皆上章待罪今反歸咎於人何以示信且火雖有迹寧知非天譴耶當坐者皆免日者上書言宮禁事坐誅籍其家得朝士所與往還占問吉凶之說帝怒欲付御史問狀旦曰此人之常情且語不及朝廷不足罪真宗怒不解旦因自取嘗所占問之書進曰臣少賤時不免爲此必以爲罪願并

臣付獄真宗曰此事已發何可免旦曰臣爲宰相執國法豈可自爲之幸於不發而以罪人帝意解旦至中書悉焚所得書既而復悔馳取之而已焚之矣繇是皆免仁宗爲皇太子太子諭德見旦稱太子學書有法旦曰諭德之職止於是耶張士遜又稱太子書旦曰太子不在應舉選學士不在學書契丹奏請歲給外別假錢幣旦曰東封甚近車駕將出彼以此探朝廷之意耳帝曰何以荅之旦曰止當以微物而輕之乃以歲給三十萬物內各借三萬仍諭次年額內除之契丹得之大慙次年復下有司契丹所借金幣

六萬事屬儆末今仍依常數與之後不為比西夏趙
德明言民饑求糧百萬斛大臣皆曰德明新納誓而
敢違請以詔責之帝以問旦旦請敕有司具粟百萬
于京師而詔德明來取之德明得詔慚且拜曰朝廷
有人寇準數短旦旦專稱準帝謂旦曰卿雖稱其美
彼專談卿惡旦曰理固當然臣在相位久政事闕失
必多準對陛下無所隱益見其忠直此臣所以重準
也帝以是愈賢旦中書有事送密院違詔格準在密
院以事上聞旦被責第拜謝堂吏皆見罰不踰月密
院有事送中書亦違詔格堂吏欣然呈旦旦令送還

密院準大慚見旦曰同年甚得許大度量旦不答寇
準罷樞密使託人私求為使相旦驚曰將相之任豈
可求耶吾不受私請準深憾之已而除準武勝軍節
度使同中書門下平章事準入見謝曰非陛下知臣安
能至此帝具道旦所以薦者準媿歎以為不可及準
在藩鎮生辰造山棚大宴又服用僭侈為人所奏帝
怒謂旦曰寇準每事欲效朕可乎旦徐對曰準誠賢
能無如騃何真宗意遂解曰然此正是騃爾遂不問
翰林學士陳彭年呈政府科場條目旦投之地曰內
翰得官幾日乃欲隔截天下進士耶彭年皇恐而退

時向敏中同在中書出彭年所留文字旦瞑目取紙
封之敏中請一覽旦曰不過興建符瑞圖進爾後彭
年與王曾張知白參預政事同謂旦曰每奏事其間
有不經上覽者公批旨奉行恐人言之以為不可旦
遜謝而已一日奏對旦退曾等稍留帝驚曰有何事
不與王旦來皆以前事對帝曰旦在朕左右多年朕
察之無毫髮私自東封後朕諭以小事一面奉行卿
等謹奉之曾等退而愧謝旦曰正賴諸公規益署不
介意帝欲相王欽若旦曰欽若遭逢陛下恩禮已隆
且乞留之樞密兩府亦均臣見祖宗朝未嘗有南人

當國者雖古稱立賢無方然須賢士乃可臣為宰相
不敢沮抑人此亦公議也真宗遂止旦沒後欽若始
大用語人曰為王公遲我十年作宰相欽若與陳堯
叟馬知節同在樞府因奏事忿爭真宗召旦至欽若
猶譁不已知節流涕曰願與欽若同下御史府旦叱
欽若使退帝大怒命付獄旦從容曰欽若等恃陛下
厚顧上煩譴訶當行朝典願且還內來日取旨明日
召旦問之旦曰欽若等當黜未知坐以何罪帝曰
坐忿爭無禮旦曰陛下奄有天下使大臣坐忿爭無
禮之罪或聞外國恐無以威遠帝曰卿意如何旦曰

願至中書召欽若等宣示陛下含容之意旦戒約之俟少間罷之未晚也帝曰非卿之言朕固難忍後月餘欽若等皆罷旦嘗與楊億評品人物億曰丁謂久遠當何如旦曰才則才矣語道則未他日在上位使有德者助之庶得終吉若獨當權必爲身累爾後謂果如言旦爲兗州景靈宮朝修使內臣周懷政偕行或乘間請見旦必俟從者盡至冠帶出見于堂皇白事而退後懷政以事敗方知旦遠慮內臣劉承規以忠謹得幸病且死求爲節度使帝語旦曰承規待此以瞑目旦執不可曰他日將有求爲樞密使者柰何

遂止自是內臣官不過留後旦爲相賓客滿堂無敢以私請察可與言及素知名者數月後召與語詢訪四方利病或使疏其言而獻之觀才之所長密籍其名其人復來不見也每有差除先密疏四三人姓名以請所用者帝以筆點之同列不知爭有所用惟旦所用奏入無不可丁謂以是數毀旦帝益厚之故參政李穆子行簡以將作監丞家居有賢行遷太子中允使者不知其宅眞宗命就中書問旦人始知行簡爲旦所薦旦凡所薦皆人未嘗知旦沒後史官修眞宗實錄得內出奏章始知朝士多旦所薦云諫議大夫

張師德兩詣旦門不得見意爲人所毀以告向敏中爲從容明之及議知制誥旦曰可惜張師德敏中問之旦曰累於上前言師德名家子有士行不意兩及吾門狀元及第榮進素定但當靜以待之爾若復奔競使無階而入者當如何也敏中啓以師德之意旦曰旦處安得有人敢輕毀人但師德後進待我薄爾敏中固稱適有闕望公弗遺旦曰第緩之使師德知聊以戒貪進激薄俗也石普知許州不法朝議欲就劾旦曰普武人不明典憲恐恃薄效妄有生事必須重行乞召歸置獄乃下御史按之一日而獄具議者

以爲不屈國法而保全武臣眞國體也薛奎爲江淮發運使辭旦旦無他語但云東南民力竭矣奎退而曰眞宰相之言也張士遜爲江西轉運使辭旦求教旦曰朝廷榷利至矣士遜迭更是職思旦之言未嘗求利識者曰此運使識大體張詠知成都召還以任中正代之言者以爲不可帝問旦對曰非中正不能守詠之規他人往妄有變更矣李迪賈邊有時名舉進士迪以賦落韻邊以當仁不讓於師論以師爲衆與注疏異皆不預主文奏乞收試旦曰迪雖佗不考然出於不意其過可略邊特立異說將令後生務爲

寖釁漸不可長遂收迪而黜遏旦任事久人有謗之
者輒引咎不辨至人有過失雖人主盛怒可辨者辨
之必得而後已素羸多疾自東封後命連歲求解優
詔褒荅繼以面諭委任無貳天禧初進位太保爲兗
州太極觀奉上寶冊使復加太尉兼侍中五日一赴
起居入中書遇軍國重事不限時日入預參決旦愈
畏避上疏懇辭又託同列奏白帝重違其意止加封
邑一日獨對滋福殿帝曰朕方以大事託卿而卿疾
如此因命皇太子出拜旦皇恐走避太子隨而拜之
旦言太子盛德必任陛下事因薦可爲大臣者十餘

人其後不至宰相惟李及淩策二人亦爲名臣旦復
求避位帝覩其形瘁憫然許之以太尉領玉清昭應
宮使給宰相半奉初旦以宰相兼使今罷相使猶領
之其專置使自旦始焉尋又命肩輿入禁使子雍與
直省吏挾扶見于延和殿帝曰卿今疾亟萬一有不
諱使朕以天下事付之誰乎旦曰知臣莫若君惟明
主擇之再三問不對時張詠馬亮皆爲尚書帝歷問
二人亦不對因曰試以卿意言之旦強起舉笏曰以
臣之愚莫如寇準帝曰準性剛褊卿更思其次旦曰
他人臣所不知也臣病困不能久侍遂辭退後旦沒

歲餘竟用準爲相旦疾甚遣內侍問者日或三四帝
手自和藥并薯蕷粥賜之旦與楊億素厚延至卧內
請撰遺表旦言忝爲宰輔不可以將盡之言爲宗親
求官止叙生平遭遇願日親庶政進用賢士少減焦
勞之意仍戒子弟我家盛名清德當務儉素保守門
風不得事於泰侈勿爲厚葬以金寶置柩中表上真
宗歎之遂幸其第賜白金五千兩旦作奏辭之槀末
自益四句云益懼多藏況無所用見欲散施以息咎
殃即舁至內闥詔不許還至門旦已薨年六十一帝
臨其喪慟廢朝三日贈太師尚書令魏國公謚文正

又別次發哀後數日張旻赴鎮河陽例宜飲餞以旦
故不舉樂錄其子弟姪外孫門客常從授官者十數
人諸子服除又各進一官已而聞旦奏槀自益四句
取視泣下久之旦有文集二十卷乾興初詔配享真
宗廟廷及建碑仁宗篆其首曰全德元老之碑旦事
寡嫂有禮與弟旭友愛甚篤婚姻不求門閥被服質
素家人欲以繒錦飾氈席不許有貨玉帶者弟以爲
佳呈旦旦命繫之曰還見佳否弟曰繫之安得自見
旦曰自負重而使觀者稱好無乃勞乎亟還之故所
服止於賜帶家人未嘗見其怒飲食不精潔但不食

而已嘗試以少挨墨投羹中旦惟啖飯問何不啜羹
則曰我偶不喜肉後又墨其飯則曰吾今日不喜飯
可別具粥旦不置田宅曰子孫當各念自立何必田
宅徒使爭財爲不義爾眞宗以其所居隘欲治之旦
辭以先人舊廬乃止宅門壞主者徹新之暫于廡下
啓側門出入旦至側門據鞍俯過門成復由之皆不
問焉三子雍國子博士沖左贊善大夫素別有傳
向敏中字常之開封人父瑀仕漢符離令性嚴毅惟
敏中一子躬自教督不假顏色嘗謂其母曰大吾門
者此兒也敏中隨瑀赴調京師有書生過門見敏中

謂鄰母曰此兒風骨秀異貴且壽鄰母入告其家比
出已不見矣及冠繼丁內外憂能刻厲自立有大志
不屑貧窶太平興國五年進士解褐將作監丞通判
吉州就改右贊善大夫轉運使張齊賢薦其材代還
爲著作郎召見便殿占對明暢太宗善之命爲戶部
推官出爲淮南轉運副使時領外計者皆以權寵自
尊所至畏憚敏中不尚威察待僚屬有禮勤於勸勗
職務修舉或薦其有武幹者召入將授諸司副使敏
中懇辭仍獻所著文加直史館遣還任以耕籍恩超
左司諫入爲戶部判官知制誥未幾權判大理寺時

沒入祖吉贓錢分賜法吏敏中引鍾離意委珠事獨
不受妖尼道安構獄事連開封判官張去華敏中妻
父也以故得請不預決讞既而法官皆貶猶以親累
落職出知廣州入辭面敍其事太宗爲之感動許以
不三歲召還翌日遷職方員外郎遣之是州兼掌市
舶前守多涉譏議敏中至荊南預市藥物以往在任
無所須以清廉聞就擢廣南東路轉運使召爲工部
郎中太宗飛白書敏中洎張詠二名付中書曰此二
人名臣也朕將用之左右因稱其材並命爲樞密直
學士時通進銀臺司主出納書奏領於樞密院頗多

壅遏或至漏失敏中具奏其事恐遠方有失事機請
別置局命官專蒞校其簿籍詔命敏中與詠領其局
太宗欲大任敏中當塗者忌之會有言敏中在法寺
時皇甫侃監無爲軍榷務以賄敗發書歷詣朝貴求
爲末減敏中亦受之事下御史按實嘗有書及門敏
中覩其名不啓封遣去俄捕得侃私僮詰之云其書
尋納箭中瘞臨江傳舍驛撅得封題如故太宗大
驚異召見慰諭賞激遂決於登用未幾拜右諫議大
夫同知樞密院事自郎中至是百餘日超擢如此時
西北用兵樞機之任專主謀議敏中明辨有才略遇

事敏速凡二邊道路斥堠走集之所莫不周知至道初遷給事中眞宗即位敏中適在疾告力起見于東序即遣視事進戶部侍郎會曹彬爲樞密使改爲副使咸平初拜兵部侍郎參知政事從幸大名屬宋湜病代兼知樞密院事時大兵之後議遣重臣慰撫邊郡命爲河北河東安撫大使以陳堯叟馮拯爲副發禁兵萬人翼從所至訪民疾苦宴犒官吏莫不感悅四年以本官同平章事充集賢殿大學士故相薛居正孫安上不肖其居第有詔無得貿易敏中違詔質之會居正子惟吉嫠婦柴將攜貲產適張齊賢安上

許其事柴遂言敏中嘗求娶己不許以是陰庇安上眞宗以問敏中敏中言近喪妻不復議婚未嘗求婚於柴眞宗因不復問柴又伐鼓訟益急遂下御史臺并得敏中質宅之狀時王嗣宗爲鹽鐵使素忌敏中因對言敏中議娶王承衍女弟密約已定而未納采眞宗詢于王氏得其實以敏中前言爲妄罷爲戶部侍郎出知永興軍景德初復兵部侍郎夏州李繼遷兵敗爲潘羅支射傷自度孤危且死屬其子德明必歸宋曰一表不聽則再請雖累百表不得請勿止也繼遷卒德明納款就命敏中爲鄜延路緣邊安撫使

俄還京兆是冬眞宗幸澶淵賜敏中密詔盡付西鄙許便宜從事敏中得詔藏之視政如常日會大儺有告禁卒欲倚儺爲亂者敏中密使麾兵被甲伏廡下幕中明日盡召賓僚兵官置酒縱閱無一人預知者命儺入先馳騁于中門外後召至階敏中振袂一揮伏出盡擒之果各懷短刃即席斬焉既瘞其尸以灰沙掃庭張樂宴飲坐客皆股慄邊藩遂安時舊相出鎭不以軍事爲意寇準雖有重名所至終日游宴則以所愛伶人或付富室輒厚有得張齊賢倜儻任情獲劫盜或至縱遣帝聞之稱敏中曰大臣出臨四方

惟敏中盡心於民事爾於是有復用之意二年又以德明誓約未定徙敏中爲鄜延路都部署兼知延州委以經畧改知河南府兼西京留守大中祥符初議封泰山以敏中舊德有人望召入權東京留守禮成拜尚書右丞時吏部選人多稽滯者命敏中與温仲舒領其事俄兼祕書監又領工部尚書充資政殿大學士賜御詩襃寵祀汾陰復爲留守敏中以厚重鎭靜人情帖然帝作詩遣使馳賜之拜刑部尚書五年復拜同平章事充集賢殿大學士加中書侍郎尋兗景靈宮使宮成進兵部尚書爲兗州景靈宮慶成使

天禧初加吏部尚書又爲應天院奉安太祖聖容禮儀使進右僕射兼門下侍郎監修國史是日翰林學士李宗諤當對帝曰朕自即位未嘗除僕射今命敏中此殊命也敏中應甚喜又曰敏中今日賀客必多卿往觀之勿言朕意也宗諤既至敏中謝客門闌寂然宗諤與其親徑入徐賀曰今日聞降麻士大夫莫不歡慰相慶敏中但唯唯又曰自上即位未嘗除端揆非勳德隆重眷倚殊越何以至此敏中復唯唯又歷陳前世爲僕射者勳德禮命之重敏中亦唯唯卒無一言既退使人問庖中今日有親賓飲宴否亦無

一人明日具以所見對帝曰向敏中大耐官職徙王清昭應宮使以年老累請致政優詔不許三年重陽宴苑中暮歸中風眩郊祀不任陪從進左僕射昭文館大學士奉表懇讓又表求解皆不許明年三月卒年七十二帝親臨哭之慟廢朝三日贈太尉中書令謚文簡五子諸壻並遷官親校又官數人敏中姿表瓌碩有儀矩性端厚豈弟多智曉民政善處繁劇愼於采拔居大任三十年時以重德目之爲人主所優禮故雖衰疾終不得謝及追命制入帝特批曰敏中淳謹溫良宜益此意其恩顧如此有文集十五卷子

傳正國子博士傳式龍圖閣直學士傳亮駕部員外郎傳師殿中丞傳範娶南陽郡王惟吉女安福縣主爲容州觀察使謚惠節傳亮子經定國軍留後謚康懿經女即欽聖憲肅皇后也以后族贈敏中燕王傳亮周王經吳王敏中餘孫繹絳並官太子中書

論曰宋至眞宗之世號爲盛治而得人亦多李沆爲相正大光明其焚封妃之詔以格人主之私請還靈州之民以奪西夏之謀無愧宰相之任矣沆嘗謂王旦邊患既息人主侈心必生而聲色土木神仙祠禱之事將作後王欽若丁謂之徒果售其佞又告眞宗

不可用新進喜事之人中外所陳利害皆報罷之後神宗信用安石變更之言馴至棼擾世稱沆爲聖相其言雖過誠有先知者乎王旦當國最久事至不膠有謗不校薦賢而不市恩掠罪輒宥而不費辭澶淵之役請于眞宗曰十日不捷何以處之眞宗答之曰立太子契丹踰歲給而借幣西夏告民饑而假糧皆一語定之偉哉宰相才也惟受王欽若之說以遂天書之妄斯則不及李沆爾向敏中恥受贓物之賜以遠其汙預避市舶之嫌以全其廉堅拒皇甫侃之書以免其累拜罷之際喜慍不形亦可謂有宰相之風

爲

列傳卷第四十一

列傳卷第四十二　　宋史二百八十三

開府儀同三司上柱國錄軍國重事前中書右丞相監修國史領經筵事都總裁臣脫脫等奉

敕修

王欽若 林特附　丁謂　夏竦 子安期

王欽若字定國臨江軍新喻人父仲華侍祖郁官鄂州會江水暴至徙家黃鶴樓漢陽人望見樓上若有光景是夕欽若生欽若早孤郁愛之太宗伐太原時欽若纔十八作平晉賦論獻行在郁爲濠州判官將死召家人曰吾歷官逾五十年慎於用刑活人多矣後必有興者其在吾孫乎欽若擢進士甲科爲亳州防禦推官遷秘書省秘書郎監廬州稅改太常丞判三司理欠憑由司時毋賓古爲度支判官嘗言曰天下逋負自五代迄今理督未已民病幾不能勝矣僕將啓蠲之欽若一夕命吏句校成數翌日上之眞宗大驚曰先帝顧不知邪欽若徐曰先帝固知之殆留與陛下收人心爾即日放逋負一千餘萬釋繫囚三千餘人帝益器重欽若召試學士院拜右正言知制誥召爲翰林學士蜀寇王均始平爲西川安撫使所至問繫囚自死罪以下第降之凡列便宜多所施行還授左諫議大夫參知政事以郊祀恩加給事中河陰民常

德方訟臨津縣尉任懿賂欽若得中第事下御史臺劾治初欽若咸平中嘗知貢舉懿舉諸科寓僧仁雅舍仁雅識僧惠秦者與欽若厚懿與惠秦約以銀三百五十兩賂欽若書其數於紙令惠秦持去會欽若已入院屬欽若客納所書于欽若妻李氏惠秦減所書銀百兩欲自取之李氏令奴祁睿書懿名於臂并以所約銀告欽若懿再入試第五場睿復持湯飲至貢院欽若客令奴索取銀懿未即與而登科去仁雅馳書河陰始歸之德方得其書以告御史中丞趙昌言昌言以聞既捕祁睿等亦請逮欽若屬吏祁睿本亳小吏雖從欽若久而名猶隸亳州欽若乃言嚮未有祁睿惠秦亦不及門帝方顧欽若厚命邢昺閻承翰等於太常寺別鞫之懿更云妻兄張駕識知舉官洪湛嘗俱造湛門始但以銀屬二僧不知達主司爲誰昺等遂誣湛受懿銀湛適使陝西還而獄已具時駕且死睿又悉遁去欽若因得固執祁睿休役後始傭于家它奴使多新募不識惠秦故皆無證驗湛坐削籍流儋州而欽若遂免方湛代王旦入知貢舉懿已試第三場及官収湛贓家無有也乃以湛假梁顥白金器輸官湛遂死貶所人知其冤而欽若恃勢人

莫敢言者景德初契丹入寇帝將幸澶淵欽若自請北行以工部侍郎參知政事判天雄軍提舉河北轉運司真宗親宴以遣之素與寇準不協及還累表願解政事罷爲刑部侍郎資政殿學士尋判尚書都省修册府元龜或褒贊所及欽若自名表首以謝即繆誤有所譴問戒書吏但云楊億以下其所爲多此類也歲中改兵部升大學士知通進銀臺司兼門下封駁事初欽若罷爲置資政殿學士以寵之準定其班在翰林學士下欽若訴於帝復加大字班承旨上以尚書左丞知樞密院事脩國史大中祥符初爲封禪經度制置使兼判兗州爲天書儀衛副使先是真宗嘗夢神人言賜天書於泰山即密諭欽若欽若因言六月甲午木工董祚於醴泉亭北見黃素曳草上有字不能識皇城吏王居正見其上有御名以告欽若既得之具威儀奉導至社首跪授中使馳奉以進真宗至含芳園奉迎出所上天書再降祥瑞圖示百僚欽若又言至嶽下兩夢神人願增建廟庭及至威雄將軍廟其神像如夢中所見因請構亭廟中封禪禮成遷禮部尚書命作社首頌遷戶部尚書從祀汾陰復爲天書儀衛副使遷吏部尚書明年爲樞密使檢

校太傅同中書門下平章事初學士晁迥草制誤削去官有詔仍帶吏部尚書聖祖降加檢校太尉欽若居第在太廟後壖自言出入訶導不自安因易賜官第於定安坊七年為同天書刻玉使馬知節同在樞密素惡欽若議論不相下會瀘州都巡檢王懷信等上平蠻功欽若久不決知節因面詆其短爭於帝前及趣論賞欽若遂擅除懷信等官坐是罷樞密使奉朝請改刻玉副使知通進銀臺司復拜樞密使同平章事上玉皇尊號遷尚書右僕射判禮儀院為會靈觀使有龜蛇見拱聖營因其地建祥源觀命欽若總

領之尋拜左僕射兼中書侍郎同平章事明年為景靈使閱道藏得趙氏神仙事迹四十人繪于廊廡又明年商州捕得道士譙文易畜禁書能以術使六丁六甲神自言嘗出入欽若家得欽若所遺詩帝以問欽若謝不省遂以太子太保出判杭州仁宗為皇太子自以東宮師保請歸朝復為資政大學士詔日赴資善堂侍講皇太子會輔臣兼領三少欽若以品高求換秩拜司空尋除山南道節度使同平章事判河南府與宰相丁謂不相悅以疾請就醫京師不報令其子從益移文河南府輿疾而歸謂言欽若擅去官

守命御史中丞薛映就第按問欽若惶恐伏罪降司農卿分司南京奪從益一官仁宗即位改秘書監起為太常卿知濠州以刑部尚書知江寧府仁宗嘗為飛白書遺欽若有奏至因大書王欽若字是時馮拯病太后有再相欽若意即取字緘置湯藥合遣中人齎以賜且口宣召之至國門而人未有知者既朝復拜司空門下侍郎同平章事玉清昭應宮使昭文館大學士監修國史帝初臨政欽若謂平時百官敘進皆有常法為遷敘圖以獻真宗實錄成進司徒以郊祀恩封冀國知邵武軍吳植病求外徙因致中丞余

諤以黃金遺欽若未至而植復遣牙吏至欽若第問之欽若執以送官植諤皆坐貶初欽若安撫西川植為新繁縣尉嘗薦舉之至是亦當以失舉坐罪詔勿問兼譯經使始赴傳法院感疾亟歸帝臨問賜白金五千兩既卒贈太師中書令謚文穆録親屬及所親信二十餘人國朝以來宰相卹恩未有欽若比者欽若嘗言少時過圃田夜起視天中赤文成紫微字後使蜀至襃城道中遇異人告以他日位至宰相既去視其刺字則唐相裴度也及貴遂好神仙之事常用道家科儀建壇場以禮神朱書紫微二字陳於壇上

表修裴度祠於圃田官其裔孫自撰文以紀其事眞宗封泰山祀汾陰而天下爭言符瑞皆欽若與丁謂倡之嘗建議躬謁元德皇太后别廟爲莊穆皇后行期服議者以謂天子當絶傍朞欽若所言不合禮又請置先蠶幷壽星祠升天皇北極帝坐於郊壇第一龕增執法孫星位别制王公以下車輅鼓吹以備拜官婚葬所著書有鹵簿記彤管懿範天書儀制聖祖事跡翊聖眞君傳五嶽廣聞記列宿萬靈朝眞圖羅天大醮儀欽若自以深達道教多所建明領校道書凡增六百餘卷欽若狀貌短小項有附疣時人目爲

癭相然智數過人每朝廷有所興造委曲遷就以中帝意又性傾巧敢爲矯誕馬知節嘗斥其姦狀帝亦不之罪其後仁宗嘗謂輔臣曰欽若久在政府觀其所爲眞姦邪也王曾對曰欽若與丁謂林特陳彭年劉承珪時謂之五鬼姦邪險僞誠如聖諭欽若子從益終贊善大夫追賜進士及第後無子以叔之子爲後林特字士奇祖揆仕閩爲南劒州順昌令因家順昌特少穎悟十歲謁江南李景獻所爲文景奇之命作賦有頃而成授蘭臺校書郎江南平偽官皆入見特袖文以進太宗以爲長葛尉改遂州錄事參軍代

還命中書引對授大理寺丞通判隴州有治狀田重進鎮永興太宗以重進武人選特與楊覃並爲通判入賜白金二百兩給實奉會出兵五路討李繼遷督所部轉芻粟先期以辦呂蒙正辟通判西京留守事蒙正入相薦之入判三司戶部勾院梁鼎制置陝西靑白鹽前後上議異同眞宗選特與知永興軍張詠同商利害所奏合旨累遷尚書祠部員外郎爲戶部副使詔赴內朝三司副使預內朝自特始從鹽鐵副使眞宗北征命同知留司三司公事遷司封員外郎車駕謁陵爲行在三司副使詔與劉承珪李溥比較

江淮茶法因裁定新制歲增課百餘萬特遷祠部郎中封泰山祀汾陰皆爲行在三司副使以右諫議大夫權三司使修玉清昭應宮副使將祀太清宮遣特儲供具爲行在三司使禮成進給事中爲修景靈宮副使兼修兗州景靈宮太極觀昭應宮成遷尚書工部侍郎眞拜三司使樞密使寇準言特姦邪又數與爭事帝爲出準特在職如故後罷三司以戶部侍郎同玉清昭應宮副使兗州宮觀成遷吏部侍郎天禧元年爲修上聖祖寶冊副使轉尚書右丞時天下完富丁謂以符瑞土木迎帝意而以特有心計使幹財

利佐之然特亦天性邪險善附會故謂始終善特當時與陳彭年等號五鬼語在王欽若傳仁宗在東宮以工部尚書兼太子賓客改詹事丁謂欲引為樞密副使而李迪執不可仁宗即位進刑部尚書翰林侍讀學士謂貶特亦落職知許州還朝以戶部尚書知通進銀臺司判尚書都省勾當三班院特體素羸然未嘗一日謁告及得疾纔五日而卒贈尚書左僕射太后遣中使祀奠特精敏喜吏職據案終日不倦真宗數訪以朝廷大事特因有所中傷人以此憚焉奉詔撰會計錄三十卷又為東封四祀朝謁太清宮慶賜總例三十六卷子濰洙濰亦有吏能歷官至三司鹽鐵副使以秘書監致仕卒洙官至司農卿知壽州臨事苛急鼓角將夜入州廨技堂檻鐵鈎擊殺之

丁謂字謂之後更字公言蘇州長洲人少與孫何友善同袖文謁王禹偁禹偁大驚重之以為自唐韓愈柳宗元後二百年始有此作世謂之孫丁淳化三年登進士甲科為大理評事通判饒州踰年直史館以太子中允為福建路採訪還上茶鹽利害遂為轉運使除三司戶部判官峽路蠻擾邊命往體量還奏稱旨領峽路轉運使累遷尚書工部員外郎會分川峽

為四路改夔州路初王均叛朝廷調施黔高溪州蠻子弟以捍賊既而反為寇謂至召其種酋開諭之且言有詔赦不殺酋感泣願世奉貢乃作誓刻石柱立境上蠻地饒粟而常乏鹽謂聽以粟易鹽蠻人大悅先時屯兵施州而饋以夔萬州粟至是民無轉餉之勞施之諸砦積聚皆可給特遷刑部員外郎賜白金三百兩時溪蠻別種有入寇者謂遣高溪酋帥其徒討擊出兵援之擒生蠻六百六十得所掠漢口四百餘人復上言黔南蠻族多善馬請致館犒給緡帛歲收市之其後徙置夔州城砦皆謂所經畫也居五年不得代乃詔舉自代者於是入權三司鹽鐵副使未幾擢知制誥判吏部流內銓景德四年契丹犯河北真宗幸澶淵以謂知鄆州兼齊濮等州安撫使提舉轉運兵馬巡檢事契丹深入民驚擾爭趣楊劉渡而舟人邀利不時濟謂取死罪紿為舟人斬河上舟人懼民得悉渡遂立部分使並河執旗幟擊刁斗呼聲聞百餘里契丹遂引去明年召為右諫議大夫權三司使上會計錄以景德四年民賦戶口之籍較咸平六年之數具上史館請自今以咸平籍為額歲較其數以聞詔獎之尋加樞密直學士大中祥符初議封

禪未決帝問以經費謂對大計有餘議乃決因詔謂為計度泰山路糧草使初議即宮城乾地營玉清昭應宮左右有諫者帝召問謂對曰陛下有天下之富建一宮奉上帝且所以祈皇嗣也群臣有沮陛下者願以此論之王旦密疏諫帝如謂所對告之旦不復敢言迺以謂為修玉清昭應宮使復為天書扶侍使遷給事中真拜三司使祀汾陰為行在三司使建會靈觀謂復總領之遷尚書禮部侍郎進戶部參知政事建安軍鑄玉皇像為迎奉使朝謁太清宮為奉祀經度制置使判亳州帝賜宴賦詩以寵其行命權管

勾駕前兵馬事謂獻白鹿并靈芝九萬五千本還判禮儀院又為修景靈宮使摹寫天書刻玉笈玉清昭應宮副使大內火為修葺使歷工刑兵三部尚書再為天書儀衛副使拜平江軍節度使知昇州天禧初徙保信軍節度使三年以吏部尚書復參知政事是歲祀南郊輔臣俱進官故事嘗為宰相而除樞密使始得遷僕射乃以謂檢校太尉兼本官為樞密使時寇準為相尤惡謂謂媒櫱其過遂罷準相既而拜謂同中書門下平章事昭文館大學士監修國史玉清昭應宮使周懷政事敗議再貶準帝意欲謫準江淮

間謂退除道州司馬同列不敢言獨王曾以帝語質之謂顧曰居停主人勿復言蓋指曾以第舍假準也其後詔皇太子聽政皇后裁制於內以二府兼東宮官遂加謂門下侍郎兼太子少傅而李迪先兼少傅乃加中書侍郎兼尚書左丞故事左右丞非兩省侍郎所兼而謂意特以抑迪也謂所善林特自賓客改詹事謂欲引為樞密副使兼賓客迪執不可因大詬之既入對斥謂姦邪不法事頗與俱付御史雜治語在迪傳帝因格前制不下乃罷謂為戶部尚書迪為戶部侍郎尋以謂知河南府迪知鄆州明日入謝帝

詰所爭狀謂對曰非臣敢爭乃迪忿詈臣爾願復留遂賜坐左右欲設墩謂顧曰有旨復平章事乃更以杌進即入中書視事如故仍進尚書左僕射門下侍郎平章事兼太子少師天章閣成拜司空乾興元年封晉國公仁宗即位進司徒兼侍郎為山陵使寇準李迪再貶謂取制草改曰當醜徒于紀之際屬先王違豫之初罹此震驚遂至沈劇凡與準善者盡逐之是時二府定議太后與帝五日一御便殿聽政既得旨而謂潛結內侍雷允恭令密請太后降手書軍國事進入印畫學士草制辭允恭先持示謂閱訖乃進

蓋謂欲獨任允恭傳達中旨而不欲同列與聞機政
也允恭倚謂勢益横無所憚允恭方為山陵都監與
判司天監邢中和擅易皇堂地夏守恩領工徒數萬
穿地土石相半衆議日喧懼不能成功中作而罷奏
請待命謂庇允恭依違不決内侍毛昌達自陵下還
以其事奏詔問謂謂始請遣使按視既而咸謂復用
舊地乃詔馮拯曹利用等就謂第議遣王曾覆視遂
誅允恭後數日太后與帝坐承明殿召拯利用等諭
曰丁謂為宰輔乃與宦官交通因出謂嘗託允恭令
後苑匠所造金酒器示之又出允恭嘗干謂求管勾

皇城司及三司衙司狀因曰謂前附允恭奏事皆言
已與卿等議定故皆可其奏且營奉先帝陵寢而擅
有遷易幾誤大事拯等奏曰自先帝登遐政事皆謂
與允恭同議稱得旨禁中臣等莫辨虚實賴聖神察
其姦此宗社之福也乃降謂太子少保分司西京故
事黜宰相皆降制時欲亟行止令拯等即殿廬召舍
人草詞仍榜朝堂布諭天下追其子珙珝玘珷一官
落珙館職先是女道士劉德妙者嘗以巫師出入謂
家謂敗逮繫德妙内侍鞫之德妙通款謂嘗教言若
所為不過巫事不若託言老君言禍福足以動人於

是卽謂家設神像夜醮于園中允恭數至請禱及帝
崩引入禁中又因穿地得龜蛇令德妙持入内給言
出其家山洞中仍復教云上卽問若所事何知為老
君第云相公非凡人當知之謂又作頌題曰混元皇
帝賜德妙語涉妖誕遂貶崖州司户參軍諸子並勒
停玘又坐與德妙姦除名配隷復州籍其家得四方
賂遺不可勝紀其弟誦説諫悉降黜坐謂罷者自參
知政事任中正而下十數人在崖州踰三年徙雷州
又五年徙道州明道中授秘書監致仕居光州卒詔
賜錢十萬絹百匹謂機敏有智謀憸狡過人文字累

數千百言一覽輙誦在三司案牘繁委吏久難解者
一言判之衆皆釋然善談笑尤喜為詩至於圖畫博
奕音律無不洞曉每休沐會賓客盡陳之聽人人自
便而謂從容應接於其間莫能出其意者眞宗朝營
造宮觀奏祥異之事多謂與王欽若發之初議營昭
應宮料功須二十五年謂令以夜繼晝每繪一壁給
二燭七年乃成眞宗崩議草遺制軍國事兼取皇太
后處分謂乃增以權字及太后稱制又議月進錢充
宮掖之用由是太后深惡之因雷允恭遂併録謂前
後欺罔事竄之在貶所專事浮屠因果之説其所著

詩并文亦數萬言家寓洛陽嘗為書自克責叙國厚
恩戒家人毋輒怨望遣人致于洛守劉燁祈付其家
戒使者伺燁會衆僚時達之燁得書不敢私即以聞
帝見感惻遂徙雷州亦出於揣摩也謂初通判饒州
遇異人曰君貌類李贊皇既而曰贊皇不及也

夏竦字子喬江州德安人父承皓太平興國初上平
晉策補右侍禁大名府契丹內寇承皓繇間道發兵
夜與契丹遇力戰死之贈崇儀使錄竦為潤州丹陽
縣主簿竦資性明敏好學自經史百家陰陽律曆外
至佛老之書無不通曉為文章典雅藻麗舉賢良方

正擢光祿寺丞通判台州召直集賢院為國史編修
官判三司都磨勘司累遷右正言帝幸亳州為東京
留守推官仁宗初封慶國公王旦數言竦材命教書
資善堂未幾同修起居注為玉清昭應宮判官兼領
景靈宮會真觀事遷尚書禮部員外郎知制誥史成
遷戶部景靈宮成遷禮部郎中竦娶楊氏楊亦工筆
札有鉤距及竦顯多內寵寖與楊不諧楊悍妬即與
弟媦疏竦陰事竊出訟之又竦母與楊母相詬詈皆
訴開封府府以事聞下御史臺置劾左遷職方員外
郎知黃州後二年徙鄧州又徙襄州屬歲饑大發公

廩粟不足竦又勸率州大姓使出粟得二萬斛用全活
者四十餘萬人仁宗即位還戶部郎中徙壽安洪三
州洪俗尚鬼多巫覡惑民竦索部中得千餘家敕還
農業毀其淫祠以聞詔江浙以南悉禁絕之竦材術
過人急於進取喜交結任數術傾側反覆世以為姦
邪當太后臨朝嘗上疏乞與修真宗實錄不報既而
丁母憂潛至京師依中人張懷德為內助宰相王欽
若雅善竦因左右之遂起復知制誥為景靈判官判
集賢院以左司郎中為翰林學士勾當三班院兼侍
讀學士龍圖閣學士又兼譯經潤文官遷諫議大夫

為樞密副使修國史遷給事中初武臣賞罰無法吏
得高下為姦竦為集前比著為定例事皆按比而行
改參知政事祥源觀使增設賢良等六科復百官轉
對置理檢使皆竦所發與宰相呂夷簡不相能復為
樞密副使遷刑部侍郎史成進兵部尋進尚書左丞
太后崩罷為禮部尚書知襄州改潁州京東荐饑徙
青州兼安撫使踰年罷安撫遷刑部尚書徙應天府
寶元初以戶部尚書入為三司使趙元昊反拜奉寧
軍節度使知永興軍聽便宜行事徙忠武軍節度使
知涇州還判永興軍兼陝西經略安撫招討進宣徽

南院使與陳執中論兵事不合詔徙屯鄜州初竦在涇州朝廷遣龐籍就計事竦上奏曰頃者繼遷逃背屢寇朔方至道初洛苑使白守榮等率重兵護糧四十萬過寇浦洛河糧卒竝沒守榮僅以身免呂端始欲發兵繇麟府鄜延環慶三路趣平夏襲其巢穴太宗難之後命李繼隆丁罕范廷召王超張守恩五路入討繼隆與罕合兵行旬日不見賊守恩見賊不擊超及廷召至烏白池以諸將失期士卒困敝相繼引還時繼遷當繼捧入朝之後曹光實掩襲之餘遁迯窮蹙而猶累歲不能勦滅先皇帝鑒追討之敝戒疆

吏謹烽候嚴卒乘來即驅逐之去無追捕也然拓跋之境自靈武陷沒之後銀綏割棄已來假朝廷威靈其所役屬者不過河外小羌爾況德明元昊相繼猖蹶以繼遷窮蹙比元昊富實勢可知也以先朝累勝之士較當今關東之兵勇怯可知也以興國習戰之師方沿邊未試之將工拙可知也繼遷竄伏平夏元昊窟穴河外地勢可知也若分兵深入糗糧不支師行賊境利於速戰儻進則賊避其鋒退則敵躡其後老師費糧深可虞也若窮其巢穴須涉大河長舟巨艦非倉卒可具也若浮囊挽綆聯絡而進我師半渡

賊乘勢掩擊未知何謀可以捍禦臣以為不較主客之利不計攻守之便而議追討者非良策也因條上十事時邊臣多議征討朝廷鄉之而竦言出師非便既而詔以涇原鄜延兩路兵進討會元昊稍求納款范仲淹請留鄜延兵繇是涇原兵亦不行中國之師卒不出塞竦上十事一教習彊弩以為奇兵二羈縻屬羌以為藩籬三詔唃廝囉父子并力破賊四度地形險易遠近砦柵多少軍士勇怯而增減屯兵五詔諸路互相應援六募土人為兵州各一二千人以代東兵七增置弓手壯丁獵戶以備城守八竝邊小砦

毋積芻糧賊攻急則棄小砦入保大砦以完兵力九關中民坐罪若過誤者許人入粟贖罪銅一斤為粟五斗以贍邊計十損竝邊冗兵冗官及減騎軍以紓饋運當時頗採用之其募土人為兵令下而楊偕奏言西兵比繼遷時十增七八縣官困於供億今州復益一二千人則歲費不貲若訓習士卒使之精銳選任將帥求之方略自然以寡擊衆以一當百矣竦云土兵訓練可代東兵此虛言也自德明納款以來東兵猶不可代況今日乎朝廷下竦議竦奏陝西防秋之敝無甚東兵不慣登陟不耐寒暑驕懦相習廩給

至厚土兵便習各護鄉土山川道路彼皆素知歲省芻糧鉅萬且收聚小民免饑餓為盜代兵東歸以衛京師萬世利也偕欲以寡擊衆殆虛言也偕復奏云自古將帥深入殊庭霍去病止將輕騎八百直棄大將軍數百里赴利斬捕過當又將萬騎踰烏盭討遬僕涉狐奴歷五王國過焉支山千有餘里合兵鏖皐蘭下殺樓蘭王盧侯王執昆邪王子收休屠祭天金人趙充國亦以萬騎破先零李靖以驍騎三千破突厥又以精騎一萬至陰山斬首千餘級俘男女十餘萬擒頡利以獻自漢以來用少擊衆不可勝數竦在

涇原守城壘據險阻來則禦之去則釋之不聞出師也竦懼戰或敗屻託以兵少為辭爾竦言土兵各護鄉土自古有九地士卒近家謂之散地言其易離散也第以近事言之閤門祗候王文恩出師敗北而土兵皆竄走惟東兵僅二百人殺敵兵甚衆以此知兵之強弱不繫東西在將有謀與無謀爾今邊郡參用東兵土兵若盡罷東兵亦非計也古人有言非隴西之民有勇怯迺將吏之制巧拙異也今防邊東兵人月受米七斗五升土兵二石五斗而竦乃言東兵廩給至厚又不知之甚也竦又言募土兵訓練以代東

兵且土兵數萬須募足訓練雖三二歲未得成效兵精猶恐奔北豈有驟加訓練而能取勝哉竦議遂屈竦雅意在朝廷及任以西事頗依違顧避又數請解兵柄改判河中府徙蔡州慶曆中召為樞密使諫官御史交章論竦在陝西畏懦不肯盡力每論邊事但列衆人之言至遣敕使臨督始陳十策嘗出巡邊置侍婢中軍帳下幾致軍變元昊嘗募得竦首者與錢三千為賊輕侮如此今復用之邊將體解矣且竦挾詐任數姦邪傾險與呂夷簡不相能夷簡畏其為人不肯引為同列既退乃薦之以釋宿憾陛下孜孜政

事首用懷詐不忠之臣何以求治會竦已至國門言者論不已請不令入見諫官余靖又言竦累表引疾及聞召用即兼驛而馳若不早決竦必堅求面對敘恩感泣復有左右為之地則聖聽惑矣章累上即日詔竦歸鎮竦亦自請還節徙知亳州改授吏部尚書歲中加資政殿學士竦之及國門也帝封彈疏示之既至亳州上書萬言自辨復拜宣徽南院使河陽三城節度使判并州請復置官者為走馬承受明年拜同中書門下平章事判大名府又明年召入為宰相制下而諫官御史復言大臣和則政事修竦前在闕

中與執中論議不合不可使共事遂改樞密使封英
國公請析河北為四路親事官夜入禁中欲為亂領
皇城司者皆坐逐獨楊懷敏降官領入內都知如故
言者以為竦結懷敏而曲庇之會京師同日無雲而
震者五帝方坐便殿趣召翰林學士張方平至謂曰
夏竦姦邪以致天變如此宜出之罷知河南府未幾
赴本鎮加兼侍中饗明堂徙武寧軍節度使進鄭國
公錫賚與輔臣等將相居外遇大禮有賜自竦始尋
以病歸卒贈太師中書令賜謚文正劉敞言世謂竦
姦邪而謚為正不可改謚文莊竦以文學起家有名

一時朝廷大典策屢以屬之多識古文學奇字至夜
以指畫膚文集一百卷其為郡有治績喜作條教於
閭里立保伍之法至盜賊不敢發然人苦煩擾治軍
尤嚴敢誅殺即疾病死喪拊循甚至嘗有龍騎卒戍
邊群剽州郡莫能止或密以告竦時竦在關中俟其
至召詰之誅斬殆盡軍中大震其威略多類此然性
貪數商販部中在并州使其僕貿易為所侵盜至杖
殺之積家財累鉅萬自奉尤侈畜聲伎甚眾所在陰
間僚屬使相猜阻以鉤致其事遇家人亦然子安期
字清卿以父任為將作監主簿召試賜進士出身累

遷太常博士擢提點荊湖南道刑獄除開封府推官
徙判官判三司鹽鐵勾院出為京西轉運使盜起部
中剽劫州縣而光化軍戍卒相繼叛勢且相合安期
督將吏捕斬殆盡徙河東轉運使累遷尚書工部郎
中徙江淮發運使入為三司戶部副使會元昊納款
西邊罷兵命往陝西與諸路經略安撫司議損邊費
頗奏省吏員及汰邊兵之不任役者五萬人擢天章
閣待制遂為陝西都轉運使徙河北進兵部郎中時
竦為樞密使為請還所遷官丐淮浙一郡復以為工
部郎中江淮發運使徙知永興軍進龍圖閣直學士

吏部郎中知渭州簡弓箭手得驍勇萬人為步兵騎
又半之教以戰陣法繇是土兵勝他路又籍塞下閑
田募人耕種歲得穀數萬斛以備振發名曰貸倉遷
右諫議大夫進樞密直學士徙延州未至丁父憂服
除辭所進職復為龍圖閣直學士兼侍讀提舉集禧
觀以學士復知延州州東北阻山無城郭虜騎嘗乘
之安期至即大築城時方暑士卒有怨言安期益令
廣袤計數百步令其下曰敢言者斬躬自督役不踰
月而就元昊請畫疆界朝廷欲遣使以問安期安期
對曰此不足煩王人衙校可辦也議遂決暴得疾卒

詔遣中使護其喪以歸安期雖秉世資頗以才自厲
朝廷數器使之然無學術而求入侍經筵爲世所譏
其奉養聲伎不減其父云

論曰王欽若丁謂夏竦世皆指爲姦邪眞宗時海内乂安文治洽和群臣將順不暇而封禪之議成於謂天書之誣造端於欽若所謂以道事君者固如是耶竦陰謀猜阻鈎致成事一居政府排斥相踵何其患得患失也欽若以贓賄干吏議其得免者幸矣然而黨惡醜正幾敗國家謂其尤者哉

列傳卷第四十二

列傳卷第四十三　宋史二百八十四

開府儀同三司上柱國錄軍國重事前中書右丞相監修國史領經筵事都總裁臣脫脫等奉勅修

陳堯佐 兄堯叟 弟堯咨 從子漸　宋庠 弟祁

陳堯佐字希元其先河朔人高祖翔爲蜀新井令因家焉遂爲閬州閬中人父省華字善則事孟昶爲西水尉蜀平授隴城主簿累遷櫟陽令縣之鄭白渠爲鄰邑強族所據省華盡去壅遏水利均及民皆賴之從攉煩令端拱三年太宗親試進士伯子堯叟登甲科占謝辭氣明辨太宗顧左右曰此誰子王沔以省

華對即召省華爲太子中允俄判三司都憑由司改鹽鐵判官遷殿中丞河決鄆州命省華領州事俄爲京東轉運使超拜祠部員外郎知蘇州賜金紫時遇水災省華復流民數千戶歿者悉瘞之詔書褒美歷戶部吏部二員外郎改知潭州省華智辨有吏幹入掌左藏庫判吏部南曹擢鴻臚少卿景德初判吏部銓擢知開封府轉光祿卿舊制卿監坐朶殿太宗以省華權涖京府別設其位升於兩省五品之南省華以府事繁劇請禁賓友相過從之未幾因疾求解任拜左諫議大夫再表乞骸骨不許手詔存問親閱方

藥賜之三年卒年六十八特贈太子少師堯佐進士及第歷魏縣中牟尉為海喻一篇人奇其志以試秘書省校書郎知朝邑縣會其兄堯叟使陝西發中人方保吉罪保吉怨之誣堯佐以事降本縣主簿徙下邽遷秘書郎知真源縣開封府司錄參軍事遷府推官坐言事忤旨降通判潮州修孔子廟作韓吏部祠以風示潮人民張氏子與其母濯于江鱷魚尾而食之母弗能救堯佐聞而傷之命二吏拏小舟操網往捕鱷至暴非可網得至是鱷弭受網作文示諸市而烹之人皆驚異召還直史館知壽州歲大饑出奉米

宋史二百八十四 字四百令九个 宋史列傳卷第四十三 二 李俊寫 吳貴刊

為糜粥食餓者吏人悉獻米至振數萬人徙廬州以父疾請歸提點開封府界事後為兩浙轉運副使錢塘江籌石為隄隄再歲輒壞堯佐請下薪實土乃堅久丁謂不以為是徙京西轉運使後卒如堯佐議徙河東路以地寒民貧仰石炭以生奏除其稅又減澤州大廣冶鐵課數十萬徙河北母老祈就養召糾察在京刑獄為御試編排官坐置等誤降官監鄂州茶場天禧中河決起知滑州造木龍以殺水怒又築長堤人呼為陳公堤初營永定陵復徙京西轉運使入為三司户部副使徙度支同修真宗實錄不試中書

特擢知制誥兼史館修撰知通進銀臺司進樞密直學士知河南府徙并州每汾水暴漲州民輒憂擾堯佐為築堤植柳數萬本作柳溪民賴其利召同修三朝史代弟堯咨同知開封府累遷右諫議大夫為翰林學士遂拜樞密副使祥符知縣陳詁治嚴急吏欲罪詁乃空縣逃去太后果怒而詁連呂夷簡親執政以嫌不敢辨事下樞密院堯佐獨曰罪詁則姦吏得計後誰敢復繩吏者詁由是得免以給事中參知政事遷尚書吏部侍郎太后崩執政多罷以户部侍郎知永興軍過鄭為郡人王文吉以變事告下御史中

宋史二百八十四 字四百令九个 宋史列傳卷第四十三 三 李俊寫 吳貴刊

丞范諷劾治而事乃辨改知廬州徙同州復徙永興軍初太后遣宦者起浮圖京兆城中前守姜遵盡毀古碑碣充磚甓用堯佐奏曰唐賢臣墓石今十亡七八矣子孫深刻大書欲傳之千載迺一旦與瓦礫等誠可惜也其未毀者願敕州縣完護之徙鄭州會作章惠太后園陵州供張甚嚴賜書褒諭既而拜同中書門下平章事集賢殿大學士以災異數見罷為淮康軍節度使同中書門下平章事判鄭州以太子太師致仕卒贈司空兼侍中謚文惠堯佐少好學父授諸子經其兄未卒業堯佐竊聽已成誦初肄業錦屏

山後從种放於終南山及貴讀書不輟善古隸八分為方丈字筆力端勁老猶不衰尤工詩性儉約見動物必戒左右勿殺器服壞隨輒補之曰無使不全見棄也號知餘子自誌其墓曰壽八十二不為夭官一品不為賤使相納祿不為辱三者粗可歸息於父母棲神之域矣陳摶嘗謂其父曰君三子皆當將相惟中子貴且壽後如摶言有集三十卷又有潮陽編野廬編愚丘集遺興集

堯叟字唐夫解褐光祿寺丞直史館與省華同日賜緋遷秘書丞久之充三司河南東道判官時宋亳陳潁民饑命堯叟及趙況等分振之再遷工部員外郎廣南西路轉運使嶺南風俗病者禱神不服藥堯叟有集驗方刻石桂州驛又以地氣蒸暑為植樹鑿井每三二十里置亭舍具飲器人免暍死會加恩黎桓為交州國信使初將命者必獲贈遺數千緡桓貴賦斂於民往往斷其手及足趾堯叟知之遂奏召桓子授以朝命而卻其私覿又桓界先有亡命來奔者多匿不遣因是海賊頻年入寇堯叟悉捕亡命歸桓桓感恩併捕海賊為謝先是歲調雷化高藤容白諸州兵使輦軍糧汎海給瓊州其兵不習水利率多沉溺

咸苦之海北岸有遞角場正與瓊對伺風便一日可達與雷化高太平四州地水路接近堯叟因規度移四州民租米輸于場第令瓊州遣蜑兵具舟自取人以為便咸平初詔諸路課民種桑棗堯叟上言曰臣所部諸州土風本異田多山石地少桑蠶昔云八蠶之綿諒非五嶺之俗度其所產恐在安南今其民除耕水田外地利之博者惟麻苧爾麻苧所種與桑柘不殊既成宿根旋擢新榦俟枝葉裁茂則刈穫之周歲之間三收其苧復一固其本十年不衰始離田疇即可紡績然布之出每端止售百錢蓋織者衆市者少故地有遺利民艱資金臣以國家軍須所急布帛為先因勸諭部民廣植麻苧以錢鹽折變收市之未及二年已得三十七萬餘匹自朝廷克平交廣布帛之供歲止及萬較今所得何止十倍今樹藝之民相率競勸杼軸之功日以滋廣欲望自今許以所種麻苧頃畝折桑棗之數諸縣令佐依例書曆為課民以布赴官賣者免其算稅如此則布帛上供泉貨下流公私交濟其利甚博詔從之代還加刑部員外郎充度支判官未幾會撫水蠻酋蒙令國殺使臣擾動命堯叟為廣南東西兩路安撫使賜金紫遣之事平遷

兵部拜主客郎中樞密直學士知三班兼銀臺通進封駁司制置群牧使河決澶州王陵口詔往護塞之遂與馮拯同為河北河東安撫副使時中外上封奏者甚衆命與拯詳定利害及與三司議減冗事俄與拯並拜右諫議大夫同知樞密院事有言三司官吏積習依違文牒有經五七歲不決者吏民抑塞水旱災沴多由此致請委逐部判官檢覆判決如復稽滯許本路轉運使聞奏命官推鞫以警弛慢乃詔堯叟與拯舉常參官幹敏者同三司使議減煩冗參決滯務堯叟請以秘書丞直史館孫冕同領其事凡省去

煩冗文帳二十一萬五千餘道又減河北冗官七十五員五年郊祀進給事中會王繼英為樞密使以堯叟簽署院事奉秩恩例悉同副使遷工部侍郎真宗幸澶淵命乘傳先赴北砦按視戎事許以便宜景德中遷刑部兵部二侍郎與王欽若並知樞密院事真宗朝陵權東京留守每裁剸刑禁雖大辟亦止面取狀亟決遣之以故獄無繫囚真宗曰堯叟素有裁斷然董事宜付有司按鞫而詳察之因密加詔諭俄兼群牧制置使始置使即以堯叟為之及掌樞密即罷其任至是以國馬戎事之本宜得大臣總領故又委

堯叟焉自是多立條約又著監牧議述馬政之重預修國史大中祥符初東封加尚書左丞詔撰朝覲壇碑進工部尚書獻封禪聖製頌帝作歌答之祀汾陰為經度制置使判河中府禮成進戶部尚書時詔王欽若為朝覲壇頌表讓堯叟不許別命堯叟撰親謁太寧廟頌加特進賜功臣又以堯叟善草隸詔寫途中御製歌詩刻石五年與欽若並以本官檢校太傅同平章事充樞密使加檢校太尉從幸太清宮加開府儀同三司未幾與欽若罷守本官仍領群牧明年復與欽若以本官檢校太尉同平章事充樞密使堯

叟素有足疾屢請告九年夏帝臨問勞賜加等疾甚表求避位遣閤門使楊崇勳至第撫慰以詢其意堯叟詞志頗確優拜右僕射知河陽肩輿入辭至便坐許三子扶掖升殿賜詩為餞又賜仲子希古緋服天禧初病亟召其子執筆口占奏章求還輦下詔許之肩輿至京師卒年五十七廢朝二日贈侍中謚曰文忠錄其孫知言知章為將作監主簿長子師古賜進士出身後為都官員外郎希古至太子中舍坐事除籍堯叟偉姿貌強力奏對明辨多任知數久典機密軍馬之籍悉能周記所著請盟錄三集二十卷母馮

氏性嚴堯叟事親孝謹怡聲侍側不敢以貴自處家本富祿賜且厚馮氏不許諸子事華侈景德中堯叟掌樞機弟堯佐直史館堯咨知制誥與省華同在北省諸孫任官者十數人宗親登科者又數人榮盛無比賓客至堯叟兄弟侍立省華側客不自安多引去舊制登樞近者母妻即封郡夫人堯叟以父在朝母止從父封遂以妻封表讓于母朝廷援制不許父既卒帝欲褒封其母以問王旦旦曰雖私門禮制未闕公朝降命亦無嫌也乃封上黨郡大夫人進封滕國年八十餘無恙後堯叟數年卒

堯咨字嘉謨舉進士第一授將作監丞通判濟州召為秘書省著作郎直史館判三司度支句院始合三部句院兼總之擢右正言知制誥崇政殿試進士堯咨為考官三司使劉師道弟幾道以試卷為識驗坐貶單州團練副使復著作郎知光州尋復右正言知制誥知荊南改起居舍人同判吏部流內銓舊格選人用舉者數遷官而寒士無以進堯咨進其可擢者帝特遷之改右諫議大夫集賢院學士以龍圖閣直學士尚書工部郎中知永興軍長安地斥鹵無甘泉堯咨疏龍首渠注城中民利之然豪侈不循法度敝

武庫建視草堂闢三門築甬道出入列禁兵自衛用刑慘急數有杖死者嘗以氣凌轉運使樂黃目黃目不能堪求解去遂徙堯咨知河南府既而有發堯咨守長安不法者帝不欲窮治止削職徙鄧州才數月復知制誥堯咨性剛戾數被挫忽忽不自樂堯叟進見帝問之對曰堯咨豈知上恩所以保佑者自謂遭讒以至此爾帝賜詔條其事切責乃皇恐稱謝還判登聞檢院復龍圖閣直學士坐失舉降兵部員外郎喪母起復工部郎中龍圖閣直學士會靈觀副使邊臣飛奏唃廝羅立文法召蕃部欲侵邊以為陝西緣

邊安撫使再遷右諫議大夫知秦州徙同州以尚書工部侍郎權知開封府入為翰林學士以先朝初牓甲科特詔班舊學士蔡齊之上換宿州觀察使知天雄軍位丞郎上堯咨內不平上章固辭皇太后特以隻日召見敦諭之不得已拜命自契丹修好城壁器械久不治堯咨葺完之然須索煩擾多暴怒列軍士持大梃侍前吏民語不中意立至困仆以安國軍節度觀察留後知鄆州建請浚新河自魚山至下杷以導積水拜武信軍節度使知河陽徙澶州又徙天雄軍所居棟摧大星霣于庭散為白氣已而卒贈太尉

謚曰康肅堯咨於兄弟中最為少文然以氣節自任工隸書善射嘗以錢為的一發貫其中兄弟同時貴顯時推為盛族子述古太子賓客致仕博古篤學能文為館閣校勘早卒

從子漸字鴻漸少以文學知名於蜀淳化中與其父堯封皆以進士試廷中太宗擢漸第輒辭不就願擢其父許之至咸平初漸始仕為天水縣尉時學者罕通揚雄太玄經漸獨好之著書十五篇號演玄奏之召試學士院授儀州軍事推官舉賢良方正科不中復調隴西防禦推官坐法免歸不復有仕進意蜀中學者多從之遊堯咨不學漸心薄之堯咨後貴顯與漸益不同因言漸罪廢之人聚徒太盛不宜久留遠方即召漸至京師授潁州長史丁謂等知其無他得改鳳州團練推官遷耀州節度推官卒有文集十五卷自號金龜子

宋庠字公序安州安陸人後徙開封之雍丘父杞嘗為九江掾與其妻鍾禱于廬阜鍾夢道士授以書曰以遺爾子視之小戴禮也已而庠生他日見許真君像即夢中見者庠天聖初舉進士開封試禮部皆第一擢大理評事同判襄州召試遷太子中允直史館歷三司户部判官同修起居注再遷左正言郭皇后廢庠與御史伏閤爭論坐罰金久之知制誥時親策賢良茂才等科而命與武舉人雜視庠言非所以待天下士宜如本朝故事命有司設次具飲膳斥武舉入令別試詔從之兼史館修撰知審刑院密州豪王澥私釀酒隣人往捕之澥給奴曰盜也盡使殺其父子四人州論奴以法澥獨不死宰相陳堯佐右澥庠力爭卒抵澥死改權判吏部流內銓遷尚書刑部員外郎仁宗欲以為右諫議大夫同知樞密院事中書言故事無自知制誥除執政者乃詔為翰林學士帝遇庠厚行且大用矣庠初名郊李淑恐其先已以奇中之言曰宋受命之號郊交也合姓名言之為不祥帝弗為意他日以諭之因改名庠寳元中以右諫議大夫參知政事庠為相儒雅練習故事自執政遇事輒分別是非嘗從容論及唐入閤儀庠退而上奏曰入閤乃有唐隻日於紫宸殿受常朝之儀也唐有大内又有大明宮宮在大內之東北世謂之東內高宗以後天子多在大明宮之正南門曰丹鳳門門內第一殿曰含元殿大朝會則御之第二殿曰宣政殿謂之正衙朔望大冊拜則御之第三殿曰紫宸殿謂之

上閤亦曰内衙隻日常朝則御之天子坐朝須立仗
於正衙殿或乗輿止御紫宸即喚仗自宣政殿兩門
入是謂東西上閤門也以本朝宫殿視之宣德門唐
丹鳳門也大慶殿唐含元殿也文德殿唐宣政殿也
紫宸殿唐紫宸殿也今欲求入閤本意施於儀典須
先立仗文德庭如天子止御紫宸即喚仗自東西閤
門入如此則差與舊儀合但今之諸殿比於唐制南
北不相對爾又按唐自中葉以還雙日及非時大臣
奏事别開延英殿若今假日御崇政延和是也乃知
唐制每遇坐朝日即為入閤其後正衙立仗因而遂

廢甚非禮也庠與宰相呂夷簡論數不同凡庠與善
者夷簡皆指為朋黨如鄭戩葉清臣等悉出之乃以
庠知揚州未幾以資政殿學士徙鄆州進給事中參
知政事范仲淹去位帝問宰相章得象誰可代仲淹
者得象薦宋祁帝雅意在庠復召為參知政事慶曆
七年春旱用漢災異策免三公故事罷宰相賈昌朝
輔臣皆削一官以庠為右諫議大夫帝嘗召二府對
資政殿出手詔策以時事庠曰兩漢對策本延巖穴
草萊之士今備位政府而比諸生非所以尊朝廷請
至中書合議條奏時陳執中為相不學少文故夏竦

為帝畫此謀意欲困執中也論者以庠為知體明年
除尚書工部侍郎充樞密使皇祐中拜兵部侍郎同
中書門下平章事集賢殿大學士享明堂遷工部尚
書嘗請復群臣家廟曰慶曆元年赦書許文武官立
家廟而有司終不能推述先典因循顧望使王公薦
享下同委巷衣冠昭穆雜用家人緣偷襲弊甚可嗟
也請下有司論定施行而議者不一卒不果復三年
祁子與越國夫人曹氏客張彦方遊而彦方偽造敕
牒為人補官論死諫官包拯奏庠不戢子弟又言庠
在政府無所建明庠亦請去乃以刑部尚書觀文殿

大學士知河南府後徙許州又徙河陽再遷兵部尚
書入覲詔綴中書門下班出入視其儀物以檢校太
尉同平章事充樞密使封莒國公數言國家當慎固
根本畿輔宿兵常盈四十萬羨則出補更戍祖宗初
謀也不苟輕改既而與副使程戡不協戡罷而御史
言庠昏惰乃以河陽三城節度同平章事判鄭州徙
相州以疾召還英宗即位移鎮武軍改封鄭國公庠
在相州即上章請老至是請猶未已帝以大臣故未
忍遽從乃出判亳州庠前後所至以慎靜為治及再
登用遂沉浮自安晚愛信幼子多與小人遊不謹御

史呂晦請敕庠不得以二子隨帝曰庠老矣奈何不使其子從之至是請老益堅以司空致仕卒贈太尉兼侍中謚元獻帝為篆其墓碑曰忠規德範之碑庠自應舉時與祁俱以文學名擅天下儉約不好聲色讀書至老不倦善正訛謬嘗校定國語撰補音三卷又輯紀年通譜區別正閏為十二卷掖垣叢志三卷尊號錄一卷別集四十卷天資忠厚嘗曰逆詐恃明殘人矜才吾終身弗為也沈邈嘗為京東轉運使數以事侵庠及庠在洛邈子監麴院因出借縣人負物杖之道死實以他疾而邈子為府屬所惡欲痛治之以法

庠獨不肯曰是安足罪也人以此益稱其長者弟祁

祁字子京與兄庠同時舉進士禮部奏祁第一庠第三章獻太后不欲以弟先兄乃擢庠第一而寘祁第十人呼曰二宋以大小別之釋褐復州軍事推官孫奭薦之改大理寺丞國子監直講召試授直史館再遷太常博士同知禮儀院有司言太常舊樂數增損其聲不和詔祁同按試李照定新樂胡瑗鑄鍾磬祁皆典之事見樂志預修廣業記成遷尚書工部員外郎同脩起居注權三司度支判官方陝西用兵調費日蹙上疏曰兵以食為本食以貨為資聖人一天下之具也今左藏無積年之鏹太倉無三歲之粟尚方冶銅匱而不發承平如此已自彫困良由取之既殫用之無度也朝廷大有三冗小有三費以困天下之財財窮用褊而欲興師遠事誠無謀矣能去三冗節三費專備西北之屯可曠然高枕矣何謂三冗天下有定官無限員一冗也天下廂軍不任戰而耗衣食二冗也僧道日益多而無定數三冗也三冗不去不可為國請斷自今僧道已受戒具者姑如舊其他悉罷還為民可得耕夫織婦五十餘萬人一冗去矣天下廂軍不擇孱小尩弱而悉刺之纔圖供役本不知

兵又且月支廩糧歲費庫帛數口之家不能自庇多去而為盜賊雖廣募之無益也其已在籍者請勿論其他悉驅之南畝又得力耕者數十萬二冗去矣國家郡縣素有定官譬以十人為額常以十二加之即遷代罪謫隨取之而有今一官未闕群起而逐之州縣不廣於前而官五倍於舊吏何得不苟進官何得不濫除請詔三班審官院內諸司流內銓明立限員以為定法其門蔭流外貢舉等科實置選限稍務擇人俟有闕官計員補吏三冗去矣何謂三費一曰道場齋醮無有虛日且百司供億至不可貲計彼皆以祝

帝壽奉先烈祈民福爲名臣愚以爲此主者爲欺盜
之計爾陛下事天地宗廟社稷百神犧牲玉帛使有
司端委奉之歲時薦之足以昭明德介多福矣何必
希屑屑之報哉則一費節矣二曰京師寺觀或多設
徒卒添置官府衣糧率三倍他處居大屋高廡不徭
不役坐蠹齊民其尤者也而又自募民財營建祠廟
雖曰不費官帑然國與民一也捨國取民其傷一焉
請罷去之則二費節矣三曰使相節度不隸藩要夫
節相之建或當邊鎮或臨師屯公用之設勞衆而饗
賓也今大臣罷黜率叨恩除坐糜邦用莫此爲甚請

自今地非邊要州無師屯者不得建節度已帶節度
不得留近藩及京師則三費節矣臣又聞之人不率
則不從身不先則不信陛下能躬服至儉風示四方
衣服起居無踰舊規後宮錦綉珠玉不得妄費則天
下響應民業日豐人心不搖師役可舉風行電照飲
馬西河蠢爾戎首在吾掌中矣從判鹽鐵勾院同脩
禮書次當知制誥而庠方參知政事乃以爲天章閣
待制判太常禮院國子監改判太常寺庠罷祁亦出
知壽州徙陳州還知制誥權同判流內銓以龍圖閣
直學士知杭州留爲翰林學士提舉諸司庫務數釐

正弊事增置勾當公事官其屬言利害者皆使先稟
度可否而後議於三司遂著爲令徙知審官院兼侍
讀學士庠復知政事罷祁翰林學士改龍圖學士史
館修撰修唐書累遷右諫議大夫充群牧使庠爲樞
密使祁復爲翰林學士景祐中詔求直言祁奏人主
不斷是名亂春秋書殞霜不殺菽天威暫廢不能殺
小草猶人主不斷不能制臣下又謂與賢人謀而與
不肖者斷重選大臣而輕任之大事不圖而小事急
是謂三患其意主於彊君威別邪正急先務皆切中
時病會進溫成皇后爲貴妃故事命妃皆發冊妃辭

則罷冊禮然告在有司必俟旨而後進又凡制詞既
授閤門宣讀學士院受而書之送中書結三省銜官
告院用印乃進內祁適當制不俟旨寫告不送中書
徑取官告院印用之亟封以進后方愛幸覬行冊禮
得告大怒擲于地祁坐是出知許州甫數月復召爲
侍讀學士史館脩撰祀明堂遷給事中兼龍圖閣學
士坐其子從張彥方游出知亳州兼集賢殿脩撰歲
餘徙知成德軍遷尚書禮部侍郎請弛河東陝西馬
禁又請復唐馱幕之制居正月徙定州又上言天下
根本在河北河北根本在鎮定以其扼賊衝爲國門

户也且契丹掉尾五十年狼態馴心不能無動今垂涎定鎮二軍不戰則慱深趙邢洺直擣其虛血吻婪進無所顧藉臣竊慮欲兵之強莫如多殺與財欲士訓練莫如善擇將帥欲人樂鬬莫如賞重罰嚴欲賊顧望不敢前莫如使鎮重而定彊夫恥怯尚勇好論事甘得而忘死河北之人殆天性然陛下少勵之不憂不戰以欲戰之士不得善將雖鬬猶負無毅與財雖金城湯池其勢必輕今朝廷擇將練卒制財積糧廼以陝西河東為先河北為後非策也西賊兵銳士寡不能深入河東天險彼憚為寇若河北不然自劒

直視勢同建瓴賊鼓而前如行莞衽故謀契丹者當先河北謀河北者捨鎮定無議矣臣願先入穀鎮定鎮定既充可入穀餘州列將在陝西河東有功狀者得遷鎮定則鎮定重天下久平馬益少臣請多用步兵夫雲奔飈馳抄後掠前馬之長也彊弩巨梃長槍利刀什伍相聯大呼薄戰步之長也臣料朝廷與敵相攻必不深入窮追毆而去之及境則止此不待馬而步可用矣臣請損馬益步故馬少則騎精步多則鬬健我能用步所長雖契丹多馬無所用之夫鎮定一體也自先帝以來為一道帥專而兵不分故定揕

其胷則鎮擣其脅勢自然耳今判而為二其顯顯有害者屯砦山川要險之地裂而有之平時號令文移不能一賊脫叩營壘則彼此不相謀尚肯任此責邪請合鎮定為一路以將相大臣領之無事時以鎮為治所有事則遷治定指授諸將權一而責有歸策之上也陛下當居安思危熟計所長必待事至而後圖之殆矣河東馬彊士習善馳突與鎮定若表裏然東下井陘不百里入鎮定矣賊若深入以河東健馬佐鎮定兵掩其惰若歸者萬出萬全此一奇也臣聞事切於用者不可以文陳臣所論件目繁碎要待刀筆

吏委曲可曉臣已便俗言之輒別上擇將畜財一封乞下樞密院三司裁制之又上禦戎論七篇加端明殿學士特遷吏部侍郎知益州尋除三司使右司諫吳及嘗言祁在定州不治縱家人貸公使錢數千緡在蜀奢侈過度既而御史中丞包拯亦言祁益部多游燕且其兄方執政不可任三司乃加龍圖閣學士知鄭州唐書成遷左丞進工部尚書以羸疾請便醫藥入判尚書都省踰月拜翰林學士承旨詔遇入直許一子主湯藥復為群牧使尋卒遺奏曰陛下享國四十年東宮虛位天下係望人心未安為社稷深計

莫若擇宗室賢材進爵親王為匕鬯之主若六宮有就館之慶聖嗣蕃衍則宗子降封郡王以避正嫡此定人心防禍患之大計也又自為誌銘及治戒以授其子三日歛三月葬慎無為流俗陰陽拘忌也棺用雜木漆其四會三塗即止使數十年足以腊吾骸朽衣巾而已毋以金銅雜物置冢中且吾學不名家文章僅及中人不足垂後為吏在良二千石下勿請謚勿受贈典冢上植五株栢墳高三尺石翁仲他獸不得用若等不可違命若等兄弟十四人惟二孺兒未仕以此諉莒公莒公在若等不孤矣後贈尚書祁兄弟皆以文學顯而祁尤能文善議論然清約莊重不及庠論者以祁不至公輔亦以此云修唐書十餘年自守亳州出入內外甞以稾自隨為列傳百五十卷預修籍田記集韻又撰大樂圖二卷文集百卷祁所至治事明峻好作條教其子遵治戒不請謚久之學士承旨張方平言祁法應得謚謚曰景文

論曰咸平天聖間父子兄弟以功名著聞于時者於陳堯佐宋庠見之省華聲聞由諸子而益著堯佐相業雖不多見世以寬厚長者稱之堯叟出典方州入為侍從課布帛修馬政減冗官有足稱者庠明練故實文藻雖不逮祁孤風雅操過祁遠矣君子以為陳之家法宋之友愛有宋以來不多見也嗚呼賢哉

列傳卷第四十三

列傳卷第四十四　宋史二百八十五

開府儀同三司上柱國錄軍國重事前中書右丞相監修國史領經筵事都總裁臣脫脫等奉

敕修

陳執中　劉沆　馮拯子行已 伸已

賈昌朝弟昌衡 從子炎 伯祖父琰　梁適孫子美

陳執中字昭譽以父恕任為秘書省正字累遷衛尉寺丞知梧州上復古要道三篇真宗異而召之帝屬疾春秋高大臣莫敢言建儲者執中進演要三篇以蚤定天下根本為說翌日帝以他疏示輔臣皆贊曰善帝指其袖中曰又有善於此者出之迺演要也因

召對便殿勞問久之擢右正言逾月遂立皇太子明年坐考御試進士卷差謬貶衛尉寺丞監岳州酒務稍復殿中丞通判撫州復右正言曹利用婿盧士倫除福建運使憚遠不行利用為請乃改京東執中嘗劾奏之利用挾私忿出執中知漢陽軍及利用得罪乃召為群牧判官權三司鹽鐵判官知諫院提舉諸司庫務以尚書工部員外郎兼御史知雜同判流內銓遷三司戶部副使明道中安撫京東進天章閣待制使還知應天府徙江寧府揚州再遷工部郎中改龍圖閣直學士知永興軍拜右諫議大夫同知樞密

院事元昊寇延州手詔咨訪輔臣攻守方略執中既上對退復奏疏曰元昊乘中國久不用兵竊發西垂以游兵困勁卒甘言悅守臣一旦連犯亭障延安幾至不保此蓋范雍納詭說失於戒嚴劉平輕躁喪其所部上下紛擾遠近震駭自金明李士彬族破而並邊籬落皆大壞塞門金明相距二百里宜列修三城城屯兵千人益募弓箭手寇大至則退保小至則出鬭選閤門祗候以上為塞主都監以諸司使為盧關一路都巡檢以兵二千屬之使為三砦之援熟羌居漢地久者委邊臣拊存之反覆者破逐之至於新拊

黠羌如涇原康奴滅臧大蟲族久居內地常有叛心不肆剪除恐終為患今軍須之出民已愁嘆復欲徧修城池如河北之制及夏須成使神運之猶恐不能民力其堪此乎陝西地險非如河北惟涇州鎮戎軍勢稍平易若不責外守而勞內營非策之上也宜修並邊城池其次如延州之鄜同環慶之邠寧不過五七處量為營葺則科率減民力蘇矣今賊勢方張宜靜守以驕其志蓄銳以挫其鋒增土兵以備守禦省騎卒以減轉饟然後徐議盪平改張節度更須主張將臣橫議不入則忠臣盡節而捐軀矣既而議刺土

兵久不決罷知青州又以資政殿學士知河南府改尚書工部侍郎陝西同經略安撫招討使與夏竦同知永興軍議邊事多異同詔令互出巡邊乃屯涇州令諸部曰寇籍吾水草鈔邊圖利不除且復至命悉焚之表解兵柄以為兵尚神密千里稟命非所以制勝宜分四路各保疆圉朝議善之就知陝州復徙青州於是請城傳海諸州朝廷重興役有詔不許執中不奉詔卒城之明年沂卒王倫叛趣淮南執中遣巡檢傳永吉追至采石磯捕殺之召拜參知政事諫官孫甫蔡襄極論不可帝遣使馳賜敕告踰年拜同中

書門下平章事集賢殿大學士兼樞密使西夏納款與宰相賈昌朝請解樞密七年春旱昌朝罷執中降給事中已而加昭文館大學士監修國史踰月復官皇祐初以足疾辭位自陳不願為使相大學士學士孫抃當制遂以尚書左丞知陳州宰相文彥博宋庠以為禮薄帖麻改兵部尚書遷吏部觀文殿大學士久之拜集慶軍節度使同平章事判大名府河決商胡走大名程琳欲為堤不果成而去執中乘年豐調丁夫增築二百里以障橫潰以吏部尚書復拜同平章事昭文館大學士每朝退閉中書東便門以防漏

泄三司句當公事及監場務官權勢所引者皆奏罷之內外為之肅然會張貴妃薨治喪皇儀殿追冊為后王洙石全彬務以非禮導帝意執中隨輒奏行至以洙為員外翰林學士全彬領觀察使給留後俸久之嬖妾笞小婢出外舍死御史趙抃列八事奏劾執中歐陽脩亦言之至和三年春旱諫官范鎮言執中為相不病而家居陛下欲弭災變宜速退執中以快中外之望既而御史中丞孫抃與其屬郭申錫毋湜范師道趙抃請合班論奏詔令輪日入對卒罷執中為鎮海軍節度使同平章事判亳州踰年辭節改尚

書左僕射觀文殿大學士封英國公徙河南府又徙曹州皆不赴過都以疾賜告就第拜司徒岐國公致仕卒贈太師兼侍中執中在中書八年人莫敢干以私四方問遺不及門惟殿前都指揮使郭承祐數至其家為御史所言遂詔中書樞密自今非聚廳無見賓客及議謚禮官韓維曰執中以公卿子遭世承平因緣一言遂至貴顯天子以後宮之喪問所以葬祭之禮執中位上相不能總率群司考正儀典知治喪皇儀非嬪御之禮追冊位號於宮闈有嫌建廟用樂踰祖宗舊制皆白而行之此不忠之大者閨門之內

禮分不明夫人正室疏薄自絀庶妾賤人悍逸不制
其治家無足言者宰相不能秉道率禮正身齊家方
杜門深居謝絕賓客曰我無私也我不黨也豈不陋
哉謚法寵祿光大曰榮不勤成名曰靈執中出入將
相以一品就第寵祿光大矣得位行政賢士大夫無
述焉不勤成名矣請謚曰榮靈後改謚恭襄詔謚曰
恭帝篆其墓碑曰褒忠之碑子世儒官至國子博士
妻李與群婢殺世儒所生母世儒與謀皆棄市
劉沆字沖之吉州永新人祖景洪始楊行密得江西
衙將彭玕據州自稱太守屬景洪以兵欲脅衆附湖

南景洪僞許之復以州歸行密退居不仕及徐溫建
國以禮聘之不起官其子煦為殿直都虞候父素不
仕以財雄里中喜賓客景洪嘗告人曰我不從彭玕
數活萬人後世當有隆者因名所居北山曰後隆山
山有牛僧孺讀書堂即故基築臺曰聰明臺沆母夢
衣冠丈夫曰牛相公來已而有娠逾生沆及長倜儻
任氣舉進士不中自稱退士不復出父力勉之天聖
八年始擢進士第二為大理評事通判舒州有大獄
歷歲不決沆數日決之章獻太后建資聖浮圖内侍
張懷信挾詔命督役嚴峻州將至移疾不敢出沆奏

罷懷信再遷太常丞直集賢院出知衡州大姓尹氏
欺鄰翁老子幼欲竊取其田乃僞作賣券及鄰翁死
遂奪而有之其子訴于州縣二十年不得直沆至復
訴之尹氏持積歲稅鈔為驗沆曰若田千頃歲輸豈
特此耶爾始為券時嘗如敕問鄰乎其人固多在可
訊也尹氏遂伏罪遷太常博士歷三司度支戶部判
官同修起居注擢右正言知制誥判吏部流内銓奉
使契丹館伴杜防強沆以酒沆露醉拂袖起因罵之
坐是出知潭州又降知和州改右諫議大夫知江州
時湖南蠻猺數出寇至殺官吏以沆為龍圖閣直學

士知潭州兼安撫使許便宜從事沆大發兵至桂陽
招降二千餘人使散居所部而蠻酋降者皆奏命以
官又募土兵分捕餘黨破桃油平能家源斬馘甚衆
已而賊復出殺裨將胡元坐降知鄂州徙京南還給
事中徙洪州還知審刑院除知永興軍頃之以龍圖
閣學士權知開封府數發隱伏祀明堂遷尚書工部
侍郎踰年拜參知政事初沆在府有張彥方者客越
國夫人曹氏家受富民金為僞告敕既敗繫獄沆抵
彥方死辭不及曹氏曹氏張貴妃母也沆既用諫官
御史皆謂沆於彥方獨不盡疑以此進爭論之帝不

聽貴妃薨追冊皇后沆為監護使數月拜同中書門下平章事集賢殿大學士改園陵使御史中丞孫抃御史范師道毋湜言宰相不當為贈后典塟不報既塟賜后閤中金器數百兩力辭而請其子瑾試學士院遂帖職時中書可否多用例人或援例以訟而法有不行沆進言三弊曰近臣保薦辟請動踰數十皆浮薄權豪之流交相薦舉有司以之貿易而遂使省府臺閣華資要職路分監司邊防寄任授非公選多出私門又職掌吏人遷補有常而或減選出官超資換職堂除便家先次差遣之類此近臣保薦之弊一也審官吏部銓三班當入川廣乃求近地當入近地又求在京及堂除升陟省府館職檢討之類此近臣陳匄親屬之弊二也其敘錢穀管庫之勞捕賊昭雪之賞常格雖存僥倖猶甚以法則輕以例則厚執政者不能持法多以例與之此敘勞干進之弊三也願詔中書樞密凡三事毋用例餘聽如舊事既施行而衆頗不悅尋如舊文彥博富弼復入為相彥博為昭文館大學士弼監修國史沆遷兵部侍郎位在弼下論者以為非故事由學士楊察之誤乃帖麻改沆監修國史弼為集賢殿大學士沆既疾言事官因言自

慶曆後臺諫官用事朝廷命令之出事無當否悉論之必勝而後已專務抉人陰私莫辨之事以中傷士大夫執政畏其言進擢尤速沆遂舉行御史遷次之格滿二歲者與知州御史范師道趙抃歲滿求補郡沆引格出之中丞張昪等言抗挾私出御史時樞密使狄青亦因御史言罷知陳州沆奏曰御史去陛下將相削陛下爪牙此曹所謀臣莫測也昪等益論辨不已罷沆為觀文殿大學士工部尚書知應天府還刑部尚書徙陳州沆長於吏事性豪率少儀矩然任數善刺探權近過失陰持之以軒輊取事論者以此少之卒贈左僕射兼侍中知制誥張瓌草詞詆沆其家不敢請謚帝為篆墓碑曰思賢之碑子瑾嘗為天章閣待制坐法免後以功復職

馮拯字道濟父俊事漢湘陰公劉贇贇死俊與從行千餘人繫侍衛獄周太祖赦出之授檢校太子賓客戍安遠軍馭馬鎮辭不行因徙居河陽拯以書生謁趙普普奇其狀曰子富貴壽考宜不下我舉進士補大理評事通判峽州權知澤州徙坊州遷太常丞江南旱命馳傳振貸貧乏察官吏能否還奏稱旨權知石州權右正言歲餘代歸出使河北與轉運使樊知

古計邊儲還判三司户部理欠憑由司爲度支判官
淳化中有上封請立皇太子者拯與尹黃裳王世則洪
湛伏閤請立許王元僖太宗怒悉貶嶺外拯知端州
既至上言請遣使括諸路隱丁更制版籍及議鹽法
通商凡十餘事太宗欲召還參知政事寇準素不悅
拯乃徙知鼎州改通判廣州郊祀畢覃恩拯與通判
彭惟節皆遷尚書員外郎惟節以太常博士爲屯田
員外而拯以左正言爲虞部員外拯書名舊在惟節
上及奏事如故準切責之拯上書言準阿意不平準
坐此罷拯以母喪請內徙命知江州真宗即位進比

部員外郎御史中丞李惟清表爲推直官判三司度
支勾院遷駕部咸平初坐試開封進士賦涉譏訕下
拯御史臺未幾釋之明年兼侍御史知雜事時西北
用兵王超傳潛將兵出定瀛間觀望玩寇拯極論之
不報超等果逗撓覆軍命拯按傳獄抵潛罪竄流之
擢祠部郎中樞密直學士權判吏部流內銓以審官
及銓法未備建請凡蔭補京官試讀一經書家狀通
習爲中格始得仕同勾當三班院向敏中宣撫河北
河東拯及陳堯叟爲副宴餞長春殿明年以右諫議
大夫同知樞密院事帝欲修綏州謀諸輔臣拯與宰

相向敏中等皆曰便宰相呂蒙正參知政事王旦王
欽若皆曰宜棄勿修帝遣洪湛馳驛往視還上七利
二害卒修完之時上封者言三司多滯務州郡稟疑
事吏民訴理冤獄依違不決者輒數歲水旱或由於
此詔拯選幹強吏同三司使裁冗事督舉稽留遂與
判度支勾院孫冕省帳牘二十一萬五千本併廢冗
官十五員遷尚書工部侍郎簽書樞密院事賜手札
訪邊事拯謂備邊之要不扼險以制敵之衝未易勝
也若於保州威虜間依徐鮑河爲陣其形勢可取勝
矣前歲王顯違詔不趨要地契丹初壓境王師未行

而契丹騎已入鈔賴霖雨乃遁去比王超奏敵已去
而東路奏敵方來既聚軍中山以救望都而兵困糧
匱將臣陷歿幾盡超等僅以身免今防秋宜於唐河
增屯兵至六萬控定武之北爲大陣邢州置都總管
爲中陣天雄軍置鈐轄爲後陣罷莫州狼山兩路兵
從之景德中爲參知政事再遷兵部侍郎攝事享太
廟有司供帳慢守奉人宿廟室前喧囂不肅拯以聞
詔專爲廟享製帟幕什器藏宗正寺禁吏卒登廟階
王濟上編敕帝以其煩簡不一語輔臣曰顯德敕尤
煩蓋世宗嚴急出于一時之意臣下莫敢言其失也

王旦進曰詔敕宜簡近亦傷於煩拯對曰開寶間除諸州通判敕刑獄錢穀悉條列約束今則畧矣時契丹始盟拯言邊方騷動武臣幸之以為利帝曰朝廷以信為守然戒備不可廢也此外當靜治以安吾民爾爾其奉承之大中祥符初嚴貢舉糊名法拯與王旦論選舉帝前拯請兼攷策論不專以詩賦為進退帝曰可以觀才識者文論也拯論事多合帝意如此封泰山為儀仗使禮成進尚書左丞以疾在告數請罷帝以手詔諭旨又命宰相王旦就第勸拯起視事從祀汾陰為儀仗使遷工部尚書復以疾求罷拜刑

部尚書知河南府聽以府事委官屬七年除御史中丞又以疾辭除戶部尚書知陳州真宗嘗謂王旦曰拯固求閑郡何邪旦對曰馬知節嘗譏拯好富貴所欲節度使爾拯恐為知節所量不敢請大藩殆為此也再知河南府遷兵部尚書入判尚書都省以吏部尚書檢校太傅同中書門下平章事充樞密使其冬拜右僕射兼中書侍郎太子少傅同平章事集賢殿大學士進左僕射乾興元年進封魏國公遷司空兼侍中輔臣會食資善堂召議事丁謂獨不預謂知得罪頗哀請錢惟演遽曰當致力無大憂也拯熟視惟

演惟演踧踖及對承明殿太后怒甚語欲誅謂拯進曰謂固有罪然帝新即位亟誅大臣駭天下耳目謂豈有逆謀哉第失奏山陵事耳太后怒少解謂既貶拯代謂為司徒玉清昭應宮使昭文館大學士監修國史又為山陵使奉安真宗御容于西京寢在病告帝賜白金五千兩拯叩頭稱謝五上表願罷相拜武勝軍節度使檢校太尉兼侍中判河南府即臥內賜告及疾亟遣內司賓撫問還奏其家儉陋被服甚質太后賜以衾裯錦綺屛然拯平居自奉侈靡顧禁中不知也既卒贈太師中書令謚文懿拯氣貌嚴重宦

者傳詔至中書不延坐工部尚書林特嘗詣第累日不得通白以咨事使請中書既至又遣堂吏謂之曰公事何不自達朝廷卒不見特大愧而去錢惟演嘗入相拯以太后姻家力言之遂出惟演河陽子行己伸己

行己字肅之以父任為右侍禁涇原路駐泊都監知憲州因治狀增秩歷石保霸冀莫五州所至有能稱夏人既納款疆候播言契丹治兵幽燕大為戰具議者欲解西備北行己言遼夏為與國元昊入貢容懷詭計幽燕治兵或為虛聲邊鄙之虞恐不在河朔也

皇祐中知定州韓琦薦為路鈐轄徙知代州管幹河東緣邊安撫事夏人掠麟州蕃部且盜耕岳野河西田遇官軍逗遛者輙聚射詔行己討之行己言此姦民無忌憚非君長過不宜以細故啓大釁但加戒戢足矣五臺山寺調廂兵義勇繕葺為除和糴穀三萬行已謂不可捐歲入之儲以事不急之務進西上閤門使四遷客省使更高陽關秦鳳定州大名府路馬步總管以衛州防禦使致仕預洛陽耆英之集元祐中終金州觀察使年八十四

伸已字齊賢以蔭補右侍禁累遷西頭供奉官授閤門祗候桂州兵馬都監轉運使俞獻可辟知融州久之安化蠻擾邊獻可又薦知宜州天聖中改桂宜融柳象沿邊兵馬都監遂專溪峒事以禮賓使復知宜州代還道改供備庫使知邕州治舍有井相傳不敢飲飲輙死伸已日汲自供終更無恙旁城數里有金花木土俗言花開即瘴起人不敢近伸已故以花盛時酣燕其下亦復無害明道恭謝改東染院使領榮州刺史梓夔路兵馬鈐轄遷洛苑使知桂州兼廣西鈐轄道江陵會安化蠻犯邊官軍不利仁宗遣中人趣伸已討之伸已日夜疾馳至宜州繕器甲募丁壯

轉糧餉由三路以進伸已臨軍單騎出陣語酋豪曰朝廷撫汝甚厚汝乃自取滅亡耶今我奉天子命來汝聽吾言則生不則無噍類矣衆仰泣羅拜曰不圖今日再見馮公也明日蠻渠棄兵械率衆降軍門初部卒以覆將畏罪伸已曰紀律不明主將也戰士何罪請於朝貸其死以勞遷西上閤門使知宜州樂善蠻寇武陽伸已遣諭禍福蠻大悅悉還所掠又莫世堪負險強黠抄刼邊户為疆場患伸已設伏擒捕皆寘于法遷果州團練使在宜二年徙桂州改右武衛大將軍守本官分司西京卒始安化蠻叛區希範應募擊賊賊平希範詣闕自言其功朝廷下宜州伸已謂希範無功妄要賞遂編管全州其後希範遁歸謀為亂欲殺伸已嶺外騷然議者皆罪伸已焉

賈昌朝字子明真定獲鹿人晉史官緯之從曾孫也天禧初真宗嘗祈穀南郊昌朝獻頌道左召試賜同進士出身主晉陵簿賜對便殿除國子監說書孫奭判監獨稱昌朝講說有師法他日書路隨韋處厚傳示昌朝曰君當以經術進如二公為頴川郡王院伴讀再遷殿中丞歷知宜興東明縣奭侍讀禁中以老辭薦昌朝自代召試中書尋復國子監說書上言禮

毋之諱不出於宮今章獻太后易月制除猶諱父名非尊宗廟也詔從之景祐中置崇政殿說書以授昌朝誦說明白帝多所質問昌朝請記録以進賜名通英延義記注加直集賢院太平興國寺災是夕大雨震雷朝廷議修復昌朝上言易震之象曰洊雷震君子以恐懼修省近年寺觀屢災此殆天示警告可勿繕治以示畏天愛人之意西域僧獻佛骨銅像昌朝請加賜遣還毋以所獻示中外悉行其言天章閣置侍講亦首命昌朝累遷尚書禮部郎中史館修撰劉平為元昊所執邊吏誣平降賊議收其家昌朝曰漢

族殺李陵陵不得歸而漢悔之先帝厚撫王繼忠家終得繼忠用平事未可知使收其族雖平在亦不得還矣乃得不收擢知制誥權判吏部流内銓兼侍講初銓法縣令奉錢滿萬二千乃舉令昌朝曰法如此則小縣終不得善令請槩舉令而與之奉如大縣進龍圖閣直學士權知開封府遷右諫議大夫權御史中丞兼判國子監議者欲以金繒啗契丹使攻元昊昌朝曰契丹許我有功則責報無窮矣力止之乃上言曰太祖初有天下監唐末五代方鎮武臣土兵牙校之盛盡收其威權當時以為萬世之利及太宗時將

帥率多舊人猶能仗威靈稟成筭出師禦寇所向有功近歲恩倖子弟飾廚傳釣名譽多非勳勞坐取武爵折衝攻守彼何自而知哉然邊鄙無事尚得自容自西羌之叛士不練習將不得人以輕易之將馭不練之士故戰則必敗此削方鎮太過之弊也況親舊恩倖出即為將素不知兵一旦付以千萬人之命是驅之死地矣此用親舊恩倖之弊也今楊崇勳李昭亮尚任邊鄙望速選士代之方鎮守臣無數更易刺史以上宜慎所授以待有功此救弊之一端也又上備邊六事其一曰馭將帥自古帝王以恩威馭將帥

賞罰馭士卒用命則軍政行而戰功集太祖脫裘帽賜王全斌曰今日居此體尚寒不可禦況伐蜀將士乎此馭之以恩也曹彬李漢瓊討江南太祖召彬至前立漢瓊等於後授以劒曰副將以下不用命者得專戮之漢瓊等股栗而退此馭之以威也太祖雖削武臣之權然一時賞罰及用財集事皆聽其專有功則賞有敗則誅今每命將帥必先疑貳非近倖不信非姻舊不委今陝西四路總管而下鈐轄都監巡檢之屬悉參軍政謀之未成事已先漏甲可乙否上行下戾主將不專號令故動則必敗請自今命將去疑

貳推恩惠務責以大效得一切便宜從事偏裨有不聽令者以軍法論此馭將之道也其二曰復土兵今河北河東強壯陝西弓箭手之類土兵遺法也河北鄉軍其廢已久陝西土兵數為賊破存者無幾臣以謂河北河東強壯已召近臣詳定法制每鄉為軍其材能絕類者籍其姓名遞補之陝西蕃落弓箭手貪召募錢物利月入糧奉多銳黥涅為營兵宜優復田疇使力耕死戰世為邊用可以減屯戍省供饋矣內地州縣增置弓手如鄉軍之法而閱試之其三曰訓營卒太祖朝令諸軍毋得食肉衣帛營舍有粥酒有

則逐去士卒有服繒綵者營責之異時被鎧甲冒霜露戰勝攻取皆此曹也今營卒驕惰臨敵無勇舊例三年轉員謂之落權正授雖未能易此制即不必一例使為總管鈐轄擇有才勇可任將帥者授之況今之兵仗製造殊不適用宜按八陣五兵之法以時教習使營發有次序左右有形勢前卻相附上下相援今之日失一隊長則斬一隊何慮衆不為用乎其四曰制遠人今四夷蕩然與中國通在北則臣契丹其西則臣元昊二國合從有掎角中國之勢借使以歲幣羈縻之臣恐不可勝算古之備邊西有金城上郡

北則雲中鴈門今自滄之秦綿亘數千里無山河之阻獨恃州縣鎮戍爾歲所供贍又不下數千萬一穀不熟或至狼狽契丹近歲兼用燕人治國建官一同中夏元昊據河南列郡而行賞罰此中國患也宜度西方諸國如沙州唃廝明珠滅臧之族近北如黑水女真高麗新羅之屬舊通中國募人往使誘之使歸我則勢分而釁生體解而瓦裂矣其五曰綏蕃部屬户者邊垂之屏翰也延有金明府有豐州皆戎人內附之地朝廷恩威不立彊敵迫之塞上諸州藐焉孤壘蕃部既壞土兵亦衰破敵之日未可期也臣請陝

西緣邊諸路守臣皆帶安撫蕃部之名擇其族大有勞者為酋帥如河東折氏之比庶可為吾藩籬之固也其六曰謹覘候古者守封疆出師旅居則有行人之覘國戰則有前茅之慮無其謹如此太祖命李漢超鎮關南馬仁瑀守瀛州韓令坤鎮常山賀惟忠守易州何繼筠領棣州郭進控山西武守琪戍晉陽李謙溥守隰州董遵誨屯環州王彥昇守原州馮繼業鎮靈武筦榷之利悉輸之軍中聽其貿易而免其征稅邊臣富於財得以為間諜羌夷情狀無不預知二十年間無外顧之憂今日西鄙任邊事者敵之情狀

與山川道路險易之勢絶不通曉使蹈不測之淵入萬死之地肝腦塗地狼狽相藉何以破敵制勝耶願監藝祖任將帥之制邊城財用悉以委之募敢勇之士為爪牙臨陣自衛無殺將之辱募死力為覘候而望敵知來無陷兵之恥書奏多施行之昌朝請度經費罷不急詔與三司合議歲所省緡錢百萬又言朝臣七十筋力衰者宜依典故致仕有功狀可留者勿拘因疏耄昏不任事者八人令致仕慶曆三年拜參知政事上言用兵以來天下民力頗困請詔諸路轉運使毋得承例折變科率須科折者悉聽奏裁雖奉

旨及三司文移於民不便者亦以上聞以工部侍郎充樞密使尋拜同中書門下平章事集賢殿大學士仍兼樞密使居兩月拜昭文館大學士監修國史元昊歸石元孫議賜死昌朝獨曰自古將帥被執歸者多不死元孫由是得免詔有司議升祔奉慈廟三后有司論不一昌朝曰章獻母儀天下章懿誕育聖躬宜如祥符升祔元德皇后故事章惠於陛下有慈保之恩當別享奉慈廟如故乃奉二后神主升祔真宗廟寄詔遷中外官一等優賜諸軍昌朝與同列力疏乃止又詔遷二府官益固辭元昊既款附請宰相罷

兼樞密使六年日食帝謂昌朝等曰譴見于天願歸罪朕躬卿宜究民疾苦思所以利安之昌朝對曰陛下此言足以弭天變臣敢不夙夜孜孜以奉陛下帝又曰人主懼天而修德猶人臣畏法而自新也昌朝因頓首謝明年春旱帝避正寢減膳昌朝引漢災異冊免三公故事上表乞罷參知政事吳育數與昌朝爭議上前論者多不直昌朝有向綬者知永靜軍疑通判譖己誣以事迫令自縊高若訥知審刑院附昌朝議欲從輕坐吳育力爭綬卒減死一等未幾若訥為御史中丞言大臣廷爭不肅故雨不時若遂罷育

而除昌朝武勝軍節度使檢校太傅同中書門下平章事判大名府兼北京留守司河北安撫使帝賜銀飾肩輿尋以討貝州賊有功移山南東道節度使楊偕言賊發昌朝部中不當賞弗從契丹聚亡卒勇伉者號投來南軍邊法卒亡自歸者死昌朝除其法歸者隸邊補於是來者稍衆因廉知契丹事契丹遂拒亡卒焉南軍不用邊人以地外質契丹故稍侵過界昌朝為立法質地而主不時贖人得贖而有之歲餘地悉復三司使葉清臣移用河北庫錢昌朝格詔不與清臣論列不已遂出清臣河陽徙昌朝判鄭州過

闕入覲留為祥源觀使拜尚書右僕射觀文殿大學
士判尚書都省朝會班中書門下視其儀物歲中求
外復除山南東道節度使右僕射檢校太師兼侍中
判鄭州固辭僕射侍中改同中書門下平章事賜中
謝自昌朝始也母喪去位服除判許州召對邇英閣
帝問乾卦昌朝上奏曰乾之上九稱亢龍有悔悔者
凶災之萌文在亢極必有凶災不言凶而言悔者以
悔有可凶可吉之義修德則免悔而獲吉矣用九見
群龍無首吉聖人用剛健之德乃可決萬機天下久
盛桀不可以濟然亢而過剛又不能久獨聖人外以

剛健決事内以謙恭應物不敢自矜為天下首乃吉
也手詔優答又言漢唐都雍置三輔内翼京師朝廷
都汴而近京諸郡皆屬他道制度不稱王畿請析京
東之曹州京西之陳許滑鄭皆隸開封府以四十二
縣為京畿帝納之將行命講讀官餞于資善堂復判
大名府兼河北安撫使時河決商胡昌朝請復故道
不從語在河渠志六塔功敗賓隸德傳民多水死昌
朝振捄之甚力内侍劉恢往視還言河決趙征村與
帝名嫌為不祥時皆謂昌朝使之以摇當國者嘉祐
元年進封許國公又兼侍中尋以同中書門下平章

事為樞密使三年宰相文彥博請罷諫官御史忌昌
朝代彥博乃相與言昌朝建大第別剏客位以待宦
官宦官有嬌制者樞密院釋不治遂以鎮安軍節度
使右僕射檢校太師侍中兼充景靈宮使出判許州
又以保平軍節度陝州大都督府長史移大名府兼
安撫使英宗即位徙鳳翔節度使加左僕射鳳翔尹
進封魏國公治平元年以侍中守許州力辭弗許明
年以疾留京師迺以左僕射觀文殿大學士判尚書
都省卒年六十八謚曰文元御書墓碑曰大儒元老
之碑所著羣經音辨通紀時令奏議文集百二十二

卷昌朝在侍從多得名譽及執政乃不為正人所與
而數有攻其結宦官宮人者初昌朝侍講時同王宗
道編修資善堂書籍其實教授内侍諫官吳育奏罷
之及張方平留唐詢而詢諸育世以為昌朝指也然
言者謂昌朝釋宦官嬌制後驗問無事實云子章館
閣校勘晉世青朝請大夫弟昌衡
昌衡字子平舉進士為梓州路轉運判官賈人請富
順井鹽吏規賄多寡為先後昌衡一隨月日給之瀘
州邊夷犪故時守以武吏昌衡請由東銓調選蠻驅
馬來市宫第其良駑為二等上者送秦州下者輙輕

估直而抑買昌衡請嚴禁之徙提點淮南刑獄廣東轉運使徙兩浙路熙寧更法度核吏治昌衡數以利害聞神宗奬其論奏忠益召為户部副使提舉市易司課羨增秩右諫議大夫加集賢殿修撰知河南府歷陳鄆應天府鄧州以正議大夫致仕卒從子炎

炎字長卿以昌朝蔭更歷榮庫積遷至工部侍郎政和中以顯謨閣待制知應天府徙鄆州永興初陝西行鐵錢久弊益輕蔡京設法盡歛之更鑄夾錫錢幣稍重京去相轉運使李譓陳敦復見所歛已多遽請罷鑄鐵錢既復行其輕加初自關以西皆罷市民不

聊生炎獨一切弛禁聽從其便其後宣徽使董貫又以兩者重輕相形遂盡廢夾錫不得用民益以為苦炎徙知延安因表言錢法屢變人心愈惑今人以為利者臣見其害以為是者臣見其非中產之家不過畜夾錫錢一二萬既棄不用則惟有守錢而死耳邊甿生理蕭條官又一再變法鄜延去敵迫近民殊不安民不安則邊不可守願得内郡以養母乃命為穎州未行復留又與貫制疆事不合貫沮之改河陽又改鄧州加直學士知永興入對留為工部侍郎貫發書樞密院河西北兩房侍從邀炎俱往賀炎曰故事無發書兩房者彼非執政何賀為會以疾卒年五十八贈銀青光祿大夫昌朝伯祖父琰

琰字季華晉中書舍人給事中偉之子也以蔭授臨淄雍丘主簿歷通判澧州太宗尹京奏以為開封府推官加左贊善大夫及即位超拜左正議大夫樞密直學士未幾擢三司副使太平興國二年卒琰風神峻整有吏幹佐太宗居幕府凡五年勤於所職昆弟五人琰最幼及琰歷官而諸兄相繼死琰拊循孤幼聚族凡百口分給衣食庭無間言士大夫以此稱之琰子湜汾湜至軍器庫使交阯黎桓之篡丁璿也朝

廷以孫全興將兵討焉湜與王僎同掌軍事黎桓偽降全興信之軍遂北湜僎並坐失律誅汾至殿中丞湜子昌符賜同學究出身汾子昌齡第進士為屯田員外郎

梁適字仲賢東平人翰林學士顥之子也少孤嘗輯父遺文及所自著以進真宗曰梁顥有子矣授秘書省正字為開封工曹知崑山縣徙梧州奏罷南漢時民間折稅更舉進士知淮陽軍又奏減京東預買紬百三十萬論景祐赦書不當録朱梁後仁宗記其名尋召為審刑詳議官梓州妖人白彦歡依鬼神以詛

殺人獄具以無傷讞適駁曰殺人以刃或可拒而詛可拒乎是甚於刃也卒論死有鳥似鶴集端門稍下及庭中大臣或倡以為瑞適曰此野鳥入宮庭耳何瑞之云嘗與同院燕肅奏何次公案帝顧曰次公似是漢時人字肅不能對適進曰蓋寬饒黃霸皆字次公帝悅因詢適家世益器之他日宰相擬適提點刑獄帝曰姑留之俟諫官有闕可用也遂拜右正言林瑀由中旨侍講天章閣適疏其過又言夏守贇為將無功不宜復典宥密會婦黨任中師執政以嫌改直史館修起居注奉使陝西與范仲淹條邊機十餘事

進知制誥權發遣開封府歲餘出知兗州萊蕪治鐵為民病當役者率破產以償適募人為之自是民不憂冶戶而鐵歲溢再遷樞密直學士知延州告歸治塋過京師得入見自言前為朋黨擠逐留為翰林學士御史交劾之以侍讀學士知澶州徙秦州入知審刑院擢樞密副使張堯佐一日除四使言者爭之力帝頗怒適曰臺諫論事職耳堯佐恩寵過恐非所以全之遂奪二使儂智高入寇移嫚書求邕桂節度帝將受其降適曰若爾嶺外非朝廷有矣乃遣狄青討之賊平帝曰向非適言南方安危未可知也遷參知

政事契丹欲易國書稱南北朝適曰宋之為宋受之於天不可改也契丹亦其國名自古豈有無名之國哉遂止進同中書門下平章事集賢殿大學士大璫王守忠求為節度使適持不可張貴妃治喪皇儀殿又以為不可將以適為園陵使適言國朝以來無此制由是寖與陳執中不合適曉暢法令臨事有膽力而多挾智數不為清議所許御史馬遵吳中復極論其貪黷怙權罷知鄭州京師茶賈負公錢四十萬緡鹽鐵判官李虞卿案之急賈懼與吏為市內交於適子弟適出虞卿提點陝西刑獄及罷帝即還虞卿三

司復加觀文殿大學士知秦州古渭初建砦間為屬羌所鈔益兵拒守羌復驚疑適具牛酒召諭其種人且罷所益兵羌不為患徙永興軍夏人盜耕屈野河西田累年朝廷欲正封以適為定國軍節度使知并州至則悉復侵地六百里還知河陽領忠武昭德二鎮檢校太師復為觀文殿大學士以太子太保致仕進太傅熙寧三年卒年七十贈司空兼侍中謚曰莊肅孫子美紹聖中提舉湖南常平時新復役法子美先諸路成役書就遷提點刑獄建中靖國初除尚書郎中中書舍人鄒浩封還之改京西轉運副使諫議

大夫陳次升又言子美緣童傳姻家運使湖外承迎其旨意一時遷臣在封部者多被其虐不宜使在近鐵及徙成都路累遷直龍圖閣河北都轉運使傾漕計以奉上至捐緡錢三百萬市北珠以進崇寧間諸路漕臣進羨餘自子美始北珠出女真子美市於契丹契丹嗜其利虐女真捕海東青以求珠兩國之禍蓋基於此子美用是致位光顯宣和四年以疾罷為開府儀同三司提舉嵩山崇福宮卒贈少保子美為郡縱侈殘虐然有幹才所至辦治云

論曰此五人者皆以文吏為宰相執中建儲一言適契上意不然何超遷之驟也然與劉沆皆寡學少文希世用事馮拯議論多迎合主意昌朝明經術而尚阿私梁適曉法令而挾智術斯君子所不與也若執中不受私謁沆臨事強果拯從容一言免謂於誅死此又足稱者焉

列傳卷第四十四

列傳卷第四十五　宋史二百八十六

開府儀同三司上柱國錄軍國重事前中書右丞相監修國史領經筵事都總裁臣脫脫等奉敕修

魯宗道　薛奎　王曙子益柔

蔡齊從子延慶

魯宗道字貫之亳州譙人少孤鞠于外家諸舅皆武人頗易宗道宗道益自奮厲讀書袖所著文謁戚綸綸器重之舉進士為濠州定遠尉再調海鹽令縣東南舊有港導海水至邑下歲久堙塞宗道發鄉丁疏治之人號魯公浦改歙州軍事判官再遷秘書丞陳堯叟辟通判河陽天禧元年始詔兩省置諫官六員考所言為殿最首擢宗道與劉燁為右正言諫章由閤門始得進而不賜對宗道請面論事而上奏通進司遂為故事嘗言守宰去民近而無以區別能否今除一守令雖資材低下而考任應格則左司無擯斥故天下親民者黷貨害政十常二三欲裕民而美化不可得矣漢宣帝除刺史守相必親見而考察之今守佐雖未暇親見宜令大臣延之中書詢考以言察其應對設之以事觀其施為才不肖皆得進退之吏部之擇縣令倣此庶得良守宰宣助聖化矣真宗納

之宗道風聞多所論列帝意頗厭其數後因對自訟
曰陛下用臣豈欲徒事納諫之虛名邪臣竊恥尸祿
請得罷去帝撫諭良久他日書殿壁曰魯直蓋思念
之也尋除戶部員外郎兼右諭德踰年遷左諭德直
龍圖閣仁宗即位遷戶部郎中龍圖閣直學士兼侍
講判吏部流內銓宗道在選調久患銓格煩密及知
吏所以為奸狀多釐正之悉揭科條廡下人便之雷
允恭擅易山陵詔與呂夷簡等按視還拜右諫議大
夫參知政事章獻太后臨朝問宗道曰唐武后何如
主對曰唐之罪人也幾危社稷后默然時有請立劉

氏七廟者太后問輔臣衆不敢對宗道不可曰若立
劉氏七廟如嗣君何帝太后將同幸慈孝寺欲以大
安輦先帝行宗道曰夫死從子婦人之道也太后遽
命輦後乘輿時執政多任子於館閣讀書宗道曰館
閣育天下英才豈紈袴子弟得以恩澤處邪樞密使
曹利用恃權驕橫宗道屢於帝前折之自貴戚用事
者皆憚之目為魚頭參政因其姓且言骨鯁如魚頭
也再遷尚書禮部侍郎祥源觀使在政府七年務抑
僥倖不以名器私人疾劇帝臨問賜白金三千兩既
卒皇太后臨奠之贈兵部尚書宗道為人剛正疾惡

少容遇事敢言不為小謹為諭德時居近酒肆嘗微
行就飲肆中偶真宗亟召使者及門久之宗道方自
酒肆來使者先入約曰即上怪公來遲何以為對宗
道曰第以實言之使者曰然則公當得罪曰飲酒人
之常情欺君臣子之大罪也真宗果問使者具以宗
道所言對帝詰之宗道謝曰有故人自鄉里來臣家
貧無杯盤故就酒家飲帝以為忠實可大用嘗以語
太后太后臨朝遂大用之初太常議謚曰剛簡復改
為肅簡議者以為肅不若剛為得其實云
薛奎字宿藝絳州正平人父化光善數術嘗以平晉

策干太宗行在召見不用罷歸適奎始生撫其首曰
是子必至公輔奎舉進士為州第一乃推與里人王
巖而處巖下進士及第為隰州軍事推官州民常聚
博僧舍一日盜殺寺奴取財去博者適至血偶涴衣
邏卒捕送州考訊誣伏奎獨疑之白州緩其獄後果
得殺人者徙儀州推官嘗部丁夫運糧至鹽州會久
雨粟麥漬腐奎白轉運盧之翰請縱民還州而償所
失之翰怒欲劾奏之奎徐曰用兵久人疲轉餉今幸
兵食有餘安用此陳腐以困民哉之翰意解凡民所
失悉奏除之改大理寺丞知莆田縣請蠲南閩時稅

鹹魚蒲草錢遷殿中丞知長水縣徙知興州州有錢
監歲調兵三百人采鐵而歲入不償費奎奏聽民自
采而所輸輒倍之遷太常博士向敏中薦為殿中侍
御史出為陝西轉運使趙德明言延州蕃落侵其地
黒林平下詔按驗奎閲郡籍德明嘗假道黒林平移
文録示之德明遂伏未幾坐失舉免數月起通判陝
州改尚書户部員外郎淮南轉運副使遷江淮制置
發運使疏漕河廢三堰以便餉運進吏部員外郎父
喪奪哀擢三司户部副使與使李士衡爭論事改户
部郎中直昭文館知延州趙元昊每遣吏至京師請

奉予吏因市禁物隱關筭為姦利奎廉得狀請留蜀
道縑帛於關中轉致給之遷吏部擢龍圖閣待制權
知開封府為政嚴敏擊斷無所貸帝益加重使契丹
還遷右諫議大夫權御史中丞上疏論擇人求治崇
節儉屏聲色凡十數事章獻太后稱制契丹使蕭從
順請見太后且言南使至契丹者皆見太后而契丹
使來乃不得見奎時館伴折之曰皇太后垂簾聽政
雖本朝群臣亦未嘗見也從順乃已或譏云奎漏禁
中語改授集賢院學士知并州改秦州州宿重兵經
費常不足奎務為儉約教民水耕謹商筭歲中積粟

三百萬征筭餘三千萬覈民隱田數千頃得芻粟十
餘萬加樞密直學士知益州秦民與夷落數千人列
奎治狀請留璽書褒諭不許成都民婦訟其子不孝
詰之乃曰貧無以為養奎出俸錢與之戒曰若復失
養吾不貸汝矣其母子遂如初嘗夜燕有戍卒殺人
人皆奔走奎密遣捕殺之坐客莫有知者臨事持重
明決多此類也召為龍圖閣學士權三司使遂參知
政事帝諭曰先帝嘗以為卿可任今用卿先帝意也
俄遷給事中帝嘗謂輔臣曰臣事君鮮有克終者奎
曰保終之道匪獨臣不然也歷數唐開元天寶時事

以對帝然之遷尚書禮部侍郎太后謁太廟欲被服
天子袞冕奎曰必御此若何為拜力陳其不可終不
見聽及太后崩帝見左右泣曰太后疾不能言猶數
引其衣若有所屬何也奎曰其在袞冕也服之豈可
見先帝於地下帝悟卒以后服斂因上言請逐内侍
羅崇勳等時二府大臣多罷去奎得喘疾數辭位罷
為户部侍郎資政殿學士判尚書都省帝手書禁方
賜之小間入見疾尋作卒贈兵部尚書謚簡肅奎性
剛不苟合遇事敢言真宗時數宴大臣至有霑醉者
奎諫曰陛下即位之初勵精萬幾而簡宴幸今天下

誠無事而宴樂無度大臣數被酒無威儀非所以重
朝廷也真宗善其言及參政事謀議無所避能知人
范仲淹龐籍明鎬自為吏部選人皆以公輔許之無
子以從子為嗣
王曙字晦叔隋東皋子績之後世居河汾後為河南
人中進士第再調定國軍節度推官咸平中舉賢良
方正科策入等遷秘書省著作佐郎知定海縣還為
群牧判官考集古今馬政為群牧故事六卷上之遷
太常丞判三司憑由理欠司坐舉進士失實降監廬
州茶稅再遷尚書工部員外郎龍圖閣待制以右諫

議大夫為河北轉運使坐部吏受賕降知壽州徙淮
南轉運使勾當三班院權知開封府以樞密直學士
知益州繩盜以峻法多致之死有卒夜告其軍將亂
立辨其偽斬之蜀人比之張詠號前張後王入為給
事中仁宗為皇太子與李迪同選兼賓客復坐貢舉
失實黜官復為給事中兼群牧使其妻寇準女也準
罷相且貶曙亦降知汝州準再貶曙亦貶郢州團練
副使起為光禄卿知襄州又徙汝州復給事中知潞
州州有殺人者獄已具曙獨疑之既而提點刑獄杜
衍至事果辨曙為作辨獄記以戒官吏徙河南府永

興軍召為御史中丞兼理檢使理檢置使自此始玉
清昭應宮災繫守衛者御史獄曙恐朝廷議修復上
言昔魯桓僖宮災孔子以為桓僖親盡當毀者也遼
東高廟及高園便殿災董仲舒以為高廟不當居陵
旁故災魏崇華殿災高堂隆以臺榭宮室為戒宜罷
之勿治文帝不聽明年復災今所建宮非應經義災
變之來若有警者願除其地罷諸禱祠以應天變仁
宗與太后感悟遂減守衛者罪已而詔以不復繕脩
諭天下又請三品以上立家廟復唐舊制以尚書工
部侍郎參知政事以疾請罷改户部侍郎資政殿學

士知陝州徙河陽再知河南府遷吏部召為樞密使
拜同中書門下平章事逾月首發疽卒贈太保中書
令謚文康曙方嚴簡重有大臣體居官深自抑損喜
浮圖法齋居蔬食泊如也初錢惟演留守西京歐陽
脩尹洙為官屬脩等頗游宴曙後至嘗屬色戒脩等
曰諸君縱酒過度獨不知寇萊公晚年之禍邪脩起
對曰以脩聞之萊公正坐老而不知止爾曙默然終
不怒及為樞密使首薦脩等置之館閣有集四十卷
周書音訓十二卷唐書備問三卷莊子旨歸三篇列
子旨歸一篇載斗奉使録二卷集兩漢詔議四十卷

子益恭益柔益恭字達夫以蔭為衛尉寺丞性恬淡慕唐王龜之為人數解官就養曙參知政事治第西京益恭勸曙引年謝事曙不果去終父喪遂以尚書司門員外郎致仕間與浮圖隱者出游洛陽名園山水無不至也以子登朝累遷司農少卿卒

益柔字勝之為人伉直尚氣喜論天下事用蔭至殿中丞元昊叛上備邊選將之策杜衍丁憂宣撫河東益柔寓書言河外兵饟無法非易帥臣轉運使不可因條其可任者衍度使還以學術政事薦知介丘縣慶曆更用執政異意者指為朋黨仁宗下詔戒敕益

柔上書論辨言尤切直尹洙與劉滬爭城水洛事自涇原貶慶州益柔訟之曰水洛一障耳不足以拒賊滬裨將洙為將軍以天子命呼之不至戮之不為過顧不敢專執之以聽命是洙不伸將軍之職而上尊朝廷未見其有罪也不聽范仲淹未識面以館閣薦之除集賢校理預蘇舜欽奏邸會醉作傲歌時諸人欲逐傾正黨宰相章得象晏殊不可否參政賈昌朝陰主之張方平宋祁王拱辰攻排不遺力至列狀言益柔罪當誅韓琦為帝言益柔狂語何足深計方平等皆陛下近臣今西陲用兵大事何限一不為陛下論列而同狀攻一王益柔此其意可見矣帝感悟但黜監復州酒久之為開封府推官鹽鐵判官凡中旨所需不應法式有司迎合以求進者悉論之不置出為兩浙京東西轉運使上言今考課法區別長吏能否必明有顯狀顯狀必取其更置與作大利夫小政小善積而不已然後能成其大取其大而遺其細將競利圖功恐事之不舉者日多而虛名無實之風日起願參以唐四善兼取行實列為三等不行熙寧元年入判度支審院詔百官轉對益柔言人君之難莫大於辨邪正邪正之辨莫大於置相相之忠邪百官

之賢否也若唐高宗之李義甫明皇之李林甫德宗之盧杞憲宗之皇甫鎛帝王之鑑也高宗德宗之昏蒙固無足論明皇憲宗之聰明乃蔽於二人如此以二人之庸猶足以致禍況誦六藝挾才智以文致其姦說者哉意蓋指王安石也判吏部流內銓舊制選人當改京官滿十人乃引見由是士多困滯且遇舉者有故輒不用益柔請才二人即引見衆論翕然稱之直舍人院知制誥兼直學士院董氈遇明堂恩中書熟狀加光祿大夫而舊階已特進益柔以聞帝謂中書曰非翰林幾何不為羌夷所笑宰相怒其不申

堂用他事罷其兼直遷龍圖閣直學士秘書監知蔡
揚亳州江寧應天府卒年七十二益柔少力學通群
書為文日數千言尹洙見之曰贍而不流制而不窘
語淳而厲氣壯而長未可量也時方以詩賦取士益
柔去不為范仲淹薦試館職以其不善詞賦乞試以
策論特聽之司馬光嘗語人曰自吾為資治通鑑人
多欲求觀讀未終一紙已欠伸思睡能閱之終篇者
惟王勝之耳其好學類此

蔡齊字子思其先洛陽人也曾祖綰為萊州膠水令
因家焉齊少孤依外家劉氏舉進士第一儀狀俊偉

舉止端重真宗見之顧宰相寇準曰得人矣詔金吾
給七騶傳呼以寵之狀元給騶自齊始也除將作監
丞通判兖州徙維州以秘書省著作郎直集賢院仁
宗初為司諫修起居注改尚書禮部員外郎兼侍御
史知雜事錢惟演守河陽請曲賜鎮兵錢章獻太后
將許之齊曰上新即位惟演外戚請偏賞以示私恩
不可許遂劾奏惟演以起居舍人知制誥入為翰林
學士加侍讀學士太后大出金帛脩景德寺遣內侍
羅崇勳主之命齊為文記之崇勳陰使人誘齊曰趣
為記當得參知政事矣齊久之不上崇勳譖之罷為

龍圖閣學士知河南府參知政事魯宗道固爭留之
不能得以親老改密州徙應天府召為右諫議大夫
御史中丞太后崩遺誥以楊太妃為皇太后同裁制
軍國事閤門趣百官賀齊使臺吏毋追班乃入白執
政曰上春秋富習知天下情偽今始親政事豈宜使
女后相踵稱制乎遂罷預政復為龍圖閣學士權三
司使有飛語傳荊王元儼為天下兵馬都元帥者捕
得繫獄連逮甚衆帝怒使齊按問之齊曰此小人無
知不足治且無以安荊王帝悟遽釋之拜樞密副使
交阯虜其部人款宜州自歸者八百餘人議者謂不

可內齊曰蠻人去暴而歸有德卻之不祥請給荊湖
閑田使自營若縱去當不復還舊部必聚而為盜賊
矣不從後數年蠻果為亂蜀大姓王齊雄坐殺人除
名齊雄太后姻家未更赦復官齊曰果如此法撓矣
明日入奏事曰齊雄恃勢殺人不死又亟授以官是
以恩廢法也帝曰降一等與官可乎齊曰以恩廢法
如朝廷何帝勉從之乃抵齊雄罪錢惟演附丁謂樞
密題名輒削去寇準姓氏云逆準不書齊言於仁宗
曰寇準忠義聞天下社稷之臣也豈可為姦黨所誣
哉仁宗遽令磨去郭皇后廢將立富人陳氏女為后

齊極論之拜禮部侍郎叅知政事契丹祭天於幽州以兵屯境上輔臣欲調兵備邊與齊迭議帝前齊畫三策料契丹必不叛盟王曾與齊善曾與夷簡不相能曾罷相齊亦以戶部侍郎歸班尋出知潁州卒年五十二贈兵部尚書謚曰文忠潁人見其故吏朱寀會喪擔號泣思之齊方重有風采性謙退不妄言有善未嘗自伐丁謂秉政欲齊附己齊終不往少與徐人劉潁善潁罪廢齊上其書數十萬言得復官潁卒又以女妻其子庠所薦龐籍楊偕劉隨段少連後卒為名臣始齊無子以從子延慶為後既歿有遺腹子曰延嗣

延慶字仲遠中進士第通判明州歷福建路轉運判官提點京東陝西刑獄神宗初以集賢校理歷開封府推官有衛士告黃衣老卒筒火入直延慶察卒色辭疑焉詢之果為所誣即反坐告者事聞帝重之加直史館知河中府明年同脩起居注直舍人院判流內銓拜天章閣待制秦鳳等路都轉運使以應辦熙河軍須功進龍圖閣直學士王韶進師河州羌斷其歸路延慶曰兵事非吾所宜預然主帥在難不急援之恐敗國事遂檄兵赴救羌解去韶得全師還轉運判官蔡曚劾其擅興朝廷問知狀易曚他道詔入朝延慶攝熙帥元夕張燈羌乘隙伏兵北關下遣其種三十九人僞請來屬將舉火內應延慶覘知悉斬以徇伏者宵潰蕃官詐稱木征欲降邀大將景思立來迎延慶命毋輒出即違節制雖有功亦誅思立不從卒敗死徙知成都府兼兵馬都鈐轄茂道舊不置都鈐轄至是特命之茂州羈縻州蠻族九自推一人為將統其衆將常在州聽要束州居群蠻中無城塹惟樹鹿角為固蠻屢夜入剽人畜徼貨來贖民患苦諸郡守李琪請築城琪上于朝詔延慶度其利便延慶

下其事琪已去後守范百常以為利築之蠻酋訴謂侵其土地乞罷築不許蠻數百奄至拒郤之明日又大至盡焚鹿角及民廬舍引梯衝攻牙城百常扞禦殺二蠻酋乃退然狩騎猶遶四山南北路皆為所據城中不敢出百常募人間道告急於成都延慶命與之和奏乞遣近上內臣共經蠻事詔押班王中正往中正受旨凡軍事皆令與都鈐轄議將行言茂去成都遠一一與議慮失事機請得專決於是事無巨細皆自處延慶不復預監司附中正奏延慶區理失宜致生邊患徙知渭州仍降為天章閣待制夏人寇臧

苑麻疑邉境有謀使人入塞賣馬吏執以告延慶曰彼疑故來覘執之是成其疑約馬直授之使去疆吏入敵境攘羊馬得而戮諸境上且告之曰兩境不相侵則相保以安故戮以戒若有之亦當爾也夏人悅服嘗得安南行軍法讀之做其制部分正兵弓箭手人馬團為九將合百隊分左右前後四部隊有駐戰拓戰之別步騎器械每將皆同以蕃兵人馬為別隊各隨所近分隸馬諸將之數不及正兵之半乃所以制之處老弱於城砦較其遠近而為區別使蕃漢無得相雜以防其變其為書上之時鄜延呂惠卿亦分

畫兵延慶條其不便神宗善其議召知開封府拜翰林學士以言者罷知滁州歷瀛洪州復龍圖閣待制帥高陽閱歲復直學士移定武元祐中入為工部吏部侍郎卒年六十二賜錢三十萬官庇其塋延慶有學問平居簡嘿遇事能別白是非所至有惠政既為伯父齊後齊晚得子乃歸其宗籍家所有付之無一毫自予衆人義焉

論曰章獻太后稱制時群臣多希合用事曾宗道薛奎蔡齊參預其間正色孤立無所回撓宗道能沮劉氏七廟之議奎正母后袞冕為非禮齊從容一言絕女后相踵稱制之患真所謂以道事君者歟曙辨奸斷獄為時良吏在位又多薦拔名臣若請群臣立家廟以復古禮皆知為政之本焉

列傳卷第四十五

列傳卷第四十六　宋史二百八十七

開府儀同三司上柱國錄軍國重事前中書右丞相總裁脫脫等奉勑修

楊礪　宋湜　王嗣宗　李昌齡 從子紘

趙安仁 父孚 子良規 孫君錫　陳彭年

楊礪字汝礪京兆鄠人曾祖守信唐山南西道節度同平章事本官官復恭假子也祖知禮後唐均州刺史父仁儼入蜀仕王氏為丹稜令蜀平補渭南主簿累遷永和令礪建隆中舉進士甲科父喪絕水漿數日服除以祿不足養母閑居無仕進意鄉舊移書敦

諭礪乃赴官解褐鳳州團練推官歲餘又以母疾棄官開寶九年詣闕獻書召試學士院授隴州防禦推官入遷光祿寺丞丁內艱起就職久之轉秘書丞改屯田員外郎知鄞州以善政聞端拱初真宗在襄邸遷庫部充記室參軍賜金紫初廣順中周世宗節制澶州礪贄文見之館接數日世宗入朝礪處僧舍夢古衣冠者曰汝能從乎礪隨往觀宮衛若非人間殿上王者秉珪南向總三十餘礪升謁之最上者前有按置簿錄人姓名礪見己名居首因請示休咎王者曰我非汝師指一人曰此來和天尊異日汝主也當

問之其人笑曰此去四十年汝功成矣名亦顯矣礪再拜寤而志之礪初名勵以籍作礪遂改之至是受命謁見藩府歸謂子曰吾今見襄王儀貌即所夢來和天尊也遷水部郎中真宗尹開封礪為推官真宗嘗問礪何年及第礪唯唯不對後知其唱名第一自悔失問謂礪不以科名自伐甚重之儲宮建兼右諭德轉度支郎中即位拜給事中判吏部銓未幾召入翰林為學士咸平初知貢舉俄拜工部侍郎樞密副使二年卒年六十九真宗軫悼謂宰相曰礪介直清苦方當任用遽此淪謝即冒雨臨其喪礪僦舍委巷

中乘輿不能進步至其第嗟憫久之廢朝贈兵部尚書中使護葬礪為文尚繁無師法每詩一題或數十篇在翰林制誥迂怪見者哂之有文集二十卷子嶠至祠部郎中嶧至太常博士峭至太子中舍少子嵎至道初與張庾凝列校真宗儲邸書籍真宗即位皆賜進士出身直史館嵎至祠部郎中庾凝至太常丞

宋湜字持正京兆長安人曾祖擇年平令祖贊萬年令父温故晉天福中進士至左補闕弟温舒亦進士至職方員外郎兄弟皆有時名湜幼警悟早孤與兄泌勵志篤學事母以孝聞温舒典耀州湜侍行代作

牋奏詞敏而麗溫舒拊背曰此兒真國器恨吾兄不及見也太平興國五年進士釋褐将作監丞通判梓州榷鹽院就遷右賛善大夫宋準薦其文拜著作郎直史館賜緋雍熙三年以右補闕知制誥與王化基李沆並命仍賜白金五百兩錢五十萬加户部員外郎與蘇易簡同知貢舉俄判刑部賜金紫淳化二年祆尼道安訟大理斷獄不當湜坐累降均州團練副使時母老湜留其室奉養移汝州與王禹偁並召入為禮部員外郎直昭文館五年以職方員外郎再知制誥判集賢院知銀臺通進封駁司至道元年為翰

林學士知審官院三班又兼修國史判昭文史館事加兵部郎中真宗即位拜中書舍人丁内艱起復咸平元年冬改給事中充樞密副使真宗北巡将次大名以扈從軍列為行陣親御鎧甲於中諸王樞密介冑以從命湜與王顯分押後陣駐蹕數日常召見便殿方奏事疾作仆地内侍掖出太醫診視撫問相繼以疾亟聞明年正月真宗臨視許以先歸賜衾褥曰此朕嘗御者雖故暗亦足禦道途之寒又遣内侍護送供帳至澶州卒年五十一廢朝贈吏部侍郎以子綸為太祝純為奉禮郎弟某為光禄寺丞湛為大理寺丞姪孫選同學究出身真宗再幸河朔追悼之加贈刑部尚書謚曰忠定湜風貌秀整有醖藉器識沖遠好學美文詞善談論飲謔曉音律妙於奕棊筆法遒媚書帖之出人多傳傚喜引重後進有名者又好趨人之急當世士流翕然宗仰之有文集二十卷湜兄泌太平興國二年進士至起居郎直史館越王府記室參軍溫舒三子沆澥濤沆剛率喜談兵太平興國五年進士歷左正言京西轉運使度支判官淳化二年呂蒙正罷相沆坐親黨貶宜州團練副使起為太子中允換如京副使咸平中遣與梅詢使西京為

安撫使未行罷為環慶路都監與知環州張從古擅發兵襲敵不與部署叶謀又士卒有死傷者責授供奉官後為文思副使京西提點刑獄卒澥有清節居長安不仕與种放魏野遊多篇什酬唱濤端拱二年進士歷殿中丞知襄城縣以政績聞賜緋魚歷鹽鐵判官累遷監察御史知虢州純及泌子緯皆至殿中丞

王嗣宗字希阮汾州人曾祖同節寶鼎令祖待價汾州防禦推官父夢證成州軍事判官嗣宗少力學自奮遊京師以文謁王祐頗見優待開寶八年登進士

甲科補秦州司寇參軍侍御史路沖知州事為政苛急盜賊群起嗣宗秉間極言其闕失沖大怒繫嗣宗於獄又教無賴民被罪者訟嗣宗治獄枉濫朝廷遣殿中丞王廷範按之具獲訟者誣罔狀嗣宗乃得釋太宗征河東嗣宗陳邊事召赴行在授大理寺丞通判睦州改右贊善大夫徙河州太宗遣武德卒潛察遠方事嗣宗械送京師因奏曰陛下不委任天下賢俊猥信此輩以為耳目臣竊不取太宗怒其橫遣使械嗣宗下吏削秩會赦復官尋以秘書丞通判澶州並河東西植樹萬株以固隄防上言本州榷酤斗量

校以省斗不及七升民犯法釀者三石以上坐死有傷深峻臣恐諸道率如此制望詔自今並準省斗定罪從之入為三司開拆推官以左正言充河北轉運副使時邊境用兵崔翰為大將嗣宗每以苦言激其展效就賜緋魚太宗將議親征嗣宗上疏言契丹必不至之狀甚見嘉納改左司諫賜白金千兩入為度支判官改駕部員外郎妻病夜抉本司署門取藥為直官宋鎬所發坐罷職頃之出知興元府從京西轉運使又移河北賜金紫貝州驍捷卒五十餘人謀竊發嗣宗率吏悉擒之優詔嘉獎遷虞部郎中賜錢百

萬至道初移河東轉運使以為政暴率聞徙知耀州又知同州加比部郎中淮南轉運使江浙荊湖發運使揚楚間有窄家神廟民有疾不餌藥但竭致祀以徼福嗣宗徹其廟選名方刻石州門自是民風稍變初漕運經泗州浮橋舟多覆壞嗣宗徙置城隅遂獲安濟又建議外任官奉薄貪猥者或致豐給廉謹者終嬰貧匱請以公田均賜之就改職方郎中咸平三年以漕運稱職就拜太常少卿踰年以右諫議大夫充三司戶部使改鹽鐵使嘗與度支使梁鼎戶部使梁顥同對言曰國家經費甚繁賦入漸少加以冗食

者衆尤為耗蠹所宜裁節若用度不足即復重擾於民矣況西北二邊未平有饋運之煩臣等會議事可省者願條列以聞從之明年將郊祀嗣宗因條上應奉諸物以及工作凡減雜物十萬六千省工九萬九千又言計省條奏事有可紀者望令判使一員撰錄送史館詔以三司務繁不當日有纂錄可逐季錄送會罷三部使改左諫議大夫知通進銀臺司兼門下封駁事出知并州兼并代部署州境有卧龍王廟每窮冬闔境致祭值風雪寒甚老幼踣于道嗣宗亟毀之轉運使鄭文寶上其政績有詔襃美先是西邊市

馬以給北邊戰士有瘠弱者即送闕下暑月道遠多
死嗣宗建議以汾州地凉接樓煩諸監美水草請就
牧放從之召拜御史中丞大中祥符間真宗告謁太
廟嗣宗立班失儀因自首真宗謂憲官當守禮法以
其性麤略不之責加兼工部侍郎權判吏部銓嗣宗
剛果率易無所畏憚每進見極談時事或及人閒細
務頗輕險好進深詆參知政事馮拯之短遂結宰相
王旦弟旭使達意於旦以為助旦疾其醜行因力庇
拯嗣宗大懟知制誥王曾從妹適孔冕家閨門不睦
曾從東封至冕家啜茗中毒得良藥乃解事已暴露

曾密疏方行大禮願罷推究宰相亦以冕先聖後將
有褒擢乃隱其事嗣宗獨謂曾誣構冕懼反坐乃求
寢息會愆雨嗣宗請對言孔冕為王曾所訟儻朝旨
鞫問加之鍛鍊則冕終負冤枉又來德昭援赦叙緋
年考未滿以欺詐得之非吏部令史自首亦無由知
訟堂行首李永錫坐贓除名復引充舊職尋送銓授
令錄真宗亟召王旦等詰之旦曰孔冕之罪朝議特
為容隱不令按問誠非冤枉也德昭據吏部奏驗乃
行制命及其首露即已追奪永錫先為縣吏坐為本
部節度市羊不輸筭除名及訟堂闕人李沆以其魁

梧因選擬官復用為副行首在省祗事四年陳牒乞
班叙用因復送銓真宗曰止此乃致旱邪嗣宗理屈
復以他辭侵旦旦不與抗乃已明年十月嗣宗復請
對言去歲八月至今年十月不雨宿麥不登及秋兗
鄆苦雨河溢害稼刑政有失致成災沴孔冕冤枉播
在人口王曾尚居近班願示黜退以正朝典臣請露
章以聞真宗語王旦等曰曾實無罪若嗣宗上章亦
須裁處旦曰冕不善之迹甚衆但以宣聖之後不欲
窮究謂其冤枉感傷和氣恐未近理趙安仁曰令若
再行按問冕何能免罪王欽若曰臣請審問嗣宗若

再鞫冕不能自隱如何區處明日嗣宗復對且謝前
言之失真宗亦優容之其強妄多此類將祀汾陰以
永興重地思得大臣才兼文武者鎮之因謂宰相曰
嗣宗嘗自言知武事可授廉車以當此任宜召問之
嗣宗願奉詔即拜耀州觀察使知永興軍府真宗作
詩賜之時种放得告歸山嗣宗逆於傳舍禮之甚厚
放既醉稍倨嗣宗怒以語譏放放曰君以手搏得狀
元耳何足道也初嗣宗就試講武殿搏趙昌言帽擢
首科故放及之嗣宗愧恨因上疏言所部兼并之家
侵漁衆民淩暴孤寡凡十餘族而放為之首放弟姪

無賴據林麓樵採周回二百餘里奪編甿厚利願以
臣蹠下放賜放終南田百畝徙放嵩山蹠辭極于詬
辱至目放為魑魅真宗方厚待放令徙居嵩陽避之
四年邠寧陳興擅釋劫盜徙嗣宗知邠州兼邠寧環
慶路都部署城東有靈應公廟傍有山穴群狐處焉
妖巫挾之為人禍福民甚信向水旱疾疫悉禱之民
語為之諱狐音前此長吏皆先謁廟然後視事嗣宗
毀其廟燻其穴得數十狐盡殺之淫祀遂息徙知鎮
州發邊肅蕪甿肅坐貶嗣宗嘗言徙种放掘邠狐按
邊肅為去三害居二歲召還授樞密副使檢校太保

寇準為使嗣宗與之不叶累表解職授檢校太傅大
同軍節度知許州嗣宗嘗游是州別墅在焉時人以
為榮移知河南府天禧初改感德軍節度洛下訛言
相驚徙知陝州再表請老且求入覲遣使召還郊祀
改靜難軍節度既至闕下病足不能朝謁乃求再知
許州不復議休退寇準為相素惡之特命以左屯衛
上將軍檢校太尉致仕表求面辭以足疾艱於拜起
特免舞蹈許其子扶掖之對數刻賜錢百萬還許下
準貶朝議以嗣宗藩輔舊臣特令月給奉五十千嗣
宗尤睦宗族撫諸姪如己子著遺戒以訓子孫勿得

析居又令以孝經弓劒筆硯置壙中五年卒年七十
八廢朝贈侍中謚曰景莊錄其子二人甥二人官嗣
宗事三朝最為宿舊所至以嚴明御下尤傲很務以
醜言凌挫群類為中丞日嘗忿宋白郭贄邢昺七十
不請老屢請真宗敕其休致又遣親屬諷激之及嗣
宗晚歲疾甚猶貪厚祿徘徊不去嘗謂人曰僕誰此
一事未能免物議衆皆嗤之嗣宗好為文而札尤甚
奉祀之歲近臣皆為頌記宰相以嗣宗所撰不足發
揮盛德慮為後所誚乃不許刻石所著有中陵子三
十卷子堯臣內殿承制唐臣太子中舍從子舜臣供

奉官閤門祗候禹臣太子中舍

李昌齡字天錫宋州楚丘人曾祖確膠水令祖譚邯
鄲令父運太常卿昌齡太平興國三年舉進士大理
評事通判合州歷將作監丞右贊善大夫通判銀州
京城開金明池昌齡獻詩百韻太宗嘉之擢右拾遺
直史館賜緋改右補闕出知滁州丁內艱起為淮南
轉運使轉戶部員外郎知廣州廣有海舶之饒昌齡
不能以廉自守淳化二年代還初運嘗典許州有第
在城中昌齡包苴輜重悉留貯焉其至京城但藥物
藥器而已會有言其貪者太宗以為誣召賜金紫擢

禮部郎中逾月爲樞密直學士昌齡上言廣州市舶每歲商舶至官盡增價買之良苦相雜少利自今請擇其良者官如價給之苦者恣其賣勿禁雷化新白惠恩等州山林有群象民能取其牙官禁不得賣自今宜令送官以半價償之有敢隱匿及私市與人者論如法詔皆從之是秋初置審刑院於禁中凡獄具上奏先申審刑院印付大理刑部斷覆以聞又下審刑中覆裁決以付中書當者行之否則宰相聞以論決命昌齡知院事月餘又權判吏部流內銓數日授右諫議大夫充戶部使三年改度支使拜御史中丞下詔御史臺合行故事並條奏以聞獄無大小自中丞以下皆親臨鞫問不得專責所司李繼隆受命河朔征討不赴臺辭昌齡糾之遣吏追還罰奉又劾陝西轉運使鄭文寶生事邊境築城沙磧輕變禁法文寶坐貶湖外至道二年以本官參知政事占謙便殿太宗謂曰中書政本當進用善良博詢衆議以正道臨之即怨謗無由而生矣昌齡居位頗選愞無所建明真宗即位加戶部侍郎坐交結王繼恩貶忠武軍節度行軍司馬咸平二年起爲殿中少監會詔群臣言邊事昌齡求面陳事機不報王均之亂命知梓州

知雜御史范正辭劾其廣舶宿犯亟代還知河陽丁外艱起復奉朝請以風恙求領小郡復得光州就改光祿卿疾不能治事轉運使以聞命守本官分司西京尋請致仕真宗曰昌齡素無清譽乃授秘書監遂其請大中祥符元年卒年七十二廢朝録子虞卿試將作監主簿昌齡兄昌圖至國子博士弟昌言至太子中舍昌言子晉卿仲卿耀卿並進士及第晉卿爲秘書丞從子紘

紘字仲綱父克明仕至提點廣東刑獄紘進士及第試秘書省校書郎知歙縣地產黃金民輸以代賦後金竭責其賦如故紘奏罷之歷知於潛剡縣治有惠愛御史知雜呂夷簡薦之改著作佐郎監丹陽縣酒税知靈池縣劉均蔡齊舉爲御史臺推直官拜監察御史時召成都府樂工許朝天等補教坊紘言陛下即位尚未能顯巖穴之士而首召伶人非所以廣德美於天下朝天等遂罷歸還殿中侍御史閤門使王遵度領皇城遣卒刺事告賈人有爲契丹間諜者捕繫皇城司按劾命紘覆訊紘悉得其冤抵卒罪降遵度曹州兵馬都監判三司開拆司輔郡旱流星墜西南有聲會檜禳于文德殿紘奏曰文德殿布政會朝

之正位每災異輒聚緇黃讚唄于其間何以示中外改鹽鐵判官歷梓州陝西河北路轉運使遷侍御史建言西北久通好士習安佚不知戰陣之法宜擇良將練精卒去冗惰實倉廩豐財用為守禦備舉种世衡等數人及奏罷貢餘物遺近臣遷知雜事權同判流內銓為三司度支副使使契丹故事奉使者以皇城卒二人與偕察其舉措使者悉姑息以避中傷前此劉隨為所誣坐貶久未復紘使還具言其枉稍徙隨南京除天章閣待制河北都轉運使遷刑部郎中還同知通進銀臺司進龍圖閣直學士知秦州卒紘

方介有吏材篤於交游與劉顏為友顏死移任子恩官其子弟緯起家三班借職杜衍薦為閤門祗候鎮戎軍瓦亭砦都監積勞累遷至河北緣邊安撫副使韓琦薦知保州以左騏驥使榮州刺史知雄州治兵頗嚴不事廚傳數與宦者爭利害積公使錢貯米三千斛為常平倉奏下其法他州遷西上閤門使留再任卒子師中至天章閣待制

趙安仁字樂道河南洛陽人曾祖武唐虢州刺史父孚字大信周顯德初舉進士調補開封尉乾德中為浦江令持父喪服闋攝永寧令會親征太原部送本邑糧饋民懷其惠列狀以聞即真授其任擢宗正丞開寶中初置衣庫令孚主之俄坐事逮捕抵罪語見趙普傳太宗即位起為國子監丞知袁州還知開封府司錄參軍事受詔與殿中侍御史柴成務供奉官葛彥恭殿直郭載行視黃河分南北岸按行復遙隄以紓湍決孚言治遙隄不如分水勢於是建議於澶滑二州立分水之制時決河未平重惜民力而寢焉朝廷議行封禪孚上封禪頌召拜秘書丞賜緋魚受詔鞫開封獄得其非辜者即日授推官遷監察御史出知舒州改殿中侍御史雍熙中詔詢文武禦戎之

策孚奏議曰臣愚以為不用干戈不勞飛輓為萬世之利者敢獻其說惟明主擇之古者兵交使在其間雖飛矢在上走驛在下蓋信義不可廢也昔苗民逆命帝乃誕敷文德而有苗格又仲尼曰有能一日克己復禮天下歸仁只如并門一方歷代難取聖襟英斷一舉成功當其逆城危於累卵生聚懷伏而陛下猶遣通事舍人薛文寶入城諭之日者北邊未賓全燕猶梗再興軍旅將復土疆臣竊計屯戍邊陲故非獲已暴露原野豈是頓為欲望朝廷通達國信近鑒唐高祖之降禮遠法周古公之讓地聖人以百姓之

心為心君子見幾而作諭以禍福示以恩威議定邊疆永息征戰養民事天濟時利物莫過於此臣又計彼雖嗜好不同然去危就安厭勞喜逸亦人情之所同也上嘉之雍熙中廷策貢士而安仁預為考會賜金紫因顧安仁問孚年幾安仁曰臣父年六十二上曰孚名士也亟召對亦賜金紫明年卒安仁生而頴悟幼時執筆能大字十三通經傳大旨早以文藝稱趙普沈倫李昉石熙載咸推奬之雍熙二年登進士第補梓州榷鹽院判官以親老弗果往會國子監刻五經正義板本以安仁善楷隸遂奏留書之歷大理

評事光禄寺丞召試翰林以著作佐郎直集賢院賜緋時王侯内戚家多以銘誄為託太宗製九絃琴五絃阮時多獻賦頌上嘉文物之盛悉閲覽訂其工拙時稱安仁李諤楊億辭雅贍召詣中書奬諭翌日改遷太常丞真宗即位拜右正言預重修太祖實録上出師大名安仁上疏曰臣以為有急務者三大要者五急務三者其一激勵戎臣舉勸懲之典其二振救邊民行優恤之惠其三車駕還京重神武之威大要五者其一選將略其二持兵勢其三求軍謀其四修軍政其五愛民力咸平三年同知貢舉未幾知制誥

副夏侯嶠巡撫江南還知審刑院嘗有將校笞所部卒死罪議大辟安仁以軍中之令非嚴不整遂獲免死繼判尚書刑部兼制置群牧使同知三班審官院景德初翰林學士梁顥召對詢及當世臺閣人物上稱安仁文行尋顥卒即以安仁為工部員外郎充翰林學士初孚極陳和好之利至是安仁從幸澶州會北邊請盟首命安仁撰答書又獨記太祖時聘問書式遼使韓杞至首命接伴凡覲見儀制多所裁定館舍夕飲杞舉橙子曰此果嘗見高麗貢安仁曰橙橘產吳楚朝廷職方掌天下圖經凡他國所產靡不知

也今給事中呂祐之嘗使高麗未聞有橙柚杞失於誇誕有愧色杞既受襲衣之賜且以長為解將辭復左衽安仁曰君將升殿受還書天顔咫尺如不衣所賜之衣可乎杞乃服以入及姚東之至又令安仁接伴東之談次頗矜兵強戰勝安仁曰老氏云佳兵者不祥之器聖人不得已而用之勝而不美而美之者是樂殺人也樂殺人者不得志於天下東之自是不敢復言王繼忠將兵陷没不能死節而反事之東之屢稱其材安仁曰繼忠早事藩邸聞其稍謹不知其他其敏於酬對切中事機類如此時論翕然稱其得

體上盃罍之自是有意柄用安仁又集和好以來事宜及采古事作戴斗懷柔録三卷以獻二年春又與晁迥等同知貢舉三年以右諫議大夫參知政事俄修國史大中祥符初議封禪與王欽若並為泰山經制度置使判兖州禮畢復拜工部侍郎內外書詔有切要者必經其裁進秩刑部五年以兵部侍郎仍兼修史奉祀又同知禮儀院八年知貢舉二典春闈擇士平允是故獨無譏誚上再賜詩嘉之尋知兼宗正卿舊制官闕令凡有議奏與寺連署上以安仁舊德俾知寺以次列狀取裁寺掌玉牒屬籍梁周翰始創其制而未備安仁重加詳定又為仙源積慶圖皆統例精簡奏置修玉牒官事具職官志國史成遷右丞是夏又為景靈宮副使屢得對言事嘗奏曰方今治定功成固軼前代陛下尚親庶政旰食忘倦然而君臨之大所宜分飭有司為式於天下遂詔諸司掌常務有條例者毋或奏禀天禧二年改御史中丞請給御寶印歷書三院御史彈糾事五月暴疾卒年六十一廢朝贈吏部尚書謚文定以其子温瑜為大理寺丞良規為奉禮郎承裕為正字安仁質直純慤無所矯飾寬恕謙退與物無競雖家人僕使未嘗見其喜

慍女弟適董氏早寡取歸給養其甥董靈運尚幼躬自訓導為畢婚娶幼少與宋元輿同學元輿門地貴盛待安仁甚厚元輿蚤卒家緒寖替安仁屢以金帛濟之善訓諸子各授一經尤嗜讀書所得祿賜多以購書雖至顯寵簡儉若平素時閱典籍手自讎校三館舊闕虞世南北堂書鈔惟安仁家有本真宗命內侍取之嘉其好古手詔褒美尤知典故凡近世典章人物之盛悉能記之喜誨誘後進成其聲名當世推重之有集五十卷温瑜後為國子博士

良規字元甫父安仁奏為秘書省正字同判太常寺張知白薦之召試賜進士及第用王曙舉擢集賢校理兼宗正丞預修會要坐宗正吏盜太廟神御物出通判蘄州徙河南府知泰滁二州歷京西陝西路提點刑獄荆湖南路轉運使奏罷馬氏時所賦丁口米數萬石權判三司開拆司度支勾院直集賢院知廬州積官至光祿卿罷職初與張憲掌禹錫齊廓張子思並為太常少卿兼館職當進諫議大夫而執正靳之止遷卿故事卿不兼職故皆罷未幾皆還之改直秘閣同判宗正事遷秘書監知同陝相三州陝歲饑百姓請閣殘稅二分為官伐芟以給河埽或以為須

報乃可行良規曰若爾無及矣檄縣遂行而以擅命自劾進太子賓客權判殿中省遷尚書工部侍郎判本部知濠州卒良規所至州郡為政不甚力然善委任佐屬祿賜多分贍族人餘皆輸之酒家子君錫

君錫字無愧性至孝母亡事父良規不違左右夜則寢於傍凡衾裯薄厚衣服寒溫藥石精粗飲食旨否櫛髮翦爪整冠結帶如內則所載者無不親之及登進士第以親故不願仕良規每出必扶掖上下至雜立僕御中嘗從謁文彥博彥博異其容止問而知之語諸子令視以為法良規沒調知武強縣從韓琦大名幕府彥博及吳充在樞筦更薦之為檢詳吏房文字徙知大宗正丞加秘閣校理改宗正丞時增諸宗院講書教授官而遂院自備繕錢為月餽貧者或不能以時致宗師輒移文督取君錫言國家養天下士於太學尚不較其費安有教育宗室令自行束脩之理詔悉從官給歷開封府推官元祐初遷司勳右司郎中太常少卿擢給事中論蔡確章惇有罪不宜復職大河不可輕議東回請亟罷修河司以省邦費寬民力蘇軾出知杭州君錫言軾之文追攀六經蹈藉班馬知無不言壬人畏憚為之消縮公論倚重隱如長

城令飄然去國邪黨必謂朝廷稍厭直臣且將乘隙復進實係消長之機不若留之在朝用其善言則天下蒙福聽其讜論則聖心開益行其詔令則四方風動為利博矣進刑部侍郎樞密都承旨拜御史中丞即上疏勸哲宗親講學廣諮問為躬政之漸君錫素有志行後隨人低昂無大建明初稱蘇軾之賢遇賈易劾軾題詩怨謗即繼言軾負恩懷逆無禮先帝頗丞正其罪宣仁后覽之不悅曰君錫全無執守復以吏部侍郎天章閣待制知鄭陳澶三州河南府徙應天因清明出郊具奠謁杜衍張昪張方平趙槩王堯臣蔡抗蔡挺之塋邀七家子孫陪祭於側時人傳其風義紹聖中貶少府少監分司南京卒年七十二紹興六年贈徽猷閣直學士

陳彭年字永年撫州南城人父省躬鹿邑令彭年幼好學母惟一子愛之禁其夜讀書彭年篝燈密室不令母知年十三著皇綱論萬餘言為江左名輩所賞唐主李煜聞之召入宮令子仲宣與之遊金陵平彭年師事徐鉉為文太平興國中舉進士在場屋間頗有雋名嘗因京城大酺跨驢出游構賦自東華門至闕前已口占數千言然佻薄好嘲咏頻為宋白所黜

雍熙二年始中第調江陵府司理參軍因監決死囚怖之換江陵主簿歷澧懷二州推官在懷深爲知州喬惟岳倚任會樊知古爲河北轉運以親嫌徙澤州丁內艱免御史中丞王化基薦其才改衛尉寺丞遷秘書郎爲大理寺詳斷官坐事出監湖州鹽稅尋又停官彭年素貧窶居喪免職賴僕人傭販以濟真宗即位復爲秘書郎喬惟岳刺史海州及知蘇壽二州並表彭年通判州事咸平三年屢上疏言事召試學士院遷秘書丞知閬州未行改金州四年上疏曰夫事有雖小而可以建大功理有雖近而可以爲遠計者其事有五一曰置諫官二曰擇法吏三曰簡格令四曰省冗員五曰行公舉此五者實經世之要道致治之坦塗也會詔舉賢良方正翰林學士朱昂以彭年聞召之辭以貧乏請終秩景德初代還直秘閣杜鎬刁衎薦其該博命直史館兼崇文院檢討又代潘慎修起居注賜緋魚獻大寶箴曰二儀之內最靈者人生民之中至大者君民既可畏天亦無親所輔者德所歸者仁恭己御下輝光益新載籍斯在謀猷備陳內綏萬姓外撫百蠻治亂所始言動之間觀之則易處之甚難由是先哲喻彼投艱苟能慮未乃可防閑

審求逆耳無惡犯顏既庶而富教化乃施爲儉之政富庶之基鰥寡孤獨人之所悲發號施令宜先及之黃髮鮐背心實多知左右侍從何尚於茲瞻言百辟咸代天工儻無虛授可建大中克彰慎柬惟藉至公知人則哲聽德則聰才固難備道亦少同葑菲罔捨杞梓乃充不扶自直惟蓬在麻非揀莫見惟金在沙參備顧問必辨忠邪獻替以正裨益無涯自匿草澤亦有國華訪此髦士可拒朋家三章之立庶民作程欽哉恤哉可以措刑七代之建姦孽是平本仁本義可以弭兵是爲齊禮亦曰好生有教無類自誠而明宗廟社稷饗之以恭宮室苑囿誡之在豐春蒐秋獮不廢三農擊石拊石用格神宗使人以悅乃克成功治國以政罔或不從濟濟多士用之有光硜硜小器謀之弗臧忠言致益豈讓胥梁六藝爲樂寧後笙簧任賢勿貳堯所以昌改過不吝湯所以王六合至廣萬彙尤多風俗靡一嗜欲相摩如馭朽索若防決河左契斯執六轡遂和導之以德民免嬰羅不懈于位俗乃偃戈先王之訓罔不咸然吾君之治亦取斯焉小心翼翼終日乾乾三靈降鑒百祿無愆由茲率土永戴先天巍巍洪業億萬斯年頃之預修冊府元龜

三年遷右正言充龍圖閣待制賜金紫先是詔諫官御史舉職言事唯彭年與侍御史賈翔數有章奏建白彈射真宗令中書置籍記之加刑部員外郎與晁迥同知貢舉請令有司詳定考試條式真宗因命彭年與戚綸參定多革舊制專務防閑其所取者不復揀擇文行止較一日之藝雖杜絶請託然寘甲等者或非宿名之士大中祥符中議建封禪彭年預詳定儀注上言辨正包茅之用禮成進秩工部郎中加集賢殿修撰三年改兵部郎中龍圖閣直學士遷右諫議大夫兼秘書監詔就賜食廳編次太宗御集賜勳

上柱國嘗因奏對真宗謂之曰儒術汙隆其應實大國家崇替何莫由斯故秦衰則經籍道息漢盛則學校興行其後命歷迭改而風教一揆有唐文物最盛朱梁而下王風寖微太祖太宗丕變弊俗崇尚斯文朕獲紹先業謹導聖訓禮樂交舉儒術化成實二后垂裕之所致也又君之難由乎聽受臣之不易在乎忠直其君以寬大接下臣以誠明奉上君臣之心皆歸於正直道而行至公相遇此天下之達理先王之成憲猶指諸掌孰謂難哉彭年曰陛下聖言精詣足使天下知訓伏願躬演睿思著之篇翰真宗為製崇

儒術為君難為臣不易二論示之彭年復請示輔臣刻石國子監焉六年召入翰林充學士兼龍圖閣學士同修國史彭年嘗謁王旦旦辭不見翌日見向敏中敏中以彭年所上文字示旦旦瞑目不覽曰是不過興建符瑞圖進取耳真宗奉祀亳州太清宮丁謂為經度制置使以彭年副之又與謂同知禮儀院禮成加給事中時謂懇讓進秩彭年亦辭之不許又為天書同刻玉副使國史成遷工部侍郎九年拜刑部侍郎參知政事判禮儀院充會靈觀使天禧大禮為天書儀衛副使又為參詳儀制奉寶冊使正月九日

侍真宗朝天書將詣太廟退就中書閤中如廁眩仆肩輿還家遣中使挾醫診療旦夕存問進兵部侍郎表求罷奉不許二月卒年五十七真宗親臨涕泗久之又覩所居陋弊歎息數四廢朝贈右僕射謚曰文僖錄子佺期大理寺丞孫彥先太常寺奉禮郎真宗前後賜彭年御製歌詩凡六篇彭年妻入謁出彭年像示之錫賚甚厚彭年性敏給博聞強記慕唐四子為文體制繁靡貴至通顯奉養無異貧約所得奉賜惟市書籍大中祥符間附王欽若丁謂朝廷典禮無不參預其儀制沿革刑名之學皆所詳練若前世所

未有必推引依據以成就之故時政大小日有諮訪應答該辯一無凝滯皆與真宗意諧及升內閣李宗諤楊億皆在後宗諤卒億病退而彭年專任矣事務既叢形神皆耗遂舉止失措顛倒冠服家人有不記其名者奉詔同編景德朝陵地里封禪汾陰三記閤門客省御史臺儀制又受詔編御集及宸章集歷代婦人文集所著文集百卷唐紀四十卷

論曰楊礪遭遇龍飛致位崇顯自以夢協其兆而忠言善政一無可述惟棄官侍母不以科名自伐蓋有取焉宋湜懿文多識名動人主至與李沆同命雖去

流遠甚然樂善好施士類歸之亦可尚也王嗣宗治家能睦為政可稱所至立徹淫祀亦人之所難至於剛愎少文謀害王旦王曾與寇準相忤其餘不足觀也矣李昌齡累更劇任遂階大用黨邪徇貨遂貽終身之玷良可醜也趙安仁言事切中時弊及答契丹書不失祖宗規式又能以凶罷之言折敵不使矜戰可謂才辯之臣矣其孫君錫於元祐反正論格蔡確章惇復官之命庶幾無忝所生陳彭年以辭藻被遇上表獻箴詳練儀制若可嘉尚乃附王欽若丁謂溺志爵祿甘為小人之歸豈不重可嘆也哉

四十六卷終

列傳卷第四十七　宋史二百八十八

開府儀同三司上柱國錄軍國重事前中書右丞相監修國史領經筵事都總裁臣脫脫等奉敕修

任中正 弟中師　周起　程琳
姜遵　范雍 孫子奇 曾孫岨　趙稹
任布　高若訥　孫沔

任中正字慶之曹州濟陰人父載右拾遺中正進士及第為池州推官歷大理評事通判邵州改大府寺丞通判濮州以翰林學士錢若水薦遷秘書省著作佐郎通判大名府轉運使陳緯徙陝西舉中正自代

太宗曰朕自知之召為秘書丞江南轉運副使中正軀幹頎長帝擇大務命內臣取緋衣之長者賜之至部歲大稔民出租賦平糴皆盈羨發運使王子輿欲悉調餉京師中正曰東南歲輸五百餘萬而江南所出過半今歲有餘或歲少歉則數不登患及吾民矣乃止擢監察御史兩浙轉運使民饑中正不俟詔發官廩振之按晉州盛梁獄論如法遷殿中侍御史判三司憑由司既而有與梁善者客中之出為荊湖轉運使遷左司諫直史館知梓州擢樞密直學士代張詠知益州在郡五載遵詠條教蜀人便之知審刑院

出知并州遷給事中權知開封府大中祥符九年拜尚書工部侍郎樞密副使馬知節知密院改同知院事明年曹利用為樞密使復為副使再進兵部侍郎參知政事仁宗在東宮時以右丞兼賓客遷工部尚書帝既即位乃拜兵部尚書中正素與丁謂善謂且貶左右莫敢言者中正獨營救謂降太子賓客知鄆州中正弟尚書兵部員外郎判三司鹽鐵勾院中行右正言中師皆坐貶頃之以母老徙曹州遷禮部尚書卒贈尚書右僕射謚康懿初中正母入謁禁中與陳彭年王曾張知白妻同見真宗命中正母為班首

且賜坐中正事親孝平居簡素而飲食極豐美

中師字祖聖進士及第試秘書省校書郎知平陸縣真宗將祀汾陰命陳堯叟判河中府以經制祀事辟掌牋奏累遷著作佐郎歷知千乘襄邑縣改秘書丞以張知白薦遂為右正言中正貶中師亦降太常博士監宿州酒稅未幾通判應天府曹利用辟為群牧判官徙知滑州入為開封府判官累遷尚書度支郎中直史館知澶州以太常少卿直昭文館知廣州視事之明日吏白故事當謁諸祠廟而廨有淫祠中師遽命撤去之兼市舶使市舶置使自此始還為諫議大夫判尚書刑部加集賢院學士再知澶州未行進龍圖閣直學士知并州許便宜從事改樞密直學士知益州先是轉運使韓瀆急於籠利自薪芻蔬果之屬皆有筭而中師盡奏蠲之康定中任布守河陽數上書論事帝欲用之呂夷簡薦中師才不在任布下遂並召為樞密副使明年建北京令中師領脩建進給事中宣撫河東不行求補郡以尚書禮部侍郎資政殿學士知永興軍求內徙得知陳州踰年上書言臣老矣家本曹人願得守曹遂以知曹州改戶部侍郎明年請老拜太子少傅致仕進少師卒贈太子太

傅謚安惠中師性樂易平居自奉甚儉約晚知養生之術號大塊翁

周起字萬卿淄州鄒平人生而豐下父意異之曰此兒必起吾門因名起幼敏慧如成人意知衛州坐事削官起才十三詣京師訟父寃父迺得復故官舉進士授將作監丞通判齊州擢著作佐郎直史館累遷戶部度支判官真宗北征領隨軍糧草事以右正言知制誥權判吏部流內銓尋為東京留守判官判登聞鼓院封泰山攝御史中丞考制度副使所過得採訪官吏能否及民利病以聞東封還近臣率頌功德

起獨以居安為戒進金部員外郎判集賢院初置糾察刑獄司因命起起迺請諸已決而事有所枉及官吏非理榜掠者並聽受訴從之擢樞密直學士權知開封府起聽斷明審舉無留事真宗嘗臨幸問勞起請曰陛下昔龍潛於此請避正寢居西廡詔從之名其堂曰繼照起嘗奏事殿中適仁宗始生帝曰卿知朕喜乎宜賀我有子矣即入禁中懷金錢出探以賜起改勾當三班院兼判登聞檢院從祀汾陰留權知河中府徙永興天雄軍所至有風烈數賜書褒諭三遷右諫議大夫知并州拜給事中同知樞密院事進

禮部侍郎為樞密副使嘗與寇準過同列曹瑋家飲酒既而客多引去者獨起與寇準盡醉夜漏上乃歸明日入見引咎伏謝真宗笑曰天下無事大臣相與飲酒何過之有起素善寇準準且貶起亦罷為戶部郎中知青州又降太常少卿知光州稍遷秘書監徙揚杭二州又徙應天府復為禮部侍郎判登聞鼓院以疾請知潁州徙陳州汝州卒贈禮部尚書謚安惠起性周密凡奏事及答禁中語隨輒焚草故其言外人無知者家藏書至萬餘卷起能書弟超亦能書集古今人書并所更體法為書苑十卷累官主客郎中

起子延禧以孝友聞官殿中丞延雋頗雅厚官太常少卿

程琳字天球永寧軍博野人舉服勤辭學科補泰寧軍節度推官改秘書省著作佐郎知壽陽縣監左藏庫召試直集賢院改太常博士權三司戶部判官契丹館伴使契丹使者謂琳曰先皇帝嘗通使承天太后獨無使何也琳曰南北兄弟也先皇帝視承天猶從母故無嫌今皇太后迺嫂也禮不通問契丹使者語屈後脩真宗實錄而大中祥符以來起居注闕琳追述上之遂脩起居注提舉在京諸司庫務知制誥

判吏部流內銓權三司使范雍使契丹命琳發遣三司使太倉贍軍粟陳腐不可食歲且饑琳盡發以貸民凡六十萬斛饑民賴以全活而軍得善粟鹽鐵官任布請鑄大錢一當十度支判官許申請以銅鐵雜鑄下其議琳曰第五琦用大錢法卒不可行乞令申試之鑄卒不就契丹遣蕭蘊杜防來蘊出位圖示琳曰中國使者坐殿上高位今我位乃下請升之琳曰此真宗所定不可易防曰大國之卿可以當小國之君琳曰南北雖兩朝無小大之異卿嘗坐我殿上我顧小國耶防無以對宰相將許之琳曰許其小必啓

其大以右諫議大夫權御史中丞宰相張知白尤器之當除命喜曰不辱吾筆矣時歲饑上疏請罷諸土木營造蜀被災郡縣租賦改樞密直學士知益州上元張燈州人夜聚遊嬉琳戒曰有火則隨救之毋白也已而果有火終宴人無知者或告振武軍變琳曰軍中動靜我自知之苟有謀不待告也遷給事中權知開封府王蒙正子齊雄捶老卒死貸妻子使以病告琳察其色辭異令有司驗得捶死狀蒙正連姻章獻太后家太后謂琳曰齊雄非殺人者乃其奴嘗捶之琳曰奴無自專理且使令與己犯同太后嘿然遂

論如法外戚吳氏離其夫而挈其女歸夫訴于府琳命還女吳氏曰已納宮中矣琳請于帝曰臣恐天下人有竊議陛下奪人妻女者帝亟命出之密而歸其妻遷工部侍郎龍圖閣學士復為御史中丞不拜以翰林侍讀學士兼龍圖閣學士再知開封府改三司使出納尤謹禁中有所取輒奏罷之內侍言琳專琳曰三司財賦皆朝廷有也臣為陛下惜於臣何有帝然之或請併天下農田稅物名者琳曰合而為一易於句校可也後有興利之臣復用舊名增之是重困民無已時也再遷吏部侍郎遂參知政事遷尚書左

丞時元昊反猶遣使來朝衆請按誅之琳曰遣使常事也殺之不祥後使者益驕横大臣患之琳曰始不殺無罪也今既驕横可暴其惡誅之國法也又何患耶又議重賄唃廝囉使討賊得地即與之琳曰使唃廝囉得地是復生一元昊矣不若用間使二羌勢不合中國利也故樞密副使張遜第在武成坊其曾孫偕才七歲宗室女生也貧不自給乳媼擅出券鬻第琳欲得之使開封府吏密諭媼以偕幼宜得御寶許鬻乃售乳媼以宗室女故入宮見章惠太后既得御寶琳乃市取之又令吏市材木買婦女已而吏以贓

敗御史按劾得狀降光祿卿知潁州頃之為戶部侍郎尋復吏部知天雄軍又以左丞為資政殿學士及建天雄軍為北京內侍皇甫繼明主營宮室欲侈大以要賞琳以為方事邊陲又事土木以困民不可既而繼明數有論奏帝遣御史魚周詢按視遂罷繼明命琳獨主之遷工部尚書加大學士河北安撫使改武昌軍節度使知永興軍陝西安撫使以宣徽北院使判延州仍為陝西安撫使元昊死諒祚立方幼三大將分治其國議者謂可因此時以節度使啖三將使各有所部分以弱其勢可不戰而屈矣琳曰幸人

之喪非所以柔遠人不如因而撫之議者惜其失幾既而遣使册命夏人方圍慶陽琳曰彼若貪此可緩慶州之難矣具禮幣賜予之數移報之果喜即日迎冊使慶陽之圍亦解嘗獲戎首不殺戒遣之夏人亦相告毋捕漢民久之以五百户驅牛羊扣邊請降且言契丹兵至衙頭矣國中亂願自歸琳曰彼詐也契丹至帳下當舉國取之豈容有來降者聞夏人方捕叛者此其是邪不然誘我也拒不受已而賊果以騎三萬臨境上以捕降者為辭琳諜知之閉壁倒旗戒諸將勿動賊疑有備遂引去拜同中書門下平章

事判大名府琳持重不擾前後守魏十年度要害繕壁壘增守禦備植雜木數萬曰異時樓櫓之具可不出於民矣人愛之為立生祠改武勝軍又換鎮安軍節度使上書曰臣雖老尚能為國守邊未報得疾卒贈中書令謚文簡琳為人敏厲深嚴長於政事辨議一出不肯下人然性嗇於財而厚自奉養童猷太后時嘗上武后臨朝圖人以此薄之

姜遵字從式淄州長山人進士及第為蓬萊尉就辟登州司理參軍開封府右軍巡判官有疑獄將抵死遵辨出之遷太常博士王曾薦為監察御史殿中侍御史開封府判官知吉州高惠連與遵有隙發遵在廬陵時贓事按驗無狀猶降通判延州復入為侍御史判户部勾院利州路饑以遵為體量安撫還知邢州仁宗即位徙滑州為京東轉運使徙京西未幾以刑部郎中兼侍御史知雜事建言三司開封府日接賓客廢事有詔禁止歷三司副使再遷右諫議大夫知永興軍奏罷咸陽富民元氏歲貢漿召拜樞密副使遷給事中卒贈吏部侍郎遵長於吏事為治尚嚴猛所誅殘者甚衆在永興太后嘗詔營浮屠遵毀漢唐碑碣代磚甓既成得召用

范雍字伯純世家太原曾祖仁恕仕蜀為宰相祖從龜刑部侍郎入朝改右屯衛將軍後徙河南遂為河南人雍中進士第為洛陽縣主簿累官殿中丞知端州遷太常博士寇準辟為河南通判還判三司開拆司河決滑州選為京東轉運副使歷河北陝西轉運使入為三司户部副使又徙度支以尚書工部郎中為龍圖閣待制陝西都轉運使還提舉諸司庫務勾當三班院環原州屬羌擾邊以雍為安撫使建言屬羌因罪罰羊者舊輸錢而比年責使出羊羌人頗以為患請輸錢如舊罪輕者以漢法贖金從之遷右諫

議大夫權三司使雍在京東時平滑州水患以勞加
龍圖閣直學士明年拜樞密副使丁母憂起復遷給
事中玉清昭應宮災章獻太后泣對大臣曰先帝竭
力成此宮一夕延燎幾盡惟一二小殿存爾雍抗言
曰不若悉燔之也先朝以此竭天下之力遽為灰燼
非出人意如因其所存又將葺之則民不堪命非所
以畏天戒也時王曾亦止之遂詔勿葺遷尚書禮部
侍郎太后崩罷為戶部侍郎知陝州改永興軍是歲
饑疫關中為甚雍為振恤以疾請近郡遂知河陽進
吏部侍郎徙應天府又改河南府進資政殿學士陳

安邊六事又請於天雄軍聚甲兵以備河北於永興
軍河中府益募土兵以備陝西即涇原環慶有警河
中援之既而元昊反拜振武軍節度使知延州因言
延州最當賊衝地闊而砦柵疎近者百里遠者二百
里土兵寡弱又無宿將為用而賊出入於此請益師
不報元昊先遣人通款於雍雍信之不設備一日引
兵數萬破金明砦乘勝至城下會大將石元孫領兵
出境守城者纔數百人雍召劉平于慶州平帥師來
援合元孫兵與賊夜戰三川口大敗平元孫皆為賊
所執雍閉門堅守會夜大雪賊解去城得不陷左遷

戶部侍郎知安州居一歲復吏部侍郎知河中府又
為資政殿學士知永興軍兼轉運司事遷尚書左丞
加大學士初完永興城或言其非便詔止其役雍匿
詔而趣成之明年賊犯定川邠岐之間皆恐而永興
獨不憂寇復徙河南府又遷禮部尚書卒贈太子太
師謚忠獻雍為治尚恕好謀而少成在陝西嘗請於
商虢置監鑄鐵錢後不可行又括諸路牛以興營田
亦隨廢頗知人喜薦士後多至公卿者狄青為小校
時坐法當斬雍貸之子宗傑為兵部員外郎直史館
歷陝西轉運使先雍卒宗傑子子奇

子奇字中濟階祖雍蔭簽書并州判官以唐介薦神
宗賜對提舉修在京倉三司使又薦按覆營繕匠吏
積為欺隱懼罪造飛語聞之神宗遣大閹張茂則察
其無私勞之曰為吏當如是無恤人言授戶部判官
為湖南轉運副使建言梅山蠻恃險為邊患宜拓取之
後章惇開五溪議由此起入判將作監使於遼導者
改路回遠子奇謂曰此去雲中有直道旬日可至何
為出此導者又欲沮子奇下馬館門外子奇曰異時
於中門下馬今何以輒易導者計屈歷河東陝西河
北京東四路轉運使工部左司二郎中加直龍圖閣

使河北諸郡循榷鹽奏罷之元祐初為將作監司農卿復使陝西以病解起知鄭州加集賢殿修撰知河陽召權戶部侍郎刪酒戶苛禁及奴婢告主給賞法未幾出知慶州廣儲蓄繕城柵嚴守備羈縻羌推誠待下人樂為用入為吏部侍郎以待制致仕卒年六十三子坦

坦字伯履以父任為開封府推官金部員外郎大理少卿改左司員外郎押伴夏國使應對合旨賜進士第權起居舍人使於遼復命具語錄以獻徽宗覽而善之付鴻臚令後奉使者視為式遷殿中監知開封

府再命使遼時與邊議非時遣使以覘釁坦以不宜始禍辭其行徽宗怒責舒州團練副使稍復集賢殿修撰知江寧府洪揚二州召為戶部侍郎論當十及夾錫錢之弊以便親請外知河陽入辭徽宗曰夾錫錢之害甚於當十宜速正之為一道率坦至即奏罷之政和初復為戶部遂改當十錢為當三罷淮鹽入東北鬻諸州公田以實常平又上䟽言戶部歲入有限用則無窮今節度使八十員留後至刺史數千員自非軍功得之宜減其半奉及他工技末作一切裁損時以為當時張商英為相坦多與之合及商英去言者論坦助為匱竭之說以搖衆聽又言坦建議鬻田改常平法廢元符令及罷夾錫錢之罪貶黃州團練副使安置韶州以赦復徽猷閣待制卒年六十二

趙積字表微其先單父人後徙宣城為人誠質寬厚少好學吳大府卿田霖退居郡中名有風鑒故以女妻積擢進士第歷平定軍判官台州推官改大理寺丞知崑山縣通判楚州遷殿中丞知通州召還同判宗正寺樞密直學士李濬薦為監察御史再遷侍御史判登聞鼓院開封府判官從三司開拆憑由司帝祀汾陰為留守推官遷尚書兵部員外郎益州路轉

運使真宗諭曰蜀遠而數亂其利害朕所欲聞卿至悉條上之秖附常奏毋著姓名積至數言部中事至一日章數上蒲江縣捕劫盜不得反逮繫平民楚掠誣服積適行部意其冤馳入縣獄問得狀悉縱之遷工部郎中召為侍御史知雜事同判吏部流內銓糾察在京刑獄慎從吉知開封府其子鈞鋭受賕事連錢惟演積與王曾白其姦狀從吉坐免惟演亦罷去改三司鹽鐵副使擢右諫議大夫集賢院學士知益州度支市錦六千匹召工計歲織裁千餘匹止以歲所織數上供久之或言積不違民情喜尊大降知同

州徙鳳翔京兆府三遷工部侍郎復糾察在京刑獄加樞密直學士知并州代還遷刑部侍郎天聖八年擢樞密副使遷吏部侍郎時權出宮掖積厚結劉美人家婢以故致位政府命未出人馳告積積問曰東頭西頭蓋意在中書也聞者皆以為笑章獻太后崩罷為尚書左丞知河中府還遷禮部尚書既病乞骸骨拜太子少傅致仕卒贈太子太保謚僖質

任布字應之河南人後唐宰相圜四世孫也力學家貧嘗從人借書以讀進士及第補安肅軍判官輒刺問虜中事上疏請飭邊備仍奏河北利害後契丹至

澶淵真宗識其名特改大理寺丞知安陽縣通判嘉州還知開封府司録事通判大名府初置提點刑獄選布領荊湖南路入權三司鹽鐵判官判度支勾院京城東南有泉涌出為築祥源觀男女徒跣奔走瞻拜布論之曰明朝不宜以神怪衒愚俗遂忤宰相意又與徐奭麻温其試開封府進士而奭潛發封卷視之降監鄧州稅徙知宿州時越州守闕寇準曰越州有職分田歲入且厚今爭者頗衆非廉士莫可予乃徙布越州有祖訟其孫者醉酒詈我已而悔曰哭于庭曰我老無子賴此孫以為命也布聞之貸其死上書自劾朝廷亦不之責寇準貶布亦徙建州累遷尚書職方員外郎丁謂既逐稍用為白波發運使歲餘判三司開拆司出為梓州路轉運使富順監鹽井歲久鹵薄而課存主者至破產或鬻子孫不能償布奏除之遷祠部郎中權户部判官擢江淮置制發運使前使者多聚山海珍異之物以餉權要布一切罷去召為三司度支副使奉使契丹還加直史館知荊南為鹽鐵副使命管伴契丹使歷兵部刑部郎中拜右諫議大夫知真定府或欲省河北兵布言契丹西夏方窺伺中國備未可弛也築甬道屬滹沱河跨絶泥

潦徙滑州改天雄軍遷給事中集賢院學士知許州未幾為龍圖閣直學士徙澶州黄德和誣劉平降賊欲收平家布力言平非降賊者復徙真定又徙河南府未至召為樞密副使布純約自守及秉政無所建明子遜嘗上書詆大臣及布皆為不才御史魚周詢因奏疏曰布不才其子能知之乃以尚書工部侍郎罷知河陽議者以周詢引遜語逐其父為不知體改蔡州授太子少保致仕進少傅皇祐間詔陪祀明堂稱疾不赴賜一子進士出身遷少師始布歸洛中作五知堂謂知恩知道知命知足知幸也卒贈太子太

傳謚恭惠子逵性亦恬遠尚釋氏學歷官為司封郎中

高若訥字敏之本并州榆次人徙家衛州進士及第補彰德軍節度推官改秘書省著作佐郎再遷太常博士知商河縣縣有職分田而牛與種皆假於民若訥獨廢不耕御史知雜楊偕薦為監察御史裏行遷尚書主客員外郎殿中侍御史裏行改左司諫同管勾國子監遷起居舍人知諫院時范仲淹坐言事奪職知睦州余靖尹洙論救仲淹相繼貶斥歐陽脩乃移書責若訥曰仲淹剛正通古今班行中無比以非

辜逐君為諫官不能辨猶以面目見士大夫出入朝廷是不復知人間有羞耻事耶今而後決知足下非君子若訥忿以其書奏貶脩夷陵令未幾加直史館以刑部員外郎兼侍御史知雜事王蒙正知蔡州若訥言蒙正起裨販因緣戚里得官向徙郴州物論猶不平今予之大州可乎詔寢其命大慶殿設祈福道場若訥奏曰大慶殿非行禮不御非法服不坐國之路寢也豈可聚老釋為瀆慢聞文應為入內都知若訥言其肆橫不法請出之遂出文應為相州兵馬鈐轄又奏三公坐而論道今二府對繞數刻何以盡萬

幾宜賜坐從容如唐延英故事擢天章閣待制知永興軍留判吏部流內銓出為河東路都轉運使召還兼侍讀權判尚書刑部丁母憂始許行服給實奉終喪服除加龍圖閣直學士史館脩撰以右諫議大夫權御史中丞時宰相賈昌朝與參知政事吳育數爭事上前明年春大旱帝問所以然者若訥曰陰陽不和責在宰相洪範大臣不肅則雨不時若於是昌朝及育皆罷若訥遂代育為樞密副使王則據貝州討之踰月未下或議招降若訥言河朔重兵所積今釋不討後且啓亂階及破城知州張得一送御史臺劾

治有臣賊狀朝廷議貸死若訥謂守臣不死自當誅況為賊屈得一遂棄市以工部侍郎參知政事為樞密使凡內降恩若訥多覆奏不行入內都知王守忠欲得節度使固執為不可若訥畏惕少過而前騶毆路人輒至死御史奏彈之皇祐五年罷為觀文殿學士兼翰林侍讀學士尚書左丞同群牧制置使判尚書都省止命舍人草詞卒贈右僕射謚文莊若訥彊學善記自秦漢以來諸傳記無不該通尤喜申韓管子之書頗明曆學因母病遂兼通醫書雖國醫皆屈伏張仲景傷寒論訣孫思邈方書及外臺秘要久不傳

悉考校訛謬行之世始知有是書名賢多出衛州皆本高氏學焉皇祐中詔累黍定尺以制鐘律爭論連年不決若訥以漢貨泉度一寸依隋書定尺十五種上之并損益祠祭服器悉施用有集二十卷

孫沔字元規越州會稽人中進士第補趙州司理參軍跌蕩自放不守士節然材猛過人後以秘書丞為監察御史裏行景祐元年禮院奏用冬至日册后沔奏喪未祥禫而行嘉禮非制也同安縣尉李安世上書指切朝政被劾沔奏加罪安世恐杜天下言者請勿治黜知衡山縣道上書言時事再貶永州監酒移

通判潭州知處州復為監察御史再知楚州所在皆著能迹召為左正言論事益有直名遷尚書工部員外郎提舉兩浙刑獄遂以起居舍人為陝西轉運使時宰相呂夷簡求罷仁宗優詔弗許沔上書言自夷簡當國黜忠言廢直道及以使相出鎮許昌乃薦王隨陳堯叟代己才庸負重謀議不協忿爭中堂取笑多士政事寖廢又以張士遜冠台席士遜本乏遠識致懸國事蓋夷簡不進賢為社稷遠圖但引不若己者為自固之計欲使陛下知輔相之位非己不可冀復思己而召用也陛下果召夷簡還自大名入秉朝政于茲三年不更一事以姑息為安以避謗為智西州將帥累以敗聞契丹無厭乘此求賂兵殲貨悖天下空竭刺史牧守十不得一法令變易士民怨咨隆盛之基忽至於此今夷簡以病求退陛下手和御藥親寫德音乃謂恨不移卿之疾在于朕躬四方義士傳聞詔語有泣下者夷簡在中書二十年三冠輔相所言無不聽所請無不行有宋得君一人而已未知何以為陛下報天下皆稱賢而陛下不用者左右毀之也皆謂憸邪而陛下不知者朋黨蔽之也比契丹復盟西夏款塞公卿忻忻日望和平若因此振紀綱

脩廢墜選賢任能節用養兵則景德祥符之風復見於今矣若恬然不顧遂以為安臣恐土崩瓦解不可復救而夷簡意謂四方已寧百度已正欲因病默默而去無一言啓沃上心別白賢不肖雖盡南山之竹不足書其罪也書聞帝不之罪議者喜其謇切居兩月以天章閣待制為都轉運使又遷禮部郎中為環慶路都總管安撫經略使知慶州元昊死諸將欲乘其隙大舉滅之沔曰乘危伐喪非中國體三司所給特支物惡而估高軍士有語優人因戲及之沔曰此朝廷特賜何敢妄言動衆命斬之徇將佐爭言此特

戲爾不足深罪也沔徐呼還杖脊配嶺南謂之曰汝
賴戲我前即私議動衆汝必死而告者超遷矣明日
給特支士無敢譁者歷知陝西河東都轉運使又知
慶州聚戰亡遺骸瘞祭之軍中感泣凡三知慶州邊
人服其能遷龍圖閣直學士又遷樞密直學士知成
都府未至以母喪罷服除為陝西都轉運使求知明
州會京東多盜乃以知徐州明購賞嚴誅罰盜遂止
徙秦州時儂智高反沔入見帝以秦事勉之對曰臣
雖老然秦州不足煩聖慮陛下當以嶺南為憂也臣
覘賊勢方張官軍朝夕當有敗奏明日聞蔣偕死帝

諭執政曰南事誠如沔所料宰相龐籍奏遣沔行以
為湖南江西路安撫使以便宜從事加廣南東西路
安撫使沔請益發騎兵且增選偏裨二十八人求武
庫精甲五千叅知政事梁適折之曰毋張皇沔曰前
日惟亡備故至此今指期滅賊非可以徼倖勝乃欲
示鎮靜耶夫實備不至而貌為鎮靜危亡之道也居
二日促行才與兵七百沔憂賊度嶺而北乃檄湖南
北曰大兵且至其繕治營壘多具宴犒賊疑不敢北
侵會遣狄青為宣撫使沔與青會青與智高遇戰歸
仁鋪智高敗走青還沔留治後事遷給事中及還帝

問勞解御帶賜之以知杭州至南京召為樞密副使
張貴妃薨追冊為皇后命沔讀冊故事正后翰林學
士讀冊沔既陳不可用宰相護瘞且曰陛下若以臣
沔讀冊則可以樞密副使讀冊則不可遂求罷職以
資政殿學士知杭州遷大學士徙知青州又遷觀文
殿學士知并州而諫官吳及御史沈起奏沔淫縱無
檢守杭及并所為不法乃徙壽州詔按其迹而使者
奏沔在處州時於遊人中見白牡丹者遂誘與姦及
在杭州嘗從蕭山民鄭旻市紗旻高其直沔為恨會
旻貿紗有隱而不稅者事覺沔取其家簿記積計不

稅者幾萬端配隷旻他州州人許明有大珠百沔妻
弟邉珣以錢三萬三千強市之沔愛明所藏郭虔暉
畫鷹圖明不以獻初明父禱水仙大王廟生明故幼
名大王兒沔即捕按明僭稱王取其畫鷹刺配之及
沔罷去明詣提點刑獄斷一臂自訟乃得釋杭州人
金氏女沔白晝使吏卒輿致亂之有趙氏女已許嫁
莘旦沔見西湖上遂設計取趙女至州宅與飲食卧
起所刺配人以百數及罷盜其按去後有訴冤者多
以無按不能自解在并州私役使吏卒往來青州麟
州市賣紗絹綿紙藥物官庭列大梃或以暴怒擊訴

事者嘗剔取盜足後筋斷之奏至乃責寧國節度副使監司坐失察皆被絀其後復光祿卿分司南京居宿州會恩知濠州以尚書禮部侍郎致仕英宗即位遷戶部帝與執政議守邊者難其人參知政事歐陽脩奏孫沔向守環慶養練士卒招撫蕃夷恩信最著今雖七十心力不衰中間曾以罪廢然宜棄瑕使過遂起為資政殿學士知河中府又以為觀文殿學士知慶州徙延州道卒沔居官以才力聞彊直少所憚然喜宴遊女色故中間坐廢妻邊氏悍妬為一時所傳初陝西用兵朝廷多假邊帥倚以集事近臣出帥或驕恣越法及沔廢後真定路安撫使呂溱繼得罪自此守帥之權宜微矣

論曰君子惟能立身而後可以佐國中正起自謟朋黨遭積儉邪沔頗知兵而以汚敗琳有才號能斷大事然黷武后臨朝圖於章獻君子鄙之雍任邊寄而覆軍敗將幾不自保若訥喜申韓管子之書中師布少所建明殆亦未足與議也

列傳卷第四十七

列傳卷第四十八 宋史二百八十九

開府儀同三司上柱國錄軍國重事中書右丞相兼修國史領經筵事都總裁脫脫等奉

敕修

高瓊 子繼勳 繼宣 范廷召 葛霸 子懷敏

高瓊家世燕人祖霸父乾五代時李景據江南潛結契丹歲遣單使往復霸將契丹之命以乾從行使景方至江左諜間北使與中夏構隙以紓疆埸之難遂殺霸居乾濠州聲言為汴人所殺乾在濠州生三子以江左衰弱挈族歸中朝給田亳州之蒙城因土著焉瓊少勇鷙無賴為盜事敗將磔于市暑雨創潰伺守者稍怠即掣釘而遁事王審琦太宗尹京邑知其材勇召置帳下太宗嘗侍宴禁中甚醉及退太祖送至苑門時瓊與戴興王超李斌桑賫從瓊左手執靮右手執鐙太宗乃能乘馬太祖顧瓊等壯之因賜以控鶴官衣帶及器帛且勗令盡心焉太宗即位擢御龍直指揮使從征太原命押弓弩兩班合圍攻城及討幽薊屬車駕倍道還留瓊與軍中鼓吹殿後六班扈從不及惟瓊首率所部見行在太宗大悅慰勞之太平興國四年遷天武都指揮使領西州刺史明年改為神衛右廂都指揮使領本州團練使車駕巡師

大名命瓊與日騎右廂都指揮使朱守節分爲京城內巡檢坐事出爲許州馬步軍都指揮使會有龍騎亡命卒數十人因知州臧丙出郊謀刼其導從以叛瓊聞即白丙趣還城因自率從卒數十人挾弓矢單騎追捕至榆林村及之賊入村後舍登墻以拒賊首青腳狼者注弩將射瓊瓊引弓一發斃之遂悉擒送于州丙上其事會將北伐召歸授馬步軍都軍頭領薊州刺史樓船戰櫂都指揮使部船千艘赴雄州又城易州師還爲天武右廂都指揮使領本州團練使端拱初遷左廂改領富州團練使是秋出爲單州防

禦使改貝州部署其出守也與范廷召王超孔守正並命焉數月廷召等皆復補兵職瓊頗悒悒時王承衍鎮貝丘公主每入禁中頗知上於瓊厚承衍每寬慰之二年召還故事廉察以上入朝始有茶藥之賜至是特賜瓊焉三月遷朔易師臣制授瓊侍衛步軍都指揮使領歸義軍節度廷召輩始加觀察使不得與瓊比出爲并州馬步軍都部署時潘美亦在太原舊制節度使領軍職者居上瓊以美舊臣表請居其下從之戍兵有以廩食陳腐譁言者瓊知之一日出巡諸營士卒方聚食因取其飯自啖之謂衆曰今邊

鄙無警爾等坐飽甘豐宜知幸也衆言遂息改鎮州都部署至道中就改保大軍節度典軍如故眞宗即位加彰信軍節度充太宗山陵部署復爲并代都部署咸平中契丹犯塞其母車帳至狼山大夏上親巡河朔遣楊允恭馳往召瓊率所部出土門與石保吉會鎮定既而傳潛以逗留得罪即召瓊代之兵罷復還本任轉運使言其政績詔褒之咸平三年代還以手創不任持劾詔執梃入謁授殿前都指揮使先是范廷召桑贊所將遇兵臨敵退衂言者請罪之以問瓊瓊對曰兵違將令於法當誅然陛下去歲已釋其罪

今復行之又方屯諸路非時代易臣恐衆心疑懼乃止景德中車駕北巡時前軍已與敵接戰上欲親臨營壘或勸南還瓊曰敵師已老陛下宜親往以督其成上悅即日進幸澶淵明年以罷兵料簡兵卒諸班直十年者出補軍校年老者退爲本班剩員瓊進曰此非激勸之道宿衛豈不勞乎自是八年者皆得叙補焉馬軍都校葛霸權步軍司會以疾在告令瓊兼領二司瓊從容上言曰臣衰老儻又有犬馬之疾則須一將總此二職臣事先朝時侍衛都虞候以上常至十員職位相亞易於遷改且使軍伍熟其名望邊

藩綫急亦可選用上深然之未幾以久疾求解兵柄授檢校太尉忠武軍節度三年冬疾甚上欲親臨問之宰相不可乃止卒年七十二贈侍中瓊不識字曉達軍政然頗自任罕與副將參議善訓諸子繼勳繼宣繼忠繼密繼和繼倫繼元繼勳繼宣最知名

繼勳字紹先初補右班殿直儀狀頎偉太宗見而異之召問其家世以瓊子對擢寄班祗候累遷內殿崇班咸平初王均據益州以崇儀副使為益州兵馬都監提舉西川諸州軍巡檢公事招安使雷有終以兵五百授繼勳守東郭二門會賊攻彌牟砦繼勳引兵

轉鬬至嘉州敗之獲黃幟金塗鎗以還有終益以勁兵復進攻二門克之乃建幟城上諸將知城拔有終乃引軍薄天長門賊復來拒戰會日暮有終欲少休繼勳曰賊窘矣急擊之無失也率十數騎鏖戰身被數創血濡甲馬死更馬以進會入內都知秦翰來援賊退保子城不敢出繼勳潛知賊欲夜遁開圍使得潰去均卒敗滅以功遷崇儀使賊餘黨保山藪中時出剽刼乃徙綿漢劍門路都巡檢使繼勳募惡少年偵賊動靜窮躡巖穴掩其不備悉擒殺之又徙陝路鈐轄還朝遷洛苑使并代州鈐轄徙屯岢嵐軍契丹

聚兵五萬屯草城川繼勳登高望之謂軍使賈宗曰彼衆而陣不整將不才也我兵雖少可以奇取勝先伏兵山下敵見我弱必急攻我誘之南走爾起乘之當大潰轉戰至寒光嶺伏發契丹果敗相蹂躪死者萬餘人獲馬牛槖駝甚衆遷弓箭庫使賜金帶錦袍領榮州刺史徙麟府州鈐轄時屯兵河外饋運不屬繼勳拒兎毛川援送軍食師乃濟徙知環州又徙瀛州時歲饑募富人出粟以給貧者明年大稔木生連理者四郡人上治狀請留遷內藏庫使以宮苑使奉使契丹還知定州遷西上閤門使昭州團練使徙

鄜延路鈐轄坐市馬虧價失官已而復為西上閤門使榮州刺史知冀州領果州團練使徙貝州復知瀛州仁宗即位改東上閤門使真授隴州團練使知雄州其冬契丹徼燕薊候卒報有兵入鈔邊州皆警繼勳曰契丹歲賴漢金繒何敢損盟好邪居自若已乃知渤海人叛契丹行剽兩界也擢捧日天武四廂都指揮使連州防禦使又知瀛州歷步軍馬軍殿前都虞候步軍副都指揮使邕州觀察使涇原路副都總管兼知渭州入宿衛出為天雄軍都總管願復護邊既而留不遣後為真定府定州路都總管改威武軍

節度觀察留後遂拜保順軍節度使馬軍副都指揮使恭謝禮成徙昭信軍節度使爲莊獻明肅太后山陵莊懿太后園陵都總管以老病乞骸骨召見便殿許一子扶掖毋勿拜聽辭管軍授建雄軍節度使知滑州河水暴溢齧堤岸繼勳雖老躬自督役露坐河上暮夜猶不輟水乃殺怒滑人德之卒年七十八輟視朝一日贈太尉繼勳性謙有機略善撫御士卒臨戰輒勝在蜀有威名號神將子遵甫官至北作坊副使嘉祐八年遵甫女正位皇后神宗即位用皇太后累贈繼勳太師尚書令兼中書令追封康王謚穆武

熙寧九年帝詔宰相王珪爲神道碑御篆碑首曰克勤敏功鍾慶之碑遵甫亦贈太師尚書令兼中書令追封楚王

繼宣字舜舉幼善騎射頗工筆札知讀書以恩補西頭供奉官惠民河巡督漕船會歲饑多盜無沿河巡檢捉賊遷閤門祗候邠州兵馬都監曹瑋守邠數與言兵騰其可用乾興初以內殿崇班爲益州都監蜀人富侈元夕大張燈知府薛奎戒以備盜繼宣籍惡少年飲犒之使夜中潛誌盜背明日皆獲歷磁相邢洺都巡檢使知安肅軍徙保州累遷禮賓使益州路兵馬鈐轄還爲西上閤門使涇原路鈐轄兼安撫使知渭州遷四方館使昭州刺史知雄州初元昊反聲言侵關隴繼宣請備麟府未幾羌兵果入寇河外陷豐州權捧日天武四廂都指揮使忠州團練使知并州俄寇麟府繼宣帥兵營陵井抵天門關是夕大雨及河師半濟黑凌暴合舟不得進乃具牲酒爲文以禱已而凌解師濟進屯府谷間遣勇士夜亂賊營又募黥配廂軍得二千餘人號清邊軍命偏將王凱主之軍次三松嶺賊數萬衆圍之清邊軍奮起斬首千餘級其相躪藉死者不可勝計築寧遠砦相視地脉鑿

石出泉已而城五砦遷眉州防禦使卒

范廷召冀州棗強人父鐸爲里中惡少年所害廷召年十八手刃父讐剖取其心以祭父墓弱冠身長七尺餘有膂力嘗爲盜以勇壯聞周廣順初應募爲北面招收指揮使世宗即位入補衛士從征高平戰疾力遷殿前指揮使從征淮南戰紫金山流矢中左股宋初從平李筠李重進轉本班都知又從征太原再轉散都頭都虞候領費州刺史太平興國中以日騎軍都指揮使從平太原征范陽秦王廷美嘗遣親吏閻懷忠趙瓊犒禁軍列校廷召預焉坐出爲唐州馬

步軍都指揮使雍熙三年議北征召入為馬步軍都軍頭領平州刺史幽州道前軍先鋒都指揮使與賊遇固安南破其衆三千斬首千餘級克固安新城二縣乘勝下涿州廷召復與賊戰中流矢血漬甲縷神色自若督戰益急詔褒之師還遷日騎右廂都指揮使領本州團練使又遷左廂移領高州端拱初出為齊州防禦使數月授捧日天武四廂都指揮使領澄州防禦使二年轉殿前都虞候領涼州觀察使鎮州副都部署大破契丹三萬衆于徐河斬首數千級淳化二年為平虜橋砦都部署歷幷代環慶兩路副部

署至道中遣將從五路討李繼遷命廷召副李繼隆為環慶靈都部署廷召出延州路與賊遇白池獲米募軍主吃囉等兵器鎧甲數萬是役也諸將失期獨廷召與王超大小數十戰屢克捷上嘉之俄又為幷代兩路都部署三年遷侍衛馬軍都指揮使領河西軍節度為定州行營都部署咸平二年契丹入塞車駕北巡廷召與戰瀛州西斬首二萬級逐北至莫州東三十里又斬首萬餘奪其所掠老幼數萬口契丹遁去師還錄功加檢校太傅益賦邑又改殿前都指揮使四年正月被疾車駕臨問卒年七十五贈侍中

廷召在軍四十餘年由顯德以來凡親征未嘗不從善騎射嘗出獵有群烏飛過廷召發矢並貫其三觀者駭異性惡飛禽所至處彈射殆絕尤不喜驢鳴聞必擊殺之子守均至散員都虞候演州刺史守信內殿承制閤門祗候守宣內殿崇班守慶更名珪後為西京作坊副使淮南江浙荊湖制置發運副使

葛霸真定人姿表雄毅善擊刺騎射始事太宗于藩邸踐阼補殿前指揮使稍遷本班都知三遷至散員都虞候雍熙中幽州之師失律大補軍校以霸為驍騎軍都指揮使領檀州刺史戍定州嘗遇敵唐河與

戰敗走之斬獲甚衆俄召為御前忠佐馬步軍都軍頭端拱初出為博州團練使歷潞代二州部署淳化元年擢殿前都虞候領潘州觀察使為高陽關副都部署進都部署凡七戰召還制授保順軍節度典軍如故出為鎮州都部署徙天雄軍咸平三年車駕勞師于大名霸與石保吉同來覲時康保裔沒于河間即日以霸為貝冀高陽關前軍行營都部署二月就遷副都指揮使未幾改邠寧涇原環慶三路都部署四年遷侍衛馬軍都指揮使領感德軍節度景德元年河決澶州橫壠埽命為修河都部署未行屬北邊

有警真宗議親征以霸為駕前西面邢洺路都部署又副李繼隆為駕前東面排陣使駐澶州明年召還以功特加封邑上言朝廷居明德心喪尚遏音樂請停迎授之制奏可是年冬以霸久典兵年且老罷軍職授昭德軍節度并代都部署時廷臣有隸麾下者頗擾軍民霸皆耄為所罔真宗知之故有是召四年夏從知耀州霸雖懦然能謹直自持會東封表求扈蹕既以疾不能從車駕還次衛南疾少間迎謁行在上嘉其意勞問久之未幾卒年七十五贈太尉子懷信懷正懷敏懷煦懷信至知京副使懷煦內殿承制

懷正博州團練使知滄莫二州

懷敏以蔭授西頭供奉官加閤門祗候歷同提點益州路刑獄襄鄧都巡檢使契丹知隰莫保三州累遷東染院使康州刺史知雄州就遷西上閤門使上平燕策會歲旱塘水涸懷敏慮契丹使至測知其廣深乃擁界河水注之塘復如故召對邊事復還雄州改萊州團練使濁流砦兵叛殺官吏潰去懷敏發兵掩襲盡誅其黨在雄州五年徙滄州懷敏為王德用妹婿德用貶亦降知滁州陝西用兵起為涇原路馬步軍副總管兼涇原秦鳳兩路經略安撫副使既入對

以曹瑋嘗所被介胄賜之令制置鄜延環慶兩路存廢砦柵擢龍神衛四廂都指揮眉州防禦使本路副都總管知涇原遷捧日天武四廂都指揮使鄜延路副都總管進殿前都虞候知延州范仲淹言其猾懦不知兵復徙涇原路兼招討經略安撫副使慶曆二年元昊寇鎮戎軍懷敏出瓦亭砦督砦主都監許思純環慶路都監劉賀天聖砦主張貴及緣邊都巡檢使向進劉湛趙瑜等禦敵軍次安邊砦給芻秣未絕懷敏輒離軍夜至開遠堡北一里而舍既而自鎮戎軍西南又先引從騎百餘以前承受趙正曰敵近不可輕進懷敏乃少止日暮趨養馬城與知鎮戎軍曹

英及涇原路都監李知和王保王文鎮戎軍都監李岳西路都巡檢使趙璘等會兵聞元昊徙軍新壕外懷敏議質明襲之乃命諸將分四路趣定川砦劉湛向進出西水口涇原路都監趙珣出蓮華堡曹英李知和出劉璠堡懷敏出定西堡知和與英督軍夜發翌日湛進行次趙福堡遇敵戰不勝保向家峽懷敏使珣英并鎮戎軍西路巡檢李良臣孟淵援之俄報敵已焚柵踰邊壕懷敏入保定川砦敵毀板橋斷其歸路別為二十四道以過軍環圍之又絕定川水泉上

流以饑渴其衆劉賀率藩兵鬬于河西不勝餘衆潰去懷敏為中軍屯塞門東偏英等陣東北隅敵自褊江三葉樊會出四面環之先以銳兵衝中軍不動回擊英軍會黑風起東北部伍相失陣遂擾士卒攀城堞爭入英面被流矢仆壕中懷敏部兵見之亦奔駭懷敏為衆蹂躪幾死輿致甕城久之乃蘇復選士據門橋揮手刃以拒入城者趙珣等以騎軍四合禦敵敵衆稍卻然大軍無鬬志珣馳入勸懷敏還軍中是夕敵聚火圍城四隅臨西北譟曰爾得非總管廳點陣圖者邪爾固能軍乃入我圍中今復何往夜四鼓

懷敏召曹英趙珣李知和王保王文許思純劉賀李良臣趙瑜計議莫知所出遂謀結陣走鎮戎軍雞鳴懷敏自諭親軍左右及在後者皆毋得動平明從吾往安西堡以英珣為先鋒賀思純為左右翼知和為殿聽中軍鼓乃得行至卯鼓未作懷敏先上馬而大軍按堵未動懷敏周麾者再將徑去有執鞚者勸不可懷敏不得已而還使叅謀郭京等取芻城中未至懷敏復上馬叱執轡者使去不聽拔劍且擊之士遂散懷敏驅馬東南馳二百里至長城壕路已斷敵周圍之遂與諸將皆遇害餘軍九千四百餘人馬六百

餘匹為敵所斷其子宗晟與趙正郭京承受王昭明等還保定川初懷敏令軍中步兵毋得動及前陣已去後軍多不知者故皆得存時韓質郝從政胡息以兵六千保蓮華堡劉湛向進兵一千保向家峽皆不赴援於是敵長驅抵渭州幅員六七百里焚蕩廬舍屠掠民畜而去奏至帝嗟悼久之贈懷敏鎮戎軍節度使兼太尉英知和珣保文質岳貴璘思純良臣及同時戰沒者及涇原巡檢楊遵籠竿城巡檢姚奭涇原都巡檢司監押董謙同巡檢唐斌指使霍達皆贈官有差復降向進等官落郝從政趙瑜職懷敏通時

事善候人情故多以才薦之及用為將而輕率昧於應變遂至覆軍帝念之賜謚忠隱子宗晟宗壽宗禮宗師皆遷官

論曰真宗澶淵之役高瓊之功亦盛矣范廷召年十八能手刃父讎瓊將磔于市幸以逃免葛霸善擊刺馬射給事藩邸皆非素習韜略者也及其出身戎行迭居節鎮而卓有可觀由所遇之得其時也或謂瓊頗自用謀議不及叅佐而洞曉軍政霸雖失於巽懦而能謹直自持廷召性雖僻在軍中四十年累從征討所至有功皆不害其為驍果也廷召諸子珪為最

賢霸子懷敏以戰死固皆足稱若繼宣繼勳之將業則過其父遠甚此克勤敏功鍾慶之碑所由以立歟夫以三子之自樹如此而不得與狄青郭逵同日而論者豈非拳勇之有餘而器識之不足也歟

列傳卷第四十八

列傳卷第四十九　　宋史二百九十

開府儀同三司上柱國錄軍國重事中書右丞相兼修國史領經筵事都總裁臣脫脫等奉敕修

曹利用 孫繼勳附　張耆 子希一 等
楊崇勳　夏守恩 弟守贇 子隨
狄青 張玉 孫節附　郭逵

曹利用字用之趙州寧晉人父諫擢明經第仕至右補闕以武畧改崇儀使利用少喜談辯慷慨有志操諫卒補殿前承旨改右班殿直選為鄜延路走馬承受公事景德元年契丹寇河北真宗幸澶州射殺契

丹大將撻覽契丹欲收兵去使王繼忠議和擇可使契丹者利用適奏事行在樞密院以利用應選帝曰此重事也毋輕用人明日樞密使王繼英又薦利用遂授閤門祗候崇儀副使奉書詣契丹軍帝語利用曰契丹南來不求地則邀賂爾關南地歸中國已久不可許漢以玉帛賜單于有故事利用憤契丹色不平對曰彼若妄有所求臣不敢生還帝壯其言利用馳至軍中耶律隆緒母見利用車上車軛設橫板布食器召與飲食其從臣重行坐飲食畢果議關南地利用拒之遣其臣韓杞來報命利用再使契丹契丹

毋曰晉德我界我關南地周世宗取之今宜還我利用曰晉人以地界契丹周人取之我朝不知也若歲求金帛以佐軍尚不知帝意可否割地之請利用不敢以聞其政事舍人高正始遽前曰我引衆以來圖復故地若止得金帛歸則愧吾國人矣利用曰子盍為契丹熟計使契丹用子言恐連兵結釁不得而息非國利也契丹度不可屈和議遂定利用奉約書以歸擢東上閤門使忠州刺史賜第京師契丹遣使來聘遂命利用迎勞之知宜州劉永規馭下殘酷軍校乘衆怨殺永規叛陷柳城縣圍象州分兵掠廣州嶺

南騷動帝謂輔臣曰向者司天占候當用兵朕固憂遠方守將非其人以起邊釁今果然曹利用曉方畧盡心于事其以為廣南安撫使利用至嶺外遇賊武仙縣賊持健標蒙采盾衣甲堅利鋒鏑不能入利用使士持巨斧長刀破盾遂斬首以徇嶺南平遷引進使歷客省使嘉州防禦使出為鄜延路總管大中祥符七年拜樞密副使加宣徽北院使同知院事進知院事遂拜樞密使同中書門下平章事利用在位既久頗恃功天禧二年輔臣丁謂李迪爭論帝前迪斥謂姦邪因言利用與之為朋黨利用曰以片文遇主

臣不如迪捐軀以入不測之虜迪不逮臣也迪坐是免而利用以檢校太師兼太子少保為會靈觀使進尚書右僕射乾興初加左僕射兼侍中武寧軍節度使景靈宮使詔如曹彬給公使錢歲萬緡契丹使者蕭從順桀驁稱疾留館下不時發朝廷遣使問勞相望於道利用請一切罷之從順乃引去加司空舊制樞密使雖檢校三司兼侍中尚書令猶班宰相下乾興中王曾由次相為會靈觀使利用由樞密使領景靈宮使時重宮觀使詔利用班曾上議者非之未幾曾進昭文館大學士玉清昭應宮使將告謝而利用猶欲班曾

上閤門不敢裁帝與太后坐承明殿久之遣押班趣班閤門惶懼莫知所出曾抗聲目吏曰但奏宰臣王曾等告謝班既定而利用怏怏不平帝使同列慰曉之仍詔宰臣樞密使序班如故事而利用益驕尚居次相張知白上尋召張旻于河陽為樞密使利用疑代已始悔懼焉初章獻太后臨朝中人與貴戚稍能軒輊為禍福而利用以勳舊自居不恤也凡內降恩力持不予左右多怨太后亦嚴憚利用稱曰侍中而不名利用奏事簾前或以指爪擊帶鞓左右指以示太后曰利用在先帝時何敢爾邪太后頷之利用奏抑

内降恩難屢卻亦有不得已從之者人揣知之或紿
太后曰蒙恩得内降輒不從今利用家媪陰諸臣請
其必可得矣下之而驗太后始疑其私頗銜怒内侍
羅崇勳得罪太后使利用召崇勳戒敕之利用去崇
勳冠幘詬斥良久崇勳恨之會從子汭為趙州兵馬
監押而州民趙德崇詣闕告汭不法事奏上崇勳請
往按治遂窮探其獄汭坐被酒衣黃衣令人呼萬歲
杖死初汭事起即罷利用樞密使加兼侍中判鄧州
及汭誅謫左千牛衛將軍知隨州又坐私貸景靈宮
錢貶崇信軍節度副使房州安置命内侍楊懷敏護

送諸子各奪二官沒所賜第籍其貲黜親屬十餘人
官者多惡利用行至襄陽驛懷敏不肯前以語逼之
利用素剛遂投繯而絕以暴卒聞後其家請居鄧州
帝憫然許之命其子内殿崇班淵監本州稅明道二
年追復節度兼侍中後贈太傅還諸子官賜謚襄悼
命學士趙槩作神道碑帝為篆其額曰旌功之碑詔
歸所沒舊產利用性悍梗少通力裁僥倖而其親舊
或有因緣以進者故及於禍然在朝廷忠藎有守始
終不為屈死非其罪天下冤之

孫繼鄴字元嗣其先金陵人祖讜事李昪為長劍都
指揮使南伐閩援兵不至戰死父承睿時為小校憤
將兵者不如期致其父沒乃刺殺之亡去轉徙淮楚
間久之入京師以策上太宗授左班殿直終左藏庫
使繼鄴初以三班奉職監涔陽酒稅會宜州陳進反
曹利用辟以自隨為前驅破賊于象州大烏嶺以功
遷左侍禁端州兵馬監押徙秦州永寧砦總徒城洛
門改西頭供奉官晁迥薦為閤門祗候上禦戎策十
數事又用曹瑋薦為鄜延路兵馬都監徙知環州累
遷崇儀副使會修築洪德砦與總兵者論事不協絀
為冀州兵馬都監起知保安軍徙涇州使契丹樞密

使曹利用欲用之繼鄴惡其權盛陰知利用將有禍
數以疾辭遂除左龍武軍統軍致仕利用貶復為崇
儀副使遷供備庫使知石州徙保州領恩州刺史知
雄州累遷西上閤門使擢為龍神衛四廂都指揮使
端州防禦使出為環慶路副都總管道改涇原路兼
知渭州建言蕭關故道前控大川善水草賊騎所從
出也誠得屬羌與奉賜且羈其酋領使為藩籬則可
無西顧憂矣為步軍都虞候徙真定路卒

張耆字元弼開封人年十一給事真宗藩邸及即位
授西頭供奉官嘗與石知顒侍射苑中連發中的權

供備庫副使帶御器械咸平中契丹犯邊以功遷南作坊使昭州刺史天雄軍兵馬鈐轄邊兵未解徙鎮州行營鈐轄又徙定州契丹圍望都者與諸將從間道往援比至城已陷矣者與敵戰身被數創殺契丹梟將遲明復戰而王繼忠為契丹所執者還因言天道方利先舉者請大舉討之及上興師出境之日帝以問輔臣以為不可遷昭州團練使并代州鈐轄明年契丹兵復入帝欲親征者奏邊事十餘條多論兵貴持重及所以取勝者召還入對帝曰卿嘗請北伐契丹入塞與卿所請興師之日同悔不用卿策今領

守澶州而未得人如何者請行帝喜命為駕前西面鈐轄令至澶州候契丹遠近者馳騎往改東面排陣鈐轄事平會曹州趙諫告者受金為人求薦禮部貶供備庫使潞州都監久之事稍辨復官管勾皇城司帝以者歷河東諳邊事召者至宣和閤問地里險易狀者因言雲應蔚朔四郡間遣人以文移至并代間非覘邊虛實即欲熟道路宜密諭代州使自雲應蔚至者由大石谷入自朔至者由土墱入餘間道皆塞之以示險景德罷兵者與曹璨李神祐本保正閱軍籍請汰罷癃者遷英州防禦使侍衛親軍馬軍都

虞候從帝東封遷絳州防禦使殿前都虞候時建玉清宮者奏疏謂殫國財力非所以承天意遷相州觀察使馬軍副都指揮使從祀汾陰授威塞軍節度使進宣徽南院使兼樞密副使罷判河陽丁父母憂起復從武寧軍節度使拜同中書門下平章事判陳州累遷鎮安軍淮南節度使判壽州遣中書舍人張師德就賜告敕尋召為樞密使兼群牧制置使會靈觀使先名旻至是表改名者加尚書左僕射歷河陽泰寧山南東道昭德軍節度使進兼侍中封鄧國公章獻太后崩以左僕射護國軍節度出判許州移襄鄧

孟許陳壽六州封徐國公者為人重密有智數真宗在東宮嘗命授以論語左氏春秋後又賜宸戒二十條及聖政記冊府元龜故頗知傳記及術數之學言象緯輒中章獻太后微時嘗寓其家者事之甚謹及太后預政寵遇最厚賜第尚書省西凡七百楹安佚富盛踰四十年家居為曲闌積百貨其中與群婢相貿易有病者親為診切以藥餌之欲錢不出也所歷藩鎮人頗以為擾然御諸子嚴日一見之即出就外舍論者亦以此多之以太子太師致仕卒贈太師兼侍中謚榮僖子二十四人得一慶曆中守貝州妖人

王則作亂不能死又與之草禮儀伏誅可一坐與群婢賊殺其妻棄市利一團練使誠一客省使樞密都承旨

希一字簡翁以父耆任累官引進使歷知冀邢等九州貝州叛希一先引兵至得其水門猶結兄得一累監洪州鹽復為河北緣邊安撫副使請徙邊兵內地以寬糴費每州歲為市平以糴邊穀使人不能高下其價戍卒之孥給糧先軍士一日使其家為伍保坐以逃亡之累皆著為法徙成都利州路鈐轄真定府路總管累使遼及館客遼人嘗以雄州不當禁漁界

河及役白溝兩屬民為言希一曰界河之禁起於大國統和年今文移尚存白溝本輸中國田租我太宗特除之自是大國侵年立稅故名兩屬惡有中國不役之理遼人詞塞以均州防禦使提舉集禧觀卒弟利一

利一字和叔以蔭補供奉官光州都監提點京東淮南刑獄知莫冀二州為河北緣邊安撫都監兼閤門通事舍人知廣信軍諜告遼人宋元寇邊利一置酒高會於譙門元寇報遁去徙知保州雄州累遷西上閤門使嘉州團練使遼人剌兩屬民為兵民不堪其辱利一綏徠之有大姓舉族南徙慕而來者至二萬利一發廩振恤且移詰涿州自是不敢復剌巡檢趙用有罪坐不察舉改衛州鈐轄久之為定州路鈐轄進馬部軍總管徙真定大名府路歷知代滄澶鄭相州終雄州團練使

楊崇勳字寶臣薊州人祖守斌事太祖為龍捷指揮使父全美事太宗為殿前指揮使崇勳以父任為東西班承旨事真宗于東宮帝嘗曰聞若嗜學吾授若書崇勳省是稍通兵法及前代興廢之事真宗即位遷右侍禁西頭供奉官寄班祇候雷有終討王均崇

勳承受公事以奏捷擢內殿崇班累遷西上閤門使群牧都監改副使以左衛大將軍恩州刺史為樞密都承旨尋提舉樞密諸房通進銀臺司事以英州防禦使為馬軍都虞候并代州馬部軍副都總管留為客省使領群牧使真宗久不豫寇準罷入內副都知周懷政謀奉帝為太上皇傳位太子復相準嘗以謀訪崇勳崇勳以變告丁謂得其辭夜造曹利用共議發之翌日誅懷政擢崇勳鄧州觀察使不拜乃以內客省使領桂州觀察使復兼群牧使初群牧置使皆以文臣領之崇勳曰馬者戰備雖無事可去邪仁宗

即位以彰德軍節度觀察留後知陳州授殿前都虞候真定府定州路副都總管知定州歷馬軍副都指揮使殿前都指揮使振武軍節度使拜宣徽南院使兼樞密副使宮中火為脩葺副使又歷鎮南定武軍山南東道節度使章獻與仁宗言先帝最稱崇勳質信可任大事乃進樞密使百官詣洪福院上章懿冊退而立班奉慰宰相張士遜過崇勳園飲日中期不至御史中丞范諷劾奏與士遜俱罷以同平章事河陽三城節度使判許州翌日改陳州景祐初懷政家人訟冤遂罷同平章事知壽州徙亳州復知陳州契

丹將渝盟朝廷擇將備邊崇勳請行復拜同平章事判定州既而老不任事徙成德軍又徙鄭州坐其子宗誨納賕枉法以左衛上將軍致仕改太子太保卒贈太尉謚恭密尋改謚恭毅崇勳性貪鄙久任軍職當真宗時每對輒肆言中外事喜中傷人人以是畏之在藩鎮日嘗役兵工作木偶戲人塗以丹白舟載鬻於京師

夏守恩字君殊并州榆次人父遇為武騎軍校與契丹戰歿時守恩纔六歲補下班殿侍給事襄王宮累遷西頭供奉官真宗即位四遷至北作坊使普州刺史帝幸澶淵守恩從行數見任使遷博州刺史歷龍神衛捧日天武四廂都指揮使泰州防禦使帝不豫中宮預政以守恩領親兵倚用之擢殿前都虞候以安遠軍節度使觀察留後管勾殿前馬步軍都指揮使事天聖初加步軍副都指揮使威塞軍節度使為永定陵總管雷允恭邢中和從皇堂穿地得水泉土石相半人疫功不就守恩以聞允恭等伏誅徙節河陽三城歸本鎮知澶相曹三州并代路馬步軍都總管歷天雄泰寧武寧節度使為真定府定州路都總管守恩所至恃寵驕恣不法其子元吉通賂遺市物

多不予直定州通判李參發其贓命侍御史趙及與大名府通判李鉞鞫問得實法當死帝命貸之除名連州編管卒貶所

守贇字子羙初守恩給事襄王邸王問其兄弟守恩言守贇四歲而孤日侍王邸不得時撫養心輒念之王為動容即日召入宮而憐其幼聽就外舍後二年復召入王乳母齊國夫人使傳婢拊視之稍長習通文字王為太子守贇典工作事及即位授右侍禁李繼遷叛命使綏夏伺邊釁遷西頭供奉官寄班祗候帝幸大名為駕前走馬承受康保裔與賊戰沒部曲

畏誅聲言保裔降賊密詔守贇往察之守贇變服入營中廉問得狀還奏稱旨詔恤保裔家以守贇為真定路走馬承受公事帝幸澶淵及祀汾陰皆為駕前巡檢累遷東綾錦副使從幸亳州命修行宮轉崇儀使提舉倉草場帝甚親信之遣中使問守贇曰欲管軍乎為橫行使乎守贇曰臣得日近冕旒足矣尋遷西上閤門使提舉諸司庫務以右千牛衛大將軍昭州刺史為樞密都承旨兼領三班院每契丹使至與揚崇勳迭為館伴副使凡十餘年擢侍衛親軍步軍都虞候改馬軍并代州都總管累遷步軍馬軍殿前

副都指揮使建武鎮東保大軍節度使俄以修大內勞除殿前都指揮使徙定國軍節度使守恩坐贓廢守贇亦以鎮海軍節度使罷管軍之本鎮踰年徙定州路都總管召知樞密院事既入見帝問西事守贇言平時小障屯兵馬不及千餘賊兵盛至固守不暇安能出鬬邪宜併其兵以據衝要伺便邀擊功或可成帝然之劉平石元孫敗人有以降賊誣告者守贇頗辨其枉引康保裔事為質自請將兵擊賊換宣徽南院使陝西馬步軍都總管兼經略安撫緣邊招討使命勾當御藥院張德明黎用信掌御劒以隨之然

守贇性庸怯寡方略不為士卒所服尋詔駐軍河中居數月徙屯鄜州其子隨為陝西緣邊招討副使時晏殊宋綬知樞密院又召守贇同知院事隨卒守贇請罷以宣徽南院使天平軍節度使判澶州以疾徙相州疾稍平復為真定府定州等路都總管未至徙高陽關就判瀛州卒贈太尉謚忠僖

隨字君正頗好儒術多從士大夫游以父蔭為茶酒班殿侍遷右班殿直仁宗在東宮為率府副率兼春坊謁者及即位除內殿承制閤門祗候累遷西上閤門使出為天雄軍兵馬鈐轄以母疾召還領三班院

再遷四方館使營州刺史出知衛州真拜韶州團練使徙邠州遷泰州防禦使元昊反為鄜延路副都總管隨本名元亨與元昊有嫌因奏改焉尋徙環慶路未幾復還鄜延元昊為書及錦袍銀帶投境上以遺金明李士彬且約與同叛候人得之諸將皆疑士彬獨隨曰此行間爾士彬與羌世仇若有私約通贈遺豈使衆知邪乃召士彬與飲厚撫之士彬感泣後數日果擊賊斬首獲羊馬自效及守贇知樞密院事擢州觀察使知亳州劉平石元孫敗以隨知河中府守贇經略安撫陝西留領會靈觀事守贇還復為陝西

副都總管兼緣邊招討副使帝曰朝廷方以邊事委
卿卿毋以父在機密為嫌時隨已病次陝州卒贈昭
信軍節度使謚莊恪隨在邊陲無多戰功然慎重少
過

論曰曹利用投身不測之淵以口舌啖契丹使河北
七十年無鋒鏑之虞勲業固偉矣嶺南之戰亦豈可
少哉恃功怙寵禍萌而弗悟可悲也已耆崇勲二夏
奮闒茸位將相皆驕侈貪吝恃私恩違清議君子所
不取也

狄青字漢臣汾州西河人善騎射初隷騎御馬直選

為散直寶元初趙元昊反詔擇衛士從邊以青為三
班差使殿侍延州指使時偏將屢為賊敗士卒多
畏怯青行常為先鋒凡四年前後大小二十五戰中
流矢者八破金湯城略宥州屠嚾咩歲香毛奴尚羅
慶七家口等族燔積聚數萬收其帳二千三百生口
五千七百又城橋子谷築招安豐林新砦大郎等堡
皆扼賊要害嘗戰安遠被創甚聞寇至即挺起馳赴
衆爭前為用臨敵被髮帶銅面具出入賊中皆披靡
莫敢當尹洙為經略判官青以指使見洙與談兵善
之薦於經略使韓琦范仲淹曰此良將材也二人一

見奇之待遇甚厚仲淹以左氏春秋授之曰將不知
古今匹夫勇爾青折節讀書悉通秦漢以來將帥兵
法由是益知名以功累遷西上閤門副使擢秦州刺
史涇原路副都總管經略招討副使又加捧日天武
四廂都指揮使惠州團練使仁宗以青數有戰功欲
召見問以方略會賊寇渭州命圖形以進元昊稱臣
徙真定路副都總管歷侍衛步軍殿前都虞候眉州
防禦使遷步軍副都指揮使保大安遠二軍節度觀
察留後又遷馬軍副都指揮使青奮行伍十餘年而
貴是時面涅猶存帝嘗敕青傅藥除字青指其面曰

陛下以功擢臣不問門地臣所以有今日由此涅爾
臣願留以勸軍中不敢奉詔以彰化軍節度使知延
州擢樞密副使皇祐中廣源州蠻儂智高反陷邕州
又破沿江九州圍廣州嶺外騷動揚畋等安撫經制
蠻事師久無功又命孫沔余靖為安撫使討賊仁宗
猶以為憂青上表請行翌日入對自言臣起行伍非
戰伐無以報國願得蕃落騎數百益以禁兵羈賊首
致闕下帝壯其言遂除宣徽南院使宣撫荆湖南北
路經制廣南盜賊事置酒垂拱殿以遣之時智高還
據邕州青合孫沔余靖兵次賓州先是蔣偕張忠皆

輕敵敗死軍聲大沮青戒諸將毋妄與賊鬬聽吾所
爲廣西鈐轄陳曙乘青未至輒以步卒八千犯賊潰
于崑崙關殿直袁用等皆遁青曰令之不齊兵所以
敗晨會諸將堂上揖曙起幷召用等三十人按以敗
亡狀驅出軍門斬之沔靖相顧愕眙諸將股栗已而
頓甲令軍中休十日覘者還以爲軍未即進青明日
乃整軍騎一晝夜絶崑崙關出歸仁鋪爲陣賊既失
險悉出逆戰前鋒孫節搏賊死山下賊氣銳甚沔等
懼失色青執白旗麾騎兵縱左右翼出賊不意大敗
之追奔五十里斬首數千級其黨黄師宓儂建中智

中及僞官屬死者五十七人生擒賊五百餘人智高
夜縱火燒城遁去遲明青按兵入城獲金帛鉅萬雜
畜數千招復老壯七千二百嘗爲賊所俘脅者慰遣
之梟黄師宓等邕州城下斂屍築京觀于城北隅時
賊屍有衣金龍衣者衆謂智高已死欲以上聞青曰
安知非詐邪寧失智高不敢誣朝廷以貪功也初青
之至邕也會瘴霧昏塞或謂賊毒水上流士飲者多
死青殊憂之一夕有泉湧砦下汲之甘衆遂以濟復
爲樞密副使遷護國軍節度使河中尹還至京師帝
嘉其功拜樞密使賜第敦教坊優進諸子官秩初青

既行帝每憂之曰青有威名賊當畏其來左右使令
非青親信者不可雖飲食卧起皆宜防竊發乃馳使
戒之及聞青已破賊顧宰相曰速議賞緩則不足以
勸矣始交阯願出兵助討智高余靖言其可信具萬
人糧于邕欽待之詔以緡錢三萬賜交阯爲兵費許
賊平厚賞之青既至檄余靖無通使假兵即上奏曰
李德政聲言將步兵五萬騎一千赴援非其情實且
假兵于外以除内寇非我利也以一智高而横蹂二
廣力不能討乃假兵蠻夷蠻夷貪得忘義因而啓亂
何以禦之請罷交阯助兵從之賊平人服其有遠略

青在樞密四年每出士卒輒指目以相矜誇又言者
以青家狗生角且數有光怪請出青於外以保全之
不報嘉祐中京師大水青避水徙家相國寺行止殿
上人情頗疑迺罷青爲同中書門下平章事出判陳
州明年二月疽發髭卒帝發哀贈中書令謚武襄青
爲人慎密寡言其計事必審中機會而後發行師先
正部伍明賞罰與士同饑寒勞苦雖敵猝犯之無一
士敢後先者故其出常有功尤喜推功與將佐始與
孫沔破賊謀一出青賊既平經制餘事悉以諉沔退
若不用意者沔始歎其勇既而服其爲人自以爲不

如也尹洙以賍死青悉力賙其家事子諮詠並為閤
門使詠數有戰功熈寧元年神宗考次近世將帥以
青起行伍而名動夷夏深沉有智略能以畏慎保全
終始慨然思之命取青畫像入禁中御製祭文遣使
賫中牢祠其家

張玉字寶臣保定人以六班散直隸狄青麾下築青
澗招安砦遇夏兵三萬有馳鐵騎挑戰者玉單持鐵
簡出鬪取其首及馬軍中因號曰張鐵簡以狀聞仁
宗曰真勇將也以為本路同巡檢從征儂智高抵歸
仁驛賊列三銳陳以逆官軍軍小卻玉率右廂突騎

橫貫賊壘賊大潰帝召見使作銳陳於殿廷下觀破
賊之勢擢為廣西鈐轄徙大名進龍神四廂都指揮
使為副都總管諒祚攻大順城玉以兵三千夜擊之
驚潰而去累遷昭州防禦使徙涇原熈寧中慶州卒
叛玉襲逐于石門卒窮蹙請降玉斬二百人坐奪職
降為陵州團練使居數月復之王韶開熈河玉遷宣
州觀察使為副都總管河北置三十七將以玉為第
一將入為馬步軍都虞候卒贈建雄留後

孫節開封人少隸軍籍以才勇補右侍禁與狄青同
在延州數攻破熟砦有功累遷西京左藏庫副使及
青討智高辟隸麾下至歸仁鋪節為前鋒直前搏戰
賊銳甚節鏖山下俄中鎗而沒特贈忠武軍節度留
後封其妻為仁壽郡君官其子二人從子三人給諸
司副使奉終其喪

郭逵字仲通其先自邢徙洛康定中兄遵死於敵錄
逵為三班奉職隸陝西范仲淹麾下仲淹勉以問學
延安清剛社募兵誤殺熟羌將論死逵請而免之活
壯士十三人方議取靈武逵曰地遠而食不繼城大
而兵不多未見其利未幾涇原任福以全軍沒人服
其先見陳執中安撫京東奏為駐泊將執中與賓佐

論當今名將共推葛懷敏逵曰懷敏易與爾他日必
敗朝廷事執中始怒居數日問曰君何以知葛懷敏
非名將而敗事邪曰喜功徼幸徒勇無謀可禽也執
中歎曰君真知兵懷敏既覆師矣為真定兵馬監押
保州卒叛田況遣逵往招之逵與亂者侍其臻嘗同
事范仲淹馳至城下示以舊所佩紫囊臻識之即與
其黨韋貴史克順皆再拜邀逵登城既見申諭禍福
衆或疑不即下曰若降恐不免逵請以身為質於是
開城降論功加閤門祗候環慶兵馬都監遭母憂不
得解官凡三請乃許慶帥杜杞贐以錢四十萬謝弗

受卒喪為涇原都監技古渭城轉通事舍人徙河北緣邊安撫都監副吳奎使契丹值其主受尊號入覲禮使還黜為汾州都監麗籍鎮河東俾權忻州契丹來求天池廟地籍不能決以諮逵逵訪得太平興國中故牘證為王土檄報之契丹愧伏湖北溪蠻彭仕義叛加帶御器械為路鈐轄兼知澧州得蠻親信為鄉導盡平諸隘遂破其所居桃花州仕義棄城走衆窮降遷禮賓使徙南路鈐轄知邵州武岡蠻反逵討平之累遷容州觀察使仁宗山陵以逵掌宿衛遷殿前都虞候出為涇原路副都部署治平二年以檢校

太保同簽書樞密院旋出領陝西宣撫使判渭州逵雖立軍功而驕蹇政地議者不厭諫官御史交論之不聽神宗即位還靜難軍留後召還言者復力爭乃改宣徽南院使判鄆州至鄆七日徙鎮鄜延种諤受嵬名山降取綏州夏人遂殺楊定朝論以邊釁方起欲棄綏逵曰虜既殺王官而又棄綏不守見弱已甚且名山舉族來歸當何以處既而夏人欲以塞門安遠二砦來易朝廷許之逵曰此正商於六百里之策也非先交二砦不可與遣其屬趙卨薛昌朝與夏使議唯言砦基高曰二砦之北舊有三十六堡且以長

城嶺為界西平王祥符所移書固在也虜使驚不能對乃寢其請初詔棄綏州逵匿而不下至是帝問大臣皆莫知逵始自劾向者違詔旨之罪帝手詔褒答夏人又求以亡命景詢易名山逵曰詢庸人也於事何所輕重受之則不得不還名山恐自是蕃酋無復敢向化矣逵詗得殺楊定者首領姓名諜告將斬之於境以謝罪逵曰是且梟死囚以紿我報曰必執李崇貴韓道喜來夏人言殺之矣逵命以二人狀貌物色詰問虜情得乃執獻之加檢校太尉雄武軍留後韓絳主种諤計圖橫山與逵議出兵逵曰諤狂生

爾朝廷徒以家世用之必誤大事絳怒以為沮撓奏召逵還明年慶州亂出判永興徙秦州王韶開熙河逵案其不法朝廷遣蔡確鞫之謂逵誣罔落宣徽使知潞州徙太原復宣徽使交阯李乾德陷邕管召為安南行營經略招討使兼荊湖廣南宣撫使請鄜延河東舊吏士自隨將行宴於便殿賜中軍旗章劍甲以示寵次長沙先遣將復邕廉至廣西討援廣源州降守將劉應紀又援決里隘乘勝取桄榔門州大戰富良江斬偽王子洪真乾德窮蹙奉表歸命時兵夫三十萬人冒暑涉瘴地死者過半至是與賊隔一水

不得進乃班師坐貶左衛將軍西京安置屢十年哲宗立復左屯衛大將軍致仕起知潞州進廣州觀察使知河中辭歸洛改左武衛上將軍提舉崇福宮卒輟視朝一日贈雄武軍節度使逵伉慨喜兵學神宗嘗訪八陣遺法對曰兵無常形是特奇正相生之一法爾因為帝論其詳在延安使以教兵久不就逵擇諸校習金鼓屯營者六十四人使人教一隊頃刻而成尤善用偏裨每至所部令人自言所能暇日閱按之故臨陣皆盡其技李復圭治慶州之敗既斬李信劉甫又欲罪鄜延都巡檢使白玉玉見逵託以後

事且泣言不得終養母逵哀之不遣申救甚力得免已而玉大捷于新砦神宗謂逵曰白玉能以功補過卿之力也每戰先招懷後戰鬬愛惜士卒不妄加誅戮其殺賊婦女老弱者皆不賞雖坐征南無功久廢猶隱然為一時宿將云

論曰宋至仁宗時承平百年武夫鷙卒遭時致位者雖有之起健卒至政府隱然為時名將惟青與逵兩人爾青在邊境凡二十五戰無大勝亦無大敗最後崑崙一舉頗著奇雋攷其識量亦過人遠矣逵料葛懷敏之敗如燭照龜卜一時最為知兵雖南征無功用違其長又何尤焉

列傳卷第四十九

元開府儀同三司上柱國錄軍國重事中書右丞相監修國史領經筵事都總裁臣脫脫等奉
勅修

吳育　宋綬子敏求　從子昌言　李若谷子淑　復圭　孫壽朋

王博文子疇　王鬷

吳育字春卿建安人也父待問與楊億同州里每造億億厚禮之門下少年多易之億曰彼他日所享非若曹可望也累官光祿卿以禮部侍郎致仕育少奇頴博學舉進士試禮部第一中甲科除大理評事遷寺丞歷知臨安諸暨襄城三縣自秦悼王葬汝後子孫從葬皆出官官典護歲時上冢者往來呼索擾州縣育在襄城請凡官所須具成數毋容使者妄索羊豕悉出太官由是民省供費殆半宦官過者銜之或中夜叩縣門索牛駕車育拒不應異時宗子所過縱鷹犬暴民田入襄城境輒相戒約毋敢縱者舉賢良方正擢著作郎直集賢院通判蘇州還知太常禮院奏定禮文名太常新禮慶曆祀儀改右正言歷三司鹽鐵戶部二判官尋以本官供諫職元昊僭號議出兵討之群臣曰元昊小醜也旋即誅滅矣育獨建言元昊雖稱蕃臣其尺賦斗租不入縣官且服叛不常請置之示不足責且已僭輿服勢必不能自削宜援國初江南故事稍易其名

可以順拊而收之不報復上言宜先以文誥告諭之尚不賓姑嚴守禦不足同中國叛臣亟加征討且征討者貴在神速守禦者利於持重羌人剽悍多詐出沒不時我師乘銳見小利小勝必貪功輕進往往墮賊計中第嚴約束明烽候堅壁清野以挫其鋒時方銳意討之既而諸將多覆軍者久之無功卒封元昊為夏國主如育所議育又上言天下久安務因循而厭生事政令紀綱邊防機要置不復修一有邊警則倉皇莫知所為殆稍安靜則又無敢輒言者若政令修紀綱肅財用富恩信給賞罰明將帥練習士卒精銳則四夷望風自無他志若一不備則乘間而起矣又曰漢通西域諸國斷匈奴右臂諸戎內附雖有桀黠不敢獨叛唐太宗嘗賜回鶻可汗并其相手書納其貢奉厚以金帛真宗命潘羅支攻殺李繼遷而德明廼降元昊第見朝廷比年與西域諸戎不通朝貢乃得以利啗隣境固其巢穴無肘腋之患跳梁猖獗彼得以肆而不顧矣請募士諭唃廝囉及他蕃部離散其黨與使併力以攻而均其恩賜此伐謀之要也因錄上真宗時通西域諸蕃事迹除同修起居注遂知制誥進翰林學士累遷禮部郎中契丹與元昊構兵元昊求納款契丹使來請勿納元昊朝廷未知所荅育因上疏曰契丹受恩為日已久不可納一叛羌

失繼世兄弟之懽今二蕃自鬬鬬久不解可觀形勢乘機立功萬一過計亟納元昊臣恐契丹窺兵趙魏朝廷不得元昊毫髮之助而太行東西且有煙塵之警矣宜使人諭元昊曰契丹汝世姻一旦自絶力屈而歸我我所疑也若無他者當順契丹如故然後許汝歸款告契丹曰已詔元昊如能投謝轅門即聽内附若猶堅拒當爲討之如此則彼皆不能歸罪我矣於是召兩制出契丹書令兩制同上對不易育議尋知開封府居數日發大奸吏一人流嶺外又得巨盜積贓萬九千緡獄具而輒再變帝遣他吏按之卒伏法時歲飢多盜育嚴賞功之法嘗得盜而未賞者一

切賞之以明不欺慶曆五年拜右諫議大夫樞密副使居數月改參知政事山東盜起帝遣中使按視還奏盜不足慮兗州杜衍鄆州富弼山東人尊愛之此可憂也帝欲徙二人于淮南育曰盜誠無足慮者小人乘時以傾大臣禍幾不可禦矣事遂寢章獻章懿太后升祔真宗廟議者請覃恩且優賜軍士育曰無事而啓僥倖誰爲陛下建此議者請治之已而外人多怨執政者帝以語輔臣育曰此必建議者欲動摇上聽臣以身許國何憚此耶向綬知永静軍爲不法疑通判江中立發其陰事因構獄以危法中之中立自經死綬宰相子大臣有營助欲傳輕法育曰不殺

綬無以示天下卒減死一等流南方御史唐詢請罷制科帝刋其名付中書育奏疏駁議帝因諭輔臣曰彼上言者乞從内批行下今乃知欺罔也育曰非睿聽昭察則挾邪蠹國靡所不爲願出姓名按劾以明國法育在政府遇事敢言與宰相賈昌朝數爭議上前左右皆失色育論辨不已乃請曰臣所辨者職也顧力不勝願罷臣職乃復以爲樞密副使明年大旱御史中丞高若訥曰大臣喧爭爲不肅故雨不時若遂罷昌朝而育歸給事中班未幾出知許州徙蔡州設伍保法以檢制盜賊時京師有告妖人千數聚確山者詔遣中使往召捕者十人至則以巡檢兵往索

之育曰使者欲得妖人還報邪曰然曰育在此雖不敏聚千人境内毋容不知此特鄉民用浮圖法相聚以利錢財爾一弓手召之可致也今以兵往人相驚疑請留毋往中使以爲然頃之召十人者至械送闕下皆無罪釋之而告者伏辜尋以資政殿學士知河南府徙陝州上書論詔獄曰先王凝旒黈纊不欲聞見人之過失也設有罪即屬之有司楊儀嘗爲三司判官近自御史臺移劾都亭驛械縛過市人人不測爲何等大獄及聞案具乃止請求常事使道路衆口紛紛竊議朝廷之士人皆自危豈養廉恥示敦厚之道哉還禮部侍郎知永興軍召兼翰林侍讀學士以

疾辭且請便郡帝語大臣曰吳育剛正可用第嫉惡太過耳因命知汝州遣內侍賜以禁中良藥會疾不已又請居散地以集賢院學士判西京留司御史臺外臺舊不領民事時張堯佐知河陽民訟久不決多詣育訴育為辨曲直判書狀尾堯佐畏懼奉行復為資政殿學士兼翰林侍讀學士知陝州進資政殿大學士召還判尚書都省一日侍讀禁中帝因語及臣下毀譽多出愛憎卿所當慎也育曰知而形之言不若察而行之事聖主之行如日月之明進一人使人皆知其善出一人使人皆曉其惡則陰邪不能構害公正可以自立百王之要道也帝數欲大用為諫官

劉元瑜誣奏育在河南嘗貸民出息錢又之除宣徽南院使鄜延路經略安撫使判延州夏人既稱臣而並邊種落數侵耕為患龐籍守并州欲築堡備之育謂要契未明而亟城則羌人必爭爭而受患者必麟府也移文河東又遺籍手書及疏於朝不報既而夏人果犯河外陷驍將郭恩而太原將佐皆得罪去疾復作辭不任邊事求解宣徽使復以為資政殿大學士尚書左丞知河中府徙河南病革視事如平日因閱囚辨非罪寬舞文吏二人已而卒年五十五贈吏部尚書謚正肅育性明果所至作條教簡疎易行而不可犯遇事不妄發發即人不能撓辨論明白使人

聽之不疑初尹開封范仲淹在政府因事與仲淹忤既而仲淹安撫河東有奏請多為任事者所沮育取可行者固行之其在二府待問以列卿奉朝請育不自安請罷去不聽及出帥永興時待問尚亡恙肩輿迎侍時人榮之晚年在西臺與宋庠相唱酬追裴白遺事至數百篇體素羸少時力學得心疾後得古方和丹砂餌之大醉一夕而愈後數發每發數十日乃已有集五十卷第充為宰相自有傳

宋綬字公垂趙州平棘人父皐尚書度支員外郎直集賢院綬幼聰警額有奇骨為外祖楊徽之所器愛徽之無子家藏書悉與綬綬母亦知書每躬自訓教以故博通經史

百家文章為一時所尚初徽之卒遺奏補太常寺太祝年十五召試中書真宗愛其文遷大理評事聽於秘閣讀書大中祥符元年復試學士院為集賢校理與父皐同職後賜同進士出身遷大理寺丞及祀汾陰召赴行在與錢易陳越劉筠集所過地志風物故實每舍止即以奏將祠亳州太清宮以簽書亳州判官事入為左正言同判太常禮院父之判三司憑由司建言比歲下赦令釋逋負後期未報者六十八州請於諸路選官考覈期半月以聞於是脫械繫三千二百人蠲積負數百萬權知制誥判吏部流內銓兼史館修撰玉清昭應宮判官累遷戶部郎中權直學

士院同修眞宗實録進左司郎中遂爲翰林學士兼侍讀學士勾當三班院始詔讀唐史固求解三班以顓進講同修國史遷中書舍人昭應宫災罷二學士踰年復翰林學士史成遷尚書工部侍郎兼侍讀學士時太后猶稱制五日一御承明殿垂簾決事而仁宗未嘗獨對群臣也綬奏言唐先天中睿宗爲太上皇五日一受朝處分軍國重務除三品以下官決徒刑宜約先天制度令群臣對前殿非軍國大事除拜皆前殿取旨書上忤太后意改龍圖閣學士出知應天府太后崩帝思綬言召還將大用而宰相張士遜沮止之復加翰林侍讀學士詔定章獻明肅章懿太

后祔廟禮綬援春秋考仲子之宫唐儀坤廟故事請別築宫曰奉慈廟以安神主事多采用始置端明殿學士以命綬綬固辭又言帝王御天下在總攬威柄而一紀以來令出簾帷自陛下躬親萬務内外延首思見聖政宜懲違革弊以新百姓之耳目而賞罰號令未能有過於前日豈非三事大臣不能推心悉力以輔陛下之治耶頃太后朝多客除拜而邪幸或徑取升擢議者謂恩出太后今恩賞雖行又謂自大臣出非大臣朋黨罔上何以得此朋黨之爲朝廷患古今同之或窺測帝旨密令陳奏或附會己意以進退人大官市恩以招權小人趨利以售進此風寖長有

盡邦政太宗嘗曰國家無外憂必有内患外憂不過邊事皆可預防奸邪共濟爲内患深可懼也眞宗亦曰唐朋黨尤盛王室遂卑願陛下思祖宗之訓念王業艱難整齊綱紀正在今日張士遜罷廼拜綬參知政事初有詔罷修寺觀而章惠太后以舊宅爲道觀諫官御史言之帝曰此太后奩中物也諫官御史欲邀名邪綬進曰彼豈知太后所爲哉第見興土木違近詔即論奏之且事有疑似彼猶指爲過或陛下有大闕失近臣雖不言然傳聞四方爲聖政之累何可忽也太祖嘗謂唐太宗爲諫官所詆不以爲愧何若動無過舉使無得而言哉郭皇后廢帝命綬作詔云

當求德閥以稱坤儀既而左右引富人陳氏女入宫綬曰陛下乃欲以賤者正位中宫不亦與前日詔語戾乎後數日王曾入對又論奏之帝曰宋綬亦如此言時大臣繼有論者卒罷之帝春秋富天下久無事綬慮宴樂有漸乃言人心逸於久安而患害生於所忽故立防於無事銷變於未萌事至而應不亦殆歟臣願飭勵群司不以承平自怠又上馭下之道有三臨事尚乎守當機貴乎斷兆謀先乎密能守則奸不能移能斷則邪不能惑能密則事不能撓願陛下念之至若深居燕閒聲味以調六氣節宣以順四時保養聖躬宗社之休也再遷吏部侍郎時宰相呂夷簡

王曾論議數不同綬多是夷簡而參知政事蔡齊間有所異政事繇此依違不決於是四人者皆罷綬以尚書左丞資政殿學士留侍講筵權判尚書都省歲餘加資政殿大學士以禮部尚書知河南府元昊反劉平石元孫敗没帝以手詔賜大臣居外者詢攻守之策綬畫十事以獻復召知樞密院事遷兵部尚書參知政事時綬母尚在綬既得疾不視事猶起居自力區處後事尋卒贈司徒兼侍中謚宣獻綬性孝謹清介言動有常爲兒童時手不執錢家藏書萬餘卷親自校讎博通經史百家其筆札尤精妙朝廷大議論多綬所財定楊億稱其文沈壯淳麗曰吾殆不及

也及卒帝多取所書字藏禁中初郊祀綬攝太僕卿帝問儀物典故占對辨洽因上所撰鹵簿圖十卷子敏求

敏求字次道賜進士及第爲館閣校勘預蘇舜欽進奏院會出發書集慶軍判官王堯臣修唐書以敏求習唐事奏爲編修官持祖母喪詔令居家修書卒喪同知太常禮院石中立薨子繼死無他子其孫祖仁疑所服下禮官議敏求謂宜爲服三年當解官斬衰同僚援據不一判寺宋祁是其議遂定爲令加集賢校理從宋庠辟通判西京爲群牧度支判官墜馬傷足出知亳州治平中召爲仁宗實録檢討官同修起居注知制誥判太常寺英宗在殯有言宗室服跣者可嫁娶敏求以爲大行未發引不可踰年又有言者敏求言宗室義服服降而練可嫁娶矣坐前後議異貶秩知絳州王珪范鎮乞留之使成實録神宗曰典禮國之所重而誤謬如是安得無責然敏求議初不誤魯公亮惡禮院劉瑾附敏求爲詭故因是去之是歲即詔還徐國公主以夫兄爲姪奏官敏求疏其亂天倫執政之王安石惡呂公著誣其言韓琦欲因人心如趙鞅興晉陽之甲以逐君側之惡出之潁州敏求當草制安石諭旨使明著罪狀敏求但言敷陳失實安石怒白於帝命陳升之改其語敏求請解職未聽會李定自秀州判官除御史敏求封還

詞頭遂以本官右諫議大夫奉朝請策試賢良方正孔文仲對語切直擢寘優等安石愈怒罷文仲人爲敏求懼帝獨全護之除史館修撰集賢院學士鄧潤甫爲帝言比群臣多尚告訐非國家之美宜登用敦厚之士以變薄俗乃加敏求龍圖閣直學士命修兩朝正史掌均國公牋奏元豐三年卒年六十一特贈禮部侍郎敏求家藏書三萬卷皆略誦習熟於朝廷典故士大夫疑議必就正焉補唐武宗以下六世實録百四十八卷它所著書甚多學者多咨之嘗建言河北陝西河東舉子性朴茂而辭藻不工故登第者少請令轉運使擇薦有行藝材武者特官之使人材

參用而士有可進之路又州郡有學舍而無學官故士輕
去鄉里以求師請置學官後頗施行之族弟昌言
昌言字仲謨以蔭爲澤州司理參軍州有殺人獄昌言疑
其寃堅請迹捕果得真犯者稍遷河陰發運判官自濟源
之官見道上棄屍若剮剥狀者甚衆竊歎郡縣之不治既
至河陰得凶盜六輩殺人而臠之如是十餘年掩其家猶
得執縛未殺者七人縣吏與市井少年共爲胠橐昌言窮
治其淵藪皆法外行之而流其家人擢都水監丞熙寧初
河決棗彊而北昌言建議欲於二股河口西岸新灘立土
約障水使之東流候稍深即斷北流縱出葫蘆下流以除

恩冀深瀛水患詔從之提舉河渠王亞以爲不可成不如
修生隄朝廷遣翰林學士司馬光往視如昌言策不兩月
決口塞光奏昌言獨有功若與同列均受賞恐不足以勸
詔理提點刑獄資序遷開封府推官同判都水監汴水漲
昌言請塞訾家口已而汴流絕監丞侯叔獻唱爲昌言罪
昌言懼求知陝州歷濮冀二州河決曹村召判都水監往
護河堤靈平埽成轉少府監卒贈絹二百匹
李若谷字子淵徐州豐人少孤游學依姻家趙況於洛下
遂葬父母緱氏舉進士補長社縣尉州葺兵營課民輸木
檄尉受之而吏以不中程多退斥欲苛若輸者因以取賕

若谷度材别其長短大小爲程置庭中使民自輸政大理
寺丞知宜興縣官市湖洑茶歲約户税爲多少率取足貧
下若谷始置籍備句檢茶惡者舊没官若谷使歸之民許
轉貿以償其數知連州真宗將朝謁太清宫選通判亳州
累遷度支員外郎權三司户部判官出爲京東轉運使會
河決白馬調取芻楗同列盧士倫協三司意趣刻擾州縣
而若谷寛之士倫不悦搆于朝徙知陝州盜聚青灰山久
不散遣牙吏持榜招諭之盜殺其黨與自歸改梓州天聖
初判三司户部句院使契丹陛辭不俟垂簾請對延遽詣
長春殿奏事罷知荆南士族元甲恃蔭屢犯法若谷杖之

曰吾代若父兄訓之爾王蒙正爲駐泊都監挾太后姻横
肆若谷繩以法監司右蒙正奏徙若谷潭州洞庭賊數邀
商人船殺人輒投屍水中嘗捕獲以屍無驗每貸死隷他
州既而逃歸復攻刼若谷擒致之磔于市自是寇稍息累
遷太常少卿集賢殿修撰知滑州河齧韓村堤夜馳往督
兵爲大埽至旦堤完以右諫議大夫知延州州有東西兩
城夾河秋夏水溢岸輒圮役費不可勝紀若谷乃制石版
爲岸押以巨木後雖暴水不復壞官倉依山而貯穀少若
谷使作露囷囷可貯二萬斛他郡多取法焉遷給事中知
壽州豪右多分占芍陂陂皆美田夏雨溢壞田輒盜決若

谷擿冒占田者逐之每決輒調瀕陂諸豪使塞堤盜決乃止加集賢院學士知江寧府卒挽舟過境寒瘠甚者留養視之須春温遣去民句子道者以分隸諸僧寺助給春爨還句當三班院進龍圖閣直學士知河南府貴人多葬洛陽敕使須索煩擾若谷奏令鴻臚預約所調移府逆爲營辦改樞密直學士知并州民貧失婚姻者若谷出私錢助其嫁娶贅婚亡賴委妻去爲立期不還許更嫁并多降人喜盜竊籍累犯者以三人爲保有犯并坐之悛者削去籍名進尚書工部侍郎龍圖閣學士知開封府拜參知政事建言風俗媮惡在上之人作而新之君子小人各有其類

今一目以朋黨恐正人無以自立矣帝悟爲下詔諭中外以耳疾累上章辭位罷爲資政殿大學士吏部侍郎提舉會靈觀事以太子少傳致仕卒年八十贈太子太傅謚康靖若谷性資端重在政府論議常近寬厚治民多智慮愷悌愛人其去多見思少時與韓億爲友及貴顯婚姻不絶焉子淑

淑字獻臣年十二眞宗幸亳獻文行在所眞宗奇之命賦詩賜童子出身試祕書省校書郎寇準薦之授校書郎館閣校勘乾興初遷大理評事修眞宗實録爲檢討官書成改光禄寺丞集賢校理爲國史院編修官召試賜進士及第改祕書郎進太常丞直集賢院同判太常寺擢史館修撰再遷尚書禮部員外郎上時政十議改知制誥句當三班院爲翰林學士進吏部員外郎會若谷參知政事改侍讀學士加端明殿學士若谷罷進本曹郎中典豫王府章奏以右諫議大夫知許州歲饑取民所食五種上之帝惻然爲蠲其賦權知開封府復爲翰林學士中書舍人言者指其在開封多褻近吏人改給事中知鄭州徙河陽轉尚書禮部侍郎復爲翰林學士罷端明殿學士判流内銓復加端明殿學士初在鄭州作周陵詩國子博士陳求古以私隙訟其譏訕朝廷除龍圖閣學士出知應天府累表論

辨不報乃請侍養明年復端明侍讀二學士判太常寺父喪免官終喪起復再爲翰林學士諫官包拯吳奎等言淑性姦邪又嘗請侍養父而不及其母罷翰林學士以端明龍圖閣學士奉朝請丁母憂服除爲端明侍讀二學士遷户部侍郎復爲翰林學士而御史中丞張昪等又論奏之不拜除兼龍圖閣學士由是壹鬱不得志出知河中府暴感風眩卒贈尚書右丞淑警慧過人博習諸書詳練朝廷典故凡有沿革帝多諮訪制作誥命爲時所稱其他文多裁取古語務爲奇險時人不許也初宋郊有學行淑恐其先用因密言曰宋國姓而郊者交非善應也又宋祁作張

貴妃制故事妃當冊命祁疑進告身非是以淑明典故問之淑心知其誤謂祁曰君第進何疑邪祁遂得罪去其傾側險詖類此嘗修國朝會要三朝訓鑒圖閤門儀制康定行軍賞罰格又獻繫訓三篇所著別集百餘卷子壽朋復圭

壽朋字延老慶曆初與弟復圭同試學士院賜進士出身判吏部南曹使行諸陵奏言昭憲皇后誕育二聖爲國文母獨以合葬安陵不及時祭請更其禮從之遷群牧判官擊斷敏甚皇城卒邏其縱游無度出知汝州盡推職田之入歸前守楊畋畋死又經理其家以饑歲營州廨勞民降

爲荆門軍歷開封府推官户部判官知鳳翔府滄州滄地震壞城郭帑庾壽朋以席爲屋督吏案繕葺未數月復其舊括蕪田三萬頃縱民耕擇其壯者使習兵河方北涌隨塞之故道陻壽朋度必東潰諭居人徙避後三縣四鎮果墊馬司馬光出使薦其能加直史館入直舍人院同修起居注進户部鹽鐵副使性踈雋任俠奉祠西太一宮飲酒食肉如常時暴得疾卒詔中使撫其孥賜白金三百兩

復圭字審言通判澶州北使道澶民主驛率困憊豪杜氏十八家詭言唐相如晦後每賦吏脫免復圭按籍役之知滑州兵匠相忿閧揮所執鐵椎椎殺爭者於廳事立斬之徙知相州自太宗時聚夏人降者五指揮號厲子馬子弟相承百年無它役復圭斥不如格者選能騎射士補之爲度支判官知涇州始時二税之入三司移折已重轉運使又覆折之復圭爲奏免民立生祠歷湖北兩浙淮南河東陝西成都六轉運使浙民以給衙前役多破産復圭悉罷遣歸農令出錢助長名人承募民便之瀕海人賴蛤沙地以生豪家量受税於官而占爲已有復圭奏蠲其税分以予民熙寧初進直龍圖閣知慶州夏人築壘于其境不犯漢地復圭貪邊功遣大將李信帥兵三千授以陳圖使自荔原堡夜出襲擊敗還復圭斬信自解又欲滅前恥遣別

將破其金湯白豹西和市斬首數千級後七日秉常舉國入寇御史謝景溫劾復圭擅興致士卒死傷邊民流離謫保靜軍節度副使歲餘知光化軍張商英言夏人謀犯塞之日久矣與破金湯適相值非復圭生事乃召判吏部流内銓知曹蔡滄州還爲鹽鐵副使以集賢殿修撰知荆南卒復圭臨事敏決稱健吏與人交不以利害避然輕率躁急無威重喜以語侵人獨爲王安石所知故旣廢即起

王博文字仲明曹州濟陰人祖諫給事太宗藩邸爲西京作坊副使博文年十六善屬文舉進士開封府以回文詩百篇爲公卷人謂之王回文淳化三年太宗親試進士以

年少罷歸後諫卒官廬州州守劉蒙叟爲言召試舍人院爲安豐主簿歷南豐尉有能名調南劍州軍事推官改大理寺丞監荊南榷貨務遷殿中丞陳堯咨薦之試中書賜進士第擢知濠州歷眞州眞宗幸亳權江淮制置司事改監察御史梓州路轉運使以疾請出知海州徙密州負海有鹽場歲饑民多盜鬻吏捕之輒抵死博文請弛鹽禁候歲豐乃復從之除殿中侍御史天禧中朱能王先在長安僞爲乾祐天書事覺能既敗死先與其徒就禽詔博文乘驛按劾博文唯治首惡脅從者七人得以減論還爲開封府判官丁母憂始博文幼喪父其母張氏改適韓氏及博

文在朝謂子無絕母禮請得以恩封之母死又謂古之爲父後者不爲出母服以廢宗廟祭也今喪者皆祭無害於行服乃請解官持服然議者以喪而祭爲非禮服除爲三司戶部判官出爲河北轉運使遷侍御史陝西轉運使屬羌擻遹渴以族落數千帳叛既又寇原州柳泉鎮環州鶻泉砦梧州刺史杜澄內殿崇班趙世隆戰沒博文劾奏內侍都知周文質押班王懷信爲涇原環慶兩路鈐轄提重兵駐大拔砦玩寇逗留耗用邊費請用曹瑋田敏代既而文質懷信坐法遂以瑋知永興軍使節制邊事會瑋病不行又用敏爲涇原路總管寇遂平遷尚書兵部員外郎

爲三司戶部副使再遷戶部郎中龍圖閣待制判吏部流內銓權發遣三司使事與監察御史崔暨內侍羅崇勳同鞫眞定府曹汭獄及還權知開封府進龍圖閣直學士知秦州爲走馬承受賈德昌所毀徙鳳翔府又徙永興軍明年德昌以贓敗改樞密直學士復知秦州初沿邊軍民之逃者必爲熟戶畜牧又或以遺遠羌易羊馬故常沒者數百人其禽生羌則以錦袍銀帶茶絹賞之間有自歸而中道爲夏人所得亦不能辨坐法皆斬博文乃遣習知邊事者密持信紙往招至則悉貸其罪由是歲減殊死甚衆朝廷下其法旁路又言河西回鶻多緣互市家秦隴間請悉

遣出境戒守臣使譏察之再遷右諫議大夫以龍圖閣學士復知開封府都城豪右邸舍侵通衢博文製表木按籍命左右判官分徹之月餘畢出知大名府遷給事中召權三司使遂同知樞密院事踰月而卒帝臨奠贈尚書吏部侍郎博文以吏事進多任劇繁爲政務平恕常語諸子曰吾平生決罪至流刑未嘗不陰擇善水土處汝曹志之然治曹汭獄議者多謂博文希太后旨縱崇勳傅致其罪子

疇

疇字景彝以父蔭補將作監主簿中進士第累遷太常博士翰林學士宋祁提舉諸司庫務薦疇句當公事時有宦

官同提舉者疇辭於中書曰翰林先進疇恐不得事也然以朝士大夫而爲閹人指使則疇實恥之用賈昌朝薦改編修唐書仁宗獵近郊疇引十事以諫皇祐中手詔禁貴戚近習私謁者疇獻聖政惟公頌召試直祕閣爲開封府推官宦者李允良訴其叔父死疑爲仇家所毒請發棺驗視衆欲許之疇獨不可曰苟無實是無故而暴屍且安知非允良有姦窮治果與其叔父家有怨歷三司度支判官修起居注知制誥權判吏部流内銓以右諫議大夫權御史中丞時陳升之拜樞密副使諫官御史唐介等奏彈升之不當大用朝廷持不行介等爭數月不已廷兩罷之而

論者謂介等爲衆人游談所誤疇疏言浮華險薄之徒往來諫官御史家掎摭人罪寖以成俗請出詔戒勵從之遷給事中英宗既即位感疾皇太后垂簾聽政其後帝疾平猶未御正殿疇上疏請御朝聽政及永昭陵復土祭仁宗虞主于集英殿以宗正卿攝事疇奏曰人子之葬其親送形而往迎神而返故虞祭所以安神也位尊者禮重禮重者祭多故天子之虞數至於九今山陵嗣君不得親往則道路五虞理可命宗正攝事若神主既至則四虞之祭雖或聖躬未寧亦宜勉强況陛下在藩邸以好古知禮仁孝聰明聞於中外此先帝所以託天下也臣願始終令德以

全美名帝既視朝前後殿而於聽事猶持謙抑疇復上疏曰廟社擁佑陛下起居安平臨朝以時僅踰半載而未聞開發聽斷德音遏塞人情缺然伏望思太祖太宗艱難取天下之勞眞宗仁宗憂勤守太平之力勉於聽決大政以慰母后之慈勿爲疑貳謙抑自使盛德闇然不光未幾又上疏曰董仲舒爲武帝言天人之際曰事在勉彊而已勉彊學問則聞見廣而智益明勉彊行道則德日起而大有功陛下起自列邸光有天命然而祖宗基業之重天人顧享之際所以操心治身正家保國者尤在於勉彊力行也陛下昔在宗藩已能務德好學語言舉動未嘗越禮是天

性有聖賢之資自疾平以來于茲半歲而臨朝高拱無所可否群臣關白軍國之政者曰益至其請人主財決者日益多然猶聖心盤桓無所是非者何也得非以初繼大統或慮未究朝廷之事故謙抑而未皇耶或者聖躬尚未寧而不欲自煩耶抑有所畏忌而不言耶苟爲謙抑而未皇則國家萬務日曠月廢其勢將趨於禍亂無疑也若聖躬未能寧則天下之名醫良工日可召於前而方技不試藥石不進養疾於身坐俟歲月非求全之道也苟有所畏忌而不言則又過計之甚也今中外之事無可疑畏臣嘗爲陛下力言之矣陛下何不坦心布誠廓開大明以照天下

外則與執政大臣講求治體內則於母后請所未至延禮賢俊諮訪忠直廣所未見達所未聞若陛下朝行之則衆心夕安矣況陛下向居藩邸日夕於側者惟一二講學之師與左右給使之人耳修身行已德業日新而知者無幾則是爲善多而得名常少也然而終能德成行尊美名遠聞此先帝之所以屬心也今處億兆之上有一言動則天下知之簡冊書之比之於昔是善行易顯而美名易成也然而尚莫之聞者是不爲爾非不能也有始有終者聖賢之能事在陛下勉彊而已疇又上疏欲車駕行幸以安人心時大臣亦有請帝乃出禱雨都人瞻望驩呼數日皇太后還政疇又上疏請詔二府大臣講求所以尊崇母后之禮若朝廷嚴奉之體與歲時朔望之儀車服承衛之等威百司供擬之制度它時尊稱之美號外家延賞之恩典凡可以稱奉親之意者皆宜優異章大以發揚母后之功烈則孝德昭于天下矣時詔近臣議仁宗配祭故事冬夏至祀昊天上帝皇地祇以太祖配正月上辛祈穀孟夏雩祀孟冬祀神州地祇以太宗配正月上辛祀感生帝以宣祖配季秋大饗明堂祀昊天上帝以眞宗配而學士王珪等與禮官上議以謂季秋大饗宜以仁宗配爲嚴父之道知制誥錢公輔獨謂仁宗不當配祭疇以謂珪等議遺眞宗不得配公輔議遺宣祖眞宗仁宗俱不得配於禮意未安乃獻議曰請依王珪等議奉仁宗配饗明堂以符大易配考之說孝經嚴父之禮奉遷眞宗配孟夏雩祀以倣唐貞觀顯慶故事太宗依舊配正月上辛祈穀孟冬祀神州祇餘依本朝故事如此則列聖並侑對越昊穹厚澤流光垂裕萬祀必如公輔之議則陷四聖爲失禮導陛下爲不孝違經戾古莫此爲甚自此公輔不悅而朝廷以疇論事有補帝與執政大臣皆器異之遷翰林學士尚書禮部侍郎同提舉諸司庫務數月拜樞密副使於是公輔言疇望輕資淺在臺素餐不可大用又頗薦引近臣可爲輔弼者公

輔坐貶疇在位五十五日卒帝甚悼惜之臨哭賜白金三千兩贈兵部尚書謚忠簡疇名臣子性介特厲風操喜言朝廷事好治容服坐立巍然言必文未嘗慢戲吏治審密文辭嚴麗其執政未久終于位及所享壽類其父云

王畯字總之趙州臨城人七歲喪父哀毀過人既長狀貌奇偉舉進士授婺州觀察推官代還眞宗見而異之特遷祕書省著作佐郎知祁縣通判湖州再遷太常博士提點梓州路刑獄權三司戶部判官使契丹還判都磨勘司以尚書度支員外郎兼侍御史知雜事上言方調兵塞決河而近郡災歉民力彫敝請罷土木之不急者改三司戶部

副使樞密使曹利用得罪鬷以同里爲利用所厚出知湖州徙蘇州還爲三司鹽鐵副使時龍圖閣待制馬季良方用事建言京師賈人常以賤價居茶鹽交引請官置務收市之季良挾章獻姻家衆莫敢迕其意鬷獨不可曰與民競利豈國體耶擢天章閣待制判大理寺提舉在京諸司庫務安撫淮南權判吏部流内銓累遷刑部益利路旱饑爲安撫使以左司郎中樞密直學士知益州戍卒有夜焚營殺馬脅軍校爲亂者鬷潛遣兵環營下令曰不亂者斂手出門無所問於是衆皆出命軍校指亂者得十餘人即戮之及旦人莫知也其爲政有大體不爲苛察蜀人愛之

拜右諫議大夫同知樞密院事景祐五年參知政事明年遷尚書工部侍郎知樞密院事天聖中鬷嘗使河北過眞定見曹瑋謂曰君異日當柄用願留意邊防鬷曰何以教之瑋曰吾聞趙德明嘗使人以馬榷易漢物不如意欲殺之少子元昊方十餘歲諫曰我戎人本從事鞍馬而以資鄰國易不急之物已非策又從而斬之失衆心矣德明從之吾嘗使人覘元昊狀貌異常他日必爲邊患鬷殊未以爲然也比再入樞密元昊反帝數問邊事鬷不能對及西征失利議刺鄉兵又久未決帝怒鬷與陳執中張觀同日罷鬷出知河南府始歎瑋之明識未幾得暴疾卒贈户部尚書謚忠穆鬷少時館禮部尚書王化基之門樞密副使宋湜見而以女妻之宋氏親族或侮易之化基曰後三十年鬷富貴矣果如所言

論曰昊育剛毅不撓而設施無聞其才不逮志者與宋綬博洽明敏若谷務長厚博文習吏事當仁宗時先後與政僅能恭慎寡過保有祿位施及後嗣敏求淑俱練達典故傳以文采而淑以傾險敗德視疇之介特數建忠謀則賢不肖之相去遠矣王鬷不留意曹瑋之言卒以昧於邊事見黜宜哉

列傳卷第五十

列傳卷第五十一　　宋史二百九十二

開府儀同三司上柱國錄軍國重事中書右丞相監修國史領經筵事都總裁臣脫脫等奉

敕修

李諮　程戡　夏侯嶠　盛度

丁度　張觀　鄭戩　明鎬

王堯臣　孫抃　田況

李諮字仲詢唐趙國公峘之後峘貶死袁州因家新喻遂爲新喻人諮幼有至性父文捷出其母諮日夜號泣食飲不入口父憐之而還其母遂以孝聞舉進士眞宗顧左右曰是能安其親者擢第三人除大理評事通判舒州召試中書爲太子中允直集賢院歷三司開封府判官再遷左正言出爲淮南轉運副使帝幸亳以勞遷尚書禮部員外郎會江南饑徙江東轉運副使爲度支判官擢知制誥寇準數毀諮所擬制辭諮不樂以父留鄉里請外遂出知荊南會翰林學士闕宰相擬他官帝曰不如李諮遂爲學士仁宗即位超遷本曹郎中權知開封府數月權三司使拜右諫議大夫嘗奏事兩宮曰天下賦調有定今西北寢兵且二十年而邊餽如故戍兵雖未可減其末作浮費非本務者宜一切裁損以厚下即詔諮與御史中丞劉筠等同議冗費以景德較天禧計所減得十三之上時陝西緣邊

數言軍食不給度支都內錢不足支月奉章獻太后憂之命呂夷簡魯宗道張士遜與諮等經度其事諮曰舊法商人入粟邊郡算茶與犀象緡錢爲虛實三估出錢十四文坐得三司錢百文諮請變法以實錢入粟實錢售茶三者不得相爲輕重既行而商人果失厚利怨謗蠭起諮以疾累請郡改樞密直學士知洪州行數月而御史臺鞫吏王舉句獻私商人多請慈州礬會計茶法不折虛費錢妄稱增課百萬緡以覬恩賞諮坐不察奪職久之進給事中知杭州復樞密直學士知永興軍衣冠子弟恃蔭無賴者諮悉杖之境內肅然還句當三班院坐舉吏降左諫議大夫權三司使事是歲禁中火倉卒營造應辦舉集進尚書禮部侍郎拜樞密副使數月遭父喪起復還戶部侍郎知院事是時榷茶法寖壞乃詔諮蔡齊等更議之諮以前坐變法得罪固辭不許於是復用諮所變法語具食貨志卒贈右僕射謚憲成諮性明辨周知世務其處煩猝常若閑暇吏不敢欺在樞府專務革濫賞抑僥倖人以爲稱職無子以族子爲後

程戡字勝之許州陽翟人少力學舉進士甲科補涇州觀察推官再遷秘書丞通判許州曹利用貶戡以利用壻降通判蘄州徙虔州州人有殺母暮夜置尸仇人之門以誣

仇者獄已具戩獨辨之正其罪以尚書屯田員外郎知歸州召爲侍御史三司度支判官寶元初忻代地震壞城郭廬舍死傷甚衆命戩安撫頗以便宜從事改起居舍人知諫院還兵部員外郎兼侍御史知雜事三司戸部副使擢天章閣待制陝西都轉運使未幾知渭州陝西有保毅軍人苦其役戩奏曰保毅在鄉兵外不點而有籍所以佐邊備也已隷保捷兵而保毅籍如故州縣以供力役率困憊至破析財產售田者猶數戸出一夫民不勝苦因詔私役保毅者以計傭律坐之進樞密直學士知成都府坐嘗保任貝州張得一得一伏誅奪職出知鳳翔府尋徙河中御

史中丞張觀辨之復爲樞密直學士知永興軍徙瀛州四遷給事中契丹使過瀛稱疾求著帽見戩使謂曰有疾可毋相見見當如禮使者語屈冠而見人言歲在甲午蜀且有變孟知祥之割據李順之起而爲盜皆此時也仁宗自擇戩再知益州還端明殿學士召見慰遣至彭州民妄言有兵變捕斬之守益州者以嫌多不治城堞戩獨完城浚池自固不以爲嫌也召拜參知政事奏禁蜀人妖言誣民者避宰相文彥博親改尚書戸部侍郎樞密副使數與宋庠爭議諫官御史皆論之戩亦自請罷除吏部侍郎觀文殿學士兼翰林侍讀學士同羣牧制置使尋拜宣徽南院使

鄜延路經略安撫使判延州英宗即位以安武軍節度使留再任初罷因蕃官例不序遷至是用戩奏始皆得遷又請首領有戰功材武皆得召見選補爲蕃官延州夾河爲兩城雉堞頗卑小敵登九州臺則下瞰城中戩調兵夫大增築之橫山酋豪怨諒祚欲率其屬叛取靈夏來求兵爲援戩言豺虎非自相搏則未易取也瘢疽非其首潰則未易攻也諒祚久悖慢宜秉此許之所謂以蠻夷攻蠻夷中國之利也會英宗不豫大臣重生事不報言者請選大臣帥永興屯重兵以制五路敕戩具利害以聞戩以爲四路距永興皆十數驛設有警使聽節制則不及事矣且關中

財賦不贍宿軍多何以給之治平初命宦官王昭明等領四路蕃部事戩曰蕃部所以亡去苦邊吏苛暴爲西人誘略爾今昭明等徒能呼召首領犒以牛酒恐未足以結其心也而甚動邊聽宜更置路分鈐轄都監各部一將兵兼治邊巡檢使無復專蕃部事從其奏夏人遣使入貢僭漢官移文于州稱其國中官曰樞密戩止令稱使副不以官稱樞密曰須盧方許之戩告老章累上終弗聽遣使以手詔問勞賜茶藥黄金乃再上章曰臣老疾劇矣高奴屯勁兵爲要地豈養病所耶召還道卒贈太尉謚康穆戩久在邊安重習事治不近名然不爲言者所與或傳戩交通宦

官闕士良至令妻出見之

夏侯嶠字峻極其先幽州人高祖秀爲濟州鉅野鎮遏使因家焉父浦梁開平中以明經至棣州錄事參軍嶠幼好學弱冠以辭賦稱周相李穀延置門下又依西京留守向拱攝伊陽令拱移安州又令攝錄事參軍太平興國初舉進士甲科解褐大理評事通判興州累遷右贊善大夫從征太原督芻糧于河朔遷殿中丞通判邠州歲滿拜監察御史通判興元府進秩殿中雍熙二年代還對便坐太宗語有司曰此人朕自知其才行勿須奏擬即日改左補闕直史館賜緋魚會王師護邊秉傳督河閒餽道就命知

莫州踰月徙洪州改起居郎真宗在襄邸太宗擇朝士謹厚者爲官屬即召入爲翊善賜金紫加直昭文館真宗尹京府命兼推官加司封員外郎東宮建復兼中舍遷工部郎中及嗣位拜給事中知審刑院數月擢樞密院副使咸平元年以戶部郎中罷二年始建講讀之職命嶠爲翰林侍讀學士及楊徽之卒又命兼祕書監是秋江浙饑命爲江南巡撫使所過疏理刑訟存問耆老務從寬簡人以爲便使還采病民二十餘事上之亟詔釐革又判吏部選事嶠善鼓琴好讀莊老書淳厚謹慎居官無過失真宗尤愛重之多所詢訪每以善人目之素好道留意養生少疾景

德元年五月以選人俟對崇政殿暴中風眩亟詔取金丹上尊酒餌之肩輿還第遣內侍召外內名醫診視其夕卒年七十二詔贈兵部尚書賵賜外增賜白金三百兩給葬錄其子大理寺丞晟爲太子中舍孫恭爲奉禮郎姪孫蔚賜同學究出身嶠在近侍恩遇甚渥卒後數月畢士安爲相撫坐歎曰使夏侯君在吾豈先據此位有集十五卷大中祥符初晟上漢武封禪圖績金匱玉匱石磩石距之狀咸有注釋上覽而善之至駕部員外郎恭至太子中舍

盛度字公量世居應天府後徙杭州餘杭縣曾祖璿仕錢氏爲餘杭縣令父豫從錢俶入朝終尚書度支郎中度舉

進士第補濟陰尉選爲封丘主簿改府倉曹參軍爲光祿寺丞御史臺推勘官改祕書省祕書郎試學士院爲直史館三司戶部判官累遷尚書屯田員外郎契丹寇邊從幸大名數上疏論邊事奉使陝西因覽疆域參質漢唐故地繪爲西域圖以獻改開封府判官坐決獄失實降監洪州稅起知建昌軍三司鹽鐵判官改起居舍人知制誥度嘗奏事便殿真宗問其所上西域圖度因言酒泉張掖武威燉煌金城五郡之東南自秦築長城西起臨洮東至遼碣延袤萬里有郡有軍有守捉襟帶相屬烽火相望其爲形勢備禦之道至矣唐始置節度後以宰相兼領用非其人

故有河山之險而不能固有甲兵之利而不能禦今復繪山川道路壁壘區聚爲河西隴右圖願備上覽眞宗稱其博學後遷右諫議大夫權知開封府以疾不拜改會靈觀判官入翰林爲學士加史館修撰歷兵部郎中景靈宮副使冦準罷相度以交通周懷政出知光州乾興初再謫和州團練副使丁謂貶起爲祠部郎中復兵部郎中遷太常少卿知鈞州更虔滁蘇三州還知審刑院以右諫議大夫知揚州加集賢院學士初度謫洪州建請復賢良方正科又請建四科以取士曰博通墳典達於教化科才識兼茂明於體用科軍謀宏遠堪任將帥科明曉法律能按章覆問科既而用夏竦議置六科其議亦自度始復爲翰林學士史館修撰遷給事中嘗受詔與御史中丞王隨議通解鹽聽商旅入錢筭鹽語在食貨志尋進承旨以禮部侍郎兼端明殿學士召問邊計退而條十事上之又兼侍讀學士景祐二年拜參知政事時王曾呂夷簡爲相度與宋綬蔡齊並參知政事曾與齊善而夷簡與綬善惟度不得志於二人及二人俱辭相仁宗問度曰王曾呂夷簡力求退何也度對曰二人腹心之事臣不得而知陛下詢二人以孰可代者則其情可察矣仁宗果以問曾曾薦齊又問夷簡夷簡薦綬於是四人俱罷而度獨留遷知樞密院事章

得象既相以度嘗位其上即拜武寧軍節度使坐今開封府吏馮士元強取其鄰所僦官舍以尚書右丞罷復知揚州加資政殿學士知應天府暴感風眩以太子少傅致仕卒贈太子太保謚文肅度好學家居列圖書每歸未嘗釋手敏於爲文而汎濫不精嘗奉詔同編續通典文苑英華注釋御集眞宗祀汾陰仁宗在藩邸詔掌起居箋奏及留司章奏有愚谷銀臺中書樞中四集又有中書翰林二制集天禧三年詔許中書舍人給事中諫議大夫母封郡太君而學士不預時度官兵部郎中因請追封其母自是學士官未至諫議者其母皆得封郡君度體肥大艱於拜起賓客有拜之者則俯伏不能興往往瞪視而詬詈之性極猜險雖平居僚友不敢易語言所至下貧無賴多所縱捨稍有貲者一切繩之以法子申甫終尚書兵部郎中集賢校理嘗爲福建轉運使頗以修潔稱從兄京有吏能以尚書工部侍郎致仕卒

丁度字公雅其先恩州清河人祖顗後唐清泰初陷契丹逃歸徙居祥符父逢吉以醫術事眞宗藩邸然好聚書與儒者游度强力學問好讀尚書嘗擬爲書命十餘篇大中祥符中登服勤詞學科爲大理評事通判通州改太子中允直集賢院坐解送國子監進士失實監齊州稅還知太

常禮院判吏部南曹上書論六事一增講讀官二增諫員三補蔭用大功以上親四選河北河東役兵補禁軍五籍令佐墾田爲殿最六凡緣公事坐私罪杖者聽保任遷官章獻后旹之舊制監司及藩鎮辭謁皆賜對仁宗初即位止令附中書樞密奏之度言附奏非所以防壅蔽也又嘗獻王鳳論於章獻太后以戒外戚歷三司磨勘司京西轉運使司天言永昌陵有白氣請增築以厭之有詔按視度奏神道貴靜不可輕繕治乃止入知制誥遷翰林學士糾察在京刑獄判太常禮院兼羣牧使劉平石元孫敗帝遣使問所以禦邊度奏曰今士氣傷沮若復追窮巢穴饋糧

千里輕用人命以快一朝之意非計之得也唐都長安天寶後河湟覆没涇州西門不開京師距寇境不及五百里屯重兵嚴烽火雖常有侵軼然卒無事太祖時疆埸之任不用節將但審擢材器豐其廩賜信其賞罰方隅輯寧幾二十年爲今之策莫若謹亭障遠斥堠控扼要害爲制禦之全計因條上十策名曰備邊要覽時西疆未寧二府三司雖旬休不廢務度言符堅以百萬師寇晉謝安命駕出游以安人心請給假如故無使外夷窺朝廷淺深從之累遷中書舍人爲承旨時葉清臣請商州置監鑄大錢以一當十度奏曰漢之五銖唐之開元及國朝錢法輕重大小

最爲折中歷代改更法雖精密不能朞年即復改鑄議者欲繩以峻法革其盜鑄昔漢變錢幣盜鑄死者數十萬唐鑄乾元及重輪乾元錢錢輕幣重嚴刑不能禁止今禁旅戍邊月給百錢得大錢裁十不可畸用舊錢不出新錢愈輕則糧芻增價臣嘗知湖州民有抵茶禁者受千錢立契代鞭背在京西有強盜殺人取其弊衣直不過數百錢盜鑄之利不啻數倍復有湖山絕處兇魁嘯聚罏冶日滋居則鑄錢急則爲盜民間銅鍮之器悉爲大錢何以禁止度又言祥符天聖間牧馬至十餘萬其後言者以天下無事不可虛費遂廢八監然猶秦渭環階麟府文州火山保德

岢嵐軍歲市馬二萬二百匹補京畿塞下之闕自西鄙用兵四年所收三萬而已馬少地閑坊監誠可罷若賊平馬歸則不可闕今河北河東京東西淮南皆籍丁壯爲兵請令民畜一戰馬者得免二丁仍不計貲產以升戶等則緩急有備而國馬蕃矣慶曆中副杜衍宣撫河東久之還端明殿學士知審刑院時江西轉運使移虔州凡市末鹽鈔每百緡貼納錢三之一通判吉州李虞卿受財免貼納事覺大理將以枉法論度曰枉法謂於典憲有所阿曲虞卿所違者轉運使移文爾遂貸虞卿死帝嘗問用人以資與才孰先度對曰承平時用資邊事未平宜用才時度在翰

林已七年而朝廷方用兵故對以此諫官孫甫論度所言
蓋自求柄用帝諭輔臣曰度在侍從十五年數論天下事
顧未嘗及私甫安從得是語未幾擢工部侍郎樞密副使
因言周世宗募驍健有朝出羣盜夕備宿衛者太祖閱猛
士實騎軍請擇河北河東陝西就糧馬軍以補禁旅之闕
又言契丹嘗渝盟預備不可忽因上慶曆兵録五卷贍邊
録一卷明年參知政事會春旱降秩中書舍人踰月復官
後二年衛士爲變事連宦官楊懷敏樞密使夏竦請御史
與宦官同於禁中鞫之不可滋蔓令反側者不自安度曰
宿衛有變事關社稷此而可忍孰不可忍請付外臺窮治

黨與爭於帝前仁宗從竦言度遂求解政事罷爲紫宸殿
學士兼侍讀學士御史何郯言紫宸非官稱所宜改觀文
殿學士知通進銀臺司判尚書都省再遷尚書右丞卒贈
吏部尚書謚文簡度性淳質不爲威儀居一室十餘年左
右無姬侍然喜論事在經筵歲久帝每以學士呼之而不
名嘗問著龜占應之事乃對卜筮雖聖人所爲要之一技
而已不若以古之治亂爲監又嘗示以欹器曰朕欲臨天
下以中正之道度對曰臣等亦願無傾滿以事陛下因奏
太宗嘗作此器眞宗亦嘗著論於是帝製後述以賜之度
著遹英聖覽十卷龜鑑精義三卷編年總録八卷奉詔領

諸儒集武經總要四十卷子諷集賢校理
張觀字思正絳州絳縣人少謹愿好學有鄉曲名中服勤
辭學科擢爲第一授將作監丞通判解州會鹽池吏以贓
敗坐失舉劾降監河中府稅復通判果州改祕書省祕書
郎仁宗即位遷太常丞擢右正言直史館爲三司度支判
官同修起居注改右司諫知制誥判登聞檢院出知杭州
還判國子監權發遣開封府事進爲翰林學士知審官院
累遷左司郎中以給事中權御史中丞時星流地震雷發
正月詔求直言觀謂承平日久政寬法慢用度漸侈風俗
漸薄以致災異因上四事一曰知人二曰嚴禁三曰尚質

四曰節用河北大雨水又條七事曰導積水以廣播種緩
催欠以省禁錮寬刑罰以振淹獄收逃田以募歸復罷工
役以先急務止配卒以阜民財通商旅以濟艱食復知審
官院遂拜同知樞密院事康定中西兵失利因議點鄉兵
久之不決遂與王鬷陳執中俱罷以資政殿學士尚書禮
部侍郎知相州徙澶州河壞孫陳埽及浮梁州人大恐或
請趍北原以避水患觀曰太守獨去如州民何乃躬率卒
徙增築之隄完水亦退徙鄆州舊法京東通安邑鹽而瀕
海之地禁私煑觀上言利之所在百姓趨之雖日殺于市
恐不能止請弛禁以便民歲免黥配者不可勝計歷知應

天府孟州河南府以吏部侍郎兼御史中丞以父居業高年多病請便郡以觀文殿學士知許州月餘拜左丞丁父憂哀毀過人既練而卒贈吏部尚書謚文孝觀性至孝初爲秘書郎其父方爲州從事因上書願以官授父眞宗嘉之以居業爲京官及觀貴居業繇恩至太府卿居業嘗過洛嘉其山川風物曰吾得老于此足矣觀於是買田宅營林榭以適其意蚤起奉藥膳然後出視事未嘗一日廢也趣尚恬曠持廉少欲平生書必爲楷字無一行草類其爲人仁宗飛白書清字賜觀以賞其節然於吏事非所長知開封府民犯夜禁觀詰之曰有見人否衆傳以爲笑

鄭戩字天休蘇州吳縣人早孤力學客京師事楊億以屬辭知名後復還吳及億卒賓客弟子散去戩乃倍道會葬舉進士擢甲科授太常寺奉禮郎簽書寧國軍節度判官事召試學士院爲光祿寺丞集賢校理通判越州還改太子中允同知太常禮院注釋御製發願文三寶讚升直史館三司戶部判官同修起居注以右正言知制誥判國子監選明經生講解經義從知審刑院遷起居舍人龍圖閣直學士權知開封府吏馮士元爲姦利有告士元受賕藏禁書者戩窮治之辭連宰相呂夷簡知樞密院盛度參知政事程琳遂逮捕夷簡子公綽公弼劾其狀既而士元流海島度琳坐嘗交關士元罷去其餘紬罰者自御史中丞孔道輔天章閣待制龐籍又十餘人朝議畏其皦核戩敏彊善聽決喜出不意獨假貸細民即豪宗大姓繩治益急政有能迹徙權三司使復轉運使考課格分別殿最又勾較三司出入得羨錢四百萬緡以右諫議大夫同知樞密院改樞密副使戩與參知政事宋庠爲宰相呂夷簡所忌與庠皆罷以資政殿學士知杭州錢塘湖溉民田數十頃錢氏置撩清軍以疏淤填之患既納國後不復治葑土堙塞爲豪族僧坊所占冒湖水益狹戩發屬縣丁夫數萬闢之民賴其利事聞詔本郡歲治如戩法遷給事中徙幷州道改鄆州又徙永興軍建言凡軍行所須願下有司相緩急析爲三等非急罷去先是衙吏輸木京師浮渭泛河多漂沒既至則斥不中程往往破家不能償戩奏歲減二十餘萬又奏罷括糴以勸民積粟長安故都多豪惡戩治之尚嚴甚者至黥竄人皆惕息未幾爲陝西四路都總管兼經略安撫招討使駐涇州聽便宜從事遷尚書禮部侍郎時知慶州滕宗諒知渭州張亢過用公使錢戩致于法行邊至鎮戎軍趣蓮花堡天寒與將佐置酒元昊擁兵近塞會暮塵起有報敵騎至者戩曰此必三川巡按邊回非敵騎也已而果然及疆事少寧詔還知永興軍初靜邊砦

主劉滬謀築水洛結公二城以通秦渭援兵招生羌大王族爲邊衛戩使滬與著作佐郎董士廉督其役會罷戩四路安撫使韓琦知渭州尹洙皆以爲不便召滬士廉罷役歸不聽乃使裨將狄青將兵以往械送德順軍獄戩力爭于朝卒城之進戶部侍郎資政殿大學士知幷州契丹與元昊方交兵邊奏互上獨戩不以聞詔遣使問其故戩對敵自相攻中國不足憂也鄜府間有棄地曰草城川戩募土人爲弓箭手計口給田初兵興用不足河東行鐵錢山多炭鐵鼓鑄利厚重辟不能止戩乃請三當一令既下兵民相翕動數千人遨走馬承受訴承受中貴人不能過又

舉譟州門守門者拒不得入戩聞悉召至庭下推首謀者數十人黥隸他州事乃定遷吏部侍郎改宣徽北院使拜奉國軍節度使卒贈太尉謚文肅戩遇事果敢必行然憑氣近俠用刑峻深士民多怨之

明鎬字化基密州安丘人中進士第補蘄州防禦推官眞宗崩上眞頌四十六篇改大理寺丞薛奎領秦州辟爲節度判官奎徙益州辟知錄事參軍程琳代奎奏爲簽書節度判官就通判州事遷太常博士還朝仁宗問鎬所能奎稱其沈鷙有謀能斷大事除開封推官獻六冗書進尚書祠部員外郎爲三司戶部判官改刑部員外郎京東轉運

使遷兵部員外郎直史館益州路轉運使會歲饑民無積聚盜賊間發鎬爲平物價募民爲兵人賴以安知陵州楚應幾贓敗或告以先期奏之鎬曰獲罪則已安可欺朝廷耶卒坐失察降知同州未逾月會元昊寇延州起爲陝西轉運使虜破金明砦既去議脩復其城帥臣擁兵不即進而鎬止以百餘騎自督將士一月而成又嘗閱同州廂軍得材武者三百餘人教以彊弩奏爲清邊軍號最驍悍其後陝西河東頗倣置之遷戶部郎中直昭文館知陝州徙江淮制置發運使未行會賊破豐州擢天章閣待制河東都轉運使修建寧中候百勝砦鎮川清塞堡凡五城以勞

遷左司郎中明年擢龍圖閣直學士知幷州鎬大巡邊以備賊時邊任多紈袴子弟鎬乃取尤不職者杖之疲軟者皆自解去遂奏擇習事者守堡砦軍行倡婦多從之鎬欲驅逐惡傷士卒心會有忿爭殺倡婦者吏執以白鎬曰彼來軍中何耶縱去不治倡婦聞皆散走以樞密直學士左諫議大夫知成德軍入知開封府王則叛命鎬爲體量安撫使則未下又命參知政事文彥博爲宣撫使以鎬副之貝州平遷端明殿學士給事中權三司使諸將悉超遷都虞候士卒八千四百人第其功爲五等每等遷一資彥博數推鎬功拜參知政事已而疽發背帝謂輔臣曰鎬忠亮

有勢及其未亂思一見之臨問惻然曰方賴卿謀國事何遽被疾鎬氣憊猶能頓首謝翌日卒謚文烈鎬端𣪺寡言所至安靜有體而遇事不苟爲世所推重王則者本涿州人歲饑流至恩州自賣爲人牧羊後隸宣毅軍爲小校恩冀俗妖幻相與習五龍滴淚等經及圖讖諸書言釋迦佛衰謝彌勒佛當持世初則去涿母與之訣別刺福字於其背以爲記妖人因妄傳字隱起爭信事之而州吏張巒卜吉主其謀黨連德齊諸州約以慶曆八年正旦斷澶州浮梁亂河北會其黨潘方淨以書謁北京留守賈昌朝事覺被執故不待期亟以七年冬至叛時知州張得一方與官

謁天慶觀則率其徒劫庫兵得一走保驍捷營賊焚門執得一囚之兵馬都監內殿承制田斌以從卒巷鬬不勝而出城鈐轄提點刑獄田京任黃裳持印棄其家縋城出保南關賊從通判董元亨取軍資庫鑰元亨拒之殺元亨又出獄囚囚有憾司理參軍王獎者遂殺獎既而節度判官李浩清河令齊開主簿王湙皆被害則僭號東平郡王以張巒爲宰相卜吉爲樞密使建國曰安陽牓所居門曰中京居室廐庫皆立名號改年曰得聖以十二月爲正月百姓年十二以上七十以下皆涅其面曰宜軍破趙得勝旗幟號令率以佛爲稱城以一樓爲一州書州名補其徒爲

州每面置一總管然縋城下者日衆於是令守者伍伍爲保一人縋餘悉斬有州民汪文慶郭斌趙宗本汪順者自城上繫書射鎬帳約爲內應夜垂絙以引官軍既內數百人焚樓櫓賊覺率衆拒戰初官軍既登欲專其功斷絙以絕後來者及與賊戰兵寡不敵與文慶等復縋而下是夜城幾克則期正月十四日出要劫契丹使諜者以告鎬遣殿侍安素伏兵西門賊果以數百人夜出伏發皆就獲城峻不可攻乃爲距闉將成爲賊所焚遂即南城爲地道日攻其北牽制之及文彥博至穴通城中選壯士中夜由地道入衆登城賊縱火牛官軍以槍中牛鼻牛還攻之賊大

潰開東門遁閻門祗候張絪緣壕與戰死之總管王信捕得則其餘衆保村舍皆焚死檻送則京師支解以徇則叛凡六十六日

王堯臣字伯庸應天府虞城人舉進士第一授將作監丞通判湖州召試改祕書省著作郎直集賢院會從父冲坐事出堯臣知光州父喪服除爲三司度支判官再遷右司諫郭皇后薨議者歸罪內侍都知閻文應堯臣請窮治左右侍醫者不報時上元節有司張燈堯臣俟乘輿出即上言后已復位號今方在殯不當遊幸帝爲罷張燈擢知制誥同知通進銀臺司提舉諸司庫務知審刑院入翰林爲

學士知審官院陝西用兵爲體量安撫使將行請曰故事使者所至稱詔存問官吏將校而不及於民自元昊反三年于今關中之民凋弊爲甚請以詔勞來仍諭以賊平蠲租賦二年仁宗從之使還上言陝西兵二十萬分屯四路然可使戰者止十萬賊衆入寇常數倍官軍彼以十戰一我以一戰十故三至而三勝由衆寡不侔也涇原近賊巢穴最當要害宜先備之今防秋甚邇請益團土兵以二萬屯渭州爲鎮戎山外之援萬人屯涇州爲原渭聲勢二萬屯環慶萬人屯秦州以制其衝突且賊之犯邊不患不能入患不能出也並塞地形雖險易不同而兵行須由大川

大川率有砦柵爲控扼賊來利在虜掠人自爲戰故所向無前若延州之金明塞門砦鎮戎之劉璠定川堡渭州山外之羊牧隆城靜邊砦皆不能扼其來故賊不患不能入也既入漢地分行鈔略驅虜人畜刼掠財貨士馬疲困奔趨歸路無復鬬志若以精兵扼險彊弩注射旁設奇伏斷其首尾且追且擊不敗何待故賊之患在不能出也賊屢乘戰勝重掠而歸諸將不能追擊者由兵寡而勢分也若尚循故轍必無可勝之理又論延州鎮戎軍渭州山外三敗之由皆爲賊先據勝地誘致我師將帥不能據險擊歸而多倍道趨利兵方疲頓乃與生羌合戰賊始縱鐵騎衝

我軍繼以步奚挽彊注射鋒不可當遂致掩覆此主帥不思應變以懲前失之咎也願敕邊吏常遠斥候遇賊至度遠近立營砦然後量敵奮擊毋得輕出詔以其言戒邊吏時韓琦坐好水川兵敗徙秦州范仲淹亦以擅復元昊書降耀州堯臣言二人者皆忠義智勇不當置之散地又薦种世衡狄青有將帥才明年賊果自鎮戎軍原州入寇敗葛懷敏乘勝掠平涼潘原關中震恐自邠涇以東皆閉壘自守仲淹自將慶州兵捍賊賊引去仁宗思其言乃復以琦仲淹爲招討使置府涇州益屯兵三萬人而使堯臣再安撫涇原初曹瑋開山外地置籠竿等四砦募弓箭手給

田使耕戰自守其後將帥失撫御稍侵奪之衆怨怒遂刼德勝砦將姚貴閉城畔堯臣適過境上作書射城中諭以禍福衆遂出降乃爲申明約束如舊而去既還上言自陝西用兵夏竦陳執中並以兩府舊臣爲陝西經略安撫招討使韓琦范仲淹止爲經略安撫副使既而張存知延州王沿知渭州張奎知慶州俱是學士待制之職亦止管勾本路總管司事及竦執中罷四路置帥遂各帶都總管及經略安撫招討等使因而武臣副總管亦爲副使今琦仲淹龐籍既爲陝西四路都總管緣邊經略安撫招討等使四路當稟節制而尚帶經略使名者九人各置司行事名

號不異而所稟非一今請逐路都總管副總管並罷經略只充緣邊安撫使既而滕宗諒亦以爲請遂罷之又言鄜延環慶路其地皆險固而易以守惟涇原自漢唐以來爲衝要之地自鎮戎軍至渭州沿涇河大川直抵涇邠略無險阻雖有城砦據平地賊徑交屬難以捍防如郭子儀渾瑊常宿重兵守之自元昊叛命數年由此三入寇朝廷置帥府於涇州爲控扼關陝之會誠合事機然頻經敗覆邊地空虛士氣不振願深監近弊精擇將佐其新集之兵未經訓練宜易以舊人儻一路兵力完實則賊不敢長驅入寇矣因論沿邊城砦控扼要害賊徑通屬及備禦輕重之

策爲五事上之又請涇原五州營田並置弓箭手及請徹潼關樓櫓皆報可以戶部郎中權三司使辟張昷之杜杞等十餘人爲副使判官時入內都知張永和建議收民僦舍錢十之三以助軍費堯臣入對曰此衰世之事召怨而携民唐德宗所以致朱泚之亂也度支副使林濰畏永和附會其說堯臣奏黜濰議乃定夔州轉運使請增鹽井歲課十餘萬緡堯臣以爲上恩未嘗及遠人而反牟取厚利適足以歛怨罷之遷翰林學士承旨兼端明殿學士爲群牧使丁母喪服除轉右諫議大夫初學士蘇易簡丁度皆自郎中進中書舍人充承旨及堯臣爲承旨不遷官意宰相賈昌朝所抑及是文彥博爲相因其歲滿遂優遷之大享明堂加給事中與三司更議茶法較天下每歲財賦出入上其數遂拜樞密副使會儂智高反請析廣西宜容邕州爲三路以融柳象隸宜州白高竇雷化鬱林儀藤梧龔瓊隸容州欽賓廉横潯貴隸邕州遇蠻入寇三路會支郡兵掩擊令經略安撫使守桂州以統制焉並募澄海忠敢土軍分屯邕全永道三州米以餉之罷遣北兵遠戍時狄青經制嶺南詔青審議以爲便居樞密三年務裁抑僥倖於是有鏤歷名書以布京城然仁宗不以爲疑也以戶部侍郎參知政事久之帝欲以爲樞密使而當制學士胡宿

固抑之乃進吏部侍郎卒贈尚書左僕射謚文安堯臣以文學進與內外制十餘年其爲文辭温麗執政時嘗與宰相文彥博富弼劉沆勸帝蚤立嗣且言英宗嘗養宮中宜爲後爲詔草挾以進未果立元豐三年子同老進遺藁論父功帝以訪文彥博具奏本末遂加贈太師中書令改謚文忠

孫抃字夢得眉州眉山人六世祖長孺喜藏書號書樓孫氏子孫以田爲業至抃始讀書屬文中進士甲科以大理評事通判絳州召試學士院除太常丞直集賢院爲開封府推官判三司開拆司同修起居注以右正言知制誥遷

起居舍人翰林學士兼侍讀學士史館修撰累遷尚書吏部郎中抃雖久處顯要平所建明皇祐中以右諫議大夫權御史中丞制下諫官韓絳論奏抃非糾繩才不可任風憲抃即手疏曰臣觀方今士人趨進者多廉退者少以善求事爲精神以能訐人爲風采捷給若嗇夫者謂之有議論刻深若酷吏者謂之有政事諫官所謂才者無乃謂是乎若然臣誠不能也仁宗察其言趣視事且命知審官院抃辭以任言責不當兼事局乃止在臺數言事不爲矯激尤喜稱薦人材帝欲除入內都知王守忠領武寧軍節度使抃奏罷之溫成皇后葬以劉沆爲監護使抃奏沆爲宰

傳五十一 三三

相不當爲后妃護葬喪事時又議爲后建陵立廟抃率官屬言非禮因相與請對固爭不能得伏地不起帝爲改容遣之御史請罷宰相梁適未聽抃奏曰適在相位上不能持平權衡下不能篤訓子弟言事官數論奏未聞報可非罷適無以慰物論宰相陳執中婢爲嬖妾張氏榜殺置獄取證左執中弗遣有詔勿推抃復與官屬請對論列疏十上適執中卒皆罷改翰林學士承旨復兼侍讀學士帝讀史記龜筴傳問古人動作必繇此乎對曰古有大疑既決於己又詢於衆猶謂不有天命乎於是命龜以斷吉凶所謂謀及乃心謀及卿士謀及庶人謀及卜筮蓋聖人貴誠

不專人謀黙與神契然後爲得也帝善其對諫官陳升之上選用責任考課轉運使三法命抃與御史中丞張昪典之卒亦無所進退焉再遷禮部侍郎抃久居侍從泊如也人以爲長者既而樞密副使程戡罷帝欲用舊人即以命抃歲中參知政事抃性篤厚寡言質略無威儀居兩府年益耄無所可否又善忘語言舉止多可笑好事者至傳以爲口實御史韓縝彈奏之罷爲觀文殿學士同群牧制置使復兼侍讀學士英宗即位進戶部侍郎告老以太子少傅就第卒贈太子太保謚文懿

田況字元均其先冀州信都人晉亂祖行周沒于契丹父

傳五十一 三四

延昭景德中脫身南歸性沈鷙教子甚嚴累官至太子率府率況少卓犖有大志好讀書舉進士甲科補江陵府推官再調楚州判官遷秘書省著作佐郎舉賢良方正改太常丞通判江寧府趙元昊反夏竦經略陝西辟爲判官時竦與韓琦尹洙等畫上攻守二策朝廷將用攻策范仲淹議未可出師況上疏曰昔繼遷擾邊太宗部分諸將五路進討或遇賊不擊或戰衂而還又嘗令白守榮馬紹忠護送糧餉於靈州諸將多違詔自奮浦洛河之敗死者數萬人今將帥士卒素已懦怯未甚更練又知韓琦尹洙同建此策恐未甚稟服臨事進退有誤大舉其不可一也討者

以爲賊常併力而來我常分兵以禦衆寡不敵多貽敗衂今若全師大舉必有成功此愚之未熟爾夫三軍之命繫於將帥人之才有大小智有遠近以漢祖之善將不若淮陰之益辦況庸人乎今徒知大衆可以威敵而不思將帥之材否此禍之大者也兩路之人衆十餘萬庸將驅之若爲罫巻賊若據險設伏邀截衝擊首尾前後勢不相援一有不利則邊防莫守別貽後患安危之計決於一舉其不可二也自西賊叛命以來雖屢乘機會然終不敢深寇郡縣以饜其欲者非籌之少也直以中國之大賢俊之盛甲兵之衆未易可測今師深入若無成功挫國威靈爲賊輕侮或別圖姦計以致他虞其不可三也討者又云將帥雖未足倚下流勇進或有其人自劉平石元孫陷没士氣挫怯未能振起今兵數雖多疲懦者衆以庸將驅怯兵入不測之地獨其下使臣數輩干賞蹈利欲邀奇功未見其利其不可四也討者又云非欲深絶沙磧以窮妖巢但淺入山界以挫賊氣如襲白豹城之比臣謂乘虛襲掠既不能破戎首拉兇黨但殘戮孥弱以厚怨毒非王師弔伐拊徠之體然事出無策爲彼之所爲亦當霆發雷逝往來輕速以掩其不備今興師十萬鼓行而西賊已清野据險以待我師何襲挫之有其不可五也自元昊寇邊人皆知其誅

賞朗計數黠今未有間隙可窺而暴爲興舉計事者但欲決勝負於一戰幸其或有所成否則顧自比王恢以待罪勇則勇矣如國事何其不可六也昨仲淹奏乞朝廷許包荒之量存鄜延一路令諸將勤兵嚴備未行討伐容示以恩意歲時之間或可招納若使涇原一路獨入則孤軍進退憂患不淺傳聞賊謀竢我師諸路入界併兵以敵此正陷賊計中其不可七也以臣所見夏竦韓琦尹洙同獻此策今若奏乞中罷則是自相違異欲果決進討則又仲淹執議不同乞召兩府大臣定議但令嚴設邊備若有侵掠即出兵邀擊或賊界謹自守備不必先用輕舉如此則全威制勝有功而無患也於是罷出師議況又言治邊十四事遷右正言管勾國子監判三司理欠憑由司事供諫職權修起居注遂知制誥嘗面奏事論及政體帝頗以好名爲非意在遵守故常況退而著論上之其略曰名者由實而生非徒好而自至也堯舜三代之君非好名者而鴻烈休德傳若日月不能纖晦者有實美而然也設或謙弱自守不爲恢闊睿明之事則名從而晦矣雖欲好之豈可得耶方今政令寬弛百職不修二虜熾結凌慢中國朝廷恫矜下民橫罹殺掠竭瀝膏血以資繕備而未免侵軼之憂故屈就講和爲翕張予奪之術自非君臣朝夕恥憤大有

爲以過後虞則勢可憂矣陛下若恐好名而不爲則非臣之所敢知也陛下儻奮乾剛明聽斷則有英睿之名行威令懾姦宄則有神武之名斥奢汰革風俗則有崇儉之名澄冗濫輕會歛則有廣愛之名悦亮直惡諂媚則有納諫之名務咨詢達壅蔽則有勤政之名責功實抑僥倖則有求治之名今皆非之而不爲則天下何所望乎抑又聖賢之道曰名教忠誼之訓曰名節群臣諸儒所以尊輔朝廷紀綱人倫之大本也陛下從而非之則教化微節義廢無恥之徒爭進而勸沮之方不行矣豈聖人率下之意耶時邊奏契丹修天德城及多建堡砦況意其蓄姦謀乃上疏曰朝廷予契丹金帛歲五十萬朘削生民輸將道路疲弊之勢漸不可久而近西羌通款歲又予二十萬設或復肆貪瀆再有規求朝廷尚可從乎臣至愚不當大責每念至此則悒歎不已矧兩府大臣皆宗廟社稷天下生民所望而繫安危者豈不爲陛下思之哉每旦垂拱之對不過目前政事數條而已非陛下所以待輔臣非輔臣所以憂朝廷之意也有唐故事肅宗以天下未乂除正衙奏事外別開延英以詢訪宰相蓋旁無侍衞獻可替否曲盡討論今北敵桀慢而河朔將佐之良愚中兵之善窳道路之夷險城壘之堅弊軍政之是否財糧之多少在兩府輔臣實未

有知之者萬一變發所忽制由中出少有差跌則事不測矣如前歲蕭英劉六符始來和議未決中外惶擾不知爲計此臣所目覩也和議既定又復恬然若無事者是豈得爲安哉願因燕閑召執政大臣於便殿從容賜坐訪逮時政專以應患爲急則人人惟恐不知以誤應對事事惟恐不集以孤聖懷且夕憂思不敢少懈同心協力必有所爲今不以此爲務而日以委瑣之事更相辯對議者羞之臣叨備近列實係朝廷休戚惟陛下不以人廢言再爲陝西宣撫副使還領三班院保州雲翼軍殺州吏據城叛詔況處置之既而除龍圖閣直學士知成德軍況督諸將攻以敕牓招降叛卒二千餘人阬其構逆者四百二十九人以功遷起居舍人從秦州丁父憂詔起復固辭又遣內侍持手敕起之不得已乞歸葬陽翟既葬託邊事求見泣請終制仁宗惻然許之師臣得終喪自況始服除以樞密直學士尚書禮部郎中知渭州遷右諫議大夫知成都府蜀自李順王均再亂人心易搖守得便宜決事多擅殺以爲威雖小罪猶并妻子徙出蜀至有流離死道路者況至撫循教誨非有甚惡不使還蜀人尤愛之還給事中召爲御史中丞既至權三司使加龍圖閣學士翰林學士況鈎考財賦盡知其出入乃約景德會計錄以今財賦所入多於景

德而歲之所出又多於所入因著皇祐會計錄上之以禮部侍郎爲三司使至和元年擢樞密副使遂爲樞密使以疾罷爲尚書右丞觀文殿學士兼翰林侍讀學士提舉景靈宮遂以太子少傅致仕卒贈太子太保謚宣簡況寬厚明敏有文武材與人若無不可至其所守人亦不能移也其論天下事甚多至倂樞密院於中書以一政本日輪兩制館閣官一員於便殿備訪問以錫慶院廣太學興鎮戎軍原渭等州營田汰諸路宣毅廣捷等冗軍策元昊勢屈納款必令盡還延州侵地毋過許歲幣并入中青鹽請戮陝西陷歿主將隨行親兵其論甚偉然不盡行也有奏議二十卷始契丹寇澶州略得數百人以屬其父延昭延昭哀之悉縱去因自脫歸中國延昭生八男子多知名況長子也保州之役況阬殺降卒數百人朝廷壯其決後大用之然卒無子以兄子爲後

論曰時治平而文德用則士之負藝者致位政府宜矣李諮程戡曉暢吏事諮變茶法雖浮議動搖乍行乍止卒無能易其說戡任邊寄守以安靜非必智謀抑所遇之時耳嶠尚莊老以善著稱張觀丁度孫抃世推其德性淳易而盛度每爲寮友猜憚心迹固何如也戩明偉宏放亦一時之俊堯臣論議鯁正諒而不謀利其最優乎鎬堅正寡合馭軍嚴臨事果其安撫河東邊塞後來父老道其舉動措置輒嗟嘆追思況有文武才略言事精暢然欲懲兵驕廼阬降卒弗忌陰禍惜哉

列傳卷第五十一

列傳卷第五十二　宋史二百九十三

開府儀同三司上柱國錄軍國重事前中書右丞相監修國史領經筵事都總裁臣脫脫等奉

勅修

田錫　王禹偁　張詠

田錫字表聖嘉州洪雅人幼聰悟好讀書屬文楊徽之宰峨眉宋白宰玉津皆厚遇之爲之延譽繇是聲稱翕然太平興國三年進士高等釋褐將作監丞通判宣州遷著作郎京西北路轉運判官改左拾遺直史館賜緋魚錫好言時務既居諫官即上疏獻軍國要機者一朝廷大體者四其畧曰頃歲王師平太原未賞軍功迄今二載幽燕竊據固當用兵雖稟宸謀必資武力願陛下因郊禋耕籍之禮議平戰之功則駕馭戎臣莫茲爲重此要機也今交州未下戰士無功春秋所謂老師費財者是也臣聞聖人不務廣疆土惟務廣德業聲教遠被自當來賓周成王時越裳九譯來貢且曰天無迅風疾雨海不揚波三年矣意者中國其有聖人乎盍往朝之交州瘴海得之如獲石田臣願陛下務脩德以來遠無黷兵以挫銳又何必以蕞爾蠻夷上勞震怒乎此大體之一也今諫官不聞廷爭給事中不聞封駁左右史不聞升陛軒記

言動豈聖朝美事乎又御史不敢彈奏中書舍人未嘗訪以政事集賢院雖有書籍而無職官秘書省雖有職官而無圖籍臣願陛下擇才任人使各司其局茍職業脩舉則威儀自嚴此大體之二也爾者寓縣平寧京師富庶軍營馬監靡不恢崇佛寺道宮悉皆輪奐加又闢西苑廣御池雖周之靈囿漢之昆明未足爲比而尚書省湫隘尤甚郎曹無本局尚書無廳事九寺三監寓天街之兩廊貢院就武成王廟是豈太平之制度邪臣願陛下別修省寺用列職官此大體之三也案獄官令枷杻有短長鉗鎖有輕重尺寸斤兩並載刑書未聞以鐵爲枷者也昔唐太宗觀明堂圖見人之五藏皆麗於背遂減徒刑況隆平之時將措刑不用於法所無去之可矣此大體之四也疏奏優詔褒答賜錢五十萬僚友謂錫曰今日之事鮮矣宜少晦以遠讒忌錫曰事君之誠惟恐不竭矧天植其性豈爲一賞奪邪時趙普爲相令有司受群臣章奏必先白錫錫貽書於普以爲失至公之體普引咎謝之六年爲河北轉運副使驛書言邊事曰臣聞動靜之機不可妄舉安危之理不可輕言利害相生變易不定取舍無惑思慮必精夫動靜之機不可妄

舉者動謂用兵靜謂持重應動而靜則養寇以生姦應靜而動則失時以敗事動靜中節乃得其宜今北鄙繹騷蓋亦有以居邊任者規羊馬細利爲捷矜捕斬小勝爲功賈怨結仇興戎致寇職此之由前歲邊陲傲擾親迂華輅戎騎旣退萬乘方歸是皆失我機先落其術內勞煩耗斁可勝言哉伏願申飭將帥愼固封守勿尚小功許通互市俾獲番口撫而還之如此不出五載河朔之民得務農業亭障之地可積軍儲然後待其亂而取之則克乘其衰而兵之則降旣心服而忘歸則力省而功倍誠願考古道務遠圖示綏懷萬國之心用駕馭四夷之策事戒輕發理貴深謀所謂安危之理不可輕言者國家務大體求至治則安舍近謀遠勞而無功則危爲君有常道爲臣有常職是務大體也上不拒諫下不隱情是求至治也漢武帝躬秉武節登單于之臺唐太宗手結雨衣伐遼東之國則是舍近謀遠也沙漠窮荒得之無用則是勞而無功也在位之臣敢言者少言而見聽未必蒙福言而不從方且虞禍欲下不隱情得乎惡在其務大體而求至治也臣又謂利害相生變易不定者兵書曰不能盡知用兵之害者則不能盡知用兵之

利蓋事有可進而退則害成之事至焉可退而進則利用之事去焉可速而緩則利必從之而失可緩而速則害必由之而致可誅而赦則姦宄之心或有時而生害可赦而誅則忠勇之人或無心於利國可賞而罰則有以害勤勞之功可罰而賞則有以利僭踰之幸能審利害則爲聰明以天下之耳聽之則聰以天下之目視之則明故書曰明四目達四聰此之謂也臣又謂取舍不可以有惑者故曰孟賁之狐疑不如童子之必至思慮不可以不精者故曰差若毫釐繆以千里自國家圖燕以來連兵未解財用不得不耗人心不得不憂願陛下精思慮決取舍無使曠日持久窮兵極武焉書奏上嘉之七年徙知相州改右補闕復上章論事明年移睦州睦州人舊阻禮教錫建孔子廟表請以經籍給諸生詔賜九經自是人知向學會文明殿災又拜章極言時政上嘉納焉轉起居舍人還判登聞鼓院上書請封禪以本官知制誥尋加兵部員外郎端拱二年京畿大旱錫上章有調燮倒置語忤宰相罷爲戶部郎中出知陳州坐稽留殺人獄責授海州團練副使後徙單州召爲工部員外郎復論時政闕失俄詔直集賢院至道中復舊官

真宗嗣位遷吏部出使秦隴還連上章言陝西數十州苦于靈夏之役生民重困上爲之戚然同知審官院兼通進銀臺封駮司賜金紫與魏廷式聯職以議論不協求罷出知泰州會彗星見拜疏請責躬以荅天戒再召見便殿及行降中使撫諭仍加優賜咸平三年詔近臣舉賢良方正翰林學士承旨宋白以錫應詔還朝屢召對言事錫嘗奏曰陛下即位以来治天下何道臣願以皇王之道治之舊有御覽但記分門事類臣請鈔略四部別爲御覽三百六十卷萬幾之暇日覽一卷經歲而畢又采經史要切之言爲御

屏風十卷置扆座之側則治亂興亡之鑒常在目矣真宗善其言詔史館以群書借之每成書數卷即先進内錫乃先上御覽三十卷御屏風五卷御覽序曰聖人之道布在方冊六經則言高旨遠非講求討論不可測其淵深諸史則迹異事殊非參會異同豈易記其繁雜子書則異端之說勝文集則宗經之辭寡非獵精義以爲鑒戒舉綱要以觀會通爲日覽之書資日新之德則雖白首未能窮經矧王者乎臣每讀書思以所得上補聖聰可以銘於座隅者書於御屏可以用於常道者録爲御覽冀以涓埃之微上禆天

地之德俾功業與堯舜比崇而生靈亦躋仁壽之域矣御屏風序曰古之帝王盤盂皆銘几杖有戒蓋起居必觀而夙夜不忘也湯之盤銘曰德日新日日新又日新武王銘於几杖曰安不忘危存不忘亡熟惟二者後必無凶唐黄門侍郎趙智爲高宗講孝經舉其要切者言之曰天子有爭臣七人雖無道不失其天下憲宗采史漢三國已来經濟之要號前代君臣事迹書于屏間臣每覽經史子集因取其語要輒用進獻題之御屏寘之座右日夕觀省則聖德日新與湯武比隆矣五年再掌銀臺覽天下奏章有言民飢

盜起及詔敕不便者悉條奏其事上對宰相稱錫得爭臣之體即日以本官兼侍御史知雜事擢右諫議大夫史館修撰連上八疏皆直言時政得失六年冬病卒年六十四遺表勸上以慈儉守位以清淨化人居安思危在治思亂上覽之惻然謂宰相李沆曰田錫直臣也朝廷少有闕失方在思慮錫之章奏已至矣若此諫官亦不可得嗟惜久之特贈工部侍郎録其二子並爲大理評事給奉終喪錫耿介寡合未嘗趨權貴之門居公庭危坐終日無懈容慕魏徵李絳之爲人以盡規獻替爲已任嘗曰吾立朝以來章疏

五十有二皆諫臣任職之常言苟獲從幸也豈可藏副示後誇時賁直邪悉命焚之然性凝執治郡無稱所著有咸平集五十卷

王禹偁字元之濟州鉅野人世為農家九歲能文畢士安見而器之太平興國八年擢進士授成武主簿徙知長洲縣就改大理評事同年生羅處約時宰吳縣日相與賦詠人多傳誦端拱初太宗聞其名召試擢右拾遺直史館賜緋故事賜緋者給塗金銀帶上特命以文犀帶寵之即日獻端拱箴以寓規諷時北庭未寧訪群臣以邊事禹偁獻御戎十策大略假漢

事以明之漢十二君言賢明者文景也言昏亂者哀平也然而文景之世軍臣單于最為強盛肆行侵掠候騎至雍火照甘泉哀平之時呼韓邪單于每歲來朝委質稱臣邊烽罷警何邪蓋漢文當軍臣強盛之時而外任人內修政使不能為深患者由乎德也哀平當呼韓衰弱之際雖外無良將內無賢臣而致其來朝者繫于時也今國家之廣大不下漢朝陛下之聖明豈讓文帝契丹之強盛不及軍臣單于至如挠邊侵塞豈有候騎至雍而火照甘泉之患乎亦在乎外任人內修德爾臣愚以為外則合兵勢而重將權

罷小臣詗邏邊事行間諜離其黨遣趙保忠折御卿率所部以掎角下詔感勵邊人使知取燕薊舊疆非貪其土地內則省官以寬經費抑文士以激武夫信用大臣以資其謀不貴虛名以戒無益禁游惰以厚民力帝深嘉之又與夏侯嘉正羅處約杜鎬表請同校三史書多所釐正二年親試貢士召禹偁賦詩立就上悅曰此不踰月遍天下矣即拜左司諫知制誥是冬京城旱禹偁疏云一穀不收謂之饉五穀不收謂之饑饉則大夫以下皆損其祿饑則盡無祿廩食而已今旱雲未霑宿麥未茁既無積蓄民飢可憂望

下詔直云君臣之間政教有闕自乘輿服御下至百官奉料非宿衛軍士邊庭將帥悉第減之上答天譴下厭人心俟雨足復故臣朝行中家最貧奉最薄亦願首減奉以贖耗蠹之咎外則停歲市之物內則罷工巧之伎近城掘土侵冢墓者瘞之外州配隸之衆非贓盗者釋之然後以古者猛虎渡河飛蝗越境之事戒敕州縣官吏其餘軍民刑政之弊非臣所知者望委宰臣裁議頒行但感人心必召和氣未幾判大理寺廬州妖尼道安誣訟徐鉉道安當反坐有詔勿治禹偁抗疏雪鉉請論道安罪坐貶商州團練副使

歲餘移解州四年召拜左正言上以其性剛直不容物命宰相戒之直昭文館丐外任以便奉養得知單州賜錢三十萬至郡十五日召爲禮部員外郎再知制誥夏獻討李繼遷便宜以爲繼遷不必勞力而誅自可用計而取謂宜明數繼遷罪惡曉諭蕃漢重立賞賜高與官資則繼遷身首不梟即擒矣其後潘羅支射死繼遷夏人款附卒如禹偁策至道元年召入翰林爲學士知審官院兼通進銀臺封駁司詔命有不便者多所論奏孝章皇后崩遷梓宮于故燕國長公主第群臣不成服禹偁與客言后嘗母儀天下當

遵用舊禮坐謗訕罷爲工部郎中知滁州初禹偁嘗草李繼遷制送馬五十匹爲潤筆禹偁却之及出滁閩人鄭褒徒步來謁禹偁愛其儒雅爲買一馬或言買馬虧價者太宗曰彼能却繼遷五十馬顧肯虧一馬價哉移知揚州眞宗即位遷秩刑部會詔求直言禹偁上疏言五事一曰謹邊防通盟好使輦運之民有所休息方今北有契丹西有繼遷契丹雖不侵邊戍兵豈能減削繼遷既未歸命餽餉固難寢停關輔之民倒懸尤甚臣愚以爲宜敕封疆之吏致書遼臣俾達其主請尋舊好下詔赦繼遷罪復與夏臺彼必

感恩內附且使天下知陛下屈己而爲民也二曰減冗兵併冗吏使山澤之饒稍流於下當乾道開寶之時土地未廣財賦未豐然而擊河東備北鄙國用未足兵威亦強其義安在由所蓄之兵銳而不衆所用之將專而不疑故也自後盡取東南數國又平河東土地財賦可謂廣且豐矣而兵威不振國用轉急其義安在由所蓄之兵冗而不盡銳所用之將衆而不自專故也臣愚以爲宜經制兵賦如開寶中則可高枕而治矣且開寶中設官至少臣本魯人占籍濟上未及第時一州止有刺史一人司戶一人當時未嘗

闕事自後有團練推官一人太平興國中增置通判副使判官推官而監酒榷稅算又增四員曹官之外更益司理問其租稅減於曩日也問其人民逃於昔時也一州既爾天下可知冗吏耗于上冗兵耗于下此所以盡取山澤之利而不能足也夫山澤之利與民共之自漢以來取爲國用不可棄也然亦不可盡也只如茶法從古無稅唐元和中以用兵齊蔡始稅茶唐史稱是歲得錢四十萬貫今則數百萬矣民何以堪臣故曰減冗兵併冗吏使山澤之饒稍流於下者此也三曰艱難選舉使入官不濫古者鄉舉里選

為官擇人士君子學行修于家然後薦之朝廷歷代雖有沿革未嘗遠去其道隋唐始有科試太祖之世每歲進士不過三十人經學五十人重以諸侯不得奏辟士大夫罕有資蔭故有終身不獲一第沒齒不獲一官者太宗毓德王藩覩其如此臨御之後不求備以取人舍短用長拔十得五在位將逾二紀登第殆近萬人雖有俊傑之才亦有容易而得臣愚以為數百年之艱難故先帝濟之以泛取二十載之霈澤陛下宜斜之以舊章望以舉場還有司如故事至於吏部銓官亦非帝王躬親之事自來五品已下謂之旨授官今幕職州縣而已京官雖有選限多不施行臣愚以為宜以吏部還有司依格敕注擬可也四曰沙汰僧尼使疲民無耗夫古者惟有四民兵不在其數蓋古者井田之法農即兵也自秦以來戰士不服農業是四民之外又生一民故農益困然執干戈衛社稷理不可去漢明之後佛法流入中國度人修寺歷代增加不蠶而衣不耕而食是五民之外又益一而為六矣假使天下有萬僧日食米一升歲用絹一匹是至儉也猶月費三千斛歲用萬縑何況五七萬輩哉不曰民蠹得乎臣愚以為國家度人衆矣造寺

多矣計其費耗何啻億萬先朝不豫捨施又多佛若有靈豈不蒙福事佛無效斷可知矣願陛下深鑒治本亟行沙汰如以嗣位之初未欲驚駭此輩且可以二十載不度人修寺使自銷鑠亦救弊之一端也五曰親大臣遠小人使忠良謇諤之士知進而不疑姦憸傾巧之徒知退而有懼夫君為元首臣為股肱言同體也得其人則勿疑非其人則不用凡議帝王之盛者豈不曰堯舜之時契作司徒咎繇作士伯夷典禮后夔典樂禹平水土益作虞官委任責成而堯有知人任賢之德雖然堯之道遠矣臣請以近事言之唐元和中憲宗嘗命裴洎銓品庶官洎曰天子擇宰相宰相擇諸司長官長官自擇僚屬則上下不疑而政成矣識者以洎為知言願陛下遠取帝堯近鑒唐室既得宰相用而不疑使宰相擇諸司長官長官自取僚屬則垂拱而治矣古者刑人不在君側語曰放鄭聲遠佞人是以周文王左右無可結轍者言皆賢也夫小人巧言令色先意希旨事必害正心惟忌賢非聖明不能深察舊制南班三品尚書方得升殿比來三班奉職或因遣使亦許升殿惑亂天聽無甚於此願陛下振舉紀綱尊嚴視聽在此時矣臣愚又以為今

之所急在先議兵使衆寡得其宜措置得其道然後
議吏使清濁殊塗品流不雜然後艱選舉以塞其源
禁僧尼以去其耗自然國用足而王道行矣疏奏召
還復知制誥咸平初預修太祖實録直書其事時宰
相張齊賢李沆不協意禹偁議論輕重其間出知黄
州嘗作三黜賦以見志其卒章云屈于身而不屈于
道兮雖百謫而何虧三年濮州盜夜入城略知州王
守信監軍王昭度禹偁聞而奏疏略曰伏以體國經
野王者保邦之制也易曰王公設險以守其國自五
季亂離各據城壘豆分瓜剖七十餘年太祖太宗削

平僭僞天下一家當時議者乃令江淮諸郡毀城隍
收兵甲徹武備者二十餘年書生領州大郡給二十
人小郡減五人以充常從號曰長吏實同旅人名爲
郡城蕩若平地雖則尊京師而抑郡縣爲強幹弱枝
之術亦匪得其中道也臣比在滁州值發兵挽漕關
城無人守禦止以白直代主開閉城池頹圮鎧仗不
完及徙維揚稱爲重鎮乃與滁州無異嘗出鎧甲三
十副與巡警使臣彀弩張弓十損四五蓋不敢擅有
修治上下因循遂至于此今黄州城雉器甲復不及
滁揚萬一水旱爲災盜賊竊發雖思禦備何以枝梧

蓋太祖削諸侯跋扈之勢太宗杜僭僞覬望之心不
得不爾其如設法救世久則弊生救弊之道在乎從
宜疾若轉規固不可膠柱而鼓瑟也今江淮諸州大
患有三城池隳圮一也兵仗不完二也軍不服習三
也濮賊之興慢防可見望陛下特紆宸斷許江淮諸
郡酌民户衆寡城池大小并置守捉軍士多不過五
百人閲習弓劍然後漸葺城壁繕完甲冑則郡國有
禦侮之備長吏免剽略之虞矣疏奏上嘉納之四年
州境二虎鬭其一死食之殆半群雞夜鳴經月不止
冬雷暴作禹偁手疏引洪範傳陳戒且自劾上遣内

侍乘馹勞問醮禳之詢日官云守土者當其咎上惜
禹偁才是日命徙蘄州禹偁上表謝有宣室鬼神之
問不望生還茂陵封禪之書止期身後之語上異之
果至郡未踰月而卒年四十八訃聞甚悼之厚賻其
家賜一子出身禹偁詞學敏贍遇事敢言喜臧否人
物以直躬行道爲己任嘗云吾若生元和時從事於
李絳崔群間斯無媿矣其爲文著書多涉規諷以是
頗爲流俗所不容故屢見擯斥所與游必儒雅後進
有詞藝者極意稱揚之如孫何丁謂輩多游其門有
小畜集二十卷承明集十卷集議十卷詩三卷子嘉

祐嘉言俱知名嘉祐爲館職寇準曰吾尹京外議云何對曰人言丈人且入相準曰於吾子意何如嘉祐曰以愚觀之不若不爲相之善也相則譽望損矣自古賢相所以能建功業澤生民者其君臣相得如魚之有水故言聽計從而臣主俱榮今丈人負天下重望中外有太平之責焉丈人於明主能若魚之有水乎準大喜執其手曰元之雖文章冠天下至於深識遠慮或不逮吾子也嘉祐官不顯嘉言以進士第爲江都簿眞宗嘗觀禹偁奏章嗟美切直因訪其後宰相以嘉言聞即召對擢大理評事至殿中侍御史曾

孫汾舉進士甲科仕至工部侍郎入元祐黨籍

張詠字復之濮州鄄城人少任氣不拘小節雖貧賤客遊未嘗下人太平興國五年郡舉進士議以詠首薦有夙儒張覃者未第詠與寇準致書郡將薦覃爲首衆許其能讓是歲詠登進士乙科大理評事知鄂州崇陽縣再遷著作佐郎以蘇易簡薦入爲太子中允遷祕書丞通判麟相二州乞掌濮州市征以便養親召還賜緋魚知浚儀縣會李沆宋湜寇準連薦其才以爲荊湖北路轉運使奏罷歸峽二州水遞夫就轉太常博士太宗聞其強幹召還超拜虞部郎中賜

金紫旬日與向敏中並擢爲樞密直學士同知銀臺通進封駁司兼掌三班院張永德爲并代部署有小校犯法笞之至死詔案其罪詠封還詔書且言陛下方委永德邊任若以一部校故推辱主帥臣恐下有輕上之心太宗不從未幾果有營兵脅訴軍校者詠引前事爲言太宗改容勞之出知益州時李順構亂王繼恩上官正總兵攻討頓師不進詠以言激正勉其親行仍盛爲供帳餞之酒酣舉爵屬軍校曰爾曹蒙國厚恩無以塞責此行當直抵寇壘平蕩醜類若老師曠日即此地還爲爾死所矣正由是決行深入

大致克捷繼恩帳下卒縋城夜遁吏執以告詠不欲與繼恩失懽即命縶投眢井人無知者時寇略之際民多脅從詠移文諭以朝廷恩信使各歸田里且曰前日李順脅民爲賊今日吾化賊爲民不亦可乎時民間訛言有白頭翁午後食人兒女一郡囂然至暮路無行人既而得造訛者戮之民遂帖息詠曰妖訛之興沴氣乘之妖則有形訛則有聲止訛之術在乎識斷不在乎厭勝也初蜀士知向學而不樂仕宦詠察郡人張及李畋張逵者皆有學行爲鄉里所稱遂敦勉就舉而三人者悉登科士由是知勸民有諜訴

者詠灼見情偽立為判決人皆厭服好事者編集其
辭鏤板傳布詠嘗曰詢君子得君子詢小人得小人
各就其黨詢之則無不審矣其為政恩威並用蜀民
畏而愛之丁外艱起復改兵部郎中會詔川陝諸州
參用銅鐵錢每銅錢一當鐵錢十詠上言昨經利州
以銅錢一換鐵錢五綿州銅錢一換鐵錢六益州銅
錢一換鐵錢八若一其法公私非便望依旬估折納
銅錢真宗即位加左諫議大夫咸平初入拜給事中
戶部使改御史中丞承天節齋會丞相大僚有酒失
者詠奏彈之二年同知貢舉是夏以工部侍郎出知

杭州屬歲歉民多私鬻鹽以自給捕獲犯者數百人
詠悉寬其罰而遣之官屬請曰不痛繩之恐無以禁
詠曰錢塘十萬家飢者八九苟不以鹽自活一旦蜂
聚為盜則為患深矣俟秋成當仍舊法有民家子與
姊壻訟家財壻言妻父臨終此子裁三歲故見命掌
貲產且有遺書令異日以十之三與子餘七與壻詠
覽之索酒酹地曰汝妻父智人也以子幼故託汝苟
以七與子則子死汝手矣亟命以七給其子餘三給
壻人皆服其明斷知永興軍府五年馬知節自益徙
延州朝議擇可代者真宗以詠前在蜀治行優異復

命知益州仍加刑部侍郎樞密直學士就遷吏部侍
郎轉運使黃觀上其治狀有詔褒美會遣謝濤巡撫
西蜀上因令傳諭詠曰得卿在蜀朕無西顧之憂矣
歸朝復掌三班領登聞檢院詠中歲瘍生腦頰妨巾
櫛求知潁州真宗以其公直有時望再任益部皆以
政績聞不當淹小郡令中書召問將委以青社或真
定令其自擇詠辭不就遂命知昇州大中祥符初加
左丞三年春州民以詠秩滿借留就轉工部尚書令
再任是秋以江左旱歉命充昇宣等十州安撫使進
禮部上聞詠腦瘍甚憫之令醫映馳驛代還以疾未

見恨不得面陳所蘊乃抗論言近年虛國帑藏竭生
民膏血以奉無用之土木皆賊臣丁謂王欽若啓上
侈心之為也不誅死無以謝天下章三上出知陳州
初詠與青州傅霖少同學霖隱不仕詠既顯求霖者
三十年不可得至是來謁閽吏白傳霖請見詠責之
曰傅先生天下賢士吾尚不得為友汝何人敢名之
霖笑曰別子一世尚爾邪是豈知世間有傳霖者乎
詠問昔何隱今何出霖曰子將去矣來報子爾詠曰
詠亦自知之霖曰知復何言翌日別去後一月而詠
卒年七十贈左僕射謚忠定詠剛方自任為治尚嚴

猛嘗有小吏忤詠詠械其頸吏恚曰非斬某此枷終不脫詠怒其悖即斬之少學擊劍慷慨好大言樂為奇節有士人遊宦遠郡為僕夫所持且欲得其女為妻士人者不能制詠遇於傳舍知其事即陽假此僕為馭單騎出近郊至林薄中斬之而還嘗謂其友人曰張詠幸生明時讀典墳以自律不爾則為何人邪故其言曰事君者廉不言貧勤不言苦忠不言已效公不言已能斯可以事君矣性躁果卞急病創甚飲食則痛楚增劇御下並峻尤不喜人拜跪命典客預戒止有遠者詠即連拜不止或倨坐罵之真宗嘗稱

其材任將帥以疾不盡其用自號乖崖以為乖則違衆崖不利物有集十卷弟詵為虞部員外郎

論曰傳云邦有道危言危行三人者躬骨鯁蹇諤之節蔚為名臣所遇之時然也禹偁制戎之策厥後果符其言而醇文奧學為世宗仰錫身没之後特降褒命以賁直操與夫容容嘿嘿以持禄固位者異矣詠所至以政績聞天子嘗曰詠在蜀吾無西顧之憂其被獎與如此然皆骯髒自信道不諧偶故不極於用云

列傳卷第五十二

列傳卷第五十三　宋史二百九十四

開府儀同三司上柱國録軍國重事前中書右丞相監修國史領經筵事都總裁脫脫等奉勑修

掌禹錫　蘇紳　王洙 子欽臣

胥偃　柳植　聶冠卿

馮元　趙師民　張錫

張揆　楊安國

掌禹錫字唐卿許州郾城人中進士第為道州司理參軍試身言書判第一改大理寺丞累遷尚書屯田員外郎通判并州擢知廬州未行丁度薦為侍御史

上疏請嚴備西羌時議舉兵禹錫引周宣薄伐為得漢武遠討為失且建畫增步卒省騎兵舊法薦舉邊吏貪贓皆同坐禹錫奏謂使貪使愚用兵之法也若舉邊吏必兼責士節則莫敢薦矣材武者孰從而進哉後遂更其法出提點河東刑獄杜衍薦召試為集賢校理改直集賢院兼崇文院檢討歷三司度支判官判理欠司同管勾國子監歷判司農太常寺數考試開封國學進士命題皆奇奧士子憚之目為難題掌公遷光祿卿改直祕閣英宗即位自祕書監遷太子賓客御史劾禹錫老病不任事帝憐其博學多記

令召至中書示以彈文禹錫惶怖自請遂以尚書工部侍郎致仕卒禹錫矜慎畏法居家勤儉至自舉几案嘗預修皇祐方域圖志地理新書奏對帝前王洙推其稽考有勞賜三品服及校正類篇神農本草載藥石之名狀為圖經喜命術自推直生日年庚寅日乙酉時壬午當易之歸妹困震初中末三卦以世應飛伏納五甲行軌析數推之卦得二十五少分三卦合七十五年約半祿秩筭數盡于此矣著郡國手鑑一卷周易集解十卷好儲書所記極博然迂漫不能達其要常乘駑馬衣冠汚垢言語舉止多可笑僚屬

或慢侮之過閭巷人指以為戲云

蘇紳字儀甫泉州晉江人進士及第歷宜復安三州推官改大理寺丞母喪寓揚州州將盛度以文學自負見其文大驚自以為不及由是知名再遷太常博士舉賢良方正科擢尚書祠部員外郎通判洪州徙揚州歸上十議進直史館為開封府推官三司鹽鐵判官時衆星西流并代地大震方春而雷詔求直言紳上疏極言時事安化蠻寇宜州敗官軍殺鈐轄張懷志等六人紳上言曰國家比以西北二邊為意而鮮復留意南方故有今日之患誠不可不慮也臣頃從事宜州粗知本末安化地幅員數百里持兵之衆不過三四千人然而敢肆侵擾非特恃其險絶亦由往者守將失計而國家姑息之太過也向聞宜州吏民言祥符中蠻人騷動朝廷興兵討伐是時唯安撫都監馬玉勤兵深入多所殺獲知桂州曹克明害其功累移文止之故玉志不得逞蠻人畏伏其名至今言者猶惜之使當時領兵者皆如玉則蠻當殄滅無今日之患矣至使乘隙蹂邊屠殺將吏其損國威無甚於此朝廷儻不以此時加兵則無以創艾將來而震疊荒裔彼六臣者雖不善為馭自致喪

敗然銜寃負恥當有以刷除臣觀蠻情所恃者地形險阨據高臨下大軍難以並進然其壤土磽确資畜虛乏刀耕火種以為餱糧其勢可以緩圖不可以速取可以計覆不可以力争今廣東西教閱忠敢澄海湖南北雄武等軍皆慣涉險阻又所習兵器與蠻人略同請速發詣宜州策應而以他兵代之仍命轉運使備數年軍食今秋冬之交嵐氣已息進軍擣其出路轉粟補卒為曠日持久之計伺得便利即圖深入可以傾蕩巢穴杜絶蹊逕縱使奔迸林莽亦且壞其室廬焚其積聚使進無鈔略之獲退無攻守之備然

後諭以國恩許以送款而徙之内郡收其土地募民耕種異時足以拓外夷為屏蔽也仍詔旁近諸蠻諭以朝廷討叛之意毋得相為聲援如獲首級即優賞以金帛計若出此則不越一年逆寇必就殄滅況廣西溪峒荆湖川峽蠻落甚多大抵好為騷動因此一役必皆震讋可保數十年無復擾之虞矣朝廷施用其策遣馮伸已守桂州經制之蠻遂平又陳便宜八事一曰重爵賞先王爵以褒德禄以賞功名以定流品位以居才實未有無德而據高爵無功而食厚禄非其人而受美名非其才而在顯位者不妄與人官

非惜寵也蓋官非其人則不肖者逞不妄賞人非愛財也蓋賞非其人則徼幸者衆非特如此而已則又敗國傷政納侮詒患上干天氣下戾人心災異既興妖孽乃見故漢世五侯同日封天氣赤黄及丁傅封而其變亦然楊宣以為爵土過制傷亂土氣之祥也二曰慎選擇今内外之臣序年遷改以為官濫而復有論述微効援此希進者朝臣則有升監司使臣則有授横行不問人材物望可與不可並甄録之不三數年坐致清顯如此不止則異日必以將相為賞矣三曰明薦舉今有位多援親舊或迫於權貴甚非薦賢

助國為官擇人之道若要官闕人宜如祖宗故事取班簿親擇五品以上清望官各令舉一二人述其才能德業陛下與執政大臣參驗而擢之試而有効則先賞舉者否則黜責之如此則人人得以自勸又選人條約太嚴舊制三人保者得選京官今則五人舊轉運使提點刑獄率當三人今止當一人舊大兩省官歲舉五人今才舉三人升朝官舉三人今則舉一人舊不以在任及所統屬皆得奏舉今則須在任及統屬方許論薦驅馳下僚未免有賢愚同滯之歎也四曰異服章朝班中執技之人與丞郎清望同佩金

魚内侍班行與學士同服金帶豈朝廷待賢才加禮遇之意宜加裁定使采章有別則人品定而朝儀正矣五曰適才宜古者自黄散而下及隋之六品唐之五品皆吏部得專去留今審官院流内銓則古之吏部三班院古之兵部不問官職之閑劇才能之長短惟以資歷深淺為先後有司但主簿籍而已欲賢不肖有別不可得也太宗皇帝始用趙普議置考課院以分中書之權今審官是也其職任豈輕也哉宜擇主判官付之以事權責成其選事若以為格例之設久不可遽更或有異才高行許別論奏如寇準判銓

薦選人錢若水等三人並遷朝官為直館其非才亦許奏黜如唐盧從愿為吏部非才實者並令罷選十不取一是也六曰擇將帥漢制邊防有警左右之臣皆將帥也唐室文臣自員外郎中以上為刺史團練防禦觀察節度等使皆是養將帥之道豈嘗限以文武比年設武舉所得人不過授以三班官使之監臨欲圖其建功立事何可得也臣僚舉換右職者必人才弓馬兼書筭策畧亦責之太備宜使有材武者居統領之任有謀畫者任邊防之寄士若素養之不患不為用也七曰辨忠邪夫忠賢之嫉姦邪謂之去惡

惡不去則害政而傷國姦邪陷忠良謂之蔽明明不蔽則無以稔其慝而肆其毒矣忠邪之端惟人主深辨之自古稱帝之聖者莫如唐堯然而四凶在朝圮毀善類好賢之甚者莫如漢文然而絳灌在列不容賢臣覽監而不使譽毀之說得行愛憎之徒逞志則忠賢進而邪慝消矣八曰修預備國家承平天下無事將八十載民食宜足而不足國用宜豐而未豐甚可怖也往者明道初蝗螟水旱幾徧天下始之以饑饉繼之以疾疫民之轉流死亡不可勝數幸而比年稍稔流亡稍復而在位未嘗留意於備預之道莫若

安民而厚利富國而足食欲民之安則為之擇守宰明教化欲民之利則為之去兼并禁游末恤其疾苦寬其徭役則民安而利矣欲國之富則必崇節儉敦質素蠲浮費欲食之足則省官吏之冗去兵釋之蠹絕奢靡之弊塞凋偽之原則國食足矣民足於下國富於上雖有災沴不足憂也書奏帝嘉納之進史館修撰擢知制誥入翰林為學士再遷尚書禮部郎中王素歐陽脩為諫官數言事紳忌之會京師閔雨紳請對言洪範五事言之不從是謂不乂厥咎僭厥罰常暘蓋言國之號令不專於上威福之柄或移臣下

虛譁憤亂故其咎僭又曰庶位踰節茲謂僭刑賞妄加羣陰不附則陽氣勝故其罰常暘今朝大號令有不一者庶位有踰節而陵上者刑賞有妄加於下者下人有謀而僭上者此而不思雖禱于上下神祇殆非天意紳意以指諫官諫官亦言紳舉御史馬端非其人改龍圖閣學士知揚州復為翰林學士史館修撰權判尚書省紳銳於進取善中傷人陰中王德用其疏至有宅枕乾岡貌類藝祖之語帝惡之匿其疏不下遂出紳以吏部郎中改侍讀學士集賢殿脩撰知河陽徙河中未行感疾為醫者藥所誤猶力疾

笞之已而卒紳博學多知喜言事嘗請罷運日視朝復唐制朔望喚仗入閤間開便殿延對輔臣寬制舉科格以收才傑選命諫員勿侵御史職事趙元昊反請詔邊帥為入討之計且曰以十年防守之費為一歲攻取之資不爾則防守之備不止於十年矣又曰今邊兵止備陝西恐賊出不意窺河東即麟府不可不慮宜稍移兵備之麟延與原州鎮戎軍皆當賊衝而兵屯衆寡不均或寇原州鎮戎軍則鄜延能應援陝西屯卒太多永興為關隴根本而戍者不及三千宜留西戍之兵壯關中形勢緩急便於調發郡縣備

盜不謹請增尉員益弓手籍其論利害甚多紳與梁適同在兩禁人以為險詖故語曰草頭木脚陷人倒卓子頌別有傳

王洙字原叔應天宋城人少聰悟博學記問過人初舉進士與郭稹同保人有告稹冒祖母禫主司欲脫洙連坐之法召謂曰不保可易也洙曰保之不願易遂與稹俱罷再舉中甲科補舒城縣尉坐覆縣民鍾元殺妻不實免官後調富川縣主簿晏殊留守南京厚遇之薦為府學教授召為國子監說書改直講校史記漢書擢史館檢討同知太常禮院為天章閣侍講專讀寶訓要言於邇英閣累遷太常博士同管勾國子監預修崇文總目成遷尚書工部員外郎修國朝會要加直龍圖閣擢同判太常寺坐赴進奏院賽神與女妓雜坐為御史劾奏黜知濠州徙襄州會貝卒叛州郡皆恟恟襄佐史請罷教閱士不聽又請毋給真兵洙曰此正使人不安也命給庫兵教閱如常日人無敢譁者徙徐州時京東饑朝廷議塞商胡賦楗薪輸半而罷塞洙命更其餘為穀粟誘願輸者以餔流民因募其壯者為兵得千餘人盜賊衰息有司上其最為京東第一徙亳州復為天章閣侍講史館

檢討帝將祀明堂宋祁言明堂制度久不講洙有禮學願得同具其儀詔還洙太常再遷兵部員外郎命撰大饗明堂記除史館修撰遷知制誥詔諸儒定雅樂久未決洙與胡瑗更造鍾磬而無形制容受之別皇祐五年有事于南郊勸上用新樂既而議者多非之卒不復用夏竦卒賜謚文獻洙當草制封還其目曰臣下不當與僖祖同謚因言前有司謚王溥為文獻章得象為文憲字雖異而音同皆當改於是太常更謚竦文莊而溥得象皆易謚嘗使契丹至韡淀契丹令劉六符來伴宴且言耶律防善畫向持禮南朝

寫聖容以歸欲持至館中洙曰此非瞻拜之地也六符言恐未得其真欲遣防再往傳繪洙力拒之嘗言天下田稅不均請用郭諮孫琳千步開方法頒州縣以均其稅貴妃張氏薨治喪皇儀殿追冊溫成皇后洙鉤摭非禮陰與內侍石全彬附會時事陳執中劉沆在中書喜其助己擢洙為翰林學士既而溫成即園立廟且欲用樂詔禮院議禮官論未一洙令禮直官填印紙上議請用樂朝廷從其說禮官吳充鞫直卿移文開封府治禮直官擅發印紙罪知府蔡襄釋不問而諫官范鎮疏禮院議園陵前後不一請詰所

以御史繼論之不已宰相意充等風言者皆罷斥既而洙以兄子堯臣參知政事改侍讀學士兼侍講學士罷一學士換二學士且兼講讀前此未嘗有也是歲京東河北秋大稔洙言近年遍糴增虛價數倍雖復稍延日月之期而終償以實錢及山澤之物以致三司財用之蹙請借內藏庫禁錢乘時和糴京東河北之粟以供邊食可以坐紓便糴之急又言近時選諫官御史凡執政之臣嘗所薦者皆不與選且士之飭身勵行稍為大臣所知反置而不用甚可惜也及得疾踰月帝遣使問疾少間否能起侍經席乎時不能起矣洙汎覽傳記至圖緯方技陰陽五行算數音律詁訓篆隸之學無所不通及卒賜謚曰文御史吳中復言官不得應謚乃止預修集韻祖宗故事三朝經武聖略鄉兵制度著易傳十卷雜文千有餘篇子欽臣

欽臣字仲至清亮有志操以文贄歐陽脩脩器重之用蔭入官文彥博薦試學士院賜進士及第歷陝西轉運副使元祐初為工部員外郎奉使高麗還進太僕少卿遷祕書少監開封尹錢勰入對哲宗言比閱書詔殊不滿人意誰可為學士者勰以欽臣對哲宗

曰章惇不喜乃以勰為學士欽臣領開封改集賢殿修撰知和州徙饒州斥提舉太平觀徽宗立復待制知成德軍卒年六十七欽臣平生為文至多所交盡名士性嗜古藏書數萬卷手自讎正世稱善本

胥偃字安道潭州長沙人少力學河東柳開見其所為文曰異日必得名天下舉進士甲科授大理評事通判湖舒二州直集賢院同判吏部南曹知太常禮院再遷太常丞知開封縣與御史高升試府進士既封彌卷首輒發視擇有名者居上降祕書省著作佐郎監光化軍酒起通判鄧州復太常丞林特知許州

辟通判州事徙知漢陽軍還判三司度支勾院脩起
居注累遷尚書刑部員外郎遂知制誥遷工部郎中
入翰林為學士權知開封府忻州地震偓以為地震
陰之盛今朝廷政令不專上出而後宮外戚恩澤日
蕃此陽不勝陰之効也宜選將練師以防邊塞趙元
昊朝貢不至偓曰遽討之太暴宜遣使問其不臣狀待
其辭屈而右加兵則其不直者在彼而王師之出有
名矣又奏戍兵代還宜如祖宗制閱其藝後殿次進
之會有衛卒賂庫吏求揀冬衣坐繫者三十餘人時
八月霜雪暴至偓推洪範急恒寒若之咎請從末減

奏可西塞用兵士卒妻子留京師者犯法當死帝不
忍用刑或欲以毒置飲食中令得善死偓極言其不
可帝亦悔而止宦人程智誠與三班使臣馮文顯八
人抵罪帝使赦智誠三人而文顯五人坐如法偓曰
恤近遺遠非政也況同罪異罰乎詔并釋之未幾卒
偓未仕時家有良田數十頃既貴悉以予族人初天
下職田無日月之限而赴官者多以前後為斷偓請
水陸田各限以月因著為令嘗與謝絳受詔試中書吏
而大臣有以簡屬偓者偓不敢發視亟焚之歐陽脩
始見偓偓愛其文召置門下妻以女偓糾察刑獄范

仲淹尹京偓數糾其立異不循法者脩方善仲淹因
與偓有隙子元衡有學行能自立為尚書都官員
外郎并其子茂諶咸早卒偓妻直史館刁約之妹與
元衡婦韓茂諶婦謝皆寡居丹陽閨門有法江淮人
至今稱之

郟植字子春真州人少貧自奮為學從祖開頗器之
舉進士甲科為大理評事通判滁州遷著作郎直集
賢院知秀州除三司度支判官出知宣州擢脩起居
注知制誥求知蘇州徙杭州累遷尚書工部員外郎
中召還為翰林學士遷諫議大夫御史中丞既而以疾

辭改侍讀學士知鄧州遷給事中移潁州先是張海
郭邈山叛京西攻掠縣鎮而光化卒邵興亦率其徒
作亂逐官吏取庫兵而去時植領京西安撫使坐賊
發部中不能察降右諫議大夫知黃州久之復其官
坐薦張得一落職未幾復其職如故歷知壽亳蔡揚
四州分司西京遂致仕累遷吏部侍郎卒植平居畏
慎寡言笑所至官舍蔬果不輒採家無長物時稱其
廉

聶冠卿字長孺歙州新安人五世祖師道楊行密版
奏歙問政先生鴻臚卿冠卿舉進士授連州軍事推

官揚億愛其文章於是大臣交薦召試學士院校勘館閣書籍遷大理寺丞為集賢校理通判蘄州坐嘗校十代興亡論謬誤落職再遷太常博士復集賢校理言天下旬奏獄雖笞杖並覆而徒流不繫獄者迺不以聞非所以矜慎刑罰之意請自今罷覆笞杖罪自徒以上雖不繫獄亦奏覆從之判登聞鼓院歷開封府判官三司鹽鐵度支判官同脩起居注累遷尚書工部郎中初翰林侍講學士馮元脩大樂命冠卿檢閱事迹又預撰景祐廣樂記特遷刑部郎中直集賢院以兵部郎中知制誥判太常禮院糾察刑獄奉

使契丹其主謂曰君家先世奉道子孫固有昌者嘗觀所著蘄春集詞極清麗因自擊毬縱飲命冠卿賦詩禮遇甚厚還同知通進銀臺司審刑院入翰林為學士母亡起復判昭文館未幾兼侍讀學士冠卿每進讀左氏春秋必引尊王黜霸之義以諷一日墜笏上前帝憫冠卿衰毀羸瘠既退賜禁中湯齊未幾告歸葬親至揚州卒詔以其弟太常博士世卿通判宣州初世卿監延豐倉掘地得古磚有隸書字半漫滅其可辯者云公先世餌霞棲雲高尚不仕累石於江濱又云昭王大丞相聶又云水龍夜號夕雖駭飛其年九月

十二日卒年五十有五冠卿始見而惡之至是按所卒歲月及其享年無少異者冠卿嗜學好古手未嘗釋卷尤工詩有蘄春集十卷

論曰學士大夫異於衆人者以操行脩爾詩曰靡不有初鮮克有終君子不可不慎也禹錫迂陋不知止足之戒取譏當世紳急進喜傾洙阿諛附會晚節汙變卒忘平生之學偃之恬正植之廉介冠卿之雅尚其列侍從庶亡愧焉

馮元字道宗高祖禧唐末官廣州以術數仕劉氏傳三世至父邴廣南平入朝為保章正元幼從崔頤正

孫奭為五經大義與樂安孫質吳陸參譙夏侯圭善群居講學或達旦不寢號四友進士中第授江陰尉時詔流內銓取明經者補學官元自薦通五經謝泌笑曰古治一經或至皓首子尚少能盡通邪對曰達者一以貫之更問疑義辨析無滯補國子監講書遷大理評事擢崇文院檢討兼國子監直講王旦聞其名嘗令說論語老子群子弟侍聽因薦之真宗試進士殿中召元講易元進說曰地天為泰者以天地之氣交也君道至尊臣道至卑惟上下相與則可以輔相天地財成萬化帝悅未幾遷太子中允直龍圖閣詔

預内朝直龍圖閣預内朝自此始天禧初數與查道
李虛己李行簡入講易於宣和門北閣遷太常丞兼
判禮部吏部南曹皇子為壽春郡王王旦又薦元宜
講經資善堂帝以元少更用崔遵度會遵度卒擢左
正言兼太子右諭德仁宗即位遷戶部員外郎為直
學士兼侍講與孫奭以經術並進講論自是仁宗益
嚮學歷會靈觀副使知通進銀臺司判登聞檢院同
判國子監故事國子監多宿儒典領後頗用公卿子
弟任均管庫及奭元並命士議悅服同知貢舉進龍
圖閣學士預修三朝正史為翰林學士判都省三班

院史館修撰判流内銓兼群牧使四遷給事中明道
元年當監護宸妃葬事及帝親政追册宸妃為莊懿
皇后改葬永定陵既發壙而流泉沮洳言者以監護
不職罷翰林學士知河陽王曾為言元東朝舊臣不
宜以細故棄外即召為翰林侍講學士遷禮部侍郎
知審官院復判禮院國子監上金華五箴賜書褒答
修景祐廣樂記書成遷戶部侍郎足疾氣悍羸李淑
宋祁為銘誌卒贈本部尚書謚章靖元性簡厚不治
聲名非慶弔未嘗過謁二府執親喪自括髮至祥練
皆案禮變服不為世俗齋薦遇忌日與門生對坐

誦説孝經而已多識古今書臺閣品式之事尤精易初
七歲方讀易母夜夢異人以緋蓮華與元吞之且曰
善讀此後必貴顯元且老率三日一誦易無子以兄
之子諴為後

趙師民字周翰青州臨淄人九歲能屬文舉進士第
孫奭辟兖州説書領諸城主簿師民學問精博奭自
以為不及夏竦尤所奇重稱為盛德君子論其文行
願回兩子恩授以京秩除齊州推官青州教授更天
平軍節度推官年五十來京師近臣張觀宋郊王堯
臣龐籍韓琦明鎬列薦為國子監直講兼潤冀二王

宮教授改著作佐郎宗正寺主簿加崇文院檢討崇
政殿説書遷宗正丞會趙元昊反罷進講師民上書
陳十五事一曰咨輔相二曰命將帥三曰柬侍從四
曰擇守宰五曰治軍旅六曰修邊防七曰求諫諍八
曰延講誦九曰革貢舉十曰乂官政十一曰謹財用
十二曰不遺年十三曰容誹謗十四曰除忌諱十五
曰慎出令因獻勸講箴明年春帝遂御迎陽門召近
臣觀圖畫復命講讀經史師民見朝廷厭兵屈意以
招元昊内不能平乃上言請任方面以圖報效遷天
章閣侍講同知貢舉進待制同判宗正寺嘗講詩如

彼泉流曰水之初出喻王政之發順行則通通故清
潔逆亂則壅壅故濁敗賢人用則王政通而世清平
邪人進則王澤壅而世濁敗幽王失道用邪絀正正
不勝邪雖有善人不能為治亦將相牽而淪于汙濁
也帝曰水何以喻政對曰水者順行而潤下利萬物
故以喻政此于比與義最大後講論語問脩文德曰
文者經天緯地之總稱君人之道撫之以仁制之以
義接之以禮講之以信皆是帝曰然其所先者無若
信也曰信者天下之大本仁義禮樂皆必由之此實
至道之要復問鑽燧改火曰古之聖王舉動必順天

時所以四時變火隨木色近世漸務苟簡以為非治
具而遂廢之至其萬事皆不如古又問子夏子張所
言交道孰勝曰聖哲之道含覆廣大與天地參善者
有以進德惡者俾之改行子張之言為優他日讀漢
記問長安城衆莫能知共推師民因陳自古都雍年
世舊址所在若畫諸掌帝悅曰何其所記如此在經
筵十餘年甚見器異嘗盛夏暑疾家居帝飛白書團
扇為和平字賜以寄意累請補郡除龍圖閣直學士
知耀州帝自寫詩寵行目以儒林舊德將行上疏曰
近覩太陽食于正朔此雖陰陽之事亦慮是天意欲

以感動聖心臣非瞽史不知天道但率愚意言之其
月在亥亥為水水為正陰其日在丙丙為正陽月掩
日陰侵陽下蔽上之象也詩曰十月之交朔日辛卯
又曰彼月而微此日而微謂以陰奸陽失其敘也又
曰百川沸騰山冢崒崩高岸為谷深谷為陵謂下陵
上侵其權也又曰皇父卿士番惟司徒家伯維宰仲
允膳夫聚子內史蹶維趣馬楀維師氏謂大小之臣
有不得其人者也宗周之間時王失德今而引喻蓋
事有所警固當不諱凡天之示象由人君有失不然
則下蔽其上古人君之失不過暴虐怠慢奢侈縱放

不師古始捨是何失道之有今聖心慈仁恭勤儉約
自撿動循典禮如此自非下蒙上邪撓正使主恩不
下究而誰之咎歟望陛下朝夕咨于丞弼心膂之臣
洎左右近侍耳目之官其忠而純者與之慎柬內外
百執事及州縣牧宰使主恩究于下不為群邪所蔽
塞則億兆之幸也三遷刑部郎中復領宗正卒師民
淳靜剛敏舉止凝重幼喪父哀感不畜婢妾年四十
四始婚志尚清遠專以讀書為事性極慈恕勤於
吏治政有惠愛嘗奏蠲陝西旱租又欲論榷酤諸敝
會仁宗不豫而止常患近世官失其守作正官名議

多六載有集三十卷子彥若試中書舍人
張錫字貺之其先京兆人曾祖山甫嘗從唐僖宗入
蜀蜀平徙家漢陽錫進士甲科為試秘書省校書郎
知南昌縣遷著作郎知新州初建學于州自是人始
知學再遷太常博士監滌院詔選能吏治畿縣乃以
錫知東明始至令其下曰吾所治者三侍力恃富恃
贖者吾所先也歲中以治迹聞樞密直學士李及薦
為監察御史丁謂貶崖州議還內地錫疏謂姦邪弄
國本與天下共棄之今復還是遺天下意由是止徙
雷州玉清昭應宮災連繫甚衆錫言天災反以罪人

恐重天怒願脩德以應之會論者衆獄遂解遷殿中
侍御史權三司鹽鐵判官出為荊湖北路轉運使改
尚書兵部員外郎還判度支句院為京東轉運使淄
青齊濮鄆諸州人冒耕河壖地數起爭訟錫命籍其
地收租絹歲二十餘萬訟者亦息判鹽鐵句院為河
北轉運使改江淮制置發運使召兼侍御史知雜事
判大理寺權知諫院安撫利夔路歷度支鹽鐵副使
喪母起復權天章閣待制知河中府累遷右司郎中
以龍圖閣直學士知滑州遷右諫議大夫知審官院
進翰林侍讀學士判太常寺國子監卒贈尚書工部

侍郎錫淳重清約雖貴奉養如少賤時讀書老而彌
篤初舉廣文館進士考官任隨以為第一及隨死無
子錫屢賙其家
張揆字貫之其先范陽人後徙齊州擢進士第歷北
海縣尉改大理寺丞以疾解官十年不出戶讀易因
通揚雄太玄經陳執中安撫京東薦揆經明行淳召
為國子監直講從諸王府侍講以尚書度支員外郎
直史館荊王府記室參軍府罷權三司戶部判官上
所著太玄集解數萬言詔對邇英閣令撰著得斷首
且言斷首準易之夬蓋以陽剛決陰柔君子進小人

退之象仁宗悅擢天章閣待制兼侍讀累遷右諫議
大夫進龍圖閣直學士給事中判太常寺一日進讀
漢馬后傳至服大練抑止外家因言今妃族太盛不
可不裁損使保其家帝嘉納之詔改王溥謚有議欲
為文忠者揆曰溥周之宰相國亡不能死安得為忠
乃謚為文康加翰林侍讀學士知審刑院出知齊州
卒贈尚書禮部侍郎揆性剛狷少容闊於世務然好
讀書老而不倦與弟掞相友愛掞為龍圖閣直學士
楊安國字君倚密州安丘人父光輔居馬耆山學者
多從受經州守王博文薦為太學助教孫奭知兗州

又薦爲太常寺奉禮郎州學講書既而奭與馮元薦安國爲國子監直講并召光輔至仁宗命説尚書光輔曰堯舜之事遠而未易行願講無逸一篇時年七十餘矣而論説明暢帝悅欲留爲學官固辭以國子監丞老于家安國五經及第爲枝江縣尉後遷大理寺丞光輔教授兖州請監兖州酒稅徙監益州糧料院入爲國子監直講景祐初置崇政殿説書安國以國子博士預選久之進天章閣侍講直龍圖閣遂爲天章閣待制龍圖閣直學士皆兼侍講進翰林侍講學士歷判尚書刑部太常寺糾察在京刑獄累遷給

事中年七十餘卒贈尚書禮部侍郎安國講説一以注疏爲主無他發明引喻鄙俚世或傳以爲笑尤喜緯書及注疏所引緯書則尊之與經等在經筵二十七年仁宗稱其行義淳質以比先朝崔遵度嘗講易至鼎卦帝問九四象如何安國對九四上承至尊下應初爻任重非據故折足覆餗亦猶任得其人則雖重可勝非其人必有顛覆之患帝稱善又嘗講周官至大荒大札則薄征緩刑因進言曰古所謂緩刑乃貰過誤之民爾今衆持兵仗取民廩食一切寬之恐無以禁姦帝曰不然天下皆吾赤子迫於饑莩至起爲盜州縣既不能振恤乃捕而殺之不亦甚乎嘗請書無逸篇於邇英閣之後屏帝曰朕不欲背聖人之言命蔡襄書無逸王洙書孝經四章列置左右

論曰馮元質直博雅有古君子之風歐陽脩稱師民醇儒碩學在仁宗時並繇宿望先後執經勸講庶有所補益矣張錫清慎斂晦晚始見知揆及安國父子俱侍經幄考求其説亡過人者夫博習脩潔之士潛德隱行不聞于世者多矣繇是言之士遇不遇豈非命哉

列傳卷第五十三

列傳卷第五十四　　宋史二百九十五

開府儀同三司上柱國錄軍國重事前中書右丞相監修國史領經筵事都總裁臣脫脫等奉
勑修

尹洙　孫甫　謝絳子景溫
葉清臣　楊察

尹洙字師魯河南人少與兄源俱以儒學知名舉進士調正平縣主簿歷河南府戶曹參軍安國軍節度推官知光澤縣舉書判拔萃改山南東道節度掌書記知伊楊縣有能名用大臣薦召試爲館閣校勘遷太子中允會范仲淹貶敕牓朝堂戒百官爲朋黨洙上奏曰仲淹忠亮有素臣與之義兼師友則是仲淹之黨也今仲淹以朋黨被罪臣不可苟免宰相怒落校勘復爲掌書記監唐州酒稅西北久安洙作叙燕息戍二篇以爲武備不可弛叙燕曰戰國世燕最弱二漢叛臣持燕挾虜蔑能自固以公孫伯珪之強卒制於袁氏獨慕容乘石虎亂乃并趙雖勝敗異術大槩論其強弱燕不能加趙趙魏一則燕固不敵唐三盜連衡百餘年虜未嘗越燕侵趙魏是燕獨能支虜也自燕入於契丹勢日熾大顯德世雖復三關尚未盡燕南地國初始與并合勢益張然止命偏師備禦

王師伐蜀伐吳泰然不以兩河爲顧是趙魏足以制之明矣并寇既平悉天下銳專力契丹不能攘尺寸地頃嘗以百萬衆駐趙魏訖敵退莫敢抗世多咎其不戰然我衆負城有內顧心戰不必勝不勝則事亟矣故不戰未嘗咎也原其弊在兵不分設兵爲三壁于爭地犄角以疑其勢設覆以待其進邊壘素固驅民以守之俾其兵頓堅城之下乘間夾擊無不勝矣蓋兵不分有六弊使敵蓄勇以待戰無他枝梧一也我衆則士怠二也前世善將兵者必問幾何今以中才盡主之三也大衆儻北彼遂長驅無復顧忌四也重兵一屬根本虛弱纖人易以干說五也雖委大柄不無疑貳復命貴臣監督進退皆由中御失於應變六也兵分則盡易其弊是有六利也勝敗兵家常勢悉內以擊外失則舉所有以棄之苻堅淝水哥舒翰潼關是也是則制敵在謀不在衆以趙魏燕南益以山西民足以守兵足以戰分而帥之將得專制就使偏師挫衄他衆尚奮詎能繫國安危哉故師覆于外而本根不搖者善敗也昔者六國各有地千里師敗於秦散而復振幾百戰猶未及其都守國之固也陳勝項梁舉關東之衆朝敗而夕滅新造之勢也以天

下之廣謀其國不若千里之國而襲新造之勢儌幸
於一戰庸非惑哉兵既久弭士大夫誦習謂百世不
復用非甚妄者不談兵果廢則已儻後世復用之
鑒此少以悟世主故迹其勝敗云息戍曰國家割棄
朔方西師不出三十年而亭徼千里環重兵以戍之
雖種落屢擾即時輯定然屯戍之費亦已甚矣西戎
為寇遠自周世西漢先零東漢燒當晉氐羌唐禿髮
歷朝侵軼為國劇患興師定律皆有成功而勞弊中
國東漢尤甚費用常以億計孝安世羌叛十四年用
二百四十億永和末復經七年用八十餘億及段紀

明用裁五十四億而剪滅殆盡今西北涇原邠寧秦
鳳鄜延四帥戍卒十餘萬一卒歲給無慮二萬騎卒
與冗卒較其中者總廩給之數恩賞不在焉以十萬
較之歲用二十億自靈武罷兵計費六百餘億方前
世數倍矣平世屯戍且猶若是後雖有他警不可一
日輟去是十萬衆有增而無損期也國家厚利募商
入粟傾四方之貨然無水漕之運所輓致亦不過被
邊數郡爾歲不常登廩有常給頃年亦嘗稍匱矣儻
其乘我荐飢我必濟師饋饟當出於關中則未戰而
西垂已困可不慮哉按唐府兵上府千二百人中府

千人下府八百人為今之計莫若籍丁民為兵擬唐
置府頗損其數又今邊郡雖有鄉兵之制然止極塞
數郡民籍寡少不足備敵料京兆西北數郡上戶可
十餘萬中家半之當得兵六七萬皆其賦無他易賦
以帛名者不易以五穀畜馬者又蠲其雜徭民幸於
庇宗樂然隸籍農隙講事登材武者為什長隊正盛
秋旬閱常若寇至以關內河東勁兵傳之盡罷京師
禁旅慎簡守帥分其統專其任分統則兵不重專任
則將益勵堅其守備習其形勢積粟多教士銳使虜
衆無隙可窺不戰而懾兵志所謂無恃其不來恃吾

有以待之其廟勝之策乎又為述享審斷原刑敦學
矯察考績廣謀凡雜議共九篇上之趙元昊反大將
葛懷敏辟為經略判官洙雖用懷敏辟尤為韓琦所
深知頃之劉平石元孫戰敗朝廷以夏竦為經略安
撫使范仲淹韓琦副之復以洙為判官洙數上疏論
兵請便殿召對二府大臣議邊事及講求開寶以前
用兵故實特出睿斷以重邊計又請減併柵壘召募
土兵省騎軍增步卒又上鬻爵令時詔問攻守之計
竦具二策令琦與洙詣闕奏之帝取攻策以洙為集
賢校理洙遂趨延州謀出兵而仲淹持不可遂至慶

州會任福敗于好水川因發慶州部將劉政銳卒數千趨鎮戎軍赴救未至賊引去夏竦奏洙擅發兵降通判濠州當時言者謂福之敗由參軍耿傅督戰太急後得傅書乃戒福使持重毋輕進洙以傅文吏無軍責而死于行陣又為時所誣遂作憫忠辨誣二篇未幾韓琦知秦州辟洙通判州事加直集賢院上奏曰漢文帝盛德之主賈誼論當時事勢猶云可為慟哭孝武帝外制四夷以彊主威徐樂嚴安尚以陳勝亡秦六卿篡晉為戒二帝不以危亂滅亡為諱故子孫保有天下者十餘世秦二世時關東盜起或以反

者聞二世怒下吏或曰逐捕今盡不足憂乃悅隋煬帝時四方兵起左右近臣皆隱賊數不以實聞或言賊多者輒被詰二帝以危亂滅亡為諱故秦隋宗社數年為丘墟陛下視今日天下之治孰與漢文威制四夷孰與漢武國家基本仁德陛下慈孝愛民誠萬萬於秦隋矣至於西有不臣之虜北有彊大之鄰非特閭巷盜賊之勢也自西夏叛命四年並塞苦數擾內地疲遠輸兵久于外而休息無期卒有乘弊而起兵法所謂雖有智者不能善其後當此之時陛下宜夙夜憂懼所以慮事變而塞禍源也陛下延訪邊事

容納直言前世人主勤勞寬大未有能逾過者然未聞以宗廟為憂危亡為懼此賤臣所以感憤於邑而不已也何者今命令數更恩寵過濫賜與不節此三者戒之慎之在陛下所行爾非有難動之勢也而因循不革弊壞日甚臣謂陛下不以宗廟為憂危亡為懼者以此夫命令者人主所以取信於下也異時民間朝廷降一命令皆竦視之今則不然相與竊語以為不久當更既而信然此命令日輕於下也命令輕則朝廷不尊矣又聞群臣有獻忠謀者陛下始甚聽之後復一人沮之則意移矣忠言者以信之不能終

頗自詘其謀以為無益此命令數更之弊也夫爵賞陛下所持之柄也近時外戚內臣以及士人或因緣以求恩澤從中而下謂之內降臣聞唐氏政衰或母后專制或妃主擅朝樹恩私黨名為斜封今陛下威柄自出外戚內臣賢而才者當與大臣公議而進之何必襲斜封之弊哉且使大臣從之則壞陛下綱紀不從則沮陛下德音壞綱紀忠臣所不忍為沮德音則威柄輕於上且盡公不阿朝廷所以責大臣今乃自以私昵撓之而欲責大臣之不私難矣此恩寵過濫之弊也夫賜予者國家所以勸功也比年以來頗

御及伶官太醫之屬賜予過厚民間傳言內帑金帛皆祖宗累朝積聚陛下用之不甚愛惜今之所存無幾疏遠之人誠不能知內府豐匱之數但見取於民者日煩即知畜於公帑者不厚臣亦知國家自西方宿兵用度寖廣帑藏之積未必悉為賜予所費然下民不可家至而戶曉獨見陛下行事感動爾往歲聞邊將王珪以力戰賜金則無不悅服或見優人所得過厚則往往憤歎人情不可不察此賜予不節之弊也臣所論三事皆人人所共知近臣從諫而不言以至今日方今非獨四夷之為患朝政日弊而陛下不寤人心日危而陛下不知故臣願先正於內以正於外然後忠謀漸進紀綱漸舉國用漸足士心漸奮邊境之患庶乎息矣惟深察秦隋惡聞忠言所以亡速法漢主不諱危亂所以存日新盛德與民更始則天下幸甚仁宗嘉納之改太常丞知涇州以右司諫知渭州兼領涇原路經略公事會鄭戩為陝西四路都總管遣劉滬董士廉城水洛以通秦渭援兵洙以為前此屢困于賊者正由城砦多而兵勢分也今又益城不可奏罷之時戩已解四路而奏滬等督役如故洙不平遣人再召滬不至命張忠往代之又不受於是諭狄青械滬士廉下吏戩論奏不已卒徙洙慶州而城水洛又徙晉州遷起居舍人直龍圖閣知潞州會士廉詣闕上書訟洙詔遣御史劉湜就鞫不得他罪而洙以部將孫用由軍校補邊自京師貸息錢到官亡以償洙惜其才可用恐以犯法罷去嘗假公使錢為償之又以為嘗自貸坐貶崇信軍節度副使天下莫不以為湜文致之也徙監均州酒稅感疾沿牒至南陽訪醫卒年四十七嘉祐中宰相韓琦為洙言乃追復故官及官其子構洙內剛外和博學有識度尤深於春秋自唐末歷五代文格卑弱至宋初柳開

始為古文洙與穆脩復振起之其為文簡而有法有集二十七卷自元昊不庭洙未嘗不在兵間故於西事尤練習其為兵制之說述戰守勝敗盡當時利害又欲訓土兵代戍卒以減邊費為禦戎長久之策皆未及施為而元昊臣洙亦去而得罪矣

孫甫字之翰許州陽翟人少好學日誦數千言慕孫何為古文章初舉進士得同學究出身為蔡州汝陽縣主簿再舉進士及第為華州推官轉運使李紘薦其材遷大理寺丞知絳州翼城縣杜衍辟為永興司錄凡吏職纖末皆倚辦甫甫曰待我以此可以去矣

衍聞之不復以小事屬甫衍與語甫必引經以對
言天下賢俊歷評其才性所長衍曰吾辟屬官得益
友諸生亦多從甫學問徙知永昌縣監益州交子務
再遷太常博士蜀用鐵錢民苦轉貿重故設法書紙
代錢以便市易轉運使以僞造交子多犯法欲廢不
用甫曰交子可以僞造錢亦可以私鑄私鑄有犯錢
可廢乎但嚴治之不當以小仁廢大利後卒不能廢
衍爲樞密副使薦于朝授秘閣校理是歲詔三館臣
僚言事甫進十二事按祖宗故實校當世之治有所
不逮者論述以爲諷諫名三聖政範改右正言時河

北降赤雪河東地震五六年不止甫推洪範五行傳
及前代變驗上疏曰赤雪者赤眚也人君舒緩之應
舒緩則政事弛賞罰差百官廢職所以召亂也晉太
康中河陰降赤雪時武帝怠於政事荒宴後宮每見
臣下多道常事不及經國遠圖故招赤眚之怪終致
晉亂地震者陰之盛也陰之象臣也後宮也四夷也
三者不可過盛過盛則陰爲變而動矣忻州趙分地
震六年每震則有聲如雷前代地震未有如此之久
者惟唐高宗本封于晉及即位晉州經歲地震宰相
張行成言恐女謁用事大臣陰謀宜制於未萌其後

武昭儀專恣幾移唐祚天地災變固不虛應陛下救
紓緩之失莫若自主威福時出英斷以懾姦邪以肅
天下救陰盛之變莫若外謹戎備內制後宮謹戎備
則切責大臣使之預圖兵防熟計成敗制後宮則凡
掖庭非典掌御幸者盡出之且裁節其恩使無過分
此應天之實也時契丹西夏稍強後宮張修媛寵幸
大臣專政甫以此諫焉又言修媛寵恣市恩禍漸已
萌夫后者正嫡也其餘皆婢妾爾貴賤有等用物不
宜過僭自古寵女色初不制而後不能制者其禍不
可悔帝曰用物在有司朕恨不知爾甫曰世謂諫臣

耳目官所以達不知也若所謂前世女禍者載在書
史陛下可自知也夏國乞盟甫上一利四害曰宿兵
以來國用空耗今若與之約和則邊兵可減科斂可
省其爲利一也始契丹聲言嘗遣使諭西人使臣中
國今和議既成必恃其功去歲有割地之請朝廷已
增歲賂若更有求將安拒之其爲害一也自承平四
十年武事不飭及邊鄙有警而用不習之將不練之
兵故久無成功然比來邊臣中材謀勇健者往往復
出方在講訓不懈以張中國之威一旦因議和弛備
復如曩日緩急必不可用其爲害二也自元昊拒命

然不敢深入關中者以喃廝囉等族不附廈爲後患也今中國與之和獲歲遺之厚彼必專力以制二蕃強大之勢自茲爲始其爲害三也且朝廷恃久安之勢法令紀綱弛而不葺叉西戎累敗王師始議更張以救前弊今見戎人請和苟貪無事他時之患不可救矣其爲害四也凡利害之機願陛下熟圖之又言張子奭使夏州回元昊復稱臣然乞歲賣青鹽十萬石兼欲就京師互市諸物仍求增歲給之數臣以謂西鹽數萬石其直不下錢十餘萬緡況朝廷已許歲賜二十五萬若又許其賣鹽則與遺契丹物數相當

使契丹聞之則貪得之心生矣況自德明之時累乞放行青鹽先帝以其亂法不聽及請之不已追德明弟入質而許之是則以彼難從之事杜其意也蓋鹽中國之大利又西戎之鹽味勝解池所出而出產無窮既開其禁則流于民間無以隄防矣兼聞張子奭言元昊自拒命以來收結人心鈔掠所得旋給其衆兵力雖勝用度隨窘當此之時尤宜以計困之安得汲汲與和曲徇其請乎時陝西經略招討副使韓琦判官尹洙還朝甫建議請詔琦等條四路將官能否爲上中下三等黜其最下者保州兵變前有告者大臣不時發之甫因言樞密副使當得罪使乃杜衍也邊將劉滬城水洛于渭州總管尹洙以滬違節度將斬之大臣猶主洙議甫以謂水洛通秦渭於國家爲利滬不可罪由是罷洙而釋滬衍蓋薦甫洙與甫素善者而甫不少假借其鯁亮不私如此甫嘗言參知政事陳執中不學亡術不可用帝難之由是求補外不許其後奏丁度因對求進用帝曰度未嘗請也度乞與甫辯且指甫爲宰相杜衍門人乃以右司諫出知鄧州徙安州歷江東兩浙轉運使范仲淹知杭州多以便宜從事甫曰范公大臣也吾屈於此則不得

伸於彼矣一切繩之以法然退未嘗不稱其賢累遷尚書兵部員外郎改直史館知陝州徙晉州爲江東轉運使三司度支副使遷刑部郎中天章閣待制河北都轉運使留爲侍讀卒特贈右諫議大夫甫性勁果善持論有文集七卷著唐史記七十五卷每言唐君臣行事以推見當時治亂若身履其間而聽者曉然如目見之時人言終日讀史不如一日聽孫論也唐史藏祕閣

謝絳字希深其先陽夏人祖懿文爲杭州鹽官縣令葬富陽遂爲富陽人父濤以文行稱進士起家爲梓

州榷塩院判官李順反成都攻陷州縣濤嘗晝守禦之計賊平以功遷觀察推官權知華陽縣亂亡之後田廬荒廢詔有能占田而倍入租者與之於是腴田悉爲豪右所占流民至無所歸濤收詔書悉以田還主改祕書省著作佐郎知興國軍還以治行召對長春殿命試學士院會契丹入寇眞宗議親征時曹濮多盜而契丹聲言趣齊鄆以濤知曹州屬縣賦税多輸睢陽助兵食是歲霖潦百姓苦於轉送濤悉留不遣奏曰江淮漕運日過睢陽可取以餉軍願留曹賦緣廣濟河以饋京師轉運使論以爲不可詔從濤奏嘗使蜀還舉所部官三十餘人宰相疑以爲多濤曰有罪願連坐之奉使舉官連坐自濤始久之用馮拯薦復召試以尚書兵部員外郎直史館遂兼侍御史知雜事眞宗山陵靈駕所經道路有司請悉壞城門廬舍以過車輿象物濤言先帝車駕封祀儀物大備猶不聞有所毀撤且遺詔從儉薄今有司治明器後大以勞州縣非先帝意願下少府裁損之進直昭文館累官至太子賓客絳以父任試祕書省校書郎舉進士中甲科授太常寺奉禮郎知汝陰縣善議論喜談時事嘗論四民失業累數千言天禧中上疏謂宋當

以土德王天下時大理寺丞董行父請用天爲統以金爲德詔兩制議皆言用土德則當越唐上承於隋用金德則當越五代紹唐而太祖實受終周室豈可弗遵傳繼之序絳行父議皆黜不用楊億薦絳文章召試擢祕閣校理同判太常禮院丁母憂服除仁宗即位遷太常博士用鄭氏經唐故事議宣祖非受命祖不宜配享感生帝請以眞宗配之翰林學士承旨李維以爲不可尋出通判常州天聖中天下水旱蝗起河決滑州絳上疏曰去年京師大水敗民廬舍河渠暴溢幾冒城郭今年苦旱百姓疫死田穀焦槁秋成絕望此皆大異也按洪範京房易傳皆以爲簡祭祀逆天時則水不順下政令逆時水失其性則壞國邑傷稼穡顓事者知誅罰絕理則大水殺人欲德不用茲謂張厥災荒上下皆蔽茲謂隔其咎旱天道指類示戒大要如此陛下夙夜勤苦思有以上塞時變固宜策告殃咎變更理化下罪己之詔脩順時之令宣群言以導壅斥近倖以損陰而聖心優柔重在改作號令所發未聞有以當天心者夫風雨寒暑之於天時爲大信也信不及於物澤不究於下則水旱爲沴近日制命有信宿輒改適行遽止而欲風雨以信

其可得乎天下之廣萬幾之衆不出房闥豈能盡知
而在廷之臣未聞被數刻之召吐片言之善朝夕左
右非恩澤即倿倖上下皆蔽其應不虛昔兩漢日食
地震水旱之變則策免三公以示戒懼陛下進用丞
弼極一時之選而政道未茂天時未順豈大臣輔佐
不明邪陛下信任不篤邪必若使之宜推心責成以
極其效謂之不然則更選賢者比來奸邪者易進守
道者數窮政出多門俗喜由徑聖心固欲盡得天下
之賢能分職受業而宰相方考資進吏無敢建白欲
德不用之應又可驗矣今陽驕莫解蝗孽漸熾河水

妄行循依違之迹行尋常之政臣恐不足回靈意塞
至戒古者穀不登則虧膳災屢至則降服凶年不塗
塈頽下詔引咎損太官之膳避路寢之朝許士大夫
斥諱上聞識切時病罷不急之役省無名之斂勿崇
私恩更進直道宣德流化以休息天下至誠動乎上
大惠洽于下豈有時澤之艱哉仁宗嘉納之會修國
史以絳爲編修官史成遷祠部員外郎直集賢院時
濤官西京且老矣因請便養通判河南府又論唐室
麗正史官之局並在大明華清宮内太宗皇帝肇修
三館更立祕閣于昇龍門左親爲飛白書額作贊刻

石閣下景德中國書寖廣真宗皇帝益以内帑四庫
二聖數嘗臨幸親加勞問遇宿廣内者有不時之召
人人力道術究藝文知天子尊禮甚勤而名臣高位
繇此其選也往者遭遘延燔未遑中葺或引兩省故
事别建外館直舍卑喧民櫚叢接太官衛尉供擬滋
削虧體傷風莫玆爲甚陛下未嘗迂翠華降玉趾寥
寥冊府不聞輿馬之音曠有日矣議者以謂慕道不
篤於古待士少損於前士無延訪之勤而因循相尚
不自激策文雅漸弊竊爲聖朝惜之願闢内館以恢
景德之制詔可絳雖在外猶數論事奏言近歲不逞

之徒託言數術以先生處士自名禿巾短褐内結權
倖外走州邑甚者矯誣詔書傲忽官吏請嚴禁止嘗
以星變賜封號者追還之還權開封府判官言蝗亘
田野坌入郛郭跳擲官寺井匽皆滿魯三書螟穀梁
以爲哀公用田賦虐取於民朝廷歛弛之法近於麃
平以臣愚所聞似吏不甚稱而召其變凡今典城牧
民有顓方面之勢才者掠功取名以嚴急爲術或辯
僞無實數蒙奬録愚者期會簿書畏首與尾二者政
殊而同歸於弊夫爲國在養民養民在擇吏吏循則
民安氣和而災息願先取大州邑數十百詔公卿以

下舉任州守者使得自辟屬縣令長務求術略不限
資考然後寬以約束許便宜從事朞年條上理狀或
徙或留必有功化風迹異乎有司以資而任之者焉
漢時詔問京房災異可息之術房對以考功課吏臣
願陛下博訪理官除煩苛之命申敕計臣損聚斂之
役勿起大獄勿用蹀入務靜安守淵默傳曰大侵之
禮百官備而不制言省事也如此而沴氣不弭嘉休
不至是靈意譴讁而聖言罔感懈會郭皇后廢絳詩
白陳華引申右褒姒事以諷辭甚切至徙三司度支
判官再遷兵部員外郎上言邇來用物滋侈賜予過

制禁中須索去年計為緡錢四十五萬自今春至四
月已及二十餘萬比詔裁節費用而有司移文但求
咸平景德簿書簿書不存則無所措置臣以謂不若
推近及遠遞考歲用而裁節之不必咸平景德為準
也初詔罷織密花透背禁人服用且云自掖庭始既
而內人賜衣復取於有司又後苑作製玳瑁器索龜
筒於市龜筒禁物也民間不得有而索不已絳皆論
罷之又言號令數變則虧國體利害偏聽則惑聰明
請者務欲各行而守者患於不一請罷內降凡詔令
皆由中書樞密然後施行因進聖治箴五篇以父憂

去服除擢知制誥判吏部流內銓太常禮院吏部擬
官舊視職田有無不問多寡以是不均絳為裒其實
以多寡為差其有名而無實者皆不用人以為便初
改判禮院為知禮儀事自絳建請使契丹還請知鄧
州距州百二十里有美陽堰引湍水溉公田水來遠
而少利不及民瀕堰築新土為防俗謂之墩者大小
又十數歲數壞輒調民增築奸人蓄薪芟以時其急
往往盜決堰墩百姓苦之絳按召信臣六門堰故迹
距城三里壅水注鉗廬陂溉田至三萬頃請復修之
可罷州人歲役以水與民未就而卒年四十六絳以

文學知名一時為人修潔醞藉所至大興學舍嘗請
諸郡立學在河南修國子學教諸生自遠而至者數
百人好施宗族喜賓客以故卒之日家無餘貲有文
集五十卷子景初景溫景平景回景平好學著詩書
傳說數十篇終秘書丞景回早卒
景溫字師直中進士第通判汝莫二州江東轉運判
官興宣城百丈圩議者以為罪降通判知漣水軍神
宗初知諫院邵亢直其前事徙真州提點江西刑獄
歷京西淮南轉運使景溫平生未嘗仕中朝王安石
與之善又景溫妹嫁其弟安禮乃驟擢為侍御史知

雜事安石方惡蘇軾景溫劾軾向丁憂歸蜀乘舟商販朝廷下六路捕逮篙工水師窮其事訖無一實蘇頌等論李定不持母服景溫察安石指為辨於前已而事下臺景溫難違衆議始云定當追服又言薛向不當得侍從王韶邊奏誣罔寖失安石意然猶以嘗助己但改直史館兼侍讀不敢拜出知鄧州踰年進陝西都轉運使以不奉司農約束改知鄧襄澶三州加直龍圖閣判將作監轉右諫議大夫知潭州章惇開五溪景溫協力拓築論功進官召拜禮部侍郎復出知洪州應天府瀛州元祐初進寶文閣直學士知

開封府未滿歲御史中丞劉摯言其非撥煩吏右司諫王覿言瀛州妖婦李自稱事九仙聖母能與人通語言談禍福景溫在郡為所惑禮餉甚厚遣士兵挈之入京數遣子慥至其處補李壻為小史使出入官府崇大聲勢至縱嬖妾之弟醉毆市人為政若此尚何惜而不加譴於是罷知蔡州三年初置權六曹尚書以為刑部劉安世復論之改知鄆州再歷永興軍時章惇為相景溫言元祐大臣改先帝之政并西夏人偃蹇終未順命宜罷分畫以馬跡所至為境惇用其說徙知河陽卒年七十七

葉清臣字道卿蘇州長洲人父參終光祿卿清臣幼敏異好學善屬文天聖二年舉進士知舉劉筠奇所對策擢第二宋進士以策擢高第自清臣始授太常寺奉禮郎簽書蘇州觀察判官事還為光祿寺丞集賢校理通判太平州知秀州入判三司戶部勾院改鹽鐵判官上言九事請遣使循行天下知民疾苦察吏能否興太學選置博士許公卿大臣子弟補學生重縣令諸科舉人取明大義責以策問省流外官無得入仕聽武臣終三年之喪罷度僧廢讀經一業訓兵練將慎出令簡條約詞多不載出知宣州累遷太

常丞同修起居注判三司鹽鐵勾院進直史館是冬京師地震上疏曰天以陽動君之道也地以陰靜臣之道也天動地靜主尊臣卑易此則亂地為之震乃十二月二日丙夜京師地震移刻而止定襄同日震至五日不止壞廬寺殺人畜凡十之六大河之東彌千五百里而及都下誠大異也屬者熒惑犯南斗治曆者相顧而駭陛下憂勤庶政方夏泰寧而一歲之中災變仍見必有下失民望上戾天意者故垂戒以啓迪清衷而陛下泰然不以為異徙使內侍走四方治佛事修道科非所謂消復之實也頃范仲淹余靖

以言事被黜天下之人齰舌不敢議朝政者行將二
年願陛下深自咎責許延忠直敢言之士庶幾明威
降鑒而善應來集也書奏數日仲淹等皆得近徙會
詔求直言清臣復上疏言大臣專政仁宗嘉納之清
臣請外爲兩浙轉運副使並太湖有民田豪右據上
游水不得泄而民不敢訴嘗建請疏盤龍匯滬瀆港
入于海民賴其利以右正言知制誥知審官院判國
子監時陝西用兵上言當今將不素蓄兵不素練財
無久積小有邊警外無驍將內無重兵舉西北二垂
觀之若濩落大瓠外示雄壯其中空洞了無一物脫

不幸戎馬猖突腹內諸城非可以計術守也自元昊
僭竊因循至于延州之寇中間一歲矣而屯戍無術
資糧不充窮年當兵了不足用運監牧馬未幾已虛
使蚩蚩之甿無所倚而安者此臣所以孜孜憂大瓠
之穿也今羌戎稍却變詐亡窮豈宜乘即時之小安
忘前日之大辱又將泰然自處則後日視今猶今之
視前也元昊圍延州既解去鈐轄內侍盧守懃與通
判計用章更訟于朝時內侍用事者多爲守懃游說
朝廷議薄守懃罪而流用章嶺南清臣上疏曰臣聞
衆議延州之圍盧守懃首對范雍號泣謀遣李康伯

見元昊爲偷生之計計用章以急事急不若退保鄜
州李康伯遂有死難不可出城見賊之語自元昊退
守懃懼金明之失二將之沒朝廷歸罪邊將又思倉
卒之言一旦爲人所發則禍在不測遂反覆前議移
過於人先爲奏陳冀望取信正如黃德和誣奏劉平
欲免退走之罪尋聞計用章亦疏斥守懃事狀詔文彥
博置劾未分曲直而遽罪用章康伯特赦守懃此必
有議者結中人惑聖聽以爲方當用師邊陲不可輕
起大獄臣觀前史魏尚陳湯雖有功尚不免削爵罰
作案驗吏士何況擁兵自固觀望不出恣縱羌賊破

一縣擒二將大罪未戮又自蔽其過矯誣上奏此而
不按何罪不容設用章有退保之言止坐畏懦而守
懃謀見賊之行乃是歸欵二者之責孰重孰輕望詔
彥博鞫正其獄苟用章之狀果虛守懃之罪果白用
章更寘重科物論亦允無容偏聽一辭以虧王道無
黨之義其後獄具守懃纔降湖北兵馬都監時西師
未解急於經費中書進擬三司使清臣初不在選中
帝曰葉清臣才可用擢爲起居舍人龍圖閣學士權
三司使公事始奏編前後詔敕使吏不能欺簿帳之
叢冗者一切删去內東門御廚皆內侍領之凡所呼

索有司不敢問乃為合同以檢其出入清臣與宋庠鄭戩雅相善為吕夷簡所惡出知江寧府踰年入翰林為學士知通進銀臺司勾當三班院丁父憂言者以清臣為知兵請起守邊及服除宰相陳執中素不悦之即除翰林侍讀學士知邠州道由京師因請對改澶州進尚書戸部郎中知青州徙知永興軍浚三白渠溉田踰六千頃仁宗御天章閣召公卿出手詔問當世急務清臣聞之為條對極論時政闕失其言多剴切權貴且曰陛下欲息奔競此繫中書若宰相裁抑奔競之流則風俗惇厚人知止足宰相用憸佞

之士則貪榮冒進激成渾波向有職在管庫日趨走時相之門入則取街談巷言以資耳目出則竊廟謨朝論以驚流輩一旦皆擢職司以酬所任比日人士競踵此風出入權要之家時有三尸五鬼之號乃列館職或置省曹且臺諫官為天子耳目今則不然盡為宰相肘腋宰相所惡則捃以微瑕公行擊搏宰相所善則從而唱和為之先容中書政令不平賞罰不當則箝口結舌未嘗敢言人主纖微過差或宮闈小事即極言過當用為訐直供職未逾歲時遷擢已加常等宋禧為御史勸陛下宫中畜犬設棘以為守衛

削弱朝體取笑四夷不加訶譴擢為諫官王達兩為湖南江西轉運使所至苛虐誅剥百姓徒配無辜特以宰相故舊不次拔擢遂有河北之行如此是長奔競也其他所列利害甚衆會河決商胡北道艱食復以為翰林學士權三司使舊制有三司使權使公事而清臣所除止言權使自是分三等焉以戸部副使向傳式不職奏請出之皇祐元年春帝御便殿訪近臣以備邊之策清臣上對略曰陛下臨御天下二十八年未嘗一日自暇自逸而西夏契丹頻歲為患者豈非將相大臣不得其人不能為陛下張威德而攘

四夷乎昔王商在廷單于不敢仰視郅都臨代匈奴不敢犯邊今内則輔相寡謀綱紀不振外則兵不素練將不素蓄此外寇得以内侮也慶曆初劉六符來執政無術略不能折衝罇俎以破其謀六符初亦疑大國之有人藏奸計而未發既見表裏遂肆陸梁只煩一介之使坐致二十萬物永匱膏血以奉腥羶此有識之士所以為國長太息也今詔問北使詰關以伐西戎為名即有邀求何以答之臣聞誓書所載彼此無求況元昊叛邊累年致討契丹坐觀金鼓之出豈有毫髮之助今彼國出師輒求我助奸盟違約不亦

甚乎若使辯捷之人判其曲直要之一戰以破其謀
我直彼曲豈不憚服苟不知銘或肆侵陵方河朔灾
傷之餘野無廬舍我堅壁自守縱令深入其能久居
既無所因之糧則亟當遁去然後選擇驍勇遏絕歸
師設伏出奇邀擊首尾若不就禽亦且大敗矣詔問
輔翊之能方面之才與夫帥領偏裨當今孰可以任
此者臣以為不患無人患有人而不能用爾今輔翊
之臣抱忠義之深者莫如富弼為社稷之固者莫如
范仲淹諳古今故事者莫如夏竦議論之敏者莫如
鄭戩方面之才嚴重有紀律者莫如韓琦臨大事能

斷者莫如田況剛果無顧避者莫如劉渙宏達有方
略者莫如孫沔至於帥領偏裨貴能坐運籌策不必
親當矢石王德用素有威名范仲淹深練軍政龐籍
久經邊任皆其選也狄青范全頗能馭衆蔣偕沉毅
有術略張亢倜儻有膽勇劉貽孫材武剛斷王德基
純愨勁勇此可補偏裨者也詔謂朔方灾傷軍儲缺
乏此則三司失計置轉運使不舉職固非一日既往
固已不咎來者又復不追臣未見其可也且如施昌
言承久弊之政方欲竭思慮辦職事一與賈昌朝違
戾遂被移徙軍儲何由不乏自去年秋八月計度市

糴而昌朝執異議仲春尚未與奪財賦何緣得豐先
朝置內帑本備非常今為主者之吝自分彼我緩急
不以為備則臣不知其所為也至如粒食之重轉徙
為難莫若重立爵等少均萬數豪民註誤使得入粟
以免杖笞必能速辦夫能儉嗇以省費漸致於從容
德音及此天下之福也比日多以卑官職請厚奉或
身為內供奉而有遥刺之給或為觀察使便占留後
之封倖門日開賜予無藝若令有司執守率循舊規
庶幾物力亦獲寬施詔問戰馬之絕何策可使足用
臣前在三司嘗陳監牧之弊占良田九萬餘頃歲費

錢百萬緡天閑之數纔三四萬急有征調一不可用
今欲不費而馬立辦莫若賦馬於河北河東陝西京
東西五路上户一馬中户二户一馬養馬者復其一
丁如此則坐致戰馬二十萬匹不為難矣時清臣以
河北乏兵食自汴漕米繇河陰輸北道者七十餘萬
又請發大名庫錢以佐邊糴而安撫使賈昌朝格詔
不從清臣固爭且疏其跋扈不臣宰相方欲兩中之
乃徙昌朝鄭州罷清臣為侍讀學士知河陽卒贈左
諫議大夫清臣天資奥邁遇事敢行奏對無所屈郭
承祐妻舒王元偁女封郡主給奉及承祐為殿前副

都指揮使妻以不加封請增月給清臣執奏不可仁
宗曰承祐嘗軍妻又諸王女當優之清臣曰是終為
徼幸遂卷其奏置懷中不行數上書論天下事陳九
議十要五利皆當世可行者有文集一百六十卷子
均為集賢校理
楊察字隱甫其先晉人從唐僖宗入蜀家于成都至
其祖鈞始從孟昶歸朝鈞生居簡仕真宗時至尚書
都官員外郎嘗官廬州遂為合肥人居簡生察景祐
元年舉進士甲科除將作監丞通判宿州遷秘書省
著作郎直集賢院出知潁壽二州入為開封府推官

判三司鹽鐵度支勾院修起居注歷江南東路轉運
使屬吏以察年少易之及行部數擿奸隱衆始畏伏
察在部專以舉官為急務人或議之察曰此按察職
也苟掎拾羨餘則俗吏之能何必我哉召為右正言
知制誥權判禮部貢院時上封者請罷有司糊名考
士及變文格使為放軼以襲唐體察以謂防禁一潰
則奔競復起且文無今昔惟以體要為宗若肆其澶
漫亦非唐氏科選之法前議遂寢晏殊執政以妻父
嫌換龍圖閣待制毋憂去職服除復為知制誥拜翰
林學士權知開封府擢右諫議大夫權御史中丞論

事無所避會詔舉御史建言臺屬供奉殿中巡糾不
法必得通古今治亂良直之臣今舉格太密公坐細故
皆置不取恐英偉之士或有所遺御史何郯以論事
不得實中書問狀察又言御史故事許風聞縱所言
不當自繫朝廷采擇今以疑似之間遽被詰問臣恐
臺諫官畏罪緘默非所以廣言路也又數以言事忤
宰相陳執中未幾三司戶部判官楊儀以請求貶官
察坐前在府失出笞罪雖去官猶罷知信州徙揚州
復為翰林侍讀學士又兼龍圖閣學士知永興軍加
端明殿學士知益州再遷禮部侍郎復權知開封府

復為翰林學士權三司使內侍楊永德毀察於帝三
司有獄辭連衛士皇城司不即遣而有詔移開封府
鞫之察由是乞罷三司乃遷戶部侍郎兼三學士提
舉集禧觀進承旨踰年復以本官充三司使餌鍾乳
過劑病癰卒贈禮部尚書謚宣懿察美風儀幼孤七
歲始能言母頗知書嘗自教之敏於屬文其為制誥
初若不用意及稾成皆雅緻有體當世稱之遇事明
決勤於吏職雖多益善不厭癰方作猶入對商畫財
利歸而大頓人以為用神大竭云有文集二十卷無
子以兄子庶為嗣弟寘舉進士第一通判潤州以母

憂不赴毀瘠而卒時人傷之

論曰當仁宗在位時宋興且百年海內嘉靖上下安佚然法制日以玩弛儌倖之弊多自西陲用兵關中困擾天子憫勞元元奮然欲因群材以更內外之治于時俊傑輩出尹洙崎嶇兵間亦頗論天下之事孫甫馳騁言路咸以文學方正知名絳文詞議論尤為儒林所宗朝廷方欲倚用之不幸死矣最後清臣察繇進士高等不數年致位侍從立朝謇謇無所附麗為一時名臣豈非出於上之所自擢故奮勵不撓以圖報稱哉

列傳卷第五十四

列傳卷第五十五　宋史二百九十六

開府儀同三司上柱國錄軍國重事前中書右丞相監修國史領經筵事都總裁脫脫等奉敕修

韓丕　師頏　張茂直　梁顥子固
楊徽之楊澈呂文仲　王著　呂祐之
潘慎脩　杜鎬　查道從兄陶

韓丕字太簡華州鄭人父杲晉開運中為曲陽主簿契丹攻城陷沒焉母改適他氏丕幼孤貧有志操讀書于驪山嵩陽通周易禮記為人講說常有山林之志家雖甚貧處之晏如年長始學文開寶中鄭牧知

文州與之偕行遂薄遊兩川及牧知成都劉熙古延置門下掌書奏以孫女妻之太平興國三年舉進士聲名籍甚公卿多薦之者嘗著孟母碑返魯頌人多諷誦之解褐大理評事通判衡州石熙載薦其文行代還以文學試中書擢著作佐郎直史館賜緋魚未幾改左拾遺八年遷職方員外郎知制誥雍熙初加虞部郎中二年與賈黃中徐鉉同知貢舉丕屬思艱澀及典書命傷於稽緩宰相宋琪性褊急常加督責或申以諧謔丕不能平又舍人王祐以前輩負氣每陵轢面折之丕乃表求外郡出知虢州就改職方郎

中端拱初拜右諫議大夫賜金紫知河陽濠州丕起寔素以冲澹自處不奔競於名宦太宗甚嘉重之淳化二年召入為翰林學士終以遲鈍不敏於用俄罷職充集賢殿脩撰知均州就遷給事中工部侍郎徙金州召還充史館脩撰又出知滁州就加禮部大中祥符二年卒丕純厚畏慎似不能言者歷典州郡雖不優於吏事能以清介自持時稱其長者云

師頏字齊遠大名内黄人父均後唐長興二年進士終永興節度判官因家關右頏少篤學與兄頌齊名建隆二年舉進士竇儀典貢舉擢之上第釋褐耀州

軍事推官以疾解久不赴調開寶中復為解州推官太平興國初召還遷大理寺丞陝西河北轉運判官就改著作佐郎秩滿遷監察御史通判永興軍府坐秦王廷美假公帑緡錢左授乾州團練副使尋復舊官六年改殿中侍御史通判邠州徙知簡州轉起居舍人以公累去官復為殿中侍御史知資眉二州頏所至以簡靜為治蜀人便之代還遷侍御史知安州賜緡錢二十萬移朗州超拜工部郎中命知陜州賜金紫時西鄙用兵餽道所出軍士多亡命嘯聚山林為盜頏嚴其巡捕盜越他境改刑部郎中未幾召還

真宗以其舊人素負才望而久次于外累召對詢其文章頏謙遜自晦上益嘉之翌日命以本官知制誥兼史館脩撰咸平二年與温仲舒張詠同知貢舉明年召入翰林為學士五年復與陳恕同典貢部又知審官院通進銀臺封駁司俄卒年六十七詔遣官護葬給其子仲回秘書丞奉終喪頏曠達夷雅搢紳多慕其操尚有集十卷子三人仲回端拱元年進士及第至太常博士仲宰國子博士仲説殿中丞

張茂直字林宗兖州瑕丘人父延昇以經術教授鄉里茂直方弱冠慕容彥超據州城驅之守陴及周師

破敵擁城守者列坐將斬之有卒揮刃謂茂直曰汝髮甚鬒惜為頸血所污可先斷之茂直許焉刃未及髮會得釋後勵志於學開寶中州將器其為人首薦之且給錢五萬以助其裝二年登進士第解褐海州推官進司農寺丞通判泰州為轉運使韋務昇誣奏徙監梓州富國監代還自陳得雪復通判靜安軍軍不領縣城闉之外即深州之下博茂直奏割下博隷焉進秩著作佐郎扈蒙薦其才改秘書丞會福州民訟田命茂直按之將行留不遣參知政事李至稱其端實命入監王元傑府記室參軍王好學多為詩什遇

茂直甚厚雖受時果之賜亦分餉馬王嘗遣使徵詩茂直援筆而就甚稱賞之端拱元年召對賜金紫數日改度支員外郎三遷本曹郎中真宗居藩時茂直與朱昂並在諸王府每預宴集屢因酬唱識其名即位選用舊臣得茂直及昂與梁周翰師頏輩相繼知制誥茂直既入西閣會元僖生旦遣持禮幣爲賜復至舊府時人榮之茂直淳至寡言晚年多疾才思梗澀不稱職改秘書少監出知潁州咸平四年卒年七十五子成列端拱二年進士及第成務比部員外郎

宋史二百九十六 四百一十八个

宋史列傳卷第五十五 四

區仁刊 鄭正寫

梁顥字太素鄆州須城人曾祖涓成武主簿祖惟忠以明經歷佐使府至天平軍節度判官父文度早世顥養於叔父王禹偁始與鄉貢顥依以爲學嘗以疑義質于禹偁禹偁拒之不答顥發憤讀書不期月復有所質禹偁大加器賞初舉進士不中第留闕下獻疏曰臣歷觀史籍唐氏之御天下也列聖間出人文闡燿尚且渴於共治旁求多彥設科之選逾四十等當時秉筆之士彬彬翔集表著所以左右前後有忠有良導化原樹治本者享三百年得人之由也五代不競茲制日淪國家興儒追風三代方今科名之設俊造畢臻秉筆者如林趨選者如雲貢於諸侯考於春官陛下躬臨慎擇必盡至公柰何所取不出於詩賦策論簡於心者擾而陟之咈於心者推而黜之寧無濫陟枉黜之失耶其間闒茸妄進濫廁科場者間亦有之若曰陛下嘉惠孤寒沉滯之士罔計賢否悉拔而登之一視同仁臣竊謂此非確論蓋聖人在上則內君子而外小人若薰蕕同器甚非所以正人倫厚風俗也況丘園之下豈無宏才茂德之士陛下誠能設科以擢異等之士俾陳古今之治亂君臣之得失生民之休戚賢愚之用舍庶幾有益於治不特詩賦論策之小技以應有司之求而已疏上不報雍熙

宋史二百九十六 字四百令八个

宋史列傳卷第五十五 五

鄭正寫

二年復舉進士廷試方禹中獻賦太宗召升殿詢其門第賜甲科解褐大名府觀察推官四年與梁湛並召爲右拾遺直史館賜緋判鼓司登聞院顥在大名佐趙昌言昌言入掌樞密會翟馬周事顥坐貶虢州司戶參軍起知魚臺縣就加大理評事召還遷殿中丞頃之復直史館歷開封府推官三司關西道判官轉太常博士丁內艱起令赴職改右司諫真宗初詔群臣言事顥時使陝西途中作聽政箴以獻還爲度支判官咸平元年與楊礪李若拙朱台符同知貢舉時詔錢若水重脩太祖實錄表顥參其事又同修起

居注庵蹕大名詔訪群臣邊事顥上䟽曰臣聞自古
用兵之道在乎明賞罰而已然而賞不可以獨任罰
不可以少失故兵法曰罰之不行譬如驕子之不可
用又曰善為將者威振敵國令行三軍盡忠益時者
雖讎必賞犯法敗事者雖親必罰故孫武斬隊長而
兵皆整穰苴斬監軍而敵遂退以此言之兵法不可
不正也昨者命將出師乘秋備塞而傅潛奉明詔握重
兵逗撓無謀守陴翫寇老精兵於不用以至蕃馬南
牧邊塵晝驚河朔之民流移失所魏博以北蹂踐一
空遂至殘妖未殄鑾輅親征此所謂以賊遺君父者

也乃或赦而不問則何以謝橫死之民或黜而不戮
則何以懲用兵之畧以軍法論之固合斬潛以徇軍
中降詔以示天下如此則協前古之典章戒後來之
將帥然后擇邊臣之可用者就委用之臣嘗讀漢史
李廣之為兵行師也無部伍行陣就善水草人人自
便不擊刀斗以自衛遠於斥候未嘗遇害而廣終為
名將士卒樂用又唐高祖之備北邊也選勁兵為游
騎不齎軍糧隨逐水草遇敵則殺當時以為得策頗
於邊將中不以名位高卑但擇其武勇謀畧素為衆
所推服者取十人馬人付騎士五十器甲完備輕齎

糧糗逐水草以為利往復扞禦不令入郡邑不許聚
處遇有寇兵隨時掩捕仍令烽候相望交相救應緣
邊州郡守城兵師即堅壁以待之遇游騎近城掩殺
邊寇内量出兵甲援救如此則乘城者不至閉壘門
免坐觀於勝負捍邊者不苟依郡郭可行備於寇攘
雖匪良籌且殊膠柱時論頗稱之三年與李宗諤趙
安仁並命知制誥賜金紫是年冬王均平命為峽路
安撫使歸掌三班韓國華判大理以斷刑失中乃選
顥以代之四年張齊賢復關右安撫以顥為之副顥
有吏才每進對詞辯明敏真宗嘉賞之九群臣上封

者悉付顥洎薛映詳閱可否冬以河北饑盜命與映
分為東西路巡撿使還拜右諫議大夫充戶部使會罷
三部使以顥為翰林學士同知審官院三班景德元
年權知開封顥美風姿強力少疾閨門雍睦與人交
久而無改士大夫多之六月暴病卒年九十二上甚
軫惻賜賻加等所著文集十五卷子固述適適相仁
宗別有傳

固字仲堅幼有志節嘗著漢春秋顥器賞之初以顥
遺蔭賜進士出身服闋詣登聞院讓前命願赴鄉舉
許之大中祥符元年舉服勤詞學科擢甲第鮮褐將

作監丞同判袞州就遷著作佐郎歸朝改著作郎直
史館賜緋歷户部判官判户部勾院為人氣調俊爽
善與人交踈財慷慨尚氣義明於吏道馬元方領三
司臨事麤率因摭其曠闕之狀屢請對條奏嘗詔鞫
獄時稱平審天禧大禮成奏頌甚工無幾卒年三十
三有集十卷
楊徽之字仲猷建州浦城人祖郜仕閩為義軍校家
世尚武父澄獨折節為儒終浦城令徽之幼刻苦為
學邑人江文蔚善賦江為能詩徽之與之遊從遂與
齊名嘗肄業於潯陽廬山時李氏據有江表乃潛服
至汴洛以文投竇儀王朴深賞遇之周顯德中舉進
士劉温叟知貢部中甲科同時登第者十六人世宗
命覆試惟徽之與李覃何曮趙鄰幾中選解褐校書
郎集賢校理宰相范質深器重之歷著作佐郎右拾
遺竇儼纂禮樂書徽之預焉乾德初與鄭玘並出為
天興令府帥王彥超素知其名待以賓禮蜀平移峨
眉令時宋白宰玉津多以吟詠酬答復為著作佐郎
知全州就遷左拾遺右補闕太平興國初代還太宗
素聞其詩名因索所著徽之以數百篇奏御且獻詩
為謝其卒章有十年流落今何幸叨遇君王問姓名

語太宗覽之稱賞自是聖製多以別本為賜遷侍御
史權判刑部嘗屬疾遣尚醫診療賜錢三十萬轉庫
部員外郎賜金紫判南曹同知京朝官差遣會詔李
昉等采緝前代文字類為文苑英華以徽之精於風
雅分命編詩為百八十卷歷遷刑兵二部郎中獻雍
熙詞上賡其韻以賜端拱初拜左諫議大夫出知許
州入判史館事加脩撰因次對上言曰自陛下嗣統
鴻圖闡揚文治廢墜脩舉儒學響臻乃至周巖野以
聘隱淪盛科選以來才彥取士之道亦已至矣然擅
文章者多超遷明經業者罕殊用向非振舉曷勸專
勤師法不傳祖述安在且京師四方之會太學首善
之地今五經博士並闕其員非所以崇教化奬人材
繇內及外之道也伏望濬發明詔博求通經之士簡
之朝著拔自草萊增置員數分教胄子隨其所業授
以本官廩稍且優旌別斯在淹貫之士既蒙厚賞則
天下善類知所勸矣無使唐漢專稱得人太宗嘉納
之顧謂宰相曰徽之儒雅操履無玷置於館閣宜矣
未幾改判集賢院嘗詔預觀燈乾元樓上嘉其精力
不衰時劉昌言拔自下位不踰時參掌機務懼無以
厭人望嘗求自安之計董儼為右計使欲傾昌言代

之嘗謂徽之曰上遇張洎錢若水甚厚旦夕將大用有直史館錢熙者與昌言厚善詣徽之徽之語次及之熙遽以告昌言昌言以告洎洎方固寵謂徽之遣熙構飛語中傷己遂白上上怒召昌言質其語出徽之爲山南東道行軍司馬熙落職通判朗州徽之未行改鎮安軍行軍司馬眞宗尹京妙選僚佐驛召爲左諫議大夫與畢士安並充開封府判官召對便殿諭以輔導意東宮建屬以徽之兼左庶子嘗出巡田眞宗作詩言懷因以寄之還給事中即位拜工部侍郎樞密直學士俄兼秘書監咸平初加禮部侍郎二年春以衰疾求解近職改兵部仍兼秘書監入謝命坐勞之曰圖書之府清淨無事俾卿得以養性也是秋特置翰林侍讀學士命與夏侯嶠呂文仲並爲之賜宴秘閣且褒以詩未幾以足疾請告上取名藥以賜郊祀不及扈從錫賚如侍祠之例車駕北巡徽之力疾辭於苑中上顧謂曰卿勉進醫藥比見當不久也及駐蹕大名特降手詔存諭明年春正月車駕還又遣使臨問卒年八十贈兵部尚書賜其家錢五十萬絹五百匹録其外孫宋綬太常寺太祝姪孫偃集並同學究出身徽之純厚清介守規矩尚名教尤疾

非道以干進者嘗言温仲舒寇準用搏擊取貴位使後輩務習趨競禮俗寖薄世謂其知言徽之寡諧於俗唯李昉王祐深所推服與石熙載李穆賈黄中爲文義友自爲郎官御史朝廷即待以舊德善談論多識典故唐室以來士族人物悉能詳記酷好吟詠每對客論詩終日忘倦既没有集二十卷留於家上令夏侯嶠取之以進徽之無子後徽之妻王卒及葬復以縉帛賜其家

澈字晏如徽之宗人也世家建陽父思進晋天福中北渡海因家於青州之北海累佐使幕澈幼聰警七歲讀春秋左氏傳即曉大義周宰相李穀召令默誦一無遺誤穀甚異之年十六思進爲鎮趙從事會昭慶令缺使府命澈假其任時河決鄰郡府督役甚急澈部徒數千徑大澤中多蘆葦令采刈爲筏順流而下既至執事者訝以後期俄而葦筏繼至駭而問之澈以狀對乃更嗟賞建隆初舉進士時竇儀典貢部謂澈文詞敏速可當書檄之任調補河内主簿再遷青州司户參軍知州張全操多不法澈鞫獄平允無所阿畏太祖知其名召試禁中改著作佐郎出知渠州江南平改通判虔州令就大將曹彬分兵以行既

入境僞帥郭再興擁兵自固徽單騎直趍其壘諭以朝廷威信再興即奉符以代徽悉料城中軍士之勇壯者凡五百人爲一綱部送京師土豪黎羅二姓聚衆依山謀亂徽率兵平之擒二豪械送闕下遷右贊善大夫知淄州事親以孝聞求便侍養徙同判青州三遷祠部員外郎復知淄州又知舒州累轉祠部郎中咸平初遴選王府僚佐以徽爲雍王府記室參軍賜金紫加度支郎中景德初車駕幸澶淵王爲東京留守徽遷兵部郎中充留守判官軍巡囚逸王驚而感疾及薨又得閨門殘忍之狀坐輔導不善免官未

幾起爲祠部郎中卒年七十四子戀淳化進士職方員外郎

呂文仲字子臧歙州新安人父裕僞唐歙州録事參軍文仲在江左擧進士調補臨川尉再遷大理評事掌宗室書奏入朝授太常寺太祝稍遷少府監丞預脩太平御覽廣記文苑英華改著作佐郎太平興國中上每御便殿觀古碑刻輒召文仲與舒雅杜鎬吴淑讀之嘗令文仲讀文選繼又令讀江海賦皆有賜賚以本官充翰林侍讀寓直御書院與侍書王著更宿時書學葛湍亦直禁中太宗暇日每從容問文仲以書史著以筆法湍以字學雍熈初文仲遷著作佐郎副王著使高麗復命改左正言巡撫福建未幾賜金紫加左諫議大夫淳化中與陳堯叟並爲關西巡撫使時内品方保吉專幹權酤威制郡縣民疲吏擾變易舊法訟其掊克者甚衆文仲等具奏其實太宗怒甚亟召保吉將劾之反爲保吉所訟下御史驗問文仲所坐皆細事而素巽懦且耻與保吉辯對因自誣伏遂罷職既而太宗知其由復令直秘閣踰月再爲侍讀一日召於崇政殿讀上草書經史故實數十軸詔模刻于石遷起居舍人兵部員外郎同判吏部

銓知銀臺通進封駁司審官院咸平三年拜工部郎中充翰林侍讀學士受詔集太宗歌詩爲三十卷詔書加奬又知審刑院六年授御史中丞景德中鞫曹州奸民趙諫獄諫多與士大夫交遊内出姓名七十餘人令悉窮治文仲請對言逮捕者衆或在外郡若悉索之慮動人聽上曰卿執憲當嫉惡如讎豈公行黨庇邪文仲頓首曰中司之職非徒繩糾愆違亦當顧國家大體今繼七十人悉得奸狀以陛下之慈仁必不盡戮不過廢棄而已但籍其名更察其爲人置於冗散或擧選對敭之日擯斥之未爲晚也上從其

言三年遷工部侍郎復爲翰林侍讀學士文仲久居禁近頗周密兢慎一日早朝暴得風疾請告踰百日詔續其奉明年改刑部侍郎充集賢院學士未幾卒録其子永爲奉禮郎文仲富詞學器韻淹雅其使高麗也善於應對清淨無所求遠俗悅之後有使高麗者必詢其出處然性頗齷齪不爲時論所許有集十卷

王著字知微文仲同時人自言唐相石泉公方慶之後世家京兆渭南祖賁廣明中從僖宗入蜀遂爲成都人賓仕王建爲雅州刺史父景環萬州別駕著僞

蜀明經及第歷平泉百丈永康主簿蜀平赴闕授隆平主簿凡十一年不代著善攻書筆迹甚媚頗有家法太宗以字書訛舛欲令學士刪定少通習者太平興國三年轉運使侯陟以著名聞改衛寺丞史館祗候委以詳定篇韻六年召見賜緋加著作佐郎翰林侍書與侍讀更直于御書院太宗聽政之暇嘗以觀書及筆法爲意諸家字體洞臻精妙嘗令中使王仁睿持御札示著著曰未盡善也太宗臨學益勤又以示著著答如前仁睿詰其故著曰帝王始攻書或驟稱善則不復留心矣久之復以示著著曰功已至矣

非臣所能及其後真宗嘗對宰相語其事且嘉著之善於規益於侍書待詔中亦無其比雍熙二年遷左拾遺使高麗端拱初加殿中侍御史二年與文仲同賜金紫明年卒特加賵賜録其子嗣復爲奉禮郎

呂祐之字元吉濟州鉅野人父文贊本州録事參軍祐之太平興國初舉進士解褐大理評事通判洋州改右贊善大夫出爲泰寧軍節度判官移天雄軍召拜殿中侍御史決獄西蜀還知貝州換右補闕直史館同判吏部南曹遷起居舍人端拱中副呂端使高麗假內庫錢五十萬以辦裝還遇風濤舟欲覆祐之

悉取所得貨沉之即止復獻海外覃皇澤詩十九首太宗嘉之仍蠲其所貸淳化初判户部勾院會分僃三館職以祐之與趙昂安德裕並直昭文館俄以本官知制誥賜金紫同知貢舉有東野日宣者祐之以妻族嘗薦舉之坐鞫獄陳州不實貶官祐之亦降授殿中丞再直史館未幾復知制誥太宗嘗閱班簿擇近臣舉官覩祐之姓名宰相因言其前坐舉無狀上曰此正可令贖過矣即取祐之爲至道初拜右諫議大夫賜金紫知審官院出知襄州徙壽州真宗即位轉給事中復知襄州移昇州歲餘又典襄陽歸掌吏部選

事知通進銀臺司與呂文仲並拜工部侍郎翰林侍讀學士自置侍讀侍講甚艱其選至是裁七人祐之第其名氏刻石于秘閣祐之純謹長者不喜趨競所至無顯譽備顧問不能有所啓發會文仲以疾罷近職祐之亦出為集賢院學士仍並遷刑部侍郎景德四年卒年六十一有集三十卷

潘慎脩字成德泉州莆田縣人父承祐仕閩後歸江南仕李景至刑部尚書致仕慎脩少以父任為秘書省正字累遷至水部郎中兼起居舍人開寶末王師征江南李煜遣隨其弟從鎰入貢買宴錢求緩兵留

館懷信驛旦夕捷書至邸吏督從鎰入賀慎脩以為國且亡當待罪何賀也自是每群臣稱賀從鎰即奉表請罪太祖嘉其得禮遣中使慰諭供帳牢餼悉加優給煜歸朝以慎脩為太子右贊善大夫煜表求慎脩掌記室許之煜卒改太常博士歷膳部倉部考功三員外通判壽州知開封縣又知湖梓二州淳化中秘書監李至薦之命以本官知直秘閣慎脩善弈棊太宗屢召對弈因作棊說以獻大抵謂棊之道在乎恬默而取舍為急仁則能全義則能守禮則能變智則能兼信則能克君子知斯五者庶幾可以言棊矣因舉十要以明其義太宗覽而稱善俄與直昭文館韓援使淮南巡撫累遷倉部考功二部郎中咸平中又副邢昺為兩浙巡撫使俄同脩起居注景德初上言衰老求外任真宗以儒雅宜留秘府止聽解記注之職數月擢為右諫議大夫翰林侍讀學士從幸澶州遘寒疾詔令肩輿先歸明年正月卒年六十九賻錢二十萬絹一百匹慎脩疾雖亟精爽不亂託陳彭年草遺奏不為諸子干澤但以主恩未報為恨上憫之錄其子汝士為大理評事汝礪為奉禮郎令有司給舟載其柩歸洪州慎脩風度醞藉博涉文史多讀

道書善清談先是江南舊臣多言李煜闇懦事多過實真宗一日以問慎脩對曰煜或懦理若此何以享國十餘年他日對宰相語及之且言慎脩溫雅不忘本得臣子之操深嘉獎之當時士大夫與之遊者咸推其素尚然頗恃前輩待後進倨慢人以此少之有集五卷汝士至工部員外郎直集賢院

杜鎬字文周常州無錫人父昌業南唐虞部員外郎鎬幼好學博貫經史兄為法官嘗有子毀父畫像為旁親所訟疑其法不能決鎬曰僧道毀天尊佛像可比也兄甚奇之舉明經解褐集賢校理入直澄心堂

江南平授千乘縣主簿太宗即位江左舊儒多薦其能改國子監丞崇文院檢討會將祀南郊彗星見宰相趙普召鎬問之鎬曰當祭而日食猶廢況譴見如此乎普言于上即罷其禮翌日遷著作佐郎改太子左贊善大夫賜緋魚歷殿中丞國子博士加秘閣校理太宗觀書秘閣詢鎬經義進對稱旨即日改虞部員外郎加賜金帛又問西漢賜與悉用黃金而近代為難得之貨何也鎬曰當是時佛事未興故金價甚賤又嘗召問天寶梨園事數奏詳悉毋遷駕部員外郎判太常禮院與朱昂劉承珪編次館閣書籍虞部

郎中事畢賜金紫改直秘閣會修太祖實錄命鎬檢討故事以備訪問景德初置龍圖閣待制因以命鎬鎬加都官郎中從幸澶淵遇懿德皇后忌日疑軍中鼓吹之禮時鎬先還備儀仗命馳騎問之鎬以武王載木主伐紂前歌後舞為對頃修冊府元龜改司封郎中四年拜右諫議大夫龍圖閣直學士賜襲衣金帶班在樞密直學士下時特置此職儒者榮之大中祥符中同詳定東封儀注遷給事中三年又置本閣學士遷鎬工部侍郎充其職上日賜宴秘閣上作詩賜之進秩禮部侍郎六年冬卒年七十六錄其子

遲為大理寺丞及三孫官鎬博聞強記凡所檢閱必戒書吏云某事某書在某卷幾行覆之一無差誤每得異書多召問之鎬必手疏本末以聞顧遇甚厚士大夫有所著撰多訪以古事雖晚輩卑品請益應答無倦年踰五十猶日治經史數十卷或寓直館中四鼓則起誦春秋所居僻陋僅庇風雨處之二十載不遷徙燕居暇日多挈醪饌以待賓友性和易清素有懿行士類推重之

查道字湛然歙州休寧人祖文徽仕南唐至工部尚書父元方亦仕李煜為建州觀察判官王師平金陵

盧絳據歙州遣使傳檄至郡元方斬其使及絳擒太祖聞元方所為優獎之拜殿中侍御史知泉州卒道幼沉嶷不群罕言笑喜親筆硯文徽特愛之未冠以詞業稱侍母渡江奉養以孝聞母嘗病思鱖羹方冬苦寒市之不獲道泣禱于河鑿冰取之得鱖尺許以饋又刲臂血寫佛經母疾尋愈後數年母卒絕意名宦遊五臺將落髮為僧一夕震雷破柱道坐其下了無怖色寺僧異之咸勸以仕端拱初舉進士高第解褐館陶尉曹彬鎮徐州辟為從事深被禮遇改興元觀察推官寇準薦其才授著作佐郎淳化中蜀寇叛

命道通判遂州，召對，出御書歷俾録其課，給以實奉。至道二年，有使兩川者，得道公正清絜之狀以聞，優詔嘉獎，遷祕書丞，俄徙知果州。時寇黨尚有伏巖谷依險爲栅者，其酋何彥忠集其徒二百餘，止西充之大木槽，彀弓露刃，詔書招諭之，未下，咸請發兵殄之。道曰：「彼愚人也，以懼罪，欲延命須臾爾，其黨豈無詿誤邪？」遂微服單馬，數僕不持尺刃，間關林壑百里許，直趨賊所。初悉驚畏，持滿外嚮，道神色自若，踞胡床而坐，諭以詔意。或識之，曰：「郡守也，嘗聞其仁，是寧害我者？」即相率投兵羅拜，號呼請罪，悉給券歸農。加賜

袍笏，驛奏璽書褒諭。咸平四年代歸，賜緋魚。上言曰：「朝廷命轉運使副，不惟審度金穀，蓋以察廉郡縣，庶臻治平，以召和氣。今觀所至，或匪盡公，蓋無懲勸之科，致有因循之弊。望自今每使回日，先令具任内曾薦舉才識者若干，奏糾貪猥者若干，朝廷議其否臧，以爲賞罰。」從之。俄出知寧州。會舉賢良方正之士，李宗諤以道名聞，策入第四等，拜左正言、直史館。未幾，出爲西京轉運副使。六年，始令三司使分部置副，召入，拜工部員外郎、充度支副使，賜金紫。道儒雅迂緩，治劇非所長，卞袞爲鹽鐵副使，與道同候對，將升殿，

遽出奏牘請道同署，及上詢問事本，道素未省視，不能對，遂以本官罷，出知襄州，卒不能自辯，亦無愠色。大中祥符元年，歸直史館，遷刑部員外郎，預脩冊府元龜。三年，進秩兵部，爲龍圖閣待制，與張知白、孫奭、王曙並命，加刑部郎中，判吏部選事，糾察在京刑獄，奉使契丹，以久次進右司郎中。真宗退朝之暇，召馮元講易，便坐，惟道與李虛己、李行簡預焉。天禧元年，以耳瞶艱於對問，表求外任，得知虢州，將行，上御龍圖閣飲餞之。秋，蝗災民歉，道不俟報，出官廩米賑之，又設粥糜以救饑者，給州麥四千斛爲種於民，民

賴以濟，所全活萬餘人。二年五月，卒。訃聞，真宗軫惜之，詔其子奉禮郎循之乘傳往治喪事，遷大理評事，賦禄終制。道性淳厚，有犯不較，所至務寬恕，胥吏有過，未嘗笞罰，民訟逋負者，或出己錢償之，以是頗不治。嘗出按部，路側有佳棗，從者摘以獻，道即計直掛錢於樹而去。兒時嘗戲畫地爲大第，曰：「此當分贍孤遺。」及居京師，家甚貧，多聚親族之惸獨者，禄賜所得，散施隨盡，不以屑意。與人交，情分切至，廢棄孤露者待之愈厚，多所周給。初赴舉，貧不能上，親族裒錢三萬遺之。道出滑臺，過父友呂翁家，翁喪，貧無以葬，

其母兄將鬻女以襄事道傾橐中錢與之且爲其女擇壻別加資遣又故人卒貧甚質女婢於人道爲贖之嫁士族搢紳服其履行好學嗜弈棊深信内典平居多茹蔬或止一食默坐終日服玩極於卑儉嘗夢神人謂曰汝位至正郎壽五十七而享年六十四論者以爲積善所延也有集二十卷從兄陶

陶字大均初事李煜以明法登科補常州錄事參軍歸朝詔大理評事試律學除本寺丞遷大理正歷侍御史權判大理寺賜緋斷官仲禹錫訟陶用法非當陶抗辯得雪遷工部郎中俄知台州累遷兵部咸平

五年朱博爲大理議趙文海罪不當宰相請以陶代真宗曰聞陶亦深文當加戒勖即遷祕書少監判寺事時楊億知審刑陶屢攻其失又命代之賜金紫陶持法深刻用刑多失中前後坐罰金百餘斤皆以失入無誤出者景德三年卒年七十子拱之淳化三年進士後爲都官郎中慶之太子中舍

論曰典誥命者以詞章典雅爲先侍講讀者以道德洽聞爲貴自昔皆難其人至宋尤重其選太宗崇尚儒術聽政之暇以觀書爲樂置翰林侍讀學士以備顧問真宗克紹先志兼置侍講學士且因内閣以設職名俾鴻碩之士更直迭宿相與從容講論以丕之清介頑之和豫顥之明敏茂直之淳厚俾領詞職固無忝矣若文仲之器韻淹雅愼脩之醞籍該貫杜鎬之博聞強識查道之純孝篤義置諸左右啓沃尤多豈直講論文義而已哉若祐之不喜趨競徽之深疾幸進風采凝峻又其卓然者也徽之嘗謂温仲舒寇準以搏擊取貴位使後輩務習趨競禮俗寖薄君子以爲名言云

列傳卷第五十五

列傳卷第五十六　宋史二百九十七

開府儀同三司上柱國錄軍國重事前中書右丞相監修國史領經筵事都總裁脫脫等奉勅修

孔道輔 子宗翰　鞠詠　劉隨

曹修古　郭勸　段少連

孔道輔字原魯初名延魯孔子四十五代孫也父勗進士及第爲太平州推官以殿中丞通判廣州會真宗東封躬謁孔子祠帝問宰相孔氏今孰爲名者或言勗有治行即召對以爲太常博士知曲阜縣初勗在廣州以清潔聞及被召蕃酋爭持寶貨以獻皆慰遣之後爲御史臺推直官累遷秘書監分司南京管句祖廟以尚書工部侍郎致仕後道輔卒年八十九道輔幼端重舉進士第爲寧州軍事推官數與州將爭事有蛇出天慶觀真武殿中一郡以爲神州將帥官屬往奠拜之欲上其事道輔徑前以笏擊蛇碎其首觀者初驚後莫不歎服遷大理寺丞知仙源縣主孔子祠事孔氏故多放縱者道輔一繩以法上言廟制庳陋請加脩崇詔可再遷太常博士章獻太后臨朝召爲左正言受命日論奏樞密使曹利用尚御藥羅崇勲竊弄威柄宜早斥去以清朝廷立對移刻太后可其言乃退未幾爲直史館判三司理欠憑由司奉使契丹道除右司諫龍圖閣待制契丹宴使者優人以文宣王爲戲道輔艴然徑出契丹使主客者邀道輔還坐且令謝之道輔正色曰中國與北朝通好以禮文相接今俳優之徒慢侮先聖而不之禁北朝之過也道輔何謝契丹君臣默然又酌大卮謂曰方天寒飲此可以致和氣道輔曰不和固無害既還言者以爲生事且開爭端仁宗問其故對曰契丹比爲黑水所破勢甚蹙平時漢使至契丹輒爲所侮若不較恐益慢中國帝然之歷判吏部流内銓糾察在京刑獄坐糾事不當出知鄆州徙青州還判流内銓遷尚書兵部員外郎復出知徐許二州徙應天府明道二年召爲右諫議大夫權御史中丞會郭皇后廢道輔率諫官孫祖德范仲淹宋郊劉渙御史蔣堂郭勸楊偕馬絳段少連十人詣垂拱殿伏奏皇后天下之母不當輕議廢願賜對盡所言帝使内侍諭道輔等至中書令宰相呂夷簡以皇后當廢狀告之道輔語夷簡曰大臣之於帝后猶子事父母也父母不和可以諫止柰何順父出母乎夷簡曰廢后有漢唐故事道輔復曰人臣當道君以堯舜豈得引漢唐失德爲

法邪異簡不荅即奏言伏閤請對非太平美事於是
出道輔知泰州明日晨入至待漏聞有詔亟馳出城
頃之徙徐州又徙兖州進龍圖閣直學士遷給事中
在兖三年復入爲御史中丞道輔性鯁挺特達遇事
彈劾無所避出入風采肅然及再執憲權貴益忌之
初道輔與其父里中儷郭贄舊宅居之有言於帝者
曰道輔家近太廟出入傳呼非所以尊神明即詔道
輔他徙集賢校理張宗古上言漢內史府在太廟堧
垣中國朝以來廟垣下皆有官私第舍謂不須避帝
出宗古通判萊州道輔歎曰憸人之言入矣會受詔

鞫馮士元獄事連參知政事程琳宰相張士遜素惡
琳而疾道輔不附已將逐之察帝有不悅琳意即謂
道輔上顧程公厚今爲小人所誣見上爲辨之道輔
入對言琳罪薄不足深治帝果怒以道輔朋黨大臣
出知鄆州已而道輔知爲士遜所賣頗憤惋時大寒
上道行至韋城發病卒天下莫不以直道許之皇祐
三年王素因對語及道輔仁宗思其忠特贈尚書工
部侍郎子宗翰
宗翰字周翰登進士第知仙源縣而爲治有條理遇
族人有恩不以私故骫法王珪司馬光皆上章論薦

由通判陵州爲夔峽轉運判官提點京東刑獄知虔
州城濱章貢兩江歲爲水齧宗翰伐石爲址冶鐵錮
之由是屹然詔書襃美歷陝楊洪兖州皆以治聞哲
宗初立求言吏民上書以千數詔司馬光采閱其可
用者十五人獨稱獎其二乃宗翰與王鞏也元祐初
召爲司農少卿遷鴻臚卿言孔子之後自漢以來有
襃成奉聖宗聖之號皆賜實封或縑帛以奉先祀至
于國朝益加崇禮真宗東封臨幸賜子孫世襲公爵
然兼領他官不在故郡於名爲不正請自今襲封之
人使終身在鄉里詔改衍聖公爲奉聖公不領他職

給廟學田萬畝賜國子監書立學官以誨其子弟進
刑部侍郎屬疾求去以寶文閣待制知徐州未拜而
卒
鞫詠字詠之開封人父勵尚書膳部員外郎廣南轉
運使詠十歲而孤好學自立舉進士試秘書省校書
郎知錢塘縣改著作郎知山陰縣仁宗即位以太常
博士召爲監察御史錢惟演自亳州來朝圖入相詠
言惟演憸險嘗與丁謂爲婚姻緣此大用後揣知謂
奸狀已萌懼牽連得禍因此力攻謂今若遂以爲相
必大失天下望太后遣內侍持奏示之惟演猶顧望

不行詠語諫官劉隨曰若相惟演當取白麻廷毀之惟演聞乃亟去大安殿柱生芝草召群臣就觀詠言陛下新即位河決未塞霖雨害稼宜思所以應災變臣願陛下以援進忠良退斥邪佞爲國寶以訓勸兵農豐積倉廩爲天瑞草木之怪何足尚哉時王欽若復相詠嫉欽若阿倚數睥睨其短欽若心忌之會詠兼左巡使率府率崇俊入朝失儀詠言崇俊以在邊令老矣此不足罪欽若奏詠廢朝廷儀出通判信州又坐鞫陳絳獄失實徙鄧州欽若卒御史中丞王臻奏還詠殿中侍御史爲三司鹽鐵判官曹利用貶死

利用嘗所薦擢者多領兵守邊朝廷欲罷去之詠請一切毋治天聖六年夏大星晝隕有聲如雷詠條五事上之因言太子少保致仕晁迥雖老而有器識宜蒙訪對其必有補又言三司使胡則丁謂黨也性貪巧不可任利權河北京師旱饑奏請出太倉米十萬石振饑民江淮制置使鍾離瑾因奏計多致東南物以賂權貴詠請御史臺劾狀帝面諭瑾亟還所部以尚書禮部員外郎兼侍御史知雜事權同判吏部流內銓爲三司鹽鐵副使八年特置天章閣待制以詠及范諷爲之判登聞檢院定國軍節度使張士遜入覲冀得再用詠奏曰曹利用擅威福士遜與之共事相親厚援薦以至相位陛下以東宮僚屬用之臣願割舊恩伸公義趣使之藩士遜乃赴鎮明年詠卒嘗著道釋雜言數十篇別搆淨室以居自號深寧子

劉隨字仲豫開封考城人以進士及第爲永康軍判官軍無城堞每伐巨木爲柵壞輒以他木易之頗用民力隨因令環植楊柳數十萬株使相連屬以爲限界民遂得不擾屬縣令受賕鬻獄轉運使李士衡託令於隨隨不從士衡憤怒乃奏隨苛刻不堪從政罷歸不得調初西南夷市馬入官苦吏誅索隨爲繩按之

既罷夷人數百訴於轉運使曰吾父何在事聞乃得調後改大理寺丞爲詳斷官李溥以贓敗事連權貴有司希旨不窮治隨請再劾之卒抵溥罪晁迥薦通判益州呂夷簡安撫川峽又言其材以太常博士改右正言數月坐嘗爲開封府發解逃捕官而不察舉人私以策辭相授降監濟州稅稍徙通判晉州還朝遷右司諫爲三司戶部判官隨在諫職數言事嘗言今之所切在於納諫其餘守常安靖而已又奏頻年水旱咎在執事大臣忿爭不和請察王欽若等所爭爲辨曲直又因星變言國家本支蕃衍而安定王之

外封策未行望擇賢者用唐故事增廣嗣王郡王之
封以慰祖宗意時下詔蜀中選優人補教坊隨以爲
骸工不足辱詔書又劾奏江淮發運使鍾離瑾載奇
花怪石數十艘納禁中及賂權貴累疏論丁謂姦邪
不宜還之內地胡則謂之黨既以罪出陳州不當復
進職王欽若既死詔塑其像茅山列於仙官隨言欽
若贓汙無忌憚考其行豈神仙耶宜察其姦又言李
維以詞臣求換武職非所以勵廉節前後所論甚衆
帝既益習天下事而太后猶未歸政隨請軍國常務
專稟帝旨又諫太后不宜數幸外家太后不悅會隨

請外出知濟州改起居郎久之遷尚書刑部員外郎
入兼侍御史知雜事上言比年庶官僥倖請託或對
見之際濫四析恩或績效甚微衒鬻要賞亦有藩翰
之臣位尊職重表章不遜請求靡厭按察之司燕安
顧望以容奸爲大體以舉職爲近名以巧詐爲賢以
恬退爲拙以至貪殘者瀆于貨財老疾者不知止足
請行申儆之法朝廷爲下詔戒中外未幾權同判吏
部流內銓以長定格從事吏不得爲奸改三司鹽鐵
副使使契丹以病足辭不能拜及還爲有司劾奏
奪一官出知信州徙宜州再遷工部郎中知應天府

召爲戶部副使改天章閣待制不旬日卒隨與孔道輔
曹修古同時爲言事官皆以清直聞隨臨事明銳敢
行在蜀人號爲水晶燈籠初使契丹還會貶而官收
所得馬十五乘既卒帝憐其家貧賜錢六十萬
曹修古字述之建州建安人進士起家累遷秘書丞
同判饒州宋綬薦其材召還以太常博士爲監察御
史上四事曰行法令審故事惜材力辨忠邪辭甚切
至又奏唐貞觀中嘗下詔令致仕官班本品見任上
欲其知恥而勇退也比有年餘八十尚任班行心力
既衰官事何補請下有司敕文武官年及七十上書

自言特與遷官致仕仍從貞觀舊制即宿德勳賢自
如故事因著爲令修古嘗偕三院御史十二人晨朝
將至朝堂黃門二人行馬不避呵者止之反爲所詈
修古奏前史稱御史臺尊則天子尊故事三院同行
與知雜事同今黃門侮慢若此請付所司劾治帝聞
立命笞之晏殊以笏擊人折齒修古奏殊身任輔弼
百僚所法而忿躁亡大臣體古者三公不按吏先朝
陳恕於中書撻人即時罷黜請正典刑以允公議司
天監主簿苗舜臣等嘗言土宿留參太白晝見詔日
官同考定及奏以謂土宿留參順不相犯太白晝見

日未過午舜臣等坐妄言災變被罰修古奏言日官所定希旨悅上未足爲信今罰舜臣等其事甚小然恐人人自此畏避侫媚取容以災爲福天變不告所損至大禁中以翡翠羽爲服玩詔市於南越修古以謂重傷物命且真宗時嘗禁採狨毛故事未遠命罷之時頗崇建塔廟議營金閣費不可勝計修古極陳其不可久之出知歙州徙南劍州復爲開封府判官歷殿中侍御史擢尚書刑部員外郎知雜司事權同判吏部流內銓未踰月會太后兄子劉從德死錄其姻戚至於厮役幾八十人龍圖閣直學士馬季良集賢校理錢暖皆緣遺奏超授官秩修古與楊偕郭勸段少連交章論列太后怒下其章中書大臣請黜修古知衢州餘以次貶太后以爲責輕命皆削一官以修古爲工部員外郎同判杭州未行改知興化軍會赦復官卒修古立朝慷慨有風節當太后臨朝權倖用事人人顧望畏忌而修古遇事輒言無所回撓既沒人多惜之家貧不能歸葬賓佐賻錢五十萬季女泣白其母曰奈何以是累吾先人也卒拒不納太后崩帝思修古忠特贈右諫議大夫賜其家錢二十萬錄其壻劉勳爲試將作監主簿修古無子以兄子覲

爲後覲知封州儂智高亂死之見忠義傳弟修睦性廉介自立與修古同時舉進士有聲鄉里累官尚書都官員外郎知邵武軍御史中丞杜衍薦以爲侍御史歲餘改司封員外郎出知壽州徙泉州坐失舉奪一官罷去後以知吉州不行上書請老不聽分司南京未幾致仕年五十一章得象表其高詔還所奪官覲又能死其官而修睦亦恬於仕進不待老而歸世以是賢之

郭勸字仲褒鄆州須城人舉進士授寧化軍判官累遷太常博士通判容州特遷尚書屯田員外郎梓州路轉運判官以母老固辭復爲博士通判萊州州民霍亮爲仇人誣罪死吏受賕傅致之勸爲辨理得免擢殿中侍御史時宋綬出知應天府杜衍在荆南勸言綬有辭學衍清直不宜處外又言武勝軍節度使錢惟演遷延不赴陳州覬望相位弟惟濟任觀察使定州總管自請就遷留後胡則以罪罷三司使乃遷工部侍郎集賢院學士請趣惟演上道罷惟濟兵權追則除命又論劉從德遺奏恩濫貶太常博士監維州稅改祠部員外郎知萊州月餘復爲侍御史判三

司塩鐵勾院郭皇后廢議選納陳氏勸進諫曰正家以正天下自后妃始郭氏非有大故不當廢陳氏非世閥不可以儷宸極跪入后已廢而陳氏議遂寢遷兵部員外郎兼起居舍人同知諫院馬季良自貶所求致仕朝廷從之勸言致仕所以待賢者豈負罪貶黜之人可得請追還敕誥又言發運使劉承德獻輸扇浴器大率以媚上也請付外毀以戒邪佞趙元昊襲父位以勸爲官告使所遺百萬悉拒不受還兼侍御史知雜事權判流内銓遷工部郎中度支副使拜天章閣待制知延州元昊將山遇率其族來歸且言

元昊將反勸與兵馬鈐轄李渭議自德明納貢四十年有内附者未嘗留乃奏卻之是冬元昊果反遣其使稱偽官來勸視其表函猶稱臣因上奏曰元昊雖僭中國名號然尚稱臣可漸以禮屈之願與大臣熟議遂落職知齊州改淄州數月移磁州元昊益侵邊關陝擾攘言者猶指勸不當絶山遇事又降兵部員外郎丁母憂起復知鳳翔府尋復待制召權户部副使以龍圖閣直學士知滑州再遷兵部郎中徙滄州又徙成德軍盜起甘陵徙鄆州既而知成德軍韓琦言勸所遣將張忠劉遵平賊功皆第一特詔奬諭未

幾召爲翰林侍讀學士復判流内銓改左諫議大夫權御史中丞遷給事中辭不受而請贈其祖萊陽令寧遂以爲尚書祠部員外郎衛士有相惡者陰置刃衣篋中從勾當皇城司楊景宗父禁門既而爲閽者所得景宗輒隱不以聞勸請先治景宗罪章再上不聽又廷爭累日卒貶景宗祀明堂將加恩中外官勸就齋次帥群御史求對不許又極論之是年復爲侍讀學士同知通進銀臺司勸性廉儉居無長物嘗謂諸子曰顔魯公云生得五品服章紱任子爲齋郎足矣及再爲侍讀曰吾起諸生志不過郡守今年七十

列侍從可以歸矣遂用元日拜章三上不得謝賜銀使市田宅後二年卒子源明治平中爲太常博士會御史知雜事呂誨等奏彈中書議追崇濮安懿王典禮非是被黜以源明補監察御史裏行源明乞免除命請追誨等遂聽免後以職方員外郎知單州卒

段少連字希逸開封人其母嘗夢鳳集家庭寤而生少連及長美姿表倜儻有識度舉服勤詞學爲試秘書省校書郎知崇陽縣崇陽劇邑自張詠爲令有治狀其後惟少連能繼其風迹權杭州觀察判官預校道經改秘書省著作佐郎歷知蒙城名山金華三縣

以本省丞爲審刑院詳議官張士遜守江寧辟通判府事還爲御史臺推直官遷太常博士論劉從德遺奏恩濫降祕書丞監漣水軍酒稅復爲博士通判天雄軍太后崩召爲殿中侍御史與孔道輔等伏閤言郭皇后不當廢少連坐贖復上疏曰陛下親政以來進用直臣開闢言路天下無不歡欣一旦以諫官御史伏閤遷行黜責中外皆以爲非陛下意蓋執政大臣假天威以出道輔仲淹而斷來者之說也竊覩戒諭自今有章宜如故事密上毋得群詣殿門請對且伏閤上疏豈非故事今遽絶之則國家復有大事誰

敢旅進而言者昔唐陽城王仲舒伏閤雪陸贄崔元亮叩殿陛理宋申錫前史以爲美事今陛下未忍廢黜皇后而兩府列狀議降爲妃諫官御史安敢緘默陛下深惟道輔等所言爲阿黨孰爲忠亮乎疏入不報又上疏曰高明粹清凝德無累者天之道也氛祲蔽翳晦明偶差乃陰陽之沴爾象天德者君之體也治陰陽者臣之職也陛下秉一德臨萬方有生之類莫不浸涵德澤而氛祲蔽翳偶差晦明以累聖德者由大臣懷祿而不諫小臣畏罪而不言臣獨何人敢負狂瞽竊痛陛下履仁聖之具美乏骨鯁之良輔因

成不忍之忿又稽不遠之復臣是以瀝肝膽披情愫爲陛下廓清氛祲蔽翳之累易曰夫夫婦婦而家道正正家而天下定詩云刑于寡妻以御于家邦若然則君天下修化本者莫不自內而刑外也况聞入道降妃之議出自臣下且后妃有罪黜則告宗廟廢則爲庶人安有不示之於天下不告之於祖宗而陰行臣下之議乎且皇后以小過降爲妃則臣下之婦有小過者亦當降爲妾矣比抗章請對不蒙賜召豈非奸邪之臣離間陛下耶臣等赴中書時執政之臣謂后有妬忌之行始議入道終降爲妃兼云有上封者

慮后不利於聖躬故築高垣置在別館臣等備言中外之議以爲未可顧速降明詔復中宮位號以安民心翌日詔出乃云中宮有過掖庭具知特示涵容未行遽黜置之別館俾自省循供給之間一切如故臣未審黜置別館爲后爲妃詔書不言安所取信况皇后事陛下一紀有餘而輔臣倉卒以降黜之議惑於宸聽搢紳循默無敢爲陛下言者臣所謂氛祲蔽翳以累聖德者蓋臣職有曠爾臣竊恐奸邪之人引漢武幽陳皇后故事以諂惑陛下且漢武驕奢淫縱之主固不足踵其行事而爲人臣者思致君如堯舜豈

致君如漢武哉今皇后置於別館必恐懼脩省陛下仁恕之德施於天下而獨不加於中宮乎願詔復中宮位號杜絕非間待之如初天地以正陰陽以和人神共懽豈不美哉陛下苟爲邪臣所蔽不加省察臣恐高宗王后之枉必見於他日宮闈不正之亂未測於將來惟聖神慮焉未幾除開封府判官改尚書刑部員外郎直集賢院爲三司度支判官出爲兩浙轉運副使舊使者所至郡縣索簿書不暇殫閱往往委之吏胥吏胥持以爲貨少連命郡縣上簿書悉緘識還事間指取一二自閱擿其非是者按之餘不及閱

者全緘識以還由是吏不能爲奸而州縣簿書莫敢不治矣部吏有過召詰曰闔子所爲若此有之乎有當告我我容汝自新苟以爲無吾不使善人被誣即爲汝辨明矣吏不敢欺皆以實對少連每得其情諄諄戒飭使去後有能自改過者猶保任之秀州獄死無罪人時少連在杭吏畏恐聚謀僞爲死者服罪款未及緘屬少連已挐舟入城訊獄吏具服請罪以爲神明是時鄭向守杭無治才訟者不服往往自州出徑趍少連少連一言處決莫不盡其理徙使淮南兼發運司事加兵部員外郎又徙陝西駙馬都尉柴宗

慶知陝州繼其下撓民少連入境劾奏之入兼侍御史知雜事踰月爲度支三司副使河東地震奉使安撫還擢工部郎中天章閣待制知廣州時元昊反范仲淹薦少連才堪將帥遷龍圖閣直學士知涇州改渭州命未至而卒少連通敏有才遇事無大小決遣如流不爲權勢所屈既卒仁宗歎惜之

論曰古人有言山有猛獸藜藿爲之不採當天聖明道間天子富於春秋母后稱制而內外肅然紀綱具舉朝政亡大闕失奸人不得以自肆者繇言路得人故也是時孔道輔鞠詠劉隨曹修古迭爲諫官御史

郭勸段少連繼之皆侃侃正色遇事輒言雖被斥逐不更其守及帝既親政道輔勸少連復任言責郭后之廢引議慷慨犯人主責大臣其氣益壯遺風餘烈天下至今稱之詩所謂邦之司直其庶幾歟

列傳卷第五十六

列傳卷第五十七　　宋史二百九十八

開府儀同三司上柱國錄軍國重事前中書右丞相兼脩國史領經筵事都總裁脫脫等奉

勑修

彭乘　嵇頴　梅摯　司馬池子旦　從子里

曾孫朴　李及　燕肅子度　孫瑛　蔣堂

劉夔　馬亮　陳希亮

彭乘字利建益州華陽人少以好學稱州里進士及第嘗與同年生登相國寺閣皆瞻顧鄉關有從宦之樂乘獨西望悵然曰親老矣安敢舍晨昏之奉而圖一身之榮乎翌日奏乞侍養居數日授漢陽軍判官

遂得請以歸久之有薦其文行者召試爲館閣校勘固辭還家後復除鳳州團練推官天禧初用寇準薦爲館閣校勘改天平軍節度推官預校正南北史隨書改秘書省著作佐郎還本省丞集賢校理懇求便親得知普州蜀人得守鄉郡自乘始普人鮮知學乘爲興學召其子弟爲生員教育之乘父卒既葬有甘露降于墓栢人以爲孝感服除知荆門軍改太常博士召還同判尚書刑部出知安州徙提點京西刑獄改變州路轉運使會土賊田忠霸誘下溪州蠻將内寇乘適按郡至境大集邊吏勒兵下山以備賊賊遁

去因遣人間之其黨斬忠霸夷其家召脩起居注擢知制誥累遷工部郎中入翰林爲學士領吏部流内銓三班院爲群牧使既病仁宗勑太醫診視賜以禁中珍劑卒賜白金三百兩御史知雜何郯論請贈官不許詔一子給奉終喪初修起居注鈌中書舍人而乘在選中帝指乘曰此老儒也雅有恬退名無以易之及召見諭曰卿先朝舊臣久補外而未嘗自言對曰臣生孤遠自量其分安敢過有所望帝頗嘉之乘質重寡言性純孝不喜事生業聚書萬餘卷皆手自刋校蜀中所傳書多出於乘晚歲歷典贊命而文辭少工云

嵇頴字公實應天宋城人父適嘗爲石首主簿民有父子坐重繫府檄適按之抵其父於法而子獲免父死假人言曰主簿仁人也行且生賢子後必大明年頴生天聖中進士及第授蔡州團練判官王曾知青州徙天雄軍皆辟爲從事後用曾薦遷太子中允爲集賢校理歷開封府推官三司度支判官同修起居注擢知制誥累遷尚書兵部員外郎召入翰林爲學士未及謝卒詔以告敕襲衣金帶鞍勒馬賜其家頴舉進士時王曾張知白相繼爲南京留守見頴謹厚

篤學謂其子弟曰君曹師表也張堯封嘗從顏學所爲文多留顏家其後堯封女入禁中爲修媛甚被寵幸令其弟化基詣顏求編次其父稾爲序以獻之顏不荅亦不以獻

梅摯字公儀成都新繁人進士起家大理評事知藍田上元縣徙知昭州通判蘇州二浙饑官貸種食已而督償頗急摯言借貸本以行惠乃重困民詔緩輸期慶曆中擢殿中侍■御史時數有災異引洪範上變戒曰王省惟歲謂王總羣吏如歲四時有不順則省其職今日食于春地震于夏雨水于秋一歲而變

及三時此天意以陛下省職未至而丁寧戒告也伊洛暴漲漂廬舍海水入台州殺人民浙江潰防黃河溢埽所謂水不潤下陛下宜躬責脩德以回上帝之眷佑陰不勝陽則災異衰止而盛德日起矣徙開封府推官遷判官僧常瑩以簡札達宮人輦官鄭玉醉呼毆徼巡卒皆釋不問摯請悉杖配之改度支判官進侍御史論石元孫不死行陳係縲以還國之辱也不斬無以厲邊臣再奏不報李用和除宣徽使加同中書門下平章事摯言國初杜審瓊亦帝舅也官止大將軍李繼隆累有戰功晚年始拜使相祖宗慎名器如此今不宜亟授無功以戶部員外郎兼侍御史知雜事權判大理寺言權陝西轉運使張堯佐非才繇宮掖以進恐上累聖德及奏減資政殿學士員召待制官同議政復百官轉對帝謂大臣曰梅摯言事有體以爲戶部副使會宴契丹使紫宸殿三司副使當坐殿東廡下同列有謂典宴例坐殿上而大宴當止殿門外爾因不即坐與劉湜陳洎趨出降知海州徙蘇州入爲度支副使初河北歲饑三司益漕江淮米餉河北後江淮饑有司尚責其數摯奏減之擢天章閣待制陝西都轉運使還判吏部流內銓進龍圖

閣學士知滑州州歲備河調丁壯伐灘葦摯以疲民奏用州兵代之河大漲將決夜率官屬督工徒完隄水不爲患詔獎其勞句當三班院同知貢舉請知杭州帝賜詩寵行累遷右諫議大夫徙江寧府又徙河中卒摯性淳靜不爲矯厲之行政迹如其爲人平居未嘗問生業喜爲詩多警句有奏議四十餘篇

司馬池字和中自言晉安平獻王孚後征東大將軍陽棄安邑瀾洄曲後魏析安邑置夏縣遂爲縣人池少喪父家貲數十萬悉推諸父而自力讀書時議者以蒲坂竇津大陽路官運塩回遠聞乃開峪口道自

閭喜逾山而抵垣曲咸以爲便池謂人曰昔人何爲捨迳而就迂殆必有未便者衆不以爲然未幾山水暴至塯車人牛盡沒入河衆乃服舉進士當試殿庭而報母亡亟匿其書池心動夜不能寐曰吾母素多疾家豈無有異乎行至宮城門徘徊不能入因語其友而亟止以母疾告遂號慟而歸後中第授永寧主簿出入乘驢與令相惡池以公事謁令令南向踞坐不起池挽令西向偶坐論事不爲少屈歷建德郫縣尉蜀人妄言戍兵叛蠻將入寇富人爭瘞金銀逃山谷間令閭丘夢松假他事上府主簿稱疾不出池攝縣

事會上元張燈乃縱民遊觀凡三夕民心遂安調鄭州防禦判官知光山縣禁中營造詔諸州調竹木州符期三日畢輸池以土不產大竹轉市蘄黃非三日可致乃更與民自爲期約過不輸者罪之既而輸竹先諸縣盛度薦於朝改秘書省著作佐郎監安豐酒稅徙知小溪縣劉燁知河南府辟知司錄參軍事歲餘通判留守司樞密使曹利用奏爲群牧判官辭不就朝廷固授之利用嘗委括大臣所負進馬價池曰令之不行由上犯之公所負尚多不先輸何以趣他人利用驚曰吏給我已輸矣亟命送官數日而諸負

者皆入利用貶其黨畏罪從而毀短者甚衆池獨颺言于朝稱利用枉朝廷卒不問會詔百官轉對池言唐制門下省詔書之出有不便者得以封還今門下雖有封駁之名而詔書一切自中書以下非所以防過舉也內侍皇甫繼明給事章獻太后閤兼領估馬司自言估馬有羨利乞遷官事下群牧司閱無羨利繼明方用事自制置使以下皆欲附會爲奏池獨不可除開封府推官數至閤門爲繼明黨所沮罷知耀州權利州路轉運使知鳳翔府召知諫院上表懇辭仁宗謂宰相曰人皆嗜進而池獨嗜退亦難能也加直史館復知

鳳翔有疑獄上讞大理輒復下掾屬惶遽引咎池曰長吏者政事所繇非諸君過乃獨承其罪有詔劾岐陽鎮巡檢夜飲富民家所部卒執之俾爲約不敢復督士卒而後釋其縛池捕首惡誅之巡檢亦坐廢累遷尚書兵部員外郎遂兼侍御史知雜事嘗言陝西用兵無宿將劉平好自用而少智謀必誤大事後平果敗更戶部度支鹽鐵副使歲滿中書進名帝曰是固辭諫官者擢天章閣待制知河中府徙同州又徙杭州池性質易不飾廚傳刺刺非所長又不知吳俗以是謗譏聞朝廷轉運使江鈞張從革劾池決事

不當十餘條及稽留德音降知虢州初轉運使既奏池會吏有盜官銀器械州獄自陳為鈞掌私廚出所費過半又越州通判載私物盜稅乃從華之姻遣人私請或謂池可舉劾以報仇池曰吾不為也人稱其長者徙知晉州卒子旦光光自有傳從子里

旦字伯康清直敏强雖小事必審思度不中不釋以父任為秘書省校書郎歷鄭縣主簿鄭有婦蘭訟奪人田者家多金錢市黨賈吏合為奸讞十年不決旦取案一閱情偽立見黜吏十數輩寃者以直又井元慶豪欺鄉里莫敢誰何旦擒致于法時旦年尚少上下易之自是驚服吏捕蝗因緣搔民旦言蝗民之仇宜聽自捕輸之官後著為令丁內外艱服除監饒州永平鑄錢監知祁縣天大旱人乏食群盜剽敚富家巨室至以兵自備旦召富者開以禍福於是爭出粟減直以糶猶不失其贏飢者獲濟盜患亦弭舉監在京百萬倉時祁隸太原以太原留不召通判乾州未行舉監在京雜物庫知宜興縣其民嚚訟旦每獄必窮根株痛繩之校繫縣門民稍以訟自為耻市貫大溪賈鶻所作長橋壞廢歲久旦勸民葺復不勞而成時王安石守常州開運河調夫諸縣旦言役大而亟民有不

勝則其患非徒不可就而已請令諸縣歲遞一役雖緩必成安石不聽秋大霖雨民苦之多自經死役竟罷歷知梁山軍安州旦治郡有大體所施設取於適理便事再監鳳翔太平宮以熙寧八年致仕歷官十七遷至大中大夫元祐二年卒年八十二旦澹薄無欲奉養菂完人不見其貴與弟光尤友愛終始人無間言光居洛旦居夏縣皆有園沼勝槩光歲一往省旦旦亦間至洛視光凡光平時所與論天下事旦有助焉及光被門下侍郎召固辭不拜旦引大義語之曰生平誦堯舜之道思致其君今時可而違非進退之正也光幡然就位方是時天下懼光之終不出及聞此皆欣然稱旦曰長者之言也英宗即位例以親屬入賀得官時旦在梁山諸孫未仕者皆不遣惟遣其從兄子禀旦與人交以信義喜周其急嘗有以罪免官貧不能存者月分俸濟之其人無以報願以女為妾旦驚謝之亟出妻奩中物使嫁之旦生於丙午與文彥博程公珦席汝言為同年會賦詩繪像世以為盛事比唐九老三子良試將作監主簿富承議郎陝州通判宏陳留令宏子朴

里字昭遠進士釋褐授威勝軍判官改大理寺丞龐

籍為鄜延經略使奏通判鄜州州將武人不法里平居與之驩甚臨事正色力爭不少假借性廉靜質直所至有惠政每罷官至京師未嘗有所謁視審官榜必闕人所不取者乃受之而去後知乾州為太常少卿而卒

朴字文季少育于外祖范純仁紹聖黨事起父宏上書論辨得罪純仁責永州疾失明客至必令朴導以見時方七歲進揖應對如成人客皆驚嘆以純仁遺恩為官宏死徙跣負柩還調晉寧軍士曹參軍通判不法轉運使王似諷朴伺其過朴不可曰下吏而陷長官不唯亂常人且不食吾餘矣死不敢奉教似賢而薦之靖康初入為虞部右司員外郎金人次汴郊命朴使之二酋問朴家世具以告喜曰賢者之後也待之加禮乃吐腹心諭以亟求講解朴復命任事者疑不決都城陷欽宗思朴之言以為兵部侍郎二帝將北遷又貽書請存立趙氏金人憚之挾以北去且悉取其孥開封儀曹趙鼎為匿其長子偉於蜀故得免建炎登極赦至燕朴私令齎詣徽宗為人所告金主憐其忠釋之徽宗崩朴與奉使朱弁在燕共議制服弁欲先請朴曰為臣子聞君父喪當致其哀尚何

請設請而不許柰何遂服斬衰朝夕哭金人亦義而不問又遣宋松年間行以金人情實歸報宗因王倫出使持黃金賜朴倫還言金命朴為行臺左丞朴辭而止益重之後卒於真定訃聞詔稱其忠節顯著贈兵部尚書謚曰忠潔

李及字幼幾其先范陽人後徙鄭州父覃左拾遺及舉進士再調昇州觀察推官寇準薦其才擢大理寺丞知興化軍以殿中丞通判曹州州民趙諫者素無賴持郡短長縱為奸利及受命諫在京師乃謁及及不之見慢罵而去投匿名書誣及因以毀朝政會上封者發諫事命轉運使與及察其狀及條上諫前後所為不道詔御史劾得其實斬於都市及由是知名擢知隴州初置提點刑獄內出及與陳綱二人名付中書明日以綱使河北及使陝西特遷一官還判三司磨勘司出知鳳翔府徙延州除三司戶部副使為淮南轉運使累遷太常少卿知秦州議者以及謹厚非守邊才及至秦州州將吏亦頗易之會有禁卒白晝攫婦人金釵於市吏執以來及方坐觀書召之使前略加詰問其人服罪及亟命斬之觀書如故於是將士皆驚服改左司郎中樞密直學士以右諫議大

夫召還句當三班院再遷尚書工部侍郎歷知杭州
鄆州應天河南府召拜御史中丞卒年七十特贈禮
部尚書諡恭惠及資質清介所治簡嚴喜慰薦下吏
而樂道人之善在杭州惡其風俗輕靡不事宴游一
日冒雪出郊衆謂當置酒召客乃獨造林逋清談至暮
而歸居官數年未嘗市吳中物比去唯市白樂天集
在河南杜衍爲提點刑獄間與衍會而具甚踈薄他
日中貴人用事者至亦無加品衍歎其清德娶張氏性
嫉悍及嘗生子鞠之外舍張固請歸保養之乃會親
屬以手擊堂柱碎其首及遂無子以弟之子爲後

燕肅字穆之青州益都人父峻慷慨任俠楊光遠叛
時率其屬迎符彥卿遂家曹州肅少孤貧游學舉進
士補鳳翔府觀察推官寇準知府事薦改秘書省著
作佐郎知臨邛縣縣民嘗告吏追擾肅削木爲牘民
訟有連逮者書其姓名使自召之皆如期至知考城
縣通判河南府召爲監察御史準方知河南奏留之
遷中侍御史提點廣南西路刑獄還侍御史徙廣南
東路還爲丁謂所惡出知越州徙明州俗輕悍喜鬬
肅下令獨罪先毆者於是鬬者爲息直昭文館爲定
王府記室參軍判尚書刑部建言京師大辟一覆奏

而州郡之獄有疑及情可憫者上請多爲法司所駮
乃得不應奏之罪願如京師死許覆奏遂詔疑獄及
情可憫皆上請語在刑法志其後大辟上請者多得
貸議自肅始擢龍圖閣待制權知審刑院知梓州還
同糾察在京刑獄再判刑部累遷左諫議大夫知亳
州徙清州屬歲歉命兼京東安撫使入判太常寺兼
大理寺復知審刑肅言舊太常鐘磬皆設色每三歲
親祠則重飾之歲既久所塗積厚聲益不協乃詔與
李照宋祁同按王朴律即劑滌考擊合以律準試於
後苑聲皆協又詔與章得象馮元詳刻漏進龍圖閣

直學士知潁州徙鄧州官至禮部侍郎致仕卒肅喜
爲詩其多至數千篇性精巧能畫入妙品圖山水罨
布濃淡意象微遠尤善爲古木折竹嘗造指南記里
鼓二車及欹器以獻又上蓮花漏法詔司天臺考於
鐘鼓樓下云不與崇天曆合然肅所至皆刻石以記
其法州郡用之以候昏曉世推其精密在明州爲海
潮圖著海潮論二篇子度孫瑛

度字唐卿登進士第知陳留縣京東蝗年飢盜發度
勸邑豪出粟六萬以濟民又行保伍法以察盜善狀
日聞通判永興軍三司使王堯臣舉爲戶部判官以

伐閩浅始命權發遣遂爲故事出知滑滑與黎陽對
境河埽下臨魏都霖潦暴至薪芻不屬度曰魏實爲
河朔根本不可坐視成敗悉以所儲茭楗禦之埽賴
以不潰徙爲戶部判官歲皇祐甲午益州言歲在甲
午蜀再亂今又值之民爲戚戚乃命度出使備不虞
還奏無足慮權河北轉運副使六塔河決坐貶秩知
蔡州徙福州閩故多盜度請假事權制捕一道遂加
兵馬鈐轄入爲戶部副使以右諫議大夫知潭州卒
年七十度有心計凡六佐大農慶曆中三司請榷河
北鹽度言川峽不榷酒河北不禁鹽此祖宗順民俗

不易之制也榷之非是會張方平亦論之議遂寢
瑛字仁叔以蔭爲瑕丘尉縣人習爲盜瑛榜諭曰今
平民或呼以盜必怒見詞色顧乃舍耕稼本業爲人
所不肯爲者及陷於罪則終身不齒於鄉閭尉不忍
以是待汝盜感悟爲稍弭累遷太府丞開封少尹歷
廣東轉運判官進副使加直秘閣時方尚老氏教瑛
言守臣任滿考課乞以興崇教法拯葺道宮爲善最
從之連進直龍圖閣時瑛在嶺嶠七年括南海犀珠
香藥奉宰相內侍人目之爲香燕遂以徽猷閣待制
提舉醴泉觀拜戶部侍郎徽宗賜書仁人義士之家

以表之蓋取王安石頌其曾大父肅詩語也轉開封
尹賜進士出身兼侍讀直將大用後以御史言瑛不
能撥煩戢奸吏致賊殺不辜罷爲龍圖閣直學士未
數月爲戶部尚書靖康初以龍圖閣學士知河陽金
兵入寇三城當兵衝瑛至未及備而兵騎大集乘銳
攻城瑛不能禦將出奔爲亂兵所害年五十建炎初
賜端明殿學士
蔣堂字希魯常州宜興人擢進士第爲楚州團練推
官滿歲吏部引對真宗覽所試判善之特授大理寺
丞知臨川縣縣富人李甲多爲不法前令莫能制堂

戒諭不悛白州以兵索其家得僭乘輿物置于死歷
通判眉許吉楚州以太常博士知泗州召爲監察御
史禁中火有司請究所起多引宮人屬吏堂言火起
無迹安知非天意也陛下宜脩德應變有司乃欲歸
咎宮人以之屬吏何求不可而遂賜之死是重天譴
也詔原之論奏郭皇后不當廢坐贖再遷侍御史判
三司度支句院出爲江南東路轉運使徙淮南兼江
淮發運事時廢發運使上封者屢以爲非便堂言唐
裴耀卿劉晏第五琦李巽裴休皆嘗爲江淮河南轉
運使不聞別置使名國朝卞袞王嗣宗劉師道亦止

爲轉運兼領發運司事而歲輸京師常足時雖用其
議後卒復在江淮歲薦部吏二百人或謂曰一有謬
舉且得罪何以多爲堂曰十得二三亦足報國坐失
按蘄州王蒙正故入部吏死罪降知越州州之鑑湖
馬臻所爲溉田八千頃食利者萬家前守建言聽民
自占多爲豪右所侵堂奏復之徙蘇州入判刑部從
戶部句院歷戶部度支鹽鐵副使安撫梓夔路擢天
章閣待制江淮制置發運使先是發運使上計造大
舟數十載江湖物入遺京師權貴堂曰吾豈爲此歲
入自可附驛奏也前後五年未嘗一至京師就除河
東路都轉運使未行知洪州改應天府累遷左司郎
中知杭州以樞密直學士知益州慶曆初詔天下建
學漢文翁石室在孔子廟中堂因廣其舍爲學宮選
屬官以教諸生士人翕然稱之楊日嚴在蜀有能名
堂素不樂之於是節遊宴減廚傳專尚寬縱頗變日
嚴之政又建銅壺閣其制宏敞而材不預具功既半
乃伐喬木于蜀先主惠陵江瀆祠又毀后土及劉禪
祠蜀人浸不悅獄訟滋多久之或以爲私官妓徙河
中府又徙杭州蘇州以尚書禮部侍郎致仕卒特贈
吏部侍郎堂爲人清修純飭遇事毅然不屈貧而樂

施好學工文辭延譽晚進至老不倦尤嗜作詩有吳
門集二十卷

劉夔字道元建州崇安人進士中第補廣德軍判官
累遷尚書屯田員外郎權侍御史李照改製大樂鐘
磬夔以爲樂之大本與政化通不當輕易其器願擇
博學之士以補卿丞凡四方妄獻說以要進者請一
切罷之帝善其言歷三司戶部判官度支句院江
西兩浙淮南轉運使加直史館知陜州改太常少卿
知廣州所至有廉名權三司度支副使桂陽監蠻唐
和寇邊以右諫議大夫龍圖閣直學士知潭州兼湖
南安撫使初至遣人諭蠻酋使降不從乃舉兵擊敗
和于銀江源進破其巢穴蠻逃遁遠去前將以帛購
蠻首至是有持首取購者按問乃輒殺平民誅之而
罷購州境獲安還權判吏部流內銓知審刑院河北
大水民流入京東爲盜詔增京東守備帝問誰可守
鄆者宰相以夔對進給事中樞密直學士以往至鄆
發廩振飢民賴全活者甚衆盜賊衰息賜書褒諭奏
臣議欲脩復河故道夔極言其不可遂罷遷工部侍
郎知福州請解官入武夷山爲道士弗許知建州尋
告老遂以戶部侍郎致仕英宗即位遷吏部卒年八

十三夔嘗過江東見二囚繫十年矣問之曰前此殺
吉州掾徐咸疑二人者夔爲言於朝釋之後果得真
盜嘗遇隱者得養生術遂蔬食及獨居退處一閤家
人罕見其面至老手足耳目強明如少壯時不治財
產所收私田有餘穀則以振鄉里貧人前死數日自
作遺表以祿賜所餘分親族告其家人曰某日吾死
矣如期而死無子

馬亮字叔明廬州合淝人舉進士爲大理評事知蕪
湖縣再遷殿中丞通判常州吏民有因緣亡失官錢
籍其貲猶不足以償妻子連逮者至數百人亮縱去

緩與之期不踰月盡輸所負羅處約使江東以亮治
行聞擢知濮州會諸路轉運司置糾察刑獄官以福
建路命亮覆訊冤獄全活者數十人遷太常博士知
福州蘇易簡薦亮才任繁劇召還同提點三司都句
院磨勘憑由司久之出知饒州州豪白氏多執吏短
長嘗殺人以赦免愈驁橫爲閭里患亮發其奸誅之
部中畏慴州有鑄錢監匠多而銅錫不給亮請分其
工之半別置監于池州歲增鑄緡錢十萬遷殿中侍
御史真宗即位上書言陛下初政軍賞宜速而所在
不時給請遣使分督之又赦書蠲除州縣逋負而有

司趣責愈急宜如赦推恩以寬民故事以親王尹開
封地尊勢重嫌隙易生願鑒其繇以示保全親愛之
道契丹仍歲南侵河朔蕭然請修好以息邊民帝善
其言以亮爲可用王均反以爲西川轉運副使賊平
主將邀功誅殺不已亮全活千餘人城中米斗千錢
亮出廩米裁其價人賴以濟召問蜀事會械送賊詿
誤者八十九人至闕下執政欲盡誅之亮曰愚民脅
從此特百之一二餘竄伏山林者衆今不貸之反側
之人聞風疑懼一唱再起是滅一均生一均也帝悟
悉宥之加直史館復遣還部時諸州鹽井歲久泉涸

而官督所負課繫捕者州數百人亮盡釋繫者而奏
廢其井又除屬部舊逋官物二百餘萬還知潭州屬
縣有亡命卒剽攻爲鄉閭患人共謀殺之事覺法當
死者四人亮咸貸之曰爲民去害而反坐以死罪非
法意也徙昇州行次江州屬歲旱民飢湖湘漕米數
十舟適至亮移文守將發以振貧民因奏瀕江諸郡
皆大歉而吏不之救願罷官糴令民轉粟以相賙以
右諫議大夫知廣州時宜州陳進初平而澄海兵從
進反者家屬二百餘人法當配隸亮悉置不問鹽戶
逋課質其妻子於富室悉取以還其家海舶久不至

使招來之明年至者倍其初珍貨大集朝廷遣中使
賜宴以勞之是歲東封亮敦諭大食陁婆離蒲含沙
貢方物泰山下歷知虔洪二州江陵府再遷尚書工
部侍郎復知昇州徙杭州加集賢院學士先是江濤
大溢調兵築堤而工未就詔問所以捍江之策亮禱
詔禱伍員祠下明日潮爲之却出橫沙數里隄遂成
入爲御史中丞建言士民父祖未葬而析居請自今
未葬者毋得輒析明年改兵部侍郎知廬州徙江陵
又徙江寧府仁宗初拜尚書右丞復知廬州召判尚
書都省兼知審刑院遷工部尚書知亳州又遷江寧

府以太子少保致仕卒贈尚書右僕射亮有智略敏
於政事然其所至無廉稱呂夷簡少時從其父蒙亨
爲縣福州亮見而奇之妻以女妻劉恚曰嫁女當與
縣令兒邪亮曰非爾所知也陳執中梁適爲京官田
況宋庠及其弟祁爲童子時亮皆厚遇之曰是後必
大顯世以亮爲知人亮卒時夷簡在相位有司謚曰
忠肅人不以爲是也子仲甫爲天章閣待制
陳希亮字公弼其先京兆人唐廣明中違難遷眉州
青神之東山希亮幼孤好學年十六將從師其兄難
之使治錢息三十餘萬希亮悉召取錢者焚其券而

去業成乃召兄子庸諭使學遂俱中天聖八年進士
第里人表其閭曰三儁初爲大理評事知長沙縣有
僧海印國師出入章獻皇后家與諸貴人交通恃勢
據民地人莫敢正視希亮捕治實諸法一縣大聳郴
州竹場有僞爲券給輸户送官者事覺輸户當死希
亮察其非辜出之已而果得其造僞者再遷殿中丞
徙知鄠縣老吏曹腆侮法以希亮年少易之希亮視
事首得其罪腆叩頭出血願自新希亮戒而捨之卒
爲善吏巫覡歲斂民財祭鬼謂之春齋否則有火災
民訛言有緋衣三老人行火希亮禁之民不敢犯火

亦不作毀淫祠數百區勒巫爲農者七十餘家及罷
去父老送之出境泣曰公去我緋衣老人復出矣遷
太常博士有言御獄活人死罪賜五品服初蜀人官
蜀不得通判州事希亮以母老願折資爲縣侍親於
是知臨津縣母終服除爲開封府司録司事福勝塔
火官欲更造度用錢三萬希亮言陝西用兵願以此
餽軍詔罷之青州民趙禹上書言趙元昊必反宰相
以禹狂言徙建州元昊果反禹訟所部不受亡至京
自理宰相怒下開封獄希亮言禹可賞不可罪爭不
已上釋禹賞爲徐州推官且欲以希亮爲御史會外

戚沇元吉以奸盜殺人希亮一問得實自驚仆死沇
氏訴之詔御史劾希亮及諸掾吏希亮曰殺此賊者
獨我耳遂引罪坐廢朞年盜起京西殺守令富弼薦
希亮可用起知房州州素無兵備民凜凜欲亡去希
亮以牢城卒雜山河戶得數百人日夜部勒聲振山
南民恃以安殿侍雷甲以兵百餘人逐盜竹山甲不
能戢所至爲暴或疑爲盜告希亮盜入境且及門希
亮即勒兵阻水拒之命持滿無得發士皆植立如偶
人甲射之不動乃下馬拜請死曰初不知公官軍也
吏士皆欲斬甲以狥希亮獨治爲暴者十餘人使甲

以捕盜自贖時劇賊党軍子方張轉運使使供奉官
崔德贇捕之德贇既失党軍子遂圍竹山民賊所嘗
舍者曰向氏殺父子三人梟首南陽市曰此党軍子
也希亮察其冤下德贇獄未服党軍子獲於商州詔
賜向氏帛復其家流德贇通州或言華陰人張元走
夏州爲元昊謀臣詔徙其族百餘口於房幾察出入飢寒
且死希亮曰元事虛實不可知使誠有之爲國者終不
顧家徒堅其爲賊耳此又皆其疏屬無罪乃密以聞
詔釋之老幼哭希亮庭下曰今當還故鄉然奈何去
父母爭遂畫希亮像祠焉代還執政欲以爲大理少

卿希亮曰法吏守文非所願願得一郡以自效乃以
爲宿州州跨汴爲橋水與橋爭常壞舟希亮始作飛
橋無柱以便往來詔賜縑以褒之仍下其法自畿邑
至于泗州皆爲飛橋皇祐元年移滑州奏事殿上仁
宗勞之曰知卿疾惡無懲沇氏子事未行詔提舉河
北便糴都轉運使魏瓘劾希亮擅增損物價已而瓘
除龍圖閣學士知開封府希亮乞廷辨既對仁宗直
希亮奪瓘職知越州且欲用希亮希亮言臣與轉運
使不和不得爲無罪力請還滑會河溢魚池埽且決
希亮悉召河上使者發禁兵捍之廬於所當決吏民

涕泣更諫希亮堅臥不動水亦去人比之王尊是歲
盜起宛句晝劫張郭鎮執濮州通判井淵仁宗以爲
憂問執政可用者未及對仁宗曰朕得之矣乃以希
亮爲曹州不逾月悉擒其黨淮南飢安撫轉運使皆
言壽春守王正民不任職正民坐免詔希亮乘傳代
之轉運使調里胥米而蠲其役凡十三萬石謂之折
役米米翔貴民益飢希亮至除之且表其事旁郡皆
得除又言正民無罪職事辦治詔復以正民爲鄂州
久之徙知廬州虎翼軍士屯壽春者以謀反誅遷其
餘不反者數百人於廬皆自疑不安一日有竊入府

合將爲不利者希亮笑曰此必醉耳貸而流之盡以
其餘給左右使令且以守倉庫人爲之懼希亮益加
親信皆感德指心誓爲希亮死改提點刑獄江東遷
度支郎中徙河北嘉祐二年入爲開封府判官改判
三司戶部句院朝廷以三司事冗簿書留滯乃命希
亮又兼開拆司滎州鬻鹽凡十八井歲久澹竭有司
責課如初民破產籍沒者三百餘家希亮爲言還其
所籍歲蠲三十餘萬斤三司簿書滯留者自天禧以
來末帳六百有四明道以來生事二百一十二萬希
亮日夜課吏凡九月去其三之二度支吏不時勾希

亮杖之副使以希亮擅決罰由是事復滯會接伴契
丹使還自請補外乃以爲京西轉運使賜三品服石
塘河役兵叛其首周元自稱周大王震動汝洛間希
亮聞之即日輕騎出按吏請以兵從希亮不許其賊
二十四人道遇希亮以希亮輕出意色閑和不能測
遂相與列訴道周希亮徐問其所苦命一老兵押之
曰以是付葉縣聽吾命既至令曰汝以自首皆無罪
然必有首謀者衆不敢隱乃斬元以徇流軍校一人
餘悉遣赴役如初還京東轉運使維州參軍王康赴
官道博平大猾有號截道虎者毆康及其女幾死吏

不敢問希亮移捕甚急卒流海島又劾吏故縱坐免
者數人徐州守暴苛以細過籍民產數十家獲小盜
使必自誣抵死希亮言其狀卒以廢去數上章請老
不允移知鳳翔倉粟支十二年主者以腐敗爲憂歲
飢希亮發十二萬石貸民有司懼爲擅發希亮身任
之是秋大熟以新易舊官民皆便于闐使者入朝過
秦州經略使以客禮享之使者驕甚留月餘壞傳舍
什器縱其徒入市掠飲食民戶皆晝閉希亮聞之曰
吾嘗主契丹使得其情使者初不敢暴橫皆譯者教
之吾痛繩以法譯者懼其使不敢動矣況此小國乎

乃使教練使持符告譯者曰入吾境有秋毫不如法
吾且斬若取軍令狀以還使者至羅拜庭下希亮命
坐兩廊飲食之護出其境無一人譁者英宗即位遷
太常少卿獄有盜法當死僚官持不可久之盜殺守
吏遁去希亮以前議讞于朝而希亮之議是僚官懼
欲以事中希亮希亮自顧無有其事始州郡以酒相
餉例皆私有之而法不可希亮以遺游士之貧者既
而曰此亦私也以家財償之遂借此上書自劾求去
不已坐是分司西京未幾致仕卒年六十四希亮嘗
夢異人按圖而告之年至是果然贈工部侍郎希亮

爲人清勁寡欲不假人以色自王公貴人皆嚴憚之見義勇發不計禍福所至奸民猾吏易心改行不改者必誅然出於仁恕故嚴而不殘少與蜀人宋輔游輔卒於京母老子端平幼希亮養其母終身以女妻端平使同諸子學卒登進士第四子悅度支郎中恪滑州推官愉大理寺丞慥字季常少時使酒好劍用財如糞土慕朱家郭解爲人閭里之俠皆宗之在岐下嘗從兩騎挾二矢與蘇軾遊西山鵲起於前使騎逐而射之不獲乃怒馬獨出一發得之因與軾馬上論用兵及古今成敗自謂一世豪士稍壯折節讀書欲以此馳騁當世然終不遇洛陽園宅壯麗與公侯等河北有田歲得帛千匹晚年皆棄不取遯於光黃間曰岐亭庵居蔬食徒步往來山中妻子奴婢皆有自得之意不與世相聞人莫識也見其所著帽方屋而高曰此豈古方山冠之遺像乎因謂之方山子及蘇軾謫黃過岐亭識之人始知爲慥云

論曰秉雅恬退頴不阿貴戚有儒者之風摯淳靜而不矯池質易而長厚肅議法平恕及堂變清修自守蓋侍從之選也希亮爲政嚴而不殘其良吏與馬亮饒才智而寡廉稱士論以此惜之

列傳第五十七

列傳卷第五十八　　宋史二百九十九

開府儀同三司上柱國錄軍國重事中書右丞相兼修國史領經筵事都總裁脫脫等奉勅修

狄棐子遵度　郎簡　孫祖德　張若谷
石揚休　祖士衡　李垂　張洞
李仕衡　李溥　胡則　薛顏
許元　鍾離瑾　孫沖　崔嶧
田瑜　施昌言

狄棐字輔之潭州長沙人少隨父官徐州以文謁路振振器愛之妻以女舉進士甲科以大理評事知分宜縣歷開封府司錄知壁州道長安爲寇準所厚準復入相乃薦通判益州擢開封府判官歷京西益州路轉運江淮制置發運使累遷太常少卿知廣州加直昭文館代還不以南海物自隨人稱其廉拜右諫議大夫龍圖閣直學士權判吏部流內銓出知滑州進給事中徙天雄軍會給郊賞帛不善士卒譁譟趣府門棐不能治事聞命侍御史劉夔按視未及境衆不自安棐馳白夔請給以行河事夔至與轉運使李絳誅首惡數人棐坐罷懦降知隨州徙同州以當三班院進樞密直學士歷知陝鄭州河中河南府復判

流内銓出知揚州未行卒有狄國賓者仁傑之後分仁傑告身與棐棐奏録國賓一官而自稱仁傑十四世孫棐在河中時有中貴人過郡言將援棐於上前棐荅以他語退謂所親曰吾湘潭一寒士今官侍從可以老而自汚耶其為政愷悌不為表襮死之日家無餘貲子遵度字元規少頴悟篤志於學每讀書意有所得即仰屋瞪視人呼之弗聞也少舉進士一斥於有司恥不復為以父任為襄縣主簿居數月棄去好為古文著春秋雜說多所發明嘗患時學靡敝作擬皇太子册文除侍御史制裴晋公傳人多稱之尤

嗜杜甫詩嘗讃其集一夕夢見甫為誦世所未見詩及覺纔記十餘字遵度足成之為佳城篇後數月卒有集十二卷

郎簡字叔廉杭州臨安人幼孤貧借書録之多至成誦進士及第補試秘書省校書郎知寧國縣徙福清令縣有石塘陂歲久湮塞募民浚築溉廢田百餘頃邑人為立生祠調隨州推官及引對真宗曰簡歷官無過而無一人薦是必恬於進者特改秘書省著作佐郎知分宜縣徙知竇州縣吏死子幼贅婿偽為劵冒有其貲及子長屢訴不得直乃訟于朝下簡劾治簡示以舊牘曰此爾翁書耶曰然又取偽劵示之弗類也始伏罪徙藤州興學養士一變其俗藤自是始有舉進士者通判海州提點利州路刑獄官罷知泉州累遷尚書度支員外郎廣南東路轉運使擢秘書少監知廣州捕斬賊馮佐臣入判大理寺出知越州復歸判尚書刑部出知江寧府歷右諫議大夫給事中知揚州徙明州以尚書工部侍郎致仕明堂遷刑部卒年八十有九特贈吏部侍郎簡性和易喜賓客即錢塘城北治園廬自號武林居士道引服餌晚歲頽如丱尤好醫術人有疾多自處方以療之有集驗方

數十行于世一日謂其子絜曰吾退居十五年未嘗小不懌今意倦豈不逝歟就寢而絶幼從學四明朱頔長學文於沈天錫既仕均奉資之後二人亡又訪其子孫為主婚嫁平居宴語惟以宣上德救民患為意孫沔知杭州牓其里門曰德壽坊然在廣州無廉稱蓋為絜所累絜終尚書都官員外郎

孫祖德字延仲濰州北海人父航監察御史淮南轉運祖德進士及第調濠州推官校勘館閣書籍時校勘官不為常職滿歲而去改大理寺丞知榆次縣上書言刑法重輕以尚書屯田員外郎通判西京留守

司方冬苦寒詔罷內外工作而錢惟演督修天津橋格詔不下祖德曰詔書可稽留耶卒白罷役入為殿中侍御史遷侍御史章獻太后春秋高疾加劇祖德請還政已而疾少間祖德大恐及太后崩諸嘗言還政者多進用遂擢尚書兵部員外郎兼起居舍人知諫院言郭皇后不當廢獲罪以贖論久之遷天章閣待制時三司判官許申因宦官閻文應獻計以藥化鐵成銅可鑄錢裨國用祖德言偽銅法所禁而官自為是教民欺也固爭之出知兗徐蔡州永興軍徙鳳翔府請置鄉兵改龍圖閣直學士知梓州累遷右諫

議大夫知河中府歷陳許蔡潞鄆亳州應天府以疾得潁州除吏部侍郎致仕卒有論事七卷祖德少清約及致仕娶富人妻以規有其財已而妻悍反資以財而出之子珪江東轉運使

張若谷字德繇南劍沙縣人進士及第為巴州軍事推官會蜀寇掠隣郡若谷攝州事率衆為守禦備賊乃引去調全州軍事推官入見真宗識其名顧曰是嘗在巴州禦賊者耶特改大理寺丞知濛陽縣三司言廣寧監歲鑄緡錢四十萬其主監宜擇人乃以命若谷歲餘所鑄羸三十萬緡擢知處州歷江湖淮南益州路轉運江淮制置發運使入為三司度支鹽鐵副使累遷右諫議大夫知并州先是麟府歲以繒錦市蕃部馬前守輒罷之若谷以謂互市所以利戎落而通邊情且中國得戰馬亟罷之則猜阻不安奏復市如故而馬入歲增提舉諸司庫務權判大理寺進樞密直學士歷知澶州成德軍揚州江寧府入知審官院糾察在京刑獄知通進銀臺司應天府改龍圖閣學士徙杭州會歲飢斥餘廩為糜粥賑救之權判吏部流內銓知洪州累官至尚書左丞致仕若谷素為宰相張士遜引拔然所至亦自有循良跡不激訐

取名云

石揚休字昌言其先江都人唐兵部郎中仲覽之後後徙京兆七代祖藏用右羽林大將軍明於曆數嘗召家人謂曰天下將有變而蜀為最安處乃去依其親眉州刺史李濡遂為眉州人揚休少孤力學進士高第為同州觀察推官遷著作佐郎知中牟縣縣當國西門衣冠往來之衝也地瘠民貧賦役煩重富人隸太常為樂工僥倖免役者凡六十餘家揚休請悉罷之改秘書丞為秘閣校理開封府推官累遷尚書祠部員外郎歷三司度支鹽鐵判官坐前在開封嘗

失盜出知宿州頃之召入為度支判官修起居注初記注官與講讀諸儒皆得侍坐邇英閣揚休奏史官記言動當立以侍從其言判鹽鐵勾院以刑部員外郎知制誥同判太常寺初内出香祠溫成廟帝誤書名稱臣揚休言此奉宗廟禮有司承誤不以聞帝嘉之兼勾當三班院為宗正寺修玉牒官遷工部郎中未及謝卒揚休喜閑放平居養猿鶴玩圖書吟詠自適與家人言未嘗及朝廷事及卒發楮中所得上封事十餘章其大畧請增諫官以廣言路置五經博士使學者專其業出御史按察諸道以防壅蔽復鹵胄

之禮以強宗室擇守令重農桑禁奢侈皆有補於時者然揚休為人慎默世未嘗以能言待之也至於誥命尤非所長平生好殖財因使契丹道感寒毒得風痺謁告歸鄉別墳墓揚休初在鄉時衣食不足徒步去家十八年後以從官還鄉里疇昔同貧窶之人尚在皆曰昌言來必賙我矣揚休卒不揮一金反遍受里中富人金以去

祖士衡字平叔蔡州上蔡人少孤博學有文為李宗諤所知妻以兄子楊億謂劉筠曰祖士衡辭學日新後生可畏也舉進士甲科授大理評事通判蘄州再遷殿中丞直集賢院改右正言戶部判官未幾提舉在京諸司庫務遷起居舍人注釋御集檢閱官遂知制誥為史館修撰糾察在京刑獄同知通進銀臺司天聖初以附丁謂落職知吉州言者又以在郡不修飭復降監江州稅士衡兒時過外家有僧善相見之語人曰是兒神骨秀異他日有名于時若年過四十當位極人臣年三十九卒于官

李垂字舜工聊城人咸平中登進士第上兵制將制書自湖州錄事參軍召為崇文校勘累遷著作郎館閣校理上導河形勝書三卷欲復九河故道時論重

之又累修起居注丁謂執政垂未嘗往謁或問其故垂曰謂為宰相不以公道副天下望而恃權怙勢觀其所為必遊朱崖吾不欲在其黨中謂聞而惡之罷知亳州遷頻晉絳三州明道中還朝閤門祇候李康伯謂曰舜工文學議論稱於天下諸公欲用為知制誥但宰相以舜工未嘗相識盍一往見之垂曰我若昔謁丁崖州則乾興初已為翰林學士矣今已老大見大臣不公常欲面折之焉能趨炎附熱看人眉睫以冀推輓乎道之不行命也執政知之出知均州卒年六十九五子仲昌最知名銳於進取嘗獻計修六塔

河無功自殿中丞責英州文學參軍
張洞字仲通開封祥符人父惟簡太常少卿洞為人長大眉目如畫自幼開悟卓犖不群惟簡異之抱以訪里之卜者曰郎君生甚奇必在策名後當以文學政事顯既誦書日數千言為文甚敏未冠嘩然有聲遇事慷慨自許以有為時趙元昊叛擾邊關隴蕭然困於飛輓且屢喪師仁宗太息思聞中外之謀洞以布衣求上方略召試舍人院擢試將作監主簿尋舉進士中第調連水軍判官遭親喪去再調潁州推官民劉甲者強弟柳使鞭其婦既而投杖夫婦相持而泣甲

怒逼柳使再鞭之婦以無罪死吏當夫極法知州歐陽脩欲從之洞曰律以教令者為首夫為從且非其意不當死衆不聽洞即稱疾不出不得已讞於朝果如洞言脩甚重之晏殊知永興軍奏管勾機宜文字殊儒臣喜客游其門者皆名士尤深敬洞改大理丞知鞏縣會殊留守西京復奏知司錄殊晚節驟用刑幕府無敢言洞平居與殊賦詩飲酒傾倒無不至當事有官責持議甚堅殊為沮止洞亦自以不負其知樞密副使高若訥參知政事吳育薦其文學宜為館職召試學士院充秘閣校理判祠部時天下戶口日

蕃民去為僧者衆洞奏至和元年敕增歲度僧舊敕諸路三百人度一人後率百人度一人又文武官內臣墳墓得置寺擬放近歲濫廣若以勲勞宜假之者當依古給戶守冢禁樵採而已令祠部帳至三十餘萬僧失不裁損後不勝其弊朝廷用其言始三分減一知太常禮院宰相陳執中將葬洞與同列謚為榮靈其孫訴之詔孫抃等復議改曰恭洞駁奏執中位宰相無功德而罪戾多生不能正法以黜之死猶當正名以誅之竟從抃等議初皇后郭氏忤旨得罪廢沒後仁宗悔之詔追復其號二十餘年矣至是有

司請祔於廟知制誥劉敞以謂春秋書禘于太廟用致夫人致者不宜致也且古者不二嫡當許其號不許其禮洞奏后嘗母天下無大過惡中外所知陛下既察其偶失恭順洗之於既沒猶曰不許其禮於義無當且廢后立后何嫌於嫡此當時大臣護已然之失乖正名之典而敞復引春秋用致夫人按左氏哀姜之惡所不忍道而二傳有非嫡之辭敞議非是若從變禮尚當別立廟不行轉太常博士判登聞鼓院仁宗方嚮儒術洞在館閣久數有建明仁宗以為知經會覆攷進士崇政殿因賜飛白書經字寵之洞獻

詩謝復賜詔奬諭出知棣州轉尚書祠部員外郎河北地當六塔之衝者歲决溢病民田水退强者遂冐占弱者耕居無所洞奏一切官爲標給蠲其租以綏新集河北東路民富蚕桑契丹謂之綾絹州朝廷以爲内地不慮洞奏今滄景契丹可入之道兵守多缺契丹時以販鹽爲名舟往来境上此不可不察願度形勢置帥增屯戍以控扼之時天下久安薦紳崇尚虚名以寛厚沉默爲徳於事無所補洞以謂非朝廷福又謂諫官持諫以震人主不數年至顯仕此何爲者當重其任而緩其遷使端良之士不亟易而浮躁

者絶意致書歐陽脩極論之召權開封府推官英宗即位轉度支員外郎英宗哀疚或經旬不御正殿洞上言陛下春秋鼎盛初嗣大統豈宜久屈剛健自比冲幼之主當躬萬機攬羣材以稱先帝付畀之意厭元元之望大臣亦以爲言遂聽政命攷試開封進士既罷進賦題曰孝慈則忠時方議濮安懿王稱皇事英宗曰張洞意諷朕宰相韓琦進曰言之者無罪聞之者足以戒英宗意解詔訊祈國公宗説獄宗説恃近屬貴驕不道獄具英宗以爲辱國不欲暴其惡洞曰宗説罪在不宥雖然陛下將懲惡而難暴之獨以其坑不辜數人置諸法可矣英宗善曰卿知大體洞因言唐宗室多賢宰相名士蓋其知學問使然國家本支蕃衍無親踈一切厚廪之不使知辛苦婢妾聲伎無多寡之限至滅禮義極嗜欲貧之則亂公共之法刑之則傷骨肉之愛宜因秩品立制度更選老成教授之宗室縁是怨洞痛詆訾言上亦起藩邸頼察之不罪也轉司封員外郎權三司度支判官對便殿稱旨英宗遂欲進用大臣忌之出爲江西轉運使江西荐飢徴民積歲賦洞爲奏免之又民輸油絹不中度者舊責以滿匹洞命計尺寸輸錢民便之移淮南轉

運使轉工部郎中淮南地不宜麥民艱於所輸洞復命輸錢官爲糴麥不踰時而足洞在棣時夢人稱敕召者既出如拜官然顧視旌旗吏卒羅于庭至是夢之如初自以年不能永教諸子部分家事未幾卒年四十九

李仕衡字天均秦州成紀人後家京兆府進士及第調鄠縣主簿田重進守京兆命仕衡鞫死囚五人活者四人重進即其家謂曰子有陰施此門當高大之徙知彭山縣就加大理評事遷光禄寺丞父益以不法誅仕衡亦坐除名後會赦寇凖薦其材盡復其官

領渭橋輦運通判邠州再遷秘書丞徙知劒州王均反仕衡度州兵不足守即棄城焚芻粟輦金帛東守劒門既而賊陷漢州攻劒州州空無所資即趨劒門仕衡預招賊衆得千餘人待之不疑賊將至與鈐轄裴臻迎擊之斬首數千級乃乘驛入奏擢尚書度支員外郎賜服緋魚已而使者言仕衡嘗棄城降監虔州稅召還判三司鹽鐵勾院度支使梁鼎言商人入粟于邊率高其直而售以解鹽商利益博國用日耗請調丁夫轉粟而輦鹽諸州官自鬻之歲可得緡錢三十萬仕衡曰安邊無大於息民今不得已而調斂之又增以轉粟輓鹽之役欲其不困何可得哉不聽遂行鼎議而關中大擾乃罷鼎度支使以仕衡為荊湖北路轉運使徙陝西初歲出內帑緡錢三十萬助陝西軍費仕衡言歲計可自辦遂罷給真宗謁陵寢因幸洛仕衡獻粟五十萬斛又以三十萬斛餽京西朝廷以為材召為度支副使上言關右既弛鹽禁而永興同華耀四州猶率賣鹽年額錢請減十之四詔悉除之累遷司封郎中為河北轉運使又奏罷內帑所助緡錢百萬建言河北歲給諸軍帛七十萬而民艱於得錢悉預假於里豪出倍償之息以是工機之

利愈薄方春民不足請戶給錢至夏輸帛則民獲利而官用足矣詔優其直仍推其法于天下封泰山獻錢帛芻糧各十萬見于行宮遷右諫議大夫祀汾陰又助錢帛三十萬乃命同林特提舉西京陝西轉運事權知永興軍進給事中踰月以樞密直學士知益州頃之河北闕軍儲議者以謂仕衡前過助封祀費真宗聞之以為河北都轉運使駕知亳州又貢絲綿縑帛各二十萬後集粟塞下至鉅萬斛或言粟腐不可食朝廷遣使取視之而粟不腐也棣州污下苦水患士衡奏徙州西北七十里既而大水没故城丈餘南郊復進錢帛八十萬先是每有大禮仕衡必以所部供軍物為貢言者以為不實仕衡乃條析進六十萬皆上供者二十萬即其羨餘帝不之罪謂王旦曰仕衡應猝有材人欲以此中之然朝廷所須隨大小即辦亦其所長也明年旱蝗發積粟賑民又移五萬斛濟京西遷尚書工部侍郎權知天雄軍民有盜瓜傷主者法當死仕衡以歲飢奏貸之盜起淄青間遷刑部侍郎知青州前守捕群盜妻子寘棘圍中仕衡至悉縱罷之使去未幾其徒有梟賊首至者入為三司使帝作寬財利論以賜之乃更陝西入粟法使民

得受錢與茶舊市羊及木責吏送京師而羊多道死木至湍險處往往漂失吏至破產不能償仕衡乃許吏私附羊免其筭使得補死者聽民自採木輸官用入粟法償其直遷吏部侍郎仁宗即位拜尚書左丞以足疾改同州觀察使知陳州州大水築大隄以障水患徙潁州復知陳州曹利用仕衡婿也利用被罪降仕衡左龍武軍大將軍分司西京歲餘改左衛大將軍卒其後諸子訴其父有勞於國非意左遷詔追復同州觀察使仕衡前後管計事二十年雖才智過人然素貪家貲至累鉅萬建大第長安里中嚴若官

府子丕緒蔭補將作監主簿及仕衡歸老丕緒時為尚書虞部員外郎請解官就養朝廷以為郎故事不許請削一官乃聽未幾還之居十餘年仕衡死服除久之不出大臣為言起僉書永興軍節度判官事歷通判永興軍同州知解州興元府華州累遷司農卿致仕卒丕緒居官廉靜不為矯激家多圖書集歷代石刻為數百卷藏之

李溥河南人初為三司小吏陰狡多智數時天下新定太宗厲精政事嘗論及財賦欲有所更革引三司吏二十七人對便殿問以職事溥詢其目請退而條上命至中書列七十一事以聞四十四事即日行之餘下三司議可否於是帝以溥等為能語輔臣曰朕嘗諭陳恕等如溥輩雖無學至於金穀利害必能究知本末宜假以色辭誘令開陳而恕等強愎自用莫肯詢問呂端對曰耕當問奴織當問婢寇準曰孔子入太廟每事問蓋以貴下賤先有司之義也帝以為然悉擢溥等以官賜錢幣有差溥為左侍禁提點三司孔目官請著內外百官諸軍奉祿為定式加閤門祇候催運陝西粮草赴清遠軍還提舉在京倉草場勾當北作坊齊州大水壞民廬舍欲徙州城未決命

溥往視遂徙城而還又與李仕衡使陝西增酒榷緡錢歲二十五萬三遷崇儀使景德中茶法既弊命與林特劉承珪更定法募人入金帛京師入芻粟塞下與東南茶皆倍其數即以溥制置江淮等路茶鹽礬稅兼發運事使推行之歲課緡錢果增其舊特等皆受賞溥時已為發運副使遷為使仍改西京作坊使然茶法行之數年課復損於舊江淮歲運米輸京師舊止五百餘萬斛至溥乃增至六百萬而諸路猶有餘畜高郵軍新開湖水散漫多風濤溥令漕舟東下者還過泗州因載石輸湖中積為長隄自是舟行無

恵累遷比作坊使時營建玉清昭應宮溥與丁謂相表裏盡括東南巧匠遣詣京且多致奇木恠石以傅會帝意建安軍鑄玉皇聖祖溥典其事丁謂言溥蔬食者周歲而溥亦數奏祥應遂以為迎奉聖像都監領順州刺史遷獎州團練使溥自言江淮歲入茶視舊額增五百七十餘萬斤并言漕舟舊以使臣若軍大將人掌一綱多侵盗自溥併三綱為一以三人共主之使更相司察大中祥符九年初運米一百二十五萬石纔失二百石會溥當代詔留再任特遷宮苑使初譙縣尉陳齊論榷茶法溥薦齊任京官御史中丞王嗣宗方判吏部銓言齊豪民子不可用真宗以問執政馮拯對曰若用有材豈限貧富帝曰卿言是也因稱溥畏慎小心言事未嘗不中利害以故任之益不疑然溥久專利權内倚丁謂所言輙聽帝嘗語執政曰群臣上書論事法官輙沮之云非有大益無改舊章然則何以廣言路王旦對曰法制數更則詔令抵牾故重於變易因言溥嘗請盗販茶鹽者贓仗皆沒官已可之矣帝曰此特畏溥之强不敢退卻自今雖小吏言亦宜詳究行之溥既專且貪緣是寖為不法發運使黄震條其罪狀以聞罷知潭州命御史

鞫治得溥私役兵為姻家林特起第附官舟販竹木奸贓十數事未論決會赦貶忠武軍節度副使仁宗即位起知淮陽軍歷光黄二州復以贓敗貶蔡州團練副使久之監徐州利國監以千牛衛將軍致仕卒

胡則字子正婺州永康人果敢有材氣以進士起家補許田縣尉再調憲州録事參軍時靈夏用兵轉運使索湘命則部送芻粮為一月計則曰為百日備尚恐不支柰何為一月邪湘懼無以給遣則遂入奏太宗因問以邊策對稱旨顧左右曰州縣豈乏人命記姓名中書後李繼隆討賊久不解湘語則曰微子幾敗我事一日繼隆移文轉運司曰兵且深入粮有繼乎則告湘曰彼師老將歸欲以粮乏為辭耳姑以有餘報之已而果為則所料湘為河北轉運使奏改秘書省著作佐郎僉書貝州觀察判官事後以太常博士提舉兩浙榷茶就知睦州徙温州歲餘提舉江南路銀銅場鑄錢監得吏所匿銅數萬斤吏懼且死則曰馬伏波哀重因而縱之吾豈重貨而輕數人之生乎籍為羡餘不之罪改江淮制置發運使累遷尚書戶部員外郎真宗幸亳還擢三司度支副使初丁謂舉進士客許田則厚遇之謂貴顯故則驟進用至是

謂罷政事出則為京西轉運使遷禮部郎中部内民
訛言相驚至遣使安撫乃定坐是徙廣西路轉運使
有番舶遭風至瓊州且告食乏不能去則命貸錢三
百萬吏白夷人狡詐又風波不可期則曰彼以急難
投我可拒而不與邪已而償所貸如期又按宜州重
辟十九人為辨活者九人復為發運使累遷太常少
卿乾寧初坐丁謂黨降知信州徙福州以右諫議大
夫知杭州入權吏部流内銓坐失舉復為太常少卿
知池州未行復諫議大夫知永興軍徙河北都轉運
使以給事中權三司使通京東西陝西鹽法人便之

初則在河北殿中侍御史王沿嘗就則假官舟販鹽
又以其子為名祈買酒場至是張宗誨摘發之按驗
得實出則知陳州踰月授工部侍郎集賢院學士劉
隨上疏言則奸邪貪濫聞天下比命知池州不肯行
今以罪去驟加美職何以風勸在位後徙杭州再遷
兵部侍郎致仕卒則無廉名喜交結尚風義丁謂貶
崖州賓客隨散落獨則間遣人至海上饋問如平日
在福州時前守陳絳嘗延蜀人龍昌期為衆人講易
得錢十萬絳既坐罪遂自成都械昌期至則破械館
以賓禮出俸錢為償之昌期者嘗註易詩書論語孝

經陰符經老子其說詭誕穿鑿至詆斥周公初用薦
者補國子四門助教文彥博守成都召置府學奏改
秘書省校書郎後以殿中丞致仕著書百餘卷嘉祐
中詔取其書昌期時年八十餘野服自詣京師賜緋
魚絹百匹歐陽脩言其異端害道不當推奬奪所賜
服罷歸卒

薛顏字彥回河中萬泉人舉三禮中第為嘉州司戶
參軍代還引見太宗顧問之對稱旨改將作監丞監
華州酒稅以秘書省著作佐郎使夔峽疏決刑獄還
改太子左贊善大夫知雲安軍徙渝閬二州擢三司

鹽鐵判官河北計置粮草初丁謂招撫溪蠻有威惠
部人愛之留五年詔謂自舉代謂薦顏為峽路轉運
使累遷尚書虞部員外郎始孟氏據蜀徙夔州于東
山據峽以拒王師而民居不便也顏為復其故城宜
州陳進反命勾當廣南東西路轉運司事賊平遷金
部員外郎改河東轉運使祀汾陰徙陝西河中浮橋
歲為水所敗顏即北岸釃上流為支渠以殺水怒因
取渠水溉其旁田民頗利之坊州募人鍊礬歲久課
益重至有破產被繫不能償者顏奏罷坊礬則晉礬
當大售後如其策徙河北歷知河陽杭徐州累遷光

禄少卿以少府監知江寧府邏者晝劫人反執平人以告顏視其色動曰若真盜也械之果引伏轉右諫議大夫知河南府仁宗即位遷給事中丁謂分司西京以顏雅與善徙知應天府又徙耀州部有豪姓李甲結客數十人號没命社少不如意則推一人以死鬬之積數年為鄉人患莫敢發顏至大索其黨會赦當免特杖甲流海上餘悉籍于軍以光禄卿分司西京卒于家嘗屬杜衍為墓誌衍却之仁宗聞其事他日謂衍曰薛顏有醜行卿不欲誌其墓誠清識也孫向自有傳

許元字子春宣州宣城人以父蔭為太廟齋郎改大理寺丞累遷國子博士監在京榷貨務三門發運判官元為吏强敏尤能商財利慶曆中江淮歲漕不給京師乏軍儲參知政事范仲淹薦元可獨倚辦擢江淮制置發運判官至則悉發瀕江州縣藏粟所在留三月食遠近以次相補引千餘艘轉漕而西未幾京師足食朝廷以為任職就遷副使遂以尚書主客員外郎為使■進金部特賜進士出身遷侍御史嘗欲與施昌言分行二浙江南調發軍食仁宗聞之語輔臣曰東南歲比不登民力匱乏嘗詔損歲漕百萬石而元與昌言乃更欲分道而出是必誅求疲民以自為功非朕志也下詔戒飭既而元欲專六路財賦收羡餘以媚三司憚諸部不從請以六路轉運司自隸既可之矣而轉運使多論其罪事遂寢擢天章閣待制再遷郎中以疾請還歷知揚越泰州卒元在江淮十三年以聚斂刻剥為能急於進取多聚珍奇以賂遺京師權貴尤為王堯臣所知發運使治所在真州衣冠之求官舟者日數十輩元視勢家貴族立權巨艦與之即小官惸獨伺候歲月有不能得人以是憤然而元自以為當然無所愧憚

鍾離瑾字公瑜廬州合肥人舉進士為簡州推官以殿中丞通判益州建言州郡既上雨後雖凶旱多隱之以成前奏請令監司劾其不實者擢開封府推官出提點兩浙刑獄衢潤州飢聚餓者食之頗廢農作請發米二萬斛賑給家毋過一斛後徙淮南轉運副使歷京西河東河北轉運使改江淮制置發運使殿直王乙者請自揚州召伯埭東至瓜州濬河百二十里以廢二埭詔瑾規度以工大不可就止置牐召伯埭旁人以為利累遷尚書刑部郎中為三司戶部副使除龍圖閣待制權知開封府未踰月得疾仁宗封

藥賜之使未及門而卒
孫沖字升伯趙州平棘人舉明經歷古田青陽尉監
山麗水主簿嘗併喪父母去官有司循五代故事必
六年乃聽調沖援古制以書干宰相不納後舉進士
登甲科授將作監丞歷通判晉絳保州坐與保州守
爭事降監吉州酒累遷太常博士河決棣州知天雄
軍寇準請徙州治河命沖往按視還言徙州動民亦
未免治堤不若塞河為便遂以沖知棣州自秋至春
凡四決沖皆塞之就除殿中侍御史準為樞密使卒
徙州信陽而沖坐守護河堤過嚴民輸送往来堤上

者輒榜之為使者論奏徙知襄州沖復上疏論徙州
非便著河書以獻會京西蝗真宗遣中使督捕至襄
怒沖不出迎乃奏蝗唯襄為甚而州將日置酒無卹
民意帝怒命即州置獄沖得屬縣言歲稔狀馳驛上
之時使者猶未還帝悟為追使者笞之以侍御史為
京西轉運塞滑州決河權知滑州參知政事魯宗道
總河事用太常博士李渭策欲盛夏興役沖言徒費
薪楗困人力雖塞必決遂罷知河陽累遷刑部郎中
歷湖北河東轉運使會南郊賞賜軍士而汾州廣勇
軍所得帛不逮他軍一軍大譟捽守佐堂下劫之約

與善帛乃免城中戒備遣兵圍廣勇營沖適至命解
圍弛備置酒張樂推首惡十六人斬之遂定初守佐
以亂軍所約者上聞詔給善帛使者至潞沖促之還
曰以亂而得所欲是愈誘之亂也卒留不與入判登
聞鼓院以目疾改兵部郎中直史館知河中府徙潞
州復為河東轉運使遷太常少卿擢右諫議大夫復
知潞州遷翰林院學士及徙同州權西京留司御史
臺遷給事中喪明卒沖為吏所至以強幹稱能任鈎
距多得事情然無家法晚節尤寡廉聲孫永自有傳
崔嶧字之才京兆長安人進士及第累官尚書職方

員外郎知遂州建議瞿塘峽置關如劍門以察奸人
事既施行徙提點刑獄嘉陵江歲調民丁治堤堨嶧
更用州兵代其役文州蕃卒數剽攻邊戶守臣慮生
事多以牛酒和遣嶧請守臣歲時得行邊益募勇壯伺
其發一切捕擊之後無復內寇就除轉運使歷三司
戶部判官河東轉運使會更錢法潞州民大擾推其
首惡誅之人心遂定後為戶部副使以右諫議大夫
為河東都轉運使遷給事中還糾察在京刑獄諫官
御史言宰相陳執中縱嬖妾殺婢命按治嶧以為執
中自以婢不恪笞之死非妾殺之頗左右執中即授

龍圖閣待制知慶州羌井坑族亂潜兵討平歷知同州鳳翔府改工部侍郎集賢院學士知河中府嵋所至貪好比老益甚在鳳翔轉運使薛向按之急不得已至河中請老以刑部侍郎致仕卒

田瑜字資忠河南壽安人舉進士歷袁郢合三州軍事推官遷大理寺丞知鹿邑建陽縣徙知蒙江二州累遷尚書司封員外郎提點廣南西路刑獄慶曆中歐希範誘溪洞環州蠻叛上以瑜習知南方事就除荊湖北路轉運使瑜檄屬郡募民擊賊又督轉粟以守要害故兵所至皆不乏食賊勢大挫徙兩浙轉運

按察使杭州龍山堤歲決水冒民居輒賦芻塞之瑜與民約每芻十束更輸石一尺率五歲得石百萬為石堤堤因而歲不調民加直史舘益州路轉運使改江淮制置發運使擢天章閣待制知廣州累遷諫議大夫權三司戶部副使儂智高犯邕瑜條上用兵禦賊十事智高平召對便殿具言南方山川險要所以備守之策乃以為廣南東路體量安撫使還糾察刑獄同判吏部流內銓除龍圖閣直學士知青州城中有殺人投屍井中者吏以其無主名不以聞瑜廉得之大出金帛購賊後數日鄰州民執賊以告屬歲凶多盜瑜立賞罰設方略捕格之境中肅然徙知澶州苛發疽卒瑜謹厚少文而於吏事頗盡心然御下急無廉稱

施昌言字正臣通州靜海人舉進士高第授將作監丞通判滁州後以太常博士召試館職不中選遷尚書屯田員外郎知太平州上政論三十篇入為殿中侍御史開封府判官安撫淮南還以禮部員外郎兼侍御史知雜事遷三司度支副使除天章閣待制河北都轉運使言事者以為濱棣等六州河可涉宜有城守如邊以待契丹詔昌言與宦官楊懷敏往視懷

敏以為當城如邊昌言曰六州地千里又河數移徙城之甚難而無利契丹未渝盟先自困非便也或請於麟府立十二砦以拓境又詔昌言與明鎬張元度可否昌言獨以為麟府在河外於國家無毫髮入而至今餽守者徒以畏蹙國之虛名今不當又事無利之砦以重困財力就除知慶州在州所為不法語徹朝廷昌言疑通判陳湜言之追發湜罪湜坐廢昌言亦降知華州歷知滄州河陽移河北都轉運使議塞商胡埽決河令復故道與北京留守賈昌朝累論徙江淮發運使加龍圖閣直學士知應天府又知延州

召還會塞六埽河以為都大修河制置使辭弗許加樞密直學士知澶州以便役事河決奪一官知滑州又知杭州加龍圖閣學士復知滑州以老求罷乃以知越州至京師卒昌言為發運使時召范仲淹後堂出婢子為優雜男子慢戲無所不言仲淹怍問之則皆昌言子也仲淹大不懌而去其治家如此

論曰狄棐郎簡孫祖德張若谷石揚休祖士衡並以文辭高第累侍從歷方州始為名臣終鮮大過若其行事可見也李垂寧去華近不肯見宰相張洞以直言正論為大臣所忌則其抱負從可知矣若李仕衡而下十人皆能任劇繁然或寡廉稱或有醜行君子恥之

列傳卷第五十八

列傳卷第五十九　宋史三百

開府儀同三司上柱國錄軍國重事前中書右丞相監修國史領經筵事都總裁脫脫等奉敕修

楊偕　王沿子鼎　杜杞　楊畋

周湛　徐的　姚仲孫　陳太素馬尋 杜曾附

李虛己　張傅　俞獻卿　陳從易

楊大雅

楊偕字次公坊州中部人唐左僕射於陵六世孫父守慶仕廣南劉氏歸朝為坊州司馬因家焉偕少從种放學於終南山舉進士釋褐坊州軍事推官知汧源縣再調漢州軍事判官道遇術士曰君知世有化瓦石為黃金者乎就偕試之既驗欲授以方偕曰吾從吏祿安事化金哉術士曰子志若此非吾所及也出戶失所之在官數上書論時政又上所著文論召試學士院不中改永興軍節度推官又上書論陝西邊事復召試不赴即遷秘書省著作佐郎為審刑院詳議官再遷太常博士宋綬薦為監察御史改殿中侍御史與曹脩古連疏言劉從德遺奏恩太濫貶太常博士監舒州稅以尚書祠部員外郎知光州改侍御史為三司度支判官時郭皇后廢偕與孔道輔范

仲淹力爭道輔仲淹既出偕旹罰金乃言願得與道輔等皆貶不報富民陳氏女選入宮將以為后偕復上䟽諫上以尚書戶部員外郎兼侍御史知雜事馬季良以罪斥置滁州自言得致仕偕以謂致仕用優賢者不當以寵罪人又數論陞降之弊仁宗嘉納之判吏部流內銓徙三司度支副使擢天章閣待制河北轉運使按知定州夏守恩贓數萬守恩流嶺南明年丁母憂願終制不許進龍圖閣直學士知河中府元昊反劉平石元孫戰沒偕聞乃偽為書馳告延州曰朝廷遣救兵十萬至矣命傍郡縣大具芻粮什器以俟比書至賊已解去夏竦為陝西經畧使請增置土兵易戍兵歸衛京師偕言方關中財用乏復增土兵徒耗國用今賊勢方盛雖大增土兵亦未能減戍兵東歸第竦懼敗事欲以兵少為解爾竦復奏偕不忠沮邊計偕爭愈力時陝西議立五保偕又以為擾民䟽請罷之徙陝州又徙河東都轉運使詔大選三路之民募為兵偕復言方今兵不為少苟多而不練則其勢易以敗又困國而難供時論者惟務多兵而偕論常如此進樞密直學士知并州及元昊入寇詔偕選強壯萬人策應麟府偕奏出師臨陣無紀律則

士不用命今發農卒赴邊慮在路逃逸及臨陣退縮不禀號令請以軍法從事詔如所請并人大驚畏都轉運使文彥博奏罷之有中官預軍事素橫前帥優遇之偕至一繩以法命率所部兵從副總管赴河外戒曰遇賊將戰一禀副總管節度中人不服捧檄訴偕叱曰汝知違主帥命即斬首乎監軍怖汗不覺墮笏翌日告疾未幾遂卒於是軍政肅然元昊大掠河北詔脩寧遠砦偕言寧遠砦在河外介麟豐二州之間無水泉可守請建新麟州於嵐州有白塔地可建砦屯兵謂遷有五利不遷有三害省國用惜民力利一也內衛岢嵐石府州沿河一帶賊所出路利二也我據其要則河氷雖合賊不敢逾河而東利三也商旅往來以通貨財利四也方河凍時得所屯兵馬五七千人以張軍勢利五也今麟州轉輸束芻斗粟費直千錢若因循不遷則河東之民困於調發無已時害一也以孤壘餌敵害二也道路艱阻援兵難繼害三也且州之四面屬羌遭賊驅脅蕩然一空止存孤壘猶四支盡廢首面心腹獨存也今契丹又與西賊共謀待冰合來攻河東若朝廷不思禦捍之計而脩寧遠砦是求虛名而忽大患也況靈夏二州皆漢唐

郡一旦棄之一麟州何足惜哉書奏帝謂輔臣曰麟州古郡也咸平中嘗經寇兵攻圍非不可守今遽欲棄之是將退而以河為界也宜諭偕速脩復寧遠以援麟州明年改左司郎中本路經畧安撫招討使賜錢五十萬偕列六事于朝一罷中人預軍事二從麟州三以便宜從事四出冗師五募武士六專捕援咀能用臣言則受命不然則已朝廷不從偕累奏不已乃罷知邢州徙滄州求面論兵事召還令間日入對偕在并州日嘗論八陣圖及進神楯劈陣刀其法外環以車內比以楯至是帝命以步卒五百如其法布

宋史三百 字四百令九个 宋史列傳卷第五十九 四 趙繼新寫 黃材刊

陣于庭善之乃下其法於諸路其後王吉果用偕刀楯敗元昊於兎毛川久之遷翰林侍讀學士知審官院復以為左司郎中元昊乞和而不稱臣偕以謂連年出師國力日蹙宜權許之徐圖誅滅之計諫官王素歐陽脩蔡襄累章劾奏偕職為從官不思為國討賊而助元昊不臣之請罪當誅陛下未忍加戮請出之不宜留處京師帝以其章示偕偕不自安乃求知越州道改杭州時襄謁告過杭而輕遊里市或謂偕合言於朝對曰襄嘗緣公事抵我我豈可以私報耶又上太平可致十象圖還判太常司農寺改右諫議

大夫請老以尚書工部侍郎致仕於其歸特賜宴嘗召問賜不拜卒遺奏兵論一篇帝憐之特贈兵部侍郎偕性剛而忠朴敢為大言數上書論天下事議者以為迂闊難用與人少合尤喜古今兵法有兵書十五卷集十卷子恍慥皆有雋才蚤卒

王沿字聖源大名館陶人少治春秋中進士第試秘書省校書郎歷知彭城新昌二縣改相州觀察推官知宗城縣張知白薦其才擢著作佐郎入為審刑院詳議官再遷太常博士上書論漢唐之初兵革纔定未暇治邊圉則屈意以講和承平之後我力有餘而

宋史三百 四百令三个 宋史列傳卷第五十九 五 趙雍新寫 吳大中刊

外侮不已則以兵治之孝武之於匈奴太宗之於突厥頡利是也宋興七十年而契丹數侵深趙貝魏之間先朝患征調之不已也故屈己與之盟然彼以戈矛為耒耜以剽虜為商賈而我壘不堅兵不練而規規於盟歃之間豈久安之策哉夫善禦敵者必思所以務農實邊之計河北為天下根本其民儉嗇勤苦地方數千里古號豐實今其地十三為契丹所有餘出征賦者七分而已魏史起鑿十二渠引漳水溉斥鹵之田而河內饒足唐至德後渠廢而相魏磁洺之地並漳水者累遭決溢今皆斥鹵不可耕故沿邊郡

縣數蠲租稅而又牧監芻地占民田數百千頃是河
北之地雖十有其七而得賦之實者四分而已以四
分之力給十萬防秋之師生民不得不困也且牧監
養馬數萬徒耗芻豢未嘗獲其用請擇壯者配軍衰
者徙之河南孳息者養之民間罷諸坰牧以其地為
屯田發後卒刑徒田之歲可用獲穀數十萬斛夫漳
水一石其泥數斗古人以為利今人以為害繫乎用
與不用爾願募民復十二渠渠復則水分水分則無
奔決之患以之灌溉可使數郡瘠鹵之田變為膏腴
如是則民富十倍而帑廩有餘矣以此馭敵何求而

不可詔河北轉運使規度而通判洺州王軫言漳河
岸高水下未易疏導又其流濁不可溉田沿方還監
察御史即上書駮軫說帝雖嘉之而不即行語在河
渠志時樞密副使晏殊以笏擊從者折齒知開封府
陳堯咨判官張宗誨日嗜酒惰事沿皆彈奏之天聖
五年安撫關陝減諸縣秋稅十二三還為開封府推
官又體量河朔飢民所至不俟詔發官廩濟之就除
轉運副使上言本朝制兵刑未幾於古自契丹通好
三十年二邊常屯重兵坐耗國用而未知所以處之
請教河北強壯以代就糧禁卒之闕罷招廂軍以其

冗者隸作屯田行之數年禁卒當漸銷減而強壯悉
為精兵矣古者刑平國用中典而比者以赦慶罪多
重於律以絹估罪者赦以緡直代之律坐髡鈦而役
者赦黥竄以為卒比諸州上言謫卒太多衣食不足
願勿復謫者七十餘州以律言之皆不至是是以繁
文罔之而寘于理也誠願削深文而用正律以錢定
罪者悉從絹估黥竄為卒者止從髡鈦此所謂勝殘
去殺無待百年者也被詔鞫曹汭獄于真定府還殿
中侍御史毋喪服除改尚書工部員外郎知邢州復
起為河北轉運使奏罷二牧監以地賦民導相衞邢

趙水下天平景祐諸渠溉田數萬頃因詣闕奏事上
所著春秋集傳十五卷復上書以春秋論時事授直
昭文館為三司戶部副使徙鹽鐵遷兵部員外郎天
章閣待制陝西都轉運使時朝廷將減卒戍就食內
地詔與知州總管鈐轄等議沿即奏減卒數萬知樞
密院李諮以為不可復下沿邊都監議沿上疏曰兵
機當在廊廟之上豈可取責小人哉諮惡其言奏罷
之降知滑州徙成德軍建學校行鄉飲酒禮遷刑部
郎中河東都轉運使加龍圖閣直學士知并州時元
昊數寇河東建議徙豐州不報已而州果陷進樞密

直學士右司郎中為涇原路經略安撫招討使兼知渭州增屯兵城中臨甚乃築西關城五里改涇州觀察使元昊入寇副都總管葛懷敏率兵出捍沿教懷敏率兵據瓦亭待之懷敏進兵鎮戎沿以書戒勿入第背城為砦以羸師誘賊賊至發伏擊之可有功懷敏不聽進至定川果為所敗賊乘勝犯渭州沿率州人乘城多張旗幟為疑兵賊遂引去坐懷敏敗復為龍圖閣直學士刑部郎中知虢州尋降天章閣待制而為權御史中丞賈昌朝所奏落待制未幾徙知成德軍復待制又徙河中府卒沿好建明當世事而其

論多齟齬初興河北水利導諸渠溉民田論者以為無益已而邢州民有爭渠水至殺人者然後人知沿所建為利嘗論以春秋法斷事然真定之獄人以為沿傅致之有文集二十卷唐志二十一卷子鼎

鼎字鼎臣以進士第累遷太常博士王堯臣領三司舉勾當公事數上書論時政得失時天子患吏治多弛監司不舉職而范仲淹等方執政擇諸路使者令按舉不法以鼎提點江東刑獄與轉運使楊紘判官王綽競擿發吏至傚隱罪無所貸於是所部官吏愁之目為三虎仁宗聞之不說後傳惟幾奉使江東戒

以毋效三虎為也仲淹等罷鼎與紘綽皆為人所言時鼎提點兩浙刑獄降知深州王則以貝州反深卒龐旦與其徒謀以元日殺軍校劫庫兵應之前一日有告者鼎夜出檄遣軍校捕事外邑而陰為之備翌日會僚吏置酒如常叛黨愕不敢動鼎刺得實徐捕首謀十八人送獄獄具俟轉運使至審決未至軍中恟恟謀劫囚鼎因謂僚吏曰吾不以累諸君獨命取囚桀驁者數人斬于市衆皆失色一郡帖然轉運使至囚未決者半訊之皆伏誅明年河北大飢人相食鼎經營賑救頗盡力徙建州其俗生子多不舉鼎為

條教禁止時盜販茶鹽者衆一切杖遣之監司數以為言鼎弗為變徙提點河北刑獄治奸贓益急所劾舉不避貴勢召為開封府判官改鹽鐵判官累遷司封員外郎淮南兩浙荊湖制置發運副使內侍楊永德奏請沿汴置鋪挽漕舟歲可省卒六萬鼎議以為不可永德橫猾執政重違其奏乃令三司判官一員將永德就鼎議發八難永德不能復鼎因號言陛下幸察用臣不宜過聽小人妄有所改以誤國計於是永德言不用居二年遂以為使前使者多漁市南物因奏計京師持遺權貴鼎一無所市獨悉意精吏事

事無大小必出於已凡調發綱吏度漕路遠近定先後為成法於是勞逸均吏不能為重輕官舟禁私載舟兵無以自給則盡盜官米為奸有能居販自贍者市人持以法不肯償所逋鼎為移州縣督償之舟人有以自給不為奸而所運米未嘗不足也入為三司鹽鐵副使數與包拯爭議不少屈拯素強然無如之何遷刑部郎中天章閣待制河北都轉運使徙使河東卒鼎性廉不欺嘗任其子族人欲增年以圖速仕鼎不可父死分諸子以財鼎悉推與其弟嘗知臨邛縣轉運使選攝新繁新繁多職田斗粟不以自入奉使契丹得千縑散之族人一日盡所至不擾唯市飲食日用物增直以償事繼母孝教育孤姪甚至自奉養儉約當官明敏強直不可撓所薦士多知名有終身不識者然性猜忌其行部至於藥餌皆手自扃鐍至路州八義館疾作不知人事左右遑遽發藥奩悉無題識莫敢進以迄於卒初鼎與弟豫皆有才氣好上書言事仁宗稱之以為豫孟浪鼎所言多可用豫為人不事羈檢以大理事丞知伊闕縣有異政棄官浮游江湖間殖貨自給以卒

杜杞字偉長父鎬蔭補將作監主簿知建陽縣強敏有才閩俗老而生子輒不舉杞使五保相察犯者得重罪累遷尚書虞部員外郎知橫州時安化蠻寇邊殺知宜州王世寧出兵討之杞言嶺南諸郡無城郭甲兵之備牧守非才橫為邕欽廉三郡咽喉地勢險阻可屯兵為援邕管內制廣源外控交阯願擇文臣識權變練達嶺外事者以為牧守使經制邊事改通判真州徙知解州權發遣度支判官盜起京西掠商鄧均房焚光化軍授京西轉運按察使居數月賊平會廣西區希範誘白崖山蠻蒙趕反有衆數千襲破環州帶溪普義鎮寧砦嶺外騷然擢刑部員外郎直

集賢院廣南西路轉運按察安撫使行次真州先遣急遞以書諭蠻聽其自新次宜州蠻無至者杞得州校出獄因脫其械使入洞說賊不聽乃勒兵攻破白崖黃坭九居山砦及五峒焚毀積聚斬首百餘級復環州賊散走希範走荔波洞杞遣使誘之趕來降杞謂將佐曰賊以窮蹙降我威不足制則恩不能懷所以數叛不如盡殺之乃擊牛馬為曼陀羅酒大會環州伏兵發誅七十餘人後三日又得希範醢之以遺諸蠻因老病而釋者纔百餘人御史梅摯劾杞殺降失信詔戒諭之為兩浙轉運使明年徙河北拜天章

閣待制環慶路經畧安撫使知慶州杞上言殺降者
臣也得罪不敢辭將吏勞未録臣未敢受命因為行
賞蕃酋率衆千餘内附夏人以兵索酋而刼邊戸掠
馬牛有詔責杞杞言彼違誓舉兵酋不可與因移檄
夏人不償所掠則酋不可得旣而兵亦罷去杞性强
記博覽書傳通陰陽數術之學自言吾年四十六死
矣一日據厠見希範與趕在前訴寃叱曰爾狂僭叛命
法當誅尚敢訴耶未幾卒有奏議十二卷兄植以文
雅知名累任監司終少府監弟樞亦强敏為比部員
外郎有張彦方者温成皇后母越國夫人客也坐奸
利論死語連越國夫人開封不敢窮治執政以后故
亦不復詰獄上中書遣樞密問樞楊言將駁正亟改
用諫官陳升之權倖切齒於樞前此御史中丞王舉
正留百官班論張堯佐除宣徽使樞嘗出班問其故
至是蓋累月矣坐是罪樞絀監衡州稅卒
楊畋字樂道保静軍節度使重勛之曾孫進士及第
授秘書省校書郎幷州録事參軍再遷大理寺丞知
岳州慶曆三年湖南猺人唐和等刼掠州縣擢殿中
丞提點本路刑獄專治盗賊事乃募才勇深入峒討
擊然南方久不識兵士卒多畏懾及戰孫滐峒前軍

衄大兵悉潰畋踣巖下藉茂草得不死卒厲衆平六
峒以功遷太常博士未幾坐部將胡元戰死降知太
平州歲餘賊益肆帝遣御史按視還言畋嘗戰山下
人樂為用今欲殄賊非畋不可乃授東染院使荆湖
南路兵馬鈐轄賊聞畋至皆恐畏踰嶺南遁又詔往
韶連等州招安之乃約賊使出峒授田為民而轉運
使欲授以官與貲納質使還畋曰賊剽攻湖廣七年
所殺不可勝計今使飽貲粮據峒穴其勢不久必復
亂明年春賊果復出陽山畋即領衆出嶺外涉夏秋
凡十五戰賊潰畋感瘴疾歸蠻平願還舊官改尚書
屯田員外郎直史館知隨州召還為三司戸部判官
奉使河東丁父憂會儂智高陷邕州召至都門外辭
以喪服不敢見仁宗賜以服飾御巾入對便殿即日
除起居舍人知諫院廣南東西路體量安撫經制賊
盗畋至韶州會張忠戰死智高自廣州回軍沙頭將
濟畋令蘇緘棄英州蔣偕焚粮儲及召幵贇岑宗閔
王從政退保韶州賊勢愈熾畋不能抗遂殺蔣偕王
正倫敗陳曙復據邕州畋坐是落知諫院知鄂州再
降為屯田員外郎知光化軍明年又降為太常博士
歲終徙邠州復起居舍人為河東轉運使入為三司

戶部副使遷吏部員外郎奉使契丹以曾伯祖業嘗陷虜辭不行河北舊以土絹給軍裝三司使張方平易以他州絹畋既同書奏聞外議籍籍又密陳其不可久之擢天章閣待制兼侍讀判吏部流內銓上言願擇宗室之賢者使侍膳禁中為宗廟計嘉祐三年冬河北地震明年日食正旦復上疏曰漢成帝時日食地震哀平之世嫡嗣屢絕此天所以示戒也陛下宜早立皇嗣以答天意改知制誥李珣自防禦使遷觀察劉永年自團練使遷防禦畋當草制封還詞頭因言祖宗故事郭進戍西山董遵誨姚內斌守環慶

與強寇對壘各十餘年未嘗轉官移鎮重名器也今珣等無尺寸功特以外戚故除之恐非祖宗意不報詔他舍人草制而范鎮言朝廷如以畋言為是當罷珣等所遷官倘以為非乞復令畋命詞不允進龍圖閣直學士復知諫院嘉祐六年京師大水畋上言洪範五行傳簡宗廟則水不潤下又曰聽之不聰厥罰常水去年夏秋之交久雨傷稼澶州河決東南數路大水為沴陛下臨御以來容受直諫非聽之不聰也以孝事親非簡於宗廟也然而灾異數見臣愚殆以為萬機之聽必有失於審者七廟之享必有失於順

者惟陛下積思而矯正之乃下其章禮官并兩制考議咸言南郊三聖並侑溫成皇后立廟皆違經禮於是詔自今南郊以太祖皇帝定配改溫成廟為祠殿舊制內侍十年一遷官樞密院以為僥倖乃更定歲數倍之畋言文臣七遷而內侍始得一磨勘為不均宜如文武官僚例增其歲考遂詔南班以上仍舊制無勞而嘗坐罪徙者即倍其年議者謂畋以士人比閹寺為失卒贈右諫議大夫畋出於將家折節喜學問為士大夫所稱在山下討蠻家閣至即焚之與士卒同甘苦破諸峒及用之嶺南以無功斥名稱遂衰

性清介謹畏每奏事必發封數四而後上之自奉甚約為郡待客雖監司菜果數器而已及卒家無餘貲特賜黃金二百兩其後端平贈講讀官御飛白書扇遣使特賜置其柩

周湛字文淵鄧州穰人進士甲科為開州推官中身言書判改秘書省著作佐郎通判戎州俗不知醫病者以祈禳巫祝為事湛取古方書刻石教之禁為巫者自是人始用醫藥累遷尚書都官員外郎知虔州提點廣南東路刑獄初江湖民略良人鬻嶺外為奴婢湛至設方畧搜捕又聽其自陳得男女二千六百

人給飲食還其家徙京西路鄧州美陽堰歲役工數十萬溉州縣職田而利不及民湛奏罷之為塩鐵判官三司帳籍浩煩吏胥離析為弊欺湛為立勘同法歲減天下計帳七千為江南西路轉運使州縣簿領案牘淆混無紀次且多亡失民訴訟無所質至久不能決湛為立號以月日比次之詔下其法諸路又以徭賦不均百姓巧於避匿因條其詭名挾佃之類十二事且許民自言凡括隱戶三十萬還為戶部判官又為夔州路轉運使雲安塩井歲賦民薪茅至破產責不已湛為蠲塩課而省輸薪茅判塩鐵勾院以太常少卿直昭文館為江淮制置發運使陛辭仁宗誡以毋納包苴于京師湛惶恐對曰臣蒙聖訓不敢苟附權要以謀進身湛治煩劇能得其要所至喜條上利害前後至數十百事天資強記吏胥滿前一見輒識其姓名大江歷舒州長風沙其地最險謂之石牌灣湛役三十萬工鑿河十里以避之人以為利除度支副使舊制發運司保任軍將至三司不得考覆而皆遷之至是以名上者三十五人湛盡覆其濫者拜右諫議大夫使契丹辭不行知襄州襄人不善陶瓦率為竹屋歲久侵據官道簷廡相逼火數為害湛至

度其所侵悉撤之自是無火患然豪姓不便提點刑獄李穆奏湛擅徙知相州右司諫吳及號曰湛裁損居民第為官也百姓侵官而主司禁之其職然也況聞湛明著律令約民以信乃奉法行事百姓自知罪不敢訴郡從事高直溫夏竦子婿也竦邸店最廣故加譖於穆且謂湛伐木若干株昔之民居侵越官道木在道側既正其侵地則木在中衢固宜翦去又湛種楸桐千餘本課戶貯水以嚴火禁又於民居得衆汲舊井四廢而復興人得其利道傍之井反在民居之下其侵越豈不白乎望詔執政大臣辨正湛穆是非明垂獎黜若謂湛已行之命憚於追改是傷風敗俗貽患於後不若追改之愈也湛守大郡於湛不為重輕但國家舉錯有所未安奉職者將何以勸邪未幾卒湛為人脫易少威儀然善射弩雖隔屋亦中的云

徐的字公準建州建安人擢進士第補欽州軍事推官欽土煩鬱人多死瘴癘的見轉運使鄭天監請曰徙州瀕水可無患請轉而上聞從之天監因奏留的使辦役的短衣持梃與役夫同勞苦築城郭立樓櫓以備戰守畫地居軍民為府舍倉庫溝渠廛肆之類

民皆便之遷大理寺丞知吳縣移梁山軍通判常州屬歲飢出米為糜粥以食餓者累遷尚書屯田員外郎知臨江軍擢廣南西路提點刑獄安化州蠻攻殺將吏所部卒畏誅謀欲叛的馳[illegible]至宜州慰曉之曰爾曹亡懼能出力討賊猶可立功以自贖若朝叛則夕死非計也衆皆斂手聽命奏復澄海忠敢軍後皆獲其用改知舒州徙荆湖北路轉運使辰州蠻彭士義為寇的開示恩信蠻黨悔過自歸擢江陵府事城中多惡少年欲為盜輒夜縱火火一夜十數發的籍其惡少年姓名使相保任曰爾輩遞相察不然皆爾

罪也火遂息太子洗馬歐陽景猾橫不法為里人害的發其奸竄之嶺外以兵部員外郎為淮南江浙荆湖制置發運副使奏通泰州海安如皋縣漕河詔未下的以便宜調兵夫濬治之出滯塩三百萬計得錢八百萬緡遂為制置發運使軍賊王倫起山東轉掠淮南的團兵待之會青州改遣裨將傅永吉追殺入歷陽的與賞遷工部郎中復治泰州西溪河發積塩加直昭文館區希範蒙趕寇衡湘命的招撫之既至再宿會蠻酋相繼出降三司以郊祠近宜召還計事既還蠻復叛除度支副使荆湖南路安撫使至桂陽

降者復衆其斂景石硋華陰水頭諸洞不降者的皆討平之斬其酋熊可清等千餘級卒於桂陽

論曰宋承平時書生知兵者蓋寡皆沿數上書言邊事策畫論議有得有失固皆一時之俊畋由將家子力學第進士再討猺賊前勝後敗兵家之常也杞的俱以征宜州蠻立功杞則殺降失信的則招徠以恩其優劣槩可見矣湛强敏所至有治績史稱善射抑亦文臣之習武事者歟鼎性孝友自奉甚約而疎於財居官清辦土俗有生子不舉者輒禁之獨發摘吏奸貽衆怨或以虎目之豈其然乎

姚仲孫字茂宗本曹南著姓曾祖仁嗣陳州商水令因家焉父曄舉進士第一官至著作佐郎仲孫早孤事母孝擢進士第補許州司理參軍民婦馬氏夫被殺指里胥嘗有求而其夫不應以為里胥殺之官捕繫辭服仲孫疑其枉知州王嗣宗怒曰若敢以身任之耶仲孫曰幸毋遽決異得徐辨後兩月果得殺人者調邢州推官從資州轉運使檄仲孫詣富順監按疑獄全活數十人資州吏二守皆惛老事多決於仲孫改大理寺丞知建昌縣初建昌運茶抵南康或露積于道間為霖潦所敗主吏至破產不能償仲孫為

勞吏民輸山木即高阜為倉邑人利之徙通判彭州嘗以天下久無事不可以弛兵備因上前世禦戎料敵之策名防邊龜鑑通判睦州徙滁州歲旱飢有詔發官粟以賑民而主吏不時給仲孫既至州立劾主吏夜索丁籍盡給之累遷尚書屯田員外郎王贄守益州辟通判州事召為右司諫入內都知閻文應求為都知仲孫數其罪白上曰方帝齋宿太廟而文應叱醫官聲聞行在郭皇后暴薨中外莫不疑文應寘毒者出文應為秦州兵馬鈐轄又稱疾留復論奏乃亟去以起居舍人知諫院管勾國子監以尚書戶部

員外郎兼侍御史知雜事時諫議大夫十二員仲孫曰諫議大夫蓋朝廷之選不宜以歲月序進今諸寺卿至前行郎中三十五員貼近職者猶不在數若以年勞授則數年之外諫議大夫員益多請艱其選以處材望之臣餘悉次補卿監乃詔當選者奏聽旨先是諸路復提點刑獄還朝多擢為省府官仲孫請第其課為三等計黜之即詔仲孫司考課之法歷三司戶部度支鹽鐵副使進天章閣待制河北都轉運使大修城壘兵備仁宗賜詔褒之權知澶州河壞明公埽絕浮橋仲孫親總役堤上埽一夕復完權知大名府夜領禁兵塞金堤決河是歲澶魏雖大水民不及患進禮部郎中龍圖閣學士徙陝西都轉運使未行權三司使專饋西北備邊募兵益屯及賞賜聘問之費不可勝計仲孫悉心經度雖病未嘗輒廢事坐小吏詐為文符出知蔡州因母憂喪一目卒

陳太素字仲華河南緱氏人中進士第嘗為大理評斷官入審刑為詳議官權大理少卿又判大理專任刑法二十餘年朝廷有大獄疑必召與議太素為推原人情以傳法意衆皆釋然自以為不及雖號明習法令然所論建亦或有不中每臨案牘至忘寢食大

寒暑不變子弟或止之答曰囹圄之苦豈不甚於我也歷知江陰軍兗州明州有治跡在大理耳疾數求罷執政以為任職弗許累官至尚書兵部郎中卒太素家行脩治尤喜論刑名常以為有司議法當據文直斷不可求曲當法曲當法所以亂也同時有馬尋者須城人舉毛詩學究累判大理寺以明習法律稱歷提點兩浙陝西刑獄廣東淮南兩浙轉運使知湖撫汝襄洪宣鄧滑八州襄州飢人或群入富家掠囷粟獄吏鞫以強盜尋曰此脫死爾其情與強盜異奏得減死論著為例終司農卿又有杜曾者濮州人為

吏號知法嘗言國朝因唐大中制故殺人雖已傷未死已死更生皆論如已殺夫殺人者死傷人者刑先王不易之典律雖謀殺已傷則絞蓋甚其處心積慮陰致賊害爾至於故殺初無殺意須其已死乃有殺名苟無殺名而用殺法則與謀殺孰辨自大中之制行不知殺幾何人矣請格勿用又言近世赦令殺人已傷未死者皆得原減非律意請傷者從律保辜法死限内者論如已殺勿赦皆著爲令

李虚己字公受五世祖盈自光州從王潮徙閩遂家建安父寅有清節仕江南李氏至諸司使江南國除

授殿前承旨辭不拜時僞官皆入留京師而寅母獨在江南乃遣其長子歸養舉進士起家爲衢州司理參軍母老棄官以歸虚己亦中進士第歷沈丘縣尉知城固縣改大理評事累遷殿中丞提舉淮南茶場召知榮州未行改遂州時太宗勵精政事嘗手書累二十餘紙曰公勤潔己奉法除奸恵愛臨民者乃可書爲勞績月給奉以實錢命有司擇群臣以治最聞者賜之仍諭曰除奸之要在乎奉法不可因以生事時虚己被賜因獻詩自陳父子遭遇榮及祖母帝悦爲批其紙尾曰虚己學古入官榮親事生奉書爲郡欲布新規朕得良二千石矣遂賜五品服又賜其祖母錢五十萬命翰林學士張洎會兩制三館儒臣徧閱所批詔其後以南郊恩封群臣母妻虚己又請罷其妻封以授祖母詔悉封之世以爲榮會遣使察川峽吏能否而州多不治唯虚己與薛顔邵曄查道數人以能任職稱再遷尚書祠部員外郎以便親請通判洪州是時寅已謝歸春秋高寅母尚無恙虚己雙轝迎侍寅至豫章樂其山水曰此可以終吾身也遂臨州之東湖築第守以居虚己爲侍御史出提點荆湖南路刑獄從淮南轉運副使累遷兵部郎中爲龍

圖閣待制歷判大理寺久之求補外真宗稱其儒雅循謹特遷右諫議大夫數月出知河中府召權御史中丞未幾以疾辭進給事中知洪州遷尚書工部侍郎從池州求分司南京卒初寅之請老年未六十虚己分司而歸年六十九其季虚舟仕至餘干縣令坐法免官不復言仕初太宗既賜虚己錢翌日以語宰相曰虚己詩思可嘉予錢五十緡矣宰相對以所予乃五十萬帝知其誤由是詔群臣以章獻者閤門勿受皆由中書門下閲而上之然論者謂虚己父子篤行家甚貧雖人主一時之誤殆天賜也寅事親孝治

家有法閨門之內肅如也虛已虛舟又以孝友清慎世其家虛舟之子寬為尚書金部郎中定為司農少卿為吏頗有能名虛已喜為詩數與同年進士曾致堯及其壻晏殊唱和初致堯謂曰子之詞詩雖工而音韻猶啞虛已未悟後得沈休文所謂前有浮聲則後須切響遂精於格律有雅正集十卷

張傳字巖卿唐初功臣公謹之裔祖播為亳州團練副使子孫因為譙人傳進士及第稍遷秘書省著作佐郎知奉符縣時方脩會真宮天書觀及增治岳祠以辦事稱賜錢二十萬宰相向敏中用東岳帝號還

薦之知楚州會歲飢貽書發運使求貸粮不報因歎曰民轉死溝壑矣報可待邪乃發上供倉粟賑貸所活以萬計因拜章待罪詔奬之提點江西刑獄徙江東就除轉運使入權三司鹽鐵判官會河決濟北民多被害命安撫京東累遷工部郎中出為兩浙轉運使改荊湖北路復為鹽鐵判官再遷兵部為陝西轉運使徙江淮發運使未至召還屬西京奏兵食之因言馮翊華陰積粟多可運二十萬石繇三門下濟之遂留為侍御史知雜事判吏部流內銓進三司度支副使以疾請外遷太常少卿知應天府逾月為右諫議大夫徙青州還給事中知鄆州復知應天府遂以工部侍郎致仕卒傳強力治事七為監司所至審覈簿書句摘奸隱州縣憚之傳曰奚為我憚哉吾所以事事致察者正所以愛州縣也吏不敢慢則州縣不復犯法矣人亦以為然天禧中有術士自言數百歲少時嘗遊秦悼王家歷見唐肅宗代宗朝由是出入禁中見尊重人無敢詰其偽傳見之詰以唐事術士語屈

俞獻卿字諫臣歙人少與兄獻可以文學知名皆中進士第獻可有吏稱歷吏部郎中龍圖閣待制獻卿

起家補安豐縣尉有僧貴寧積財甚厚其徒殺之詣縣給言師出遊矣獻卿曰吾與寧善不告而去豈有異乎其徒色動因執之得其所瘞尸一縣大驚再調昭州軍事推官會宜州陳進亂象州守不任事轉運使檄獻卿往佐之及至守謀棄城獻卿曰臨難苟免可乎賊至尚當力擊不勝有死而已柰何棄去初昭州積緡錢鉅萬獻卿盡用平糴至積穀數萬及是大兵至賴以饋軍改大理寺丞為本寺詳斷官歷知慎仁和二縣再遷太常博士知南雄州徙潮州除殿中侍御史為三司鹽鐵判官上言天下穀帛日益耗

物價日益高欲民力之不屈不可得也今天下穀帛之直比祥符初增數倍矣人皆謂稻苗未立而和糴桑葉未吐而和買自荆湖江淮間民愁無聊轉運使務刻剥以增其數歲益一歲又非時調率營造一切費用皆出於民是以物價積高而民力積困也陛下誠以景德中西北二邊通好最盛之時一歲之用較之天禧五年凡官吏之要冗財用之盈縮力役之多寡賊盗之增減較然可知其利害也況自天禧以來日侈一日又甚于前夫危不盈者漏在下木不茂者蠹在内陛下宜知其有損於彼無益於此與公卿大

臣朝夕圖議而捄正之帝納其言為罷諸宮觀兵衛又命官除無名之費以鉅萬計淮浙盐利不登命獻卿往經度之更立新法歲增盐課緡錢甚衆會其兄為盐鐵副使徙開封府判官朝廷擇陝西轉運使宰相連進數人不稱旨他日獻卿在所擬中帝曰此可以除陝西轉運使時邊吏多因事邀功涇原路鈐轄擅於武英州鑿邊壕置堡砦獻卿度必招寇患亟檄罷之未幾賊果至殺将士塞所鑿壕而去從京西因入對甚言趙振堪将帥范仲淹明鎬可大用及條上邊策甚備除福建轉運使還判三司盐鐵勾院累遷尚書刑部郎中直史館知浙南歷戶部度支盐鐵副使以右諫議大夫集賢院學士知杭州暴風江潮溢決堤獻卿大發卒鑿西山作堤數十里民以為便還勾當三班院知通進銀臺司最後知應天府以刑部侍郎致仕卒

陳從易字簡夫泉州晋江人進士及第為嵐州團練推官再調彭州軍事推官王均盗據成都連陷綿漢諸郡彭人謀殺兵馬都監以應之時從易攝州事斬其首謀者召餘黨曉以禍福貫之衆皆呼悦乃率厲将吏脩嚴守械戒其家僮積薪舍後曰吾力不足以

守當死於此賊聞其有備不敢入境賊平安撫使王欽若以狀聞召為秘書省著作佐郎大理寺詳斷官遷太常博士出知邵武軍預脩冊府元龜改監察御史真宗宴近臣崇和殿召從易預賦詩稱旨遷侍御史改刑部員外郎直史館知虔州會歲大飢有持杖盗取民穀者請一切減死論凡坐者千餘人天禧中坐薦送別頭進士失實降工部員外郎以父老求鄉郡宰相寇準惡其躁已除吉州從易因對自言改福州未行遭父喪服除糾察在京刑獄出為湖南轉運使徙知荆南擢太常少卿直昭文館知廣州又坐嘗

課校太清樓書字非僞誤而從易妄判竄之降直史
館明年復職在廣三年以清德聞入為左司郎中知
制誥初景德後文士以雕靡相尚一時學者鄉之而
從易獨守不變與楊大雅相厚善皆好古篤行時朝
廷矯文章之弊故並進二人以風天下兼史館脩撰
遷左諫議大夫命使契丹以年老辭不行又辭職請
補郡進龍圖閣直學士知杭州卒從易好學强記為
人激直少容喜別白是非多面折人或尤其過從易
終不變王欽若最善之嘗謂人曰數日不見簡夫輙
怱怱不懌及廢居南京時丁謂方用事人畏謂無敢

往見欽若者從易將使湖南欲過之遇汴水旱涸遂
告謂曰從易頗使湖外者非獨為貧也亦以王公在
宋故就省之爾令汴涸義不可從他道進辇公許少
留謂即大喜曰王公之門獨君為知我者留權糾察
刑獄從易不敢當乃聽歸館須汴通乃行時寇準貶
道州謂又謂從易曰盧陵之事可以釋憾矣從易對
曰當以故相事之爾謂有愧色其行志多類此所著
泉山集二十卷中書制藁五卷西清奏議三卷
楊大雅字子正唐靖恭諸楊虞卿之後虞卿孫承休
唐天祐初以尚書刑部員外郎為吳越國册禮副使

楊行密據江淮道阻不克歸遂家錢塘大雅承休四
世孫也錢俶歸朝挈其族寓宋州大雅素好學日誦
數萬言雖飲食不釋卷進士及第歷新息鄢陵縣主
簿改光禄寺丞知新昌縣徙知潯州監在京商稅再
遷秘書丞咸平中交趾獻犀因奏賦召試遷太常博
士久之又上書自薦獻所為文復召試直集賢院出
知筠袁二州提舉開封府界諸縣鎮事為三司鹽鐵
判官知越州提點淮南路刑獄還考試國子監生坐
失薦送降監陳州酒徙知常州判三司都磨勘司戶
部勾院還集賢殿脩撰知應天府還糾察在京刑獄

以兵部郎中知制誥大雅初名侃至是避真宗藩邸
諱詔改之居二歲拜右諫議大夫集賢院學士知亳
州卒大雅朴學自信無所阿附直集賢院二十五年
不遷有出其後者往往致榮顯或笑其違世自守大
雅嘆曰吾不學乎世而學乎聖人由是以至此吾之
所有不敢以薦於人而嘗自獻乎天子矣天禧中使
淮南循江按部過金陵境上遇風覆舟得傍卒拯之
及岸冠服盡喪時丁謂鎮金陵遣人遺衣一襲大雅
辭不受謂以為歉宰相王欽若亦不悅之晚與陳從
易並命知制誥大雅嘗因轉對上原治十七篇所著

大隱集三十卷西垣集五卷職林二十卷兩漢博聞十二卷

論曰仲孫以才力自奮於時論事著效號為能吏太素尋曾能知法意理官之良也虛已獻卿立朝雖微卓犖大節及為他官所至有吏稱若從易拒釋憾之言大雅辭襲衣之遺卒使權奸愧歎抑又可尚哉

列傳卷第五十九

列傳卷第六十　宋史三百一

開府儀同三司上柱國錄軍國重事前中書右丞相監修國史領經筵事都總裁臣脫脫等奉勅修

邊肅　梅詢　馬元方　薛田
寇瑊　楊日嚴　李行簡　章頻
陳琰　李宥　張秉　張擇行
鄭向　郭稹　趙賀　高覲
袁抗　徐起　張吉　齊廓
鄭驤

邊肅字安國應天府楚丘人進士及第除大理評事知於潛縣累遷太常博士三司使魏羽薦為戶部判官祀南郊超薦尚書度支員外郎帝以三司鉤取無法至道初置行帳司以會財用之數命肅主之帳成遷工部郎中真宗幸大名府命肅經度行在糧草改判開拆司出知曹州徙邢州會契丹大入先是地屢震城堞摧圮無守備帝在澶州密詔肅若州不可守聽便宜南保他城肅匿詔不發督丁壯乘城而闢諸門悉所部兵陣以代之騎傳城下肅與戰小勝契丹莫測也居三日引去時鎮魏深趙磁洺六州閉壁不出老幼趨城者肅悉開門納之擢樞密直學士徙宣州車駕朝陵徙河南府還勾當三班院出知天雄軍徙真

定府累遷給事中以王嗣宗代肅嗣宗與肅有舊隙誣通判東方慶訟肅前在州私以公錢貿易規利遣吏彊市民羊買女口自入嗣宗上其事帝以肅近臣不欲屬吏遣劉綜任中正以章示之肅引伏以守城功止奪三官貶岳州團練副使久之徙武昌安遠軍節度副使起知光州以泰寧軍節度副使徙泗州又徙泰州卒子調終尚書兵部員外郎福建路轉運使

梅詢字昌言宣州宣城人少好學有辭辯進士及第為利豐監判官後以秘書省著作佐郎御史臺推勘官預考進士於崇政殿真宗過殿廬奇其占對詳敏召試中書除集賢院李繼遷攻靈州急吳淑上書請遣使諭秦隴以西諸戎使攻繼遷詢亦請以朔方授潘羅支使自攻取帝問誰可使羅支者詢請行未至而靈州陷還為三司戶部判官詢自以為遇主知屢上書陳論西北事時契丹數侵河北詢請遣大臣臨邊督戰募遊手擊賊又論曹瑋馬知節才可用傅潛楊瓊敗當誅田紹斌王榮等可責其效以贖過凡數十事其言甚壯帝欲命知制誥李沆力言其險薄望輕不可用後斷田訟失實降通判杭州知蘇州就徙兩浙轉運副使判三司開拆司坐議天書出知濠州為湖北轉運使擅假驛馬與邵曄子省親疾而馬死奪官一級降通

判襄州知鄂州徙蘇州為陝西轉運使坐薦舉朱能貶懷州團練副使又以善寇準徙池州起知廣德軍歷楚壽陝州復直集賢院改直昭文館知荊南擢龍圖閣待制糾察在京刑獄歷龍圖閣直學士樞密直學士知通進銀臺司判流內銓為翰林侍讀學士羣牧使累遷給事中知審官院仁宗御邇英閣讀正說養民篇覽歷代戶口登耗之數顧謂侍臣曰今天下民籍幾何詢對曰先帝所作蓋述前代帝王恭儉有節則戶口充羨賦斂無藝則版圖衰減炳然在目作鑒後王自五代之季生齒彫耗太祖受命而太宗真宗休養百姓天下戶口之數蓋倍於前矣因詔三司及編脩院檢閱以聞病足出知許州卒故事侍讀學士無出外者天禧中張知白罷參知政事領此職始出知大名府非歷二府而出者自詢始詢性卞急好進而侈於奉養至老不衰然數為朝廷言兵在濠州夢人告曰呂丞相至矣既而呂夷簡通判州事故待之甚厚其後援詢於廢斥中以至貴顯夷簡力也

馬元方字景山濮州鄄城人父應圖嘗知頓丘縣太宗攻幽州應圖部芻糧沒虜中元方去髮為浮屠間行求父尸不得詣於朝上哀之為官其兄元吉元方淳化三年進士及第為韋城縣主簿改大理寺評事知萬年縣諸將討李

繼遷關輔轉餉踰瀚海多失亡獨元方所部全十九以勞遷本寺丞為御史臺推勘官遷殿中丞戶部使陳恕奏為判官元方言方春民貧請預貸庫錢至夏秋令以絹輸官行之公私果便因下其法諸路知徐州改太常博士梓州路轉運使後知鄆州量括牧地數千頃為京東轉運副使遷轉運使按部至濮州被酒毆知州蔣信降知宿州下詔切責之徙滑州為京西轉運使知應天府累遷太常少卿擢右諫議大夫權三司使公事衆論不以為允真宗謂宰臣曰元方在三司何多謗也王旦曰元方盡心營職然其性下急且不納僚屬議而醜言詆之所以貫怨帝曰僚屬顧不有賢俊邪歲餘以煩苛罷進給事中權知開封府以樞密直學士知并州留再任賜白金五百兩詔中書諭以委屬之意官至兵部侍郎卒

薛田字希稷河中河東人少師事种放與魏野友善進士起家丹州推官李允正知延州辟為從事向敏中至亦薦其材改著作佐郎知中江縣真宗祀汾陰田時居父喪經度制置使陳堯叟奏起通判陝州還拜監察御史以母憂去會祀太清宮又用丁謂奏起通判亳州遷殿中侍御史推三司度支判官改侍御史益州路轉運使民間以鐵錢重私為券以便交易謂之交子而富家專之數致爭訟田

請置交子務以榷其出入未報及寇瑊守益州卒奏用其議蜀人便之就除陝西轉運使進直昭文館知河南府復入度支為副使契丹還擢龍圖閣待制知天雄軍未幾擢知開封府以樞密直學士知益州累遷左司郎中代還知審刑院羌人內寇持遷右諫議大夫知延州久之以疾徙同州又徙永興軍[illegible]田性頗和厚初以幹敏數為大臣所稱後屢更任使所治無赫赫名

寇瑊字次公汝州臨汝人初母夢神人授珠吞之而娠生而眉目美秀擢進士[illegible]蓬州軍事推官李順餘黨謝才盛等復起為盜瑊設方略擒送京師徙開封推官會施州蠻叛轉運使移瑊權領施州先是戍兵仰他州餽糧瑊至請募人入米償以鹽軍食遂足而民力紓復招諭高州刺史田彥伊子承寶入朝得給印紙為高州官族未幾溪南蠻復內寇瑊率衆擒其酋領戮之以白艻子弟數百人築柵守其險要就除大理寺丞知開州遷殿中丞通判河南府坐解送諸料失實降監晉州稅以太常博士通判并州改監察御史真宗祀汾陰王嗣宗知永興辟權通判專領祠事遷殿中侍御史為開封府判官嘗奏事帝詢施州備禦之術因諭之曰東川控蠻夷爾功已試其為朕鎮撫之命為梓州路轉運使晏州多剛縣酋斗望劫瀘州燒淯井監

發官吏瑊趣富順監命部兵多張旗幟踰山西北趨戎州盡取公私舟載糧甲具音樂合兩路兵至江安誘溪藍順史箇松南廣移悅等州刺史及八姓烏蠻首領使斷賊徑用夷法植竹為誓門橫竹繫貓犬雞各一於其上老夷人執刀劒謂之打誓呼曰誓與漢家同心擊賊即刺貓血和酒而飲瑊給鹽及酒食針梳衣服等付以大榜約大軍至揭榜以別逆順不殺汝老少不燒汝欄柵夷人大喜帝遣內殿崇班王懷信議攻討招輯之宜瑊奏夷人嘗於二年春燒淯井監殺吏民既赦貸其罪復來寇邊聲言朝廷且捨安得酒食衣服矣若不討除則戎瀘資榮富順監諸夷競起為邊害矣詔發陝西兵益以白艻子弟合六千三百人緣淯井溪轉鬭凡十一陣破之夷人相率來附納牛羊銅鼓器械甚衆而斗望猶旅拒不從瑊命懷信分兵拔其柵與都巡檢使符承順進戰思晏江口斗望等始驚遁勢稍卻明日復分三道來拒王師懷信等格戰瑊乘其後大破之斗望衆萬餘囂不能軍溺死者衆遂降因籍軍之勇悍千人分五都以隸禁軍為寧遠指揮使守淯井監更建砦柵濬三壕以環之就加侍御史召為三司鹽鐵判官逾月出為河北轉運使天禧中河決澶淵瑊視役河上隄壍數里衆皆奔潰而瑊獨留自若須臾水為折去衆頗異之

遷工部郎中上言契丹約和以來河北減戍卒之半而復刺土兵其實益三分之一而塞下軍儲不給請行入中鑿頭便糴三說之法入為三司度支副使未幾以右諫議大夫集賢院學士知益州仁宗即位遷給事中瑊與丁謂厚善帝謂輔臣曰瑊有吏幹毋深譴也徙鄧州坐失舉降少府監知金州復右諫議大夫會河決徙知滑州總領脩河既而以歲飢罷役瑊言病民者特揵芻耳幸調率已集若積之經年則朽腐為棄物後復興工斂之是重困也乃再詔塞河平擢樞密直學士明年復給事中知秦州又坐失舉奪一官召權三司使復其官如故時有議茶法者帝訪以利害瑊曰議者未知其要爾河北入中兵食皆仰給於商旅若官盡其利則商旅不行而邊民困於餽運茶法豈可以數更帝然之權知開封府戚里有毆妻至死更赦事發者太后怒曰夫婦齊體柰何毆致死邪瑊對曰傷居限外事在赦前有司不敢亂天下法卒免死天聖末再使契丹未行而卒瑊少孤鞠於祖母王氏及登朝以妻封邑回授之朝臣得回封祖母自瑊始性頗踈財通音律知術數初附丁謂故少達及謂敗左遷鬱鬱不自得秘書丞彭齊賦喪家狗以刺之

楊日嚴字垂訓河南人進士及第試秘書省校書郎知安

丘縣三司辟為檢法官遷大理寺丞又為本寺檢法官監都進奏院通判亳陳二州判吏部南曹兼登聞鼓院出知襄州徙廬鄆二州入為開封府判官使契丹還為兩浙轉運副使未行會青徐饑改京東轉運使因請江淮陝西轉粟五十萬以賑貧民又開清河八十里抵睃水河並堤起倉廩以便漕運加直史館徙益州轉運使又徙江淮制置發運使還歷三司戶部度支鹽鐵副使累遷太常少卿以右諫議大夫集賢院學士知河中府加樞密直學士知益州時用兵伐元昊三司急財用有詔析戶版為十等第賦役民以歲租占佃官田廬者高其估募輸錢就市為己業

人苦其擾又陜西奏收市益梓利路溪洞馬而不知其實無馬也日嚴皆奏罷之遷句當三班院知通進銀臺司聞後為守者其政不便蜀人因進對猶從容言遠方所宜撫安之無容變法以生事遷給事中以龍圖閣學士知澶州召權知開封府吏械囚不謹囚自殺坐是罷府事判太常司農寺同知審官院卒日嚴初為益州轉運使無他治能及知益州頗為蜀人所信愛兄日華歷官至太常少卿三司副使

李行簡字易從同州馮翊人家貧刻志於學讀六經每至夜分寒暑不易又聚木葉學書筆法遒勁與里中富人楊士元同學既而同時中進士第士元資遺行簡謝不取起家隴州司理參軍徙彭州軍事推官陵州富民陳子美父死繼母詐為父書逐出之累訴不得直轉運使檄行簡劾正其獄改秘書省著作郎再遷太常博士知坊州御史中丞王嗣宗薦為監察御史王旦數稱其才真宗雅亦知之再遷侍御史陝西旱蝗命往安撫發倉粟救乏絶又蠲耀州積年逋租還擢龍圖閣待制歷尚書刑部郎中帝數幸龍圖閣命講周易間訪大臣能否行簡所對無怨昵各道其所長人以為長者久之拜右諫議大夫集賢院學士乾興初改給事中以足疾請外得知河中府徙虢州卒

章頻字簡之建州浦城人與弟頔皆以進士試禮部預選會詔兄弟毋並舉頻即推其弟棄去後六年乃擢第自試秘書省校書郎知南昌縣改大理寺丞知九隴縣遷殿中丞眉州大姓孫延世偽為券奪族人田久不能辨轉運使使按治之頻視券墨浮朱上曰是必先盜印然後書既引伏獄未上而其家人復訴于轉運使更命知華陽縣黃夢松覆按無所異夢松用此入為監察御史頻坐不時具獄降監慶州酒徙知長洲縣天禧初增置諫官御史十二人頻以選得召對稱旨擢監察御史陳亳間民訛言兵起老幼皆奔命安撫京西還為三司度支判官青州麻士瑤從

從子溫裕并其財遣往按治士瑶伏誅又詔鞫邛州牙校
訟鹽井事皇城使劉美依倚后家受賕使人市其獄頻請
捕繫真宗以后故不問忤旨出知宣州改殿中侍御史遷
侍御史頻雅善丁謂謂貶左遷尚書比部員外郎監饒州
酒起知信州進刑部員外郎知福州王氏時賦民官田歲
輸租税而已至是或謂鬻之可得緡錢二十餘萬頻疏以
為不可徙知潭州改廣西轉運使擿宜州守貪暴不法既
罷去反訟頻子許嘗被刑而冒奏為秘書省校書郎頻坐
謫知饒州復入為度支判官累遷刑部郎中使契丹至紫
濛館卒契丹遣內侍就館奠祭命接伴副使吳克荷護其

喪以錦車駕橐駝載至中京斂以銀飾棺又具鼓吹羽葆
吏士持甲兵衛送至白溝詔遣其子訪乘傳邑其柩以歸
訪官三班奉職即許也
陳琰字伯玉澶州臨河人進士及第歷溧陽欒城縣主簿
遷大理寺丞監真定府税知金堂夏津二縣再遷太常博
士轉運使盧士倫曹利用壻也怙勢聽獄不以直訟者不
已付琰評決琰直之御史知雜韓億聞其事奏為監察御
史丁父喪哀毀墳木連理憂除遷殿中侍御史天聖五年
祀南郊中外以為丁謂復還琰上疏曰亂常肆逆將而必
誅陰懷姦惡有殺無赦丁謂因緣險佞據竊公台賄賂包

苴盈於私室威權請謁行彼公朝引巫師妖術厭魅宮闈
易神寢龍岡與消王氣今禋柴展禮渙汗推恩必慮謂潛
輸琛貨私結要權假息遐荒巢移善地李德裕止因朋黨
不獲生還盧多遜曲事王藩卒無牽復請不原赦帝然之
為三司度支判官遷侍御史歷京西河東河北轉運副使
三司戶部度支鹽鐵副使汴倉納粮綱槩量不實操舟者
坐亡失所載或杖背徒重役琰始奏選官監視謂之定計
斗面積還至尚書工部郎中卒
李宥字仲嚴唐之後裔自吳徙青遂為青人祖成五代末
以詩酒遊公卿間善摹寫山水至得意處疑非筆墨所成

人欲求者先為置酒酒酣落筆烟景萬狀世傳以為寶父
覺見儒林傳宥幼孤不好弄長讀書屬文不雜交游舉進
士調火山軍判官入館校勘書籍遷集賢校理遂直院知
蘄州歲凶人散委嬰孩而去者相屬于道宥令吏收取計
口給穀俾營婦均養之每旬閱視所活甚衆或殺人以来
十石給傭者使就獄曰我重賄吏爾必不死宥得其情論
如法提點荊湖刑獄權戶部判官利州轉運使判戶部勾
院知制誥糾察在京刑獄同判太常寺舊宗廟五饗輔臣
攝事中廢且久止差從官宥因對力言遂復故事以諫議
大夫知江寧府民有告人殺其子者曰吾子去家時巾若

巾令巾是矣民自誣服宵疑召問卒伸其枉府舍火宵畏兵亂闔門不救降秘書監致仕起分司南京改太子賓客判留司御史臺卒宵性清介然與物無忤好獎拔士人外族甚貧宵有別業以券畀之既死家無餘財官賜錢十萬

張秉字孟節歙州新安人父諤字昌言南唐秘書丞通判鄂州宋師南伐與州將許昌裔叶議歸款太祖召見勞賜良厚授右賛善大夫蜀平選知閬州太平興國中即除西川轉運副使先是土人罕習舟楫取峽江中競渡者給漕運役覆溺常十四五諤建議置威棹軍分隸管句自是無覆舟之患累遷荊湖江浙等道制置茶塩副使卒秉舉進士儀狀豐麗屬詞敏速善書翰太宗喜之擢寘甲科解褐將作監丞通判宣州遷監察御史深為宰相趙普所器以弟之子妻之會有薦其才得知鄭州召還直昭文館遷右司諫會以趙昌言為制置茶塩使秉與薛映副之入為右計司河南西道判官俄換塩鐵判官度支員外郎知制誥判吏部銓知審官院唐朝故事南省首曹罕兼掌誥多退為行內諸曹郎至是用此制其後進改多優遷首曹遂隳舊制矣遷工部郎中依前知制誥真宗嗣位進秩兵部郎中判昭文館時草敕用官制有頃因微累謫於遐荒之語上覽之曰若此則是先朝失刑矣遂除秉左諫議大夫連知潁襄二州從鳳翔府許以母老貧窶詔給裝錢未行改江陵丁母憂起復知河南府景德初從河陽換澶州車駕將幸河上又從知滑州道出韋城秉迎謁境上俾預從官侍食遣與齊州馬應昌濮州張晟往來河上部丁夫鑿凌以防契丹南渡召歸闕復拜吏部銓拜工部侍郎同知審官院通進銀臺司糾察在京刑獄復與周起同試東封路服勤辭學經明行修舉人出知永興軍府會祀汾陰為東京留守判官轉禮部侍郎加樞密直學士復知并州將行懇求御詩為餞上為作五言賜之從相州九年復糾察在京刑獄暴疾卒秉典藩府無顯赫譽及再至太原臨事少斷多與賓佐博奕雖久踐中外然無儀檢好詣戲人不以宿素稱之好飾衣服潔饌具每公宴及朋友家集會多自挈肴膳而往家甚貧常質衣以給費焉

張擇行字行先青州益都人進士起家歷北海臨沂主簿自宣州觀察推官為大理寺丞初石亭縣掾徼將陵塞決河衆欲登舟以濟擇行獨以為不可皆笑其怯既而舟果覆擇行坐堤上董役婦卒不潰除監察御史殿中侍御史改言事御史右司諫與唐介包拯共論張堯佐除節度宣撫兩使不當語甚切又論河北兵多財不足願分兵就食內地不報遷侍御史知雜事擢天章閣待制知諫院累遷

吏部員外郎御史皆言宰相陳執中嬖妾笞小婢死外舍擇行以爲主命妾笞婢於律不當坐御史固迫之因中風不能語除戶部郎中集賢殿脩撰提舉兗州僊源縣景靈宮踰年而卒

鄭向字公明開封陳留人舉進士中甲科爲大理評事通判蔡州累遷尚書屯田員外郎知濠州徙蔡州召試集賢院未幾除三司戶部判官脩起居注遷度支員外郎爲鹽鐵判官出爲兩浙轉運副使疏潤州蒜山漕河抵于江人以爲便復爲鹽鐵判官擢知制誥同勾當三班院使契丹再遷兵部郎中提點諸司庫務以龍圖閣直學士知杭州

卒五代亂亡史冊多漏失向著開皇紀三十卷摭拾遺事頗有補焉

郭稹字仲微開封祥符人世寓鄭州舉進士中甲科爲河南縣主簿除國子監直講議者以其資淺罷還河南時孫奭馮元判監事因奏稹學問通博他選莫能及乃得留居二歲陳堯咨知大名辟簽書府判官事改大理寺丞奭等復薦爲直講奭出知兗州又薦稹與賈昌朝赴中書試講說而稹固辭召試學士院爲集賢校理馮元知河陽辟爲通判徙通判河南府入爲三司度支戶部判官累遷尚書刑部員外郎同脩起居注康定元年使契丹告用兵西鄙契丹厚禮之與同出觀獵延稹射稹一發中走兔衆皆愕視契丹主遺以所乘馬及他物甚厚既還轉兵部知制誥判吏部流內銓擢龍圖閣直學士權知開封府暴感風眩卒稹性和易文思敏贍尤刻意於賦好用經語對頗近於諧聚古書盡不計其貲購求之婦張悍妒無子初稹幼孤母邊更嫁王氏既而母亡稹解官服喪知禮院宋郊言稹服喪爲過禮請下有司博議用馮元等奏聽解官申心喪語在禮志

論曰肅之守邢以羸兵却勍敵開門納避難之民功在王府元方爲并州有勤留之命其宜民可知宥在蘄則活饑

氓在江寧則直寃獄吏之良者歟然皆不能無小累也曰嚴行簡臨政視秉擇行向稹雖無瑕可指亦皆無赫赫名詢以厚呂夷簡復致貴顯璣頻坐善丁謂並遭斥謫固無足議者球言謂姦邪不當用南郊恩牽復與唐表高論執盧杞正相類識者韙之

趙賀字餘慶開封封丘人少時嘗喪明久之遇異醫輒愈喜飲酒至終日不亂事繼母至孝舉毛詩及第補臨朐縣主簿賀有幹力知州寇準且知賀淳化中調丁壯塞澶州決河衆多逸去獨賀全所部而歸臨朐父老張樂迎賀準使由譙門過曰旌賀之能也改大理評事鹽池吏欺緡錢

還賀往解州鈎校出入賀悉得其姦契丹入寇眞宗決策澶淵遣使八人省州縣賀以太子中舍安撫京東改殿中丞歷通判明州宿州徙知漢州蜀吏喜弄法而賀精明吏不敢欺事更賀所多被究詰人目爲趙家關謂如關梁不可越也召權三司戶部判官眞補度支判官出爲京東轉運副使徙京西又徙益州路轉運使尋糾察在京刑獄累遷尚書工部郎中提舉諸司庫務爲江淮制置發運使發運司占隸三司軍將分部漕舡舊皆由主吏白遣受賕不平或數得諳富饒郡因以商販貧者至不能堪其役賀乃籍諸州物産厚薄分劇易爲三等視其功過自裁定由是

吏巧不得施歲漕米溢常數一百七十萬蘇州太湖塘岸壞及並海支渠多湮廢水侵民田詔賀與兩浙轉運使徐奭兼領其事伐石築堤浚積潦自吳江東赴海流民歸占者二萬六千戶歲出苗租三十萬遷刑部郎中歷三司戶部度支鹽鐵副使知延同秦三州江陵府累遷光祿卿入判大理寺以右諫議大夫知永興軍徙鄧州歲餘判宗正寺出知越州坐失舉降知濠州改廬州還給事中復判宗正寺知鄭蔡壽三州卒在臨朐時用轉運使李中庸薦改官中庸沒無子賀爲主葬圖其象歲時祠于家子宗道終集賢校理

高覿字會之宿州蘄人進士起家爲嘉興縣主簿後以孫奭薦改祕書省著作佐郎累遷尚書屯田員外郎通判泗州詔定淮南塲茶法覿陳說利害不報擢提點利州路刑獄召爲三司戶部判官安撫河北還爲京西轉運使徙益州彭州廣磧麗水二峽地出金官者挾富人請置塲募人夫採取之覿曰聚衆山谷間與夷獠雜處非遠方所宜且得不償失奏罷之王蒙正恃章獻太后親多占田嘉州詔勿收賦覿又極論其不可坐失察嘉州守張約受賕貶通判杭州徙知福州入爲三司鹽鐵判官歷陝西河北轉運使累遷兵部郎中復入戶部鹽鐵爲副使遷右諫議大夫

河東都轉運使加集賢院學士判尚書刑部進給事中知單州卒子秉常爲梓州路轉運使

袁抗字立之洪州南昌人舉進士得同學究出身調陽朔縣主簿薦補桂州司法參軍撫水蠻寇融州轉運使俞獻可檄抗權融州推官督兵糧與謀軍事蠻治舟且至抗即揚梅石門兩隘建水柵二據其衝賊不得入後因置戍不廢事平特遷衡州推官改大理寺丞累遷國子博士知南安軍擢提點廣南東路刑獄淅東叛卒鄂鄰鈔閩越轉南海與廣州兵逆戰海中值大風有告鄰溺死者抗獨曰是日風勢趣占城鄰未必死後果得鄰於占城還爲度支三

百衲本

宋史

〔元〕脫脫等撰

6

國家圖書館出版社

開府儀同三司上柱國錄軍國重事前中書右丞相監修國史領經筵事都總裁臣脫脫等奉
勅修

王臻　魚周詢　賈黯　李京（附吳鼎臣）
呂景初（附馬遵）　吳及　范師道
李絢　何中立　沈邈

王臻字及之潁州汝陰人始就學能文辭曾致堯知壽州有時名臻以文數十篇往見致堯覽之歎曰潁汝固多奇士舉進士中第爲大理評事歷知舒城會昌縣通判徐定二州以殿中丞知兖州特遷監察御史中使就營景靈宮太極觀臻佐助工費有勞遷殿中侍御史權淮南轉運副使時發運司建議濬淮南漕渠廢諸堰臻言揚州召伯堰實謝安爲之人思其功以比召伯不可廢也濬渠亦無所益召爲三司度支判官而發運司卒濬渠以通漕臻坐前異議降監察御史知睦州道復官徙福州閩人欲報仇或先食野葛而後趨仇家求鬭即死其處以誣仇人臻辨察格鬭狀被誣者往往釋去俗爲之少變又民間數以火訛相驚悉捕首惡杖之流海上民乃定仁宗即位遷提舉在京諸司庫務歷三司戸部度支副使權龍圖閣待制權知開封府累遷尚書工部郎中姦人僞爲皇城司刺事卒嚇

民以取財臻購得其主名黥竄三十餘人都下肅然以右諫議大夫權御史中丞建言三司開封府諸曹參軍及赤縣丞尉率用貴游子弟驕惰不習事請易以孤寒登第更仕官書考無過者爲之又言在京百司吏人入官請如長定格歸司三年皆可其奏未幾卒臻剛嚴善決事所至有風迹

魚周詢字裕之開封雍丘人早孤好學舉進士中第爲大理評事歷知南華分宜靜海縣三遷太常博士通判漢州城中夜有火部衆救之植劍于前曰攘一物者斬火止民無所失亡以尚書屯田員外郎知眞州徙提點荆湖南路刑獄求便郡知安州徙蔡州召爲侍御史陝西用兵科斂煩數命安撫京西路還賜緋衣銀魚爲開封府判官又使陝西剌民兵判三司理欠憑由司進起居舍人知諫院固辭乃以尚書户部員外郎兼侍御史知雜事爲三司鹽鐵副使時渭州城水洛尹洙鄭戩爭未決詔周詢與都轉運使程戡相利害周詢是戩議遂城之遷吏部員外郎擢天章閣待制知成德軍徙河北都轉運使拜右諫議大夫權御史中丞慶曆八年手詔近臣訪天下之務周詢對曰陛下患西陲禦備天下繹騷趣募兵士急調軍食雖常賦有增而經用不足臣以謂唐季及五代彊臣專地中國所制

疆域非廣及祖宗有天下俘吳楚蜀晉北捍獯粥西服羌戎所用甲兵所入租賦比之于今其數尚寡然而摧堅震敵軍府無空虛之弊縣官無煩費之勞蓋賞信罰必將選兵精之效也近元昊背惠西方宿師朝廷用空疎闒茸者爲偏裨以游惰怯懦者備行伍故大舉即大敗小戰輒小奔徒日費千金度支不給賣官鬻爵淆雜仕流以鐵爲錢隳壞國法而又官立鹽禁驅民齎輦蕩析恒產怨咨盈路去秋水旱繼作今春饑饉相屬生靈重困於玆爲劇今元昊幼子新立廼朝廷寬財用惜民力之時也速宜經度以紓匱乏願委安撫使與本路守邊掌計臣僚同議裁減冗

兵節抑浮費禁止横斂廩假貧民去武臣之庸懦出守宰之貪殘仍冀特發宸衷出内帑錢助關陝費使通鹽商之利改錢幣之法宣布德澤與民休息然後勸勉農桑隱括稅籍收遺利抑兼并則公有羨財私有餘力矣陛下思承平寖久仕進多門人汚政濫貪多闕少滋長奔競靡費廩禄臣以謂國家於制舉進士明經之外復有任子流外之補貿瑕鬻服輿臺者亦寘班列歷年既久紛猥塞路求人任事適用者鮮而又亟更數易交錯道塗額置有常詔除無限凡守一闕動踰再期預闕籍服武弁者坐費水衡之給虛計歲攷之期赴銓調守選格者居多困乏之嘆行寡

廉恥之風官冗之弊一至於此願陛下特詔進士先取策論諸科兼通經義中第解褐無令過多其文武班奏薦并流外出官者權停五七年自然名器不濫奔競衰息矣陛下思牧守之職罕聞奏最臣聞漢宣帝勉厲二千石其有治效者增秩賜金或爵至關内侯公卿缺則以次用之故良吏爲盛國家鑒諸侯專地之患一切用郡守治之而班行寖冗序遷者衆廼有地處藩宣秩爲卿監而未歷省府提轉則爲沉抑内重外輕何以求治改紘易轍正在此時願詔兩府大臣選委兩制臺諫官參舉如兩任通判可充知州軍京朝官依次除補若治狀尤異即升省府提轉其

常例入知州者一切停罷則進擢得人牧守重矣陛下思將帥之任艱於稱職臣聞晏子薦司馬穰苴曰文能附衆武能威敵是知將帥之材非文武兼備則不可爲我朝自二邊款附久不用兵近歲有西北之警補授帥臣出於遽猝非自卒伍即恩澤侯無信義以結士心無莊嚴以正師律退則奔北進則被擒虧損威靈取侮夷狄命將之失未有若今之甚也願擇名臣選舉深博有謀知兵練武之士不限資級試以邊任臨軒敦遣假以威權如祖宗朝任郭進李漢超輩閫外之事俾得專之無以謗讒輕有遷徙使其足以取重則安有不稱職之憂乎陛下思西北多故邊

情叵測獻奇論空言者多陳悠久實效者少備豫不虞理
當先物臣聞國家和約北戎爵命西夏偃革止戈踰四十
載而守邊多任庸人不嚴武備因循姑息爲敵所窺致元
昊悖逆耶律張皇未免屈己爲民息兵講好皆用苟安之
謀而無經遠之策此班固所謂不選武畧之臣恃吾所以
待寇而行貨賂割剥百姓以奉寇讎者也願陛下特議減
三路兵馬之嬴冗者以紓經費以息科歛然後選將帥擇
偏裨使戰轟驕兵飭利戎器識山川形勝用兵奇正河朔
曠平可施車陣亦宜講求其法雖二邊異時侵軼恃吾有
以待之庶幾無患矣時執政及近臣所對多疎闊仁宗頗

嘉周詢詳敏知恩州張得一誅坐失舉出知永興軍數日
改知成德軍未行卒帝嗟悼之特贈尚書工部侍郎周詢
性和易聞見該洽明吏事在安州時園吏見大蛇垂闌楯
即視之乃周詢醉而假寐世傳其異

賈黯字直孺鄧州穰人擢進士第一起家將作監丞通判
襄州還爲祕書省著作佐郎直集賢院遷左正言判三司
開拆司黯自以年少遭遇備位諫官果於言事首論韓琦
富弼范仲淹可大用杜樞覆張彥方獄將駁正忤執政意
執政以他罪絀樞黯言樞無罪且旨從中出不因臣下彈
奏恐自此貴幸近習言一得入則將陰肆讒毀害及善良

不可不察時言者或論事亡狀輒戒勵窮詰黯奏諫官御
史迹旣疎遠未嘗預聞時政不免採於傳聞一有失言而
詰難沮辱隨之非所以開廣言路請如唐太宗用王珪魏
徵故事每執政奏事聽諫官一人隨入執政又患言事官
旅進論議上前不肯止乃詔凡欲合班上殿者皆稟中書
俟旨黯論以爲今得進見言事者獨諫官御史若然言路
將壅塞陛下不得聞外事矣請如故便皆弗許儂智高反余
靖知桂州楊畋安撫廣南東西路皆許便宜行事黯言二
人臨事指蹤不一則下將無所適從又靖專節制西路若
賊東嚮則非靖所統無以使衆不若并付靖經制兩路從

之皇祐四年同修起居注徙判鹽鐵勾院遷左司諫建言
天下復置義倉下其說諸路而論者不一黯亦反復辨析
卒不果行宰相劉沆請中外薦舉陳乞一切以詔令從事
毋用例論者以爲非便黯奏罷之狄青除樞密副使黯言
國初武臣宿將扶建大業平定列國有忠勳者不可勝數
然未有以卒伍登帷幄者不報會靈觀災又言天意所欲
廢當罷營繕赦守衛者罪以示儆懼脩省之意權知制誥
初仁宗視事退御邇英閣召侍臣講讀而修起居注官獨
先出黯言君臣訪對動關政體而史臣不得預聞請并召
侍經筵許之初邇英延義二閣講讀官自有記注至是乃

罷焉直龍圖閣錢延年擢天章閣待制黯嘗命辭即詆延年不才不宜汚侍從封詞目還中書命遂寢判吏部流内銓益州推官秉澤父留鄉里死三年矣澤爲弗知者而調京師既覺而去黯奏劾廢終身福州推官劉抃挾數術言人禍福多遊公卿門黯奏以爲靈臺郎時詔兩制兩省官惟公事許至中書樞密院見執政群臣心知其非而嫌於自言後黯知許州乃言他官皆得見執政而侍從近臣反踈斥疑間如此嘗聞先朝用王禹偁請百官候謁宰相並於政事堂樞密使亦須聚坐接見以防請託令下左正言謝泌上書以謂非人主推赤心待大臣大臣展四體報人

任子敬

主之誼即時追寢前詔徙襄州迎父之官而父有故人在部中遺直廳卒致問黯輒笞卒父恚一夕歸鄉里他日疾且亟黯内懷不自安請徙郡及解官就養不報乃棄官去而御史呉中復等劾黯輒委州印撓朝廷法絀知郢州未及行父死服除句當三班院爲翰林學士唐介等坐言陳升之不當柄用皆外補黯奏介等敢言請寬之以疾請郡改侍讀學士知鄧州未行疾愈復以爲翰林學士知審官院時官吏有以祖父嫌名援律爲請授他官黯言禮不諱嫌名二名不偏諱律府號官稱犯祖父名而冒榮居之又上書若奏事犯祖廟諱罪皆有差又曰若嫌名及二名偏

犯者不坐今官吏許避嫌名則或有如此而不自言者可坐以冒榮之律乎國朝雍熙中嘗詔除官犯私諱者三省御史臺五品文班四品以上許用式奏改餘不在此制請約雍熙詔書自某品而上以禮律從事詔非嫌名及二名不以品秩高下皆聽避累遷尚書左司郎中權知開封府兩軍獄因歲瘐死者衆而吏不任其責黯言吏或怠於視因飢渴疾病因以致死請歲計死者多少而賞罰之府史額七百人以罪廢復敘者皆數外補之黯請敘者須有闕乃補然所斷治或出已見人不以爲允御史中丞王疇與其屬陳經呂誨傳堯俞諫官司馬光龔鼎臣王陶皆言黯

剛愎自任赦書下府罪應釋者反重行之罷爲同提舉在京諸司庫務英宗即位遷中書舍人受詔撰仁宗實録權知審刑院爲群牧使時封拜皇子並除檢校太傅黯言太師太傅太保是爲三師天子之所師法子爲父師於義不可蓋前世因循弗思之過請自今皇子及宗室屬卑者皆毋兼師傅官隨其遷序改授三公下兩制議請如黯奏而中書亦謂自唐以來親王無兼師傅者國朝以三師三公皆虚名故因而授之宜正其失詔可遷給事中權御史中丞未幾以呂誨知雜事誨嘗彈治黯逡巡引避黯言嘗薦誨爲御史知其方正謹厚一時公言非有嫌怨願終與共

事諭乃就職時帝初即位王廣淵周孟陽以藩邸之舊數
召對黯言後又滿朝未有一被召者獨親近一二舊人示
天下以不廣請如太宗故事召侍從館閣之臣以備顧問
帝嘗從容謂黯曰朕欲用人少可任者黯對天下未嘗乏
人顧所用如何爾退而上五事一知人之明二養育以漸
三材不求備四以類薦舉五擇取自代後與兩制合議請
以濮王爲皇伯執政弗從數詣中書爭論會大雨水時黯
已被疾疏言簡宗室逆天時則水不潤下今二三執政知
陛下爲先帝後乃阿諛容說違背經義建兩統貳父之說
故七廟神靈震怒天降雨水流殺人民既病求出以翰林

侍讀學士知陳州未行卒年四十四口占遺奏數百言猶
以濮王議爲請贈尚書禮部侍郎初黯母陳歸宗繼母史
在堂後迎陳歸二母不相善黯能安以事之黯脩潔自喜
在朝數言事或從或否人稱其介直然卞急初通判襄州
疑優人戲已以人齒嗽之在開封爲罪人所詈又嗽以人
齒言者亦以是詆之

李京字伯升趙州人進士中第歷平定軍判官冀州推官
改大理寺丞知魏縣奉法嚴正吏不便欲以奇中京遂相
率遁去監司果議以奇刻斥京知府任布曰如此適墮吏
計中京賴以免徙永昌縣通判趙州王拱辰薦爲監察御

史裏行遷監察御史時太史言日當食不食群臣皆賀京
上疏曰陛下因天之戒恐懼脩省避正殿減常膳故精意
感格日當食而陰雲蔽虧雖宋景公之熒惑退舍商大戊
之桑穀並枯無以異也然臣區區竊有所疑者自寶元初
定襄地震壞城郭覆廬舍壓死者以數萬人殆今十年震
動不已豈非西北二邊有窺中國之意乎二月雷發聲在
易爲豫言萬物出地皆悅豫也八月收聲在易爲歸妹言
雷復入地避群陰之害也今孟夏雷未發聲豈非號令不
信乎願陛下飭邊臣備夷狄戒輔臣慎出命以厭禍于未
形又尚美人棄外館多年比聞復召入臣慮假媚道以為

蠱惑宜亟絕之苗繼宗嬪御子弟乃緣恩私為府界提點
宜割帷薄之愛重名器之分庶幾不累聖政仁宗嘉納授
右正言直集賢院同管勾國子監加史館脩撰數上書論
事宰相賈昌朝不悅京嘗屬侍御史吳鼎臣薦推直官李
寔鼎臣希昌朝意以告中丞高若訥若訥為鼎臣上京簡
諭京太常博士監鄂州稅既至引令狐峘錢徽事言臣為
御史諫官首尾五年凡六上章四親對自陳疾故懇求外
補臣之出處粗有本末向者在臺見入閤圖三院御史立
班各異閤元日將入閤而御史王贄何郯皆謁告歸會推
直官李寔歲將滿因簡鼎臣宜留寔補御史鼎臣亦謂議

協公望不意逾兩月乃誣臣與寔為朋黨臣初被黜閱諸槖中鼎臣所遺私書別紙故在臣令男諶悉焚毀臣與寔僚友鼎臣鄉曲之舊鼎臣為御史臣延譽推引實有力馬待之不疑因以誠告豈謂傾險包藏甘為鷹犬惟陛下察之未幾卒官詔錄諶為郊社齋郎

鼎臣棣州人既逐京會昌朝罷夏竦自北京召為相鼎臣先論竦在并州杖殺私僕復與諫官御史言竦論議與陳執中異不可共事竦既罷遂以刑部員外郎知諫院上言朝廷方與契丹保誓約而楊懷敏增廣塘水輙生事民或怨叛雖斬懷敏無及矣遂為河北體量安撫令經度塘水

利害而鼎臣更顧望依違不能決昌朝與都轉運使施昌言議河事不合鼎臣自度支副使拜天章閣待制代昌言數月卒

呂景初字沖之開封酸棗人以父蔭試秘書省校書郎舉進士歷汝州推官改著作佐郎知夏陽縣僉書河南府判官通判并州高若訥薦為殿中侍御史張貴妃薨有司請依荊王故事輟視朝五日或欲更增日聽上裁乃增至七日景初言妃一品當輟朝三日禮官希旨使恩禮過荊王不可以示天下妃既追冊為皇后又詔立忌景初力爭乃罷時兵冗用度乏景初奏疏曰聖人在上不能無災而有救災之術今百姓困窮國用虛竭利源已盡惟有減用度爾用度之廣無如養兵比年招置太多未加揀汰若兵皆勇健能捍寇敵竭民膏血以啗之猶為不可況羸疾老怯者又常過半徒費粟帛戰則先奔致勇者亦相牽以敗當祖宗時四方割據中國纔百餘州民力未完耕植未廣然用度充足者兵少故也而所征皆克自數十年來用數倍之兵所嚮必敗以此知兵在精不在衆也議者屢以為言陛下不即更者由大臣媮安避怨論事之臣又復緘默則此弊何時而息望詔中書樞密院議罷招補而汰冗濫又言坐而論道者三公也今輔臣奏事非留身求罷免未嘗

從容獨見以評講治道雖願治如堯舜得賢如稷契而未至於治者抑由此也願陛下於輔臣侍從臺諫之列擇其忠信通治道者屢詔而數訪之幸甚又與言事御史馬遵吳中復奏彈梁適與劉宗孟連姻而宗孟與冀州富人共商販下開封府劾治所言不實皆坐謫景初通判江寧府徙知衡州復召還臺嘉祐初大雨水景初曰此陰盛陽微之誡也乃上疏稱商周之盛並建同姓兩漢皇子多封大國有唐宗室出為刺史國朝二宗相繼尹京是欲本支盛強有磐石之安則奸雄不敢內窺而天下有所倚望矣願擇宗子之賢者使得問安侍膳於宮中以消奸萌或尹京

典郡為夾輔之勢時狄青為樞密使得士卒心議者憂其
為變景初奏疏曰天象謫見妖人訛言權臣有虛聲為兵
衆所附中外為之恟恟此機會之際間不容髮蓋以未立
皇子社稷有此大憂惟陛下蚤為之計則人心不揺國本
固矣數詣中書白執政請出青文彥博以青忠謹有素外
言皆小人為之不足置意景初曰青雖忠如衆心何蓋為
小人無識則或以致變大臣宜為朝廷慮毋牽閭里恩也
知制誥劉敞亦論之甚力卒出青知陳州李仲昌以河事
敗内遣中人置獄景初意賈昌朝為之即言事無根原不
出政府恐陰邪用此以中傷善良乃更遣御史同訊遷右

司諫安撫河北還奏比部員外郎鄭平占籍真定有田七
百餘頃因請均其繇役著限田令以戶部員外郎兼侍御
史知雜事判都水監改度支副使遷吏部員外郎擢天章
閣待制知諫院以病未入謝而卒

馬遵者字仲塗饒州樂平人嘗以監察御史為江淮發運
判官就遷殿中侍御史為副使入為言事御史謫知宣州
後復為右司諫以禮部員外郎兼侍御史知雜事改吏部
直龍圖閣卒性樂易善議論其言事不為激訐故多見推
行杜衍范仲淹皆稱道之

吳及字幾道通州靜海人年十七以進士起家為侯官尉

閩俗多自毒死以誣仇家官司莫能辨及悉為擿正前後
活五十三人提點刑獄移其法於一路辟大理寺檢法官
徙審刑院詳議累遷太常博士是時仁宗春秋既高無子
及因推言閹寺以及繼嗣事至和元年上疏曰臣聞官師
相規工執藝事以諫臣幸得待罪法吏輒原刑法之本以
効愚忠切惟前世肉刑之設斷支體刻肌膚使終身不息
漢文感緹縈之言易之鞭箠然已死而笞未止外有輕刑
之意其實殺人祖宗鑒既往之弊蠲除煩苛始用折杖之
法新天下耳目蓋曠古聖賢思所未至陛下深惻民隱
親覽庶獄歷世用刑無如本朝之平恕宜乎天降之祥而

方當隆盛之時未享繼嗣之慶臣竊惑焉或者宦官太多
而陛下未悟也何則肉刑之五一曰宮古人除之重絶人
之世今則宦官之家競求他子剿絶人理希求爵命童幼
何罪陷於刀鋸因而夭死者未易悉數夫有疾而夭治世
所羞況無疾乎有罪而宮前王不忍況無罪乎臣聞漢永
平之際中常侍四員小黃門十人爾唐太宗定制無得踰
百員且以祖宗近事較之祖宗時宦官凡幾何人今凡幾
何人臣愚以謂胎卵傷而鳳凰不至宦官多而繼嗣未育
也伏望順陽春生育之令濬發德音詳為條禁進獻宦官
一切權罷擅宮童幼寘以重法若然則天心必應聖嗣必

廣召福祥安宗廟之策無先於此書奏帝異其言欲用爲
諫官而及以父憂去嘉祐三年始擢秘閣校理踰月改右
正言復上上疏曰帝王之治必敦骨肉之愛而以至親夾輔
王室詩曰懷德惟寧宗子惟城故同姓者國家之屏翰儲
副者天下之根本陛下以海宇之廣宗廟之重而根本未
立四方無所係心上下之憂無大於此謂宜發自聖斷擇
宗室子以備儲副以服屬議之則莫如親以人望言之則
莫如賢既兼親賢然後優封爵以寵異之還重厚樸茂之
臣以教道之聽入侍禁中示欲爲後使中外之人悚然瞻
望曰宮中有子矣陛下他日有嫡嗣則異其恩禮復令歸
邸於理無嫌於義爲順弭覬覦之心屬天下之望宗廟長
久之策也既而又言開寶詔書内侍臣年三十無養父者
聽養一子爲嗣并以名上宣徽院違者抵死比年此禁益
弛夫絶人理陰累聖嗣願詔大臣明示舊制上順天意以
綏福祐明年遂權罷内臣進養子管勾登聞檢院又上書
論政事謂倉廩空虛内外匱乏其弊在於官多兵冗請汰
冗兵省冗官然後除民之疾苦因條上十餘事多施用之
建請擇館職分校館閣書并求遺書於天下語在藝文志
明年日食三朝及言日食者陰侵陽之戒在人事則臣陵
君妻乘夫四夷侵中國今大臣無姑息之政非所謂臣陵

君失在陛下淵默臨朝使陰邪未盡屏也后妃無權橫之
家非所謂妻乘夫失在左右親倖驕縱亡節也疆場無虞
非所謂四夷侵中國失在將帥非其人爲敵所輕也因言
孫沔在并州苛暴不法燕飲無度龐籍前在并州輕動寡
謀輒興堡砦屈野之衄爲國深恥沔罪此坐廢又言春秋
有告糴陛下恩施動植視人如傷然州郡官司各專其民
擅造閉糴之令一路饑則鄰路爲之閉糴一郡饑則隣郡
爲之閉糴夫二千石以上所宜同國休戚而坐視流離豈
聖朝子育兆民之意哉遂詔隣州隣路災傷而輒閉糴論
如違制律久之遷右司諫管勾國子監在職數年以勁正
稱遇事無小大輒言嘗請毋納群臣上尊號出後宮私身
及非執事人毋以御寶白劄子賜近倖家人冠帔及比丘
尼紫衣并責執政大臣因循苟簡畏避怨謗宜用唐李吉
甫故事選拔賢俊約杜預遺法旌擢守令復置將作監官
屬專領營造論入内都知任守忠陵轢駙馬都尉李瑋及
干求内降會諫官陳升之建請裁節班行補授下兩制臺
諫官集議主鐵冶者獲得補班行至是議罷之既定藁及
與御史沈起輒增注與國軍磁湖鐵冶如舊制主磁湖冶
者大姓程叔良也翰林學士胡宿等即劾及與起職在臺
諫而爲程氏經營占錮恩例請詔問狀皆引伏及出爲工

部員外郎知廬州進戶部直昭文館知桂州卒録其弟子齊為太廟齋郎及當官有守初為檢法官三司請重鑄鐵錢法至死下有司議及爭不可主者恚曰立天下法當由一檢法邪及曰義理為先安有高下卒不為詘

范師道字貫之蘇州長洲人進士及第為撫州判官後知廣德縣縣有張王廟民歳祠神殺牛數千師道禁絶之通判許州累遷都官員外郎吳育舉為御史奏請罷內降推恩擇宰相久其任選宗室賢者養宮中備儲貳初皇祐中賈昌朝上議置五輔郡設京畿轉運使提點刑獄號為拱輔京師而論者謂官冗謀廣親事親從兵欲取京畿財賦

贍之因以收事柄師道力奏非便遂復舊制又以四年貢舉士苦淹久請易為三年宰相劉沆護葬溫成皇后禮官議稱陵師道以為非典制數以爭沆惡之引著令臺官滿二年當補外出知常州臺諫官共言師道不當去不報徙廣南東路轉運使舊補攝官皆委吏定自無先後遠近之差師道為置籍以第之召為鹽鐵判官道改兩浙轉運使遷起居舍人同知諫院管勾國子監後宮周氏董氏生公主諸閤女御多遷擢師道上疏曰禮以制情義以奪愛常人之所難惟聰明睿哲之主然後能之近以宮人數多而出之此盛德事也然而事有係風化治亂之大而未以留意

臣敢為陛下言之竊聞諸閤女御以周董育公主御寶白劄並為才人不自中書出誥而掖庭覬覦遷拜者甚多周董之遷可矣女御何名而遷乎才人品秩既高古有定員唐制止七人而已祖宗朝宮闈給侍不過二三百居五品之列者無幾若使諸閤皆遷則不復更有員數矣外人不能詳知止謂陛下於寵幸太過恩澤不節耳夫婦人女子與小人之性同寵幸太過則瀆慢之心生恩澤不節則無厭之怨起御之不可不以其道也且用度太煩須索太廣一才人之奉月直中戶百家之賦歳時賜予不在焉況誥命之出不自有司豈盛時之事耶忽斜封墨勑復見於今

日矣時大星隕東南有聲如雷又上疏曰漢晉天文志天狗所下為破軍殺將伏尸流血甘氏圖天狗移大賊起今朝廷非無為之時也而備邊防盜未見其至雖有將帥不老則愚士卒雖多勁勇者少小人思亂伺隙乃作必有包藏險心投隙而動者宜揀拔將帥訓練卒伍詔天下預為備禦仁宗晚年尤恭儉而四方無事師道言雖過每優容之遷兵部員外郎兼侍御史知雜事判都水監與諫官御史數奏樞密副使陳升之不當用升之罷師道亦出知福州頃之以工部郎中入為三司鹽鐵副使感風眩遷戶部直龍圖閣知明州卒師道厲風操前後在言責有聞即言

或獨爭或列奏知陳執中家人殺婢卒坐免奪王拱辰宣徽使李淑翰林學士及王德用程戡領樞密官石全彬閤士良升進皆嘗奏數其罪焉

李絢字公素邛州依政人少放蕩亡檢兄綯教之書嚴其課業而出絢遨自若比暮綯歸絢徐取書視之一過輒誦數千言綯奇之稍長能屬文尤工歌詩嘗以事被繫既而逸去擢進士第再授大理評事通判邠州元昊犯延州並邊皆恐邠城陴不完絢方攝守即發民治城僚吏皆謂當言上逮報絢不聽帝聞之喜因詔他州悉治守備還為太子中允直集賢院歷開封府推官三司度支判官為京西

轉運使是時范雍知河南王舉正知許州任中師知陳州任布知河陽並二府舊臣絢皆以不才奏之未幾召修起居注糾察在京刑獄時宰相杜衍各技知名士寘臺省惡衍者指絢為其黨絢嘗舉陸經經坐贓貶而任布又言絢在京西苛察出知潤州改太常丞徙洪州時五溪蠻寇湖南擇轉運使帝曰有館職善飲酒者為誰今安在輔臣未諭帝曰是往歲城邠州者其人才可用輔臣以絢對遂除湖南轉運使絢乘驛至邵州戒諸部按兵毋得動使人諭蠻以禍福蠻罷兵受約束復修起居注權判三司鹽鐵勾院復糾察在京刑獄以右正言知制誥奉使契丹知審官院遷龍圖閣直學士起居舍人權知開封府治有能名絢夜醉晨奏事酒未解帝曰開封府事劇豈可沉湎於酒邪改提舉在京諸司庫務權判吏部流內銓初慈孝寺亡章獻太后神御物盜得而絢誤釋之詘知蘇州未行卒絢踈明樂易少周遊四方頗練世務數上書言便宜仁宗春秋高未有繼嗣絢因祀高禖還獻賦大指言宜遠嬖寵近賢良則神降之福子孫繁衍帝嘉納之性嗜酒終以疾死

何中立字公南許州長社人幼警邁與狄遵度遊遵度曰美才也其父棐遂以女妻之進士及第授大理評事歷祕書鎮安武勝二鎮節度判官遷殿中丞召試學士院為集

賢校理改太常博士修起居注遷祠部員外郎知制誥權發遣開封府事初有盜慈孝寺章獻皇太后神御服器者既就繫李絢以屬吏考掠不得其情輒釋去中立至人復執以來中立曰此真盜也窮治之卒伏罪遷兵部員外郎糾察在京刑獄除龍圖閣直學士知秦州言者以為非治邊才改慶州奏曰臣不堪於秦則不堪於慶矣願守汝不報戍卒有告大校受賕者中立曰是必挾他怨也鞭卒竄之或曰貸姦可乎中立曰部曲得持短長以制其上則人不自安矣還判太常寺遷刑部郎中進樞密直學士知許州改陳州訛言大水至居人皆恐中立捕誅之又徙杭州

暴中風卒中立頗以文詞自喜然嗜酒無行慶曆中集賢
校理蘇舜欽監進奏院為賽神會預者皆一時知名士中
立亦在召中已而辭不往後舜欽等得罪中立有力焉
沈邈字子山信州弋陽人進士及第起家補大理評事知
侯官縣通判廣州累遷都官員外郎歷知真州福州慶曆
初為侍御史時呂夷簡罷相輔臣皆進官邈言爵祿所以
勸臣下非功而授則為濫今邊鄙屢警未聞廟堂之謀有
以折外侮無名進秩臣下何勸焉又論夏竦除樞密使而
竦陰交內侍劉從愿使從愿內濟狡譎竦外專機務姦黨
得計人主之權去矣其言甚切權鹽鐵判官轉兵部員外

郎時選諸路轉運加按察使邈與張昷之王素首被選邈
加直史館使京東歲餘入為侍御史知雜事未幾權天章
閣待制知澶州徙河北都轉運使又徙陝西歲中加刑部
郎中知延州卒邈疎爽有治才然性少檢在廣州時嵗遊
劉王山會賓友縱酒而與閭里婦女笑言無間

論曰慶曆以來任諫官御史名有風采見推於時者䌛臻
京之華凡數十人觀其所陳蓋不虛得及之論閹官真仁
人之言其最優乎絢中立邈亦有義才致位通顯然皆以
酒失自累故不能無貶焉

列傳卷第六十一

列傳卷第六十二　宋史三百三

開府儀同三司上柱國錄軍國重事前中書右丞相監修國史領經筵事都總裁臣脫脫等奉
敕修

張昷之　魏瓘弟琰　滕宗諒劉越附
李防　趙湘　唐肅子詢
張述　黃震　胡順之
陳貫子安石　范祥子育　田京

張昷之字景山父秘自有傳昷之進士及第補樂清
尉潤州觀察推官校勘館閣書籍遷集賢校理通判
常州知溫州蔡齊薦其材可用擢提點淮南路刑獄

楊崇勳知亳州恃恩為不法誣蒙城知縣王申罪械
送獄昷之廉得冤狀乃出申配姦吏若干人徙廣南
東路轉運使夷人有犯其酋長得自治而多慘酷請
一以漢法從事權度支判官為京西轉運使加直史
館徙河北被邊諸州發卒斬西山木卒逃入契丹者
歲數百人敵既利其所開地又得亡卒故不爭昷之
戒斬伐毋得深入北地卒亦不敢逃還為鹽鐵副使
擢天章閣待制河北都轉運按察使保州廣信安肅
軍自五代以來別領兵萬人號緣邊都巡檢司亦曰
策先鋒以知州軍為使置副二人分所領卒為三部

使援隣道太祖嘗用之有功詔每出巡別給糧錢以優之其後州將不復出內侍為副數出巡部卒偏得廩賜軍中以為不均通判保州石待舉言於昷之請合三部兵更出入季一出即別給錢粮餘悉罷仍請以武臣代內侍時楊懷敏方任邊事尤不悦巡檢司雲翼卒惡石待舉遂殺之以作亂昷之自魏馳至城下召諸將部分攻城使人請懷敏曰不即來當以軍法從事既至又以兵自衛昷之曰諸將方集獨敢以兵隨將欲反邪叱去衛者城開田況潛殺降兵數百人昷之預知其謀除戶部副使既而坐前事奪職知

號州王則反貝州有言昷之在河北捕得妖人李教不殺使得逸去今乃為則主謀事平無其人會冀州人段得政詣闕自言嘗為叔父屯田郎中曇財免緣坐且言曇以書屬昷之乃下御史按劾雖不得書猶奪三官監鄂州稅知漢陽軍稍遷刑部郎中復待制知湖州徙揚州以光祿卿致仕卒昷之喜吏事所至有聲退居築家廟率子弟歲時奉祠

魏瓘字用之父羽奏補秘書省校書郎監廣積倉知開封府倉曹參軍持法精審明吏事上元起綵山闕前張燈與宦者護作官者挾氣視瓘年少輒誅索侵擾瓘密以聞詔杖官者遣之瓘門人魏綱上疏詆天書流海島瓘亦坐是停官復監鄧州稅鄂州茶以大理寺丞知衡山縣通判壽州歷知循隨安州提點廣南西路刑獄邕州獠戶緣通負沒婦女為傭者一千餘人悉奏還其家就除轉運使劉鋹時計口以稅雞舟居皆不免至是而雷化欽廉高州猶未除瓘為除之減柳州無名役四百人召權度支判官尋以罪降知洪州徙梓州路轉運使還知蔡州潭州為京西轉運使江淮制置發運使自主客郎中還太常少卿知廣州築州城環五里疏東江門鑿東西澳為水閘以

時啓閉焉拜右諫議大夫再任臨江軍判官史沆性險詖嘗為瓘所劾免會廣州封送貢餘椰子煎等餉京師輒邀留之飛奏指以為珍貨詔遣內侍發驗無有沆坐不實廢瓘亦降知鄂州未踰年復為陝西轉運使徙河北以給事中知開封府政事嚴明吏民憚之內東門索命婦車得賂遺掖庭物付府驗治獄未上內降釋罪諫官吳奎言法當執奏而瓘不即奏行請以廢法論降知越州儂智高寇廣東西獨廣州城堅守不能下於是論築城功遷工部侍郎集賢院學士復知廣州兼廣東經略安撫使給禁卒五千聽以便

宜從事屬狄青已破賊召還糾察在京刑獄議者請開六塔河塞商胡北流宰相主其說命瓘按視還奏以為不可塞下溪州蠻彭士羲叛將發兵討除進龍圖閣直學士知荊南瓘以為五溪之險師行鳥道諸將貪功生事於國家何所利因條上三策以招徠為上守禦為下攻取為失不報後卒如瓘議徙澶州滑州又徙鄆州不行請老以吏部侍郎致仕卒瓘所至聲辦與人置對未嘗屈吏沆王逵以善訟名天下瓘既廢沆又嘗奏抵逵罪專任機數不稱循吏弟琰

琰字子浩以父恩授秘書省正字為吏強敏名齊于

宋史三百三 計字四百八十个 宋史列傳卷第六十三 四 趙繼錫寫 吳惠刊

瓘嘗通判陳州適歲饑百姓相率強取人粟坐死者甚衆琰曰此迫於窮餓豈得已者坐其首縣之歷知壽潤滁安州壽州盜殺寺童子有司執僧笞服琰廉其非罪命脫械縱去一府爭以為不可後數日得真盜富人犯法當死而死獄中琰曰是嘗欺匿異籍孤弱者財所以自斃覬不可窮治爾其吏受賕而為之謀乎後有告者如琰所料累官司農卿知福州徙廣州以疾告得知江寧府晚昏眊縱私人亂法日笞扑無罪吏卒監司劾奏召判刑部乃致仕進衛尉卿卒

滕宗諒字子京河南人與范仲淹同年舉進士其後仲淹稱其才乃以泰州軍事推官召試學士院改大理寺丞知當塗邵武二縣遷殿中丞代還會禁中火詔劾火所從起宗諒與秘書丞劉越皆上疏諫宗諒曰伏見掖庭遺燼延燔宮闥雖沿人事實繫天時詔書亟下引咎滌瑕中外莫不感動然而詔獄未釋鞫訊尚嚴恐違上天垂戒之意累兩宮好生之德且婦人柔弱箠楚之下何求不可萬一懷冤足累和氣祥符中宮掖火先帝嘗索其類實之法矣若防患以刑而止豈復有今日之虞哉況變警之來近在禁掖誠願修政以禳之思患以防之凡逮繫者特從原免庶

宋史三百三 字四百念十个 宋史列傳卷第六十三 五 趙繼錫寫 吳惠刊

災變可銷而福祥來格也疏奏仁宗為罷詔獄時章獻太后猶臨朝宗諒言國家以火德王天下火失其性由政失其本因請太后還政而越亦上疏太后崩擢嘗言還政者越已卒贈右司諫而除宗諒左正言

劉越者字子長大名人少孤貧有學行亦宗諒同年進士嘗知襄城固始二縣有能名既贈官又官其一子賜其家錢十萬宗諒後還左司諫坐言宮禁事不實降尚書祠部員外郎知信州與范諷雅相善及諷貶宗諒降監池州酒久之通判江寧府徙知湖州元昊反除刑部員外郎直集賢院知涇州葛懷敏軍敗

於定州諸郡震恐宗諒顧城中兵少乃集農民數千戎服乘城又募勇敢諜知寇遠近及其形勢檄報旁郡使為備會范仲淹自環慶引蕃漢兵來援時天陰晦十餘日人情憂沮宗諒乃大設牛酒迎犒士卒又籍定州戰沒者於佛寺祭酹之厚撫其孥使各得所於是邊民稍安仲淹薦以自代擢天章閣待制徙慶州上言朝廷既授范仲淹韓琦四路馬步軍都總管經略安撫招討使而諸路亦帶招討稱號非所宜詔罷之御史梁堅劾奏宗諒前在涇州費公錢十六萬貫及遣中使檢視乃始至部日以故事犒賚諸部屬

羌又間以饋遺遊士故人宗諒恐連逮者衆因焚其籍以滅姓名仲淹時參知政事力救之止降一官知虢州御史中丞王拱辰論奏不已復徙岳州稍遷蘇州卒宗諒尚氣倜儻自任好施與及卒無餘財所莅州喜建學而湖州最盛學者傾江淮間有諫疏二十餘篇

李防字智周大名內黃人舉進士為莫州軍事推官隨曹彬入契丹授忠武軍節度推官括磁相二州逃戶田增租賦十餘萬因請均定田稅又請縣有破逃五十戶者令佐降下考百戶殿三選二百戶停所居

官能招攜者旌賞之改秘書省著作佐郎通判潞州還秘書丞體量二浙民饑建言逃戶田宜即召人耕種使入不敢輕去甽畝而官賦常在又請京師置折中倉聽人入粟以江浙荊湖物償之擢開封府推官請與判官間三五日即府司軍巡院察冤獄出為陝路轉運副使先是沿江水遞歲役民丁甚衆頗廢農作防悉以城卒代之會分川陝為四路徙防梓州路轉運使累遷尚書工部員外郎為三司戶部判官景德初江南旱詔與張知白分東西路安撫上言秦羲嘗增江淮兩浙荊湖榷酤錢民頗煩擾江南以歲饑

權罷而淮南荊湖未被德音詔悉罷之仍詔羲等毋得復增榷酤之利遂為江南轉運淮南舊不禁鹽制置司請禁鹽而官自鬻之使兵夫輦載江上且多漂失之患防請令商人入錢帛京師或輸芻糧西北邊而給以鹽則公私皆利後采用之徙知應天府鑿府西障口為斗門洩汴水淤旁田數百畝民甚利之又徙興元府入為三司鹽鐵判官坐舉免官後起通判河南府徙知宿延亳三州為利州路轉運使累遷兵部郎中糾察刑獄擢右諫議大夫知永興軍進給事中復知延州更耀路二州卒防好建明利害所至必

有論奏朝廷頗施行之其精力過人防在江南晏殊
以童子謁見防命賦詩使還薦之後至宰相
趙湘字巨源華州人進士甲科歷彰武永興昭武三
軍節度推官遷秘書省著作佐郎知新繁縣以吏最
命知商州徙隴州興元府再遷太常博士上補政忠
言十篇召判宗正寺賜白金二百兩久之上書言元
德李太后母育聖躬請祔太宗廟室後用其說冊趙
德明假尚書禮部員外郎為官告副使擢殿中侍御
史權判三司勾院上言漢章帝以月令冬至之後有
順陽助生之文而無鞫獄斷刑之政遂定令毋以十

一月十二月報囚今季冬誕聖之月而決大辟不廢
顧詔有司自仲冬留大辟弗決俟孟春臨軒閱視情
可矜惻者貸之他論如法真宗曰此固善矣然慮繫
囚益淹久吏或因緣為姦爾湘又上書請封禪未幾
命管勾南宮北宅事東封泰山為東京留守推官禮
成遷侍御史昇州火命湘往致祠兼問民疾苦還言
轉運使劉炤弛職不按部知洪州馬景病不任事皆
罷黜之糾察刑獄改尚書刑部員外郎兼侍御史知
雜事湘又言舊制文武常參官日趨朝並赴待漏院
俟禁門闢今則辰漏上始放外朝故朝者多後時乃

入望敕正衙門主者察晚至以懲其慢若風雨寒暑
託病不朝者罪之時帝親製五箴以自儆湘因言宗
室風化所本宜有以訓厲願特製銘以賜南北邸帝
悅為製宗室座右銘賜寧王元偓以下并及湘且諭
之曰卿宗姓也故賜卿祀汾陰為考制度副使請如
周官置土訓錄所過州縣山川與俗好惡日上奏御
兼判宗正寺歷三司戶部度支副使祀太清宮管勾
留司三司事為鹽鐵副使再遷工部郎中直昭文館
出知河南府徙河中府為京西轉運使又徙鳳翔府
延州遷太常少卿知襄州又知應天府進右諫議大

夫復知河南為集賢院學士以疾徙虢州卒
唐肅字叔元杭州錢塘人當錢俶時始七歲能誦五
經名聞其國中後與孫何丁謂曹商游學者慕之舉
進士調鄮縣主簿徙泰州司理參軍有商人寓逆旅
而同宿者殺人亡去商人夜聞人聲往視之血沾商
人衣為捕吏所執州趣獄具肅探知其冤持之後數
日得殺人者後守雷有終就辟為觀察推官遷秘書
省著作佐郎歷知閬喜福昌縣通判陝州召拜監察
御史或薦肅為群牧判官真宗曰朕欲別用肅遂提
點梓州路刑獄遷殿中侍御史入為三司戶部判官

出知舒州遷侍御史為福建路轉運使判三司開拆司再遷工部郎中知洪州尋為江南東路轉運使擢三司度支副使奉使契丹還遷刑部為龍圖閣待制登聞檢院知審刑院卒子詢

詢字彥猷以父任為將作監主簿天聖中詔許天下士獻文章應詔者百數有司第其善者詢數人而已詔賜進士及第知長興縣後以太常博士知歸州用翰林學士吳育薦為御史未至喪母服除育方參政事宰相賈昌朝與詢有親嫌育數與昌朝言詢用故事當罷御史昌朝欲留詢不得已以知廬州凡官外

徙者皆放朝辭而詢獨不用比入見中丞張方平乃奏留詢育爭不能得詢由是怨育而附昌朝昌朝雅不善育詢希其旨上奏曰賢良方正直言極諫茂才異等科漢唐皆不常置若天見災異政有闕失則詔在位薦之不可與進士同時設科若因災異非時舉擢宜如漢故事親策當世要務罷秘閣之試育亦奏言三代以來取士之盛莫如漢唐漢詔舉賢良文學直言極諫之士非有災異而舉唐制科之盛固不專於災異也況災異之出或彌年所無則此舉奚設或頻歲而有則於事太煩今禮部進士數年一舉因以制科隨之則事與時宜又從而更張之使遺材絕望非所以廣賢路也仁宗是育言詔禮部自今制科隨進士貢舉其著為令時育由制科進帝以為得人故詢力肆排詆意在育不在制科也育弟婦故駙馬都尉李遵勗妹有六子而寡詢又奏育弟婦久寡不使更嫁欲用此附李氏自進後詢終以故事罷御史除尚書工部員外郎直史館知湖州徙江西轉運使會詔淮南江浙荊湖六路轉運司移文發運使如所屬詢爭以為不可乃移福建路還為三司戶部判官又判磨勘司出為江東轉運使上言執政純取科名顯

者修起居注非故事未幾起居注闕人帝特用詢遂知制誥以參知政事曾公亮親嫌出知蘇州徙杭青二州進翰林侍讀學士累遷右諫議大夫召還句當三班院判太常寺進給事中卒贈禮部侍郎有集三十卷詢少刻勵自修已而不固所守及知湖州悅官妓取以為妾好畜硯客至輒出而玩之有硯錄三卷

子垌附王安石為監察御史裏行自有傳

論曰宋承平日久吏多以嚴刻為治蓋之辨究獄配姦吏璀奏還婦女為傭者若干人琰吏事不下於璀脫械縱囚審知蘇葬何其明且決也宗諒劉越以孤

生立朝請太后還政越年不逮用聲名與宗諒同矣防請罷榷酤興水利湘廉問疾苦按不稱職者肅明於獄訟皆不多見也然品之以殺降而奪官擢以能置對而興謗詢傳會喜進竊非其據雖列侍從君子所不與也

張述字紹明遂州小溪人舉進士調咸陽縣主簿改大理寺丞遷大常博士皇祐中仁宗未有嗣述上書曰生民之命繫於宗廟社稷而繼嗣爲之本匹夫有百金之產猶能定謀託後事出于素況有天下者哉陛下承三聖之業傳之千萬年斯爲孝矣宗廟社稷

未有託焉此臣所以夙夜彷徨而爲陛下憂也謂宜愼擇宗親才而賢者異其禮秩試以職務俾內外知聖心有所屬則天下大幸至和元年復上疏曰臣聞明兩作離大人以繼明照四方離爲日君象也二明相繼故能久照東昇西沒晝夜迭運數之常也陛下御天下且三紀矣是日之正中也而未聞以繼照爲慮臣竊疑之歷觀前世或令出宮闈或謀起閹寺或姦臣首議利幼主以專政假後宮以盜權安危之機發於頃刻朝議恬然曾不爲計此臣拳拳爲陛下言也述前後七上疏最後語尤激仁宗終不以爲罪述

慷慨喜論事歷通判延州知泗州皆有政跡後以尚書職方員外郎爲江浙荊湖福建廣南路提點坑冶鐵錢事行至萬州道病卒

黃震字伯起建州浦城人進士及第累遷著作佐郎通判遂州嘗給兩川軍士緡錢詔至西川而東川獨不及軍士謀爲變震白主者曰朝廷豈忘東川邪殆詔書稽留尔即開州帑給錢如西川衆乃定明日詔至累遷尚書都官員外郎提點湖北路刑獄還判三司磨勘司擢江淮發運使先是李溥自三司小吏爲發運使十餘年姦贓狼籍丁謂黨之無敢言者震劾

行上書自陳辭頗憤激真宗知其意在溥也諭之曰御當與人和震對曰廉正公忠臣職也負陛下任使者臣不敢與之和既至發溥姦贓數十事溥坐廢而震亦爲溥訟奪一官罷畏謂權不敢自直及謂貶乃復官知饒州徙廣東轉運使廣南歲進異花數千本至都下枯死者十八九道路苦其煩擾震奏罷之震在真宗朝數論事既卒詔進其官一等

胡順之字孝先原州臨涇人登進士第試秘書省校書郎知休寧縣民有汪姓者豪橫縣不能制歲租賦常不入適以訟逮捕不肯出順之曰令不行何以爲

政命積薪環而焚之豪大駭少長趨出叩頭伏辠推其長械送州致之法爲青州從事高麗入貢中貴人挾以爲重使州官旅拜於郊順之曰青大鎮也在唐押新羅渤海柰何卑屈如此獨不拜大姓麻士瑤陰結貴侍匿兵械服用擬尚方親黨僕使甚多州縣被陵蔑莫敢發其姦會士瑤殺兄子温裕其母訴于州衆相視曰孰敢往捕者順之持檄徑去盡得其黨有詔鞫問士瑤論死其子弟坐流放者百餘人改著作佐郎知常熟縣遷秘書丞分司南京仁宗即位遷太常博士天聖明道間再上宰相書乞太后還政宰相

匿不以聞太后崩順之附疾置自言求其書出宰相家仁宗嘉其忠特遷尚書屯田員外郎其後數論朝廷事仲淹愛其才然挾術尚權喜縱横捭闔以自失明廢州里皆憚焉

陳貫字仲通其先相州安陽人後葬其父河陽因家焉少倜儻數上疏言邊事舉進士真宗識貫名擢寘高第爲臨安縣主簿以秘書省著作佐郎爲刑部詳覆官改秘書丞爲審刑院詳議官歷知衛州涇州督察盜賊禁戢不肖子弟簿書筦庫賦租出入皆自檢覈嘗謂僚屬曰視縣官物如己物容有姦乎州人憚

其嚴擢利州路轉運使歲飢出職田粟賑飢者又帥富民令計口占粟悉發其餘徙陝西累遷尚書度支員外郎入爲三司鹽鐵判官領河北轉運使請疏徐鮑曹易四水興屯田徙河東歷三司戸部鹽鐵副使以刑部郎中直昭文館知相州還朝卒貫喜言兵咸平中大將楊瓊王榮喪師而歸貫上書曰前日不斷傅潛張昭允使瓊輩畏死不畏法請自今合戰而奔者主校皆斬大將戰死裨校無傷而還與奔軍同軍衂城圍别部力足救而不至者以逗留論真宗嘉納之又嘗上形勢選將練兵論三篇大略言地有六害

今北邊既失古北之險然自威虜城東距海三百里沮澤磽确所謂天設地造非敵所能輕入由威虜西極狼山不百里地廣平利馳突此必爭之地凡爭地之利先居則佚後起則勞宜有以待之昔李漢超守瀛州契丹不敢視關南尺寸地今將帥大抵用恩澤進雖謹重可信卒與敵遇方略何從而出邪故敵勢益張兵折於外者二十年方國家收天下材勇以備禁旅賴稟給賜予而已恬于休息久不識戰可以衛京師不可以戍邊境請募土人隸本軍籍丁民爲府兵使北捍契丹西捍夏人敵之情僞地勢之險易彼

皆素知可不戰而屈人之兵矣後以疾卒著兵略世
頗稱之子安石
安石字子堅以蔭鎖廳及第嘉祐中爲夔陝轉運判
官民蓄蠱毒殺人捕誅其魁并得良藥圖由是遇毒
者得不死提點陝西刑獄捕帥鄜延能用諜者敵動
靜輙先聞嘗敕邊民戒嚴既而數萬騎奄至無所獲
而去璽書嘉之歷使京西河東淮南京東知蘇州邠
州河中府戶部副使韓絳鎮太原議行鹽法與監司
多不合加安石集賢殿修撰爲河東都轉運使議始
定謂其僚曰興事當有漸急則擾乃出鹽付民而俾

之劵使隨所得貿易鬻畢而歸劵私販爲減進天章
閣待制官軍西征時遣縣令佐督餉安石謂文吏畏
怯武人邀功乃但取敢行者申約束以防衆潰曰事
不豫警俟其犯而誅之是罔民也王中正帥東師而
西報安石持四十日粮而師駐白草平彌月安石深
念曰吾頓兵益乆而秦甲未至倘不足於食將以乏
軍興罪我即擅發民再餉乃以聞李舜舉劾其專詔
置獄於潞安石自麟州會逮俄而他路餽糧多不繼
神宗察其無罪赦之尚書省初建召爲戶部侍郎嘗
與右曹李定同奏事帝目留之曰卿豈非在淮南日

不肯保李定持服者乎對曰詔問臣臣不敢不以實
奏帝曰以實事君朕所與也進吏部侍郎選人將改
京官須次久臨當引對卒困於刑寺審問或沮以微
文則一跌不復安石則罷再問以絕曩弊遂爲後法
出知永興軍鄧襄陳鄭州河陽至龍圖閣直學士紹
聖元年卒年八十一

范祥字晉公邠州三水人進士及第自乾州推官稍
遷殿中丞通判鎮戎軍元昊圍城急祥帥將士拒退
之請築劉璠堡定川砦從之歷知慶汝華三州提舉
陝西銀銅坑冶鑄錢祥曉達財利建議變鹽法後人

不敢易稍加損益人輙不便語在食貨志提點本路
刑獄制置解鹽累遷度支員外郎權轉運副使古渭
州距秦州三百里道經啞兒峽邊城數請城之朝廷
以餽餉之艱不許祥權領州事驟請修築未報輙自
興役蕃部驚擾青唐族羌攻破廣吳嶺堡圍啞兒峽
砦官軍戰死者千餘人坐削一官知唐州後復官提
舉陝西緣邊青白鹽改制置解鹽使卒嘉祐中包拯
言祥通陝西鹽法行之十年歲減榷貨務使緡錢數
百萬其勞可録官其子孫景郊社齋郎熙寧中平洮岷疊宕
河州數千里置郡縣以古渭爲通遠軍權陝西轉運

副使張詵奏朝廷復洮隴故地自将帥至裨佐悉有
功賞臣見洮渭父老言皇祐中轉運使祥因熟羌數
被寇掠其部族願輸土置城以為守禦乃即古渭為
砦祥此舉足以消沮邊隙可謂知攻守之利矣兵出
少挫身黜謫廢臣竊悲之冀推原舊功少賜褒䘏使
天下知祥死猶被恩且舒祥忠義之氣詔贈秘書録
一子未官者子育
育字巽之舉進士為涇陽令以養親謁歸從張載學
有薦之者召見授崇文校書監察御史裏行神宗喻
之曰書稱堲讒說殄行此朕任御史之意也育請用

大學誠意正心以治天下國家因薦載等數人西夏
入環慶詔育行邊還言寶元康定間王師與夏人三
大戰而三北今再舉亦然豈中國之大不足以支夏
人數郡乎由不察彼已妄舉而驟用之爾昨蕩原之
後夏人聲言我自修壘不與漢爭三犯之然後掩殺
雖追奔亦不至境由是觀之其情大可見矣又使河
東論韓絳築囉兀二砦始調外郡稍遠邊城前後三
十萬夫遼州最為窮僻然猶上戶配夫四百三十四
戲直計三千緡下者十六人其直十萬輦運所經二
十二驛宣撫司不先告期轉運使臨時督辦致民皆

破產上下莫敢言獨遼守李宏能約民力所勝而餽
不失期願以訴其賞翻令鞫罪願貸被劾官吏其芻
糧在道者隨所至受之使已困之民咸蒙德澤神宗
皆從之坐劾李定親喪匿服罷御史檢正中書戶房
固辭乃知韓城縣詔往鄜延議畫地界育言保疆不
如持約持約不如敦信前日疆埸嘗嚴矣一旦約敗兵挐
闘者跌於前耕者侵於後是封溝不足恃也使人左
去而兵革右興金繒朝委而烽烟夕舉是持約不足
恃也今我見利而加兵當講好之後復自立界不亦
愧乎安南行營郭逵趙卨以兵十萬伐交阯行及長

沙病死相屬逵卨又不輯睦育疏其不便不從久之
知河中府加直集賢院徙鳳翔以直龍圖閣鎮秦州
元祐初召為太常少卿改光祿卿樞密都承旨劉安
世㬥其閨門不肅出知熙州時又議棄質孤勝如兩
堡育爭之曰熙河以蘭州為要塞此兩堡者蘭州之
蔽也棄之則蘭州危蘭州危則熙河有腰膂之憂矣
又請城李諾平汝遮川曰此趙充國屯田古榆塞之
地也不報入為給事中戶部侍郎卒高宗紹興中採
其抗論棄地及進築之策贈寶文閣學士
田京字簡之世居滄州其後徙亳州鹿邑舉進士調

蜀州司法參軍自秦州觀察推官改秘書省著作佐郎爲大理寺詳斷官趙元昊反侍讀學士李仲容薦京知兵法召試中書擢通判鎮戎軍夏守贇爲陝西經略使奏兼管勾隨軍糧料入對陳方略賜五品服尋爲經略安撫判官守贇既罷以武略應運籌決勝科及試秘閣與他科偕試六論京自以記誦非所長引去又參夏竦軍事會遣翰林學士晁宗愨即軍中問攻守孰便衆欲大舉入討京曰夏人之不道久矣未易破也今欲驅不習之師深入敵境與之角勝負此兵家所忌師出必敗或曰不如講和京曰敵兵未

嘗挫安肯降我哉未幾元昊使黄延德叩延州乞降以奇兵出原渭敗大將任福夏竦素不悦京坐是改通判廬州徙知邵武軍提點河北路刑獄事乃上言請擇要官守滄衛鑿西山石臼廢道以限戎馬義勇聚教復給糧置卒守烽燧用奇正法訓兵徙戰馬内地以息邊費凡十餘事仁宗頗嘉納之入爲開封府判官坐減囚送獄道死出知蔡州徙相邢二州復提點河北刑獄事王則據恩州反京縋城趣南關入驍捷營撫士卒保州振武兵焚民居欲應賊京捕斬之乃定賊遣其黨崔象僞出降京以其持妖言惑衆又

斬以徇由是營兵二十六指揮在外者皆懾服不敢叛州之南關民衆多如城中得不陷賊京有功焉京督士攻城甚力賊係京妻子乘城迫使呼曰毋亟攻城中將屠我輩矣京叱諸軍益進攻注矢仰射殺其家四人賊知京無所顧乃牽妻子去恩州平以不能預察賊降監鄆州税先是駐泊都監田斌亦以賊發不能捕待罪兵間及城破從諸將入以功還宫苑副使而京獨被謫御史言失察賊過輕忘家爲國義獨重不宜左遷乃徙通判兖州又徙知江陰軍知寄州歷提點淮南刑獄事京西轉運使累遷兵部員外郎

直史館知滄州轉運使京能招輯流民爲之給田除税租凡增户萬七千特遷工部郎中然傳者謂流民之數多不實又强爲人田非其所樂侵民税地倣古屯田法其後法不成所給種錢牛價民多不償鞭笞督責至累年不能平公私皆患之擢天章閣待制陝西都轉運使改兵部郎中復知滄州拜右諫議大夫卒京喜論議然語繁而迂頗通兵戰曆筭雜家之術爲人尚氣節少時與常山董士廉汾陰郭京相友善俱以儒俠聞著天人流術通儒子十數書又有奏議十卷

論曰人臣之職當奮不顧身而庸人怯夫於國事則噎喑而不言若胡越肥瘠之不相干如張述者其亦忠且果矣黃震指李溥忤權臣胡順之擊强宗為衆人所不敢為陳貫論兵事范祥畫邊計皆一時儁士妖盜竊發京出孤力保城南置妻孥之亟受先登示賊其勇蓋可壯也

列傳卷第六十二

列傳卷第六十三　宋史三百四

開府儀同三司上柱國錄軍國重事前中書右丞相監脩國史領經筵事都總裁臣脫脫等奉

勑修

周渭　梁鼎　范正辭 子諷　劉師道
王濟　方偕　曹穎叔　劉元瑜
楊告　趙及　劉湜　王彬
仲簡

周渭字得臣昭州恭城人幼孤養于諸父力學工為詩劉鋹據五嶺昭州皆其地也政繁賦重民不聊生渭率鄉人六百踰嶺將避地零陵未至賊起斷道絕糧復還恭城則廬舍煨燼遂奔道州為盜所襲渭脫身北上建隆初至京師為薛居正所禮上書言時務召試賜同進士出身解褐白馬主簿縣大吏犯法渭即斬之上奇其才擢右贊善大夫時魏帥符彥卿專恣朝廷選常參官强幹者莅其屬邑以渭知永濟縣彥卿郊迎渭揖于馬上就館始與相見略不降屈縣有盜傷人而逸渭捕獲并暴廢匿者按誅之不以送府乾德中通判興州州領罝口砦多戍兵監軍傲狠縱其下為暴居人苦之渭馳往諭以禍福斬其軍校衆皆慴服詔書嘉獎命兼本砦鈐轄開寶元年鳳州

七房治主吏盜隱官銀擇渭往代周歲羨課數倍賜
緋魚又遷知棣州殿直傅延翰為監軍謀作亂走契
丹為部下所告渭擒之以聞命械至闕下鞫得實斬
於西市渭在郡以簡肅稱及還吏民遮道泣留俄詔
賜錢百萬太平興國二年為廣南諸州轉運副使初
渭之入中原妻子留恭城開寶三年平廣南詔昭州
訪求賜錢米存卹之及是渭始還故里鄉人以為榮
渭奏去劉鋹時稅筭之繁者重定田賦興學校遷殿
中丞屬有事交阯主將逗撓無功有二敗卒擐甲先
至邕州市奪民錢渭捕斬之後至者悉令解甲以入

訖無敢犯移書交阯諭朝廷威信將刻日再舉黎桓
懼即遣使入貢就加監察御史在嶺南凡六年徙知
揚州進殿中侍御史改兩浙東西路轉運使入為鹽
鐵判官遷侍御史歷判戶部度支二勾院出知亳州
賜金紫俄換宋州加職方員外郎為益州轉運使坐
從子違詔市馬黜為彰信軍節度副使咸平二年真
宗聞其清節召還將復用詔下而卒年七十七上閔
其貧不克葬賻錢十萬以其子建中為乘氏主簿渭
妻莫荃賢婦人也渭北走時不暇與荃訣二子孩幼
荃尚少父母欲嫁之荃泣誓曰渭非久困者今違難

遠適必能自奮於是親蠶績碓舂以給朝夕二子皆
畢婚娶凡二十六年復見渭時人異之朱昂著莫節
婦傳紀其事

梁鼎字凝正益州華陽人祖鉞仕蜀為劒門關使父
乘氏令鼎太平興國八年進士甲科解褐大理
評事知秭歸縣再遷著作佐郎端拱初獻聖德徽號
頌萬餘言試文遷殿中丞通判歙州以能聲聞有詔
嘉獎徙知吉州民有蕭甲者豪猾為民患鼎暴其凶
狀杖脊黥面徙遠郡太宗尤賞其強幹代還賜緋魚
舊例當給銀寶瓶帶太宗特以犀帶賜之記其名於

御屏淳化中上言曰書云三載考績三考黜陟幽明
此乃堯舜氏所以得賢人治天下也三代而下典章
尚存兩漢以還沿革可見至於唐室此道尤精有考
功之司明考課之令下自簿尉上至宰臣皆歲計功
過較定優劣故人思激厲績効著聞五代兵革相繼
禮法陵夷顧惟考課之文秖拘州縣之輩黜陟既異
名存實亡且夫今之知州即古之刺史治狀顯著者
朝廷不知方略蔑聞者任用如故大失勸懲之理寖
成苟且之風是致水旱薦臻獄訟填溢欲望天下承
平豈可得也伏惟陛下繼二聖之丕圖為億兆之司

牧念百官之未乂思四海之未康特詔有司申明考績之法庶幾官得其人民受其賜矣俄為開封府判官遷太常博士三司右計判官又為總計判官會復三部換度支判官至道初鼎泊陳堯叟建議興三白渠及陳許鄧潁蔡宿亳數州用水利墾田事具食貨志遷都官員外郎江南轉運副使就改起居舍人徙陝西二年五將分道擊李繼遷李繼隆擅出赤檉路無功還奏軍儲失期鼎坐削三任復為殿中丞領職如故以母老求郡歷知徐密二州真宗踐位復舊官咸平四年遷兵部員外郎知制誥賜金紫時三司督

逋負嚴急有久被留繫者命鼎與薛映按籍詳定多所蠲免踰月拜右諫議大夫度支使時西鄙未寧建議陝西禁解池鹽所在官鬻詔從之以鼎為制置使楊覃為轉運使張賀副之又以內殿崇班杜承睿同制置鹽事議者多言邊民舊食青鹽其價甚賤洎禁青鹽以困賊令商賈入粟運解鹽於緣邊價直與蕃鹽不相遠故蕃部齎鹽至者不能貨鬻今若禁解池鹽與內地同價則民必冒禁復市青鹽乃資盜糧也時劉綜為陝西轉運使鼎奏罷之綜歸朝亦密陳其非便鼎既行即移文禁止鹽商所在約束乖當延州劉廷偉慶州鄭惟吉皆不從規畫又鼎奏運咸陽倉粟以實邊粟已陳腐鼎即與民俟秋收易新粟朝廷聞而止之上封章密陳其煩擾者甚衆鼎始謀多沮遂令林特乘傳與永興張詠會鼎等同議可否於是依舊通鹽商鼎坐首議改作非是詔罷度支使守本官未幾丁內艱起復景德初知三班院通進銀臺司兼門下封駁事出知鳳翔府以居憂哭泣傷目表求判西京留司御史臺三年卒年五十二賜二子出身鼎偉姿貌磊落尚氣有介節居官峻厲名稱甚茂好學工篆籀八分嘗著隱書三卷史論二十篇學古詩

五十篇子申甫吉甫

范正辭字直道齊州人父勞謙獲嘉令正辭治春秋公羊穀梁登第調補安陽主簿開寶中判入等遷國子監丞知戎州改著作佐郎代還治逋欠於淄州轉運使稱其能轉左贊善大夫就知淄州太宗征河東諸州部糧多不及期正辭所部長山縣吏張秀督民輸受錢二千即杖殺之郡中畏服太平興國中改殿中丞通判棣深二州遷國子博士御史中丞劉保勳奏充臺直會有言饒州多滯訟選正辭知州事至則宿繫皆決遣之胥吏坐淹獄停職者六十三人會詔

令料州兵送京師有王興者懷土憚行以刃故傷其
足正辭斬之興妻詣登聞上訴太宗召見正辭廷辨
其事正辭曰東南諸郡饒實繁盛人心易動興敢扇
搖苟失控馭則臣無待罪之地矣上壯其敢斷特遷
膳部員外郎充江南轉運副使賜錢五十萬饒州民
甘紹者積財鉅萬為群盜所掠州捕繫十四人獄具
當死正辭按部至引問之囚皆泣下察其非實命徙
他所訊鞫既而民有告群盜所在者正辭潛召監軍
王愿掩捕之愿未至盜遁去正辭即單騎出郭二十
里追及之賊控弦持矟來逼正辭大呼以鞭擊之中
賊雙目執之賊自刃不殊餘賊渡江散走追之不獲
旁得所棄贓賊尚有餘息正辭即載歸令醫傅藥創
既愈按其姦狀伏法而前十四人皆得釋端拱二年
代歸與洛苑副使綦仁澤西京作坊副使尹宗諤同
監折中倉先是令商人輸米豆而以茶鹽酬其直謂
之折中復有言其弊罷之至是復置焉遷倉部員外
郎同知幕府州縣官考課改判刑部歷戶部鹽鐵二
判官遷考功員外郎通判定揚杭三州真宗即位遷
膳部郎中召判三司句院俄復為鹽鐵判官咸平二
年出為河東轉運使三年以本官兼侍御史知雜事

時李昌齡自忠武行軍起知梓州董儼知壽州王德
裔楊緘皆任轉運使後失官掌鹽邑正辭上言昌齡
輩貪墨著聞願陛下罷其民政詔追還儼敎餘悉代
之又言治民之官牧宰為急舉吳奮等五人堪任大
郡復請令奮等各舉知縣縣令從之坐鞫任懿獄貶
滁州團練副使會赦復為倉部考功員外郎通判鄆
州知淮陽軍復膳部郎中以年老求監兗州商稅大
中祥符三年四月卒年七十五子識諷並進士及第
諷字補之以蔭補將作監主簿獻東封賦遷太常寺
奉禮郎又獻所為文召試入等出知平陰縣會河決
王陵埽水去而土肥失阡陌田訟不能決諷分別疆
畔著為券民持去不復爭諷辨數激昂喜為名聲然
亦操持在己吏不敢欺為縣存視貧弱至豪猾大家
峻法治之舉進士第遷大理評事通判淄州歲旱蝗
他穀皆不立民以蝗不食菽猶可藝而患無種諷行縣
至鄒平發官廩貸民縣令爭不可諷曰有責令無預
也即出貸三萬斛比秋民皆先期而輸徙知梁山軍
以母老不行得通判鄆州時知州李迪貶衡州副使
宰相丁謂戒使者持詔書促上道諷輒留迪數日為
治裝祖行詔塞決河州募民入芻揵而城邑與農戶

等諷曰貧富不同而輕重相若農民必大困且詔書使度民力今則均取之此有司悞也即改符使富人輸三之二因請下諸州以鄆為率朝廷從其言徙知廣濟軍民避水堤居凡給徭於官者諷悉縱使護其家奏除其租賦累遷太常博士以疾監舒州靈仙觀尚御藥張懷德至觀齋祠諷頗要結之懷德薦于章獻太后遂召還問所欲言對曰今權臣驕悍將不可制盖指曹利用也利用貶拜右司諫三司度支判官百官轉對勑近臣閱視其可行者類次以聞諷奏曰非上親覽決可否則誰肯為陛下極言者王清昭應

宫災下有司治火所起諷曰此天之戒告乃復置獄以窮治之非所以應天也獄由是得解議者疑復脩諷上書諫山木已盡人力已竭宫必不成臣知朝廷亦不為此其如疑天下何宜詔示四方使明知之於是下詔罷脩改尚書禮部員外郎兼侍御史知雜事錢惟演自許州来朝圖相位諷奏惟演嘗為樞密使以皇太后姻屬罷之示天下以不私固不可復用遂以惟演守河南使契丹道過幽州北見原野平曠慨然曰此為戰地不亦信哉遼人相目不敢對擢天章閣待制知審刑院出知青州再遷戶部郎中時山東

饑宰相王曾青人家積粟多諷發取數千斛濟饑民因請遣使安撫京東入為右諫議大夫權御史中丞又請益漕江淮米百萬自河陽河陰東下以賑貧之錢惟演倡議獻懿二太后宜祔真宗廟室諷彈奏之及言其在太后時權寵甚盛且與后族連姻請絀去仁宗不聽諷袖告身以對曰陛下不聽臣言臣今奉使山陵而惟演守河南臣早暮憂刺客願納此不敢復為御史中丞矣帝不得已可之諷乃趨出遂貶惟演隨州陳堯佐罷參知政事有王文吉者告堯佐謀反仁宗遣中官訊問復以屬諷夜中被旨究詰旦得

其誣狀奏之時上章懿皇后謚宰相張士遜樞密使楊崇勳日中不赴慰班諷彈士遜與崇勳俱罷諷嘗侍對帝語及郭后无子諷言无子大義當廢陰合帝旨以龍圖閣直學士權三司使時狄棐為直學士已久諷盛氣凌棐宰相李迪右之遂特詔班棐上論者非之尋轉閣學士以疾免三司使改翰林侍讀學士管句祥源觀徙會靈觀復改閣學士給事中知兗州既至郡而寵籍為廣南東路轉運使未行上言嚮為侍御史嘗奏彈諷以三司使曲為左藏監庫吳守則奏理遷官尚美人同父弟娶守則女諷以銀鞍勒遺

守則相結納既出兗州乃給言貧假翰林白金器數
千兩自隨而增產於齊州市官田虧平估置獄于南
京劾之諷坐方聽旨擅馳驛還兗州當贖籍所奏有
不實當免官宰相呂夷簡嫉諷詭激特貶諷武昌軍
節度行軍司馬貸籍止降官知臨江軍由是宰相李
迪等坐親善諷皆斥歲中徙保信軍聽居舒州持母
喪又許歸齊州日飲酒自縱為時所譏服除改將作
少監知淮陽軍遷光祿卿知陝州道改潞州入見帝
言元昊不可擊獨以兵守要害捍侵掠久當自服倘
內脩百度躬節儉如祖宗故事則疆事不足憂復給

事中卒諷嘗建議朝廷當差擇能臣留以代大臣之
不稱職者大臣聞而惡之又數短參知政事王隨于
帝前因奏外人謂臣逐隨將取其位願先出臣為陛
下引姦邪去而朝廷清矣又嘗與張士遜議事不合
諷曰世謂大事未易可議小事不足為所為終何事
邪及為龐籍訟人謂大臣陰諷籍馬諷類曠達然捭
闔圖進不守名檢所與游者輒慕其所為時號東州
逸黨山東人顏太初作逸黨詩刺之而姜潛者又嘗
貽書以疏其過云子寬之終尚書刑部郎中知濠州
劉師道字損之一字宗聖開封東明人父澤右補闕

師道雍熙二年舉進士初命和州防禦推官歷保寧
鎮海二鎮從事凡十年王化基呂祐之樂史薦于朝
擢著作佐郎纔一月會考課又遷殿中丞出知彭州
就加監察御史轉運使劉錫馬襄上其治跡召歸會
浦洛之敗奉詔劾白守榮董獄成太宗獎其勤面賜
緋魚川陝豪民多旁戶以小民役屬者為佃客使之
如奴隸家或數十戶凡租調庸斂悉佃客承之時有
言李順之亂皆旁戶鳩集請擇旁戶為三耆長迭主
之疇歲勞則授以官詔師道使兩川議其事師道以
為迭使主領則爭忿滋多署以名級又重增擾害廷

奏非便卒罷之改祠部員外郎出為京東轉運使真
宗嗣位進秩度支咸平初范正辭薦其材堪長民徙
知潤州三年改淮南轉運副使兼淮南江浙荊湖發
運使四年以漕事入奏特遷司封俄為正使改工部
郎中代查道為三司度支副使七月擢樞密直學士
掌三班俄權三司使從幸澶淵判隨駕三司充都轉
運使師道弟幾道舉進士禮部奏名將廷試近制悉
糊名較等陳堯咨當為考官教幾道於卷中密為識
號幾道既擢第事泄詔落其籍永不預舉師道固求
辨理詔曹利用邊肅閻承翰詣御史府推治之坐論

奏誣罔責為忠武軍行軍司馬尭咨充所居官為鄆州團練副使二年以郊祀恩起為工部郎中知復州換秀州大中祥符二年以兵部郎中知潭州遷太常少卿師道敏於吏事所至有聲吏民畏愛長沙當湖嶺都會剖煩析滯案無留事歲滿復加樞密直學士換左司郎中留一任七年李應機代還應機未至郡六月師道暴病卒年五十四録幾道為試秘書省校書郎師道性慷慨尚氣善談世務與人交敦篤工為詩多與楊億輩酬唱當時稱之

王濟字巨川其先真定人祖卿有詞辯趙王鎔召置幕府鎔政衰卿懼禍避地深州饒陽遂為縣人父恕後唐時童子及第開寶中知秀州會盜起城陷為盜所殺將并害濟濟伏柩號慟謂賊曰吾父已死吾安用生為但恨力不能殺汝以報父讎爾賊義之捨去濟携父骨匿山谷間既而官軍大集濟脱身詣其帥朱乙陳討賊之計乙嘉之遺以束帛奏假驛置遣歸先是濟母終於岳陽權窆佛舍至是乃併護二喪還饒陽州將以聞太祖召見以其尚少且俾就學雍熙中上書自陳死事之孤得試學士院補龍溪主簿時調福建輸鶴翎為箭羽鶴非常有物有司督責急一羽至直數百錢民甚苦之濟諭民取鵝翎代輸仍驛奏其事因詔旁郡悉如濟所陳縣有陂塘數百頃為鄉豪幹其利會歲旱濟悉導之分溉民由汀州以銀治構訟十年不决逮繫數百人轉運使使濟鞫之纔七日情得止坐數人再調胙城尉徙臨河主簿轉運使王嗣宗被詔舉法官以濟名聞遷光禄寺丞權大理丞改刑部詳覆官通判鎮州牧守多勳舊武臣倨貴陵下濟未嘗撓屈戍卒頗恣暴不法夜或焚民舍為盜一夕報有火濟部壯士數十潛往偵伺果得數輩并所盜物即斬之馳奏其事太宗大悦都校孫進

使酒無賴毆折人齒濟不俟奏杖脊送闕下繇是軍城畏肅就遷太子中舍詔書獎勞召判登聞鼓院拜監察御史上疏陳統天下之術節民物之道大者有十擇左右别賢愚正名器去冗食加奉禄謹政教選良將分兵戍脩民事開仕進其言切於時詞多不載咸平初濟以刑網尚繁建議請删定制敕乃命張齊賢領其事濟預焉刑統舊條持仗行劫不以贓有無悉抵死齊賢議貸不得財者濟曰刑期於無刑以死懼之尚不畏況緩其死乎因與齊賢廷爭數四濟詞氣甚厲目齊賢為腐儒然卒從齊賢議人以濟為刻

改鹽鐵判官車駕巡師大名調丁夫十五萬脩黃作河濟以為勞民詔濟馳往經度還奏省十六七齊賢時為相以河決為憂因對并召濟見齊賢請令濟署狀保河不決濟曰河決亦陰陽災沴宰相苟能和陰陽弭災沴為國家致太平河之不決臣亦可保齊賢曰若是則今非太平邪濟曰北有契丹西有繼遷兩河關右歲被侵擾以陛下神武英略苟用得其人可以馴致今則未也上動容獨留濟問邊事濟曰陛下承二聖之基擁百萬之衆蠢茲醜虜敢爾憑陵盖謀謨當國之人未有如昔之比臣謂國家所恃獨一洪河耳此誠急賢之秋不然臣懼敵人將飲馬於河諸矣又著備邊策十五條以獻三年選官判大理寺上曰法寺宜擇當官不回者苟非其人或有冤濫即感傷和氣王濟近數言事似有操持可試之遂令濟權判大理寺事福津尉劉瑩集僧舍屠狗群飲杖一伶官致死濟論以大辟遇赦從流時王欽若知審刑與濟素不相得又以濟嘗忤齊賢乃奏瑩當以德音原釋齊賢王欽若議濟坐故入停官逾年復為監察御史通判河南府景德初徙知河中府契丹南侵上幸澶淵詔緣河斷橋梁毀船舫稽緩者論以軍法濟曰

陝西有關防隔閡舳艫遠屬軍儲數萬一旦沉之可惜又動搖民心因密奏寢其事上深嘉歎遣使褒諭未幾召拜工部員外郎兼侍御史知雜事三年判司農寺時周伯星見濟乘間言曰昔唐太宗以豐年為上瑞臣願陛下日慎一日居安慮危則天下幸甚受詔與劉綜改定茶法頗易舊制由是忤丁謂林特劉承規輩因與欽若迭詆訾之四年拜本曹郎中出知杭州上面加慰諭仍戒以朝廷闕失許密上言遷刑部郎中郡城西有錢塘湖溉田千餘頃歲久湮塞濟命工濬治增置斗門以備潰溢之患仍以白居易舊記刻石湖側民頗利之睦州有狂僧突入州廨出妖言與轉運使陳堯佐按其實斬之上嘉其能斷大中祥符三年徙知洪州兼江南西路安撫使屬歲旱民飢躬督官吏為糜粥日親嘗而給之録飢民為州兵全活甚衆是歲卒年五十九遺奏大旨以進賢退諛佞罷土木不急之費為言濟頗涉經史好讀左氏春秋性剛直無所畏避少時深州刺史念金鎖一見器之且託後於濟金鎖沒濟撫其孤援貢禄仕泰與內臣裴愈有隙愈坐事上怒甚命憲府鞫之濟適知雜事力為辯理遂獲輕典子孝傑國子博士

論曰渭有清節臨事多從便文鼎好規畫師道喜論世務正辭按貪吏辨寃獄濟議論挺特無所畏避五臣者仕不過監司郡守而名稱甚茂可尚哉

方偕字齊古興化莆田人年二十及進士第爲温州軍事推官歲飢民欲隸軍就廪食州不敢擅募偕乃請提點刑獄呂夷簡曰民迫流亡不早募之將聚而爲盜矣夷簡從之籍爲軍者七千人後遷汀州判官權知建安縣縣產茶每歲先社日調民數千鼓譟山旁以達陽氣偕以爲害農奏罷之遷秘書省著作佐郎歷知福清資陽縣累遷尚書屯田員外郎爲御史臺推直官澧州逃卒傭民家自給一日誣告民事摩駝神歲殺十二人以祭州逮其族三百人繫獄久不決偕被詔就劾令卒睨所殺主名按驗皆亡狀事遂辨卒以誣告論死知雜事龐籍薦爲御史裏行再遷侍御史南京鴻慶宮災偕引漢罷原廟故事請勿復脩元昊寇塞門砦鄜延副總管趙振逗撓不出救詔偕往按之法當斬偕奏兵寡不敵茍出以餌賊無益也振由是得不死爲開封府判官江南安撫三司歲出乳香綿綺下州郡配民偕奏罷之更鹽鐵判官遷兵部員外郎兼御史知雜事言以罪謫監當者監司勿

得差權親民官判大理寺改度支副使權天章閣待制江淮制置發運使知杭州遷刑部郎中偕以吏事進治杭州有能聲喜飲酒至酣宴無節數月暴中風以太常少卿分司西京遷光禄卿卒

曹穎叔字秀之亳州譙人初名熈嘗夢之官府見穎叔名遂更名穎叔進士及第歷威勝軍判官渭州軍事推官御史中丞蔡齊薦爲臺主簿改大理寺丞韓億知亳州辟僉書節度判官事通判儀州韓琦文彦博薦其才徙夔州路轉運判官夔峽尚淫祠人有疾不事醫而專事神穎叔悉禁絶之乃教以醫藥提點陝西路刑獄夏人納款詔與戸部副使夏安期轉運使梆灝減戍卒吏員之冗者爲開封府判官時御史宋禧鞫衛士獄于内侍省禧不能辨及獄具内侍使禧自爲牒穎叔言禧爲制使辱命請寘之法元昊死爲夏國祭奠使除直史館知鳳翔府徙益州路轉運使權度支副使儂智高寇嶺南朝議以閩中久弛兵備擢天章閣待制知福州累遷右司郎中爲陝西都轉運使自慶曆鑄大鐵錢行陝西民盜鑄不已三司上権鐵之議穎叔曰鐵錢輕而貨重不可久行況官自権鐵乎請罷鑄諸郡鐵錢以三鐵錢當銅錢之一

從之兩川和買絹紬陜西兵而蜀人苦於煩歛頴叔為歲出本路紙錢五十萬以易軍衣之餘者兩川之民始無擾焉進龍圖閣直學士知永興軍然年老漸昏耄事頗壅積人或嘲誚之卒于官

劉元瑜字君玉河南人進士及第補舞陽縣主簿改秘書省著作佐郎知雍丘縣通判隰并二州知鄆州以太常博士為監察御史上言考課之法自朝廷至員外郎郎中少卿須清望官五人保任始得遷故浮薄輩日趨權門非所以養廉恥也詔罷之提舉河北便糴會永寧雲翼軍士謀為變吏窮捕黨與謀劫囚

以反百姓竊知多逃避元瑜馳至斬為首者其餘皆釋去不問歷京西河東轉運使遷右司諫劾奏集賢校理陸經謫官在河南日杖死爭田寡婦且貸民錣監司列薦其才挾託權要遂復舘職請重寘於法并坐保薦者詔屬吏遂竄經袁州又䟽李用和曹琮李昭亮不可典軍梁適不當除翰林學士范仲淹以非罪貶既復天章閣待制宜在左右尹洙余靖歐陽脩皆以朋黨斥逐此小人惡直醜正者也既而與靖等相失反言前除夏竦為樞密使諫臣數人摭其舊過召至都門而罷之自此以進退大臣為己任激訐陰私為忠直薦延輕薄列之舘閣以唱和為朋比近除兩府出自聖斷獨黨人以進用不出於己議論紛然臣恐復被䟽罷矣前日孫甫薦葉清臣發丁度效此也因論靖知制誥不宜兼領諫職且奉使契丹對契丹主儆六國語辱國命請加罪脩靖深惡之繇是論者以元瑜為奸邪後除三司鹽鐵副使以天章閣待制知潭州傜人數為寇元瑜使州人楊謂入梅山說酋長四百餘人出聽命因厚犒之籍以為民凡千二百戶徙桂州固辭降鄧州坐在潭州擅補畫工易元吉為畫助教降知隨州又失保任改信州徙襄州富

人子張銳少孤弱同里車氏規取其財乃取銳父棄妾他姓子養之比長使自訴陰賕吏為助州斷使歸張氏銳莫敢辨既同居逾年車即導令求析居元瑜察知窮治得姦狀黥車竄之人伏其明歷河中府以左諫議大夫知青州卒元瑜性貪至竊販禁物親與小人爭權時論鄙之

楊告字道之其先漢州綿竹人父允恭西京左藏庫使數任事有功既死賜告同學究出身調廬江尉時張景嘗吏死而吏捕急逃歸告懼告不見納告曰君勿憂也吾死生以之景卒免改豐城主簿邑有賊殺

人投屍于江人知主名而畏不敢言告聞親往擒賊
有言賊欲報怨者告不為動既而果乘夜欲刺告
又捕得致於法境內肅然再調南劒州判官知南安
六合錢塘寧國縣改大理寺丞通判江寧州盜殺商
人鑿舟沉屍江中有被誣告者笞服獄具告疑其無
狀後數日果得真盜徙知池州累遷尚書司封員外
郎開封府推官開拆司為趙元昊㫌節官告使元昊
專席自尊大告徙坐即賓位莫之屈也除京西轉運
副使屬部歲饑所至發公廩又募富室出粟賑之民
伐桑易粟不能售告命髙其估以給酒官民獲濟者

甚衆以疾權管勾西京留臺頃之判三司憑由理欠
司為淮南轉運使徙制置發運使除三司戶部副使
更度支安撫河東改鹽鐵副使歷祠部度支司封郎
中以少府監復為制置發運使拜右諫議大夫知鄭
州徙江寧府壽州告曉法令頗知財利而不務苛刻
時號能吏然喜事權貴以要進一子力學有文數為
近臣薦召試賜同進士出身未幾卒告悲傷之尋卒
趙及字希之其先幽州良鄉人父的事契丹為蔚州
靈丘令雍熙中王師北征乃歸授偃師令因家焉及
舉進士為慈州軍事推官徙廣信軍判官改秘書省

著作佐郎知魏縣徙九隴以母老監葉縣稅歷黃河
御河催綱通判青州大名府累遷尚書屯田員外郎
被舉為殿中侍御史權宗正丞詔劾夏守恩獄內侍
岑守中用賄撓法及劾正其罪遷侍御史夏守贇經
略西鄙還及言其無功不可復樞府又號罷郭承祐
團練使未幾請知懷州徙徐州還為三司戶部判官
遷兵部員外郎京東轉運按察使知萊州張周物貪
暴及劾奏貶周物嶺外擢兼侍御史知雜事數論時
政權判吏部流內銓初銓吏匿員闕與選人為市及
奏闕至即牓之吏部牓闕自及始遷戶部副使以疾

改刑部郎中直昭文館知衛州召為鹽鐵副使又以
疾請知汝州歲餘復召為副使不赴徙知河中府特
拜天章閣待制右司郎中祀明堂遷右諫議大夫還
判大理寺流內銓出知徐州疾甚求解近職還州事
乃以本官管勾南京留司御史臺未赴卒及和厚謙
退內行尤篤所治有聲民吏愛之
劉湜字子正徐州彭城人舉進士為澶州觀察推官
再調湖南節度推官改秘書省著作佐郎知盂都縣
徙陰平再遷太常博士通判劒州審閱州獄活死囚
七人王堯臣安撫陝西薦之擢知耀州富平有盜掠

人子女者既就擒陽死伺間逸去捕得復陽死守者以報湜趣焚其屍拜監察御史王德用自隨州詔還近臣言其有反相湜保右之歷開封府推官三司鹽鐵判官遷殿中侍御史上言轉運使擿搋郡縣苛束官吏人不得騁其材宜稍寬假不爲改者繩治之詔諸渭州劾尹洙私用公使錢頗傅致重法以故洙坐廢還爲尚書禮部員外郎兼侍御史知雜事同判吏部流內銓除鹽鐵副使議者謂湜探宰相意深致洙罪故得優擢焉明年宴紫宸殿副使當坐殿東廡湜不即坐趣出閤門奏之坐謫知沂州徙兗州又坐沂

州誤出囚死罪降知海州起爲河東轉運使遷戶部員外郎復爲鹽鐵副使兼領河渠事汴水絕鑿河陰新渠通漕運如故會江南饑擢天章閣待制知江寧府奏運蘇州米五十萬斛以貸饑民除戶部郎中知廣州儂智高初平湜練土兵葺械器作鐵鎖斷江路有盜據山赦貸罪招之不肯降湜知並山民資之食即徙民絕餉盜困蹙乞降民安之居二年母老求內徙遂徙徐州湜喜曰昔布衣隨計今以侍從官三品復典鄉郡過始望矣又以左司郎中知鄆州遷龍圖閣直學士知慶州湜少賤母更嫁嘗卒既登第具袍

笏趣卒舍迎母里人觀歎然嗜酒持法少恕改知密州以病卒

王彬光州固始人祖彥英父仁侃從其族人潮入閩潮有閩土彥英頗用事潮惡其逼陰欲圖之彥英覺之挈家浮海奔新羅新羅長愛其材用之父子相繼執國政彬年十八以賓貢入太學淳化三年進士及第歷雍丘尉皇城司陰遣人下畿縣刺史多厲民令佐至與爲賓主彬至捕鞫之得所受賂致之法自是詔親事官毋得出都城易右班殿直辭不受後以秘書省著作佐郎通判筠州歷知撫州撫州民李甲饒

英恃財武斷鄉曲縣莫能制甲從子詈縣令人告甲語斥乘輿彬按治之索其家得所藏兵械又得服器有龍鳳飾甲坐大逆棄市并按英嘗強取人孥配嶺南州里肅然擢提點荊湖南路刑獄徙知潭州入判三司戶部勾院出爲京西轉運使徙河北部吏馬崇正倚章獻太后姻家豪橫不法彬發其姦贓下吏忤太后意徙京東又徙河東陝西復爲三司鹽鐵判官判都理欠憑由司累遷太常少卿卒

仲簡字畏之揚州江都人以貧傭書楊億門下億教以詩賦遂舉進士歷通判鄭州河南府推官改秘書

省著作佐郎知蕪湖縣通判楚州累遷尚書都官員外郎改侍御史安撫京東遷知真州入為三司度支判官經制陝西糧草就遷兵部員外郎直史館知陝州徙江東轉運使除侍御史知雜事為三司鹽鐵副使工部郎中奉使陝西多任喜怒以馬箠擊軍士流血仁宗面詰之不能對出為河東轉運使踰年復為鹽鐵副使再遷兵部擢天章閣待制知廣州儂智高犯邕州沿江而下人告急簡輒囚之仍牓于道敢妄言惑衆者斬以是人不復為避賊計比智高至始令民入城民爭道競以金帛遺閽者相蹂踐至死者甚

多其不得入者皆附賊賊既去以其能守城徙知荊南既而言者論之遂落職又降刑部郎中知筠州復為兵部郎中徙洪州卒

論曰士抱一藝者思奮勵以功名自效況其設施見於政事者乎方偕曹頴叔楊告趙及王彬之流皆文吏能推恩行利剗煩去蠹其治不下古人劉元瑜劉湜輩亦不減此數人然而元瑜譏詆余靖湜文致尹洙公議所不與也仲簡小才所謂斗筲之器也何足道哉

列傳卷第六十三

列傳卷第六十四

……臣脫脫等奉勅修

楊億 弟偉 從子紘　晁迥 子宗慤
劉筠　薛映

楊億字大年建州浦城人祖文逸南唐玉山令億將生文逸夢一道士自稱懷玉山人來謁未幾億生有毛被體長尺餘經月乃落能言母以小經口授隨即成誦七歲能屬文對客談論有老成風雍熙初年十一太宗聞其名詔江南轉運使張去華就試詞藝送闕下連三日得對試詩賦

五篇下筆立成太宗深加賞異命內侍都知王仁睿送至中書又賦詩一章宰相驚其俊異削章為賀翌日下制曰汝方髫齓不由師訓精爽神助文字生知越景絕塵一日千里予有望於汝也即授祕書省正字特賜袍笏俄丁外艱服除會從祖徽之知許州億往依焉務學晝夜不息徽之間與語歎曰興吾門者在汝矣淳化中詣闕獻文改太常寺奉禮郎仍令讀書祕閣獻二京賦命試翰林賜進士第遷光祿寺丞屬後苑賞花曲宴太宗召命賦詩于坐側又上金明池頌太宗誦其警句于宰相明年三月苑中曲宴億復以詩獻太宗許有司不時召宰相言舊制未貼職

者不預即以億直集賢院表求歸鄉里賜錢十五萬至道初太宗親製九絃琴五絃阮文士奏頌者衆獨稱億爲優賜緋魚二年春遷著作佐郎帝知其貧屢有霑賚嘗命爲越王生辰使時公卿表疏多假文於億名稱益著眞宗在京府徽之爲首僚邸中書疏悉億草定即位初超拜左正言詔錢若水修太宗實録奏億參預凡八十卷而億獨草五十六卷書成乞外補就養知處州眞宗稱其才長於史學留不遣固請乃許之任郡人周啓明篤學有文深加禮待召還拜左司諫知制誥賜金紫咸平中西鄙未寧詔近臣議靈州棄守之事億上疏曰臣嘗讀史見漢武北築朔方之郡平津侯諫以爲罷敝中國以奉無用之地願罷之上使辯士朱買臣等發十策以難平津平津不能對臣以爲平津爲賢相非不能折買臣之舌蓋所以將順人君之意爾舊稱朔方地在要荒之外聲教不及元朔中大將軍衛青奮兵掠地列置郡縣今靈州蓋朔方之故墟僻介西鄙數百里間無有水草烽火亭障不相望當其道路不壅饟饋無虞猶足以張大國之威聲爲中原之扞蔽自邊境屢警兇黨猖熾爵賞之而不恭討罰之而無獲自曹光實白守榮馬紹忠及王榮之敗資糧扉屨所失至多將士丁夫相枕而死以至募商人輸帛入穀償價數倍孤壤築城

邊民繹騷國帑匱乏不能制邊人之命及濟靈武之急數年之間兇黨逾盛靈武危堞巋然僅存河外五城繼閻陷没但堅壁清野坐食糗糧閉壘枕戈苟度朝夕未嘗出一兵馳一騎敢與之角此靈武之存無益明矣平津所言罷敝中國以奉無用之地正今日謂也臣以爲存有大害棄有大利國家輓粟之勞士卒流離之苦悉皆免焉堯舜禹聖之盛者也地不過數千里而明德格天四門穆穆武丁成王商周之明主也然地東不過江黃西不過氐羌南不過蠻荆北不過太原而頌聲並作號爲至治及秦漢窮兵拓土肝腦塗地校其功德豈可同年而語哉昔西漢賈捐之建議棄朱崖當時公卿亦有異論元帝力排衆說奮身獨見下詔廢之人頌其德故其詔曰議者以棄朱崖羞威不行夫通于時變即憂萬民之飢餓危孰大焉且宗廟之祭凶年不備況乎避不嫌之辱哉臣以爲類于靈武也必以失地爲言即燕薊八州河湟五郡所失多矣何必此爲臣竊惟太祖命姚内斌領慶州董遵誨領環州統兵裁五六千悉付以閫外之事士卒効命疆場晏然朝廷無旰食之憂疆場無羽書之警臣乞選將臨邊賜給廩賦資以策略許以便宜而行儻寇擾内屬撓之以勁兵示之以大信懷荒振遠諭以賞格彼則奔潰衆叛安能與大邦爲敵哉

若欲謀成廟堂功在漏刻臣以爲彼衆方黠積財猶豐未可以歲月破也直須兼靈州保環慶然後以討困之爾如臣之策得驍將數人提銳兵一二萬給數縣賦以資所用令分守邊城則寇可就擒而朝廷得以無虞矣景德初以家貧乞典郡江左詔令知通進銀臺司兼門下封駁事時以吏部銓主事前宜黃簿王太沖爲大理評事億以丞吏之賤不宜任清秩即封詔還未幾太沖補外俄判史館會修冊府元龜億與王欽若同總其事其序次體制皆億所定羣僚分撰篇序詔經億竄定方用之三年召爲翰林學士又同修國史凡變例多出億手大中祥符初加兵部員外郎戶部郎中五年以疾在告遣中使致太醫視之億拜章謝上作詩批紙尾有副予前席待名賢之句以久疾求解近職優詔不許但權免朝直億剛介寡合在書局唯與李維路振刁衎陳越劉筠輩厚善當時文士咸賴其題品或被貶議者退多怨誹王欽若驟貴億素薄其人欽若銜之屢抉其失陳彭年方以文史售進忌億名出其右相與毀訾上素重億皆不惑其說億有別墅在陽翟億母往視之因得疾請歸省不待報而行上親緘藥劑加金帛以賜億素體羸至是以病聞請解官有嗾憲官劾億不俟命而去授太常少卿分司西京許就所居養療嘗作君可思賦

以抒忠憤冊府元龜成進秩祕書監七年病愈起知汝州會加上玉皇聖號表求陪預即代還以爲參詳儀制副使知禮儀院判祕閣太常寺天禧二年冬拜工部侍郎明年權同知貢舉坐考較差謬降授祕書監丁內艱屬行郊禮以億典司禮樂未卒哭起復工部侍郎令視事四年復爲翰林學士受詔注釋御集又兼史館修撰判館事權景靈宮副使十二月卒年四十七錄其子紘爲太常寺奉禮郎億天性穎悟自幼及終不離翰墨文格雄健才思敏捷略不凝滯對客談笑揮翰不輟精密有規裁善細字起草一幅數千言不加點竄當時學者翕然宗之而博覽強記尤長典章制度時多取正喜誨誘後進以成名者甚衆人有片辭可紀必爲諷誦手集當世之述作爲筆苑時文錄數十篇重交游性耿介尚名節多周給親友故廩祿亦隨而盡留心釋典禪觀之學所著括蒼武夷潁陰韓城退居汝陽蓬山冠鼇等集內外制刀筆共一百九十四卷弟倚景德中舉進士得第三等及第以億故升爲第二等億無子以從子紘爲後弟偉

偉字子奇幼學于億天禧元年獻頌召試學士院賜進士及第以試祕書省校書郎知衢州龍游縣再補蘄州錄事參軍國子監薦爲直講駙馬都尉李遵勖守澶州辟簽書

鎭寧軍節度判官事遷大理寺丞知河間縣再遷太常博士用近臣薦爲集賢校理通判單州會巡檢部卒李素合州卒二百餘人謀殺巡檢使入鼓角門州將不敢出偉挺身往問曰若屬何爲而反俱曰將有訴于州非反也偉曰持兵來非反而何若屬皆有父母妻子以一朝忿而欲魚肉之乎悉令投兵坐籍首惡得十餘人斬之徙知祥符縣提點開封府界諸縣鎭公事權開封府判官又判三司開拆司累遷尚書兵部員外郎同修起居注偉清愼無治劇才常秉小笏以朝知制誥缺中書以偉名進仁宗曰此非秉小笏者邪遂命知制誥權諫院嘗曰諫臣宜陳列大事細故何足論然當時譏其亡補遷刑部郎中爲翰林學士祀明堂遷右司郎中判太常寺爲羣牧使兼侍讀學士進中書舍人卒贈尚書禮部侍郎

紘字望之以蔭歷官知鄞縣鄞濵海惡少販魚鹽者羣居洲島或掠商人財物入海吏不能禁紘至設方略使識者質惡少船及歸始給還且戒諭之由是不敢爲盜以億文獻賜進士出身通判越州知筠州提點江東刑獄除轉運按察使江東饑紘開義倉振之吏持不可紘曰義倉爲民也稍稽人將殍矣紘御下急常曰不法之人不可貸去之止不利一家爾豈可使郡邑千萬家俱受害邪聞者望風

解去或過期不敢之官與王鼎王綽號江東三虎坐降知衡州徙越州爲荆南轉運使徙福建不赴知湖州復爲江東轉運使官至太常少卿卒紘性嚴雖家居兒女不敢妄言笑聚書數萬卷手抄事實名窺豹篇

晁迥字明遠世爲澶州清豐人自其父佺始徙家彭門迥舉進士爲大理評事歷知岳州錄事參軍改將作監丞稍遷殿中丞坐失入囚死罪奪二官復將作丞監徐婺二州稅遷太常丞眞宗即位用宰相呂端參知政事李沆薦擢右正言直史館獻咸平新書五十篇又獻理樞一編召試除右司諫知制誥判尚書刑部帝北征雍王元份留守京師加右諫議大夫爲判官進翰林學士未幾知審官院爲明德章穆二園陵禮儀使同修國史知大中祥符元年貢舉封泰山祀汾陰同太常詳定儀注累遷尚書工部侍郎使契丹還奏北庭記加史館修撰知通進銀臺司獻玉清昭應宮頌其子宗操繼上景靈宮慶成歌帝曰迥父子同獻歌頌搢紳間美事也史成擢刑部侍郎進承旨時朝廷方修禮文之事詔令多出迥手嘗夜召對帝令內侍持燭送歸院方盛暑爲燭宿直令三五日一至院迥辭以非故事乃聽俟秋還直遷兵部侍郎請分司西京特拜工部尚書集賢院學士判西京留司御史臺賜一子官河南以就

養仁宗即位遷禮部尚書居臺六年累章請老以太子少保致仕給全奉歲時賜賚如學士天聖中迥年八十一召宴太清樓免舞蹈子宗愨爲知制誥侍從同預宴迥坐御史中丞之南與宰臣同賜御飛白大字旣罷所以寵賚者甚厚進太子少傅後復召對延和殿帝訪以洪範雨暘之應對曰比年災變荐臻此天所以警陛下願陛下修飭王事以當天心庶幾轉亂而爲祥也旣而獻斧扆慎刑箴大順審刑無盡燈頌凡五篇及感疾絶人事屛醫藥具冠服而卒年八十四罷朝一日贈太子太保謚文元迥善吐納養生之術通釋老書以經傳傅致爲一家之說性樂易寬

簡服道履正雖貴勢無所屈歷官臨事未嘗挾情害物眞宗數稱其好學長者楊億嘗謂迥所作書命無過褒得代言之體喜質正經史疑義標括字類有以術命語迥迥曰自然之分天命也樂天不憂知命也推理安常委命也何必逆計未然乎所著翰林集三十卷道院集十五卷法藏碎金錄十卷耆智餘書隨因紀述昭德新編各三卷子宗愨

宗愨字世良以父蔭爲祕書省校書郎屢獻歌頌召試賜進士及第又除館閣校勘三遷大理寺丞集賢校理兼注釋御集檢閱官迥領西臺宗愨求便養通判許州仁宗即位遷殿中丞同修起居注天聖中百官轉對宗愨請減上供墾閑田擇獄官令監司舉縣令累遷尚書祠部員外郎知制誥宋綬嘗謂自唐以來唯楊於陵身見其子嗣復繼掌書命今始有晁氏焉父憂奪喪管勾會靈觀入翰林爲學士母亡又起復兼龍圖閣學士權發遣開封府事辨雪疑獄有能名元昊反關中久宿師以宗愨安撫陝西與夏竦議攻守策未還道拜右諫議大夫參知政事會朝廷以金飾胡牀及金汲器賜唃廝羅宗愨曰仲叔于奚辭邑請繁纓孔子曰不如多與之邑繁纓諸侯之馬飾猶不可與陪臣況以乘輿之器賜外臣乎必欲優其禮不若加賜金

帛後從帝郊祠感疾數求罷除資政殿學士給事中數日卒贈工部尚書謚文莊宗愨性敦厚事父母孝篤於故舊凡任子恩皆先其族人在翰林一夕草將相五制褒揚訓戒人得所宜嘗密詔訪邊策陳七事頗施用之

劉筠字子儀大名人舉進士爲館陶縣尉還會詔知制誥楊億試選人校太清樓書擢筠第一以大理評事爲祕閣校理眞宗北巡命知大名府觀察判官事自邊鄙罷兵國家閒暇帝垂意篇籍始集諸儒考論文章爲一代之典筠預脩圖經及冊府元龜推爲精敏眞宗將祀汾脽屢得嘉雪召筠及監察御史陳從易崇和殿賦歌詩帝數稱善車

駕西巡又命筠纂土訓是時四方獻符瑞天子方興禮文
之事筠數上賦頌及冊府元龜成進左正言直史館修起
居注嘗屬疾予告滿輒再予積三百日每詔續其奉遷左
司諫知制誥加史館修撰出知鄧州徙陳州還糾察在京
刑獄知貢舉遷尚書兵部員外郎復請鄧州未行進翰林
學士初筠嘗草丁謂與李迪罷相制既而謂復留令別草
制筠不奉詔乃更召晏殊筠自院出遇殊樞密院南門殊
側面而過不敢揖蓋內有所愧也帝久疾謂浸擅權筠曰
姦人用事安可一日居此請補外以右諫議大夫知廬州
仁宗即位遷給事中復召為翰林學士踰月拜御史中丞

先是三院御史言事皆先白中丞筠牓臺中御史自言事
毋白丞雜知天聖二年貢舉數以疾告進尚書禮部侍郎
樞密直學士知潁州召還復知貢舉進翰林學士承旨兼
龍圖閣直學士同修國史判尚書都省祀南郊為禮儀使
請宿齋太廟日罷朝饗玉清昭應宮候禮成備鑾駕恭謝
從之筠素愛廬江遂築室城中構閣藏前後所賜書帝飛
白書曰真宗聖文祕奉之閣再知廬州營冢墓作棺自為
銘刻之既病徙于書閣卒筠景德以來居文翰之選其文
辭善對偶尤工為詩初為楊億所識拔後遂與齊名時號
楊劉凡三入禁林又三典貢部以策論升降天下士自筠

始性不苟合臨事明達而其治尚簡嚴然晚為陽翟同姓
富人奏求恩澤清議少之著冊府應言榮遇禁林肥川中
司汝陰三入玉堂凡七集一子早卒田廬沒官包拯少時
頗為筠所知及拯顯奏其族子為後又請還所沒田廬云
薛映字景陽唐中書令元超八世孫後家於蜀父允中事
孟氏為給事中歸朝為尚書都官郎中映進士及第授大
理評事歷通判綿宋昇州累遷太常丞王化基薦為監察
御史知開封縣太宗召對為江南轉運使改左正言直昭
文館為江淮兩浙茶鹽制置副使改京東轉運使徙河東
兼河西隨軍求便親知相州再領漕京東積遷尚書禮部

郎中擢知制誥權判吏部流內銓兼制置羣牧使司梁顥
安撫河北還權判度支映以右諫議大夫知杭州映臨決
遽鋭庭無留事轉運使姚鉉移屬州當直司毋得輒斷徒
以上罪映即奏徒流笞杖自有科條苟情狀明白何必繫
獄以累和氣請詔天下凡徒流罪於長吏前對辨無所異
聽遣決之朝廷施用其言與鉉既不協遂發鉉納部內女
口及鬻南釦器抑取其直又廣市綾羅不輸稅真宗遣御史
臺推勘官儲拱劾鉉得實貶連州文學映坐嘗召人取告
鉉狀當贖金帝特貰之在杭五年入知通進銀臺司兼門
下封駁事封泰山為東京留守判官還給事中勾當三班

院出知河南府祀汾陰還駐蹕西京以映有治狀賜御書嘉獎遷尚書工部侍郎集賢院學士判尚書都省進樞密直學士知幷州建言州以牛賦民出租牛死租不得蠲帝覽章矍然曰此朝廷豈知邪因令諸州條奏悉蠲之頃之糾察在京刑獄再判都省歷尚書左丞知揚州徙幷州又徙永興軍拜工部尚書兼御史中丞仁宗即位遷禮部再爲集賢院學士判院事知曹州分司南京卒贈右僕射謚文恭映好學有文該覽彊記善筆札章奏尺牘下筆立成爲治嚴明吏不能欺每五鼓冠帶黎明據案決事雖寒暑無一日異也子耀卿祕閣校理孫紳直龍圖閣

論曰自唐末詞氣浸敝迄于五季甚矣先民有言政厖土裂大音不完必混一而後振宋一海內文治日起楊億首以辭章擅天下爲時所宗蓋其清忠鯁亮之氣未卒大施悉發於言宜乎雄偉而浩博也劉筠後出能與齊名氣象似爾至於文體之今古時習使然遑暇議是哉晁迥寬易與物無忤父子先後典書命稱爲名臣薛映學藝吏術俱優而挾忿以抶人之私君子病之

列傳卷第六十四

列傳卷第六十五　　宋史三百六

開府儀同三司上柱國錄軍國重事前中書右丞相監修國史領經筵事都總裁臣脫脫等奉

敕修

謝泌　孫何弟僅　朱台符　戚綸

張去華子師德　樂黃目　柴成務

謝泌字宗源歙州歙人自言晉太保安二十七世孫少好學有志操貫黃中知宣州一見奇之太平興國五年進士解褐大理評事知清川縣徙彰明遷著作佐郎端拱初爲殿中丞獻所著文十編古今類要三十卷召試中書以直史館賜緋時言事者衆詔閤門非涉僥望乃許受之繇是言路稍壅泌抗疏陳其不可且言邊鄙有事民政未乂狂夫之言聖人擇焉芻蕘而拒之四聰之明將有所蔽願采其可者拒其不可者庶顒顒之情得以上達復言國家圖書多失次序唐景龍中嘗分經史子集爲四庫命薛稷沈佺期武平一馬懷素分掌望遵復故事遂令直館分典四部以泌知集庫改左正言使嶺南採訪淳化二年久旱復上言時政得失時王禹偁上言請自今庶官候謁宰相並須朝罷於政事堂樞密使預坐接見將以杜私請詔從之泌上言曰伏覩明詔不許宰相樞密使見賓客是疑大臣以私也書曰任賢勿貳去邪勿疑張說謂姚元崇曰外則

疏而接物內則謹以事君此真大臣之體今天下至廣萬幾至繁陛下以聰明寄於輔臣自非接下何以悉知外事若令都堂候見則庶官請見咨事略無解衣之暇今陛下囊括宇宙總攬英豪朝廷無巧言之士方面無姑息之臣奈何疑執政爲衰世之事乎王禹偁昧於大體妄有陳述太宗覽奏即追還前詔仍以泌所上表送史館會修正殿頒施采繪泌復上疏亟命代以丹堊且嘉其忠藎拜左司諫賜金紫錢三十萬一日得對便殿太宗稱其任直敢言泌奏曰陛下從諫如流故臣得以竭誠昔唐季孟昌圖者朝疏諫而夕去位鑒於前代取亂宜矣太宗動色久之時羣臣升殿言事者既可其奏得專達于有司頗容巧妄泌請自今凡政事送中書機事送樞密金穀送三司覆奏而行從之俄判三司鹽鐵勾院奉詔解送國學舉人黜落既多羣聚喧詬懷甓以伺泌出泌知之潛由他塗入史館數宿不敢出請對自陳太宗問何官騶導嚴肅都人畏避有以臺雜對者即授泌虞部員外郎兼侍御史知雜事上元觀燈泌特預召自是爲例轉金部員外郎充鹽鐵副使頃之魏羽爲使即泌之外舅以親嫌改度支副使因郊祀條上軍士賞給之數太宗曰朕惜金帛止備賞賜爾泌因曰唐德宗朱泚之亂後唐莊宗馬射之禍皆賞軍不豐之致

今陛下薄於躬御賞賜特優實歷代之所難也俄與王沔同磨勘京朝官太宗孜孜爲治每御長春殿視事罷復即崇政殿臨決日旰未進御膳泌言請自今長春罷政既膳後御便坐不報俄知三班通進銀臺司出知湖州再遷主客郎中知虢州真宗初邊人屢寇泌上疏曰臣竊惟聖心所切者欲天下朝夕太平爾雍熙末趙普錄唐姚崇太平十事以獻未幾普復相時稱致治之策無出於此尋普病又遼騎擾邊因循未行今北邊謐寧繼遷請命則可行於今日矣臣以爲先朝未盡行者俟陛下爾陛下自臨大寶邊不加兵西北肅然民安歲登則太平之象復何遠哉至於省不急之務削煩苛之政抑奔競來直言斯皆致太平之術又豈讓唐開元之治也議者或謂方今用兵異於開元且開元邊戎孔熾明皇卒與之和至如漢高祖亦然此皆屈已以寧天下豈以輕大國而競小忿乎請以近事言往歲討交阯王師一動南方幾搖先皇以爲得之無用棄之實便及授官爲藩屏則至今鼠伏石晉之末恥講和契丹遂致天下橫流豈得爲强或者有言敵所嗜者禽色所貪者財利餘無他智計先朝平晉之後若不舉兵臨之但與財帛則幽薊不日納土矣察此乃知其情古猶今也漢祖明皇所用之計正可以餌其心矣臣伏覩近詔以不還

之徒所陳述皆閽闥事臣聞古先哲王詢于芻蕘察於邇
言者蓋慮視聽之蔽故採此以達物情亦罕行其事也先
朝有侯莫陳利用陳廷山鄭昌嗣趙贊之徒喋喋利口賴
先帝聖聰尋翦除之然爲患已深矣臣又聞輔時佐主建
萬世之基立不拔之策者必倚老成之人至如成康刑措
由任周召文景清靜不易蕭曹明皇太平亦資姚宋夫精
練國政斟酌王度未聞市井之胥走塵之吏可當其任也
惟陛下察往古用賢致治之道則賢者亦必盡忠竭力以
輔成太平之治矣咸平二年徙知同州代還知鼓司登聞
院五年與陳恕同知貢舉復知通進銀臺司加刑部出爲

兩浙轉運使近制文武官告老皆遷秩令錄授朝官並給
半奉泌言請自今七十以上求退者許致仕因疾及歷任
犯贓者聽從便詔可徙知福州代還民懷其愛刻石以紀
去思轉兵部郎中復知審官院直昭文館知荆南府改襄
州還太常少卿右諫議大夫判吏部銓大中祥符五年卒
年六十三泌性端直然好方外之學疾革服道士服端坐
死帝聞而嗟異遣使臨問恤賜録其子衍爲太常寺奉禮
郎衛將作監主簿衍爲太子中舍
孫何字漢公蔡州汝陽人祖鎰唐末秦宗權據州强以賓
佐起之鎰僞疾不應還家以講授爲業父庸字鼎臣顯德

中獻贊聖策九篇引唐貞觀所行事以魏玄成自況得對
言曰武不可黷斂不可厚奢不可放欲不可極世宗奇其
言命中書試補開封兵曹掾建隆初爲河南簿太平興國
六年鴻臚少卿劉章薦其材改左贊善大夫歷殿中丞知
龍州而卒何十歲識音韻十五能屬文篤學嗜古爲文必
本經義在貢籍中甚有聲與丁謂齊名友善時輩號爲孫
丁王禹偁尤推重之嘗作兩晉名臣贊宋詩二十篇春秋
意尊儒教議聞於時淳化三年舉進士開封府禮部俱首
薦及第又得甲科解褐將作監丞通判陝州召入直史館
賜緋遷祕書丞京西轉運副使歷右正言改右司諫眞宗

初何獻五議其一請擇儒臣有方略者統兵其二請世祿
之家肄業太學寒雋之士州郡推薦而禁投贄自媒者其
三請復制舉其四請行鄉飲酒禮其五請以能授官勿以
恩慶例遷上覽而善之咸平二年舉入閤故事何次當待
制獻疏曰六卿分職邦家之大柄也有吏部辨考績而育
人材有兵部簡車徒而治戎備有戶部正版圖而阜貨財
有刑部謹紀律而誅暴强有禮部祀神示而選賢俊有工
部繕宮室而修隄防六職舉而天下之事備矣故周之會
府漢之尚書立庶政之根本提百司之綱紀今僕率其屬
丞郎分其行二十四司粲焉星拱郎中員外判其曹主事

令史承其事四海九州之大若網在綱唐之盛時亦不聞别分利權朔使額而軍須取足及玄宗後心既萌召發既廣租調不充於是蕭景楊釗始以地官判度支而宇文融爲租調地税使始開利孔以構禍階至于肅代則有司之職盡廢而言利之臣攘臂於其間矣於是叛亂相仍經費不充迫於軍期切於國計用救當時之急率以權宜裁之五代短促曾莫是思今國家三聖相承五兵不試太平之業垂統立制在此時也所宜三部使額還之六卿慎擇户部尚書一人專掌鹽鐵使事俾金部郎中員外郎判之又擇本行侍郎二人分掌度支户部使事各以本曹郎中員

外郎分判之則三使洎判官雖省猶不省也仍命左右司郎中員外總知帳目分勾稽違職守有常規程既定則進無措克之慮退有詳練之名周官唐式可以復矣兹事非艱在陛下行之爾是冬從幸大名詔訪邊事何疏曰陛下嗣位以來訓師擇將可謂至多以高祖之大度兼蕭王之赤心神武冠於百王精兵倍於前代分閫仗鉞者固當以身先士卒爲心賊遺君父爲恥而列城相望堅壁自全手握强兵坐違成筭遂使腥羶得計虵豕肆行焚劫我郡縣係累我黎庶陛下據人神之憤怒憫河朔之生靈爰御六師親幸澶魏天聲一振敵騎四逃雖鎮定道路已通而德

棣烽塵未息此殆將帥或未得人邊奏或有壅關鄰境不相救援糗糧須俟轉輸之所致也將帥者何或恃勇無謀或忌功玩寇但全城堡不恤人民邊奏者何護塞之臣固祿守位城池焚劫不以實聞老幼殺傷託言他盜不救援者何緣邊州縣城壘參錯如輔車脣齒之相依若頭目手足之相衞託稱兵少不出或待奏可乃行俟輦輸者何敵騎往還猋馳鳥逝贏糧景從萬兩方行迨乎我來寇已遁去此四者當今急務擇將帥則莫若文武之内參用謀臣防塞關則莫若凡奏邊防陛見庭問合救援則莫若督以軍令聽其便宜運糗糧則莫若輕齎疾驅角彼趨捷今大

駕既駐鄴下契丹終不敢萌心南牧所慮荐食者惟東北無備之城繕完周防不可不慎且蜂蠆有毒豺狼無厭今契丹西畏大兵北無歸路獸窮則搏物不可輕餘孽尚或稽誅奔突亦宜預備大河津濟處處有之亦望量屯禁兵扼其要害則請和之使不日可待真宗覽而嘉之及傳潛逗撓無功何又請斬潛以徇俄權户部判官出爲京東轉運副使又獻疏請擇州縣守宰省三司冗員遴選法官增秩益奉未幾從兩浙轉運使加起居舍人景德初代還判太常禮院俄與晁迥陳堯咨並命知制誥賜金紫掌三班院何先已被疾勉强親職一日奏事上前墜奏牘於地俯

而取之復墜笏有司劾以失儀詔釋之何愸上章求改少卿監分司西京養疾上不許第賜告遣醫診視醫勉其然艾何答曰死生有命卒不聽是冬卒年四十四上在澶淵聞之憫惜録其子言爲大理評事何樂名教勤接士類後進之有詞藝者必爲稱揚然性卞急不能容物在浙右專務峻刻州郡病焉好學著駁史通十餘篇有集四十卷弟

僅

僅字鄰幾少勤學與何俱有名于時咸平元年進士甲科兄弟連冠貢籍時人榮之解褐舒州團練推官會詔舉賢良方正之士趙安仁以僅名聞策入第四等擢光祿寺丞直集賢院俄知浚儀縣景德初拜太子中允開封府推官賜緋北邊請盟遣使交聘僅首爲國母生辰使改本府判官遷右正言知制誥賜金紫同知審官院是冬永興孫全照求代眞宗思擇循良任之御書邊肅洎僅二名示宰相或言僅嘗倅京府諳民政乃命知永興軍府僅純厚長者爲政頗寬嘗詔戒焉大中祥符元年加比部員外郎代還知審刑院頃之拜右諫議大夫集賢院學士權知開封府改左諫議大夫出知河中府歸朝復領審刑院久次進給事中天禧元年正月卒年四十九録其子大理評事和爲衛尉寺丞僅性端愨中立無競篤於儒學士大夫推其履尚有集五十卷僅弟侑亦登進士第至殿中丞

朱台符字拱正眉州眉山人父賦舉拔萃歷度支判官卒于殿中丞台符少聰穎十歲能屬辭嘗作黄山樓記士友稱之及長善詞賦時太宗廷試貢士多擢敏速者台符與同輩課試以尺晷成一賦淳化三年進士登甲科解褐將作監丞通判青州召入直史館賜緋魚再遷祕書丞知浚儀縣咸平元年與楊礪李若拙梁顥同知貢舉俄以京府舊僚擢太常博士出爲京西轉運副使時北邊爲梗台符上言曰臣聞蠻夷猾夏帝典所載商周而下數爲邊害或振旅薄伐或和親修好歷代經營斯爲良策至於秦築長城而黔首叛漢絶大漠而海内虚逞志一時貽笑萬代此商鑒不遠也頃者晉氏失御中原亂離太祖深鑒往古酌取中道與民休息遣使往來二十年間罕聞入寇大省戍邊之卒不興出塞之兵關防謐寧府庫充溢信深得制禦之道也幽薊之地實維我疆尚隔混同所宜開拓太宗平晉之後因其兵勢將遂取之人雖協謀天未厭亂螳斧拒轍用稽靈誅重興弔伐之師又作遷延之役自茲厥後犬肆兇鋒殺略軍民攻拔城砦長驅深入莫可禁止當是時也以河爲塞而趙魏之間幾非國家所有既阻歡盟乃爲備禦屯士馬益將帥芻粟之飛輓金帛之委輸賂給賞賜

不可勝數繇是國家之食貨匱於河朔矣陛下自天受命與物更始繼遷授節黎桓加爵咸命使者鎮撫其邦惟彼契丹未加渥澤非所以柔遠能邇昭王道之無偏也今祥禫將終中外引頸觀聽德音臣愚以爲宜於此時赦契丹罪擇文武才略習知邊境辨說之士爲一介使以嗣位服除修好鄰國往告諭之彼十年以來不復犯塞以臣計之力有不足志欲歸嚮而未得其間也今若垂天覆之仁假來王之便必歡悅慕義遣使朝貢因與之盡捐前惡復尋舊盟利以貨財許以關市如太祖故事使之懷恩畏威則兩國既和無北顧之憂可以專力西鄙繼遷自當革心而束手矣是一舉而兩得也台符又自請往使時論韙之咸平二年春旱詔求直言台符上疏請重農積穀任將選兵慎擇守令考課黜陟輕傜節用均賦慎刑責任大臣與圖治道奏入優詔褒答入爲鹽鐵判官改判戶部勾院拜工部員外郎換度支判官景德初鄭文寶爲陝西轉運或言其張皇生事徙台符代之仍賜金紫台符俊爽好談然頗以刻碎爲舉職與楊覃聯事覃頗欲因仍舊貫台符則更革煩擾議事違戾交相掎奏以不協聞命御史視其狀九月徙台符知鄆州覃知隨州三年召還會執政有不喜者復出知洪州卒於舟次年四十二賜其子公佐同學究出

身賜錢二十萬台符好學敏於屬辭喜延譽後進有集三十卷公佐及台符弟昌符大中祥符中舉進士廷試並得第五人初昌符登科宰相言昌符即台符弟上因言台符有文學及著述可採甚嗟悼之公佐卒又以次子壽隆試將作監主簿昌符爲屯田員外郎

戚綸字仲言應天楚丘人父同文字文約自有傳綸少與兄維以文行知名篤於古學喜談名教太平興國八年舉進士解褐沂水主簿按版籍得逋戶脫口漏租者甚衆徙知太和縣同文卒於隨州綸徒步奔訃千里餘俄詔起復涖職就加大理評事江外民險悍多構訟爲諭民詩五十篇因時俗耳目之事以申規誨老幼多傳誦之每歲時必與獄囚約遣歸祀其先皆如期而還遷光祿丞坐鞫獄陳州失實免官著理道評十二篇錢若水王禹偁深所賞重久之復授大理評事知永嘉縣境有陂塘之利浚治以備水旱復爲光祿寺丞轉運使又上其政績連詔褒之真宗即位轉著作佐郎通判泰州將行秘書監楊徽之薦其文學純謹宜在館閣命爲秘閣校理受詔考校司天臺職官定州縣職田條制詔館閣官以舊文獻上嘉綸所著特改太常丞俄判鼓司登聞院出內府緡帛市邊糧詔綸乘傳往均市之景德元年判三司開拆賜緋魚改鹽鐵判官上

疏言邊事甚被嘉獎十月拜右正言龍圖閣待制賜金紫時初建是職與杜鎬並命人皆榮之綸久次州縣留意吏事每便殿請對語必移晷或夜中召見多所敷啓俄上奏曰夫出納獻替王臣之任章疏奏議諫者之職臣屢蒙召對皆延數刻屈萬乘之尊接一介之士聖德淵深包納荒穢體其至愚不罪觸犯安敢循嘿不言謹撫十事該治本者附于章左一曰王畿關輔二曰五等封建三曰復制科四曰崇國學五曰闢曠土六曰修貢舉七曰任大臣八曰置平糴九曰益廂軍減禁兵十曰修六典令式詞頗深切上爲嘉獎二年與趙安仁晁迥陳充朱巽同知貢舉綸上

言取士之法多所規制並納用焉預修冊府元龜會置官總在京諸司之務凡百三十司命綸與劉承珪同領其事判鴻臚寺先是羣臣詔葬公私所費無定式綸言其事詔同晁迥朱巽劉承珪校品秩之差定爲制度遂遵行之綸以三公尚書九列之任唐末以來有司漸繁綱目不一謂宜采通禮六典令式比類沿革著爲大典時論稱之進秩右司諫兵部員外郎時詔禁羣臣匿名上封及非次升殿奏事綸謂忠讜之入當開奬言路若疎遠之士尤艱請對上頗嘉之大中祥符元年掌吏部選事上初受靈文綸上疏曰臣遐稽載籍歷考祕文驗靈應之垂祥顧天人之相

接陛下紹二聖丕業啓萬世鴻基勤行企道恭默思玄上天降鑒瑞諜昭錫聿示臨民之戒用恢奕葉之祥乞詔有司速修大祀載命侍從摹寫祥符勒於嘉玉藏之太廟別以副本祕於中禁傳示萬葉無敢怠荒然臣恐流俗幻惑狂謀以人鬼之妖辭亂天書之眞旨伏望端守玄符凝神正道以答天貺以惠烝黎是冬封泰山命綸同計度發運事禮成遷戶部郎中直昭文館待制如故被詔同編東封祥瑞封禪記會峻待制之秩又兼集賢殿修撰建議修釋奠儀頒于天下立常平倉隸司農寺以平民糴皆從之嘗宴餞种放于龍圖閣詔近臣爲序上覽綸所作稱其有史

才三年擢樞密直學士上作詩寵之祀汾陰復領發運之職居無何出知杭州就加左司郎中蜀江潮爲患乃立埽岸以易柱石之制雖免水患而衆頗非其變法胡則時領發運嘗居杭州肆縱不檢厚結李溥綸素惡之通判吳耀卿則之黨也伺綸動靜密以報則則時爲當塗者所昵因共捃摭綸過徙知揚州惟揚亦溥則巡內持之益急求改僻郡徙徐州八年與劉綜並罷學士授左諫議大夫代還復知青州歲饑發公廩以救餓殍全安甚衆徙鄆州王遵誨爲勸農副使嘗任西邊寓家永興閨門不肅事將發知府寇準爲平之綸因戲謔語及準遵誨恚怒以爲汙己遂

奏綸誘訕坐左遷岳州團練副使易和州天禧四年改保靜軍副使是冬以疾求歸故里改太常少卿分司南京五年卒年六十八綸篤於古學善談名理喜言民政頗近迂闊事兄維友愛甚厚維卒計聞哀慟不食者數日與交遊故舊以信義著稱士子謁見者必詢其所業訪其志尚隨才誘誨之嘗云歸老後得十年在鄉閭講習亦可以恢道濟世大中祥符中繼修禮文之事綸悉參其議與陳彭年並職屢召對多建條式恩寵甚盛樂於薦士每一奏十數人皆當時知名士晚節爲權倖所排遂不復振善訓子弟雖至清顯不改其純儉既沒家無餘貲張知白時知府事輟奉以助其喪家人於几閣間得遺戒一篇大率皆誘勸爲學有集二十卷又前後奏議有機務利害備邊均田之策別爲論思集十卷分上下篇天聖中其子舜賓獻之詔贈左諫議大夫舜賓官太子中舍

張去華字信臣開封襄邑人父誼字希賈好學不事產業既孤諸父使督耕隴上他日往視之見閱書于樹下怒其不親穡事詬辱之誼謂其兄曰若不就學於外素志無成矣遂潛詣洛陽龍門書院與宗人沆鸞湜結友故名聞都下長興中和凝掌貢舉誼舉進士調補耀州團練推官晉天福初代還會凝由內署拜端明殿學士署門不接賓客誼闕之即日致書于凝以爲切近之職實當顧問四方利害所宜詢訪若不接賓客聾瞽耳目坐廢職業雖爲自安計其可得乎凝大奇之他日薦于宰相桑維翰曰凝門生中有張誼者性介直頗涉辭藝可備諫職未幾超拜左拾遺誼以晉室新造典禮未完數上章請復有唐故事又言契丹有援立之助所宜敦信謹備不可自逸以啓釁端改右補闕充集賢殿修撰歷禮部員外郎侍御史改倉部知制誥加禮部郎中乾祐初眞拜中書舍人時蘇逢吉楊邠王章輩攀附漢祖驟得大用搢紳多附之誼不爲屈故共嫉之遣誼爲吳越宣諭使與兵部郎中馬承翰同往賜官告浙人每迓朝使必列步騎以自誇詫誼與承翰竊笑之又乘酒言詞有輕發者錢俶甚恥之乃奏誼擅箠防援官又夜集與承翰使酒語相侵坐貶均州司戶改房州司馬歲餘卒去華幼勵學敏於屬辭以蔭補太廟齋郎周世宗平淮南去華時年十八慨然歎曰兵戰未息民事不脩非馭國持久之術因著南征賦治民論獻于行在召試授御史臺主簿屬三院議事不得預坐謂所親曰簿領之職非壯夫所爲即棄官歸鄭州杜門不出者三載建隆初始携文遊京師大爲李昉所稱明年舉進士甲科即拜祕書郎直史館以歲滿不遷上章自訴因言制誥張澹盧多遜殿

中侍御史師頌文學膚淺願得校其優劣太祖立召澹輩與去華臨軒策試命陶穀等考之澹以所對不應問降秩即擢去華爲右補闕賜襲衣銀帶鞍勒馬朝議薄其躁進以是不遷秩者十六年嘗得對便殿詢及家世遂訴父始忤權貴因罹重辟宰相薛居正亦爲言之太祖爲之動容且曰漢室不道姦臣擅權此朕所親見也判湖平命通判道州去華上言桂管爲五嶺衝要今劉鋹保境固守賴之爲扞蔽若大軍先克其城以趣番禺如踐無人之境且言桂州可取之狀有詔嘉獎代還知磁乾二州選爲益州通判遷起居舍人知鳳翔府從太宗征太原監隨駕左藏庫

就命爲京東轉運使歷左司員外郎禮部郎中太平興國七年爲江南轉運使雍熙中王師討幽州去華督宋州饋運至拒馬河就命掌河北轉運事三年知陝州未行著大政要録三十篇以獻上覽而嘉之詔書褒美賜綵五十匹因留不遣會許王尹京命爲開封府判官殿中侍御史陳載爲推官並賜金紫謂曰卿等皆朝之端士特加選用其善佐吾子各賜錢百萬踰歲就拜左諫議大夫又令樞密使王顯傳旨諭以輔成之意未幾有廬州尼道安訟弟婦不實府不爲治械繫送本州弟婦即徐鉉妻之甥道安伐登聞鼓言鉉以尺牘求請去華故不爲治上怒去華坐削

一任貶安州司馬歲餘召授將作少監知興元府未行改晉州遷秘書少監知許州眞宗嗣位復拜左諫議大夫未幾遷給事中知杭州兩浙自錢氏賦民丁錢有死而不免者去華建議請除之有司以經費所仰固執不許咸平二年徙蘇州頃之以疾求分司西京在洛葺園廬作中隱亭以見志景德元年改工部侍郎致仕三年卒年六十九去華美姿貌善談論有蘊藉頗尚氣節在營道得父同門生何氏二子教其學問受代携之京師慰薦館穀並登仕籍嘗獻元元論大旨以養民務穡爲急眞宗深所嘉賞命以縑素寫其論爲十八軸列置龍圖閣之四壁然不飾邊幅

頗爲清議所貶以是不登顯用有集十五卷子師古至國子博士師錫殿中丞師顏國子博士

師德字尚賢去華十子最器師德嘗欲任以官辭不就去華曰此兒必繼吾志眞宗祀汾陰知河南府薛映薦其學行又獻汾陰大禮頌于行在是歲舉進士亦爲第一時人榮之除將作監丞通判耀州遷秘書省著作郎集賢校理判三司都理欠憑由司建言有逋負官物而被繫本非侵盜若惸獨貧病無以自償願特蠲之帝用其言嘗奏事殿中帝訪以時事而條對甚備帝喜曰朕藩邸知卿父名今又知卿才其後每遣使帝輒曰張師德可用契丹高麗使

來多以師德主之天禧初安撫淮南苦風眩改判司農寺
擢右正言知制誥判尚書刑部頃之出知潁州遷刑部員
外郎判大理寺爲羣牧使景靈宮判官再遷吏部郎中以
疾知鄭州徙汝州拜左諫議大夫罷知制誥師德孝謹有
家法不交權貴時相頗不悅之然亦多病在西掖九年不
遷卒于官有文集十卷子景憲爲太中大夫

樂黃目字公禮撫州宜黃人世仕江左李氏父史字子正
齊王景達鎮臨川召掌牋奏授祕書郎入朝爲平原主簿
太平興國五年與顏明遠劉昌言張觀並以見任官舉進
士太宗惜科第不與但授諸道掌書記史得佐武成軍旣

而復賜及第上書言事擢爲著作佐郎知陵州獻金明池
賦召爲三館編修雍熙三年獻所著貢舉事二十卷登科
記三十卷題解二十卷唐登科文選五十卷孝弟錄二十
卷續卓異記三卷太宗嘉其勤遷著作郎直史館轉太常
博士知舒州遷水部員外郎淳化四年春與司封員外郎
直昭文館李巽同使兩浙巡撫加都官知黃州又獻廣孝
傳五十卷總仙記一百四十一卷詔祕閣寫本進內史好
著述然博而寡要以五帝三王皆云仙去論者嗤其詭誕
咸平初遷職方復獻廣孝新書五十卷上清文苑四十卷
出知商州史前後臨民頗以賄聞俄以老疾爲言聽解職
分司西京五年郊祀畢奉留守司表入賀因得召對上見
其羸瘵不衰又知篤學盡取所著書藏祕府復授舊職與
黃目同在文館人以爲榮出掌西京磨勘司黃目爲京西
轉運改判留司御史臺車駕幸洛召對賜金紫史久在洛
因卜居有亭榭竹樹之勝優游自得未幾卒年七十八所
撰又有太平寰宇記二百卷總記傳百三十卷坐知天下
記四十卷商顏雜錄廣卓異記各二十卷諸仙傳二十五
卷宋齊丘文傳十三卷杏園集李白別集神仙宮殿窟宅
記各十卷掌上華夷圖一卷又編已所著爲仙洞集百卷

黃目淳化三年舉進士補伊闕尉遷大理寺丞知壽安縣

咸平中徙知壁州未行上章言邊事召對拜殿中丞久之
直史館知浚儀縣俄上言曰伏以從政之原州縣爲急親
民之任牧宰居先今朝官以數任除知州簿尉以兩任入
縣令雖功過易見而能否難明伏見唐開元二年選羣官
有宏才通識堪致理化者授刺史都督又引新授縣令於
宣政殿試理人策一道惟鄄城令袁濟及格擢授醴泉令
餘二百人且令赴任十餘人並放令習學臣欲望自今審
官院差知州銓曹注縣令候各及三二十人一次引見於
御前試時務策一道察言觀行取其才識明於吏治達於
教化者充選其有不分曲直罔辨是非者或黜之散釐務或

退守舊貧如此則官得其人事無不治上頗嘉其好古歷度支鹽鐵判官遷太常博士京西轉運使丁內艱時真宗將幸洛以供億務繁起令涖職史尋卒上復詔權奪大中祥符中使契丹還改工部員外郎廣南西路轉運使就拜起居郎改陝西轉運使賜金紫陳堯咨知永興好以氣凌黃目因表求解職不許堯咨多縱恣不法有密言其事者詔黃目察之得實以聞堯咨坐罷龍圖閣職徙知鄧州八年黃目入判三司三勾院天禧初馬元方奏黃目職事不舉遂分三勾院以三人掌之黃目罷任奉朝請踰月拜兵部員外郎知制誥充會靈觀判官黃目屢辭淹緩朝議以

爲不稱職時以盛度知京府辭不拜即遷黃目右諫議大夫權知開封府度爲會靈觀判官兩換其任仁宗升儲拜給事中兼左庶子入內副都知張繼能嘗以公事請託黃目至是末申謝事敗降左諫議大夫知荆南府明年復爲給事中徙潭州長沙月給減於荆渚特詔增之又諭以兵賦繁綜寄任之意五年代還知審官院黃目以風疾題品乖當改知通進銀臺司兼門下封駁事數月求外任得知亳州俄而幼子死聞訃慟絕所疾加甚卒年五十六録其子理國爲衞尉寺丞定國爲大理評事黃目面柔簡默爲吏處劇亦無敗事有集五十卷又撰學海搜奇録四十卷聖朝郡國志二十卷黃目兄黃裳弟黃庭黃裳孫滋並進士及第黃裳黃庭皆至太常博士

柴成務字寶臣曹州濟陰人也父自牧舉進士能詩至兵部員外郎成務乾德中京府按解太宗素知其名首薦之遂中進士甲科解褐峽州軍事推官改曹單觀察推官遷大理寺丞太平興國五年轉太常丞充陝西轉運副使賜緋再遷殿中侍御史八年與供奉官葛彥恭使河南案行遥隄歷知果蘇二州就爲兩浙轉運使改戶部員外郎直史館賜金紫入爲戶部判官遷本曹郎中太宗選郎官爲少卿監以成務爲光祿少卿俄奉使高麗遠俗尚拘忌以

月日未利拜恩稽留朝使成務貽書往反開諭大體國人信服事具高麗傳淳化二年爲京東轉運使會宋州河決成務上言河水所經地肥澱願免其租稅勸民種藝從之召拜司封郎中知制誥賜錢三十萬時呂蒙正爲宰相嘗與之聯外姻避嫌辭職不許俄與魏庠同知京朝官考課四年又與庠同知給事中事凡制敕有所不便者許封駁以聞蜀寇平使峽路安撫改左諫議大夫知河中府時銀夏未寧蒲津當餽輓之衝事皆辦集得脫戶八百家以附籍府城街陌頗隘狹成務曰國家承平已久如車駕臨幸何以駐千乘萬騎邪乃奏撤民廬以廣之其後祀汾陰果

留驛河中衢路顯敞咸以爲便眞宗即位遷給事中知梓州未幾代還又遣知青州表求俟永熙陵復土畢之任旋受詔與錢若水等同修太宗實録書成知揚州入判尚書刑部本司小吏倨慢成務怒而笞之吏擊登聞鼓訴冤有詔問狀成務歎曰忝爲長官杖一胥而被劾何面目據堂決事邪乃求解職景德初卒年七十一成務有詞學博聞稽古善談論好諧笑士人重其文雅然爲郡乏廉稱時論惜之文集二十卷成務年六十六始有子比卒裁六歲授奉禮郎名貽範後爲國子博士

論曰泌述唐漢之治台符陳商周之鑒歷布腹心奏議反覆論當世事盡言無隱何建五議綸攎十事皆切於輔治何勤接士類綸樂於薦士皆足以儀表當世者也去華頗尚氣節而能作成後進黃目屬辭淹緩而著述浩瀚成務寡清白之操而專對不辱俱有足稱者焉

列傳卷第六十五

列傳卷第六十六　宋史三百七

開府儀同三司上柱國録軍國重事前中書右丞相監修國史領經筵事都總裁臣脫脫等奉　敕修

喬維岳 王陟　張雍　董儼　魏廷式
盧琰　宋搏　凌策　楊覃
陳世卿　李若拙 子緯　陳知微

喬維岳字伯周陳州南頓人治三傳周顯德初登第授太湖主簿四年遷平輿令開寶中右拾遺劉積薦其才擢爲太子中舍知高郵軍通判揚州徙常州金陵平又移昇州改殿中丞太平興國初從襄州俄丁内艱三年陳洪進表納疆土以其子文顯爲泉州留後朝廷議擇能臣關掌郡事即起維岳爲通判會盜起仙遊莆田縣百丈鎮衆十餘萬攻城城中兵裁三千勢甚危急監軍何承矩王文寶欲盡屠其民燔府庫而遁維岳挺然抗議以爲朝廷寄以綏遠今惠澤未布盜賊連結反欲屠城豈詔意哉承矩等因復堅守既而轉運使楊克讓率福州兵破賊圍遂解詔褒之歸朝爲淮南轉運副使遷右補闕進爲使淮河西流三十里曰山陽灣水勢湍悍運舟多罹覆溺維岳規度開故沙河自末口至淮陰磨盤口凡四十里又建安北至淮澨總五堰運舟所至十經上下其重載者皆卸糧而過舟時

壞失糧綱卒緣此爲姦潛有侵盜維岳始命規二斗門于西河第三堰二門相距踰五十步覆以厦屋設縣門積水俟潮平乃泄之建横橋岸上築土累石以牢其址自是弊盡革而運舟往來無滯矣嘗按部至泗州慮獄法掾誤斷囚至死維岳詰之法掾俯伏且泣曰有母年八十餘今獲罪則母不能活矣維岳憫之因謂曰他日朝制按問第云轉運使令處玆罪卒如其言獲免維岳坐贖金百二十斤罷使職權知楚州遷戸部員外郎代還爲度支判官轉本曹郎中出爲兩浙轉運使歷知懷州滄州會考課京朝官召還屬眞宗以壽王尹京精擇府僚留爲開封府推官或

言維岳在淮南決獄不平允左右有知其事者辨之太宗特加賞異儲闈建兼左諭德轉太常少卿京府事繁維岳評處詳敏有王陟爲司録眞宗亦稱其明幹及踐祚即命維岳與畢士安權知開封府拜給事中知審官院維岳體肥年衰艱於拜趨陳乞外遷小州上嘉其靜退特授海州刺史咸平初知蘇州素病風上以吳中多食魚蟹乃徙壽州仍命太醫馳療之四年卒年七十六贈兵部侍郎官給其葬大中祥符中録其孫世昌獻之並賜同學究出身維岳明習吏事有治劇才在懷州王欽若始舉進士維岳知其貴又善待陳彭年自刺郡連奏爲通判皆稱薦之

王陟者潞州上黨人淳化三年舉進士補嵐州團練推官内侍羅懷嗣言其督運有勞遷晉州觀察推官至道初度支判官李擇言薦爲著作佐郎同判大名府留知開封府司録參軍前司録閻仲卿喜云爲屢升殿奏事眞宗尹京時頗不悅及陟代之以謹幹聞尤被待遇即位召賜緋魚袋改著作郎開封府推官乘傳陝西與轉運使督餽靈武芻糧咸平初遷太常博士出爲河東轉運使賜金紫時趙保吉納款屢遣與内侍張崇貴裁度邊事正其經界又副崇貴使夏州賜告命代歸會温仲舒知貢舉命陟與刑部員外郎董龜正同考試及封印卷首俄改工部員外郎知

棣州五年召歸判三司鹽鐵勾院初上以京府之舊頗隆眷遇將加擢用會有言其在貢部舉子有納賄成名者恃恩寵希顯要僦大第以居事遂寢六年卒上甚憫之録其子若拙爲奉禮郎若谷爲太廟齋郎後陟妻卒又命給其子奉使終喪制若拙官國子博士

張雍德州安德縣人治毛氏詩開寶六年中第釋褐東關尉太平興國初有薦其材者召歸改將作監丞知南雄州還太子右贊善大夫知開封府司録參軍事俄爲秘書丞充推官京城民王元吉者母劉早寡有姦狀爲姻族所知憂悸成疾又懼元吉告之遂遣侍婢訴元吉寘堇食中以

毒已病將死事下右軍巡按之未得實移左軍巡推吏受
劉賂掠治元吉自誣伏俄而劉死府慮囚元吉始以實對
又移付司録盡捕元推吏稍見誣構之跡且以逮捕者衆
又獄已累月未能決府中懼其淹列狀引見詔免死決徙
元吉大呼曰府中官吏悉受我賂反使我受刑乎府不敢
決元吉歷陳所受賂主名又令妻張擊登聞鼓訴之上召
張臨軒顧問盡得其枉狀立遣中使捕元推官吏付御史
鞫治時滕中正爲中丞雍妻父也詔供奉官蔚進別鞫之
雍坐與知府劉保勳判官李繼凝初慮問元吉稱冤徙左
軍巡雍戒吏止令鞫其毒母狀致吏訊掠慘暴上怒雍及
左右軍巡判官韓昭裔宋廷煦悉坐免所居官保勳繼凝
各奪一季奉左右軍巡使殿直龐則王榮並降爲殿前承
旨雍熙初雍復爲祕書丞御史臺推直官改鹽鐵推官遷
右補闕充判官端拱初轉工部郎中判度支勾院未幾又
爲鹽鐵判官兼判勾院逾年以本官兼侍御史知雜事月
餘出爲淮南轉運使淳化初選爲太府少卿二年加右諫
議大夫徙兩浙轉運使入知審刑院三年充户部使出知
梓州就命爲西川轉運使俄復知梓州五年蜀州青城民
王小波李順作亂衆至萬人雍訓練士卒得城中兵三千
餘人又募彊勇千餘守城犨綿州金帛以實帑藏推官陳

世卿治戎器掌書記施謂推鹽院判官謝濤伐山木爲竿
銷銅鍾爲箭鏃細布爲索守械悉備遣推官盛梁請兵于
朝未幾益綿邛彭漢州永康軍悉陷于賊順入成都僭號
大蜀王勢甚盛遣其黨楊廣將十萬衆寇劒門相里貴帥
衆十萬圍梓潼雍與監軍盧斌登堞望之賊所出兵皆老
弱疲憊無鎧甲斌笑請開北門擊之雍曰不可賊或詐見
老弱設伏伺我又城中吏民心未定脱爲伏兵所突則墮
其姦計非良策也言未畢果有卒依敵樓呼嘯與外應和
雍亟斬以徇賊大設梯衝火車晝夜鼓譟攻城益急城中
大恐雍命發機石碎之火箭雜下賊稍退復治攻具城西
北隅雍紿曰軍士趣治裝吾將開東門擊賊陽遣步騎五
百臨東門賊升牛頭山瞰城內信然伏精兵萬餘山之東
隅以待我雍即召敢死士百輩縋而下盡焚其攻具自午
達申殆盡賊以爲神凶黨數乘城進戰皆不利一日北風
晝晦賊乘風縱火急攻北門雍與盧斌等領兵據門立矢
石間固守不動賊爲之少却長圍八十餘日會王繼恩遣
石知顒來援賊始潰去遣施謂入奏上手詔褒美擢雍給
事中斌西京作坊使領誠州刺史世卿掌書記謂節度判
官濤觀察推官又以通判將作監丞趙賀爲太子中舍監
軍供奉官辛規爲內殿崇班至道二年改工部侍郎明年

召歸復知永興軍轉禮部侍郎改刑部充度支使咸平四年遷鹽鐵使上以雍齪齪小心三司事重宜有裁制乃用王嗣宗代之又以其無過特拜户部侍郎復知審刑院出知秦州徙鳳翔府景德初權知開封府事上覽奏獄京府囚二百餘人以爲淹繫遣給事中董儼直昭文館韓國華同慮問決遣之三年改兵部侍郎同知審官院明年車駕朝陵判留司尚書省出知鄧州大中祥符元年請老以尚書右丞致仕告命未至而卒年七十雍性鄙吝莅事勤恪善爲米鹽苛察以肅下恃其清幹受遇於時益矯厲以取名譽所至藩鎮宴犒率皆裁節聚公錢爲羡餘以輸官帑

集會賓佐糲食而已在三司置簿籍有按前急馬前急急中急之目頗爲時論所誚雍姿貌魯朴始登科爲滕中正壻中正子錫世寧咸笑之中正曰此人異日必顯達壽考非汝曹所及錫兄弟雖有名然終不越郎署亦無耆年者子太冲官殿中丞

董儼字望之河南洛陽人太平興國三年進士解褐大理評事通判饒州加著作佐郎五年授左拾遺直史館轉右補闕充淮南西路轉運副使會罷使就命知光州儼狂躁務進不樂外郡上書乞還京師太宗怒降爲祕書丞削史館職徙知忠州復爲右補闕俄復直史館會併水陸發運

爲一儼與王繼昇同領其事就轉刑部員外郎端拱初進郎中三司度支副使坐翟馬周事左授海州團練副使移知泰州踰年以户部員外郎知泉州召爲京東轉運使時三司改易制度置三計使因留拜右諫議大夫充右計使使罷出知揚州遷右諫議大夫徙潭州轉給事中歷知廣岳洪三州江陵府景德中歸朝會開封府繫囚二百餘人朝議以其稽滯命儼與韓國華張雍同慮問裁決之俄判吏部銓加工部侍郎時黄觀罷西川轉運歸闕儼與知雜御史王濟姻家因託濟言於觀求薦已知益州未幾觀復領陝西轉運得對便殿儼謂其必薦已他日面陳自以孤

直不爲權要所容况黄觀庸淺無操持恐爲執政所使妄有論薦俾臣遠適惟陛下察之眞宗不之詰數日王濟得對因述儼嘗有私託且言儼性本矯詐臣語觀不可許之眞宗不欲暴其事乃出儼知青州儼復請對言爲權臣所擯上慰遣之久而不去乃謂之曰爾自告黄觀求知益州復有何人排斥乎儼即矍然且言觀濟嘗議益州須得臣往彈壓之上以其詞不類因令條析以聞復遣使陝西質問黄觀觀具述儼託王濟求薦之事且言儼素待臣非厚初淳化中儼爲計使觀爲判官儼知觀不飲酒一日聚食親酌以勸觀觀爲强飲之有頃都監趙贊召觀議事觀即

往賛曰飲酒耶觀以實對翌日儼與賛密奏觀嗜酒廢職故觀因是及之乃詔樞密直學士劉綜與御史雜治之儼方引伏坐責授山南東道節度行軍司馬不署州事大中祥符初會赦起知郢州病疽卒年五十四儼俊辯有才幹不學無操行所至厚納貨賂嘗令引賛吏改製朱衣每夕納儼第而潛以輕帛製衣易之在銓司命胥吏市物及請其直則呵責之其鄙屑如此又廣畜姬媵頗事豪侈用傾狡圖位終以是敗士大夫醜之東封恩復其官子仲容仲宗並爲太子中舍兄偉至殿中丞致仕

魏廷式字君憲大名宗城人少明法學嘗客遊趙州舍于監軍魏咸美之廨廨有西堂素凶咸美知廷式有膽氣命居之卒無恙來京師咸美弟咸信延置館舍以同宗善待之太平興國五年中第釋褐朗州法曹掾轉運使李惟清以其吏材奏知桃源縣遷將作監丞端拱初改著作佐郎通判潁州淳化二年始命李昌齡判審刑院以廷式明練刑章奏爲詳議官屢進對太宗悅其明辨遷太子左賛善大夫時初較廷臣殿最命廷式與樞密都承旨趙鎔李著同勾當三班多所規制越王生日令持禮物賜之超拜主客員外郎判三司都勾院換河南東道判官改户部員外郎知利州李順爲盜就命充陝西至益州路轉運使後入奏事太宗謂曰有事當白中書廷式曰臣三千七百里外乘驛而至以機事上聞願取斷宸衷非爲宰相來也即不時召對問方略稱旨賜錢五十萬令還任賊平知寧州未至召入判大理寺至道初乘傳河朔決獄復出知宋潭二州湖南地土衍沃民喜訟産有根柢巧僞難辨者廷式立裁之吏民咸服轉吏部員外郎知桂州歷工部郎中眞宗即位改刑部會王繼恩有罪下吏命廷式同按之踰宿而獄具俄知審官院通進銀臺封駁司拜右諫議大夫知審刑院出知涇州咸平二年卒年四十九録其子攝太常寺太祝舜卿爲太祝禹卿同學究出身廷式所至以嚴明稱剛果敢言爲人主厚遇然性傾險喜中傷人士君子憚其口而鄙其行

盧琰字錫圭淄州淄川人父浚右諫議大夫琰太平興國八年進士舉解褐歷城主簿歷大理評事知安吉縣三遷太常丞通判并州至道中就加太常博士咸平二年選爲開封府判官與推官李防並命眞宗謂宰相曰人之有材難得盡知但歷試而後可見占謝日特升殿諭以天府事繁愼選之意仍賜緡錢會獄空有詔奬之遷工部員外郎爲河北轉運副使時北鄙未寧調發軍儲糧道不絶以職務修舉召入遷秩刑部賜金紫復遣之任會城祁州命專

董其役契丹入邊車駕幸澶州琰自定州隨軍至大名即單騎赴行在召對勞問久之其子士宗時爲隰州推官特遷大理寺丞契丹請和琰上言領職六年求歸闕許之以使勞優拜吏部員外郎判三司三勾院會宋摶使契丹命權戶部副使時議東封又權京東轉運使往營頓置加戶部郎中復判三勾院大中祥符二年以本官兼侍御史知雜事數月授三司度支副使祀汾陰歲命與鮑中和同判留守司三司加吏部郎中俄拜右諫議大夫知永興軍府五年再爲河北轉運使琰勤於吏職所至以幹集聞頗知命眘語親舊曰官五品服三品天不與者壽爾明年被疾詔遣中使將太醫診視六年卒年五十九時琰母八十餘無恙上憫之以士宗爲太常博士特命知懷州又以次子祕書丞士倫爲太常博士給祿終喪士倫至工部郎中度支副使士宗自有傳

宋摶字鵬舉萊州掖人治毛氏詩開寶八年宋準典貢部得第調補遂寧尉歷濰州司理參軍改白龍令膳部員外郎鞠礪薦其能遷右贊善大夫知利豐監徙知藤州改殿中丞通判洪州復有薦者召還命提點河北西路刑獄未行改監左藏庫遷國子博士通判西京留守司得對便坐賜錢三十萬久之徙江南轉運使就遷度支員外郎真宗嗣位遷司封員外郎河東轉運使上言大通監冶鐵盈積可備諸州軍數十年鼓鑄願權罷採以紓民又請科諸州丁壯爲兵以增戎備在任凡十一年河東接西北境時邊事未息屯師甚廣摶經制漕運以幹治稱連徙州郡輒乞留有詔褒飭兩至夏州界部發居民數詣闕奏事稱旨屢以秩滿請代朝議以摶善職就加祠部郎中賜金紫嘗薦代州承受使臣王白上以本置此職止於視軍政察邊事摶不應保奏因詔諸路自今勿得舉承受使臣景德四年入判三司勾院踰月爲戶部副使大中祥符初進秩刑部郎中俄使契丹會疾契丹主以車迎之二年卒年六十六子可法至太子中舍舜元登進士第摶卒舜元自錡州判官改著作佐郎又賜其孫出身

淩策字子奇宣州涇人世給事州縣策幼孤獨厲志好學宗族初不加禮因決意渡江與姚鉉同學於廬州雍熙二年舉進士起家廣安軍判官改西川節度推官以彊幹聞淳化三年就命爲光祿寺丞簽書兩使判官代還拜左贊善大夫通判定州賜朱衣銀章御書曆給以實奉李順之亂川陝選官多憚行策自陳三涖蜀境諳其民俗即命知蜀州又以巴西當益之餫道徙綿州加太常博士還朝會命爲廣南西路轉運使進屯田員外郎入爲戶部判官遷

都官先是嶺南輸香藥以郵置卒萬人分鋪二百負檐抵京師且以煩役爲患詔策規制之策請陸運至南安汎舟而北止役卒八百大省轉送之費盧之翰任廣州無廉稱以策有幹名拜職方員外郎直史館命代之賜金紫廣英路自吉河趣板步二百里當盛夏時瘴起行旅死者十八九策請由英州大源洞伐山開道直抵曲江人以爲便代還知青州東封以供億之勤超拜都官郎中入判三司三勾院出知揚州屬江淮歲儉頗有盜賊以策領淮南東路安撫使駕旋使傳進秩司封時洪州水知州李玄病上與宰相歷選朝士將從策代之上曰南昌水潦艱殆長吏當

便宜從事不必稟於外計也王旦言策涖事和平可寄方面望即以江南轉運使授之仍詔諭差選之意饒州產金嘗禁商市鬻或有論告逮繫滿獄策請縱民販市官責其算人甚便之五年召拜右諫議大夫集賢殿學士知益州初策登第夢人以六印加劒上遺之其後往劒外凡六任時以爲異策勤吏職處事精審所至有治迹九年自蜀代還上頗有意擢用會已病命知通進銀臺司兼門下封駮事糾察在京刑獄眞宗嘗對王旦言策有才用治蜀敏而有斷旦曰策性淳質和臨事彊濟上深然之是秋拜給事中權御史中丞時榷茶之法弊甚詔與翰林學士李迪知雜御史呂夷簡同議經制稍寬其舊明年疾甚不能朝謁累遣中使挾醫存問賜名藥復表求典益尋遷工部侍郎從其請天禧二年三月卒年六十二錄其子將作監主簿瓘琬並爲奉禮郎續給其奉策兄簡官國子博士分司南京

楊覃字申錫漢太尉震之後唐有京兆尹憑居履道坊僕射於陵居新昌坊刑部尚書汝士居靖恭坊時稱三楊皆爲盛門而靖恭尤著汝士弟虞卿漢公魯士皆顯名虞卿至工部侍郎京兆尹生堪爲太子少師堪生承休昭宗朝以兵部員外郎使吳越會楊行密據淮甸絕其歸路因留

浙中承休生巖即覃祖也署爲鎮海軍節度副使奏領春州刺史巖生郁早卒覃少獻書於嗣王俶俶私署著作佐郎從俶歸朝爲禹城尉太平興國八年舉進士擢第授徐州觀察推官改著作佐郎知戎州再遷太常博士使陝西蠲逋負覃本名蟬至是太宗爲改焉淳化中轉屯田員外郎同判壽州巡撫使潘慎修上其政績有詔嘉獎就命知州事數月召還未上道會丁內艱州民列狀乞留轉運使以聞有詔奪情時田重進爲永興節度選覃與林特同判軍府事賜覃緋魚仍賜御書曆給以實奉重進不法覃事多抗執重進頗不悅形於辭色覃表求徙任不許就轉都

官員外郎時討李繼遷調發芻糧覃特皆以苛急促辦爲務覃令鉗手特令即械頸雖衣冠舊族不免人用怨嗟改職方員外郎咸平初遷屯田郎中三門發運使呂蒙正在河南薦其材詔入判三司磨勘憑由理欠司四年春旱覃上言古之用刑皆避三統之月漢舊章斷獄報重盡三冬之月又唐太宗凡斷重刑日勑減膳徹樂今春物方盛時雨尚愆輦轂之下獄係甚繁望詔有司死罪未得論決俟雨降乃復常典仍望自今凡決重刑日依唐故事以彰至仁之德嘗獻時務策五篇一曰禦戎二曰用兵三曰爲政四曰選賢五曰刑罰文多不載明年權同知貢舉出爲陝

西轉運使賜金紫會邊臣言繼遷死願乘此時深入致討覃建議伐喪非禮且其子尚在當爲之備請詔邊臣謹守疆候毋得輕舉俟其衆叛親離則亡無日矣時西鄙屯兵調役甚繁副使朱台符務有爲而覃務循舊且言邊事不宜更張初寇準知青州台符爲通判至是準作相覃意台符憑恃僚舊密以上聞坐不協徙知隨州王超節制漢東覃移唐州景德二年召歸屬河北兵革之後命覃詣澶濱棣德博州巡撫振給之出知潭州王師討宜賊軍須多出長沙曹利用以聞詔書褒勞加刑部郎中大中祥符二年代馮亮爲淮南江浙荊湖制置發運使月餘改太常少卿

直昭文館知廣州覃勤於吏事所至以幹濟稱南海有蕃舶之利前後牧守或致謗議惟覃以廉著遠人便之加右諫議大夫四年卒年五十四遣其長子奉禮郎文支乘傳赴喪詔本州護柩還其家官給所費錄其次子文敏爲揚州司士參軍覃從弟蜕及從子侃傳並登進士第蜕官司封員外郎侃後名大雅自有傳

陳世卿字光遠南劒人雍熙二年登進士第解褐衡州推官再調東川節度推官會李順冦兩川知州張雍以州兵馬爲數部使官分領世卿素善射當城一面親射中數百人賊寖盛同幕皆謀圖全計世卿正色曰食君祿當委身

報國奈何欲避難爲他圖耶亟出白雍曰此徒皆懦儒存之適足惑衆不若遣出求援雍從之賊既引去世卿適丁外艱雍表其材詔追出視事就改掌書記凡七年歸朝爲秘書郎還太常丞知新安縣或薦其堪任臺憲即召歸會張鑑出知廣州表爲通判將行召見賜緋加太常博士景德初徙知建州真宗知其材幹逾月授福建轉運使規畫南劒州安仁等銀場歲增課羨詔獎之俄代姚鉉爲兩浙路轉運使歷祠部員外郎判三司三勾院大中祥符四年改度支員外郎出爲荊湖北路轉運使屬澧州慈利縣下溪等四州蠻人侵縣境地四百餘里朝命世卿與閤門祗

候史方知澧州劉仁霸同領兵討之遂還所侵地標正經界取其要領又令納所掠漢口千餘復置澧川武口等砦以控制之自是平定有詔嘉奬還朝屢述溪洞利害召對眞宗器其材復自言願効用於煩劇會邵曄知廣州被疾乃授世卿祕書少監代之加賜金紫郡有計口買鹽之制人多不便至即奏除之九年卒年六十四録其子南安主簿儼爲太祝

李若拙字藏用京兆萬年人父光賛貝冀觀察判官若拙初以蔭補太廟齋郎復舉拔萃授大名府戸曹參軍時符彦卿在鎮光賛居幕下若拙得以就養俄又舉進士王祐

典貢舉擢上第授密州防禦推官登賢良方正直言極諫科太祖嘉其敏贍改著作佐郎故事制策中選者除拾遺補闕若拙以恩例不及上書自陳執政惡之出監商州阬冶遷太子左賛善大夫以官稱與父名同辭不許太平興國二年知乾州會李飛雄詐乗驛稱詔使事敗伏法太宗以若拙與飛雄父若愚連名疑其昆弟命殿直盧令珣即捕繫州獄乃與若愚同宗通家非親不知其謀猶坐削籍流海島歲餘起授衛尉寺丞知隴州四年復舊官以政聞超授監察御史通判泰州同師宋偓年老政弛又徙若拙通判焉未幾御史中丞滕中正薦之召歸臺頃之改右補闕時諸王出閤若拙獻頌稱旨召見賜緋魚同勾當河東轉運兼雲應等八州事嘗詣闕言邊事太宗嘉之又同掌水陸發運司雍熙三年假祕書監使交州先是黎桓制度踰僭若拙既入境即遣左右戒以臣禮繇是桓聽命拜詔盡恭燕饗日以奇貨異物列于前若拙一不留眄取先陷蠻使鄧君辯以歸禮幣外不受其私覿使還上謂其不辱命遷起居舍人充鹽鐵判官淳化二年出爲兩浙轉運使契丹寇邊改職方員外郎徙河北路賜金紫五年直昭文館遷主客郎中江南轉運使若拙質状魁偉尚氣有幹才然臨事太緩宰相以爲言罷使知涇州至道二年黎桓復

侵南鄙又詔若拙充使至則桓復稟命使還眞宗嗣位召見慰問進秩金部郎中召試學士院改兵部郎中充史館修撰俄知制誥咸平初同知貢舉被疾改右諫議大夫車駕北巡判留司御史臺明年使河朔按邊事知昇貝二州四年卒年五十八子繹

繹字縱之幼謹愿自修初以父使交阯有勞補太廟齋郎改太常寺太祝舉進士中第除將作監丞累遷尚書屯田員外郎知華州蒲城民李藴訴人盜其從子亡去繹問曰若有仇耶曰無有曰有失亡邪曰無有繹揮藴去因密刺藴藴有陰罪姪覺之懼事暴殺之以滅口遂收藴致法推

提點河北刑獄權知貝州歲旱繹爲酒務市民薪草溢常數餓者皆以樵採自給得不死官入亦數倍邊民歲輸防城火牛草十餘萬委積久輒腐敗繹奏罷之三遷本曹郎中爲利州路轉運使河北經費不支仁宗問誰可任者參知政事薛奎薦繹遂徙河北進刑部郎中直史館知延州改兵部爲江淮制置發運使內出綃五十萬匹責貿於東南繹曰百姓飢不宜重擾輒奏罷之甫半年漕課視常歲增五之一遷太常少卿再知延州繹所至頗稱治自以久官在外意不自得作五知先生傳謂知時知難知命知退知足也嘗兩知鳳翔府至是又徙鳳翔尋爲右諫議大夫卒

陳知微字希顏高郵人咸平五年進士甲科解褐將作監丞通判歙州擢爲著作佐郎直史館俄充三司戶部判官奉使契丹還遷太常博士判三司都磨勘司再爲戶部判官出爲京東轉運副使奏還東平監所侵民田六百八十家又決古廣濟河通運路罷夾黃河歲減夫役數萬計遷右司諫徙判湖南路轉運使召還拜比部員外郎知制誥淮南饑遣知微巡撫所至按視儲糧察諸官吏能否使還判吏部銓兼刑部知微詞藻雖無奇采而平雅適用一日進改羣官除目紛委適當知微次直思亦敏速又判司農寺糾察在京刑獄天禧二年加玉清昭應宮判官俄以疾聞眞宗遣中貴挾太醫往視之卒年五十錄其子舜卿爲太常寺奉禮郎給奉終喪又假官船載其柩還鄉里知微儀狀甚偉沉厚有材幹不務皦察時人許其處劇惜其母老不克終養有集三十卷子堯卿大中祥符五年進士及第

論曰維岳明習吏事才足以治劇而能曲全法掾其仁恕藹然雍雖素稱鄙吝而勤恪清幹觀其捍守亦可見矣儼務進潰貨廷式傾險忌刻自不容於清議若琰搏經制漕運有方策之處事精詳治迹昭著單之律身廉潔兼勤吏事世卿之安遠若拙之專對皆爲時論所許繹以謹愿克世其家知微敦實有材幹不辱其職亦可尚也至若王陟以謹幹稱而取士以謗致汙惜哉

列傳卷第六十六

開府儀同三司上柱國錄軍國重事前中書右丞相監脩國史領經筵事都總裁臣脫脫等奉

敕修

上官正　盧斌　周審玉　裴濟

李繼宣　張旦　張煦　張佶

上官正字常清開封人少舉三傳後爲鄜州攝官雍熙中召授殿前承旨屢遣鞫獄遷供奉官閤門祗候天雄監軍淳化中轉作坊副使劒門都監李順之亂分其黨趨劒門時瘺兵數百人正奮勵士氣以禦之會成都監軍宿翰領兵援劒門與正兵合因迎擊大破賊數千衆斬馘殆盡奏至太宗嘉之詔書奬飭並賜襲衣金帶超正爲六宅使劒州刺史充劒門部署翰自供奉官擢崇儀使領昭州刺史數月正被疾請尋醫至闕疾愈入對上勞問久之復遣還任所賜以金丹良藥衣帶白金千兩馬三匹授以方略令招撫殘孽慰勉遣之初川賊甚盛朝議深以棧路爲憂正以孤軍力戰挫賊鋒自是閣道無壅王師得以長驅而入賊衆三百餘敗歸成都順怒其驚衆盡斬之然自此沮氣矣後賊既誅餘寇匿山谷恃險結集剽刼爲患王繼恩百計招誘不至正諭以朝廷恩信皆相率出降未幾加峰州團練使與雷有終並爲西川招安使代王繼恩正木彊好

凌人自謂平賊有勞受人主知無所顧忌數面攻兩川官吏之短而暴揚之衆積怨怒多上章訴其不法者太宗謂近臣曰人臣可任用者朕常欲保全正婞直而失於謙和每謗書至朕雖力與明辯然衆怒難犯恐其不能自全乃賜手札戒諭曰言者君子之樞機樞機之發榮辱之主不可不慎也夫遇事輒發悔不可及儻自恃無瑕而好面攻人之短豈謂喜怒不形於色耶當以和輯遠民爲念斯盡善矣正上表謝眞宗即位改莊宅使是秋廣武叛卒劉旴嘯聚數千輩逐都巡檢使韓景祐略漢蜀邛州懷安永康軍正與鈐轄馬知節領兵趣新津抵方井擊敗之斬旴平其黨遷南作坊使賜錦袍金帶咸平初召還擢拜東上閤門使勾當軍頭引見司俄權戶部使二年出知滄州徙高陽關副都部署眞拜洺州團練使車駕北巡以爲行營先鋒鈐轄尋知青州未行會王均叛蜀命爲峽路都鈐轄移知梓州又歷滄瀛鎮貝四州高陽關部署以足疾求知磁州手詔慰勉會邢州地震民居不安徙正典之移潞州景德中以河北新經兵革愼擇守臣以正知貝州遷洺州防禦使復知滄州移同州再表引年授左龍武軍大將軍平州防禦使分司西京尋以本官致仕賜全奉仍以見緡給之四年卒年七十五子璨至內殿崇班

盧斌開封人以筆札事晉邸太宗即位補殿直雍熙中領兵屯霸州會大舉北伐令以五千騎隨曹彬抵祁溝時契丹據河王師乏水斌請以千弩斫砦契丹遁去遂移軍夾河既克涿州令斌以萬人戍守會食盡大兵將還斌因懇言涿州深在北境外無援兵内無資糧丁籍殘失守之無利今若還師必須結陣而去以一陣之役比於固守其利百矣復慮遼人乘便剽襲宜爲之備彬以爲然遂令斌擁城中老幼並狼山南還易州彬之旋也無復行伍果爲契丹所乘諸將皆以失律被譴斌亦下樞密院問狀太宗聞其嘗建議棄涿州遂釋不問以爲霸州破虜軍緣邊廵檢端拱中又爲永興軍華州廵檢時大賊侯和尚劉渥刧興平櫟陽殺捕賊官二人斌率兵掩襲且追且鬬薄南山渡渭水抵鳳翔復至耀州擒斬並盡以勞改供奉官召還面加奬慰授閤門祗候又賜白金緡錢衣帶尋爲梓遂十二州都廵檢使太宗諭之曰川峽人情易搖設有寇攘雖他境亦當襲逐仍許便宜從事不須中覆淳化二年賊任誘等寇昌合州斌率兵頓昌州南牛鬬山偵知賊在龍水鎮值大雨斌馳馬四十里騎從數十人遂斬誘等百餘級賊衆悉平三年富順監蠻掠榮州斌晨夜倍道以赴得州兵千人署隨軍糧料以張其勢蠻乃遁追至地頭鎮東南八

十里樹柵招其酋甫羌一阿奴綱諭以朝旨歃血刻石爲盟而遣之俄而榮戎資州富順監賊十五隊鈔鄉邑斌擒三百人部送闕下餘悉臨敵斬戮四年賊王盡復起榮資斌擊滅之盡縛以獻遷内殿崇班是冬李順爲亂斌即率兵六百抵成都鬬戰連月殺數萬人明年成都不守斌還梓州集十州兵赴援知州張雍委以監護之任會江水汎溢毀子城斌勸諭州民翌日畚鍤大集自城西大濠中掘塹深丈決西河水注之以環城二月賊渠相里貴衆二十一萬傅城下城中兵裁三千斌曰軍法倍兵不戰然狂醜烏合非訓練之師以吾仗天子威靈必可殲蕩即感厲士伍負土塞南北門爲固守之計又突出與賊戰擊刺三十餘合賊稍却俄復大設機石連弩衝車雲梯四面鼓譟乘城矢石亂下斌與州將隨機設備長圍八十日會王繼恩令石知顒率兵來援斌出東門迎勞王師賊不戰而潰斌乘勝追斬及納降二萬餘五月賊數萬圍閬州斌領千兵赴之斬首五千圍遂解又至蓬州老鵶山賊衆三千爲陣拒斌斌擊敗之至城下賊復大集斬三千級蓬州平斌傳詔安撫蓬閬渠達四州擢授西京作坊使領誠州刺史斌在川峽六年以孤軍禦寇累立戰功表求入奏太宗遣使諭之曰俟妖孽盡殄當召汝既而賊黨集梓簡漢三州境

上斌徃平之未幾代還太宗親加勞問拜東上閤門使檢校左僕射加食邑三百户賜白金千兩袍笏金帶上言葭萌路出師討賊可直入利州若寇焚棧道劒門之險不足固也請置砦柵從之尋命爲銀夏兵馬鈐轄遣與李繼隆等五路出師討李繼遷斌求對懇言曰羌夷之族馬驕兵悍往來無定敗則走他境疾戰沙漠非天兵所利不若堅保靈州於内地多積芻糧以師援送苟其至也會兵首尾擊之庶幾無枉費而不失固圉之策矣時業已出師不從其議改授靈環路鈐轄領兵二萬爲前鋒令於烏白池與諸軍會斌謂李繼隆曰靈州抵烏白池月餘方至若自環州橐駞路裁十日程即不俟詔而往與諸將失期不見賊而還俄徙屯寧州以疾召歸勾當軍頭引見司咸平初卒年五十子文質殿中丞

周審玉開封人父勳以親校事唐明宗累立戰功太平興國中至隰州團練使周顯德初審玉蔭補殿直從世宗平瓦橋關甚見親信太祖受禪爲供奉官未幾加閤門祗候累遷崇儀洛苑副使西京作坊使雍熙中契丹犯塞潘美屯師定州審玉爲監軍嘗與敵戰而先鋒劉緒陷賊審玉躍馬趣擊拔緒而還以勇敢聞淳化中知貝州有驍捷卒戍州者三十七人同謀殺審玉刼庫兵而叛推虞候趙咸雍爲首審玉覺之與轉運使王嗣宗率兵悉擒其黨斬十五級磔咸雍於市先是咸雍父鏻晉天福中嘗誘契丹屠州城至是五十年而其子戮於都市舊老猶記其事咸異之審玉以功領順州刺史至道初徙并州鈐轄咸平初知鳳翔府有桑門乘傳而西以市木爲名威動府縣審玉曰此有所倚而爲也因按詰之盡得其姦狀杖其背械送闕下以目疾代還奉朝請俄丁内艱既而謂親友曰僕齒髮遲暮而未能辭禄仕者良以慰母心爾今可行其志矣乃拜章請老得千牛衛大將軍致仕三年卒年七十四審玉晚年好讀神農本草留意方術少長兵間習知攻守之法

眞宗嘗召至便坐示以攻戰器方奏對疾作詔遣使就第賜白金慰恤之子允迪爲虞部員外郎

裴濟字仲溥絳州聞喜人唐相耀卿八世孫後徙家河中濟少事晉邸同輩有忮悍者濟屢糾其過失被譖出補太康鎮將未幾譖濟者坐法太宗知濟可任會即位補殿直爲天威軍兵馬監押及平太原征幽薊濟迎謁陪扈令監軍易州契丹攻城不能下以勞遷西頭供奉官太平興國末江表盜起命爲廵檢遷崇儀副使召還遷崇儀使監戍兵於威虜軍塗次鎮州夜有賊騎扣城門大呼曰官軍至矣州將然之促守吏開關濟遽止之曰此必妄也及旦果有

敵兵遁去太宗嘉之遷西上閤門使定州都監就加行營鈐轄尋知定州契丹三萬騎來攻濟逆擊於徐河斬數千級獲牛馬鎧仗甚衆淳化初與周瑩同判四方館未幾爲鎮州行營鈐轄又與李繼隆擊賊於唐河濟短兵陷陣賊大敗走優詔褒美初繼隆以濟性剛不悅之及是役撫濟恨相知之晚改四方館使復知定州徙天雄軍鈐轄遷客省使復知定州至道二年改內客省使知鎮州立春日出土牛以祭酌奠始畢有卒挾牛去濟察其舉止知欲爲變亟命擒之果有竊發者數十人已刼鄽閈矣悉蒐捕腰斬之軍民肅然濟在鎮定凡十五年威績甚著召還知天雄

軍咸平初李繼遷叛以濟領順州團練使知靈州兼都部署至州二年謀緝八鎮興屯田之利民甚賴之其年清遠軍陷夏人大集斷鑲道孤軍絕援濟刺指血染奏求救甚急兵不至城陷死之上聞嗟悼特贈鎮江軍節度三子並優進秩濟在諸使中甚有聲望及沒夏人皆惜之景德中濟妻永泰郡君景氏卒特詔追封平陽郡夫人諸子給奉終喪子德谷虞部郎中德基至如京使德豐殿中丞濟兄麗澤弟麗正並進士及第麗澤至右補闕麗正至金部員外郎麗正子德輿爲殿中丞

李繼宣開封浚儀人乾德中補右班殿直令與御帶東直栽十七歲嘗命往陝州捕虎殺二十餘生致二虎一豹以獻太平興國初掌南作坊使改供奉官出爲邠寧慶三州巡檢都監繼宣本名繼隆與明德皇后兄同姓名至是太宗爲改焉五年召還承受定州路奏事奉詔修長城口平塞威虜靜戎軍保州又領兵入敵境獲老幼千餘牛畜數百又率兵扞契丹于乾寧泥姑海口契丹寇靜戎軍從崔彥進過拒馬河接戰自午至申大敗之又爲貝州監軍雍熙三年曹彬北征繼宣從先鋒李繼隆至方城力戰三日大軍繼至遂克固州進壁涿州東又與敵鬬乘勝攻北門克之日領輕騎度涿河覘敵勢又將五千騎援米信因率

勁騎追至新城北大敗之斬其酋賀思相公繼宣亦中流矢大軍還雄州取芻糧遇契丹新城疾戰至暮繼宣中十創芻及墜鞍明日復戰繼隆爲敵所邀繼宣以所部援之且戰且行奪涿河數日乃至涿州及秉州保岐溝關又戰拒馬上追奔至孤山契丹乃引去留屯滿城俄還貝州召入以功超授崇儀使代王繼恩爲易州駐泊都監賜錢五十萬白金五百兩又領騎兵五千戍北平押大陣東偏受田重進節度屯長城口敵至大溝繼宣進滿城敵至定州奪唐河橋重進召繼宣洎田紹斌赴援紹斌爲敵所敗繼宣獨按部轉鬬入定州敵兵北去重進命將五千騎躡其

復抵拒馬河及敵據楊疃繼宣徑掩擊之逐北焚廬舍而還雍熙四年爲高陽關行營都監端拱初契丹騎至瀛鎮繼宣率步騎萬人入敵境抵勝務焚聚落獲生口契丹乃引還時易州候騎不至繼宣於易州平塞軍長城口威虜靜戎順安軍至高陽爲望櫓七所舉烽以候警急二年爲鎮定高陽關三路排陣都監押大陣西偏與李繼隆部芻糧抵威虜還度徐河爲敵追襲繼宣駐軍與鬬殺獲甚衆又領騎二千敗契丹於保州西射城追薄西山有詔褒美淳化三年徙知保州又轉莊宅使築關城浚外濠葺營舍李五百區造船二百艘入雞距泉以運糧人咸便之數月徙

定州行營都監戍深州改高陽關行營都監課軍中勁弩爲入陣之備五年領高州刺史會契丹泛海劫千乘縣繼宣請於海口置砦以禦之至道三年遷北作坊使俄召還加南作坊使出爲鎮州行營鈐轄契丹寇定州命主無地分馬敵至懷德橋繼宣領兵三千掩襲之至則契丹已壞橋繼宣橫木而度追奔五十餘里契丹焚鎮州中渡常山三橋繼宣領兵趣之契丹保豐隆山砦繼宣伐木治常山橋契丹聞之大懼拔砦遁走繼宣銳於追襲傅潛爲部署繼宣諳潛請行頗爲所抑及召潛屬吏詔繼宣與高瓊同主軍事逐敵越拒馬河復爲鎮州鈐轄受詔按視緣邊城

砦權知威虜軍敵騎至城下屢出兵設伏斬獲甚衆俄還鎮州咸平四年拜西上閤門使領康州刺史爲前陣鈐轄與秦翰楊延昭楊嗣分屯靜戎威虜敵至會師于威虜延昭嗣輕騎先赴羊山繼宣與翰分左右隊各整所部翰全軍亦往繼宣留壁赤虜止以二騎繼進至則延昭嗣適爲敵所乘繼宣即召赤虜之師與翰師合勢大戰敵走上羊山繼宣逐之環山麓至其陰繼宣馬連中矢斃凡三易騎進至牟山谷大克捷延昭嗣翰之師初頓赤虜既而退保威虜繼宣以所部獨與敵角薄暮始至威虜詔書稱獎特加檢校官及食邑明年徙定州鈐轄扞契丹于唐河會緣

邊都巡檢使楊延昭楊嗣禦敵師敗詔繼宣與內殿崇班王汀代之望都之敗敵騎剽郡縣繼宣壁徐河契丹數十隊薄威虜威虜魏能與戰走之久而繼宣始至又寇靜戎汀請分兵自將襲契丹繼宣拒之雖日出遊騎偵敵勢屢徙砦而未嘗出戰爲能汀所發召還令樞密院問狀降爲如京副使景德初加如京使鎮州鈐轄契丹乘秋來攻時桑贊病足鄭誠赴定州繼宣獨主鎮州全師歷屯邢趙及與契丹和命爲高陽關鈐轄是冬復爲西上閤門使領康州刺史三年兼知瀛州繼宣罕識字上以河間郡事繁慮獄訟有枉命高繼勳代之止爲鈐轄大中祥符初徙鎮定

兩路鈐轄進秩東上閤門使召還改鄆州部署加四方館
使以疾授西京水南都巡檢使每夕巡警爲留司所舉
特詔增巡檢一員專主夜巡六年疾甚求至京師尋醫卒
年六十四子守忠左侍禁閤門祗候
張旦趙州人勇敢善射以經學中第至國子博士淳化中
知陵州時李順構亂連下城邑賊黨數萬攻陵州州兵不
滿三百舊不設城塹旦修完戰具置鹿角砦驅市人進戰
大敗之殺五千餘人獲器械萬計詔書褒之特遷水部員
外郎賜緋魚由是知名數月西川招安使上官正言雅州
密邇蠻蕃在於鎮撫須得其人伏見水部員外郎張旦前

守陵州以孤軍抗羣寇保全壁壘至今劒外伏其威名望
改授諸司使令知州事上以省郎之重不欲換他職乃授
刑部員外郎賜金紫秉傳之任寇不敢犯眞宗即位遷兵
部員外郎改尚食使知德清軍景德中契丹入寇陷軍壁
旦與其子利涉率衆奮擊並戰没上聞之驚悼特贈左衛
大將軍深州團練使利涉崇儀副使録其四子官時有上封
事者言朝廷宜優加恩典以勸忠臣詔以恤旦事告諭天
下又虎翼都虞候胡福戍軍城率兵力戰金創徧體猶奮
劒轉鬬矢無虛發麾下已盡獨挺刃殺數十人副指揮使
尚祚能運大檛所斬首拉脅者亦百餘人衆寡不敵遂與

指揮使張睿劉福都頭輔能等四人並死之眞宗嘉歎其
忠勇遣使訪遺骸唯得福尸命其子厚葬之贈福洺州團
練使祚濱州刺史睿演州刺史劉福臨州刺史能等並爲
諸衛率府副率又邯鄲令李晦辭赴任值道梗留德清同
拒敵侍禁夏承皓部兵至大名界遇敵皆戰没贈晦辭工
部員外郎承皓崇儀使時又贈受事河朔而没者殿直劉
超供備庫使入内高班内品李知順爲六宅副使奉職胡
度等三人爲内殿崇班仍各録其子及賜其家金帛
張煦字輔暘開封人開寶末補府中牙職雍熙二年自陳
太宗尹京嘗事左右命爲殿前承旨遷殿直歙州監軍兇

人黃行達第坐法抵死行達誣州將故入其罪詔宣州通
判姚鉉與煦鞫之即日決遣還擢供奉官閤門祗候占謝
日又改内殿崇班鎮定邢趙山西土門路都巡檢使契丹
騎兵剽境上煦以所部斬首數十走之葛霸周瑩李繼宣
稱其幹舉有詔嘉獎代還拜供備庫副使權知環州數月
改嵐軍使又知保安軍咸平中王均亂蜀以煦爲綿漢
劒門路都巡檢使又與雷有終進攻成都煦主東砦焚其
郛及樓堞均突圍而遁賊平以功就遷正使徙益州都監
與知州宋太初同提總本路諸軍事有戰艦卒將謀擾動
煦即日斬之夏人寇邊改涇原儀渭都鈐轄又爲邠寧環

慶路鈐轄兼巡檢安撫都監累躡寇入賊中掩殺甚衆有詔嘉獎會遣王超張凝秦翰援靈武命煦爲西路行營都監至鎮戎聞靈武已陷復還本任與張凝入西夏境出白豹鎮至柔遠川夏人七百餘邀戰煦與慶州監軍張綸擊殺甚衆清遠故城有酋長請以甲騎三萬來降煦語凝曰此詐也亟嚴兵以待之果然凝按部歸環州道爲敵所邀煦聞之領所部銳兵自慶州赴之一昔與凝會射殺其大將與凝同還景德元年加領賀州刺史復爲涇原儀渭鎮戎軍鈐轄再知環州四年宜州戍卒陳進叛命副曹利用爲廣東西路安撫使賊衆擁判官宜州盧均僭號南平王

圍象州煦以兵會利用斬之初與利用同署紙人持百枚備給立功將士及破賊利用在前軍無所給煦在後而所給過半眞宗謂其太過賊平改如京使知懷州東封歲權河陽鈐轄遷文思使知曹州會江淮災歉分命大藩長吏綏撫以煦爲江南西路安撫都監俄還濟陰加北作坊使又徙滄州就轉宮苑使領康州刺史大中祥符九年加領昭州團練使知鄜州未幾復知滄州天禧三年拜西上閤門使徙并代鈐轄以老疾求近郡得知磁州四年卒年七十三煦明術數善相宅時稱其妙

張佶字仲雅本燕人後徙華州渭南初名志言後改焉父昉殿中少監佶少有志節始用蔭補殿前承旨以習儒業獻文求試換國子監丞遷著作佐郎監三白渠知涇陽縣端拱初爲太子右贊善大夫曹州民有被誣殺人者詔往按之發擿姦伏究人得雪尋通判忻州遷殿中丞兼御河督運至道中通判陝州再部送芻糧赴靈武就改國子博士咸平初擢爲陝西轉運副使賜緋魚至延安遇夏人入寇親督兵擊敗之三年徙西川轉運副使時詔討王均以餽餉之勞遷虞部員外郎賊平分川峽爲四路以佶爲利州路轉運使有薦其武幹者召還授如京使涇原鈐轄兼知鎮戎軍徙麟府路鈐轄夏人來寇佶率兵與戰親射殺

酋帥俘獲甚衆餘黨遁去詔書襃之賜錦袍金帶景德中徙益州鈐轄加宜州刺史遷文思使佶御軍撫民甚有威惠蜀人久猶懷之大中祥符四年車駕祀汾陰以爲西京舊城巡檢鈐轄禮成加授北作坊使充趙德明官告使又爲鄜延鈐轄會秦州李濬暴卒上語近臣曰天水邊要宜速得人馬知節稱佶可任上然之遂改左騏驥使就命知秦州至州置四門砦開拓疆境邊部頗怨又臨渭置采木場戎人不之爭移帳而去佶不甚存撫亦不奏加賚賜邊人追悔引衆劫掠佶深入掩擊敗走之議者又欲加恩宗哥立遵等族以扼平夏佶請拒絕之事具吐蕃傳朝廷始

務寧邊以信輕信易事從邠寧路鈐轄天禧初召爲契丹國信副使再任邠寧兼知邠州遷宮苑使未逾月擢拜西上閤門使復爲涇原鈐轄四年卒年六十九信涉獵書史好吟詠勇敢善射有方略其總戎護塞以威名自任子宗象兵部員外郎直史館度支判官

論曰自古盛德之世未嘗無邊圉之患要在得果毅之臣以扞禦之昔人有言誰能去兵漢祖亦云安得猛士蓋爲此也李順叛蜀攻陷郡邑正扞劍門斌守梓潼其績最多契丹入寇審玉繼宣捉陷將於重圍之中固有餘勇信煦宜力西南勤幹威惠亦皆可取濟旦以孤城扞強寇援絶戰死一代死事之表表者其可泯諸

列傳卷第六十七

列傳卷第六十八　宋史三百九

開府儀同三司上柱國錄軍國重事前中書右丞相監修國史領經筵事都總裁臣脫脫等奉勑修

王延德　常延信　程德玄
王延德　魏震　張質
楊允恭　秦羲　謝德權
閻日新　靳懷德

王延德開封東明人曾祖芝濮陽令祖璋相州錄事參軍父温晉末契丹內寇温率鄉豪捍蔽境內里人德之宣祖掌畿甸兵與温厚善延德方總角宣祖愛

其謹重召置左右太宗尹京署爲親校專主庖膳尤被倚信太平興國初授御廚副使數月遷正使從征太原未幾加尚食使賜浚儀縣壽昌坊宅一區俄領薊州刺史兼掌武德司改皇城使掌御輦院左藏庫延德所領凡五印因對懇讓遂罷左藏御廚八年兼充親王諸宮使延德素謹慎以舊恩每延訪外事端拱初領本州團練使淳化中當進秩延德與王繼恩杜彥鈞使額已極特置昭宣使以延德等爲之至道二年加領平州防禦使眞宗嗣位改領懷州永熙復土提點緣路供頓咸平初出知華州占謝日面請罷

昭宣使從之實以禦侮正秩奉給優厚故也上幸大名爲東京舊城都巡檢使明年以風痺請告遣還本郡是冬卒年六十四贈邕州觀察使延德所至好撰集近事掌御厨則爲司膳録掌皇城司則爲皇城紀事録從郊祀爲行宫使則爲南郊録奉詔修内則爲版築記從靈駕則爲永熙皇堂録山陵提轄諸司記及治郡則爲下車奏報録先是詔史官修太祖太宗實録多以國初事訪延德又上太宗南宫事迹三卷

子應昌莊宅使端州團練使

常延信幷州平晋人祖思仕周歷昭義歸德平盧三鎮節度延信皆補牙職領和州刺史思卒入爲六宅使領郡如故建隆初改領平州坐與妻族相訟左授右監門衛副率領護滑州黄河隄開寶中爲京新城外汴河南巡檢出爲潼關監軍延信以關路巖險奏易道路及塡禁阬役工四十餘萬又監通許鎮兵改梓遂十二州都巡檢使賜袍帶錢百萬太平興國初秩滿留再任賜錢四十萬時亡命卒多以山林爲寇延信嘗領徒捕殺三百餘人又爲唐鄧都巡檢使代還繼改右清道右司禦二副率雍熙三年命督鎮州以北至軍前芻糧是冬爲全邵六州都巡檢使令疾置之任就充羊狀六砦都鈐轄遷右衛副率會誠州蠻歸欵命延信馳入溪洞索其要領又逐蠻直趣古鎮過西延大木諸洞蠻人慴伏淳化中歷襄鄧宋曹等州都巡檢使改左監門衛將軍屢部徒修護河防改左領軍左屯衛二將軍充西京水南都巡檢使有盜掠彭婆鎮及甲馬營延信馳以往悉擒之咸平中歷太康鞏縣二監軍景德二年卒年六十四

程德玄字禹錫鄭州滎澤人善醫術太宗尹京邑召置左右署押衙頗親信用事太祖大漸之夕德玄宿信陵坊夜有扣關疾呼趣赴宫邸者德玄遽起不暇

盥櫛詣府府門尚關方三鼓德玄不自悟盤桓久之俄頃見内侍王繼恩馳至稱遺詔迎太宗即位德玄因從以入拜翰林使太平興國二年陳洪進來朝命德玄迎勞之船艦度淮暴風起衆恐皆請勿進德玄曰吾將君命豈避險以酒祝而行風浪遽止三年遷東上閤門使兼翰林司事是秋領代州刺史從征太原爲行宫使師還以功改判四方館事俄遷領本州團練使又加領本州防禦使五年坐市秦隴竹木聯筏入京師所過矯制免筭又高其估以入官爲王仁贍所發責授東上閤門使領本州刺史陝府西南轉

運使左拾遺韋務昇京西轉運使起居舍人程能判官右贊善大夫時載坐縱德玄等於部下私販鬻務昇洎能並責授右贊善大夫載將作監丞是冬車駕幸魏府命總御營四面巡檢掌給諸軍資糧德玄攀附至近列上頗信其言錄是趨附者甚衆或言其交游太盛遂出爲崇信軍節度行軍司馬踰年復拜慈州刺史移知環州時西鄙酋豪相繼內附詔以空名告敕百道付德玄得便宜補授頃之以疾求致仕優詔不許淳化三年改本州團練使知邠州未半歲復典環州李順之寇西蜀移知鳳州兼領鳳成階文等

州駐泊兵馬事徙慶州咸平中入朝眞宗命坐撫勞訪以邊事俄出知并州兼幷代副都部署移鎭州受代歸闕景德初卒年六十五大中祥符中其子繼宗上章懇祈贈典上憫之特贈鄭州防禦使兄德元同仕王府至內酒坊副使繼宗東頭供奉官閤門祗候次子繼忠內殿崇班德元子貫大中祥符五年舉進士累遷太常博士

王延德大名人少給事晉邸太平興國初補殿前承旨再遷供奉官六年會高昌國遣使朝貢太宗以遠人輸誠遣延德與殿前承旨白勳使焉自夏州渡河經沙磧歷伊州望北庭萬五千里雍熙二年使還撰西州程記以獻授崇儀副使掌御廚明年拜正使出知慶州淳化三年代還監折博倉延德與張齊賢善因國子博士朱貽業通言齊賢求免掌庾希進用齊賢爲言之上怒曰延德願掌倉以自效未踰月又禱宰相求免何也因召延德詰責自言未嘗遣貽業詣相府有所求請上疑齊賢不實召貽業至貽業又諱之齊賢恥自辨因頓首稱罪上怒即以延德領懿州刺史以寵之五年提點三司衙司磨勘憑由司未幾拜左屯衞大將軍樞密都承旨俄授度支使眞宗即

位轉左千牛衞上將軍充使如故延德前使西域冒寒不汗得風痺疾艱於步履咸平初出爲舒州團練使知鄆州徙青州坐市物有剩利降授左武衞將軍又病落籍遣家人代詣登聞鼓院求休致上以其久事先帝復授左千牛衞上將軍致仕景德三年卒年六十八延德以攀附得官傾險好進時人惡之兄延之乾德六年進士至屯田郎中致仕

魏震不知何許人祖浩贍國軍權鹽制置使父鉞蒲臺令震初用祖蔭當補廷職自以習詞業不屑就姚恕嘗與鉞蒲臺交代及爲皇子教授太宗在藩邸恕

嘗稱震之材因召賓邸中即位補殿直廬壽八州巡
檢從征河東掌行在左藏庫改供奉官雍熙初温州
進瑞木成文震作詩賦以獻拜崇儀副使賜白金二
千兩掌内弓箭庫出知保州會諸將北伐爲幽州西
北路鈐轄下飛狐蔚州以功就遷崇儀使知蔚州復
知保州移秦州鈐轄端拱中召拜西上閤門使俄知
廬州徙澶州淳化二年進東上閤門使知鳳州坐事
免至道初起爲洛苑使知洪州二年復爲東上閤門
使知定代二州並兼行營鈐轄咸平元年卒子致恭
殿中丞

張質字守朴博州高唐人少孤養于兄賛賛爲樞密
院典謁質因得隷兵房頗爲趙普曹彬所知太宗征
河東還駐鎮陽彬方典樞務一夕議調發屯兵時軍
載簿領阻留在道質潛計兵數部分軍馬及得兵籍
較之悉無差謬淳化中累遷本房副都承旨咸平初
授左監門衛將軍樞密副都承旨先是樞密吏皆以
年勞次補有至主事而懵其職者景德三年夏内出
公事三條令主事以下詳決之命質與禮房副承旨
尹德潤宿御書院考第翌日上親臨閱視凡選補四
十餘人不中式除崇班供奉官奉職者十餘人以質

爲左屯衛大將軍加給月奉歷右神武軍右衛二大
將軍大中祥符七年轉都承旨在樞要僅五十年練
習事程精敏端慤未嘗有過舊本院吏罕有遷至都
承旨者上素知質廉謹故以授之嘗召問五代以降
洎國初軍籍更易之制且命條具利害質纂爲三篇
目曰兵要以進上覽而稱善好養生之術老而不衰
以是多接隱人方士然語不及公家事每大祀巡幸
質多爲行宫使或領巡檢提點供頓之務天禧元年
九月方候對承明殿暴中風眩舁歸卒年七十四録
其子大理評事純爲衛尉寺丞孫思道爲三班奉職

楊允恭漢州綿竹人家世豪富允恭少倜儻任俠乾
德中王師平蜀群盗竊發允恭裁弱冠率鄉里子弟
砦于清泉鄉爲賊所獲將殺之允恭曰苟活我當助
爾賊素聞其豪宗乃釋之陰結賊帥子日與飲博陽
不勝償以貲使伺賊賊將害允恭其子以告因遁去
内客省使丁德裕討賊至州允恭以策干之署綿漢
招收巡檢賊平補殿前承旨太平興國中以殿直掌
廣州市舶自南漢之後海賊子孫相襲大者及數百
人州縣苦之允恭因部運入奏其事太宗即命爲廣
連都巡檢使又以海鹽盗入嶺北民犯者衆請建大

度縣爲軍官鬻鹽市之詔建爲南安軍自是冒禁者少賊有葉氏者衆五百餘往來海上允恭集水軍造輕舠掩襲其首斬之餘黨棄船走伏匿山谷允恭伐木開道悉殲焉賊寇每遇風濤則遯止洲島間允恭領衆涉海捕之殆盡賊皆望風奔潰又抵漳泉賊所止處盡奪先所刼男女六十餘口還其家詔書嘉獎賜錢十萬轉供奉官詔歸改內殿崇班時緣江多賊命督江南水運因捕寇黨行及臨江軍擇驍卒拏輕舟伺下江賊所止夜發軍城三鼓遇賊百餘拒敵又之悉梟其首又趣通州境上躡海賊賊係衆舟張幕

發勁弩短礮允恭兵刃所向多爲幕所縈礮中允恭左肩流血及袖容色彌壯徐遣善泅者以繩連鐵鉤散擲之壞其幕士卒爭進賊赴水死者太半擒數百人自是江路無剽掠之患以功轉洛苑副使江淮兩浙都大發運擘畫茶鹽捕賊事賜紫袍金帶錢五十萬先是三路轉運使各領其職或廩庾多積而軍士舟楫不給雖以官錢雇丁男挽舟而土人憚其役以是歲上供米不過三百萬允恭盡籍三路舟卒與所運物數令諸州擇牙吏悉集允恭乃辨數授之江浙所運止于淮泗由淮泗輸京師行之一歲上供者六

百萬淳化五年轉西京作坊使初產茶之地民輸賦者悉計其直官售之精麤不校咸輸榷務商人弗肯售久即焚之允恭曰竭民利而取之積腐而棄之非善計也至道初劉式建議請廢緣江榷務許商人過江聽私貨鬻允恭以爲諸州新陳相糅兩河諸州風土各有所宜非雜以數品即商人少利請依舊江北置務均色號以年次給之事下三司鹽鐵使陳恕等以允恭議爲是詔從之即命允恭爲發運使始改擘畫爲制置以西京作坊副使李延遂著作佐郎王子輿並爲同發運使巢廬江二縣舊隸廬州道遠多寇

民輸勞費允恭請以二縣建軍詔許之以無爲爲額淮南十八州軍其九禁鹽地則上下其直民利商鹽之賤故販者益衆至有持兵器往來爲盜者允恭以爲行法宜一即奏請悉禁而官遣吏主之事下三司三司言其不可允恭再三爲請太宗始從之是歲收利巨萬允恭與王子輿秦羲同主茶鹽之任多作條制遂變新法真宗即位改西京左藏庫使又言川峽鐵錢之弊曰凡民田之稅昔輸銅錢之一今輸鐵錢亦一而吏卒奉舊給銅錢之一今給鐵錢五及行用交易則鐵錢之十爲銅錢之一且民入田稅以一爲

十官失其九矣吏卒奉給增一爲五官又失其四矣吏卒得五用十復失其半矣臣在先朝嘗陳其事願變法以革其弊先帝方議行之會賊順叛擾而止今陛下繼成先烈可遂建其法使民不失所且饒信之銅積數千萬若遣運于荆達于蜀蜀素多銅俾夔益遂各置監鼓鑄歲用均給不十年悉用銅錢矣議雖未用然自是吏卒奉給始改用十鐵錢易銅錢之一俄知通利軍兼黃御河發運使會議減西鄙屯兵以息轉餉召允恭與崇儀副使竇神寶閤門祗候李允則馳往經度圖上郡縣山川之形勝允恭因建議曰自

環州入積石抵靈武七日程芻粟之運其策有三然以人以驢其費頗煩而所載數尠莫若用諸葛亮木牛之制以小車發卒分鋪運之每一車四人挽之旁設兵衞加戈刃于其上寇至則聚車於中合士卒之力禦寇于外尋爲議者所沮而止復遣之任又議江淮鹽鐵使陳恕力爭詔從允恭之議加領康州刺史咸平初以北邊責馬未有定直命允恭主平其估乃置估馬司鑄印以爲常制王均之亂上慮南方有變寇命允恭爲荆湖江浙都巡檢使內殿崇班楊守遵副之賜與甚厚二年夏以疾聞遣其手大理評事可乘傳侍疾七月卒于昇州年五十六賜其次子告同學究出身賻錢二十萬絹百匹又以錢五萬帛五十匹給其家命揚州官造第一區賜之允恭有膽幹能以方略捕賊王小波之亂也李順之兄自榮據綿竹土人多被脅從允恭兄允升弟允元率鄉里子弟併力破之又爲王師鄉導執自榮詣劍門以獻王繼恩表其事詔賜允升學究出身授本縣令允元什邡令明年召赴闕授允升右贊善大夫允元大理評事可咸平元年進士喜屬文有吏幹累召試歷戶部鹽鐵判官知洪宣潤壽潭州至都官員外郎告虞部員外

郎

秦羲字致堯江寧人世仕江左曾祖本岳州刺史祖進遠寧國軍節度副使父承裕建州監軍使知州事李煜之歸朝也承裕遣羲詣闕上符印太祖召見悅其趨對詳謹補殿直令督廣濟漕船太平興國中有南唐軍校馬先𨔼等亡命荆楚結徒爲盜羲受詔縛先𨔼以獻太宗壯之積勞改西頭供奉官決獄于淮南諸州淳化中又督洛南採銅冶有終稱其有心計遣監興國軍茶務會楊允恭改茶鹽法薦羲掌眞州榷務尋提點淮南西路茶鹽得羡餘十餘萬遂與允

恭同爲江淮制置擢授閤門祇候兼制置礬稅咸平初入奏貞宗面加慰勞淮南榷鹽二歲增錢八十三萬餘貫以勞改內殿崇班又兼制置荆湖路江南群盜乂爲民患義討捕皆盡四年領發運使事改供備庫副使獻議增榷酤歲十八萬緡所增既多尤爲刻下會歲旱詔罷之景德初遷供備庫使知江陵府坐舉官不如狀削秩大中祥符初起授供備庫副使宿州監軍稍遷東染院副使明年廣州言澄海兵嘗捕宜賊頗希恩桀驚軍中不能制部送闕下上以遠方大鎮宜得材幹之臣鎮撫之宰相歷言數人皆不稱

旨上曰秦義可當七任復授供備庫使充廣州鈐轄歷東染院使知蘇州改崇儀使提舉在京諸司庫務因對求典藩郡遷內園使知泉州天禧四年代還道病卒年六十四義知書好爲詩喜賓客頗有士風歷財貨之任凡十餘年精勤練習號爲稱職

謝德權字士衡福州人父文節初仕王氏爲候官令後入南唐爲忠烈都虞候饒州團練使以驍勇聞周世宗南征文節獨擐甲度大江潛覘敵壘吳人號爲鐵龍後守鄂州拒宋師戰沒德權初以父死事李煜署莊宅副使歸宋詣登聞檢院自薦補殿前承旨遷殿直陝西巡檢以勞就改右侍禁咸陽浮橋壞轉運使宋大初命德權規畫乃築土實岸聚石爲倉用河中鐵牛之制纜以竹索繇是無患咸平二年宜州溪蠻叛命陳堯叟往經度之德權預其行以單騎入蠻境諭以朝旨衆咸聽命堯叟以聞加閤門祇候廣部英雄連賀六州都巡檢使代歸提點京城倉草場先是廥積多患地下濕德權累甓爲臺以藉之遂無敗腐京城衢巷狹隘命德權廣之既受詔則先撤貴要邸舍群議紛然有詔止之德權面請曰臣已受命不可中止今沮事者皆權豪輩吝屋室僦資耳非有他

也上從之因條上衢巷廣袤及禁鼓昏曉之制會有兗人劉曄僧澄雅訟執政與許州民陰構西夏爲叛者詔温仲舒謝泌鞫問令德權監之既而按驗無狀翌日對便殿具奏其妄泌獨曰追攝大臣獄狀乃具德權曰泌欲陷大臣耶若使大臣無罪受辱則人君何以使臣臣下何以事君仲舒曰德權所奏甚善上乃可之六年命城新樂縣遷供奉官又命浚北平砦濠葺蒲陰城一日遽乘傳詣闕求對且言邊民多挈族入城居止前歲契丹入塞傳潛閉壘自固康保裔被擒王師未有勝捷臣以爲今歲契丹必冠內地今

邊兵聚屯一處尤非便利願速分戍鎮定高陽三路
天雄城壘闊遠請急詔繕之仍葺澶州城北治德清
軍城壍以為豫備臣實慮蒲陰工作未訖寇必暴至
上慰遣之既而契丹果圍蒲陰及聞有詔修河北行
宮德權又驛奏請車駕毋度河及至澶州德權單馬
間道赴行在未幾遷內殿崇班提轄三司衙司德權
為設條制均其差使有大將隸內侍主藏內侍為奏
留覲免煩重之役德權携奏白上極言僥倖上稱其
有守又命提總京城四排岸領護汴河兼督輦運前
是歲役浚河夫三十萬而主者因循隄防不固但挑

沙擁岸趾或河流泛溢即中流復填淤矣德權須以
沙盡至土為垠棄沙隄外遣三班使者分地以主其
役又為大錐以試築隄之虛實或引錐可入者即坐
所轄官吏多被譴免者植樹數十萬以固岸建議廢
京師鑄錢監徙西窑務于河陰大省勞費改崇儀副
使兼領東西八作司先時每營造患工少至終歲不
成德權按其役皆尅日而就大中祥符元年議東封
命與劉承珪戚綸同計度發運遷供備庫使預修玉
清昭應宮時累徙民舍以廣宮地劉承珪議掘地及
丈加築以壯基址德權患其勞役過甚曰與忿爭不

能奪遂求罷復領京城倉草場導金水河自皇城西
環太廟凡十餘里三年出知泗州占謝日自陳臣父
領京務煩慮中外觀聽謂臣負譴外遷願稍進其秩
詔改西染院使遣之至任踰月卒年五十八以其子
平為定遠主簿給奉終喪德權清苦幹事好興功利
多所經畫見官吏徇私者必面斥之所至整肅然喜
衆察纖微以聞于上朝論惡之

閻日新宿州臨渙人少為本州牙職補三司使役吏
淳化中選隸壽王府主邸中記簿真宗即位擢為供
奉官提點雄霸靜戎軍榷場咸平元年遷內殿崇班

永興軍駐泊都監徙劍門關兼知劍門縣就加供備
庫副使慶州都監景德初命管勾邠寧環州駐泊兵
馬時部署張凝屢入邊界焚族帳日新皆提兵應接
俄知涇州未幾移慶州上言野溪三門等族恃嶮隘
桀黠難制請開古川道東至樂業鎮西出府城從之
就轉供備庫使知環州兼邠寧環慶路鈐轄緣邊都
巡檢使安撫都監俄換涇原儀渭路二年遷如京使
領萬州刺史上朝陵東封皆命為行宮使大中祥符
初改文思使日新起胥史好云為以進取嘗上言群
臣子弟以蔭得官往往未童齔以受奉望自今年二

十以上乃給廩又京城百官早朝而學士丞郎舍人以上導從呵止太盛難於趨避望令裁減又屢請對多所建白且自陳筋力尚壯願正授刺郡守邊城以効用俄真拜坊州刺史知渭州兼涇原路駐泊鈐轄將祀汾陰故改知同州事儀信頓即日新所部車駕至迎謁獻方物勞問久之遂從祀脽上賜以襲衣金帶還過新市鎮又設綵樓樂伎以迎駕明年徙知徐州代還以足疾改又領軍衛大將軍昭州團練使知單州疾益甚許還京師天禧初卒年六十八

靳懷德博州高唐人祖昌範殿中丞父隱禹城令懷德太平興國中明法解褐廣安軍判官秩滿授鴻臚寺丞歷著作佐郎太子左贊善大夫通判相州改殿中丞通判廣州遷國子博士通判滄州歷虞部比部員外郎又通判莫州知德州咸平中契丹入寇懷德固守城壁又轉運使劉通言其善政連有詔褒之徙知密州會留後孔守正之鎮代還鹽鐵使陳恕判官王濟薦其武幹換知京使知邛州懷德本名湘素遊寇準之門準父名湘景德中準方為相懷德乃改名馬俄知滄州大中祥符初召還復遣之任吏民詣轉運使李士衡借留懷德士衡以聞未幾遷文思使三年秋以江左旱歉命為洪虔十州安撫都監未至任改知曹州明年春選為益州鈐轄加領長州刺史懷德歷官以強幹稱然酗酒多失將行別詔戒勗真宗又面諭之就遷北作坊使在劒外軍民甚畏愛之復以善職入拜西上閤門使改領昭州刺史知澶州是州居水陸之要懷德悉心撫治頗著政績使車往復多稱譽焉又知陝州踰年歸闕而卒時天禧元年年七十三

論曰世之全材則各録其所長而用焉亦皆可以集事功允恭有心計謝事是時摘山煑海方舟之漕規

制未備故因其建白而從之利甚博焉義亦精心敏職士大夫許其醞藉德權清廉強伎矯名好威然其斥謝泌以大臣非可受辱識堂陛之分長者之言哉延德而下遘會進陟迭居事任其指使治迹各有可取者焉

列傳卷第六十八

列傳卷第六十九　宋史三百十

開府儀同三司上柱國錄軍國重事前中書右丞相監修國史領經筵事都總裁臣脫脫等奉
敕修

李迪 子東之 肅之 承之 及之 孫孝基 孝壽 孝揄　王曾 弟子融
張知白　杜衍

李迪字復古其先趙郡人後徙幽州曾祖在欽避五代亂又徙家濮迪深厚有器局嘗携其所爲文見柳開開奇之曰公輔材也舉進士第一授將作監丞歷通判徐兖州改秘書省著作郎直史館爲三司鹽鐵判官東封泰山復通判兖州坐嘗解開封府進士失當謫監海州稅改右司諫起知鄆州召糾察在京刑獄遷起居舍人安撫江淮以尚書吏部員外郎爲三司鹽鐵副使擢知制誥眞宗幸亳爲留守判官遂知亳州亡卒群剽城邑發兵捕之久不得迪至悉罷所發兵陰聽察知賊區處部勒驍鋭士擒賊斬以徇代歸會唃厮囉叛帝憂關中召對長春殿進右諫議大夫集賢院學士知永興軍城中多無賴子弟喜犯法迪奏取其甚者部送闕下徙陝西都轉運使入爲翰林學士嘗歸沐忽傳詔對内東門出三司使馬元方所上歲出入材用數以示迪時頻歲蝗旱問何以濟

迪請發内藏庫以佐國用則賦斂寬民不勞矣帝曰朕欲用李士衡代元方俟其至當出金帛數百萬借三司迪曰天子於財無内外願下詔賜三司以示恩德何必曰借帝悅又言陛下東封時敕所過毋伐木除道即驛舍或州治爲行宫裁令加塗墍而已及澣亳土木之役過往時幾百倍今蝗旱之災殆天意所以儆陛下也帝深然之他日又召對龍圖閣命迪草詔徐謂迪曰曹瑋在秦州屢請益兵未及遣遽辭州事第怯耳誰可代瑋者迪對曰瑋知唃厮囉欲入寇且窺關中故請益兵爲備非怯也且瑋有謀畧諸將皆非其比何可代陛下重發兵豈非將上玉皇聖號惡兵出宜秋門邪今關右兵多可分兵赴瑋帝因問關右兵幾何對曰臣向在陝西以方寸小册書兵糧數備調發今猶置佩囊中帝令自探取目黄門取紙筆具疏某處當留兵若干餘悉赴塞下帝顧曰眞所謂頗牧在禁中矣未久唃厮囉果犯邊秦州方出兵復召迪問曰瑋此舉勝乎對曰必勝居數日奏至瑋與敵戰三都谷果大勝帝曰卿何以知瑋必勝迪曰唃厮囉兵遠來使諜者聲言以某日下秦州會食以激怒瑋瑋勒兵不動坐待敵至是以逸待勞也臣用

此知其勝帝益重之自是欲大用矣初上將立章獻后迪屢上疏諫以章獻起於寒微不可母天下章獻深銜之天禧中拜給事中參知政事周懷政之誅帝怒甚欲責及太子群臣莫敢言迪從容奏曰陛下有幾子乃欲爲此計上大寤由是獨誅懷政等仁宗爲皇太子除太子太傅迪辭以太宗時未嘗立保傅止兼太子賓客詔皇太子禮賓客如師傅加禮部侍郎寇準罷帝欲相迪迪固辭一日對滋福殿有頃皇太子出拜曰陛下用賓客爲宰相敢以謝帝顧謂迪曰尚可辭邪拜吏部侍郎兼太子少傅同中書門下平

章事景靈宮使集賢殿大學士初真宗不豫寇準議皇太子總軍國事迪贊其策丁謂以爲不便曰即日上體平朝廷何以處此迪曰太子監國非古制邪力爭不已於是皇太子於資善堂聽常事他皆聽旨準旣敗謂寖擅權用事至除吏不以聞迪憤然語同列曰迪起布衣至宰相有以報國死猶不恨安能附權倖爲自安計邪自此不協時議二府皆進秩兼東宮官迪以爲不可謂又欲引林特爲樞密副使而遷迪中書侍郎兼尚書左丞故事宰相無爲左丞者旣而帝御長春殿內出制書置欄前謂輔臣曰此卿等兼

東宮官制書也迪進曰東宮官屬不當增置臣不敢受此命宰相丁謂罔上弄權私林特錢惟演而嫉寇準特子殺人事寢不治準無罪罷斥惟演姻家使預政曹利用馮拯相爲朋黨臣願與謂俱罷付御史臺劾正帝怒留制不下左遷迪戶部侍郎謂再對傳口詔入中書復視事出迪知鄆州仁宗即位太后預政貶準雷州以迪朋黨傅會貶衡州團練副使謂使人迫之或諷謂曰迪若貶死公如士論何謂曰異日諸生記事不過曰天下惜之而已謂敗起爲秘書監知舒州歷江寧府兗州青州復兵部侍郎知河南府來

朝京師時太后垂簾語迪曰卿向不欲吾預國事殆過矣今日吾保養天子至此卿以爲何如迪對曰臣受先帝厚恩今日見天子明聖臣不知皇太后盛德乃至于此太后亦喜以尚書左丞知河陽還工部尚書太后崩召爲資政殿學士判尚書都省未幾復拜同中書門下平章事集賢殿大學士景祐中范諷得罪迪坐姻黨罷爲刑部尚書知亳州改相州旣而爲資政殿大學士翰林侍讀學士留京師迪素惡呂夷簡因奏夷簡私交荊王元儼嘗爲補門下僧惠清爲守闕鑒義夷簡請辯詔訊之乃迪在中書所行事夷

簡以齋祠不預降太常卿知兗州復刑部尚書知徐州迪奏所部滕兗州欲行縣因祠岳為上祈年禱皇子仁宗語輔臣曰大臣當為百姓訪疾苦祈禱非迪所宜其母令往久之改戶部尚書知兗州復拜資政殿大學士元昊攻延州武事久弛守將或為他名以避兵迪願守邊詔不許然甚壯其意除彰信軍節度使知天雄軍徙青州踰年之本鎮請老以太子太傅致仕歸濮州後其子柬之為侍御史知雜事奉迪來京師帝數遣使問勞欲召見以疾辭薨年七十七贈司空侍中謚文定帝篆其墓碑曰遺直之碑又改所

葬鄉曰遺直鄉子柬之肅之承之及之孫孝壽孝基孝稱

柬之字公明曉國朝典故獻文召試賜進士出身為館閣校勘宣化軍使境上有廢河故道官收行者稅謂之乾渡錢奏除之進直集賢院判吏部南曹開封府推官鹽鐵判官歷知邢漢廬州鳳翔府京東陝西轉運使擢侍御史知雜事柬之自少受知於寇準至是論準保護之功仁宗惻然即賜其碑曰旌忠拜天章閣待制河北都轉運使加龍圖閣直學士建言補蔭之門太廣遂詔裁定自二府而下通三歲減入仕者二十人知荊南河陽澶州改集賢院學士判西京留司御史臺英宗即位富弼薦其學行復舊職兼侍讀帝勞之曰卿通議耆儒方洛訪以輔不逮豈止經術而已帝頗欲肅正宮省柬之諫曰陛下長君也立自宗藩衆方觀望願曲為容覆賜潁王生日禮物故事王拜賜竟即退帝諭王令留柬之食冀其從容也王即位未幾柬之請老自工部尚書拜太子太保致仕舊無閤門謝辭式特賜對延和命之坐仍置宴資善堂遣使諭之曰以先帝梓宮在殯朕不得為詩令講讀官皆賦詩勸勞甚渥又敕王珪叙其事柬之出

都門即幅巾白衣以見客再遷少師熙寧六年卒年七十八有李受者字益之長沙之瀏陽人也仕於治平中至右諫議大夫天章閣待制兼侍讀屢以老乞骸骨不聽神宗立進給事中龍圖閣直學士復言臣在先帝時年已七十不敢竊祿以自安今又加數年筋力憊矣惟陛下哀之於是拜刑部侍郎致仕賜宴賦詩及序如柬之禮相去數月故時稱二李卒年八十贈工部尚書

肅之字公儀迪弟子也以迪蔭監大名府軍資庫大河溢府檄修冠氏隄功就弗擾民悅之請為宰邑多

盜時出害人肅之令比户置鼓有盜輒擊鼓遠近皆應盜爲之衰止爲御河催綱横隴之決使者檄護金隄滿歲無河患通判澶州契丹泛使將過郡而樓堞壞圮肅之謂郡守曰吾州爲景德破敵之地當示雄疆令保鄣若是且柰何遂鳩工構城屋凡千區已而中貴人銜命來視規置一新驚賞嗟異聞之朝擢知德州提點開封府界内縣鎮夔路湖南刑獄儂蠻暴嶺外肅之親扞諸境會蔣偕失利亟率兵徃蹑于臨賀賊引去狄青孫沔交薦之徙湖北轉運使辰陽彭仕義叛討平之猶以過左遷知齊州改江東兩浙河北轉運使進度支副使江淮發運使神宗初即位諒祚寇大順城肅之入奏帝訪以西夏事奏對稱旨以爲右諫議大夫知慶州數日徙瀛州大雨地震官舍民廬摧陷肅之出入泥潦中結草囷以儲庾粟之暴露者爲茇舍以居民啓廩振給嚴儆盜竊一以軍法從事天子聞而嘉之遣使勞賜遷天章閣待制知開封府出知定州還權三司使又出爲永興軍青齊二州元豐二年復知開封爲樞密都承旨加龍圖閣直學士知鄆州四年提舉太極觀卒年八十二肅之内行脩飭毋喪廬墓三年不入城郭季弟承之生而孤

鞠育誨道至於成人遂相繼爲侍從帝稱其一門忠孝云

承之字奉世性嚴重有忠節從兄東之將仕以官辭不受而中進士第調明州司法參軍郡守任情骫法人莫敢忤承之獨毅然力爭之守怒曰曹掾敢如是邪承之曰事始至公自爲之則已既下有司則當循三尺之法矣守憚其言嘗建免役議王安石見而稱之熙寧初以爲條例司檢詳文字得召見神宗語執政曰承之言制置司事甚詳非他人所及也改京官他日謂之曰朕即位以來不輕與人改秩今以命汝異恩也檢正中書刑房察訪淮浙常平農田水利差役事還奏役書二十篇加集賢校理又察訪陝西時郡縣昧於奉法斂羨餘過制承之曰是豈朝廷意邪悉裁正其數遷集賢殿修撰權寶文閣待制爲同群牧使糾察在京刑獄兼樞密都承旨出知延州入權三司使蔡確治相州獄多引朝士皆望風自折服承之爲帝言其險詖之狀帝意始悟趣使詰竟遷龍圖閣直學士懇辭乞授兄肅之曰臣少鞠於兄且兄爲待制十年矣帝曰卿兄弟孝友足厲風俗肅之亦當遷也即並命焉商人犯禁貨北珠乃爲公主售三司

又不敢決承之曰朝廷法令畏王姬乎亟索之帝聞之曰有司當如此矣進樞密直學士坐補吏不當降待制知汝州未幾爲陝西都轉運使召拜給事中吏部侍郎戶部尚書復以樞密直學士知青州歷應天府河陽陳鄆揚州而卒

及之字公達亦迪弟之子由蔭登第通判安肅軍康定中夏人犯邊契丹復發兵並塞疆候戒嚴及之言契丹以與夏人甥舅之故特此慰其心且姑張虛勢以疑我必不失誓好願毋過慮已而果然徙通判河南府亡卒張海倚山嘯聚白晝掠城市及之督捕單

騎與海語諭使歸命當奏貸其死海感動弛備奏方上而衆兵集悉獲之知信州靈鷲山浮屠犯法者衆及之治其姦流數十人乃自劾朝廷嘉之釋不問入判刑部嘗撰次唐史有益治體者爲君臣龜鑑八十卷王堯臣上其書并表其學行韓琦亦以館職薦之召試除直秘閣歷開封府判官知涇晉陝三州及之吏事精明所居官皆稱職以太中大夫致仕再轉正議大夫卒年八十五東之子孝基及之子孝壽孝稱

孝基字伯始進士高第唱名至墀下仁宗顧侍臣曰此李迪孫邪能世其家可尚也晏殊富弼薦其材任館閣欲一見之孝基曰名器可私謁邪竟不往知汝陰雍丘縣通判閬州舒州知隨州所治雖劇然事來亟斷不爲證左回枉甫日中庭已空矣或問其術曰無他省事耳閬中江水齧城幾没郡吏多引避孝基率其下決水歸旁谷城賴以全舒吏受賂鬻獄以殺人罪加平民孝基劾治三日得其情迺抵吏罪以親須養求監崇福宮判西京國子監凡就閑十年累官光禄卿與父東之同謝事纔年五十士大夫美之以比二疏孝基爲人沖澹善養生平居輕安弟孝稱進對帝問起居狀歎曰度越常人遠矣後十一年無疾

卒

孝壽字景山爲開封府戶曹參軍元符中呂嘉問知府事受章惇蔡卞指鍛錬上書人命孝壽攝司録事成其獄徽宗即位嘉問先已得罪孝壽亦削秩蔡京爲政以爲府推官遷大理太僕卿擢顯謨閣待制爲開封尹前此閭里亡賴子自斷截臂腕託廢疾淩良民無所憚畏孝壽悉搜出之部付旁郡一切治理加直學士出知興仁開德府京起蘇州章綖獄還孝壽開封使往即訊至蘇州窮治鑄錢逮繫踰千數方冬慘掠囚墮指脫足不可計死則投于垣外日夜鍛錬

款未就京猶嫌其緩召使還其後縱兄弟竟用此黥竄又知虢兖二州坐守興仁日與巡檢戲射狂人張立死除名居無何起知蘇州政和初拜刑部侍郎復改開封尹奉宸庫吏吕壽盜金繫獄而逃孝壽盡執守兵論爲故縱非任事之吏與不上直者亦以不即追捕繩之凡配隷四十人陰賂杖者使加重六七人纔出關而死帝聞之命悉還餘人於是諫議大夫毛注論其殘忍苛虐乞加譴不聽孝壽猶以獄空上表賀孝壽雖亡狀亦時有可觀有舉子爲僕所凌忿甚具牒欲送府同舍生勸解乃釋戲取牒效孝壽花

書判云不勘案決杖二十僕明日持詣府告其主倣尹書判私用刑孝壽即追至備言本末孝壽憣然曰所判正合我意如數與僕杖而謝舉子時都下數千人無一僕敢肆者時以此稱之明年以疾罷爲龍圖閣學士提舉醴泉觀卒贈正奉大夫

孝稱字彥聞以蔭登朝值郊恩得封父及之已官通議大夫有司限以格孝稱言恐非朝廷所以推恩優老之意詔特許之遂爲著令崇寧中提舉湖北京西常平提點京西南路刑獄蔡京之姻宋喬年爲京畿轉運使有囚逸捕得之孝稱上其功喬年受賞而孝稱用是得工部員外郎不閲月遷大理少卿連奏獄空進爲卿且數增秩擢工部戸部二侍郎爲開封尹陳瓘之子正彙在杭州上書告京不利社稷郡守蔡嶷執送京師併逮瓘詣獄孝稱脅使證其子瓘不可暨獄上竟竄正彙海島京愈德之進刑部尚書而以其兄孝壽代爲尹孝稱請班兄下不許避親嫌徙工部卒贈光禄大夫

王曾字孝先青州益都人少孤鞠於仲父宗元從學於里人張震善爲文辭咸平中由鄉貢試禮部廷對皆第一楊億見其賦歎曰王佐器也以將作監丞通

判濟州代還當召試學士院宰相寇準奇之特試政事堂授秘書省著作郎直史館三司戸部判官景德初始通和契丹歲遣使致書稱南朝以契丹爲北朝曾曰從其國號足矣業已遣使弗果易遷右正言知制誥兼史館修撰時瑞應沓至曾嘗入對帝語及之曾奏曰此誠國家承平所致然願推而弗居異日或有災沴則免輿議及帝既受符命大建玉清昭應宫下莫敢言者曾陳五害以諫舊用郎中官判大理寺帝欲重之特命曾且謂曾曰獄重典也今以屈卿曾頓首謝仍賜錢三十萬因請自辟僚屬著爲令遷翰

林學士帝嘗晚坐承明殿召對久之旣退使內侍諭
曰嚮思卿甚故不及朝服見卿卿勿以我爲慢也其
見尊禮如此知審刑院舊違制無故失率坐徒二年
曾請須親被旨乃坐旣而有犯者曾乃以失論帝曰
如卿言是無復有違制者曾曰天下至廣豈人人盡
曉制書如陛下言亦無復有失者帝悟卒從曾議再
遷尚書主客郎中知審官院通進銀臺司勾院三班
院遂以右諫議大夫參知政事時宮觀皆以輔臣爲
使王欽若方挾符瑞傳會帝意又陰欲排異己者曾
當使會靈因以推欽若帝始疑曾自異及欽若相會

曾市賀皇后家舊第其家未徙去而曾令人舁土置
門外賀氏訴禁中明日帝以語欽若乃罷曾爲尚書
禮部侍郎判都省出知應天府天禧中民間訛言有
妖起若飛帽夜搏人自京師以南人皆恐曾令夜開
里門敢倡言者即捕之卒無妖從天雄軍復參知政
事遷吏部侍郎兼太子賓客眞宗不豫皇后居中預
政太子雖聽事資善堂然事皆決於后中外以爲憂
錢惟演后戚也曾密語惟演曰太子幼非宮中不能
立加恩太子則太子安太子安所以安劉氏也惟演
以爲然因以白后帝崩曾奉命入殿廬草遺詔以明

肅皇后輔立皇太子權聽斷軍國大事丁謂入去權
字曾曰皇帝沖年太后臨朝斯已國家否運稱權猶
足示後且增減制書有法表則之地先欲亂之邪遂
不敢去仁宗立遷禮部尚書群臣議太后臨朝儀曾
請如東漢故事太后坐帝右垂簾奏事丁謂獨欲帝
朔望見群臣大事則太后召對輔臣決之非大事令
入內押班雷允恭傳奏禁中畫可以下曾曰兩宮異
處而柄歸宦官禍端兆矣謂不聽旣而允恭坐誅謂
亦得罪自是兩宮垂簾輔臣奏事如曾議謂初敗任
中正言謂被先帝顧託雖有罪請如律議功曾曰謂

以不忠得罪宗廟尚何議邪時眞宗初崩內外洶洶
曾正色獨立朝廷倚以爲重拜中書侍郎兼本官同
中書門下平章事集賢殿大學士會靈觀使王欽若
卒曾以門下侍郎兼戶部尚書爲昭文館大學士監
修國史玉清昭應宮使曾以帝初即位宜近師儒即
召孫奭馮元勸講崇政殿天聖四年夏大雨傳言汴
口決水且大至都人恐欲東奔帝問曾曾曰河決奏
未至第民間妖言爾不足慮也已而果然陝西轉運
使置醋務以榷其利且請推其法天下曾請罷之曾
方嚴持重每進見言利害事審而中理多所薦拔尤

惡僥倖帝問曾曰比臣僚請對多求進者曾對曰惟陛下抑奔競而崇恬靜庶幾有難進易退之人矣曹利用惡曾班己上嘗怏怏不悦語在利用傳及利用坐事太后大怒曾爲之解太后曰卿嘗言利用強横今何解也曾曰利用素恃恩臣故嘗以理折之今加以大惡則非臣所知也太后意少釋卒從輕議始太后受册將御大安殿曾執以爲不可及長寧節上壽止共張便殿太后左右姻家稍通請謁曾多所裁抑太后滋不悦會玉清昭應宮災乃出知青州以彰信軍節度使復知天雄軍契丹使者往還歛車徒而後

過無敢譁者人樂其政爲畫像而生祠之改天平軍節度使同中書門下平章事判河南府景祐元年爲樞密使明年拜右僕射兼門下侍郎平章事集賢殿大學士封沂國公曾進退士人莫有知者范仲淹嘗問曾曰明揚士類宰相之任也公之盛德獨少此耳曾曰夫執政者恩欲歸己怨使誰歸仲淹服其言初呂夷簡參知政事事曾謹甚曾力薦爲相及夷簡位曾上任事久多所專決曾不能堪論議間有異同遂求罷仁宗疑以問曾曰卿亦有所不足耶時外傳知秦州王繼明納賂夷簡曾因及之帝以問夷簡曾與

夷簡交論帝前曾言亦有過者遂與夷簡俱罷以左僕射資政殿大學士判鄆州寶元元年冬大星晨墜其寢左右驚告曾曰後一月當知之如期而薨年六十一贈侍中謚文正曾資質端厚眉目如畫在朝廷進止皆有常處平居寡言笑人莫敢干以私少與楊億同在侍從億喜談謔凡僚友無不狎侮至與曾言則曰余不敢以戲也平生自奉甚儉有故人子孫京來告别曾留之具饌食後合中送數軸簡紙啓視之皆它人書簡後裁取者也皇祐中仁宗爲篆其碑曰旌賢之碑後又改其鄉曰旌賢鄉大臣賜碑篆自曾

始仁宗既祔廟詔擇將相配享以曾爲第一曾無子養子曰繹又以弟子融之子繹爲後尚書兵部郎中秘閣校理致仕卒

子融字熙仲初以曾奏爲將作監主簿祥符進士及第累遷太常丞同知禮院獻所爲文召試直集賢院嘗論次國朝以來典禮因革爲禮閣新編上之以其書藏太常權三司度支鹽鐵判官任布請鑄大錢行之京城三司使程琳集官議子融曰今軍營半在城外獨行大錢城中可乎事遂寢權同糾察刑獄知河陽又集五代事爲唐餘録六十卷以獻進直龍圖閣

累遷太常少卿權判大理寺廼取讞獄輕重可爲準者類次以爲斷例拜天章閣待制尚書吏部郎中知荆南盜張海縱掠襄鄧至荆門子融閲州兵將迎擊之賊引去遷右諫議大夫知陝州徙河中府旣而勾當三班院遷給事中以尚書工部侍郎集賢院學士知兖州不赴改刑部侍郎致仕英宗即位進兵部卒本名皡字子融元昊反請以字爲名性儉嗇衢道卒除道侵子融邸店尺寸地至自詣開封府訴之然敎飭子孫嚴厲有家法晚學佛氏從僧懷璉遊

張知白字用晦滄州清池人幼篤學中進士第累遷

河陽節度判官咸平奏疏言當今要務真宗異之召試舍人院權右正言獻鳳扆箴出知劒州逾年召試中書加直史館面賜五品服判三司開拆司江南旱與李防分路安撫及還權管勾京東轉運使事周伯星見司天以瑞奏群臣伏閤稱賀知白以爲人君當脩德應天而星之見伏無所繫因陳治道之要帝謂宰臣曰知白可謂乃心朝廷矣東封進右司諫又言咸平中河湟未平臣嘗請罷郡國所上祥瑞今天下無事靈貺並至望以泰山諸瑞圖寘玉清昭應宮其副藏秘閣陝西饑命按巡之尋知鄧州會關右流傭至境知白旣發倉廩又募民出粟以濟擢龍圖閣待制知審官院再遷尚書工部郎中使契丹知白以朝廷制官重內輕外爲引唐李嶠議遷臺閣典藩郡乃自請補外不許遂命糾察在京刑獄固請知青州還京師求領國子監帝曰知白豈倦於處劇邪宰臣言知白更踐中外未嘗爲身謀乃遷右諫議大夫權御史中丞拜給事中參知政事郊禮成遷尚書工部侍郎時同列王曾遷給事中猶班知白上知白心不能平累表辭之曾亦固請列知白下乃加知白金紫光祿大夫復爲給事中判禮儀院會罷還所辭官時王

欽若爲相知白論議多相失因稱疾辭位罷爲刑部侍郎翰林侍讀學士知大名府及欽若分司南京宰相丁謂素惡欽若徙知白南京留守意其報怨旣至待欽若加厚謂怒復徙知白亳州遷兵部仁宗即位進尚書右丞爲樞密副使以工部尚書同中書門下平章事會靈觀使集賢殿大學士時進士唱第賜中庸篇中書上其本乃命知白進讀至脩身治家之道必反復陳之知白在相位慎名器無毫髮私常以盛滿爲戒雖顯貴其清約如寒士然體素羸憂畏日侵在中書忽感風眩輿歸第帝親問疾不能語薨爲罷

上已宴贈太傅中書令禮官謝絳議謚文節御史王嘉言知白守道徇公當官不撓可謂正矣謚文正王曾曰文節美謚矣遂不改知白九歲其父終邢州殯於佛寺及契丹冠河北寺宇多頹廢殯不可辨知白既登第徒行訪之得佛寺殿基恍然識其處既發其衣衾皆可驗衆歎其誠孝嘗過陝州與通判孫何遇讀道旁古碑凡數千言及還知白略無所遺天聖中契丹大閱聲言獵幽州朝廷患之帝以問二府衆曰備粟練師以備不虞知白曰不然契丹脩好未遠今其舉者以上初政試觀朝廷耳豈可自生釁邪若終

以爲疑莫如因今河決發兵以防河爲名彼亦不虞也未幾契丹果罷去無子以兄子子思後仕至尚書工部侍郎致仕

杜衍字世昌越州山陰人父遂良仕至尚書度支員外郎衍總髮苦志厲操尤篤于學擢進士甲科補揚州觀察推官改秘書省著作佐郎知平遥縣使者薦之通判晉州詔舉良吏擢知乾州陳堯咨安撫陝西有詔藩府乃賜宴堯咨至乾州以衍賢特賜宴仍徙衍權知鳳翔府及罷歸二州民邀留境上曰何奪我賢太守也以太常博士提點河東路刑獄遷尚書祠部員外郎按行潞州折宪獄知州王曙爲作辨獄記高繼昇知石州人告繼昇連蕃族謀變逮捕繫治久不決衍辯其誣抵告者罪寧化軍守將鞫人死罪不以實衍覆正之守將不伏訴之詔爲置獄果不當死徙京西路又徙知揚州有司奏衍辨獄法當賞遷刑部章獻太后遣使安撫淮南使還未及他語問杜衍安否使者以治狀對太后歎曰吾知之久矣徙河東轉運副使陝西轉運使召爲三司户部副使擢天章閣待制知江陵府未行會河北乏軍費選爲都轉運使還工部郎中不增賦于民而用足還爲樞密直學

士求補外以右諫議大夫知天雄軍始衍爲治謹密不以威刑督吏然吏民亦憚其清整仁宗特召爲御史中丞奏言中書樞密古之三事大臣所謂坐而論道者也比隻日對前殿何以盡天下之事宜迭召見賜坐便殿以極獻替可否其他不必親煩陛下也又議常平法曰歲有豐凶穀有貴賤官以法平之則農有餘利矣今豪商大賈乘時賤收水旱則稽伏而不出冀其翔踴以圖厚利而困吾民也請量州郡遠近户口衆寡嚴賞罰課責官吏出納無壅增損有宜公糴未充則禁争糴以規利者糴畢而儲之則察其以

供軍爲名而假借者州郡關毋錢願出官帑助之否則勸課之官家至日見亦奚益於事哉兼判吏部流内銓選補科格繁長主判不能悉閱吏多受賕出縮爲姦衍既視事即敕吏函銓法問曰盡乎曰盡矣力閱視具得本末曲折明日令諸吏無得升堂各坐曹聽行文書銓事悉自予奪由是吏不能爲姦利數月聲動京師改知審官院其裁制如判銓時遷尚書工部侍郎知永興軍民有晝亡其婦者爲設方畧捕立得殺人賊發所瘞屍并得賊殺他婦人屍二秦人大驚徙幷州元昊反以太原要衝加龍圖閣學士實元

二年還刑部侍郎復知永興軍時方用兵民苦調發吏因緣爲姦衍區處計晝量道里遠近寬其期會使民得次第輸官比他州費省錢過半召還權知開封府權近聞衍名莫敢干以私拜同知樞密院事改樞密副使夏竦上攻守策宰相欲用出師衍曰僥倖成功非萬全計爭議久之求罷不許賜手詔敦勉爲河東宣撫使拜吏部侍郎樞密使每内降恩率寢格不行積詔旨至十數輒納帝前諫官歐陽脩入對帝曰外人知杜衍封還内降邪凡有求於朕每以衍不可告之而止者多於所封還也契丹與元昊戰黃河外

參知政事范仲淹宣撫河東欲以兵自從衍曰二國方交鬬勢必不來我兵不可妄出仲淹爭議帝前詆衍語甚切仲淹嘗父行事衍衍不以爲恨契丹壻劉三嘏避罪來歸輔臣議厚館之以詰契丹陰事諫官歐陽脩亦請留三嘏帝以問衍衍曰中國主忠信若自違誓約納叛亡則不直在我且三嘏爲契丹近親而逋逃來歸其謀身若此尚足與謀國乎納之何益不如還之乃還三嘏拜同平章事集賢殿大學士兼樞密使衍好薦引賢士而沮止僥倖小人多不悅其壻蘇舜欽少年能文章論議稍侵權貴監進奏院循

前例祠神以伎樂娛賓集賢校理王益柔爲衍所知或言益柔嘗戲作傲歌御史皆劾奏之欲因以危衍諫官孫甫言丁度因對求大用請屬吏度知甫所奏誤力求置對衍以甫方奉使契丹寢甫奏度深銜之及衍罷度草制指衍爲朋比時范仲淹富弼欲更理天下事與用事者不合仲淹弼既出宣撫言者附會益攻二人之短帝欲罷仲淹弼政事衍獨左右之然衍平日議論實非朋比也以尚書左丞出知兗州慶曆七年衍甫七十上表請還印綬乃以太子少師致仕衍爲宰相賈昌朝不喜議者謂故相一上章得請

以三少致仕皆非故事蓋昌朝抑之也皇祐元年特遷太子太保召陪祀明堂仍詔應天府敦遣就道都亭驛設帳具几杖待之稱疾固辭進太子太傅賜其子同進士出身又進太子太師知制誥王洙謁告歸應天府有詔撫問封祁國公衍清介不殖私產既退寓南都凡十年第室卑陋才數十楹居之裕如也出入從者十許人烏帽皁絺袍革帶或勸衍為居士服衍曰老而謝事尚可竊高士名邪善為詩正書行草皆有法病革帝遣中使賜藥挾太醫往視不及卒年八十贈司徒兼侍中謚正獻戒其子努力忠孝斂以一枕一席小壙庳冢以葬自作遺䟽其略曰無以乂安而忽遺防無以既富而輕財用宜早建儲副以安人心語不及私

論曰李迪王曾張知白杜衍皆賢相也四人風烈往往相似方仁宗初立章獻臨朝頗挾其才將有專制之患迪曾正色危言能使宦官近習不敢窺覦而仁宗君德日就章獻亦全令名古人所謂社稷臣於斯見之知白衍勁正清約皆能勵惜名器裁抑僥倖凜然有大臣之槩焉宋之賢相莫盛於真仁之世漢魏相唐宋璟楊綰豈得專美哉

列傳卷第六十九

列傳卷第七十　宋史三百十一

開府儀同三司上柱國錄軍國重事中書右丞相監修國史領經筵事臣脫脫等奉敕修

晏殊　龐籍孫恭孫　王隨　章得象

呂夷簡子公綽　公弼　公著　張士遜

晏殊字同叔撫州臨川人七歲能屬文景德初張知白安撫江南以神童薦之帝召殊與進士千餘人並試廷中殊神氣不懾援筆立成帝嘉賞賜同進士出身宰相寇準曰殊江外人帝顧曰張九齡非江外人邪後二日復試詩賦論殊奏臣嘗私習此賦請試他題帝愛其不欺既成數稱善擢祕書省正字祕閣讀書命直史館陳彭年察其所與遊處者每稱許之明年召試中書遷太常寺奉禮郎東封恩遷光祿寺丞為集賢校理喪父歸臨川奪服起之從祀太清宮詔修寶訓同判太常禮院喪母求終服不許再遷太常寺丞擢左正言直史館為昇王府記室參軍歲中遷尚書戶部員外郎為太子舍人尋知制誥判集賢院久之為翰林學士遷左庶子帝每訪殊以事率用方寸小紙細書已答奏輒并槀封上帝重其慎密仁宗即位章獻明肅太后奉遺詔權聽政宰相丁謂樞密使曹利用各欲獨見奏事無敢決其議者殊建言羣臣奏事太后者垂簾聽之

皆毋得見議遂定遷右諫議大夫兼侍讀學士太后謂東宫舊臣恩不稱加給事中預修真宗實録進禮部侍郎拜樞密副使上疏論張耆不可爲樞密使忤太后旨坐從幸玉清昭應宫從者持笏後至殊怒以笏撞之折齒御史彈奏罷知宣州數月改應天府延范仲淹以教生徒自五代以來天下學校廢興學自殊始召拜御史中丞改資政殿學士兼翰林侍讀學士兵部侍郎兼秘書監爲三司使復爲樞密副使未拜改參知政事加尚書左丞太后謁太廟有請服袞冕者太后以問殊以周官后服對太后崩以禮部尚書罷知亳州徙陳州遷刑部尚書以本官兼御史中

丞復爲三司使陝西方用兵殊請罷内臣監兵不以陣圖授諸將使得應敵爲攻守及募弓箭手教之以備戰鬬又請出宫中長物助邊費凡他司之領財利者悉罷還度支悉爲施行康定初知樞密院事遂爲樞密使進同中書門下平章事慶曆中拜集賢殿學士同平章事兼樞密使殊平居好賢當世知名之士如范仲淹孔道輔皆出其門及爲相益務進賢材而仲淹與韓琦富弼皆進用至於臺閣多一時之賢帝亦奮然有意欲因羣材以更治而小人權倖皆不便殊出歐陽脩爲河北都轉運諫官奏留不許孫甫蔡襄上言宸妃生聖躬爲天下主而殊嘗被詔誌宸妃墓沒而不言又奏論殊役官兵治僦舍以規利坐是降工部尚書知潁州然殊以章獻太后方臨朝故誌不敢斥言而所役兵乃輔臣例宣借者時以謂非殊罪徙陳州又徙許州稍復禮部刑部尚書祀明堂遷户部以觀文殿大學士知永興軍徙河南府遷兵部以疾請歸京師訪醫藥既平復求出守特留侍經筵詔五日一與起居儀從如宰相踰年病寖劇乘輿將往視之殊即馳奏曰臣老疾行愈矣不足爲陛下憂也已而薨帝雖臨奠以不視疾爲恨特罷朝二日贈司空兼侍中謚元獻篆其碑首曰舊學之碑殊性剛簡奉養清儉累典州吏民頗畏其悁急善知人富弼

楊察皆其壻也殊爲宰相兼樞密使而弼爲副使辭所兼詔不許其信遇如此文章贍麗應用不窮尤工詩閑雅有情思晚歲篤學不倦文集二百四十卷及刪次梁陳以後名臣述作爲集選一百卷子知止爲朝請大夫

龐籍字醇之單州武成人及進士第爲黄州司理參軍知州夏竦以爲有宰相器調開封府兵曹參軍知府薛奎薦爲法曹遷大理寺丞知襄邑縣預修天聖編敕爲刑部詳覆官擢羣牧判官因轉對言舊制不以國馬假臣下重武備也樞密院以帶甲馬借内侍楊懷敏羣牧覆奏乃賜一馬三日廼復借之數日而復罷樞密掌機命反覆乃如此

平時百官奏事上前不自批章止送中書樞密院近歲璽
書內降寖多於舊無以防偏請杜倖門矣往者王世融以
公主子毆府吏法當贖金特停任近作坊料物庫主吏盜
官物輒自逃避以宮掖之親三司遽罷追究今日聖斷乃
異於昔臣竊惑焉祥符令檢下稍嚴胥吏相率空縣而去
令坐罷免若是則清彊者沮矣久之出知秀州召為殿中
侍御史章獻太后遺誥章惠太后議軍國事籍請下閤門
取垂簾儀制盡燔之又奏陛下躬親萬幾用人宜辨邪正
防朋黨擢進近列願採公論毋令出於執政孔道輔謂人
曰言事官多觀望宰相意獨龐醇之天子御史也為開封

府判官尚美人遣內侍稱教旨免工人市租籍言祖宗以
來未有美人稱教旨下府者當杖內侍詔有司自今宮中
傳命毋得輒受數劾范諷罪諷善李迪皆寢不報反坐言
宮禁事不得實以祠部員外郎罷為廣南東路轉運使又
言范諷事有不盡如奏諷坐貶籍亦降太常博士知臨江
軍尋復官徙福建轉運使景祐三年為侍御史改刑部員
外郎知雜事判大理寺進天章閣待制元昊反為陝西體
量安撫使坐令開封府吏馮士元市女口降知汝州徙同
州就除陝西都轉運使文彥博鞫黃德和獄未上詔籍同
案籍言曰德和退怯當誅劉平力戰而沒宜加恤其子孫

又建言頻歲災異天久不雨宮中費用奢靡出納不嚴須
索煩多有司無從鈎校虛實臣竊謂凡乘輿所費宮中所
用宜務加裁抑取則先帝脩德弭災之道也今宿兵西鄙
將士力戰弗獲功賞而內官醫官樂官無功勞章豐賜天
下指目謂之三官願少裁損無厚賚予專勵戰功寇不足
平也進龍圖閣直學士知延州俄兼鄜延都總管經略安
撫緣邊招討使明年改延州觀察使力辭換左諫議大夫
自元昊陷金明承平塞門安遠栲栳砦破五龍川邊民焚
掠殆盡籍至稍葺治之戍兵十萬無壁壘皆散處城中畏
籍莫敢犯法金明西北有渾州川土沃衍川尾曰橋子谷

寇出入之隘道使部將狄青將萬餘人築招安砦于谷旁
數募民耕種收粟以贍軍周美襲取承平砦王信築龍安
砦悉復所亡地築十一城及開皀名平戎道通永和烏仁
關更東西陣法為方陣頗損益兵械元昊遣李文貴齎野
利旺榮書來送款籍曰此詐也乃屯兵青澗城後數月果
大寇定川籍召文貴開諭之遣去既而元昊又以旺榮書
來會帝厭兵因招懷之遣籍報書使呼旺榮為太尉籍曰
太尉三公非陪臣所得稱使旺榮當之則元昊不得臣矣
今其書自稱寧令或謨寧令皆其官名也於義無嫌朝廷
從之會敵新破涇原城砦方議修復使者往返踰年又遣

賀從勗來改名曰曩霄稱男不稱臣籍不敢聞從勗曰子事父猶臣事君也若得至京師天子不許更歸議之籍送使者闕下因陳便宜言羌久不通和市國人愁怨今辭理寖順必有改事中國之心請遣使者申諭之朝廷采用其策元昊既臣召籍爲樞密副使籍言自陜西用兵公私俱困請併省官屬退近塞之兵就食內地從之於是頗省邊費改參知政事拜工部侍郎樞密使遷戶部拜同中書門下平章事昭文館大學士監修國史籍初入相且獨員而遽爲昭文館大學士出殊拜也儂智高反師數不利遣狄青爲宣撫使諫官韓絳謂武人不宜專任帝以問籍籍曰青起行伍若以文臣副之則號令不專不如不遣詔嶺南諸軍皆受青節度既而捷書至帝喜曰青破賊卿之力也遂欲以青爲樞密使同平章事籍力爭之不聽嶺南平二廣舉人推恩者六百九十一人論者以爲過頃之齊州學究皇甫淵以捕賊功法當賞錢數上書求用道士趙清貺與籍姊家親紿爲淵白籍晒與堂吏共受淵賂小吏訴之下開封府捕清貺刺配遠州道死韓絳言籍陰諷府杖殺清貺以滅口覆之無狀言不已乃罷知鄆州居數月加觀文殿大學士拜昭德軍節度使知永興軍改幷州仁宗不豫籍嘗密疏請擇宗室之賢者爲皇子其言甚切坐擅聽

麟州築堡白草平而州將武戡等爲夏人所敗復爲觀文殿大學士戶部侍郎知青州遷尚書左丞不拜徙定州召還京師上章告老尋以太子太保致仕封潁國公薨年七十六時仁宗不豫廢朝臨奠皆不果第遣使弔賻其家贈司空加侍中諡莊敏籍曉律令長於吏事持法深峭軍中有犯或斷斬刳磔或累笞至死以故士卒畏服治民頗有惠愛及爲相聲望減於治郡時子元英朝散大夫孫恭孫

恭孫字德孺以父蔭補通判施州崇寧中部蠻向文彊叛詔轉運使王蘧領州事致討恭孫說降文彊而斬之蘧上其功進三秩知涪州遂以開邊爲己任誘珍州駱文貴承州駱世華納土費不貲轉運判官朱師古劾恭孫生事詔黜師古而以恭孫代於是溱播溪思費等州相繼降每開一城輒褒遷五年間至徽猷閣待制威州守乞通保霸二州進恭孫直學士知成都府委以招納未幾其酋董舜咨董彥博來納土詔遣赴闕皆拜承宣使賜第京師更名保州祺州霸州亨州使恭孫進築之言者論其貪縱究治如章謫保靜軍節度副使才踰月起知陳州復待制帥瀘州又以築思州進學士前後在西南二十年所得州縣多張名簿實瘠鹵不毛地繕治轉餉爲蜀人病無幾時皆廢宣和中卒

王隨字子正河南人登進士甲科爲將作監丞通判同州遷祕書省著作郎直史館判三司磨勘司爲京西轉運副使陛辭且言曰臣父母家洛中乃在所部得奉湯藥聖主之澤也真宗因賜詩寵行以羊酒束帛令過家爲壽遷淮南轉運使父憂起復時歲比饑隨救屬部出庫錢貸民市種糧歲中約輸絹以償流庸多復業徙河東轉運使三遷刑部員外郎兼侍御史知雜事權知制誥以不善制辭出知應天府一日帝謂宰相曰隨治南京大寬王旦曰南京都會之地隨臨事汗漫無以彈壓改知揚州再加右諫議大夫權知開封府仁宗爲太子拜右庶子仍領府事周懷

八百六十 列傳七十 八

政誅隨自陳嘗假懷政白金五十兩奪知制誥改給事中知杭州乾興初復降祕書少監徙通州以州少學者徙孔子廟起學舍州人喜遣子弟就學母喪起復光祿卿知潤州徙江寧府歲大饑轉運使移府發常平倉米計口日給一升隨置不聽曰民所以饑者由兼并閉糴以邀高價也乃大出官粟平其價復給事中爲龍圖閣直學士知秦州秦卒有負罪逃入蕃部者戎人輒奴畜之小不如意復執出求賞前此坐法多死隨下教能自歸者免死聽復隸軍籍由是多來歸者又建請增蕃落卒給廢陷馬地募民耕種坐事徙河南府入爲御史中丞同知禮部貢舉遷尚書

禮部侍郎翰林侍讀學士明道中爲江淮安撫使還拜戶部侍郎參知政事請與同列日獻前代名臣規諫一事議者謂非輔弼之職其事遂寢加吏部侍郎知樞密院事爲莊惠皇太后園陵監護使拜門下侍郎同中書門下平章事昭文館大學士監修國史自薛居正後故事初相無越遷門下侍郎者學士丁度之失也頃之以疾在告詔五日一朝入中書視事爲相一年無所建明與陳堯佐韓億石中立同執政數爭事會災異屢發諫官韓琦言之四人俱罷隨以彰信軍節度使同中書門下平章事判河陽薨贈中書令謚章惠後改文惠隨外若方嚴而治失於寬晚更

四百三十九 列傳七十 九 刘明志

卞急輒嫚罵人性喜佛慕裴休之爲人然風跡弗逮也

章得象字希言世居泉州高祖仔鈞事閩爲建州刺史遂家浦城得象母方娠夢登山遇神人授以玉像及生父奐復夢家庭積笏如山長而好學美姿表爲人莊重進士及第爲大理評事知玉山縣遷本寺丞真宗將東封泰山以殿中丞簽書兗州觀察判官事知台州歷南雄州徙洪州楊億以爲有公輔器薦之或問之億曰閩士輕狹而章公深厚有容此其貴也得象嘗與億戲博李宗諤家一夕負錢三十萬而酣寢自如他日博勝得宗諤金一奩數日博又負即反奩與宗諤封識未嘗發也其度量宏廓如此未

幾召試爲直史館安撫京東權三司度支判官罷遷尚書刑部郎中使契丹遂以兵部郎中知制誥踰年爲翰林學士遷右諫議大夫以給事中爲羣牧使遷禮部侍郎兼龍圖閣學士進承旨兼侍講學士權同知樞密院事遷戶部侍郎遂拜同中書門下平章事集賢殿大學士帝謂得象曰向者太后臨朝羣臣邪正朕皆默識之卿清忠無所附且未嘗有所干請今日用卿職此也陝西用兵加中書侍郎兼工部尚書兼樞密使辭所加官明年以工部尚書爲昭文館大學士慶曆五年拜鎮安軍節度使同平章事封郇國公徙判河南府守司空致仕薨故事致仕官乘輿不臨奠帝特往焉贈太尉兼侍中謚文憲皇祐中改謚文簡得象在翰林十二年章獻太后臨朝宦官方熾太后每遣內侍至學士院得象必正色待之或不交一言在中書凡八年宗黨親戚一切抑而不進仁宗銳意天下事進用韓琦范仲淹富弼使同得象經畫當世急務得象無所建明御史孫抗數言之得象居位自若既而章十上請罷帝不得已許之初閩人讖曰南臺江合出宰相至得象相時沙湧可涉云

論曰殊籍隨得象皆起孤生致位宰相籍通曉法令隨練習民事皆能用其所長然籍終至絀免隨數遭譏斥何其才之難得也得象渾厚有容殊喜薦拔人物樂善不倦方之諸人殊其最優乎

呂夷簡字坦夫先世萊州人祖龜祥知壽州子孫遂爲壽州人夷簡進士及第補絳州軍事推官稍遷大理寺丞祥符中試材識兼茂明於體用科或言六科所以求闕政今封禪告成何闕政之求罷之通判通州徙濠州再遷太常博士河北水選知濱州代還奏農器有筭非所以勸力本也遂詔天下農器皆勿筭擢提點兩浙刑獄還尚書祠部員外郎時京師大建宮觀伐材木于南方有司責期會工徒至有死者誣以亡命收繫妻子夷簡請緩其役從之又言盛冬挽運艱苦須河流漸通以卒番送眞宗曰觀卿奏有爲國愛民之心矣擢刑部員外郎兼侍御史知雜事蜀賊李順叛執送闕下左右稱賀既而屬御史臺按之非是賀者趣具順獄夷簡曰是可欺朝廷邪卒以實奏忤大臣意歲蝗旱夷簡請責躬修政嚴飭輔相思所以共順天意及奏彈李溥專利罔上寇準判永興縣有罪者徙湖南道由京師上準變事夷簡曰準治下急是欲中傷準爾宜勿問益從之遠方從之趙安仁爲御史中丞夷簡以親嫌改起居舍人同勾當通進司兼銀臺封駁事使契丹還知制誥兩川饑爲安撫使進龍圖閣直學士再遷刑部郎中權

知開封府治嚴辦有聲帝識姓名于屏風將大用之仁宗
即位進右諫議大夫雷允恭擅徙永定陵地夷簡與魯宗
道驗治允恭誅以給事中參知政事因請以祥符天書內
之方中眞宗祔廟太后欲具平生服玩如宮中以銀罩覆
神主夷簡言此未足以報先帝今天下之政在兩宮惟太
后遠姦邪奬忠直輔成聖德所以報先帝者宜莫若此也
故事郊祠畢輔臣遷官夷簡與同列皆辭之後為例遷尚
書禮部侍郎修國史進戶部拜同中書門下平章事集賢
殿大學士景靈宮使玉清昭應宮災太后泣謂大臣曰先
帝尊道奉天而為此今何以稱遺旨哉夷簡意其將復營

構也乃推洪範災異以諫太后黙然因奏罷二府兼宮觀
使進吏部拜昭文館大學士監修國史史成辭進官天聖
末加中書侍郎章懿太后爲順容薨宮中未治喪夷簡朝
奏事因曰聞有宮嬪亡者太后矍然曰宰相亦預宮中事
邪引帝偕起有頃獨出曰卿何間我母子也夷簡曰太后
他日不欲全劉氏乎太后意稍解有司希太后旨言歲月
葬未利夷簡請發哀成服備儀仗葬之大內火百官晨朝
而宮門不開輔臣請對帝御拱辰門百官拜樓下夷簡獨
不拜帝使人問其故曰宮庭有變羣臣願一望清光帝舉
簾見之乃拜詔以爲修大內使內成進尚書右僕射兼門

下侍郎辭僕射乃兼吏部尚書初荊王子養禁中既長夷
簡請出之太后欲留使從帝誦讀夷簡曰上富春秋所親
非儒學之臣恐無益聖德即日命還邸中太后崩帝始親
政事夷簡手疏陳八事曰正朝綱塞邪徑禁貨賂辨佞壬
絕女謁踈近習罷力役節冗費其勸帝語甚切帝始與夷
簡謀以張耆夏竦皆太后所任用者也悉罷之退告郭皇
后后曰夷簡獨不附太后邪但多機巧善應變耳由是夷
簡亦罷爲武勝軍節度使檢校太傅同中書門下平章事
判陳州及宣制夷簡方押班聞唱名大駭不知其故而夷
簡素厚內侍副都知閻文應因使爲中詗久之乃知事由

皇后也歲中而夷簡復相初劉渙上疏請太后還政太后
怒使投嶺外屬太后疾革夷簡請留之至是渙以前疏自
言帝擢渙右正言顧謂夷簡向者樞密院亟欲投渙賴卿
以免夷簡謝因曰渙由疏外故敢言大臣或及此則太后
必疑風旨自陛下使子母不相安矣帝以夷簡爲忠郭后
以怒尚美人批其頰誤傷帝頸帝以爪痕示執政大臣夷
簡以前罷相故遂主廢后議仁宗疑之夷簡曰光武漢之
明主也郭后止以怨懟坐廢況傷陛下頸乎夷簡將廢后
先敕有司無得受臺諫章奏於是御史中丞孔道輔右司
諫范仲淹率臺諫詣閤門請對有旨令臺諫詣中書夷簡

乃貶出道輔等后遂廢宗室子益衆爲置大宗正糾率增
數授員加右僕射封申國公王曾與夷簡數爭事不平曾
斥夷簡納賂市恩夷簡乞置對帝問曾曾語屈於是二人
皆罷夷簡以鎮安軍節度使同平章事判許州徙天雄軍
未幾以右僕射復入相逾年進位司空辭不拜徙許國公
時方飭兵備以判樞密院事而諫官田況言總判名太重
改兼樞密使契丹聚兵幽薊聲言將入寇議者請城洛陽
夷簡謂契丹畏壯侮怯遽城洛陽亡以示威景德之役非
乘輿濟河則契丹未易服也宜建都大名示將親征以伐
其謀或曰此虛聲爾不若修洛陽夷簡曰此子囊城郢計

也使契丹得渡河雖高城深池何可恃耶乃建北京未幾
感風眩詔拜司空平章軍國重事疾稍間命數日一至中
書裁決可否夷簡力辭復降手詔曰古謂髭可療疾今翦
以賜卿三年春帝御延和殿召見敕乘馬至殿門命內侍
取兀子輿以前夷簡引避久之詔給扶毋拜乃授司徒監
修國史軍國大事與中書樞密同議固請老以太尉致仕
朝朔望既薨帝見羣臣涕下曰安得憂國忘身如夷簡者
贈太師中書令謚文靖自仁宗初立太后臨朝十餘年天
下晏然夷簡之力爲多其後元昊反四方久不用兵師出
數敗契丹乘之遣使求關南地頗賴夷簡計畫選一時名

臣報使契丹經畧西夏二邊以寧然建募萬勝軍雜市井
小人浮脆不任戰鬬用宗室補環衞官驟增奉賜又加遺
契丹歲繒金二十萬當時不深計之其後費大而不可止
郭后廢孔道輔等伏閤進諫而夷簡謂伏閤非太平事且
逐道輔其後范仲淹屢言事獻百官圖論遷除之敝夷簡
指爲狂肆斥于外時論以此少之夷簡當國柄最久雖數
爲言者所詆帝眷倚不衰然所斥士旋復收用亦不終廢
其於天下事屈伸舒卷動有操術後配食仁宗廟爲世名
相始王旦奇夷簡謂王曾曰君其善交之卒與曾並相後
曾家請御篆墓碑帝因慘然思夷簡書懷忠之碑四字以

賜之有集二十卷子公綽公弼公著公孺公著自有傳
公綽字仲裕蔭補將作監丞知陳留縣天聖中爲館閣對
讀召試直集賢院辭改校理遷太子中允夷簡罷相復爲
直集賢院同管勾國子監出知鄭州嘗問民疾苦父老曰
官籍民產第賦役重輕至不敢多畜牛田疇久蕪穢公綽
爲奏之自是牛不入籍還判吏部南曹累遷太常博士同
判太常寺請復太醫局及請設令丞府史如天官醫師鈞
容直假太常旌纛羽籥爲優人戲公綽執不可遂罷之糾
察在京刑獄虎翼卒劉慶告變下吏案驗乃慶始謀衆不
從慶反誣衆以邀賞因言京師衛兵百萬不痛懲之則衆

心推遂斬慶以徇遷尚書工部員外郎爲史館修撰時夷簡雖謝事猶領國史公綽辭修撰夷簡薨還兵部員外郎復爲修撰服除復同判太常寺兼提舉修祭器公綽以郊廟祭器未完制度多違禮請悉更造故事薦新諸物禮官議定遷薦或後時陳敗公綽採月令諸書以四時新物及所當薦者配合爲圖又以歲大中小祠凡六十一禘祫二祼獻興俯玉帛尊彝菁茆醓醢鐘石歌奏集爲郊祀總儀上之又言古者天地宗廟日月五方百神之祀咸有尊罍五齊三酒分實其中加明水明酒以達陰陽之氣今有司徒設尊罍而酌用一尊非禮神之意宜按周禮實齊酒取火於日取水於月因天地之潔氣又言祖宗配郊當正位今側鄉之非所以示尊嚴也初謚諸后皆繫祖宗謚而眞宗五后獨曰莊公綽曰婦人從夫之謚眞宗謚章聖而后曰莊非禮也願更爲章多施行之歷知制誥龍圖閣直學士集賢殿修撰知永興軍改樞密直學士知秦州安遠砦古渭州諸羌來獻地公綽顧其屬曰天下之大豈利區落尺寸地以爲廣邪卻之弓箭手馬多闕公綽諭諸砦戶爲三等凡十丁爲社至秋成募出金帛市馬馬少則先後給之祀明堂遷刑部郎中召爲龍圖閣學士權知開封府歲餘願罷府事進翰林侍讀學士知審刑院兼判太常寺初

公綽在開封府宰相龐籍外屬道士趙清貺受賂杖脊道死至是御史以爲公綽受籍旨杖殺清貺以滅口左遷龍圖閣學士知徐州方杖清貺時實非公綽所臨頃之公綽亦自辨復侍讀學士徙河陽留侍經筵時久不雨帝顧問何以致雨曰獄久不決即有寃者故多旱帝親慮囚已而大雨遷右司郎中未拜卒贈左諫議大夫公綽通敏有才父執政時多涉干請喜名好進者趨之嘗漏洩除拜以市恩時人比之竇申

公弼字寶臣賜進士出身積遷直史館河北轉運使自寶元慶曆以來宿師備邊既西北撤警而將屯如故民疲餽餉公弼始通御河漕粟實塞下冶鐵以助經費移近邊屯兵就食京東增城卒給板築蠲冗賦及民逋數百萬夷簡之亡也仁宗思之問知公弼名識于殿柱至是益材其爲擢都轉運使加龍圖閣直學士知瀛州入權開封府嘗奏事退帝目送之謂宰相曰公弼甚似其父改同羣牧使以樞密直學士知渭延二州徙成都府其治尚寬人疑少威斷營卒犯法當杖扞不受曰寧以劍死公弼曰杖者國法劍汝自請杖而後斬之軍府肅然英宗罷三司使蔡襄召公弼代之初公弼在羣牧時帝居藩得賜馬頗劣欲易不可至是帝謂曰卿曩歲不與朕馬是時固已知卿矣蔡襄

主計訴訟不時決故多留事卹繼其後將何以處之公弼
頓首謝對曰褁勤於事未嘗有曠失恐言之者妄耳帝以
爲長者拜樞密副使時言事者數與大臣異議去公弼諫
曰諫官御史爲陛下耳目執政爲股肱股肱耳目必相爲
用然後身安而元首尊宜考言觀事視其所以而進退之
彗出營室帝憂之同列請飭邊備公弼曰彗非小變陛下
宜側身修德以應天戒臣恐患不在邊也神宗立司馬光
劾內侍高居簡帝未決公弼曰光與居簡勢不兩立居簡
內臣耳而光中執法願陛下擇其重者帝曰然則當奈何
公弼曰遷居簡一官而解其近職光當無爭從之進樞密

使議者欲併環慶鄜延爲一路公弼曰自白草西抵定遠
中間相去千里若合爲一路猝有緩急將何以應又欲下
邊臣使議之公弼曰廟堂之上不處決而諉邊吏可乎乃
止王安石知政事嗛公弼不附己白用其弟公著爲御史
中丞以偪之公弼不自安上章避位不許陳升之建議
衛兵年四十以上稍不中程者減其牢廩徙之淮南公弼
以爲非人情帝曰是當退爲剩員者今故爲優假何所害
對曰臣不敢生事邀名正恐誤國耳既使去本土又削其
廩儻二十萬衆皆反側爲之奈何韓絳議復肉刑公弼力
陳不可帝皆爲之止安石立新法公弼數言宜務安靜又

將跣論之從孫嘉問竊其彙示安石安石先白之帝不樂
遂罷爲觀文殿學士知太原府韓絳宣撫秦晉將取囉兀
城令河東發兵二萬趣神堂新路公弼曰虜必設覆以待
我永和關雖回遠可安行無患乃由永和既而新路援兵
果遇覆詔襃之麟州無井唯沙泉在城外欲拓城包之而
土善陷夏人每至圍城人皆憂渴死公弼用其僚鄧子喬
計倣古技軸法去其沙實以末炭墐土於其上板築立遂
包泉於中自是城堅不陷而州得以守俄以疾請知鄭州
王韶取熙河朝廷謀秦鳳帥帝曰公弼在河東方出師會
卒時有綏御之能宜使往乃拜宣徽南院使判秦州帝疑

其不肯行公弼聞命即治裝帝喜召之入對慰勞而遣之
既赴鎮羌董氈輒治書稱敕公弼郤之曰藩臣安得妄稱
敕董氈懼自是不復敢纔旬月復以疾求解爲西太一宮
使薨年六十七贈太尉謚曰惠穆

公孺字稚卿任爲奉禮郎賜進士出身判吏部南曹占對
詳敏仁宗以爲可用知澤潁廬常四州提點福建河北路
刑獄入爲開封府推官民鬻薪爲盜所奪逐之遭傷尹包
拯命笞盜公孺曰盜而傷主法不止笞執不從拯善其守
及使三司而公孺爲判官事皆咨決之判都水監未幾改
陝西轉運使神宗得綏州遣使議守棄之便久未決命公

孺往與郭逵議合遂存綏州常平法行公孺請以青苗免役歸提刑司徙知渭州再徙鄆州坐失入死刑責知蔡州元豐初帝召公孺慰之曰長安謀帥無以易卿命知永興軍從河陽洛口兵千人以久役思歸奮斧鍤排關不得入西走河橋觀聽洶洶諸將請出兵掩擊公孺曰此皆士命急之變且生即乘馬東去遣牙兵數人迎諭之曰汝輩誠勞苦然豈得擅還一度橋則罪不赦矣太守在此願自首者止道左皆佇立以俟公孺索倡首者黥一人餘復送役所語其校曰若復偃蹇者斬而後報衆帖息乃自劾專命詔釋之知審官東院出知秦州李憲以詔出兵欲盡駐原渭公孺不可與憲相論奏坐徙相州更陳杭鄭瀛四州元祐初加龍圖閣直學士復以爲秦州固辭改祕書監遷刑部侍郎知開封府爲政明恕幕人遷黼坐設毀其角法當徒公孺請罪數十人皆以杖免原廟亡珠繫治典吏久公孺曰主者番代不一曷嘗以珠數相授受歲時諱日宮嬪狎至奈何顓指吏卒乎請之得釋擢户部尚書以病提舉醴泉觀卒年七十贈右光祿大夫公孺廉儉與人寡合嘗護曹佾喪得厚餉辭不受談者清其節焉

張士遜字順之祖裕嘗主陰城鹽院因家陰城士遜生百日始啼淳化中舉進士調鄖鄉主簿遷射洪令轉運使檄移士遜治郪民遮馬首不得去因聽還射洪安撫使至梓州問屬吏能否知州張雍曰射洪令第一也改襄陽令爲祕書省著作佐郎知邵武縣以寬厚得民前治射洪以旱禱雨白崖山陸史君祠尋大雨士遜立廷中須雨足乃去至是邵武旱禱歐陽太守廟廟去城過一舍士遜徹蓋雨霑足始歸改祕書丞監折中倉歷御史臺推直官翰林學士楊億薦爲監察御史貢舉初用糊名法士遜爲諸科巡鋪官以進士有姻黨士遜請避去眞宗記名于御屏自是有親嫌者皆移試著爲令中書擬人充江南轉運使再擬輒見卻帝獨用士遜再遷侍御史徙廣東又徙河北河侵棣州詔徙州陽信議者患糧多不可遷士遜視瀕河數州方艱食即計餘以貸貧者期來歲輸陽信公私利之仁宗出閣帝選僚佐謂宰臣曰翊善記室府屬也王皆受拜今王尚少宜以士遜爲友令王答拜於是以户部郎中直昭文館爲壽春郡王友改昇王府諮議參軍遷右諫議大夫兼太子右庶子改左庶子士遜言詣資善堂升階列拜而皇太子猶跪受宜詔皇太子坐受之帝不許詔士遜等遇太子侍駕出入許陪從判史館知審刑院以太子賓客樞密直學士判集賢院既而二府大臣皆領東宮官遂換太子詹事擢樞密副使遷給事中兼詹事東宮遷尚書左丞遂

拜禮部尚書同中書門下平章事集賢殿大學士曹汭獄事起宦者羅崇勲江德明方用事因譖利用帝疑之問執政衆顧望未有對者士遜徐曰此獨不肖子爲之利用大臣宜不知狀太后怒將罷士遜帝以其東宫舊臣加刑部尚書知江寧府解通犀帶賜之後領定國軍節度使知許州明道初復入相進中書侍郎兼兵部尚書明年進門下侍郎昭文館大學士監修國史是歲旱蝗士遜請如漢故事冊免不許及帝自損尊號士遜又請降官一等以答天變帝慰勉之羣臣上章懿謚冊退而入慰士遜與同列過楊崇勲園飲日中不至御史中丞范諷劾士遜以尚書左

僕射判河南府崇勲亦以使相判許州翌日入謝班崇勲下帝問其故士遜曰崇勲爲使相臣官僕射位當下遂爲山南東道節度使同中書門下平章事判許州以崇勲知陳州時士遜罷已累日制猶用宰相銜有司但奉行制書不復追改徙河南府寶元初復以門下侍郎兵部尚書入相封郢國公士遜與輔臣奏事帝從容曰朕昨放宫人不獨閔幽閉亦省浮費也近復有獻孌女者朕卻而弗受士遜曰此盛德事也帝徐曰近言者至有毀大臣揭君過者士遜曰陛下審察邪正則憸訐之人宜自戒懼矣馮士元獄既具帝以決獄問士遜士遜曰臺獄阿徇非出自宸斷

何以慊中外之論邪帝曰君子小人各有黨乎士遜曰有之第公私不同爾帝曰法令必行邪正有別則朝綱舉矣康定初士遜言禁兵久戍邊其家在京師有不能自存者帝命内侍條指揮使以下爲差等出内藏緡錢十萬賜之士遜又請遣使安撫陝西帝命遣知制誥韓琦以行於是詔樞密院自今邊事並與士遜等參議及簡輦官爲禁軍輦官携妻子遮宰相樞密院喧訴士遜方朝馬驚墮地時朝廷多事士遜亡所建明諫官韓琦論曰政事府豈養病之地邪士遜不自安累上章請老迺拜太傅封鄧國公致仕詔朔望朝見及大朝會綴中書門下班與一子五品服

士遜辭朝朔望間遣中使勞問御書飛白千歲字賜之士遜因建千歲堂嘗請買城南官園帝以賜士遜宰相得謝蓋自士遜始就第凡十年卒年八十六帝臨奠贈太師中書令謚文懿御篆其墓碑曰舊德之碑士遜生七日喪母其姑育養之既長事姑孝謹姑亡爲行服徒跣扶柩以葬追封南陽縣太君初陳堯佐罷參知政事人有挾怨告堯佐謀反復有誣諫官陰附宗室者士遜曰憸人構陷善良以搖朝廷姦僞一開亦不能自保矣帝悟抵告者以罪誣諫官事亦不下然曹利用在樞府藉寵肆威士遜居其間無所可否時人以和鼓目之士遜嘗納女口宫中爲御史

楊偕所劾子友直字益之初補將作監主簿再遷爲丞士遜爲請館閣校勘仁宗曰館閣所以待英俊不可乃令館閣讀書詔校勘毋得增員後編三館書籍遷秘閣校理同知禮院賜進士出身知襄州坐軍賊張海剽劫不能制罷歸後除史館修撰御史何郯言史館修撰故事皆試知制誥友直不當得改集賢殿修撰以天章閣待制知陝州同勾當三班院侍宴集英殿猶衣緋友仁宗顧見之廼賜金紫累遷工部郎中知越州州民每春斂財大集僧道士女謂之祭天友直下令禁絶取所斂財建學以延諸生卒官士遜嘗記帝東宮舊事而史官未之見友直纂爲資善錄

上之幼子友正字義祖杜門不治家事居小閣學書積三十年不輟遂以書名神宗評其草書爲本朝第一

論曰呂夷簡張士遜皆以儒學起家列位輔弼仁宗之世天下承平因時制宜濟以寬厚相臣預有力焉士遜練習民事風蹟可紀而依違曹利用以取譏方夷簡在下僚諸父蒙正以宰相才期之及其爲相深謀遠慮有古大臣之度焉在位日久頗務收恩避怨以固權利郭后之廢遂成其君之過舉咎莫大焉雖然呂氏更執國政三世四人世家之盛則未之有也

列傳卷第七十

列傳卷第七十一　宋史三百十二

開府儀同三司上柱國錄軍國重事中書右丞相監修國史領經筵事都總裁臣脫脫等奉

敕修

韓琦 子忠彥　曾公亮 子孝寬 孝廣 孝蘊　陳升之

吳充　王珪 從父罕 從兄琪

韓琦字稚圭相州安陽人父國華自有傳琦風骨秀異弱冠舉進士名在第二方唱名太史奏日下五色雲見左右皆賀授將作監丞通判淄州入直集賢院監左藏庫時方貴高科多徑去爲顯職琦獨滯筦庫衆以爲非宜琦處之自若禁中需金帛皆內臣直批旨取之無印可驗琦請復

舊制置傳宣合同司以相防察又每綱運至必俟內臣監涖始得受往往數日不至暴露廡下衙校以爲病琦奏罷之歷開封府推官三司度支判官拜右司諫時宰相王隨陳堯佐參知政事韓億石中立在中書罕所建明琦連疏其過四人同日罷又請停內降抑僥倖凡事有不便未嘗不言每以明得失正紀綱親忠直遠邪佞爲急前後七十餘疏王曾爲相謂之曰今言者不激則多畏顧何補上德如君言可謂切而不迂矣曾聞望方崇罕所獎與琦聞其語益自信權知制誥益利歲饑爲體量安撫使異時郡縣督賦調繁急市上供綺繡諸物不予直琦爲緩調蠲給之

遂貪殘不職吏汰冗役數百活飢民百九十萬趙元昊反琦適自蜀歸論西師形勢甚悉即命為陝西安撫使劉平與賊戰敗為所執時宰入他誣收繫平子弟琦辨直其冤進樞密直學士副夏竦為經略安撫招討使詔遣使督出兵琦亦欲先發以制賊而合府固爭元昊遂寇鎮戎琦畫攻守二策馳入奏仁宗欲用攻策執政者難之琦言元昊雖傾國入寇衆不過四五萬人吾逐路重兵自為守勢分力弱遇敵輒不支若併出一道鼓行而前乘賊驕惰破之必矣乃詔鄜延涇原同出征既還營元昊來求盟琦曰無約而請和者謀也命諸將戒嚴賊果犯山外琦悉兵付大將任福令自懷遠城趨德勝砦出賊後如未可戰即據險置伏要其歸及行戒之至再又移檄申約苟違節度雖有功亦斬福竟為賊誘沒于好水川竦使人收散兵得琦檄於福衣帶間言罪不在琦琦亦上章自劾猶奪一官知秦州尋復之會四路置帥以琦兼秦鳳經略招討安撫使慶曆二年與三帥皆換觀察使范仲淹龐籍王沿不肯拜琦獨受不辭未幾還舊職為陝西四路經略安撫招討使屯涇州琦與范仲淹在兵間久名重一時人心歸之朝廷倚以為重故天下稱為韓范東兵從宿衛來不習勞苦琦奏增土兵以代戍建德順軍以蔽蕭關鳴沙之道方謀取橫

山規河南而元昊稱臣召為樞密副使元昊介契丹為援強邀索無厭宰相晏殊等厭兵將一切從之琦陳其不便條所宜先行者七事一曰清政本二曰念邊計三曰擢材賢四曰備河北五曰固河東六曰收民心七曰營洛邑繼又陳捄弊八事欲選將帥明按察豐財利遏僥倖進能吏退不才謹入官去冗食謂數者之舉謗必隨之願委計輔臣聽其注措帝悉嘉納遂宣撫陝西討平群盜張海郭邈山禁卒羸老不任用者悉汰之盡修鄜延城障須敵悉歸所侵地乃許和歸陳西北四策以為今當以和好為權宜戰守為實務請繕甲厲兵營修都城密定討伐之計時二府合班奏事琦必盡言雖事屬中書亦指陳其實同列或不悅帝獨識之曰韓琦性直琦與范仲淹富弼皆以海內人望同時登用中外跂想其勛業仲淹等亦以天下為己任群小不便之毀言日聞仲淹弼繼罷琦為辨析不報尹洙與劉滬爭城水洛事琦右洙朝論不謂然乃請外以資政殿學士知揚州徙鄆州成德軍定州兼安撫使進大學士又加觀文殿學士初定州兵狃平貝州功需賞賚出怨語至欲譟城下琦聞之以為不治且亂用軍制勸習誅其尤無良者士死攻戰則賞賻其家籍其孤嫠繼廩之威恩並行又倣古三陣法日月訓齊之由是中山兵精勁冠河

朔京師發龍猛卒戍保州在道爲人害至定琦悉留不遣易素教者使之北又振活飢民數百萬璽書褒激鄰道視以爲準拜武康軍節度使知幷州承受廖浩然怙中貴勢貪恣既誣逐前帥李昭亮所爲益不法琦奏還之帝命鞭諸本省契丹冒占天池廟地琦召其酋豪示以曩日彼所求修廟檄無以對遂歸我斥地既又侵耕陽武砦地琦鑿塹立石以限之始潘美鎮河東患寇鈔令民悉内徙而空塞下不耕於是忻代寧化火山之北多廢壞琦以爲此皆良田今棄不耕適足以資敵將皆爲所有矣遂請距北界十里爲禁地其南則募弓箭手居之墾田至九千六百頃

久之求知相州嘉祐元年召爲三司使未至迎拜樞密使三年六月拜同中書門下平章事集賢殿大學士六年閏八月遷昭文館大學士監修國史封儀國公帝既連失三王自至和中得疾不能御殿中外惴恐臣下爭以立嗣固根本爲言包拯范鎮尤激切積五六歲依違未之行言者亦稍怠至是琦乘間進曰皇嗣者天下安危之所係自昔禍亂之起皆由策不早定陛下春秋高未有建立何不擇宗室之賢者以爲宗廟社稷計帝曰後宮將有就館者姑待之已又生女一日琦懷漢書孔光傳以進曰成帝無嗣立弟之子彼中材之主猶能如是況陛下乎願以太祖之心爲心則無不可者又與曾公亮張昪歐陽脩極言之會司馬光呂誨皆有請琦進讀二疏未及有所啓帝遽曰朕有意久矣誰可者琦皇恐對曰此非臣輩所可議當出自聖擇帝曰宮中嘗養二子小者甚純近不慧大者可也琦請其名帝以宗實告宗實英宗舊名也琦等遂力贊之議乃定英宗居濮王喪議起知宗正琦曰事若行不可中止陛下斷自不疑乞内中批出帝意不欲宮人知曰只中書行足矣命下英宗固辭帝復問琦琦對曰陛下既知其賢而選之今不敢遽當蓋器識遠大所以爲賢也願固起之英宗既終喪猶堅臥不起琦言宗正之命初出外人皆知

必爲皇子不若遂正其名乃下詔立爲皇子明年英宗嗣位以琦爲仁宗山陵使加門下侍郎進封衛國公琦既輔立英宗門人親客或從容語及定策事琦必正色曰此仁宗聖德神斷爲天下計皇太后内助之力臣子何與焉英宗暴得疾太后垂簾聽政帝疾甚舉措或改常度遇宦官尤少恩左右多不悅者乃共爲讒間兩宮遂成隙琦與歐陽脩奏事簾前太后嗚咽流涕具道所以琦曰此病固爾病已必不然子疾母可不容之乎脩亦委曲進言太后意稍和久之而罷後數日琦獨見上上曰太后待我無恩琦對曰自古聖帝明王不爲少矣然獨稱舜爲大孝豈其餘

盡不孝耶父母慈愛而子孝此常事不足道惟父母不慈而子不失孝乃爲可稱但恐陛下事之未至爾父母豈有不慈者哉帝大感悟及疾愈琦請乘輿因禱雨具素服以出人情乃安太后還政拜琦右僕射封魏國公夏人冦大順琦議停歲賜絶和市遣使問罪樞密使文彥博難之武舉實元康定事琦曰諒祚狂童也非有元昊智計而邊備過當時遠甚亟詰之必服既而諒祚上表謝帝顧琦曰一如所料帝寢疾琦入問起居言曰陛下久不視朝願早建儲以安社稷帝頷之即召學士草制立潁王神宗立拜司空兼侍中爲英宗山陵使琦執政三世或病其專御史中

丞王陶劾琦不赴文德殿押班爲跋扈琦請去帝爲黜陶永厚陵復土琦不復入中書堅辭位除鎮安武勝軍節度使司徒兼侍中判相州入對帝泣曰侍中必欲去今日已降制矣賜興道坊宅一區擢其子忠彥祕閣校理琦辭兩鎮乃但領淮南會种諤擅取綏州西邊擾攘改判永興軍經略陝西琦言邊臣肆意妄作棄約基亂願召二府亟決之琦入辭曾公亮等方奏事乞與琦同議帝召之琦曰臣前日備員政府所當共議今日藩臣也不敢預聞又言王陶指臣爲跋扈今陛下乃畀陝西兵柄授臣復有劾臣如陶者則臣赤族矣帝曰侍中猶未知朕意邪琦初言綏州

不當取已而夏人誘殺楊定琦復言賊既如此綏今不可棄樞密院以初議詰之琦具論其故卒存之熙寧元年七月復請相州以歸河北地震河決徙判大名府充安撫使得便宜從事王安石用事出常平使者散青苗錢琦亟言之帝東其疏以示宰臣曰琦眞忠臣雖在外不忘王室朕始謂可以利民今乃害民如此且坊郭安得青苗而亦強與之乎安石勃然進曰苟從其欲雖坊郭何害明日稱疾不出當是時新法幾罷安石復出持前議益堅琦又懇奏安石下之條例司令其屬疏駁刊石頒天下琦申辨愈切不克從於是請解四路安撫使止領一路安石欲沮琦即

從之六年還判相州契丹來求代北地帝手詔訪琦琦奏言臣覩近年以來朝廷舉事似不以大敵爲恤彼見形生疑必謂我有圖復燕南意故引先發制人之說造爲釁端所以致疑其事有七高麗臣屬北方久絶朝貢乃因商船誘之使來契丹知之必謂將以圖我一也強取吐蕃之地以建熙河契丹聞之必謂行將及我二也遍植榆柳於西山冀其成長以制蕃騎三也刱團保甲四也諸州築城鑿池五也置都作院頒弓刀新式大作戰車六也置河北三十七將七也契丹素爲敵國因事起疑不得不然臣昔年論青苗錢事言者輒肆厚誣非陛下之明幾及大戮自此

聞新法日下不敢復言今親被詔問事係安危言及而隱
死有餘罪臣嘗竊計始爲陛下謀者必曰治國之本當先
聚財積穀募兵於民則可以鞭笞四夷故散青苗錢使民
出利爲免役之法次第取錢追置市易務而小商細民無
所措手新制日下更改無常官吏茫然不能詳記監司督
責以刻爲明今農怨於畎畝商歎於道路長吏不安其職
陛下不盡知也夫欲攘斥四夷以興太平而先使邦本困
搖衆心離怨此則爲陛下始謀者大誤也臣今爲陛下計
謂宜遣使報聘具言向來興作乃修備之常豈有他意疆
土素定悉如舊境不可持此造端以隳累世之好以可疑

之形如將官之類因而罷去益養民愛力選賢任能疎遠
奸諛進用忠鯁使天下悅服邊備日充若其果自敗盟則
可一振威武恢復故疆攄累朝之宿憤矣疏上會安石再
入相悉以所爭地與契丹東西七百里論者惜之八年換
節永興軍再任未拜而薨年六十八前一夕大星隕于治
所櫪馬皆驚帝發哀苑中哭之慟輟朝三日賜銀三千兩
絹三千匹發兩河卒爲治冢瑑其碑曰兩朝顧命定策元
勳贈尚書令諡曰忠獻配享英宗廟庭常令其子若孫一
人官于相以護丘墓故事三省長官惟尚書令爲尤重贈
者必兼他官至琦乃單贈後又詔雖當追策不復更加師

保蓋貴之也琦蚤有盛名識量英偉臨事喜慍不見于色
論者以重厚比周勃政事比姚崇其爲學士臨邊年甫三
十天下已稱爲韓公嘉祐治平間再決大策以安社稷當
是時朝廷多故琦處危疑之際知無不爲或諫曰公所爲
誠善萬一蹉跌豈惟身不自保恐家無處所琦歎曰是何
言也人臣盡力事君死生以之至於成敗天也豈可豫憂
其不濟遂輟不爲哉聞者愧服在魏都久遼使每過移牒
必書名曰以韓公在此故也忠彥使遼遼主問知其貌類
父即命工圖之其見重於外國也如此琦天資朴忠折節
下士無貴賤禮之如一尤以獎拔人才爲急儻公論所與

雖意所不悅亦收用之故得人爲多選飭群司皆使奉法
循理其所建請第顧義所在無適莫心在相位時王安石
有盛名或以爲可用琦獨不然之及守相陛辭神宗曰卿
去誰可屬國者王安石何如琦曰安石爲翰林學士則有
餘處輔弼之地則不可上不答其鎮大名也魏人爲立生
祠相人愛之如父母有鬬訟傳相勸止曰勿撓吾侍中也
與富弼齊名號稱賢相人謂之富韓云徽宗追論琦定策
勳贈魏郡王子五人忠彥端彥純彥粹彥嘉彥端彥右贊
善大夫純彥官至徽猷閣直學士粹彥爲吏部侍郎終龍
圖閣學士嘉彥尚神宗女齊國公主拜駙馬都尉終瀛海

軍承宣使
忠彥字師朴少以父任爲將作監簿復舉進士琦罷政忠彥以祕書丞召試館職除校理同知太常禮院爲開封府判官三司鹽鐵判官出通判永寧軍召還爲戶部判官琦薨服除爲直龍圖閣權天章閣待制知瀛州朝廷以夏人囚廢其主秉常用兵西方既下米脂等城砦數十夏人求救于遼遼人移書繼至會遣使賀遼主生辰神宗以命忠彥遂以給事中奉使遼遣趙資睦迓之語及西事忠彥曰此小役也何問爲遼主使其臣王言數燕于館言數問夏國胡罪而中國兵不解無失兩朝之懽則善矣忠彥曰問

罪西夏於二國之好何預乎使還時官制行章惇爲門下侍郎奏給事中東省屬官封駮宜先稟而後上忠彥奏朝廷之事執政之所行也事當封駮則與執政固已異矣尚何稟議之有詔從其請左僕射王珪爲南郊大禮使事之當下者自從其所畫旨忠彥以官制駮之曰今事于南郊者大禮使既不從中書旨處分出一時者又不從中書奏審官制之行曾未期月而廟堂自渝之後將若之何乃詔事無鉅細必經三省而後行拜禮部尚書以樞密直學士知定州元祐中召爲戶部尚書擢尚書左丞弟嘉彥尚主改同知樞密院事遷知院事哲宗親政更用大臣言者觀望爭言垂簾時事忠彥言昔仁宗始政當時亦多譏斥章獻時事仁宗惡其持情近薄下詔戒飭陛下能法仁祖用心則善矣以觀文殿學士知真定府移定州忠彥在西府以用兵西方非是願以所取之地棄還之以息民力至是言者以爲言降資政殿學士改知大名府徽宗即位以吏部尚書召拜門下侍郎忠彥陳四事一曰廣仁恩二曰開言路三曰去疑似四曰戒用兵踰月拜尚書右僕射兼中書侍郎上用忠彥言數下詔蠲天下逋責盡還流人而甄敘之忠直敢言若知名之士稍見收用進左僕射兼門下侍郎封儀國公而曾布爲右相多不協言事者助布排忠

彥以觀文殿大學士知大名府又以欽聖欲復廢后爲忠彥罪再降太中大夫懷州居住又論忠彥在相位不應棄湟州謫崇信軍節度副使濟州居住逮復湟鄯又謫磁州團練副使復太中大夫遂以宣奉大夫致仕卒年七十二子治徽宗時爲太僕少卿出知相州以疾丐祠命其子肖胄代之別有傳

論曰琦相三朝立二帝厥功大矣當治平危疑之際兩宮幾成嫌隙琦處之裕如卒安社稷人服其量歐陽脩稱其臨大事決大議垂紳正笏不動聲色措天下於泰山之安可謂社稷之臣豈不信哉忠彥世濟其美繼登相位宜矣

曾公亮字明仲泉州晉江人舉進士甲科知會稽縣民田
鏡湖旁每患湖溢公亮立斗門泄水入曹娥江民受其利
坐父買田境中謫監湖州酒久之爲國子監直講改諸王
府侍講歲滿當用故事試館職獨獻所爲文授集賢校理
天章閣侍講修起居注擢天章閣待制賜金紫先是待制
不改服仁宗面錫之曰朕自講席賜卿所以尊寵儒臣也
遂知制誥兼史館修撰爲翰林學士判三班院三班吏叢
猥非賕謝不行貴游子弟多倚勢請謁公亮擿前後章程
視以從事吏不能舉手以端明殿學士知鄭州爲政有能
聲盜悉竄他境至夜户不閉甞有使客亡橐中物移書詰

盜公亮報吾境不藏盜殆從者之廋耳索之果然復入爲
翰林學士知開封府未幾擢給事中參知政事加禮部侍
郎除樞密使嘉祐六年拜吏部侍郎同中書門下平章事
集賢殿大學士公亮明練文法更踐久習知朝廷臺閣典
憲首相韓琦每咨訪焉仁宗末年琦請建儲與公亮等共
定大議密州民田產銀或盜取之大理當以彊公亮曰此
禁物也取之雖彊與盜物民家有間矣固爭之遂下有司
議比劫禁物法盜得不死初東州人多用此抵法自是無
死者契丹縱人漁界河又數通鹽舟吏不敢禁皆謂與之
校且生事公亮言萌芽不禁後將奈何雄州趙滋勇而有

謀可任也使諭以指意邊害訖息英宗即位加中書侍郎
兼禮部尚書尋加户部尚書帝不豫遼使至不能見命公
亮宴于館使者不肯赴公亮質之曰錫宴不赴是不虔君
命也人主有疾而必使親臨處之安乎使者即就席神宗
即位加門下侍郎兼吏部尚書熈寧二年進昭文館大學
士累封魯國公以老避位三年九月拜司空兼侍中河陽
三城節度使集禧觀使明年起判永興軍先是慶卒叛既
伏誅而餘黨越佚自陝以西皆警備閱義勇益邊兵移内
地租賦人情騷然公亮一鎮以靜次第奏罷之專務裁抑
冗費長安豪喜造飛語聲言營卒怨減削謀以上元夜結

外兵爲亂邦人大恐或勸毋出游公亮不爲動張燈縱觀
與賓佐竟夕乃歸居一歲還京師旋以太保致仕元豐元
年卒年八十帝臨哭輟朝三日贈太師中書令謚曰宣靖
配享英宗廟庭及葬御篆其碑首曰兩朝顧命定策亞勳
之碑公亮方厚莊重沈深周密平居謹繩墨蹈規矩然性
吝嗇殖貨至鉅萬帝嘗以方張安世初薦王安石及同輔
政知上方向之陰爲子孫計凡更張庶事一切聽順而外
若不與之者嘗遣子孝寬參其謀至上前略無所異於是
帝益信任安石安石德其助已故引擢孝寬至樞密以報
之蘇軾嘗從容責公亮不能救正公亮曰上與介甫如一

人此乃天也世譏其持祿固寵云子孝寬從子孝廣孝蘊

孝寬字令綽以蔭知桐城縣選知咸平縣民詣府訴雨傷麥府以妄杖之孝寬躬行田辨其實得蠲賦除祕閣修撰提點開封府界鎮縣保甲法行民相驚言且籍爲兵知府韓維上言乞候農隙行之孝寬牓十七縣揭賞告捕扇惑者民兵不敢訴維之言不得行入知審官東院判刑部熙寧五年遷樞密都承旨承旨用文臣自孝寬始擢拜樞密直學士簽書樞密院丁父憂除喪以端明殿學士知河陽徙鄆鄆有孟子廟孝寬請於朝得封鄒國公配享孔子連徙鎮以吏部尚書召道卒年六十六贈右光祿大夫

孝廣字仲錫元豐末爲北外都水丞元祐中大臣議復河故道召孝廣問之言不可出通判保州又之復爲都水丞前此班行使臣部木栰至者須校驗無所失亡乃得送銓監吏傾賕謝不時遣孝廣治籍疏姓名謹其去留一歲中歸選者百輩除京西轉運判官入爲水部員外郎河決內黃詔孝廣行視遂疏蘇村鑿鉅野導河北流紓澶滑深瀛之害遷都水使者洛水頻歲溢涌浸齧北岸孝廣按河隄得廢澾口遺迹曰此昔人所以殺水勢也即日濬決之累石爲防自是無水患出提點永興路刑獄陝西京西轉運副使還爲左司郎中權戶部侍郎進尚書坐錢帛不給費罷爲天章閣待制知杭州又以前聘契丹失奉使體奪職尋復之移知潭州加顯謨閣直學士知鄆州孝廣與胡安國鄒浩善皆大觀中忤時相御史論之復奪職知饒州踰年徙廣州歷成德軍太原府得故職以卒年六十贈正議大夫孝廣涖官以嚴稱獲盜輒碎其手焉

孝蘊字處善紹聖中管幹發運司糴糶事建言揚之瓜洲潤之京口常之奔牛易堰爲牐以便漕運商賈既成公私便之提舉兩浙常平改轉運判官知臨江軍召爲左司員外郎遷起居舍人時京邑有盜徽宗怒期三日不獲坐尹罪孝蘊奏求盜急則逃益遠小緩當自出從其言得盜崇

寧建殿中省擢爲監居數月言者論其與張商英善以集賢殿修撰出知襄州徙江淛荊淮發運泗州議開直河以避漲溢沙石之害孝蘊以淮汴不相接不可成既而工役大集竟成之策勳第賞辭不受未幾河果塞召爲戶部侍郎帝嘗問右曹儲物幾何疾作不能對徙工部以顯謨閣待制知杭州其後坐累連削黜至貶安遠軍節度副使宣和二年始復天章閣待制知歙州方臘起青溪孝蘊約敕郡內無得奔擾分兵守阨塞有避賊來歸者獲罪使出境人稍恃以安會移青州既行而歙陷道改杭州時賊已破杭孝蘊單車至城下城既克復軍士多殺人孝蘊下令脅

從者得自首無輒殺皆東手不敢驁論功進顯謨閣直學士又加龍圖閣學士卒年六十五贈通議大夫

陳升之字暘叔建州建陽人舉進士歷知封州漢陽軍入爲監察御史右司諫改起居舍人知諫院時俗好藏去交親尺牘有訟則轉相告言有司據以推詰升之謂此告訐之習也請禁止之又言三館爲搢紳華途近者用人益輕遂爲貴游進取之階請嚴其選詔自今臣僚乞子孫恩者毋得除館閣著作佐郎王璀遇殿帥郭承祐於道詗怒不下馬執送府升之言京官不宜爲節度使下馬因劾承祐驕恣解其任張堯佐緣後宫親爲三司使尋爲宣徽使內

侍王守忠領兩鎮留後求升正班御史張昪補郡又不召彭思永論事令窮問所從來唐介擊宰相斥嶺南升之皆極諫遷侍御史知雜事凡任言責五年所上數十百事然持論不堅以故不盡施用擢天章閣待制河北都轉運使知瀛州真定府加龍圖閣直學士復知諫院上言天下州縣治否朝廷不能周知悉付之轉運使今選用不精又無考課非闒滯罷懦則淩肆刻薄所以疾苦愁歎壅於上聞必欲垂意元元宜從此始乃詔翰林學士承旨孫抃權御史中丞張昪與升之同領磨勘轉運使及提點刑獄功務升之初爲諫官時嘗請抑絕內降詔許有司執奏勿下至是申言之詔委三省劾正其罪仍揭於朝堂文彥博乞罷相升之慮樞密使賈昌朝復用疏論其邪昌朝卒罷去遷樞密直學士知開封府歲餘拜樞密副使於是諫官御史唐介范師道呂誨趙抃王陶交章論升之陰結宦者故得大用仁宗以示升之升之丐去帝謂輔臣曰朕選用執政豈容內臣預議邪乃兩罷之以升之爲資政殿學士知定州徙太原府治平二年復拜樞密副使神宗立以母老請郡爲觀文殿學士知越州熙寧元年徙許中道改大名府過闕留知樞密院故事樞密使與知院事不並置時文彥博呂公著既爲使帝以升之三輔政欲稍異其禮故特命

之明年同制置三司條例司與王安石共事數月拜中書門下平章事集賢殿大學士升之既相遂請免條例司其說以爲宰相無所不統所領職事豈可稱司安石曰古之六卿即今之執政有司馬司徒司空各名一職何害於理升之曰若制置百司條例則可但今制置三司一官則不可由是忤安石稱疾歸卧逾十旬帝數敦諭乃出會母喪去位終制召爲樞密使足疾不能立朝七年冬祀又不能相禮拜鎮江軍節度使同平章事判揚州封秀國公卒年六十九贈太保中書令謚曰成肅升之深狡多數善傅會以取富貴王安石用事患正論盈庭引升之自助升之心

知其不可而竭力爲之用安石德之故使先已爲相甫得志即求解條例司又時爲小異陽若不與之同者世以是譏之謂之筌相升之初名旭避神宗嫌名改焉

吳充字沖卿建州浦城人未冠舉進士與兄育京方皆高第調穀熟主簿入爲國子監直講吳王宮教授等輩多與宗室狎充齒最少獨以嚴見憚相率設席受經充作六箴以獻曰視曰聽曰好曰學曰進德曰崇儉仁宗命繕寫賜皇族英宗在藩邸書之坐右除集賢校理判吏部南曹選人胡宗堯者翰林學士宿之子坐小累不得改京官判銓歐陽脩爲之請仇家譖脩以爲黨宿詔出脩同州充言脩

以忠直擢侍從不宜用讒逐若以爲私則臣願與脩同貶於是脩復留而充改知太常禮院張貴妃薨治喪越式判寺王洙命吏以印紙行文書不令同僚知充移開封治吏罪忤執政意出知高郵軍還爲群牧判官開封府推官歷知陝州京西淮南河東轉運使英宗立數問充所在會入覲語其爲吳王宮教授時事嘉勞之尋權鹽鐵副使熙寧元年知制誥神宗諭以任用意曰先帝知卿久矣遂同知諫院言士大夫親歿或棄殯數十年傷敗風化宜限期使葬詔著爲令河北水災地震爲安撫使使還王安石參知政事充子安持其壻也引嫌解諫職知審刑院權三司使

爲翰林學士三年拜樞密副使王韶取洮州蕃酋木征遁去充請招還故地縻以爵秩使自領所部永爲外臣無庸列置郡縣殫財屈力時方以闢拓付韶充言不用八年進檢校太傅樞密使充雖與安石連姻而心不善其所爲數爲帝言政事不便帝察其中立無與欲相之安石去遂代爲同中書門下平章事監修國史充欲有所變革乞召還司馬光呂公著韓維蘇頌乃薦孫覺李常程顥等數十人光亦以充可告語與之書曰自新法之行中外洶洶民困於煩苛迫於誅斂愁怨流離轉死溝壑日夜引領冀朝廷覺悟一變敝法幾年于茲矣今日救天下之急苟不罷青

苗免役保甲市易息征伐之謀而欲求成效猶惡湯之沸而益薪鼓橐也欲去此五者必先別利害以悟人主之心欲悟人主之心必先開言路今病雖已深猶未至膏肓失今不治遂爲痼疾矣充不能用王珪與充並相忌充陰掣其肘而充素惡蔡確確治相州獄捕安持及親戚官屬考治欲鉤致充語帝獨明其亡他及確預政充與議變法於前數爲所詆安南師出無功知諫院張璪又謂充與郭逵書止其進兵復置獄充既數遭同列困毀素病瘤積憂畏疾益侵元豐三年三月輿歸第罷爲觀文殿大學士西太一宮使踰月卒年六十贈司空兼侍中謚曰正憲充內行

修飭事兄甚謹爲相務安靜性沉密對家人語未嘗及國家事所言於上人莫知者將終戒妻子勿以私事干朝廷帝益悲之世謂充心正而力不足識其知不可而弗能勇退也子安詩安持安詩在元祐時爲諫官起居郎安持爲都水使者遷工部侍郎終天章閣待制安詩子儲安持子倅官皆員外郎坐與妖人張懷素通謀誅死

王珪字禹玉成都華陽人後徙舒曾祖永事太宗爲右補闕吳越納土受命往均賦至則悉除無名之筭民皆感泣使還或言其多弛賦租帝詰之對曰使新附之邦蒙天子仁恩臣雖得罪死不恨帝大悅珪弱歲奇警出語驚人從

兄琪讀其所賦嗜曰騏驥方生已有千里之志但蘭筋未就耳舉進士甲科通判揚州吏民皆少珪有大校嫚不謹捽置之法王倫犯淮南珪議出郊掩擊之賊遁去召直集賢院爲鹽鐵判官修起居注接伴契丹使北使過魏舊皆盛服入至是欲便服妾云衣冠在後乘珪命取授之使者愧謝遂爲賀正旦使進知制誥知審官院爲翰林學士知開封府遭母憂除喪復爲學士兼侍讀學士先是三聖並侑南郊而溫成廟享獻同太室珪言三后並配所以致孝也而瀆乎饗帝後宮有廟所以廣恩也而僭乎饗親於是專以太祖侑于郊而改溫成廟爲祠殿嘉祐立皇子中書

召珪作詔珪曰此大事也非面受旨不可明日請對曰海內望此舉久矣果出自聖意乎仁宗曰朕意決矣珪再拜賀始退而草詔歐陽脩聞而歎曰眞學士也帝宴寶文閣作飛白書分侍臣命珪識歲月姓名再宴群玉又使爲序以所御筆墨牋硯賜之英宗立當撰先帝謚珪言古者賤不誄貴幼不誄長故天子稱天以誄之制謚於郊若云受之於天者近制唯詞臣撰議庶僚不得參聞頗違稱天之義請令兩制共議從之濮王追崇典禮珪與侍從禮官合議宜稱皇伯三夫人改封大國執政不以爲然其後三夫人之稱卒如初議始珪之請對而作詔也有密譖之者英

宗在位之四年忽召至蘂珠殿傳詔令兼端明殿學士錫之盤龍金盆諭之曰祕殿之職非直器卿于翰墨間二府員缺即出命矣曩有讒口朕今釋然無疑珪謝曰非陛下至明臣死無日矣神宗即位遷學士承旨珪典內外制十八年最爲久次嘗因展事齋宮賦詩有所感帝見而憐之熙寧三年拜參知政事九年進同中書門下平章事集賢殿大學士元豐官制行由禮部侍郎超授銀青光祿大夫五年正三省官名拜尚書左僕射兼門下侍郎以蔡確爲右僕射先是神宗謂執政曰官制將行欲新舊人兩用之又曰御史大夫非司馬光不可珪確相顧失色珪憂甚不

知所出確曰陛下久欲收靈武公能任責則相位可保也珪喜謝確帝嘗欲召司馬光珪薦俞充帥慶使上平西夏策珪意以爲旣用兵深入必不召光雖召將不至已而光果不召永樂之敗死者十餘萬人實珪啓之八年帝有疾珪白皇太后請立延安郡王爲太子太子立是爲哲宗進珪金紫光禄大夫封岐國公五月卒於位年六十七特輟朝五日賻金帛五千贈太師謚曰文恭賜壽昌甲第珪以文學進流輩咸共推許其文閎侈瓌麗自成一家朝廷大典策多出其手詞林稱之然自執政至宰相凡十六年無所建明率道諛將順當時目爲三旨相公以其上殿進呈

云取聖旨上可否訖云領聖旨退諭禀事者云已得聖旨也紹聖中邢恕謗起黃履葉祖洽劉拯交論珪元豐末命事以爲當時兩府大臣嘗議奏請建儲珪輙語李清臣云他自家事外庭不當管恕又誘教高道裕子士京上奏言珪欲立雍王遣士京故兄士充傳道言語於禁中珪由是得罪追貶萬安軍司戶參軍削諸子籍徽宗即位還其官封蔡京秉政復奪贈謚政和中又復之珪季父罕從兄琪

罕字師言以蔭知宜興縣縣多湖田歲訴水輕重失其平罕躬至田處列高下爲圖明年訴牒至按圖示之某戶可免某戶不可免衆皆服范仲淹在潤奏下其式于諸道西方用兵仍年科箭羽于東南價踊貴富室至豫貯以待鬻罕白郡守倍其直市之而令民輸錢旁州聞之皆願如常州法累遷戶部判官修太宗別廟中貴人大處材將一新之罕白是特歲久丹漆黯闇但當致飾耳欂櫨皆如故唯易一楹省緡錢十萬出爲廣東轉運使儂智高入寇罕行部在潮廣州守仲簡自圍中遣書邀罕罕報曰吾家亦受困非不欲歸顧獨歸無益當求所以相濟者遂還惠州州之惡少年正相率爲盜里落驚擾惠人要罕出城及郊遮道求救護者數千計罕擇父老可語者問以策曰吾屬皆有田客欲給以兵使相保聚罕曰有田客者如是得矣無

者奈何乃呼耆長發里民補壯丁每長二百人又令邑尉增弓手二千已時下令約申而集募有方略者許以官秩金帛使爲甲首久之無至者有婦人訴爲僕奪釵珥捕得之并執奪攘者十八輩皆梟首決口置道左傳曰此耆長發爲壯丁不肯行者也觀者始有怖色至期得六百人尉所部亦至於是染庫帛爲旗授之割牛革爲盾形柔之湯中每盾削竹籤十六穿于革以木爲鼻使持之自蔽斷苦竹數千銛其末使操爲兵悉出公私戎器檄告屬城儆而行之數日衆大振向之惡少年皆隷行伍無敢動乃簡卒三千方舟建旗伐鼓作樂順流而下將至廣悉衆登岸斬

木為鹿角積高數仞營于南門智高戴黄蓋臨觀相去三十步見已嚴備不敢犯罕徐開門而入智高遂解去時南道郵驛斷絶罕上事不得通而提點刑獄鮑軻逗遛南雄數具奏及賊平軻受賞罕謫監信州酒安撫使孫沔言罕實有功復以為西路轉運使或傳智高不死走火峒儂宗旦據險聚衆邕守蕭注謀擊之罕呼宗旦子日新謂之曰汝父內為交阯所仇外為邊將希賞之餌非計也汝歸報擇利而為之於是父子俱降徙知潭州擢戶部度支副使復為潭州為政務適人情不加威罰有狂婦數訴事出言無章却之則勃罵前守每叱逐之罕獨引至前委曲徐問

四范 傳七十一 二十四

久稍可曉乃本為人妻無子夫死妾有子遂逐婦而據家資屢訴不得直因憤恚發狂罕為治妾而反其資婦良愈郡人傳為神明監司上治狀敕書褒諭賜絹三百徙知明州以光祿卿卒年八十兄之子珪少孤罕教養有恩後珪貴每予書必以盛滿為戒云

琪字君玉兒童時已能為歌詩起進士調江都主簿上時務十二事請建義倉置營田減度僧罷鬻爵禁錦綺珠貝行鄉飲籍田復制科興學校仁宗嘉之除館閣校勘集賢校理帝宴太清樓命館閣臣作山水石歌琪獨蒙褒賞詔通判舒州歲饑奏發廩救民未報先振以公租守以下皆

不聽琪挺身任之知復州民毆佃客死吏論如律琪疑之留未決已而新制下凡如是者聽減死歷開封府推官直集賢院兩浙淮南轉運使修起居注鹽鐵判官判戶部勾院知制誥嘗入對便殿帝從容謂曰卿雅有心計若三司缺使當無以易卿會奉使契丹因感疾還上介誣其詐責信州團練副使久之以龍圖閣待制知潤州轉運使欲浚常潤漕河琪陳其不便詔寢役而後議者卒請廢古城埭破古函管而浚之河反狹舟不得方行公私交病徙知江寧先是府多火災或託以鬼神人不敢救琪召令廂邏具為作賞捕之法未幾得姦人誅之火患遂息復知制誥加

四〇二十三 列傳 傳七十一 二十五 刘德甫

樞密直學士知鄧州徙揚州入判太常寺又出知杭州復為揚州潤州以禮部侍郎致仕卒年七十二琪性孤介不與時合數臨東南名鎮政尚簡靜每疾俗吏飾廚傳以沽名譽故待賓客頗闊略間造飛語起謗終不自恤葬于真州詔真揚二州發卒護其喪蓋異數也

論曰公亮靜重鎮浮練達典憲與韓琦並相號稱老成外之自為言官即著直聲然皆挾術任數公亮疾琦專任薦王安石以間之升之陰助安石陽為異同以避清議二人措慮如此豈誠心謀國者乎新法之行何望其能正救也及安石去位充珪實代之天下喁喁思有所休息充力不

違心同僚左掣右伺至歔欷以死傷哉其不足與有行也
珪容身固位於勢何所重輕而陰忌正人以濟其患失之
謀鄙夫可與事君也與哉

列傳卷第七十一

列傳卷第七十二　宋史三百十三

開府儀同三司上柱國錄軍國重事前中書右丞相監修國史領經筵事都總裁臣脫脫等奉
勑修

富弼 子紹庭　文彥博

富弼字彥國河南人初母韓有娠夢旌旗鶴鴈降其庭云有天赦已而生弼少篤學有大度范仲淹見而奇之曰王佐才也以其文示王曾晏殊殊妻以女仁宗復制科仲淹謂弼子當以是進舉茂材異等授將作監丞簽書河陽判官仲淹坐爭廢后事貶弼上言是一舉而二失也縱未能復后宜還仲淹不聽通判絳州遷直集賢院趙元昊反弼疏陳八事乞斬其使者召爲開封府推官知諫院康定元年日食正旦弼請罷宴徹樂就館賜北使酒食執政不可弼曰萬一契丹行之爲朝廷羞後聞契丹果罷宴帝深悔之時禁臣僚越職言事弼因論日食極言應天變莫若通下情遂除其禁元昊寇鄜延破金明鈐轄盧守懃不救內侍黃德和引兵走大將劉平戰死德和誣其降賊弼請按竟其獄德和坐要斬夏守斌爲陝西都部署又以入內都知王守忠爲鈐轄弼言用守斌既爲天下笑今益以守忠殆與唐監軍無異守懃德和覆

車之轍可復蹈乎詔罷守忠又請令宰相兼領樞密院時西夏首領二人來降但補借奉職弼言當厚賞以勸來者事下中書宰相初不知也弼歎曰此豈小事而宰相不知邪更極論之於是從弼言除鹽鐵判官史館修撰奉使契丹慶曆二年爲知制誥糾察在京刑獄堂吏有僞爲僧牒者開封不敢治弼白執政請以吏付獄呂夷簡不悅會契丹屯兵境上遣其臣蕭英劉六符來求關南地朝廷擇報聘者皆以其情叵測莫敢行夷簡因是薦弼歐陽脩引顔真卿使李希烈事請留之不報弼即入對叩頭曰主憂臣辱臣

不敢愛其死帝爲動色先以爲接伴英等入境中使迎勞之英託疾不拜弼曰昔使北病臥車中聞命輒起今中使至而君不拜何也英矍然起拜弼開懷與語英感悅亦不復隱其情遂密以其主所欲得者告曰可從從之不然以一事塞之足矣弼具以聞帝唯許增歲幣仍以宗室女嫁其子進弼樞密直學士辭曰國家有急義不憚勞柰何逆以官爵賂之遂爲使報聘既至六符來館客弼見契丹主問故契丹主曰南朝違約塞鴈門增塘水治城隍籍民兵將以何爲群臣請舉兵而南吾以謂不若遣使求地求而不獲

舉兵未晚也弼曰北朝忘章聖皇帝之大德乎澶淵之役苟從諸將言北兵無得脫者且北朝與中國通好則人主專其利而臣下無獲若用兵則利歸臣下而人主任其禍故勸用兵者皆爲身謀耳契丹主驚曰何謂也弼曰晉高祖欺天叛君末帝昏亂土宇狹小上下離叛故契丹全師獨克然壯士健馬物故太半今中國提封萬里精兵百萬法令脩明上下一心北朝欲用兵能保其必勝乎就使其勝所亡士馬群臣當之歟抑人主當之歟若通好不絕歲幣盡歸人主群臣何利焉契丹主大悟首肯者久之弼又曰塞

鴈門者以備元昊也塘水始於何承矩事在通好前城隍皆修舊民兵亦補闕非違約也契丹主曰微卿言吾不知其詳然所欲得者祖宗故地耳弼曰晉以盧龍賂契丹周世宗復取關南皆異代事若各求地豈北朝之利哉既退六符曰吾主恥受金帛堅欲十縣何如弼曰本朝皇帝言朕爲祖宗守國豈敢妄以土地與人北朝所欲不過租賦爾朕不忍多殺兩朝赤子故屈己增幣以代之若必欲得地是志在敗盟假此爲詞耳澶淵之盟天地鬼神實臨之今北朝首發兵端過不在我天地鬼神其可欺乎明日契丹主

召弼同獵引弼馬自近又言得地則歡好可久弼反覆陳必不可狀且言北朝既以得地爲榮南朝必以失地爲辱兄弟之國豈可使一榮一辱哉獵罷六符曰吾主聞公榮辱之言意甚感悟今惟有結昏可議耳弼曰婚姻易生嫌隙本朝長公主出降齎送不過十萬緡豈若歲幣無窮之利哉契丹主諭弼使歸曰俟卿再至當擇一受之卿其遂以誓書來弼歸復命復持二議及受口傳之詞于政府以往行次樂壽謂副使張茂實曰吾爲使者而不見國書脫書詞與口傳異吾事敗矣啓視果不同即馳還都以晡時入見

易書而行及至契丹不復求婚專欲增幣曰南朝遺我之辭當曰獻否則曰納弼爭之契丹主曰南朝既懼我矣於二字何有若我擁兵而南得無悔乎弼曰本朝兼愛南北故不憚更成何名爲懼或不得已至於用兵則當以曲直爲勝負非使臣之所知也契丹主曰卿勿固執古亦有之弼曰自古唯唐高祖借兵於突厥當時贈遺或稱獻納其後頡利爲太宗所擒豈復有此禮哉弼聲色俱厲契丹知不可奪乃曰吾當自遣人議之復使劉六符來弼歸奏曰臣以死拒之彼氣折矣可勿許也朝廷竟以納字與之始受命

聞一女卒再命聞一子生皆不顧又除樞密直學士遷翰林學士皆懇辭曰增歲幣非臣本志特以方討元昊未暇與角故不敢以死爭其敢受乎三年拜樞密副使辭之愈力改授資政殿學士兼侍讀學士七月復拜樞密副使弼言契丹既結好議者便謂無事萬一敗盟臣死且有罪願陛下思其輕侮之恥坐薪嘗膽不忘修政以詔納上前而罷踰月復申前命使宰相諭之曰此朝廷特用非以使遼故也弼乃受帝銳以太平責成宰輔數下詔督弼與范仲淹等又開天章閣給筆札使書其所欲爲者且命仲淹主西事

弼主北事弼上當世之務十餘條及安邊十三策大略以進賢退不肖止僥倖去宿弊爲本欲漸易監司之不才者使澄汰所部吏於是小人始不悅矣元昊遣使以書來稱男不稱臣弼言契丹臣元昊而我不臣則契丹爲無敵於天下不可許乃却其使卒臣之四年契丹受禮雲中且發兵會元昊伐呆兒族於河東爲近帝疑二邊同謀弼曰兵出無名契丹不爲也元昊本與契丹約相左右今契丹獨獲重幣元昊有觖言故城威塞以備之呆兒屢寇威塞契丹疑元昊使之故爲是役安能合而寇我哉或請調發爲備弼

曰如此正墮其計臣請往之帝乃止契丹卒不動夏
竦不得志中弼以飛語弼懼求宣撫河北還以資政
殿學士出知鄆州歲餘讒不驗加給事中移青州兼
京東路安撫使河朔大水民流就食弼勸所部民出
粟益以官廩得公私廬舍十餘萬區散處其人以便
薪水官吏自前資待缺寄居者皆賦以祿使即民所
聚選老弱病瘠者廩之仍書其勞約他日爲奏請受
賞率五日輒遣人持酒肉飯糗慰藉出於至誠人人
爲盡力山林陂澤之利可資以生者聽流民擅取死
者爲大冢葬之目曰叢冢明年麥大熟民各以遠近

受粮歸凡活五十餘萬人募爲兵者萬計帝聞之遣
使褒勞拜禮部侍郎弼曰此守臣職也辭不受前此
救災者皆聚民城郭中爲粥食之蒸爲疾疫及相蹈
藉或待哺數日不得粥而仆名爲救之而實殺之自
弼立法簡便周盡天下傳以爲式王則叛齊州禁兵
欲應之或詣弼告齊非弼所部恐事泄變生適中貴
人張從訓銜命至青弼度其可用密付以事使馳至
齊發吏卒取之無得脫者即自劾顓擅之罪帝益嘉
之復以爲禮部侍郎又辭不受遷大學士徙知鄭蔡
河陽加觀文殿學士改宣徽南院使判并州至和二

年召拜同中書門下平章事集賢殿大學士與文彥
博並命宣制之日士大夫相慶於朝帝微覘知之以
語學士歐陽脩曰古之命相或得諸夢卜豈若今日
人情如此哉脩頓首賀帝弗豫大臣不得見中外憂
慄弼彥博入問疾因託禳禬事止宿連夕每事皆關
白乃行宮內肅然語在彥博傳嘉祐三年進昭文館
大學士監修國史弼爲相守典故行故事而傅以公
議無容心於其間當是時百官任職天下無事六年
三月以母憂去位詔爲罷春宴故事執政遭喪皆起
復帝虛位五起之弼謂此金革變禮不可施於平世

卒不從命英宗立召爲樞密使居二年以足疾求解
拜鎮海軍節度使同中書門下平章事判揚州封祁
國公進封鄭熈寧元年徙判汝州詔入覲許肩輿至
殿門神宗御內東門小殿令其子掖以進且命毋拜
坐語從容訪以治道弼知帝果於有爲對曰人主好
惡不可令人窺測可測則姦人得以傅會當如天之
監人善惡皆所自取然後誅賞隨之則功罪無不得
其實矣又問邊事對曰陛下臨御未久當布德行惠
願二十年口不言兵帝默然至日昃乃退欲以集禧
觀使留之力辭赴郡明年二月召拜司空兼侍中賜

甲第悉辭之以左僕射門下侍郎同平章事時有為
帝言災異皆天數非關人事得失所致者弼聞而歎
曰人君所畏惟天若不畏天何事不可為者此必姦
人欲進邪說以搖上心使輔拂諫爭之臣無所施其
力是治亂之機不可以不速救即上書數千言力論
之又言君子小人之進退繫王道之消長願深加辨
察勿以同異為喜怒喜怒為用捨陛下好使人伺察
外事故姦險得志又多出親批若事事皆中亦非為
君之道脫十中七八積日累月所失亦多今中外之
務漸有更張大抵小人惟喜生事願深燭其然無使
有悔是時久旱群臣請上尊號及用樂帝不許而以
同天節契丹使當上壽故未斷其請弼言此盛德事
正當以此示之乞并罷上壽帝從之即日雨弼又上
疏願益畏天戒遠姦佞近忠良帝手詔褒荅之王安
石用事雅不與弼合弼度不能爭多稱疾求退章數
十上神宗將許之問曰卿即去誰可代卿者弼薦文
彥博神宗默然良久曰王安石何如弼亦默然拜武
寧節度使同中書門下平章事判河南改亳州青苗
法出弼以謂如是則財聚於上人散於下持不行提
舉官趙濟劾弼格詔旨侍御史鄧綰又乞付有司鞫

治乃以僕射判汝州安石曰弼雖責猶不失富貴昔
鯀以方命殛共工以象恭流弼兼此二罪止奪使相
何由沮姦帝不荅弼言新法臣所不曉不可以治郡
願歸洛養疾許之遂請老加拜司空進封韓國公致
仕弼雖家居朝廷有大利害知無不言郭逵討安南
乞詔逵擇利進退以全王師契丹爭河東地界言其
不可許星文有變乞開廣言路又請速改新法以解
倒懸之急帝雖不盡用而眷禮不衰嘗因安石有所
建明却之曰富弼手疏稱老臣無所告訴但仰屋竊
歎者即當至矣其敬之如此元豐三年王堯臣之子
同老上言故父參知政事時當仁宗服藥嘗與弼及
文彥博議立儲嗣會翊日有瘳其事遂寢帝以問彥
博對與同老合帝始知至和時事嘉弼不自言以為
司徒六年八月薨年八十手封遺奏使其子紹庭上
之其大畧云陛下即位之初邪臣納說圖任之際聽
受失宜上誤聰明浸成禍患今上自輔臣下及多士
畏禍圖利習成敝風忠詞讜論無復上達臣老病將
死尚何顧求特以不忍上負聖明輒傾肝膽冀哀憐
愚忠曲垂采納去年永樂之役兵民死亡者數十萬
今久戍未解百姓困窮豈諱過恥敗不思救禍之時

乎天地至仁寧與羌夷校曲直勝負願歸其侵地休兵息民使關陝之間稍遂生理兼陝西再團保甲又葺教場州縣奉行勢併星火人情惶駭難以復用不若寢罷以綏懷之臣之所陳急於濟事若夫要道則在聖人所存與所用之人君子小人之辨耳陛下審觀天下之勢豈以爲無足慮邪帝覽奏震悼輟朝三日內出祭文致奠贈太尉謚曰文忠弼性至孝恭儉好修與人言必盡敬雖微官及布衣謁見皆與之亢禮氣色穆然不見喜愠其好善嫉惡出於天資常言君子與小人並處其勢必不勝君子不勝則奉身而

退樂道無悶小人不勝則交結搆扇千岐萬轍必勝而後已迨其得志遂肆毒於善良求天下不亂不可得也其終身皆出於此云元祐初配享神宗廟庭哲宗篆其碑首曰顯忠尚德命學士蘇軾撰文刻之紹聖中章惇執政謂弼得罪先帝罷配享至靖康初詔復舊典焉

紹庭字德先性靖重能守家法弼薨兩女與婿及甥皆同居紹庭待之與父時不殊一家之事毫髮不敢變族里稱焉歷宗正丞提舉三門白波輦運通判絳州建中靖國初除提舉河北西路常平辭曰熙寧變法之初先臣以不行青苗被罪臣不敢爲此官徽宗嘉之擢祠部員外郎未幾出知宿州卒年六十八子直柔紹興中同知樞密院事別有傳

文彥博字寬夫汾州介休人其先本敬氏以避晉高祖及宋翼祖諱改焉少與張昪高若訥從潁昌史炤學炤母異之曰貴人也待之甚厚及進士第知翼城縣通判絳州爲監察御史轉殿中侍御史西方用兵偏校有臨陳先退望敵不進者大將守著今皆申覆彥博言此可施之平居無事時爾今擁兵數十萬而將權不專兵法不峻將何以濟仁宗嘉納之黃德和

之誣劉平降虜也以金帶賂平奴使附已說以證平家二百口皆械繫詔彥博置獄于河中鞫治得實德和黨援盛謀翻其獄至遣他御史來彥博拒不納曰朝廷慮獄不就故遣君今案具矣宜亟還事或弗成彥博執其咎德和并奴卒就誅以直史館爲河東轉運副使鄜州餉道回遠銀城河外有唐時故道廢弗治彥博父洎爲轉運使日將復之未及而卒彥博嗣成父志益儲粟元昊來寇圍城十日知有備解去遷天章閣待制都轉運使連進龍圖閣樞密直學士知秦州改益州嘗擊毬鈐轄廨聞外喧甚乃卒長杖一

卒不伏呼入問狀令引出與杖又不受復呼入斬之竟趓乃歸召拜樞密副使參知政事貝州王則反明鎬討之久不克彥博請行命爲宣撫使旬日賊潰檻則送京師拜同中書門下平章事集賢殿大學士薦張瓌韓維王安石等恬退守道乞褒勸以厲風俗與樞密使龐籍議省兵凡汰爲民及給半廩者合八萬論者紛然謂必聚爲盜帝亦疑焉彥博曰今公私困竭正坐兵冗脫有難臣請死之其策訖行歸兵亦無事進昭文館大學士御史唐介劾其在蜀日以奇錦結宮掖因之登用介既貶彥博亦罷爲觀文殿大學

士知許州改忠武軍節度使知永興軍至和二年復以吏部尚書同中書門下平章事昭文館大學士與富弼同拜士大夫皆以得人爲慶語見弼傳三年正月帝方受朝疾暴作扶入禁中彥博呼內侍史志聰問狀對曰禁密不敢漏言彥博叱之曰爾曹出入禁闥不令宰相知天子起居欲何爲耶自今疾勢增損必以告不爾當行軍法又與同列劉沆富弼謀啓醮大慶殿因留宿殿廬志聰曰無故事彥博曰此豈論故事時耶知開封府王素夜叩宮門上變不使入明旦言有禁卒告都虞候欲爲亂沆欲捕治彥博召都

指揮使許懷德問都虞候何如人懷德稱其願可保彥博曰然則卒有怨誣之耳當亟誅之以靖衆乃請沆判狀尾斬於軍門先是弼用朝士李仲昌策自澶州商胡河穿六漯渠入橫壠故道北京留守賈昌朝素惡弼陰約內侍武繼隆令司天官二人俟執政聚時於殿庭抗言國家不當穿河于北方致上體不安彥博知其意有所在然未有以制之後數日二人又上言請皇后同聽政亦繼隆所教也史志聰以其狀白執政彥博視而懷之不以示同列而有喜色徐召二人詰之曰汝今日有所言乎曰然彥博曰天文變

異汝職所當言也何得輒預國家大事汝罪當族二人懼色變彥博曰觀汝直狂愚耳未忍治汝罪自今無得復然二人退乃出狀示同列同列皆憤怒曰奴敢爾僭言何不斬之彥博曰斬之則事彰灼於中宮不安衆皆曰善既而議遣司天官定六漯方位復使二人往繼隆白請留之彥博曰彼本不敢妄言有教之者耳繼隆默不敢對二人至六漯恐治前罪更言六漯在東北非正北也帝疾愈彥博等始歸第當是時京師業業賴彥博弼持重衆心以安沆密白帝曰陛下違豫時彥博擅斬告反者彥博聞之以沆判呈

帝意乃解御史吳中復乞召還唐介彥博因言介頃爲御史言臣事多中臣病其間雖有風聞之誤然當時責之太深請如中復奏時以彥博爲厚德乂之以河陽三城節度使同平章事判河南府封潞國公改鎮保平判大名府又改鎮成德遷尚書左僕射判太原府俄復鎮保平判河南丁母憂英宗即位起復成德軍節度使三上表乞終喪許之初仁宗之不豫也彥博與富弼等乞立儲嗣仁宗許焉而後宮將有就館者故其事緩已而彥博去位其後弼亦以憂去彥博既服闋復以故官判河南有詔入覲英宗曰朕之

立卿之力也彥博竦然對曰陛下入繼大統乃先帝聖意皇太后協贊之力臣何力之有兼陛下登儲纂極之時臣方在外皆韓琦等承聖志受顧命臣無與焉帝曰備聞始議卿於朕有恩彥博遜避不敢當帝曰暫煩西行即召還矣尋除侍中徙鎮淮南判永興軍入爲樞密使劍南西川節度使熙寧二年相陳升之詔彥博朝廷宗臣其令升之位彥博下以稱遇賢之意彥博曰國朝樞密使無位宰相上者獨曹利用嘗在王曾張知白上臣忝知禮義不敢效利用所爲以紊朝著固辭乃止夏人犯大順慶帥李復圭以陳

圖方略授鈐轄李信等趣使出戰及敗乃妄奏信罪彥博暴其非宰相王安石曲誅信等秦人冤之慶州兵亂彥博言於帝曰朝廷行事務合人心宜兼采衆論以靜重爲先陛下厲精求治而人心未安蓋更張之過也祖宗法未必皆不可行但有偏而不舉之敝爾安石知爲己發奮然排之曰求去民害何爲不可若萬事隳脞乃西晉之風何益於治御史張商英欲附安石摭樞密使他事以搖彥博坐不實貶彥博在樞府九年又以極論市易司監賣果實損國體斂民怨爲安石所惡力引去拜司空河東節度使判河陽

徙大名府身雖在外而帝眷有加時監司多新進少年轉運判官汪輔之輒奏彥博不事事帝批其奏以付彥博曰以侍中舊德故煩卧護北門細務不必勞心輔之小臣敢爾無禮將別有處置未幾罷去初選人李公義者請以鐵龍爪治河宦者黃懷信沿其制爲濬川杷天下指笑以爲兒戲安石獨信之遣都水丞范子淵行其法子淵奏用杷之功水悉歸故道退出民田數萬頃詔大名核實彥博言河非杷可濬雖甚愚之人皆知無益臣不敢雷同罔上疏至帝不悅復遣知制誥熊本等行視如彥博言子淵乃請覲

言本等見安石罷意彥博復相故傳會其説御史蔡確亦論本奉使無狀本等皆得罪獨彥博勿問尋加司徒元豐三年拜太尉復判河南於是王同老言至和中議儲嗣事彥博適入朝神宗問之彥博以前對英宗者復于帝曰先帝天命所在神器有歸實仁祖知子之明慈聖擁佑之力臣等何功帝曰雖云天命亦繫人謀卿深厚不伐善陰德如丙吉真定策社稷臣也彥博曰如周勃霍光是爲定策自至和以來中外之臣獻言甚衆臣等雖嘗有請弗果行其後韓琦等訖就大事蓋琦功也帝曰發端爲難是時仁祖意

已定嘉祐之末止申前詔爾正如丙吉霍光不相掩也遂加彥博兩鎮節度使辭不拜將行賜宴瓊林苑兩遣中謁者遺詩祖道當世榮之王中正經制邊事所過稱受密旨募禁兵將之而西彥博以無詔拒之中正亦不敢募而去久之請老以太師致仕居洛陽元祐初司馬光薦彥博宿德元老宜起以自輔宣仁后將用爲三省長官而言事者以爲不可乃命平章軍國重事六日一朝一月兩赴經筵恩禮甚渥然彥博無歲不求退居五年復致仕紹聖初章惇秉政言者論彥博朋附司馬光詆毀先烈降太子少保卒年

九十二崇寧中預元祐黨籍後特命出籍追復太師謚曰忠烈彥博逮事四朝任將相五十年名聞四夷元祐間契丹使耶律永昌劉霄來聘蘇軾館客與使入覲望見彥博於殿門外却立改容曰此潞公也邪問其年曰何壯也軾曰使者見其容未聞其語其綜理庶務雖精練少年有不如其貫穿古今雖專門名家有不逮使者拱手曰天下異人也既歸洛西羌首領温溪心有名馬請於邊吏願以餽彥博詔許之其爲外國所敬如此彥博雖窮貴極富而平居接物謙下尊德樂善如恐不及其在洛也洛人邵雍程顥兄

弟皆以道自重賓接之如布衣交與富弼司馬光等十三人用白居易九老會故事置酒賦詩相樂序齒不序官爲堂繪像其中謂之洛陽耆英會好事者莫不慕之神宗導洛通汴而主者遏絶洛水不使入城中洛人頗患苦之彥博因中使劉惟簡至洛語其故惟簡以聞詔令通行如初遂爲洛城無窮之利彥博八子皆歷要官第六子及甫初以大理評事直史館與邢恕相善元祐初爲吏部員外郎以直龍圖閣知同州彥博平章軍國及甫由右司員外郎引嫌改衛尉光禄少卿彥博再致仕及甫知河陽召爲太僕卿

權工部侍郎罷爲集賢殿脩撰提舉明道宫蔡渭邢恕持又甫私書造梁燾劉摯之謗逮詣詔獄及甫有憾於元祐從而實之亦坐奪職未幾復之卒

論曰國家當隆盛之時其大臣必有耆艾之福推其有餘足芘當世富弼再盟契丹能使南北之民數十年不見兵革仁人之言其利博哉文彦博立朝端重顧盼有威遠人來朝仰望風采其德望固足以折衝禦侮於千里之表矣至於公忠直亮臨事果斷皆有大臣之風又皆享高壽於承平之秋至和以來共定大計功成退居朝野倚重熙豐而降弼彦博相繼以老憸人無忌善類淪胥而宋業衰矣書曰番番良士旅力既愆我尚有之豈不信然哉

列傳卷第七十二

列傳卷第七十三　宋史三百十四

開府儀同三司上柱國錄軍國重事中書右丞相監修國史領經筵事都總裁臣脫脫等奉

勅修

范仲淹 子純祐 純禮 純粹　范純仁 子正平

范仲淹字希文唐宰相履冰之後其先邠州人也後徙家江南遂爲蘇州吳縣人仲淹二歲而孤母更適長山朱氏從其姓名說少有志操既長知其世家廼感泣辭母去之應天府依戚同文學晝夜不息冬月憊甚以水沃面食不給至以糜粥繼之人不能堪仲淹不苦也舉進士第爲廣德軍司理參軍迎其母歸養改集慶軍節度推官始還姓更其名監泰州西溪鹽稅遷大理寺丞徙監楚州糧料院母喪去官晏殊知應天府聞仲淹名召寘府學上書請擇郡守舉縣令斥游惰去冗僭愼選舉撫將帥凡萬餘言服除以殊薦爲祕閣校理仲淹汎通六經長於易學者多從質問爲執經講解亡所倦嘗推其奉以食四方遊士諸子至易衣而出仲淹晏如也每感激論天下事奮不顧身一時士大夫矯厲尚風節自仲淹倡之天聖七年章獻太后將以冬至受朝天子率百官上壽仲淹極言之且曰奉親于內自有家人禮顧與百官同

列南面而朝之不可爲後世法且上疏請太后還政不報尋通判河中府徙陳州時方建太一宮及洪福院市材木陝西仲淹言昭應壽寧天戒不遠今又侈土木破民產非所以順人心合天意也宜罷修寺觀減常歲市木之數以蠲除積負又言恩倖多以內降除官非太平之政事雖不行仁宗以爲忠太后崩召爲右司諫言事者多暴太后時事仲淹曰太后受遺先帝調護陛下者十餘年宜掩其小故以全后德帝爲詔中外毋輒論太后時事初太后遺誥以太妃楊氏爲皇太后參決軍國事仲淹曰太后母號也自古

無因保育而代立者今一太后崩又立一太后天下且疑陛下不可一日無母后之助矣歲大蝗旱江淮京東滋甚仲淹請遣使循行未報乃請間曰宮掖中半日不食當何如帝惻然迺命仲淹安撫江淮所至開倉振之且禁民淫祀奏蠲廬舒折役茶江東丁口鹽錢且條上捄敝十事會郭皇后廢率諫官御史伏閤爭之不能得明日將留百官揖宰相廷爭方至待漏院有詔出知睦州歲餘徙蘇州州大水民田不得耕仲淹疏五河導太湖注之海募人興作未就尋徙明州轉運使奏留仲淹以畢其役許之拜尚書禮部

員外郎天章閣待制召還判國子監遷吏部員外郎權知開封府時呂夷簡執政進用者多出其門仲淹上百官圖指其次第曰如此爲序遷如此爲不次如此則公如此則私況進退近臣凡超格者不宜全委之宰相夷簡不悅他日論建都之事仲淹曰洛陽險固而汴爲四戰之地太平宜居汴即有事必居洛陽當漸廣儲蓄繕宮室帝問夷簡夷簡曰此仲淹迂闊之論也仲淹迺爲四論以獻大抵譏切時政且曰漢成帝信張禹不疑舅家故有新莽之禍臣恐今日亦有張禹壞陛下家法夷簡怒訴曰仲淹離間陛下君

臣所引用皆朋黨也仲淹對益切由是罷知饒州殿中侍御史韓瀆希宰相旨請書仲淹朋黨揭之朝堂於是祕書丞余靖上言曰仲淹以一言忤宰相遽加貶竄況前所言者在陛下母子夫婦之間乎陛下既優容之矣臣請追改前命太子中允尹洙自訟與仲淹師友且嘗薦己願從降黜館閣校勘歐陽脩以高若訥在諫官坐視而不言移書責之由是三人者皆坐貶明年夷簡亦罷自是朋黨之論興矣仲淹既去士大夫爲論薦者不已仁宗謂宰相張士遜曰向貶仲淹爲其密請建立皇太弟故也今朋黨稱薦如此

柰何再下詔戒敕仲淹在饒州歲餘徙潤州又徙越
州元昊反召爲天章閣待制知永興軍改陝西都轉
運使會夏竦爲陝西經略安撫招討使進仲淹龍圖
閣直學士以副之夷簡再入相帝諭仲淹使釋前憾
仲淹頓首謝曰臣鄉論蓋國家事於夷簡無憾也延
州諸砦多失守仲淹自請行遷戶部郎中兼知延州
先是詔分邊兵總管領萬人鈐轄領五千人都監領
三千人寇至禦之則官卑者先出仲淹曰將不擇人
以官爲先後取敗之道也於是大閱州兵得萬八千
人分爲六各將三千人分部教之量賊衆寡使更出

禦賊時塞門承平諸砦既廢用种世衡策城青澗以
據賊衝大興營田且聽民得互市以通有無又以民
遠輸勞苦請建鄜城爲軍以河中同華中下戶稅租
就輸之春夏徙兵就食可省糴十之三他所減不與
詔以爲康定軍明年正月詔諸路入討仲淹曰正月
塞外大寒我師暴露不如俟春深入賊馬瘦人饑勢
易制也況邊備漸修師出有紀賊雖猖獗固已懾其
氣矣鄜延密邇靈夏西羌必由之地也第按兵不動
以觀其釁許臣稍以恩信招來之不然情意阻絕臣
恐偃兵無期矣若臣策不効當舉兵先取綏宥據要

害也兵營田爲持久計則茶山橫山之民必挈族來
歸矣拓疆禦寇策之上也帝皆用其議仲淹又請修
承平永平等砦稍招還流亡定堡障通斥候城十二
砦於是羌漢之民相踵歸業久之元昊歸陷將高延
德因與仲淹約和仲淹爲書戒喻之會任福敗於好
水川元昊答書語不遜仲淹對來使焚之大臣以爲
不當輒通書又不當輒焚之宋庠請斬仲淹帝不聽
降本曹員外郎知耀州徙慶州遷左司郎中爲環慶
路經略安撫緣邊招討使初元昊反陰誘屬羌爲助
而環慶酋長六百餘人約爲鄉道事尋露仲淹以其

反復不常也至部即奏行邊以詔書犒賞諸羌閱其
人馬爲立條約若讎已和斷輒私報之及傷人者罰
羊百馬二已殺者斬負債爭訟聽告官爲理輒質縛
平人者罰羊五十馬一賊馬入界追集不赴隨本族
每戶罰羊二質其首領賊大入老幼入保本砦官爲
給食即不入砦本家罰羊二全族不至質其首領諸
羌皆受命自是始爲漢用矣改邠州觀察使仲淹表
言觀察使班待制下臣守邊數年羌人頗親愛臣呼
臣爲龍圖老子今退而與王興朱觀爲伍第恐爲賊
輕矣辭不拜慶之西北馬鋪砦當後橋川口在賊腹

中仲淹欲城之度賊必爭密遣子純祐與蕃將趙明
先據其地引兵隨之諸將不知所向行至柔遠始號
令之版築皆具旬日而城成即大順城是也賊覺以
騎三萬來戰佯北仲淹戒勿追已而果有伏大順既
城而白豹金湯皆不敢犯環慶自此寇益少明珠滅
臧勁兵數萬仲淹聞涇原欲襲討之上言曰二族道
險不可攻前日高繼嵩已喪師平時且懷反側今討
之必與賊表裏南入原州西擾鎮戎東侵環州邊患
未艾也若北取細腰胡蘆衆泉為堡障以斷賊路則
二族安而環州鎮戎徑道通徹可無憂矣其後遂築

細腰胡蘆諸砦葛懷敏敗於定川賊大掠至潘原關
中震恐民多竄山谷間仲淹率衆六千由邠涇援之
聞賊已出塞乃還始定川事聞帝按圖謂左右曰若
仲淹出援吾無憂矣奏至帝大喜曰吾固知仲淹可
用也進樞密直學士右諫議大夫仲淹以軍出無功
辭不敢受命詔不聽時已命文彥博經略涇原帝以
涇原傷夷欲對徙仲淹遣王懷德喻之仲淹謝曰涇
原地重第恐臣不足當此路與韓琦同經略涇原並
駐涇州琦兼秦鳳臣兼環慶涇原有警臣與韓琦合
秦鳳環慶之兵犄角而進若秦鳳環慶有警亦可率

涇原之師為援臣當與琦練兵選將漸復橫山以斷
賊臂不數年間可期平定矣願詔龐籍兼領環慶以
成首尾之勢秦州委文彥博慶州用滕宗諒總之孫
沔亦可辦集渭州一武臣足矣帝采用其言復置陝
西路安撫經略招討使以仲淹韓琦龐籍分領之仲
淹與琦開府涇州而徙彥博帥秦宗諒帥慶張亢帥
渭仲淹為將號令明白愛撫士卒諸羌來者推心接
之不疑故賊亦不敢輒犯其境元昊請和召拜樞密
副使王舉正懦默不任事諫官歐陽脩等言仲淹有
相材請罷舉正用仲淹遂改參知政事仲淹曰執政

可由諫官而得乎固辭不拜願與韓琦出行邊命為
陝西宣撫使未行復除參知政事會王倫寇淮南州
縣官有不能守者朝廷欲按誅之仲淹曰平時諱言
武備寇至而專責守臣死事可乎守令皆不得誅帝
方銳意太平數問當世事仲淹語人曰上用我至矣
事有先後久安之弊非朝夕可革也帝再賜手詔又
為之開天章閣召二府條對仲淹皇恐退而上十事
一曰明黜陟二府非有大功大善者不遷內外須在
職滿三年在京百司非選舉而授須通滿五年乃得
磨勘庶幾考績之法矣二曰抑僥倖罷少卿監以上

乾元節恩澤正郎以下若監司邊任須在職滿二年始得蔭子大臣不得薦子弟任館閣職任子之法無冗濫矣三曰精貢舉進士諸科請罷糊名法參考履行無闕者以名聞進士先策論後詩賦諸科取兼通經義者賜第以上皆取詔裁餘優等免選注官次第人守本科選進士之法可以循名而責實矣四曰擇長官委中書樞密院先選轉運使提點刑獄大藩知州次委兩制三司御史臺開封府官諸路監司舉知州通判知州通判舉知縣令限其人數以舉主多者從中書選除刺史縣令可以得人矣五曰均公田外

官廩給不均何以求其為善耶請均其入第給之使有以自養然後可以責廉節而不法者可誅廢矣六曰厚農桑每歲預下諸路風吏民言農田利害堤堰渠塘州縣選官治之定勸課之法以興農利減漕運江南之圩田浙西之河塘隳廢者可興矣七曰修武備約府兵法募畿輔彊壯為衛士以助正兵三時務農一時教戰省給贍之費畿輔有成法則諸道皆可舉行矣八曰推恩信赦令有所施行主司稽違者重寘於法別遣使按視其所當行者所在無廢格上恩者矣九曰重命令法度所以示信也行之未幾旋即

釐改請政事之臣參議可以久行者刪去煩冗裁為制敕行下命令不至於數變更矣十曰減徭役戶口耗少而供億滋多省縣邑戶少者為鎮併使州兩院為一職官白直給以州兵其不應受役者悉歸之農民無重困之憂矣天子方信嚮仲淹悉采用之宜著令者皆以詔書畫一頒下獨府兵法衆以為不可而止又建言周制三公分兼六官之職漢以三公分部六卿唐以宰相分判六曹今中書古天官冢宰也樞密院古夏官司馬也四官散於群有司無三公兼領之重而二府惟進擢差除循資級議賞罰檢用條例

而已上非三公論道之任下無六卿佐王之職非治法也臣請倣前代以三司司農審官流內銓三班院國子監太常刑部審刑大理群牧殿前馬步軍司各委輔臣兼判其事凡官吏黜陟刑法重輕事有利害者並從輔臣予奪其體大者二府僉議奏裁臣請自領兵賦之職如其無補請先黜降章得象等皆曰不可久之乃命參知政事賈昌朝領農田仲淹領刑法然卒不果行初仲淹以忤呂夷簡放逐者數年士大夫持二人曲直交指為朋黨及陝西用兵天子以仲淹士望所屬拔用之及夷簡罷召還倚以為治中外

想望其功業而仲淹以天下爲己任裁削倖濫考覆
官吏日夜謀慮興致太平然更張無漸規摹闊大論
者以爲不可行及按察使出多所舉劾人心不悅自
任子之恩薄磨勘之法密僥倖者不便於是謗毀稍
行而朋黨之論浸聞上矣會邊陲有警因與樞密副
使富弼請行邊於是以仲淹爲河東陝西宣撫使賜
黃金百兩悉分遺邊將麟州新罹大寇言者多請棄
之仲淹爲修故砦招還流亡三千餘戶蠲其稅罷榷
酤予民又奏免府州商稅河外遂安比去攻者益急
仲淹亦自請罷政事迺以爲資政殿學士陝西四路

宣撫使知邠州其在中書所施爲亦稍稍沮罷以疾
請鄧州進給事中徙荊南鄧人遮使者請留仲淹亦
願留鄧許之尋徙杭州再遷戶部侍郎徙青州會病
甚請潁州未至而卒年六十四贈兵部尚書謚文正
初仲淹病帝常遣使賜藥存問既卒嗟悼久之又遣
使就問其家既葬帝親書其碑曰褒賢之碑仲淹內
剛外和性至孝以母在時方貧其後雖貴非賓客不
重肉妻子衣食僅能自充而好施予置義莊里中以
贍族人汎愛樂善士多出其門下雖里巷之人皆能
道其名字死之日四方聞者皆爲歎息爲政尚忠厚

所至有恩邠慶二州之民與屬羌皆畫像立生祠事
之及其卒也羌酋數百人哭之如父齋三日而去四
子純祐純仁純禮純粹

純祐字天成性英悟自得尚節行方十歲能讀諸書
爲文章籍籍有稱父仲淹守蘇州首建郡學聘胡瑗
爲師瑗立學規良密生徒數百多不率教仲淹患之
純祐尚未冠輒白入學齒諸生之末盡行其規諸生
隨之遂不敢犯自是蘇學爲諸郡倡寶元中西夏叛
仲淹連官關陝皆將兵純祐與將卒錯處鉤深擿隱
得其才否由是仲淹任人無失而屢有功仲淹帥環

慶議城馬鋪砦砦逼夏境夏懼扼其衝侵撓其役純
祐率兵馳據其地夏衆大至且戰且役數日而成一
路恃之以安純祐事父母孝未嘗違左右不應科第
及仲淹以讒罷純祐不得已蔭守將作院主簿又爲
司竹監以非所好即解去從仲淹之鄧得疾昏廢臥
許昌富弼守淮西過省之猶能感慨道忠義問弼之
來公耶私耶弼曰公純祐曰公則可凡病十九年卒
年四十九子正臣守太常寺太祝

純禮字彝叟以父仲淹蔭爲秘書省正字簽書河南
府判官知陵臺令兼永安縣永昭陵建京西轉運使

配木石塼甓及工徒於一路獨永安不受令使者以白陵使韓琦琦曰范純禮豈不知此將必有說他日衆質之純禮曰陵寢皆在邑境歲時繕治無虛日今乃與百縣均賦曷若置此使之奉常時用乎琦是其對還朝用爲三司鹽鐵判官以比部員外郎出知遂州瀘南有邊事調度苛棘純禮一以静待之辦其可具者不取於民民圖像于廬而奉之如神名曰范公庵草場火民情疑怖守吏惕息俟誅純禮曰草濕則生火何足怪但使密償之庫吏盗絲多罪至死純禮曰以棼然之絲而殺之吾不忍也聽其家趣買以贖

命釋其株連者除戸部郎中京西轉運副使元祐初入爲吏部郎中遷左司又遷太常少卿江淮荊浙發運使以光禄卿召遷刑部侍郎進給事中純禮凡所封駮正名分紀綱皆國體之大者張來除起居舍人病未能朝而令先供職純禮批敕曰臣僚未有以疾謁告不赴朝參先視事者來能供職豈不能見君壞禮亂法所不當爲聞者皆悚動御史中丞擊執政將遂代其位先以諷純禮純禮曰論人而奪之位寧不避嫌耶命果下吾必還之宰相即從純禮刑部侍郎而後出命轉吏部改天章閣待制樞密都承旨去知

亳州提舉明道宮徽宗立以龍圖閣直學士知開封府前尹以刻深爲治純禮曰寬猛相濟聖人之訓今處深文之後若益以猛是以火濟火也方務去前之苛猶慮未盡豈有寬爲患也由是一切以寛處之中旨鞫享澤村民謀逆純禮審其故此民入戲場觀優歸途見匠者作桶取而戴於首曰與劉先主如何遂爲匠擒明日入對徽宗問何以處之對曰愚人村野無所知若以叛逆蔽罪恐辜好生之德以不應爲杖之足矣曰何以戒後人曰正欲外間知陛下刑憲不濫足以爲訓爾徽宗從之拜禮部尚書擢尚書右丞

侍御史陳次升乞除罷言官並自内批不由三省進擬右相曾布力爭不能得乞降黜次升純禮徐進曰次升何罪不過防柄臣各引所親且去不附己者爾徽宗曰然乃寢布議呂惠卿告老徽宗問執政執政欲許之純禮曰惠卿甞輔政其人固不足重然當存國體曾布奏議者多憂財用不足此非所急也願陛下勿以爲慮純禮曰古者無三年之蓄曰國非其國今大農告匱帑庾枵空而曰不足慮非面謾耶因從容諫曰邇者朝廷命令莫不是元豐而非元祐以臣觀之神宗立法之意固善吏推行之或有失當以致

病民宣仁聽斷一時小有潤色蓋大臣識見異同非必盡懷邪為私也今議論之臣有不得志故挾此藉口以元豐為是則欲賢元豐之人以元祐為非則欲斥元祐之士其心豈恤國事直欲快私忿以售其姦不可不深察也又曰自古天下汩亂繫於用人祖宗於此最得其要太祖用呂餘慶太宗用王禹偁真宗用張知白皆從下列寘諸要途人君欲得英傑之心固當不次飭援必待薦而後用則守正特立之士將終身晦迹矣左司諫江公望論繼述事當執中道不可拘一偏徽宗出示其疏純禮贊之曰願陛下以曉

中外使知聖意所嚮亦足以革小人狥利之情乞寢遷公望以勸來者純禮沉毅剛正曾布憚之激駙馬都尉王詵曰上欲除君承旨范右丞不可詵怒會詵館遼使純禮主宴詵誣其輒斥御名罷為端明殿學士知潁昌府提舉崇福宮崇寧中啓黨禁貶試少府監分司南京又貶靜江軍節度副使徐州安置徙單州五年復左朝議大夫提舉鴻慶宮卒年六十七

純粹字德孺以蔭遷至贊善大夫檢正中書刑房與同列有爭出知滕縣遷提舉成都諸路茶場元豐中為陝西轉運判官時五路出師伐西夏高遵裕出環慶劉昌祚出涇原李憲出熙河种諤出鄜延王中正出河東遵裕怒昌祚後期欲按誅之昌祚憂恚病卧其麾下皆憤焉純粹恐兩軍不協致生他變勸遵裕往問昌祚疾其難遂解神宗責諸將無功謀欲再舉純粹奏關陝事力單竭公私大困若復加騷動根本可憂異時言者必職臣是咎臣寧受盡言之罪于今日不忍默默以貽後悔神宗納之進為副使吳居厚為京東轉運使數獻羡賦神宗將以徐州大錢二十萬緡助陝西純粹語其僚曰吾部雖急忍復取此膏血之餘即奏本路得錢誠為利自徐至邊勞費甚矣

懇辭弗受入為右司郎中哲宗立居厚敗命純粹以直龍圖閣往代之盡革其苛政時蘇軾自登州召還純粹與軾同建募役之議軾謂純粹講此事尤為精詳復代兄純仁知慶州時與夏議分疆界純粹請棄所取夏地曰爭地未棄則邊隙無時可除如河東之葭蘆吳堡鄜延之米脂義合浮圖環慶之安疆深在夏境於漢界地利形勢略無所益而蘭會之地耗蠹尤深不可不棄所言皆略施行純粹又言諸路策應舊制也自徐禧罷策應若夏兵大舉一路攻圍力有不勝而鄰路拱手坐觀其不援者幸爾今宜修明戰

守救援之法朝廷是之及夏侵涇原純粹遣將曲珍救之曰本道首建應援牽制之策臣子之義忘軀徇國無謂鄰路被寇非我職也珍即日疾馳三百里破之於曲律擣横山夏衆遁去元祐中除寶文閣待制再任召爲戶部侍郎又出知延州紹聖初哲宗親政用事者欲開邊釁御史郭知章遂論純粹元祐棄地事降直龍圖閣明年復以寶文閣待制知熙州章惇蔡卞經略西夏疑純粹不與共事改知鄧州歷河南府滑州旋以元祐黨人奪職知均州徽宗立起知信州復故職知太原加龍圖閣直學士再臨延州改知

永興軍尋以言者落職知金州提舉鴻慶宮又責常州別駕鄂州安置錮子弟不得擅入都會赦復領祠久之以右文殿修撰提舉太清宮黨禁解復徽猷閣待制致仕卒年七十餘純粹沉毅有幹略才應時須嘗論賣官之濫以爲國法固許進納取官然未嘗聽其理選今西北三路許納三千二百緡買齋郎四千六百緡買供奉職並免試注官夫天下士大夫服勤至于垂死不霑世恩其富民猾商捐錢千萬則可任三子切爲朝廷惜之疏上不聽凡論事剴切類此

純仁字堯夫其始生之夕母李氏夢兒墮月中承以衣裾得之遂生純仁資警悟八歲能講所授書以父任爲太常寺太祝中皇祐元年進士第調知武進縣以遠親不赴易長葛又不往仲淹曰汝昔日以遠爲言今近矣復何辭純仁曰豈可重於祿食而輕去父母邪雖近亦不能遂養焉仲淹門下多賢士如胡瑗孫復石介李覯之徒純仁皆與從游晝夜肄業至夜分不寢置燈帳中帳頂如墨色仲淹沒始出仕以著作佐郎知襄城縣兄純祐有心疾奉之如父藥膳居服皆躬親時節之賈昌朝守北都請參幕府以兄辭宋庠薦試館職謝曰輦轂之下非兄養疾地也富弼

責之曰臺閣之任豈易得何庸如是卒不就襄城民不蠶織勸使植桑有罪而情輕者視所植多寡除其罰民益賴慕後呼爲著作林兄死葬洛陽韓琦富弼貽書洛尹使助其葬既葬尹訝不先聞純仁曰私室力足辦豈宜慁公爲哉簽書許州觀察判官知襄邑縣縣有牧地衛士牧馬以踐民稼純仁捕一人杖之牧地初不隸縣主者怒曰天子宿衛令敢爾邪白其事于上劾治甚急純仁言養兵出於稅畝若使暴民田而不得問稅安所出詔釋之且聽牧地隸縣凡牧地隸縣自純仁始時旱久不雨純仁籍境內貫舟諭

之曰民將無食爾所販五穀貯之佛寺候食闕時吾爲糴之衆賈從命所蓄十數萬斛至春諸縣皆饑獨境内民不知也治平中權江東轉運判官召爲殿中侍御史遷侍御史時方議濮王典禮宰相韓琦參知政事歐陽脩等議尊崇之翰林學士王珪等議宜如先朝追贈期親尊屬故事純仁言陛下受命仁宗而爲之子與前代定策入繼之主異宜如王珪等議繼與御史呂誨等更論奏不聽純仁還所授告敕家居待罪既而皇太后手書尊王爲皇夫人爲后純仁復言陛下以長君臨御柰何使命出房闥異日或爲權臣矯託之地非人主自安計尋詔罷追尊起純仁就職純仁請出不已遂通判安州改知蘄州歷京西提點刑獄京西陝西轉運副使召還神宗問陝西城郭甲兵糧儲如何對曰城郭粗全甲兵粗脩糧儲粗備神宗愕然曰卿之才朕所倚信何爲皆言粗對曰粗者未精之辭如是足矣願陛下且無留意邊功若邊臣觀望將爲他日意外之患拜兵部員外郎兼起居舍人同知諫院奏言王安石變祖宗法度掊克財利民心不寧書曰怨豈在明不見是圖願陛下圖不見之怨神宗曰何謂不見之怨對曰杜牧所謂天下之

人不敢言而敢怒是也神宗嘉納之曰卿善論事宜爲朕條古今治亂可爲監戒者乃作尚書解以進曰其言皆堯舜禹湯文武之事也治天下無以易此願深究而力行之加直集賢院同修起居注神宗切於求治多延見疏逖小臣咨訪闕失純仁言小人之言聽之若可采行之必有累蓋知小忘大貪近昧遠願加深察富弼在相位稱疾家居純仁言弼受三朝眷倚當自任天下之重而恤己深於恤物憂疾過於憂邦致主處身二者胥失弼與先臣素厚臣在諫省不敢私謁以致忠告願示以此章使之自省又論呂誨不當罷御史中丞李師中不可守邊及辭向任發運使行均輸法於六路純仁言臣嘗親奉德音欲脩先王補助之政今乃效桑羊均輸之法而使小人爲之掊克生靈斂怨基禍安石以富國強兵之術啓迪上心欲求近功忘其舊學尚法令則稱商鞅言財利則背孟軻鄙老成爲因循棄公論爲流俗異己者爲不肖合意者爲賢人劉琦錢顗等一言便蒙降黜在廷之臣方大半趨附陛下又從而驅之其將何所不至道遠者理當馴致事大者不可速成人材不可急求積敝不可頓革儻欲事功亟就必爲憸佞所乘宜速

還言者而退安石答中外之望不聽遂求罷諫職改判國子監去意愈確執政使諭之曰毋輕去已議除知制誥矣純仁曰此言何爲至於我哉言不用萬鍾非所顧也其所上章疏語多激切神宗悉不付外純仁盡録申中書安石大怒乞加重貶神宗曰彼無罪姑與一善地命知河中府徙成都路轉運使以新法不便戒州縣未得遽行安石怒純仁沮格因讒者遣使欲摇撫私事不能得使者以他事鞭傷傳言者屬官喜謂純仁曰此一事足以塞其謗請聞于朝純仁既不奏使者之過亦不折言者之非後竟坐失察僚

佐燕游左遷知和州徙邢州未至加直龍圖閣知慶州過闕入對神宗曰卿父在慶著威名今可謂世職卿隨父既久兵法必精邊事必熟純仁揣神宗有功名心即對曰臣儒家未嘗學兵先臣守邊時臣尚幼不復記憶且今日事勢宜有不同陛下使臣繕治城壘愛養百姓不敢辭若開拓侵攘願别謀帥臣神宗曰卿之才何所不能顧不肯爲朕悉心爾遂行秦中方饑擅發常平粟振貸僚屬請奏而須報純仁曰報至無及矣吾當獨任其責或謗其所全活不實詔遣使按視會秋大稔民讙曰公實活我忍累公邪晝夜

爭輸還之使者至已無所負邠寧間有叢冢使者曰全活不實之罪於此得矣發冢籍骸上之詔本路監司窮治迺前帥楚建中所封也朝廷治建中罪純仁上疏言建中守法申請間不免有殍死者已坐罪罷去今緣按臣而及建中是一罪再刑也建中猶贖銅三十斤環州种古執熟羌爲盗流南方過慶呼冤純仁以屬吏非盗也古避罪譖訟詔御史治于寧州純仁就逮民萬數遮馬涕泗不得行至有自投于河者獄成古以誣告謫亦加純仁以他過黜知信陽軍移齊州齊俗兇悍人輕爲盗刼或謂此嚴治之猶不能

戢公一以寬恐不勝其治矣純仁曰寬出於性若強以猛則不能持久猛而不久以治凶民取玩之道也有西司理院繫囚常滿皆屠販盗竊而督償者純仁曰此何不保外使輸納邪通判曰此釋之復紊官司往往待其以疾斃於獄中是與民除害爾純仁曰法不至死以情殺之豈理也邪盡呼至庭下訓使自新即釋去期歲盗減比年大半丐罷提舉西京留司御史臺時耆賢多在洛純仁及司馬光皆好客而家貧相約爲真率會脱粟一飯酒數行洛中以爲勝事復知河中諸路閲保甲妨農論救甚力録事參軍宋儋

年暴死純仁使子弟視殮小殮口鼻血出純仁疑其
非命按得其妾與小吏姦因會𡧓毒鼈肉中純仁問
食肉在第幾巡曰豈有既中毒而尚能終席者乎再
訊之則僭年素不食鼈其曰毒鼈肉者蓋妾與吏欲
爲變獄張本以逃死爾實僭年醉歸毒於酒而殺之
遂正其罪哲宗立復直龍圖閣知慶州召爲右諫議
大夫以親嫌辭改天章閣待制兼侍講除給事中時
宣仁后垂簾司馬光爲政將盡改熙寧元豐法度純
仁謂光去其泰甚者可也差役一事尤當熟講而緩
行不然滋爲民病願公虛心以延衆論不必謀自已

出謀自已出則諂諛得乘間迎合矣役議或難回則
可先行之一路以觀其究竟光不從持之益堅純仁
曰是使人不得言爾若欲媚公以爲容悅何如少年
合安石以速富貴哉又云熙寧按問自首之法既已
改之有司立文太深四方死者視舊數倍殆非先王
寧失不經之意純仁素與光同志及臨事規正類如
此初种古因誣純仁停任至是純仁薦爲永興軍路
鈐轄又薦知隰州每自咎曰先人與种氏上世有契
義純仁不肖爲其子孫所訟寧論曲直哉元祐初進
吏部尚書數日同知樞密院事初純仁與議西夏請

罷兵棄地使歸所掠漢人執政持之未決至是乃申
前議又請歸一漢人予十縑事皆施行邊俘鬼章以
獻純仁請誅之塞上以謝邊人不聽議者欲致其子
收河南故地故赦不殺後又欲官之純仁復固爭然
鬼章卒不至三年拜尚書右僕射兼中書侍郎純
仁在位務以博大開上意忠篤革士風章惇得罪去
朝廷以其父老欲畀便郡既而中止純仁請置往咎
而念其私情鄧綰帥淮東言者斥之不已純仁言臣
嘗爲綰誣奏坐黜今日所陳爲綰也左降不宜錄人
之過太深宣仁后嘉納因下詔前日希合附會之人

一無所問學士蘇軾以發策問爲言者所攻韓維無
名罷門下侍郎補外純仁奏軾無罪維盡心國家不
可因譖黜官及王覿言事忤旨純仁慮朋黨將熾與
文彥博呂公著辨於簾前未解純仁曰朝臣本無黨
但善惡邪正各以類分彥博公著皆累朝舊人豈容
雷同罔上昔先臣與韓琦富弼同慶曆柄任各舉所
知當時飛語指爲朋黨三人相繼補外造謗者公相
慶曰一網打盡此事未遠願陛下戒之因極言前世
朋黨之禍并錄歐陽脩朋黨論以進知漢陽軍吳處
厚傳致蔡確安州車蓋亭詩以爲謗宣仁后上之諫

官欲寘於典憲執政右其說唯純仁與左丞王存以爲不可爭之未定聞太師文彥博欲貶於嶺嶠純仁謂左相呂大防曰此路自乾興以來荊棘近七十年吾輩開之恐自不免大防遂不敢言及確新州命下純仁於宣仁后簾前言聖朝宜務寬厚不可以語言文字之間曖昧不明之過誅竄大臣今舉動宜與將來爲法此事甚不可開端也且以重刑除惡如以猛藥治病其過也不能無損焉又與王存諫於哲宗退而上疏其略云蓋如父母之有逆子雖天地鬼神不能容貸父子至親主於恕而已若處之必死之地則

恐傷恩確卒貶新州大防奏確黨人甚盛不可不問純仁面諫朋黨難辨恐誤及善人遂上疏曰朋黨之起蓋因趣向異同同我者謂之正人異我者疑爲邪黨既惡其異我則逆耳之言難至既喜其同我則迎合之佞日親以至真僞莫知賢愚倒置國家之患率由此也至如王安石止因喜同惡異遂至黑白不分至今風俗猶以觀望爲能後來柄臣固合永爲商鑑今蔡確不必推治黨人旁及枝葉臣聞孔子曰舉直錯諸枉能使枉者直則是舉用正直而可以化枉邪爲善人不仁者自當屏迹矣何煩分辨黨人或恐有

傷仁化司諫吳安詩正言劉安世交章擊純仁黨確純仁亦力求罷明年以觀文殿學士知潁昌府踰年加大學士知太原府其境土狹民衆惜地不葬純仁遣僚屬收無主燼骨別男女異穴葬者三千餘又推之一路葬以萬數計夏人犯境朝廷欲罪將吏純仁自引咎求貶秋有詔貶官一等徙河南府再徙潁昌召還復拜右僕射因入謝宣仁后簾中諭曰或謂卿必先引用王覿彭汝礪卿宜與呂大防一心對曰此二人實有士望臣終不敢保位蔽賢望陛下加察純仁將再入也楊畏不悅嘗有言純仁不知至是大防

約畏爲助欲引爲諫議大夫純仁曰諫官當用正人畏不可用大防曰豈以畏嘗言公邪純仁始知之後畏叛大防凡有以害大防者無所不至宣仁后寢疾召純仁曰卿父仲淹可謂忠臣在明肅皇后垂簾時唯勸明肅盡母道明肅上賓唯勸仁宗盡子道卿當似之純仁泣曰敢不盡忠宣仁后崩哲宗親政純仁乞避位哲宗語呂大防曰純仁有時望不宜去可爲朕留之且趣入見問先朝行青苗法如何對曰先帝愛民之意本深但王安石立法過甚激以賞罰故官吏急切以致害民退而上疏其要以爲青苗非所當

行行之終不免擾民也是時用二三大臣皆從中出侍從臺諫官亦多不由進擬純仁言陛下初親政四方拭目以觀天下治亂實本於此舜舉皐陶湯舉伊尹不仁者遠縱未能如古人亦須極天下之選又群小力排宣仁后垂簾時事純仁奏曰太皇保佑聖躬功烈誠心幽明共監議者不恤國事一何薄哉遂以仁宗禁言明肅垂簾事詔書上之曰望陛下稽倣而行以戒薄俗蘇轍論殿試策問引漢昭變武帝法度事哲宗震怒曰安得以漢武比先帝轍下殿待罪衆不敢仰視純仁從容言武帝雄才大畧史無貶辭轍

以比先帝非謗也陛下親事之始進退大臣不當如訶叱奴僕右丞鄧潤甫越次曰先帝法度爲司馬光蘇轍壞盡純仁曰不然法本無弊弊則當改哲宗曰人謂秦皇漢武純仁曰轍所論事與時也非人也哲宗爲之少霽轍平日與純仁多異至是乃服謝純仁曰公佛地位中人也轍竟落職知汝州全臺言蘇軾行呂惠卿告詞訕謗先帝黜知英州純仁上疏曰熙寧法度皆惠卿附會王安石建議不副先帝愛民求治之意至垂簾之際始用言者特行貶竄今已八年矣言者多當時御史何故畏避不即納忠今乃有是

奏豈非觀望邪御史來之邵言高士敦任成都鈐轄日不法事及蘇轍所謫太近純仁言之邵爲成都監司士敦有犯自當按發轍與政累年之邵已作御史亦無糾正今乃繼有二奏其情可知純仁凡薦引人材必以天下公議其人不知自純仁所出或曰爲宰相豈可不牢籠天下士使知出於門下純仁曰但朝廷進用不失正人何必知出於我邪哲宗既召章惇爲相純仁堅請去遂以觀文殿大學士加右正議大夫知頴昌府入辭哲宗曰卿不肯爲朕留雖在外於時政有見宜悉以聞毋事形迹徙河南府又徙陳州

初哲宗嘗言貶謫之人殆似永廢純仁前賀曰陛下念及此堯舜用心也旣而呂大防等竄嶺表會明堂肆赦章惇先期言此數十人當終身勿徙純仁聞而憂憤欲齋戒上疏申理之所親勸以勿爲觸怒萬一遠斥非高年所宜純仁曰事至於此無一人敢言若上心遂回所繫大矣不然死亦何憾乃疏曰大防等年老疾病不習水土炎荒非久處之地又憂虞不測何以自存臣曾與大防等共事多被排斥陛下之所親見臣之激切止是仰報聖德向來章惇呂惠卿雖爲貶謫不出里居臣向曾有言深蒙陛下開納陛下

以一蔡確之故常軫聖念今趙彥若已死貶所將不
止一蔡確矣願陛下斷自淵衷將大防等引赦原放
疏奏忤惇意詆為同罪落職知隨州明年又貶武安
軍節度副使永州安置時疾失明聞命怡然就道或
謂近名純仁曰七十之年兩目俱喪萬里之行豈其
欲哉但區區之愛君有懷不盡若避好名之嫌則無
為善之路矣每戒子弟毋得小有不平聞諸子怨章
惇純仁必怒止之江行赴貶所舟覆扶純仁出衣盡
濕顧諸子曰此豈章惇為之哉既至永韓維責均州
其子訴維執政日與司馬光不合得免行純仁之子

欲以純仁與光議役法不同為請純仁曰吾用君實
薦以至宰相昔同朝論事不合則可汝輩以為今日
之言則不可也有愧心而生者不若無愧心而死其
子乃止居三年徽宗即位欽聖顯肅后同聽政即日
授純仁光祿卿分司南京鄧州居住遣中使至永賜
茶藥諭曰皇帝在藩邸太皇太后在宮中知公先朝
言事忠直今虛相位以待不知目疾如何用何人醫
之純仁頓首謝道除右正議大夫提舉崇福宮不數
月以觀文殿大學士中太一宮使詔之有曰豈唯尊
德尚齒昭示寵優庶幾鯁論嘉謀日聞忠告純仁以

疾捧詔而泣曰上果用我矣死有餘責徽宗又遣中
使賜茶藥促入覲仍宣渴見之意純仁乞歸許養疾
徽宗不得已許之每見輔臣問安否乃曰范純仁得
一識面足矣遂遣上醫視疾疾小愈丐以所得冠帔
改服色酬醫詔賜醫章服令以冠帔與族姪疾革以
宣仁后誣謗未明為恨呼諸子口占遺表命門生李
之儀次第之其略云蓋嘗先天下而憂期不負聖人
之學此先臣所以教子而微臣資以事君又云惟宣
仁之誣謗未明致保佑之憂勤不顯又云未解疆埸
之嚴幾空帑藏之積有城必守得地難耕凡八事建

中靖國改元之旦受家人賀明日熟寐而卒年七十
五詔賻白金三十兩敕許洛官給其葬贈開府儀同
三司謚曰忠宣御書碑額曰世濟忠直之碑純仁性
夷易寬簡不以聲色加人誼之所在則挺然不少屈
自為布衣至宰相廉儉如一所得奉賜皆以廣義莊
前後任子恩多先疏族沒之日幼子五孫猶未官嘗
曰吾平生所學得之忠恕二字一生用不盡以至立
朝事君接待僚友親睦宗族未嘗須臾離此也每戒
子弟曰人雖至愚責人則明雖有聰明恕己則昏苟
能以責人之心責己恕己之心恕人不患不至聖賢

地位也又戒曰六經聖人之事也知一字則行一字要須造次顛沛必於是則所謂有爲者亦若是爾豈不在人邪弟純粹在關陝純仁慮其於西夏有立功意與之書曰大輅與柴車爭逐明珠與瓦礫相觸君子與小人鬭力中國與外邦校勝負非唯不可勝兼亦不足勝不唯不足勝雖勝亦非也親族有請教者純仁曰惟儉可以助廉惟恕可以成德其人書於坐隅有文集五十卷行于世子正平正思

正平字子夷學行甚高雖庸言必援孝經論語父純仁卒詔特增遺澤官其子孫正平推與幼弟紹聖中爲開封尉有向氏於其墳造慈雲寺戶部尚書蔡京以向氏后戚規欲自結奏拓四鄰田廬民有訴者正平按視以爲所拓皆民業不可奪民又撾鼓上訴京坐罰金二十斤用是蓄恨正平及當國乃言正平矯撰父遺表又謂李之儀所述純仁行狀妄載中使蔡克明傳二聖虛佇之意遂以正平逮之儀克明同詣御史府正平將行其弟正思曰議行狀時兄方營窀穸之事參預筆削者正思也兄何爲哉正平曰時相意屬我且我居長我不往兄弟俱將不免不若身任之遂就獄捶楚甚苦皆欲誣服獨克明曰舊制凡傳

聖語受本於御前請寶印出注籍於內東門使從其家得永州傳宣聖語本有御寶又驗內東門籍皆同其遺表八事諸子以朝廷大事防後患不敢上之繳申潁昌府印寄軍資庫自潁昌取至亦實獄遂解正平羈管象州之儀羈管太平州正平家屬死者十餘人會赦得歸潁昌唐君益爲守表其所居爲忠直坊取所賜世濟忠直碑額也正平告之曰此朝廷所賜施於金石揭於墓隧假寵於范氏子孫則可若於通途廣陌中爲往來之觀以聳動庸俗不可也君益曰此有司之事君家何預焉正平曰先祖先君功名人所知也十室之邑必有忠信異時不獨吾家說矣君亦受其責矣竟撤去之正平退閑久益工詩尤長五言著荀里退居編以壽終

論曰自古一代帝王之興必有一代名世之臣宋有仲淹諸賢無愧乎此仲淹初在制中遺宰相書極論天下事他日爲政盡行其言諸葛孔明草廬始見昭烈數語生平事業備見於是豪傑自知之審類如是乎攷其當朝雖不能久然先憂後樂之志海內固已信其有弘毅之器足任斯責使究其所欲爲豈讓古人哉純仁位過其父而幾有父風元祐建議攻熙豐

太急純仁捄蔡確一事所謂謀國甚遠當世若從其言元祐黨錮之禍不至若是烈也仲淹謂諸子純仁得其忠純禮得其靜純粹得其略知子孰與父哉

列傳卷第七十三

列傳卷第七十四　宋史三百十五

開府儀同三司上柱國錄軍國重事前中書右丞相提舉國史領經筵事都總裁臣脫脫等奉勑修

韓億子綜　韓絳子宗師　韓維
韓縝子宗武

韓億字宗魏其先真定靈壽人徙開封之雍丘舉進士為大理評事知永城縣有治聲他邑訟不決者郡守皇甫選輙屬億治之通判陳州會河決治隄費萬計億不賦民而營築之真宗嘗欲召試而與王旦有親嫌特召見改一官知洋州州豪李甲兄死迫嫂使

嫁因誣其子為他姓以專其貲嫂訴於官甲輙賂吏掠服之積十餘年訴不已億視舊牘未嘗引乳醫為證召甲出乳醫示之甲亡以為辭冤遂辨累遷尚書屯田員外郎知相州河北旱轉運使不以實聞億獨言歲饑願貸民租有誣其子綱請求受金者億請自置獄按之事雖辨猶降通判大名府尋為殿中侍御史遷侍御史安撫淮浙除開封府判官出為河北轉運使仁宗初進直史館知青州以司封員外郎兼侍御史知雜事判大理寺丞吳植知臨江軍使人納金於宰相王欽若因牙吏至京師審之語頗洩欽若知

不可掩執吏以聞詔付臺治而植自言未嘗納金反
誣吏誤以問所親語達欽若億窮治之蓋植以病懼
廢金未達而事已露也植乃除名并按欽若詔釋不
問三司吏茶法歲課不登億承詔劾之由丞相而下
皆坐失當之罰其不撓如此自薛奎後億獨掌臺務
者踰年除龍圖閣待制奉使契丹時副使者章獻外
姻也妄傳皇太后旨於契丹諭以南北歡好傳示子
孫之意億初不知也契丹主問億曰皇太后即有旨
大使何獨不言億對曰本朝每遣使皇太后必以此
戒之非欲達於北朝也契丹主大喜曰此兩朝生靈

之福也人謂副使既失辭而億更以爲恩意甚推美
之知亳州召知審刑院再遷兵部郎中同判吏部流
內銓以右諫議大夫樞密直學士知益州故事益州
歲出官粟六萬石振糶貧民是歲大旱億倍數出粟
先期予民民坐是不饑又疏九升江口下漑民田數
千頃維茂州地接羌夷蕃部歲至永康官場鬻馬億
慮其覘兩川奏徙場黎州境上拜御史中丞請如唐
制置御史裏行景祐二年以尚書工部侍郎同知樞
密院事時承平久武備不戒乃請二府各列上才任
將帥者數十人稍試用之又言武臣宜知兵而書禁

不傳請纂其要授之於是帝親集神武秘略以賜邊
臣唃厮囉與趙元昊相攻來獻捷朝廷議加唃厮囉
節制億曰彼皆蕃臣也今不能諭令解仇乃因而加
賞非所以綏御四方也議遂寢元昊歲遣人至京師
出入民間無他禁億請下詔爲除館舍禮之官主貿
易外雖若煩擾實羈防之知開封府范仲淹獻百官圖指宰相呂夷簡差除不平而陰薦億可用仲淹既貶帝
以諭億億曰仲淹舉臣以公臣之愚陛下所知舉臣
以私則臣委質以來未嘗交託於人遂除戶部參知
政事會忻州地大震諫官韓琦言宰相王隨陳堯佐
非輔弼才又言億子綜爲群牧判官不當自請以兄

綱代之遂與宰相　罷知應天府尋加資政殿學士
知成德軍改澶州復知亳州官至尚書左丞以太子
少傅致仕卒贈太子太保謚忠獻億性方重治家嚴
飭雖燕居未嘗有惰容見親舊之孤貧者常給其昏
葬每見天下諸路有奏擿拾官吏小過者輒顏色不
懌曰天下太平聖主之心雖昆蟲草木皆欲使之得
所今仕者大則望爲公卿次亦望爲侍從職司一千
石其下亦望京朝幕職柰何錮之於盛世八子綱綜
絳繹維縝綽緬綱尚書水部員外郎■慶曆中知光
化軍性苛急不能撫循士卒會盜張海剽劫至境上

綱帥禁兵乘城給餅餌多不時民具酒食犒軍輒收
其半豕市錢製兵器士皆憤怒又嘗命軍校作陣圖
不成將斬之衆益駭一日士方食軍校邵興叱衆起
勿食綱怒執數人繫獄興懼帥衆刦庫兵爲亂欲殺
綱綱攜妻子縋城由漢江而下興等遂縱火掠城中
引衆趨蜀道爲官兵所敗遂斬之餘黨悉誅綱坐棄
城除名編管英州

綜字仲文蔭補將作監主簿遷大理評事舉進士中
第通判鄧州天雄軍會河溢金堤民依丘塚者數百
家綜令曰能濟一人予千錢民爭操舟栰以救已而

丘塚多潰呂夷簡自北京入相薦爲集賢校理同知
太常院歷開封府推官數月遷三司戶部判官同修
起居注使契丹契丹主問其家世綜言億在先朝嘗
持禮來契丹主喜曰與中國通好久父子俱使我宜
酌我酒綜率同使者五人起爲壽契丹主亦離席酬
之歡甚既還陳執中以爲生事出知滑州徙許州殿前
指揮使許懷德從妹亡有別產在陽翟以無子籍于
官懷德欲私有之訟未決因劉儀爲書屬綜書至而
轉運使已徙獄他州矣綜坐得書不以聞奪集賢校
理知袁州未幾復爲江東轉運使還再修起居注累

遷刑部員外郎知制誥卒綜嘗爲契丹館伴使使者
欲爲書稱北朝而去契丹號綜曰自古未有建國而
無號者使慙遂不復言其後朝廷擇館伴契丹使者
帝曰孰有如韓綜者乎子宗道爲戶部侍郎寶文閣
待制綱子宗彥字欽聖蔭補將作監主簿舉進士甲
科累遷太常博士以大臣薦召試爲集賢校理歷提
點京西京東刑獄應天府失入平民死罪獄成未決
通判孫世寧辨正之獄吏當坐法而尹劉沆縱弗治
宗彥往按舉沆復沮止之宗彥疏沆于朝抵吏罪仁
宗春秋高未有嗣宗彥上書曰漢章帝詔諸懷妊者

賜胎養穀人三斗復其夫勿筭一歲著爲令臣考尋
世次帝八子長則和帝而質安以下諸帝皆其係冑
請修胎養之令且曰人君務蕃毓其民則天亦昌衍
其子孫矣以尚書兵部員外郎判三司鹽鐵勾院卒
綜子宗道歷官至戶部侍郎寶文閣待制

韓絳字子華舉進士甲科通判陳州直集賢院爲開
封府推官有男子冷青妄稱其母頃在掖庭得幸有
娠而出生己府以爲狂奏流汝州絳言留之在外將
惑衆追責窮治蓋其母嘗執役宮禁嫁民冷緒生一
女乃生青遂論棄市歷戶部判官江南饑爲體量安

撫使行便民事數十條宣州守廖詢貪暴不法下吏
寘諸理民大悅使還同修起居注擢右正言仁宗謂
絳曰用卿出自朕卿凡論事不宜沽激當存朝廷大
體要令可行毋使朕爲不聽諫者入内都[illegible]知王守
中兼判内行省絳言判名太重且國朝以來未有兼
判兩省者詔自今勿復除道士趙清貺出入宰相龎
籍家以賂敗開封杖流之道死絳言籍諷府殺之籍
與尹俱謫去未幾復進絳力爭不得遂解言職明年
知制誥乞守河陽召判流内銓河決商胡用李仲昌
議開六塔河而患兹甚命絳宣撫河北時宰主仲昌

人莫敢異絳劾其蠹國害民罪不可貸仲昌遂竄嶺
表還龍圖閣學士知瀛州歐陽脩率同列言絳宜在
朝廷瀛非所處也留知諫院糾察在京刑獄爲翰林
學士御史中丞帝禱茅山求嗣絳草祝辭因勸帝汰
出宮人及限内臣養子以重絶人之世皆從之掖庭
劉氏通請謁爲姦絳以告帝帝曰非卿言朕無由知
不數日出劉氏及他不謹者真定守呂溱犯法從官
通章請貰之絳曰法行當自貴者始更相請援則公
道廢矣并劾諸請者溱遂絀富弼用張茂實掌禁兵
絳言人謂茂實爲先帝子豈宜用典宿衛不報闔門

待罪自言不敢復稱御史中丞詔召之及出不秉笏
穿朝堂諫官論之罷知蔡州數月以翰林侍讀學士
知慶州熟羌擾堡爲亂即日討平之加端明殿學士
知成都府張詠鎮蜀日春糶米秋糴鹽官給券以惠
貧弱歷歲久權歸豪右中人奉使至蜀使酒吏主貿
易因附益以取悅絳悉奏罷之召知開封府爲三司
使請以川陝職田穀輸常平倉而隨其事任道里差
次給直帝歎曰衆方姑息卿獨不能徇時耶即行之
内諸司吏數干恩澤絳輒執不可爲帝言身犯衆怒
懼有飛語帝曰朕在藩邸日頗聞有司以國事爲人

情卿所守固善何憚於讒神宗立韓琦薦絳有公輔
器拜樞密副使始請建審官西院掌武臣升朝者以
息吏姦神宗嘗問天下遺利絳請盡地力因言差役
之弊願更定其法役議自此始矣代陳升之同制置
三司條例王安石每奏事必曰臣見安石所陳非一
皆至當可用陛下宜省察安石恃以爲助熙寧三年
參知政事夏人犯塞絳請行邊安石亦請往絳曰朝
廷方賴安石臣宜行乃以爲陝西宣撫使既又兼河
東幾事不可待報者聽便宜施行授以空名告敕得
自除吏十二月即軍中拜同中書門下平章事昭文

館大學士開幕府於延安絳素不習兵事注措乖方選蕃兵爲七軍用知青澗城种諤策欲取橫山令諸將聽命於諤厚賞犒蕃兵衆皆怨望又奪騎兵馬以與之有抱馬首以泣者既城囉兀又冒雪築撫寧堡調發騷然已而二城陷趣諸道兵出援慶卒遂作亂議者罪絳罷知鄧州明年以觀文殿學士徙許州進大學士徙大名府七年復代王安石相既顓處中書事多稽留不決且數與呂惠卿爭論乃密請帝再用安石安石至頗與絳異有劉佐者坐法免安石欲扱用佐絳不可議帝前未決即再拜求去帝驚曰此

小事何必爾對曰小事尚不伸況大事乎帝爲逐佐未幾絳亦出知許州元豐元年拜建雄軍節度使知定州入爲西太一宮使六年知河南府夏大雨伊洛間民被溺者十五六絳發廩振恤環城築隄數月水復至民賴以免哲宗立更鎮江軍節度使開府儀同三司封康國公爲北京留守河決小吳都水議傍魏城鑿渠東趨金隄役甚棘絳言功必不成徒耗費國力而使魏人流徙非計也三奏訖罷之元祐二年請老以司空檢校太尉致仕明年卒年七十七贈太傅謚曰獻肅絳臨事果敢不爲後慮好延接士大夫數

薦司馬光可用終以黨王安石復得政是以清議少之子宗師字傳道以父任歷州縣職既登第王安石薦爲度支判官提舉河北常平累官至集賢殿修撰知河中府卒初宗師在神宗朝數賜對常弗忍去親側屢辭官不拜世以孝與之

韓維字持國以進士奏名禮部方億輔政不肯試大廷受蔭入官父沒後閉門不仕宰相薦其好古嗜學安於靜退召試學士院辭不就富弼辟河東幕府史館修撰歐陽脩薦爲檢討知太常禮院禮官議祫享東向位維請虛室以待太祖溫成后立廟用樂維以

爲不如禮請一切裁去議陳執中謚以爲張貴妃治喪皇儀殿追冊位號皆執中所建宜曰榮靈詔謚曰恭維曰責難於君謂之恭執中何以得此議訖不行乞罷禮院以秘閣校理通判涇州神宗封淮陽郡王潁王維皆爲記室參軍王每事咨訪維悉心以對至拜起進趨之容皆陳其節嘗與論天下事語及功名維曰聖人功名因事始見不可有功名心王拱手稱善聞維引疾請郡上章留之時禁中遣使泛至諸臣家爲王擇妃維上疏曰王孝友聰明動履法度方嚮經學以觀成德今卜族授室宜歷選勳望之家謹擇

淑媛考古納采問名之義以禮成之不宜苟取華色而已左右史闕英宗訪除授例執政曰用館閣人次及進士高第者帝曰第擇人不必專取高科執政以維對遂同修起居注侍邇英講帝初免喪簡默不言維上疏曰邇英閣者陛下燕閒之所也侍於側者皆獻納論思之臣陳於前者非經則史可以博咨訪之義窮仁義之道究成敗之原今體制終畢臣下傾耳以聽王音陛下之言此其時也臣請執筆以俟進知制誥知通進銀臺司御史呂誨等以濮議得罪維諫曰誨等審議守職不過欲陛下盡如先王之法而止

爾請追還前詔令百官詳議以盡人情復誨等職任以全政體既而責命不由門下維又言罷黜御史事關政體而不使有司與聞紀綱之失無甚於此乞解銀臺司不從遂闔門待罪有詔舉臺官二人維言呂誨范純仁有已試之效願復其職翰林學士范鎮作批荅不合旨出補郡維言鎮所失只在文字當涵容之前黜錢公輔中外以為太重連退二近臣而衆莫知其所謂自此誰敢盡忠者頴王為皇太子兼右庶子神宗即位維進言百執事各有職位當責任若代之行事最為失體天下大事不可猝為人君設施自有先後因釋滕文公問孟子居喪之禮推後世禮文之變以仲規諷帝皆嘉納除龍圖閣直學士御史中丞王陶彈宰相韓琦為跋扈罷為翰林學士維言中丞之言是宰相安得無罪若其非是安得止罷臺職今為學士是遷也參知政事吳奎論陶事出知青州維言進退大臣不當如是詔還奎官維又言執政罷免則為降黜今復遷官則為褒進二者理難並行比與王陶罷中丞而加學士何以異章上奎還就職維援前言求去知汝州數月召兼侍講判太常寺初僖祖主已遷及英宗祔廟中書以為僖祖與稷契等不

應毀其廟維言太祖戡定大亂子孫遵業為宋太祖無可議者僖祖雖為高祖然仰迹功業非有所因若以所事稷契事之懼有所未安宜如故便王安石方主初議持不行熙寧二年遷翰林學士知開封府明年為御史中丞以兄絳在樞府力辭之安石亦惡其言保甲事復使為開封始分置八廂決輕刑轂下清肅時吳充為三司使帝曰維充以文學進及任煩劇而皆稱職可謂得人矣兼侍讀學士充群牧使考試制舉人孔文仲對策入等以切直罷歸維言陛下毋謂文仲為一賤士黜之何損臣恐賢俊解體忠良結

舌阿諛苟合者將窺隙而進爲禍不細安石益惡之樞密使文彥博求去帝曰密院事劇當除韓維佐卿明日維奏事殿中以言不用請郡帝曰卿東宮舊人當留以輔政對曰使臣言得行賢於富貴若緣攀附舊恩以進非臣之願也遂出知襄州改許州七年二月召爲學士承旨入對帝曰天久不雨朕日夜焦勞柰何維曰陛下憂閔旱災損膳避殿此乃舉行故事恐不足以應天變當痛自責己廣求直言退又上疏曰近畿內諸縣督索青苗錢甚急往往鞭撻取足至伐桑爲薪以易錢貨旱災之際重罹此苦若夫動甲兵危士民匱財用於荒夷之地朝廷處之不疑行之甚銳至於蠲除租稅寬裕逋負以救愁苦之民則遲遲而不肯發望陛下奮自英斷行之過於養人猶愈過於殺人也上感悟即命維草詔求直言其略曰意者聽納不得於理與獄訟非其情與賦歛失其節與忠言讜論鬱於上聞而阿諛壅蔽以成其私者衆與詔出人情大悅有旨體量市易免行利病權罷方田保甲是日乃雨王安石罷會絳入相加端明殿學士知河陽復知許州帝幸舊邸進資政殿學士曾鞏當制稱其純明亮直帝令改命詞維知帝意請提舉嵩

山崇福宮帝崩赴臨闕庭宣仁后手詔勞問維對曰人情貧則思富苦則思樂困則思息鬱則思通誠能常以利民爲本則民富常以憂民爲心則民樂賦役非人力所堪者去之則勞困息法禁非人情所便者蠲之則鬱塞通推此而廣之盡誠而行之則子孫觀陛下之德不待教而成矣未幾起知陳州未行召兼侍讀加大學士嘗言先帝以夏國主秉常廢故興問罪之師今既復位有蕃臣禮宜還其故地因陳兵不可不息者三地不可不棄者五又言仁宗選建儲嗣一時忠勳皆被寵祿范鎮首開此議賞獨不及願褒顯其功鎮於是復起用元祐更役法命維詳定時四方書疏多言其便維謂司馬光曰小人議論希意迎合不可不察成都轉運判官蔡曚附會定差維惡而劾之執政欲廢王安石新經義維以當與先儒之說並行論者服其平拜門下侍郎御史張舜民以言事罷王巖叟救之折簡密詢上官均語泄詔巖叟分析維曰臣下折簡聚談更相督責乃是相率爲善何害於理若瑣瑣責善懼於國事無益也維處東省踰年有忌之者密爲讒愬詔分司南京尚書右司王存抗聲籲前曰韓維得罪莫知其端臣竊爲朝廷惜乃還

大學士知鄧州兄絳爲之請改汝州又之以太子少傅致仕轉少師紹聖中坐元祐黨降左朝議大夫再謫崇信軍節度副使均州安置諸子乞納官爵聽父里居哲宗覽奏惻然許之元符元年以幸睿成宮復左朝議大夫是歲卒年八十二徽宗初悉追復舊官

韓縝字玉汝登進士第簽書南京判官仁宗以水災求直言縝上疏曰今國本未立無以繫天下心此陰盛陽微之應詞極剴切劉沆薦其才命編修三班敕前此武臣不執親喪縝建言三年之服古今通制晉襄衰墨從戎事出一時遂著令自崇班以上聽持服

爲殿中侍御史參知政事孫抃持祿充位權陝西轉運副使薛向赴闕樞密院輒畫旨除爲真劉永年以外戚除防禦使內侍史志聰私役皇城親從縝皆極論之帝爲罷抃寢向與永年之命而正志聰罪遷侍御史度支判官出爲兩浙淮南轉運使移河北夏諒祚死子秉常嗣遣使求封冊朝廷方責夏人不修職貢欲擇人詰其使縝適陛辭神宗命之往縝至驛問罪使者引服追夜奏上帝喜改使陝西入知審官西院直舍人院以兄絳執政改集賢殿修撰鹽鐵副使以天章閣待制知秦州嘗宴客夜歸指使傅勍被酒誤隨入州宅與侍妾遇縝怒令軍校以鐵裹杖箠殺之勍妻持血衣撾登聞鼓以訴坐落職分司南京秦人語曰寧逢乳虎莫逢玉汝其暴酷如此父之還待制知瀛州熙寧七年遼使蕭禧來議代北地界召縝館客遂報聘令持圖牒致遼主不克見而還知開封府禧再至復館之詔乘驛詣河東與禧分畫以分水嶺爲界復命賜襲衣金帶爲樞密都承旨還龍圖閣直學士元豐五年官制行易大中大夫同知樞密進知院事哲宗立拜尚書右僕射兼中書侍郎首相蔡確與章惇謀誣東朝及確爲山陵使縝暴其姦狀由

是東朝及外廷悉知之確使還欲以其屬高遵惠張璪韓宗文爲美官宣仁后以訪縝縝曰遵惠爲太后從父璪者中書郎璪之弟宗文臣姪也今擢用非次則是君臣各私其親何以示天下乃止元祐元年御史中丞劉摯諫官孫覺蘇轍王覿論縝才鄙望輕在先朝爲奉使割地六百里以遺契丹邊人怨之切骨不可使居相位章數十上罷爲觀文殿大學士知潁昌府移永興河南拜安武軍節度使知太原府易節奉寧軍請老爲西太一宮使以太子太保致仕紹聖四年卒年七十九贈司空謚曰莊敏縝外事莊重所

至以嚴稱雖出入將相而寂無功烈厚自奉養世以比晉何曾云子宗武

宗武第進士韓忠彥鎮瀛州辟爲河間令值河溢增隄護城吏率兵五百伐材近郊雖墓木亦不免父老遮道泣宗武入府白罷之徽宗即位爲秘書丞因日食上疏言近世事有微漸而不可不察者五大臣不畏公論小臣趨利附下一也人主怠於政事威柄下移怨讟歸上二也左右無輔拂之士守邊無禦侮之臣三也開境土以速邊患耗賦財以弊民力四也歲穀不登倉庾空竭民人流亡盜賊數起五也根治朋

黨追復私怨正士黜廢耆老殲亡旋起大獄害及善類文章號令衰於前世大河決溢饑饉荐臻執政大臣人懷異意排去舊怨以立新黨徒爲紛紛無憂國忘家之慮誠願躬攬權綱收還威柄敷言奏功考察名實不以侍御之好鍾鼓之娛爲樂仁祖惻怛至誠以收天下之心神宗厲精不息以舉天下之事皆所宜法不報哲宗將祔廟中旨索省中書畫甚急宗武言先帝祔廟陛下哀慕方深而丹青之玩取索不已播之于外懼損聖德陛下踐祚如日初升當講劘典訓開廣聖學好玩易志正古人所戒也疏入皇太后見之怒曰是皆内侍數輩所爲亦欲盡加罰帝委曲申救乃已明日太后對宰相稱歎令俟諫官員闕即用之尋除都官員外郎改開封府推官丐外爲淮南轉運判官前使者貸上供錢禁庭遣使來索宗武奏具狀詞極鯁切坐貶秩罷歸久之蔡京欲以知潁州帝語秘書事京不敢復言遂致仕官累大中大夫年八十二卒

論曰王偁曰昔袁安未嘗以臧罪鞫人史氏以其仁心足以覃乎後昆韓億不悅擿人小過而君子知其後必大皆盛德事也億有子位公府而行各有適絳

適於同維適於正縝適於嚴嗚呼維其賢哉

列傳卷第七十四

列傳卷第七十五　　宋史三百十六

開府儀同三司上柱國錄軍國重事中書右丞相兼修國史領經筵事都總裁脫脫等奉

勑修

包拯　吳奎

趙抃子屼　唐介孫恕 子淑問 義問

包拯字希仁廬州合肥人也始舉進士除大理評事
出知建昌縣以父母皆老辭不就得監和州稅父母
又不欲行拯即解官歸養後數年親繼亡拯廬墓終
喪猶裵徊不忍去里中父老數來勸勉久之赴調知
天長縣有盜割人牛舌者主來訴拯曰第歸殺而鬻

之尋復有來告私殺牛者拯曰何為割牛舌而又告
之盜驚服徙知端州遷殿中丞端土產硯前守緣貢
率取數十倍以遺權貴拯命製者才足貢數歲滿不
持一硯歸尋拜監察御史裏行改監察御史時張堯
佐除節度宣徽兩使右司諫張擇行唐介與拯共論
之語甚切又嘗建言曰國家歲賂契丹非禦戎之策
宜練兵選將務實邊備又請重門下封駁之制及廢
錮贓吏選守宰行考試補蔭弟子之法當時諸道轉
運加按察使其奏劾官吏多摭細故務苛察相高尚
吏不自安拯於是請罷按察使去使契丹契丹令典

客謂拯曰雄州新開便門乃欲誘我叛人以刺疆事
耶拯曰涿州亦嘗開門矣刺疆事何必開便門哉其
人遂無以對歷三司戶部判官出為京東轉運使改
尚書工部員外郎直集賢院徙陝西又徙河北入為
三司戶部副使秦隴斜谷務造船材木率課取於民
又七州出賦河橋竹索恒數十萬拯皆奏罷之契丹
聚兵近塞邊郡稍警命拯往河北調發軍食拯曰漳
河沃壤人不得耕邢洺趙三州民田萬五千頃率用
牧馬請悉以賦民從之解州鹽法率病民拯往經度
之請一切通商販除天章閣待制知諫院數論斥權

倖大臣請罷一切內除曲恩又列上唐魏鄭公三疏
願置之坐右以為龜鑑又上言天子當明聽納辨朋
黨惜人才不主先入之說凡七事請去刻薄抑僥倖
正刑明禁戒興作禁妖妄朝廷多施行之除龍圖閣
直學士河北都轉運使嘗建議無事時徙兵內地不
報至是請罷河北屯兵分之河南兗鄆齊濮曹濟諸
郡設有警無後期之憂借曰戍兵不可遽減請訓練
義勇少給糇糧每歲之費不當屯兵一月之用一州
之賦則所給者多矣不報徙知瀛州諸州以公錢貿
易積歲所負十餘萬悉奏除之以喪子乞便郡知揚

州徙廬州遷刑部郎中坐失保任左授兵部員外郎知池州復官徙江寧府召權知開封府遷右司郎中拯立朝剛毅貴戚宦官為之斂手聞者皆憚之人以包拯笑比黃河清童稚婦女亦知其名呼曰包待制京師為之語曰關節不到有閻羅包老舊制凡訟訴不得徑造庭下拯開正門使得至前陳曲直吏不敢欺中官勢族築園榭侵惠民河以故河塞不通適京師大水拯乃悉毀去或持地券自言有偽增步數者皆審驗劾奏之遷諫議大夫權御史中丞奏曰東宮虛位日久天下以為憂陛下持久不決何也仁宗曰

卿欲誰立拯曰臣不才備位乞豫建太子者為宗廟萬世計也陛下問臣欲誰立是疑臣也臣年七十且無子非邀福者帝喜曰徐當議之請裁抑內侍減節冗費條責諸路監司御史府得自舉屬官減一歲休暇日事皆施行張方平為三司使坐買豪民產拯劾奏罷之而宋祁代方平拯又論之祁罷而拯以樞密直學士權三司使歐陽脩言拯所謂牽牛蹊田而奪之牛罰已重矣又貪其富不亦甚乎拯因家居避命久之乃出其在三司凡諸筦庫供上物舊皆科率外郡積以困民拯特為置場和市民得無擾吏負錢帛多縲繫間輒逃去幷械其妻子者類皆釋之遷給事中為三司使數日拜樞密副使頃之遷禮部侍郎辭不受尋以疾卒年六十四贈禮部尚書謚孝肅拯性峭直惡吏苛刻務敦厚雖甚嫉惡而未嘗不推以忠恕也與人不苟合不偽辭色悅人平居無私書故人親黨皆絕之雖貴衣服器用飲食如布衣時嘗曰後世子孫仕宦有犯贓者不得放歸本家死不得葬大塋中不從吾志非吾子若孫也初有子名繶娶崔氏通判潭州卒崔守死不更嫁拯嘗出其媵在父母家生子崔密撫其母使謹視之繶死後取媵子歸名曰

綖有奏議十五卷

吳奎字長文濰州北海人性強記於書無所不讀舉五經至大理丞監京東排岸慶曆宿衛之變奎上疏曰涉春以來連陰不解洪範所謂皇之不極時則有下伐上者今衛士之變起於肘腋流傳四方驚駭群聽聞皇城司官六人其五已受責獨楊懷敏尚留人謂陛下私近幸而屈公法且獲賊之際傳令勿殺而左右輒屠之此必其黨欲以滅口不然何以不奉詔遂乞召對面論仁宗深聽之再遷殿中丞策賢良方正入等擢太常博士通判陳州入為右司諫改起居

舍人同知諫院每進言惟勸帝禁柬左右姦倖內東門闌得賂遺物下吏研治而開封用內降釋之奎劾尹魏瓘出瓘越州彭思永論事詔詰所從受奎言御史法許風聞若窮核主名則後誰敢來告以事是自塗其耳目也上為罷不問郭承祐張堯佐為宣徽使奎連疏其不當承祐罷使出堯佐河中皇祐中頗多災異奎極言其徵曰今冬令反燠春候反寒太陽虧明五星失度水旱作沴饑饉荐臻此天道之不順也自東徂西地震為患大河橫流堆阜或出此地道之不順也邪曲害政陰柔蔽明群小紛爭衆情壅塞西

北貳敵求欲無厭此人事之不和也夫帝王之美莫大於進賢退不肖今天下皆謂之賢陛下知之而不能進天下皆謂之不肖陛下知之而不能退內寵驕恣近習回撓陰盛如此寧不致大異乎又十數年來下令及所行事或有名而無實或始是而終非或橫議所移或姦謀所破故群臣百姓多不甚信以謂陛下言之雖切而不能行行之雖銳而不能久臣願謹守前詔堅如金石或敢私橈必加之罪毋為人所測度而取輕於天下唐介論文彥博指奎為黨出知密州加直集賢院徙兩浙轉運使入判登聞檢院同修

起居注知制誥奉使契丹會其主加稱號要入賀奎以使事有職不為往歸遇契丹使於塗契丹以金冠為重紗冠次之故事使者相見其衣服重輕必相當至是使者服紗冠而要奎盛服奎殺其儀以見坐是出知壽州至和三年大水詔中外言得失奎上疏曰陛下在位二十四年而儲嗣未立在禮大宗無嗣則擇支子之賢者以昭穆言則太祖太宗之曾孫所宜建立以繫四海之望倘有皇子則退之而優其禮於宗室誰曰不然陛下勿聽姦人邪謀以誤大事若倉卒之際柄有所歸書之史册為萬世歎憤臣不願以

聖明之資當危亡之比此事不宜優游願蚤裁定定之不速致宗祀無本鬱結群望推之咎罰無大于此帝感其言拜翰林學士權開封府奎達於從政應事敏捷吏不敢欺富人孫氏辜榷財利負其息者至評取物產及婦女奎發孫宿惡徙其兄弟於淮閩豪猾畏歛居三月治聲赫然除端明殿學士知成都府以親辭改鄆州復還翰林拜樞密副使治平中丁父憂居喪毀瘠廬於墓側歲時潔嚴祭祀不為浮屠事神宗初立奎適終制以故職還朝踰月參知政事時已召王安石辭不至帝顧輔臣曰安石歷先帝朝召不

赴頗以為不恭今又不至果病耶有所要耶曾公亮曰安石文學器業不敢為欺奎曰臣嘗與安石同領群牧見其護前自用所為迂闊萬一用之必紊亂綱紀乃命知江寧奎嘗進言陛下在推誠應天天意無他合人心而已若以至誠格物物莫不以至誠應則和氣之感自然而致今民力困極國用窘乏必俟順成乃可及他事帝王所職惟在於判正邪使君子常居要近小人不得以害之則自治矣帝因言堯時四凶猶在朝奎曰四凶雖在不能惑堯之聰明聖人以天下為度未有顯過固宜包容但不可使居要近地

爾帝然之御史中丞王陶以論文德不押班事詆韓琦奎狀其過詔除陶翰林學士奎執不可陶又疏奎阿附陶既出奎亦以資政殿大學士知青州司馬光諫曰奎名望清重今為陶絀奎恐大臣皆不自安各求引去陛下新即位於四方觀聽非宜帝乃召奎歸中書及琦罷相竟出知青州明年薨年五十八贈兵部尚書謚曰文肅奎喜獎廉善有所知輒言之言之不從不止也少時甚貧既通貴買田為義莊以賙族黨朋友沒之日家無餘資諸子至無屋以居當時稱之

趙抃字閱道衢州西安人進士及第為武安軍節度推官人有赦前偽造印更赦而用者法吏當以死抃曰赦前不用赦後不造不當死讞而生之知崇安海陵江原三縣通判泗州濠守給士卒廩賜不如法聲欲變守懼日未入輒閉門不出轉運使檄抃攝治之抃至從容如平時州以無事翰林學士曾公亮未之識薦為殿中侍御史彈劾不避權倖聲稱凜然京師目為鐵面御史其言務欲朝廷別白君子小人以謂小人雖小過當力遏而絕之君子不幸詿誤當保全愛惜以成就其德溫成皇后之喪劉沆以參知政事

監護及為相領事如初抃論其當罷以全國體又言宰相陳執中不學無術且多過失宣徽使王拱辰平生所為及奉使不法樞密使王德用翰林學士李淑不稱職皆罷去吳充鞠真卿刁約以治禮院吏馬遵呂景初吳中復以論梁適相繼被逐抃言其故悉召還呂溱蔡襄吳奎韓絳既出守歐陽脩賈黯復求郡幾今皆欲去者以正色立朝不能諂事權要傷之者衆耳脩黯由是得留一時名臣賴以安焉請知睦州移梓州路轉運使改益州蜀地遠民弱吏肆為不法

州郡公相餽餉抃以身帥之蜀風為變窮城小邑民或生而不識使者抃行部無不至父老喜相慰姦吏竦服召為右司諫內侍鄧保信引退兵董吉燒煉禁中抃引文成五利鄭注為比力論之陳升之副樞密抃與唐介呂誨范師道言升之姦邪交結宦官進不以道章二十餘上升之去位抃與言者亦罷出知虔州虔素難治抃御之嚴而不苛召戒諸縣令使人自為治令皆喜爭盡力獄以屢空嶺外仕者死多無以為歸抃造舟百艘移告諸郡曰仕宦之家有不能歸者皆於我乎出於是至者相繼悉授以舟并給其道

里費召為侍御史知雜事改度支副使進天章閣待制河北都轉運使時賈昌朝以故相守魏抃將按視府庫昌朝使來告曰前此監司未有按視吾藏者恐事無比若何抃曰舍是則他郡不服竟往焉昌朝不悅初有詔募義勇過期不能辦官吏當坐者八百餘人抃被旨督之奏言河朔頻歲豐故應募者少請寬其罪以俟農隙從之坐者獲免而募亦隨足昌朝始愧服加龍圖閣直學士知成都以寬為治抃向使蜀日有聚為妖祀者治以峻法及是復有此獄皆謂不免抃察其亡他曰是特酒食過耳刑首惡而釋餘人

蜀民大悅會榮諲除轉運使英宗諭諲曰趙抃為成都中和之政也神宗立召知諫院故事近臣還自成都者將大用必更省府不為諫官大臣以為疑帝曰吾賴其言耳苟欲用之無傷也及謝帝曰聞卿匹馬入蜀以一琴一鶴自隨為政簡易亦稱是乎未幾擢參知政事抃感顧知遇朝政有未協者必密啓聞帝手詔褒荅王安石用事抃屢斥其不便韓琦上疏極論青苗法帝語執政令罷之時安石家居求去抃曰新法皆安石所建不若俟其出既出安石持之愈堅抃大悔恨即上言制置條例司建使者四十輩騷動

天下安石強辯自用詆天下公論以為流俗違衆罔民順非文過近者臺諫侍從多以言不聽而去司馬光除樞密不肯拜且事有輕重體有大小財利於事為輕而民心得失為重青苗使者於體為小而禁近耳目之臣用捨為大今去重而取輕失大而得小懼非宗廟社稷之福也奏入懇乞去位拜資政殿學士知杭州改青州時京東旱蝗青獨多麥蝗來及境遇風退飛盡墮水死成都以戍卒為憂遂以大學士復知成都召見勞之曰前此未有自政府往者能為朕行乎對曰陛下有言即法也奚例之間因乞以便宜

從事既至蜀治益尚寬有卒長立堂下呼諭之曰吾與汝年相若吾以一身入蜀為天子撫一方汝亦宜清謹畏戢以率衆比戍還得餘貲持歸為室家計可也人喜轉相告莫敢為惡蜀郡晏然劍州民私作僭變牒或以為謀逆告抃不畀獄吏以意決之悉從輕比謗者謂其縱逆黨朝廷取具獄閱之皆與法合茂州夷剽境上懼討乞降乃縛奴將殺之取血以受盟抃使易用牲皆讙呼聽命乞歸知越州吳越大饑疫死者過半抃盡救荒之術療病埋死而生者以全下令修城使得食其力復徙杭以太子少保致仕而官

其子屼提舉兩浙常平以便養屼奉抃遍遊諸名山吳人以為榮元豐七年薨年七十七贈太子少師謚曰清獻抃長厚清修人不見其喜慍平生不治貲業不畜聲伎嫁兄弟之女十數他孤女二十餘人施德惸貧蓋不可勝數日所為事入夜必衣冠露香以告于天不可告則不敢為也其為政善因俗施設猛寬不同在虔與成都尤為世所稱道神宗每詔二郡守必以抃為言要之以惠利為本晚學道有得將終與屼訣詞氣不亂安坐而沒宰相韓琦嘗稱抃真世人標表蓋以為不可及云

屼字景仁由蔭登第通判江州改溫州代還得見時抃已謝事神宗命為太僕丞擢監察御史以父老請外提舉兩浙常平元祐中復為御史上疏言治平以前大臣不敢援置親黨於要途子弟多處筦庫甚者不使應科舉與寒士爭進自王安石柄國持內舉不避親之說始以子雱列侍從由是循習為常資望淺者或居事權繁重之地無出身者或預文字清切之職今宜杜絕其源又言臺諫之臣或稍遷其位而陰奪言責或略行其言而退與善地或兩全並立苟從講解或置而不問外示包容使忠鯁之士常羞難退

皆朝廷所宜深察也傅堯俞王巖叟梁燾孫升以事去屼言諸人才能學術為世推稱忠言嘉謨見於已試宜悉召還朝所言皆切時務避執政親嫌改都官員外郎出提點京東刑獄元符中歷鴻臚太僕少卿曾布知樞密院將白為都承旨蔡卞擠其救傅堯俞事遂不用未幾卒初抃廬母墓三年縣榜其里曰孝弟處士孫侔為作孝子傳及屼執父喪而甘露降墓木屼卒子雲又以毀死人稱其世孝

唐介字子方江陵人父拱卒漳州州人知其貧合錢以賻介年尚幼謝不取擢第為武陵尉調平江令民

李氏貲而吝吏有求不厭誣為殺人𥙊鬼岳守捕其家無少長楚掠不肯承吏屬介訊之無他驗守怒白于朝遣御史方偕徙獄別鞫之其究與介同守以下得罪偕受賞介未嘗自言知莫州任丘縣當遼使往來道驛吏以誅索破家為苦介坐驛門令曰非法所應給一切勿與稍毀吾什器者必執之皆帖伏以去沿邊塘水歲溢害民田中人楊懷敏主之欲割邑西十一村地豬漲潦介築提闌之民以為利通判德州轉運使崔嶧取庫絹配民而重其估介留牒不下且移安撫司責數之嶧怒數馳檄按詰介不為動既而

果不能行入為監察御史裏行轉殿中侍御史啓聖院造龍鳳車內出珠玉為之飾介言此太宗神御所在不可喧瀆後宮奇靡之器不宜過制詔亟毀去張堯佐驟除宣徽節度景靈群牧四使介與包拯吳奎等力爭之又請中丞王舉正留百官班庭論奪其二使無何復除宣徽使知河陽介謂同列曰是欲與宣徽而假河陽為名耳不可但已也而同列依違介獨抗言之仁宗謂曰除擬本出中書介遂劾宰相文彥博守蜀日造間金奇錦緣閹侍通宮掖以得執政今顯用堯佐益自固結請罷之而相富弼又言諫官吳

奎表裏觀望語甚切直帝怒卻其奏不視且言將遠竄介徐讀畢曰臣忠憤所激鼎鑊不避何辭於謫帝急召執政示之曰介論事是其職至謂彥博由妃嬪致宰相此何言也進用冢司豈應得預時彥博在前介責之曰彥博宜自省即有之不可隱彥博拜謝不已帝怒益甚梁適叱介使下殿修起居注蔡襄趨進救之貶春州別駕王舉正言以為太重帝旋悟明日取其疏入改置英州而罷彥博相吳奎亦出又慮介或道死有殺直臣名命中使護之梅堯臣李師中皆賦詩激美由是直聲動天下士大夫稱真御史必曰

唐子方而不敢名數月起監郴州稅通判潭州知復州召為殿中侍御史遣使賜告趣詣闕下入對帝勞之曰卿遷謫以來未嘗以私書至京師可謂不易所守矣介頓首謝言事益無所顧他日請曰臣既任言責言之不行將固爭爭之重以累陛下願得解職換工部員外郎直集賢院為開封府判官出知揚州徙江東轉運使御史吳中復言介不宜久居外文彥博再當國奏介向所言誠中臣病願如中復言然但徙河東久之入為度支副使進天章閣待制復知諫院帝自至和後臨朝淵默介言君臣如天地以交泰為

理頤時延群下發德音可否萬錢以幸天下又論宮禁干丐恩澤出命不由中書宜有以抑絶賜予嬪御之費多先朝時十數倍日加無窮宜有所朘損監司薦舉多得文法小吏請令精擇端良敦朴之士毋使與險薄者同進諸路走馬承受淩擾郡縣可罷勿遣以權歸監司兗國公主夜開禁門宜劾宿衛主吏以嚴宮省帝悉開納之御史中丞韓絳劾宰相富弼弼家居求罷絳亦待罪介與王陶論絳以危法中傷大臣絳罷介嫌於右宰相請外以知荊南敎過門下知銀臺司何郯封還之留權開封府旋以論罷陳升之亦出知洪州加龍圖閣直學士河北都轉運使樞密直學士知瀛州治平元年召為御史中丞英宗謂曰卿在先朝有直聲故用卿非繇左右言也介曰臣無狀陛下過聽願獻愚忠自古欲治之主亦非求絶世俗之術要在順人情而已祖宗遺德餘烈在人未遠願覽已成之業以為監則天下蒙福矣明年以龍圖閣學士知太原府帝曰朕視河東不在中執法下暫煩卿往耳夏人數擾代州邊多築堡境上介遣兵悉撤之移諭以利害遂不敢動神宗立以三司使召熙寧元年拜參知政事先時宰相省閣所進文書於待

漏舍同列不得聞介謂曾公亮曰身在政府而文書弗與知上或有所問何辭以對乃與同視後遂為常帝欲用王安石公亮因薦之介言其難大任帝曰文學不可任耶吏事不可任耶經術不可任耶對曰安石好學而泥古故論議迂闊若使為政必多所變更退謂公亮曰安石果用天下必困擾諸公當自知之中書嘗進除目數日不決帝曰當問王安石介曰陛下以安石可大用即用之豈可使中書政事決於翰林學士臣近每聞宣諭某事問安石可即行之不可不行如此則執政何所用恐非信任大臣之體也必以臣為不才願先罷免安石既執政奏言中書處分劄子皆稱聖旨不中理者十八九宜止令中書出牒帝愕然介曰昔寇準用劄子遷馮拯官不當拯訴之太宗謂前代中書用堂牒乃權臣假此為威福太祖時以堂帖重於敕命遂削去之今復用劄子何異堂帖張洎因言廢劄子則中書行事別無公式太宗曰大事則降敕其當用劄子亦須奏裁此所以稱聖旨也如安石言則是政不自天子出使輔臣皆忠賢猶為擅命苟非其人豈不害國帝以為然乃止介自是數與安石爭論安石強辯而帝主其說介不勝憤疽

發于背薨年六十介為人簡伉以敢言見憚每言官缺衆皆望介處之觀其風采神宗謂其先朝遺直故大用之然居政府遭時有為而扼於安石少所建明聲名減於諫官御史時比疾亟帝臨問流涕復幸其第弔哭以畫像不類命取禁中舊藏本賜其家贈禮部尚書謚曰質肅子淑問義問孫愬

淑問字士憲第進士至殿中丞神宗以其家世擢監察御史裏行諭以謹家法務大體淑問見帝初即位銳於治因言中旨數下一出特斷當謹出納別枉直使命令必行令詔書求直言而久無所施用必欲屈群策以起治道願行其言初詔侍臣講讀淑問言王者之學不必分章句飾文辭稽古聖人治天下之道歷代致興亡之由延登正人博訪世務以求合先王則天下幸甚河北饑流人就食京師官振廩給食來者不止淑問曰出粟不繼是誘之失業而就死地也條三策上之滕甫為中丞淑問力數其短帝以為邀名乃詔避其父三司使出通判復州久之知真州提點湖北刑獄言新法不便乞解使事黜知信陽軍以病免數年起知宣州徙湖州入為吏部員外郎又引疾求外帝以為避事降監撫州酒稅哲宗立司馬光薦其行己有恥難進召為左司諫以病致仕數月卒

義問字士宣善文辭鎖廳試禮部用舉者召試秘閣父介引嫌罷之熙寧中辟京西轉運司管勾文字神宗覽本道章奏知義問所為以其名訪輔臣因黃好謙領使事諭之曰唐義問風力強敏行且用矣可面詔之尋以為司農管當公事方行手實法所在騷然義問言今造簿甫二歲民不堪命不宜復改為從曾孝寬使河東還奏事記利害綱目於笏帝取而熟視之歷舉以問應析如流帝喜曰欲見卿非今日也擢湖南轉運判官一路敷免役錢又分戶五等儲其羨

為別賦號家力錢義問奏除之移使京西文彥博守西都義問求罷去彥博告以再入相時嘗薦其父晚同為執政相得甚驩故義問乃止時陝西大舉兵多亡卒所至成聚義問請令諸官自陳給券續食入以為使會有不悅之者免歸元祐中起知齊州提點京東刑獄河北轉運副使屬邑尉因捕盜誤遺火盜逸去民家被焚訟尉故縱火郡守執尉抑使服義問辨出之方旱而雨用彥博薦加集賢修撰帥荊南請廢渠陽諸砦蠻楊晟秀斷之以叛即拜湖北轉運使討降之復砦為州進直龍圖閣以集賢殿修撰知廣州

章惇秉政治棄渠陽罪貶舒州團練副使後七年復故官知潁昌府卒

恕崇寧初爲華陽令以不能奉行茶法忤使者謝病免歸其弟意方爲南陵令亦以病自免兄弟杜門躬耕恕尋以宣教郎致仕靖康元年御史中丞許翰言其高行詔起爲監察御史意亦以宰相吳敏薦召對而貧不能行竟餓死江陵山中

論曰拯爲開封其政嚴明人到于今稱之而不尚苛刻推本忠厚非孔子所謂剛者乎奎博學清重君子人也抃所至善治民思不忘猶古遺愛介敢言聲動天下斯古遺直也夫聽諫者明君所難以唐文皇猶弗終於魏徵觀四臣面諍鯁吭逆心或不能堪而仁宗容之無咈誠盛德之主哉屼世孝淑問難進義問强敏恕高行不隕家聲有足美云

列傳卷第七十五

列傳卷第七十六　宋史三百十七

開府儀同三司上柱國錄軍國重事前中書右丞相兼修國史領經筵事都總裁脫脫等奉勅修

邵亢 從父必

錢惟演 從弟易 易子彥遠 明逸 諸孫景諶 勰 即

馮京

邵亢字興宗丹陽人幼聰發過人方十歲日誦書五千言賦詩豪縱鄉先生見者皆驚偉之再試開封當第一以賦失韻弗取范仲淹舉亢茂才異等時布衣被召者十四人試崇政殿獨亢第入等除建康軍節度推官或言所對策字少不應式宰相張士遜與之姻家故得預選遂報罷而士遜子實娶它邵與亢同姓耳士遜既不能與直亢亦不自言趙元昊叛亢言用兵在於擇將今天下久不知戰而所任多儒臣未必能應變武人得長一軍又已老詎能身先矢石哉間起故家恩倖子弟彼安識攻守之計況將與卒素不相附又亡堅甲利兵之禦此不待兩軍相當而勝敗之機固已形矣因獻兵說十篇召試秘閣授潁州團練推官晏殊爲首一以事諉之民稅舊輸陳蔡轉運使又欲覆折緡錢且多取之亢言民之移輸勞費已甚方仍歲水旱又從而加取無乃不可乎遂止入

為國子監直講館閣校勘同知太常禮院張貴妃薨
立園陵禁京城樂一月充累疏罷之進集賢校理仁
宗繼嗣未立充言國之外患在邊圉然禦之之術不
過羈縻勿絕而已內患則不然繫社稷之安危不可
不豫定也提點開封縣鎮公事比有縱火者一不獲
則主吏坐罪民或自燔其居以中吏充請非延及旁
舍者雖失捕得勿坐從為府推官改度支判官契丹
遣使賀乾元節未至仁宗崩議者謂宜卻或欲俟其
及國門而諭使之還充請令奉書至柩前使見嗣君
從之選為潁王府翊善加直史館召對羣玉殿英宗
訪以世事稱之曰學士真國器也擢同脩起居注建
言陛下初政欲治國者先齊家潁王且授室願采用
古昏禮公主下降不宜厭舅姑之尊帝深納之他日
諭王曰以翊善端直朴厚輟為諫官矣王出道帝語
遂以知制誥知諫院東宮建為右庶子神宗立遷龍
圖閣直學士有譖之者曰先帝大漸時充嘗建垂簾
之議御史吳申即論之帝知其妄置不問充自訴曰
方先帝不豫羣臣莫得進見臣無由面陳必有章奏
乞索之禁中若得之臣當伏誅不然則讒臣者豈宜
但已願下獄考實帝不許時待制以上為師守每他

從必遷職秩充請未滿兩歲者勿推恩王陶劾韓琦
吳奎與之辨充詆奎所言顛倒失大臣體蓋欲併撼
琦琦與奎竟同日去進樞密直學士知開封府充遇
事敏密吏操辭牘至前皆反覆閱之人或以為勞充
曰決是非於須臾正當爾初雖煩後乃省也籍里閭
惡年少與吏之廢停者一有所犯皆遷處之畿下鬬
訟為之衰止拜樞密副使夏人誘殺知保安軍楊定
朝廷謀西討充曰天下財力殫屈未宜用兵唯當降
意撫納俟不順命則師出有名矣因條上其事詔報
之曰中國民力大事也兵興之後不無掊斂人心一
搖安危所係今動自我始先違信誓契丹聞之將不
期而自合茲朕所深憂者當悉如卿計未幾夏主諒
祚死國人執殺定者來請和或欲乘此更取塞門地
充以為幸人之喪非義也乃止充在樞密踰年無大
補益帝頗厭之嘗與諫官孫覺言欲以陳升之代充
而使守長安覺遽劾充薦升之帝怒其希指黜覺充
亦引疾辭以資政殿學士知越州歷鄭鄆亳三州薨
年六十一贈吏部尚書即其鄉賜以居宅謚曰安簡
從父必
必字不疑舉進士為上元主簿國子監立石經必善

篆隷召充直講選為唐書編脩官必以史出衆手非古人撰述之體辭不就進集賢校理同知太常禮院天子且親祠執事者習禮壇下必言周官大宗伯凡王之禱祠肄儀為位鄭康成釋云若今肄司徒府古禮如此今郊祠所習之為不敬乃徙於尚書省張貴妃受冊禮官議命婦入賀儀未決或曰妃為脩媛時命婦已不敢亢禮況今日乎必曰宮省事秘不可知既下有司議惟有外一品南省上事百官班見之儀然禮無不答衆議乃定出知常州召為開封府推官坐在常州日杖人至死責監邵武稅然杖者實不死久之知高郵軍提點淮南刑獄為京西轉運使必居官震厲風采始至郡惟一赴宴集行部但一受酒食之餽以為數會聚則人情狎多受餽則不能行事非使者體也入脩起居注知制誥雄州種木道上契丹遣人夜伐去又數漁界河中事聞命必往使必以理折契丹屈之還知諫院編仁宗御集成遷寶文閣直學士權三司使加龍圖閣學士知成都卒於道年六十四遣中使護其喪歸

馮京字當世鄂州江夏人少雋邁不羣舉進士自鄉舉禮部以至廷試皆第一時猶未娶張堯佐方貴宮

挾勢欲妻以女擁至其家束之以金帶曰此上意也頃之宮中持酒殽來直出奩具目示之京笑不視力辭出守將作監丞通判荊南軍府事還直集賢院判吏部南曹同脩起居注吳充以論溫成皇后追冊事出知高郵京疏充言是不當黜劉沆請併斥京仁宗曰京亦何罪但解其記注旋復之試知制誥避婦父富弼當國嫌拜龍圖閣待制知揚州改江寧府以翰林侍讀學士召還糾察在京刑獄為翰林學士知開封府數月不詣丞相府韓琦語弼以京為傲弼使往見琦京曰公為宰相從官不妄造請乃所以為公重非傲也出安撫陝西請城古渭通西羌唃氏界木征官以斷夏人右臂除端明殿學士知太原府神宗立復為翰林學士改御史中丞王安石為政京論其更張失當累數千百言安石指為邪說請黜之帝以為可用擢樞密副使河東麟府豐三州城壘兵械不治官吏皆受譴京以先帥本道上章自劾曰使諸路帥臣知其雖一時脫去後能僥竊名位者猶必行法將不敢復媮惰曠職優詔不聽進參知政事數與安石論辨又薦劉攽蘇軾掌外制安石令保甲養馬京謂必不可行會選人鄭俠上書言時政薦京可相呂惠

卿因是譖京與俠通罷知亳州未幾以資政殿學士知渭州茂州夷叛徙知成都府蕃部何丹方寇雞粽關聞京兵至請降議者遂欲蕩其巢窟京請于朝為禁侵掠給稼器餉糧食使之歸夷人喜爭出犬豕割血受盟願世世為漢藩惠卿告安石罪發其私書有曰勿令齊年知齊年謂京也與安石同年生帝以安石為欺復召京知樞密院京以疾未至帝中夕呼左右語曰適夢馮京入朝甚慰人意乃賜京詔有渴想儀刑不忘夢寐之語及入見首以所夢告焉頃之以觀文殿學士知河陽哲宗即位拜保寧軍節度使知

大名府又改鎮彰德於是范祖禹言京再執政初與王安石不合後為呂惠卿所傾其中立不倚之操為先帝稱挹且昭陵學士獨京一人存若付以樞密必允公論時京已老乃以為中太一宮使兼侍講改宣徽南院使拜太子少師致仕紹聖元年薨年七十四帝臨奠于第贈司徒謚曰文簡始京鄉居受恩通判南宮成追貴以郊恩官其子嘗過外兄朱适出侍妾詢知為同年進士妻亟請而嫁之其為郡守諸縣公事至即歷究之苟與縣牘合而處斷麗於法者呼法吏決罪不以付獄報下捷疾一無壅滯人服其敏云

錢惟演字希聖吳越王俶之子也少補牙門將從俶歸朝為右屯衛將軍歷右神武軍將軍博學能文辭召試學士院以笏起草立就真宗稱善改太僕少卿獻咸平聖政録命直秘閣預修冊府元龜詔與楊億分為之序除尚書司封郎中知制誥再遷給事中知審官院大中祥符八年為翰林學士坐私謁事罷之尋遷尚書工部侍郎再為學士會靈觀副使又坐貢舉失實降給事中復工部侍郎擢樞密副使會靈觀使兼太子賓客更領祥源觀累遷工部尚書仁宗即位進兵部王曾為相以惟演嘗位曾上因拜樞密使

故事樞密使必加檢校官惟演止以尚書充使有司之失也初惟演見丁謂權盛附之與為婚謂逐寇準惟演與有力焉及序樞密題名獨刊去準名曰逆準削而不書謂禍既萌惟演慮并得罪遂擠謂以自解宰相馮拯惡其為人因言惟演以妹妻劉美乃太后姻家不可與機政請出之乃罷為鎮國軍節度觀察留後即日改保大軍節度使知河陽踰年請入朝加同中書門下平章事判許州未即行冀復用侍御史鞠詠奏劾之惟演乃亟去天聖七年改武勝軍節度使明年來朝上言先壠在洛陽願守宮鑰即以判河

南府再改泰寧軍節度使惟演雅意柄用抑鬱不得志及帝耕籍田求侍祠因留為景靈宮使太后崩詔還河南惟演不自安請以莊獻明肅太后莊懿太后並配真宗廟室以希帝意惟演既與劉美親又為其子曖娶郭后妹至是又欲與莊懿太后族為婚御史中丞范諷劾惟演擅議宗廟且與后家通婚姻落平章事為崇信軍節度使歸本鎮未幾卒特贈侍中太常張瓌按謚法敏而好學曰文貪而敗官曰墨請謚文墨其家訴于朝詔章得象等覆議以惟演無貪黷狀而晚節率職自新有惶懼可憐之意取謚法追悔

前過曰思改謚曰思慶曆間二太后始升祔真宗廟室子曖復訴前議乃改謚曰文僖惟演出于勳貴文辭清麗名與楊億劉筠相上下於書無所不讀家儲文籍侔秘府尤喜獎厲後進初真宗謚號稱文惟演曰真宗幸澶淵禦契丹盟而服之宜兼謚武下有司議乃加謚武定所著典懿集三十卷又著金坡遺事飛白書敘錄逢辰錄奉藩書事惟演嘗語人曰吾平生不足者惟不得於黃紙上押字爾蓋未嘗歷中書故也子曖晦暄從弟易晦字明叔以大理評事娶獻穆大長公主女累遷東上閤門使貴州團練使王守

忠領兩使留後移閤門定朝立燕坐位晦因言天子大朝會令宦者廁士大夫坐殿上必為外夷所哄守忠更欲以禮服進酒晦又以為不可句當三班院羣牧都監授忠州防禦使知河中府帝因戒曰陝西方罷兵民困久矣卿為朕愛撫毋縱酒樂使人呼為貴戚子弟也晦頓首謝改潁州防禦使為秦鳳路馬步軍總管復還三班院同提舉集禧觀歷霸州防禦使為羣牧副使卒暄字載陽以父蔭累官駕部郎中知撫州移台州台城惡地下秋潦暴集輙圮溺人多即山為居暄為增治城堞壘石為臺作大隄扞之進少

府監權鹽鐵副使暄鉤考諸路逋租兩浙轉運使負課當坐暄上言浙部仍歲饑故租賦不登籍令使者獲罪必亟斂於民民不堪矣神宗即詔釋之官制行為光祿卿出知鄆州拜寶文閣待制卒子景臻尚秦魯國大長公主景臻子忱在外戚傳

易字希白始父倧嗣吳越王為大將胡進思所廢而立其弟俶俶歸朝羣從悉補官易與兄昆不見錄遂刻志讀書昆字裕之舉進士為治寬簡便民能詩善草隸書累官右諫議大夫以秘書監于家易年十七舉進士試崇政殿三篇日未中而就言者惡其輕俊

特罷之然自此以才藻知名太宗嘗與蘇易簡論唐世文人歎時無李白易簡曰今進士錢易為歌詩殆不下白太宗驚喜曰誠然吾當自布衣召置翰林值盜起劒南遂寢真宗在東宮圖山水扇會易作歌賞愛之易再舉進士就開封府試第二自謂當第一為有司所屈乃上書言試朽索之馭六馬賦意涉譏諷真宗惡其無行降第三明年第二人中第補濠州團練推官召試中書改光禄寺丞通判蘄州奏疏曰堯放四罪而不言殺彼四者之凶尚惡言殺非堯仁之至乎古之肉刑者劓椓黥刖皆非死尚以為虐近代

以来斷人手足鉤背烙筋身見白骨而猶視息四體分落乃方絕命以此示人非平世事也今四方長吏競為殘暴婺州先斷賊手足然後斬之以聞壽州巡檢使磔賊於闤闠之中其旁猶有盜物者使嚴刑可誡於衆則秦之天下無叛民矣臣以謂非法之刑非所以助治惟陛下除之帝嘉納其言景德中舉賢良方正科策入等除秘書丞通判信州東封泰山獻殊祥録改太常博士直集賢院祀汾陰幸亳州命脩車駕所過圖經獻宋雅一篇遷尚書祠部員外郎坐發國子監諸科非其人降監潁州稅數月召還久之判

三司磨勘司上言官物在籍而三司移文釐正或其數細微輒歷年不得報徙擾州縣自今官錢百穀斗帛二尺以下非欺給者除之真宗雅眷詞臣其典掌誥命皆躬自柬拔擢知制誥判登聞鼓院糾察在京刑獄累遷左司郎中為翰林學士僄直未滿卒仁宗憐之召其妻盛氏至禁中賜以冠帔易才學贍敏過人數千百言援筆立就又善尋尺大書行草及喜觀佛書嘗校道藏經著殺生戒有金閨瀛州西垣制集一百五十卷青雲總録青雲新録南部新書洞微志一百三十卷子彥遠明逸相繼皆以賢良方正應詔

宋興以来父子兄弟制策登科者錢氏一家而已

彥遠字子高以父蔭補太廟齋郎累遷大理寺丞舉進士第以殿中丞為御史臺推直官通判明州遷太常博士舉賢良方正能直言極諫科擢尚書祠部員外郎知潤州上疏曰陛下即位以来内無聲色之娛外無畋漁之樂而前歳地震雄霸滄登旁及荆湖幅員數千里雖往昔定襄之異未甚於此今復大旱人心嗷嗷天其或者以陛下備寇之術未至牧民之吏未良天下之民未安故出譴告以示之苟能順天之戒增脩德業宗社之福也今契丹据山後諸鎮元昊

盜靈武銀夏衣冠車服子女玉帛莫不有之往時元
昊内寇出入五載天下騷然及納款賜命則被邊長
吏不復銓擇高冠大裾恥言軍旅一日契丹負恩乘
利入塞豈特元昊之比耶湖廣蠻獠劫掠生民調發
督斂軍須百出三年于今未聞分寸之效惟陛下念
此三方之急講長久之計以上答天戒時旱蝗民乏
食彥遠發常平倉賑救之部使者詰其專且推償彥
遠不為屈召為右司諫請勿數赦擇牧守增奉入以
養廉吏息土木以省功費遷起居舍人直集賢院知
諫院會諸路奏大水彥遠言陰氣過盛在五行傳下

有謀上之象請嚴宮省宿衛未幾有挾刃犯謁門者
特賜五品服又上疏曰農為國家急務所以順天養
財禦水旱制蠻夷之原本也唐開元戶八百九十餘
萬而墾田一千四百三十餘萬頃今國家戶七百三
十餘萬而墾田二百一十五萬餘頃其間逃廢之田
不下三十餘萬是田疇不闢而游手者多也勸課其
可不興乎本朝轉運使提點刑獄知州通判皆帶勸
農之職而徒有虛文無勸導之實宜置勸農司以知
州為長官通判為佐舉清强幕職州縣官為判官先
以墾田頃畝及戶口數屋塘山澤溝洫桑柘著之於

籍然後設法勸課除害興利歲終農隙轉運司考校
之第其賞罰楊懷敏妄言契丹主宗真死乃除入內
副都知內侍黎用信以罪竄海島赦歸邊得環衛官
致仕許懷德慎鏞高年未謝事楊景宗郭承祐闒冗
小人宜廢不用歷舉劾之多見聽納彥遠性豪邁其
任言職數有建明卒于官
明逸字子飛繇殿中丞策制科轉太常博士為呂夷
簡所知擢右正言首劾范仲淹富弼更張綱紀紛擾
國經凡所推薦多挾朋黨乞早罷免使姦詐不敢效
尤忠實得以自立疏奏二人皆罷其夕杜衍亦免相

明逸蓋希章得象陳執中意也石元孫與夏人戰沒
以死事褒贈既而生歸朝廷釋不問明逸請正其僨
軍之罪乃竄之遠方而奪其恩進同脩起居注知制
誥擢知諫院為翰林學士自登科至是纔五年加史
館脩撰知開封府妄人冷青自稱皇子捕至府明逸
方正坐青叱曰明逸安得不起明逸為起坐尹京無
威望又獄吏榜婦人鄭氏墮足死罷為龍圖閣學士
知蔡州歷揚青鄆曹州應天府還判流內銓知通進
銀臺司復出知成德軍渭州加端明殿學士知秦州
先是于闐入貢道邈川唃廝囉留不遣會其妻亡前

帥張方平請因而卹之且誘其般次入貢詔賻絹千
匹明逸言朝廷撫唃氏至厚頃以招馬為名賂繒縕
邀請六事既徇其五而猶觖望今壟逋荒服之貢固
有罪矣豈可復加賜以辱國體從之而于闐使與般
次亦皆至廝囉有子質于秦別子木征居河州殿侍
程從簡私與之盟令過洮河許以官且歸其質子事
不驗木征怒留貴使明逸械從簡往詰因斬之木征
惶懼悉遣所留者治平初復為翰林學士神宗立御
史論其傾險憸薄頃附賈昌朝夏竦以陷正人文辭
淺縟豈應冒居翰院乃罷學士久之知永興軍熙寧

四年卒年五十七贈禮部尚書謚曰脩懿藻字醇老
明逸之從子也幼孤刻厲為學第進士又中賢良方
正科為秘閣校理慈聖后臨朝藻三上書乞還政同
脩起居注知制誥加樞密直學士知開封府平居樂
易無崖岸而居官獨立守繩墨為政簡靜有條理不
肯徇私取顯數求退改翰林侍讀學士知審官東院
卒年六十一神宗知其貧賻錢五十萬贈太中大夫
景諶景臻之從兄也繇殿直巡轄兩京馬遞中進士
第初赴開封解試時王安石得其文以為知道者既
薦送之又推譽於公卿間自是執弟子禮安石提點

府界景諶為屬主簿又以文薦之執喪居許聞安石
得政喜因事來京師謁之方盛夏安石與僧智緣臥
於地一最親者袒坐其側顧景諶褫服脫帽未及它
語卒然問曰青苗助役如何景諶曰利少害多異日
必為民患又問孰為可用之人曰居喪不交人事而
知人尤難事也遂辭出後調官復來安石已作相又
往詣之安石令先與弟安國相見安國亦與之善謂
景諶曰相君欲以館閣相處而任以事景諶曰百事
皆可為所不知者新書役法耳及見安石安石欲令
治峽路役書且委以戎瀘蠻事景諶曰峽路民情僕

固不能知而戎瀘用兵繫朝廷舉動一路生靈休戚
願擇知兵愛人者安石大怒坐上客數十人皆為之
懼退就謁舍賞激之與詆以為矯者參半景諶笑曰
自古以來好利者衆而顧義者寡故天下萬事皆由
人而不在於己苟為利所動而由於人則盜亦可為
也夫盜之所以為盜者利勝於義而不知所以為之
者耳吾又何憾焉遂與安石絕熙寧末從張景憲辟
知瀛州終身為外官僅至朝請郎而卒
總字穆父彥遠之子也生五歲日誦千言十三歲制
舉之業成熙寧三年試應既中秘閣選廷對入等矣

會王安石惡孔文仲策遷怒罷其科遂不得第以蔭知尉氏縣授流內銓主簿判銓陳襄嘗登進班簿神宗稱之襄曰此非臣所能主簿錢勰為之耳明日召對將任以清要官安石使弟安禮來見許用為御史勰謝曰家貧母老不能為萬里行安石知不附己命權鹽鐵判官歷提點京西河北京東刑獄元豐定官制勰方居喪帝於左司郎中格自書其姓名須終制日授之奉使吊高麗外意頗謂欲結之以北伐勰入請使指帝曰高麗好文又重士大夫家世所以選卿無他也乃求呂端故事以行凡餽饟非故所有者皆

弗納歸次紫燕島王遣二吏追餉金銀器四千兩勰曰在館時既辭之矣今何為者吏泣曰王有命徒歸則死且左番已受勰曰左右番各有職吾唯例是視汝可死吾不可受竟却之還拜中書舍人元祐初遷給事中以龍圖閣待制知開封府老吏畏其敏欲困以事道人訴牒至七百勰隨即剖決簡不中理者緘而識之戒無復來閱月聽訟一人又至呼詰之曰吾固戒汝矣安得欺我其人讕曰無有勰曰汝前訴云云吾識以某字啓緘示之信然上下皆驚咤宗室貴戚為之斂手雖丞相府謁吏干請亦械治之積為衆

所憾出知越州徙瀛州召拜工部戶部侍郎進尚書加龍圖閣直學士復知開封臨事益精蘇軾乘其据案時遺之詩勰操筆立就以報軾曰電掃庭訟響答詩筒近所未見也哲宗涖政翰林缺學士章惇三薦林希帝以命勰仍兼侍讀以嘗行惇誥詞懼而求去帝曰豈非鞅鞅非少主之臣硜硜無大臣之節者乎朕固知之毋庸避也嘗侍經幄帝留與之語曰臺臣論徐邸事其辭及鄭雍小人離間骨肉如此若雍有請當付卿以義詔慰安之既而雍章至勰荅詔云弗容羣枉規欲動搖朕察其厚誣力加明辨夫何異趣

乃爾乞身帝見之謂能道所欲言者惇因是極意排詆諷全臺攻之言不已罷知池州卒于官年六十四詔未至帝猶即其從弟景臻問安否元符末追復龍圖閣學士

即字中道吳越王諸孫也第進士為睦州推官部使者有獄在衢欲即以薦牘使往治即曰吾寧老冗選中豈忍以數十人易一薦乎至則平反之辟鄜延幕府崇寧中為陝西轉運判官王師復銀州轉餉最徽宗召對問曰靈武可取乎對曰夏人去來飄忽不能持久是其所短然其民皆兵居不糜飲食動不勤轉

餉願敎邉臣先為不可勝以待釁庶可得志帝曰大碧泉可取否對曰是所謂瀚海也臣聞其地皆舄鹵無水泉或以飲馬口鼻皆裂正得之無所用帝然之除直龍圖閣知慶州至鎮築安邉城歸德堡包地萬頃縱耕其中歲得粟數十萬徙知延安府加集賢殿修撰又進徽猷閣待制顯謨閣直學士在延五年童貫宣撫陝西得便宜行事時長安百物踴貴錢幣益輕貫欲力平之計司承望風旨取市價率减什四違者重寘于法民至罷市徐處仁爭之得罪又行均糴法賤入民粟而高金帛估以償下至蕃兵射士之授

田者咸被抑配關内騷然幾於生變即亦屢抗章極陳其害貶永州團練副使然糴害亦寢數月還待制知興仁府徙太原以童貫宣撫本道辭不許居二年以疾提舉洞霄宮復直學士睦寇作起知宣州即自力上道至則悉意應軍須貫上其功進龍圖閣學士貫遂引為河北河東參謀以老固辭乃轉正奉大夫致仕卒贈金紫光禄大夫謚曰忠定

論曰進士自鄉舉至廷試皆第一者纔三人王曾宋庠為名宰相馮京為名執政風節相映不愧其科名焉邵亢知太常裁損張貴妃卹典賴王援室公主下嫁請用古典可謂不愧其官守矣邵必亦習禮者也預修唐書而能力辭以為史出衆手非古人撰述之體豈非名言乎錢惟演敏思清才著稱當時然急於柄用阿附希進遂喪名節錢氏三世制科易明逸皆掌書命時人榮之惜乎易以輕儁明逸以傾險並為時論所慼云

列傳卷第七十六

列傳卷第七十七　宋史三百十八

開府儀同三司上柱國錄軍國重事前中書右丞相監修國史領經筵事都總裁臣脫脫等奉勑修

張方平　王拱辰　張昪

趙槩　胡宿 從子宗炎 從子宗愈 宗回

張方平字安道南京人少頴悟絶倫家貧無書從人假三史旬日即歸之曰吾已得其詳矣凡書皆一閱不再讀宋綬蔡齊以為天下奇才舉茂材異等為校書郎知崐山縣又中賢良方正選遷著作佐郎通判睦州趙元昊且叛為嫚書來覘得譴絶以激使其衆

方平請順適其意使未有以發得歲月之頃以其間選將厲士堅城除器為不可勝以待之雖終於必叛而兵出無名吏士不直其上難以決勝小國用兵三年而不見勝負不折則破我以全制其後必勝之道也時天下全盛皆謂其論出姑息決計用兵方平上平戎十策以為入寇當自延渭巢穴之守必虛宜屯兵河東卷甲而趨之所謂攻其所必救形格勢禁之道也宰相呂夷簡善其策而不果行當召試館職仁宗曰是非兩策制科者乎何試也命直集賢院俄知諫院夏人寇邊方平首乞合樞密之職于中書以通

謀議帝然之遂以宰相兼樞密使時調諸道弓手刺其壯者為宣毅保捷方平連疏爭之弗聽既而兩軍驕甚合二十餘萬皆市人不可用如方平言夏竦節制陝西幷護諸將四路以禀復失事機且詔使出師逗遛不行及豐州陷劉平等覆師主帥皆坐譴竦獨不預方平劾罷之而請四路帥臣各自任戰守西師久未解元昊亦困弊方平言陛下猶天地父母也豈與犬豕豺狼較乎願因郊赦引咎示信開其自新之路帝喜曰是吾心也是歲改慶曆赦書敕邊吏通其善意元昊竟降既以脩起居注使契丹契丹主顧左右曰

有臣如此佳哉騎而擊毬於前酌玉卮飲之且贈以所乘馬還知制誥權知開封府府事叢集前尹率書板識之方平獨默記決遣無少差忘進翰林學士元昊既臣而與契丹有隙來請絶其使議者不可方平曰得新附之小羌失久和之強敵非計也宜賜元昊詔使之審處但嫌隙朝除則封冊暮下如此於西北為兩得矣時韙其謀拜御史中丞改三司使初王拱辰議榷河北鹽方平見曰河北再榷鹽何也帝曰始立法耳方平曰昔周世宗以鹽課均之税中今兩税鹽鐵是也豈非再榷乎帝驚悟方平請直降手詔罷

之河朔父老迎拜於澶州為佛老會七日以報上恩事具食貨志加端明殿學士判太常寺禁中衛卒夜變帝旦語二府奬張貴妃扈蹕功夏竦即倡言當求所以尊異之禮方平聞之謂陳執中曰漢馮倢伃身當猛獸不聞有所尊異且皇后在而尊貴妃古無是事果行之天下之責將萃於公矣執中矍然而罷帝以豐財省費訪群臣方平旣條對又獨上數千言大略以為祥符以來務為姑息漸失祖宗之舊取士任子磨勘遷補之法壞命將養兵皆非舊律國用旣窘則政出多門大商豪民乘隙射利而茶鹽香礬之法亂此治忽盛衰之本不可以不急帝覽對甚悅且大用會判官楊儀得罪坐與交出知滁州頃之知江寧府入判流內銓以侍講學士知滑州徙益州未至或扇言儂智高在南詔將入寇攝守亟調兵築城日夜不得息民大驚擾朝廷聞之發陝西步騎兵仗絡繹往戍蜀詔趣方平行許以便宜從事方平曰此必妄也道遇戍卒皆遣歸他役盡罷適上元張燈城門三夕不閉得邛部川譯人始造此語者梟首境上而流其餘黨蜀人遂安復以三司使召方西鄙用兵兩蜀多所調發方平為奏免橫賦四十萬減鑄鐵錢十餘

萬緡又建言國家都陳留當四通五達之道非若雍洛有山川足恃特倚重兵以立國耳兵恃食食恃漕運以汴為主汴帶引淮江利盡南海天聖已前歲調民浚之故水行地中其後淺妄者爭以裁減役費為功汴日以塞今仰而望焉是利尺寸而喪丘山也乃畫上十四策富弼讀其奏漏盡十刻帝稱善弼曰此國計大本非常奏也悉如其說行之遷尚書左丞知南京未幾以工部尚書帥秦州諜告夏人將壓境方平料簡士馬聲言出塞已而寇不至言者論其輕舉曾公亮曰兵不出塞何名輕舉寇之不得至有備故也倘罪之後之邊臣將不敢為先事之備矣方平不自安請知南京英宗立遷禮部尚書請知鄆州還為學士承旨帝不豫召至福寧殿帝馮几言言不可辨方平進筆請乃書云明日降詔立皇太子方平抗聲曰必穎王也嫡長而賢請書其名帝力疾書之乃退草制神宗即位召見請約山陵費帝曰奉先可損乎對曰遺制固云以先志行之可謂孝矣又請差減錫賚以乾興為準費省什七八方平進詔草帝親批之曰卿文章典雅煥然有三代風又善以豐為約意博而辭寡雖書之訓誥殆無加也其見稱重如此拜參

知政事御史中丞司馬光疏其不當用不聽光解中丞曾公亮議用王安石方平以為不可數日遭父憂服闋以觀文殿學士留守西京入覲留判尚書都省力請知陳州安石行新法方平陛辭極論其害曰民猶水也可以載舟亦可以覆舟兵猶火也弗戢必自焚若新法卒行必有覆舟自焚之禍帝憮然韓絳主西師慶卒亂京西轉運使令一路各會兵于州民大駭方平持檄不下而奏之帝曰守臣不當爾邪命罷諸郡兵召為宣徽北院使留京師王安石深沮之以為青州未行帝問祖宗禦戎之要對曰太祖不勤遠略

如靈夏河西皆因其酋豪許之世襲環州董遵誨西山郭進關南李漢超皆優其祿賜寬其文法諸將財力豐而威令行間諜精審吏士用命故能以十五萬人而獲百萬之用及太宗謀取燕薊又內徙李彝興馮暉於是朝廷始旰食矣真宗澶淵之克與契丹盟至今人不識兵革三朝之事如此近歲疆場之臣乃欲試天下於一擲事成徼利不成詒患不可聽也帝曰慶曆以來卿知之乎元昊初臣何以待之對曰臣時為學士草詔封冊皆出臣手帝曰卿時已為學士可謂舊德矣契丹泛使蕭禧來議疆事臨當辭臥驛

中不起方平謂樞密使吳充曰但令主者日致饋勿問且使邊郡檄其國可也充啟從之禧即行除中太一宮使王安石弛銅禁姦民日銷錢為器邊關海舶不復譏錢出錢日耗方平極論其害請詰安石舉累朝之令典一旦削除之其意安在帝頗采其言而方平求去進使南院判應天府帝曰朕欲卿與韓絳共事而卿論政不同欲寘卿樞密而卿論兵復異卿受先帝末命訖無以副朕意乎遂行高麗使過府長吏當送迎方平言臣班視二府不可為陪臣屈詔但遣少尹王師征安南方平言舉西北壯士健馬棄之炎

荒其患有不可勝言者若師老費財無功而還社稷之福也後皆如其言新法鬻河渡坊場司農并及祠廟宋閼伯微子廟皆為賈區方平言宋王業所基閼伯封於商丘以主大火微子為始封之君是二祠者亦不得免乎帝震怒批牘尾曰慢神辱國無甚於斯於是天下祠廟皆得不鬻數請老以太子少師致仕官制行廢宣徽使獨命領之如故哲宗立加太子太保元祐六年薨年八十五贈司空遺令毋請謚尚書右丞蘇轍為請乃謚曰文定方平慷慨有氣節既告老論事益切至於用兵起獄尤反覆言之且曰臣且

死見先帝地下有以藉口矣平居未嘗以言徇物以色假人守蜀日得眉山蘇洵與其二子軾轍深器異之嘗薦軾為諫官軾下制獄又抗章為請故軾終身敬事之敘其文以比孔融諸葛亮晚受知神宗王安石方用事嶷然不小屈以是望高一時守宋都日富弼自亳移汝過見之曰人固難知也方平曰謂王安石乎亦豈難知者方平頃知皇祐貢舉或稱其文學辟以考校既入院凡院中之事皆欲紛更方平惡其人檄使出自是未嘗與語也弼有愧色蓋弼素亦善安石云

王拱辰字君貺開封咸平人元名拱壽年十九舉進士第一仁宗賜以今名通判懷州入直集賢院歷鹽鐵判官脩起居注知制誥慶曆元年為翰林學士契丹使劉六符嘗謂賈昌朝曰塘濼何為者一葦可杭投箠可平不然決其堤十萬土囊即可路矣仁宗以問拱辰對曰兵事尚詭彼誠有謀不應以語我此夸言爾設險守國先王不廢而祖宗所以限敵人也至是又使六符來求關南十縣斥太宗伐燕為無名舉朝莫知所答拱辰曰王師征河東契丹既通使而寇石嶺關以援賊太宗怒遂回軍伐之豈謂無名乃作報書曰既交石嶺之鋒遂 衡門之役契丹得報遂繼好如初帝喜謂輔臣曰非拱辰深練故實殆難答也權知開封府拜御史中丞夏竦除樞密使拱辰言竦經略西師無功稱而歸今置諸二府何以厲世因對極論之帝未省遽起拱辰前引裾乃納其說竦遂罷又言滕宗諒在慶州所為不度而但降秩守虢懼邊臣則効宜施重責未聽即家居求自貶乃徙宗諒岳州敕拱辰赴臺入見帝曰言事官第自舉職勿以朝廷未行為沮已而輕去以沽名自今有當言者宜力陳毋避僧紹宗以鑄佛像惑衆都人競投金冶中

宮掖亦出貲佐之拱辰言西師宿邊而財費於不急動士心起民怨詔亟禁之蘇舜欽會賓客於進奏院王益柔醉作傲歌拱辰風其僚屬周詢劉元瑜舉劾之兩人既竄廢同席者俱逐時杜衍范仲淹為政多所更張拱辰之黨不便舜欽益柔皆仲淹所薦而舜欽衍壻也故因是傾之由此為公議所薄復以翰林學士權三司使坐舉富民鄭旭出知鄭州徙澶瀛并三州數歲還為學士承旨兼侍讀帝於邇英閣置太玄經蓍草顧曰朕每閱此卿亦知其說乎拱辰具以對且曰願陛下垂意六經旁采史策此不足學也至

和三年復拜三司使聘契丹見其主混同江設宴垂釣每得魚必酌拱辰酒親鼓琵琶以侑飲謂其相曰此南朝少年狀元也入翰林十五年故吾厚待之使還御史趙抃論其輙當非正之禮異時北使援比以請將何辭拒之湖南轉運判官李章知潭州任顓市死商真珠事敗具獄上拱辰悉入珠掖庭抃并劾之除宣徽北院使抃言宣徽之職本以待勛勞者唯前執政及節度使得為之拱辰安得汙此選乃以端明殿學士知永興軍歷泰定二州河南大名府積官至吏部尚書神宗登極恩當轉僕射歐陽脩以為此宰

相官不應序進但遷太子少保熙寧元年復以北院使召還王安石參知政事惡其異已秉二相有故出為應天府八年入朝為中太一宮使元豐初轉南院使賜金方團帶再判大名改武安軍節度使三路籍民為保甲日聚而教之禁令苛急往往去為盜郡縣不敢以聞拱辰抗言其害曰非止困其財力奪其農時是以法驅之使陷於罪罟也浸淫為大盜其兆已見縱未能盡罷願財損下戶以紓之主者指拱辰為沮法拱辰曰此老臣所以報國也上章不已帝悟於是第五等戶得免哲宗立徙節彰德加撿校太師是

年薨年七十四贈開府儀同三司謚懿恪

論曰方平拱辰之才皆較然有過人者而不免司馬光趙抃之論豈其英發之氣勇於見得一時趨鄉未能盡適於正與及新法行方平痛陳其弊拱辰爭保甲言尤剴切皆諤諤不少貶為國老成望始重矣若方平識王安石於辟校貢舉之時而知其後必亂政其先見之明無忝呂誨云

張昇字杲卿韓城人舉進士為楚丘主簿南京留守王曾稱其有公輔器累官度支員外郎夏竦經略陝西薦其才換六宅使涇原秦鳳安撫都監未幾以母

老求歸故官得知絳州改京西轉運使知鄧州又以母辭或指為避事范仲淹言於朝曰張昇豈避事者乃許歸養歷戶部判官開封府推官至知雜御史張堯佐緣恩驟用知開封府內侍楊懷敏夜直禁中而衛士為變皆極論之昇性質樸不善擇言至斥張貴妃為一婦人謂懷敏得志將不減劉季述仁宗讀之不懌以語陳升之升之曰此忠直之言不激切則聖意不可回矣帝乃解以天章閣待制知慶州改龍圖閣直學士知秦州初青唐蕃部蘭氊世居古渭積與夏人有隙懼而獻其地攝帥范祥無遠慮亟城之諸

族畏其偪舉兵叛昇至請棄勿城詔戶部副使傅求審視之以為不可棄與昇議殊先是副總管劉渙討叛羌逗撓不時進昇命他將郭恩代之羌乃潰去渙黜其功讕訟恩多殺老稚以撼昇朝廷命張方平守秦徙渙涇原亦徙昇青州將罷昇方平辭曰渙昇有階級今互言而兩罷帥不可為也昇乃復留至和二年召兼侍讀拜御史中丞劉沆在相位以御史范師道趙抃嘗攻其惡陰欲出之昇曰天子耳目之官柰何用宰相怒而斥上章力爭之沆竟罷去帝見昇指切時事無所避謂曰卿孤立乃能如是對曰臣仰託

聖主致位侍從是為不孤今陛下之臣持祿養望者多而赤心謀國者少竊以為如陛下乃孤立爾帝為之感動契丹主宗真遣使齎其畫像來求帝畫像未報而死子洪基立以為請詔昇報聘諭使更致新王像契丹欲先得之昇曰昔文成以弟為兄屈尚先致敬況今為伯父哉遂無以奪乃復以洪基像來嘉祐三年擢樞密副使遷參知政事樞密使昇愛惜官資凡內降所與多持不下見帝春秋高前後屢進言儲嗣事卒與韓琦同決策英帝立請老帝曰太尉勤勞王家詎可遽去但命五日一至院進見無蹈舞司馬

光上疏言近歲以來大臣年高者皆不敢自安其位言事者欲以為名又從而攻之使其人無可取雖少壯何為果有益於時雖老何傷昇為人忠謹清直不可干以私若使且居其位於事亦未有曠廢也昇請不已始賜告令養疾遂以彰信軍節度使同中書門下平章事判許州改鎮河陽三城拜太子太師致仕熙寧十年薨年八十六贈司徒兼侍中謚曰康節

趙槩字叔平南京虞城人少篤學自力器識宏遠為一時名輩稱許中進士第通判海州為集賢校理開封府推官奏事殿中仁宗面賜銀緋出知洪州州城

西南薄章江有汎溢之虞槩作石隄二百丈高五丈以障其衝水不為患僚吏鄭陶饒奭挾持郡事為不法前守莫能制州之歸化卒皆故時群盜奭造飛語曰卒得廩米陳惡有怨言不更給善米且生變槩不答卒有自容州戍逃歸而犯夜者斬之以徇因收陶奭抵罪闔府股栗加直集賢院知青州坐失舉澠池令張誥免久乃起監密州酒知滁州山東有寇李二過境上告人曰我東人也公嘗為青州民愛之如父母我不忍犯率衆去召修起居注歐陽修後至朝廷欲驟用之難於越次槩聞請郡除天章閣待制糾察

在京刑獄脩遂知制誥踰歲槩始代之郊祀當任子進階爵乞回其恩封母郡太君宰相謂曰君即為學士擬封不久矣槩曰母年八十二願及今拜君賜以為榮乃許之後遂為例蘇舜欽等以群飲逐槩言預會者皆館閣名士舉而棄之觖士大夫望非國之福也不報求知蘇州終母喪入為翰林學士聘契丹契丹主會獵請賦信誓如山河詩詩成親酌玉杯為槩勸且授侍臣劉六符素扇寫之納袖中其禮重如此還兼侍讀學士諫官郭申錫論事忤旨帝欲加罪槩曰陛下始面諭申錫毋面從今黜之何以示天下乃

止以龍圖閣學士知鄆州應天府代韓絳為御史中丞絳以論張茂實不宜典宿衛罷槩至首言之茂實竟去御藥院內臣有寄資至團練使者謂之暗轉槩請明限以年詔俟出院優遷之毋得累寄擢樞密使參知政事數以老求去熙寧初拜觀文殿學士知徐州自左丞轉吏部尚書前此執政遷官未有也以太子少師致仕退居十五年嘗集古今諫爭事為諫林百二十卷上之神宗賜詔曰請老而去者類以聲問不至朝廷為高唯卿有志愛君雖退處山林未嘗一日忘也當置于坐右時用省閱元豐六年薨年八十

八贈太子太師謚曰康靖槩秉心和平與人無怨怒雖在事如不言然陰以利物者為不少議者以比劉寬婁師德坐張誥貶六年念之終不衰誥死䘏其家備至歐陽脩遇槩素薄及躐知制誥及脩有獄槩獨抗章明其罪言為仇者所中傷不可以天下法為人報怨脩得解始服其長者為鄆州時吏按前守馮浩侵公使錢三十萬當以職田租償槩知其貧為代以己奉其平生所為類此槩初名禋嘗夢神人金書名簿有趙槩遂更云

胡宿字武平常州晉陵人登第為揚子尉縣大水民被溺令不能救宿率公私船活數千人以薦為館閣校勘進集賢校理通判宣州因有殺人者將抵死宿疑而訊之囚憚箠楚不敢言辟左右復問久乃云且將之田縣吏縛以赴官莫知其故宿取具獄繙閱探其本辭蓋婦人與所私者殺其夫而執平民以告也知湖州前守滕宗諒大興學校費錢數十萬宗諒去通判僚吏皆疑以為欺不肯書曆宿誚之曰君輩佐滕侯久矣苟有過盍不早正乃陰拱以觀侯其去而非之豈昔人分謗之意乎坐者大慙謝其後湖學為東南最宿之力為多築石塘百里捍水患民號曰胡

公塘而學者為立生祠久之為兩浙轉運使召脩起
居注知制誥入內都知楊懷敏坐衞士之變斥為和
州都監未幾召入復故職宿封還詞頭且言懷敏得
不窮治誅死已幸豈宜復在左右命遂寢慶曆六年
京東兩河地震登萊尤甚宿兼通陰陽五行災異之
學乃上䟽曰明年丁亥歲之刑德皆在北宮陰生於
午而極於亥然陰猶強而未即伏陽猶微而不能勝
此所以震也是謂龍戰之會其位在乾若西北二邊
不動恐有內盜起於河朔又登萊視京師為東北少
陽之位今二州置金坑多聚民鑿山谷陽氣耗洩故

陰乘而動宜即禁止以寧地道時以為迂闊明年王
則果以貝州叛皇祐五年正月會靈宮災是歲冬至
郊以二帝並配明年大旱宿言五行火禮也去歲火
而今又旱其應在禮此殆郊丘並配之失也即建言
並配非古宜用迭配如初時議者謂士大夫言七十
當致仕其不知止者請令有司按籍舉行之宿以為
非優老之義當少緩其期法武吏察其任事與否勿
斷以年文吏使得自陳而全其節及言皇祐新樂與
舊樂難並用禮部間歲一貢士不便當用三年之制
皆如其言唐介貶嶺南帝遣中使護以往宿言事有

不可測介如不幸道死陛下受殺直臣之名帝悟追
還使者遷翰林學士知審官制院李仲昌開六塔河
民被害詔獄薄其罪宿請斬以謝河北仲昌由是南
竄兗國公主下降將行冊禮宿諫曰陛下昔封兩長
主未嘗冊命今施之愛女殆非漢明帝所謂我子豈
得與先帝子等之義也涇州卒以折支不時給出惡
言且欲相扇為亂既寘于法乃命劾三司吏三司使
包拯護弗遣宿曰涇卒固悖慢然當給之物越八十
五日而不與計吏安得為無罪拯不知自省公拒制
命紀綱益廢矣拯懼立遣吏韓琦守并州請復其節

鎮宿言參商為仇讎之星國家受命於商丘而參為
晉地今欲崇晉非國之利也宋興削平四方并最後
服故太宗不使列于方鎮八十年矣宜如故便議遂
上後琦秉政卒復之拜樞密副使曾公亮任雄州趙
滋顓治界河事宿言於英宗曰憂患之來多藏於隱
微而生於所忽自滋守邊北人捕魚伐葦一切禁絕
由此常與鬬爭南北通好六十載內外無患近年邊
邊來上不過侵誣尺寸此城砦之吏移文足以辨詰
何至於興甲兵哉今搢紳中有恥燕薊外屬者天時
人事未至而妄意難成之福願守兩朝法度以惠養

元元天下幸甚宿以老數乞謝事治平三年罷為觀文殿學士知杭州明年以太子少師致仕未拜而薨年七十二贈太子太傅謚曰文恭宿為人清謹忠實内剛外和羣居不譁笑與人言必思而後對故臨事重慎不輙發發亦不可回止居母喪三年不至私室其當重任尤顧惜大體在審官刑院擇詳議官有在選中者嘗監征榷以水災負課同列謂小累不足白宿竟白之而薦其才足用仁宗聽納同列退而誚曰公固欲白上倘緣是不用奈何宿曰彼之得否不過一詳議官宿平生以誠事主今白首矣忍以毫髮欺

乎為之開陳聽吾君自擇爾少與一僧善僧有秘術能化瓦石為黄金且死將以授宿使葬之宿曰後事當盡力他非吾所冀也僧歎曰子之志未可量也其篤行自勵至於貴達常如布衣時子宗炎從子宗愈宗回

宗炎字彥聖由將作監主簿鎖廳登第為國子大宗正丞開封府推官考功吏部郎中舊制選人改京官舉將小緣吏議輒尼不行宗炎請先引見俟舉者罪即追止從之哲宗崩遼使來弔祭宗炎以鴻臚少卿迓境上使者不易服宗炎以禮折之須其聽命乃相見暨還升為卿初父宿使遼遼人重之其後宗炎與鄧忠臣迓客客問中外嘗有充使者否忠臣以宿告且言前使鴻臚其子也客歎胡氏世不乏人俄以直龍圖閣知潁昌府歷密州而卒宗炎善為詩藻思清婉歐陽脩守亳與客游郡圃或誦其詩脩賞味不已以為有鮑謝風致其重之如此

宗愈字完夫舉進士甲科為光禄丞宿得請杭州英宗問子弟誰可繼者以宗愈對召試學士院神宗立以為集賢校理久之兼史館檢討遂同知諫院脩内卒盜皇城器物宗愈言唐長孫無忌不解佩刀入東

上閤門校尉論當死今禁卒為盜而入内都知不能覺察願正其罪殿帥直廬在長慶門内久而自置隷圉宗愈曰嚴禁旅所以杜姦宄也柰何令私人得為之萬一凶黠者竄名其間將不可悔請易募老卒王安石用李定為御史宗愈言御史當用學士及丞雜論薦又須官博士員外郎今定以幕職不因薦得之是殆一出執政意即大臣不法誰復言之蘇頌李大臨不草制坐絀宗愈又爭之安石怒出通判真州歷提點河東刑獄開封府推官吏部右司郎中元祐初進起居郎中書舍人給事中御史中丞時更定役法

書成衙校募不足者聽差入等戶宗愈言法貴均一若持兩端則於文有害是乃差法非募法也請刪之哲宗嘗問朋黨之弊對曰君子指小人爲姦則小人指君子爲黨君子盖義之與比者陛下能擇中立之士而用之則黨禍熄矣明日具君子無黨論以進拜尚書右丞於是諫議大夫王覿論其不當而劉安世韓川孫覺等合攻之朝廷依違踰年出覿潤州而言者愈力乃罷爲資政殿學士知陳州徙成都府蜀人安其政召爲禮部尚書遷吏部卒年六十六贈左銀青光祿大夫

宗回字醇夫用蔭登第爲編脩敕令官司農寺幹當公事京西轉運判官提點刑獄京東陝西轉運使吏部郎中紹聖初以直龍圖閣知桂州進寶文閣待制坐繫平民死降集賢殿脩撰知隨州改秦州慶州復爲待制先是熈河將王贍下邈川有功帥孫路不樂贍奪其兵與王愍朝廷知之以宗回代路加直學士時青唐瞎征內附而心牟欽氊勒兵立別酋隴拶還其地勢復張瞎征大懼自髠爲僧以祈免王贍怨孫路因言青唐不煩兵可下至則駐宗哥城不進宗回怒日夜檄趣之且戒贍曰青唐兵甚弱隴拶稚子何能爲而怯懦逗遛吾將以軍法從事又遣王愍復至邈川聲言代贍贍懼乃率步騎掩青唐擄之隴拶降詔以青唐爲鄯州邈川爲湟州未幾羌郎阿章叛拒官軍宗回遣將王吉魏釗討之皆敗死又遣鈐轄种朴往朴言賊鋒方鋭且盛寒宜少緩師宗回不聽督之急朴不得已行亦敗死於是轉運判官秦希甫言湟鄯難守以爲棄之便事下宗回宗回持不可希甫罷去會徽宗棄鄯州於是任伯雨再疏其罪奪職知蘄州還爲待制歷慶渭陳延澶州兄宗愈入黨籍宗回亦罷郡居亡何録其堅守湟鄯之議起知秦州

進樞密直學士徙永興鄭州成德軍復坐事去大觀中卒贈銀青光祿大夫胡氏自宿始大及宗愈仍世執政其後子孫至侍從九卿者十數遂爲晉陵名族

論曰張昪清忠諒直趙槩雅量過人胡宿學通天人之奥攷其立朝大節皆磊落爲良執政宗愈仍居右轄而學術視宿則有間矣宗回非邊將材其守河湟之議盖以趣种朴於死蘄合上意以解其責爾若胡氏之世大也殆脫萬人于水死而陰德之所致歟

列傳卷第七十七

歐陽修 子發 棐　劉敞 弟攽 子奉世　曾鞏 弟肇

歐陽修字永叔廬陵人四歲而孤母鄭守節自誓親誨之學家貧至以荻畫地學書幼敏悟過人讀書輒成誦及冠嶷然有聲宋興且百年而文章體裁猶仍五季餘習鎪刻駢偶淟涊弗振士因陋守舊論卑氣弱蘇舜元舜欽柳開穆脩輩咸有意作而張之而力不足修游隨得唐韓愈遺藁於廢書簏中讀而心慕焉苦志探賾至忘寢食必欲并轡絕馳而追與之並舉進士試南宮第一擢甲科調西京推官始從尹洙游為古文議論當世事迭相師友與梅堯臣游為歌詩相倡和遂以文章名冠天下入朝為館閣校勘范仲淹以言事貶在廷多論救司諫高若訥獨以為當黜修貽書責之謂其不復知人間有羞恥事若訥上其書坐貶夷陵令稍徙乾德令武成節度判官仲淹使陝西辟掌書記修笑而辭曰昔者之舉豈以為己利哉同其退不同其進可也久之復校勘進集賢校理慶曆三年知諫院時仁宗更用大臣杜衍富弼韓琦范仲淹皆在位增諫官員用天下名士修首在選中每進見帝延問執政咨所宜

行既多所張弛小人翕翕不便修慮善人必不勝數為帝分別言之初范仲淹之貶饒州也修與尹洙余靖皆以直仲淹見逐目之曰黨人自是朋黨之論起修乃為朋黨論以進其畧曰君子以同道為朋小人以同利為朋此自然之理也臣謂小人無朋惟君子則有之小人所好者利祿所貪者財貨當其同利之時暫相黨引以為朋者偽也及其見利而爭先或利盡而反相賊害雖兄弟親戚不能相保故曰小人無朋君子則不然所守者道義所行者忠信所惜者名節以之修身則同道而相益以之事國則同心而共濟終始如一故曰惟君子則有朋紂有臣億萬惟億萬心可謂無朋矣而紂用以亡武王有臣三千惟一心可謂大朋矣而周用以興蓋君子之朋雖多而不厭故也故為君但當退小人之偽朋用君子之真朋則天下治矣修論事切直人視之如仇帝獨奬其敢言面賜五品服顧侍臣曰如歐陽修者何處得來同修起居注遂知制誥故事必試而后命帝知修詔特除之奉使河東自西方用兵議者欲廢麟州以省餽餉修曰麟州天險不可廢廢之則河內郡縣民皆不安居矣不若分其兵駐並河內諸堡緩急得以應援而平時可省轉輸於策為便由是州得存又言忻代岢嵐多禁地廢田願令民得耕之不然將為敵有朝

廷下其議久乃行歲得粟數百萬斛凡河東賦斂過重民所不堪者奏罷十數事使還會保州兵亂以爲龍圖閣直學士河北都轉運使陛辭帝曰勿爲久留計有所欲言言之對曰臣在諫職得論事今越職而言罪也帝曰第言之毋以中外爲間賊平大將李昭亮通判馮博文私納婦女脩捕博文繫獄昭亮懼立出所納婦兵之始亂也招以不死旣而皆殺之脅從二千人分隸諸郡富弼爲宣撫使恐後生變將使同日誅之與脩遇於內黃夜半屏人告之故脩曰禍莫大於殺已降況脅從乎旣非朝命脫一郡不從爲變不細弼悟而止方是時杜衍等相繼以黨議罷去脩

慨然上疏曰杜衍韓琦范仲淹富弼天下皆知其有可用之賢而不聞其有可罷之罪自古小人讒害忠賢其說不遠欲廣陷良善不過指爲朋黨欲動搖大臣必須誣以顓權其故何也去一善人而衆善人尚在則未爲小人之利欲盡去之則善人少過難爲一一求瑕唯指以爲黨則可一時盡逐至如自古大臣已被主知而蒙信任則難以他事動搖唯有顓權是上之所惡必須此說方可傾之正士在朝羣邪所忌謀臣不用敵國之福也今此四人一旦罷去而使羣邪相賀於內四夷相賀於外臣爲朝廷惜之於是邪黨益忌脩因其孤甥張氏獄傅致以罪左遷知制誥

知滁州居二年徙揚州潁州復學士留守南京以母憂去服除召判流內銓時在外十一年矣帝見其髮白問勞甚至小人畏脩復用有詐爲脩奏乞澄汰內侍爲姦利者其羣皆怨怒譖之出知同州帝納吳充言而止遷翰林學士俾修唐書奉使契丹其主命貴臣四人押宴曰此非常制以卿名重故爾知嘉祐二年貢舉時士子尚爲險怪奇澀之文號太學體脩痛排抑之凡如是者輒黜畢事向之囂薄者伺脩出聚譟於馬首街邏不能制然場屋之習從是遂變加龍圖閣學士知開封府承包拯威嚴之後簡易循理不求赫赫名京師亦治旬月改羣牧使唐書成拜禮部

侍郎兼翰林侍讀學士脩在翰林八年知無不言河決商胡北京留守賈昌朝欲開橫壠故道回河使東流有李仲昌者欲導入六塔河議者莫知所從脩以爲河水重濁理無不淤下流旣淤上流必決以近事驗之決河非不能力塞故道非不能力復但勢不能久耳橫壠功大難成雖成將復決六塔狹小而以全河注之濱棣德博必被其害不若因水所趨增隄峻防疏其下流縱使入海此數十年之利也宰相陳執中主昌朝文彥博主仲昌竟爲河北患臺諫論執中過惡而執中猶遷延固位脩上疏以爲陛下拒忠言庇愚相爲聖德之累未幾執中罷狄青爲樞密使有

威名帝不豫訛言籍籍脩請出之於外以保其終遂罷知陳州脩嘗因水災上疏曰陛下臨御三紀而儲宮未建昔漢文帝初即位以羣臣之言即立太子而享國長久爲漢太宗唐明宗惡人言儲嗣事不肯早定致秦王之亂宗社遂覆陛下何疑而久不定乎其後建立英宗蓋原於此五年拜樞密副使六年參知政事脩在兵府與曾公亮考天下兵數及三路屯戍多少地理遠近更爲圖籍凡邊防久缺屯戍者必加蒐補其在政府與韓琦同心輔政凡兵民官吏財利之要中書所當知者集爲總目遇事不復求之有司時東宮猶未定與韓琦等協定大議語在琦傳英宗以疾未親政皇太后垂簾左右交搆幾成嫌隙韓琦奏事太后泣語之故琦以帝疾爲解太后意不釋脩進曰太后事仁宗數十年仁德著於天下昔溫成之寵太后處之裕如今母子之間反不能容邪太后意稍和脩復曰仁宗在位久德澤在人故一日晏駕天下奉戴嗣君無一人敢異同者今太后一婦人臣等五六書生耳非仁宗遺意天下誰肯聽從太后默然久之而罷脩平生與人盡言無所隱及執政士大夫有所干請輒面諭可否雖臺諫官論事亦必以是非詰之以是怨誹益衆帝將追崇濮王命有司議皆謂當稱皇伯改封大國脩引喪服記以爲爲人後者爲

其父母服降三年爲期而不沒父母之名以見服可降而名不可沒也若本生之親改稱皇伯歷考前世皆無典據進封大國則又禮無加爵之道故中書之議不與衆同太后出手書許帝稱親尊王爲皇三夫人爲后帝不敢當於是御史呂誨等詆脩主此議爭論不已皆被逐惟蔣之奇之說合脩意脩薦爲御史衆目爲姦邪之奇患之則思所以自解脩婦弟薛宗孺有憾於脩造帷薄不根之謗摧辱之展轉達於中丞彭思永思永以告之奇之奇即上章劾脩神宗初即位欲深譴脩訪故宮臣孫思恭思恭爲辨釋脩杜門請推治帝使詰思永之奇問所從來辭窮皆坐黜脩亦力求退罷爲觀文殿學士刑部尚書知亳州明年遷兵部尚書知青州改宣徽南院使判太原府辭不拜徙蔡州脩以風節自持既數被汙衊年六十即連乞謝事帝輒優詔弗許及守青州又以請止散青苗錢爲安石所詆故求歸愈切熙寧四年以太子少師致仕五年卒贈太子太師謚曰文忠脩始在滁州號醉翁晚更號六一居士天資剛勁見義勇爲雖機穽在前觸發之不顧放逐流離至于再三志氣自若也方貶夷陵時無以自遣因取舊案反覆觀之見其枉直乖錯不可勝數於是仰天歎曰以荒遠小邑且如此天下固可知自爾遇事不敢忽也學者求見所

與言未嘗及文章惟談吏事謂文章止於潤身政事可以
及物凡歷數郡不見治迹不求聲譽寬簡而不擾故所至
民便之或問爲政寬簡而事不弛廢何也曰以縱爲寬以
略爲簡則政事弛廢而民受其弊吾所謂寬者不爲苛急
簡者不爲繁碎耳脩幼失父母嘗謂曰汝父爲吏常夜燭
治官書屢廢而歎吾問之則曰死獄也我求其生不得爾
吾曰生可求乎曰求其生而不得則死者與我皆無恨夫
常求其生猶失之死而世常求其死也其平居教他子弟
常用此語吾耳熟焉脩聞而服之終身爲文天才自然豐
約中度其言簡而明信而通引物連類折之於至理以服

人心超然獨騖衆莫能及故天下翕然師尊之獎引後進
如恐不及賞識之下率爲聞人曾鞏王安石蘇洵洵子軾
轍布衣屏處未爲人知脩即游其聲譽謂必顯於世篤於
朋友生則振掖之死則調護其家好古嗜學凡周漢以降
金石遺文斷編殘簡一切掇拾研稽異同立說於左的的
可表證謂之集古録奉詔修唐書紀志表自撰五代史記
法嚴詞約多取春秋遺旨蘇軾叙其文曰論大道似韓愈
論事似陸贄記事似司馬遷詩賦似李白識者以爲知言
子發字伯和少好學師事安定胡瑗得古樂鍾律之說不
治科舉文詞獨探古始立論議自書契以來君臣世系制

度文物旁及天文地理靡不悉究以父恩補將作監主簿
賜進士出身累遷殿中丞卒年四十六蘇軾哭之以謂發
得文忠公之學漢伯喈晉茂先之流也中子棐字叔弼廣
覽強記能文詞年十三時見脩著鳴蟬賦侍側不去脩撫
之曰兒異日能爲吾此賦否因書以遺之用蔭爲秘書省
正字登進士乙科調陳州判官以親老不仕脩卒代草遺
表神宗讀而愛之意脩自作也服除始爲審官主簿累遷
職方員外郎知襄州曾布執政其婦兄魏泰倚聲勢來居
襄規占公私田園強市民貨郡縣莫敢誰何至是指州門
東偏官邸廢址爲天荒請之吏具成牘至棐曰孰謂州門

之東偏而有天荒乎卻之衆共白曰泰横於漢南久今求
地而緩與之且不可而又可卻邪棐竟持不與泰怒譖於
布徙知潞州旋又罷去元符末還朝歷吏部右司二郎中
以直祕閣知蔡州蔡地薄賦重轉運使又爲覆折之令多
取於民民不堪命會有詔禁止而佐吏憚使者不敢以詔
旨從事棐曰州郡之於民詔令苟有未便猶將建請今天
子詔意深厚知覆折之病民手詔止之若有憚而不行何
以爲長吏命即日行之未幾坐黨籍廢十餘年卒

論曰三代而降薄乎秦漢文章雖與時盛衰而藹如其言
曄如其光皦如其音蓋均有先王之遺烈涉晉魏而弊至

唐韓愈氏振起之唐之文涉五季而弊至宋歐陽脩又振起之挽百川之頹波息千古之邪説使斯文之正氣可以羽翼大道扶持人心此兩人之力也愈不獲用脩用矣亦弗克究其所爲可爲世道惜也哉

劉敞字原父臨江新喻人舉慶曆進士廷試第一編排官王堯臣其内兄也以親嫌自列乃以爲第二通判蔡州直集賢院判尚書考功夏竦薨賜謚文正敞言謚者有司之事竦行不應法今百司各得守其職而陛下侵臣官䟽三上改謚文莊方議定大樂使中貴人參其間敞諫曰王事莫重於樂今儒學滿朝辨論有餘而使若趙談者參之臣

懼爲袁盎笑也權度支判官徙三司使秦州與羌人爭古渭地仁宗問敞棄守孰便敞曰若新城可以蔽秦州長無羌人之虞傾國守焉可也或地形險利賊乘之以擾我邊鄙傾國爭焉可也今何所重輕而殫財困民捐士卒之命以規小利使曲在中國非計也議者多不同秦州自是多事矣溫成后追冊有佞人獻議求立忌敞曰豈可以私昵之故變古越禮乎乃止吳充以典禮得罪馮京救之亦罷近職敞因對極論之帝曰充能官京亦亡它中書惡其太直不相容耳敞曰陛下寬仁好諫而中書乃排逐言者是蔽君之明止君之善也臣恐感動陰陽有日食地震風霾之異已而果然因勸帝收攬威權無使聰明蔽塞以消災咎帝深納之以同修起居注未一月擢知制誥宰相陳執中惡其斥己沮止之帝不聽宦者石全彬領觀察使意不慊有慍言居三日爲真敞封還除書不草制奉使契丹素習知山川道徑契丹導之行自古北口至柳河回屈殆千里欲夸示險遠敞質譯人曰自松亭趨柳河甚徑且易不數日可抵中京何爲故道此譯相顧駭愧曰實然但通好以來置驛如是不敢變也順州山中有異獸如馬而食虎豹契丹不能識問敞敞曰此所謂駮也爲説其音聲形狀且誦山海經管子書曉之契丹益歎服使還求知揚州狄

青起行伍爲樞密使每出入小民輒聚觀至相與推誦其拳勇至壅馬足不得行帝不豫人心動搖青益不自安敞辭赴郡爲帝言曰陛下幸愛青不如出之以全其終帝頷之使出諭中書青廼去位揚之雷塘漢雷陂也舊爲民田其後官取瀦水而不償以它田主皆失業然塘亦破決不可漕州復用爲田敞據唐舊券悉用還民發運使爭之敞卒以予民天長縣鞫王甲殺人既具獄敞見而察其冤甲畏吏不敢自直敞以委户曹杜誘誘不能有所平反而傳致益牢將論囚敞曰冤也親按問之甲知能爲己直乃敢告蓋殺人者富人陳氏也相傳以爲神明徙鄆州鄆比易

守政不治市邑攘敓公行敞決獄訟明賞罰境内肅然客行壽張道中遺一囊錢人莫敢取以告里長里長爲守視客還取得之又有暮遺物市中者旦往訪之故在先是久旱地多蝗敞至而雨蝗出境召糾察在京刑獄營卒桑達等醉鬬指斥乘輿皇城使捕送開封棄達市敞移府問何以不經審訊府報曰近例凡聖旨及中書樞密所鞫獄皆不慮問敞奏請一準近格樞密院不肯行敞力爭之詔以其章下府著爲令嘉祐祫享群臣上尊號宰相請撰表敞說止不得乃上䟽曰陛下不受徽號且二十年今復加數字不足盡聖德而前美並棄誠可惜也今歲以來頗有災

異正當寅畏天命深自抑損豈可於此時遽以虛名爲累帝嘉其奏顧侍臣曰我意本謂當爾遂不受蜀人龍昌期著書傳經以詭僻惑衆文彦博薦諸朝賜五品服敞與歐陽脩俱曰昌期違古畔道學非而博王制之所必誅未使即少正卯之刑已幸矣又何賞焉乞追還詔書毋使有識之士窺朝廷深淺昌期聞之懼不敢受賜敞以議論與衆忤求知永興軍拜翰林侍讀學士大姓范偉爲姦利冒同姓户籍五十年持府縣短長數犯法敞窮治其事偉伏罪長安中讙喜未及受刑敞召還判三班院偉即變前獄至于四五卒之付御史決敞侍英宗講讀每指事據經因以諷

諫時兩宫方有小人間言諫者或訐而過直敞進讀史記至堯授舜以天下拱而言曰舜至側微也堯禪之以位天地享之百姓戴之非有他道惟孝友之德光于上下耳帝竦體改容知其以義理諷也皇太后聞之亦大喜積苦眩瞀屢予告帝固重其才每燕見他學士必問敞安否帝食新橙命賜之疾少間復求外以爲汝州旋改集賢院學士判南京御史臺熙寧元年卒年五十敞學問淵博自佛老卜筮天文方藥山經地志皆究知大略嘗夜視鎮星謂人曰此於法當得土不然則生女後數月兩公主生又曰歲星往來虛危間色甚明盛當有興於齊者歲餘而英宗以

齊州防禦使入承大統嘗得先秦彝鼎數十銘識奇奥皆案而讀之因以考知三代制度尤珍惜之每曰我死子孫以此蒸嘗我朝廷每有禮樂之事必就其家以取決焉爲文尤贍敏掌外制時將下直會追封王主九人立馬却坐頃之九制成歐陽脩每於書有疑折簡來問對其使揮筆答之不停手脩服其博長於春秋爲書四十卷行於時弟攽子奉世

攽字貢父與敞同登科仕州縣二十年始爲國子監直講歐陽脩趙槩薦試館職御史中丞王陶有夙憾率侍御史蘇寀共排之攽官已員外郎纔得館閣校勘熙寧中判尚

書考功同知太常禮院詔封太祖諸孫行尊者爲主奉太祖後攽言禮諸侯不得祖天子當自奉其國之祖宜崇德昭德芳之後世世勿降𣪍宗廟祭祀使之在位則所以褒揚藝祖者著矣後二王紹封如攽議方更學校貢舉法攽曰本朝選士之制行之百年累代將相名卿皆由此出而以爲未嘗得人不亦誣哉顧因舊貫毋輕議改法夫士修於家足以成德亦何待於學官程課督趣之哉王安石在經筵乞講者坐攽曰侍臣講論於前不可安坐避席立語乃古今常禮君使之坐所以示人主尊德樂道也若不命而請則異矣禮官皆同其議至今仍之考試開封舉人與同院王介爭詈爲監察御史所劾罷禮院廷試始用策初考官呂惠卿列阿時者在高等訐直者反居下攽覆考悉反之又嘗詒安石書論新法不便安石怒擯前過斥通判秦州以集賢校理判登聞檢院戶部判官知曹州曹爲盜區重法不能止攽曰民不畏死奈何以死懼之至則治尚寬平盜亦衰息爲開封府判官復出爲京東轉運使部吏罷軟不逮者務全安之徙知兗亳二州吳居厚代爲轉運使能奉行法令致財賦𢌞追坐攽廢弛黜監衡州鹽倉哲宗初起知襄州入爲秘書少監以疾求去加直龍圖閣知蔡州於是給事中孫覺胡宗愈中書舍人蘇軾范百祿言

攽博記能文章政事侔古循吏身兼數器守道不回宜優賜之告使留京師至蔡數月召拜中書舍人請復舊制建紫微閣於西省竟以疾不起年六十七攽所著書百卷尤邃史學作東漢刊誤爲人所稱預司馬光修資治通鑑專職漢史爲人疏儁不修威儀喜諧謔數用以招怨悔終不能改奉世字仲馮天資簡重有法度中進士第熙寧三年初置樞密院諸房檢詳文字以太子中允居吏房先是進奏院每五日具定本報狀上樞密院然後傳之四方而邸吏輒先期報下或矯爲家書以入郵置奉世乞革定本去實封但以通函騰報從之神宗稱其奉職不苟加集賢校理檢正中書戶房公事改刑房進直史館國史院編修官大理治相州獄詳斷官竇華以白奉世奉世曰君自以法從事毋庸白後蔡確以是文致奉世罪謫降蔡州糧料院久之爲吏部員外郎元祐初歷度支左司郎中起居郎天章閣待制樞密都承旨戶部吏部侍郎權戶部尚書七年拜樞密直學士簽書院事哲宗親政用二內侍爲押班中書舍人呂希純封還之帝謂有近例奉世曰雖有近例奈人不可戶曉願以率先施行爲非耳帝爲反命既而章惇當國奉世乞免去紹聖元年以端明殿學士知成德軍改定州踰年知成都府過都入覲欲述朋黨傾邪之狀帝將

驟其來曾布曰元祐變先朝法無一當者奉世有力焉最
爲漏網恐不足見遂不許明年責光祿少卿分司南京居
郴州御史中丞邢恕劾奉世合劉摯傾害大臣附呂大防
蘇轍遂登政府再貶隰州團練副使徽宗立盡還其官職
知定州大名府鄆州崇寧初再奪職責居沂兗以赦得歸
政和三年復端明殿學士薨年七十三奉世優於吏治尚
安靜文詞雅贍最精漢書學嘗云家世唯知事君内省不
愧恃士大夫公論而已得喪常理也譬如寒暑加人雖善
攝生者不能無病正須安以處之

曾鞏字子固建昌南豐人生而警敏讀書數百言脫口輒

誦年十二試作六論援筆而成辭甚偉甫冠名聞四方歐
陽脩見其文奇之中嘉祐二年進士第調太平州司法參
軍召編校史館書籍遷館閣校勘集賢校理爲實錄檢討
官出通判越州州舊取酒場錢給募牙前錢不足賦諸鄉
戶期七年止期盡募者志於多入猶責賦如初鞏訪得其
狀立罷之歲飢度常平不足贍而田野之民不能皆至城
邑諭告屬縣諷富人自實粟總十五萬石視常平價稍增
以予民民得從便受粟不出田里而食有餘又貸之種糧
使隨秋賦以償農事不乏知齊州其治以疾姦急盜爲本
曲堤周氏擁貲雄里中子高橫縱賊良民汙婦女服器上

僭力能動權豪州縣吏莫敢詰鞏取寘於法章丘民聚黨
村落間號霸王社椎剽奪囚無不如志鞏配三十一人又
屬民爲保伍使幾察其出入有盜則鳴鼓相援每發輒得
盜有葛友者名在捕中一日自出首鞏飲食冠裳之假以
騎從輦所購金帛隨之夸徇四境盜聞多出自首鞏外視
章顯實欲携貳其徒使之不能復合也自是外戶不閉河
北發民濬河調及它路齊當給夫二萬縣初按籍三丁出
夫一鞏括其隱漏至於九而取一省費數倍又弛無名渡
錢爲橋以濟往來徙傳舍自長清抵博州以達于魏凡省
六驛人皆以爲利徙襄州洪州會江西歲大疫鞏命縣鎮

亭傳悉儲藥待求軍民不能自養者來食息官舍資其食
飲衣衾之具分醫視診書其全失多寡爲殿最師征安南
所過州爲萬人備他吏暴誅亟斂民不堪鞏先期區處猝
集師去市里不知加直龍圖閣知福州劒將樂盜廖恩既
赦罪出降餘衆潰復合陰相結附旁連數州尤桀者呼之
不至居人慴恐鞏以計羅致之繼自歸者二百輩福多佛
寺僧利其富饒爭欲爲主守賕請公行鞏俾其徒相推擇
識諸籍以次補之授帖於府庭却其私謝以絕左右徼求
之弊福州無職田歲鬻園蔬收其直自入常三四十萬鞏
曰太守與民爭利可乎罷之後至者亦不復取也徙明亳

滄三州鞏負才名久外徙世頗謂偃蹇不偶一時後生輩
鋒出鞏視之泊如也過闕神宗召見勞問甚寵遂留判三
班院上疏議經費帝曰鞏以節用爲理財之要世之言理
財者未有及此帝以三朝兩朝國史各自爲書將合而爲
一加鞏史館脩撰專典之不以大臣監總旣而不克成會
官制行拜中書舍人時自三省百職事選授一新除書日
至十數人人舉其職於訓辭典約而盡尋掌延安郡王牋
奏故事命翰林學士至是特屬之甫數月丁母艱去又數
月而卒年六十五鞏性孝友父亡奉繼母益至撫四弟九
妹於委廢單弱之中宦學昏嫁一出其力爲文章上下馳

騁愈出而愈工本原六經斟酌於司馬遷韓愈一時工作
文詞者鮮能過也少與王安石游安石聲譽未振鞏道之
於歐陽脩及安石得志遂與之異神宗嘗問安石何如人
對曰安石文學行義不減揚雄以吝故不及帝曰安石輕
富貴何吝也曰臣所謂吝者謂其勇於有爲吝於改過耳
帝然之吕公著嘗告神宗以鞏爲人行義不如政事政事
不如文章以是不大用云弟布自有傳幼弟肇

肇字子開舉進士調黄巖簿用薦爲鄭州教授擢崇文校
書館閣校勘兼國子監直講同知太常禮院太常自秦以
來禮文殘缺先儒各以臆說無所稽據肇在職多所釐正

親祠皇地祇於北郊蓋自肇發之異論莫能奪其議凡布
以論市易事被責亦奪肇主判滯於館下又多希旨窺伺
者衆皆危之肇恬然無慍曾公亮薨肇狀其行神宗覽而
嘉之遷國史編脩官進吏部郎中遷右司爲神宗實録檢
討元祐初擢起居舍人未幾爲中書舍人論葉康直知秦
州不當執政訶不先白御史因攻之肇求去范純仁語於
朝曰若善人不見容吾輩不可居此矣力爲之言乃得釋
門下侍郎韓維奏范百禄事太皇太后以爲讒毁出守鄧
肇言維爲朝廷辨邪正是非不可以疑似逐不草制諫議
大夫王覿以論胡宗愈出守潤肇言陛下寄腹心於大臣

寄耳目於臺諫二者相須闕一不可今覿論執政即去之
是愛腹心而塗耳目也帝悟加覿直龍圖閣太皇受册詔
遵章獻故事御文德殿肇言天聖初兩制定議受册崇政
仁宗特改焉此蓋一時之制今帝述仁宗故事以極崇奉
孝敬之誠可謂至矣臣竊謂太皇當於此時特下詔揚帝
孝敬之誠而固執謙德俛從天聖兩制之議止於崇政則
帝孝愈顯太皇之德愈尊矣坤成節上壽議令百官班崇
政肇又言天聖三年近臣班殿廷百官止請内東門拜表
至九年始御會慶今太皇盛德不肯自同章獻宜如三年
之制並從之四年春旱有司猶講春宴肇同彭汝礪上疏

曰天菑方作正君臣側身畏懼之時乃相與飲食燕樂恐無以消復天變翼日有旨罷宴蔡確與新州肇先與汝礪相約極論會除給事中汝礪獨封還制書言者謂肇賣友略不自辨以寶文閣待制知潁州徙鄧齊陳州應天府七年入爲吏部侍郎肇在禮院時啓親祠北郊之議是歲當郊肇堅抗前說既而合祭天地乃自劾改刑部請不已出知徐州徙江寧府帝親政更用舊臣數稱肇議禮趣入對肇言人主雖有自然之聖質必賴左右前後得人以爲立政之本宜於此時選忠信端良之士寘諸近班以參謀議備顧問與夫深勵法官親近暬御其損益相去萬萬矣貴

近惡其語出知瀛州與兄布易地時方治實錄譏訕罪降爲滁州稍復集賢殿修撰歷泰州海州徽宗即位復召爲中書舍人日食四月朔當降詔求言肇具述帝旨詔下投匭者如織章惇惡之欲因事去肇帝不聽元祐臣僚被讉者咸以赦恩甄敘肇請併錄死者作訓詞哀厚惻怛讀者爲之感愴遷翰林學士兼侍讀諫官陳瓘給事中龔原以言得罪無敢救肇極力論解時論者謂元祐紹聖均爲有失兄布傳帝命使肇作詔諭天下肇見帝言陛下思建皇極以消弭朋黨須先分別君子小人賞善罰惡不可偏廢開說備至已而詔從中出布之拜相肇適當制國朝學士

弟草兄制唯韓維與肇爲衣冠榮建中靖國元年太史奏曰又當食四月肇請對言比歲日食正陽咎異章著陛下簡儉清淨之化或衰於前聲色服玩之好或萌於心忠邪賢不肖或有未辨賞慶刑威或有未當左右阿諛壅蔽矯舉民冤失職鬱不得伸此宜反覆循省痛自克責以塞天變言發涕下帝悚然順納兄布在相位引故事避禁職拜龍圖閣學士提舉中太一宮未幾出知陳州歷太原應天府揚定二州崇寧初落職謫知和州徙岳州繼貶濮州團練副使安置汀州四年歸潤而卒年六十一自熙寧以來四十年大臣更用事邪正相軋黨論屢起肇身更其間數

不合兄布與韓忠彥並相日夕傾危之肇既居外移書告之曰兄方得君當引用善人翊正道以杜惇卞復起之萌而數月以來所謂端人吉士繼迹去朝所進以爲輔佐侍從臺諫往往皆前日車惇卞者一旦勢異今日必首引之以爲固位計思之可爲慟哭比來主意已移小人道長進則必論元祐人於帝前退則盡排元祐者於要路異時惇卞縱未至一蔡京足以兼二人可不深慮布不能從未幾京得政布與肇俱不免肇天資仁厚而容貌端嚴自少力學博覽經傳爲文溫潤有法更十一州類多善政紹興初謚曰文昭子統至左諫議大夫

論曰劉敞博學雄文鄰於邃古其爲考功仁宗賜夏竦謚上疏爭之以爲人主不可侵臣下之官及奉詔定樂中貴預列又諫曰臣懼爲袁盎所笑此豈事君爲容悅者哉攽雖疏儁文埒於敞奉世克肖世稱三劉曾鞏立言於歐陽脩王安石間紆徐而不煩簡奥而不晦卓然自成一家可謂難矣肇以儒者而有能吏之才宋之中葉文學法理咸精其能若劉氏曾氏之家學蓋有兩漢之風焉

列傳卷第七十八

列傳卷第七十九　宋史三百二十

開府儀同三司上柱國録軍國重事前中書右丞相監修國史領經筵事都總裁臣脫脫等奉
勅修

蔡襄　呂溱　王素 從子靖 從孫震
余靖　彭思永　張存

蔡襄字君謨興化仙遊人舉進士爲西京留守推官館閣校勘范仲淹以言事去國余靖論救之尹洙請與同貶歐陽脩移書責司諫高若訥由是三人者皆坐譴襄作四賢一不肖詩都人士爭相傳寫鬻書者市之得厚利契丹使適至買以歸張於幽州館慶曆三年仁宗更用輔相親擢靖脩及王素爲諫官襄又以詩賀三人列薦之帝亦命襄知諫院襄喜言路開而慮正人難久立也乃上疏曰朝廷增用諫臣脩靖素一日並命朝野相慶然任諫非難聽諫爲難聽諫非難用諫爲難三人忠誠剛正必能盡言臣恐邪人不利必造爲禦之之說其禦之之說不過有三臣請爲陛下辨之一曰好名夫忠臣引君當道論事唯恐不至若避好名之嫌無所陳則土木之人皆可爲矣二曰好進前世諫者之難激於忠憤遭世昏亂死猶不辭何好進之有近世獎拔太速但久而勿遷雖死是官猶無悔也三曰彰君過諫爭之臣蓋以司過舉耳人主聽而行之足以致

從諫之譽何過之能彰至於巧者亦然事難言則喑而不言擇其無所忤者時一發焉猶或不行則退而曰吾嘗論其事矣此之謂好名默默容容無所愧耻躡資累級以挹顯仕此之謂好進君有過失不救之於未然傳之天下後世其事愈不可掩此之謂彰君過願陛下察之毋使有好諫之名而無其實時有旱蝗日食地震之變襄以為災害之來皆由人事數年以來天戒屢至原其所以致之由君臣上下皆闕失也不顓聽斷不攬威權使號令不信於人恩澤不及於下此陛下之失也持天下之柄司生民之命無嘉謀異畫以矯時弊不盡忠竭節以副任使此大臣之

失也朝有敝政而不能正民有疾苦而不能去陛下寬仁少斷而不能規大臣循默避事而不能斥此臣等之罪也陛下既有引過之言達於天地神祇矣願思其實以應之疏出聞者皆悚然進直史館兼修起居注襄益任職論事無所回撓開寶浮圖災下有舊瘞佛舍利詔取以入宮人多灼臂落髮者方議復營之襄諫曰非理之福不可徼幸今生民困苦四夷驕慢陛下當修人事奈何專信佛法或以舍利有光推為神異彼其所居尚不能護何有於威靈天之降災以示儆戒顧大興功役是將以人力拂天意也呂夷簡平章國事宰相以下就其第議政事襄奏請罷之

元昊納款始自稱兀卒既又譯為吾祖襄言吾祖猶云我翁慢侮甚矣使朝廷賜之詔而亦曰吾祖是何等語邪夏竦罷樞密使韓琦范仲淹在位襄言陛下罷竦而用琦仲淹士大夫賀於朝庶民歌於路至飲酒叫號以為歡且退一邪進一賢豈遂能關天下輕重哉蓋一邪退則其類退一賢進則其類進衆邪並退衆賢並進海內有不泰乎雖然臣切憂之天下之勢譬猶病者陛下既得良醫矣信任不疑非徒愈病而又壽民醫雖良術不得盡用則病且日深雖有和扁難責效矣保州卒作亂推懦兵十餘輩為首惡殺之以求招撫襄曰天下兵百萬苟無誅殺決行之令

必開驕慢暴亂之源今州兵戕官吏閉城門不能討從而招之豈不為四方笑乞將兵入城盡誅之詔從其議以母老求知福州改福建路轉運使開古五塘溉民田奏減五代時丁口稅之半復修起居注唐介擊宰相觸盛怒襄趨進曰介誠狂愚然出於進忠必望全貸既貶春州又上疏以為此必死之謫得改英州溫成后追冊請勿立忌而罷監護園陵官進知制誥三御史論梁適解職襄不草制後每除授非當職輒封還之帝遇之益厚賜其母冠帔以示寵又親書君謨兩字遣使持詔予之遷龍圖閣直學士知開封府襄精吏事談笑剖決破姦發隱吏不能欺以樞密

直學士再知福州郡士周希孟陳烈陳襄鄭穆以行義著襄備禮招延誨諸生以經學俗重凶儀親亡或秘不舉至破産飯僧下令禁止之徙知泉州距州二十里萬安渡絶海而濟往來畏其險襄立石爲梁其長三百六十丈種蠣於礎以爲固至今賴焉又植松七百里以庇道路閩人刻碑紀德召爲翰林學士三司使較天下盈虛出入量力以制用刻剔蠹敝簿書紀綱纖悉皆可法英宗不豫皇太后聽政爲輔臣言先帝既立皇子宦妾更加熒惑而近臣知名者亦然幾敗大事近已焚其章矣已而外人遂云襄有論議帝聞而疑之會襄數謁告因命擇人代襄襄乞爲杭

州拜端明殿學士以往治平三年丁母憂明年卒年五十六贈吏部侍郎襄工於書爲當時第一仁宗尤愛之製元舅隴西王碑文命書之及令書溫成后父碑則曰此待詔職耳不奉詔於朋友尚信義聞其喪則不御酒肉爲位而哭嘗飲會靈東園坐客誤射矢傷人遽指襄他日帝問之再拜愧謝終不自辨蔡京與同郡而晚出欲附名閥自謂爲族弟政和初襄孫佃廷試唱名居舉首京侍殿上以族孫引嫌降爲第二佃終身恨之乾道中賜襄謚曰忠惠

呂溱字濟叔揚州人進士第一通判亳州直集賢院同修起居注坐預進奏院宴飲出知蘄楚舒三州復修起居注儂智高寇嶺南詔奏邸毋得輒報溱言一方有警使諸道聞之共得爲備今欲人不知此何意也進知制誥又出知杭州入爲翰林學士疏論宰相陳執中姦邪仁宗還其疏溱曰以口舌論人是陰中大臣也願出以示執中使得自辨未幾執中去溱亦以侍讀學士知徐州賜宴資善堂遣使諭曰此特爲卿設宜盡醉也詔自今由經筵出者視爲例徙成德軍時方開六塔河宰相主其議會地震溱請罷之以荅天戒溱豪侈自放簡忽於事與都轉運使李參不相能還判流內銓參劾其借官麴作酒以私貨往河東貿易及違式受饋贐事下大理議溱乃未嘗受而外廷紛然

謂溱有死罪帝知其過輕但貶秩知和州御史以爲未抵罪分司南京起知池州江寧府復集賢院學士加龍圖閣直學士知開封府時爲京尹者比不稱職溱精識過人辨訟立斷豪惡斂迹嘗以職事對神宗察其有疾色勉以近醫藥已而果病改樞密直學士提舉醴泉觀遂卒年五十五贈禮部侍郎帝悼念之詔中書曰溱立朝最孤知事君之節絶迹權貴故中廢十餘年人無言者方擢領要劇而奄忽淪亡家貧子幼遭此大禍必至很狽宜優給賻禮官庀其葬以屬臣節敕其婦兄護喪歸溱開敏善議論一時名輩皆推許然自貴重在杭州接賓客不過數語時目爲

七字舍人云

王素字仲儀太尉旦季子也賜進士出身至屯田員外郎御史中丞孔道輔薦爲侍御史道輔貶出知鄂州仁宗思其賢擢知諫院素方壯年遇事感發嘗言今中外無名之費倍從於前請省其非急者適皇子生將進百僚以官恵諸軍以賞素爭曰今西夏畔渙契丹要求縣官之須且日急矣宜留爵秩以賞戰功儲金繒以佐邊費議遂已京師旱素請帝禱于郊帝曰太史言月二日當雨今將以旦日出禱素曰臣非太史然度是日必不雨帝問故曰陛下知其且雨而禱之應天不以誠故臣知不雨帝曰然則明日

詣醴泉觀素曰醴泉之近猶外朝耳豈憚暑不遠出邪帝悚然更詔詣西太一宮諫官故不在屬車間延命素扈從日甚熾埃氛翳空比輿駕還未薄城天大雷電而雨王德用進二女子素論之帝曰朕真宗皇帝之子卿王旦之子有世舊非他人比也德用實進女然已事朕左右奈何素曰臣之憂正恐在左右爾帝動容立命遣二女出賜素銀緋擢天章閣待制淮南都轉運按察使時新置按察類多以苛爲明素獨不擿細故即有貪刻必繩治窮竟以故下吏愛而畏之改知渭州坐市木河東有擾民狀降華州又奪職徙汝州久悉還其故遷龍圖閣直學士初原州蔣偕建議築大蟲巉堡宣撫使聽之役未具敵伺間要擊不得成偕懼來歸死素曰若罪偕乃是墮敵計責偕使畢力自效總管狄青曰偕往益敗不可遣素曰偕敗則總管行總管敗素即行矣青不敢復言偕卒城而還以樞密直學士知開封府至和秋大雨蔡河裂水入城詔軍吏障朱雀門素曰皇上不豫兵民廬舍多覆壓衆心忡忡然奈何更塞門以動衆違詔止其役水亦不害出知定州成都府先是牙校歲輸酒坊錢以供廚傳日加厚輸者轉困素一切裁約之鐵錢布滿兩蜀而鼓鑄不止幣益輕商賈不行命罷鑄十年以權物價凡爲政務合人情蜀人紀其目號曰王公

異斷復知開封素以三公子少知名出入侍從將帥久頗鞅鞅厭倦劇煩事多鹵莽不治盜賊數發御史糾其過出知許州治平初夏人寇靜邊砦召拜端明殿學士復知渭州於是三鎮涇原蕃夷故老皆歡賀比至敵解去拓渭西南城濬隍三周積粟支十年屬羌奉土地來獻悉增募弓箭手行陳出入之法身自督訓其居舊穿土爲室寇至老幼多焚死爲築八堡使居之其衆領於兩巡檢人莫得自便素曰是豈募民兵意邪聽散耕田里有警則聚故士氣感奮精悍他道莫及嘗宴堂上邊民傳寇至驚入城諸將曰使姦人亦從而入將必爲内應合拒勿内素曰若拒之

東去關中必搖吾在此敵必不敢犯我此當有姦言乃下
令敢稱寇至者斬有頃候騎從西來人傳果妄諸將皆服
其明換澶州觀察使知成德軍改青州觀察使熙寧初還
以學士知太原府汾河大溢素曰若壞平晉遂灌州城矣
亟命具舟揖築堤以捍之一夕水驟至人賴以安入知通
進銀臺司轉工部尚書仍故職致仕故事雖三公致仕亦
不帶職朝廷方新法制素首以學士就第卒年六十七謚
曰懿敏子鞏從子靖從孫震鞏有儁才長於詩從蘇軾游
軾守徐州鞏往訪之與客游泗水登魋山吹笛飲酒乘月
而歸軾待之於黃樓上謂鞏曰李太白死世無此樂三百

年矣軾得罪鞏亦竄賓州數歲得還豪氣不少挫後歷宗
正丞以跌蕩傲世每除官輒爲言者所議故終不顯
靖字詹叔蚤孤自力於學好講切天下利害以祖蔭歷通
判閬州知滁州主管北京御史臺契丹數遣橫使來靖疏
言彼利中國賜遺挾虛聲以濟其欲漸不可長宜有以折
之又請復明經科加試貢士以策觀其所學稍變聲律之
習擢利州路轉運判官提點陝西刑獄鄉户役于州縣者
優則願久留勞則欲亟去吏得權其遲速靖一以歲月遣
代遂爲令徙河東長子縣賊殺人捕治十數輩不得實皆
釋去靖閱其牘曰此真盜也教吏曲折訊囚果服罪爲開

封府推官曹濮盜害官吏久不獲靖受詔督捕成擒者十
八九因言盜之不戢由大姓爲囊橐請并坐之著爲令徙
廣南轉運使熙寧初廣人訛言交阯且至老幼入保事聞
中外以爲憂神宗曰王靖在彼可無念即拜太常少卿直
昭文館知廣州居二年入爲度支副使卒子古字敏仲第
進士熙寧中爲司農主簿使行淮浙振旱菑究張若濟獄
劾轉運使王廷老張靚失職皆罷之連提舉四路常平王
安禮欲用爲太常丞神宗謂古好異論止以爲博士加上
仁宗英宗謚因升祔四后初議不發冊古言發冊之禮雖
爲祔廟節文而升祔之重乃由冊而後顯今既行升祔則

禮不可廢乃詔用竹冊又定諸神祠封額爵號之序出爲
湖南轉運判官提點淮東刑獄歷工部吏部右司員外郎
太府少卿奉使契丹異時北使所過凡供張悉貸於民古
請出公錢爲之民得不擾紹聖初還户部侍郎詳定役法
與尚書蔡京多不合京言臣欲用元豐人額雇直而古乃
用司馬光法詔從古兵部尋以集賢殿修撰爲江淮發運
使進寶文閣待制知廣州言者論其常指平歲爲凶年妄
散邦財奪職知袁州徽宗立復拜户部侍郎遷尚書與御
史中丞趙挺之偕領放欠挺之言古獨除太多欲盡傾天
下之財不可用遂改刑部攻不已以寶文閣直學士知成

都隄崇寧黨籍責衡州別駕安置温州復朝散郎尋卒
震字子發以父任試銓優等賜及第上諸路學制神宗稱其才以習學中書刑房公事遂爲檢正預修條例加館閣校勘檢正孔目吏房元豐官制行震與吳雍從輔臣執筆入記上語面授尚書右司員外郎使自書除目舉朝榮之兼修市易敕帝諭之曰朝廷造法皆本先王之制推行非人故不能善後且以錢貸民有不能償輒籍其家豈善政也宜計其負幾何悉捐之震頓首奉詔進起居舍人使行西邊還爲中書舍人元祐初遷給事中御史王巖叟劾之以龍圖閣待制知蔡州歷五郡紹聖初復爲給事中權吏

部尚書拜龍圖閣直學士知開封府震與章惇皆呂惠卿所薦而素不相能府奏獄空哲宗疑不實震謂惇抑己於是穎昌蓋漸有訟許賂惇子弟震捕漸掠治頗得蹤跡惇懼以獄付大理而徙震爲樞密都承旨遂坐析獄濫暴傾搖大臣奪職知岳州卒

余靖字安道韶州曲江人少不事羈檢以文學稱鄉里舉進士起家爲贛縣尉試書判拔萃改將作監丞知新建縣遷秘書丞數上書論事建言班固漢書舛謬命與王洙并校司馬遷范曄二史書奏擢集賢校理范仲淹貶饒州諫官御史莫敢言靖言仲淹以刺譏大臣重加譴謫儻其言未合聖慮在陛下聽與不聽耳安可以爲罪乎汲黯在廷以平津爲多詐張昭論將以魯肅爲麤疎漢皇吳主熟聞訾毀兩用無猜豈損令德陛下自親政以來屢逐言事者恐鉗天下口不可疏入落職監筠州酒稅尹洙歐陽脩亦以仲淹故相繼貶逐靖繇是益知名徙監泰州稅知英州遷太常博士復爲校理同知禮院慶曆中仁宗銳意欲更天下敝事增諫官員使論得失以靖爲右正言時四方盜賊竊發州郡不能制靖言朝廷威制天下在賞罰今官吏弛事羣盜蜂起大臣齷齪守常不立法禁可爲國家憂也請嚴捕賊賞罰及定爲賊劫質亡失器甲除名追官之法

司天言太白犯歲星又犯執法靖上疏請責躬修德以謝天變使契丹辭日以所奏事書笏各舉一字爲目凡數十事帝顧見之命悉條奏曰幾具乃罷進修起居注開寶寺靈感塔災復上疏言五行之占本是災變朝廷所宜誠懼以答天意聞嘗詔取舊瘞舍利入禁中閱視道路傳言舍利在內廷有光怪竊恐巧佞之人推爲靈異惑亂視聽再圖營造臣聞帝王之道能勤儉厥德感動人心則雖有危難後必安濟今自西垂用兵國帑虛竭民亡儲蓄十室九空陛下若勤勞罪己憂人之憂則四民安居海內蒙福如不恤民病廣事浮費奉佛求福非天下所望也若以舍利

經火不壞遽爲神異即本在土中火所不及若言舍利皆能出光怪必有神靈憑之此妄言也且一塔不能自衛爲火所毀況藉其福以庇民哉靖在職數言事嘗論夏竦姦邪不可爲樞密使王舉正不才不宜在政府狄青武人使之獨守渭州恐敗邊事張堯佐以修媛故除提點府界公事非政事之美且郭后之禍起於楊尚不可不監太常博士王翼與西京治獄還賜五品服靖曰治獄而錫服外人不知必以爲翼深文重法能希陛下意以取此寵所損非細事也嘗有工部郎中呂覺以治獄賜對祈易章綬陛下諭之曰朕不欲因鞫囚與人恩澤覺退以告臣臣嘗書之起

居注陛下前日諭覺是則今日賜翼非矣是非與奪之間豈爭一體小人望風希進無所不至幸陛下每於事端抑其奔競其說多見納用會西鄙厭兵元昊請和議增歲賜靖言景德中契丹舉國興師直抵澶淵先帝北征渡河止捐金繒三十萬與之今元昊戰雖累勝皆由將帥輕敵易動之故數年選將練兵始知守戰之備而銳意解仇所予至二十六萬且戎事有機國力有限失之於始雖悔何追夫以景德之患近在封域之內而歲賜如彼今日之警遠在邊鄙之外而歲賜如此若元昊使還益有所許契丹聞之寧不生心無厭之求自此始矣儻移西而備北爲禍更

深但思和與不和皆有後患則不必曲意徇以貽國羞擢知制誥元昊既歸款朝廷欲加封冊而契丹以兵臨西境遣使言爲中國討賊請止毋和朝議難之會靖數言契丹挾詐不可輕許即遣靖往報而留夏國封冊不發靖至契丹卒屈其議而還朝廷遂發夏冊臣元昊西師既解嚴北邊亦無事靖三使契丹亦習外國語嘗爲番語詩御史王平等劾靖失使者體出知吉州靖爲諫官時嘗劾奏太常博士茹孝標不孝匿母喪坐廢靖既失勢孝標詣闕言靖少遊廣州犯法受榜靖聞之不自得求侍養去改將作少監分司南京居曲江已而授左神武軍大將軍雅州刺

史壽州兵馬鈐轄辭不就再遷衛尉卿知虔州丁父憂去儂智高反邕州乘勝掠九郡以兵圍廣州朝廷方顧南事就喪次起靖爲秘書監知潭州改桂州詔以廣南西路委靖經制智高西走邕州靖策其必結援交阯而脅諸峒以自固乃約李德政會兵擊賊於邕州備萬人糧以待之而詔亦給緡錢二萬助德政興師且約賊平更賞以緡錢二萬又募儂黃諸姓酋長皆縻以職使不與智高合既而朝廷遣狄青孫沔將兵共討賊青卻交阯援兵不用賊平就遷靖給事中御史梁蒨言賞薄又遷尚書工部侍郎初青兵未至前戒部將勿戰靖迫鈐轄陳曙出鬬敗走青至按

軍法斬曙及指使裒用等於坐靖矍然起拜及諸將班師
獨留靖廣西遣人入特磨道擒智高母子弟三人生致之
闕下加集賢院學士徙知潭州又徙青州交阯蠻申紹泰
寇邕州殺五巡檢以靖安撫廣西至則召交阯用事臣費
嘉祐詰問之嘉祐至紿以近邊種落相侵報誤犯官軍願
悉推治還所掠及械罪人以自贖靖信之厚謝遣去嘉祐
遂歸不復出知廣州官至工部尚書代歸卒三司使蔡襄
爲靖言特贈刑部尚書謚曰襄靖嘗夢神人告以所終官
而死泰亭故靖常畏西行及卒則江寧府秦淮亭也
彭思永字季長廬陵人第進士知南海分寧縣通判睦州

台州大水敗城人多溺往攝治焉盡葬死者作文祭之民
貧不能葺居爲伐木以助之數月公私之舍皆具城築高
於前而堅亦如之知潮州常州入爲侍御史論內降授官
賞之弊謂斜封非盛世所當有仁宗深然之皇祐祀明堂
前一日有傳百姓皆進秩者思永言不宜濫恩以益僥倖
時張堯佐已貴而猶覬執政王守忠已受寵而求旄節思
永率同列言之或曰俟命出未晚也思永曰先事而言第
得罪爾命一出不可止矣遂獨抗疏曰陛下覃此謬恩豈
爲天下孤寒哉不過爲堯佐守忠取悅衆人耳外戚秉政
宦侍用權非社稷之福也帝怒中丞郭勸諫官吳奎爲之

請乃以況恩轉司封員外郎而解臺職爲湖北轉運使下
溪蠻彭仕羲作亂先移書激罵辰州守守將討之思永按
部適至仕羲懼遣使迎謝寢其謀加直史館爲益州路轉
運使成都府吏盜公錢付獄已三歲出入自如思永攝府
事甫一日即具獄民以楮券爲市藏衣帶中盜置刃於爪
捷取之鮮敗者思永得一人詰之悉黥其黨隸兵間中使
歲祠峨眉率留成都掊珍玩價直數百萬錢悉出於民思
永朘其三之一使怒去而不能有所中傷也尋爲戶部副
使擢天章閣待制河北都轉運使知瀛州北俗以桑麻爲
產籍民懼賦不敢藝日益貧思永始奏更之徙知江寧府

治平中召爲御史中丞濮王有稱親之議言事者爭之皆
斥去思永更上疏極論曰濮王生陛下而仁宗以陛下爲
嗣是仁宗爲皇考而濮王於屬爲伯此天地大義生人大
倫如乾坤定位不可得而變也陛下爲仁廟子曰考曰親
乃仁廟也若更施於濮王是有二親矣使王與諸父夷等
無有殊別則於大孝之心亦爲難安臣以爲當尊爲濮國
大王祭告之辭則曰姪嗣皇帝書名昭告于皇伯父在王
則極尊崇之道而於仁廟亦無所嫌矣此萬世之法也疏
入英宗感其切至垂欲施行而中書持之甚力卒不果神
宗即位御史蔣之奇糾歐陽脩陰事挽思永自助思永以

爲帷薄之私非外人所知但其首建濮議違典禮以犯衆怒不宜更在政府詔問語所從來思永不肯對而極陳大臣專恣朋黨乃出知黃州改太平州熙寧三年以戸部侍郎致仕卒年七十一思永仁厚廉恕爲兒時旦起就學得金釵於門外默坐其處須臾亡釵者來物色審之良是即付之其人欲謝以錢思永笑曰使我欲之則匿金矣始就舉持數釧爲資同舉者過之出而玩或墜其一於袖間衆相爲求索思永曰數止此耳客去舉手揖釧墜于地衆皆服其量居母喪毀甚鄉人餽之無所受子衛亦孝謹以父老棄官家居十餘年族里稱之

張存字誠之冀州人舉進士爲安肅軍判官天禧中詔銓司以身言書判取士才得二人存預其選改著作佐郎知大名府朝城縣寇準爲守異待之御史中丞王曙屢薦爲殿中侍御史遷侍御史仁宗初親政罷百官轉對存請復之又言前者曹修古輩同忤旨廢黜布衣林獻可因上封事竄惡地恐自今忠直之言與夫理亂安危之機蔽而不達因歷引周昌朱雲辛慶忌辛毗事以開帝意歷京東陝西河北轉運使戸部度支副使西邊動兵以天章閣待制爲陝西都轉運使黃德和之誣劉平也存奏言平與敵接戰自旦至暮殺傷相當因德和引卻以致潰敗方賊勢甚張非平搏戰其勢必不沮延州孤壘非平解圍其城必不守身既陷沒而不幸又爲讒狡所困邊臣自此無復死節矣朝廷采其說始遣文彥博按治由是平得直而德和誅元昊求款附議者猶執攻討之策存建言兵役不息生民疲弊敵既有悛心雖名號未正頗羈縻之遷龍圖閣直學士知延州以母老憚行徙澤州還爲待制踰年知成德軍復學士契丹與元昊結昏陰謀相首尾聚兵塞上而求關南存言河北城久不治宜留意乃以爲都運使盡城諸州入知開封府復使河北王則反坐失察降知汀州存壻李敫之弟李教因醉爲妖言事覺自縊死或言教不死在貝

州父母私屬以存故得免御史案驗無狀猶奪職知池州又徙郴久之乃復職以吏部侍郎致仕凡十五年積遷禮部尚書存性孝友嘗爲蜀郡得奇繒文錦以歸悉布之堂上恣兄弟擇取常曰兄弟手足也妻妾外舍人耳奈何先外人而後手足乎收恤宗屬嫁聘窮嫠不使一人失所家居矜莊子孫非正衣冠不見與賓友燕接垂足危坐終日未嘗傾倚橐彊河決勢逼冀城或勸使他徙曰吾家衆所望也苟輕舉動使一州吏民何以自安訖不徙卒年八十八謚恭安

論曰蔡襄王素余靖皆昭陵賢御史也襄數論治體推韓

琦范仲淹之賢素請罷不急之賞論仁宗納二女子爲非靖黜夏竦王舉正爲不可用蓋仁宗銳於求治數君子提綱振紀而扶持之卒成慶曆之治良有以也夫襄精於民事吏不敢欺靖用兵蠻徼卒收功名素在西邊多惠政其尹開封雖頗厭煩劇再爲渭州邊民老幼至相率稱賀其惠之在民者深矣哉若呂溱論陳執中則不欲以口舌中人彭思永名士能識程顥之賢而不能容歐陽脩之剛蔣之奇之誣竟坐是黜士論憾之劉平之死衆莫敢言張存獨勵而明之使忠義之氣死而復生較之諸人亦無忝焉

列傳卷第七十九

列傳卷第八十　宋史三百二十一

開府儀同三司上柱國錄軍國重事前中書右丞相提舉國史領經筵事都總裁臣脫脫等奉

敕修

鄭獬　陳襄　錢公輔　孫洙

豐稷　呂誨　劉述　劉琦

錢顗　鄭俠

鄭獬字毅夫安州安陸人少負俊材詞章豪偉峭整流輩莫敢望進士第一通判陳州入直集賢院度支判官脩起居注知制誥英宗即位治永昭山陵悉用乾興制度獬言今國用空乏近者賞軍已見橫斂富

室嗟怨流聞京師先帝節儉愛民蓋出天性凡服用器玩極於朴陋此天下所共知也而山陵制度乃欲效乾興最盛之時獨不傷儉德乎願飭有司損其名數又言天子初即位郡國馳表稱賀例官其人此出五代餘習因仍未改今庶官猥衆充溢銓曹況前日群臣進官已布維新之澤不須復行此恩以開僥倖皆不報又上疏言陛下初臨御恭默不言所與共政者七八大臣而已焉能盡天下之聰明哉願申詔中外許令盡言有可采錄召與之對至於臣下進見訪以得失虛心求之必能有益治道帝嘉納之時詔諸

郡敦遣遺逸之士至則試之秘閣命以官頗有謬舉者衆論喧譁旋即廢罷獬言古之薦士以謂拔十得五猶得其半况今所失未至十五而遽以浮言廢之可乎願復此科使豪俊無遺滯之歎未及行出知荆南治平中大水求言獬上疏曰陛下側身思咎念有以消復之不知求忠言者將欲用之邪抑但舉故事邪觀前世之君因變異以求諫者甚衆及考其實則能用其言而載於行事者蓋亦鮮矣今詔發天下忠義之士必有極其所蘊以薦諸朝一日萬機勢未能盡覽不過如平時下之中書密院至於無所行而後止如是則與前世之為空言者等爾謂宜選官置屬掌所上章與兩府近臣從容講貫可則行之否則罷之有疑焉則廣詢而決之羣臣得而衆事舉此應天之實也天下之進言也甚難而上之受言也常忽願陛下采群臣之章疏容而聽之史用大書以為某年大水詔求直言用某人之辭而求某事以出夫前世之為空言者無令徒掛墻壁為虛文而已還判三班院神宗初召獬夕對內東門命草吳奎知青州及張方平趙抃參政事三制賜雙燭送歸舍人院外廷無知者遂拜翰林學士朝廷議納橫山獬曰兵禍必起於此已而种諤取綏州獬言臣竊見手詔深戒邊臣無得生事今乃特尊用變詐之士務為掩襲如戰國暴君之所尚豈帝王大略哉諤擅興當誅又請因諒祚告哀遣使立其嗣子識者韙之權發遣開封府民喻興與妻謀殺一婦人獬不肯用按問新法為王安石所惡出為侍讀學士知杭州御史中丞呂誨乞還之不聽未幾徙青州方散青苗錢獬言但見其害不忍民無罪而陷憲網引疾祈閑提舉鴻慶宮卒年五十一家貧子弱其柩藁殯僧舍十餘年滕甫為安州乃克葬

陳襄字述古福州候官人少孤能自立出游鄉校與陳烈周希孟鄭穆為友時學者沉溺於雕琢之文所謂知天盡性之說皆指為迂闊而莫之講四人者始相與倡道於海濱聞者皆笑以驚守之不為變卒從而化謂之四先生襄舉進士調浦城主簿攝令事縣多世族以請託脅持為常令不能制襄欲稍革其俗每聽訟必使數吏環立於前私謁者不得發老姦束手民有失物者賊曹捕偷兒至數輩相撐拄襄語之曰某廟鐘能辨盜犯者捫之輒有聲餘則否乃遣吏先引以行自率同列詣鐘所祭禱陰塗以墨而以帷

赦之命群盜往捕少馬呼出獨一人手無所汚扣之乃為盜者益畏鍾有聲故不敢觸遂服罪知河陽縣始教民種稻富弼為郡守一見即禮遇之襄留意教化進縣子弟於學或譏之於弼謂其誘邑子以資過客弼疑焉人勸毀學舍以塞謗不聽久之弼以語襄襄曰自反而縮雖千萬人往矣公苟有惑志何名知己益講說不少懈弼由是愈益奇之及入相薦為秘閣校理判祠部譯經僧死遺表度十僧列子廟三年度一道士皆抑不行知常州運渠橫遏震澤積水不得北入江為常蘇二州病襄度渠之丈尺與民田步

畝定其數授以浚法未幾遂削望亭古堰水不復積入為開封府推官鹽鐵判官神宗立奉使契丹以設席小異於常不即坐契丹移檄疆吏坐出知明州明年同脩起居注知諫院改侍御史知雜事論青苗法不便曰臣觀制置司所議莫非引經以為言而其實則稱貸以取利事體卑削貽中外譏笑是特管夷吾商鞅之術非聖世所宜行望貶斥王安石呂惠卿以謝天下又乞罷韓絳政府以杜大臣爭利而進者且言韓維不當為中丞劉述范純仁等無罪宜復官皆不聽而召試知制誥襄以言不行辭不肯試願補外

安石欲以為陝西轉運使帝惜其去留脩起居注襄懇辭手詔諭之乃就職踰年為知制誥安石又欲出之帝不許尋直學士院安石益忌之摘其書詔小失出知陳州徙杭州以樞密直學士知通進銀臺司兼侍讀判尚書都省卒年六十四贈給事中襄莅官所至必務興學校平居存心以講求民間利病為急既亡友人劉尋視其篋得手書累數十幅盈紙細書大抵皆民事也在經筵時神宗顧之甚厚嘗訪人材之可用者襄以司馬光韓維呂公著蘇頌范純仁蘇軾至于鄭俠三十三人對謂光維公著皆股肱心膂之

臣不當久外謂俠愚忠直敢言發於忠義投竄瘴癘朝不謀夕願使得生還帝不能盡用

錢公輔字君倚常州武進人少從胡翼之學有名吳中第進士甲科通判越州為集賢校理同判吏部南曹歷開封府推官戶部判官知明州脩前法以三等差次勞勤應格者聽指酒場以自補富者足欲而貧者日困充募益鮮額有不足至役鄉民破產不供費公輔取酒場官鬻之分輕重以給役者不復調民同脩起居注進知制誥英宗即位陳治平十議大要言采民政分吏課擇守宰置二府官屬又作帝問一篇

上之王疇為翰林學士未久擢副樞密公輔謂疇素
望淺不草制帝以初政用大臣而公輔格詔謫為滁
州團練使議者以為重呂誨等上章救之不得踰年
起知廣德軍神宗立拜天章閣待制知鄧州復知制
誥入見帝勞苦之使録十議以進命知諫院嘗至中
書白事富弼謂曰上求治如飢渴正賴君輩同心以
濟公輔曰朝廷所為是天下誰敢不同所為非公輔
欲同之不可得已王安石雅與之善既得志排異已
者出滕甫鄆州公輔數於帝前言甫不當去薛向更
塩法安石主其議而公輔謂向當黜遂拂安石意罷

諫職旋出知江寧府明年帝欲召還安石言其助小
人為異議不宜在左右但徙揚州以病乞越改提舉
崇福觀卒年五十二

孫洙字巨源廣陵人羈丱能文未冠擢進士包拯歐
陽脩吳奎舉應制科進策五十篇指陳政體明白剴
切韓琦讀之太息曰慟哭流涕極論天下事今之賈
誼也再遷集賢校理知太常禮院治平中求言以洙
應詔疏時弊要務十七事後多施行兼史館檢討同
知諫院乞增諫員以廣言路凡有章奏輒焚其藁雖
親子弟不得聞王安石主新法多逐諫官御史洙知

不可而欝欝不能有所言但力求補外得知海州免役
法行常平使者欲加斂緡錢以取嬴為功洙力争之
方春旱發運使調民濬漕渠以通塩舸洙持之不下
三上奏乞止其役旱蝗為害致禱於朐山徹奠大雨
蝗赴海死尋幹當三班院三班員過萬數功罪籍不
明前後舐猾吏左右出入公為欺姦洙葺其甚者八
事定為令同脩起居注進知制誥先是百官遷叙用
一定之詞洙建言群臣進秩事理各異而同用一詞
至或一門之内數人拜恩名體散殊而格以一律茍
從簡便非所以暢王言重命令也詔自今封贈蔭補

每大禮一易他皆隨等撰定元豐初兼直學士院澶
州河平作靈津廟詔洙為之碑神宗奬其文擢翰林
學士纔踰月得疾時參知政事闕帝将用之數遣中
使尚醫勞問入朝期日洙小愈在家習肄拜跽僨不
能興於是竟卒年四十九帝臨朝嗟惜常賻外賜錢
五十萬洙博聞强識明練典故道古今事甚有條理
出語皆成章雖對親狎者未嘗發一鄙語文詞典麗
有西漢之風士大夫共以丞輔期之不幸早世一時
憫傷焉

豐稷字相之明州鄞人登第為穀城令以廉明稱從

安壽使高麗海中大風檣折舟幾覆衆惶擾莫知所
為稷獨神色自若壽歎曰豐君未易量也知封丘縣
神宗召對問卿昔在海中遭風波何以不畏對曰臣
浸違天風濤固其常耳憑仗威靈尚何畏帝悅擢監
察御史治蔡知政事章惇請託事無所移撓出惇陳
州徙著作佐郎吏部員外郎提點利州成都路刑獄
入為殿中侍御史上疏哲宗曰陛下明足以察萬事
之統而不可用其明智足以應變曲當而不可用其
智順考古道二帝所以聖儀刑文王成王所以賢願
以洪範為元龜祖訓為寶鑑一動一言思所以為則

於四海為法於千載則教化行習俗美而中國安矣
劉奉世用立夏國嗣子乾順而乾順來賀坤成節奉
世遷出境稷劾之奉世以贖論遷右司諫楊荊二王
為天子叔父尊寵莫並密令蜀道織錦茵稷於正衙
論曰二聖以儉先天下而宗王僭侈官吏奉承皆宜
糾正既退御史趙屼謂曰聞君言使屼汗流浹背改
國子司業起居舍人歷太常少卿國子祭酒車駕幸
太學命講書無逸篇賜四品服除刑部侍郎兼侍講
元祐八年春多雪稷言今嘉祥未臻沴氣交作豈應
天之實未充事天之禮未備畏天之誠未孚歟官掖

之臣有關預政事如天聖之羅崇勛江德明治平之
任守忠者歟願陛下昭聖德祇天戒總正萬事以消
災祥帝親政召內侍居外者樂士宣等數人稷言陛
下初親萬機未聞登進忠良而首召近幸恐上累大
德以集賢院學士知潁州江寧府拜吏部侍郎又出
知河南府加龍圖閣待制章惇欲困以道路連歲亟
徙六州徽宗立以左諫議大夫召道除御史中丞入
對與蔡京遇京越班揖曰天子自外服召公中執法
今日必有高論稷正色答曰行自知之是日論京姦
狀既而陳瓘江公望皆言之未能動稷語陳師錫等

曰京在朝吾屬何面目居此擊之不已京遂去翰林
又乞辨宣仁誣謗之禍且言史臣以王安石日錄亂
神宗實錄今方脩哲宗實錄願申飭之時宦官漸盛
稷懷唐書仇士良傳讀於帝前讀數行帝曰已諭稷
為若不聞者讀畢乃止曾布得助變匭將拜相稷約
其僚共論之俄轉工部尚書兼侍讀布遂相稷謝表
有佞臣之語帝問為誰對曰曾布也陛下斥之外郡
則天下事定矣改禮部論宋用臣不當賜美謚不為
書敕哲宗升祔議功臣配享稷以為當用司馬光呂
公著或謂二人嘗得罪不可用稷曰止論其有功於

時爾如唐五王豈非得罪於中宗何嫌於配享又言陛下以建中靖國紀元臣謂尊賢納諫舍己從人是謂建中不作奇技淫巧毋使近習招權是謂靖國以副體元謹始之義禁內織錦緣宮簾為地衣稷言仁宗衾褥用黃絁服御用縑繒宜守家法詔罷之稷盡言守正帝待之厚將處之尚書左丞而積忤貴近不得留竟以樞密直學士守越蔡京得政脩故怨貶海州團練副使道州別駕安置台州除名徙建州稍復朝請郎卒年七十五建炎中追復學士謚曰清敏初文彥博嘗品稷為人似趙抃及賜謚皆以清得名稷

三任言責每草疏必密室子弟亦不得見退多焚藁未嘗以時政語人所薦士如張庭堅馬涓陳瓘陳師錫鄒浩蔡肇皆知名當世云

論曰熙寧行新法輕進少年爭趨競進老成知務者逡巡引退何其見幾之明耶獬議論剴切精練民事青苗法行獬獨幡然求去至窘迫不堪弗卹也襄奮起海隅屢折不變學者卒從而化乃心民事死猶不已公輔以忤安石見黜洙為諫官不能言至免役取贏洙方力爭所謂不揣其本者歟稷劾蔡京論司馬光呂公著當配享廟庭蓋亦名侍從也

呂誨字獻可開封人祖端相太宗真宗誨性純厚家居力學不妄與人交進士登第由屯田員外郎為殿中侍御史時廷臣多上章訐人罪誨言臺諫官許風聞言事蓋欲廣采納以補闕政苟非職分是為侵官今乃詆斥平生暴揚暧昧刻薄之態浸以成風請下詔懲革樞密副使程戡結貴倖致位政地誨疏其過以宣徽使判延州復上言戡以非才罷不宜更委邊任宣徽使地高位重非戡所當得也兗國公主薄其夫夜開禁門入訴誨請并劾閤吏且治主第宦者罪悉逐之御藥供奉官四人遙領團練使御前忠佐當

汰復留誨劾樞密使宋庠陰求援助徇私紊法詔罷庠而用陳升之為副使誨又論之升之既去誨亦出知江州時嘉祐六年也上疏請蚤建皇嗣曰竊聞中外臣僚以聖嗣未立屢有密疏請擇宗人唯陛下思忠言奮獨斷以遏未然之亂又聞太史奏彗躔心宿請備西北按天文志心為天王正位前星為太子直則失勢明則見祥今既直且暗而妖彗乘之臣恐咎證不獨在西北也自夏及秋雨淫地震陰盛之沴固有冥符近者宗室之中訛言事露流傳四方人心駭惑窺覦之志可不防其漸哉願為社稷宗廟計審擇

親賢稽合天意宸謀已定當使天下共知萬一有姦臣附會其間陽為忠實以緩上心此為患最大不可不察也仁宗以誨章付中書韓琦由此定議召為侍御史改同知諫院英宗不豫誨請皇太后日命大臣一員與淮陽王視進藥餌都知任守忠用事久帝之立非守忠意數間諜東朝播為惡言內外洶懼誨上兩宮書開陳大義詞旨深切多人所難言者帝疾小愈屢言乞親萬幾太后歸政誨言於帝曰后輔佐先帝歷年閱天下事多矣事之大者宜關白咨訪然後行示弗敢專遂論守忠平生罪惡并其黨史昭錫竄

之南方內臣王昭明等為陝西四路鈐轄專主蕃部誨言自唐以來舉兵不利未有不自監軍者今走馬承受官品至卑一路已不勝其害況鈐轄乎卒罷之治平二年遷兵部員外郎兼侍御史知雜事上言臺諫者人主之耳目期補益聰明以防壅蔽舊三院御史常有二十員而後益衰減蓋執政者不欲主上聞中外之闕失今臺闕中丞御史五員惟三人在職封章十上報聞者八九諫官二人一他遷一出使言路壅塞未有如今日之甚者竊為陛下羞之帝覽奏即命邵必知諫院於是濮議起侍從請稱王為皇伯中

書不以為然誨引義固爭會秋大水誨言陛下有過舉而災沴遽作惟濮王一事失中此簡宗廟之罰也郊廟禮畢復申前議七上章不聽乞解臺職亦不聽遂劾宰相韓琦不忠五罪曰昭陵之土未乾遽欲追崇濮王使陛下厚所生而薄所繼隆小宗而絕大宗言者論辨累月琦猶遂非不為改正中外憤鬱萬口一詞願黜居外藩以慰士論又與御史范純仁呂大防共劾歐陽脩首開邪議以枉道說人主以近利負先帝陷陛下於過舉皆不報已而詔濮王稱親誨等知言不用即上還告敕居家待罪且言與輔臣勢難

兩立帝以問執政脩曰御史以為理難並立若臣等有罪當留御史帝猶豫久之命出御史既而曰不宜責之太重乃下遷誨工部員外郎知蘄州神宗立徙晉州加集賢殿脩撰知河中府召為鹽鐵副使擢天章閣待制復知諫院拜御史中丞初中旨下京東買金數萬兩又令廣東市真珠傳云將備宮中十閤用度誨言陛下春秋富盛然聰明睿知以天下為心必不留神於此願亟罷之王安石執政時多謂得人誨言其不通時事大用之則非所宜著作佐郎章辟光上言岐王顥宜遷居外邸皇太后怒帝令治其離間

之罪安石謂無罪誨請下辟光吏不從遂上疏劾安石曰大姦似忠大佞似信安石外示朴野中藏巧詐陛下悅其才辨而委任之安石初無遠略惟務改作立異罔上欺下文言飾非誤天下蒼生必斯人也如久居廟堂必無安靜之理辟光之謀本安石及呂惠卿所導辟光揚言朝廷若深罪我我終不置此二人故力加營救顧察於隱伏質之士論然後知臣言之當否帝方注倚安石還其章誨求去帝謂曾公亮曰若出誨恐安石不自安安石曰臣以身許國陛下處之有義臣何敢以形跡自嫌苟為去就乃出誨知鄧

州蘇頌當制公亮謂之曰辟光治平四年上書時安石在金陵惠卿監杭州酒稅安得而教之故制詞云黨小人交譖之言肆罔上無根之語制出帝以咎頌以公亮之言告乃知辟光治平時自言他事非此也誨之將有言也司馬光勸止之誨曰安石雖有時名然好執偏見輕信姦回喜人佞已聽其言則美施於用則疎置諸宰輔天下必受其禍且上新嗣位所與朝夕圖議者二三執政而已苟非其人將敗國事此乃腹心之疾救之惟恐不逮顧可緩耶誨既斥安石益横光由是服誨之先見自以為不及也明年改知

河南命未下而寢疾矣旋提舉崇福宮以疾表求致仕曰臣本無宿疾醫者用術乖方妄投湯劑率任情意差之指下禍延四支一身之微固無足卹奈九族之託何蓋以身疾諭朝政也誨三居言責皆以彈奏大臣而去一時推其鯁直居病困猶旦夕憤歎以天下事為憂既革司馬光往省之至則目已瞑聞光哭蹙然而起張目強視曰天下事尚可為君實勉之光曰更有以見屬乎曰無有遂卒年五十八海內聞者痛惜之元祐初呂大防范純仁劉摯表其忠詔贈通議大夫以其子由庚為太常寺太祝自誨罷去御史

劉述劉琦錢顗皆以言安石被黜

劉述字孝叔湖州人舉進士為御史臺主簿知溫耀真三州提點江西刑獄累官都官員外郎六年不奏考功課知審官院胡宿言其沉靜有守特遷兵部員外郎改荊湖南北京西路轉運使再以覃恩遷刑部郎中神宗立召為侍御史知雜事又十一年不奏課帝知其久次授吏部郎中嘗言去奢當自後宮始章辟光宜誅高居簡宜黜張方平不當參大政王拱辰不當除宣徽使皆不報滕甫為中丞述將論之甫聞先請對甫退述乃言甫為言官無所發明且摘其隱

悳帝曰甫遇事輙爭裨益甚多但外人不知耳甫談
卿義不輟口卿無言也王安石參知政事帝下詔專
令中丞舉御史不限官高卑趙抃爭之弗得述言舊
制舉御史官須中行員外郎至太常博士資任須實
歷通判又必翰林衆學士與本臺丞雜互舉蓋衆議
僉舉則各務盡心不容有偏蔽私愛之患今專委中
丞則愛憎在於一己若一一得人猶不至生事萬一
非其人將受權臣屬託自立黨援不附己者得以中
傷媒孽誣陷其弊不一夫變更法度其事不輕而止
是參知政事二人同書劄子且宰相富弼暫謁告曾

公亮已入朝臺官今不關人何至急疾如此願收還
前旨俟弼出與公亮同議然後行之弗聽述兼判刑
部安石爭謀殺刑名述不以為是及敕下述封還中
書奏執不已安石白帝詔開封府推官王克臣劾述
罪於是述率御史劉琦錢顗共上疏曰安石執政以
來未踰數月中外人情囂然胥動蓋以專肆胷臆輕
易憲度無忌憚之心故也陛下任賢求治常若飢渴
故置安石政府必欲致時如唐虞而反操管商權詐
之術規以取媚遂與陳升之合謀侵三司利柄取為
己功開局設官用八人者分行天下驚駭物聽動搖

人心去年因許遵文過飾非妄議自首按問之法安
石任一偏之見改立新議以害天下大公章辟光獻
岐邸遷外之說踈間骨肉罪不容誅呂誨等連章論
奏乞加竄逐陛下雖許其請安石獨進營言熒惑聖
聽陛下以為愛己隱忍不行先朝所立制度自宜世
世子孫守而勿失乃欲事事更張廢而不用安石自
應舉歷官尊尚堯舜之道以倡率學者故士人之心
靡不歸向謂之為賢陛下亦聞而知之遂正位公府
遭時得君如此之專乃首建財利之議務為容悅言
行乖戾一至於此剛狠自任則又甚焉姦詐專權之

人豈宜處之廟堂以亂國紀願早罷逐以慰安天下
元元之心曾公亮位居丞弼不能竭忠許國反有畏
避之意陰自結援以固寵久妨賢路亦宜斥免趙抃
則括囊拱手但務依違大臣事君豈當如是疏上安
石奏先貶琦顗監處衢州鹽務公亮疑太重安石曰
蔣之奇亦降監當從之司馬光乃上疏曰臣聞孔子
曰守道不如守官孟子曰有言責者不得其言則去
此古今通義人臣之大節也彼謀殺已傷自首刑名
天下皆知其非朝廷既違衆議而行之又以守官之
臣而罪之臣恐失天下之心也夫食鷹鸇者求其鷙

也騺而烹之將安用哉今琦顗所坐不過跡直乃以迕犯大臣很加譴謫恐臣下自此以言為諱乞還其本資以靖群聽不報開封獄具述三問不承安石欲置之獄光又與范純仁爭之乃議貶為通判帝不許以知江州踰歲提舉崇禧觀卒年七十二紹興初贈秘閣修撰

劉琦字公玉宣城人博學強覽立志峻潔以都官員外郎通判歙州召為侍御史建言自城綏州數致羌寇宜棄之浙西開漕渠役甚小使者張大其事以功遷官言者論其非詔琦就劾官吏人人惴恐琦但按

首謀二人而已既貶通判鄂州而卒年六十一

錢顗字安道常州無錫人初為寧海軍節度推官守孫沔用威嚴為治屬吏奔走聽命顗當官而行無所容撓遇不可必爭之由是獨見器重知贛烏程二縣皆以治行聞治平末以金部員外郎為殿中侍御史裹行許遵議謀殺案問刑名未定而入判大理顗以為一人偏詞不可以汩天下之法遵所見迂執不可以當刑法之任不從二年而貶將出臺於衆中責同列孫昌齡曰平日士大夫未嘗知君名徒以昔官金陵媚事王安石宛轉薦君得為御史亦當少思報國柰何專欲附會以求美官顗今當遠竄君自謂得策邪我視君犬彘之不如也即拂衣上馬去後自衢徙秀州家貧母老至丐貸親舊以給朝晡而怡然無謫官之色蘇軾遺以詩有烏府先生鐵作肝之句世因目為鐵肝御史卒年五十三

鄭俠字介夫福州福清人治平中隨父官江寧閉戶苦學王安石知其名邀與相見稱獎之進士高第調光州司法參軍安石居政府凡所施行民間不以為便光有疑獄俠讞議傅奏安石悉如其請俠感為知己思欲盡忠秩滿徑入都時初行試法之令選人中

式者超京官安石欲使以是進俠以未嘗習法辭三往見之問以所聞對曰青苗免役保甲市易數事與邊鄙用兵在俠心不能無區區也安石不答俠退不復見但數以書言法之為民害者久之監安上門安石雖不悅猶使其子雱來語以試法方置脩經局又欲辟為檢討更命其客黎東美諭意俠曰讀書無幾不足以辱檢討所以來求執經相君門下耳而相君發言持論無非以官爵為先所以待士者亦淺矣果欲援俠而成就之取其所獻利民便物之事行其一二使進而無愧不亦善乎是時免役法出民商咸以

為苦雖負水拾髮擔粥提茶之屬非納錢者不得販鬻稅務索市利錢其末或重於本商人至以死爭如是者不一俠因東美列其事未幾詔小夫稗販者免征商之重者十損其七他皆無所行是時自熙寧六年七月不雨至于七年之三月人無生意東北流民每風沙霾曀扶携塞道羸瘠愁苦身無完衣並城民買麻秕麥麸合米為糜或茹木實草根至身被鎖械而負瓦揭木賣以償官累累不絕俠知安石不可諫悉繪所見為圖奏疏詣閤門不納乃假稱密急發馬遞上之銀臺司其略云去年大蝗秋冬亢旱麥苗焦

枯五種不入群情懼死方春斬伐竭澤而漁草木魚鼈亦莫生遂災患之來莫之或禦願陛下開倉廩賑貧乏取有司掊克不道之政一切罷去冀下召和氣上應天心延萬姓垂死之命今臺諫充位左右輔弼又皆貪猥近利使夫抱道懷識之士皆不欲與之言陛下以爵祿名器駕馭天下忠賢而使人如此甚非宗廟社稷之福也竊聞南征北伐者皆以其勝捷之勢山川之形為圖來獻料無一人以天下之民質妻鬻子斬桑壞舍流離逃散遑遑不給之狀上聞者臣謹以逐日所見繪成一圖但經眼目已可涕泣而況

有甚於此者乎如陛下行臣之言十日不雨即乞斬臣宣德門外以正欺君之罪疏奏神宗反覆觀圖長吁數四袖以入是夕寢不能寐翌日命開封體放免行錢三司察市易司農發常平倉三衛具熙河所用兵諸路上民物流散之故青苗免役權息追呼方田保甲並罷凡十有八事民間讙叫相賀又下責躬詔求言越三日大雨遠近沾洽輔臣入賀帝示以俠所進圖狀且責之皆再拜謝安石上章求去外間始知所行之由群姦切齒遂以俠付御史治其擅發馬遞罪呂惠卿鄧綰言於帝曰陛下數年以來忘寢與食

成此美政天下方被其賜一旦用狂夫之言罷廢殆盡豈不惜哉相與環泣於帝前於是新法一切如故安石去惠卿執政俠又上疏論之仍取唐魏徵姚崇宋璟李林甫盧杞傳為兩軸題曰正直君子邪曲小人事業圖跡在位之臣暗合林甫輩而反於崇璟者各以其類復為書獻之并言禁中有被甲登殿等事惠卿奏為謗訕編管汀州御史臺吏楊忠信謁之曰御史緘默不言而君上書不已是言責在監門而臺中無人也取懷中名臣諫疏二帙授俠曰以此為正人助惠卿暴其事且嗾御史張琥并劾馮京為黨與

俠行至太康還對獄獄成惠卿議致之死帝曰俠所言非為身也忠誠亦可嘉豈宜深罪但徙英州既至得僧屋將壓者居之英人無貧富貴賤皆加敬爭遣子弟從學為築室以遷哲宗立始得歸蘇軾孫覺表言之以為泉州教授元符七年再竄于英徽宗立赦之仍還故官又為蔡京所奪自是不復出布衣糲食屏處田野然一言一話未嘗忘君宣和元年卒年七十九里人揭其閭為鄭公坊州縣皆祀之於學紹熙初詔贈朝奉郎官其孫嘉正為山陰尉

論曰誨以言三黜述琦顗窮厄至死皆究然無悔身

雖不偶而聲名則昭著於天下後世矣俠以區區小官雖未信而諫能以片言悟主殃民之法幾於一舉而空之功雖不成而此心亦足以白於天下後世呂惠卿鄧綰之罪可勝誅哉

列傳卷第八十

列傳卷第八十一　宋史三百二十二

開府儀同三司上柱國錄軍國重事前中書右丞相監修國史領經筵事都總裁臣脫脫等奉

勅修

何郯　吳中復 從孫擇仁　陳薦

王獵　孫思恭　周孟陽

齊恢　楊繪　劉庠

朱京

何郯字聖從本陵州人徙成都第進士由太常博士為監察御史轉殿中侍御史言事無所避王拱辰罷三司使守亳已而留經筵郯乞正其營求之罪石介

死樞密使夏竦讒其詐朝廷下京東體實郯與張昇極陳竦姦狀事得寢楊懷敏以衛卒之亂猶為副都知郯又與昇及魚周詢論之仁宗召諭云懷敏實先覺變宜有所寬假郯等皆言不可卒出之郯爭辯尤力帝曰古有碎首諫者卿能之乎對曰古者君不從諫則臣有碎首今陛下受諫如流臣何敢掠美而歸過君父帝欣納之夏竦倡張貴妃之功諫官王贄遂言賊根本起於皇后閤請究其事冀搖動中宮而陰為妃地帝以語郯郯曰此姦人之謀也乃止不究竦負罪不去郯等奏出知河南竦乞留京師郯言使人

在君側為善政累顧勿革前命竦遂行時詔群臣陳
左右朋邪中外險詐久而無所行郟請閱實其是否
因言曰誠以待物物必應以誠誠與疑治亂之本也
不可以一臣詐而疑衆臣一士詐而疑衆士且擇官
者宰相之職今用一吏則疑其從私故細務或勞於
親决分閫者將帥之任今專一事則疑其異圖故多
端而加羈制博訪者大臣之體今見一士則疑其請
託相先後者士之常今進其類則疑為朋黨君臣交
疑而欲天下無否塞之患不可得矣都知王守忠以
脩祭器勞遷景福殿使給兩使留後奏郟曰守忠勞

薄賞重舊制內臣遥領止於廉察今雖不授留後而
先給其禄既得其禄必得其官君又從之則何求不
可既又詔許如正班守忠移閤門欲綴本品坐宴郟
又言祖宗之制未有內臣坐殿上者此弊一開所損
不細守忠聞之不敢赴知雜御史闕執政欲進其黨
帝以郟不阿權勢越次用之郟遍歷三院有直聲晚
節頗回畏因地震言陰盛臣強以譏切韓琦又乞召
還王陶以迎合上意由是聲名損於御史時也以母
老求西歸加直龍圖閣知漢州將行上疏言張堯佐
緣後宮親叨竊非據外庭竊議謂將處以二府若此

命一出言事之臣必以死爭之倘罷堯佐則傷恩黜
言者則累德傷恩皆為不可臣謂莫若富貴堯
佐而不假之以權如李用和可也其後卒罷堯佐宣
徽之命進集賢殿脩撰知梓州擢天章閣待制還判
銀臺司時封駁之職廢郟乞準故事凡詔敕並由門下
從之唐介出荆南敕過門下郟封還之介復留諫院
遷龍圖閣直學士為河東都轉運使故相梁適帥太
原病不能事內臣蘇安靜鈐轄兵馬怙寵不法皆劾
奏之歷知永興河南治平末再知梓州居三年老而
病猶乞進用神宗薄之詔提舉成都玉局觀從臣外

祠自此始遂以尚書右丞致仕卒年六十九
吳中復字仲庶興國永興人父仲舉仕李煜為池陽
令曹彬平江南仲舉嘗殺彬所招使者城陷彬執之
仲舉曰世禄李氏國亡而死職也彬義而不殺中復
進士及第知峨眉縣邊夷民事淫祠太盛中復悉廢
之廉於居官代還不載一物通判潭州御史中丞孫
抃薦為監察御史初不相識也或問之抃曰昔人恥
為呈身御史今豈有識面臺官耶遷殿中侍御史彈
宰相梁適仁宗曰馬遵亦言之矣且問中復曰唐自
天寶後治亂分何也中復歷引姚宋九齡林甫國忠

用舍以對適罷中復亦通判虔州未至復還臺富弼
主李仲昌開六漯河内臣劉恢寄告所斷岡與國姓
上名同賈昌朝陰助之欲以搖弼詔中復往治促行
甚急中復言獄起姦臣非盛世所宜有馳至較其名
乃趙征村也亦無岡勢獄以故得止又彈宰相劉沆
沆罷改右司諫同知諫院遷御史知雜事戶部副使
擢天章閣待制知澤州瀛州移河東都轉運使進龍
圖閣直學士知江寧府鄜兵苦巡轄官苛刻縶而鞭
之獄具法不至死中復以便宜戮首惡流其餘入奏
為令歷成德軍成都府永興軍河北行青苗法使者

至將先下州縣中復檄之曰斂散自有期今先事擾
之何也拒不聽且以報安撫司韓琦方疏諫青苗録
其語以上熙寧併省郡邑以永康為縣中復言永康
控威茂不可廢其後因夷竟復之關內大旱民多流
亡中復請加賑卹執政惡之遣使往視謂為不實削
一階提舉主隆觀起知荊南坐過用公使酒免卒年
六十八中復樂易簡約好周人之急士大夫稱之從
孫擇仁
擇仁字智夫以父任為開封雍丘主簿元祐中金水
河隄壞十六縣皆選屬庀役得詣朝堂白事宰相范

純仁獨異之曰轄領中乃有是人邪建中靖國初畿
内饑多盜以擇仁知太康縣始至召令賊曹曰民窮
而盜非天性也我以靜鎮之若亡命椎埋故犯我一
切誅之毋得貸群盜相戒不入境中貴人譚積奴犯
法按致於理積羞恚造譖徽宗召戶部郎中宋喬年
往鞫喬年伉吏也疾驅至候者惶遽入白擇仁著衣
冠坐廡下喬年慮囚摘隱剔抉弩庚出入不能得毫
毛罪乃歸傳舍擇仁上謁喬年迎笑曰所以來為察
君罪顧乃得一奇士吾今薦君矣居數日召詣闕方
有事青唐擢熙河路轉運判官即以直秘閣為副使

從招討使王厚領兵深入克蘭鄯城柵十三加龍圖
進集賢殿脩撰為京畿都轉運使鄭州城惡受命更
築之或讒於帝曰新城雜以沙土反不如故且速圮
帝怒寄遣取塊城上緘以來令衛卒三投之堅緻如
削鐵讒不能售遂拜戶部侍郎兼知開封府故事尹
以三日聽訟右曹吏十輩列庭下自占姓名一人云
某人送某獄某人當杖某人去而尹無所可否有寶
鑑者以捕盜寵官諸司使服金帶擇仁視事狃舊態
來前叱而械諸獄一府大驚賣珠人居民貨久不返
度事急匿宦官楊戩第擇仁跡取之竄于遠戩中以

事出爲顯謨閣直學士知熙州從永興軍走馬承受
藍從熙言其擅改茶法奪職免再閱歲以徽猷閣待
制領江淮發運還直學士知渭州以病提舉崇福宮
起知青州不克拜卒年六十六
陳薦字彥升邢州沙河人舉進士爲華陽尉盜殺人
棄尸民田薦出驗有以移尸告者田主又殺其母縣
欲聞致殺二人以追薦失盜之責薦不可曰焉有誣
人以自貫者邪已而獲盜從韓琦定州河東幕府性
木彊簡濇獨琦知之最深每語人曰廉於進勇於退
嫌疑間毫髮不處與人交久而不變如彥升者無幾

也琦輔政薦爲秘閣校理判登聞檢院知太常禮院
英宗諸王出閤選爲記室參軍直集賢院潁王爲皇
太子加右諭德王即位拜天章閣待制進知制誥知
諫院薛向首謀取橫山功不成薦請以漢王恢之罪
罪向楊繪論曾公亮用人不當言既行而遷侍讀罷
諫職薦曰此乃宰相欲杜繪言爾所言是宜責宰相
疏入不報除龍圖閣直學士河北都轉運使河決棗
彊水官議於恩冀深瀛之間築堤三百六十里期一
月訖功役丁夫八萬薦曰河未能爲數州害民力方
困願以歲月爲之還判流內銓太常寺議學校貢舉

法請會三年貢士數均之諸路計口察孝廉如漢制
權主管御史臺言李定匿所生母喪不宜爲御史罷
臺事又以議典禮不合出知蔡州召爲寶文閣學士
兼侍讀進資政殿學士屢求退以爲本州命兩省燕
餞資善堂擢其子厚御史臺主簿未幾提舉崇福宮
卒年六十九贈光祿大夫
王獵字得之長垣人累應進士不第乃治生積錢既
而歎曰此敗吾志也悉以班諸親族慶曆用兵詔求
遺逸范仲淹薦之得出身爲永興藍田主簿府使之
掌學諸生有犯法者獵自責數以爲教之不至屏出

之府帥意其私捕生下獄獵前白曰此特年少不率
教爾致于理不足以益羙化恐適貽士類辱帥悟而
喜曰吾慮初不及此即釋生而待獵加敬從林慮令
縣依山俗以蒐田爲生不知學獵立孔子廟擇秀民
誨之漢杜喬墓在境中往奠謁建祠其旁居官無絲
髮擾吏民愛信共目爲清長官入爲吳王灝王宮教
授睦親廣親宅講書諸王侍講凡在京藩十二年宗
室無高卑少長各得其懽如一日英宗在邸尊禮之
入爲皇子即拜說書及即位拜天章閣待制兼侍講
方議濮王稱以問獵獵不可帝曰王侍侍講厚亦持

此説邪對曰臣荷皇恩厚未敢以非禮名號加於王所以報王也帝大悟自是不復議以疾請謝事不許疾愈入見帝喜曰侍講乃欲捨朕去乎神宗立進龍圖閣直學士求知襄州未行改滑州自工部郎中為本曹侍郎致仕給全奉後八年卒年八十詔賻絹千匹官其二孫賜家人冠帔人以為寵

孫思恭字彥先登州人擢第後即遭父喪不肯復從官二十年間纔三書更考為宛丘令轉運使以水災時調春夫爭弗得乃棄官去吳奎薦其學行補國子直講加秘閣校理事神宗藩邸為説書又為侍講直

集賢院以居中都久力請補外王秦留之及即位擢天章閣侍制思恭性不忤物犯而不校篤於事上有所見必密疏以聞帝亦問訪以政歐陽脩初不知思恭脩出政府思恭盡力救解出知江寧府鄆州以疾移單州管幹南京留司御史臺卒年六十一思恭精閩氏易尤妙於大衍嘗脩天文院渾儀著堯年至熙寧長曆近世曆數之學未有能及之者

周孟陽字春卿其先成都人徙海陵醇謹夷緩第進士為潭王宮教授諸王府記室英宗居環列以其質厚禮重之會除知宗正寺力辭凡上十八表皆孟陽為文又從容陳古事以諷英宗悚然起拜及為皇子愈堅臥不出孟陽入見臥内勸之曰天子知太尉賢參以天人之助乃發德音何為堅拒如此英宗曰非敢徼福以避禍也孟陽曰今已有此跡設固辭不拜使中人別有所奉遂得燕安無患乎時中使趣召十輩又命宗諤傾一宮往請不能動及是意乃決帝即位命為皇子位説書以嘗侍藩邸固辭加直秘閣同知太常禮院數引對訪以時務最後召至隆儒殿在邇英苑中群臣未嘗至人疑且大用帝亦諭以不次進擢意孟陽稱他人使代己乃遷集賢殿脩撰同判

太常寺兼侍讀神宗初立入奏事方升殿帝望見慟哭左右皆泣下拜天章閣待制卒年六十九詔特官其壻及子孫二人除其家負官緡錢數萬

齊恢字熙業蒲陰人唐宰相映之裔也第進士歷通判陳州提點成都府路刑獄三年徙河東凡公帑格外餽餉之物一無所受單車而東入為戶部判官神宗出閤精簡宮僚韓琦薦其賢以直昭文館為潁王府翊善進太子左諭德帝即位拜天章閣待制知通進銀臺司出知相州召知審官西院糾察在京刑獄卒年六十六恢居鄉里恂恂稱君子臨政府明白簡

約不苛擾所至人愛之帝念舊僚自諫議大夫特贈
工部侍郎
楊繪字元素綿竹人少而奇警讀書五行俱下名聞
西州進士上第通判荊南以集賢校理爲開封推官
遇事迎刃而解諸吏惟日不足繪未午率沛然仁宗
愛其才欲超寘侍從執政見其年少不用以母老請
知眉州徙興元府吏請攝穿窬盜庫縑者繪就視之
蹤跡不類人所出入則曰我知之矣呼戲沐猴者詰
於庭一訊具伏府中服其明在郡獄無繫囚神宗立
召脩起居注知制誥知諫院詔遣内侍王中正李舜

舉等使陝西繪言陛下新即位天下拭目以觀初政
館閣臺省之士朝廷所素養者不之遣顧獨遣中人
乎向傳範安撫京東西路繪請易之以杜外戚干進
之漸執政曰不然傳範久領郡有政聲故使守鄆非
由外戚也帝曰諫官言是斯可罷異日妄求矣曾公
亮請以其子判登聞鼓院用所厚曾鞏爲史官繪爭
曰公亮持國名器視如己物向者公亮官越占民田
爲郡守繩治時鞏父易占亦官越深庇之用鞏私也
帝爲寢其命繪亦解諫職改兼侍讀繪固辭滕甫言
於帝帝詔甫曰繪抗疏孤遠立朝寡援不畏彊禦■

知無不爲朕一見許其忠藎擢寘言職信之亦篤矣
今日之除蓋難與宰相並立於輕重之間姑令少避
爾卿其諭朕意繪曰諫官不得其言則去經筵非姑
息之地卒不拜未閱月復知諫院擢翰林學士爲御
史中丞時安石用事賢士多謝去繪言老成之人不
可不惜當今舊臣多引疾求去范鎮年六十有三呂
誨五十有八歐陽脩六十有五而致仕富弼六十有
八而引疾司馬光王陶皆五十而求散地陛下可不
思其故乎又言方今以經術取士獨不用春秋宜令
學者以三傳解經免役法行繪陳十害安石使曾布

疏其說詔繪分析固執前議遂罷爲侍讀學士知亳
州歷應天府杭州再爲翰林學士議者欲加孔子帝
號繪以爲非禮又言不宜用遼曆改置閏悉從之繪
常薦屬吏王永年御史蔡承禧言其私通饋賂坐貶
荊南節度副使詳在竇卞傳數月分司南京改提舉
太平觀起知興國軍元祐初復天章閣待制再知杭
州卒年六十二繪爲吏敏強主愛利而受性踈曠訖
以是見廢斥然表裏洞達一出於誠爲范祖禹所咨
重爲文立就有集八十卷
劉庠字希道彭城人八歲能詩蔡齊妻以子用齊遺

奏補將作監主簿復中進士第為高密廣平院教授
英宗求直言庠上書論時事帝以示韓琦琦對之未
識帝益嘉重除監察御史裏行日食甫數日苑中張
具侍幸庠言非所以祗天戒詔罷之會聖宮修仁宗
神御殿甚宏麗庠言天子之孝在繼先志隆大業不
在宗廟之靡宜損其制以昭先帝儉德奉宸庫被盜
治守藏吏庠言皇城幾察屬禁實近侍主之當并按
仁宗外家李珣犯銷金法庠奏言法行當自貴近始
帝不豫儲嗣未正庠拜疏謂太子天下本漢文帝於
初元即為無窮計願王長且賢宜亟立使日侍禁中

閱四方章奏帝皆行之神宗立遷殿中侍御史為右
司諫言中國禦戎之策守信為上昔元昊之叛五來
五得志海內為之困弊今莫若示大信棄近功為國
家長利奉使契丹故事兩國忌日不相避契丹張宴
白溝日當英宗祥祭庠丐免契丹義而聽之除集賢
殿脩撰河東轉運使庠計一路之產鐵利為饒請復
舊冶鼓鑄通隰州鹽礬博易以濟用又請募民入粟
塞下豫為足食進天章閣待制河北都轉運使契丹
侵霸州土場或言河北不可不備庠上五策料其必
不動已而果然大河東流議者欲徙而北內侍程昉

希功請益兵濟役庠請遲以歲月徐觀其勢而順導
之朝廷是其議移知真定府又為河東都轉運使召
知開封府庠不肯屈事王安石安石欲見之戒典謁
者曰今日客至勿納惟劉尹來即告我有語庠者曰
王公意如此盍一往見庠謂見之何所言自彼執政
未嘗一事合人情脫問青苗免役將何辭以對竟不
往奏論新法神宗諭之曰柰何不與大臣協心濟治
乎庠曰臣子於君父各伸其志臣知事陛下不敢附
安石會與蔡確爭廷參禮遂以為龍圖閣直學士知
太原府請復憲州募民子弟剽銳工技擊者籍為勇

敢倣漢謫戍法貰流以下罪徙實河外契丹建牙雲
中遣騎涉內地邊吏執之契丹擾取紛然又遣使議
疆事衆疑其造兵端欲大為備庠奏言雲朔歲儉軍
無見糧契丹張形示疆造端首禍曲在彼不在我願
勿聽宜先諭以理然後飭兵觀釁帝嘉使者辭順訖
以黃嵬山分水嶺立新疆遭母喪服終知成都府乞
禁西山六州與漢人婚姻勿賂吐蕃取維州之害徙
秦州坐失舉降知虢州移江寧府滁州徙永興軍時
西征無功關內騷動庠過闕力言虛內事外恐搖根
本帝感納其忠元祐初加樞密直學士知渭州卒年

六十四宣仁聞之曰帥臣極難得劉庠可惜也庠有吏能淹通歷代史王安石稱其博卒後蘇頌論庠治平建儲之功詔褒録其子

朱京字世昌南豐人父軾有隱德京博學淹貫登進士甲科教授亳州應天府入為太學録神宗數召見論事擢監察御史時中丞及同僚多罷去京抗疏曰御史假之則重略之則輕今耳目之官屢進屢卻則言者不肯靜默為賢直者不肯柔從為智偷安取容雖得此百數亦何益國邪他日入見帝勞之曰昨覽奏疏所補多矣京風神峻整見者憚之目為真御史

初臺臣奏事必先移閤門得班乃入京嘗以名聞翌日既入會有先之者不及對而退帝問京安在左右以告詔趣之入辰漏且盡為留班以須未幾論大臣除擬有愛憎之私中書言其失實謫監興國軍鹽稅歷太常博士湖北京西江東轉運判官提點淮西刑獄司封員外郎元符初遷國子司業京在元祐時嘗為幸太學頌或摘其語有及先朝者京亦固辭不拜徽宗初立復命之踰月而卒

論曰何郯吳中復皆良御史也郯出夏竦阻王守忠姦人庶幾少戢矣中復恥識面臺官其所守可見矣薦之論李定思恭之右歐陽脩繪請楷老成庠不附新法數子所見何其同也獵為令而興孔子廟孟陽以教授而參決大計此其卓然者乎恢臨政簡約無可議者京持論端確竟以去位君子惜之

列傳卷第八十一

開府儀同三司上柱國錄軍國重事前中書右丞相監修國史領經筵事都總裁臣脫脫等奉

勅修

蔚昭敏　高化　周美　闞守恭　孟元

劉謙　趙振　張忠　范恪　馬懷德

安俊　向寶

蔚昭敏字仲明開封祥符人父興事周世宗數戰伐有功又從太宗平太原終龍尉都虞候真宗為襄王昭敏自東班殿侍選隸襄王府帝即位授西頭供奉官累遷崇儀使冀貝行營兵馬都監契丹以五千騎

突至冀州城南昭敏帥部兵與戰敗之得其器甲賊遁去而師不失一人咸平四年領順州刺史定州行營鈐轄兼押大陣又為鎮定高陽關三路先鋒契丹入寇帝北巡至大名契丹退趨莫州昭敏與范廷召追至莫州東三十里斬首萬餘級擒生口甚衆契丹委器甲遁去拜唐州團練使累遷至殿前副都指揮使遷都指揮使保靜軍節度使以足疾命入謁無拜卒贈侍中

高化字仲熙真定人少沉勇有力不事耕稼學擊劍善射契丹犯河北應募轉餉飛狐口楊業留戲下使捕賊酋大鵬翼獲之會契丹又犯真定乃辭業還家家屬盡為契丹所略去從州將入京師遂隸禁軍選為襄王牽攏官王尹京命巡内外八廂積獲姦盜甚衆盜有遺化金帛者化弗受一日王趨急召出府門馬驚墮化挾之而起王曰微爾吾幾殆益親信之真宗即位擢御龍弩直副都頭累遷御龍骨朶直都虞候乾興初授天武右第二軍都指揮使榮州刺史遷天武右廂都指揮使蜀州團練使天聖六年夏大雨命護汴堤夜馳至城西堤欲壞督守兵負土不能過時夏守恩方典軍積材木城隅化盡取以塞堤乃

得無患仁宗嘉之進神龍衛四廂都指揮使冀州防禦使為鄜延路馬步軍副都總管徙涇原路權知渭州還捧日天武四廂都指揮使發兵襲明珠族不利降滑州總管改興州防禦使真定路副都總管徙高陽關路脩護章惠太后園陵累拜殿前副都指揮使歷建武軍節度使以老辭管軍詔入朝化又固請改武安軍節度使知滄州未行改相州部有大獄已具皆當論死化疑之遣移訊果出無罪者三人踰年復告老以右屯衛上將軍致仕卒年八十贈太尉謚曰恭壯化謹質少過馭軍有法雖起身行伍然頗知民

事焉
周美字之純靈州回樂人少隸朔方軍以材武稱趙保吉陷靈州美棄其族間走歸京師天子召見隸禁軍契丹犯邊真宗幸澶州禦城北門美慷慨自陳願假數騎縛契丹將致闕下帝壯之常令宿衞天聖初德明部落寇平涼方渠美以軍候戍邊與州將追戰破之于九井原烏崙河斬首甚衆累遷天武都虞候元昊反陝西用兵經略使夏竦薦其材擢供備庫使延州兵馬都監夏人既破金明諸砦美請于經略使范仲淹曰夏人新得志其勢必復來金明當邊衝我

之弊也今不亟完將遂失之仲淹因屬美復城如故數日賊果來其衆數萬薄金明陣于延安城北三十里美領衆二千力戰抵暮援兵不至乃徙軍山北多設疑兵夏人望見以爲救至即引去既而復出艾蒿砦遂至郭北平夜鬭不解美率衆使人持一炬從間道上山益張旗幟四面大譟賊懼走獲牛羊槖駝鎧甲數千計遂募兵築萬安城而還敵復寇金明美引兵由虞家堡並北山而下敵即引卻還文思使徙知保定軍經略使龐籍表留之改東路都巡檢使敗敵于金湯城焚其族部二十一元昊大入據承平砦諸將會兵議攻討洛苑副使种世衡請齋三日糧直擣敵穴美曰彼知吾來必設伏待我不如間道掩其不意世衡不聽美獨以兵西出美蓉谷大破敵世衡等果無功未幾敵復略土塠砦美迎擊于野家店追北至拓跋谷大敗其衆以功遷右騏驥使軍還築栅于葱梅官道谷以據敵路令士卒益種營田歲收穀六千斛復率衆繇廳子部西濟大理河屠劉萬多移二百帳焚其積聚以歸籍仲淹交薦之除鄜延路兵馬都監遷賀州刺史初美自靈武來上其所服精甲詔藏軍器庫至是加飾黃金遣使即軍中賜之又破敵

于無定河乘勝至綏州殺其酋豪焚廬帳獲牛馬羊駝器械三百計因城龍口平砦敵以精騎數千來襲美從百餘騎馳擊破之加本路鈐轄遂爲副總管遷龍神衞四廂都指揮使通州刺史進捧日天武四廂都指揮使陵州團練使慶曆中又城清水安定黑水堡安定之役諜報敵數萬將大至經略使遣管勾機宜楚建中分諸將兵趣城黑水以待諸將憚敵且至不肯與兵美曰兵常以寡擊衆何自怯也卒以兵二千與建中而敵亦引去每邊書至諸將各擇便利獨

美未嘗辭難然所向輒克諸將以此服之歷侍衛親軍馬軍殿前都虞候眉州防禦使步軍副都指揮使遂州觀察使鄜延副都總管召還授耀州觀察使又進馬軍副都指揮使卒贈忠武軍節度使謚忠毅自陜西用兵諸將多不利美前後十餘戰平族帳二百焚二十一招種落內附者十一族復城堡甚多在軍中所得祿賜多分其麾下有餘悉饗勞之及死家無餘貲子蚕卒以孫永清為子官至引進副使

閻守恭并州榆次人父榮倜儻有志略劉繼元欲召至帳下辭以母老不就守恭生而體貌奇偉榮曰是

必當事太平天子吾無恨矣後十七年劉氏平徙太原民於大名府因家焉往來負販於幷汾間過西山聞郭進為都巡檢使太宗甚寵遇之乃慨然曰進不過主亦行伍爾吾自度豈不及進邪遂應募隸拱聖軍擢殿前押班咸平中從幸河北以功為捧日副指揮使歷拱聖龍衛捧日指揮使累遷左第二軍指揮使乾州刺史明道中落軍職以德州刺史為永興軍兵馬鈐轄徙并代路守恭性沉勇御軍嚴雖家居如對賓客常訪求士大夫取郭進事而師法之所得奉祿悉散予人在并州因春社會賓客曰守恭太原一貧民爾徒步位刺史老復官鄉里踰分多矣今日與鄉黨訣後十日卒

孟元字善長洺州人性謹愿少過頗喜讀書少隸禁軍以挽彊選補殿侍累遷散都頭班指揮使擢如京使并代州兵馬都監改鈐轄徙高陽關路又徙真定路王則據貝州反元赴城下攻戰被數十創又中機石墜濠中既出戰愈力更募死士由永濟渠穴地以進賊平改右騏驥使徙大名府路鈐轄河朔饑權知滄州民鬻鹽為生歲荒鹽多不售民無以自給元度軍食有餘悉用易鹽錄是民不轉徙御史中丞郭勸

言其貝州功而賞未當乃擢普州刺史遷宮苑使專管勾麟府軍馬事護築永寧堡敵不敢動為龍神衛四廂都指揮使忠州團練使高陽關馬步軍總管遷天武捧日四廂都指揮使又遷步軍都虞候眉州防禦使幷代路副都總管判北京賈昌朝奏為大名府路副都總管徙定州路遷馬軍都虞候徙鄜延路行至鄭州卒贈遂州觀察使

劉謙字漢宗開封人少補衛士數遷至捧日右廂都指揮使領嘉州團練使兼京城巡檢元昊反改博州團練使環慶路馬步軍總管兼知邠州謙不讀書然

闘訟曲直皆區處當理前守者多强市民物以飾廚傳謙獨無所撓邠人頗愛之夏竦奏為涇原路總管徙知涇州未行會賊寇鎮戎軍謙引兵深入賊境破其聚落而還以功擢龍神衛四廂都指揮使象州防禦使暴疾卒贈永清軍節度觀察留後

趙振字仲威雄州歸信人景德中從石普于順安軍獲契丹陣圖授三班借職後數年為隰州兵馬監押捕盜于青灰山殺獲甚衆高平蠻叛徙湖北都巡檢使兼制置南路以南方暑濕弓弩不利別創小矢激三百步中輙洞穿蠻遂駭散歲中遷慶州沿邊都巡檢使時金湯李欽白豹神木馬兒高羅跛臧三族尤悍難制振募降羌啗以利令相攻破十餘堡欽等詣振自歸振為置酒先酹取細仗圖財數分植百歩外共射欽等百發不中振十矢皆貫欽等皆驚誓不復敢犯明年涇原屬羌胡薩通歌等叛鈐轄王懷信以兵數千屬振游奕屢捷從數十騎詣懷信遇賊十倍射殪數十餘悉退散數月賊數萬圍平遠砦都監趙士龍戰没振出別道力戰抵砦奪取水泉率敢死士破圍賊走追斬數千級徙涇原都監歷知順安保安廣信軍霸州改京東都大提舉捉賊明年知環州累

遷象州防禦使元昊將反為金銀冠珮隱飾甲騎遺屬羌振潜以金帛誘取之以破其勢得冠珮銀鞍三千甲騎數百告隣部俾以環為法不聽於是東送金明萬劉諸族勝兵數萬悉為賊所有及劉平等皆敗唯環慶無患自本路馬步軍副總管擢龍神衛四廂都指揮使鄜延路副都總管知延州代范雍尋改捧日天武四廂振謂將吏曰今賊以我衆傷必乘勝以進勢宜固守尚慮諸城不能皆如吾謀為延州弗支則陝西未可測此天下安危之幾也未幾賊寇塞門砦振有兵幾八千按甲不動砦中兵纔千人屢告急被圍五月才遣百餘人赴之砦遂陷砦主高延德監押王繼元皆没于賊振坐擁兵不救為都轉運使龐籍所奏貶白州團練使知絳州未行會延德繼元家復訴於朝敕御史方偕就劾振法當斬再貶太子左清道率府率潭州安置踰年復右武衛將軍惠州團練使并代路兵馬鈐轄就遷副總管祁州團練使元昊既破豐州將襲近砦振率鈐轄張亢麥允言出麟州深栢堰擊破之兼領嵐憲六州軍事河外饑振設法通砦外商得米數十萬斛軍民以濟進博州防禦使改解州致仕復起為左神武軍大將軍卒振剛强自負

有武力便弓馬喜謀畫輕財尚氣衆樂為用子珣瑜皆工騎射珣年十六仁宗召試便殿授三班借職景祐中有言珣藝益進且習書史復召見閱武伎又試策略于中書條對數千言自殿直進閤門祗候未幾除濠州兵馬都監初珣隨父在西邊訪得五路徼外形勝利害作聚米圖經五卷詔取其書并召珣至又上五陣圖兵事十餘篇帝給步騎使按陣既成臨觀之陳執中招討陝西薦為緣邊巡檢使吕夷簡宋庠為奏曰用兵以來策士之言以萬計無如珣者即擢通事舍人招討都監珣自以年少新進辭都監授兵

萬人御賜鎧仗令自擇偏裨叅佐居涇原兼治籠竿城麻氈党留百餘帳處近塞為暴珣白府引兵二萬自靜邊歷擦吴秖木寧襲賊俘獲數千計靜邊将劉滬殿後為賊所掩珣登阪望見從騎數百復入捄滬之衆以出士皆歎服瞎氈居龕谷無所屬珣與書招之遣以綈綿瞎氈聽命改本路都監詔追入朝将行適元昊大入府檄留珣會葛懷敏於瓦亭懷敏已屯五谷口西至馬欄城聞夏人徙軍新壕外議欲質明掩襲珣謂懷敏曰敵遠來衆倍鋒鋭莫若依馬欄城布柵以扼其路守鎮戎城以便餉道俟其衰擊之此

必勝之道也不然必為賊所屠懷敏不聽兵遂逼鎮戎城越界壕抵定川未及陣夏人引鐵騎来犯珣居陣西北瑜亦在軍中戰甚力東壁兵輙潰中軍大擾珣擁刀斧手前鬭夏衆稍却我軍復陣懷敏詰朝退走就食鎮戎俄夏騎四合珣被擒瑜以身免珣美風儀性勁特好學恂恂類儒者既沒人多惜之贈莫州刺史後卒賊中瑜弟璞亦知名

張忠字聖毗開封人先世業農忠慷慨不事生産初隷禁軍累遷龍神衞左第二軍指揮使仁宗即位遷天武左第三指揮使融州刺史改天武右廂指揮使

潮州團練使未幾真拜齊州團練使擢知滄州本路鈐轄楊懷敏以忠御下急因奏對言之徙澶州總管會河決商胡詔留戍滿卒以助隄役輙群謀将刼庫兵為亂州将恐召忠議忠潛捕倡首者數人斬以徇明年以疾求醫京師卒

范恪字許國開封人初名全少隷軍籍於許州選入捧日軍又選為殿前指揮使歷行門龍旗直散原押班康定元年元昊數寇邊試武伎擢内殿崇班慶州北路都巡檢使與攻白豹城破之既還夏人遣騎襲其後恪設伏崖險敵半度邀擊之斬首四百級生獲

七十餘人以功遷內殿承制嘗會諸道兵攻十二盤既咄當迷子砦中流矢督戰愈力視砲石中有火爨者恪取號於衆曰賊矢石盡用竈下甓矣於是士卒爭奮果先得城遷供備庫副使恪有弓勝一石七斗其箭鏃如錍名曰錍弓又於羽間識其官稱姓氏凡所發必中至一箭貫二人他日取蕉蒿砦歸恪獨殿後爲數千騎所襲恪視矢箙止有二錍即爲引滿之勢賊遽卻嘗與總管杜惟序鈐轄高繼隆將兵分討漢乞薛馬都嵬等三砦恪先破都嵬而繼隆圍薛馬不能下恪馳往取之既又援惟序下漢乞砦改左騏驥副使虜犯大順城諸將皆閉城自守恪率兵一千餘戰克之改宮苑副使環慶路兵馬都監因特召見仁宗謂曰適有邊奏賊犯高平軍劉璠堡可乘驛亟往遂遷禮賓使榮州刺史環慶路鈐轄手詔令趣范仲淹麾下起兵赴援恪晝夜兼行比至平涼賊已解頃之還洛苑使權秦鳳路兵馬總管恪驍勇善射臨難敢前故數有戰功自龍神衛四廂都指揮使累遷至侍衛親軍馬步軍副都指揮使歷坊州刺史解州防禦宣州觀察使保信軍節度觀察留後以疾出爲永興軍路副都總管數月卒贈昭化軍節度使

馬懷德字得之開封祥符人父玉東頭供奉官言懷德可試引弓擊劍角觝補三班奉職爲延州南安砦主東路巡檢數以少擊西賊敗其衆范仲淹知延州脩青澗城奏懷德爲兵馬監押以所部兵入賊境破遮鹿要冊二砦親射殺其酋狗兒廂主遷左班殿直又率蕃漢燒蕩賊海溝茶山龍柏安化十七砦三百餘帳斬首數百級虜馬駝牛羊萬數遷右侍禁以范仲淹韓琦薦授閤門祗候延州龎籍入奏爲東路都巡檢使夷黑神厥保等十八砦賊以四萬騎犯邊趨僕射谷懷德以兵數千據谷旁高原待之斬首二百級得畜產器械以千數遷內殿崇班又以兵脩龍安城虜不敢犯遂爲鄜延路都監又城綏平破賊青化押班吃當三砦殺獲甚衆元昊爲夏國主命國子博士高良夫與懷德會西人畫界龎籍具論其前後功遷供備庫副使兼閤門通事舍人時用兵久民多亡散懷德招輯有方經略使梁適奏請推其法諸路歷知保安軍環州環慶益利路鈐轄累遷至四方館使舒州團練使徙鄜延路副都總管坐違法賂官閹士良爲安撫呂景初奏降四方館使英州刺史大名府路總管侍衛親軍步軍都虞候象州防禦使鄜延

路副都總管遷馬軍都虞候徙環慶路環州蕃官蘇恩以其屬叛徙降之又遷殿前都虞候步軍副指揮使隨州觀察使英宗即位遷靜難軍節度觀察留後召還卒贈安遠軍節度使嘗因戰流矢中其頰鏃入於骨以弩弦繫鏃發機而出之

安俊字智周其先太原人祖贇高州團練使仁宗為皇太子俊以將家子謹厚選為資善堂祗候及即位補右班殿直累遷東頭供奉官閤門祗候為環州都監破趙元昊吃㖞井那等諸砦安撫使韓琦上其功遷內殿崇班環慶路都監徙涇原契丹欲渝盟與狄

青范恪同召至京師將使備北邊擢內園副使翌日改禮賓使會葛懷敏敗命為秦鳳路鈐轄復徙涇原因條上禦戎十三事改原州徙麟州遷六宅使貴州刺史知忻州徙代州為帥臣誣奏降京東路鈐轄富弼知青州為之辨理真除虢州刺史徙高陽關路又遷原州刺史知滄涇冀三州秦州築古渭城蕃部大擾徙秦鳳路總管歷龍神衛捧日天武四廂都指揮使果州團練使環慶路副總管遷侍衛步軍都虞候陵州防禦使卒贈閬州觀察使俊久在邊羌人識之環州得俘虜知州种世衡問之曰若屬於吾將孰畏曰畏安大保指俊子坐曰此長鬚將軍是也

向寶鎮戎軍人為御前忠佐換禮賓使涇原秦鳳鈐轄積勞自皇城使帶御器械歷真定鄜延副總管遷龍神衛四廂都指揮使嘉州團練使卒寶善騎射年十四與敵戰斬首二級及壯以勇聞有虎踞五原甲邢州東西百里斷人跡寶一矢殪之道過潼關巨盜郭邈山多載關中金帛子女寶射走之盡得其所掠嘗至太原梁適射弩冊中的授寶矢射之四發三中適曰今之飛將也神宗稱其勇以比薛仁貴及死厚恤其家

論曰蔚昭敏高化周美蓋皆有功於邊鄙者化在蜀州取軍中積材以塞水患又能平反冤獄脫人於死蓋武人之知民事者美敗夏人葜族部城堡砦未嘗擇便利而所向輒勝所得祿賜悉分與麾下士亦樂為之用推古良將何以加此閤守忠慕郭進為人而慷慨自效起徒步至刺史其志亦豈小哉孟元劉謙馬懷德范恪皆經略西鄙數戰有功其初起自卒伍而能練習民事招輯散亡不獨一武夫而已趙振挽彊命中精曉兵機塞門之敗振擁兵不救何獨暗於此邪子珣年少習書史閱武技用兵以來人以為無

如珣者龍竿一戰西人奔走不暇從容而拔劉滬於死英風義烈何可少哉葛懷敏以不用珣計而取敗珣亦力戰而沒惜哉安俊向寶無多戰功夏人皆識其名而畏之張忠區區較之諸人未可同日語也

列傳卷第八十二

列傳卷第八十三　宋史三百二十四

開府儀同三司上柱國錄軍國重事前中書右丞相監修國史領經筵事都總裁臣脫脫等奉敕修

石普　張孜　許懷德　李允則
張亢奎　劉文質子渙　趙滋

石普其先幽州人自言唐河中節度雄之後徙居太原祖全事周為鐵騎軍使父通事太宗於晉邸普十歲給事邸中以謹信見親補寄班祗候再遷東頭供奉官賊邢𥠊馳貫秃指數百人寇掠永興諸縣命普督兵往捕悉獲之遷內殿崇班帶御器械李順叛普為西川行營先鋒與韓守英馬知節誅斬之還西京作坊使欽州刺史順餘黨復寇邛蜀偽稱邛南王又為西川都提舉捉賊使時蜀民疑不自安多欲為盜者普因馳入對面陳蜀亂由賦斂苛急農民失業宜稍蠲減之使自為生則不討而自平矣帝許之普即日還蜀揭牓諭之莫不悅服賊平賜白金三千兩襲衣金帶鞍勒馬累遷洛苑使富州團練使延州緣邊都巡檢使羌酋乜羽內寇普追殺之從真宗幸大名會王均叛以為川峽路招安巡檢使佐雷有終率諸將進討至天回鎮賊出拒戰普領前陣力擊破之賊退

保益州王師圍城數月不下普繕車砲又為地道攻城城破均夜半突圍由南門遁普引兵追擊于富順監均自殺餘黨皆平還異州團練使賜黃金三百兩白金三千兩故事正任不兼帶御器械帝特以命普契丹犯邊為保州兵馬鈐轄北面行營押策先鋒與契丹戰廉良城又戰長城口獲俘馘器甲甚衆徙定州路副都總管靈州失守益兵備關中徙永興軍副都總管時軍制疎略凡號令進退及呼召將佐會合別也皆遣人馳告普上請曰臣嘗將兵輒破一錢與別將各持半用相合為信帝為置傳信牌漆木長六

寸闊三寸腹背刻字而中分之置鑿枘令可合又穿二竅容筆墨上施紙札每臨陣則分持或傳令則書其言繫軍令之頸至彼為合契又獻禦戎圖請設墊以陷敵馬并上所置戰械甚衆徙為莫州總管初契丹南侵敗我兵于望都既而諜者言復欲大入寇帝自畫軍事以手詔示輔臣曰鎮定高陽三路兵宜會定州夾唐河為大陣立柵以守量寇遠近出軍佚敵疲則先鋒出致師用騎卒居中環以步卒接短兵而已無遠離隊伍又分兵出三路以六千騎屯威虜軍魏能白守素張鋭領之五千騎屯保州楊延昭張禧李懷岊領之五千騎屯北平塞田敏楊凝石延福領之以當賊鋒始至勿輕鬭待其氣衰背城以戰若南越保州與大軍遇則令威虜之師與延昭會使腹背受敵若不攻定州縱軼南侵則復會北平田敏合勢入契丹界邀其輜重令雄霸破虜已來互為聲援又命孫全照王德鈞裴自榮將兵八千屯寧邊軍李重貴趙守倫張繼旻將兵五千屯邢州扼東西路契丹將遁則令定州大軍與三路騎兵會擊之令普統軍一萬于莫州盧文壽王守俊監之敵騎北去則西趨順軍襲擊斷西山之路如河冰已合敵由東路則劉

用劉漢凝田思明以兵五千會普全照為犄角仍命石保吉將萬兵鎮大名以張軍勢繢圖以授諸將後數月勑輔臣曰北邊已屯大兵而邊奏至敵未有釁且聚軍虛費民力何以給之宜有制畫以為控遏且靜戎順安軍界先開營田河道可以扼黑盧口三臺小李路亦可通漕運至邊宜乘此用衆浚治使及軍城彼或撓吾役即合兵擊之李沆等曰設險以制敵守邊之利也遂詔內侍閻文慶與靜戎順安知軍事王能馬濟督其事而徙普屯順安之西與威虜魏能保州楊延昭北平田敏為犄角內侍馮仁俊掌御劍

于莫州與普不叶帝曰勿窮治以驕將帥弟召仁俊還又令普率所部屯乾寧軍復遷普冀州團練使徙本州總管車駕幸澶淵時王繼忠已陷契丹契丹欲請和因繼忠遣人持信箭爲書遺普且通密表事平遷容州觀察使向敏中爲鄜延路都總管以普副之趙德明納款詔降制命普言不宜授以押蕃落使使之總制屬羌則强横不可制矣乃止兼管内蕃落使未幾徙并代路給公使錢二千五百緡普援例歲給錢三千緡樞密院言無此例又言李漢超守河朔時歲給以萬計今并代屯軍多不足以犒軍帝不納改

桂州觀察使鎮州路總管遷保平軍節度觀察留後赴本鎮帝祀汾陰還至陜西普請駐蹕城中因賜詩令扈從至西京拜河西軍節度使知河陽從許州築大流堰引河通漕京師上軍儀條目二卷用將機宜要訣二圖時方崇尚符瑞而普請罷天下醮設歲可省緡錢七十餘萬以贍國用繇是忤帝意大中祥符九年上言九月下旬日食者三又言商賈自秦州來言唃廝囉欲陰報曹瑋請以臣所獻陣圖付瑋可使瑋必勝帝以普言踰分而樞密使王欽若言普欲以邊事動朝廷帝怒命知雜御史呂夷簡劾之獄具集

百官參驗九月下旬日不食坐普私藏天文下百官雜議罪當死議以官當詔除名貶賀州遣使縶送流所帝謂輔臣曰普出微賤性輕躁干求不已既憒文藝而假手撰述以揣摩時事聞在縶所思其幼子時時泣下可聽挈家以行甫至賀州授太子左清道率府副率房州安置增房州屯兵百人護守稍復爲左千牛衛將軍其妻表求普領小郡遷左領軍衛大將軍仁宗即位徙安州遷左屯衛大將軍徙蔡州坐失保任降本衛將軍歷遷左千牛左領軍衛大將軍起知信陽軍徙光州以私用孔子廟錢貶太子左監門

率府副率滁州安置以左衛將軍分司西京給官第居蔡州還大將軍卒普倜儻有膽略凡預討伐聞敵所在即馳赴之兩平蜀盜大小數十戰摧鋒與賊角衆推其勇頗通兵書陰陽六甲星曆推步之術太宗嘗曰普性剛驁與諸將少合然藉其善戰每厚遇之後以罪廢每太宗忌日必盡室詣佛寺齋薦率以爲常

張孜開封人母微時生孜後入宫乳悼獻太子孜方在襁褓真宗以付内侍張景宗曰此兒貌厚汝謹視之景宗遂養以爲子蔭補三班奉職給事春坊司轉

殿直皇太子即位遷供奉官閤門祗候為陳州兵馬都監築堤袁家曲捍水陳以無患五遷至供備庫使領恩州團練使真定路兵馬鈐轄歷知莫貝瀛三州轉運使張昷之奏罷貝驍捷軍士上關銀鞵錢事下孜議孜言此界河策先鋒兵有戰必先登故平時賜予異諸軍不可罷昷之猶執不已遂奏罷保州雲翼別給錢糧軍怨果叛契丹欲背盟富弼往使命孜為副議論雖出弼然孜亦安重習事以勞遷西上閤門使知瀛州拜單州團練使龍神衛四廂都指揮使并代副總管河東更鐵錢法人情疑貳兵相率扣府

欲訴閉門不納是日幾亂孜策馬從數卒往諭之皆散還營遷濟州防禦使侍衛馬軍都虞候又遷殿前都虞候加桂州管内觀察使遷侍衛步軍副都指揮使虎翼兵教不中程指揮使問狀屈强不肯對乘夜十餘人大譟趣往將害入孜禽首惡斬之然後聞遷昭信軍節度觀察留後馬軍副都指揮使孜長於宮禁中内外頗涉疑似言者請罷孜兵柄乃出為寧遠軍節度使知潞州徙陳州仁宗以其無他復召為馬軍副都指揮使御史中丞韓絳又言孜不當典兵而宰相富弼薦引之請黜弼弼引咎求罷政事諫官御史皆言進擬不自弼絳家居待罪曰不敢復稱御史矣坐此謫知蔡州而孜尋以罪罷知曹州卒贈太尉謚勤惠孜初名茂實避英宗舊名改孜云

許懷德字師古開封祥符人父均磁州團練使懷德長六尺餘善騎射擊刺少以父任為東西班殿侍累擢至殿前指揮使左班都虞候元昊寇邊選為儀州刺史鄜延路兵馬鈐轄遷副總管夏人三萬騎圍承平砦懷德時在城中率勁兵千餘人突圍破之夏人復陣有出陣前擐鞍嫚罵者懷德引弓一發而踣敵乃去屠金明縣復進圍延州懷德遽還夜遣裨將以

步騎千餘人出不意擊之斬首二百級遂解延州遷鳳州團練使專領延州東路芟村一帶公事徙秦鳳路未行坐夏人破塞門砦不赴援降寧州刺史頃之擢龍神衛四廂都指揮使陵州團練使本路副都總管遷康州防禦使又坐當出討賊逗留不進所部兵夫棄隨軍芻糧更赦徙秦鳳路副都總管改捧日天武四廂又以賊侵掠屬羌亡十餘帳徙永興軍又徙高陽關并代路歷殿前都虞候遂州觀察使侍衛親軍馬軍副都指揮使武信軍節度觀察留後殿前副都指揮使寧遠軍節度使會從妹亡無子懷德欲冒

有其田事覺罷管軍知亳州徙徐州歲餘復爲殿前副都指揮使祀明堂進都指揮使更保寧進雄二節度年八十猶生子筋力過人在宿衛十四年數乞身帝不許懷德曰臣年過矣倘爲御史所彈且不得善罷即詔爲減數歲卒贈侍中謚榮毅懷德自初擢守邊連以畏愞被謫已而與功臣並進典軍及坐請託得罪去而復還時遭承平保寵終祿故事節度使移鎮加恩皆别上表再辭每降批答遣内侍齎賜必有所遺懷德以給享加恩既又移鎮乃共爲一表以辭翰林學士歐陽脩劾其慢朝命詔以脩章示之懷德謝罪而已不復别進表其鄙吝如此

李允則字垂範濟州團練使謙溥子也少以材略聞蔭補衙内指揮使改左班殿直太平興國七年幽薊還師始置榷場于靜戎軍允則典其事還使河東路決繫囚原治逋欠又使荊湖察官吏與轉運使檢視錢帛器甲刑獄遂擢閤門祗候濬治京師諸河溯水門鄭州水磑西川賊劉旰平上官正議脩城未決命允則與王承衎閻承翰往視還言西川以無城難守宜如正議又言兵分則緩急不爲用請併屯要害以便餽餉高溪州蠻田彥伊入寇遣詣辰州與轉運使

張素荊南劉昌言計事允則以蠻徼不足加兵悉招輯之累遷供備庫副使知潭州將行真宗謂曰朕在南衙畢士安嘗道卿家世今以湖南屬卿初馬氏暴歛州人出絹謂之地稅潘美定湖南計屋輸絹謂之屋稅營田戶給牛歲輸米四斛牛死猶輸謂之枯骨稅民輸茶初以九斤爲一大斤後益至三十五斤允則請除三稅茶以十三斤半爲定制民皆便之湖湘多山田可以藝粟而民惰不耕乃下令月所給馬芻皆輸本色繇是山田悉墾湖南饑欲發官廩先賑而後奏轉運使執不可允則曰須報踰月則饑者無及矣明年荐饑復欲先賑轉運使又執不可允則請以家貲爲質乃得發廩賤糶因募饑民堪役者隸軍籍得萬人轉運使請發所募兵禦邵州蠻允則曰今蠻不擾無名益戍是長邊患也且兵皆新募饑瘠未任出戍乃奏罷之陳堯叟安撫湖南民列允則治狀請留堯叟以聞召還連對三日帝曰畢士安不謬知人者還洛苑副使知滄州允則巡視州境濬浮陽湖葺營壘官舍間穿井未幾契丹來攻老幼皆入保而水不乏斲氷代砲契丹遂解去真宗復召謂曰頃有言卿濬井葺壘爲勞民者及契丹至始見善爲備也轉

西上閤門副使鎮定高陽三路行營兵馬都監押大
陣東面請對自陳武藝非所長不可以當邊劇帝曰
卿為我運籌策不必當矢石也賜白金二千兩副以
幃幄什器凡下諸路宣勅必先屬允則省而後行及
王超敗人心震搖允則勸超衰絰向師哭以解衆忿
真宗知允則始屢趣超進兵手詔褒厲契丹通好徙
知瀛州上言朝廷已許契丹和議但擇邊將謹誓約
有言和好非利者請一切斥去真宗曰茲朕意也遷
西上閤門副使何承矩為河北緣邊安撫提點榷場
及承矩疾詔自擇代乃請允則知雄州初禁榷場通

異物而邏者得所易珉玉帶允則曰此以我無用易
彼有用也縱不治遷東上閤門使奬州刺史河北既
罷兵允則治城壘不輟契丹主曰南朝尚脩城備得
無違誓約乎其相張儉曰李雄州為安撫使其人長
者不足疑既而有詔詰之允則奏曰初通好不即完
治恐他日頹圯因此廢守邊患不可測也帝以為然
城北舊有甕城允則欲合大城為一先建東嶽祠出
黃金百兩為供器道以鼓吹居人爭獻金銀久之密
自徹去聲言盜自北至遂下令捕盜三移文北界乃
興版築揚言以護祠而卒就關城浚壕起月隄自此

甕城之人悉內城中始州民多以草覆屋允則取材
木西山大為倉廩營舍始教民陶瓦甓標里閈置廊
市邸舍水磑城上悉累甓下環以溝塹蒔麻植榆柳
廣閤承翰所脩屯田架石橋構亭榭列隄道以通安
肅廣信順安軍歲修禊事召界河戰棹為競渡縱北
人遊觀潛寓水戰州北舊多設陷馬阬城上起樓為
斥堠望十里自罷兵人莫敢登允則曰南北既講和
矣安用此為命徹樓夷阬為諸軍蔬圃浚井疏洫列
畦隴築短垣縱橫其中植以荊棘而其地益阻隘因
治坊巷徙浮圖北原上州民旦夕登望三十里下令

安撫司所治境有隙地悉種榆久之榆滿塞下顧謂
僚佐曰此步兵之地不利騎戰豈獨資屋材耶上元
舊不燃燈允則結綵山聚優樂使民夜遊明日偵知
北酋欲間入城中觀允則與同僚伺郊外果有紫衣
人至遂與俱入傳舍不交一言出奴女羅侍左右劇
飲而罷且置其所乘騾廡下使遁去即幽州統軍也
後數日為契丹所誅嘗宴軍中而甲仗庫火允則作
樂行酒不輟副使請救不答少頃火熄命悉瘞所焚
物密遣吏持檄瀛州以茗籠運器甲不浹旬兵數已
完人無知者樞密院請劾不救火狀真宗曰允則必

有謂姑詰之對曰兵械所藏儆火甚嚴方宴而焚必姦人所為舍宴而救事或不測又得諜釋縛厚遇之諜言燕京大王遣來因出所刺緣邊金穀兵馬之數允則曰若所得謬矣呼主吏按籍書實數與之諜請加緘印因厚賜以金縱還未幾諜遽至還所與數緘印如故反出彼中兵馬財力地里委曲以為報一日民有訴為契丹民毆傷而遁者允則不治與傷者錢二千衆以為怯逾月幽州以其事來詰答以無有蓋他諜欲以毆人為質驗比得報以為妄乃殺諜雲翼卒亡入契丹允則移文督還契丹報以不知所在允則曰在某所契丹駭不敢隱即歸卒乃斬以徇歷四方館引進使高州團練使天禧二年以客省使知鎮州徙潞州仁宗即位領康州防禦使天聖六年卒允則不事威儀間或步出遇民有可語者延坐與語以是洞知人情訟至無大小面訊立斷善撫士卒皆得其用盜發輒獲人亦莫知所由身無兼衣食無重羞不畜資財在河北二十餘年事功最多其方略設施雖寓於遊觀亭傳間後人亦莫敢廢至於國信往來費用儀式多所裁定晚年居京師有自契丹亡歸者皆命舍允則家允則死始寓樞密院大程官營

張亢字公壽自言後唐河南尹全義七世孫家于臨濮少豪邁有奇節事兄奎甚謹進士及第為廣安軍判官應天府推官治白沙石梁二渠民無水患改大理寺丞僉書西京判官事通判鎮戎軍上言趙德明死其子元昊喜誅殺勢必難制宜亟防邊因論西北攻守之計章數十上仁宗欲用之會丁母憂既而契丹聚兵幽涿間河北增備遂起為如京使知安肅軍因入對曰契丹歲享金帛甚厚今其主孱而歲歉懼中國見伐特張言耳非其實也萬一倍約臣請擐甲為諸軍先元昊反為涇原路兵馬鈐轄知渭州累遷

右騏驥使忠州刺史徙鄜延路知鄜州上疏曰舊制諸路總管鈐轄都監各不過三兩員餘官雖高止不過一路總管鈐轄不預本路事今每路多至十四五員少亦不減十員皆兼本路分事不相統制凡有論議互報不同按唐總管統軍都統處置制置使各有副貳國朝亦有經略排陣使請約故事別置使名每路軍馬事止以三兩員領之又涇原一路自總管鈐轄都監巡檢及城砦所部六十餘所兵多者數千人少者才千人兵勢既分不足以當大敵若敵以萬人為二十隊多張聲勢以綴我軍後以三五萬人大入

奔突則何以支又比來主將與軍伍移易不定人馬強弱配屬未均今涇原正兵五萬弓箭手二萬鄜延正兵不減六七萬若能預為團結明定節制迭為應援以逸待勞則烏合饑餒之衆豈能窺我淺深乎請下韓琦范仲淹分按逐路以馬步軍八千已上至萬人擇才位兼高者為總領其下分為三將一為前鋒一為策前鋒一為後陣每將以使臣忠佐三兩人分屯要害之地敵小入則一將出大入則大將出又量敵數多少以使鄜路出兵應接此所謂常山蛇勢也今萬人已上為一大將一路又有主帥延州領三大將

鄜州一大將保安軍及西路巡檢德靖砦共為一大將則鄜延路兵五萬人矣原渭州鎮戎軍各一大將渭州山外及瓦亭各一大將則涇原路五萬人矣弓箭手熟戶不在馬昨延州之敗蓋由諸將自守不相應援請令邊臣預定其法敵寇某所則某將為先鋒某將出某所為奇兵某將出某所為聲援某城砦相近出敢戰死士某所設覆都同巡檢則各扼要害又令鄜路取某路出應仍潛用旗幟為號昨劉平救延州前鋒陷賊者已二千騎平猶不知趙瑜部馬軍間道先進而趙振與王逵趨塞門至高頭平路白馬報敵

張青蓋駐山東振麾兵掩襲乃瑜也臣在山外策應未嘗用本指揮旗號自以五行支干別為引旗若甲子日本軍相遇則先見者張青旗後見者以緋旗應之此是干相生其干相尅及支相生尅亦如之蓋兵馬出入晝則百步之外不能相知若不預為之號必誤軍事國家承平日久失於訓練今每指揮藝精者不過百餘人餘皆瘦弱不可用且官軍所恃者步軍與強弩爾臣知渭州日見廣勇軍彍弩者三百五十人引一石二斗者僅百人餘僅及七八斗正欲閱習時易為力爾臣以踏鐙弩試皆不能張閱習十餘日裁

得百餘人又教以小坐法亦十餘日又教以帶甲小坐法五十餘日始能服熟若安前弊以應新敵其有必勝之理乎又兵官務張邊事以媒進邀賞劉平之敗正繇貪功輕進鎮戎軍最近賊境每報賊騎至不問多寡凡主兵者皆出至邊壕則賊已去矣蓋權均勢埒各不相下若不出則恐得怯懦之罪且諸路騎兵不能馳險計其芻粟一馬之費可養步軍五人馬高不及格宜悉還坊監止留十之三餘以步兵代之又比來禁衛隊長繇年勞換前班者或為諸司使副白丁試武技亦命以官而諸路弓箭手生長邊陲父

祖效命累世捍賊乃無進擢之路何以激勸邊民竊聞大帥議五路進師且用兵以來屢出無功者一旦深入臣切以為未可也山界諸州城砦距邊止二三百里夏兵器甲雖精利其鬪戰不及山界部族而財糧又盡出山界若十月後令諸將分番出界使夏人不得耕牧然後出步兵負十日糧人日給米一升馬日給粟四升草五分賊界有草地以半資放牧亦可減輓運之半王師旣行使喃廝囉及九姓回紇分制其後必蕩覆巢穴又言陝西民調發之苦數倍常歲宜一切權罷令安撫司與逐州長吏減省他役顯應

邊須及還殿侍軍將各三十人以馳騾各二百留其半河中以運鄜延保安軍軍須其半留乾州或永興軍以運環慶原渭鎮戎軍軍須分一轉運使專董其事又鄜州四路半當衝要嘗以閑慢路遞鋪兵卒之半貼衝要二路驛百人每三人挽小車載二百五十斤至三百斤若團併董運邊計亦未至失備而民力可以寬矣初亢請乘驛入對詔令手疏上之後多施用進西上閤門使改都鈐轄屯延州又奏邊機軍政措置失宜者十事言王師每出不利豈非節制不立號令不明訓練不至器械不精或中敵詭計或自我貪功或左右前後自不相救或進退出入未知其便逼或兵多而不能用或兵少而不能避或為持權者所阻而不能通此皆將不知兵之弊也未聞深究致敗之由而為之措置徒益兵馬未見勝術一也去春敵至延州諸路發援兵而河東秦鳳各踰千里涇原環慶不减十程去秋賊出鎮戎遠自鄜延發兵千里遠鬪銳氣已衰如賊已退乃是空勞師徒異時更寇別路必又如此是謂不戰而自弊二也今鄜延副都總管許懷德兼管勾環慶軍馬環慶副總管王仲寶復

兼鄜延其涇原秦鳳總管等亦兼鄰路雖令互相策應然環州至延州十四五驛徑赴亦不下十驛涇原至秦鳳千里若發兵互援而山路險惡人馬之力已竭三也四路軍馬各不下五六萬朝廷罄力供億而邊臣但言兵少每路欲更增十萬人亦未見功效且兵無節制一弊無奇正二弊無應援三弊主將不一四弊兵分勢弱五弊有此五弊如驅市人而戰雖有百萬亦無益於事四也古人教習須三年而後成今之用兵已三年矣將帥之材孰賢孰愚攻守之術孰得孰失累年敗衄而居邊要者未知何謀使更數年

未罷兵國用民力何以克堪若因之以饑饉加之以他
寇則安危之策未知如何五也今言邊事者甚衆朝
廷或即奏可或再詳究以聞或付有司前條方行後
令即變胥史有鈔録之勞官吏無商略之暇邊防軍
政一無定制六也夏竦陳執中皆朝廷大臣凡有邊
事當付之不疑令但主文書守詔令每有宣命則翻
録行下如諸處申禀則令候朝旨如是則何必以大
臣主事七也前河北用兵減冗官以省費今陝西日
以增員如制置青白鹽使副招撫蕃部使臣十餘員
所占兵士千餘人請給歲約萬緡復有都大提舉馬

鋪器甲之類諸州並募克敵致勝保捷廣鋭宣毅等
兵久未曾團結訓練但費軍廩無益邊備八也今軍
有手藝者管兵之官每一指揮抽占三之一如延州
諸將不出即有兵二萬除五千守城之外其餘止一
萬五千若有警急三日内不能團集况四十里外便
是敵境一有奔突何以備之九也陝西教集鄉兵共
十餘萬人市井無賴名掛尺籍必簿田夫豈無姦盗
雜於其中苟無措置他日為患不細十也既而復請
面陳利害不報會元昊益熾以兵圍河外康德輿無
守禦才屬户豪乜囉叛去導夏人自後河川襲府州

兵至近道纔覺而蕃漢民被殺掠已衆攻城不能下
引兵屯琉璃堡縱遊騎鈔麟府間二州閉壁不出民
乏飲黄金一兩易水一桮時豐州已為夏人所破麟
府勢孤朝廷議棄河外守保德軍未果徙亢為并代
都鈐轄管勾麟府軍馬事單騎叩城出所授敕示城
上門啓既入即縱民出采薪芻汲澗谷然夏人猶時
出鈔掠亢以州東焦山有石炭穴為築東勝堡下城
旁有蔬畦為築金城堡州北沙阬有水泉為築安定
堡置兵守之募人穫于外腰鎌與衛送者均得其時
禁兵皆敗北無鬬志乃募役兵敢戰者夜伏隘道邀

擊夏人遊騎比明有持首級來獻者亢以錦袍賜之
禁兵始慚奮曰我顧不若彼乎又縱使飲博方窘乏
幸利咸願一戰亢知可用始謀擊琉璃堡使諜伏敵
砦旁草中見老羌方炙羊髀占吉凶驚曰明當有急
兵且趣避之皆笑曰漢兒皆藏頭膝間何敢亢知無
備夜引兵襲擊大破之夏人棄堡去乃築宣威砦于
步馳捍寇路時麟州餽路猶未通勑亢自護賞物送
麟州敵既不得鈔遂以兵數萬趨柏子砦來邀亢所
將才三千人亢激怒之曰若等已陷死地前鬬則生
不然為賊所屠無餘也士皆感厲會天大風順風擊

之斬首六百餘級相蹂踐赴崖谷死者不可勝計奪馬千餘匹乃脩建寧砦夏人數出爭遂戰于兎毛川亢自抗以大陣而使驍將孫岊伏短兵強弩數千于山後亢以萬勝軍皆京師新募市井無頼子弟罷耎不能戰敵目曰東軍素易之而怯虎翼軍勇悍亢陰易其旗以誤敵敵果趣東軍而值虎翼卒搏戰良久伏發敵大潰斬首二千級不踰月築清塞百勝中候建寧鎮川五堡麟府之路始通亢復奏令所通特一徑爾請更增並邊諸柵以相維持則可以廣田牧壯河外之勢議未下會契丹欲渝盟領果州團練使知

瀛州葛懷敏敗還四方館使涇原路經略安撫招討使知渭州亢聞詔即行及至敵已去鄭戩統四路亢與議不合遷引進使徙并代副都總管御史梁堅劾亢出庫銀給牙吏往成都市易以利自入奪引進使為本路鈐轄及夏人與契丹戰河外復引進使副都總管知代州兼河東沿邊安撫事范仲淹宣撫河東復奏亢前所增廣堡砦宜使就總其事詔既下明鎬以為不可屢牒止之亢曰受詔置堡砦豈可得經略牒而止耶坐違節度死所甘心堡砦必為也每得牒置案上督役愈急及堡成乃發封自劾朝廷置不問

蕃漢歸者數千戶歲減戍兵萬人河外遂為并汾屏蔽復知瀛州因言州小而人衆緩急無所容若廣東南關則民居皆在城中夏竦前在陝西惡亢不附己特沮其役然卒城之加領眉州防禦使復為涇原路總管知渭州會給郊賞州庫物良而估賤三司所給物下而估高亢命均其直以便軍人轉運使奏亢擅減三司所估會竦為樞密使奪防禦使降知磁州御史宋禧繼言亢嘗以庫銀市易復奪引進使為右領衛大將軍知壽州後陝西轉運使言亢所易庫銀非自入者改將作監知和州坐失舉徙筠州久之復為

引進使果州團練使又復眉州防禦使真定府路副都總管遷客省使以足疾知衛州徙懷州坐與鄰郡守議河事會境上經夕而還降曹州鈐轄改河陽總管以疾辭為秘書監未幾復客省使眉州防禦使徐州總管卒亢好施輕財凡燕犒餽遺類皆過厚至遣人貿易助其費猶不足以此人樂為之用同學生為吏部亢憐其老薦為縣令後既為所累出筠州還所薦者復求濟亢又贈金帛終不以屑意馭軍嚴明所至有風跡民圖像祠之

奎字仲野先亢中進士歷并秀州推官監衢州酒徐

生者毆人至死繫婺州獄再問輒言冤轉運使命奎
復治奎視囚籍印窾偽深探之乃獄吏竄易卒釋徐
生抵吏罪衆驚伏同時薦者三十九人改大理寺丞
知合淝縣徙南充縣以殿中丞通判瀘州罷歸會秦
州鹽課虧緡錢數十萬事連十一州詔奎往按還奏
三司發鈔稽緩非諸州罪因言鹽法所以足軍費非
仁政所宜行若不得已令商人轉貿流通獨關市收
其征上下皆利孰與設重禁壅閼之為民病於是悉
除所負未幾知江州徙楚州遷太常博士召為殿中
侍御史知滑州徙邢州母病輒割股肉和藥以進母

遂愈其後母卒廬于墓自負土植松柏服終授度支
判官出為京東轉運使以侍御史為河東轉運使刑
部員外郎知御史雜事安撫京東募民充軍凡十二
萬奏州縣吏能否數十人還為戶部副使及分陝西
為四路擢天章閣待制環慶路經略安撫招討使知
慶州以父名餘慶辭不許歷陝西都轉運使知永興
軍河東都轉運使加龍圖閣直學士知澶青徐揚等
州再遷吏部郎中時李宥知江寧府府廨盡焚諫官
言金陵始封之地守臣視火不謹宜擇才臣繕治之
遷右諫議大夫知江寧府奎簡材料工一循舊制不

踰時復完還判吏部流內銓徙審官院知河南府河
南宮闕歲久頗摧圮奎大加興葺又按唐街陌分牓
諸坊初全義守洛四十年洛人德之有生祠及見奎
偉儀觀曰真齊王孫也因復興齊王祠歲餘以能政
聞遷給事中歸朝京東盜起加樞密直學士知鄆州
數月捕諸盜悉平奎治身有法度風力精強所至有
治跡吏不敢欺第傷苛細亢豪放喜功名不事小謹
兄弟所為不同如此然皆知名一時子燾龍圖閣直
學士

劉文質字士彬保州保塞人簡穆皇后從孫也父審

琦虎牢關使從討李重進戰死文質幼從母入禁中
太宗授以左班殿直遷西頭供奉官寄班祗候帝頗
親信之數訪以外事嘗謂內侍竇神興曰文質朕之
近親又忠謹其賜白金百斤出為兩浙走馬承受公
事擢西京左藏庫副使岢嵐軍使賜金帶名馬從知麟
州改麟府濁輪砦兵馬鈐轄擊蕃酋萬保移走之越河
破契丹拔黃太尉砦殺獲萬計賜錦袍金帶從知慶
州李繼遷入寇文質將出兵而官吏不敢發庫錢乃
以私錢二百萬給軍士皆感奮遂大破賊從涇州充
麟州清遠軍都監又破敵于枝子平咸平中清遠軍

陷坐逗撓奪官雷州安置久之起為太子率府率杭州駐泊都監封泰山以内殿崇班為青齊淄濰州巡檢進禮賓副使石隰緣邊同都巡檢使徙秦州鈐轄建小落門砦親率士版築會李濬知秦州因就賜白金五百兩天禧中知代州先是蕃部獲逃卒給絹二匹茶五斤卒皆論死時捕得百三十九人文質取二十九人以赦後論如法餘悉配隸他州再遷内園使知邠州數從曹瑋出戰築堡障復從秦州鈐轄領連州刺史再知代州卒厚賻其家官子三人文質以簡穆親又父死事故前後賜予異諸將真宗嘗問保塞

之舊文質上宣祖太祖賜書五函仁宗亦以書賜之然性剛喜評刺短長於貴近無所避故不大顯子十六人渙滬皆知名

渙字仲章以父任為將作監主簿監并州倉天聖中章獻太后臨朝久渙謂天子年加長上書請還政后震怒將黥隸白州呂夷簡薛奎力諫得免仁宗親政擢為右正言郭后廢渙與孔道輔范仲淹等伏閤爭之皆罰金會河東走馬承受奏渙頃官并州與營妓游黜通判磁州尋知遂州夏人叛朝廷議遣使通河西唃氏渙請行間道走青唐諭以恩信唃氏大集庭帳誓死扞邊遣騎護出境得其誓書與西州地圖以獻加直昭文館遷陝西轉運使由工部郎中知滄州改吉州刺史知保州州自戍卒叛後兵益驕渙至虎翼軍謀舉城叛民大恐渙單騎徐叩營械首惡者歸斬之一軍帖服徙登州益治刀魚船備海寇寇不敢犯詔嘉獎之歷知邢恩冀涇澶五州恩承賊蹂踐後渙經理繕葺有敘兵民犯法一切用重典威令大振治平中河北地震民乏粟率賤賣耕牛以茍朝夕渙在澶盡發公錢買之明年民無牛耕價增十倍渙復出所市牛以元直與民澶民賴不失業歷秦鳳涇原

真定定州路總管四遷至鎮寧軍節度觀察留後熙寧中還為工部尚書致仕渙有才略尚氣不羈臨事無所避然銳於進取方開拓兆岷討安南渙既老猶露章請自效不報卒年八十一

滬字子濬頗知書傳深沉寡言有知略以蔭補三班奉職累遷右侍禁康定中為渭州瓦亭砦監押權靜邊砦擊破党留等族斬一驍將獲馬牛橐駞萬計時任福敗邊城晝閉居民畜產多為賊所掠滬獨開門納之遷左侍禁韓琦范仲淹薦授閤門祇候又破穆寧生氐西南去洛陽二百里中有城曰水洛川平土

沃又有水輪銀銅之利環城數萬帳漢民之逋逃者歸之教其百工商賈自成完國曹瑋在秦州嘗經營不能得滬進城章川收善田數百頃以益屯兵寨使人說城主鐸廝那令內附會鄭戩行邊滬遂召鐸廝那及其酋屬來獻結公水洛路羅甘地願為屬戶戩即令滬將兵往受地既至而氐情中變聚兵數萬合圍夜縱火呼嘯期盡殺官軍滬兵才千人前後數百里無援滬堅臥因令晨炊緩食坐胡床指揮進退一戰氐潰追奔至石門酋皆稽顙請服因盡驅其衆隸麾下以通秦渭之路又敗臨洮氐于城下遷內殿崇

班戩以三將兵遣董士廉助築城功未半會戩罷四路招討使而涇原路尹洙以為不便令罷築且召滬不聽日增版趣役洙怒使狄青械滬士廉下獄氐衆驚收積聚殺吏民為亂朝廷遣魚周詢程戡往視氐衆詣周詢請以牛羊及丁壯助工役復以滬權水洛城砦主城成終以違本路安撫使節制黜一官為鎮戎軍西路都巡檢復內殿崇班瘍發首卒弟淵將以其柩東歸居人遮道號泣請留葬水洛立祠城隅歲時祀之經略司言得熟戶蕃官牛裝等狀願得滬子弟主其城乃命其弟淳為水洛城兵馬監押城中有碑記滬事

趙滋字子深開封人父士隆天聖中以閤門祗候為邠寧環慶路都監戰沒錄滋三班奉職滋少果敢任氣有智略康定初以右侍禁選捕京西叛卒有功遷左侍禁後為涇原儀渭鎮戎軍都巡檢會渭州得勝砦主姚貴殺監押崔絢劫宣武神騎卒千餘人叛攻羊牧隆城滋馳至諭降八百餘人貴窮走出砦招討使令滋給賜降卒及遷補將吏滋以為如是是誘其為亂藏其牒不用還為招討使所怒故賞弗行范仲淹韓琦經略陝西舉滋可將領得閤門祗候為鎮戎

軍西路都巡檢時京西軍賊張海久未伏誅命滋都大提舉陝西京西路捉賊數月賊平後為京東東路都巡檢富弼為安撫使舉再任登州乳山砦兵叛殺巡檢州將誅首惡數人不窮按滋承檄驗治馳入其壘次第推問得黨與百餘人付獄衆莫敢動在京東五年數獲盜不自言弼為言乃自東頭供奉官超授供備庫副使定州路駐泊都監嘗因給軍食同列言粟不善滋叱之曰爾欲以是怒衆邪使衆有一言當先斬爾以徇韓琦聞而壯之以為真將帥材及琦在河東又奏滋權幷代路鈐轄改管勾河東經略司公

事建言代州寧化軍有地萬頃皆肥美可募人田作數戰射為堡砦人以為利累遷西上閤門副使歷知安肅軍保州滋强力精悍有吏能所至稱治會契丹民數違約乘小舟漁界河中吏憚生事累歲莫敢禁後又遣大舟十餘自海口運鹽入界河朝廷患之以滋可任徙知雄州滋戒巡兵舟至輒捕其人殺之輦其舟移文還涿州漁者遂絕契丹因使人以為言而知瀛州彭思永河北轉運使唐介燕度皆以滋生事請罷之朝廷更以為能擢龍神衛四廂都指揮使嘉州團練使遷天武捧日四廂都指揮使英宗即位領

端州防禦使步軍都虞候賜白金五百兩留再任未幾卒贈遂州觀察使滋在雄州六年契丹憚之契丹嘗大饑舊米出塞不得過三斗滋曰彼亦吾民也令出米無所禁邊人德之馭軍嚴戰卒舊不服役滋役之如廂兵莫敢有言繕治城壁樓櫓至於簿書米鹽皆有條法性尤廉謹月得公使酒不以入家然傲慢自譽此其短也

論曰石普曉暢軍事習知民瘼然揣摩時政終以罪廢張孜雖稱持重跡其所長無足取者許懷德以悛不任事數遭貶斥其不及普遠矣劉文質以私錢給軍且脫人於死仕雖偃蹇聲名俱章章矣渙以小官能抗疏母后輯暴弭姦則其餘事也滬水洛之戰從容退師滬之才略其最優者歟趙滋有吏能出米塞下以振契丹亦仁人之用心李允則在河北二十年設施方略不動聲氣契丹至以長者稱之張亢起儒生曉韜略琉璃堡兔毛川之捷良快人意區區書生功名如此何其壯哉奎以治跡著稱其視亢蓋所謂難為兄難為弟者歟

列傳卷第八十三

列傳卷第八十四　宋史三百二十五

開府儀同三司上柱國錄軍國重事前中書右丞相提舉修國史領經筵事都總裁臣脫脫等奉
敕修

劉平 弟兼濟 郭遵附　任福 王珪 武英 桑懌 耿傅 王仲寶附

劉平字士衡開封祥符人父漢凝從太宗征河東嘗
嵐憲州累遷崇儀使平剛直任俠善弓馬讀書彊記
進士及第補無錫尉擊賊殺五人擢大理評事知鄢
陵縣從南充夷人寇淯井監轉運使以平權瀘州事
平率土丁三千擊走之祠汾陰遷本寺丞還路由安
州遇賊十數人平發矢斃三賊餘駭散以寇準薦為

殿中丞知瀘州夷人懲前敗不敢擾邊召拜監察御
史數上疏論事為丁謂所忌久之除三司鹽鐵判官
河北安撫改殿中侍御史陝西轉運使與副使論事
不合徙知襄州仁宗即位遷侍御史初真宗知其才
將用之丁謂秉間曰平將家子素知兵若使將西北
可以制敵後章獻太后思謂言特改衣庫使知汾州
屬戶明珠磨糜族數反覆平潛兵殺數千人以功領
賓州刺史鄜延路兵馬鈐轄徙涇原路兼知渭州胡
則為陝西都轉運使平奏曰則丁謂黨今隸則部慮
掎摭致罪徙汝州改淮南江浙荊湖制置發運副使

行數驛召還真拜信州刺史知雄州居四年遷忻州
團練使知成德軍景祐元年拜龍神衛四廂都指揮
使永州防禦使知定州徙環慶路副都總管進侍衛
親步軍都虞候奏言元昊勢且叛宜嚴備之尋坐被
酒破鎖入甲仗庫為轉運使蘇耆所劾落管軍知同
州上疏自列召入問狀復為步軍都虞候知澶州時
議塞河而平言不知河事乃徙滄州副都總管時呂夷
簡為宰相臺諫官數言政事闕失平奏書曰臣見范
仲淹等毀訾大臣此必有要人授旨仲淹輩欲逐大
臣而代其位者臣於真宗朝為御史顧當時同列未

聞有姦邪黨與詐忠賣直所為若此臣慮小臣以淺
文薄伎偶致顯用不識朝廷典故而論事浸淫遂及
管軍將校且武人進退與儒臣異路若掎摭短長妄
有舉劾則心搖而怨結矣願明諭臺諫官毋令越職
仍不許更相引薦或闕員則朝廷自擇忠純者德用
之論者以謂希夷簡意也改高陽關副總管寶元元
年以殿前都虞候為環慶路馬步軍副總管會元昊
反遷邕州觀察使為鄜延路副總管兼鄜延環慶路
同安撫使頃之兼管勾涇原路兵馬進步軍副都指
揮使靜江軍節度觀察留後獻攻守之策曰五代之

末中國多事唯制西戎為得之中國未嘗遣一騎一卒遠屯塞上但任土豪為衆所伏者封以州邑征賦所入足以贍兵養士由是無邊鄙之虞太祖定天下懲唐末藩鎮之盛削其兵柄收其賦入自節度以下第坐給奉禄或方面有警則總師出討事已則兵歸宿衞將還本鎮彼邊方世襲宜異於此而誤以朔方李彝興靈武馮繼業一切亦徙內地自此靈夏仰中國戍守千里運糧兵民並困其後靈武失守而趙德明懼王師問罪願為藩臣于時若止棄靈夏綏銀與之限山為界則無今日之患矣而以靈夏兩州及山

界蕃漢戶并授德明故蓄甲治兵漸窺邊隙鄜延環慶涇原秦隴所以不能弛備也今元昊嗣國政刑慘酷衆叛親離復與唃厮囉搆怨此乃天亡之時臣聞寇不可玩敵不可縱或元昊不能自立別有酋豪代之西與唃厮囉復平北約契丹為表裏則何以制其侵軼今元昊國勢未彊若乘此用鄜延環慶涇原秦隴四路兵馬分兩道並以蕃漢弓箭手精兵可得二十萬三倍元昊之衆轉糧二百里不出一月可收山界洪宥等州招集土豪縻之以職自防禦使以下刺史以上第封之給以衣祿金帛又以土人補將校使

勇者貪於祿富者安於家不朞月而人心自定及遣使諭唃厮囉授以靈武節度使挽河外族帳以窘元昊復出麟府石州蕃漢步騎獵取河西部族招其酋帥離其部衆然後以大軍繼之元昊不過竄為窮寇爾何所為哉且靈夏綏銀地不產五穀人不習險阻每歲資糧取足洪宥而洪宥州羌戶勁勇善戰夏人恃此以為肘腋我苟得之以山為界憑高據險下瞰沙漠各列堡障量以戍兵鎮守此天險也廟朝之謀不知出此而爭靈夏綏銀連年調發老師費財以致中國疲弊小醜猖獗此議臣之罪也今朝廷或貸

元昊罪更示含容不惟宿兵轉多經費尤甚萬一元昊潛結契丹互為掎角則我一身二疾不可並治必輕者為先重者為後如何減兵以應河北請召邊臣與二府定守禦長策疏奏未報屬元昊盛兵攻保安軍時平屯慶州范雍以書召平平率兵與石元孫合軍趨土門既又有告敵兵破金明圍延州者雍復召平與元孫救延州平素輕敵督騎兵晝夜倍道行明日至萬安鎮平先發步軍繼進夜至三川口西十里止營遣騎兵先趨延州爭門時鄜延路駐泊都監黃德和將二千餘人屯保安北碎金谷巡檢万俟政郭

遵各將所部分屯范雍皆召之爲外援平亦使人趣其行詰旦步兵未至平與元孫還逆之行二十里乃遇步兵及德和万俟政郭遵所將兵悉至將步騎萬餘結陣東行五里與敵遇時平地雪數寸平與敵皆爲偃月陣相嚮有頃敵兵涉水爲橫陣郭遵及忠佐王信薄之不能入官軍並進殺數百人乃退敵復蔽盾爲陣官軍復擊郤之奪盾殺獲及溺水死者幾千人平左耳右頸中流矢日暮戰士上首功及所獲馬平曰戰方急爾各誌之皆當重賞汝語未已敵以輕兵薄戰官軍引郤二十步黃德和居陣後望見軍郤率

麾下走保西南山衆從之皆潰平遣其子宜孫馳追德和執轡語曰當勒兵還併力抗敵柰何先奔德和不從驅馬逕赴甘泉平遣軍校杖劍遮留士卒得千餘人轉鬭三日賊退還水東平率餘衆保西南山立七柵自固敵夜使人叩柵問大將安在士不應復使人僞爲戍卒遞文移平平殺之夜四鼓敵環營譟曰如許殘兵不降何待平旦敵酋舉鞭麾騎自山四出合擊絕官軍爲二遂與元孫皆被執初德和言平降賊朝廷發禁兵圍其家及命殿中侍御史文彥博即河中府置獄遣龐籍往訊馬具得其實遂釋其家德和坐腰斬而延州吏民亦詣闕訴平戰沒狀遂贈朔方軍節度使兼侍中謚壯武賜信陵坊第封其妻趙氏爲南陽郡太夫人子孫及諸弟皆優遷未官者錄之其後降羌多言平在興州未死生子于賊中及石元孫歸乃知平戰時被執後沒于興州弟兼濟

兼濟字寶臣以父蔭補三班奉職善騎射讀兵書知大言爲襄州兵馬監押漢江暴漲兼濟解衣涉水率衆捍城州賴以完擢閤門祗候雄霸州界河巡檢徙晉絳澤潞都巡檢使歲饑太行多盜禽二百餘人改左侍禁鄜延路兵馬都監權知保安軍歷同提點陝

西河東刑獄徙知籠竿城夏人寇邊衆號數萬兼濟將兵千餘轉戰至黑松林敗之屬其兄平戰沒于三川口特授內殿崇班知原州入辭仁宗慰勉之曰國憂未弭家仇未報不可不力也屬戶明珠族叛諸將欲亟討兼濟第日縱飲擊鞠繆爲不知以疑其意旣而叛者自潰乃追襲之射殺其酋長收餘衆以歸徙寧州破斬厮鐵岩徙鄜州元昊旣稱藩徙梓夔路鈐轄又徙知鎮戎軍兼濟御下嚴急轉運使言士心多怨請徙諸內地改涇原路鈐轄復知寧州又知原州徙冀州廣信軍累遷文思使惠州刺史河北緣邊安

撫副使擢西上閤門使同管勾三班院出知雄州先是邊民避罪逃者契丹輒納之守將畏事不敢詰兼濟悉移檄責還徙冀州踰月改忻州復管勾三班院卒

郭遵者開封人也家世以武功稱遵少隸軍籍稍遷殿前指揮使乾興中改左班殿直并代路巡檢遷右侍禁慶州柔遠砦兵馬監押召試騎射優等遷左侍禁閤門祗候為泰州三陽砦主徙延州西路都巡檢使元昊寇延州遵以裨將屬劉平遇敵馳馬入敵陣殺傷數十人敵出驍將揚言當遵遵揮鐵杵破其腦兩

軍皆大呼復持鐵槍進所向披靡會黃德和引兵先潰敵戰益急遵奮擊期必死獨出入行間軍稍卻即復馬以戰又持大矟橫突之敵知不可敵使人持大絭索立高處迎遵馬輒為遵所斷因縱遵使深入攢兵注射之中馬馬踠仆地被殺特贈果州團練使以其父斌為太子右清道率府副率母賀封仁壽郡君妻尹安康郡君弟青右侍禁逵三班奉職四子尚幼仁宗悉為賜名忠嗣西頭供奉官忠紹左侍禁忠裔右侍禁忠緒左班殿直女舊為尼亦賜紫方袍遵用鐵杵槍矟共九十斤其後耕者得其器于戰處皇祐中乃併與其衣冠葬之河南逵自有傳

任福字祐之其先河東人後徙開封咸平中補衞士由殿前諸班累遷至遙郡刺史元昊反除莫州刺史嵐石隰州緣邊都巡檢使既辭奏曰河東地介大河斥堠疎闊願嚴守備以戒不虞仁宗善之命知隴州擢秦鳳路馬步軍副總管詔陝西增城壘器械福受命四十日而戰守之備皆具以忻州團練使為鄜延路副總管管勾延州東路蕃部事尋知慶州復兼環慶路副總管上言慶州去蕃族不遠願勒兵境上按亭堡謹斥堠因經度所過山川道路以為緩急攻守

之備帝益善之聽便宜從事夏人寇保安鎮戎軍福與子懷亮姪壻成暠自華池鳳川鎮聲言巡邊召諸將牽制敵勢行至柔遠砦犒蕃部即席部分諸將攻白豹城夜漏未盡抵城下四面合擊平明破其城縱兵大掠焚巢穴獲牛馬橐駞七千有餘委聚方四十里平骨咩等四十一族以功拜龍神衞四廂都指揮使賀州防禦使改侍衞馬軍都虞候康定二年春朝廷欲發涇原鄜延兩路兵西討詔福詣涇原計事會安撫副使韓琦行邊趨涇原聞元昊謀寇渭州琦亟趨鎮戎軍盡出其兵又募敢勇得萬八千人使福將

之以耿傅㕘軍事涇原路駐泊都監桑懌為先鋒鈐轄朱觀都監武英涇州都監王珪各以所部從福節制琦戒福等併兵自懷遠城趨得勝砦至羊牧隆城出敵之後諸砦相距纔四十里道近粮餉便度勢未可戰則據險設伏待其歸邀擊之福引輕騎數千趨懷遠城捺龍川遇鎮戎軍西路巡檢常鼎劉肅與敵戰于張家堡南斬首數百夏人棄馬羊槖駝佯北懌引騎趨之福踵其後諜傳敵兵少福等頗易之薄暮與懌合軍屯好水川觀英屯龍落川相距隔山五里約翌日會兵川口路既遠芻餉不繼士馬乏食已三

日追奔至籠竿城北遇夏軍循川行出六盤山下距羊牧隆城五里結陣諸將方知墮敵計勢不可留遂前格戰懌馳犯其鋒福陣未成列賊縱鐵騎突之自辰至午陣動衆傳山欲據勝地俄伏發自山背下擊士卒多墜崖塹相覆壓懌肅戰死敵分兵數千斷官軍後福力戰身被十餘矢有小校劉進者勸福自免福曰吾為大將兵敗以死報國爾揮四刃鐵簡挺身決鬭槍中左頰絶其喉而死乃併兵攻觀英戰既合王珪自羊牧隆城引兵四千陣于觀軍之西渭州駐泊都監趙津將瓦亭騎兵二千繼至珪屢出略陣陣

堅不可破英重傷不能視軍敵兵益至官軍遂大潰英津珪傅皆死內殿崇班訾賛西頭供奉官王慶侍禁李簡李禹亨劉鈞亦戰没軍校死者數十人士死者六千餘人唯觀以兵千餘保民垣四嚮縱射會暮敵引去與福戰處相距五里然其敗不相聞也福子懷亮亦死之方元昊傾國入寇福臨敵受命所統皆非素撫之兵既又分出趨利故至於甚敗奏至帝震悼贈福武勝軍節度使兼侍中賜第一區月給其家錢三萬粟麥四十斛追封母為隴西郡太夫人妻為瑯琊郡夫人録其子及從子凡六人

王珪開封人也少拳勇善騎射能用鐵杵鐵鞭年十九隷親從官累遷殿前第一班押班擢禮賓副使涇州駐泊都監康定初元昊寇鎮戎軍珪將三千騎為策先鋒自瓦亭至師子堡敵圍之數重珪奮擊披靡獲首級為多叩鎮戎城請益兵不許城中惟縋糗糧予之師既飽因語其下曰兵法以寡擊衆必在暮我兵少乘其暮擊之可得志也復馳入有驍將持白幟植槍以詈曰誰敢與吾敵者槍直珪胸而傷右臂珪左手以杵碎其腦繼又一將復以槍進珪挾其槍以鞭擊殺之一軍大驚遂引去珪亦以馬中箭而還仁

宗特遣使撫諭之然以其下死傷亦多止賜名馬二
匹黄金三十兩東創絹百匹復下詔暴其功塞下以
厲諸将是歳改涇原路都監明年為本路行營都監
勒金字處置牌賜之使得專誅殺尋至黑山焚敵族
帳獲首級馬駞甚衆會敵大入以兵五千從任福屯
好水川連戰三日諸将皆敗任福陷圍中望見麾幟
猶在珪欲援出之軍校有顧望不進者斬以徇乃東
望再拜曰非臣負國臣力不能也獨有死報爾乃復
入戰殺數十百人鞭鐵撓曲手掌盡裂奮擊自若馬
中鏃凡三易猶馳擊殺數十人矢中目乃還夜中卒

珪少通陰陽數術之學始出戰謂其家人曰我前後
大小二十餘戰殺敵多矣今恐不得還我死可速去
此無為敵所仇也及敵攻瓦亭購甚急果如所料鎮
戎之戰以所得二稍植山上其後邊人即其處為立
祠贈金州觀察使追封其妻安康郡君録其子光祖
為西頭供奉官閤門祗候後為東上閤門使光世西
頭供奉官光嗣左侍禁

武英字漢傑太原人父密隨劉繼元歸朝仕至侍禁
鎮定同巡檢與契丹戰没于望都贈西京左坊使録
英為三班借職以右班殿直為忻代州同巡檢會州
将出獵因留帳飲英曰今空郡而來萬一敵乗間入
城柰何既而敵百餘騎果入寇英領衆左右馳射悉
禽獲之以功遷左班殿直監雄州榷場改右侍禁閤
門祗候為環州都巡檢使從洪德砦主又從慶州柔
遠砦元昊寇延州英主兵攻後橋以分敵勢擢内殿
承制環慶路駐泊都監破黨平族又從任福破白豹
城遷禮賓副使尋兼涇原行營都監與任福合諸将
戰張家堡斬首數十百敵棄羊馬偽遁諸将皆趨利
爭進英以為前必有伏衆不聽已而伏發福等既敗
英猶力戰自辰至申矢盡遇害贈邢州觀察使録其

子三班奉職永符為東頭供奉官閤門祗候永孚西
頭供奉官永昌左侍禁姪永保右班殿直永錫三班
奉職

桑懌開封雍丘人勇力過人善用劒及鐵簡有謀略
其為人不甚長大與人接常祗畏若不自足語言如
不出其口卒遇之不知其勇且健也兄慥舉進士有
名懌以再舉進士不中嘗遭大水有粟二廪将以舟
載之見百姓走避水者遂棄其粟而載之得皆不死
歳饑聚人共食其粟盡而止後徙居汝潁間耕龍城
廢田數頃以自給諸縣多盗懌自請補耆長得往來

察姦因召里中惡少年戒曰盜不可為吾不汝容也有項里老父子死未歛盜夜脫其衣去父不敢告縣懌疑少年王生者夜入其家得其衣不使之知也明日見而問之曰爾許我不為盜今里中盜屍衣者非爾邪少年色動即推仆地縛之詰共盜者姓名盡送縣皆伏辜嘗之郟城遇尉出捕盜招懌飲酒與俱行至賊所藏尉怯甚陽為不知將去懌曰賊在此欲何之乃下馬獨格殺數人因盡縛之又聞襄城有盜十許人獨提一劒以往殺數人盡縛其餘汝旁縣為之無盜京西轉運使奏其事補郟城尉天聖中河南諸縣多盜轉運使奏移澠池尉羣盜保青灰山時出攘剽有宿盜王伯者尤為民害朝廷每授巡檢使必疏姓名使捕之懌至官巡檢偽為宣頭以示懌牒招致之懌不知其偽也因挺身入賊中與伯同臥起十餘日伯遂與懌出至山口為巡檢伏兵所執懌幾不免懌曰巡檢懼無功爾即以伯與巡檢使自為功巡檢俘獻京師而懌不復自言朝廷知之為黜巡檢擢懌右班殿直永安縣巡檢明道末京西旱蝗有惡賊二十三人樞密院召懌至京師授以賊名姓使往捕懌曰盜畏吾名必潰潰則難得矣宜先示之以怯至則

閉柵戒軍吏不得一人輙出居數日軍吏不知所為數請出自效輙不許夜與數卒變為盜服以出跡盜所嘗行處入民家民皆走獨一媪留為具飲食如事羣盜懌歸閉柵三日復往自携具就媪饌而以餘遺媪媪以為真盜乃稍就媪與語及羣盜一媪曰彼聞桑殿直來皆遁去近聞閉營不出知其不足畏今皆還矣某在某處懌又三日往厚遺之遂以實告曰我桑殿直也為我察其實而慎勿泄後三日復來於是媪盡得居處之實以告懌明日部分軍士盡擒諸盜其尤強梁者懌自馳馬以往士卒不及從惟四騎追之遂與賊遇手殺三人凡二十三人者一日皆獲還京師樞密吏求銀為致閤門祗候懌曰用賂得官非我欲況貧無銀有固不可也吏怒匿其功狀止免其短使而已除兵馬監押未行會宜州蠻叛殺海上巡檢官軍不能制因命懌往盡手殺之還乃授閤門祗候懌曰是行也非獨吾功位有居吾上者吾乃其佐也今彼留而我還我賞厚而彼輕得不疑我盖其功而自伐乎受之徒慚吾心將讓其賞以歸已上者或譏以好名懌歎曰士顧其心如何爾當自信其心以行若欲避名則善皆不可為也盖辭之不許寶元初

遷西頭供奉官廣西駐泊都監元昊反叅知政事宋庠薦其有勇略遷內殿崇班鄜延路兵馬都監踰月徙涇原路屯鎮戎軍與任福遇敵于好水川力戰而死贈解州防禦使子湜皇城使

耿傅字公弼河南人祖昭化為蜀州司戶叅軍盜據城欲脅以官昭化大罵至斷手足不屈而死傅少喜俠尚氣初以父蔭為三班奉職換伊陽縣尉歷明州司理叅軍遷將作監丞知永寧縣河南守宋綬薦其材遷通判儀州從慶州時議進兵西討以傅督一道糧饋會元昊入寇叅任福行營軍事遇敵姚家川諸

將失利敵騎益至武英勸傅避去傅不答英歎曰英當死君文吏無軍責柰何與英俱死朱觀亦白傅少避賊鋒而傅愈前指顧自若被數創乃死始傅與觀營籠落川夜作書遺福以其戒小勝前與敵大軍遇深以持重戒之自寫題觀名以致福軍中傅死後韓琦得其書於隨軍孔目官彭忠奏上之詔贈傅右諫議大夫官其子瑗為太常寺太祝璩為太常寺奉禮郎璋為將作監主簿珪試秘書省校書郎琬同學究出身

王仲寶字器之密州高密人初為刑部史補齊州章丘尉以捕羣盜六十餘人有功用開封府判官鞠仲謀薦召對改右班殿直為鎮定保深永寧天雄六州軍巡檢又以捕賊功遷左班從河北西路提舉捉賊擒磁州名賊王遇仙博州孫流油輩凡四十人夜有盜叩戶外乞降左右欲殺之為首級論功仲寶不可納舍中使寢擢閤門祗候命乘驛捕登州海賊百餘人獲之還為河北提舉捉賊又捕斬百餘人知信安軍復為河北提舉捉賊有盜百餘依西山官軍不能捕仲寶悉招出隸軍籍奏以自隨從澤潞晉絳慈隰威勝軍巡檢使至官才八日獲太行山宿賊八十人

累賜金帛緡錢使契丹積遷內殿承制天聖初知鎮戎軍改供備庫副使破康奴族獲首領百五十羊馬七千詔獎其功凡五年還巡護惠民河堤岸遷供備庫使麟府路兵馬鈐轄知麟州會鎮戎軍蕃族內寇徙涇原路鈐轄復知鎮戎軍又徙原環二州以西京左藏庫使惠州刺史知利州徙并代州鈐轄改西上閤門使建言緣邊博糴屬羌苦之數逃去請寬其法使得復業以捍邊境久之遷東上閤門使元昊寇延州仲寶將兵至賀蘭谷以分兵勢敗蕃將羅逋于長雞嶺遷四方館使領濮州團練使為涇原路總管安撫

副使兼管勾秦鳳路軍馬事與西羌戰六盤山俘馘數百人時任福大敗好水川別將朱觀被圍于姚家堡仲寶以兵救之拔觀出圍乘以從馬時諸將皆沒獨仲寶與觀得還徙環慶路副都總管知慶州未幾兼本路經略安撫招討副使破金湯城復賜詔獎諭徙澶州副總管安撫使范仲淹以仲寶武幹未衰奏留之明年以磁州防禦使知代州除左屯衛大將軍致仕卒

論曰元昊乘中國弛備悉衆寇邊王師大衄者三夫豈天時不利哉亦人謀而已好水之敗諸將力戰以死噫趨利以違節度固失計矣然秉義不屈庶幾烈士者哉

列傳卷第八十四

列傳卷第八十五　宋史三百二十六

開府儀同三司上柱國錄軍國重事前中書右丞相監修國史領經筵事都總裁臣脫脫等奉勅修

景泰　王信　蔣偕　張忠

郭恩　張岊　張君平　史方

盧鑑　李渭　王果　郭諮

田敏　侍其曙　康德輿　張昭遠

景泰字周卿普州人進士起家補坊州軍事推官後以尚書屯田員外郎通判慶州即上言元昊雖稱臣誠恐包藏禍心當選主將練士卒脩城池儲資糧以備不虞三疏不報俄元昊反又上邊臣要略二十卷遷都官知成州奏平戎策十有五篇會有薦泰知兵者召對稱旨換左藏庫使知寧州任福敗從原州元昊衆十萬分二道一出劉璠堡一出彭陽城入攻渭州葛懷敏援劉璠戰崆峒北敗沒敵騎逾平涼至潘原泰率兵五千從間道赴原而先鋒左班殿直張迥逗遛不進泰斬以徇遇敵彭陽西裨將夏侯觀欲退守彭陽泰弗許乃依山而陣未成列敵騎來犯泰陰遣三百騎分左右翼張旗幟為疑兵敵欲追去將校請進擊泰止之遣士搜山果得伏兵與戰斬首千餘

級以功遷西上閤門使知鎮戎軍兼兵馬鈐轄父之
領忠州刺史徙秦鳳路馬步軍總管卒子思立熙寧
中屢有戰功為引進使忠州防禦使知河州與董氊
部兵戰沒後思忠以左藏庫副使遂州駐泊都監擊
瀘州夷入陷於羅箇暮山下兄弟繼死王事人皆憐
其忠

王信字公亮太原人家故饒財少勇悍大中祥符中盜
起晉絳澤潞數州信應募籍軍與其徒生擒賊七十人
累以功補龍神衛指揮使部使者表薦召閱其藝遷御
前忠佐領河中府同幹鄜延丹坊州慶成軍管界捉賊

又遷龍衛都虞候兼鄜延巡檢康定初劉平石元孫戰
于三川信以所部兵薄賊斬首數十級遷捧日都虞候
改西京作坊使知鎮戎軍徙保安軍兼鄜延路兵馬都
監始至之夕敵衆號數萬傅城軍吏氣懾信領勁兵二
千夜出南門與戰失其前鋒因按軍不動遲明潛上東
山整軍乘勢而下擊走之獲首級馬牛居多遷鈐轄兼
經略安撫招討都監領貴州刺史葛懷敏戰敗信出兵
拒敵俘斬甚衆進保州刺史就遷馬步軍都總管四路
置招討使遂為本路招討副使累遷馬步軍都虞候象
州防禦使徙高陽關路王則反貝州用安撫使明鎬奏為

貝州城下都總管城破則遁信率兵執則而還餘黨自
焚死拜感德軍節度觀察留後召為步軍副都指揮使
未至卒贈武寧軍節度兼侍中

蔣偕字齊賢華州鄭縣人幼貧有立志父病嘗刲股以
療父愈詰之曰此豈孝邪曰情之所感實不自知也舉
進士補韶州司理參軍以秘書省著作佐郎為大理寺
詳斷官密州豪人王澥使奴殺一家四人偕當澥及奴
皆大辟宰相陳堯佐欲寛澥判審刑院宋庠與偕持之
不從偕以是知名陝西用兵數上書論邊事遷秘書丞
通判同州計置陝西錢粮逾年為沿邊計置青白鹽使

用龐籍范仲淹薦改北作坊副使環慶路兵馬都監歷
知汾涇二州徙原州邊民苦屬户為鈔盜偕得數輩腰
斬境上盜為息遷北作坊使兼本路鈐轄明珠康奴諸
族數為寇偕潛兵伺之斬首四百擒酋豪焚帳落獲馬
牛羊千計所俘皆剺割磔裂于庭下坐客為廢飲食而
偕語笑自若徙華州兵馬鈐轄湖南蠻唐和內寇徙潭
州鈐轄賊平知忻州徙冀州坐擅率粮草降知覇州踰
年徙恩州領韶州刺史屬兵粮乏絶朝廷方募民入粟
增虛直給券詣京師射取錢貨謂之交鈔患未有應令
者偕使州倉謬為入粟數輒作鈔遣屬官持至京師轉

貿得緡錢以補軍食為御史彈奏降知坊州儂智高反
除宮苑使韶州團練使為廣南東西路鈐轄賊方圍廣
州偕馳傳十七日至城下戰士未集會儂智高徙軍沙
頭安撫楊畋檄偕焚糧儲退保韶州坐此降潭州駐泊
都監再降北作坊使忠州刺史命未至軍次賀州太平
場賊夜入營襲殺之贈武信軍節度觀察留後初偕入
廣州即數知州仲簡曰君留兵自守不襲賊又縱步兵
戮平民以幸賞可斬也簡曰安有團練使欲斬侍從官
偕曰斬諸侯劒在吾手何論侍從左右解之乃止卒以
輕肆敗

張忠開封人初隸龍騎備征選為教駿有軍校恣掊斂
忠毆殺之坐配郢州既遁去為盜復招出隸龍猛軍以
材武補三班借職陝西總管司指使數攻破堡砦殺劇
賊張海郭邈山從平恩州功第一累遷如京使資州刺
史歷真定府定州高陽關京東西路兵馬鈐轄儂智高
反就移廣東領英州團練使初智高圍廣州時洪州駐
泊都監蔡保恭及知英州蘇緘以兵八千人據邊渡村
扼賊歸路忠奪而將之謂其下曰我十年前一健兒以
戰功為團練使若曹勉之於是不介騎而前會先鋒遇
賊奔忠手拉賊帥二人馬陷濘不能奮遂中標槍死錄

其父率府副率致仕餘慶為左監門衛大將軍賜第一
區給半俸終身封其母為河內郡夫人弟愿遷右班殿
直閤門祗候官其子永壽永吉永德及其壻劉鎰凡四
人封長女為清河縣君

郭恩開封人初隸諸班出為左侍禁閤門祗候歷延州
西路都巡檢環州肅遠砦主累遷內殿承制秦鳳路兵
馬都監開古渭州路為前鋒斬首九百餘級擢崇儀副
使會掌烏族叛又率兵攻討斬首八十五級遷六宅副
使累勞補崇儀使為秦隴路兵馬鈐轄徙并代州鈐轄
管勾麟府軍馬事夏人歲侵屈野河西地至耕穫時輒

屯兵河西以誘官軍經略使龐籍每戒邊將斂兵河東
毋與戰嘉祐二年自正月出屯至三月然後去通判并
州司馬光行邊至河西白草平數十里無寇跡是時知
麟州武戡通判夏倚已築一堡為候望又與光議曰乘
敵去出不意可更增二堡以據其地請還白經略使益
禁兵三千役兵五百不過二旬壁壘可城然後廢橫戎
臨塞二堡徹其樓櫓徙其甲兵以實新堡列烽燧以通
警急從衙城紅樓之上俯瞰其地猶指掌也有急則州
及橫陽堡出兵救之敵來耕則驅之種則蹂踐之敵盛
則入堡以避如是則堡外必不敢耕種州西五六十里

之內晏然矣籍遂檄麟州如其議五月恩及武戡走馬
承受公事內侍黃道元等以巡邊為名往按視之會詗
者言敵兵盛屯沙黍浪恩欲止不行道元怒以言脅恩
夜率步騎一千四百餘人不甲者半循屈野河北而行
無復部伍夏人舉火卧牛峯戡指以謂恩曰敵已知
吾軍至矣道元曰此爾曹故欲沮我師及聞鼓聲道
元猶不信行至皆口恩欲休軍須曉乃登山道元奮
衣起曰幾年聞郭恩名今日懦怯與賈逵何殊恩亦
慍曰不過死耳乃行北明至忽里堆敵數十人皆西
走相去數十步止恩等踞胡床遣使騎呼之敵不應

亦不動俄而起火敵騎張左右翼自南北交至堆東
有塹其中有梁謂之斷道堰恩等東據梁口與力戰
自旦至食時敵自兩旁塹中攀緣而上四面合擊恩
衆大潰夏倚方在紅樓見敵騎自西山大下與推官
劉公弼率城中諸軍閉門乘城武戡走東山趣城東
扶門以入恩道元及府州寧府砦兵馬都監劉慶皆
被執使臣死者五人軍士三百八十七人已馘耳鼻
得還者百餘人亡失器甲甚衆恩不肯降迺自殺贈
同州觀察使封其妻為京兆郡君錄其子弟有差給
舊俸三年武戡坐棄軍除名編管江州

張岊字子雲府州府谷人以貲為牙將有膽略善騎
射天聖中西夏觀察使阿遇有子來歸阿遇寇麟州
虜邊戶約還子然後歸所虜麟州還其子而阿遇輒
背約安撫使遣岊詰問岊徑造帳中以逆順諭阿遇
阿遇語屈留岊共食阿遇袖佩刀貫大臠啗岊岊引
吻就刀食肉無所憚阿遇復弦弓張鏃指岊腹而彀
岊食不輟神色自若阿遇撫岊背曰真男子也翌日
又與岊縱獵雙兔起馬前岊發兩矢連斃二兔阿遇
驚服遺岊馬橐駞悉歸所虜州將補為來遠砦主手
殺偽首領奪其甲馬時年十八名動一軍元昊犯鄜

延詔麟府進兵岊以都教練使從折繼閔破浪黃党
兒兩族射殺數十人斬偽軍主敎保以功補下班殿
侍三班差使時敵騎方熾中人促賜軍衣至麟州不
得前康德輿管勾軍馬司事遣岊馳騎五十往護之
至青眉浪遇賊接戰流矢貫雙頰岊拔矢鬭愈力奪
馬十二匹而還賊兵攻府州甚急城西南隅庳下賊
將登衆囂曰城破矣岊乘陴大呼搏賊賊稍卻飛矢
中右目下身被三創晝夜督守又帥死士開關護州
人汲于河訖圍解城中水不乏以勞遷右班殿直然
賊嘗往來邀奪饋運以岊為麟府州道路巡檢至深

柏堰遇賊數千分兵追擊斬首百餘級奪兵械馬牛數百近郊民田比秋成未敢穫臣以計于張亢得步卒九百人護之大敗賊於龍門川從諸將通麟州糧道破賊於柏子砦改左班殿直內侍宋永誠傳詔砦下臣護永誠遇賊三松嶺賊以精騎挑戰矢中臣臂猶躍馬左右馳射諸將乘勝而進賊皆棄潰特改西頭供奉官又遷內殿崇班賊破豐州臣與諸將一日數戰破容州刺史耶布移守貴㕘砦俘獲萬計遷禮賓副使明鎬在河東以岢嵐軍當雲朔路奏臣為麟府路駐泊都監兼沿邊都巡檢使駐岢嵐張亢脩並

砦堡障初議置安豐砦於石臺神臣以為非要害之地遂砦徙於生地骨堆以扼賊左右親信咸曰擅易砦地可乎臣曰苟利國家得罪無憾也卒易之已而本道上言左遷絳州兵馬都監二州未解嚴復麟府駐泊都監乜安豐累遷洛苑使嘗從數騎夜入羌中偵機事既還羌覺追之臣隨羌疾馳効羌語與羌俱數里乃得脫前後數中流矢創發臂間卒

張君平字士衡磁州滏陽人以父承訓與契丹戰死補三班差使殿侍黔州指揮使撩兵屢入寇君平引兵擊破之以功遷奉職除駐泊監押徙峇白等州巡檢又以捕賊功遷右班殿直謝德權薦君平河陰窖務擢閤門祗候管勾汴口建言歲開汴口當擇其地得其地則水湍駛而無留沙歲可省功百餘萬又請沿河縣植榆柳為令佐使臣課最及瘞汴河流屍悉從其言天聖初議塞滑州決河以君平習知河事命以左侍禁簽書滑州事兼脩河都監既而河未塞召同提點開封府界縣鎮公事以嘗護滑州隄有功特遷內殿崇班君平以京師數罹水災請委官疏鑿近畿諸州古溝洫久之稍完遂詔畿內及近畿州縣長吏皆兼管勾溝洫河道自畿至泗州道路多群寇君

平請兩驛增置使臣專主捕盜而罷夾河巡檢於是行者無患復為滑州脩河都監遷供備庫副使河平改西作坊使就遷鈐轄卒君平有吏材尤明於水利自議塞河朝廷每訪以利害河平君平且死論者惜之錄三子官子輦皇祐中以尚書虞部員外郎為河陰發運判官管勾汴口嗣其父職云

論曰孔子謂暴虎馮河死而無悔者不與也老氏曰佳兵者不祥景泰輩或起書生或奮行伍或出亡命非有將率之材也泰信以區區之卒嘗摧西夏之彊鋒頗知持重以制敵耳蔣張輕肆自用竟殞于烏合

之寇悬怵道元之勢身陷虎口守義不屈猶足尚也
臣之驍勇固非臨事而懼者君平死戰之子迺明習
水利以吏材稱亦可謂善變矣

史方字正臣開封人應周易學究不中補西第二班殿侍再遷三班奉職為潭澧鼎沿邊同巡檢改右班殿直閤門祗候會澧州民訴下溪州蠻侵其土地遣秉驛往視自竹踈驛至申文崖復地四百餘里得所掠五百餘人又置澧州武口楊泉索溪四砦以扼賊衝就知邵州徙澧州遷右侍禁天禧中下溪州蠻彭仕漢寇辰州殺巡檢王文慶方勒兵入溪洞討捕降其

黨李順同等八百餘人誅其尤惡者杜忽等十九人遷西頭供奉官知辰州兼沿邊溪洞都巡檢使脩南北江五砦徙夔州時富順州蠻田彥晏寇施州焚暗利砦方領兵直抵富順蕩其巢穴窮追彥晏至七女栅降之遷內殿崇班改內殿承制奉使契丹以供備庫副使知環州環慶路兵馬都監先是磨娟浪壹托校拔新兀二兀三六族內寇方諭以恩信乃傳箭牽羊乞和減禁兵五千徙內地以省邊費徙慶州遷禮賓使兼環慶路兵馬鈐轄復知環州歲餘遷愛州刺史為益州鈐轄徙秦鳳路遷西京作坊使卒

盧鑑字正臣金陵人累舉進士不中授三班奉職監坊州酒稅以右班殿直為鄜延路走馬承受公事李繼遷寇邊與總管王榮敗走之又與鈐轄張崇貴擊賊焚其積聚斬首級而還擢閤門祗候為本路兵馬都監復出蕩族帳獲羊牛萬計徙鳳翔秦隴階成等州提點賊盜公事尋為都巡檢使徙利州都監初繼遷聲言石隕帳前有文曰天誡爾勿為中國患鑑時為承受入奏事真宗問之鑑曰此詐為之以欺朝廷也宜益為備至是繼遷陷靈武帝思其言特遷右侍禁知儀州州有制勝關最號險要繼遷欲乘虛襲取

之放言將由此大入諜者以告有詔徙老幼芻粟于內地鑑曰此姦謀也且示虜弱搖民心臣不敢奉詔卒不徙已而賊亦不至再遷西頭供奉官知利州會歲飢以便宜發倉粟振民秩滿民請留詔留一年提點河東路刑獄歷知保州廣信軍原州就為環慶路都監兼知慶州徙環州平磨娟族于合道鎮坐事徙知丹州累遷西京左藏庫使恩州刺史為環慶路鈐轄兼知環州改西上閤門使秦州卒

李渭字師望其先西河人後家河陽進士起家為臨潁縣主簿累官至太常博士會河決滑州天聖初上

治河十策參知政事魯宗道奉詔行河奏渭換北作坊副使與張君平並為脩河都監未幾皆罷以渭為鄆州兵馬都監徙知憲州又知鳳州兼階成州鈐轄初屬戶寇階州沙灘砦渭至詰所以然者乃都校趙釗擾之奏流釗道州以恩信諭酋帥復其砦遷軍器庫副使歷知原環慶三州時詔舉勇略任邊者李諮以渭應詔徙益利路兵馬鈐轄領惠州刺史遷東八作使擢西上閤門使徙鄜延路再遷四方館使寶元元年元昊將山遇率其族來歸且言元昊反狀渭與知州郭勸謀卻之既而元昊果反又與勸奏以為

元昊表至猶稱臣可漸屈以禮朝廷初以渭兼知鄜州坐是貶為尚食使知汝州徙磁州元昊犯邊言者益歸罪于渭復降右監門衛將軍白波兵馬都監卒

王果字仲武深州饒陽人舉明法歷大理寺詳斷官遷光祿寺丞以太子右贊善大夫為審刑院詳議官遷殿中丞奏邊策試舍人院改衣庫副使知永寧軍更尚食使知保州幹丹謀致書求關南地使未至果購諜者先得其藁奏之擢領賀州刺史兼高陽關路兵馬鈐轄中官楊懷敏領沿邊屯田事大廣塘水邊臣莫敢言果獨抗辨水侵民田無益邊備懷敏怒訴果以不法左遷青州兵馬都監歷永興軍兵馬鈐轄知隴州徙詔還遷皇城使河北沿邊安撫副使徙知定州兼真定路兵馬鈐轄叛卒據保州果坐多傷士衆徙知密州又知忻州鄜州擢秦鳳路兵馬總管遷西上閤門使徙知滄州卒

郭諮字仲謀趙州平棘人八歲始能言聰敏過人舉進士歷通利軍司理參軍中牟縣主簿改大理寺丞知濟陰縣建言澶滑堤狹無以殺大河之怒故漢以來河決多在澶滑且黎陽九河之原今若引河出汶子山下穿金堤與橫壠合以達于海則害可息詔本

道使者共議弗合久之坐小法監通利軍稅洺州肥鄉縣田賦不平歲久莫治轉運使楊偕遣諮攝令以往既至閉閤數日以千步方田法四出量括遂得其數除無地之租者四百家正無租之地者百家收逋賦八十萬流民乃復偕奏其才遷殿中丞知館陶縣康定西征諮上戰略獻拒馬擒陣法其制利山川險隘以騎士試上前擢通判鎮戎軍募兵教習會三司議均稅法知諫院歐陽脩言惟諮方田法簡而易行詔諮與孫琳均蔡州上蔡縣稅以母憂免官用宰相呂夷簡薦起為崇儀副使提舉黃御河堤岸時富弼

使契丹諳入對陳大水禦戎之要詔與楊懷敏鄧保
信行河其議決黎陽大河下與胡盧滹沱後唐河以
注塘泊混界河使東北抵于海上溢鸊鵜陂下注北
當城南視塘泊界截虜疆東至海口西接保塞惟保
塞正西四十里水不可到請立堡砦以兵戍之詔儲
用興役會契丹約和而止知丹利二州王則叛文彥
博薦諳知冀州運糧助攻討賊平徙忻州開渭渠導
汾水興水利置屯田轉運使任顓言諳有巧思自為
兵械皆可用詔以所作刻漏圓楯獨轅弩生皮甲來
上帝頗嘉之除益州路兵馬鈐轄累遷英州刺史後

為契丹祭奠副使知汾州未行言獨轅弩可試改鄜
延路兵馬鈐轄許置弩五百募土兵教之既成經略
使夏安期言其便詔立獨轅弩軍以西上閤門使知
潞州言懷保二郡旁山可以植稻定武唐河抵瀛莫
間可與水田又作鹿角車陷馬槍請廣獨轅弩於他
道詔諳置弩千分給并潞諸因上疏曰臣自冠武弁
未嘗一日不思禦戎之計項使契丹觀幽燕地方不
及三百里無十萬人一年之費且烏合之衆非二十
萬不敢舉若以術制之使舉不得利居無以給不踰
數年必棄幽州而遁臣慶曆初經畫河北大水界斷

敵疆乃其術也臣所創車弩可以破堅甲制奔衝若
多設之助以大水取幽薊如探囊中物爾時三司議
均田租召還諳陳均括之法四十條復上平燕議曰
契丹之地自瓦橋至古北口地狹民少自古北口至
中原屬奚契丹自中原至慶州道旁纔七百餘家蓋
契丹疆土雖廣人馬至少儻或南牧必率高麗渤海
黑水女真室韋等國會戰其來既遠其糧匱乏臣聞
以近待遠以佚待勞以飽待飢用兵之善計又聞得
敵自至者勝先據便地者佚以臣所見請舉慶曆之
策合衆河於塘泊之北界以限戎馬然後以景德故

事領兵自守步卒十二萬騎卒三萬疆壯三萬歲計
糧餉百八十三萬六千斛又傍河郡邑可以水運以
給保州然後以拒馬車三千陷馬槍千五百獨轅弩
三萬分選五將臣可以備其一來則戰去則勿追幽
州糧儲既少敵不可久留不半年間當遁沙漠則進
兵斷古北口戕松亭關傳檄幽薊燕南自定且彼之
所恃者惟馬而已但能多方致力使馬不獲伸用則
敵可破幽燕可取帝壯其言詔置獨轅弩二萬同提
舉百司及南北作坊以完軍器諳嘗謂作汴乘索河
三十六陂之流危京師請自鞏西山七里店孤柏嶺

下鑿七十里導洛入汴可以四時行運詔都水監楊
佐同往計度歸未及論功而卒
田敏字子俊本易州牙吏雍熙中王師討幽薊曹彬
進兵涿州敵斷其後王繼恩募勇士持書抵彬敏應
募間行由祁溝關達涿州彬得詔選壯士五十人衛
敏還道遇賊力戰四十八人死敏與兩人者僅以身
免彬上其事太宗召見復令齎詔諭彬師還補敏易
州靜戎指揮使端拱初以所部兵屯定州契丹攻北
唐河大將李繼隆遣部將逆戰為敵所乘奔至水南
敏以百騎奮擊敵懼退水北遂引去又出狼山襲契

丹至滿城獲首級甚衆既而敵陷易州敏失其家所
在帝擢敏本軍都虞候賜白金三百兩使間行求其
父母得之以歸徙屯鎮州而升其指揮為內員僚直
李繼隆討夏州奏隸麾下敏率兵至靈州橐駝口雙
堆西遇敵斬首三千級獲羊馬橐駝鎧仗數萬計繼
隆上其功遷御前忠佐馬步軍副都軍頭既而又從
傅潛于定州時契丹斷蒲陰路城中有神勇軍士千
餘人屬敵兵盛不敢戰敏率輕銳援出之真宗幸天
雄軍詔敏隸高瓊使追賊至寧遠軍以功領涿州刺
史王均亂西川從招安使雷有終敗賊於靈池山賊

平遷馬步軍都軍頭咸平中契丹復入寇敏從王顯
為鎮定先鋒大敗契丹於遂城西羊山斬其酋長真
授單州刺史後為邢州兵馬鈐轄未幾從王超屯定
州遇契丹于望都逆戰斬首二千餘級徙北平砦兵
馬鈐轄領騎兵五千以當其衝先是兩地供輸民多
為契丹鄉導敏自魚臺北悉驅南徙凡七百餘戶送
定州遷北平砦總管賜御劍聽以便宜從事至是契
丹復入寇復與敵戰楊村敗之敏諜知契丹主去北
平十里蒲陰駐砦敏夜率銳兵襲破其營帳契丹主
大驚問撻覽曰今日戰者誰撻覽曰所謂田廂使者

契丹主曰其鋒銳不可當遂引衆去欲攻瀛州不下
欲乘虛犯貝魏詔敏與魏能張凝三路兵入敵境縱
擊以牽其勢敏出西路抵易州南十里屯師石村虜
獲人畜鎧仗以萬計尋詔三路兵還定州敏遇敵于
鎮州之北馬頭嶺復大破之契丹請和乃徙敏鎮定
路都鈐轄遷本州團練使充鎮定路總管徙永興軍
陝州歷鄜延環慶鳳翔三路久之為環慶路都總管
時後橋屬羌數擾邊敏誅違命者十八族又敗羅骨
於三店川遷鄭州防禦使涇原路總管後徙環慶坐
與部豪往還納賂為不法降左屯衛大將軍昭州防

樂使旣而以虢州團練使知隰州復爲環慶路都總管儀州防禦使卒敏在邊二十餘年凡遷授多以功伐雖晚不自飭而朝廷亦優容之

侍其曙字景升父稹左監門衛大將軍曙少舉進士不第以父任爲殿前承旨改右班殿直咸平中以閤門祗候爲蘇杭湖秀等州都巡檢使遷左侍禁領東西排岸司與謝德權提舉在京倉草場嘗於倉隙地牧牛羊爲德權所訟真宗以問德權曰牛羊食倉粟邪曙聞而自劾帝勉諭之它日召曙問汝才孰與德權對曰德權畏法慎事臣乃敢於官倉牧牛羊是不

及也人多稱之鄂州男子聞人若挫告其徒永興民李琰將作亂命曙同度支判官李應機往按之至則設方略捕琰黨三十餘人皆伏法琰辭連已所不快者數十人一切不問青州卒龐德訟其校李緒謀以衆叛帝疑其誣又命曙至青州與通判魏德昇同至劾無驗遂棄德市知青州張齊賢奏曙擅戮人帝曰不爾無以安被告者曙還奏德悍緒治軍嚴故誣之帝擢緒本軍虞候而進曙東頭供奉官初太宗平河東建塔于太原故城塔毀帝欲新之遣內侍經度計工二百萬帝疑命曙往減費十九改內殿崇班祥符

二年黎州夷人爲亂詔曙乘驛往招撫其酋首納款殺牲爲誓曙按行鹽井夷人復叛曙率部兵百餘生擒首領三人斬首數十級因上言蠻阻險拒命請必加討詔知慶州孫正辭環慶駐泊都監張繼勳領陝西兵同曙俱進所至皆降曙又言王師已至而方出請誅之真宗謂王旦曰已降而殺之何以信四夷不許夷人平遷內殿承制再遷如京副使知登州會歲飢請漕江淮米以振貧乏活者甚衆累遷西京作坊使惠州刺史知桂州徙滑州遷西上閤門使徙鄆州提舉在京諸司庫務卒曙爲人沈敏有幹略善論利

害事朝廷數任使之

康德輿字世基河南洛陽人父贊元嘗以作坊使從曹光實襲李繼遷獲其母妻擢崇儀使武州刺史贊元死真宗追其功錄德輿三班奉職遷右班殿直涇原路走馬承受擢閤門祗候河囓陽武埽詔遣德輿完築歷開封府西路都巡檢勾當榷貨務皆兼領埽事改巡護開封府等六州黃河隄岸天聖中使夏州賜趙德明冬服夏人謂曰前康將軍戰靈武者非先世邪德輿懼其復仇紿曰非也還勾當汴口改西頭供奉官用樞密使曹利用薦遷內殿崇班河陰兵馬

都監建浴汴斗門以節水會積雨汴水將溢德興請自京西導水入護龍河水得不溢歷知原州慶州益州路兵馬鈐轄久之領昭州刺史徙并代兵馬鈐轄管勾麟府路軍馬事有蕃部乜羅為殿侍求錦袍驛料德興不與乜羅頗出怨言後有諸乜羅與賊通戰則反射漢人乜羅無以自明乃謀附賊指揮張岊聞之召乜羅與飲乜羅泣曰我豈附賊者邪蓋逃死耳岊以告德興乜羅叛信矣不可不殺元昊方屢入寇德興不聽曰今日豈殺蕃部時邪岊曰叛者特乜羅非衆所欲也請為君召與飲仆崖谷中聲言墮馬死

安知漢殺之德興猶豫不決以問所親所親惡岊短毀之岊計不得行知府州折繼閔聞賊將至以告德興德興怒曰君不召之何以知其來也賊果以乜羅為鄉導自後河川入襲府州蕃漢欲入城德興閉門不納或降賊或為賊所殺不可勝計賊既圍府州德興與馬步軍副總管王元兵馬鈐轄楊懷忠按兵不出戰但移文轉運司調軍食轉運副使文彥博籍民輦運至境以俟而德興等終不出及陷豐州纔出屯州城數里三日而還居民望見以謂寇復至皆棄其所齎入保城郭然朝廷不悉聞德興止坐不出戰降

為東染院使河陽兵馬都監尋復昭州刺史知保州徙真定府定州路總管歷知代石隰三州大名府路鈐轄提舉金堤累遷西上閤門使至和中河決小吳埽破東堤頓丘口居民避水者趨堤上而水至不得達德興以巨艘五十順流以濟之遂免墊溺復領果州團練使知冀州徙趙州有告雲翼卒謀以上元夜劫庫兵為亂德興會賓屬燕飲自若陰遣人捕首謀誅之徙陳州鈐轄卒

張昭遠字持正滄州無棣人父凝殿前都虞候寧州防禦使契丹內寇凝與康保裔伏兵瀛州陷圍中昭

遠年十八挺身掖出之擢左班殿直寄班祗候每出使還奏利害多稱旨為忻州都巡檢改閤門祗候知火山軍管勾河東緣邊安撫司再遷內殿崇班天禧初閤門副使缺員樞密院方奏擬人真宗曰朕有人矣張昭遠知邊略曹儀習朝儀可並除西上閤門副使俄為河北緣邊安撫副使尋知瀛州改東上閤門副使知定州以引進副使復知瀛州遷西上閤門使知雄州獻言歲會四榷場入中銀帝謂輔臣曰先朝置榷場所以通貨非所以計貿易之利也會大雨破塘大溢昭遠勒兵築長堤以捍其衝徙鄜延路兵馬

鈐轄進都鈐轄築堡成平川領忠州刺史知成德軍
邊四方館使滹沱河決壞城郭乃脩五關城外環以
堤民至今為利擢捧日天武四廂都指揮使新州防
禦使歷步軍馬軍都虞候嘉州防禦使知代州召還
改莫州防禦使罷管軍授左龍武軍大將軍昭州防
禦使卒特贈應州觀察使

論曰郭諮以其智巧材略自見於功利之間有足稱
者曙抑其次也餘皆碌碌者矣如方之禦寇鑑之料
敵王果持法峭深治軍嚴辦致其長也田敏屢有戰
功而貪墨敗度幸容於時李渭治無遠略一失機會
關中兵禍數年不解德興閉城以棄其民昭遠計權
場而入馬知聖人懷柔之意哉

列傳卷第八十五

列傳卷第八十六

開府儀同三司上柱國錄軍國重事前中書右丞相兼修國史領經筵事都總裁臣脫脫等奉

敕修

王安石 子雱 唐坰附 王安禮 王安國

王安石字介甫撫州臨川人父益都官員外郎安石
少好讀書一過目終身不忘其屬文動筆如飛初若
不經意既成見者皆服其精妙友生曾鞏攜以示歐
陽脩脩為之延譽擢進士上第簽書淮南判官舊制
秩滿許獻文求試館職安石獨否再調知鄞縣起堤
堰決陂塘為水陸之利貸穀與民出息以償俾新陳
相易邑人便之通判舒州文彥博為相薦安石恬退
乞不次進用以激奔競之風尋召試館職不就脩薦
為諫官以祖母年高辭脩以其須祿養言於朝用為
群牧判官請知常州移提點江東刑獄入為度支判
官時嘉祐三年也安石議論高奇能以辨博濟其說
果於自用慨然有矯世變俗之志於是上萬言書以
為今天下之財力日以困窮風俗日以衰壞患在不
知法度不法先王之政故也法先王之政者法其意
而已法其意則吾所改易更革不至乎傾駭天下之
耳目囂天下之口而固已合先王之政矣因天下之

力以生天下之財收天下之財以供天下之費自古治世未嘗以財不足為公患也患在治財無其道爾在位之人才既不足而閭巷草野之間亦少可用之才社稷之託封疆之守陛下其能久以天幸為常而無一旦之憂乎願監苟且因循之弊明詔大臣為之以漸期合於當世之變臣之所稱流俗之所不講而議者以為迂闊而熟爛者也後安石當國其所注措大抵皆祖此書俄直集賢院先是館閣之命屢下安石屢辭士大夫謂其無意於世恨不識其面朝廷每欲畀以美官惟患其不就也明年同脩起居注辭之

累日閤門吏齎敕就付之拒不受吏隨而拜之則避於廁吏置敕於案而去又追還之上章至八九乃受遂知制誥糾察在京刑獄自是不復辭官矣有少年得鬭鶉其儕求之不與恃與之昵輒持去少年追殺之開封當此人死安石駁曰按律公取竊取皆為盜此不與而彼攜以去是盜也追而殺之是捕盜也雖死當勿論遂劾府司失入府官不伏事下審刑大理皆以府斷為是詔放安石罪當詣閤門謝安石言我無罪不肯謝御史舉奏之置不問時有詔舍人院無得申請除改文字安石爭之曰審如是則舍人不得

復行其職而一聽大臣所為自非大臣欲傾側而為私則立法不當如此今大臣之弱者不敢為陛下守法而彊者則挾上旨以造令諫官御史無敢逆其意者臣實懼焉語皆侵執政由是益與之忤以母憂去終英宗世召不起安石本楚士未知名於中朝以韓呂二族為巨室欲藉以取重乃深與韓絳絳弟維及呂公著交三人更稱揚之名始盛神宗在潁邸維為記室每講說見稱輒曰此非維之說維之友王安石之說也及為太子庶子又薦自代帝由是想見其人甫即位命知江寧府數月召為翰林學士兼侍講熙

寧元年四月始造朝入對帝問為治所先對曰擇術為先帝曰唐太宗何如曰陛下當法堯舜何以太宗為哉堯舜之道至簡而不煩至要而不迂至易而不難但末世學者不能通知以為高不可及爾帝曰卿可謂責難於君朕自視眇躬恐無以副卿此意可悉意輔朕庶同濟此道一日講席群臣退帝留安石坐曰有欲與卿從容論議者因言唐太宗必得魏徵劉備必得諸葛亮然後可以有為二子誠不世出之人也安石曰陛下誠能為堯舜則必有皋夔稷禼誠能為高宗則必有傅說彼二子皆有道者所羞何足道

哉以天下之大人民之衆百年承平學者不為不多然常患無人可以助治者以陛下擇術未明推誠未至雖有皋夔稷卨傅說之賢亦將為小人所蔽卷懷而去爾帝曰何世無小人雖堯舜之時不能無四凶安石曰惟能辨四凶而誅之此其所以為堯舜也若使四凶得肆其讒慝則皋夔稷卨亦安肯苟食其祿以終身乎登州婦人惡其夫寢陋夜以刃斮之傷而不死獄上朝議皆當之死安石獨援律辨證之為合從謀殺傷減二等論帝從安石說且著為令二年二月拜參知政事上謂曰人皆不能知卿以為卿但知

經術不曉世務安石對曰經術正所以經世務但後世所謂儒者大抵皆庸人故世俗皆以為經術不可施於世務爾上問然則卿所施設以何先安石曰變風俗立法度最方今之所急也上以為然於是設制置三司條例司命與知樞密院事陳升之同領之安石令其黨呂惠卿任其事而農田水利青苗均輸保甲免役市易保馬方田諸役相繼並興號為新法遣提舉官四十餘輩頒行天下青苗法者以常平糴本作青苗錢散與人戶令出息二分春散秋斂均輸法者以發運之職改為均輸假以錢貨凡上供之物皆

得徙貴就賤用近易遠預知在京倉庫所當辦者得以便宜蓄買保甲之法籍鄉村之民二丁取一十家為保保丁皆授以弓弩教之戰陣免役之法據家貲高下各令出錢雇人充役下至單丁女戶本來無役者亦一槩輸錢謂之助役錢市易之法聽人賒貸縣官財貨以田宅或金帛為抵當出息十分之二過期不輸息外每月更加罰錢百分之二保馬之法凡五路義保願養馬者戶一匹以監牧見馬給之或官與其直使自市歲一閱其肥瘠死病者補償方田之法以東西南北各千步當四十一頃六十六畝一百六

十步為一方歲以九月令佐分地計量驗地土肥瘠定其色號分為五等以地之等均定稅數又有免行錢者約京師百物諸行利入厚薄皆令納錢與免行戶祗應自是四方爭言農田水利古陂廢堰悉務興復又令民封狀增價以買坊場又增茶鹽之額又設措置河北糴便司廣積糧穀于臨流州縣以備饋運由是賦斂愈重而天下騷然矣御史中丞呂誨論安石過失十事帝為出誨安石薦呂公著代之韓琦諫疏至帝感悟欲從之安石求去司馬光答詔有士夫沸騰黎民騷動之語安石怒抗章自辨帝為巽辭謝

令呂惠卿諭旨韓絳又勸帝留之安石入謝因為上言中外大臣從官臺諫朝士朋比之情且曰陛下欲以先王之正道勝天下流俗故與天下流俗相為重輕流俗權重則天下之人歸流俗陛下權重則天下之人歸陛下權者與物相為重輕雖千鈞之物所加損不過銖兩而移今姦人欲敗先王之正道以沮陛下之所為於是陛下與流俗之權適爭輕重之時加銖兩之力則用力至微而天下之權已歸于流俗矣此所以紛紛也上以為然安石乃視事琦說不得行安石與光素厚光援朋友責善之義三詒書反覆勸

之安石不樂帝用光副樞密光辭未拜而安石出命遂寢公著雖為所引亦以請罷新法出潁州刺史劉述劉琦錢顗孫昌齡王子韶程顥張戩陳襄陳薦謝景溫楊繪劉摯諫官范純仁李常孫覺胡宗愈皆不得其言相繼去驟用秀州推官李定為御史知制誥宋敏求李大臨蘇頌封還詞頭御史林旦薛昌朝范育論定不孝皆罷逐翰林學士范鎮三疏言青苗奪職致仕惠卿遭喪去安石未知所託得曾布信任之亞於惠卿三年十二月拜同中書門下平章事明年春京東河北有烈風之異民大恐帝批付中書令省

事安靜以應天變放遣兩路募夫責監司郡守不以上聞者安石執不下開封民避保甲有截指斷腕者知府韓維言之帝問安石安石曰此固未可知就令有之亦不足怪今士大夫睹新政尚或紛然驚異況於二十萬戶百姓固有惷愚為人所惑動者豈應為此遂不敢一有所為邪帝曰民言合而聽之則勝亦不可不畏也東明民或遮宰相馬訴助役錢安石白帝曰知縣賈蕃乃范仲淹之壻好附流俗致民如是又曰治民當知其情偽利病不可示姑息若縱之使妄經省臺鳴鼓邀駕恃衆僥倖則非所以為政其彊

辯背理率類此帝用韓維為中丞安石憾曩言指為善附流俗以非上所建立因維辭而止歐陽脩乞致仕馮京請留之安石曰脩附麗韓琦以琦為社稷臣如此人在一郡則壞一郡在朝廷則壞朝廷留之安用乃聽之富弼以格青苗解使相安石謂不足以阻姦至比之共鯀靈臺郎尤瑛言天久陰星失度宜退安石即黥隸英州唐坰本以安石引薦為諫官因請對極論其罪謫死文彥博言市易與下爭利致華嶽山崩安石曰華山之變殆天意為小人發市易之起自為細民久困以抑兼并爾於官何利焉閼其奏出

彥博守魏於是呂公著韓維安石藉以立聲譽者也
歐陽脩文彥博薦己者也富弼韓琦用為侍從者也
司馬光范鎮交友之善者也悉排斥不遺力禮官議
正太廟太祖東鄉之位安石獨定議還僖祖於祧廟
議者合爭之弗得上元夕從駕乘馬入宣德門衛士
訶止之策其馬安石怒上章請逮治御史蔡確言宿
衛之士拱扈至尊而已宰相下馬非其處所應訶止
帝卒為杖衛士斥內侍安石猶不平王韶開熙河奏
功帝以安石主議解所服玉帶賜之七年春天下久
旱饑民流離帝憂形於色對朝嗟嘆欲盡罷法度

之不善者安石曰水旱常數堯湯所不免此不足招
聖慮但當脩人事以應之帝曰此豈細事朕所以恐
懼者正為人事之未脩爾今取免行錢太重人情咨
怨至出不遜語自近臣以至后族無不言其害兩宮
泣下憂京師亂起以為天旱更失人心安石曰近臣
不知為誰若兩宮有言乃向經曹佾所為爾馮京曰
臣亦聞之安石曰士大夫不逞者以京為歸故京獨
聞此言臣未之聞也監安上門鄭俠上疏繪所見流
民扶老攜幼困苦之狀為圖以獻曰旱由安石所致
去安石天必雨俠又坐竄嶺南慈聖宣仁二太后流

涕謂帝曰安石亂天下帝亦疑之遂罷為觀文殿大
學士知江陵府自禮部侍郎超九轉為吏部尚書呂
惠卿服闋安石朝夕汲引之至是白為參知政事又
乞召韓絳代己二人守其成模不少失時號絳為傳
法沙門惠卿為護法善神而惠卿實欲自得政忌安
石復來因鄭俠獄陷其弟安國又起李士寧獄以傾
安石絳覺其意密白帝請召之八年二月復拜相安
石承命即倍道來三經義成加尚書左僕射兼門下
侍郎以子雱為龍圖閣直學士雱辭惠卿勸帝允其
請由是嫌隙愈著惠卿為蔡承禧所擊居家俟命雱

風御史中丞鄧綰復彈惠卿與知華亭縣張若濟為
姦利事置獄鞫之惠卿出守陳十月彗出東方詔求
直言及詢政事之未協於民者安石率同列疏言晉
武帝五年彗出軫十年又有孛而其在位二十八年
與乙巳占所期不合蓋天道遠先王雖有官占而所
信者人事而已天文之變無窮上下傅會豈無偶合
周公召公豈欺成王哉其言中宗享國日久則曰嚴
恭寅畏天命自度治民不敢荒寧其言夏商多歷年
所亦曰德而已裨竈言火而驗欲禳之國僑不聽則
曰不用吾言鄭又將火僑終不聽鄭亦不火有如裨

竈未免妄誕況今星工哉所傳占書又世所禁謄寫譌誤尤不可知陛下盛德至善非特賢於中宗周召所言則既閼而盡之矣豈須愚瞽復有所陳竊聞兩宮以此為憂望以臣等所言力行開慰帝曰聞民間殊苦新法安石曰祁寒暑雨民猶怨咨此無庸恤帝曰豈若并祁寒暑雨之怨亦無邪安石不悅退而屬疾臥帝慰勉起之其黨謀曰今不取上素所不喜者暴進用之則權輕將有窺人間隙者安石是其策帝喜其出悉從之時出師安南諜得其露布言中國作青苗助役之法窮困生民我今出兵欲相拯濟安石

怒自草敕牓詆之華亭獄久不成雱以屬門下客呂嘉問練亨甫共議取鄧綰所列惠卿事雜他書下制獄安石不知也省吏告惠卿于陳惠卿以狀聞且訟安石曰安石盡棄所學隆尚縱橫之末數方命矯令罔上要君此數惡力行於年歲之間雖古之失志倒行而逆施者殆不如此又發安石私書曰無使上知者帝以示安石安石謝無有歸以問雱雱言其情安石咎之雱憤恚疽發背死安石暴綰罪云為臣子弟求官及薦臣壻蔡卞遂與亨甫皆得罪綰始以附安石居言職及安石與呂惠卿相傾綰極力助攻惠卿

上頗厭安石所為綰懼失勢屢留之於上其言無所顧忌亨甫險薄諂事雱以進至是皆斥安石之再相也屢謝病求去及子雱死尤悲傷不堪力請解幾務上益厭之罷為鎮南軍節度使同平章事判江寧府明年改集禧觀使封舒國公屢乞還將相印元豐二年復拜左僕射觀文殿大學士換特進改封荊哲宗立加司空元祐元年卒年六十八贈太傅紹聖中謚曰文配享神宗廟庭崇寧三年又配食文宣王廟列于顏孟之次追封舒王欽宗時楊時以為言詔停之高宗用趙鼎呂聰問言停宗廟配享削其王封初安

石訓釋詩書周禮既成頒之學官天下號曰新義晚居金陵又作字說多穿鑿傅會其流入於佛老一時學者無敢不傳習主司純用以取士士莫得自名一說先儒傳註一切廢不用黜春秋之書不使列於學官至戲目為斷爛朝報安石未貴時名震京師性不好華腴自奉至儉或衣垢不澣面垢不洗世多稱其賢蜀人蘇洵獨曰是不近人情者鮮不為大姦慝作辯姦論以剌之謂王衍盧杞合為一人安石性強忮遇事無可否自信所見執意不回至議變法而在廷交執不可安石傳經義出己意辯論輒數百言衆不

能詆甚者謂天變不足畏祖宗不足法人言不足恤罷黜中外老成人幾盡多用門下儇慧少年久之以旱引去洎復相歲餘罷終神宗世不復召凡八年子雱

雱字元澤為人慓悍陰刻無所顧忌性敏甚未冠已著書數萬言年十三得秦卒言洮河事歎曰此可撫而有也使西夏得之則吾敵彊而邊患博矣其後王韶開熙河安石力主其議蓋兆於此舉進士調旌德尉雱氣豪睥睨一世不能作小官作策三十餘篇極論天下事又作老子訓傳及佛書義解亦數萬言時

安石執政所用多少年雱亦欲預選乃與父謀曰執政子雖不可預事而經筵可處安石欲上知而自用乃以雱所作策及注道德經鏤板鬻于市遂傳達於上鄧綰曾布又力薦之召見除太子中允崇政殿說書神宗數留與語受詔撰詩書義擢天章閣待制兼侍講書成遷龍圖閣直學士以病辭不拜安石更張政事雱實導之常稱商鞅為豪傑之士言不誅異議者法不行安石與程顥語雱因首跣足攜婦人冠以出問父所言何事曰以新法數為人所沮故與程君議雱大言曰梟韓琦富弼之頭于市則法行矣安石遽曰兒誤矣卒時纔三十三特贈左諫議大夫

唐坰者以父任得官熙寧初上書云秦二世制於趙高乃失之弱非失之彊神宗悅其言又云青苗法不行宜斬大臣異議如韓琦者數人安石尤喜之薦使對賜進士出身為崇文校書上薄其人除知錢塘縣安石欲留之乃令鄧綰薦為御史遂除太子中允數月將用為諫官安石疑其輕脫將背已立名不除職以本官同知諫院非故事也坰果怒安石易已凡奏二十疏論時事皆留中不出乃因百官起居日扣陛請對上令諭以他日坰伏地不起遂召升殿坰至御

坐前進曰臣所言皆大臣不法請對陛下一一陳之乃搢笏展疏目安石曰王安石近御坐聽劄子安石遲遲坰訶曰陛下前猶敢如此在外可知安石悚然而進坰大聲宣讀凡六十條大略以安石專作威福曾布等表裏擅權天下但知憚安石威權不復知有陛下文彥博馮京知而不敢言王珪曲事安石無異厮僕且讀且目珪珪慚懼俛首元絳薛向陳繹安石頤指氣使無異家奴張琥李定為安石爪牙臺官張商英乃安石鷹犬逆意者雖賢為不肖附己者雖不肖為賢至詆為李林甫盧杞上屢止之坰慷慨自若

略不退傴讀已下殿再拜而退侍臣衛士相顧失色安石為之請去閤門糾其瀆亂朝儀貶潮州别駕鄧綰申救之且自劾繆舉安石曰此素狂不足責改監廣州軍資庫後徙吉州酒稅卒官

論曰朱熹嘗論安石以文章節行高一世而尤以道德經濟為己任被遇神宗致位宰相世方仰其有為庶幾復見二帝三王之盛而安石乃汲汲以財利兵革為先務引用凶邪排擯忠直躁迫強戾使天下之人囂然喪其樂生之心卒之群姦嗣虐流毒四海至於崇寧宣和之際而禍亂極矣此天下之公言也昔

神宗欲命相問韓琦曰安石何如對曰安石為翰林學士則有餘處輔弼之地則不可神宗不聽遂相安石嗚呼此雖宋氏之不幸亦安石之不幸也

王安禮字和甫安石之弟也早登科從河東唐介辟熙寧中鄜延路城囉兀河東發民四萬負餉宣撫使韓絳檄使佐役後帥呂公弼將從之安禮爭曰民兵不習武事今敺之深入此不為寇所乘則凍餓而死爾宜亟罷遣公弼用其言民得歸而他路遇敵者全軍皆覆公弼執安禮手言曰四萬之衆豈偶然哉果有陰德相與共之初絳專爵賞既上冣多失實公弼

以狀聞詔即河東議功公弼將受之安禮曰宣撫使以宰相節制諸道且許便宜封授一有不韙人猶得非之公藩臣乃欲揄進功狀于非其任邪公弼遽辭遂薦安禮于朝神宗召對欲驟用之安石當國辭以為著作佐郎崇文院校書他日得見命之坐有司言八品官無賜坐者特命之遷直集賢院出知潤州湖州召為開封府判官嘗偕尹奏事既退獨留訪以天下事帝甚鄉納直舍人院同脩起居注蘇軾下御史獄勢危甚無敢救者安禮從容言自古大度之主不以言語罪人軾以才自奮謂爵位可立取顧録録如

此其心不能無觖望今一旦致於理恐後世謂陛下不能容才帝曰朕固不深譴也行為卿貰之卿第去勿漏言軾方貫怨於衆恐言者緣以害卿也李定張璪皆擿使勿救安禮不答軾以故得輕比進知制誥彗星見詔求直言安禮上疏曰人事失於下變象見於上陛下有仁民愛物之心而澤不下究意者左右大臣不均不直謂忠者為不忠不賢者為賢乘權射利者用力殫於溝瘠取利究於園夫足以干陰陽而召星變願察親近之行杜邪枉之門至於祁穰小數貶損舊章恐非所以應天者帝覽數嘉歎諭之曰王

珪欲使卿條具朕嘗謂不應沮格人言以自壅障令以一指蔽目雖泰華在前弗之見近習蔽其君何以異此卿當益自信以翰林學士知開封府事至立斷前滯訟不得其情及具按而未論者幾萬人安禮剖决未三月三獄院及畿赤十九邑囚繫皆空書揭於府前遼使過而見之歎息誇異帝聞之喜曰昔秦内史廖從容俎豆以奪由余之謀今安禮能勤吏事駭動殊鄰於古無愧矣特升一階帝數失皇子太史言民墓多迫京城故不利國嗣詔悉改卜無慮數十萬計衆洶懼安禮諫曰文王卜世三十其政先於掩骼

埋胔未聞遷人之冢以利其嗣者帝惻然而罷遷者運得匿名書告人不軌所涉百餘家帝付安禮曰亟治之安禮驗所指皆略同最後一書加三人有姓薛者安禮喜曰吾得之矣呼問薛曰若豈有素不快者耶曰有持筆來售者拒之鞅鞅去其意似見銜即命捕訊果其所為也即梟其首于市不逮一人京師謂為神明宗室令騂以數十萬錢買妾久而斥歸之訴府督元直安禮視妾既火敗其面矣即奏言妾之所以直數十萬者以姿首也今炙敗之則不復可鬻此與炮烙之刑何異請勿理其直而加厚譴以為戒詔

從之彻奪令騂奉後宮造油箔約三年損者反其價纔一年有損者中官持詔府請如約詞氣甚厲安禮曰庸詎非置之不得其地為風雨燥濕所壞耶苟如是民將無復得直約不可用也卒不追以是宗室中貴人皆憚之元豐四年初分三省置執政拜中大夫尚書右丞轉左丞王師問罪夏國涇原承受梁同奏轉運使葉康直餉米惡不可食帝大怒曰貴糴遠餉反不可用徒斃民力於道路康直可斬也安禮曰此一梁同之言疑未必實當按之乃遣判官張大寧與同參覈且械繫康直以俟既而米可用者什八九帝

意解赦康直是時伐夏不得志李憲又欲再舉帝以訪輔臣王珪曰向所患者用不足朝廷今捐錢鈔五百萬緡以供軍食有餘矣安禮曰鈔不可噉必變而為錢錢又變為芻粟今距出征之期纔兩月安能集事帝曰李憲以為已有備彼宦者能如是卿等獨無意乎唐平淮蔡唯裴度謀議與主同今乃不出公卿而出於閹寺朕甚耻之安禮曰淮西三州爾有裴度之謀李光顏李愬之將然猶引天下之兵力歷歲而後定今夏氏之疆非淮蔡比憲材非度匹諸將非有光顏愬輩臣懼無以副聖志也帝悟而止後欲除憲

節度使安禮又以為不可御史中丞舒亶上章詆執政且言尚書不置錄目有旨按吏罪安禮請取臺錄以為式乃與省中同遂并列亶他事亶坐廢徐禧計議邊事安禮曰禧志大材疏必誤國及永樂敗書聞帝曰安禮每勸朕勿用兵少置獄蓋為是也久之御史張汝賢論其過以端明殿學士知江寧府汝賢亦罷元祐中加資政殿學士歷楊青蔡三州又為御史言失學士移舒州紹聖初還職知永興軍二年知太原府苦風痺臥帳中決事下不敢欺卒年六十二贈右銀青光祿大夫安禮偉風儀論議明辨常以經綸

自任而闊略細謹以故數詒口語云

王安國字平甫安禮之弟也幼敏悟未嘗從學而文詞天成年十二出所為詩銘論賦數十篇示人語皆警拔遂以文章稱于世士大夫交口譽之於書無所不通數舉進士又舉茂材異等有司考其所獻序言為第一以母喪不試廬于墓三年熙寧初韓絳薦其材行召試賜及第除西京國子教授官滿至京師上以安石故賜對帝曰卿學問通古今以漢文帝為何如主對曰三代以後未有也帝曰但恨其才不能立法更制爾對曰文帝自代來入未央宮定變故俄頃呼吸間恐無才者不能至用賈誼言待群臣有節專務以德化民海內興於禮義幾致刑措則文帝加有才一等矣帝曰王猛佐苻堅以蕞爾國而令必行今朕以天下之大不能使人何也曰猛教堅以峻刑法殺人致秦祚不傳世今刻薄小人必有以是誤陛下者願顓以堯舜三代為法則下豈有不從者乎又問卿兄秉政外論謂何曰恨知人不明聚斂太急爾帝默然不悅由是別無恩命止授崇文院校書後改秘閣校理屢以新法力諫安石又質責曾布誤其兄深惡呂惠卿之姦先是安國教授西京頗溺於聲色安

石在相位以書戒之曰宜放鄭聲安國復書曰亦願兄遠佞人惠卿銜之及安石罷相惠卿遂因鄭俠事陷安國坐奪官放歸田里詔以諭安石安石對使者泣下既而復其官命下而安國卒年四十七

論曰安石惡蘇軾而安禮救之昵惠卿而安國折之議者不以咎二弟也惟其當而已矣安禮為政有足稱者安國早卒故不見於用云

列傳卷第八十六

列傳卷第八十七　宋史三百二十八

開府儀同三司上柱國錄軍國重事前中書右丞相監修國史領經筵事都總裁臣脫脫等奉

勅修

李清臣　安燾　張璪

蒲宗孟　黃履　蔡挺兄抗

王韶子厚　寀　薛向子嗣昌　章楶

李清臣字邦直魏人也七歲知讀書日數千言暫經目輒誦稍能戲為文章客有從京師來者與其兄談佛寺火清臣從傍應曰此所謂災也或者其蠹民已甚天固儆之邪因作浮圖災解兄驚曰是必大吾門

韓琦聞其名以兄之子妻之舉進士調邢州司戶參軍和川令歲滿薦者踰十數應得京官適舉將薛向有公事未竟閡銓格判銓張掞擿使自陳勿用清臣曰人以家保己而已捨之薄矣願待之掞離席曰君能如是未可量也應材識兼茂科歐陽脩壯其文以比蘇軾治平二年試秘閣考官韓維曰荀卿氏筆力也試文至中書脩迎語曰不置李清臣於第一則謬矣啓視如言時大雨霖災異數見論者歸咎濮議及廷對或謂曰宜以五行傳簡宗廟水不潤下為證必擢上第清臣曰此漢儒附會之說也吾不之信民間豈無疾痛可上者乎即條對言天地之大譬如人一身腹心肺腑有所攻塞則五官為之不寧民人生聚天地之腹心肺腑也日月星辰天地之五官也善止天地之異者不止其異止民之疾痛而已策入等以秘書郎簽書平江軍判官名聲籍甚英宗知之語王廣淵曰韓琦固忠臣但避嫌太審如李清臣者公議皆謂可用顧以親抑之可乎既而詔舉館閣歐陽脩薦之得集賢校理同知太常禮院從韓絳使陝西慶卒亂家屬九指揮應誅清臣請於絳配隸為奴婢絳坐貶清臣亦通判海州久之還故官出提點京東刑

獄齊魯盜賊為天下劇設耳目方略名捕且盡作韓琦行狀神宗讀之曰良史才也召為兩朝國史編脩官撰河渠律曆選舉諸志文直事詳人以為不減史漢同脩起居注進知制誥翰林學士元豐新官制拜吏部尚書清臣官右正言當易承議階帝曰安有尚書而猶承議郎者乃授朝奉大夫六年拜尚書右丞哲宗即位轉左丞時熙豐法度一切釐正清臣固爭之罷為資政殿學士知河陽徙河南永興召為吏部尚書給事中姚勔駁之改知真定府班行有王宗正者致憾於故帥使其妻詣使者告前後饋餉過制囚

繫數百人清臣至立奏觧其獄而竄宗正帝親政拜中書侍郎勔復駮之不聽紹聖元年廷試進士清臣發策曰今復詞賦之選而士不知勸罷常平之官而農不加富可差可募之說雜而役法病或東或北之論異而河患滋賜土以柔遠也而羌夷之患未弭弛利以便民也而商賈之路不通夫可則因否則革惟當之為貴聖人亦何有必焉主意皆絀元祐之政策士悟其指於是紹述之論大興國是遂變范純仁去位清臣獨顓中書亟復青苗免役法除諸路提舉官覬為相顧蘇轍軋己洒摘轍嘗以漢武比先帝激上怒轍罷時召章惇未至清臣心盎覬之已而惇入相復與為異惇既逐諸臣并籍文彥博呂公著以下三十人將悉竄嶺表清臣曰更先帝法度不為無過然皆累朝元老若從惇言必大駭物聽帝曰是豈無中道耶合揭榜朝堂置餘人不問鄜延亡金明砦主將張輿戰沒惇怒議盡戮全軍四千人清臣曰將死亦多端或先登爭利或輕身入敵今悉誅吏士異時亡將必舉軍降虜矣於是但誅牙兵十六輩上幸楚王第有狂婦人遮道叫呼告清臣謀反屬吏捕治本澶州娼而為清臣姑子田氏外婦者清臣不能引去用

御史言以大學士知河南尋落職知真定府初蔡確子渭上書訴父冤造奇譖以危劉摯等清臣心知其誣弗之省坐奪學士徽宗立入為門下侍郎僕射韓忠彥與之有連惟其言是聽出范純禮張舜民不使呂希純劉安世入朝皆其謀也尋為曾布所陷出知大名府而卒年七十一贈金紫光祿大夫清臣蚤以詞藻受知神宗建大理寺築都城皆命作記簡重宏放文體各成一家為人寬洪不忮害嘗為舒亶所劾及在尚書亶以贓抵罪獨申救之曰亶信亡狀然謂之贓則不可再為姚勔所駮當紹聖議貶或激使甘心清臣為之言曰勔以職事所見或不同豈應以臣故而加重帝悟薄勔罪起身窮約以儉自持至富貴不改居官奉法毋敢撓以私然志在利祿不公於謀國一意欲取宰相故操持悖謬竟不如顧以死後朝議以復孟后罪追貶武安軍節度副使再貶雷州司戶參軍

安燾字厚卿開封人幼警悟年十一從學里中羞與群兒伍聞有老先生聚徒往師之先生曰汝方為誦數之學未可從吾游當群試省題一詩中選乃置汝燾無難色詩成出諸生上由是知名登第調蔡州觀

寀推官至太常丞主管大名府路機宜文字用歐陽脩薦為秘閣校理判吏部南曹荊湖北路轉運判官提點刑獄兼常平農田水利差役事時方與新法奉行之吏或迎合求進司農符檄日夜下如免役增寬賸造簿供手實青苗責保任追胥苛切其類旁午燾平心奉法列其泰甚於朝移使京東路過闕入見神宗偉其儀觀留檢正中書孔目房脩起居注元豐初高麗新通使假燾左諫議大夫往報之高麗迎勞館餼加契丹禮數等使近臣言王遇使者甚敬出誠心非若奉契丹苟免邊患而已燾笑答曰尊中華事大

國禮一也特以罕至有加爾朝廷與遼國通好久豈復於此較厚薄哉使還帝以為知禮即授所假官兼直學士院知審刑院決剖滯訟五百餘案因言每赦獄上省輕重有疑則必致駁勢既不敵故法官顧避稽停請自今以疑獄讞者皆得輕論從之求知陳州還為龍圖閣直學士判軍器監命館遼使方宴近郊使者不令其徒分坐廡下力爭之使無以奪至肄儀將見又不使綴行分班使者入餘皆坐門外燾請令門見而出衆始愧悔逮辭日悉如儀或謂細故無足較燾曰契丹喜嘗試人其漸不可長也俄權三司使

改戶部尚書六年同知樞密院夏人欵塞乞還侵疆燾言地有非要害者固宜予然羌情無厭當使知吾宥過而息兵不應示以厭兵之意哲宗立復仍前議二府遂欲并棄熙河燾固爭之曰自靈武而東皆中國故地先帝有此武功今無故棄之豈不取輕於外夷於是但以葭蘆等四砦歸之蔡確章惇用事燾循循其間不能有所建明元祐二年進知院事時復洮河擒鬼章青宜結二邊少清而並塞猶苦寇掠燾言為國者不可好用兵亦不可畏用兵好則疲民畏則遺患今朝廷每戒疆吏非舉國入寇毋得應之則固

畏用兵矣雖僅保障戍實墮其計中頗復講攻擾之策且乾順幼豎梁氏擅權族黨酋渠多反側顧望若有以離間之未必不回戈而復怨此一奇也其後夏人自相携貳使來脩貢悉如燾策宣仁太后患國用不足頗裁冗費宗室奉亦在議中燾諫曰陛下雖痛抑外家以示至公然此舉不可不深思而熟計太后悟遂止大河北流宰相主水官議必欲回之東注燾以河流入濼淀久必淤淺恐河朔無以禦敵遂上言曰自小吳未決之前河雖屢徙而盡在中國故京師得以為北限今決而西則河尾益北如此不已將南

岸遂屬敵界彼若建橋梁守以州郡窺兵河外可為寒心今水官之議不過論地形較功費而獻納之臣不考利害輕重徒便於治河而以設險為緩非至計也帝雖然之而回河之議紛起東北蕭然煩費功亦不就三年同列皆序遷且新用執政燾獨如初詔增其兩秩燾懇辭曰是雖有故事竊意以一時同列超升之故特用是以慰安其心爾今日顧自臣革之使朝廷不為姑息而大臣稍敦廉恥之風庶或有補竟不受以母憂去卒喪拜觀文殿學士知鄭州徙潁昌及河南府入為門下侍郎宣仁之喪宗室既為三年

服才越歲章惇拜相欲革為期燾爭之曰上以先后保佑之久追崇如恐不盡茲用明道故實耳遽改之播諸天下非佳聲也乃止燾與惇布衣交覬其助己燾不肯少下之陽翟民蓋漸有財訟而與諫官來之邵交通開封得其事惇右之邵欲薄其罪燾不可復欲并劾開封燾又不可遂與惇隙明堂齋祠為儀仗使後官有絕馳道穿仗而過者燾方舉劾諫官常安民又言教坊不當於相國寺作樂帝怒欲逐安民燾為救釋惇遂譖其相表裏出知鄭州徙大名父日華本三班院吏以燾恩封光祿大夫至是卒年九十餘

燾免喪徽宗立復知樞密院舊制內侍出使以所得旨言於院審實乃得行後多輒去燾請按治之都知閻守懃領他職祈罷不以告亦劾之帝敕守懃詣燾謝郝隨得罪或揣上意且起用欲援赦為階亦爭之以老避位帝將寵以觀文殿大學士有聞之者曰是宰相恩典也但以學士知河南將行上疏曰自紹聖元符以來用事之臣持紹述之名誑惑君父上則固寵位而快恩讎下則希進用而肆朋附彼自為謀則善矣未嘗有毫髮為公家計者也夫聽言之道必以其事觀之臣不敢高談遠引獨以神考之事切於今

者為證熙寧元豐之間中外府庫無不充衍小邑所積錢米亦不減二十萬紹聖以還傾竭以供邊費使軍無見糧吏無月俸公私虛耗未有甚於此時而反謂紹述豈不為厚誣哉願陛下監之勿使飾偏辭而為身謀者復得行其說又言東京黨禍已萌願戒履霜之漸語尤激切初建青唐邈川為湟州戍守困於供億燾在樞府因議者以為可棄奏還之崇寧元年議其罪降端明殿學士再貶寧國軍節度副使漢陽軍安置湟州復又降祁州團練副使鄯州之復又移建昌軍然棄鄯州時燾居憂不預也終不敢自明閱

再歲始復通議大夫還洛卒年七十五後五歲悉還其官職子扶靖康時為給事中金人入京師責取金帛扶與梅執禮陳知質程振皆見殺

張璪初名琥字邃明滁州全椒人洎之孫也早孤鞠於兄環欲任以官辭不就未冠登第歷鳳翔法曹縉雲令王安石與環善既得政將用之而環已老乃引璪同編脩中書條例授集賢校理知諫院直舍人院楊繪劉摯論助役安石使璪為文詰之辭曾布請為之由是忤安石意神宗欲命璪知制誥安石薦用布以璪同脩起居注自縣令至是才歲餘坐奏事不實

解三職已而復之時建議武學璪言古之太學舞干習射受成獻功莫不在焉文武之才皆自此出未聞偏習其一者也請無問文武之士一養于太學朝廷既復河隴欲因勢戡定夔蜀荊廣諸夷璪言先王務治中國而已今生財未盡有道用財未盡有禮不宜遠及徂征之事皆不聽以集賢殿脩撰知蔡州復知諫院兼侍御史知雜事盧秉行鹽法於東南操持峻急一人抵禁數家為黥徙且破產以償告捕二年中犯者萬人璪條列其狀又言行役法以來最下户亦每歲納錢乞度寬羨數均損之以惠貧弱後皆施行

鄭俠事起璪媚呂惠卿劾馮京與俠交通有迹深其辭致京等於罪判司農寺出知河陽元豐初入權度支副使遂知制誥知諫院判國子監薦蔡卞可為直講建增博士弟子員月書季考歲校以行藝次升略倣周官鄉比之法立齋舍八十二學官之盛近代莫比其議多自璪發之蘇軾下臺獄璪與李定雜治謀傅致軾於死卒不克詳定郊廟奉祀禮文議者多以夏至之日備禮容樂舞以冢宰攝事帝曰在今所宜無以易此卒行其說為翰林學士詳定官制以寄祿二十四階易前日省寺虛名而職事名始正四年拜

參知政事改中書侍郎哲宗立諫官御史合攻之謂璪姦邪便佞善窺主意隨勢所在而依附之往往以危機陷人深交舒亶數起大獄天下共知其為大姦小人而在高位德之賊也疏入皆不報最後劉摯言璪初奉安石旋附惠卿隨王珪黨章惇諂蔡確數人之性不同而能探情變節左右從順各得其歡心今過惡既章不可不速去如是踰歲乃以資政殿學士知鄭州徙河南定州大名府進大學士知揚州以卒贈右銀青光祿大夫謚曰簡翼

蒲宗孟字傳正閬州新井人第進士調夔州觀察推官治平中水災地震宗孟上書斥大臣及宮禁宦寺熙寧元年改著作佐郎神宗見其名曰是嘗言水災地震者邪召試學士院以為館閣校勘檢正中書戶房兼脩條例進集賢校理時三司新置提舉帳司官祿豐地要人人欲得之執政上其員帝命與宗孟命察訪荊湖兩路奏罷辰沅役錢及湖南丁賦遠人賴之呂惠卿制手實法然猶許災傷五分以上不預宗孟言民以手實上其家之物產而官為注籍以正百年無用不明之版圖而均齊其力役天下良法也然災傷五分不預焉臣以為使民自供初無所擾何待豐歲願詔有司勿以豐凶弛張其法從之民於是益病矣徙同脩起居注直舍人院知制誥帝又稱其有史才命同脩兩朝國史為翰林學士兼侍讀舊制學士唯服金帶宗孟入謝帝曰學士職清地近非他官比而官儀未寵迺加佩魚遂著為令樞密都承旨張誠一預書局事頗肆橫挾中旨以脅同列宗孟持其語質帝前皆非是因叩頭白其姦帝察其不阿歆大用拜尚書左丞帝嘗語輔臣有無人才之歎宗孟率爾對曰人才半為司馬光邪說所壞帝不語直視久

之曰蒲宗孟乃不取司馬光邪未論別事只辭樞密一節朕自即位以來唯見此一人他人則雖迫之使去亦不肯矣宗孟慚懼至無以為容使一歲御史論其荒于酒色及繕治府舍過制罷知汝州踰年加資政殿學士徙亳杭鄆三州鄆介梁山濼素多盜宗孟痛治之雖小偷微罪亦斷其足盜雖為衰止而所殺亦不可勝計矣方徙河中御史以慘酷劾奪職知虢州明年復知河中還其職帥永興移大名宗孟厭苦易地頗默默不樂復求河中卒年六十六宗孟趣尚嚴整而性侈汰藏帑豐每旦刲羊十豕十然燭三百入郡舍或請損之愠曰君欲使我坐暗室忍饑邪常日盥潔有小洗面大洗面小濯足大濯足小大澡浴之別每用婢子數人一浴至湯五斛他奉養率稱是嘗以書抵蘇軾云晚年學道有所得軾答之曰聞所得甚高然有二事相勸一曰慈二曰儉也蓋鍼其失云

黃履字安中邵武人少游太學舉進士調南京法曹又為高密廣平王二宮教授館閣校勘同知禮院擢監察御史裏行辭御史改崇政殿說書兼知諫院神宗嘗詢天地合祭是非對曰國朝之制冬至祭天圓

丘夏至祭地方澤每歲行之皆合於古猶以有司攝
事未足以盡於是三歲一郊而親行之所謂因時制
宜者也雖施之方今為不可易惟合祭之非在所當
正然今日禮文之失非獨此也願敕有司正群祀為
一代損益之制詔置局詳定命履董之北郊之議遂
定同脩起居注進知制誥同脩國史遭母憂去服除
以禮部尚書召時閩中患苦鹽法獻言者衆神宗謂
履自閩來恃以為決履乃陳法甚便遂不復革鄉論
鄙之遷御史中丞履以大臣多因細故罰金遂言賈
誼有云遇之以禮則群臣自喜群臣且然況大臣乎

使罪在可議黜之可也可恕釋之可也豈可罰以示
辱哉時又制侍郎以下不許獨對履言陛下博訪萬
務雖遠外微官猶令獨對顧於侍從乃弗得顧也遂
刋其制御史翟思言事有旨詰所自來履諫曰御史
以言為職非有所聞則無以言今乃究其自來則人
將懲之臺諫不復有聞矣恐失開言路之意事乃寢
哲宗即位徙為翰林學士履素與蔡確章惇邢恕相
交結每確惇有所嫌惡則使恕道風旨於履履即排
擊之至是更自謂有定策功劉安世發其罪以龍圖
閣直學士知越州坐舉御史不當降天章閣待制歷

舒洪蘇鄆青州江寧應天潁昌府紹聖初復龍圖閣
直學士為御史中丞極論呂大防劉摯梁燾王巖叟時
事乞正典刑又言司馬光變更先朝已行之法為罪
先是北郊之論雖定猶不果行履又建言陽復陰消
各因其時上圓下方各順其體是以聖人因天祀天
因地祀地三代至漢其儀不易及王莽諂事元后遂
躋地位同席共牢歷世襲行不能全革逮神宗考古
揆今以正大典嘗有意於茲矣今承先志當在陛下
及二三執政哲宗詢諸朝章惇以為北郊止可謂之
社履曰天子祭天地盖郊者交於神明之義所以天

地皆稱郊故詩序云郊祀天地若夫社者土之神而
已豈有祭大祇亦謂之社乎哲宗可之遂定郊議拜
尚書右丞會正言鄒浩以言事貶新州履曰浩以親
被拔擢之故敢犯顏納忠陛下遽斥之死地人臣將
視以為戒誰復敢為陛下論得失乎乞從善地坐黜
知亳州徽宗立召為資政殿學士兼侍讀復拜右丞
未踰年求去加大學士提舉中太一宮卒

論曰哲宗親政之初見慮未定范呂諸賢在廷左右
弼諧俾日邇忠讜疏絕回遹以端其志嚮元祐之治
業庶可守也清臣怙才躁進陰覬柄用首發紹述之

說以隙國是群姦洞之衝決莫障重為薦紳之禍焉至於興大獄以傾馮京蘇軾者璪也助成手實之法以壞人材讕司馬光者宗孟也訐蔡確之事擊呂大防劉摯等去之者履也清臣真小人之靡三子抑其亞乎壽論議識趣有可稱述雖立朝無附而依違蔡確章惇間無所匡建非大臣之道也

蔡挺字子政宋城人第進士調虔州推官秩滿以父希言當官蜀乞代行遂授陵州團練推官王堯臣安撫陝西辟管勾文字富弼使遼奏挺從至雄州誓書有所更易遣挺還白仁宗欲知契丹事召對便殿挺

時有父喪聽以衫帽入范仲淹宣撫陝西河東奏挺通判涇州徙鄜州河北多盜精擇諸郡守以挺知博州申飭屬縣嚴保伍得居停姦盜者數人弛其宿負補為吏使之察警盜每發輒得均博平聊城二縣稅歲衍鉅萬三司下其法於四方然大抵增賦也為開封府推官提點府界公事部脩六漯河用李仲昌議塞北流入于六漯一夕復決兵夫芟揵漂溺不可計降知滁州言者以為輕乃貶秩停官越數歲稍起知南安軍提點江西刑獄提舉虔州鹽自大庾嶺下南至廣驛路荒遠室廬稀疎往来無所芘挺兄抗時為廣東轉運使遂相與謀課民植松夾道以休行者江閩鹽賊率千百為州縣害挺諭所部與期使首納器甲原其罪得兵械萬計官鹽惡而價貴盜鹽善而價且下故私販日滋挺簡僚吏至淮轉新鹽明殿賞以官數之餘畀之於是賊黨破散宿弊遂絶歲增賣鹽四十萬改陝西轉運副使進直龍圖閣知慶州因上書論攻守大計夏人大入挺盡斂邊戶入保戒諸砦無出戰諒祚親帥軍數萬攻大順挺料城堅不可破而柔遠城惡亟遣總管張玉將銳師守之先布鐵蒺藜大順城旁水中騎渡水多躓驚言有神過三日不

克諒祚督帳下決戰挺伏強弩壕外飛矢貫其鎧遂引卻移寇柔遠玉夜斫營夏人驚擾潰去環州熟羌思順舉族投諒祚倚為鄉導挺宣言思順且復來命葺其舊舍出兵西為迎候之舉諒祚果疑思順毒之死挺築城馬練平為蕃原堡分屬羌三千人守之神宗即位加天章閣待制知渭州舉籍禁兵悉還府不使有隱占建勤武堂五日一訓之偏伍鉦鼓之法甚備儲勁卒於行間遇用奇則別為一隊甲兵整習常若寇至又分義勇為伍番三千人參正兵防秋與春以八月正月集四十五日而罷歲省粟帛錢纊十三

萬有奇括並邊生地冒耕田千八百頃募人佃種以益邊儲取邊民闌市蕃部田八千頃以給弓箭手又築城定戎軍為熙寧砦開地二千頃募卒三千人耕守之諜告夏人集胡盧河挺出奇兵迎擊之夏人潰分諸將躡而討之蕩其七族進右諫議大夫賜金帛二千夏人復犯諸砦環慶兵不能禦挺遣張玉以萬人往鮮其圍慶州軍變挺討平之進龍圖閣直學士廣銳卒徙營衆憚遷欲為亂城中震擾挺推斬首惡十九人訖徙營蕃部歲饑以田質於弓箭手過期輒没挺為貸官錢歲息什一後遂推為蕃漢青苗助役

法又自以意製渡河大索及兵械鎌[illegible]槍皆獲其用熙寧五年拜樞密副使帝問挺涇原訓兵之法召部將按于崇政殿善之下以為諸郡法河州景思立戰死帝開天章閣訪執政挺請行帝曰此小事不足煩卿河朔有警卿當行矣契丹議雲中地挺請罷沿邊戍人示以無事因乞置三十七將皆行其策七年冬奏事殿中疾作而仆帝親臨賜藥罷為資政殿學士判南京留司御史臺元豐二年薨年六十六贈工部尚書謚曰敏肅挺譎而多知人莫能窺其城府初為冨弼范仲淹客頗泄其幾事於呂夷簡以自售在渭

久鬱鬱不自聊寓意詞曲有玉關人老之歎中使至則使優伶歌之以達于禁掖神宗愍焉遂有樞密之拜云

抗字子直中進士調太平州推官聞父疾委官去稍遷睦親宅講書英宗在宮邸器重之請於安懿王願得與游每見必衣冠盡禮義兼師友尋遷太常博士通判秦州為秘閣校理乞知蘇州州並江湖民田苦風潮害抗築長隄自城屬崑山亘八十里民得立塍堨大以為利徙廣東轉運使岑水銅冶廢官給虛券為市久不償人無所取資聚而私鑄抗盡給之人得

直以止番禺歲運鹽英韶道遠多侵竊雜惡抗命十舸為一運擇攝官主之歲終會其殿最增十五萬緡英宗立召為三司判官廣部去京師遠不即至帝見南來者必問之及入對論曰卿乃吾故人朕望於卿者厚勿以常禮自疎也以史館脩撰同知諫院方議安懿王典禮抗引禮為人後之誼指陳切至涕淚被面帝亦感泣都城大水抗請見帝迎問之抗推原變異守前說以對大臣畏其諫列白為知制誥遷龍圖閣直學士知定州帝惜其去曰第行且召矣郡兵番戍室家留營多不謹夫歸輒首原抗下令悉按以法

戌者感焉帝不豫趣命為太子詹事未至而神宗立改樞密直學士知秦州過闕帝見之悲慟不自勝曰先帝疾大漸猶不忘卿遂赴鎮秦有質院質諸羌百餘人自少至老髙繫之非死不出抗皆縱釋約毋得擅相仇殺已而有犯者斬以徇莫敢奸令居數日夢英宗召語眷如平生欲退復留覺為家人言感念歔欷及靈駕發引之旦東望號慟見僚佐于便室驟得疾卒年六十特贈禮部侍郎又欲賜謚呉奎曰抗以舊恩自雜學士贈官已踰常制遂止

王韶字子純江州德安人第進士調新安主簿建昌

軍司理參軍試制科不中客游陝西訪采邊事熙寧元年詣闕上平戎策三篇其略以為西夏可取欲取西夏當先復河湟則夏人有腹背受敵之憂夏人比年攻青唐不能克萬一克之必併兵南向大掠秦渭之間牧馬于蘭會斷古渭境盡服南山生羌西築武勝遣兵時掠洮河則隴蜀諸郡當盡驚擾瞎征兄弟其能自保邪今唃氏子孫唯董氊粗能自立瞎征欺巴温之徒文法所及各不過一二百里其勢豈能與西人抗哉武威之南至于洮河蘭鄯皆故漢郡縣所謂湟中浩亹大小榆枹罕土地肥美宜五種者在焉

幸今諸羌瓜分莫相統一此正可并合而兼撫之時也諸種既服唃氏敢不歸唃氏歸則河西李氏在吾股掌中矣且唃氏子孫瞎征差盛為諸羌所畏若招諭之使居武勝或渭源城使糾合宗黨制其部族習用漢法異時族類雖盛不過一延州李士彬環州慕恩耳為漢有肘腋之助且使夏人無所連結策之上也神宗異其言召問方略以韶管幹秦鳳經略司機宜文字蕃部俞龍珂在青唐最大渭源羌與夏人皆欲羈屬之諸將議先致討韶因按邊引數騎直抵其帳諭其成敗遂留宿明旦兩種皆遣其豪隨以東久

之龍珂率屬十二萬口内附所謂包順者也韶又言渭源至秦州良田不耕者萬頃願置市易司頗籠商賈之利取其羸以治田帝從其言改著作佐郎仍命韶提舉經略使李師中言韶乃欲指占極邊弓箭手地耳又將移市易司於古渭恐秦州自此益多事所得不補所亡王安石主韶議為罷師中以竇舜卿代且遣李若愚按實若愚至問田所在韶不能對舜卿檢索僅得地一頃既地主有訟又歸之矣若愚奏其欺安石又為罷舜卿而命韓縝縝遂附會實其事師中舜卿皆坐謫而韶為太子中允秘閣校理後帥郭

逵上韶盜貸市易錢安石以為不足校徙逵涇源帝志復河隴築古渭為通遠軍以韶知軍事五年七月引兵城渭源堡及乞神平破蒙羅角抹耳水巴等族初羌保險諸將謀置陣平地韶曰賊不舍險來鬬則我師必徒歸今已入險地當使險為吾有乃徑趣抹邦山壓敵軍■而陣令曰敢言退者斬賊乘高下鬬師小却韶躬擐甲冑麾帳下兵逆擊之羌大潰焚其廬帳而還洮西大震會瞎征度洮為之援餘黨復集韶戒別將由竹牛嶺路張軍聲而潛師越武勝遇瞎征首領瞎藥等與戰破之遂城武勝建為鎮洮軍進

右正言集賢殿脩撰復擊走瞎征降其部落二萬更名鎮洮為熙州以熙河洮岷通遠為一路韶以龍圖閣待制知熙州六年三月取河州遷樞密直學士降羌叛韶回軍擊之瞎征以其間據河州韶進破訶諾木藏城穿露骨山南入洮州境道隘釋馬徒行或日至六七瞎征留其黨守河州自將尾官軍韶力戰破走之河州復平連拔宕岷二州疊洮羌酋皆以城附軍行五十有四日涉千八百里得州五斬首數千級獲牛羊馬以萬計進左諫議大夫端明殿學士七年入朝又加資政殿學士賜第崇仁坊還至興平聞

景思立敗於踏白城賊圍河州日夜馳至熙熙方城守命撤之選兵得二萬議所向諸將欲趨河州韶曰賊所以圍城者恃有外援也今知救至必設伏待我且新勝氣銳未可與爭當出其不意以攻其所恃此所謂批亢擣虛形格勢禁則自為解者也乃直扣定羌城破結河族斷夏國通路進臨寧河分命偏將入南山瞎征知援絕拔柵去初思立之覆師也羌勢復熾朝廷議棄熙河帝為之旰食數下詔戒韶持重勿出及是帝大喜韶還熙州以兵循西山繞出踏白後焚八千帳瞎征窮蹙乃降俘以獻拜韶觀文殿學士

禮部侍郎資政觀文學士非嘗執政而除者皆自韶始官其兄弟及兩子前後賜絹八千匹未幾召為樞密副使熙河雖名一路而實無租入軍食皆仰給他道轉運判官馬瑊裾官吏細故韶欲罷瑊王安石右瑊韶始沮於是與安石異數以母老乞歸帝語安石勉留之安南之役韶言決里廣源之建臣以為貪虛名而忘實禍執政乃疑臣為刺譏方舉事之初臣力爭極論欲寬民力而省財用但同列莫肯聽至以熙河事折臣臣本意不費朝廷而可以至伊吾盧甘初不欲令熙河作路河岷作州也今與衆異論儻不求

退必致不容韶本鑿空開邊驪𨇾政地乃以勤兵費
財歸曲朝廷帝由是不悅以故罷職知洪州又坐謝
表怨慢落職知鄂州元豐二年還其職復知洪州四
年病疽卒年五十二贈金紫光祿大夫謚曰襄敏韶
起孤生用兵有機略臨出師召諸將授以指不復更
問每戰必捷嘗夜卧帳中前部遇敵矢石已交呼聲
震山谷侍者往往股栗而韶鼻息自如在鄂宴客出
家姬奏樂客張績醉挽一姬不前將擁之姬泣以告
韶徐曰本出汝曹娛客而令失歡如此命酌大盃罰
之談笑如故人亦服其量韶交覯多楚人依韶求仕

乃分屬諸將或殺降羌老弱予以首為功級韶晚節
言動不常頗若病狂狀既病疽洞見五臟蓋亦多殺
徵云子十人厚寀最顯厚字處道少從父兵間暢習
羌事官累通直郎元祐棄河湟厚上疏陳不可且詣
政事堂言之不聽紹聖中用薦者換禮賓副使幹當
熈河公事會羌酋瞎征隴拶爭國河州守將王贍與
厚同獻議復故地元符元年六月師出塞七月下邈
川降瞎征九月次青唐隴拶出迎遂定湟鄯詔賜隴
拶姓名曰趙懷德進厚東上閤門副使知湟州既而
他種叛合兵來攻厚不能支朝廷度二州不可守乃

以畀懷德而貶厚右內府率再貶賀州別駕崇寧初
蔡京復開邊還厚前秩於是羌人多羅巴奉懷德之
弟溪賒羅撒謀復國懷德畏偪奔河南種落更挾之
以令諸部朝廷患衆羌翕結命厚安撫洮西遣內客
省使童貫偕往多羅巴知王師且至集衆以拒厚聲
言駐兵而陰戒行羌備益弛乃與偏將高永年異道
出多羅巴三子以數萬人分據險厚進擊破殺之唯
少子阿蒙中流矢去道遇多羅巴與俱遁遂拔湟州
以功進威州團練使熈河經略安撫三年四月厚帥
大軍次于湟命永年將左軍循宗水而北別將張誠

將右軍出宗谷而南自將中軍趨綏遠期會宗哥川
羌置陳臨宗水倚北山谿賒羅撒張黃屋建大旆乘
高指呼望中軍旗鼓爭赴之厚麾游騎登山攻其背
親帥強弩迎射羌退走右軍濟水擊之大風從東南
來揚沙翳羌目不得視遂大敗斬首四千三百餘級
俘三千餘人羅撒以一騎馳去其母龜茲公主與諸
酋開鄯州降厚計羅撒必且走青唐將夜追之童貫
以為不能及遂止師下青唐知羅撒留一宿去貫始
悔之厚將大軍趣廓州酋落施軍令結以衆降遂入廓
州超拜厚武勝軍節度觀察留後明年羅撒復入寇

永年戰死羌焚大通河橋以叛新疆大震厚坐逗遛降郢州防禦使已而趙懷德約降未決厚以書諭之懷德即納款還厚舊官入朝提舉醴泉觀卒贈寧遠軍節度使謚曰莊敏

寀字輔道好學工詞章登第至校書郎忽若有所覩遂感心疾唯好延道流談丹砂神仙事得鄭州書生託左道自言天神可祈而下下則聲容與人接因習行其術纔能什七八須兩人共為乃驗外間譁傳寖淫徹禁庭徽宗方崇道教侍晨林靈素自度技不如願與之游拒弗許户部尚書劉昺寀外兄也久以爭進

宋史三百二十八 字三百八十个 宋史列傳卷八十七 二十五 周貴寫 李正刻

絶還往神降寀家使因昺以達寀言其故神曰第往與之言汝某年月日在蔡京後堂談某事有之否昺驚駭汗洽不能對蓋所言皆陰中傷人者乃言之帝即召寀風儀既高又善談論應對合上指帝大喜約某日即内殿致天神靈素求與共事又弗許或謂靈素但勿令鄭書生偕寀當立敗即白帝曰寀父兄昔在西邊寀與夏人謀反國逆至尊候神且圖不軌帝疑焉及是日寀與書生至東華門靈素戒閽卒獨聽寀入帝齋潔敬待越三夕無所聞乃下寀大理獄成棄市昺竄瓊州

薛向字師正以祖顏任太廟齋郎為永壽主簿權京兆户曹有商胡齎銀二篋出樞密使王德用書云以與其弟向適監税疑之曰烏有大臣寄家問而詭胡人者鞫之果妄為邠州司法參軍夏人叛秦中治城侍御史陳洎行邊向詣洎陳三敝言今板築暴興吏持斧四出伐木無問井閭丘隴民不敢訴必不得已宜且葺邊城函關秦東塞今西鄉設守是為棄關内爭三司貸龍門富人錢以百年全盛之天下一方有警即稱貸於民非義也洎上其説悉從之邠守貪沓欲因事為邪并治子城立表於市以撤屋責得賂免

宋史三百二十八 字四百〇八个 宋史列傳卷八十七 二十六 周貴寫 李正刻

向力爭罷之監在京榷貨務連歲羨緡錢當遷秩移與其兄三司判官董沔議改河北便糴行鈔法向曰如此則都内之錢不繼茶鹽香象將益不售矣有司主沔議既而邊糴滯不行沔坐黜以向知鄜州大水冒城郭沉室廬死者相枕郡卒戍延安詣主將求歸視弗得皆亡奔至則家人無存者聚謀為盜民大恐向遣吏曉之曰冒法以赴急人之常情而不聽若輩歸此武將不知變之過也亟往收溺尸貰汝擅還之罪衆入庭下泣謝一境乃安又論河北糴法之弊以為度支歲費錢緡五百萬所得半直其贏皆入賈販

家今當有以權之遇穀貴則官糴於澶魏載以給邊新陳未交則散糴價以救民之軍食有餘則坐倉收之此策一行穀將不可勝食矣朝廷是向計始置便糴司於大名以向為提點刑獄兼其事武疆有盜殺人而逸尉捕平民抑使承向覆其究脫六囚於死入為開封度支判官權陝西轉運副使制置解鹽鹽足支十年而歲調畦夫數千向奏損其數兼提舉買馬監牧沙苑養馬歲得駒三百而費錢四千萬占田千頃向請斥閒田予民收租入以市之乃置場於原渭以羡鹽之直市馬於是馬一歲至萬匹昭陵復土計

用錢粮五十萬貫石三司不能供億將移陝西緣邊入鹽中于永安縣向陳五不可以為失信商旅遂舉所闕之數以獻嘗夜至靈寶縣先驅入驛與客崔令孫爭舍令孫正病卧驚而死罷知汝州甫數月復以為陝西轉運副使進為使辱陵役費其助如永昭時凡將漕八年所入鹽馬芻粟數累萬民不益賦其課為最夏將嵬名山以綏州來歸青澗城主种諤將往迎詔向與議諤不俟命亟率所部出塞遂城之廷議劾諤擅興將致法向言諤今者之舉蓋忘身以徇國有如不稱臣請坐之諤既貶向亦罷知絳州再貶信

州移潞州張靖使陝西還陳向制置鹽馬之失詔向詣闕與辯靖辭窮即罪之神宗知向材以為江浙荊淮發運使綱舟歷歲久篙工利於盜貨嘗假風水沉溺以滅迹向募客舟分載以相督察官舟有定數多為主者冒占悉奪畀屬州諸運皆詣本曹受遣以地有美惡利有重輕為立等式用所漕物為誅賞遷天章閣待制環慶有疆事帝以向習知地形召詣中書舊制發運使上計毋得出入唯止都門遣章奏至是弛其禁熙寧四年權三司使明堂禮成有司誤遷向右諫議大夫詔罰吏而向官不奪河洮用兵縣官費

不可計向未嘗乏供給及解嚴上疏乞戒將帥裁溢費汰冗卒省浮費節橫賦手敕襃納進龍圖閣直學士遼人求代北地北邊擇牧加樞密直學士給事中知定州高陽關募兵敵陰遣人應選向諜知之主者覺縱使亡去向遣邏捕取之械送瀛州戮於市北使久留都亭數出不遜語而雲應點兵涿易治道僉謂必渝盟向曰彼欲疆議速成故多張虛勢以撼我使者懼不如其請故肆嫚言以儌倖取成兵來不除道其亦無能為也已後皆如向言遷工部侍郎向控辭賜詔弗允故事前兩府辭官乃降詔兩省得詔自向

始元豐元年召同知樞密院向幹局絕人尤善商財
計筭無遺策用心至到然甚者不能無病民所上課
閒失實時方尚功利王安石從中主之御史數有言
不聽也向以是益得展奮其材業至於論兵帝所通
暢明決遂由文俗吏得大用及在政地同列貧以西
北事則養威持重未嘗啓其端非常所以屬望意會
詔民畜馬向既奉命旋知民不便議欲改爲於是舒
亶論向反覆無大臣體斥知潁州又改隨州卒年六
十六元祐中錄其言謚曰恭敏子紹彭有翰墨名中
子嗣昌

嗣昌亦以吏材奮崇寧中歷熙河轉運判官梓州陝
西轉運副使直龍圖閣集賢殿脩撰入爲左司郎中
擢徽猷閣待制陝西都轉運使知渭州改慶州監公
使庫皇實坐獄嗣昌奏請之遂以監臨自盜責安化
軍節度副使安置郢州起知相州復待制知太原府
論築涇原三倉勞加顯謨閣直學士又以撫納西羌
功進延康宣和殿學士拜禮部刑部尚書坐啓擬反
覆罷提舉崇福宮久之遷延康殿學士知延安府賜
第京師當還官丐回授其子昶京秩嗣昌前後因事
六七貶多以欺罔獲罪至是言者併論之降爲待制

卒先是徽宗有意圖北方遣譚稹啣命訪諸帥韓粹
彥洪中孚皆力云不可嗣昌乃潤飾諜詞以開邊隙
及論事帝前語至興師或感激流涕造亂之咎人皆
歸責焉
章楶字質夫建州浦城人祖頻爲侍御史忤章獻后
旨黜官仁宗欲用之而卒楶以叔得象蔭爲孟州司
戶參軍應舉入京聞父對獄于魏棄不就試馳往直
其冤還試禮部第一擢知陳留縣歷提舉陝西常平
京東轉運判官提點湖北刑獄成都路轉運使入爲
考功吏部右司員外郎元祐初以直龍圖閣知慶州

時朝廷戢兵戒邊吏勿妄動且捐葭蘆安疆等四砦
予夏使歸其永樂之人夏得砦益驕楶言夏嗜利畏
威不有懲艾邊不得休息宜稍取其土疆如古削地
之制以固吾圉然後諸路出兵擇據要害不一再舉
勢將自變矣遂乘便出討以致其師夏果入圍環州
楶先用間知之遣驍將折可適伏兵洪德城夏師過
之伏兵識其母梁氏旗幟鼓譟而出斬獲甚衆又預
毒於牛圈瀦水夏人馬飲者多死召權戶部侍郎明
年除知同州紹聖初知應天府加集賢殿脩撰知廣
州徙江淮發運使哲宗訪以邊事對合旨命知渭州

至即上言城胡蘆河川據形勝以偪夏乃以三月及熙河秦鳳環慶四路之師陽繕理他堡壁數十所自示其怯或以楶怯請曰此夏必爭之地夏方營石門峽去我三十里能奪而有之乎楶又陽謝之陰具板築守戰之備帥四路師出胡蘆河川築二城于石門峽江口好水河之陰二旬有二日成賜名平夏城靈平砦方興役時夏以其衆來乘楶迎擊敗之既而環慶鄜延河東熙河皆相繼築城進拓其境夏人睥視不敢動夏主遂奉其母合將數十萬兵圍平夏疾攻十餘日建高車臨城塡壍而進不能克一夕遁去夏

統軍嵬名阿埋西壽監軍妹勒都逋皆勇悍善戰楶諜其弛備遣折可適郭成輕騎夜襲直入其帳執之盡俘其家屬畿三千餘牛羊十萬夏主震駭哲宗為御紫宸殿受賀累擢楶樞密直學士龍圖閣端明殿學士進階大中大夫楶在涇原四年凡創州一城砦九薦拔偏裨不間廝役至於夏降人折可適李忠傑朱智用咸受其馭夏自平夏之敗不復能軍屢請命乞和哲宗亦為之寢兵楶立邊功為西方最時章惇用事楶與惇同宗其得興事頗為世所疑徽宗立請老徙知河南入見留拜同知樞密院事俾其子縡為

開封推官以便養踰年力謝事罷為資政殿學士中太一宮使未幾卒徽宗悼之贈右銀青光祿大夫謚曰莊簡賻恤甚厚楶七子縡綜綰縱縝縯縡綜最知名縡繇推官為戶部員外郎提點淮南東路刑獄權知揚州兼提舉香鹽事時方鑄崇寧大錢令下市區晝閉人持錢買物至日旰皇皇無肯售縡飭市易務致百貨以小錢收之且檄倉吏糶米以大錢予之盡十日止民心遂安未幾新鈔法行舊鈔盡廢一時商賈束手或自殺縡得訴者所持舊鈔為錢以千計者三十萬上疏言鈔法誤民請如約以示大信上怒

罷縡降兩官綜第進士歷陝西轉運判官入為戶部員外郎中書侍郎劉逵之妻綜姊也逵漸復元祐之政綜多贊之蔡京欲擠逵且甚綜不附己使其黨攻之出綜湖州論者不已差主管西京崇福宮綜歷通判常州綰知丹徒縣縱簽判西安州縝簽判蘇州楶孫羨承奉郎蓋監蘇州稅俱列仕顯及京復相遂興制獄傾章氏綎居蘇州或得私鑄錢數巨甕京風言者誣綎與州人郁寳所鑄詔遣李孝壽張茂直沈畸蕭服更往鞫之連繫數百人累月卒無實獄多死者京大怒別遣孫傑鞫之傅致如章綎刺面配沙門島

追毀出身以來文字除名勒停籍入其家寘緈台州
綜秀州綡温州綰睦州縯永州菱處州盡均州官司
降黜除名者十餘人時論冤之孫傑擢龍圖閣直學
士知蘇州張商英入相始辯前獄移縱常州綜復朝
奉郎通判秀州頃之縱改授内殿崇班綜秘書省校
書郎遷倉部員外郎出提點兩浙刑獄以龍圖閣直
學士知越州譚稹宣撫燕山請綜為參謀加右文殿
脩撰金人破蔚州背歸山後議稹以錯置乖方罷綜
落職送吏部會赦恩上書告老復龍圖閣直學士致
仕卒

論曰神宗奮英特之資乘財力之富銳然欲復河湟
平靈夏而蔡挺王韶章楶輩起諸生委褎衣樹勳戎
馬間世非無材顧上所趣尚磨厲奚如耳觀挺之治
兵韶之策敵楶之制勝亦一時良將薛向雖無三子
勞而董漕邊饟不乏仰給持重樞府不啓事端又其
善也若厚之降隴拶瞎征取湟鄯廓州功足繼韶而
嗣昌造釁北伐迺悖於向可勝誅邪雖然佳兵好還
道家所戒卒之宲以左道殺縱以鑄錢陷此非其驗
也與

列傳卷第八十七

列傳卷第八十八　宋史三百二十九

開府儀同三司上柱國錄軍國重事前中書右丞相監修國史領經筵事都總裁臣脫脫等奉
敕修

常秩　鄧綰子洵武　李定　舒亶
蹇周輔子序辰　徐鐸　王廣淵弟臨
王陶　王子韶　何正臣　陳繹

常秩字夷甫潁州汝陰人舉進士不中屏居里巷以
經術著稱嘉祐中賜束帛為潁州教授除國子直講
又以為大理評事治平中授忠武軍節度推官知長
葛縣皆不受神宗即位三使往聘辭熙寧三年詔郡

以禮敦遣毋聽秩辭明年始詣闕帝曰先朝累命何
為不起對曰先帝亮臣之愚故得安閭巷今陛下嚴
詔趣迫是以不敢不來非有所決擇去就也帝悅徐
問之今何道免民於凍餒對曰法制不立庶民食侯
食服侯服此今日大患也臣才不適用願得辭歸帝
曰既來安得不少留異日不能用卿乃當去耳即拜
右正言直集賢院管幹國子監俄兼直舍人院遷天
章閣侍講同脩起居注仍使供諫職復乞歸改判太
常寺七年進寶文閣待制兼侍讀命其子立校書崇
文院九年病不能朝提舉中太一宮判西京留司御

史臺還穎十年卒年五十九贈右諫議大夫秩平居
爲學求自得王回里中名士也每見秩與語輒歎然
自以爲不及歐陽脩胡宿呂公著王陶沈遘王安石
皆稱薦之翕然名重一時初秩隱居既不肯仕世以
爲必退者也後安石爲相更法天下沸騰以爲不便
秩在閭閻見所下令獨以爲是一召遂起在朝廷任
諫争爲侍從低首抑氣無所建明聞望日損爲時議
笑秩長於春秋至斥孫復所學爲不近人情著講解
數十篇自謂聖人之道皆在於是及安石廢春秋遂
盡諱其學立始命爲天平軍推官秩死使門人趙沖

狀其行云自秩與安石去位天下官吏陰變其法民
受塗炭上下循默敗端內萌莫覺莫悟秩知其必敗
紹聖中蔡卞薦立爲秘書省正字諸王府説書侍講
請用爲崇政殿説書得召對又請以爲諫官卞方與
章惇比會布欲傾之衆聞爲哲宗言立附兩人因暴
其行狀事以爲詆毀先帝帝亟下史院取視言其不
遜以責惇卞惇卞懼請貶立乃黜監永州酒稅
鄧綰字文約成都雙流人舉進士爲禮部第一稍遷
職方員外郎熙寧三年冬通判寧州時王安石得君
專政條上時政數十事以爲宋興百年習安玩治當

事更化又上書言陛下得伊呂之佐作青苗免役等
法民莫不歌舞聖澤以臣所見寧州觀之知一路皆
然以一路觀之知天下皆然誠不世之良法願勿移
於浮議而堅行之其辭蓋媚王安石又貽以書頌極
其佞諛安石薦於神宗驛召對方慶州有夏寇綰數
陳甚悉帝問安石及呂惠卿以不識對帝曰安石今
之古人惠卿賢人也退見安石欣然如素交宰相陳
升之馮京以綰練邊事屬安石致齋復使知寧州綰
聞之不樂誦言急召我來乃使還邪或問君今當作
何官曰不失爲館職得無爲諫官乎曰正自當爾明

日果除集賢校理檢正中書孔目房鄉人在都者皆
笑且罵綰曰笑罵從汝好官須我爲之尋同知諫院
獻所著洪範建極錫福論帝曰洪範天人自然之大
法朕方欲舉而措諸天下矯革衆敝卿當堅淫朋比
德之人規以助朕綰頓首曰敢不力行所學以奉聖
訓明年遷侍御史知雜事判司農寺時常平水利免
役保甲之政皆出司農故安石藉綰以威衆綰請先
行免役於府界次及諸道利州路歲用錢九萬六千
緡而轉運使李瑜率三十萬綰言均役本以裕民今
乃務聚斂積寬餘宜加重黜富弼在亳不散青苗錢

綰請付吏究治鐵縣民訴助役詔詢其便否兩行之
綰與曾布輒上還堂帖中丞楊繪言未聞司農得繳
奏者不報凡呂公著謝景溫所薦推直官主簿悉罷
去之而引蔡確唐坰為御史五年春擢御史中丞國
朝故事未有臺雜為中丞者帝特命之又加龍圖閣
待制建言頃時御史罷免猶除省府職司蓋厥初選
用既審則議論雖不合人材亦不可遺願籍前後諫
官御史得罪者姓名以次甄錄使於進退間與凡僚
稍異則人思竭盡矣遼人來理邊地屯兵境上聲言
將用師於是兩河戒嚴且令河北脩城守之具綰曰

非徒無益且大損費帝從其言而止又言遼妄為地
訟意在窺我去冬聚兵累月遂巡自罷其情偽可見
今當禦之以堅強則不渝二國之平平則彼不我疑
而我得以速應苟先之以畏屈彼或將力爭則大為
中國之恥帝覽疏嘉之安石去位綰頗附呂惠卿及
安石復相綰欲彌前迹乃發惠卿置田華亭事出知
陳州又論三司使章惇協濟其姦出知湖州初惠卿
弟和卿創手實法綰曰凡民養生之具日用而家有
之今欲盡令疏實則家有告訐之憂人懷隱匿之慮
無所措手足矣商賈通殖貨財交易有無不過服食

器用米粟絲麻布帛之類或春有之而夏以蕩析或
秋貯之而冬已散亡公家簿書何由拘錄其勢安得
不犯徒使嚚訟者趨賞報怨以相告訐畏怯者守死
忍困而已詔罷其法遷翰林學士仍為中丞綰慮安
石去失勢乃上言宜錄安石子及壻仍賜第京師帝
以語安石安石曰綰為國司直而為宰臣乞恩澤極
傷國體當黜又薦彭汝礪為御史安石不悅遂自劾
失舉帝謂綰操心頗僻賦性姦回論事薦人不循分
守斥知虢州踰歲為集賢院學士知河陽元豐中以
待制知荆南陳陝徙永興軍改青州奏言歲大稔斗

粟五七錢帝知其佞令提舉官酌市價以聞進龍圖
閣直學士知鄧州元祐初徙揚州言者論其姦改滁
州未去鄧而卒年五十九子洵仁洵武洵仁大觀中
為尚書右丞

洵武字子常第進士為汝陽簿紹聖中哲宗召對為
秘書省正字校書郎國史院編脩官撰神宗史議論
專右蔡卞詆誣宣仁后也史禍之作其力居多遷
起居舍人徽宗初改秘書少監既而用蔡京薦復史
職御史陳次升陳師錫言洵武父綰在熙寧時以曲
媚王安石神宗數其邪僻姦回今置洵武太史豈能

公心直筆發揚神考之盛德而不掩其父之惡乎且其人材凡近學問荒繆不足以汚此選不聽遷起居郎時韓忠彥曾布為相洵武因對言陛下乃先帝子今相忠彥乃琦之子先帝行新法以利民琦嘗論其非今忠彥為相更先帝之法是忠彥能繼父志陛下為不能也必欲繼志述事非用蔡京不可京出居外鎮帝未有意復用也洵武為帝言陛下方紹述先志群臣無助者乃作愛莫助之圖以獻其圖如史記年表列旁行七重別為左右左曰元豐右曰元祐自宰相執政侍從臺諫郎官館閣學校各為一重左序助

紹述者執政中唯溫益一人餘不過三四若趙挺之范致虛王能甫錢遹之屬而已右序舉朝輔相公卿百執事咸在以百數帝出示曾布而揭去左方一姓名布請之帝曰蔡京也洵武謂非相此人不可以與卿不同故去之布曰洵武既與臣所見異臣安敢豫議明日改付溫益益欣然奉行請籍異論者於是決意相京進洵武中書舍人給事中兼侍講修撰哲宗實錄遷吏部侍郎洵武疏言神宗稽古建官既正省臺寺監之職而以寄祿階易空名矣今在選七階自兩使判官至主簿尉有帶知安州雲夢縣而為河東

幹當公事者有河中司錄參軍而監楚州鹽場者有瀛州軍事推官知大名府元城縣充濮州教授者殽亂紛錯莫甚於此謂宜造為新名因而制祿詔悉更之遷刑部尚書又請初出官人兼用刑法試俾知為吏之方崇寧三年拜尚書右丞轉左丞中書侍郎妖人張懷素獄興其黨有與洵武連昏者坐出知隨州提舉明道宮復端明殿學士知亳州河南府召為中大一宮使連進觀文殿學士為大名尹政和中夏祭入侍祠以佑神觀使兼侍讀留脩國史改保大軍節度使未幾知樞密院五谿蠻擾邊即傚陝西弓箭手

制募邊民習知溪洞險易者置所司教以戰陣勸以耕牧得勝兵幾萬人以鎮撫之遷特進拜少保封莘國公恩典如宰相宣和元年薨年六十五贈太傅謚曰文簡鄧氏自綰以來世濟其姦而洵武阿二蔡尤力京之敗亂天下禍源自洵武起焉

李定字資深揚州人少受學於王安石登進士第為定遠尉秀州判官熙寧二年孫覺薦之召至京師謁諫官李常常問曰君從南方來民謂青苗法何如定曰民便之無不喜者常曰舉朝方共爭是事君勿為此言定即往白安石且曰定但知據實以言不知京

師乃不許安石大喜謂曰君且得見盍為上道之立薦對神宗問青苗事其對如曩言於是諸言新法不便者帝皆不聽命定知諫院宰相言前無選人除諫官之比遂拜太子中允監察御史裏行知制誥宋敏求蘇頌李大臨封還制書皆罷去御史陳薦疏定頃為涇縣主簿聞庶母仇氏死匿不為服詔下江東淮浙轉運使問狀奏云定嘗以父年老求歸侍養不云持所生母服定自辯言實不知為仇所生故疑不敢服而以侍養解官曾公亮謂定當追行服安石力主之改為崇政殿說書御史林旦薛昌朝言不宜以不

孝之人居勸講之地併論安石章六七上安石又白罷兩人定亦不自安黽解職以集賢校理檢正中書吏房直舍人院同判太常寺八年加集賢殿脩撰知明州元豐初召拜寶文閣待制同知諫院進知制誥為御史中丞劾蘇軾湖州謝上表擿其語以為侮慢因論軾自熙寧以來作為文章怨謗君父交通戚里逮赴臺獄窮治當會赦論不已竄之黃州方定自鞫軾獄勢不可回一日於崇政殿門外語同列曰蘇軾乃奇才也俱不敢對請復六案糾察之職并諸路監司皆得鉤考從之彗出東方求直言太史謂有兵變

帝命宦者視衛士飲食定言一飯不足市恩適起小人之心乃止或議廢明堂祀帝以訪定定曰三歲一郊或明堂祖宗以來未之有改誰為此言願治其妄帝曰聽卿言足矣遷翰林學士坐論府界養馬事失實罷知河陽留守南京召為戶部侍郎哲宗立以龍圖閣學士知青州移江寧府言者爭暴其前過又謫居滁州元祐二年卒定於宗族有恩分財振贍家無餘貲得任子先及兄息死之日諸子皆布衣徒以附王安石驟得美官又陷蘇軾於罪是以公論惡之而不孝之名遂著

舒亶字信道明州慈溪人試禮部第一調臨海尉民使酒詈逐後母至亶前命執之不服即自起斬之投劾去王安石當國聞而異之御史張商英亦稱其材用為審官院主簿使熙河括田有績遷奉禮郎鄭俠既貶復被逮亶承命往捕遇諸陳搜俠篋得所錄名臣諫草有言新法事及親朋書尺悉按姓名治之竄俠嶺南馮京王安國諸人皆得罪擢亶太子中允提舉兩浙常平元豐初權監察御史裏行太學官受賂事聞亶奉詔驗治凡辭語微及者輒株連考竟以多為功加集賢校理同李定劾蘇軾作為歌詩譏訕時

事亶又言王詵輩公為朋比如盛僑周邠固不足論
若司馬光張方平范鎮陳襄劉摯皆略能誦說先王
之言而所懷如此可置而不誅乎帝覺其言為過但
貶軾詵而光等罰金未幾同脩起居注改知諫院張
商英為中書檢正遺亶手帖示以子壻所為文亶具
以白云商英為宰屬而干請言路坐責監江陵稅始
亶以商英薦得用及是反陷之進知雜御史判司農
寺超拜給事中權直學士院踰月為御史中丞舉劾
多私氣焰熏灼見者側目獨憚王安禮亶在翰林受
廚錢越法三省以聞事下大理初亶言尚書省凡奏

鈔法當置籍録其事目令違法不録既案奏乃謾以
發放歷為録目之籍亶以為大臣欺罔而尚書省取
臺中受事籍驗之亦無録目亶遂雜他文書送省於
是執政復發其欺大理鞫廚錢事謂亶為誤法官吳
處厚駁之御史楊畏言亶所受文籍具在無不承之
理帝曰亶自盜為贓情輕而法重詐為録目情重而
法輕身為執法而詐妄若是安可置也命追兩秩勒
停亶比歲起獄好以疑似排抵士大夫雖坐微罪廢
斥然遠近稱快十余年始復通直郎崇寧初知南康
軍辰溪蠻叛蔡京使知荊南以開邊功由直龍圖閣

進待制明年卒贈直學士
蹇周輔字磻翁成都雙流人少與范鎮何郯為布衣
交年未冠試大廷不第鎮郯既貴達周輔始特奏名
再舉進士知宜賓石門二縣通判安肅軍為御史臺
推直官善於訊鞫鉤索微隱皆用智得情嘗有詔獄
事連掖庭掌寶侍史它司累月不能決乃命周輔度
不可追逮奏請以要辭示主者詰服之時以為知體
及治李逢獄竟臺臣雜治無異辭神宗稱其能擢開
封府推官出為淮南轉運副使盜廖恩聚黨閩中多
害兵吏改使福建護諸將以討之恩遂降元豐初偕

唐制歸百司獄于大理寺選為少卿遷三司度支副
使先是湖南例食淮鹽周輔始請運廣鹽數百萬石
分鬻郴全道州又以淮鹽增配潭衡諸郡湘中民愁
困法既行遂領於度支以集賢殿脩撰為河北都轉
運使進寶文閣待制召為戶部侍郎知開封府事多
不決授中書舍人不拜改刑部侍郎元祐初言者暴
其立江西福建鹽法掊克欺誕負公擾民罷知利州
徙廬州卒年六十六周輔彊學善屬文神宗嘗命作
答高麗書屢稱善為吏深文刻覈故老而獲戾子序
辰

序辰字授之登第後數年以泗州推官主管廣西常平周輔方使閩上言父子並祗命遠方家無所託斷改一近地乃易京西旋提舉江西常平繼父行鹽法為監察御史遷殿中侍御史右司諫哲宗立改司封員外郎周輔得罪以序辰成其惡降簽書廬州判官起知楚州提點江東刑獄紹聖中遷左司員外郎進起居郎中書舍人同脩國史疏言朝廷前日正司馬光等姦惡明其罪罰以告中外惟變亂典刑改廢法度訕讟宗廟睥睨兩宮觀事考言實狀彰著然蹤跡深祕包藏禍心相去八年之間蓋已不可究質其章

疏案牘散在有司若不彙緝而藏之歲久必致淪棄願悉討姦臣所言所行選官編類入為一帙置之一府以示天下後世大戒遂命序辰及徐鐸編類由是搢紳之禍無一得脫者遷禮部尚書與安惇看詳訴理事以奉使遼國無狀黜知黃州閱四月除龍圖閣待制知揚州徽宗立中書言序辰類元祐章牘傳致語言指為謗訕詔與惇並除名勒停放歸田里蔡京為相復拜刑部禮部侍郎為翰林學士進承旨有言其在先帝過客中以音樂自娛者黜知汝州二年徙蘇州坐縱部民盜鑄錢謫單州團練副使江州安置又坐守蘇時以天寧節同其父忌日輒於前一日設宴及節日不張樂移永州會赦復官中奉大夫遂卒序辰亦有文善傳會深文刻覈似其父云

徐鐸字振文興化莆田人熙寧進士第一簽書鎮東軍判官紹聖末以給事中直學士院蹇序辰建議編類元祐諸臣章牘事狀詔鐸同主之凡一時施行文書摭拾附著纖悉不遺遷禮部侍郎鐸雖云封駁而是時凡給事中不肯書讀者輒命代行之貢院獲舉人挾書開封尹蔣之奇將以徒定罪鐸爭不可之奇為從輕比既上省章惇怒罰府吏舉人竟坐刑鐸不

復敢有言衆傳以為笑後議除御史中丞或撫此事以為無所執持乃止徽宗立以龍圖閣待制知青州御史中丞豐稷論鐸編類事狀率視章惇好惡為輕重存殁名臣橫罹氛斥序辰既放歸田里鐸之罪不在其下詔落職知湖州崇寧中拜禮部尚書方議廟制鐸請增為九室議者疑已祧之主不可復祔鐸言唐之獻祖中宗代宗與本朝之僖祖皆嘗祧而復今宜存宣祖於當祧復翼祖於已祧禮無不稱從之進吏部尚書卒

論曰士學不為己而俯仰隨時如挈皋居井上求其

立朝不撓不可得已常秩在嘉祐治平時三辭羔鴈之聘若能隱居以求其志者及王安石用事一召即至容容歷年曾無一嘉謨而竊顯位至定之黨附亶之凶德宜為世所指名綰及周輔二家父子並同惡相濟而孛辰與鐸編類事狀流毒元祐名臣忠義之士為之一空馴致靖康之禍可勝嘆哉

王廣淵字才叔大名成安人慶曆中上曾祖明家集詔官其後廣淵推與弟廣廉而以進士為大理法直官編排中書文字裁定祖宗御書千卷仁宗嘉之以知舒州留不行英宗居藩邸廣淵因見昵獻所為文

及即位除直集賢院諫官司馬光言漢衛綰不從太子飲故景帝待之厚周張美私以公錢給世宗故世宗薄之廣淵交結奔競世無與比當仁宗之世私自託於陛下豈忠臣哉今當治其罪而更賞之何以厲人臣之節帝不聽用為群牧三司戶部判官從容謂曰朕於洪範得高明沉潛之義剛內以自強柔外以應物人君之體無出於是卿為朕書之於欽明殿屏以備觀省非特開元無逸圖也加直龍圖閣常有疾中外憂疑不能寢食帝自為詔諭之曰朕疾少閒矣廣淵宣言於衆神宗立言者劾其漏泄禁中語出知齊州改京東轉運使得於內省傳達章奏曾公亮王安石持不可乃止廣淵以方春農事興而民苦乏兼并之家得以乘急要利乞留本道錢帛五十萬貸之貧民歲可獲息二十五萬從之其事與青苗錢法合安石始以為可用召至京師御史中丞呂公著擿其舊惡還故官程顥李常又論其抑配掊克迎朝廷旨意以困百姓會河北轉運使劉庠不散青苗錢奏適至安石曰廣淵力主新法而遭劾劉庠故壞新法而不問舉事如此安得人無向背故顥與常言不行徙使河東擢寶文閣待制知慶州宣撫使與師入夏境

檄慶會兵方授甲卒長吳逵以衆亂廣淵亟召五營兵禦之逵率二千人斬關出廣淵遣部將姚兕林廣追擊降其衆柔遠三都戍卒欲應賊不果廣淵陽勞之使還戍潛遣兵間道邀襲盡戮之猶以盜發所部削兩秩二年進龍圖閣直學士知渭州廣淵小有才而善附會所辟置類非其人帝謂執政曰廣淵奏辟將佐非貴游子弟即胥史輩至於濮宮書吏亦預選蓋其人與時君卿善一踐官吏不少置而不取乃用此輩豈不誤朝廷事已下詔切責卿等宜貽書申戒之卒年六十贈右諫議大夫元豐初詔以其被遇先

帝之故弟臨自皇城使擢為兵部郎中直昭文館子
得君賜進士出身
臨字大觀亦起進士簽書雄州判官嘉祐初契丹泛
使至朝論疑所應臨言契丹方饑困何能為然春秋
許與之義不可以不謹彼嘗求馴象可拒而不拒嘗
求樂章可與而不與兩失之矣今橫使之來或謂其
求聖像聖像果可與哉朝廷善其議治平中詔求武
略用近臣薦自屯田員外郎換崇儀使知順安軍改
河北沿邊安撫都監上備禦數十策大略皆自治而
已契丹刺■兩輸人為義軍來歸者數萬或請遣還

臨曰彼歸我而遣之必為亂不如因而撫之詔從其
請自是來者益多契丹悔失計進安撫副使歷知涇
鄜州廣信安肅軍召對還文階知齊州滄州荆南入
為戶部副使以寶文閣待制知廣州府河中卒
王陶字樂道京兆萬年人第進士至太常丞而丁父
憂陶以登朝在郊祀後恩不及親乞還所遷官丐追
贈詔特聽之仍俟服闋除太子中允嘉祐初為監察
御史裏行衛卒入延福宮為盜有司引疎決恩降其
罪陶曰禁省之嚴不應用外間會降為比於是流諸
海島主者皆論罰中貴人導煉丹者入禁廷陶言漢

唐方士名為化黃金益年壽以惑人主者後皆就戮
請出之陳升之為樞密副使論其不當升之去陶亦
知衛州改蔡州明年復以右正言召陶言臣與四人
同補郡今獨兩人召請并還唐介呂誨等英宗知宗
正寺踰年不就職陶上疏曰自至和中聖躬違豫之
後天下顒顒無所寄命交章抗疏請早擇宗室親賢
以建儲嗣危言切語動天感人夫為是議者豈皆懷
不忠孝為姦利附託之人哉發於至誠念宗廟社稷
無窮大計而已陛下順民欲而安人心故親發德音
欽為此舉中外搖搖之心一旦定矣厥後浸潤稽緩

豈免憂疑流言或云事由嬪御宦侍姑息之語聖意
因而惑焉婦人近幸詎識遠圖臣恐海內民庶謂陛
下始者順天意民心命之今者聽左右姑息之言而
疑之使遠近姦邪得以窺間伺隙可不惜哉因請對
仁宗曰今當別與一名目既而韓琦決策遂立為皇
子英宗即位加直史館脩起居注皇子位伴讀淮陽
潁王府翊善知制誥進龍圖閣學士知永興軍召為
太子詹事神宗立遷樞密直學士拜御史中丞郭逵
以簽書樞密宣撫陝西詔令還都陶言韓琦置逵二
府至用太祖故事出師刼制人主琦必有姦言惑亂

聖德願罷逵為渭州帝曰逵先帝所用今無罪黜之是彰先帝用人之失也不可陶既不得逞遂以琦不押文德常朝班奏劾之陶始受知於琦驟加獎拔帝初臨御頗不悅執政之專陶料必易置大臣欲自規重位故視琦如仇力攻之琦閉門待罪帝徙陶為翰林學士旋出知陳州入權三司使呂公著言其反覆不可近又以侍讀學士知蔡州歷河南府許汝陳三州以東宮舊臣加觀文殿學士帝終薄其為人不復用元豐三年卒年六十一贈吏部尚書謚曰文恪陶微時苦貧寓京師教小學其友姜愚氣豪樂施一日大雪念陶奉母寒餒荷一鍤剗雪行二十里訪之陶母子凍坐日高無炊烟愚亟出解所衣錦裘質錢買酒肉薪炭與附火飲食又損數百千為之娶陶既貴尹洛愚老而喪明自衞州新鄉往謁之意陶必念舊哀已陶對之黯然但出尊酒而已愚大失望歸而病死聞者益薄陶之為人

王子韶字聖美太原人中進士第以年未冠守選復游太學久之乃得調王安石引入條例司擢監察御史裏行出按明州苗振獄安石惡祖無擇子韶迎其意發無擇在杭州時事自京師逮對而以振獄付張

載無擇遂廢中丞呂公著等論新法一臺盡罷子韶出知上元縣遷湖南轉運判官御史張商英劾其不葬父母貶知高郵縣由司農丞提舉兩浙常平入對神宗與論字學留為資善堂脩定說文官官制行為禮部員外郎以入省後期改庫部元祐中歷吏部郎中衞尉少卿遷太常諫官劉安世言熙寧初士大夫有十鑽之目子韶為衙内鑽指其交結要人子弟如刀鑽之利又陷祖無擇於深文搢紳所共鄙薄豈宜汚禮樂之地改衞尉卿安世復言七寺正卿班少常上因彈擊而獲超遷是啓僥倖也乃出知滄州入為秘書少監迎伴遼使御下苛刻軍吏因被酒刃傷子韶及其子又出知濟州建言乞追復先烈以貽後法復以太常少卿召進秘書監拜集賢殿脩撰知明州卒崇寧二年子相録元祐中所上疏稾聞于朝詔贈顯謨閣待制

何正臣字君表臨江新淦人九歲舉童子賜出身復中進士第元豐中用蔡確薦為御史裏行遂與李定舒亶論蘇軾得五品服領三班院會正御史專六察正臣言幸得備言路以激濁揚清為職不宜兼治它曹神宗善之為悉罷御史兼局而正臣解三班加直

集賢院擢侍御史知雜事韓存寶討瀘夷無功命治其獄被以逗撓罪誅之還除寶文閣待制知審官東院尚書省建為吏部侍郎踰年嫚於奉職銓擬多牴牾事聞以制法未善為解王安禮曰法未善有司所當請豈得歸罪於法乃出知潭州時詔州縣聽民以家貲易鹽吏或推行失指正臣條上其害謂無益於民亦不足以佐國用遂寢之民以為便後歷刑部侍郎知宣州卒

陳繹字和叔開封人中進士第為館閣校勘集賢校理刊定前漢書居母喪詔即家讎校英宗臨政淵嘿

繹獻五箴曰主斷明微廣度省變稽古同判刑部獄訟有情法相忤者讞之或言刑曹唯知正是否不當有所輕重繹曰持法者貴審允心知失刑惡得坐視由是多所平反帝稱其文學以為實錄檢討官神宗立為陝西轉運副使入直舍人院脩起居注知制誥拜翰林學士以侍講學士知鄧州繹不能肅閨門子與婦一夕俱殞於卒伍之手傲然無慚色召知通進銀臺司帝語輔臣曰繹論事不避權貴命權開封府時獄有小疑輒從中覆至繹特聽便宜處決久之還翰林仍領府治司農吏盜庫錢獄未竟中書檢正張諤判寺事懼失察以帖詰稽留繹遣吏示以成牘言者論其徇宰屬縱有罪出知滁州郊祀恩復知制誥言者再論之得秘書監集賢院學士元豐初知廣州庫有檀香佛像繹以木易之事覺有司當為官物有剩利帝曰是以事佛麗重典矣時繹已加龍圖閣待制知江寧府乃貶建昌軍奪其職後復大中大夫以卒年六十八繹為政務摧豪黨而行與貌違暮年繆為敦朴之狀好事者目為熱熟顏回

論曰王廣淵在仁宗時因近昵獻文於英宗潛邸固已有竊取功名之心蓋為臣之不忠者雖列侍從烏

足道哉王陶始為韓琦所知在御史時頗能譏切時政及為中丞則承望風旨攻琦如仇讎欲自取重位其忘姜愚布衣之義又不足責矣王子韶之陷祖無擇何正臣之論蘇軾皆小人之盜名陳繹希合用事固無足道然於獄事多所平反惜乎閨門不肅廉恥並喪雖明曉吏事亦何取焉

列傳卷第八十八

列傳卷第八十九　　宋史三百三十

開府儀同三司上柱國錄軍國重事前中書右丞相監修國史領經筵事都總裁臣脫脫等奉

勑修

任顓　李參　郭申錫　傅求
張景憲　竇卞　張瓌　孫瑜
許遵　盧士宗　錢象先　韓璹
杜純弟紘　杜常　謝麟　王宗望
王吉甫

任顓字誠之青州壽光人舉進士得同學究出身至衛尉丞上其文乃賜第擢鹽鐵判官陝西鑄康定大

銅錢顓曰壞五為一以一當十恐犯者衆卒如其言夏人納款遣使要請十一事甚者欲去臣稱男顓押伴一切曉以義辭折而去又再遣使來欲自買賣且通青鹽增歲賜詔許置榷場其議多顓所發出為京西轉運使奏計京師元昊為下所殺遣楊守素來告哀守素乃始為元昊謀不稱臣納賜節者也仁宗記嘗屈其使者復使押伴顓問守素其主所以死不能對訖去不敢肆改知鳳翔府帝語輔臣顓宜備朝廷委任留判三司憑由司為諒祚冊禮使采撫西夏風物山川道里出入攻取之要為治戎精要三篇上之

進直史館遷河東轉運使帝嘗以禁帑金帛賜河北亦欲與河東顓辭曰受委制財用而先有求不敢顓為使者每行部必擇僚佐之賢者一人與俱凡事必與議未嘗以胥吏自隨人安其政入為鹽鐵副使擢天章閣待制儂賊犯嶺外以知潭州宣撫司以宣毅卒有功檄補軍校顓察其色動曰必有異志執按之具服為賊內應覓其家得所記潭事甚悉梟首以徇詔書褒激賜白金五百兩進龍圖閣直學士知渭州坐在潭日賤市死商珠降為待制時四路以邊警聞渭獨無所上朝廷疑斥候不審顓力言無他虞帝使

覘之信乃還學士徙徐州以太子賓客致仕積官戶部侍郎卒年七十八

李參字清臣鄆州須城人以蔭知鹽山縣歲饑諭富室出粟平其直予民不能糴者給以糟粃所活數萬通判定州都部署夏守恩貪濫不法轉運使使參按之得其事守恩謫死知荊門軍荊門歲以夏伐竹并稅簿輸荊南造舟積日久多蠹惡不可用牙校破產不償責參請冬伐竹度其費以給餘募商人與為市遂除其害歷知興元府淮南京西陝西轉運使部多戍兵苦食少參審訂其闕令民自隱度麥粟之贏先

貸以錢俟穀熟還之官號青苗錢經數年廩有羨粮熙寧青苗法蓋萌於此矣朝廷患邊費益廣參建議輦錢邊郡以平估糴權罷入中法比其去省榷貨錢千萬計召為鹽鐵副使以右諫議大夫為河北都轉運使與安撫使郭申錫相視決河議不協又與真定呂溱相惡二人皆得罪參移使河東知荆南嘉祐七年召為三司使參知政事孫抃曰參為主計外臺將承風刻剝天下天下之民困矣乃改群牧使詔王安石王陶置局經度國計參言官各有職臣若不任事當從廢黜不然乞罷此局從之治平初加集賢院學士知瀛州賜黃金百兩帥臣有賜自參始再遷樞密直學士知秦州蕃酋藥家族作亂討平之得良田五百頃以募弓箭手居鎮閱歲未嘗以邊事聞英宗遣使問故對曰將在邊期於無事而已不敢妄以寇貽主憂以疾解邊任判西京御史臺起知曹濮二州神宗久知其才書姓名於殿柱以知永興軍不行卒年七十四參無學術然剛果嚴深喜發擿姦伏不假貸事至即決雖簿書纖悉不遺時稱能吏

郭申錫字延之魏人自言唐代公元振之後第進士為晉陵尉民訴弟為人所殺申錫察其色懼而哭不

哀曰吾得賊矣非汝乎執而訊之果然久之知博州州兵出戍有欲脅衆為亂者申錫戮一人黥二人乃定奏至仁宗曰小官臨事如此豈易得耶為御史臺推直官數上疏論事大臣不便鞫獄慶州京東盜執濮州通判井淵遷知州事未閱月悉擒亡黨斬以徇召為侍御史遂知雜事張貴妃追冊起園陵張堯佐為使相陳執中嬖妾殺婢余靖引胡恢有醜行高若訥引范祥啓邊釁申錫皆奏劾之醜詆權倖無所避帝謂之曰近世士大夫方未達時好指陳時事及被進用則不然是資言以進耳卿勿為也諜稱契丹遣泛使命體量安撫河北還為鹽鐵副使相視決河坐訟李參失實黜知濠州帝明榜朝堂稱其欺誣以儆在位旋加直史館知江寧府再副鹽鐵進天章閣待制知鄧州河中种諤取綏州申錫曰邊患將自此始及諒祚死請捐前故聽其子襲爵且言曰二虜賴歲幣甚厚渝平豈其所利必有以致之但得重將守邊不要功生事則善矣著邊鄙守禦策以給事中致仕卒年七十七

傅求字命之考城人進士甲科通判泗州淮水溢毀城朝廷遣中使護築絕淮取土道遠度用兵六十萬

求相汴堤旁有高堆夷之得土載以囲舟省工費殆
半徙大名府府守呂夷簡委以事夷簡入相薦其才
擢知宿州提點江西益州刑獄為梓州路轉運使夷
獠寇合江鈐轄司會兵擒擊求馳往按所以狀乃縣
吏冐取播州田獠故怨而叛即黥吏置嶺南夷人聞
之散去益州文彦博上其狀進秩徙陝西關中行當
十鐵錢盜鑄不可計求請變法時州縣已散二百八
十萬緡亟下令吏為當三民岀不意蕩產失業多自
經死然盜鑄遂止自康定用兵移稅輸邊民力大困
求令輸本州而轉錢以供邊糴民受其惠而兵食亦

足召為戶部副使隴右蕃酋蘭氊獻古渭州地秦州
范祥納之請繕城屯兵又括熟戶田諸羌斬之相率
叛夏人欲得渭地又移文來索後帥張昇以祥貪利
生事請棄之詔求往視求以為城已訖役且已得而
棄非所以強國威乃詔諭羌衆反其田報夏人以渭
非其有不應索正其封疆而還兵遂解進天章閣待
制陝西都轉運使加龍圖閣直學士知慶州環之定
邊砦蕃官蘇恩以小過疑懼而遁將佐議致討涇原
既岀師境上求謂恩非素攜二者乘以兵必起邊患
但遣裨將從十數卒扣其帳開以禍福恩感泣還砦

如初入判太常寺權發遣開封府遷樞密直學士知
定州復以龍圖閣學士權開封求本有吏能幹局至
是春秋浸高且病瞶三司大將錢吉竊殺妹為隣所
告求不能決反坐告者又斷獄數差失御史言其不
勝任出知兖州卒年七十一
張景憲字正國河南人以父師德任淮南轉運副使
山陽令鄭昉贓累巨萬親戚多要人景憲首案治流
之嶺外貪吏望風引去徙京西東轉運使王逵居鄆
專持吏短長求請賄謝如所欲景憲上其惡編置宿
州熙寧初為戶部副使韓絳築撫寧羅兀兩城帝命

景憲往視始受詔即言城不可守固不待到而後知
也未幾撫寧陷至延安又言囉兀邈然孤城鑿井無
水將何以守臣在道所見師勞民困之狀非一願罷
徒勞之役廢無用之城嚴飭邊將為守計令邊郡召
生羌與之金帛官爵恐黠羌多詐緩急或為內應宜
亟止之陝西轉運司議欲限半歲令民悉納錢於官
而易以交子景憲言此法可行於蜀耳若施之陝西
民將無以為命其後卒不行加集賢殿脩撰為河東
都轉運使議者欲分河東為兩路景憲言本道地肥
磽相雜州縣貧富亦異正宜有無相通分之不便議

遂寖改知瀛州上言比歲多不登民積逋欠今方小稔而官督使併償道路流言其禍乃甚於凶歲願以寬假帝從之仍下其事元豐初年知河陽時方討西南蠻景憲入辭因言小醜跳梁殆邊吏擾之耳且其巢穴險阻若動兵遠征萬一餽餉不繼則我師坐困矣帝曰卿言是也然朝廷有不得已者明年徙同州以大中大夫卒年七十七景憲在仁宗朝為部使者時吏治尚寬獨多舉刺及熙寧以來吏治峻急景憲反濟以寬方新法之行不劾一人居官不畏強禦非公事不及執政之門自負所守於人少許可母卒一

夕鬚鬢盡白世以此稱之

齊卞字彥法曹州冤句人進士第二通判汝州秦悼王葬汝宗室來祔者衆役兵五千郡守林濰以汝與其鄉近因使輦薪芻鐵石致其家衆怨憤謀殺濰會日暮門閉不果遂挾大校叛卞啓關招諭之曰汝曹特醉酒狂呼爾毋恐衆小定乃密推首惡黥之請於朝詔濰致仕悉配從亂者加集賢校理知太常院知絳州開封府推官方禁銷金為衣皇城卒捕得之屬下治以中禁為言奏曰真宗行此制自掖廷始今不正以法無以示天下且非祖宗立法意英宗曰然文

王刑于寡妻至于兄弟以御于家邦正謂是也從其請出知深州熙寧初河決滹沱水及郡城地大震流民自恩冀來踵相接卞發常平粟食之吏白擅發且獲罪卞曰俟請而得報民死矣吾寧以一身活數萬人尋以請詔許之外間訛言水大至卞下令敢言者斬一日復報大水且至吏請閉門卞不可既而果妄時發六州卒築武彊隄卒情主者笞之不服卞曰廂兵犯將校法不至重然興役聚工不可拘以常法命斬之以聞有詔嘉獎還為戶部判官同脩起居注進天章閣待制判昭文館將作監始卞官汝時與殿直

王永年者相接頗厚及在京師永年求監金曜門庫卞為禱提舉楊繪繪薦為之永年置酒于家延繪卞至出其妻侑飲且時致薄餉永年以事繫獄死御史發其私卞坐奪職提舉靈仙觀卒年四十五

張瓌字唐公洎之孫也舉進士以婦父王欽若嫌召試學士院賜第除秘閣校理同知太常禮院謚錢惟演曰文墨其子擿登聞鼓上訴仁宗使問狀瓌條奏甚切朝廷不能奪乃賜謚曰思溫成廟祠享如神御請殺其禮判吏部南曹為開封府推官知洪州營校督役苛急其徒三百人將以夜殺之求不獲持軍諜

于門請易校環召問諭遣明日推治黜十人不為易
校積閥當遷十年不會課文彥博為言特遷之徙兩
浙轉運使加直史館知潁州揚州即拜淮南轉運使
三司下諸道責羨財淮南獨上金九鎰三司使怒移
文譙切環以賦數民貧對入脩起居注知制誥草故
相劉沆贈官制頗言其附會取顯位沆子瑾帥子弟
婦女衰絰詣闕哭訴環挾私怨且醜詆其人執政以
寢贈乃恩典環不當為貶詞出知黃州然瑾亦竟不
敢請父謚還判流內銓英宗時論第在先朝乞蚤定
儲副者進左諫議大夫翰林侍讀學士劉瑾又訟其

判銓日調其子不應法復出濠州歷應天府河南河
陽請為太平州環平生薦士後雖不如所舉未嘗以
令自首故弗坐削階當官遇事輒言觸忤勢要至屢
黜終不悔卒年七十

孫瑜字叔禮博平人以父任為將作監主簿賈昌朝
薦為崇文檢討同知禮院開封府判官使契丹適西
討捷書至館伴要入賀啖以厚餉瑜辭以奉使有指
不肯賀加秘閣校理兩浙轉運使入辭仁宗訪其家
世謂曰卿孫奭子邪奭大儒也久以道輔朕因面賜
金紫先是郡縣倉庾以斗斛大小為姦瑜奏均其制

黜吏之亡狀者民大喜有言其變新器非便下遷知
曹州尋有言瑜所作量法均一誠便者乃還其元資
徙知蔡州毀吳元濟像以其祠事裴度大水緣城隙
入瑜使囊沙數千扞其衝城得弗壞更相兗濰單四
州累官工部侍郎卒年七十九始奭之亡朝廷錄其
子孫時瑜之子為諸孫長瑜曰吾忍因父喪而官吾
子乎以兄之孫上之瑜天資整敏齊家以嚴稱善與
人交一受知終身不易所薦士有過或教使自言曰
已知之而復擠之吾不為也

論曰宋至神宗承平百餘年風行政成士皆守官稱

職雖上之化亦下之氣習使然也當時仕於朝廷出
守方岳持節一道專對四方者各有其人其政績且
多可紀自顥至瑜是已顥能折夏人屈元昊使者參
擊貪除害乃心邊事申錫除凶黨詆權倖求黜黜吏
禁盜鑄卞以身活人環不貢羨財景憲因母死而髮
白孫瑜不忍以父喪而得官此其行尤昭昭者歟

許遵字仲塗泗州人第進士又中明法擢大理寺詳
斷官知長興縣水災民多流徙遵募民出米振濟竟
以無患益興水利溉田甚博邑人便利立石紀之為
審刑院詳議官知宿州登州遵累典刑獄強敏明恕

及為登州執政許以判大理遵欲立奇以自衒會婦人阿云獄起初云許嫁未行嫌壻陋伺其寢田舍懷刀斫之十餘創不能殺斷其一指吏求盜弗得疑云所為執而詰之欲加訊掠乃吐實遵按云納采之日母服未除應以凡人論讞于朝有司當為謀殺已傷遵駁言云被問即承應為按問審刑大理當絞刑非是事下刑部以遵為妄詔以贖論未幾果判大理恥用議法坐劾復言刑部定議非直云合免所因之罪今棄敕不用但引斷例一切按而殺之塞其自守之路殆非罪疑惟輕之義詔司馬光王安石議光以為

不可安石主遵御史中丞滕甫侍御史錢顗皆言遵所爭戾法意自是廷論紛然安石既執政悉罪異己者遂從遵議雖累問不承者亦得為按問或兩人同為盜劫吏先問左則按問在左先問右則按問在右獄之生死在問之先後而非盜之情天下益厭其說熙寧間出知壽州再判大理寺請知潤州又請提舉崇福宮尋致仕累官中散大夫卒年八十一

盧士宗字公彥濰州昌樂人舉五經歷審刑院詳議編敕刪定官提點江西刑獄侍講楊安國以經術薦之仁宗御延和殿詔講官悉升殿聽其講易明日復命講泰卦又召經筵官及僕射賈昌朝聽之授天章閣侍講賜三品服加直龍圖閣天章閣待制判流內銓李參郭申錫有決河訟詔士宗劾之士宗言兩人皆為時用有罪當驗問不宜逮鞫於是但黜申錫為州進龍圖閣直學士知審刑院通進銀臺司仁宗神主祔廟禮院請以太祖大宗為一世而增一室以備天子事七世之禮詔兩制與禮官考議孫抃等欲如之士宗以為在禮太祖之廟萬世不毀其餘昭穆親盡即毀示有終也自漢以來天子受命之初太祖尚在三昭三穆之次祀四世或六世其以上之主屬雖

尊於太祖親盡則遷故漢元帝之世瘞太上廟主於國魏明帝遷處士主於園邑晉武惠祔廟遷征西豫州府君大抵過六世則遷其主蓋太祖已正東向之位則并三昭三穆為七世矣唐高祖初祀四世太宗增祀六世太宗祔廟則遷洪農府君高宗祔廟又遷宣宗皆前世成法惟明皇九廟祀八世於事為不經今大行祔廟僖祖親盡當遷於典禮為合不當添展一室詔抃等再議卒從八室之說議者咎之出知青州入辭英宗曰學士忠純之操朕所素知豈當久處外命再對及見論知人安民之要勸帝守祖宗法御

史言其罕通吏事且衰病改沂州熙寧初以禮部侍郎致仕卒年七十一士宗以儒者長刑名之學而主於仁恕故在刑部審刑前後十數年

錢象先字資元蘇州人進士高第呂夷簡薦為國子監直講歷權大理少卿度支判官河北江東轉運使召兼天章閣侍講詳定一路敕成當進勳爵仁宗以象先母老欲慰之獨賜紫章服進侍制知審刑院加龍圖閣直學士出知蔡州象先長於經術侍邇英十餘年有所顧問必依經以對反復諷諭逮及當世之務帝禮遇甚渥故事講讀官分日迭進象先已得蔡

帝猶諭之曰大夫行有日矣宜講徹一編於是同列羅進者浹日徙知河南府陳州復兼侍講知審刑院象先旁通法家說故屢為刑官條令多所裁定嘗以為犯敕者重犯令者輕請移敕文入令者甚衆又議告捕法以為罪有可去有可捕苟皆許捕則姦人將倚法以害善良因削去許捕百餘事其持心平恕類此復知許潁陳三州以吏部侍郎致仕卒年八十一

韓璹字君玉衛州汲人登進士第知定州安喜縣為政彊力能使吏不賄守韓琦稱其才為開封司錄嘉祐寬恤諸道分遣使者璹曰京師諸夏本顧獨不蒙惠乎乃具徭役利害上之詔司馬光陳洙詳定條式遂華大姓漁并之弊提點利州路河北刑獄以開封府判官迎契丹使使問南朝不聞打圍何也璹曰我后仁及昆蟲非時不為耳熙寧初為梓州路轉運使朝廷命諸道議吏役法璹首建併綱減役之制綱以數計者百二十有八衙前以人計者二百八十有三省役人五百又請裁定諸州衙簿於是王安石言璹所言皆以為公私病監司背公養譽莫之或恤而獨能體上意宜加賞乃下褒詔且賜帛二百入為鹽鐵副使以右諫議大夫知澶州坐失舉降太常少卿河

決晝夜扞禦神宗念其勞復故官大中大夫判將作監轉正議大夫致仕卒年七十七璹吏事絕人閱按牘終身不忘澶州民懷思之他日郡守或欲有所為民必曰此已經韓大中矣以故輒止

杜純字孝錫濮州甄城人少有成人之操伯父沒官南海上其孤弱柩不能還純白父請往如期而喪至以蔭為泉州司法參軍泉有蕃舶之饒雜貨山積時官於州者私與為市價十不償一惟知州關詠與純無私買人亦莫知後事敗獄治多相牽繫獨兩人無與詠猶以不察免且檄參對純憤懣陳書使者為訟

究詠得不坐熙寧初以河西令上書言政王安石異
之引寘條例司數與論事薦于朝充審刑詳議官或
議復肉刑先以刖代死刑之輕者純言今盜抵死歲
不減五十以死懼民民常不畏而况於刖乎人知不
死犯者益衆是為名輕而實重也事遂寢秦帥郭逵
與其屬王韶成訟純受詔推鞫得韶罪安石主韶變
其獄免純官韓絳為相以檢詳三司會計安石再來
乃請監池州酒久之為大理正上言朝廷非不惡告
訐而有覘事者以擿抉隱微蓋京師聚萬姓易以宿
奸於計當然非擾人也比來或徒隸觖望或民相怨

仇或意冐告賞但泛云某有罪某知狀官不識所逮
之囚囚不省見逮之故若許有司先訐其實而坐為
欺者以誣告當無不竟矣隰州商尹奇貿温泉礬有
羨數云官潤之寺欲械訊河東純曰奇情止爾若傳
致其罪恐自是民無復敢貨礬則數百萬之儲皆為
土石請姑沒其羨而釋其人曹州民王坦避水患以
車載貨入京征商者以為匿稅寺議黥坦純復爭之
卿楊汲奏為立異又廢于家元祐元年范純仁韓維
王存孫永交薦之除河北轉運判官初更役書司馬
光稱其論議詳盡予之書曰足下在彼朝廷無河北

憂純因建言河防舊隸轉運今乃領屬都水外丞計
其決溢之變前日不加多今日不加少然出財之司
則常憂費而緩不急用財之官則寧過計而無不及
不如使之歸一後如其言召為刑部員外郎大理少
卿擢侍御史言者詆其不由科第改右司郎中尋知
相州徙徐州陝西轉運使還拜鴻臚光祿卿權兵部
侍郎謝病以集賢院學士提舉崇福宮改脩撰卒年
六十四弟紘

紘字君章起進士為永年令歲荒民將他徙召諭父
老曰令不能使汝必無行若留能使汝無飢皆喜聽

命乃官給印券使稱貸於大家約歲豐為督償於是
咸得食無徙者明年稔償不愆秦神宗聞其材用為
大理評斷官檢詳樞密刑房脩武經要略以職事對
帝翌日語宰相嘉其論奏明白未果用紘每議獄必
傳經誼民間有女幼許嫁未行而養於壻氏壻氏殺
以誣人吏當如昏法紘曰禮婦三月而廟見未廟見
而死則歸葬于家示未成婦也律定昏而夫犯論同
凡人養婦雖非禮律然未成婦則一也議乃定又論
天下囚應死吏懦不行法輒以疑讞夫殺人而以疑
讞是縱民為殺之道也請治妄讞者不從擢刑部郎

中元祐初為夏國母祭奠使時夏人方脩貢入其國禮猶倨迓者至衣毛裘設王人坐蒙以氈且不跪受詔紘責之曰天王弔禮甚厚今不可以加禮夏人畏懼加敬他日夏使至請歸復侵疆紘逆之至館使欲入見有所陳紘止之叩其語頗不遜紘曰國主設有請必具表中此大事也朝廷肯以使人口語為可否乎隨語連拄之乃不敢言遷右司郎中大理卿以直秘閣知齊鄧二州復為大理卿權刑部侍郎加集賢殿脩撰為江淮發運使知鄆州獄繫囚三百人紘至之旬日處決立盡又以刑部召未至還之鄆嘗有揭幟

城隅著妖言其上期為變州民皆震慄而草場白晝火蓋所揭一事也民又益恐或請大索城中紘笑曰奸計正在是冀因吾膠擾而發奈何墮其術中彼無能為也居無何獲盜乃奸民為妖知所揣遂按誅之徙知應天府卒年六十二紘事兄純禮甚備在鄆州聞訃泣曰兄教我成立今亡不得臨死不瞑矣適詔闕迎其柩於都門哀動行路悉以奉錢給寡嫂推其子恩官其子若孫一人官京師時里人馬隨調選病目逆旅紘載與歸醫視之隨竟死為治喪第中或以為嫌不自恤其風義蓋天性云

杜常字正甫衛州人昭憲皇后族孫也折節學問無戚里氣習嘗跨驢讀書驢嗜草失道不之覺觸桑木而墮額為之傷中進士第調河陽司法參軍事富弼禮重之積遷河東轉運判官提點河北刑獄歷兵部左司郎中太常少卿太僕太府卿戶工刑吏部侍郎出知梓州青鄆徐州成德軍崇寧中至工部尚書以龍圖閣學士知河陽軍苦旱及境而雨大河決直州西上埽勢危甚常親護役徙處埽上埽潰水溢及常坐而止於是役人盡力河流遂退郡賴以安卒年七十九

謝麟字應之建州甌寧人登第調會昌令民被酒夜與仇鬬既歸而所親殺之因誣仇麟知死者無子所親利其財一訊得實再調石首令縣苦江水為患隄不可禦麟疊石障之自是人得安堵號謝公隄通判辰州章惇使湖湘拓沅州薦麟為守由太常博士改西上閤門副使猺賊犯辰溪麟且捕且招一方以寧詔使經制宜州獠降其種落四千八百人納思廣洞民千四百室得鎧甲二萬褒賜甚渥加果州刺史知荊南涇邠二州元祐初復以朝議大夫直秘閣知潭州加直龍圖閣歷徙江寧鳳翔府渭桂二州融江有

夷警將吏議致討麟以計平之戍兵從北來不能水土麟部土人使極南而北兵止屯近郡賴以全者甚衆卒于官

王宗望字磻叟光州固始人以蔭累擢夔州路轉運副使哲宗即位行赦賞軍萬州彌旬不給庖卒朱明因衆怒白晝入府宅傷守臣左右驚散他兵籍籍謀兆亂宗望聞變自夔疾驅至先命給賞然後斬明以徇且寘視守傷而不救者乃自劾朝廷嘉之歷倉部郎中司農少卿江淮發運使楚州沿淮至漣州風濤險舟多溺議者謂開支氏渠引水入運河歲久不決

宗望始成之為公私利代吳安持為都水使者自大河有東北流之異紛爭十年水官無所適從宗望謂回河有創立金隄七十里索緡錢百萬詔從之右正言張商英論其誕謾而宗望奏已有成績遂增秩三等加直龍圖閣河北都轉運使擢工部侍郎以集賢殿脩撰知鄆州卒年七十七元符中治其導河東流事以為附會元祐追所得恩典云

王吉甫字邦憲同州人舉明經練習法律試斷刑入等為大理評事累遷丞正刑部員外郎大理少卿舒亶以官燭引至第執政欲坐以自盜吉甫謂不可執政怒移獄他所吉甫亦就辨置乃用飲食論罪不以燭也南郊起幔城役卒急於畢事董役者責之曰此殆類白露屋耳卒訴之吏當非所宜言論死吉甫謂非呪詛不應死遂求對神宗怒曰得非為白露屋事來邪吉甫從容敷陳不少慴帝為霽怒其人得釋蘇軾南遷所過郡守有延館之者走馬使上聞詔鞫之吉甫議當笞宰相章惇不悅吉甫曰法如是雖以增加成罪卒從笞太倉火議誅守者十餘人亦爭之皆得不死其持論寬平大抵類此請知齊州梓州梓在東川為壯藩戶口最盛轉運使欲增折配以取羨餘

吉甫謂其僚曰民力竭矣一增之後不可復減吾寧貽使者怒忍為國斂怨為民基禍哉竟却之歷提點梓州路京畿刑獄開封少尹知同邢漢三州以中大夫卒年七十吉甫老於為吏廉介不回但一於用法士恨其少緣飾云

論曰宋取士兼習律令故儒者以經術潤飾吏事舉能其官導惠政及民而緩登州婦獄君子謂之失刑士宗象先皆執經勸講其為刑官論法平恕宜哉燾吏事絕人民懷其德純以微官能著清節紘議獄必傅經誼風義竊然常坐護危埽麟定猺獠宗望彌萬

州之變皆靖至難之事於談笑間吉甫一於用法而廉介不回有足稱云

列傳卷第八十九

列傳卷第九十　宋史三百三十一

開府儀同三司上柱國錄軍國重事前中書右丞相監修國史領經筵事都總裁臣脫脫等奉 勅修

孫長卿 周沆 李中師 羅拯
馬仲甫 王居卿 孫構 張詵
蘇寀 馬從先 沈遘弟遼 從弟括
李大臨 呂夏卿 祖無擇 程師孟
張問陳舜俞 劉蒙附 樂京 苗時中 韓贄
楚建中 張頡 盧革子秉

孫長卿字次公揚州人以外祖朱巽任為秘書省校書郎天禧中巽守雍命隨所取浮圖像入見仁宗方權聽天下事嘉其年少斂占對欲留侍東宮辭以母疾詔還官知楚州糧料院郡倉積米五十萬陳腐不可食主吏皆懼法毋敢輕去長卿為酌新舊均渫之吏罪得免通判河南府秋大雨軍營壞或言其衆將叛洛中讙然長卿馳諭之曰天雨敗屋廬未能葺汝輩豈有欲叛意得無有乘此動吾軍者邪推首惡一人誅之留宿其所衆遂定詔汰三陵奉先卒汰者群譟府下長卿矯制使還而具言不可汰之故朝廷為止知和州民訴人殺弟長卿察所言無理問其貲曰

上等也家幾人曰惟此弟爾曰然則汝殺弟也鞫之服郡人神明之提點益州路刑獄歷開封鹽鐵判官江東淮南河北轉運使江浙荆淮發運使歲漕米至八百萬或疑其多長卿曰吾非欲事羨贏以備饑歲爾議者謂楚水多風波請開盱眙河自淮趣高郵長卿言地阻山回繞役大難就事下都水調工數百萬卒以不可成罷之時又將弛茶禁而收其征召長卿議長卿曰本祖宗榷茶蓋將備二邊之糴且不出都内錢公私以為便令之所行不足助邊糴什一國用耗矣乃條所不便十五事不從改陝西都轉運使踰

年知慶州州據險高患無水嘗疏引澗谷汲城中未幾復絕長卿鑿百井皆及泉泥陽有羅川馬嶺上攀危棧下臨不測之淵過者惴恐長卿訪得唐故道闢為通塗加集賢院學士河東都轉運使拜龍圖閣直學士知定州熙寧元年河北地大震城郭倉庫皆隤長卿盡力繕補神宗知其能轉兵部侍郎留再任明年卒年六十六長卿無文學而長於政事為能臣性潔廉不以一毫取諸人定州當得園利八十萬悉歸之公既沒詔中使護其喪歸葬

周沆字子真青州益都人第進士知渤海縣歲滿縣人請留既罷可而以親老求監州稅通判鳳翔初置轉運判官沆使江西求葬親改知沂州歷開封府推官湖南蠻唐盤二族寇暴殺居民官軍數不利以沆為轉運使沆言蠻驟勝方驕未易鬭力宜須秋冬進兵且其地險氣毒人驍悍善用鈹盾北軍不能確請選邕宜融三州卒三千人習知山川技藝者徑擣其巢布餘兵絡山足出則獵取之俟其勢窮力屈乃可順撫朝廷用其策二族皆降加直史館知潭州他道兵來戍者率兩期乃代多死瘴癘沆請以期為斷戍人便之徙河東轉運使民盜鑄鐵錢法不能禁沆高

估錢價鑄者以無利自息入為度支副使儂智高亂定仁宗命安撫廣西諭之曰嶺外地惡非賊所至處毋庸行對曰君命仁也然遠民罹塗炭當布宣天子德澤遂往遍行郡邑民避寇棄業吏用常法滿半歲則聽人菑佃沆曰是豈與凶年詭征役者同科奏申其期擢天章閣待制陝西都轉運使改河北李仲昌建六塔河之議以為費省而功倍詔沆行視沆言近計塞商胡本度五百八十萬工用薪芻千六百萬今纔用功一萬薪芻三百萬均一河也而功力不相侔如是蓋仲昌先為小計以来興役爾況所規新渠視

河廣不能五之一安能容受此役若成河必汎溢齊博濵棣之民其魚矣既而從初議河塞復决如沆言又徙河東轉運使遷龍圖閣直學士知慶州召知通進銀臺司判太常寺英宗既即位契丹賀乾元節使至沆館客欲取書樞前使者以非典故不可沆折之曰昔貴國有喪吾使至柳河即反今聽於几筵達命恩禮厚矣尚何云使者立授書朝廷未知契丹主年沆乘間雜他語以問得其實使者悔之曰今復應兄弟南朝矣進樞密直學士知成德軍俗方棄親事佛沆閱按斥數千人還其家以戶部侍郎致仕卒年六

十九

李中師字君錫開封人舉進士陳執中薦為集賢校理提點開封府界境多盜中師立賞格督吏分捕盡得之進秩辭不受乃擢度支判官為淮南轉運使兩浙饑移淮粟振贍僚屬議勿與中師曰朝廷視民淮浙等爾卒與之徙河東入為度支副使拜天章閣待制陝西都轉運使知澶州河南府召權三司使龍圖閣直學士復為河南前此多大臣居守委事掾幕吏習弛緩中師一以嚴整齊之號為治辦然用法刻深煩碎無大體唯厚結中人初神宗嘗對宰相稱其治

狀富弼曰陛下何從知之帝默然中師銜弼沮已及再至弼已老乃籍其戶令出免役錢與富民等又希司農指多取餘視他處為重洛人怨之朝廷以中師率先推行召為群牧使乞廢河南北監牧省國費而養馬於民不報後竟行其說民不堪命權發遣開封府卒年六十一有女嫁陳執中子世儒坐夫事誅死

羅拯字道濟祥符人第進士歷官知榮州州介兩江間每江漲輒犯城郭拯作東西二隄除其患選知秀州為江西轉運判官提點福建刑獄泉州興化軍水壞廬舍拯請勿征海運竹木經一年民居皆復其舊

遷轉運使邵武之光澤不榷酒以課賦民號黃麴錢拯均之他三邑人以為便改江淮發運副使江淮故無積倉漕船繫岸下俟糴入乃得行盖官吏以淮南不受陳粟為避譴計拯始請凡米至而不可上供者以廩軍又貯浙西米于潤倉以時運自是漕增而費省轉為使拯使閩時泉商黃謹往高麗館之禮賓省其王云自天聖後職貢絕欲命使與謹俱來至是拯以聞神宗許之遂遣金悌入貢高麗復通中國自茲始加天章閣待制居職七年徙知永興軍青頴秦三州卒年六十五拯性和柔不與人校曲直為發運使

時與副皮公弼不協公弼徙他道御史劾其貸官錢拯力為辨理錢公輔為諫官嘗論拯短而公輔姻黨多在拯部內往往薦進之或譏以德報怨拯曰同僚不協所見異也諫官所言職也又何怨乎時論服其長者

馬仲甫字子山廬江人太子少保亮之子也舉進士知登封縣轘轅道險危遂傭民鑿平為坦塗人便其行為刻石頌美通判趙州知台州為度支判官內侍楊永德言漕舟淮汴間惟水遞鋪為便詔仲甫偕往訂可否還言其害十餘條議遂格出為夔路轉運使

歲饑盜粟者當論死仲甫請罪減一等詔須奏裁復言饑羸拘囚比得報死矣請決而後奏徙使淮南真楊諸州地狹出米少官糴之多價常踊登濱江米狼戾而農無所售仲甫請移糴以紓其患兩益於民徙之遂除戶部判官為發運使自淮陰徑泗上浮長淮風波覆舟歲罹其患仲甫建議鑿洪澤渠六十里漕者便之拜天章閣待制知瀛州秦州古渭介青唐之南夏人在其北中通一徑小警則路絕仲甫得華粟城故址自雞川砦築堡北抵南谷環數百里為內地詔賜名甘谷堡故時羌人入城貿易皆僦邸仲甫設

館處之陽示禮厚實關之也熙寧初守亳許揚三州糾察在京刑獄知通進銀臺司復為揚州提舉崇禧觀卒

王居卿字壽明登州蓬萊人以進士至知齊州提舉夔路京東刑獄鹽鐵判官建言商賈轉百貨市塞上者聽以家貲抵於官為給長券至賣所併輸征稅直公私便之出知揚州改京東轉運使青州河貫城中善泛溢為病居卿即城立飛梁上設樓櫓下建門以時閉啓人誦其智徙河北路河決曹村居卿立軟橫二埽以過怒流而不與水爭朝廷賞其功建以為都

水法召拜戶部副使提舉市易擢天章閣待制河北都轉運使知秦州太原府卒年六十二居卿俗吏特以言利至從官

孫構字紹先博平人中進士第為廣濟軍判官歲入圭田粟六百石構止受百石餘以畀學官久之知黎州夷年壘數擾邊用間殺之蜀帥呂公弼上其事擢知真州凶歲得盜令名指黨伍悉寘諸法境內為清遷度支判官夔州部夷梁承秀李光吉王充導生獠入寇轉運判官張詵請誅之選構為使倍道之官至則遣涪州豪杜安蒙千人往襲自督官軍及黔中兵

擊其後斬承秀入討二族火其居餘衆保黒崖嶺黔
兵從間道夜譟而進光吉墜崖死究自縛降以其地
建南平軍録功加直昭文館徙湖北轉運使章惇興
南北江蠻事搆諭降懿洽二州納歸附州十四初渡
辰溪丹毀而溺得援者僮兗神宗憫之賜帛三百北
江酋彭師晏常持向背搆知向水酋彭儒武與有隙
檄使攻之師晏降得其下溪州地五溪皆平進集賢
殿脩撰賜三品服交阯入寇拜右諫議大夫知桂州
聲言將掎角擣其巢穴寇聞引去以疾提舉崇福宮
換太中大夫卒年六十四搆喜功名勇於建立西南

邊事自此始云

張詵字樞言建州浦城人第進士通判越州民患吾
衙前役詵科別人戶籍其當役者以差人錢為雇人
充皆以為便知襄邑縣擢䕫路轉運判官録辟土之
功加直集賢院改陝西轉運副使召對帝曰朕未識
卿每閲章奏獨卿與蔡挺有所論請使人了然尋當
以帥事相屬及入辭賜服金紫明年直龍圖閣知秦
州前此將吏貪功多徙羌地獵射因起邊患詵至申
令毋得犯得一人斬諸境上群羌感悦遷天章閣待
制知熙州董氈遣鬼章逼岷州詵往討董氈迎戰破

之于錯鑿城斬首萬級元豐初加龍圖閣直學士知
成都府徙杭州將行復命權經略凞河事趣使倍道
行時倉卒治戎有司計產調夫戶至累首民多流亡
詵中塗訴其狀乞敕劒外招攜之不報會靈武師罷
乃赴杭道過京師帝訪以西事對曰彼勢雖弱而我
師未銳邊備未飭願以歲月圖功累官正議大夫卒
年七十二詵性孝友廉於財平生不殖田業既建拓
瀘夷地被進用後雖有善言可紀終不追清議云

蘇寀字公佐磁州滏陽人擢第調兗州觀察推官受
知於守杜衍為大理詳斷官民有母改嫁而死既葬

輒盜其柩歸祔法當死寀曰子取母祔父豈與發冢
取財等請而生之遷審刑院詳議御史臺推直官知
單州提點梓州益州路刑獄利路轉運使文州歲市
羌馬羌轉買蜀貨猾駔上下物價肆為姦漁寀議置
折博務平貨直以易馬宿弊頓絶入判大理寺為湖
北淮南成都路轉運使擢侍御史知雜事判刑部使
契丹還及半道聞英宗晏駕契丹置宴仍用樂寀謂
送者曰兩朝兄弟國家君臣之義吾與君等一也此
而可忍孰不可忍遂為之徹樂進度支副使以集賢
殿脩撰知鳳翔還糾察在京刑獄又出知潭州廣州

累轉給事中知河南府無留訟入知審刑院卒宋長於刑名故屢為法官數以讞議受詔獎焉

馬從先字子野祥符人少盡力於學父當任子推以與其弟由進士累官太常少卿知宿州宿在淮汴間素難治從先取囊博者重坐者厚賞以求盜禁屠牛鑄錢嚴甚大水發廩振流亡全活數十萬代還知壽州以老辭英宗諭遣之曰聞卿治行籍甚壽尤重於宿姑為朕往既至治如曩時由太子賓客轉工部侍郎致仕從先性整嚴雖盛夏不袒跣曉學佛預言其終時年七十六而卒

論曰長卿性務廉潔以能臣稱中師用法刻深以治辦稱雖均為材吏而優劣自見拯及仲甫俱能為國興利除害構始開西南邊謊遂拓瀘夷被進用雖有他善而不能追清議至於沆決河議綏遠民折鄰使歷有可稱述者其最優歟

沈遘字文通錢塘人以蔭為郊社齋郎舉進士廷唱第一大臣謂已官者不得先多士乃以遘為第二通判江寧府歸奏本治論仁宗曰近獻文者率以詩賦豈若此十篇之書為可用也除集賢校理頃之脩起居注遂知制誥以父扶坐事免求知越州徙杭州為人疎雋博達明於吏治令行禁止民或貧不能葬給以公錢嫁孤女數百人倡優養良家子者奪歸其父母善遇僚寀皆甘樂傾盡為之耳目刺閭巷長短纖悉必知事來立斷禁捕西湖魚鱉故人居湖上蟹夜入其籬間適有客會宿相與食之旦詣府遘迎語曰昨夜食蟹美乎客笑而謝之小民有犯法情稍不善者不問法輕重輒刺為兵姦猾屏息提點刑獄鞫真卿將按其狀遘為稍弛而刺者復為民嘉祐遺詔至為次於外不飲酒食肉者二十七日召知開封府遘龍圖閣直學士治如在杭州蚤作視事逮午而畢出

與親舊還往從客燕笑沛然有餘暇士大夫交稱其能拜翰林學士判流內銓丁母憂英宗聞其去賚黃金百兩仍命扶喪歸蘇州既葬廬墓下服未竟而卒年四十世咨惜之弟遼從弟括

遼字叡達幼挺拔不群長而好學尚友傲睨一世讀左氏班固書小摹倣之輒近似遒組植縱舍自成一家趣操高爽縹縹然有物外意絕不喜進取用兄任監壽州酒稅吳充使三司薦監內藏庫熙寧初分審官建西院以為主簿時方重此官出則奉使持節遼故受知於王安石安石嘗與詩有風流謝安石瀟洒

陶淵明之稱至是當國更張法令遵與之議論寖咈意日益見疎於是生與其長不相能罷去久之以太常寺奉禮郎監杭州軍資庫轉運使使攝華亭縣他使者適有夙憾思中以文法因縣民忿爭相牽告辭語連及遂文致其罪下獄引服奪官流永州遭父憂不得釋更赦始徙池州留連江湖間累年益偃蹇傲世既至池得九華秋浦間翫其林泉喜曰使我自擇不過爾耳即築室於齊山之上名曰雲巢好事者多往游遵追悔平生不自貴重悉謝棄少習杜門隱几雖筆硯亦埃塵竟日間作為文章雄奇峭麗尤長於

歌詩曾鞏蘇軾黃庭堅皆與唱酬相往來然竟不復起元豐末卒年五十四

括字存中以父任為沭陽主簿縣依沭水乃職方氏所書浸曰沂沭者故跡漫為汙澤括新其二坊疏水為百渠九堰以播節原委得上田七千頃擢進士第編校昭文書籍為館閣校勘删定三司條例故事三歲郊丘之制有司按籍而行藏其副吏沿以干利壇下張幔距城數里為園囿植采木刻鳥獸綿絡其間將事之夕法駕臨觀御端門陳仗衛以閱嚴警游幸登賞類非齋祠所宜乘輿一器而百工侍役者六七十輩括考禮沿革為書曰南郊式即詔令點檢事務執新式從事所省萬計神宗稱善遷太子中允檢正中書刑房提舉司天監日官皆市井庸販法象圖器大抵漫不知括始置渾儀景表五壺浮漏招衛朴造新曆募天下上太史占書雜用士人分方技科為五後皆施用加史館檢討淮南饑遣括察訪發常平錢粟疏溝瀆治廢田以救水患遷集賢校理察訪兩浙農田水利遷太常丞同脩起居注時大籍民車人未諭縣官意相挻為憂又市易司患蜀鹽之不禁欲盡實私井而輦解池鹽給之言者論二事如織皆不省

括侍帝側帝顧曰卿知籍車乎曰知之帝曰何如對曰敢問欲何用帝曰北邊以馬取勝非車不足以當之括曰車戰之利見於歷世然古人所謂兵車者輕車也五御折旋利於捷速今之民間輜車重大日不能三十里故世謂之太平車但可施於無事之日爾帝喜曰人言無及此者朕當思之遂問蜀鹽事對曰一切實私井而運解鹽使一出於官售誠善然忠萬戎瀘間夷界小井尤多不可猝絕也勢須列候加警臣恐得不足償費帝頷之明日二事俱寢擢知制誥兼通進銀臺司自中允至是纔三月為河北西路察

訪使先是銀冶轉運司置官收其利括言近寶則國貧其勢必然人衆則嚢槖姦偽何以檢順朝廷歲遺契丹銀數千萬以其非北方所有故重而利之昔日銀城縣銀坊城皆没於彼使其知鑿山之利則中國之幣益輕何賴歲餉鄰釁將自兹始矣時賦近畿戶出馬備邊民以為病括言北地多馬而人習騎戰猶中國之工彊弩也今舍我之長技強所不能何以取勝又邊人習兵唯以挽彊定最而未必能貫革謂宜以射遠入堅為法如是者三十一事詔皆可之遼蕭禧來理河東黄嵬地留館不肯辭曰必得請而後反

帝遣括往聘括詣樞密院閱故牘得頃歲所議疆地書指古長城為境今所爭蓋三十里遠表論之帝以休日開天章閣召對喜曰大臣殊不究本末幾誤國事命以畫圖示禧禧議始屈賜括白金千兩使行至契丹庭契丹相楊益戒來就議括得地訟之籍數十預使吏士誦之益戒有所問則顧吏舉以答他日復問亦如之益戒無以應謾曰數里之地不忍而輕絶好乎括曰師直為壯曲為老今北朝棄先君之大信以威用其民非我朝之不利也凡六會契丹知不可奪遂舍黄嵬而以天池請括乃還在道圖其山川險

易迂直風俗之純龐人情之向背為使契丹圖抄上之拜翰林學士權三司使嘗白事丞相府吳充問曰自免役令下民之詆訾者今未衰也是果於民何如括曰以為不便者特士大夫與邑居之人習於復除者爾無足恤也獨微戶本無力役而亦使出錢則為可念若悉弛之使一無所預則善矣充然其說表行之蔡確論括首鼠乖剌陰害司農法以集賢院學士知宣州明年復龍圖閣待制知審官院又出知青州未行改延州至鎮悉以別賜錢為酒命廛市良家子馳射角勝有軼群之能者自起酌酒以勞之邊人驩

激執弓傳矢唯恐不得進越歲得徼札超乘者千餘皆補中軍義從威聲雄他府以副總管种諤西討拔銀宥功加龍圖閣學士朝廷出宿衛之師來戍賞賚至再而不及鎮兵括以為衛兵雖重而無歲不戰者鎮兵也今不均若是且召亂乃藏敕書而矯制賜緡錢數萬以驛聞詔報之曰此右府須行之失非卿察事機必擾軍政自是事不暇請者皆得專之蕃漢將士自皇城使以降許承制補授諤師次五原值大雪糧餉不繼殿直劉歸仁率衆南奔士卒三萬人皆潰入塞居民怖駭括出東郊餞河東歸師得奔者數千

問曰副都總管遣汝歸取粮主者為何人曰在後即諭令各歸屯及暮至者八百未旬日潰卒盡還括出按兵歸仁至括曰汝歸取粮何以不持軍符歸仁不能對斬以狥經數日帝使內侍劉惟簡來詰叛者具以對大將景思誼曲珍拔夏人磨崖葭蘆浮圖城括議築石堡以臨西夏而給事中徐禧來禧欲先城永樂詔禧護諸將往築令括移府並塞以濟軍用已而禧敗沒括以夏人襲綏德先往救之不能援永樂坐謫均州團練副使元祐初徙秀州繼以光祿少卿分司居潤八年卒年六十五括博學善文於天文方志

律曆音樂醫藥卜算無所不通皆有所論著又紀平日與賓客言者為筆談多載朝廷故實耆舊出處傳於世

李大臨字才元成都華陽人登進士第為絳州推官杜衍安撫河東薦為國子監直講睦親宅講書文彥博薦為祕閣校理考試舉人誤收失聲韻者責監滁州稅秩滿還故職仁宗嘗遣使賜館閣官御書至大臨家大臨貧無皂隸方自秣馬使者還奏帝曰真廉士也以親老請知廣安軍徙邛州還為群牧判官開封府推官神宗雅知其名擢脩起居注進知制誥糾寮在京刑獄言青苗法有害無益王安石怒會李定除御史宋敏求蘇頌相繼封還詞命次至大臨大臨亦還之帝批去歲詔書臺官不拘官職奏舉後未審更制也頌大臨合言故事臺官必以員外郎博士近制但不限此非謂選人亦許之也定以初等職官超朝籍躐憲臺國朝未有倖門一開名器有限安得人人滿其意哉復詔諭數四頌大臨故爭不已乃以累格詔命皆歸班大臨以工部郎中出知汝州辰溪貢丹砂道棄縣其二篋化為雙雉鬬山谷間耕者獲之人疑為盜械送于府大臨識其異訊得實釋耕者從

知梓州加集賢殿脩撰復天章閣待制甫七十致仕七年而卒大臨清整有守論議識大體同爭李定後名益重世并宋敏求蘇頌稱為熙寧三舍人云

呂夏卿字縉叔泉州晉江人舉進士為江寧尉編脩唐書成直秘閣同知禮院仁宗選任大臣求治道夏卿陳時務五事且言天下之勢不能常安當於未然之前救其弊事至而圖之恐無及已朝廷頗采其策英宗世歷史館檢討同脩起居注知制誥帝嘗訪以政對曰兩朝不惜金帛以和二邊脫民鋒鏑之禍古未有也願勿失前好出知潁州得奇疾身體日縮卒

時幾如小兒年五十三夏卿學長於史貫穿唐事傳采傳記雜說數百家折衷整比又通譜學創為世系諸表於新唐書最有功云

祖無擇字擇之上蔡人進士高第歷知南康軍海州提點淮南廣東刑獄廣南轉運使入直集賢院時封孔子後為文宣公無擇言前代所封曰宗聖曰奉聖曰崇聖曰恭聖曰褒聖唐開元中尊孔子為文宣王遂以祖謚而加後嗣非禮也於是下近臣議改為衍聖公出知袁州自慶曆詔天下立學十年間其敝徒文具無命教之實無擇首建學官置生徒郡國弦誦之風由此始盛同脩起居注知制誥加龍圖閣直學士權知開封府進學士知鄭杭二州神宗立知通進銀臺司初詞臣作誥命許受潤筆物王安石與無擇同知制誥安石辭一家所饋不獲義不欲取置諸院梁上安石憂去無擇用為公費安石聞而惡之熙寧初安石得政乃諷監司求無擇罪知明州苗振以貪聞御史王子韶使兩浙廉其狀事連無擇子韶小人也請遣內侍自京師逮赴秀州獄蘇頌言無擇列侍從不當與故吏對曲直御史張戩亦救之皆不聽及獄成無貪狀但得其貸官錢接部民坐及乘船過制而已遂謫忠正軍節度副使安石猶為帝言陛下遣一御史出即得無擇罪乃知朝廷於事但不為未有為之而無効者尋復光祿卿秘書監集賢院學士主管西京御史臺移知信陽軍卒無擇為人好義篤於師友少從孫明復學經術又從穆脩為文章兩人死力求其遺文彙次之傳於世以言語政事為時名卿用小累鍛鍊放棄訖不復振士論惜之

論曰沈遘以文學致身而長於治才沈括博物洽聞貫乎幽深措諸政事又極開敏呂夏卿號稱史才尤精譜諜之學宋之縉紳士各精其能學不苟且故能然也李大臨官居繳駁克舉其職祖無擇治郡所至能脩校官是皆班班可紀者然大臨以論李定紲無擇以忤安石廢棄終身即是亦足以知二人之賢矣

程師孟字公闢吳人進士甲科累知南康軍楚州提點虁路刑獄瀘戎數犯渝州邊使者治所在萬州相去遠有警率浹日乃至師孟奏徙于渝虁部無常平粟建請置倉適凶歲振民不足即矯發他儲不俟報吏懼白不可師孟曰必俟報餓者盡死矣竟發之徙河東路晉地多土山旁接川谷春夏大雨水濁如黃河俗謂之天河可溉灌師孟出錢開渠築堰淤良田

萬八千頃裒其事為水利圖經頒之州縣為度支判官知洪州積石為江隄浚章溝揭北閘以節水升降後無水患判三司都磨勘司接伴契丹使蕭惟輔曰白溝之地當兩屬今南朝植柳數里而以北人漁界河為罪豈理也哉師孟曰兩朝當守誓約涿郡有案牘可覆視君舍文書騰口說遽欲生事耶惟輔愧謝出為江西轉運使盜發袁州州吏為耳目久不獲師孟械吏數輩送獄盜即成擒加直昭文館知福州築子城建學舍治行最東南徙廣州州城為儂寇所毀他日有警民駭竄方伯相踵至皆言土疏惡不可築

師孟在廣六年作西城及交阯陷邕管聞廣守備固不敢東時師孟已召還朝廷念前功以為給事中集賢殿脩撰判都水監賀契丹生辰至涿州契丹命席迎者正南向涿州官西向宋使介東向師孟曰是卑我也不就列自日昃爭至暮從者失色師孟辭氣益厲叱儐者易之於是更與迎者東西向明日涿人餞于郊疾馳過不顧涿人移雄州以為言坐罷歸班復起知越州青州遂致仕以光祿大夫卒年七十八師孟累領劇鎮為政簡而嚴罪非死者不以屬吏發隱擿伏如神得豪惡不逞跌宕者必痛懲艾之至動絕

乃已所部肅然洪福廣越為生立祠

張問字昌言襄陽人也進士起家通判大名府群牧地在魏歲久冒入於民有司按舊籍括之地數易主券不明吏苟趣辦持詔書奪人田至毀室廬發丘墓問至則曰是豈朝廷意耶其上以聞仁宗諭大臣曰吏用心悉如問何患赤子之不安也立罷之擢提點河北刑獄大河決議築小吳問言曹村小吳南北相直而曹村當水衝賴小吳隄薄水溢北出故南隄無患若築小吳則左隄彊而右傷南岸且決水並京畿為害獨可於孫陳兩埽間起隄以備之耳詔付水官議

久不決小吳卒潰從江東淮南轉運使加直集賢院戶部判官復為河北轉運使所部地震河弃決議者欲調京東民三十萬自澶築隄抵乾寧問言隄未能為益災傷之餘力役勞民非計也神宗從之問十年不奏考課詔特遷其官入為度支副使拜集賢殿脩撰河東轉運使坐誤軍須貶知光化軍未幾復使河北諸葛公權之亂郡縣株蔓連逮至數百千人問上疏申理止誅首惡熙寧末知滄州自新法行問獨不阿時好歲饑為帝言民苟免常平助役之害反以得流亡為幸語切直驚人元豐定官制王安禮薦問可

任六曹侍郎帝以其好異論不用歷知河陽潞州元祐初為秘書監給事中累官正議大夫卒年七十五
問劭巳廉潔嘗仕鄜延幕府與种世衡善父喪世衡遺汝州田十頃辭弗受使歸未至而世衡卒其子古用父治命亦不納田蕪穢者三十年後汝守請以給學朝廷命反諸种氏熙寧時有陳舜俞樂京劉蒙亦以役法廢黜
舜俞字令舉湖州烏程人博學強記舉進士又舉制科第一熙寧三年以屯田員外郎知山陰縣詔俟代還試館職舜俞辭曰爵禄名器砥礪多士宜示以至

神焉可要期如付劄契繳中書帖上之青苗法行舜俞不奉令上疏自劾曰民間出舉財物取息重止一倍約償緡錢而穀粟布縷魚鹽薪蔌耰鉏釜錡之屬得雜取之朝廷募民貸取有司約中熟為價而必償緡錢欲如私家雜償他物不可得故愚民多至賣田宅質妻孥有識者老戒其鄉黨子弟未嘗不以貰貸為苦祖宗著令以才物相出舉任從書契官不為理其保全元元之意深遠如此今誘之以便利督之以威刑方之舊法異矣詔謂振民乏絶而抑兼并然使十戶為甲浮浪無根者毋得給借則乏絶者已不蒙其惠此法終行愈為兼并地爾何以言之天下之有常平非能人人計口受餉但權穀價貴賤之柄使積貯者不得深藏以邀利爾今散為青苗唯恐不盡萬一饑饉荐至必有乘時貴糴者未知將何法以制之官制既放錢取息富室藏鏹坐待鄰里逋欠之時田宅妻孥隨欲而得是豈不為兼并利哉雖分為夏秋二科而秋放之月與夏斂之期等夏放之月與秋斂之期等不過展轉計息以給為納使吾民終身以及世世每歲兩輸息錢無有窮已是別為一賦以敝海內非王道之舉也奏上責監南康軍鹽酒稅五年而

卒舜俞始嘗棄官歸居秀之白牛村自號白牛居士已而復出逐貶死蘇軾為文哭之稱其學術才能兼百人之器慨然將以身任天下之事而人之所以周旋委曲輔成其天者不至一年不復士大夫識與不識皆深悲之云
京荊南人為布衣時鄉里稱其行義事母至孝妻張氏家絶挾女弟自隨京未嘗見其面妻死京寢食于外為嫁之嘉祐初詔訪遺逸以薦聞得校書郎為湖陽赤水二縣令神宗求言京上疏以畏天保民為請知長葛縣助役法行京曰提舉常平官言不便使之

條析又不報且不肯治縣事自列丐去提舉官劾之一
詔奪著作佐郎經十年乃復官監黃州酒稅以承議
郎致仕元祐初召赴闕不至終于家
蒙字子明渤海人恥為詞賦不肯舉進士習茂才異
等又不欲自售都轉運使劉庠舉遺逸召試第一知
湖陽縣常平使者召會諸縣令議免役法蒙為不便
不肯與議退而條上其害即投劾去亦奪官歸鄉教
授養親講學從游甚衆元豐二年卒纔年四十門人
朋友誄其行號曰正思先生元祐初賜其家帛五十
匹

苗時中字子居其先自壺關徙宿州以蔭主安陵簿
邑有古河久堙請開導以溉田為利甚博人謂之苗
公河調滁州司法參軍郡守欲入一囚於死執不可
守怒責甚峻時中曰寧歸田里法不可奪守悟而聽
之熙寧中以司農丞使梓州路察薦能吏十人後皆
進用人卒莫之知交人犯邊擢廣西轉運副使師討
交人罷次富良江久不進時中曰師無進討意賊必
從間道來乘我不備冀萬一之勝勢窮然後降耳察
備之既而果從上流來戰敗始納款徙梓州轉運副
使韓存寶討瀘乞弟逗遛不行時中曰師老矣將士
暴露非計之善者存寶不聽卒坐誅林廣代存寶乞
弟既降復逸去將士相視失色及暮刁斗不鳴時中
問廣廣曰既失賊故縱兵追之不暇恤爾時中曰天
子以十萬衆相付豈以一死為勇耶今入異境變且
不測廣悟亟止追者整軍以進會得詔班師軍行時
中以粮道遠創為措運法食以不乏遷兩階為發運
副使河東轉運使加直龍圖閣知桂州進寶文閣待
制至戶部侍郎卒

韓贄字獻臣齊州長山人登進士第至殿中侍御史
坐微累黜監江州稅道除知睦州復為侍御史荊湖

次出持節安撫湘中自馬氏擅國計丁輸米身死產
竭不得免贄奏除之改知諫院進天章閣待制宰相
梁適以私客姦狄青起卒伍位樞密內侍王守忠遷
官不次皆舉劾無所諱出知滄瀛二州遷龍圖閣直
學士河北都轉運使河決商胡而北議者欲復之役
將興贄言北流既安定驟更之未必能成功不若開
魏金隄使分注故道支為兩河或可紓水患詔遣使
相視如其策才役三千人幾月而畢入判都水監權
開封府政簡而治知河南府建永厚陵費省而不擾
神宗稱之還知審刑院糾察在京刑獄知徐州以吏

部侍郎致仕贄性行淑均平居自奉至約推所得祿賜買田贍族黨賴以活者殆百數退休十五年謝絶人事讀書賦詩以自娛年八十五卒

楚建中字正叔洛陽人第進士知滎河縣民苦鹽稅不平建中約田多寡以爲輕重主管鄜延經略機宜文字夏人來正土疆往蒞其事衆暴至兩騎傳矢引滿向之建中披腹使射曰吾不憚死騎卽去衆服其量元昊歸欵建中白府請築安定黑水八堡以控東道夏人果來聞有備不敢入累遷提點京東刑獄鹽鐵判官昭陵建命裁定調度省數十萬計歷夔潞淮

南京西轉運使進度支副使神宗用事西鄙以建中嘗爲邊臣所薦召欲用之言不合旨出知滄州久之爲天章閣待制陝西都轉運使知慶州江寧成德軍以正議大夫致仕元祐初文彦博薦爲戶部侍郎不拜卒年八十一

張頡字仲舉其先金陵人徙鼎州桃源第進士調江陵推官歲旱饑朝廷遣使安撫頡條獻十事活數萬人知益陽縣縣接梅山溪峒多蠻猺出沒頡按禁地約束召猺人耕墾上其事不報累遷開封府判官提點江西刑獄廣東轉運使熙寧中章惇取南江地建沅懿等州克梅山與楊光僭爲敵頡居憂於鼎移書朝貴言南江殺戮過甚無辜者十八九浮屍蔽江民不食魚者數月惇疾其說欲分功啖之乃言曰頡昔令益陽首建梅山之議今日成功權輿於頡詔賜絹三百匹尋擢江淮制置發運副使改知荊南復從廣西轉運使時建廣源爲順州將城之頡謂無益朝廷從其議坐悴罵參軍沈竦罷歸未幾以直集賢院知齊滄二州進直龍圖閣知桂州入覲帝首言卿卿者論順州不可守信然時有獻言者謂海南黎人陳被蓋五洞首領異時寇強且爲中國患今請出兵自効

宜有以撫納之命頡處其事頡使一介往呼之出補以牙校喜而去詔問何賞之薄對曰荒徼蠻蜑無他覬得是足矣尋罷兵海外訖無事久之轉運使馬默劾其經理宜州蠻事失宜罷職知均州哲宗立還故職知鳳翔廣州召爲戶部侍郎頡所歷以嚴致理而深文校獪右司諫蘇轍論其九罪執政以頡雖無德而才可用不報踰年以寶文閣待制出爲河北都轉運使徙知瀛州湖北溪猺畔朝廷託頡素望復徙知荊南至都門暴卒

盧革字仲辛湖州德清人以舉童子知杭州馬亮見

所為詩嗟異之秋貢士寀戒主司勿遺華華聞語人
曰以私得薦吾恥之去弗就後二年遂首選至登第
年才十六慶曆中知龔州蠻入寇桂管騷動華經畫
軍須先事而集移書安撫使杜杞請治諸郡城及易
長吏之不才者又言嶺外小郡合四五不當中州一
大縣無城池甲兵之備將為賊困宜度遠近并省之
後儂智高來九郡相繼不守皆如華慮知燮泉二州
提點廣東刑獄福建湖南轉運使復請外神宗謂宰
相曰華廉退如是宜與嘉郡遂為宣州以光祿卿致
仕用子秉恩轉通議大夫退居于吳十五年秉為發

運使得請歲一歸覲後帥渭乞解官終養帝數賜詔
慰勉時以為榮卒年八十二
秉字仲甫未冠有雋譽嘗謁蔣堂坐池亭堂曰亭沼
粗適恨林木未就爾秉曰亭沼如爵位時來或有之
林木非培植根株弗成大似士大夫立名節也堂賞
味其言曰吾子必為佳器中進士甲科調吉州推官
青州掌書記知開封府倉曹參軍浮湛州縣二十年
人無知者王安石得其壁間詩識其靜退方置條例
司預選中奉使淮浙治鹽法與薛向究索利病出本
錢業鬻海之民戒不得私鬻還奏遂為定制檢正吏

房公事提點兩浙淮東刑獄顓提舉鹽事持法苛嚴
追胥連保罪及妻孥一歲中犯者以千萬數進制置
發運副使東南饑詔損上供米價以糴秉言價雖賤
貧者終艱得錢請但償糴本而以其餘振贍是歲上
計神宗問曰聞滁和民捕蝗充食有諸對曰有之民
饑甚殍死相枕籍帝惻然曰前此獨趙抃為朕言之
耳先是發運使多獻餘羨以希恩寵秉言職在董督
六路財賦以時上之安得羨今稱羨者率正數也請
自是罷獻獨以七十萬緡償三司逋加集賢殿修撰
知渭州五路大出西討唯涇原有功進寶文閣待制

夏境胡盧川距塞二百里恃險遠不設備秉遣將姚
麟彭孫襲擊之俘斬萬計遷龍圖閣直學士夏酋仁
多嵬丁舉國入寇犯熙河定西城秉治兵瓦亭分兩
將駐靜邊砦指夏人來路曰吾逸明坐待捷報矣及
明果至見宋師驚曰天降也縱擊之皆奔潰或言嵬
丁已死有識其衣服者諸將請以聞秉曰幕府上功
患不實吾敢以疑似成欺乎他日物色之嵬丁果死
詔褒賜服馬金幣且使上所獲器甲秉守邊久表父
華年老乞歸移知湖州行三驛復詔還渭慰藉優渥
華聞亦以義止其議已而華疾亟乃得歸元祐中知

荆南劉安世論其行鹽法虐民降待制提舉洞霄宮卒

論曰宋室之人才亦盛矣青苗法始行滿朝耆壽故臣法家拂士引古今通誼盡力爭之而不能止往往多自引去及數年之後憲令既成天下亦莫如之何已而間守遠郡尚能懇懇為民有言舜俞京豪俱以區區一縣令力抗部使者視棄其官如弊屣類非畏威懷祿者能之師孟活饑羸興水利擿姦誅惡所歷可稱遠使契丹正坐席禮毅然不少屈時中止林廣縱兵追蠻深達兵家之變贄居諫省舉劾無所避允有直臣之風建中雅量卻敵辭嚴氣正尤為奇偉頡雖有才而深文狡獪豈其天性然革始終廉退秉不免於阿徇時好行鹽法以虐民父子之習相遠哉

列傳卷第九十

列傳卷第九十一　　宋史三百三十二

開府儀同三司上柱國錄軍國重事前中書右丞相監修國史領經筵事都總裁脫脫等奉敕修

滕元發　李師中　陸詵子師閔　趙卨

孫路　游師雄　穆衍

滕元發初名甫字元發以避高魯王諱改字為名而字達道東陽人將生之夕母夢虎行月中墮其室性豪雋慷慨不拘小節九歲能賦詩范仲淹見而奇之舉進士廷試第三用聲韻不中程罷再舉復第三授大理評事通判湖州孫沔守杭見而異之曰奇才也後當為賢將授以治劇守邊之略召試為集賢校理開封府推官鹽鐵户部判官同脩起居注英宗書其姓名藏禁中未及用神宗即位召問治亂之道對曰治亂之道如黑白東西所以變色易位者朋黨汩之也神宗曰卿知君子小人之黨乎曰君子無黨辟之草木綢繆相附者必蔓草非松柏也朝廷無朋黨雖中主可以濟不然雖上聖亦殆神宗以為名言太息久之進知制誥知諫院御史中丞王陶論宰相不押班為跋扈神宗以問元發元發曰宰相固有罪然以為跋扈則臣以為欺天陷人矣拜御史中丞种諤擅

葉綏州且與薛向發諸路兵環慶保安皆出剽掠夏
人誘殺將官楊定元發上疏極言諒祚已納款不當
失信邊隙一開兵連民疲必為内憂又中書樞密制
邊事多不合中書賞戰功而樞密降約束樞密詰脩
堡而中書降褒詔元發言戰守大事也而異同如是
願敕二府必同而後下宰相以其子判鼓院諫官謂
不可神宗曰鼓院傳達而已何與於事元發曰人有
訴宰相使其子達之可乎神宗悟為罷之京師郡國
地震元發上疏指陳致災之由大臣不悅出知秦州
神宗曰秦州非朕意也留不遣館伴契丹使楊興公

開懷與之語興公感動將去泣之而別河北地大震
命元發為安撫使時城舍多圮吏民懼壓皆握寢茇
舍元發獨處屋下曰屋摧民死吾當以身同之瘞死
食饑除田租脩隄障察貪殘督盜賊北道遂安除翰
林學士知開封府民王頴有金為隣婦所隱閱數尹
不獲直頴憤而致傴扶杖訴于庭元發一問得實反
其金頴投杖仰謝失傴所在夏國主秉常被篡元發
言繼遷死時李氏幾不立矣當時大臣不能分建諸
豪乃以全地王之至今為患今秉常失位諸將爭權
天以此遺陛下若再失此時悔將無及請擇立一賢

將假以重權使經營分裂之可不勞而定百年之計
也神宗奇其策然不果用元發在神宗前論事如家
人父子言無文飾洞見肝鬲神宗知其誠蓋事無巨
細人無親疏輙皆問之元發隨事解答不少嫌隱王
安石方立新法天下訩訩然元發有言神宗信之也
因事以翰林侍讀學士出知鄆州徙定州初入郡言
新法之害且曰臣始以意度其不可耳既為郡乃親
見之歲旱求言又疏奏新法害民者陛下既知之矣
但下一手詔應熈寧三年以來所行有不便者悉罷
之則民心悅而天意解矣皆不聽歷青州應天府齊

鄧二州會婦黨李逢為逆或因以擠之黜為池州未
行改安州流落且十歲猶以前過貶居筠州或以為
復有後命元發談笑自若曰天知吾直上知吾忠吾
何憂哉遂上章自訟有曰樂羊無功謗書滿篋即墨
何罪毀言日聞神宗覽之惻然即以為湖州哲宗登
位徙蘇揚二州除龍圖閣直學士復知鄆州學生食
不給民有爭公田二十年不決者元發曰學無食而
以良田飽頑民乎乃請以為學田遂絶其訟時淮南
京東饑元發慮流民且至將蒸為癘疫先度城外廢
營地召諭富室使出力為席屋一夕成二千五百間

井竈器用皆具民至如歸所全活五萬徙真定又徙太原元發治邊凜然威行西北號稱名帥河東十二將其八以備西邊分半番休元發至之八月邊遽來告請八將皆防秋元發曰夏若併兵犯我雖八將不敵若其不來四將足矣卒遣更休防秋將懼扣閤爭之元發指其頸曰吾已舍此矣頭可斬兵不可出是歲塞上無風塵警詔以四砦賜夏人葭蘆在河東元發請先畫境而後棄且曰取城易棄城難命部將訾虎領兵護邊夏不敢近夏既得砦又欲以綏德城為說畫境出二十里外元發曰是一舉而失百里必不

可九上章爭之以老力求淮南乃為龍圖閣學士復知揚州未至而卒年七十一贈左銀青光祿大夫謚曰章敏

李師中字誠之楚丘人年十五上封事言時政父緯為涇原都監夏人十餘萬犯鎮戎緯帥兵出戰而帥司所遣別將郭志高逗遛不進諸將以衆寡不敵不敢復出緯坐責降師中詣宰相辯父無罪時呂夷簡為相詰問不屈夷簡怒以為非布衣所宜言對曰師中所言父事也由是知名舉進士鄜延龐籍辟知洛川縣民有罷妨其農時者必遣歸令農隙自詣吏令

當下者榜于民或召父老諭之租稅皆先期而集民負官茶直十萬緡追繫甚衆師中為脫桎梏語之曰公錢無不償之理寬與汝期可乎皆感泣聽命乃令鄉置一匱籍其名許日輸所負一錢以上輒投之書簿而去比終歲逋者盡足官移諸郡粟於邊已而反之盛冬大雪勞且費至賤售予兼并家師中令過縣願輸者聽躬坐庾門執契以須數日得萬斛使下其法於他縣嘗出鄉亭見戎人雜耕皆兵興時入中國人藉其力往往結為婚姻久而不歸師中言若輩不可雜處言之經略使并索旁郡者徙諸絕塞龐籍為

樞密副使薦其才召對轉太子中允知敷政縣權主管經略司文字夏人以歲賜緩移邊曰頗勿逾歲暮詔吏報許師中更牒曰如故事樞密院劾為擅改制書師中曰所改者郡牒耳非制也朝廷是之薄其過提點廣西刑獄桂州靈渠故通漕歲久石窒舟滯師中即焚石鑿而通之邕管有馬軍五百馬不能夏多死師中謂地皆險阻無所事騎奏罷之士人補攝官銓授無法權在吏悉記其名使待除于家初邕州蕭注宜州張師正謀啓邊釁注欲以所管蠻峒酋豪往討交阯云不用朝廷兵食詔下經略使蕭固轉運使

宋咸二人為注所餌合詞稱便而師中至詔以注奏
付之師中邀注來難之曰君以酋豪伐交阯能保必
勝乎曰不能師中曰既不能保必勝脫有敗衂奈何
注知不可遂罷議會蠻猺申紹泰入追亡者害巡檢
宋士堯注又張皇為駭奏仁宗為之旰食師中言無
足憂因劾注邀功生事掊斂失衆心卒致將率敗覆
按法當斬於是注責泰州安置并按固咸皆坐貶師
中攝帥事交阯耀兵於邊聲言將入寇師中方宴客
飲酒自若草六榜揭境上披以其情得不敢動即日
貢方物紹泰懼委巢穴遁去儂智高子宗旦保火峒

衆無所屬前將規討以幸賞遂固守師中檄諭禍福
立率其族以地降邊人化其德多畫象立祠以事稱
為桂州李大夫不敢名還知濟兖二州濟水堙塞久
師中訪故道自兖城西南啓鑿之功未半而去遷直
史館知鳳翔府种諤取綏州師中言西夏方入貢叛
狀未明恐彼得以藉口徙啓其釁端也鄜延路覘知
西夏駐兵綏銀州檄諸路當牽制師中疏論牽制之
害時諸將皆請行師中曰不出兵罪獨在帥非諸將
憂也既而此舉卒罷熙寧初拜天章閣待制河東都
轉運使西人入寇以師中知秦州詔賜以班超傳師

中亦以持重總大體自處前此多屯重兵於境寇至
則戰嬰其鋭鋒而內無以過其入師中簡善守者列
塞上而使善戰者中居令諸城曰即寇至堅壁固守
須其去出戰士尾襲之約束既熟常以取勝王韶築
渭涇上下兩城屯兵以脅武勝軍撫納洮河諸部下
師中議遂言令脩築必廣發兵大張聲勢及令蕃部
納土招弓箭手恐西蕃及洮河武勝軍部族生疑今
不若先招撫青唐武勝及洮河諸族則西蕃族必乞
脩城砦因其所欲量發兵築城堡以示斷絕夏人鈔
略之患部人必歸心唐於西域每得地則建為州其

後皆陷失以清水為界大抵根本之計未實腹心之
患未除而勤遠略貪土地者未有不如此者詔師中
罷帥事韶又請置市易募人耕緣邊曠土師中奏阻
其謀王安石方主韶坐以奏報反覆罪削職知舒州
徙洪登齊復待制知瀛州又乞召司馬光蘇軾等置
左右師中言時政得失又自稱薦曰天生微臣盖為
聖世有臣如此陛下其舍諸呂惠卿敗其語以為罔
上遂貶和州團練副使安置還右司郎中卒年六十
六師中始仕州縣邸狀報包拯參知政事或云朝廷
自此多事矣師中曰包公何能為今鄞縣王安石者

眼多白甚似王敦他日亂天下必斯人也後二十年
言乃信其志尚甚高每進見多陳天人之際君臣大
節請以進賢退不肖為宰相考課法在官不貴威罰
務以信服人至明而怨去之日民擁道遮泣馬不得
行杜衍范仲淹富弼皆薦其有王佐才然好為大言
以故不容于時而奰黙氣未嘗少衰
陸詵字介夫餘杭人進士起家簽書北京判官貝州
亂給事不乏興賊平又條治其獄無濫者加集賢校
理通判秦州范祥城古渭詵主餽餉具言非中國所
恃而勞師屯戍且生事既而諸羌果怨爭塞下大擾

經二歲乃定判太常禮院吏部南曹提點開封縣鎮
咸平龍騎軍皆故群盜牢廩不時得毆湓給官還營
不自安大校柴元㷉使亂語詵往視許元以不死命
取始禍者自贖衆皆帖然提點陝西刑獄時鑄錢法
壞議者欲變大錢當一詵言民間素重小銅錢而賤
大鐵錢他日以一當三猶輕之今臧令均直大錢必
廢請以一當二則公私所損亡幾而商賈可以通行
兼盜鑄者計其直無贏將必自止從之徙湖南北轉
運使直集英院進集賢殿修撰知桂州奏言邕去桂
十八驛異時經略使未嘗行飭武備臣願得一往使

群蠻知省大將號令因以聲震南交詔可自儂猺定
後交人浸驕守帥常姑息詵至部其使者黎順宗来
偃蹇如故態詵絀其禮召問折諭導以所當為懾伏
而去詵遂至邕州集左右江四十五峒首詣麾下閱
簡工丁五萬補置將吏更鑄印給之軍聲益張交人
滋益恭遣使入貢召為天章閣待制知諫院命張田
代之英宗戒以毋得改詵法道除知延州趣入覲帝
勞之曰卿在嶺外施設無不當者鄜延最當敵要今
將何先對曰邊事難以遙度未審陛下欲安靜邪將
威之也帝曰大抵邊陲當安靜昨王素為朕言惟朝

廷與帥臣意如此至如諸將無不貪功生事者卿謂
何如詵曰素言是也諒祚寇慶州以敗還聲言益發
人騎且出嫚辭復攻圍大順城詵謂由積習致然不
稍加折詘則國威不立乃留止請時服使者及歳賜
而移宥州問故帝喜曰固知詵能辨此諒祚聞之大
沮盤旋不敢入乃報言邊吏擅與兵今誅之矣朝廷
遣何次公持詔書諭告詵以為未可明年又乞留賜
冬服及大行遺留二使而自以帥牒告之故諒祚始
因詵謝罪共貢職銀州監軍嵬名山與其國隙和青
澗城主种諤求內附諤以狀聞遂欲因取河南地詵

曰數萬之衆納土容可受若但以衆來情僞未可知且安所置之戒諤毋妄動諤持之力詔詵召諤問狀與轉運使薛向議撫納詵向言名山誠能據橫山以扞敵我以刺史世封之使自爲守故爲中國之利今無益我而輕啓西疊非計也乃共畫三策令幕府張穆之入奏而穆之陰受向指詭言必可成神宗意詵不協力徙知秦鳳諤遂發兵取綏州詵欲理諤不稟節制之狀未及而徙詵馳見帝請棄綏州而上諤罪帝愈不懌罷知晉州既諤抵罪向穆之皆坐貶以詵知真定改龍圖閣學士知成都青苗法出詵言蜀峽

刀耕火種民常不足今省稅科折已重其民輕侈不爲儲積脫歲儉不能償逋適陷之死地願罷四路使者詔獨置成都府一路熙寧三年卒年五十九子師閔

師閔以父任爲官熙寧末李稷提舉成都路茶場辟幹當公事不三年提舉本路常平遂居稷職在蜀茶額三十萬稷既增而五之師閔又衍爲百萬稷死師閔訟其前功乞賜之土田詔賜稷十頃進師閔都大提舉成都永興路榷茶位視轉運使又兼買馬監牧事權震灼建請無不遂志所行職事他司莫預聞茶

禍既被於秦蜀又欲延荆楚兩河神宗不許元祐初用御史中丞劉摯言遣黃廉入蜀訪察右司諫蘇轍論其六害謂李稷引師閔共事增額置場以金銀貨拘民間物折博賤取而貴出之其害過於市易自法始行至今四變利益深民益困立法之虐未有甚於此者廉奏至知轍所陳乃敗師閔主管東嶽廟久之起知蘄州會復置常平官李清臣在中書即以師閔使河北尋加直祕閣復領秦蜀茶事於是一切如初又使掾屬詣闕奏券馬事安燾韓忠彥議頗異獨曾布以爲然曰但行之一年而以較綱馬利害即可見

矣師閔遂請令蕃漢商人願持馬受券者於熙秦兩路印驗價給之而請直于太僕若此券盛行則買馬場可罷既用其策明年太僕會綱馬之籍死者至什二而券馬所損纔百分一詔獎之賜以金帛改陝西轉運使加集賢殿脩撰知秦州諸道方進築被爵賞師閔在秦無所事快快不釋會布議使督本部兵赴熙河共攻師閔承命踴躍集兵四萬以待而童貫陰諷熙帥鍾傳先出塞敎師閔聽傳節制築溇井又築癿囉皆不成而還傳更檄會兵于顛耳關未至復邵秦鳳之師再出再返勞且弊言者乞加責不聽旋進

寶文閣待制召爲戶部侍郎未及拜坐秦州詐增首
虜事落職知鄆未幾還之歷河南永興軍延安府卒
趙卨字公才邛州依政人第進士爲汾州司法參軍
郭逵宣撫陝西辟掌機宜文字种諤擅納綏州降人
數萬朝廷以其生事議誅諤反故地歸降人以解仇
釋兵卨上疏曰諤無名興舉死有餘責若將改而還
之彼能聽順而亡絕約之心乎不若諭以彼衆饑莩
投死中國邊臣雖擅納實無所利特以往年俘我蘇
立景詢輩爾可遣詢等來與降人交歸各遵紀律而
彊場寧矣如其敵而不遣則我留橫山之衆未爲失

也又從逵帥鄜延爲逵移書執政請存綏州以張兵
勢先規度大理河川建堡砦畫稼穡之地三十里以
處降者若棄綏不守則無以安新附之衆援种世衡
招蕃兵部敵屯青澗城故事朝廷從之活降人數萬
爲東路捍敵熙寧初夏人誘殺知保安軍楊定等既
而以李崇貴韓道喜來獻且請和朝廷欲官其任事
之酋鑴歲賜以爲俸給因使納塞門安遠二砦而還
綏州卨言綏實形勢之地宜增廣邊障乃無窮之利
若存綏以觀其變計之得也神宗召問狀對曰綏之
存亡皆不免用兵降二萬人入吾肝脾釁隙已深不

可亡備神宗然之除集賢校理夏人犯環慶後復來
賀正卨請邊吏離其心腹因以招橫山之衆此不戰
而屈人兵也遷提點陝西刑獄韓絳宣撫陝西河東
兵西討卨爲絳言大兵過山界皆砂磧乏善水草又
亡險隘可以控扼今切危之若乘兵威招誘山界人
戶處之生地當先經畫山界控扼之地然後招降不
爾勞師遠攻未見其利絳欲取橫山納种諤之策遂
城囉兀以卨權宣撫判官諤趣河東兵會銀川規以
後期斬將卨白絳令諤自徃中路迎東兵諤懼違節
制乃不敢逞加直龍圖閣知延州夏人屢欲款塞每

以虛聲搖邊詔問方略卨審計形勢爲破敵之策以
獻遣裨將曲珍呂真以兵千人分巡東西路夏人方
以四萬衆自間道欲取綏道遇珍皇駭邀戰真繼至
夏衆敗走夏自失綏意未能已卨揣知其情奏言夏
使請和必欲畫綏界願聽本路經略司分畫歲賜則
俟通和之日復爲明年遂用卨策以綏爲綏德城初
鄜延地皆荒瘠占田者不出租賦倚爲藩蔽寶元用
兵後凋耗殆盡其曠土爲諸酋所有卨因招問曰徃
時汝族戶若干今皆安在對大兵之後死亡流散其
所存止此卨曰其地存乎酋無以對卨曰聽汝自募

丁家使占田充兵若何吾所得者人爾田則吾不問也諸酋皆感服歸募悉補亡籍又檢括境內公私閒田得七千五百餘頃募騎兵萬七千禼以異時蕃兵提空簿漫不可攷因議涅其手爲識禼令蕃兵願刺手者貸常平穀一斛於是人人願刺因訓練以時精銳過於正兵神宗聞而嘉之擢天章閣待制交阯叛詔爲安南行營經略招討使總九將軍討之以中官李憲爲貳禼與議不合請罷憲神宗問可代者禼以郭逵老邊事願爲裨贊於是以逵爲宣撫使禼副之逵至輒與禼異禼欲乘兵形未動先撫輯兩江峒

宋史二百二十二　宋史列傳卷九十二　十四　周貴寫　李正刊　字四百二十八

丁擇壯勇啖以利使招徠攜貳濟其腹心然後以大兵繼之逵不聽禼又欲使人齎敕榜入賊中招納又不聽遂令燕達先破廣源復還永平禼以爲廣源間道距交州十二驛趣利掩擊出其不意川途並進三路致討勢必分潰固爭不能得賊乘緩遂據江列戰艦數百艘官軍不能濟禼分遣將吏伐木治攻具機石如雨其艦被擊皆廢徐以罷卒致賊設伏擊之斬首數千級馘其渠酋遂皆降逵怍於玩寇乃移疾先逵既坐貶禼亦以不即平賊降爲直龍圖閣知桂州後復天章閣待制權三司使時西師大舉五路並進

以禼爲河東轉運使領降卒赴鄜延餉种諤軍諤抵罪禼又坐餽輓不給黜知相州既而鐫職知淮陽軍居數月盡復故職知慶州羌酋名昌詭稱送欸將入寇禼知蕃主白信可使信適以罪係獄破械出之告以其故約期日使往果縛取以歸明年夏人欲襲取新壘大治攻械禼具上撓夏計及夏侵蘭州禼遣曲珍將兵直抵鹽韋俘馘千驅孳畜五千其酋槐惢嵬名宿兵於賀蘭原時出攻邊禼遣將李照甫蕃官歸仁各將兵三千左右分擊耿端彥兵四千趍賀蘭原戒端彥曰賀蘭險要過嶺則砂磧也使敵入平夏無

宋史二百二十二　宋史列傳卷九十二　十五　周貴寫　李正刊　字四百二十八

谿破之又選三蕃官各輕兵五百取間道出敵砦後邀其歸路端彥與戰賀羅平敵敗果趍平夏千兵伏發敵駭潰斬馘甚衆生擒嵬名斬首領六獲戰馬七百牛羊老幼三萬餘遷龍圖閣直學士復帥延安元祐初梁乙埋數擾邊禼知夏將入侵檄西路將劉安李儀曰夏即犯塞門汝徑以輕兵擣其腹心後果來犯安等襲洪州俘斬甚衆夏遂入貢既而以重兵壓境諸將亟請益戍兵爲備禼徐諭之曰第謹斥堠整戈甲無爲寇先戍兵不可益也因遣人詰夏夏兵遂去遷樞密直學士乙埋終不悛使間以善意問乙埋

何苦與漢為仇必欲冠箒數來恐汝所得不能償所
亡洪州是也能改之吾善遇汝遺之戰袍錦綵自是
乙埋不復窺塞禼乃縱間國中疑而殺之五年拜端
明殿學士遷大中大夫夏遣使以地界為請朝廷許
還葭蘆米脂浮屠安疆四砦以禼領分畫之議夏既
得四砦猶未有恭順意未幾復犯涇原會禼卒年六
十五贈右光祿大夫紹聖四年以禼與元祐棄地議
條其名于黨籍

孫路字正甫開封人進士及第元豐中為司農丞鄧
潤甫薦為御史召對其言不合新政神宗語輔臣以

為不可用下遷主簿路鞅鞅不釋求通判河州徙蘭
州夏人入寇論扞禦功進五階除陝西轉運判官元
祐初為吏部禮部員外郎侍講徐王府司馬光將棄
河湟邢恕謂光曰此非細事當訪之邊人孫路在彼
四年其行止足信可問也光亟召問路挾輿地圖示
光曰自通遠至熙州纔通一徑熙之北已接夏境今
自北關辟土百八十里瀕大河城蘭州然後可以扞
蔽若捐以予敵一道危矣光憣然曰賴以訪君不然
幾誤國事議遂止遷右司郎中以直龍圖閣知慶州
章惇柄國復議取棄地時諸道相視未進路聲言脩

舊壘載器甲樓櫓頓大順城下夜半趍安疆遲明據
之六日而城完加寶文閣待制遂築興平橫山進龍
圖閣直學士徙知熙州涇原城西安詔出師牽制其
勢路即將衆臨會州遂建取青唐之策大將王愍王
贍擣邈川贍先至下之愍與爭功路右愍顯屬以兵
贍有請輒弗應贍訴諸朝召拜路兵部尚書以龍圖
閣學士知成都未行坐他事削職知興國軍徽宗立
歷太原河南永興軍河中府卒

游師雄字景叔京兆武功人學於張載第進士為儀
州司戶參軍遷德順軍判官鄜延將劉琯與主帥議

戰守策欲自延安入安定黑水師雄以地薄賊境懼
有伏請由他道既而諜者言夏伏精騎於黑水傍琯
謝曰微君言吾不返矣趙禼帥延安辟為屬時夏人
擾邊戍兵在別堡龍安以北諸城兵力咸弱禼患之
師雄請發義勇以守多聚石城上待其至夏人知有
備不敢入但襲荒堆三泉而還歲饑行諸壘振貸討
口賦粮人無殍亡運石瑩甲深溝繕城邊備益固元
祐初為宗正寺主簿執政將棄四砦訪於師雄師雄
曰此先帝所立以控制夏人者也若何棄之不惟示
中國之怯將起敵人無厭之求儻瀘戎荊粵視以為

請亦將與之乎萬一燕人遣一乘之使來求關南十縣為之柰何不聽因著分疆録邊軍器監丞吐蕃冦邊其酋鬼章青宜結乘閒脅屬羌欑夏人為亂謀分據熙河朝廷擇可使者與邊臣措置詔師雄行聽便宜從事既至諜知夏人聚兵天都山前鋒屯通遠境吐蕃將攻河州師雄欲先發以制之請於帥劉舜卿舜卿曰彼衆我寡柰何師雄曰在謀不在衆賊事不濟甘受首戮議三日乃定遂分兵為二姚兕將而左种誼將而右兕破六逋宗城斬首千五百級攻講朱城斷黄河飛梁青唐十萬衆不得度誼破洮州擒鬼

章及大首領九人斬首千七百級捷書聞百僚表賀遣使告永裕陵將厚賞師雄言者猶以為邀功生事止遷一官為陝西轉運判官提點秦鳳路刑獄夏人侵涇原復入熙河師雄言蘭州距賊一舍通遠不百里非有重山複嶺之阻宜於定西通渭之閒建安遮納迷結珠三柵及護耕七聖以固藩籬此無窮之利也詔付范育皆如初議入拜祠部員外郎加集賢校理為陝西轉運使內地移粟於邊民以輦僦為病師雄言往者邊土不耕仰給於內今積粟已多軍食自足宜令內地量轉輸致之直以免大費報可召詣闕

哲宗勞之曰洮州之役可謂儁功但恨賞太薄耳對曰皆上稟廟筭臣何力之有焉唯當時將士勳勞未録此為欠也因陳其本末拜衛尉少卿哲宗數訪邊防利病師雄具慶曆以來邊臣施置之臧否朝廷謀議之得失及方今禦敵之要凡六十事名曰紹聖安邊策上之出知邠州改河中府進直龍圖閣知秦州未至詔攝熙州以夏人擾邊詔使者與熙帥秦帥共謀之使者銳於討擊師雄謂進築城壘以自蔽席卷之師未應深入也上章爭之不報既而使者知攻取之難卒用師雄策自復洮州之後于闐大食佛林邈

黎諸國皆懼悉遣使入貢朝廷令熙河限其二歲一進師雄曰如此非所以來遠人也未幾還秦徙知陝州卒年六十師雄慷慨豪邁有志事功議者以用不盡其材為恨

穆衍字昌叔河內人徙河中第進士調華池令民牛為仇家斷舌而不知何人訟于縣衍命殺之明日仇以私殺告衍曰斷牛舌者乃汝耶訊之具服後知淳化糴之屬縣衍從韓絳宣撫陝西遇慶卒潰亂衍念母在糴亟謁歸信宿走七驛比至慶卒嘗戍華池知衍名不敢近時諸郡捕賊兵糧精無以給遂擅發常

平倉且懼得罪衎曰饑之不恤則吾兵將為虜卒矣衎考課為一路最元豐中种諤西征參其軍事諤第賞以死事為下衎曰此非所以勸忠也力爭之諤還入塞詔往靈武援渭慶兩軍將行衎曰吾兵惰歸未及解甲安能犯不測於千里外哉諤乃止同幕畏罪陽謝衎曰師不再舉君之力也衎識其意曰全萬衆之命以一身塞責衎無憾焉元祐初大臣議棄熙蘭衎與孫路論疆事以為蘭棄則熙危熙棄則關中震唐自失河湟西邊一有不順則警及京都今二百餘年非先帝英武孰能克復若一旦委之恐後患益前

悔將無及矣議遂止改陝西轉運判官金部戶部員外郎熙河分畫未決詔衎視之還言質孤勝如據兩川美田實彼我必爭之地自西關失利遂廢不守請界二壘之間城李諾平以控要害及他城堡皆起亭障以通涇原明年遂城李諾名曰定遠三遷左司郎中紹聖初以直祕閣為陝西轉運使加直龍圖閣知慶州徙延安又徙秦州未行而卒年六十三敕河中官庀其葬後追錄不棄蘭州議官其一子

論曰自熙寧至於紹聖四方之事多矣夏人乍服乍叛其地或予或奪廟堂之上論靡有定相為短長元發師中華七人一時謀謨蓋可考也元發論君子小人言簡而盡足動人主而神宗惑安石之言竟弗之悟師中豫識安石於鄞令以為目肖王敦將亂天下蓋又先於呂誨矣詵能鎮撫西夏又能靖交阯之難誠有禦邊之才其子師閔為時寵利無足取者趙卨狃於西陲之勝取敗南裔後獲寬名庶足自贖朝臣議棄河湟孫路以一言止之使司馬光自悔幾於誤國及取青唐下邀川可驗其能然右王愍而困王贍非大將之器也游師雄之禽鬼章復洮州以致諸國入貢校之諸將其功獨為篤偉衎為政得民心既去

而亂兵不忍驚其愛德之足以感人有如是夫

列傳卷第九十一

三司上柱國錄軍國重事中書右丞相監修國史領經筵事都總裁

楊佐　李兌從弟先　沈立

張揆　張燾　俞充　劉瑾

闞詢　葛宮　張田　榮諲

李載　姚渙　朱景子光庭

李琮　朱壽隆　盧士宏　畢煦

楊仲元　余良肱　潘夙

楊佐字公儀本唐靖恭諸楊後至佐家于宣及進士第爲

陵州推官州有鹽井深五十丈皆石也底用柏木爲榦上出井口垂綆而下方能及水歲久榦摧敗欲易之而陰氣騰上入者輒死惟天有雨則氣隨以下稍能施工晴則亟止佐教工人以木盤貯水穴竅灑之如雨滴然謂之雨盤如是累月井榦一新利復其舊累遷河陰發運判官幹當河渠司皇祐中汴水殺溢不常漕舟不能屬佐度地鑿瀆以通河流於是置都水監命佐以鹽鐵判官同判京城地勢南下涉夏秋則苦霖潦佐開永通河疏溝澮出野外自是水患息又議治孟陽河議者謂不便佐言國初歲轉京東粟數十萬今所致亡幾儻不濬復舊跡後將廢矣乃從其策出爲江淮發運使孟陽之役調民七八千夷丘墓百數怨聲盈塞詔開封鞫治官吏獨捨佐不問糾察刑獄劉敞請加貶黜不聽召爲鹽鐵副使拜天章閣待制復判都水知審官院權發遣開封府嘗使契丹虜饋以方物書獨稱名英宗升遐奉遺留物再往使卒于道年六十一詔護喪歸賻以黃金恤其家

李兌字子西許州臨潁人登進士第由屯田員外郎爲殿中侍御史按齊州叛卒獄成有欲夜篡囚者兌以便宜斬之人服其略張堯佐判河陽兌言堯佐素無行能不宜以戚里故用改同知諫院狄青宣撫廣西入內都知任守忠

爲副兌言以宦者觀軍容致主將掣肘非計仁宗爲罷守忠太常新樂成王拱辰以爲十二鐘磬一以黃鐘爲律與古異胡瑗及阮逸亦言聲不能諧詔近臣集議久而不決兌言樂之道廣大微妙非知音入神詎容輕議願參新舊但取諧和近雅者合而用之進侍御史知雜事擢天章閣待制知諫院轉運使制祿與郡守殊時有用彈劾奪節及老疾請郡者一切得仍奉稍兌言非所以勸沮乃詔悉依所居官格兌在言職十年凡所論諫不自表襮故鮮傳世出知杭州帝書安民二字以寵徙越州加龍圖閣直學士知廣州南人謂自劉氏納土後獨兌著清節還知河陽帝

又寵以詩徙鄧州富人榜僕死係頸投井中而以縊爲解
允曰既赴井復自縊有是理乎必吏受賕教之爾訊之果
然允歷守名郡爲政簡嚴老益精明自鄧歸泊然無仕宦
意對便殿力丐退英宗命無拜以爲集賢院學士判西京
御史臺積官尚書右丞轉工部尚書致仕卒年七十六謚
曰莊從弟先
先字淵宗起進士爲虔州觀察推官攝吉州永新令兩州
俗尚訟先爲辨枉直皆得其平知信州南安軍撫楚州歷
利梓江東淮南轉運使壽春民陳氏施僧田其後貧弱往
丐食僧所而僧逐之取僧園中筍遂執以爲盜先詰其由

奪田之半以還之所至治官如家人目以俚語在信爲錯
安頭謂其無貌而有材也在楚爲照天燭稱其明也楚有
民迫於輸賦殺牛鬻之里胥白于官先愍焉但令與杖通
判孫龍舒以爲徒刑毁其按明日龍舒來先引囚曰汝罪
應杖以通判貸汝矣遣之出積官至祕書監致仕兄允尚
無恙事之彌篤以子叙封得太中大夫閑居一紀卒年八
十三子庭玉年六十即棄官歸養人賢其家法云
沇立字立之歷陽人舉進士發書益州判官提舉商胡埽
采擴大河事迹古今利病爲書曰河防通議治河者悉守
爲法遷兩浙轉運使蘇湖水民艱食縣戒強豪民發粟以

振立亟命還之而勸使自稱貸須歲稔官爲責償茶禁害
民山場榷場多在部内歲抵罪者輒數萬而官僅得錢四
萬立著茶法要覽乞行通商法三司使張方平上其議後罷
榷法如所請立召爲户部判官奉使契丹適行册禮欲令
從其國服不則見於門立折之曰往年北使講見儀未嘗
令北使易冠服況門見耶契丹愧而止遷京西北轉運使
都水方興六塔河召與議立請止修五股等河及漳河分
殺水勢以省役從之加集賢修撰知滄州進右諫議大夫
判都水監出爲江淮發運使居職辦治加賜金數詔嘉之
知越州杭州審官西院江寧府初立在蜀悉以公粟售書

積卷數萬神宗聞所藏立上其目及所著名山水記三百
卷徙宣州提舉崇禧觀卒年七十二
張掞字文裕齊州歷城人父蘊咸平初監淄州兵契丹入
寇游騎至淄青間州人將棄城蘊拔刀遮止於門力治守
備游騎爲之引去都守魏始謀掠爲己功反陷以罪蘊受
而不校掞幼篤孝蘊病刲股肉以療舉進士知益都縣當
督賦租買里胥弗用而民皆以時入石介獻息民論請以
益都爲天下法丁内艱時隆寒徒跣舉柩叩首流血與兄
撲廬墓左明道中京東饑盜起以御史中丞范諷薦知萊
州掖縣民訴旱于州拒之掞自爲奏聞詔除登萊稅通判

永興軍爲集賢校理四遷爲龍圖閣直學士知成德軍宦者閻士良爲鈐轄多挾帥權用危法中軍校校直之而劾士良英宗登極朝廷使來告士良辭疾居家宴客自若奏抵其罪入判太常司農寺累官戶部侍郎致仕熙寧七年卒年八十掞忠篤誠慤既老益康寧少從劉潛李冠游及其死率里人葬之置田贍其孥事掞如父理家必諮而行爲鄉黨矜式

張燾字景元樞密直學士奎之子也舉進士通判單州州卒謀亂期有日燾得告者徐詰營取首惡寘諸法知沂濰二州沂產布濰產絹而有司科賦相反燾始革之濰多圭

田率計畝徵絹而蠲河役燾不肯踵例廢法還其役入損於舊五之四且命吏曰吾知守己而已無妨後人汝勿著爲式提點河北刑獄攝領澶州七日而商胡決燾拯溺捄飢所全活者十餘萬猶坐免數年復提點河東陝西京西刑獄爲鹽鐵判官淮南轉運使江淮發運副使泗州水城且壞燾悉力營護詔寵其勞入爲戶部副使京師賦麴於酒人有常籍毋問售不售或屢產以償燾請罷歲額嚴禁令隨所用麴多寡以售自是課增溢官修睦親宅議取民居燾言芳林園有餘地宗室足自處無庸起民居從之孝嚴殿成請圖乾興以來文武大臣像於壁遷天章閣待

制陝西都轉運使蒲津浮橋壞鐵牛皆沒水中燾以策列巨木於岸以爲衡縋石其杪挽出之橋復其初保安二土豪善騎射爲邊人所憚故縱善馬誘使取之而彊以漢法燾按得其狀俱以隸軍加龍圖閣直學士知成都府蜀人苦多盜燾嚴保伍使不得隱而申其捕限南蠻冦黎雅討走之罷磨刀崖戍卒改知瀛州毋喪服闋故事起執政以詔近臣以堂帖神宗特命賜詔判太常寺知鄧許二州復判太常知通進銀臺司提舉崇福宮由給事中易通議大夫卒年七十燾才智敏給常從范仲淹使河東至汾州民遮道數百趨訴仲淹以付燾燾方與客奕局未終處決已竟

英宗時三司前奏事帝詰鑄錢本末皆不能對燾悉論無隱帝是之顧左右識其姓名後欲以爲觀察使守邊曰卿家世事也燾對曰臣叔父亢有大才臣愚不可繼遂止

俞充字公達明州鄞人登進士第熙寧中爲都水丞提舉沿汴淤泥溉田爲上腴者八萬頃檢正中書戶房加集賢校理淮南轉運副使遷成都路轉運使茂州羌寇邊充上十策禦戎神宗遣內侍王中正同經制建三堡復永康爲軍因詐殺羌衆以爲中正功與深相結至出妻拜之中正還闢舉充可任召判都水監進直史館中書都檢正御史彭汝礪論其媚事中正命遂寢河決曹村充往救護還陳

河防十餘事槩論水衡之政不修因循苟且浸以成習方曹村決時兵之在役者僅十餘人有司自取敗事恐未可以罪歲也加集賢殿修撰提舉市易歲登課百四十萬故事當賜錢充曰奏課職也願自今罷賜詔聽之擢天章閣待制知慶州慶陽兵驕小繩治輒肆悖充嚴約束斬妄言者五人於軍門閫有病苦則巡撫勞餉死不能舉者出私財以周其喪以故莫不畏威而懷惠環州田與夏境犬牙交錯每穫必遭掠多棄弗理充檄所部復以時耕植慕家族山夷叛舉户亡入西者且三百充遣將張守約耀兵塞上夏人亟反之充之帥邊實王珪薦欲以遏司馬光之入

充亦知帝有用兵意屢倡請西征後言夏酋秉常爲母梁所戕或云雖存而囚不得與國政其母宣淫凶恣國人怨嗟實爲興師問罪之秋也秉常亡將有桀黠者起必爲吾患今師出有名天亡其國度如破竹之易願得乘傳入覲面陳攻討之略詔令掾屬入議未及行充暴卒年四十九

劉瑾字元忠吉州人沆之子也第進士爲館閣校勘沆亡得褒贈知制誥張瓌草詞語涉譏貶瑾泣涕不能食闔門衰絰邀宰相自言朝廷爲改書命黜瓌爲州瑾亦坐衰服入公門罷職没喪不就官丐守墳墓王素爲請以伸孝子之志詔復職遷集賢校理通判睦州爲淮南轉運副使召修起居注加史館修撰河北轉運使拜天章閣待制知瀛州坐與世居通問徙明州未行改鎮廣州與樞密院論戍兵不合改慶州戰擢都監楊從先奉旨募兵不至擅遣其子懋糾諸縣巡檢兵集郡下瑾怒責之遽發悖謬語懟訴瑾于朝遂廢于家踰年復待制知江州歷福州秦州成德軍卒瑾素有操尚所涖以能稱然御下苛嚴少縱舍好面折人短以故多致訾怨

閻詢字議道鳳翔天興人少時以學問著聞擢進士第又中書判拔萃科累遷祕書丞爲監察御史裏行詔治王素獄坐有姻嫌不以聞降監河陽酒税累遷爲鹽鐵判官使

契丹詢頗諳北方疆理時契丹在靴淀迓者王惠導詢由松亭往詢曰此松亭路也胡不徑葱嶺而迂枉若是豈非夸大國地廣以相欺邪惠慚不能對加直龍圖閣知梓州徙河東轉運使言三路土兵疲老者聽其族以强壯者代從之進集賢殿修撰知河中府大河漲壞浮橋詢易爲長橋拜天章閣待制知廣州不即赴罷職知商州神宗轉右諫議大夫改邠同二州提舉上清太平宮卒年七十九

葛宫字公雅江陰人舉進士授中正軍掌書記善屬文上太平雅頌十篇眞宗嘉之召試學士院進兩階又獻寶符閣頌爲楊億所稱知南充縣東川饑民艱食部使者檄守

贇昌兩州以惠政聞知南劍州土豪彭孫聚黨數百憑依山澤爲盜出害吏民不可捕宮遣沙縣尉許抗諭降之並溪山多產銅銀吏挾姦罔利課歲不登宮一變其法歲羡餘六百萬三司使聞於朝論當賞宮曰天地所產吾顧盜之又可爲功乎卒不言徙知滁秀二州秀介江湖間吏爲關涇瀆上以征往來間有昏葬趨期者多不克宮命悉毀之積官祕書監太子賓客治平中轉工部侍郎熙寧五年卒年八十一宮性敦厚恤録宗黨撫孤嫠賴以存者甚衆宮弟密亦以進士爲光州推官豪民李新殺人嫁其罪於邑民葛華且用華之子爲證獄具密得其情出之法當賞

密白州使勿言仕至太常博士天性恬靖年五十忽上章致仕姻黨交止之笑曰俟罪疾老死不已而休官者安得有餘裕哉即退居號草堂逸老年八十四乃終平生爲詩慕李商隱有西崑高致子書思建登第調建德主簿時密已老欲迎以之官密難之書思曰曾子不肯一日去親側豈以五斗移素志哉遂投劾歸養十年餘近臣表其志行以爲泗州教授弗就密不得已許以他日偕行始乞監新市鎭居父喪哀毀骨立盛暑不釋苴麻終禫不忍去家舍累年乃出仕歷封丘主簿漣水時兄書元爲望江令同隸淮南監司有捨兄而薦己者移書乞改薦兄不許則封檄還之其篤行類皆若此仕至朝奉郎亦告老父子歸休皆不待年卒年七十三特謚曰清孝子勝仲孫立方皆以學業至侍從世爲儒家勝仲自有傳

論曰佐立禮水衡之政爲時所稱充居官論諫無所表襮先克承之拔之孝叢之智瑾之苛嚴詢之辭令皆著一時自致顯官俞充制軍禁暴足爲能臣而希時相之意倡請西征使其不死邊陲之禍其可旣乎葛氏自宮以下簪纓相繼盛哉

張田字公載澶淵人登進士第知應天府司録歐陽脩薦其才通判廣信軍夏竦楊懷敏建策增七郡塘水詔通判

集議田曰此非禦敵策也壞良田浸冢墓民被其患不爲便因奏疏極論謫監郢州稅久之通判冀州內侍張宗禮使經郡酗酒自恣守貳無敢白者田發其事詔配西陵灑掃攝度支判官祫享太廟又請自執政下差減賚賞唐介論其虧損上恩出知蘄州俄提點湖南刑獄介與司馬光又狀其傾險改知湖州徙廬州治有善迹移桂州異時蠻使朝貢假道與方伯抗禮田獨坐堂上使引入拜於庭而犒賄加腆土豪劉紀盧豹素爲邊患訖田去不敢肆京師禁兵來戍不習風土往往病於瘴癘田以兵法訓峒丁而奏罷戍或告交阯李日尊兵九萬謀襲特磨道諸將請益

兵田曰交阯兵不滿三萬必其國有故張虛聲以嚇我耳諜既得實果其兄弟內相殘懼邊將秉之也宜州人魏利安負罪亡命西南龍蕃從其使入貢凡十反至是龍以烈來復從之田因其入謁詰責之梟其首欲并斬以烈叩頭流血請命田曰汝罪當死然事在新天子即位赦前汝自從朝廷乞恩乃密請貸其死熙寧初加直龍圖閣知廣州廣舊無外郭民悉野處田始築東城環七里賦功五十萬兩旬而成初役人相驚以白虎夜出田迹知其僞召戒邏者曰今夕有白衣人出入林間者謹捕之如言而獲城既就東南微陷往視之暴卒年五十四田爲人伉直自喜好嫚罵氣陵其下故死無哀者然臨政以清女弟聘馬軍帥王凱欲售珠犀于廣顧曰南海富諸物但身爲市舶使不欲自汙爾作欽賢堂繪古昔清刺史像日夕師拜之蘇軾嘗讀其書以倂古廉吏

榮諲字仲思濟州任城人父宗範知信州鉛山縣詔罷縣募民采銅民散爲盜宗範請復如故眞宗嘉異擢提點江浙諸路銀銅坑冶歷官九年諲舉進士至鹽鐵判官晉州壟礬京城大豪歲輸錢五萬緡顓其利諲請榷于官自是數入四倍爲廣東轉運使廣有板步古河路絕險林箐瘴毒諲開眞陽峽至洸口古徑作棧道七十間抵清遠趨廣州遂爲夷塗復入爲開封府判官太康民事浮屠法相聚祈禳號白衣會縣捕數十人送府尹賈黯疑有妖請殺其爲首者而流其餘諲持不從各具議上之中書是諲議但流其首而杖餘人加直史館知澶州改京東轉運使萊陽產銀砂民有私採者事露安撫使欲論以劫盜諲曰山澤之利人得有之所盜者豈民財耶貸免甚衆又使成都府路召爲戶部副使以集賢殿修撰知洪州以疾故徙舒州未至而卒累官秘書監年六十五

李載字伯熙黎陽人少苦學隆暑讀書置足于水雖得疾不舍去登進士第調冀州推官知大名冠氏縣府守呂夷簡入相薦其材知齊州鈐轄趙瑜使酒毆載乃扃戶避逸瑜得罪載坐不舉劾黜爲信陽軍安撫使錢明逸等爲之申理改常州知祥符縣有巫以井泉飲人云可愈疾趨者旁午載杖巫堙其井歷知虢州漣水軍載性篤孝侍母病不解帶至病亟不能食載亦不食母知之爲强食六爲州一以寬厚稱以光祿卿提舉仙源觀卒年七十四

姚渙字虛舟世家長安隋開皇中有景徹者以討平瀘夷策功爲普州刺史卒子孫遂家普州渙第進士監益州交子務發姦隱萬緡主吏皆當死渙曰戮人以干澤非吾志也義不蔽姦而已請於使者願不受賞於是全活者衆知

峽州宜都民爲盜所殘縣執囚訊服以獄上渙移劾於他有司居亡何眞盜獲大江漲溢渙前戒民徙儲積遷高阜及城没無溺者因相地形築子城埽臺爲木岸七十丈繚以長隄楗以薪石厥後江漲不爲害民德之徙知涪州賓化夷多犯境渙施恩信紨納酋豪爭羅拜廷下訖渙去無警終光禄卿年六十七

朱景字伯晦河南偃師人舉進士調滎澤簿西方用兵詔侍從館閣舉縣令景預選知隴州汧源縣累遷知汝州葉驛道遠隸囚爲送者所虐多死俗傳爲葉家關景重禁以絶其患擢知壽州秩滿視提點刑獄始至亟發廩振給勸富者出積穀所活數萬城西居民三千室建請築外郭環入之公私稱便再遷光禄卿熙寧初病革自占遺表呼其子光庭操筆書之其略云切聞河北水災地震陛下當減膳避殿齋居加省召二府大臣朝夕咨訪闕失思所以弭咎凡數百言無一語求恩卒年七十一詔加賻贈録其子以官

光庭字公掞十歲能屬文辭父蔭擢第調萬年主簿數攝邑人以明鏡稱歷四縣令曾孝寛以才薦神宗召見問欲再舉安南之師光庭對曰願陛下勿以人類畜之蓋得其地不可居得其民不可使何益於廣土闢地也又問治何經對曰少從孫復學春秋又問今中外有所聞乎對曰陛下更張法度臣下奉行或非聖意故有便有不便誠能去其不便則天下受福矣帝以其言爲踈闊不用簽書河陽判官從呂大防於長安幕府五路出師討西夏雍爲都會事倚以辦調發期會甚急光庭每執不從使者怒將加以之興罪光庭求免去大防爲之解哲宗即位司馬光薦爲左正言首乞罷提舉常平官保甲青苗等法論蔡確爲山陵使而乃先靈駕而行爲臣不恭又言章惇欺罔肆辯韓縝挾邪冒寵言甚切宣仁后嘉其守正諭令盡言毋有所畏避遷左司諫又論蘇軾試館職發策云今欲師仁祖之

忠厚而患百官有司不舉其職或至於媮欲法神考之厲精而恐監司守令不識其意流入於刻臣謂仁宗難名之盛德神考有爲之善志而不當以媮刻爲議論望正其罪以戒人臣之不忠者未幾中丞傅堯俞侍御史王巖叟相繼論列宣仁后曰詳覽文意是指今日百官有司監司守令言之非所以諷祖宗也遂止河北饑遣持節行視即發廩振民而議者以耗先帝積年兵食之蓄改左司員外郎遷太常少卿拜侍御史論蔡確怨謗之罪確貶新州拜右諫議大夫給事中乞補外除集賢殿修撰知亳州數月召還復爲給事中坐封還劉摯免相制復落職守亳歲餘徙

瀘州加集賢院學士鄰境旱饑流民入境者踵接光庭日
爲食以食之常至暮自不暇食遂感疾猶自力視事出禱
雨拜不能興再宿而卒年五十八紹聖中追貶柳州別駕
元符初又停錮其諸子光庭始學於胡瑗瑗告以爲學之
本在於忠信故終身行之徽宗立復其官

李琮字獻甫江寧人登進士第調寧國軍推官州庾積穀
腐敗轉運使移州散於民俾至秋償新者守將行之琮曰
穀不可食强與民責而償之將何以堪持不下守愧謝而
止呂公著尹開封薦知陽武縣役法初行琮處畫盡理旁
近民相率撾登聞鼓願視以爲則徽宗召對擢利州路江
東轉運判官行部至宣城按民田詭稱逃絶者九千户他
縣皆然言於朝命以户部判官使江浙選彊明吏立賞劚
抉吏幸賞以多爲功琮亦因是希進民患苦之得緡錢百
餘萬進度支判官頒職式於諸道淮南賦入甲它部以爲
轉運副使徙梓州路元祐初言者論其括隱稅之害黜知
吉州御史呂陶又言巴蜀科折已重琮復强民輸稅且無
得以奇數併合人尤咨怨於是凡以括田受賞者悉奪之
歷相洪潞三州潞有謀亂者爲書期日揭道上部使者聞
之懼檄索姦甚亟琮置不問以是日置酒高會訖無他入
爲太府卿遷户部侍郎以寶文閣待制知杭州永興軍河
南瀛州卒年七十五琮長於吏治而所至主於掊克爲士
論嗤鄙子囬紹興初參知政事

朱壽隆字仲山密州諸城人以蔭知九隴縣吏告民一家
七人以火死壽隆曰寧有盡室就焚無一脫者殆必有姦
逾月獲盜果殺其人而縱火也知宿州宿多劇盜至白晝
被甲剽攻郡縣不能制壽隆設方略耳目捕斬千餘人擢
提點廣西刑獄嶺外新經儂寇修營城障貴州虐用其人
不能聊生壽隆馳詣州械守送獄奏黜之老稚婦女遭亂
流轉不能自還者檄所在資送其還舊制溪蠻侵桼覊縻
州雖殺人無得輒報壽隆請聽相償蠻始畏戢歷鹽鐵度
支判官夔路轉運使巴峽地隘民困於役免其不應法者
千五百人復爲鹽鐵判官京東轉運使賜三品服歲惡民
移壽隆諭大姓富室畜爲田僕舉貸立息官爲置籍索之
貧富交利以少府監知揚州卒年六十八壽隆爲人和厚
接談怡怡必當於理而不屈於權貴狄青討賊欲殺裨將
不用命者數人壽隆極論罪不當死孫沔在坐曰儂賊害
民萬計此何足惜壽隆曰王師之來以除民害顧可效賊
爲暴邪青感其言而止

盧士宏字子高新鄭人以父任屢更州縣所至著清名知
信陽軍官捕爲妖術者餘黨懼及羣聚山谷間士宏請減

其罪招之即相帥歸命徙知漢州校實民産使力役不濫人德之又知洋州先是圭田多虚籍士宏考校令隨實以輸自部使者而下皆十損七八文彦博包拯以廉能薦由三司開拆司擢夔州路轉運使遂知廣州或傳安南舟數百泊海中將爲寇嶺徼驚擾士宏灼其非是日從賓客宴游爲樂民賴以安受代還引疾丐便郡知鄭州未幾以光禄卿致仕卒年七十三凡衣衾棺槨之制皆有遺命戒諸子勿爲銘誌

單煦字孟陽平原人舉進士知洛陽縣民以妖幻傳相教授煦迹捕戮三十餘人當得上賞不肯言轉知昌州時詔

傳九十二　十七

城蜀治煦以蜀地負山帶江一旦毁籬垣而興板築其費巨萬非民力所堪請但築子城轉運使即移諸郡如其議徙清平軍使有二盜殺人捕治不承煦縱使之食甲食之既乙不下咽執而訊之果殺人者爲御史臺推直官江南人誣轉運使呂昌齡以賄中丞張昪訊而論之鞫未就勅煦往治煦不肯阿其長辛直昌齡乞外遷知濮合二州合居涪漢間夏秋患於湍潦煦築東隄以禦之赤水縣鹽井涸奏蠲其賦累官光禄卿卒年七十七煦友愛兄熙兄嘗毆人至死未有知者煦曰家貧親老仰兄以養義當代之死即趨詣闕所以待捕已而死者甦驚問之煦以情告其人感歎遂輟訟

楊仲元字舜明管城人第進士調宛丘主簿民訴旱守拒之曰邑未嘗旱狡吏導民而然仲元白之曰野無青草公日宴黄堂宜不能知但一出郊可見矣狡吏非他寔仲元也竟免其稅知澤州沁水縣民持物來輸者視其價稍增之餘則下其估官有所須不强賦民聽以所有與官爲入度相當則止率常先辦河外用兵督餽轉西界夕宿洪谷口仲元相其地乃寇所由徑路亟命去之民以困乏爲辭不聽寇果夜出劫諸部沁水獨免後二十年其子過縣父老拜泣曰河西之役非公無今日矣初軍期尚緩而仲元

八百二十四　傳九十二　十八

督行良急至則芻糧有不集者皆可賤市後期者物數倍其價民始知其爲利州買羊歛民差出錢弊滋蔓病民爲甚仲元更其令户纔費錢百又遣吏市羔於他所明年以供州不科一錢徙知鄭鄉縣宰相張士遜先塋隷境内將屬之召不往至則按籍均役之雖堂帖求免不爲減歷知光虔虢三州官光禄卿改中散大夫戒諸子曰吾入官五十年未嘗以私怒加人雖杖刑之微苟有兩比不敢與輕法以是爲報國耳卒年七十五

余良肱字康臣洪州分寧人第進士調荆南司理參軍屬縣捕得殺人者既自誣服良肱視驗屍與刃疑之曰豈有

刃盈尺而傷不及寸乎白府請自捕逮未幾果獲真殺人者民有失財物逾十萬逮平民數十人方暑榜掠號呼聞于外或有附吏耳語良肱陰知其爲盜亟捕詰之贓盡得改大理寺丞出知湘陰縣縣逋米數千石歲責里胥代輸良肱論列之遂蠲其籍通判杭州江潮善溢漂官民廬舍良肱累石隄二十里障之潮不爲害時王陶爲屬官常以氣犯府帥吏或訴陶帥挾憾欲按之良肱不可曰使陶以罪去是以直不容也帥遂已後陶官于朝果以直聞知虔州士大夫死嶺外者喪車自虔出多弱子寡婦良肱悉力振護孤女無所依者出奉錢嫁之以母老得知南康軍丁母憂服除爲三司使判官方關陝用兵朝議貸在京民錢良肱力爭之會大臣亦以爲言議遂格內府出腐幣售三司三司吏將受之良肱獨曰若賦諸軍軍且怨不則貨諸民民且病請付文思以奉帷幄改知明州朝廷方治汴渠留提舉汴河司汴水澱淤流且緩執政主狹河議良肱謂善治水者不與水爭地方冬水涸宜自京左浚治以及畿右三年可使水復行地中弗聽又議伐汴隄木以資狹河良肱言自泗至京千餘里江淮漕卒接踵暑行多病暍藉蔭以休又其根盤錯與隄爲固伐之不便屢爭不能得延請不與其事執政雖怒竟不爲屈改太常少卿知潤州遷

光祿卿知宣州治爲江東最請老提舉洪州玉隆觀卒年八十一七子卞奭最知名卞字洪範奭字荀龍皆以任子恩試校書郎奭博學多大略累爲唐州判官湖北安撫司勾當機宜文字討叛蠻有功知沅州蠻殺沿邊巡檢卞設方略復平之加奉議郎先是良肱爲鼎州推官五溪蠻叛良肱運糧境上周知其利害上書言此彈丸地不足煩朝廷費不如棄與而就撫之當時是其議未果棄也及蠻叛斷渠陽道扼官軍不得進卞適使湖北帥唐義問即檄卞節制諸將陰選死士三千人夜銜枚繞出賊背伐山開道漏未盡數刻入渠陽黎明整衆出賊大駭盡銳來戰奮擊大破之鼓行度險賊七遇七敗斬首數千級蠻遂降尋有詔廢渠陽軍爲砦盡拔居人護出之紹聖初治棄渠陽罪免歸徽宗即位復奉議郎管勾玉隆觀未幾復渠陽爲靖州又論前事免終於家奭尚氣自信不少貶以合世應元豐詔上便宜十五事言過剴切元祐末奭復極言請太皇太后還政事章惇憾奭不附己乃摘其言爲謗訕以瀛州防禦推官除名竄封州久之起知明州未行以言者罷監東嶽廟崇寧中與卞俱入黨籍

潘夙字伯恭鄭王美從孫也天聖中上書論時政授仁壽主簿久之知韶州擢江西轉運判官提點廣西湖北刑獄

邵州蠻叛湖南騷動遷轉運使專制蠻事親督兵破其團
峒九十徙知滑州改湖北轉運使知桂州坐在湖北時匿
名書誣判官韓繹謫監隨州酒稅起知光化軍大臣以將
帥才舉之易端州刺史再遷從鄜州召對訪交廣事稱旨
遷司封郎中直昭文館復知桂州交人敗於占城偽表稱
賀以為大捷神宗詔之曰智高之難方二十年中人之情
燕安忽事直謂山僻蠻獠無可慮之理殊不思禍生於所
忽唐六詔為中國患此前事之師也卿本將家子寄要蕃
宜體朕意悉心經度夙遂上書陳交阯可取狀且將發兵
未報而徙河北轉運使歷度支鹽鐵副使知河中府章惇

察訪荊湖討南北江蠻傜陳夙憂邊狀以知潭州再遷光
禄卿知荊南鄂州卒年七十

論曰士之官斯世有一善可稱致生民咸被其澤於無窮
者故州郡之寄為尤重張田免禁兵毒於瘴癘士宏考圭
田出於實輸朱景父子謹載煦渙士宏壽隆華皆有德在
民仲元不以私怒加人良肱明於折獄夙以將家子而能
留心邊務用當其材舉能其官若琮也雖長於吏治而所
至掊克君子奚取焉

列傳卷第九十二

列傳卷第九十三　宋史三百三十四

開府儀同三司上柱國錄軍國重事前中書右丞相監修國史領經筵事都總裁臣脫脫等奉

敕修

徐禧 李稷附　高求能　沈起
劉彝　熊本　蕭注
陶弼　林廣

徐禧字德占洪州分寧人少有志度博覽周游以求知古
今事變風俗利疚不事科舉熙寧初王安石行新法禧作
治策二十四篇以獻時呂惠卿領修撰經義局遂以布衣
充檢討神宗見其所上策曰禧言朝廷用經術變士十已

八九然竊襲人之語不求心通者相半此言是也宜試於
有用之地即授鎮安軍節度推官中書戶房習學公事歲
餘召對顧問久之曰朕多閱人未見有如卿者擢太子中
允館閣校勘監察御史裏行與中丞鄧綰知諫院范百祿
雜治趙世居獄李士寧者挾術出入貴人間嘗見世居母
康以仁宗御製詩贈之又許世居以寶刀且曰非公不可
當此世居與其黨皆神之曰士寧二三百歲人也解釋其
詩以為至寶之祥及鞫世居得之逮捕士寧而宰相王安
石故與士寧善百祿劾士寧以妖妄惑世居致不軌禧奏
士寧遺康詩實仁宗製今獄官以為反臣不敢同百祿言

士寧有可死之狀禧故出之以媚大臣朝廷以御史雜知樞密承旨參治而百祿坐報上不實貶進禧集賢校理檢正禮房安石與惠卿交惡鄧綰言惠卿昔居父喪嘗貸華亭富人錢五百萬買田事詔禧參鞫禧陰右惠卿綰劾之會綰貶官獄亦解禧出為荊湖北路轉運副使元豐初召知諫院惠卿在鄜延欲更蕃漢兵戰守條約諸老將不謂然帝頗采聽將推其法於他路遣禧往經畫禧是惠卿議渭帥蔡延慶亦以為不然帝召延慶還加禧直龍圖閣使往代以母憂不行服除召試知制誥兼御史中丞官制行罷知制誥專為中丞鄧綰守長安禧疏其過帝知其以惠

卿故雖改綰青州亦左遷禧給事中种諤西討得銀夏宥三州而不能守延帥沈括欲盡城橫山瞰平夏城永樂詔禧與內侍李舜舉往相其事令括總兵以從李稷主餽餉禧言銀州雖據明堂川無定河之會而故城東南已為河水所吞其西北又阻天塹實不如永樂之形勢險阨竊惟銀夏宥三州陷沒百年一日興復於邊將事功實為俊偉軍鋒士氣固已百倍但建州之始煩費不貲若選擇要會建置堡柵名雖非州實有其地舊來疆塞乃在腹心已與沈括議築砦各六砦之大者周九百步小者五百步堡之大者二百步小者百步用工二十三萬遂城永樂十四日

而成禧括舜舉還米脂明日夏兵數千騎趨新城禧亟往視之或說禧曰初被詔相城禦寇非職也禧不聽與舜舉稷俱行括獨守米脂先是种諤還自京師極言城永樂非計禧怒變色謂諤曰君獨不畏死乎敢誤成事諤曰城之必敗敗則死拒節制亦死死於此猶愈於喪國師而淪異域也禧度不可屈奏諤跋扈異議詔諤守延州夏兵二十萬屯涇原北聞城永樂即來爭邊人馳告者十數禧等皆不之信曰彼若大來是吾立功取富貴之秋也禧亟赴之大將高永亨曰城小人寡又無水不可守禧以為沮衆欲斬之既而械送延獄比至夏兵傾國而至永亨兄永能請

及其未陳擊之禧曰爾何知王師不鼓不成列禧執刀自率士卒拒戰夏人益衆分陣迭攻抵城下曲珍兵陳於水際官軍不利將士皆有懼色珍白禧曰今衆心已搖不可戰戰必敗請收兵入城禧曰君為大將奈何遇敵不戰先自退邪俄夏騎卒度水犯陳鄜延選鋒軍最為驍銳皆一當百銀槍錦襖光彩耀日先接戰而敗奔入城蹂後陳夏人乘之師大潰死及棄甲南奔者幾半珍與殘兵入城崖峻徑窄騎卒緣崖而上喪馬八千匹遂受圍水砦為夏人所據掘井不及泉士卒渴死者太半夏人蟻附登城尚扶創拒鬬珍度不可敵又白禧請突圍而南永能亦勸李稷

盡捐金帛募死士力戰以出皆不聽戊戌夜大雨城陷四將走免禧舜舉稷死之永能沒于陳初括奏夏兵來逼城見官兵整故還帝曰括料敵疎矣彼來未出戰豈肯遽退邪必有大兵在後已而果然帝聞禧等死涕泣悲憤爲之不食贈禧金紫光祿大夫吏部尚書謚曰忠愍官其家二十人稷工部侍郎官其家十二人禧疎曠有膽略好談兵每云西北可唾手取恨將帥怯爾呂惠卿力引之故不次用自靈武之敗秦晉困棘天下企望息兵而沈括种諤陳進取之策禧素以邊事自任狂謀輕敵猝與強虜遇至於覆沒自是之後帝始知邊臣不可信倚深自悔咎遂不復

用兵無意於西伐矣子俯自有傳

李稷字長卿邛州人父絢龍圖閣直學士稷用蔭歷管庫權河北西路轉運判官修拓深趙邢三州城役無愆素然陗刻嚴忍察訪使者以爲言都水丞程昉亦訴其越職詔令件析御史周尹又論稷父死二十年不葬僅徙東路俄提舉蜀部茶場甫兩歲羨課七十六萬緡擢鹽鐵判官詔推揚其功以勸在位遂爲陝西轉運使制置解鹽秦民作舍道傍者創使納侵街錢一路擾怨與李察皆以苛暴著稱時人語曰寧逢黑殺莫逢稷察种諤起興靈議稷聞之亦上言可令邊面諸將各出兵撓之使不得耕種則其國必困國困衆離取可決也及出境稷督餉民苦摺運多散逸稷令騎士執之斷其足筋宛轉山谷間凡數千人累日乃得死始稷受旨得斬郡守以下於是上下相臨以峻法雖小吏護丁夫亦顓戮不請軍食竟不繼諤誅斬稷客呂大鈞引義責之復使還取糧既集諤猶宣言稷乏軍興致大功不就坐削兩秩貶爲判官永樂既城稷悉輦金銀鈔帛充牣其中欲夸示徐禧以爲城甫就而中已實積金既多故受圍愈急而稷守之不敢去以及于難李舜舉別有傳

高永能字君舉世爲綏州人初伯祖文岯舉州來歸即拜

團練使已而棄之北遷其祖文玉獨留居延川至永能始家青澗少有勇力善騎射由行伍補殿侍稍遷供奉官种諤取綏州發永能兵六千先驅入囉兀五戰皆捷轉供備庫副使治綏德城闢地四千頃增户千三百即知城事元豐初爲鄜延都監秋大稔夏人屯二千騎於大會平將取稼永能簡精騎突過其營騎卒驚潰獲鈐轄二人轉六宅使夏人患之令曰有得高六宅者賞金等其身經略使呂惠卿行邊永能伏騎谷中以備侵軼邊騎果至馳出擊走之夏兵二萬犯當川堡永能以千騎與相遇度不能支依險設疑兵且鬭且郤而令後騎揚塵若援兵至者奮而前

遂解去權本路鈐轄四年西討求能爲前鋒圍米脂城邊
人十萬來援求能謂弟求亨曰彼恃衆集易垂暈營當大
川宜嚴陳待其至張左右翼擊之可破也詰旦鏖戰于無
定河斬首數千級得馬三千橐駝牛羊萬計城猶未下窑
遺謀說降其東壁守將衣以文錦導以鼓吹耀諸城下酋
令介訛遇乃出降進東上閤門使寧州刺史以年請老不
許又進四方館使榮州團練使永樂之役獻謀皆不用城
既陷其孫昌裔欲掖之從間道出求能歎曰吾結髮從事
西羌戰未嘗挫今年已七十受國大恩恨無以報此吾死
所也顧易一卒敝衣戰而死其子世亮與昌裔求得尸以

歸詔贈房州觀察使録世亮爲忠州刺史諸孫皆侍禁殿
直求能家世州將所領多故部曲拊之有恩惠遇敵則身
先之下有傷者載以已副馬故能得士死力遠近喜言其
事稱之曰老高及死邊人無不痛惜嘗過其遠祖唐綏州
刺史思祥淘沙川廟得畫像及神道碑上之詔即所在賜
田三十頃以奉祭祀求能之亡延州將皇城使寇偉亦力
戰而没贈均州防禦使

沈起字興宗明州鄞人進士高第調滁州判官與監眞州
轉般倉聞父病委官歸侍以喪免有司劾其擅去終喪薦
書應格當遷用帝謂輔臣曰觀過知仁今由父疾而致罪
何以厚風教而勸天下之爲人子者乃特遷之知海門縣
縣負海地卑間歲海潮至冒民田舍民徙以避棄其業起
爲築隄百里引江水灌溉其中田益闢民相率以歸至立
祠以報御史中丞包拯舉爲監察御史吏部格選吏以贓
私絓法無輕重終身不遷起論其情可矜者可限年叙用
遂著爲令立縣令考課法設河渠司領諸道水政乞采漢
故事擇卿大夫子弟入宿衛選賢良文學高第給事宮省
勿專任宦官宗室袒免親令補外官復府兵汰冗卒審數
十上以論興國鐵官事不合出通判越州改知蘄楚二州
京東歲飢盜起除提點刑獄至則開首贖法擕其伍盜内

自睽疑轉相束縛唯恐後改開封府判官爲湖南轉運使
凡羽毛筋革舟楫竹箭之材多出所部取於民無制吏挾
爲姦起會其當用自與商人貿易所省什六七召爲三司
鹽鐵副使直舍人院熙寧三年韓絳使陝西加起集賢殿
修撰陝西都轉運使慶州軍變將寇長安起率兵討平之
會韓絳城綏州不利起亦罷知江寧府入知吏部流内銓
奉使契丹至王庭其位著乃與夏使等起曰彼陪臣爾不
當與王人齒辭不就列遂外東朝使者自是爲定制六年
拜天章閣待制知桂州自王安石用事始求邊功王韶以
熙河進章惇熊本亦因此求奮是時議者言交阯可取朝

廷命蕭注守桂經略之注蓋造謀者也至是復以爲難起言南交小醜無不可取之理乃以起代注遂一意事攻討妄言密受旨擅令疆吏入溪洞點集土丁爲保伍授以陣圖使歲時肄習繼命指使因督鍾鹽之海濱集舟師寓教水戰故時交人與州縣貿易悉禁止之於是交阯益貳大集兵丁謀入寇蘇緘知邕州以書抵起請止保甲罷水運通互市起不聽劾緘沮議起坐邊議罷命劉彝代之以守廣日遏絶其表疏於是交人疑懼率衆犯境連陷廉白欽邕四州死者數十萬人事聞貶起團練使安置郢州徙越又徙秀而卒起生平喜談兵嘗以兵法謁范仲淹仲淹器其材注孫武書以自見卒用此敗

劉彝字執中福州人幼介特居鄉以行義稱從胡瑗學瑗稱其善治水凡所立綱紀規式彝力居多第進士爲邵武尉調高郵簿移朐山令治簿書恤孤寡作陂池教種藝平賦役抑姦猾凡所以惠民者無不至邑人紀其事曰治範熙寧初爲制置三司條例官屬以言新法非便罷神宗擇水官以彝悉東南水利除都水丞久雨汴漲議開長城口彝請但啓楊橋斗門水即退爲兩浙轉運判官知虔州俗尚巫鬼不事醫藥彝著正俗方以訓斥淫巫三千七百家使以醫易業俗遂變加直史館知桂州禁與交人互市交阯陷欽連邕三州坐貶均州團練副使安置隨州又除名爲民編隸涪州徙襄州元祐初復以都水丞召還病卒于道年七十著七經中義百七十卷明善集三十卷居陽集三十卷

論曰兵凶器也雖聖人猶曰未學輕敵寡謀鮮有不自焚者永樂之陷安南之衅死者百萬罹禍甚慘良由數人者不自量度以開邊釁禧稷永能之死宜矣起軌議益堅妄意輕舉雖貶官莫贖其責彝不能行所學而規規然蹈前車之轍以濟其過烏得無罪

熊本字伯通番陽人兒時知學郡守范仲淹異其文進士

上第爲撫州軍事判官稍遷秘書丞知建德縣縣令頃包魚池爲圭田本弛以與民熙寧初上書言陛下師用賢傑改脩法度得稷禼臯夔之佐由是提舉淮南常平撿正中書禮房事六年瀘川羅晏夷叛詔察訪梓夔得以便宜治夷事本嘗通判戎州習其俗謂彼能擾邊者介十二村豪爲鄉導爾以計致百餘人梟之瀘川其徒股栗願矢死自贖本請于朝寵以刺史巡檢之秩明示勸賞皆踊躍順命獨柯陰一酋不至本合晏州十九姓之衆發黔南義軍強弩遣大將王宣賈昌言率以進討賊悉力旅拒敗之黃葛下追奔深入柯陰窘乞降盡籍丁口土田及其重寶善馬

歸之公上受貢職於是烏蠻羅氏鬼主諸夷皆從風而靡願世爲漢官奴遷刑部員外郎集賢殿修撰同判司農寺神宗勞之曰卿不傷財不害民一旦去百年之患至於檄奏詳明近時鮮儷焉賜三品服西南用兵蠻中始此蔡京時爲秀州推官本言其學行純茂練習新法薦爲幹當公事河湟初復本爲秦鳳路都轉運使熙河法禁闊略蓄積不支歲月本奏省冗官百四十員歲減浮費數十萬渝州南川獠木斗叛詔本安撫本進營銅佛垻抗其亢焚積聚以破其黨木斗氣索舉溱州地五百里來歸爲四砦九堡建銅佛垻爲南平軍初熟獠王仁貴以木斗親繫獄本釋

其縛置麾下至是推鋒先登大臣議加本天章閣待制帝曰本之文朕所自知當典書命遂知制誥帝數稱其文有體命院吏別録以進又上疏云天下之治有因有革期於趣時適治而已議者猥用持盈守成之說文苟簡因循之治天下之吏因以安常習故爲俗奮言納忠者悠悠之徒相與蹙額盱衡而詆罵之陛下出大號發大政可謂極因革之理然攺制之始安常習故之羣圜視四起交驩而合譟或諍於廷或謗於市或投劾引去者不可勝數陛下獨見至理獨立不奪今雖少定彼將伺隙而逞願陛下深念之勿使譟讙之衆有以窺其間而終萬世難就之業天下

幸甚本之意專以媚王安石也范子淵創浚河之役文彥博爭之命本行視議如彥博安石白出本分司西京居三年起知滁州攺廣州召爲工部侍郎宜州蠻擾邊道除龍圖閣待制知桂州至則諭溪洞酋長戒邊吏勿生事請選將練兵代戍益市馬以足騎兵宜州遂無事民蔡寶珪扇龍蕃與峒户相仇殺欲引兵致討以爲功本質之色動縛而投之海蠻夷以爲神諜告交人明年將入冦使者賫其言詔訪本曰使者在道安得此籍使有謀何自先知之已而果妄是時旣以順州賜李乾德疆畫未正交人緣是輒暴勿陽地而逐儂智會智會來乞師本檄問狀乾德歛兵

謝本因請以宿桑八洞不毛之地賜之南荒遂安轉運判官許彥先議通湖南鹽於西廣計口授民度可得息三十萬本言桂管民貧地瘠恐不堪命議遂格入爲吏部侍郎踰年力請外仍待制知洪州言者謂本棄八洞爲失謀奪一官徙杭州江寧府再知洪州召還卒于道有文集奏議共八十卷

蕭注字巖夫臨江新喻人磊落有大志尤喜言兵常言四方有事吾將兵數萬鼓行其間戰必勝攻必取豈不快哉舉進士攝廣州番禺令儂智高圍州數月方舟數百攻城南勢危甚注自圍中出募海濱壯士得二千人乘大舶集

上流因颶風起縱火焚賊舟破其衆即日發縣門納援兵民持牛酒芻糧相繼入城中人始有生意自是每戰以勝歸蔣偕上其功擢禮賓副使廣南駐泊都監賊還據邕管余靖患其嘯誘諸洞以屬注注挺身入蠻中施結恩信狄青師次賓州召會諸將疑注倚賊聲勢爲姦利欲誅之注覺託爲游辭不肯往賊破青始聞注前功以知邕州智高走大理國母與二弟寓特磨道注帥師往討獲一裨將引致卧内與之語具得賊情悉擒送闕下拜西上閤門副使募死士使入大理取智高至則已爲其國所殺函首歸獻轉爲使居邕數年陰以利啗廣源群蠻密繕兵甲乃上䟽

曰交阯雖奉朝貢實包禍心常以蠶食王土爲事往天聖中鄭天益爲轉運使嘗責其擅賦雲河洞今雲河乃落蠻數百里蓋年侵歲吞馴致於是臣已盡得其要領周知其要害今不取異日必爲中國憂願馳至京師面陳方略未報而甲洞申紹泰犯西平五將被害諫官論注不法致寇罷爲荆南鈐轄提點刑獄李師中又劾其沮威嗜利略智高閹民爲奴發洞丁采黃金無帳籍可考中使按驗頗有實貶泰州團練副使淮南轉運使言注椎牛屠狗招集游士部勒爲兵教之騎射請徙大州以縻之詔改鎮南軍節度副使近臣有訟注廣州功者起爲右監門將軍郴州都監熙寧初以禮賓使知寧州環慶李信之敗列城皆堅壁注獨啓關夜宴如平時復閤門使管幹鱗府軍馬辭云身本書生差長捬納不閑戰鬬懼無以集事時有言交人挫於占城衆不滿萬可取也遂以注知桂州入覲神宗問攻取之策對曰昔者臣有是言是時溪洞之兵一可當十器甲堅利親信之人皆可指呼而使今兩者不如昔交人生聚教訓十五年矣謂之兵不滿萬妄也既至桂種酋皆來謁注延訪山川曲折老幼安否均得其驩心故李乾德動息必知之然有獻征南策者輒不聽會沈起以平蠻自任帝使代注而罷注歸卒于道年六十一詔優録其子賻絹

三百注有膽氣嗜殺而能相人自陝西還帝問注韓絳爲安撫使施設何如對曰廟筭深遠臣不能窺然知絳當位極將相帝喜曰果如卿言絳必成功問王安石曰安石牛目虎顧視物如射意行直前敢當天下大事然不如絳得和氣爲多惟氣和能養萬物爾王韶爲建昌參軍注曰君他日類孫沔但壽不及後皆如其言

陶弼字商翁永州人少倜儻放宕吳中行山間有雙鯉戲溪水上竚觀之傍一老父顧曰此龍也行且鬬君宜亟去去百步許雷大震而雨岸圮木拔又出大雲倉卒遇風暴怒二十七艘同時溺獨弼舟得濟人以是異之一見丁謂

謂妻以宗女因從學兵法能持論縱橫慶曆中楊畋討湖南傜弼上謁畋授之兵使往襲大破之以功得陽朔主簿儂智高犯南海畋爲安撫使辟參軍謀使下英江會諸將議擊未至智高解去弼舍舟從其徒數十人間關步出趨畋次臨賀大將蔣偕適戰死餘衆畏亡將被誅多降賊弼數與之遇亟矯畋命揭榜道上諭使歸許以不死凡得千五百人府罷調陽朔令課民植木官道旁夾數百里自是行者無夏秋暑暍之苦它郡縣悉劾之攝興安令移書說桂守蕭固浚靈渠以通漕不聽至李師中卒浚之師征安南餽餉於是乎出大爲民利知賓容欽三州换崇儀副使

遷爲使知邕州邕經儂冦井隧蕩然人不樂其生弼綏輯惠養至忘其勤諸峒獻土物求内附弼降意撫答謝其贄皆感悅無犯邊者邕地卑下水易集夏大雨彌月弼登城以望三邊皆漫爲陂澤亟窒垠江三門諭兵民即高避害俄而水大至弼身先版臿召僚吏賦役爲土囊千餘置道上水果從竇入隨塞之城雖不壞而人皆乏食則爲發廩以振於内方舟以鹽於外水不及女墻者三板旬有五日乃退公私一無所失亡自横潯以東數州皆没弼久於邕請便郡徙鼎州章惇經理五溪蠻事薦爲辰州遷皇城使降北江彭師宴授忠州刺史郭逵南征轉弼康州團練使

復知邕州民再罹禍亂散匿山谷弼率百騎深入左江峒民知其至扶老携幼以歸逵帥官軍臨富良江使弼殿交人納款逵欲班師恐爲所襲乃以計夜起軍不整騎步相蹈藉亂行賊隔江陰伺覘知弼殿弗敢追弼申令帳下毋動遲明結隊徐行逵賴以善還建所得廣源峒爲順州桄榔爲縣進弼西上閤門使留知順州州去邕二千里多毒草瘴霧戍卒死者什七八弼亦疾甚然蚤暮勞軍視其良苦意氣激揚士莫不感泣彊奮起爲用交人襲取桄榔揚聲欲圖州獨難弼弼素得人心賊動息皆先知獲間諜不殺諭以逆順縱之去恩威兩施以是終弼在不敢犯加東

上閤門使未拜而卒詔録其家五人弼能爲詩好士樂施所得奉禄悉以與人家至貧不恤也既死妻在鄉里僦屋以居

林廣萊州人以捧日軍卒爲行門授内殿崇班從環慶蔡挺麾下李諒祚冦大順城廣射中之李信敗於荔原廣引兵西入破十二盤攻白豹金湯皆先登夜過洛河夏人來襲廣揚聲選彊弩列岸側實卷甲疾趨夏人疑不敢渡嘗護中使臨邊將及烏雞川遽率衆循山行道遇熟羌以險告廣不答夏人果伏兵於川計不行而去告者乃諜也夏人圍柔遠城廣止守戒士卒即有變毋得輕動火夜起積

薪中衆屯守自若明日敵至馬平川大持攻具來廣被甲啓他門鼓而出若將奪其馬敵舍城救馬廣復入益修守備夜募死士斫其營夏人數失利始引退累遷禮賓使韓絳奏爲本道將慶兵據北城叛廣在南城望其衆進退不一曰是不舉軍亂也挺身縋城出其後諭以逆順皆投兵聽命出者財三百人廣語餘衆曰亂者去矣汝曹事我久能聽我不唯得活仍有功得百餘人激厲要束使反攻城下兵禽戮皆盡遂平北城出追亂者至石門山與之遇諭之不肯降縱兵尾擊敵知不得免始請命廣曰不從吾言今窘而就死非降也悉斬之遷本路都監詔入對神宗獎

金湯石門之功慰賜甚厚將使開熙河辭以不習洮隴事乃遷鈐轄使還徙鄜延攻踏白城功最遷皇城使進討洮羌加帶御器械環慶副都總管安南用師詣闕請行帝曰南方卑濕知卿病足西邊方開拓宜復歸權龍神衛四廂都指揮使英州刺史邊臣或言往者劉平因救鄰道戰沒今宜罷援兵廣曰此乃制賊長計也使賊悉力寇一路而他道不救雖古名將亦無能爲已平之所以敗非出援罪乃止再轉步軍都虞候韓存寶討瀘蠻乞弟逗撓不進詔廣代之廣至閤兵合將蒐人材勇怯三分之日夕肄習閱椎牛享犒士心皆奮遣使開曉乞弟仍索所亡卒乞弟歸

卒七人奏書降而身不至乃決策深入陳師瀘水率將吏東鄉再拜誓之曰朝廷以存寶用兵亡狀使我代之要以必禽渠魁今孤軍遠略久駐賊境退則爲戮冒死一戰勝負未可知縱死猶有賞愈於退而死也與汝等戮力而進可乎衆皆踴躍廣挾所得渠帥及質子在軍而令以次酋領餉以是入箐道而無鈔略之患師行有二途從納溪抵江門近而險從寧遠抵樂共壩遠而平蠻意官軍必出江門盛兵阻隘而師趨樂共蠻不能支皆遁去廣分兵繞帽溪掩江門後破其險水陸皆通行益前進每戰必捷次落婆遠乞弟遣叔父阿汝約降求退舍又約不解甲廣策其

有異除阜爲壇距中軍五十步且設伏明日乞弟擁千人出降匿弩士氈裘猶豫不前謝恩廣發伏擊之蠻奔潰斬阿汝及大酋二十八人乞弟以所乘馬授弟阿字大將王光祖追斬之軍中爭其尸乞弟得從江橋下脫走得其種落三萬進次歸徠州窮探巢穴發故酋甫望箇恕塚天寒士多墮指而乞弟竟不可得監軍先受密詔聽引兵還遂班師拜衛州防禦使馬軍都虞候西兵未解上疏求面陳方略及入見言韓存寶雖有罪功亦多以今日朝廷待諸將存寶不至死廣還部至閿鄉疽發斷頸卒年四十八廣爲人有風義輕財好施學通左氏春秋臨事持重長於料

獻以智損益八陣圖又撰約束百餘條列上邊地頗推行之其名聞於西夏秉常母梁氏將內侮論中國將帥獨畏廣聞其南征乃舉兵然在瀘以敕書招蠻既降而殺之此其短也遽被惡疾死或以為殺降之報云

論曰宋太宗既厭兵一意安邊息民海内大治眞宗仁宗深仁厚澤涵煦生民然仁文有餘義武不足蓋是時中國之人不見兵革之日久矣於是契丹西夏起為邊患乃不吝繒帛以成和好神宗撫承平之運銳焉有為積財練兵志在刷恥故一時材智之士各得暴其所長以興立事功若熊本蕭注陶弼林廣實然本注起身科第弼能詩好士廣學通左氏春秋昔孫權勸呂蒙學文武豈二致哉本上書以媚時相廣之征蠻發塚殺降君子疵之

列傳卷第九十三

列傳卷第九十四　宋史三百三十五

開府儀同三司上柱國錄軍國重事中書右丞相監修國史領經筵事都總裁脫脫等奉敕修

种世衡 子古 諤 詁 孫朴 師道 師中

种世衡字仲平放之兄子也少尚氣節昆弟有欲析其貲者悉推與之惟取圖書而已以放蔭補將作監主簿累遷太子中舍嘗知涇陽縣里胥王知謙以姦利事敗法當徒遁去比郊赦輒出世衡白送府則會赦杖其脊而請罪于府知府李諮奏釋之後通判鳳州州將王蒙正章獻后姻家也所為不法嘗干世衡以私不聽蒙正怒乃誘知謙訟冤而陰助之世衡坐流竇州徙汝州弟世材上一官以贖為孟州司馬久之龍圖閣直學士李紘為辨其誣宋綬狄棐繼言之除衛尉寺丞歷監隨州酒簽書同州鄜州判官事西邊用兵守備不足世衡建言延安東北二百里有故寬州請因其廢壘而興之以當寇衝右可固延安之勢左可致河東之粟北可圖銀夏之舊朝廷從之命董其役夏人屢出爭世衡且戰且城之然處險無泉議不可守鑿地百五十尺始至于石石工辭不可穿世衡命屑石一畚酬百錢卒得泉城成賜名青澗城

遷内殿崇班知城事開營田二千頃募商賈貸以本錢使通貨羸其利城遂富實間出行部族慰勞酋長或解與所服帶嘗會客飲有得敵情來告者即以飲器予之繇是屬羌皆樂為用再遷洛苑副使知環州蕃部有牛家族奴訛者素屈彊未嘗出謁郡守聞世衡至遽郊迎世衡與約明日當至其帳往勞部落是夕大雪深三尺左右曰地險不可往世衡曰吾方結諸羌以信不可失期遂緣險而進奴訛方卧帳中謂世衡必不能至世衡蹵而起奴訛大驚曰前此未嘗有官至吾部者公乃不疑我耶率其族羅拜聽命羌

酋慕恩部落最強世衡嘗夜與飲出侍姬以佐酒既而世衡起入内潛於壁隙中窺之慕恩竊與侍姬戲世衡遽出掩之慕恩慙懼請罪世衡笑曰君欲之耶即以遺之由是得其死力諸部有貳者使討之無不克有凡二族世衡招之不至即命慕恩出兵誅之其後百餘帳皆自歸莫敢貳因令諸族置烽火有急則舉燧介馬以待葛懷敏敗率羌兵數千人以援涇原無敢後者嘗課吏民射有過失射中則釋其罪有辭某事請某事輒因中否而與奪之人人自厲皆精於射繇是數年敵不敢近環境遷東染院使環慶路兵

馬鈐轄范仲淹檄令與蔣偕築細腰城世衡時卧病即起將所部甲士晝夜與築城成而卒初世衡在青澗城元昊未臣其貴人野利剛浪唛遇乞兄弟有材謀皆號大王親信用事邊臣欲以謀間之慶曆二年鄜延經畧使龐籍兩為保安軍守劉拯書賂蕃部破丑以達野利兄弟而涇原路王沿葛懷敏亦遣人持書及金寶以遺遇乞會剛浪唛令浪埋賞乞媚娘等三人詐世衡請降世衡知其詐曰與其殺之不若因以為間留使監商稅出入騎從甚寵有僧王光信者趫勇善騎射習知蕃部山川道路世衡出兵常使為

鄉導數盪族帳奏以為三班借職改名嵩世衡為蠟書遺嵩遺剛浪唛言浪埋等已至朝廷知王有向漢心命為夏州節度使奉錢月萬緡旌節已至趣其歸附以棗緣畫龜喻其早歸之意剛浪唛得書大懼自所治執嵩歸元昊元昊疑剛浪唛貳已不得還所治且錮嵩穽中使其臣李文貴以剛浪唛旨報世衡且言不達所遣書意或許通和願賜一言世衡以白籍時朝廷已欲招拊籍召文貴至諭以國家寬大開納意縱使還報元昊得報出嵩禮之甚厚使與文貴偕來自是繼遣使者請降遂稱臣如舊世衡聞野利兄

弟已誅爲文越境祭之籍疏嵩勞具言元昊未通時世衡畫策遣嵩冒艱險間其君臣遂成猜貳因此與中國通請優進嵩官遷三班奉職後嵩因對自陳又進侍禁閤門祗候世衡死籍爲樞密使世衡子古上書訟父功爲籍所抑古復上書遂贈世衡成州團練使詔流内銓授古大縣簿尉押還本貫籍既罷古復辯理下御史考驗以籍前奏王嵩疏爲定詔以其事付史官聽古從官便郡世衡在邊數年積穀通貨所至不煩縣官益兵增饋善撫養士卒病者遣一子專視其食飲湯劑以故得人死力及卒羌酋朝夕臨者

數日青澗及環人皆畫象祠之子古諤診皆有將材關中號曰三种誼其幼子也孫朴師道師中

古字大質少慕從祖放爲人不事科舉當任官辭以與弟時稱小隱君世衡卒錄古爲天興尉累轉西京左藏庫副使涇源路都監知原州羌人犯塞古禦之斬級數百築城鎮戎之北以據要害神宗召對遷通事舍人官其三弟與弟診破環州折薑會斬首二千級遷西上閤門副使民有損直鬻田於熟羌以避役者古按其狀得良田三千頃丁四千悉刺爲民兵歷環慶永興軍路鈐轄坐訟范純仁不當奪一官知寧州徙鎮戎軍熙河師十萬道境上須芻糧僚佐以他路爲言古曰均王師也命給之又徙鄜隰二州卒年七十古明達孝義弟諤坐擅興繫獄乞納官贖其罪世衡遺張問田千畝問返之而世衡死古終不復受然世衡受知於范仲淹因立青澗功而古以私憾訟純仁士論少之

諤字子正以父任累官左藏庫副使延帥陸詵薦知青澗城夏酋令㖫內附詵恐生事欲弗納諤請納之夏人來索詵問所以報諤曰必欲令㖫當以景詢來易乃止詢者中國亡命至彼者也夏將嵬名山部落

在故綏州其弟夷山先降諤使人因夷山以誘之賂以金盂名山小吏李文喜受而許降而名山未之知也諤即以聞詔轉運使薛向及陸詵委諤招納諤不待報悉起所部兵長驅而前圍其帳名山驚援槍欲鬬夷山呼曰兄已約降何爲如是文喜因出所受金盂示之名山投槍哭遂舉衆從諤而南得酋領三百户萬五千兵萬人將築城詵以無詔出師召諤還軍次懷遠晨起方櫛敵四萬衆坌集傅城而陳諤開門以待使名山帥新附百餘人挑戰諤兵繼之鼓行而出至晉祠據險使偏將燕達劉甫爲兩翼身爲中軍乃

閉壘悉老弱乘城鼓譟以疑賊已而合戰追擊二十里俘馘甚衆遂城綏州詵劾諤擅興且不稟節制欲捕治未果而詵徙秦言者交攻之遂下吏貶秩四等安置隨州會侯可以言水利入見神宗問其事對曰种諤奉密旨取綏而獲罪後何以使人帝亦悔復其官韓絳宣撫陝西用爲鄜延鈐轄絳城囉兀規橫山令諤將兵二萬出無定川命諸將皆受節度起河東兵會銀州城成而慶卒叛詔罷師棄囉兀責授汝州團練副使再貶賀州別駕移單州又移華州絳再相訟其前功復禮賓副使知岷州董氊將鬼章聚兵于

洮岷新羌多叛諤討襄誅之從李憲出塞收洮州下通宗講珠東宜諸城掩擊至大河斬首七千級遷東上閤門使文州刺史知涇州徙鄜延副總管上言夏主秉常爲其母所囚可急因本路官擣其巢穴遂入對大言曰夏國無人秉常孺子臣往持其臂以來耳帝壯之決意西討以爲經畧安撫副使諸將悉聽節制諤即次境上帝以諤先期輕出使聽令於王中正敵屯兵夏州諤率本路并畿内七將兵攻米脂三日未下夏兵八萬來援諤禦之無定川伏兵發斷其首尾大破之降守將令介訛遇捷書聞帝大喜羣臣稱

賀遣中使諭奬而罷中正諤留千人守米脂進次銀石夏州不見敵始被詔當會靈武諤迂枉不進士卒飢憊欲以粮運不繼歸罪轉運使李稷駐軍麻家平大校劉歸仁以衆潰詔令班師猶遷鳳州團練使龍神衛四廂都指揮使諤謀據橫山之志未已遣子朴上其策帝召朴問狀擢爲閤門祗候將進城橫山命徐禧李舜舉使鄜延計議諤言橫山延袤千里多馬宜稼人物勁悍善戰且有鹽鐵之利夏人恃以爲生其城壘皆控險足以守禦今之興功當自銀州始其次遷宥州又其次修夏州三郡鼎峙則橫山之地已

囊括其中又其次修鹽州則橫山彊兵戰馬山澤之利盡歸中國其勢居高俯視興靈可以直覆巢穴而禧與沈括定議移銀州城永樂與諤始謀異乃奏留諤守延既而永樂受圍諤觀望不救帝冀其後效置不問且虞賊至就命知延州疽發背卒年五十七諤善馭士卒臨敵出奇戰必勝然詐誕殘忍左右有犯立斬或先刳肺肝坐者掩面諤飲食自若敵亦畏其敢戰故數有功李稷之餽軍也旦入諤營軍吏鳴鼓聲喏諤呼問吏曰軍有幾帥耶當借汝頭以代運使即叱斬之稷惶怖遽出嘗渡河卒遇敵紿門下客曰

事急矣可衣我衣乘我馬從旗鼓千騎亟趨大軍客信之敵以爲諤追之幾不免自熙寧首開綏州後再舉西征皆其兆謀卒致永樂之禍議者謂諤不死邊事不已

誼字壽翁熙寧中古入對神宗問其家世命誼以官從高遵裕復洮岷又平山後羌至熙河副將使青唐董氊遣鬼章迎候境上取道故爲回枉以夸險遠誼固習其地里誚之曰爾跳梁坎井間謂我不知遠近邪命趣便道鬼章怒脅以兵誼聲氣不動卒改塗外爲路都監自蘭州渡河討賊斬首六百累轉西京使

元祐初知岷州鬼章誘殺景思立後益自矜大有窺故土之心使其子詰宗哥請益兵入寇且結屬羌爲內應誼刺得其情上疏請除之詔遣游師雄就商利害遂與姚兕合兵出討羌迎戰擊走之追奔至洮州誼亟進攻晨霧蔽野跬步不可辨誼曰吾軍遠來彼固不知厚薄乘此可一鼓而下也遂親鼓之有頃霧霽先登者已得城鬼章就執誼戲問之曰別後安否不能對徐謂人曰我生惡种使令日果爲所擒天不使我復有故土命也遂俘以歸拜西上閤門使康州刺史徙知鄜州夏人犯延安趙卨使誼統諸將敵聞誼至皆潰去延人謂得誼勝精兵二十萬進熙河鈐轄知蘭州蘭與通遠皆絕塞中間保障不相接腴田多棄不耕誼請城李諸平以扼衝要會遷東上閤門使保州團練使卒年五十五誼倜儻有氣節喜讀書蒞軍整嚴令一下死不敢避遇敵度不勝不出故每戰未嘗負敗岷羌酋包順包誠恃功驕恣前守務姑息誼至厚待之適有小過叱下吏將寘法順誠叩頭伏罪願效命以贖乃使輸金出之羣羌畏惕及洮州之役二人功最多

朴以父任右班殿直積勞遷至皇城使昌州刺史徙

熙河蘭會鈐轄兼知河州安撫洮西沿邊公事河南蕃部叛屬羌阿章率他族拒官軍熙帥胡宗回使朴出討時朴至州才二日以賊鋒方銳且盛寒欲姑徐之而宗回馳檄至六七不得已遂出兵羌知朴來伏以待朴遇伏首尾不相應朴殊死戰爲賊所殺以馬負其尸去羌乘勝追北師還遇隘蹙迮不得行偏將王舜臣者善射以弓掛臂獨立敗軍後羌來可萬騎有七人介馬而先舜臣念此必羌酋之尤桀黠者不先殪之吾軍必盡乃宣言曰吾令最先行者眉間揷花引弓三發隕三人皆中面餘四人反走矢貫其背

萬騎聘眙莫敢前舜臣因得整衆須臾羌復來舜臣自申及酉抽矢千餘發無虛者指裂血流至肘薄暮乃得踰隘將士氣奪無敢復言戰當是時微舜臣則師殲矣事聞贈朴雄州防禦使官其後十人

師道字舜叔少從張載學以蔭補三班奉職試法易文階爲熈州推官權同谷縣縣吏有田訟彌二年不決師道繙閱案牘窮日力不竟然所訟止母及兄而已引吏詰之曰母兄法可訟乎汝再期擾鄉里足未吏叩頭服罪通判原州提舉秦鳳常平議役法忤蔡京旨換莊宅使知德順軍又謂其詆毁先烈罷入黨

籍屏廢十年以武功大夫忠州刺史涇原都鈐轄知懷德軍夏國畫境其人焦彥堅必欲得故地師道曰如言故地當以漢唐爲正則君家疆土益蹙矣彥堅無以對童貫握兵柄而西翕張威福見者皆旅拜師道長揖而已召詣闕徽宗訪以邊事對曰先爲不可勝來則應之妄動生事非計也貫議從內郡弓箭手實邊而指爲新邊所募帝復訪之對曰臣恐動遠之功未立而近擾先及矣帝善其言賜襲衣金帶以爲提舉秦鳳弓箭手時五路並置官帝謂曰卿吾所親擢也貫滋不悅師道不敢拜以請得提舉崇福宮久之知西安州夏人侵定邊築佛口城率師往夷之始至渴甚師道指山之西麓曰是當有水命工求之果得水滿谷累遷龍神衛四廂都指揮使洺州防禦使知渭州督諸道兵城席葦土賦工敵至堅壁葫蘆河師道陳于河滸若將決戰者陰遣偏將曲充徑出橫嶺揚言援兵至敵方駭顧楊可世潛軍軍其後姚平仲以精甲衷擊之敵大潰斬首五十級獲橐駝馬牛萬計其酋僅以身免卒城而還又詔帥陝西河東七路兵征臧底城期以旬日必克既薄城下敵守備甚固官軍小怠列校有據胡床自休者立斬之尸于軍

門令曰今日城不下視此衆股栗譟而登城城即潰時兵至纔八日帝得捷書喜進侍衛親軍馬軍副都指揮使應道軍承宣使從童貫爲都統制拜保靜軍節度使貫謀伐燕使師道盡護諸將師道諫曰今日之舉譬如盜入鄰家不能救又乘之而分其室焉無乃不可乎貫不聽既次白溝遼人譟而前士卒多傷師道先令人持一巨梃自防賴以不大敗遼使來請曰女真之叛本朝亦南朝之所甚惡也今射一時之利棄百年之好結豺狼之鄰基他日之禍謂爲得計可乎救災恤鄰古今通義惟大國圖之貫不能對師

道復諫宜許之又不聽寄劾其助賊王黼忿責爲右衛將軍致仕而用劉延慶代之延慶敗績于盧溝帝思其言起爲憲州刺史知環州俄還保静軍節度使復致仕金人南下趣召之加檢校少保静難軍節度使京畿河北制置使聽便宜檄兵食師道方居南山豹林谷聞命即東過姚平仲有步騎七千與之俱北至洛陽聞斡離不已屯京城下或止勿行曰賊勢方鋭頤少駐汜水以謀萬全師道曰吾兵少若遲回不進形見情露祗取辱焉今鼓行而前彼安能測我虛實都人知吾來士氣自振何憂賊哉揭榜沿道言种少保領兩兵百萬來遂抵城西趨汴水南徑逼敵營金人懼徙砦稍北斂游騎但守牟駝岡增壘自衛時師道春秋高天下稱爲老种欽宗聞其至喜甚開安上門命尚書右丞李綱迎勞時已議和入見帝問曰今日之事卿意如何對曰女真不知兵豈有孤軍深入人境而能善其歸乎帝曰業已講好矣對曰臣以軍旅之事事陛下餘非所敢知也拜檢校少傳同知樞密院京畿兩河宣撫使諸道兵悉隸焉以平仲爲都統制師道時被病命毋拜許肩輿入朝金使王汭在廷頡頏望見師道拜跪稍如禮帝顧笑曰彼爲卿

故也京城自受圍諸門盡閉市無薪菜師道請啓西南壁聽民出入如常金人有擅過偏將馬忠軍者忠斬其六人金人來訴師道付以界旗使自爲制後無有敢越佚者又請緩給金幣使彼惰歸扼而殲諸河執政不可种氏姚氏皆爲山西巨室平仲父古方以熙河兵入援平仲慮功名獨歸种氏乃以士不得速戰爲言達于上李綱主其議令城下兵緩急聽平仲節度帝日遣使趣師道戰師道欲俟其弟秦鳳經畧使師中至奏言過春分乃可擊時相距纔八日帝以爲緩竟用平仲斫營以及于敗既敗李邦彦議割三鎮師道爭之不得李綱罷太學諸生都人伏闕願見种李詔趣使彈壓師道乘車而來衆褰簾視之曰果我公也相率聲喏而散金師退乃罷爲中太一宮使御史中丞許翰見帝以爲不宜解師道兵柄上曰師道老矣難用當使卿見之令相見於殿門外師道不語翰曰國家有急詔許訪所疑公勿以書生之故不肯談師道始言我衆彼寡但分兵結營控守要地使彼粮道不通坐以持久可破也翰嘆味其言復上奏謂師道智慮未衰尚可用於是加檢校少師進太尉換節鎮洮軍爲河北河東宣撫使屯滑州實無兵自

隨師道請合關河卒屯滄衛孟滑備金兵再至朝論以大敵甫退不宜勞師以示弱格不用既而師中戰死姚古敗朝廷震悚召師道還太原陷又使巡邊次河陽遇王汭揣敵必大舉亟上疏請幸長安以避其鋒大臣以爲怯復召還既至病不能見十月卒年六十七帝臨奠哭之慟贈開府儀同三司京師失守帝搏膺曰不用种師道言以至于此金兵之始退也師道申前議勸帝乘半濟擊之不從曰異日必爲國患故追痛其語建炎中加贈少保謚曰忠憲

師中字端孺歷知環濵邠州慶陽府秦州侍衛步軍馬軍副都指揮使房州觀察使奉寧軍承宣使金人内侵詔提秦鳳兵入援未至而敵退乃以二萬人守滑遣副姚古爲河北制置使古援太原師中援中山河間或謂師中自磁相而北金人若下太行則勢不能自還此段凝師于河上比也時大臣立議矛盾樞密主破敵而三省令護出之師中渡河即上言粘罕巳至澤州臣欲由邢相間捷出上黨擣其不意當可以逞朝廷疑不用斡離不還師中遂出境粘罕至太原悉破諸縣爲鎖城法困之内外不相通姚古雖復隆德威勝扼南北關而不能解圍於是詔師中由井

陘道出師與古掎角進次平定軍乘勝復壽陽榆次留屯真定時粘罕避暑雲中留兵分就畜牧覘者以爲將遁告諸朝知樞密院許翰信之數遣使督師中出戰且責以逗撓師中歎曰逗撓兵家大戮也吾結髮從軍今老矣忍受此爲罪乎即日辦嚴約古及張灝俱進輜重賞犒之物皆不暇從行五月抵壽陽之石坑爲金人所襲五戰三勝回趨榆次去太原百里而古灝失期不至兵飢甚敵知之悉衆攻右軍潰而前軍亦奔師中獨以麾下死戰自卯至巳士卒發神臂弓射退金兵而賞賚不及皆憤怨散去所留者纔百人師中身被四創力疾鬬死師中老成持重爲時名將諸軍自是氣奪劉韐言師中聞命即行奮不顧身雖古忠臣不過也請加優贈以勸死國者詔贈少師謚曰莊愍

論曰宋懲五季藩鎮之弊稍用逢掖治邊陲領介冑然兵勢國之大事非素明習而欲應變決策於急遽危難之際豈不仆哉种氏自世衡立功青澗撫循士卒威動羌夏諸子俱有將材至師道師中巳三世號山西名將徽宗任宦竪起邊釁師道之言不售卒基南北之禍金以孤軍深入師道請邀西師之至而擊

之長驅上黨師中欲出其背以掎之可謂至計矣李綱許翰顧以為怯緩逗撓動失機會遂至大衂而國隨以敗惜哉

列傳卷第九十四

列傳卷第九十五　宋史三百三十六

開府儀同三司上柱國錄軍國重事前中書右丞相監修國史領經筵事都總裁臣脫脫等奉

勅修

司馬光 子康　呂公著 子希哲 希純

司馬光字君實陝州夏縣人也父池天章閣待制光生七歲凜然如成人聞講左氏春秋愛之退為家人講即了其大指自是手不釋書至不知飢渴寒暑群兒戲於庭一兒登甕足跌沒水中衆皆棄去光持石擊甕破之水迸兒得活其後京洛間畫以為圖仁宗寶元初中進士甲科年甫冠性不喜華靡聞喜宴獨

不戴花同列語之曰君賜不可違乃簪一枝除奉禮郎時池在杭求簽蘇州判官事以便親許之丁內外艱執喪累年毀瘠如禮服除簽書武成軍判官事改大理評事補國子直講樞密副使龐籍薦為館閣校勘同知禮院中官麥允言死給鹵簿光言繁纓以朝孔子且猶不可允言近習之臣非有元勳大勞而贈以三公官給一品鹵簿其視繁纓不亦大乎夏竦賜謚文正光言此謚之至美者竦何人可以當之改文莊加集賢校理從龐籍辟通判并州麟州屈野河西多良田夏人蠶食其地為河東患籍命光按視光建

築二堡以制夏人募民耕之耕者衆則糴賤亦可漸紓河東貴糴遠輸之憂籍從其策而麟將郭恩勇且狂引兵夜渡河不設備沒於敵籍得罪去光三上書自引咎不報籍沒光升堂拜其妻如母撫其子如昆弟時人賢之改直祕閣開封府推官交趾貢異獸謂之麟光言眞僞不可知使其眞非自至不足爲瑞願還其獻又奏賦以風修起居注判禮部有司奏日當食故事食不滿分或京師不見皆表賀光言四方見京師不見此人君爲陰邪所蔽天下皆知而朝廷獨不知其爲災當益甚不當賀從之同知諫院蘇轍荅

制策切直考官胡宿將黜之光言轍有愛君憂國之心不宜黜詔寘末級仁宗始不豫國嗣未立天下寒心而莫敢言諫官范鎮首發其議光在并州聞而繼之且貽書勸鎮以死爭至是復面言臣昔通判并州所上三章願陛下果斷力行帝沉思久之曰得非欲選宗室爲繼嗣者乎此忠臣之言但人不敢及耳光曰臣言此自謂必死不意陛下開納帝曰此何害古今皆有之光退未聞命復上疏曰臣向者進說意謂即行今寂無所聞此必有小人言陛下春秋鼎盛何遽爲不祥之事小人無遠慮特欲倉卒之際援立其

所厚善者耳定策國老門生天子之禍可勝言哉帝大感動曰送中書光見韓琦等曰諸公不及今定議異日禁中夜半出寸紙以某人爲嗣則天下莫敢違琦等拱手曰敢不盡力未幾詔英宗判宗正辭不就遂立爲皇子又稱疾不入光言皇子辭不貲之富至于旬月其賢於人遠矣然父召無諾君命召不俟駕願以臣子大義責皇子宜必入英宗遂受命充國公主嫁李瑋不相能詔出瑋衛州母楊歸其兄瑋主入居禁中光言陛下追念章懿太后故使瑋尚主今乃母子離析家事流落獨無雨露之感乎瑋既黜主安

得無罪帝悟降主沂國待李氏恩不衰進知制誥固辭改天章閣待制兼侍講知諫院時朝政頗姑息胥史喧譁則逐中執法輦官悖慢則退宰相衛士凶逆而獄不窮治軍卒詈三司使而以爲非犯階級光言皆陵遲之漸不可以不正充媛董氏薨贈淑妃輟朝成服百官奉慰定謚行冊禮葬給鹵簿光言董氏秩本微病革方拜充媛古者婦人無謚近制惟皇后有之鹵簿本以賞軍功未嘗施於婦人唐平陽公主有舉兵佐高祖定天下功乃得給至韋庶人始令妃主葬日皆給鼓吹非令典不足法時有司定後宮封贈

法后與妃俱贈三代光論妃不當與后同袁盎引却慎夫人席正爲此耳天聖親郊太妃止贈二代而况妃乎英宗立遘疾慈聖光獻后同聽政光上疏曰昔章獻明肅有保佑先帝之功特以親用外戚小人負謗海内今攝政之際大臣忠厚如王曾清純如張知白剛正如魯宗道質直如薛奎者當信用之猥鄙如馬季良讒諂如羅崇勳者當疏遠之則天下服帝疾愈光料必有追隆本生事即奏言漢宣帝爲孝昭後終不追尊衛太子史皇孫光武上繼元帝亦不追尊鉅鹿南頓君此萬世法也後詔兩制集議濮王典禮

學士王珪等相視莫敢先光獨奮筆書曰爲人後者爲之子不得顧私親王宜準封贈期親尊屬故事稱爲皇伯高官大國極其尊榮議成珪即命吏其以手藁爲按既上與大臣意殊御史六人爭之力皆斥去光乞留之不可遂請與俱貶初西夏遣使致祭延州指使高宜押伴傲其使者侮其國主使者訴於朝光與呂誨乞加宜罪不從明年夏人犯邊殺略吏士趙滋爲雄州專以猛悍治邊光論其不可至是契丹之民捕魚界河伐柳白溝之南朝廷以知雄州李中祐爲不材將代之光謂國家當戎夷附順時好與之計

較末節及其桀驁又從而姑息之近者西禍生於高宜北禍起於趙滋時方賢此二人故邊臣皆以生事爲能漸不可長宜敕邊吏疆埸細故輒以矢刃相加者罪之仁宗遺賜直百餘萬光率同列三上章謂國有大憂中外窘乏不可專用乾興故事若遺賜不可辭宜許侍從上進金錢佐山陵不許光乃以所得珠爲諫院公使錢金以遺舅氏義不藏於家后還政有司立式凡后有所取用當覆奏乃供光云當移所屬使立供已乃具數白后以防矯僞曹佾無功除使相兩府皆遷官光言陛下欲以慰母心而遷除無名則

宿衛將帥内侍小臣必有覬望已而遷都知任守忠等官光復爭之因論守忠大姦陛下爲皇子非守忠意沮壞大策離間百端賴先帝不聽及陛下嗣位反覆交搆國之大賊乞斬於都市以謝天下責守忠爲節度副使蘄州安置天下快之詔刺陝西義勇二十萬民情驚撓而紀律疏略不可用光抗言其非持白韓琦琦曰兵貴先聲諒祚方桀驁使驟聞益兵二十萬豈不震慴光曰兵之貴先聲爲無其實也獨可欺之於一日之間耳今吾雖益兵實不可用不過十日彼將知其詳尚何懼琦曰君但見慶曆間鄉兵刺爲

保捷憂今復然已降敕榜與民約永不充軍戍邊矣光曰朝廷嘗失信民未敢以爲然雖光亦不能不疑也琦曰吾在此君無憂光曰公長在此地可也異日他人當位因公見兵用之運糧戍邊反掌閒事耳琦嘿然而訖不爲止不十年皆如光慮王廣淵除直集賢院光論其姦邪不可近昔漢景帝重衛綰周世宗薄張美廣淵當仁宗之世私自結於陛下豈忠臣哉宜黜之以厲天下進龍圖閣直學士神宗即位擢爲翰林學士光力辭帝曰古之君子或學而不文或文而不學惟董仲舒揚雄兼之卿有文學何辭爲對曰臣不

能爲四六帝曰如兩漢制詔可也且卿能進士取高第而云不能四六何邪竟不獲辭御史中丞王陶以論宰相不押班罷光代之光言陶由論宰相罷則中丞不可復爲臣願俟既押班然後就職許之遂上疏論修心之要三曰仁曰明曰武治國之要三曰官人曰信賞曰必罰其說甚備且曰臣獲事三朝皆以此六言獻平生力學所得盡在是矣御藥院內臣國朝常用供奉官以下至內殿崇班則出近歲暗理官資非祖宗本意因論高居簡姦邪乞加遠竄章五上帝爲出居簡盡罷寄資者既而復留二人光又力爭之張方

平參知政事光論其不叶物望帝不從還光翰林兼侍讀學士光常患歷代史繁人主不能遍覽遂爲通志八卷以獻英宗悅之命置局祕閣續其書至是神宗名之曰資治通鑑自製序授之俾日進讀詔錄潁邸直省官四人爲閤門祗候光曰國初草創天步尚艱故御極之初必以左右舊人爲腹心耳目謂之隨龍非平日法也閤門祗候在文臣爲館職豈可使廝役爲之西戎部將嵬名山欲以橫山之衆取諒祚以降詔邊臣招納其衆光上疏極論以爲名山之衆未必能制諒祚幸而勝之滅一諒祚生一諒祚何利之

有若其不勝必引衆歸我不知何以待之臣恐朝廷不獨失信諒祚又將失信於名山矣若名山餘衆尚多還北不可入南不受窮無所歸必將突據邊城以救其命陛下不見侯景之事乎上不聽遣將种諤發兵迎之取綏州費六十萬西方用兵蓋自此始矣百官上尊號光當答詔言先帝親郊不受尊號末年有獻議者謂國家與契丹往來通信彼有尊號我獨無於是復以非時奉冊昔匈奴冒頓自稱天地所生日月所置匈奴大單于不聞漢文帝復爲大名以加之也願追述先帝本意不受此名帝大悅手詔奬光使

善爲荅辭以示中外執政以河朔旱傷國用不足乞南郊勿賜金帛詔學士議光與王珪王安石同見光曰救災節用宜自貴近始可聽也安石曰常袞辭堂饌時以爲袞自知不能當辭位不當辭祿且國用不足非當世急務所以不足者以未得善理財者故也光曰善理財者不過頭會箕斂爾安石曰不然善理財者不加賦而國用足光曰天下安有此理天地所生財貨百物不在民則在官彼設法奪民其害乃甚於加賦此蓋桑羊欺武帝之言太史公書之以見其不明耳爭議不已帝曰朕意與光同然姑以不允荅

之會安石草詔引常袞事責兩府兩府不敢復辭安石得政行新法光逆疏其利害邇英進讀至曹參代蕭何事帝曰漢常守蕭何之法不變可乎對曰寧獨漢也使三代之君常守禹湯文武之法雖至今存可也漢武取高帝約束紛更盜賊半天下元帝改孝宣之政漢業遂衰由此言之祖宗之法不可變也呂惠卿言先王之法有一年一變者正月始和布法象魏是也有五年一變者巡守考制度是也有三十年一變者刑罰世輕世重是也光言非是其意以風朝廷耳帝問光光曰布法象魏布舊法也諸侯變禮易樂

者王巡守則誅之不自變也刑新國用輕典亂國用重典是爲世輕世重非變也且治天下譬如居室敝則修之非大壞不更造也公卿侍從皆在此願陛下問之三司使掌天下財不才而黜可也不可使執政侵其事今爲制置三司條例司何也宰相以道佐人主安用例苟用例則胥吏矣今爲看詳中書條例司何也惠卿不能對則以他語詆光帝曰相與論是非耳何至是光曰平民舉錢出息尚能蠶食下户況縣官督責之威乎惠卿曰青苗法願取則與之不願不強也光曰愚民知取債之利不知還債之害非獨縣

官不強富民亦不強也昔太宗平河東立糴法時米斗十錢民樂與官爲市其後物貴而和糴不解遂爲河東世世患臣恐異日之青苗亦猶是也帝曰坐倉糴米何如坐者皆起光曰不便惠卿曰糴米百萬斛則省東南之漕以其錢供京師光曰東南錢荒而粒米狼戾今不糴米而漕錢棄其有餘取其所無農末皆病矣侍講吳申起曰光言至論也它日留對帝曰今天下洶洶者孫叔敖所謂國之有是衆之所惡也光曰然陛下當論其是非今條例司所爲獨安石韓絳惠卿以爲是耳陛下豈能獨與此三人共爲天下

邪帝欲用光訪之安石安石曰光外託劘上之名內懷附下之實所言盡害政之事所與盡害政之人而欲寘之左右使與國論此消長之大機也光才豈能害政但在高位則異論之人倚以爲重韓信立漢赤幟趙卒氣奪今用光是與異論者立赤幟也安石以韓琦上疏卧家求退帝乃拜光樞密副使光辭之曰陛下所以用臣蓋察其狂直庶有補於國家若徒以祿位榮之而不取其言是以天官私非其人也臣徒以祿位自榮而不能救生民之患是盜竊名器以私其身也陛下誠能罷制置條例司追還提舉官不行

青苗助役等法雖不用臣臣受賜多矣今言青苗之害者不過謂使者騷動州縣爲今日之患耳而臣之所憂乃在十年之外非今日也夫民之貧富由勤惰不同惰者常乏故必貸於人今出錢貸民而斂其息富者不願取使者以多散爲功一切抑配恐其逋負必令貧富相保貧者無可償則散而之四方富者不能去必責使代償數家之負春筭秋計展轉日滋貧者既盡富者亦貧十年之外百姓無復存者矣又盡散常平錢穀專行青苗它日若思復之將何所取富室既盡常平已廢加之以師旅因之以饑饉民之羸

者必委死溝壑壯者必聚而爲盜賊此事之必至者也抗章至七八帝使謂曰樞密兵事也官各有職不當以他事爲辭對曰臣未受命則猶侍從也於事無不可言者安石起視事光乃得請遂求去以端明殿學士知永興軍宣撫使下令分義勇戍邊選諸軍驍勇士募市井惡少年爲奇兵調民造乾糒悉修城池樓櫓關輔騷然光極言公私困敝不可舉事而京兆一路皆內郡繕治非急宣撫之令皆未敢從若乏軍興臣當任其責於是一路獨得免徙知許州趣入覲不赴請判西京御史臺歸洛自是絕口不論事而求言

詔下光讀之感泣欲嘿不忍乃復陳六事又移書責宰相吳充事見充傳蔡天申爲察訪妄作威福河南尹轉運使敬事之如上官嘗朝謁應天院神御殿府獨爲設一班示不敢與抗光顧謂臺吏曰引蔡寺丞歸本班吏即引天申立監竹木務官富贊善之下天申窘沮即日行元豐五年忽得語澁疾疑且死豫作遺表置卧內即有緩急當以畀所善者上之官制行帝指御史大夫曰非司馬光不可又將以爲東宮師傅蔡確曰國是方定願少遲之資治通鑑未就帝尤重之以爲賢於荀悅漢紀數促使終篇賜以潁邸舊

書二千四百卷及書成加資政殿學士凡居洛陽十五年天下以爲眞宰相田夫野老皆號爲司馬相公婦人孺子亦知其爲君實也帝崩赴闕臨衛士望見皆以手加額曰此司馬相公也所至民遮道聚觀馬至不得行曰公無歸洛留相天子活百姓哲宗幼冲太皇太后臨政遣使問所當先光謂開言路詔榜朝堂而大臣有不悅者設六語云若陰有所懷犯非其分或扇搖機事之重或迎合已行之令上以徼倖希進下以眩惑流俗若此者罰無赦后復命示光光曰此非求諫乃拒諫也人臣惟不言言則入六事矣乃

具論其情改詔行之於是上封者以千數起光知陳州過闕留爲門下侍郎蘇軾自登州召還緣道人相聚號呼曰寄謝司馬相公毋去朝廷厚自愛以活我是時天下之民引領拭目以觀新政而議者猶謂三年無改於父之道但毛舉細事稍塞人言光曰先帝之法其善者雖百世不可變也若安石惠卿所建爲天下害者改之當如救焚拯溺況太皇太后以母改子非子改父衆議甫定遂罷保甲團教不復置保馬廢市易法所儲物皆鬻之不取息除民所欠錢京東鐵錢及茶鹽之法皆復其舊或謂光曰熙豐舊臣多

憸巧小人他日有以父子義間上則禍作矣光正色曰天若祚宗社必無此事於是天下釋然曰此先帝本意也元祐元年復得疾詔朝會再拜勿舞蹈時青苗免役將官之法猶在而西戎之議未決光歎曰四患未除吾死不瞑目矣折簡與呂公著云光以身付醫以家事付愚子惟國事未有所託今以屬公乃論免役五害乞直降敕罷之諸將兵皆隸州縣軍政委守令通決廢提舉常平司以其事歸之轉運提點刑獄邊計以和戎爲便謂監司多新進少年務爲刻急令近臣於郡守中選舉而於通判中舉轉運判官又立

十科薦士法皆從之拜尚書左僕射兼門下侍郎免朝覲許乘肩輿三日一入省光不敢當曰不見君不可以視事詔令子康扶入對且曰毋拜遂罷青苗錢復常平糴糶法兩宮虛己以聽遼夏使至必問光起居敕其邊吏曰中國相司馬矣毋輕生事開邊隙光自見言行計從欲以身徇社稷躬親庶務不舍晝夜賓客見其體羸舉諸葛亮食少事煩以爲戒光曰死生命也爲之益力病革不復自覺諄諄如夢中語然皆朝廷天下事也是年九月薨年六十八太皇太后聞之慟與帝即臨其喪明堂禮成不賀贈太師溫國

公遂以一品禮服賻銀絹七千詔户部侍郎趙瞻内
侍省押班馮宗道護其喪歸葬陜州謚曰文正賜碑
曰忠清粹德京師人罷市往弔鬻衣以致奠巷哭以
過車及葬哭者如哭其私親嶺南封州父老亦相率
具祭都中及四方皆畫像以祀飲食必祝光孝友忠
信恭儉正直居處有法動作有禮在洛時每往夏縣
展墓必過其兄旦旦年將八十奉之如嚴父保之如
嬰兒自少至老語未嘗妄自言吾無過人者但平生
所爲未嘗有不可對人言者耳誠心自然天下敬信
陜洛間皆化其德有不善曰君實得無知之乎光於

物澹然無所好於學無所不通惟不喜釋老曰其微
言不能出吾書其誕吾不信也洛中有田三頃喪妻
賣田以葬惡衣菲食以終其身紹聖初御史周秩首
論光誣謗先帝盡廢其法章惇蔡卞請發冢斲棺帝
不許乃令奪贈謚仆所立碑而惇言不已追貶清遠
軍節度副使又貶崖州司户參軍徽宗立復太子太
保蔡京擅政復降正議大夫京撰姦黨碑令郡國皆
刻石長安石工安民當鐫字辭曰民愚人固不知立
碑之意但如司馬相公者海内稱其正直今謂之姦
邪民不忍刻也府官怒欲加罪泣曰被役不敢辭乞

免鐫安民二字於石末恐得罪於後世聞者愧之靖
康元年還贈謚建炎中配饗哲宗廟庭

康字公休幼端謹不妄言笑事父母至孝敏學過人
博通群書以明經上第光修資治通鑑奏檢閲文字
丁母憂勺飲不入口三日毁幾滅性光居洛士之從
學者退與康語未嘗不有得塗之人見其容止雖不
識皆知其爲司馬氏子也以韓絳薦爲祕書由正字
遷校書郎光薨治喪皆用禮經家法不爲世俗事得
遺恩悉以與族人服除召爲著作佐郎兼侍講上疏
言比年以來旱暵爲虐民多艱食若復一不稔則公

私困竭盜賊可乘自古聖賢之君非無水旱惟有以
待之則不爲甚害頃及今秋熟令州縣廣糴民食所
餘悉歸於官令冬來春令流民就食候鄉里豐穰乃
還本土凡爲國者一絲一毫皆當愛惜惟於濟民則
不宜吝誠能捐數十萬金帛以爲天下大本則天下
幸甚拜右正言以親嫌未就職爲哲宗言前世治少
亂多祖宗創業之艱難積累之勤勞勸帝及時嚮學
守天下大器且勸太皇太后每於禁中訓迪其言切
至邇英進講又言孟子於書最醇正陳王道尤明白
所宜觀覽帝曰方讀其書尋詔講官節以進康自居

父喪居廬疏食寢於地遂得腹疾至是不能朝謁賜優告疾且殆猶具疏所當言者以待曰得一見天子極言而死無恨使召醫李積于兗積老矣鄉民聞之往告曰百姓受司馬公恩深今其子病願速往也來者日夜不絕積遂行至則不可爲矣年四十一而卒公卿嗟痛於朝士大夫相弔於家市井之人無不哀之詔贈右諫議大夫康爲人廉口不言財初先立神道碑帝遣使賜白金二千兩康以費皆官給辭不受不聽遣家吏如京師納之乃止

論曰熙寧新法病民海內騷動忠言讜論沮抑不行

正人端士擯棄不用聚斂之臣日進民被其虐者將二十年方是時光退居於洛若將終身焉而世之賢人君子以及庸夫愚婦日夕引領望其爲相至或號呼道路願其毋去朝廷是豈以區區材智所能得此於人人哉德之盛而誠之著也一旦起而爲政毅然以天下自任開言路進賢才凡新法之爲民害者次第取而更張之不數月之間劃革略盡海內之民如寒極而春旱極而雨如解倒懸如脫桎梏如出之水火之中也相與浴嗟歎息驩欣鼓舞甚若更生一變而爲嘉祐治平之治君子稱其有旋乾轉坤之功而光於是亦老且病矣天若祚宋愸遺一老則姦邪之勢未遽張紹述之說未遽行元祐之臣固無恙也人衆能勝天靖康之變或者其可少緩乎借曰有之當不至如是其酷也詩曰哲人云亡邦國殄瘁嗚呼悲夫康濟美象賢不幸短命而死世尤惜之然康不死亦將不免於紹聖之禍矣

呂公著字晦叔幼嗜學至忘寢食父夷簡器異之曰他日必爲公輔恩補奉禮郎登進士第召試館職不就通判潁州郡守歐陽脩與爲講學之友後脩使契丹契丹主問中國學行之士首以公著對判吏部南

曹仁宗獎其恬退賜五品服除崇文院檢討同判太常寺壽星觀營眞宗神御殿公著言先帝已有三神御而建立不已殆非祀無豐昵之義進知制誥三辭不拜改天章閣待制兼侍讀英宗親政加龍圖閣直學士方議追崇濮王或欲稱皇伯考公著曰此眞宗所以稱太祖豈可施於王及下詔稱親且班諱又言稱親則有二父之嫌王諱但可避於上前不應與七廟同諱呂誨等坐論濮王去公著言陛下即位以來納諫之風未彰而屢黜言者何以風示天下不聽遂乞補外帝曰學士朕所重其可以去朝廷請不已出知蔡州神宗立召爲翰林

學士知通進銀臺司馬光以論事罷中丞還經幄公著封還其命曰光以舉職賜罷是爲有言責者不得盡其言也詔以告直付閤門公著又言制命不由門下則封駁之職因臣而廢願理臣之罪以正紀綱帝諭之曰所以徙光者賴其勸學耳非以言事故也公著請不已竟解銀臺司熙寧初知開封府時夏秋淫雨京師地震公著上疏曰自昔人君遇災者或恐懼以致福或簡誣以致禍上以至誠待下則下思盡誠以應之上下至誠而變異不消者未之有也惟君人者去偏聽獨任之弊而不主先入之語則不爲邪說所亂顏淵問爲邦孔子以遠佞人爲戒蓋佞人惟恐不合於君則其勢易親正人惟恐不合於義則其勢易疎惟先格王正厥事未有事正而世不治者也禮官用唐故事請以五月御大慶殿受朝因上尊號公著曰陛下方度越漢唐追復三代何必於陰長之日爲非禮之會受無益之名從之二年爲御史中丞時王安石方行青苗法公著極言曰自古有爲之君未有失人心而能圖治亦未有能脅之以威勝之以辯而能得人心者也昔日之所謂賢者今皆以此舉爲非而生議者一切詆爲流俗浮論豈昔皆賢而今

皆不肖乎安石怒其深切帝使舉呂惠卿爲御史公著曰惠卿固有才然姦邪不可用帝以語安石安石益怒誣以惡語出知潁州八年彗星見詔求直言公著上疏曰陛下臨朝願治爲日已久而左右前後莫敢正言使陛下有欲治之心而無致治之實此任事之臣負陛下也夫士之邪正賢不肖既素定矣今則不然前日所舉以爲天下之至賢而後日逐之以爲天下至不肖其於人材既反覆不常則於政事亦乖戾不審矣古之爲政初不信於民者有之若子產治鄭一年而人怨之三年而人歌之陛下垂拱仰成七年于此然輿人之誦亦未有異於前日陛下獨不察乎起知河陽召還提舉中太一宮遷翰林學士承旨改端明殿學士知審官院帝從容與論治道遂及釋老公著問曰堯舜知此道乎帝曰堯舜豈不知公著曰堯舜雖知此而惟以知人安民爲難所以爲堯舜也帝又言唐太宗能以權智御臣下對曰太宗之德以能屈己從諫爾帝善其言未幾同知樞密院事有欲復肉刑者議取死囚試劓刖公著曰試之不死則肉刑遂行矣乃止夏人幽其主將大舉討之公著曰問罪之師當先擇帥苟未得人不如勿舉及兵興秦

晉民力大困大臣不敢言公著數白其害元豐五年以疾丐去位除資政殿學士定州安撫使俄永樂城陷帝臨朝嘆曰邊民疲弊如此獨呂公著爲朕言之耳徙揚州加大學士將立太子帝謂輔臣當以呂公著司馬光爲師傅哲宗即位以侍讀還朝太皇太后遣使迎問所欲言公著曰先帝本意以寛省民力爲先而建議者以變法侵民爲務與己異者一切斥去故日久而弊愈深法行而民愈困誠得中正之士講求天下利病恊力而爲之宜不難矣至則上言曰人君初即位當正始以示天下脩德以安百姓脩德之

要莫先於學學有緝熙於光明則日新以底至治者學之力也謹昧死陳十事曰畏天愛民脩身講學任賢納諫薄歛省刑去奢無逸又乞備置諫員以開言路拜尚書左丞門下侍郎元祐元年拜尚書右僕射兼中書侍郎三省並建中書獨爲取旨之地乃請事于三省者與執政同進呈取旨而各行之又執政官率數日一聚政事堂事多決於其長同列莫得預至是始命日集遂爲定制與司馬光同心輔政推本先帝之志凡欲革而未暇與革而未定者一二舉行之民讙呼鼓舞咸以爲便光薨獨當國除吏皆一時之選科舉罷詞賦專用王安石經義且雜以釋氏之説凡士子自一語上非新義不得用學者至不誦正經唯竊安石之書以干進精熟者轉上第故科舉益弊公著始令禁主司不得出題老莊書舉子不得以申韓佛書爲學經義參用古今諸儒説毋得專取王氏復賢良方正科右司諫賈易以言事訐直詆大臣將峻責公著以爲言止罷知懷州退謂同列曰諫官所論得失未足言顧主上春秋方盛慮異時有進諛説惑亂者正賴左右爭臣耳不可豫使人主輕厭言者也衆莫不歎服吐蕃首領鬼章青宜結久爲洮河患

聞朝廷弭兵省戍陰與夏人合謀復取熈岷公著白遣軍器丞游師雄以便宜諭諸將不逾月生致於闕下帝宴近臣於資善堂出所書唐人詩分賜公著乃集所講書要語明白切於治道者凡百篇進之以備游意翰墨爲聖學之助三年四月懇辭位拜司空同平章軍國事宋興以來宰相以三公平章重事者四人而公著與父居其二士豔其榮詔建第於東府之南啓北扉以便執政會議凡三省樞密院之職皆得總理間日一朝因至都堂其出不以時蓋異禮也明年二月薨年七十二太皇太后見輔臣泣曰邦國不

幸司馬相公既亡呂司空復逝痛閔之帝亦悲感即詣其家臨奠賜金帛萬贈太師申國公謚曰正獻御書碑首曰純誠厚德公著自少講學即以治心養性爲本平居無疾言遽色於聲利紛華泊然無所好暑不揮扇寒不親火簡重清靜蓋天稟然其識慮深敏量閎而學粹遇事善決苟便於國不以私利害動其心與人交出於至誠好德樂善見士大夫以人物爲意者必問其所知與其所聞參互考實以達于上每議政事博取衆善以爲善至所當守則毅然不回奪神宗嘗言其於人材不欺如權衡之稱物尤能避

遠聲跡不以知人自處始與王安石善安石兄事之安石博辯騁辭人莫敢與亢公著獨以精識約言服之安石嘗曰疵吝每不自勝一詣長者即廢然而反所謂使人之意消者於晦叔見之又謂人曰晦叔爲相吾輩可以言仕矣後安石得志意其必助己而數用公議列其過失以故交情不終於講說尤精語約而理盡司馬光曰每聞晦叔講便覺已語爲煩其爲名流所敬如此紹聖元年章惇爲相以翟思張商英周秩居言路論公著更熙豐法度削贈謚毀所賜碑再貶建武軍節度副使昌化軍司户參軍徽宗立追

復太子太保蔡京擅政復降左光禄大夫入黨籍尋復銀青光禄大夫紹興初悉還贈謚子希哲希純

希哲字原明少從焦千之孫復石介胡瑗學復從程顥程頤張載游聞見由是益廣以蔭入官父友王安石勸其勿事科舉以僥倖利禄遂絕意進取安石爲政將寘其子雱於講官以希哲有賢名欲先用之希哲辭曰辱公相知久萬一從仕將不免異同則疇昔相與之意盡矣安石乃止公著作相二弟已官省寺希哲獨滯管庫久乃判登聞鼓院力辭公著歎曰當世善士吾收拾略盡爾獨以吾故置不試命也夫希

哲母賢明有法度聞公著言笑曰是亦未知其子矣終公著喪始爲兵部員外郎范祖禹其妹婿也言於哲宗曰希哲經術操行宜備勸講其父常稱爲不欺暗室臣以婦兄之故不敢稱薦今方將引去竊謂無嫌詔以爲崇政殿說書其勸導人主以脩身爲本脩身以正心誠意爲主其言曰心正意誠則身脩而天下化若身不能脩雖左右之人且不能諭況天下乎擢右司諫辭未聽私語祖禹曰若不得請當以揚畏來之邵爲首既而不拜會紹聖黨論起御史劉拯論其進不由科第以祕閣校理知懷州中書舍人林希

又言呂大防由公著援引故進希哲以酬私恩凡大防輩欺君賣國皆公著爲之唱而公著之惡則希哲導成之豈宜汙華職於是但守本秩俄分司南京居和州徽宗初召爲秘書少監或以爲太峻改光祿少卿希哲力請外以直祕閣知曹州旋遭崇寧黨禍奪職知相州徙邢州罷爲宮祠羇寓淮泗間十餘年卒希哲樂易簡儉有至行晚年名益重遠近皆師尊之子好問有傳

希純字子進登第爲太常博士元祐祀明堂將用皇祐故事並饗天地百神皆以祖宗配希純言皇祐之

禮事不經見嘉祐既已釐正至元豐中但以英宗配上帝悉罷從祀群神得嚴父之義請循其式從之歷宗正太常祕書丞哲宗議納后希純請考三代昏禮參祖宗之制博訪令族參求德配凡世俗所謂勘婚之書淺陋不經且一切屏絕以防附會遷著作郎以父諱不拜擢起居舍人權太常少卿宣仁太后崩希純慮姦人乘間進說搖主聽即上疏曰自元祐初年太皇聽斷所用之人皆宿有時望所行之事皆人所願行唯是過惡得罪之徒日伺變故捭闔規利今必以更改神宗法度爲說臣以爲先帝之功烈萬世莫

掩間有數事爲小人所誤勢雖頗有損益在於聖德固無所虧且英宗神宗何嘗不改真宗仁宗之政亦豈盡用太祖太宗之法乎小人既誤先帝復欲誤陛下不可不察未幾拜中書舍人同脩國史內侍梁從政劉惟簡除內省押班希純以親政之始首錄二人無以示天下持不行由是閹寺側目或於庭中指以相示曰此繳還二押班詞頭者也章惇既相出爲寶文閣待制知亳州諫官張商英憾希純攻之力又以外親嫌連徙睦州歸州自京東而之浙西自浙西而上三峽名爲易地實困之也公著追貶希純亦以屯

田員外郎分司南京居金州又責舒州團練副使道州安置建中靖國元年還爲待制知瀛州徽宗聞其名數稱之曾布忌希純因其請覲未及見亟以邊遽趣遣之俄改潁州入崇寧黨籍卒年六十

論曰公著父子俱位至宰相俱以司空平章軍國事雖漢之韋平唐之蘇李榮盛孰加焉夷簡多智數公著則一切持正以應天下之務嗚呼賢哉其論人才如權衡之稱物故一時賢士收拾略盡司馬光疾甚諄諄焉以國事爲託當時廷臣莫公著若也審矣追考其平生事業蓋守成之良相也然知子之賢而不

能薦殆猶未免於避嫌而有愧於從祖云希哲希純世濟其美然皆陷於崇寧黨禍何君子之不幸歟

列傳卷第九十五

宋史三百三十七

列傳卷第九十六

開府儀同三司上柱國錄軍國重事中書右丞相監修國史領經筵事都總裁臣脫脫等奉勅修

范鎮 從子百祿 從孫祖禹

范鎮字景仁成都華陽人薛奎守蜀一見愛之館於府舍俾與子弟講學鎮益自謙退每步行趨府門踰年人不知其爲帥客也及還朝載以俱有問奎入蜀何所得曰得一偉人當以文學名世宋庠兄弟見其文自謂弗及與爲布衣交舉進士禮部奏名第一故事殿廷唱第過三人則首禮部選者必越次抗聲自陳率得眞上列吳育歐陽脩號稱耿介亦從衆鎮獨不然同列屢趣之不爲動至第七十九人乃隨呼出應退就列無一言廷中皆異之自是舊風遂革調新安主簿西京留守宋綬延置國子監薦爲東監直講召試學士院當得館閣校理主司妄以爲失韻補校勘人爲忿鬱而鎮處之晏如經四年當遷宰相龐籍言鎮有異材不汲汲於進取超授直祕閣判吏部南曹開封府推官擢起居舍人知諫院上疏論民田困斂請約祖宗以來官吏兵數酌取其中爲定制以今賦入之數什七爲經費儲其三以備水旱非常又言周以冢宰制國用唐以宰相判鹽鐵度支今中書主民樞密主兵三司主財各不相

知財已匱樞密益兵無窮民已困三司取財不已請使二
府通知兵民大計與三司同制國用契丹使至虛聲示彊
大臣益募兵以塞責歲費百千萬鎮言備契丹莫若寬三
晉之民備靈夏莫若寬秦民備西南莫若寬越蜀之民備
天下莫若寬天下之民夫兵所以衛民而反殘民臣恐異
日之憂不在四夷而在冗兵與窮民也商人輸粟河北取
償京師而榷貨不即予鈔久而鬻之十才得其六或建議
出內帑錢稍增價與市歲可得羨息五十萬鎮謂外府內
帑均爲有司今使外府滯商人而內帑乘急以牟利至傷
國體仁宗遽止之葬溫成后太常議禮前謂之園後謂之

陵宰相劉沆前爲監護使後爲園陵使鎮曰嘗聞法吏舞
法矣未聞禮官舞禮也請詰前後議禮異同狀集賢校理
刁約論壙中物侈麗吳充鞠眞卿爭論禮並補外皆上章
留之石全斌贊護葬轉觀察使他吏悉優遷兩宮鎮言章獻
章懿章惠三后之葬推恩皆無此比乞追還全斌等告敕
副都知任守忠鄧保吉同日除官內臣無故改官者又五
六人時有敕凡內降非準律令者並許執奏曾未一月大
臣輒廢不行鎮乞正中書樞密之罪以示天下帝天性寬
仁言事者競爲激訐至汙人以帷箔不可明之事鎮獨務
引大體非關朝廷安危生民利疚則闊略不言陳執中爲

相鎮論其無學術非宰相器及嬖妾笞殺婢御史劾奏欲
逐去之鎮言今陰陽不和財匱民困盜賊滋熾獄犴充斥
執中當任其咎御史捨大責細暴揚燕私若用此爲進退
是因一婢逐宰相非所以明等級辨堂陛識者韙之文彥
博富弼入相詔百官郊迎鎮曰隆之以虛禮不若推之以
至誠陛下用兩人爲相舉朝皆謂得人然近制兩制不得
詣宰相居第百官不得間見是不推之以誠也願罷郊迎
除謁禁則於御臣之術爲兩得矣議減任子及每歲取士
皆自鎮發之又乞令宗室疏屬補外官帝曰卿言是也顧
恐天下謂朕不能睦族耳鎮曰陛下甄別其賢者用之不

沒其能乃所以睦族也雖不行至熙寧初卒如其言帝在
位三十五年未有繼嗣嘉祐初暴得疾中外大小之臣無
不寒心莫敢先言者鎮獨奮曰天下事尚有大於此者乎
即拜疏曰置諫官者爲宗廟社稷計諫官而不以宗廟社
稷計事陛下是愛死嗜利之人臣不爲也方陛下不豫海
內皇皇莫知所爲陛下獨以祖宗後裔爲念是爲宗廟之
慮至深且明也昔太祖舍其子而立太宗天下之大公也
眞宗以周王薨養宗子於宮中天下之大慮也願以太祖
之心行眞宗故事拔近屬之尤賢者優其禮秩置之左右
與圖天下事以繫億兆人心疏奏文彥博使客問何所言

以實告客曰如是何不與執政謀鎮曰自分必死故敢言
若謀於執政或以爲不可豈得中輟乎章累上不報執政
諭之曰柰何効希名干進之人鎮貽以書曰比天象見變
當有急兵鎮義當死職不可死亂兵之下此乃鎮擇死之
時尚何顧希名干進之嫌哉又言陛下得臣疏不以留中
而付中書是欲使大臣奉行也臣兩至中書大臣皆設辭
拒臣是陛下欲爲宗廟社稷計而大臣不欲也臣竊原大
臣畏避之意恐行之而陛下中變耳中變之禍不過一死
國本不立萬一有如天象所告急兵之變死且有罪其爲
計亦已踈矣願以臣章示大臣使其自擇死所聞者股栗

除兼侍御史知雜事鎮以言不從固辭執政諭鎮曰今間
言已入爲之甚難鎮復書執政曰事當論其是非不當問
其難易諸公謂今日難於前日安知異日不難於今日乎
凡見上面陳者三言益懇切鎮泣帝亦泣曰朕知卿忠卿
言是也當更俟三二年章十九上待命百餘日鬚髮爲白
朝廷知不能奪乃罷知諫院改集賢殿修撰糾察在京刑
獄同修起居注遂知制誥鎮雖解言職無歲不申前議見
帝春秋益高每因事及之兾以感動帝意至是因入謝首
言陛下許臣今復三年矣願早定大計又因祫享獻賦以
諷其後韓琦遂定策立英宗遷翰林學士中書議追尊濮

王兩制臺諫與之異詔禮官檢詳典禮鎮判太常寺率其
屬言漢宣帝於昭帝爲孫光武於平帝爲祖其父容可稱
皇考議者猶非之謂其以小宗合大宗之統也今陛下既
以仁宗爲考又加於濮王則其失非特漢二帝比凡稱帝
若考若寢廟皆非是執政怒召鎮責曰方令檢詳何遽列
上鎮曰有司得詔不敢稽留即以聞乃其職也柰何更以
爲罪乎會草制誤遷宰相官改侍讀學士明年還翰林出
知陳州陳方饑視事三日擅發錢粟以貸監司繩之急即
自劾詔原之是歲大熟所貸悉還神宗即位復爲翰林學
士兼侍讀知通進銀臺司故事門下封駁制旨省審章奏

糾擿違滯皆著所授敕後乃刋去鎮始請復之使知所守
王安石改常平爲青苗鎮言常平之法起於漢盛時視穀
貴賤發斂以便農末最爲近古不可改而青苗行於唐之
衰世不足法且陛下疾富民之多取而少取之此正百步
五十步之間耳今有兩人坐市貿易一人故下其直以相
傾則人皆知惡之可以朝廷而行市道之所惡乎呂惠卿
在邇英言今預買紬絹亦青苗之比鎮曰預買亦敝法也
若府庫有餘當并去之豈應援以爲比韓琦極論新法之
害送條例司疏駁李常乞罷青苗錢詔令分析鎮皆封還
詔五下鎮執如初司馬光辭樞密副使詔許之鎮再封還

帝以詔直付光不由門下鎮奏曰由臣不才使陛下廢法有司失職乞解銀臺司舉蘇軾諫官御史謝景溫奏罷之舉孔文仲制科文仲對策論新法不便罷歸故官鎮皆力爭之不報即上疏曰臣言不行無顏復立於朝請謝事臣言青苗不見聽一宜去薦蘇軾孔文仲不見用二宜去李定避持服遂不認母壞人倫逆天理而欲以為御史御史臺為之罷陳薦舍人院為之罷宋敏求呂大臨蘇頌諫院為之罷胡宗愈王韶上書肆意欺罔以興造邊事事敗則置而不問反為之罪帥臣李師中及御史一言蘇軾則下七路掎摭其過孔文仲則遣之歸任以此二人況彼二人事理孰是孰非孰得孰失其能逃聖鑒乎言青苗有見效者不過歲得什百萬緡錢緡錢什百萬非出於天非出於地非出於建議者之家蓋一出於民耳民猶魚也財猶水也養民而盡其財譬猶養魚而竭其水也疏五上其後指安石用喜怒為賞罰曰陛下有納諫之資大臣進拒諫之計陛下有愛民之性大臣用殘民之術臣知言入觸大臣之怒罪且不測然臣職獻替而無一言則負陛下矣疏入安石大怒持其疏至手顫自草制極詆之以戶部侍郎致仕凡所得恩典悉不與鎮表謝略曰願陛下集群議為耳目以除壅蔽之姦任老成為腹心以養和平之福天下聞

而壯之安石雖詆之深切人更以為榮既退蘇軾往賀曰公雖退而名益重矣鎮愀然曰君子言聽計從消患於未萌使天下陰受其賜無智名無勇功吾獨不得為此使天下受其害而吾享其名吾何心哉日與賓客賦詩飲酒或勸使稱疾杜門鎮曰死生禍福天也吾其如天何同天節乞隨班上壽許之遂為令軾得罪下臺獄索與鎮往來書文甚急猶上書論救久之徙居許哲宗立韓維言鎮在仁宗時首啓建儲之議未嘗以語人人亦莫為言者具以十九疏上之拜端明殿學士起提舉中太一宮兼侍讀且欲以為門下侍郎鎮雅不欲起從孫祖禹亦勸止之遂固辭改提舉崇福宮祖禹謁告歸省詔賜以龍茶存勞甚渥復告老以銀青光祿大夫再致仕累封蜀郡公鎮於樂尤注意自謂得古法獨主房庶以律生尺之說司馬光謂不然往復論難凡數萬言初仁宗命李照改定大樂下王朴樂三律皇祐中又詔胡瑗等考正神宗時詔鎮與劉几定之鎮曰定樂當先正律神宗曰然雖有師曠之聰不以六律不能正五音鎮作律尺龠合升斗豆區鬴斛欲圖上之又乞訪求真黍以定黃鍾而劉几即用李照樂加用四清聲而奏樂成詔罷局賜賚有加鎮曰此劉几樂也臣何與焉至是乃請太府銅為之逾年而成比李照樂下一律有奇

帝及太皇太后御延和殿召執政同閱視賜詔嘉獎下之太常詔三省侍從臺閣之臣皆往觀焉鎮時已屬疾樂奏三日而薨年八十一贈金紫光祿大夫謚曰忠文鎮平生與司馬光相得甚驩議論如出一口且約生則互爲傳死則作銘光生爲鎮傳服其勇決鎮復銘光墓云熙寧姦朋淫縱險詖憸猾賴神宗洞察于中其辭哨峻光子康屬蘇軾書之軾曰軾不辭書懼非三家福乃易他銘鎮清白坦夷遇人必以誠恭儉慎默口不言人過臨大節決大議色和而語壯常欲繼之以死雖在萬乘前無所屈篤於行義奏補先族人而後子孫鄉人有不克婚葬者輒爲主之兄

鎡卒于隴城無子聞其有遺腹子在外鎮時未仕徒步求之兩蜀間二年乃得之曰吾兄異於人體有四乳是兒亦必然已而果然名曰百常少受學於鄉先生龐直溫直溫子昉卒于京師鎮娶其女爲孫婦養其妻子終身其學本六經口不道佛老申韓之說契丹高麗皆傳誦其文少時賦長嘯卻胡騎晚使遼人相目曰此長嘯公也兄子百祿亦使遼遼人首問鎮安否

百祿字子功鎮兄鍇之子也第進士又舉才識兼茂科時治平水災大臣方議濮禮百祿對策曰簡宗廟廢祭祀則水不潤下昔漢哀尊共皇河南潁川大水孝安尊德皇京師郡國二十九大水蓋大宗隆小宗殺宗廟重私祀輕今宜殺而隆宜輕而重是悖先王之禮禮一悖則人心失而天意睽變異所由起也對入三等熙寧中鄧綰舉爲御史辭不就提點江東利梓路刑獄加直集賢院利州武守周永懿以賄敗百祿請復至道故事用文吏領兵以轄邊界從之熊本治瀘蠻事有夷酋力屈請降裨將賈昌言欲殺以爲功百祿諭之不聽往謂本曰殺降不祥活千人者封子孫柰何容驕將橫境內乎本矍然即檄止之七年召知諫院屬歲旱請講求急務收還法令之未便者以救將死之民論手實法曰造簿手實許令告匿戶令雖有手實之

文而未嘗行蓋謂使人自占必不以實告而明許告訐人將爲仇然則禮義廉恥之風衰矣五路置三十七將專督所部兵至許辟置布衣參軍謀百祿察其中或以恩澤市或以瘝敗收或未歷邊方或起於群盜疏列其亡狀者十四人請仍舊制將佐顓教閱餘付之州縣事多施行與徐禧治李士寧獄奏士寧熒惑童婦致不軌生心罪死不赦禧右士寧以爲無罪執政主禧貶百祿監宿州酒元豐末入爲司門吏部郎中起居郎哲宗立遷中書舍人司馬光復差役法患吏受賕欲加流配百祿固爭曰民今日執事受謝於人明日罷役則以財賂人苟繩以重典黥面赭衣

必將充塞道路光悟曰微君言吾不悉也遂已元祐元年
爲刑部侍郎諸郡以故鬬殺情可矜者請讞法官曰宜貸
光曰殺人不死法廢矣百祿曰謂之殺人則可若制刑以
爲無足疑原情以爲無足憫則不可令槩之死則二殺之
科自是遂無足疑憫者矣時又詔天下獄不當讞而輒讞
者祗罪有司重於請至枉情以求合法百祿曰熙寧之法
非可疑可憫而讞者免駁勘元豐則刋之近則有奏劾之
詔故官吏畏避不憚論殺因條五年死貸之數以聞門下
省猶駁正當貸者又倒在有司者還中書百祿又爭之後
悉從其請改吏部侍郎議者欲汰胥吏呂大防趣廢其半

百祿曰不可廢半則失職者衆不若以漸消之自今闕吏
勿補不數歲減斯過半矣不聽都水王孝先議回河故道
大防意向之命百祿行視百祿以東流高仰而河勢順下
不可回即馳奏所以然之狀且取神宗詔令勿塞故道者
併上之大防猶謂大河東流中國之險限今塘濼既壞界
河淤淺河且北注矣百祿言塘濼有限寇之名無禦寇之
實借使河從而北敵始有下流之憂乃吾之利也先帝明
詔具在柰何妄動搖之乃止俄兼侍讀進翰林學士爲帝
言分别邪正之目凡導人主以某事者爲公正某事者爲
姦邪以類相反凡二十餘條願槩斯事以觀其情則邪正

分矣以龍圖閣學士知開封府勤於民事獄無繫囚僚吏
欲以圄空聞百祿曰千里之畿無一人之獄此至尊之仁
非尹功也不許經數月復爲翰林學士拜中書侍郎是歲
郊祀議合祭天地禮官以昊天有成命爲言百祿曰此三
代之禮柰何復欲合祭乎成命之頌祀天祭地均歌此詩
亦如春夏祈穀而歌噫嘻亦豈爲一祭哉爭久不決質於
帝前宰相曰百祿之言禮經也今日之用權制也陛下始
郊見宜以並事天地爲恭於是合祭熙河范育言阿里骨
酷暴且病温溪心八族皆思内附可以計納百祿曰中國
以信撫四夷阿里骨未有過溪心虛實未可知無釁而動

非策也又請進築納迷等三城百祿曰是皆良田爲必爭
之地我既城之若賊騎時出我何以耕後雖欲棄之爲費
已甚亦不能矣帝皆從之右僕射蘇頌坐稽留除書免百
祿以同省罷爲資政殿學士知河中徙河陽河南薨年六
十五贈銀青光祿大夫子祖述監潁州酒稅攝獄掾閱具
獄活兩死囚州人以爲神知鞏縣鑿南山導水入洛縣無
水患文彥博稱其能以父隮黨籍監中岳廟久之通判涇
州知台州奏罷黄甘葛蕈之貢主管西京御史臺靖康多
難避地至汝州汝守趙子櫟邀與共守於是旁郡盡陷汝
獨全累官朝議大夫卒從弟祖禹

祖禹字淳甫一字夢得其生也母夢一偉丈夫被金甲入寢室曰吾漢將軍鄧禹既寤猶見之遂以爲名幼孤叔祖鎮撫育如己子祖禹自以既孤每歲時親賓慶集慘怛若無所容閉門讀書未嘗預人事既至京師所與交游皆一時聞人鎮器之曰此兒天下士也進士甲科從司馬光編修資治通鑑在洛十五年不事進取書成光薦爲秘書省正字時王安石當國尤愛重之王安國與祖禹友善嘗諭安石意竟不往謁富弼致仕居洛素嚴毅杜門罕與人接待祖禹獨厚疾篤召授以密疏大抵論安石誤國及新法之害言極憤切弼薨人皆以爲不可奏祖禹卒上之神宗崩祖禹上疏論喪服之制曰先王制禮君服同於父皆斬衰三年蓋恐爲人臣者不以父事其君自漢以來不惟人臣無服人君遂不爲三年之喪國朝自祖宗以來外廷雖用易月之制宮中實行三年服君服如古典而臣下猶依漢制故十二日而小祥朞而又小祥二十四日而大祥再朞而又大祥既以日爲之又以月爲之此禮之無據者也古者再朞而大祥中月而禫禫祭之名非服之色今乃爲之慘服三日然後禫此禮之不經者也服既除至葬又服之祔廟後即吉纔八月而遽絕吉無所不佩此又禮之無漸者也朔望群臣朝服以造殯宮是以吉服臨喪人主衰

服在上是以先帝之服爲人主之私喪此二者皆禮之所不安也哲宗立擢右正言呂公著執政祖禹以婿嫌辭改祠部員外郎又辭除著作佐郎修神宗實録檢討遷著作郎兼侍講神宗既祥祖禹上疏宣仁后曰今即吉方始服御一新奢儉之端皆由此起凡可以蕩心悅目者不宜有加於舊皇帝聖性未定覩儉則儉覩奢則奢所以訓導成德者動宜有法今聞奉宸庫取珠户部用金其數至多恐增加無已願止於未然崇儉敦朴輔養聖性使目不視靡曼之色耳不聽淫哇之聲非禮勿言非禮勿動則學問日益聖德日隆此宗社無疆之福故事服除當開樂置宴祖禹以爲因除服而開樂設宴則似除服而慶賀非君子不得已而除之之意不可夏暑權罷講祖禹言陛下今日之學與不學係他日治亂如好學則天下君子欣慕願立於朝以直道事陛下輔佐德業而致太平不學則小人皆動其心務爲邪諂以竊富貴且凡人之進學莫不於少時今聖質日長數年之後恐不得如今日之專竊爲陛下惜也遷起居郎又召試中書舍人皆不拜呂公著薨召拜右諫議大夫首上疏論人主正心修身之要乞太皇太后日以天下之勤勞萬民之疾苦群臣之邪正政事之得失開導上心曉然存之於中使異日衆説不能惑小人不能進蔡

確既得罪祖禹言自乾興以來不竄逐大臣六十餘年一旦行之流傳四方無不震聳確去相已久朝廷多非其黨間有偏見異論者若一切以爲黨確去之懼刑罰失中而人情不安也蔡京鎮蜀祖禹言京小有才非端良之士如使守成都其還當使執政不宜崇長時大臣欲於新舊法中有所創立祖禹以爲朝廷既察王安石之法爲非但當復祖宗之舊若出於新舊之間兩用而兼存之紀綱壞矣還給事中吳中大水詔出米百萬斛緡錢二十萬振救諫官謂訴災者爲妄乞加驗考祖禹封還其章云國家根本仰給東南今一方赤子呼天赴愬開口仰哺以脫朝夕之

急奏災雖小過實正當略而不問若稍施懲譴恐後無復敢言者矣兼國史院修撰爲禮部侍郎論擇監司守令曰祖宗分天下爲十八路置轉運使提點刑獄收鄉長鎮將之權悉歸於縣收縣之權歸於州州之權歸於監司監司之權歸於朝廷上下相維輕重相制建置之道最爲合宜監司付以一路守臣付以一州令宰付以一縣皆與天子分土而治其可不擇乎祖宗嘗有考課之法專察諸路監司置簿於中書以稽其要今宜委吏部尚書取當爲州者條列功狀以上三省三省召而察之苟其人可任則以次表用之至官則令監司考其課績終歲之後可以校優劣

而施黜陟焉如此則得人必多監司郡守得人縣令不才非所患也聞禁中覓乳媼祖禹以帝年十四非近女色之時上疏勸進德愛身又乞宣仁后保護上躬言甚切至既而宣仁諭祖禹以外議皆虛傳祖禹復上疏曰臣言皇帝進德愛身宜常以爲戒太皇太后保護上躬亦願因而勿忘今外議雖虛亦足爲先事之戒臣侍經左右有聞於道路實懷私憂是以不敢避妄言之罪凡事言於未然則誠爲過及其已然則又無所及言之何益陛下寧受未然之言勿使臣等有無及之悔拜翰林學士以叔百禄在中書改侍講學士百禄去復爲之范氏自鎮至祖禹比三世居

禁林士論榮慕宣仁太后崩中外議論洶洶人懷顧望在位者畏懼莫敢發言祖禹慮小人乘間害政乃奏曰陛下方攬庶政延見群臣此國家隆替之本社稷安危之機生民休戚之端君子小人進退消長之際天命人心去就離合之時也可不畏哉先后有大功於宗社有大德於生靈九年之間始終如一然羣小怨恨亦爲不少必將以改先帝之政逐先帝之臣爲言以事離間不可不察也先后因天下人心變而更化既改其法則作法之人有罪當退亦順衆言而逐之是皆上負先帝下負萬民天下之所讎疾而欲去之者也豈有憎惡於其間哉惟辨析是非深拒邪

說有以姦言惑聽者付之典刑痛懲一人以警群愚則帖然無事矣此等既誤先帝又欲誤陛下天下之事豈堪小人再破壞邪初蘇軾約俱上章論列諫草已具見祖禹疏遂附名同奏曰公之文經世之文也竟不復出其藁祖禹又言陛下承六世之遺烈當思天下者祖宗之天下人民者祖宗之人民百官者祖宗之百官府庫者祖宗之府庫一言一動如臨之在上質之在傍則可以長享天下之奉先后以大公至正爲心罷安石惠卿所造新法而行祖宗舊政故社稷危而復安人心離而復合乃至遼主亦戒其臣勿生事曰南朝專行仁宗之政矣外夷之情如此中國

之人心可知先后日夜苦心勞力爲陛下立太平之基願守之以靜恭己以臨之虛心以處之則群臣邪正萬事是非皆了然於聖心矣小人之情專爲私故不便於公專爲邪故不便於正專好動故不便於靜惟陛下痛心疾首以爲刻骨之戒章累上不報忽有旨召內臣十餘人祖禹言陛下親政以來四海傾耳未聞訪一賢臣而所召者乃先內侍必謂陛下私於近習望即賜追改因請對曰熙寧之初王安石呂惠卿造立新法悉變祖宗之政多引小人以誤國勳舊之臣屏棄不用忠正之士相繼遠引又用兵開邊結怨外夷天下愁苦百姓流徙賴先帝覺悟罷逐兩人而所引群小已布滿中外不可復去蔡確連起大獄王韶創取熙河章惇開五溪沈起擾交管沈括徐禧俞充种諤興造西事兵民死傷皆不下二十萬先帝臨朝悼悔以謂朝廷不得不任其咎以至吳居厚行鐵冶之法於京□王子京行茶法於福建蹇周輔行鹽法於江西李稷陸師閔行茶法市易於西川劉定教保甲於河北民皆愁痛嗟怨比屋思亂賴陛下與先后起而救之天下之民如解倒懸惟是向來所斥逐之人窺伺事變妄意陛下不以修改法度爲是如得至左右必進姦言萬一過聽而復用之臣恐國家自此陵遲不復振矣又論漢唐之亡皆由宦官自熙

寧元豐間李憲王中正宋用臣輩用事總兵權勢震灼中正兼幹四路口敕募兵州郡不敢違師徒凍餒死亡最多憲陳再舉之策致永樂摧陷用臣興土木之工無時休息罔市井之微利爲國斂怨此三人者雖加誅戮未足以謝百姓憲雖已亡而中正用臣尚在今召內臣十人而憲中正之子皆在其中二人既入則中正用臣必將復用願陛下念之時紹述之論已興有相章惇意祖禹力言惇不可用不見從遂請外上且欲大用而內外梗之者甚衆乃以龍圖閣學士知陝州言者論祖禹修實錄詆誣又擿其諫禁中雇乳媼事連貶武安軍節度副使昭州別駕安置永

州賀州又徙賓化而卒年五十八祖禹平居恂恂口不言人過至遇事則別白是非不少借隱在邇英守經據正獻納尤多嘗講尚書至内作色荒外作禽荒六語拱手再誦却立云願陛下留聽帝首肯再三乃退每當講前夕必正衣冠儼如在上側命子弟侍先按講其說開列古義參之時事言簡而當無一長語義理明白粲然成文蘇軾稱爲講官第一祖禹嘗進唐鑑十二卷帝學八卷仁皇政典六卷而唐鑑深明唐三百年治亂學者尊之目爲唐鑑公云建炎二年追復龍圖閣學士子沖紹興中仕至翰林侍讀學士儒林有傳

論曰熙寧元豐之際天下賢士大夫望以爲相者鎮與司馬光二人至稱之曰君實景仁不敢有所軒輊光思濟斯民卒任天下之重鎮凝然如山確乎其不可拔君子之道或出或處易地則皆然未易以功名優劣論也百祿受學於鎮故其議論操修粹然一出於正祖禹長於勸講平生論諫不啻數十萬言其開陳治道區別邪正辨釋事宜平易明白洞見底蘊雖賈誼陸贄不是過云

列傳卷第九十六

列傳卷第九十七　宋史三百三十八

開府儀同三司上柱國錄軍國重事前中書右丞相監修國史領經筵事都總裁臣脫脫等奉
敕修

蘇軾 子過

蘇軾字子瞻眉州眉山人生十年父洵游學四方母程氏親授以書聞古今成敗輒能語其要程氏讀東漢范滂傳慨然太息軾請曰軾若爲滂母許之否乎程氏曰汝能爲滂吾顧不能爲滂母邪比冠博通經史屬文日數千言好賈誼陸贄書既而讀莊子歎曰吾昔有見口未能言今見是書得吾心矣嘉祐二年試禮部方時文磔裂詭異之弊勝主司歐陽脩思有以救之得軾刑賞忠厚論驚喜欲擢冠多士猶疑其客曾鞏所爲但寘第二復以春秋對義居第一殿試中乙科後以書見脩脩語梅聖俞曰吾當避此人出一頭地聞者始譁不厭久乃信服丁母憂五年調福昌主簿歐陽脩以才識兼茂薦之秘閣試六論舊不起草以故文多不工軾始具草文義粲然復對制策入三等自宋初以來制策入三等惟吳育與軾而已除大理評事簽書鳳翔府判官關中自元昊叛民貧役重岐下歲輸南山木栰自渭入河經砥柱之險衙吏踵破家軾訪其利害爲修衙規使自擇水工以時進止自是害減半治平二年入

判登聞鼓院英宗自藩邸聞其名欲以唐故事召入翰林知制誥宰相韓琦曰軾之才遠大器也他日自當爲天下用要在朝廷培養之使天下之士莫不畏慕降伏皆欲朝廷進用然後取而用之則人人無復異辭矣今驟用之則天下之士未必以爲然適足以累之也英宗曰且與修注如何琦曰記注與制誥爲隣未可遽授不若於館閣中近上帖職與之且請召試英宗曰試之未知其能否如軾有不能邪琦猶不可及試二論復入三等得直史館軾聞琦語曰公可謂愛人以德矣會洵卒賻以金帛辭之求贈一官於是贈光祿丞洵將終以兄太白早亡子孫未立妹嫁

杜氏卒未葬屬軾軾既除喪即葬姑後官可蔭推與太白曾孫彭熙寧二年還朝王安石執政素惡其議論異己以判官告院四年安石欲變科舉興學校詔兩制三館議軾上議曰得人之道在於知人知人之法在於責實使君相有知人之明朝廷有責實之政則胥史皂隸未嘗無人而況於學校貢舉乎雖因今之法臣以爲有餘使君相不知人朝廷不責實則公卿侍從常患無人而況學校貢舉乎雖復古之制臣以爲不足夫時有可否物有廢興方其所安雖暴君不能廢及其既厭雖聖人不能復故風俗之變法制隨之譬如江河之徙移彊而復之則難爲力慶曆固

嘗立學矣至于今日惟有空名僅存今將變今之禮易今之俗又當發民力以治宮室斂民財以食游士百里之內置官立師獄訟聽于是軍旅謀于是又簡不率教者屏之遠方則無乃徒爲紛亂以患苦天下邪若乃無大更革而望有益於時則與慶曆之際何異故臣謂今之學校特可因仍舊制使先王之舊物不廢於吾世足矣至於貢舉之法行之百年治亂盛衰初不由此陛下視祖宗之世貢舉之法與今爲孰精言語文章與今爲孰優所得人才與今爲孰多天下之事與今爲孰辦較此四者之長短其議決矣今所欲變改不過數端或曰鄉舉德行而略文詞或曰

專取策論而罷詩賦或欲兼采譽望而罷封彌或欲經生不帖墨而考大義此皆知其一不知其二者也願陛下留意於遠者大者區區之法何預焉臣又切有私憂過計者夫性命之說自子貢不得聞而今之學者恥不言性命讀其文浩然無當而不可窮觀其貌超然無著而不可挹此豈真能然哉蓋中人之性安於放而樂於誕耳陛下亦安用之議上神宗悟曰吾固疑此得軾議意釋然矣即日召見問方今政令得失安在雖朕過失指陳可也對曰陛下生知之性天縱文武不患不明不患不勤不患不斷但患求治太急聽言太廣進人太銳願鎮以安靜待物之來然

後應之神宗悚然曰卿三言朕當熟思之凡在館閣皆當爲朕深思治亂無有所隱軾退言於同列安石不悅命權開封府推官將困之以事軾決斷精敏聲聞益遠會上元敕府市浙燈且令損價軾疏言陛下豈以燈爲悅此不過以奉二宮之歡耳然百姓不可戶曉皆謂以耳目不急之玩奪其口體必用之資此事至小體則甚大願追還前命即詔罷之時安石創行新法軾上書論其不便曰臣之所欲言者三言而已願陛下結人心厚風俗存紀綱人主之所恃者人心而已如木之有根燈之有膏魚之有水農夫之有田商賈之有財失之則亡此理之必然也自古及今未有和易同衆而不安剛果自用而不危者陛下亦知人心之不悅矣祖宗以來治財用者不過三司今陛下不以財用付三司無故又創制置三司條例一司使六七少年日夜講求於內使者四十餘輩分行營幹於外夫制置三司條例司求利之名也六七少年與使者四十餘輩求利之器也造端宏大民實驚疑創法新奇吏皆惶惑以萬乘之主而言利以天子之宰而治財論說百端喧傳萬口然而莫之顧者徒曰我無其事何恤於人言操網罟而入江湖語人曰我非漁也不如捐罔罟而人自信驅鷹犬而赴林藪語人曰我非獵也不如放鷹犬而獸自馴故臣以爲

欲消讒慝而召和氣則莫若罷條例司今君臣宵旰幾一年矣而富國之功茫如捕風徒聞內帑出數百萬緡祠部度五千餘人耳以此爲術其誰不能而所行之事道路皆知其難汴水濁流自生民以來不以種稻今欲陂而清之萬頃之稻必用千頃之陂一歲一淤三歲而滿矣陛下遂信其說即使相視地形所在鑿空訪尋水利妄庸輕剽率意爭言官司雖知其疎不敢便行抑退追集老少相視可否若非灼然難行必須且爲興役官吏苟且順從眞謂陛下有意興作上糜帑廩下奪農時隄防一開水失故道雖食議者之肉何補於民臣不知朝廷何苦而爲此哉自古役人必用鄉戶今者徒聞江浙之間數郡顧役而欲措之天下單丁女戶蓋天民之窮者也而陛下首欲役之富有四海忍不加恤自楊炎爲兩稅租調與庸既兼之矣奈何復欲取庸萬一後世不幸有聚斂之臣庸錢不除差役仍舊推所從來則必有任其咎者矣青苗放錢自昔有禁今陛下始立成法每歲常行雖云不許抑配而數世之後暴君汙吏陛下能保之與計願請之戶必皆孤貧不濟之人鞭撻已急則繼之逃亡不還則均及鄰保勢有必至異日天下恨之國史記之曰青苗錢自陛下始豈不惜哉且常平之法可謂至矣今欲變爲青苗壞彼成此所喪逾多虧官

害民雖悔何及昔漢武帝以財力匱竭用賈人桑羊之說
買賤賣貴謂之均輸于時商賈不行盜賊滋熾幾至於亂
孝昭既立霍光順民所欲而予之天下歸心遂以無事不
意今日此論復興立法之初其費已厚縱使薄有所獲而
征商之額所損必多譬之有人爲其主畜牧以一牛易五
羊一牛之失則隱而不言五羊之獲則指爲勞績今壞常
平而言青苗之功虧商稅而取均輸之利何以異此臣竊
以爲過矣議者必謂民可與樂成難與慮始故陛下堅執
不顧期於必行此乃戰國貪功之人行險徼倖之說未及
樂成而怨已起矣臣之所願陛下結人心者此也國家之

所以存亡者在道德之淺深不在乎強與弱曆數之所以
長短者在風俗之薄厚不在乎富與貧人主知此則知所
輕重矣故臣願陛下務崇道德而厚風俗不願陛下急於
有功而貪富強愛惜風俗如護元氣聖人非不知深刻之
法可以齊衆勇悍之夫可以集事忠厚近於迂闊老成初
若遲鈍然終不肯以彼易此者知其所得小而所喪大也
仁祖持法至寬用人有敘專務掩覆過失未嘗輕改舊章
考其成功則曰未至以言乎用兵則十出而九敗以言乎
府庫則僅足而無餘徒以德澤在人風俗知義故升遐之
日天下歸仁焉議者見其末年吏多因循事不振舉乃欲

矯之以苛察齊之以智能招來新進勇銳之人以圖一切
速成之效未享其利澆風已成多開驟進之門使有意外
之得公卿侍從跬步可圖俾常調之人舉生非望欲望風
俗之厚豈可得哉近歲樸拙之人愈少巧進之士益多惟
陛下哀之救之以簡易爲法以清淨爲心而民德歸厚臣
之所願陛下厚風俗者此也祖宗委任臺諫未嘗罪一言
者縱有薄責旋即超升許以風聞而無官長言及乘輿則
天子改容事關廊廟則宰相待罪臺諫固未必皆賢所言
亦未必皆是然須養其銳氣而借之重權者豈徒然哉將
以折姦臣之萌也今法令嚴密朝廷清明所謂姦臣萬無

此理然養猫以去鼠不可以無鼠而養不捕之猫畜狗以
防盜不可以無盜而畜不吠之狗陛下得不上念祖宗設
此官之意下爲子孫萬世之防臣聞長老之談皆謂臺諫
所言常隨天下公議公議所與臺諫亦與之公議所擊臺
諫亦擊之今者物論沸騰怨讟交至公議所在亦知之矣
臣恐自茲以往習慣成風盡爲執政私人以致人主孤立
紀綱一廢何事不生臣之所願陛下存紀綱者此也載見
安石贊神宗以獨斷專任因試進士發策以晉武平吳以
獨斷而克符堅伐晉以獨斷而亡齊桓專任管仲而霸燕
噲專任子之而敗事同而功異爲問安石激怒使御史謝

景温論奏其過窮治無所得軾遂請外通判杭州高麗入
貢使者發幣於官吏書稱甲子軾却之曰高麗於本朝稱
臣而不稟正朔吾安敢受使者易書稱熈寧然後受之時
新政日下軾於其間每因法以便民民賴以安徙知密州
司農行手實法不時施行者以違制論軾謂提舉官曰違
制之坐若自朝廷誰敢不從今出於司農是擅造律也提
舉官驚曰公姑徐之未幾朝廷知法害民罷之有盜竊發
安撫司遣三班使臣領悍卒來捕卒凶暴恣行至以禁物
誣民入其家爭鬬殺人且畏罪驚潰將爲亂民奔訴軾軾
投其書不視曰必不至此散卒聞之少安徐使人招出戮

之徒知徐州河決曹村泛于梁山泊溢于南清河匯于城
下漲不時洩城將敗富民爭出避水軾曰富民出民皆動
搖吾誰與守吾在是水決不能敗城驅使復入軾詣武衛
營呼卒長曰河將害城事急矣雖禁軍且爲我盡力卒長
曰太守猶不避塗潦吾儕小人當效命率其徒持畚鍤以
出築東南長堤首起戲馬臺尾屬于城雨日夜不止城不
沈者三版軾廬於其上過家不入使官吏分堵以守卒全
其城復請調來歲夫增築故城爲木岸以虞水之再至朝
廷從之徙知湖州上表以謝又以事不便民者不敢言以
詩託諷庶有補於國御史李定舒亶何正言摭其表語並

媒蘖所爲詩以爲訕謗逮赴臺獄欲寘之死鍛鍊久之不
決神宗獨憐之以黃州團練副使安置軾與田父野老相
從溪山間築室於東坡自號東坡居士三年神宗數有意
復用輒爲當路者沮之神宗嘗語宰相王珪蔡確曰國史
至重可命蘇軾成之珪有難色神宗曰軾不可姑用曾鞏
鞏進太祖總論神宗意不允遂手扎移軾汝州有曰蘇軾
黜居思咎閱歲滋深人材實難不忍終棄軾未至汝上書
自言飢寒有田在常願得居之朝奏夕報可道過金陵見
王安石曰大兵大獄漢唐滅亡之兆祖宗以仁厚治天下
正欲革此今西方用兵連年不解東南數起大獄公獨無

一言以救之乎安石曰二事皆惠卿啓之安石在外安敢
言軾曰在朝則言在外則不言事君之常禮耳上所以待
公者非常禮公所以待上者豈可以常禮乎安石厲聲曰
安石須説又曰出在安石口入在子瞻耳又曰人須是知
行一不義殺一不辜得天下弗爲乃可軾戲曰今之君子
爭減半年磨勘雖殺人亦爲之安石笑而不言至常神宗
崩哲宗立復朝奉郎知登州召爲禮部郎中軾舊善司馬
光章惇時光爲門下侍郎惇知樞密院二人不相合惇每
以謔侮困光光苦之軾謂惇曰司馬君實時望甚重昔許
靖以虛名無實見鄙於蜀先主法正曰靖之浮譽播流四

海若不加禮必以賤臂爲累先主納之乃以靖爲司徒許靖且不可慢況君實乎惇以爲然光賴以少安遷起居舍人軾起於憂患不欲驟履要地辭於宰相蔡確確曰公徊翔久矣朝中無出公右者軾曰昔林希同在館中年且長確曰希固當先公耶卒不許元祐元年軾以七品服入侍延和即賜銀緋遷中書舍人初祖宗時差役行久生弊編户充役者不習其役又虐使之多致破產狹鄉民至有終歲不得息者王安石相神宗改爲免役使户差高下出錢雇役行法者過取以爲民病司馬光爲相知免役之害不知其利欲復差役差官置局軾與其選軾曰差役免役各

有利害免役之害掊斂民財十室九空斂聚於上而下有錢荒之患差役之害民常在官不得專力於農而貪吏猾胥得緣爲姦此二害輕重蓋略等矣光曰於君何如軾曰法相因則事易成事有漸則民不驚三代之法兵農爲一至秦始分爲二及唐中葉盡變府兵爲長征之卒自爾以來民不知兵兵不知農農出穀帛以養兵兵出性命以衛農天下便之雖聖人復起不能易也今免役之法實大類此公欲驟罷免役而行差役正如罷長征而復民兵蓋未易也光不以爲然軾又陳於政事堂光忿然軾曰昔韓魏公刺陝西義勇公爲諫官爭之甚力韓公不樂公亦不顧

軾昔聞公道其詳豈今日作相不許軾盡言耶光笑之尋除翰林學士二年兼侍讀每進讀至治亂興衰邪正得失之際未嘗不反覆開導覬有所啓悟哲宗雖恭默不言輒首肯之嘗讀祖宗寶訓因及時事軾歷言今賞罰不明善惡無所勸沮又黄河勢方北流而彊之使東夏人入鎮戎殺掠數萬人帥臣不以聞每事如此恐寖成衰亂之漸軾嘗鎖宿禁中召入對便殿宣仁后問曰卿前年爲何官曰臣爲常州團練副使曰今爲何官曰臣今待罪翰林學士曰何以遽至此曰遭遇太皇太后皇帝陛下曰非也曰豈大臣論薦乎曰亦非也軾驚曰臣雖無狀不敢自他途以

進曰此先帝意也先帝每誦卿文章必嘆曰奇才奇才但未及進用卿耳軾不覺哭失聲宣仁后與哲宗亦泣左右皆感涕已而命坐賜茶徹御前金蓮燭送歸院三年權知禮部貢舉會大雪苦寒士坐庭中噤未能言軾寬其禁約使得盡技巡鋪内侍每摧辱舉子且持暧昧單詞誣以爲罪軾盡奏逐之四年積以論事爲當軸者所恨軾恐不見容請外拜龍圖閣學士知杭州未行諫官言前相蔡確知安州作詩借郝處俊事以譏太皇太后大臣議遷之嶺南軾密疏朝廷若薄確之罪則於皇帝孝治爲不足若深罪確則於太皇太后仁政爲小累謂宜皇帝敕置獄逮治太

皇太后出手詔赦之則於仁孝兩得矣宣仁后心善軾言而不能用軾出郊用前執政恩例遣內侍賜龍茶銀合慰勞甚厚既至杭大旱饑疫並作軾請於朝免本路上供米三之一復得賜度僧牒易米以救飢者明年春又減價糶常平米多作饘粥藥劑遣使挾醫分坊治病活者甚衆軾曰杭水陸之會疫死比他處常多乃裒羨緡得二千復發橐中黃金五十兩以作病坊稍畜錢糧待之杭本近海地泉鹹苦居民稀少唐刺史李泌始引西湖水作六井民足於水白居易又浚西湖水入漕河自河入田所溉至千頃民以殷富湖水多葑自唐及錢氏歲輒浚治宋興廢之葑積爲田水無幾矣漕河失利取給江潮舟行市中潮又多淤三年一淘爲民大患六井亦幾於廢軾見茅山一河專受江潮鹽橋一河專受湖水遂浚二河以通漕復造堰閘以爲湖水蓄洩之限江潮不復入市以餘力復完六井又取葑田積湖中南北徑三十里爲長堤以通行者吳人種菱春輒芟除不遺寸草且募人種菱湖中葑不復生收其利以備修湖取救荒餘錢萬緡糧萬石及請得百僧度牒以募役者堤成植芙蓉楊柳其上望之如畫圖杭人名爲蘇公堤杭僧淨源舊居海濱與舶客交通舶至高麗交譽之元豐末其王子義天來朝因往拜焉至是淨源死其徒

竊持其像附舶往告義天亦使其徒來祭因持其國母二金塔云祝兩宮壽軾不納奏之曰高麗久不入貢失賜予厚利意欲求朝未測吾所以待之厚薄故因祭亡僧而行祝壽之禮若受而不答將生怨心受而厚賜之正墮其計今宜勿與知從州郡自以理却之彼庸僧猾商爲國生事漸不可長宜痛加懲創朝廷皆從之未幾貢使果至舊例使所至吳越七州費二萬四千餘緡軾乃令諸州量事裁損民獲交易之利無復侵撓之害矣浙江潮自海門東來勢如雷霆而浮山峙於江中與漁浦諸山犬牙相錯洄洑激射歲敗公私船不可勝計軾議自浙江上流地名石門並山而東鑿爲漕河引浙江及谿谷諸水二十餘里以達于江又並山爲岸不能十里以達龍山大慈浦自浦北折抵小嶺鑿嶺六十五丈以達嶺東古河浚古河數里達于龍山漕河以避浮山之險人以爲便奏聞有惡軾者力沮之功以故不成軾復言三吳之水瀦爲太湖太湖之水溢爲松江以入海海日兩潮潮濁而江清潮水常欲淤塞江路而江水清駛隨輒滌去海口常通則吳中少水患昔蘇州以東公私船皆以篙行無陸挽者自慶曆以來松江大築挽路建長橋以扼塞江路故今三吳多水欲鑿挽路爲十橋以迅江勢亦不果用人皆以爲恨軾二十年間再涖

杭有德於民家有畫像飲食必祝又生作祠以報六年召
爲吏部尚書未至以弟轍除右丞改翰林承旨轍辭右丞
欲與兄同備從官不聽軾在翰林數月復以讒請外乃以
龍圖閣學士出知潁州先是開封諸縣多水患吏不究本
末決其陂澤注之惠民河河不能勝致陳亦多水又將鑿
鄧艾溝與潁河並且鑿黃堆欲注之於淮軾始至潁遣吏
以水平準之淮之漲水高於新溝幾一丈若鑿黃堆淮水
顛流潁地爲患軾言於朝從之郡有宿賊尹遇等數劫殺
人又殺捕盜吏兵朝廷以名捕不獲被殺家復懼其害匿
不敢言軾召汝陰尉李直方曰君能禽此當力言於朝乞

行優賞不獲亦以不職奏免君矣直方有母且老與母訣
而後行廼緝知盜所分捕其黨與手戟刺遇獲之朝廷以
小不應格推賞不及軾請以己之年勞當改朝散郎階爲
直方賞不從其後吏部爲軾當遷以符會其考軾謂己許
直方又不報七年徙揚州舊發運司主東南漕法聽操舟
者私載物貨征商不得留難故操舟者輒富厚以官舟爲
家補其弊漏且周船夫之乏故所載率皆速達無虞近歲
一切禁而不許故舟弊人困多盜所載以濟飢寒公私皆
病軾請復舊從之未閱歲以兵部尚書召兼侍讀是歲哲
宗親祀南郊軾爲鹵簿使導駕入太廟有赭繖犢車并青

蓋犢車十餘爭道不避儀仗軾使御營巡檢使問之乃皇
后及大長公主時御史中丞李之純爲儀仗使軾曰中丞
職當肅政不可不以聞之純不敢言軾於車中奏之哲宗
遣使齎疏馳白太皇太后明日詔整肅儀衛自皇后而下
皆毋得迎謁尋遷禮部兼端明殿翰林侍讀兩學士爲禮
部尚書高麗遣使請書朝廷以故事盡許之軾曰漢東平
王請諸子及太史公書猶不肯予今高麗所請有甚於此
其可予乎不聽八年宣仁后崩哲宗親政軾乞補外以兩
學士出知定州時國是將變軾不得入辭既行上書言天
下治亂出於下情之通塞至治之極小民皆能自通迫於

大亂雖近臣不能自達陛下臨御九年除執政臺諫外未
嘗與群臣接今聽政之初當以通下情除壅蔽爲急務臣
日侍帷幄方當戍邊顧不得一見而行況疏遠小臣欲求
自通難矣然臣不敢以不得對之故不效愚忠古之聖人
將有爲也必先處晦而觀明處靜而觀動則萬物之情畢
陳于前陛下聖智絕人春秋鼎盛臣願虛心循理一切未
有所爲默觀庶事之利害與群臣之邪正以三年爲期俟
得其實然後應物而作使既作之後天下無恨陛下亦無
悔由此觀之陛下之有爲惟憂太蚤不患稍遲亦已明矣
臣恐急進好利之臣輒勸陛下輕有改變故進此說敢望

陛下留神社稷宗廟之福天下幸甚定州軍政壞弛諸衛卒驕惰不教軍校蠶食其廩賜前守不敢誰何軾取貪汙者配隸遠惡繕修營房禁止飲博軍中衣食稍足乃部勒戰法衆皆畏伏然諸校業業不安有卒史以贓訴其長軾曰此事吾自治則可聽汝告軍中亂矣立決配之衆乃定會春大閱將吏久廢上下之分軾命舉舊典帥常服出帳中將吏戎服執事副總管王光祖自謂老將恥之稱疾不至軾召書吏使爲奏光祖懼而出訖事無一慢者定人言自韓琦去後不見此禮至今矣契丹久和邊兵不可用惟沿邊弓箭社與寇爲鄰以戰射自衛猶號精銳故相龐籍

守邊因俗立法歲久法弛又爲保甲所撓軾奏免保甲及兩稅折變科配不報紹聖初御史論軾掌內外制日所作詞命以爲譏斥先朝遂以本官知英州尋降一官未至貶寧遠軍節度副使惠州安置居三年泊然無所蔕芥人無賢愚皆得其歡心又貶瓊州別駕居昌化昌化故儋耳地非人所居藥餌皆無有初僦官屋以居有司猶謂不可軾遂買地築室儋人運甓畚土以助之獨與幼子過處著書以爲樂時時從其父老游若將終身徽宗立移廉州改舒州團練副使徙永州更三大赦遂提舉玉局觀復朝奉郎軾自元祐以來未嘗以歲課乞遷故官止於此建中靖國

元年卒于常州年六十六軾與弟轍師父洵爲文既而得之於天嘗自謂作文如行雲流水初無定質但常行於所當行止於所不可不止雖嬉笑怒罵之辭皆可書而誦之其體渾涵光芒雄視百代有文章以來蓋亦鮮矣洵晚讀易作易傳未究命軾述其志軾成易傳復作論語說後居海南作書傳又有東坡集四十卷後集二十卷奏議十五卷內制十卷外制三卷和陶詩四卷一時文人如黃庭堅晁補之秦觀張耒陳師道舉世未之識軾待之如朋儔未嘗以師資自予也自爲舉子至出入侍從必以愛君爲本忠規讜論挺挺大節羣臣無出其右但爲小人忌惡擠排

不使安於朝廷之上高宗即位贈資政殿學士以其孫符爲禮部尚書又以其文寘左右讀之終日忘倦謂爲文章之宗親製集贊賜其曾孫嶠遂崇贈太師謚文忠軾三子邁迨過俱善爲文邁駕部員外郎迨承務郎

過字叔黨軾知杭州過年十九以詩賦解兩浙路禮部試下及軾爲兵部尚書任右承務郎軾帥定武謫知英州貶惠州遷儋耳漸徙廉永獨過侍之凡生理晝夜寒暑所須者一身百爲不知其難初至海上爲文曰志隱軾覽之曰吾可以安於島夷矣因命作孔子弟子別傳軾卒於常州過葬軾汝州郟城小峨眉山遂家潁昌營湖陰水竹數畝

名曰小斜川自號斜川居士卒年五十二初監太原府稅次知潁昌府郾城縣皆以法令罷晚權通判中山府有斜川集二十卷其思子臺賦颶風賦早行於世時稱爲小坡蓋以軾爲大坡也其叔轍每稱過孝以訓宗族且言吾兄遠居海上惟成就此兒能文也七子籥籍節笈箪遜箾

論曰蘇軾自爲童子時士有傳石介慶曆聖德詩至蜀中者軾歷舉詩中所言韓富杜范諸賢以問其師師怪而語之則曰正欲識是諸人耳蓋已有頡頏當世賢哲之意弱冠父子兄弟至京師一日而聲名赫然動於四方既而登上第擢詞科入掌書命出典方州器識之閎偉議論之卓犖文章之雄儁政事之精明四者皆能以特立之志爲之主而以邁往之氣輔之故意之所向言足以達其有猷行足以遂其有爲至於禍患之來節義足以固其有守皆志與氣所爲也仁宗初讀軾轍制策退而喜曰朕今日爲子孫得兩宰相矣神宗尤愛其文宮中讀之膳進忘食稱爲天下奇才二君皆有以知軾而軾卒不得大用一歐陽脩先識之其名遂與之齊豈非軾之所長不可掩抑者天下之至公也相不相有命焉嗚呼軾不得相又豈非幸歟或謂軾稍自韜戢雖不獲柄用亦當免禍雖然假令軾以是而易其所爲尚得爲軾哉

列傳卷第九十七

列傳卷第九十八　　宋史三百三十九

開府儀同三司上柱國錄軍國重事前中書右丞相監修國史領經筵事都總裁臣脫脫等奉

敕修

蘇轍 族孫元老

蘇轍字子由年十九與兄軾同登進士科又同策制舉仁宗春秋高轍慮或倦於勤因極言得失而於禁廷之事尤爲切至曰陛下即位三十餘年矣平居靜慮亦嘗有憂於此乎無憂於此乎臣伏讀制策陛下既有憂懼之言矣然臣愚不敏竊意陛下有其言耳未有其實也往者寶元慶曆之間西夏作難陛下晝

不安坐夜不安席天下皆謂陛下憂懼小心如周文王然自西方解兵陛下棄置憂懼之心二十年矣古之聖人無事則深憂有事則不懼夫無事而深憂者所以爲有事之不懼也今陛下無事則不憂有事則大懼臣以爲憂樂之節易矣臣疏遠小臣聞之道路不知信否近歲以來宮中貴姬至以千數歌舞飲酒優笑無度坐朝不聞咨謨便殿無所顧問三代之衰漢唐之季女寵之害陛下亦知之矣久而不止百蠹將由之而出內則蠱惑之所汙以傷和伐性外則私謁之所亂以敗政害事陛下無謂好色於內不害外

事也今海內窮困生民愁苦而宮中好賜不爲限極所欲則給不問有無司會不敢爭大臣不敢諫執契持敕迅若兵火國家內有養士養兵之費外有契丹西夏之奉陛下又自爲一阱以耗其遺餘臣恐陛下以此得謗而民心不歸也策入轍自謂必見黜考官司馬光第以三等范鎮難之蔡襄曰吾三司使也司會之言吾愧之而不敢怨惟考官胡宿以爲不遜請黜之仁宗曰以直言召人而以直言棄之天下其謂我何宰相不得已寘之下等授商州軍事推官時父洵被命修禮書兄軾簽書鳳翔判官轍乞養親京師

三年軾還轍爲大名推官逾年丁父憂服除神宗立已二年轍上書言事召對延和殿時王安石以執政與陳升之領三司條例命轍爲之屬呂惠卿附安石轍與論多相牾安石出青苗書使轍熟議曰有不便以告勿疑轍曰以錢貸民使出息二分本以救民非爲利也然出納之際吏緣爲姦雖有法不能禁錢入民手雖良民不免妄用及其納錢雖富民不免踰限如此則恐鞭箠必用州縣之事不勝煩矣唐劉晏掌國計未嘗有所假貸有尤之者晏曰使民僥倖得錢非國之福使吏倚法督責非民之便吾雖未嘗假貸

而四方豐凶貴賤知之未嘗逾時有賤必糴有貴必糶以此四方無甚貴甚賤之病安用貸爲晏之所言則常平法耳今此法見在而患不修公誠能有意於民舉而行之則晏之功可立俟也安石曰君言誠有理當徐思之自此逾月不言青苗會河北轉運判官王廣廉奏乞度僧牒數千爲本錢於陝西漕司私行青苗法春散秋斂與安石意合於是青苗法遂行安石因遣八使之四方訪求遺利中外知其必迎合生事皆莫敢言轍往見陳升之曰昔嘉祐末遣使寬恤諸路各務生事還奏多不可行爲天下笑今何以異此又以書抵安石力陳其不可安石怒將加以罪升之止之以爲河南推官會張方平知陳州辟爲教授三年授齊州掌書記又三年改著作佐郎復從方平簽書南京判官居二年坐兄軾以詩得罪謫監筠州鹽酒稅五年不得調移知績溪縣哲宗立以秘書省校書郎召元祐元年爲右司諫宣仁后臨朝用司馬光呂公著欲革弊事而舊相蔡確韓縝樞密使章惇皆在位窺伺得失轍皆論去之呂惠卿始諂事王安石倡行虐政以害天下及勢鈞力敵則傾陷安石甚於仇讎世尤惡之至是自知不免乞宮觀以避貶竄

轍具疏其姦以散官安置建州司馬光以王安石雇役之害欲復差役不知其害相半於雇役轍言自罷差役僅二十年吏民皆未習慣況役法關涉衆事根芽盤錯行之徐緩乃得審詳若不窮究首尾忽遽便行恐既行之後別生諸弊今州縣役錢例有積年寬剩大約足支數年且依舊雇役盡今年而止催督有司審議差役趁今冬成法來年役使鄉戶但使既行之後無復人言則進退皆便光又以安石私設詩書新義考試天下士欲改科舉別爲新格轍言進士來年秋試日月無幾而議不時決詩賦雖小技比次聲律用功不淺至於治經誦讀講解尤不輕易要之來年皆未可施行乞來年科場一切如舊惟經義兼取注疏及諸家論議或出己見不專用王氏學仍罷律義令舉人知有定論一意爲學以待選試然後徐議元祐五年以後科舉格式未爲晚也光皆不能從初神宗以夏國內亂用兵攻討乃於熙河增蘭州於延安增安疆米脂等五砦二年夏遣使賀登位使還未出境又遣使入境朝廷知其有請蘭州五砦地意大臣議棄守未決轍言曰頃者西人雖至疆場之事初不自言度其狡心蓋知朝廷厭兵確然不請欲使此

議發自朝廷得以爲重朝廷深覺其意忍而不予情得勢窮始來請命一失此機必爲後悔彼若黠集兵馬屯聚境上許之則畏兵而予不復爲恩不予則邊釁一開禍難無已間不容髮正在此時不可失也況今日之事主上妙年母后聽斷將帥吏士恩情未接兵交之日誰使效命若其羽書沓至勝負紛然臨機決斷誰任其責惟乞聖心以此反覆思慮早賜裁斷無使西人別致猖狂於是朝廷許還五砦夏人遂服遷起居郎中書舍人朝廷議回河故道轍爲公著言河決而北自先帝不能回今不因其舊而脩其未至

乃欲取而回之其爲力也難而爲責也重是謂智勇勢力過先帝也公著悟竟未能用進戶部侍郎轍因轉對言曰財賦之原出於四方而委於中都故善爲國者藏之於民其次藏之州郡州郡有餘則轉運司常足轉運司既足則戶部不困唐制天下賦稅其一上供其一送使其一留州比之於今上供之數可謂少矣然每有緩急王命一出舟車相銜大事以濟祖宗以來法制雖殊而諸道蓄藏之計猶極豐厚是以斂散及時縱舍由己利柄所在所爲必成自熙寧以來言利之臣不知本末之術欲求富國而先困轉運

司轉運司既困則上供不繼上供不繼而戶部亦憊矣兩司既困故內帑別藏雖積如丘山而委爲朽壤無益於筭也尋又言臣以祖宗故事考之今日本部所行體例不同利害相遠宜隨事措置以塞弊原謹具三弊以聞其一曰分河渠案以爲都水監其二曰分胄案以爲軍器監其三曰分修造案以爲將作監三監皆隸工部則本部所專其餘無幾出納損益制在他司頃者司馬光秉政知其爲害嘗使本部收攬諸司利權當時所收不得其要至今三案猶爲他司所擅深可惜也蓋國之有財猶人之有飲食飲食之道當使口司出

納而腹制多寡然後分布氣血以養百骸耳目賴之以爲聰明手足賴之以爲力若不專任口腹而使手足耳目得分治之則雖欲求一飽不可得矣而況於安且壽乎今戶部之在朝廷猶口腹也而使他司分治其事何以異此自數十年以來群臣每因一事不舉輒入建他司利權一分用財無藝他司以辦事爲效則不恤財之有無戶部以給財爲功則不問事之當否彼此各營一職其勢不復相知雖使戶部得材智之臣終亦無益能否同病府庫卒空今不早救後患必甚昔嘉祐中京師頻歲大水大臣始取河渠案置都水監置監

以來比之舊案所補何事而大不便者河北有外監丞侵奪轉運司職事轉運司之領河事也郡之諸埽埽之吏兵儲蓄無事則分有事則合水之所向諸埽趨之吏兵得以併功儲蓄得以併用故事作之日無暴歛傷財之患事定之後徐補其闕兩無所妨自有監丞據法責成緩急之際諸埽不相爲用而轉運司不勝其弊矣此工部都水監爲户部之害一也先帝一新官制並建六曹隨曹付事故三司故事多隸工曹名雖近正而實非利昔胄案所掌今内爲軍器監而上隸工部外爲都作院而上隸提刑司欲有興作户部不得與議訪聞河北道近歲爲羊渾脱動以千計渾脱之用必軍行之水過渡無船然後須之而其爲物稍經歲月必至蠧敗朝廷無出兵之計而有司營戢不顧利害至使公私應副虧財害物若專在轉運司必不至此此工部都作院爲户部之害二也昔修造案掌百工之事事有緩急物有利害皆得專之今工部以辦職爲事則緩急利害誰當議之朝廷近以箔場竹箔積久損爛創令出賣上下皆以爲當指揮未幾復以諸處營造歲有科制遂令般運堆積以破出賣之計臣不知將作見工幾何一歲所用幾何取此積彼未用之間有無損敗

而遂爲此計本部雖知不便而以工部之事不敢復言此工部將作監爲户部之害三也凡事之類此者多矣臣不能遍舉也故願明詔有司罷外水監丞舉北河事及諸路都作院河皆歸轉運司至於都水軍器將作三監皆兼隸户部使定其事之可否裁其費之多少而工部任其功之良苦程其作之遲速苟可否多少在户部則傷財害民户部無所逃其責矣苟良苦遲速在工部則敗事乏用工部無所辭其譴矣制出于一而後天下貧富可責之户部矣哲宗從之惟都水仍舊朝廷以吏部元豐所定吏額比舊額數倍命轍量事裁減吏有白中孚曰吏額不難定也昔之流内銓今侍郎左選也事之煩劇莫過此矣昔銓吏止十數而今左選吏至數十事不加舊而用吏至數倍何也昔無重法重禄吏通賕賂則不欲人多以分所得今行重法給重禄賕賂比舊爲少則不忌人多而幸於少事此吏額多少之大情也舊法日生事以難易分七等重者至一分輕者至一釐以下積若干分而爲一人今若取逐司兩月事定其分數則吏額多少之限無所逃矣轍曰此群吏身計所係也若以分數爲人數必大有所損將大致紛訴雖朝廷亦不能守乃具以白宰

執請據實立額裁吏之年滿轉出或事故死亡者勿補及額而止不過十年羨額當盡功雖稍緩而見吏知非身患不復怨矣呂大防命諸司吏任永壽與省吏數人典之遂背轍議以立額日裁損吏員復以好惡改易諸局次永壽復以贓刺配大防略依轍議行之代軾為翰林學士尋權吏部尚書使契丹館客者侍讀學士王師儒能誦洵軾之文及轍伏苓賦恨不得見全集使還為御史中丞自元祐初一新庶政至是五年矣人心已定惟元豐舊黨分布中外多起邪說以搖撼在位呂大防劉摯患之欲稍引用以平

夙怨謂之調停宣仁后疑不決轍面斥其非復上疏曰臣近面論君子小人不可並處聖意似不以臣言為非者然天威咫尺言詞迫遽有所不盡臣而不言誰當救其失者親君子遠小人則主尊國安疏君子任小人則主憂國殆此理之必然未聞以小人在外憂其不悅而引之於內以自遺患也故臣謂小人雖不可任以腹心至於牧守四方奔走庶務無所偏廢可也若遂引之於內是猶患盜賊之欲得財而導之於寢室知虎豹之欲食肉而開之以坰牧無是理也且君子小人勢同冰炭同處必爭一爭之後小人必

勝君子必敗何者小人貪利忍恥擊之則難去君子潔身重義沮之則引退古語曰一薰一蕕十年尚猶有臭蓋謂此矣先帝聰明聖智疾頹靡之俗將以綱紀四方比隆三代而臣下不能將順造作諸法上逆天意下失民心二聖因民所願取而更之上下忻慰則前者用事之臣今朝廷雖不加斥逐其勢亦不能復留矣尚賴二聖慈仁宥之於外蓋已厚矣而議者惑於說乃欲招而納之與之共事謂之調停此輩若返豈肯但已哉必將戕害正人漸復舊事以快私忿人臣被禍蓋不足言臣所惜者祖宗朝廷也惟陛下斷

自聖心勿為流言所惑勿使小人一進後有噬臍之悔則天下幸甚疏入宣仁后命宰執讀於簾前曰轍疑吾君臣兼用邪正其言極中理諸臣從而和之調停之說遂已轍又奏曰竊見方今天下雖未大治而祖宗綱紀具在州郡民物粗安若大臣正已平心無生事要功之意因弊修法為安民靖國之術則人心自定雖有異黨誰不歸心向者異同反覆之心蓋亦不足慮矣但患朝廷舉事類不審詳曩者黃河北流正得水性而水官穿鑿欲導之使東移下就高汨五行之理及陛下遣使按視知不可為猶或固執不從

經今累歲亟河雖罷減水尚存遂使河朔生靈財力俱困今者西夏青唐外皆臣順朝廷招來之厚惟恐失之而熙河將吏創築二堡以侵其膏腴議納醇忠以奪其節鉞功未可覬爭已先形朝廷雖知其非終不明白處置若遂養成邊釁關陝豈復安居如此二事則臣所謂宜正已平心無生事要功者也昔嘉祐以前鄉差衙前民間常有破產之患熙寧以後出賣坊場以雇衙前民間不復知有衙前之苦及元祐之初務於復舊一例復差官收坊場之錢民出衙前之費四方驚顧衆議沸騰尋知不可旋又復雇去年之

秋又復差法又熙寧雇役之法三等人户並出役錢上户以家產高強出錢無藝下户昔不充役亦遣出錢故此二等人户不免咨怨至於中等昔既已自差役今又出錢不多雇法之行最為其便罷行顧法上下二等欣躍可知唯是中等則反為害且如畿縣中等之家例出役錢三貫若經十年為錢三十貫而已今差役既行諸役手力最為輕役農民在官日使百錢最為輕費然一歲之用已為三十六貫二年役滿為費七千餘貫罷役而歸寬鄉得閑三年狹鄉不及一歲以此較之則差役五年之費倍於雇役十年賦

役所出多在中等如此條目不便非一故天下皆思雇役而厭差役今五年矣如此二事則臣所謂宜因弊修法為安民靖國之術者也臣以闇見淺狹不能盡知當今得失然四事不去如臣等輩猶知其非而況於心懷異同志在反覆幸國之失有以藉口者乎臣恐如此四事彼已默識於心多造謗議待時而發以搖撼衆聽矣伏乞宣諭宰執事有失當改之勿疑法或未完修之無倦苟民心既得則異議自消陛下端拱以享承平大臣逡巡以安富貴海內蒙福上下攸同豈不休哉大臣恥過終莫肯改六年拜尚書右

丞進門下侍郎初夏人來賀登極相繼求和且議地界朝廷許約地界已定付以歲賜久之議不決明年夏人以兵襲涇原殺掠弓箭手數千人朝廷忍之不問遣使往賜策命夏人受禮倨慢以地界為辭不復入謝再犯涇原四年來賀坤成節且議地界朝廷先以歲賜予之地界又未決夏人乃於疆事多方侵求熙河將佐范育种誼等遂背約侵築買孤勝如二堡夏人即平盪之育等又欲以兵納趙醇忠及擅招其部人千餘朝廷郤而不受西邊騷然轍乞罷育誼別擇老將以守熙河宣仁后以為然大臣竟主育誼不

從轍又面奏人君與人臣事體不同人臣雖明見是非而力所不加須至且止人君於事不知則已知而不能行則事權去矣臣今言此蓋欲陛下收攬威柄以正君臣之分而已若專聽所謂不以漸制之及其太甚必加之罪不免逐去事至如此豈朝廷美事故臣欲保全大臣非欲害之也六年熙河奏夏人十萬騎壓通遠軍境挑掘所爭崖巉殺人三日而退乞因其退急移近裏堡砦於界乘利而往不須復守誠信下大臣會議轍曰當先定議欲用兵耶不用耶呂大防曰如合用兵亦不得不用轍曰凡用兵先論理之

曲直我若不直兵决不當用朝廷須與夏人議地界欲用慶曆舊例以彼此見今住處當中為直此理最簡直夏人不從朝廷遂不固執蓋朝廷臨事常患先易後難此所謂先易者也既而許於非所賜城砦依綏州例以二十里為界十里為堡鋪十里為草地要約纔定朝廷又要兩砦界首侵夏地一抹取直夏人見從又要夏界更留草地十里夏人亦許凡此所謂後難者也今欲於定西城與隴諾堡一抹取直所侵夏地凡百數十里隴諾祖宗舊疆豈所謂非所賜城砦耶此則不直致寇之大者也劉摯曰不用兵雖美

然事有須用兵者亦不可不用也轍奏曰夏兵十萬壓熙河境上不於他處專於所爭處殺人掘崖巉此意可見此非西人之罪皆朝廷不直之故熙河輒敢生事不守誠信臣欲詰責帥臣耳後屢因邊兵深入夏地宣仁后遂從轍議時三省除李清臣吏部尚書給事中范祖禹封還詔書且言姚勔亦言之三省復除蒲宗孟兵部尚書轍奏前除清臣給諫紛然爭之未定今又用宗孟恐不便宣仁后曰奈闕官何轍曰尚書闕官已數年何嘗闕事今日用此二人正與去年用鄧溫伯無異此三人者非有大惡但昔與王珪

蔡確韓並進意思與今日聖政不合見今尚書共闕四人若並用似此四人使黨類互進恐朝廷自是不安靜矣議遂止紹聖初哲宗起李清臣為中書舍人鄧潤甫為尚書左丞二人久在外不得志稍復言熙豐事以激怒哲宗意會廷試進士清臣撰策題即為邪說轍諫曰伏見御試策題歷詆近歲行事有紹復熙寧元豐之意臣謂先帝以天縱之才行大有為之志其所設施度越前古蓋有百世不可改者在位近二十年而終身不受尊號裁損宗室恩止袒免減朝廷無窮之費出賣坊場顧募衙前免民間破家之患

黜罷諸科誦數之學訓練諸將慵惰之兵置寄祿之官復六曹之舊嚴重祿之法禁交謁之私行淺攻之策以制西夏收六色之錢以寬雜役凡如此類皆先帝之睿算有利無害而元祐以來上下奉行未嘗失墜也至於其他事有失當何世無之父作之於前子救之於後前後相濟此則聖人之孝也漢武帝外事四征內興宮室財用匱竭於是修鹽鐵榷酤均輸之政民不堪命幾至大亂昭帝委任霍光罷去煩苛漢室乃定光武顯宗以察為明以讖決事上下恐懼人懷不安章帝即位深鑒其失代之以寬厚愷悌之政

後世稱焉本朝真宗右文偃武號稱太平而群臣因其極盛為天書之說章獻臨御攬大臣之議藏書梓宮以泯其迹及仁宗聽政絕口不言英宗自藩邸入繼大臣創濮廟之議及先帝嗣位或請復舉其事寢而不答遂以安靜夫以漢昭章之賢與吾仁宗神宗之聖豈其薄於孝敬而輕事變易也哉臣不勝區區願陛下反覆臣言慎勿輕事改易若輕變九年已行之事擢任累歲不用之人人懷私忿而以先帝為辭大事去矣哲宗覽奏以為引漢武方先朝不悅落職知汝州居數月元豐諸臣皆會於朝再責知袁州未至降朝議大夫試少府監分司南京筠州居住三年又責化州別駕雷州安置移循州徽宗即位徙永州岳州已而復太中大夫提舉鳳翔上清太平宮崇寧中蔡京當國又降朝請大夫罷祠居許州再復大中大夫致仕築室于許號潁濱遺老自作傳萬餘言不復與人相見終日默坐如是者幾十年政和二年卒年七十四追復端明殿學士淳熙中謚文定轍性沈靜簡潔為文汪洋澹泊似其為人不願人知之而秀傑之氣終不可掩其高處殆與兄軾相迫所著詩傳春秋傳古史老子解欒城文集並行於世三子遲适

遜族孫元老

元老字子廷幼孤力學長於春秋善屬文軾謫居海上數以書往來軾喜其為學有功轍亦愛獎之黃庭堅見而奇之曰此蘇氏之秀也舉進士調廣都簿歷漢州教授西京國子博士通判彭州政和間宰相喜開邊西南帥臣多啖誘近界諸族使納土分置郡縣以為功致茂州蠻叛帥司遂下令招降元老嘆曰威不足以服則恩不足以懷乃移書成都帥周燾曰此蠻跳梁山谷間伺間竊發彼之所長我之所短惟施黔兩州兵可與為敵若檄數千人使倍道往赴賢於

官軍十萬也其次以爲夔陝兵大集先以夔兵誘其前陝兵從其後不十日賊必破彼降而我受焉則威懷之道得今不討賊既招而還必復叛不免重用兵矣燾得書即召與計事元老又策茂有兩道正道自濕山趨長平絕嶺而上其路險以高間道自青崖關趨刀溪循江而行其路夷以徑當使正兵陣濕山而陰出奇兵擣刀溪與石泉并力合攻賊腹背受敵擒之必矣燾皆不能用竟得罪後帥至如元老策蠻勢蹙乃降除國子博士歷秘書正字將作少監比部考功員外郎尋除成都路轉運副使爲軍器監司農衛

尉太常少卿元老外和内勁不妄與人交從師成方用事自言爲軾外子因緣欲見之且求其文拒不荅言者遂論元老蘇軾從孫且爲元祐邪說其學術議論頗傚軾轍不宜在中朝罷爲提點明道宮元老歎曰昔顔子附驥尾而名顯吾今以家世坐累榮矣未幾卒年四十七有詩文行于時

論曰蘇轍論事精確修辭簡嚴未必劣於其兄王安石初議青苗轍數語柅之安石自是不復及此後非王廣廉傅會則此議息矣轍寡言鮮慾素有以得安石之敬心故能爾也若是者軾宜若不及然至論軾英邁之氣閎肆之文轍爲軾弟可謂難矣元祐秉政力斥章蔡不主調亭及議回河雇役與文彦博司馬光異同西邊之謀又與呂大防劉摯不合君子不黨於轍見之轍與兄進退出處無不相同患難之中友愛彌篤無少怨尤近古罕見獨其齒爵皆優於兄意者造物之所賦與亦有乘除於其間哉

列傳卷第九十八

開府儀同三司上柱國錄軍國重事前中書右丞相監修國史領經筵事都總裁臣脫脫等奉敕修

呂大防兄大忠 弟大鈞 大臨　劉摯

蘇頌

呂大防字微仲，其先汲郡人。祖通，太常博士。父蕡，比部郎中。通葬京兆藍田，遂家焉。大防進士及第，調馮翊主簿、永壽令。縣無井，遠汲於澗。大防行近境，得二泉，欲導而入縣，地勢高下，衆疑無成理。大防用考工水地置泉之法以準之，不旬日，果疏為渠，民賴之，號曰呂公泉。遷著作佐郎、知青城縣。故時，圭田粟入以大斗而出以公斗，獲利三倍，民雖病不敢訴。大防始均出納，以平其直。事轉聞，詔立法禁，命一路悉輸租于官，聚給之。青城外控汶川，與敵相接，大防據要置邏，密為之防，禁山之樵采，以嚴障蔽。韓絳鎮蜀，稱其有王佐才。入權鹽鐵判官。英宗即位，改太常博士。御史闕，內出大防與范純仁姓名，命為監察御史裏行。首言紀綱賞罰未厭四方之望者有五：進用大臣而權不歸上，大臣疲老而不得時退，外國驕蹇而不擇將帥，議論之臣裨益闕失而大臣沮之，疆場左右之

臣有敗事而被賞、舉職而獲罪者。又言富弼病足，請解機務，章十餘上而不納；張昪年幾八十，聰明已耗，哀乞骸骨而不從；吳奎有三年之喪，以其子召之者再，遣使召之者又再；程戡辭老不能守邊，恐死塞上，乞以尸柩還家為請，亦不許。陛下欲盡君臣之分，使病者得休，喪者得終，老者得盡其餘年，則進退盡禮，亦何必過為虛飾，使四人之誠不得自達邪？是歲，京師大水，大防曰：「雨水之患，至入宮城，廬舍殺人害物，此陰陽之沴也。」即陳八事，曰：主威不立，臣權太盛，邪議干正，私恩害公，遼夏連謀，盜賊恣行，群情失職，刑罰失平。會執政議濮王稱考，大防上言：「先帝起陛下為皇子，館於宮中，憑几之命，緒言在耳，皇天后土，實知所託。設使先帝萬壽，陛下猶為皇子，則安懿之稱伯，於理不疑，豈可生以為子，沒而背之哉？夫人君臨御之始，宜有至公大義厭服天下，以結其心。今大臣首欲加王以非正之號，使陛下顧私恩而違公義，非所以結天下之心也。」章累十數上，出知休寧縣。神宗立，通判淄州。熙寧元年，知泗州，為河北轉運副使。召直舍人院。韓絳宣撫陝西，命為判官，又兼河東宣撫判官，除知制誥。四年，知延州。大防始欲城河外荒堆砦，衆

謂不可守大防留戍兵修堡障有不從者斬以徇會環慶兵亂絳坐黜大防亦落知制誥以太常博士知臨江軍數月徙知華州華嶽摧自山屬渭河被害者衆大防奏疏援經質史以驗時事其略曰畏天之威于時保之先王所以興也我生不有命在天後王所以壞也書云惟先格王正厥事願仰承天威俯酌時變爲社稷至計除龍圖閣待制知秦州元豐初徙永興神宗以彗星求言大防陳三説九宜曰治本曰緩末曰納言養民教士重穀治本之宜三也治邊治兵緩末之宜二也廣受言之路寛侵官之罰恕誹謗之

罪容異同之論此納言之宜四也累數千言時用兵西夏調度百出有不便者輙上聞務在寛民及兵罷民力比他路爲饒供億軍須亦無乏絶進直學士居數年知成都府哲宗即位召爲翰林學士權開封府有僧誣民取財因訟至廷下驗治得情命抱具獄即其所杖之他挾姦者皆遁去館伴契丹使其使黠語頗及朝廷大防密擿其隱事詰之曰北朝試進士至心獨運賦不知此題於書何出使錯愕不能對自是不敢復出嫚詞遷吏部尚書夏使來詔訪以待遇之計且曰向者所得邊地雖建立城堡終慮孤絶難保

棄之則弱國守之又有後悔爲當柰何大防言夏本無能爲然屢遣使而不布誠款者蓋料我急於議和耳今使者到闕宜令押伴臣僚扣其不賀登極以觀厥意足以測情僞矣新收疆土議者多言可棄此慮之不熟也至於守禦之策惟擇將帥爲先太祖用姚内斌董遵誨守環慶西人不敢入侵昔以二州之力禦敵而有餘今以九州之大奉邊而不足由是言之在於得人而已元祐元年拜尚書右丞進中書侍郎封汲郡公西方息兵青唐羌以爲中國怯使大將鬼章青宜結犯邊大防命洮州諸將乘間致討生擒之

三年呂公著告老宣仁后欲留之京師手札密訪至于四五超拜大防尚書左僕射兼門下侍郎提舉修神宗實録大防見哲宗年益壯日以進學爲急請敦講讀官取仁宗邇英御書解釋上之寘于坐右又摭乾興以來四十一事足以爲勸戒者分上下篇標曰仁祖聖學使人主有欣慕不足之意哲宗御邇英閣召宰執講讀官讀寶訓至漢武帝籍南山提封爲上林苑仁宗曰山澤之利當與衆共之何用此也丁度曰臣事陛下二十年每奉德音未始不及於憂勤此蓋祖宗家法爾大防因推廣祖宗家法以進曰自三

代以後唯本朝百二十年中外無事蓋由祖宗所立家法最善臣請舉其畧自古人主事母后朝見有時如漢武帝五日一朝長樂宮祖宗以來事母后皆朝夕見此事親之法也前代大長公主用臣妾之禮本朝必先致恭仁宗以姪事姑之禮見獻穆大長公主此事長之法也前代宮闈多不肅宮人或與廷臣相見唐入閤圖有昭容位本朝宮禁嚴密內外整肅此治內之法也前代外戚多預政事常致敗亂本朝母后之族皆不預此待外戚之法也前代宮室多尚華侈本朝宮殿止用赤白此尚儉之法也前代人君雖

在宮禁出輿入輦祖宗皆步自內庭出御後殿豈乏人力哉亦欲涉歷廣庭稍冒寒暑此勤身之法也前代人主在禁中冠服苟簡祖宗以來燕居必以禮竊聞陛下昨郊禮畢具禮謝太皇太后此尚禮之法也前代多深於用刑大者誅戮小者遠竄惟本朝用法最輕臣下有罪止於罷黜此寬仁之法也至於虛己納諫不好畋獵不尚玩好不用玉器不貴異味此皆祖宗家法所以致太平者陛下不須遠法前代但盡行家法足以為天下哲宗甚然之大防朴厚惷直不植黨朋與范純仁並位同心戮力以相王室立朝挺

挺進退百官不可干以私不市恩嫁怨以邀聲譽凡八年始終如一懇乞避位宣仁后曰上方富於春秋公未可即去少須歲月吾亦就東朝矣未果而后崩為山陵使復命以觀文殿大學士左光祿大夫知潁昌府尋改永興軍使便其鄉社入辭哲宗勞慰甚渥曰卿暫歸故鄉行即召矣未幾左正言上官均論其隳壞役法右正言張商英御史周秩劉拯相繼攻之奪學士知隨州貶秘書監分司南京居郢州言者又以修神宗實錄直書其事為誣詆徙安州兄大忠自渭入對哲宗詢大防安否且曰執政欲遷諸嶺南朕

獨令處安陸為朕寄聲問之大防朴直為人所賣三二年可復相見也大忠泄其語於章惇惇懼繩之愈力紹聖四年遂貶舒州團練副使安置循州至虔州信豐而病語其子景山曰吾不復南矣吾死汝歸呂氏尚有遺種遂薨年七十一大忠請歸葬許之大防身長七尺眉目秀發聲音如鐘自少持重無嗜好過市不左右游目燕居如對賓客每朝會威儀翼如神宗常目送之與大忠及弟大臨同居相切磋論道考禮冠昏喪祭一本於古關中言禮學者推呂氏嘗為鄉約曰凡同約者德業相勸過失相規禮俗相交患

難相卹有善則書于籍有過若違約者亦書之三犯而行罰不悛者絶之徽宗即位復其官高宗紹興初又復大學士贈太師宣國公諡曰正愍

大忠字進伯登第爲華陰尉晉城令韓絳宣撫陜西以大忠提舉永興路義勇改秘書丞檢詳樞密院吏兵房文字令條義勇利害大忠言養兵猥衆國用日屈漢之屯田唐之府兵善法也弓箭手近於屯田義勇近於府兵擇用一焉兵屯可省矣爲參定國軍判官熙寧中王安石議遣使諸道立緣邊封溝大忠與范育被命俱辭行大忠陳五不可以爲懷撫外國

恩信不洽必致生患罷不遣令與劉忱使契丹議代北地會遭父喪起復知代州契丹使蕭素梁穎至代設次據主席大忠與之爭乃移次於長城北換西上閤門使知石州大忠數與素穎會凡議屢以理折之素穎稍屈已而復使蕭禧來求代北地神宗召執政與大忠忱議將從其請大忠曰彼遣一使來即與地五百里若使魏王英弼來求關南則何如神宗曰卿是何言也對曰陛下既以臣言爲不然恐不可啓其漸忱曰大忠之言社稷大計願陛下熟思之執政知不可奪議卒不決罷忱還三司大忠亦終喪制其後

竟以分水嶺爲界焉元豐中爲河北轉運判官言古者理財視天下猶一家朝廷者家外計者兄弟居雖異而財無不同今有司惟知出納之名有餘不足未嘗以實告上故有餘則取之不足莫之與甚大患也乃上生財養民十二事徙提點淮西刑獄時河決飛蝗爲災大忠入對極論之詔歸故官元祐初歷工部郎中陜西轉運副使知陜州以直龍圖閣知秦州進寶文閣待制夏人自犯麟府環慶後遂絶歲賜欲遣使謝罪神宗將許之大忠言夏人彊則縱困則服今陽爲恭順實懼討伐宜且命邊臣詰其所以來之辭若惟

請是從彼將有以窺我矣時郡耀民粟豪家因之制操縱之柄大忠選僚寀自旦入倉雖斗升亦受不使有所壅閼民喜爭運粟于倉負錢而去得百餘萬斛馬涓以進士舉首入幕府自稱狀元大忠謂曰狀元云者及第未除官之稱也既爲判官則不可今科舉之習既無用修身爲己之學不可不勉又教以臨政治民之要涓自以爲得師焉謝良佐教授州學大忠每過之聽講論語必正襟斂容曰聖人言行在焉吾不敢不肅嘗獻言夏人戍守之外戰士不過十萬吾三路之衆足以當之矣彼屢犯王略一不與校臣竊

羞之紹聖二年加寶文閣直學士知渭州付以秦渭之事奏言關陝民力未裕士氣沮喪非假之歲月未易枝梧因請以職事對大抵欲以計徐取橫山自汝遮殘井迤邐進築不求近功既而鍾傳城安西王文郁亦用事章惇曾布主之大忠議不合又乞以所進職爲大防量移惇布陳其所言與元祐時異徙知同州旋降待制致仕卒詔復學士官佐其葬

大鈞字和叔父蕡六子其五登科大鈞第三子也中乙科調秦州右司理參軍監延州折博務改光祿寺丞知三原縣請代蕡入蜀移巴西縣蕡致仕大鈞亦移

疾不行韓縝宣撫陝西河東辟書寫機宜文字府罷移知候官縣故相曾公亮鎮京兆薦知涇陽縣皆不赴丁外艱家居講道數年起爲諸王宮教授求監鳳翔船務制改宣義郎會伐西夏鄜延轉運司檄爲從事既出塞轉運使李稷餽餉不繼欲還安定取粮使大鈞請於种諤諤曰吾受命將兵安知粮道萬一不繼召稷來與一劍耳大鈞性剛直即曰朝廷出師去塞未遠遂斬轉運使無君父乎諤意折彊謂大鈞曰君欲以此報稷先稷受禍矣大鈞怒曰公將以此言見恐邪吾委身事主死無所辭正恐公過耳諤見其

直乃好謂曰子乃爾邪今聽汝矣始許稷還是時微大鈞盛氣誚諤稷且不免未幾道得疾卒年五十二大鈞從張載學能守其師說而踐履之居父喪衰麻葬祭一本於禮後乃行於冠昏膳飲慶弔之間節文粲然可觀關中化之尤喜講明井田兵制謂治道必自此始悉撰次爲圖籍可見於用雖皆本於載而能自信力行載每歎其勇爲不可及

大臨字與叔學于程頤與謝良佐游酢楊時在程門號四先生通六經尤邃於禮每欲掇習三代遺文舊制令可行不爲空言以拂世駭俗其論選舉曰古之

長育人才者以士衆多爲樂今之主選舉者以多爲患古以禮聘士常恐士之不至今以法待士常恐士之競進古今豈有異哉蓋未之思爾夫爲國之要不過得人以治其事如爲治必欲得人惟恐人才之不足而何患於多如治事皆任其責惟恐士之不至不憂其競進也今取人而用不問其可任何事任人以事不問其才之所堪故入流之路不勝其多然爲官擇士則常患乏才待次之吏歷歲不調然考其職事則常患不治是所謂名實不稱本末交戾如此而欲得人而事治未之有也今欲立士規以養德厲行更

學制以量才進藝定試法以區別能否修辟法以興能備用嚴舉法以覈實得人制考法以責任考功庶幾可以漸復古矣富弼致政于家爲佛氏之學大臨與之書曰古者三公無職事惟有德者居之内則論道于朝外則主教于鄉古之大人當是任者必將以斯道覺斯民成己以成物豈以爵位進退體力盛衰爲之變哉今大道未明人趨異學不入于莊則入于釋疑聖人爲未盡善輕禮義爲不足學人倫不明萬物憔悴此老成大人惻隱存心之時以道自任振起壞俗在公之力宜無難矣若夫移精變氣務求長年此山谷避世之士獨善其身者之所好豈世之所以望於公者哉弼謝之元祐中爲太學博士遷秘書省正字范祖禹薦其好學修身如古人可備勸學未及用而卒

劉摯字莘老永靜東光人兒時父居正課以書朝夕不少間或謂君止一子獨不可少寬邪居正曰正以一子不可縱也十歲而孤鞠於外氏就學東平因家焉嘉祐中擢甲科歷冀州南宮令縣比不得人俗化凋敝其賦甚重輸絹匹折稅錢五百綿兩折錢三十民多破産摯援例旁郡條請裁以中價轉運使怒將

劾之摯固請曰獨一州六邑被此苦決非法意但朝廷不知耳遂告於朝三司使包拯奏從其議自是絹爲錢千三百綿七十有六民歡呼至泣下曰劉長官活我是時摯與信都令李沖清河令黄莘皆以治行聞人稱爲河朔三令徙江陵觀察推官用韓琦薦得館閣校勘王安石一見器異之擢檢正中書禮房默默非所好也才月餘爲監察御史裏行欣然就職歸語家人曰趣裝毋爲安居計未及陛對即奏論亳州獄起正小人意在傾富弼以市進今弼已得罪顧少寬之又言程昉開漳河調發猝迫人不堪命趙子幾擅升畿縣等使納役錢縣民日數千人遮訴宰相京師喧然何以示四方張靚王廷老擅增兩浙役錢督賦嚴急人情嗟怨此皆欲以羨餘希賞顧行顯責明朝廷本無聚斂之意及入見神宗面賜褒諭因問卿從學王安石邪安石極稱卿器識對曰臣東北人少孤獨學不識安石也退而上疏曰君子小人之分在義利而已小人才非不足用特心之所向不在乎義故希賞之志每在事先奉公之心每在私後陛下有勸農之意今變而爲煩擾陛下有均役之意今倚以爲聚斂其有愛君之心憂國之言者皆無以容於其

間令天下有喜於敢為有樂於無事彼以此為流俗此以彼為亂常畏義者以進取為可恥嗜利者以守道為無能此風浸成漢唐黨禍必起矣惟君子為能通天下之志臣願陛下虛心平聽審察好惡前日意以為是者今更察其非前日意以為短者今更用其長稍抑虛譁輕偽志近忘遠幸於苟合之人漸察忠厚慎重難進易退可與有為之士收過與不及之俗使會於大中之道則施設變化惟陛下號令之而已又論率錢助役官自雇人有十害其略曰天下州縣户役虛實重輕不同今等以為率則非一法所能齊

隨其所宜各自立法則紛擾散殊何以統率一也新法謂版籍不實故令別立等第且舊籍既不可信今何以得其無失不獨擾擾生事患將使富輸少貧輸多二也天下上户少中户多上户役數而重故以助錢為幸中户役簡而輕下户役所不及今槩使輸錢則為不幸三也有司欲多得雇錢而患上户之寡故不用舊籍臨時升降使民何以堪命四也歲有豐凶而役人有定數助錢不可闕非若稅賦有倚閣減放之期五也穀麥布帛歲有所出而助法必輸見錢六也二稅科買色目已多又槩率錢以竭其所有斯民

無有悅而願為農者户口當日耗失七也僥倖者又將緣法生姦如近日兩浙倍科錢數自以為功八也差法近者十餘年遠或二十年乃一充役民安習之久矣今官自雇人直重則民不堪輕則人不願不免以力毆之就役九也且役人必用鄉户家有常產則必知自愛性既愚實則罕有盜欺今一切雇募但得輕猾浮偽之人巧詐相資何所不至十也會御史中丞楊繪亦言其非安石使張璪作十難以詰之璪辭不為司農曾布請為之既作十難且劾摯繪欺誕懷向背詔問狀繪懼謝罪摯奮曰為人臣豈可壓於權

勢使天子不知利害之實即條對所難以伸其說且曰臣待罪言責采士民之說以聞於上職也今有司遽令分析是使之較是非爭勝負交口相直無乃辱陛下耳目之任哉所謂向背則臣所向者義所背者利所向者君父所背者權臣願以臣章并司農奏宣示百官考定當否如臣言有取幸早施行若稍涉欺罔甘就竄逐不報摯明日復上疏曰陛下起居言動躬蹈德禮夙夜厲精以親庶政天下未至於安且治者誰致之耶陛下注意以望太平而自以太平為已任得君專政者是也二三年間開闔動搖舉天下無

一物得安其所者蓋自青苗之議起而天下始有聚
歛之疑青苗之議未允而均輸之法行均輸之法方
擾而邊鄙之謀動邊鄙之禍未艾而助役之事興至
於求水利行淤田併州縣興事起新難以徧舉其議
財則市井屠販之人皆召至政事堂其征利則下至
歷日而官自鬻之推此而往不可究言輕用名器淆
混賢否忠厚老成者擯之爲無能狹少儇辯者取之
爲可用守道憂國者謂之流俗敗常害民者謂之通
變凡政府謀議經畫除用進退獨與一掾屬決之然
後落筆同列預聞反在其後故奔走乞丐之人其門

如市令西夏之款未入反側之兵未安三邊瘡痍流
潰未定河北大旱諸路大水民勞財乏縣官減耗聖
上憂勤念治之時而政事如此皆大臣誤陛下而大
臣所用者誤大臣也疏奏安石欲竄之嶺外神宗不
聽但謫監衡州鹽倉繪出知鄭州琥亦落職摯乞詣
鄆遷葬然後奔赴貶所許之先是倉吏與綱兵姦利
相市鹽中雜以僞惡遠人未嘗食善鹽摯悉意核視
且儲其羨以爲賞弊減什七父老目爲學士鹽久之
簽書南京判官會司農新令盡斥賣天下祠廟依坊
場河渡法收淨利南京閼伯廟歲錢四十六貫微子

廟十三貫摯歎曰一至於此往見留守張方平曰獨
不能爲朝廷言之耶方平瞿然托摯爲奏曰閼伯遷
商丘主祀大火火爲國家盛德所乘歷世尊爲大祀
微子宋始封之君開國此地本朝受命建號所因又
有雙廟者唐張巡許遠孤城死賊能捍大患今若令
承買小人規利冗褻瀆慢何所不爲歲收微細實損
大體欲望留此三廟以慰邦人崇奉之意從之又見
方平傳入同知太常禮院元豐初改集賢校理知大
宗正寺丞爲開封府推官神宗開天章閣議新官制
除至禮部郎中曰此南宮舍人非他曹比無出劉摯

者即命之俄遷右司郎中初宰掾每於執政分廳時
請間白事多持兩端伺意指摯始請以公禮聚見共
決可否或不便摯所請坐以開封不置曆事罷歸明
年起知滑州哲宗即位宣仁后同聽政召爲吏部郎
中改秘書少監擢侍御史上疏曰昔者周成王幼沖
踐祚師保之臣周公太公其人也仁宗皇帝盛年嗣
服用李維晏殊爲侍讀孫奭馮元爲侍講聽斷之暇
召使入侍陛下春秋鼎盛在所資養願選忠信孝悌
惇茂老成之人以充勸講進讀之任便殿燕坐時賜
延對執經誦說以廣睿智仰副善繼求治之志他日

講筵進讀至仁宗不避庚戌臨奠張士遜侍讀曰國朝故事多避國音國朝角音木也故畏庚辛哲宗問果當避否摯進曰陰陽拘忌聖人不取如正月祈穀必用上辛此豈可改也漢章帝以反支日受章奏唐太宗以辰日哭張公謹仁宗不避庚戌日皆陛下所宜取法哲宗然之摯又言諫官御史員缺未補監察雖滿六員專以察治官司公事而不預言責臣請增補臺諫並許言事時蔡確章惇在政地與司馬光不相能摯因久旱上言洪範庶徵肅時雨若五行傳政緩則冬旱今廟堂大臣情志乖暌議政之際依違排

狠語播於外可謂不肅政令二三舒緩不振比日日青無光風霾昏曀上天警告皆非小變願進忠良通壅塞以荅天戒蔡確爲山陵使神宗靈駕發引前夕不入宿摯劾之不報及使回既朝即視事摯又奏確不引咎自劾無何確上表自陳嘗請收拔當世之耆艾以陪輔王室獨省有司之煩碎以慰安民心摯謂使確誠有是請不言於先朝爲不忠之罪言於今日爲取容之計誠無是請則欺君莫大於此又疏確過惡大略有十論章惇凶悍輕侻無大臣體皆罷去初神宗更新學制養士以千數有司立爲約束過於煩

密摯上疏曰學校爲育材首善之地教化所從出非行法之所雖群居衆聚帥而齊之不可無法亦有禮義存焉先帝體道制法超漢軼唐養士之盛比隆三代然而比以太學屢起獄訟有司緣此造爲法禁煩苛愈於治獄條目多於防盜上下疑貳以求苟免甚可怪者博士諸生禁不相見教諭無所施質問無所從月巡所隸之齋而已齋舍既不一隨經分隸則又易博士兼巡禮齋詩博士兼巡書齋所至備禮請問相與揖諾亦或不交一言而退以防私請以杜賄賂學校如此豈先帝所以造士之意哉治天下者遇人

以君子長者之道則下必有君子長者之行而應乎上若以小人犬彘遇之彼將以小人犬彘自爲而況以此行於學校之間乎願罷其制又請雜用經義詩賦取士復賢良方正科罷常平免役引朱光庭王嚴叟爲言官執憲數月正色彈劾多所貶黜百僚敬憚時人以比包拯呂晦元祐元年擢御史中丞摯上疏曰上之所好下必有甚朝廷意在總覈下必有刻薄之行朝廷務在寬大下必有苟簡之事習俗懷利迎意趨和所爲近似而非上之意本然也今因革之政本殊而觀望之俗故在昨差役初行監司已有迎合爭先

不校利害一槩定差一路爲之騷動者朝廷察其如此固已黜之矣以是觀之大約類此向來黜責數人者皆以非法掊克市進害民然非欲使之漫不省事昧者不達矯枉過正顧可不爲之禁哉請立監司考績之制拜尚書右丞遷左丞中書侍郎遷門下侍郎胡宗愈除右丞諫議大夫王覿疏其非是宣仁后怒將加深譴摯開救甚力簾中厲聲曰若有人以門下侍郎爲姦邪甘受之否摯曰陛下審察毀譽每如此天下幸甚然願顧大體宗愈進用自有公議必致貶諫官而後進恐宗愈亦所未安宣仁后意解覿得

補郡去摯與同列奏事論人才摯曰人才難得能否不一性忠實而才識有餘上也才識不逮而忠實有餘次也有才而難保可藉以集事又其次也懷邪觀望隨時勢改變此小人也終不可用哲宗及宣仁后曰卿常能如此用人國家何憂六年拜尚書右僕射摯性陗直有氣節通達明銳觸機輒發不爲利怵威誘自初輔政至爲相修嚴憲法辨白邪正專以人物處心孤立一意不受謁請子弟親戚入官皆令赴銓部以格調選未嘗以干朝廷與呂大防同位國家大事多決於大防惟進退士大夫實執其柄然持心少

恕勇於去惡竟爲朋讒奇中先是邢恕謫官永州以書抵處摯故與恕善答其書有永州佳處第往以俟休復之語排岸官茹東濟傾險人也有求於摯不得見其書陰録以示御史中丞鄭雍侍御史楊畏二人方交章擊摯遂箋釋其語上之曰休復者語出周易以俟休復者俟他日太皇太后復子明辟也又章惇諸子故與摯之子游摯亦間與之接雍畏謂延見接納爲牢籠之計以冀後福宣仁后於是面喻摯曰言者謂卿交通匪人爲異日地卿當一心王室若章惇者雖以宰相處之未必樂也摯皇懼退上章自辨執

政亦爲之言宣仁后曰垂簾之初摯排斥姦邪實爲忠直但此二事非所當爲也以觀文殿學士罷知鄆州給事中朱光庭駁云摯忠義自奮朝廷擢之大位一旦以疑而罷天下不見其過光庭亦罷七年徙大名又爲雍等所遏徙知青州紹聖初來之邵周秩論摯變法棄地罪奪職知黄州再貶光禄卿分司南京蘄州居住將行語諸子曰上用章惇吾且得罪若惇顧國事不遷怒百姓但責吾曹死無所恨正慮意在報復法令益峻柰天下何憂形於色無一言及遷謫意四年陷邢恕之謗貶鼎州團練副使新州安置惟

一子從家人涕泣願侍皆不聽至數月以疾卒年六十八初摯與呂大防爲相文及甫居喪在洛怨望服除恐不得京官抵書邢恕曰改月遂除入朝之計未可必當塗猜怨於鷹揚者益深其徒實繁司馬昭之心路人所知也濟之以粉昆必欲以眇躬爲甘心快意之地可爲寒心其謂司馬昭者指呂大防獨當國久粉昆者世以駙馬都尉爲粉侯韓嘉彥尚主以兄忠彥爲粉昆也恕以書示蔡碩蔡渭渭上書訟摯及大防等十餘人陷其父確謀危宗社引及甫書爲證時章惇蔡卞誣造元祐諸人事不已因是欲殺摯及

梁燾王巖叟等以爲摯有廢立之意遂起同文館獄用蔡京安惇雜治逮問及甫及甫元祐末■德大防除權侍郎又忠彥雖罷哲宗眷之未衰乃託其亡父嘗說司馬昭指劉摯粉謂王巖叟面白如粉昆謂梁燾字況之況猶兄也又問實狀但云疑其事勢如此會摯卒京奏不及考驗遂免其子官與家屬徙英州凡三年死於瘴者十人徽宗立詔反其家屬用子跂請得歸葬跂又伏闕訴及甫之誣遂貶及甫并渭於湖外復摯中大夫蔡京爲相降朝散大夫後又復觀文殿大學士太中大夫紹興初贈少師謚曰忠肅摯

嗜書自幼至老未嘗釋卷家藏書多自讎校得善本或手抄録孜孜無倦少好禮學其究三禮視諸經尤粹晚好春秋考諸儒異同辨其得失通聖人經意爲多其教子孫先行實後文藝每曰士當以器識爲先一號爲文人無足觀矣跂能爲文章遭黨事爲官拓落家居避禍以壽終

蘇頌字子容泉州南安人父紳葬潤州丹陽因徙居之第進士歷宿州觀察推官知江寧縣時建業承李氏後稅賦圖籍一皆無藝每發歛高下出吏手頌因治訊他事互問民鄉里丁産識其詳及定戶籍民或

自占不悉頌警之曰汝有某丁某産何不言民駭懼皆不敢隱遂刻剔夙蠹成賦一邑簡而易行諸令視以爲法至領其民拜庭下以謝凡民有忿爭頌喻以鄉黨宜相親善若以小忿而失歡心一旦緩急將何賴焉民往往謝去或半途思其言而止時監司王鼎王綽楊紘於部吏少許可及觀頌施設則曰非吾所及也調南京留守推官留守歐陽脩委以政曰子容處事精審一經閱覽則脩不復省矣時杜衍老居睢陽見頌深器之曰如君真所謂不可得而親疏者衍又自謂平生人罕見其用心處遂自小官以至爲侍

從宰相所以施設出處悉以語頌曰以子相知且知子異日必爲此官老夫非以自矜也故頌後歷政略似衍云皇祐五年召試館閣校勘同知太常禮院至和中文彦博爲相請建家廟事下太常頌議以爲禮大夫士有田則祭無田則薦是有土者乃爲廟祭也有田則有爵無土無爵則子孫無以繼承宗祀是有廟者止於其躬子孫無爵祭乃廢也若參合古今之制依約封爵之令爲之等差錫以土田然後廟制可議若猶未也即請考案唐賢寢堂祠饗儀止用燕器常食而已嘉祐中詔禮院議立故郭皇后神御殿于

景靈宮頌謂敕書云向因忿懟偶失謙恭此則無可廢之事又云朕念其自歷長秋僅周一紀逮事先后祗奉寢園此則有不當廢之悔又云可追復皇后其祔廟謚册並停此則有合祔廟及謚册之義請祔郭皇后於后廟以成追復之道衆論未定宰相曾公亮問曰郭后上元妃若祔廟則事體重矣頌曰國朝三聖賀尹潘皆元妃事體正相類今止祔后廟則豈得有同異之言公亮曰議者以謂陰逼母后是恐萬歲後配祔之意頌曰若加一懷愍之謚則不爲逼矣公亮歎重遷集賢校理編定書籍頌在館下九年奉祖母

及母養姑姊妹與外族數十人甘旨融怡皆嫁以時妻子衣食常不給而處之晏如富弼嘗稱頌爲古君子及與韓琦爲相同表其廉退以知潁州通判趙至忠本邊徼降者所至與守競頌待之以禮具盡誠意至忠感泣曰身雖夷人然見義則服平生誠服者唯公與韓魏公耳仁宗崩建山陵有司以不時難得之物厲諸郡頌曰遺詔務從儉約豈有土不産而可強賦乎量其有無事亦隨集英宗即位召提點開封府界諸縣鎮公事頌言周制六軍出於六鄉在三畿四郊之地唐設十二衛亦散布畿內郡縣又以關內諸

府分隸之皆所以臨制四方爲國藩衞國朝禁兵多屯京師及畿內東南諸縣雖饋運爲使而西邊武備殊闕今中牟長垣都門要衝二邑驛置皆由此而舊不屯兵閒無防守請置營益兵以備非常明年飢民果乘虛犯長垣戕官吏如頌慮頌又請以獲盜多寡爲縣令殿最法以謂巡檢縣尉但能捕盜而不能使人不爲盜能使其不爲盜者縣令也且民罹剽劫之害而長官不任其責可乎遷度支判官送契丹使宿恩州驛舍火左右請出避頌不動州兵欲入救閉門不納徐使防卒撲滅之初火時郡人洶洶唱使者有

變赦兵亦欲因而生事賴頌安靜而止遂聞京師神宗疑焉頌使還入奏稱善久之命為淮南轉運使召起居注擢知制誥知通進銀臺司知審刑院特知金州張仲宣坐枉法贓罪至死法官援李希輔例杖脊黥配海島頌奏曰希輔仲宣均為枉法情有輕重希輔知台受賕數百千額外度僧仲宣所部金坑發檢巡檢體究其利甚微土人憚興作以金八兩屬仲容不差官比校止係違令可比恐喝條視希輔有間矣神宗曰免杖而黥之可乎頌曰古者刑不上大夫仲宣官五品今貸死而黥之使與徒隸為伍雖其人無可矜所重者汙辱衣冠耳遂免杖黥流海外遂為定

法又言提舉青苗官不能體朝廷之意邀功爭利務為煩擾且與諸司不相臨統文移同異州縣莫知適從乞與常平免役一切付之監司改提舉為之屬則事有統一而於更張之政無所損也不從大臣薦秀州判官李定召見擢太子中允除監察御史裏行宋敏求知制誥封還詞頭復下頌當制頌奏祖宗朝天下初定故不起孤遠而登顯要者真宗以來雖有幽人異行亦不至超越資品今定不由銓考擢授朝列不緣御史薦寘憲臺雖朝廷急於用才度越常格然隳

紊法制所益者小所損者大未敢具草次至李大臨亦封還神宗曰去年詔臺官有闕委御史臺奏舉不拘官職高下頌與大臨對曰從前臺官於太常博士以上中行員外郎以下舉充後為難得資敘相當故朝廷特開此制止是不限博士員郎非謂選人亦許奏舉若不拘官職高下并選人在其間則是秀州判官亦可為裏行不必更改中允也今定改京官已是優恩更處之憲臺先朝以來未有此比倖門一啓則士塗奔競之人希望不次之擢朝廷名器有限焉得人人蒲其意哉執奏不已於是並落知制誥歸工部

郎中班天下謂頌及敏求大臨為三舍人歲餘知婺州方泝桐廬江水暴迅舟橫欲覆母在舟中幾溺矣頌哀號赴水救之舟忽自正母甫及岸舟乃覆人以為純孝所感徙亳州有豪婦罪當杖而病每旬檢之未愈譙薄鄧元孚謂頌子曰尊公高明以政稱豈可為一婦所紿但諭醫如法檢自不誣矣頌曰萬事付公議何容心焉若言語輕重則人有觀望或致有悔既而婦死元孚懟曰我輩狹小豈可測公之用心也加集賢院學士知應天府呂惠卿嘗語人曰子容吾鄉里先進苟一詣我執政可得也頌聞之笑而不應

凡更三赦大臨還侍從頌纔授秘書監知通進銀臺司吳越饑選知杭州一日出遇百餘人哀訴曰某以轉運司責逋市易緡錢夜囚晝繫雖死無以償頌曰吾釋汝使汝營生奉衣食之餘悉以償官期以歲月而足可乎皆謝不敢負果如期而足頌宴客有美堂或告將兵欲亂頌密使捕渠領十輩荷校付獄中迨夕會散坐客不知也及修兩朝正史轉右諫議大夫使契丹遇冬至其國曆後宋曆一日北人問孰爲是頌曰曆家筭術小異遲速不同如亥時節氣交猶是今夕若踰數刻則屬子時爲明日矣或先或後各從

其曆可也北人以爲然使還以奏神宗嘉曰朕嘗思之此最難處卿所對殊善因問其山川人情向背對曰彼講和日久頗竊中國典章禮義以維持其政上下相安未有離貳之意昔漢武帝自謂高皇帝遺朕平城之憂雖久勤征討而匈奴終不服至宣帝呼韓單于稽首稱藩唐自中葉以後河湟陷于吐蕃憲宗每讀貞觀政要慨然有收復意至宣宗時乃以三關七州歸于有司由此觀之外國之叛服不常不繫中國之盛衰也頌意蓋有所諷神宗然之元豐初權知開封府頗嚴鞭朴謂京師浩穰須彈壓當以柱後惠

文治之非亳潁卧治之比有僧犯法事連祥符令李純頌置不治御史舒亶糾其故縱貶秘書監知濠州初頌在開封國子博士陳世儒妻李惡世儒庶母欲其死語群婢曰博士一日持喪當厚餉汝輩既而母爲婢所殺開封治獄法吏謂李不明言使殺姑法不至死或譖頌欲寬世儒夫婦帝召頌曰此人倫大惡當窮竟對曰事在有司臣固不敢言寬亦不敢諭之使重獄久不決至是移之大理意頌前決請求移御史臺逮頌對御史曰公速自言毋重困辱頌曰誣人死不可爲已若自誣以獲罪何傷乎即手書數百言

伏其咎帝覽奏牘以爲疑反覆究實乃大理丞賈種民增減其文傳致也由是事得白同列猶以嘗因人語及世儒帷薄事頌應曰然以是爲泄獄情罷郡未幾知河陽改知滄州入辭帝曰朕知卿久然每欲用輒爲事奪命也夫卿直道久而自明頌頓首謝召判尚書吏部兼詳定官制唐制吏部主文選兵部主武選神宗謂三代兩漢本無文武之別議者不知所處頌言唐制吏部有三銓之法分品秩而掌選事今欲文武一歸吏部則宜分左右曹掌之每選更以品秩分治於是吏部始有四選法因陛對神宗謂頌曰欲

脩一書非卿不可契丹通好八十餘年盟誓聘使禮
幣儀式皆無所考據但患脩書者遷延不早成耳然
以卿度此書何時可就頌曰須一二年曰果然非卿
不能如是之敏也及書成帝讀序引喜曰正類序卦
之文賜名魯衛信錄帝嘗問宗子主祭承重之義頌
對曰古者貴賤不同禮諸侯大夫世有爵祿故有大
宗小宗主祭承重之義則喪服從而異制匹士庶人亦
何預焉近代不世爵宗廟因而不立尊卑亦無所統其
長子孫與衆子孫無以異也今五服敕嫡孫為祖父為
長子猶斬衰三年生而情禮則一死而喪服獨異恐非

先王制禮之本意世俗之論乃以三年之喪為承重
不知為承大宗之重也臣聞慶曆中朝廷議百僚應
任子者長子與長孫差優與官餘皆降殺亦近古立
宗之法乞詔禮官博士參議禮律合承重者酌古今
收族主祭之禮立為宗子繼祖者以異於衆子孫之
法士庶人不當同用一律使人知尊祖不遠禮教也
除吏部侍郎遷光祿大夫遭母喪帝遣中貴人唁勞
賜白金千兩元祐初拜刑部尚書遷吏部兼侍讀奏
國朝典章沿襲唐舊乞詔史官采新舊唐書中君臣
所行日進數事以備聖覽遂詔經筵官遇非講讀日

進漢唐故事二條頌每進可為規戒有補時事者必
述己意反復言之又謂人主聰明不可有所嚮有則
偏偏則為患大矣今守成之際應之以無心則無不
治每進讀至弭兵息民必援引古今以動人主之意
既又請別製渾儀因命頌提舉頌既邃於律曆以吏
部令史韓公廉曉算術有巧思奏用之授以古法為
臺三層上設渾儀中設渾象下設司辰貫以一機激
水轉輪不假人力時至刻臨則司辰出告星辰躔度
所次占候則驗不差晷刻晝夜晦明皆可推見前此
未有也頌前後掌四選五年每選人改官吏求垢瑕

故為稽滯頌敕吏曰某官緣某事當會某處仍引合
用條格具委無漏落狀同上自是吏不得逞每訴者
至必取按牘使自省閱訴者服乃退其不服頌必往
復詰難度可行行之苟有疑則為奏請或建白都堂
故選官多感德其不得所欲者亦心服而去遷翰林
學士承旨五年擢尚書左丞嘗行樞密事邊帥遣种
朴入奏得諜言阿里骨已死國人未知所立契丹官
趙純忠者謹信可任願乘其未定以勁兵數千擁純
忠入其國立之衆議如其請頌曰事未可知其越境
立君使彼拒而不納得無損威重乎徐觀其變俟其

定而撫輯之未晚也已而阿里骨果無恙七年拜右僕射兼中書門下侍郎頌爲相務在奉行故事使百官守法遵職量能授任杜絶僥倖之原深戒疆埸之臣邀功生事論議有未安者毅然力爭之賈易除知蘇州頌言易在御史名敢言既爲監司矣今因赦令反下遷爲州不可爭論未決諫官楊畏來之邵謂稽留詔命頌遂上章辭位罷爲觀文殿大學士集禧觀使繼出知揚州徙河南辭不行告老以中太一宮使居京口紹聖四年拜太子少師致仕方頌執政時見哲宗年幼諸臣太紛紜常曰君長誰任其咎耶每大

臣奏事但取決於宣仁后哲宗有言或無對者惟頌奏宣仁后必再稟哲宗有宣諭必告諸臣以聽聖語及貶元祐故臣御史周秩劾頌哲宗曰頌知君臣之義無輕議此老徽宗立進太子太保爵累趙郡公建中靖國元年夏至自草遺表明日卒年八十二詔輟視朝二日贈司空頌器局閎遠不與人校短長以禮法自持雖貴奉養如寒士自書契以來經史九流百家之說至於圖緯律呂星官筭法山經本草無所不通尤明典故喜爲人言亹亹不絶朝廷有所制作必就而正焉甞議學校欲博士分經課試諸生以行藝

爲升俊之路議貢舉欲先行實而後文藝去封彌謄録之法使有司參考其素行之自州縣始庶幾復鄉貢里選之遺範論者韙之

論曰大防重厚摯骨鯁頌有德量三人者皆相於母后垂簾聽政之秋而能使元祐之治比隆嘉祐其功豈易致哉大防疏宋家法八事言非溢美是爲萬世矜式摯正邪之辨甚嚴終以直道慍於群小遂與大防並死於貶士論寃之頌獨巋然高年未甞爲姦邪所汙世稱其明哲保身然觀其論知州張仲宣受金事犯顏辨其情罪重輕又陳刑不上大夫之義卒免

仲宣於黥自是宋世命官犯贓抵死者例不加刑豈非所爲多雅德君子之事造物者自有以相之歟

列傳卷第九十九

開府儀同三司上柱國錄軍國重事前中書右丞相監修國史領經筵事總裁臣脫脫等奉敕修

王存　孫固　趙瞻　傅堯俞

王存字正仲潤州丹陽人幼善讀書年十二辭親從師于江西五年始歸時學者方尚雕篆獨為古文數十篇鄉老先生見之自以為不及慶曆六年登進士第調嘉興主簿擢上虞令豪姓殺人久莫敢問存至按以州吏受賕豪賂他官變其獄存反為罷去久之除密州推官修潔自重為歐陽脩呂公著趙槩所知治平中入為國子監直講遷祕

書省著作佐郎歷館閣校勘集賢校理史館檢討知太常禮院存故與王安石厚安石執政數引與論事不合即謝不往存在三館歷年不少貶以干進嘗召見便殿累上書陳時政因及大臣無所附麗皆時人難言者元豐元年神宗察其忠實無黨以為國史編修官修起居注時起居注雖日侍而奏事必稟中書俟旨存乞復唐貞觀左右史執筆隨宰相入殿故事神宗韙其言聽直前奏事自存始也明年以右正言知制誥同修國史兼判太常寺論圜丘合祭天地為非古當親祠北郊如周禮官制行神宗切於用人存請自熙寧以來羣臣緣論事得罪或詿誤被斥而情實納忠非大過者隨材召擢以備官使語合神宗意收拔者甚衆又言赦令出上恩而比歲議法治獄者多乞不以赦降原減官司謂禁本防請託而吊死問疾一切杜絶皆非便也執政不悅五年遷龍圖閣直學士知開封府京師並河居人盜鑿汴隄以自廣或請令培築復故又按民廬侵官道者使撤之二謀出自中人既有詔矣存曰此吾職也入言之即日弛其役都人讙呼相慶進樞密直學士改兵部尚書轉戶部神宗崩哲宗立永裕陵財費不踰時告備宰相乘間復從之兵部太僕寺請內外馬事得專達毋隸駕部存言如此官制壞矣先帝正省臺寺監之職使相

臨制不可徇有司自便而隳已成之法元祐初還戶部固辭不受二年拜中大夫尚書右丞三年遷左丞有建議罷教畿內保甲者存言今京師兵籍益削又廢保甲不教非國家根本久長之計且先帝不憚艱難而為之既已就緒無故而廢之不可門下侍郎韓維罷存言去一正人天下失望忠黨沮氣讒邪之人爭進矣又論杜純不當罷侍御史王覿不當罷諫官四方奏讞大辟刑部援比請貸都省屢以無可矜恕却之存曰此祖宗制也有司欲生之而朝廷破例殺之可乎又言比廢進士專經一科參以詩賦失先帝黜詞律崇經術之意河決而北幾十年水官議還故

道存爭之曰故道已高水性趨下徒費財力恐無成功卒輟其役蔡確以詩怨訕存與范純仁欲薄其罪確再貶新州存亦罷以端明殿學士知蔡州始存之從兵部確力也至是爲確罷士大夫善其能損怨歲餘加資政殿學士知揚州揚潤相去一水用故相例得歲時過家上冢出賜錢給鄉里又具酒食召會父老親與酬酢鄉黨傳爲美談召爲吏部尚書時在廷朋黨之論寖熾存爲哲宗言人臣朋黨誠不可長然或不察則濫及善人慶曆中或指韓琦富弼范仲淹歐陽脩爲黨賴仁宗聖明不爲所惑今日果有進此說者願陛下察之由是復與任事者戾除知大名府

改知杭州紹聖初請老提舉崇禧觀還右正議大夫致仕舊制當得東宮保傅議者指存嘗議還西夏侵地故殺其恩典既而降通議大夫存嘗悼近世學士貴爲公卿而祭祀其先但循庶人之制及歸老築居首營家廟建中靖國元年卒年七十九贈左銀青光祿大夫存性寬厚平居恂恂不爲詭激之行至其所守確不可奪司馬光嘗曰並馳萬馬中能駐足者其王存乎

孫固字和父鄭州管城人幼有立志九歲讀論語曰吾能行此足矣徂徠石介一見以公輔期之擢進士第調磁州司戶參軍從平貝州爲文彥博言脅從罔治之義與彥博意協故但誅首惡餘無所及轉霍邑令遷祕書丞爲審刑詳議官宰相韓琦知其賢諭使來見固不肯往琦益器重之引爲編修中書諸房文字治平中神宗爲潁王以固侍講及爲皇太子又爲侍讀至即位擢工部郎中天章閣待制知通進銀臺司种諤取綏州固知神宗志欲經略西夏欲先事以戒即上言待遠人宜示之信今無名舉兵非計之得願以漢韓安國魏相唐魏徵論兵之略參校同異則是非炳然矣兵凶器也動不可妄妄動將有悔大臣惡其說出知澶州還知審刑院復領銀臺封駁兼侍讀判少府監神宗問王安石可相否對曰安石文行甚高處侍從獻納之

職可矣宰相自有其度安石狷狹少容必欲求賢相呂公著司馬光韓維其人也凡四問皆以此對及安石當國更法度固數議事不合青苗法出又極陳其不便及韓琦疏至神宗感動謂固曰朕熟計之誠不便固出語執政曰及上有意宜亟圖之以福天下既而竟從安石固復領銀臺司孔文仲對制策忤時政報罷固言陛下以名求士而士以實應今反過之何哉今謂文仲之言以惑天下臣恐天下不惑文仲之言以文仲之黜爲惑也胡宗愈坐言事逐蘇頌陳薦以論李定罷固皆引誼爭之時議尊僖祖爲始祖固議曰漢高以得天下與商周異故太上皇不得爲始

封光武中興不敢祖舂陵而祖高帝宋有天下傳之萬世太祖功也不當替其祀請以爲始祖而爲僖祖別立廟禘祫之日奉其祧主東向以伸其尊合所謂祖以孫尊孫以祖屈之意韓琦見而歎曰孫公此議足以不朽矣加龍圖閣直學士知眞定府遼人盜耕觧子平地歲且久吏爭弗能還固徼得其要領折愧之正疆地二百里熙寧末以樞密直學士知開封府元豐初同知樞密院事時征安南建順州其地瘴癘不堪守固請棄之內徙者二萬户諜者告夏人幽其主神宗欲西討固數言舉兵易解禍難神宗曰夏有釁不取則爲遼人所有不可失也固曰必不得已請

聲其罪薄伐之分裂其地使其酋長自守焉神宗笑曰此眞酈生之說爾時執政有言使當直度河不可留行固曰然則孰爲陛下任此者神宗曰朕已屬李憲固曰伐國大事也豈可使宦官爲之今陛下任李憲則士大夫孰肯爲用乎神宗不悅他日固又曰今五路進師而無大帥就使成功兵必爲亂神宗曰大帥誠難其人呂公著曰既無其人曷若已之固曰公著言是也初議五路入討會于靈州李憲由熙河入輒不赴靈州乃自開蘭會欲以弭責固曰兵法期而後至者斬今諸路皆進而憲獨不行雖得蘭會罪不可赦神宗不聽其後師果無功神宗曰朕始以孫固

言爲迂今悔無及矣改太中大夫樞密副使進知院事以疾避位拜觀文殿學士知河陽尋提舉嵩山崇福宮哲宗即位以正議大夫知河南府徙鄭州元祐二年召除侍讀提舉中太一宮遂拜門下侍郎哲宗與太皇太后矜其年高每朝會豫節拜儀聽休於幄次固數乞骸骨太皇太后曰卿先帝在東宮時舊臣今帝新聽政勉留輔導或體中未安取文書於家治之可也固感激強起視事復知樞密院事官累右光禄大夫五年卒年七十五哲宗太皇太后皆出聲泣時文彥博致仕歸洛將宴餞崇政殿以固在殯罷之輟視朝二日贈開府儀同三司謚曰温靖固宅心誠

粹不喜矯亢與人居久而益信故更歷夷險而不爲人所疾嘗曰人當以聖賢爲師一節之士不足學也又曰以愛親之心愛其君則無不盡矣司馬光退處固每勸神宗召歸及光爲陳州過鄭固與論天下大事至數十日公行且相宜視先後緩急審處之傳堯俞銘其墓曰司馬公之清節孫公之淳德蓋所謂不言而信者也世以爲確論紹聖時奪遺澤元符二年奪所贈官列元祐黨籍政和中徽宗以固嘗爲神宗宮僚特出籍悉還所奪

趙瞻字大觀其先亳州永城人父剛太子賓客徙鳳翔之盩厔瞻舉進士第調孟州司户參軍移萬泉令捐圭田修

學宮士自遠而至改知夏縣作八監堂書古賢令長治迹以自監又以祕書丞知永昌縣築六堰灌田歲省科斂數十萬水訟感息民以比召杜升太常博士知威州瞻以威茂雜羌獠險而難守不若合之而建郡於文川條著其詳為西山別錄後熙寧中朝廷經理西南就瞻取其書考焉遷尚書屯田員外郎英宗治平初自都官員外郎除侍御史上䟽曰英斷獨化人主至權也審至權者當主以天下之大公揆以天下之正論如是而後權可一也若夫積久之敝陛下其思焉刑賞施設之失可革則革號令言動之過可止則止輔相賴其用宜責其効臺諫知其才宜信其說兵柄宜削諸宦官邊議宜付諸宿將蓋權不可矯而為也以從天下之望耳英宗稱善久之詔遣內侍王昭明等四人為陝西諸路鈐轄招撫諸部瞻以唐用宦者為觀軍容宣慰等使後世以為至戒宜追還內侍責成守臣章三上言甚激切會文彥博孫沔經畧西夏別遣馮京安撫諸路瞻又請罷京使專委宿將夏人入侵王官慶師孫長卿不能禦加長卿集賢院學士瞻言長卿當黜不宜賞賞罰倒置京東盜賊數起瞻請易置曹濮守臣之不才者未報乃求退力言追還昭明等英宗改容納其言二年秋京師大水詔百官言事多留中瞻請悉出章䟽付兩省詳擇以

聞從之時議追崇濮安懿王瞻引漢師丹董宏事詆其屬辭溫其曰事將類此吾必以死爭固吾所也中書請安懿王稱親瞻爭曰仁宗既下明詔子陛下議者顧惑禮律所生所養之名妄相訾難彼明知禮無兩父貳斬之義敢裂一字之詞以亂厥真且文有去婦出母者去已非婦出不為母辭窮直書豈足援以斷大議哉臣請與之庭辨以定邪正已而皇太后手書尊王為皇瞻歎曰向者太后切責大臣議乃得罷今邪臣與中官交締歸過至尊而自為之地吾與首議之臣不並生矣因復力陳會假太常少卿接契丹賀正使入對英宗問前事對曰陛下為仁宗子而濮王又稱皇考則是二父二父非禮英宗曰御史嘗見朕欲皇考濮王乎瞻曰此乃大臣之議陛下未嘗自言英宗曰是中書過耳朕自數歲時先帝養為子豈敢稱濮考瞻曰臣請退諭中書作詔以曉天下時連日晦冥英宗指天示瞻曰天道如此安敢妄為褒尊朕意已決無庸宣告瞻曰陛下祗畏天戒不以私妨公甚盛德也及使還聞呂誨等諫濮議皆罷去乞與同貶不報趣入對英宗曰卿欲就龍逄比干之名孰若効伊尹傅說哉瞻皇懼言臣不敢奉詔使朝廷有同罪異罰之譏遂通判汾州神宗即位遷司封員外郎知商州又除提點陝西刑獄熙寧三年為開封府

判官神宗問卿知青苗法便乎對曰青苗法唐行之於季世擾擾中掊民財誠便今欲為長久計愛養百姓誠不便初王安石欲瞻助已使其黨餌以知雜御史瞻不應由是不得留京師出為陝西轉運副使改永興軍轉運使以親老請知同州七年朝廷患錢重議以交子權之命瞻制置瞻曰有本錢足恃法乃可行如多出空券是罔民也議不合移京西轉運使又以親老不行徙陝州請還鄉里除提舉鳳翔太平宮丁外艱服除易朝請大夫知滄州哲宗立轉朝議大夫召為太常少卿遷戶部侍郎元祐三年權樞密直學士簽書樞密院事明年以中大夫同知院事因進對言機政所急人才而已今臣選武臣難遽盡知請詔諸路安撫轉運使舉使臣科別其才第為三等籍之以備選注初元豐中河決小吳北注界河東入于海神宗詔東流故道淤高理不可回其勿復塞乃開大吳以護北都至是都水王令圖請還河故道下執政議瞻曰自河決已八年未有定論今遽興大役役夫三十萬用木二千萬臣竊憂焉朝廷方遣使相視若以東流未便宜亟從之若以為可回宜為數歲之計以緩民力議者又謂河入界河而北則失中國之險昔澶淵之役非河為限則北兵不止瞻曰王者恃德不恃險昔堯舜都蒲冀周漢都咸鎬皆歷年數百

不聞以河障外國澶淵之役蓋廟社之靈章聖之德將相之智勇故敵帥授首豈獨河之力哉後使者以東流非便水官復請塞北流瞻固爭之卒詔罷役如瞻所議洮河諸族以青唐首領寖弱可制欲倚中國兵威以廢之邊臣亟請興師瞻曰不可御外國以大信為本且既爵命之彼雖失衆心無犯王畧之罪何辭而伐之若其不克則兵端自此復起矣乃止瞻又奏廢渠陽軍以紓荊湖之力乞詔諭西夏使歸永樂遺民夏人聽命五年卒年七十二太皇太后語輔臣曰惜哉忠厚君子也車駕親臨輟視朝二日贈銀青光祿大夫謚曰懿簡紹聖中言者以傅會元祐諸臣追奪所贈官列于黨籍瞻著春秋論三十卷史記牴牾論五卷唐春秋五十卷奏議十卷文集二十卷西山別錄一卷四子孝諶瀛州錄事參軍獻誠唐城令某蚤卒彥詒太康主簿

傅堯俞字欽之本鄆州須城人徙孟州濟源十歲能為文及登第猶未冠石介每過之堯俞未嘗不在介曰君少年決科不以游戲為娛何也堯俞曰性不喜囂雜非有他爾介歎息奇之嘗監西京稅院事留守晏殊夏竦皆謂曰子有清識雅度文約而理盡卿相才也知新息縣累遷太常博士嘉祐末為監察御史兗國公主下嫁李瑋為家監梁

懷吉張承照所間與夫不相中仁宗斥二人於外未幾復還主家出瑋知衛州堯俞言主恃愛薄其夫陛下爲逐瑋而還隷臣甚悖禮爲四方笑後何以誨諸女乎皇城邏卒吳清誣奏富民殺人鞫治無狀有司須清辨內侍主者不遣堯俞言陛下惜清恐不復聞外事矣臣以爲不若使付外暴其是非而行賞罰焉則事之上聞者皆實乃所以廣視聽也縱而不問則讒者肆行民無所措手足尚欲求治得乎內侍李允恭朱晦屈法任其子趙繼寵越次管當天章閣蔡世寧掌內藏而以珠私示內人堯俞以爲嬖寵恩倖過失當防之於漸悉劾之時乏國用言利者爭獻富國

計堯俞奏曰今度支歲用不足誠不可忽然欲救其弊在陛下宜自儉刻身先天下無奪農時勿害商旅如是可矣不然徒欲紛更爲之無益聚斂者用則天下殆矣仁宗春秋高皇嗣未立堯俞請建宗室之賢以慰天下望及英宗爲皇子有司闕供餽仁宗未知堯俞言陛下既以宗社之重建皇嗣宜以家人禮使皇子朝夕侍膳左右以通慈孝之誠今禮遇有闕非所以隆親親重國本也於是詔有司供具甚厚英宗即位轉殿中侍御史遷起居舍人皇太后與英宗同聽政英宗有疾既平堯俞上書皇太后請還政久之聞內侍任守忠有讒間語堯俞諫皇太后曰外間物

論紛惑兩宮之情未通臣謂天下之可信者無大於以天下與人亦無大於受天下以公況皇帝以明睿之資貫通古今而受人之天下乎如誅竄讒人則慈孝之聲並隆矣於是皇太后還政逐守忠堯俞言於英宗曰皇太后給事左右之人宜頗録其勤勞少加恩惠上慰母后下安反側且守忠已去其餘不問可也還右司諫同知諫院英宗眷遇堯俞嘗雪中賜對堯俞自東廡外英宗傾身東向以待每奏事退多目送之嘗問曰多士盈庭孰忠孰邪堯俞曰大忠大佞固不可移中人之性繫上所化英宗納其言時英宗初躬庶政猶謙讓任大臣堯俞言大臣之言非是陛

下偶以爲然而行之可也審其非矣從而徇之則人主之柄安在願君臣之際是是非非毋相面從總覽衆議無所適莫則威柄歸陛下矣嘗因論事英宗曰卿何不言蔡襄對曰若襄有罪陛下何不自正典刑安用臣言英宗曰欲使臺諫言以公議出之對曰若付之公議臣但見襄辦山陵事有功不見其罪臣身爲諫官使臣受旨言事臣不敢陝西言近邊熟戶頗逃失詔以內侍李若愚等爲陝西四路鈐轄專使招納歲一入奏事堯俞言此安撫經畧使職也且若愚等陛下不信其言則如不用言必見從則邊帥之權移於四人矣尋罷之大臣建言濮安懿王宜稱皇考

堯俞曰此於人情禮文皆大謬戾與侍御史呂誨同上十餘疏其言極切主議者知恟恟不可遏遂易考稱親堯俞又言親非父母而何亦不可也夫恩義存亡一也先帝既以陛下爲子當是時設濮王尚無恙陛下得以父名之乎又因水災言簡宗廟則水不潤下今以濮王爲皇考於仁宗之廟簡孰甚焉俄命堯俞與趙瞻使契丹比還呂誨呂大防范純仁皆以諫濮議罷復除堯俞侍御史知雜事堯俞拜疏必求罷去英宗面留之堯俞言誨等已逐臣義不當止因再拜辭英宗愕然曰是果不可留也遂出知和州通判楊洙秉間問曰公以直言斥居此何爲未嘗言及御史時事堯俞曰前日言職也豈得已哉今日爲郡守當宣朝廷美意而反呫呫追言前日之闕政與誹謗何異神宗即位徙知廬州熙寧三年至京師王安石素與之善方行新法謂之曰舉朝紛紛俟君來久矣將以待制諫院處君堯俞曰新法世以爲不便誠如是當極論之平生未嘗好欺敢以爲告安石愠之但授直昭文館權鹽鐵副使俄出爲河北轉運使改知江寧府陛辭言仁廟一室與藝祖太宗並爲百代不遷之主徙許州河陽徐州再歲六移官困於道路知不爲時所容請提舉崇福宮先是徐人告有談天文休咎者堯俞以事未白不受辭談者後伏誅堯俞坐

不即捕削官職稍起監黎陽縣倉草場郡彖行縣堯俞從衆出迎盡禮守爲遣他吏代主出納堯俞不可曰居其官安得曠其職雖寒暑必日至庾中治事凡十年哲宗立自知明州召爲祕書少監兼侍講擢給事中吏部侍郎御史中丞奏言人才有能有不能如使臣補闕拾遺以輔盛德明善正失以平庶政舉直措枉以正大臣臣雖不才敢不盡力若使窺人陰私抉人細故則非臣所能亦非臣之志也御史張舜民以言事罷詔堯俞吏舉御史堯俞封還詔書請留舜民不聽即以堯俞爲吏部侍郎堯俞不可遂以龍圖閣待制知陳州未幾復爲吏部侍郎御史中丞前宰相蔡確坐詩誹謗貶新州宰執侍從以下罷者七八人御史府爲之一空堯俞曰確之黨其尤者固宜逐其餘可以一切置之且言以陛下盛德而乃於此不能平願聽之如蚊虻之過耳無使有纖微之忤以奸太和之氣事至以無心應之聖人所以養至誠而御遐福也水官李偉議大河可從孫村導之還故道堯俞言河事雖不可逾度然比遣使按之皆言非便而偉又繆悠不肯任責豈可以遽興大役朝廷遂置偉議進吏部尚書兼侍讀元祐四年拜中書侍郎六年卒年六十八神宗與太皇太后哭臨之太皇太后語輔臣曰傅侍郎清直一節終始不變金玉君子也方

倚以相遠至是乎贈銀青光禄大夫謚曰獻簡紹聖中以元祐黨人奪贈謚著名黨籍後黨錮解下詔褒贈録其後堯俞厚重寡言遇人不設城府人自不忍欺論事君前略無回隱退與人言不復有矜異色初自諫官補郡衆疑法令有未安者必有所不從堯俞一切遵之曰君子素其位而行諫官有言責也爲郡知守法而已徐前守侵用公錢堯俞至爲償之未足而去後守移文堯俞使償久之攷實非堯俞所用卒不辯司馬光嘗謂河南邵雍曰清直勇三德人所難兼吾於欽之畏焉雍曰欽之清而不耀直而不激勇而能温是爲難爾從孫察見忠義傳

論曰存固瞻堯俞初皆善王安石及其秉政未嘗受所誘餌與論新法終不詭隨及元祐區別正邪其論蔡確詩謗之罪恐爲已甚將啓朋黨之禍豈非先知之明乎他有更張隨事諫止不少循默然無矯枉過中之失故能不亟不徐進退有道在元祐諸臣中身名俱全亦難矣哉

列傳卷第一百

列傳卷第一百一　宋史三百四十二

開府儀同三司上柱國録軍國重事中書右丞相監修國史領經筵事都總裁臣脫脫等奉

敕修

梁燾　王巖叟　鄭雍

孫永

梁燾字況之鄆州須城人父蒨兵部員外郎直史館燾以蒨任爲太廟齋郎舉進士中第編校祕閣書籍遷集賢校理通判明州檢詳樞密五房文字元豐時久旱上書論時政曰陛下日者閔雨靖惟政事之闕惕然自責丁卯發詔癸酉而雨是上天顧聽陛下之德言而喜其有及民之意

也當四方仰雨十月之久民刻於新法嗷嗷如焦而京師尤甚閭閻細民罔不失職智愚相視日有大變之憂陛下既惠以詔音又施之行事講除刻文蠲損繩筭一日之間歡聲四起距誕節三日而膏澤降是天以雨壽陛下之萬年感聖心於大寤有以還其仁政也然法令乖戾爲毒於民者所變纔能萬一人心之不解故天意亦未釋而雨不再施陛下亦以此爲戒而夙夜慮之乎今陛下之所知者市易事耳法之爲害豈特此耶曰青苗錢也助役錢也方田也保甲也淤田也兼是數者而天下之民被其害青苗之錢未及償而責以免役免役之錢未暇入而重以淤田

於田方下而復有方田方田未息而迫以保甲是徒擾百姓使不得少休於聖澤其爲害之實雖一有言之者必以下主吏主吏妄報以無是則從而信之恬不復問而反坐言者雖間遣使循行而苟且寵禄巧爲妄誕成就其事至請遍行其法上下相隱習以成風臣謂天下之患不患禍亂之不可去患朋黨蔽蒙之俗成使上不得聞所當聞故政日以敝而禍亂卒至也陛下可不深思其故乎疏入不省内侍王中正將兵出疆干賞不以法燾爭之不得請外出知宣州入辭神宗曰樞臣去卿不肯安職何也對曰臣居官五年非敢不安職恐不勝任使故去耳神宗曰王中

正功賞文書何爲獨不可曰中正冒僥覬臣不敢屈法以負陛下未幾提點京西刑獄哲宗立召爲工部郎中遷太常少卿右諫議大夫有請宣仁后御文德殿服衮冕受冊者燾率同列諫引薛奎諫章獻明肅皇后不當以王服見太廟事宣仁后欣納又論市易已廢乞蠲中下户逋負又乞欠青苗下户不得令保人備償文彦博議遣劉奉世使夏國御史張舜民論其不當遣降通判虢州燾言御史持紀綱之官得以犯顔正論况臣下過失安得畏忌不言哉今御史敢言大臣者天下之公議大臣不快御史者一夫之私心罪天下敢言之公議使一夫不快之私心非公

朝盛事也時同論者傅堯俞王巖叟朱光庭王覿孫升韓川凡七人悉召至都堂勅諭以事當權其輕重故不惜一新進御史以慰老臣燾又言若論年齡爵禄則老臣爲重若論法度綱紀則老臣爲輕御史者天子之法官也不可以大臣鞅鞅而斥去願還舜民以正國體章十上不聽燾又面責給事中張問不能駁還舜民制命以爲失職坐詆同列出爲集賢殿修撰知潞州辭不拜曰臣本論張舜民不當罷如以爲非即應用此受斥今乃得以微罪冒美職守劇郡如此則朝廷命令不能明辨曲直以好惡示天下矣不報至潞值歲饑不待命發常平粟振民流人聞之來

者不絕燾處之有條人不告病明年以左諫議大夫召甫就道民攀轅不得行踰太行抵河内乃已既對上書言帝富於春秋未專宸斷太皇保佑聖主制政簾帷姦人易爲欺蔽願正綱紀明法度采用忠言講求仁術兩宫嘉納焉前宰相蔡確作詩怨謗燾與劉安世交攻之燾又言方今忠於確者多於忠朝廷之士敢爲姦言者多於敢正論之人以此見確之氣燄凶赫根株牽連賊化害政爲患滋大確卒竄新州燾進御史中丞鄧潤甫除吏部尚書燾論潤甫柔佞不立巧爲進取不聽改權户部尚書不拜以龍圖閣直學士知鄭州旬日入權禮部尚書爲翰林學士元祐

七年拜尚書右丞轉左丞蔡京帥蜀燾曰元豐侍從可用者多惟京輕險貪愎不可用又與同列議夏國地界不能合遂丐去哲宗遣近臣問所以去意且令密訪人才燾曰信任不篤言不見聽而詢問人才非臣所敢當也使者再至乃言人才可大任者陛下自知之但須識別邪正公天下之善惡圖任舊人中堅正純厚有人望者不牽左右好惡之言以移聖意天下幸甚以疾罷爲資政殿學士同醴泉觀使故事非宰相不除使遂置同使以寵之力辭改知潁昌府既出京哲宗遣中貴諭以復用之旨紹聖元年知鄆州朋黨論起哲宗曰梁燾每起中正之論其開陳排擊

盡出公議朕皆記之以故最後責竟以司馬光黨黜知鄂州三年再貶少府監分司南京明年三貶雷州別駕化州安置三年卒年六十四徙其子於昭州徽宗立始得歸燾自立朝一以引援人物爲意在鄂作薦士録具載姓名客或見其書曰公所植桃李乘時而發但不向人開耳燾笑曰燾出入侍從至位執政八年之間所薦用之不盡負愧多矣其好賢樂善如此

王巖叟字彥霖大名清平人幼時語未正已知文字仁宗患詞賦致經術不明初置明經科巖叟年十八鄉舉省試廷對皆第一調欒城簿涇州推官甫兩月聞弟喪棄官歸養熙寧中韓琦留守北京以爲賢辟管勾國子監又辟管勾安撫司機宜文字監晉州折博煉鹽務韓絳代琦復欲留用巖叟謝曰巖叟魏公之客不願出他門也士君子稱之後知定州安喜縣有法吏罷居鄉里導人爲訟巖叟捕撻於市衆皆竦然定守呂公著歎曰此古良吏也有詔近臣舉御史舉者意屬巖叟而未及識或謂可一往見巖叟笑曰是所謂呈身御史也卒不見哲宗即位用劉摯薦爲監察御史時六察尚未言事巖叟入臺之明日即上書論社稷安危之計在從諫用賢不可以小利失民心遂言役錢斂法太重民力不勝願復差法如嘉祐時又言河北榷

鹽法尚行民受其弊貧者不復食録大名刻石仁宗詔書以進上以河北天下根本自祖宗以來推此爲惠願復其舊江西鹽害民詔遣使者往視巖叟言一方病矣必待使還而後改爲恐有不及被德澤而死者願亟罷之又極陳時事以爲不絶害本百姓無由樂生不屏群邪太平終是難致時下詔求民疾苦四方爭以其情赴愬所司憚於省録頗成壅滯巖叟言不問則已言則必行之不然天下之人必謂陛下以空言誑之後有詔令孰肯取信李定不持所生母仇氏服巖叟論其不孝定遂分司宰相蔡確爲裕陵復土使還朝以定策自居巖叟言陛下之立以子繼父

百王不易之道且太皇太后先定於中而確敢貪天自伐章惇譏賊很戾罔上蔽明不忠之罪蓋與確等近廉前爭役法詞氣不遜無事上之禮今聖政不出房闥豈宜容此大姦猶在廊廟於是二人相繼退斥遷左司諫兼權給事中時並命執政其間有不協時望者巖叟即繳錄黄上疏諫既而命不由門下省以出巖叟請對言之益切退就閤門上疏曰臣爲諫官既當言承乏給事又當駁非臣好爲高論喜忤大臣恐命令斜出尤損紀綱疏凡八上命竟寢又言三省胥吏月饗厚奉歲累優秩而朝廷每舉一事輒計功論賞不知平日祿賜將焉用之姑息相承流弊已極

望飭厲大臣事爲之制即詔裁抑僥倖定爲十七條遷侍御史兩省正言久闕巖叟上疏曰國朝倣近古之制諫臣纔至六員方之先王已爲至少今復虛而不除臣所未諭豈以爲治道已清而無事於言邪人材難稱不若虛其位邪二者皆非臣所望於今日也願趣補其闕多進正人以壯本朝正人進則小人自消矣諸路水災朝廷行振貸户部限以災傷過七分民户降四等始許之巖叟言中户以上蓋亦艱食乞毋問分數等級皆得貸庶幾王澤無間以召至和矣坐張舜民事改起居舍人不拜以直集賢院知齊州請河北所言鹽法行之京東明年復以起居舍人召

兼侍邇英講進讀寶訓至節費巖叟曰凡言節用非偶節一事便能有濟當每事以節儉爲意則積久累日國用自饒讀仁宗知人事巖叟曰人主常欲虛心平意無所偏係觀事以理則事之是非人之邪正自然可見司馬康講洪範至乂用三德哲宗曰止此三德爲更有德蓋哲宗自臨御淵默不言巖叟喜聞之因欲風諫退而上疏曰三德者人君之大本得之則治失之則亂不可須臾去者也臣請別而言之夫明是非於朝廷之上判忠邪於多士之間不以順已而忘其惡不以逆已而遺其善私求不徇於所愛公議不遷於所憎竭誠盡節者任之當勿貳罔上盜寵者

棄之當勿疑惜紀綱謹法度重典刑戒姑息此人主之正直也遠聲色之好絶盤遊之樂勇於救天下之弊果於斷天下之疑邪說不能移非道不能說此人主之剛德也居萬乘之尊而不驕享四海之富而不溢聰明有餘而處之若不足俊傑並用而求之如不及虛心以訪道屈已以從諫懼若臨淵怯若履薄此人主之柔德也三者足以盡天下之要在陛下力行何如耳巖叟因侍講奏曰陛下退朝無事不知何以消日哲宗曰看文字對曰陛下以讀書爲樂天下幸甚聖賢之學非造次可成須在積累積累之要在專與勤屏絶它好始可謂之專久而不倦始可謂之勤

願陛下特留聖意哲宗然之巖叟館伴遼賀正旦使耶律寬寬求覲元會儀巖叟曰此非外國所宜知止録勑記與之寬不敢求進權吏部侍郞天章閣待制樞密都承旨湖北諸蠻互出擾邊無有寧歲巖叟請專以疆事委荆南唐義問遂自草檄文喻義問以朝廷方敦尚恩信勿爲徼倖功賞之意後遂安輯初夏人遣使入貢及爲境上之議故爲此去彼來牽致勞苦每違期日巖叟請預戒邊臣夏違期一不至則勿復應自後不復敢違質孤勝如二堡漢趙充國留屯之所自元祐講和在蘭州界内夏以爲形勝膏腴之地力爭之二堡若失則蘭州熙河遂危延帥欲以二

堡與夏蘇轍主其議及熙河延安二捷同報轍奏曰近邊奏稍頻西人意在得二堡今盛夏猶如此入秋可虞不若早定議意在與之也巖叟曰形勢之地豈可輕棄不知旣與還不更求否太皇太后曰然議遂止夏人數萬侵定西之東通遠之北壞七厓巉堡掠居人轉侵涇原及河外鄜府州衆遂至十萬熙帥范育偵伺夏右廂種落大抵趣河外三疏請乘此進堡砦築龕谷勝姑相照定西而東徑隴諸城朝議未一或欲以七巉經毀之地皆以與夏巖叟力言不可與彼計得行後患未已因請遣官諭熙帥即以戶部員外郞穆衍行視築定遠以據要害其調兵貲費一從

便宜不必中覆定遠遂城皆巖叟之力拜中書舍人滕甫帥太原爲走馬承受所撼徙穎昌巖叟封還詞頭言進退帥臣理宜重愼今以小臣一言易之使後人畏憚不自保此風浸長非委任安邊之福乃止復爲樞密都承旨權知開封府舊以推判官二人分左右廳共治一事多爲異同或累日不竟吏疲於咨稟巖叟創立逐官分治之法自是署爲令都城群偷所聚謂之大房每區容數十百人淵藪詭僻不可勝究巖叟令掩捕撤毀隨輕重決之根株一空供備庫使曹續以産貿萬緡市儈逾年負其半續盡力不可取一日啓戶則所負皆在焉驚扣其故儈曰王公今日

知府矣初曹氏之隸韓絢與同隸訟事連其主就逮之曹氏者慈聖后之族也巖叟言部曲相訟不當論其主今不惟長告訐之風且傷孝治慈聖仙遊未遠一旦因厮役之過使其子孫對吏殆聖情有所不忍詔寘絢而絕其獄巖叟常謂天下積欠多名催免不一公私費擾乞隨等第立多寡爲催法朝廷乃定五年十科之令元祐六年拜樞密直學士簽書院事入謝太皇太后曰知卿才望不次超用巖叟又再拜謝進曰太后聽政以來納諫從善務合人心所以朝廷清明天下安靜願信之勿疑守之勿失復少進而西奏哲宗曰陛下今日聖學當深辨邪正正人在朝則

朝廷安邪人一進便有不安之象非謂一夫能然蓋其類
應之者衆上下蔽蒙不覺養成禍胎爾又進曰或聞有以
君子小人參用之說告陛下者不知果有之否此乃深誤
陛下也自古君子小人無參用之理聖人但云君子在內
小人在外則泰小人在內君子在外則否小人既進君子
必引類而去若君子與小人競進則危亡之基也此際不
可不察兩宮深然之上淸儲祥宮成太皇太后謂輔臣曰
此與皇帝皆出閤中物嘗之以成先帝之志巖叟曰陛下
不煩公不勞民眞盛德事然願自今以土木爲戒又以宮
成將肆赦巖叟曰昔天禧中祥源成治平中醴泉成皆未

嘗赦古人有垂死諫君無赦者此可見赦無益於聖治也
哲宗方選后太皇太后曰今得狄諮女年命似便然爲是
庶出過房事須評議巖叟進曰按禮經問名篇女家答曰
臣女夫婦所生及外氏官諱不識今者狄氏將何辭以進
議遂寢哲宗選后既定太皇太后曰帝得賢后有內助功
不是小事巖叟對曰內助雖后事其正家須在皇帝聖人
言正家而天下定當愼之於始太皇太后以是語哲宗者
再巖叟退取歷代后事可爲法者類爲中宮懿範上之宰
相劉摯右丞蘇轍以人言求避位巖叟曰元祐之初排斥
姦邪緝熙聖治摯與轍之功居多願深察讒毁之意重惜

腹心之人無輕其去就兩宮然之後摯竟爲御史鄭雍所
擊巖叟連上䟽論救摯去位御史遂指爲黨罷爲端明殿
學士知鄭州言者猶未厭太皇太后曰巖叟有大功今日
之命出不獲已耳明年徙河陽數月卒年五十一贈左正
議大夫紹聖初追貶雷州別駕司馬光以其進諫無隱稱
之曰吾寒心栗齒憂在不測公處之自如至于再三或累
十數章必行其言而後已爲文語省理該深得制誥體有
易詩春秋傳行于世

鄭雍字公肅襄邑人進士甲科調兗州推官韓琦上其文
召試祕閣校理知太常禮院英宗之喪論宗室不當嫁娶

與時相忤通判峽州知池州復還太常禮院歷開封府判
官熙寧元豐間更制變令士大夫多違已以求合雍獨靜
默自守改嘉王岐王府記室參軍神宗末年二王既長猶
居禁中雍獻四箴規戒且諷使來出外邸凡在邸七年用
久次以轉運使秩留宣仁后知其賢及臨政擢爲起居郎
進中書舍人鄧潤甫除翰林承旨雍當制制未出言事者
五人交章攻之換爲侍讀學士雍言二職皆天下精選以
潤甫之過薄不當華前命以爲姦邪不當在經幄今中外
咸謂朝廷姑以是塞言者如此則邪正何由可辨善惡何
由可明若每事必待人言是賞罰之柄不得已而行非所

以示信天下也潤甫仍爲承旨周穜乞以王安石配享神
宗廟雍言安石持國政不能上副屬任非先帝神明遠而
弗用則其所敗壞可勝言哉今穜以小臣輒肆横議願正
其罪從之使契丹還徙左諫議大夫言朝廷重内輕外選
用牧伯罕輟從班以閥閲輕淺者充負不復爲來日慮願
自今稍積資望以漸試之吴中大饑方議振恤以民習欺
誕敕本部料檢家至户到雍言此令一布吏專料民而不
救災民皆死於飢今富有四海奈何謹圭撮之濫而輕比
屋之死乎哲宗悟追止之侍御史賈易沽激自喜中丞趙
彦若懦不自立雍并論之遂罷易左轉彦若以雍爲中丞

雍辭曰中丞以臣言去而身承其乏非所以厚風俗也不
許時二府禁謁加嚴雍歎曰旁招俊乂列于庶位宅百揆
職也彼有足不及公卿之門者猶當物色致之奈何設禁
若是且二府皆天子所改容而體貌之者乃復防閑其私
如此乎於是援賈誼廉恥節行之説以諫詔弛其禁刑部
讞囚宰執論殺之有司以爲可生不奉詔得罪雍言是固
可罪然究其用心在於廣好生之德耳若遽以爲罪臣恐
鄰於嗜殺今使有司欲殺而朝廷生之猶恐仁恩德意不
白於天下而況反是者哉哲宗嘉納囚遂得生初邢恕以
書抵宰相劉摯摯答之有自愛以俟休復之語排岸司茹

東濟録書示雍與殿中侍御史楊畏雍畏釋其語曰俟休
復者俟他日太后復辟也遂並以此事論摯威福自恣乞
罷之以收主柄又論王巖叟朱光庭梁燾等三十人皆爲
摯黨以閉其援及摯出知鄆州光庭方爲給事中繳還摯
麻詞巖叟燾力救之哲宗以先入之言不納雍之攻摯人
以爲附左相呂大防也又有請暴摯陰事者雍曰吾爲國
擊宰相非仇摯也彼之陰事何有於國哉置不以聞拜尚
書右丞改左丞雍在政地哲宗稱其事上有禮紹聖初治
元祐衆臣雍頓首自列哲宗明其亡他心諭使勿去周秩
乘隙抵之謂雍初爲侍從時因徐王私於權臣以進哲宗

怒曰此是何言也使徐王聞之豈能自安黜秩知廣德軍
敕銀臺毋受雍辭去奏章東府吏毋聽雍妻子輒出且令
學士錢勰善爲留詔二年始以資政殿學士知陳州徙北
京留守初章惇以白帖貶謫元祐臣僚安燾爭論不已哲
宗疑之雍欲爲自安計謂惇曰熙寧初王安石作相常用
白帖行事惇大喜取其案牘懷之以白哲宗遂其姦雍雖
以此結惇然卒罷政坐元祐黨奪職知鄭州數日改成都
府元符元年提舉崇福宫歸未至而卒年六十八政和中
復資政殿學士

孫永字曼叔世爲趙人徙長社年十歲而孤祖給事中冲

列爲子行蔭將作監主簿肄業西學群試常第一沖戒之曰洛陽英雋所萃汝年少不宜多上人自是不復試沖卒喪除復列爲孫換試銜擢進士第調襄城尉宜城令至太常博士御史中丞賈黯薦爲御史以母老不就韓琦讀其詩歎譽之引爲諸王府侍讀神宗爲潁王出新録韓非子畀宮僚讎定永曰非險薄刻核其書背六經之旨願毋留意王曰廣藏書之數耳非所好也及爲皇太子進舍人即位擢天章閣待制安撫陝西民景詢外叛詔捕送其孥勿以赦原永言陛下新御極曠澤流行惡逆者猶得蠲除今緣坐者弗宥非所以示信也歷河北陝西都轉運使時邊

用不足以解鹽市馬別爲一司外臺不得與永奏曰鹽馬國之大計使主者專其柄既無以統隸苟爲非法孰從而制之加龍圖閣直學士知秦州王韶以布衣入幕府建取熙河策永折之曰邊陲方安靜無故騷動恐變生不測會新築劉家堡失利衆請戮偏裨以塞責永曰居敵必爭之地軍孤援絕兵法所謂不得而守者也尤人以自免於我安乎竟用是降天章閣待制知和州以詳定編敕知審官東院召還神宗問青苗助役之法於民便否對曰法誠善然彊民出息輸錢代徭不能無重斂之患若用以資經費非臣所知也時倉法峻密庾吏受百錢則黥爲卒府史亦

如之神宗又問此法既下吏尚爲姦乎對曰強盜罪死犯者猶衆況配隸邪使人畏法而不革心雖在府史臣亦不敢必其無犯也議復肉刑事下永永奏曰刻人肌膚深害仁政漢文帝所不忍陛下忍之乎神宗曰事固未決待卿始定耳不果行復學士知瀛州河決于貝瀛冀尤甚民租以災免者州縣懼常平法徵催如故永連章論止神宗從之仍命發廩粟以振白溝巡檢趙用以遼人漁界河擅引兵北度蕩其族帳遼持此兆釁數暴邊上神宗遣使問故永請正用罪以謝未報遼屯兵連營亘四十里永好諭之曰疆吏冒禁已寘之獄矣今何爲者敵意解但求醪精犒

師而旋進樞密直學士知開封府呂嘉問言吏欲使都人列肆輸錢以免直下府詢究曹掾以爲便永占書紙尾不暇省既乃行市易抵當法貸民錢而爲之期有不能償而死者神宗頗知之嘉問妄變其名以罔聽神宗慮立法未盡詔永及韓維究實永奏言市筭下逮錐刀爲人患苦御史張琥劾永棄同即異罷爲提舉中太一宮元豐中判軍器監有司病皮革不給嚴隱匿之科亡賴輩肆情爲訐至婦人冠飾亦不免永請聽人以所藏之善者售于官得貸其餘訐訟既息國用亦濟出知太原且行神宗訪以時務永言近者造戎器倍常外間謂將有事於征討兵非輕用

之物願輸不戢自焚之戒神宗曰此備豫不虞若四方安平豈有輕動之理卿言是也忻代產鹽苦惡不堪食轉運使必欲理之以盜販闌越之罪罪兵吏永言鹽民食也不可禁兵武備也不可闕願以惡鹽累防兵非計也詔弛其禁入判將作進端明殿學士病不能朝神宗遣上醫調視六命近侍問安否至虛樞密位以待辭去益力提舉崇福宮踰年起知陳州徙潁昌永裕起陵許汝當運粟數十萬斛於陵下調民牛數萬永請而免哲宗召拜工部尚書太皇太后下詔求言永陳保馬保甲免役三事最敝願一切罷去復修監牧保伍差徭之法太皇太后皆納之元祐元

年遷吏部又屬疾改資政殿學士兼侍讀提舉中太一宮未拜而卒年六十八贈銀青光祿大夫賻金帛二千謚曰康簡永外和內勁論議常持平不求詭異事或悖于理雖逼以勢亦不爲屈未嘗以矯亢形于色辭與人交終身無怨仇范純仁蘇頌皆稱之爲國器

論曰宋之衰也人才尚多梁燾王巖叟盡忠事上允有過舉知無不言雖或從或違而隱然有虎豹在山之勢矣第以新州之舉於是爲過故他日紹聖復以藉口使元祐衆賢皆罹其禍由是再變而爲宣政之姦臣國日危矣鄭雍易其所守肆擊劉摯波及者三十人欲結章惇以取容然而終亦不免小人反覆專務自全竟何益哉孫永之爲人庶得其中焉

列傳卷第一百一

開府儀同三司上柱國錄軍國重事中書右丞相監修國史領經筵事都總裁臣脫脫等奉

敕修

元絳　許將　鄧潤甫　林希弟旦

蔣之奇　陸佃　吳居厚　溫益

元絳字厚之其先臨川危氏唐末曾祖仔倡聚衆保鄉里
進據信州為楊氏所敗奔杭州易姓曰元祖德昭仕吳越
至丞相遂為錢塘人絳生而敏悟五歲能作詩九歲謁荆
南太守試以三題上諸朝貧不能行長舉進士以廷試誤
賦韻得學究出身再舉登第調江寧推官攝上元令民有

號王豹子者豪占人田略男女為僕妾有欲告者則殺以
滅口絳捕寘于法甲與乙被酒相毆擊甲歸臥夜為盜斷
足妻稱乙告里長執乙詣縣而甲已死絳敕其妻曰歸治
而夫喪乙已伏矣陰使信謹吏迹其後望一僧迎笑切切
私語絳命取僧繫廡下詰妻姦狀即吐實人問其故絳曰
吾見妻哭不哀且與傷者共席而襦無血汚是以知之安
撫使范仲淹表其材知永新縣豪子龍聿誘少年周整飲
博以技勝之計其貲折取上腴田立券久而整母始知之
訟于縣縣索券為證則母手印存弗受又訟于州于使者
擊登聞鼓皆不得直絳至母又來訴絳視券呼謂聿曰券

年月居印上是必得周母他牘尾印而撰偽券續之耳聿
駭謝即日歸整田知通州海門縣淮民多盜販鹽制置使
建言滿二十斤者皆坐徒絳曰海濱之人恃鹽以為命非
羣販比也晳而縱之擢江西轉運判官知台州州大水冒
城民廬蕩析絳出庫錢即其處作室數千區命人自占與
期三歲償費流移者皆復業又甓其城因門為牐以禦湍
漲後人守其法入為度支判官儂智高叛嶺南宿軍邕州
而歲漕不足絳以直集賢院為廣東轉運使建瀕江水砦
數十以待遁寇繕治十五城樓堞械器皆備軍食有餘以
功遷工部郎中歷兩浙河北轉運使召拜鹽鐵副使擢天

章閣待制知福州進龍圖閣直學士徙廣越荆南為翰林
學士知開封府拜三司使參知政事數請老神宗命其子
耆寧校書崇文院慰留之會太學虞蕃訟博士受賄事連
耆寧當下獄絳請上還職祿而容耆寧即訊於外從之於
是御史至第薄責絳絳一不自辨罷知亳州入辭帝謂曰
朕知卿一歲即召矣卿意欲陳訴乎絳謝罪願得潁即以
為潁州明年加資政殿學士知青州過都留提舉中太一
宮力疾入謁曰臣疾憊子弱儻一旦不幸死則遺骸不得
近先人丘墓帝惻然曰朕為卿辨護雖百子何以加詔毋
多拜乘輿行幸勿扈從又明年以太子少保致仕絳所至

有威名而無特操少儀矩仕已顯猶謂遲晚在翰林詔事王安石及其子弟時論鄙之然工於文辭爲流輩推許景靈宫作神御十一殿夜傳詔草上梁文遲明上之雖在中書而蕃夷書詔猶多出其手既得謝帝眷眷命之曰卿可嘗居京師朕當資金幣且便耆寧仕進絳曰臣有田廬在吳乞歸鬻之即築室都城得望屬車之塵幸矣敢冀賜邪既行追賚白金千兩敕以蚤還絳至吳踰歲以老病奏恐不能奉詔三年而薨年七十六贈太子少師謚曰章簡

許將字沖元福州閩人舉進士第一歐陽脩讀其賦謂曰君辭氣似沂公未可量也簽書昭慶軍判官代還當試館

職辭曰起家爲官本代耕爾願以守選餘日讀所未見書宰相善其志以通判明州神宗召對除集賢校理同知禮院編修中書條例自太常丞當轉博士超改右正言明日直舍人院又明日判流內銓皆神宗特命舉朝榮之初選人調擬先南曹次考功綜核無法吏得緣文爲姦選者又不得訴長吏將奏罷南曹闢公舍以待來訴者士無留難進知制誥特敕不試而命之契丹以兵二十萬壓代州境遣使請代地歲聘之使不敢行以命將將入對曰臣備位侍從朝廷大議不容不知萬一北人言及代州事不有以折之則傷國體遂命將詣樞密院閱文書及至北境居人跨屋棟聚觀曰看南朝狀元及肄射將先破的契丹使蕭禧館客禧果以代州爲問將隨問隨答禧又曰界濠未定顧和好體重吾且往大國分畫矣將曰此事申飭邊臣豈不可何以使爲禧懟不能對歸報神宗善之以將知審官西院直學士院判尚書兵部時河北保甲陝西河東弓箭社閱楚捶伏手雖有名籍其多少與年月不均以致閱按無法將一切整攝之進翰林學士權知開封府爲同進所忌會治太學虞蕃訟釋諸生無罪者蔡確舒亶因陷之逮其父子入御史府踰月得解黜知蘄州明年以龍圖閣待制起知秦州改揚州又改鄆州上元張燈吏籍爲盜者繫

獄將曰是絶其自新之路也悉縱遣之自是民無一人犯法三圄皆空父老歎曰自王沂公後五十六年始再見獄空耳鄆俗士子喜聚肄以謗官政將雖弗禁其俗自息召爲兵部侍郎上䟽言兵措於形勢之內最彰而易知隱於權用之表最微而難能此天下之至機也是以治兵有制名雖不同從而橫之方而圓之使萬衆猶一人車馬有數用雖不同合而分之散而斂之取四方猶跬步制器有度工雖不同左而右之近而遠之運衆筭猶掌握非天下之至神孰能與此又條奏八事以爲兵之事有三曰禁兵曰廂兵曰民兵馬之事有三曰養馬曰市馬曰牧馬兵器之

事有二曰繕作曰給用及西方用兵神宗遣近侍問兵馬之數將立具上之明日訪樞臣不能對也以龍圖閣直學士知成都府元祐三年再爲翰林學士四年拜尚書右丞將自以在先朝爲侍從每討熙豐舊章以開中旨用王文郁姚兕領軍執政復議用張利一張守約將始與執政同議復密疏利一不可用言者論其窺伺主意銜直賣友罷爲資政殿學士知定州移揚州又移大名府會黃河東北二議未決將曰度今之利謂宜因梁村之口以行東因內黃之口以行北而盡閉諸口以絕大名諸州之患俟水大至觀故道足以受之則內黃之口可塞不足以受之則梁

村之口可以止兩不能相奪則各因其自流以待之紹聖初入爲吏部尚書上疏乞依元豐詔定北郊夏至親祀拜尚書左丞中書侍郎章惇爲相與蔡卞同肆羅織貶謫元祐諸臣奏發司馬光墓哲宗以問將對曰發人之墓非盛德事方黨禍作或舉漢唐誅戮故事帝復問將對曰二代固有之但祖宗以來未之有本朝治道所以遠過漢唐者以未嘗輒戮大臣也哲宗皆納之將嘗議正夏人罪以涇原近夏而地廣謀帥尤難乞用章楶楶果有功崇寧元年進門下侍郎累官金紫光祿大夫撫定鄯廓州邊臣欲舉師渡河朝議難之將獨謂外國不可以爽信而兵機有不

可失既已戒期顧遂從之未幾捷書至將以復河湟功轉特進凡居政地十年御史中丞朱諤取將舊謝章表析文句以爲謗且謂將左顧右視見利則回幡然改圖初無定論元祐間嘗爲丞轄則盡更元豐之所守紹聖初復秉鈞軸則陰匿元祐之所爲逮至建中尚此冒居則紹聖之所爲已皆非矣強顏今日亦復偷安則建中之所爲亦隨改焉遂以資政殿大學士知河南府言者不已降資政殿學士知潁昌府移大名加觀文殿學士奉國軍節度使在大名六年數告老召爲佑神觀使政和初卒年七十五贈開府儀同三司諡曰文定子份龍圖閣學士

鄧潤甫字溫伯建昌人嘗避高魯王諱以字爲名別字聖求後皆復之第進士爲上饒尉武昌令舉賢良方正召試不應熙寧中王安石以潤甫爲編脩中書條例檢正中書戶房事神宗覽其文除集賢校理直舍人院改知諫院知制誥同鄧綰張琥治鄭俠獄深致其文入馮京王安國丁諷王堯臣於罪擢御史中丞上疏曰向者陛下登用俊賢更易百度士狃於見聞蔽於俗學競起而非之故陛下排斥異論以圖治功然言責之路反爲壅抑非徒抑之又或疑之論卹民力則疑其違道干譽論補法度則疑其同乎流俗論序人物則疑其訐以爲直故敢言之氣日以折

而天下事變有不得盡聞曩變法之初勢自當爾今法度已就緒宜有以來天下論議至於淫辭詖行有挾而發自當屏棄如此則善言不伏而眞大治也李憲措置熙河邊事潤甫率其屬周尹蔡承禧彭汝礪上書切諫其畧云自唐開元以來用楊思勗魚朝恩程元振吐突承璀爲將有功則負勢驕恣陵轢公卿無功則挫損國威爲四國笑今陛下使憲將兵功之成否非臣等所能預料然以往事監之其有害必矣陛下仁聖神武駕御豪桀雖憲百輩顧何能爲獨不長念卻慮爲萬世之計乎豈可使國史所書以中人將兵自陛下始後世沿襲故迹視以爲常進用其徒

握兵柄則天下之患將有不可勝言者矣不聽又言興利之臣議前代帝王陵寢許民請射耕墾而司農可之唐之諸陵因此悉見芟劉昭陵喬木翦伐無遺熙寧著令本禁樵采遇郊祀則敕吏致祭德意可謂遠矣小人掊克不顧大體願絀創議之人而一切如令從之遷翰林學士因論奏相州獄爲蔡確所陷落職知撫州移杭州以龍圖閣直學士知成都府召復翰林學士兼掌皇子閤牋記一時制作獨倚潤甫焉哲宗立惟潤甫在院一夕草制二十有二進承旨修撰神宗實錄以母喪去終制爲吏部尚書梁燾論其草蔡確制妄稱有定策功乃以龍圖閣學士知亳州

閱歲復以承旨召數月除端明殿學士禮部尚書請郡得知蔡州移永興軍元祐末以兵部尚書召紹聖初哲宗親政潤甫首陳武王能廣文王之聲成王能嗣文武之道以開紹述遂拜尚書左丞章惇議重謫呂大防劉摯潤甫不以爲然曰俟見上當力爭無何暴卒年六十八輟視朝二日以嘗掌均邸牋奏優贈開府儀同三司謚曰安惠

林希字子中福州人舉進士調涇縣主簿爲館閣校勘集賢校理神宗朝同知太常禮院皇后父喪太常議服淺素希奏禮后爲父降服朞今服淺素不經及遣使高麗希聞命懼形於色辭行神宗怒責監杭州樓店務歲餘通判秀

州復知太常禮院遷著作佐郎禮部郎中元豐六年詔修兩朝寶訓上之元祐初歷祕書少監起居舍人起居郎進中書舍人言者疏其行誼浮偽士論羞薄不定以玷從列以集賢殿修撰知蘇州更宣湖潤杭亳五州加天章閣待制紹聖初進寶文閣直學士知成都府道闕下會哲宗親政章惇用事嘗曰元祐初司馬光作相用蘇軾掌制所以能鼓動四方安得斯人而用之或曰希可惇欲使希典書命逞毒於元祐諸臣且許以爲執政希亦以久不得志將甘心焉遂留行復爲中書舍人修神宗實錄兼侍讀哲宗問神宗殿曰宣光前代有此名乎希對曰此石勒殿名也

乃更爲顯承時方推明紹述盡黜元祐羣臣希皆密豫其議自司馬光呂公著大防劉摯蘇軾轍等數十人之制皆希爲之詞極其醜詆至以老姦擅國之語陰斥宣仁讀者無不憤歎一日希草制罷鄰筆于地曰壞了名節矣遷禮部吏部尚書翰林學士擢同知樞密院始惇疑曾布在樞府間己使希爲貳以相伺察希日爲布所誘且怨惇不引爲執政遂叛惇會邢恕論希罪惇因并去之罷知亳州移杭州布不能救也旋以端明殿學士知太原府徽宗立徙大名上河東邊計三策朝廷以其詞命醜正之罪奪職知揚州徙舒州未幾卒年六十七追贈資政殿學士謚曰文

節弟旦

旦第進士熙寧中由著作佐郎主管淮南常平擢太子中允監察御史裏行居臺五月以論李定事罷守故官久之幹當奏院陳繹領門下封駮又擴其前論罷之累年乃發書淮南判官入爲太常博士工部考功員外郎元祐元年拜殿中侍御史甫莅職即上疏曰廣言路然後知得失達民情然後知利病竊見去歲五月詔求讜言士民爭欲自獻及詳觀詔語名雖求諫實欲拒言約束丁寧使不得觀望迎合犯令干譽終之以必行黜罰以恐懼之於是人人相戒言將出而復止至於再申諭告方達天聽聞初詔乃

蔡確章惇造端其詞盡出於惇今二人既去其餘黨常懷醜正惡直之心願深留宸慮以折邪謀遂論呂惠卿鄧綰謂綰雖罷揚州猶莅小郡小郡之民奚罪焉乞投之散地以謝天下又言近彈王中正石得一等雖已薄責得一所任肘腋小人如翟勍之徒亦宜編削詔並降支郡營校又論崔台符賈種民舞文深酷之罪皆逐之出爲淮南轉運副使歷右司郎中祕書少監太僕卿終河東轉運使子膚坐元符上書陷於黨籍

蔣之奇字潁叔常州宜興人以伯父樞密直學士堂蔭得官擢進士第中春秋三傳科至太常博士又舉賢良方正

試六論中選及對策失書問目報罷英宗覽而善之擢監察御史神宗立轉殿中侍御史上謹始五事一曰進忠賢二曰退姦邪三曰納諫諍四曰遠近習五曰閉女謁神宗顧之曰斜封墨敕必無有至於近習之戒孟子所謂觀遠臣以其所主者也之奇對曰陛下之言及此天下何憂不治初之奇爲歐陽脩所厚制科既黜乃詣脩盛言濮議之善以得御史復懼不爲衆所容因脩妻弟薛良孺得罪怨脩誣脩及婦吳氏事遂劾脩神宗批付中書問狀無實貶監道州酒稅仍榜朝堂至州上表哀謝神宗憐其有母改監宣州稅新法行爲福建轉運判官時諸道免役推行失

平之奇約僦庸費隨筭錢高下均取之民以爲便遷淮東轉運副使歲惡民流之奇募使脩水利以食流者如揚之天長三十六陂宿之臨渙橫斜三溝尤其大也用工至百萬溉田九千頃活民八萬四千歷江西河北陝西副使之奇在陝西經賦入以給用度公私用足比其去庫緡八十餘萬邊粟皆支二年移淮南擢江淮荆浙發運副使元豐六年漕粟至京比常歲溢六百二十萬石錫服三品請鑿龜山左肘至洪澤爲新河以避淮險自是無覆溺之患詔增二秩加直龍圖閣升發運使凡六年其所經度皆爲一司故事元祐初進天章閣待制知潭州御史韓川孫升諫官朱光庭皆言之奇小人不足當斯選改集賢殿修撰知廣州妖人岑探善幻聚黨二千人謀取新興畧番禺包據嶺表羣不逞借之爲虐其勢張甚之奇遣鈐轄楊從先致討生擒之加寶文閣待制南海饒寶貨爲吏者多貪聲之奇取前世牧守有清節者吳隱之宋璟盧奐李勉等繪其象建十賢堂以祀冀變其習徙河北都轉運使知瀛州遼使耶律迪道死所過郡守皆再拜致祭之奇曰天子方伯奈何爲之屈膝邪奠而不拜入爲户部侍郎未幾復出知熙州夏人論和請畫封境之奇揣其非誠心務脩守備謹斥候常若敵至終之奇去夏人不敢犯塞紹聖中召爲中

書舍人改知開封府進龍圖閣直學士拜翰林學士兼侍讀元符末鄒浩以言事得罪之奇折簡別之責守汝州閱月徙慶州徽宗立復爲翰林學士拜同知樞密院明年知院事沅州蠻擾邊之奇請遣將討之以其地爲徽靖二州崇寧元年除觀文殿學士知杭州以棄河湟事奪職由正議大夫降中大夫以疾告歸提舉靈仙觀三年卒年七十四後録其嘗陳紹述之言盡復官職之奇爲部使者十二任六典會府以治辦稱且致以人物爲已任在閩薦處士陳烈在淮南薦孝子徐積每行部至必造之特以畔歐陽脩之故爲清議所薄子瑎至侍從曾孫芾別有傳

陸佃字農師越州山陰人居貧苦學夜無燈映月光讀書躡屩從師不遠千里過金陵受經於王安石熙寧三年應舉入京適安石當國首問新政佃曰法非不善但推行不能如初意還爲擾民如青苗是也安石驚曰何爲乃爾吾與呂惠卿議之又訪外議佃曰公樂聞善古所未有然外間頗以爲拒諫安石笑曰吾豈拒諫者但邪說營營顧無足聽佃曰是乃所以致人言也明日安石召謂之曰惠卿云私家取債亦須一雞半豚已遣李承之使淮南質究矣既而承之還詭言於民無不便佃說不行禮部奏名爲舉首方廷試賦遽發策題士皆愕然佃從容條對擢甲科授

蔡州推官初置五路學選爲鄆州教授召補國子監直講安石以佃不附己專付之經術不復咨以政安石子雱用事好進者坌集其門至崇以師禮佃待之如常同王子韶修定說文入見神宗問大裘襲衮佃考禮以對神宗悅用爲詳定郊廟禮文官時同列皆侍從佃獨以光祿丞居其間每有所議神宗輒曰自王鄭以來言禮未有如佃者加集賢校理崇政殿說書進講周官神宗稱善始命先一夕進稾同修起居注元豐定官制擢中書舍人給事中哲宗立太常請復太廟牙盤食博士呂希純少卿趙令鑠皆以爲當復佃言太廟用先王之禮於用俎豆爲稱景靈宮原

廟用時王之禮於用牙盤爲稱不可易也卒從佃議是時更先朝法度去安石之黨士多諱變所從安石卒佃率諸生供佛哭而祭之識者嘉其無向背遷吏部侍郎以修撰神宗實錄徙禮部數與史官范祖禹黃庭堅爭辨大要多是安石爲之晦隱庭堅曰如公言蓋佞史也佃曰盡用君意豈非謗書乎進權禮部尚書鄭雍論其穿鑿附會改龍圖閣待制知潁州佃以歐陽脩守潁有遺愛爲建祠宇實錄成加直學士又爲韓川朱光庭所議詔止增秩徙知鄧州未幾知江寧府甫至祭安石墓句容人盜嫂害其兄別誣三人同謀既皆訊服一囚父以冤訴通判以下皆曰彼

怖死耳獄已成不可變佃爲閱實三人皆得生紹聖初治實錄罪坐落職知泰州改海州朝論灼其情復集賢殿修撰移之蔡徽宗即位召爲禮部侍郎上疏曰人君踐祚要在正始正始之道本於朝廷近時學士大夫相傾競進以善求事爲精神以能訐人爲風采以忠厚爲重遲以靜退爲卑弱相師成風莫之或止正而救之實在今日神宗延登眞儒立法制治而元祐之際悉肆紛更紹聖以來又皆稱頌夫善續前人者不必因所爲否者賡之善者揚焉元祐紛更是知賡之而不知揚之之罪也紹聖稱頌是知揚之而不知賡之之過也願咨諏人賢詢考政事惟其當之

爲貴大中之期亦在今日也徽宗遂命脩哲宗實錄遷吏部尚書報聘于遼歸半道聞遼主洪基喪送伴者赴臨而返誚佃曰國哀如是漢使殊無弔唁之儀何也佃徐應曰始意君匍匐哭踊而相見即行弔禮今儼然如常時尚何所弔伴者不能答拜尚書右丞將祀南郊有司欲飾大裘匣度用黃金多佃請易以銀徽宗曰匣必用飾邪對曰大裘尚質後世加飾焉非禮也徽宗曰然則罷之可乎數日來豐稷屢言之矣佃因贊曰陛下及此盛德之舉也徽宗欲親祀北郊大臣以爲盛暑不可徽宗意甚確朝退皆曰上不以爲勞當遂行之李清臣不以爲然佃曰元豐非合

祭而是北郊公之議也今反以爲不可何耶清臣乃止御史中丞趙挺之以論事不當罰金佃曰中丞不可罰罰則不可爲中丞諫官陳瓘上書曾布怒其尊私史而壓宗廟佃曰瓘上書雖無取不必深怒若不能容是成其名也佃執政與曾布比而持論多近恕每欲參用元祐人才尤惡奔競嘗曰天下多事須不次用人苟安寧時人之才無大相遠當以資歷序進少緩之則士知自重矣又曰今天下之勢如人大病向愈當以藥餌輔養之須其安平苟爲輕事改作是使之騎射也轉左丞御史論呂希純劉安世復職太驟請加鐫抑且欲更懲元祐餘黨佃爲徽宗言不宜

窮治乃下詔申諭揭之朝堂議者用是詆佃曰佃名在黨籍不欲窮治正恐自及耳遂罷爲中大夫知亳州數月卒年六十一追復資政殿學士佃著書二百四十二卷於禮家名數之說尤精如埤雅禮象春秋後傳皆傳於世

吳居厚字敦老洪州人第嘉祐進士熙寧初爲武安節度推官奉行新法盡力核閒田以均給梅山傜計勞得大理丞轉補司農屬元豐間提舉河北常平增損役法五十一條賜銀緋爲京東轉運判官升副使天子方興鹽鐵居厚精心計籠絡鉤稽收羨息錢數百萬即萊蕪利國二冶官自鑄錢歲得十萬緡詔褒揭其能擢天章閣待制都轉運使前使者皆以不任職蒙譴居厚與河北蹇周輔李南公會境上議鹽法搜剔無遺居厚起州縣凡流無閥閱勳庸徒以言利得幸不數歲至侍從嗜進之士從風羨美又請以鹽息買絹資河東馬直發大鐵錢二十萬貫佐陝西軍興且募民養保馬當時商功利之臣所在成聚居厚最爲掊克劇盜王冲因民不忍聚衆數千欲乘其行部至徐墓取投諸冶居厚聞知間道遁去元祐治其罪責成州團練副使安置黃州章惇用事起爲江淮發運使疏支家河通漕楚海之間賴其利召拜戶部侍郎尚書以龍圖閣學士知開封府爲永泰陵橋道頓遞使坐積雨留滯罷知和州

崇寧初復尹開封拜尚書右丞進中書門下侍郎以老避位爲資政殿學士東太一宮使恩許仍服方團金毬文帶自是前執政在京師者視此出爲亳州洪州徙太原道都門留使佑神觀復還政府還知樞密院政和三年以武寧軍節度使知洪州卒年七十九贈開府儀同三司居厚在政地久以周謹自媚無赫赫顯惡唯一時聚斂推爲稱首

溫益字禹弼泉州人第進士歷大宗正丞利州路湖南轉運判官工部員外郎紹聖中由諸王府記室出知福州徙潭州鄒浩南遷過潭暮投宿村寺益即遣州都監將數卒夜出城逼使登舟竟凌風絕江而去他逐臣在其境內若

范純仁劉奉世韓川呂希純呂陶率爲所侵困用事者悅之未及用而徽宗以藩邸恩召爲太常少卿還給事中兼侍讀陳瓘指言其過謂不宜列侍從處經帷不報改龍圖閣待制知開封府猶兼侍讀時執政倡言帝當爲哲宗服兄弟之服曾肇在邇英讀史記舜紀因言昔堯舜同出黃帝世數已遠然舜爲堯喪三年者以嘗臣堯故也益意附執政進曰史記世次不足信堯舜非同出遷吏部尚書建中靖國元年拜尚書右丞鄧洵武獻愛莫助之圖帝初付曾布布辭改付益益得藉手以爲宜相蔡京天下之善士一切指爲異論時人惡之布與京爭事帝前辭頗厲益叱

曰曾布安得無禮帝不樂布由是得罪而京遂爲相進益中書侍郎益仕宦從微至著無片善可紀至其狡譎傅合蓋天稟然及是乃時有立異京一日除監司郡守十人益稍不謂然京知中書舍人鄭居中與益厚使居中自從其所間之居中以告益曰君在西掖每見所論事舍人得舉職侍郎顧不許耶今丞相所擬錢鉌而下十人皆其姻黨耳欲不逆其意得乎京聞而頗憚焉踰年卒年六十六子萬石至尚書

論曰王安石爲政一時士大夫之素知名者變其所守而從之比比皆然元絳所泄咸有異政亦諂事之陋矣許將嘗力止發司馬光墓此爲可稱而言者謂其仕於元祐紹聖以至建中左右視利幡然改圖初無定論鄧潤甫初掌箋記盛有文名而首贊紹述之謀又表章蔡確定策之功雖有他長無足觀矣林希草制務醜詆正人自知墮壞名節擲筆而悔又何晚也弟旦反其所爲糾劾巨姦善惡豈相掩哉蔣之奇始慫恿濮議晚撼飛語擊舉主以自文小人之魁傑者也吳居厚奉行新法刻下媚上溫益阿附二蔡物議不容陸佃雖受經安石而不主新法元祐黨人之罪請一施薄罰而已猶差賢於衆人焉

列傳卷第一百二

列傳卷第一百三

開府儀同三司上柱國錄軍國重事前中書右丞相提舉修國史領經筵事都總裁臣脱脱等奉敕修

孫覺 弟覽　李常　孔文仲 弟武仲 平仲
李周　鮮于侁　顧臨
李之純 從弟之儀　王覿 子俊義　馬默

孫覺字莘老高郵人甫冠從胡瑗受學瑗之弟子千數別其老成者爲經社覺年最少儼然居其間衆皆推服登進士第調合肥主簿歲旱州課民捕蝗輸之官覺言民方艱食難督以威若以米易之必盡力是爲除害而享利也守悅推其說下之他縣嘉祐中擢

名士編校昭文書籍覺首預選進館閣校勘神宗即位直集賢院爲昌王記室王問終身之戒爲陳諸侯之孝作富貴二箴擢右正言神宗將大革積弊覺言弊政固不可不革革而當其悔乃亡神宗稱其知理嘗從容語及知人之難覺曰堯以知人爲難終享其易蓋知人之要在於知言人主用臣之道任賢使能而已賢能之分既殊任使之方亦異至於所知有限量所能有彼此是功用之士也可以處外而不可以處內可以責之事而不可責之言陛下欲與太平之治

而所擢數十人者多有口才而無實行臣恐日浸月長彙征墻進充滿朝廷之上則賢人日遠其爲患禍尚可以一二言之哉願觀詩書之所任使無速於小利近功則王道可成矣邵亢在樞府無所建明神宗語覺欲出之用陳升之以代覺退即奏疏如所言神宗以爲希旨奪官兩級執政曰諫官有出外無降官之理神宗曰但降官自不能住覺連章丐去云去歲有罰金御史今茲有貶秩諫官未聞罰金貶秩而猶可居位者乃通判越州復右正言徙知通州熙寧二年詔知諫院同修起居注知審官院王安石早與覺

善驟引用之將援以爲助時呂惠卿用事神宗詢於覺對曰惠卿即辯而有才過於人數等特以爲利之故屈身於安石安石不悟臣竊以爲憂神宗曰朕亦疑之其後王呂果交惡青苗法行首議者謂周官泉府民之貸者至輸息二十而五國事之財用取具焉覺奏條其妄曰成周賒貸特以備民之緩急不可徒與也故以國服爲之息然國服之息說者不明鄭康成釋經乃引王莽計贏受息無過歲什一爲據不應周公取息重於莽時況載師所任地漆林之征特重所以抑末作也今以農民乏絕將補耕助斂顧比末

作而征之可乎國事取具蓋謂泉府所領若市之不售貨之滯於民用有買有予并賒貸之法而舉之儻專取具於泉府則冢宰九賦將安用邪聖世宜講求先王之法不當取疑文虛說以圖治今老臣疏外而不見聽輔臣遷延而不就職門下執正而不行諫官請罪而求去臣誠恐姦邪之人結黨連伍乘衆情之洶洶動搖朝廷釣直干譽非國家之福也安石覽之怒覺適以事詣中書安石以語動之曰不意學士亦如此始有逐覺意會曾公亮言畿縣散常平錢有追呼抑配之擾安石因請遣覺行視虛實覺既受命復

宋史三百四十四　四百八十八字

宋史列傳卷一百三　三

曹寀寫　羅善刊

奏疏辭行且言如陳留一縣前後曉示情願請錢卒無一人至者故陳留不散一錢以此見民實不願與官中相交所有體量望賜寢罷遂以覺爲反覆出知廣德軍徙湖州松江隄没水爲民患覺易以石高丈餘長百里隄下化爲良田徙廬州改右司諫以祖母喪求解官下太常議不可詔知潤州覺已持喪矣服除知蘇州徙福州閩俗厚於婚喪其費無藝覺裁爲中法使資裝無得過百千令下嫁娶以百數葬埋之費亦率減什伍連徙亳揚徐州徐多盜捕得殺人者五其一僅勝衣疑而訊之曰我耕於野與甲遇彊以

梃與我半夜挾我東使候諸門不知其他也問吏法何如曰死覺止誅其首後遂爲例知應天府入爲太常少卿易祕書少監哲宗即位兼侍講遷右諫議大夫時諫官御史論事有限毋得越職覺請申唐六典及天禧詔書凡發令造事之未便皆得奏陳論宰相蔡確韓縝進不以德確自訟有功無罪覺隨所言折之確竟去縝白遷覺給事中辭曰聞者執政畏人議己則遷官以餌之願與縝俱罷踰月縝去進吏部侍郎領右選在選萬五千員闕纔五之二至有三年不得調者覺請自軍功保甲進者補指使宗室袒免從

宋史三百四十四　三百九十五个字

宋史列傳卷一百三　四

曹寀寫　羅善刊

員外置一日得闕數千改主左選請磨勘歲以百人爲限擢御史中丞數月以疾請罷除龍圖閣學士兼侍講提舉醴泉觀求舒州靈仙觀以歸哲宗遣使存勞賜白金五百兩卒年六十三覺有德量爲王安石所逐安石退居鍾山覺枉駕道舊爲從容累夕追其死又作文以誄談者稱之紹聖中以覺爲元祐黨奪職追兩官徽宗即位復官職有文集奏議六十卷春秋傳十五卷弟覽

覽字傳師擢第知尉氏縣有屯將遇下虐士卒謀因大閱殺之以叛覽聞之馳往士猶群語不顧覽呼諭

之曰將誠無狀然天子何負汝輩乃欲致族滅邪皆感謝去就列屯將徐至覽命吏趣具奏衆意遂安神宗壯其材以爲司農主簿舒亶判寺且兼諫院欲引覽自助覽拒不荅亶怒用帳籍違事劾之出提舉利州湖南常平改京西轉運判官入爲右司員外郎荆湖開疆命往相其便覽言沅州所招溪洞百三十宜從本郡隨事要束勿建宮置戍以爲民困自誠州至融江口可通西廣鹽以省北道餉餽悉從之使還爲河東河北轉運副使加直龍圖閣歷知河中應天府江淮發運使進寶文閣待制由桂徙廣又改渭州夏

人入邊擾大將苗履禦之履稱疾移告立按正其罪竄諸房陵轅門肅然召知開封府至則拜户部侍郎與蔡京論役法不合以龍圖閣直學士知太原夏人據橫山並河爲寨秦晉之路皆塞覽謀復取葭蘆戍阻險不得前夏人數萬屯境上覽下令吾兵少須滿五萬及西夏人聞而濟師覽不爲動相持益久忽令具糗糧嚴兵械曰敵至矣居數日果大入覽奮擊敗之遂城葭蘆而還策勲加樞密直學士覽雖立邊功議論多觸執政屢遭絀削歷知河南永興徙成都辭不行降爲寶文閣待制卒年五十九

李常字公擇南康建昌人少讀書廬山白石僧舍既擢第留所抄書九千卷名舍曰李氏山房調江州判官宣州觀察推官發運使楊佐將薦攺秩常推其友劉琦佐曰世無此風久矣并薦之熙寧初爲祕閣校理王安石與之善以爲三司條例檢詳官攺右正言知諫院安石立新法常預議不欲青苗收息至是疏言條例司始建已致中外之議至於均輸青苗斂散取息傅會經義人且大駭何異王莽猥析周官片言以流毒天下安石見之遣所親密諭意常不爲止又言州縣散常平錢實不出本勒民出息神宗詰安石

安石請令常具官吏主名常以非諫官體落校理通判滑州歲餘復職知鄂州徙湖齊二州齊多盜論報無虚日常得黠盜刺爲兵使在麾下盡知囊括處悉發屋破柱拔其根株半歲間誅七百人姦無所匿徙淮南西路提點刑獄元豐六年召爲太常少卿遷禮部侍郎哲宗立攺吏部進户部尚書或疑其少幹局處不勝任質於司馬光光曰用常主邦計則人知朝廷不急於征利聚斂少息矣常轉對上七事曰崇廉恥存鄉舉別守宰覈貪贓審疑獄擇儒師修役法時役法差免二科未定常謂法無新陳便民者良論無

彼已可久者確令使民俱出貲則貧者難辦俱出力則富者難堪各從其願則可久爾乃折衷條上之赦恩蠲市易逋負不滿二百緡者常請息過其數亦勿取拜御史中丞兼侍讀加龍圖閣直學士論取士請分詩賦經義為兩科以盡所長初河決小吴議者欲自孫村口導還故處及是役興常言京東河北饑困不宜導河詔罷之諫官劉安世以吴處厚繳蔡確詩為謗訕因力攻確常上疏論以詩罪確非所以厚風俗安世併劾常徙兵部尚書辭不拜出知鄧州徙成都行次陝暴卒年六十四有文集奏議六十卷詩傳

十卷元祐會計録三十卷常長孫覺一歲始與覺齊名俱受知於呂公著其論議趣舍大畧多同所終官職又同其死先後一夕云

孔文仲字經父臨江新喻人性狷直寡言笑少刻苦問學號博洽舉進士南省考官呂夏卿稱其詞賦贍麗策論深博文勢似荀卿楊雄白主司擢第一調餘杭尉恬介自守不事請謁轉運使在杭召與議事事已馳歸不詣府人問之曰吾於府無事也再轉台州推官熙寧初翰林學士范鎮以制舉薦對策九千餘言力論王安石所建理財訓兵之法為非是宋敏求

第為異等安石怒啓神宗御批罷歸故官齊恢孫固封還御批韓維陳薦孫永皆力言文仲不當黜五上章不聽范鎮又言文仲草茅疏遠不識忌諱且以直言求之而又罪之恐為聖明之累亦不聽蘇頌歎曰方朝廷求賢如飢渴有如此人而不見録豈其論太高而難合邪言太激而取怨邪吴充為相欲寘之館閣又有忌之者僅得國子直講學者方用王氏經義進取文仲不習其書換為三班主簿出通判保徳軍時征西夏衆數十萬皆道境上久不解邊人厭苦文仲陳三不便曰大兵未出而丁夫預集河東顧夫勞

民而損費諸路出兵首尾不相應虞夏商周之盛未嘗無外侮然懷柔制禦之要不在彼而在此也元祐初哲宗召為祕書省校書郎進禮部員外郎有言皇族唯楊荆二王得稱皇叔餘宜各系其祖若唐人稱諸王孫之比文仲曰上新即位宜廣敦睦之義不應疎間骨肉議遂寢遷起居舍人擢左諫議大夫日食七月朔上疏條五事曰邪說亂正道小人乘君子遠服侮中國斜封奪公論人臣輕國命宜察此以消厭兆祥論青苗免役首困天下保甲保馬茶鹽之法為遺蠹留臺改中書舍人三年同知貢舉文仲先有寒疾及

是晝夜不廢職同院以其形瘵勸之先出或居別寢
謝曰居官則任其責敢以疾自便乎於是疾益甚還家
而卒年五十一士大夫哭之皆失聲蘇軾拊其柩曰
世方嘉軟熟而惡崢嶸求勁直如吾經父者今無有
矣詔厚恤其家命弟平仲爲江東轉運判官視其葬
初文仲與弟武仲平仲皆以文聲起江西時號三孔
後追貶梅州別駕元符末復其官有文集五十卷
武仲字常父幼力學舉進士中甲科調穀城主簿選
教授齊州爲國子直講丧二親毀瘠特甚右肱爲不
舉元祐初歷祕書省正字校書集賢校理著作郎國

子司業嘗論科舉之弊詆王氏學請復詩賦取士又
欲罷大義而益以諸經策御試仍用三題進起居郎
兼侍講邇英殿除起居舍人數月拜中書舍人直學
士院初罷侍從轉對專責以論思武仲言苟不持之
以法則言與不言將各從其意願輪二人次對時議
祠北郊久不決武仲建用純陰之月親祠如神州地
祇擢給事中遷禮部侍郎以寶文閣待制知洪州請
從臣爲州者杖以下公坐止劾官屬俟獄成聽大理
約法庶幾刑不逮貴近又全朝廷體貌之意遂著爲
令徙宣州坐元祐黨奪職居池州卒年五十七元符

末追復之所著詩書論語金華講義内外制雜文共
百餘卷
平仲字義甫登進士第又應制科用呂公著薦爲祕
書丞集賢校理文仲卒歸葬南康詔以平仲爲江東
轉運判官護葬事提點江浙鑄錢京西刑獄紹聖中
言者詆其元祐時附會當路譏毀先烈削校理知衡
州提舉董必劾其不推行常平法陷失官米之直六
十萬置獄潭州平仲疏言米貯倉五年半陳不堪食
若非乘民闕食隨宜泄之將成棄物矣儻以爲非臣
不敢逃罪乃徙韶州又坐前上書之故責惠州別駕

安置英州徽宗立復朝散大夫召爲戶部金部郎中
出提舉永興路刑獄帥鄜延環慶黨論再起罷主管
兗州景靈宮卒平仲長史學工文詞著續世說釋解
稗詩戲諸書傳於世
李周字純之馮翊人登進士第調長安尉歲饑官爲
粥以食餓者民坌集不可禁縣以屬周周設梐枑間
老少男女無一亂者都巡檢趙瑜詰盜南山諸尉皆
屬焉瑜悍急多行無禮獨於周不敢肆轉洪洞令民
有世絶而官録其産者其族晚得遺券周取以還之
郡吏欲周周曰利民所以利國也縣之南有澗支流

盜入歲賦菑揵調徒過之周始築新隄民不告病改
知雲安縣鬻鹽井之征且百萬通判施州州介群獠
不習服牛之利為辟田數千畝選謫戍知田者市牛
使耕軍食賴以足司馬光將薦為御史欲使來見周
曰司馬公之賢吾固願見但聞薦而往所謂呈身御
史也卒不往神宗詔近臣舉士孫固以周聞神宗召
對謂曰知卿不游權門識今執政乎對曰不識也識
司馬光乎曰不識也訪禦邊之術曰四邊手足爾若
疲中國以勤遠略致百姓窮困聚為盜賊懼成腹心
之憂神宗頷之翼日語固曰李周樸忠之士也朕且

以為御史執政意其異己請試以事除提點京西刑
獄時方興水利或請釃湍河為六渠以益鉗盧陂水
度用工八十萬周曰湍河原高委下捍以隄猶患決
溢若又導之必致為害乃疏言渠成未可必而費已
不貲盍姑鑿其一而試之儻可以足用行之渠卒無
功明年河溢鄧城幾沒始思其議竟以直道罷判西
京國子監慈聖后復土庀職陵下中貴人至者旁午
次舍帟幕競為華靡周曰臣子執喪不能寢苫枕
塊柰何又從而侈乎訖役山陵使第功載人人自言
周獨否哲宗立召為職方郎中朝廷議和西夏畀以

侵地至欲棄蘭州周曰隴右故為唃氏所有常為吾
藩籬今唃氏破滅若棄之必歸夏人彼以區區河南
百年為勍敵苟益以河湟是盡得吐蕃之地非秦蜀
之利也遂不果棄遷太常少卿祕書少監以直龍圖
閣為陝西轉運使復入為太常少卿進權工部侍郎
旋以集賢院學士知邠州恩禮如待制徙鳳翔府河
中府陝州提舉崇福宮改集賢殿修撰卒年八十紹
聖中追貶賀州別駕後復舊職周自為小官沉晦自
匿未嘗私謁執政有公事公詣中書白之辭向使三
司欲辟為屬及相見卒不敢言退而歎曰若人未易

屈也以是不偶於世
鮮于侁字子駿閬州人唐劍南節度使叔明裔孫也
性莊重力學舉進士為江陵右司理參軍慶曆中天
下旱詔求言侁推災變所由與又條當世之失有四
其語剴切唐介與同鄉里稱其名於上官交章論薦
侁盛言左參軍李景陽枝江令高汝士之美乞移與
之介益以為賢調黟令攝治婺源姦民汪氏富而狠
橫里中因事抵法群吏羅拜曰汪族敗前令不少今
不舍後當詒患侁怒立杖之惡類屏跡通判綿州綿
處蜀左吏狃貪成風至課丁伍供薪炭芻豆鬻果蔬

多取贏直侁一切弗取郡守以下效之趙抃使蜀薦
於朝未及用從何郯辟簽書永興軍判官萬年令不
任職繫囚累百府使往治數日空其獄神宗詔求直
言侁爲蔡河撥發應詔陳十六事神宗愛其文詔近
臣舉所知范鎮以侁應選除利州路轉運判官初王
安石居金陵有重名士大夫期以爲相侁惡其沽激
要君語人曰是人若用必壞亂天下至是乃上書論
時政曰可爲憂患者一可爲太息者二其他逆治體
而召民怨者不可槩舉其意專指安石安石怒毀短
之神宗曰侁有文學可用安石曰陛下何以知之神

宗曰有章奏在安石乃不敢言初助役法行詔諸路
各定所役緡錢利州轉運使李瑜定四十萬侁爭之
曰利州民貧地瘠半此可矣瑜不從各以其事聞時
諸路役書皆未就神宗是侁議諭司農曾布使頒以
爲式因黜瑜而升侁副使仍兼提舉常平部民不請
青苗錢安石遣吏廉按且詰侁不散之故侁曰青苗
之法願取則與民自不願豈能彊之哉左藏庫使周
永懿守利州貪虐不法前使者畏其兇莫敢問侁捕
械于獄流之衡湘因請更以文臣爲守併易班行領
縣事凡居部九年治所去閬中近姻戚旁午待之無

所私各得其歡心蘇軾稱侁上不害法中不廢親下
不傷民以爲三難二稅輸絹綿侁奏聽民以時零納
直其後有李元輔者輒變而多取之父老流涕曰老
運使之法何可改蓋侁之姪師中亦居是職故稱老
以別之徙京東西路河決澶淵議欲勿塞侁言東州
匯澤惟兩濼夏秋雨淫猶溢而害若縱大河注其中
民爲魚矣作議河書上之神宗嘉納後兩路合爲一
以侁爲轉運使時王安石呂惠卿當路正人多不容
侁曰吾有薦舉之權而所列非賢耻也故凡所薦如
劉摯李常蘇軾蘇轍劉攽范祖禹皆守道背時之士

元豐二年召對命知揚州神宗曰廣陵重鎮久不得
人今朕自選卿往宜善治之蘇軾自湖州赴獄親朋
皆絕交道揚侁往見臺吏不許通或曰公與軾相知
久其所往來書文宜焚之勿留不然且獲罪侁曰欺
君負友吾不忍爲以忠義分譴則所願也爲舉吏所
累罷主管西京御史臺哲宗立念東國困於役吴居
厚掊歛虐害竄之復以侁使京東司馬光言於朝曰
以侁之賢不宜使居外顧齊魯之區凋瘵已甚須侁
往救之安得如侁百輩布列天下乎士民聞其重臨
如見慈父母召爲太常少卿侍從議神宗廟配享有

欲用王安石吳充者侁曰先朝宰相之賢誰出富弼右乃用弼拜左諫議大夫侁見哲宗幼沖首言君子小人消長之理甚備又言制舉誠取士之要國朝九為得人王安石用事諱人詆訾新政遂廢其科今方搜羅俊賢廓通言路宜復六科之舊又乞罷大理獄許兩省諫官相往來減特奏名舉人嚴出官之法京東鹽得通商復三路義勇以寬保甲罷戎瀘保甲以寬民力事多施行在職三月以疾求去除集賢殿修撰知陳州詔滿歲進侍制居無何卒年六十九侁刻意經術著詩傳易斷為范鎮孫甫推許孫復與論春秋

謂今學者不能如之作詩平澹淵粹尤長於楚辭蘇軾讀九誦謂近屈原宋玉自以為不可及也

顧臨字子敦會稽人通經學長於訓詁皇祐中舉說書科為國子監直講遷館閣校勘同知禮院熙寧初神宗以臨喜論兵詔編武經要略初命都副承旨提舉神宗謂臨館職改提舉曰館幹且召臨問兵對曰兵以仁義為本動靜之機安危所繫不可輕也因條十事以獻出權湖南轉運判官提舉常平議事戾執政意罷歸改同判武學進集賢校理開封府推官請知潁州入為吏部郎中祕書少監以直龍圖閣為河東轉運使元祐二年擢給事中朝廷方事回河拜臨天章閣待制河北都轉運使於是翰林學士蘇軾與李常王古鄧溫伯孫覺胡宗愈言臨資性方正學有根本慷慨中立無所回撓自處東省封駁論議凜然有古人之風僥倖之流側目畏憚忽去朝廷衆所嗟惜宜留賓左右以補闕遺別選深知河事者往使河北諫議大夫梁燾亦言都漕之職在外豈無其人在朝求如臨者恐不易得皆不報臨至部請因河勢回使東流復以給事中召還歷刑兵吏三部侍郎兼侍讀為翰林學士紹聖初以龍圖閣學士知定州徙應

天河南府中人梁惟簡坐嘗事宣仁太后得罪過洛轉運使郭茂恂狥時宰意劾臨與之宴集奪職知歙州又以附會黨人斥饒州居住卒年七十二徽宗立追復之

李之純字端伯滄州無棣人登進士第熙寧中為度支判官江西轉運副使御史周尹劾廣西提點刑獄許彥先受邕吏金命之純往究其端乃起於出婢之口之純以為蕪俚之言不治彥先得免徙成都路轉運使成都歲發官米六千石損直與民言者謂惠民損上詔下其議之純曰蜀郡人恃此為生百年柰何

一旦奪之事遂已秩滿復留凡數歲始還朝神宗勞
之曰邊方不欲數易大吏使卿外安靖年穀屢豐以
彰朝廷綏遠之意汝知之乎以爲右司郎中轉太僕
卿元祐初加直龍圖閣知滄州召爲户部侍郎未至
改集賢殿修撰河北都轉運使進寶文閣待制知瀛
州俄以直學士知成都府還爲户部三遷御史中丞
建言朝廷事下六部但隨省吏視其前後批以制緩
急之序是爲胥吏顓處命令也若大臣不暇省宜令
列曹長貳隨其所承當行即行當止即止必禀而後
决毋拘於文則吏不得舞權而下情達矣又言衆賢

和於朝則萬物和於野燮理陰陽輔相之職間者國
論稍虧雍睦語言播傳動係觀望不可以不謹董敦
逸黄慶基論蘇軾託詞命以毀先帝蘇轍以名器私
所親皆以監司罷之純疏其誣罔乃更黜之以疾改
工部尚書紹聖中劉拯劾其阿附轍出知單州卒年
七十五從弟之儀

之儀字端叔登第幾三十年乃從蘇軾於定州幕府
歷樞密院編脩官通判原州元符中監内香藥庫御
史石豫言其嘗從蘇軾辟不可以任京官詔勒停徽
宗初提舉河東常平坐爲范純仁遺表作行狀編管

太平遂居姑孰久之徙唐州終朝請大夫之儀能爲
文尤工尺牘軾謂入刀筆三昧

王覿字明叟泰州如皐人第進士熙寧中爲編修三
司令式刪定官不樂久居職求潤州推官二浙旱郡
遣吏視苗傷承監司風旨不敢多除税覿受檄覆按
嘆曰旱勢如是民食已絶倒廩贍之猶懼不克濟尚
可責以賦邪行數日盡除之監司怒捃摭百出會朝
廷遣使振貸覿請見爲言民間利病使者喜歸薦之
除司農寺主簿轉爲丞司農時爲要官進用者多由
此選覿拜命一日即求外韓絳高其節留檢詳三司

會計絳出潁昌辟簽書判官坐在潤公[illegible]免屏居累年
起爲太僕丞徙太常哲宗立呂公著范純仁薦其可
大任擢右正言進司諫上疏言國家安危治亂係於
大臣今執政八人而姦邪居半使一二元老何以行
其志哉因極論蔡確章惇韓縝張璪朋邪害正章數
十上相繼斥去又劾竄呂惠卿朝論以大姦既黜處
人情不安將下詔慰釋之且戒止言者覿言誠出於
此恐海内有識之士得以輕議朝廷舜罪四凶而天
下服孔子誅少正卯而魯國治當是之時不聞人情
不安亦不聞出命令以悅其黨也蓋人君之所以御

下者黜陟二柄而已陟一善而天下之爲善者勸黜一惡而天下之爲惡者懼豈以爲惡者懼而朝廷亦爲之懼哉誠爲陛下惜之覿言雖切然不能止也夏主新立有輕中國心覿曰小羌窺我厭兵故桀驁若是然所當憂者不在今秋而在異日所當謹者不在邊備而在廟謨翕張取予之權必持重而後可洮東擒鬼章檻至闕下覿曰老羌雖就擒其子統衆如故疆土種落未減於前安可遽戮以賈怨宜處之洮岷秦雍閒以示含容好生之德離其石交而壞其死黨又言今民力凋瘵邊費亡極不可不深爲之計於是

疏將帥非其人者請易之茶鹽之害民者請革之至逋債振贍賦斂科須皆指陳其故差役法復行覿以爲朝廷意在便民而議者遂謂免役法無一事可用夫法無新舊惟善之從因采掇數十事於差法有助可以通行者上之遂論青苗之害乞盡罷新令而復常平舊法曰聚斂之臣惟知罔利自媒不顧後害以國家之尊而與民爭錐刀之利何以示天下又言刑罰世輕世重熙寧大臣謂刑罰不重則人無所憚今法令已行可以適輕之時願擇質厚通練之士載加筊正於是置局編彙俾覿領焉大抵皆用中典元祐救

是也神宗復唐制諫官分列兩省至是大臣議徙之外門而以其直舍爲制敕院名防漏泄實不欲使與給舍相通覿爭之曰制敕院吏舍也奪諫省以廣吏舍信胥吏而疑諍臣何示不廣也乃不果徙覿在言路欲深破朋黨之說朱光庭訐蘇軾試館職策問呂陶辯其不然遂起洛蜀二黨之說覿言軾之辭不過失輕重之體爾若悉考同異深究嫌疑則兩歧遂分黨論滋熾夫學士命詞失指其事尚小使士大夫有朋黨之名大患也帝深然之置不問尋改右司員外郎未幾拜侍御史右諫議大夫坐論尚書右丞胡宗

愈出知潤州加直龍圖閣知蘇州州有狡吏善刺守將意以撓權前守用是得譏議覿窮其姦狀寘于法一郡肅然民歌詠其政有吏行水上人在鏡心之語徙江淮發運使入拜刑戶二部侍郎與豐稷偕使遼爲遼人禮重紹聖初以寶文閣直學士知成都府蜀地膏腴畝千金無閑田以葬覿索侵耕官地表爲墓田江水貫城中爲渠歲久湮塞積苦霖潦而多水災覿疏治復故民德之號王公渠徙河陽貶少府少監分司南京又貶鼎州團練副使徽宗即位還故職知永興軍過闕留爲工部侍郎遷御史中丞改元詔下

覿言建中之名雖取皇極然重襲前代紀號非是宜以德宗爲戒時任事者多乖異不同覿言堯舜禹相授一道堯不去四凶而舜去之堯不舉元凱而舜舉之事未必盡同文王作邑于豐而武王治鎬文王關市不征澤梁無禁周公征而禁之不害其爲善繼善述神宗作法于前子孫當守于後至於時異事殊須損益者損益之於理固未爲有失也當國者忿其言遂改爲翰林學士日食四月朔帝下詔責躬覿當制有惟德弗類未足以當天心之語宰相去之乃力請外以龍圖閣學士知潤州徙海州罷主管太平觀遂安置臨江軍覿清修簡澹人莫見其喜慍持正論始終冉㩧讒逐不少變無疾而卒年六十八紹興初追復龍圖閣學士從子俊義

俊義字堯明游學京師資用乏或薦之童貫欲厚聘之拒不荅林靈素設講席寶籙宮詔兩學選士問道車駕將臨視推恩司成以俊義及曹傃應詔俊義辭焉人曰此顯仕捷逕也不可失俊義曰使辭不獲命至彼亦不拜倘見困辱則以死繼之逮至講所去御幄跬步内侍呼姓名至再俊義但望幄致敬不肯出次呼曹傃傃回首俊義目之亦不出既罷皆爲之懼

俊義處之恬然以太學上舍選奏名列其下徽宗親程其文擢爲第一及賜第望見容貌甚偉大說顧侍臣曰此朕所親擢也真所謂俊義矣自古未有人主自爲主司者宜即超用蔡京邀使來見曰一見我左右史可立得俊義不往僅拜國子博士居二年乃得改太學博士鄆王諤先聖有司議諸生門迎俊義曰此豈可施於人臣哉禮如見宰相足矣乃序立敦化堂下及王至猶辭不敢當進吏部員外郎嘗入對帝問卿知前所以親擢乎蓋主司之意不一是以天子自提文衡也衛膚敏呂安國今安在具以對即召爲館職而遷俊義右司員外郎爲王黼所惡以直祕閣知岳州卒年四十七俊義與李邴友善首建正論於宣和間當是時諸公卿稍知分別善惡邪正兩人力也邴字肅遠亦知名士官不顯

馬默字處厚單州成武人家貧徒步詣徂徠從石介學諸生時以百數一旦出其上既而將歸介語諸生曰馬君他日必爲名臣宜送之山下登進士第調臨濮尉知須城縣縣爲鄆治所鄆吏犯法不可捕默趨府取而杖之客次闔府皆驚曹佾守鄆心不善也默亦不爲屈後守張方平素貴掾屬來前多閉目不

與語見黙白事忽開目孰視久之盡行其言自是諉以事治平中方平還翰林薦爲監察御史裏行遇事輒言無顧方平間遣所親儆之曰言太直得無累舉者乎黙謝曰辱知之深不敢爲身謀所以報也時議尊崇濮安懿王臺諫呂誨等力爭以爲不可悉出補外黙請還之不報遂上言濮王生育聖躬人誰不知若稱之爲親義無可據名之不正失莫大焉願蔽自宸心明詔寢罷以感召和氣安士廟之神靈是一舉而衆善隨之也又言致治之要求賢爲本仁宗以官人之權盡委輔相數十年間賢而公者無幾官之進也不由實績不自實聲但趨權門必得顯仕今侍制以上數倍祖宗之時至謀一帥臣則協於公議者十無三四庶僚之衆不知幾人一有難事則曰無人可使豈非不才者在上而賢不肖混淆乎願陛下明目達聰務既其實歷試而超升之以幸天下刑部郎中張師顔提舉諸司庫務繩治不法衆吏懼搖飛語譏去之黙力陳其故以爲惡直醜正實繁有徒今將去積年之弊以興太平必先官舉其職宜崇奬師顔厲以忠勤則尸素括囊之徒知所勸矣西京會聖宮將創仁宗神御殿黙言事不師古前典所戒漢以諸帝所

幸郡國立廟知禮者非之況先帝未嘗幸洛而創建廟祀實乖典則願以禮爲之節義爲之制亟止此役以章清静奉先之意會地震河東陝西郡黙以爲陰盛應爲邊患宜備之後數月西夏果來侵神宗即位以論歐陽脩事通判懷州上疏陳十事一曰攬威權二曰察姦佞三曰近正人四曰明功罪五曰息大費六曰備凶年七曰崇儉素八曰久任使九曰擇守宰十曰禦邊患攬威權則天子勢重而大臣安矣察姦佞則忠臣用而小人不能幸進矣近正人則諫諍日聞而聖性開明矣明功罪則朝廷無私而天下服矣息大費則公私富而軍旅有積矣備凶年則大恩常施而禍亂不起矣崇儉素則自上化下而民樸素矣久任使則官不虛授而職事舉矣擇守宰則庶績有成而民受賜矣禦邊患則四遠畏服而中國彊矣除知登州沙門島囚衆官給粮者纔三百人每益數則投諸海砦主李慶以二年殺七百人黙責之曰人命至重恩既貸其生又從而殺之不若即時死鄉里也汝胡不以乏粮告而顓殺之如此欲按其罪慶懼自縊死黙爲奏請更定配島法凡二十條溢數而年深無過者移登州自是多全活者其後蘇軾知登州父

老迎於路曰公爲政愛民得如馬使君乎徙知曹州召爲三司鹽鐵判官以默與富弼善且論新法不便出知濟兗二州還提舉三司帳司爲神宗言用兵形勢及指畫河北山川道里應對如流神宗喜將用之大臣滋不悅以提點京東刑獄默性剛嚴疾惡部吏有望風投檄去者金鄉令以賄著其父方執政詒書曰馬公素剛汝有過將不免令懼悉取不義之物焚撤之改廣西轉運使會安化等蠻歲饑內寇默上平蠻方略以爲勝負不在兵而在將富良宵遁郭逵怯懦邕城陷沒蘇緘老謬歸仁鋪覆軍陳曙先走崑崙關喪師張守節不戰儂智高破亡因狄青之智勇歐希範之誅滅乃杜杞之方略此足驗矣以疾求歸知徐州蠲城利國監苦吳居厚之虐默皆革之召爲司農少卿司馬光爲相欲盡修祖宗法問默以復鄉差衙前法如何默曰不可如常平自漢爲良法豈宜盡廢去其害民者可也其後役人立爲一州一縣法常平提舉官省歸提刑司頗自默發之除河東轉運使時議棄葭蘆吳堡二砦默奏控扼險阻敵不可攻棄之不便由是二砦得不棄移兗州請褒録石介後詔官其孫東州荐饑流民大集所振活數萬計入拜衛

尉卿權工部侍郎轉戶部告老以寶文閣待制復知徐州改河北都轉運使初元豐間河決小吳因不復塞縱之北流元祐議臣以爲東流便水官遂與之合默與同時監司上議以北流爲便御史郭知章復請從東流於是作東西馬頭約水復故道爲長堤壅河之北流者勞費甚大明年復決而北竟不能使之東久之告老提舉鴻慶宮紹聖時坐附司馬光落待制致仕元符三年復之卒年八十紹興中以其子純請贈開府儀同三司加贈太保

論曰詩云時靡有爭王心載寧王安石之爲相可謂致天下之爭而君心不寧矣孫覺李常力詆新法寧失故人之意毅然去之而無悔賢哉孔文仲之策制科以微官慷慨論事言雖不聽而名徹上聰安石既斥其人又廢其科何遷怒之甚耶鮮于侁早識安石敗事與呂誨同見幾先馬默用張方平薦爲御史至於盡言而不諱方平止之而不聽斯爲不負知己矣李周之耿介顧臨之用兵李之純王覿再黜而不改其正亦足以見一時之多賢焉

列傳卷第一百三

列傳卷第一百四　　宋史三百四十五

開府儀同三司上柱國錄軍國重事前中書右丞相監修國史領經筵事都總裁臣脫脫等奉勑修

劉安世　鄒浩　田晝　王回　曾誕附　陳瓘　任伯雨

劉安世字器之魏人父航第進士歷知虞城犀浦縣虞城多姦猾喜寇盜犀浦民弱而馴航爲政寬猛急緩不同兩縣皆治知宿州押伴夏使使者多所要請執禮不遜且欲服毬文金帶入見航皆折正之以群牧判官爲河南監牧使持節冊夏主秉常凡例所遺

寶帶名馬却弗受還上禦戎書大略云辨士好爲可喜之說武夫徼冀不貲之寵或爲所誤不可不戒爲河北西路轉運使熙寧大旱求言航論新政不便者五又上書言人主不可輕失天下心宜乘時有所改爲則人心悅而天意得矣不報乃請提舉崇福宮起知涇相二州王師西征徙知陝府時倉卒軍興餽餉切急縣令佐至荷校督民民多棄田廬或至自盡航獨期會如平日事更以辦終太僕卿安世少時持論已有識航使監牧時文彥博在樞府有所聞每呼安世告之安世從容言王介甫求去外議謂公且代其

任彥博曰安石壞天下至此後之人何可爲安世拱手曰安世雖晚進竊以爲未然今日新政果順人所欲而爲人利乎若不然公當去所害與所利反掌間耳彥博默不應他日見航嘆奬其堅正登進士第不就選從學於司馬光咨盡心行己之要光教之以誠且令自不妄語始調洺州司法參軍司戶以貪聞轉運使吳守禮將按之問於安世安世云無之守禮爲止然安世心常不自安曰司戶實貪而吾不以誠對吾其違司馬公教乎後讀楊雄法言君子避礙則通諸理意乃釋光入相薦爲祕書省正字光薨宣仁太

后問可爲臺諫于呂公著公著以安世對擢右正言時執政頗與親戚官安世言祖宗以來大臣子弟不敢受內外華要之職自王安石秉政務快私意累聖之制掃地不存今廟堂之上猶習故態因歷疏文彥博以下七人皆耆德魁舊不少假借章惇以強市崑山民田罰金安世言惇與蔡確黃履邢恕素相交結自謂社稷之臣貪天之功徼幸異日天下之人指爲四凶今惇父尚在而別籍異財絕滅義理止從薄罰何以示懲會吳處厚解釋確安州詩以進安世謂其指斥乘輿犯大不敬與梁燾等極論之竄之新州宰

相范純仁至于御史十人皆緣是去遷起居舍人兼左司諫進左諫議大夫有旨暫罷講筵民間驩傳宮中求乳媼安世上疏諫曰陛下富於春秋未納后而親女色願太皇太后保祐聖躬爲宗廟社稷大計清閒之燕頻御經帷仍引近臣與論前古治亂之要以益聖學無溺於所愛而忘其可戒哲宗悅首不語后曰無此事卿誤聽爾明日后留呂大防告之故大防退召給事中范祖禹使達旨祖禹固嘗以諫於是兩人合辭申言之甚切鄧温伯爲翰林承旨安世言其出入王呂黨中始終反覆今之進用實係君子小人

消長之機乞行免黜不報遂請外改中書舍人辭不就以集賢殿修撰提舉崇福宮才六月召爲寶文閣待制樞密都承旨范純仁復相呂大防白后欲令安世少避后曰今既不居言職自無所嫌又語韓忠彦曰如此正人宜且留朝廷乃止呂惠卿復光祿卿分司安世爭以爲不可不聽出知成德軍章惇用事尤忌惡之初黜知南安軍再貶少府少監三貶新州別駕安置英州同文館獄起蔡京乞誅滅安世等家譏雖不行猶徙梅州惇與蔡卞將必寘之死因使者入海島誅陳衍諷使者過安世脅使自裁又擢一土豪

爲轉運判官使殺之判官疾馳將至梅梅守遣客來勸安世自爲計安世色不動對客飲酒談笑徐書數紙付其僕曰我即死依此行之顧客曰死不難矣客密從僕所視皆經紀同貶當死者之家事甚悉判官未至二十里嘔血而斃危得免昭懷后正位中宮惇下發前諫乳媼事以爲爲后設時鄒浩既貶詔應天少尹孫鼛以檻車收二人赴京師行數驛而徽宗即位赦至鼛乃還凡投荒七年甲令所載遠惡地無不歷之移衡及鼎然後以集賢殿修撰知鄆州真定府曾布又忌之不使入朝蔡京既相連七謫至峽州羈

管稍復承議郎卜居宋都宣和六年復待制中書舍人沈思封還之明年卒年七十八安世儀狀魁碩音吐如鍾初除諫官未拜命入白母曰朝廷不以安世不肖使在言路倘居其官須明目張膽以身任責脫有觸忤禍譴立至主上方以孝治天下若以老母辭當可免母曰不然吾聞諫官爲天子諍臣汝父平生欲爲之而弗得汝幸居此地當捐身以報國恩正得罪流放無問遠近吾當從汝所之於是受命在職累歲正色立朝扶持公道其面折廷爭或帝盛怒則執簡卻立伺怒稍解復前抗辭旁侍者遠觀蓄縮悚汗

目之曰殿上虎一時無不敬懾家居未嘗有惰容乆
坐身不傾倚作字不草書不好聲色貨利其忠孝正
直皆則象司馬光年既老群賢凋喪略盡歸然獨存
而名望益重梁師成用事能生死人心服其賢求得
小吏吳默嘗趨走前後者使持書來啖以即大用默
因勸爲子孫計安世笑謝曰吾若爲子孫計不至是
矣吾欲爲元祐全人見司馬光于地下還其書不荅
死葬祥符縣後二年金人發其冢貌如生相驚語曰
異人也爲之蓋棺乃去
鄒浩字志完常州晉陵人第進士調楊州潁昌府教

授吕公著范純仁爲守皆禮遇之純仁屬撰樂語浩
辭純仁曰翰林學士亦爲之浩曰翰林學士則可祭
酒司業則不可純仁敬謝元祐中上疏論事其略曰
人材不振無以成天下之務陛下視今日人材果有
餘邪果不足邪以爲不足則中外之百執事未嘗不
備以爲有餘則自任以天下之重者幾人正色昌言
不承望風旨者幾人持刺舉之權以肅清所部者幾
人承流宣化而使民安田里者幾人民貧所當富也
則曰水旱如之何官冗所當澄也則曰民情不可擾
人物所當求也則曰從古不乏材風俗所當厚也則

曰不切於時變是皆不明義理之過也蘇頌用爲太
常博士來之邵論罷之後累歲哲宗親擢爲右正言
有請以王安石三經義發題試舉人者浩論其不可
而止陝西奏邊功中外皆賀浩言先帝之志而陛下
成之善矣然兵家之事未戰則以決勝爲難既勝則
以持勝爲難惟其時而已苟爲不然將棄前功而招
後患願申敕將帥毋狃屢勝圖惟厥終京東大水浩
言頻年水異繼作雖盈虛之數所不可逃而消復之
方尤宜致謹書曰惟先格王正厥事不以爲數之當
然此消復之實也蹇序辰看詳元祐章奏公肆詆欺

輕重不平浩言初旨但分兩等謂語及先帝并語言
過差而已而今所施行混然莫辨以其近似難分之
迹而典刑輕重隨以上下是乃陛下之威福操柄下
移於近臣願加省察以爲來事之監章惇獨相用事
威虐震赫浩所言每觸惇忌仍上章露劾數其不忠
慢上之罪未報而賢妃劉氏立浩言立后以配天子
安得不審今爲天下擇母而所立乃賢妃一時公議
莫不疑惑誠以國家自有仁祖故事不可不遵用之
爾蓋郭后與尚美人爭寵仁祖既廢后并斥美人所
以示公也及立后則不選于妃嬪而卜于貴族所以

遠嫌所以爲天下萬世法也陛下之廢孟氏與郭后無以異果與賢妃爭寵而致罪乎抑其不然也二者必居一於此矣孟氏罪廢之初天下孰不疑立賢妃爲后及讀詔書有別選賢族之語又聞陛下臨朝嘅嘆以爲國家不幸至於宗景立妾怒而罪之於是天下始釋然不疑今竟立之豈不上累聖德臣觀白麻所言不過稱其有子及引永平祥符事以爲證臣請論其所以然若曰有子可以爲后則永平貴人未嘗有子也所以立者以德冠後宮故也祥符德妃亦未嘗有子所以立者以鍾英甲族故也又況貴人實馬

援之女德妃無廢后之嫌逈與今日事體不同頃年冬妃從享景靈宮是日雷變甚異今宣制之後霖雨飛雹自奏告天地宗廟以來陰淫不止上天之意豈不昭然考之人事既如彼求之天意又如此望不以一時改命爲難而以萬世公議爲可畏追停冊禮如初詔行之帝謂此亦祖宗故事豈獨朕邪對曰祖宗大德可法者多矣陛下不之取而効其小疵臣恐後世之責人無已者紛紛也帝變色猶不怒持其章躊躇四顧凝然若有所思付外明日章惇詆其狂妄乃削官羈管新州蔡卞安惇左膚繼請治其祖送者王

回等語在他傳徽宗立亟召還復爲右正言遷左司諫上疏謂孟子曰左右諸大夫皆曰賢未可也國人皆曰賢然後察之見賢焉然後用之左右諸大夫皆曰不可勿聽國人皆曰不可然後察之見不可焉然後去之於是知公議不可不恤獨斷不可不謹蓋左右非不親也然不能無交結之私諸大夫非不貴也然不能無恩讎之異至於國人皆曰賢皆曰不可則所謂公議也公議之所在槩已察之必待見賢然後用見不可然後去則所謂獨斷也惟恤公議於獨斷未形之前謹獨斷於公議已聞之後則人君所以致

治者又安有不善乎伏見朝廷之事頗異於即位之初相去半年遽已如是自今以往將如之何願陛下深思之改起居舍人進中書舍人又言陛下善繼神宗之志善述神宗之事孝德至矣尚有五朝聖政盛德願稽考而繼述之以揚七廟之光貽福萬世遷兵吏二部侍郎以寶文閣待制知江寧府徙杭越州初浩還朝帝首及諫立后事獎嘆再三詢諫草安在對曰焚之矣退告陳瓘瓘曰禍其在此乎異時姦人妄出一緘則不可辨矣蔡京用事素忌浩乃使其黨爲僞疏言劉后殺卓氏而奪其子遂再責衡州別駕語

在獻愍太子傅尋竄昭州五年始得歸初浩除諫官恐貽親憂欲固辭母張氏曰兒能報國無愧於公論吾顧何憂及浩兩謫嶺表母不易初意稍復直龍圖閣瘴疾作危甚楊時過常往省之薾然僅存餘息猶眷眷以國事爲問語不及私卒年五十二高宗即位詔曰浩在元符間任諫爭危言讜論朝野推仰復其待制又贈寶文閣直學士賜謚忠浩所與游田晝王回曾誕皆良士也

晝字承君陽翟人樞密使況之從子以任爲校書郎調磁州錄事參軍知西河縣有善政民甚德之議論慨慷有前輩風與鄒浩以氣節相激勵元符中浩爲諫官晝監京城門往見浩曰平生與君相許者何如今君爲何官浩曰上遇群臣未嘗假以辭色獨於浩差若相喜天下事固不勝言意欲待深相信而後發貴有益也晝然之既而以病歸許邸狀報立后晝謂人曰志完不言可以絕交矣浩得罪晝迎諸塗浩出涕晝正色責曰使志完隱默官京師遇寒疾不汗五日死矣豈獨嶺海之外能死人哉願君毋以此舉自滿士所當爲者未止此也浩茫然自失歎謝曰君之贈我厚矣建中靖國初入爲大宗正丞曾布數羅致

之不爲屈欲與提舉常平官亦辭請知淮陽軍歲大疫日挾醫問病者藥之遇疾卒淮陽人祀以爲土神云

回字景深仙遊人第進士調松滋令荊湖俗用人祭鬼回捕治甚嚴其風遂革知鹿邑縣入爲宗正寺簿元符中蔡祖洽薦爲睦親宅講書與鄒浩友善皇后劉氏立浩將論之密告回回曰事寧有大於此者乎子雖有親然移孝爲忠亦太夫人素志也浩南遷人莫敢顧回斂交游錢與治裝往來經理且慰安其母邏者以聞逮詣詔獄衆爲之懼回居之晏然御史詰之對曰實嘗預議不敢欺也因誦浩所上章幾二千言獄上除名停廢即徒步出都門行數十里其子追及問以家事不荅祖洽亦坐黜徽宗立召還舊官擢監察御史數日卒年五十三岑象求王覿賈易上章乞錄其子恤其家以獎勸忠義詔除子渙老郊社齋郎蔡京爲相奪之仍列名黨籍

誕公亮從孫也孟后之廢誕三與浩書勸力請復后浩不報及浩以言南遷誕著玉山主人對客問以譏之其略曰客問鄒浩可以爲有道之士乎主人曰浩安得爲知道雖然予於此時議浩是天下無全人也

言之尚足爲來世戒易曰知幾其神乎又曰知進退存亡而不失其正者其惟聖人乎方孟后之廢人莫不知劉氏之將立至四年之後而冊命未行是天子知清議之足畏也使當其時浩力言復后能感悟天子則無今日劉氏之事貽朝廷於過舉再三言而不聽則義亦當矣使是時得罪必不若是酷以貽老母之憂矣嗚呼若浩者雖不得爲知幾之士然百世之下頑夫廉懦夫有立志尚不失爲聖人之清也其書既出識者或以比韓愈諫臣論誕仕亦不顯

陳瓘字瑩中南劍州沙縣人少好讀書不喜爲進取

學父母勉以門戶事乃應舉一出中甲科調湖州掌書記簽書越州判官守蔡卞察其賢每事加禮而瓘測知其心術常欲遠之屢引疾求歸章不得上檄攝通判明州卞素敬道人張懷素謂非世間人時且來越卞留瓘小須之瓘不肯止曰子不語怪力亂神斯近怪矣州牧既信重民將從風而靡不識之未爲不幸也後二十年而懷素誅明州職田之入厚瓘不取盡棄於官以歸章惇入相瓘從衆道謁惇聞其名獨邀與同載詢當世之務瓘曰請以所乘舟爲喻偏重可行乎移左置右其偏一也明此則可行矣天子待公爲政敢問將何先惇曰司馬光姦邪所當先辨勢無急於此瓘曰公誤矣此猶欲平舟勢而移左以置右果然將失天下之望惇厲色曰光不務纘述先烈而大改成緒誤國如此非姦邪而何瓘曰不察其心而疑其迹則不爲無罪若指爲姦邪又復改作則誤國益甚矣爲今之計唯消朋黨持中道庶可以救弊意雖忤惇然亦驚異頗有兼收之語至都用爲太學博士會卞與惇合志正論遂絀卞黨薛昂林自官學省議毀資治通鑑瓘因策士題引神宗所製序文以問昂自意沮遷秘書省校書郎紹述之說盛瓘奏哲

宗言堯舜禹皆以若稽古爲訓若者順而行之稽者考其當否必使合於民情所以成帝王之治天子之孝與士大夫之孝不同帝反復究問意感悅約瓘再入見執政聞而憾之出通判滄州知衛州徽宗即位召爲右正言遷左司諫瓘論議持平務存大體不以細故藉口未嘗及人暗昧之過嘗云人主託言者以耳目誠不當以淺近見聞惑其聰明惟極論蔡卞章惇安惇邢恕之罪御史龔夬擊蔡京朝廷將逐夬瓘言紹聖以來七年五逐言者常安民孫諤董敦逸陳次升鄒浩五人者皆與京異議而去今又罷夬將若

公道何遂草蹟論京未及上時皇太后已歸政瓘言外戚向宗良兄弟與侍從希寵之士交通使物議籍籍謂皇太后令猶預政由是罷監揚州糧料院瓘出都門繳四章奏之并明宣仁誣謗事帝密遣使賜以黃金百兩后亦命勿遽去畀十僧牒爲行裝改知無爲軍明年還爲著作郎遷右司員外郎兼權給事中宰相曾布使客告以將即真瓘語子正彙曰吾與丞相議事多不合今若此是欲以官爵相餌也若受其薦進復有異同則公議私恩兩有愧矣吾有一書論其過將投之以決去就汝其書之但郊祀不遠彼不

相容則澤不及汝矣能不介於心乎正彙願得書旦持入省布使數人邀相見甫就席遽出書布大怒爭辨移時至箕踞誶語瓘色不爲動徐起白曰適所論者國事是非有公議公未可失待士禮布矍然改容信宿出知泰州崇寧中除名竄袁州廉州移郴州稍復宣德郎正彙在杭告蔡京有動搖東宮迹杭守蔡薿執送京師先飛書告京俾爲計事下開封府制獄併逮瓘尹李孝稱逼使證其妄瓘曰正彙聞京將不利社稷傳於道路瓘豈得預知以所不知忘父子之恩而指其爲妄則情有所不忍挾私情以符合其說

又義所不爲京之姦邪必爲國禍瓘固嘗論之於諫省亦不待今日語言間也內侍黃經臣蒞鞫聞其辭失聲歎息謂曰主上正欲得實但如言以對可也獄具正彙猶以所告失實流海上瓘亦安置通州瓘嘗著尊堯集謂紹聖史官專據王安石日錄改修神宗史變亂是非不可傳信深明誣妄以正君臣之義張商英爲相取其書既上而商英罷瓘又徙台州宰相徧令所過州出兵甲護送至台每十日一徙告且命凶人石悈知州事執至庭大陳獄具將脅以死瓘揣知其意大呼曰今日之事豈被制旨邪悈失措始告

之曰朝廷令取尊堯集爾瓘曰然則何用許使君知尊堯所以立名乎蓋以神考爲堯主上爲舜助舜尊堯何得爲罪時相學術淺短爲人所愚君所得幾何乃亦不畏公議干犯名分乎悈慚揖使退所以窘辱之百端終不能害宰相猶以悈爲怯而罷之在台五年乃得自便纔復承事郎帝批進目以爲所擬未當令再敘一官仍與差遣執政持不行卜居江州復有譖之者至不許輒出城旋令居南康纔至又移楚瓘平生論京卞皆披擿其處心發露其情慝最所忌恨故得禍最酷不使一日少安宣和六年卒年六十五

瓘謙和不與物競閑居矜莊自持語不苟發通於易數言國家大事後多驗靖康初詔贈諫議大夫召官正彙紹興二十六年高宗謂輔臣曰陳瓘昔爲諫官甚有讜議近覽所著尊堯集明君臣之大分合於易天尊地卑及春秋尊王之法王安石號通經術而其言乃謂道隆德駿者天子當北面而問焉其背經悖理甚矣瓘宜特賜謚以表之謚曰忠肅

任伯雨字德翁眉州眉山人父孜字遵聖以學問氣節推重鄉里名與蘇洵埒仕至光祿寺丞其弟汲字師中亦知名嘗通判黃州後知瀘州當時稱大任小

任伯雨自幼已嶠然不群邃經術文力雄健中進士第調施州清江主簿郡守檄使治公庫笑曰里名勝母曾子不入此職何爲至我哉拒不受知雍丘縣御吏如束濕撫民如傷縣枕汴流漕運不絕舊苦多盜然未嘗有獲者人莫知其故伯雨下令綱舟無得宿境內始猶不從則命東下者斧斷其纜趣京師者護以出自是外戶不閉使者上其狀召爲大宗正丞甫至擢右正言時徽宗初政納用讜論伯雨首擊章惇曰惇久竊朝柄迷國罔上毒流搢紳乘先帝變故倉卒輙逞異意睥睨萬乘不復有臣子之恭向使其計

得行將寘陛下與太皇后於何地若貸而不誅則天下大義不明大法不立矣臣聞北使言去年遼主方食聞中國黜惇放箸而起稱甚善者再謂南朝錯用此人北使又問何爲只若是行遣以此觀之不獨孟子所謂國人皆曰可殺雖蠻貊之邦莫不以爲可殺也章八上貶惇雷州繼論蔡卞六大罪語在卞傳建中靖國改元當國者欲和調元祐紹聖之人故以中爲名伯雨言人才固不當分黨與然自古未有君子小人雜然並進可以致治者蓋君子易退小人難退二者並用終於君子盡去小人獨留唐德宗坐此致

播遷之禍建中乃其紀號不可以不戒時議者欲西北典郡專用武臣伯雨謂李林甫致祿山之亂者此也又論鍾傳王贍生湟鄯邊事失與國心宜棄其地以安邊息民張耒黃庭堅晁補之歐陽棐劉唐老等宜在朝廷上書皇太后乞暴蔡京之惡召還陳瓘以全定策之勳時以正月朔旦有赤氣之異詣火星觀以禳之伯雨上疏言嘗聞修德以弭災未有禳祈以消變洪範以五事配五行說者謂視之不明則有赤青赤祥乞攬權綱以信賞罰專威福以殊功罪使皇明赫赫事至必斷則乖氣異象轉爲休祥矣又言北

日內降寖多或恐矯傳制命漢之鴻都賣爵唐之墨敕斜封此近監也王覿除御史中丞仍兼史官伯雨謂史院宰相監修今中丞爲屬非所以重風憲遠嫌疑已而覿除翰林伯雨復論曰學士爵秩位序皆在中丞上今覿爲之是諫官論事非特朝廷不行適足以爲人遷官爾伯雨居諫省半歲所上一百八疏大臣畏其多言俾權給事中宻諭以少默即爲眞伯雨不聽抗論愈力且將劾曾布布覺之徙爲度支員外郎尋知虢州崇寧黨事作削籍編管通州爲蔡卞所陷與陳瓘龔夬張庭堅等十三人皆南遷獨伯雨徙

昌化姦人猶未甘心用匿名書復逮其仲子申先赴獄妻適死于淮報訃俱至伯雨處之如平常曰死者已矣生者有負于朝廷亦當從此訣如其不然天豈殺無辜耶申先在獄鍛鍊無所傅致乃得釋居海上三年而歸宣和初卒年七十三長子象先登世科又中詞學兼茂舉有司啓封見爲黨人子不奏名調秦州戶曹掾聞父謫棄官歸養王安中辟燕山宣撫幕勉應之道引疾還終身不復仕申先以布衣特起至中書舍人紹興初高宗詔贈伯雨直龍圖閣又加諫議大夫采其諫章追貶章惇蔡卞邢恕黃履明著誣宣仁事以告天下淳熙中賜謚忠敏

論曰劉安世復文彥博之言時年尚少然其言即元祐之初政而司馬光之用心也鄒浩諫立劉后反復曲折極人所難言二人除言官俱入白其母母俱勉以盡忠報國無分毫顧慮後患意嗚呼賢哉陳瓘任伯雨抗迹疏遠立朝寡援而力發章惇曾布蔡京蔡卞群姦之罪無少畏忌古所謂剛正不撓者歟

列傳卷第一百四

列傳卷第壹百伍　　宋史叁百肆拾陸

開府儀同三司上柱國錄軍國重事前中書右丞相監修國史領經筵事都總裁臣脫脫等奉

勑修

陳次升　陳師錫　彭汝礪弟汝霖 汝方　呂陶

張庭堅　龔夬　孫諤　陳軒

江公望　陳祐　常安民

陳次升字當時興化仙遊人入太學時學官始得王安石字說招諸生訓之次升作而曰丞相豈秦學邪美商鞅之能行仁政而為李斯解事非秦學而何坐屏斥既而第進士知安丘縣轉運使吳居厚以聚斂進

擿尉罔征稅於遠郊得農家敗絮捕送縣次升縱遣之居厚怒將被以文法會御史中丞黃履薦為監察御史哲宗立使察訪江湖先是蹇周輔父子經畫江右鹽法為民害次升舉劾之還言額外上供之數未除異日必有非法之斂頃從熙寧以來創行封樁名錢悉賜豁免又役法未定人情熒惑乞速定差顧及均數之等先為之節而審行之提點淮南河東刑獄紹聖中復為御史轉殿中論章惇蔡卞植黨為姦乞收還威福之柄禁中火彗出西方次升請修德求言以弭天變掖庭鞫厭魅獄次升言事關中宮宜付外參治令屬於閹寺之手萬一有冤濫貽後世譏濟陽郡王宗景請以妾為妻論其以宗藩廢禮為聖朝累初惇卞以次升在元祐間外遷意其不能無怨望卞又與同鄉里故延寘憲府欲使出力為助擠排衆賢而一無所附時方編元祐章疏毒流搢紳次升言陛下初即位首下詔令導人使諫親政以來又揭敕牓許其自新今若考一言之失致於譴累則前之詔令適所以誤天下後之敕牓適所以誑天下非所以示大信也又論卞客周種貪鄙鄭居中憸佞由是惇卞交惡之使所善太府少卿林顏致己意嘗以美官次

升曰吾知守官而已君爲天子卿士而爲宰相傳風旨邪惇卞益不樂乘間白為河北轉運使帝曰漕臣易得耳次升敢言不當去更進左司諫宣仁有追廢之議次升密言先太后保佑聖躬始終無間願勿聽小人銷骨之謗帝曰卿安所聞對曰臣職許風聞陛下毋詰其所從來可也呂升卿察訪廣南次升言陛下無殺流人之意而遣升卿出使升卿資性慘刻喜求人過令使逞志釋憾則亦何所不至哉乃止不遣次升累章劾章惇皆留中帝嘗謂曰章惇文字勿令絕次升退告王鞏鞏曰君胡不云諫臣耳目也帝王

心也心所不知則耳目爲之傳達旣知之何以耳目爲居數日復入見帝申前旨乃以鞏語對帝曰然顧未有代之者爾訖不克去京師富家乳婢怨其主坐兒於上而嵩呼者三邏繫獄次升乞戒有司無得觀望帝問大臣何謂蔡卞曰正謂觀望陛下爾誣其毀先烈擬謫監全州酒稅帝以爲遠改南安軍徽宗立召爲侍御史極論惇卞曾布蔡京之惡竄惇於雷居卞於池出京於江寧遷右諫議大夫獻體道稽古脩身仁民崇儉節用六事言多規切崇寧初以寶文閣待制知潁昌府降集賢殿脩撰繼又落脩撰除名徙建昌編管循州皆以論京卞故政和中用赦恩復舊職卒年七十六次升三居言責建議不茍合劉安世稱其有功於元祐人謂能遏呂升卿之行也它所言曾肇王覿張庭堅賈易李昭玘呂希哲范純禮蘇軾等公議或不謂然

陳師錫字伯脩建州建陽人熈寧中游太學有雋聲神宗知其材及廷試奏名在甲乙間帝偶閱其文屢讀屢歎賞顧侍臣曰此必陳師錫也啓封果然擢爲第三調昭慶軍掌書記郡守蘇軾器之倚以爲政軾得罪捕詣臺獄親朋多畏避不相見師錫獨出餞之又安輯其家知臨安縣爲監察御史上言宋興享國長久號稱太平者莫如仁宗切考致治之本不過延直言御群下進善退邪而已明道中親覽萬幾見政事之多辟輔佐之失職自呂夷簡張耆夏竦陳堯佐范雍晏殊等一日罷去寶元初冬雷地震用諫官韓琦之言王隨陳堯佐韓億石中立同時見黜其後不次擢用杜衍范仲淹富弼韓琦以成慶曆嘉祐之治願稽皇祖納諫御臣之意以興治功帝善其言時詔進士習律師錫言陛下方大闡學校用經術訓迪士類不應以刑名之學亂之夫道德本也刑名末也教之以本人猶趨末況教之以末乎望

追寢其制使得悉意本業用事者謂倡爲詖說出知宿遷縣元祐初蘇軾三上章薦其學術淵源行已粲素議論剛正器識精深德行追蹤於古人文章冠絶於當世乃入爲秘書省校書郎遷工部員外郎加秘閣校理提點開封縣鎭建言銓法選人用舉者遷升而歲有定額今請託者濫數而寒畯有不足之患請爲之限約畿内將官苛慘失士心方大閱群卒譁譟將吏莫知所爲師錫馳至軍推首惡者致諸法按閱如初而劾斥其將縣人歎服樞密院猶以事不先白爲罪罷知解州歷考功員外郎知宣州蘇州徽宗立

召拜殿中侍御史疏言元豐之末中外洶洶矣宣仁
聖后再安天下委國而治者司馬光呂公著爾章惇
誣其包藏禍心至於追貶天相陛下發潛繼統而惇
猶擾高位光等贈謚未還墓碑未復願早攄宸略以
慰中外之望蔡京爲翰林學士師錫言京與弟卞同
惡迷國誤朝而京好大喜功銳於攺作日夜交結內
侍戚里以覬大用若果用之天下治亂自是而分祖
宗基業自是而隳矣京援引死黨至數百人鄧洵武
內行汙惡搢紳不齒豈可滓穢史筆向宗回宗良亦
陰爲京助是皆國之深患爲陛下憂爲宗廟憂爲賢

人君子憂若出之于外社稷之福也帝曰此於東朝
有礙卿爲我處之對曰審爾臣當具白太后遂上封
事言自昔母后臨朝危亂天下載在史册可考而知
至於手書還政未有如聖母退抑謙遜真可爲萬世
法而蔡京陰通二向妄言宮禁預政以誣聖德不可
不察也詔索秘閣圖畫師錫言六經載道諸子言理
歷代史籍祖宗圖畫天人之蘊性命之妙治亂安危
之機善惡邪正之迹在焉望留意於此以唐山水圖
代無逸爲監儀攺考功郎中師錫抗章言曰臣在職
數月所言皆當今急務若以爲非陛下方開納褒獎

若以爲是則不應遽解言職如蔡京典刑未正願受
竄貶於是出知潁廬滑三州坐黨論監衡州酒又削
官置郴州卒年六十九師錫始與陳瓘同論京卞時
號二陳紹聖中贈直龍圖閣

彭汝礪字器資饒州鄱陽人治平二年舉進士第一
歷保信軍推官武安軍掌書記彰州軍事推官王安
石見其詩義補國子直講攺大理寺丞擢太子中允
既而惡之御史中丞鄧綰將舉爲御史召之不往既
上章復以失舉自列神宗怒逐綰用汝礪爲監察御
史裏行首陳十事一正己二任人三守令四理財五

養民六振救七興事八變法九青苗十鹽事指摘利
害多人所難言者又論呂嘉問市易聚斂非法當罷
俞充諂中人王中正至使妻拜之不當檢正中書五
房事神宗爲罷充詰其語所從汝礪曰如此非所以
廣聰明也卒不奉詔及中正與李憲主西師汝礪言
不當以兵付中人因及漢唐禍亂之事神宗不懌語
折之汝礪拱立不動伺間復言神宗爲攺容在廷者
皆歎服宗室以女責婚民間有司奏罷之汝礪言此
雖疏屬皆天家子孫不可使閭閻之賤得以貨取願
更著婚法元豐初以綰閣校勘爲江西轉運判官陛

辭復言今不患無將順之臣患無諫諍之臣不患無敢爲之臣患無敢言之臣神宗嘉其忠盡代還提點京西刑獄元祐二年召爲起居舍人時相問新舊之政對曰政無彼此一於是而已今所更大者取士及差役法行之而士民皆病未見其可踰年迁中書舍人賜金紫詞命雅正有古人風其論詩賦回河萬允力大臣有持平者頗相左右一時進取者病之欲排去其類未有以發會知漢陽軍吳處厚得蔡確安州詩上之傳會解釋以爲怨謗諫官交章請治之又造爲危言以激怒宣仁后欲寘之法汝礪曰此羅織之

漸也數以白執政不能救遂上疏論列不聽方居家待罪得確謫命除目草詞曰我不出誰任其責者即入省封還除目辨論愈切諫官指汝礪爲朋黨宣仁后曰汝礪豈黨確者亦爲朝廷論事爾及確貶新州又須汝礪草詞遂落職知徐州初汝礪在臺時論呂嘉問事與確異趣徙外十年確爲有力後治嘉問它獄以不阿執政坐奪二官至是又爲確得罪人以此益賢之加集賢殿修撰入權兵刑二部侍郎有獄當貸執政以特旨殺之汝礪持不下執政怒罰其屬汝礪言制書有不便許奏論法也屬又何罪遂自劾請去章四上詔免屬罰徙汝礪禮部眞拜吏部侍郎哲宗躬聽斷修熙寧元豐政事人皆爭獻所聞汝礪獨無建白或問之答曰在前日則無敢言於今則人人能言之矣進權吏部尚書言者謂嘗附會劉摯以寶文閣直學士知成都府未行章數上又降待制知江州將行哲宗問所欲言對曰陛下今所復者其政不能無是非其人不能無賢否政惟其是則無不善人惟其賢則無不得矣至郡數月而病去其遺表略云土地已有餘願撫以仁財用非不饒願節以禮使人初若可悅而其患在後忠言初若可惡而其利甚愽

至於恤河北流移察江南水旱凡數百言朝廷方以樞密都承旨命之而已卒乃以告賜其家年五十四汝礪讀書爲文志於大者言動取舍必合於義與人交必盡誠敬兄無子爲立後官之少時師事桐廬倪天隱既死弃其母妻葬之且衣食其女同年生宋渙死經理其後不啻如子所著易義詩義詩文凡五十卷弟汝霖汝方

汝霖字巖老第進士以曾布薦爲秘書丞擢殿中侍御史由是附布時紹述之論復興都水丞李夷行乞復詩賦汝霖劾之韓忠彥議權合祭汝霖言其非禮

遷侍御史門下侍郎李清臣與布異布先諷江公望使擊之將處以諫議大夫公望弗聽汝霖竟逐清臣果得諫議鞫趙諗反獄窮其黨與元祐禍再興吳材王能甫排斥不已汝霖言諸人罪狀已經紹聖出削案籍具在但可據以行不必俟指名彈擊於是司馬光以下復貶布失位汝霖罷知泰州又謫濮州團練副使後以顯謨閣待制卒

汝方字宜老以汝礪蔭爲滎陽尉臨城主簿汝礪卒棄官歸葬豐稷留守南京辟司録宣和初通判衢州使者疏其治狀擢知州事方臘起睦之青溪與衢接

境寇至無兵可禦衆望風奔潰汝方獨與其僚段約介守孫城三日而陷罵賊以死年六十六徽宗褒歎之超贈龍圖閣直學士通議大夫謚曰忠毅官其家七人

呂陶字元鈞成都人蔣堂守蜀延多士入學親程其文嘗得陶論集諸生誦之曰此賈誼之文也陶時年十三一坐皆驚由是禮諸賓筵一日同遊僧舍共讀寺碑酒闌堂索筆書碑十紙行斷句闕以示陶曰老夫不能盡憶子爲我足之陶書以獻不繆一字中進士第調銅梁令民龐氏姊妹三人冒隱幼弟田弟壯愬官不得直貧至庸奴於人及是又愬陶一問三人服罪弟泣拜願以田半作佛事以報陶曉之曰三姊皆汝同氣方汝幼時適爲汝主之爾不然亦爲他人所欺與其捐半供佛曷若遺姊復爲兄弟顧不美乎弟又拜聽命知太原壽陽縣府帥唐介辟簽書判官暇日促膝晤語告以立朝事君大節曰君廊廟人也以介薦應熙寧制科時王安石從政改新法陶對策枚數其過大略謂賢良之旨貴犯不貴隱臣愚敢忘斯義陛下初即位願不惑理財之説不間老成之謀不興疆場之事陛下措意立法自謂庶幾堯舜然陛

下之心如此天下之論如彼獨不反而思之乎及奏第神宗顧安石取卷讀讀未半神色頗沮神宗覺之使馮京竟讀謂其言有理司馬光范鎮見陶皆曰自安石用事吾輩言不復效不意君及此平生聞望在茲一舉矣安石既怒孔文仲科亦隨罷陶雖入等纔通判蜀州張商英爲御史請廢永康軍下旁郡議陶以爲不可及知彭州威茂夷入寇陶召大姓潛具守備城門啓閉如平時因以永康前議上于朝軍遂不廢王中正爲將蜀道畏事之甚謹而其所施悉謬盭陶奏召還之李杞蒲宗閔來摧茶西州騷動陶言川

蜀產茶視東南十不及一諸路既皆通商兩川獨蒙禁榷茶園本是稅地均出賦租自來數賣以供衣食蓋與解鹽晉礬不同今立法太嚴取息太重遂使良民枉陷刑辟非陛下仁民愛物之意也宗閔怒劾其沮敗新法責監懷安商稅或往弔之陶曰吾欲假外郡之虛名救蜀民百萬之實禍幸而言行所濟多矣敢有榮辱進退之念哉起知廣安軍召爲司門郎中元祐初擢殿中侍御史首獻邪正之辨曰君子小人之分辨則王道可成雜處於朝則政體不純今蔡確韓縝張璪章惇在先朝則與小人表裏爲賊民害物

之政使人主德澤不能下流在今日則觀望反覆爲異時子孫之計安燾李清臣又依阿其間以伺勢之所在而歸之昔者負先帝今日負陛下願亟加斥逐以清朝廷於是數人相繼罷去時議行差役陶言郡縣風俗異制民之貧富不均當此更法之際若不預設防禁則民間雖無納錢之勞反有偏頗之害莫若以新舊二法裁量厥中會陶謁告歸詔於本道定議陶考究精密民以爲便還朝遂正兩路轉運使李琮蒲宗閔之罪又奏十事皆利害切於蜀者蘇軾策館職爲朱光庭所論軾亦乞補郡爭辨不已陶言臺諫

當徇至公不可假借事權以報私隙議者皆謂軾嘗譏誚程頤光庭乃其門人故爲報怨夫欲加軾罪何所不可必指其策問以爲譏謗恐朋黨之敝自此起矣由是兩置之陶與同列論張舜民事不合傅堯俞王巖叟攻之太皇太后不納遷陶左諫議繼出爲梓州淮西成都路轉運副使入拜右司郎中起居舍人大臣上殿有乞屏左右及史官者陶曰屏左右已不可況史官乎大臣奏事而史官不得聞是所言私也詔定爲令遷中書舍人奉使契丹歸乞修邊備哲宗喜曰臣僚言邊事惟及陝西不及河北殊不知河北

有警則十倍陝西矣鄉言甚善進給事中哲宗始親政陶言太皇保祐九年陛下所深知尊而報之惟恐不盡然臣猶以無可疑爲疑不必言而言萬一有姦邪不正之謀上惑淵聽謂某人宜復用某事宜復行此乃治亂安危之機不可不察也俄以集賢院學士知陳州徙河陽潞州例奪職再貶庫部員外郎分司徽宗立復集賢殿修撰知梓州致仕卒年七十七

張庭堅字才叔廣安軍人進士高第調成都觀察推官爲太學春秋博士紹聖經廢通判漢州入爲樞密院編脩文字坐折簡別鄒浩免徽宗召對除著作佐

郎擢右正言帝方銳意圖治進延忠鯁庭堅與鄒浩龔夬江公望常安民任伯雨皆在諫列一時翕然稱得人庭堅在職逾月數上封事其大要言世之論孝必曰紹復神考然後謂孝夫前後異宜法亦隨變而欲纖悉必復然則將敝於一偏久必有不便於民而招怨者如此而謂之孝可乎司馬光因時變革以便百姓人心所歸不爲無補於國家陳瓘執義論諍將以去小人士論所推不爲無益於宮禁乞盡復光贈典以悅人心召還瓘言職以慰士論又士大夫多以繼志述事勸陛下者臣恐必有營私之人欲主其言以自售謂復紹先烈非其徒不可將假名繼述而實自肆爲今遠略之耗於內者棄不以爲守則兵可息特旨之重於法者删不以爲例則刑可省近以青唐反叛棄鄯守湟既以鄯爲可棄則區區之湟亦安足守臣謂并棄湟州便庭堅言論深切退輒焚稾是時議者往往指元祐舊臣在廷者太多庭堅爲帝言司馬光呂公著之賢且曰陛下踐阼以來合人心事甚衆惟夫邪正殊未差別如光公著甄叙但用赦恩初未嘗別其無罪也又薦蘇軾蘇轍可用頗忤旨曾布因稱其所論不當帝命徙爲郎俄出爲京東轉運

判官任伯雨言庭堅立身有本末不應罷言職庭堅亦辭新命改知汝州又送吏部伯雨復爭之乞以庭堅章付外考其所言毋使言者爲三省所脅李清臣從而擠之改通判陳州初蔡京守蜀庭堅在幕府與相好及京還朝欲引以爲己用先令鄉人諭意庭堅不肯往京大恨後遂列諸黨籍又坐嘗談瑾華非辜事編管虢州再徙鼎州象州久之復故官卒年五十七紹興初詔贈直徽猷閣

龔夬字彥和瀛州人清介自守有重名進士第三簽書河陽判官從曾布於瀛紹聖初擢監察御史以親老求通判相州知洺州徽宗立召拜殿中侍御史始上殿即抗疏請辨忠邪曰好惡未明則人迷所向忠邪未判則衆必疑今聖政日新遠近忻悅進退人材皆出睿斷此甚盛之舉也然姦黨既破必將早夜熟計廣爲身謀或遷革面以求自文或申邪說以拒正論或詭稱禍福以動朝廷或託言祖宗以脅人主巧事貴戚陰結左右變亂是非姦計百出幸其既敗復用已去復留君子直道而行則必墮其術中然則天下治忽未可知也故宜洞察忠邪行之以決若小不忍則害大政臣願陛下明好惡以示之使遠近知進

賢退姦之意太平之治不難致也又言朝廷累下赦
令洗滌元祐詿誤負被坐之人至於官職資蔭多未給
還頤申詔有司亟爲施行以伸先帝寬仁之意時章
惇蔡卞用事夬首論其惡大略以爲昔日丁謂當國
號爲恣雎然不過陷一寇準而已及至於惇而故老
元輔侍從臺省之臣凡天下之所謂賢者一日之間
布滿嶺海自有宋以來未之聞也當是時惇之威勢
震於海內此陛下所親見蓋其立造不根之語文致
悖逆之罪是以人人危懼莫能自保俾其朽骨銜冤
於地下子孫禁錮於炎荒忠臣義士憤悶而不敢言

海內之人得以歸怨先帝其罪如此尚何俟而不正
典刑哉卞事上不忠懷姦深阻凡惇所爲皆卞發之
爲力居多望采之至公昭示譴黜又論蔡京治文及
甫獄本以償報私仇始則上誣宣仁終則歸咎先帝
必將族滅無辜以逞其欲臣料當時必有案牘章疏
可以見其鍛煉附會如方天若之凶邪而京收寘門
下賴其傾險以爲腹心立起狂獄多斥善士天下冤
之皆京與天若爲之也願考證其實以正姦臣之罪
於是三人者皆去又上疏乞正元祐后册位號及元
符后不當並立書報聞已而元祐后册再廢言者論

夬首尾建言詔削籍編管房州繼徙象又徙化徙歩
適邸所持扇乞錢以自給逢赦令得歸政和元年卒
年五十五紹興元年贈直龍圖閣六年再贈右諫議
大夫官其後二人弟大壯少有重名清介自立從兄
官河陽曾布欲見之不可得乃往謁夬邀之出從容
竟日題詩壁間有得見兩龔之語夬爲御史大壯勸
使早去夬以爲畏友不幸早卒
孫諤字元忠睢陽人父文用以信孝稱鄉里死謚慈
靜居士諤少挺特不群爲張方平所器登進士第調
哲信主簿選爲國子直講陷虞蕃獄免元祐初起爲

太常博士遷丞哲宗卜后太史惑陰陽拘忌之說諤
上疏太皇太后言家人委巷之語不足以定大計願
斷自聖慮出爲利梓路轉運判官召拜禮部員外郎
左正言紹聖治元祐黨諤言漢唐朋黨之禍其監不
遠蹇序辰編類章疏諤又言朝廷當示信以靜安天
下請如前詔書一切勿問嘗侍對論星文變咎願修
省消復罷幸西池及寢內降除授帝每患臺諫乏人
諤曰士豈乏於世顧陛下不知爾立疏可用者二十
二人章惇惡其拂已出知廣德軍徙唐州提點湖南
刑獄徽宗立復爲右司諫首論大臣邪正政事可廢

置因華者帝稱其鯁直議者欲以群臣封事付外詳定諤言君不密則失臣是將速忠臣之禍矣不宜宣泄乃止遷左司諫俄以疾卒諤與彭汝礪以氣節相尚汝礪亡諤語所知曰吾居言責不愧器資於地下矣及再入諫省不能旬月時論惜之

陳軒字元輿建州建陽人進士第二授平江軍節度推官元祐中爲禮部郎中徐王翊善再迁中書舍人上疏言祖宗舊制諸道帥守使者辭見之日並召對便殿非特可以周知利害亦可觀閱人才今視朝數刻而退惟執政大臣得在帝所或經旬閱月臺諫官

乃得覲餘皆無因而前殆非所謂廣覽兼聽之道頤詔有司使如故事又言所在巡檢招惰游惡少以隷土軍習暴橫爲田野患請使以廂卒代皆從之高麗入貢軒館客其使求市歷代史策府元龜抄鄭衛曲譜皆爲上聞禮部尚書蘇軾劾其失體以龍圖閣待制知廬州徙杭州江寧潁昌府徽宗立爲兵部侍郎兼侍讀論監司守臣數易之弊如江淮發運使十五年閒至更三十二人頗稍久其任又言比更定役法欲以寬民力而有司生事急切苟營羸羨散青苗以抑兼并拯難困不當以散多予賞入侍經闈每勸帝以治貴清淨頤法文景之恭儉帝頗聽行之加龍圖閣直學士知成都府不行改杭州福州卒年八十四

江公望字民表睦州人舉進士建中靖國元年由太常博士拜左司諫時御史中丞趙挺之與户部尚書王古用赦恩理逋欠古多所蠲釋挺之劾古傾天下之財以爲私惠公望以爲天子登極大赦將與天下更始故一切與民豈容古行私惠於其間乃上疏曰人君所以知時政之利病人臣之忠邪無若諫官御史之爲可信若挾情肆誣快私忿以罔上聽不可不察也臣聞挺之與古論事每不相合屢見於辭氣懷

不平之心有待而發俚語有之私事官讎此小人之所不爲而挺之安爲之豈忠臣乎又上疏曰自哲宗有紹述之意輔政非其人以媚於己爲同忠於君爲異一語不合時學必目爲流俗一談不侔時事必指爲橫議借威柄以快私隙必以亂君臣父子之名分感動人主使天下騷然泰陵不得盡繼述之美元祐人才皆出於熙寧元豐培養之餘遭紹聖竄逐之後存者無幾矣神考與元祐之臣其先非有射鉤斬祛之隙也先帝信仇人而黜之陛下若立元祐爲名必有元豐紹聖爲之對有對則争與争則黨復立矣

陛下改元詔旨亦稱思建皇極盖嘗端好惡以示人
本中和而立政皇天后土實聞斯言今若欲渝之柰
皇天后土何内批稍畜珍禽奇獸公望力言非初政
所宜它日入對帝曰已縱遣之矣唯一白鷴畜之久
終不肯去先是帝以柱杖逐鷴鷴不去乃刻公望姓
名於杖頭以識其諫蔡王似府史以語言疑似成獄
公望極言論救出知淮陽軍未幾召爲左司員外郎
以直龍圖閣知壽州蔡京爲政編管南安軍遇赦還
家卒建炎中與陳瓘同贈右諫議大夫
陳祐字純益仙井人第進士元符末以吏部員外郎

拜右正言上疏徽宗曰有旨令臣與任伯雨論韓忠
彥援引元祐臣僚事按賈易岑象求豐稷張耒黄庭
堅龔原晁補之劉唐老李昭玘人才均可用特迹近
嫌疑而已今若分別黨類天下之人必且妄意陛下
逐去元祐之臣復與紹聖政事今紹聖人才比肩於
朝一切不問元祐之人數十輒攻擊不已是朝廷之
上公然立黨也遷右司諫言林希紹聖初掌書命草
呂大防劉摯蘇轍梁燾等制皆務求合章惇之意陛
下頃用臣言褫其職自大名移揚州而希謝表具言
皆出於先朝大抵姦人詆毀善類事成則攄己所憤

事敗則歸過於君至如過失未形而訓辭先具安得
爲責人之實歷辨詆誣而上侵聖烈安得爲臣子之
誼不一二年致位樞近而希尚敢忿躁不平謝章慢
上不敬此而可忍孰不可忍希再降知舒州又論章
惇蔡京蔡卞郝隨鄧洵武忤旨通判滁州卞乞貶伯
雨等祐在數中編管澧州徙歸州復承議郎卒
常安民字希古邛州人年十四入太學有俊名熙寧
以經取士學者翕然宗王氏安民獨不爲變春試考
第一主司啓封見其年少欲下之判監常秩不可曰
糊名較藝豈容輒易具以白王安石安石稱其文命

學者視以爲準由是名益盛安石欲見之不肯往登
六年進士舉神宗愛其業將使魁多士執政謂其不
熟經學列之第十授應天府軍巡判官選成都府教
授與安惇爲同僚惇深刻姦詐嘗偕謁府帥輒毀素
所厚善者安民退謂惇曰君人不厚於君乎何詆之
深也惇曰吾心實惡之姑以爲面交爾安民曰君所
謂匿怨而友其人乃李林甫也惇笑曰直道還君富
貴輸我安民應之曰處厚貴天下事可知我當歸山
林豈復與君校是非邪第恐累陰德爾後惇貴遂陷
安民而惇子坐法誅死如安民言秩滿寓京師妻孫

氏與蔡確之妻兄弟也確時爲相安民惡其人絶不
相聞確夫人使招其妻亦不往調知長洲縣以主信
爲治人不忍欺縣故多盜安民籍貲有犯者書其衣
揭其門約能得它盜乃除盜爲之息追科不下吏使
民自輸先它邑以辦轉運使許懋孫昌齡入境邑民
頌其政皆稱爲古良吏元祐初李常孫覺范百禄蘇
軾鮮于侁連章論薦擢大理鴻臚丞是時元豐用事
之臣雖去朝廷然其黨分布中外起私説以揺時政
安民竊憂之貽書呂公著曰善觀天下之勢猶良醫
之視疾方安寧無事之時語人曰其後必將有大憂

則衆必駭笑惟識微見幾之士然後能逆知其漸故
不憂於可憂而憂之於無足憂者至憂也今日天下
之勢可爲大憂雖登進忠良而不能搜致海内之英
才使皆萃于朝以勝小人恐端人正士未得安枕而
卧也故去小人不爲難而勝小人爲難陳蕃竇武恊
心同力選用名賢天下想望太平然卒死曹節之手
遂成黨錮之禍張柬之五王中興唐室以謂慶流萬
世及武三思一得志至於竄移淪没凡此者皆前世
已然之禍也今用賢如倚孤棟拔士如轉巨石雖有
奇特瓌卓之才不得一行其志甚可歎也猛虎負嵎

莫之敢攖而卒爲人所勝者人衆而虎寡也故以十
人而制一虎則人勝以一人而制十虎則虎勝奈何
以數十人而制千虎乎今怨忿已積一發其害必大
可不謂大憂乎及章惇作相其言遂驗歷太常博士
轉爲丞與少卿朱光庭論不合出爲江西轉運判官
不行改宗正丞蘇轍薦爲御史宰相不樂除開封府
推官紹聖初召對爲哲宗言今日之患莫大於士不
知耻願陛下奬進廉潔有守之士以厲風俗元祐進
言者以熙豐爲非今之進言者反是皆爲偏論願公
聽並觀擇其中而歸於當拜監察御史論章惇顓國

植黨乞收主柄而抑其權及復曲折言之不置惇遣
所親信語之曰君本以文學聞於時柰何以言語自
任與人爲怨少安静當以左右相處安民正色斥之
曰爾乃爲時相游説邪惇益怒中官裴彦臣建慈雲
院户部尚書蔡京深結之彊毁人居室訴於朝詔御
史劾治安民言事有情重而法輕者中官豪横與侍
從官相交結同爲欺罔此之姦狀恐非法之所能盡
願重爲降責以肅百官獄具惇主之甚力止罰金安
民因論京姦足以惑衆辨足以飾非巧足以移奪人
主之視聽力足以顛倒天下之是否内結中官外連

朝士一不附己則誣以黨於元祐非先帝法必擠之而後已今在朝之臣京黨過半陛下不可不早覺悟而逐去之他日羽翼成就悔無及矣是時京之姦始萌芽人多未測獨安民首發之又言今大臣爲紹述之說皆借此名以報復私怨朋附之流遂從而和之張商英在元祐時上呂公著詩求進諛佞無耻近乞毁司馬光及公著神道碑周秩爲博士親定光謚爲文正近乃乞斲棺鞭尸陛下察此輩之言果出於公論乎章疏前後至數十百上度終不能回遂丐外帝慰勉而已大饗明堂劉賢妃從侍齋宮安民以爲萬

衆觀瞻虧損聖德語頗切直帝微怒曾布始以安民數憾章惇意其附己屢稱之於朝其後併論曾布亦恨於是與惇比而排之乃取其所貽呂公著書白于帝它日帝謂安民曰卿所上宰相書比朕爲漢靈帝何也安民曰姦臣指擿臣言推其世以文致臣爾雖辨之何益董敦逸再爲御史欲劾蘇軾兄弟安民謂二蘇負天下文章重望恐不當爾至是敦逸奏之詔與知軍惇徑擬監滁州酒稅至滁日親細務郡守曾肇約爲山林之游曰謫官例不治事安民謝曰食焉而怠其事不可蒲三歲通判温州徽宗立朝論欲起

爲諫官曾布沮之以提點永興軍路刑獄蔡京用事入黨籍流落二十年政和末卒年七十建炎四年贈右諫議大夫子同爲御史中丞自有傳

論曰次升從容一言止呂升卿之使嶺南大有功於元祐諸臣師錫謂蔡京若用天下治亂自是而分惜其言不行於當時而徒有驗於其後汝礪辨救蔡確以直報怨陶言榷茶爲西南害毅然論蒲李之鋒庭堅論紹復未足以盡孝道誇言世非乏士患上不知乃薦可用者二十有二人號稱鯁直稗益尤多軒力陳青苗貽害頤以清淨爲治祐擊林希且論惇京卞

輩斥死弗悔公望謂神宗於元祐諸臣非有射鉤斬祛之隙而終不能移姦邪先入之言夫擊逐章惇蔡京蔡卞于外亦足少泄四海臣民之憤然京卞既仆郎起已去復來至於阽危不悟也庸暗之主可與言哉安民人兗多少之喻惴惴焉懼不足以勝小人不幸而群姦相繼用事在廷忠直之臣動因事而斥去之馴致靖康之禍其所由來遠矣小人之得政可畏夫

列傳卷第壹百五

列傳卷第二百六　宋史三百六十四

開府儀同三司上柱國錄軍國重事中書右丞相兼修國史領經筵事都總裁臣脫脫等奉

勅修

孫鼛　吳時　李昭玘　吳師禮

王漢之 弟渙之　黃廉　朱服

張舜民　盛陶　章衡　顏復

孫升　韓川　龔鼎臣　鄭穆

席旦　喬執中

孫鼛字叔静錢塘人父直言徙揚之江都鼛年十五游太學蘇洵勝甫稱之用父任調武平尉捕獲名盜

數十謝賞不受再調越州司法參軍守趙抃薦其材知偃師縣縣中優人詭僧服隱民間以不語惑衆相傳有異法奔湊其門鼛収按姦狀立伏辜韓縝鎮長安辟入府縝去後來者仍挽之使留居五年簽書西川判官或薦於朝召對擢提舉廣東常平徽宗初徙兩浙由福建轉運判官召爲屯田員外鼛微時與蔡京善常曰蔡子貴人也然才不勝德恐貽天下憂至是京還朝過諸塗既見京遽謂曰我若用於天子願助我鼛曰公誠能謹守祖宗之法以正論輔人主示節儉以先百吏而絶口不言兵天下幸甚鼛何爲者

京默然既相出提點江東刑獄未幾入爲少府少監戶部郎中縣官用度無藝鼛與尚書曾孝廣侍郎許幾謀曰日增一日歲增一歲天下之財豈能給哉共疏論之當國者不樂孝廣幾由是罷徙鼛開封遷太僕卿殿中少監四輔建以顯謨閣待制知曹州論經始規畫之勞轉太中大夫徙鄆州邑人子爲草祭之謚指切蔡京鼛以聞京怒使言者誣以宅謗提舉鴻慶宮起知單州遂致仕靖康二年卒年八十六贈銀青光祿大夫謚曰通靖鼛篤於行義在廣東時蘇軾謫居惠州極意與周旋二子娶晁補之黃庭堅女黨

事起家人危懼鼛一無所顧時人稱之

吳時字伸道邛州人初舉進士得學究出身再試中甲科知華州鄭縣轉運使檄州餫米五萬輸長安鄭獨當三萬時貽書使者曰會三萬斛之費以車則千五百乘以卒則五萬夫縣民可役者纔二百五十八戶耳古者用師則贏糧以養兵無事則移兵以就食誠能移兵於華則前費可免華雍相去百六十里一旦欲用朝發而夕至矣使者從其言陸師閔幹秦蜀茶馬辟爲屬章楶欲以御史薦力辭之徽宗求言遠臣上章封識多不能如式有司悉卻之時建言乃得達

為睦親宅教授提舉永興軍路學事華州諸生有觸
忌諱者教授欲上之曰是間言語皆臣子所不忍聞
時即火其書曰臣子不忍聞而令君父聞乎召為工
部員外郎改禮部兼辟雍司業大觀興筭學議以黃
帝為先師時言令祠祀聖祖祝板書臣名而釋奠孔
子但列中祀數學六藝之一耳當以何禮事之乃止
遷太僕少卿張商英罷相言者指時為黨出知耀州
又降通判邛州未赴提舉河東常平歲饑發公粟以
振民童貫經略北方每訪以邊事輒不荅還為大晟
典樂擢中書舍人給事中內侍何訢諷監衡州酒猶

領節度使時奏奪之又因進對及取燕事曰祖宗盟
血未乾渝之必速亂蔡攸聞之以告王黼黼怒斥為
腐儒時求去以徽猷閣待制兼侍讀俄提舉上清太
平宮西歸遇其里人趙雍為言取燕必召禍吾老得不
遭其變幸矣累歲而卒年七十八時敏於為文未嘗
屬稾落筆已就兩學自之曰立地書廚
李昭玘字成季濟南人少與晁補之齊名為蘇軾所
知擢進士第徐州教授守孫覺深禮之每從容講學
及古人行己處世之要相得驩甚用李清臣薦為祕
書省正字校書即加祕閣校理通判潞州潞民死多

不葬昭玘斥官地畫兆竁具棺衾作文風曉之俗為
一變入為祕書丞開封推官俄提點永興京西京東
路刑獄坐元符黨奪官徽宗立召為右司員外郎遷
太常少卿韓忠彥欲用為起居舍人曾布持之布使
山陵命始下為陳次升所論出知滄州崇寧初詔以
昭玘嘗傾摇先烈每改元豐敕條倡從寬之邪說罷
主管鴻慶宮遂入黨籍中居閑十五年自號樂靜先
生寓意法書圖畫貯於十囊命曰燕游十友為之序
以為與今之人交或趨附而陷於禍吾寧與十者交
久益有味也初昭玘校試高密得侯蒙蒙執政思顧

舊恩使人致己意昭玘唯求祕閣法帖而已使陝西
時延安小將軍吉者被誣為盜昭玘察知無它吉後
立戰功至皇城使遇昭玘京師拜于前曰感公生存
之恩願以名馬為獻笑却之晚知歙州辭不行靖康
初復以起居舍人召而已卒紹興初追復直徽猷閣
吳師禮字安仲杭州錢塘人太學上舍賜第調涇縣
主簿知天長縣召太學博士祕書省正字預餞鄒浩
免徽宗初為開封府推官蔡王似宮吏有不順語下
之府師禮主治獄成不使一詞及王吏雖有死者亦
不被以指斥罪擢右司諫改右司員外郎師禮工翰

墨帝嘗訪以字學對曰陛下御極之初嘗志其大者臣不敢以末伎對聞者嘆其得體以直祕閣知宿州卒師禮游太學時兄師仁為正守春秋學宅學官有惡之者條其疑問諸生師禮悉以兄說對學官怒鳴鼓坐堂上衆質之師禮引據三傳意氣自如江公望時在旁心竊喜後相遇於泌陽公望謂曰子異日得志當如何曰但為人作豐年耳遂定交師仁字坦求篤學厲志不事科舉喪親廬墓下日倩旁寺僧造飯一鉢以充飢不復置庖爨及蓄僮僕郡守陳襄鄧潤甫蒲宗孟皆以遺逸薦于朝元祐初召為太學正遷

博士十年無它除後為潁川吳王宮教授卒

王漢之字彥昭衢州常山人父介舉制科以直閣至祕閣校理漢之進士甲科調秀州司戶參軍知金華澠池二縣為鴻臚丞知真州時詔諸道經畫財用上諸朝漢之言所在無都籍是以不能周知而校其登耗以待用願令郡縣先置籍總之諸道則天下如指諸掌矣徙之入為開封府推官歷工吏禮三部員外郎太常少卿蔡京置講議司漢之其客也引為參詳官擢禮部侍郎轉戶部以顯謨閣待制知瀛州言自何承矩規塘濼之地屯田東達于海其後又脩保塞

五州為隄道備種所宜木至三百萬本此中國萬世之利也今寖失其道願講行之雄州歸信容城災兩輸戶請蠲稅吏不聽漢之言雄州規小利失大體萬一契丹蠲之為朝廷羞徙江寧河南府不至而為鄜潭洪三州召拜兵部侍郎復以顯謨閣直學士知成都又不至連徙五州入為工部侍郎奉使契丹還言其主不恤民政而揺克荒淫亡可跂而待也徽宗悅以知定州久之徙江寧方臘之亂録奏報禦捕功加龍圖閣直學士又進延康殿學士卒年七十弟渙之

渙之字彥舟未冠擢上第有司疑年未及銓格特補

武勝軍節度推官方新置學官以為杭州教授知潁上縣元祐中為太學博士校對黄本祕書通判衢州入編脩兩朝會衛信録徽宗立以日食求言渙之用大臣交薦召對因言求言非難聽之難聽之非難察而用之難今國家每下求言之詔而下之報上乃或不然以指陳闕失為訕上以阿諛佞諂為尊君以論議趨時為國是以可否相濟為邪說志士仁人知言之無益也不復有言而小人肆為詭譎可駭之論苟容偷合願陛下虛心公聽言無逆遜唯是之從事無今昔唯當為貴人無同異唯正是用則人心說治道成

天意得矣帝欣然迺納欲任以諫官御史辭曰臣由
大臣薦不可以居是官乃拜吏部員外郎遷左司員
外郎起居舍人擢中書舍人趨省之日詞頭三十三
下筆即就崇寧初進給事中吏部侍郎以寶文閣待
制知廣州言者論渙之當元祐之末與陳瓘龔夬張
庭堅游既棄於紹聖而今復之有害初政解職知舒
州入黨籍尋知福州未至復徙廣州蕃客殺奴市舶
使據舊比止送其長杖笞渙之不可論如法召詣闕
言者復拾故語以沮之罷爲洪州改滁州歷潭杭揚
三州張商英相爲給事中吏部侍郎商英去亦出守

越八年知中山府加寶文閣直學士朝廷議北伐渙
之以疾提舉明道宮又四年卒年四十五渙之性淡
泊恬於仕進每云乘車常以顛墜處之乘舟常以覆
溺處之仕宦常以不遇處之則無事矣其歸趣如此
黃廉字夷仲洪州分寧人第進士歷州縣熙寧初或
薦之王安石安石與之言問免役事廉據舊法以對
甚悉安石曰是必能辦新法白神宗召訪時務對曰
陛下意在便民法非不良也而吏非其人朝廷立法
之意則一而四方推奉紛然不同所以法行而民病
陛下不盡察也河朔被水河南齊晉旱淮浙飛蝗江

南疫癘陛下不盡知也帝即命廉體量振濟東道除
司農丞還報合旨擢利州路轉運判官復丞司農爲
監察御史裏行建言成天下之務莫急於人才願令
兩制近臣及轉運使各得舉士詔各薦一人繼言寒
遠下僚既得名聞於上願令中書審其能而表用則
急才之詔不虛行於天下矣又言比年水旱民蒙支
貸倚閣之恩今幸歲豐有司悉當舉催久飢初稔累
給併償是使民遇豐年而思歉歲也請令諸道以漸
督取之論俞充結王中正致宰屬并言中正任使太
重帝曰人才蓋無類顧駕御之何如耳對曰雖然臣

慮漸不可長也河決曹村壞田三十萬頃民廬舍三
十八萬家受詔安撫京東發廩振飢遠不能至者分
遣吏移給擇高地作舍以居民流民過所毋征算轉
行者賦糧質私牛而與之錢養男女棄于道者丁壯
則役其力凡所活二十五萬相州獄起鄧伯溫上官
均論其寃得譴去詔廉詰之竟不能正未幾獄成始
悔之加集賢校理提點河東刑獄遼人求代北地廉
言分水畫境失中國險固啓豺狼心其後契丹果包取
兩不耕地下臨鴈門父老以爲恨王中正發西兵用一
而調二轉運使又附益之廉曰民脧剝至骨斟酌不乏

興是矣忍自竭根本邪即奏云師必無功盍有以善其後既大軍潰歸中正嫁罪於轉餉廉詣上黨對理坐貶秩元祐元年召爲戶部郎中陸思閔茶法爲川陝害遣廉使蜀按察至則奏罷其㳂甚者且言前所爲誠病民若悉以予之則邊計不集蜀貨不通園畦將受其敝請榷熙秦茶勿改而許東路通商禁南茶毋入陝西以利蜀貨定博馬歲額爲萬八千匹朝廷可其議使以直祕閣提舉明年還爲左司郎中遷起居郎集賢殿修撰樞密都承旨上官均論其往附蔡確爲獄改陝西都轉運使拜給事中卒年五十九

朱服字行中湖州烏程人熙寧進士甲科以淮南節度推官充修撰經義局檢討歷國子直講祕閣校理元豐中擢監察御史裏行參知政事章惇遣所善袁默周之道見服道惇引意以市恩服舉劾之惇補郡免默之道官受詔治朱明之獄故事制獄許上殿非本章所云者皆取旨服論其非是罷之俄知諫院遷國子司業起居舍人以直龍圖閣知潤州徙泉婺寧廬壽五州廬人飢守便宜振護全活十餘萬口明年大疫又課醫持善藥分拯之賴以安者甚衆當元祐時未嘗一日在朝廷不能無少望值紹聖初政因表賀乃力詆變亂法度之故召爲中書舍人使遼未反而母死詔以其家貧賜帛三百疋除拜禮部侍郎湖州守馬城言其居喪蹤几筵而獨處它室謫知萊州徽宗即位加集賢殿修撰爲廬州越兩月徙廣州哲宗既祥服賦詩有孤臣正泣龍髯草之語爲部使者所上黜知袁州又坐與蘇軾游貶海州團練副使蘄州安置改興國軍卒

張舜民字芸叟邠州人中進士第爲襄樂令王安石倡新法舜民上書言裕民所以窮民強內所以弱內辟國所以蹙國以堂堂之天下而與小民爭利可恥

也時人壯之元豐中朝廷討西夏陳留縣五路出兵環慶帥高遵裕辟掌機宜文字王師無功舜民在靈武詩有白骨似沙沙似雪及官軍斫受降城柳爲薪之句坐謫監邕州鹽米倉又追赴鄜延詔獄改監郴州酒稅會赦北還司馬光薦其才氣秀異剛直敢言以館閣校勘爲監察御史上疏論西夏彊臣爭權不宜加以爵命當興師問罪因及文彥博左遷監登聞鼓院臺諫交章乞還職不聽通判虢州提點秦鳳刑獄召拜殿中侍御史固辭改金部員外郎進祕書少監使遼加直祕閣陝西轉運使知陝潭青三州元符

中罷職付東銓以爲坊州鳳翔皆不赴徽宗立擢右
諫議大夫居職才七日所上事已六十章陳陝西之
弊曰以庸將而御老師役饑民而爭曠土極論河朔
之困言多剴峭徙吏部侍郎旋以龍圖閣待制知定
州改同州坐元祐黨謫楚州團練副使商州安置復集
賢殿脩撰卒舜民慷慨喜論事善爲文自號浮休居
士其使遼也見其太孫禧好音樂美姝名茶古畫以
爲他日必有如唐張義潮挈十三州來歸者不四十
年當見之後如其言紹興中追贈寶文閣直學士

盛陶字仲叔鄭州人第進士熙寧中爲監察御史神

宗問河北事對曰朝廷以便民省役議廢郡縣誠便
然沿邊地相屬如北平至海不過五百里其間列城
十五祖宗之意固有所在願仍舊貫慶州李復圭輕
敵敗國程昉開河無功籍水政以擾州縣皆疏其過
二人實王安石所主陶不少屈出簽書隨州判官久
之入爲太常博士考功員外郎工部右司郎中至侍御
史陳官冗之敝謂恩澤舉人宜取嘉祐治平之制選
人改官宜準熙寧元豐之法諫官劉安世等攻蔡確
爲謗詩陶曰確以弟碩有罪但坐罷職不應懷恨注
釋詩語近於捃摭不可以長告訐之風安世疏言陶

居風憲地目覩無禮於君親之人而附會觀望紀綱
何賴出知汝州徙晉州召爲太常少卿議合祭天地
請從先帝北郊之旨旣而合祭陶即奉行亦不復辨
執也進權禮部侍郎中書舍人以龍圖閣待制知應
天府順昌府瀛州元符中例奪職卒年六十七

論曰王氏章蔡之當國也士大夫知拂之必斥附之
必進也而孫鼛正言蔡京不肯爲之助吴時卻童貫
忤王黼乃幸於罷歸昭玘辭侯蒙之延致朱服發章
惇之薦引舜民詆新法而盛陶不屈於安石其大節
皆可取獨漢之爲京客黃廉附蔡確獄有媿鼛等多
矣易曰介于石不終日貞吉故君子貴乎知幾

章衡字子平浦城人嘉祐二年進士第一通判湖州
直集賢院改鹽鐵判官同脩起居注物有掛空籍者
奏請蠲之又言三司經費取領而無多寡率不預知
急則歛於民倉卒趣迫故苦其難供願敕三部判官
簿正其數即有所賦先期下之使公私皆濟三司使
忌其能出知汝州潁州熙寧初還判太常寺建言自
唐開元纂[illegible]禮書以國恤一章爲豫凶事刪而去之故
不幸遇事則捃摭墜殘茫無所据今宜爲厚陵集禮
以貽萬世從之出知鄭州奏罷原武監弛牧地四千

二百頃以予民復判太常知審官西院使遼燕射連發破的遼以爲文武兼備待之異於他使歸復命言遼境無備因此時可復山後八州不聽衡患學者不知古今纂歷代帝系名曰編年通載神宗覽而善之謂可冠冕諸史且念其嘗先多士進用獨後面賜三品服判吏部流内銓嘗有負闕既擬注而三班院輒用之反訟吏部宰相主其說衡連奏疏與之辨或曰宰相之勢恐不可深校衡不爲止至訴於御前神宗命内侍偕至中書宰相見之怒衡曰衡爲朝廷法耳以狀上請而視之相悟曰若爾吏部是矣乃罪三班未幾

知通進銀臺司直舍人院拜寶文閣待制知澶州神宗曰卿爲仁宗朝魁甲寶文藏御集之處未始除人今以之處卿衡拜謝至郡會官立法禁民販鹽衡言民恃鹽以生生之所在雖犯法不顧空令犴獄日繁請如故便徙知成德軍坐事免元祐中歷秀襄河陽曹蘇州加集賢院學士復以待制知楊廬宣潁州卒年七十五

顔復字長道魯人顔子四十八世孫也父太初以名儒爲國子監直講出爲臨晉簿嘉祐中詔郡國敦訪遺逸京東以復言凡試於中書者二十有二人考官歐陽脩奏復第一賜進士爲校書郎知永寧縣熙寧中爲國子直講王安石更學法取士率以己意使常秩等校諸直講所出題及所考卷定其優劣復等五人皆罷元祐初召爲太常博士建言士民禮制不立下無幷式請令禮官會萃古今典範爲五禮書又請攷正祀典凡干讖緯曲學汙條陋制道流醮謝術家厭勝之法一切芟去俾大小群祀盡合聖人之經爲後世法遷禮部員外郎孔宗翰請尊奉孔子祠復因上五議欲專其祠饗優其田禄蠲其廟幹司其法則訓其子孫朝廷多從之兼崇政殿説書進起居舍人兼侍講

轉起居郎請擇經行之儒補諸縣教官凡學者攷其志業不由教官薦不得與貢舉升太學拜中書舍人兼國子監祭酒言太學諸生有誘進之法獨教官未嘗旌別似非嚴師勸士之道未踰年以疾改天章閣待制未拜而卒年五十七王巖叟等言復學行超特宜加優賻詔賜錢五十萬子岐建炎中爲門下侍郎

孫升字君孚高郵人第進士簽書泰州判官哲宗立爲監察御史朝廷更法度逐姦邪升多所建明嘗上疏曰自二聖臨御登用正人天下所謂忠信端良之士豪傑俊偉之材俱収並用近世得賢之盛未有如

今日者君子日進而小人日退正道日長而邪慝日消在廷濟濟有成周之風此首開言路之効也願於耳目之臣論議之際置黨附之疑杜小人之隙疑間一開則言者不安其職矣言者不安其職則循默之風熾而壅蔽之患生非朝廷之福也遷殿中侍御史梁燾責張問升從而擊之執政指爲附燾出知濟州踰年提點京西刑獄召爲金部員外郎復拜殿中侍御史進侍御史時翰林承旨鄧温伯爲臺臣所攻升與賈易論之尤力謂草蔡確制稱其定策功比漢周勃欺天負國豈宜親承密命不報由起居郎擢中書舍人

直學士院以天章閣待制知應天府董敦逸黃廷基摭升過改集賢院學士紹聖初翟思張商英又劾之削職知房州歸州貶水部員外郎分司又貶果州團練副使汀州安置卒年六十二升在元祐初嘗言王安石擅名世之學爲一代文宗及進居大位出其私智以蓋天下之聰明遂爲大害今蘇軾文章學問中外所服然德業器識有所不足爲翰林學士已極其任矣若使輔佐經綸願以安石爲戒世譏其失言

韓川字元伯陝人進士上第歷開封府推官元祐初用劉摯薦爲監察御史極論市易之害以爲雖曰平均物直而其實不免貸交以取利就使有獲尚不可爲況所獲不如所亡果何事也願量留官吏與之期使趣罷此法從之遷殿中侍御史疏言朝廷於人才常欲推至公以博采及其弊也則幾於利權勢而抑孤寒常欲收勤績以赴用要其終也則莫不收虛名而廢實效近制太中大夫以上歲舉守臣遇大州闕則選諸所表他雖考課上等皆莫得預推原旨意固欲得人然所謂太中大夫以上率在京師唯馳騖請求者得之爲多至於淹歷郡縣治狀應法者顧出其下則是癃身偷潔之人不若營求一章之速化也於

是詔吏部更立法張舜民論西夏事乞停封冊朝廷以爲開邊隙罷其御史梁燾等爲舜民爭之川與呂陶上官均謂舜民之言實不可行燾等去川亦改太常少卿不拜加集賢校理知潁州還爲侍御史樞密都承旨進中書舍人吏禮二部侍郎以龍圖閣待制徙守潁徙蘄州與孫升同受責由坊州郢州貶屯田員外郎分司岷州團練副使道州安置徽宗立得故官知青襄二州卒

龔鼎臣字輔之鄆之須城人父諤袁武陵令鼎臣幼孤自立景祐元年第進士爲平陰主簿疏泄瀦水得

良田數百千頃調孟州司法參軍以薦爲泰寧軍節
度掌書記徂徠石介死讒者謂介北走遼詔兗州劾
狀郡守杜衍會問掾屬莫對鼎臣獨曰介寧有是願以
闔門證其死衍探懷出奏藁示之曰吾既保介矣君
年少見義如是未可量也舉爲秘書省著作佐郎知
萊蕪縣大臣薦試館職坐與石介善不召徙知濮
陽縣轉秘書丞丁母憂服除知安丘縣以賢良方
正召試秘閣轉太常博士賜五品服知渠州渠故
僻陋無學者鼎臣請于朝建廟學選邑子爲生日講
說立課肄法人大勸始有登科者郡人繪像事之召

入編校史館書籍轉都官擢起居舍人同知諫院歲
冬旱將錫春宴鼎臣曰旱甾太甚非君臣同樂之時
請罷宴以荅天戒日當食陰雲不見鼎臣曰陽精既
虧四方必見爲異盍大願精思力行進賢遠佞以應
皇極又論內侍都知鄧保信罪狀不應出入禁中蘇
安靜年未五十不應超押班妃嬪贈三代僭后禮董
淑妃賜謚非是凡大禮赦請準太平興國詔書前期
下禁約後有犯不原以杜指赦爲姦者宜著爲令開
封三司於法外斷獄朝廷多曲徇其請願先付中書
審畫仁宗悉從之尋兼管勾國子監判登聞檢院詳

定寬恤民力奏議淮南災以鼎臣體量安撫蠲逋振
貸全活甚衆爲遼正旦使鼎臣奏景德中遼犯淄青
臣祖母兄姊皆見畧義不忍往許之仍詔後子孫並
免行焉俄拜戶部員外郎兼侍御史知雜事賜三品
服轉吏禮二部郎中論宗室宜歲試補外官請汰濫
官冗兵蕃財用禁奢靡連劾薛向姦暴鬻鹽市馬皆
罔上英宗登位屢乞延訪臣下親決國事上疏勸皇
太后早還政及卷簾而御璽未復又極論謂昭陵宜
儉葬景靈神御殿不宜增修以彰先帝恭德鼎臣在
言路累歲闊畧細故至大事無所顧忌然其言優游

和平不爲峻激使人主易聽退亦未嘗語人故其事
多施行改集賢殿脩撰知應天府徙江寧召還判太
常寺兼禮儀事神宗即位判吏部流內銓太常寺選
人得官待班謝辭率皆留滯鼎臣奏易爲門謝辭甚
便之明堂議侑帝或云以真宗或云以仁宗鼎臣曰
嚴父莫大於配天未聞以祖也乃奉英宗配王安石
侍講欲賜坐事下禮官鼎臣言不可安石不悅求補
外知兗州是時諸道方田使者希功賞槩取稅虛額
及嘗所蠲者加舊籍以病民鼎臣獨按籍差次爲十
等一無所增兗人德之改吏部提舉西京崇福宮復

判太常寺留守南京陛辭神宗顧語移晷喜曰人言卿老不任事精明乃爾行且用卿矣時河決曹村流殍滿野兼臣勞來振拊歸者不勝計拜諫議大夫京東東路安撫使知青州改太中大夫請老提舉亳州太清宮尋以正議大夫致仕年七十七元祐元年卒

鄭穆字閎中福州侯官人性醇謹好學讀書至忘櫛沐進退容止必以禮門人千數與陳襄陳烈周希孟友號四先生舉進士四冠鄉書遂登第爲壽安主簿召爲國子監直講除編校集賢院書籍歲滿爲館閣校勘積官太常博士乞納一秩先南郊追封考妣從

之改集賢校理求外補通判汾州熙寧三年召爲岐王侍講嘉王出閤改諸王侍講府僚闕員御史陳襄請擇人神宗曰如鄭穆德行乃宜左右王者凡居館閣三十年而在王邸一紀非公事不及執政之門講說有法可爲勸戒者必反復擿誦岐嘉二王咸敬禮焉元豐三年出知越州加朝散大夫先是鑑湖旱乾民因田其中延袤百里官籍而税之既而連年水溢民逋官租積萬緡穆奏免之未滿告老管勾杭州洞霄宮元祐初召拜國子祭酒每講益無問寒暑雖童子必朝服延接以禮送迎諸生皆尊其經術服其教訓故人張景歲者死遺白金五百兩託其孫穆曰恤孫吾事也金於何有反金而收其子長之三年楊王荆王請爲侍講罷祭酒除直集賢院復入王府荆王薨爲楊王翊善太學生乞爲師復除祭酒兼徐王翊善四年拜給事中兼祭酒五年除寶文閣待制仍祭酒六年請老提舉洞霄宮敕過門下給事中范祖禹言穆雖年出七十精力尚强古者大夫七十而致仕有不得謝則賜之几杖祭酒居師資之地正宜處老成願毋輕聽其去不報太學之士數千人以狀詣司業又詣宰相請留亦不從於是公卿大夫各爲詩贈

其行空學出祖汴東門外都人觀者如堵歎未嘗見明年卒年七十五子璆軍事推官

席旦字晉仲河南人七歲能詩嘗登沉黎嶺得句警拔觀者驚異元豐中舉進士禮部不奏名時方求邊功旦詣闕上書言戰勝易守勝難知所以得之必知所以守之神宗嘉納令廷試賜第歷齊州司法參軍鄭州河陽教授敎令所刪定官徽宗召對擢右正言遷右司諫御史中丞錢遹率同列請廢元祐皇后而冊劉氏爲太后旦面質爲不可遹劾旦陰佐元祐之政左轉吏部員外郎改太常少卿遷中書舍人給事

中新建殿中省命爲監俄拜御史中丞兼侍講内侍郝隨驕横旦劾罷之都人誦其直帝以其章有媚惑先帝之語嫌爲指斥旋改吏部侍郎以顯謨閣待制知宣州召爲户部侍郎還吏部郝隨復入侍乃以顯謨閣直學士知成都府自趙諗以狂謀誅後蜀數有妖言議者遂言蜀土習亂或導旦治以峻猛旦政和平徙鄭州入見言蜀人性善柔自古稱兵皆叛非其土俗願勿爲慮遂言蜀用鐵錢以其艱於轉移故權以楮券而有司冀贏羨爲之益多使民不敢信帝曰朕爲卿損數百萬虛券而别給緡錢與本業可乎

對曰陛下幸加惠遠民不愛重費以救敝法此古聖王用心也自是錢引稍仍故坐進對淹留黜知滁州久之帝思其治蜀功復知成都朝廷開西南夷黎州守請幕府白事言雲南大理國求入朝獻旦引唐南詔爲蜀患拒郤之已而威州守焦才叔言欲誘保霸二州内附旦上章劾才叔爲姦利歛困諸蕃之狀宰相不悦代以龐恭孫而徙旦永興恭孫俄罪去加旦述古殿直學士復知成都時鄧永壽陽延俊納土樞密院用以詆旦旦曰吾以爲朝廷悔開疆之禍今猶自若邪力辯之卒于長安年六十二贈太中大夫旦

立朝無所附徇第爲中丞時蔡王似方以疑就第旦糾其私出府請推治官吏議者哂之子益字大光紹興初參知政事

喬執中字希聖高郵人入太學補五經講書五年不謁告王安石爲群牧判官見而器之命子弟與之游擢進士調須城主簿時河役大興部役者不得人一夕譟而潰因致大獄執中往代終帖然富民賂吏將翔橋所居以罔市利執中踈其害使者入吏言使成之執中曰官可去橋不可翔也卒不能奪王安石爲政引執中編脩熈寧條例選提舉湖南常平章惇討

五溪檄執中取大田離子二峒峒路險絶期迫執中但走一校諭其酋即相率歸命録功當遷秩辭以及父母就徙轉運判官召爲司農丞提點開封縣鎮諸縣牧地民耕歲久議者將取之當夷丘墓伐桑柘萬家相聚而泣執中請於朝神宗詔復予民改提點京西北路刑獄時河決廣武埽危甚相聚莫敢登執中不顧立其上衆隨之如蟻附不日埽成元祐初爲吏部郎中請選人由縣令録事參軍致仕者升朝籍得封其親無徐王府侍講翊善遷起居舍人起居郎權給事中有司以天下讞獄失出入者同坐執中駁之

曰先王重入而輕出恤刑之至也今一旦均之恐自是法吏不復肯與生比非好生洽民之意也進中書舍人邢恕遇赦甄復執中言恕深結蔡確鼓唱扇搖今復其官懼疑中外遷給事中刑部侍郎紹聖初上官均擿執中爲呂大防所用以寶文閣待制知鄆州執中寬厚有仁心屢典刑獄雪活以百數明年夢神人畀以騎都尉誥旦爲客言之少焉談笑而逝年六十三

論曰宋之人才自祖宗涵養至於中葉盛矣顏復鄭穆醇然儒者宜居師表龔鼎臣喬執中始終不渝厥守豈易得哉章衡欲復山後八州爲國啓釁孫升以蘇軾比王安石爲人韓川詆張舜民之言不可行席旦以蔡王見疑因而擠之然瑕不掩瑜它善蓋亦有可稱者古稱才難不其然者其斯之謂歟

列傳卷第壹百六

列傳第一百七　宋史三百四十七

三司上柱國錄軍國重事中書右丞相監修國史領經筵事……臣脫脫等奉

傅楫　沈畸（附蕭服）　徐勣　張汝明　黃葆光
石公弼（附張克公）　毛注　洪彥升　鍾傳　陶節夫
毛漸　王祖道　張莊　趙遹

傅楫字元通興化軍仙遊人少自刻厲從孫覺陳襄學第進士調揚州司戶參軍攝天長令發擿隱伏姦猾屏跡轉福清丞知龍泉縣孫覺爲御史中丞語之曰朝廷欲用君盍少留楫曰仕宦所以樂居中者免外臺督責耳今俯首權門與外臺奚擇且外官已所當得也遂去不顧道除太學博士居四年未嘗一跡大臣門既滿徑赴銓曹楫丞福清時受知郡守曾鞏鞏弟布方執政由是薦爲太常博士徽宗以端王就資善堂學擇師傅爲說書升楫記室參軍進侍講胡善中人泄事于府者多與官僚狎楫獨漠然不可親一府嚴憚之五年不遷鄒浩得罪貶楫以贐行免官徽宗即位召爲司封員外郎歷監察御史國子司業起居郎拜中書舍人時曾布當國自以於楫有汲引恩冀爲之用楫略無所傾下凡命令有不當用人有未厭悉極論之雖屢却不爲奪布大失望帝以舊學故多所延訪楫每以

遵祖宗法度安靜自然爲言他日李清臣勸帝清心省事帝曰近臣中唯傅楫嘗道此楫在朝歲餘見時事寖異竊歎曰禍其始此乎聞者甚之楫笑曰後當信吾言遂上疏丐去以龍圖待制知亳州卒年六十一帝念其藩邸舊臣賜絹三百匹

沈畸字德侔湖州德清人第進士歷官州縣崇寧中爲尚書議禮局編修官召對擢監察御史畸至臺欲有所論建而六察無言事法乃詣壓上十事言花石擾民土木斁國冗賞多恩澤濫議論異同下情睽隔其論當十夾錫錢最爲剴當略曰小錢之便於民久矣古者軍興用乏或以一當百至于當千此權時之術非可行於無事之世今當十之議固足紓目前然使游手敢鑄無故有倍稱之息何憚而不爲雖日加斷斬勢不可止恐未能期歲東南小錢輕錢輕則物重物重則民愈困此盜賊所由起也陝西舊無銅錢故以夾錫爲貴一切改鑄則猶前日鐵錢耳今東南方私鑄又將使西北効之是導民犯法也進殿中侍御史嘗經國子監門有小內侍從數騎絶道突過騶卒追問不爲止臺檄諸司捕之不獲畸曰風憲之地可但已乎入言之徽宗下內省跡治竟抵罪蔡京與蘇州錢獄欲陷章綖兄弟遣開封尹李孝壽御史張茂直鞫之株逮至千百強

抑使承盜鑄罪死者甚衆京猶以爲緩帝獨意其非辜遣畸及御史蕭服往代京將喚以顯仕白爲左正言又擢侍御史畸至蘇即日決釋無左證者七百人歎曰爲天子耳目司而可傅會權要殺人以苟富貴乎遂閱實平反以聞京大怒削畸三秩貶監信州酒稅未幾卒既而獄事竟覆羈管明州使者持敕至家將發棺驗實畸子濬泣訴乃止建炎初贈龍圖閣直學士濬官至右正言

蕭服字昭甫廬陵人第進士調望江令治以教化爲本訪古跡得王祥卧冰池孟宗泣筍臺皆爲築亭又刻唐縣令鞠信陵文于石俾民知所嚮已而邑人朱氏女刲股愈母疾人頌傳之以爲治化所致知高安縣尉獲凶盜獄具矣服審其辭疑之且視其刀室不與刃合頃之而殺人者得囚蓋平民也徙知康州未行改親賢宅教授提舉淮西常平召爲將作少監以使事得入對論人主聽言之要以謂唐虞盛世猶畏巧言而堲讒說纚纚數百言徽宗謂有爭臣風擢監察御史奉詔作崇寧備官記帝稱善詔輔臣曰服文辭勁麗宜居翰苑朕愛其鯁諤顧臺諫中何可闕此人俄偕沈畸使鞫獄坐羈管處州踰歲得歸張商英當國引爲吏部員外郎迓遼使得疾於道遂致仕既愈還舊職以父老得請知蘄州卒年五十六

徐勣字元功宣州南陵人舉進士調呉江尉選桂州教授王師討交趾轉運使檄勣從軍餉路瘴險民當役者多避匿捕得千餘人使者使勣杖之勣曰是固有罪然皆飢羸病之不足勝杖姑涅臂以戒亦可已使者怒欲并劾勣勣力爭不變使者不能奪郭逵宿留不進勣謂副使趙卨曰師出淹時而主帥無討賊意何由成功因具蠻人情狀疏于朝謂斷者人主之利器今諸將首鼠不進惟斷自上意而已既而逵卨果皆以無功貶舒亶聞其名將以御史薦勣惡亶爲人辭不答求知建平縣入爲諸王宮教授通判通州瀕海有捍隄廢不治歲苦漂溺勣躬督防卒護築之

隄成民賴其利復教授廣陵申王院改諸王府記室參軍哲宗見其文論奬之欲俟滿歲以爲左右史未及用徽宗立擢寶文閣待制兼侍講遷中書舍人修神宗史時紹聖黨與尚在朝人懷異意以沮新政帝謂勣曰朕每聽臣僚進對非詐則諛惟卿鯁正朕所倚賴因論擇相之難云已召范純仁韓忠彥勣頓首賀曰得人矣詔與蔡京同校五朝寶訓勣不肯與京聯職固辭奏京之惡引盧杞爲喻遷給事中翰林學士上疏陳六事曰時要曰任賢曰求諫曰選用曰破朋黨曰明功罪國史久不成勣言神宗正史今更五閏矣未能成書蓋由元祐紹聖史臣好惡不同范祖

禹等專主司馬光家藏記事蔡京兄弟純用王安石日録各爲之説故論議紛然當時輔相之家家藏記録何得無之臣謂宜盡取用參訂是非勒成大典帝然之命勣草詔戒史官俾盡心去取毋使失實帝之初政銳欲損革新法之害民者布始以爲然已乃密陳紹述之説帝不能決以問勣勣曰聖意得非欲兩存乎今是非未定政事未一若不考其實姑務兩存臣未見其可也又因論棄湟州請自今勿妄興邊事無邊事則朝廷之福有邊事則臣下之利自古失於輕舉以貽後悔皆此類也勣與何執中偕事帝於王邸蔡京以宮僚之舊每曲意事二人勣不少降節謁

歸視親病或言翰林學士未有出外者帝曰勣謁告歸寧非去朝廷也柰何輕欲奪之俄而遭憂京入輔執中亦預政適勣行章惇詞以爲詆先烈服闋以主管靈仙觀入黨籍中起知江寧府言者復論爲元祐姦朋必不能推行學政罷歸大觀三年知太平州召入覲極論茶鹽法爲民病帝曰以用度不足故也對曰生財有道理財有義用財有法今國用不足在陛下明詔有司推講而力行之耳帝曰不見卿久今日乃聞嘉言加龍圖閣直學士留守南京蔡京自錢塘召還過宋見勣微言撼之曰元功遭遇在伯通右伯通既相矣勣笑曰人各有志吾豈以利祿易之哉京

懟不能對勸亦終不復用以疾除顯謨閣學士致仕卒年七十九贈資政殿學士正奉大夫勸挺挺持正尤爲帝所禮重而不至大用時議惜之

張汝明字舜文世爲廬陵人徙居眞州兄侍御史汝賢元豐中以論尚書左丞王安禮與之俱罷未幾卒汝明少嗜學刻意屬文下筆輒千百言入太學有聲一時國子司業黄隱將以子妻之汝明約無飾華侈協力承親歡然後受室登進士第歷衛眞江陰宜黄華陰四縣主簿杭州司理參軍亳州鹿邑丞母病疽更數醫不効汝明刺血調藥傳之而愈江陰尉貧且病市物不時予直部使者欲繩以法汝明爲鬻橐中裝代償之華陰修嶽廟費鉅財㝡令以屬汝明汝明嚴與爲期民德其不擾相與出力佐役如期而成他廟非典祀妖巫憑以惑衆者則毀而懲其人滯州縣二十年未嘗出一語干進故無薦者大觀中或言其名召實學制局預考貢士去取皆有題品值不悅者誣以背王氏學詔究其事得所謂去取録徽宗覽之曰考校盡心寧復有此特改宣教郎擢監察御史嘗攝殿中侍御史即日具疏劾政府市恩招權以蔡京爲首帝奬其介直京頗憚之徙司門員外郎猶虞其復用力排之出通判寧化軍地界遼文移數往來汝明名觸其諱遼以檄暴於朝安撫使問故衆欲委罪於吏汝明曰詭辭欺君吾不爲也坐責監壽州麻步場遇赦簽書漢陽判官田法行受牒按境内時主者多不親行汝明使四隅日具官吏所至而躬臨以閲實雖雨雪不渝以故吏不得通賕謝而税均於一路最晚知岳州屬邑得古編鐘求上獻汝明曰天子命我以千里懼不能仰承德意敢越職以幸賞乎卒於官年五十四汝明事親孝執喪水漿不入口三日日飯脱粟飲水無醯鹽草木之滋漫病羸行輒踣夢父授以服天南星法用之驗人以爲孝感汝明學精微研象數貫穿經史百家所著書不蹈襲前人語有易索書張子卮言太究經傳於世

黄葆光字元暉徽州黟人應舉不第以從使高麗得官試吏部銓第一賜進士出身由齊州司理參軍爲太學博士遷祕書省校書郎擢監察御史左司諫始涖職即言三省吏猥多如遷補升轉奉入賞勞之類非元豐舊制者其大弊有十願一切革去徽宗即命釐正之一時士論翕然而蔡京怒其異己密白帝請降御筆云當豐亨豫大之時爲衰亂減損之計徙葆光符寳郎省吏醵錢入寳籙宫作千道齋報上恩帝思其忠明年復拜侍御史遼人李良嗣來歸上平夷書規進用擢祕書丞葆光論其五不可大槩言良嗣以凶黠忿鷙犯不赦之罪於鄰國逃命追死妄作平夷

等書萬一露泄爲患不細中秘圖書之府豈宜以罪人爲之宜厚其禄賜寘諸畿甸之外又言君尊如天臣卑如地剛健者君之德而其道不可屈柔順者臣之常而其分不可亢苟致屈以求合則是傷仁非所以尊君也苟矯亢以求伸則是犯分非所以馭下也帝感悟命近臣讀其奏於殿中自崇寧後增朝士兼局多葆光以爲言乃命蔡京財定京陽請一切廢罷以激怒士大夫葆光言如禮制局詳議官至七員檢討官至十六員製造局至三十餘員豈不能省去一二上副明天子之意時皆壯之政和末歲旱帝以爲念葆光上疏曰陛下德足以動天恩足以感人檢身

治事常若不及而不能感召和氣臣所以不能無疑也蓋人君有屈己逮下之心而人臣無歸美報上之意者能致陰陽之變人君有慈惠惻怛之心而人臣無將順欽承之意者能致陰陽之變陛下恭儉敦朴以先天下而太師蔡京侈大過制非所以明君臣之分陛下以紹述爲心而京所行乃背元豐之法彊悍自專不肯上承德意太宰鄭居中少宰余深依違畏避不能任天下之責此天氣下而地不應大臣不能尚德以應陛下之所求者如此疏入不報且欲再上章京權勢震赫舉朝結舌葆光獨出力攻之京懼中以它事貶知昭州立山縣又使言官論其附會交結泄漏密語詔以章揭示朝堂安置昭州京致仕召爲職方員外郎改知處州州當方臘殘亂之後盡心牧養民列上其狀加直秘閣再任卒年五十八州人祠之葆光善論事會文切理不爲橫議所移時頗推重本出鄭居中門故極論蔡京無所顧然其他不能不迎時好方作神霄萬壽宮温州郭敦實泗州葉點皆坐是得罪葆光遂疏建昌軍陳并秀州蔡宙岳州傅惟肖祈門令葛長卿不即奉行制書存留僧寺形勝佛像及決罰道流乞第行竄黜遂悉坐停廢議者尤之

石公弼字國佐越州新昌人登進士第調衛州司法參軍

淇水監牧馬逸食人稻爲田主所傷時牧法至密郡中韓宗哲欲坐以重辟公弼當此人無罪宗哲曰人傷官馬柰何無罪公弼曰禽獸食人食主者安得不禦禦之豈能無傷使上林虎豹絶檻害人可無殺乎今但當懲圉者民不可罪宗哲怒以屬吏既而使者來慮囚如公弼議獲嘉民甲與乙鬭傷指病小愈復與丙鬭病指流血死郡吏具獄兩人以他物傷人當死公弼以爲疑駮而鞫之乃甲捽丙髮指脱痂中風死非由擊傷也兩人皆得免章惇求太學官或薦公弼使往見謝曰丞相資侮人見者阿意苟容所不忍也再調漣水丞供奉高公備綱舟行淮以溺告公弼

曰數日無風安有是使尉核其所載錢失百萬呼舟人物色之乃公備與寓客妻通殺其夫畏事覺所至竊官錢賂其下故詭爲此說即收捕窮治皆服辜知廣德縣召爲宗正寺主簿入見言朝廷比日所爲直詞罕聞頌聲交至未有爲陛下廷爭可否者願崇忠正以銷諛佞通諫爭以除壅蔽徽宗善之擢監察御史進殿中侍御史三舍法行士子計等第頗事告訐公弼言設學校者要以仁義漸摩欲人有士君子之行顧使之相告訐非所以建學本意也又言刪定敕令官寺監丞簿比多以執政近臣子弟爲之未有資考不習政事請一切汰遣以開寒畯之路從之由右

正言攺左司諫論東南軍政之敝以爲有兵之籍無兵之技以太半之賦養無用之兵異日懼有未然之患其後睦盜起如其言太史保章正朱汝楫冒奉得罪而內侍失察者皆不坐公弼言是皆矯稱詔旨安得勿論請自今中旨雖不當覆者亦令有司審奏遷御史蘇杭造作局工盛公弼陳擾民之害請華技巧之靡麗者稍罷進奉帝納之蔡京始與公弼有連故因得進用至是意寖異京忌焉徙太常少卿遷起居郎兼定王嘉王記室故事初至宮例得金繒之賜二百萬公弼辭不受大觀二年拜御史中丞執政言國朝未有由左史爲中執法者帝曰公弼嘗爲侍御史

矣時斥賣元豐庫縑帛賤估其直許朝士分售皆有定數從官至二千匹公弼得券上還之宰相有已取萬匹者即日反其故水官趙霆建開直河議謂自此無水憂已而決壞鉅鹿法當斬霆善交結但削一官猶爲太僕少卿公弼論爲失刑霆坐貶京西轉運使張徽言欲因方田籍增立汝襄鄧三州稅公弼以爲方田之制奠天下之地征正欲均其賦耳而徽言掊克重斂民何以堪詔罷之遂劾蔡京罪惡章數十上京始罷又言吏員猥冗戾元豐舊制於是堂選歸吏部者數千員罷宮廟者千員都水知埽六十員縣非大郡悉省丞在京茶事歸之户部諸道市舶歸之轉

運司仕塗爲清京雖上相印猶提舉修實録公弼復言京盤旋京師無去志其餘威震於群臣願持必斷之決以消後悔又因星變言之竟出京杭州及劉逵主國柄公弼復論其廢紹述良法啓用元祐邪黨學術人以是知其非一意於正者進兵部尚書兼侍讀上疏言崇寧以來臣下專務生事開邊興利營繕屈役虚民根本因之飢饉汴西挽運花石農桑廢業徒弊所有以事無用宜使之休息以承天意張商英入相欲引爲執政何執中吳居厚交沮之以樞密直學士知揚州群不逞爲俠於閭里自號亡命社公弼取其魁桀痛治社遂破散江賊巢穴菰蘆中白晝出剽

吏畏不敢問公弼嚴賞罰督捕盡除之改述古殿直學士知襄州蔡京再輔政羅致其罪責秀州團練副使台州安置踰年遇赦歸卒年五十五後三歲復其官公弼初名公輔徽宗以與楊公輔同名改爲公弼云

張克公字介仲潁昌陽翟人起進士大觀中爲監察御史遷殿中侍御史蔡京再相克公與中丞石公弼論其罪京罷克公徙起居舍人踰月進中書舍人改右諫議大夫京猶留京師會星文變克公復論之中其隱慝語在京傳京致仕張商英爲相與鄭居中不合克公由兵部侍郎拜御史中丞治堂吏訟歸曲商英且疏其罪十商英罷京復召

衛克公弗置徽宗知之爲徙吏部尚書京欲以銓綜稽違中克公既又擿其知貢舉事帝以爲所取得人不問也居吏部六年卒贈資政殿學士

毛注字聖可衢州西安人舉進士知南陵高苑富陽三縣皆以治辦稱大觀中御史中丞吳執中薦爲御史詔賜對未及而執中罷注辭焉徽宗固命之既見謂曰今士大夫方寡廉鮮恥而卿獨知義命故特召卿即以爲主客員外郎俄擢殿中侍御史蔡京免相留京師注疏其擅持威福動搖中外以葉夢得爲腹心交植黨與帝爲逐夢得而還注侍御史遂極論京受孟翊妖姦之書與逆人張懷素游處引凶朋林攄置政府用所親宋喬年尹京其門人播傳咸謂陛下恩眷不衰行且復用於是論者相繼京遂致仕

四年彗再見注又言臣累論蔡京罪積惡大天人交譴雖罷相致政猶怙恩恃寵假居賜第以致上天威怒推原其咎實在於京考京之罪蓋不可以縷數陛下去黨碑以開自新之路京疾其異已而別爲防禁陛下頒明詔以來天下之言京惡其議已而重致於法以嚴刑峻罰脅持海內以美官重祿交結人心錢鈔屢更而商賈不行邊事數興而國力大匱聲焰所震中外憤疾宜早令去國消弭災咎奏上京始出居錢塘注復采當世之急務曰省邊事足財

用收士心禁技巧大槩謂近年以來邊民僥倖苟得昔所入貢者今必城爲郡縣昔所羈縻者今盡納其土疆以内地金帛而事窮荒不可計之費今黔南已有處分如夔渝新邊宜在裁省運鹽昔主於漕計今移於它司常平昔積於外州今輸於都下經費安得不匱財貨何以轉移願詔有司悉講復元豐舊制湯之遺旱以士失職爲辭今學校養士蓋有常額額外之人不復可預教養歲貢之餘略無可進之地願留貢籍三分暫存科舉以待學外之士使無失職東南造作奇玩花石綱舟與役死工徒京城營繕並宜暫罷以抑末敦本凡此皆聖政之所當先人心悅則天

意解矣注所論切於世務類此遷左諫議大夫張商英爲相言者攻之力注亦言其無大臣體然訖以與之交通罷提舉洞霄宮居家數歲卒建炎末追復諫議大夫

洪彥昇字仲達饒州樂平人登第調常熟尉奉母之官旣至前尉欲申期三月以規薦而中分奉入彥昇與僧舍卻奉不納如約始交印歷郴州判官簽書鎭東軍節度判官彥昇嘗辟廣西經略府或稱其才擢提舉常平御史中丞石公弼薦新提舉廣西學事幸義可御史及陛辭適與同日徽宗兩留之遂爲監察御史遷殿中侍御史彥昇孤立任言責閱五年論蔡京毋居元宰假紹述之名一切更張

敗壞先朝法度朋姦誤國公私困弊旣已上印而偃蹇都城上憑眷顧之恩中懷跋扈之志願早賜英斷遣之出京何執中緣潛邸之舊德薄位尊當軸處中殊不事事見利忘義唯貨殖是圖願解其機政以全晚節呂惠卿與張懷素厚善序其所注般若心經云我遇公爲黃石之師且張良師黃石之策爲漢祖定天下惠卿安得輒以爲比他如鄧洵仁蔡嶷劉拯李孝稱許光疑許幾盛章李譓任熙明之流皆條摭其過一不爲回隱右僕射張商英與給事中劉嗣明爭曲直事下御史彥昇蔽罪商英商英去又累疏抨鄭天信以誣命進用交結寵斥因請禁士大夫毋語命術毋習釋教先是詔諸道監司具法令未備若未便於民者乂而弗上彥昇言吏狃於勢隨時俯仰不能上承德音因緣爲姦者衆有因追科而欲害熙寧保伍之法因身丁而故搖崇寧學校之政省事原情當有勸沮宜遣官編彙辨其邪正以行賞罰皆從之遷給事中嘗謁告一日而張商英復官之旨經門下言者以爲顧避封駁出知滁州尋加右文殿修撰進徽猷閣待制知吉州又之知潭州未行卒年六十三贈太中大夫

論曰蔡京用事焱燄熾然其勢莫敢遏此數子者廼力數其罪而連攻之似矣然稹光克公主鄭居中公弼注朋張

商英皆非端直士也若楫先見晦服不阿汝明不欺彥昇孤立其賢乎唯勤官邸舊學人望攸屬而不使躋政地至京則暫罷亟起始終倚任焉善善而不能用惡惡而不能去徽宗以之此齊桓公所以嗤於郭亡也

鍾傳字弱翁饒州樂平人本書生用李憲薦爲蘭州推官坐對獄不實羈管郴州紹聖中章惇興邊事奏還其官得入對爲哲宗言兵貴智而不貴力夏衆黠而勇難以一舉滅但當擇城險要以正不朝削地之法坐待其斃帝然之命幹當熙河涇原秦鳳三路公事夏人陷金明渭帥毛漸出兵攻其沒煙砦傳合擊破之又與熙州王文郁進築西

安城論功加秘閣校理章楶帥渭命傳所置將苗履統衆會涇原之靈平夏人悉力來拒傳步騎二萬出不意造河槃以濟師遂作金城關又獻白草原捷遷進集賢殿修撰知熙州傳自始仕至此僅再歲遂擅帥熙秦騎四萬出塞無功而還惇方主其議不加罪初傳請合三路兵從青南訥心或顛耳關築天都城以包淺井乩囉和市工既集復言水源不壯不可興役朝論以所奏乖異將罷傳曾布爲言但褫職俄而白草原詐增首虜事覺責監永州稅再貶連州別駕崇寧中復起知河中府歷鄜瀛渭三州擢顯謨閣待制建言河南要地靈武爲根本其西十五州六爲王土其東由清遠距羅山走靈州不及百里夏以五監軍統焉若選將簡師先擊之以趨韋州可斷其右臂徐當拊納離畔漸規進取訖城蕭關可斷其左臂乃條上十四事未報詔諸道進討傳遣將折可適領銳騎出蕭關至靈州川有功進龍圖閣直學士會別將高永年沒於西而可適遇雨失道爲虜所乘乃班師傳以稽違逗撓黜知汝州奪學士未幾復爲杭州真定永興太原延安府以故職卒贈端明殿學士傳從布衣致通顯所行事大氐欺妄故屢起屢僨云

陶節夫字子禮饒州鄱陽人晉大司馬侃之裔也第進士起家爲廣州録事參軍楊元冠暴山谷間捕繫獄屢越以逸且不承爲盜既累年節夫詰以數語元即吐服將適市與諸囚訣曰陶公長者雖死可無憾知新會縣廣守章楶重其材楶帥涇原辟入府崇寧初爲講議司檢討官進虞部員外郎遷陝西轉運副使徙知延安府以招降羌有功加集賢殿修撰築石堡等四城石堡以天澗爲隍可趨者唯一路夏人窖粟其間以千數既爲宋有其酋驚曰漢家取我金窟堝亟發鐵騎來爭節夫分部將士邀禦之斬獲統軍以下數十百人夏人度不可得斂兵退遷擢顯謨閣待制龍圖閣直學士方議城銀州諜告夏人巳東節夫料

必西趨涇原官屬不肯從節夫曰吾計之熟矣乃遣裨將耿端彥疾驅至銀州五日城成夏人果從涇原至則城備已固遂遁去進樞密直學士節夫在延安日久蔡京張康國從中助之故唯京意是徇夏人欲款塞拒弗納放牧者執殺之夏人怨怒大入鎮戎軍殺鹵數萬口節夫尋領經制環慶涇原河東邊事言今既得石堡又城銀州西夏洪宥皆在吾顧盼中橫山之地十有七八與州巢穴淺露直可以計取遂陳取興靈之策加龍圖閣學士會朝廷罷經制司且棄所城地節夫乃求内郡徙洪州改江寧府歷青秦二州太原府群盜李勉起遼州北平之間河東北騷

動兩路帥臣憲臣皆罷去至出臺郎督捕之節夫請悉罷
所遣兵卒以計獲勉坐上疏乞留本道兵勿移戍降爲待
制知永興軍數月卒追復龍圖閣學士
毛漸字正仲衢州江山人第進士知寧鄉縣熙寧經理五
溪漸條利害以上察訪使使者誘以區畫遂建新化安化
二縣漸用是得著作佐郎知安化縣召爲司農丞提舉京
西南路常平元祐初知高郵軍遷廣東轉運判官渠陽蠻
擾邊近臣言漸習知蠻事徙荊湖北路轉運判官時朝廷
議棄地漸曰蠻徭畔服不常非稍威以兵未易懷德今一
犯邊即棄地非計也不報渠陽既棄蠻復大入鈔略覆官

軍判土爲大擾漸歷提點江西刑獄江東兩浙轉運副使
浙部水溢詔賜緡錢二百萬以振之漸言數州被害即捐
二百萬儻仍歲如之將何以繼乃案錢氏有國時故事起
長安堰至鹽官徹清水浦入于海開無錫蓮蓉河武進廟
堂港常熟疏涇梅里入大江又開崐山七耳茜涇下張諸
浦東北道吳江開大盈顧匯柘湖下金山小官浦以入海
自是水不爲患加集賢校理入爲吏部右司郎中以祕閣
校理爲陝西轉運使攝渭秦熙三州未幾復攝帥涇原日
夜治兵乘夏人犯邊遣將擣其虛遂破没煙砦進直龍圖
閣知渭州命下卒年五十九優贈龍圖閣待制

王祖道字若愚福州人第進士又舉制科會罷調韓城尉
知松陽白馬二縣爲司農丞監察御史數言事以論樞密
承旨張誠一試補吏挾私延州呂惠卿遣禁卒餽徐禧公
使物非是改司封員外郎知汀泉福三州歷使諸路入爲
戶部吏部員外郎左司諫言陝西兵未可減徽宗謂其論
事無足行依阿苟容出知海州拜祕書少監再爲福州加
直龍圖閣知桂州蔡京開邊祖道欲乘時徼富貴誘王江
酋楊晟免等使納土夸大其辭言向慕者百二十峒五千
九百家十餘萬口其旁通江洞之衆尚未論也王江在諸
江合流之地山川形勢據諸峒要會幅員二千里宜開建

城邑控制百蠻以武臣爲守置溪峒司主之詔以爲懷遠
軍且頒諸司使至殿侍軍將告命使第補其酋領置二砦
爲立學又言黎人爲患六十年道路不通今願爲王民得
地千五百里遂以安口隘爲允州中古州地爲格州增提
舉溪峒官三員又言驩察知地州羅文誠文州羅更晏蘭
州韋晏鬧那州羅更從皆內附請於黎母山心立鎮州爲
下都督府賜軍額曰靜海知州領海南安撫都監從萬安
軍於水口南丹州莫公佞獨拒命發兵討擒之遂築懷遠
軍爲平州格州爲從州南丹爲觀州并允地文蘭那五州
置黔南路擢祖道顯謨閣待制進龍圖閣直學士召爲兵

部尚書未行與融州張莊謀使莊奏言海南一千二十峒
皆已團結所未得者百七十峒今黎人款化則未得者才
十之一耳於是傜黎渠帥不勝忿蜂起侵剗團新萬安軍
及觀州殺官吏初祖道徙城時言黎人伐木助役及是詔
問不能對京芘之猶除端明殿學士知福州復以刑部尚
書召大觀二年卒贈宣奉大夫祖道在桂四年厚以官爵
金帛挑諸夷建城邑調兵鎮戍輦輸內地錢布鹽粟無復
齊限地瘴癘戍者歲亡什五六實無尺地一民益於縣官
蔡京既自以爲功至謂混中原風氣之殊當天下輿圖之
半祖道用是超取顯美張商英爲相治其誕罔追貶昭信

軍節度副使京再輔政復還之然其所創名州縣不旋踵
皆罷是後龐恭孫張莊趙遹程鄰皆以拓地受上賞大氐
皆規模祖道祖道起冗散驟取美官而朝廷受其敝云
張莊應天府人也元豐三年擢進士第歷提舉司講議司
檢討官出提舉荊湖夔州等路香鹽事改提舉荊湖北路
常平本路提點刑獄進龍圖閣直學士廣南西路轉運副
使王祖道既請立朱崖諸州縣徙萬安軍詔莊按覆相度
寔與祖道相表裏祖道召爲兵部尚書擢莊集賢殿修撰
知桂州祖道既留以莊知融州已而祖道徙福州莊復知
桂州奏安化上三州一鎮地土及恩廣監洞蒙光明落安

知洞程大法都丹團黃光明等納土共五萬一千一百餘
户二十六萬二千餘人幅員九千餘里尋又奏寬樂州安
沙州譜州四州七源等州納土計二萬人一十六州三十
三縣五十餘峒幅員萬里蔡京帥百官表賀進莊兼黔南
路經略安撫使知靖州王子武者惠恭皇后族子也靖州
界接平允從三州子武欲通之因請復元祐所棄渠陽軍
渠陽既城迺上言湖北至廣西緜湖南則迂若弓背自渠
陽而往猶弓弦耳因以利啗諸蠻使納土立里堠莊忌之
且欲蠻之多屬廣西爲已功因誘復水蠻石盛唐毀其烽
表橋梁渠陽蠻酋楊惟聰請討之子武以聞朝議謂其生

事罷子武未幾安化蠻納土莊遣黃忱往築州城忱蠻將
也知蠻情僞力言不可莊怒遣忱護築溪州別遣胡超儀
昌等築安化城果爲蠻所擒超等没者幾千人中書舍人
宇文粹中言祖道及莊擅興師旅啓釁邀功妄言諸蠻效
順納款得地當時柄臣攬爲綏撫四夷之功奏賀行賞張
皇其事自昔欺君無大於此朝廷既追貶祖道莊責舒州
團練副使永州安置再貶連州移和州起知荊南府徙江
寧復進徽猷閣直學士歷知渭亳襄州鎮江東平府宣和
六年坐繕治東平城不加功輒復摧圮降兩官提舉嵩山
崇福宮卒贈宣奉大夫

趙遹開封人大觀初以發運司勾當公事爲梓州路轉運司判官瀘戎諸夷納土命遹相置以建立純州縣皆勞加直祕閣升轉運副使俄授龍圖閣直學士爲正使政和五年晏州夷酋卜漏反陷梅嶺堡知砦高公老遁公老之妻宗女也常出金玉器飲卜漏等酒漏心豔之會瀘帥賈宗諒以斂竹木擾夷部且誣致其酋斗筒旁等罪夷人咸怨漏遂相結因上元張燈襲破砦虜公老妻及其器物四出剽掠遹行部昌州聞之倍道趣瀘州賊分攻樂共城長寧軍武寧縣宗諒皆遣將拒卻之已而樂共城監押潘虎誘殺羅始党族首領五十人其族釁憤怨合漏等復攻樂共

城遹并劾之詔斬虎罷宗諒代以康延魯而聽遹節制遹陰有專討意兵端益大矣於是詔發陝西軍義軍土軍保甲三萬人以遹爲瀘南招討使遹與別將馬覺張思正分道出期會于晏州思義州近而固遹遣王育先破之村囤諸落相繼而克因其積穀食士卒既抵晏州覺思正各以兵來會漏據輪縛大囤其山崛起數百仞林箐深密夷奔潰者悉赴之乃壘石爲城外樹木柵當道穿阬阱仆巨栱布渠荅夾以守障俯瞰官軍矢石所中皆糜碎遹軍不能進間從巡檢种友直田祐恭按視其旁山崖壁特峭絕賊恃之無守備遹欲襲取命友直祐恭軍其下而身當賊衝

番軍迭攻之未旦鼓而進迫夕則止賊并力拒戰不得息友直所部多思黔土丁習山險而山多生猱遹遣土丁捕之伐去蒙密緣崩石挽藤葛而上得猱數十頭束麻作炬灌以膏蠟縛於猱背暮夜復遣土丁負繩梯登崖顛迴絙梯引下人人銜枚挈猱蟻附而上比雞鳴友直祐恭與其衆悉登擁刀斧穿箐入及賊柵出火然炬猱熱狂跳賊廬舍皆荅竹猱竄其上火輒發賊號呼奔撲猱益驚火益熾官軍鼓譟破柵遹望見火麾軍躡雲梯攻其前兩軍相應賊擾亂不復能抗赴火墮崖死者不可計俘斬數千人卜漏突圍走至輪多囤追獲之晏州平諸夷落皆降拓地環

二千里遹爲建城砦畫疆畝募人耕種且習戰守號曰勝兵詔置瀘邊安撫司以轉運副使孫羲叟爲安撫使高公老妻不辱而死詔贈節義族姬加遹龍圖閣直學士熙州蘭湟經略安撫使遹以疾請祠不許既入對賜上舍出身拜兵部尚書遹與童貫有隙力請去以提舉醴泉觀兼詳定一司敕令六年出知成德軍拜延康殿學士賜其子永裔上舍出身祕書省校書郎涞水人董才得罪亡命因聚衆爲賊攻敗城邑遼人不能制中山帥府陰與才通誘使來歸才尋爲遼所破遂上書請取全燕以自效王黼童貫大喜將許之遹言不可容或以沮朝廷密謀止遹遹曰帥

臣所部封境雖異事無異也且論思獻納侍從之職適今以侍從備帥臣而眞定中山邊接隊苟一開吾境得無事乎疏奏上然之乃斥還才書才窮變轉入河東詔以間適適復具疏極論其害洎適徙熙州蕭等卒納才又慮適過關入覲有所陳趣使便道赴鎮諸番聞適至相賀曰吾父來朝廷眞欲無事矣爭出鉏耨牛價爲頓高時議更陝西大鐵錢價與銅錢輕重等適上言曰銅重鐵輕自然之理今反其理民誰信之以人奪天雖厲其禁終不可行也居數月以疾乞致仕命提舉嵩山崇福宮起知中山順昌應昌府金人舉兵召適赴闕尋卒永裔歷知眉州言者論適欺罔朝廷以軍功永裔遂放罷

論曰夏人時蹈寇逐之使出則已章惇蔡京故撓之用兵塗邊人肝腦于地以侔己功不亦傎乎諸蠻溪峒茅瘴非人域嬀猺與居況無敢闖吾圉京遹使祖道張莊之徒鑿空爲功舉中國重貲棄諸不毛而文飾姦慝鋪張表賀徽宗亦偃然受其欺好大黷武之心一侈而燕朔之謀作矣詩曰池之竭矣不云自頻泉之竭矣不云自中徽之耗内貪外劘召禍敗跡所從來此其本也嗚呼可不戒哉

列傳卷第一百七

列傳卷第一百八　宋史三百四十九

開府儀同三司上柱國錄軍國重事前中書右丞相監修國史領經筵事都總裁臣脫脫等奉敕修

郝質　賈逵　竇舜卿　劉昌祚
盧政　燕達　姚兕弟麟子雄古　楊燧
劉舜卿　宋守約子球

郝質字景純汾州介休人少從軍挽彊爲第一充殿前行門換供奉官爲府州駐泊都監主管麟府軍馬與田朏將兵護軍須餽麟州道遇西夏數千騎冦鈔質先驅力戰斬首獲馬數百又與朏行邊至栢谷敵塹道以阻官軍質禦之於寒嶺下轉鬬逐北遂修復寧遠諸柵以扼賊衝宣撫使杜衍安撫使明鎬連薦之且條上前後功狀超遷内殿承制并代路都監大名賈昌朝又薦爲路鈐轄使討貝州文彥博至命部城西面河上有亭甚壯彥博慮爲賊焚遣小校蘭千守而質使千往他營度戰具千辭質曰亭焚吾任其責千去而亭焚彥博將斬千質趨至帳下曰千之去質實使之罪乃在質願代千死彥博壯其義兩釋之質自此益知名賊平遷六宅使歷高陽關定州并代鈐轄駐泊副都部署龍神衛捧日天武都指揮使馬軍殿前都虞候加領賀州刺史英州團練眉州防禦使奉詔城豐州進步

軍副都指揮使、宿州觀察使召還宿衛改馬軍英宗立遷武昌軍節度觀察留後加安德軍節度使爲殿前副指揮使神宗立易節安武軍爲都指揮使元豐元年卒帝親臨其喪贈侍中謚曰武莊質御軍有紀律犯者不貸而享犒豐渥公錢不足出己奉助之平居自奉簡儉食不重肉篤于信義田朏不振而死爲表揭前功官其一孫在并州與朝士董熙善約爲婚姻熙死家貧無依質已爲節度使竟以女歸董氏自爲官不上伐閱從微至貴皆以功次遷云

賈逵眞定藁城人隸拱聖爲卒至殿前班副都知換西染院副使從狄青征儂智高戰於歸仁驛既陳青誓衆曰不

待令而舉者斬時左將孫節戰死逵爲右先鋒將私念所部兵數困易衂兵法先據高者勝苟復待命而賊乘勝先登吾事去矣即日引軍趨山既定賊至逵麾衆馳下仗劍大呼斷賊爲二賊首尾不相救遂潰逵詣青請罪青拊其背勞謝之邕州城空青使逵入括公私遺墜固辭是時將校多以搜城故匿竊金寶獨逵無所犯遷西染院使嘉州刺史秦鳳路鈐轄初逵少孤厚賂繼父得其母奉以歸至是以母老辭不許而賜母冠帔秦山多巨木與夏人錯壤逵引輕兵往采伐羌酋馳至畫地立表約決勝負逵引弓連三中的酋下馬拜伏從逵取盈而歸徙并代路專主管

麟府軍馬熟戶散處邊關苦於寇畧逵差度遠近聚爲二十七堡次第相望自是害乃息畫鐵爲的激種豪使射久皆成勁兵一夕烽火屢發左右白當起逵卧不應旦而謂人曰此必妄也脫有警可夜出乎徐問之果邊人燭遺物也復徙秦鳳去之十日而代者郭恩敗朝廷以逵爲能連擢捧日天武四廂都指揮使馬步殿前都虞候歷涇原高陽關麟延路副都總管以利州觀察使入爲步軍副都指揮使都城西南水暴溢注安上門都水監以急變聞英宗遣逵督護亟囊土塞門水乃止議者欲穴隄以泄其勢逵請觀水所行諭居民徙高避水然後決之軍校營城外者

每常朝即未曉啓門鑰或輟朝失報啓鑰如平時逵言禁城當謹啓閉不宜憑報者乃冶鐵鑄常朝字俾持以示信遷馬軍副都指揮使復總鄜延兵延州舊有夾河兩城始元昊入寇據險城幾不能守逵相伏龍山九州臺之間可容窺覘請於其地築保障與城相望延人以爲便轉昭信軍節度觀察留後逵言种諤處綏州降人於東偏初云萬三千戶今乃千二百戶耳逋逃之餘所存纔八百蕃漢兩下殺傷皆不啻萬計自延州運粟至懷寧率以四百錢致一石而緣邊居人壯者但日給一升罔冒何啻太半諤徒欲妄興邊事以自爲功不可不察也元豐初拜建武軍節

度使殿前都指揮使請不俟郊赦贈三世官神宗曰違武
人能有念親之志其特聽之數月而卒年六十九贈侍中
謚曰武恪

竇舜卿字希元相州安陽人以蔭爲三班奉職監平鄉縣
酒稅有僧欲授以化汞爲白金之術謝曰吾祿足養親不
願學也辟府州兵馬監押夏人犯塞舜卿欲襲擊舉烽求
援於大將王凱凱弗應舜卿度事急提州兵出戰勝之明
日經略使問狀凱懼要以同出爲報舜卿雖然相許不自
以爲功爲青淄路都監海盜行劫執博昌鎮官吏肆剽掠
舜卿募士三百悉擒之使契丹主客馬祐言昔先公客省

善射君當傳家法置酒請射舜卿發輒中祐使奴持二弓
示之一挽皆折湖北蠻徭彭仕義叛徙爲鈐轄兼知辰州
建請築州城不擾而辦帥師取富州蠻將萬年州據石狗
崖舜卿選壯卒奮擊蠻矢石交下卒蒙盾直前發強弩射
萬年州斃于崖下遂拔之左右欲盡勦其衆舜卿不許曰
仕義願内附特爲此輩所脅今死矣何以多殺爲引兵入
北江仕義降擢康州刺史加龍神衛捧日天武四廂指揮
使馬軍殿前都虞候三遷邕州觀察使歷邠寧環慶路副
都總管熙寧中十上章求退且丐易文階改刑部侍郎提
舉嵩山崇福宮以光祿大夫致仕再轉金紫光祿大夫卒

年八十八謚曰康敏

劉昌祚字子京眞定人父賀戰没于定川錄爲右班殿直
主秦州威遠砦青塘聚兵鹽井經年不散昌祚奉帥命往
詰之諸酋曰聞漢家欲取吾鹽井昌祚曰國家富有四海
何至與汝爭此邪與酋俱來犒賚之歡然帥衆去遷西路
都巡檢使遼還神宗臨試馳射授通事舍人夏人寇劉溝
堡昌祚領騎二千出援虜伏萬騎於黑山而僞遁卒遇之
戰不解薄暮大酋突而前昌祚抽矢一發殪之餘衆悉遁
帥李師中上其功曰西事以來以寡抗衆未有如昌祚者
知階州討平毋家等族又平疊州轉作坊使爲熙河路都

監從王中正入蜀破箄篥羌加皇城使榮州刺史秦鳳路
鈐轄又加西上閤門使果州團練使知河州元豐四年爲
涇原副都總管王師西征詔與總管姚麟率蕃漢兵五萬
受環慶高遵裕節制令兩路合軍以出既入境而慶兵不
至昌祚出胡盧川次磨臍隘夏衆十萬扼險不可前昌祚
挾兩盾先登夏人小却師乘之斬首千七百級進次鳴沙
川取其窖粟遂薄靈州城未及闔先鋒奪門幾入遵裕馳
遣使止之昌祚曰城不足下脫朝廷謂我爭功奈何命按
甲勿攻是夕慶兵始距城三十里而軍遇敵接戰昌祚遣
數千騎赴之遲明賊已退遂謁遵裕遵裕訐應援之緩有

誅昌祚意既見問下城如何昌祚曰比欲攻城以幙府在後未敢前日磨齊之戰夏衆退保東關若乘鋭破之城必自下遵裕弗内曰吾夜以萬人負土囊傅壘至旦入矣怒未解欲奪其兵付姚麟麟不敢受乃已明日遣昌祚巡營凡所得馬糧悉爲慶兵所取涇師忿譟遵裕圍城十八日不能下夏人决七級渠以灌遵裕師軍遂潰即南還復命涇師爲殿昌祚手劍水上待衆濟然後行爲虜所及戰退之至渭州粮盡士爭入無復行伍坐貶永興軍鈐轄明年復徙涇原加龍神衛四廂都指揮使知延州時永樂方陷士氣不振昌祚先脩馬政令軍中校技擊優者乃給馬自

義合至德請砦綿亘七百里堡壘疏密不齊烽燧不相應昌祚度屯戍險易地望遠近事力彊弱立爲定式上諸朝夏人寇塞門安遠砦拒破之殺其統軍葉悖麻咩叱埋二人蓋始謀攻永樂者圖其形以獻帝喜遣近侍勞軍拓宗立進步軍都虞候雄州團練使知渭州歷馬軍殿前都虞候渭地宜牧養故時弓箭手人授田二頃有馬者復增給之謂之馬口分地其後馬死不補而據地自若昌祚按舉其法不二年耗馬復牣又括隴山間田得萬頃募士五千別置將統之勁悍出諸軍右朝廷歸夏人四砦昌祚以爲不可再遷殿前副都指揮使冀州觀察使武康軍節度使卒年六十八贈開府儀同三司謚曰毅肅昌祚氣貌雄偉最善騎射箭出百步之外夏人得箭以爲神持歸事之所著射法行於世

盧政太原文水人以神衛都頭從劉平與夏人戰延州虜薄西南隅兵不得成列政引數騎挑戰發伏弩二百射却之日且暮政說平曰今處山間又逼汙澤宜速退保後山須明决鬭不然彼夜出乘高壓我何以禦之平不聽遂敗政脫身歸黃德和誣平降賊仁宗引政問狀政言平被執非降也因自陳失主將當死帝義其言赦之以爲供奉官德州兵馬監押預討貝州率勇敢數百人飛繯絓堞而登

守者莫能亢大軍乘之以入遷内殿承制南征儂智高亦有功歷秦鳳髙陽關都鈐轄治平熙寧中爲捧日天武四廂都指揮使三衛都虞候副都指揮使涇原定州并代真定四路副都總管累轉祁州團練昌州防禦黔州觀察使拜武泰軍節度使政時年七十五氣貌不衰侍立殿下雖久無惰容能上馬踊躍觀者壯之早朝暴卒贈開府儀同三司

燕達字逢辰開封人爲兒時與儕輩戲輒爲軍陳行列狀長老異之既長容體魁梧善騎射以材武隸禁籍授内殿崇班爲延州巡檢戍懷寧砦夏人三萬騎薄城戰竟日不

決達所部止五百人躍馬奮擊所向披靡擢鄜延都監數
帥兵深入敵境九戰皆以勝歸囉兀之棄也遣達援取戍
卒輜重爲賊所邀且戰且南失亡頗多神宗以達孤軍遇
敵所全亦不爲少累遷西上閤門使領英州刺史爲秦鳳
副總管討破河州羌遂降木征還東上閤門使副都總管
眞拜忠州刺史龍神衛四廂都指揮使鄜延招討安南爲
行營馬步軍副都總管入辭神宗諭之曰卿名位已重不
必親矢石第激勉將士可也達頓首謝曰臣得憑威靈滅
賊雖死何憚初度嶺聞前鋒遇敵苦戰欲往援偏校有言
當先爲家甚然後進者達曰彼戰已危詎忍爲自全計下

令敢言安營者斬乃卷甲趨之士皆自奮傳呼太尉來蠻
驚潰即定廣源師次富良江蠻艤舸於南岸欲戰不得
達默計曰兵法致人而不致於人吾示之以虛彼必來戰
已而蠻果來擊之大敗乃請降師還拜榮州防禦使以主
帥得罪而獨蒙賞乞同責不聽元豐中遷金州觀察使加
步軍都虞候改馬軍超授副都指揮使以訓閱精整除一
子閤門祗候數被詔獎進殿前副都指揮使武康軍節度
使哲宗立遷爲使徙節武信卒贈開府儀同三司謚曰毅
敏達起行伍喜讀書神宗以其忠實可任每燕見未嘗不
從容嘗問用兵當何先對曰莫如愛帝曰威克厥愛可乎

達曰威非不用要以愛爲先耳帝善之
姚兕字武之五原人父寶戰死定川兕補右班殿直爲環
慶巡檢與夏人戰一矢斃其酋衆潰因乘之遂破蘭浪敵
大舉寇邊諸砦皆受圍兕時駐荔原堡先羌未至據險張
疑兵伺便輒出有悍酋臨陣甚武兕前射中其目斬首還
一軍讙呼明日來攻益急兕手射數百人裂指流血又遣
子雄引壯騎馳掩其後所向必克敵度不可破乃退攻大
順城兕復往救轉鬬三日凡斬級數千卒全二城慶軍叛
兕以親兵守西關盜衆不得入而奔兕追及下馬與語皆
感泣羅拜誓無復爲亂神宗聞其名召入覲試以騎射屢

中的賜銀槍袍帶遷爲路都監徙鄜延涇原從攻河州飛
矢貫耳戰益力河州既得又爲鬼章所圍兕曰解圍之法
當攻其所必救乃往擊隴宗圍遂解累遷皇城使進鈐轄
從攻交阯有功領雅州刺史破乞弟領忠州團練使進副
總管遷東上閤門使徙熙河與种誼合兵討鬼章於洮州
破六逋宗城夜斷浮橋援兵不得度遂擒鬼章眞拜通州
團練使卒於鄜延總管贈忠州防禦使兕幼失父事母孝
凡圖畫器用皆刻仇讎未報字力學兵法老不廢書尤喜
顏眞卿翰墨曰吾慕其人耳弟麟亦有威名關中號二姚
子雄古

麟字君瑞兄兕攻河州時俱在兵間中矢透骨鏃留不去以彊弩出之笑語自若積功至皇城使爲秦鳳副總管從李憲討生羌擒冷鷄朴再轉東上閤門使英州刺史元豐西討以涇原副總管從劉昌祚出戰勝於磨移隘轉戰向鳴沙趨靈州而高遵裕敗還降爲皇城使永興軍路鈐轄復爲涇原副總管夏人脩貢且乞蘭會壤土麟言夏人囚其主王師是征今秉常不廢卽爲順命可因以息兵矣獨蘭會不可與願戒將帥飭邊備示進討之形以絕其望從之督諸將討堪哥平經畧使盧秉上其功狀賜金帛六百元祐初擢威州團練使龍神衛四廂都指揮使歷步軍殿

前都虞候步軍馬軍副都指揮使紹聖三年以建武軍節度觀察留後出知渭州安燾請留之曾布曰臣嘗訪麟禦邊之策及熙河疆域俱不能知願加敕儆使之盡力韓忠彥曰奏對語言非所以責此輩哲宗乃留麟不遣尋拜武康軍節度使殿前副都指揮使王贍取青唐麟以爲朝廷討伐方息肩柰何復生此大患已而贍果敗徽宗立進都指揮使節度建雄定武軍檢校司徒卒帝詣其第臨奠贈開府儀同三司麟爲將沈毅持軍不少縱捨宿衛士嘗犯法詔釋之麟杖之于庭而後請拒詔之罪故所至肅然

雄字毅夫少勇鷙有謀年十八卽佐父征伐從討金湯以百騎先登奪隘又成葭原之功韓縝薦其材閱試延和殿安南瀘川之役皆在軍行歷涇原秦鳳將駐甘谷城知通遠鎮戎軍岷州官累左騏驥使紹聖中渭帥章楶城平夏雄部熙河兵策援夏人傾國來與之鏖鬬流矢注肩戰罙屬賊引卻追躡大破之斬首三千級俘虜數萬先五日折可適敗於没煙士氣方沮雄賈勇得雋諸道始得并力城成擢東上閤門使秦州刺史明年虜攻平夏勢銳甚城幾不守雄與弟古合兵卻之徙知會州領熙河鈐轄王贍略地青唐羌人攻湟鄯詔雄與苗履援之邈川方急雄適至羌望見塵起驚而潰圍旣解遂趨鄯州履後期乃至贍言

蘭溪宗有遺寇宜席勝平之履卽往雄諫不聽戒所部嚴備以待俄而履師退賊追及雄整衆迎擊破之獻馘二千哲宗遣中使持詔勞問徙河州种朴戰没王贍軍陷敵中雄自鄯至湟四戰皆捷拔出之遂築安鄉關夾河立堡以護浮梁通湟水漕運商旅負販入湟者始絡繹於道加復州防禦使建中靖國初議棄湟州詔訪雄利害雄以爲可棄遂以賜趙懷德徙雄知熙州進華州觀察使蔡京用王厚復河湟治棄地罪停雄官光州居住三年得自便後論爲責輕復竄金州明年乃聽歸高永年死西寧諸戎阻絕起雄權經畧熙河安輯復新邊使知滄州加捧日天武四

廂都指揮使復爲熙州遷安德軍節度觀察留後步軍副都指揮使拜武康軍節度使召詣闕爲中太一宮使引疾納節鉞改左金吾衛上將軍又以武康節知熙州熙河十八年間更十六帥唯雄三至凡六年未幾以檢校司空奉寧軍節度使致仕卒贈開府儀同三司謚武憲

古亦以邊功官累熙河經略靖康元年金兵逼京城古與秦鳳經略种師中及折彥質折可求等俱勤兵勤王時朝命种師道爲京畿河北路制置使趣召之師道與古子平仲先已率兵入衞欽宗拜師道同知樞密院宣撫京畿河北河東平仲爲都統制上方倚師道等卻敵而种氏姚氏素爲山西巨室兩家子弟各不相下平仲恐功獨歸种氏忌之乃以士不得速戰爲言欲夜劫斡离不營謀泄反爲所敗既而議和金兵退詔古與种師中折彥質范瓊等領兵十餘萬護送之粘罕陷隆德府以古爲河東制置种師中副之古總兵援太原師中援中山河間諸郡粘罕圍太原內外不相通古進兵復隆德府威勝軍阨南北關與金人戰互有勝負太原圍不解詔古與師中掎角師中進次平定軍乘勝復壽陽榆次等縣朝廷數遣使趣戰師中約古及張灝兩軍齊進而二人失期不至師中回趁榆次兵敗而死金人進兵迎古遇于盤陀古兵潰退保隆德詔以

解潛代之古之屯威勝軍也帳下統制官焦安節妄傳寇至以動軍情既又勸古遁去故兩郡皆潰李綱召安節斬于瓊林苑中丞陳過庭奏古罪不可恕詔安置廣州

楊燧開封人善騎射應募隸軍籍從征貝州先城以入賊平功第一補神衞指揮使又從征儂蠻數挑戰手殺數十人衆乘之而捷擢萬勝都指揮使遷榮州團練使京城左廂巡檢救濮宮火英宗識其面及即位以爲鄧州防禦使步軍都虞候歷環慶涇原鄜延三路副都總管至馬軍副都指揮使由容州觀察使拜寧遠軍節度殿前副都指揮使卒贈侍中謚曰莊敏燧初先貝州城時爲叛兵所傷同行卒劉順救之得免及貴順已死訪恤其家甚至故人妻子貧不能活者一切收養之人推其義

劉舜卿字希元開封人父鈞監鎮戎兵馬慶曆中與子堯卿戰死於好水舜卿年十歲錄爲供奉官歷昌州駐泊都監諭降瀘水蠻八百人誅其桀驁者知水洛城神宗經略西邊近臣薦其能召問狀對曰自元昊稱臣秦中不復戒嚴今宜先自治帝善之命訓京東將兵一年入閱於內殿帝歎曰坐作有度其可用也爾無忘世讎勉思忠孝期以盡敵舜卿泣謝即日加通事舍人環慶有警詔帥長安兵赴之乃單騎馳往慶州王則難已解知原州改秦鳳鈐轄

襲擊西市城先登有功遷皇城副使父之知代州加客省副使遼遣諜盜西關鎖舜卿密易舊鑰而大之數日虜以鎖來歸舜卿曰吾未嘗亡鎖也引視納之不能受遂慚去誅諜者轉西上閤門使知雄州始視事或告契丹游騎大集請甲以俟舜卿不爲動乃妄也契丹繫州民擻索之不聽會有使者至因捕取其一以相當必得釋乃遣在雄六年恩信周浹元祐初進龍神衛四廂都指揮使高州刺史知熙州夏人聚兵天都連西羌鬼章青宜結先城洮州將大舉入寇舜卿欲乘其未集擊之會諸將議方略使姚兕部洮西領武勝兵合河州熟羌擣講珠城遣人間道焚河

橋以絕西援种誼部洮東由哥龍谷宵濟邦金川黎明至臨洮城下一鼓克之俘鬼章并首領九人斬馘數千計遷馬軍都虞候再遷徐州觀察使步軍副都指揮使知渭州召還宿衛未上道卒贈奉國軍節度使謚曰毅敏舜卿知書曉吏事謹文法善料敵著名北州

宋守約開封酸棗人以父任爲左班殿直至河北緣邊安撫副使選知恩州仁宗諭以亂後撫御之意對曰恩與他郡等耳而爲守者猶以反側待之故人心不自安臣願盡力從益州路鈐轄累遷文州刺史康州團練使知雄州歷龍神衛捧日天武都指揮使馬步殿前都虞候入宿衛遷洋州觀察使衛兵以給粟陳譁譟執政將付有司治守約曰御軍安用文法遣一牙校語之曰天子太倉粟不請何爲我不貸汝衆懼而聽命進步軍副都指揮使威武軍留後神宗以禁旅驕惰爲簡練之法屯營可併者併之守約率先推行約束嚴峻士始怨終服或言其持軍太急帝密戒之對曰臣爲陛下明紀律不忍使恩出於臣而怨歸陛下帝善之欲擢寘樞府宰相難之乃止故事當郊之歲先期籍士卒之兇悍者配下軍以警衆當受糧而倩人代負者罰久而浸弛守約悉舉行之所居肅然無人聲至蟬噪於庭亦擊去人以爲過涖職十年卒年七十一贈安武軍

節度使謚曰勤毅

子球以蔭幹當禮賓院條秦川券馬四弊羣牧使用其議馬商便之再使高麗密訪山川形勢風俗好尚使還圖紀上之神宗稱善進通事舍人帝崩告哀契丹至則使易吉服球曰通和歲久憂患是同大國安則爲之契丹不能奪積遷西上閤門使樞密副都承旨爲人謹密朝日所聞上語雖家人不以告卒於官

論曰自郝質至宋守約皆恂直忠篤爲一時名將遭世承平邊疆少警擁節旄立殿陛高爵重祿以壽考終宜也姚氏世用武奮兕與弟麟並有威名關中號二姚兕之子雄

亦以戰功至節度使而古竟以敗死其才否可見已

列傳卷第一百八

列傳卷第一百九　　宋史三百五十

開府儀同三司上柱國録軍國重事前中書右丞相監修國史領經筵事都總裁臣脫脫等奉敕修

苗授子履　王君萬子贍　張守約
王文郁　周永清　劉紹能
王光祖　李浩　和斌
劉仲武　曲珍　劉闓
郭成　賈嵒　張整
張藴　王恩　楊應詢
趙隆

苗授字授之潞州人父京慶曆中以死守麟州抗元昊者也少從胡翼之學補國子生以廕至供備庫副使王韶取鎮洮授爲先鋒破香子城拔河府羌雖敗氣尚鋭輙圍香子以迎歸師韶遣將田瓊救之瓊死乃簡騎五百屬授授奮擊敗之休士二日羌復要於架麻平注矢如雨衆懼授令曰第進毋恐纏牌數百且至行前者傳呼羌驚亂力戰數十斬首四千級又破之於牛精谷取珂諾城盡得河湟地知德順軍三遷西上閤門使兕章宼河州詔授往一戰克撒宗論功第一遂知州事加四方館使榮州刺史從燕達取

銀川降木征獻之京師加引進使果州團練使涇原都鈐轄召使契丹神宗勞之曰曩香子之役非汝以寡擊衆幾敗吾事以為秦鳳副總管徙熙河復知河州副李憲討生羌於露骨山斬首萬級獲其大酋冷雞朴羌族十萬七千帳內附威震洮西拜昌州團練使龍神衛四廂都指揮使徙知雄州熙州元豐西討授出古渭取定西蕩禹臧花麻諸族降戶五萬城蘭州遇賊數萬於女遮谷登山逆戰敗退伏壘中半夜遁去授踰天都山焚南年也沒煙凡師行百日轉鬬千里始入塞授遇事持議不苟合初在德順或議城錢南授曰地阻大河糧道不濟非萬全計也役即止師征靈武詔令援高遵裕即條上進退利害甚切歷進步軍副都指揮使威武軍節度觀察留後元祐三年遷武泰軍節度使殿前副都指揮使踰歲以保康節度知潞州提舉上清太平宮復使殿前薨年六十七贈開府儀同三司謚曰莊敏子履

履束髮從戎授之降木征也履護送至京得閤門祗候歷熙延渭秦四路鈐轄知鎮戎軍及其父時已官四方館使吉州防禦使矣以事竄房州起為西上閤門副使熙河都監又責右清道率府率監峽州酒稅

元符初悉還其官以熙河蘭會都鈐轄知蘭州詔同王贍取青唐與姚雄合兵討峗羌箋羅結贍將李忠戰敗羅結大集衆宣言欲圍青唐履雄將至羌列陣以待勢甚盛履叱軍士納弓於鞬拔刀而入羌怙巢穴殊死鬬梟將陳迪王亨輩皆反走履獨駐馬不動有酋青袍白馬突而前手劒擊履帳下王拱以弓格之僅免復繞出履背欲斷軍為二別將高永年率所部力戰數十合羌退乘勝圍闌宗堡弗能拔日暮收兵入營羌宵潰明日縱兵四掠焚其族帳而還既而阿章叛詔履與种朴過河討蕩辭以兵少朴遂陷録履前功擢龍神衛四廂都指揮使成州團練使知慶州徙渭州進捧日天武都指揮使是後史失其傳子傳在叛臣傳

王君萬秦州寧遠人以殿侍為秦鳳指揮使王韶開邊青唐大酋俞龍珂歸國獨別羌新羅結不從經畧使韓縝期諸將一月取之君萬詐為獵者逐禽至其居稍相親狎與同獵乘間擒之墜馬斬首馳歸以獻甫及一月積功得閤門祗候王師定武勝首領藥厮逋邀劫于闐貢物帥師討焉君萬出南山履險略地羌潛伏山谷間忽一騎躍出橫矛將及君萬亟側身

避之回首奮擊斬以徇其衆驚號相率聽命所斬乃藥厮逋也復破比關南市功最多擢熙河路鈐轄進領英州刺史達州團練使賜絹五百洮西羌叛圍河州君萬請於王韶以為南撒宗城小而堅彊勇所聚若併兵破之圍當自解韶用其計圍果解累官客省使為副總管坐貸結糴錢數萬緡為轉運使孫迥所糾貶秩一等討西山鐵城有功復故官職君萬怨孫迥使番官木丹訟之鞫于秦隴又貶為鳳翔鈐轄籍家貲償逋遂以憤卒子贍

贍始因李憲以進立戰功積官至皇城使領開州團

練使元符中知河州熙帥鍾傳以月白草原賞獄治于秦詔轉運使張詢諭諸將得自首贍具伏詐增首級因說詢云青唐人有叛瞎征意可取也詢信之即具奏言已令贍結約起兵哲宗與輔臣罪其狂妄專輒亟罷詢而命孫迥究實獄上奪贍十一官猶令領州贍欲以功贖過乃密畫取青唐之策遣客詣章惇言狀惇下其事於孫路路以為可取贍遂引兵趣邈川路知贍狡獪難制使總管王愍統軍而以贍副贍為前鋒渡河先下隴朱黑城忌愍分其功紿之曰晨食畢乃發愍信之夜半贍忽傳發平明入邈川據府

庫徑上捷書不以白軍府愍過午始至以事訴於路路亦怒[illegible]以兵柄付愍而留贍屯邈川宗哥酋舍欽腳求內附贍遣裨將王詠率五千騎赴之既入而諸羌變詠馳書告急王厚使高永年救之乃免贍與愍交訟又訴路指畫相違惇主贍而不直路曰首謀者贍也路欲掩其功故抑贍乃徙路河南罷愍統制以胡宗回為帥時瞎征已來降青唐戍將惟心牟欽氊父子百餘人在贍不即取二羌遂迎溪巴温之子隴拶入守始孫路乞先全邈川及河南北諸城然後進師贍怨路因言青唐不煩大兵可下而路逗遛失機

會暨宗回至乃云夏人謀攻邈川當為守備青唐未可取宗回責其反覆日夜督出師遣使威以軍法且聲言欲使王愍代將贍懼急進攻隴拶及心牟等皆出降贍入據其城詔建為鄯州進贍四方館使榮州防禦使知州事黃履謂賞薄乃拜維州團練使為路鈐轄贍縱所部剽敚羌衆攜貳心牟等結諸族帳謀復青唐其在山南者先發贍遣將李賓領二千騎掩襲心牟以下自守西城與羌鬬賓踰南山入保敦谷討蕩羌戰敗奔北四山皆空贍戮心牟等九人悉捕斬城中羌積級如山初贍諷諸首籍勝兵者涅其臂

無應者鑯羅結請歸帥本路為唱贍聽之去遂嘯集外叛以數千人圍邈川夏衆十萬助之城中危甚苗履姚雄來援圍始解已而王吉魏釗种朴相繼敗沒將士奪氣書聞帝震駭於是轉運使李譓秦希甫劾贍盜取二城財物因此致變又殺心牟欽氊以滅口曾布言贍創造事端以生邊害萬死不塞責詔貶右千牛將軍房州安置言者論之不已熙河又奏青唐諸族怨贍入骨髓日圖報復樞密院乞斬贍以謝一方詔配昌化軍行至穰縣而縊崇寧初蔡京入相錢適訟贍功及王厚平鄯廓於是追贈保平軍節度觀

察留後除其子玨通事舍人

張守約字希參濮州人以蔭主原州截原砦招羌酋水令逋等十七族萬一千帳為廣南走馬承受公事當儂寇之後二年四詣闕陳南方利害皆見納用歐陽修薦其有智略知邊事擢知融州峒將吳儂恃險為邊患捕誅之脩復薦守約可任將帥為定州路駐泊都監徙秦鳳居職六年括生羌隱土千頃以募射手築硤石堡甘谷城第功最多夏人萬騎來寇守約適巡邊與之遇不解鞍簡兵五百逆戰衆寡不侔勢小卻夏人張兩翼來守約挺身立陣前自節金鼓發彊弩殪其酋敵遂退神宗開拓熙河召問曰王韶能辦事否對曰以天威臨之當無不濟但董氊忠勤效順恐不宜侵逼因請名古渭為軍以根本隴右帝從之建為通遠軍加通事舍人熙河鈐轄仍統秦鳳羌兵駐通遠河州羌率衆三萬屯于敦波欲復舊地守約度洮水擊破之取窖粟食軍羌老弱畜產走南山左右欲邀之云可獲萬萬守約曰彼非敢迎戰迯死耳輒出者斬兒章圍岷州守約提敢死士鳴鼓張幟高山上賊驚顧而遁遂知岷州降其首領千七百人遷西上閤門使知鎮戎軍徙環州慕家族頡佷難制

搖動種落勤兵討擒之餘遁入夏國守約駐師境上檄取不置居數日械以來斬於市從征靈武至清遠軍言於高遵裕曰此去靈州不三百里用以前軍先出直擣其城今夏人以一方之力應五路之師橫山無人靈州城中惟僧道數百若裹十日糧疾馳三日可至軍無事矣又勸高遵裕令士衆護糧餉以防抄掠不聽果以敗還守約有捍海南鹹平之功亦不録進為環慶都鈐轄知邠州徙涇原鄜延秦鳳副總管領康州刺史夏人十萬屯南牟畏其名引去知涇州涇水善齧城每春必增治隄堰費不貲適歲饑罷其

役或曰如水害何守約曰歟歲勞民甚於河患吾且徐圖之河神祠故在南壖禱而遷諸北以殺河怒一夕雷雨明日河徙而南其北遂爲沙磧以龍神衛四廂都指揮使召還道卒年七十五守約典七州皆有惠愛可紀神宗嘗謂武臣可任者以燕達劉昌祚姚麟王崇極劉舜卿等對其後皆爲名將時稱知人

王文郁字周卿麟州新秦人以供奉官爲府州巡檢韓琦薦其材加閤門祗候麟府駐泊都監熙寧討夏國文郁敗之吐渾河其將香崖夜遣使以劒爲信欲舉衆降許之旦而至與偕行衆情忽變譟以出文郁

擊之追奔二十里據險大戰矢下如雨文郁徐引度河謂吏士曰前追彊敵後背天險韓信驅市人且破趙況爾曹皆百戰驍勇邪士感奮進擊夏人大潰降其衆二千遷通事舍人夏人踰屈野河掠塞上文郁追至長城坂盡奪所掠而還神宗召見問曰向者招納香崖群議不一其爲朕言之對曰此乃致敵上策恨未能多爾並邊生羌善馳突識鄉導儻能撫柔之所謂以外夷而攻外夷也帝於是決意招納多獲其用知文郁善左射幷招其子弟閱肄殿庭文郁九發八中詔官其二子知鎮戎德順軍預定洮河遷左騏驥副使知麟州夏衆踐稼襲敗之部使者劾爲生事奪郡印未幾爲熙河將李憲討靈武文郁得羌户萬餘還路鈐轄夏人圍蘭州已奪兩關門文郁募死士夜縋而下持短兵突賊即掃營去擢東上閤門使知蘭州諜知夏人將大入清野以俟果舉國趨皇蘭文郁乘城禦之殺傷如積圍九日而解收其尸爲京觀加榮州團練使以捧日天武都指揮使爲副都總管以殿前都虞候知河州築安西城金城関進秦州防禦冀州觀察使卒年六十六

周永清字肅之世家靈州州陷祖美歸京師永清以

蔭從仕宰相龐籍言其忠勇加閤門祗候押時服賜夏國至宥州夏人受賜不跪詰之懼而跪遷通事舍人渭州鈐轄渭兵勁而陳伍不講永清訓以李靖法帥蔡挺嘉其整圖上之詔推於諸道知德順軍夏衆入寇轉擊擒其酋呂效忠又募勇士夜馳百里擣賊巢穴斬首三百級俘數千人獲橐駝甲馬萬計城中無知者並砦禁地三百里盜耕不可禁永清括籍數千頃置射士二千聲聞敵廷降者引入帳下待之不疑多得其死力徙秦鳳鈐轄河北沿邊安撫副使知代州契丹無名求地朝廷命韓縝分畫永清貳焉入對

言疆境不可輕與人臣職守土不顧行固遣之復上
章陳利害竟以母病辭歷高陽關定州涇原路鈐轄
知涇州保州又為定州路副總管終東上閤門使
劉紹能字及之保安軍人世為諸族巡檢父懷忠官
内殿崇班閤門祗候元昊叛厚以金幣及王爵招之
懷忠毀印斬使洎入寇力戰以死錄紹能右班殿直
賜以名為軍北巡檢擊破夏右樞密院党移賞粮數
萬衆於順寧夏人圍大順城紹能為軍鋒毀其柵至
柰王川邀擊於長城嶺熙寧中又敗夏人於破囉川
皆策功最累遷洛苑使英州刺史鄜延兵馬都監舊

制内屬者不與漢官齒至是悉如之仍以其子襲故
職元豐西討召詣闕神宗訪以計對曰師旅遠征儲
偫不繼為大患若俟西成後因粮深入乃可以得志
帝以為然命統兩軍進討紹能世世邊將為敵所忌
每設疑以間之帝獨明其不然手詔云紹能戰功冣
多忠勇第一此必夏人畏忌為間害之計耳紹能捧
詔感泣嘗坐譏逮對按驗卒無實守邊圉四十七年
大小五十戰以皇城使簡州團練使卒
王光祖字君俞開封人父珪為涇原勇將號王鐵鞭
戰死好水川錄光祖為供奉官閤門祗候熙寧中同

提點河北刑獄改沿邊安撫都監進副使界河巡檢
趙用擾北邊契丹以兵數萬壓境造浮橋如欲度者
光祖在舟中對其衆盡徹户牖或謂契丹方陣而以
單舟臨之如不測何光祖曰彼所顧者信誓也其来
欲得趙用耳避之則勢張吾死不足塞責已而契丹
欲相與言光祖即命子襄往兵刃四合然語唯在用
襄隨機折塞之其將蕭禧遽揮兵去且邀襄食付所
戴青羅泥金笠以為信即上之時巳有詔罷光祖矣
吴充曰向非光祖以身對壘又使子冒白刃取從約
則事未可知宜賞而黜何以示懲勸乃除真定鈐轄

徙梓夔渝瀘叛詔熊本安撫而命内藏庫使楊萬咸
都鈐轄賈昌言梓夔都監王宣與光祖同致討皆受
本節度本疑光祖不為用分三道進師使光祖將後
軍出黄沙坎比發日巳暮士以杖索塗相挽而前夜
半抵絶頂質明瞭望見大駭一鼓而潰萬等困於松
谿又亟往援出石門跋其險促黔兵先登襲賊賊舍
去光祖夜泊松嶺上旦始遇萬等與俱還本愧謝上
其功第一吐蕃圍茂州光祖領兵三千會王中正破
雞宗關賊據石鼓村扼其半道中正召諸將問計光
祖獨請行既抵石鼓擇鋭兵分襲吐蕃背出其不意

沓鸞遁遂會中正于茂瀘夷乞弟殺王宣詔從韓存寶討之軍于梅嶺夷數萬衆出駐落箇棧欲老我師霖雨不止光祖勸存寶早決戰不聽林廣至復從征蕩其巢窟積功至四方館使知瀘州置瀘南安撫使俾兼領邊事聽顓決遷客省使嘉州刺史歷涇原河東定州路副總管卒

李浩字直夫家本綏州徙西河浩務學通兵法以父定蕃從軍破儂智高韓絳城囉兀領兵戰賞堡嶺川殺大首領訛革多移斬首千三百餘級積官供備庫副使廣西都監裒西北疆事著安邊策謁王安石安石言之神宗召對改管幹麟府兵馬未行又從章惇於南江引兵由三路屯鎮江入敘州討舒光貴破盈口柵下天府會于洽州入懿州蠻酋田元猛元詰合梏狑拒官軍浩分兵擊之殺梏狑降元猛元詰遂城懿州進討黔江蠻復城黔江惇上其功謂不當與他將比擢引進副使熙河鈐轄李憲討山後羌浩將右軍至合龍嶺會戰遣降羌乞嗹輕騎突敵帳俘其酋冷雞朴李密撒戩三千還東上閤門使為副總管知河州安撫洮西五路大舉浩將前軍復蘭州遷引進使隴州防禦使知蘭州兼熙河涇原安撫副使坐西關失守及報上不實再貶秩旋以戰吃囉尾井連立功復之哲宗即位拜忠州防禦使捧日天武都指揮使馬軍都虞候進黔州觀察使歷鄜延太原永興環慶路副都總管再知蘭州卒贈安化軍留後

和斌字勝之濮州鄄城人選隸散直為德順軍指揮使凡五年數扞敵被重創十餘知軍事劉兼濟以兄平敗沒執送京師并逮其家斌慰安調護為寓金帛他所密告兼濟匆以家為恤平冤既伸兼濟獲免家賴以全定川之役將曹英喪所乘馬斌輟騎與之且戰且行與俱免狄青南征使部騎兵為前鋒青駐賓

州十日以息寇既乃倍道兼行斌以兵渡於險利在速戰即日度關鏖賊歸仁驛孫節死斌引騎血戰繞出賊後遂敗之師還張破賊陳形於殿廷仁宗拊勞擢文思副使權廣西鈐轄改秦鳳廣西以蠻事乞留秦州亦請之詔留廣西累歲徙涇原召對議者謂交州可取斌感言有害無益願戒邊臣無妄動神宗歎曰卿質直如此乃知兩路爭卿為不誣矣進帶御器械渭部饑師王廣淵命吏賑給斌曰救之無術是殺之耳廣淵以委斌斌擇地營居養視有法所活以萬數安南入寇復徙廣西累遷皇城使昭州刺史撫水

蠻羅世念犯宜州守將戰死斌提步騎三千進討方暑晝夜趣兵至懷遠寨曰此要害之地得之則生或曰奈何背龍江邪笑曰是所以生也因示弱驕之蠻果大至斌趣將迎敵戒以遇之則走誘至平坡列八陣以待之張疑兵左右山上蠻登嶺望見始大驚斌分騎翼其旁自被甲步出爲衆士先殊死戰蠻大敗世念率酋黨四千八百内附遂以榮州團練使知宜州遷西上閤門使知邕州以老請還除高陽關副總管歷永興軍路召拜龍神衞四廂都指揮至步軍都虞候卒年八十贈寧州防禦使斌老於爲將以恩信

得邊人心嶺南珍貨一無所畜邊吏欲希功造事皆憚不敢發或巧爲諜報啓釁亦必折其姦謀故所至無事士大夫稱之子詵以蔭爲河北副將累官至右武大夫威州刺史知雄州上制勝强遠弓式能破堅於三百步外邊人號爲鳳凰弓進相州觀察使在雄十年頗能偵敵童貫攻燕召詵計事詵之分麾下兵俾以副統制從种師道軍于白溝旬有二日而退追兵至北風大雨雹師不能視契丹以背盟誚責薄暮始得還於是貫以契丹尚盛未可圖劾詵覘候不實貶濠州團練副使筠州安置詵始與取燕之謀見事

勢浸異則又以爲不宜取故平燕肆赦獨不得還後復官卒

劉仲武字子文秦州成紀人熙寧中試射殿庭異等補官數從軍累轉禮賓使爲涇原將夏人謀犯天聖砦渭帥檄諸將會兵約曰過某日賊不至即去仲武諜得的期乞緩分屯帥不樂但留一將及仲武軍如期而敵至力戰却之遷皇城使熙河都監復湟川進東上閤門使知河州吐蕃趙懷德狼阿章衆數萬叛命仲武相持數日潛遣二將領千騎扣其營戒曰彼出勿與戰亟還伏兵道左二將還羌果追之遇伏大

敗斬首三千級復西寧州未幾懷德阿章降累進客省使榮州防禦使副高永年西征仲武欲持重固壘永年易賊輕戰遂大敗仲武引咎自劾坐流嶺南命未下與夏人戰傷足朝廷閔之貸其罰以爲西寧都護童貫招誘羌王子臧征僕哥收積石軍邀仲武計事仲武曰王師入羌必降或退伏巢穴可乘其便但河橋功力大非倉卒可成緩急要預辦耳若稟命待報慮失事機貫許以便宜僕哥果約降而索一子爲質仲武即遣子錫往河橋亦成仲武師師渡河摯與歸貫掩其功仲武亦不自言徽宗遣使持錢至邊賜

獲王者訪得仲武召對帝勞之曰高永年以不用卿言失律僕哥之降河南綏定卿力也問幾子曰九人悉命以官錫閤門祗候仲武知西寧州徙渭州召為龍神衛都指揮使復出熙州秦州遷步軍副都指揮使熙帥劉法死又以熙渭都統制攝之歷拜徐州觀察使保靜軍承宣使瀘川軍節度使以老提舉明道宮毋起為熙州卒于官年七十三贈檢校少保謚曰威肅子錡別有傳

曲珍字君玉隴干人世為著姓寶元康定間夏人數入寇珍諸父糾集族黨禦之敵不敢犯於是曲氏以

材武長雄邊關珍好馳馬試劍嘗與叔父出塞游獵猝遇夏人陷其圍中馳擊大呼衆披靡得出顧叔不至復持短兵還決鬬遂俱脫泰鳳都鈐轄劉温潤奇其材一日出寶劍令曰能射一錢於百步外者與之諸少年百發不能中珍後至一矢破之從温潤城古渭與羌戰先登陷陳為綏德城監押提孤軍拒寇斬其大酋加閤門祗候有功洮西遷內殿崇班鄜延趙卨南征為第一將進自右江撫接廣原三州十二縣降偽守巳下百六十人老稚三萬六千口是行也功最諸將遷西染院使得疾輿還京師神宗遣使臨問少間令入對珍念二帥不和睦上問必及之言之必形曲直將何以對乃以餘疾未平為解帝復使獎勞賜之弓劍鞍勒命有司蠲其鄉徭賦擢鄜延鈐轄進副總管從种諤攻金湯永平川斬二千級累遷客省使拜懷州防禦使龍神衛四廂都指揮使徐禧城永樂珍以兵從板築方興羌數十騎濟無定河覘役珍將追殺之禧不許諜言夏人聚兵甚急珍請禧還米脂而自居守明日果至禧復來珍白敵兵衆甚公宜退處內柵檄諸將促戰禧笑曰曲侯老將何怯邪夏兵且濟珍欲乘其未集擊之又不許及攻城急又勸

禧曰城中井深泉嗇士卒渴甚恐不能支宜乘兵氣未衰潰圍而出使人自求生禧曰此城據要地柰何棄之且為將而奔衆心搖矣珍曰非敢自愛但敕使謀臣同沒于此懼辱國耳數日城陷珍縋而免子弟死者六人亦坐貶皇城使帝察其無罪諭使自安養以圖後效元祐初為環慶副總管夏人寇涇原號四十萬珍擣虛馳三百里破之曲律山俘斬千八百人解其圍進東上閤門使忠州防禦使卒年五十九珍善撫士卒得其死力雖不知書而忠朴好義本於天性

劉闃字靜叔青州北海人以拳力為軍校從延州軍

出塞遇敵矢貫左耳戰不顧衆服其勇從文彥博討
貝州次城下攀壘欲登賊以曲戟鉤其甲閒裂之而
墜議者欲穿地道入閒曰穴地積土賊且知之城瀕
河若晝囊土而夜投諸河宜無知者彥博以爲然穴
成閒持短兵先入衆始從遂登陴引繩而上遷明師
畢入貝州平功第一擢虎翼指揮使累遷宣武神衛
都指揮使昭州刺史辰州團練使韓絳宣撫陝西詔
閒自河東爲掎角至鐵冶灘夏人大集衆懼閒自殿
後率銳騎搏戰飛矢蔽體不爲却敵解去爲冀州駐
泊總管河水漲隄防墊急閒請郡守開青楊道口以

殺水怒莫敢任其責閒躬往濬決水退冀人賴之以
左金吾大將軍致仕卒年八十五
郭成字信之德順中安堡人也從軍得供奉官王師
趨靈武成將涇原兵擊破夏人於漫咩隘至城下有
羌乘白馬馳突陣前大將劉昌祚曰誰能取此者成
躍馬梟其首以獻進秩四等朝廷築平夏城置將戍
之又環以五砦渭帥章楶問可守者於諸將皆曰非
郭成不可遂使往守夏人恚失地空國入爭謀曰夏
平視諸壘最大郭成最知兵遂自沒煙峽連營百里
飛石激火晝夜不息成與折可適議乘勝深入以萬

騎異道並進遂俘阿埋都逋二大酋捷聞進雄州防
禦使涇原鈐轄徽宗詔諸軍并力築綏戎懷戎二堡
成獨當合流之役暴露雪中感疾卒帝悼之甚賻以
金帛官其子增成輕財好施名震西鄙既沒廉訪使
者王孝竭白於朝帝手書報曰郭成盡忠報國有功
于民宜載祀典榜其廟曰仁勇云子浩紹興中爲西
邊大將至節度使
賈嵓字民瞻開封人少時善騎射喟然歎曰大丈夫
生世要當自奮揚名顯親可也遂起家從戎神宗選
材武以爲內殿承制慶州荔原堡都監林廣討瀘夷

辟將前鋒又爲河東將敗西夏兵於明堂川累功轉
莊宅副使遷路監紹聖中夏兵數萬圍麟州神堂砦
甚急嵓以數百騎往援令其下曰國家無事時不惜
厚祿養汝輩正以待一旦之用耳今力雖不敵吾誓
以死報衆感厲即循屈野河行且五里據北欄坡嶺
上一矢殪其酋衆駭潰哲宗嘉歎賜以袍帶知皇城
使威州刺史遷路鈐轄嵓在兵間二十年有智略能
拊御士卒所鄉輒勝時以良將入對留權龍神衛四
廂都指揮使遷步軍都虞候濠州團練使卒年五十
二贈雄州防禦使

張整字成伯亳州酇陽人初隸皇城司御龍籍補供
奉官爲利文州都巡檢使邊夷歲鈔省地吏習不與
校至反遺之物留久乃去整惡其貪暴無已密募死
士時其來掩擊幾盡有司劾生事神宗壯之不問調
荊湖將領拓溪蠻地築九城董兵鎮守又破蠻於大
田歲中三遷徙拎萬衆乘舟屯托口追黔江城時守
兵才五百人情大恐整伏其半於托口旁戒曰須吾
旦度金斗崖舉幟則譟而前及旦率其半縛艨艟建
旗鼓泝流急趣賊望見大笑幟舉伏發前後合擊人
人殊死鬭蠻騰踐枝江中殺獲不可計爲廣西鈐轄

坐殺降猺責監江州酒稅復爲涇原眞定京東環慶
鈐轄整治軍嚴明哲宗嘗訪於輔臣召之對擢爲龍
神衛四廂都指揮使管幹馬軍司卒官至威州刺史
張蘊字積之開封將家子也從軍爲小校隸劉昌祚
至靈州遇敵中矢拔鏃復戰以功賜金帶從征安南
次富良江諸將猶豫未進蘊搴裳先濟衆隨之蠻遯
走使巫被髮登崖爲厭勝蘊射之應弦而斃一軍讙
譟歷京西涇原將知綏德懷寧順寧軍等六城儲粟
至三十萬斛將兵取宥州破夏人於大吳神流堆宥
州監軍引鐵騎數千趨松林堡蘊諜知之頓兵長城

嶺以待戒諸部曰賊遠來氣盛少休必困困而擊之
必捷果以勝歸夏人寇順寧蘊置伏隧中約聞呼則
起俘斬數百十人獲馬械甚衆累遷皇城使榮州刺
史成州團練使通州防禦使開德河陽馬步軍副總
管顯肅皇后母自鄭氏再適蘊徽宗屢欲以恩進其
官輒力辭不敢受人以爲賢卒年七十三贈感德軍
節度使謚曰榮毅

王恩字澤之開封人以善射入羽林神宗閱衛士挽
彊中的且偉其貌補供備庫副使爲河州巡檢夏羌
寇蘭州恩搏戰城下中兩矢拔去復鬭意氣彌厲遷

涇原將嘗整軍出萬惠嶺士饑欲食恩倍道兼行衆
洶洶已而遇敵數萬引兵先入壁井竈皆具諸將始
服羌扣壁願見恩單騎徑出遂與語一夕羌引去哲
宗召見語左右曰先帝時宿衛人皆傑異如此留爲
龍神衛都指揮使還馬軍都虞候契丹使來詔陪謝
使者問聞涇原有王騎將得無是乎應曰然射三發
皆中使以下相視皆歎息出爲涇原副都總管并護
秦渭延熙四路兵城西安築臨羌天都十餘壘羌圍
平夏諸校欲出戰恩曰賊傾國遠寇難以爭鋒宜以
全制其敝彼野無所掠必携貳而遇伏必敗乃先行

萬人設伏羌既退師果大獲徽宗立以衛州防禦使徙燕河改知渭州括隱地二萬三千頃分弓箭士耕屯爲三十一部以省餽餉邊臣獻車戰議帝以訪恩恩曰古有之偏籍鹿角今相去益遠人非所習恐緩急難用夫擽不習之器與敵周旋先自敗耳帝善其對還馬步軍都指揮使殿前都指揮使武信軍節度使嘗汰禁卒數十人樞密請命都承旨覆視恩言朝廷選三帥付以軍政今去數十冗卒而不足信則其他無可爲者帝立爲罷之睠顧甚寵賜居宅又賜城西地爲園囿屬疾以檢校司徒致仕薨年六十二贈

開府儀同三司

楊應詢字仲謀章惠皇后族孫也歷知信安保定軍霸州塘濼之間地沮洳水潦易集居人浮板以濟應詢增隄防爲長衢濬其旁以泄流民利賴之爲河北沿邊安撫使徽宗以歸信容城兩縣弓手爲契丹所擾欲增爲千人或恐生事應詢曰吾欲備他盜彼安能禁我卒增之知雄州朝廷多取西夏地契丹以姻婭爲言遣使乞還之不得擁兵並塞中外恫疑應詢曰是特爲虛聲嚇我耳願治兵積粟示有備彼將聞風自戢明年果還兵復遣其相臣蕭保先牛温舒來請詔應詢逆于境既至帝遣問所以來應詢對頗固守前議尋兼高陽關路鈐轄邊人捕得北盜呂幟兒契丹謂略執平民有詔使縱釋應詢言吾知執盜耳因其求而遂與之是示以怯也不與遂質我民固索之應詢以違詔貶秩再遷洋州觀察使入提舉萬壽觀館契丹使當賜柑而貢未至有司代以他物使不受應詢以言折之乃下拜復爲定州真定大名副都總管卒年六十三贈昭化軍節度使謚曰康理

趙隆字子漸秦州成紀人以勇敢應募從王韶取熙河大將姚麟出戰被重創謂曰吾渴欲死得水尚可活時已暮有泉近賊營隆獨身潛往漬衣泉中賊覺隆且鬭且行得歸持衣裂水以飲麟麟乃甦又從李憲破西市師討鬼章外河諸羌皆以兵應之隆率衆先至斧其橋鬼章失援乃成擒爲涇原將戰平夏川功最多崇寧中鈐轄熙河兵將前軍出邈川預復鄯廓夏人寇涇原詔熙河深入分其兵無令專鄉東方師至鐵山隆先登士皆殊死戰夏人解去召詣闕徽宗慰勞之曰鐵山之戰卿力也童貫與論燕雲事隆極言不可貫曰君能共此當有殊拜隆曰隆武夫豈敢干賞以敗祖宗二百年之好異時起釁萬死不足

謝責貫知不可奪白以知西寧州充隴右都護羌豪信服十二種戶三萬六千願比內地帥劉法西討降以奇兵襲羌羌潰城震武遷温州防禦使龍神衛捧日天武都指揮使仍為本道馬步副都總管卒贈鎮潼軍節度使命詞臣製碑帝篆額曰旌忠

論曰有國家者不可忘武備故高祖以馬上得天下而猶有安得猛士守四方之歎然所貴為將領者非取其武勇而已也必忠以為主智以為本勇以為用及其成功雖有小大之殊俱足以尊主庇民也苗授策鐵南之不可城覆不肯討阿章永清不以地與敵

文郁撫納香唾紹能之忠勇珍之忠朴好義光祖應詢明於料敵守約及整御衆嚴明斌浩之善戰嵒恩之善射閒之出則先登入則殿後其材雖殊其可以任奔走禦侮之責於四境則一也成以捍衛邊陲服勤致死明詔褒飭廟食一方宜哉君萬挾誣報怨贍狡譎喜功國有常罰父子謫死亦宜也詵首取燕終變其說既黜旋復為失刑矣至若仲武敗則引咎責已勝則不自言功隆不敢啓釁寡干賞緼甘分而辭榮有士君子之行為尤武士之所難能也

列傳卷第一百九

列傳卷第一百十　宋史三百五十一

開府儀同三司上柱國錄軍國重事前中書右丞相監修國史領經筵事都總裁臣脫脫等奉敕修

趙挺之　張商英 兄唐英　劉正夫

何執中　鄭居中　張康國

朱諤　劉逵　林攄

管師仁　侯蒙

趙挺之字正夫密州諸城人進士上第熙寧建學選教授登棣二州通判德州哲宗即位賜士卒緡錢郡守貪耄不時給卒怒譟持白梃突入府守趨避左右

盡走挺之坐堂上呼問狀立發庫錢而治其為首者衆即定魏境河屢決議者欲徙宗城縣轉運使檄挺之往視挺之云縣距高原千歲矣水未嘗犯今所遷不如舊必為民害使者卒徙之財二年河果壞新城漂居民略盡召試館職為秘閣校理遷監察御史初挺之在德州希意行市易法黃庭堅監德安鎮謂鎮小民貧不堪誅求及召試蘇軾曰挺之聚斂小人學行無取豈堪此選至是劾奏軾草麻有云民亦勞止以為誹謗先帝既而坐不論蔡確通判徐州俄知楚州入為國子司業歷太常少卿權吏部侍郎除中書

舍人給事中使遼遼主嘗有疾不親宴使近臣即館
享客比歲享乃在客省與諸國等挺之始爭正其禮
徽宗立爲禮部侍郎哲宗祔廟議遷宣祖挺之言上
於哲宗兄弟同一世宣祖未當遷從之拜御史中丞
爲欽聖后陵儀仗使曾布以使事聯職知禁中密指
諭使建議紹述於是挺之排擊元祐諸人不遺力由
吏部尚書拜右丞進左丞中書門下侍郎時蔡京獨
相帝謀置右輔京力薦挺之遂拜尚書右僕射既相
與京爭權屢陳其姦惡且請去位避之以觀文殿大
學士中太一宮使留京師乞歸青州將入辭會彗星

見帝默思咎徵盡除京諸蠹法罷京召見挺之曰京
所爲一如卿言加挺之特進仍爲右僕射京在崇寧
初首興邊事用兵連年不息帝臨朝語大臣曰朝廷
不可與四夷生隙隙一開禍孥不鮮兵民肝腦塗地
豈人主愛民恤物意哉挺之退謂同列曰上志在息兵
吾曹所宜將順已而京復相挺之仍以大學士使佑
神觀未幾卒年六十八贈司徒謚曰清憲
張商英字天覺蜀州新津人長身偉然姿采如峙玉
負氣倜儻豪視一世調通州主簿渝州蠻叛說降其
酋辟知南川縣章惇經制夔夷狎侮郡縣吏無敢與

共語部使者念獨商英足抗之檄至夔惇詢人才使
者以商英告即呼入同食商英著道士服長揖就坐惇
肆意大言商英隨機折之落落出其上惇大喜延爲
上客歸薦諸王安石因召對以檢正中書禮房擢監
察御史臺獄失出劫盜樞密檢詳官劉奉世駁之詔
糾察司劾治商英奏此出大臣私分頗欲還主柄使
耳目之官無爲近臣所脅神宗爲置不治商英遂言
奉世庇博州失入囚因據院吏狗私十二事語侵樞
臣於是文彥博等上印求去詔責商英監荊南稅更
十年乃得館閣校勘檢正刑房商英嘗薦舒亶可用

至是亶知諫院商英以壻王潙之所業示之亶繳奏
以爲事涉干請責監赤岸鹽稅哲宗初爲開封府推
官屢請執政求進朝廷稍更新法之不便於民者商
英上書言三年無改於父之道可謂孝矣今先帝陵
土未乾即議變更得爲孝乎且移書蘇軾求入臺其
廋詞有老僧欲住烏寺呵佛罵祖之語呂公著聞之
不悅出提點河東刑獄連使河北江西淮南哲宗親
政召爲右正言左司諫商英積憾元祐大臣不用已
極力攻之上疏曰先帝盛德大業跨絕今古而司馬
光呂公著劉摯呂大防援引朋儔敢行議議凡詳定

局之所建明中書之所勘當戶部之所行遣百官之所論列詞臣之所作命無非指擿抉揚鄙薄嗤笑翦剔除陛下羽翼於內擊逐股肱於外天下之勢岌岌殆矣今天清日明誅賞未正願下禁省檢索前後章牘付臣等看詳簽揭以上陛下與大臣斟酌而可否焉遂論內侍陳衍以搖宣仁至比之呂武乞追奪光公著贈諡仆碑毀冢言文彥博背負國恩及蘇軾范祖禹孫升韓川諸人皆相繼受譴又言願陛下無忘元祐時章惇無忘汝州時安燾無忘許昌時李清臣曾布無忘河陽時其觀望捭闔以險語激怒當世類

此惇燾交惡商英欲助惇求所以傾燾者陽翟民盖氏養子漸先為祖母所逐以家貲屬其女經元豐訴理不得直商英諭其寃導漸使遮執政及詣御史府訐燾姻家與盖女為道地哲宗不直商英徙左司員外郎既與漸交關事皆露責監江寧酒起知洪州為江淮發運副使入權工部侍郎遷中書舍人謝表歷詆元祐諸賢衆益畏其口徽宗出為河北都轉運使降知隨州崇寧初為吏部刑部侍郎翰林學士蔡京拜相商英雅與之善適當制過為褒美尋拜尚書右丞轉左丞復與京議政不合數詆京身為輔相志在

逢君御史以為非所宜言且取商英所作元祐嘉禾頌及司馬光祭文斥其反覆罷知亳州入元祐黨籍京罷相削籍知鄂州京復相以散官安置歸峽兩州大觀四年京再逐起知杭州過闕賜對奏曰神宗脩建法度務以去大害興大利今誠一一舉行則盡紹述之美法若有弊不可不變但不失其意足矣留為資政殿學士中太一宮使頃之除中書侍郎遂拜尚書右僕射京久盜國柄中外怨疾見商英能立同異更稱為賢徽宗因人望相之時久旱彗星中天是夕彗不見明日雨徽宗喜大書商霖二字賜之商英為

政持平謂京雖明紹述但借以劫制人主禁錮士大夫爾於是大革弊事改當十錢以平泉貨復轉般倉以罷直達行鈔法以通商旅蠲橫斂以寬民力勸徽宗節華侈息土木抑僥倖帝頗嚴憚之嘗葺升平樓戒主者遇張丞相導騎至必匿匠樓下過則如初楊戩除節度使商英曰祖宗之法內侍無至團練使有勳勞當陟則別立昭宣宣政諸使以寵之未聞建旄鉞也訖持不下論者益稱之然意廣才疏凡所當為先於公坐誦言故不便者得預為計何執中鄭居中日夜醞織其短先使言者論其門下客唐庚竄之惠

州有郭天信者以方技隸太史徽宗潛邸時嘗言當
履天位自是稍眷寵之商英因僧德洪客彭几與語
言往來事覺鞫于開封府御史中丞張克公疏擊之
以觀文殿大學士知河南府旋貶崇信軍節度副使
衡州安置天信亦斥死京遂復用未幾太學諸生誦
商英之寃京懼乃乞令自便繼復還故官職宣和三
年卒年七十九贈少保商英作相適承蔡京之後小
變其政譬饑者易爲食故蒙忠直之名靖康褒表司
馬光范仲淹而商英亦贈太保紹興中又賜謚文忠
天下皆不謂然兄唐英

唐英字次功少攻苦讀書至經歲不知肉味及進士
第翰林學士孫抃得其正議五十篇以爲馬周魏元
忠不足多薦試賢良方正不就調穀城令縣圃歲畦
薑貸種與民還其陳復醞賣取息銓曹指爲富縣唐
英至空其圃植千株栁作栁亭其中聞者咨羡英宗
繼大統唐英上謹始書云爲人後者爲子懼他日必
有引漢定陶故事以惑宸聽者願杜其漸既而濮議
果起帝不豫皇太后垂簾又上書請立潁王爲皇太
子神宗即位知其人擢殿中侍御史入對帝問何尚
衣緑對曰前者固得之回授臣父帝嘉其孝賜五品

服帝方厲精圖治急於用人唐英言知江寧府王安石
經術道德宜在陛下左右又論宗室禄多費鉅宜以服
爲差殺天下苦差役不均盡思所以寛民力代民勞著
其後略施行帝方欲用之以父憂去未幾卒唐英有
史材嘗著仁宗政要宋名臣傳蜀檮杌行于世
劉正夫字德初衢州西安人未冠入太學有聲與范
致虛吳材江嶼號四俊元豐八年南省奏名在優選
而犯高魯王諱凡五人皆當黜宣仁后曰外家私諱
頒未久不可以妨寒士命寘末級久之爲太學録太
常博士母服闋御史中丞石豫薦之召赴闕道除左

司諫時方究蔡邸獄正夫入對徽宗語及之徐引淮
南尺布斗粟之謠以對帝感動解散其獄待蔡王如
初他日謂正夫曰兄弟之間人所難言卿獨能及此
後必爲公輔又言元祐紹聖所修神宗史互有得失
當折中其說傳信萬世遂詔刊定而以起居舍人爲
編修官不閱月遷中書舍人進給事中禮部侍郎蔡
京攄相位正夫欲附翼之奏言近命官纂録紹述先
志及施行政事願得陳力其間詔俾閱詳焉京寵正
夫又與鄭居中陰援京京憾劉逵次骨而逵善正夫
京雖賴其助亦惡之因章綖鑄銭獄辭及正夫時使

遼還京諷有司追逮之帝知其情第貶兩秩京又出
之成都入辭留爲翰林學士京愈不能平謀中以事
作春宴樂語有紫宸朝罷衮衣閑之句京黨張康國
密白帝曰衮衣豈可閑竟攺龍圖閣直學士知河南
府召爲工部尚書拜右丞進中書侍郎太學諸生習
樂成京欲官之正夫曰朝廷長育人材規爲時用而
使與伶官齒籍名以是得無爲士子羞乎東封儀物
已具正夫請間力陳不可帝皆爲之止益喜其不與
京同政和六年擢拜特進少宰才半歲屬疾三上章
告老除安化軍節度使開府儀同三司致仕病小愈
丐東歸詔肩輿至內殿長子皁民掖入坐從容及燕
雲事曰臣起書生軍旅之事未之學然兩朝信誓之
久四海生靈之衆願深留聖思明日徙節安靜軍起
充中太一宮使封康國公將行賜之詩及硯筆圖畫
藥餌香茶之屬甚厚正夫獻詩謝帝又屬和以榮其
歸至盱眙病亟命子弟作遺牘自書留神根本深戒
持盈八字遂卒年五十六贈太保謚文憲再贈太傅
正夫由博士入都馴致宰相能迎時上下持祿養權
性吝嗇惟恐不足於財晚年築第杭州萬松嶺以建
閣奉御書爲名悉取其旁軍營民舍議者譏之帝眷

念不衰以皁民爲兵部侍郎少子皁民徽猷閣待制
何執中字伯通處州龍泉人進士高第調台亳二州
判官亳數易守政不治曾鞏至頗欲振起之顧諸僚
無可仗信者執中一見合意事無纖鉅悉委以剸決
有妖獄久不竟株連寖多執中訊諸囚聽其相與語
謂牛羊之角皆曰股扣其故閉不肯言而相視色變
執中曰是必爲師張角諱耳即扣頭引伏誇之奇使
淮甸號彊明官吏望風震慴見執中喜曰一州六邑
賴有君爾知海鹽縣爲政識後先邑人紀其十異入
爲太學博士以母憂去寓蘇州比隣夜半火執中方
索居遑遑不能去拊柩號慟誓與俱焚觀者悲其孝
而危其難有頃火郤柩得存紹聖中五王就傅選爲
記室轉侍講端王即位是爲徽宗超拜寶文閣待制
還中書舍人兵部侍郎工部吏部尚書兼侍讀四選
案籍吏多藏于家以舞文取賄執中請置庫架閣命
官莅之是後六曹皆倣其法蔡京籍上書人[illegible]爲邪
等初無朝覲及入都之禁執中申言之且請任在京
職秩者皆罷遣辟雍成執中請開學殿使都人士女
縱觀大爲士論所貶崇寧四年拜尚書右丞大觀初
進中書門下侍郎積官金紫光祿大夫一意謹事京

三年遂代爲尚書左丞加特進制下太學諸生陳朝
老詣闕上書曰陛下知蔡京姦解其相印天下之人
鼓舞有若更生及相執中中外黙然失望執中雖不敢
肆爲非法若京之蠹國害民然碌碌庸質初無過人
天下敗壞至此如人一身臟府受沴已深豈庸庸之
醫所能起乎執中寅緣攀附致位二府亦已大幸遽
俾之經體贊元是猶以蚉負山多見其不勝任也疏
奏不省而眷注益異初賜第信陵坊以爲淺隘更徙
金順坊甲第建嘉會成功閣帝親書鉅額以示寵執
中與蔡京並相凡營立皆預議略無所建明及張商

英任事執中惡其出己上與鄭居中合擠之陳瓘在
台州執中起遷人石㦤知州事使脅取尊堯集誅必
死瓘瓘不死執中怒罷㦤政和二年大長公主喪罷
上元端門觀燈執中言不宜以長主故闕衆情願特
爲徙日以昭與民同樂之意帝重逆其請爲申五日
期用提舉脩哲宗史紀恩加少保入宴太清樓錫白
玉帶會正宰相官名轉少傅爲太宰又遷少師封榮
國公執中輔政一紀年益高五年卧疾甚賜寬告他
日造朝命止赴六參起居退治省事明年乃以太傅
就第許朝朔望儀物廩稍一切如居位時入見帝曰

自相位致爲臣數十年無此矣對曰昔張士遜亦以
舊學際遇用太傅致仕與臣適同帝曰當時恩禮恐
未必爾執中頓首謝其在政府嘗戒邊吏勿生事重
改作惜人材寬民力雖居富貴未嘗忘貧賤時斥緡
錢萬置義莊以贍宗族性復謹畏至於迎順主意贊
飾太平則始終一致不能自克卒年七十四帝即幸
其家以不及視其病爲恨輟視朝三日贈太師追封
清源郡王謚曰正獻

鄭居中字達夫開封人登進士第崇寧中爲都官禮
部員外郎起居舍人至中書舍人直學士院初居中

自言爲貴妃從兄弟妃從藩邸進家世微亦倚居中
爲重由是連進擢會妃父紳客祝安中者上書涉謗
訕言者并及居中罷知和州徙潁州明年歸故官遷
給事中翰林學士大觀元年同知樞密院時妃寵冠後
宮於居中無所賴乃用宦官黃經臣策以外戚秉政
辭改資政學士中太一宮使兼侍讀蔡京以星文變
免趙挺之相與劉逵謀盡改京所爲政未幾徽宗頗
悔更張之暴外莫有知者居中往來紳所知之即入
見言陛下建學校興禮樂以藻飾太平置居養安濟
院以周拯窮困何所逆天而致威譴乎帝大悟居中

退語禮部侍郎劉正夫正夫繼請對語同帝意乃復
向京京再得政兩人之助爲多居中厚責報京爲言
樞密本兵之地與三省殊無嫌於用親經臣方持權
力抗前說京言不效居中疑不已援始怨之乃與張
康國比而間京都水使者趙霖得龜兩首於黃河獻
以爲瑞京曰此齊小白所謂象罔見之而霸者也居
中曰首豈宜有二人皆駭異而京獨主之殆不可測
帝命葉龜金明池謂居中愛我遂申前命進知院事
四年京又罷居中自許必得相而帝覺之不用妃正
位中宮復以嫌罷爲觀文殿學士政和中再知樞密

院官累特進時京總治三省益變亂法度居中每爲
帝言帝亦惡京專尋拜居中少保太宰使伺察之居
中存紀綱守格令抑僥倖振淹滯士論翕然望治丁
母憂旋詔起復踰年加少傅得請終喪服除以威武
軍節度使使佑神觀還領樞密院加少師連封崇宿
燕三國公朝廷遣使與金約夾攻契丹復燕雲蔡京
童貫主之居中力陳不可謂京曰公爲大臣國之元
老不能守兩國盟約輙造事端誠非妙算京曰上厭
歲幣五十萬故爾居中曰公獨不思漢世和戎用兵
之費乎使百萬生靈肝腦塗地公實爲之由是議稍

寢其後金人數攻契丹日蹙王黼童貫復議舉兵居
中又言不宜幸災而動待其自斃可也不聽燕山平
進位太保自陳無功不拜入朝暴遇疾歸舍數日卒
年六十五贈太師華原郡王謚文正帝親表其隧曰
政和寅亮醇儒宰臣文正鄭居中之墓居中始仕蔡
京即薦其有廊廟器既不合遂因蔡渭理其父確功
狀追治王珪居中珪壻也故借是擊之然卒不能害
子脩年億年皆至侍從億年遭靖康之難沒入于金
後遣事劉豫晚得南歸秦檜以婦氏親擢爲資政殿
大學士位視執政檜死亦竄死撫州時又有安堯臣

者亦嘗上書論燕雲之事其言曰宦寺專命倡爲大
謀燕雲之役興則邊釁遂開宦寺之權重則皇綱不
振昔秦始皇築長城漢武帝通西域隋煬帝遼左之
師唐明皇幽薊之寇其失如彼周宣王伐玁狁漢文
帝備北邊元帝納賈捐之之議光武斥臧宮馬武之
謀其得如此藝祖撥亂反正躬擐甲冑當時將相大
臣皆所與取天下者豈勇略智力不能下幽燕哉蓋
以區區之地契丹所必爭忍使吾民重困鋒鏑章聖
澶淵之役與之戰而勝乃聽其和亦欲固本而息民
也今童貫深結蔡京同納趙良嗣以爲謀主故建平

燕之議臣恐異時唇亡齒寒邊境有可乘之釁狼子蓄伺釁隙以逞其欲此臣所以日夜寒心伏望思祖宗積累之艱難鑒歷代君臣之得失杜塞邊隙務守舊好無使外夷乘間窺中國上以安宗廟下以慰生靈徽宗然之命堯臣以官後竟爲姦謀所奪堯臣嘗舉進士不第蓋惇之族子也

論曰君子小人猶冰炭不可一日而處者也趙挺之爲小官薄有才具熙寧新法之行迎合用事元祐更化宜爲諸賢鄙棄至於紹聖首倡紹述之謀觝排正人靡所不至其論蔡京不過爲攘奪權寵之計而已所謂楚固爲失齊亦未爲得也徽宗知京不可顓任乃以張商英鄭居中輩敢與京爲異者參而用之殊不知二人者向背離合視利所在亦何有於公議哉商英以傾詖之行竊忠直之名没齒猶見褒稱其欺世如此何執中夤緣舊學致位兩府無所建明惟務媢嫉至用石悈脅陳瓘取尊堯集欲因以殺瓘何爲者耶宣政命相得若而人尚望治乎劉正夫生平所爲睒睤出没正邪之間商英之徒也唐英有清才而寡失德獨薦王安石爲可咎然安石未相正人端士孰不與之又何責乎唐英

張康國字賓老揚州人第進士知雍丘縣紹聖中戶部尚書蔡京整治役法薦以參詳利害使提舉兩浙常平推行之豪猾望風斂服發倉救荒江南就食者活數萬口徙福建轉運判官崇寧元年入爲吏部左司員外郎起居郎二年爲中書舍人徽宗知其能詞章不試而命遷翰林學士三年進承旨拜尚書左丞而以其兄康伯代爲學士尋知樞密院事康國自外官爲郎不三歲至此始因蔡京進京定元祐黨籍肴詳講議司編彙章牘皆預密議故汲汲引援之帝亦器重焉及得志寖爲崖異帝惡京專愎陰令沮其姦嘗許以相是時西北邊帥多取部内好官自辟置以力不以才康國曰並塞當擇人以紓憂顧柰何欲私所善乎乃隨闕選用定爲格京使御史中丞吳執中擊康國康國先知之旦奏事留白帝曰執中今日入對必爲京論臣臣願避位既而執中對果陳其事帝叱去之他日康國因朝退趨殿廬暴得疾仰天吐舌舁至待漏院卒或疑中毒云年五十四贈開府儀同三司謚曰文簡康伯仕終吏部尚書

朱諤字聖與秀州華亭人初名紱進士第二調忠正軍推官崇寧初由太常丞擢殿中侍御史遷侍御史

給事中以同黨籍人姓名故改名進御史中丞入謝徽宗曰今朝廷肅清上下無事宜審重以稱朕意對曰前此中執法類不知職守言事多妄至過天津橋見汴隄一角墊陷乞脩葺如許細故何足論哉帝曰然比石豫許敦仁安發皆如是謂遂奏願如神宗故事聽政之餘開內閣延群臣從容論道又言陛下手詔屢下惻怛願治然吏奉行者多安於苟簡或懷二三柅置不行使德音善教無由下達願分命使者刺舉諸道有受令而不行及行令而不盡者論如古留令虧令之罪則令出而朝廷尊矣元祐紛更凡得罪

于熙寧元豐者不問是否輒陳冤訴自歸無過之地彰先朝之失刑希合姦臣規求進用門下侍郎許將頃下御史獄抗章云縲毫自知其無事父子相係而爲囚追屬吏十有六人繫病者百有三日終無可坐之罪遂加不實之刑夫以追屬吏如是之多繫病者如是之久卒之於無可坐則先帝所用之刑爲何哉將於哲廟表泛爲平詞至宣和太后之■前則銜冤負痛其辭如此於陛下紹述成功得無少損乎詔出將河南六察官彈治稽遠近歲察事多者輒推賞有僥求之敝謂乞罷賞使各安職分從之俄兼侍讀徙兵

禮吏三部尚書大觀元年拜右丞相居三月卒年四十贈光祿大夫謚忠靖謂出蔡京門善附合不能有所建白既死京爲誌其墓

劉逵字公路隨州隨縣人進士高第調越州觀察判官入爲太學太常博士禮部考功員外郎國子司業崇寧中連擢祕書少監太常少卿中書舍人給事中戶部侍郎使高麗還尚書兵部同知樞密院拜中書侍郎逵無他才能初以附蔡京故躐進京以彗星見去相而逵貳中書首勸徽宗碎元祐黨碑寬上書邪籍之禁凡京所行悖理虐民事稍稍澄正逵與趙

挺之同心然挺之多智慮後患每建白務開其端而使逵終其說逵欲自以爲功直情不顧未滿歲帝疑逵擅政而鄭居中劉正夫之策售矣帝意既移於是御史余深石公弼論逵專恣反覆乘間抵巇盡廢紹述良法愚視丞相陵蔑同列凡所設用多取爲邪黨學術者及邪籍中子弟庇其婦兄章綖使之盜鑄罷知亳州京復相再責鎮江節度副使安州居住京再以星變去稍起知杭州加資政殿學士以醴泉觀使召及都而卒年五十贈光祿大夫

林攄字彥振福州人徙蘇父邵顯謨閣直學士攄用

蔭至敕令檢討官蔡京講明熙寧元豐故事引以爲
屬遷屯田右司員外郎時遣朝士察諸道攄使河北
入辭言大府宜擇帥邊州宜擇守西山木不宜采伐
保甲有藝者宜貢諸朝驕兵宜使更戍錢貨文書關
出疆外者宜遏絶徽宗喜曰卿所陳已盡河朔利害
毋庸行賜進士第擢起居舍人進中書舍人俄直學
士院禁林官不乏帝特命遂爲翰林學士初朝廷數
取西夏地夏求援於遼遼爲請命攄報聘京密使激
怒之以啓釁入境盛氣以待迓者小不如儀輒辨詰
及見遼主始跪授書即抗言數夏人之罪謂北朝不

能加責而反爲之請禮出不意遼之君臣不知所荅
及辭遼使攄附奏求還進築夏人城柵攄荅語復不
巽遼人大怒空客館水漿絶煙火至舍外積潦亦汚
以矢溲使饑渴無所得如是三日乃遣還凢饔餼祖
犒皆廢歸復命議者以爲怒鄰生事猶除禮部尚書
既而遼人以失禮言出知潁州尋召爲開封尹大駔
負賈錢乆不償一日盡輦當十錢來賈疑不納駔訟
之攄訙詰蔡京問曰錢法變乎京色動曰方議之未
決也攄曰令未布而賈人先知必有與爲表裏者退
鞫之得省吏主名寘于法張懷素妖事覺攄與御史

中丞余深及內侍雜治得民士交關書疏數百攄請
悉焚蕩以安反側衆稱爲長者而京與懷素游最密
攄實爲京地也京深德之用鞫獄明允加秩二等改
兵部尚書進同知樞密院尚書左丞中書侍郎自大
觀元年春至二年五月繇朝散大夫九遷至右光祿
大夫集英臚唱貢士攄當傳姓名不識甦盎字帝笑
曰卿誤耶攄不謝而語詆同列御史論其寡學倨傲
不恭失人臣禮黜知滁州言者不厭罷提舉洞霄宮
起爲越州永興軍皆以親年高辭拜端明殿學士乆
之知揚州政以察察聞鉏大俠繩汚吏下不敢欺有

行商寓逆旅晨出不反館人以告攄曰此當不遠或
利其貨殺之耳指蹤物色得屍溝中果城民張所爲
也徙大名府道過闕爲帝言頃使遼見其國中埶貳
若兼而有之勢無不可攄蓋以曩辱故修怨焉其後
北伐盖兆於此加觀文殿學士拜慶遠軍節度使言
者復論罷之還姑蘇薨生於首而卒年五十九帝念
其奉使之勤申贈開府儀同三司録子傅直秘閣數
月傅死嗣遂絶靖康元年以京死黨追貶節度副使
管■師仁字元善處州龍泉人中進士第爲廣親睦
親宅教授通判澧州知建昌軍有善政擢右正言左

司諫論蘇軾蘇轍深毀熙寧之政其門下士吏部員外郎晁補之輩不宜在朝廷逐去之河北濱棣諸州歲被水患民流未復租賦故在師仁請悉蠲減以綏徠之一方賴其賜遷起居郎中書舍人給事中工部侍郎選曹吏多撓法爲過師仁暫攝領發其姦抵數人於罪士論稱之改吏部進刑部尚書以樞密直學士知鄧州未行改揚州又徙定州時承平百餘年邊備不整而遼擴使再至爲西人請侵疆朝廷詔師仁設備至則下令增陴浚湟繕葺甲冑僚吏懼不知所裁師仁預爲計度一日而舉數十萬轉聠迄成外間

無知者於是日與賓客燕集以示閒暇使敵不疑帝手書詔奬激召爲吏部尚書俄同知樞密院才兩月病拜資政殿學士佑神觀使卒年六十五贈正奉大夫

侯蒙字元功密州高密人未冠有俊聲急義好施或一日揮千金進士及第調寶雞尉知栢鄉縣民訟皆決于庭受罰者不怨轉運使黃湜聞其名將推轂之召詣行臺白事蒙以越境不肯往湜怒他日行縣閱理文書欲翻致其罪既而無一疵可指始以賓禮見曰君眞能吏也率諸使者合薦之徙知襄邑縣擢監察御史進殿中侍御史崇寧星變求言蒙疏十事曰去冗官容諫臣明嫡庶別賢否絕倖冀戒濫恩寬疲民節妄費戚里毋預事閹寺毋假權徽宗聽納有大用意遷侍御史西將高永年死于羌帝怒親書五路將帥劉仲武等十八人姓名敕蒙往秦州逮治既行拜給事中至秦仲武等囚服聽命蒙曉之曰君輩皆侯伯無庸以獄吏辱君第以實對案未上又拜御史中丞蒙奏言漢武帝殺王恢不如秦繆公赦孟明子玉縊而晉侯喜孔明亡而蜀國輕今羌殺吾一都護而使十八將繇之而死是自艾其支體也欲身不病得

乎帝悟釋不問遷刑部尚書改戶部比歲郊祭先期告辦尚書輒執政至是帝密諭之對曰以財利要君而進非臣所敢毋喪服除歸故官遂同知樞密院進尚書左丞中書侍郎先是御史中丞蔡薿詆張商英私事甚力有旨令廷辨蒙曰商英雖有罪宰相也蔡薿雖言官從臣也使之廷辨豈不傷國體乎帝以爲然一日帝從容問蔡京何如人對曰使京能正其心術雖古賢相何以加帝頷首且使密伺京所爲京聞而銜之大錢法敝朝廷議改十爲三主藏吏來告曰諸府悉輦大錢市物于肆皆疑法當變蒙曰吾府之

積若干曰八千緡蒙叱曰安有吏革而吾不知明日
制下又嘗有幾事蒙獨受旨京不知也京偵得之白
于帝帝曰侯蒙亦如是耶罷知亳州旋加資政殿學
士宋江寇京東蒙上書言江以三十六人橫行齊魏
官軍數萬無敢抗者其才必過人今清溪盜起不若
赦江使討方臘以自贖帝曰蒙居外不忘君忠臣也
命知東平府未赴而卒年六十八贈開府儀同三司
謚文穆

論曰崇寧宣和之間政在蔡京罷不旋踵輒起姦黨
日蕃一時貪得患失之小人度徽宗終不能去之莫

不趍走其門若張康國朱諤劉逵林攄者皆是也康
國逵中雖異京然其材智皆非京敵卒爲京黨所擊
攄奉京姦謀激怒鄰國渝約啓釁爲罪莫大焉易曰開
國承家小人勿用其謂是歟管師仁執政僅兩月引
疾求去斯可尚已侯蒙逮治五路將帥力爲申理十
八人者賴之而免其仁人利溥之言乎

列傳卷第一百十

列傳第一百十一　宋史三百五十二

開府儀同三司上柱國錄軍國重事中書右丞相提調國史領經筵事都總裁臣脫脫等奉敕修

唐恪　李邦彥　余深　薛昂
吳敏　王安中　王襄　趙野
曹輔　耿南仲王寓附

唐恪字欽叟杭州錢塘人四歲而孤聞人言其父輒悲泣
以蔭登第調郴尉縣民有被害而尸不獲吏執其鄰人抑
使自誣令以爲信恪爭之令曰否將爲君累恪曰吾爲尉
而盜不能捕更俾亡辜死乎躬出訪求夕若有告者旦而
得尸遂獲盜知榆次縣豪子雄於鄉萃逋庇姦不輸公賦
前後莫敢詰恪以理善曉之悟而自悔折節爲長者最聞
擢提舉河東常平江東轉運判官大觀中牂牁內附召爲
屯田員外郎持節招納夷人夷始恫疑衷甲以逆恪盡去
兵衛從數十卒單行夷望見懽呼投兵聽命以奉使稱職
遷右司員外郎起居舍人迎遼使還言河北邊備弛廢宜
及今無事以時治之徽宗壯之曰非卿誰宜爲者命爲都
轉運使加集賢殿修撰中貴人稱詔有所市恪不答慣而
歸中以它事降直龍圖閣知梓州歷五年徙滄州河決水
犯城下恪乘城救理都水孟昌齡移檄索船與兵恪報水

勢方悉舡當以備緩急滄爲極邊兵非有旨不敢遣昌齡
怒劾之恪不爲動益治水水去城得全詔書嘉奬乃上疏
請暫免保甲保馬呈閱及復請縣租等第振貸以寬被水
之民未報悉便宜罷行之民大悅進龍圖閣待制知揚州
召拜戶部侍郎京師暴水至汴且溢付恪治之或請決南
隄以紓宮城之患恪曰水漲隄壞此亡可奈何今決而浸
之是魚鼈吾民也亟乘小舟相水源委求所以利導之乃
決金隄注之河浹旬水平入對帝勞之曰宗廟社稷獲安
卿之力也恪再拜因上疏言水陰類也至犯京闕天其或
者以陰盛之沴儆告陛下乎願垂意時事益謹天戒宣和

初遷尚書帝許以二府爲宰相王黼所陷罷知滁州言者
論其治第歷陽擾民踰制提舉鴻慶宮五年起知青州未
行召爲吏部尚書徙戶部復請外以延康殿學士知潭州
請往錢塘掃墓然後之官遂改杭州靖康初金兵入汴李
邦彥薦之拜同知樞密院事至則爲中書侍郎時進見者
多論宣和間事恪言於欽宗曰革弊當以漸宜擇今日之
所急者先之而言者不顧大體至毛舉前事以快一時之
憤豈不傷太上道君之心哉京攸黼貫之徒既從竄斥姑
可已矣他日邊事既定然後白道君請下一詔與天下共
棄之誰曰不可帝曰卿論甚善爲朕作詔書以此意布告

在位因賜東宮舊書萬卷且用近比除子璟直祕閣力辭
之八月進拜少宰兼中書侍郎帝注禮之甚渥然恪爲相
無濟時大略金騎再來邀割三鎮恪集廷臣議以爲當與
者十九恪從之使者既行於是諸道勤王兵大集輒諭止
令勿前皆反旆而去洎金兵薄城下始悔之密言於帝曰
唐自天寶而後屢失而復興者以天子在外可以號召四
方也今宜舉景德故事留太子居守而西幸洛連據秦雍
領天下親征以圖興復帝將從其議而開封尹何㮚入見
引蘇軾所論謂周之失計未有如東遷之甚者帝幡然而
改以足頓地曰今當以死守社稷擢㮚門下侍郎恪計不

用從帝巡城爲都人邀擊墜馬得脫遂卧家求去御史胡
舜陟繼劾其罪謂恪之智慮不能經畫邊事但長於交結
內侍今國勢日蹙誠不可以備位乃以觀文殿大學士中
太一宮使兼侍讀罷㮚代爲相京城不守車駕至金帥營
恪曰計失矣一入將不得還既而還宮恪迎拜道左請入
覲㮚不可二年正月復幸恪曰一之謂甚其可再乎及金
人逼百官立張邦昌令吳幵莫儔入城取推戴狀恪既書
名仰藥而死

李邦彥字士美懷州人父浦銀工也邦彥喜從進士游河
東舉人入京者必道懷訪邦彥有所營置浦亦罷工與爲

之且復資給其行由是邦彥聲譽弈弈入補太學生大觀二年上舍及第授祕書省校書郎試符寶郎邦彥俊爽美風姿爲文敏而工然生長閭閻習猥鄙事應對便捷善謳謔能蹴鞠每綴街市俚語爲詞曲人爭傳之自號李浪子言者劾其游縱無檢罷符寶郎復爲校書郎俄以吏部員外郎領議禮局出知河陽召爲起居郎邦彥善事中人爭薦譽之累遷中書舍人翰林學士承旨宣和三年拜尚書右丞五年轉左丞浦死贈龍圖閣直學士謚曰宣簡邦彥起復與王黼不恊廼陰結蔡攸梁師成等譖黼罷之明年拜少宰無所建明惟阿順趨諂充位而已都人目爲浪子

宰相徽宗內禪命爲龍德宮使叅太宰知衆議不與外患日偪抗疏丐宮祠金人旣薄都城李綱种師道罷邦彥堅主割地之議太學生陳東數百人伏宣德門上書言邦彥及白時中張邦昌趙野王孝迪蔡懋李棁之徒爲社稷之賊請斥之邦彥退朝群指而大詬且欲毆之邦彥疾驅得免廼以特進觀文殿大學士充太一宮使不旬日吳敏爲請復起爲太宰人皆駭愕言者交論之出知鄧州遂請持餘服提舉亳州明道宮建炎初以主和誤國責建武軍節度副使潯州安置方蔡京王黼用事附麗者多援引入政府若余深薛昂吳敏王安中趙野史皆逸其事因附著於此云

余深福州人元豐五年進士及第崇寧元年爲太常博士著作佐郎攺司封員外郎拜監察御史殿中侍御史試辟雍司業累官御史中丞兼侍讀治張懷素獄事連蔡京與開封尹林攄曲爲掩覆獄辭有及京者輒焚之京遂力引深與攄驟至執政大觀二年以吏部尚書拜尚書左丞三年轉中書侍郎四年轉門下侍郎京旣致仕深不自安累疏請罷乃以資政殿學士知青州政和二年京復赴都堂治事於是深復入爲門下侍郎七年拜少宰宣和元年爲太宰進拜少保封豐國公再封衞國加少傅時福建以取

花果擾民深爲言之徽宗不悅遂請罷出爲鎭江軍節度使知福州靖康初加恩特進觀文殿大學士故事凡僕射使相宣徽使皆判州府深以少傅節度知福州有司失之也深諂附蔡京結爲死黨京姦謀詭計得助多者深爲首攄次之言者累章劾深深益懼丐致仕建炎二年降中大夫臨江軍居住尋以渡江赦恩還鄉里卒子日章亦以言者罷徽猷閣待制

薛昂杭州人登元豐八年進士第崇寧初歷太學博士校書郎著作佐郎爲殿中侍御史試起居郎攺中書舍人兼侍講給事中兼大司成昂寡學術士子有用史記西漢

語輒黜之在哲宗時常請罷史學哲宗斥為俗佞拜翰林學士以不稱職改刑部尚書轉兵部大觀三年拜尚書左丞明年請補外出知江寧徙河南久之提舉嵩山崇福宮政和三年蔡京復用事昂復自尚書右丞為左丞遷門下侍郎尋請罷授彰化軍節度使佑神觀使改特進充資政殿大學士知應天府昂與余深林攄始終附會蔡京至舉家為京諱或誤及之輒加笞責昂嘗誤及即自批其口靖康初言者斥其罪詔以金紫光祿大夫致仕杭州軍亂昂不請命領州事責徽州居住昂主王氏學嘗在安石坐圍棊賭詩局敗昂不能作安石代之時人以為笑云

吳敏字元中真州人大觀二年辟雍私試首選蔡京喜其文欲妻以女敏辭因擢浙東學事司幹官為祕書省校書郎京薦之充館職中書侍郎劉正夫以敏未嘗過省不可京乃請御筆特召上殿除右司郎官御筆自此始違者以大不恭論繇是權倖爭請御筆而繳駁之任廢矣升中書舍人同修國史改給事中敏為蔡京所引鄭居中方秉政敏數言其失居中銜之坐駁盜當死者罷為右文殿修撰提舉南京鴻慶宮久之復為給事中權直學士院兼侍講徽宗將內禪蔡攸探知上意引敏入對宰臣執政皆在敏前奏事且曰金人渝盟舉兵犯順陛下何以待上蹙然曰奈何時東幸計已定命戶部尚書李梲先出守金陵敏退詣都堂言曰朝廷便為棄京師計何理也此命果行須死不奉詔宰執以為言梲遂罷行皇太子除開封尹上去意益決敏因奏對得請遂薦李綱綱嘗語敏以上宜傳位如唐天寶故事故薦之冀上或有所問也明日宰臣奏事徽宗獨留李邦彥語敏所對命除門下侍郎輔太子敏厲曰臣既畫計當從陛下巡幸陛下且傳位而臣受不次之擢臣曷敢上曰不意卿乃爾敢言於是命敏草傳位詔欽宗既立上皇出居龍德宮敏與蔡攸同為龍德宮副使遷知樞密院事拜少宰敏主和議與太宰徐處仁議不合紛爭

上前御史中丞李回劾之與處仁俱罷為觀文殿大學士醴泉觀使頃之言者論其庇蔡京父子出知揚州再貶崇信軍節度副使涪州安置建炎初移柳州俄用范宗尹薦起知潭州敏辭免丐宮祠乃提舉洞霄宮紹興元年復觀文殿大學士為廣西湖南宣撫使卒于官

王安中字履道中山陽曲人進士及第調瀛州司理參軍大名縣主簿歷祕書省著作郎政和間天下爭言瑞應廷臣輒箋表賀徽宗觀所作稱為奇才他日特出御詔三題使具草立就上即草後批可中書舍人未幾自秘書少監除中書舍人擢御史中丞開封邏卒夜跡盜盜脫去民有

鬻出與卒遇縛以爲盜民訟諸府不勝考掠之慘遂誣服安中廉知之按得寃狀即出民抵吏罪有徐禋者以增廣鼓鑄之説媚于蔡京京奏遣禋措置東南九路銅事且令搜訪寶貨禋圖繪阬冶增舊幾十倍且請開洪州嚴陽山阬迫有司承歲額數十兩其所烹煉實得銖兩而已禋術窮乃妄請得希世珍異與古之寶器乞歸書藝局京主其言安中獨論禋欺上擾下宜令九路監司覆之禋竟得罪時上方鄉神仙之事蔡京引方士王仔昔以妖術見朝臣戚里寅緣關通安中疏請自今招延山林道術之士當責所屬保任宣召出入必令察視其所經由仍申嚴臣庶往

還之禁并言京欺君僭上蠹國害民數事上悚然納之已而再疏京罪上曰本欲即行卿章以近天寧節俟過此當爲卿罷京京伺知之大懼其子攸日夕侍禁中泣拜懇祈上爲遷安中翰林學士又遷承旨宣和元年拜尚書右丞三年爲左丞金人來歸燕謀帥臣安中請行王黼贊於上授慶遠軍節度使河北河南燕山府路宣撫使知燕山府遼降將郭藥師同知府事藥師跋扈府事皆專行安中不能制第曲意奉之故藥師愈驕俄加檢校少保改少師時山後諸州俱陷唯平州爲張覺所據金人入燕以覺爲臨海軍節度使其後叛金金人攻之覺敗奔燕金人來索急

安中不得已縊殺之函其首送金郭藥師宣言曰金人欲覺即與若求藥師亦將與之乎安中懼奏其言因力求罷藥師自是解體金人終以是啓釁安中以上清寶籙宮使兼侍讀召還除檢校太保建雄軍節度使大名府尹兼北京留守司公事靖康初言者論其締合王黼童貫及不幾察郭藥師叛命罷爲觀文殿大學士提舉嵩山崇福宮又責授朝議大夫秘書少監分司南京隨州居住又貶單州團練副使象州安置高宗即位内徙道州尋放自便紹興初復左中大夫子辟章知泉州迎安中往未幾卒年五十九安中爲文豐潤敏拔尤工四六之製徽宗嘗宴睿謨殿

命安中賦詩百韻以紀其事詩成賞歎不已令大書于殿屛凡侍臣皆以副本賜之其見重如此有初寮集七十六卷傳于世

王襄初名寧鄧州南陽人擢進士第崇寧二年以軍器監主簿言事稱旨擢庫部員外郎改光祿少卿出察訪陝西還爲顯謨閣待制權知開封府府事浩穰訟者株蔓千餘人縲繫滿獄襄晝夜決遣四旬俱盡又閱月獄再空遷龍圖閣直學士吏部侍郎出知杭州未至改海州又改應天府徙鄆州召爲禮部尚書移兵部出知潁州改永興軍蒲城妖賊王寧適同姓名請更名密爲左司諫石公弼所劾

徙汝州俄奪學士提舉南京鴻慶宮大觀三年以集賢殿
修撰知潭州改兵部侍郎使高麗還對稱旨詔賜名襄歷
工部吏部尚書拜同知樞密院事坐薦引近侍以延康殿
學士罷知亳州又坐交通郭天信落職提舉嵩山崇福宮
久之起知鄆州復學士秩尋加資政殿學士徙知淮寧府
以言事忤王黼復提舉崇福宮宣和六年起爲河南尹金
人再入出爲西道都總管張杲副之高宗開大元帥府襄
以所部兵會于虞城縣即位命襄知河南府襄初與趙野
分總西北道諸軍金人圍京師徵兵入援二人故迂道宿
留至是降寧遠軍節度副使永州安置卒

趙野開封人登政和二年進士第歷監察御史殿中侍御
史試起居舍人兼太子舍人俄遷中書舍人給事中大司
成拜刑部尚書翰林學士時蔡京王黼更秉政植黨相擠
一進一退莫有能兩全者野處之皆得其心京黼亦待之
不疑宣和七年拜尚書右丞升左丞靖康初爲門下侍郎
徽宗東幸詔野爲行宮奉迎使以左司諫陳公輔言罷野
行出爲北道都總管顏岐副之已而落職提舉嵩山崇福
宮元帥府建命與范訥爲宣撫司守東京尋帥師屯宛亭
以待王師王襄既責野亦降安遠軍節度副使邵州安置
建炎元年復起知密州時盜賊充斥山東車駕如淮南命

令阻絶野棄城去軍校杜彥等乘間作亂追野以歸彥坐
堂上數之曰汝知州而攜家先遁此州之人誰其爲主野
不能應遂見殺家屬悉爲賊所分唯子學老得免

曹輔字載德南劍州人第進士政和二年以通仕郎中問
學兼茂科歷秘書省正字自政和後帝多微行乘小轎子
數內臣導從置行幸局局中以帝出日謂之有排當次日
未還則傳旨稱瘡痍不坐朝始民間猶未知及蔡京謝表
有輕車小輦七賜臨幸自是邸報聞四方而臣僚阿順莫
敢言輔上疏略曰陛下厭居法宮時乘小輿出入廛陌之
中郊坰之外極游樂而後反道塗之言始猶有忌今乃談
以爲常某日由某路適某所某時而歸又云輿飾可辨而
避臣不意陛下當宗廟社稷付託之重玩安忽危一至於
此夫君之與民本以人合合則爲腹心離則爲楚越畔服
之際在於斯須甚可畏也昔者仁祖視民如子憫然惟恐
其或傷一旦宮闈不禁衛士輒踰禁城幾觸寶瑟苟天之
休帝躬保佑俚語有之盜憎主人主人何負於盜哉況今
革冗員斥濫奉去浮屠誅胥吏蚩蚩愚之民豈能一一引咎
安分萬一當乘輿不戒之初一夫不逞包藏禍心發蜂蠆
之毒奮獸窮之計雖神靈垂護然亦損威傷重矣又況有
臣子不忍言者可不戒哉臣願陛下深居高拱淵默雷聲

臨之以穹昊至高之勢行之以日月有常之度及其出也太史擇日有司除道三衛百官以前以後若曰省煩約費以便公私則臨時降旨存所不可闕損所未嘗用雖非祖宗舊制比諸微服晦跡下同臣庶堂陛陵夷民生姦望不猶愈乎上得疏出示宰臣令赴都堂審問太宰余深曰輔小官何敢論大事輔對曰大官不言故小官言之官有大小愛君之心則一也少宰王黼陽顧左丞張邦昌右丞李邦彥曰有是事乎皆應以不知輔曰茲事雖里巷細民無不知相公當國獨不知邪曾此不知焉用彼相黼怒其侵已令吏從輔受辭輔操筆曰區區之心一無所求愛君而已退待罪於家黼奏不重責輔無以息浮言遂編管郴州輔將言知必獲罪召子紳來付以家事趣閉戶草疏夕有惡鳥鳴屋極聲若紡輪心知其不祥弗恤也處郴六年黼當國不得移輔亦怡然不介意靖康元年召為監察御史守殿中侍御史除左諫議大夫御史中丞不旬日拜延康殿學士簽書樞密院事未幾免簽書金人圍汴都要親王大臣出盟輔與尚書左丞馮澥出使粘罕軍康王開元帥府于相州金人請欽宗詔召之乃遣輔往迓至曹州不見而復遂從二帝留金軍中張邦昌請歸輔輔歸乞奉祠邦昌不從康王次南京邦昌遣輔來見康王即位輔仍舊職未幾卒詔厚恤其家

耿南仲開封人與余深同年登第歷提舉兩浙常平徙河北西路改轉運判官提點廣南東路及夔州路刑獄荆湖江西兩路轉運副使入為戶部員外郎辟雍司業坐事罷知衢州政和二年以禮部員外郎為太子右庶子改定王嘉王侍讀俄試太子詹事徽猷閣直學士改寶文閣直學士在東宮十年欽宗辭內禪得疾出臥福寧殿宰相百官班候日暮不敢退李邦彥曰皇太子素親耿南仲可召之入南仲與吳敏至殿中侍疾明日帝即位拜資政殿大學士簽書樞密院事未幾免簽書帝以南仲東宮舊臣禮重之賜宅一區升尚書左丞門下侍郎金人再舉鄉京師請割三鎮以和議者多主戰守唯南仲與吳幵堅欲割地康王使軍前請南仲偕帝以其老命其子中書舍人延禧代行金人次洛陽不復言三鎮直請畫河為界於是議遣大臣往南仲以老辭聶昌以親辭上大怒即令南仲出河東昌出河北議割地初南仲自謂事帝東宮首當柄用而吳敏李綱越次進位居已上不能平因每事異議擯斥不附已者綱等謂不可和而南仲力沮之惟主和議故戰守之備皆罷康王在相州南仲偕金使王汭往衛州鄉兵欲殺汭汭脫去南仲獨趣衛衛人不納走相州以上旨喻康王

起河北兵入衛京師因連署募兵榜揭之人情始安二帝北行南仲與文武官吏勸進高宗旣即位薄南仲爲人因其請老罷爲觀文殿大學士提舉杭州洞霄宮延禧以龍圖閣直學士知宣州已而言者論其主和誤國罪詔鐫學士秩延禧亦落職與祠尋責南仲臨江軍居住御史中丞張澂又言南仲趣李綱往救河東以致師潰蓋不恤國事用此報讎帝曰南仲誤淵聖天下共知朕嘗欲手劒擊之命降授別駕安置南雄行至吉州卒建炎四年復觀文殿大學士

王寓字元忠江州人父易簡資政殿大學士兼侍講寓歷

校書郎著作佐郎度支員外郎兼充編修官國子司業爲起居舍人改中書舍人兼蕃衍宅直講欽宗立以給事中命兼邇英殿經筵侍講轉吏部侍郎升禮部尚書翰林學士康王之使金也以寓爲尚書左丞副之寓憚行假夢兆丐免易簡亦上書以請上震怒追毀左丞命降單州團練副使新州安置并易簡宮祠黜之建炎四年賊馬進破江州易簡等三百人俱被害

論曰三代之後有天下而長久者漢唐宋爾漢唐末世朋黨相確小人在位然猶有君子扶持遷延浸微浸滅未有純用小人至於主辱國播如宋中葉之烈也蔡京以紹述爲羅張端官修士而盡之上箝下錮其術巧矣徽宗亦頗悟間用鄭居中王黼李邦彥輩撓京柄權以不肖易不肖猶去野葛而代烏喙也庸愈哉當是時王蔡二黨階京者庇京締黼者右黼援麗省臺迭相指嗾徼功挑患汴洛旣震則恇縮無策苟生匃和彼邦彥安中深敏輩誤國之罪當正其僇而欽高二君徒從寬典信失刑矣恪旣預推戴署狀乃死無足贖者輔以小臣釁上面謾大臣坐斥不變獨終始無朋與其賢矣乎

列傳卷第一百十一

列傳卷第一百十二　　宋史三百五十三

開府儀同三司上柱國錄軍國重事中書右丞相監修國史領經筵事都總裁臣脫脫等奉

敕修

何㮚　孫傅　陳過庭

張叔夜　聶昌　張閣

張近　鄭僅　宇文昌齡子常

許幾　程之邵　龔原

崔公度　蒲卣

何㮚字文縝仙井人政和五年進士第一擢祕書省校書郎踰年提舉京畿學事召爲主客員外郎起居舍人遷中書舍人兼侍講徽宗數從容訪欲付以言責或論㮚與蘇軾鄉黨宗其曲學出知遂寧府已而留爲御史中丞論王黼姦邪專横十五罪黼既抗章請去而允豫未決㮚繼上七章黼及其黨胡松年胡益等皆罷㮚亦以徽猷閣待制知泰州欽宗立復以中丞召閱月爲翰林學士進尚書右丞中書侍郎會王雲使金帥斡离不軍還言金人怒割三鎮緩却禮幣弗納曰兼旬使不至則再舉兵於是百官議從其請㮚曰三鎮國之根本奈何一旦棄之況金人變詐罔測安能保必信割亦來不割亦來宰相主割議㮚論辨不已曰河北之民皆吾赤子棄地則并其民棄之豈爲父母意哉帝頗悟㮚請建四道總管使統兵入援以胡直孺王襄趙野張叔夜領之兵既響應而唐恪耿南仲聶昌信和議相與謀曰方繼好息民而調發不已使金人聞之柰何亟檄止之㮚解政事俄以資政殿大學士領開封尹金兵長驅傅城下帝罷恪相而拜㮚爲尚書右僕射兼中書侍郎始復三省舊制時康王在河北信使不通㮚建議請以爲元帥密草詔藁上之乃以康王充天下兵馬大元帥陳遘充兵馬元帥宗澤汪伯彥充副元帥京城失守從帝幸金帥營遂留不返既而議立異姓金人曰唯何㮚李若水毋得預議既陷朔庭㮚仰天大慟不食而死年三十九建炎初詔以爲觀文殿大學士提舉玉局觀使祿其家訃聞贈開府儀同三司議者指其誤國不行秦檜自北還具道其死時狀乃改贈大學士官其家七人

孫傅字伯野海州人登進士第中詞學兼茂科爲祕書省正字校書郎監察御史禮部員外郎時蔡翛爲尚書傅爲言天下事勸其亟有所更不然必敗翛不能用遷祕書少監至中書舍人宣和末高麗入貢使者所過調夫治舟騷然傾費傅言索民力以妨農功而於中國無絲毫之益宰相謂其所論同蘇軾奏貶蘄州安置給事中許翰以爲傅論議雖偶與軾合意亦亡他以職論事而責之過矣翰亦

罷去靖康元年召爲給事中進兵部尚書上章乞復祖宗法度欽宗問之傳曰祖宗法惠民熙豐法惠國崇觀法惠姦時謂名言十一月拜尚書右丞俄改同知樞密院金人圍都城傳日夜親當矢石讀丘濬感事詩有郭京楊適劉無忌之語於市人中訪得無忌龍衛兵中得京好事者言京能施六甲法可以生擒二將而掃蕩無餘其法用七千七百七十七人朝廷深信不疑命以官賜金帛數萬使自募兵無問技藝能否但擇其年命合六甲者所得皆市井游惰旬日而足有武臣欲爲偏裨京不許曰君雖材勇然明年正月當死恐爲吾累其誕妄類此敵攻益急京談笑自如云擇日出兵三百可致太平直襲擊至陰山乃止傳與何㮚尤尊信傾心待之或上書見傳曰自古未聞以此成功者正或聽之姑少信以兵俟有尺寸功乃稍進任今委之太過懼必爲國家羞傳怒曰京殆爲時而生敵中瑣微無不知者幸君與傳言若告他人將坐沮師之罪揖使出又有稱六丁力士天關大將北斗神兵者大率皆効京所爲識者危之京曰非至危急吾師不出㮚數趣之徙期再三乃啓宣化門出戒守陴者悉下城無得竊覘京與張叔夜坐城樓上金兵分四翼譟而前京兵敗退墮於護龍河塡屍皆滿城門急閉京遽白叔夜曰須自下作法因下

城引餘衆南遁是日金人遂登城二年正月欽宗詣金帥營以傳輔太子留守仍兼少傅帝兼旬不返傳屢貽書請之及廢立檄至傳大慟曰吾惟知吾君可帝中國爾苟立異姓吾當死之金人來索太上帝后諸王妃主傳留太子不遣密謀匿之民間別求狀類宦者二人殺之并斬十數死囚持首送之紿金人曰宦者欲竊太子出都人爭鬬殺之誤傷太子因帥兵討定斬其爲亂者以獻苟不已則以死繼之越五日無肯承其事者傳曰吾爲太子傅當同生死金人雖不吾索吾當與之俱行求見二酋面責之庶或萬一可濟傳寓直皇城司其子來省叱之曰使汝勿來而竟來邪吾已分死國雖汝百輩來何益揮使速去子亦泣曰大人以身徇國兒尚何言遂以留守事付王時雍而從太子出至南薰門范瓊力止之金守門者曰所欲得太子留守何預傳曰我宋之大臣且太子傅也當死從是夕宿門下明日金人召之去明年二月死於朔廷紹興中贈開府儀同三司謚曰忠定

陳過庭字賓王越州山陰人中進士第爲館陶主簿澶州教授知中牟縣除宗子博士何執中侯蒙器其才薦之擢祠部吏部右司員外郎使契丹過庭初名揚庭辭日徽宗改賜今名時人或傳契丹主苦風痺又前損一目過庭歸

證其妄且勸帝以邊備爲念遷太常少卿起居舍人宣和二年進中書舍人纔七日遷禮部侍郎未盡一月又遷御史中丞兼侍讀睦冦竊發過庭言致冦者蔡京養冦者王黼竄二人則冦自平又朱勔父子本刑餘小人交結權近竊取名器罪惡盈積宜昭正典刑以謝天下由是大與權貴迕黜陷以不舉劾之罪罷知蘄州未半道責海州團練副使黄州安置三年得自便欽宗立以集英殿修撰起知潭州未行以兵部侍郎召在道除中丞初入見帝諭以國家多難每事當悉意盡言於是節度使范訥丐歸環衛過庭因言自崇寧以來建旄鉞者多不由勲績請除宗室及將帥立功者餘並如訥例又乞辨宣仁后誣謗姚古擁兵不援太原陳其可斬之罪七竄諸嶺表進禮部尚書權右丞中書侍郎議遣大臣割兩河與金耿南仲以老聶昌以親辭過庭曰主憂臣辱願効死帝爲揮涕歎息固遣南仲昌及城陷過庭亦行金人拘之軍中因留不得還建炎四年卒于燕山年六十贈開府儀同三司謚曰忠肅

張叔夜字嵇仲侍中耆孫也少喜言兵以蔭爲蘭州録事參軍州本漢金城郡地最極邊恃河爲固每歲河氷合必嚴兵以備士不釋甲者累月叔夜曰此非計也不求要地守之而使敵迫河則吾既殆矣有地曰大都者介五路間羌人入冦必先至彼黠集然後議所向每一至則五路皆竦叔夜據其形勢畫攻取之策訖得之建爲西安州自是蘭無羌患知襄城陳留縣蔣之奇薦之易禮賓副使通事舍人知安肅軍言者謂太優還故官獻所爲文知舒海秦三州大觀中爲庫部員外郎開封少尹復獻文召試制誥賜進士出身遷右司員外郎使遼宴射首中的遼人歎詫求觀所引弓以無故事拒不與還圖其山川城郭服器儀範爲五篇上之從弟克公彈蔡京京遷怒叔夜摭司存微過貶監西安草場久之召爲秘書少監擢中書舍人給事中時吏情不虔凡命令之出於門下者預列銜使書名而徐塡其事謂之空黄叔夜極陳革其弊進禮部侍郎又爲京所忌以徽猷閣待制再知海州宋江起河朔轉略十郡官軍莫敢嬰其鋒聲言將至叔夜使閒者覘所向賊徑趨海瀕刼鉅舟十餘載鹵獲於是募死士得千人設伏近城而出輕兵距海誘之戰先匿壯卒海旁伺兵合舉火焚其舟賊聞之皆無闘志伏兵乘之擒其副賊江乃降加直學士徙濟南府山東羣盜猝至叔夜度力不敵謂僚吏曰若束手以俟援兵民無噍類當以計緩之使延三日吾事濟矣乃取舊赦賊文俾郵卒傳至郡盜聞果小懈叔夜會飲譙門示以閒暇遣吏諭以恩旨盜狐疑相持至暮未決叔

夜發卒五千人乘其惰擊之盜奔潰追斬數千級以功進龍圖閣直學士知青州靖康改元金人南下叔夜再上章乞假騎兵與諸將并力斷其歸路不報徙鄧州四道置帥叔夜領南道都總管金兵再至欽宗手札趣入衛即自將中軍子伯奮將前軍仲熊將後軍合三萬人翌日上道至尉氏與金游兵遇轉戰而前十一月晦至都帝御南薰門見之軍容甚整入對言賊鋒方銳願如唐明皇之避祿山暫詣襄陽以圖幸雍帝頷之加延康殿學士閏月帝登城叔夜陳兵玉津園鎧甲光明拜舞城下帝益喜進資政殿學士令以兵入城俄簽書樞密院連四日與金人大戰斬

其金環貴將二人帝遣使齎蠟書以褒寵叔夜之事檄告諸道然迄無赴者城陷叔夜被創猶父子力戰車駕再出郊叔夜因起居叩馬而諫帝曰朕爲生靈之故不得不親往叔夜號慟再拜衆皆哭帝迴首字之曰嵇仲努力金人議立異姓叔夜謂孫傳曰今日之事有死而已移書二帥請立太子以從民望二帥怒追赴軍中至則抗請如初遂從以北道中不食粟唯時飲湯既次白溝馭者曰過界河矣叔夜乃矍然起仰天大呼遂不復語明日卒年六十三訃聞贈開府儀同三司諡曰忠文

聶昌字貴遠撫州臨川人始繇太學上舍釋褐爲相州教授用蔡攸薦召除祕書郎擢右司員外郎時三省大吏階官視卿監者立都司上昌以名分未正極論之詔自今至朝請大夫止以直龍圖閣爲湖南轉運使還爲太府卿戶部侍郎改開封尹復爲戶部昌本厚王黼既而從蔡京爲黼所中罷知德安府又以鄉人訟讁崇信軍節度副使安置衡州欽宗立吳敏用事以昌猛厲徑行爲可助已自散地授顯謨閣直學士知開德府道拜兵部侍郎進戶部尚書領開封府昌遇事奮然不顧敢誅殺敏度不爲用始憚之引唐恪徐處仁等共政獨遺昌李綱之罷太學生陳東及士庶十餘萬人檛鼓伏闕下經日不退遇內侍輒殺之

府尹王時雍麾之不去帝顧昌俾出諭旨即相率聽命王時雍欲寘東等獄昌力言不可乃止昌再尹京惡少年怙亂輩爲盜入官民家攘金帛且去輒自縛黨中三兩輩聲言擒盜持仗部走委巷乃釋縛分所掠而去人不莫居昌悉彈治正法而縱博奕不之問或謂令所禁昌曰姑從所嗜以懈其謀是正所以禁其爲非爾昌舊名山至是帝謂其有周昌抗節之義乃命之曰昌京師復戒嚴拜同知樞密院入謝即陳扞敵之策曰三關四鎮國家藩籬也聞欲以畀敵一朝渝盟何以制之願勿輕與而檄天下兵集都畿堅城守以遏其衝簡禁旅以備出擊壅河流以斷歸路

前有堅城後有大河勁兵四面而至彼或南下墮吾網中矣臣願激合勇義之士設伏開關出不意掃其營以報帝壯之命提舉守禦得以便宜行事會金人再議和割兩河須大臣報聘詔耿南仲及昌往昌言兩河之人忠義勇勁萬一不從必爲所執死不瞑目矣儻和議不遂臣當分遣官屬促勤王之師入衛許之行次永安與金將黏罕遇其從者稱閤門舍人止昌徹繖令用牓子贊名引見昌不可爭辨移時卒以客禮見昌往河東至絳絳人閉壁拒之昌持詔抵城下縋而登州鈐轄趙子清麾衆害昌抉其目而臠之年四十九建炎四年始贈觀文殿大學士謚曰忠愍

父用之年九十以憂死昌爲人疎雋喜周人之急然恩怨太明睚眦必報王黼之死昌實遣客刺之棄屍道旁遂附耿南仲取顯位左右其說以誤國卒至禍變而身亦不免焉

論曰何㮚孫傅聶昌皆踈俊之士而器質窳薄使當重任於艱難之秋宋事蓋可知矣欽宗之再詣金營㮚實誤之一死不足償也傅匿太子之謀甚踈昌河東之行尤謬效死弗當徒傷勇爾過庭因方臘之亂乞誅蔡京王黼朱勔以謝天下庶幾有敢諫之風焉

張閣字臺卿河陽人第進士崇寧初由衛尉主簿遷祠部員外郎資閣淺爲掌制者所議蔡京主之乃止俄徙吏部遷宗正少卿起居舍人屬疾不能朝改顯謨閣待制提舉崇福宮疾愈拜給事中殿中監爲翰林學士河北諸帥以繕城訖役降獎詔有中貴人爲之地將繼此策賞閣言此牧伯常職若獎之恐開邀功生事之路徽宗曰卿言是也格不下嘗夜盛寒草制藁進帝猶坐賞其警敏賜詩以爲寵京免相閣當制歷數其過詞語遒拔人士多傳誦之京復相以龍圖閣學士知杭州浙部和買紬抗獨居十三戶有至數百匹者閣請均之他郡杭久闕守閣經理有敘去惡少年之爲人害者州以理聞召拜兵部尚書兼侍讀復

爲學士上日特賜敕詔且有意大用未幾卒年四十六閣初出守杭思所以固寵辭日乞自領花石綱事應奉由是滋熾云

張近字幾仲開封人第進士累遷大理正發運使呂溫卿以不法聞近受詔鞫治哲宗諭之曰此出朕命卿毋畏惠卿對曰法之所在雖陛下不能使臣輕重何惠卿也溫卿讓不肯置對近言溫卿所坐明白儻聽其蔓詞懼爲株連者累詔以衆證定其罪提舉河北東路常平西路刑獄入爲刑部員外郎大理少卿以集賢殿修撰知瀛州遼使爲夏人請命而宿兵以臨我近請亦出秦甲戍北道伐其謀

邊人呂㦌兒入尾橋爲盜吏執之邊人因略宋民爲質近言朝廷方繼好息民當使曲在彼一偷之得失不足爲輕重釋之便滄民漁於海邊卒利其饒而私擧網取魚守兵與之鬭斬級三十二州將請賞之或言所殺乃平人宜論如律議弗決近言邊人貪利喜功遂賞之則爲國起怨然彼挾兵涉吾地謂之非盜可乎如罪以擅興他日將誰使禦敵願兩置賞刑略而不問從之出鎭高陽八年累加顯謨閣待制直學士徙知太原府以疾提擧洞霄宮先承詔買馬三千給牧戶近悉斂諸民而不予直爲御史所劾失學士二年而復之卒年六十五

鄭僅字彥能徐州彭城人第進士爲大名府司戶參軍留守文彥博以爲材部使者檄往他郡彥博曰如鄭參軍詎可令數出奏改司法遷冠氏令河決府西檄夜下調夫急僅方閱保甲盡籍即行先他邑至決遂塞使者怒劾之留守王拱辰爭於朝曰微冠氏城民魚矣猶坐罰金時河朔饑盜起獨冠氏無之且不入境他邑獲盜詰治之盜因言鄭冠氏仁故相戒不犯爾知福昌縣復值歲饑悉意振儥民不流亡當第賞不肯自列提擧京東常平入爲戶部員外郎至太府卿加直龍圖閣爲陝西都轉運使論餽餉河湟功進集賢殿修撰顯謨閣待制僅請籍閒田爲官莊是歲鎭戎德順收穀十餘萬會西寧高永年戰沒熙河帥臣歸咎官莊奪屬羌地致其怨畔詔罷之議者以爲惜改知慶州諸軍多殺老弱持首要賞僅下令非疆壯而能生致者賞半之有內附羌追寇得老人不忍殺擒之乃其父也相持哭一軍感動時諸路爭進討奏捷僅獨保境不生事寇亦不犯徙秦州復爲都轉運使召拜戶部侍郎改吏部侍郎知徐州以顯謨閣直學士通議大夫卒年六十七贈光祿大夫謚曰修敏子望之自有傳

宇文昌齡字伯修成都雙流人進士甲科調榮州推官熊本經制梓夔辟幹當公事凡攻討招襲建南平諸城砦皆出其畫遷大理丞本歸闕言其功擢提擧秦鳳路常平改兩浙神宗患司農圖籍不肅選官釐整昌齡以使夔路入辭留爲寺主簿遂拜監察御史鄜延帥奏所部劉紹能與西羌通將爲患帝察其不然命昌齡即鄜州鞫之果妄也昌齡因請深戒守臣毋生事徼賞以靖邊人之心使還賜五品服尚書省建以爲比部員外郎時官曹更新統紀未立昌齡悉力從事雖抵暮亦程吏不止具所立綱要請於朝而行之三司故吏狃玩弛多不便思有以中之擿邏卒糾其宿直遺小吏取衣服事大臣欲論以私役帝以職事修飭釋不問改吏部員外郎出京西轉運副使召爲左司

貟外郎送遼使至雄州當宴從者不待揖而坐昌齡誚其使曰兩朝聘好百年矣入境置宴非但今日揖而後坐此禮渠可闕邪使者陽若不服而心悟其非卒成禮去遷太常少卿詔議郊祀合祭論者不一昌齡曰天地之數以高卑則異位以禮制則異宜以樂舞則異數至於衣服之章器用之具日至之時皆有辨而不亂夫祀者自有以感於無自實以通於虛必以類應類以氣合氣然後可以得而親可以冀其格今祭地於圜丘以氣則非所合以類則非所應而求高厚之來享不亦難乎後竟用其議改直祕閣知梓州歷壽州河中府鄧鄆青三州徽宗立召為刑部侍郎徙戶部侍郎陝西餽芻糧於邊舊制令內郡轉給為民病昌齡建言止輸其州而令量取道里費助邊糴從之歲省糴價五百萬公私便之以寶文閣待制知開封府復為戶部侍郎知青杭越三州卒年六十五詔為封傳護送歸官給其葬費子常

常字權可政和末知黎州有上書乞於大渡河外置城邑以便互市者詔以訪常常言自孟氏入朝藝祖取蜀輿地圖觀之畫大渡為境歷百五十年無西南夷患今若於河外建城立邑虜情攜貳邊隙寖開非中國之福也尋提舉成都路茶馬自熈豐以來歲入馬蕃多至崇觀間其法始壞提舉官歲以所入進羨餘吏緣為姦市馬裁十一二且負其直夷人皆怨常盡革其弊馬遂溢額加直祕閣改知夔州進祕閣修撰官累中大夫卒

許幾字先之信州貴溪人少以諸生謁韓琦於魏琦勉入太學擢第調高安樂平主簿知南陵縣還民之託僧尼為姦者數百人提舉京西常平為開封府推官進至將作監吏與匠比為姦欺凡斲削塗塈冊牘之工當以次用而始役即槩給其廪費亡藝而患不均幾逆為之程費省工倍再遷太僕卿戶部侍郎以顯謨閣待制知鄆州梁山濼多盜皆漁者窟穴也幾籍十人為保使晨出夕歸否則以告輒窮治無脫者幾有吏幹善理財由是四入戶部至尚書嘗以搖泉布法罷又以治染院事失實知婺州進樞密直學士河北都轉運使徙知成德軍知太原府張商英裁損吏祿幾預其議貶永州團練副使安置袁州遇恩復中大夫卒

程之邵字懿叔眉州眉山人曾祖仁霸治獄有陰德之邵以父蔭為新繁主簿熈寧更募役法常平使者欲槩州縣民力以羨乏相補之邵曰此法乃成周均力遺意當各以一邑之力供一邑之役豈宜以此邑助他邑哉使者愧服辟之邵為屬聽其所為熊本察訪蜀道歸語諸朝曰役法

初行成都路爲最詳之邵力也詔召見成都守趙抃奏留之入爲三司磨勘官得隱匿數十萬緡從副使蹇周輔計度江嶺鹽還除廣東轉運判官元祐初提舉利梓路常平周輔得罪亦罷知祥符縣俄知泗州爲夔路轉運判官夔守彊很不奉法劾正其罪大寧井鹽爲利博前議者輒儲其半供公上餘鬻於民使先輸錢鹽不足給民以病告之邵盡發所儲與之商賈既通關征增數倍除主管秦蜀茶馬公事革黎州買馬之弊歲以仲秋爲市市四月止以羨茶入熙秦易戰騎得良馬益多知鳳翔府民負債無以償自焚其居而紿曰遺火有主藏吏殺四婢人無知者之邵

發摘岐人傳誦徙鄭州元符中復主管茶馬市馬至萬匹得茶課四百萬緡童貫用師熙岷不俟報運茶往博糴發錢二十萬億佐用度連加直龍圖閣集賢殿修撰三進秩爲熙河都轉運使秦鳳出師命之經制即言已備十萬騎可食三百日矣徽宗喜擢顯謨閣待制敵犯熙河之邵攝帥事屯兵行邊境解去俄得疾卒方録功轉太中大夫不及拜贈龍圖閣直學士官護喪歸子唐至寶文閣學士

龔原字深之處州遂昌人少與陸佃同師王安石進士高第元豐中爲國子直講以虞蕃訟失官哲宗即位詣訴理所得直爲國子丞太常博士方議祀北郊原曰合祭非理也天子父天母地既不爲寒而廢祠其可爲暑而輟行此漢儒陋説爾願亟正之加祕閣校理充徐王府記室出爲兩浙轉運判官紹聖初召拜國子司業入對帝問曰卿歷徐郢官何爲補外得非大臣私意乎對曰臣出使鄉部獲知民間事宜臣素知如是不知其因也旋兼侍講遷祕書少監起居舍人權工部侍郎爲曾布所重安惇論其直講時事以集賢殿修撰知潤州徽宗初入爲祕書監進給事中時除郎官五人皆執政姻戚悉舉駮之又論郝隨得罪不得居京師鄧洵武不宜再入史院朝論謂帝爲哲宗服當循開寶故事爲齊衰期原曰三年之喪自天子達于庶

人一也主議者斥其妄黜知南康軍改壽州俄用三年之制乃復修撰知揚州還朝歷兵工部二侍郎除寶文閣待制知廬州陳瓘擊蔡京原與瓘善或謂原實使之奪職居和州起爲亳州命下而卒年六十七初王安石改學校法引原自助原亦爲盡力其後司馬光召與語識切王氏原反覆辨捄不少衰光嘆曰王氏習氣尚爾邪爲司業時請以安石所撰字説洪範傳及子雱論語孟子義刊板傳學者故一時學校舉子之文靡然從之其敝自原始

崔公度字伯易高郵人口吃不能劇談而內絶敏書一閱即不忘劉沆薦茂才異等辭疾不應命用父任補三班差

使非其好也益閉戶讀書歐陽脩得其所作感山賦以示韓琦琦上之英宗即付史館授和州防禦推官爲國子直講以母老辭王安石當國獻熙寧稽古一法百利論安石解衣握手延與語召對延和殿進光祿丞知陽武縣京官謁尹故事當拜庭下公度疑尹辱已徑詣安石訴之安石使鄧綰薦爲御史未幾爲崇文校書刪定三司令式於是誦言京官庭謁尹非宜安石爲下編敕所更其制加集賢校理知太常禮院公度起布衣無所持守惟知媚附安石晝夜造請雖踞厠見之不屑也嘗從後執其帶尾安石反顧公度笑曰相公帶有垢敬以袍拭去之爾見者皆笑亦恬不爲恥請知海州元祐紹聖之間歷兵禮部郎中國子司業除祕書少監起居郎皆辭不受知潁潤宣通四州以直龍圖閣卒

蒲卣字君錫閬州人母任知書里中號任五經卣幼以開敏聞中進士第歷利州司戶參軍三泉主簿知合江金水縣通判文州有獻議者欲開文州徑路達陝西卣言洮岷積石至文爲甚邇自文出江油鄧艾取蜀故道也異時鬼章欲從此窺蜀爲其阻隘而止夏人志此久矣可爲之通道乎議遂寢爲睦親宅教授提舉湖北京西常平崇寧均田轉運使以用不足將度費以定稅卣曰詔旨所以嘉惠元元爾初不在增賦也宛穰地廣沃國初募民墾田得爲世業令人毋輒訴蓋百年矣好訟者稍以易佃法撓之卣一切禁止有持獻於權貴而降中旨給賜者卣言地盈千頃戶且數百傳子至孫久一旦改隸衆將不安先朝明詔具在不可易也朝廷是其議提點湖南刑獄知鼎遷龍寧四州復提舉潼川路刑獄有議榷酤於瀘敘間云歲可得錢二十萬卣言先朝念此地夷漢雜居故弛其榷禁以惠安邊人今之所行未見其利乃止累官中大夫卒年七十三

論曰傳曰尺有所不逮寸有所不覃觀二張之理郡鄭僅之守藩守文父子之便邊韓華馬政許幾程之邵之經制財運蒲卣之議稅榷皆有可稱道若閻之固寵於花石而冀原崔公度主王氏學以諂事安石則搢紳所不齒也

傳第一百十二

列傳卷第一百十三　宋史三百五十四

開府儀同三司上柱國錄軍國重事前中書右丞相監修國史領經筵事知樞密院事脫脫等奉
敕修

沈銖 弟錫　路昌衡　謝文瓘　陸蘊
黃寔　姚祐　樓异　沈積中
李伯宗　汪澥　何常　葉祖洽
時彥　霍端友　俞㮚　蔡嶷

沈銖字子平眞州揚子人父季長王安石妹壻也銖
少從安石學進士高第至國子直講季長領監事改
審官主簿坐虞蕃事免歸元祐置訴理所被罪者爭

自列銖獨不言紹聖初起為太學博士秘書省正字
崇政殿說書受旨同編類元祐臣僚章疏以進講為
解拜右司諫辭改起居郎權中書舍人吳居厚除戶
部尚書銖論其使京東時聚斂詔具實狀不能對罰
金講詩南山有臺至萬壽無期以為此太平之基立
而可久之應哲宗屢首肯之眞拜中書舍人兼侍講
俄引疾以龍圖閣待制知宣州卒弟錫
錫字子昭以王安禮任為鄂州司戶參軍崇寧初為
講議司檢討蔡京方銓次元符上書人欲定罪錫曰
遠方之士未能知朝廷好惡若槩罪之恐非敦世厲

俗之道京不從除衛尉丞遷祠部員外郎提點江東
刑獄知婺州入為左司員外郎兼定嘉二王侍講進
太常少卿拜兵部侍郎以徽猷閣待制知應天府徙
江寧張懷素誅朝廷疑其黨有脫者江淮間往往以
誣告興獄錫至郡有告者按之則妄也具疏于朝由
是他郡繫者皆得釋歷知海泰汝宣四州以通議大
夫致仕卒贈宣奉大夫
路昌衡字持正開封祥符人起進士至太常博士參
鞫陳世儒獄逮治苛峻至士大夫及命婦皆不免遷
右司員外郎歷江淮發運陝西轉運副使知廣州徙

荊南又徙潭州加直龍圖閣知慶州紹聖中召為衛
尉大理卿遷工部侍郎俄以寶文閣待制知開封府
李清臣有狂婦人之訴昌衡致之重辟出知瀛州徙
永興軍進直學士知成都徽宗立應詔上書曰頻年
以來西方用兵致興大役利源害政佞臣蔽主四者
皆陰之過盛自陝以西民力傷殘人不聊生災異之
變生於天地之不和起於人心之怨望致妖星出見
大河橫決秋雨霖淫諸路饑饉殍死道路妻子棄捐
破析貲儲以應星火之令勤勞憔悴多不生還人心
如此而欲其無怨難矣俄坐清臣獄事責司農少卿

分司居郢州明年起爲滁州定州復直學士知開封府乞嚴告捕虛妄之法以靖訐訴徙南京留守又坐前上書事落職入黨籍卒宣和五年贈龍圖閣學士

謝文瓘字聖藻陳州人進士甲科教授大名府元豐中上疏言臣下推行新法多失本意而榜笞禁錮民受其虐掊克聚斂不勝多門其不急之征非理之取宜罷減之大臣以爲訕朝廷議置之罪神宗曰彼謂奉法者非其人爾匪訕也哲宗時御史中丞黃履薦爲主簿三年不詣執政府召對除秘書省正字考功右司員外郎紹聖末都水使者議建廣武四埽石

岸朝廷命先治岸數十步以驗其可否黃流湍悍役人多死一方甚病功不可成而使者申前說愈力文瓘條別利害罷其役徽宗立擢起居舍人給事中詔修神宗寶訓文瓘請擇當時大政事大黜陟節其要旨而爲之說以進然所論率是王安石謂神宗能察衆多之謗任之而不貳於是朋黨消而威柄立他皆放此遼主洪基殂使往弔之令從者變服而入貶秩二等崇寧元年出知濮州尋治黨事坐元豐上疏及嘗詆呂公著書再謫邵武軍移處州帝披黨籍曰朕究知文瓘本末命出籍逈以爲集英殿修撰知濟州

卒子旣宣和中爲駕部員外郎知汝州欽宗時上封事十篇論事切至使于金還提點京西北路刑獄金人犯汝州旣自襄陽領兵往援之戰死

陸蘊字敦信福州侯官人少知名登進士第爲太學春秋博士經廢員省改國朝會要所檢閱文字崇寧中提舉河北兩浙學事召對言元祐異意俗學旣不爲我用近詔不以使一路而猶得爲守令臣愚未知其可遂拜禮部員外郎轉吏部遷辟廱司業太常少卿議原廟不合黜知瑞金縣還爲太常進國子祭酒中書舍人請貢諸州天慶觀立學事司考課法遷大

司成擢御史中丞引門下侍郎余深親嫌自列徽宗曰相避之法防有司不能盡公爾侍從吾所信任豈得下同庶僚乎不許蘊頗論事嘗言御筆一日數下而前後相違非所以重命令輔相大臣宦官戚里賜第營築縱撤民居縣官市材於民而不予直貴游子弟以從官領閑局奉朝請爲員猥多無益於事又賜予過制中外用度多於賦入數倖私室乖尊卑之分亦非臣下之福其言皆中時病以龍圖閣待制知福州改建州時弟藻由列曹侍郎出爲泉州過蘊合樂燕飲閩人以爲盛事加顯謨閣直學士引疾提舉鴻

慶宮方二浙用兵旁郡皆繕治守備縕聞命就道使者勠爲辦事奪職稍復集英殿修撰卒

黃寔字師是陳州人登進士第歷司農主簿積官提舉京西淮東常平元豐末議罷提舉官命未布寔爲章惇屬蔡確徙寔提點開封縣鎮還提點梓州路兩浙刑獄京東河北轉運副使哲宗以寔爲監司久議召用曾布陰沮之林希曰寔兩女皆嫁蘇軾子所爲不正不宜用乃以知陝州爲江淮發運副使賀遼主登位及境迓者移牒來稱爲賀登寶位使寔報以受命無實字拒不受還除太僕卿再擢寶文閣待制知

瀛州徙定州朝旨籍民兵旁郡因緣擾困寔懷檄不下而畫利害請之事得寢卒于官贈龍圖閣直學士寔孝友敦睦世稱其內行蘇轍在陳與寔游因結昏其後又與軾友善紹聖黨禍起寔以章惇甥故獲免然亦不得久於朝著焉

姚祐字伯受湖州長興人元豐末第進士徽宗初除夔州路轉運判官且行會帝幸禁苑御弓矢祐奏聖武臨射賦帝大悅留爲右正言歷陳紹述之說迁左司諫建議置輔郡以拱大畿進殿中監六尚局官制成凡所以享上卒屬篠舉稽違殿最勤惰之法皆祐

裁定以親老請郡授顯謨閣待制知江寧府時召捕張懷素祐追獲之復爲殿中監踰歲以直學士知鄭州改秦州或請調熙河弓箭士徙邊以省更戍祐謂人情懷土重遷丐以二年爲更發之期滿歲樂業而願留者乃聽且請擇熙秦富民分丁授地蠲役借粮以勸耕植益廣秦之東西川建城壁嚴保障以控熙河涇原皆從之復爲殿中監改吏部侍郎命鎮蜀用毋老辭遷工部尚書加龍圖閣學士爲大名尹進延康殿學士復爲工部尚書徙禮部毋喪除知太原府縣有小胥造冢逼其先墓者祐疑爲厭己請解官持

服先是詔許祐悉買墓旁地遂併徙他冢小胥不從故祐持以爲說言者論其挾仇要君乃止以提舉上清寶籙宮卒贈特進謚曰文禧

樓异字試可明州奉化人進士高第調汾州司理參軍徙永興虞策幕府監在京文繡院知大宗正丞遷度支員外郎以養親求知泗州復爲吏部右司員外郎左司郎中太府鴻臚卿除直秘閣知秀州政和末知隨州入辭請於明州置高麗一司剏百舟應使者之須以遵元豐舊制州有廣德湖墾而爲田收其租可以給用徽宗納其說改知明州賜金紫出內帑緡

錢六萬爲造舟費治湖田七百二十頃歲得穀三萬六千加直龍圖閣秘閣修撰至徽猷閣待制郡資湖水灌溉爲利甚廣往者爲民包侵异令盡泄之墾田自是苦旱鄉人怨之在郡五年既請溫之船官自隸以便役又請越台之鹽以佐費詔責之曰郡自有鹽筴不能興而欲東取諸台西取諸越斯乃以鄰國爲壑也睦寇起善理城戍有績進徽猷閣直學士知平江府卒

沈積中常州人賜進士出身爲辟雍正戶部員外郎至秘閣修撰河北轉運使召拜戶部侍郎進尚書知河間眞定府積中本王黼所引拔黼方圖燕地使覘邊隙中書舍人程振語之曰當思異時覆族之禍積中感其戒至鎮以書謝振盛言其不可振宣告于朝已而師敗於白溝童貫還罷積中提舉上清寶籙宮既得燕山又命以資政殿學士同知府未行而卒或曰爲盜所殺或曰婢殺之終亦不能明也貫惡其曩言追削官職建炎中宰相上其書乃悉復之

李伯宗字會之河陽人第進士知內丘咸陽大康縣建言朝廷行方田均稅之法令以豐歲推行令州縣吏苟簡懷異者指熟爲災而貪進幸賞者掩災爲熟望深察其遠矣而寘諸罰括縣壯丁爲兵得千人上其名數與按閱之法知樞密院蔡卞喜而薦之提舉京畿保甲使行其說增籍二萬已而有訴者陳牒至八百七十左遷通判相州提舉白波輦運提點江淮坑冶鑄錢入爲將作少監開封民有鬻神祠故帽飾以龍者吏以爲乘輿服御伯宗曰此無他當坐不應爲爾尹不從具以請如伯宗議歷大理卿入對言今情重法輕者許奏請而情輕法重者不得爲恐非仁聖忠恕之意徽宗納之遷刑部侍郎與王黼不相能用胥吏微過罷提舉崇福宮明年知同州徙陝西都轉運使以通奉大夫顯謨閣待制卒贈光祿大夫謚曰榮

汪澥字仲容宣州旌德人少從胡瑗學易又學於王安石著三經義傳澥與其議又首傳其說熙寧大學成分録學政登進士第調鼎州司理參軍知黟縣入爲太學正累遷國子祭酒兼定嘉二王翊善權中書舍人爲大司成議學制不合以顯謨閣待制知婺州改潁昌又改陳壽二州徙應天府上章辭行提舉崇福宮卒贈宣奉大夫澥自布衣録天子學至爲正爲司業祭酒迄于司成官以儒名者三十年一時人士

推之
何常字德固京兆人中進士第爲開封府兵曹紹聖初或言蘇軾主文柄取士之非毀宗廟者常預其間出通判原州歷將作丞陝西轉運判官熙河轉運副使議者欲貸民金帛而使入粟塞下常曰車牛轉輸民力已病然未至於死亡者粟自官出而民無害也今彊以金帛使自入粟懼非貧弱之利熙帥及監軍劾之貶秩從成都路中使持御札至令織戲龍羅二千繡旗五百常奏旗者軍器之飾敢不奉詔戲龍羅唯供御服日衣一匹歲不過三百有奇今乃數倍無益也詔獎其言爲減四之三除直龍圖閣加集賢殿修撰爲使從陝西以顯謨閣待制知秦州轉通議大夫諜告夏人多築堡柵朝議出兵牽制常言羌人生長射獵今困於版築遠所長用所短可以拱手待其弊無煩有爲也從之鎮秦六歲察訪方邵劾其越法貸酒借米麴於官而毀其曆獄具責昭化軍節度副使數月復其官終右文殿修撰年七十三

論曰西漢之末士大夫阿諛銷愞遂底于亡東都諸賢以風節相尚激成黨禍宋元祐類東都崇宣類西漢末世蓋忠鯁獲罪則相習容悅而已君驕臣諂此邦之所繇喪也觀沈銖諸人徒徇時軒輊不能爲有亡惡足以言士哉

葉祖洽字敦禮邵武人熙寧初策試進士祖洽所對專投合用事者考官宋敏求蘇軾欲黜之呂惠卿擢爲第一僉書奉國軍判官判登聞檢院由國子丞知湖州留爲校書郎元祐初歷職方兵部員外郎加集賢校理進禮部郎中給事中趙君錫論其對策詆及宗廟祖洽自辨事下從官定議蘇軾劉攽言祖洽謂祖宗紀綱法度因循苟簡願朝廷與大臣合謀而新之可以爲議論乖謬若謂之詆則不可於是但出提點淮西刑獄紹聖中入爲左司郎中起居郎中書舍人給事中祖洽性狠愎喜諛附密言王珪於冊立時有異論哲宗曰宣仁聖烈婦人之堯舜也其於社稷大計聖意素定朕已令作告命明述此旨祖洽復言若以珪爲無迹則黃履劉拯相繼論之矣願稽合群情決之獨斷珪遂追貶又言司馬光呂公著獲終牖下恩禮隆縟蔡確受遺定策而貶死嶺外乞恤其孤其論率類此林希薦祖洽謂其最向正帝言不可大用乃已坐舉王回出知濟州徙洪州以牟利黷貨聞祖洽與曾布厚人目爲小訓狐布用事欲以吏部侍

郎召韓忠彥不可白爲寶文閣待制知青州未赴布竟引爲吏部布罷乃出知定州且行大言於上至云當時蔡確稍失事幾王珪果遂姦謀則神宗遂失正統不知今日神器孰歸臣爲朝廷宗社明確之功正珪之罪勸沮忠邪於千萬年以此報神宗足矣徽宗怒其躁妄降集賢殿修撰提舉沖佑觀自是不復用久之知洪州改亳州加徽猷閣直學士政和末卒

時彥字邦美開封人舉進士第簽書潁昌判官入爲秘書省正字累至集賢校理紹聖中遷右司員外郎使遼失職坐廢旋復校理提點河東刑獄蹇序辰使

遼還又坐前受賜增拜隱不言復停官徽宗立召爲吏部員外郎擢起居舍人改太常少卿以直龍圖閣爲河東轉運使加集賢殿修撰知廣州未行拜吏部侍郎徙戶部爲開封尹異時都城苦多盜捕得則皆亡卒吏殫於移問往往略之彥始請一以公憑爲驗否則拘繫之以俟報坊邑少安獄屢空數月遷工部尚書進吏部卒

霍端友字仁仲常州武進人徽宗即位策進士第一授宣義郎不閱月擢秘書省校書郎遷著作佐郎起居郎中書舍人服金紫故事唯服黑角帶帝顧見之曰給事舍人等爾而服飾相絕如是始命犀帶佩魚進給事中大司成禮部侍郎端友言朝廷尊安重內輕外可令內外侍從更出迭入以奉禁闥殿大邦俾天下之勢如持衡庶無首重尾輕之患疏入即請補郡迺以顯謨閣待制知平江改陳州爲政以寬聞不立聲威陳地汙下久雨則積潦時疏新河八百里而去淮尚遠水不時洩端友請益開二百里徹于淮自是水患遂去內侍石燾傳詔索瑞香花數十本端友不可疏罷之復以禮部召轉吏部官至通議大夫卒贈宣奉大夫

俞㮚字秪若江寧人崇寧四年以上舍生賜進士第簽書鎮南軍判官未赴爲辟雍博士秘書省正字吏部員外郎起居舍人兼定嘉二王記室擢中書舍人居三月進給事中殿中侍御史毛注建議罷增石炭場㮚駁其非除顯謨閣待制知蔡州明日復留踰年竟出爲襄州還拜給事中上言學校三代之學也然崇寧四年以前議者以爲是五年則非之大觀三年以前議者以爲是四年則非之豈學校固若是哉觀望者無定說尔必使士有成才人無異論事之不美者不出於學校然後爲得言頗見行蔡京再相憾向

所用士多畔已業憂得言稟獨否遂拜御史中丞陳士風六弊又發戶部尚書劉炳為舉子時陰事京方倚炳為腹心疾其意攺稟翰林學士遷兵部尚書以樞密直學士知開德府石公弼在襄州以論倚前事謫言者謂稟實倡之罷提舉崇禧觀竟以毀紹聖法度貶常州團練副使安置太平州行未至復述古殿直學士知江寧府卒

蔡嶷字文饒開封人崇寧五年以諸生試策揣蔡京且復用即對曰熈豐之德業足以配天不幸繼之以元祐紹聖之纘述足以永賴不幸繼之以靖國陛下兩下求言之詔冀以聞至言收實用也而見於元符之末者方且幸時變而肆姦言乘間隙而投異意詆誣先烈不以為疑動搖國是不以為憚顧逆處其末至而絕其原於是擢為第一以所對頒天下甫解褐即除秘書省正字遷起居舍人未幾為中書舍人自布衣至侍從纔九月前所未有也旋進給事中一意附蔡京叙族屬尊為叔父京命攸修等出見嶷亟云向者大誤公乃叔祖此諸父行也遽列拜之八寶赦恩詔兩省差擇元祐黨人情輕者出籍嶷不肯書言者論其不能推廣上恩使歲久獲罪之人得以洗濯

出知和州明年加顯謨閣待制知杭州始嶷未第時以書謁陳瓘稱其諫疏似陸贄剛方似狄仁傑明道似韓愈及對策所持論頓異遂欲害瓘以絕口因其子正彙告蔡京不軌執送京師嶷復入為給事中又與宰相何執中謀使石悈治瓘幾不免事具瓘傳御史毛注言陛下修善政以應天斥大姦以定國而嶷巧言惑衆造為釁端疏入不報范柔中者嘗以上書入邪等至是進階嶷言柔中嘗毀神考哲宗有弗共戴天之讎自今春黨人復官士論駭愕有致疑於紹述者乞削其叙還昭示好惡從之張商英作相常安民與之書激使為善嶷第華剽其藁示嶷即論之以搖商英嶷遷翰林學士坐妄議政事罷提舉洞霄宮起知建寧府方建神霄宮嶷先一路奏辦下詔褒奬召為學士承旨禮部尚書嘗陰附權倖事覺徽宗令入對將面詰之踰月不奉詔帝怒命黜之御史言嶷游太學則挾詭計以鉗諸生居侍從則扶私事以脅宰輔處門下則借國法以快私忿為郡守則妄尊大而蔑監司召自金陵偃然以丞轄自處既升宗伯乃懷不滿之心宜重寘諸罰遂貶單州團練副使房州安置宣和中復龍圖閣直學士再知杭州為政喜怒

徇情任刑大慘方臘亂後西北戍卒代歸入得犒絹疑禁民與爲市乃下其直彊取之卒怒衆疑夜飲客縱火焚州治湏其出殺之疑知事勢洶洶踰垣走僅得免詔奪職罷歸明年以徽猷閣待制卒

論曰自太宗歲設大科致多士居首選者躐取華要有不十年至宰相亦多忠亮雅厚爲時名臣治平更三歲之制繼以王安石改新法士習始變哲徽紹述尚王氏學非是無以得高第葉祖洽首迎合時相意擢第一自是靡然士風大壞得人亦衰而上之恩秩亦薄矣熙寧而後訖於宣和首選十八人唯何㮚馬涓與此五人有傳然時彥端友嶷嶷祖洽俞㮚蔡嶷憸邪小人繇王氏之學不正害人心術橫潰爛漫并邦家而覆之如是其憯焉此孟子所以必辯邪說正人心也

列傳卷第一百十三

列傳卷第一百十四　宋史三百五十五

開府儀同三司上柱國錄軍國重事前中書右丞相監修國史領經筵事都總裁脫脫等奉勑修

賈易　董敦逸　上官均　來之邵
葉濤　楊畏　崔台符　楊汲
呂嘉問　李南公　董必　虞策弟奕
郭知章

賈易字明叔無爲人七歲而孤母彭以紡績自給日與易十錢使從學易不忍使一錢每浹旬輒復歸之年踰冠中進士甲科調常州司法參軍自以儒者不

閑法令歲議獄唯求合於人情曰人情所在法亦在焉訖去郡中稱平元祐初爲太常丞兵部員外郎遷左司諫論呂陶不爭張舜民事與陶交攻遂劾陶黨附蘇軾兄弟并及文彥博范純仁宣仁后怒其訐欲謫之呂公著救之力出知懷州御史言其謝表文過徙廣德軍明年提點江東刑獄召拜殿中侍御史遂疏彥博至和建儲之議爲不然宣仁后命付史館彥博不自安竟解平章重事而去蘇轍爲中丞易引前嫌求避改度支員外郎孫升以爲左遷又改國子司業不拜提點淮東刑獄復入爲侍御史上書言天下

大勢可畏者五一曰上下相蒙而毀譽不得其眞故人主聰明壅蔽下情不得上達邪正無別而君子之道日消小人之黨日進二曰政事苟且而官人不任其責故治道不成萬事隳廢惡吏市姦而自得良民受弊而無告愁歎不平之氣充溢宇宙以干陰陽之和三曰經費不充而生財不得其道故公私困弊無及時預備之計衣食之源日蹙無事之時尚猶有患不幸倉卒多事則狼狽窮迫而禍敗至矣四曰人材廢闕而教養不以其方故士君子無可用之實而愚不肖充牣於朝汙合苟容之俗滋長背上欺君之風

益扇士氣浸弱將誰與立太平之基五曰刑賞失中而人心不知所向故以非爲是以黑爲白更相欺惑以罔其上爵之以高祿而不加勸僇之以顯罰而不加懼徼利苟免之姦冒貨犯義之俗將何所不有今二聖焦勞念治而天下之勢乃如此任事者不可以不憂是猶寢於積薪之上火未及然而自以爲安可不畏乎然則欲知毀譽眞僞之情則莫若明目達聰使下無壅蔽之患欲官人皆任其責則莫若詢事考言循名責實欲生財不逆其道則莫若敦本業而抑末作崇儉約而戒奢僭欲教養必以其方則莫若廣

詳延之路厲廉恥之節使公卿大臣各舉所知召對延問以觀其能否善者用之不善者罷之欲人心皆知所向則莫若賞以勸善刑以懲惡不以親疏貴賤爲之輕重則民志一定而放僻邪侈不爲矣其言雖頗切直然皆老生常談志於抵陒時事無他奇畫蘇軾守杭訴浙西災潦甚苦易率其僚楊畏安鼎論軾姑息邀譽眩惑朝聽乞加考實詔下給事中范祖禹封還之以謂正宜闊略不問以活百姓易遂言軾頃在揚州題詩以奉先帝遺詔爲聞好語草呂大防制云民亦勞止引周厲王詩以比熙寧元豐之政弟轍

登應制科試文繆不應格幸而濫進與軾昔皆誹怨先帝無人臣禮至指李林甫楊國忠爲喻議者由是薄易出知宣州除京西轉運副使徙蘇州徐州加直秘閣元符中累謫保靜軍行軍司馬郘州安置徽宗立召爲太常少卿進右諫議大夫陳次升論其爲曾布客改權刑部侍郎歷工部吏部未滿歲爲眞以寶文閣待制知鄧州尋入黨籍卒年七十三

董敦逸字夢授吉州永豐人登進士第調連州司理參軍知穰縣時方興水利提舉官調民鑿馬渡港云可灌田二百頃敦逸言於朝以爲利不補害核實如

敦逸言免役夫十六萬全舊田三千六百頃徙知弋
陽縣寶豐銅冶役卒多困於誘略有致死者敦逸推
見本末縱還鄉者數百人稍遷梓州路轉運判官元
祐六年召爲監察御史同御史黄慶基言蘇軾昔爲
中書舍人制誥中指斥先帝事其弟轍相爲表裏以
紊朝政宰相呂大防奏曰敦逸慶基言軾所撰制詞
以爲謗毁先帝臣竊觀先帝聖意本欲富國彊兵鞭
撻不庭一時群臣將順太過故事或失當及太皇太
后與皇帝臨御因民所欲隨事捄改蓋事理當然尔
昔漢武帝好用兵重歛傷民昭帝嗣位博采衆議多

行寢罷明帝尚察慶興慘獄章帝改之以寬厚天下
悦服未有以爲謗毁先帝者也至如本朝真宗即位
弛放逋欠以厚民財仁宗即位罷修宫觀以息民力
凡此皆因時施宜以補助先朝闕政亦未聞當時士
大夫有以爲謗毁先帝者也比惟元祐以來言事官
用此以中傷士人兼欲動摇朝廷意極不善轍復奏
曰臣昨日取兄軾所撰呂惠卿告觀之其言及先帝
者有曰始以帝堯之仁姑試伯鯀終然孔子之聖不
信宰予兄軾亦豈是謗毁先帝者邪臣聞先帝末年
亦自深悔已行之事但未暇改尔元祐改更蓋追述

先帝美意而已宣仁后曰先帝追悔往事至於泣下
大防曰先帝一時過舉非其本意宣仁后曰皇帝宜
深知於是敦逸慶基並罷敦逸出爲湖州運判改知
臨江軍紹聖初軾轍失位劉拯訟敦逸無罪哲宗記
其人曰非前日白須御史乎復除監察御史論常安
民爲二蘇之黨凡論議主元祐者斥去之改工部員
外郎遷殿中侍御史左司諫侍御史入謝曰臣再汚
言路第恐擠逐不能久奉彈糾之責哲宗曰卿能言
無患朕之不能聽卿言而信無患朕之不能行也瑶
華秘獄成詔詣掖庭録問敦逸察知冤狀握筆弗忍

書郝隨從旁脅之乃不敢異獄既上於心終不安幾
兩旬竟上疏其略云瑶華之廢事有所因情有可察
詔下之日天爲之陰翳是天不欲廢之也人爲之流
涕是人不欲廢之也臣嘗閱録其獄恐得罪天下哲
宗讀之怒蔡卞欲加重貶章惇曾布以爲不可曰陛
下本以皇城獄出於近習故使臺端録問冀以取信
中外今謫敦逸何以解天下後世之謗哲宗意解而
止明年用他事出知興國軍徙江州徽宗即位加直
龍圖閣知荆南召入爲左諫議大夫敦逸極言蔡京
蔡卞過惡遷户部侍郎卒年六十九

上官均字彥衡邵武人神宗熙寧親策進士擢第二爲北京留守推官國子直講元豐中蔡確薦爲監察御史裏行時相州富人子殺人讞獄爲審刑大理所疑京師流言法官竇莘等受賕蔡確引猜險吏數十人窮治莘等慘酷無敢明其冤均上疏言之乞以獄事詔臣參治坐是謫知光澤縣莘等卒無罪天下服其持平有巫託神能禍福人致貲甚富均焚像杖巫出諸境還監都進奏院哲宗即位擢開封府推官元祐初復爲監察御史議者請兼用詩賦取士宰相遂欲廢經義均言經術以理爲主而所根者本也詩賦

以文爲工而所逐者末也今不計本末而欲襲詩賦之敝未見其爲得也自熙寧以來京師百司有謁禁均言以誠待人則人思竭忠以疑遇物則人思苟免願除開封大理外餘皆釋禁以明洞達不疑之意遂論青苗以爲有惠民之名而無惠民之實有目前之利而爲終歲之患願罷之而復爲常平糴糶之法又言官冗之弊請罷粟補吏減任子員節特奏名之濫增攝官之舉數抑胥史之幸進以清入仕之源詔有司議久之不能有所省復疏言今會議之臣畏世俗之譏評不計朝廷之利害閔鄙毫之不進不思才者

之閼滯非策之善也因請對力陳之宣仁后曰當從我家始乃自后屬而下至大夫悉裁其數又言治天下道二寬與猛而已寬過則緩而傷義猛過則急而傷恩術雖不同其蠹政害民一也間者監司務爲慘核郡縣望風趣辦不暇以便民爲意陛下臨御務從寬大爲吏者又復苟簡縱弛猛寬二者胥失願明詔四方使之寬不縱惡猛不傷惠以起中和之風詔下其章蔡確弟碩盜貸官錢以萬計獄既上均論確爲宰相挾邪撓法當顯正其罪以厲百官張璪李清臣執政與正人異趣相繼擊去之監察御史張舜民論

邊事因及宰相文彥博舜民左遷均言風憲之任許風聞所以廣耳目也舜民之言是當行之其言非當容之願復舜民職不從臺諫約再論均謂事小不當再論王巖叟遂劾均反覆巖叟移官均遷殿中侍御史内不自安引義丐去改禮部員外郎居三年復爲殿中侍御史西夏自永樂之戰怙勝氣驕欲復故地朝廷用趙卨計棄四砦至是又請蘭州爲砦地均上疏曰先王之御外國知威之不可獨立故假惠以濟威知惠之不可獨行故須威以行惠然後外國且懷且畏無怨望經侮之心今西夏所爭蘭州砦地皆控

扼要路若輕以予之恐夏人擣虛熙河數郡孤立難守若繼請熙河故地將何辭以拒之是傅虎以翼借寇以兵不惟無益秖足爲患不如治兵積穀畫地而守使夏人曉然知朝廷意也時傅堯俞爲中書侍郎許將爲右丞韓忠彥爲同知樞密院三人者論事多同異俱求罷均言大臣之任同國休戚廟堂之上當務協諧使中外之人泯然不知有同異之迹若悻悻然辨論不顧事體何以觀視百僚堯俞等雖有辨論之失然事皆緣公無顯惡大過望令就職詔從之御史中丞蘇轍等尚以爲言均上疏曰進退大臣當則

天下服陛下之明而大臣得以安其位進退不當則累陛下之哲而言者自此得以朋黨合謀併力以傾搖大臣天下之事以是非爲主所論若當雖異不害其爲善所論若非雖同未免爲不善今堯俞等但不能協和實無大過蘇轍乃以許將當時已定議旣而背同列之議獨上論奏臣以爲善則順之惡則正之豈在每事唯命遂非不改然後爲忠邪將舍同列之議上奉聖旨是能將順其美不當反以爲過惡也若使不忠雖與同列協和是乃姦臣尔非朝廷之利也將罷均又言呂大防堅彊自任每有差除同列不敢異唯許將時有異同轍素與大防善盡力排將期於必勝臣恐綱紀法令自此敗壞矣因論御史耳目之任中丞風憲之長轍當公是公非別白善惡而不當妄言也遂乞罷出知廣德軍改提點河北東路刑獄紹聖初召拜左正言時大防轍已罷政均論大防轍六罪並再黜大防史禍由此起又奏罷詩賦專以經術取士宰相章惇欲更政事專黜陟之柄陰去異己出吏部尚書彭汝礪知成都府召朱服爲中書舍人均言汝礪不可出服不可用惇怒遷均爲工部員外郎尋提點京東淮東刑獄歷梓州淮南轉運副使知

越州徽宗立入爲秘書少監遷起居郎拜中書舍人同修國史兼哲宗實録修撰遷給事中太學生張寅亮應詔論事得罪屏斥均言寅亮雖不識忌諱然志非懷邪陛下旣招其來又罪其言恐沮多士之氣寅亮得免時宰相欲盡循熙豐法度爲紹述以風均均曰法度惟是之從無彼此之辨由是不協以龍圖閣待制知永興軍徙襄州崇寧初與元祐黨籍奪職主管崇禧觀政和中復集賢院修撰提舉洞霄宮久之復龍圖閣待制致仕卒年七十八

來之邵字祖德開封咸平人登進士第由潞州司理

參軍爲刑部詳斷官元豐中改大理評事御史中丞黃履薦爲監察御史未幾買倡家女爲妾履劾其汙行左遷將作丞哲宗即位爲太府丞提舉秦鳳常平利州成都路轉運判官入爲開封府推官復拜監察御史遷殿中侍御史之邵資性姦諂與楊畏合攻蘇頌論頌稽留賈易知蘇州之命又論梁燾緣劉摯親黨致位丞弼又論范純仁不可復相乞進用章惇安燾呂惠卿紹聖初國事丕變之邵逆探時指先劾呂大防惇既相擢爲侍御史王安石配食神宗之邵又請加美謚詆司馬光等畔道逆理典刑未正鬼得而

誅獨劉摯尚存實天以遺陛下其阿恣無忌憚如此進刑部侍郎陽翟民蓋漸以訟至有司之邵二子皆娶蓋氏誣漸非蓋氏子以覬其貲諫官張商英論之以直龍圖閣出知蔡州卒年四十八蔡京爲相特贈大中大夫

葉濤字致遠處州龍泉人進士乙科爲國子直講虞蕃訟起濤坐受諸生茶紙免官濤王氏壻也即往從安石於金陵學爲文詞哲宗立上章自理得太學正遷博士紹聖初爲秘書省正字編修神宗史進校書郎曾布薦爲起居舍人擢中書舍人司馬光呂公著王巖叟追貶呂大防劉摯蘇轍梁燾范純仁責官皆濤爲制詞文極醜詆安燾降學士濤封還命書云燾在元祐時嘗詆文彥博棄熙河全先帝萬世之功不宜加罪蔡京劾爲黨罷知光州又以許理有過爲范鏜所論連三黜曾布引爲給事中數月而病以龍圖閣待制提舉崇禧觀卒

楊畏字子安其先遂寧人父徙洛陽畏幼孤好學事母孝不事科舉黨友交勸之乃擢進士第調成紀主簿不之官刻志經術以所著書謁王安石呂惠卿爲鄆州教授自是尊安石之學以爲得聖人之意除西

京國子監教授舒亶薦爲監察御史裏行時有御史中丞出爲郡守監司薦之畏言侍從賢否上所素知監司乃敢妄薦蓋爲異日地尔乞戒其觀望舒亶有盜學士院厨錢罪爲王安禮所白畏抗章辨論以爲可謂之失未可謂之故亶罷畏坐左轉宗正丞出提點夔州路刑獄元祐初請祠歸洛畏恐得罪於司馬光嘗曰畏官夔峽雖深山群獠聞用司馬光皆相賀其盛德如此至光卒畏復曰司馬光若知道便是臯夔稷契以不知道故於政事未盡也呂大防劉摯爲相俱與畏善用畏爲工部員外郎除監察御史擢殿

中侍御史畏助大防攻摯十事并言梁燾王巖叟劉
安世朱光庭皆其死黨必與爲地旣而燾等果救摯
皆不納摯罷蘇頌爲相畏復攻頌以留賈易除書爲
頌罪頌罷畏意欲蘇轍爲相宣仁后外召范純仁爲
右僕射畏又攻純仁不報畏本附轍知轍不相復上
疏詆轍不可用其傾危反覆如此百僚莫不側目遷
侍御史畏言事之未治有四曰邊疆曰河事曰役法
曰內外官政時有旨令兩省官舉臺官畏言御史與
宰執最爲相關之地宰執旣不自差使其屬舉之可
乎太常博士朱彥以議皇地示祭不同自列乞罷畏

言彥據經論理若彥罷出恐自是人務觀望不敢以
守官爲義宣仁后崩呂大防欲用畏諫議大夫范純
仁以畏非端士不可大防乃遷畏禮部侍郎及大防
爲宣仁后山陵使畏首背大防稱述熈寧元豐政事
與王安石學術哲宗信之遂薦章惇呂惠卿可大任
廷試進士李清臣發策有紹述意考官第主元祐者
居上畏復考悉下之拔畢漸以爲第一惇入相畏遣
所親陰結之曰畏前日度勢力之輕重遂因呂大防
蘇轍以逐劉摯梁燾方欲逐呂蘇二人覺罷畏言職
畏迹在元祐心在熈寧首爲相公開路者也惇至徙

畏吏部引以自助中書侍郎李清臣知樞密院安燾
與惇不合畏復陰附安李惇覺其情又曾布蔡卞言
畏平日所爲於惇遂以寶文閣待制出知真定府天
下於是目爲楊三變謂其進於元豐顯於元祐遷於
紹聖也尋落職知虢州入元祐黨後知郢州復集賢
殿修撰知襄州移荊南提舉洞霄宮居于洛未幾知
鄧州再丐祠以言者論列落職主管崇禧觀蔡京爲
相畏遣子姪見京以元祐末論蘇轍不可大用等章
自明又因京黨河南尹薛昂致言於京遂出黨籍尋
復寶文閣待制政和二年洛人詣闕請封禪嵩山畏

上疏累千餘言極其諛佞方治行得疾卒年六十九
畏頗爲縱横學有才辯而多捭闔與邢恕締交其好
功名富貴亦同然恕踈而多失畏謀必中其究俱爲
搢紳禍云

論曰賈易初以剛直名觀其再劾文彥博范純仁而
斥蘇軾蘇轍尤甚何以剛直爲哉董敦逸於元祐末
與黃慶基誣二蘇以開紹聖之禍及紹聖則肆詆元祐
諸臣其甚至瑤華之寃不能持正雖終悔而諫亦何及
焉及見蔡京蔡卞稔惡乃論其過惡以自文杯水不
足以救車薪之火也上官均諫切中時事及不從紹

述之議其爲人若可觀然論呂大防蘇轍以之再黜是亦助紹述者也楊畏傾危反覆周流不窮雖儀秦縱横無以尚之豈徒有三變而已至於倡紹述以取信哲宗又謂王安石之學有聖人意可謂小人無忌憚也哉來之邵盡擊時賢而進章惇安燾呂惠卿又請加美謚於安石其流惡不已乃誣人非其子而欲擠其貲亦何所不至焉葉濤在太學已著汙迹擢第之後諂安石而從之學後得曾布之薦凡元祐名賢貶責制辭肆筆醜詆雖有善猶不能自滌況無可述者乎

崔台符字平叔蒲陰人中明法科爲大理詳斷官校試殿帷仁宗賜以盡美二字熙寧中文彥博薦爲群牧判官除河北監牧使入判大理寺初王安石定按問欲舉法舉朝以爲非台符獨舉手加額曰數百年誤用刑名今乃得正安石喜其附己故用之歷知審刑院判少府監復置大理獄拜右諫議大夫爲大理卿時中官石得一以皇城偵邏爲獄台符與少卿楊汲輒迎伺其意所在以鍛鍊笞掠成之都人惴慄至不敢偶語數年間麗文法者且萬人官制行遷刑部侍郎官至光禄大夫元祐初御史林旦上官均發其惡出知潞州又貶秩徙相州後兼監牧使卒年六十四舊制武臣至内殿崇班始蔭其族台符言文吏州判司猶許用蔭武臣五歲一遷自借職四十年乃得通朝籍輕重不相準請自供奉官即用蔭從之嘗使遼至其朝父立帳前儐者不贊導問其故曰太子未至台符詰之曰安有君父臨軒而臣子偃蹇不至父立使者禮乎儐者懼贊導如儀

楊汲字潛古泉州晉江人登進士第調趙州司法參軍州民曹濤者兄遇之不善兄子亦加侮焉濤持刀逐兄子兄挾之以走濤曰兄勿避自爲姪爾既就吏

兄子云叔欲紿吾父止而殺之吏當濤謀殺兄汲曰濤呼兄使勿避何謂謀若以意爲獄民無所措手足矣州用其言讞上濤得不死主管開封府界常平權都水丞與侯叔獻行汴水淤田法遂釃汴流漲潦以溉西部瘠土皆爲良田神宗嘉之賜以所淤田千畝提點淮西刑獄提舉西路常平修古芍陂引漢泉灌田萬頃召判都水監爲大理卿遷刑部戶部侍郎元祐初以寶文閣待制知廬州崔台符被劾汲亦落職知黄州歷徐襄越州紹聖中復爲戶部侍郎卒

呂嘉問字望之以蔭入官熙寧初條例司引以爲屬

權戶部判官兗諸司庫務行連竈法於酒坊歲省新錢十六萬緡王安石用魏繼宗議即京城置市易務命嘉問提舉上建置十三事其一欲於律外禁兼并之家輒取利神宗去之安石執不可居二年連以羨課受賞神宗聞其擾民語安石安石曰嘉問奉法不公以是媒怨神宗曰免行錢所收細瑣市易鬻及果實大傷國體安石僞辨自解至譏神宗爲叢脞不知帝王大略且曰非嘉問孰敢不避左右近習非臣孰爲嘉問辨神宗曰即如是士大夫何故以爲不便安石請言者姓名令嘉問條析七年旱帝憂心惻怛語

韓維孫永集市人問之減坐賈錢千萬安石遂持嘉問條析奏曰此皆百姓所願不如人言也嘉問言朝廷所以許民輸錢免行者盖人情安於樂業厭於追擾若一切罷去則無人祗承又吏胥祿廩薄勢不得不求於民非重法莫禁以薄廩申重法則法有時而不行縣官爲給事則三司經費有限今取民於鮮而吏知自重此臣等推行之本意也議者乃欲除去是殆不然民未嘗不畏吏方其以行役觸罪雖欲出錢亦不可得今吏祿可謂厚矣然未及昔日取民所得之半市易所收免行錢亦未足以償倉法所增之祿以

此推窮則利害立見矣初市易隸三司嘉問恃勢陵使薛向出其上曾布代向懷不能平會神宗出手札詢布布訪於魏繼宗繼宗憤嘉問掠其功列其與初議異者布得實具上嘉問多收息干賞挾官府而爲兼并之事神宗將委布考之安石言二人有私忿於是詔布與呂惠卿同治惠卿故憾布至三司召繼宗及市賈問狀其辭同乃脅繼宗使誣布語言增加繼宗不從布言惠卿不可共事神宗欲聽之安石不可神宗遂詔中書曰朝廷設市易本爲平準以便民若周官泉府者今顧使中人之家失業宜檯定其制布

見神宗曰臣每聞德音欲以王道治天下今所爲駮駮乎間架除陌矣嘉問又請販鹽鬻帛豈不詒四方笑神宗頷之事未決安石去位嘉問持之以泣安石勞之曰吾已薦惠卿矣惠卿既執政前獄遂成布得罪嘉問亦出知常州明年安石復相召撿正中書戶房安石罷以知江寧府歲餘轉運使何琬劾嘉問營繕越法徙潤州復坐免久之入爲吏部郎中光祿卿言者交論市易之患被於天下本錢無慮千二百萬緡率二分其息十有五年之間子本當數倍今乃僅足本錢盖買物入官未轉售而先計息取賞至於物

貨苦惡上下相蒙戲折日多空有虛名而已於是削嘉問三秩黜知淮陽軍悉罷前被賞者紹聖中擢寶文閣待制戶部侍郎加直學士知開封府專附章惇蔡卞多殺不辜焚去案牘以滅口嘗薦鄒浩浩南遷坐罷知懷州徽宗時屢暴其宿惡至分司南京光州居住郢州安置然為蔡氏所右其壻劉逵蹇序辰其死友鄧洵武羽翼之故不久輒起以龍圖閣學士大中大夫卒年七十七贈資政殿學士初嘉問竊從祖公弼論新法奏藳以示王安石公弼以是斥于外呂氏號為家賊故不得與呂氏同傳

李南公字楚老鄭州人進士及第調浦江令郡猾吏恃守以陵縣不輸負租南公捕繫之守怒通判為謝曰能按郡吏健令也卒寘諸法知長沙縣有嫠婦攜兒以嫁七年兒族取兒婦謂非前子訟于官南公問兒年族曰九歲婦曰七歲問其齒曰去年毀矣南公曰男八歲而齔尚何爭命歸兒族熙寧中提舉京西常平提點陝西河北刑獄京西轉運副使入為屯田員外郎南公有女皆適人而同產女弟年三十不嫁寄他姊家為御史所論罷主管崇福宮為河北轉運副使先是知澶州王令圖請開迎陽歸舊河於孫村置約回水東注南公與范子奇以為可行且欲於大吳北進鋸牙約河勢歸故道朝廷命使者行視兩人復以前議為非云迎陽下瞰京師孫村水勢不便又為御史所論詔罰金加直秘閣知延安府夏人犯涇原南公出師擣其虛夏人解去進直龍圖閣擢寶文閣待制知瀛州拜戶部吏部侍郎戶部尚書歷知永興軍成都真定河南府鄭州擢龍圖閣直學士初哲宗主入廟南公修奉希執政指請祔東夾室禮官爭之不得及更建廟室坐前議弗當奪學士未幾復之遂致仕卒年八十三南公為吏六十年幹局明銳然

反覆詭隨無特操識者非之子譓

譓字智甫第進士紹聖間知章丘縣陝西麥熟朝廷議遣官諸州令民平償逋負譓與余景在選中將賜對曾布言於哲宗曰豐凶未可知譓景皆刻薄必因此暴斂為民之憂陛下臨政以來延見人士未多如兩人者懼不足以辱大對乃喻使戒飭使還為河東轉運判官徙陝西進築京師訖役除秘閣校理以母憂去方建永泰陵起使京西諫官任伯雨言祖宗之世朝廷有大事邊鄙有兵革將相大臣召為侍從乃不得已奪情今山陵事人皆可辦何至以一譓隳事

體哉命遂格終制以直龍圖閣知㶏州蔡京使王厚復河湟譓與之異召爲光祿卿厚奏功罷譓守虢坐嘗言招納未便停官後數年爲陝西轉運使京兆麥價踊貴譓與府縣議從民和市民弗肯損價譓移府勒上戶閉糴府帥徐處仁不聽且責之譓怒上章言處仁沮格詔令陵鑠使者詔黜處仁而擢譓顯謨閣待制代其任鄜延帥錢昂奏處仁本以官糴麥損價與譓爭乃爲民久長之論不當黜詔以昂違道干譽謫永州譓又代任鄜延復徙永興僞爲蟾芝以獻徽宗疑曰蟾動物也安得生芝命漬盆水一夕而解坐罔上貶散官安置三年復之歷數郡卒

董必字子彊宣州南陵人嘗謁王安石於金陵咨質諸經疑義爲安石稱許登進士第紹聖中提舉湖南常平時相章惇方寘衆君子於罪孔平仲在衡州以倉粟腐惡乘饑歲稍損價發之必即劾其廢常平法置鞫長沙以承惇意無辜繫訊多死者平仲坐徙韶州惇與蔡卞將大誅流人遣呂升卿使廣東必使廣西察訪哲宗既止不治然必所至猶以慘刻按劾立威爲五書歸奏除工部員外郎中書舍人郭知章封還其命詔以付趙挺之權給事中陳次升復封駁不

下必於是訟知章次升爲元祐黨人坐不當訟言者出知江州改湖南轉運判官提點河北刑獄召爲左司員外郎初舒亶守荆南起邊事一切詐誕云猺人欵附實亦不然必蓋與之謀及是亶暴卒加必直龍圖閣往代乃城通道等六砦置靖州折博市易且移飛山營戍公私煩費荆人病之進集賢殿修撰顯謨閣待制卒年五十六贈龍圖閣待制

虞策字經臣杭州錢塘人登進士第調台州推官知烏程縣通判蘄州通判蔣之奇以江淮發運上計神宗訪東南人才以策對王安禮李常繼薦之擢提舉利州路常平湖南轉運判官元祐五年召爲監察御史進右正言數上書論事謂人主納諫乃有福治道以清靜爲本西夏未順命策言今邊備解弛戎備不修古之人善鎭靜者警備甚密務持重者謀在其中未有鹵莽闊疎而曰吾鎭靜吾持重者又乞詔內而省曹寺監外而監司守令各得以其職陳朝政闕失百姓疾苦星文有變乞順天愛民警戒萬事思治心脩身之道勿以宴安爲樂哲宗納后上正始要言還左司諫曾肇以議北郊事與朝論不合免禮部侍郎爲徐州策時權給事中還其命以爲肇禮官也不當

以議禮得罪不從帝親政條所當先者五十六事後
多施行遷侍御史起居郎給事中以龍圖閣待制知
青州改杭州過闕留爲戶部侍郎歷刑部戶部尚書
拜樞密直學士知永興軍成都府入爲吏部尚書奏
疏徽宗請均節財用曰臣比在戶部見中都經費歲
六百萬與天下上供之數略相當嘗以祖宗故實攷
之皇祐所入總三千九百萬而費纔三之一治平四
千四百萬而費五之一熙寧五千六十萬而費盡之
今諸道隨一月所須旋爲裒會汲汲然不能終日願
深裁浮冗以寬用度屬疾祈外加龍圖閣學士知潤

州卒于道年六十六贈左正議大夫策在元祐紹聖
時皆居言職雖不依人取進亦頗持兩端故黨議之
與己獨得免弟奕
奕字純臣第進士崇寧提舉河北西路常平洺相饑
徙之東路入對徽宗問行期對曰臣退即行流民不
以時還則來歲耕桑皆廢矣帝悅既而西部盜起復
徙提點刑獄時朝廷將遣兵逐捕奕條上方略請罷
勿用而自計討賊不閱月可定轉運使張摶以爲不
可宰相主摶策數月不効卒用奕議悉降之擢監察
御史親祭北郊燕人趙良嗣爲秘書丞侍祠奕白其

長曰今親衞不用三路人而良嗣以外國降子顧得
預祠事可乎長用其言具以請不報陽武民儲於富
家其室羨富子欲私之弗得怒殺之而賂其夫使勿
言事覺府縣及大理讞獄奕受詔鞫訊皆伏辜坐漏
泄語言罷去再踰年還故職提點河北刑獄自何承
矩創邊地爲塘濼有定界既中貴人典領以屯田開
拓爲功肆侵民田民上訴屢出使者按治皆不敢與
直奕曲折上之疏其五不可詔罷屯田加直秘閣淮
南轉運副使入爲開封少尹故時大理開封治獄得
請實蔽罪其後率任情棄法法益不用奕言廷尉持

天下平京師諸夏本法且不行何以示萬國請自今
非情法實不相當毋得輒請從之遷光祿卿戶部侍
郎睦州亂以龍圖閣直學士知鎭江府寇平論勞增
兩秩還爲戶部內侍總領內藏予奪顓己視戶部如
僚屬度支郎方討理滯奉中旨令開封尹與總領者
來奕白宰相曰討臣不才當去之而易能者不可使
他人侵其官即自劾不稱職詔爲罷內侍而從奕工
部襲慶守張漴使郡人詣闕請登封東平守王靚諫
以京東歲凶多盜不當請封爲政者不悅將罪靚奕
言靚憂民愛君所當獎激柰何用爲罪乎靚獲免未

幾卒年六十贈龍圖閣學士
郭知章字明叔吉州龍泉人第進士從劉彝廣西幕
府知浮梁分寧縣黃履薦爲御史以憂不克拜知海
州濮州提點梓州路刑獄復以鄭雍顧臨薦爲監察
御史哲宗親政上書請用淳化天禧詔增諫官員曰
館職無所用朝廷設之不疑諫官最急乃常不足是
急於所無用緩其所當急也又比歲選授監司多繇
寺監丞不過知縣資序外官莫重於部使者豈宜輕
用若是宜稍限以節如轉運判官擇實任通判者提
點刑獄擇實任郡守者然後放其治理簡拔用之又

言自大河東北分流生靈被害今水之趨東者已不
可過順而導之閉北而行東其利百倍矣遷殿中侍
御史言先帝辟地進壤建築四砦據高臨下扼西戎
咽喉元祐用事者委而棄之願討贖議奏顯行黜罰
史院究神宗實錄誣罔事知章請貶治呂大防等紹
聖復制科知章校試言先朝既策進士即廢此科近
年復置誠無所補遂復罷又請復元豐役法大抵迎
合時好進左司員外郎改左司諫嘗言爵祿慶賞以
勸天下之善顧無以假借大臣使行私恩刑罰誅戮
以懲天下之惡顧無以假借大臣使快私忿忠於陛

下者必見忌大臣黨於大臣者必上負陛下惟明主
財察權工部侍郎爲中書舍人遼使蕭德崇來爲夏
人請還河西地命知章報聘德崇曰兩朝久通好小
國蕞爾疆土還之可乎知章曰夏人累犯邊法當致
討以北朝勸和之故務爲優容彼若恭順如初當自
有恩旨非使人所能預知也歸未至坐嘗主導河東
流議以集賢殿修撰知和州徽宗立曾布用爲工部
侍郎加寶文閣直學士知太原府召拜刑部尚書知
開封府爲翰林學士言者又論河事罷知鄧州旋入
黨籍數年復顯謨閣直學士政和初卒

論曰神宗好大喜功之資王安石呂惠卿出而與之
遇合流毒不能止也哲徽之世一變而爲蔡確章惇
曾布又變而爲蔡京蔡卞日有甚之而天下亡矣秉
時起而附之者甚衆若崔台符楊汲以獄殺民呂嘉
問以均輸困民董必肆酷欲害流人以取悅李南公
以反覆詭隨虞策以心持兩端郭知章迎合時好且
發實錄之誣觀諸人所學與其從政已多可尚何樂
而爲此惡哉不過視一時君相之好尚將以取富貴
而已設使神宗如仁宗之治哲徽承之必無紹述之
禍雖安石輩亦將有所薰陶而未必肆其情以至是

況此諸人乎世道汚隆士習升降係於人主一念慮
之趣向可不戒哉可不懼哉

列傳卷第一百十四

列傳卷第一百十五　宋史三百五十六

開府儀同三司上柱國錄軍國重事前中書右丞相提舉國史領經筵事都總裁臣脫脫等奉
勅修

劉拯　錢遹 石豫 左膚 附　許敦仁　吳執中
吳材　劉昺　宋喬年 子昇
强淵明　蔡居厚　劉嗣明　蔣靜
賈偉節　崔鶠　張根 弟樸　任諒
周常

劉拯字彥脩宣州南陵人進士及第知常熟縣有善
政縣人稱之元豐中爲監察御史歷江東淮西轉運

判官提點廣西刑獄紹聖初復爲御史言元祐修先
帝實錄以司馬光蘇軾之門人范祖禹黃庭堅秦觀
爲之竄易增減誣毀先烈願明正國典又言蘇軾貪
鄙狂悖無事君之義嘗議罪抵死先帝赦之敢以怨
忿形於詔誥醜詆厚誣策試館職至及王莽曹操之
事方異意之臣分據要路而軾問及此傳之四方忠
義之士爲之寒心扼腕願正其罪以示天下時祖禹
等已貶軾謫英州而拯猶鷙視不愜也進右正言累
至給事中徽宗立欽聖后臨朝而欽慈后葬大臣欲
用妃禮拯曰母以子貴子爲天子則母乃后也當攺

園陵爲山陵又言門下侍郎韓忠彥雖以德選然不
可啓貴戚預政之漸帝疑其阿私覬望黜知濠州改
廣州加寶文閣待制以吏部侍郎召還帝稱其議欽
慈事褒進兩秩遷戶部尚書蔡京編次元祐姦黨擬
言漢唐失政皆分朋黨今日指前人爲黨安知後人
不以今人爲黨乎不若定爲三等其事爲上其事爲
中其事爲下而不斥其名氏京不樂又言戶部月賦
入不足償所出京益怒徙之兵部旋罷知蘄州徙潤
州張商英入相召爲吏部尚書拯已昏憒吏緣爲姦
又左轉工部以樞密直學士知同州時商英去位侍
御史洪彥昇併劾之削職提舉鴻慶宮卒

錢遹字德循婺州浦江人以進士甲科調洪州推官
累通判越州至校書郎徽宗立擢殿中侍御史中丞
豐稷論其回邪不可任風憲不報稷復言必用遹則
願罷臣乃以提舉湖北常平崇寧初召爲都官員外
郎殿中侍御史劾曾布援元祐姦黨擠紹聖忠賢布
去遷侍御史閱兩月進中丞乞治元符末大臣嘗乞
復孟后而廢劉后事韓忠彥曾布李清臣黃履及議
者曾肇豐稷陳瓘龔夬皆坐貶遂與殿中侍御史石
豫左膚言元祐皇后得罪先朝昭告宗廟天下莫不

知哲宗上賓太母聽政當國大臣盡欲變亂紹聖之
事以逞私欲因一布衣何大正狂言復還廢后位號
當時物議固已洶洶乃至疎遠小臣詣闕上書忠義
激切則天下公議從可知矣今朝廷既已貶削忠彥
等及追褫大正誤恩則元祐皇后義非所安孔子曰
必也正名乎名不正則言不順夫在先朝則曰后今
日則謂之元祐皇后於名爲不正先朝廢而陛下復
於事爲不順考之典禮則古昔所無稽之本朝則故
實未有詢之師言則大以爲不然況既爲先朝所廢
則宗廟祭告歲時薦饗人事有嫌疑之迹神靈萌厭

斁之心萬世之後配祔將安所施宜蚤正厥事斷以
大義無牽於流俗非正之論以累聖朝明日又言典
禮所在實朝廷治亂之所係雖人主之尊不得而擅
又況區區臣下敢輕變易者哉元祐皇后得罪先朝
廢處瑤華制誥一頒天下無間然者並后匹嫡春秋
譏之豈宜明盛之朝而循衰世非禮之事於是尚書
右僕射京門下侍郎將中書侍郎尚書左丞挺之右
丞商英言元祐皇后再復位號考之典禮將來宗廟
不可從享陵寢不可配祔援諸禮制皆所未安請如
紹聖三年九月詔書旨后由是復廢遹豫遂言元符

皇后名位未正乃册爲崇恩太后適章所言小臣上書者昌州推官馮澥也其書以謂先帝既終則后無單立之義稽之逆順陛下無立嫂之禮要之終始皇太后亦不得伸慈婦之恩雖已遂之事難復之失然感悟追正何有不可澥用是得召對除鴻臚主簿蔡京謀取青唐適助成其議會籍元祐黨適以爲多濫略給事中劉逵駁之左轉戶部侍郎俄遷工部尚書兼侍讀踰年以樞密直學士知潁昌府言者疏其罪黜爲滁州稍復顯謨閣待制直學士徙宣州復爲工部尚書舉馮澥自代謂澥趣操端勁古人與稽嘗建明典禮忠義凜凜搢紳歎服言者又疏其罪以待制知秀州中書舍人侯綬封還之又奪待制久之還故職改述古殿直學士屏居十五年方臘陷婺適逃奔蘭溪爲賊所殺年七十二

石豫者寧陵人第進士以安惇薦爲監察御史與左膚鞫鄒浩獄文致重比又使廣東鍾正甫逮治浩欲致之死豫論邊事謂中國與四夷相交爲君臣相與爲賓客徽宗以其言無倫理且辱國出爲淮南轉運判官陳瓘又追論羅織鄒浩事降通判亳州崇寧元年召拜殿中侍御史遂同錢遹造廢元祐皇后議亟

遷侍御史至中丞請削去景靈宮繪像臣僚自文彥博司馬光呂公著呂大防范純仁劉摯范百祿梁燾王巖叟以下既以論罷軍器監蔡碩碩訟豫平生交通狀黜知陳州徙鄧州過闕留爲工部侍郎進戶部兼侍讀以調度不繼降秩一等徙刑部祖母死用嫡孫承重去官服未闋而卒膚廬州人亦用安惇薦爲御史履歷大略與石豫同遷侍御史累至刑兵戶三尚書以樞密直學士知河南府改永興軍卒

許敦仁興化人第進士崇寧初入爲校書郎蔡京以州里之舊擢監察御史丞遷右正言起居郎倚爲腹心敦仁凡所建請悉受京旨言元符之末姦臣用事內外制詔類多誣實乞自今日以前委中書舍人或著作局討論刪正起居郎舍人異時遇車駕行幸惟當直者從敦仁始請悉扈蹕遷殿中監拜御史中丞甫視事即上章請五日一視朝徽宗以其言失當乖宵旰圖治之意命罰金仍左遷兵部侍郎他日爲朱諤言且欲逐敦仁而京庇之甚力敦仁亦處之自如後二年卒靖康中諫官呂好問論蔡京使敦仁請五日一視朝欲顓竊國命蓋指此也

吳執中字子權建州崇安人登嘉祐進士第歷官州

縣同門壻呂惠卿方貴盛不肯附以取進凡三十餘
年始提舉河南常平連徙河東淮南江東轉運判官
提點廣東刑獄入爲庫部吏部右司郎中大觀初擢
兵部侍郎二年進御史中丞論開封府内侍省京畿
奏讞違法干請詔奬其得風憲體又言開封之治事
大理之決獄將作之營繕權貨之入中皆職所當爲
乃妄以爲功一歲遷官至五六宜行抑損遂詔自今
但賜束帛鄭居中知樞密院執中言外戚不宜在政
地帝還其章而諭所以用居中之意初蔡京忌張康
國故引執中居言路執中先劾劉炳兄弟宋喬年父

子皆京客也帝嘗語執政嘉其不阿康國曰是乃爲
逐臣地耳已而章果至帝怒黜知滁州未幾徙越州
石公弼以爲執中反覆得罪未宜殿大府改提舉洞
霄宮以集賢殿修撰知揚州加顯謨閣待制知河南
府道過都復拜中丞帝以星變逐蔡京言者未已執
中謂進退大臣當全體貌於是爲京下詔京得不重
貶罷蔡孫趙遹開梓夔諸夷州執中乞正其罪又言
八行之舉所得皆鄉曲常人不足以爲士願下太學
攷其道藝而進退之所論多施行遷禮部尚書張商
英罷御史張克公言執中與商英皆由郭天信以進

除樞密直學士知越州尋降待制又奪職卒于家
吳材字聖取處州龍泉人中進士第歷青溪主簿咸
平尉知江都縣入爲太學博士以趙挺之薦擢右正
言遷左司諫黨論復起材首論范純禮爲朋附黨與
前日大臣變更神考法度故引之執政不宜復其職
程之元爲蘇軾心腹不宜亞九卿張舜民當初政時
猖狂無所顧忌不宜以從官處鄉郡其後受曾布指
與王能甫疏言元符之末變神考之美政逐神考之
人材者韓忠彥實爲之首忠彥遂罷材驚恐疾視善
類所排逐最多進起居郎以憂去蔡京用爲給事中

吏部侍郎陛見有所陳京不悅以天章閣待制知光
州挺之作相召拜工部侍郎卒
論曰紹述說行權臣顓假以攻元祐正士網旣盡矣
復假以攻異己鷹犬外搏鬼蜮内狙宜小人得志而
空朝廷也故劉拯摭實録以肆詆銳適斥孟后以徧
剌石豫指繪像以削諸賢吳材擿黨論以擯善類許
敦仁五日一朝之請吳執中體貌大臣之言俱蔡京
腹心計也讒說殄行虞帝攸聖似是而非孔聖惡佞
有國家者可不監夫
劉昺字子蒙開封東明人初名炳賜今名元符末進

士甲科起家太學博士遷秘書省正字校書郎兄煒
通樂律煒死蔡京擢昺大司樂付以樂正遂引蜀人
魏漢津鑄九鼎作大晟樂昺撰鼎書新樂書皆漢津
妄出己意而昺爲緣飾語在樂志累遷給事中京置
局議禮昺又領之爲翰林學士改工部尚書提舉紀
元曆有所損益爲吳執中所論以顯謨閣直學士知
陳州昺與弟煥皆侍從而親喪不葬坐奪職罷郡復
以事免官京再輔政召爲戶部尚書昺嘗爲京畫策
排鄭居中故京力援昺由廢黜中還故班御史中丞
俞㮚發其姦利事京徙㮚他官徽宗所儲三代彝器
詔昺討定凡尊爵俎豆盤匜之屬悉改以從古而載
所制器於祀儀令太學諸生習肄雅樂閱試日昺與
大司成劉嗣明奏有鶴翔宮架之上再爲翰林學士
東宮建爲太子賓客又還戶部大理議戶絕法若祖
有子未娶而亡不得養孫爲嗣昺曰計一歲諸路戶
絕不過得錢萬緡使歲失萬緡而天下無絕戶豈不
可乎詔從其議加宣和殿學士知河南府積官金紫
光祿大夫與王寀交通事敗開封尹盛章議以死刑
部尚書范致虛爲請乃長流瓊州死年五十七

宋喬年字仙民宰相庠之孫也父充國刻意問學以

鄉書試禮部既自謂宰相子輒罷舉仁宗知之召試
學士院賜進士出身簽書河南判官判登聞鼓院知
太常禮院英宗祔廟議者欲祧僖祖藏夾室充國請
配感生帝爲宋始祖從之東西府建上二箴以戒大
臣大臣不懌會廟饗宿齋其妻遣兩妾至寺充國自
劾罷禮院遂致仕充國性剛介孝於奉親平居得微
物必先薦家廟乃敢嘗官至太中大夫卒喬年用父
蔭監市易坐與倡女私及私役吏失官落拓二十年
女嫁蔡京子攸京當國始復起用崇寧中提舉開封
縣鎮府界常平改提點京西北路刑獄賜進士第加
集賢殿脩撰京畿轉運副使進顯謨閣待制爲都轉
運使改開封尹以龍圖閣學士知河南府京罷相諫
議大夫毛注御史中丞吳執中交擊之貶保静軍節
度副使蘄州安置京復相還舊官知陳州政和三年
卒年六十七謚曰忠文子昪

昪字景裕崇寧初由譙縣尉爲敕令刪定官數年至
殿中少監時喬年尹京父子依憑蔡氏陵轢士大夫
陰交諫官蔡居厚使爲鷹犬以徽猷閣待制知陳州
喬年貶昪亦謫少府少監分司南京未幾知應天府
喬年卒起復爲京西都轉運使涖葺西宮及修三山

新河擢至顯謨閣學士方是時徽宗議謁諸陵有司預為西幸之備昇治宮城廣袤十六里創廊屋四百四十間費不可勝會縣漆至灰人骨為胎斤直錢數千盡發洛城外二十里古冢凡衣冠隴兆大抵遭暴掘用是遷正議大夫殿中監又奉命補治三陵泄水坑澗計役四百九十萬工未幾卒贈金紫光祿大夫延康殿學士謚曰恭敏

强淵明字隱季杭州錢塘人父至以文學受知韓琦終祠部郎中淵明進士第調海州司法參軍歷濟杭二州教授知蔡州確山縣通判保定軍入為太府丞軍器少監國子司業與兄浚明及葉夢得締蔡京為死交立元祐籍分三等定罪皆三人所建遂濟成黨禍淵明以故亟遷秘書少監中書舍人大司成翰林學士大觀三年京罷相以龍圖閣直學士知永興軍徙鄭越二州召為禮部尚書復拜學士進承旨翰林廣直廬帝書摛文堂牓賜之兼太子賓客以疾改延康殿學士提舉醴泉觀兼侍讀監脩國史卒贈金紫光祿大夫資政殿學士謚曰文憲浚明早死

蔡居厚字寬夫熙寧御史延禧子也延禧嘗擊呂惠卿兄弟有直名居厚第進士累官吏部員外郎大觀

初拜右正言奏疏曰神宗造立法度曠古絕擬雖符祐之黨力起相軋而終不能搖者出於人心理義之所在也陛下繼志廣聲政事具舉頗如明詔教有司勤為成書以明一代之制遷起居郎進右諫議大夫論東南兵政七弊及言學官書局皆為要塗宜公選實學多聞之士無使庸常之徒得以幸進河北河東群盜起太原真定守皆以不能擒捕罪去居厚言將帥之才不儲養於平時故緩急無所可用宜令觀察使以上各舉所知又言比來從事於朝者皆姑息胥吏吏彊官弱寖以成風蓋輦轂之下吏習狡獪故怯懦者有所畏至用為耳目倚為鄉導假借色辭過為卑辱浸淫及於侍從令廟堂之上稍亦為之願重為之制改戶部侍郎言者論其在諫省時為宋喬年父子用以集賢殿脩撰知秦州降羌在州者逸入京師訴事坐失察削職罷蔡京再相起知滄陳齊三州加徽猷閣待制為應天河南尹初建神霄宮度地汙下為道士交訴從汝州久之知東平府復以戶部侍郎召未至又以知青州病不能赴未幾卒

劉嗣明開封祥符人入太學積以試藝名出諸生右崇寧中車駕幸學解褐補承事郎歷校書郎至給事

中張商英居相位惡其不附己時鄭居中雖以嫌去樞密然陰殖黨與窺伺益固嗣明與之合計傾商英門下省吏張天忱貶秩嗣明駁弗下商英爭之詔御史臺蔽曲直商英以是罷嗣明遂論商英引李士觀尹天民入政典芻矯爲敕語共造姦謀三人俱坐責嗣明遷大司成士子肄雅樂被恩嗣明亦升班與學士等已而言者論其取悅權貴妄升國子生預舍法以抑寒士黜知潁州未幾入爲工部侍郎翰林學士工部尚書卒贈資政殿學士太中大夫

蔣靜字叔明常州宜興人第進士調安仁令俗好巫

疫癘流行病者寧死不服藥靜悉論巫罪聚其所事淫像得三百軀毀而投諸江知陳留縣與屯將不恊罷去徽宗初立求言靜上言多詆元祐間事蔡京第爲正等擢職方員外郎中書舍人吳伯舉封還之京怒黜伯舉明年遷國子司業帝幸太學命講書無逸篇賜服金紫進祭酒爲中書舍人以顯謨閣待制知壽州徙江寧府茅山道士劉混康以技進賜號先生其徒倚爲姦利奪民葦場彊市廬舍詞訟至府吏觀望不敢治靜悉抵于法徙睦州移病提舉洞霄宮越九年召爲大司成出知洪州復告歸加直學士卒年七十一贈通議大夫

賈偉節開封人第進士累擢兩浙轉運判官條上民間利病加直秘閣爲江淮發運副使蔡京壞東南轉般法爲直達綱偉節率先奉承歲以上供物徑造都下籍催諸道逋負造巨船二千四百艘非供奉物而輙運載者請論以違制花石海錯之急切自此而興論功進秩遂拜戶部侍郎改刑部歲餘以顯謨閣直學士提舉醴泉觀卒

論曰善乎歐陽脩之論朋黨也其言曰君子以同道爲眞朋小人以同利爲僞朋同道則同心相益而共

濟小人見利則爭先利盡則踈而相賊害矣蘇軾續脩說謂君子不得志則奉身而退樂道不仕小人不得志則僥倖復用唯怨之報此所以不勝也秦觀亦言君子小人不免有黨人主不辨邪正必至兩廢或言兩存則小人卒得志君子終受害其說明甚徽宗弗之察也唯蔽於紹述之說崇姦貶正黨論滋起於是紹聖指元祐爲黨崇寧指元符爲黨而鄭居中張商英蔡京王黼諸人互指爲黨不復能辨始以黨敗人終以黨敗國衣冠塗炭垂三十年其禍汰於東都白馬蓋至是而三子之言效焉彼劉昺強淵明宋

喬年劉嗣明直斗筲耳亦使攘臂恣睢撼撞無忌小人之爲術斃矣嗚呼朋黨之說真能空人之國如此哉

崔鷗字德符雍丘人父毗徙居潁州遂爲陽翟人登進士第調鳳州司户參軍鈞州推官徽宗初立以日食求言鷗上書曰臣聞諫爭之道不激切不足以起人主意激切則近訕謗夫爲人臣而有訕謗之名此讒邪之論所以易乘而世主所以不悟天下所以卷舌吞聲而以言爲戒也臣嘗讀史見漢劉陶曹鸞唐李少良之事未嘗不掩卷興嗟矯然有山林不反之

意比聞國家以日食之異詢求直言伏讀詔書至所謂言之失中朕不加罪蓋陛下披至情廓聖度以來天下之言如此而私秘所聞不敢一吐是臣子負陛下也方今政令煩苛民不堪擾風俗險薄法不能勝未暇一二陳之而特以判左右之忠邪爲本臣生於草萊不識朝廷之士特怪左右之人有指元祐之臣爲姦黨者必邪人也使漢之黨錮唐之牛李之禍將復見于今日甚可駭也夫毀譽者朝廷之公議故責授朱崖軍司户司馬光左右以爲姦而天下皆曰忠今宰相章惇左右以爲忠而天下皆曰姦此何理也

臣請略言姦人之迹夫乘時抵巇以盜富貴探微揣端以固權寵謂之姦可也包苴滿門私謁踵路陰交不逞密結禁廷謂之姦可也以奇伎淫巧蕩上心以倡優女色敗君德獨操賞刑自報恩怨謂之姦可也蔽遮主聽排斥正人微言者坐以刺譏直諫者陷以指斥以杜天下之言掩滔天之罪謂之姦可也凡此數者光有之乎惇有之乎夫有其實者名隨之無其實而有其名誰肯信之傳曰謂狐爲狸非特不知狐又不知狸是故以佞爲忠必以忠爲佞於是乎有繆賞濫罰賞繆罰濫佞人徜徉如此而國不亂未之有

也光忠信直諒聞於華夷雖古名臣未能遠過而謂之姦是欺天下也至如惇狙詐凶險天下士大夫呼曰惇賊貴極宰相人所具瞻以名呼之又指爲賊豈非以其孤負主恩玩竊國柄忠臣痛憤義士不服故賊而名之指其實而號之以賊邪京師語曰大惇小惇殃及子孫謂惇與御史中丞安惇也小人譬之蝮蝎其兇忍害人根乎天性隨遇必發天下無事不過賊陷忠良破碎善類至緩急危疑之際必有反覆賣國跋扈不臣之心比年以來諫官不論得失御史不劾姦邪門下不駁詔令共持喑默以爲得計昔李林

甫竊相位十有九年海內怨痛而人主不知頃鄒浩以言事得罪大臣拱而觀之同列無一語者又從而擠之夫以股肱耳目治亂安危所係而一切若此陛下雖有堯舜之聰明將誰使言之誰使行之夫日者陽也食之者陰也四月正陽之月陽極盛陰極衰之時而陰干陽故其變爲大惟陛下畏天威聽明命大運乾剛大明邪正毋違經義毋鬱民心則天意解矣若夫伐鼓用幣素服徹樂而無脩德善政之實非所以應天也帝覽而善之以爲相州教授後蔡京條籍上書人以瓛爲邪等免所居官久之調績溪令移病歸始居郟城治地數畝爲婆娑園屏處十餘年人無貴賤長少悉尊師之宣和六年起通判寧化軍召爲殿中侍御史既至而欽宗即位授右正言上疏曰六月一日詔書詔諫臣直論得失以求實是有以見陛下求治之切也數十年來王公卿相皆自蔡京出要使一門生死則一門生用一故吏逐則一故吏來更持政柄無一人立異無一人害己者此京之本謀也安得實是之言聞於陛下哉諫議大夫馮澥近上章曰士無異論太學之盛也澥尚敢爲此姦言乎王安石除異己之人著三經之說以取士天下靡然雷同

陵夷至于大亂此無異論之效也京又以學校之法馭士人如軍法之馭卒伍一有異論累及學官若蘇軾黃庭堅之文范鎮沈括之雜說悉以嚴刑重賞禁其收藏其苛錮多士亦已密矣而澥猶以爲太學之盛欺罔不已甚乎原京與澥罪乃天地否泰所係國家治亂由之以分不可忽也仁宗英宗選敦朴敢言之士以遺子孫安石目爲流俗一切逐去司馬光復起而用之元祐之治天下安於泰山及章惇蔡京倡爲紹述之論以欺人主紹述一道德而天下一於諂佞紹述同風俗而天下同於欺罔紹述理財而公私竭紹述造士而人材衰紹述開邊而塞塵犯闕矣元符應詔上書者數千人京遺腹心考定之同己爲正異己爲邪澥與京同者也故列於正京之術破壞天下於茲極矣尚恐使其餘蠹再破壞邪京姦邪之計大類王莽而朋黨之衆則又過之願斬之以謝天下累章極論時議歸重忽得攣疾不能行三求去帝惜之不許呂好問徐秉哲爲言乃以龍圖閣直學士主管嵩山崇福宮命下而卒瓛平生爲文至多輒爲人取去篋無留者尤長於詩清峭雄深有法度無子壻衛昂集其遺文爲三十卷傳於世

張根字知常饒州德興人少入太學甫冠第進士調臨江司理參軍遂昌令當改京秩以四親在堂冀以父母之恩封大父母而貤妻封及母遂致仕得通直郎如其志時年三十一鄉人之賢者彭汝礪序其事自以爲不及屏處十年曾布曾肇鄒浩及本道使者上其行義徽宗召詣闕爲帝言人主一日萬幾所恃者是心耳一累於物則聰明智慮且耗賢不肖混淆綱紀不振矣願陛下清心省欲以窒禍亂之原遂請罷錢塘製造局帝改容嘉美以爲親賢宅教授未幾通判杭州提舉江西常平內侍走馬承受舉劾一路

以錢半給軍衣非是自轉運使郡守以下皆罷根言東南軍法與西北殊此事行之百五十年矣帥守監司分朝廷憂顧使有罪猶當審處豈宜以小奄尺紙空十郡吏哉詔皆令復還又言本道去歲蠲租四十萬而戶部責償如初祖宗立發運上供額而給本錢數百萬緡使廣糴以待用比希恩者乃獻爲羨餘故歲計不足至爲無名之斂詔貸所蠲租而以糴本錢還之六路洪州失官錫繫治兵吏千計根曰此有司失於幾察之過也今盡羅取無罪之人責以不可得之物何以召和氣乃罷其獄大觀中入對言陛下幸滌

煩苛破朋黨而士大夫以議論不一觀望苟且莫肯自盡陛下毀石刻除黨籍與天下更始而有司以大臣仇怨廢錮自如爲治之害莫大於此願思所以勵敕之即命爲轉運副使改淮南轉運使加直龍圖閣上書請常平止聽納息以塞兼并下戶均出役錢以絕姦僞市易惟取凈利以役商賈雖名若非正然與和買不讎其直什一而使之倍輸額外無名無數之斂有間矣又請分舉官爲三科一縣令二學官三縣丞曹州郡亦分三等明言其人某材堪充某州某官某縣令吏部據以注擬則今選稍清視平配硬差遠

矣詔吏部戶部相度以聞根又以水災乞蠲租賦散洛口米常平青苗米振貸流民詔褒諭之徙兩浙辭不行乃具疏付驛遞奏大略謂今州郡無兼月之儲太倉無終歲之積軍須匱乏邊備缺然東南水旱盜賊間作西北二國窺伺日久安得不豫爲之計因條列茶鹽常平等利病之數遂言爲今之計當節其大者而莫大於土木之功今群臣賜一第或費百萬臣所部二十州一歲上供財三十萬緡耳曾不足給一第之用以寵元勳盛德猶慮不稱況出於閭閻干澤者哉雖趙普韓琦佐命定策所未有願陛下斬之

其次如田園邸店雖不若賜第之多亦願日削而月損之如金帛好賜之類亦不可不節也又其次如錫帶其直雖數百緡亦必歛於數百家而後足今乃下被僕隸使混淆公卿間賢不肖無辨如以其左右趨走不欲墨綬當别爲制度以示等威可也書奏權倖側目謀所以中傷之者言交上帝察根誠不之罪也尋以花石綱拘占漕舟官買一竹至費五十緡而多入諸臣之家因力陳其弊益忤權倖迺擿根所書奏牘注切草略爲傲慢不恭責監信州酒旣又言根非詆常平之法以揺紹述之政再貶濠州團練副使安

置郴州尋以討淮賊功得自便以朝散大夫終于家年六十根性至孝父病蠱戒鹽根爲食淡母嗜河豚及蟹母終根不復食母方病每至鷄鳴則少蘇後不忍聞鷄聲子燾自有傳弟樸

樸字見素第進士歷耀淄宿三州教授太學録升博士改禮部員外郎高麗遣子弟入學肄業又兼博士遷光禄太常少卿擢侍御史鄭居中去位樸言朋黨分攻非朝廷福若不揃其尤久則難圖於是宇文黄中賈安宅等六人皆罷凡蔡京所惡亦指爲居中黨而逐時郎員冗濫至五十五人徽宗諭樸使論列乃擿

其庸繆者十六人疏斥諸外徐處仁議置裕民局以京提舉京不樂樸言國家法令明具何嘗不裕民乎今置局非是卒罷之起復修製大樂局管勾官田爲大晟府典樂樸論爲貪濫不法物論弗齒且典樂在太常少卿之上修製冗官不當超踰迺罷爲樂令未幾復前命樸爭不已改秘書少監蔡攸引爲道史檢討官召試中書舍人卒

任諒字子諒眉山人徙汝陽九歲而孤舅欲奪母志諒挽衣泣曰豈有爲人子不能養其親者乎母爲感動而止諒力學自奮年十四即冠鄉書登高第調河

南戶曹以兵書謁樞密曾布布使人邀諸關既見覺不能合徑去布爲相猶欲用之諒予書規以李德裕事布始怒蔣之奇章楶在樞府薦爲編修官布持其奏不下爲懷州教授徽宗見其所作新學碑曰文士也擢提舉夔路學事歷京西河北京東改轉運判官著河北根本籍凡戶口之升降官吏之增損與一歲出納奇贏之數披籍可見上之朝張商英見其書謂爲天下部使者之最提點京東刑獄梁山濼漁者習爲盜蕩無名籍諒伍其家刻其舟非是不得輒入他縣地錯其間者鑱石爲表盜發則督吏名捕莫敢不

盡力跡無所容加直秘閣徙陝西轉運副使降人李訛哆知邊廩不繼陰闞地窖粟而叛遺西夏統軍書稱定邊可唾手取諒諜知其謀亟輸粟定邊及諸城堡且募人發所窖得數十萬石訛哆果入寇失藏粟七日而退他日復圖觀化堡而邊儲已足訛哆遂解去加徽猷閣待制江淮發運使蔡京破東南轉般漕運法爲直達綱應募者率游手亡賴盜用乾没漫不可核人莫敢言諒入對首論之京怒會汴泗大水泗州城不没者兩板諒親部卒築堤徙民就高振以米粟水退人獲全京誣以爲漂溺千計坐削籍歸田里

執政或言水災守臣職發運使何罪帝亦知其枉復右文殿修撰陝西都轉運使尋復徽猷閣待制進直學士童貫更錢法必欲鐵錢與銅錢等物價率十減其九詔諒與貫議諒言爲六路害寢其策加龍圖閣直學士知京兆府徙渭州以母憂去宣和七年提舉上清寶籙宮修國史初朝廷將有事於燕諒曰中國其有憂乎乃作書貽宰相曰今契丹之勢其亡昭然取之當以漸師出不可無名宜別立耶律氏之宗使散爲君長則我有存亡繼絶之義彼有瓜分輻裂之弱與鄰崛起之金國勢相萬也至是又言郭藥師必反帝不聽大臣以爲病狂出提舉嵩山崇福宮是冬金人舉兵犯燕山藥師叛降皆如諒言迺復起諒爲京兆未幾卒年五十八

周常字仲修建州人中進士第以所著禮檀弓義見王安石呂惠卿二人稱之補國子直講太常博士以養親求教授楊州年未五十即致仕久之御史中丞黄履薦其恬退起爲太常博士辭元符初復申前命兼崇政殿說書遷著作佐郎疏言祖宗諸陵器物止用塗金服飾又無珠玉蓋務在質素昭示訓戒自裕陵至宣仁后寢宮乃施金珠頗收貯景靈殿以導遺

訓詔置之奉宸庫擢起居舍人鄒浩得罪常於講席論救貶監郴州酒徽宗立召爲國子祭酒起居郎從容言自古求治之主未嘗不以尚志爲先然溺於富貴逸樂蔽於諂諛順適則志隨以喪不可不戒元祐法度互有得失人才各有所長不可偏棄時以天暑令記注官卯漏正即勿奏事乃具爲令常言本朝記注類多兼諫員故凡言動得以所聞見論可否神宗皇帝時修注官雖不兼諫職亦許以史事於崇政延和殿直前陳述陛下於炎暾可畏之候暫停進對亦人情之常若著爲定令則必記於日錄傳之史筆使

後人觀之將以爲倦於聽納而忘先帝之美意矣事遂寢進中書舍人禮部侍郎蔡京用事不能容以寳文閣待制出知湖州尋又奪職居婺州復集賢殿修撰卒年六十七

論曰徽宗荒于治嬖倖塞朝柄移權姦不鳴者進習爲䩄熟鷗根諒常氣節偘偘指切時弊能盡言不諱卒不勝讒舌根常死外鷗諒甫用而病奪之可悲也已金兵旣舉郭藥師已叛朝廷猶弗知翊能先見禍幾哉毋或乎任諒之言也

列傳卷第一百十五

列傳卷第一百十六　宋史三百五十七

開府儀同三司上柱國錄軍國重事前中書右丞相監修國史領經筵事都總裁臣脫脫等奉
敕修

何灌　李熙靖　王雲　譚世勣
梅執禮　程振　劉延慶

何灌字仲源開封祥符人武選登第爲河東從事經略使韓縝雖數試其材而常沮抑之不假借久乃語之曰君奇士也他日當據吾坐爲府州大山軍巡檢盜蘇延福狡悍爲二邊患灌親梟其首賈胡疃有泉遼人常越境而汲灌親申畫界堠遏其来忿而舉兵犯我灌迎高射之發輒中或著崖石皆没鏃敵驚以爲神遼巡歛去後三十年契丹蕭大師與灌會道舊事數何巡檢神射灌曰即灌是也蕭矍然起拜爲河東將與夏人遇鐵騎来追灌射皆徹甲至洞胷出背疊貫後騎羌懼而引卻知寧化軍豐州徙忻河都監見童貫不拜貫憾焉張康國薦於徽宗召對問西北邊事以笏畫御榻指坐衣花紋爲形勢帝曰敵在吾目中矣提點河東刑獄遷西上閤門領威州刺史知滄州以　治城郭功轉引進使詔運粟三十萬石於並塞三州灌言水淺不勝舟陸當用車八千乘沿邊

方登麥頹以運費增價就糴之奏上報可安撫使忌
之劾云板築未畢而冒賞奪所遷官仍再貶秩罷去
未幾知岷州引邈川水溉閒田千頃湟人號廣利渠
徙河州復守岷提舉熈河蘭湟弓箭手入言漢金城
湟中穀斛八錢今西寧湟鄯即其地也漢唐故渠尚
可考若先葺渠引水使田不病旱則人樂應募而射
士之額足矣從之甫半歲得善田二萬六千頃募士
七千四百人爲他路最童貫用兵西邊灌取古骨龍
馬進武軍加吉州防禦使改知蘭州又攻仁多泉城
砲傷足不顧卒拔城斬首五千級正拜鄜州防禦使

宣和初劉法陷於敵震武危甚熈帥劉仲武使灌往
救灌以衆寡不敵但張虛聲駭之夏人宵遁灌恐覘
其實遽反兵仲武猶奏其逗遛罷爲淮西鈐轄從平
方臘獲賊帥呂師囊遷同州觀察使浙東都鈐轄改
浙西童貫北征檄統制兵馬涿易平以知易州遷寧
武軍承宣使燕山路副都總管又加龍神衛都指揮
使斡离不取景州薊州貫諉以兵事即復景城釋
薊圍郭藥師統蕃漢兵灌曰頃年折氏歸朝朝廷別
置一司專部漢兵至于克行乃許同營今但宜令藥
師主常勝軍而以漢兵委灌貫不聽召還管幹步

軍司陪遼使射玉津園一發破的再發則否客曰太
尉不能耶曰非也以禮讓客耳整弓復中之觀者誦
歎帝親賜酒勞之遷步軍都虞候金師南下悉出禁
旅付梁方平守黎陽灌謂宰相白時中曰金人傾國
遠至其鋒不可當今方平掃精鋭以北萬有一不枝
梧何以善吾後盍留以衛根本不從明日又命灌行
辭以軍不堪戰彊之拜武泰軍節度使河東河北制
置副使未及行而帝內禪灌領兵入衛鄆王楷至門
欲入灌曰大事已定王何所受命而來導者懼而退
灌竟行揀兵二萬不能足聽募民充數靖康元年正

月二日次滑州方平南奔灌亦望風迎潰黃河南岸
無一人禦敵金師遂直叩京城灌至乞入見不許而
令控守西隅背城拒戰凡三日被創没于陣年六十二
帳下韓綜雷彥興奇士也各手殺數人從以死欽宗
哀悼賜金帛命官護葬已而言者論其不守河津追
削官秩長子薊至閤門宣贊舍人從父戰箭貫左臂
拔出之病創死紹興四年中子蘚以灌事泣訴于朝
詔復履正大夫忠正軍承宣使

李熈靖字子安常州晉陵人唐衛公德裕九世孫也
祖均父公弼皆進士第公弼崇寧初通判潞州以議

三舍法不便使者劾其沮格詔令坐削黜以死熈靖擢第又中詞學兼茂選爲辟廱録大學正升博士以父老丐外除提舉淮東學事使養命下乃得河東而爲淮東者臧祐之也蓋省吏取祐之賂輙易之或教使自言熈靖曰事君不擇地吾其可發人之私求自便也宰相聞而賢之留爲兵部員外郎遭父憂去還爲右司員外郎王黼以太宰領應奉司又方事燕雲立經撫房於中書獨專之他執政皆不得預熈靖與言曰應奉之職非宰相所當預尚書樞密皆有兵房足以治邊事經撫何爲者哉黼積不樂同列五人皆

躐躋禁從獨滯留四年都水丞失職移過於熈靖貶其兩秩又將左轉爲國子司業執政交言不可僅還太常少卿黼罷乃拜中書舍人蔡攸又惡之出知拱州越兩月復以故官召入對言燕山雖定宜益謹思患豫防之戒徽宗曰詩所謂迨天之未陰雨徹彼桑土綢繆牖户者是也熈靖進曰孔子云爲此詩者其知道乎能治其國家誰敢侮之願陛下爲無疆之計帝嘉之靖康初同譚世勣事龍德宫攺顯謨閣待制提舉醴泉觀道君待之甚厚常從容及内禪事曰外人以爲吳敏功殊不知此自出吾意耳吾苟不欲人

言且滅族誰敢哉或謂吾似唐睿宗上畏天戒故爲之吾有此心久矣熈靖再拜賀敏聞而忌之以進對不時受罰旣拒張邦昌之命憂憤廢食家人進粥藥寛譬之終無生意故人視其病相持啜泣索筆書唐王維所賦百官何日再朝天之句明日遂卒年五十三與世勣同贈端明殿學士

王雲字子飛澤州人父獻可仕至英州刺史知瀘州黄庭堅謫於涪獻可遇之甚厚時人稱之雲舉進士從使高麗撰鷄林志以進擢秘書省校書郎出知簡州遷陝西轉運副使宣和中從童貫宣撫幕入爲兵

部員外郎起居中書舍人靖康元年以給事中使斡离不軍議割三鎮以和使還傳道斡离不之意以爲黏罕得朝廷所與余覩蠟書堅云中國不可信欲敗和約執政以爲不然罷爲徽猷閣待制知唐州金人陷太原召拜刑部尚書再出使許以三鎮賦入之數雲至真定遣從吏李裕還言金人不復求地但索五輅及上尊號且須康王来和好乃成欽宗悉從之且命王及馮澥往未行而車輅至長垣爲所卻雲亦還澥奏言雲誕妄誤國雲言事勢中變金人必欲得三鎮不然則進兵取汴都中外震駭詔集百官議雲固

言康王舊與斡离不結歡宜將命帝慮爲所留雲曰和議既成必無留王之理臣敢以百口保之王遂受命而雲以資政殿學士爲之副頃雲奉使過磁相勸兩郡徹近城民舍運粟入保爲清野之計民怨之及是次磁州又與守臣宗澤有憾於是王出謁嘉應神祠雲在後民遮道諫曰肅王已爲金人所留王不宜北去厲聲指雲曰清野之人眞姦賊也王出廟行或發雲笥得烏絁短巾蓋雲夙有風眩疾寢則以護首者民益信其爲姦誅而殺之王見事勢洶洶乃南還相州是役也雲不死王必北行議者以是驗天命云建炎初贈觀文殿學士雲兄霽崇寧時爲謀議司詳議官上書告蔡京罪黥隸海島欽宗復其官從种師中戰死

譚世勣字彥成潭州長沙人第進士教授郴州時王氏學盛行世勣雅不喜或問之曰說多而屢變無不易之論也置其書不觀又中詞學兼茂科除秘書省正字時相蔡京子攸領書局同舍郎多翕附以取貴仕世勣獨坐直廬繙書竟日梁師成之客與爲隣居數致師成願交意謝不答在館六年不遷京罷用久次爲司門員外郎又三年還吏部京復相嫌不附己

罷提點太平宮久之復還吏部倖臣妄引恩澤任子持不與吏白有某例世勣曰豈當以暫例破成法已而取中旨行之進少府監擢中書舍人以謹命令惜名器廣言路吝賜予正上供省浮費六事言于上又爲當路所嫉以徽猷閣待制知婺州未行復留之徽宗禪位東幸且還使與李梲副執政奉迎遂同主管龍德宮請辨正宣仁國史之誣述欽聖遺旨以復瑤華太后神祖仍用冨弼侑食釋奠先聖不當以王安石配後皆施行秋七月彗出東方大臣或謂此四夷將衰之兆世勣面奏垂象可畏當修德以應天不宜惑諛說進給事中兼侍讀內侍喧爭殿門詔以瀆論世勣駮其不恭因言董貫輩初亦甚微小惡不懲將馴至大患疏入同類側目何㮚建議分外郡爲四道置都總管事得顓決世勣言裂天下以付四人而王畿所治者纔十六縣獨無尾大不掉之慮乎㮚不樂改禮部侍郎金騎駸駸南下世勣言守邊爲上策今邊不得守守河則京畿自固中策也巡幸江淮會東南兵以捍敵下策也金人既渡河又請遣大將秦元以所部京畿保甲分護國門使兵勢連屬首尾相援即金人不敢逼孫傅深然之又格於㮚議弭扈車駕

至金帥帳以十害說其用事者言講解之利詞意忠
激金人聳聽張邦昌僭國令與李熙靖同直學士院
皆稱疾卧不起以憂卒年五十四建炎初褒其守節
贈端明殿學士

梅執禮字和勝婺州浦江人第進士調常山尉未赴
以薦爲敕令刪定官武學博士大司成彊淵明賢其
人爲宰相言相以未嘗識面爲慊執禮聞之曰以人
言而得必以人言而失吾求在我者而已卒不往謁
歷軍器鴻臚丞比部員外郎比部職勾稽財貨文牘
山委率不暇經目苑吏有持茶券至爲錢三百萬者

以楊戩旨意迫取甚急執禮一閲知其妄欲白之長
貳疑不敢乃獨列上果詐也改度支吏部進國子司
業兼資善堂翊善遷左司員外郎擢中書舍人給事
中林攄以前執政赴闕宿留冀復故職執禮論去之
孟昌齡居鄆質人屋當贖不肯與而請中旨奪之外
郡卒留後中都者萬數肆不逞爲姦詔悉令還楊戩
占不遣内侍張佑董脅太廟僭求賞皆駮奏弗行遷
禮部侍郎素與王黼善黼嘗置酒其第夸示園池妓
妾之盛有驕色執禮曰公爲宰相當與天下同憂樂
今方臘流毒吳地瘡痍未息是豈歌舞宴樂時乎退

又戒之以詩黼愧怒會孟饗原廟後至以顯謨閣待
制知蘄州又奪職明年徙滁州復集英殿脩撰時賦
鹽虧額滁亦苦抑配執禮曰郡不能當蘇杭一邑而
食鹽乃倍粟數民何以堪請於朝詔損二十萬滁人
德之欽宗立徙知鎮江府召爲翰林學士道除吏部
尚書旋改戶部方軍興調度不足執禮請以禁内錢
隸有司凡六宮廩給皆由度支乃得下嘗有小黃門
持中批詣部取錢而封識不用璽既悟其失復取之
執禮奏審詔責典寶夫人而杖黃門金人圍京都執
禮勸帝親征而請太上帝后皇后太子皆出避用事

者沮之洎失守金人質天子邀金帛以數百千萬計
曰和議已定但所需滿數則奉天子還闕執禮與同
列陳知質程振安扶皆主根索四人哀民力已困相
與謀曰金人所欲無藝極雖銅鐵亦不能給盍以軍
法結罪儻窒其求而宦者挾宿怨語金帥曰城中七
百萬戶所取未百一但許民持金銀換粟麥當有出
者已而果然酋怒呼四人責之對曰天子蒙塵臣民
皆願致死雖肝腦不計於金繒何有哉顧比屋枵空
亡以塞命耳酋問官長何在振恐執禮獲罪遽前曰
皆官長也酋益怒先取其副胡舜陟胡唐老姚舜明

王俁各杖之百執禮等猶爲之請俄遣還將及門呼下馬搥殺之而梟其首時靖康二年二月也是日天宇晝冥士庶皆隕涕憤歎初車駕再出執禮與宗室子昉諸將吳革等謀集兵奪萬勝門夜擣金帥帳迎二帝以歸而王時雍徐秉哲使范瓊泄其謀故不克死時年四十九高宗即位詔贈通奉大夫端明殿學士議者以爲薄復加資政殿學士

程振字伯起饒州樂平人少有軼材入太學一時名輩多從之游徽宗幸學以諸生右職除官爲辟雍録升博士遷太常博士提舉京東西路學事請立廟子

鄒祀孟軻以公孫丑萬章樂正克等配食從之提舉京西常平入爲膳部員外郎監察御史辟雍國子司業左司員外郎兼太子舍人始至即言古者大祭祀登餕受爵必以上嗣旣禮經所載且元豐彝典具存昨天子展事明堂而殿下不預非所以尊宗廟重社稷也太子矍然曰宮僚初無及此者由是特加奬異方臘起振謂王黼宜乘此時建革天下弊事以上當天意下順人心黼不懌曰上且疑黼挾寇恭何振知黼忌其言趨而出然太子薦之甚力遂擢給事中黼白振貲淺且雅長書命請以爲中書舍人侍郎馮熙載出知亳州黼怨熙載欲振詆以醜語振不肯黼使言者劾爲黨罷提舉沖佑觀居三年復還故官靖康元年進吏部侍郎爲欽宗言柄臣不和論議多駮詔令輕改失於事幾金人交兵半歲而至今不解者以和戰之說未一故也裁抑濫賞如白黑易分而數月之間三變其議以私心不除各蔽其黨故也今日一人言之以爲是而行明日一人言之以爲非而止或聖斷險度而不暇疇咨或大臣偏見而遂形播告所以動未必善處未必宜乃輒爲之反汗其勢不得不尒也時金兵至河北振請糾諸道兵犄角擊之曰彼

猖獗如此陛下尚欲守和議而不使之少有懲艾事上嗟味其言而牽於外廷不能用拜開封尹故時大辟有情可矜多奏取原貸崇寧以來議者謂輦轂先彈壓率便文殺之振請復舊制詔捕亡命卒得數千人振請以隸步軍而除其罪步軍司欲論如法振曰方多事之際而一日殺數千人必大駭觀聽乃盡釋之改刑部侍郎金騎在郊邀車駕出城振爲何㮚言宜思所以折之之策㮚不從未幾及於難年五十七金人去從子庭訪得其首歸葬之初王黼使其客沈積中圖燕振戒以後禍積中懼而言不可旣而振乃

用是死間者痛之初宣和崇道家之說振侍坐東宮從容言孔子以鵾鷄之詩為知道其詞不過曰迨天之未陰雨綢繆牖户而已老子亦云為之於未有治之於未亂今不固根本於無事之時而事目前區區非二聖人意他日太子為徽宗道之徽宗寤頗欲去徒羨疏左右近習而宦寺楊戩輩方大興宫室懼不得肆因讒家令楊馮以為將輔太子幸非常徽宗震怒執馮誅之而太子之言亦屢振尹京時兩宫方困於甚間振極意彌縫治龍德梁忻獄寛其罪不使有纖介可指高宗即位進秩七等仍官其子及親屬三

人又贈端明殿學士端平初曾孫東請謚賜謚剛愍同時死者禮部侍郎陳知質失其傳給事中安扶附見父安燾傳

劉延慶保安軍人世為將家雄豪有勇數從西伐立戰功積官至相州觀察使龍神衛都指揮使鄜延路總管還泰寧軍節度觀察留後改承宣使破夏人成德軍擒其酋賞屈降王子益麻党征拜保信軍節度使馬軍副都指揮使從童貫平方臘節度河陽三城又從北伐以宣撫都統制督兵十萬渡白溝延慶行軍無紀律郭藥師扣馬諫曰今大軍跋隊行而不設備若敵人置伏邀擊首尾不相應則望塵決潰矣不聽至良鄉遼將蕭幹帥衆來延慶與戰敗績遂閉壘不出藥師曰幹兵不過萬人今悉力拒我燕山必虛願得奇兵五千倍道襲取令公之子三將軍簡師為後繼延慶許之遣大將高世宣與藥師先行即入燕城幹舉精甲三千巷戰三將軍者光世也渝約不至藥師失援敗走世宣死之延慶營于盧溝南幹分兵斷餽道擒護糧將王淵得漢軍二人蔽其目留帳中夜半偽相語曰聞漢軍十萬壓吾境吾師三倍敵之有餘當分左右翼以精兵衝其中左右翼為應殲之

無遺陰逸其一人歸報明旦延慶見火起以為敵至燒營而奔相蹂踐死者百餘里自熙豐以來所儲軍實殆盡退保雄州燕人作賦及歌誚之朝議延慶喪師不可不行法坐貶率府率安置筠州契丹知中國不能用兵由是輕宋未幾復為鎮海軍節度使靖康之難延慶分部守京城城陷引秦兵萬人奪開遠門以出至龜兒寺為追騎所殺光世自有傳

論曰靖康之變執禮振不忍都人塗炭拒彊敵無厭之欲親逢其凶熈靖世勳不肯以一身事二姓悲不食以終灌延慶戰敗而沒此數人者其所遺不同至

於死國難則一而已雲之死雖其有以取之殆亦天
未欲絶宋祀也不然是行也康王其危哉

列傳卷第一百十六

百衲本

宋史

（元）脱脱等撰

7

國家圖書館出版社

李綱上

李綱字伯紀邵武人也自其祖始居無錫父夔終龍圖閣待制綱登政和二年進士第積官至監察御史兼權殿中侍御史以言事忤權貴改比部員外郎遷起居郎宣和元年京師大水綱上疏言陰氣太盛當以盜賊外患爲憂朝廷惡其言謫監南劒州沙縣稅務七年爲太常少卿時金人渝盟邊報狎至朝廷議避敵之計詔起師勤王命皇太子爲開封牧令侍從各具所見以聞綱上禦戎五策且語所善給事中吳敏曰建牧之議豈非欲委以留守之任乎巨敵猖獗如此非傳以位號不足以招徠天下豪傑東宮恭儉之德聞於天下以守宗社可也公以獻納論思爲職曷不爲上極言之敏曰監國可乎綱曰肅宗靈武之事不建號不足以復邦而建號之議不出於明皇後世惜之主上聰明仁恕公言萬一能行將見金人悔禍宗社底寧天下受其賜翌日敏請對具道所以因言李綱之論蓋與臣同有旨召綱入議綱刺臂血上疏云皇太子監國典禮之常也今大敵入攻安危存亡在呼吸間猶守常禮可乎名分不正而當大權何以號召天下期成功於萬一哉若假皇太子以位號使爲陛下守宗社收將士心以死捍敵天下可保疏上內禪之議乃決欽宗即位綱上封事謂方今中國勢弱君子道消法度紀綱蕩然無統陛下履位之初當上應天心下順人欲攘除外患使中國之勢尊誅鋤內姦使君子之道長以副道君皇帝付託之意召對延和殿上迎謂綱曰朕頃在東宮見卿論水災疏今尚能誦之李鄴使金議割地綱奏祖宗疆土當以死守不可以尺寸與人欽宗嘉納除兵部侍郎靖康元年以吳敏爲行營副使綱爲參謀官金將斡离不兵渡河徽宗東幸宰執議請上暫避敵鋒綱曰道君皇帝挈宗社以授陛下委而去之可乎上默然太宰白時中謂都城不可守綱曰天下城池豈有如都城者且宗廟社稷百官萬民所在捨此欲何之上顧宰執曰策將安出綱進曰今日之計當整飭軍馬固結民心相與堅守以待勤王之師上問誰可將者綱曰朝廷以高爵厚祿崇養大臣蓋將用之於有事之日白時中李邦彥等雖未必知兵然藉其位號撫將士以抗敵鋒乃其職也時中忿曰李綱莫能將兵出戰否綱曰陛下不以臣庸懦儻使治兵願以死報乃以綱爲尚書右丞宰執猶守避敵之議有旨以綱爲東京留守綱爲上力陳所以不可

去之意且言明皇聞潼關失守即時幸蜀宗廟朝廷毀于賊手范祖禹以爲其失在於不能堅守以待援今四方之兵不日雲集陛下柰何輕舉以蹈明皇之覆轍乎上意頗悟會内侍奏中宫已行上色變倉卒降御榻曰朕不能留矣綱泣拜以死邀之上顧綱曰朕今爲卿留治兵禦敵之事專責之卿勿令有踈虞綱皇恐受命未幾復决意南狩綱趨朝則禁衛擐甲乘輿已駕矣綱急呼禁衛曰爾等願守宗社乎願從幸乎皆曰願死守綱入見曰陛下已許臣留復戒行何也今六軍父母妻子皆在都城願以死守萬一中道散歸陛下孰與爲衛敵兵已逼知乘輿未遠以健

馬疾追何以禦之上感悟遂命輟行綱傳旨語左右曰敢復有言去者斬禁衛皆拜伏呼萬歲六軍聞之無不感泣流涕命綱爲親征行營使以便宜從事綱治守戰之具不數日而畢敵兵攻城綱身督戰募壯士縋城而下斬酋長十餘人殺其衆數千人金人知有備又聞上已内禪乃退求遣大臣至軍中議和綱請行上遣李棁綱曰安危在此一舉臣恐李棁怯懦而誤國事也上不聽竟使棁往金人須金幣以千萬計求割太原中山河間地以親王宰相爲質棁受事目不措一辭還報綱謂所需金幣竭天下且不足况都城乎三鎮國之屏蔽割之何以立國至於遣質即

宰相當往親王不當往若遣辯士姑與之議所以可不可者宿留數日大兵四集彼孤軍深入雖不得所欲亦將速歸此時而與之盟則不敢輕中國而和可久也宰執議不合綱不能奪求去上慰諭曰卿第出治兵此事當徐議之綱退則誓書已行所求皆與之以皇弟康王少保張邦昌爲質時朝廷日輸金幣而金人需求不已日肆屠掠四方勤王之師漸有至者种師道姚平仲亦以涇原秦鳳兵至綱奏言金人貪婪無厭兇悖已甚其勢非用師不可且敵兵號六萬而吾勤王之師集城下者已二十餘萬彼以孤軍入重地猶虎豹自投檻穽中當以計取之不必與角一

旦之力若扼河津絶饟道分兵復畿北諸邑而以重兵臨敵營堅壁勿戰如周亞夫所以困七國者俟其食盡力疲然後以一檄取誓書復三鎮縱其北歸半渡而擊之此必勝之計也上深以爲然約日舉事姚平仲勇而寡謀急於要功先期率步騎萬人夜斫敵營欲生擒斡离不及取康王以歸夜半中使傳旨諭綱曰姚平仲已舉事卿速援之綱率諸將旦出封丘門與金人戰幕天坡以神臂弓射金人却之平仲竟以襲敵營不克懼誅亡去金使來宰相李邦彦語之曰用兵乃李綱姚平仲非朝廷意遂罷綱以蔡懋代之太學生陳東等詣闕上書明綱無罪軍民不期而

集者數十萬呼聲動地恚不得報至殺傷內侍帝亟召綱綱入見泣拜請死帝亦泣命綱復爲尚書右丞充京城四壁守禦使始金人犯城者蔡楙禁不得輒施矢石將士積憤至是綱下令能殺敵者厚賞衆無不奮躍金人懼稍稍引却且得割三鎭詔及親王爲質乃退師除綱知樞密院事綱奏請如澶淵故事遣兵護送且戒諸將可擊則擊之乃以兵十萬分道並進將士受命踴躍以行先是金帥粘罕圍太原守將折可求劉光世軍皆敗平陽府義兵亦叛導金人入南北關取隆德府至是遂攻高平宰相咎綱盡遣城下兵追敵恐倉卒無措急徵諸將還諸將已追及金人於邢趙間遽得還師之命無不扼腕比綱力爭復遣而將士解體矣詔議迎太上皇帝還京初徽宗南幸童貫高俅等以兵扈從既行聞都城受圍乃止東南郵傳及勤王之師道路籍籍言貫等爲變陳東上書乞誅蔡京蔡攸童貫朱勔高俅盧宗原等議遣聶山爲發運使往圖之綱曰使山所圖果成震驚太上此憂在陛下萬一不果是數人者挾太上於東南求劒南一道陛下將何以處之莫若罷山之行請於太上去此數人自可不勞而定上從其言徽宗還次南都以書問改革政事之故且召吳敏李綱或慮太上意有不測綱請行曰此無他不過欲知朝廷事爾綱

至具道皇帝聖孝思慕欲以天下養之意請陛下早還京師徽宗泣數行下問卿頃以何故去綱對曰臣昨任左史以狂妄論列水災蒙恩寬斧鉞之誅然臣當時所言以謂天地之變各以類應正爲今日攻圍之兆夫災異變故譬猶一人之身病在五臟則發於氣色形於脉息善醫者能知之所以聖人觀變於天地而修其在我者故能制治保邦而無危亂之憂徽宗稱善又詢近日都城攻圍守禦次第語漸浹洽徽宗因及行宮止遞角等事曰當時恐金人知行宮所在非有他也綱奏方艱危時兩宮隔絶朝廷應副行宮亦豈能無不至者在聖度燭之耳且言皇帝仁孝惟恐有一不當太上皇帝意者每得詰問之詔輒憂懼不食臣竊譬之家長出而强寇至子弟之任家事者不得不從宜措置長者但當以其能保田園大計而慰勞之苟誅及細故則爲子弟者何所逃其責哉皇帝傳位之初陛下巡幸適當大敵入攻爲宗社計庶事不得不小有更革陛下回鑾臣謂宜有以大慰安皇帝之心勿問細故可也徽宗感悟出玉帶金魚象簡賜綱曰行宮人得卿來皆喜以此示朕意卿可便服之且曰卿輔助皇帝扞守宗社有大功若能調和父子間使無疑阻當遂書青史垂名萬世綱感泣再拜綱還具道太上意宰執進迎奉太上儀注耿南

仲議欲屏太上左右車駕乃進綱言如此是示之以疑也天下之理誠與疑明與闇而已自誠明而推之可至於堯舜自疑闇而推之其患有不可勝言者耿南仲不以堯舜之道輔陛下乃闇而多疑南仲怫然曰臣適見左司諫陳公輔乃爲李綱結士民伏闕者乞下御史置對上愕然綱曰臣與南仲所論國事也南仲乃爲此言臣何敢復有所辨願以公輔事下吏臣得乞身待罪章十餘上不允太上皇帝還綱迎拜國門翌日朝龍德宮退復上章懇辭上手詔諭意曰乃者敵在近郊士庶伏闕一朝倉猝衆數十萬忠憤所激不謀同辭此豈人力也哉不悅者造言致卿不自安朕深諒卿不足介懷巨敵方退正賴卿協濟艱難宜勉爲朕留綱不得已就職上備邊禦敵八事時北兵已去太上還宮上下恬然置邊事於不問綱獨以爲憂與同知樞密院事許翰議調防秋之兵吳敏乞置詳議司檢詳法制以革弊政詔以綱爲提舉官南仲沮止之綱奏邊患方棘調度不給宜稍抑冒濫以足國用謂如節度使至遙郡刺史本以待勳臣今皆以戚里恩澤得之堂吏轉官止於正郎崇觀間始轉至中奉大夫今宜皆復舊制執政揭其奏通衢以綱得士民心欲因此離之會守禦司奏補副尉二人御批有大臣專權浸不可長語綱奏頃得旨給空名

告敕以便宜行事二人有勞當補官故具奏聞乃遵上旨非專權也時太原圍未解种師中戰沒師道病歸南仲曰欲援太原非綱不可上以綱爲河東北宣撫使綱言臣書生實不知兵在圍城中不得已爲陛下料理兵事今使爲大帥恐誤國事因拜辭不許退而移疾乞致仕章十餘上不允臺諫言綱不可去朝廷上以其爲大臣游說斥之或謂綱曰公知所以遣行之意乎此非爲邊事欲緣此以去公則都人無辭耳公堅臥不起讒者益肆上怒且不測奈何許翰書杜郵二字遺綱綱皇恐受命上手書裴度傳以賜綱言吳元濟以區區環蔡之地抗唐室與金人彊弱固不相侔而臣曾不足以望裴度萬分之一然寇攘外患可以掃除小人在朝蠹害難去使朝廷既正君子道長則所以扞禦外患者有不難也因書裴度論元稹魏洪簡章疏要語以進上優詔荅之宣撫司兵僅萬二千人庶事未集綱乞展行期御批以爲遷延拒命綱上疏明其所以未可行者且曰陛下前以臣爲專權今以臣爲拒命方遣大帥解重圍而以專權拒命之人爲之無乃不可乎願乞骸骨解樞筦之任上趣召數四曰卿爲朕巡邊便可還朝綱曰臣之行無復還之理昔范仲淹以參政出撫西邊過鄭州見呂夷簡夷簡曰參政豈可復還其後果然今臣以愚直

不容於朝使既行之後進而死敵臣之願也萬一朝廷執
議不堅臣當求去陛下宜察臣孫忠以全君臣之義上爲
之感動及陛辭言唐恪聶山之姦任之不已後必誤國進
至河陽望拜諸陵復上奏曰臣總師出鞏洛望拜陵寢潸
然出涕惟祖宗創業守成垂二百年以至陛下適丁艱難
之秋彊敵內侵中國勢弱此誠陛下甞膽思報厲精求治
之日願深考祖宗之法一二推行之進君子退小人益固
邦本以圖中興上以慰安九廟之靈下爲億兆蒼生之所
依賴天下幸甚行次懷州有詔罷減所起兵綱奏曰太原
之圍未解河東之勢甚危秋高馬肥敵必深入宗社安危

殆未可知使防秋之師果能足用不可保無敵騎渡河之
警況臣出使未幾朝廷盡改前詔所團結之兵悉罷減之
今河北河東日告危急未有一人一騎以副其求甫集之
兵又皆散遣臣誠不足以任此且以軍法勒諸路起兵而
以寸紙罷之臣恐後時有所號召無復應者矣疏上不報
御批曰促解太原之圍而諸將承受御畫事皆專達宣撫
司徒有節制之名綱上疏極諫節制不專之弊時方議和
詔止綱進兵未幾徐處仁吳敏罷相而相唐恪許翰罷同
知樞密院而進聶山陳過庭李回等吳敏復謫置涪州綱
聞之歎曰事無可爲者矣即上奏丐罷乃命种師道以同

知樞密院事領宣撫司事召綱赴闕尋除觀文殿學士知
揚州綱具奏辭免未幾以綱專主戰議喪師費財落職提
舉亳州明道宮責授保靜軍節度副使建昌軍安置再謫
寧江金兵再至上悟和議之非除綱資政殿大學士領開
封府事綱行次長沙被命即率湖南勤王之師入援未至
而都城失守先是康王至北軍爲金人所憚求遣肅王代
之至是康王開大元帥府承制復綱故官且貽書曰方今
生民之命急於倒垂諒非不世之才何以協濟事功閤下
學窮天人忠貫金石當投袂而起以副蒼生之望高宗即
位拜尚書右僕射兼中書侍郎趣赴闕中丞顏岐奏曰張

邦昌爲金人所喜雖已爲三公郡王宜更加同平章事增
重其禮李綱爲金人所惡雖已命相宜及其未至罷之章
五上上曰如朕之立恐亦非金人所喜岐語塞而退岐猶
遣人封其章示綱覬以沮其來上聞綱且至遣官迎勞錫
宴趣見于內殿綱見上涕泗交集上爲動容因奏曰金人
不道專以詐謀取勝中國不悟一切墮其計中賴天命未
改陛下總師于外爲天下臣民之所推戴內修外攘還二
聖而撫萬邦責在陛下與宰相臣自視闕然不足以副陛
下委任之意乞追寢成命且臣在道顏岐甞封示論臣章
謂臣爲金人所惡不當爲相如臣愚惷但知有趙氏不知

有金人宜爲所惡然謂臣材不足以任宰相則可謂爲金人所惡不當爲相則不可因力辭帝爲出范宗尹知饒州顏岐與祠綱猶力辭上曰朕知卿忠義智略久矣欲使敵國畏服四方安寧非相卿不可卿其勿辭綱頓首泣謝云臣愚陋無取荷陛下知遇然今日扶顛持危圖中興之功在陛下而不在臣臣無左右先容陛下首加識擢付以宰柄顧區區何足以仰副圖任責成之意然靡不有初鮮克有終臣孤立寡與望察管仲害霸之言留神於君子小人之間使得以盡志畢慮雖死無憾昔唐明皇欲相姚崇崇以十事要說皆中一時之病今臣亦以十事仰干天聽陛下度其可行者賜之施行臣乃敢受命一曰議國是謂中國之御四裔能守而後可戰能戰而後可和而靖康之末皆失之今欲戰則不足欲和則不可莫若先自治專以守爲策俟吾政事修士氣振然後可議大舉二曰議巡幸謂車駕不可不一到京師見宗廟以慰都人之心度未可居則爲巡幸之計以天下形勢而觀長安爲上襄陽次之建康又次之皆當詔有司預爲之備三曰議赦令謂祖宗登極赦令皆有常式前日赦書乃以張邦昌僞赦爲法如赦惡逆及罪廢官盡復官職皆泛濫不可行宜悉改正以法四曰議僭逆謂張邦昌爲國大臣不能臨難死節而挾金

人之勢易姓改號宜正典刑垂戒萬世五曰議僞命謂國家更大變鮮仗節死義之士而受僞官以屈膝於其庭者不可勝數昔肅宗平賊汙僞命者以六等定罪宜倣之以勵士風六曰議戰謂軍政久廢士氣怯惰宜一新紀律信賞必罰以作其氣七曰議守謂敵情狡獪勢必復來宜於沿河江淮措置控禦以扼其衝八曰議本政謂政出多門紀綱紊亂宜一歸之於中書則朝廷尊九曰議久任謂靖康間進退大臣太速功效蔑著宜慎擇而久任之以責成功十曰議修德謂上始膺天命宜益修孝悌恭儉以副四海之望而致中興翌日班綱議于朝惟僭逆僞命二事留中不出綱言二事乃今日政刑之大者邦昌當道君朝在政府者十年淵聖即位首擢爲相方國家禍難金人爲易姓之謀邦昌如能以死守節推明天下戴宋之義以感動其心敵人未必不悔禍而存趙氏而邦昌方自以爲得計偃然正位號處宮禁擅降僞詔以止四方勤王之師及知天下之不與不得已而後請元祐太后垂簾聽政而議奉迎邦昌僭逆始末如此而議者不同臣請備論而以春秋之法斷之夫都城之人德邦昌謂因其立而得生且免重科金銀之擾元帥府恕邦昌謂其不待征討而遣使奉迎若天下之憤嫉邦昌者則謂其建號易姓而奉迎特出於

不得已都城德之元帥府怨之私也天下憤嫉之公也春秋之法人臣無將將而必誅趙盾不討賊則書以弒君今邦昌已僭位號敵退而止勤王之師非特將與不討賊而已劉盆子以漢宗室爲赤眉所立其後以十萬衆降光武但待之以不死邦昌以臣易君罪大於盆子不得已而自歸朝廷既不正其罪又尊崇之此何理也陛下欲建中興之業而尊崇僭逆之臣以示四方其誰不解體又僞命臣寮一切置而不問何以厲天下士大夫之節時執政中有論不同者上乃召黄潛善等語之潛善主邦昌甚力上顧呂好問曰卿昨在圍城中知其故以爲何如好問附潛善

持兩端曰邦昌僭竊位號人所共知既已自歸惟陛下裁處綱言邦昌僭逆豈可使之在朝廷使道路指目曰此亦一天子哉因泣拜曰臣不可與邦昌同列當以笏擊之陛下必欲用邦昌第罷臣上頗感動伯彥乃曰李綱氣直臣等所不及乃詔邦昌謫潭州吳幵莫儔而下皆遷謫有差綱又言近世士大夫寡廉鮮耻不知君臣之義靖康之禍能仗節死義者在内惟李若水在外惟霍安國願加贈恤上從其請仍詔有死節者諸路詢訪以聞上謂綱曰卿昨爭張邦昌事内侍輩皆泣涕卿今可以受命矣綱拜謝有旨兼充御營使入對奏曰今國勢不逮靖康間遠甚然而

可爲者陛下英斷於上群臣輯睦於下庶幾靖康之弊革而中興可圖然非有規模而知先後緩急之序則不能以成功夫外禦彊敵内銷盜賊修軍政變士風裕邦財寛民力改弊法省冗官誠號令以感人心信賞罰以作士氣擇帥臣以任方面選監司郡守以奉行新政俟吾所以自治者政事已修然後可以問罪金人迎還二聖此所謂規模也至於所當急而先者則在於料理河北河東蓋河北河東者國之屏蔽也料理稍就然後中原可保而東南可安今河東所失者恒代太原澤潞汾晉餘郡猶存也河北所失者不過真定懷衛濬四州而已其餘二十餘郡皆爲朝

廷守兩路士民兵將所以戴宋者其心甚堅皆推豪傑以爲首領多者數萬少者亦不下萬人朝廷不因此時置司遣使以大慰撫之分兵以援其危急臣恐糧盡力疲坐受金人之困雖懷忠義之心援兵不至危迫無告必且憤怨朝廷金人因得撫而用之皆精兵也莫若於河北置招撫司河東置經制司擇有材略者爲之使宣諭天子恩德所以不忍棄兩河於敵國之意有能全一州復一郡者以爲節度防禦團練使如唐方鎮之制使自爲守非惟絶其從敵之心又可資其禦敵之力使朝廷永無北顧之憂最今日之先務也上善其言問誰可任者綱薦張所傅亮所嘗

爲監察御史在靖康圍城中以蠟書募河北兵士民得書
喜曰朝廷棄我猶有一張察院能拔而用之應募者凡十
七萬人由是所之聲震河北故綱以爲招撫河北非所不
可傳亮者先以邊功得官嘗治兵河朔都城受圍時亮率
勤王之兵三萬人屢立戰功綱察其智略可以大用欲因
此試之上乃以所爲河北招撫使亮爲河東經制副使皇
子生故事當肆赦綱奏陛下登極曠蕩之恩獨遺河北河
東而不及勤王之師天下觖望夫兩路爲朝廷堅守而赦
令不及人皆謂已棄之何以慰忠臣義士之心勤王之師
在道路半年擐甲荷戈冒犯霜露雖未效用亦已勞矣加

以疾病死亡恩恤不及後有急難何以使人乎願因今赦
廣示德意上嘉納於是兩路知天子德意人情翕然間有
以破敵捷書至者金人圍守諸郡之兵往往引去而山砦
之兵應招撫經制二司募者甚衆有許高許亢者以防河
而遁謫嶺南至南康謀變守倅戮之或議其擅殺綱曰高
亢受任防河寇未至而遁沿途刧掠甚於盜賊朝廷不能
正軍法而一守倅能行之眞健吏也使受命捍賊而欲退
走者知郡縣之吏皆得以誅之其亦少知所戒乎上以爲
然命轉一官開封守闕綱以留守非宗澤不可力薦之澤
至撫循軍民修治樓櫓屢出師以挫敵綱立軍法五人爲

伍伍長以牌書同伍四人姓名二十五人爲甲甲正以牌
書伍長五人姓名百人爲隊隊將以牌書甲正四人姓名
五百人爲部部將以牌書隊將正副十人姓名二千五百
人爲軍統制官以牌書部將正副十人姓名命招置新軍
及御營司兵並依新法團結有所呼召使令按牌以遣三
省樞密院置賞功司受賂乞取者行軍法遇敵逃潰者斬
因而爲盜賊者誅及其家屬凡軍政申明改更者數十條
又奏步不足以勝騎騎不足以勝車請以車制頒京東西
製造而教閱之又奏造戰艦募水軍及詢訪諸路武臣材
略之可任者以備用又進三疏一曰募兵二曰買馬三曰

募民出財以助兵費諫議大夫宋齊愈聞而笑之謂虞部
員外郎張浚曰李丞相三議無一可行者浚問之齊愈曰
民財不可盡括西北之馬不可得而東南之馬不可用至
於兵數若郡增二千則歲用千萬緡費將安出齊愈將極
論之浚曰公受禍自此始矣時朝廷議遣使于金綱奏曰
堯舜之道孝悌而已孝悌之至可以通神明陛下以二聖
遠狩沙漠食不甘味寢不安席思迎還兩宮致天下養此
孝悌之至而堯舜之用心也今日之事正當枕戈嘗膽内
修外攘使刑政修而中國彊則二帝不俟迎請而自歸不
然雖冠蓋相望卑辭厚禮恐亦無益今所遣使但當奉表

通問兩宮致思慕之意可也上乃命綱草表以周望傅雱
爲二聖通問使奉表以往且乞降哀痛之詔以感動天下
使同心協力相與扶持以致中興又乞省冗負節浮費上
皆從其言是時四方潰兵爲盜者十餘萬人攻劫山東淮
南襄漢之間綱命將悉討平之一日論靖康時事上曰淵
聖勤於政事省覽章奏至終夜不寐然卒致播遷何耶綱
曰人主之職在知人進君子而退小人則大功可成否則
衡石程書無益也因論靖康初朝廷應敵得失之策且極
論金人兩至都城所以能守不能守之故因勉上以明恕
盡人言以恭儉足國用以英果斷大事上皆嘉納又奏臣

嘗言車駕巡幸之所關中爲上襄陽次之建康爲下陛下
縱未能行上策猶當且適襄鄧示不忘故都以係天下之
心不然中原非復我有車駕還闕無期天下之勢遂傾不
復振矣上爲詔諭兩京以還都之意讀者皆感泣未幾有
詔欲幸東南避敵綱極論其不可言自古中興之主起於
西北則足以據中原而有東南起於東南則不能以復中
原而有西北蓋天下精兵健馬皆在西北一旦委中原而
棄之豈惟金人將乘間以擾內地盜賊亦將蠭起爲亂跨
州連邑陛下雖欲還闕不可得矣況欲治兵勝敵以歸二
聖哉夫南陽光武之所興有高山峻嶺可以控扼有寬城

平野可以屯兵西隣關陝可以召將士東達江淮可以運
穀粟南通荆湖巴蜀可以取財貨北距三都可以遣救援
暫議駐蹕乃還汴都策無出於此者今乘舟順流而適東
南固甚安便第恐一失中原則東南不能必其無事雖欲
退保一隅不易得也況嘗降詔許留中原人心悅服奈何
詔墨未乾遽失大信於天下上乃許幸南陽而黃潛善汪
伯彥實陰主巡幸東南之議客或有謂綱曰外論洶洶咸
謂東幸已決綱曰國之存亡於是焉分吾當以去就爭之
初綱每有所論諫其言雖切直無不容納至是所言常留
中不報已而遷綱尚書左僕射兼門下侍郎黃潛善除右

僕射兼中書侍郎張所乞且置司北京俟措置有緒乃渡
河北京留守張益謙潛善黨也奏招撫司之擾又言自置
司河北盜賊益熾綱言所尚留京師益謙何以知其擾河
北民無所歸聚而爲盜豈由置司乃有盜賊乎有旨令留
守宗澤節制傅亮即日渡河亮言措置未就而渡河恐誤
國事綱言招撫經制臣所建明而張所傅亮又臣所薦用
今潛善伯彥沮所及亮所以沮臣臣每鑒靖康大臣不和
之失事未嘗不與潛善伯彥議而後行而二人設心如此
願陛下虛心觀之既而詔罷經制司召亮赴行在綱言聖
意必欲罷亮乞以御筆付潛善施行臣得乞身歸田綱退

而亮竟罷乃再疏求去上曰卿所争細事胡乃爾綱言方
今人材以將帥爲急恐非小事臣昨議遷幸與潛善伯彦
異宜爲所嫉然臣東南人豈不願陛下東下爲安便哉顧
一去中原後患有不可勝言者願陛下以宗社爲心以生
靈爲意以二聖未還爲念勿以臣去而改其議臣雖去左
右不敢一日忘陛下泣辭而退或曰公決於進退於義得
矣如讒者何綱曰吾知盡事君之道不可則全進退之節
患禍非所恤也初二帝北行金人議立異姓吏部尚書王
時雍問於吴幵莫儔二人微言敵意在張邦昌時雍未以
爲然適宋齊愈自敵所來時雍又問之齊愈取片紙書張
邦昌三字時雍意乃決遂以邦昌姓名入議狀至是齊愈
論綱三事之非不報擬章將再上其鄉人嗛齊愈者竊其
草示綱時方論僭逆附僞之罪於是逮齊愈齊愈不承獄
吏曰王尚書輩所坐不輕然但遷嶺南大諫第承終不過
踰嶺爾齊愈引伏遂戮之東市張浚爲御史劾綱以私意
殺侍從且論其買馬招軍之罪詔罷綱爲觀文殿大學士
提舉洞霄宫尚書右丞許翰言綱忠義捨之無以佐中興
會上召見陳東東言潛善伯彦不可任綱不可去東坐誅
翰曰吾與東皆争李綱者東戮都市吾在廟堂可乎遂求
去後有旨綱落職居鄂州自綱罷張所以罪去傅亮以母

病辭歸招撫經制二司皆廢車駕遂東幸兩河郡縣相繼
淪陷凡綱所規畫軍民之政一切廢罷金人攻京東西殘
燬關輔而中原盜賊蠭起矣

列傳卷第一百十七

開府儀同三司上柱國錄軍國重事前中書右丞相監修國史領經筵事都總裁臣脫脫等奉

敕修

李綱下

紹興二年除觀文殿學士湖廣宣撫使兼知潭州是時荆湖江湘之間流民潰卒群聚爲盜賊不可勝計多者至數萬人綱悉蕩平之上言荆湖國之上流其地數千里諸葛亮謂之用武之國今朝廷保有東南控馭西北如鼎澧岳鄂若荆南一帶皆當屯宿重兵倚爲形勢使四川之號令可通而襄漢之聲援可接乃有恢復中原之漸議未及行而諫官徐俯劉斐劾綱罷爲提舉西京崇福宮四年冬金人及僞齊來攻綱具防禦三策謂僞齊悉兵南下境內必虛儻出其不意電發霆擊擣潁昌以臨畿甸彼必震懼還捄王師追躡必勝之理此上策也若駐蹕江上號召上流之兵順流而下以助聲勢金鼓旌旗千里相望則敵人雖衆不敢南渡然後以重師進屯要害之地設奇邀擊絶其糧道俟彼遁歸徐議攻討此中策也萬一借親征之名爲順動之計使卒伍潰散控扼失守敵得乘間深入州縣望風奔潰則其患有不可測矣往歲金人利在侵掠又方時暑勢必還師朝廷因得以還定安集今僞齊導之而來勢

不徒還必謀割據姦民潰卒從而附之聲勢鴟張苟或退避則無以爲善後之策昔苻堅以百萬衆侵晉而謝安以偏師破之使朝廷措置得宜將士用命安知北敵不授首於我顧一時機會所以應之者如何耳望降臣章與二三大臣熟議之詔綱所陳今日之急務付三省樞密院施行時韓世忠屢敗金人於淮楚間有旨督劉光世張俊統兵渡河車駕進發至江上勞軍五年詔問攻戰守備措置綏懷之方綱奏願陛下勿以敵退爲可喜而以仇敵未報爲可憤勿以東南爲可安而以中原未復赤縣神州陷於敵國爲可恥勿以諸將屢捷爲可賀而以軍政未修士氣未振而彊敵猶得以潛逃爲可虞則中興之期可指日而俟議者或謂敵馬既退當遂用兵爲大舉之計臣竊以爲不然生理未固而欲浪戰以僥倖非制勝之術也高祖先保關中故能東鄉與項籍爭光武先保河內故能降赤眉銅馬之屬肅宗先保靈武故能破安史而復兩京今朝廷以東南爲根本將士暴露之久財用調度之煩民力科取之困苟不大修守備痛自料理先爲自固之計何以能萬全而制敵議者又謂敵人既退當且保據一隅以苟目前之安臣又以爲不然秦師三伐晉以報殽之師諸葛亮佐蜀連年出師以圖中原不如是不足以立國高祖在漢中謂

蕭何曰吾亦欲東光武破隗囂既平隴復望蜀此皆以天下為度不如是不足以混一區宇戡定禍亂況祖宗境土豈可坐視淪陷不務恢復乎今歲不征明年不戰使敵勢益張而吾之所糾合精鋭士馬日以損耗何以圖敵謂宜於防守既固軍政既修之後即議攻討乃為得計此二者守備攻戰之序也至於守備之宜則當料理淮南荊襄以為東南屏蔽夫六朝之所以能保有江左者以彊兵巨鎮盡在淮南荊襄間故以魏武之雄苻堅石勒之衆宇文拓拔之盛卒不能窺江表後唐李氏有淮南則可以都金陵其後淮南為周世宗所取遂以削弱近年以來大將擁重

兵於江南官吏守空城於江北雖有天險而無戰艦水軍之制故敵人得以侵擾窺伺今當於淮之東西及荊襄置三大帥屯重兵以臨之分遣偏師進守支郡加以戰艦水軍上連下接自為防守敵馬雖多不敢輕犯則藩籬之勢盛而無窮之利也有守備矣然後議攻戰之利分責諸路因利乘便收復京畿以及故都斷以必為之志而勿失機會則以弱為彊取威定亂於一勝之間逆臣可誅彊敵可滅攻戰之利莫大於是若夫萬乘所居必擇形勝以為駐蹕之所然後能制服中外以圖事業建康自昔號帝王之宅江山雄壯地勢寬博六朝更都之臣昔舉天下形勢而言謂關中為上今以東南形勢而言則當以建康為便今者鑾輿未復舊都莫若且於建康權宜駐蹕願詔守臣治城池修宮闕立官府創營壘使粗成規模以待巡幸蓋有城池然後人心不恐有官府然後政事可修有營壘然後士卒可用此措置之所當先也至於西北之民皆陛下赤子荷祖宗涵養之深其心未嘗一日忘宋特制於彊敵陷於塗炭而不能以自歸天威震驚必有結納來歸願為内應者宜給之土田予以爵賞優加撫循許其自新使陷溺之民知所依怙莫不感悦益堅戴宋之心此綏懷之所當先也臣竊觀陛下有聰明睿智之姿有英武敢為之志然

自臨御迨今九年國不闢而日蹙事不立而日壞將驕而難御卒惰而未練國用匱而無贏餘之蓄民力困而無休息之期使陛下憂勤雖至而中興之效邈乎無聞則群臣誤陛下之故也陛下觀近年以來所用之臣慨然敢以天下之重自任者幾人平居無事小廉曲謹似可無過忽有擾攘則錯愕無所措手足不過奉身以退天下憂危之重委之陛下而已有臣如此不知何補於國而陛下亦安取此夫用人如用醫必先知其術業可以已病乃可使之進藥而責成功今不詳究其術業而姑試之則雖日易一醫無補於病徒加疾而已大槩近年閑暇則以和議為得計

而以治兵爲失策倉卒則以退避爲愛君而進禦爲誤國上下偷安不爲長久之計天步艱難國勢益弱職此之由今天啓宸衷悟前日和議退避之失親臨大敵天威所臨使北軍數十萬之衆震怖不敢南渡潛師宵奔則和議之與治兵退避之與進禦其效槩可覩矣然敵兵雖退未大懲創安知其秋高馬肥不再來擾我疆場使疲於奔命哉臣夙夜爲陛下思所以爲善後之策惟自昔創業中興之主必躬冒矢石履行陣而不避故高祖既得天下擊韓王信陳豨黥布未嘗不親行光武自即位至平公孫述十三年間無一歲不親征本朝太祖太宗定惟揚平澤潞下河

東皆躬御戎輅眞宗亦有澶淵之行措天下於大安此所謂始憂勤而終逸樂也若夫退避之策可暫而不可常可一而不可再退一步則失一步退一尺則失一尺往時自南都退而至惟揚則關陝河北河東失矣自惟揚退而至江浙則京東西失矣萬有一敵騎南牧復將退避不知何所適而可乎航海之策萬乘冒風濤不測之險此又不可之尤者也惟當於國家閒暇之時明政刑治軍旅選將帥修車馬備器械峙糗糧積金帛敵來則禦俟時而奮以光復祖宗之大業此最上策也臣願陛下自今以往勿復爲退避之計可乎臣又觀古者敵國善鄰則有和親仇讎之邦鮮復遣使豈不以釁隙既深終無講好修睦之理故耶東晉渡江石勒遣使于晉元帝命焚其幣而却其使彼遣使來且猶却之此何可往假道僭僞之國其自取辱無補於事秖傷國體金人造釁之深知我必報其措意爲何如而我方且卑辭厚幣屈體以求之其不推誠以見信決矣器幣禮物所費不貲使軺往來坐索士氣而又邀我以必不可從之事制我以必不敢爲之謀是和卒不成而徒爲此擾擾也非特如此於吾自治自彊之計動輒相妨實有所害金人二十餘年以此策破契丹困中國而終莫之悟夫辨是非利害者人心所同豈眞不悟哉聊復用此以僥

倖萬一曾不知爲吾害者甚大此古人所謂幾何僥倖而不喪人之國者也臣願自今以往勿復遣和議之使可乎二說既定擇所當爲者一切以至誠爲之俟吾之政事修倉廩實府庫充器用備士氣振力可有爲乃議大舉則兵雖未交而勝負之勢已決矣抑臣聞朝廷者根本也藩方者枝葉也根本固則枝葉蕃朝廷者腹心也將士者爪牙也腹心壯則爪牙奮今遠而彊敵近而僞臣國家所仰以爲捍蔽者在藩方所資以致攻討者在將士然根本腹心則在朝廷惟陛下正心以正朝廷百官使君子小人各得其分則是非明賞罰當自然藩方協力將士用命雖彊敵

不足畏逆臣不足憂此特在陛下方寸之間耳臣昧死上條六事一曰信任輔弼二曰公選人材三曰變革士風四曰愛惜日力五曰務盡人事六曰寅畏天威何謂信任輔弼夫興衰撥亂之主必有同心同德之臣相與有爲如元首股肱之於一身父子兄弟之於一家乃能協濟今陛下選於衆以圖任遂能捍禦大敵可謂得人矣然臣願陛下待以至誠無事形跡久任以責成功勿使小人得以間之則君臣之美垂於無窮矣何謂公選人才夫治天下者必資於人才而創業中興之主所資尤多何則繼體守文率由舊章得中庸之才亦足以共治至於艱難之際非得卓

犖瓌偉之才則未易有濟是以大有爲之主必有不世出之才參贊翊佐以成大業然自昔抱不群之才者多爲小人之所忌嫉或中之以黷闇或指之爲黨與或誣之以大惡或擿之以細故而以道事君者不可則止難於自進恥於自明雖負重謗遭深譴安於義命不復自辨苟非至明之主深察人之情僞安能辨其非辜哉陛下臨御以來用人多矣世之所許以爲端人正士者往往閑廢於無用之地而陛下寤寐側席有乏材之歎盍少留意而致察焉何謂變革士風夫用兵之與士風似不相及而實相爲表裏士風厚則議正而是非明朝廷賞罰當功罪而人心服致

之本朝嘉祐治平以前可知已數十年來奔競日進論議徇私邪說利口足以惑人主之聽元祐大臣持正論如司馬光之流皆社稷之臣也而群枉嫉之指爲姦黨顛倒是非政事大壞馴致靖康之變非偶然也竊觀近年士風尤薄隨時好惡以取世資潝訿成風豈朝廷之福哉大抵朝廷設耳目及獻納論思之官固許之以風聞至於大故必須覈實而後言使其無實則誣人之罪服讒蒐慝得以中害善良皆非所以修政也何謂愛惜日力夫創業中興如建大廈堂室與序其規模可一日而成鳩工聚材則積累非一日所致陛下臨御九年于茲境土未復僭逆未誅仇

敵未報尚稽中興之業者誠以始不爲之規摹而後不爲之積累故也邊事粗定之時朝廷所推行者不過簿書期會不切之細務至於攻討防守之策國之大計皆未嘗留意夫天下無不可爲之事亦無不可爲之時惟失其時則事之小者日益大事之易者日益難矣何謂務盡人事天人之道其實一致人之所爲即天之所爲也人事盡於前則天理應於後此自然之符也故創業中興之主盡其在我而以其成功歸之於天今未嘗盡人事敵至而先自退屈而欲責功於天其可乎臣願陛下詔二三大臣協心同力盡人事以聽天命則恢復土宇剪屠鯨鯢迎還兩宮必

有日矣何謂寅畏天威夫天之於王者猶父母之於子愛之至則所以爲之戒者亦至故人主之於天戒必恐懼修省以致其寅畏之誠比年以來熒惑失次太白晝見地震水溢或久陰不雨或久雨不霽或當暑而寒乃正月之朔日有食之此皆天意眷佑陛下丁寧反覆以致告戒惟陛下推至誠之意正厥事以應之則變災而爲祥矣凡此六者皆中興之業所關而陛下所當先務者今朝廷人才不乏將士足用財用有餘足爲中興之資陛下春秋鼎盛欲大有爲何施不可要在改前日之轍斷而行之耳昔唐太宗謂魏徵爲敢言徵謝曰陛下導臣使言不然其敢批逆鱗哉今臣無魏徵之敢言然展盡底蘊亦思慮之極也惟陛下赦其愚直而取其拳拳之忠疏奏上爲賜詔褒諭除江西安撫制置大使兼知洪州有旨赴行在奏事畢之官六年綱至引對内殿朝廷方鋭意大舉綱陛辭言今日用兵之失者四措置未盡善者五宜預備者三當善後者二時宋師與金人僞齊相持於淮泗者半年綱奏兩兵相持非出奇不足以取勝願速遣驍將自淮南約岳飛爲掎角夾擊之大功可成已而宋師屢捷劉光世張俊楊沂中大破僞齊兵於淮淝之上車駕進發幸建康綱奏乞益飭戰守之具修築沿淮城壘且言願陛下勿以去冬驟勝而自

怠勿以目前粗定而自安凡可以致中興之治者無不爲凡可以害中興之業者無不去要以修政事信賞罰明是非別邪正招徠人材鼓作士氣愛惜民力順導衆心爲先數者既備則將帥輯睦士卒樂戰用兵其有不勝者哉淮西酈瓊以全軍叛歸劉豫綱指陳朝廷有措置失當者深可痛惜者及當監前失以圖方來者凡十有五事奏之張浚引咎去相位言者引漢武誅王恢爲比綱奏曰臣竊見張浚罷相言者引武帝誅王恢事以爲比臣恐智謀之士卷舌而不談兵忠義之士扼腕而無所發憤將士解體而不用命州郡望風而無堅城陛下將誰與立國哉張浚措置失當誠爲有罪然其區區徇國之心有可矜者願少寬假以責來效時車駕將幸平江綱以爲平江去建康不遠徒有退避之名不宜輕動復具奏曰臣聞自昔用兵以成大業者必先固人心作士氣據地利而不肯先退盡人事而不肯先屈是以楚漢相距於滎陽成皋間高祖雖屢敗不退尺寸之地既割鴻溝羽引而東遂有垓下之亡曹操袁紹戰於官渡操雖兵弱糧乏荀彧止其退避既焚紹輜重紹引而歸遂喪河北由是觀之今日之事豈可因一叛將之故望風怯敵遽自退屈果出此謀六飛回馭之後人情動搖莫有固志士氣銷縮莫有鬭心我退彼進使敵馬

南渡得一邑則守一邑得一州則守一州得一路則守一路亂臣賊子黠吏姦氓從而附之虎踞鴟張雖欲如前日返駕還轅復立朝廷於荆棘瓦礫之中不可得也借使敵騎衝突不得已而權宜避之猶爲有說今疆埸未有警急之報兵將初無不利之失朝廷正可懲往事修軍政審號令明賞刑益務固守而遽爲此擾擾棄前功蹈後患以自趨於禍敗豈不重可惜哉八年王倫使北還綱聞之上疏曰臣竊見朝廷遣王倫使金國奉迎梓宫令倫之歸與金使偕來乃以詔諭江南爲名不著國號而曰江南不云通問而曰詔諭此何禮也臣請試爲陛下言之金人毀宗社

逼二聖而陛下應天順人光復舊業自我視彼則仇讎也自彼視我則腹心之疾也豈復有可和之理然而朝廷遣使通問冠蓋相望於道卑辭厚幣無所愛惜者以二聖在其域中爲親屈己不得已而然猶有說也至去年春兩宫凶問既至遣使以迎梓宫亟往遄返初不得其要領今倫使事初以奉迎梓宫爲指而金使之來乃以詔諭江南爲名循名責實已自乖戾則其所以因朝廷而生後患者不待詰而可知臣在遠方雖不足以知其曲折然以愚意料之金以此名遣使其邀求大略有五必降詔書欲陛下屈體降禮以聽受一也必有赦文欲朝廷宣布班示郡縣二

也必立約束欲陛下奉藩稱臣禀其號令三也必求歲賂廣其數目使我坐困四也必求割地以江爲界淮南荆襄四川盡欲得之五也此五者朝廷從其一則大事去矣金人變詐不測貪婪無厭縱使聽其詔令奉藩稱臣其志猶未已也必繼有號令或使親迎梓宫或使單車入覲或使移易將相或改革政事或竭取租賦或朘削土宇從之則無有紀極一不從則前功盡廢反爲兵端以謂權時之宜聽其邀求可以無後悔者非愚則誣也使國家之勢單弱果不足以自振不得已而爲此固猶不可況土宇之廣猶半天下臣民之心戴宋不忘與有識者謀之尚足以有爲

豈可忘祖宗之大業生靈之屬望弗慮弗圖遽自屈服冀延旦暮之命哉臣願陛下特留聖意且勿輕許深詔群臣講明利害可以久長之策擇其善而從之疏奏雖與衆論不合上不以爲忤曰大臣當如此矣九年除知潭州荆湖南路安撫大使綱具奏力辭曰臣迂疎無周身之術動致煩言今者罷自江西爲日未久又蒙湔祓畀以帥權昔漢文帝聞季布賢召之既而罷歸布曰陛下以一人之譽召臣一人之毀去臣臣恐天下有以窺陛下之淺深顧臣區區進退何足少多然數年之間亟奮亟躓上累陛下知人任使之明實有係於國體詔以綱累奏不欲重違遂允其

請次年薨年五十八訃聞上爲軫悼遣使賻贈撫問其家給喪葬之費贈少師官其親族十人綱負天下之望以一身用捨爲社稷生民安危雖身或不用用有不久而其忠誠義氣凛然動乎遠邇每宋使至燕山必問李綱趙鼎安否其爲遠人所畏服如此綱有著易傳内篇十卷外篇十二卷論語詳說十卷文章歌詩奏議百餘卷又有靖康傳信録奉迎録建炎時政記建炎進退志建炎制詔表劄集宣撫荆廣記制置江右録

論曰以李綱之賢使得畢力殫慮於靖康建炎間莫或撓之二帝何至於北行而宋豈至爲南渡之偏安哉夫用君

三百四十九　傳百十八　十三　周口里

子則安用小人則危不易之理也人情莫不喜安而惡危然綱居相位僅七十日其謀數不見用獨於黄潜善汪伯彦秦檜之言信而任之恒若不及何高宗之見與人殊哉綱雖屢斥忠誠不少貶不以用舍爲語默若赤子之慕其母怒呵猶嗷嗷焉挽其裳裾而從之嗚呼中興功業之不振君子固歸之天若綱之心其可謂非諸葛孔明之用心歟

宋史卷第三百五十九

列傳卷第一百十九　　宋史三百六十

開府儀同三司上柱國録軍國重事中書右丞相監修國史領經筵事都總裁臣脱脱等奉

勑修

宗澤　趙鼎

宗澤字汝霖婺州義烏人母劉夢天大雷電光燭其身翌日而澤生澤自幼豪爽有大志登元祐六年進士第廷對極陳時弊考官惡直寘末甲調大名館陶尉吕惠卿帥鄜延檄澤與邑令視河埽檄至澤適喪長子奉檄遽行惠卿聞之曰可謂國爾忘家者適朝廷大開御河時方隆冬役夫僵仆于道中使督之急

宋史三百六十　三百七十六个　宋史列傳卷第一百十九　一　陳適寫　王口刊

澤曰浚河細事乃上書其帥曰時方凝寒徒苦民而功未易集少需之至初春可不擾而辦卒用其言上聞從之惠卿辟爲屬辭調衢州龍游令民未知學澤爲建庠序設師儒講論經術風俗一變自此擢科者相繼調晉州趙城令下車請升縣爲軍書聞不盡如所請澤曰承平時固無慮它日有警當知吾言矣知萊州掖縣部使者得旨市牛黄澤報曰方時疫癘牛飲其毒則結爲黄今和氣横流牛安得黄使者怒欲劾邑官澤曰此澤意也獨銜以聞通判登州境内官田數百頃皆不毛之地歲輸萬餘緡率横取於民澤

奏免之朝廷遣使由登州結女真盟海上謀夾攻契丹澤語所親曰天下自是多事矣退居東陽結廬山谷間靖康元年中丞陳過庭等列薦假宗正少卿充和議使澤曰是行不生還矣或問之澤曰敵能悔過退師固善否則安能屈節北庭以辱君命乎議者謂澤剛方不屈恐害和議上不遣命知磁州時太原失守官兩河者率託故不行澤曰食祿而避難不可也即日單騎就道從羸卒十餘人磁經敵騎蹂躪之餘人民逃徙帑廩枵然澤至繕城壁浚隍池治器械募義勇始為固守不移之計上言邢洺磁趙相五州各

蓄精兵二萬人敵攻一郡則四郡皆應是一郡之兵常有十萬人上嘉之除河北義兵都總管金人破真定引兵南取慶源自李固渡渡河恐澤兵躡其後遣數千騎直扣磁州城澤擐甲登城令壯士以神臂弓射走之開門縱擊斬首數百級所獲羊馬金帛悉以賞軍士康王再使金行至磁澤迎謁曰肅王一去不反今敵又詭辭以致大王願勿行王遂回相州有詔以澤為副元帥從王起兵入援澤言宜急會兵李固渡斷敵歸路衆不從迺自將兵趨渡道遇北兵遣秦光弼張德夾擊大破之金人既敗乃留兵分屯澤遣壯士夜擣其軍破三十

餘砦時康王開大元帥府檄兵會大名澤履冰渡河見王謂京城受圍日久入援不可緩會簽書樞密院事曹輔齎蠟封欽宗手詔至自京師言和議可成澤曰金人狡譎是欲款我師爾君父之望入援何啻饑渴宜急引軍直趨澶淵次第進壘以解京城之圍萬一敵有異謀則吾兵已在城下汪伯彥等難之勸王遣澤先行自是澤不得預府中謀議矣二年正月澤至開德十三戰皆捷以書勸王檄諸道兵會京城又移書北道總管趙野河東北路宣撫范訥知興仁府曾楙合兵入援三人皆以澤為狂不答澤以孤軍進

都統陳淬言敵方熾未可輕舉澤怒欲斬之諸將乞貸淬使得效死澤命淬進兵遇金人敗之金人攻開德澤遣孔彥威與戰又敗之澤度金人必犯濮先遣三千騎往援金人果至敗之金人復向開德權邦彥孔彥威合兵夾擊又大敗之澤兵進至衞南度將孤兵寡不深入不能成功先驅云前有敵營澤揮衆直前與戰敗之轉戰而東敵益生兵至王孝忠戰死前後皆敵壘澤下令曰今日進退等死不可不從死中求生士卒知必死無不一當百斬首數千級金人大敗退卻數十餘里澤計敵衆十倍於我今一戰而卻

勢必復來使悉其鐵騎夜襲吾軍則危矣乃暮徙其軍金人夜至得空營大驚自是憚澤不敢復出兵澤出其不意遣兵過大河襲擊敗之王承制以澤為徽猷閣待制時金人逼二帝北行澤聞即提軍趨滑走黎陽至大名欲徑渡河據金人歸路邀還二帝而勤王之兵卒無一至者又聞張邦昌僭位欲先行誅討會得大元帥府書約移師近都按甲觀變澤復書于王曰人臣豈有服赭袍張紅蓋御正殿者乎自古姦臣皆外為恭順而中藏禍心未有竊據寶位改元肆赦惡狀昭著若邦昌者今二聖諸王悉渡河而北惟

大王在濟天意可知宜亟行天討興復社稷且言邦昌偽赦或啓姦雄之意望遣使分諭諸路以定民心又上書言今天下所屬望者在於大王大王行之得其道則有以慰天下之心所謂道者近剛正而遠柔邪納諫諍而拒諛佞尚恭儉而抑驕侈體憂勤而忘逸樂進公實而退私偽因累表勸進王即帝位于南京澤入見涕泗交頤陳興復大計時與李綱同入對相見論國事慷慨流涕綱奇之上欲留澤潛善等沮之除龍圖閣學士知襄陽府時金人有割地之議澤上疏曰天下者太祖太宗之天下陛下當兢兢業業

思傳之萬世奈何遽議割河之東西又議割陝之蒲解乎自金人再至朝廷未嘗命一將出一師但聞姦邪之臣朝進一言以告和暮入一說以乞盟終致二聖北遷宗社蒙耻臣意陛下赫然震怒大明黜陟以再造王室今即位四十日矣未聞有大號令但見刑部指揮云不得謄播赦文於河之東西陝之蒲解者是褫天下忠義之氣而自絕其民也臣雖駑怯當躬冒矢石為諸將先得捐軀報國恩足矣上覽其言壯之改知青州時年六十九矣開封尹闕李綱言綏復舊都非澤不可尋徙知開封府時敵騎留屯河上金

鼓之聲日夕相聞而京城樓櫓盡廢兵民雜居盜賊縱横人情恟恟澤威望素著既至首捕誅舍賊者數人下令曰為盜者贓無輕重並從軍法由是盜賊屏息民賴以安王善者河東巨寇也擁衆七十萬車萬乘欲據京城澤單騎馳至善營泣謂之曰朝廷當危難之時使有如公一二輩豈復有敵患乎今日乃汝立功之秋不可失也善感泣曰敢不效力遂解甲降時楊進號沒角牛兵三十萬王再興李貴王大郎等各擁衆數萬往來京西淮南河南北侵掠為患澤遣人諭以禍福悉招降之上疏請上還京俄有詔荊襄

江淮悉備巡幸澤上疏言開封物價市肆漸同平時將士農民商旅士大夫之懷忠義者莫不願陛下亟歸京師以慰人心其唱為異議者非為陛下忠謀不過如張邦昌輩陰與金人為地爾除延康殿學士京城留守兼開封尹時金遣人以使偽楚為名至開封府澤曰此名為使而實覘我也拘其人乞斬之有詔所拘金使延置別館澤曰國家承平二百年不識兵革以敵國誕謾為可憑信恬不置疑不惟不嚴攻討之計其有實欲賈勇思敵所懷之人士大夫不以為狂則以為妄致有前日之禍張邦昌耿南仲輩所為

陛下所親見也今金人假使偽楚來覘虛實臣愚乞斬之以破其姦而陛下惑於人言令遷置別館優加待遇臣愚不敢奉詔以彰國弱上乃親札諭澤竟縱遣之言者附潛善意皆以澤拘留金使為非尚書左丞許景衡抗疏力辨且謂澤之為尹威名政績卓然過人今之縉紳未見其比乞厚加任使以成禦敵治民之功且足懷衛間敵兵甚盛方密修戰具為入攻之計而將相恬不為慮不修武備澤以為憂乃渡河約諸將共議事宜以圖收復而於京城四壁各置使以領招集之兵又據形勢立堅壁二十四所於城外

沿河鱗次為連珠砦連結河東河北山水砦忠義民兵於是陝西京東西諸路人馬咸願聽澤節制有詔如淮甸澤上表諫不報秉義郎岳飛犯法將刑澤一見奇之曰此將材也會金人攻汜水澤以五百騎授飛使立功贖罪飛大敗金人而還遂升飛為統制飛由是知名澤視師河北還上疏言陛下尚留南都道路籍籍咸以為陛下舍宗廟朝廷使社稷無依生靈失所仰戴陛下宜亟回汴京以慰元元之心不報復抗疏言國家結好金人欲以息民卒之劫掠侵欺靡所不至是守和議果不足以息民也當時固有阿意

順旨以叨富貴者亦有不相詭隨以獲罪戾者陛下觀之昔富貴者為是乎獲罪戾者為是乎今之言遷幸者猶前之言和議為可行者也今之言不可遷者猶前日之言和議不可行者也惟陛下熟思而審用之且京師二百年積累之基業陛下奈何輕棄以遺敵國乎詔遣官迎奉六宮往金陵澤上疏曰京師天下腹心也兩河雖未敉寧特一手臂之不信爾今遽欲去之非惟一臂之弗瘳且并與腹心而棄之矣昔景德間契丹寇澶淵王欽若江南人即勸幸金陵陳堯叟蜀人即勸幸成都惟寇準毅然請親征卒用成

功臣何敢望寇準然不敢不以章聖望陛下又條上五事其一言黃潛善汪伯彥贊南幸之非澤前後建議經從三省樞密院輙為潛善等所抑每見澤奏疏皆笑以為狂金將兀朮渡河謀攻汴京諸將請先斷河梁嚴兵自固澤笑曰去冬金騎直來正坐斷河梁耳乃命部將劉衍趨滑劉達趨鄭以分敵勢戒諸將極力保護河梁以俟大兵之集金人聞之夜斷河梁遁去二年金人自鄭抵白沙去汴京密邇都人震恐僚屬入問計澤方對客圍碁笑曰何事張皇劉衍等在外必能禦敵乃選精鋭數千使繞出敵後伏其歸路金人方與衍戰伏兵起前後夾擊之金人果敗金將粘罕據西京與澤相持澤遣部將李景良閻中立郭俊民領兵趨鄭遇敵大戰中立死之俊民降景良遁去澤捕得景良謂曰不勝罪可恕私自逃是無主將也斬其首以狥既而俊民與金將史姓者及燕人何仲祖等持書來招澤澤數俊民曰汝失利死尚為忠義鬼今反為金人持書相誘何面目見我乎斬之謂史曰我受此土有死而已汝為人將不能以死敵我乃欲以兒女子語誘我乎亦斬之謂仲祖脅從貸之劉衍還金人復入滑部將張撝請往救澤選兵五

千付之戒毋輕戰以需援撝至滑迎戰敵騎十倍諸將請少避其鋒撝曰避而偷生何面目見宗公力戰死之澤聞撝急遣王宣領騎五千救之撝死二日宣始至與金人大戰破走之澤迎撝喪歸恤其家以宣權知滑州金人自是不復犯東京山東盜起執政謂其多以義師為名請下令止勤王澤疏曰自敵圍京城忠義之士憤懣爭奮廣之東西湖之南北福建江淮越數千里爭先勤王當時大臣無遠識大略不能撫而用之使之饑餓困窮弱者填溝壑強者為盜賊此非勤王者之罪乃一時措置乖謬所致耳今河東西不從敵國而保山砦者不知其幾諸處節義之夫自黥其面而爭先救駕者復不知其幾此詔一出臣恐草澤之士一旦解體倉卒有急誰復有願忠效義之心哉王策者本遼酋為金將往來河上澤擒之解其縛坐堂上為言契丹本宋兄弟之國今女真辱吾主又滅而國義當協謀雪恥策感泣願效死澤因問敵國虛實盡得其詳遂決大舉之計召諸將謂曰汝等有忠義心當協謀勦敵期還二聖以立大功言訖泣下諸將皆泣聽命金人戰不利悉引兵去澤疏諫南幸言臣為陛下保護京城自去年秋冬至于今春

又三月矣陛下不早回京城則天下之民何所依戴除資政殿學士又遣子頴詣行闕上疏曰天下之事見幾而為待時而動則事無不成今收復伊洛而金酋渡河捍蔽滑臺而敵國屢敗河東河北山砦義民引領舉踵日望官兵之至以幾以時而言之中興之兆可見而金人滅亡之期可必在陛下見幾乘時而已又言昔楚人城郢史氏鄙之今聞有旨於儀真教習水戰是規規為偏霸之謀非可鄙之甚者乎傳聞四方必謂中原不守遂為江寧控扼之計耳先是澤去磁以州事付兵馬鈐轄李侃統制趙世隆殺之至

是世隆及弟世興以兵三萬來歸衆懼其變澤曰世隆本吾一校爾何能為世隆至責之曰河北陷沒吾宋法令與上下之分亦陷沒邪命斬之時世興佩刀侍側衆兵露刃庭下澤徐謂世興曰汝兄誅汝能奮志立功足以雪恥世興感泣金人攻滑州澤遣世興往救世興至掩其不備敗之澤威聲日著北方聞其名常尊憚之對南人言必曰宗爺爺澤疏言丁進數十萬衆願守護京城李成願扈從還闕即渡河勦敵楊進等兵百萬亦願渡河同致死力臣聞多助之至天下順之陛下及此時還京則衆心翕然何敵國之足憂乎又奏言聖人愛其親以及人之親所以教人孝敬其兄以及人之兄所以教人弟陛下當與忠臣義士合謀肆討迎復二聖今上皇所御龍德宮儼然如舊惟淵聖皇帝未有宮室望改修寶籙宮以為迎奉之所使天下知孝於父弟於兄是以身教也上乃降詔擇日還京澤前後請上還京二十餘奏每為潛善等所抑憂憤成疾疽發于背諸將入問疾澤矍然曰吾以二帝蒙塵積憤至此汝等能殲敵則我死無恨衆皆流涕曰敢不盡力諸將出澤歎曰出師未捷身先死長使英雄淚滿襟翌日風雨晝晦澤無一語及

家事但連呼過河者三而薨都人號慟遺表猶贊上還京贈觀文殿學士通議大夫謚忠簡澤質直好義親故貧者多依以為活而自奉甚薄常曰君父側身嘗膽臣子乃安居美食邪始澤招集群盜聚兵儲糧結諸路義兵連燕趙豪傑自謂渡河尅復可指日冀有志弗就識者恨之子頴居戎幕素得士心澤薨數日將士去者十五都人請以頴繼父任會朝廷已命杜充留守乃以頴為判官充反澤所為頗失人心頴屢爭之不從乃請持服歸自是豪傑不為用群聚城下者復去為盜而中原不守矣頴官終兵部郎中

趙鼎字元鎮解州聞喜人生四歲而孤母樊教之通經史百家之書登崇寧五年進士第對策斥章惇誤國累官爲河南洛陽令宰相吳敏知其能擢爲開封士曹金人陷太原朝廷議割三鎮地鼎曰祖宗之地不可以與人何庸議已而京師失守二帝北行金人議立張邦昌鼎與胡寅張浚逃太學中不書議狀高宗即位除權戶部員外郎知樞密院張浚薦之除司勳郎官上幸建康詔條具防秋事宜鼎言宜以六宮所止爲行宮車駕所止爲行在擇精兵以備儀衛其餘兵將分布江淮使敵莫測巡幸之定所上納之久

再詔求闕政鼎言自熙寧間王安石用事變祖宗之法而民始病假闕國之謀造生邊患興理財之政窮困民力設虛無之學敗壞人才至崇寧初蔡京託紹述之名盡祖安石之政凡今日之患始於安石成於蔡京今安石猶配享廟廷而京之黨未除時政之闕無大於此上爲罷安石配享擢右司諫又遷殿中侍御史劉光世部將王德擅殺韓世忠之將而世忠亦率部曲奪建康守府廨鼎言德總兵在外專殺無忌此而不治孰不可爲命鼎鞫德鼎又請下詔切責世忠而指取其將吏付有司治罪諸將肅然上曰肅宗興靈武得一李勉朝廷始尊今朕得卿無愧昔人矣中丞范宗

尹言故事無自司諫遷殿中者上曰鼎在言路極舉職所言四十事已施行三十有六遂遷侍御史北兵至江上上幸會稽召臺諫議去留鼎陳戰守避三策拜御史中丞請督王𤫉進軍宣州周望分軍出廣德劉光世渡江駐蘄黃爲邀擊之計又言經營中原當自關中始經營關中當自蜀始欲幸蜀當自荊襄始吳越介在一隅非進取中原之地荊襄左顧川陝右控湖湘而下瞰京洛三國所必爭宜以公安爲行闕而屯重兵于襄陽運江浙之粟以資川陝之兵經營大業計無出此韓世忠敗金人于黃天蕩宰相呂頤

浩請上幸浙西下詔親征鼎以爲不可輕舉頤浩惡其異己改鼎翰林學士鼎不拜改吏部尚書又不拜言陛下有聽納之誠而宰相陳拒諫之說陛下有眷待臺臣之意而宰相挾挫沮言官之威堅卧不出疏頤浩過失凡千言上罷頤浩詔鼎復爲中丞謂鼎曰朕每聞前朝忠諫之臣恨不之識今於卿見之除端明殿學士簽書樞密院事金人攻楚州鼎奏遣張俊往援之俊不行山陽遂陷金人留淮上范宗尹奏敵未必能再渡鼎曰勿恃其不來恃吾有以待之三省常以敵退爲陛下擇人才修政事密院常虞敵至爲

陛下申軍律治甲兵即兩得之上曰卿等知此朕復何憂鼎以楚州之失上章丐去會辛企宗除節度使鼎言企宗非軍功忤旨出奉祠除知平江府尋改知建康又移知洪州京西招撫使李横欲用兵復東京鼎言横烏合之衆不能當敵恐遂失襄陽已而横戰不利走襄陽竟陷召拜參知政事宰相朱勝非言襄陽國之上流不可不急取上問岳飛可使否鼎曰知上流利害無如飛者簽樞徐俯不以為然飛出師竟復襄陽鼎乞令韓世忠屯泗上劉光世出陳蔡光世請入奏俯欲許之鼎不可偽齊宿遷令來歸俯欲斬

送劉豫鼎復爭之俯積不能平乃求去朱勝非兼知樞密院言者謂當國者不知兵乞令參政通知由是為勝非所忌除鼎知樞密院川陝宣撫使鼎辭以非才上曰四川全盛半天下之地盡以付卿黜陟專之可也時吳玠為宣撫副使鼎奏言臣與玠同事或節制之耶上乃改鼎都督川陝諸軍事鼎所條奏勝非多沮抑之鼎上疏言頃張浚出使川陝國勢百倍於今浚有補天浴日之功陛下有礪山帶河之誓君臣相信古今無二而終致物議以被竄逐今臣無浚之功而當其任遠去朝廷其能免於紛紛乎又言臣所

請兵不滿數千半皆老弱所賚金帛至微薦舉之人除命甫下彈墨已行臣日侍宸扆所陳已艱難況在萬里之外乎時人士皆惜其去臺諫有留行者會邊報沓至鼎每陳用兵大計及朝辭上曰卿豈可遠去當遂相卿九月拜尚書右僕射同中書門下平章事兼知樞密院事制下朝士相慶時劉豫子麟與金人合兵大入舉朝震恐鼎論戰禦之計諸將各異議獨張俊以為當進討鼎是其言有勸上他幸者鼎曰戰而不捷去未晚也上亦曰朕當親總六師臨江決戰鼎喜曰累年退怯敵志益驕今聖斷親征成功可必

於是詔張俊以所部援韓世忠而命劉光世移軍建康且促世忠進兵世忠至揚州大破金人於大儀鎮方警報交馳劉光世遣人諷鼎曰相公自入蜀何事為他人任患世忠亦謂人曰趙丞相真敢為者鼎聞之恐上意中變乘間言陛下養兵十年用之正在今日若少加退沮即人心渙散長江之險不可復恃矣及捷音日至車駕至平江下詔聲逆豫之罪欲自將渡江決戰鼎曰敵之遠來利於速戰遽與爭鋒非策也且豫猶遣其子豈可煩至尊耶帝為止不行未幾簽書樞密院事胡松年自江上還云北兵大集然後

知鼎之有先見也張浚久廢鼎言浚可大任乃召除知樞密院命浚往江上視師時敵兵久駐淮南知南兵有備漸謀北歸鼎曰金人無能為矣命諸將邀諸淮連敗之金人遁去上謂鼎曰近將士致勇爭先諸路守臣亦翕然自效乃朕用卿之力也鼎謝曰皆出聖斷臣何力之有焉或問鼎曰金人傾國來攻衆皆恟懼公獨言不足畏何耶鼎曰敵衆雖盛然以豫邀而來非其本心戰必不力以是知其不足畏也上嘗語張浚曰趙鼎真宰相天使佐朕中興可謂宗社之幸也鼎奏金人遁歸尤當博采群言為善後之計於

是詔呂頤浩等議攻戰備禦措置綏懷之方五年上還臨安制以鼎守左僕射知樞密院事張浚守右僕射兼知樞密院事都督諸路軍馬鼎以政事先後及人才所當召用者條而置之座右次第奏行之制以貴州防禦使瑗為保慶軍節度使封建國公於行宮門外建資善堂鼎薦范冲為翊善朱震為贊讀朝論謂二人極天下之選建炎初嘗下詔以姦臣誣蔑宣仁保佑之功命史院刊修未及行朱勝非為相上諭之曰神宗哲宗兩朝史事多失實非所以傳信後世宜召范冲刊定勝非言神宗史增多王安石日錄哲

宗史經京卞之手議論多不正命官刪修誠足以彰二帝盛美會勝非去位鼎以宰相監修二史是非各得其正上親書忠正德文四字賜鼎又以御書尚書一帙賜之曰書所載君臣相戒飭之言所以賜卿欲共由斯道鼎上疏謝劉豫遣子麟猊分路入寇時張俊屯盱眙楊沂中屯泗韓世忠屯楚岳飛駐鄂劉光世駐廬沿江上下無兵上與鼎以為憂鼎移書浚欲令俊與沂中合兵勦敵光世乞捨廬還太平又乞退保采石鼎奏曰豫逆賊也官軍與豫戰而不能勝或更退守何以立國今賊已渡淮當亟遣張俊合光世

之軍盡掃淮南之寇然後議去留上善其策詔二將進兵俊軍至藕塘與猊戰大破之鼎命沂中趨合肥以援光世光世已棄廬回江北浚以書告鼎鼎白上詔浚有不用命者聽以軍法從事光世大駭復進至肥河與麟戰破之麟猊拔柵遁去浚在江上嘗遣其屬呂祉入奏事所言誇大鼎每抑之上謂鼎曰他日張浚與卿不和必呂祉也後浚因論事語意微侵鼎鼎言臣初與浚如兄弟因呂祉離間遂爾睽異今浚成功當使展盡底蘊浚當留臣當去上曰俟浚歸議之浚嘗奏乞幸建康而鼎與折彥質請回驆臨安暨

浚還乞乘勝攻河南且罷劉光世軍政鼎言擒豫固易耳然得河南能保金人不内侵乎光世累世爲將無故而罷之恐人心不安浚滋不悅鼎以觀文殿大學士知紹興府七年上幸建康罷劉光世以王德爲都統制酈瓊副之並聽參謀兵部尚書呂祉節制瓊與德有宿怨訴于祉不得直執祉以全軍降僞齊浚引咎去位乃以萬壽觀使兼侍讀召鼎入對拜尚書左僕射同中書門下平章事兼樞密使進四官上言淮西之報初至執政奏事皆失措惟朕不爲動鼎曰今見諸將尤須靜以待之不然益增其驕蹇之心臺諫交論淮西無備鼎曰行朝擁兵十萬敵騎粗自足抗之設有他虞鼎身任其責淮西迄無驚鼎嘗乞降詔安撫淮西上曰俟行遣張浚朕當下罪己之詔鼎言浚已落職上曰浚罪當遠竄鼎奏浚母老且有勳王功上曰功過自不相掩已而內批出浚謫置嶺南鼎留不下詰旦約同列救解上怒殊未釋鼎力懇曰浚罪不過失策耳凡人計慮豈不欲萬全儻因一失便寘之死地後有奇謀祕計誰復敢言者此事自關朝廷非獨私浚也上意乃解遂以散官分司居永州鼎既再相或議其無所施設鼎聞之曰今日之事如

人患羸當靜以養之若復加攻砭必傷元氣矣金人廢劉豫鼎遣間招河南守將壽春陳蔡之間往往舉城或率部曲來歸得精兵萬餘馬數千知廬州劉錡亦奏言淮北歸正者不絕度今歲可得四五萬上喜曰朕常慮江池數百里備禦空虛今得此軍可無患矣金人遣使議和朝論以爲不可信上怒鼎曰陛下於金人有不共戴天之讎今屈己請和不憚爲之者以梓宮及母后耳群臣憤懣之辭出於愛君不可以爲罪陛下宜諭之曰講和非吾意以親故不得已爲之但得梓宮及母后還敵雖渝盟吾無憾焉上從其言群議遂息潘良貴以向子諲奏事久叱之退上欲抵良貴罪常同爲之辨欲併逐同鼎奏子諲雖無罪而同與良貴不宜逐二人竟出給事中張致遠謂不應以一子諲出二佳士不書黄上怒顧鼎曰固知致遠必繳駁鼎問何也上曰與諸人善蓋已有先入之言由是不樂於鼎矣秦檜繼留身奏事既出鼎問帝何言檜曰上無他恐丞相不樂耳御筆和州防禦使璩除節鉞封國公鼎奏建國雖未正名天下皆知陛下有子社稷大計也在今禮數不得不異所以繫人心不使之二三而惑也上曰姑徐之檜後留身不知

所云鼎嘗闢和議與檜意不合及鼎以爭璩封國事拂上意檜乘間擠鼎又薦蕭振為侍御史振本鼎所引及入臺劾參知政事劉大中罷之鼎曰振意不在大中也振亦謂人曰趙丞相不待論當自為去就會殿中侍御史張戒論給事中勾濤濤言戒之擊臣乃趙鼎意因詆鼎結臺諫及諸將上聞益疑鼎引疾求免言大中持正論為章惇蔡京之黨所嫉臣議論出處與大中同大中去臣何可留乃以忠武節度使出知紹興府尋加檢校少傅改奉國軍節度使檜率執政往餞其行鼎不為禮一揖而去檜益憾之鼎既去

王庶入對上謂庶曰趙鼎兩為相於國有大功再贊親征皆能決勝又鎮撫建康回鑾無患他人所不及也先是王倫使金從鼎受使指問禮數則答以君臣之分已定問地界則答以大河為界二者使事之大者或不從則已倫受命而行至是倫與金使俱來以撫諭江南為名上歎息謂庶曰使五日前得此報趙鼎豈可去耶初車駕還臨安內侍移竹栽入內鼎見責之曰艮嶽花石之擾皆出汝曹今欲蹈前轍耶因奏其事上改容謝之有戶部官進錢入宮者鼎召至相府切責之翌日問上曰其人獻錢耶上曰朕求之

也鼎奏其人不當獻陛下不當求遂出其人與郡鼎嘗薦胡寅魏矼晏敦復潘良貴呂本中張致遠等數十人分布朝列暨再相奏曰今清議所與如劉大本胡寅呂本中常同林季仲之流陛下能用之乎姤賢長惡如趙霈胡世將周秘陳公輔之徒陛下能去之乎上為從世將而公輔等尋補外上嘗中批二人付廟堂升擢鼎奏疏遠小臣陛下何由得其姓名上謂常同實稱之鼎曰同知其賢何不露章薦引始浚薦秦檜可與共大事鼎再相亦以為言然檜機穽深險外和而中異浚初求去有旨召鼎鼎至越丐祠檜惡

其逼己徙知泉州又諷謝祖信論鼎嘗受張邦昌偽命遂奪節御史中丞王次翁論鼎治郡廢弛命提舉洞霄宮鼎自泉州歸復上書言時政檜忌其復用諷次翁又論其嘗受偽命乾沒都督府錢十七萬緡謫官居興化軍論者猶不已移漳州又責清遠軍節度副使潮州安置在潮五年杜門謝客時事不掛口有問者但引咎而已中丞詹大方誣其受賄屬潮守放編置人移吉陽軍鼎謝表曰白首何歸悵餘生之無幾丹心未泯誓九死以不移檜見之曰此老倔強猶昔在吉陽三年潛居深處門人故吏皆不敢通問惟

廣西帥張宗元時饋醪米檜知之令本軍月具存亡申鼎遣人語其子汾曰檜必欲殺我我死汝曹無患不爾禍及一家矣先得疾自書墓中石記鄉里及除拜歲月至是書銘旌云身騎箕尾歸天上氣作山河壯本朝遺言屬其子乞歸葬遂不食而死時紹興十七年也天下聞而悲之明年得旨歸葬孝宗即位謚忠簡贈太傅追封豐國公高宗祔廟以鼎配享廟庭擢用其孫十有二人鼎為文渾然天成凡高宗處分軍國機事多其視草有擬奏表䟽雜詩文二百餘篇號得全集行於世論中興賢相以鼎為稱首云

論曰夫謀國用兵之道有及時乘銳而可以立功者有養威持重而後能有為者二者之設施不同其為忠一而已方金人逼二帝北行宗社失主宗澤一呼而河北義旅數十萬衆若響之赴聲寔由澤之忠忱義氣有以風動之抑斯民目睹君父之陷於塗淖孰無憤激之心哉使當其時澤得勇往直前無或齟齬牽制之則反二帝復舊都特一指顧間耳黃潛善汪伯彥嫉能而惎功使澤不得信其志發憤而薨豈不悲哉及趙鼎為相則南北之勢成矣兩敵之相持非有灼然可乘之舋則養吾力以俟時否則徒取危困之辱故鼎之為國專以固本為先根本固而後敵可圖讎可復此鼎之心也惜乎一見忌於秦檜斥逐遠徙卒齎其志而亡君子所尤痛心也竊嘗論澤鼎之終而益有感焉澤之易簀也猶連呼渡河者三而鼎自題其銘旌有氣作山河壯本朝之語何二臣之愛君憂國雖處死生禍變之際而猶不渝若是而高宗惑於憸邪之口乍任乍黜所謂善善而不能用千載而下忠臣義士猶為之撫卷扼腕國之不競有以哉

列傳卷第一百十九

列傳卷第一百二十　宋史三百六十一

開府儀同三司上柱國錄軍國重事前中書右丞相監修國史領經筵事都總裁臣脫脫等奉

勑修

張浚 子杓

張浚字德遠漢州綿竹人唐宰相九齡弟九皐之後父咸舉進士賢良兩科浚四歲而孤行直視端無誑言識者知為大器入太學中進士第靖康初為太常簿張邦昌僭立逃入太學中聞高宗即位馳赴南京除樞密院編修官改虞部郎擢殿中侍御史駕幸東南後軍統制韓世忠所部逼逐諫臣墜水死浚奏奪

宋史三百六十一　三百八十五个　宋史列傳卷一百二十　一　陳鎰寫　呈長刊

世忠觀察使上下始知有國法遷侍御史時乘輿在揚州浚言中原天下之根本願下詔葺東京關陜襄鄧以待巡幸咈宰相意除集英殿修撰知興元府未行擢禮部侍郎高宗召諭曰卿知無不言言無不盡朕將有為正如欲一飛冲天而無羽翼卿勉留輔朕除御營使司參賛公事浚度金人必來攻而廟堂晏然殊不為備力言之宰相黃潛善汪伯彥皆笑其過計建炎三年春金人南侵車駕幸錢塘留朱勝非于吳門捍禦以浚同節制軍馬已而勝非召浚獨留時潰兵數萬所至剽掠浚招集甫定會苗傅劉正彥作亂改元赦書至平江浚命守臣湯東野秘不宣未幾傳等以檄來浚慟哭召東野及提點刑獄趙哲謀起兵討賊時傅等以承宣使張俊為秦鳳路總管俊將萬人還將卸兵而西浚知上遇俊厚而俊純實可謀大事急邀俊握手語故相持而泣因告以將起兵問罪時呂頤浩節制建業劉光世領兵鎮江浚遣人賷蠟書約頤浩光世以兵來會而命俊分兵扼吳江上疏請復辟傅等謀除浚禮部尚書命將所部詣行在浚以大兵未集未欲誦言討賊乃託云張俊驟回人情震讋未可不少留以撫其軍會韓世忠舟師抵常

宋史三百六十一　四百令九个　宋史列傳卷一百二十　二　陳鎰寫　呈長刊

熟張俊曰世忠來事濟矣白浚以書招之世忠至對浚慟哭曰世忠與俊請以身任之浚因大犒俊世忠將士呼諸將校至前抗聲問曰今日之舉孰順孰逆衆皆曰賊逆我順浚曰聞賊以重賞購吾首若浚此舉違天悖人汝等可取浚頭去不然一有退縮悉以軍法從事衆咸感憤於是令世忠以兵赴闕而戒其急趨秀州據糧道以俟大軍之至世忠至秀即大治戰具會傅等以書招浚浚報云自古言涉不順謂之指斥乘輿事涉不遜謂之震驚宮闕廢立之事謂之大逆不道大逆不道者族今建炎皇帝不聞失德一

旦遜位豈所宜聞傳等得書恐乃遣重兵扼臨平亟
除俊世忠節度使而誣浚欲危社稷責柳州安置俊
世忠拒不受會呂頤浩劉光世兵踵至浚乃聲傳正
彥罪傳檄中外率諸軍繼進初浚遣客馮轓以計策
往說傳等會大軍且至傳正彥憂恐不知所出轓知
其可動即以大義白宰相朱勝非使率百官請復辟
高宗御筆除浚知樞密院事浚進次臨平賊兵拒不
得前世忠等搏戰大破之傳正彥脫遁浚與頤浩等
入見伏地涕泣待罪高宗問勞再三曰曩在睿聖兩
宮隔絕一日啜羹小黃門忽傳太母之命不得已貶

卿柳州朕不覺羹覆于手念卿被謫此事誰任留浚
引入內殿曰皇太后知卿忠義欲識卿面適垂簾見
卿過庭矣解所服玉帶以賜高宗欲相浚浚以晚進
不敢當傳正彥走閩中浚命世忠追縛之以獻與其
黨皆伏誅初浚次秀州嘗夜坐警備甚嚴忽有客至
前出一紙懷中曰此苗傳劉正彥募賊公賞格也浚
問欲何如客曰僕河北人粗讀書知逆順豈以身為
賊用特見為備不嚴恐有後來者耳浚下執其手問
姓名不告而去浚翌日斬死囚徇于衆曰此苗劉刺
客也私識其狀貌物色之終不遇已盜薛慶嘯聚淮

甸至數萬人浚恐其滋蔓徑至高郵入慶壘喻以朝
廷恩意慶感服下拜浚留撫其衆或傳浚為賊所執
呂頤浩等遽罷浚樞筦浚歸高宗驚嘆即日趣就職
浚謂中興當自關陝始慮金人或先入陝取蜀則東
南不可保遂慷慨請行詔以浚為川陝宣撫處置使
得便宜黜陟將行御營平寇將軍范瓊擁衆自豫章
至行在先是靖康城破金人逼脅君后太子宗室北
行多瓊之謀又乘勢剽掠左右張邦昌為之從衞至
是入朝悖傲無禮且乞貸逆黨傳正彥等死罪浚奏
瓊大逆不道乞伸典憲翌日召瓊至都堂數其罪切

責之送棘寺論死分其軍隸神武軍然後行與沿江
襄漢守臣議儲蓄以待臨幸高宗問浚大計浚請身
任陝蜀之事置幕府於秦川別遣大臣與韓世忠鎮
淮東令呂頤浩扈蹕來武昌復以張俊劉光世與秦
川相首尾議既定浚行未及武昌而頤浩變初議浚
既抵興元金人已取鄜延驍將婁宿孛堇引大兵渡
渭攻永興諸將莫肯相援浚至即出行關陝訪問風
俗罷斥姦贓以搜攬豪傑為先務諸將惕息聽命會
諜報金人將攻東南浚命諸將整軍向敵已而金人
大攻江淮浚即治軍入衞至房州知金人北歸復還

關陝時金帥兀朮猶在淮西浚懼其復擾東南謀牽制之遂決策治兵合五路之師以復永興金人大恐急調兀朮等由京西入援大戰於富平涇原帥劉錡身率將士薄敵陣殺獲頗衆會環慶帥趙哲擅離所部哲軍將校望見塵起驚遁諸軍皆潰浚斬哲以徇退保興州命吳玠聚兵扼險于鳳翔之和尚原大散關以斷敵來路關師古等聚熙河兵于岷州大潭孫渥賈世方等聚涇原鳳翔兵于階成鳳三州以固蜀口浚上書待罪帝手詔慰勉紹興元年金將烏魯攻和尚原吳玠乘險擊之金人大敗走兀朮復合兵至

玠及其弟璘復邀擊大破之兀朮僅以身免亟鬄■其須髯遁歸始粘罕病篤語諸將曰自吾入中國未嘗有敢攖吾鋒者獨張樞密與我抗我在猶不能取蜀我死爾曹宜絕意但務自保而已兀朮怒曰是謂我不能邪粘罕死竟入攻果敗拜浚檢校少保定國軍節度使浚在關陝三年訓新集之兵當方張之敵以劉子羽為上賓任趙開為都轉運使擢吳玠為大將守鳳翔子羽慷慨有才略開善理財而玠每戰輒勝西北遺民歸附日衆故關陝雖失而全蜀按堵且以形勢牽制東南江淮亦賴以安將軍曲端者建炎

中嘗迫逐帥臣王庶而奪其印吳玠敗于彭原訴端不整師富平之役端議不合其腹心張忠彥等降敵浚初超用端中坐廢猶欲再用之後卒下端獄論死會有言浚殺趙哲端無辜而任子羽開玠非是朝廷疑之三年遣王似副浚會金將撒离曷及劉豫叛黨聚兵入攻破金州子羽為興元帥約吳玠同守三泉金人至金牛宋師掩擊之斬馘及墮溪谷死者以數千計浚聞王似來求解兵柄且奏似不可任宰相呂頤浩不悅而朱勝非以宿憾日毀短浚詔浚赴行在四年初辛炳知潭州浚在陝以檄發兵炳不遣浚奏

劾之至是炳為御史中丞率同列劾浚以本官提舉洞霄宮居福州浚既去國慮金人釋川陝之兵必將併力窺東南而朝廷已議講解乃上疏極言其狀未幾劉豫之子麟果引金人入攻高宗思浚前言策免朱勝非而參知政事趙鼎請幸平江乃召浚以資政殿學士提舉萬壽觀兼侍讀入見高宗手詔辨浚前誣除知樞密院事浚既受命即日赴江上視師時兀朮擁兵十萬于揚州約日渡江決戰浚長驅臨江召韓世忠張俊劉光世議事將士見浚勇氣十倍浚既部分諸將身留鎮江節度之世忠遣麾下王愈詣兀

术約戰且言張樞密已在鎮江兀术曰張樞密貶嶺南何得乃在此愈出浚所下文書示之兀术色變夕遁五年除尚書右僕射同中書門下平章事兼知樞密院事都督諸路軍馬趙鼎除左僕射浚與鼎同志輔治務在塞倖門抑近習時巨寇楊么據洞庭屢攻不克浚以建康東南都會而洞庭據上流恐滋蔓為害請因盛夏乘其怠討之具奏請行至醴陵釋邑囚數百皆楊么諜者給以文書俾招諭諸砦因縱呼而往至潭賊衆二十餘萬相繼來降湖寇盡平上賜浚書謂上流既定則川陝荊襄形勢接連事力增倍天

其以中興之功付卿乎浚遂奏遣岳飛屯荊襄以圖中原乃自鄂岳轉淮東大會諸將議防秋之宜高宗遣使賜詔趣歸勞問之曰卿暑行甚勞湖湘群寇既就招撫成朕不殺之仁卿之功也召對便殿進中興備覽四十一篇高宗嘉嘆置之坐隅浚以敵勢未衰而叛臣劉豫復據中原六年會諸將議事江上榜豫僭逆之罪命韓世忠據承楚以圖淮陽命劉光世屯合肥以招北軍命張俊練兵建康進屯盱眙命楊沂中領精兵為後翼以佐俊命岳飛進屯襄陽以窺中原浚渡江徧撫淮上諸戍時張俊軍進屯盱眙岳飛

遣兵入至蔡州浚入覲力請幸建康車駕進發浚先往江上諜報劉豫與子猊挾金人入攻浚奏金人不敢悉衆而來此必豫兵也邊遽不一俊光世皆張大敵勢浚謂賊豫以逆犯順不勦除何以為國今日之事有進無退且命楊沂中往屯濠州劉麟逼合肥張俊請益兵劉光世欲退師趙鼎及簽書折彥質欲召岳飛兵東下御書付浚令俊光世沂中等還保江浚奏俊等渡江則無淮南而長江之險與敵共矣且岳飛一動襄漢有警復何所恃乎詔書從之沂中兵抵濠州光世舍廬州而南淮西汹動浚聞疾馳至采石令其

衆曰有一人渡江者斬光世復駐軍與沂中接劉猊攻沂中沂中大破之猊麟皆拔柵遁高宗手書嘉獎召浚還勞之時趙鼎等議回蹕臨安浚奏天下之事不倡則不起三歲之間陛下一再臨江士氣百倍今六飛一還人心解體高宗幡然從浚計鼎出知紹興府浚以親民之官治道所急條具郡守監司省郎館閣出入迭補之法又以災異奏復賢良方正科七年以浚却敵功制除特進未幾加金紫光祿大夫問安使何蘇歸報徽宗皇帝寧德皇后相繼崩殂上號慟擗踊哀不自勝浚奏天子之孝不與士庶同必思所

以奉宗廟社稷今梓宮未返天下塗炭願陛下揮涕而起斂髮而趨一怒以安天下之民上乃命浚草詔告諭中外辭甚哀切浚又請命諸大將率三軍發哀成服中外感動浚退上疏曰陛下思慕兩宮憂勞百姓臣之至愚獲遭任用臣每感慨自期誓殲敵讎十年之間親養闕然爰及妻孥莫之私顧其意亦欲遂陛下孝養之心拯生民於塗炭昊天不弔禍變忽生使陛下抱無窮之痛罪將誰執念昔陝蜀之行陛下命臣曰我有大隙于北刷此至耻惟爾是屬而臣終隳成功使敵無憚今日之禍端自臣致乞賜罷黜上

詔浚起視事浚再疏待罪不許乃請乘輿發平江至建康浚總中外之政幾事叢委以一身任之每奏對必言讎耻之大反復再三上未嘗不改容流涕時天子方厲精克己戒飭宮庭內侍無敢越度事無巨細必以咨浚賜諸將詔往往命浚草之劉光世在淮西軍無紀律浚奏罷光世以其兵屬督府命參謀兵部尚書呂祉往廬州節制而樞密院以督府握兵為嫌乞置武帥乃以王德為都統制即軍中取酈瓊副之浚奏其不當瓊亦與德有宿怨列狀訴御史臺乃命張俊為宣撫使楊沂中劉錡為制置判官以撫之未

至瓊等舉軍叛執呂祉以歸劉豫祉不行詈瓊等碎齒折首而死浚引咎求去位高宗問可代者且曰秦檜何如浚曰近與共事方知其闇高宗曰然則用趙鼎檜由是憾浚浚以觀文殿大學士提舉江州太平興國宮先是浚遣人持手榜入偽地間劉豫及酈瓊叛去復遣間持蠟書遺瓊金人果疑豫尋廢之臺諫交詆浚落職以秘書少監分司西京居永州九年以赦復官提舉臨安府洞霄宮未幾除資政殿大學士知福州兼福建安撫大使金遣使來以詔諭為名浚五上疏爭之十年金敗盟復取河南浚奏願因權制

變則大勳可集因大治海舟千艘為直指山東之計十一年除檢校少傅崇信軍節度使充萬壽觀使免奉朝請十二年封和國公十六年彗星出西方浚將極論時事恐貽母憂母訝其瘠問故浚以實對母誦其父對策之語曰臣寧言而死於斧鉞不能忍不言以負陛下浚意乃決上疏謂當今事勢譬如養成大疽於頭目心腹之間不決不止惟陛下謀之於心謹察情偽使在我有不可犯之勢庶幾社稷安全不然後將噬臍事下三省秦檜大怒令臺諫論浚以特進提舉江州太平興國宮居連州二十年徙永州浚去

國幾二十載天下士無賢不肖莫不傾心慕之武夫健將言浚者必咨嗟太息至兒童婦女亦知有張都督也金人憚浚每使至必問浚安在惟恐其復用當是時秦檜怙寵固位懼浚為正論以害己令臺臣有所彈劾論必及浚反謂浚為國賊必欲殺之以張柄知潭州汪召錫使湖南使圖浚張常先使江西治張宗元獄株連及浚捕趙鼎子汾下大理令自誣與浚謀大逆會檜死乃免二十五年復觀文殿大學士判洪州浚時以母喪將歸葬念天下事二十年為檜所壞邊備蕩弛又聞金亮篡立必將舉兵自以大臣義同

休戚不敢以居喪為嫌具奏論之會星變求直言浚謂金人數年間勢決求釁用兵而國家溺於宴安蕩然無備乃上疏極言而大臣沈該万俟卨湯思退等見之謂敵初無釁笑浚為狂臺諫湯鵬舉凌哲論浚歸蜀恐搖動遠方詔復居永州服除落職以本官奉祠三十一年春有旨自便浚至潭聞欽宗崩號慟不食上疏請早定守戰之策未幾亮兵大入中外震動復浚觀文殿大學士判潭州時金騎充斥王權兵潰劉錡退歸鎮江遂改命浚判建康府兼行宮留守浚至岳陽買舟冒風雪而行遇東來者云敵兵方焚采

石煙炎漲天慎無輕進浚曰吾赴君父之急知直前求乘輿所在而已時長江無一舟敢行北岸者浚乘小舟徑進過池陽聞亮死餘衆猶二萬屯和州李顯忠兵在沙上浚往犒之一軍見浚以為從天而下浚至建康即牒通判劉子昻辦行宮儀物請乘輿亟臨幸二十二年車駕幸建康浚迎拜道左衛士見浚無不以手加額時浚起廢復用風采隱然軍民皆倚以為重車駕將還臨安勞浚曰卿在此朕無北顧憂矣兼節制建康鎮江府江州池州江陰軍軍馬金兵十萬圍海州浚命鎮江都統張子蓋往救大破之浚招

集忠義及募淮楚壯勇以陳敏為統制且謂敵長於騎我長於步衛步莫如弩衛弩莫如車命敏專制弩治車孝宗即位召浚入見改容曰久聞公名今朝廷所恃唯公賜坐降問浚從容言人主之學以心為本一心合天何事不濟所謂天者天下之公理而已必兢業自持使清明在躬則賞罰舉措無有不當人心自歸敵讎自服孝宗悚然曰當不忘公言除少傅江淮東西路宣撫使進封魏國公翰林學士史浩議欲城瓜州采石浚謂不守兩淮而守江干是示敵以削弱怠戰守之氣不若先城泗州及浩參知政事浚所

規畫浩必沮之浚薦陳俊卿為宣撫判官孝宗召俊
卿及浚子栻赴行在浚附奏請上臨幸建康以動中
原之心用師淮堧進舟山東以為吳璘聲援孝宗見
俊卿等問浚動靜飲食顏貌曰朕倚魏公如長城不
容浮言搖奪金人以十萬衆屯河南聲言規兩淮移
文索海泗唐鄧商州及歲幣浚言北敵詭詐不當為
之動以大兵屯盱眙濠廬備之卒以無事隆興元年
除樞密使都督建康鎮江府江州池州江陰軍軍馬
時金將蒲察徒穆及知泗州大周仁屯虹縣都督蕭
琦屯靈壁積糧修城將為南攻計浚欲及其未發攻

之會主宰殿前司李顯忠建康都統邵宏淵亦獻擣
二邑之策浚具以聞上報可召浚赴行在命先圖兩
城乃遣顯忠出濠州趨靈壁宏淵出泗州趨虹縣而
浚自往臨之顯忠至靈壁敗蕭琦宏淵圍虹縣降徒
穆周仁乘勝進克宿州中原震動孝宗手書勞之曰
近日邊報中外鼓舞十年來無此克捷浚以盛夏人
疲急召李顯忠等還師會金帥紇石烈志寧率兵至
宿州與顯忠戰連日南軍小不利忽諜報敵兵大至
顯忠夜引歸浚上疏待罪有旨降授特進更為江淮
宣撫使宿師之還士大夫主和者皆議浚之非孝宗

復賜浚書曰今日邊事倚卿為重卿不可畏人言而
懷猶豫前日舉事之初朕與卿任之今日亦須與卿
終之浚乃以魏勝守海州陳敏守泗州戚方守濠州
郭振守六合治高郵巢縣兩城為大勢修滁州關山
以扼敵衝聚水軍淮陰馬軍壽春大飭兩淮守備孝
宗復召栻奏事浚附奏云自古有為之君腹心之臣
相與協謀同志以成治功今臣以孤蹤動輒掣肘陛
下將安用之因乞骸骨孝宗覽奏謂栻曰朕待魏公
有加不為浮議所惑帝眷遇浚猶至對近臣言必曰
魏公未嘗斥其名每遣使來必令視浚飲食多寡肥

瘠何如尋詔復浚都督之號金帥僕散忠義貽書三
省樞密院索四郡及歲幣不然以農隙治兵浚言金
強則來弱則止不在和與不和時湯思退為右相思
退秦檜黨也急於求和遂遣盧仲賢持書報金浚言
仲賢小人多妄不可委信已而仲賢果以許四郡辱
命朝廷復以王之望為通問使龍大淵副之浚爭不
能得未幾召浚入見復力陳和議之失孝宗為止誓
書留之望大淵待命而令通書官胡昉楊由義往諭
金以四郡不可割若金人必欲得四郡當追還使人
罷和議拜浚尚書右僕射同中書門下平章事兼樞

寄使都督如故思退為左僕射胡昉等至宿金人械繫迫脅之昉等不屈更禮而歸之孝宗諭浚曰和議之不成天也自此事當歸一矣二年議進幸建康詔之望等還思退聞之大駭陽為乞祠狀而陰與其黨謀為陷浚計俄詔浚行視江淮時浚所招徠山東淮北忠義之士以實建康鎮江兩軍凡萬二千餘人萬弩營所招淮南壯士及江西群盜又萬餘人陳敏統之以守泗州凡要害之地皆築城堡其可因水為險者皆積水為匱增置江淮戰艦諸軍弓矢器械悉備時金人屯重兵于河南為虛聲脅和有刻日決戰之

語及聞浚來亟徹兵歸淮北之來歸者日不絕山東豪傑悉願受節度浚以蕭琦契丹望族沈勇有謀欲令盡領契丹降衆且以檄諭契丹約為應援金人益懼思退乃令王之望盛毀守備以為不可恃令尹穡論罷督府參議官馮方又論浚費國不貲奏留張深守泗不受趙廓之代為拒命浚亦請解督府詔從其請左司諫陳良翰侍御史周操言浚忠勤人望所屬不當使去國浚留平江凡八章乞致仕除少師保信軍節度判福州浚辭改醴泉觀使朝廷遂決棄地求和之議浚既去猶上疏論尹穡姦邪必誤國事且勸

上務學親賢或勉浚勿復以時事為言浚曰君臣之義無所逃於天地之間吾荷兩朝厚恩久尸重任今雖去國猶日望上心感悟苟有所見安忍弗言上如欲復用浚浚當即日就道不敢以老病為辭如若等言是誠何心哉聞者聳然行次餘干得疾手書付二子曰吾嘗相國不能恢復中原雪祖宗之恥即死不當葬我先人墓左葬我衡山下足矣訃聞孝宗震悼輟視朝贈太保後加贈太師謚忠獻浚幼有大志及為熙河幕官徧行邊壘覽觀山川形勢時時與舊戍守將握手飲酒問祖宗以來守邊舊法及軍陣方畧

之宜故一旦起自疏遠當樞筦之任悉能通知邊事本末在京城中親見二帝北行皇族係虜生民塗炭誓不與敵俱存故終身不主和議每論定都大計以為東南形勢莫如建康人主居之可以北望中原常懷憤惕至如錢塘僻在一隅易於安肆不足以號召北方與趙鼎共政多所引擢從臣朝列皆一時之望人號小元祐所薦虞允文汪應辰王十朋劉珙等為名臣拔吳玠吳璘於行間謂韓世忠忠勇可倚以大事一見劉錡奇之付以事任卒皆為名將有成功一時稱浚為知人浚事母以孝稱學邃於易有易解及

雜說十卷書詩禮春秋中庸亦各有解文集十卷奏議二十卷子二人栻杓栻自有傳

杓字定叟以父恩授承奉郎歷廣西經畧司機宜通判嚴州方年少已有能稱浙西使者薦所部吏而不及杓孝宗特令再薦召對差知袁州戢豪彊弭盜賊尉獲盜上之州杓察知其枉縱去莫不怪之未幾果獲真盜改知衢州兄栻喪無壯子請祠以營葬事主管五局觀遷湖北提舉常平奏事帝大喜諭輔臣曰張浚有子如此改浙西督理荒政蘇湖二州皆闕守命兼攝焉有執政姻黨閉糴杓首治之帝獎其不畏

彊禦遷兩浙轉運判官未幾以直徽猷閣升副使改知臨安府奏除逋欠四萬緡米八百斛進直龍圖閣都城浩穰姦盜聚慝杓畫分地以警捕夜戶不閉張師尹納女掖庭供給使待以恣橫杓因事痛繩之徙其家信州其類帖伏南郊禮成賜五品服權兵部侍郎仍知臨安加賜三品服修三牐復六井府治火延及民居上疏自劾詔削二秩杓再疏乞罷移知鎮江尋改明州辭仍知鎮江召為戶部侍郎面對言事迕時相意高宗崩以集英殿修撰知紹興府董山陵事召還爲吏部侍郎光宗即位權刑部侍郎復兼知臨安

府紹熙元年為刑部侍郎仍為府尹內侍毛伯益冒西湖茭地為亭外戚有殺其僕者獄具寅緣宣諭求免杓皆執奏論如律孝宗覲湖杓以彈壓伏謁道左孝宗止輦問勞賜以酒炙京西謀帥進煥章閣學士知襄陽府賜金二百兩別賜金百兩白金倍之未幾進徽猷閣學士知建康府繼復命還襄陽寧宗嗣位歸正人陳應祥忠義人党琪等謀襲均州副都統馮湛間道疾馳以聞杓不為動檢部分掩捕獄成斬其為首者二人盡釋黨與反側以安升寶文閣學士知平江府未行改知建康府升龍圖閣學士知隆興府

兼江西安撫使奉新縣舊有營田募民耕之畝賦米斗五升錢六十其後議臣請鬻之始征兩稅和買且加折變民重為困杓悉奏蠲之進端明殿學士復知建康府以疾乞祠卒杓天分高爽吏材敏給遇事不凝滯多隨宜變通所至以治辦稱南渡以來論尹京者以杓為首子忠純忠恕自有傳

論曰儒者之於國家能養其正直之氣則足以正君心一衆志攘凶逆處憂患蓋無往而不自得焉若張浚者可謂善養其氣者矣觀其初逃張邦昌之議平苗劉之亂其才識固有非偷懦之所敢望及其攘郤

剗敵招降劇盜能使將帥用命所嚮如志遠人伺其用舍為進退天下占其出處為安危豈非卓然所謂人豪者歟群言沸騰婁奮婁躓而辭氣慨然嘗曰上如欲復用浚當即日就道不敢以老病辭其言如是則其愛君憂國之心為何如哉時論以浚之忠大類漢諸葛亮然亮能使魏延楊儀終其身不為異同浚以吳玠故遂殺曲端亮能容法孝直浚不能容李綱趙鼎而又詆之茲所以為不及歟至於富平之潰師淮西之兵變則成敗利鈍雖亮不能逆睹也

列傳卷第一百二十

列傳卷第一百二十一　宋史三百六十二

開府儀同三司上柱國錄軍國重事中書右丞相監修國史領經筵事總裁臣脫脫等奉
敕修

朱勝非　呂頤浩　范宗尹
范致虛　呂好問

朱勝非字藏一蔡州人崇寧二年上舍登第靖康元年為東道副總管權應天府金人攻城勝非逃去會韓世忠部將楊進破敵勝非復還視事逾年詔濟州謂康王言南京為藝祖興王之地請幸之以圖大計王即位南京建炎改元試中書舍人兼權直學士院

時方草剏勝非憑敗皷草制辭氣嚴重如平時上疏言仁義者天下之大柄中國持之則外夷服而諸夏尊苟失其柄則不免四夷交侵之患國家與契丹結好百有餘年一旦乘其亂弱遠交金人為夾攻計是中國失其柄而外侮所由招也陛下即位宜壹明正始之道思其合於仁義者行之不合者置之則可以攘卻四夷紹復大業矣上嘉之總制使錢蓋進職勝非言蓋為陝西制置使棄師誤國封還貼黃蓋遂罷諫官衛膚敏坐論元祐太后兄子從官勝非言以外戚故去諫臣非所以示天下二年除尚書右丞時宰

執蔭補多濫勝非奏舊制宰執子弟例不堂除只就銓注罷政不以罪然後推恩趙普子弟皆作武臣普再相長子授莊宅使范純仁再相子正平有文行竟死選調章惇子援及持皆高科並為州縣幕職監當惟夏竦子安期累作邊帥授待制直學士王安石薦子雱為崇政殿說書除待制然安期猶有才幹雱猶有學問至蔡京子六人孫四人鄭居中劉正夫子各二人余深王黼白時中蔡卞鄧洵仁洵武子各一人並列從班宣和末諫官疏謂尚從竹馬之遊已造裔褒之列今不可以不戒遷中書侍郎三年上自鎮江

南幸留勝非經理未幾命為控扼使已而拜宣奉大夫尚書右僕射兼御營使故事命相進三官勝非特遷五官會王淵簽書樞密院事兼御營司都統制內侍復用事恣橫諸將不悅於是苗傅劉正彥與其徒王鈞甫馬柔吉王世脩謀誣淵結宦官謀反正彥手斬淵分捕中官皆殺之擁兵至行宮門外勝非趨樓上詰專殺之由上親御樓撫諭傅正彥語頗不遜勝非乃從皇太后出諭旨傅等請高宗避位太后抱皇子聽政太后不可傳顧勝非曰今日正須大臣果決相公何無一言耶勝非還告上曰王鈞甫乃傅等腹心

適語臣云二將忠有餘而學不足此語可為後圖之緒於是太后垂簾高宗退居顯忠寺號睿聖宮勝非因請降赦以安傅等又奏母后垂簾須二臣同對此承平故事今日事機有須密奏者乞許臣僚獨對而日引傅徒二人上殿以弭其疑太后語上曰賴相此人若汪黃在位事已狼籍矣王鈞甫見勝非勝非問前言二將學不足如何鈞甫曰如劉將手殺王淵軍中亦非之勝非因以言撼之曰上皇待燕士如骨肉那無一人効力者乎人言燕趙多奇士徒虛語耳鈞甫曰不可謂燕無人勝非曰君與馬參議皆燕中名

人嘗獻策滅契丹者今金人所任多契丹舊人若渡江禍首及君矣盍早為朝廷協力乎鈞甫唯唯王世脩來見勝非諭之曰國家艱難若等立功之秋也誠能奮身立事從官豈難得乎世脩喜時往來道軍中情實擢世脩為工部侍郎傅正彥乞改年號及移蹕建康勝非以白太后因議恐盡廢其請則倉卒變生乃改元明受以詔示世脩曰已從若請矣傅等欲挾上幸徽越勝非諭之以禍福而止傅聞韓世忠起兵取其妻子為質勝非紿傅曰今當啓太后召二人慰撫使報知平江諸君益安傅[illegible]許諾勝非喜曰二凶

真無能為也諸將將至傳等懼勝非因謂之曰勤王
之師未進者使是間自反正耳不然下詔率百官六
軍請上還宮公等置身何地乎即召學士李邴張守
作百官章及太后手詔四月朔勝非率百官請睿聖
宮親披上乘馬還宮苗傳請以王世脩為參議勝非
曰世脩已為從官豈可復從軍上既復辟勝非曰臣
昔遇變義當即死偷生至此欲圖今日之事耳乃乞
罷政上問誰可代者勝非曰呂頤浩張浚問孰優曰
頤浩練事而暴浚喜事而踈上曰浚太年少勝非曰
臣向被召軍旅錢穀悉付浚此舉浚實主之御史中
丞張守論勝非不能預防致賊猖獗宜罷不報授觀
文殿大學士知洪州尋除江西安撫大使兼知江州
紹興元年馬進陷江州侍御史沈與求論九江之陷
由勝非赴鎮太緩降授中大夫分司南京江州居住
二年呂頤浩薦兼侍讀又薦都督江淮荆浙諸軍事
給事中胡安國侍御史張𤨏交章論罷之頤浩力引
其入再除兼侍讀尋拜尚書右僕射同中書門下平
章事丁母憂去起復右僕射兼知樞密院事上吏部
七司敕令格式一百八十卷時員外郎江端友請嘗
宗廟議者非之以為國家期於恢復不常厥居勝非

方主和議遂白上嘗宗廟于臨安徐俯罷參政勝非
薦胡松年侍御史常同劾松年乃王黼客勝非徙同
左史莫儔諂曲江其家蒼頭奴為勝非治疽而愈奴
為儔請得復官姻家劉式嘗言為兵官獲盜勝非不
以付部用特旨改官會久雨勝非累章乞免且自論
當罷者十一事魏矼亦劾其罪遂罷五年應詔言戰
守四事起知湖州引疾歸勝非與秦檜有隙檜得政勝非廢
居八年卒謚忠靖勝非張邦昌友壻也始邦昌僭位
勝非嘗械其使及金人過江勝非請尊禮邦昌錄其後
以謝敵苗劉之變保護聖躬功居多既去力薦張浚
然李綱罷勝非受黃潛善風旨草制極言其狂妄再
相忌趙鼎鼎宣撫川陝欲重使名以制吳玠勝非曰
元樞出使豈論此耶蓋因事出鼎而輕其權人以此
少之及著閑居錄亦多其私說云
呂頤浩字元直其先樂陵人徙齊州中進士第父喪
家貧躬耕以贍老幼後為密州司戶參軍以李清臣
薦為邠州教授除宗子博士累官入為太府少卿直
龍圖閣河北轉運副使升待制徽猷閣都轉運使伐
燕之役頤浩以轉輸隨种師道至白溝既得燕山郭藥
師衆二萬契丹軍萬餘皆仰給縣官詔以頤浩為燕

山府路轉運使顒浩奏開邊極遠其勢難守雖窮力
竭財無以善後又奏燕山河北危急五事頗憚議久
長之策徽宗怒命褫職貶官而領職如故尋復焉進
徽猷閣直學士金人入燕郭藥師刼顒浩與蔡靖等
以降敵退得歸復以為河北都轉運使以病辭提舉
崇福宮高宗即位除知揚州車駕南幸顒浩入見除戶
部侍郎兼知揚州進戶部尚書劇賊張遇衆數萬屯金
山縱兵焚掠顒浩單騎與韓世忠造其壘說之以逆順
遇黨釋甲降進吏部尚書建炎二年金人逼揚州車駕南渡鎮江召從臣問去留顒浩叩頭且留此
為江北聲援不然敵乘勢渡江事愈急矣駕幸錢塘

拜同簽書樞密院事江淮兩浙制置使還屯京口金
人去揚州改江東安撫制置使兼知江寧府時苗傅
劉正彥為逆逼高宗避位顒浩至江寧奉明受改元
詔赦會監司議皆莫敢對顒浩曰是必有兵變其子
抗曰主上春秋鼎盛二帝蒙塵沙漠日望拯救其肯
遽遜位于幼冲乎灼知兵變無疑也顒浩即遣人寓
書張浚曰時事如此吾儕可但已乎浚亦謂顒浩有
威望能斷大事書來報起兵狀顒浩乃與浚及諸將
約會兵討賊時江寧士民洶懼顒浩乃檄楊惟忠留
屯以安人心且恐苗傅等計窮挾帝繇廣德渡江戒

惟忠先為控扼備俄有旨召顒浩赴院供職上言今金
人乘戰勝之威群盜有蠭起之勢興衰撥亂事屬艱難
豈容皇帝退享安逸請亟復明辟以圖恢復遂以兵發
江寧舉鞭誓衆士皆感厲將至平江張浚乘輕舟迓之
相持而泣咨以大計顒浩曰顒浩曩諫開邊幾死宦
臣之手承乏漕挽幾陷腥膻之域今事不諧不過赤
族為社稷死豈不快乎浚壯其言即舟中草檄進韓
世忠為前軍張俊翼之劉光世為游擊顒浩浚總中
軍光世分軍殿後顒浩發平江傳黨託旨請顒浩單
騎入朝顒浩奏所統將士忠義所激可合不可離傳

等恐懼乃請高宗復辟師次秀州顒浩勉厲諸將曰
今雖反正而賊猶握兵居內事若不濟必反以惡名
加我翟義徐敬業可監也次臨平苗傅等拒戰顒浩
被甲立水次出入行陣督世忠等破賊傳正彥引兵
遁顒浩等以勤王兵入城都人夾道聳觀以手加額
朱勝非罷相以顒浩守尚書右僕射中書侍郎兼御
營使改同中書門下平章事車駕幸建康聞金人復
入召諸將問移蹕之地顒浩曰金人謀以陛下所至
為邊面今當且戰且避奉陛下於萬全之地臣願留
常潤死守上曰朕左右不可以無相乃以韓世忠守

鎮江劉光世守太平駕至平江聞杜充敗績上曰事迫矣若何頤浩遂進航海之策初建炎御營使本以行幸總齊軍政而宰相兼領之遂專兵柄樞府幾無所預頤浩在位尤顓恣趙鼎論其過四年移鼎為翰林學士吏部尚書鼎辭且攻頤浩章十數上頤浩求去除鎮南軍節度開府儀同三司醴泉觀使詔以頤浩倡義勤王故從優禮焉奉化賊將璉乘亂為變刼頤浩寘軍中高宗以頤浩故赦而招之尋除江東安撫制置大使兼知池州頤浩請兵五萬屯建康等處又請王𤫉巨師古兵自隸將之鎮而李成遣將馬進

圍江州乃駐軍鄱陽會楊惟忠兵請與俱趨南康遣師古救江州賊衆鏖戰頤浩惟忠失利師古敗奔洪州頤浩乞濟師討李成高宗曰頤浩奮不顧身為國討賊群臣所不及但輕進其失也詔王𤫉以萬人速往策應頤浩復軍左蠡又得閤門舍人崔增之衆萬餘軍勢復振命𤫉增擊賊敗之乘勝至江州則馬進已陷城矣朝廷命張俊為招討使俊既至遂敗馬進進遁成以餘衆降劉豫詔以淮南民未復業須威望大臣措置以頤浩兼宣撫領壽春府滁廬和州無為軍招降趙延壽于分寧得其精鋭五千分隸諸將張

琪自徽犯饒州有衆五萬特頤浩自左蠡班師帳下兵不滿萬人郡人皇駭頤浩命其將閻皐姚端崔邦弼列陣以待琪犯皐軍皐力戰端邦弼兩軍夾擊大破之拜少保尚書左僕射同中書門下平章事兼知樞密院事二年上自越州還臨安時桑仲在襄陽欲進取京城乞朝廷舉兵為聲援頤浩乃大議出師而身自督軍北向高宗諭頤浩秦檜曰頤浩治軍旅檜理庶務如種蠡分職可也二人同秉政檜知頤浩不為公論所與多引知名士為助欲傾之而擅朝權高宗乃下詔以戒朋黨除頤浩都督江淮荆浙諸軍事

開府鎮江頤浩辟文武士七十餘人以神武後軍及御前忠鋭崔增趙延壽二軍從行百官班送頤浩次常州延壽軍叛劉光世殲其衆又聞桑仲已死遂不進引疾求罷詔還朝以知紹興府朱勝非同都督諸軍事頤浩既還欲傾秦檜乃引勝非為助給事中胡安國論勝非必誤大計勝非復知紹興府尋以醴泉觀使兼侍讀安國持錄黄不下頤浩持命檢正諸房文字黄龜年書行安國以失職求去罷之檜上章乞留安國不報侍御史江躋左司諫吳表臣皆以論救安國罷程瑀胡世將劉一止張燾林待聘樓炤亦坐

論檜黨斥某臺省一空遂罷檜相頤浩獨秉政屢請與師復中原謂太祖取天下兵不過十萬今有兵十六七萬矣然自金人南牧莫敢嬰其鋒比年韓世忠張俊陳思恭張崇屢奏人有戰心天將悔禍又金人以中原付劉豫三尺童子知其不能立國願睿斷早定決策北向今之精銳皆中原人恐久而消磨他日難以舉事時盜賊稍息頤浩請遣使循行郡國平獄訟宣德意李綱宣撫湖南頤浩言綱縱暴無善狀請罷諸路宣撫之名綱止為安撫使時李光在江東與頤浩書言綱有大節四夷畏服頤浩稱光結黨言者因

論光罷之時方審量濫賞頤浩時有縱舍右司郎官王岡持不可曰公秉國鈞不平謂何頤浩再秉政凡二年高宗以水旱地震下詔罪己求言頤浩連章待罪高宗一日謂大臣曰國朝四方水旱無不上聞近蘇湖地震泉州大水輒不以奏何也侍御史辛炳殿中常同論其罪遂罷頤浩為鎮南軍節度使開府儀同三司提舉洞霄宮改特進觀文殿大學士五年詔問宰執以戰守方畧頤浩條十事以獻除湖南安撫制置大使兼知潭州時郴衡桂陽盜起頤浩遣人悉平之帝在建康除頤浩少保浙西安撫制置大使知臨

安府行宮留守明堂禮成進封成國公八年上將還臨安除少傅鎮南定江軍節度使江東安撫制置大使兼知建康府行宮留守頤浩引疾求去除醴泉觀使九年金人歸河南地高宗欲以頤浩往陝西命中使召赴行在頤浩以老病辭且條陝西利害謂金人無故歸地其必有意召趣赴闕既至以疾不能見乃聽歸未幾卒贈太師封秦國公謚忠穆頤浩有膽略善鞍馬弓劍當國步艱難之際人倚之為重自江東再相胡安國以書勸其法韓忠獻以至公無我為先報復恩讎為戒頤浩不能用時軍用不足頤浩與朱

勝非剏立江浙湖南諸路大軍月椿錢於是郡邑多橫賦大為東南患云

范宗尹字覺民襄陽鄧城人少篤學工文辭宣和三年上舍登第累遷侍御史右諫議大夫王雲使北還言金人必欲得三鎮宗尹請棄之以紓禍言者非之宗尹罷歸張邦昌僭位復其職遣同路允迪詣康王勸進建炎元年李綱拜右僕射宗尹論其名浮於實有震主之威不報出知舒州言者論宗尹嘗汚偽命責置鄂州既召為中書舍人遷御史中丞拜參知政事呂頤浩罷相宗尹攝其位時諸盜據有州縣朝廷

力不能制宗尹言太祖收藩鎮之權天下無事百五十年可謂良法然國家多難四方帥守單寡束手環視此法之弊今當稍復藩鎮之法裂河南江北數十州之地付以兵權俾蕃王室較之棄地夷狄豈不相遠上從其言授宗尹通議大夫守尚書右僕射同中書門下平章事兼御營使時年三十近世宰相年少未有如宗尹者宗尹奏以京畿東西淮南湖北地並分為鎮授諸將以鎮撫使為名軍興聽便宜從事然李成薛慶孔彥舟桑仲輩起於群盜翟興劉位土豪李彥先郭仲威皆潰將多不能守其地宗尹請有司

討論崇觀以來濫賞修書營繕應奉開河免夫獄空之類皆釐正之宣靖執政圍城明受偽命之人反用赦申雪徐秉哲吳幵莫儔等並量移吳敏王孝迪耿南仲孫覿蔡懋等並叙復侍郎季陵希宗尹意乞詔宰執於罪累中選真材實能量付以事沈與求劾陵因及宗尹宗尹求去上為罷與求宗尹乃復視事初宗尹廷對詳定官李邦彥特取旨寘宗尹乙科宗尹德之贈邦彥觀文殿大學士樞密院副都承旨關宗尹擬邢煥藍公佐辛道宗三人煥戚里公佐管客省道宗不知兵人以此咎宗尹密院計議官王佾結公

佐宗尹請除佾為宗正丞侍御史張延壽劾之上罷佾紹興元年二月辛巳日有黑子宗尹以輔政無狀請免上不許魏滂為江東通判諫官言其貪盜官錢滂遂罷李弼孺領營田諫官言其媚事朱勔弼孺亦罷二人皆宗尹所薦台州守臣晁公為儲峙豐備論者以為擾民宗尹陰佑之會公為妻受囚金事覺上罷公宗尹不自安時明堂覃恩宗尹請舉行討論之事上手劄云朕不欲歸過君父斂怨士大夫始宗尹建此議秦檜力贊之及見上意堅反擠宗尹上亦惡其與辛道宗兄弟往來遂罷沈與求奏其罪狀落職

未幾命知溫州退居天台卒年三十七宗尹有才智當北敵肆行之衝毅然自任建議分鎮以是得相位然其置帥多授劇盜又無總率統屬且不遣援不通餉故諸鎮守鮮能久存者及為政多私屢為議者所詆云

范致虛字謙叔建州建陽人舉進士為太學博士鄒浩以言事斥致虛坐祖送獲罪停官徽宗嗣位召見除左正言出通判郢州崇寧初以右司諫召道改起居舍人進中書舍人蔡京建請置講議司引致虛為詳定官議不合改兵部侍郎自是入處華要出典大

郡者十五年以附張商英貶通州政和七年復官入
為侍讀修國史尋除刑部尚書提舉南京鴻慶宮初
致虛在講議司延康殿學士劉昺嘗乘蔡京怒擠之
後王寀坐妖言繫獄事連昺論死致虛爭之昺得減
竄士論賢之遷尚書右丞進左丞母喪踰年起知東
平府改大名府入見時朝廷欲用師契丹致虛言邊
隙一開必有意外之患宰相謂其懷異致虛乞終喪
從之免喪知鄧州改河南府中人覬景華苑欲奪故
相富弼園宅致虛言弼和戎有大功使朝廷享百年
之安乃不保數畝之居邪弼園宅得不取復移鄧州

提舉亳州明道宮帝方好老氏致虛希時好營飭道
宇賜名鍊真宮靖康元年召赴闕道除知京兆府時
金人圍太原聲震關中致虛修戰守備甚力朝廷命
錢蓋節制陝西除致虛陝西宣撫使金人分道犯
京師詔致虛會兵入援錢蓋兵十萬至潁昌聞京師
破而遁西道總管王襄南走致虛獨與西道副總管
孫昭遠合兵環慶帥臣王似熙河帥臣王倚以兵來
會致虛合步騎號二十萬以右武大夫馬昌祐統之
命杜常將民兵萬人趨京師夏俶將萬人守陵寢有
僧趙宗印者喜談兵席益薦之致虛以便宜假官俾

充宣撫司參議官兼節制軍馬致虛以大軍遵陸宗
印以舟師趨西京金人破京師遣人持登城不下之
詔以止入援之師致虛斬之初金人守潼關致虛奪
之作長城起潼關迄龍門所築僅及肩宗印又以僧
為一軍號尊勝隊童子行為一軍號淨勝隊致虛勇
而無謀委已以聽宗印宗印■徒大言實未嘗知兵
至是宗印舟師至三門津致虛使盩兵出潼關金守
臣高世由謂其帥粘罕曰致虛儒者不知兵遣斥候
三千自足殺之致虛軍出武關至鄧州千秋鎮金將
婁宿以精騎衝之不戰而潰死者過半杜常夏俶先

遁致虛斬之孫昭遠王似王倚等留陝府致虛收餘
兵入潼關方致虛之鼓行出關也裨將李彥仙曰行
者利速多為支軍則舍不至淹敗不至覆若衆群聚
而出殽澠一蹶於險則皆潰矣致虛不聽遂底于敗
高宗即位言者論其逗撓不進徙知鄧州尋加觀文
殿學士復知京兆府致虛力辭而薦席益李彌大唐
重自代詔以重守京兆致虛復知鄧州次年宗印領
兵出武關與致虛合會金將銀朱兵壓境致虛遁宗
印兵不戰走轉運使劉汲力戰死焉致虛坐落職責
授安遠軍節度副使英州安置高宗幸建康召復資

政殿學士知鼎州行至巴陵卒贈銀青光祿大夫
呂好問字舜徒侍講希哲子也以蔭補官崇寧初治
黨事好問以元祐子弟坐廢兩監東嶽廟司揚州儀
曹時蔡卞為帥欲拔附善類待好問特異好問以禮
自持卞不得親及卞得政當時據屬扳擢畧盡獨好
問留滯卞諷之曰子少親我即階顯列矣好問笑不
答靖康元年以薦召為左司諫諫議大夫擢御史中
丞欽宗諭之曰卿元祐子孫朕特用卿令天下知朕
意所嚮先是徽宗將內禪詔解黨禁除新法盡復祖
宗之故而蔡京黨戚根據中外害其事莫肯行好問

言時之利害政之闕失太上皇詔旨備矣雖使直言
之士抗疏論列無以過此願一一施行之而已又言
陛下宵衣旰食有求治之意發號施令有求治之言
逮今半載治效邈邈良由左右前後不能推廣德意
而陛下過於容養臣恐淳厚之德變為頹靡且今不
盡革京貫等所為太平無由可致欽宗鄉納好問疏
蔡京過惡乞投海外黜朋附之尤者以厲其餘又建
白削王安石王爵正神宗配饗褒表江公望張庭堅
任伯雨龔夬等除青苗之令淵元符上書獲譴者章
前後疏十上每奏對帝雖當食輒使畢其說時金人

既退大臣不復顧慮武備益弛好問言金人得志益
輕中國秋冬必傾國復來禦敵之備當速講求今邊
事經畫旬月不見施設臣僚奏請皆不行下此臣所
深懼也及邊警急大臣不知所出遣使講解金人佯
許而攻畧自如諸將以和議故皆閉壁不出好問言
彼名和而實攻朝廷不謀進兵遣將何也請亟集滄
滑邢相之戍以遏奔衝而列勤王之師于畿邑以衛
京城疏上不省金人陷真定攻中山上下震駭廷臣
狐疑相顧猶以和議為辭好問率臺屬劾大臣畏懦
誤國出好問知袁州欽宗憫其忠下遷吏部侍郎既

而金人薄都城欽宗思好問言進兵部尚書都城失
守召好問入禁中軍民數萬斧左掖門求見天子好
問從帝御樓諭遣之衛士長蔣宣帥其徒數百欲邀
乘輿犯圍而出左右奔竄獨好問與孫傅梅執禮侍
宣抗聲曰國事至此皆宰相信任姦臣不用直言所
致傳呵之宣以語侵傳好問曉之曰若屬忘家族欲
冒重圍衛上以出誠忠義然乘輿將駕必甲乘無闕
而後動詎可輕邪宣詘服曰尚書真知軍情麾其徒
退帝再幸金營好問實從帝既留遣好問還尉拊都
城已而金人立張邦昌以好問為事務官邦昌入居

都省好問曰相公真欲立邪抑姑塞敵意而徐為之圖爾邦昌曰是何言也好問曰相公知中國人情所向乎特畏女真兵威耳女真既去能保如今日乎大元帥在外元祐皇太后在內此殆天意盍亟還政可轉禍為福且省中非人臣所處宜寓直殿廬毋令衛士俠陛敵所遺袍帶非戎人在旁弛勿服車駕未還所下文書不當稱聖旨以好問攝門下省好問既繫銜仍行舊職時邦昌雖不改元而百司文移必去年號獨好問所行文書稱靖康二年吳幵莫儔請邦昌見金使於紫宸垂拱殿好問曰宮省故吏驟見御正

衙必將憤駭變且不測奈何邦昌瞿然止王時雍議肆赦好問曰四壁之外皆非我有將誰赦乃先赦城中始金人謀以五千騎取康王好問聞即遣人以書白王言大王之兵度能擊則邀擊之不然即宜遠避且言大王若不自立恐有不當立而立者既又語邦昌曰天命人心皆歸大元帥相公先遣人推戴則功無在相公右者若撫機不發他人聲義致討悔可追耶於是邦昌謀遣謝克家奉傳國寶往大元帥府湏金人退乃發金將將還議留兵以衞邦昌好問曰南北異宜恐北兵不習風土必不相安金人曰留一勃堇統之可也好問曰勃堇貴人有如觸發致疾則負罪益深乃不復留兵金人既行好問趣遣使詣大元帥府勸進請元祐太后垂簾邦昌易服歸太宰位太后自延福宮入聽政高宗即位太后遣好問奉手書詣行在所高宗勞之曰宗廟獲全卿之力也除尚書右丞丞相李綱以群臣在圍城中不能執節欲悉按其罪好問曰王業艱難政宜含垢繩以峻法懼者衆矣侍御史王賓論好問嘗汙偽命不可以立新朝高宗曰邦昌僭號之初好問募人賫白書具道京師內外之事金人甫退又遣人勸進考其心跡非他人比

好問自慙力求去且言邦昌僭號之時臣若閉門潔身實不為難徒以世被國恩所以受賢者之責冒圍賚書於陛下䟽入除資政殿學士知宣州提舉洞霄宮以恩封東萊郡侯避地卒于桂州子本中揆中弸中用中忱中孫祖謙祖儉本中祖謙祖儉別有傳

論曰朱勝非呂頤浩處苗劉之變或巽用其智或震奮其威其於復辟討賊之功固有可言矣然李綱趙鼎當世之所謂賢者而勝非頤浩視之若氷炭然其中之所存果何如哉范宗尹恐於汙張邦昌之偽命而誣李綱以震主之威何其繆於是非也范致虛侒

附權臣大誼已失其總勤王之師輕而寡謀以底于敗宜哉若呂好問處艱難之際其跡與宗尹同而砥巳就事以覬興復亦若勝非之處苗劉其心有足亮云

列傳卷第一百二十一

列傳卷第一百二十二　宋史三百六十三

開府儀同三司上柱國錄軍國重事前中書右丞相監修國史領經筵事兼總裁臣脫脫等奉

勅修

李光子孟傳　許翰　許景衡

張愨　張所　陳禾

蔣猷

李光字泰發越州上虞人童稚不戲弄父高稱曰吾兒雲間鶴其興吾門乎親喪哀毀如成人有致賻者悉辭之及葬禮皆中節服除遊太學登崇寧五年進士第調開化令有政聲召赴都堂審察時宰不悅處以監當改秩知平江府常熟縣朱勔父沖倚勢暴橫光械治其家僮沖愬風部使者移令吳江光不為屈改京東西學事司管勾文字劉安世居南京光以師禮見之安世告以所聞於溫公者曰學當自無妄中入光欣然領會除太常博士遷司封首論士大夫諛佞成風至妄引荀卿有聽從無諫諍之說以杜塞言路又言怨嗟之氣結為妖沴王黼惡之令部注桂州陽朔縣安世聞光以論事貶貽書偉之李綱亦以論水災去國居義興光伺于水驛自出呼曰非越州李司封船乎留數日定交而別除司勳員外郎遷符寶

郎郭藥師叛光知徽宗有内禪意因納符謂知樞密院蔡攸曰公家所為皆咈衆心今日之事非皇太子則國家俱危攸矍然不敢為異欽宗受禪擢右司諫上皇東幸儉人間兩宫光請集議奉迎典禮又奏東南財用盡於朱勔西北財用困於李彦天下根本之財竭於蔡京王黼名為應奉實入私室公家無半歲之儲百姓無旬日之積乞依舊制三省樞密院通知兵民財計與戶部量一歲之出入以制國用選吏考核使利源歸一金人圍太原援兵無功光言三鎮之地祖宗百戰得之一旦舉以與敵何以為國望詔大

臣別議攻守之策仍間道遣使檄河東北兩路盡起強壯策應首尾掩擊遷侍御史時言者猶主王安石之學詆榜廟堂光又言祖宗規摹宏遠安石欲盡廢法度則謂[墨釘]人主制法而不當制於法欲盡逐元老則謂人主當化俗而不當化於俗蔡京兄弟祖述其說五十年間毒流四海今又風示中外鼓惑民聽豈朝廷之福蔡攸欲以扈衛上皇行宫因緣入都光奏攸若果入則百姓必致生變萬一驚犯屬車之塵臣坐不預言之罪望早黜責時已葺擷景園為寧德宫而太上皇后乃欲入居禁中光奏禁中者天子之宫

正使陛下欲便溫清奉迎入内亦當躬稟上皇下有司討論典禮乃下光章使兩宫臣奏知於是太上皇后居寧德宫金人逼京城士大夫委職而去者五十二人罪同罰異士論紛然光請付理寺公行之太原圍急奏乞就委折彦質盡起晉絳磁隰潞威勝汾八州民兵及本路諸縣弓手俾守令各自部轄其土豪士人願為首領者假以初官應副器甲協力赴援女真刼質親王以三鎮為辭勢必深入請大修京城守禦之備以伐敵人之謀又言朱勔託應奉脅制州縣田園第宅富擬王室乞擇清強官置司追攝勔父子

及奉承監司守令如胡直孺盧宗原陸寘王仲閎趙霖宋晦等根勘驅磨計資沒入其強奪編戶產業者還之李會李擢復以諫官召光奏蔡京復用時會擢迭為臺官禁不發一語金人圍城與白時中李邦彦專主避敵割地之謀時中邦彦坐是落職而會擢反被召用復預諫諍之列乞寢成命不報光丐外亦不報彗出寅艮間耿南仲輩皆謂應在外夷不足憂光奏孔子作春秋不書祥瑞者蓋欲使人君恐懼修省未聞以災異歸之外夷也疏奏監汀州酒稅高宗即位擢祕書少監除知江州未幾擢侍御史皆以道梗

不赴建炎三年車駕自臨安移蹕建康除知宣州時范瓊將過軍光先入視事瓊至則開門延勞留三日而去無敢譁者光以宣密邇行都乃繕城池聚兵糧籍六邑之民保伍相比謂之義社擇其健武者統以土豪得保甲萬餘號精揀軍又柵險要二十三所謹戍之鼇城止為十地分分巡內外晝則自便夜則守城有警則戰苗租歲輸邑者悉命輸郡初議言不便及守城之日贍軍養民迄賴以濟事聞授管內安撫許便宜從事進直龍圖閣杜充以建康降金人奪馬家渡御營統制王燮王瑊素不相能至是擁潰兵砦

城外索鬭光親至營諭以先國家後私讎之義皆感悟解去時奔將散卒至者光悉厚賞給遣有水軍叛于繁昌逼宣境即遣兵援擊出賊不意遂宵遁進右文殿修撰光奏金人雖深入江浙然違天時地利臣已移文劉光世領大兵赴州併力攻討乞速委宣撫使周望約日水陸並進遣將邵青自真州擁舟數百艘剽當塗蕪湖兩邑間光招諭之遺米二千斛青喜謂使者曰我官軍也所過皆以盜賊見遇獨李公不疑我於是秋毫無犯他日舟過繁昌或紿之曰宣境也乃掠北岸而去劇盜戚方破寧國縣抵城下分兵

四擊光募勇敢刼之賊驚擾自相屠蹂朝廷遣統制官巨師古劉晏兼程來援賊急攻朝京門縛竹木為浮梁以濟須臾軍傅城列砲具立石對樓光命編竹若簾揭之砲至即反墜不能傷取徑木為撞竿倚女墻以禦對樓賊引卻劉晏率赤心隊直擣其砦賊陽退晏追之伏發遇害師古以中軍大破賊賊遁去初戚方圍宣與其副並馬巡城指畫攻具光以書傅矢射其副馬前言戚方窮寇天誅必加汝為將家子何至附賊二人相疑攻稍緩始得為備而援師至矣嘗寘匕首枕匣中與家人約曰城不可保若使人取

匕首我必死汝輩宜自殺無落賊手除徽猷閣待制知臨安府紹興元年正月除知洪州固辭提舉臨安府洞霄宮除知婺州甫至郡擢吏部侍郎光奏疏極論朋黨之害議論之臣各懷顧避莫肯以持危扶顛為己任駐蹕會稽首尾三載自去秋迄今敵人無復南渡之意淮甸咫尺了不經營長江千里不為限制惴惴焉日為乘桴浮海之計晉元帝區區草創猶能立宗社修宮闕保江浙劉琨祖逖與逆胡拒戰於并冀兗豫司雍諸州未嘗陷沒也石季龍重兵已至歷陽命王導都督中外諸軍以禦之未聞專主避狄如

今日也陛下駐蹕會稽江浙為根本之地使進足以戰退足以守者莫如建康建康至姑熟一百八十里其隘可守者有六曰江寧鎮曰碙砂夾曰采石曰大信其上則有蕪湖繁昌皆與淮南對境其餘皆蘆篠之場或碕岸水勢湍悍難施舟楫莫若預於諸隘屯兵積粟命將士各管地分調發旁近鄉兵協力守禦乞明詔大臣參酌施行時有詔金人深入諸郡守臣相度或守或避令得自便光言守臣任人民社稷之重固當存亡以之若預開遷避之門是誘之遁也願追寢前詔上欲移蹕臨安被旨節制臨安府見屯諸

軍兼戶部侍郎督營繕事光經營撙節不擾而辦奏蠲減二浙積負及九邑科配以示施德自近之意感方以管軍屬節制甚懼拜廷下光握手起之曰公昔為盜其為守分當相直今俱為臣子當共勉力忠義勿以前事為疑方謝且泣兼侍讀因奏金人內寇百姓失業為盜賊本非獲已尚可誠感自李成北走群盜離心儻因斯時顯用一二酋豪以風厲其黨必更相效慕以次就降擢吏部尚書大將韓世清本苗傅餘黨久屯宣城擅據倉庫調發不行光請先事除之乃授光淮西招撫使光假道至郡世清入謁縛送闕

下伏誅初光於上前面稟成筭宰相以不預聞怒之未至道除端明殿學士江東安撫大使知建康府壽春滁濠廬和無為宣撫使時太平州卒陸德囚守臣據城叛光多設方略盡擒其黨秦檜既罷呂頤浩朱勝非並相光議論素與不合言者指光為檜黨落職奉祠尋復寶文閣待制知湖州除顯謨閣直學士移守平江除禮部尚書光言自古創業中興必有所因而起漢高因關中光武因河內駐蹕東南兩浙非根本所因之地乎自冬及春雨雪不已百姓失業乞選臺諫察實以聞兼比歲福建湖南盜作范汝為楊么

相挺而起朝廷發大兵誅討殺戮過當今諸路旱荒流丐滿路盜賊出入宜選良吏招懷撫納責諸路監司按貪贓恤流殍議臣欲推行四川交子法於江浙光言有錢則交子可行今已謂樁辦若干錢行若干交子此議者欲朝廷歛陛下使陛下異時不免歛百姓也若已樁辦見錢則目今所行錢關子已是通快何至紛紛其工部鑄到交子務銅印臣未敢給降除端明殿學士守台州俄改溫州劉光世張俊連以捷聞光言觀金人布置必有主謀今已據東南形勢敵人萬里遠來利於速戰宜戒諸將持重以老之不過

數月彼食盡則勝筭在我矣除江西安撫知洪州兼制置大使擢吏部尚書踰月除參知政事時秦檜初定和議將揭牓欲藉光名鎮壓上意不欲用光檜言光有人望若同押牓浮議自息遂用之同郡楊煒上光書責以附時相取尊官墮黜廢姦計隳平時大節光本意謂但可因和而為自治之計既而檜議徹淮南守備奪諸將兵權光極言戎狄狼子野心和不可恃備不可徹檜惡之檜以親黨鄭億年為資政殿學士光於榻前面折之又與檜語難上前因曰觀檜之意是欲壅蔽陛下耳目盜弄國權懷姦誤國不可不

察檜大怒明日光丐去高宗曰卿昨面叱秦檜舉措如古人朕退而歎息方寄卿以腹心何乃引去光曰臣與宰相爭論不可留章九上乃除資政殿學士知紹興府改提舉臨安府洞霄宮十一年冬中丞万俟卨論光陰懷怨望責授建寧軍節度副使瓊州安置越四年移瓊州居瓊州八年仲子孟堅坐陸升之誣以私撰國史獄成呂愿中又告光與胡銓詩賦倡和譏訕朝政移昌化軍論文考史怡然自適年踰八十筆力精健又三年始以郊恩復左朝奉大夫任便居住至江州而卒孝宗即位復資政殿學士賜謚莊簡

孟傳字文授光幼子也光南遷之日才六歲以光遺表恩累官至太府丞韓侂胄顧見之孟傳曰行年六十去計已決不敢聞也由是出知江州以朝請大夫直寶謨閣致仕卒年八十有磐溪詩二十卷文藁三十卷宏辭類藁十卷左氏說十卷讀史十卷雜誌十卷傳學多聞持身甚嚴時推能世其家

許翰字崧老拱州襄邑人中元祐三年進士第宣和七年召為給事中為書抵時相謂百姓困弊起為盜賊天下有危亡之憂願罷雲中之師修邊保境與民休息高麗入貢調民開運河民間騷然中書舍人孫

傅論高麗於國無功不宜與大役傅坐罷翰謂傅不當黜時相怒落職提舉江州太平觀靖康初復以給事中召時金人攻京師甫退翰造闕即日賜對除翰林學士尋改御史中丞上疏言邊事因陳決勝之策張邦昌為太宰翰上疏力爭之种師道罷為中太一宮使翰言師道名將沉毅有謀山西士卒人人信服不可使解兵柄欽宗謂其老難用翰曰秦始皇老王翦而用李信兵辱於楚漢宣帝老趙充國而卒能成金城之功自呂望以來用老將收功者難一二數以古揆今師道雖老可用也且謂金人此行存亡所係

令一大創使失利去則中原可保四夷可服不然將來再舉必有不救之憂宜起師道邀擊之上不能用擢中大夫同知樞密院論益不合以病去除延康殿學士知亳州坐言者落職提舉南京鴻慶宮高宗即位用李綱薦召復延康殿學士既至拜尚書右丞兼權門下侍郎時建炎大變之後河北山東大盜李成孔彥舟等聚衆各數千萬皆以勤王為名頗得張所為師所為御史嘗論黄潛善姦邪不可用由此得罪李綱為相乃以所為河北等路招撫使率成等衆渡河號召諸路為興復計潛善力沮之宗澤論車駕不

宜南幸宜還京師且詆潛善等潛善等請罷澤翰極論以為不可李綱罷翰言綱忠義英發捨之無以佐中興今罷綱臣留無益力求去高宗未許時潛善奏誅陳東翰謂所親曰吾與東皆爭李綱者東戮東市吾在廟堂可乎求去益力章八上以資政殿大學士提舉洞霄宮復以言者落職紹興元年召復端明殿學士提舉萬壽觀辭不至二月復資政殿學士三年五月卒贈光禄大夫翰通經術正直不撓歷事三朝致位政府徒以黼攸潛善輩薰蕕異味横遭口語志卒不展綱雖力引之不旋踵去翰亦斥逐而死所著

書有論語解春秋傳

許景衡字少伊温州瑞安人登元祐九年進士第宣和六年召為監察御史遷殿中侍御史是時王黼蔡攸用事景衡言尚書省比闕長官而同知樞密院亦久闕雖三公通治三省然文昌政事之本樞密本兵之地各有攸屬安可久虚其位願博採公議遴選忠賢以補政府之闕遂大忤黼意朝廷用童貫為河東北宣撫使將北伐景衡論其貪繆不可用者數十事不報睦寇平江浙郡縣殘燬而茶鹽比較之法如故景衡奏茶鹽之法當以食之衆寡為歲額之高下今

收復之後戶版半耗民力蕭然而茶鹽比較不減於昔民欲無困得乎奏上詔兩浙江東路權免茶鹽比較賊平日仍舊朝廷既興燕雲之師調度不繼誅求益急景衡奏財力匱乏在節用民力困弊在恤民今不急之務若營繕諸役花石綱運其名不一吏員猥多軍額冗濫又無名功賞非常賜予皆當緣倖干請無猒宜節以祖宗之制而省去之且極論和買和糴鹽法之害不報會知洋州吳巖夫以私書抵執政子道景衡之賢因從子壻符寶郎周離亨以達離亨繆以其書誤致王黼黼用是中景衡逐之欽宗即位

以左正言召旋改太常少卿兼太子諭德遷中書舍人侍御史李光正言程瑀以鯁亮忤執政斥景衡為辨白坐落職予祠高宗即位以給事中召既至除御史中丞宗澤為東京留守言者附黃潛善等多攻其短欲逐去之景衡奏曰臣自浙渡淮以至行在聞澤之為尹威名政事卓然過人雖不識其人竊用歎慕臣以為去冬京城內有赤心為國如澤等數輩其禍變未至如是之酷今若較其小短不顧盡忠徇國之節則不恕已甚且開封宗廟社稷所在苟欲罷澤別遣留守不識搢紳中威名政事有加於澤者乎疏入

上大悟封以示澤澤乃安杭州叛卒陳通作亂權浙西提刑趙叔近招降之請授以官景衡曰官吏無罪而受誅叛卒有罪而蒙賞賞罰倒置莫此為甚卒奏罷之除尚書右丞有大政事必請間極論潛善伯彥以景衡異己共排沮之或言正二月之交乃太一正遷之日宜於禁中設壇望拜高宗以問景衡曰修德愛民天自降福何迎拜太一之有初李綱議建都以關中為上南陽次之建康為下綱既相遂主南陽之議景衡為中丞奏南陽無險阻且密邇盜賊漕運不繼不若建康天險可據請定計巡幸潛善等傾綱使

去南陽之議遂格至是諜報金人攻河陽汜水景衡又奏請南幸建康已而有詔還京罷景衡為資政殿大學士提舉杭州洞霄宮至瓜州得暍疾及京口卒年五十七謚忠簡景衡得程頤之學志慮忠純議論不與時俯仰建炎初李綱議幸南陽宗澤請還京景衡乃請幸建康黃潛善等素惡其異己暨車駕駐揚州怵於傳聞不得已下還京之詔遂惜渡江之議罪之斥逐而死既沒高宗思之曰朕自即位以來執政忠直遇事敢言惟許景衡詔賜景衡家溫州官舍一區

張慤字誠伯河間樂壽人登元祐六年進士第累遷

龍圖閣學士計度都轉運使高宗為兵馬大元帥募諸道兵勤王慤飛輓踵道建議即元帥府印給鹽鈔以便商旅不閱旬得緡錢五十萬以佐軍高宗器重之命以便宜權大名尹兼北京留守馬步軍都總管慤初聞二帝北行率副總管顏岐等三上箋勸進最後慤上書極論中原不可一日無君高宗為之感悟建炎改元為戶部尚書除同知樞密院事措置戶部財用兼御營副使建言三河之民怨敵深入骨髓恨不殲殄其類以報國家之仇請依唐人澤潞步兵雄邊子弟遺意募民聯以什伍而寓兵於農使合力抗

敵謂之巡社為法精詳前此論民兵者莫及也詔集
為書行之遷尚書左丞官至中書侍郎愨善理財論
錢穀利害猶指諸掌在朝諤諤有大臣節然論議可
否不形辭色未嘗失同列之歡卒謚忠穆上每念之
謂愨謀國盡忠遇事敢諫古之遺直也

張所青州人登進士第歷官為監察御史高宗即位
遣所按視陵寢還上疏言河東河北天下之根本昨
者誤用姦臣之謀始割三鎮繼割兩河其民怨入骨
髓至今無不拒堅若因而用之則可藉以守不則兩
河兵民無所係望陛下之事去矣且論還京師有五

利謂國之安危在乎兵之強弱將相之賢不肖不在
乎都之遷不遷又條上兩河利害上欲以其事付所會所
言黃潛善姦邪不可用恐害新政乃罷所御史改兵
部郎中尋責所鳳州團練副使江州安置後李綱入
相欲薦所經畧兩河以其嘗言潛善故難之一日與
潛善從容言曰今河北未有人獨一張所可用又以
狂言抵罪不得已杖拭用之使為招撫冒死立功以
贖過不亦善乎潛善許諾乃借所直龍圖閣充河北
招撫使賜內府錢百萬緡給空名告千餘道以京西
卒三千為衛將佐官屬許自辟置一切以便宜從事

所入見條上利害上賜五品服遣行命直秘閣王圭
為宣撫司參謀官佐之河北轉運副使張益謙附黃
潛善意奏所置司北京非是且言自置招撫河北盜
賊愈熾不若罷之專以其事付帥司李綱言張所今
留京師招集將佐尚未及行益謙何以知其擾朝廷
以河北民無所歸聚而為盜故置司招撫因其力而
用之豈由置司乃有盜賊乎今京東西群盜公行攻
掠郡縣亦豈招撫司過耶時方艱危朝廷欲有所經
理益謙小臣乃以非理沮抑此必有使之者上乃命
益謙分析命下樞密院汪伯彥猶用其奏詰責招撫

司李綱與伯彥爭於上前伯彥語塞所方招來豪傑
以王彥為都統制岳飛為準備將而李綱已罷相朝
廷以王圭代之所落直龍圖閣嶺南安置卒于貶所
子宗本以岳飛奏補官

陳禾字秀實明州鄞縣人舉元符三年進士累遷辟
雍博士時方以傳注記問為學禾始崇尚義理黜抑
浮華入對獎旨擢監察御史殿中侍御史蔡京遣酷
吏李孝壽窮治章綖鑄錢獄連及士大夫甚衆禾奏
免孝壽京子儵為太常少卿何執中婿蔡芝為將作
監皆疏其罪罷之天下久平武備寬弛東南尤甚禾

請增戍繕城壁以飛不虞或指為生事格不下其後盜起人服其先見遷左正言俄除給事中時童貫權益張與黃經臣胥用事御史中丞盧航表裏為姦搢紳側目禾曰此國家安危之本也吾位言責此而不言一遷給舍則非其職矣未拜命首抗疏劾貫復劾經臣怙寵弄權誇衒朝列每云詔令皆出其手言上將用某人舉某事已而詔下悉如其言夫發號施令國之重事黜陟明天子大權奈何使宦寺得與臣之所憂不獨經臣此塗一開類進者衆國家之禍有不可遏願亟竄之遠方論奏未終上拂衣起禾引上

衣請畢其說衣裾落上曰正言碎朕衣矣禾言陛下不惜碎衣臣豈惜碎首以報陛下此曹今日受富貴之利陛下他日受危亡之禍言愈切上變色曰卿能如此朕復何憂內侍請上易衣上却之曰留以旌直臣翌日貫等相率前愬謂國家極治安得此不祥語盧航奏禾狂妄謫監信州酒遇赦得自便還里初陳瓘歸自嶺外居于鄞與禾相好遣其子正彙從學後正彙告京罪執詣闕瓘亦就逮經臣蒞其獄檄禾取證禾荅以事有之罪不敢逃或謂其失對禾曰禍福死生命也豈可以死易不義耶願得分賢者罪遂坐瓘黨停官遇赦復起知廣德軍移知和州尋遭內艱服除知秀州王黼新得政禾曰安能出黼門下力辭改汝州辭益堅曰寧餓死黼聞而銜之禾兄秉時為壽春府教授禾侍兄官居適童貫領兵道府下謁不得入餽之不受貫怒歸而譖之上曰此人素如此汝不能容耶久之知舒州命下而卒贈中大夫謚文介禾性不茍合立朝挺挺有風操有易傳九卷春秋傳十二卷論語孟子解各十卷

蔣猷字仲遠潤州金壇縣人舉進士政和四年拜御史中丞兼侍讀有直聲嘗論士風浮薄廷臣伺人主

意承宰執風旨向背以特立不回者為愚共嗤笑之此風不可長輔臣奏事殿上雷同唱和略無所可否非論道獻替之禮內侍省不隸臺察悉元豐官制楊戩不當除節度使趙良嗣不宜出入禁中上皆嘉納至揭其章內侍省且詔自今無得覘圖節鉞又疏孟昌齡徐鑄等姦狀遷兵部尚書兼禮制局詳議官七年知貢舉改工部吏部尚書以徽猷閣直學士知婺州明年請祠歸宣和末召為刑部尚書兼資善堂翊善靖康初奉上表起居太上皇帝於淮陰且特詔貶童貫猷奏貫得罪天下願黜遠之太上以為然亟令

宣詔趣貴赴敗所遂奉太上還京移兵部尚書累官正議大夫引疾授徽猷閣直學士提舉嵩山崇福宮卒贈特進

論曰夫拯溺救焚之際必以任人爲急靖康建炎之禍變亦甚於焚溺矣當時非乏人才也然而國恥卒不能雪者豈非任之之道有所未至歟夫以李光之才識高明所至有聲許翰許景衡之論議剴切張愨之善理財張所之習知河北利害皆一時之雋也是數臣者使其言聽計從不爲讒邪所抑得以直行其志其效宜可待也然或斥逺以死或用之不竟其才

世之治亂安危雖非人力所爲君子於此則不能無咎於時君之失政焉將獻歷仕五朝當建炎初避地而終則無足稱也陳禾引裾盡言有古諫臣之風其行事在宣和之前孝宗以後乃加褒謚云

列傳卷第一百二十二

列傳卷第一百二十三　宋史三百六十四

開府儀同三司上柱國録軍國重事中書右丞相監修國史領經筵事都總裁臣脫脫等奉
勅修

韓世忠 子彦直

韓世忠字良臣延安人風骨偉岸目瞬如電早年鷙勇絶人能騎生馬駒家貧無產業嗜酒尚氣不可繩檢日者言當作三公世忠怒其侮己毆之年十八以敢勇應募鄉州隸赤籍挽強馳射勇冠三軍崇寧四年西夏騷動郡調兵捍禦世忠在遣中至銀州夏人嬰城自固世忠斬關殺敵將擲首陴外諸軍乘之夏

人大敗既而以重兵次蒿平嶺世忠率精鋭鏖戰解去俄復出間道世忠獨部敢死士殊死鬭敵少却顧一騎士鋭甚問俘者曰監軍駙馬兀啰也躍馬斬之敵衆大潰經略司上其功童貫董邊事疑有所增飾止補一資衆弗平從劉延慶築天降山砦爲敵所據世忠夜登城斬二級割護城氈以獻繼遇敵佛口砦又斬數級始補進義副尉至藏底河斬三級轉進勇副尉宣和二年方臘反江浙震動調兵四方世忠以偏將從王淵討之次杭州賊奄至勢張甚大將惶怖無策世忠以兵二千伏北關堰賊過伏發衆躁亂世

忠追擊賊敗而遁淵嘆曰真萬人敵也盡以所隨白金器賞之且與定交時有詔能得臘首者授兩鎮節鉞世忠窮追至睦州清溪峒賊深據巖屋爲三窟諸將繼至莫知所入世忠潛行溪谷問野婦得徑即挺身仗戈直前渡險數里擣其穴格殺數十人禽臘以出辛興宗領兵截峒口掠其俘爲已功故賞不及世忠別帥楊惟忠還闕直其事轉承節郎三年議復燕山調諸軍至則皆潰世忠往見劉延慶與蘇格等五十騎俱抵滹沱河逢金兵二千餘騎格失措世忠從容令格等列高岡戒勿動屬燕山潰卒舟集即命艤

河岸約鼓譟助聲勢世忠躍馬薄敵迴旋如飛敵分二隊據高阜世忠出其不意突二執旗者因奮擊格等夾攻之舟卒鼓譟敵大亂追斬甚衆時山東河北盜賊蠭起世忠從王淵梁方平討捕禽戮殆盡積功轉武節郎欽宗即位從梁方平屯濬州金人壓境方平備不嚴金人迫而遁王師數萬皆潰世忠陷重圍中揮戈力戰突圍出焚橋而還欽宗聞召對便殿詢方平失律狀條奏甚悉轉武節大夫詔諸路勤王兵領所部入衞會金人退河北總管司辟選鋒軍統制時勝捷軍張師正敗宣撫副使李彌大斬之大校李

復鼓衆以亂淄青之附者合數萬人山東復擾彌大檄世忠將所部追擊至臨淄河兵不滿千分爲四隊布鐵蒺藜自塞歸路令曰進則勝退則死走者命後隊勦殺於是莫敢返顧皆死戰大破之斬復餘黨奔潰乘勝逐北追至宿遷賊尚萬人方擁子女椎牛縱酒世忠單騎夜造其營呼曰大軍至矣亟束戈卷甲吾能保全汝共功名賊駭慄請命因跪進牛酒世忠下馬解鞍飲啖之盡於是衆悉就降黎明見世忠軍未至始大悔失色以功遷左武大夫果州團練使詔入朝授正任單州團練使屯滹沱河時真定失守世

忠知王淵守趙遂亟往金人至聞世忠在攻益急糧盡援絕人多勉其潰圍去弗聽會大雪夜半以死士三百擣敵營敵驚亂自相擊刺及旦盡遁後有自金國來者始知大酋是日被創死故衆不能支遷嘉州防禦使還大名趙野辟爲前軍統制時康王如濟州世忠領所部勸進金人縱兵逼城人心恟懼世忠據西王臺力戰金人少卻翌日酋帥率衆數萬至時世忠麾下僅千人單騎突入斬其酋長遂大潰康王即皇帝位授光州觀察使帶御器械世忠請移都長安下兵收兩河時論不從初建御營爲左軍統制是歲

命王淵張俊討陳州叛兵劉光世討黎驛叛兵喬仲福討京東賊李昱世忠討單州賊魚臺世忠已破魚臺又擊黎驛叛兵敗之皆斬以獻於是羣盜悉平入備宿衛而河北賊丁順楊進等皆赴招撫司宗澤收而用之建炎二年升定國軍承宣使帝如楊州世忠以所部從時張遇自金山來降抵城下不解甲人心危懼世忠獨入其壘曉以逆順衆悉聽命李民衆十萬亦降比至有反覆狀王淵遣世忠諭旨世忠知其黨劉彥異議即先斬彥毆平民出縛小校二十九人送淵斬之事定授京西等路捉殺內外盜賊金人再攻

河南翟進合世忠兵夜襲悟室營不克反爲所敗會丁進失期陳思恭先遁世忠被矢如蝟力戰得免還汴詰一軍之先退者皆斬左右懼進由是與世忠有隙尋以叛誅召世忠還授鄜延路副總管加平寇左將軍屯淮陽會山東兵拒敵粘罕聞世忠扼淮陽乃分兵萬人趨楊州自以大軍迎世忠戰世忠不敵夜引歸敵躡之軍潰于沭陽閤門宣贊舍人張遇死之三年帝召諸將議移蹕張俊辛企宗請往湖南世忠曰淮浙富饒今根本地詎可舍而之他人心懷疑一有退避則不逞者思亂重湖閩嶺之遙安保道路無

變乎淮江當留兵爲守車駕當分兵爲衛約十萬人分半扈江淮上下止餘五萬可保防守無患乎在陽城收合散亡得數千人聞帝如錢塘即繇海道赴行在苗傅劉正彥反張浚等在平江議討亂知世忠至更相慶慰張俊喜躍不自持世忠得俊書大慟舉酒酹神曰誓不與此賊共戴天士卒皆奮見浚曰今日大事世忠願與張俊身任之公無憂欲即進兵浚曰投鼠忌器事不可急急則恐有不測已遣馮轓甘言誘賊矣三月戊戌以所部發平江張俊慮世忠兵少以劉寶兵二千借之舟行載甲士綿亘三十里至秀

州稱病不行造雲梯治器械傅等始懼初傅正彥聞世忠來檄以其兵屯江陰世忠以好語報之且言所部殘零欲赴行在傅等大喜許之至矯制除世忠及張俊爲節度使皆不受時世忠妻梁氏及子亮爲傅所質防守嚴密朱勝非紿傅曰今白太后遣二人慰撫世忠則平江諸人益安矣於是召梁氏入封安國夫人俾迓世忠速其勤王梁氏疾驅出城一日夜會世忠於秀州未幾明受詔至世忠曰吾知有建炎不知有明受斬其使取詔焚之進兵益急傅等大懼次臨平賊將苗翊馬柔吉負山阻河爲陣中流植鹿角

梗行舟世忠舍舟力戰張俊繼之劉光世又繼之軍少却世忠復舍馬操戈而前令將士曰今日當以死報國面不被數矢者皆斬於是士皆用命賊列神臂弩持滿以待世忠瞋目大呼挺刃突前賊辟易矢不及發遂敗傅正彥擁精兵二千開湧金門以遁世忠馳入帝步至宮門握世忠手慟哭曰中軍吳湛佐逆爲最尚留朕肘腋能先誅乎世忠即謁湛握手與語折其中指戮于市又執賊謀主王世修以屬吏詔授武勝軍節度使御營左軍都統制請于帝曰賊擁精兵距甌閩甚邇儻成巢窟卒未可滅臣請討之於是

以爲江浙制置使自衢信追擊至漁梁驛與賊遇世忠步走挺戈而前賊望見咋曰此韓將軍也皆驚潰擒正彥及傅弟翊送行在傅亡建陽追禽之皆伏誅世忠初陛辭奏曰臣誓生獲賊爲社稷刷恥乞殿前二虎賁護俘來獻至是卒如其言帝手書忠勇二字揭旗以賜授檢校少保武寧昭慶軍節度使兀朮將入侵帝召諸將問移蹕之地張俊辛企宗勸自鄂岳幸長沙世忠曰國家已失河北山東若又棄江淮更有何地於是以世忠爲浙西制置使守鎮江既而兀朮分道渡江諸屯皆敗世忠亦自鎮江退保江陰杜

充以建康降敵兀朮自廣德破臨安帝如浙東世忠以前軍駐青龍鎮中軍駐江灣後軍駐海口俟敵歸邀擊之帝召至行在奏方留江上截金人歸師盡死一戰帝謂輔臣曰比呂頤浩在會稽嘗建此策世忠不謀而同賜親札聽其留會上元節就秀州張燈高會忽引兵趨鎮江及金兵至則世忠軍已先屯焦山寺金將李選降受之兀朮遣使通問約日大戰許之戰將十合梁夫人親執桴鼓金兵終不得渡盡歸所掠假道不聽請以名馬獻又不聽撻辣在濰州遣孛菫太一趨淮東以援兀朮世忠與二酋相持黃天蕩

者四十八日太一孛菫軍江北兀朮軍江南世忠以海艦進泊金山下預以鐵綆貫大鉤授驍健者明旦敵舟譟而前世忠分海舟爲兩道出其背每縋一綆則曳一舟沉之兀朮窮蹙求會語祈請甚哀世忠曰還我兩宮復我疆土則可以相全兀朮語塞又數日求再會言不遜世忠引弓欲射之亟馳去謂諸將曰南軍使船如使馬奈何募人獻破海舟策閩人王某者教其舟中載土平版鋪之穴船版以櫂槳風息則出江有風則勿出海舟無風不可動也又有獻謀者曰鑿大渠接江口則在世忠上流兀朮一夕潛鑿渠

三十里且用方士計刑白馬剔婦人心自割其額祭天次日風止我軍帆弱不能運金人以小舟縱火矢下如雨孫世詢嚴允皆戰死敵得絕江遁去世忠收餘軍還鎮江初世忠謂敵至必登金山廟觀我虛實迺遣兵百人伏廟中百人伏岸滸約聞鼓聲岸兵先入廟兵合擊之金人果五騎闖入廟兵喜先鼓而出僅得二人逸其三中有絳袍玉帶旣墜而復馳者詰之乃兀朮也是役也兀朮兵號十萬世忠僅八千餘人帝凡六賜札褒獎甚寵拜檢校少保武成感德軍節度使神武左軍都統制建安范汝爲反辛企宗等

討捕未克賊勢愈熾以世忠爲福建江西荊湖宣撫副使世忠曰建居閩嶺上流賊沿流而下七郡皆血肉矣亟領步卒三萬水陸並進次劒潭賊焚橋世忠策馬先渡師遂濟賊盡塞要路拒王師世忠命諸軍偃旗仆鼓徑抵鳳凰山瞰城邑設雲梯火樓連日夜併攻賊震怖叵測五日城破汝爲竄身自焚斬其弟岳吉以徇禽其謀主謝嚮施逵及裨將陸必顯等五百餘人世忠初欲盡誅建民李綱自福州馳見世忠曰建民多無辜世忠令軍士馳城上毋下聽民自相別農給牛穀商賈弛征禁脅從者汰遣獨取附賊

者誅之民感更生家爲立祠捷聞帝曰雖古名將何以加賜黃金器皿世忠因奏江西湖南寇賊尚多乞乘勝討平廣西賊曹成擁餘衆在郴邵世忠旣平閩寇旋師永嘉若將就休息者忽由處信徑至豫章連營江瀆數十里羣賊不虞其至大驚世忠遣人招之成以其衆降得戰士八萬遣詣行在遂移師長沙時劉忠有衆數萬據白面山營柵相望世忠始至欲急擊宣撫使孟庾不可世忠曰兵家利害策之審矣非參政所知請期半月效捷遂與賊對壘奕棊張飲堅壁不動衆莫測一夕與蘇格聯騎穿賊營候者呵問

世忠先得賊軍號隨聲應之周覽以出喜曰此天錫也夜伏精兵二千於白面山與諸將拔營而進賊兵方迎戰所遣兵已馳入中軍奪望樓植旗蓋傳呼如雷賊回顧驚潰麾將士夾擊大破之斬忠首湖南遂平授太尉賜帶笏仍敕樞密以功頒示內外諸將師還建康置背嵬軍皆勇鷙絕倫者九月爲江南東西路宣撫使置司建康三年三月進開府儀同三司充淮南東西路宣撫使置司泗州時聞李橫進師討僞齊議遣大將以世忠忠勇故遣之仍賜廣馬七綱甲千副銀二萬兩帛二萬匹又出錢百萬緡米二十八

萬斛爲半歲之用命戶部侍郎姚舜明詣泗州總領
錢糧倉部郎官孫逸如平江府常秀饒州督發軍食
李橫兵敗還鎮世忠不果渡淮四年以建康鎮江
東宣撫使駐鎮江是歲金人與劉豫合兵分道入侵
帝手札命世忠飭守備圖進取辭旨懇切世忠受詔
感泣曰主憂如此臣子何以生爲遂自鎮江濟師俾
統制解元守高郵候金步卒親提騎兵駐大儀當敵
騎伐木爲柵自斷歸路會遣魏良臣使金世忠撤炊
爨紿良臣有詔移屯守江良臣疾馳去世忠度良臣
已出境即上馬令軍中曰眡吾鞭所嚮於是引軍次

大儀勒五陣設伏二十餘所約聞鼓即起擊良臣至
金軍中金人問王師動息具以所見對聶兒孛堇聞
世忠退喜甚引兵至江口距大儀五里別將撻孛也
擁鐵騎過五陣東世忠傳小麾鳴鼓伏兵四起旗色
與金人旗雜出金軍亂我軍迭進背嵬軍各持長斧
上揕人胸下斫馬足敵被甲陷泥淖世忠麾勁騎四
面蹂躪人馬俱斃遂擒撻孛也等二百餘人所遣董
旼亦擊金人於天長縣之鵶口擒女真四十餘人解
元至高郵遇敵設水軍夾河陣日合戰十三相拒未
決世忠遣成閔將騎士往援復大戰俘生女真及千

戶等世忠復親追至淮金人驚潰相蹈藉溺死甚衆
捷聞羣臣入賀帝曰世忠忠勇朕知其必能成功沈
與求曰自建炎以來將士未嘗與金人迎敵一戰今
世忠連捷以挫其鋒厥功不細帝曰第優賞之於是
部將董旼陳桷解元呼延通等皆峻擢有差論者以
此舉爲中興武功第一時撻辣屯泗州兀朮屯竹塾
鎮爲世忠所扼以書幣約戰世忠許之且使兩伶人
以橘茗報聘會雨雪金饋道不通野無所掠殺馬而
食蕃漢軍皆怨兀朮夜引軍還劉麟劉猊棄輜重遁
五年進少保六年授武寧安化軍節度使京東淮東

路宣撫處置使置司楚州世忠披草萊立軍府與士
同力役夫人梁親織薄爲屋將士有怯戰者世忠遺
以巾幗設樂大宴俾婦人妝以恥之故人人奮厲撫
集流散通商惠工山陽遂爲重鎮劉豫兵數入寇輒
爲世忠所敗時張浚以右相視師命世忠自承楚圖
淮陽劉豫方聚兵淮陽世忠即引軍渡淮旁符離而
北至其城下爲賊所圍奮戈一躍潰圍而出不遺一
鏃呼延通與金將牙合孛堇搏戰扼其吭而禽之乘
銳掩擊金人敗去既而圍淮陽賊堅守不下約曰受
圍一日則舉一烽至是六烽具舉兀朮與劉猊皆至

世忠求援於張俊俊以世忠有見吞意不從世忠勸陣向敵遣人語之曰錦衣驄馬立陣前者韓相公也或危之世忠曰不如是不足以致敵敵果至殺其導戰二人遂引去尋詔班師復歸楚州淮陽之民從而歸者以萬計三月除京東淮東宣撫處置使兼節制鎮江府仍楚州置司四月賜號揚武翊運功臣加橫海武寧安化三鎮節度使九月帝在平江世忠自楚州來朝十月邊報急劉光世欲棄廬州還太平張俊亦請益兵都督張浚曰今日之事有進擊無退保於是世忠引兵渡淮與金將訛里也力戰劉猊將寇淮東爲世忠兵扼不得進七年築高郵城民益安之初世忠移屯山陽遣間結山東豪傑約以緩急爲應宿州馬秦及太行羣盜多願奉約束者金人廢劉豫中原震動世忠謂機不可失請全師北討招納歸附爲恢復計會秦檜主和議命世忠徙屯鎮江世忠言金人詭詐恐以計緩我師乞留此軍蔽遮江淮又力陳和議之非願効死節率先迎敵若不勝從之未晚又言王倫藍公佐交河南地界乞令明具無反覆文狀爲後證章十數上皆慷慨激切且請單騎詣闕面奏帝率優詔褒荅後金果渝盟咸如其言金使蕭哲之

來以詔諭爲名世忠聞之凡四上疏言不可許願舉兵決戰兵勢最重處臣請當之又言金人欲以劉豫相待舉國士大夫盡爲陪臣恐人心離散士氣凋沮且請馳驛面奏不許既而伏兵洪澤鎮將殺金使不克九年授少師十年金人敗盟兀朮率撒離曷李成等破三京分道深入八月世忠圍淮陽金人來救世忠迎擊於泇口鎮敗之又遣解元擊金人於潭城劉寶擊於千秋湖皆捷親隨將成閔從統制許世安奪淮陽門而入大戰門內世安中四矢閔被三十餘創復奪門出世忠奏其功擢武德大夫閔由是知名世忠進太保封英國公兼河北諸路招討使十一年兀朮耻順昌之敗復謀再入詔大合兵於淮西以待既而金敗於柘皋復圍濠州世忠受詔救濠以舟師至招信縣夜以騎兵擊金人於聞賢驛敗之金人攻濠州五日而破破三日世忠至楊沂中軍已南奔世忠與金人戰于淮岸夜遣劉寶泝流將劫之金人伐木塞赤龍洲扼其歸路世忠知之全師而還金人自渦口渡淮北去自是不復入侵世忠在楚州十餘年兵僅三萬而金人不敢犯秦檜收三大將權四月拜樞密使遂以所積軍儲錢百萬貫米九十萬石酒庫十

五歸於國世忠既不以和議爲然爲檜所抑及魏良臣使金世忠又力言自此人情消弱國勢委靡誰復振之北使之來乞與面議不許遂抗疏言檜誤國檜諷言者論之帝格其奏不下世忠連疏乞解樞密柄繼上表乞骸十月罷爲醴泉觀使奉朝請進封福國公節鉞如故自此杜門謝客絕口不言兵時跨驢攜酒從一二奚童縱遊西湖以自樂平時將佐罕得見其面十二年改封潭國公顯仁皇后自金還世忠詣臨平朝謁后在北方聞其名慰問者良久十三年封咸安郡王十七年改鎮南武安寧國節度使二十一年八

月薨進拜太師追封通義郡王孝宗朝追封蘄王謚忠武配饗高宗廟庭世忠初得疾敕尚醫視療將吏卧內問疾世忠曰吾以布衣百戰致位王公賴天之靈保首領沒於家諸君尚哀其死邪及死賜朝服貂蟬冠水銀龍腦以斂世忠嘗戒家人曰吾名世忠汝曹毋諱忠字諱而不言是忘忠也性戇直勇敢忠義事關廟社必流涕極言岳飛冤獄舉朝無敢出一語世忠獨攖檜怒語在檜傳又抵排和議觸檜尤多或勸止之世忠曰今畏禍苟同他日瞑目豈可受鐵杖於太祖殿下時一二大將多曲狥檜苟全世忠與檜

同在政地一揖外未嘗與談嗜義輕財錫賚悉分將士所賜田輸租與編戶等持軍嚴重與士卒同甘苦器仗規畫精絕過人今克敵弓連鎖甲狻猊鍪及跳澗以習騎洞貫以習射皆其遺法也嘗中毒矢入骨以彊弩括取之十指僅全四不能動刀痕箭瘢如刻畫然知人善獎用成閔解元王勝王權劉寶岳超起行伍秉將旄皆其部曲云解兵罷政卧家凡十年澹然自如若未嘗有權位者晚喜釋老自號清涼居士子彥直彥質彥古皆以才見用彥古戶部尚書

彥直字子溫生期年以父任補右承奉郎壽直祕閣

六歲從世忠入見高宗命作大字即拜命跪書皇帝萬歲四字帝喜之拊其背曰他日令器也親解孝宗丱角之繻傳其首賜金器筆研監書鞍馬年十二賜三品服紹興十七年中兩浙轉運司試明年登進士第調太社令二十一年世忠薨服除秦檜素銜世忠不附和議出彥直爲浙東安撫司主管機宜文字檜死拜光祿寺丞二十九年遷屯田員外郎兼權右曹郎官工部侍郎張浚都督江淮軍馬檄權計議軍事督府罷奉祠乾道二年遷戶部郎官主管左曹總領淮東軍馬錢糧會大軍倉給糧徑乘小輿往察之給

米不如數捕吏寘于理初代者以乏興罷去承爲繙
錢僅二十萬明年奏計乃四倍且以其羸獻諸朝帝
嘉之拜司農少卿進直龍圖閣江西轉運兼權知江
州時朝廷還岳飛家貲産多在九江歲久業數易主
吏緣爲姦彥直搜剔隱匿盡還岳氏復爲司農少卿
總領湖北京西軍馬錢糧尋兼發運副使會時相不
樂密啓換武授利州觀察使知襄陽府充京西南路
安撫使七年授鄂州駐劄御前諸軍都統制條奏軍
中六事乞備器械增戰馬革濫賞厲奇功選勇略充
親隨等朝廷多從之先是軍中騎兵多不能步戰彥

直命騎士被甲徒行日六十里雖統制官亦令以身
帥之人人習於勞苦馳騁如飛事聞詔令三衙江上
諸軍傚行之八年匃歸文班乃授左中奉大夫充敷
文閣待制知台州匃祠養親提舉佑神觀奉朝請進
對言頃自岳飛爲帥身居鄂渚遥領荊襄田師中繼
之始分鄂渚爲二軍乞復舊又乞併京西湖北轉運
爲一司分官置司襄陽可一事體帝善之遷刑部侍
郎明年兼工部侍郎同列議大辟三鞫之弗承宜令
以衆證就刑欲修立爲令彥直持不可白丞相梁克
家曰若是則善類被誣必多冤獄且笞杖之刑猶引

伏方決況人命至重乎議卒格以議奪吳名世改正
過名不當降兩官會當遣使于金在廷相顧莫肯先
帝親擇以往聞命慨然就道方入境金使蒲察問接
國書事論難往復數十蒲察理屈因笑曰尚書能力
爲主既至幾罹禍者數守節不屈金卒禮遣之帝嘉
歎遷吏部侍郎尋權工部尚書復中大夫改工部尚
書兼知臨安府方控辭以言罷提舉太平興國宮尋
提舉佑神觀奉朝請尋知湖州首捕巨猾王永年窮
治之杖徙他州奏免民間積逋以郡餘財代輸之然
以累欠內帑坊場錢不發鐫一官海寇出沒大洋劫

掠勢甚張彥直授將領士豪等方略不旬日生禽賊
首海道爲清樞密奏功進敷文閣學士以弟彥質爲
兩浙轉運判官引嫌易泉府匃祠奉親差提舉佑神
觀仍奉朝請特令佩魚示異數也入對乞搜訪靖康
以來死節之士以勸忠義又上薦舉乞選人已經關
升實歷六考無贓私罪犯者雜試以經術法律限其
員額定其高下俾孤寒者得以自達定爲改官之制
又乞令州郡守臣任滿日開具本州實在財賦數目
具公移與交代者并達臺省庶可覈實以戢姦弊帝
悉嘉納淳熙十年夏旱應詔言適者濫刑爲致旱之

由明年入對論三衙皆所以拱扆宸居而司馬乃遠在數百里外乞令歸司之再為戶部尚書會歲旱乞廣糴為先備又乞追貶部曲曾誣陷岳飛者以慰忠魂以言降充敷文閣學士帝追感世忠元勳遣使諭彥直且謂彥直有才力言者誣之彥直感泣奏謝尋提舉萬壽觀有疾帝賜之藥進顯謨閣學士提舉萬壽觀嘗撫宋朝事分為類目名水心鏡為書百六十七卷禮部尚書尤袤修國史白于朝下取是書以進光宗覽之稱善進龍圖閣學士提舉萬壽觀轉光祿大夫致仕卒特贈開府儀同三司賜銀絹九百爵至蘄春郡公

論曰古人有言天下安注意相天下危注意將宋靖康建炎之際天下安危之機也勇略忠義如韓世忠而為將是天以資宋之興復也方兀朮渡江惟世忠與之對陣以閒暇示之及劉豫廢中原人心動搖世忠請乘時進兵此機何可失也高宗惟姦檜之言是聽使世忠不得盡展其才和議成而宋事去矣暮年退居行都口不言兵部曲舊將不與相見蓋懲岳飛之事也昔漢文帝思頗牧於前代宋有世忠而不善用惜哉

列傳卷一百二十三

列傳卷第一百二十四　宋史三百六十五

開府儀同三司上柱國錄軍國重事前中書右丞相監修國史領經筵事都總裁臣脫脫等奉敕修

岳飛 子雲

岳飛字鵬舉相州湯陰人世力農父和能節食以濟飢者有耕侵其地割而與之貰其財者不責償飛生時有大禽若鵠飛鳴室上因以為名未彌月河決內黃水暴至母姚抱飛坐甕中衝濤及岸得免人異之少負氣節沈厚寡言家貧力學尤好左氏春秋孫吳兵法生有神力未冠挽弓三百斤弩八石學射於周同盡其術能左右射同死朔望設祭於其冢父義之曰汝為時用其徇國死義乎宣和四年真定宣撫劉韐募敢戰士飛應募相有劇賊陶俊賈進和飛請百騎滅之遣卒偽為商入賊境賊掠以充部伍飛遣百人伏山下自領數十騎逼賊壘賊出戰飛陽北賊來追之伏兵起先所遣卒擒俊及進和以歸康王至相飛因劉浩見命招賊吉倩倩以眾三百八十人降補承信郎以鐵騎三百往李固渡嘗敵敗之從浩解東京圍與敵相持於滑南領百騎習兵河上敵猝至飛麾其徒曰敵雖眾未知吾虛實當及其未定擊之乃獨馳迎敵有梟將舞刀而前飛斬之敵大敗遷秉義郎隸留守宗澤戰開德曹州皆

有功澤大奇之曰爾勇智才藝古良將不能過然好野戰非萬全計因授以陣圖飛曰陣而後戰兵法之常運用之妙存乎一心澤是其言康王即位飛上書數千言大略謂陛下已登大寶社稷有主已足伐敵之謀而勤王之師日集彼方謂吾素弱宜乘其怠擊之黃潛善汪伯彥輩不能承聖意恢復奉車駕日益南恐不足繫中原之望臣願陛下乘敵穴未固親率六軍北渡則將士作氣中原可復書聞以越職奪官歸詣河北招討使張所所待以國士借補修武郎充中軍統領所問曰汝能敵幾何飛曰勇不足恃用兵在先定謀欒枝曳柴以敗荊莫敖采樵以致絞皆謀定也所矍然曰君殆非行伍中人飛因說之曰國家都汴恃河北以為固苟馮據要衝峙列重鎮一城受圍則諸城或撓或救金人不能窺河南而京師根本之地固矣招撫誠能提兵壓境飛唯命是從所大喜借補武經郎命從王彥渡河至新鄉金兵盛彥不敢進飛獨引所部鏖戰奪其纛而舞諸軍爭奮遂拔新鄉翌日戰侯兆川身被十餘創士皆死戰又敗之夜屯石門山下或傳金兵復至一軍皆驚飛堅臥不動金兵卒不來食盡走彥壁乞糧彥不許飛引兵益北戰于太行山擒金將拓跋耶烏居數日復遇敵飛單騎持丈八鐵槍刺殺黑風大王敵衆敗走飛自知與

彥有隙復歸宗澤為留守司統制澤卒杜充代之飛居故職二年戰胙城又戰黑龍潭皆大捷從閭勍保護陵寢大戰汜水關射殪金將大破其衆駐軍竹蘆渡與敵相持選精銳三百伏前山下令各以薪芻交縛兩束夜半爇四端而舉之金人疑援兵至驚潰三年賊黃善曹成孔彥舟等合衆五十萬薄南薰門飛所部僅八百衆懼不敵飛曰吾為諸君破之左挾弓右運矛橫衝其陣賊亂大敗之又擒賊杜叔五孫海於東明借補英州刺史王善圍陳州飛戰于清河擒其將孫勝孫清授眞刺史杜充將還建康飛曰中原地尺寸不可棄今一舉足此地非我有他日欲復取之非數十萬衆不可充不聽遂與俱歸師次鐵路步遇賊張用至六合遇李成與戰皆敗之成遣輕騎劫憲臣犒軍銀帛飛進兵掩擊之成奔江西時命充守建康金人與成合寇烏江充閉門不出飛泣諫請視師充竟不出金人遂由馬家渡渡江充遣飛等迎戰王𤫊先遁諸將皆潰獨飛力戰會充已降金諸將多行剽掠惟飛軍秋毫無所犯兀朮趣杭州飛要擊至廣德境中六戰皆捷擒其將王權俘簽軍首領四十餘察其可用者結以恩遣還令夜斫營縱火飛乘亂縱擊大敗之駐軍鍾村軍無見糧將士忍飢不敢擾民金所籍兵相謂曰此岳爺爺軍爭來降附四年兀

朮攻常州宜興令迎飛移屯焉盜郭吉聞飛來遁入湖飛遣王貴傅慶追破之又遣辯士馬皐林聚盡降其衆有張威武者不從飛單騎入其營斬之避地者賴以免圖飛像祠之金人再攻常州飛四戰皆捷尾襲於鎭江東又捷戰于清水亭又大捷橫尸十五里兀朮趨建康飛設伏牛頭山待之夜令百人黑衣混金營中擾之金兵驚自相攻擊兀朮次龍灣飛以騎三百步兵二千馳至新城大破之兀朮奔淮西遂復建康飛奏建康爲要害之地宜選兵固守仍益兵守淮拱護腹心帝嘉納兀朮歸飛邀擊于靜安敗之詔討戚方飛以三千人營于苦嶺方遁俄益兵來飛自領兵千人戰數十合皆捷會張俊兵至方遂降范宗尹言張俊自浙西來盛稱飛可用遷通泰鎭撫使兼知泰州飛辭乞淮南東路一重難任使收復本路州郡乘機漸進使山東河北河東京畿等路次第而復會金攻楚急詔張俊援之俊辭乃遣飛行而命劉光世出兵援飛飛屯三墪爲楚援尋抵承州三戰三捷殺高太保俘酋長七十餘人光世等皆不敢前飛師孤力寡楚遂陷詔飛還守通泰有旨可守即守如不可但於沙洲保護百姓伺便掩擊飛以泰無險可恃退保柴墟戰于南霸橋金大敗渡百姓於沙上飛以精騎二百殿金兵不敢近飛以泰州失守待

罪紹興元年張俊請飛同討李成時成將馬進犯洪州連營西山飛曰賊貪而不慮後若以騎兵自上流絕生米渡出其不意破之必矣飛請自爲先鋒俊大喜飛重鎧躍馬潛出賊右突其陣所部從之進大敗走筠州飛抵城東賊出城布陣十五里飛設伏以紅羅爲幟上刺岳字選騎二百隨幟而前賊易其少薄之伏發賊敗走飛使人呼曰不從賊者坐吾不汝殺坐而降者八萬餘人進以餘卒奔成于南康飛夜引兵至朱家山又斬其將趙萬成聞進敗自引兵十餘萬來飛與遇於樓子莊大破成軍追斬進成走蘄州降僞齊張用寇江西用亦相人飛以書諭之曰吾與汝同里南薰門鐵路步之戰皆汝所悉今吾在此欲戰則出不戰則降用得書曰果吾父也遂降江淮平俊奏飛功第一加神武右軍副統制留洪州彈壓盜賊授親衛大夫建州觀察使建寇范汝爲陷邵武江西安撫李回檄飛分兵保建昌軍及撫州飛遣人以岳字幟植城門賊望見相戒勿犯賊黨姚達饒青逼建昌飛遣王萬徐慶討擒之升神武副軍都統制二年賊曹成擁衆十餘萬由江西歷湖湘據道賀二州命飛權知潭州兼權荆湖東路安撫都總管付金字牌黃旗招成成聞飛將至驚曰岳家軍來矣即分道而遁飛至茶陵奉詔招之成不從飛奏比年多命招

安故盜力強則肆暴力屈則就招苟不略加勦除蠭起之
衆未可遽殄許之飛入賀州境得成諜者縛之帳下飛出
帳調兵食吏曰糧盡矣奈何飛陽曰姑反茶陵已而顧諜
若失意狀頓足而入陰令逸之諜歸告成成大喜期翌日
來追飛命士蓐食潛趨遶嶺未明已至太平塲破其砦成
據險拒飛飛麾兵掩擊賊大潰成走據北藏嶺上梧關遣
將迎戰飛不陣而鼓士爭奮奪二隘據之成又自桂嶺置
砦至北藏嶺連控隘道親以衆十餘萬守蓬頭嶺飛部才
八千一鼓登嶺破其衆成奔連州飛謂張憲等曰成黨散
去追而殺之則脅從者可憫縱之則復聚為盜今遣若等

誅其酋而撫其衆慎勿妄殺累主上保民之仁於是憲自
賀連徐慶自邵道王貴自郴桂招降者二萬與飛會連州
進兵追成成走宣撫司降時以盛夏行師瘴地撫循有方
士無一人死癘者嶺表平授武安軍承宣使屯江州甫入
境安撫李回檄飛捕劇賊馬友郝通劉忠李通李宗亮張
式皆平之三年春召赴行在江西宣諭劉大中奏飛兵有
紀律人恃以安今赴行在恐盜復起不果行時虔吉盜連
兵寇掠循梅廣惠英韶南雄南安建昌汀邵武諸郡帝乃
專命飛平之飛至虔州固石洞賊彭友悉衆至雩都迎戰
躍馬馳突飛麾兵即馬上擒之餘酋退保固石洞洞高峻

環水止一徑可入飛列騎山下令皆持滿黎明遣死士疾
馳登山賊衆亂棄山而下騎兵圍之賊呼丐命飛令勿殺
受其降授徐慶等方略捕諸郡餘賊皆破降之初以隆祐
震驚之故密旨令飛屠虔城飛請誅首惡而赦脅從不許
請至三四帝乃曲赦人感其德繪像祠之餘寇高聚張成
犯袁州飛遣王貴平之秋入見帝手書精忠岳飛字製旗
以賜之授鎮南軍承宣使江南西路沿江制置使又改神
武後軍都統制仍制置使李山吳全吳錫李横牛皐皆隸
焉偽齊遣李成挾金人入侵破襄陽唐鄧隨郢諸州及信
陽軍湖寇楊么亦與偽齊通欲順流而下李成又欲自江

西陸行趨兩浙與么會帝命飛為之備四年除兼荆南鄂
岳州制置使飛奏襄陽等六郡為恢復中原基本今當先
取六郡以除心膂之病李成遠遁然後加兵湖湘以殄羣
盜帝以諭趙鼎鼎曰知上流利害無如飛者遂授黃復州
漢陽軍德安府制置使飛渡江中流顧幕屬曰飛不擒賊
不涉此江抵郢州城下偽將京超號萬人敵乘城拒飛飛
鼓衆而登超投崖死復郢州遣張憲徐慶復隨州飛趣襄
陽李成迎戰左臨襄江飛笑曰步兵利險阻騎兵利平曠
成左列騎江岸右列步平地雖衆十萬何能為舉鞭指王
貴曰爾以長槍步卒擊其騎兵指牛皐曰爾以騎兵擊其

步卒合戰馬應槍而斃後騎皆擁入江步卒死者無數成
夜遁復襄陽劉豫益成兵屯新野飛與王萬夾擊之連破
其衆飛奏金賊所愛惟子女金帛志已驕惰劉豫僭僞人
心終不忘宋如以精兵二十萬直擣中原恢復故疆誠易
爲力襄陽隨郢地皆膏腴苟行營田其利爲厚臣候糧足
即過江北勦戮敵兵時方重深入之舉而營田之議自是
興矣進兵鄧州成與金將劉合孛菫列砦拒飛飛遣王貴
張憲掩擊賊衆大潰劉合孛菫僅以身免賊黨高仲退保
鄧城飛引兵一鼓拔之擒高仲復鄧州帝聞之喜曰朕素
聞岳飛行軍有紀律未知能破敵如此又復唐州信陽軍

襄漢平飛辭制置使乞委重臣經畫荊襄不許趙鼎奏湖
北鄂岳最爲上流要害乞令飛屯鄂岳不惟江西藉其聲
勢湖廣江浙亦獲安妥乃以隨郢唐鄧信陽並爲襄陽府
路隸飛飛移屯鄂授清遠軍節度使湖北路荊襄潭州制
置使封武昌縣開國子兀朮劉豫合兵圍廬州帝手札命
飛解圍提兵趨廬僞齊已驅甲騎五千逼城飛張岳字旗
與精忠旗金兵一戰而潰廬州平飛奏襄陽等六郡人户
闕牛糧乞量給官錢免官私逋負州縣官以招集流亡爲
殿最五年入覲封母國夫人授飛鎮寧崇信軍節度使
湖北路荊襄潭州制置使進封武昌郡開國侯又除荊

湖南北襄陽路制置使神武後軍都統制命招捕楊幺飛
所部皆西北人不習水戰飛曰兵何常顧用之何如耳先
遣使招諭之賊黨黃佐曰岳節使號令如山若與之敵萬
無生理不如往降節使誠信必善遇我遂降飛表授佐武
義大夫單騎按其部拊佐背曰子知逆順者果能立功封
侯豈足道欲復遣子至湖中視其可乘者擒之可勸者招
之如何佐感泣誓以死報時張浚以都督軍事至潭參政
席益與浚語疑飛玩寇欲以聞浚曰岳侯忠孝人也兵有
深機胡可易言益慙而止黃佐襲周倫砦殺倫擒其統制
陳貴等飛上其功遷武功大夫統制任士安不稟王𤫉令

軍以此無功飛鞭士安使餌賊曰三日賊不平斬汝士安
宣言岳太尉兵二十萬至矣賊見止士安軍併力攻之飛
設伏士安戰急伏四起擊賊賊走會召浚還防秋飛袖小
圖示浚浚欲俟來年議之飛曰已有定畫都督能少留不
八日可破賊浚曰何言之易飛曰王四廂以王師攻水寇
則難飛以水寇攻水寇則易水戰我短彼長以所短攻所
長所以難若因敵將用敵兵奪其手足之助離其腹心之
託使孤立而後以王師乘之八日之內當俘諸酋浚許之
飛遂如鼎州黃佐招楊欽來降飛喜曰楊欽驍悍既降賊
腹心潰矣表授欽武義大夫禮遇甚厚乃復遣歸湖中兩

曰欽謨余端劉詵等降飛詭罵欽曰賊不盡降何來也杖
之復令入湖是夜掩賊營降其衆數萬么負固不服方浮
舟湖中以輪激水其行如飛旁置撞竿官舟迎之輒碎飛
伐君山木為巨筏塞諸港汊又以腐木亂草浮上流而下
擇水淺處遣善罵者挑之且行且罵賊怒來追則草木壅
積舟輪礙不行飛亟遣兵擊之賊奔港中為筏所拒官軍
乘筏張牛革以蔽矢石舉巨木撞其舟盡壞么投水牛皐
擒斬之飛入賊壘餘酋驚曰何神也俱降飛親行諸砦慰
撫之縱老弱歸田籍少壯為軍果八日而賊平浚嘆曰岳
侯神算也初賊恃其險曰欲犯我者除是飛來至是人以

其言為讖獲賊舟千餘鄂渚水軍為沿江之冠詔兼蘄黃
制置使飛以目疾乞辭軍事不許加檢校少保進封公還
軍鄂州除荊湖南北襄陽路招討使六年太行山忠義社
梁興等百餘人慕飛義率衆來歸飛入覲面陳襄陽自收
復後未置監司州縣無以按察帝從之以李若虛為京西
南路提舉兼轉運提刑又令湖北襄陽府路自知州通判
以下賢否許飛得自黜陟張浚至江上會諸大帥獨稱飛
與韓世忠可倚大事命飛屯襄陽以窺中原曰此君素志
也飛移軍京西改武勝定國軍節度使除宣撫副使置司
襄陽命往武昌調軍居母憂降制起復飛扶櫬還廬山連

表乞終喪不許累詔趣起乃就軍又命宣撫河東節制河
北路首遣王貴等攻虢州下之獲糧十五萬石降其衆數
萬張浚曰飛措畫甚大令已至伊洛則太行一帶山砦必
有應者飛遣楊再興進兵至長水縣再戰皆捷中原響應
又遣人焚蔡州糧九月劉豫遣子麟猊分道寇淮西劉光
世欲舍廬州張俊欲棄盱眙同奏召飛以兵東下欲使飛
當其鋒而已得退保張浚謂岳飛一動則襄漢何所制力
沮其議帝慮俊光世不足任命飛東下飛自破曹成平楊
么凡六年皆盛夏行師致目疾至是甚聞詔即日啟行未
至麟敗飛奏至帝語趙鼎曰劉麟敗北不足喜諸將知尊

朝廷為可喜遂賜札言敵兵已去淮卿不須進發其或襄
鄧陳蔡有機可乘從長措置飛乃還軍時偽齊屯兵窺
唐州飛遣王貴董先等攻破之焚其營奏圖蔡以取中原
不許飛召貴等還七年入見帝從容問曰卿得良馬否飛
曰臣有二馬日啖芻豆數斗飲泉一斛然非精潔則不受介
而馳初不甚疾比行百里始奮迅自午至酉猶可二百里
褫鞍甲而不息不汗若無事然此其受大而不苟取力裕
而不求逞致遠之材也不幸相繼以死今所乘者日不過
數升而秣不擇粟飲不擇泉攬轡未安踊躍疾驅甫百里
力竭汗喘殆欲斃然此其寡取易盈好逞易窮駑鈍之材

也帝稱善曰卿今議論極進拜太尉繼除宣撫使兼營田大使從幸建康以王德酈瓊兵隸飛詔諭德等曰聽飛號令如朕親行飛數見帝論恢復之略又手疏言金人所以立劉豫於江南蓋欲荼毒中原以中國攻中國粘罕因得休兵觀釁臣欲陛下假臣月日便則提兵趨京洛據河陽陝府潼關以號召五路叛將叛將既還遣王師前進彼必棄汴而走河北京畿陝右可以盡復然後分兵濬滑經略兩河如此則劉豫成擒金人可滅社稷長久之計實在此舉帝荅曰有臣如此顧復何憂進止之機朕不中制又召至寢閣命之曰中興之事一以委卿命節制光州飛方圖

傳百廿四　十二

大舉會秦檜主和遂不以德瓊兵隸飛詔詣都督府與張浚議事浚謂飛曰王德淮西軍所服浚欲以為都統而命呂祉以督府參謀領之如何飛曰德與瓊素不相下一旦擢之在上則必爭呂尚書不習軍旅恐不足服衆浚曰張宣撫如何飛曰暴而寡謀尤瓊所不服浚曰然則楊沂中爾飛曰沂中視德等爾豈能馭此軍浚艴然曰固知非太尉不可飛曰都督以正問飛不敢不盡其愚豈以得兵為念耶即日上章乞解兵柄終喪服以張憲攝軍事步歸廬母墓側浚怒奏以張宗元為宣撫判官監其軍帝累詔趣飛還職飛力辭詔幕屬造廬以死請凡六日飛趨朝待

罪帝慰遣之宗元還言將和士銳人懷忠孝皆飛訓養所致帝大悅飛奏比者寢閣之命咸謂聖斷已堅何至今尚未決臣願提兵進討順天道因人心以曲直為老壯以逆順為強弱萬全之効可必又奏錢唐僻在海隅非用武地願陛下建都上游用漢光武故事親率六軍往來督戰庶將士知聖意所向人人用命未報而酈瓊叛浚始悔飛復奏願進屯淮甸伺便擊瓊期於破滅不許詔駐師江州為淮浙援飛知劉豫結粘罕而兀朮惡劉豫可以間而動會軍中得兀朮諜者飛陽責之曰汝非吾軍中人張斌耶吾向遣汝至齊約誘至四太子汝往不復來吾繼遣人問齊

傳百廿四　十三

已許我今冬以會合寇江為名致四太子于清河汝所持書竟不至何背我耶諜冀緩死即詭服乃作蠟書言與劉豫同謀誅兀朮事因謂諜曰吾今貸汝復遣至齊問舉兵期刲股納書戒勿泄諜歸以書示兀朮兀朮大驚馳白其主遂廢豫飛奏宜乘廢豫之際擣其不備長驅以取中原不報八年還軍鄂州王庶視師江淮飛與庶書今歲若不舉兵當納節請閑庶甚壯之秋召赴行在命詣資善堂見皇太子飛退而喜曰社稷得人矣中興基業其在是乎會金遣使將歸河南地飛言金人不可信和好不可恃相臣謀國不臧恐貽後世譏檜銜之九年以復河南大赦飛表

謝寓和議不便之意有唾手燕雲復讎報國之語授開府儀同三司飛力辭謂今日之事可危而不可安可憂而不可賀可訓兵飭士謹備不虞而不可論功行賞取笑敵人三詔不受帝温言奬諭乃受會遣士㒟謁諸陵飛請以輕騎從洒掃實欲觀釁以伐謀又奏金人無事請和此必有肘腋之虞名以地歸我實寄之也檜白帝止其行十年金人攻拱亳劉錡告急命飛馳援飛遣張憲姚政赴之帝賜札曰設施之方一以委卿朕不遙度飛乃遣王貴牛皋董先楊再興孟邦傑李寶等分布經略西京汝鄭潁昌陳曹光蔡諸郡又命梁興渡河糾合忠義社取河東北州縣又

遣兵東援劉錡西援郭浩自以其軍長驅以闞中原將發密奏言先正國本以安人心然後不常厥居以示無忘復讎之意帝得奏大褒其忠授少保河南府路陝西河東北路招討使尋改河南北諸路招討使未幾所遣諸將相繼奏捷大軍在潁昌諸將分道出戰飛自以輕騎駐郾城兵勢甚鋭兀朮大懼會龍虎大王議以爲諸帥易與獨飛不可當欲誘致其師併力一戰中外聞之大懼詔飛審處自固飛曰金人伎窮矣乃日出挑戰且罵之兀朮怒合龍虎大王蓋天大王與韓常之兵逼郾城飛遣子雲領騎兵直貫其陣戒之曰不勝先斬汝鏖戰數十合賊屍布野初兀

朮有勁軍皆重鎧貫以韋索三人爲聯號拐子馬官軍不能當是役也以萬五千騎來飛戒步卒以麻札刀入陣勿仰視第斫馬足拐子馬相連一馬仆二馬不能行官軍奮擊遂大敗之兀朮大慟曰自海上起兵皆以此勝今已矣兀朮益兵來部將王剛以五十騎覘敵遇之奮斬其將飛時出視戰地望見黄塵蔽天自以四十騎突戰敗之方郾城再捷飛謂雲曰賊屢敗必還攻潁昌汝宜速援王貴既而兀朮果至貴將游奕雲將背嵬戰于城西雲以騎兵八百挺前決戰步軍張左右翼繼之殺兀朮壻夏金吾副統軍粘罕孛堇兀朮遁去梁興會太行忠義及兩河豪傑等

累戰皆捷中原大震飛奏興等過河人心願歸朝廷金兵累敗兀朮等皆令老少北去正中興之機飛進軍朱仙鎮距汴京四十五里與兀朮對壘而陣遣驍將以背嵬騎五百奮擊大破之兀朮遁還汴京飛檄陵臺令行視諸陵葺治之先是紹興五年飛遣梁興等布德意招結兩河豪傑山砦韋銓孫謀等斂兵固堡以待王師李通胡清李寶李興張恩孫琪等舉衆來歸金人動息山川險要一時皆得其實盡磁相開德澤潞晋絳汾隰之境皆期日興兵與官軍會其所揭旗以岳爲號父老百姓爭挽車牽牛載糗糧以饋義軍頂盆焚香迎候者充滿道路自燕以南金號令

不行兀朮欲簽軍以抗飛河北無一人從者乃嘆曰自我起北方以來未有如今日之挫衂金帥烏陵思謀素號桀點亦不能制其下但諭之曰毋輕動俟岳家軍來即降金統制王鎮統領崔慶將官李覲崔虎華旺等皆率所部降以至禁衛龍虎大王下忔查千戶高勇之屬皆密受飛旗牓自北方來降金將軍韓常欲以五萬衆內附飛大喜語其下曰直抵黄龍府與諸君痛飲爾方指日渡河而檜欲畫淮以北棄之風臺臣請班師飛奏金人銳氣沮喪盡棄輜重疾走渡河豪桀向風士卒用命時不再來機難輕失檜知飛志銳不可回乃先請張俊楊沂中等歸而後言飛

孤軍不可久留乞令班師一日奉十二金字牌飛憤惋泣下東向再拜曰十年之力廢於一旦飛班師民遮馬慟哭訴曰我等戴香盆運糧草以迎官軍金人悉知之相公去我輩無噍類矣飛亦悲泣取詔示之曰吾不得擅留哭聲震野飛留五日以待其徙從而南者如市亟奏以漢上六郡閑田處之方兀朮棄汴去有書生叩馬曰太子毋走岳少保且退矣兀朮曰岳少保以五百騎破吾十萬京城日夜望其來何謂可守生曰自古未有權臣在內而大將能立功於外者岳少保且不免況欲成功乎兀朮悟遂留飛既歸所得州縣旋復失之飛力請解兵柄不許自廬入覲

帝問之飛拜謝而已十一年諜報金分道渡淮飛請合諸帥之兵破敵兀朮韓常與龍虎大王疾驅至廬帝趣飛應援凡十七札飛策金人舉國南來巢穴必虛若長驅京洛以擣之彼必奔命可坐而斃時飛方苦寒嗽力疾而行又恐帝急於退敵乃奏臣如擣虛勢必得利若以爲敵方在近未暇遠圖欲乞親至蘄黄以議攻却帝得奏大喜賜札曰卿苦寒疾乃爲朕行國爾忘身誰如卿者師至廬州金兵望風而遁飛還兵于舒以俟命帝又賜札以飛小心恭謹不專進退爲得體兀朮破濠州張俊駐軍黄連鎭不敢進楊沂中遇伏而敗帝命飛救之金人聞飛至又遁時和

議既決檜患飛異己乃密奏召三大將論功行賞韓世忠張俊已至飛獨後檜又用參政王次翁計俟之六七日既至授樞密副使位參知政事上飛固請還兵柄五月詔同俊往楚州措置邊防總韓世忠軍還駐鎭江初飛在諸將中年最少以列校拔起累立顯功世忠俊不能平飛屈己下之幕中輕銳教飛勿苦降意金人攻淮西俊分地也俊始不敢行師卒無功飛聞命即行遂解廬州圍帝授飛兩鎭節俊益恥楊么平飛獻俊世忠樓船各一兵械畢備世忠大悅俊反忌之淮西之役俊以前途糧乏訹飛飛不爲止帝賜札褒諭有曰轉餉艱阻卿不復顧俊疑飛漏言還

朝反倡言飛退避不進以乏餉爲辭至視世忠軍俊知世
忠忤檜欲與飛分其背嵬軍飛義不肯俊大不悦及同行
楚州城俊欲修城爲備飛曰當戮力以圖恢復豈可爲退
保計俊變色會世忠軍吏景著與總領胡紡言二樞密若
分世忠軍恐至生事紡上之朝檜捕著下大理寺將以扇
搖誣世忠飛馳書告以檜意世忠見帝自明俊於是大憾
飛遂倡言飛議棄山陽且密以飛報世忠事告檜檜大怒
初檜逐趙鼎飛每對客嘆息又以恢復爲己任不肯附和
議讀檜奏至德無常師主善爲師之語惡其欺罔恚曰君
臣大倫根於天性大臣而忍面謾其主耶兀朮遺檜書曰

汝朝夕以和請而岳飛方爲河北圖必殺飛始可和檜亦
以飛不死終梗和議已必及禍故力謀殺之以諫議大夫
万俟卨與飛有怨風卨劾飛又風中丞何鑄侍御史羅汝
楫交章彈論大率謂今春金人攻淮西飛略至舒蘄而不
進比與俊按兵淮上又欲棄山陽而不守飛累章請罷樞
柄尋還兩鎮節充萬壽觀使奉朝請檜志未伸也又諭張
俊令劫王貴誘王俊誣告張憲謀還飛兵檜遣使捕飛父
子證張憲事使者至飛笑曰皇天后土可表此心初命何
鑄鞫之飛裂裳以背示鑄有盡忠報國四大字深入膚理
既而閱實無左驗鑄明其無辜改命万俟卨卨誣飛與憲

書令虛申探報以動朝廷雲與憲書令措置使飛還軍且
言其書已焚飛坐繫兩月無可證者或教卨以臺章所指
淮西事爲言卨喜白檜簿錄飛家取當時御札藏之以滅
迹又逼孫革等證飛受詔逗遛命評事元龜年取行軍時
日雜定之傅會其獄歲暮獄不成檜手書小紙付獄即報
飛死時年三十九雲棄市籍家貲徙家嶺南幕屬于鵬等
從坐者六人初飛在獄大理寺丞李若樸何彦猷大理卿
薛仁輔並言飛無罪卨俱劾去宗正卿士㒟請以百口保
飛卨亦劾之竄死建州布衣劉允升上書訟飛冤下棘寺
以死凡傅成其獄者皆遷轉有差獄之將上也韓世忠不

平詣檜詰其實檜曰飛子雲與張憲書雖不明其事體莫
須有世忠曰莫須有三字何以服天下時洪皓在金國中
蠟書馳奏以爲金人所畏服者惟飛至以父呼之諸酋聞
其死酌酒相賀飛至孝母留河北遣人求訪迎歸母有痼
疾藥餌必親母卒水漿不入口者三日家無姬侍吳玠素
服飛願與交驩飾名姝遺之飛曰主上宵旰豈大將安樂
時卻不受玠益敬服少豪飲帝戒之曰卿異時到河朔乃
可飲遂絕不飲帝初爲飛營第飛辭曰敵未滅何以家
爲或問天下何時太平飛曰文臣不愛錢武臣不惜死天
下太平矣師每休舍課將士注坡跳壕皆重鎧習之子雲

嘗習注坡馬蹶怒而鞭之卒有取民麻一縷以束芻者立
斬以徇卒夜宿民開門願納無敢入者軍號凍死不拆屋
餓死不鹵掠卒有疾躬爲調藥諸將遠戍遣妻問勞其家
死事者哭之而育其孤或以子婚其女凡有頒犒均給軍
吏秋毫不私善以少擊衆欲有所舉盡召諸統制與謀謀
定而後戰故有勝無敗猝遇敵不動故敵爲之語曰撼山
易撼岳家軍難張俊嘗問用兵之術曰仁信智勇嚴闕一
不可調軍食必蹙額曰東南民力耗斁極矣荆湖平募民
營田又爲屯田歲省漕運之半帝手書曹操諸葛亮羊
祜三事賜之飛跋其後獨指操爲姦賊而鄙之尤檜所惡

也張所死飛感舊恩鞠其子宗本奏以官李寶自楚來歸
韓世忠留之寶痛哭願歸飛世忠以書來諗飛復曰均爲
國家何分彼此世忠嘆服襄陽之役詔光世爲援六郡既
復光世始至飛奏先賞光世軍好賢禮士覽經史雅歌投
壺恂恂如書生每辭官必曰將士效力飛何功之有然忠
憤激烈議論持正不挫於人卒以此得禍檜死議復飛官
万俟卨謂金方願和一旦錄故將疑天下心不可及紹興
末金益猖獗太學生程宏圖上書訟飛冤詔飛家自便初
檜惡岳州同飛姓改爲純州至是仍舊中丞汪澈宣撫荆
襄故部曲合辭訟之哭聲雷震孝宗詔復飛官以禮改葬

賜錢百萬求其後悉官之建廟於鄂號忠烈淳熙六年謚
武穆嘉定四年追封鄂王五子雲雷霖震霆
雲飛養子年十二從張憲戰多得其力軍中呼曰贏官人
飛征伐未嘗不與數立奇功飛輒隱之每戰以手握兩鐵
推重八十斤先諸軍登城攻下隨州又攻破鄧州襄漢平
功在第一飛不言逾年銓曹辨之始遷武翼郎楊么平功
亦第一又不上張浚廉得其實曰岳侯避寵榮廉則廉矣
未得爲公也奏乞推異數飛力辭不受嘗以特旨遷三資
飛辭曰士卒冒矢石立奇功始沾一級男雲遽躐崇資何
以服衆累表不受穎昌大戰無慮十數出入行陣體被百

餘創甲裳爲赤以功遷忠州防禦使飛又辭命帶御器械
飛又力辭之終左武大夫提舉醴泉觀死年二十三孝宗
初與飛同復元官以禮祔葬贈安遠軍承宣使雷忠訓郎
閤門祗候贈武略郎霖朝散大夫敷文閣待制贈太中大
夫初飛下獄檜令親黨王會搜其家得御札數篋束之左
藏南庫霖請於孝宗還之霖子珂以淮西十五御札辨
驗彙次凡出師應援之先後皆可考嘉定間爲籲天辨誣
集五卷天定錄二卷上之震朝奉大夫提舉江南東路茶
鹽公事霆修武郎閤門祗候
論曰西漢而下若韓彭絳灌之爲將代不乏人求其文武

全器仁智並施如宋岳飛者一代豈多見哉史稱關雲長通春秋左氏學然未嘗見其文章飛北伐軍至汴梁之朱仙鎮有詔班師飛自為表答詔忠義之言流出肺腑眞有諸葛孔明之風而卒死於秦檜之手蓋飛與檜勢不兩立使飛得志則金讎可復宋耻可雪檜得志則飛有死而已昔劉宋殺檀道濟道濟下獄嗔目曰自壞汝萬里長城高宗忍自棄其中原故忍殺飛嗚呼寃哉嗚呼寃哉

列傳卷第一百二十四

列傳卷第一百二十五　宋史三百六十六

開府儀同三司上柱國錄軍國重事前中書右丞相監修國史領經筵事都總裁臣脫脫等奉

勅修

劉錡　吳玠　吳璘子挺

劉錡字信叔德順軍人瀘州軍節度使仲武第九子也美儀狀善射聲如洪鐘嘗從仲武征討牙門水斛滿以箭射之拔箭水注隨以一矢窒之人服其精宣和間用高俅薦特授閤門祗候高宗即位錄仲武後錡得召見奇之特授閤門宣贊舍人差知岷州為隴右都護與夏人戰屢勝夏人兒啼輒怖之曰劉都護來張浚宣撫陝西一見奇其才以為涇原經略使兼知渭州浚合五路師潰于富平慕洧以慶陽叛攻環州浚命錡救之留別將守渭自將救環未幾金攻渭錡留李彥琪捍洧親率精銳還救渭已無及進退不可乃走德順軍彥琪遁歸渭降金錡貶秩知緜州兼沿邊安撫紹興三年復官為宣撫使統制金人攻拔和尚原乃分守陜蜀之地會使者自蜀歸以錡名聞召還除帶御器械尋為江東路副總管六年權提舉宿衛親軍帝駐平江解潛王彥兩軍交鬬俱罷命錡兼將之錡因請以前護副軍及馬軍通為前後左右

中軍與游奕凡六軍每軍千人為十二將前護副軍即彥八字軍也於是錡始能成軍扈從赴金陵七年帥合肥八年戍京口九年擢果州團練使龍神衛四廂都指揮使主管侍衛馬軍司十年金人歸三京充東京副留守節制軍馬所部八字軍纔三萬七千人將發益殿司三千人皆攜其孥將駐于汴家留順昌錡自臨安泝江絕淮凡二千二百里至渦口方食暴風拔坐帳錡曰此賊兆也主暴兵即下令兼程而進未至五月抵順昌三百里金人果敗盟來侵錡與將佐舍舟陸行先趨城中庚寅諜報金人入東京知府

事陳規見錡問計錡曰城中有糧則能與君共守規曰有米數萬斛錡曰可矣時所部選鋒游奕兩軍及老稚輜重相去尚遠遣騎趣之四鼓乃至及旦得報金騎已入陳錡與規議斂兵入城為守禦計人心乃安召諸將計事皆曰金兵不可敵也請以精銳為殿步騎遮老小順流還江南錡曰吾本赴官留司今東京雖失幸全軍至此有城可守柰何棄之吾意已決敢言去者斬惟部將許清號夜义者奮曰太尉奉命副守汴京軍士扶攜老幼而來今避而走易耳然欲棄父母妻子則不忍欲與偕行則敵翼而攻何所逃

之不如相與努力一戰於死中求生也議與錡合錡大喜鑿舟沉之示無去意寘家寺中積薪於門戒守者曰脫有不利即焚吾家毋辱敵手也分命諸將守諸門明斥堠募土人為間探於是軍士皆奮男子備戰守婦人礪刀劍爭呼躍曰平時人欺我八字軍今日當為國家破賊立功時守備一無可恃錡於城上躬自督厲取偽齊所造癡車以輪轅埋城上又撤民戶扉周匝蔽之城外有民居數千家悉焚之凡六日粗畢而游騎已涉潁河至城下壬寅金人圍順昌錡豫於城下設伏擒千戶阿黑等二人詰之云韓將軍

營白沙渦距城三十里錡夜遣千餘人擊之連戰殺虜頗衆既而三路都統葛王褎以兵三萬與龍虎大王合兵薄城錡令開諸門金人疑不敢近初錡傳城築羊馬垣穴垣為門至是與清等蔽垣為陣金人縱矢皆自垣端軼著于城或止中垣上錡用破敵弓翼以神臂強弩自城上或垣門射敵無不中敵稍却復以步兵邀擊溺河死者不可勝計破其鐵騎數千特授鼎州觀察使樞密副都承旨沿淮制置使時順昌受圍已四日金兵益盛乃移砦於東村距城二十里錡遣驍將閻充募壯士五百人夜斫其營是夕天欲

雨電光四起見辮髮者輒殲之金兵退十五里錡復募百人以往或請銜枚錡笑曰無以枚也命折竹為嘂如市井兒以為戲者人持一以為號直犯金營電所燭則皆奮擊電止則匿不動敵衆大亂百人者聞吹聲即聚金人益不能測終夜自戰積屍盈野退軍老婆灣兀朮在汴聞之即索靴上馬過淮寧留一宿治戰具備糗糧不七日至順昌錡聞兀朮至會諸將於城上問策或謂今已屢捷宜乘此勢具舟全軍而歸錡曰朝廷養兵十五年正為緩急之用況已挫賊鋒軍聲稍振雖衆寡不侔然有進無退且敵營甚邇

而兀朮又來吾軍一動彼躡其後則前功俱廢使敵侵軼兩淮震驚江浙則平生報國之志反成誤國之罪衆皆感動思奮曰惟太尉命錡募得曹成等二人諭之曰遣汝作間事捷重賞第如我言敵必不汝殺今置汝綽路騎中汝遇敵則佯墜馬為敵所得敵帥問我何如人則曰太平邊帥子喜聲伎朝廷以兩國講好使守東京圖逸樂耳已而二人果遇敵被執兀朮問之對如前兀朮喜曰此城易破耳即置鵝車砲具不用翌日錡登城望見二人遠來縋而上之乃敵械成等歸以文書一卷繫于械錡懼惑軍心立焚之

兀朮至城下責諸將喪師衆皆曰南朝用兵非昔之比元帥臨城自見錡遣耿訓以書約戰兀朮怒曰劉錡何敢與我戰以吾力破爾城直用靴尖趯倒耳訓曰太尉非但請與太子戰且謂太子必不敢濟河願獻浮橋五所濟而大戰兀朮曰諾乃下令明日府治會食遲明錡果為五浮橋於潁河上敵由之以濟錡遣人毒潁上流及草中戒軍士雖渴死毋得飲于河者飲夷其族敵用長勝軍嚴陣以待諸酋各居一部衆請先擊韓將軍錡曰擊韓雖退兀朮精兵尚不可當法當先擊兀朮兀朮一動則餘無能為矣時天大

暑敵遠來疲敝錡士氣閒暇敵晝夜不解甲錡軍皆番休更食羊馬垣下敵人馬饑渴食水草者輒病往往困乏方晨氣清涼錡按兵不動逮未申間敵力疲氣索忽遣數百人出西門接戰俄以數千人出南門戒令勿喊但以鋭斧犯之統制官趙撙韓直身中數矢戰不肯已士殊死鬭入其陣刀斧亂下敵大敗是夕大雨平地水深尺餘乙卯兀朮拔營北去錡遣兵追之死者萬數方大戰時兀朮被白袍乘甲馬以牙兵三千督戰兵皆重鎧甲號鐵浮圖戴鐵兜牟周匝綴長簷三人為伍貫以韋索每進一步即用拒馬擁

之人進一步拒馬亦進退不可卻官軍以槍標去其兜牟大斧斷其臂碎其首敵又以鐵騎分左右翼號拐子馬皆女真為之號長勝軍專以攻堅戰酣然後用之自用兵以來所向無前至是亦為錡軍所殺戰自辰至申敵敗遽以拒馬木障之少休城上鼓聲不絕乃出飯羹坐餉戰士如平時敵披靡不敢近食已撤拒馬木深入斫敵又大破之棄屍斃馬血肉枕藉車旗器甲積如山阜初有河北軍告官軍曰我輩元是左護軍本無鬭志所可殺者兩翼拐子馬爾故錡兵力擊之兀朮平日恃以為強者什損七八至陳

州數諸將之罪韓常以下皆鞭之乃自擁衆還汴捷聞帝喜甚授錡武泰軍節度使侍衛馬軍都虞候知順昌府沿淮制置使是役也錡兵不盈二萬出戰僅五千人金兵數十萬營西北亘十五里每暮鼓聲震山谷然營中讙譁終夜有聲金遣人近城竊聽城中肅然無雞犬聲兀朮帳前甲兵環列持燭照夜其衆分番假寐馬上錡以逸待勞以故輒勝時洪皓在燕密奏順昌之捷金人震恐喪魄燕之重寶珍器悉徙而北意欲捐燕以南棄之故議者謂是時諸將協心分路追討則兀朮可禽汴京可復而王師亟還自失

機會良可惜也七月命為淮北宣撫判官副楊沂中破敵兵於太康縣未幾秦檜請令沂中還師鎮江錡還太平州岳飛以兵赴行在出師之謀寢矣十一年兀朮復簽兩河兵謀再舉帝亦測知敵情必不一挫遂已乃詔大合兵于淮西以待之金人攻廬和二州錡自太平渡江抵廬州與張俊楊沂中會而敵已大入錡據東關之險以遏其衝引兵出清溪兩戰皆勝行至柘皐與金人夾石梁河而陣河通巢湖廣二丈錡命曳薪疊橋須臾而成遣甲士數隊路橋臥槍而坐會沂中王德田師中張子蓋之軍俱至翌日兀朮

以鐵騎十萬分為兩隅夾道而陣德薄其右隅引弓射一酋斃之因大呼馳擊諸軍鼓譟金人以拐子馬兩翼而進德率衆鏖戰沂中以萬兵各持長斧奮擊之敵大敗錡與德等追之又敗於東山敵望見曰此順昌旗幟也即退走錡駐和州得旨乃引兵渡江歸太平州時並命三帥不相節制諸軍進退多出於張俊而錡以順昌之捷驟貴諸將多嫉之俊與沂中為腹心而與錡有隙故柘皐之賞錡軍獨不與居數日議班師而濠州告急俊與沂中錡趨黃連埠援之距濠六十里而南城已陷沂中欲進戰錡謂俊曰本救

濠今濠已失不如退師據險徐為後圖諸將曰善三
帥鼎足而營或言敵兵已去錡又謂曰敵得城而遽
退必有謀也宜嚴備之俊不從命沂中與德將神勇
步騎六萬人直趨濠州果遇伏敗還遲明錡軍至藕
塘則沂中軍已入滁州俊軍已入宣化錡軍方食俊
遽至曰敵兵已近奈何錡曰楊宣撫兵安在俊曰已
失利還矣錡語俊無恐錡請以步卒禦敵宣撫試觀
之錡麾下皆曰兩大帥軍已渡我軍何苦獨戰錡曰
順昌孤城旁無赤子之助吾提兵不滿二萬猶足取
勝況今得地利又有銳兵邪遂設三覆以待之俄而

俊至曰諜者妄也乃戚方殿後之軍爾錡與俊益不
相下一夕俊軍士縱火劫錡軍錡擒十六人梟首槊
上餘皆逸錡見俊俊怒謂錡曰我為宣撫爾乃判官
何得斬吾軍錡曰不知宣撫軍但斬劫砦賊爾俊曰有
卒歸言未嘗劫砦呼一人出對錡正色曰錡為國家
將帥有罪宣撫當言于朝豈得與卒伍對事長揖上
馬去已皆班師俊沂中還朝每言岳飛不赴援而錡
戰不力秦檜主其說遂罷宣撫判官命知荊南府岳
飛奏留錡掌兵不許詔以武泰之節提舉江州太平
觀錡鎮荊南凡六年軍民安之魏良臣言錡名將不

當久閑乃命知潭州加太尉復帥荊南府江陵縣東
有黃潭建炎間有司決水入江以禦盜由是夏秋漲
溢荊衡間皆被水患錡始命塞之斥膏腴田數千畝
流民自占者幾千戶詔錡遇大禮許奏文資仍以其
姪汜為江東路兵馬副都監三十一年金主亮調軍
六十萬自將南來彌望數十里不斷如銀壁中外大
震時宿將無在者乃以錡為江淮浙西制置使節制
逐路軍馬八月錡引兵屯揚州建大將旗鼓軍容甚
肅觀者歎息以兵駐清河口金人以氈裹船載糧而
來錡使善沒者鑿沉其舟錡自楚州退軍召伯鎮金

人攻真州錡引兵還揚州帥劉澤以城不可守請退
軍瓜州金萬戶高景山攻揚州錡遣員琦拒于皁角
林陷圍力戰林中伏發大敗之斬景山俘數百人捷
奏賜金五百兩銀七萬兩以犒師先是金人議留精
兵在淮東以禦錡而以重兵入淮西大將王權不從
錡節制不戰而潰自清河口退師揚州以舟渡真揚
之民于江之南留兵屯瓜洲錡病求解兵柄留其姪
汜以千五百人塞瓜洲渡又令李横以八千人固守
詔錡專防江錡遂還鎮江十一月金人攻瓜洲汜以
克敵弓射却之時知樞密院事葉義問督師江淮至

鎮江見錡病劇以李横權錡軍義問督鎮江兵渡江衆皆以為不可義問強之汜固請出戰錡不從汜拜家廟而行金人以重兵逼瓜洲分兵東出江皐逆趨瓜洲汜先退横以孤軍不能當亦却失其都統制印左軍統制魏友後軍統制王方死之横汜僅以身免方諸軍渡江而北也錡使人持黄白幟登高山望之戒之曰賊至舉白幟合戰舉二幟勝則舉黄幟是日二幟舉踰時錡曰黄幟久不舉吾軍殆矣錡憤懣病益甚都督府參賛軍事虞允文自采石來督舟師與金人戰允文過鎮江謁錡問疾錡執允文手曰疾何必問朝廷養兵三十年一技不施而大功乃出一儒生我輩愧死矣召詣闕提舉萬壽觀錡假都亭驛居之金之聘使將至留守湯思退除館以待遣黄衣諭錡徙居别試院錡疑汜累己常懼有後命三十二年閏二月錡發怒嘔血數升而卒贈開府儀同三司賜其家銀三百兩帛三百匹後謚武穆錡慷慨深毅有儒將風金主亮之南也下令有敢言錡姓名者罪不赦校舉南朝諸將問其下孰敢當者皆隨姓名其荅如響至錡莫有應者金主曰吾自當之然錡卒以病不能成功世傳錡通陰陽家行師所避就錡在揚州命盡焚城外居屋用石灰盡白城壁書曰完顔亮死於此金主多忌見而惡之遂居龜山人衆不可容以致是變云

吳玠字晉卿德順軍隴干人父扆永洛城因徙焉少沉毅有志節知兵善騎射讀書能通大義未冠以良家子隷涇原軍政和中夏人犯邊以功補進義副尉稍擢隊將從討方臘破之及擊河北群盜累功權涇原第十將靖康初夏人攻懷德軍玠以百餘騎追擊斬首百四十級擢第二副將建炎二年春金人渡河出大慶關畧秦雍諜趨涇原都統制曲端守麻務鎮命玠為前鋒進據青溪嶺逆擊大破之追奔三十里金人始有懼意權涇原路兵馬都監兼知懷德軍金人攻延安府經略使王庶召曲端進兵端駐邠州不赴且曰不如蕩其巢穴攻其必救端遂攻蒲城命玠攻華州拔之三年冬劇賊史斌寇漢中不克引兵欲取長安曲端命玠擊斬之遷忠州刺史宣撫處置使張浚巡關陝參議軍事劉子羽誦玠兄弟才勇浚與玠語大悦即授統制弟璘掌帳前親兵四年春升涇原路馬步軍副總管金帥婁宿與撒離喝長驅入關端遣玠拒于彭原店而擁兵邠州為援金兵來攻玠

擊敗之撒離喝懼而泣金軍中目為啼哭郎君金人整軍復戰玠軍敗績端退屯涇原劾玠違節度降武顯大夫罷總管復知懷德軍張浚惜玠才尋以為秦鳳副總管兼知鳳翔府時兵火之餘玠勞來安集民賴以生轉忠州防禦使九月浚合五路兵欲與金人決戰玠言宜各守要害須其弊而乘之及次富平都統制又會諸將議戰玠曰兵以利動今地勢不利未見其可宜擇高阜據之使不可勝諸將皆曰我衆彼寡又前阻葦澤敵有騎不得施何用他徙已而敵驟至輿柴囊土藉淖平行進薄玠營軍遂大潰五路皆

陷巴蜀大震玠收散卒保散關東和尚原積粟繕兵列柵為死守計或謂玠宜退屯漢中扼蜀口以安人心玠曰我保此敵決不敢越我而進堅壁臨之彼懼吾躡其後是所以保蜀也玠在原上鳳翔民感其遺惠相與夜輸芻粟助之玠償以銀帛民益喜輸者益多金人怒伏兵渭河邀殺之且令保伍連坐民冒禁如故數年然後止紹興元年金將沒立自鳳翔別將烏魯折合自階成出散關約日會和尚原烏魯折合先期至陣北山索戰玠命諸將堅陣待之更戰迭休山谷路狹多石馬不能行金人舍馬步戰大敗移砦

黃牛會大風雨雹遂遁沒立方攻箭筈關玠復遣將擊退之兩軍終不得合始金人之入也玠與璘以散卒數千駐原上朝問隔絕人無固志有謀劫玠兄弟北去者玠知之召諸將歃血盟勉以忠義將士皆感泣願為用張浚錄其功承制拜明州觀察使居母喪起復兼陝西諸路都統制金人自起海角狃常勝及與玠戰輒北憤甚謀必取玠婁宿死兀朮會諸道兵十餘萬造浮梁跨渭自寶雞結連珠營壘石為城夾澗與官軍拒十月攻和尚原玠命諸將選勁弓強弩分番迭射號駐隊矢連發不絕繁如雨注敵稍却則

以奇兵旁擊絕其糧道度其困且走設伏於神坌以待金兵至伏發衆大亂縱兵夜擊大敗之兀朮中流矢僅以身免張浚承制以玠為鎮西軍節度使璘為涇原路馬步軍副總管兀朮既敗遂自河東歸燕山復以撒離喝為陝西經略使屯鳳翔與玠相持二年命玠兼宣撫處置使司都統制節制興文龍三州金久窺蜀以璘駐兵和尚原扼其衝不得逞將出奇取之時玠在河池金人用叛將李彥琪駐秦州睨仙人關以綴玠復令游騎出熙河以綴關師古撒離喝自商於直擣上津三年正月取金州二月長驅趨洋漢

興元守臣劉子羽急命田晟守饒風關以驛書招玠
入援玠自河池日夜馳三百里以黃柑遺敵曰大軍
遠來聊用止渴撒離喝大驚以杖擊地曰爾來何速
耶遂大戰饒風嶺金人被重鎧登山仰攻一人先登
則二人擁後先者既死後者代攻玠軍弓弩亂發大
石摧壓如是者六晝夜死者山積而敵不退募敢死
士人千銀得士五千將夾攻會玠小校有得罪奔金
者導以祖溪間路出關背乘高以闞饒風諸軍不支
遂潰玠退保西縣敵入興元劉子羽退保三泉築潭
毒山以自固玠走三泉會之未幾金人北歸玠急遣

兵邀于武休關掩擊其後軍墮澗死者以千計盡棄
輜重去金人始謀本謂玠在西邊故道險東來不虞
玠馳至雖入三郡而失不償得進玠檢校少保充利
州路階成鳳州制置使四年二月敵復大入攻仙人
關先是璘在和尚原餉饋不繼玠又謂其地去蜀遠
命璘棄之經營仙人關右殺金平剏築一壘移原兵
守之至是兀朮撒離喝及劉夔率十萬騎入侵自鐵
山鑿崖開道循嶺東下玠以萬人當其衝璘率輕兵
由七方關倍道而至與金兵轉戰七晝夜始得與玠
合敵首攻玠營玠擊走之又以雲梯攻壘壁楊政以

撞竿碎其梯以長矛刺之璘拔刀畫地謂諸將曰死
則死此退者斬金分軍為二兀朮陣于東韓常陣于
西璘率銳卒介其間左縈右繞隨機而發戰久璘軍
少憊急屯第二隘金生兵踵至人被重鎧鐵鉤相連
魚貫而上璘以駐隊矢迭射矢下如雨死者層積敵
踐而登撒離喝駐馬四視曰吾得之矣翌日命攻西
北樓姚仲登樓酣戰樓傾以帛為繩挽之復正金人
用火攻樓以酒缶撲滅之玠急遣統領田晟以長刀
大斧左右擊明炬四山震鼓動地明日大出兵統領
王喜王武率銳士分紫白旗入金營金陣亂奮擊射

韓常中左目金人始宵遁玠遣統制官張彥劫橫山
砦王俊伏河池扼歸路又敗之以郭震戰不力斬之
是役也金自元帥以下皆携孥來劉夔乃豫之腹心
本謂蜀可圖既不得逞度玠終不可犯則還據鳳翔
授甲士田為久留計自是不妄動捷聞授玠川陝宣
撫副使四月復鳳秦隴三州七月錄仙人關功拜檢
校少師奉寧保定軍節度使璘自防禦使升定國軍
承宣使楊政以下遷秩有差六年兼營田大使易保
平靜難節七年遣裨將馬希仲攻熙州敗績又失鞏
州玠斬之玠與敵對壘且十年常苦遠餉勞民屢汰

冗員節浮費益治屯田歲收至十萬斛又調戍兵命梁洋守將治褒城廢堰民知灌溉可恃願歸業者數萬家九年金人請和帝以玠功高授特進開府儀同三司遷四川宣撫使陝西階成等州皆聽節制遣內侍奉親札以賜至則玠病已甚扶掖聽命帝聞而憂之命守臣就蜀求善醫且飭國工馳視未至玠卒於仙人關年四十七贈少師賜錢三十萬玠善讀史凡往事可師者錄寘座右積久牆牖皆格言也用兵本孫吳務遠畧不求小近利故能保必勝御下嚴而有恩虛心詢受雖身為大將卒伍至下者得以情達故

士樂為之死選用將佐視勞能為高下先後不以親故權貴撓之玠死胡世將問玠所以制勝者璘曰璘從先兄有事西夏每戰不過一進卻之頃勝負輒分至金人則更進迭退忍耐堅久令酷而下必死每戰非累日不決勝不遽追敗不至亂蓋自昔用兵所未嘗見與之角逐滋久乃得其情蓋金人弓矢不若中國之勁利中國士卒不及金人之堅耐吾常以長技洞重甲於數百步外則其衝突固不能相及於是選據形便出銳卒更迭撓之與之為無窮使不得休暇以沮其堅忍之勢至決機於兩陣之間則璘有不能

言者晚節頗多嗜欲使人漁色於成都喜餌丹石故得咯血疾以死方富平之敗秦鳳皆陷金人一意睨蜀東南之勢亦棘微玠身當其衝無蜀久矣故西人至今思之謚武安作廟于仙人關號思烈湻熙中追封涪王子五人拱扶撝擴揔拱亦握兵云

吳璘字唐卿玠弟也少好騎射從玠攻戰積功至閤門宣贊舍人紹興元年箭筈關之戰斷沒立與烏魯折合兵使不得合金人遁璘功居多超遷統制和尚原[illegible]軍馬於是玠駐師河池璘專守原及兀朮大入玠兄弟以死守之敵陣分合三十餘璘隨機而應至神

坌伏發金兵大敗兀朮中流矢遁張浚承制以璘為涇原路馬步軍副都總管升康州團練使三年遷榮州防禦使知秦州節制階文是歲玠敗於祖溪嶺時璘猶在和尚原玠命璘棄原別營仙人關以防金人深入四年兀朮撒離喝果以大兵十萬至關下璘自武階路入援先以書抵玠謂殺金平地闊遠前陣散漫須後陣阻隘然後可以必勝玠從之急修第二隘璘冒圍轉戰會於仙人關敵果極力攻第二隘諸將有請別擇形勝以守者璘奮曰兵方交而退是不戰而走也吾度此敵去不久矣諸君第忍之震鼓易幟

血戰連日金兵大敗二酋自是不敢窺蜀者數年露
布獻捷遷定國軍承宣使熙河蘭廓路經略安撫使
知熙州六年新置行營兩護軍璘為左護軍統制九
年升都統制尋除秦鳳路經畧安撫使知秦州玠卒
授璘神龍衛四廂都指揮使時金人廢劉豫歸河南
陝西地樓炤使陝以便宜欲命三帥分陝而守以郭
浩帥鄜延楊政帥熙河璘帥秦鳳欲盡移川口諸軍
於陝西璘曰金人反覆難信懼有他變今我移軍陝
右蜀口空虛敵若自南山要我陝右軍直擣蜀口我
不戰自屈矣當且依山為屯控其要害遲其情見力

疲漸圖進據炤從之命璘與楊政兩軍屯內地保蜀
郭浩一軍屯延安以守陝既而胡世將以四川制置
權宣撫司事至河池璘見之曰金大兵屯河中府止
隔大慶一橋爾騎兵疾馳不五日至川口吾軍遠在
陝西緩急不可追集關隘不葺糧運斷絕此存亡之
秋也璘家族固不足恤如國事何時朝廷恃和忘戰
欲廢仙人關於是世將抗奏謂當外固歡和內修守
禦今日分兵當使陝蜀相接近兵宮賀仔謀知撤離
喝寄謀曰要入蜀不難棄陝西不顧三五歲南兵必
來主之道路吾已熟知一發取蜀必矣敵情如是萬

一果然則我當為伐謀之備仙人關未宜遽廢魚關
倉亦宜積糧於是璘僅以牙校三隊赴秦州留大軍
守階成山砦戒諸將毋得撤備世將尋真除宣撫置
司河池十年金人敗盟詔璘節制陝西諸路軍馬撤
離喝渡河入長安趨鳳翔陝右諸軍隔在敵後遠近
震恐時楊政在鞏郭浩在鄜延惟璘隨世將在河池
世將急召諸將議惟涇原帥田晟與楊政同至衆謀
官孫渥謂河池不可守欲退保仙人原璘厲聲折之
曰儒語沮軍可斬也璘請以百口保破敵世將壯之
指所居帳曰世將誓死於此乃遣渥之涇原命田晟

以三千人迎敵璘又遣姚仲拒于石壁砦敗之詔同
節制陝西諸路軍馬璘以書遺金將約戰金鶻眼郎
君以三千騎衝璘軍璘使李師顏以驍騎擊走之鶻
眼入扶風復攻拔之獲三將及女真百十有七人撤
離喝怒甚自戰百通坊列陣二十里璘遣姚仲力戰
破之授鎮西軍節度使升侍衛步軍都虞候十一年
與金統軍胡盞戰剡家灣敗之復秦州及陝右諸郡
初胡盞與習不祝合軍五萬屯劉家圈璘請討之世
將問策安出璘曰有新立疊陣法每戰以長槍居前
坐不得起次最強弓次強弩跪膝以俟次神臂弓約

賊相搏至百步內則神臂先發七十步強弓併發次陣如之凡陣以拒馬為限鐵鉤相連俟其傷則更代之遇更代則以鼓為節騎兩翼以蔽於前陣成而騎退謂之疊陣諸將始猶竊議曰吾軍其殲於此乎璘曰此古束伍令也軍法有之諸君不識爾得車戰餘意無出於此戰士心定則能持滿敵雖銳不能當也及與二酋遇遂用之二酋老於兵據險自固前臨峻嶺後控臘家城謂我必不敢輕犯先一日璘會諸將問所以攻姚仲曰戰于山上則勝山下則敗璘以為然乃告敵請戰敵笑之璘夜半遣仲及王彥銜枚截

坡約二將上嶺而後發火二將至嶺寂無人聲軍已畢列萬炬齊發敵駭愕曰吾事敗矣習不祝善謀胡盞善戰二酋異議璘先以兵挑之胡盞果出鏖戰璘以疊陣法更休迭戰輕裘駐馬麾之士殊死鬪金人大敗降者萬人胡盞走保臘家城璘圍而攻之城垂破朝廷以驛書詔璘班師世將浩歎而已明年竟割和尚原以與敵撤戍割地皆秦檜主之也十二年入覲拜檢校少師階成岷鳳四州經略使賜漢中田五十頃十四年朝議析利州路為東西路以璘為西路安撫使治興州階成和鳳文龍興七州隸焉時和

議方堅而璘治軍經武常如敵至十七年徙奉國軍節度使改行營右護軍為御前諸軍都統制安撫使如故二十一年以守邊安靜拜少保二十六年領興州駐劄御前諸軍都統制職事改判興州渡江以來未有使相為都統制者時璘已為開府儀同三司故改命之三十一年金主亮叛盟拜四川宣撫使秋亮渡淮遣合喜為西元帥以兵扼大散關遊騎攻黃牛堡璘即肩輿上殺金平駐軍青野原益調內郡兵分道而進授以方略制置使王剛中來會璘計事璘尋移檄契丹西夏及山東河北聲金人罪以致討未幾

兼陝西河東招討使璘以病還興州總領王之望馳書告執政謂璘多病猝有緩急蜀勢必危請移璘姪京襄帥拱歸蜀以助西師凡五書未報璘已力疾復上仙人關三十二年璘遣姚仲取鞏王彥屯商虢陝華惠逢取熙河或久攻不下或既得復失竟無成功金人據大散關六十餘日相持不能破仲舍鞏攻德順已踰四旬璘以知夔州李師顏代之遣子挺節制軍馬挺與敵戰於瓦亭敗之璘自將至城下守陴者聞呼相公來觀望咨嗟矢不忍發璘按行諸屯預治黃河戰地斬不用命者先以數百騎嘗敵敵一鳴鼓

銳士空壁躍出突璘軍璘軍得先治地無不一當十至暮璘忽傳呼其將戰不力人益奮搏敵大敗遁入壁黎明師再出敵堅壁不動會天大風雷金人拔營去凡八日而克璘入城市不改肆父老擁馬迎拜不絕璘尋還河池四月原州受圍璘命姚仲以德順之兵往援璘自趨鳳翔視師諸將雖力戰敵攻益急增兵至七萬五月仲與敵戰于原州之北嶺仲敗績初仲自德順至原由九龍泉上北嶺令諸軍持滿引行以盧士敏兵為前陣所統軍六千為四陣姚志兵為後拒隨地便利以列與敵鏖戰開合數十會輜重隊隨陣亂行敵兵衝之軍遂大潰失將三十餘人始璘出師王之望嘗言此行士卒銳氣不及前時仲年來數奇不可委以要地及仲至原璘亦貽仲書謂原圍未即解且還德順書未達而仲敗璘亦無功還尋奪仲兵欲斬之或勸而止械繫河池獄孝宗受禪賜璘札命兼陝西河東路宣撫招討使璘策金人必再爭德順亟馳赴城下而完顏悉烈等兵十餘萬果來攻萬戶谿谿復領精兵自鳳翔繼至璘築堡東山以守敵極力爭之殺傷太半終不能克時議者以為兵宿於外去川口遠恐敵襲之欲棄三路遂詔璘退師敵

乘其後璘將士死亡者甚眾三路復為敵有拜少傅隆興二年冬金人侵岷州璘提兵至祁山金人聞之退師遣使來告曰兩國已講和矣會詔至俱解去洮介為四川安撫制置使與璘議不協兵部侍郎胡銓上書語頗及璘璘抗章請朝上親札報可未半道請罷宣撫使及致仕皆不允乾道元年詔闕遣中使勞問召對便殿許朝德壽宮高宗見璘歎曰朕與卿老君臣也可數入見璘頓首謝兩宮存勞之使相踵又命皇子入謁拜太傅封新安郡王越數日詔仍領宣撫使改判興元府及還鎮兩宮宴餞甚寵璘入辭德壽宮泣下高宗亦為之悵然解所佩刀賜之曰異時思朕視此可矣璘至漢中修復褒城古堰溉田數千頃民甚便之三年卒年六十六贈太師追封信王上震悼輟視朝兩日賻贈加等高宗復賜銀千兩初璘病篤呼幕客草遺表命直書其事曰願陛下毋棄四川毋輕出兵不及家事人稱其忠璘剛勇喜大節略苛細讀史曉大義代兄為將守蜀餘二十年隱然為方面之重威名亞於玠高宗嘗問勝敵之術璘曰弱者出戰強者繼之高宗曰此孫臏三駟之法一敗而二勝也嘗著兵法二篇大略謂金人有四長我有四

短當反我之短制彼之長四長曰騎兵曰堅忍曰重甲曰弓矢吾集蕃漢所長兼收而並用之以分隊制其騎兵以番休迭戰制其堅忍制其重甲則勁弓強弩制其弓矢則以遠尅近以強制弱布陣之法則以步軍為陣心左右翼以馬軍為左右肋拒馬布兩肋之間至帖撥增損之不同則係乎臨機知兵者取焉王剛中嘗談劉錡之美璘曰信叔有雅量無英槩天下雷同譽之恐不能當逆亮璘竊憂之剛中不以為然錡果無功以憂憤卒璘選諸將率以功有薦才者璘曰兵官非嘗試難知其才以小善進之則僥倖者

獲志而邊人宿將之心怠矣子挺

挺字仲烈以門功補官從璘為中郎將部西兵詣行在高宗問西邊形勢兵力與戰守之宜挺占對稱旨超授右武郎浙西都監兼御前祗候賜金帶尋差利路鈐轄改利州東路前軍同統制繼改西路紹興三十一年金人渝盟璘以宣撫使總三路兵禦之挺領自力軍前璘以為中軍統制王師既復秦州金將合喜孛堇介叛將張中彥以兵來爭挺破其治平砦已而南市城賊亦犄角為援轉戰竟日挺令前軍統制梅彥慶衆直擣城門衆弗喻彥亦懼力不敵挺督之

彥出兵殊死戰挺率背嵬騎盡易黃旗繞出敵後憑高突之敵譁曰黃旗兒至矣遂驚敗挺不自為功狀彥第一士頗多之璘亦引嫌併匿其功擢榮州刺史尋拜熙河經略安撫使明年挺被檄與都統制姚仲率東西路兵攻德順金左都監空平涼之衆以援合喜又遣精兵數萬自鳳翔來會仲駐軍六盤挺獨趨瓦亭身冒矢石衆從之金人捨騎操短兵奮鬬挺遣別將盡奪其馬金衆遂潰挺勒兵追之禽千戶耶律九斤孛堇等百三十七人金人懲前衄悉兵趨德順璘自秦州來督師先壁於險且治夾河戰地金人果

大至挺誘致之至所治戰地盛兵饜之敵不能支一夕遁去鞏州久不下挺以選鋒至城下諸將咸曰西北坡陁地易攻若分兵各當一面宜得利挺曰西北雖卑而土堅東南並河多沙礫善圮且兵分則少以少當堅城可得而下乎乃命悉衆擊東南陬不二日樓櫓俱盡夜半其將雷千戶約降黎明城破以功授團練使又以瓦亭功授郢州防禦使孝宗即位加璘兼陝西河東路招討宣撫使璘慮敵必再爭德順至自河池金人果合兵十餘萬列柵以拒有大酋引騎數千睨東山璘命挺領騎迎擊却之遂據東山築堡

以守敵不能爭乃益修攻具為大車匿戰士其中將填隍而進挺命掄大木植中道車至不得前拜武昌軍承宣使尋加龍神衛四廂都指揮使熙河路經略安撫使中軍統制時年二十五會朝廷主議和詔西師解嚴父子遂旋軍乾道元年升本軍都統制三年以父命入奏拜侍衛親步軍指揮使節制興州軍馬璘卒起復金州都統金房開達安撫使改利州東路總管挺力求終喪服除召為左衛上將軍朝廷方議置神武中軍五千人以屬御前命挺為都統制挺力陳不當輕變祖宗法事遂寢拜主管侍衛步軍司公事

挺每燕見從容嘗論兩淮形勢曠漫備多力分宜擇勝地扼以重兵敵仰攻則不克越西南又不敢我以全力乘其弊蔑不濟者帝頗嘉納淳熙元年改興州都統拜定江軍節度使初軍中自置互市於宕昌以來羌馬西路騎兵遂雄天下自張松典榷牧奏絕軍中互市自以馬給之所得多下駟挺至首陳利害以聞乞歲市五百匹詔許七百匹始武興所部就餉諸郡漫不相屬挺奏以十軍為名自北邊至武興列五軍曰踏白摧鋒選鋒策選鋒遊奕武興以西至縣為左右後三軍而駐武興者前軍中軍營部於是始井井然四年入覲除知興州利州西路安撫使密修阜郊堡增二堡繕戎器儲予兩軍敵終不覺十年冬特加檢校少保成州西和歲大侵挺力為振恤諭總賦者分軍儲以佐之全活殆數千萬蜀自諸軍宿師凡廩賜官率糴三之一視價高下給之名曰折估隨所屯地相為乘除歲久屯他徙廩賜不易舊至有同部伍而廩相倍蓰者挺哀為中制上之光宗即位御筆獎勞而西和階成鳳文龍六州器械弗繕挺節冗費庀工徒悉葺為之御軍雖嚴而能時其緩急士以不困郡東北有二谷水挺作二隄以捍之紹興二年水

暴發入城挺既振被水者復增築長隄民賴以安詔問備邊急務即建增儲之策由是糧糗不乏四年春以疾乞致仕詔加太尉卒年五十六贈少師開府儀同三司挺少起勳閥弗居其貴禮賢下士雖遇小官賤吏不敢怠忽拊循將士人人有恩璘故部曲拜於庭下輒降答之即失律誅治無少貸璘嘗對孝宗言諸子中惟挺可任孝宗亦曰挺是朕千百人中選者歲時問勞不絕被遇尤深厚光宗賜內府珍奇以示殊禮子五人曦其次也曦仕至太尉昭信軍節度使以叛誅見別傳

論曰劉錡神機武畧出奇制勝順昌之捷威震敵國雖韓信泜上之軍無以過焉或謂其英槩不足雅量有餘豈其然乎吳玠與弟璘智勇忠實戮力協心據險抗敵卒保全蜀以功名終盛哉挺累從征討功效甚著有父風矣然玠晚頗荒淫璘多喪敗豈狃于常勝驕心侈歟抑三世為將釀成逆曦之變覆其宗祀蓋有由焉

列傳卷第一百二十五

列傳卷第一百二十六　宋史三百六十七

開府儀同三司上柱國錄軍國重事前中書右丞相監修國史領經筵事都總裁脫脫等奉勑修

李顯忠　楊存中　郭浩　楊政

李顯忠綏德軍青澗人也初名世輔南歸賜名顯忠由唐以來世襲蘇尾九族巡檢初其母當產數日不能免有僧過門曰所孕乃奇男子當以劍矢寘母旁即生已而果生顯忠立於蓐咸異之年十七投效用隨父永奇出入行陣金人犯鄜延經略王庶命永奇募間者得張琦更求一人顯忠請行永奇曰汝未涉歷行必累琦顯忠曰顯忠年小膽氣不小必不累琦當與琦俱有敵人夜宿陶宂顯忠縋宂中得十七人皆殺之取首二級馬二匹餘馬悉折其足庶大奇之補承信郎充隊將由是始知名轉武翼郎充副將金人陷延安授顯忠父子官永奇聚泣曰我宋臣也世襲國恩乃為彼用邪會劉豫令顯忠帥馬軍赴東京永奇密戒之曰汝若得乘機即歸本朝無以我故貳其志事成我亦不朽矣顯忠至東京劉麟喜之授南路鈐轄乃密遣其客雷燦以蠟書赴行在已而豫廢兀朮以萬騎馳獵淮上與顯忠獨立馬圍場間顯忠

戒吳俊往探淮水可度馬處欲執兀朮歸朝俊還顯忠馳問之為竹刺傷馬而止兀朮授顯忠承宣使知同州顯忠至鄜省侍永奇教顯忠曰同州入南山乃金人往来驛路汝可於此擒其酋渡洛渭由商虢歸朝第報我知我當以兵取延安而歸顯忠赴同州即遣黄士成等持書由蜀至吳報歸朝事元帥撒里曷来同州顯忠以計執之馳出城至洛河舟船後期不得渡與追騎屢戰皆勝顯忠憇高原望追騎益多乃與撒里曷折箭▇為誓不得殺同州人不得害我骨肉皆許之遂推之下山崖追兵争救得免顯忠携老幼

長驅而北至鄜城縣急遣人告永奇永奇即挈家出城至馬趐谷口為金人所及家屬二百口皆遇害是日天昏大雪延安人聞之皆泣下顯忠僅以二十六人奔夏國夏人問故顯忠泣具言父母妻子之亡切齒疾首恨不即死願得二十萬人生擒撒里曷取陝西五路歸于夏顯忠亦得報不共戴天之讐夏主曰爾能為立功則不靳借兵時有酋豪號青面夜义者久為夏國患乃令顯忠圖之請三千騎晝夜疾馳奄至其帳擒之以歸夏主大悅即出二十萬騎以文臣王樞武▇臣㖡訛為陝西招撫使顯忠為延安招撫使時紹

興九年二月十四日也顯忠引兵至延安總管趙惟清大呼曰鄜延路今復歸宋矣已有赦書顯忠與官吏觀赦書列拜顯忠大哭衆皆哭百姓哭聲不絕乃以舊部八百餘騎往見王樞㖡訛諭之曰顯忠已得延安府見講和赦書招撫可以本部軍歸國㖡訛不從曰初經略乞兵来取陝西今既到此乃令我歸耶顯忠知勢不可乃出刀斫㖡訛不及擒王樞縛之夏人以鐵鷂子軍来顯忠以所部拒之馳揮雙刀所向披靡夏兵大潰殺死蹂踐無慮萬人獲馬四萬疋顯忠揭榜招兵以紹興九年為文書每得一人予馬一

匹旬日間得萬人皆驍勇少壯又擒害其父母弟姪者皆斬于東城之内行至鄜州已有馬步軍四百餘撒里曷在耀州聞顯忠来一夕遁去四州宣撫吳玠遣張振来撫諭云兩國見議和好不可生事可量引軍赴行在遂至河池縣見玠玠撫之曰忠義歸朝惟君第 從行使臣崔皐等六百餘人列拜庭下玠又撫之犒以銀絹詣行府受告勑金帶除指揮使承宣使至行在高宗撫勞再三賜名加賚又賜田鎮江以崔皐輩充將佐兀朮犯河南命顯忠為招撫司前軍都統制與李貴同破靈壁縣兀朮犯合肥手詔以軍與

張俊會顯忠至孔城鎮與敵戰敗之兀朮謂韓常曰李世輔歸宋不曾立功此人敢勇宜且避之乃焚廬江而走顯忠欲追之與死戰俊以奉旨監護悉失顯忠遂各以軍還太后至臨安顯忠入覲加保信軍節度使浙東副總管顯忠熟西邊山川險易因上恢復策忤秦檜意金使言顯忠私遣人過界遂降官奉祠台州居住復寧國軍節度使升都統制二十九年金渝盟詔顯忠以本部捍禦遣統制官韋永壽等以二百騎至安豐軍與金將小韓將軍兵五千人戰于大人洲敗之俄又增兵萬餘來顯忠率騎軍出自旦至

午氣百倍以大刀斫敵陣敵不能支殺獲甚衆掩入淮者不可計金主亮犯淮西朝廷命王權拒于合肥權退保和州又棄軍渡江和州失守金主親統細軍駐和之鷄籠山將濟采石朝廷詔以顯忠代權命虞允文趣顯忠交軍軍中大喜於是有采石之捷語在允文傳顯忠退軍沙上得楊存中報車駕至平江可速進兵顯忠選鋭士萬人渡江盡復淮西州郡軍至橫山澗與金射鵰軍戰統制頓遇重傷韋永壽死之敵兵敗走金主亮切責諸將不用命諸將弒之而還是役也顯忠所將一萬九千八百六人行賞有差張振功

為最詔賜顯忠五子金帶授顯忠淮南制置使京畿等處招討使擢太尉寧國軍節度使主管侍衛馬軍司公事赴行在孝宗即位賜田百頃兼權池州駐劄御前諸軍都統制節制軍馬隆興元年兼淮西招撫使時金主褒新立山東河北豪傑蠭起耶律諸種兵數十萬據數郡之地太行山忠義耿京王世隆輩皆欲挈地還于朝金懼亟請和顯忠陰結金統軍蕭琦為內應請出師自宿亳趨汴由汴京以通關陝關陝既通則鄜延一路熟知顯忠威名必皆響應且欲起其舊部曲可得數萬人以取河東時張浚開都督府

四月命顯忠渡江督戰乃自濠梁渡淮至陡溝琦背約用拐子馬來拒與戰敗之琦復背城列陣顯忠躬率將士鏖戰琦敗走遂復靈璧入城宣布德意不戮一人中原歸附者踵接時邵宏淵圍虹縣未下顯忠遣靈璧降卒開諭禍福金貴戚大周仁及蒲察徒穆皆出降宏淵恥功不自己出又有降千戶訴宏淵之卒奪其佩刀顯忠立斬之由是二將益不相能六月兵傳宿州城金人来拒顯忠敗之斬其左翼都統及首虜數千人追奔二十餘里宏淵至謂顯忠曰招撫真關西將軍也顯忠閉營休士為攻城計宏淵等不

從顯忠引麾下楊椿上城開北門不踰時拔其城宏淵等殿後趣之乃始渡濠登城城中巷戰又斬首虜數千人擒八十餘人遂復宿州擧寄居官劉時攝州事捷聞授顯忠開府儀同三司殿前都指揮使妻周氏封國夫人宏淵欲發倉庫犒士卒顯忠不可移軍出城止以見錢犒士士皆不悅金帥孛撒自南京率步騎十萬來晨薄城列大陣顯忠親帥軍遇于城南戰數十合孛撒大敗遂退走統制李福統領李保各以所部退避皆斬以徇翼日敵益兵至顯忠謂宏淵幷力夾擊宏淵按兵不動顯忠獨與所部力戰百

餘合殺左翼都統及千戶萬戶斬首虜五千餘人俄增兵復來逼城顯忠用克敵弓射卻之宏淵顧衆曰當此盛夏搖扇於清涼猶不堪況烈日中被甲苦戰乎人心遂搖無鬭志至夜中軍統制周宏鳴鼓大譟陽謂敵兵至與邵世雍劉侁各以所部兵遁繼而統制左士淵統領李彥孚亦遁顯忠移軍入城殿司前軍統制張訓通馬司統制張師顏池州統制荔澤建康統制張淵各遁去金人乘虛復來攻城顯忠竭力捍禦斬首虜二千餘人積屍與羊馬墻平城東北角敵兵二十餘人已上百餘步顯忠取軍所執斧斫之

敵始退卻顯忠曰若使諸軍相與掎角自城外掩擊則敵兵可盡金帥可擒河南之地指日可復矣宏淵又言金添生兵二十萬來儻我軍不返恐不測生變顯忠知宏淵無固志勢不可孤立歎咤曰天未欲平中原耶何沮撓若此是擧所喪軍資器械殆盡幸而金不復南顯忠以軍還見浚納印待罪責授果州團練副使潭州安置後朝廷知其故移撫州乾道改元乃還會稽復防禦使觀察使浙東副總管賜銀三萬兩絹三萬匹綿一萬兩提擧台州崇道觀召除威武軍節度使左金吾衛上將軍賜第京師上奇其狀貌

魁傑命繪像閣下復太尉乞祠提擧興國宮紹興府居住歲賜米二千石淳熙四年召赴行在提擧萬壽觀奉朝請入見給真奉賜內庫金再葺前所賜第賜之七月卒年六十九贈開府儀同三司謚忠襄

楊存中本名沂中字正甫紹興間賜名存中代州崞縣人祖宗閔永興軍路總管與唐重同守永興金人陷城迎戰死之父震知麟州建寧砦金人來攻亦死於難存中魁梧沈鷙少警敏誦書數百言力能絕人慨然語人曰大丈夫當以武功取富貴焉用俯首為腐儒哉於是學孫吳法善射騎宣和末山東河北群盜

四起存中應募擊賊積功至忠翊郎靖康元年金人
再圍汴京諸道兵勤王存中與張俊田師中從信德
府守臣梁楊祖以萬兵入援俊隷張俊部曲上問將
於俊俊以存中對召見賜袍帶時元帥府草創存中
晝夜巡衛寢幄不頃刻去側帝知其忠謹親信之劇
賊李昱據任城久不克存中以數騎入擊殺數百人
帝乘高望見介冑盡赤意其被重創召視之皆汚賊
血壯之飲以酒曰酹此血漢存中請復往帝止之存
中曰此賊膽碎即成擒矣遂大破之復任城遷閤門
祗候建炎二年討賊徐明于嘉興先登主帥將屠城

存中力諫止之戮其渠魁而已郡賴以全遷榮州刺
史高宗南渡以勝捷軍從張俊守吳門苗劉之變又
從俊赴難遷貴州團練使尋為御前右軍統領金人
攻明州又從俊與田師中趙密殊死戰破之以奇功
遷文州防禦使御前中軍統制紹興元年從俊討李
成諸將議多欲分道進存中曰賊勢如此兵分則力
弱又諸將位均勢敵非招討督之必不相為用俊然
之整軍至豫章存中率兵數千首破賊于玉隆觀追
至筠州賊驍將以衆十萬來援夾河而營存中謂俊
曰彼衆我寡擊之當用奇願以騎見屬公以步兵居

前俊從之存中夜銜枚渡筠河出西山馳下擊賊後
以步兵夾攻俘八千人諸將夜見存中曰戰未休降
卒多忽有變奈何非盡殲之不可存中曰殺降吾不
忍諸將轉告俊竟夜坑之乘勝追至九江成遂遁去
遷宣州觀察使二年春進神武中軍統制宰相呂頤
浩袖敕以授存中俊奏留存中軍中上曰宿衛之帥
朕所選爲不可易也存中亦固辭且謂神武諸帥如
韓世忠張俊皆貴擁旄鉞名望至重如臣幺麽一旦
位與之抗實不自安不許遣中使宣押乃視事兼提
舉宿衛親兵時中軍卒不滿五千疲癃者居半存中

請拘神武卒借出於外者歸軍中由是軍政寖脩三
年嚴州妖賊繆羅據白馬源殺王官存中討平之除
帶御器械加保信軍承宣使權發遣鄜延路馬步軍
副總管六年為龍神衛四廂都指揮使密州觀察使
先是張俊視師謀渡淮以圖劉豫倚韓世忠為用世
忠圍淮陽從浚乞張俊將趙密為助俊拒之趙鼎語
浚曰世忠所欲者趙密爾存中武勇不減於密盍令
存中助之浚請於朝故有是命於是存中以八隊萬
人趨督府助世忠十月存中與劉猊戰于藕塘大破
之猊之初入也淮西宣撫使劉光世欲棄廬州退保

太平賊衆十萬已次濠壽間浚命張俊拒之使存中
往泗州與俊合及至泗則光世已舍廬去浚遣人諭
之曰一人渡江即斬以徇光世不得已還廬駐兵與
存中相應賊先犯定遠縣存中以兵二千襲敗于越
家坊既而與猊兵遇藕塘賊據山列陣矢下如雨存
中急擊之且使統制吴錫以勁騎五千突其陣陣亂
存中鼓大軍乘之自以精騎衝其脅大呼曰破賊矣
賊錯愕駭視前軍統制張宗顏自泗來乘背擊之賊
大敗猊以首抵謀主李愕曰適見髯將軍鋭不可當
果楊殿前也即以數騎遁去餘黨萬人僵立失措存

中躍馬叱之皆怖而降麟在順昌孔彥舟方圍光州
聞之皆拔砦遁去北方大恐所得賊舟數百艘車數
千兩捷聞帝遣中使勞賜謂宰執曰卿輩始知朕得
人也除保成軍節度使殿前都虞候尋兼領馬步帥
存中奏祖宗置三衙鼎列相制今令臣獨總非故事
也不允七年為淮南西路制置使將以撫定酈瓊諸
軍不果行語在王德傳九年還殿前副都指揮使十
年金人叛盟取河南命存中為淮北宣撫副使引兵
至宿州以步軍退屯于泗金人詭令來告敵騎數百
屯柳子鎮存中欲即擊之或以為不可存中不聽留

王滋蕭保以千騎守宿自將五百騎夜襲柳子鎮黎
明不見敵而還金人以精兵伏歸路存中知之遂横
奔而潰參議官曹勛不知存中存亡以聞朝廷震恐
於是有權宜退保之命既而存中自壽春渡淮歸泗
人心始安冬引兵還行在十一年兀朮恥順昌之敗
復謀來侵詔大合兵于淮西以待之於是存中以殿
司兵三萬卒戍淮與金人戰于拓皋敗之時張俊為宣撫
使存中為副使劉錡為判官王德為都統制田師中
張子蓋為統制官金人以拐子馬翼進存中曰敵恃
弓矢吾有以屈之使萬人操長斧如墻而進諸軍鼓

譟奮擊金人大敗退屯紫金山是役也失將士九百
人金人死者以萬計而濠圍猶未解俊與存中錡先
議班師會有云濠路已通者俊謂錡曰吾欲與楊太
尉耀兵淮上安撫濠梁之民取宣化歸金陵楊太尉
則渡瓜州還臨安明日命二帥行諜報金攻濠甚急
倉皇復回邀錡會于黄連埠距濠六十里聞城陷矣
召存中錡謀之錡謂存中何以處此存中曰戰爾相
公與太尉在後存中當居前錡曰本來救濠濠既已失
進無所依人懷歸心勝氣已索此危道也不若退師據
險俟其去為後圖諸將皆曰善鼎足而營遣人俟敵

曰已去矣俊自以為功謂錡毋往命存中與德偕至濠列陣未定煙起城中金人伏騎萬餘分兩翼出存中顧德曰何如德曰德小將焉敢預事存中以策麾軍曰那回諸軍以為令其走也遂散亂南奔無復紀律金人追殺甚衆後一日韓世忠大軍至已無及矣存中乃自宣化渡江歸行在加檢校少保開府儀同三司兼領殿前都指揮使蓋録拓臯之功而揜濠梁之敗也十二年徽宗梓宮攢永固陵命存中都護葬事拜少傅以保傅為管軍自存中始十四年存中請詣太學謁先聖帝曰學校既興武人亦知宗尚如漢

羽林士皆通孝經況其他乎二十年封恭國公二十八年拜少師恩數視樞密使存中以允重地皆有統制官獨荆襄無之請于朝於是荆南襄陽初置諸統制存中在殿巖凡二十五載權寵日盛太常寺主簿李浩敕令所删定官陸游司封員外郎王十朋殿中侍御史陳俊卿相繼以為言三十一年罷為太傅醴泉觀使進封同安郡王賜玉帶朝朔望時金主亮有南侵意存中上備敵十策步帥趙密謀奪存中權因指為喜功生事存中聞之上章乞免密竟代之未幾邊聲日急九月詔存中為御營宿衛使劉汜戰敗于

瓜州命存中往京口為守江計虞允文自采石來會存中與之協力拒敵敵不能濟金主亮死與允文輕舟渡江以伺敵及金人請和存中奏彼得新主之命無遽許之帝如建康詔存中扈蹕因語宰相曰楊存中唯命東西忠無與二朕之郭子儀也金使復請和存中請拘之江口移書審問若能歸我族屬還舊壤損歲幣復白溝之界以通兄弟之好如是則和議可從不然請斬其使亟圖恢復會駕還以存中為江淮荆襄路宣撫使給舍不書黄命遂寢未幾仍奉祠隆興元年王師潰于符離復起存中為御營使二年

金人再入關議割蜀之和尚原以畀之存中入對曰和尚原隴右之藩要也敵得之則可以睥睨漢川我得之則可以下兵秦雍曩議予金人吳璘力爭不從今璘在遠不及知臣若不言非特負陛下亦有媿於璘近者王師盡鋭而後得顧毋棄未幾金人復攻淮甸詔存中同都督江淮事湯思退罷升都督陛辭賜坐賜玉鞍勒時諸軍各守分地不相統一存中集諸將調護之於是始更相為援帝親札賜之曰諸帥協和互相策應卿之力也會金兵已深入朝議欲舍淮保江存中持不可乃已金兵在楊州或勸存中擊之

存中不敢渡獨臨江固壘以老之金人尋請盟乾道
元年班師加昭慶軍節度使復奉祠時與屯田存中
獻私田在楚州者三萬九千畝二年卒年六十五以
太師致仕追封和王謚武恭高宗追念舊臣為之出
湯賻錢十萬高宗假借諸將眷存中尤深嘗曰朕於
存中撫綏之過於子弟濠廬之役親筆戒之曰若不
便進當行軍法趙密代領殿帥則擧唐崔祐甫奪王
駕鶴兵權事豫戒大臣及竣事又曰楊存中之罷朕
不安寢者三夕存中天資忠孝敢勇大小二百餘
戰身被五十餘創宿衛出入四十年最寡過孝宗以

為舊臣尤禮異之常呼郡王而不名父祖及母皆死
難存中既顯請于朝宗閔謚忠介震謚忠毅賜廟曰
顯忠曰報忠又以家廟祭器為請遂許祭五世前所
無也祖母劉流落蜀隴存中日夜禱祠訪問閒關數
千里卒迎以歸御軍寬而有紀所用將士專以才勇
選不私部曲之舊李顯忠以罪斥存中奏為統制官
後為名將嘗以跳敵弓雖勁而蹶張難遂以意創馬
皇弩恩巧製工發易中遠人服其精嘗營居鳳山
十年而就極山川之勝後獻於朝廷更築室焉又葺
園亭于湖山之間高宗為書水月二字所居建閣以

藏御書孝宗題曰風雲慶會之閣子偰工部侍郎偰
簽書樞密院事昭慶軍節度使
郭浩字充道順德軍隴干人父任三班奉職徽宗時
充環慶路第五將部將嘗率百騎抵靈州城下夏人
以千騎追之浩手斬二騎以首還充渭州兵馬都監
從种師道進築葺平砦敵據塞水源以渴我師浩率
精騎數百奪之敵攻石尖山浩冐陣而前流矢中左
脇怒不拔奮力大呼得賊乃已諸軍從之敵遁去由
是知名累遷中州刺史欽宗即位進安州團練使以
种師道薦召對奏言金人暴露日久思歸乞給輕兵

間道馳滑臺時其半度可擊也會和戰異議不能用
帝問西事浩曰臣在任已聞警慮夏人必乘間盜邊
願選將設備已而果攻涇原路取西安州懷德軍紹
聖開拓之地復盡失之种師中制置河東辟以自隨
建炎元年知原州二年金人取長安涇州守臣夏大
節棄城遁郡人亦降浩適夜半至郡所將財二百人
得金人不殺使之還曰為語汝將曰我郭浩也欲戰即
来決戰金人遂引去升本路兵馬鈐轄知涇州權主
管鄜延路經略安撫時二敵交侵鄜延之東皆金人
西北即夏境其屬朝廷者惟保安一軍德靜一砦

浩聞道之德靜置司招收散亡與敵對壘一年敵不能犯再除涇原路兵馬鈐轄知涇州浩去夏人復來攉帥耿友諒僅以身免一路盡陷張浚為宣撫處置使以浩為秦鳳路提點刑獄權經略使知秦州時浚經略陝西有言敵可討者浚意向之諸帥恥於不武莫敢出言浚檄五路帥悉所部兵會于富平浩獨謂敵鋒方銳且當分守其地犄角相援俟釁而動浚不聽師出果敗五路俱陷帥府皆徙置他所浚復以浩舊官移知鳳翔府寓治寶雞縣又退保和尚原金人抵原下浩與吳玠隨方捍禦蜀以安全第功遷正任防

禦使紹興元年金人破饒風嶺盜梁洋入鳳州攻和尚原浩與吳璘往援斬獲萬計遷邠州觀察使徙知興元府飢民相聚米倉山為亂浩討平之徙知利州金人以步騎十餘萬破和尚原進窺川口抵殺金平浩與吳玠大破之遷彰武軍承宣使玠按本路提點刑獄宋萬年陰與敵境通利所鞫不同由是與浩意不協朝廷乃徙浩知金州兼永興軍路經略使金州殘弊特甚戶口無幾浩招輯流亡開營田以其規置頒示諸路他軍以匱急仰給朝廷浩獨積贏錢十萬緡以助戶部朝廷嘉之凡有奏請得以直達九年改金洋房州節制金人還河南地以浩為龍神衛四廂都指揮使充陝西宣諭使知金州樓炤行關中辟浩樞密院都統制節制陝西軍馬十年拜奉國軍節度使五路陷徙知夔州未行移知金州仍永興路經略安撫使節制陝西河東兼措置河東路忠義軍馬十一年金人內侵宣撫使胡世將召浩及吳璘楊政會仙人原授以攻取之策浩遣裨將設伏破之十四年召見拜檢校少保還鎮賜以御府金器繡鞍仍官一子文資賜田五十頃浩辭曰臣父子起身行陣不敢忘本願還文資帝嘉其意別與一子閤職是歲

分利州為東西兩路以浩為金房開達州經略安撫使兼知金州樞密院都統制屯金州仍建帥府十五年卒年五十九贈檢校少師謚恭毅淳熙元年賜立廟金州

楊政字直夫原州臨涇人崇寧三年夏人舉國大入父忠戰歿政甫七歲哀號如成人其母奇之曰孝於親者必忠於君此兒其大吾門乎宣和末應募為弓箭手靖康初因拒夏人稍知名建炎間從吳玠擊金人九戰九捷累功至武顯郎紹興元年春金人趨和尚原又攻箭筈關政引兵大破之斬千戶一酋長二

遷右武大夫十月金兵大集號十萬自寶鷄列柵至
原下吳玠與相持累日以政統領將兵迎敵日數十
合士卒無不一當百復出奇兵斷其糧道敵少却邀
擊之獲萬戶及首領三百餘人甲士八百六十人拜
泰州刺史時有嫉政者以母妻尚留北境不宜屬以
兵權玠不聽政益感奮二年金合步騎數千柵魚龍
川口政帥精兵刼破之升隴州團練使移知方山原
軍儲芻穀在其中三月金大軍來攻城且下政擊敗
之選知鳳州三年金攻饒風關政從玠戰關下凡六
日改明州觀察使四年撒离喝悉精兵十萬欲道仙

人關入蜀至上奢田玠築壘于關外政曰此地為蜀
阨塞當堅守時出奇擊之玠用其言金人變態多端
政隨機應之連日百餘戰敵帥督戰益急政命卒以
神臂弓射之又選甲士千餘出山谷斷其兵使不得
進退又出敵不意夜斫其營敵遂遁去追至河池而
還授龍神衛四廂都指揮使環慶路經略安撫使五
年金人攻淮玠命政帥師乘機牽制至秦州一戰而
拔撫定居民秋毫無犯改經略安撫涇原兼帥環慶
利路三鎮事叢集剖決無滯母留敵境間遣人省視
之母惟勉以忠義九年春和議成始得迎母及兄弟

歸乞祠以便養不許詔封其母感義郡夫人以政為
熈河蘭鞏路經略安撫使知熈州進武康軍承宣使
十年徙利州又徙興元會金人渝盟政建迎敵之策
兼川陝宣撫副使司都統制政偕統制楊從義刼金
人于鳳翔府城南砦敗之獲戰馬數百母卒起復遂
帥師趣寶雞渭水上以拒敵衝凡大戰七斬獲甚多
川陝宣撫副使胡世將奏鳳翔之捷政奮不顧身功效
顯著拜武當軍節度使十一年秋金將胡盞習不祝
合軍五萬來攻政與吳璘郭浩會于仙人原世將授
以攻取之策政出和尚原浩出商州以為援璘駐秦

州政引兵夜入隴州界遂趨吳山與金人對壘又敗
金萬戶通檢于寶雞時通檢居渭北政欲攻拔其城
通檢將精甲萬衆出政帥勇士鏖戰遣裨將突出
陣後登山執幟金軍見之大呼曰伏發矣乃驚潰政
乘勝掩殺通檢走至城門而橋已絕遂擒之和議成
帝召政還軍民詣部使者借留及入見條奏詳明帝
善之十三年還鎮加檢校少保賜田五十頃十四年
分利州為東西兩路政屯興元府久之拜太尉二十七
年卒年六十贈開府儀同三司謚襄毅政守漢中十
八年六堰久壞失灌溉之利政為脩復漢江水決為

害政築長堤捍之凡利於民者不敢以軍旅廢休兵十餘年未嘗升遷將士上下安之政故為吳璘裨將及與璘分道建帥執門下之禮益恭世頗賢之

論曰李顯忠生而神奇立功異域父子破家徇國志復中原中雖讒構屢遭廢黜傷哉楊存中出入淮甸無大勝負與兵最久貴寵獨隆然頗能知幾不阽禍敗其亦有天幸者歟郭浩楊政克左右玠璘兄弟保全川蜀數君子皆人所屬倚以成功者柰何撓於和議頻失事機人心沮喪不得如吉甫方叔受祉振旅以成中興之業惜哉

列傳卷第一百二十六

列傳卷第一百二十七　宋史三百六十八

開府儀同三司上柱國錄軍國重事前中書右丞相監修國史領經筵事都總裁脫脫等奉

勅修

王德　王彥　魏勝　張憲

楊再興　牛皐　胡閎休

王德字子華通遠軍熟羊砦人以武勇應募隸熙帥姚古會金人入侵古軍懷澤聞遣德諜之斬一酋而還補進武校尉古曰能復往乎德從十六騎徑入隆德府治執偽守姚太師左右驚擾德手殺數十百人衆愕眙莫敢前古械姚獻于朝欽宗問狀姚曰臣就

縛時止見一夜义耳時遂呼德為王夜义建炎元年以勤王師倍道趨闕改隸劉光世平濟南寇李昱池陽寇張遇光世將先鋒討李成德以百騎覘賊至蔡州上蔡驛口橋賊疑為誘騎擁衆欲西德麾騎大呼曰王師大至矣賊駭遁追殺甚衆成奔新息收散卒復戰賊見光世張蓋行陳不介冑知為主帥併兵圍之德突圍擁光世還軍遂襲敗李成授武略大夫三年春遷前軍統領屯天長金人攻楊州西軍多潰德趨宣化會叛將張昱張彥圍和州太守張績求援於德德兵傅城下賊不意其至大潰逐明接戰斬昱俘

其兵騎萬數濟自采石光世方謀討苗劉之逆迎至建康謂德曰江都之擾諸軍不竄則盜公可仗義夜涉大江徇國急變遂以軍屬光世會苗劉走閩中詔德追擊隸韓世忠德欲自致功名而世忠必欲德為之使遣親將陳彥章邀德於信州彥章拔佩刀擊德德殺彥章尸諸市德至浦城斬苗瑀擒馬柔吉送行在世忠訟其擅殺下臺獄侍御史趙鼎按德當死帝命特原之編管郴州時光世屯九江得楊惟忠所失空頭黃敕即以便宜復德前軍統制遣平信州妖賊王念經行次饒州會賊劉文舜圍城德引兵赴之文舜

請降德納而誅之自餘不戮一人謂諸校曰念經聞吾宿留必不為備倍道而趨一鼓擒之獻俘于朝詔還舊秩加武顯大夫榮州刺史四年光世鎮京口以德為都統制金兵復南光世將退保丹陽德請以死捍江諸將恃以自彊分軍扼險渡江襲金人收真揚數郡既而又遇敵于楊州北有被重鎧突陣者德馳叱之重鎧者直前刺德德揮刀迎之即墮馬衆褫駭因麾騎乘之所殺萬計紹興元年平秀州水賊邵青初德與戰于崇明沙親執旗麾兵拔柵以入青軍大潰他日餘黨復索戰諜言將用火牛德笑曰是古法

也可一不可再今不知變此成擒耳先命合軍持滿陳始交萬矢齊發牛皆返奔賊衆殲焉青自縛請命德獻俘行在帝召見便殿問勞褒賞特異遷中亮大夫同州觀察使三年光世宣撫江淮當移屯建康命韓世忠代之德從數十騎自京口逆世忠度將及麾下徒步立道左抗言曰擅殺陳彥章王德迎馬頭請死世忠下馬握其手曰知公好漢鄉來纖介不足寘懷乃設酒盡歡而別是冬知鞏州熙河蘭廓路兵馬鈐轄明年春知蘭州徙屯池陽及當塗為行營左護軍前軍統制金兵掠江北破滁州德越江襲奪之追

至桑根擒女真萬戶盧孛一人千戶十餘人五年改環慶副總管六年冬劉豫遣麟猊驅鄉兵三十萬分東西道入寇中外甚恐議欲為保江計殿帥楊沂中統制張宗顏田師中及德等分兵禦之大敗猊兵于藕塘猊挺身走麟在順昌聞之亦拔砦遁德追至壽春弗及獲其糧舟四百艘第功除武康軍承宣使真拜相州觀察使七年改熙河蘭廓路副總管行營左護軍都統制駐師合肥會光世罷宣撫詔德盡護其衆以酈瓊副之瓊與德故等夷恥屈其下率衆叛從劉豫八年命隸張俊名其軍曰銳勝十年解潁昌圍

俊檄德就取宿州德倍道自壽春馳至蘄縣與敵游騎遇遂入城偃旗卧鼓騎引去因潛師宿州夜半薄賊營敵將高統軍詰朝壓汴而陳僞守馬秦同知耶律温以三千人阻水邀戰德策馬先濟步騎從之遂謂賊曰吾與金人大小百戰雖名王貴酋莫不糜碎爾何爲者賊遂捽兵降馬秦耶律温馳入閉門城守德至呼秦諭以逆順乃自縋而下德叱其子順先登秦率温降遣詣行在德乘勝趨亳州俊會于城父時叛將酈瓊屯亳聞德至謂三路都統制曰夜乂未易當也遂遁德入亳州白俊曰今兵威已振請乘破竹之勢進取東都俊難之乃班師策功第一拜興寧軍承宣使龍神衛四廂都指揮使再遷侍衛親軍馬步軍都虞候封隴西郡侯十一年金人自合肥入侵游騎及江俊議分軍守南岸德曰淮者江之蔽也棄淮不守是謂唇亡齒寒也敵數千里遠來餉道決不繼及其未濟急擊之可以奪氣若遲之使稍安則淮非吾有矣俊猶豫未許德請益堅曰願父子先越江俟和州下然後宣撫北渡俊乃許德即渡采石俊督軍繼之宿江中德曰明旦當會食歷陽已而夜拔和州晨迎俊入敵退保昭關又擊走之追至柘皋與金人夾河而軍諸將師皆集惟張俊俊至統制田師中欲待之德怒曰事當機會復何待徑上馬兀朮以鐵騎十餘萬夾道而陣德曰賊右陣堅我當先擊之麾軍渡橋有犯其鋒一酋被甲躍馬始出德引弓一發而斃乘勝大呼令萬兵持長斧如牆而進敵大敗退屯紫金山德復尾擊之劉錡謂德曰昔聞公威略如神今果見之請以兄禮事召拜清遠軍節度使建康府駐劄御前諸軍都統制歷浙東福建總管荆南副都統制二十五年卒贈檢校少保再贈少傅二子琪順亦以驍勇聞

王彦字子才上黨人性豪縱喜讀韜略父奇之使詣京師隸弓馬子弟所徽宗臨軒閱試補下班祗應爲清河尉從涇原路經略使种師道兩入夏國有戰功金人攻汴京彦慨然棄家赴闕求自試討賊時張所爲河北招撫使異其才擢爲都統制使率裨將張翼白安民岳飛等十一將部七千人渡河與金人戰敗之復衛州新鄉縣傳檄諸郡金人以爲大軍至率數萬衆薄彦壘圍之數匝彦以衆寡不敵潰圍出諸將散歸彦獨保共城西山遣腹心結兩河豪傑圖再舉金人購求彦急彦慮變夜寢屢遷其部曲覺之相率

刺面作赤心報國誓殺金賊八字以示無他意彥益感勵撫愛士卒與同甘苦未幾兩河響應忠義民兵首領傅選孟德劉澤焦文通等皆附之衆十餘萬綿亘數百里皆受彥約束金人患之召其首領俾以大兵破彥壘首領跪而泣曰王都統砦堅如鐵石未易圖也金人乃間遣勁騎撓彥糧道彥勒兵待之斬獲甚衆益治兵刻日大舉告期於東京留守宗澤澤召彥會議乃將兵萬餘渡河金人以重兵襲其後而不敢擊既至汴京澤大喜令彥宿兵近甸以衛根本彥即以所部兵馬付留守司量帶親兵趨行在時已遣

宇文虛中為祈請使議和彥見黃潛善汪伯彥力陳兩河忠義延頸以望王師願因人心大舉北伐言辭憤激大忤時相意遂降旨免對以彥為武翼郎閤門宣贊舍人差充御營平寇統領時范瓊為平寇前將軍彥知瓊有逆節稱疾不就乞致仕許之知樞密院事張浚宣撫川陜奏彥為前軍統制浚與金酋婁宿相持于富平欲大舉初至漢中會諸將議彥獨以為不可曰陜西兵將上下之情皆未相通若少不利則五路俱失不若且屯利閬興洋以固根本敵入境則檄五路兵來援萬一不捷未大失也浚幕府不然其

言彥即請為利路鈐轄俄改金均房州安撫使知金州時中原盜賊蠭起加以饑饉無所資食惟蜀富饒巨盜往往窺覬桑仲既陷淮安襄陽乘勢西向均房失守直擣金州白土關衆號三十萬仲彥舊部曲也以申牘請於彥曰仲於公無敢犯願假道入蜀就食耳彥乃遣統領官門立為先鋒擊之賊銳甚立戰死將士失色或請避之彥叱曰樞相張公方有事關陜若仲越金而至梁洋則腹背受敵大事去矣敢言避者斬即勒兵趨長沙平阻水據山設伏以待賊見官軍少蟻附搏戰彥執幟一麾士殊死鬬賊敗走彥休

士進擊追奔至白磧復房州紹興元年九月權京西南路副總管李忠反擾京西遂攻金州諸關賊衆皆河朔人驍果善戰彥與戰不利關陷彥退屯秦郊令將士盡伏山谷間焚秦郊積聚僞若遁者秦郊距郡城二十里路坦夷彥募敢死士易麾幟設奇以待閱再宿賊至秦郊官軍逆戰大敗之追襲至秦嶺遂復乾祐縣以歸忠走降劉豫初桑仲既敗還襄陽乃鳩集散亡陷鄧州凶焰復熾南攻德安西據均陽分衆三道一攻注口關一出馬郎嶺一擣洵陽前軍去金州不三十里彥曰仲以我寡彼衆故分三道以離吾

勢法當先破其堅則脆者自走遣副將焦文通禦注口自以親兵營馬郎相持一月大戰六日賊大敗仲為其下所殺又有王闢董貴祁守中阻兵窺蜀勢雖不及桑仲然小者猶不減數萬彥悉討平之是冬偽齊秦鳳經略使郭振以數千騎掠白石鎮彥與關師古併兵禦之賊大敗獲振復秦州張浚承制以彥節制商虢陝華州軍馬三年正月兀朮入侵浚召彥與吳玠劉子羽會于興元撤離曷自上津疾馳不一日至洵陽統制官郭進死之彥退保石泉縣金人入金均房趣西鄉二月金人攻饒風關彥與吳玠禦之不

能却關破彥收餘兵奔達州五月彥遣兵至漢陰縣與劉豫將周貴戰大敗之復金州浚承制進彥保康軍承宣使兼宣撫司參議彥不受五年四月差知荊南府充歸峽荊門公安軍安撫使彥因荊南曠土措置屯田自蜀買牛千七百頭授官兵耕營田八百五十頃分給將士有差六年二月知襄陽府京西南路安撫使彥以岳飛嫌辭浚奏彥為行營前護副軍都統制督府參謀軍事六月以八字軍萬人赴行在至鎮江聞母喪上疏乞解官不許詔免喪服趣入對遂以為浙西淮東沿海制置副使以所部屯通州之料

角七年正月彥因遣將捕亡者於解潛軍中軍士交鬭於市言者論其軍政不肅貶秩二等彥不自安乞終餘服二月復洪州觀察使知邵州彥入辭帝撫勞甚厚曰以卿能牧民故付卿便郡行即召矣九年卒于官年五十彥稱名將當建炎初屢破大敵威聲振河朔時方狃於和議遽召之還又奪其兵柄而使之治郡士議惜之彥事親孝居官廉子弟有戰功不與推賞將死召其弟姪以家財均給之

魏勝字彥威淮陽軍宿遷縣人多智勇善騎射應募為弓箭手徙居山陽紹興三十一年金人將南侵聚

芻糧造器械籍諸路民為兵勝躍曰此其時也聚義士三百北渡淮取漣水軍宣布朝廷德意不殺一人漣水民翕然以聽遂取海州郡守渤海高文富聞勝起遣兵來捕勝距海州南八十里大伊與金兵遇勝迎擊走之追至城下衆驚傳水陸悉有兵城中大恐文富閉門守驅民上城禦之勝令城外多張旗幟舉煙火為疑兵又遣人向諸城門諭以金人棄信背盟無名興師本朝寬大愛民之意城上民聞之即開門勝遣勇銳者登城摟餘自門入莫有禦者獨文富與其子安仁率牙兵拒守勝整軍與安仁父子戰譙門

内殺安仁及州兵千餘擒文富民皆按堵勝權知州事遣人諭朐山懷仁沭陽東海諸縣比是乃蠲租稅釋罪囚發倉庫犒戰士分忠義士為五軍紀律明肅部分如宿將勝自兼都統制益募忠義以圖收復遠近聞之響應旬日得兵數千即具其事報境上帥守冀給軍裝器甲時帥守雖知金人將渝盟未有發其端者莫敢以聞左軍統制董成謀出西北取沂州勝先遣間還知金兵數萬至沂以我軍器甲未備戒成勿動成不從勝率所部千餘人直入沂州巷戰殺其守及軍士三千餘衆悉降得器甲數萬金人生兵復

集競登壘擲瓦擊之成軍幾敗勝欲斬成以其驍勇釋之金人遣同知海州事蒙恬鎮國以兵萬餘取海州抵州北二十里新橋勝帥兵出迎之設伏于隘陣以待衆殊死戰伏發賊大敗殺鎮國馘千人降三百人軍聲益振山東之民咸欲來附勝傳檄招諭結集以待王師之至沂民壁蒼山者數十萬金人圍之久不下砦首勝叔告急於勝勝提兵往救之陣于山下金人多伏兵勝兵遇伏皆赴砦金人襲之勝單騎而殿以大刀奮擊金人望見勝知其為將也以五百騎圍之數重勝馳突四擊金陣開復闔戰移時身被數

十槍冒刃出圍金兵追之馬中矢踣步而入砦無敢當者金人又急攻絕其水砦中食乾糒殺牛馬飲血勝默禱而雨驟作金人攻益急周山為營勝度其必復攻海州因間出砦趨城中金人果解蒼山圍自新橋抵城下勝出戰皆捷金分兵四面攻之勝募士登城以禦矢石如雨者七日金兵死傷多遁去勝嘗出戰矢中鼻貫齒不能食猶親禦戰勝起義久朝廷尚未知沿海制置使李寶遣其子公佐由海道覘敵至州始遣忠義將朱震赭道詣行在白勝姓名于執政始知勝之功焉金主亮舉兵渡淮慮勝躡其後分軍

數萬來攻會李寶師舟師往膠西破金人舟艦勝遣人邀之同擊金人于新橋大敗之金兵未退寶知金舟將遁復以兵登舟備海道金主初命造海艦欲分軍入蘇杭悉以中原民操舟艤民家送衣裘者相告語俟王師至即背之及寶舟入島中適北風勁舟不進有頃反風金人艤舟于岸操舟者望見寶舟譟云此金國兵也俾皆入舟中舟忽至金人不知寶縱火焚其舟舟以赤油絹為帆風順火熾操舟者皆登岸走金兵在舟中者坐以待縛載之檻車悉獲其舟寶既捷勝亦還州為捍禦計金兵至營于城北砂巷列

陣將攻關門先遣人說勝使降勝開門出諭之曰汝主叛盟失信無故興兵我朝以仁義之師來復舊疆汝主渡淮必敗爾等宜早來歸必獲爵賞時金兵已逼關勝登關門張樂飲酒犒軍士令固守勿出戰金兵攻之踰時乃少遣士出憑險臨擊之金人知不可攻率軍轉而渡河襲關後勝欲兵入城金兵追將及勝獨乘馬逐之叱曰魏勝在此聞之皆辟易士卒後入者不復敢追勝軍巳入城金兵徑趨城東欲過砂堰圍城爲營勝先巳據堰備之金軍不得過拒戰竟日終不能近有新募士守河者不知金兵遽過河勝

恐絶河路亟收軍入城金兵追至東門外黃土坂勝單騎逐之大叱之金兵五百皆望風退勝又追十數里士得入城有不得入者由城南入西門金兵復自西南來襲勝從後叱之金兵駭散手殺數人奏功授閤門祗候差知海州兼山東路忠義軍都統遣其子昌同峒峿山首領張榮持旗榜徃結山東忠義金兵自新橋闌子門砂堰之敗殺傷者衆一日黎明乘昏霧四面薄城急攻勝激厲士卒竭力捍禦矢石交下城上鎔金液投火牛金兵不能前多死傷乃拔砦走距海州爲長垣包州城于中使不能出及亮死乃解

去勝善用大刀能左右射旗揭曰山東魏勝金人望見即退走勝爲旗十數書其姓名密付諸將遇鏖戰即揭之金兵悉避走初勝起義時無州郡糧餉之給無府庫倉廪之儲勝經畫市易課酒榷塩勸糶豪右環海州度視敵兵攻取處築城浚隍塞關隘在軍未甞一日懈弛恒如寇至方糾集遠邇犒勞士卒期約有日會金主亮被弒金兵北歸王師亦南還矣初亮聞勝在海州知不可取曰少須他時取之易耳亮既殞勝益得自治軍旅人皆精銳獲金諜者犒以酒食厚賂遣還有自北方來歸者與之同卧起共飲食示

以不疑周其窶貧使之感激自是山東河北歸附者衆得金人虛實悉以上聞又第其忠義士功能假授官資因李寶轉達于朝悉如所請金人遣山東路都統總管以兵十萬攻海州時寶帥海舟水陸並進抵城北砂巷勝率衆合寶軍大破之斬首不可計堰水爲之不流餘悉奔潰勝獨率兵追北二十里至新橋又破之盡獲其鞍馬器甲寶亦駐海州爲進取計金人復遣五斤太師發諸路兵二十餘萬來攻海州先遣一軍自州西南斷勝軍餉道勝擇勇悍士三千餘騎拒于石闥堰金軍不能進逮夜始還留千人備險

臨金兵十萬來奪勝率衆鏖戰殺數千人餘皆遁去
下令守險勿追報寶寶以防海道登舟不復發兵金
兵盛集勝力拒之自旦至暮金兵不能奪勝令步卒
整隊前行自為殿時百姓以寶既登舟懼金兵大至
皆欲入城統制郭蔚閉城門不納人民牛馬蔽野呼
號動地城中亦懼勝入城諭以賊勢退怯之狀固守
可保無虞乃開門盡納之居無何金兵環城圍數重
勝與郭蔚分兵備禦偃旗仆鼓寂若無人金軍驚疑
數日不敢攻已乃植雲梯置砲石四面合圍負土塡
壕勝俟其近城鳴鼓張旗矢石俱發繼以火牛金液

凡三晝夜金兵竟不能近於是罷攻修營壘絕河道
謀為固守勝俟其不備掩擊或獨出擾之使不得休
息又間夜發兵劫其營或焚其攻具既而金人併力
急攻勝告急於李寶寶以聞還報城中已命張子蓋
率兵來解圍金人亦知子蓋軍且至已有退意頃之
子蓋先帥騎兵至勝出與子蓋議戰事且促其步卒
勝出軍城北砂巷與金軍大戰斬首不可計追數十
里餘兵皆遁勝與子蓋議進討子蓋曰受詔解圍不
知其他遂率軍還城中疑懼欲隨王師出勝親邀於
道而諭之至漣水軍與偕還時都督張浚在建康招

勝詢以軍務轉閤門宣贊舍人差充山東路忠義軍
都統制兼鎮江府駐劄御前前軍統制仍知海州勝
還隆興元年詔以鎮江御前同統制魏全來守海州
督府亦遣賈和仲充山東河北路招撫使節制本路
軍馬海州駐劄和仲忌勝陰誘忠義軍使不安勝與
辨是非和仲又譖勝於都督惑之呼勝至鎮江計事
罷其職改京東路馬步軍副總管都督府統制建康
府駐劄既而督府知和仲所誣罷之復勝舊職仍遣
鎮江御前後軍屯海州代前軍還鎮江勝既還海州
鎮撫一方民安其政改忠州刺史海州城西南枕孤

山敵至登山瞰城中虛實立見故西南受敵最劇勝
築重城圍山在內寇至則先據之不能害勝嘗自創
如意戰車數百兩砲車數十兩車上為獸面木牌大
槍數十垂氈幕軟牌每車用二人推轂可蔽五十人
行則載輜重器甲止則為營掛搭如城壘人馬不能
近遇敵又可以禦箭簇列陣則如意車在外以旗蔽
障弩車當陣門其上寘床子弩矢大如鑿一矢能射
數人發三矢可數百步砲車在陣中施火石砲亦二
百步兩陣相近則陣間發弓弩箭砲近陣門則刀斧
槍手突出交陣則出騎兵兩翼掩擊得捷拔陣追襲

少却則入陣間稍憩士卒不疲進退俱利伺便出擊虜有拒遏預為解脫計夜習不使人見以其製上于朝詔諸軍遵其式造焉二年以議和撤海州戍命勝知楚州以本州官吏及部兵赴新治詔勝同淮東路安撫使劉寶知高郵軍劉敏措置盱眙軍楚州一帶勝專一措置清河口時和議尚未決金兵乘其懈以舟載器甲糗糧自清河出欲侵邊勝覘知之身帥忠義士拒于清河口金兵詐稱欲運糧往泗州由清河口入淮勝知其謀欲禦之都統制劉寶以方議和不許金騎軼境勝率諸軍拒於淮陽自卯至申勝負未

決金軍增生兵來勝與之力戰又遣人告急於寶寶在楚州相距四十里堅謂方講和決無戰事迄不發一兵勝矢盡救不至猶依土阜為陣謂士卒曰我當死此得脫者歸報天子乃令步卒居前騎為殿至淮陰東十八里中矢墜馬死年四十五事聞贈保寧軍節度使謚忠壯時淮南未平詔於鎮江府江口鎮立廟賜號褒忠仍俟事定更祠於戰沒處且令有司刻木以斂葬于鎮江官其二子郊武功大夫忠州刺史昌承信郎賜銀千兩絹千匹宅一區田百頃其後使者過淮東始得其詳還言于朝以劉寶不出救兵削兩鎮節鉞沒入家貲貶瓊州死勝所糾集忠義有為賈和仲誘隸別屯及撤戍隔絕者尚五千餘人入京口屯駐前軍郊添差楊州兵馬鈐轄淳熙十五年孝宗語樞臣曰魏勝之子當與優異又曰人材須用而後見使魏勝不因邊釁何以見其才詔郊添差兩浙西路馬步軍副總管

張憲飛愛將也飛破曹成憲與徐慶王貴招降其黨二萬有郝政率眾走沅州首被白布為成報讎號白巾賊憲一鼓擒之飛遣憲復隨州敵將王嵩不戰而遁進兵鄧州距城三十里遇賊兵數萬迎戰與王萬

董先各出騎突擊賊眾大潰遂復鄧州十年金人渝盟入侵憲戰潁昌戰陳州皆大捷復其城兀朮頓兵十二萬于臨潁縣楊再興與戰死之憲繼至破其潰兵八千兀朮夜遁憲將徐慶李山復捷于臨潁東北破其眾六千獲馬百匹追奔十五里中原大震會秦檜主和命飛班師憲亦還未幾檜與張俊謀殺飛密誘飛部曲以能告飛事者寵以優賞卒無人應聞飛嘗欲斬王貴又杖之誘貴告飛貴不肯曰為大將寧免以賞罰用人苟以為怨將不勝其怨檜俊不能屈俊劫貴以私事貴懼而從時又有王俊者善告訐號

鵬兒以姦貪屢為憲所裁檜使人諭之俊輒從檜俊謀以憲貴俊皆飛將使其徒自相攻發因及飛父子庶主上不疑俊自為狀付王俊妄言憲謀還飛兵令告王貴使貴執憲憲未至俊預為獄以待之屬吏王應求白張俊以為密院無推勘法俊不聽親行鞫煉使憲自誣謂得雲書命憲營還兵計憲被掠無全膚竟不伏俊手自具獄成告檜械憲至行在下大理寺檜奏召飛父子證憲事帝曰刑所以止亂勿妄追證動搖人心檜矯詔召飛父子至万俟卨誣飛使子鵬孫革致書憲貴令虛申警報以動朝廷雲與憲書規

還飛軍其書皆無有乃妄稱憲貴已焚之矣但以衆證具獄語在飛傳憲坐死籍家貲紹興三十二年追復龍神衛四廂都指揮使閬州觀察使贈寧遠軍承宣使録其家

楊再興賊曹成將也紹興二年岳飛破成入莫邪關第五將韓順夫解鞍脫甲以所虜婦人佐酒再興率衆直入其營官軍却殺順夫又殺飛弟翻成敗再興走躍入澗張憲欲殺之再興曰願執我見岳公遂受縛飛見再興奇其貌釋之曰吾不汝殺汝當以忠義報國再興拜謝飛屯襄陽以圖中原遣再興至西京長水縣之業陽殺孫都統及統制滿在斬五百餘人俘將吏百人餘黨奔潰明日再戰于孫洪澗破其衆二千復長水得糧二萬石以給軍民盡復西京險要又得偽齊所留馬萬匹芻粟數十萬中原響應復至蔡州焚賊糧飛敗金人于郾城兀朮怒合龍虎大王蓋天大王及韓常兵逼之飛遣子雲當敵鏖戰數十合敵不支再興以單騎入其軍擒兀朮不獲手殺數百人而還兀朮憤甚併力復來頓兵十二萬于臨潁再興以三百騎遇敵于小商橋驟與之戰殺二千餘人及萬戶撒八孛堇千戶百人再興戰死後獲其屍

焚之得箭鏃二升

牛皐字伯遠汝州魯山人初為射士金人入侵皐聚衆與戰屢勝西道總管翟興表補保義郎杜充留守東京皐討劇賊楊進于魯山三戰三捷賊黨奔潰累遷榮州刺史中軍統領金人再攻京西皐十餘戰皆捷加果州團練使京城留守上官悟辟為同統制兼京西南路提點刑獄金人攻江西者自荊門北歸皐潛軍于寶豐之宋村擊敗之轉和州防禦使充五軍都統制又與李董戰魯山鄧家橋敗之轉西道招撫使偽齊乞師于金入寇皐設伏要地自屯丹霞以待

敵兵悉衆來伏發俘其酋豪鄭務兒還安州觀察使尋除蔡唐州信陽軍鎮撫使知蔡州遇敵戰輒勝加親衛大夫會岳飛制置江西湖北将由襄漢規中原命皐隸飛軍飛喜其郎辟為唐鄧襄郢州安撫使尋改神武後軍中部統領僞齊使李成合金人入寇破襄陽六郡敵将王嵩在隨州飛遣皐行裹三日糧糧未盡城已拔執嵩斬之得卒五千遂復隨州李成在襄陽飛遣皐以騎兵擊破之復襄陽金人攻淮西飛遣皐渡江自提兵與皐會時僞齊驅甲騎五千薄廬州皐遥謂金将曰牛皐在此爾輩胡為見犯衆皆愕

然不戰而潰飛謂皐曰必追之去而復來無益也皐追擊三十餘里金人相踐及殺死者相半斬其副都統及千戸五人百戸數十人軍聲大振廬州平進中侍大夫從平楊幺破之幺技窮舉鍾子儀投于水繼乃自仆皐投水擒幺飛斬首函送都督行府除武泰軍承宣使改行營護聖中軍統制尋充湖北京西宣撫司左軍統制加龍神衛四廂都指揮使金人渝盟飛命皐出師戰汴許間以功最除捧日天武四廂都指揮使成德軍承宣使樞密行府以皐兼提舉一行事務宣撫司罷改鄂州駐劄御前左軍統制升真定府路馬步軍副統總管轉寧國軍承宣使荊湖南路馬步軍副總管紹興十七年上巳日都統制田師中大會諸将皐遇毒亟歸語所親曰皐年六十一官至侍從幸不啻足所恨南北通和不以馬革裹屍顧死牖下耳明日卒或言秦檜使師中毒皐云初檜主和未幾金渝盟入侵帝手札賜飛從便措置飛乃命皐及王貴董先楊再興孟邦傑李寶等經略東西京汝鄭潁陳曹光蔡諸郡又遣梁興渡河糾合忠義社取河東北州縣未幾李寶捷于曹州捷于宛亭捷于渤海廟董先姚政捷于潁昌劉政捷于中牟張憲復潁

昌淮寧府王貴之将楊成復鄭州張應韓清復西京皐及傅選捷于京西捷于黄河上孟邦傑復永安軍其将楊遇復南城軍又與劉政捷于西京梁興會太行忠義及兩河豪傑趙雲李進董榮牛顯張峪等破金人于垣曲又捷于心水追至孟州之邵原金張太保成太保等以所部降又破金高太尉兵于濟源喬握堅等復趙州李興捷于河南府捷于永安軍梁興在河北取懷衛二州大破兀朮軍斷山東河北金帛馬綱之路金人大擾未幾岳飛還朝下獄死世以為恨云

胡閎休字良弼開封人宣和初入太學時方諱兵閎休著兵書二卷靖康初翻知兵科閎休應試中優等補承信郎金人圍城閎休分地而守二帝詣金營閎休欲結義士劫之何㮚禁止之二帝北遷范瓊散勤王師閎休曰勤王師可進不可退檄令隨軍而無靖康年號閎休得之泣下懷檄而走從辛道宗勤王南渡以忠義進兩官湖湘盜起或曰招之便或曰討之便閎休作致寇禦寇二篇言天地之氣先春後秋招之不伏則討之於是以岳飛為招討使飛辟閎休為主管機宜文字以誅鍾子儀功進成忠郎飛被誣死閎休發憤杜門佯疾十年卒有勤王忠義集藏于家孫照徳安太守

論曰王德素有威畧蚤隸劉光世審其不可恃晚從張俊竟以功名顯其知所擇哉王彥棄家赴國累破堅敵威振河朔脫奪兵柄使之治郡用違其材惜矣魏勝崛起無甲兵糧餉之資提數千烏合之衆抗金人數十萬之師卒完一州名震當時壯哉然見忌于諸將無援而戰死亦可惜矣張憲等五人皆岳飛部將為敵所畏亦一時之傑也然或以戰沒或以憤卒而憲以不證飛獄冤死悲夫

列傳卷第一百二十七

列傳卷第一百二十八　宋史三百六十九

開府儀同三司上柱國録軍國重事中書右丞相兼修國史領經筵事都總裁臣脫脫等奉勑脩

張俊 從子子蓋　張宗顏　劉光世
王淵　解元　曲端

張俊字伯英鳳翔府成紀人好騎射負才氣起於諸盜年十六為三陽弓箭手政和七年從討南蠻轉都指揮使宣和初從攻夏人仁多泉始授承信郎平鄆州賊李太及河朔山東武胡群寇功最進武德郎靖康元年以守東明縣功轉武功大夫金人攻太原城守命制置使种師中往援至榆次金人以數萬騎壓之俊時為隊將進擊殺傷甚衆獲馬千匹請乘勝要戰師中以日不利急令退保金人諜俊計不行悉兵合圍攻益急榆次破師中死之俊與所部數百人突圍而出且行且戰至烏河川再與敵遇斬五百級金人圍汴京高宗時為兵馬大元帥俊勒兵從信德守臣梁揚祖勤王高宗見俊英偉擢元帥府後軍統制累功轉榮州刺史建炎元年正月從高宗至東平府時劇賊李昱據兗州命俊為都統制討之與數騎突圍撓戰諸軍爭奮賊遂殲進桂州團練使尋加桂州

防禦使中書舍人張澂自汴京齎蠟詔命高宗以兵付副帥還京高宗問大計俊曰此金人詐謀爾今大王居外此天授豈可徒往因請進兵高宗許之遂如濟州開啓乾龍節迫夜有告高宗欲挾元帥謁香劫以叛群議集諸軍屯備俊曰元帥不出姦謀自破遂徙州治賊術窮黎明引軍北遁俊勤兵追殺之進徐州觀察使高宗以俊忠勞日積遷拱衛大夫旣而汴京破二帝北遷人心皇皇俊懇辭勸進高宗涕泣不許俊曰大王皇帝親弟人心所歸當天下洶洶不早正大位無以稱人望且白耿南仲奏之表三上高宗

發濟州俊便道扈行至應天府高宗始即位初置御營司以俊爲御營前軍統制遣還京迎隆祐太后權秦鳳兵馬鈐轄尋奉太后及六宮以歸除帶御器械時江淮群盜蜂起俊討杜用于淮寧趙萬郭青于鎮江陳通于杭州蔣和尚等于蘭溪皆平之落階官除正任觀察使二年升秦鳳路馬步軍副總管尋破秀州賊數萬縛徐明斬之進武寧軍承宣使帝如揚州召諸將議恢復俊曰今敵勢方張宜且南渡據江爲險練兵政安人心俟國勢定大舉未晚俊又請移左藏庫于鎮江旣而敵掩至已逼近甸俊亟奏飭甲乘

從帝如臨安苗傅劉正彥反俊時屯兵吳江縣傅等矯詔加俊捧日天武四廂都指揮使以三百人赴秦鳳命他將領餘兵俊知其僞拒不受三軍洶洶俊諭之曰當詣張侍郎求決即引所部八千人至平江張浚語俊以傅等欲危社稷泣數行下俊大慟浚諭以決策起兵問罪俊泣拜且曰此須侍郎濟以機術毋驚動乘輿呂頤浩至俊見之亦涕泣曰今日惟以一死報國劉光世以所部至俊釋舊憾韓世忠來自海上俊借一軍與之俱世忠爲前軍俊以精兵翼之光世次之戰于臨平傅等兵敗開城以出世忠俊光世

入城見于內殿帝嘉勞久之拜鎮西軍節度使御前右軍都統制尋爲浙東制置使金人分兵深入渡江攻浙杜充棄建康韓世忠自鎮江退保江陰帝如明州俊自越州引兵至兀朮攻臨安帝御樓船如溫州留俊於明州以拒敵帝賜親札曰朕非卿則倡義誰先卿捨朕則前功俱廢宜戮力共扞敵兵一戰成功當封王爵癸卯除夕金兵至城下俊使統制劉寶與戰兵少却其將党用丘橫死之於是統制楊沂中田師中統領趙密皆殊死戰沂中舍舟登岸力戰殿帥李質以班直來助守臣劉洪道率州兵射其旁大破

之殺數千人金呼人至砦計事俊令小校往金人與語欲如越州請降俊拒之戒將士毋驕惰慮敵必再至下令清野多以輕舟伏弩閉關自守四年正旦忽西風起金人乘之果復攻明州俊與劉洪道坐城樓上遣兵掩擊殺傷大當金人奔北死於江者無數夜拔砦去屯餘姚且請濟師於元朮後七日敵再至俊引兵趨入台州明州居民去者十七八未幾江淅群盜蠭起授俊兩浙西路江南東路制置使以所部招收群盜命後軍統制陳思恭隸之且令兩浙宣撫使周望以兵屬俊劉光世韓世忠之外諸將皆受節度

六月改御前五軍為神武軍俊即本軍為神武右軍都統制除檢校少保定江昭慶軍節度使十月淅西群盜悉平改江南招討使紹興元年帝至會稽時金人殘亂之餘孔彥舟據武陵張用據襄漢李成尤悍彊據江淮湖湘十餘州連兵數萬有席卷東南意多造符讖蠱惑中外圍江州久未解時方患之范宗尹請遣將致討俊慨然請行遂改江淮路招討使成黨馬進在筠州豫章介江筠之間俊聞命就道急趨豫章且曰我已得洪州破賊決矣乃斂兵若無人者金鼓不動令將士登城者斬居月餘進以大書牒來索

戰俊以細書狀報之賊以俊為怯俊諜知賊怠乃議戰岳飛為先鋒楊沂中由上流徑絕生米渡出賊不意追奔七十里至筠州賊背筠河而陣俊用楊沂中計親以步兵當其前精騎數千授沂中及陳思恭俾從山後夾擊以午為期俊與賊鏖戰至午精騎自山馳下賊駭亂退走大敗既復筠州臨江軍捷奏帝賜御筆謂宜乘賊勢已衰當官軍已振驅除勦戮速收全功俊未拜親詔已追至北奉新樓子莊賊黨商元據草山挾險設伏俊遣步兵從間道直趨山椒殺伏奪險乘勝追至江州成勢迫絕江而遁號俊為張鐵

山復江州已而興國軍等處群盜聞俊兵至皆遁去俊引兵渡江至黃梅縣親與成戰成繼奉新失險之敗據石幢坡憑山以木石投人俊先遣游卒進退若爭險狀以誑賊俊親冒矢石帥衆攻險賊衆數萬俱潰馬進為追兵所殺成北走降劉豫諸郡悉平拜太尉四年十月金人與劉豫分道入侵先是諜至舉朝震恐或請他幸俊謂趙鼎曰避將何之惟向前進一步庶可脫當聚天下兵守平江徐為計鼎曰公言避非策是也以天下兵守一州非也公但堅前議足矣遂以俊為兩浙西路江南東路宣撫使屯建康既而

改淮西宣撫使瀕江相距逾月敵不得入俊遣張宗顏潛渡至六合出其背敵將引去俊繼遣王進曰敵既無留心必逕渡淮去可速及其未濟擊之進往敵果北渡遂薄諸淮大敗之獲其酋程師回張延壽以獻五年劉麟入寇俊與楊沂中合兵拒于泗州六年改崇信奉寧軍節度使劉麟兵十餘萬犯濠壽詔併以淮西屬俊楊存中亦聽節制與俊合兵拒敵俊分遣存中與張宗顏王瓊田師中等自定遠軍次越家坊遇劉猊左右軍擊走之俊率大軍鼓行而前至李家灣遇猊大兵與戰殺獲略盡降者萬餘人猊僅以

身免拜少保加鎮洮崇信奉寧軍節度使帝曰卿議論持重深達敵情兼聞挽强之士數萬報國如此朕復何慮又曰羣臣謂朕待卿獨厚其仰體眷懷益思勉勵七年改淮南西路安撫使置司盱眙俊與韓世忠入見議移屯泰檜奏臣嘗語世忠俊陛下倚此二大將譬如兩虎固當各守藩籬使寇不敢近帝曰正如左右手豈可一手不盡力邪命俊自盱眙屯廬州八年金人請寢兵許之賜俊安民靖難功臣拜少傅九年冬金復渝盟再破河南圖順昌府命俊兼應劉錡俊督軍渡江金人引退繼而金人三路都統自東

南兩京分道來侵抵亳州北渡河俊收宿亳諸軍擊之盡復衛真鹿邑等地師還十年酈瓊在亳州俊以大軍至城父都統制王德下符離乘勝趨亳與俊合俊引軍入城金人棄城遁父老列香花迎俊遂復亳州留統制宋超守之俊引軍還壽春進少師封濟國公十一年二月兀朮入合肥漸攻歷陽江東制置大使葉夢得見俊請速出軍俊遣兵渡江諭諸將曰先得和州者勝王德願為諸軍先士鼓譟而行敵已據之德率衆渡采石先登俊宿中流德抵城下金人退屯昭關後三日復敗金將韓常于含山命關師古復

巢縣遂復昭關使左軍統制趙密偃兵篁竹出六丈河以分金勢張守忠以五百騎敗金人於全椒未幾敵斷石梁以拒俊俊疾作力疾引衆涉流登岸追擊之王德與楊存中劉錡會兵敗金人于柘皐拜樞密使俊知朝廷欲罷兵首請納所統兵議賞宿亳功俊部將王德田師中劉寶李横馬立張澥六人同日首受上賞俊力贊和議與秦檜意合言無不從薦士大夫監司郡守者甚衆雖劉子羽自謫籍起家亦俊力也加太傅封廣國公尋進益國公十二年十一月以殿中侍御史江邈論之罷為鎮洮寧武奉寧軍節度

使充醴泉觀使初檜以俊助和議德之故盡罷諸將以兵權付俊歲餘俊無去意故檜使邈攻之尋進封清河郡王奉朝請十三年敕修甲第遣中使就第賜宴侑以教坊樂部十六年改鎮靜江寧武靜海軍二十一年冬帝幸其第拜太師以其姪清海軍承宣使子蓋爲安德軍節度使其他子弟遷秩者十三人南渡後俊握兵最早屢立戰功與韓世忠劉錡岳飛並爲名將世稱張韓劉岳然濠壽之役俊與錡有隙獨以楊沂中爲腹心故有濠梁之劫岳飛冤獄韓世忠救之俊獨助檜成其事心術之殊也遠哉帝於諸將

中眷俊特厚然發言敕之者不絕口自淮西入見則教其讀郭子儀傳召入禁中戒以毋與民爭利毋興土木二十四年六月薨年六十九輟視朝三日斂以一品服帝臨奠哭之慟追封循王子五人子琦子厚子顏子正子仁

子蓋字德高父宏應募從俊軍河上金人破開德府宏戰死子蓋初從韓世忠討苗傅補承信郎累功遷武功郎紹興六年劉猊大舉入寇過定遠縣將趨宣化窺江詔遣俊會劉光世軍勦之子蓋從俊擊猊于藕塘授閤門宣贊舍人明年改昌州刺史江南東路

馬步軍都總管十年金人再取河南以興復宿亳功遷登州防禦使兼宣撫司衙兵副統制十一年二月兀朮入廬州攻含山縣漸攻歷陽俊遣兵渡江子蓋從王德馳入和州金人退屯昭關會劉錡自東關引兵出清溪邀擊金人俊遣子蓋與錡會大戰於柘皋敗之軍勢赫張兀朮復攻濠州子蓋又敗之于周梁橋除興寧軍承宣使和議成改建康府駐劄御前諸軍都統制十三年授龍神衛四廂都指揮使兩浙西路馬步軍都總管帝幸俊第授子蓋安德軍節度使三十二年春金人攻海州急以子蓋爲鎮江府都統

往援之即日渡江馳至楚州淮東漕臣龔濤謂之曰敵衆十倍兵力不支宜張虛聲攻淮陽使之必救則海州可解子蓋曰彼若不救將如之何乃亟趨漣水取便道以進次石湫堰金人陳萬騎於河東子蓋率精銳數千騎擊之謂麾下曰彼衆我寡利在速戰遣統制張玘略陣玘中流矢子蓋曰事急矣奮臂大呼馳入陣諸將繼之殊死戰賊大敗擁溺石湫河死者半圍遂解金人復整軍來戰子蓋再率精銳擊之獲其車馬鎧仗萬計退屯泗州孝宗即位召對賜鞍馬鎧甲束帶且令招集勇敢相時而動子蓋受命還招

金大將蕭鷓巴耶律造哩將其衆來降尋以疾還鎮江授檢校少保淮東招撫使未上卒年五十一贈太尉謚恭壯子蓋從俊征討藕塘柘皐雖多奏功未能出諸將右惟海州一捷可稱云

張宗顏字希賢延安人父吉為涇原將解宣威城圍死之宗顏以父恩補三班借職監閿鄉酒稅積官至涇原副將權殿前司統轄御營軍統制張俊選為統領從俊討浙西寇秀州軍校徐明以城叛宗顏夜襲其城明遁轉忠州刺史遷御前中軍統制金人攻明州宗顏破其前軍盜楊勍破松溪命宗顏及李捧陳

思恭討之宗顏次浦城不進勍又掠建州宗顏趨南劒州與勍遇遂歸盜猶未平謗言已擊退侍御史沈與求劾宗顏三將並出不能平數千之潰卒何以示敵貶二秩從俊討李成與成將馬進戰玉隆觀敗之遷環慶路馬步軍副總管神武右軍統制改麟州觀察使偽齊挾金人攻宣化鎮俊遣宗顏潛渡江出其後襲之不勝俊庇之以捷聞遂加沂州防禦使繼以兵襲擊淮北復遷崇信軍承宣使宣撫司前軍統制偽齊入寇詔張俊解淮西急督府張浚遣楊沂中與俊合擊宗顏自泗州為後繼與猊遇于李家灣大破之橫屍滿野猊僅以身遁擢龍神衛四廂都指揮使武信軍承宣使八年知廬州總帥事敵數百騎抵城下宗顏以騎百餘禦之敵退有至自淮北者傳金人言曰此張鐵山弟也紹興九年卒年四十四贈保靜軍節度使謚莊敏

劉光世字平叔保安軍人延慶次子初以蔭補三班奉職累陞鄜延路兵馬都監蘄州防禦使方臘反延慶為宣撫司都統遣光世自將一軍趨衢婺出其不意破之賊平授耀州觀察使鄜延路兵馬鈐轄時有事燕薊光世從延慶取易州授奉國軍承宣使金

將郭藥師降除威武奉寧軍承宣使延慶遣諸將擣虛趨燕以光世為後繼光世不至諸將失援而潰降三官河北賊張迪掠濬州境詔光世討之光世曰賊烏合非有紀律佯北以邀之其亂可取也即麾騎退賊競進光世引騎貫其中賊大潰復承宣使充鄜延路馬步軍副總管靖康元年金兵攻汴京夏人乘間寇杏子堡堡有兩山對峙地險阨光世據之敵至敗去擢侍衛馬軍都虞候金再攻汴京光世入援聞范致虛傳檄諸路議引兵會之會有詔止勤王兵光世以為宜速進不可以詔示衆既而潰兵至具言京城

事衆懼光世矯以蕃官來自汴京謂二帝決圍南去
衆稍安進屯陝府致虛欲合五路兵進與金戰光世
難之別道趨虢遂至濟州謁康王命為五軍都提舉
王即皇帝位命為省視陵寢使尋為提舉御營使司
一行事務行在都巡檢使斬山東賊李昱遷奉國軍
節度使平鎮江叛兵敗滁濠太平州無為軍江寧府
制置使討張遇於池州遇望其陣曰官軍不整可破
也時湖水涸賊越湖出官軍後官軍亂光世幾被執
王德救之得免遇循江而上光世整兵追至江州斷
其後軍破之遇復東下又追擊於江寧二年以功加

檢校少保命討李成光世以王德為先鋒與成遇於
上蔡驛口橋敗之成收散卒再戰光世以儒服臨軍
成進見白袍青蓋併兵圍之德潰圍拔光世以出下
令得成者以其官爵與之士爭奮再戰皆捷成遁執
其謀主陶子思加檢校少傅帝在揚州金騎掩至天
長光世迎敵未至而軍潰帝倉卒渡江命光世為行
在五軍制置使屯鎮江府控扼江口尋加檢校太保
殿前都指揮使苗劉為亂素憚光世遷光世為太尉
淮南制置使張浚在平江馳書諭以勤王光世不從
呂頤浩遣使至鎮江說之乃引兵會于丹陽兵進光

世以選卒為游擊仍分軍殿後遇苗翊馬柔吉軍于
臨平與韓世忠等破之至行在遷太尉御營副使光
世遣王德助喬仲福追傅至崇安縣盡降其衆傅僅
以身免逆將范瓊被執張浚使光世撫定其衆又招
賊靳賽降之命光世為江東宣撫使守太平及池州
受杜充節制光世言受充節制有不可者六帝怒詔
毋入光世殿門光世始受命隆祐太后在南昌議者
謂金人自蘄黃渡江陸行二百里可至命光世移屯
江州為屏蔽光世既至日置酒高會金人自黃州渡
江凡三日無知之者比金人至遂遁太后退保虔州

馮檝貽書光世言賊深入最兵家之忌進則距山退
則背江百無一利而敢如此橫行者以前無抗拒後
無襲逐也太尉儻選精兵自將來洪而開一路令歸
伏兵掩之可使匹馬不還光世不能用自信州引兵
至南康鄱陽圍固始縣光世遣人招降之又遣王德
擒妖賊王念經于信州時光世部曲無所隸號太尉
兵侍御史沈與求論其非宜會御營司廢乃以巡衛
名其軍命充御前巡衛軍都統制召赴行在授浙西
安撫大使知鎮江府光世言安撫控制一路若但守
鎮江則他郡有警不可離任望別除守臣光世專充

安撫使從便置司時光世慮金人必過江故預擇便
地帝覺之止許增辟通判右諫議大夫黎確疏其擇
便求佚中外所憤帝釋不問加寧武軍節度使開府
儀同三司以遣之光世乞便宜行事不許時韓世忠
張俊兼領浙西制置使光世復言本路兵火之餘不
任三處需求遂罷世忠俊兼領時金兵留淮東光世
頗畏其鋒楚州被圍已百日帝手札趣光世援楚者
五竟不行但遣王德酈瓊將輕兵以出時奏殺獲而
已楚州破命光世節制諸鎮力守通泰完顏昌屯承
楚光世知其衆思歸欲攜貳之乃鑄金銀銅錢文曰
招納信寶獲敵不殺令持錢文示其徒有欲歸者扣
江執錢為信歸者不絕因刱奇兵赤心兩軍昌遂拔
砦去紹興元年金人渡淮真揚州皆闕守命光世兼
淮南京東路宣撫使置司揚州措置屯田迄不行張
俊討李成又命光世分兵往舒蘄擣其巢穴光世以
江北盜未平為辭命兼淮南宣撫使領真揚通承楚
州漣水軍郭仲威謀據淮南以通劉豫光世遣王德
擒之并其衆范宗尹言光世軍多冗費請汰其罷軟
者帝曰俟作手書與之如家人禮庶幾不疑光世以
桔秸生穗為瑞聞于朝帝曰歲豐人不乏食朝得賢

輔佐軍有十萬鐵騎乃可為瑞此外不足信淮北人
多歸附者命光世兼海泗宣撫使以安輯之五湖捕
魚人夏寧聚衆千餘掠人為食郭仲威餘黨出沒淮
南邵青據通州光世皆招降之光世請鑄淮東宣撫
使印給錢糧增將吏皆從其請仍給鎮江府常州江
陰軍苗米三十七萬斛為軍中一歲費二年復命移
屯揚州時至鎮江視師光世不奉詔入朝言鄰寇有
疑或致生事願仍領浙西為根本計右司諫方孟卿
劾之乞召宰執與議使之必往光世猶以乏糧為辭
光世之來以繒帛方物為獻帝命分賜六宮中丞沈
與求以為不可命還之呂頤浩與光世有故怨頤浩
將出視師首言光世兵冗不練乞移其軍還闕帝曰
光世軍糧不足若驟移必潰先犒軍而後料簡可也
頤浩至鎮江光世軍果告乏頤浩奏光世軍月費二
千萬緡乞差官考覈詔御史江躋度支胡蒙至軍點
校終不得實帝方倚其成功尋詔兩漕臣措置鎮江
酒稅務助其軍費又罷織御服羅省七百萬緡以助
之加寧武寧國軍節度使光世奏部將喬仲福靳賽
防江有勞詔進一官許回授光世固乞轉行給事中
程瑀持不可又言光世兵未渡江金人或渡淮江浙

必震光世方遣人按行宜興湖洑之間以備退保詔以章示之光世遷延如故三年命光世與韓世忠易鎮同召赴闕授檢校太傅江東宣撫使世忠既至鎮江城下姦人入城焚府庫光世擒之皆云世忠所遣世忠屯登雲門光世引兵出懼其扼己改途趨白鷺店世忠遣兵襲其後光世以聞帝遣使和解仍書賈復寇恂傳賜之命為江東淮西宣撫使置司池州賜錢十萬緡劉豫將王彥先揚兵淮上有渡江意光世扼馬家渡遣酈瓊屯無為軍為濠廬援賊乃退光世奏酈延李侑充閤門祗候言者論其涉私罷之金人

劉豫入侵時光世張俊韓世忠權相敵且持私隙帝遣侍御史魏矼至軍中諭以釋怨報國光世乃移書二帥二帥皆復書致情光世始移軍太平州以援世忠金兵退光世入覲遷少保帝曰卿與世忠以少嫌不釋然烈士當以氣義相許先國家而後私讎復諭以光武分寇恂賈復之事光世泣謝請以所置淮東田易淮西田給事中晏敦復言其擾民而止又請並封其三妾為孺人南渡後諸大將封妾自此始會改神武軍為行營護軍以光世所部稱左護軍劉豫築龍城以窺淮西光世遣王師晟破之加保靜軍節度

使遂領三鎮張浚撫淮上諸屯劉豫挾金人分道入侵命光世屯廬州以招北軍與韓世忠張俊鼎立揚沂中將精卒為後距劉猊驅鄉民僞為金兵布淮境光世奏廬難守密干趙鼎欲還太平州浚命呂祉馳往軍中督師光世已舍廬州退浚遣人厲其衆曰若有一人渡江即斬以徇光世不得已駐兵與沂中相應遣王德酈瓊領兵自安豐出謝步遇金將三戰皆敗之張浚入對言光世驕惰不戰不可為大將請罷之帝命與趙鼎議鼎曰光世將家子孫將卒多出其門罷之恐拂人心遂遷護國鎮安保靜軍節度使右

司諫陳公輔劾其不守廬州張浚言其沈酣酒色不恤國事語以恢復意氣怫然乞賜罷斥光世引疾請罷軍政又獻所餘金穀于朝拜少師充萬壽觀使奉朝請封榮國公賜甲第一區以兵歸都督府公輔又言光世雖罷而遷少師賞罰不明中書舍人勾龍如淵又繳還賜第之命帝曰光世罷兵柄若恩禮稍加則諸將知有後福皆效力矣卒賜之初光世麾下多降盜素無紀律至是督府命呂祉節制其軍酈瓊殺祉驅諸軍降劉豫九年用講和恩賜號和衆輔國功臣進封雍國公陝西宣撫使弟光遠疏其短于言路

如淵時爲中丞再論光世不可遣而止十年金人圍順昌拜太保爲三京招撫處置使以援劉錡光世請李顯忠爲前軍都統又請王德自隸德不願受其節制顯忠行至宿泗軍多潰進至和州秦檜主罷兵召還光世入見爲萬壽觀使改封楊國公疾革乞免其家科役中書舍人張廣格不下卒年五十四贈太師官其子孫甥姪十四人謚武僖乾道八年追封安城郡王開禧元年追封鄜王光世在諸將中最先進律身不嚴馭軍無法不肯爲國任事逋寇自資見詆公論嘗入對言願竭力報國他日史官書臣功第一帝

曰卿不可徒爲空言當見之行事建炎初結内侍康履以自固又畨解兵柄與時浮沈不爲秦檜所忌故能窃寵榮以終其身方之韓岳遠矣

王淵字幾道熙州人後徙環州善騎射應募擊夏國屢有功累遷熙河蘭湟路第三將部將權知鞏州寧遠砦諸羌入寇經畧司討之表淵總領岷山蕃兵將與師城澤州羌衆來爭淵奮擊大破之追至邈川城移同總領湟州蕃兵將兼知臨宗砦坐法免宣和三年劉延慶討方臘以淵爲先鋒賊將據錢塘勢張甚淵諭小校韓世忠曰賊謂我遠來必易我明日爾逆戰而僞遁我以強弩伏數百步外必可得志世忠如其言賊果追之伏弩卒發應弦而倒逐北至淳安賊據幇源峒遂圍而平之授閤門宣贊舍人權京畿提舉保甲兼權提點刑獄公事繼從延慶攻契丹重兵壁盧溝南遣淵等數千人護餉道戰敗爲敵所獲已而逃歸猶以出塞遷武功大夫果州團練使又從楊惟忠辛興宗破群盜高托山等遷拱衛大夫寧州觀察使靖康元年爲真定府總管就遷都統制吳湛據趙州叛淵討平之金人攻汴京河東北宣撫使范訥統勤王兵屯雍丘以淵爲先鋒尋以所部歸康王

府明年張邦昌僭立康王如濟州命淵以三千人入衛宗廟淵至汴都以朝服見邦昌納謁曰參冢宰相公邦昌始易紫袍延之政事堂淵慟哭宣教康王即皇帝位淵與楊惟忠韓世忠以河北兵劉光世以陝西兵張俊苗傅等以帥府及降群盜兵皆在行朝不相統一始置御營司以淵爲都統制扈從累月不釋甲帝如揚州授龍神衛四廂都指揮使尋改捧日天武四廂都指揮使進保大軍承宣使時群盜蠭起以淵爲制置使平杭賊提兵四出所向皆捷平軍賊趙萬於鎮江誅杭賊陳通於杭州降張遇於揚子橋期

年群盜略盡遷嚮德軍節度使惟趙萬陳通等已招其降而復盡誅之建炎三年二月金人攻揚州帝倉卒渡江淵與內侍康履從至鎮江奉國軍節度使劉光世見帝泣告淵專管江上海船每言緩急決不誤事今臣所部數萬二千餘騎皆不能濟淵忿其言斬江北都巡檢皇甫佐以自解中書侍郎朱勝非馳見淵督之乃始經畫已無所及自是淵失諸將心帝欲如鎮江以援江北群臣亦固請淵獨言鎮江止可捍一面若金人自通川渡先據姑蘇將若之何不如錢塘有重江之險議遂決命淵守姑蘇言戎器全缺兵

匠甚少乞括民匠營繕尋自平江赴行在拜簽書樞密院事仍兼都統制命下諸將籍籍帝聞之乃命免奏事簽書仍解都統制以慰衆心先是統制官苗傅自負世將以淵驟用頗觖望劉正彥嘗招巨盜丁進亦以賞薄怨淵而內侍康履頗用事及淵入樞府傳正彥以其由宦官薦愈不平俟淵入朝伏兵殺之併殺康履遂成明受之變淵時年五十三淵為將輕財好義家無宿儲每言朝廷官人以爵祿足代耕若事錐刀我何愛爵祿曷若為富商大賈耶初帝在南京聞淵疾遣中使曾澤問疾澤還言其帷幔茵褥皆不具帝輟所御紫茸茵以賜然其平群盜多殺降與康履深交故及於禍贈開府儀同三司累加少保官其子孫八人紹興四年又官二人乾道六年謚襄愍子倚

解元字善長保安軍德清砦人踈眉俊目猿臂善騎射起行伍為清澗都虞候建炎三年隸大將韓世忠麾下擢偏將世忠出下邳聞金兵大至士皆駭懼元領二十騎擒其生口知敵動息俄逢騎數百身自陷陣橫刺酋長墜馬餘皆遁去授閤門宣贊舍人苗傅劉正彥之變從世忠追至臨平與戰賊勢既衰擒于

浦城四年三月金人攻浙西世忠治兵京口邀其歸路以海艦橫截大江金人出小舟數十以長鈎拔艦元在別舸躍入敵舟以短兵擊殺數十人擒其千戶授忠州團練使統制前軍繼從討閩寇范汝為轉討湖外諸盜時劉忠據白面山憑險築壘世忠討之距賊營三十里而陣元獨跨馬涉水薄賊砦四顧周覽賊因山設望樓從高瞰下以兵守之元壯銳于四山視其指呼而出戰元既得其形勢歸告世忠曰易與爾若奪據其望樓則技窮矣世忠然之遣元率兵五百長戟居中翼以弓矢自下趨高賊衆莫支乃據望

摟立赤幟四面並進賊遂平改拓州觀察使紹興四年金人偽齊合兵入侵世忠自鎮江趨揚州命元屯承州金人至近郊元度翌日必至城下遣百人伏要路百人伏嶽廟自以四百人伏路隅令曰俟金人過我當先出掩之伏要路者視我麾旂則立幟以待金人必自嶽廟走伏者背出又決河岸遏其歸路金人果走城下伏發金人進退無路乃走嶽廟元追之獲百四十八人止遺二人時城中兵不滿三千金萬戶黑頭虎直造城下約降元匿其兵以微服出偽若降者金人稍懈俄伏發擒黑頭虎未幾金兵四集元戰

却之追北數十里金人赴水死者甚衆改同州觀察使六年從世忠出下邳以數百騎破敵伏兵授保順軍承宣使十年略地淮陽至劉令莊騎纔三百當敵騎數千元揮戈大呼衆爭奮敵披靡俄而救至後部疑懼元回顧曰我在此若等無慮衆乃安轉戰自辰至午敵退成列而還加龍神衛四廂都指揮使明年世忠罷兵柄為樞密使以元為鎮江府駐劄御前諸軍都統制以統其衆又明年進侍衛親軍馬步軍都虞候尋授保信軍節度使卒年五十四贈檢校少保

曲端字正甫鎮戎人父渙任左班殿直戰死端三歲授三班借職警敏知書善屬文長於兵略歷秦鳳路隊将涇原路通安砦兵馬監押權涇原路第三将夏人入寇涇原帥司調統制李庠捍禦端在遣中庠駐兵柏林堡斥堠不謹為夏人所薄兵大潰端力戰敗之整軍還夏人再入寇西安州懷德軍相繼陷沒鎮戎當敵要衝無守将經略使席貢疾柏林功奏端知鎮戎軍兼經略司統制官建炎元年十二月婁宿攻陝西二年正月入長安鳳翔關隴大震二月義兵起金人自鞏東還端時治兵涇原招流民潰卒所過人供糧糗道不拾遺金游騎入境端遣副将吳玠據清

溪嶺與戰大破之端乘其退遂下兵秦州而義兵已復長安鳳翔統領官劉希亮自鳳翔歸端斬之六月以集英殿修撰知延安府王庶為龍圖閣待制節制陝西六路軍馬遂授端吉州團練使充節制司都統制端雅不欲屬庶九月金人攻陝西庶召端會雍耀間端辭以未受命庶以鄜延兵先至龍坊端又稱已奏乞回避庶責別遣統制官龐世才将步騎萬人來會庶無如之何則檄責勒端還舊任遣陝西節制司将官賀師範趨耀別将王宗尹趨白水且令原慶出師為援二帥各遣偏将劉仕忠寇鋹來與師範會庶

欲往耀督戰已行會龐世才兵至邠端中悔以狀白庶言已赴軍前庶乃止師範輕敵不戒卒遇敵于八公原戰死二将各引去端遂得涇原兵柄十一月金諜知端庶不恊併兵攻鄜延時端盡統涇原精兵駐淳化庶日移文趣其進又遣使臣進士十數輩往說端端不聽庶知事急又遣屬官魚濤督師端陽許而實無行意權轉運判官張彬為端隨軍應副問以師期端笑謂彬曰公視端所部孰與李綱救太原兵乎彬曰不及也端曰綱召天下兵不度而往以取敗今端兵不滿萬不幸而敗則金騎長驅無陝西矣端計

全陝西與鄜延一路孰輕重是以未敢即行不如蕩賊巢穴攻其必救乃遣吳玠攻華州拔之端自分蒲城而不攻引兵趨耀之同官復迂路由邠之三水與玠會襄樂金攻延安急庶收散亡往援溫州觀察使知鳳翔府王𤫊将所部發興元比庶至甘泉而延安已陷庶無所歸以軍付𤫊自将百騎與官屬馳赴襄樂勞軍庶猶以節制望端欲倚以自副端彌不平端號令素嚴入壁者雖貴不敢馳庶至端令每門減其從騎之半及帳下僅數騎而已端猶虛中軍以居庶庶坐帳中端先以戎服趨于庭既而與張彬及走馬

承受公事高中立同見帳中良久端聲色俱厲問庶延安失守狀曰節制固知愛身不知愛天子城乎庶曰吾數令不從誰其愛身者端怒曰在耀州屢陳軍事不一見聽何也因起歸帳庶留端軍終夕不自安端欲即軍中殺庶奪其兵夜走寧州見陝西撫諭使謝亮說之曰延安五路襟喉今已失之春秋大夫出疆得以專之請誅庶歸報亮曰使事有指今以人臣擅誅于外是跋扈也公為則自為端意沮復歸軍明日庶見端為言已自劾待罪端拘縻其官屬奪其節制使印庶乃得去王𤫊将兩軍在慶陽端召之𤫊不

應會有告𤫊過邠軍士劫掠者端怒命統制官張中孚率兵召𤫊謂中孚曰𤫊不聽則斬以來中孚至慶陽𤫊已去遽遣兵要之不及而止初叛賊史斌圍興元不克引兵還關中義兵統領張宗諤誘斌如長安而散其衆欲徐圖之端遣吳玠襲斌擒之端自襲宗諤殺之三年九月遷康州防禦使涇原路經畧安撫使時延安新破端不欲去涇原乃以知涇州郭浩權鄜延經略司公事自謝亮歸朝廷聞端欲斬王庶疑有叛意以御營司提舉召端端疑不行議者喧言端反端無以自明會張浚宣撫川陝入辭以百口明端

不反浚自收攬英傑以端在陝西屢與敵角欲仗其威聲承制築壇拜端為威武大將軍宣州觀察使宣撫處置使司都統制知渭州端登壇受禮軍士歡讋如雷浚雖欲用端然未測端意遣張彬以招填禁軍為名詣渭州察之彬見端問曰公常患諸路兵不合財不足今兵已合財已備婁宿以孤軍深入吾境我合諸路攻之不難萬一粘罕併兵而來何以待之端曰不然兵法先較彼己今敵可勝止婁宿孤軍一事然將士精銳不減前日我不可勝亦止合五路兵一事然將士無以大異於前況金人因糧於我我常為

客彼常為主今當反之按兵據險時出偏師以擾其耕穫彼不得耕必取糧河東則我為主彼為客不一二年必自困斃可一舉而滅也萬一輕舉後憂方大彬以端言復命浚不主端說四年春金人攻環慶端遣吳玠等拒于彭原店端自將屯宜祿玠先勝既而金軍復振玠小却端退屯涇州金乘勝焚邠州而去玠怨端不為援端謂玠前軍已敗不得不據險以防衝突乃劾玠違節制是秋兀朮窺江淮浚議出師以撓其勢端曰平原廣野賊便於衝突而我軍未嘗習水戰金人新造之勢難與爭鋒宜訓兵秣馬保疆而已俟十年乃可端既與浚異浚積前疑竟以彭原事罷端兵柄與祠再責海州團練使萬安州安置是年浚為富平之役軍敗誅趙哲貶劉錫浚欲慰人望下令以富平之役涇原軍馬出力最多既却退之後先自聚集皆緣前帥曲端訓練有方敘端左武大夫興州居住紹興元年正月敘正任榮州刺史提舉江州太平觀徙閬州於是浚自興州移司閬州欲復用端玠與端有憾言曲端再起必不利於張公王庶又從而間之浚入其說亦畏端難制端嘗作詩題柱曰不向關中興事業却來江上泛漁舟庶告浚謂其指斥

乘輿於是送端恭州獄武臣康隨者嘗忤端鞭其背隨恨端入骨浚以隨提點夔路刑獄端聞之曰吾其死矣呼天者數聲端有馬名鐵象日馳四百里至是連呼鐵象可惜者又數聲乃赴逮既至隨令獄吏縶維之糊其口燔之以火端乾渴求飲予之酒九竅流血而死年四十一陝西士大夫莫不惜之軍民亦皆悵悵有叛去者浚尋得罪追復端宣州觀察使謚壯愍端有將略使展盡其才要未可量然剛愎恃才凌物此其所以取禍云

論曰南渡諸將以張韓劉岳並稱而俊為之冠然夷

考其行事則有不然者俊受心膂爪牙之寄其平苗劉雖有勤王之績然既不能守越又棄四明負亦不少矧其附檜主和謀殺岳飛保全富貴取媚人主其負戾又如何哉光世自恃宿將選沮却畏不用上命師律不嚴卒致酈瓊之叛迎合檜意首納軍權雖得善終牖下君子不貴也二人方之韓岳遠矣然子蓋宗顏號俊子弟著海之功泗上之捷亦足稱焉王淵以總率扈從有勞遂至驕盈失將士心自取覆敗況結托康履與光世一轍烏足道哉解元始由韓世忠進其攻城野戰未嘗敗衂有可稱者不幸早世惜

哉曲端剛愎自用輕視其上勞效未著動違節制張浚殺之雖冤蓋亦自取焉爾

列傳卷第一百二十八

列傳卷第一百二十九　宋史三百七十

開府儀同三司上柱國錄軍國重事前中書右丞相監修國史領經筵事都總裁臣脫脫等奉敕修

王友直　李寶　成閔　趙密

劉子羽　呂祉　胡世將　鄭剛中

王友直字聖益博州高平人父佐以材武稱友直年十二隨父游諳兵法紹興三十一年金人渝盟友直結豪傑志恢復謂其衆曰權所以濟事權歸於正何害於理迺矯制自擬承宣使河北等路安撫制置使餘擬官有差徧諭州縣勤王未幾得衆數萬制為十

三軍軍置都統制提舉提點提轄訓練統之九月戊子進攻大名一鼓而克撫定衆庶諭以紹興年號乃與王任馮穀張昇牛汝霖列奏于朝欲領衆南歸時金人尚在揚州久不報友直將由壽春涉淮而濟道拜敕書勉以率衆擣敵腹心犄角應援除友直檢校少保天雄軍節度使王任天平軍節度使馮穀左通議大夫徽猷閣直學士張昇右朝奉大夫直秘閣牛汝霖通直郎直秘閣職任各從舊得便宜行事時三十二年正月一日也旋與敵遇相拒淮北敵兵來益衆友直即率所部渡淮既而審金主亮已斃所遇乃

歸師悔不襲擊之高宗視師江上見于金陵賜金帶章服錫賚及二子友直恥前功不遂自陳乞復州防禦使以忠義軍統制隸鎮江都統司越四月詔偕統制張子蓋援海州方接戰友直張一旗大書宋忠義將河北王九郎以自表潛由小逕背敵陣因其輜重挑歸道橋左右桃水張子蓋知友直已乘敵後麾軍進擊敵潰走盡溺死圍遂解轉宜州觀察使孝宗受禪友直與統制宋寧數出奇轉戰張浚都督江淮一見喜之辟建康前軍統制隆興二年九月金人犯邊宣諭使王之望命以前軍戍昭關友直不踰時即行他軍同戍者敵至輒退保和州友直孤軍堅守金兵駐黃山鼓柝相聞益整暇自持乾道元年移鎮江御前諸軍統制俄改步司左軍統制兼左驍衛上將軍初淮北之戰友直母子相失至是訪得之乃與其妻李勞二女自淮而還錫予加厚又明年除御前諸軍統制請祠手詔慰勞四年繇京口入覲進神龍衛四廂都指揮使主管步司公事遷侍衛親步軍都指揮使朝廷議遣馬步二司移屯重地丞相虞允文欲先發步司友直請以馬司先及馬帥李顯忠屯金陵友直奏馬軍道途轉徙困弊已甚有旨免移步司八年

轉承宣使旋除殿前副都指揮使淳熙元年授奉國軍節度使四年總殿步司大閱于茅灘鎧仗精明號令閑肅明年進殿前指揮使賜第中都賜田平江燕射咸預晚節宴安軍政稍失律授宜州觀察使尋罷宮觀徙居信州以郊祀恩內徙三奉祠復武寧軍承宣使卒年六十一追復節度使贈檢校少保

李寶河北人嘗陷金拔身從海道來歸金主亮渝盟淮浙姦民倪詢梁簡等教金造舟且為鄉導金使蘇保衡造舟于潞河明年以保衡為統軍將繇海道襲浙江諜聞高宗謂宰臣曰李寶頃因召對詢以北事歷歷如數且以一介脫身還朝陛對無一毫沮懾是必能事者廼授浙西路馬步軍副總管駐劄平江令與守臣督海舟捍禦高宗問舟幾何曰堅全可涉風濤者百二十艘兵幾何曰僅三千皆閩浙弓弩手非正兵也旗幟甲仗亦粗備事急矣臣願亟發賜寶衣帶鞍馬尚方弓刀戈甲及銀絹萬數八月次江陰先遣其子公佐謂曰汝為潛伺敵動靜虛實毋誤公佐受命即與將官邊士寧偕往寶將啓行軍士爭言西北風力尚勁迎之非利寶下令敢沮大計者斬遂發蘇州大洋行三日風甚惡舟散不可收寶杭慨顧左

右曰天以是試李寶邪寶心如鐵石不變矣酹酒自誓風即止明日散舟復集士寧自密州回得敵耗甚悉且言公佐已挾魏勝得海州寶喜曰吾兒不負乃翁矣士氣百倍趣衆乘機進適大風復作海濤如山寶神色不為動風少殺始縱舟泊抵東海敵已雲合圍海州旌麾數十里寶麾兵登岸以劒畫地令曰此非復吾境力戰與否在汝等因握槊前行遇敵奮擊將士賈勇無不一當十敵出不意亟引去勝出城迎寶寶奨其忠義勉以共立功名勝感泣乃維舟犒士遣辯者四出招納降附聲振山東豪傑如王世修輩各

署旗集義勇爭應援多者數萬人寶列名上諸朝檄所部會密之膠西命公佐以郡事畀勝與俱發至膠西石臼島敵舟已出海口泊唐島相距僅一山時北風盛寶禱于石臼神俄有風自柁樓中來如鍾鐸聲衆咸奮引舟握刃待戰敵操舟者皆中原遺民遙見寶船紿敵兵入舟中使不知王師猝至風駛舟疾過山薄虜鼓聲震疊海波騰躍敵大驚掣矴舉帆帆皆油纈彌亘數里風浪捲聚一隅窘東無復行次寶亟命火箭環射箭所中煙焰旋起延燒數百艘火所不及者猶欲前拒寶叱壯士躍登其舟短兵擊刺殪之

舟中餘所謂簽軍盡中原舊民皆登島垠脫甲歸命以故不殺然倉卒舟不獲艤溺死甚衆俘大漢軍三千餘人斬其帥完顏鄭家奴等六人禽倪詢等上于朝獲其統軍符印與文書器甲糧斛以萬計餘物衆不能舉者悉焚之火四晝夜不滅寶將乘勢席卷公佐切諫以為金主亮方濟淮聞通泰已陷得遠失近且有腹背憂乃還軍駐東海視緩急為表裏援遣曹洋輕舟報捷上喜曰朕獨用李寶果立功為天下倡矣詔奨諭書忠勇李寶四字表其旗幟除靜海軍節度使沿海制置使賜金器玉帶亮聞膠西之敗大怒

召諸酋約以三日渡江於是內變殺亮向微唐島之捷則亮之死未可期錢唐之危可憂也寶之功亦大矣寶戰具精利宰臣陳康伯取其長槍克敵弓弩俾所司為式製之卒贈檢校少保

成閔字居仁邢州人靖康初劉韐為真定帥募勇士捍金兵閔在麾下高宗即位閔領數百騎至楊州會上南渡韓世忠追苗傅及襲兀朮討范汝為閔皆在戎行又以力戰郤敵積功至武功大夫忠州刺史從世忠入見世忠指閔曰臣在南京自謂天下當先使當時見此人亦避一頭矣上嘉歎勞勉旋以取海州

功擢磁州團練使召見賜袍帶錦帛加贈玉束帶時方與金盟世忠罷兵入為樞密使詔進閔棣州防禦使殿前遊奕軍統制歷遷保寧軍承宣使紹興二十四年拜慶遠軍節度使尋丁母憂詔起復贈其母鄭國夫人金主亮將敗盟詔閔提禁旅三萬鎮武昌命湖北守漕創砦屋三萬間以待之發折帛米錢茶引共百四十餘萬緡義倉和糴米六十三萬石備軍用仍賜金器劍甲臨遣之閔至鄂未幾進屯應城縣八月除湖北京西制置使節制兩路軍馬九月兼京西河北招討使十一月詔回援淮西閔喜於得歸冒雨兼程趨建康士卒多道死朝廷所給犒師物奄歸己不及士卒士卒有怨言閔斬之未幾除淮東制置使駐鎮江既而言者論諸軍皆聚鎮江恐出敵不意擣上流於是詔閔發鄂州張成華旺軍回駐鄂亮死閔引兵渡江趨揚州及金人自盱眙渡淮北去閔列兵南岸軍士呫聲相聞金人笑之曰寄聲成太尉有勤護送時虜氣已奪日虞王師之至委棄戈甲粟米山積諸軍多仰以給惟閔軍多浙人素不食粟死者甚衆閔至泗州奏已克復淮東尋入朝凡侍從卿監閤門内侍皆有賂遺左正言劉度劾之猶超拜太尉主管殿前司公事尋復為御史論列罷太尉婺州居住奪慶遠節乾道初聽自便歸湖州尋詔復節都統鎮江諸軍九年請祠致仕治園第于平江淳熙元年卒年八十一贈開府儀同三司子十一人

趙密字微叔太原清河人政和四年用材武試崇政殿授河北隊將戍燕高宗以大元帥開府檄統先鋒援京師建炎元年從張俊討任城寇李昱俊輕騎先行遇伏密奔射斃數人乃脫擢閤門祗候俊置靖勝軍以密統之平賊董青趙萬徐明等累功轉武節郎左軍統領金兵陷揚州士民隨乘輿渡江衆數萬密露立水濱麾舟濟之苗傅之變破赤心軍于臨平金人犯明州俊遣密及楊沂中與殊死戰敗之進武功大夫陞統制紹興元年李成馬進擾江淮俊復遣密大破之成進皆北遁賜金帶轉親衛大夫康州刺史總管涇原馬步軍平張莽蕩尋詔入衛十年金犯亳宿從俊營合肥出西路時水潦暴漲涉六晝夜始達宿與敵遇敗之明年敵分兵犯滁濠密進擊之且命張守忠以五百騎出全椒縣伏篁竹間敵疑宵遁密乃引兵出六丈河斷其歸路又敗之進中衛協忠大夫和州團練防禦使尋拜宣州觀察使為龍神衛四

廂都指揮使主管侍衛步軍海寇朱明暴橫密授張守忠方略曰海與陸異窮之則日月相持非策之善要在拊定之耳守忠用其計明降進定江軍承宣使崇信軍節度使以年勞轉太尉拜開府儀同三司明年領殿前都指揮使獻本軍酒方六十六所積錢十萬緡銀五萬兩助軍用詔獎之上疏告老以萬壽觀使奉朝請隆興二年進少保致仕俄報金復犯淮詔密再為殿前都指揮使初敵聲言航海朝論選從官視舟師徽禁旅防守密不為動迄如所料和議成罷為醴泉使乾道元年九月致仕卒年七十一贈少傅

劉子羽字彥修建之崇安人資政殿學士韐之長子也宣和末韐帥浙東子羽以主管機宜文字佐其父破睦賊入主太府太僕簿遷衛尉丞韐守真定子羽辟從會金人入父子相誓死守金人不能拔而去由是知名除直祕閣京城不守韐死之既免喪除祕閣脩撰知池州以書抵宰相論天下兵勢當以秦隴為根本改集英殿脩撰知秦州未行召赴行在除樞密院檢詳文字建炎三年大将范瓊擁強兵江西召之弗來來又不肯釋兵知樞密院事張浚與子羽密謀誅之一日命張俊以千兵渡江若備他盜者使皆甲而來因召俊瓊及劉光世赴都堂議事為設飲食食已諸公相顧未發子羽坐廡下恐瓊覺取黃紙趨前舉以麾瓊曰下有敕将軍可詣大理置對瓊愕不知所為子羽顧左右擁置輿中衛以俊兵送獄光世出撫其衆數瓊在圍城中附金人迫二帝出狩狀且曰所誅止瓊爾汝等固天子自将之兵也衆皆投刃曰諾有旨分隸御營五軍頃刻而定瓊竟伏誅浚以此奇其材浚宣撫川陝辟子羽參議軍事至秦州立幕府節度五路諸将規以五年而後出師明年除徽猷閣待制金人窺江淮急浚念禁衛寡弱計所以分撓

其兵勢者遂合五路之兵以進子羽以非本計爭之浚曰吾寧不知此顧今東南之事方急不得不為是耳遂北至富平與金人遇戰不利金人乘勝而前宣撫司退保興州人情大震官屬有建策徙治夔州者子羽叱之曰孺子可斬也四川全盛敵欲入寇久矣直以川口有鐵山棧道之險未敢遽窺耳今不堅守縱使深入而吾僻處夔峽遂與關中聲援不相聞進退失計悔将何及今幸敵方肆掠未逼近郡宣司但當留駐興州外繫關中之望內安全蜀之心急遣官屬出關呼召諸将收集散亡分布險隘堅壁固壘觀

衆而動庶幾猶或可以補前愆而贖後咎奈何乃為此言乎浚然子羽言而諸參佐無敢行者子羽即自請奉命北出復以單騎至秦州召諸亡將諸亡將聞命大喜悉以其衆來會子羽命吳玠柵和尚原守大散關而分兵悉守諸險塞金人知有備引去明年金人復聚兵來攻再為玠所敗浚移治閬州子羽請獨留河池調護諸將以通內外聲援浚許之明年玠以秦鳳經畧使戍河池王彥以金均房鎮撫使戍金州二鎮皆饑與元帥臣閉糴二鎮病之玠彥皆願得子羽守漢中浚乃承制拜子羽利州路經略使兼知興

元府子羽至漢中通商輸粟二鎮遂安除寳文閣直學士是冬金人犯金州三年正月王彥失守退保石泉子羽亟移兵守饒風嶺馳告玠玠大驚即越境而東日夜馳三百里至饒風列營拒守金人悉力仰攻死傷山積更募死士由間道自祖溪關入繞出玠後玠遽邀子羽去子羽不可而留玠同守定軍山玠難之遂西子羽獨與元退守三泉縣從兵不滿三百與士卒取草牙木甲食之遺玠書訣別玠時在仙人關其愛將楊政大呼軍門曰節使不可負劉待制不然政輩亦舍節使去矣玠乃間道會子羽子羽留玠共

守三泉玠曰關外蜀之門戶不可輕棄復往守仙人關子羽以潭毒山形斗拔其上寬平有水乃築壁壘十六日而成金人已至距營十數里子羽據胡床坐于壘口諸將泣告曰此非待制坐處子羽曰子羽今日死于此敵尋亦引去自金人入梁洋四蜀復大震張浚欲移潼川子羽遺浚書言己在此金人必不南浚乃止撤離曷由斜谷北去子羽謀邀之於武休不及既回鳳翔遣十人持書旗招子羽子羽盡斬之而留其一縱之還曰為我語賊欲來即來吾有死爾何可招也先是子羽預徙梁洋公私之積至是金人深入餽

不繼又腹背為子羽玠所攻死傷十五六疫癘且作亟遁去子羽出師掩擊墮溪澗死者不可勝計餘兵不能自拔者悉降始金人攻蜀所選士卒千取百百取十戰被重鎧登山攻險每一人前輒二人推其後前者死後者被其甲以進又死則又代之其為必取計如此浚雖衂師卒全蜀子羽之力居多子羽還與元四年坐富平之役與浚俱罷尋為言者所論責授單州團練副使泉州安置新除川陝宣撫副使吳玠始為裨將未知名子羽獨奇之言於浚浚與語大悅使盡護諸將至是上疏論子羽之功請納節贖其罪

詔聽子羽自便明年復元官提舉江州太平觀張浚還朝議合兵大舉乃請召子羽令諭旨西帥以集英殿脩撰知鄂州未幾權都督府參議軍事與主管機宜文字熊彥詩同撫諭川陜時吳玠屢言軍前之糧故令子羽見玠諭指且與都轉運使趙開計事併察邊備虛實以聞時五年冬也明年秋與彥詩同還朝子羽言金人未可闚宜益兵屯田以俟機會時張浚以淮西安撫使劉光世驕惰不肅密奏請罷之而以其兵屬子羽子羽辭乃以徽猷閣待制知泉州七年淮西酈瓊叛張浚罷相八年御史常同論子羽十罪

上批出白州安置趙鼎曰章疏中論及結吳玠事今方倚玠恐不自安同疏再上以散官安置漳州十一年樞密使張浚薦子羽復元官知鎮江府兼沿江安撫使金人入寇子羽建議清野淮東之人皆徙鎮江撫以恩信雖兵民雜居無敢相侵者既而金人不至浚問子羽子羽曰異時金人入寇飄忽如風雨今久遲回必有他意蓋金人以拓皐之敗欲急和也未幾果遣使議和復徽猷閣待制秦檜風諫官論罷之復提舉太平觀十六年卒子珙自有傳吏部郎朱松以子熹託子羽子羽與弟子翬篤教之異時卒為大儒云

呂祉字安老建州建陽人宣和初上舍釋褐建炎二年為右正言以論事忤執政通判明州紹興元年盜起湖南北為荊湖提刑祉既至招捕有方踰年盜平進直祕閣尋召赴行在淮南宣撫使韓世忠將出師辟祉議軍事除直徽猷閣充參議官辭不行三年陞直龍圖閣知建康府祉到官與通判府事吳若安撫司準備差遣陳充共議作東南防守利便三卷上之大畧謂立國於東南者當聯絡淮甸荊蜀之勢今臨安僻在海隅移蹕江上然後可以繫南北離散之心

四年冬金人攻淮江左戒嚴獨韓世忠統銳卒在高郵金既陷漣水破山陽盱眙遂犯承州祉上章言宜遣兵為世忠援既而援兵不至世忠退保鎮江祉再上言置江北於度外非命帥宣撫兩淮之意且恐失中原心唯當急遣諸將且乞親御六師庶幾上下協心可以不戰而勝於是降詔親征車駕至平江金人退師五年召為中書門下省檢正諸房文字尋除兵部侍郎兼戶部侍郎給事中六年遷刑部侍郎都督府參議軍事俄遷吏部侍郎劉豫分道入寇時車駕駐平江或請回臨安且令守江防海祉獨抗言士氣

當振賊鋒可挫不可遽退以示弱劉麟衆十萬已次濠壽劉光世在合肥欲移屯太平州軍已行乃命祉馳往軍前督其還七年遷兵部尚書陞督府參謀軍事往淮西撫諭諸軍浚以劉光世持不戰之論罷之乃命行營左護軍前統制王德為都統制又以統制官酈瓊為之副瓊與德素不協祉還朝瓊與德交訟于都督府及御史臺乃命德還建康以其軍隸督府八月復命祉往廬州節制之祉至廬州瓊等復訟德祉諭之曰若以君等為是則大相誑然張丞相但喜人向前儻能立功雖有大過亦闊略況此小嫌乎當

力為諸公辨之保無他慮瓊等感泣事小定祉乃密奏乞罷瓊及統制官靳賽兵權其書吏漏語於瓊瓊令人遮祉所遣郵置盡得祉所言大怨怒會朝廷命張俊為淮西宣撫使置司盱眙楊存中為淮西制置使劉錡為副置司廬州召瓊赴行在瓊懼遂叛諸將晨謁祉坐定瓊袖出文書示中軍統制官張璟曰諸兵官有何罪張統制乃以如許事聞之朝廷邪祉見之大驚欲返走不及為瓊所執璟及兵馬鈐轄喬仲福統制劉永衡死之瓊遂率全軍四萬人渡淮降劉豫擁祉次三塔距淮三十里祉下馬曰劉豫逆臣我豈可見之衆逼祉上馬祉罵曰死則死於此又語其衆曰劉豫逆臣爾軍中豈無英雄乃隨酈瓊去乎衆頗感動凡千餘人環立不行瓊恐搖動衆心急策馬先渡祉遇害時有得祉括髮之帛歸吳中者其妻吳氏持帛自縊以徇葬聞者哀之慶元間詔立廟賜額以旌其忠云

胡世將字承公常州晉陵人宿之曾孫登崇寧五年進士第范汝為寇閩以世將為監察御史福建路撫諭使入境韓世忠已平賊遷尚書右司員外郎又遷起居郎遷中書舍人賜三品服兼脩政局坐言者落

職奉祠未幾除徽猷閣待制知鎮江府入為禮部侍郎改刑部出知洪州兼江西安撫制置使屬建昌兵變殺守倅嬰城以叛世將以便宜發兵討平之除兵部侍郎復知鎮江未幾召為給事中兼侍講直學士院復遷兵部侍郎尋以樞密直學士出為四川安撫制置使兼知成都府宣撫吳玠以軍無糧奏請踵至世將既被命入境約玠會議蜀之饋運遡嘉陵江千餘里半年始達於是奏用轉般摺運之法軍儲稍充公私便之紹興九年玠卒以世將為寶文閣學士宣撫川陜時關陜初復朝廷分軍移屯熙秦鄜延諸道

明年夏金人陷同州入長安諸路皆震蜀兵既分聲援幾絶乃遣大將吳璘田晟出鳳翔郭浩出奉天楊政由赤谷歸河池不數日璘捷于石壁及扶風金人逡巡不敢度隴分屯之軍得全師而還詔除端明殿學士十一年秋朝廷復用兵會母喪命起復遂復隴州破岐下諸屯又取華虢兵威稍振未幾病發於首除資政殿學士致仕恩數視僉書樞密院事卒年五十八命有司給葬事

鄭剛中字亨仲婺州金華人登進士甲科累官為監察御史遷殿中侍御史剛中由秦檜薦于朝檜主和

議剛中不敢言移宗正少卿請去不許改秘書少監金歸侵疆檜遣剛中為宣諭司參謀官及還除禮部侍郎復遣剛中為川陝宣諭使諭諸將罷兵尋充陝西分畫地界使金使烏陵贊謨入境欲盡取階成岷鳳秦商六州剛中力争不從又欲姑取商秦於大散關立界剛中又堅不從繼除川陝宣撫副使兀朮遣人力求和尚原剛中恐敗和好以和尚原自紹興四年後不係吳玠地分於是割秦商之半棄和尚原以與金朝廷命剛中去陝字為四川宣撫副使剛中治蜀頗有古畧宣撫司舊在綿閬間及胡世將代吳玠

就居河池饋餉不繼剛中奏利州在潭毒關内與興洋諸關聲援相接乞移司利州自是省費百萬剛中始至即欲移屯一軍大將楊政不從呼政語之曰剛中雖書生不畏死聲色俱厲政即聽命都統每入謁必庭參然後就坐吳璘陞檢校少師來謝語閽吏乞講鈞敵之禮剛中曰少師雖尊猶都統制耳儻變常禮是廢軍容行禮如故奏蠲四川雜征又請減成都府路對糴及宣撫司激賞錢時剛中於階成二州營田抵秦州界凡三千餘頃歲收十八萬斛先是川口屯兵十萬分隸三大將吳璘屯興州楊政屯興元府

郭浩屯金州皆建帥節而統制官知成州王彥知階州姚仲知西和州程俊知鳳州楊從儀亦領沿邊安撫剛中請分利州為東西路以興元府利閬洋巴劒州大安軍七郡為東路治興元命政為安撫以興階成西和文龍鳳七州為西路治興州命璘為安撫而命浩為金房開達州安撫諸裨將領安撫者皆罷從之弛夔路酒禁復利州錢監為紹興監時軍已罷移屯内郡剛中言遂路各有漕司都漕宜罷從之秦檜怒剛中在蜀專擅令侍御史汪勃奏置四川財賦總領官以趙不棄為之不隸宣撫司不棄牒宣撫司剛

中怒由是有隙不棄頗求剛中陰事言於檜檜陽召不棄歸因召剛中剛中語人曰孤危之迹獨賴上知之耳檜聞愈怒遂罷責桂陽軍居住再責濠州團練副使復州安置再徙封州卒

論曰自紹興和議成材武善謀之士無所用其力君王友直之矯制起兵李寶之立功膠西成閔趙密皆足以斬将搴旗劉子羽轉戰屢勝呂祉不從劉豫胡世將鄭剛中威震巴蜀皆中道以歿是以知宋不克興復也

列傳卷第一百二十九

列傳卷第一百三十 宋史三百七十一

開府儀同三司上柱國錄軍國重事中書右丞相監修國史領經筵事都總裁脫脫等奉敕修

白時中 徐處仁 馮澥

王倫 宇文虛中 湯思退

白時中字蒙亨壽春人登進士第累官為吏部侍郎坐事降秩知鄆州已而復召用政和六年拜尚書右丞中書門下侍郎宣和六年除特進太宰兼門下封崇國公進慶國始時中嘗為春官詔令編類天下所奏祥瑞其有非文字所能盡者圖繪以進時中進政

和瑞應記及賛及為太宰表賀翔鶴霞光等事圖丘禮成上言休氣充應前所未有乞宣付秘書省時燕山日告危急而時中恬不為慮金人入攻京城脩守備時中謂宇文粹中曰萬事須是涉歷非公嘗目擊守城之事吾輩豈知首尾邪欽宗即位召大臣決策守京師問誰可将者李綱言朝廷高爵厚禄畜養大臣蓋将用之有事之日時中輩雖書生然撫將士以抗敵鋒乃其職也時中勃然曰李綱莫能将兵出戰乎綱曰陛下儻使臣當以死報於是以綱為右丞充守禦使時中尋罷為觀文殿學士中太一宮使御史

劾時中孱懦不才詔落職未幾卒
徐處仁字擇之應天府穀熟縣人中進士甲科爲永州東安縣令蠻人叛處仁入峒開示恩信蠻感泣誓不復反知濟州金鄉縣以薦者召見徽宗問京東歲事處仁以旱蝗對問邑有盜賊乎曰有之上謂處仁不欺除宗正寺丞太常博士時初置筭學議所祖或以孔子贊易知數處仁言仲尼之道無所不備非專門比黃帝迎日推策數之始也祖黃帝爲宜擢監察御史遷殿中右正言給事中攝開封府裁決如流囚繫常空進戸部尚書繼拜中大夫尚書右丞丁母憂

免喪以資政殿學士知青州徙知永興軍童貫使陝西欲平物價處仁議不合曰此令一傳則商賈弗行而積藏者弗出名爲平價適以增之轉運使阿貫意劾其格德音倡異論侵辱使者詔處仁赴闕尋改知河陽落職知蘄州久之以顯謨閣直學士知潁昌府民有得罪宮掖者雖赦不原處仁爲奏上童貫秉是擠之奪職提舉鴻慶宮復延康殿學士知汝州再奉鴻慶祠知徐州召爲醴泉觀使徽宗訪以天下事處仁對曰天下大勢在兵與民今水旱之餘賦役繁重公私凋弊兵民皆困不及今謀之後將有不勝圖者

上曰非卿不聞此言明日除侍讀進讀罷理前語處仁言昔周以冢宰制國用於歲之杪宜會朝廷一歲財用之數量入爲出節浮費罷橫歛百姓既足軍儲必豐上稱善詔置裕民局討論振兵裕民之法蔡京不悅言者謂今設局曰裕民豈平日爲不裕民哉乃罷局出處仁知楊州未幾以疾奉祠歸南都方臘爲亂處仁亟見留守薛昂爲畫守戰之策因語昂曰睢陽敵遮江淮乃國家受命之地脫有非常吾助君死守語聞于朝起爲應天尹河北盜起徙大名尹前尹王革慘而怯盜無輕重悉抵死小有警輒閉城以兵

自衛處仁至即大開城門徹牙內甲兵人情遂安徽宗賜手詔曰金人雖約和然狼子野心易觳以變有當行事以聞處仁上備邊禦戎十策進觀文殿學士召爲寶籙宮使特陞大學士舊制大觀文非宰相不除前二府得除自處仁始欽宗即位金人犯京師處仁儲糧列備合鋭兵萬人勤王奏乞下詔親征以張國威奏至朝廷適下親征詔書以李綱爲行營使即移書綱言備禦方略金人請和而歸處仁奏宜伏兵濬滑擊其半濟必可成功召爲中書侍郎入見欽宗問割三鎮處仁言國不競亦陵且定武陛下之潛藩

不當棄與吳敏議合敏薦處仁可相拜太宰兼門下侍郎童貫部勝捷軍衛徽宗東巡貫既死軍士有惡言徽宗將還都人洶懼或請為備處仁曰陛下仁孝思奉晨昏屬車西還天下大慶宜郊迎稱賀軍士妄言臣請身任之乃以處仁為邑駕禮儀使統禁旅從出郊迄二聖還宮部伍肅然初處仁為右丞言六曹長貳皆異時執政之選而部中事一無所可否悉稟命朝廷夫人才力不容頓異豈有前不能決一職而後可共政者乎乞詔自今尚書侍郎不得輒以事諉上有條以條決之有例以例決之無條例者酌情裁

決不能決乃申尚書省會處仁以憂去不果行及當國卒奏行之聶山為戶部尚書兼開封尹庫有美珠山寄語寧德宮宦者用特旨取之處仁奏陛下鑒近患事必由三省今以珠為道君太上皇后壽誠細故且美事然此端一開則前日應奉之徒復繼臣為陛下惜之乃抵主藏吏罪處仁言論初與吳敏李綱合尋亦有異議嘗與敏爭事擲筆中敏面鼻額為黑唐恪耿南仲聶山欲排去二人而代之位諷言者論之與敏俱罷處仁以觀文殿大學士為中太一宮使尋知東平府提舉崇福宮高宗即位起為大名尹北道都總管卒于郡處仁在宣和間數請寬民力以弭盜賊尹大名以剛廉稱及為首相無大建明方進言以金人出境社稷再安皆由聖德儉勤致有天人之助种師道請合諸道兵屯河陽諸州為防秋計處仁謂金人豈能復來不宜先自擾以示弱南都受圍時處仁在圍城中都人指為姦細殺其長子庚幼子度吏部侍郎

馮澥字長源普州安岳人父山熙寧末為秘書丞通判梓州鄧綰薦為臺官不就退居二十年范祖禹薦於朝官終祠部郎中澥登進士第歷官入朝以言事

再謫靖康元年澥為左諫議大夫金人圍太原朝廷命李綱宣撫兩河澥奏罷之金人要割三鎮高宗自康邸出使除澥知樞密院事充副使不果行尋除尚書左丞金人犯闕詔宗室郡王為報謝使澥與曹輔以樞密為副留金營三日歸詔暫權門下侍郎欽宗詣金營澥扈從張邦昌僭位與澥有舊取之歸以澥康邸舊臣命為奉迎使為總領迎駕儀物使建炎初除資政殿學士知潼川府言者論澥嘗汙偽命奪職已而復官紹興三年以資政殿學士致仕卒澥為文師蘇軾論西事與蔡京忤郡人張庭堅以言事斥象

州死妻子流離澥力振其家及入諫省奏官其一子然議論主熙豐紹聖而排鄒浩李綱楊時君子少之

王倫字正道莘縣人文正公旦弟勗玄孫也家貧無行為任俠往來京洛間數犯法幸免汴京失守欽宗御宣德門都人喧呼不已倫乘勢徑造御前曰臣能彈壓之欽宗解所佩夏國寶劍以賜倫曰臣未有官豈能彈壓遂自薦其才欽宗取片紙書曰王倫可除兵部侍郎倫下樓挾惡少數人傳旨撫定都人乃息宰相何㮚以倫小人無功除命太峻奏補脩職郎斥不用建炎元年選能專對者使金問兩宮起居遷朝

宋史三百七十一 四百十八 宋史列傳卷二百三十 六 楊 博 鴻 朱 名 州

奉郎假刑部侍郎充大金通問使閤門舍人朱弁副之見金左副元帥宗維議事金留不遣有商人陳忠密告倫二帝在黃龍府倫遂與弁及洪皓以金遺忠往黃龍府潛通意由是兩宮始知高宗已即位矣久之粘罕使烏陵思謀即驛見倫語及契丹時事倫曰海上之盟兩國約為兄弟萬世無變雲中之役我實饋師贊成厥功上國之臣嘗欲稱兵南來先大聖惠顧盟好不許厥後舉兵以禍吾國果先大聖意乎況亘古自分南北主上恭勤英俊並用期必復古盍思久遠之謀歸我二帝太母復我土疆使南北赤子無致塗炭亦足以慰先大聖之靈幸執事者贊之思謀沉思曰君言是也歸當盡達之已而粘罕至曰比上國遣使來間其意指多不能對思謀傳侍郎語欲議和決非江南情實特侍郎自為此言耳倫曰使事有指不然來何為哉人定者勝天天定亦能勝人惟元帥察之粘罕不答是後宇文虛中魏行可洪皓崔縱張邵相繼入使皆拘之紹興二年粘罕忽自至館中與倫議和縱之歸報是秋倫至臨安入對言金人情偽甚悉帝優獎之除右文殿脩撰主管萬壽觀官其二弟一姪時方用兵討劉豫和議中格三年韓肖胄

宋史三百七十一 四百十八 宋史列傳卷二百三十 七 楊 德 鴻 朱 名 州

使金還金遣李永壽王詡繼至二人驕倨以倫充伴使倫與道雲中舊故驕倨少損遂拜詔訖事倫復請祠劉光世求倫參議軍事辭宰相趙鼎請召倫赴都堂稟議倫陳進取之策不合復請祠七年春徽宗及寧德后訃至復以倫為徽猷閣待制假直學士充迎奉梓宮使以朝請郎高公繪副之入辭帝使倫謂金左副元帥昌曰河南地上國既不有與其付劉豫曷若見歸倫奉詔以行因附進太后欽宗黃金各二百兩仍以金帛賜宇文虛中朱弁孫傅張叔夜家屬之在金國者倫至睢陽劉豫館之疑有他謀移文取國

書倫報曰國書須見金主面納若所銜命則祈請梓宮也豫脅取不已會迓者至渡河見撻懶於涿州具言豫邀索國書無狀且謂豫忍背本朝他日安保其不背大國是年冬豫廢倫及高公繪還左副元帥昌送倫等曰好報江南自今道塗無壅和議可以平達倫入對言金人許還梓宮及太后又許歸河南地且言廢豫之謀由己發之帝大喜賜予特異初倫既見昌昌遣使偕倫入燕見金主亶首謝廢豫次致使指金主始密與群臣定議許和遂遣倫還且命太原少尹烏陵思謀太常少卿石慶來議事至行在倫往來館

中計事八年秋以端明殿學士再使金國知閤門事藍公佐為之副申問諱日期還梓宮倫辭引至都堂授使指二十餘事既至金國金主亶為設宴三日遣簽書宣徽院事蕭哲左司郎中張通古為江南詔諭使偕倫來朝論以金使肆嫚抗論甚喧多歸罪倫十一月倫至行在引疾請祠不許趣赴内殿奏事時哲等驕倨受書之禮未定御史中丞句龍如淵詣都堂與秦檜議召倫責曰公為使通兩國好凡事當於彼中反覆論定安有同使至而後議者倫泣曰倫涉萬死一生往來虎口者數四今日中丞乃責倫如此檜

等共解之曰中丞無他亦欲激公了此事耳倫曰此則不敢不勉倫見通古以一二策動之通古恐遂議以檜見金使于其館受書以歸金許歸梓宮太母及河南地九年春賜倫同進士出身端明殿學士簽書樞密院事充迎梓宮奉還兩宮交割地界使既又以倫為東京留守兼開封尹倫至東京見金右副元帥兀朮交割地界兀朮還燕五月倫自汴京赴金國議事初兀朮還密言於金主曰河南地本撻懶宗磐主謀割之與宋二人必陰結彼國今使已至汴勿令踰境倫有雲中故吏隸兀朮者潛告倫倫即遣介具言

于朝乞為備兀朮遂命中山府拘倫殺宗磐及撻懶十月倫始見金主于御子林致使指金主悉無所答令其翰林待制耶律紹文為宣勘官問倫知撻懶罪否倫對不知又問無一言及歲幣反來割地汝但知有元帥豈知有上國邪倫曰比蕭哲以國書來許歸梓宮太母及河南地天下皆知上國尋海上之盟與民休息使人奉命通好兩國耳既就館金主復遣紹文諭倫曰卿留雲中已無還期及貸之還曾無以報反間貳我君臣耶乃遣藍公佐先歸論歲貢正朔誓表冊命等事拘倫以俟報已而遷之河間遂不復遣

十年金渝盟兀朮等復取河南倫居河間六載至十四年金欲以倫為平灤三路都轉運使倫曰奉命而來非降也金益脅以威遣使來趣倫拒益力金杖其使俾縊殺之倫厚賂使少緩遂冠帶南鄉再拜慟哭曰先臣文正公以直道輔相兩朝天下所知臣今將命被留欲汙以偽職臣敢愛一死以辱命遂就死年六十一於是河間地震雨雹三日不止人皆哀之詔贈通議大夫賜其家金千兩帛千匹子述與從兄遵間入金境至河間得倫骨以歸官給葬事後謚愍節

宇文虛中字叔通成都華陽人登大觀三年進士第歷官州縣入為起居舍人國史編修官同知貢舉遷中書舍人宣和間承平日久兵將驕惰蔡攸童貫貪功開邊將興燕雲之役引女真夾攻契丹以虛中為參議官虛中以廟謨失策主帥非人將有納侮自焚之禍上書言用兵之策必先計強弱策虛實知彼知己當圖萬全今邊圉無應敵之具府庫無數月之儲安危存亡係茲一舉豈可輕議且中國與契丹講和今踰百年自遭女真侵削以來嚮慕本朝一切恭順今捨恭順之契丹不羈縻封殖為我蕃籬而遠踰海外引強悍之女真以為鄰域女真藉百勝之勢虛喝

驕矜不可以禮義服不可以言說誘持卞莊兩鬬之計引兵踰境以百年怠惰之兵當新銳難抗之敵以寡謀安逸之將角逐於血肉之林臣恐中國之禍未有寧息之期也王黼大怒降集英殿脩撰督戰益急虛中建十一策上二十議皆不報斡离不粘罕分道入侵童貫聞之憂懣不知所為即與虛中及范訥等謀以赴闕稟議為逃歸之計以九月至汴京是日報粘罕迫太原帝顧虛中曰王黼不用卿言今金人兩路並進事勢若此奈何虛中奏今日宜先降詔罪己更革弊端俾人心悅天意回則備禦之事將帥可以任之即命虛中草詔略曰言路壅蔽面諛日聞恩倖持權貪饕得志上天震怒而朕不悟百姓怨懟而朕不知及言出宮人罷應奉等事帝覽詔曰今日不吝改過可便施行虛中再拜泣下時守禦難其人欲召熙河帥姚古與秦鳳帥种師道令以本路兵會鄭洛外援河陽內衛京城帝顧謂虛中曰卿與姚古師道如兄弟宜以一使名護其軍遂以虛中為資政殿大學士軍前宣諭使虛中檄趣姚古師道兵馬令直赴汴京應援金騎至城下放兵掠至鄭州為馬忠所敗遂收斂為一西路稍通師道姚古及其他西兵並得

達汴京虛中亦馳歸收合散卒得東南兵二萬餘人以便宜起致仕官李邈令統領於汴河上從門外駐兵會姚平仲刼金營失利西兵俱潰金人復引兵逼城下虛中縋而入欽宗欲遣人奉使辨刼營非朝廷意乃姚平仲擅興兵大臣皆不肯行虛中承命即往都亭驛見金使王汭因持書復議和渡濠橋道逢甲騎如水雲梯鵝洞蔽地冒鋒刃而進旣至敵營露坐風埃自巳至申金人注矢露刃周匝圍繞久乃得見康王于軍中次日侍王至金幕見二太子者語不遜禮節倨傲抵暮遣人隨虛中入城要越王李邦彥吳

敏李綱曹晟及金銀騾馬之類又欲御筆書定三鎮界至方退軍令虛中再往必請康王歸虛中再出明日從康王還除簽書樞密院事自是又三往金人固要三鎮虛中泣下不言金帥變色虛中曰太宗殿在太原上皇祖陵在保州詎忍割棄諸酋曰樞密不稍空我亦不稍空如中國人稱脫空遂解兵北去言者劾以議和之罪罷知青州尋落職奉祠建炎元年竄韶州二年詔求使絕域者虛中應詔復資政殿大學士爲祈請使楊可輔副之尋又以劉誨爲通問使王貺爲副明年春金人並遣歸虛中曰奉命北來祈請

二帝二帝未還虛中不可歸於是獨留虛中有才藝金人加以官爵即受之與韓昉輩俱掌詞命明年洪浩至上京見而甚鄙之累官翰林學士知制誥兼太常卿封河內郡開國公書金太祖睿德神功碑進階金紫光祿大夫金人號爲國師然因是而知東北之士皆憤恨陷北遂密以信義結約金人不覺也金人每欲南侵虛中以費財勞人遠征江南荒僻得之不足以富國王倫歸言虛中奉使日久守節不屈遂詔福州存卹其家仍命其子師瑗添差本路轉運判官檜慮虛中沮和議悉遣其家往金國以牽制之金皇

統四年轉承旨加特進遷禮部尚書承旨如故虛中恃才輕肆好譏訕凡見女真人輒以礦鹵目之貴人達官往往積不平虛中嘗撰宮殿牓署本皆嘉美之名惡之者摘其字以爲謗訕由是媒蘖成其罪遂告虛中謀反鞫治無狀乃羅織虛中家圖書爲反具虛中曰死自吾分至於圖籍南來士大夫家家有之高士談圖書尤多於我家豈亦反邪有司承順風旨并殺士談虛中與老幼百口同日受焚死天爲之晝晦淳熙間贈開府儀同三司謚肅愍賜廟仁勇且爲置後是爲紹節官至簽書樞密院事開禧初加贈少保

賜姓趙氏有文集行于世
湯思退字進之處州人紹興十五年以右從政郎授
建州政和縣令試博學宏詞科除祕書省正字自是
登郎曹貳中祕秉史筆二十五年繇禮部侍郎除端
明殿學士簽書樞密院事未幾參大政先是秦檜當
國惡直醜正必不異和議不摘己過始父於用時思
退名位日進檜病篤招參知政事董德元及思退至
卧内屬以後事各贈黃金千兩德元慮其以我為自
外不敢辭思退慮其以我期其死不敢受高宗聞之
以思退不受金非檜黨信用之二十六年除知樞密

院事明年拜尚書右僕射又二年進左僕射明年侍
御史陳俊卿論其挾巧詐之心濟傾邪之術觀其所
為多效秦檜蓋思退致身皆檜父子恩也遂罷以觀
文殿大學士奉祠隆興元年符離師潰召思退復相
諫議大夫王大寶上章論之不報金帥紇石烈志寧
遺書三省樞密院索海泗唐鄧四郡思退欲與和遣
淮西安撫司幹辦公事盧仲賢加樞密院計議編脩
官持報書以往既行上戒勿許四郡仲賢至宿州僕
散忠義懼之以威仲賢皇恐言歸當禀命遂以忠義
為三省樞密院書來上猶欲止割海泗思退遽奏以

吏部侍郎王之望為通問使知閤門事龍大淵副之
将割棄四州張浚在揚州聞之遣其子栻入奏仲賢
辱國無狀上怒會侍御周操論仲賢不應擅許四郡
下大理究問召浚赴行在十二月拜思退左僕射浚
右僕射二年浚以金未可與和請上幸建康靈進兵
上手批王之望等并一行禮物並回詔荊襄川陝嚴
邊備竄仲賢郴州思退恐奏請以宗社大計奏禀上
皇而後從事上批示三省曰金無禮如此卿猶欲言
和今日敵勢非秦檜時比卿議論秦檜不若思退大
駮陰謀去浚遂令之望大淵驛疏兵少糧乏樓櫓器

械未備人言委四萬衆以守泗州非計上頗惑之乃
命浚行邊還兵罷招納浚力乞罷政許之上命思退
作書許金四郡既而金尋事殺戮上意中悔思退復
密令孫造諭敵以重兵脅和上聞有敵兵命建康都
統王彥等禦之仍命思退督江淮軍辭不行僕散忠
義自清河口渡淮言者極論思退急和撤備之罪遂
罷相尋責居永州於是太學生張觀等七十二人上
書論思退王之望尹穡等姦邪誤國招致敵人請斬
之思退憂悸死思退始終與張浚不合浚以雪恥復
讐為志思退每借保境息民為口實更勝迭負思退

之計迄行然終以不免敵既得海泗唐鄧又索商秦
皆思退力也
論曰以白時中之孱佞徐處仁之姦細馮澥之邪狂
湯思退之巧詐而排楊時誤李綱異張浚其識趣可
見矣雖有小善何足算哉王倫雖以無行應使往來
虎口屢被拘留及金人脅之以官竟不受見迫而死
悲夫較之虛中即受其命為之定官制草赦文享富
貴者大有間矣卒以輕肆譏詆覆其家族真不知義
命者哉雖云寃死亦自取焉律以豫讓之言盍可愧
哉

列傳卷第一百三十

列傳卷第一百三十一　宋史三百七十二

開府儀同三司上柱國錄軍國重事前中書右丞相監修國史領經筵事都總裁脫脫等奉
敕修

朱倬　王綸　尹穡　王之望
徐俯　沈與求　翟汝文　王庶
辛炳

朱倬字漢章唐宰相敬則之後七世祖避地閩中為
閩縣人世學易入太學宣和五年登進士第調常州
宜興簿金將犯邊居民求避地倬為具舟給食衆賴
以濟未幾民告滂于郡郡檄倬考實乃除田租什九

守怒不能奪張浚薦倬召對除福建廣東西財用所
屬官宣諭使明槖再薦于朝時方以劉豫為憂倬因
賜對策其必敗高宗大喜詔改合入官與丞相秦檜
忤出教授越州用張守薦除諸王府教授檜惡言兵
倬論掩骼事又忤之梁汝嘉制置浙東表攝參謀有
群寇就擒屬倬鞫問獨竄二人餘釋不問曰吾大父
尉崇安日獲寇二百坐死者七十餘人大父謂此饑
民剽食爾烏可盡繩以法悉除其罪不以徼賞吾其
可愧大父乎通判南劍建寇阿魏衆數千劍鄰於建
兵懦不可用倬重賞募卒擒獲境内迄平除知惠州

陛辭因言嘗策劉豫必敗高宗記其言問卿久淹何
所倬曰厄於檜上憮然慰諭目送之旬日問除國子
監丞尋除浙西提舉且命自今在內除提舉官令朝
辭上殿蓋為倬設也既對上曰卿以朕親擢出為部
使者使咸知內外任均又曰人不知卿朕獨知卿除
右正言累遷中丞嘗言人主任以耳目非報怨任氣
之地必上合天心每上疏輒夙興露告若上帝鑒臨
奏疏凡數十如發倉廪糴米價臧私鹽覈軍食率焚
稿不傳知貢舉遷參知政事紹興三十一年拜尚書
右僕射金兵犯江倬陳戰備應三策且謂兵應者勝

上深然之又策敵三事上焉者為耕築計中焉者守
備下則妄意絕江金必出下策果如所料史浩虞允
文王淮陳俊卿劉珙之進用皆倬所薦也高宗自建
康回鑾有內禪意倬密奏曰靖康之事正以傳位太
遽盍姑徐之心不自安屢求去詔以觀文殿大學士
提舉江州太平興國宮孝宗即位諫臣以為言降資
政殿學士明年致仕卒復元職恤典如宰相贈特進
孫著淳熙十四年登第仕至吏部尚書

王綸字德言建康人幼穎悟十歲能屬文登紹興五
年進士第授平江府崑山縣主簿歷鎮江府婺州臨
安府教授權國子正時初建太學亡舊規憑吏省記
吏緣為姦綸釐正之其弊稍革遷敕令所刪定官諸
王宮大小學教授兼權兵部郎官言孔門弟子與祀
世諸儒有功斯文者皆得從祀先聖今闕庠序修禮
樂宜以其式頒諸郡縣二十四年以御史中丞魏師
遜薦為監察御史與秦檜論事忤其意師遜遂劾綸
且言智識淺昧不能知綸由此罷去踰年知興國軍
檜死召為起居舍人兼崇政殿說書尋兼權禮部侍
郎二十六年試中書舍人高宗躬親政事收攬威柄
召諸賢於散地詔命填委多綸所草綸奏守臣裕民

事乞毋拘五條從之兼侍講上喜讀春秋左氏傳綸
進講與上意合嘗同講讀官薦興化軍鄭樵學行召
對命官且給筆札錄其所著史兼直學士院遷工部
侍郎仍兼直院撰吳玠神道碑稱上旨賜寶翰褒寵
二十八年除同知樞密院事金將渝盟還報沓至宰
相沈該未敢以聞綸率參知政事陳康伯同知樞密
院事陳誠之共白其事乞備禦已而綸病肺暍告請
祠上遣御醫診視且賜白金五百兩二十九年六月
朝論欲遣大臣為泛使覘敵且堅盟好綸請行乃以
為稱謝使曹勛副之至金館禮甚隆一日急召使人

金主御便殿惟一執政在焉連發數問綸條對金主不能屈九月還朝入見言鄰國恭順和好皆陛下威德所致宰臣湯思退等皆賀獨當時金已謀犯江特以善意紿綸爾綸遘疾作力丐外除資政殿大學士知福州上解所御犀帶賜之明年知建康府兼行宮留守敵犯江綸每以守禦利害驛聞上多從之三十一年八月卒贈左光祿大夫謚章敏無子以兄綽之子為後

尹穡字少稷建炎中興自北歸南紹興三十二年與陸游同為樞密院編修官權知院史浩同知王祖舜

薦其博學有文召對稱旨二人並賜進士出身孝宗獎用西北之士隆興元年除穡監察御史尋除右正言二年五月除殿中侍御史歷遷諫議大夫未幾而罷初符離師潰湯思退復相金帥移書索地詔侍從臺諫集議穡時為監察御史以為國家事力未備宜與敵和惟增歲幣勿棄四州勿請陵寢則和議可成既而盧仲賢出使為金所脅又將遣王之望張浚極言其不可穡為右正言懼和議弗就因劾浚跋扈未幾罷政彼將割四郡再易國書歲幣如所索之數而敵分兵入寇上意中悔穡為侍御史乞置獄取不肯

撤備及棄地者劾其罪牽引凡二十餘人時方以和為急擢穡為諫議大夫敵勢浸張遠近震動都督同都督相繼辭行上書者攻和議之失且言穡專附大臣為鷹犬如張浚忠誠為國天下共知穡不顧公議妄肆詆誹凡大臣不悅者皆逐之相與表裏以成姦謀皆可斬上雖慭言者而一時主議之臣與穡皆相繼廢黜先是胡銓力言主和非是大臣不悅命銓與穡分往浙東西措置海道二人挈家以行為言者所劾遂皆罷語在陳康伯傳

王之望字瞻叔襄陽穀城人後寓居台州父綱登元

符進士第至通判徽州而卒之望初以蔭補紹興八年登進士第教授處州入為太學錄遷博士久之出知荊門軍提舉湖南茶鹽改潼川府路轉運判官尋改成都府路計度轉運副使提舉四川茶馬朝臣薦其才召赴行在除太府少卿總領四川財賦金人渝盟軍書旁午調度百出之望區畫無遺事第據民貲劑未稅者搜抉隱匿得錢為緡四百六十八萬衆咸怨之後陞太府卿孝宗即位除戶部侍郎充川陝宣諭使先是敵帥合喜寇鳳州之黃牛堡吳璘擊走之遂取秦州連復商陝原環等十七郡敵以璘精兵皆在

德順力攻之時陳康伯秉政方議罷德順戍虞允文為宣諭使力爭不從上以手札命璘退師之望既代允文宣諭使贊璘命諸將棄德順倉卒引退敵乘其後正兵三萬還者僅七千人將校所存無幾連營慟哭聲震原野上聞而悔之隆興初右諫議大夫王大寶疏之望罪除集英殿脩撰提舉江州太平興國宮未幾權戶部侍郎江淮都督府參贊軍事之望雅不欲戰請朝因奏人主論兵與臣下不同惟奉承天意而已竊觀天意南北之形已成未易相兼我之不可絕淮而北猶敵之不可越江而南也移攻戰之力以自守自守既固然後隨機制變擇利而應之有旨留中俄兼直學士院湯思退力主息兵奏除之望吏部侍郎通問使尋議先遣小使覘敵召之望還之望首以守備不足恃為告上亟罷都督府以之望為淮西宣諭使甫拜命又擢右諫議大夫之望因上章極言廷臣執偏見為身謀乞明詔在庭平其心於議論之際時思退主和議浚主恢復之望言似善實陰為思退地也既而視師江上金復犯邊遂上和戰二策且言措置守禦之備疏奏未達拜參知政事既入俄兼同知樞密院事敵兵交至濠楚守將或棄城遁上命

湯思退督江淮師未行復令之望督視改同都督力辭不行會太學諸生上書上怒欲加罪之望救解之遂以參知政事勞師江淮之望先嘗貽書敵帥至是王抃使敵軍并割商秦地許歸被俘人惟叛亡不預世為叔姪之國敵皆聽許講解而罷上聞敵師退令督府擇利擊之之望下令諸將不得妄進朝廷趣行之望言王抃既還不可冒小利害大計言者論罷為端明殿學士提舉江州太平興國宮居天台乾道元年起知福州福建路安撫使捕海賊王大老捷聞加資政殿大學士移知溫州尋復罷六年冬卒之望有文藝幹畧當秦檜時落落不合或謂其有守紹興末年力附和議與思退相表裏專以割地啖敵為得計地割而敵勢益張之望迄以此廢焉

徐俯字師川洪州分寧人以父禧死國事授通直郎累官至司門郎靖康中張邦昌僭位俯遂致仕時工部侍郎何昌言與其弟昌辰避邦昌皆改名俯買婢名昌奴遇客至即呼前驅使之建炎初落致仕奉祠內侍鄭諶識俯於江西畫其詩薦于高宗胡直孺在經筵汪藻在翰苑迭薦之遂以俯為右諫議大夫中書舍人程俱言俯以前任省郎遽除諫議自元豐更

制以來未之有考之古今非陽城种放則未嘗不循
序而進願姑以所應者命之昔元稹在長慶間擢知
制誥真不忝矣緣其為荆南判司命從中出召為省
郎便知制誥遂喧朝論時謂荆南監軍崔潭峻實引
之近亦傳俯與宦寺倡酬稱其警策恐或者不知陛
下得俯之由不報俱遂罷紹興二年賜進士出身兼
侍讀三年遷翰林學士俄擢端明殿學士簽書樞密
院事四年兼權參知政事宰相朱勝非言襄陽上流
所當先取帝曰盍就委岳飛參政趙鼎曰知上流利
害無如飛者俯獨持不可帝不聽會劉光世乞入奏
鼎言方議出師大將不宜離軍俯欲許之鼎固爭俯
乃求去提舉洞霄宮九年知信州中丞王次翁論其
不理郡事予祠明年卒俯才俊與曾幾呂本中游有
詩集六卷

沈與求字必先湖州德清人登政和五年進士第累
遷至明州通判以御史張守薦召對除監察御史上
疏論執政遷兵部員外郎自劾以為言苟不當不應
得遷上乃行其言除殿中侍御史上在會稽或勸幸
饒信有急則入閩與求以為今日根本正在江浙宜
進都建康以圖恢復論范宗尹年少為相恐誤國事

上不悅以直龍圖閣知台州宗尹罷召還再除侍御
史時軍儲窘之措置諸鎮屯田與求取古今屯田利
害為集議二卷上之詔付戶部看詳江西安撫知江
州朱勝非未至而馬進寇江州陷之與求論九江之
陷由勝非赴鎮太緩勝非罷去時方多事百司稽違
與求援元豐舊制請許臺諫官彈奏上從之與求再
居言路或疑凡范宗尹所引用者將悉論出之與求
曰近世朋黨成風人才不問賢否皆視宰相出處為
進退今當別人才邪正而言之豈可謂一時所用皆
不賢哉人服其言呂頤浩再相御營統制辛永宗樞
密富直柔右司諫韓璜屢言其短與求劾直柔附會
永宗兄弟為致身之資上遂出永宗而璜直柔亦相
繼罷黜遷御史中丞時禁衛寡弱諸將各擁重兵與
求言漢有南北軍唐用府兵彼此相維使無偏重之
勢今兵權不在朝廷雖有樞密院及三省兵房尚書
兵部但行文字而已願詔大臣益脩兵政助成中興
之勢浙西安撫劉光世來朝以繒帛方物為獻上已
分乞六宮與求奏今為何時而有此時巳暮疏入上
命追取斥還內侍馮益請別置御馬院自領其事又
擅穿皇城便門與求劾益專恣請治其罪諜報劉豫

在淮陽造舟議者多欲於明州向頭設備與求言使
賊舟至此則入吾腹心之地臣聞海舟自京東入浙
必由泰州石港通州料角崇明鎮等處次至平江南
北洋次至秀州金山次至向頭又聞料角水勢湍險
必得沙上水手乃能轉運宜於石港料角等處拘收
水手優給錢糧而存養之以備緩急兩浙轉運副使
徐康國自温州進發宣和間所製間金銷金屏障什
物與求奏曰陛下儉侔大禹今康國欲以微物累盛
德乞斥而焚之仍顯黜康國從之與求歷御史三院
知無不言前後幾四百奏其言切直自敵已已下有

不能堪者上時有所訓敕每曰汝不識沈中丞邪移
吏部尚書兼權翰林學士兼侍讀遂出為荊湖南路
安撫使知潭州引疾丐祠許之四年出知鎮江府兼
兩浙西路安撫使復以吏部尚書召除參知政事金
人將入寇上諭輔臣曰朕當親總六軍與求贊之曰
今日親征皆由聖斷上意決親征書車攻詩以賜上
曰朕以二聖在遠屈己通和今豫逆亂如此安可復
忍與求曰和親乃金人屢試之策不足信也因奏諸
將分屯江岸而敵人往來淮甸當遣岳飛自上流取
間道乘虛擊之彼必有反顧之憂上曰當如此措置

五年兼權知樞密院事時張浚視師江上以行府為
名言知泰州邵彪及具營田利害事乞送尚書省有
旨從之與求不能平曰三省樞密院乃奉行行府文
書邪六年張浚復欲出視師不告之同列及得旨乃
退而歎曰此大事也吾不與聞何以居位遂丐祠罷
出知明州七年上在平江召見除同知樞密院事從
至建康遷知樞密院事薨贈左銀青光祿大夫謚忠
敏

程汝文字公巽潤州丹陽人登進士第以親老不調
者十年擢議禮局編脩官召對徽宗嘉之除秘書郎

三館士建議東封汝文曰治道貴清淨今不啓上述
三代禮樂而師秦漢之侈心非所願也責監宿州稅
久之召除著作郎遷起居郎皇太子就傅命汝文勸
講除中書舍人言者謂汝文從蘇軾黃庭堅游不可
當贊書之任出知襄州移知濟州復知唐州以謝章
自辨罷未幾起知陳州召拜中書舍人外制典雅一
時稱之命同脩哲宗國史遷給事中高麗使入貢詔
班侍從之上汝文言春秋之法王人雖微序諸侯上
不可卑近列而尊陪臣上遂命如舊制內侍梁師成
強市百姓墓田廣其園圃汝文言於上師成諷宰相

黜汝文出守宣州召為吏部侍郎出知廬州徙密州
密負海產鹽蔡京變鹽法盜販者衆有司窮治黨
與汝文曰祖宗法度獲私商不詰所由欲靖民也今
繁而虐之將為厲矣悉縱之密歲貢牛黃汝文曰牛
失黃輙死非所以恵農宜輸財市之則其害不私於
密上從之欽宗即位召為翰林學士改顯謨閣學士
知越州兼浙東安撫使建炎改元上疏言陛下即位
赦書上供常數後為獻利之臣所增者當議裁損如
浙東和預買絹歲九十七萬六千匹而越州乃二十
萬五百匹以一路計之當十之三如杭州歲起之額

蓋與越州等杭州去年已減十二萬匹獨越州尚如
舊今乞視元等第減罷楊應誠請使高麗圖迎二帝
汝文奏應誠欺罔君父若高麗辭以大國假道以至
燕雲金人卻請問津以窺吳越將何辭以對後高麗
果如汝文言上將幸武昌汝文疏請幸荊南不從紹
興元年召為翰林學士兼侍講除參知政事同提舉
脩政局時秦檜相四方奏請填委未決吏緣為姦汝
文語檜宜責都司程考吏牘稽違者懲之汝文嘗受
辭牒書字用印直送省部入對乞治堂吏受賂者檜
怒面劾汝文專擅右司諫方孟卿因奏汝文與長官

立異豈能共濟國事罷去以卒先是汝文在密檜為
郡文學汝文薦其才故檜引用之然汝文性剛不為
檜屈對案相詬至目檜為濁氣汝文風度翹楚好古
博雅精於篆籀有文集行于世

王庶字子尚慶陽人崇寧五年舉進士第改秩知涇
州保定縣以种師道薦通判懷德軍契丹為金人所
破舉燕雲地求援詔師道受降庶謂師道曰國家與
遼人百年之好今坐視其敗亡不能救乃利其土地
無乃基女直之禍乎不聽宣和七年金果入寇大宰
李邦彥夜召庶問計庶曰宿將無如种師道且夷虜

畏服宜付以西兵使之入援邦彥以語蔡攸攸不然
以庶為陝西運判兼制置解鹽事邊事益棘欽宗欲
幸襄鄧先命席益為京西安撫使益求庶自副高宗
即位除直龍圖閣鄜延經略使兼知延安府累立戰
功進集英殿脩撰陞龍圖閣待制節制陝西六路軍
馬先是河東經制使王瓔既遁歸東京留守宗澤承
制以庶權陝西制置使會宣諭使謝亮入關庶移書
曰夏人之患小而緩金人之患大而迫秋高必大舉
盍杖節率兵舉義驅逐渡河徐圖恢復亮不能從金
人大入庶調兵自沿河至馮翊據險以守金人先已

乘氷渡河犯晉寧侵丹州又渡清水河破潼關秦隴皆震庶傳檄諸路會期討賊涇原統制曲端雅不欲屬庶以未受命辭居數日告身至又辭金人知端與庶不協併兵寇鄜延庶在坊州聞之夜趨鄜延以遏其衝金人詭道陷丹州州界鄜延之間庶乃自當延安路時端盡統涇原勁兵庶屢督其進端訖不行遂陷延安語在端傳初庶聞圍急自收散亡往援觀察使王𤫙亦將所部發興元庶至甘泉而延安已不守既無所歸遂以軍付𤫙而自將百騎馳至襄樂勞軍尚倚端為助庶至端令每門减從騎之半比至帳下

僅數騎端厲聲問庶延安失守狀且曰節制固知愛身不知為天子愛城乎庶曰吾數令不從誰其愛身者端怒謀即軍中誅庶而奪其兵乃夜走寧州見謝亮曰延安五路襟喉今既失矣春秋大夫出疆之義得以專之請誅庶亮曰使事有指今以人臣而擅誅于外是跋扈也公則自為之端沮而歸乃奪庶節制使印又拘縻其官屬會詔庶守京兆庶先以失律自劾得罷丁內艱時張浚自富平敗歸始思庶及端之言可用乃並召之庶地近先至力陳撫秦保蜀之策勸浚收熙河秦鳳之兵扼關隴以為後圖浚不納求

終制不許乃檄授參議官浚念端與庶必不相容端未至但復其官移恭州庶因謂浚曰端有反心浚亦畏端得士始有殺端意矣語在端傳紹興五年起復知興元府利夔路制置使庶以士卒單寡籍興洋諸邑及三泉縣強壯兩丁取一三丁取二號義士日閱於縣月閱於州厚犒之不半年有兵數萬浚言于朝陞徽猷閣直學士有讒於浚者徙庶知成都改嘉州明年浚劾庶輕率傾險落職奉祠尋起知遂寧固避得請六年除湖北安撫使知鄂州趨闕上因燕見庶言陛下欲保江南無所事如曰紹復大業都荊為可

荊州左吳右蜀利盡南海前臨江漢出三川涉大河以圖中原曹操所以畏關羽者也上大異之復顯謨閣待制知荊南府湖北經略安撫使又復直學士七年十月以兵部侍郎召明年春入對上曰召卿之日張浚已去趙鼎未來此朕親擢非有左右之助庶頓首謝因奏恢復之功十年未立其失在偏聽在欲速在輕爵賞是非邪正混淆誠能賞功罰罪其誰不服昔漢光武以兵取天下不以不急奪其費不知兵者不可使言兵又口陳手畫秦蜀利害上大喜即日遷本部尚書閏月拜樞密副使議者乞遣重臣行邊遂

命庾措置江淮邊防京湖宣撫使岳飛聞庾行邊遣
書曰今歲若不出師當納節請閒庾壯之庾還朝論
金人變詐自渝海上之盟因及飛納節之語當是時
秦檜再相以和戎為事金使烏陵思謀至詔趣庾還
庾力詆和議乞誅金使其言甚切金又遣蕭通古來許
割地還梓宮歸太后庾曰和議之事臣所不知凡七
疏乞免官乃以資政殿學士知潭州御史中丞句龍
如淵劾庾本趙鼎所薦欺君罔上庾罷歸至九江被
命奪職徙家居焉十三年御史胡汝明論庾譏訕朝
政責嚮德軍節度副使道州安置至貶所卒孝宗思庾

言追復其官謚敏節子六人之奇乾道中知樞密院事
辛炳字如晦福州侯官縣人登元符三年進士第累
官至監察御史兼權殿中侍御史先是蔡京廢發運
司轉般倉為直達綱舟入率侵盜沈舟而遁戶部受
虛數入畏京莫敢言炳極疏其弊且以變法後兩歲
所得之數較常歲虧欠一百三十有二萬支益廣而
入寖微乞下有司計度徽宗以問京京怒以炳為沮
撓責監南劍州新豐場尋提舉洞霄宮起知袁州移
無為軍靖康初召為兵部員外郎高宗即位除左司
員外郎辭未幾起直龍圖閣知潭州明年張浚調兵

潭州以炳懦怯不能罷之尋以起居舍人召辭紹興
二年復以侍御史召首言今日公道壅塞風俗頹薄
連疏三省所行乖失數十事請諭大臣勿廢都堂公
見之禮時福建八州添差至百八十餘員炳言艱危
多事之時冗食之官無益當罷從之蘇湖地震下詔
求言炳言大臣無畏天之心何事不可為其言甚峻
由是宰執呂頤浩居家待罪炳劾罷頤浩知樞密院
事張浚召赴行在炳論其敗事誤國浚坐落職除御
史中丞時方遣使議和炳方言金人無信和議不可
恃宜講求守禦攻戰之策以疾請外除顯謨閣直學

士知漳州未赴而卒詔炳任中執法操行清脩今其
云亡貧無以葬賜銀帛賻其家贈通議大夫
論曰秦檜晚薦士以收人望然一時知名之士亦豈
盡可籠絡者哉朱倬論事輒不合王綸代言辭合體
要若尹穡王之望人品雖不同其附和議則一爾徐
俯末與趙鼎爭辨沮抑岳飛異哉沈與求止和親之
議翟汝文善料事而檜以為異己王庶論鄂荊州當
時諸臣之慮皆不及此考夫祈寬之事厥蓋忠義人
也辛炳雅志清脩又豈多見也歟
列傳卷第一百三十一

列傳卷第一百三十二　宋史三百七十三

開府儀同三司上柱國錄軍國重事中書右丞相監修國史領經筵事都總裁臣脫脫等奉

敕修

朱弁　鄭望之　張邵　洪皓子适 遵 邁

朱弁字少章徽州婺源人少頴悟讀書日數千言既冠入太學晁説之見其詩奇之與歸新鄭妻以兄女新鄭介汴洛間多故家遺俗弁遊其中聞見日廣靖康之亂家碎于賊弁南歸建炎初議遣使問安兩宮弁奮身自獻詔補修武郎借吉州團練使爲通問副使至雲中見粘罕邀説甚切粘罕不聽使就館守之

以兵弁復與書言用兵講和利害甚悉紹興二年金人忽遣宇文虚中來言和議可成當遣一人詣元帥府受書還虚中欲弁與正使王倫探策決去留弁曰吾來固自分必死豈應今日覬倖先歸願正使受書歸報天子成兩國之好蚤申四海之養於兩宮則吾雖暴骨外國猶生之年也倫將歸弁請曰古之使者有節以爲信今無節有印印亦信也願留印使弁得抱以死死不腐矣倫解以授弁弁受而懷之臥起與俱金人迫弁仕劉豫且訹之曰此南歸之漸弁曰豫汝國賊吾嘗恨不食其肉又忍北面臣之吾有死耳

金人怒絶其餼遺以困之弁固拒驛門忍饑待盡誓不爲屈金人亦感動致禮如初久之復欲易其官弁曰自古兵交使在其間言可從從之不可從則囚之殺之何必易其官吾官受之本朝有死而已誓不易以辱吾君也且移書耶律紹文等曰上國之威命朝以至則使人夕以死夕以至則朝以死又以書訣後使洪皓曰殺行人非細事吾曹遭之命也要當舍生以全義爾乃具酒食召被掠士夫歃半酣語之曰吾已得近郊某寺地一旦畢命報國諸公幸瘞我其處題其上曰有宋通問副使朱公之墓於我幸矣衆皆

泣下莫能仰視弁談笑自若曰此臣子之常諸君何悲也金人知其終不可屈遂不復强王倫還朝言弁守節不屈帝爲官其子林賜其家銀帛會粘罕等相繼死滅弁密疏其事及金國虛實曰此不可失之時也遣李發等間行歸報其後倫復歸又以弁奉送徽宗大行之文爲獻其辭有曰歎馬角之未生魂消雪窖攀龍髯而莫逮淚灑冰天帝讀之感泣官其親屬五人賜吳興田五頃帝謂丞相張浚曰歸日當以禁林處之八年金使烏陵思謀石慶充至稱弁忠節詔附黃金三十兩以賜十三年和議成弁得歸入見便

賤弁謝且曰人之所難得者時而時之運無已事之不可失者幾而幾之藏無形惟無已也故來遲而難遇惟無形也故動微而難見陛下與金人講和上返梓宮次迎太母又其次則憐赤子之無辜此皆知時知幾之明驗然時運而往或難固執幾動有變宜鑑未兆盟可守而詭詐之心宜嘿以待之兵可息而銷弭之術宜詳以講之金人以黷武為至德以苟安為太平虐民而不恤民廣地而不廣德此皆天助中興之勢若時與幾陛下既知於始願圖厥終帝納其言賜金帛甚厚弁又以金國所得六朝御容及宣和御

書畫為獻秦檜惡其言敵情奏以初補官易宣教郎直秘閣有司校其考十七年應遷數官檜沮之僅轉奉議郎十四年卒弁為文慕陸宣公援據精博曲盡事理詩學李義山詞氣雍容不蹈其險怪奇澁之弊金國名王貴人多遣子弟就學弁因文字往來說以和好之利及歸述北方所見聞忠臣義士朱昭史玩張忠輔高景平孫益孫谷傅偉文李舟五臺僧寶眞婦人丁氏晏氏小校閻進朱勣等死節事狀請加褒錄以勸來者有聘遊集四十二卷書解十卷曲洧舊聞三卷續骫骳說一卷雜書一卷風月堂詩話三卷新鄭舊詩一卷南歸詩文一卷

鄭望之字顧道彭城人顯謨閣直學士僅之子也望之少有文名山東皆推重登崇寧五年進士第自陳留簿累遷樞密院編修官歷開封府儀工戶曹以治辦稱臨事勁正不受請託宦寺有強占民田者奏歸之蔡京子欲奪人妾使人諭意望之拒不受除駕部員外郎兼金部靖康元年金人攻汴京假尚書工部侍郎俾為軍前計議使既還金人遣吳孝民與望之同入見望之言金人意在金幣且要大臣同議迺命同知樞密院事李棁與望之再使斡离不以朝廷受歸朝官及賜平州張覺手詔為辭遣蕭三寶奴

偕棁等還以書求割三鎮欲得宰相交地親王送大軍過河時高宗在康邸慷慨請行遂與張邦昌乘筏渡濠自午至夜分始達金砦又除望之戶部侍郎同棁再至金營仍以珠玉遺金人金人拘留望之踰旬會姚平仲夜刼砦不克斡离不以用兵詰責諸使者邦昌恐懼涕泣王不為動金人遂不欲留王更請肅王乃以兵送望之詣國王砦詰問會再遣宇文虛中持割地詔至望之得還因盛言敵勢強大我兵削弱不可不和既而金兵退朝廷以議和非策罷望之提舉亳州明道宮建炎初李綱以望之張皇敵勢沮損國威以致禍敗責海州團

練副使連州居住綱罷詔望之爲戶部侍郎尋轉吏部侍郎論王雲之寃帝爲感動復雲元官與七子恩澤尋兼主管御營司參賛軍事論航海不便忤旨以集英殿修撰再領亳州明道宮起知宣州踰年以言章罷紹興二年會赦復徽猷閣待制致仕七年落致仕召赴行在望之以衰老辭帝謂大臣曰望之朕故人也於是升徽猷閣直學士復致仕三十一年卒年八十四贈中大夫

張邵字才彥烏江人登宣和三年上舍第建炎元年爲衢州司刑曹事會詔求直言邵上疏曰有中原之形勢有東南之形勢今縱未能遽爭中原宜進都金陵因江淮蜀漢閩廣之資以圖恢復不應退自削弱三年金人南侵詔求可至軍前者邵慨然請行轉五官直龍圖閣假禮部尚書充通問使武臣楊憲副之即日就道至濰州接伴使置酒張樂邵曰二帝北遷邵爲臣子所不忍聽請止樂至于三四聞者泣下翌日見左監軍撻攬命邵拜邵曰監軍與邵爲南北朝從臣無相拜禮且以書抵之曰兵不在强弱在曲直宣和以來我非無兵也帥臣初開邊隙謀臣復啓兵端是以大國能勝之厥後僞楚僭立群盜蠭起曾幾何時電掃無餘是天意人心未厭宋德也今大國復

裂地以封劉豫窮兵不已曲有在矣撻攬怒取國書去執邵送密州囚于祚山砦明年又送邵于劉豫使用之邵見劉豫長揖而已又呼爲殿院責以君臣大義詞氣俱厲豫怒械置于獄楊憲遂降豫知邵不屈久之復送于金拘之燕山僧寺從者皆莫知所之後又作書爲金言劉豫挾大國之勢日夜南侵不勝則首鼠兩端勝則如養鷹飽則颺去終非大國之利守者密以告金取其書去益北徙之會寧府距燕三千里金嘗大赦許宋使者自便還鄉人人多占籍淮北冀幸稍南惟邵與洪皓朱弁言家在江南十三年和議成及皓弁南歸八月入見奏前後使者如陳過庭司馬朴滕茂實崔縱魏行可皆歿異域未褒贈者乞早頒恤典邵併携崔縱柩歸其家升祕閣脩撰主管佑神觀左司諫詹大方論其奉使無成改台州崇道觀移書時相勸其迎請欽宗與諸王后妃十九年以敷文閣待制提舉江州太平興國宮知池州再奉祠卒年六十一累贈少師邵負氣遇事慷慨常以功名自許出使因徙屢瀕於死其在會寧金人多從之學喜誦佛書雖異域不廢初使金時遇秦檜於濰州及歸上書言檜忠節議者以是少之後弟祁下大理獄

鍾瑞寫　梁保刊

將株連部會檜死得免有文集十卷子孝覽孝曾孝忠孝曾後亦以出使歿于金金人知為邵子尚憐之洪皓字光弼番易人少有奇節慷慨有經略四方志登政和五年進士第王黼朱勔皆欲婚之力辭宣和中為秀州司録大水民多失業皓白郡守以拯荒自任發廩損直以糶民坌集皓恐其紛競乃別以青白幟湼其手以識之令嚴而惠徧浙東綱米過城下皓白守邀留之守不可皓曰願以一身易十萬人命人感之切骨號洪佛子其後秀卒叛縱掠郡民無一得脫惟過皓門曰此洪佛子家也不敢犯建炎三年五

月帝將如金陵皓上書言內患甫平外敵方熾若輕至建康恐金人乘虛侵軼宜先遣近臣往經營俟告辦回鑾未晚時朝議已定不從既而悔之他日帝問宰輔近諫移蹕者謂誰張浚以皓對時議遣使金國浚又薦皓於呂頤浩召與語大悅皓方居父喪頤浩解衣巾俾易墨衰經入對帝以國步艱難兩宮遠播為憂皓極言天道好還金人安能久陵中夏此正春秋邲郢之役天其或者警晉訓楚也帝悅遷皓五官擢徽猷閣待制假禮部尚書為大金通問使龔璹副之令與執政議國書皓欲有所易頤浩不樂遂抑遷

官之命時淮南盜賊踵起李成甫就招即命知泗州羈縻之乃命皓兼淮南京東等路撫諭使俾成以所部衛皓至南京比過淮南成方與耿堅共圍楚州責權州事賈敦詩以降敵實持叛心皓先以書抵成成以汴涸虹有紅巾賊軍食絕不可往皓聞堅起義兵可撼以義遣人密諭之曰君數千里赴國家急山陽縱有罪當稟命于朝今擅攻圍名勤王實作賊爾堅意動遂強成斂兵皓至泗境迎騎介而來龔璹曰虎口不可入皓遂還上疏言成以朝廷餽餉不繼有引衆建康之語今靳賽據揚州薛慶據高郵萬一三叛

連衡何以待之此含垢之時宜使人諭意優進官秩畀之以京口綱運如晉明帝待王敦可也疏奏帝即遣使撫成給米伍萬石頤浩惡其直達而不先白堂奏皓託事稽留貶二秩皓遂請出滁陽路自壽春由東京以行至順昌聞群盜李閻羅小張俊者梗潁上道皓與其黨遇譬曉之曰自古無白頭賊其黨悔悟皓使持書至賊巢二渠魁聽命領兵入宿衛皓至太原留幾一年金遇使人禮日薄及至雲中粘罕迫二使仕劉豫皓曰萬里銜命不得奉兩宮南歸恨力不能磔逆豫忍事之邪留亦死不即豫亦死不願偷生

鼠狗間願就鼎鑊無悔黏罕怒將殺之旁一酋唶曰此真忠臣也目止劒士為之跪請得流遞冷山流遞猶編竄也惟璹至汴受豫官雲中至冷山行六十日距金主所都僅百里地苦寒四月草生八月已雪穴居百家陳王悟室聚落也悟室敬皓使教其八子或二年不給食盛夏衣麤布嘗大雪薪盡以馬矢然火煨麪食之或獻取蜀策悟室持問皓皓力折之悟室銳欲南侵曰孰謂海大我力可乾但不能使天地相拍爾皓曰兵猶火也弗戢將自焚自古無四十年用兵不止者又數為言所以來為兩國事既不受使乃

令深入教小兒非古者待使之禮也悟室或荅或默忽發怒曰汝作和事官而口硬如許謂我不能殺汝耶皓曰自分當死顧大國無受殺行人之名願投之水以墜淵為名可也悟室義之而止和議將成悟室問所議十事皓條析甚至大略謂封冊乃虛名年號本朝自有金三千兩景德所無東南不宜蠶絹不可增也至於取淮北人景德載書猶可覆視悟室曰誅投附人何為不可皓曰昔魏侯景歸梁梁武帝欲以易其姪蕭明於魏景遂叛陷臺城中國決不蹈其覆轍悟室悟曰汝性直不誑我吾與汝如燕遣汝歸議

遂行會莫將北來議不合事復中止留燕甫一月兀朮殺悟室黨類株連者數千人獨皓與異論幾死故得免方二帝遷居五國城皓在雲中密遣人奏書以桃梨粟麪獻二帝始知帝即位皓聞祐陵訃北嚮泣血旦夕臨諱日操文以祭其辭激烈舊臣讀之皆揮涕紹興十年因諜者趙德書機事數萬言藏故絮中歸達于帝言順昌之役金人震懼奪魄燕山珍寶盡徙以北意欲捐燕以南棄之王師亟還自失機會今再舉尚可十一年又求得太后書遣李微持歸帝大喜曰朕不知太后寧否幾二十年雖遣使百輩不如

此一書是冬又密奏書曰金已厭兵勢不能久異時以婦女隨軍今不敢也若和議未決不若乘勢進擊再造反掌爾又言胡銓封事此或有之金人知中國有人益懼張丞相名動異域惜置之散地又問李綱趙鼎安否獻六朝御容徽宗御書其後梓宮及太后歸音皓皆先報初皓至燕宇文虛中已受金官因薦皓金主聞其名欲以為翰林直學士力辭之皓有逃歸意乃請于參政韓昉乞於真定或大名以自養昉怒始易皓官為中京副留守再降為留司判官趣行屢矣皓乞不就職昉竟不能屈金法雖未易官而曾經

任使者永不可歸昉遂令皓校雲中進士試蓋欲以計墮皓也皓復以疾辭未幾金主以生子大赦許使人還鄉皓與張邵朱弁三人在遣中金人懼為患猶遣人追之七騎及淮而皓已登舟十二年七月見于內殿力求郡養母帝曰卿忠貫日月志不忘君雖蘇武不能過豈可捨朕去邪請見慈寧宮帝人設簾太后曰吾故識尚書命撤之皓自建炎己酉出使至是還留北中凡十五年同時使者十三人惟皓邵弁得生還而忠義之聲聞于天下者獨皓而已皓既對退見秦檜語連日不止曰張和公金人所憚乃不得用

錢塘暫居而景靈宮太廟皆極土木之華豈非示無中原意乎檜不懌謂皓子适曰尊公信有忠節得上眷但官職如讀書速則易終而無味須如黃鐘大呂乃可八月除徽猷閣直學士提舉萬壽觀兼權直學士院金人來取趙彬等三十人家屬詔歸之皓曰昔韓起謁環于鄭鄭小國也能引義不與金既限淮官屬皆吳人宜留不遣蓋慮知其虛實也彼方困於蒙兀姑示强以嘗中國若遽從之謂秦無人益輕我矣檜變色曰公無謂秦無人既而復上疏曰恐以不與之故或致渝盟宜告之曰俟淵聖及皇族歸乃遣又

言王倫郭元邁以身徇國棄之不取緩急何以使人檜大怒又因言室撚寄聲檜怒益甚語在檜傳翌日侍御史李文會劾皓不省母出知饒州明年大水中官白鍔宣言燮理乖盭洪尚書名聞天下胡不用檜聞之愈怒繫鍔大理獄尋流嶺表諫官詹大方遂論皓與鍔為刎頸交更相稱譽罷皓提舉江州太平觀鍔初不識皓特以從太后北歸在金國素知皓名爾尋居母喪他言者猶謂皓睥睨鈞衡終喪除饒州通判李勤又附檜誣皓作欺世飛語責濠州團練副使安置英州居九年始復朝奉郎徙袁州至南雄州卒

年六十八死後一日檜亦死帝聞皓卒嗟惜之復敷文閣學士贈四官久之復徽猷閣學士謚忠宣皓雖久在北廷不堪其苦然為金人所敬所著詩文爭鈔誦求鋟梓既歸後使者至必問皓為何官居何地性急義當艱危中不少變懿節后之戚趙伯璘隸悟室戲下貧甚皓賙之范鎮之孫祖平為傭奴皓言於金人而釋之劉光世庶女為人豢豕贖而嫁之他貴族流落賤微者皆力拔以出惟為檜所嫉不死於敵國乃死於讒慝皓博學强記有文集五十卷及帝王通要姓氏指南松漠紀聞金國文具錄等書子适遵邁

适字景伯皓長子也幼敏悟日誦三千言皓使朔方适年甫十三能任家事以皓出使恩補脩職郎紹興十二年與弟遵同中博學宏詞科高宗曰父在遠方子能自立此忠義報也宜升擢遂除敕令所刪定官後三年弟邁亦中是選由是三洪文名滿天下改祕書省正字甫數月皓歸忤秦檜出知饒州适亦出爲台州通判垂滿皓謫英州适復論罷往來嶺南省侍者九載檜死皓還道卒服闋起知荆門軍應詔上寬恤四事輕茶額錢乞州代貢禮物鬬試闈以復舊額蠲官田令不種者輸租改知徽州尋提舉江東路常平

茶鹽首言役法不均之弊會完顏亮來侵上親征适覲金陵言本路旱百姓逐食于淮復遭金兵令各懷歸而田產爲官鬻請聽其估贖之及亮斃适上疏曰大定僭號諸國未必服從宜多遣密詔傳諭中原義士各取州縣因以畀之王師但留屯淮泗募兵積粟以爲聲援俟蜀漢山東之兵數道皆集見可而進虜勢兵力不頓可以萬全升尚書戶部郎中總領淮東軍馬錢糧孝宗即位海州解圍符離用兵饋餉繁夥适究心調度供億無闕遷司農少卿隆興二年二月召貳太常兼權直學士院上欲除諸將環衛官詔討

論其制适具唐及本朝沿革十一條上之且言太祖太宗朝常以處諸將及降王之君臣自後多以皇族爲之故國史以爲官存而事廢陛下修飭戎備不必遠取唐制祖宗故事蓋可法則令徑行換授恐有減奉之患乞如閤職兼帶節度至刺史帶上將軍橫行遙郡帶大將軍正使帶將軍副使帶中郎又以下則帶左右郎將其官府人吏令有司相度以聞除中書舍人時金人再犯淮羽檄沓至書詔塡委洛訪疇答率稱上旨自此有大用意金旣尋盟首爲賀生辰使金遣同簽書樞密院事高嗣先接伴自言其父司空有

德於皓相與甚驩得其要領以歸乾道元年五月遷翰林學士仍兼中書舍人秦塤久廢忽予祠适奏曰李林甫死後諸子皆流配嶺南秦檜稔惡自斃不肖之孫官職仍舊可謂幸矣宮觀雖小塤得之則入以除用之漸恐檜黨牽連而進其命遂寢時巫伋復召莫伋擢樞密院編脩官余堯弼復龍圖閣學士适謂其皆檜黨也隨命繳之六月除端明殿學士簽書樞密院事上諭參政錢端禮虞允文曰三省事與洪适商量東西府始同班奏事八月拜參知政事諫議大夫林安宅以銅錢多入北境請禁之即蜀中取鐵錢

行之淮上事既行适言其不可上問之适曰今每州
不得千緡一州以萬戶計之每家才得數百恐民間
無以貿易且客旅無回貨鹽場有大利害上以爲然
乃寢前命但於蜀中取十五萬緡行之廬和二州而
已十二月拜尚書右僕射同中書門下平章事兼樞
密使未幾春霖适引咎乞退林安宅抗疏論适既而
臺臣復合奏三月除觀文殿學士提舉江州太平興
國宮尋起知紹興府浙東安撫使再奉祠淳熙十一
年薨年六十八謚文惠适以文學聞望遭時遇主自
兩制一月入政府又四閱月居相位又三月罷政然

無大建明以究其學家居十有六年兄弟鼎立子孫
森然以著述吟詠自樂近世備福鮮有及之或謂适
黨湯思退又謂适來自淮東言張浚妄費浚以此罷
相子九人槻棫楷樒槽桴榲槺梠
遵字景嚴皓仲子也自兒時端重如成人從師業文
不以歲時寒暑輟父留沙漠母亡遵孺慕攀號既葬
兄弟即僧舍肄詞業夜枕不解衣以父廕補承務郎
與兄适同試博學宏詞科中魁選賜進士出身高宗
以皓遠使擢爲祕書省正字中興以來詞科中選即
入館自遵始宰相秦檜子熺爲官長聱欸爲人輕重

遵恬然不附麗二年弟邁皓南還與朝論異出守遵
遂乞外通判常婺越三州紹興二十五年湯思退薦
之復入爲正字八月兼權直學士院湯鵬舉副臺端
密薦爲御史方賜對而父訃聞二十八年免喪召對極
陳父冤曰先臣與龔璹同出疆璹仕於劉豫以妄殺
兵官爲豫所誅而秦檜贈以節旄擢用其子先臣拒金
人之命留十五歲乃得歸顧南竄嶺外臣兄弟屏跡
在外檜不分忠逆如此高宗悉爲道誘語所起且曰
卿再登三館嘗典書命今以修注處卿遂拜起居舍
人奏乞以經筵官除罷及封章進對宴會錫予講讀

問答等事萃爲一書名之曰邇英記注其後乾道間
又有祥曦殿記注寔自遵始又因面對論鑄錢利害
帝嘉納之遷起居郎兼權樞密院都承旨舊制修注
官經筵官許留身奏事而近例無有遵奏請復舊制
且言起居注未修者十五年請除見修月進外每月
帶修皆從之二十九年拜中書舍人殿前裨將輔逵
轉防禦使王綱轉團練使遵言近制管軍官十年始
一遷今兩人不滿歲安得爾時勳臣子孫多躐居臺
省遵極言乞明有所止高宗曰正立法自今功臣子
孫序遷至侍從並令久任在京宮觀遵曰侍從朝廷

高選非如磨勘階官安有遷序之制退而上奏言今內外將家無慮二十人若以序遷不出十年西清次對皆可坐致太祖開國功臣子孫不過諸司惟曹彬之子琮瑋以功名自奮遂為節度初不聞有遽遷侍從之例令旨一出使穆清之地類皆將種非所以示天下望收還前詔又言瑞昌興國之間茶商失業聚為盜賊望揭牓開諭許其自新願充軍者填刺願為農者放還上皆可其奏論者欲復鄱陽永平永豐兩監鼓鑄詔給舍議遵曰唐有鼓鑄使國朝或以漕臣兼領或分道置使蓋為三司自中興來置都大提點

官屬太多動為州縣之害間者亟行廢罷又無一定之論初委運使又委提刑又委郡守貳號令不一鼓鑄益少竊以為復置便三十年正月議吏部侍郎畀時選人詣曹改秩吏倚為市毫毛不中節必巧生沮閡須賂餉滿欲乃止遵明與約苟於大體無害先行後審薦員有定限而舉者周遮重複或同時一章而巧為兩牘或當薦五員而輒踰十數或當舉職官而詭為京狀或身係常調而妄稱職司或東西分曹而交錯攙補或已予復奪而指云事故什析枚數請凡如是者得通劾之舊制致仕任子隨所在審勑牒即

請行是時從議者請必令子元州判奏遵言士大夫或遊宦粵蜀數千里外不幸以死臨終謝事其家獲歸故里已為至難今復因此齟齬反覆稽延是明與惡吏為地也乃止仍舊貫平江湖秀三州水無以輸秋苗有司抑令輸麥遵言麥價殊不在米下民困如是奈何指夏以為秋衍一以為二使擠溝壑乎須斂取其半而被水害者悉免之金人來索絳陽郭小的安化劉孝恭二百家遵以蜀之李特可為至戒願以根集未足為解淹引日月報之遷翰林學士兼吏部尚書汪澈論湯思退罷相遵行制無貶詞澈以為言

遂丐去以徽猷閣直學士提舉太平興國宮三十一年金主完顏亮命其尚書蘇保衡由海道窺二浙朝廷以浙西副總管李寶禦之寶駐兵平江守臣朱翌素與寶異朝議以遵嘗薦寶乃命遵知平江及寶以舟師擣膠西凡資糧器械舟檝皆遵供億寶成功而歸遵之助為多車駕幸金陵禁衛士丐索無藝它郡隨與不饜至吳乃相告曰內翰在此汝毋復然先是朝廷慮商舶為賊得悉拘入官既而不返並海縣團萃巨艦及募水手民兵皆縶留未得去遵因對論之以船還商而聽水手自便吳人德之孝宗即位拜翰

林學士承旨兼侍讀詔問宰執侍從臺諫曰敵人來索舊禮從之則不忍屈不從則邊患未已中原歸正人源源不絕納之則東南力不能給否則絕向化之心宜指陳定論以聞遵與給事中金安節中書舍人唐文若起居郎周必大共為一議其略謂不宜直情徑行亦未可遽為之屈謂宜遣金繒如前日之數或許稍歸侵地如海泗之類則彼亦可藉口而來議矣知隆興二年貢舉拜同知樞密院事壽康殿産金芝十二同列議表賀遵引李文靖奏災異故事風止之薦眉山李燾永嘉鄭伯熊及林光朝未及用會湯思

退為左相而次相張浚罷御史周操策遵且超遷上章致劾上亟從實他官遵不能安位連章乞免訖與御史俱去是年七月以端明殿學士提舉太平興國宮乾道六年起知信州徙知太平州前守周操以嘗論遵聞遵來不俟合符馳去遵追餞至十里勞苦如平時曰君當官而行我何怨聞者以為盛德圩田壞民失業遵鳩民築圩凡萬數方冬盛寒遵躬履其間載酒食親餉饁恩意傾盡人忘其勞運使張松忌功妄奏圩未嘗決民未嘗轉徙必責圩戶自闕築且裁省募工錢米之半遵連疏爭至乞遣朝臣覆按於是

將作少監馬希言監察御史陳舉善押至黜松言圩遂成合四百五十有五松無所泄其怨則別治溧水永豐圩來調丁米木數甚廣遵曰郡當歲儉方振恤流移勸分乞糴如自刲其股以充喉不暇食況能飽他人腹哉執不從楚地旱旁縣振贍者慮不早施置失後先或得米而亡以炊或闔戶莩藉而廩不至遵簡賓佐隨遠近壯老以差賦給獨租至十九又告糴于江西得活者不啻萬計戍兵乘時盜利曹伍剽于野盡執拘以歸其軍故當大札瘥而邑落晏然徙知建康府江東安撫使兼行宮留守孝宗諭當制舍人

范成大褒其治績且許入覲時虞允文當國有北征志先調侍衛馬軍出屯其在府者五軍悉送其孥謀築營砦無慮萬竈張松用不能罷特勑遵同宰執赴選德殿奏事遵奏外臣不敢尾二府後願需班退別引上弗許進資政殿學士以行至則揭牓民苗米唯輸正不輸耗聽民自持斛槩庾人不能輕重其手徧行郊野卜砦地求不妨民居不夷冢墓者踰年始得之營卒醉妄言搖衆斬之磔于市三軍無敢譁有晝入旗亭挺刃椎壚者械付獄驛上奏未下統帥懼得譴請自治之孝宗怒罷統帥遵亦坐貶兩秩未幾五

營成復元官仍拜資政殿學士淳熙元年提舉洞霄
宮十一月薨年五十有五謚文安
邁字景盧皓季子也幼讀書日數千言一過目輒不
忘博極載籍雖稗官虞初釋老傍行靡不涉獵從二
兄試博學宏詞科邁獨被黜紹興十五年始中第授
兩浙轉運司幹辦公事入為勑令所刪定官皓忤秦
檜投閑檜憾未已御史汪勃論邁知其父不靖之謀
遂出添差教授福州累遷吏部郎兼禮部上居顯仁
皇后喪當孟饗禮官未知所從邁請遣宰相分祭奏
可除樞密檢詳文字建議令民入粟贖罪以紓國用

又請嚴法駕出入之儀三十一年議欽宗謚邁曰淵
聖北狩不返臣民悲痛當如楚人立懷王之義號懷
宗以係復讎之意不用吳璘病篤朝論欲徙吳拱代
之邁曰吳氏以功握蜀兵三十年宜有以新民觀聽
毋使尾大不掉知樞密院事葉義問出視師奏以邁
參議軍事至鎮江聞瓜州官軍與金人相持遑遽失
措會建康走驛告急義問遽欲還邁力止之曰今退
師無益京口勝敗之數而金陵聞返旆人心動搖不
可還左司員外郎三十二年春金主褒遣左監軍高
忠建來告登位且議和邁為接伴使知閤門張掄副

之上謂執政曰向日講和本為梓宮太后雖屈己卑
辭有所不憚今兩國之盟已絕名稱以何為正疆土
以何為準朝見之儀歲幣之數所宜先定及邁掄入
辭上又曰朕料此事終歸於和欲首議名分而土地
次之邁於是奏更接伴禮數凡十有四事自渡江以
來屈己含忍多過禮至是一切殺之用敵國體凡遠
迎及引接金銀等皆罷既而高忠建有責臣禮及取
新復州郡之議邁以聞且奏言土疆實利不可與禮
際虛名不足惜禮部侍郎黃中聞之亟奏曰名定實
隨百世不易不可謂虛土疆得失一彼一此不可謂

實兵部侍郎陳俊卿亦謂先正名分名分正則國威
張而歲幣亦可損矣進起居舍人時議遣使報金國
聘三月丁巳詔侍從臺諫各舉可備使命者一人初
邁之接伴也既持舊禮折伏金使至是慨然請行於
是假翰林學士充賀登位使欲令金稱兄弟敵國而
歸河南地夏四月戊子邁辭行書用敵國禮高宗親
札賜邁等曰祖宗陵寢隔闊三十年不得以時洒掃
祭祀心實痛之若彼能以河南地見歸必欲居尊如
故正復屈己亦何所惜邁奏言山東之兵未解則兩
國之好不成至燕金閤門見國書呼曰不如式抑令

使人於表中改陪臣二字朝見之儀必欲用舊禮邁
初執不可既而金鎖使館自旦及暮水漿不通三日
乃得見金人語極不遜大都督懷忠議欲質留左丞
相張浩持不可乃遣還七月邁回朝則孝宗已即位
矣殿中侍御史張震以邁使金辱命論罷之明年起
知泉州乾道二年復知吉州入對遂除起居舍人直
前言起居注皆据諸處關報始加修纂雖有日曆時
政記亦莫得書景祐故事有邇英延羲二閣注記凡
經筵侍臣出處封章進對宴會賜予皆用存記十年
間稍廢不續陛下言動皆罔聞知恐非命侍本意乞

令講讀官自今各以日得聖語關送修注官令講筵
所牒報使謹錄之因今所御殿名曰祥曦記注制可
三年遷起居郎拜中書舍人兼侍讀直學士院仍參
史事父忠宣凡适遵皆歷此三職邁又踵之邁奏三
省事無巨細必先經中書書黃宰執書押當制舍人
書行然後過門下給事中書讀如給舍有所建明則
封黃具奏以聽上旨惟樞密院既得旨即書黃過門
下例不送中書謂之密白則封駁之職似有所偏況
今宰相兼樞密因而釐正不為有嫌望詔樞密院凡
已被制敕並關左右省依三省書黃以示重出命之

意報可六年除知贛州起學宮造浮梁士民安之郡
兵素驕小不如欲則跋扈郡歲遣千人戍九江是歲
或怵以至則留不復返衆遂反戕民訛言相驚百姓
恟懼邁不為動但遣一校婉說之俾歸營衆皆聽垂
櫜而入徐詰什五長兩人械送潯陽斬于市辛卯歲
饑贛適中熟邁移粟濟鄰郡僚屬有諫止者邁笑曰
秦越瘠肥臣子義耶尋知建寧府富民有睚眦殺人
衷刃篡獄者久拒捕邁正其罪黥流嶺外十一年知
婺州奏金華田多沙勢不受水五日不雨則旱故境
內陂湖最當繕治命耕者出力田主出穀凡為公私

塘堰及湖總之為八百三十七所婺軍素無律春給
衣欲以緡易帛吏不可則群呼嘯聚于郡將之治郡
將惴恐姑息如其欲邁至衆狃前事至以飛語榜譙
門邁以計逮捕四十有八人置之理黨衆相唉閧擁
邁轎邁曰彼罪人也汝等何預衆逡巡散去邁戮首
惡二人梟之市餘黥撻有差莫敢譁者事聞上語輔
臣曰不謂書生能臨事達權特遷敷文閣待制明年
召對首論淮東邊備六要地曰海陵曰喻泗曰鹽城
曰寶應曰清口曰盱眙謂宜修城池嚴屯兵立游椿
益戍卒又言許浦宜開河三十六里梅里鎮宜築二

大堰作斗門遇行師則決防送船又言馮湛創多槳船底平檣浮雖尺水可運今十五六年修葺數少不足用謂宜募瀕海富商入船予爵招善操舟者以補水軍上嘉之以提舉佑神觀兼侍講同修國史邁初入史館預修四朝帝紀進敷文閣直學士直學士院講讀官宿直上時召入談論至夜分十三年九月拜翰林學士遂上四朝史一祖八宗百七十八年為一書淳熙改元進煥章閣學士知紹興府過闕奏事言新政宜以十漸為戒上曰浙東民困於和市卿往為朕正之邁再拜曰誓盡力邁至郡覈實詭戶四萬八

千三百有奇所減絹以匹計者略如其數提舉玉隆萬壽宮明年再上章告老進龍圖閣學士尋以端明殿學士致仕是歲卒年八十贈光祿大夫謚文敏邁兄弟皆以文章取盛名躋貴顯邁尤以博洽受知孝宗謂其文備衆體邁考閱典故漁獵經史極鬼神事物之變手書資治通鑑凡三有容齋五筆夷堅志行於世其他著述尤多所修欽宗紀多本之孫覿附耿南仲惡李綱所紀多失實故朱熹舉王允之論言佞臣不可使執筆以為不當取覿所紀云

論曰孔子云使於四方不辱君命可謂士矣當建炎紹興之際凡使金者如探虎口能全節而歸若朱弁張邵洪皓其庶幾乎望之不足議也皓留北十五年忠節尤著高宗謂蘇武不能過誠哉然竟以忤秦檜謫死悲夫其子适遵邁相繼登詞科文名滿天下适位極台輔而邁文學尤高立朝議論最多所謂忠義之報詎不信夫

列傳卷第一百三十二

列傳卷第一百三十三　宋史三百七十四

開府儀同三司上柱國錄軍國重事前中書右丞相監修國史領經筵事都總裁臣脫脫等奉

勅修

張九成　胡銓　廖剛　李迨

趙開

張九成字子韶其先開封人徙居錢塘游京師從楊時學權貴託人致幣曰肯從吾游當薦之館閣九成笑曰王良尚羞與嬖奚乘吾可為貴游客耶紹興二年上將策進士詔考官直言者置高等九成對策略曰禍亂之作天所以開聖人也願陛下以剛大為心無以憂驚自沮臣觀金人有必亡之勢中國有必興之理夫好戰必亡失其故俗必亡人心不服必亡金皆有焉劉豫背叛君親委身夷狄黠雛經營有同兒戲何足慮哉前世中興之主大抵以剛德為尚去讒節慾遠佞防姦皆中興之本也今閭巷之人皆知有父兄妻子之樂陛下貴為天子冬不得溫夏不得凊昏無所定晨無所省感時遇物悽惋于心可不思所以還二聖之車乎又言閹寺聞名國之不祥也今此曹名字稍稍有聞臣之所憂也當使之安掃除之役凡結交往來者有禁干預政事者必誅擢寘首選

時遺九成書曰廷對自中興以來未之有非剛大之氣不為得喪回屈不能為也授鎮東軍簽判吏不能欺民冒鹺禁提刑張宗臣欲逮捕數十人九成爭之宗臣曰此事左相封來九成曰主上屢下恤刑之詔公不體聖意而觀望宰相耶宗臣怒九成即投檄歸從學者日衆出其門者多為聞人趙鼎薦于朝遂以太常博士召既至改著作佐郎遷著作郎言我宋家法曰仁而已仁之發見尤在於刑陛下以省刑為急而理官不以恤刑為念欲詔理官活幾人者與減磨勘從之除浙東提刑力辭乃與祠以歸未幾召除宗正少卿權禮部侍郎兼侍講兼權刑部侍郎法寺以大辟成案上九成閱始末得其情因請覆實因果誣服者朝論欲以平反為賞九成曰職在詳刑可邀賞乎辭之金人議和九成謂趙鼎曰金實厭兵而張虛聲以撼中國因言十事彼誠能從吾所言則與之和使權在朝廷鼎既罷秦檜誘之曰且成檜此事九成曰九成胡為異議特不可輕易以苟安耳檜曰立朝須優游委曲九成曰未有枉已而能直人上問以和議九成曰敵情多詐不可不察因在經筵言西漢災異事檜甚惡之謫守邵州既至倉庫虛乏僚屬請督

酒祖宿負苗絹未輸者九成曰縱未能惠民其敢困民耶是歲賦入更先他時中丞何鑄言其矯僞欺俗傾附趙鼎落職丁父憂既免喪秦檜取旨上曰自古朋黨畏人主知之此人獨無所畏可與宮觀先是徑山僧宗杲善談禪理從游者衆九成時往來其間檜恐其議己令司諫詹大方論其與宗杲謗訕朝政謫居南安軍在南安十四年每執書就明倚立庭磚歲久雙趺隱然廣帥致籯金九成曰吾何敢茍取悉歸之檜死起知溫州戶部遣吏督軍糧民苦之九成移書痛陳其弊戶部持之九成即丐祠歸數月病卒九

成研思經學多有訓解然早與學佛者游故其議論多偏寶慶初特贈太師封崇國公謚文忠

胡銓字邦衡廬陵人建炎二年高宗策士淮海銓因御題問治道本天天道本民荅云湯武聽民而興桀紂聽天而亡今陛下起干戈鋒鏑間外亂內訌而策臣數十條皆質之天不聽於民又謂今宰相非晏殊樞密參政非韓琦杜衍范仲淹策萬餘言高宗見而異之將冠之多士有忌其直者移置第五授撫州軍事判官未上會隆祐太后避兵贛州金人躡之銓以漕檄攝本州幕募鄉丁助官軍捍禦第賞轉承直郎

丁父憂從鄉先生蕭楚學春秋紹興五年張浚開督府辟湖北倉屬不赴有詔赴都堂審察兵部尚書呂祉以賢良方正薦賜對除樞密院編脩官八年宰臣秦檜決策主和金使以詔諭江南爲名中外洶洶銓抗疏言曰臣謹案王倫本一狎邪小人市井無賴頃緣宰相無識遂舉以使虜專務詐誕欺罔天聽驟得美官天下之人切齒唾罵今者無故誘致虜使以詔諭江南爲名是欲臣妾我也是欲劉豫我也劉豫臣事醜虜南面稱王自以爲子孫帝王萬世不拔之業一旦豺狼改慮捽而縛之父子爲虜商鑑不遠而倫

又欲陛下效之夫天下者祖宗之天下也陛下所居之位祖宗之位也柰何以祖宗之天下爲金虜之天下以祖宗之位爲金虜藩臣之位陛下一屈膝則祖宗廟社之靈盡汙夷狄祖宗數百年之赤子盡爲左衽朝廷宰執盡爲陪臣天下士大夫皆當裂冠毀冕變爲胡服異時豺狼無厭之求安知不加我以無禮如劉豫也哉夫三尺童子至無識也指犬豕而使之拜則怫然怒今醜虜則犬豕也堂堂大國相率而拜犬豕曾童孺之所羞而陛下忍爲之耶倫之議乃曰我一屈膝則梓宮可還太后可復淵聖可歸中原可

得嗚呼自變故以來主和議者誰不以此說啗陛下哉然而卒無一驗則虜之情偽已可知矣而陛下尚不覺悟竭民膏血而不恤忘國大讐而不報含垢忍恥舉天下而臣之甘心焉就令虜決可和盡如倫議天下後世謂陛下何如主況醜虜變詐百出而倫又以姦邪濟之梓宮決不可還太后決不可復淵聖決不可歸中原決不可得而此膝一屈不可復伸國勢陵夷不可復振可為痛哭流涕長太息矣向者陛下間關海道危如累卵當時尚不忍北面臣虜況今國勢稍張諸將盡銳士卒思奮只如頃者醜虜陸梁偽豫入寇固嘗敗之於襄陽敗之於淮上敗之於渦口敗之於淮陰校之往時蹈海之危固已萬萬儻不得已而至於用兵則我豈遽出虜人下哉今無故而反臣之欲屈萬乘之尊下穹廬之拜三軍之士不戰而氣已索此魯仲連所以義不帝秦非惜夫帝秦之虛名惜天下大勢有所不可也今內而百官外而軍民萬口一談皆欲食倫之肉謗議洶洶陛下不聞正恐一旦變作禍且不測臣竊謂不斬王倫國之存亡未可知也雖然倫不足道也秦檜以腹心大臣而亦為之陛下有堯舜之資檜不能致君如唐虞而欲導陛

下為石晉近者禮部侍郎曾開等引古誼以折之檜乃厲聲責曰侍郎知故事我獨不知則檜之遂非愎諫已自可見而乃建白令臺諫侍臣僉議可否是蓋畏天下議己而令臺諫侍臣共分謗耳有識之士皆以為朝廷無人吁可惜哉孔子曰微管仲吾其被髮左衽矣夫管仲霸者之佐耳尚能變左衽之區而為衣裳之會秦檜大國之相也反驅衣冠之俗而為左衽之鄉則檜也不唯陛下之罪人實管仲之罪人矣孫近傅會檜議遂得參知政事天下望治有如饑渴而近伴食中書漫不敢可否事檜曰虜可和近亦曰可和檜曰天子當拜近亦曰當拜臣嘗至政事堂三發問而近不荅但曰已令臺諫侍從議矣嗚呼參贊大政徒取充位如此有如虜騎長驅尚能折衝禦侮耶臣竊謂秦檜孫近亦可斬也臣備員樞屬義不與檜等共戴天區區之心願斷三人頭竿之藁街然後羈留虜使責以無禮徐興問罪之師則三軍之士不戰而氣自倍不然臣有赴東海而死爾寧能處小朝廷求活邪書既上檜以銓狂妄凶悖鼓眾劫持詔除名編管昭州仍降詔播告中外給舍臺諫及朝臣多救之者檜迫於公論乃以銓監廣州鹽倉明年改簽

書威武軍判官十二年諫官羅汝楫劾銓飾非橫議
詔除名編管新州十八年新州守臣張棣訐銓與客
唱酬謗訕怨望移謫吉陽軍二十六年檜死銓量移
衡州銓之初上書也宜興進士吳師古鋟木傳之金
人募其書千金其謫廣州也朝士陳剛中以啓事為
賀其謫新州也同郡王廷珪以詩贈行皆為人所訐
師古流袁州廷珪流辰州剛中謫知虔州安遠縣遂
死焉三十一年銓得自便孝宗即位復奉議郎知饒
州召對言修德結民練兵觀釁上曰久聞卿直諒除
吏部郎官隆興元年遷秘書少監擢起居郎論史官

失職者四一謂記注不必進呈庶人主有不觀史之
美二謂唐制二史立螭頭之下今在殿東南隅言動
未嘗得聞三謂二史立後殿而前殿不立乞於前後
殿皆分日侍立四謂史官欲其直前而閤門以未嘗
預牒以今日無班次為辭乞自今直前言事不必預
牒閤門及以有無班次為拘詔從之兼侍講國史院
編脩官因講禮記曰君以禮為重禮以分為重分以
名為重願陛下無以名器輕假人又進言乞都建康
謂漢高入關中光武守信都大抵與人鬬不搤其亢
拊其背不能全勝今日大勢自淮以北天下之亢與

背也建康則搤之拊之之地也若進據建康下臨中
原此高光興王之計也詔議行幸言者請紓其期遂
以張浚視師圖恢復侍御史王十朋贊之克復宿州
大將李顯忠私其金帛且與邵宏淵忿爭軍大潰十
朋自劾上怒甚銓上疏願毋以小衄自沮時旱蝗星
變詔問政事闕失銓應詔上書數千言始終以春秋
書災異之法言政令之闕有十而上下之情不合亦
有十且言堯舜明四目達四聰雖有共鯀不能塞也
秦二世以趙高為腹心劉項橫行而不得聞漢成帝
殺王章王氏移鼎而不得聞靈帝殺何武陳蕃天下

橫潰而不得聞梁武信朱异侯景斬關而不得聞隋
煬帝信虞世基李密稱帝而不得聞唐明皇逐張九
齡安史胎禍而不得聞陛下自即位以來號召逐客
與臣同召者張燾辛次膺王大寶王十朋今燾去矣
次膺去矣十朋去矣大寶又將去惟臣在爾以言為
諱而欲塞災異之源臣知其必不能也銓又言昔周
世宗為劉旻所敗斬敗將何徽等七十人軍威大震
果敗旻取淮南定三關夫一日戮七十將豈復有將
可用而世宗終能恢復非庸懦者去則勇敢者出耶
近宿州之敗士死于敵者滿野而敗軍之將以所得

之金賂權貴以自解上天見變昭然陛下非信賞必罰以應天不可其論納諫曰今廷臣以箝默爲賢容悅爲忠馴至興元之幸所謂一言喪邦上曰非卿不聞此金人求成銓曰金人知陛下銳意恢復故以甘言款我願絶口勿言和字上以邊事全倚張浚而王之望尹穡專主和排浚銓廷責之兼權中書舍人同修國史張浚之子栻賜金紫銓繳奏之謂不當如此待勳臣子浚雅與銓厚不顧也十一月詔以和戎遣使大詢于庭侍從臺諫預議者凡十有四人主和者半可否者半言不可和者銓一人而已乃獨上一議

曰京師失守自耿南仲主和二聖播遷自何㮚主和維揚失守自汪伯彥黃潛善主和完顏亮之變自秦檜主和議者乃曰外雖和而内不忘戰此向來權臣誤國之言也一溺於和不能自振尚能戰乎除宗正少卿乞補外不許先是金將蒲察徒穆大周仁以泗州降蕭琦以軍百人降詔並爲節度使銓言受降古所難六朝七得河南之地不旋踵而皆失梁武時侯景以河南來奔未幾而陷臺城宣政間郭藥師自燕雲來降未幾爲中國患今金之三大將内附高其爵祿優其部曲以繫中原之心善矣然處之近地萬一

包藏禍心或爲内應後將噬臍願勿任以兵柄遷其衆於湖廣以絶後患二年兼國子祭酒尋除權兵部侍郎八月上以災異避殿減膳詔廷臣言闕政急務銓以振災爲急務議和爲闕政其議和之書曰自靖康迄今凡四十年三遭大變皆在和議則醜虜之不可與和彰彰然矣肉食鄙夫萬口一談牢不可破非不知和議之害而爭言爲和者是有三說焉曰偷懦曰苟安曰附會偷懦則不知立國苟安則不戒酖毒附會則覬得美官小人之情狀具於此矣今日之議若成則有可弔者十若不成則有可賀者亦十請爲

陛下極言之何謂可弔者十眞宗皇帝時宰相李沆謂王旦曰我死公必爲相切勿與虜講和吾聞出則無敵國外患如是者國常亡若與虜和自此中國必多事矣旦殊不以爲然既而遂和海内乾耗旦始悔不用文靖之言此可弔者一也中原謳吟思歸之人日夜引領望陛下拯溺救焚不啻赤子之望慈父母一與虜和則中原絶望後悔何及此可弔者二也海泗今日之藩籬咽喉也彼得海泗且決吾藩籬以瞰吾室扼吾咽喉以制吾命則兩淮決不可保兩淮不保則大江決不可守大江不守則江浙決不可安此

可弔者三也紹興戊午和議既成檜建議遣二三大
臣如路允迪等分往南京等州交割歸地一旦叛盟
劫執允迪等遂下親征之詔虜復請和其反覆變詐
如此檜猶不悟奉之如初事之愈謹賂之愈厚卒有
逆亮之變驚動輦轂太上謀欲入海行朝居民一空
覆轍不遠忽而不戒臣恐後車又將覆也此可弔者
四也紹興之和首議決不與歸正人口血未乾盡變
前議凡歸正之人一切遣還如程師回趙良嗣等聚
族數百幾爲蕭墻憂今必盡索歸正之人與之則反
側生變不與則虜決不肯但已夫反側則肘腋之變

深虜決不肯但已則必別起釁端猝有逆亮之謀不
知何以待之此可弔者五也自檜當國二十年間竭
民膏血以餌犬羊迄今府庫無旬月之儲千村萬落
生理蕭然重以蝗蟲水潦自此復和則蠹國害民殆
有甚焉者矣此可弔者六也今日之患兵費已廣養
兵之外又增歲幣且少以十年計之其費無慮數千
億而歲幣之外又有私覿之費私覿之外又有賀正
生辰之使賀正生辰之外又有泛使一使未去一使
復來生民疲於奔命帑廩涸於將迎瘠中國以肥虜
陛下何憚而爲之此其可弔者七也側聞虜人嫚書

欲書御名欲去國號大字欲用再拜議者以爲繁文
小節不必計較臣切以爲議者可斬也夫四郊多壘
卿大夫之辱楚子問鼎義士之所深耻獻納二字富
弼以死爭之今醜虜橫行與多壘孰辱國號大小與
鼎輕重孰多獻納二字與再拜孰重臣子欲君父屈
己以從之則是多壘不足辱問鼎不必耻獻納不必
爭此其可弔者八也臣恐再拜不已必至稱臣稱臣
不已必至請降請降不已必至納土納土不已必至
銜璧銜璧不已必至輿櫬輿櫬不已必至如晉帝青
衣行酒然後爲快此其可弔者九也事至於此求爲

匹夫尚可得乎此其可弔者十也竊觀今日之勢和
決不成儻乾剛獨斷追回使者魏杞康湑等絕請和
之議以鼓戰士下哀痛之詔以收民心天下庶乎其
可爲矣如此則有可賀者亦十省數千億之歲幣一
也專意武備足食足兵二也無書名之耻三也無去
大之辱四也無再拜之屈五也無稱臣之忿六也無
請降之禍七也無納土之悲八也無銜璧輿櫬之酷
九也無青衣行酒之冤十也去十弔而就十賀利害
較然雖三尺童穉亦知之而陛下不悟春秋左氏謂
無勇者爲婦人今日舉朝之士皆婦人也如以臣言

爲不然乞賜流放竄殛以爲臣子出位犯分之戒自
苻離之敗朝論急於和戎棄唐鄧海泗四州與虜矣
金又欲得商秦地邀歲幣留使者魏杞分兵攻淮以
本職措置浙西淮東海道時金使僕散忠義紇石烈
志寧之兵號八十萬劉寶棄楚州王彥棄昭關濠滁
皆陷惟高郵守臣陳敏拒敵射陽湖而大將李寶預
求密詔爲自安計擁兵不救銓劾奏之曰臣受詔令
范榮備淮李寶備江緩急相援令寶視敏弗救若射
陽失守大事去矣寶懼始出師掎角時大雪河冰皆
合銓先持鐵鎚鎚冰士皆用命金人遂退久之提舉

太平興國宮乾道初以集英殿修撰知漳州改泉州
趣奏事留爲工部侍郎入對言少康以一旅復禹績
今陛下富有四海非特一旅而即位九年復禹之効
尚未赫然又言四方多水旱左右不以告謀國者之
過也宜令有司速爲先備乞致仕七年除寶文閣待
制留經筵求去以敷文閣直學士與外祠陛辭猶以
歸陵寢復故疆爲言上曰朕志也且問今何歸銓曰
歸廬陵臣向在嶺海嘗訓傳諸經欲成此書特賜通
天犀帶以寵之銓歸上所著易春秋周禮禮記解詔
藏秘書省尋復元官升龍圖閣學士提舉太平興國

宮轉提舉玉龍萬壽宮進端明殿學士提舉六年召
歸經筵銓引疾力辭七年以資政殿學士致仕薨謚
忠簡有澹庵集一百卷行于世孫槻榘皆至尚書
廖剛字用中南劒州順昌人少從陳瓘楊時學登崇
寧五年進士第宣和初自漳州司録除國子録擢監
察御史時蔡京當國剛論奏無所避以親老求補外
出知興化軍欽宗即位以右正言召丁父憂服闋除
工部員外郎以母疾辭紹興元年盜起旁郡官吏悉
逃去順昌民以剛爲命剛諭從盜者使反業既而他
盜入順昌部使者檄剛撫定剛遣長子遲諭賊賊知

剛父子有信義亦散去除本路提點刑獄尋召爲吏
部員外郎言古者天子必有親兵自將所以備不虞
而強主威漢北軍唐神策之類也祖宗軍制尤嚴頗
稽舊制選精銳爲親兵居則以爲衛動則以爲中軍
此強幹弱枝之道又言國家艱難已極今方圖新若
會稽誠非久駐之地請經營建康親擁六師往爲固
守計以杜金人窺伺之意遷起居舍人權吏部侍郎
兼侍講除給事中丁母憂服闋復拜給事中剛言國
不可一日無兵兵不可一日無食今諸將之兵備江
淮不知幾萬初無儲蓄日待哺於東南之轉餉浙民

已困欲救此患莫若屯田因獻三說將校有能射耕當加優賞毋耕田一頃與轉一資百姓願耕假以糧種復以租賦上令都督府措置時朝廷推究章惇蔡京誤國之罪追貶其身仍詔子孫毋得官中朝至是章傑自崇道觀知婺州章僅自太府丞提舉江東茶鹽事剛封還詔書謂卽如此何以示懲乃並與祠擢戶部侍郎尋遷刑部侍郎求補外除徽猷閣直學士知漳州七年二月日有食之詔內外官言事剛言陛下有建國之封所以承天意示大公於天下後世者也然而未遂正名者豈非有所待耶有所待則是應

天之誠未至也願陛下昭告藝祖在天之靈正建國儲君之號布告中外不匿厥旨異時雖百斯男不復更易天下孰敢不服上讀之聳然卽召剛趣至闕拜御史中丞剛言臣職糾姦邪當務大體若捃摭細故則非臣本心又奏經費不支盜賊不息事功不立命令不孚及兵驕官冗之弊時徽宗已崩上遇朔望猶率群臣遙拜淵聖剛言禮有隆殺兄爲君則君之已爲君則兄之可也望勉抑聖心但歲時行家人禮於內庭從之殿前司强刺民爲兵及大將恃功希恩所請多廢法剛知無不言論列至於四五驕横者肅然

鄭億年與秦檜有連而得美官剛顯疏其惡檜銜之金人叛盟剛乞起舊相之有德望者處以近藩檜聞之曰是欲寘我何地耶改工部尚書而以王次翁爲中丞初邊報至從官會都堂剛謂億年曰公以百口保金人今已背約有何面目尚在朝廷乎億年奉祠去次翁與右諫議何鑄劾剛薦劉昉陳淵相爲朋比以徽猷閣直學士提舉亳州明道宮明年致仕以紹興十三年卒子四人暹過遂邁仕皆秉麾節邦人號爲萬石廖氏

李迨東平人也曾祖參仕至尚書右丞迨未冠入太

學因居開封以蔭補官初調渤海縣尉時州縣團結民兵民起田畝中不閑坐作進退之節或譁不受令迨立賞罰以整齊之累月皆精練部伍如法部刺史按閱無一人亂行伍者遂薦之朝政合入官累遷通判濟州時高宗以大元帥過濟郡守自以才不及遜迨行州事迨應辦軍須無闕會大元帥府勸進乘輿儀物皆未備迨諳熟典故裁定其制不日而辦上深嘆賞卽除隨軍輦運上卽位於南京授山東輦運政金部郎從駕至維揚敵犯行在所卽取金部籍有關於國家經賦之大者載以行及上于鎮江時建炎三

年二月也宰相呂頤浩言于上即日召見未幾丁父喪詔起復以中散大夫直龍圖閣爲御營使司參議官兼措置軍前財用苗傅劉正彥叛呂頤浩張浚集勤王之師迨流涕謂諸將曰君第行無慮軍食師行所至食皆先具事平同趙哲等入對上慰勞之詔轉三官辭不拜除權戶部侍郎四年加顯謨閣待制爲淮南江浙荆湖等路制置發運使尋以軍旅甫定乞持餘服詔許之紹興二年知筠州明年移信州尋提舉江州太平觀五年十月以舊職除兩浙路轉運使言祖宗都大梁歲漕東南六伯餘萬斛而六路之民無飛挽之擾蓋所運者官舟所役者兵卒故也今駐蹕浙右漕運地里不若中都之遠而公私若之何也以所用之舟太半取於民間往往鑿井沉船以避其役如溫明處吉州等處所置造船場乞委逐州守臣措置募兵卒牽挽使臣管押庶幾害不及民可以漸復漕運舊制詔工部措置尋加徽猷閣直學士升龍圖閣直學士爲四川都轉運使兼提舉成都等路茶事并提舉陝西等路買馬自熙豐以來始即熙秦戎黎等州置場買馬而川茶通於永興四路故成都府秦州皆有榷茶司至是闕陝既失迨請合爲一司名

都大提舉茶馬司以省冗費從之踰年詔迨以每歲收支之數具旁通驛奏迨乃考其本末具奏曰紹興四年所收錢物三千三百四十二萬餘緡此所支闕一五十一萬餘緡五年收三千六十萬緡此所支闕一千萬餘緡六年未見七年所收三千六百六十萬餘緡此所支闕一百六十一萬餘緡自來遇歲計有闕即添支錢引補助紹興四年添印五百七十六萬道五年添印二百萬道六年添印六百萬道見今汎料太多引價頓落緣此未曾添印兼歲收錢物內有上供進奉等窠名一千五百九十九萬係四川歲入舊額其勸諭激賞等項窠名錢物共二千六十八萬係軍興後來歲入所增比舊額已過倍其取於民可謂重矣臣嘗考劉晏傳是時天下歲入緡錢千二百萬而管榷居其半今四川榷鹽榷酒歲入一千九十一萬過於晏所榷多矣諸窠名錢已三倍劉晏歲入之數彼以一千二百萬贍中原之軍而有餘今以三千六百萬貫贍川陝一軍而不足又如折估及正色米一項通計二百六十五萬石止以紹興六年朝廷取會官兵數計六萬八千四百四十九人決無一年用二百六十五萬石米之理數內官員一萬一千七員

軍兵五萬七百四十九人官員之數比軍兵之數約
計六分之一軍兵請給錢比官員請給不及十分之
一即是冗濫在官員不在軍兵也計司雖知冗濫力
不能裁節之雖是寬剩亦未敢除減此朝廷不可不
知也蜀人所苦甚者糴買般運也蓋糴買不科敷則
不能集其事苟科敷則不能無擾般運事稍緩則船
戶獨受其弊急則稅戶皆被其害欲省漕運莫如屯
田漢中之地約收二十五萬餘石若將一半充不係
水運去處歲計以米一半對減川路糴買般發歲計
米亦可少寬民力兼臣已委官於興元洋州就糴夏

麥五十萬石岷州欲就糴二十萬石兼用營田所收
一半之數十二萬石三項共計五十七萬石每年水
運應付閬利州以東計米五十八萬石若得此三項
可盡數免川路糴買般運此乃恤民之實惠守邊之
良策也降詔獎諭以與吳玠不合與祠九年金人歸
我三京命迨爲京畿都轉運使孟庾時爲權東京留
守潛通北使迨察其隱微庾不能平訟于朝且使人
告迨曰北人以兵至矣迨曰吾家食國家祿二百年
苟陛下重任萬死不足報吾老矣豈能下穹廬之拜
乎首可斷而膝不可屈也如果然吾將極罵以死告

者悚然而去降聖節庾失於行禮爲迨所持庾自劾
迨因此求罷去乃落職與祠歸而庾以京師降於金
人迨尋復龍圖閣待制知洪州十六年以疾丐祠十
八年卒

趙開字應祥普州安居人登元符三年進士第大觀
二年權辟灉正用舉者改秩即盡室如京師買田尉
氏與四方賢俊遊因詗知天下利病所當罷行者如
是七年慨然有通變救弊志宣和初除禮制局校正
檢閱官數月局罷出知鄢陵縣七年除講議司檢詳
官開善心計自檢詳罷除成都路轉運判官遂奏罷

宣和六年所增上供認額綱布十萬匹減綿州下戶
支移利州水腳錢十分之三又減蒲江六井元符至
宣和所增鹽額列其次第謂之鼠尾帳揭示鄉戶歲
時所當輸折科等實數俾人人具曉鄉胥不得隱匿
寬民力嘗言財利之源當出於一祖宗朝天下財計盡
歸三司諸道利源各歸漕計故官省事理併廢以還
漕司則利害可以參究而無牽掣窒礙之患矣因指
陳榷茶買馬五害大略謂黎州買馬嘉祐歲額纔二
千一百餘自置司榷茶歲額四千且獲馬兵踰千人
猶不足用多費衣糧爲一害嘉祐以銀絹博馬價皆

有定令長吏旁緣爲姦不時歸貨以空券給夷人使待貲次夷人怨恨必生邊患爲二害初置司榷茶借本錢於轉運司五十二萬緡於常平司二十餘萬緡自熙寧至今幾六十年舊所借不償一文而歲借乃準初數爲三害榷茶之初預俵茶戶本錢尋於數外更增和買或遂抑預俵錢充和買茶戶坐是破產而官買歲增茶日濫雜官茶既不堪食則私販公行刑不能禁爲四害承平時蜀茶之入秦者十幾八九猶患積壓難售今關隴悉遭焚蕩仍拘舊額竟何所用茶兵官吏坐縻衣糧未免科配州縣爲五害請依嘉

祐故事盡罷榷茶仍令轉運司買馬即五害並去而邊患不生如謂榷茶未可遽罷亦宜併歸轉運司痛減額以蘇茶戶輕立價以惠茶商如此則私販必衰盜賊消弭本錢既常在而息錢自足朝廷是其言即擢開都大提舉川陝茶馬事使推行之時建炎二年也於是大更茶馬之法官買官賣茶並罷參酌政和二年東京都茶務所刱條約印給茶引使茶商執引與茶戶自相貿易改成都舊買賣茶場爲合同場買引所仍於合同場置茶市交易者必由市引與茶必相隨茶戶十或十五共爲一保并籍定茶鋪姓名互

察影帶販鬻者凡買茶引每一斤春爲錢七十夏五十舊所輸市例頭子錢並依舊茶所過每一斤征一錢住征一錢半其合同場監官除驗引秤茶封記發放外無得干預茶商茶戶交易事舊制買馬及三千匹者轉一官比但以所買數推賞往往有一任轉數官者開奏請推賞必以馬到京實收數爲格或死於道黜降有差比及四年冬茶引收息至一百七十餘萬緡買馬乃踰二萬匹張浚以知樞密院宣撫川蜀素知開善理財即承制以開兼宣撫處置使司隨軍轉運使專一總領四川財賦開見浚曰蜀之民力盡矣

錙銖不可加獨榷貨稍存贏餘而貪猾認爲己有互相隱匿惟不恤怨詈斷而敢行庶可救一時之急浚銳意興復委任不疑於是大變酒法自成都始先罷公使賣供給酒即舊撲買坊場所置隔槽設官主之麴與釀具官悉自買聽釀戶各以米赴官場自釀凡一石米輸三千并頭子雜用等二十二其釀之多寡惟錢是視不限數也明年遂徧四路行其法又法成都府法於秦州置錢引務興州鼓鑄銅錢官賣銀絹聽民以錢引或銅錢買之凡民錢當入官者並聽用引折納官支出亦如之民私用引爲市於一千并五

百上許從便增高其直惟不得減削法既流通民以爲便初錢引兩料通行纔二百五十萬有奇至是添印至四千一百九十餘萬人亦不厭其多價亦不削宣司獲僞引三十萬盜五十人浚欲從有司議當以死開白浚曰相君誤矣使引僞加宣撫使印其上即爲真爨其徒使治幣是相君一日獲三十萬之錢而起五十人之死也浚稱善悉如開言最後又變鹽法其法實視大觀東南東北鹽鈔條約置合同場鹽市與茶法大抵相類鹽引每一斤納錢二十五土産稅及增添等共納九錢四分所過每斤征錢七分住征一錢五分若以錢引折納別輸稱提勘合錢共六十初變權法怨詈四起至是開復議更鹽法言者遂奏其不便乞罷之以安遠民且曰如謂大臣建請務全事體必須更制即乞劄與張浚照會詔以其章示浚浚不爲變時浚尙重寄治兵秦川經營兩河旬犒月賞期得士死力費用不貲盡取辦於開開悉知慮於食貨算無遺策雖支費不可計而贏貲若有餘吳玠爲四川宣撫副使專治戰守於財計盈虛未嘗問惟一切以軍期趣辦與開異趣玠數以餉饋不繼訴于朝開亦自劾老憊匃去朝廷未許迺特置四川安撫

制置大使之名命席益爲之益前執政詔位宣撫司上朝論恐未安仍詔張浚視師荆襄川陝六年罷綿州宣撫司玠仍以宣撫治兵事軍馬聽玠移撥錢物則委開拘收尋除開徽猷閣待制加玠兩鎮節鉞復降旨都轉運使不當與四路漕臣同繫銜成都潼川兩路漕臣與都轉運使坐應副軍支錢物愆期各貶二秩朝廷故抑揚之使之交解間隙趣辦餉饋也而開復與席益不和抗疏乞將舊來宣撫司年計應副軍期不許他司分擘支用又指陳宣撫司截都漕運司錢就果閬糴米非是又言應副吳玠軍須紹興四年總爲錢一千九百五十五萬七千餘緡五年視四年又增四百二十萬五千餘緡蜀今公私俱困四向無所取給事屬危急實甚可憂乞許以茶馬司奏計詣闕下盡所欲言朝廷既知開與玠及席益有隙乃詔開赴行在以李迨代之會疾作不行提擧江州太平觀七年復右文殿修撰都大主管川陝茶馬開已病累疏丐去詔從所乞提擧太平觀十一年卒

論曰秦檜執國柄其誤宋大計固無以議爲也張九成之策胡銓之疏忠義凛然廖剛請復用德望之人豈苟阿時好者哉李迨趙開所謂可使治其賦也歟

列傳卷第一百三十三

開府儀同三司上柱國錄軍國重事前中書右丞相監修國史領經筵事都總裁臣脫脫等奉勅修

鄧肅　李邴　滕康
張守　富直柔　馮康國

鄧肅字志宏南劍沙縣人少警敏能文美風儀善談論李綱見而奇之相倡和為忘年交居父喪哀毀踰禮既塟其廬入太學所與游皆天下名士時東南貢花石綱肅作詩十一章言守令搜求擾民用事者見之屏出學欽宗嗣位召對便殿補承務郎授鴻臚寺簿金

人犯闕肅被命詣敵營留五十日而還張邦昌僭位肅義不屈奔赴南京擢左正言先是朝廷賜金國帛一千萬肅在其營窺覘均與將士之數大約不過八萬人至是為上言之且言金人不足畏但其信賞必罰不假文字故人各用命朝廷則不然有同時立功而功又相等者或已轉數官或尚為布衣輕重上下只在吏手賞既不明誰肯自勸欲望專立功賞一司使凡立功者得以自陳若功狀已明而賞不行或功同而賞有輕重先後者並寘之法上從之朝臣受僞命者衆肅請分三等定罪上以肅在圍城中知其姓名令具奏肅言叛臣之上者其惡有五諸侍從而為執政者王時雍徐秉哲吳幵呂好問莫儔李回是也諸庶官及宮觀而超為侍從者胡思朱宗周懿文盧襄李擢范宗尹是也撰勸進文與赦書者顔博文王紹是也朝臣之為事務官者私結十友講冊立邦昌之儀者是也因張邦昌改名者何昌言改為善言其弟昌辰改為知辰是也乞寘之嶺外所謂叛臣之次者其惡有三諸執政侍從臺諫稱臣於偽庭執政馮澥曹輔是也侍從者已行遣獨李會尚為中書舍人臺諫中有為金人根括而被杖一以病得免者其餘

無不在偽楚之庭以庶官而升擢者不可勝數乞委留守司按籍考之則無有遺者願為奉使者黎確李健陳戩是也乞於遠小處編管若夫庶官在位供職不廢者但苟祿而已乞赦其罪而録其名不復用為臺諫侍從上以為然耿南仲得祠祿歸其子延禧為郡守肅劾南仲父子同惡沮渡河之戰遏勤王之兵今日割三鎮明日截兩河及陛下欲進援京城又為南仲父子所沮誤國如此乞正典刑南仲嘗薦肅於欽宗肅言之不恤上嘉其直賜五品服范訥留守東京肅言訥出師兩河望風先遁今語人曰留守之說

有四戰守降走而已戰無卒守無糧不降則走且漢得人傑乃守關中奔軍之將豈宜與此訥遂罷內侍陳良弼肩輿至橫門外開封買入內女童肅連章論之時官吏多託故而去肅建議削其仕版而取其祿以給禁衛若夫先假指揮徑徙江湖者乞追付有司以正其罪因入對言外夷之巧在文書簡簡故速中國之患在文書煩煩故遲上曰正此討論故併三省盡依祖宗法及建局討論祖宗官制兩月不見施行肅言太祖太宗之時法嚴而令速事簡而官清未嘗旁搜曲引以稽賞罰故能以十萬精兵混一六合自時

厥後群臣無可議者今日獻一策明日獻一言煩冗瑣碎惟恐不備此文書所以益煩而政事所以益緩也今兵戈未息豈可揖遜進退尚循無事之時欲乞限以旬日期於必至庶幾法嚴事簡賞罰之權不至濡滯肅在諫垣遇事感激不三月凡抗二十疏言皆切至上多採納會李綱罷肅奏曰綱學雖正而術疎謀雖深而機淺固不足以副聖意惟陛下嘗顧臣曰李綱真以身徇國者今日罷之而責詞甚嚴此臣所以有疑也且兩河百姓無所適從綱措置不一月間民兵稍集今綱既去兩河之民將如何哉偽楚之臣紛

紛在朝李綱先乞逐逆臣邦昌然後叛黨稍能正罪今綱既去叛臣將如何哉叛臣在朝政事乖矣兩河無兵外夷驕矣李綱於此亦不可謂無一日之長執政怒送肅吏部罷歸居家紹興二年避寇福唐以疾卒

李邴字漢老濟州任城縣人中崇寧五年進士第累官為起居舍人試中書舍人北方用兵酬功第賞日數十百邴辭命無留難除給事中同修國史兼直學士院遷翰林學士嘗與禁中曲宴徽宗命賦詩高麗使入貢邴為館伴徽宗遣中使持示使者請傳錄以歸未幾坐言者罷提舉南京鴻慶宮欽宗即位除徽

猷閣待制知越州久之再落職提舉西京嵩山崇福宮高宗即位復徽猷閣待制踰歲召為兵部侍郎兼直學士院苗傅劉正彥迫上遜位上顧邴草詔邴請得御札而後敢作朱勝非請降詔赦邴就都堂草之除翰林學士初邴見苗傅面諭以逆順禍福之理且密勸殿帥王元俾以禁旅擊賊元唯唯不能用即詣政事堂白朱勝非適正彥及其黨王世修在焉又以大義責之人為之危邴不顧也時御史中丞鄭轂又抗疏言睿聖皇帝不當改號於是邴轂為端明殿學士同簽書樞密院事邴與張守分草百官章奏三奏

三咎及太后手詔與復辟赦文一日而具四月拜尚書右丞未幾改參知政事上巡江寧太后六宮往豫章命邴為資政殿學士權知行臺三省樞密院事以與呂頤浩論不合乞罷遂以本職提舉杭州洞霄宮未閱月起知平江府會兄鄰失守越州坐累落職明年即引赦復之又升資政殿學士紹興五年詔問宰執方略邴條上戰陣守備措畫綏懷各五事戰陣之利五曰出輕兵務遠略儲將帥責成功重賞格大略謂關陝為進取之地淮南為保固之地關陝雖利於進取然不用師於京東以牽制其勢則彼得一力以

拒我今大將統兵者數人皆所恃以為根本萬一失利將不可復用偏裨中如牛皐王進楊珪史康明皆京東土人知地險易可各配以部曲三五千人或出淮陽或出徐泗彼將奔命之不暇此不動而分陝西重兵之一端也關陝今雖有二宣撫其體尚輕非道大臣不可呂頤浩氣節高亮李綱識量宏遠威名素著願擇其一而用之必有以報陛下又言陛下即位之初韓世忠劉光世張俊威名隱然為大將今又有吳玠岳飛者出矣願詔大將於所部舉智謀忠勇可以馭衆統師各兩三人朝廷籍記遇有事宜使當一

隊毋隷大將則諸人競奮才智皆飛玠之儔矣大將爵位已崇難相統一自今用兵第可授以成筭使自為戰而已慎勿遣重臣臨之以輕其權而分其功今卻敵退師之後必論功行賞願因此詔有司預定賞格謂如得城邑及近上首領之類自一命至節度使皆差次使足相當所謂守備之宜有五曰固根本習舟師防他道講遣策列長戍大略謂江浙為今日根本欲保守則失進取之利欲進取則慮根本之傷古之名將內必屯田以自足外必因糧於敵誠能得以功名自任如祖逖者舉淮南而付之使自為進取而

不至畫內以事外臣聞朝廷下福建造海船七百隻必如期而辦乞倣古制建伏波下瀨樓船之官以教習水戰俾近上將佐領之自成一軍而專隷於朝廷無事則散之緣江州郡緩急則聚而用之臣度敵人他年入寇懲創今日之敗必先以一軍來自淮甸為築室反耕之計以綴我師然後由登萊泛海窺吳越以出吾左由武昌渡江窺江池以出吾右一處不支則大事去矣願預講左支右吾之策夫兵之形無窮願詔臨江守臣凡可設奇以誤敵者如吳人疑城之類皆預為措畫今長江之險綿數千里守備非一苟

制得其要則用力少而見功多願差次其最緊處屯
軍若干人一將領之聽其郡守節制次緊稍緩處差
降焉有事則以大將兼統之既久則諳熟風土緩急
可用與旋發之師不侔矣所謂措畫之方有五曰親
大閱補禁衛講軍制訂使事降勑榜大略謂因秋冬
之交闢廣場會諸將取士卒才藝絶特者而爵賞之
建炎以來禁衛單寡乃籍五軍以為重臣常寒心願
擇忠實嚴重之將以為殿帥稍補禁衛之闕使隱然
自成一軍則其馭諸將也若臂之使指矣今諸郡廂
禁冗占私役者大郡二三千人小郡亦數百人臣願

講求除郡守兵將官自禁軍給事外餘傔從衣糧使
自傚人以役大抵殺廂軍三分之二而以其衣糧之
數盡募禁軍金人自用兵以來未嘗不以和好為言
此決不可恃然二聖在彼不可遽已姑以餘力行之
耳臣謂宜專命一官如古所謂行人者或止左右司
領之當遣使人舉成法而授之庶免臨時斟酌之勞
而朝廷得以專意治兵矣劉豫僭叛理必滅之謂宜
降勑榜明著豫僭逆之罪曉諭江北士民此亦兵家
所謂伐謀伐交者所謂綏懷之略有五曰宣德意先
振恤通關津遣材能務寬貸大略謂山東大姓結為

山砦以自保今雖累年勢必有未下者願募有心力
之人密往詔諭應淮北遺民來歸者令淮南州郡給
以行由差船津濟量差地分人護送毋得邀阻有官
人先次注授差遣無官而貧乏者令沿江州郡以官
舍居之仍量給錢米三兩月其能自營為生乃止內
有才智可用之人隨宜任使勿但縻以爵秩而已凡
諸將行師入境敢抗拒者固在勦戮其有善良老弱
之人皆從寬貸使之有更生之望不報郡閑居十有
七年薨于泉州年六十二謚文敏有草堂集一百卷
滕康字子濬應天府宋城人登崇寧五年進士第文

中詞學兼茂科除秘書省正字遷著作佐郎尚書工
部禮部員外郎國子司業靖康二年元帥府聞康習
憲章召至濟州康率群臣勸進除太常少卿使定登
極禮儀凡告天及肆赦之文皆康為之辭意激切聞
者感動除起居舍人權給事中進起居郎兼討論祖
宗法度檢討官試中書舍人會顯謨閣學士孟忠厚
乞用父減年遷官康言忠厚隆祐太后之姪也太宗
以來凡母后兄弟之子無為侍從者武義大夫康義
用登極恩遷遥郡刺史康文封還詞頭言恩例遷官
一等謂於階官上進一階今康義得特旨轉一官自

武義大夫職上遥郡刺史名為遷一官實升五等紊法之甚也自古召亂之源非外戚撓法則内侍干政漢唐可鑑凡再降旨竟不肯行後軍統制韓世忠以不能戢所部坐贖金康言世忠無赫赫功秪緣捕盜微勞遂■亞節鉞今其所部卒伍至奪御器逼諫臣於死地乃止罰金何以懲後詔降世忠一官知江州陳彦文用劉光世奏録其守城功遷龍圖閣待制康以光世所上彦文功狀前後牴牾閣而未下宰相力主彦文趣康行詞康論不已宰相銜之會布衣省試卷子不合式康以其文取之諫官李處遯論奏遂以

集英殿修撰提舉杭州洞霄宫未幾移蹕錢塘再除中書舍人奏曰去歲郊禮前日食而日官不以聞廷臣不以告使陛下所以應天者未至故逆臣敢萌不軌者無先事之戒也陛下即位行再歲矣惻怛愛民之政徒為空言而百姓不被其恩哀痛責躬之詔不著事實四方不以為信忠佞並馳而多士解體刑賞失當而三軍沮氣臣願陛下取建炎初元以來所下詔書所舉政事孰思審度得無一二不類臣言者乎望參稽得失而罷行之上再三褒諭稱其有諫臣風除左諫議大夫旬日間封章屢上遂擢翰林學士翌日除端明殿學士同簽書樞密院事建炎三年宰相呂頤浩議幸武昌為趨陝之計既移蹕建康又議欲盡棄中原徙居民於東南康力持不可上悟而止未幾上請太后奉神主如江西以參知政事李邴權知三省樞密院事康為資政殿學士同從衛以行邴辭疾又命康權知以劉珏為貳賜康褒詔許綴宰執班奏事康從衛至洪州劉光世護江不密金人絶而渡康等倉卒奉太后趨虔州殿中侍御史張延壽論康與珏無憂國之心至使太后涉險為敵人追迫責授康秘書少監分司南京永州居住未幾許自便復左

朝請大夫提舉明道宫紹興二年九月卒年四十八八年追復龍圖閣學士有文集二十卷

張守字子固常州晉陵人家貧無書從人假借過目輒不忘登崇寧元年進士第中詞學兼茂科除詳定九域圖志編修官以省員罷改宣德郎擢為監察御史丁内艱去建炎元年冬召還改官賜五品服上在維揚粘罕將自東平歷泗淮以窺行在宰臣汪伯彦黄潛善以為李成餘黨不足畏上召百官各言所見葉夢得請上南巡阻江為守張浚亦奏敵勢方張宜且南渡守獨抗疏上防淮渡江利害六事又别疏言

金人犯淮甸之路有四宜擇四路帥守繕兵儲粟以捍禦之䟽再上又請詔大臣惟以選將治兵為急凡不急之務付之都司六曹二相滋不悅遂建議遣守撫諭京城守聞命即就道三年正月還奏金人必來願早為之圖上惻然除起居郎兼直學士院金人果渡淮上幸臨安遷御史中丞苗劉既平詔赦百官表奏皆守與李邴分為之守論宰相朱勝非不能思患預防致賊猖獗乞罷政䟽留中不出既而勝非竟罷政呂頤浩劾相舉行司馬光之言欲併合三省詔侍從臺諫集議守言光之所奏較然可行若更集衆徒為紛紜既而悉無異論竟合三省為一上幸建康呂頤浩張浚叶議將奉上幸武昌為趨陝之計時方拜浚為宣撫處置使身任陝蜀守與諫議大夫滕康皆持不可曰東南今日根本也陛下遠適則姦雄生窺伺之心況將士多陝西人以蜀近關陝可圖西歸自為計耳非為陛下與國家計也守又陳十害至殿廬謂康曰幸蜀之事吾曹當以死爭之上曰朕固以為難行議遂寢六月久雨恒陰呂頤浩張浚皆謝罪求去詔郎官以上言闕政枚守為副端時嘗上䟽曰陛下處宮室之安則思二帝母后穹廬毳幕之居享膳羞

之奉則思二帝母后羶肉酪漿之味服細煖之衣則思二帝母后窮邊絶塞之寒苦操與奪之柄則思二帝母后語言動作受制於人享嬪御之適則思二帝母后誰為之使令對臣下之朝則思二帝母后誰為之尊禮思之又思兢兢栗栗聖心不倦而天不為之助順者萬無是理也至是復申前說曰今罪己之詔數下而天未悔禍實有所未至耳且曰天時人事至此極矣陛下觀今日之勢與去年孰愈而朝廷之措置施設與前日未始異也俟其如維揚之變而後言之則雖斥逐大臣無救於禍漢制災異策免三公今任宰相者雖有勳勞然其器識不足以斡旋機務願更擇文武全材海內所共推者親擢而並用之上書論事或有切直宜加褒擢以來言路先是守嘗論呂頤浩不可獨任張浚不可西去與上意異乞補外除禮部侍郎不拜上命呂頤浩至政事堂諭以正人端士不宜輕去守始受命殿中侍御史趙鼎入對論守無故下遷上曰以其資淺鼎曰言事官無他過願陛下毋沮其氣於是遷翰林學士知制誥九月拜端明殿學士同簽書樞密院事扈從由海道至永嘉回至會稽四年五月除參知政事守嘗薦汪伯彥沈與求

劾其短以資政殿學士提舉洞霄宮未幾知紹興府尋以內祠兼侍讀守力辭改知福州時右司員外郎張宗臣請令福建築城守奏福州城於晉太康三年偽閩增廣至六千七百餘步國初削平已久公私困弊請俟他年遂止尋以變易度牒錢百萬餘緡輸之行在助國用時劉豫導金人寇淮上次平江諸將獻俘者相踵守聞之上疏曰今以獻俘誠皆金人或借諸國則戮之可也至如兩河山東之民皆陛下赤子驅迫以來豈得已哉且諭以恩信貸之使歸願留者亦聽則賊兵可不戰而潰金人既遁詔諸將渡江追

擊守復上疏以敵情難測願留劉光世控禦諸渡上既還臨安又詔問守以攻戰之利守備之宜綏懷之略措置之方守言明詔四事臣以為莫急於措置措置苟當則餘不足為陛下道矣臣請言措置之大略其一措置軍旅其二措置糧食神武中軍當專衛行在而以餘軍分戍三路一軍駐于淮東一軍駐于淮西一軍駐鄂岳或荊南擇要害之處以處之使北至關輔西抵川陝血脈相通號令相聞有唇齒輔車之勢則自江而南可奠枕而臥也然今之大將皆擁重兵貴極富溢前無祿利之望退無誅罰之憂故朝廷

之勢日削兵將之權日重而又為大將者萬一有稱病而賜罷或卒然不諱則所統之衆將安屬耶臣謂宜拔擢麾下之將使為統制每將不過五千人棊布四路朝廷號令徑達其軍分合使令悉由朝廷可以有為也何謂措置軍食諸軍既分屯諸路則所患者財穀轉輸也祖宗以來每歲上供六百餘萬出於東南轉輸未嘗以為病也今宜舉兩浙之粟以餉淮東江西之粟以餉淮西荊湖之粟以餉鄂岳荊南量所用之數責漕臣將輸而歸其餘於行在錢帛亦然恐未至於不足也錢糧無乏絕之患然後戒飭諸將不

得侵擾州縣以復業之民戶口多寡為諸州殿最歲覈實而黜陟之如是措置既定俟至防秋復遣大臣為之統督使諸路之兵首尾相應綏懷之略亦在是矣究其本原則在陛下內修德而外修政耳閩自范汝為之擾公私赤立守在鎮四年撫綏彫瘵且請于朝蠲除福州所貸常平緡錢十五萬累請去郡以提舉萬壽觀兼侍讀召還甫兩月復引病丐去知平江府力丐祠以歸六年十二月召見即日除參知政事明日兼權樞密院事七年張浚罷劉光世兵柄而欲以呂祉往淮西撫諭諸軍守以為不可浚不從守曰

必曰敗圖亦須得聞望素高能服諸將之心者乃可浚不聽遂有酈瓊之變及臺諫交章論浚御批安置嶺表趙鼎不即行守力解上曰浚為陛下捍兩淮罷劉光世正以其衆烏合不為用今其驗矣群臣從而媒孽其短臣恐後之繼者必以浚為鑒誰肯為陛下任事乎浚謫永州守亦引咎請去弗許八年正月上自建康將還臨安守言建康自六朝為帝王都江流險闊氣象雄偉且據都會以經理中原依險阻以捍禦彊敵可為別都以圖恢復鼎持不可守力求去以資政殿大學士知婺州尋改洪州兼江南西路安撫

使入對時江西盜賊未息上問以弭盜之策守曰莫先德政伺其不悛然後加之以兵因請出師屯要害既至部揭榜郡邑開諭禍福約以期限許之自新不數月盜平後徙知紹興府會朝廷遣三使者括諸路財賦所至以鞭撻立威韓球在會稽所斂五十餘萬緡守既視事即求入覲為上言之詔追還三使時秦檜當國不悅守亦不自安復奉祠建康謀帥上曰建康重地用大臣有德望者惟張守可至鎮數月薨守嘗薦秦檜於時宰張浚及檜為樞密使同朝一日守在省閣執浚手曰守前者誤公矣今同班列與之朝夕相處觀其趨向有患失之心公宜力陳於上守在江右以郡縣供億科擾上疏請蠲和買罷和糴上欲行之時秦檜方擅度支為月進且日憂四方財用之不至見守疏怒曰張帥何損國如是守聞之嘆曰彼謂損國乃益國也卒謚文靖孫抑戶部侍郎

富直柔字季申宰相弼之孫也以父任補官少敏悟有才名靖康初晁說之奇其文薦于朝召賜同進士出身除秘書省正字建炎二年召近臣舉所知禮部侍郎張浚以直柔應詔授著作佐郎尋除禮部員外郎起居舍人遷右諫議大夫范致虛自謫籍中召入直

柔力言致虛不當復用出知鼎州遷給事中醫官團練使王繼先以覃恩轉防禦使法當回授得旨特與換武功大夫直柔論繼先以計換授既授之後轉行官資除授差遣更無所礙且武功大夫惟有戰功歷邊任負材武者乃遷不可以輕授上謂宰相范宗尹曰此除出自朕意今直柔抗論朕屈意從之以伸直言之氣四年遷御史中丞直柔請罷右司侯延慶而以蘇遲代之上曰臺諫以拾遺補過為職不當薦某人為某官於是延慶改禮部員外郎而遲為太常少卿十月除端明殿學士簽書樞密院事故事簽書有以

員外郎為之而無三丞為之者中書言非舊典時直柔為奉議郎乃特遷朝奉郎自是寄祿官三丞除二府者遷員外郎自直柔始遂為例紹興元年詔禮部太常寺討論隆祐太后冊禮范宗尹曰太母前後廢斥實出章惇蔡京人皆知非二聖之過直柔曰陛下推崇隆祐天下以為當然人亦不以為非哲廟與上皇意願陛下勿復致疑乃命禮官討論典禮既而王居正言太后隆名定位已正於元符宜用欽聖詔奏告天地宗廟其典禮不須討論議遂定上虞縣丞婁寅亮上書言宗社大計欲選太祖諸孫伯字行下有

宋史三百七十五　字四百七十个

宋史列傳卷二百三十四　十七

錢序寫　王亜祖刊

賢德者視秩親王使牧九州以待皇嗣之生退處藩服疏入上大歎悟直柔從而薦之召赴行在除監察御史於是孝宗立為普安郡王以寅亮之言也除同知樞密院事侍御史沈與求論直柔附會辛道宗兄弟得進并論其所薦右司諫韓璜先是直柔嘗短呂頤浩於上前頤浩與秦檜皆忌之由是二人俱罷璜責監潯州酒稅而直柔以本官提舉洞霄宮六年丁所生母憂起復資政殿學士知鎮江府辭不赴起知衢州以失入死罪落職奉祠尋復端明殿學士徜徉山澤放意吟詠與蘇遲葉夢得諸人游以壽終于家

馮康國字元通本名轓遂寧府人為太學生負氣節建炎中高宗次杭州禮部侍郎張浚以御營參贊軍事留平江苗劉作亂浚外倡帥諸將合兵致討念傅等居中欲得辯士往說之時轓客浚所慷慨請行浚遣之至杭說傅正彥曰自古宦官亂政根株相連若誅鋤必受禍今二公一旦為國家去數十年之患天下蒙福甚大然主上春秋鼎盛天下不聞其過豈可遽傳位于襁褓之子且前日名為傳位其實廢立二公本心為國奈何以此負謗天下傅按劍大怒轓辭

宋史三百七十五　字三百九十六个

宋史列傳卷二百三十四　十八

錢序寫　王亜祖刊

氣不屈正彥乃善諭之曰張侍郎欲復辟固善然須用面議乃遣轓還約浚至杭浚復遣轓移書傅等告以禍福使改既又復傳書誦言其罪轓至傅黨馬柔吉詠之曰昨張侍郎書不委曲二公大怒已發兵出杭矣君尚敢來耶轓曰畏則不來來則不畏王世修欲拘留轓會浚謀為書遺轓云適有客自杭來方知二公於社稷初無不利之心甚悔前書之輕易也傅等見之喜轓得免俄勤王之兵大集傅等始懼轓知其可動乃說宰相朱勝非以今日之事當以淵聖皇帝為主睿聖皇帝宜復為大元帥少主為皇太姪太

后垂簾勝非令與傅正彥議皆許諾幡又請褒傅正彥如趙普故事遂皆賜鐵券詔補幡奉議郎守兵部員外郎賜五品服更名康國高宗反正以張浚宣撫川陝浚辟康國主管機宜文字浚至蜀遣康國入奏事詔進兩官為荊湖宣諭使康國之行也上幸浙東不暇降詔旨康國以自意為之言者劾以擅造制書坐貶秩二等紹興三年浚召還與康國俱赴行在浚既黜御史常同因論康國罷之起知萬州湖北轉運判官浚相入為都官員外郎康國言四川稅色祖宗以來正稅重者科折輕正稅輕者科折重科折權衡

與稅平准故無偏重近年監司總漕悉改舊法取數務多失業逃亡皆由於此盍從舊法詔以其言下四川憲司察不如法者又言蜀苦陸運當諭吳玠非防秋月分兵就糧蕪選守牧治梁洋招集流散耕鑿就緒則漕運可省此保蜀之良策也浚去相位康國乞補外趙鼎言於高宗曰自張浚罷蜀士不自安今留者十餘人臣恐臺諫以浚故有論列望陛下察之高宗曰朝廷用人止當論其才與否耳頃臺諫好以朋黨論士大夫如罷一宰相則凡所薦引不問才否一時罷黜乃朝廷使之為朋黨非所以愛人才厚風俗也遷右司員外郎除直顯謨閣知夔州丁母憂起復撫諭吳玠軍除都大主管川陝茶馬卒

論曰鄧肅李邴滕康當危急存亡之秋皆侃侃正色知無不言張守論事明遠富直柔阨於秦檜呂頤浩馮康國說折二凶皆有用之才也

列傳卷第一百三十四

列傳卷第一百三十五　宋史三百七十六

開府儀同三司上柱國錄軍國重事前中書右丞相監修國史領經筵事都總裁臣脫脫等奉

敕修

常同　張致遠　薛徽言　陳淵

魏矼　潘良貴　呂本中

常同字子正邛州臨邛人紹聖御史安民之子也登政和八年進士第靖康初除大理司直以敵難不赴辟元帥府主管機宜文字尋除太常博士高宗南渡辟淛帥機幕建炎四年詔故監察御史常安民左司諫江公望抗節剛直觸怒權臣擯斥至死今其子孫

不能自振朕甚憫之召同至行在至則為大宗丞紹興元年乞郡得柳州三年召還首論朋黨之禍自元豐新法之行始分黨與邪正相攻五十餘年章惇唱於紹聖之初蔡京和於崇寧之後元祐臣僚竄逐貶死上下蔽蒙豢成夷虜之禍今國步艱難而分朋締交背公死黨者固自若也恩歸私門不知朝廷之尊重報私怨寧復公議之顧臣以為欲破朋黨先明是非欲明是非先辨邪正則公道開而奸邪息矣上曰朋黨亦難破同對朋黨之結蓋緣邪正不分但觀其言行之實察其朋附之私則邪正分而朋黨破矣上曰

君子小人皆有黨同又對曰君子之黨協心濟國小人之黨挾私害公為黨則同而所以為黨則異且如元祐臣僚中遭讒謗竄殛流死而後禍亂成今在朝之士猶謂元祐之政不可行元祐子孫不可用上曰聞有此論同對以禍亂未成元祐臣僚固不能以自明今可謂是非定矣尚猶如此蓋今日士大夫猶宗京黼等傾邪不正之論朋黨如此公論何自而出願陛下始終主張善類勿為小人所惑又奏自古禁旅所寄必參錯相制漢有南北軍周勃用南軍入北軍以安劉氏唐李晟亦用神策軍以復京師是其效也

今國家所仗惟劉光世韓世忠張俊三將之兵耳陛下且無心腹禁旅可備緩急須者苗劉之變亦可鑒矣除殿中侍御史時韓世忠屯鎮江劉光世屯建康以私忿欲交兵同奏光世等不思待遇之恩而驕狠尚氣無所忌憚一旦有急其能相為唇齒乎望分是非正國典昔漢諸侯王有過猶責師傅今兩軍幕屬贊畫無狀乞先黜責上以章示兩軍呂頤浩再相同論其十事且曰陛下未欲遽罷頤浩者豈非以其有復辟之功乎臣謂功出衆人非一頤浩之力縱使有功宰相代天理物張九齡所謂不以賞功者也頤浩

罷相論知樞密院宣撫川陝張浚喪師失地遂詔浚
福州居住同與辛炳在臺同好惡上皆重之金使李
永壽等入見同言先振國威則和戰常在我若一意
議和則和戰常在彼上因語及武備曰今養兵已二
十萬同奏未聞二十萬兵而畏人者也僞齊宿遷令
張澤以二千人自拔來歸泗州守徐宗誠納之韓世
忠以聞朝論令世忠却澤等而械宗誠赴行在同奏
敵雖議和而兩界人往來未嘗有禁僞齊尚能置歸
受館立賞以招吾民今乃却澤人心自此離矣況宗
誠起土豪不用縣官財賦募兵自養爲國障捍今因

受澤而械之以沮士氣非策也詔處來歸者於淮南
釋宗誠罪四年除起居郎中書舍人史館修撰先是
同嘗上疏論神哲二史曰章惇蔡京蔡卞之徒積惡
造謗痛加誣詆是非顛倒循致亂危在紹聖時則章
惇取王安石日錄私書改修神宗實錄在崇寧後則
蔡京盡焚毀時政記日歷以私意修定哲宗實錄其
間所載悉出一時姦人之論不可信於後世恭惟宣
仁保佑之德豈容異辭而蔡確貪天之功以爲己力
厚誣聖后收恩私門陛下即位之初嘗下詔明宣仁
安社稷大功令國史院摭實刊修又復悠悠望精擇

史官先修哲宗實錄候書成取神宗朱墨史考證修
定庶毀譽是非皆得其實上深嘉納至是命同修撰
且諭之曰是除以卿家世傳聞多得事實故也一日
奏事上愀然曰向昭慈嘗言宣仁有保佑大功哲宗
自能言之正爲宮中有不得志於宣仁者因生誣謗
欲辨白其事須重修實錄具以保立勞效昭示來世
此朕選卿意也同乞以所得聖語宣付史館仍記于
實錄卷末張浚乞復其田產稅役令一卒持書瑞昌
而淩悖其令郭彥參彥參繫之獄浚訴于朝命罷彥
參同併封還二命俄除集英殿修撰知衢州以疾辭

除徽猷閣待制提舉江州太平觀七年秋以禮部侍
郎召還未數日除御史中丞車駕自建康回臨安同
奏旋蹕之初去淮益遠宜遣重臣出按兩淮詢人情
利病察官吏侵擾縱民耕墾勿收租稅數年之後田
野加闢百姓足而國亦足矣乃遣樞密使王庶視師
同乞以此奏付庶詢究罷行又言江浙困於月樁錢
民不聊生上爲減數千緡又言吳玠屯師興利而西
川人力已困玠頃年嘗講屯田頗聞其積穀幾何減
饋運幾何趙開李迨相繼爲都漕先後饋運各幾何
令制漕帥司條具以聞然後按實講究以紓民力又

言國家養兵不為不多患在於偏聚而不同力自用
而不同心今韓世忠在楚張俊在建康岳飛在江州
吳玠在蜀相去隔遠情不相通今陛下遣樞臣王庶
措置邊防宜令庶會集將帥諭以國體協心共議禦
敵常令諸軍相援以常山蛇勢一意國家無分彼此
緩急應援皆有素定之術詔付王庶出示諸將同乞
郡除顯謨閣直學士知湖州復召請祠詔提舉江州
太平觀紹興二十年卒

張致遠字子猷南劍州沙縣人宣和三年中進士第
宰相范宗尹薦其才召對擢為樞密院計議官建寇

范汝為已降猶懷反側而招安官謝嚮陸棠受賊賂
陰與之通致遠謁告歸知其情還白執政請鋤其根
株於是捕嚮棠及制置司屬官施宜生付獄詔參知
政事孟庾為福州宣撫使討賊韓世忠副之辟致遠
為隨軍機宜文字賊平除兩浙轉運判官改廣東轉
運判官招撫劇盜曾袞等賊衆悉降紹興四年以監
察御史召未至除殿中侍御史時江西帥胡世將請
增和買絹折納錢致遠上疏言折納絹錢本欲少寬
民力而比舊增半是欲乘民之急而厚其斂也從之
金人與劉豫分道入寇宰相趙鼎勸高宗親征朝士

尚以為疑白鼎審處致遠入對獨贊其決遷侍御史
言聚財養兵皆出民力善理財者宜固邦本請罷榷
福建鹽精擇三司使副以常平茶鹽合為一官令計
經常量入為出先務省節次及經理詔戶部講究五
年除戶部侍郎進吏部侍郎尋復為戶部侍郎言陛
下欲富國強兵大有為於天下願詔大臣力務省節
明禁僭侈自宮禁始自朝廷始額員可減者減之司
屬可併者併之使州縣無妄用歸其餘於監司監司
無妄用歸其餘於朝廷朝廷無横費日積月聚惟軍
須是處中興之業可致也除給事中尋以老母丐外

以顯謨閣待制知台州朝廷以海寇鄭廣未平改知
福州六年八月廣等降致遠選留四百人置營城外
餘遣還業復遣廣討他郡諸盜數月悉平八年正月
再召為給事中出知廣州尋以顯謨閣待制致仕十
七年卒年五十八致遠鯁亮有學識歷臺省侍從言
論風旨皆卓然可觀趙鼎嘗謂其客曰自鼎再相除
政府外從官如張致遠常同胡寅張九成潘良貴呂
本忠魏矼皆有士望他日所守當不渝識者謂鼎為
知人云

薛徽言字德老溫州人登進士第為樞密院計議官

紹興二年遣使分行諸路徽言在選中以權監察御
史宣諭湖南時郴道桂陽旱飢徽言請于朝不待報
即諭漕臣發衡永米以振而以經制銀市米償之所
剌舉二十人使還他使皆進擢宰相呂頤浩以徽言擅
易守臣而移用經制銀出知興國軍入為郎遷右司
擢起居舍人時秦檜與金人議和徽言與吏部侍郎
晏敦復等七人同拜疏争之一日檜於上前論和徽
言直前引義固争反復數刻中寒疾而卒高宗念之
賻絹百匹特與遺表恩

陳淵字知默南劍州沙縣人也紹興五年給事中廖
剛中書舍人胡寅朱震權户部侍郎張致遠言淵乃
瓘之諸孫有文有學自瓘在時器重特甚垂老流落
負材未試充樞密院編脩官會李綱以前宰相為江
南西路安撫制置大使辟為制置司機宜文字七年
詔侍從舉直言極諫之士胡安國以淵應召對改官
賜進士出身九年除監察御史尋遷右正言入對論
比年以來恩惠太濫賞給太厚須賚賜予之費太過
所用既衆而所入實寡此臣所甚懼也周官唯王及
后世子不會說者謂不得以有司之法治之非周公
作法開後世人主侈用之端也臣謂冢宰以九式均

節財用有司雖不會冢宰得以越式而論之若事事
以式雖不會猶會也臣願陛下凡有錫賚法之所無
而於例有疑者三省得以共議戸部得以執奏則前
日之弊息矣淵面對因論程頤王安石學術同異上
曰楊時之學能宗孔孟其三經義辨甚當理淵曰楊
時始宗安石後得程頤師之乃悟其非上曰以三經
義解觀之具見安石穿鑿淵曰穿鑿之過尚小至於
道之大原安石無一不差推行其學遂為大害上曰
差者何謂淵曰聖學所傳止有論孟中庸論語主仁
中庸主誠孟子主性安石皆暗其原仁道至大論語

隨問隨荅惟樊遲問始對曰愛人愛特仁之一端而
安石遂以愛為仁其言中庸則謂中庸所以接人高
明所以處己孟子七篇專發明性善而安石取楊雄
善惡混之言至於無善無惡又溺於佛其失性遠矣
鄭億年復資政殿學士奉朝請召見于内殿淵言億
年故相居中之子雖為從官而有從賊之醜乞寢其
職名不報億年右僕射秦檜之親黨也由是檜怒之
除秘書少監兼崇政殿說書以祖名辭改宗正少卿以
何鑄論罷主管台州崇道觀十五年卒

魏矼字邦達和州歷陽人唐丞相知古後也少頴悟

時方尚王氏新說砥獨守所學宣和三年上舍及第
建炎四年召赴闕詔改宣教郎除詳定一司勑令所
刪定官紹興元年遷樞密院計議官遷考功郎會星
變砥因轉對言治平間彗出東方英宗問輔臣所以
消弭之道韓琦以明賞罰爲對比年以來賞之所加
有未愜選而官已升朝者有未經任而輒爲正郎者
罰之所加有未到任而例被衝替者有罪犯同而罰
有輕重者力言大臣黜陟不公所以致異上識其忠
擢監察御史遷殿中侍御史臨安火延燒數千家獻
諛者謂非災異砥言春秋定哀間數言火災說者謂

孔子有德而魯不能用季孫有惡而不能去故天降
之咎今朝廷之上有姦慝邪佞之人未逐乎百執事之
間有朋附奔競之徒未汰乎搢紳有公忠宿望及抱
道懷藝有猷有守之士未用乎在位之人畏入軋己
方且蔽賢未聞推誠盡公旁招俊乂宜鑒定哀之失
甄別邪正亟加進用內侍李廣飲韓世忠家刃傷弓
匠事下廷尉砥言內侍出入宮禁而狠戾發於盃酒
乃至如此豈得不過爲之慮建炎詔令禁內侍不得
交通主兵官及預朝政違者處以軍法乞申嚴其禁
以謹履霜之戒於是廣杖脊配瓊州遷侍御史賜砥

五品服時朱勝非獨相砥論勝非無所建明惟知今
日進呈一二細故明日啓擬一二故人而機務不決
軍政不脩除授挾私賢士解體又疏其五罪詔令勝
非持餘服又言國家命令之出必先錄黃其過兩省
則給舍得以封駁其下所屬則臺諫得以論列此萬
世良法也竊聞近時三省樞密院間有不用錄黃而
直降指揮者亦有雖畫黃而不下六部者望亟依舊
制劉豫挾金人入寇宰相趙鼎決親征之議砥請扈
從因命督江上諸軍時劉光世韓世忠張俊三大將
權均勢敵又懷私隙莫肯協心砥首至光世軍中諭

之曰賊衆我寡合力猶懼不支況軍自爲心將何以
戰爲諸公計當思爲國雪恥釋去私隙不獨有利於
國亦將有利其身光世許之遂勸其貽書二帥示以
無他二帥復書交歡光世以書聞由此衆戰屢捷軍
聲大振上至平江魏良臣王綸使金回約再遣使且
有恐迫語砥請罷講和二字飭厲諸將力圖攻取會
金屢敗遁去使亦不遣遷秘書少監砥在職七閱月
論事凡百二十餘章尋乞補外除直龍圖閣知泉州
以親老辭知建州尋召還丐祠不允除權吏部侍郎
八年金使入境命砥充館伴使砥言頃任御史嘗論

和議之非今難以專論秦檜召玨至都堂問其所以
不主和之意玨具陳敵情難保檜諭之曰公以智料
敵檜以誠待敵玨曰相公固以誠待敵第恐敵人不
以誠待相公耳檜不能屈乃改命吳表臣詔金使入
境欲屈己就和令侍從臺諫條奏來上玨言臣素不
熟敵情不知使人所需者何禮陛下所以屈己者何
事賊豫為金人所立為之北面陛下承祖宗基業天
命所歸何藉於金國乎傳聞奉使之歸謂金人悉從
我所欲必無難行之禮以重困我陛下何過自取侮
乎如或不可從之事儻輕許之他時反為所制號令

廢置將出其手一有不從便生兵隙予奪在彼失信
在我非計之得也雖使還我空地如之何而可保雖
欲寢兵如之何而可寢雖欲息民如之何而可息非
計之得也陛下既欲為親少屈更須審思天下治亂
之機酌之群情擇其經久可行者行之其不可從者
以國人之意拒之庶無後悔所謂國人者不過萬民
三軍爾搢紳與萬民一體大將與三軍一體今陛下
詢于搢紳民情大可見矣欲望速召大將各帶近上
統制官數人同來詳加訪問以塞他日意外之憂大
將以為不可則其氣益堅何憂此敵未幾丁父憂免

喪除集英殿脩撰知宣州不就改提舉太平興國宮
自是奉祠凡四任丁內艱以卒
潘良貴字子賤婺州金華人以上舍釋褐為辟雍博
士遷秘書郎時宰相蔡京與其子攸方以爵祿鈞知
名士良貴屹然特立親故數為京致願交意良貴正
色謝絕除主客郎中尋提舉淮南東路常平靖康元
年召還賜對欽宗問孰可秉鈞軸者良貴極言何㮚
唐恪等四人不可用他日必誤社稷陛下若欲扶危
持顛之相非博詢於下僚明揚於側陋未見其可語
徹于外當國者指為狂率黜監信州汭口排岸高宗

即位召為左司諫既見請誅為黨使叛命者受刃國門
即敵人不敢輕議宋鼎又乞封宗室賢者於山東河
北以壯國體巡幸惟揚養兵威以圖恢復黃潛善汪
伯彥惡其言改除工部良貴以不得其言求去主管
明道宮越數年除提點荊湖南路刑獄主管江州太
平觀除考功郎還左司宰相呂頤浩從容謂良貴曰
旦夕相引入兩省良貴正色對曰親老方欲乞外兩
省官非良貴可為也退語人曰宰相進退一世人才
以為賢邪自當擢用何可握手密語先示私恩若士
大夫受其牢籠又何以立朝即日乞補外以直龍圖

閣知嚴州到官兩月請祠主管亳州明道宮起爲中書舍人會戶部侍郎向子諲入見語言煩褻良貴劾善子諲是日攝起居立殿上徑至榻前厲聲曰子諲以無益之談久煩聖聽子諲欲退高宗顧良貴曰是朕問之又諭子諲且款語子諲復語久不止良貴叱之退者再高宗色變閤門併彈之於是二人俱待罪有旨良貴放罪子諲無罪可待良貴求去以集英殿修撰提舉江州太平觀起知明州朞年除徽猷閣待制提舉亳州明道宮既歸不出者十年李光得罪良貴坐嘗與通書降三官卒年五十七良貴剛介清苦

壯老一節爲博士時王黼張邦昌俱欲妻以女拒之晚家居貧甚秦檜諷令求郡良貴曰從臣除授合辭免今求之於宰相辭之於君父良貴不敢爲也其諫疏多焚藁僅存雜著十五卷新安朱熹爲之序

呂本中字居仁元祐宰相公著之曾孫好問之子幼而敏悟公著奇愛之公著薨宣仁太后及哲宗臨奠諸童穉立庭下宣仁獨進本中摩其頭曰孝於親忠於君兒勉焉祖希哲師程頤本中聞見習熟少長從楊時游酢尹焞遊三家或有疑異未嘗苟同以公著遺表恩授承務郎紹聖間黨事起公著追貶本中坐

爲元符中主濟陰簿秦州士曹掾辟大名府帥司幹官宣和六年除樞密院編脩官靖康改元遷職方員外郎以父嫌奉祠丁父憂服除召爲祠部員外郎以疾告去再直祕閣主管崇道觀紹興六年召赴行在特賜進士出身擢起居舍人兼權中書舍人內侍李琮失料曆上以潛邸舊人不用保任特給之本中言若以異恩別給非所謂宮中府中當爲一體者上見繳還甚悅令宰臣諭之曰自今有所見第言之監階州草場苗亘以贓敗有詔從黥本中奏近歲官吏犯贓多至黥籍然四方之遠或有枉濫何由盡知異時

察其非辜雖欲救拭其可得乎若祖宗以來此刑嘗用則紹聖權臣當國之時士大夫無遺類久矣願酌處常罰毋令姦臣得以籍口於後世從之七年上幸建康本中奏曰當今之計必先爲恢復事業求人才䘏民隱講明法度詳審刑政開直言之路俾人人得以盡情然後練兵謀帥增師上流固守淮甸使江南先有不可動之勢伺彼有釁一舉可克若徒有恢復之志而無其策邦本未強恐生他患今江南兩浙科須日繁閭里告病倘有水旱之絕姦宄竊發未審朝廷何以待之近者臣庶勸興師問罪者不可勝數觀

其辭固甚順考其實不可行大抵獻言之人與朝廷
利害絶不相侔言不酬事不濟則脫身而去朝廷施
設失當誰任其咎鷙鳥將擊必匿其形今朝廷於進
取未有秋毫之實所下詔命已傳賊境使之得以為
備非策也又奏江左形勢如九江鄂渚荆南諸路當
宿重兵臨以重臣吴時謂西陵建平國之藩表願精
擇守帥以待緩急則江南自守之計備矣内侍鄭諶
落致仕得兵官本中言陛下進臨江滸將以有為今
賢士大夫未能顯用巖穴幽隱未能招致乃起諶以
統兵之任何邪命遂寢引疾乞祠直龍圖閣知台州

不就主管太平觀召為太常少卿八年二月遷中書
舍人三月兼侍講六月兼權直學士院金使通和有
司議行人之供本中言使人之來正當示以儉約客
館芻粟若務充悦適啓戎心且成敗大計初不在此
在吾治政得失兵財强弱願詔有司令無乏可也初
本中與秦檜同為郎相得甚歡檜既相私有引用本
中封還除目檜勉其書行卒不從趙鼎素主元祐之
學謂本中公著後又范沖所薦故深相知會哲宗實
録成鼎遷僕射本中草制有曰合晉楚之成不若尊
王而賤霸散牛李之黨未如明是以去非檜大怒言

于上曰本中受鼎風旨伺和議不成為脫身之計風
御史蕭振劾罷之提舉太平觀卒學者稱為東萊先
生賜謚文清有詩二十卷得黄庭堅陳師道句法春
秋解一十卷童蒙訓三卷師友淵源録五卷行于世
論曰傳有之不有君子其何能國紹興之世呂頤浩
秦檜在相位雖有君子豈得盡其志宋之不能圖復
中原雖曰天命豈非人事乎若常同張致遠薛徽言
陳淵魏矼潘良貴呂本中其才猷皆可以經邦其風
節皆可以厲世然皆論議不合奉祠去國可為永慨
矣

列傳卷第一百三十五

列傳卷第一百三十六　宋史三百七十七

開府儀同三司上柱國錄軍國重事中書右丞相監修國史領經筵事都總裁臣脫脫等奉
敕修

向子諲　陳規　季陵　盧知原 弟法原

陳桷　李璆　李朴　王庠

王衣

向子諲字伯恭臨江人敏中玄孫欽聖憲肅皇后再從姪也元符三年以后復辟恩補假承奉郎三遷知開封府咸平縣豪民席勢犯法獄具上尹盛章方以獄空覬賞却不受子諲以聞詔許自論決章大怒劾以他事勒停宣和初復官除江淮發運司主管文字淮南仍歲旱漕不通有欲濬河與江淮平者內侍主其議無敢可否發運司檄子諲行子諲言自江至淮數百里河高江淮數丈而欲濬之使平決不可曩者有司三日一啓閘復作澳儲水故水不乏比年行直達之法加以應奉往來啓閉無節堰閘率不存今復故制嚴禁約則無患使者用其言漕復通進秩一等召對除淮南轉運判官以戶部奏諸路起發上供不及數降一官七年入為右司員外郎不就以直秘閣為京畿轉運副使尋兼發運副使建炎元年金人犯亳

州子諲自勤王所以書遺金人言兵勢逆順令退保河外金人還以亳宋等州守倅所牒報之約日索戰語極不遜諸道兵畏縮不進時康王次濟州子諲遣進士李植獻金帛及本司錢穀之在濟州者以助軍費張邦昌僭位遣人持敕書往廬州問其家安否子諲檄郡守馮詢提舉范仲使拘之以俟王命邦昌又使其甥劉達賫手書來子諲不啓封焚之械繫達于獄遣子澹請康王率諸將渡河出其不意以救二帝遣將王儀統勤王兵至城下遷直龍圖閣江淮發運副使子諲言去歲劉順奉淵聖蠟詔令監司帥守募兵勤王臣即鏤板偏檄所部而六路之間漠無應者間有團結起發者類如兒戲姑以避責而已惟淮東一路臣親率諸司粗成紀律然諸司猶有占吝錢物莫肯供億殊不念君父幽處圍城之中臣當時恨無利刃以加其頸今京城失守二帝播遷儻賞罰不行恐金人再為邊患陛下復欲起天下之兵而諸路翫習故常恬不知畏將何恃以濟艱難乞願明詔大臣按劾諸路監司向承蠟詔廢格不勤王及名為勤王而稽緩者悉加顯黜命諸路提刑司究實以聞九月子諲罷以素為李綱所善故黃潛善斥之明年知襲

慶府道梗不能赴初邦昌為平章軍國事子諲乞致仕避之坐言者降三官起復知潭州禁卒為亂縱火掠市出瀏陽縣子諲遣通判孟彥卿等追及攸縣平之金人破江西移兵湖南子諲聞警報率軍民以死守宗室成忠郎聿之隸東壁子諲巡城顧謂曰君宗室不可效此曹苟簡聿之感激流涕金人圍八日登城縱火子諲率官吏奪南楚門遁城陷坐敵至失守落職罷轉運副使賈收言子諲督兵巷戰又收潰卒復入治事帝亦以子諲與他守臣望風遁者殊科詔復職紹興元年移鄂州主管荊湖東路安撫司劉盜曹成據攸縣子諲軍于安仁遣使招之成聽命子諲又遣將西扼衡陽南守宜章成逡巡不敢南向者百餘日諸郡遂得割穫既而援兵不至成忿子諲扼已擁衆而南子諲率親兵拒之會官軍潰度不可遏單騎入賊中諭以國家威靈成不服執子諲歸會宣撫司都統制馬廣遣人持吳敏檄諭成成許受招始釋子諲詔提舉江州太平觀胡安國方避地湖南以書抵秦檜言子諲忠節可以扶持三綱願憐其無辜而陷于賊復加收用起知廣州時恐賊度嶺故就用子諲守之又以言者罷遂致仕尋起知江州改江東轉

運使進秘閣修撰江東當餉劉光世軍適劉豫入寇光世軍合淝以乏餉告亟退師子諲馳至合淝具見糧以聞光世由是得罪進徽猷閣待制徙兩浙路為都轉運使除戶部侍郎入見論京都舊事頗及珍玩起居郎潘良貴故善子諲聞其言甚怒既而子諲奏金國報聘及奠朱震事久良久良貴徑至榻前厲聲叱之曰子諲不宜以無益之談久煩聖聽子諲欲退上謂良貴曰是朕問之也又諭子諲款語子諲復語久不止良貴叱之退者再上色變欲抵良貴罪中丞常同言良貴無罪願許子諲補外上併怒同張九成言士大夫所以嘉子諲者以其能眷眷於善類今以子諲故逐柱史又逐中司非所以愛子諲也上意稍解批諭同同言不已於是三人俱罷子諲以徽猷閣直學士知平江府金使議和將入境子諲不肯拜金詔乃上章言自古人主屈己和戎未聞甚於此時宜却勿受忤秦檜意乃致仕子諲相家子能修飭自見於時友愛諸弟買義莊贍宗族貧者初漕淮南時張邦昌僞詔至虹縣令已下迎拜宣讀如常式獨武尉徐端益不拜而走事定子諲言於朝易端益文資退閑十五年號所居曰薌林卒年六十八

陳規字元則密州安丘人中明法科靖康末金人入侵殺鎮海軍節度使劉延慶其徒祝進王在去為盜犯隨郢復等州規為安陸令以勤王兵赴汴至蔡州道梗而還會祝進攻德安府守棄城遁父老請規攝守事規遣射士張立率兵討進卻之既而在復與進合以砲石鵝車攻城東規連戰敗之二人懼引衆去建炎元年除直龍圖閣知德安府李孝義張世以步騎數萬薄城陽稱受詔招規登城視其營壘曰此詐也亟為備夜半孝義兵圍城遂大敗之與羣盜楊進相持十八日進技窮以百人自衛抵濠上求和規出

城與交臂語進感之折箭為誓而去董平引衆窺城遣其黨李居正黃進入城求犒規斬進授居正兵為前鋒大破之升祕閣修撰尋除德安府復州漢陽軍鎮撫使賜三品服俄升徽猷閣待制時桑仲劉略襄漢間其副霍明屯兵郢上規請于朝就以明守郢張浚都督行蜀道仲引兵窺之為王彥所敗仲怒從數百騎來譙明明殺之奔劉豫以書招規規械其使以聞李橫圍城造天橋塡濠鼓譟臨城規帥軍民禦之砲傷足神色不變圍急糧盡出家財勞軍士氣益振橫遣人來願得妓女罷軍規不許諸將曰圍城七十日矣以一婦活一城不亦可乎規竟不予會濠橋陷規以六十人持火槍自西門出焚天橋以火牛助之須臾皆盡橫拔砦去升徽猷閣直學士詔赴行在改顯謨閣直學士徙知池州沿江安撫使入對首言鎮撫使當罷諸將跋扈請用偏裨以分其勢上皆納之遷龍圖閣直學士改知廬州尋又召赴行在以疾辭提舉江州太平觀復起知德安府坐失察吏職鐫兩官金人歸河南地改知順昌府葺城壁招流亡立保伍會劉錡領兵赴京留守過郡境規出迓坐未定傳金人已入京城即告錡城中有粟數萬斛勉同為死

守計相與登城區畫分命諸將守四門且明斥候募土人鄉導間諜布設粗畢金遊騎已薄城矣既至金龍虎大王者提重兵壓之規躬擐甲胄與錡巡城督戰用神臂弓射之稍引退復以步兵邀擊溺于河者甚衆規曰敵志屢挫必思出奇困我不若潛兵斫營使彼晝夜不得休可養吾銳也錡然之果刼中其砦殲其兵甚衆金人告急於兀朮規大饗將士酒半問曰兀朮擁精兵且至策將安出諸將或謂今已累捷宜乘勢全師而歸規曰朝廷養兵十五年正欲為緩急用況屢挫其鋒軍聲稍振規已分一死進亦死退

亦死不如進為忠也錡叱諸將曰府公文人猶誓死守況汝曹耶兼金營近三十里兀术來援我軍一動金人追及老幼先亂必至狼狽不獨廢前功致兩淮侵擾江浙震驚平生報君反成誤國不如背城一戰死中求生可也已而兀术至親循城責諸酋用兵之失衆跪曰南兵非昔比兀术下令晨飯府庭且折箭為誓并兵十餘萬攻城自將鐵浮屠軍三千遊擊規與錡行城勉激諸將流矢及衣無懼色軍殊死鬭時方劇暑規謂錡毋多出軍第更隊易器以逸制勞虜不勝矣每清晨輒堅壁不出伺金兵暴烈日中至未

申氣力疲則城中兵爭奮斬獲無筭兀术宵遁錡奏功詔褒諭之遷樞密直學士規至順昌即廣糴粟麥實倉廩會討議司移粟赴河上規請以金帛代輸至是得其用成錡功者食足故也移知廬州兼淮西安撫既至疾作有旨修郡城規在告吏抱文書入卧内規力疾起曰帥事機宜董之郡城通判董之語畢而卒年七十贈右正議大夫有攻守方略傳于世初規守德安時嘗條上營屯田事宜欲倣古屯田之制合射士民兵分地耕墾軍士所屯之田皆相險隘立堡砦寇至則保聚捍禦無事則乘時田作射士皆分半

以耕屯田民戶所營之田水田畝賦粳米一斗陸田賦麥豆各五升滿三年無逋輸給為永業流民自歸者以田還之凡屯田事營田司兼行營田事府縣官兼行皆不更置官吏條列以聞詔嘉獎之仍下其法於諸鎮自紹興以來文臣鎮撫使有威聲者惟規而已規端毅寡言笑然待人和易以忠義自許尤好振施家無羸財嘗為女求從婢得一婦甚閑雅怪而詢之乃雲夢張貢士女也亂離夫死無所託鬻身求活規即輟女奩嫁之聞者感泣規功名與諸將等而位不酬勞時共惜之乾道八年詔刻規德安守城錄頒天

下為諸守將法立廟德安賜額賢守追封忠利侯後加封智敏

李陵字延仲處之龍泉人登政和二年上舍第三遷太學博士論學術邪正異同長官怒譖之執政謫知舒城縣未幾除太常寺簿遷比部員外郎高宗即位從至揚州建炎二年守尚書右司員外郎太常少卿金人南侵帝幸杭州朝廷儀物皆委棄之陵奉九廟神主負之以行拜起居郎遷中書舍人三年六月淫雨詔求直言陵言金人累歲侵軼生靈塗炭怨氣所積災異之來固不足怪惟先格王正厥事則在我者

其可忽邪臣觀廟堂無擅命之臣惟將率之權太盛宮閫無女謁之私惟宦寺之習未革今將帥擁兵自衛浸成跋扈苗劉竊發勤王之師一至凌轢官吏莫敢誰何此將帥之權太盛有以干陽也宦寺縱橫上下共憤卒碎賊手可為戒矣比聞復召藍珪黨與相賀聞者切齒此宦寺之習未革有以干陽也洪範休徵曰肅時雨若謀時寒若咎徵曰狂恒雨若急恒寒若自古天子之出必載廟主行示有尊也前日倉卒迎奉不能如禮既至錢塘置太廟於道宮薦享有闕留神御於河滸安奉後時不肅之咎臣意宗廟當之比年盜賊例許招安未幾再叛反墮其計忠臣之憤不雪赤子之冤莫報不謀之咎臣意盜賊當之道路之言謂鑾輿不久居此自臣臆度決無是事假或有之不幾於狂乎軍興以來既結保甲又改巡社既招弓手又募民兵民力竭矣而猶誅求焉不幾於急乎此皆陰道太盛所致帝嘉納之時除梁揚祖為發運使給事中劉寧止言其不可乃以起居郎綦崇禮權給事中書讀陵封還錄黃又言防秋已迫願陛下先定兵衛及扈從之臣萬一敵勢猖獗便當整駕親按營壘召諸道兵以為援留將相大臣相率死守勿效

前日百官跣足奔竄以扈蹕為名棄城池以予敵使生靈墮塗炭財用填溝壑時張浚為川陝等路宣撫處置使陵論其太專忤旨罷為徽猷閣待制知太平州未行落職與祠數月復職除知溫州又改中書舍人皆力辭范宗尹薦其才命知臨安府復為中書舍人入對言事有可深慮者四尚可恃者一大駕未有駐蹕之地賢人皆無經世之心兵柄分而將不和政權去而主益弱所恃以僅存者人心未厭而已前年議渡江人以為可朝廷以為不可故諱言南渡而降詔回鑾去年議幸蜀人以為不可朝廷以為可故弛備江淮經營關陝以今觀之孰得孰失惟揚之變朝廷不及知而功歸宦寺錢塘之變朝廷不能救而功歸將帥是致此曹有輕朝士之心黃潛善好自用不能用人呂頤浩知使能不知任賢自張愨許景衡飲恨而死凡知幾自重者往往卷懷退縮今天下不可謂無兵劉光世韓世忠張俊各招亡命以張軍勢各効小勞以報主恩然勝不相遜敗不相救大敵一至人自為謀耳周望在浙西人能言之張浚在陝右無敢言者夫軍事恐失機會便宜可也乃若自降詔書得無竊命之嫌邪官吏責以辦事便宜可也乃若安

置從臣得無忌器之嫌邪以至賜姓氏改寺額此皆傷於太尊臣恐自陝以西不知有陛下矣惟祖宗德澤在人心未忘所望以中興者此耳陛下宜有以結之今欲薄斂以裕民財而用度方闕輕徭以紓民力而師旅方興罪己之詔屢降憂民之言屢聞丁寧切至然莫之信臣謂動民以行不以言陛下爵當賢祿當功刑當罪施設注措無不當理天下不心服者未之有也朱勝非除江西帥未行陵言金人往年休士馬於燕山次年移河北又次年移京東今寓淮甸無復去意患在朝夕可謂急矣若頤浩既去勝非未至

敵人南向兵不素練糧不素積又不設險何以禦之臣願陛下更擇賢副預為經畫以待今日非論安危實論存亡朝謀夕行當如拯溺豈可不惜分陰詔劉洪道趣往池州措置防江除戶部侍郎范宗尹嘗仕僞楚故凡受僞命者皆錄用陵因上疏曰前日士大夫名節不立論事者皆喜攻之瑕疵既彰不復可用縱加技拭攻者踵來雖君相制命亦不能為之地臣試舉其罪大者言之崇寧大觀以來黨助巨奸由詭道以饕寵榮者不知幾何人邦昌亂朝不能死節者不知幾何人苗劉專殺拱手受制不知幾何人以義責

之固不容誅以情恕之亦不幸耳弄筆墨者文致其罪既得惡名誰敢引薦臣願明詔宰執於罪戾中選擇實能量付以事勿因一眚廢其終身仍詔臺諫為國愛人勿復言詔榜其疏於朝堂侍御史沈與求劾陵承望宰執風旨罷官提舉杭州洞霄宮紹興元年復右文殿脩撰二年詔內外官言事陵言軍興以來朝廷誥牒非彊以予民則莫售師旅糧草非彊取於民則莫給舊例和買無本可支者久矣新行和糴能償其直幾何一遇軍興事事責辦有不足者預借後年之賦雖名曰和實彊取之雖名曰借其實奪之兵

將衣食不取其飽煖取其豐美器械不取其堅利取其華好務末勝本初無鬬心賊至則僞言退保賊去則盛言收復遇敵以千為一遇勝以一為千今乘輿服御之費十去七八百官有司之費十去五六猶無益於國者軍太冗也張浚一軍以川陝贍之劉光世一軍以淮浙贍之李綱一軍以湖廣贍之上供之物得至司農太府者無幾夫彊兵不在冗食今統領家口隨行一聞賊至擇精銳者護送老小其自隨者豨辦走耳當議者一虜掠婦女軍中多有養既不足寧免作過當議者二所至州軍邀求犒賞守令懼生事

竭取民以奉之當議者三詭名虛券隨在批請枉費官物當議者四或假關節或行賄賂寄名軍籍規冒功賞當議者五願詔有司專意講求革因循以作士氣則軍政立復徽猷閣待制帥廣先是惠州有狂男子聚衆數千僭號作亂陵入境誘其徒曾袞令以功贖罪不旬日擒之在官三年卒年五十五贈中大夫有文集十卷陵善言事奏疏可觀然附范宗尹則謂凡受偽命者皆當進用臺諫不當復以為言攻張浚則謂在蜀失於太專自陝以西將不知有陛下君子皆不謂然也幸醫王繼先授榮州防禦使陵草其制時論亦以此少之

盧知原字行之湖州德清人以父任知歙縣因近臣薦赴都堂審察累遷梓州路轉運副使時承平既久戎備皆弛知原招補兵籍築城亘二十餘里王黼當國費出無藝知原因疏言之黼怒罷去久之起提點京東刑獄改江西轉運副使過闕入奏徽宗勉之曰卿在蜀道功效甚休遂賜三品服先是綱運阻於重江吏卒並緣為姦知原悉意經理故先諸道上京師進一官尋除直秘閣為江淮荊浙等路發運使升秘閣脩撰提舉河北以言者劾褫職歸吏部高宗即位復龍圖閣知溫州時葉濃陷建州揚勍陷處州知原繕甲兵增城浚隍聲勢隱然帝東幸知原繇海道轉粟及金繒十餘萬至台州召見稱獎擢右文殿脩撰管內安撫使在郡四年民繪像祠之王師討范汝為召為添差兩浙轉運使罷提舉太平觀都督孟庾辟為參謀改徽猷閣待制知臨安府諫官唐煇言知原為政乖謬詔復為都督府參謀官章再上遂以舊職奉祠紹興十一年十月卒弟法原

法原字立之自知雍丘縣積官太府少卿賜同上舍出身使遼還遷司農卿賜三品服為吏部尚書以官

秩次第履歷緫為一書功過殿最開卷瞭然吏不能欺坐王黼累罷為顯謨閣待制紹興元年提舉臨安洞霄宮張浚承制起知夔州尋為龍圖閣學士川陝等路宣撫處置副使進端明殿學士川陝宣撫副使金人攻關輔叛將史斌陷興州諸郡多應者法原命諸將堅壁言戰者斬衆以為怯未幾河東經制使王燮以乏食班師法原開關納之與燮同破斌復興州方巨盜充斥秦隴叛兵欲窺蜀法原極意拊循嚴為備禦傳檄諸路人心稍安視山川險阻分地置將自洮岷至階成關師古主之屯通川文龍至威茂劉錡

主之屯巴西前後屢捷上所倚重會兀朮攻關為吳玠所敗法原素與玠不睦玠因奏功訟法原不濟師不餽糧不銓錄立功將士帝手詔詰問法原自辯甚力上頗不直之憂恚卒手軍始法原為川陝宣撫使上從容謂知原曰朕方以川陝付法原蓋兄弟皆以材見稱於世故並用之也

陳桷字季壬温州平陽人以上舍貢辟雍政和二年廷對第三授文林郎冀州兵曹參軍累遷尚書虞部員外郎宣和七年提點福建路刑獄福州調發防秋兵資糧不滿望殺帥臣變生倉卒吏民奔潰闔城震駭

桷入亂兵中諭以禍福賊氣沮邀桷奏帥臣自斃桷詭從其請間道馳奏以前奏不實待罪朝廷以桷知變釋之叛兵既調行廼道追殺首惡二十餘人一方以安建炎四年五月復除福建路提刑尋以疾乞祠主管江州太平觀紹興三年召為金部員外郎升郎中時言事者率毛舉細務略大利害桷抗言今當專講治道之本脩政事以攘敵國不當以細故勤聖慮如平時也又言刺史縣令滿天下不能皆得人乞選監司重其權久其任除太常少卿又陳攻守二策在於得人心脩軍政五年除直龍圖閣知泉州明年改

兩浙西路提刑乞置鄉縣三老以厚風俗凡宮室車馬衣服器械定為差等重侈靡之禁八年遷福建路轉運副使十年復召為太常少卿適編類徽宗御書成詔藏敷文閣桷以為舊制自龍圖至徽猷皆設學士待制雜壓著令龍圖在朝請大夫之上至徽猷在承議郎之上每閣相去稍遠議者疑其不倫直敷文閣者纔徽猷則與諸閣小異降之則班列太卑欲參酌取中並為一列不必相遠庶幾名位有倫仰稱陛下嚴奉祖宗謨訓之意又言祫祭用太牢此祀典之常駐蹕之初未能備禮止用一羊乞檢會紹興六年

詔旨復用太牢十一年除權禮部侍郎賜三品服普安郡王出閤奉詔與吏部太常寺討論典故桷等議以國本未立宜厚其禮以繫天下望乃以皇子出閤禮例上之或以為太重詔以不詳具典故專任己意懷姦附麗與吏部尚書吳表臣禮部尚書蘇符郎官方雲翼丁仲寧太常屬王普蘇籍並罷尋以桷提舉江州太平觀十五年知襄陽府充京西南路安撫使襄漢兵火之餘民物凋瘵桷請于朝以今之戶數視承平時纔二十之一而賦猶尚多乞重行蠲減明年金房兵叛桷遣將平之而後以聞漢水決溢漂蕩廬

舍躬率兵民捍築隄岸賴以無虞以疾乞祠除秘閣脩撰提舉江州太平興國宮二十四年改知廣州充廣南東路經略安撫使未至而卒年六十四檝寬洪醞籍以誠接物而恬於榮利當秦檜用事以永嘉為寓里士之夤緣攀附者無不躐登顯要檝以立螭之舊為人主所知出入頓挫晚由奉常少卿擢權小宗伯復以議禮不阿忤意遽罷其節有足稱自號無相居士有文集十六卷子汝楫汝賢汝諧孫峴以詞學擢第官中書舍人直學士院

李璆字西美汴人登政和進士第調陳州教授入為

國子博士出知房州時既榷官茶復彊民輸舊額貧無所出被繫者數百人璆至即日盡釋之宣和三年廷議將取燕璆聞之曰百辟卿士一倡共和國家安危其幾在是上疏切諫大略謂太祖以聖武得天下將士皆百戰之餘以是而取燕雲宜易為力然趙普輩無敢贊其決者蓋識天下大勢且重民命故也今承太平之業父老幸不識兵雖不得燕雲地何關於漢疏奏不省及燕既平責監英州清溪鎮明年赦還為郎尋試中書舍人建言元祐名臣子孫久被廢錮宜少寬之宦官譚稹出師河北以無功廢將復進用

璆不肯書行會山東盜起州縣不能制至河北無見糧軍士洶洶璆條奏十事忤大臣意罷紹興四年以集英殿脩撰知吉州江西兵素剽悍璆始視事有相挺為亂者亟捕誅首謀者撫循其餘大布恩信境內遂安累遷徽猷閣直學士四川安撫制置使成都舊城多毀圮璆至首命修築俄水大至民賴以安三江有堰可以下灌眉田百萬頃久廢弗修田萊以荒璆率部刺史合力修復竟受其利眉人感之繪像祠于堰所間遭歲饑民徙發倉振活無慮百萬家治蜀之政多可紀有清溪集二十卷

李朴字先之虔之興國人登紹聖元年進士第調臨江軍司法參軍移西京國子監教授程頤獨器許之移虔州教授以嘗言隆祐太后不當廢處瑤華宮事有詔推鞫忌者欲擠之死使人危言動之朴泰然無懼色旋追官勒停會赦注汀州司戶徽宗即位翰林承旨范純禮自言待罪四十六日不聞玉音謂朴曰其事豈便於國乎其事豈便於民乎朴曰承旨知而不言無父風也純禮泣下右司諫陳瓘薦朴有旨召對朴首言熙寧元豐以來政體屢變始出一二大臣所學不同後乃更執圓方互相排擊失今不治必至不

可勝救又言今士大夫之學不求諸己而惟王氏之聽敗壞心術莫大於此願詔勿以王氏為拘則英材輩出矣蔡京惡朴鯁直他執政三擬官皆持之不下復以為虔州教授又唆言者論朴為元祐學術不當領師儒罷為肇慶府四會令有奸民言邑東地產金寶立額買撲破田疇發墟墓厚賂乃已朴至請罷之改承事郎知臨江軍清江縣廣東路安撫司主管機宜文字欽宗在東宮聞其名及即位除著作郎半歲凡五遷至國子祭酒以疾不能至高宗即位除秘書監趣召未至而卒年六十五贈寶文閣待制官其子

孫二人朴自為小官天下高其名蔡京將彊致之俾所厚道意許以禁從朴力拒不見京怒形於色然終不害也中書侍郎馮熙載欲避追見朴朴笑曰不能見蔡京焉能避追馮熙載邪居官所至有聲在虔南止其帥孫諤以文具勤王不若發常賦助邊破漕使鄭良引真臘取安南之計以息邊患人稱其智朴嘗自誌其墓曰以天為心以道為體以時為用其可已矣蓋敘其平生云有章貢集二十卷行于世

王庠字周彥榮州人累世同居號義門王氏祖伯琪以義聲著于鄉州有鹽井籍民煎輸多至破產惟有祿之家得免伯琪請於州均之官戶而仕者誣訴之賫恨以歿父夢易登皇祐第力成父志言於州縣不聽言於刺史言於三司三司以聞還籍沒者三百五十五家鹽歲額三十萬斤嘗攝興州改川茶運置茶鋪免役民歲課亦辦部刺史恨其議不出己以他事中之鐫三秩罷歸而卒母向氏欽聖憲肅后之姑也庠幼頴悟七歲能屬文儼如成人年十三居父喪哀憤深切謂弟序曰父以直道見擠毋撫柩誓言期我兄弟成立贈復父官乃許歸葬相與勉之且制科先君之遺意也吾有志焉遂閉戶窮經史百家書傳注

之學尋師千里究其旨歸蚤歲上范純仁蘇轍張商英書皆持中立不倚之論呂陶蘇轍皆器重之嘗以經說寄蘇軾謂二帝三王之臣皆志於道惟其自得之難故守之至堅自孔孟作六經斯道有一定之論士之所養反不逮古乃知後世見六經之易忽之不行也軾復曰經說一篇誠哉是言元祐中呂陶以賢良方正直言極諫科薦之庠以宋邦傑學成未有薦者推使先就陶聞而益加敬未幾當紹聖諸臣用事遂罷制科庠嘆曰命也無愧先訓以之行己足矣崇寧壬午歲應能書為首選京師蝗庠上書論時政得

失謂中外壅蔽將生寇戎之患張舜民見之歎其危言下第徑歸奉親養志不應舉者八年大觀庚寅行舍法於天下州復以庠應詔庠曰昔以母年五十二求侍養不復願仕今母年六十乃奉詔豈本心乎時嚴元祐黨禁庠自陳蘇軾蘇轍范純仁為知己呂陶王古嘗薦舉黃庭堅張舜民王鞏任伯雨為交游不可入舉求仕願屏居田里以弟序升朝贈父官始克葬葬而母卒終喪復舉八行事下太學大司成考定為天下第一詔旌其門朝廷知其不可屈賜號處士尋改潼川府教授賜出身及章服一日四命俱至竟力辭不受雖處山林唱酬賦詠皆愛君憂國之言太后念其姑嘗欲官庠以遜其弟姪及甥且以田均給庶兄及前母之姊庠卒孝宗謚曰賢節序宣和間以恩倖至徽猷閣直學士庠浮沉其間各建大第或者謂其晚節隱操少衰云

王衣字子裳濟南歷城人以門蔭仕中明法科歷深冀二州法曹掾入為大理評事升寺正林靈素得幸將毀釋氏以逞其私襄州僧杜德寶毀體然香有司觀望靈素意捕以聞衣閱之曰律自傷者杖而已靈素求內批坐以害風教竄流之停衣官尋予祠為陝西都轉運司主管文字詳定一司敕令所刪定官通判襲慶府知濠州未行召為刑部員外郎建炎初為司勳郎中遷大理少卿三年韓世忠執苗傅劉正彥獻俘檻車幾百兩先付大理獄將盡尸諸市衣奏曰此曹在律當誅顧其中婦女有顧買及鹵掠以從者高宗矍然曰卿言極是朕慮不及此也即詔自傳正彥妻子外皆釋之范瓊有罪下大理寺衣奉詔鞫之瓊不伏衣責以靖康圍城中逼遷上皇擅殺吳革迎立張邦昌事瓊稱死罪衣顧吏曰囚詞服矣遂賜死釋其親屬將佐四年升大理卿初帶御器械王球為龍德宮都監盡盜本宮寶玉器玩事覺帝大怒欲誅之衣曰球固可殺然非其所隱匿則盡為敵有何從復歸國家乎乃寬之先是百司愆戾付寺劾之至三問取伏狀被劾者懼對莫敢辨衣奏曰伏與辨二事也若一切取伏是以威迫之不使自直非法意也乞三問未承者聽辨從之同詳定一司敕令刪雜犯死罪四十七條書成帝嘉其議法詳明紹興元年權刑部侍郎二年除集英殿修撰奉祠既而趙令時應詔薦之復召為刑部侍郎為言者所格四年卒于家衣質直和易持法不阿議者賢之

論曰向子諲以相家之子克飭臣節陳規以文儒之臣有聲鎮守可謂拔乎流俗者焉季陵言事不諱二盧兄弟並用以材見稱陳𣙜守禮知變李璆爲政有惠威足紀焉李朴不怵權威王庠志高而晚節頗衰王衣明恕而用刑不刻雖或器識不齊亦皆不曠其職也歟

列傳卷第一百三十六

列傳卷第一百三十七　宋史三百七十八

開府儀同三司上柱國錄軍國重事前中書右丞相監修國史領經筵事臣脫脫等奉敕修

衞膚敏　劉珏　胡舜陟　沈晦

劉一止弟寧止　胡交修　綦崇禮

衞膚敏字商彥華亭人以上舍生登宣和元年進士第授文林郎南京宗子博士尋改教授六年召對改宣教郎祕書省校書郎命假給事中賀金主生辰膚敏奏曰彼生辰後天寧節五日金人未聞入賀而反先之以失國體萬一金使不來爲朝廷羞請至燕山

候之彼若不來則以幣置境上而已帝可其奏旣至燕金賀使果不至遂置幣而返七年復假給事中以行及慶源府逢許亢宗還語金國事曰彼且大入其勢不可往膚敏至燕報愈急衆懼不敢進膚敏叱曰吾將君命以行其可止乎旣至金國知其兵已舉殊不爲屈及將還金人所答國書欲以押字代璽膚敏力爭曰押字豈所以交鄰國論難往復卒易以璽及受書欲令雙跪膚敏曰雙跪乃北朝禮安可令南朝人行之哉爭辯踰時卒單跪以受金人積不說中道羈留且半年至涿州新城縣幹離不遣人約相見拒

之不可遂語之曰必欲相見其禮當如何曰有例賡敏笑曰例謂趨伏羅拜此禮焉可用北朝止一君耳皇子郎君雖貴人臣也一介之使雖賤亦人臣也兩國之臣相見而用君臣之禮是北朝一國有二君也金人氣折始曰唯所欲賡敏長揖而入既坐金人出詧書示之賡敏却不視曰遠使久不聞朝廷事此書眞僞不可知因論用兵事又以語折之幾復為所留靖康初始還進三官遷吏部員外郎會高麗遣使來賀命假太常少卿往接之朝論欲改稱宣問使賡敏曰國家厚遇高麗久矣今邊事方作不可遽削其禮

失遠人心頗姑仍舊乃復稱接伴使既至明州會京師多難乃便宜稱詔厚賜使者遣還建炎元年復命自劾矯制之罪高宗嘉賞遷衞尉少卿建議兩河諸郡宜降蠟書許以世襲使各堅守陝西山東淮南諸路並令增陴浚隍徙民入城為清野計命大臣留守汴京車駕早幸江寧帝頗納之遷起居舍人言前日金人憑陵都邑失守朝臣欲存趙氏者不過一二人而已其他皆屈節受辱不以為恥甚者為敵人歛金帛索妃嬪無所不至求其能詐楚如紀信者無有也及金人僞立叛臣僭竊位號在廷之臣逃避不從及

約冠退歸位趙氏者不過一二人而已其他皆委質求榮不以為愧甚者為叛臣稱功德說符命主推戴之議草勸進之文無所不為求其擊朱泚如段秀實者無有也今陛下踐阼之初苟無典刑何以立國凡前日屈節敵人委質僞命者宜差第其罪大則族次則誅又其次竄殛下則斥之遠方終身不齒豈可猶畀祠祿使塵班列哉又言今二帝北遷寰宇痛心願陛下愈自貶損不忘報雪卑宮室菲飲食惡衣服減嬪御斥聲樂以至歲時上壽春秋錫宴一切罷之雖饗郊廟亦不用樂必俟兩宮還闕然後復常庶幾精

誠昭格天地感動人心拜右諫議大夫兼侍讀言行在頗興土木之役非所以示四方乞罷築承慶院昇陽宮又奏凡黜陟自中出者皆由三省乃得奉行或戾祖宗成憲者皆許執奏時內侍李志道以赦恩復保慶軍承宣使添差入內都知賡敏極論罷之初欽宗內侍昭慶軍承宣使容機圍城中時乞致仕高宗即位命起之賡敏言自古帝王未有求閹寺於閑退而用者遂寢后父邢煥除徽猷閣待制太后兄子孟忠厚顯謨閣直學士賡敏言非祖宗法煥尋換武職忠厚自若俄遷賡敏中書舍人賡敏懇奏曰昔司馬

光論張方平不當參知政事自御史中丞遷翰林學
士光言以臣為是則方平當罷以臣為非則臣當貶
今兩無所問而遷臣臣所未論臣雖不肖願附於司
馬光又言事毋后莫若孝待戚屬莫若恩勸臣下莫
若賞今陛下順太毋以非法非所謂孝勵忠厚以非
分非所謂恩不用臣言而遷其官非所謂賞一舉而
三失矣帝命宰相諭膺敏曰朝廷以次遷官非因論事
也膺敏猶不拜居家逾月及忠厚敗承宣使詔后族
勿除從官膺敏始拜命又言中書根本之地舍人所
掌不特演綸而已凡命令不合公議者率封還之會

膺敏知貢舉有進士何烈對省試策謬稱臣諫官李
勲遜乞正考官鹵莽之罪以集英殿脩撰提舉洞霄
宮或謂膺敏在後省論事為黃潛善汪伯彥所惡故
因事斥之三年春召赴行在時帝次平江膺敏入見
言及時事泣下帝亦泣曰卿今宜知無不言有請不
以時對膺敏謝曰臣頃嘗三為陛下言揚州非駐蹕
之地乞早幸江寧今錢塘亦非帝王之都宜須事定
亟還金陵因陳所以守長江之策帝善其言翌日再
對歸得疾然猶力疾扈蹕至臨安俄除刑部侍郎未
拜謁告歸華亭就醫許之遷禮部侍郎初膺敏久疾

卧舟中不能朝時苗劉之變帝未反正宰相朱勝非
言於隆祐太后以膺敏稱疾坐觀成敗無人臣節及
卒始明其非偽云年四十九特贈大中大夫子仲英
仲傑仲循

劉珏字希范湖州長興人登崇寧五年進士第劾游
太學以書遺中書舍人鄒浩曰公始為博士論取士
之失免所居官在諫省斥宮掖之非遠遷嶺表豈逆
計禍福邀後日報哉固欲蹈古人行也今庶政豈盡
修明百官豈盡忠實從臣繼去豈盡非才言官屢逐
豈盡有罪信任踰曩昔而拱默不言天下之士竊有

疑焉願有以慰塞群望浩得書愧謝之宣和四年擢
監察御史坐言事知舒州留為尚書主客員外郎靖
康初議皇帝朝謁上皇儀欲以家人禮見於內庭珏
請皇帝設大小次俟上皇御坐宰臣導皇帝升自東
階拜於殿上明有君之尊有父之敬又謂君於大臣
或賜劒履上殿或許子孫扶掖皇帝朝謁宜令環衛
士卒侍立於殿西宰執三衙侍從等官扶侍於殿上
如請帝坐即宰執等退立西隅遷太常少卿討論皇
帝受冊寶故事珏言唐太宗明皇皆親受父命未嘗
再行冊禮肅宗即位於靈武故明皇遣韋見素就冊

之宣政授傳國璽群臣上尊號至德宗踵行之後世以為非議遂寢除中書舍人陳十開端之戒曰陛下郎位罷御筆止營繕登俊乂詘虛誕戢內侍之權開言者之路命令既當未嘗數改任用既公率皆稱職賞必視功政必核實此天下所以指日而後太平也比者內降數出三省罕有可否此御筆之開端也數年既有其所又撤而新之長入祗候之班勢若可緩乘而成之此營繕之開端也河陽付之庸才涇原委之貪吏此任用失當之開端也花石等濫賞既治復止馬忠統兵累行累召此命令數易之開端也三省密院

議論各有所見啓擬各舉所知持不同不比之說忘同寅協恭之議此大臣不和之開端也內路之帥擅作聖旨指揮行郡之守稱為外任監當此臣下誕謾之開端也董局務者廣辟官屬侍帷幄者分爭殿廬此內侍恣橫之開端也兩省繳奏多命以次行下或戒以不得再繳臺諫言事失當率責為遠小監當此言路壅塞之開端也恤民之詔累下未可行者多是為空文無實德此政事失信之開端也隨龍第賞冠帶之工亦推恩金兵扣關禮房之吏亦進秩此爵賞僭濫之開端也是十者雖未若前日之甚其端已見

杜而止之可以馴致治平因而循之雖有智者不能善其後矣詹度都堂稟議中書舍人安扶持不可改命珏書行珏言伐燕之役度以書贊童貫大舉去秋蔡靖屢以金人點集為言度獨謂不應有此遂不設備請竄度嶺表詔予宮祠李綱以觀文殿學士知揚州安扶又持不可珏言韓琦好水之敗韓絳西州之敗皆不免黜責綱勇於報國銳於用兵聽用不審數有敗衄宜降黜以示懲戒綱改宮祠吏部侍郎馮澥言珏持兩端為綱游說提舉亳州明道宮建炎元年復召為中書舍人至泗州上書言金人尚有屯河北者萬

一猖獗而南六飛豈能無驚乞早賜行幸西兵驍勇宜留以為衛西京舟船恐金人藉以為用並令東下時李綱已議營南陽珏未知也既至極言南陽兵弱財單乘輿無所取給乞駐蹕金陵以待敵汪伯彥黃潛善皆主幸東南帝遂如揚州潛善兄潛厚除戶部尚書珏言兄弟不可同居一省帝遣張慤諭旨珏論如初詔潛厚提舉醴泉觀遷給事中論內降營繕二事曰陛下以前朝房院而建承慶院議者以為營造寖廣以隆祐太后時有御筆議者以為內降數出蓋除授不歸中書工役領之內侍此人言所以籍籍也

營繕悉歸有司中旨皆許執奏則衆論息矣孟忠厚除顯謨閣直學士邢煥徽猷閣待制珏封還言舊制外戚未有為兩禁官者詔煥換武階帝曰忠厚乃隆祐太后族宜體朕優奉太后之意珏持益堅忠厚尋亦換武階遷吏部侍郎同修國史言淮甸備敵兵食為先今以降卒為見兵以糴本為見糧無一可恃維揚城池未修軍旅多闕卒有不虞何以待之已而金人果乘虛大入帝亟如臨安以珏為龍圖閣直學士知宣州俄復為吏部侍郎以久雨詔求言珏疏論消天變收人心數事詞極激切并陳荆陝江淮守禦之

略願申詔大臣悉屏細務唯謀守禦自京及荆淮之郡置大帥屯勁兵命沿江之守各上措畫之方明斥堠設險阻節大府之出廣大農之入檢察戰艦而習之則守禦詳盡人心安天意回大業昌矣遷吏部尚書隆祐太后奉神主如江西詔珏為端明殿學士權同知三省樞密院事從行時詔元祐黨籍及上書廢錮人追復故官錄用子孫施行未盡者珏悉奏行之又言常安民張克公嘗論蔡京罪乞厚加恩至洪州疏言修治巡幸道路之役略曰陛下遭時艱難躬履儉約前冬幸淮甸供帳弊舊道路險狹未嘗介意今聞衢信以來除治道路科率民丁急如星火廣市羊豕備造服用使農夫不得穫齊民不得休非陛下儉以避難之意也乞降詔悉罷金人攻吉州分兵追太后舟至太和縣衛兵皆潰珏奉太后退保虔州監察御史張延壽論珏罪珏亦上書自劾踰嶺俟命落職提舉江州太平觀延壽論不已責授祕書少監與衛州紹興元年許自便明年以朝散大夫分司西京卒于梧州年五十五官其二子八年追復龍圖閣學士有吳興集二十卷集議五卷兩漢蒙求十卷

胡舜陟字汝明徽州績溪人登大觀三年進士第歷

州縣官為監察御史奏御史以言為職故自唐至本朝皆論時事擊官邪與殿中侍御史同崇寧間大臣欲便己遂變祖宗成憲南臺御史始有不言事者多事之時以開言路為急乞下本臺增入監察御史言事之文以復祖宗之制以內艱去服闋再為監察御史奏河北金兵已逼備禦尤不可不講欽宗即位又言今結成邊患幾傾社稷自歸明官趙良嗣始請戮之以快天下遂誅良嗣又奏今邊境備禦之計兵可練粟可積獨將為難得請詔內外之臣並舉文武官才堪將帥者又奏上殿班先臺後諫祖宗法也今臺

臣在諫臣下乞今後臺諫同日上殿以臺諫雜壓為先後遷侍御史奏向者晁說之乞皇太子講孝經讀論語間日讀爾雅而廢孟子夫孔子之後深知聖人之道者孟子而已願詔東宮官遵舊制先讀論語次讀孟子又奏涪陵譙定受易於郭雍究極象數逆知人事洞曉諸葛亮八陣法宜厚禮招之高宗即位舜陟論宰相李綱之罪帝不聽言者論其嘗事偽廷除集英殿修撰知廬州時淮西盜賊充斥廬人震恐日具舟楫為南渡計舜陟至修城治戰具人心始安冀州雲騎卒孫琪聚兵為盜號一海蝦至廬舜陟乘城拒守琪邀資糧舜陟不與衆請以粟遺之舜陟曰吾非有所愛顧賊心無厭與之則示弱彼無能為也乃時出兵擊其抄掠者琪宵遁舜陟伏兵邀擊得其輜重而歸濟南僧劉文舜聚黨萬餘保舒州投子山縱剽舜陟遣介使招降之時丁進李勝合兵為盜蘄壽間舜陟遣文舜破之張遇自濠州奄至梁縣舜陟使毀竹里橋伏兵河西伺其半渡擊敗之又請以身守江北以護行宮帝壯其言擢徽猷閣待制充淮西制置使沱瓊自壽春渡淮貽書責贍軍錢帛舜陟諭以逆順瓊乃去自軍興後淮西八郡群盜攻蹂無全城

舜陟守廬二年按堵如故以徽猷閣待制知建康府充沿江都制置使踰年改知臨安府復為徽猷閣待制充京畿數路宣撫使尋罷遷廬壽鎮撫使改淮西安撫使至廬州潰兵王全與其徒來降舜陟散財發粟流民漸歸改知静江府詔措置市戰馬御史中丞常同奏舜陟兇暴傾險罷之後十八年復為廣西經略以知邕州俞儋有贓為運副呂源所按事連舜陟提舉太平觀先是舜陟與源有隙舜陟因討郴賊劾源沮軍事源以書抵秦檜訟舜陟受金盜馬非訕朝政檜素惡舜陟入其說奏遣大理寺官袁柟燕仰之往推劾居两旬辭不服死獄中舜陟有惠愛邦人聞其死為之哭妻江氏訴于朝詔通判德慶府洪元英究實元英言舜陟受金盜馬事涉曖昧其得人心雖古循吏無以過帝謂檜曰舜陟從官又罪不至死勘官不可不懲遂送柟仰之吏部

沈晦字元用錢塘人翰林學士沈遘孫宣和間進士廷對第一除校書郎遷著作佐郎金人攻汴京借給事中從肅王樞出質斡離不軍金人再攻也與之俱南京城陷邦昌僞立請金人歸馮澥等晦因得還貢為給事中高宗即位言者論晦雖使金艱苦而封駁

之職不可以賞勞除集英殿修撰知信州帝如揚州將召為中書舍人侍御史張守論晦為布衣時事帝曰頃在金營見其慷慨士人細行豈足為終身累邪不果召知明州移處州帝如會稽移守婺州賊成皐入寇晦用教授孫邦策率民兵數百出城與戰大敗晦欲斬邦策已而釋之時浙東防遏使傅崧卿在城中單騎往說皐皐遂降進徽猷閣待制以言者論晦妄用便宜指揮行事降集英殿修撰提舉臨安府洞霄宮尋復徽猷閣待制知宣州移知建康府甫踰月以御史常同論罷紹興四年起知鎮江府兩浙西路安撫使過行在面對言藩帥之兵可用今沿江千餘里若令鎮江建康太平池鄂五郡各有兵一二萬以本郡財賦易官田給之敵至五郡以舟師守江步兵守隘彼難自度假使能渡五郡合擊敵雖善戰不能一日破諸城也若圖五郡則兵分勢弱或以偏師綴我大軍南侵則五郡尾而邀之敵安敢遠去此制稍定三年後移江北糧餉器械悉自隨又自乞分兵二千及召募敢戰士三千參用昭義步兵法期年後京口便成彊藩時方以韓世忠屯軍鎮江不果用劉麟入寇世忠拒于揚州晦乞促張俊兵為世忠援趙鼎

稱晦議論激昂帝曰晦誠可嘉然朕知其人言甚壯膽志頗怯更觀臨事能副所言與否然晦不為世忠所樂尋提舉臨安府洞霄宮起為廣西經略兼知靜江府先是南州蠻酋莫公晟歸朝歲久用為本路鈐轄羈縻之後遁去旁結諸峒蠻歲出為邊患晦選若將羅綻戍邊招誘諸酋喻以威信皆詣府請降晦犒遺之結誓而去自是公晟孤立不復犯邊晦在郡歲買馬三千匹繼者皆不能及進徽猷閣直學士召赴行在除知衢州改潭州提舉太平興國宮卒晦膽氣過人不能盡循法度貧時尤甚故累致人言然其當官才具亦不可掩云

劉一止字行簡湖州歸安人七歲能屬文試太學有司欲舉八行一止曰行者士之常不就登進士第為越州教授參知政事李邴薦為詳定一司勑令所刪定官紹興初召試館職其略曰事不克濟者患在不為不患其難聖人不畏多難以因難而圖事耳如其不為俟天命自回人事自正敵國自屈盜賊自平有是哉高宗稱善且諭近臣以所言剴切知治道欲驟用執政不樂除祕書省校書郎考兩浙類試以科舉方變欲得通時務者同列皆患無其人一止出一卷

曰是宜為首啓號乃張九成也衆皆厭服遷監察御史上疏謂天下之治衆君子成之而不足一小人敗之而有餘君子雖衆道則孤小人雖寡勢易蔓不加察則小人伺隙而入以敗政矣又言陛下憫宿蠹未除頹綱未振民困財竭故置司講究然未聞有所施行得無有以疑似之說欺陛下曰如此將失人心夫所謂失人心者必刑政之苛賦役之多好惡之不公賞罰之不明若皆無是則所失者小人之心耳何病焉時庶事草創有司以吏所省記為法吏並緣為奸一止曰法令具在吏猶得舞文矧一切聽其省記所

宋史三百七十八　字四百十二个
宋史列傳卷二百三十七　十四
錢存寫　東鄭刊

欲與則陳與例欲奪則陳奪例與奪在其牙頰患可勝言哉請以省記之文刊定頒行庶幾絶姦吏弄法受賕之弊從之踰年而書成秦檜請置修政局一止言宣王內修政事修其外攘之政而已今之所修特簿書獄訟官吏遷降土木營建之務未見所當急也又謂人才進用太遽仕者或不由銓選朝士入而不出外官雖有異能不見召用非軍事而起復皆倖門不塞之故請選近臣曉財利者倣劉晏法瀕江置司以制國用鄉村置義倉以備水旱增重監司之選俾多採用其言遷起居郎奏事帝迎語曰朕親擢也緜

六察遷二史祖宗時有幾一止謝先朝惟張澂李棁耳因極陳堂吏留官之蠹執政植私黨無憂國心翌日罷主管台州崇道觀召為祠部郎知袁州改浙東路提點刑獄為祕書少監復除起居郎擢中書舍人兼侍講莫將賜出身除起居郎一止奏將以上書助和議驟自太府丞綴從班前此未有臣乃與將同命願倂臣罷之不報遷給事中徐俯達者嘗事張邦昌為郎得知池州一止言俯達既仕偽廷今付以郡無以示天下孟忠厚乞試郡一止言后族業文如忠厚雖可為郡他日有援例者何以却之汪伯彥知宣州

宋史三百七十八　四百十二个
宋史列傳卷二百三十七　十五
錢存寫　王富刊

入覲詔以元帥府舊人特依見任執政給奉一止言伯彥誤國之罪天下共知以郡守而例執政殆與異時非待制而視待制非兩府而視兩府者類矣帝皆為罷之於凡貴近之請雖小事亦論執不置御史中丞廖剛謂其僚曰臺當有言者皆為劉君先矣居瑣闥百餘日繳奏不已用事者始忌奏一止同周葵薦呂廣問迎合李光罷提舉江州太平觀進敷文閣待制御史中丞何若奏一止朋附光偃蹇慢上落職罷祠後八年請老復職致仕秦檜死召至國門以病不能拜力辭進直學士致仕卒年八十三一止沖澹寡

欲嘗誨其子曰吾平生通塞聽於自然唯機械不生故方寸自有樂地博學無不通為文不事纖刻制誥坦明有體書詔一日數十輒辦嘗言訓誥者賞善罰惡詞也豈過情溢美怒鄰罵坐之為哉其草顏魯公孫特命官制甚偉帝歎賞為手書之詩自成家呂本中陳與義讀之曰語不自人間來也有類藁五十卷子繼懿從弟寧止

寧止字無虞登宣和進士甲科除太學錄校書郎建炎初為浙西安撫大使司參議改兩浙轉運判官苗傳劉正彥之變寧止自毗陵馳詣京口金陵見呂頤

浩劉光世勉以忠義退而具軍須以佐勤王除左司郎官辭帝復位除右司郎官給事中梁揚祖為發運使寧止再疏論駁以添差江淮荊湖制置發運副使扈從隆祐太后幸江西尋為兩浙轉運副使錄勤王功直龍圖閣進祕閣修撰主管崇道觀提點江淮等路坑冶鑄錢知鎮江府兼沿江安撫進右文殿修撰寧止言京口控扼大江為浙西門戶請分常州江陰軍及崑山常熟二縣隸本司庶防秋時沿江號令歸一可以固守權戶部侍郎總領三宣撫司錢糧張浚都督諸軍以為行府屬除吏部侍郎進徽猷閣直學

士知秀州升顯謨閣提舉太平觀卒寧止有文名慷慨喜論事當艱難時上疏言闕失指切隱微多人所難言乞禁王安石日錄復賢良方正科用司馬光十科薦士法倣唐制宰執論事以諫官侍立皆其顯顯者勤王之舉呂頤浩紀其有輸忠贊謀之勞寧止與一止岑皆群從昆弟帝嘗稱寧止忠一止清岑敏云有敎忠堂類藁十卷

胡交修字己楙常州晉陵人登崇寧二年進士第授泰州推官試詞學兼茂科給事中翟汝文同知貢舉得其文曰非吾所能及也置之首選除編類國朝會

要所檢閱文字政和六年遷太常博士都官郎徙祠部遷左司官拜起居舍人起居郎昭慈太后垂簾聽政除右文殿修撰知湖州建炎初以中書舍人召辭不至改徽猷閣待制提舉杭州洞霄宮三年復以舍人召詔守臣津發尋進給事中直學士院兼侍講入對首論天下大勢曰淮南當吾膺將士遇敵先奔無藩籬之衛湖廣帶吾脅群盜乘間竊發有腹心之憂江浙肇吾基根本久未立秦蜀張吾援指臂不相救宜詔二三大臣修政事選將帥蒐補卒乘以張國勢撫綏疲瘵以固國本帝又出手詔訪以弭盜保民豐

財裕國彊兵禦戎之要交脩疏言昔人謂飢有麥飯牀有故絮雖儀秦說之不能使為盜惟其凍餓無聊日與死迫然後忍以其身棄之於盜賊陛下下寬大之詔開其自新之路禁苛慝之暴豐其衣食之源則悔悟者更相告語歡呼而歸其不變者黨與攜落亦為吏士所係獲而盜可弭盜弭則可以保民矣沃野千里殘為盜區皆吾秔稻之地操弓矢帶刀劍椎牛發冢白晝為盜皆吾南畝之民陛下撫而納之反其田里無急征暴斂啓其不肖之心耕桑以時各安其業穀帛不可勝用而財可豐財豐則可以裕國矣曰

者翟興連西路董平據南楚什伍其人為農為兵不數年積粟充牣雄視一方盜賊猶能爾況以中興二百郡地欲彊兵以禦寇不能為翟興輩之所為乎世以為名言李成盜江淮廷議欲親征交脩謂群盜倡狂天子自將勝之則不武不勝則貽天下笑此將帥之責何足以辱王師議遂格盜尋道周杞守常州坐殘虐免會大旱帝問交脩致旱之由對以殆杞佚罰之故乃以杞屬吏杞疑為交脩所譏上書告其罪遣大理寺丞胡蒙詣常按驗交修無所絓然群從多抵罪尋以微猷閣待制提舉太平觀六年召為給事中

刑部侍郎翰林學士知制誥兼侍讀久之遷刑部尚書汀州寧化縣論大辟十人獄已上知州事鄭強驗問無一人當死交修乞治縣令冒賞殺無辜罪江東留獄追逮者尚六百人交修言若待六百人俱至則瘐死者衆矣請以罪狀明白者論如律疑則從輕詔皆如其言朝論欲以四川交子行之諸路交修力陳其害謂崇寧大錢覆轍可鑒當時大臣建議人皆附和未幾錢分兩等市有二價姦民盜鑄死徙相屬以今交子校之大錢無銅炭之費無鼓鑄之勞一夫挾紙日作十數萬員贗莫辨售之不疑一觸憲網破家

壞產以賞告捕禍及無辜歲月之後公私之錢盡歸藏鏹之家商賈不行市井蕭條比及悔悟恐無及矣時議大舉交修曰今妄言無行之徒為迎合可喜之論吾無以考驗其實遽信之以舉事豈不誤國哉帝覽之矍然翌日出其奏示大臣曰交修真一士之諤諤也蜀帥席益既去帝問交修孰可守蜀者對以臣從子世將可用遂以世將為樞密直學士四川安撫制置使世將在蜀五年號為名帥自重兵聚關外以守蜀餉道險遠漕舟自嘉陵江而上春夏漲而多覆秋冬涸而多膠紹興初宣撫副使吳玠始行陸運調

成都潼川利州三路夫十萬縣官部送徼賞爭先十
斃三四至是交修言養兵所以保蜀也民不堪命則
腹心先潰何以保蜀臣愚欲三月以後九月以前第
存守關正兵餘悉就糧他州如此則守關者水運可
給分戍者陸運可免帝命學士院述交修意詔頒行
之議徽宗配享功臣交修奏韓忠彥建中靖國初為
相賢譽翕然時號小元祐從之人大允服八年夏以
親老除寶文閣學士知信州入辭上欲留侍經筵力
言毋老願奉祠里中以便養帝曰卿去行復召矣改
提舉江州太平興國宮九年六月召還除兵部尚書

翰林學士兼侍講時河南新復交修奏京西陝右取
士之法乞如祖宗時設諸科之目以待西北之士別
為號於南宮以收五路之才詔令禮部討論逾年復
請補外除端明殿學士知合州卻私請免上供以萬
計領州數月卒交修簡重寡言進止有度為文不事
琢雕坦然明白在詞苑號為稱職自其從祖宿從父
宗愈至交修世將皆在禁林中興以後學士三入者
自交修始交修裒次為書號四世絲綸集以侈一門
之遇至於事繼母以孝聞撫二弟極其友愛遇恩以
次補官若交修者其文行之兼副者歟

綦崇禮字叔厚高密人後徙維之北海祖及父皆中明
經進士科崇禮幼穎邁十歲能作邑人墓銘父見大
驚曰吾家積善之報其在茲乎初入太學諸生溺於
王氏新說少能詞藝者徽宗幸太學崇禮出二表叅
酒與同列大稱其工登重和元年上舍第調淄縣主
簿為太學正遷博士改宣教郎祕書省正字除工部
員外郎尋為起居郎攝給事中召試政事堂為制誥
三篇不淹晷而就辭翰奇偉拜中書舍人賜三品服
進用之速近世所未有高宗猶以為得之晚車駕如
平江有旨鄒浩追復龍圖閣待制崇禮當行詞推

所以褒恤遺直之意有曰處心不欺養氣至大言期
寤意引裾嘗犯於雷霆計不顧身去國再遷於嶺徼
群臣動色志士傾心又曰英爽不忘想生氣之猶在
叅諫已死知朽骨之尚寒同列推重除試尚書吏部
侍郎時從官惟崇禮與汪藻尋兼直學士院以徽猷
閣直學士知漳州其俗悍強號難治屬有巨寇起建
州聲撼鄰境人心動搖崇禮牧民禦衆一如常日訖
盜息環城內外按堵如故徙知明州召為吏部侍郎
兼權直學士院時有詔侍從官日輪一員具前代及
本朝事關治體者一二事進入崇禮言祖宗以來選

用儒臣以奉講讀若令從官一例獻其所聞既非舊
典且又越職望令講讀官三五日一進乃命學士與
兩省官如前詔又言駐蹕臨安以浙西為根本宜固
江淮之守然後可以圖興復蜀在萬里外當召用其
士夫慰安遠人之心時兵革後省曹簿書殘毀幾盡
崇禮再執銓法熟於典故討論沿革援據該審吏不
得容其私後有詔重刋七司條勑崇禮所建明悉著
為令移兵部侍郎仍進直學士院御筆褒分召至都
堂令條具進討固守利害崇禮奏諜傳金人併兵趣
川陜蓋以向來江左用兵非敵之便故二三歲來悉

力窺蜀其意以謂蜀若不守江浙自揺故必圖之非
特報前日吳玠一敗而已今日利害在蜀兵之勝負
又奏君之有臣所以濟治臣効實用則君享其功臣
竊虛名則君受其弊實用之利在國虛名之羙在身
忠於國者不計一己之毀譽惟天下之治亂是憂潔其
身者不顧天下之治亂惟一己之毀譽是恤然効力
於國其實甚難世未必貴竊名於己其為則易且以
得譽二者有關於風俗甚大是不可不察也九月御
筆除翰林學士自請麾後從官以御筆除拜自此始
揚惟忠邢煥以節度使致仕告由舍人院出崇禮言

祖宗時凡節鉞臣僚得謝不以文武並納節別除一
官致仕熙寧間富弼以元勲始令特帶節鉞致仕其
後繼者曾公亮文彥博他人豈可援以為例詔自今
如祖宗故典進兼侍讀兼史館修撰時有旨重修神
宗哲宗正史兵火之後典籍散亡崇禮奏神宗實録
墨本元祐所修已是成書朱本出蔡卞手多所附會
乞將朱墨本參照修定哲宗實録崇寧間蔡京提舉
編修增飾語言變亂是非難以便據舊録修定欲乞
訪求故臣之家文獻事迹參照又奏知湖州汪藻編
類元符庚辰至建炎己酉三十年事迹乞下藻以已

成文字赴本所並從之先是藻奉詔訪求甚備未及
修纂崇禮取而專之嘗進唐太宗録刺史姓名於屏
風故事曰連千里之封得一良守則千里之民安環
百里之境得一良令則百里之民說牧民之吏咸得
其良則治功成矣苟能効當時之事以守令姓名詳
列于屏簡在帝心則人知盡心職業再入翰林凡五
年所撰詔命數百篇文簡意明不私美不寄怨深得
代言之體以寶文閣直學士知紹興府劉豫導金人
入侵揚楚震擾高宗躬御戎衣次吳會崇禮以近臣
承寧方面謂浙東一道為行都肘腋之地備禦不可

不謹密疏於朝得便宜從事於是繕城郭厲甲兵輸錢帛以犒王師簡舟艦以扼海道疲心夙夜殆廢食寢及春帝還七州晏然不知羽檄之虞期年上印綬退居台州卒年六十贈左朝議大夫崇禮妙齡秀發聰敏絕人不為崖岸斬絕之行廉儉寡欲獨覃心辭章洞曉音律酒酣氣振長歌慷慨議論風生亦一時之英也中年頗刲場屋晚方登第以縣主簿驟升華要極潤色論思之選端方亮直不憚強禦秦檜罷政崇禮草詞顯著其惡無所隱檜深憾之及再相矯詔下台州就崇禮家索其藁自於帝前納之且將修怨

會崇禮已沒故身後所得恩澤其家畏懼不敢陳士大夫亦無敢為其任保樓鑰嘗敘其文以為氣格渾然天成一旦當書命之任明白洞達雖武夫遠人曉然知上意所在云

論曰建炎紹興之際網羅俊彥布于庶職如衞膚敏以下七人者其論議時政指陳闕失雖或好惡多不同亦皆一時之表表者矧一止寧止兄弟之忠清交修崇禮之詞翰又有助於治化者焉

列傳卷第一百三十七

列傳卷第一百三十八　宋史三百七十九

開府儀同三司上柱國錄軍國重事前中書右丞相兼修國史領經筵事都總裁脫脫等奉敕修

章誼　韓肖胄　陳公輔　張嶧

胡松年　曹勛　李稙　韓公裔

章誼字宜叟建州浦城人登崇寧四年進士第補懷州司法參軍歷漳台二州教授杭州通判建炎初陳通寇錢塘城閉部使者檄誼聚杭州七縣弓兵以張聲勢會王淵討賊誼隨淵得入城賊平旋加撫定人皆德之帝幸臨安苗劉為變帝御樓宰臣百執事咸

在人心恟恟帝問羣臣曰今日之事何如浙西安撫司主管機宜文字時希孟輒曰乞問三軍誼越班斥之曰問三軍何義若將鼓亂邪希孟郤立屏息帝嘉之事定竄希孟吉陽軍誼遷二秩擢倉部員外郎奉使二浙貿易祠牒以濟軍用以稽遲罷未幾召為駕部員外郎遷殿中侍御史張浚宣府陝西誼奏自趙哲退敗事任已重處斷太專當除副貳使之自助何㮚贈官誼論其折衝無謀守禦無策乃中國招禍之首乞寢免邵青自太平乘舟抵平江所至劫掠誼請置水軍於駐蹕之地且言古舟師有三等大為陣腳

次爲戰船小爲傳令皆可爲戰守之備詔淮南三宣撫措置誼又獻戰守四策謂金人累歲南侵我亦累歲奔走蓋謀國之臣誤陛下也比者駐蹕揚州有兵數十萬可以一戰斥候不明金人奄至踰江而東此宰相黃潛善汪伯彥過也前年移蹕建康兵練將勇據長江之險可守矣舟師不設二相異意金人未至遵海而南此宰相呂頤浩過也不知今年守戰之策安所從出執政大臣誰爲陛下任此事者臣愚謂有江海必資舟檝戰守之具有險阻必資郡縣防守之力有兵將必駕馭撫循不可爲將帥自衛之資有糧

賦必漕運轉輸不可爲盜賊侵據之用四者各付能臣分路以辦重賞嚴罰誰敢不用命哉詔問保民弭盜遏寇生財之策誼對曰去姦貪殘虐之吏則民可保用循良廉平之吏則盜可弭敵寇未遏以未得折衝禦侮之臣財賦未裕以未得掌財心計之臣凡此四者任人不任法則政治可得而治矣詔集議明堂配享胡直儒等請合祭天地而以太祖太宗配誼言稽之經旨則未合參之典故則未盡施之事帝則未爲簡嚴今國家既以太祖配天於郊比周之后稷則太宗宜配帝於明堂以比周之文王仁宗皇祐二年

始行明堂合祭天地並配祖宗乃一時變禮至嘉祐七年再行宗祀已悟皇祐之非乃罷配享仍徹地示之位故有去並侑煩文之詔如嘉祐之詔則太祖地示已不與祭元豐正祀典之詔則悉罷群祀臣等謂將來明堂大饗宜專祀昊天上帝而以太宗配後不果行紹興二年除大理卿宰相奏知平江府帝曰誼儒者賴其奏讞平恕使民不冤勿令補外尋除權吏部侍郎乞詔有司編類四選通知之條與一司專用之法兼以前後續降旨揮自成一書如此則銓曹有可守之法姦吏無舞文之弊書成而吏銓有所執守

矣改刑部侍郎兼詳定一司敕令誼奏比脩紹興敕令格式其忠厚之意則本於祖宗其綱條之舉則仍於舊貫今在有司爲日既久州縣推行漸見牴牾欲承疑遵用則衆聽惑而不孚欲因事申明則法屢變而難守乞詔監司郡守與承用官司參考祖宗舊典各摭新書之闕遺條具以聞然後命官審訂刪去著爲定法遷徽猷閣直學士樞密都承旨誼奏漢有南北兩屯唐有南北兩衛皆天子自將之兵祖宗所置殿班親軍處禁門之內皆極天下之選今日神武兵萃於五軍多逃亡之餘市井之人殿班親軍倚以侍

衛者曾無千百頃陛下酌漢唐南北禁衛之意脩本
朝遴選班直之法選五軍及諸州各爲一衛合取萬
人分爲兩衛則禁衛增嚴王室大競矣四年金遣李
永壽王翊來求還劉豫之俘及西北人在東南者又
欲畫江以益劉豫時議難之欲遣大臣爲報使參政
席益以母老辭薦誼爲代加誼龍圖閣學士充軍前
奉表通問使給事中孫近副之誼至雲中與粘罕兀
室論事不少屈金人諭亟還誼曰萬里銜命兼迎兩
宮必俟得請金人乃令蕭慶授書併以風聞事責誼
誼詰其所自金人以實告乃還至南京劉豫留之以

計得歸帝嘉勞之擢刑部尚書是冬帝親征王師大
捷於淮陰誼扈從還臨安遷戶部尚書誼言祖宗設
官理財內則戶部外則諸路轉運使副東南委輸最
盛則又置發運以督諸路供輸之入皆有移用補助
之法戶部仰以不乏者也今川廣荊湖土貢歲輸不
入王府者累年矣皆發運使失職之罪也頃因定都
汴京故發運使置司真泗今駐吳會則發運當在荊
湖南北之間望討論發運置司之地選能臣以充其
任又言戶部左右曹之設諸路則運司左曹之屬也
提舉則右曹之屬也若復發運司於諸路各置轉運

使副二員以一員檢察常平以應右曹之選則戶部
財用無陷失矣五年以疾請郡除龍圖閣學士知溫
州適歲大旱米斗千錢誼用劉晏招商之法置場增
直以糴米商輳湊其價自平部使者以狀聞詔遷官
一等六年移守平江時將臨幸供億繁夥誼處之皆
當於理召對賜帶笏帝曰此不足以償卿之勞其勿
謝明年移蹕建康復爲戶部尚書誼奏營田之策謂京
西湖北淮南東西失業者最多朝廷必欲家給牛種
人給錢糧以勸耕則財力不足今三大將各屯一路
如各捐數縣地均給將士收其餘以省轉輸非小補

也七年帝還臨安以誼爲端明殿學士江南東路安
撫大使知建康府兼行宮留守未幾提舉亳州明道
宮代還八年卒年六十一謚忠恪誼寬厚長者故事
臺官言事非挾怨以快己私即用仇家言爲人報復
誼獨存大體士論歸之立朝論事奏疏無慮數十百
篇皆經國濟時之策初席益薦誼使金帝曰誼亦母
老朕當自諭之誼聞命略無難色戒其家人勿使母
知將行告母曰是行不數月即歸大似往年太學謁
告時爾及還母竟不知其使金也誼卒母年九十二
子八人騎駒駟驔騂駉馳駰

韓肖胄字似夫相州安陽人曾祖琦祖忠彥再世為相父治肖胄以蔭補承務郎歷開封府司錄與府尹同對殿中徽宗問其家世賜同上舍出身除衛尉少卿賜三品服尋假給事中充賀遼國生辰使既還時治守相州請祠肖胄因乞補外侍疾詔除直秘閣知相州代其父任陛辭帝曰先帝詔韓氏世官于相卿父子相代榮事也在相四年王師傳燕肖胄策幽薊且有變宜陰為守備已而金騎入境野無所掠而去建炎二年知江州入為祠部郎遷左司嘗言中原未復所恃長江之險淮南實為屏蔽沃野千里近多荒

廢若廣備農事則轉餉可省兵食可足自是置局建康行屯田於江淮又應詔陳五事曰遠斥堠戢戍兵防海道援中原備軍政擢工部侍郎時川陝馬綱路通塞不常肖胄請於廣西邕州置司互市諸蕃馬詔行之時召侍從問戰守計肖胄條奏千餘言帝稱其所對事理簡當吏部尚書席益歎曰援古證今切於時用非世官不能也紹興二年詔百官各言省費裕國強兵息民之策肖胄言天下財賦窠名舊悉隸三司今戶部惟有上供之目而已問諸路窠名於戶部戶部不能悉問諸州窠名於漕司漕司不能悉失一

窠名則此項遂亡願詔諸路漕司括州縣出納可罷罷之可併併之立為定籍漕司總諸州戶部總諸路則無失陷矣經費之大莫過養兵今人亡而冒請者衆願立諸軍覆實之法重將帥冒請之罪則兵數得實餉給不虛省費裕國此其大者生民常賦之外迫以軍期吏緣為姦歛取百端復為寇所迫遂田桑失時寇去復業未及息肩催科之吏已呼其門矣願詔郡邑招集流散官貸之種俟及三年始責其賦置籍書之以課殿最強兵息民此其先者時多所采納又請復天地日月星辰社稷之祀於是下有司定一歲

祭禮遷吏部侍郎時條例散失吏因為姦肖胄立重賞俾各省記編為條目以次行之舞文之弊始革陣亡補官得占射差遣而在部常調人守待不能注授且有短使重難肖胄請陣亡惟許本家用恩例異姓候經任收使遂無不均且嚴六部出入之禁而請託不行三年拜端明殿學士同僉書樞密院事充通問使以胡松年副之肖胄慨然受命時金酋粘罕專執政方恃兵強持和戰離合之策行人皆危之肖胄入奏曰大臣各循己見致和戰未有定論然和乃權時之宜他日國家安彊軍聲大振誓當雪此讎恥今臣

等行或半年不返命必復有謀宜速進兵不可因臣
等在彼而緩之也將行毋文語之曰汝家世受國恩
當受命即行勿以我老為念帝稱為賢母封榮國夫
人肖胄至金國金人知其家世甚重之往返纔半年
自帝即位使者凡六七年未嘗報聘至是始遣人偕
來肖胄先北使入對與朱勝非議不合力求去以舊
職知溫州提舉臨安府洞霄宮五年詔問前宰執戰
守方略肖胄言女真等軍皆畏服西兵勁銳喜戰今
三帥所統多西人吳玠繼有捷奏軍聲益振敵意必
搖攻戰之利臣固知之自荆襄至江淮綿亘數千里

不若擇文武臣僚按行計度求險阻之地屯兵積糧
則形勢相接今淮東西雖命宣撫使然將屯置司乃
在江上所遣偏裨分守不過資以輕兵勢振力弱難
以責其固志當移二將於江北使藩籬可固又言諸
大將之兵自主庭戶更相觶疾若欲並遣進攻宜先
命總帥分以精銳自成一軍號令既一則諸將疇敢
不聽命畿甸山東關河之民怨金人入骨當以安集
流亡招懷歸附為先今淮南江東西荒田至多若招
境上之人授田給糧捐其賦租必將接跡而至又奏
江之南岸曠土甚多沿江大將各分地而屯軍士舊

為農者十之五六擇其非甚精銳者使之力耕農隙
則試所習之技藝秋成則均以所種之禾麥或募江
北流徙及江南無業頑嚚之人分給之刱為營屯止
則固守出則攻討起知常州召赴行在提舉萬壽觀
尋除僉書樞密院事和議已定復命肖胄為報謝使
接伴者逆於境謂當稱謝恩使肖胄論難三四反遂
語塞既至金遣人就館議事肖胄隨問隨答衆皆聳
聽其還給氈車及頓遞宴設自肖胄始除資政殿學
士知紹興府尋奉祠與其弟膺胄寓居于越幾十年
事母以孝聞弟不至不食所得恩澤皆先給宗族卒

年七十六謚元穆琦守相作晝錦堂治作榮歸堂肖
胄又作榮事堂三世守鄉郡人以為榮
陳公輔字國佐台州臨海人政和三年上舍及第調
平江府教授朱勔方貴倖當官者奴事之公輔絕不
與交勔有兄喪諸生欲往弔公輔不予告勔不悅諷
權要移公輔越州累遷權應天府少尹除秘書郎靖
康初二府多宣和舊人公輔言蔡京王黼用事二十
餘年臺諫皆緣以進唐重師驥為太宰李邦彥引用
謝克家孫覿為纂脩蔡攸引用及邦彥作相又附麗
以進此四人者處臺諫之任臣知其決不能言宰相

大臣之過頎擇人臣中朴茂純直能安貧守節不附
權倖慷慨論事者列之臺諫則所任得人禮義廉恥
稍稍振起敵國聞之豈不畏服哉時吳敏李綱不協
公輔奏陛下初臨萬機正賴其同心合謀而二臣不
和已有其跡頎諭以聖訓俾務一心以安國家徽宗
渡江未還人情疑懼公輔力陳父子之義宜遣大臣
迎奉欽宗嘉之擢為右司諫孟夏享景靈宮遂幸陽
德佑神觀公輔諫不當如平時事宴游論蔡京父子
懷奸誤國終未行遣今朝廷公卿百執事半出其門
必有庇之者詔謫京崇信軍節度副使德安府安置

又奏朱勔罪惡都城之民皆謂已族滅其家乞勿許
其子姓隨上皇入京時有指公輔為李綱之黨鼓唱
士庶服闕者公輔自列因辭位後陳三事其一言李
綱書生不知軍旅遣援太原乃為大臣所陷必敗事
其二言余應求不當以言遠謫其三言方復祖宗法
度馮澥不宜更論熙寧元豐之政語觸時宰遂與應
求程瑀李光俱得罪斥監合州稅高宗即位召還除
尚書左司員外郎明年始逮維揚初李綱得政公輔
自外除郎未至而綱罷改南劍州尋予宮觀紹興六年
召為吏部員外郎疏言今日之禍實由公卿大夫無

氣節忠義不能維持天下國家平時既無忠言直道
緩急詎肯伏節死義豈非王安石學術壞之邪議者
尚謂安石政事雖不善學術尚可取臣謂安石學術
之不善尤甚於政事政事害人才學術害人心三經
字說詆誣聖人破碎大道非一端也春秋正名分定
褒貶俾亂臣賊子懼安石使學者不治春秋史漢載
成敗安危存亡理亂為聖君賢相忠臣義士之龜鑑
安石使學者不讀史漢王莽之篡揚雄不能死又仕
之更為劇秦美新之文安石乃曰雄之仕合於孔子
無可無不可之義五季之亂馮道事四姓八君安石

乃曰道在五代時最善避難以存身使公卿大夫皆
師安石之言宜其無氣節忠義也復授左司諫言中
興之治在得天得人以孝感天以誠得民帝喜其深
得諫臣體賜三品服令尚書省寫圖進入以便觀覽
公輔感帝知遇益罄忠鯁言正心在務學治國在用
人朝廷之禍在朋黨仍乞增輪對官令審計官告糧
料權貨監倉及茶場等官有已見許面對時有詔將
駐蹕建康公輔上疏陳攻守之策且乞選大臣鎮淮
西增兵將守要害俾西連鄂岳東接楚泗皆有掎角
之形徽宗訃至公輔請宮中行三年之喪視朝服淡

黃羣臣未可純吉服明堂未當以徽宗配宜罷臨軒
策士又乞權罷講筵事不行遷尚書禮部侍郎會趙
鼎言進退人才乃其職分疏稍侵公輔因力請祠除
集英殿脩撰提舉江州太平觀尋知處州升徽猷閣
待制乃提舉太平觀卒年六十六贈太中大夫有文
集二十卷奏議十二卷行於世公輔論事剴切疾惡
如讎惟不右程頤之學士論惜之
張鬳字柔直福州人舉進士為小官不與世詭隨時
蔡京當國求善訓子弟者鬳適到部京族子應之以
鬳薦鬳再三辭不獲遂即館京亦未暇與之接鬳嚴

毅聳拔意度凝然異於他師諸生已不能堪忽謂之
曰汝曹曾學走乎諸生駭而問曰嘗聞先生教令讀
書徐行未聞教以走也鬳曰天下被而翁破壞至此
旦夕賊來先至而家汝曹惟有善走庶可逃死爾諸
子大驚亟以所聞告京曰先生心恙京矍然曰此非
汝所知也即見鬳深語鬳慷慨言曰宗廟社稷危在
旦夕京斂容問計鬳曰宜亟引耆德老成置諸左右
以開道上心羅天下忠義之士分布內外為第一義
爾京因扣其所知遂以楊時薦於是召時鬳後守南
劍州遷福建路轉運判官未行會范汝為陷建州遣

葉徹擁衆寇南劍時統制官任士安駐軍城西不肯
力戰鬳獨率州兵與之戰分為數隊令城中殺羊牛
豕作肉串仍多具飯將戰則食第一隊人既飽遣之
入陣使食第二隊人度所遣兵力將困即遣第三隊
人往代第四至五六隊亦如之更迭交戰士卒飽而
力不乏徹中流矢死衆敗走鬳知士安懼無功即函
徹首與之州兵皆憤鬳曰賊必再至非與大軍合力
不能破也士安得之大喜遂馳報諸司謂已斬徹未
幾徹二子果引衆聲言復父讎縞素來攻於是士安與
州兵夾攻大敗之城賴以全再知處州嘗欲造大舟

幕僚不能計其直鬳教以造一小舟量其尺寸而十
倍算之又有欲葺紹興圜神廟垣召匠計之云費八
萬緡鬳教之自築一丈長約算之可直二萬即以二
萬與匠者董役內官無所得乃奏紹興空乏難濟太
后遂自出錢貫三十二萬緡以直龍圖閣知處州蕩
平餘寇進秘閣脩撰卒後廟食邵武
胡松年字茂老海州懷仁人幼孤貧母粥機織資給
使學讀書過目不忘尤邃於易政和二年上舍釋褐
補濰州教授八年賜對便殿徽宗偉其狀貌改校書
郎兼資善堂贊讀為殿試參詳官以沈晦第一徽宗

大悦曰朕久聞晦名今乃得之遷中書舍人時方有事燕雲松年累章謂邊釁一開有不勝言者㘗時相意提舉太平觀建炎間密奏中原利害召赴行在出知平江府未入境貪吏解印斂跡以興利除害十七事揭于都市百姓便之加徽猷閣待制奏防江利害一曰立國無藩籬之固二曰遣將無首尾之援三曰不攻敵技之所短召爲中書舍人言武昌九江建昌京口吳江錢塘明越宜各屯水戰士三千以爲備唐恪追復觀文殿學士松年繳奏曰靖康之禍何㮚輕脫寡謀宜爲罪首去年秦檜還朝力稱其抗義守正

遂被褒贈已大㘗士論今恪子孫自陳其父不獲伸迎請二帝之謀飲藥而死此事凜然追蹤古人宜詔有司詳考實狀庶不爲虛美以示激勸除給事中會選將帥松年奏富貴者易爲善貧賤者難爲功在上之人識擢何如爾願陛下親出勞軍即行伍蒐簡之必有可爲時用者又奏恢復中原必自山東始山東歸附必自登萊密始不特三郡民俗忠義且有通泰飛艘往來之便除兼侍講王倫使金還言金人欲再遣重臣來計議以松年試工部尚書爲韓肖胄副充大金奉表通問使時使命久不通人皆䂬懼松年毅

然而往至汴京劉豫令以臣禮見肖胄未答松年曰聖主萬壽豫曰聖意何在松年曰主上之意必復故疆而後已使還拜吏部尚書岳飛收復襄漢令松年籌度守禦事松年奏乞飛班師徐窺劉豫意向若豫置不問其情叵測當飭將士謹疆場可也又條戰艦四利一曰張朝廷深入之軍勢二曰固山東欲歸之民心三曰震疊强敵使不敢窺江浙四曰牽制劉豫不暇營襄漢除端明殿學士僉書樞密院事首奏八事立規摹以定中興之基振紀綱以尊朝廷之勢馭將帥使知畏撫士卒使知勸攷予奪之柄察毀譽之

言無以小疵棄人才無以虛文廢實效又薦張敵萬向在淮南誘敵深入步騎四集悉陷於淖無得解者金人至今膽落乞令統率軍馬別爲任使庶幾外間漸多名將不獨仗倚三四人而已諜報劉豫於登萊海密具舟楫淮陽順昌積芻粟欲憑藉金人侵我邊鄙議者謂韓劉岳各當一面可保無虞松年奏三人聲勢初不相屬緩急必不相救况海道闊遠蘇秀明越最爲要衝乞選精兵萬人命一大臣往駐建康覩督世忠光世守采石馬家渡以張兩軍之勢仍以兵五千屯明州平江控禦江海或無人可遣臣願疾馳

以赴其急詔遣松年往江上與諸將會議進討因覘
賊情帝決意親征遂次平江命松年權參知政事專
治戰艦張浚專治軍器松年曰議論既定力行乃有
效若今日行明日止徒紛紛無益俄以疾提舉洞霄
宮卜居陽羡雖居閒不忘朝廷事屢言和糴科斂防
秋利害帝皆嘉納十六年病革呼其子曰大化推移
有所不免乃就枕鼻息如雷有頃卒人謂不死也年
六十松年平生不喜蓄財每除官例賜金帛以軍興
費廣一無所陳請或勸其白于朝曰弟請則已白之
是沽名也喜賓客奉入不足以供費或請節用為子

孫計松年曰賢而多財則損其志况俸廪主上所以
養老臣也自持橐至執政所舉自代皆一時聞人所
薦一以至公權勢莫能奪方秦檜秉政天下識與不
識率以疑忌置之死地故士大夫無不曲意阿附為
自安計松年獨鄙之至死不通一書世以此高之
曹勛字公顯陽翟人父組宣和中以閤門宣贊舍人
為睿思殿應制以占對開敏得幸勛用恩補承信郎
特命赴進士廷試賜甲科為武吏如故靖康初為閤
門宣贊舍人勾當龍德宮除武義大夫從徽宗北遷
過河十餘日謂勛曰不知中原之民推戴康王否翌

日出御衣書領中曰可便即真來救父母并持韋賢
妃邢夫人信命勛間行詣王又諭勛見康王第言有
清中原之策悉舉行之毋以我為念又言藝祖有誓
約藏之太廟不殺大臣及言事官違者不祥勛自燕
山遁歸建炎元年七月至南京以御衣所書進入高
宗泣以示輔臣勛建議募死士航海入金國東京奉
徽宗由海道歸執政難之出勛于外凡九年不得遷
秩紹興五年除江西兵馬副都監勛以遠次為請改
浙東言者論其不閑武藝專事請求竟奪新命十一
年兀朮遣使議和授勛成州團練使副劉光遠報之

及淮遇兀朮遣還言當遣尊官右職持節而來蓋欲
亟和也勛還遷忠州防禦使金使蕭毅等來命勛為
接伴使未幾落階官為容州觀察使充金國報謝副
使召入內殿帝洒泣諭以懇請親族之意及見金主
正使何鑄伏地不能言勛反覆開諭金主首肯許還
梓宮及太后勛歸金遣高居安等衛送太后至臨安
命勛充接伴使遷保信軍承宣使樞密副都承旨二
十九年拜昭信軍節度使副王倫為稱謝使時金主
亮已定侵淮計勛與倫還言鄰國恭順和好無他人
譏其妄孝宗朝加太尉提舉皇城司開府儀同三司

淳熙元年卒贈少保
李稙字元直泗州臨淮人幼明敏篤學兩舉于鄉從父中行客蘇軾門太史晁無咎見之曰此國士也以女妻焉靖康初高宗以康王開大元帥府湖南向子諲轉運京畿時羣盗四起餉道阻絕環視左右無足遣者有以稙薦遂借補迪功郎使督四百艘總押犒師銀百萬糧百萬石招募忠義二萬餘衆自淮入徐趨濟凡十餘戰卒以計達時高宗駐師鉅野聞東南一布衣統衆而至士氣十倍首加勞問稙占對詳敏高宗大悦親賜之食曰得一士如獲拱璧豈特軍餉

而已承制授承直郎留之幕府稙三上表勸進願蚤正大寶以定人心以應天意三降手札獎諭稙感激知遇言無不盡為汪伯彦黄潛善所忌高宗既即位為東南發運司幹辦公事尋以奉議郎知潭州湘陰縣經楊公蕩析稙披荆棘立縣治發廩粟振困乏專以撫摩為急丞相張浚督師江上知稙才薦為朝奉郎鄂州通判大盗馬友孔彦舟未平稙請修戰艦習水戰分軍馬為左右翼大破彦舟伏兵誅馬友二盗平浚以破賊功上於朝轉朝奉大夫通判荆南府秩滿除尚書戸部員外郎時秦檜當國凡帥府舊僚率

皆屏黜浚亦去國稙即丐祠奉親寓居長沙之醴陵十有九年杜門不仕檜死子諲以戸部尚書居邇列語及龍飛舊事識稙姓名除戸部郎中■稙始入見帝曰朕故人也方有意大用以母老每辭願便養除知桂陽軍丁母憂歸葬哀毀廬墓有白鷺朱草之祥劉錡遺之書曰忠臣孝子元直兼之矣服闋參政錢端禮薦差知瓊州陛辭帝慨然曰卿老矣瓊管遠在海外改知徽州徽俗崇尚淫祠稙首以息邪說正人心為事民俗為變轉朝請大夫直秘閣改知鎮江府遷江淮荆湘都大提點坑冶鑄錢公事踰年金人敗

盟朝廷將大舉以稙漕運有才畧授直敷文閣京西河北路計度轉運使稙措畫有方廷議倚重乾道元年遷提刑江西二年直寶文閣江南東路轉運使兼知建康軍府兼本路安撫使主管行宫留守司事稙上書極言防江十策其略曰保荆襄之障以固本根審中軍所處以俟大舉蒐選强壯以重軍勢度地險阨以保居民避敵所長擊其所短金人降者宜加賞勸皆直指事宜不為浮泛疏上帝嘉其言以太府卿召赴闕有疾不克上道遂以中奉大夫寶文閣學士致仕還湘時胡安國父子家南嶽下劉錡家湘潭相

與往還講論言及國事必憂形于色始終以和議爲恨年七十有六卒有文集十卷題曰臨淮集廬陵胡銓爲之序謚忠襄子五人汝虞知桃源縣汝士朝奉大夫知黄州汝工知昌化軍

韓公裔字子扆開封人初以三館吏補官掌章賢妃閤戕奏尋充康王府内知客金兵犯京王出使公裔從行渡河将官劉浩吴湛私鬬公裔諭之乃解次磁州軍民戕奉使王雲隨王車入州廨公裔復諭退之王之将南也與公裔謀間道潜師夜起遲明至相磁人無知者自是親愛愈篤及兵退張邦昌遣人同王

舅韋淵来獻傳國璽時淵自稱偽官議者又謂邦昌不可信王怒将誅淵公裔曰神器自歸天命也王遂受璽命公裔掌之公裔力救淵釋其罪元祐后詔王入承大統府僚謂金兵尚近宜屯彭城公裔言國家肇基睢陽王亦宜於睢陽受命時前軍已發将趨彭城會天大雷電不能前王異之夜半抗聲語公裔曰明日如睢陽决矣既即帝位公裔累遷武功大夫貴州防禦使後以事忤黄潜善適帝幸維陽公裔乞去潜善以爲避事遂降三官送吏部帝幸越念其舊勞召復故官幹辦皇城司仍帶御器械累遷至廣州觀察使提舉佑神觀公裔給事藩邸三十餘年恩寵優厚每置酒慈寧宫必召公裔會修玉牒元帥府事多放佚秦檜以公裔帥府舊人奏令修書官就質其事俄除保康軍承宣使檜疑其捨己而求于帝銜之右諫議大夫汪勃希檜意劾罷公裔遂與外祠在外居住而帝眷之不衰檜死即復提舉佑神觀賜第和寧門西帝曰朕與東朝欲常見卿故以自近耳升華容軍節度使尋致仕後華容軍復爲岳陽軍公裔遂換岳陽軍節度使高宗既内禪嘗與孝宗語其忠勞因詔所居郡善視之乾道二年卒年七十五贈太尉謚

恭榮官其親族八人高宗賜金帛甚厚公裔律身稍謹不植勢不市恩又敢與黄潜善秦檜異斯亦足取云

論曰章誼有蹇諤之節省曾席父祖之蔭二人多所論建奉使不辱亦可取矣陳公輔得諫臣之體其劾蔡京王黼之黨論吴敏李綱之隙是矣然既辨安石學術之害而不尚程頤之學何邪張觷斥蔡京之禍薦楊時之賢其趣操正矣况平寇有術而不自以爲功乎松年鄙秦檜而不交知命通方固不易得而曹勛崎嶇兵間稍著勞効然金人入侵之計已决猶曰

鄭國恭順無他何其見幾之不蚤邪若李稙韓公裔奮著忠藎為天子故人能與黃潛善秦檜為異閉門不出待時而動斯亦知所向方者哉

列傳卷第一百三十八

列傳卷第一百三十九　宋史三百八十

開府儀同三司上柱國錄軍國重事前中書右丞相監修國史領經筵事都總裁臣脫脫等奉敕修

何鑄　王次翁　范同　楊愿
樓炤　勾龍如淵　薛弼　羅汝楫(附子願)
蕭振

何鑄字伯壽餘杭人登政和五年進士第歷官州縣入為諸王宮大小學教授秘書郎御史中丞廖剛薦鑄操履勁正可備拾遺補闕之選即命對鑄首陳動天之德莫大於孝感物之道莫過於誠誠孝既至則

歸梓宮於陵寢奉兩宮於魏闕紹大業復境土又何難焉帝嘉納之拜監察御史尋遷殿中侍御史上疏論士大夫心術不正徇虛以掠名託名以規利言不由中而首尾鄉背行險自售而設意相傾者為事君之失懷險巇之謀行刻薄之政輕儇不莊慢易無禮者為行己之失乞大明好惡申飭中外各務正其心術毋或欺誕蓋有所指也時遷溫州諸宮殿神像于湖州有司迎奉所過騷然鑄言孝莫大於寧神寧神莫大於得四海之歡心浙東旱荒若加勤動恐道路怨咨乞務從簡約不得過為騷擾疏奏其事遂已擢

右諫議大夫論中興之功在於立志天下之事濟與
否在於思與不思願陛下事無大小精思熟慮求其
至當而行如是則事無過舉矣尋拜御史中丞先是
秦檜力主和議大將岳飛有戰功金人所深忌檜惡
其異己欲除之脅飛故將王貴上變逮飛繫大理獄
先命鑄鞫之鑄引飛至庭詰其反狀飛袒而示之背
背有舊涅盡忠報國四大字深入膚理既而閱實俱
無驗鑄察其冤白之檜檜不悅曰此上意也鑄曰鑄
豈區區為一岳飛者强敵未滅無故戮一大將失士
卒心非社稷之長計檜語塞改命万俟卨飛死獄中

子雲斬於市檜銜鑄時金遣蕭毅邢具瞻來議事檜
言先帝梓宮未反太后鑾輿尚還朔方非大臣不可
祈請乃以鑄為端明殿學士僉書樞密院事為報謝
使鑄曰是行猶顏真卿使李希烈也然君命不可辭
既返命檜諷万俟卨使論鑄私岳飛為不反欲竄諸
嶺表帝不從止謫徽州時有使金者還言金人問鑄
安在曾用否於是復使知温州未幾以端明殿學士
提舉萬壽觀兼侍讀召赴行在力辭乃再遣使金使
事秘而不傳既歸報帝復許以大用又力請祠除資
政殿學士知徽州居數月提舉江州太平興國宮卒

年六十五鑄孝友廉儉既貴無屋可居止寓佛寺其
辨岳飛之冤亦人所難然紹興已未以後徧歷臺諫
所論如趙鼎李光周葵范冲孫近諸人未免迎望風
旨議者以此少之至於慈寧歸養梓宮復還雖鑄祈
請之力而金謀蓋素定矣先是金諸將皆已厭兵欲
和難自已發故使檜盡室航海而歸密有成約紹興
以後我師屢捷金欲和益堅至是遣鑄銜命蓋檜之
陰謀以鑄嘗爭岳飛之獄而飛竟死使金知之而其
議速諧也鑄死四十餘年謚通惠其家辭焉嘉定初
改謚恭敏

王次翁字慶曾濟南人聚徒授業齊魯多從遊者入
太學貧甚夜持書就旁舍借燈讀之禮部別頭試第
一授恩州司理參軍歷婺州教授辟雍博士出知道
州燕雲之役取免夫錢不及期輒以乏興論次翁撤
取屬邑丁籍視民產高下以為所輸多寡之數約期
受輸不擾而集除廣西轉運判官時劇盜馬友孔彥
舟曹成更據長沙帥撥漕司預鳩糧餉三十萬以備
調發次翁即以具報吏愕眙次翁曰兵未必發先擾
民可乎吾以一路常平上供計之不啻三十萬已而
賊不犯境召對論事不合出知處州乞祠歸寓于婺

呂頤浩帥長沙辟為參謀官頃之力乞致仕秦檜召還道出婺次翁見之樓炤言頤浩與次翁同郡頤浩再相次翁貧困至此檜笑曰非其類也檜居朝遂以為吏部員外郎遷秘書少監除起居舍人遷中書舍人劉光世除使相奏以文資蔭其子次翁執奏繳還除工部侍郎兼侍講蜀閫帥宰執擬次翁以聞帝以次翁明經術留兼資善堂翊善改御史中丞論趙鼎不法罷知泉州部差李泗為鄂州巡檢而湖北宣撫使不可次翁言法令沮于下而不知朝廷之尊漸不可長帝令詰宣撫司官贊舍人陳諤孫崇節即閤門受旨升轉次翁言閤門徑自畫旨不由三省非祖宗法寖弗命呼延通因內教出不遜語次翁乞斬通以肅軍且言著令寸鐵入皇城者有常刑遂罷內教韓世忠與劉光世張俊與劉錡皆不相能次翁言世忠於光世因言議有隙俊於錡由措置有睽竊恐錡保一孤壘光世軍處窮獨俊與世忠不肯急援願遣使切責因用郭子儀李光弼以忠義泣別相勉者感動之金人敗盟入侵次翁為秦檜言於帝曰前日國是初無主議事有小變則更用他相後來者未必賢於前人而排斥異黨收召親故紛紛非累月不能定於國事

初無補願陛下以為至戒無使小人異議乘間而入檜德之先是檜兄子與其內兄王㬇皆以恩幸得官檜初罷政二人擯斥累年至是次翁希檜旨言吏部之有審量皆暴揚君父過舉得無傷陛下孝治乞悉罷建炎紹興前後累降指揮由是二人驟進初次翁既論罷趙鼎鼎歸會稽上書言時政檜忌鼎復用乃令次翁又言之乞顯置于法且言特進乃宰相階官鼎雖謫降而階官如故是未嘗罷相也遂降散官謫居興化軍右諫議大夫何鑄又論鼎罪重罰輕降朝奉大夫移漳州檜意猶未厭次翁又論鼎聞遣警喜見顏色繩以漢法當伏不道之誅責以春秋當坐誅意之罰雖再行貶責然朝奉大夫視中大夫品秩不相遼漳州比興化尤為善地以此示罰人將玩刑再移潮州安置次翁除參知政事兩浙轉運司牒試主司觀望檜與次翁子姪預選者數人士論大駭金人敗于拓皋帝曰將帥成不戰劫敵之功乃輔弼奇謀指縱之力除一子職名檜召三大將論功行賞岳飛未至檜與次翁謀以明日率世忠俊置酒湖上欲出則語直省官曰姑待岳少保來益令堂廚豐其燕具如此展期以待者六七日飛既至皆除樞密使罷兵

柄次翁歸語其子伯庠曰吾與秦相謀之久矣太后回鑾次翁為奉迎扈從禮儀使初太后貸金于金使以犒從者至境金使責償乃入次翁以未得檜命且懼檜疑其私相結納欲攘其位堅不肯償相持境上凡三日中外憂慮副使王晚裒金與之太后歸泣訴于帝曰王次翁大臣不顧國家利害萬一有變則我子母不相見矣帝震怒欲暴其罪誅之次翁先白檜謂所以然者以未嘗稟命故不敢專檜太喜力為營救奏為報謝使以避帝怒使還帝立中宮奏為冊寶副使帝終惡之檜諭次翁辭位遂以資政殿學士奉

祠引年歸居明州檜憐之餽問不絕十九年卒年七十一贈宣奉大夫諸子壻親戚族人添差浙東者又數人皆檜為開陳也檜擅國十九年凡居政府者莫不以微忤出去終始不二者惟次翁爾

范同字擇善建康人登政和五年第再中宏詞科累官至吏部員外郎與秦檜力主和議紹興八年假太常少卿接伴金使蕭哲張通古入境同北向再拜問金主起居軍民見者多流涕除中書門下省檢正諸房公事權吏部侍郎兼實錄院修撰遷給事中十一年檜再主和議患諸將難制同獻計於檜請皆除樞府罷其兵權檜喜乃密奏以拓皋之捷召三大將赴行在論功行賞同入對帝命與林待聘分草三制世忠俊樞密使飛副使並宣押赴樞府治事張俊與檜意合且覺朝廷欲罷兵權即首納所統兵帝召同入對復以同為翰林學士俄拜參知政事兼修實錄同始贊和議為檜所引及在政府或自奏事檜忌之万俟卨因論同貳政之初首為還葬之議自建康至信州調夫治道怨嗟籍籍近朝廷收天下兵柄歸之宥密同輒於稠人中貪天功以為己有遂罷與祠檜意未已卨再論責授左朝奉郎秘書少監謫居筠州十

四年復朝奉大夫提舉江州太平觀移池州十八年復太中大夫知太平州卒年五十二

楊愿字原仲宣和末補太學錄二帝北遷金人聞愿名索之愿匿民間上書執政請迎復元祐皇后又奔濟州元帥府勸進辟為屬高宗即位以元帥府結局恩授修職郎御營司辟機宜文字歷新昌縣丞越州判官秦檜薦之召改樞密院編脩官登紹興二年進士第遷計議官召試館職罷主管崇道觀復除秘書郎議者謂外任未終改通判明州檜既專政召為秘書丞未幾拜監察御史臺長言愿資淺當先歷郎官

改司封員外郎遷右司起居舍人兼權中書舍人初
脩玉牒特以命愿愿言玉牒當載靖康推戴趙氏事
以秦檜建議本末書之十三年權直學士院充金國
賀正旦接伴使金使完顏畢入境猶欲據主席中使
傳宣畢不迎拜愿以禮折之皆聽服及還就充送伴
使十四年為御史中丞踰月升端明殿學士僉書樞
密院事兼參知政事仍兼脩玉牒十五年罷提舉太
平觀初愿與張擴並居西掖一時書命藉擴潤色擴
詠二毫筆詩愿以為誚己訴于檜諷御史李文會劾
之高閌侍經筵帝問張九成安否翊日又問檜檜曰

九成以唱異惑衆為臺臣所論予郡乃力乞祠觀其
意終不為陛下用帝曰九成清貧不可無祿檜疑閌
薦之以語愿愿又嗾文會攻閌去藤州守臣言遷客
李光作詩諷刺時政愿在中司傳會其說謂光縱橫
傾險子弟賓客往來吳越誘人上書動搖國是光再
移謫瓊海文會既升西府愿覘檜意稍厭即數其害
政罷之後二日愿遂補其處帝與檜論事因曰朕謂
進用士大夫一相之責也一相既賢則所薦皆賢愿
曰陛下任相如此蓋得治道之要又論史事檜曰靖
康圍城中失節者相與作私史公肆擠排帝曰卿不

推異姓宜其不容愿曰檜非獨是時不肯雷同宣和
間耿延禧為學官以其父在東宮勢傾一時士皆靡
然從之以徼後福獨檜守正不易蓋自檜再居相位
每薦執政必選世無名譽柔佞易制者愿希檜意迎
合附下罔上至是斥去天下快之又三年起知宣州
玉牒書成加資政殿學士移建康府二十二年卒年
五十二初愿守宣城表弟王炎調蘄水令過之醉中
謂愿曰嘗於呂丞相處得公頃歲所通書其間頗及
秦丞相之短尚記憶否愿聞之色如死灰遂留炎不
聽去會愿移守金陵宴監司大合樂守卒皆怨炎即

青溪得客舟以行愿憂撓而卒

樓炤字仲暉婺州永康人登政和五年進士第調大
名府戶曹改西京國子博士辟雍錄淮寧府司儀曹
事改尚書考功員外郎帝在建康炤謂今日之計當
思古人量力之言察兵家知己之計力可以保淮南
則以淮南為屏蔽權都建康漸圖恢復力未可以保
淮南則因長江為險阻權都吳會以養國力於是移
蹕臨安擢右司郎中時銓曹患員多闕少自倅貳以
下多添差炤言光武併省吏員今縱未能損其所素
有安可置其所本無乎紹興二年秦檜罷相炤亦以

言者論𠁊六年召爲左司員外郎尋遷殿中侍御史
明年遷起居郎言今暴師日久財用匱乏考唐故事
以宰相領鹽鐵轉運使或判戶部或兼度支今宰相
之事難行若參倣唐制使戶部長貳兼領諸路漕權
何不可之有內則可以總大計之出入外則可以制
諸道之盈虛如劉晏自按租庸以知州縣錢穀利病
詔三省相度措置卒施行之又言監司郡守係民甚
切乞令侍從官各舉通判資序或嘗任監察御史以
上可任監司郡守者一二人詔從之命中書門下置
籍七年宰相張浚之兄滉賜出身與郡中書舍人張

燾封還乃命炤行炤又封還而竟爲權起居舍人何
掄書黃行下於是燾與炤皆請補外以秘閣脩撰知
温州未幾除中書舍人與句龍如淵並命如淵入對
帝謂之曰卿與劉炤皆朕所親擢尋遷給事中兼直
學士院九年以金人來和肆赦炤草其文曰乃上穹
開悔禍之期而大金報許和之約割河南之境土歸
我輿圖戢宇內之干戈用全民命尋兼侍讀除端明
殿學士僉書樞密院事繼命往陝西宣諭德意炤奏
京城統制吳革知環州田敢成忠郎盧大受皆以節
義革爲范瓊所害敢大受爲劉豫所殺乞賜褒恤又

奏陝西諸路陷劉豫郡縣有不從僞之人所籍貲產
並令勘驗給還炤至東京檢視宮室尋詣永安軍謁
陵寢遂至長安會李世輔自夏國欲歸朝炤以書招
之世輔以二千人赴行在尋至鳳翔以便宜命郭浩
帥鄜延楊政帥熙河關臣吳璘帥鳳翔炤欲盡移川
口諸軍於陝西璘曰金人反覆難信今移軍陝右則
蜀口空虛金若自南山擣蜀要我陝右軍則我不戰
自屈當依山爲屯控守要害於是璘政二軍獨屯內
地炤又會諸路監司于鳳翔皆言蜀邊屯駐大軍之
久坐困四川民力乃下其議語胡世將傳炤還朝以

親老求歸省于明州許之命給假迎侍仍賜以金帶
十四年以資政殿學士知紹興府過闕入見除僉書樞
密院事兼權參知政事尋爲李文會詹大方所劾與
祠久之除知宣州徙廣州未行而卒年七十三後謚
襄靖炤蚤附蔡京致秩爲臺諫所論其後立朝至位
二府皆與秦檜同時其宣諭陝西妄自尊大或者論
其好貨失將士心云
句龍如淵字行父永康軍道江人句姓本出古句芒
高宗即位避御名更句龍氏政和八年登上舍第沉
浮州縣二十年以張浚薦召試館職紹興六年除秘

書省校書郎歷著作佐郎祠部員外兼禮部起居舍人嘗進所為文三十篇帝曰卿文極高古更令平易盡善後因進對帝復言文章平易者多淺近淵深者多艱澁惟用意淵深而造語平易此最難者八年兼給事中同知貢舉除中書舍人兼侍讀兼直學士院面命草趙鼎罷相制如淵言陛下既罷鼎則用人才須聳動四方當速召君子顯黜小人帝曰君子謂誰曰孫近李光小人謂誰曰呂本中先是詞臣曾開以老病辭不草國書帝欲用如淵代之而趙鼎薦本中故如淵憾之又言臣觀朝廷事非君臣情通未易能

濟大臣於事稍有過差陛下訓飭之可也陛下所欲為勢有未可大臣亦當明白辯論然必陛下先與大臣言及此意若不先言即大臣論一事不從尚未之覺至再至三遂以為陛下疎之或疑他人有以間之既以懷疑即不能盡誠陛下察其不誠又從而疑之安有君臣之間動相疑間而能久於其位者願陛下明諭之帝曰前此未嘗有以此告朕者卿見秦檜亦宜語此時檜方得君如淵猶恐委檜未專故及之除御史中丞先是檜力主和執政侍從及內外諸臣皆以為非是多上書諫止者檜患之如淵為檜謀曰相公為天下大計而邪說橫起盍不擇人為臺諫使盡擊去則相公之事遂矣檜大喜即擢如淵中司如淵言凡事必有初及其初而為之則易無其端而發之則難陛下即位一初也渡江二初也移蹕建康三初也自建康復還臨安四初也自趙鼎相劉大中王庶相繼去今復獨任一相召三名士凡事有當行而弊有當去者又一初也臣願以正紀綱辨邪正明賞罰謹名器審用度厚風俗去文具七者為獻又言孟庾召節在途士論不與帝曰朕欲遣令使金國在廷莫更有小人否對曰如趙鼎為相盡縻紀綱乃竊賢相

之名而去王庶在樞府盡用奸計乃以和議不合責直而去劉大中以不孝得罪乃竊朝廷美職而去帝曰卿胡不論對曰自今士論見孟庾之召王庶之去已有一解不如一解之語願陛下不惜孟庾一人以正今日公論其他容臣一一為陛下別白之於是出庾之嚴州又連論庶大中皆罷之金國遣二使來議和許歸河南地使者踞甚議受書之禮不決外議洶洶如淵建議取其書納禁中於是同諫長請對又呼臺吏問朝廷有大議論許臺諫見宰執商議乎吏曰有遂赴都堂與宰執議取書事宰執皆以為然帝親

筆召如淵李誼入對明日詔宰執就館見金使受其
書納入人情始安九年奏召還曾開范同而罷施庭
臣莫將以謂開同之出雖曰語言之過而其心實出
於愛君庭臣將之遷雖曰議論之合而其迹終近於
希進今國論既定好惡黜陟所宜深謹又論張邦昌
時偽臣因赦復職非是帝曰卿言是也朕亦欲置此
數匹夫不問對曰將恐無以示訓其後卒不行忽一
日如淵言和議之際臣粗自効如臣到都堂若不遇
朝廷再遣使之議則和議必至於壞而宣對之日稍
有將順則遂至於屈臣於二者粗有報國之忠臣親

老頑求歸帝不許如淵疑帝有疎之之意又奏曰臣
向薦君臣腹心之論陛下大以為然其後秦檜在和
議可否未決之間欲求去陛下頗罪之臣再三為檜
辨析今陛下與檜君臣如初而臣反若有讒愬於其
間者帝曰朕素不喜讒卿其勿疑如淵嘗與施廷臣
忿爭庭臣謂如淵有指斥語帝謂秦檜曰以朕觀之
庭臣之罪小如淵之罪大檜請斥庭臣而徙如淵待
其求去然後補外帝不可於是與庭臣皆罷初如淵
與莫將及庭臣皆力主和議如淵緣此擢中司而將
及庭臣緣此皆峻用張燾晏敦復上疏專以三人為

言如淵入言路即劾二人至是與庭臣俱罷其後檜
擬如淵知遂寧府帝曰此人用心不端遂已兩奉祠
卒年六十二如淵始以張浚薦召而終乃翼秦檜擠
趙鼎雖呂本中逐劉大中王庶心迹固可見矣于佃
僎似

薛弼字直老溫州永嘉人登政和二年進士第調懷
州刑曹杭州教授初頒五禮新書定著釋奠先聖誤
用下丁弼據禮是正州以聞詔從其議監左藏東庫
內侍王道使奴從旁視絹美惡多取之弼白版曹窮
治人嚴憚之靖康初金兵攻汴京李綱定議堅守衆

不悅弼意與綱同圍解遷光祿寺丞嘗言姚平仲不
可恃未幾而敗綱求太原弼言金必再至綱不當去
宜先事河北金人果再入始命刑部侍郎宋伯友提
舉河防弼以點檢糧草從之為計畫甚切皆不能用
乃乞罷歸改三門白波輦運尋主管明道宮提舉淮
東鹽事改湖南運判楊么據洞庭寇鼎州王𤫉久不
能平更命岳飛討之么陸耕水戰樓船十餘丈官軍
徒仰視不得近飛謀益造大舟弼曰若是則未可以
歲月勝矣且彼之所長可避而不可鬬也今大旱湖
水落洪若重購舟首勿與戰遂筏斷江路藁其上流

使彼之長坐廢而精騎直擣其壘則破壞在目前矣飛曰善無何積寇盡平進直秘閣時道殣相望彌以聞帝惻然命給錢六萬緡廣西常平米六萬斛鄂州米二十萬斛振之且使講求富弼青州荒政民賴以甦王彥自荊移襄遷延不即赴彥所將八字軍皆中原勁卒朝廷患其恣橫以彌直徽猷閣代之彥殊不意彌徑入府受將吏謁大駭彌曲折譬曉彥感悟即日出境除岳飛參謀官飛母死遁於廬山張宗元攝飛事飛將張憲移疾部曲洶洶生異語彌謂諸將曰太尉力乞張公而詔使隨至岳軍素整令而譁閧是

汝曹累太尉也諸將以諗憲憲佯悟曰相公腹心惟參謀知之衆乃定除戶部郎官再知荊南桃源劇盜伍俊既招安復謀叛提點刑獄万俟卨不能制乃以委彌許彌俊以靖州俊喜曰我得靖則地過桃源遠矣俊至則漸以徇還秘閣脩撰陝西轉運使以左司郎官召知虔州移黃州時福州大盜有號管天下伍黑龍滿山紅之屬其衆甚盛鈐轄李貴爲賊所獲民作山砦自保守臣莫將議委漳泉汀建募強壯游手各千人爲効用與殿司統制張淵同措置未及行詔升彌集英殿脩撰與將兩易彌至郡漕臣以游手易聚難散恐爲他日患聞于朝事下彌議彌謂昔守章貢有武夫周虎臣陳敏者丁壯各數百皆能戰視官軍可一當十乃奏虎臣爲副將敏爲巡檢選丁壯千人號奇兵日給糗糧責以滅賊自是歲費錢三萬六千餘緡米九千石凡四年而賊平彌知廣州擢敷文閣待制卒年六十三初秦檜居永嘉彌游其門彌在湖北除盜歸功于万俟卨檜誣岳飛下吏卨以中司鞫獄飛父子及憲皆死朱芾李若虛亦坐嘗爲飛謀議奪職惟彌得免且爲檜用屢更事任通籍從官世以此少之

羅汝楫字彥濟徽州歙縣人登政和二年進士第監登聞鼓院遷大理丞刑部員外郎奏命官犯公罪勿取特旨以終惠臣子又戶口凋耗宜少寬養子之禁拜監察御史未踰月遷殿中侍御史與中丞何鑄交章論岳飛罷其樞筦朱芾李若虛嘗謂飛議曹主帥有異意而不能諫又言飛獄具寺官聚斷咸謂死有餘罪寺丞何彥猷李若樸獨喧然以衆議爲非欲從輕典皆坐黜王庶謫道州郡丞孫行儉以官爵居之汝楫劾其無忌憚當斥且令庶徙居劉子羽知鎮江上言和好非久遠計宜及閒暇爲備檜怒風汝楫論

罷之時撫州有兩陳四繫獄誤論輕罪者死汝楫請其寃且言獨罪獄官而守倅不坐非祖宗法於是詔天下斷死刑守以下引囚問姓名鄉里然後決又言國家駐蹕臨安淮南不可置度外當重防海之寄守長江之要革竄名賞籍以勸有功遷起居郎兼侍講帝問或謂春秋有貶無褒此誼是否對曰春秋上法天道春生秋殺若貶而無褒則天道不具矣帝稱善嘗曰自王安石廢春秋學聖人之旨寖以不明近世得其要者惟胡安國與卿耳兼權中書舍人除右諫議大夫有南雄守奏對太后之歸和議之力也當盡按

前言和不便者時相是之驟用為臺官中外悚懼多束裝待遣汝楫言皆不當罪宜以崇寧事黨為戒議遂寖遷御史中丞舊例中丞侍御史不並置乃更侍御史汝楫求去益力遷吏部尚書充國信使除龍圖閣學士知嚴州秩滿請祠居喪未終而卒年七十累贈開府儀同三司子顥顬頡頌願顏皆有文願字端良博學好古法秦漢為詞章高雅精鍊朱熹特稱重之有小集七卷爾雅翼二十卷知鄂州有治績以父故不敢入岳飛廟一日自念吾政善姑往祠之甫拜遷卒于像前人疑飛之憾不釋云

蕭振字德起溫州平陽人幼莊重不好弄稍長能自謀學嘗奉父命董莊役隴畝手不釋卷其師謂其父曰此兒遠大器也未冠游郡庠既冠升太學時有號三賢者推振為首登政和八年進士第調信州儀曹時州郡奉神霄宮務侈靡振不欲費財勞民與守議不合會方臘寇東南距信尤近守欲危振檄振攝貴溪弋陽二邑既而王師至衢又檄振督軍餉振治辦無闕大將劉光世見而喜之欲以軍中俘馘授振為賞振辭曰豈可不冒矢石而貪人之功乎諸邑盜未息守復檄振如初振悉意區處許其自新賊多降者

守以贓去振獨為辦行守愧謝之調婺州兵曹無功曹時振婦翁許景衡以給事中召振祝之曰公至朝幸勿見薦景衡詢其故振曰今執政多私其親願為時革弊景衡然之時盜賊所在猖獗婺卒揚言欲叛以應賊官吏震恐振選諸邑土兵強勇者幾千人日習武以備蓄異謀者稍懼有一兵官素得軍士心守疑而罷之羣卒數百人被甲挺刃斬儀門入振聞即往羣卒皆羅拜呼曰某等歷抑願兵曹理之振使之言厲色叱曰細事耳車駕南巡大兵咫尺汝速死耶可急釋械當為汝言衆拜謝而去郡守由是益相信

事悉與謀嘗議城守振請以錢數萬緡庸工板築未數月城壘屹然一毫無擾任滿歸告其親曰家世業農幸有田可力以奉甘旨振不願仕或薦于朝授婺州教授改秩乞祠以執政薦召對敷奏數事皆中時病帝大喜拜監察御史明年冬以親老乞補外章七上不許面奏曰臣事親之日短事陛下之日長指心自誓今日之事父母乃他日之事陛下也遂除提點浙西刑獄尋召為宗正少卿俄擢侍御史振本趙鼎所薦後因秦檜引入臺時劉大中與鼎不主和議振遂劾大中以揺鼎大中既出振謂人曰如趙丞相不

必論蓋自為去就鼎遂罷後振知紹興府改兵部除徽猷閣待制知湖州陛辭奏曰國家講和恐失諸將心宜遣使撫諭示以朝廷息兵寬民意雖兩國通好戰禦之備宜勿弛帝曰卿欲奉親求便豈不知朕有親哉振曰臣之親所係者一夫也陛下之親所係者天下也陛下以天下為心聖孝愈光矣帝歎其忠將行白檜曰宰相如一元氣不可有私私則萬物為之不生檜不悅振至州檜欲取羨餘振遺檜書謂財用在天下如血氣之在一身移左以實右則病矣檜屬以私事又不克盡從以親老乞祠提舉太平觀後知

台州海寇勢張振至克之二十二年以楊煒在獄供涉鐫徽猷待制謫居池州初煒將上書責李光徇秦檜議和時振為侍御史煒見振道書意振然其言及振知台州而煒治邑有聲每大言無顧忌振擊節稱善遂薦煒改秩又移書於檜從子秦昌時俾同薦之屬吏密語振曰煒嘗以書責李參政及太師昌時義不當舉待制亦不可舉振曰吾業已許之豈可中輟遂因煒獄中供前事而貶明年詔除敷文閣待制知成都府安撫置制使軍儲適闕倉吏以窘告振奏留對糴米八萬斛以足軍食以其直歸計所總計者利

在掊克即先告檜謂振唱為闒茸之語風御史劾振要譽復謫池陽而總計者以譖得蜀帥既而專用羅織掊克其民民益思振檜死語得聞帝大感悟亟遣振還成都父老懽呼蜀道振至一切以寬治或問其故振曰承縱弛革之當嚴今繼苛刻非寬則民力瘁矣帝嘉振治行謂宰臣沈該湯思退曰四川善政前有胡世將今有蕭振進秩四等加敷文閣學士卒于成都府治年七十二振兩為蜀守威行惠孚死之日民無老稚相與聚哭於道遺表至帝悼惜之賻銀五百兩絹五百匹贈四官振好奬善類端人正士多所

交識其間有卓然拔出者迄為名臣振居瀕江自父微時見過客與掌渡者爭多溺死振造大舟傭工以濟人感其德相與名其江為蕭家渡云有文集二十卷子誠忱

論曰何鑄王次翁以下數人者附麗秦檜斥逐忠良以饕富貴而次翁尤為柔媚故檜獨憐之其在位最久孔子所謂鄙夫患得患失無所不至者此輩是已鑄能伸岳飛之枉雖為可尚然又為之使金而通問焉蓋墮其術而不悟者檜之計深哉

列傳卷第一百三十九

列傳卷第一百四十　宋史三百八十一

開府儀同三司上柱國錄軍國重事中書右丞相兼修國史領經筵事都總裁臣脫脫等奉勅修

范如圭　吳表臣　王居正

晏敦復　黃龜年　程瑀

張闡　洪擬　趙逵

范如圭字伯達建州建陽人少從舅氏胡安國受春秋登進士第授左從事郎武安軍節度推官始至帥將斬人如圭白其誤帥為已署不易也如圭正色曰節下奈何重易一字而輕數人之命帥矍然從之自

是府中事無大小悉以咨焉居數月以憂去辟江東安撫司書寫機宜文字近臣交薦召試秘書省正字遷校書郎兼史館校勘秦檜力建和議金使來無所於館將虛秘書省以處之如圭亟見宰相趙鼎曰秘府謨訓所藏可使仇敵居之乎鼎竦然為改館既而金使至悖傲議多不可從中外憤鬱如圭與同省十餘人合議并疏爭之既具草駭遽引却者衆如圭獨以書責檜以曲學倍師忘讎辱國之罪且曰公不喪心病狂奈何為此必遺臭萬世矣檜怒草奏與史官六人上之金歸河南地檜方自以為功如圭輪對言兩

京之版圖既入則九廟八陵瞻望咫尺今朝修之使未遣何以慰神靈萃民志乎帝泫然曰非卿不聞此言即日命宗室士㒟及張燾以行檜以不先白已益怒如圭謁告去奉柩歸葬故鄉既変差主管台州崇道觀杜門十餘歲起通判邵州又通判荊南府荊南舊戶口數十萬寇亂後無復人迹時錫口錢以安集之百未還一二也議者希檜意遽謂流庸浸復而增之積逋二十餘萬緡他負亦數十萬版曹日下書責償甚急如圭白帥悉奏錫之檜死被旨入對言為治以知人為先知人以清心寡慾為本語甚切又論東

南不舉子之俗傷絕人理請舉漢胎養令以全活之抑亦勾踐生聚報吳之意也帝善其言又奏今屯田之法歲之所穫官盡征之而田卒賜衣廩食如故使力穡者有羸餘之望惰農者無飢餓之憂貪小利失大計謀近效妨遠圖故久無成功宜籍荊淮曠土畫為丘井做古助法別為科條令政役法則農利修而武備飭矣以直祕閣提舉江西常平茶鹽移利州路提點刑獄以病請祠時宗藩並建儲位未定道路竊有異言如圭在遠外獨深憂之掇至和嘉祐間名臣奏章凡三十六篇合為一書囊封以獻請深考群言

仰師成憲斷以至公勿疑或以越職危之如圭曰以此獲罪奚憾帝感悟謂輔臣曰如圭可謂忠矣即日下詔以普安郡王為皇子進封建王復起如圭知泉州南外宗官寄治郡中挾勢為暴占役禁兵以百數如圭以法義正之宗官大沮恨密為浸潤以去如圭遂以中旨罷領祠如故僦舍邵武以居士大夫高之學者多從之質疑卒年五十九如圭忠孝誠實得之於天其學根於經術不為無用之文所草具屯田之目數千言未及上張浚視師日奏下其家取之浚罷亦不果行有集十卷皆書疏議論之語藏于家子念

祖念德念茲

吳表臣字正仲永嘉人登大觀三年進士第權通州司理陳瓘謫居郡中一見而器之盛章者朱勔黨也嘗市婢有武臣彊取之章誣以罪繫獄表臣方鞫之郡將曰知有盛待制乎表臣佯若不知者卒直其事累官監察御史遷右正言高宗詔臺諫條陳大利害表臣請措置上流以張形勢安輯淮甸以立藩蔽擇民兵以守險阻集海船以備不虞其策多見用帝方鄉儒術表臣乞選講官以裨聖德且於古今成敗民物情偽邊防利害詳熟講究由是詔開經筵遴臣有

請用蔡京王黼之黨者侍御史沈與求乞明指其人
顯行黜責執政不悅奪其言職表臣爭曰臺諫為天
子耳目所以防壅蔽杜姦邪若咎其切直而黜之後
誰敢言非國家福也請還與求以開言路時防秋議
選守邊者患乏才表臣曰唐呂諲復言於德宗陳少游
任兼將相首敗臣節韋皋幕府下僚獨建忠義以皐
代少游鎮淮南善惡著明則天下知逆順之理初不
以皐名賤官卑為疑今取忠義不丞有已試之驗者
不次而用豈特可以勸扞禦方略亦堪倚仗於是陳
敏等十數人寖以錄用久之以病請補外以直秘閣

知信州紹興元年召為司勳郎中遷左司詔百官陳
裕國彊兵之策表臣條十事以獻曰覈稅役以墾閑
田汰儒卒以省兵費罷添差以澄冗員停度牒以蕃
生齒拘佃租以防乾沒委計臣以制邦用獎有功以
厲將帥招弓手以存舊籍嚴和買以絕弊倖簡法令
以息奢靡宰相擬表臣為檢正帝曰朕將自用之遂
除左司諫給事中胡安國以論事不合罷表臣上疏
留之前宰相朱勝非同都督江淮軍馬表臣力言都
督不可罷除侍讀又累疏爭之不聽遂罷表臣送吏
部授台州黃巖丞尋除提點浙西刑獄召為秘書少

監同修哲宗實錄帝如建康詔表臣兼留司參議官
除中書舍人給事中兵部侍郎建崇二國公就外傅
兼翊善帝曰二國公誦習甚進卿力也從禮部侍郎
遷吏部尚書兼翰林學士時秦檜欲使金議地界
指政事堂曰歸來可坐此表臣不答又以議大禮忤
意罷去俄起知婺州會大水發常平米振貸之然後
以聞郡人德之課最除敷文閣待制三歲請祠進直
學士提舉江州太平興國宮家居數年卒年六十七
表臣晚號湛然居士自奉無異布衣時鄉論推其清
約

王居正字剛中揚州人少嗜學工文辭入太學時習
新經字說者主司輒置高選居正語人曰窮達自有
時心之是非可欺邪流落十餘年司業黃齊得其文
曰王佐才也及同知貢舉欲擢為首以風多士他考
官持之置次選調饒州安仁丞荊州教授皆不赴大
名鎮江兩帥交辟教授府學亦不就范宗尹薦于朝
召至謂宗尹曰時危如此公不極所學拔元元塗炭
中尚誰待居正避寇陽羨山間勉出見公一道此意
爾宗尹愧謝入對奏昔人有云君以為難易將至矣
今日之事朝廷皆曰難則當有易為之理然國勢日

弱敵氣日驕何邪蓋昔人於難者勉強為之今以為難不復有所為以俟天意自回強敵自斃也宣和末以為難者十五六至靖康與宣和孰難靖康末以為難者十八九至建炎與靖康孰難由此而言今日雖難於前日安知他日不難於今日蓋宣和以為難故有靖康之禍靖康以為難故有今日之憂今而亦云臣有所不忍聞高宗嘉之諭宗尹曰如王居正人才歲月間得一人亦幸矣除太常博士遷禮部員外郎建議合祭天地於明堂請奉太祖太宗配宗尹是之議遂定天地復合祭侍御史沈與求劾宗尹因及居正宗尹去居正乞補外不許撫州守高衛言甘露降于州之祥符觀為圖以獻居正論今日恐非天降祥瑞之時郤其圖試太常少卿兼修政局參議遷起居郎帝方鄉覲諫居正次前世聽納事為集諫十五卷以廣帝意詔以時務訪群臣居正獻疏數千言論省費尤切曰宋興百七十三年矣所行多彌文之事今陛下所至曰行在於一日二日少駐蹕之頃欲盡為向者百七十三年之事非所謂知變也夫不知隨時以省事而乃隨事以省費故今日例有減半之說究其實未始不重費願詔大臣計百事之實而論定之

苟非禦寇備敵任賢使能振恤百姓一切姑置則費省而國裕居正素與秦檜善檜為執政與居正論天下事甚銳既相所言皆不酬居正疾其詭見帝言曰秦檜嘗語臣中國人惟當著衣噉飯共圖中興臣心服其言又自謂使檜為相數月必聳動天下今為相施設止是願陛下以臣所聞問檜檜銜之出居正知婺州州貢羅舊制歲萬匹崇寧後增五倍建炎中減為二萬至是主計者請復崇寧之數居正力言于朝戶部督趣愈峻居正置檄不行語其屬曰吾顧身坐不以累諸君呼吏為文書付之曰即有譴以此自解復手疏五不可以聞詔如建炎中數漕司市御炭須胡桃文鵓鴿色者居正曰民以炭自業者率居山谷安知所謂胡桃文鵓鴿色耶入朝以聞詔止之召為太常少卿遷起居舍人兼權中書舍人史館修撰帝欲遷趙令懬大中大夫居正奏官非侍從不可轉此祖宗法若令懬以應官得遷則宗室為承宣者不旋踵求為節度何以卻之遂寢其命上書人陳東歐陽澈已贈官居正乞重貶黃潛善汪伯彥以彰二子殺身成仁之美大將張俊遣卒至彭澤卒故縣吏怙俊勢侵辱令令郭彥恭械之俊訴于朝帝為罷彥恭居正

言孝恭不畏彊禦無可罪俊又乞免徭役居正言兵興以來士大夫及勳戚家賦役與編戶均盡欲貴賤上下共濟國事以寬民力俊反不能體此乎和州請蠲進奉大禮絹居正言大禮進奉乃臣子享上之誠物非朝廷取於百姓之物若察民力無所從出不能預降旨蠲之至使州縣自陳已為非是乞速如所請除目有自中出者居正奏近習請託進擬不自朝廷所繫非輕因録皇祐詔書以進帝皆嘉納兼權直學士院又除兵部侍郎入對以所論王安石父子之言不合於道者裒得四十二篇名曰辨學上之又曰陛

下惡安石之學嘗於聖心灼見其弊安在帝曰安石之學雜以伯道欲效商鞅富國彊兵今日之禍人徒知蔡京王黼之罪而不知生於安石居正曰安石得罪萬世者不止此因陳安石釋經無父無君者帝作色曰是豈不害名教邪孟子所謂邪說正謂是矣居正退序帝語繫於辨學首出知饒州尋改吉州侍御史謝祖信劾居正凶暴詭詐傾陷大臣罷官屏居括蒼三載其弟駕部郎居修入對帝曰卿兄今安在行大用矣中書舍人劉大中侍帝論制誥帝曰王居正極得詞臣體侍御史蕭振論守令賢否帝擧居正守

婺免貢羅御炭事曰守臣愛百姓皆如此朕復何憂起知溫州是時檜專國居正自知不為所容以目疾請祠杜門言不及時事客至談論經史而已檜終忌之風中丞何鑄劾居正為趙鼎汲引欺世盜名奪職奉祠凡十年檜死復故職紹興二十一年卒年六十五居正儀觀豐偉聲音洪暢奉祿班兄弟宗族無留者郊祀恩以任其弟居厚及卒季子猶布衣其學根據六經楊時器之出所著三經義辨示居正曰吾舉其端子成吾志居正感厲首尾十載為書辨學十三卷詩辨學二十卷周禮辨學五卷辨學外集一卷居

正既進其書七卷而楊時三經義辨亦列祕府二書既行天下遂不復言王氏學

晏敦復字景初丞相殊之曾孫少學于程頤頤奇之第進士為御史臺檢法官紹興初大臣薦召試館職不就特命祠部郎官遷吏部以守法忤呂頤浩出知貴溪縣會有為敦復直其事者改通判臨江軍召為吏部郎官左司諫權給事中為中書門下省檢正諸房公事淮西宣撫使劉光世請以淮東私田易淮西田帝許之敦復言光世帥一道未聞為朝廷措置毫髮乃先易私畝比者岳飛屬官以私事干朝廷飛請加

罪中外稱美謂有古賢將風光世自奏必不在飛下
乞以臣言示光世且令經理淮南收撫百姓以爲定都
建康計中興有期何患私計之未便權吏部侍郎兼
詳定一司敕令渡江後無事草創凡四選格法多所
裁定敦復素剛嚴居吏部請謁不行銓綜平允除給
事中冬至節旨下禮部取度牒四百充賜予敦復奏
兵興費廣凡可助用度者尤當惜矧兩宮在遠陛下
當此令節欲奉一觴爲萬歲壽不可得有司乃欲舉
平時例行慶賜乎遂寢有卒失官帖得中旨給據太醫
吳球得旨免試敦復奏一卒之微乃至上瀆聖聰醫

官免試皆壞成法自崇寧大觀以來姦人欺罔臨事
取旨謂之暗竊指揮紀綱敗壞馴致危亂正蹈前弊
不可長也江伯彥子召嗣除江西監司敦復論伯彥
姦庸誤國其子素無才望難任澄清改知袁州又奏
召嗣既不可爲監司亦不可爲守臣居右省兩月論
駁凡二十四事議者憚之復爲吏部侍郎彗星見詔
求直言敦復奏昔康澄以賢士藏匿四民遷業上下
相徇廉恥道消毀譽亂真直言不聞爲深可畏臣嘗
即其言考已然之事多本於左右近習及姦邪以巧
佞轉移人主之意其惡直醜正則能使賢士藏匿其

造爲事端則能使四民遷業其委曲彌縫則能使上
下相徇其假寵竊權簧鼓流俗則能使廉耻道消其
誣人功罪則能使毀譽亂真其壅蔽聰明則能使直
言不聞臣願防微杜漸以助應天之實又論比來百
司不肯任責瑣屑皆取決朝省事有不當上煩天聽
者例多取旨由是宰執所治煩雜不減有司天子聽
覽每及細務非所以爲政願詳其大畧其細八年金
遣使來要以難行之禮詔侍從臺諫條奏所宜敦復
言金兩遣使直許講和非畏我而然安知其非誘我
也且謂之屈己則一事既屈必以他事來屈我今所

遣使以詔諭爲名僞欲陛下易服拜受又欲分廷抗
禮還可從乎苟從其一二則此後可以號令我小有違
異即成釁端社稷存亡皆在其掌握矣時秦檜方力
贊屈己之說外議群起計雖定而未敢行勾龍如淵
說檜宜擇人爲臺官使擊去異論則事遂矣於是如
淵施廷臣莫將皆擢要地人皆駭愕敦復同尚書張
燾上疏言前日如淵以附會和議得中丞今施廷臣
又以此躋横榻衆論沸騰方且切齒莫將又以此擢
右史夫如淵廷臣庸人但知觀望將則姦人也陛下
柰何與此輩斷國論乎乞加斥逐杜群枉門力爲自

治自彊之策既又與熹等同班入對争之檜使所親諭敦復曰公能曲從兩地旦夕可至敦復曰吾終不為身計誤國家況吾薑桂之性到老愈辣請勿言檜卒不能屈胡銓謫昭州臨安遣人械送服所敦復往見守臣張澄曰銓論宰相天下共知祖宗時以言事被謫為開封者必不如是澄媿謝為追還始檜拜相制下朝士相賀敦復獨有憂色曰姦人相矣張致遠魏矼聞之皆以其言為過至是竄銓敦復謂人曰頃言秦之姦諸君不以為然今方專國便敢爾他日何所不至耶權吏部尚書兼江淮等路經制使故事侍從

過宰相閤既退宰相必送數步敦復見檜未嘗送每曰人必自侮而後人侮之尋請外以寶文閣直學士知衢州提舉亳州明道宮閑居數年卒年七十一敦復静默如不能言立朝論事無所避帝嘗謂之曰卿鯁峭敢言可謂無忝爾祖矣

黄龜年字德邵福州永福人登崇寧五年進士第調洺州司理參軍累官河北西路提舉學士呂頤浩見而奇之入為太常博士靖康元年除吏部員外郎拜監察御史尋除尚書左司員外郎中書門下檢正諸房公事充修政局檢討官乞令檢正官察通進司帝從其請時頤浩再相植黨傾秦檜引朱勝非奉京祠兼侍讀恐中書舍人胡安國持録黄不下特命龜年書行議者譏其侵官遷殿中侍御史會邊報王倫來歸龜年劾檜專主和議沮止恢復植黨專權漸不可長乃上書曰臣聞一言而盡事君之道曰忠罪莫大於欺君一言而盡輔政之道曰公罪莫大於私己臣人者背公而徇私則刑賞僭濫蔽人主之照其姦則合黨締交相與比周熒惑主聽故附下罔上之黨盛而威福之柄下移禍有不可勝言者伏見秦檜還自金國陛下驟任不一年而超至宰輔乃不顧國家盜

威福在己欲永塞言路書上檜罷併劾檜黨王㬇王昞王守道皆罷之檜乃授觀文殿大學士提舉江州太平觀官如故龜年又奏比論檜徇私欺君合正典刑投諸裔土以禦魑魅今乃任便居住雖陛下曲全大臣之禮秦檜姦狀暴露復寵以儒學最上職名俾優游琳館聽其自如律斷群盜必分首從為之從者皆已伏誅獨置渠魁可乎又曰臣聞恩莫隆於父子義莫重於君臣不義則後其君不仁則遺其親君親既然則何忌憚而不為檜厚貌深情矯言偽行進迫君臣之勢陽為面從退恃朋比之姦陰謀沮格上不

畏陛下中不畏大臣下不畏天下之議無忌憚如此
欺君私己有一即可黜況檜之欺與私顯著者爲多
乎章凡三上遂褫檜職復上章曰檜行詭而言譎外
縮而中邪以巧詐取相位姦回竊國柄收召險佞蟠
結黨與陛下以智臨而辨之早以剛決而去之速故
端人正士舉手相慶蓋以公天下之同惡耳臣願陛
下發明詔以檜潛慝隱惡暴白於天下使知陛下數
易相位眞不得已也又所以破爲臣姦膽廢朋比之
風不復作矣除大常少卿累遷起居舍人中書舍人
兼給事中侍御史常同言龜年陰結大臣致身要地

宋史三百八十二 四百令五字　宋史列傳卷一百四十　十四　陳亭寫　孔商刊

又交結諸將趣操不正罷歸司諫詹大方希檜意劾
龜年附麗匪人搢紳不齒落職本貫居住卒六十三
龜年微時永福簿李朝旌奇之許妻以女龜年既登
第而朝旌已死家貧甚或勸龜年別娶龜年正色曰
吾許以諾死而負之何以自立遂娶之任子恩先奏
其弟之子人皆義之子衡仕至湖南提舉
程瑀字伯寓饒州浮梁人其姑臧氏婦養瑀爲子姑
沒始復本姓少有聲太學試爲第一累官至校書郎
爲臧氏父母服服闋除兵部員外郎適高麗使回充
送伴使先是使者往返江浙間調挽舟夫甚擾有詔

禁止提舉人舡王珣畫別敕遇風逆水澁許調夫瑀
渡淮見民丁挽舟如故遂劾珣珣反奏瑀違御筆詔
命淮南提舉潘良貴核實良貴奏珣言非是金人入
侵求可使者瑀請往未行會欽宗即位議割三鎮命
瑀往河東秦檜往河中瑀奏臣願奉使不願割地不
報至中山諸將已得密諭城守不下瑀與金使王汭
俱至燕山還除左正言即言股肱大臣莫肯以身任
天下事且論欲慕祖宗而適追無術欲斥奄官而寵
任益堅欲鋤姦惡而薄示典刑欲汰濫繆而苟容僥
倖兼聽而不能行其言委任而不能責其效苟且之

宋史三百八十二 四百令九字　宋史列傳卷一百四十　十五　陳亭寫　孔刊

習復成黨與之私寢處最時病之大者帝曰朕非不
知此慮有未盡決意行之有失耳瑀曰事固當熟慮
然優柔不斷實隳事功帝問李綱宣撫兩路外議謂
何瑀曰僉論固以爲宜然綱前與大臣議論不合須
賴聖明照察其心任之無疑可也金酋斡离不粘罕
爭功故斡离不欲和粘罕欲戰朝廷遣人齎蠟書約
余覩皆爲粘罕所得瑀因言金兵圍我重鎮數月不
能解豈能出塞共謀人之國莫若遣使議和然謹飭
邊備徐觀其變使未行瑀復言徐處仁庸俗吳敏昏
懦唐恪傾險政事所以不振請盡黜免別選英賢共

圖大計帝嘉納之時御史李光言星變帝疑以問瑀對言陛下毋問有無第正事脩德則變異可消瑀嘗論蔡京罪帝因言吳敏庇京又疑光黨京謂瑀曰須卿作文字來瑀辭改屯田郎官謫添監漳州鹽稅高宗即位召為司封員外郎遷光祿少卿國子司業請祠主管亳州明道宮尋召赴行在疏十事以獻除直祕閣提點江東刑獄召為太常少卿遷給事中兼侍講建脩政局其目曰省費裕國彊兵息民瑀條上十四事皆切時務時三衙單弱五軍多出於盜瑀言李捧崔增輩各將其徒張俊王𤫊本無兵機今呂頤浩出征即捧增輩便可使隷戎行帝因言頤浩熟於軍事在外總諸將檜在朝廷庶幾內外相應然檜誠實但太執耳瑀曰如求機警能順旨者極不難得但不誠實則終不可倚帝然之權邦彥除簽書樞密院瑀言邦彥五罪疏三上不報求罷除兵部侍郎不拜以敷文閣待制知信州侍御史江公躋左司諫方公孟言瑀不可去復以為給事中久之復命知信州胡安國劉一止言瑀忠信可以備獻納正直可以司風憲不宜去遂復留頤浩薦席益既得旨以御批示後省官瑀曰益為人公豈不知何必用頤浩曰給事不見

御批耶瑀曰已見矣公不能執奏乃先示瑀輩欲使不敢論駁耶然益之來非公福也頤浩赧然即劾益未幾以言者罷提舉亳州明道宮尋復徽猷閣待制知撫州無何提舉江州太平興國宮居父母喪服除知嚴州徙宣州復奉祠俄召赴行在除兵部侍郎兼侍讀因論鄧禹嘗言興衰在德厚薄初不論大小光武不數年定大業禹言如合符契今英俊滿朝豈無為陛下畫至計者顧厲志而已尋遷翊善論金人入侵未嘗一大衂有輕我心豈可保其不背盟宜省費抑末常賦外一毫不取於民民日益厚兵日益彊使金人不敢窺為長計帝曰且作十年瑀再拜曰十年之說願陛下早夜毋忘除兵部尚書檜既主和瑀議論不專以和為是檜忌之改龍圖閣學士知信州會大水檜見瑀奏牘謂同列曰堯之洪水不至如是瑀遂稱疾提舉江州太平興國宮坐通書李光降朝議大夫卒年六十六瑀在朝無詭隨嘗為論語說至弋不射宿言孔子不欲陰中人至周公謂魯公則曰可為流涕洪興祖序述其意檜以為譏己逐興祖魏安行鋟版京西漕司亦奪安行官籍其家毀板檜死瑀子孫乃免錮云有奏議六卷

張闡字大猷永嘉人幼力學博涉經史善屬文將命
名夢神人大書闡字曰以是名爾父異之力勉其為
學未冠由舍選貢京師登宣和六年進士第調嚴州
兵曹掾兼治右獄時方臘作亂闡倡守禦計有義士
請身督戰既戰稍却州將怒付闡治將殺之闡力爭
曰是士以義請戰官軍却勢不得獨前非首奔者殺
之何罪州將意解士得免李回帥江西席益帥湖南
皆辟置幕下群盜據洞庭官軍多西北人不閑水戰
闡建策造戰艦以大艦為營小艦出戰乘水涸直擣
賊巢賊勢以衰諸司交薦改秩吏部以微文沮之闡

弗辯求徽祠歸歷鄂台二州教授紹興十年詔侍從
各舉所知給事中林待聘以闡聞召對時金人議和
歸關中地闡首言關中必爭之地古號天府願固守
以蔽巴蜀圖中原次言監司郡守薦舉之弊又乞嚴
禁遏糴以濟江浙水患召試館職除祕書省正字遷
校書郎兼吳益王府教授時諸將恃功邀爵賞有過
則姑息又兵布於外禁衛單寡闡上疏極論之後稍
進退諸將必當其實且召諸道兵以益禁旅皆如闡
言十三年遷祕書郎兼國史院檢討官秦檜每薦臺
諫必先諭以己意嘗謂闡曰祕書久次欲以臺中相

處何如闡謝曰丞相見知得老死祕書幸矣檜默然
竟罷主管台州崇道觀歷泉衢二州通判二十五年
冬帝躬攬萬機起闡提舉兩浙路市舶入為御史臺
檢法官升吏部員外郎孝宗在王邸帝妙選宮僚謂
莊重老成無踰闡者改命祠部兼建王府贊讀三十
一年春大雨無麥苗荆浙盜起詔侍從臺諫條陳弭
災禦盜之術闡上疏曰和議以來歲有聘幣民不堪
命臣願陛下毋以金人困中國可乎歸正人時有遣
還之命怨聲聞道路臣願陛下毋使金人得以甘心
可乎州縣吏職卑地遠漁奪之禍被于編籍臣願陛

下嚴贓吏之誅可乎蠲租之令已赦復征寬大之澤
例為虛文臣願陛下申詔令之禁可乎是數者能次
第行之則足以動天地召和氣災異盜賊不足慮也
又言金主亮將入侵宜守要害防海道三邊不可無
良將督視不可無大帥疏奏帝嘉納面諭曰卿所言
深中時病但遣人北歸已載約書朕不忍渝也遷將
作監進宗正少卿三十二年孝宗即位闡權工部侍
郎兼侍講入謝言諸將以敗為捷冒受爵秩州廟禁
軍因畢需鼓譟希厚賞不可不正其罪時悉為施行
金主亮死葛王褎復求和再議遣使闡言宜嚴遣使

之命正敵國之禮彼或不從則有戰爾如是則中國之威可以復振帝曰使者報聘故事也舊約不從朕志定矣是冬給札侍從臺諫條具時務闡上十事皆剴切當時應詔數十人惟闡與國子司業王十朋指陳時事斥權倖無所回隱明日召兩人對內殿帝大加稱賞賜酒及御書時進太上皇帝太上皇后冊寶工部例進官闡辭或曰公轉一階則澤可以及子孫奈何辭闡笑曰寶冊非吾功也吾能為子孫冒無功賞乎隆興元年真拜工部侍郎闡奏臣去冬乞守禦兩淮陛下謂春首行之夏秋當畢今其時矣帝曰江淮事盡付張浚朕倚浚為長城會督府請受蕭琦降詔問闡闡請受其降俄報王師收復靈璧縣闡慮大將李顯忠邵宏淵深入無援奏請益兵殿後已而王師果失利衆論歸罪於戰闡曰陛下出師受降是也諸將違節度且無援而敗當矯前失安可遽沮銳氣帝壯其言益出御前器甲付諸軍手詔勞浚軍聲復振時數易臺諫闡力言之請增廣諫員帝曰臺諫好名如某人但欲得直聲而去闡曰唐德宗疑姜公輔為賣直陸贄切諫願陛下深以為鑒帝再三嘉獎金人求和帝與闡議闡曰彼欲和畏我耶愛我耶直款

我耳力陳六害不可許帝曰朕意亦然姑隨宜應之帝記賣直之語謂胡銓亦及此朕非拒諫者辨是非耳闡曰聖度當如天柰何與臣下爭名帝曰卿言是也頃之除工部尚書兼侍讀金副元帥紇石烈志寧以書諭通好所請三事國書歲幣之議已定惟割唐鄧海泗未決將遣王之望龍大淵通問而衆言紛紛不已闡謂不與四州乃可通和議論先定乃可遣使今彼為客我為主我以仁義撫天下彼以殘酷虐吾民觀金勢已衰何必先示以弱朝論韙之帝用真宗故事命經筵官二員遞宿學士院以備顧問闡入對尤數屢引疾乞骸骨帝不忍其去二年闡請益力迺除顯謨直學士提舉太平興國宮陛辭帝問所欲言闡奏許和則忘祖宗之讎棄四州則失中原之心遺歸正人則傷忠義之氣惟陛下毋忘老臣平昔之言其指時事尤諄切帝眷益篤諭以秋涼復召加賜金犀帶特許佩魚居家踰月卒年七十四特贈端明殿學士朱熹嘗言秦檜挾敵要君力主和議群言勃勃不平檜既摧折忠臣義士之氣遂使士大夫懷安成習至癸未和議則知其非者鮮矣朝論間有建白率雜言利害其言金人世讎不可和者惟胡右史銓張

尚書闡耳子叔椿
洪擬字成季一字逸叟鎮江丹陽人本弘姓其先有
名璆者嘗為中書令避南唐諱改今姓後復避宣祖
廟諱遂因之擬登進士甲科崇寧中為國子博士出
提舉利州路學事尋改福建路坐譴通判鄆州復提
舉京西北路學事歷湖南河北東路宣和中為監察
御史遷殿中進侍御史時王黼蔡京更用事擬中立
無所附會殿中侍御史許景衡罷擬亦坐送吏部知
桂陽軍改海州時山東盜起屢攻城擬率兵民堅守
建炎間居母憂以秘書少監召不起終喪為起居郎

中書舍人言兵興累年饋餉悉出於民無屋而責屋
稅無丁而責丁稅不時之須無名之斂殆無虛日所
以去而為盜今關中之盜不可急宜求所以弭之江
西之盜不可緩宜求所以滅之夫豐財者政事之本
而節用者又豐財之本也高宗如越執政議移蹕饒
信間擬上疏力爭謂舍四通五達而趨偏方下邑不
足以示形勢固守禦遷給事中吏部尚書言者以擬
未嘗歷州縣以龍圖閣待制知温州宣撫使孟庾總
師討閩寇過郡擬趣使赴援庾怒命擬犒師擬借封
椿錢用之已乃自劾賊平加秩一等召為禮部尚書

遷吏部渡江後法無見籍吏隨事立文號為省記出
入自如至是修七司敕令命擬總之以舊法及續降
指揮詳定成書上之金人再攻淮詔日輪侍從赴都
堂給札問以攻守之策擬言國勢彊則戰將士勇則
戰財用足則戰我為主彼為客則戰陛下移蹕東南
前年幸會稽今年幸臨安興王之居未有定議非如
高祖在關中光武在河內也以國勢論之可言守未
可言戰擬謂時相姑議戰以示武實不能戰也紹興
三年以天旱地震詔群臣言事擬奏曰法行公則人
樂而氣和行之偏則人怨而氣乖試以小事論之比

者監司守臣獻羨餘則黜之宣撫司獻則受之是行
法止及疏遠也有自庶僚為侍從者卧家視職未嘗
入謝遂得美職而去若諫院官移疾廢朝謁則斥罷
之是行法止及冗賤也權酤立法甚嚴犯者籍家財
充賞大官勢臣連營列障公行酤賣則不敢問是行
法止及孤弱也小事如此推而極之則怨多而和氣
傷矣尋以言者罷為徽猷閣直學士提舉江州太平
觀始擬兄子駕部郎官興祖與擬上封事侵在位者
故父子俱罷起知温州提舉亳州明道宮卒年七十
五謚文憲初擬自海州還居鎮江趙萬叛兵逼郡守

臣趙子崧戰敗遁去擬挾母出避遇賊至欲兵之擬曰死無所避願勿驚老母賊舍之他賊又至臨以刃擬指其母曰此吾母也幸勿怖之賊又舍去有淨智先生集及注杜甫詩二十卷

趙逵字莊叔其先秦人八世祖處榮從蜀家於資州逵讀書數行俱下尤好聚古書考歷代興衰治亂之迹與當代名人鉅公出處大節根窮底究尚友其人紹興二十年類省奏名明年對策論君臣父子之情甚切擢第一時秦檜意有所屬而逵對獨當帝意檜不悅即罷知舉王曮授逵左承事郎簽書劍南東川

帝嘗問檜趙逵安在檜以實對久之帝又問除校書郎逵單車赴闕征稅者希檜意搜行橐皆書籍才數金而已既就職未嘗私謁檜意愈恨逵賡御製芝草詩有皇心未敢宴安圖之句檜見之怒曰逵猶以為未太平耶又謂逵曰館中祿薄能以家來乎逵曰親老不能涉險遠檜徐曰當以百金為助逵唯唯而已又遣所親申前言諷逵往謝逵不荅檜滋怒欲擠之未及而死帝臨哭檜還即遷逵著作佐郎兼權禮部員外郎帝如景靈宮祕省起居惟逵一人帝屢目逵即日命引見上殿帝迎謂曰卿知之乎始終皆朕自擢自卿登第後為大臣沮格久不見卿秦檜日薦士未嘗一語及卿以此知卿不附權貴真天子門生也詔充普安郡王府教授逵奏言路久不通乞廣賜開納勿以微賤為間庶幾養成敢言之氣帝嘉納之普安府勸講至失太子事王曰於斯時也斬江充自歸於武帝何如逵曰此非臣子所能王意蓋有所在也二十六年遷著作郎尋除起居郎入謝帝又曰秦檜炎炎不附者惟卿一人逵曰臣不能效古人抗折權姦但不與之同爾然所以事宰相禮亦不敢闕又曰受陛下爵祿而奔走權門臣不惟不敢亦且不忍明

年同知貢舉盡公考閱以革舊弊遂得王十朋閻安中始逵未出貢闈蔣璨除戶部侍郎給事中辛次膺以璨交結希進還之帝怒罷次膺付逵書讀逵不可璨以此出知蘇州次膺仍得次對逵兼給事中未幾除中書舍人登第六年而當外制南渡後所未有也帝語王綸曰趙逵純正可用朕於蜀士未見其比朕所以甫二歲令至此報其不附權貴也先是逵嘗薦杜莘老唐文若孫道夫皆蜀名士至是奉詔舉士又以馮方劉儀鳳李石鄭次雲應詔宰執以聞帝曰蜀人道遠其間文學行義有用者不因論薦無由得知

前此蜀中宦游者多隔絕不得一至朝廷甚可惜也自檜顓權深抑蜀士故帝語及之逵以疾求外帝命國醫王繼先視疾不可為矣卒年四十一帝為之抆淚歎息逵嘗自謂司馬溫公不近非色不取非財吾雖不肖庶幾慕之方檜權盛時忤檜者固非止逵一人而帝亟稱逵不附麗又謂逵文章似蘇軾故擢為小東坡未及用而逵死惜其論建不傳于世有棲雲集三十卷

論曰如圭師于安國居正師于楊時敦復師于程頤表臣交于陳瓘其師友淵源有自來矣故其議論讜直剛嚴鯁峭不惑異說不畏彊禦大略相似若夫居正辨王氏三經之繆龜年首劾秦檜主和之非程瑀力排蔡京之黨尤為有功於名教張闡論事無避洪擬朴實端亮趙逵純正善文皆一時之良為檜所忌而不撓者語曰歲寒然後知松柏之後凋信哉

列傳卷第一百四十

列傳卷第一百四十一　宋史三百八十二

開府儀同三司上柱國錄軍國重事中書右丞相監修國史領經筵事都總裁脫脫等奉勅修

張燾　黃中　孫道夫

曾幾兄開　句濤　李彌遜弟彌大

張燾字子公饒之德興人祕閣修撰根之子也宣和八年進士第三人嘗為辟雍錄祕書省正字靖康元年李綱為親征行營使辟燾入幕綱貶親知坐累者十七人燾亦貶建炎初起通判湖州明受之變賊矯詔俾燾撫諭江浙燾不受上既復辟詔求言燾上書略曰人主戡定禍亂未有不本於至誠而能有濟者陛下踐祚以來號令之發未足以感人心政事之施未足以慰人望豈非在我之誠有未修乎天下治亂在君子小人用舍而已小人之黨日勝則君子之類日退將何以弭亂而圖治又言措置江防非計徒費民財損官賦不適於用又言侍從臺諫觀望意指毛舉細務至國家大事坐視不言又言巡幸所至嘗繕困民越棲會稽似不如是紹興二年呂頤浩薦除司勳員外郎遷起居舍人言自古未有不知敵人之情而能勝者願詔大臣諸將厚爵賞募可任用者往伺

敵動靜既審知之則戰守進退在我皆備彼尚安得
出不意犯吾行闕詔以付都督府及沿邊諸帥還中書
舍人呂祉之撫諭淮西也燾謂張浚曰祉書生不更
軍旅何可輕付浚不從遂致酈瓊之變七年張滉特
賜進士出身滉浚兄也將母至行在上引對而命之
燾言宣和以來姦臣子弟濫得儒科陛下方與浚圖
回大業當以公道革前弊今首賜滉第何以塞公議
上念浚功欲慰其母心乃命起居郎樓炤行下炤又
封還著作郎兼起居舍人何掄曰賢良之子宰相之
兄賜科第不為過乃與書行燾不自安與炤皆求去
不許言者論之以集英殿修撰提舉江州太平觀明
年以兵部侍郎召詔引對上曰卿去止緣張滉燾曰
臣苟有所見不敢不言如內侍王鑑陛下所親信臣
尚論列豈有宰相親兄自賜出身公論不與臣若不
言豈惟負陛下亦負張浚上因問朕圖治一紀收效
蔑然其弊安在燾曰自昔有為之君未有不先定規
模而能收效者臣紹興初首以是為言今七年往者
進臨大江退守吳會未朞月而或進或却豈不為敵
所窺乎今陛下相與斷國論者二三大臣而已一紀
之間十四命相執政遞遷無慮二十餘日月逝矣大

計不容復誤願以先定規模為急尋擢吏部尚書徽
猷閣待制綦確卒詔贈官推恩燾言確素號正人一
旦臨變失臣節北面邦昌之庭且為將命止勤王之
師今曲加贈恤何以示天下詔追奪職名時金使至
境詔欲屈己就和令侍從臺諫條上燾言金使之來
欲議和好將歸我梓宮歸我淵聖歸我母后歸我宗
社歸我土地人民其意甚美其言甚甘廟堂以為信
然而羣臣國人未敢以為信然也蓋事關國體臣請
推原天意為陛下陳之傳曰天將興之誰能廢之臣
考人事以驗天意陛下飛龍濟州天所命也敵騎疊
犯行闕不能為虞甲寅一戰敗敵師丙辰再戰却劉
豫丁巳酈瓊雖叛實為偽齊廢滅之資皆天所贊也
是蓋陛下躬履艱難側身修行布德立正上副天意
而天祐之之所致也臣以是知上天悔禍有期中興
不遠矣願益自修自彊以享天心以俟天時時之既
至吉無不利則何戰不勝何功不立今此和議姑為
聽之而必無信之可恃也彼使已及境勢難固拒使
其果願和好如前所陳是天誘其衷必不復強我以
難行之禮如其初無此心二三其說責我以必不可
行之禮要我以必不可從之事其包藏何所不有使

當以大義絕之謹邊防厲將士相時而動頋斷自淵
衷毋取必於彼而取必於天而已乃若略國家之大
耻置宗社之深讐躬率臣民屈膝于金而臣事之而
覬和議之必成非臣所敢知也上覽奏愀然變色曰
卿言可謂忠然朕必不至為彼所紿方且熟議必非
詐偽而後可從不然當再使審虛實拘其使入壽頓
首謝金使張通古蕭哲至行在朝議欲上拜金詔書
曰陛下信王倫之虛詐發自聖斷不復謀議便欲行
禮羣臣震懼罔措必已得梓宮已得母后已得宗族
始可議通好經久之禮今彼特以通好為說意謂割

地講和而已陛下之所頋欲而切於聖心者無一言
及之其情可見奈何遽欲屈而聽之一屈之後不可
復伸廷臣莫能正救曾魯仲連之不如豈不獲罪於
天下萬世既而監察御史施廷臣抗章力賛和議擢
為侍御史司農寺丞莫將忽賜第擢為起居郎朝論
大駭壽率吏部侍郎晏敦復上䟽曰仰惟陛下痛梓
宮未還兩宮未復不憚屈己與敵議和特以衆論未
同故未敢輕屈爾幸小大之臣無復異議從容獻納
庶幾天聽為回卒不敢屈此宗社之福也彼施廷臣
乃務迎合輙敢抗章力賛此議姑為一身進用之資

不恤君父屈辱之耻罪不容誅乃由察官超擢柱史
夫御史府朝廷紀綱之地而陛下耳目之司前日句
龍如淵以附會而得中丞衆論固已喧鄙之矣今廷
臣又以此而躋攅一臺之中長貳皆然既同鄉曲
又同心腹惟相朋附變亂是非豈不紊紀綱而蔽陛
下之耳目乎衆論沸騰方且切齒而莫將者又以此
議由寺丞擢右史如淵廷臣庸人也初無所長但知
觀望而將則姦人也考其平昔無所不為此輩烏可
與之斷國論乎望加斥逐庶幾少杜羣枉之門至於
和議則王倫實為謀主彼往來敵中至再四矣陛下

恃以為心腹信之如蓍龜今其為言自己二三事之
端倪蓋亦可見更望仰念祖宗付託之重俯念億兆
愛戴之誠貴重此身無輕於屈但務雪耻以思復讎
加禮其使厚資遣發諭以必得事實之意告以國人
皆曰不可之狀使彼悔禍果出誠心惟我所欲盡歸
于我然後徐議報之之禮亦未晚也如其變詐誘我
以虛詞則包藏終不可測便當厲將士保疆埸自治
自彊以俟天時何為不成伏頋陛下少忍而已自朝
廷有屈己之議上下解體儻遂成屈己之事則上下
必至離心人心既離何以立國伏頋戒之重之於是

將廷臣皆不敢拜燾又面折如淵曰逵觀其所舉君薦七人皆北面張邦昌今輒嚅附會墮敵計他日必背君親矣燾既力詆拜詔之議秦檜患之燾亦自知得罪託疾在告檜使樓炤諭之曰北扉闕人欲以公為直院燾大駭曰果有此言愈不敢出矣檜不能奪乃止和議成范如圭請遣使朝八陵遂命判大宗正士㒟與燾偕行且命修奉令荊湖帥臣岳飛濟其役燾與士㒟道武昌出蔡潁河南百姓懽迎夾道以喜以泣曰久隔王化不圖今日復為宋民九年五月至永安諸陵朝謁如禮陵前石澗水久涸二使垂至忽

湧溢父老驚歎以為中興之兆燾等入栢城披鉏荊棘隨所葺治留二日而還自鄭州歷汴宋宿泗淮南以歸即奏疏曰金人之禍上及山陵雖殄滅之未足以雪此恥復此讎也陛下聖孝天至豈勝痛憤顧以梓宮兩宮之故方且與和未可遽言兵也祖宗在天之靈震怒既久豈容但已異時恭行天罰得無望於陛下乎自古戡定禍亂非武不可狼子野心不可保恃久矣伏望修武備俟釁隙起而應之電掃風驅盡俘醜類以告諸陵夫如是然後盡天子之孝而為人子孫之責塞矣上問諸陵寢如何燾不對唯言萬世

不可忘此賊上黯然燾因請永固陵不用金玉大略謂金玉珍寶聚而藏之固足以動人耳目又其為物自當流布於世理必發露無足怪者上覽疏謂秦檜曰前世厚葬之禍如循一軌朕斷不用金玉庶先帝神靈有萬世之安燾又言頃劉豫初廢人情恟恟我斥候不明坐失機會今又聞敵於淮陽作筏造繩索不知安用諸將朝廷戒勿得遣間探遂不復遣我之動息敵無不知敵之情狀我則不聞又見黃河船盡拘北岸悉為敵用往來自若無一人敢北渡者願飭邊吏廣耳目先事而防又言鄜瓊部伍皆西陲勁兵今

在河南尚可收用新疆租賦已蠲而使命絡繹推恩費用猶循兵興時例願加裁損非甚不得已勿遣使以寬民力又論陝西諸帥不相下動輒喧爭請置一大帥統之庶首尾相應緩急可恃燾所言皆切中時病秦檜方主和惟恐少忤敵意悉置不問成都謀帥上諭檜曰張燾可第道遠恐其憚行檜以諭燾燾曰君命也焉敢辭十月以寶文閣學士知成都府兼本路安撫使付以便宜雖安撫一路而四川賦斂無藝者悉得蠲減陛辭奏曰蜀民困矣官吏從而誅剝之去朝廷遠無所赴愬俟臣至所部首宣德意但一路

感需惠澤上曰豈惟一路四川恤民事悉委卿燾因
言官吏害民者請先罷後劾上許之又言軍興十餘
年日不暇給今和議甫定顧汲汲以政刑為先務上
曰當書之座右十年三月至成都在蜀四年戢貪吏
薄租賦撫雅州蕃部西邊不驚歲旱則發粟民得不
饑暇則修學校與諸生講論會有詔令宣撫司納契
丹降人燾為宣撫使胡世將言蜀地狹不能容前朝
常勝軍可為戒世將奏寢其事燾乞祠以李璆代之
燾自蜀歸卧家凡十有三年二十五年冬檜死舊人
在者皆起燾除知建康府兼行宮留守金陵積歲負

內庫錢帛鉅萬悉為奏免池有義子與父爭訟守昏
謬繫父連年不決燾移大理出其守居二年進端明
殿學士二十九年提舉萬壽觀兼侍讀以衰疾力辭
不許除吏部尚書初上知普安郡王賢欲建為嗣顯
仁皇后意未欲遲回久之顯仁崩上問燾方今大計
燾曰儲貳者國之本也天下大計無踰於此上曰朕
懷此久矣卿言契朕心開春當議典禮又勸上省賜
予罷土木減冗吏止壯貨上嘉獎之金使施宜生來
燾奉詔館客宜生本閩人素聞燾名一見顧副使曰
是南朝不拜詔者燾以首丘桑梓動之宜生於是漏

敵情燾密奏早為備先是御前置甲庫凡乘輿所需
圖畫什物有司不能供者悉取焉日費不貲禁中既
有內酒庫釀殊勝酤賣其餘頗侵大農燾因對言甲
庫萃工巧以蕩上心酒庫酤良醞以奪官課且乞罷
減教坊樂工人數上曰卿言可謂責難於君明日悉
詔罷之屢以衰疾乞骸三十年以資政殿學士致仕
尋遷太中大夫給真奉三十一年八月落致仕復知
建康府時金人窺江建業民驚徙過半聞燾至人情
稍安尋詔沿江帥臣條上恢復事宜燾首陳十事大
率欲預備不虞持重養威觀釁而動期於必勝孝宗

受禪除同知樞密院遣子埏入辭詔肩輿至宮給扶
上殿首問為治之要言內治乃可外攘又乞命百執
條弊事詔從之令侍從臺諫集都堂給札以聞隆興
元年遷參知政事以老病不拜臺諫交章留之除資
政殿大學士提舉萬壽觀兼侍讀謁告將理許之及
家固求致仕後二年卒年七十五諡忠定燾外和內
剛帥蜀有惠政民祠之不忘始論和議歸之于天士
論歙然洎繳駁施廷臣之奏朝野復一辭歸重焉
黃中字通老邵武人幼受書一再輒成誦初以族祖
蔭補官紹興五年廷試言孝弟動上心擢進士第二

入授保寧軍節度推官二十餘年秦檜死乃召為校
書郎歷遷普安恩平府教授中在王府時龍大淵已
親幸中未嘗與之狎見則揖而退後他教授多蒙其
力中獨不從官遷司封員外郎兼國子司業芝草生
武成廟官吏請以聞中不答官吏陰畫圖以獻宰相
謂祭酒周綰與中曰治世之瑞抑而不奏何耶綰未
對中曰治世何用此為綰退謂人曰黃司業之言精
切簡當惜不為諫官充賀金生辰使還為祕書少監
尋除起居郎累遷權禮部侍郎中使金回言其治汴
宮必徙居見迫宜早為計上瞿然宰相顧謂中曰沈

介歸殊不聞此何耶居數日中白宰相請以妄言待
罪湯思退怒語侵中已乃除介吏部侍郎徙中以補
其處中猶以備邊為言又不聽遂請補外上不許曰
黃中恬退有守除左史且錫鞍馬金使賀天申節遽
以欽宗訃聞朝論俟使去發喪中馳白宰相此國家
大事臣子至痛一有失禮謂天下後世何竟得如禮
中自使還每進見輒言邊事又獨陳禦備方略高宗
稱善不數月金亮已擁衆渡淮中因入謝論淮西將
士不用命請擇大臣督師既而以殿帥楊存中為御
營使中率同列力論不可遣敵既臨江朝臣爭遣家

逃匿中獨晏然比敵退唯中與陳康伯家屬在城中
衆慚服天申節上壽議者以欽宗服除當舉樂中言
春秋君弒賊不討雖葬不書以明臣子之罪況欽宗
實未葬而可遽作樂乎事竟寢兼給事中內侍遷官
不應法諫官劉度坐論近習龍大淵忤旨補郡已復
罷之中皆不書讀羣小相與媒蘖中罷去尹穡希意
詆中為張浚黨乾道改元中年適七十即告老以集
英殿修撰致仕進敷文閣待制居六年上御講筵顧
侍臣曰黃中老儒今居何許年幾許筋力或未衰耶
召引對內殿問勞甚渥以為兵部尚書兼侍讀中前

在禮部嘗諫止作樂事中去卒用之至是又將錫宴
遂奏申前說詔遣范成大使金以山陵為請中言陛
下聖孝及此天下幸甚然欽廟梓宮置不問有所未
盡上善其言不能用未滿歲有歸志乃陳十要道以
為用人而不自用以公議進退人才察邪正廣言路
核事實節用度擇監司懲貪吏陳方略考兵籍上亟
稱善中力求去除顯謨閣提舉江州太平興國宮賜
犀帶香茗除龍圖閣學士致仕凡邑里後生上謁必
訓以孝弟忠信朱熹裁書以見有曰今日之來將毋
拜堂下惟公坐而受之俾進於門弟子之列則其之

志也其為人敬慕如此其後上手書遣使訪朝政闕失進職端明殿學士屬疾手草遺表猶以山陵欽宗梓宮為言深以人主之職不可假之左右為戒淳熙七年八月庚寅卒年八十有五九月詔贈正議大夫中有奏議十卷謚簡肅

孫道夫字太冲眉州丹稜人年十八貢辟雍時禁元祐學坐收蘇氏文除籍再貢入優等張浚薦于高宗召對道夫奏願修德以回天意定都以繫人心任賢材圖興復以雪國耻上在越浚遣道夫奏事賜出身改左承奉郎再詔對言漢中前瞰三秦後蔽巴蜀孔

明蔣琬出圖關輔未有不屯漢中者今欲進兵陝右當先經營漢中荆南東連吳會北通漢沔號用武之國晉宋以來嘗倚為重鎮武帝亦以荆南居上流故以諸子居之今守江當先措置荆南時至則蜀漢師出秦關荆楚師出宛洛陛下親御六軍由淮甸與諸將會咸陽孰能禦之上嘉納召試館職上諭宰相自渡江以來文氣未有如道夫者涵養一二年當命為詞臣除祕書正字權禮部郎官徽宗凶問禮儀多所草定尋權左司員外郎上問蜀中水運陸運孰便道夫奏水運遲而省費陸運速而勞民宣撫司初由水運率石費錢十千後以為緩從陸起丁夫十數萬率石費五十餘千上曰水運便行之遷校書郎出知懷安軍乞罷都運司以寬民力罷戍兵以弭亂階罷泛使以省浮費知資州宣撫鄭剛中薦其治行第一移知蜀州盜不敢入境州產綾先是守以軍匠置機賈絲虧直民病之道夫斷其機遇事明了人目為水晶燈籠九年不遷蓋非秦檜所樂也以吏部郎中入對言蜀民二稅塩酒茶額之弊上納其言除太常少卿假禮部侍郎充賀金正旦使金將敗盟詰秦檜存亡及闌陝買馬非約道夫隨事折之使還擢權禮部侍

郎上曰卿自小官已為朕知第趙鼎與張浚相失後蜀士仕于朝者皆為沮抑繼自今有所見可數求對兼侍講奏敵有窺江淮意上曰朝廷待之甚厚彼以何名為兵端道夫曰彼金人身弑其父兄而奪其位興兵豈問有名臣願預為之圖宰相沈該不以為慮道夫每進對輒言武事該疑其引用張浚忌之道夫不自安請出除知綿州致仕卒年六十六道夫居官一意為民不可干以私仕官三十年奉給多置書籍然性剛直喜面折不容人之短或以此少之云

曾幾字吉甫其先贛州人徙河南府幼有識度事親

孝母死蔬食十五年入太學有聲兄㢸提舉京西南路學事按部溺死無後特命幾將仕郎試吏部考官異其文置優等賜上舍出身擢國子正兼欽慈皇后宅教授遷辟雍博士除校書郎林靈素得幸作符書號神霄錄朝士爭趨之幾與李剛傅崧卿皆稱疾不往視久之爲應天少尹庭無留訟閹人得旨取金帛無文書府尹徐處仁與之幾力爭不得靖康初提舉淮東茶鹽高宗即位改提舉湖北徙廣西運判江西提刑又改浙西會兄闢爲禮部侍郎與秦檜力爭和議檜怒闢去幾亦罷逾月除廣西轉運副使徙京南

路盜駱科起郴之宜章郴桂皆傾洞宣撫司調兵未至謾以捷聞幾疏其實朝廷遣他將平之請閒得崇道觀復爲廣西運判固辭僑居上饒七年檜死起爲浙西提刑知台州治尚清淨民安之黃巖令受賄爲兩吏所持令械吏寘獄一夕皆死幾詰其罪或曰令丞相沈該客也治之益急賀允中薦召對以疾辭除直祕閣歸故治未幾復召對幾言士氣久不振陛下欲起之於一朝矯枉者必過直雖有折檻斷鞅牽裾還笏若賣直干譽者願加優容時帝懲檜擅權之弊方開言路應詔者衆幾懼有獲戾者先事陳之帝大

悅授祕書少監幾承平時已爲館職去三十八年而復至須鬢皓白衣冠偉然每會同舍多談前輩言行臺閣典章薦紳推重焉詔修神宗寶訓書成奏薦帝稱善權禮部侍郎兄闢嘗貳春官幾復爲之人以爲榮吳越大水地震幾舉唐貞元故事反覆論奏帝韙其言他日謂幾曰前所進陸贄事甚切已遣漕臣振濟矣引年請謝上曰卿氣貌不類老人姑爲朕留謝曰臣無補萬一惟進退有禮尚不負陛下拔擢上閔勞以事提舉玉隆觀紹興二十七年也除集英殿修撰又三年升敷文閣待制金犯塞中外大震

帝召楊存中偕宰執對便殿諭以將散百官浮海避之左僕射陳康伯持不可存中言敵空國遠來已闖淮甸此正賢智馳騖不足之時臣願率先將士北首死敵帝喜遂定議親征下詔進討有欲遣使詣敵求緩師者幾疏言增幣請和無小益有大害爲朝廷計正當嘗膽枕戈專務節儉經武外一切置之如是雖北取中原可也且前日詔諸將傳檄數金君臣如奴隸何辭可與之和耶帝壯之孝宗受禪幾又上疏數千言將召還屢請老乃遷通奉大夫致仕擢其子逵爲浙西提刑以便養乾道二年卒年八十二謚文清

幾三仕嶺表家無南物人稱其廉早從舅氏孔文仲
武仲講學初佐應天時諫官劉安世亡恙黨禁方厲
無敢窺其門者幾獨從之談經論事與之合避地衡
嶽又從胡安國游其學益粹為文純正雅健詩尤工
有經說二十卷文集三十卷二子逢仕至司農卿逮
亦終敷文閣待制而逢最以學稱
開字天游少好學善屬文崇寧間登進士第調真州
司戶累遷國子司業擢起居舍人權中書舍人掖垣
草制多所論駁忤時相意左遷太常少卿責監大寧
監鹽井四馬之官不以自卑召還時相復用事監杭
州市易務除直祕閣知和州徙知恩州請祠得鴻慶
宮判南京國子監復為中書舍人罷提舉洞霄宮欽
宗即位除顯謨閣待制提舉萬壽觀知潁昌府兼京
西安撫使奪職奉祠建炎初復職知潭州湖南安撫
使踰年求去復得鴻慶宮起知平江府廣東經略安
撫使奉詔駐潮陽招捕虔寇訖事乃之鎮居二年盡
平群盜提舉太平觀復以中書舍人召首論自古興
衰撥亂之主必有一定之論然後能成功願講明大
計使議論一定斷而必行則功烈可與周宣侔矣又
論車駕撫巡東南重兵所聚限以大江敵未易遽犯

其所窺伺者全蜀也一失其防陛下不得高枕而卧
矣願擇重臣與吳玠協力固護全蜀屢請去進寶文
閣待制知鎮江府兼沿江安撫使召為刑部侍郎言
太祖懲五季尾大不掉之患畿甸屯營偕于天下周
廬宿衛領以三衙今禁旅單弱願參舊制增補之帝
悉嘉納遷禮部侍郎兼直學士院時秦檜專主和議
開當草國書辨視體制非是論之不聽遂請罷改兼
侍讀檜嘗招開慰以溫言且曰主上虛執政以待開
曰儒者所爭在義苟為非義高爵厚祿弗顧也願聞
所以事敵之禮檜曰若高麗之於本朝耳開曰主上
以聖德登大位臣民之所推戴列聖之所聽聞公當
彊兵富國尊主庇民奈何自卑辱至此非開所敢聞
也又引古誼以折之檜大怒曰侍郎知故事檜獨不
知耶他日開又至政事堂問計果安出檜曰聖意已
定尚何言公自取大名而去如檜第欲濟國事耳然
猶以梓宮未還母后欽宗未復詔侍從臺諫集議以
聞開上疏略曰但當修德立政嚴於為備以我之仁
敵彼之不仁以我之義敵彼之不義以我之戒懼敵
彼之驕泰真積力久如元氣固而病自消大陽升而
陰自散不待屈己陛下之志成矣不然恐非在天之

靈與太后淵聖所望於陛下者也檜曰此事大係安
危開曰今日不當說安危只當論存亡檜矍然會樞
密編修胡銓上封事痛詆檜極稱開由是罷以寶文
閣待制知婺州開言議論兵發實緣國事力請歸檜
議奪職同列以為不可提舉太平觀知徽州以病免
居閒十餘年黃達如請籍和議同異為士大夫升黜
即擢達如監察御史首劾開褫職引年請還政僅復
祕閣修撰卒年七十一檜死始復待制盡還致仕遺
表恩數開孝友厚族信于朋友其守歷陽也從游酢
學曰讀論語求諸言而不得則反求諸心每有會意

欣然忘食其留南京劉安世一見如舊定交終身故
立朝遇事臨大節而不可奪師友淵源固有所自云
句濤字景山成都新繁人登崇寧二年進士第調嘉
州法掾川陝鑄錢司屬官建炎初通判黔州田祐恭
兵道境上濤白守燕勞之祐恭感恩屬下郡得以無
犯湖湘賊王闢破秭歸桑仲郭守忠攻茶務箭稟砦
將犯夔門夔兵素單弱宣司檄祐恭捍禦濤帥黔兵
佐之賊潰去宣撫張浚奏濤知巴州不赴翰林侍讀
學士范冲薦召見論五事除兵部郎中七年遷右司
郎官兼校正日食上言八月遷起居舍人以足疾命

閤門賜坐待班九月兼權中書舍人時沿邊久宿兵
江浙罷於餽餉荊襄淮楚多曠土濤因進羊祜屯田
故事事下諸大將於是邊方議行屯田淮西都統制
劉光世乞罷丞相張浚欲以呂祉代之濤謂祉疎庸
淺謀必敗事莫若就擇將士素所推服者用之否則
劉錡可浚不納祉至果以輕易失士心未幾酈瓊叛
祉死於亂浚聞之夜半召濤愧謝時帝駐蹕建康欲
亟還臨安濤入見曰今江淮列戍十餘萬苟付託得
人可無憂顧適此危疑詎宜輕退以啓敵心因薦劉
錡帝即命以其衆鎮合肥川陝宣撫使吳玠言都轉

運使李迨朘刻賞格迨亦奏玠苛費帝以問濤濤曰
玠忠在西蜀縱費寧可覈第移迨他路可爾帝然之
會金人廢劉豫金房鎮撫使郭浩遣其弟沔奏事濤
察沔警敏可仗乞詔諭陝右諸叛乘機南歸帝命濤
草詔沔持以往聞者流涕十二月除中書舍人八年
除史館修撰重修哲宗實錄帝諭之曰昭慈聖獻皇
后病革朕流涕問所欲言后愴然謂朕曰吾逮事宣
仁聖烈皇后見其任賢使能約己便民憂勤宗社踈
遠外家古今母后無與為比不幸姦邪罔上史官蔡
卞等同惡相濟造謗史以損聖德誰不切齒在天之

靈亦或介介其以筆屬正臣亟從删削以信來世朕痛念遺訓未嘗一日輒忘今以命卿濤奏數十年來宰相不學無術邪正貿亂所以姦臣子孫得逞其私智幾亂裕陵成書非賴陛下聖明則任申必先有過嶺之謫臣亦恐復蹈媒孽之禍帝慰勉之六月實録成進一秩就館賜宴復修徽宗實録以中書舍人呂本中為薦丞相趙鼎諭旨宜婉辭紀載濤曰崇寧大觀大臣誤國以稔今禍籍有隱諱如天下野史何七月除給事中求去以徽猷閣待制知池州改提舉江州太平觀俄除荆湖北路安撫使知澧州秦檜嘗令

入諭意欲與共政濤以書謝之檜諷言劾之不報濤上書論時事之害政者大臣容諭王倫變易地界一也蔡攸之妻近居臨平咫尺行都略不畏避二也小大之臣凡在謫籍皆已甄叙悉如京黼尚蒙寬宥今侍從之臣初無大過理宜牽復三也河南故地復歸中國新附之民延頸德澤承流之寄當加精選四也臺諫為耳目之司今宰相引援皆同舍之舊僑為鷹犬五也帝歎其忠直賜以繒綵茶藥且令事有大於此者悉以聞秩滿提舉太平觀十一年帝謂秦檜曰句濤久閑性喜泉石可進職與一山水近郡檜對永

嘉有天台鴈蕩之勝帝曰永嘉太遠其以湖州命之俄以疾卒年五十九遺表聞帝震悼顧近臣曰句濤死矣惜哉贈左太中大夫濤身長七尺風貌偉然頗以忠亮自許國有大議帝必委心延訪往復酬詰率漏下數刻始罷料邊情如在目前知名之士多所薦進有文集十卷西掖制書十卷奏議十卷

李彌遜字似之蘇州吳縣人弱冠以上舍登大觀三年第調單州司戶再調陽穀簿政和四年除國朝會要所檢閱文字引見特遷校書郎充編修六典校閱累官起居郎以封事剴切貶知廬山縣改奉嵩山祠

廢斥隱居者八載宣和末知冀州金人犯河朔諸郡皆警備彌遜捐金帛致勇士修城堞決河護塹邀擊其遊騎斬首甚衆兀朮北還戒師毋犯其城靖康元年召為衛尉少卿出知瑞州二年建康府牙校周德叛執帥宇文粹中殺官吏嬰城自守勢猖獗彌遜以江東判運領郡事單騎扣賊闉以蠟書射城中招降賊通款開關迎之彌遜諭以禍福勉使勤王時李綱行次建康共謀誅首惡五十人撫其餘黨一郡帖然改淮南運副後奉興國宮祠知饒州召對首奏當堅定規模排斥姦言又謂朝廷一日無事幸一日之安

一月無事幸一月之安欲求終歲之安已不可得況能定天下大計乎帝嘉其讜直輔臣有不悅者以直寶文閣知吉州陛辭帝曰朕欲留卿大臣欲重試卿民事行召卿矣七年秋遷起居郎彌遜自政和末以上封事得貶垂二十年及復居是職直前論事鯁切如初冬試中書舍人奏六事曰固藩維以禦外侮嚴禁衞以尊朝廷練兵以壯國勢節用以備軍食收民心以固根本擇守帥以責實効時駐蹕未定有旨料舟給卒以濟宮人彌遜繳奏曰六飛雷動百司驟嚴時方孔艱宜以宗社為心不宜於內侍細故更勤聖

慮事雖至微懼傷大體帝嘉納之試戶部侍郎秦檜再相惟彌遜與吏部侍郎晏敦復有憂色八年彌遜上疏乞外甚力詔不允趙鼎罷相檜專國賛帝決策通和金國遣烏陵思謀等入界索禮甚悖軍民皆不平人言紛紛檜於御榻前求去欲要決意屈己從和樞密院編修官胡銓上疏乞斬檜校書郎范如圭以書責檜曲學背師忘讎辱國禮部侍郎曾開抗聲引古誼以折檜相繼貶逐彌遜請對言金使之請和欲行君臣之禮有大不可帝以為然詔廷臣大議即日入奏彌遜手疏力言陛下受金人空言未有一毫之

得乃欲輕祖宗之付託屈身委命自同下國而尊奉之倒持太阿授人以柄危國之道而謂之和可乎借使金人姑從吾欲假以目前之安異時一有無厭之求意外之欲從之則害吾社稷之計不從則釁端復開是今日徒有屈身之辱而後患未已又言陛下率國人以事讎將何以責天下忠臣義士之氣力陳不可者三檜嘗邀彌遜至私第曰政府方虛負茍和好無異議當以兩地相浼答曰彌遜受國恩深厚何敢見利忘義顧今日之事國人皆不以為然獨有一去可報相公檜默然次日彌遜再上疏言愈切直又言

送伴使揣摩迎合不恤社稷乞別選忠信之人協濟國事檜大怒彌遜引疾帝諭大臣留之時和議已決附會其說者至謂向使明州時主上雖百拜亦不問議論靡然賴彌遜廷爭檜雖不從亦憚公論再與金使者計議和不受封冊如宰相就館見金使受其書納入禁中多所降殺惟君臣之禮不得盡爭九年春再上疏乞歸田以徽猷閣直學士知端州改知漳州十年歸隱連江西山是歲兀朮分四道入侵明年又侵淮西取壽春竟如彌遜言十二年檜乘金兵既敗收諸路兵復通和好追仇向者盡言之臣嘆言者論

彌遜與趙鼎王庶曾開四人同沮和議於是彌遜落職十餘年間不通時相書不請磨勘不乞任子不序封爵以終其身常憂國無怨懟意二十三年卒朝廷思其忠節詔復敷文閣待制有奏議三卷外制二卷議古三卷詩十卷弟彌大

彌大字似矩登崇寧三年進士第以大臣薦召對除校書郎遷監察御史假太常少卿充契丹賀正旦使時傳聞燕民欲歸漢徽宗遣彌大覘之使還奏所聞有二或謂彼主淫刑滅親種類畔離女真侵迫國勢危殆為可取或謂下詔罪己擢用耆舊招赦盜賊國

尚有人未可取莫若聽其自相攻併遷起居郎試中書舍人同修國史童貫宣撫永興走馬承受白鍔恃貫不報師期朝廷止從薄責彌大繳奏以為邊報不至非朝廷福鍔坐除名彌大亦出知光州移知鄂州召為給事中兼校正御前文籍詳定官拜禮部侍郎金人大舉入侵李綱定城守之策命彌大為參議與綱不合罷未幾除刑部尚書初朝廷許割三鎮畀金人既而遣种師道師中援河北姚古援河東彌大上疏乞起河東西境麟府諸郡及陝西兵以濟古之師起河東路及京東近郡兵以濟師道師中之師為腹背攻刼之圖遂除彌大河東宣撫副使張師正領勝捷軍敗於河東潰歸彌大誅之復遣餘卒援真定餘卒叛宣撫罷命彌大知陝州河東破小將李彥先來謁言軍事彌大壯之留為將戍崤澠間以遏敵詔遣使召援彌大未敢進會永興帥范致虛糾兵勤王檄彌大充諸道計議行至方城道阻乃率衆赴大元帥府建炎元年除知淮寧府到郡未幾杜用等夜叛彌大縋城出賊散乃還坐貶秩尋召為吏部侍郎帝如杭州命權紹興府試戶部尚書兼侍讀呂頤浩視師以彌大為參謀官彌大奏王導謝安為都督未嘗離

朝廷今邊圉幸無他頤浩不宜輕動又言已為天子從官非宰相可辟乞於諸軍悉置軍正如漢朝故事以察官郎官為之陛下必欲留臣當別為一司伺察頤浩過失忤旨出知平江府中丞沈與求劾彌大謀間君臣妄自尊大奪職歸起知靜江府奏廣西邊防利害入為工部尚書未幾罷去廣西提刑韓璜劾其在靜江日斷強盜死罪引絞入斬貶兩秩紹興十年卒年六十一

論曰宋既南渡日以徽宗梓宮及韋后為念秦檜主和甘心屈己張燾連章論列謀深慮遠其言取必於

天豈忘宗社之讎哉亦曰相時而動耳惜其利澤專於蜀也黃中不黨不阿明察料敵立朝忠實退不忘君道夫受知張浚憂國而不為身謀曾幾積學潔行風節凜凜陳嘗膽枕戈之言以贊親征亦壯矣哉句濤直節正論不受檜私潔身歸老彌遜會開同沮和議廢絀以沒無慭懟心所謂臨大節而不可奪者歟

列傳卷第一百四十一

列傳卷第一百四十二　宋史三百八十三

開府儀同三司上柱國錄軍國重事中書右丞相監修國史領經筵事都總裁臣脫脫等奉

勑修

陳俊卿　虞允文　辛次膺

陳俊卿字應求興化人幼莊重不妄言笑父死執喪如成人紹興八年登進士第授泉州觀察推官服勤職業同僚宴集恒謝不往一日郡中失火守汪藻走視之諸掾屬方飲某所俊卿輿卒亦假之行於是例以後至被詰俊卿唯唯摧謝已而知其實問故俊卿曰某不能止同僚之行又資其僕安得為無過時公方盛怒其忍幸自解重人之罪乎藻歎服以為不可及秩滿秦檜當國察其不附己以為南外睦宗院教授尋添通判南劒州未上而檜死乃以校書郎召孝宗時為普安郡王高宗命擇端厚靜重者輔導之除著作佐郎兼王府教授講經輒寓規戒正色特立王好鞠戲因誦韓愈諫張建封書以諷王敬納之累遷監察御史殿中侍御史首言人主以兼聽為美必本至公人臣以不欺為忠必達大體御下之道恩威並施抑驕將作士氣則紀綱正而號令行矣遂劾韓仲通本以獄事附檜究陷無辜檜黨盡逐而仲通獨全

劉寶總戎京口恣橫尅且拒命不分戍二人遂抵罪湯思退專政俊卿言冬日無雲而雷宰相上不當天心下不厭人望詔罷思退時災異數見金人侵軼之勢已形俊卿乃疏言張浚忠藎白首不渝竊聞讒言其陰有異志夫浚之得人心伏士論為其忠義有素反是則人將去之誰復與為變乎疏入未報因請對力言之上始悟數月以浚守建康又言內侍張去為陰沮用兵且陳避敵計搖成筭請按軍法上曰卿可謂仁者之勇除權兵部侍郎金主亮渡淮俊卿受詔整浙西水軍李寶因之遂有膠西之捷亮死詔俊卿

治淮東堡砦屯田所過安輯流亡金主褒新立申舊好廷臣多附和議俊卿奏和戎本非得已若以得故疆為實利得之未必能守是亦虛文而已今不若先正名名正則國威彊歲幣可損因陳選將練兵屯田減租之策擇文臣有膽略者為參佐俾察軍政習戎務以儲將材孝宗受禪言為國之要有三用人賞功罰罪所以行之者至公而已願留聖意遷中書舍人時孝宗志在興復方以閫外事屬張浚以俊卿忠義沈靖有謀以本職充江淮宣撫判官兼權建康府事奏曰吳璘孤軍深入敵悉衆拒戰久不決危道也兩

淮事勢已急盍分遣舟師直擣山東彼必還師自救而璘得乘勝定關中我及其未至潰其腹心此不世之功也會主和議方堅詔璘班師亦召俊卿奏陳十事定規模振紀綱勵風俗明賞罰重名器遵祖宗之法蠲無名之賦隆興初元建都督府俊卿除禮部侍郎參贊軍事張浚初謀大舉北伐俊卿以為未可會諜報敵聚糧邊地諸將以為秋必至宜先其未動舉兵浚乃請于朝出師已而邵宏淵果以兵潰俊卿退保揚州主和議者幸其敗橫議搖之浚上疏待罪俊卿亦乞從坐詔貶兩秩諫臣尹穡附思退議罷浚都

督改宣撫使治揚州俊卿奏浚果不可用別屬賢將若欲責其後効降官示罰古法也今削都督重權寘揚州死地如有奏請臺諫沮之人情解體尚何後効之圖議者但知惡浚而欲殺之不復為宗社計願下詔戒中外協濟使浚自効疏再上上悟即命浚都督且召為相卒為思退穡所擠遣視師江淮俊卿累章請罪以寶文閣待制知泉州請祠提舉太平興國宫思退既竄太學諸生伏闕下乞召俊卿乾道元年入對上勞撫之因極論朋黨之弊除吏部侍郎同修國史論人才當以氣節為主氣節者小有過當容之邪

佞者甚有才當察之錢端禮起戚里為參政窺相位甚急館閣之士上疏斥之端禮遣客密告俊卿已即相當引共政深拒不聽翌日進讀寶訓適及外戚因言本朝家法外戚不預政有深意陛下宜謹守上首肯端禮憾之知建康府逾年授吏部尚書時上未能屛鞠戲將游獵白石俊卿引漢桓靈唐敬穆及司馬相如之言力以為戒上喜曰備見忠讜朕決意用卿矣朕在藩邸知卿為忠臣俊卿拜謝受詔館金使遂拜同知樞密院事時曾覿龍大淵怙舊恩竊威福士大夫頗出其門及俊卿館伴大淵副之公見外不交

一語大淵納謁亦謝不接洪邁白俊卿入言鄭聞除右史某當除某官信乎詰所從邁以淵覿告具以邁語質於上上曰朕曷嘗謀及此輩必竊聽得之有旨出淵覿中外稱快金移文邊吏取前所俘俊卿請報以誓書云俘虜叛亡是兩事俘虜發已多叛亡不應遣且本朝兩淮民上國俘虜亡慮數萬本朝未嘗以為言恐壞和議使兩境民不安或至交兵則曲直勝負有在矣鎮江軍帥戚方刻削軍士俊卿奏內臣中有主方者當併懲之即詔罷方以內侍陳瑤李宗回付大理究贓狀十一月當郊而雷上內出手詔戒飭大

臣葉顒魏杞坐罷俊卿參知政事時四明獻銀鑛將召冶工即禁中鍛之俊卿奏不務帝王之大而屑屑有司之細恐為有識所窺從官梁克家莫濟俱求補外俊卿奏二人皆賢其去可惜於是劾奏洪邁姦險讒佞不宜在左右罷之減福建鈔鹽罷江西和糴廣西折米鹽錢蠲諸道宿逋金穀錢帛以巨萬計於是政事稍歸中書矣龍大淵死上憐曾覿欲召之俊卿曰自出此兩人中外莫不稱頌今復召必大失天下望臣請先罷遂不召殿前指揮使王琪被旨按視兩淮城壁還薦和州教授劉甄夫得召俊卿言琪薦兵

將官乃其職教官有才何預琪事會揚州奏琪傳旨增築城已訖事俊卿請於上未嘗有是命俊卿曰若詐傳上旨非小故奏言入主萬幾豈能盡防閑所恃者紀綱號令賞罰耳不誅琪何所不為琪削秩罷官先是禁中密旨直下諸軍宰相多不預聞內官張方事覺俊卿奏自今百司承御筆處分事須奏審方行從之既而以內諸司不樂收前命俊卿言張方王琪事聖斷已明忽諭臣曰禁中取一飲一食必待申審豈不留滯臣所慮者命令之大如三衙發兵戶部取財豈為宮禁細微事臣等備數出內陛下命令耳凡

奏審欲取決陛下非臣欲專之且非新條申舊制耳已行復收中外惶惑恐小人以疑似激聖怒上曰朕豈以小人言疑卿等耶同知樞密院事劉珙進對爭辨激切忤旨既退手詔除珙端明殿學士奉外祠俊卿即蔵去密具奏前日奏劄臣實草定以爲有罪臣當先罷珙之除命未敢奉詔陛下即位以來納諫諍體大臣皆盛德事今珙以小事獲罪臣恐自此大臣皆阿順持祿非國家福上色悔久之命珙帥江西俊卿退自劾上手札留之且曰卿雖百請朕必不從四年十月制授尚書右僕射同中書門下平章事兼樞密使俊卿以用人爲己任所除吏皆一時選奬廉退抑奔競或才可用資歷淺密薦於上未嘗語人每接朝士及牧守自遠至必問以時政得失人才賢否虞允文宣撫四川俊卿薦其才堪相五年正月上召允文爲樞密使至則以爲右相俊卿爲左相允文建議遣使金以陵寢爲請俊卿面陳復手疏以爲未可上御弧矢弦激致目眚六月始御便殿俊卿疏曰陛下經月不御外朝口語籍籍皆輔相無狀不能先事開陳虧損聖德陛下憂勤恭儉清靜寡欲前代英主所不能免者皆屏絶顧於騎射之末猶未能忘臣知非

樂此志圖恢復故俯而從事以閲武備激士氣耳顧陛下任智謀明賞罰恢信義則英聲義烈不越尊俎固已震懾敵人於萬里之遠豈待區區騎射於百歩間哉陛下一身宗社生靈之休戚繫焉願以今日之事永爲後戒曾覿官滿當代俊卿預請處以浙東總管上曰覿意似不欲爲此官俊卿曰前此陛下去二人公論甚愜願損私恩伸公議覿怏怏而去樞密承旨張説爲親戚求官憚俊卿不敢言會在告請於允文得之俊卿聞敕已出語吏留之説皇恐來謝允文亦愧猶爲之請俊卿竟不與説深憾之吏部尚書汪應辰與允文議事不合求去俊卿數奏應辰剛毅正直可爲執政上初然之後竟出應辰守平江自是上意鄉允文而俊卿亦數求去明年允文復申陵寢之議上手札諭俊卿俊卿奏陛下痛念祖宗思復故疆臣雖疲駑豈不知激昂仰贊聖謨然於大事欲計其萬全俟一二年間吾之事力稍充乃可不敢迎合意指誤國事即杜門請去以觀文殿大學士帥福州陛辭猶勸上遠佞親賢修政攘敵泛使未可輕遣既去允文卒遣使終不得要領曾覿亦召還建節鉞躋保傅而士大夫莫敢言俊卿至福州政尚寬厚嚴於治

盜海道晏清以功進秩轉運判官陳峴建議改行鈔
鹽法俊卿移書宰執極言福建鹽法與淮浙異遂不
果行明年請祠提舉洞霄宮歸第奬歷數楹怡然不
介意淳熙二年再命知福州累章告歸除特進起判
建康府兼江東安撫召對垂拱殿命坐賜茶因從容
言曰將帥當由公選臣聞諸將多以賄得曾覿王抃
招權納賄進人皆以中批行之贓吏已經結勘而內
批改正將何所勸懲上曰卿言甚當朝辭奏曰去國
十年見都城穀賤人安惟士大夫風俗大變上曰何
也俊卿曰向士大夫奔覿抃之門十纔一二尚畏人

知今則公然趨附已七八不復顧忌矣人材進退由
私門大非朝廷美事上曰抃則不敢覿雖時或有請
朕多抑之自今不復從矣俊卿曰此曹聲勢既長侍
從臺諫多出其門毋敢為陛下言臣恐壞朝廷紀綱
廢有司法度敗天下風俗累陛下聖德命二府飲餞
浙江亭俊卿去建康十五年父老喜其再來為政寬
簡罷無名之賦時御前多行白劄用左右私人持送
俊卿奏非便上手札奬諭除少保判建康府如故八
上章告老以少師魏國公致仕十三年十一月薨年
七十四方屬疾手書示諸子云遺表止謝聖恩勿祈

恩澤及功德勿請謚樹碑上聞嗟悼輟視朝贈太保
命本路轉運司給葬事賜謚正獻俊卿孝友忠敬得
於天資清嚴好禮終日無惰容平居恂恂若不能言
而在朝廷正色危論分別邪正斥權勢無顧避凡所
奏請關治亂安危之大者雅善汪應辰李燾尤敬朱
熹屢嘗論薦其薨也熹不遠千里往哭之又狀其行
有集二十卷子五人宓有志于學終承奉郎朱熹為
銘其墓宓自有傳

虞允文字彬甫隆州仁壽人父祺登政和進士第仕
至太常博士潼川路轉運判官允文六歲誦九經七

歲能屬文以父任入官丁母憂哀毀骨立既葬朝夕
哭墓側墓有枯桑兩烏來巢念父之鰥且疾七年不
調跬步不忍離左右父死紹興二十三年始登進士
第通判彭州權知黎州渠州秦檜當國蜀士多屏棄
檜死高宗欲收用之中書舍人趙逵首薦允文召對
謂人君必畏天必安民必法祖宗又論士風之弊以
文章進必抑其輕浮以言語進必黜其巧偽以政事
進必去其苛刻庶可任重致遠且極論四川財賦科
納之弊上嘉納之除祕書丞累遷禮部郎官金主亮
修汴已有南侵意王綸還言敵恭順和好湯思退再

拜賀置邊備不問及金使施宜生頗泄敵情張燾密奏之亮又隱畫工圖臨安湖山以歸亮賦詩情益露允文上疏言金必敗盟兵出有五道頒詔大臣議忠備禦時三十年正月也十月借工部尚書充賀正使與館伴賓射一發破的衆驚異之允文見運糧造舟者多辭歸亮曰我將看花洛陽允文還奏所見及亮語申言淮海之備除中書舍人直學士院三衙管軍以官寺充承受允文言自古人主大權不移於姦臣則落於近倖秦檜盜權十有八年檜死權歸陛下邇來三衙交結中官宣和明受厥鑒未遠上大悟立罷

之金使王全高景山來賀生辰口傳亮悖慢語欲得淮南地索將相大臣議事於是召三衙大將趙密等議舉兵侍從臺諫集議宰臣陳康伯傳上旨今日更不問和與守直問戰當如何遣成閔為京湖制置使將禁衛五萬禦襄漢上流允文曰兵來不除道敵為虛聲以分我兵戍其出淮姦謀爾不聽卒遣閔七月金主亮徙汴允文復語康伯閔軍約程在江池宜令到池者駐池到江者駐江若敵兵出上流則荊湖之軍捍於前江池之軍援於後若出淮西則池之軍出巢縣江州軍出無為可為淮西援是一軍而兩用之

康伯然其說而閔軍竟屯武昌九月金主命李通為大都督造浮梁于淮水上金主自將兵號百萬氊帳相望鉦鼓之聲不絕十月自渦口渡淮先是劉錡措置淮東王權措置淮西至是權首棄廬州錡亦回揚州中外震恐上欲航海陳康伯力贊親征是月戊午樞臣葉義問督江淮軍允文參謀軍事權又自和州遁歸錡回鎮江盡失兩淮矣十一月壬申金主率大軍臨采石而別以兵爭瓜洲朝命成閔代錡李顯忠代權錡權皆召義問被旨命允文往蕪湖趣顯忠交權軍且犒師采石時權軍猶在采石丙子允文至采

石權已去顯忠未來敵騎充斥我師三五星散解鞍束甲坐道旁皆權敗兵也允文謂坐待顯忠則誤國事遂立招諸將勉以忠義曰金帛告命皆在此待有功衆曰今既有主請死戰或曰公受命犒師不受命督戰他人壞之公任其咎乎允文叱之曰危及社稷吾將安避至江濱見江北已築高臺對植降旗二繡旗二中建黃屋亮踞坐其下謀者言前一日刑白黑馬祭天與衆盟以明日濟江晨炊玉麟堂先濟者予黃金一兩時敵兵實四十萬馬倍之宋軍纔一萬八千允文乃命諸將列大陣不動分戈船為五其二並

東西岸而行其一駐中流藏精兵待戰其二藏小港備不測部分甫畢敵已大呼亮操小紅旗麾數百艘絶江而來瞬息抵南岸者七十艘直薄宋軍軍小卻允文入陣中撫時俊之背曰汝膽略聞四方立陣後則兒女子爾俊即揮雙刀出士殊死戰中流官軍亦以海鰌船衝敵舟皆平沉敵半死半戰日暮未退會有潰軍自光州至允文授以旗鼓從山後轉出敵疑援兵至始遁又命勁弓尾擊追射大敗之僵尸凡四千餘殺萬戶二人俘千戶五人及生女真五百餘人敵兵不死于江者亮悉敲殺之怒其不出江也以捷

聞犒將士謂之曰敵今敗明必復來夜半部分諸將分海舟縋上流別遣兵截楊林口丁丑敵果至因夾擊之復大戰焚其舟三百始遁去再以捷聞既而敵遣僞詔來諭王權似有宿約允文曰此反間也仍復書言權已寘典憲新將李世輔也願一戰以決雌雄亮得書大怒遂焚龍鳳車斬梁漢臣及造舟者二人乃趨瓜洲漢臣敎亮濟江者也顯忠至自蕪湖允文語之曰敵入揚州必與瓜洲兵合京口無備我當往公能分兵相助乎顯忠分李捧軍萬六千往京口葉義問亦命楊存中將所部來會允文還建康即上疏

言敵敗於采石將徼幸於瓜洲今我精兵聚京口待重待之可一戰而勝乞少緩六飛之發甲申至京口敵屯重兵滁河造三牐儲水深數尺塞瓜洲口時楊存中成閔邵宏淵諸軍皆聚京口不下二十萬惟海鰌船不滿百戈船半之允文謂遇風則使戰船無風則使戰艦數少恐不足用遂聚材治鐵改修馬船為戰艦且借之平江命張深守滁河口扼大江之衝以苗定駐下蜀為援庚寅亮至瓜洲允文與存中臨江按試命戰士踏車船中流上下三周金山回轉如飛敵持滿以待相顧駭愕亮笑曰紙船耳一將跪奏南

軍有備未可輕犯願駐揚州徐圖進取亮怒欲斬之哀謝良久杖之五十乙未亮爲其下所殺初亮在瓜洲聞李寶由海道入膠西成閔諸軍方順流而下亮愈怒還揚州召諸將約三日濟江否則盡殺之諸將謀曰進有渰殺之禍退有敲殺之憂柰何有萬戶者曰殺郎主與南宋通和歸鄉則生矣衆曰諾亮有紫茸細軍不臨陣恒以自衞衆患之有蕭遮巴者紿之曰淮東子女玉帛皆聚海陵且喋使往細軍去而亮死丙申敵人退屯三十里遣使議和已亥奏聞召入對上慰藉嘉歎謂陳俊卿曰虞允文公忠出天性朕之

裴度也詔免扈從往兩淮措置允文至鎮江奏收兩淮三策不報明年正月上至建康尋議回蹕詔以楊存中充江淮荆襄路宣撫使允文副之給舍繳存中除命於是允文充川陝宣諭使陛辭言金亮既誅新主初立彼國方亂天相我恢復也和則海内氣沮戰則海内氣伸上以為然允文至蜀與大將吴璘議經畧中原璘進取鳳翔復鞏州金治兵爭陝西新復州郡蜀士欲棄之允文持不可孝宗受禪朝臣有言西事者謂官軍進討東不可過寶雞北不可過德順且欲用忠義人守新復州郡官軍退守蜀口允文爭之

不得吴璘遂歸河池蓋用參知政事史浩議欲盡棄陝西臺諫袁孚任古附和其說允文再上疏大畧言恢復莫先於陝西陝西五路新復州縣又係於德順之存亡一旦棄之則窺蜀之路愈多西和階成利害至重前後凡十五疏且移書陳康伯康伯牽於同列不能回也上將召允文問陝西事執政忌其來以顯謨閣直學士知夔州尋又命奏事隆興元年入對史浩既素主棄地及拜相亟行之且親為詔有曰棄雖朌之無多免狼心之未已允文入對言今日有八可戰上問及棄地允文以笏畫地陳其利害上曰此史

浩誤朕以敷文閣待制知太平州尋除兵部尚書湖北京西宣撫使改制置使時朝廷遣盧仲賢使金議和湯思退又欲棄唐鄧海泗手詔謂唐鄧非險要可寘度外允文五上疏力爭思退怒即奏曰此昔以利害不切於己大言誤國以邀美名宗社大事豈同戲劇上意遂定思退陽請召允文實欲去之也允文上印猶以四州不可棄為請乞致仕詔以顯謨閣學士知平江府思退竟決和議割唐鄧二年金兵復至思退貶上悔不用允文言陳俊卿亦薦允文堪大用除端明殿學士同簽書樞密院事乾道元年拜參知政

事兼知樞密院事是秋金遣完顏仲有所議假塞不敬允文請斬之廷有異論不果會錢端禮受李宏玉帶事連允文為御史章服所論罷政奉祠西歸三年二月召至闕除知樞密院事兼參知政事吴璘卒議擇代上諭允文曰吴璘既卒汪應辰恐不習軍事無以易卿凡事不宜効張浚迂闊軍前事卿一一親臨之即拜資政殿大學士四川宣撫使尋詔依舊知樞密院事歸蜀一月召至闕不數月復使蜀太上賜御書聖主得賢臣頌上又為之製跋陛辭復以所御雙履及甲冑賜焉過郢奏築黃鷹山城過襄陽奏修府

城八月至漢中又徙沔陽九月至益昌先被手詔戒九事洎至蜀悉奉而行尤以軍政為急又奏閱實諸軍第其壯怯為三上備戰中下備輜重老者少者不預汰兵凡萬人減緡錢四百萬汰去兵有勞績者置員闕處之興洋義士民兵也紹興初以七萬計大散之戰將不授甲驅之先官軍死亡略盡命利帥晁公武覈實得二萬三千九百餘人又得陝西弓箭手法參紹興制為一書俾將吏守之以馬政付張松奏係舊制分茶馬為川秦司初在樞府蕭遴巴以剔軍中入為言允文嘗奏諭三衙撫存之至是金洋興元歸正

入二萬遴道訴繫縲之苦允文分給官田俾咸振業欲結敵將姜挺白沂遵御札募蕃人王嗣祖結外蕃以圖金人又得蕃僧六龐者偕往竟無成說時卭蜀十四郡告饑荒政凡六十五事劉倅覈羨錢五萬卻之五年八月拜右僕射同中書門下平章事兼樞密使允文多薦知名士如洪适汪應辰及為相籍人才為三等有所見聞即記之號材館錄凡所舉上皆收用如胡銓周必大王十朋趙汝愚晁公武李燾其尤章明者也上以兵冗財匱為憂允文與陳俊卿議革三衙雜役汰冗籍三軍無怨言六年陳俊卿以奏留

龔茂良忤上意上震怒甚俊卿待命浙江亭兩日不報允文請對極論體貌之道疊拜榻前遂命判福州詔以范成大為祈請使為陵寢故金不從且諜報欲以三十萬騎奉遷陵寢來歸中外洶洶荆襄將帥皆請增戍允文謂金方懲亮決不輕動不過以虛聲撼我耳遂奏止之朝論紛然允文屹不動敵卒無他自莊文太子薨儲位未定允文上疏且屢懇陳七年正月上兩宮尊號議始定下詔皇第三子恭王惇立為皇太子皇子愷以雄武保寧軍節度使判寧國府皇太子尋尹臨安侍衛馬軍司牧地舊在臨安允文謂地

狹不利芻牧請令就牧鎮江緩急用騎過江便三軍有怨語其後言者以此為言胡銓以臺評去允文奏留之經筵銓薦朱熹上問允文識熹否允文謂熹不在程頤下遂召熹熹不至檢鼓院以六條抑上書人允文力言不可從之會慶節金使烏林荅天錫入見金主壻也驕倨甚固請上降榻問金主起居上不許天錫跪不起侍臣錯愕失措允文請大駕還禁中且諭之曰大駕既興難再御殿使入來日隨班上壽金使慚而退上以僕射名不正改為左右丞相八年二月授允文特進左丞相兼樞密使梁克家為右丞相

允文嘗舉克家自代上不許是月以病乞解機政又
薦克家靖重有宰相器至是始同相手詔付允文曰
朕方欲武臣為樞密曹勛如何允文謂勛入品卑凡
不可用既而以張說簽書樞密院事右正言王希呂
與臺官交劾之上怒希呂甚手詔與遠惡監當允文
繳回上益怒梁克家曰希呂論張說臺綱也左相救
希呂國體也上怒稍解卒薄希呂之罰四月御史蕭
之敏劾允文允文上章待罪上過德壽宮太上曰采
石之功之敏在何許毋聽其去上為出之敏且書扇
製詩以留之允文言之敏端方請召歸以闢言路上

謂其言寬厚命曾懷書之時政記上命選諫官允文
以李彥頴林光朝王質對三人皆鯁亮又以文學推
重於時故薦之久不報曾覿薦一人賜第擢諫議大
夫允文克家爭之不從允文力求去授少保武安軍
節度使四川宣撫使進封雍國公陛辭上諭以進取
之方期以某日會河南允文言異時戒內外不相應
上曰若西師出而朕遲回即朕負卿若朕已動而卿
遲回即卿負朕上御正衙酌酒賦詩以遣之且賜家
廟祭器九年至蜀大軍月給米一石五斗不足贍其
家允文捐宣司錢三十萬易米計口增給立戶馬七

條括民馬奏選良家子以儲戰用初北界有寇隣者
擁衆數萬在商虢間允文秉政日納款迨至蜀復遣
人致書允文不報羈縻之而已既而隣諜覺金密遣
人捕之葉衡奏聞允文上疏自辨因請納祿不報上
嘗謂允文曰丙午之恥當與丞相共雪之又曰朕惟
功業不如唐太宗富庶不如漢文景故允文許上以
恢復使蜀一歲無進兵期上賜密詔趣之允文言軍
需未備上不樂淳熙元年薨後四年上幸白石大閱
見軍皆少壯謂輔臣曰虞允文行沙汰之効也尋詔
贈太傅賜謚忠肅允文姿雄偉長六尺四寸慷慨磊

落有大志而言動有則度人望而知為任重之器早
以文學致身臺閣晚際時艱出入將相垂二十年孜
孜忠勤無二焉嘗注唐書五代史藏于家有詩文十
卷經筵春秋講義三卷奏議二十二卷內外志十五
卷行于世子三人公亮公著杭孫孫八人皆好修唯
剛簡最知名嘉定中召不至終利路提點刑獄
辛次膺字起季萊州人幼孤從母依外氏王聖美於
丹徒俊慧力學日誦千言甫冠登政和二年進士第
歷官為單父丞值山東亂舉室南渡屬閩寇范汝為
陷建州守相呂順浩以次膺宰蒲城遏賊衝比至寇

黨熊志寧已麥其邑於是披荊棘坐瓦礫中安輯吏
民料丁壯治器械阨險阻號令不煩邑民便之數月
韓世忠破賊復建州除審計司餘黨范黑龍破麟邑
閩帥張守檄次膺偵賊平而後行乃募鄉兵習彊弩
賊至與之夾水而陣矢齊發賊奔潰生致首領五人
餘悉宥之用參政孟庾薦召對奏用人貴於務實施
令在於必行還駕部頗敕郡邑省耕薄征務農抑末
又奏中原之人棄墳墓生業從巡江左饑寒殞仆願
加存撫可以堅中原徯后之心遷吏部郎湖北運判
中途召還見高宗于建康行宮首言救世之弊上稱

善敕以所奏榜朝堂擢右正言奏願閱兵將親簡拔
攬恩威之柄使人人知朝廷之尊左右近習久則干
政願杜其漸兵連不解十年于茲一歲用錢三十萬
米四百萬石諸路常賦僅足支其半餘悉取諸民乞
罷不急之務節姑息之澤省冗官汰懦兵韓世忠男
直祕閣次膺奏曰攻城野戰世忠功也其子何與召
渠東觀圖書府也武功何與倖門一啓援例者衆又
奏令主議者見小利忽大計偏師偶勝遽思進討便
謂攻為有餘警奏稍聞首陳退舍便謂守為不足願
嚴紀律謹烽燧明間探上皆信納聞韓世忠將自楚

州移軍鎮江復陳可慮者五王倫使北請和次膺言
宣和海上之約靖康城下之盟口血未乾兵隨其後
今日之事當識其詐時秦檜在政府為其妻兄王仲
薿叙兩官次膺劾仲薿奴事朱勔救拜金簪罪在不
赦又劾知撫州王晩造法佃官田不輸租其父仲山
先知撫州屈膝金人晩繼其後何顏見吏民晩檜之
妻兄也章留中次膺再論之曰近臣奏二人繼聞追
寢除命是皆檜容私營救陛下曲從其欲國之紀綱
臣之責任一切廢格借使貴連宮掖親如肺附寵任
非宜臣亦得論之而大臣之姻婭乃不得繩之耶望

陛下奮乾剛之威戒蒙弊之漸求去除直祕閣湖南
提刑先是湖南賊龍淵李朝擁衆數萬據衡之茶陵
檜匿不奏乃以見闕處次膺陛辭上曰卿以將母為
請朕不得留湖湘風物甚佳且無盜賊職名異恩卒
歲當召既抵長沙賊勢方張戍將抽回始悟檜欲陷
之即單車趨茶陵檄賊驍將彭之募賊黨毛義龍麟
等齎榜諭以朝廷抽回戍將務欲招安宜亟降待以
不死龍淵李朝相繼降仍請料精銳可得禁旅萬餘
次膺笑曰是皆吾民正當棄兵甲持鉏耰趣令復業
奏茶陵為軍金好成赦書至衡陽次膺極陳其詐略

曰臣昨在諫列嘗數論金人變詐無常願陛下為宗
社生靈深慮近觀邸報樞密院編修官胡銓妄議和
好歷詆大臣除名遠竄已而得銓書藁乃知朝廷遂
欲屈己稱藩臣未知其可大臣懷姦固位不恤國計
媕婀趨和謬以為便臣不知天下之人以為便乎父
之讐不與共戴天兄弟之讐不反兵棄讐釋怨盡除
前事降萬乘之尊以求說於敵天下之人果能遂亡
怨痛以從陛下之志乎書奏不報金陷三京次膺罷
奉祠秦檜以其負重名欲先移書當稍收用次膺笑
而不答閱十六年貧益甚亡毫髮求於人檜死起知

婺州三日被召至國門以足疾求去加秘閣修撰還
郡再召見歷言仇怨當國老母幾委溝壑因奏國本
未立上改容曰誰可次膺曰知子莫若父上稱善擢
權給事中蔣璨權戶部侍郎次膺駁璨不守正事交
結出璨知平江御史中丞湯鵬舉劾次膺假權報怨
除待制宮觀起知泉州移福建帥丁母憂乞納祿孝
宗即位手詔趣召既至奏陛下用賢必考眾事功勿
以一人譽用之一人毀去之出令要無反汗納善要
知轉圜練兵恤民經理兩淮使敵不能乘虛而入是
日除御史中丞朝德壽宮高宗一見謂惜聞卿於彊

健時上將以春饗迎高宗詣延祥觀幸玉津園次膺
奏欽宗服未終方停策士且金人嫚書甫至意在交
兵矧原野間禁衞稀少當過為之慮兼一出費十數
萬緡曷若以資兵食時兩淮盡為荒野次膺奏乞集
遺氓歸業借種牛或令在屯兵從便耕種此足兵法
至若成閔之貪饕湯思退之朋附葉義問之姦罔皆
以次論劾每章疏一出天下聳之上方厲精政事次
膺每以名實為言多所裨益呼其官不名隆興改元
三月同知樞密院事符離之師捷奏日聞次膺手疏
千言乞持重未幾軍果潰及見上顏色不樂奏言師

潰而歸張浚彈壓必無他此上天大儆戒於陛下上
歎其先見拜參知政事以疾力祈免且奏曰王十朋
除侍史雖上親擢天下皆知臣嘗薦其賢湯思退召
將至亦知臣嘗疏其姦臣不引避人其謂何除資政
殿學士提舉洞霄宮陛辭賜茶甚惜其去次膺奏臣
與思退理難同列上曰有謂湯思退可用者次膺奏
今日之事恐非思退能辦思退固不足道竊恐誤國
家事乾道六年閏五月卒年七十九次膺孝友清介
立朝謇諤仕宦五十年無絲毫挂吏議為政貴清靜
先德化所至人稱其不煩善屬文尤工於詩

論曰孝宗志恢復特任張浚俊卿斥姦黨明公道以為之佐洎居中書知無不為言無不盡蓋其立志一以先哲為法非他相可擬也允文許國之忠炳如丹青金庶人亮之南侵其鋒甚銳中外倚劉錡為長城錡以病不克進師允文儒臣奮勇督戰一舉而挫之亮乃自斃昔赤壁一勝而三國勢成淮淝一勝而南北勢定允文采石之功宋事轉危為安實係乎此及其罷相鎮蜀受命興復剋期而往志雖未就其能慷慨任重豈易得哉尤膺力排羣邪無負言責治政不煩居約有守晚再立朝謇諤尤著南渡直言之臣宜為首稱焉

列傳卷第一百四十二

列傳卷第一百四十三　宋史三百八十四

開府儀同三司上柱國錄軍國重事中書右丞相監修國史領經筵事都總裁臣脫脫等奉

勅修

陳康伯　梁克家　汪澈

葉義問　蔣芾　葉顒

葉衡

陳康伯字長卿信之弋陽人父亨仲提舉江東常平康伯幼有學行宣和三年中上舍丙科累遷太學正丁內艱貴溪盜將及其鄉康伯起義丁逆擊俘其渠魁邑得全建炎末為勑令刪定官預脩紹興勑令尋

通判衢州攝郡事盜發白馬原康伯督州兵濟王師進討克之除太常博士改提舉江東常平茶鹽高宗進蹕建康康伯以職事過闕得對因請擇將上開納紹興八年除樞密院大計議官累遷戶部司勳郎中康伯與秦檜太學有舊檜當國康伯在郎省五年泊然無求不偷合十三年始遷軍器監借吏部尚書使金至汴將晡不供餉閉戶卧勿問入夜館人扣戶謝不敏亦不對後因金使至詔康伯館伴端午賜扇帕與論拜受禮言者以生事論罷知泉州海盜間作朝廷遣劉寶成閔逐捕康伯以上意招懷盜多出降籍

為兵久之不還者陰倡亂康伯訊得實論殺之州以無事秩滿三奉祠垂十年檜死起知漢州將出峽召對除吏部侍郎康伯首請節用寬民凡州縣取民無藝許監司互察臺諫彈劾尋兼禮戶部乞約歲用會所入儲什之一二備水旱奏上議竟不決兼刑部前此有司希檜意興大獄康伯平讞直冤士大夫存歿多賴之除吏部尚書宰臣擬用權尚書出命高宗顧曰朕且大用何權為尋拜參知政事自孫道夫使北還已聞金以買馬非約為言朝廷特恃和康伯與同知樞密院事王綸白發其端綸使還乃言和好無他

康伯持初論不變九月以通奉大夫守尚書右僕射同中書門下平章事俄賜銀絹康伯固辭減半又辭兼史院上嘗謂其靜重明敏一語不妄發真宰相也又命與湯思退輔政事勿憚商論惟其當而已康伯言大臣事當盡公若依阿植黨此鄙夫患失者臣非惟不敢亦素不能高宗嘆其長者普安郡王居潛藩高宗一日謂康伯當以使相封眞王今宜冠以屬籍於是詔以為皇子封建王實三十年二月也明年三月拜光祿大夫尚書左僕射五月金遣使賀天申節出嫚言求淮漢地指取將相大臣且以淵聖凶問至

康伯主禮部侍郎黃中之論持斬衰三年先是葉義問賀允中使還言金必敗盟康伯請早為之備建四策一增劉錡荊南軍以重上流二分畫兩淮地命諸將結民社各保其境三劉寶獨當淮東將驕卒少不可倚四沿江諸郡脩城積粮以固內地至是召三衙帥及楊存中至都堂議舉兵又請侍從臺諫集議康伯傳上旨曰今日更不問和與守直問戰當如何時上意雅欲視師內侍省都知張去為陰沮用兵且陳退避策中外妄傳幸閩蜀人情洶洶右相朱倬無一語同知樞密院事周麟之受命聘金憚不欲行康伯

獨以為已任奏曰金敵敗盟天人共憤今日之事有進無退聖意堅決則將士之意自倍願分三衙禁旅助襄漢待其先發應之康伯勉周麟之以國事麟之語侵康伯康伯曰使某不為宰相當自行大臣與國存亡雖死安避麟之竟以辭行罷尋貶責殿中侍御史陳俊卿言當用張浚且乞斬張去為以作士氣康伯以俊卿振職奏權兵部侍郎九月金犯廬州王權敗歸中外震駭朝臣有遣家豫避者康伯獨具舟迎家入浙且下令臨安諸城門扃鐍率遲常時人恃以安敵迫江上召楊存中至內殿議之因命就康伯議

康伯延之入解衣置酒上聞之已自寬翌日入奏曰聞有勸陛下幸越趨閩者審爾大事去矣盍靜以待之一日忽降手詔如敵未退散百官康伯焚之而後奏曰百官散主勢孤矣上意旣堅請下詔親征以葉義問督江淮軍虞允文參謀軍事上初命朱倬爲都督倬辭乃命義問允文尋敗敵於采石金主亮爲其臣下所斃而還方亮之犯江國人即立葛王褎三十二年始遣高忠建來告登位議授書禮康伯以誼折之於是報書始用敵國禮高宗倦勤有與子意康伯密贊大議乞先正名俾天下咸知聖意遂草立太子

詔以進及行内禪禮以康伯奉冊孝宗即位命兼樞密使進封信國公禮遇殊渥但呼丞相而不名康伯自建康扈從回即以病祈去位不允明年改元隆興請益堅遂以太保觀文殿大學士福國公判信州上慰勞甚勤且曰有宣召慎勿辭宰執即府餞別百官班送都門外已又辭郡丐外祠除醴泉觀使二年八月起判紹興府且令赴闕奏事復辭未幾召陪郊祀時北兵再犯淮甸人情驚駭皆望康伯復相上出手札遣使即家居召之未出里門拜尚書左僕射同中書平章事兼樞密使進封魯國公親故謂康伯實病宜辭康伯曰不然吾大臣也今國家危當與疾就道幸上哀而歸之爾道聞邊遽兼程以進至闕下詔子安節壻文好謙掖以見減拜賜坐間日一會朝許肩輿至殿門仍給扶非大事不署敵師退尋以目疾免朝謁臥家旬餘一奏事乾道元年正月上幸有事南郊康伯起陪祠已即丐歸章屢上不許一日出殿門喘劇輿至第薨年六十有九贈太師謚文恭擇日臨奠子偉節固辭乃止命工部侍郎何俌護喪歸二子偉節除直祕閣安節賜同進士出身五辭不受上手札批諭寄留省中以成其美康伯薨給還之慶元初配

享孝宗廟庭改謚文正

梁克家字叔子泉州晉江人幼聰敏絶人書過目成誦紹興三十年廷試第一授平江簽判時金主亮死衆皆言可乘機進取克家移書陳俊卿謂敵雖遁吾兵力未振不量力而動將有後悔俊卿歸以白丞相陳康伯歎其遠慮召爲祕書省正字遷著作佐郎時災異數見克家奏宜下詔求言從之今侍從臺諫卿監郎官館職疏闕失克家條六事一正心術二立紀綱三救風俗四謹威柄五定廟筭六結人心其論定廟筭謂今邊議不過三說曰將兵財語甚切直累遷

中書舍人使金金以中朝進士第一敬待之即館宴射連數十發中的金人來賀慶會節克家請令金使入朝由南門百官由北門從者毋輒至殿門外以肅朝儀詔定為令郊祀有雷震之變克家復條六事遷給事中凡三年遇事不可必執奏無隱嘗奏陛下欲用實才不喜空言空言固無益然以空言為懲則諫爭之路遂塞願有以開導之上欣納因命條具風俗之弊克家列四條曰欺罔苟且循默奔競上手筆獎諭乾道五年二月拜端明殿學士簽書樞密院事明年參知政事又明年兼知院事初脩金好金索所獲俘啓釁未已克家請築楚州城環舟師于外邊賴以安在政府與虞允文可否相濟不苟同皇太子初立克家請選置官屬增講讀員遂以王十朋陳良翰為詹事中外稱得人允文主恢復朝臣多迎合克家密諫數不合力丐去上曰兵終不可用乎克家奏用兵以財用為先今用度不足何以集事上改容曰朕將思之詰朝上面諭曰朕終夜思卿言至當毋庸去八年詔更定僕射為左右丞相拜克家為右丞相兼樞密使一日上謂宰執曰近過德壽宮太上顧養愈勝天顏悅懌朕退不勝喜克家奏堯未得舜以為己憂

既得舜固宜甚樂允文奏堯獨高五帝之壽以此上曰然允文既罷相克家獨秉政雖近戚權倖不少假借而外濟以和張説入樞府公議不與寢命俄復用説怒士夫不附己謀中傷之克家悉力調護善類賴之議金使朝見授書儀時欲移文對境以正其禮克家議不合遂求去以觀文殿大學士知建康府陛辭上以治效為問克家勸上無求奇功既而三省密院卒移牒泗州敵不從遣泛使來舉朝震駭後二年湯邦彥坐使事貶天下益服克家謀國之忠淳熙八年起知福州在鎮有治績趙雄奏欲令再任降旨仍知福州召除醴泉觀使九年九月拜右丞相封儀國公逾月而疾十三年命以内祠兼侍讀賜第在所存問不絕十四年六月薨年六十手書遺奏上為之垂涕贈少師謚文靖初唱第時孝宗由建邸入侍愛其風度峻整及登政府眷寵尤渥為文渾厚明白自成一家辭命尤温雅多行于世

汪澈字明遠自新安徙居饒州浮梁第進士教授衡州沅州用万俟卨薦為秘書正字校書郎輪對乞令帥臣監司侍從臺諫各舉將帥高宗善之行其言除監察御史進殿中侍御史特賜鞍馬時和戎歲久邊

防浸弛澈陳養民養兵自治豫備之説累數千言顯
仁皇后攢宮訖役議者欲廣四隅士庶墳在二十里
内皆當遷命澈按視還奏昭慈徽宗顯肅懿節四陵
舊占百步已數十年今日何為是紛紛漢長樂未央宮
夾樗里疾墓未嘗遷國朝宮陵儀制在[illegible]封堠界内
不許開故合祔願遷出者聽其意深矣高宗大悟悉
如舊葉義問使金還頗知犯邊謀澈言不素備事至
倉卒靖康之變可鑑今將驕卒惰宜加蒐閱使有闘
心文武職事務選實才不限資格除侍御史左相湯
思退不恊人望澈同殿中侍御史陳俊卿劾罷又論

鎮江大將劉寶十罪詔奪節予祠三十一年上元前
一夕風雷雨雪交作澈言春秋魯隱公時大雷震電
繼以雨雪孔子以八日之間再有大變謹而書之今
一夕間二異交至此陰盛之證殆爲金人今荆襄無
統督江海乏備禦因陳脩攘十二事殿帥楊存中久
握兵權内結閹寺王十朋陳俊卿等繼論其罪高宗
欲存護使去澈與俊卿同具奏存中始罷會金使高
景山來求釁端澈言天下之勢彊弱無定形在吾所
以用之陛下屈已和戎厚遺金繒彼輒出惡言以撼
吾國願陛下赫然睿斷益兵嚴備布告中外將見上

下一心其氣百倍矣除御史中丞尋遣馬帥成閔以
所部三萬人屯京襄以澈為湖北京西宣諭使詔凡
吏能否民利病悉以聞過九江王炎見澈論邊事辟
為屬偕至襄陽撫諸軍鄂帥田師中老而怯立奏易
之時欲置襄守荆南澈奏襄陽地重為荆楚門戶不
可棄敵將劉萼擁衆十萬揚聲欲取荆南又欲分軍
自光黄擣武昌朝廷以敵昔由此入江南令吴拱嚴
護武昌津渡拱將引兵回鄂澈聞之馳書止拱而自
發鄂之餘兵戍黄州俾拱留襄敵騎奄至樊城拱大
戰漢水上敵衆敗走時唐鄧陳蔡汝潁相次歸職方

未幾金主亮死澈乞出兵淮甸與荆襄軍夾擊其歸
師未報而金新主罷兵請和召澈入爲參知政事與
宰相陳康伯同贊内禪孝宗即位銳意恢復首用張
浚使江淮澈以參豫督軍荆襄將分道進討趙撙守
唐王宣守鄧招皇甫倜於蔡襄漢沃壤荆棘彌望澈
請因古長渠築堰募閒民汰冗卒雜耕為度三十八
屯給種與牛授廬舍歲可登穀七十餘萬斛民償種
秫其餘官以錢市之功緒略就隆興元年入奏還武
昌而張浚尅期大舉詔澈出師應之澈以議不合乞
令浚併領荆襄諫議大夫王大寶論澈無制勝策皇

甫倜以忠義結山砦扼敵要衝澈不能節制坐視孤軍墮敵計趙撙以千五百人救方城敗散五百餘人澈漫不加省乙罷黜澈亦請祠除資政殿學士提舉洞霄宮大寶疏再上落職仍祠祿明年知建康府尋除樞密使在位二年以觀文殿學士奉洞霄祠尋知鄂州兼安撫使孝宗訪邊事澈奏向者我有唐鄧為藩籬又皇甫倜控扼陳蔡敵不敢窺襄既失兩郡倜復內徙敵屯新野相距百里爾臣令趙撙王宣築城儲糧分備要害有以待敵至於機會之來難以豫料孝宗善之時議廢江州軍澈言不可知寧國府改福州

福建安撫使復請祠尋致仕卒年六十三贈金紫光祿大夫謚莊敏澈為殿中日薦陳俊卿王十朋陳之茂為臺官高宗曰名士也次第用之矣在樞府孝宗寄訪人材薦百有十八人嘗奏言臣起寒遠所以報國惟無私不欺尒其自奉清約雖貴猶布衣時有文集二十卷奏議十二卷

葉義問字審言嚴州壽昌人建炎初登進士第調臨安府司理參軍范宗尹方爲相義問與沈長卿等疏其姦爲饒州教授攝郡歲旱以便宜發常平米振民提刑黃敦書劾之詔勿問兦削樞密徐俯門僧犯罪義問繩以法俯嘗舉義問怒甚乃袖薦書還之知江寧縣召秦檜所親役同僚不可義問曰釋是則何以服他人卒役之通判江州豫章守張宗元忤檜或中以飛語事下漕臣張常先宗元道九江常先檄義問拘其舟義問投檄曰吾寧得罪不為不祥常先白檜罷去檜死湯思退薦之上記其嘗言范宗尹召至言臺諫廢置在人主檜親黨宜盡罷逐以言得罪者宜敘復擢殿中侍御史樞密湯鵬舉效檜所為植其黨周方崇李庚置籍臺諫鉏異己者義問累章劾鵬舉有一檜死一檜生之語并方崇等皆罷之又言凡擇將遇

一闕令樞密院具三名取上旨則軍政盡出掌握遷侍御史朱倬沈虛中奉祠里居義問劾其附秦檜皆移居郊祀赦義問言頃歲附會告訐者不應例移放從之遷吏部侍郎兼史館修撰尋兼侍讀拜同知樞密院事上聞金有犯邊意遣義問奉使覘之還奏彼造舟船備器械其用心必有所在宜屯駐沿海要害備之金主亮果南侵命視師義問素不習軍旅會劉錡捷書至讀之至金賊又添生兵顧吏曰生兵何物耶聞者掩口至鎮江聞瓜洲官軍與敵相持大失措乃役民掘沙溝植木枝爲鹿角禦敵一夕潮生沙溝

平木枝盡去會建康留守張燾遣人告急義問乃遵陸云往建康催發軍市人皆媟罵之又聞敵據瓜洲采石兵甚衆復欲還鎮江諸軍喧沸曰不可回矣回則有不測遂趨建康已而金主亮被弑師退義問還朝力請退遂罷隆興元年中丞辛次膺論義問頃護諸將幾敗事且以官私其親謫饒州乾道元年詔自便六年卒年七十三

蔣芾字子禮常州宜興人之奇曾孫紹興二十一年進士第二人孝宗即位累遷起居郎兼直學士院時宦者梁珂事上潛邸撓權尹穡論珂與祠芾繳奏罷之簽書樞密院事首奏加意邊防又奏拔將才行伍間識其姓名一旦披籍可立取具又料簡歸正人仍以北人將之或令深入山東或令自荊襄深入除權參知政事同知國用事芾奏方今財最費於養兵蓋祖取天下不過十五萬人紹興初外有大敵內有巨寇然兵數亦不若今日之多近見陳敏勇汰三千人戚方汰四千人然多是有官人與以外任請券錢添借給如故是減於內而添於外何益又招兵耗蠹愈甚臣考覈在內諸軍每月逃亡事故常不下四百人若權停招兵一年有半俟財用稍足招丁壯不惟省費又得兵精上悟一日因進呈邊報上顧芾曰將來都督非卿不可芾奏臣未嘗經歷兵間又奏方今錢穀不足兵士不練將帥與臣不相識願陛下更審思其人南郊禮畢宰相葉顒魏杞罷芾採衆論參已見為籌邊志上之明年拜右僕射同中書門下平章事兼樞密使會毋喪卒詔起復拜左僕射芾力辭有容旨欲令歲大舉手詔廷臣議或主和或主恢復使芾決之芾奏天時人事未至拂上意服闋除觀文殿大學士知紹興府提舉洞霄宮尋以言者論落職建昌軍居住期年有旨自便再提舉洞霄宮卒芾始以言

邊事結上知不十年間致相位終以不能任兵事受責豈優於論議而劣於事功歟

葉顒字子昂興化軍仙遊人登紹興元年進士第為廣州南海縣主簿攝尉盜發州檄巡尉同捕巡檢獲盜十餘人歸其勞於顒顒曰掠美欺君倖賞三者皆罪不忍為也帥曾開大喜之知信州貴溪縣時詔行經界郡議以上中下三等定田稅顒請分為九等守從之令信之六邑以貴溪為式知紹興府上虞縣凡縣役令民自推貲力甲乙不以付吏民欣然皆以實應催租各書其數與民約使自持戶租至庭親視其

入咸便之師曹泳令今歲夏租先期送什之八顒請少紓其期泳怒及麥大熟民輸租反為諸邑最泳大喜許薦于朝顒固辭賀正中薦顒靜退遂召見顒論國讎未復中原之民日企鑾輿之返其語剴切高宗嘉納除將作監簿知處州青田令陳光獻羨餘百萬顒以所獻充所賦湯思退之兄居處州家奴屠酤犯禁一繩以法思退不悅屬常州逋緡錢四十萬守坐免移顒知常州金犯邊高宗視師建康道毗陵顒賜對舟次因言恢復莫先於將相故相張浚久謫無恙是天留以相陛下也顒初至郡無旬月儲未一年餘

緡錢二十萬或勸獻羨顒曰名羨餘非重征則橫斂是民之膏血也以利易賞心實恥之召為尚書郎除右司詔求直言顒上疏謂陛下以手足之至親付州郡之重寄是利一人害一方也人稱其直除吏部侍郎復權尚書時七司弊事未去上疏言選部所以為弊乃與郎官編七司條例為一書上嘉之令刻板頒示除端明殿學士拜參知政事兼同知樞密院事武臣梁俊彥請稅沙田蘆場帝以問顒對曰沙田乃江濱地田隨沙漲而出沒不常蘆場則臣未之詳也且辛巳軍興蘆場田租並復今沙田不勝其擾上曰誠

如卿言顒至中書召俊彥切責之曰汝言利求進萬一為國生事斬汝不足以塞責俊彥皇恐汗下是日詔沙田蘆場並罷御史林安宅請兩淮行鐵錢顒力言不可安宅不能平既入樞府乃上章攻顒云顒之子受宣州富人周良臣錢百萬得監鎮江大軍倉御史王伯庠亦論之顒乞下吏辯明乃以資政殿學士提舉洞霄宮上下其事臨安府時王炎知臨安上令炎親鞫置對無秋毫跡獄奏上以安宅伯庠風聞失實並免所居官仍貶安宅筠州召顒赴闕入見上勞之曰卿之清德自是愈光矣除知樞密院事未拜進

尚書左僕射兼樞密使顒首薦汪應辰王十朋陳良翰周操陳之茂芮嘩林光朝等可備執政侍從臺諫上嘉納又言自古明君用人使賢使愚使姦使盜惟去泰甚上曰固然虞有禹皋亦有共驩周有旦奭亦有管蔡在用不用顒曰誠如聖訓但今日在朝雖未見有共驩管蔡然有竊弄威福者臣不敢隱上問為誰顒以龍大淵對語在陳俊卿傳上以國用未裕詔宰相兼國用使參政同知國用事顒乃言今日費財養兵為甚兵多則有冗卒虛籍無事則費財有事則不可用雖曰汰之旋即招之欲足國用當嚴於汰緩

於招可也孔子曰節用而愛人蓋節用則愛人之政自行於其間若欲生財稅費民財爾上曰此至言也上曰建康劉源嘗賂近習朕欲遣王抃廉其姦顒曰臣恐廉者甚於姦者乃止乾道三年冬至上親郊而雷顒引漢故事上印綬提舉太平興國宮歸至家不疾而薨年六十八以觀文殿學士致仕贈特進諡正簡顒為人簡易清介與物若無忤至處大事毅然不可奪友人高登嘗上書譏切時相名捕甚急顒與同邸慟令逸去登曰不為君累乎顒曰以獲罪固所願也即為具舟舟移乃去自初仕至宰相服食僮妾田宅不改其舊

葉衡字夢錫婺州金華人紹興十八年進士第調福州寧德簿攝尉以獲鹽寇改秩知臨安府於潛縣戶版積弊富民多隱漏貧弱困於倍輸衡定為九等自五以下除其籍而均其額於上之四等貧者頓蘇徵科為期限榜縣門俾里正諭民不遣一吏而賦自足歲災蝗不入境治為諸邑最郡以政績聞即召對上曰聞卿作縣有法遣還任擢知常州時水潦為災衡發倉為糜以食饑者或言常平不可輕發衡曰儲蓄正備緩急可視民饑而不救耶疫大作衡單騎命醫藥自隨徧問疾苦活者甚衆檄晉陵丞李孟堅攝無錫縣有政聲衡薦于上即除知秀州上之信其言如此除太府少卿合肥瀕湖有圩田四十里衡奏募民以耕歲可得穀數十萬斛租稅二三年後阡陌成倣營田官私各收其半從之除戶部侍郎時鹽課大虧衡奏年來課入不增私販害之也宜自煮鹽之地為之制司火之起伏稽竈之多寡其戶本錢以時給之鹽之委積以時收之擇廉能吏察之私販自絕矣仍命措置官三人淮南於通州浙東於明州浙西於秀州丁母憂起復知廬州未行除樞密都承旨奏馬政之弊宜命統制一員各領馬若干匹歲終

計其數為殿最李垕應賢良方正對策近訐直入第四等衡奏陛下赦其狂而取其忠足以顯容諫之盛乃賜垕制科出身有言江淮兵籍偽濫詔衡按視賜以袍帶鞍馬弓矢且命衡措置民兵咸稱得治兵之要訖事赴闕上御便殿閱武士召衡預觀賜酒灑宸翰賜之知荊南成都建康府除戶部尚書除簽書樞密院事拜參知政事衡奏二事一牧守將帥必擇材以稱其職必久任以盡其材二令戶部取湖廣會子實數盡以京會立限易之從之拜右丞相兼樞密使上銳意恢復凡將帥器械山川防守悉經思慮奏對畢

從容賜坐講論機密或不時召對時會子浸患折閱手詔賜衡曰會子雖曰流通終未盡愜人意目即流使有二千二百餘萬今用上下庫黃金白金銅錢九百萬內藏庫五百萬并蜀中錢物七百萬盡易會子之數專命卿措置日近而辦卿真宰相才也一日上曲宴宰執於凝碧上曰自三代而下至于漢唐治日常少亂日常多何也衡奏聖君不常有周八百年稱極治成康而已上曰朕觀無逸篇見周公為成王歷言商周之君享國長遠真萬世龜鑑衡奏願陛下常以無逸為龜鑑社稷之福上又言朝廷所用正論其

人如何不可有黨如唐牛李之黨相攻四十年緣主聽不明至此文宗曰去河北賊易去朝中朋黨難朕嘗笑之衡奏文宗優游不斷故有此語陛下英明聖武誠非難事御寶實封令與臨安府實思求改合入官衡奏選人改官非奏對稱旨則用考舉磨勘一旦特旨與之非陛下愛惜人才之意上亟收前命上諭執政選使求河南衡奏司諫湯邦彥有口辨宜使金邦彥請對問所以遣既知薦出於衡恨衡擠己聞衡對客有訕上語奏之上大怒即日罷相責授安德軍節度副使郴州安置邦彥使還果辱命上震怒竄之嶺南詔衡自便復官與祠年六十有二薨贈資政殿學士衡負才足智理兵事甚悉由小官不十年至宰相進用之驟人謂出於曾覿云

論曰陳康伯以經濟自任臨事明斷梁克家才優識遠謀國盡忠至若汪澈之論事忠愨薦達人才葉義問直言正色掃除秦檜餘黨然不長於兵臨敵失措豈優議論而劣事功者歟葉顒清儉正直而衡才智有餘蓋亦一時之選云

列傳卷第一百四十三

列傳卷第一百四十四　宋史三百八十五

開府儀同三司上柱國錄軍國重事前中書右丞相監修國史領經筵事都總裁臣脫脫等奉

敕修

葛邲　錢端禮　魏杞　周葵

施師點　蕭燧　龔茂良

葛邲字楚輔其先居丹陽後徙吳興世以儒學名家高祖密至邲五世登科第大父勝仲至邲三世掌詞命邲少警敏葉夢得陳與義一見稱為國器以廕授建康府上元丞會金人犯江上元當敵衝調度百出邲不擾而辦留守張浚王綸皆器重之登進士第薦

之敏為御史薦其才除國子博士輪對論州縣受納及鬻爵之弊孝宗獎諭曰觀所奏知卿材除著作郎兼學士院權直除正言首疏言盈虛之理隱於未然治亂之分生於所忽宜專以畏天愛民為先又論征榷歲增之害如輦下都稅務紹興間所趁茶鹽歲以一千三百萬緡為額乾道六年後增至二千四百萬緡成都府一務初額四萬八千緡今至四十餘萬緡通四川酒額遂至五百餘萬緡民力重困至若租有有定數而暗耗日增折帛益多民安得不窮乎願明詔有司茶鹽酒稅比原額已增至一倍者毋更立新

額官吏不增賞庶少蘇疲甿上特召復令條陳邲以六事對皆切中時病除侍御史論救荒三事累遷中書舍人歲旱詔求初政得失邲應詔大略謂虞允文制國用南庫之積日以厚戶部之入日以削故近年以來常有不足之憂罷兵以來諸將皆以賂得升其勢必至於掊刻取償益精其選還給事中張嶷以說之子除知閤裴良琮以顯仁之姪女夫落階官邲皆繳奏廣西議更鹽法邲言鈔法之行漕臣嘗給群商後入其貲楮幣行之二廣民必疑慮且有後悔除刑部尚書邲為東宮僚屬八年孝宗書安遇字以賜

又出梅花詩命邲屬和眷遇甚渥光宗受禪除參知政事邲勸上專法孝宗正風俗節財用振士氣執中道恤民力選將帥收人才擇監司明法令手疏歷言之上嘉納除知樞密院事紹熙四年拜左丞相專守祖宗法度薦進人物博采公論惟恐其不聞之未朞年除觀文殿大學士知建康府改隆興請祠寧宗即位邲上疏言今日之事莫先於脩身齊家結人心定規模判紹興府簡稽期會錢穀刑獄必親或謂大臣均佚有體邲曰崇大體而簡細務吾不為也嘗曰十二時中莫欺自己其實踐如此改判福州道行感疾

除少保致仕薨年六十六贈少師謚文定配饗光宗
朝庭有文集二百卷詞業五十卷
錢端禮字處和臨安府臨安人父沉潼川軍節度使
端禮以恩補官紹興間通判明州加直秘閣累遷右
文殿脩撰仕外服有聲高宗材之知臨安府御史中
丞汪澈論版曹闕官當遴選權戶部侍郎兼樞密都
丞旨端禮嘗建明用楮為幣於是專委經畫分為六務
出納皆有法幾月易錢數百萬孝宗鋭意恢復詔張
浚出師會符離稍失利湯思退遂倡和議端禮奏有
用兵之名無用兵之實貫怨生事無益於國思退大

喜奏除戶部侍郎未幾兼吏部端禮與戶部尚書韓
仲通同對論經費奏所入有限兵食日增更有調發
不易支吾上云須恢復中原財賦自足仲通奏恢復
未可必且經度目前所用端禮奏仲通言是乞采納
思退與張浚議和戰不決浚方主戰上意甚鄉之思
退詭求去端禮請對乞留又奏兵者凶器願以符離
之潰為戒早決國是為社稷至計於是思退復留命
浚行邊還戍兵罷招納以端禮充淮東宣諭使王之
望使淮西端禮入奏兩淮名曰備守守未必備名曰
治兵兵未必精有用兵不勝僥倖行險輕躁出師大

喪師徒者必勝之說果如此皆誤國明甚端禮既以是
詆浚右正言尹穡亦劾浚罷都督自此議論歸一矣
端禮至淮還極言守備疎略恐召金兵宜早定和議
遂除吏部侍郎再往淮上驛疏言遣使發兵當並行
使以盡其禮兵以防其變不必待金書至而後遣使
書中或有見脅之語不若先遣以釋其疑於計為得
上云端禮所奏未是思退傳旨撤海泗二州戍兵語
在思退傳金帥僕散忠義分兵入上意中悔令思退
都督江淮軍馬端禮試兵部尚書參贊軍事思退畏
怯不行端禮赴闕上曰前後廷臣議論獨卿不變兼

戶部尚書俄拜端明殿學士簽書樞密院事兼權參
知政事上嘗問欲遣楊由義持金帥書而辭行甚力
誰可遣端禮請以王抃行俾與金帥議許割商秦地
歸被俘人惟叛亡者不與餘誓目略同紹興世為叔
姪之國減銀絹五萬易歲貢為歲幣及抃還上見書
金皆聽許端禮贊上如其式報之謀國當思遠圖如
與之和則我得休息以脩內治若為忿兵未見其可
抃遂行諜報北軍已回端禮以和議既定乞降詔除
參知政事兼權知樞密院事時久不置相端禮以首
參闕相位甚急皇長子鄧王夫人端禮女也殿中侍

御史唐堯封論端禮帝姻不可任執政不報遷太常少卿館閣士相與上疏排端禮皆坐絀刑部侍郎王蒂陰附端禮建為國是之說以助其勢吏部侍郎陳俊卿抗疏力詆其罪且謂本朝無以戚屬為相此懼不可為子孫法遠進讀寶訓適及外戚因言祖宗家法外戚不與政最有深意陛下所宜守上納其言端禮憾之出俊卿知建寧府鄧王夫人生子太上甚喜先兩月恭王夫人李氏亦生子於是恭王府直講王淮白端禮云恭王夫人子是為皇長嫡孫端禮不懌翌日奏嫡庶具載禮經講官當以正論輔導不應為

此邪說遂指淮傾邪不正與外任鄧王立為太子端禮引嫌除資政殿大學士提舉德壽宮兼侍讀改提舉洞霄宮起知寧國府移紹興進觀文殿學士端禮籍人財產至六十萬緡有詔鬫陳訴者上聞之與舊祠侍御史范仲芑劾端禮貪暴不悛降職一等淳熙四年八月復元職薨贈銀青光祿大夫後謚忠肅孫象祖嘉定元年為左丞相自有傳

魏杞字南夫壽春人祖陔入官紹興十二年登進士第知宣州涇縣從臣錢端禮薦其才召對擢太府寺主簿進丞端禮宣諭淮東杞以考功員外郎為參議官遷宗正少卿湯思退建和議命杞為金通問使孝宗面諭今遣使一正名二退師三減歲幣四不發歸附人杞條上十七事擬問對上隨事畫可陛辭奏曰臣若將指出疆其敢不勉萬一無厭願速加兵上善之行次盱眙金所遣大將僕散忠義紇石烈志寧等方擁兵闚淮遣權泗州趙房長問所以來意求觀國書杞曰書御封也見主當廷授房長馳白僕散忠義疑國書不如式又求割商秦地及歸正人且欲歲幣二十萬杞以聞上命盡依初式再易國書歲幣亦如其數忠義以未如所欲遂與志寧分兵犯山陽戰不

利驍將魏勝死之上怒金反覆詔以禮物犒督府師杞奏金若從約而金繒不具豈不辱國體格事機乎乃以禮物行至燕見金主裒具言天子神聖才傑奮起人人有敵愾意北朝用兵能保必勝乎和則兩國享其福戰則將士蒙其利昔人論之甚悉金君臣環聽拱竦館伴張恭愈以國書稱大宋脅去大字杞拒之卒正敵國禮損歲幣五萬不發歸正人北還上慰藉甚遷守起居舍人遷給事中同知樞密院事進參知政事右僕射兼樞密使時方借職田助邊降人蕭鷓巴賜淮南田意不惬以職田請杞言圭租食功養

廉借之尚可奪之不可上是其言杞以使金不辱命縣庶官一歲至相位上銳意恢復杞左右其論會郊祀冬雷用漢制災異策免守左諫議大夫提舉江州太平興國宮六年授觀文殿學士知平江府諫官王希呂論杞貪墨奪職後以端明殿學士奉祠告老復資政殿大學士淳熙十一年十一月薨贈特進嘉泰中謚文節

周葵字立義常州宜興人少力學自鄉校移籍京師兩學傳誦其文宣和六年擢進士甲科調徽州推官高宗移蹕臨安諸軍交馳境上葵與判官攝郡事應

變敏速千里帖然教授臨安府未上吏部侍郎陳與義客薦之召試館職將試復引對高宗曰從班多說卿端正除監察御史徙殿中侍御史在職僅兩月言事至三十章且歷條所行不當事凡二十條指宰相不任責高宗變色曰趙鼎張浚肯任事須假之權奈何遽以小事形迹之葵曰陛下即位已相十許人其初皆極意委之卒以公議不容而去大臣亦無固志假如陛下有過尚望大臣盡忠豈大臣有過而言者一指乃便為形迹使彼過而不改罪戾日深非所以保全之也高宗改容曰此論甚奇張浚議北伐葵三章力言此存亡之機非獨安危所係或言葵沮大計罷為司農少卿以直祕閣知信州未上鼎罷陳與義執政改湖南提刑以親老易江東皆不就和議已定被召論為國有道戰則勝守則固和則久不然三者在人不在我矣除太常少卿時秦檜獨相意葵前論事去必憾趙鼎再除殿中侍御史葵語人曰元鎮已貶葵固不言雖門下客亦不及之也內降差除四人奏言願陛下以仁祖為法大臣以杜衍為法檜始不樂又論國用軍政士民三弊高宗曰國用當藏之民百姓足則國用非所患又言薦舉改官之弊宜聽減

舉員詔吏部措置檜所厚權戶部尚書梁汝嘉將特賜出身除兩府汝嘉聞葵欲劾之謂中書舍人林待聘曰副端將論君矣待聘乘檜未趨朝亟告之檜即奏為起居郎葵方待引檜下殿諭閤門曰周葵已得旨除起居郎隔下八月庚辰也參政李光擬除呂廣問館職檜不許時有詔從官薦士葵以廣問應詔不相知也光既黜葵以附會落職主管玉隆觀復置祕閣起知湖州移平江府時金使絡繹于道葵不為禮轉運李椿年希檜旨劾之落職主管崇道觀尋居鄉間憂患頻仍人不能堪葵獨安之檜死復直祕閣知

紹興府過闕權禮部侍郎尋兼國子祭酒奏科舉所以取士比年主司迎合大臣意取經傳語可諛者為問目學者競逐時好望詔國學并擇秋試考官精選通經博古之士置之前列其穿鑿乖謬者黜之兼權給事中侍御史湯鵬舉言葵以魏良臣薦躐處侍從呂廣問葵之死黨乞并罷之太學生黃作詹淵率諸生都堂投牒留葵翌日博士何俌等言于朝乞懲戒詔作淵皆送五百里外州編管葵出知信州隨罷起知信州引疾改提舉興國宮加直龍圖閣知太平州水壞圩堤悉繕完凡百二十里傍郡圩皆沒惟當塗

歲歉市河久堙雨暘交病葵下令城中家出一夫官給之食併力浚導公私便之進集英殿脩撰敷文閣待制知婺州孝宗即位除兵部侍郎兼侍講改同知貢舉兼權戶部侍郎孝宗數手詔問錢穀出入葵奏陛下勞心庶政日有咨詢若出入意表今皆微文細故此必有小人乘間欲售其私不可不察蓋指龍大淵曾覿也孝宗色為動金主亮為其下所斃張浚自督府來朝密言敵失泗州其懼罪者皆欲來歸願遣軍渡淮赴之此恢復之機也葵請對謂不可輕舉累數百言及遣李顯忠邵宏淵取靈璧虹二縣敗績孝

宗思其言拜參知政事葵始終守自治之說兼權知樞密院事臺諫交章言議和太速葵與陳康伯湯思退乞令侍從臺諫集議衆益洶洶諸公待罪乞罷不許葵獨留身固請孝宗曰卿何請之力也曰自預政以來每與宰相論事有以為然而從者有不得以強從者有絕不肯從者十常四五洎至榻前陛下又或不然大率十事之中不從者七八安得不愧於心此臣所以欲去也嘗乞召用侍從臺諫孝宗曰安得如卿直諒者遂薦李浩龔茂良孝宗皆以為佳士次第用之太常奏郊牛斃葵言春秋鼷鼠食牛角免郊況

邊虞未靖請展郊以符天意詔從之虞允文陳康伯相葵即求退除資政殿學士提舉洞霄宮起知泉州告老加大學士致仕閑居累年不以世故縈心淳熙元年正月薨年七十有七上聞震悼贈正奉大夫後以子升朝累贈太傅葵孝於事親當任子先孤姪其薨也幼子與孫尚未命平生問學不泥傳注作聖傳詩二十篇文集三十卷奏議五卷晚號惟心居士四年有司請謚賜謚曰惠簡

施師點字聖與上饒人十歲通六經十二能文弱冠游太學試每在前列司業高宏稱其文深醇有古風

壽授以學職以舍選奉廷對調復州教授未上丁內
艱服除為臨安府教授乾道元年陳康伯薦賜對言
歷年屢下詔恤民而惠未加浹陛下軫念惟恐一夫
失所郡邑搜求惟恐財賦不集毋惑乎日降絲綸恩
不霑被細民既困於倍輸又困於非泛重以歲惡室
且垂磬租不如期積多逋負今明堂肆赦戶自四等
以下逋自四年以前願悉除免上曰非卿不聞此言
詔從之八年兼權禮部侍郎除給事中時太子詹事
已除上又特令增員為二命兼之賜對言比年人物
骫骳士氣耗薾當廣儲人材以待用上曰觀卿所奏公
輔器也假翰林學士知制誥兼侍讀使金致命金廷
立班既定相儀者以親王將至命師點退位師點屹
立相儀者請數四師點正色曰班立已定尚欲何為
不肯少動在廷相顧駭愕知其有守不敢復以為請
九年使還有言其事于上者上嘉歎不已及後金使
賀正旦至闕問館伴師點今居何官館伴宇文价於
班列中指師點以示之金使悅然曰一見正人令人
眼明十年除端明殿學士簽書樞密院事入奏控免
上曰卿靖重有守識慮深遠朕欲用卿久矣復詔兼
參知政事除參知政事兼同知樞密院事師點嘗同

宰相奏事退復同樞密周必大進呈上曰適一二事
卿等各陳所見甚闢大體前此宰相奏事執政不措
辭令卿等如此深副所望必大奏祖宗時宰執奏事
自相可否或至面相切責退不相銜自秦檜用事執
政畏避不敢言今陛下虛心兼聽若只宰相奏事何
用執政為師點復奏臣敢不竭股肱之力上因諭之
曰朕欲天下事日往來胸中未嘗釋也先是州郡上
供或不以時進立歲終稽考法及是主計臣有喜為
督促者乞不待歲終先期行之畫命已下師點矍然
曰此策若行上下逼迫民不聊生或謂令已出矣師
點曰事有為天下病惟恨更之不速即追寢其議樞
密周必大舉手賀師點曰使天下赤子不被其毒者
公之賜也一日入對後殿上曰朕前飲冰水過多忽
暴下幸即平復師點曰自古人君當無事時快意所
為忽其所當戒其後未有不悔者上深然之十三年
辭兼同知樞密院事權提舉國史院權提舉國朝會
要十四年除知樞密院事師點惓惓搜訪人才手書
置夾袋中謂蜀去朝廷遠人才難以自見蜀士之賢
者俾各疏其所知差次其才行文學每有除授必列
陳之五年春以資政殿大學士知泉州■除提舉臨

安府洞霄宫紹興二年除知隆興府江西安撫使師點嘗謂諸子曰吾平生仕宦皆任其升沉初未嘗容心其間不枉道附麗獨人主知之遂至顯用夫人窮達有命不在巧圖惟忠孝乃吾事也三年得疾薨年六十九贈金紫光祿大夫有奏議七卷制䕃八卷東宮講議五卷易說四卷史識五卷文集八卷

蕭燧字照鄰臨江軍人高祖固皇祐初為廣西轉運使知儂智高凶狡條上羈縻之策於樞府不果用智高後果叛父增紹興初嘗應制舉燧生而穎異幼能屬文紹興十八年擢進士高第授平江府觀察推官時秦檜當國其親黨密告燧秋試必主文漕臺燧詰其故曰丞相有子就舉欲以屬公燧怒曰初仕敢欺心耶檜懷之既而被檄秀州至則員溢就院易一員往漕闈秦熺果中前列秩滿當為學官避檜調靜江府察推而歸燧未第時夢神人示以文書記其一聯云如火烈烈玉石俱焚在冬青青松柏不改已而果符前事未幾丁憂三十二年授靖州教授孝宗初除諸王宮大小學教授輪對論官當擇人不當為人擇官上喜製用人論賜大臣淳熙二年累遷至國子司業兼權起居舍人進起居郎先是察官闕朝論多屬

燧以未歷縣遂除左司諫上諭執政昨除蕭燧若何龔茂良奏燧純實無華正可任言責閒除目下外議甚允燧首論辨邪正然後可以治上以外臺耳目多不稱職時宦官甘昪之客胡與可都承旨王抃之族叔柜皆持節于外有所依憑無善狀燧皆奏罷之時復議進取上以問燧對曰今賢否雜揉風俗澆淳兵未強財未裕宜卧薪嘗膽以圖內治若恃小康萌驕心非臣所知上曰忠言也因勸上正紀綱容直言親君子遠小人近習有勞可賞以祿不可假以權上皆嘉納擢右諫議大夫入謝上曰卿議論鯁切不求名譽糾正姦邪不恤仇怨五年同知貢舉有旨下江東西湖南北帥司招軍燧言所募多市井年少利犒賚往往捕農民以應數取細民以充軍乞嚴戒諸郡庶得丁壯以為用從之襄帥李景孚貪虐參政趙雄庇之臺臣謝廓然不敢論燧獨奏罷之雄果營救復命還任燧再論并及雄雄密奏燧誤聽景孚仇人之言遂下臨安府捕蔡州士人鍾京等置之獄坐以罪景孚復依舊職燧乃自劾詔以風聞不許竟力求去徙刑部侍郎不拜固請補外出知嚴州吏部尚書鄭丙侍郎李椿上疏留之上亦尋悔嚴地狹財匱始至官

鎰不滿三千燧儉以足用二年之間積至十五萬以其羨補積逋諸邑皆寬先是宣和庚子方臘盜起甲子一周人人憂懼會遂安令朘土兵廩給羣言恟恟燧急易令且呼卒長告戒悉畏服城中惡少群擾市燧密籍姓名涅補軍額人以按堵上方斬職名非功不予詔燧治郡有勞除敷文閣待制移知婺州父老遮道幾不得行送出境者以千數婺與嚴鄰人熟知條教不勞而治歲旱浙西常平司請移粟于嚴燧謂東西異路不當與然安忍於舊治坐視為請諸朝發太倉米振之八年召還言江浙再歲水旱願下詔求

言仍令諸司通融郡縣財賦毋但督迫除吏部右選侍郎旋兼國子祭酒九年為樞密都承旨近例承旨以知閤門官兼或怙寵招權上思復用儒臣故命燧以龍圖閣待制為之燧言債帥之風未殄群臣多迎合獻諛強辨干譽宜察其虛實上稱善除權刑部尚書充金使館伴十年兼權吏部尚書上言廣西諸郡民身丁錢之弊兼侍講升侍讀言命令不可數易憲章不可數改初官不許恩例免試今或竟令注授既卻羨餘之數今反以出剩為名諸路錄大辟長吏當親詰若死囚數多宜如漢制殿最以聞事多施行慶

典霈澤丁錢減半亦自燧發之高宗山陵充按行使除參知政事尋充永思陵禮儀使權監脩國史日曆十六年權知樞密院以年及自陳上留之不可除資政殿學士與郡復請閑提舉臨安府洞霄宮紹熙四年卒年七十七謚正肅孝宗每稱其全護善類誠實不欺手書二十八將傳以賜子達登淳熙十四年進士第唱名第四孝宗曰達才氣甚佳父子高科殊可喜達累官至太常

龔茂良字實之興化軍人紹興八年進士第為南安簿邵武司法父母喪哀毀擗踊鄰不忍聞調泉州察

推以廉勤稱改宣教郎以同知樞密院事黃祖舜薦召試館職除祕書省正字累遷吏部郎官張浚視師江淮茂良言本朝禦敵景德之勝本於能斷靖康之禍在於致疑願仰法景德之斷勿為靖康之疑除監察御史江浙大水詔陳闕失茂良疏曰水至陰也其占為女寵為嬖倖為小人專制崇觀政和小人道長內則憸府竊弄外則姦回充斥於是京城大水以至金人犯闕今進退一人施行一事命由中出人心譁然指為此輩臣願先去腹心之疾然後政事闕失可次第言矣內侍梁珂曾覿龍大淵皆用事故茂良及

之遷右正言會內侍李珂沒贈節度謚靖恭茂良諫曰中興名相如趙鼎勳臣如韓世忠皆未有謚如朝廷舉行亦足少慰忠義之心今施於珂為可惜竟寢其謚嘗論大淵覿姦回至是又極言之曰今積陰弗解淫雨益甚熒惑入斗正當吳分天意若有所怒而未釋二人害政甚珂百倍上諭以皆潛邸舊非他近習比且俱有文學敢諫爭未嘗預外事翌日再疏言唐德宗謂李泌人言盧杞姦邪朕獨不知何耶泌曰此其所以為姦邪也今大淵覿所為行道之人能言之而陛下更頌其賢此臣所以深憂疏入不報即家

居待罪章再上除太常少卿五辭不拜除直祕閣知建寧府自以不為群小所容請祠不允上後知二人之姦既逐于外起茂良廣東提刑就知信州即番山之址建學又置番禺南海縣學既成釋奠行鄉飲酒以落之城東舊有廣惠庵中原衣冠沒於南者瘞之歲久廢茂良訪故地更建海會浮圖蔵寄暴露者皆掩藏無遺召對崇政殿左丞相陳俊卿欲留之右相虞允文不樂會俊卿亦罷除直顯謨閣江西運判無知隆興府上以江西連歲大旱知茂良精忠以一路荒政付之茂良戒郡縣免積稅上戶止索逋發廩振

贍以右文殿修撰再任疫癘大作命醫治療全活數百萬進待制敷文閣賞其救荒之功召對奏潢池弄兵之盜即南畝負耒之民令諸郡曉極多頒詔監司守臣條陳募人從便請耕民有餘粟雖驅之為寇亦不從矣除禮部侍郎上亟用茂良手詔問國朝典故有自從官徑除執政例明日即拜參知政事奏事賜坐上顧葉衡及茂良曰兩參政皆公議所與衡等起謝上從容曰自今諸事毋循私若鄉曲親戚且未須援引朕每存公道設有誤卿等宜力爭君臣之間不可事形迹茂良曰大臣以道事君遇有不可自當啓

沃豈容迹見於外請詔有司刋定七司法淮南旱茂良奏取封樁米十四萬委漕帥振濟或謂救荒常平事今遽取封樁米毋乃不可茂良以為淮南只尺敵境民久未復業饑寒所逼萬一嘯聚患害立見寧能計此米乎他日上獎諭曰淮南旱荒民無饑色卿之力也潮州守奏通判不法得旨下帥臣體訪通判茂良鄉人也同列密以省吏付棘寺推鞫欲及茂良奏事退同列留身出獄案進上茂良不知也上厲聲曰參政決無此茂良遜謝不復辯葉衡罷上命茂良以首參行相事慶壽禮行中外覲恩茂良慨然歎曰此

當以身任怨不敢愛身以弊天下若自一命以上覃轉不知月添給奉與來歲郊恩奏補幾何將何以給宣諭奬用廉退茂良奏朱熹操行耿介屢召不起宜蒙録用除秘書郎羣小乘間讒毀未幾手詔付茂良謂虛名之士恐壞朝廷熹迄不至錢良臣侵盜大軍錢糧累數十萬茂良奏其事手詔令具析俄召良臣赴闕駸駸柄用其後茂良之貶良臣與有力焉茂良之以首參行相事也踰再歲上亦不置相因諭茂良史官近奏三台星不明蓋實難其選耳淳熙四年正月召史浩於四明茂良亦覺眷衰因疾力求去上曰

朕以經筵召史浩卿不須疑時曾覿欲以大資祿其孫茂良以文武官各隨本色蔭補格法繳進覿因茂良入堂道間俾直省官賈光祖等當道不避街司叱之曰參政能幾時茂良奏臣固不足道所惜者朝廷大體上諭覿往謝茂良正色曰參知政事者朝廷參知政事也覿慙退上諭茂良先遣人於覿衙替而後施行茂良批旨取賈光祖輩下臨安府撻之手詔宣問施行太遽茂良待罪上使人宣諭委曲令繳進手詔且謂卿去雖得美名置朕何地茂良即奉詔謝廓然賜出身除殿中侍御史廓然附曾覿者也中書舍人林光輔繳奏不書黃遂補外茂良力求去上諭曰朕極知卿不敢忘欲保全卿去俟議恢復卿當再來是日除職與郡令內殿奏事乃手疏恢復六事上曰卿五年不説恢復何故今日及此退朝甚怒曰福建子不可信如此謝廓然因劾之乃落職放罷尋又論茂良擅權不公矯傳上旨輒斷賈光祖等罪遂責降安置英州父子卒于貶所覿與廓然死後茂良家投匭訟寃遂復通奉大夫周必大獨相進呈復職上曰茂良本無罪遂復資政殿學士謚莊敏茂良平生不喜言兵去國之日乃言恢復事或謂覿客令人訹之

云若論恢復必再留茂良信之廓然論茂良亦以此為罪茂良沒數年朱熹從其子得副本讀之則事雖恢復而其意乃極論不可輕舉猶平生素論也深為之歎息云

論曰葛邲在相位雖不久而能守法度進人才其處己也則以不欺為本錢端禮以戚屬為相周葵晚雖不附秦檜而與龔茂良皆主和議若乃魏杞奉使知等國體施師點之靖重有守蕭燧忠實敢言仕於紹興之間可謂不幸矣

列傳卷第一百四十四

開府儀同三司上柱國錄軍國重事前中書右丞相監修國史領經筵事都總裁臣脫脫等奉

勑修

劉珙　王藺　黃祖舜　王大寶

金安節　王剛中　李彥穎　范成大

劉珙字共父子羽長子也生有奇質從季父子翬學以蔭補承務郎登進士乙科監紹興府都稅務請祠歸杜門力學不急仕進主管西外睦宗院召除諸王宮大小學教授遷禮部郎官秦檜欲追謚其父召禮官會問珙不至檜怒風言者逐之檜死召為大宗正丞遷吏部員外郎置令式

庭中使選集者得自繙閱與吏辨吏無得藏其巧兼權秘書少監兼權中書舍人金犯邊王師北向詔檄多出其手詞氣激烈聞者泣下御史杜莘老劾宦者張去為忤旨左遷珙不草制莘老得不去從幸建康兼直學士院車駕將還軍務未有所付時張浚留守建康衆望屬之及詔出以楊存中為江淮宣撫使珙不書錄黃仍論其不可上怒謂宰相曰劉珙父為浚所知此特為浚地耳命再下宰相召珙諭旨且曰再繳則累張公珙曰其為國家計豈暇為張公謀執奏如初存中命乃寢真除中書舍人直學士院田師中死其家請以恩入王繼先第為賜李珂關通近習求為督府掾詔從中下珙皆論罷之出知泉州改衢州湖南旱郴州宜章縣李金為亂朝廷憂之以珙知潭州湖南安撫使入境聲言發郡縣兵討擊而移書制使沈介請以便宜出師曰檀興之罪吾自當之介即遣田寶楊欽以兵至珙知其暑行疲怠發夫數程外迎之代其負任至則犒賜過望軍士感奮珙知欽可用檄諸軍皆受節制下令募賊徒相捕斬詣吏者除罪受賞欽與寶連戰破賊追至莽山賊黨曹彥黃珙執李金以降支黨竄匿者尚衆珙諭欽等却兵聽其自降賊相率納兵給據歸田里第上諸將功狀有差上賜璽書曰近世書生但務清談經綸實才蓋未之

見朕以是每有東晉之憂今卿既誅群盜而功狀詳實諸將優劣破賊先後歷歷可觀宜益勉副朕意除翰林學士知制誥兼侍讀言於上曰世儒多病漢高帝不悅學輕儒生臣以為高帝所不悅特腐儒俗學耳使當時有以二帝三王之學告之知其必敬信功烈不止此因陳聖王之學所以明理正心為萬事之綱上亟稱善拜中大夫同知樞密院事辭不獲因進言曰汪應辰陳良翰張栻學行才能皆臣所不逮而栻窮探聖微曉暢軍務曩幸破賊栻謀為多願亟召用上可其奏兼參知政事奏除福建鈔鹽歲額二萬萬罷江西和糴及廣西折米鹽錢又蠲諸路累年逋

負金錢穀帛巨億計上嘗以久旱齋居禱雨一夕而應珙
進言曰陛下誠心感格其應如響天人相與之際真不容
髮隱微纖芥之失其應豈不亦猶是乎臣願益謹其獨上
竦然稱善龍大淵曾覿既被逐未幾大淵死上憐覿欲還
之珙言二人之去天下方仰威斷此曹奴隸耳厚賜之可
也若引以自近使與聞機事進退人才非所以光德業振
紀綱命遂止殿前指揮使王琪被旨按視兩淮城壁還密
薦和州教授劉甄夫上諭執政召之珙請曰此人名位微
何自知之上以琪告珙退坐堂上追琪至詰其故授牘使
對琪恐請後不敢乃叱使書其戒勵狀而去會揚州奏琪擻

郡增築新城珙遂奏罷琪語在陳俊卿傳珙時爭之尤力
殿中皆驚以故獨罷為端明殿學士奉外祠陳俊卿言珙
正直有才肯任怨臣所不及願留之詔改知隆興府江西
安撫使入辭猶以六事為獻上曰卿雖去國不忘忠言材
美非他人所及行召卿矣至鎮首蠲稅務新額及罷苗倉
大斛屬邑奉新有復出租稅窮民不能輸相率逃去反失
正稅并奏除之除資政殿學士知荊南府湖北安撫使以
繼母憂去起復同知樞密院事荊襄安撫使珙六上奏懇
辭引經據禮詞甚切最後言曰三年通喪三代未之有改
漢儒乃有金革無避之說已為先王罪人今邊陲幸無犬

吠之警臣乃欲冒金革之名以私利祿之實不亦又為漢
儒之罪人乎服闋再除知潭州湖南安撫使過闕入見極
論時事言甚切至上再三加勞進資政殿大學士以行安
南貢象所過發夫除道毀屋廬數十州騷然珙奏曰象之
用於郊祀不見於經驅而遠之則有若周公之典且使吾
中國之疲民困於遠夷之野獸豈仁聖之所為哉湖北茶
盜數千人入境疆吏以告珙曰此非必死之寇緩之則散
而求生急之則聚而致死揭榜諭以自新聲言兵且至令
屬州縣具數千人食盜果散去其存者無幾珙乃遣兵戒
曰來毋亟戰去毋窮追不去者擊之耳盜意益緩於是一

戰敗之盡擒以歸誅首惡數十餘隸軍籍淳熙二年移知
建康府江東安撫使行宮留守會水且旱首奏蠲夏稅錢
六十萬緡秋苗米十六萬六千斛禁止上流稅米遏糴得
商人米三百萬斛貸諸司錢合三萬遣官糴米上江得十
四萬九千斛籍主客戶高下給米有差又運米村落置場
平價振糶貸者不敢償起是年九月盡明年四月闔境數
十萬人無一人捐瘠流徙者進觀文殿學士屬疾請致仕
孝宗遣中使以醫來疾革草遺奏言恭顯任文近習用事
之戒今以腹心耳目寄之此曹朝綱以紊士氣以索民心
以離咎皆在此陳俊卿忠良確實可以任重致遠張栻學

問醇正可以拾遺補闕願亟召用之既又手書訣栻與朱
熹其言皆以未能為國報雪讐耻為恨薨年五十七贈光
祿大夫謚忠肅珙精明果斷居家孝喪繼母卓氏年已逾
五十盡哀致毁内外功緦之戚必素服以終月數喜受盡
言事有小失下吏言之立改臨數鎮民愛之若父母聞訃
有罷市巷哭相與祠之者

王藺字謙仲廬江人乾道五年擢進士第為信州上饒簿
鄂州教授四川宣撫司幹辦公事除武學諭孝宗幸學藺
迎法駕立道周上目而異之命小黄門問知姓名由是簡
記遷樞密院編脩官輪對奏五事讀未竟上喜見顔色明

日諭輔臣曰王藺敢言宜加獎擢除宗正丞尋出守舒州
陛辭奏疏數條皆極言時事之未得其正者上曰卿議論
峭直尋出手詔王藺鯁直敢言除監察御史一日上袖出
幅紙賜之曰比覽陸贄奏議所陳深切今日之政恐有如
德宗之弊者可思朕之闕失條陳來上藺即對曰德宗之
失在於自用遂非致天下士退即上疏陳德宗之弊并及
時政闕失上嘉納之遷起居舍人言朝廷除授失當臺諫
不悉舉職給舍始發繳駁内官醫官樂官賜予之多遷轉
之易可不思警懼而正之乎上竦然曰非卿言朕皆不聞
磊磊落落惟卿一人除禮部侍郎兼吏部嘗因手詔諫選

監司欲得剛正如卿者可舉數人即奏舉潘時鄭僑林大
中等八人乞擢用會以母憂去服除召還為禮部尚書進
參知政事光宗即位遷知樞密院事兼參政拜樞密使光
宗精厲初政藺亦不存形迹除目或自中出未愜人心者
輙留之納諸御坐或議建皇后家廟力爭以為不可因應
詔上疏願陛下先定聖志條列八事疏入不報中丞何澹
論之以罷去起帥閩易鎮蜀皆不就後領祠帥江陵寧宗
即位改帥湖南臺臣論罷歸里奉祠七年薨藺盡言無隱
然嫉惡太甚同列多忌之竟以不合去有奏議傳于世

黄祖舜福州福清人登進士第累任至軍器監丞入對言

縣令付銓曹專用資格曷若委郡守汰其尤無良者上然
之權守尚書屯田員外郎徙吏部員外郎出通判泉州將
行言抱道懷德之士不應書干祿老於韋布乞自科舉後
有學行脩明孝友純篤者縣薦之州州延之庠序以表率
多士其卓行尤異者州以名聞是亦鄉舉里選之意下其
奏禮部遂留為倉部郎中遷右司郎中權刑部侍郎兼詳
定敕令司兼侍講進論語講義上命金安節校勘安節言
其書詞義明粹乃令國子監板行薦李寶勇足以冠軍智
足以料敵詔以寶為帶御器械兼權給事中張浚薨其家
奏留使臣五十餘人理資任祖舜言武臣守闕者數年今

素食無代坐進崇秩曷以勸功乞為之限制遂詔勳臣家兵校留五之一戶部奏以官田授汰去使臣祖舜言使臣汰者一千六百餘人臨安官田僅為畝一千一百計其請而給田則不過數十人事不行保義郎梁舜弼漢弼邦彥養孫也並閤門袛候祖舜言閤門不可以恩澤補遷知池州劉堯仁升右文殿修撰知新州韓彥直升秘閣修撰祖舜言脩撰本以待文學不可倖得故資政殿學士楊愿家乞遺表恩祖舜言愿陰濟秦檜中傷善類皆寢其命秦熺卒贈太傅祖舜言熺預其父檜謀議今不宜贈帝傳之秩追奪之遷同知樞密院事金主亮犯淮劉汜敗王權走上

將誅權以厲其餘祖舜言權罪當誅汜不容貸劉錡有大功聞其病已殆權汜誅錡必媿忿以死是國家一敗兵而殺三將得無快於敵乎上嘉納薨于官謚莊定

王大寶字元龜其先繇溫陵徙潮州政和間貢辟廱建炎初廷試第二授南雄州教授以祿不逮養移病而歸閱數年差監登聞鼓院主管台州崇道觀復累年趙鼎謫潮大寶日從講論語鼎歎曰吾居此平時所薦無一至者君獨肯從吾游過人遠矣知連州張浚亦謫居命其子栻與講學時趙張客貶斥無虛日人為累息大寶獨泰然浚奉不時得大寶以經制錢給之浚曰如累君何大寶不為變代還言連英循惠新恩六州居民纔數百非懋遷之地月輸免行錢宜蠲減高宗謂大臣曰守臣上殿令陳民事遂得知田里疾苦所陳五六得一可行其利亦不細矣乃命廣西諸司具減數聞知袁州進詩書易解上謂執政曰大寶留意經術其書甚可采可與內除執政擬國子司業上喜曰適合朕意時經筵闕官遂除國子司業兼崇政殿說書奏江南諸州有月樁錢無定名數吏緣為姦刻剝民又有折帛錢方南渡兵興物價翔貴令下戶折納務以優之今市帛匹四千而令輸六千盍委監司覈月樁為定制減折帛惠小民詔戶部詳其奏直敷文閣知溫州提點福建刑

獄道臨漳有峻嶺曰蔡岡蕪薄蔽翳山石犖确盜乘間剽刼大寶以橐金三十萬募民抉藪甃道十餘里行者便之提點廣東刑獄孝宗即位除禮部侍郎大寶言古致治之君先明國是而行之以果斷自軍興以來曰征曰和浮議靡定太上傳丕基於陛下四方日徯恢復國論未定眾志未孚願陛下果斷則無不濟擢右諫議大夫首論朱倬沈該之罪皆行其言汪澈督師荊襄大寶劾其不能節制坐視方城之敗疏再上澈落職謫台州大寶嘗論及移蹕上曰吾欲亟行大寶奏今日之勢殆未可頗少寬歲月張浚復起為都督大寶力贊其議符離失律群言洶洶大寶言

危疑之際非果斷持重何以息横議未幾湯思退議罷督
府力請講和大寶奏謂今國事莫大於恢復莫讐於金敵
莫難於攻守莫審於用人宰相以財計之軍儲虚符離師
潰名額不除意在覈軍籍減月給臣恐不惟邊鄙之憂而
患起蕭墻矣章三上除兵部侍郎胡銓爲起居郎奏曰近
日王十朋王大寶相繼引去非國之福上曰十朋力自引
去朕留之不能得大寶論湯思退太早今爲兵部侍郎豈
容復聽其去未幾以敷文閣直學士提舉太平興國宫他
日銓奏事上復諭之曰大寶留之經筵亦固求去勢不兩
立銓奏自古臺諫論宰相多矣若謂勢不兩立則論宰相

者皆當去大寶尋請致仕督府既罷撤邊防棄四州金復
犯邊詔思退都督軍馬辭不行上震怒竄思退中外以大
寶前言不用爲恨乾道元年落致仕召爲禮部尚書入對
言理財之道當務本抑末右正言程叔達奏大寶乞復免
行錢非是以舊職提舉太平興國宫中書舍人閻安中欲
留其行叔達併劾之詔大寶致仕尋卒年七十七
金安節字彦亨歙州休寧人資穎悟日記千言博洽經史
尤精於易宣和六年繇太學擢進士第調洪州新建縣主
簿紹興初范宗尹引爲删定官入對言司馬光以財用之
請用宰相領總計使宜以爲法除司農丞又遷殿中侍御

史韓世忠子彦直直秘閣安節言崇觀以來因父兄秉政
而得貼職近制皆在討論今彦直復因父任而授是自廢
法也不報任申先除待制致仕安節劾其怨望乞追奪秦
檜兄梓知台州安節劾其附麗梁師成梓遂罷檜銜之未
幾丁母憂去遂不出檜死起知嚴州除浙西提刑入爲大
理卿首言治民之道先德後刑今守令庸不及遠簿書期
會賦税輸納窮日力辦之而無卓然以教化爲務者頃申
飭守令俾無專事法律苟可以賛教化必力行之時獲僞
造鹽引者大臣欲置之死安節力爭以爲事已十餘年且
自首無死法因得減等兩浙漕蜀王悦道輸仁和令楊績

獄不實事下大理安節并逮悦道悦道奸醫王繼先子也
釁因人求免安節不從遷宗正少卿爲金使施宜生賀正
安節館伴屬顯仁皇后喪服黑帶宜生曰使人以賀禮來
迓使安得服黑帶安節辭難再四宜生屈服遷禮部侍郎
明年再充送伴使至楚州副使耶律翼奪巡檢王松馬不
得鞭笞之安節遣人責翼詞色俱厲朝廷恐生事坐削兩
秩葉義問使金金主因言前日奪馬事曲在翼已答二百
回日可詳奏乃復元官遷禮部侍郎將祠明堂時已聞欽
宗升遐安節言宫廟行禮皆當以大臣攝事從之遷侍講
給事中殿院杜莘老論張去爲補外安節言不可因内侍

而去言官上遂留莘老金主亮犯淮從幸建康亮死安節
陳進取招納備守三策而以備守為進取招納之本上將
還臨安命楊存中宣撫江淮荊襄安節言存中頃以權太
盛人言籍籍方解軍政復授兹職非所以全之又言方今
正當大明賞罰乃首用劉寶王權刻剝庸懦之人何以激
勸將士上皆納之楊存中議省江淮州縣安節言廬之合
肥和之濡須皆昔人控扼孔道魏明帝云先帝東置合肥
南守襄陽西固祈山賊來輒破於三城之下孫權築濡須
塢魏軍累攻不克守將如甘寧等常以寡制衆蓋形勢之
地攻守百倍豈有昔人得之成功今日有之而反棄之耶

且濡須巢湖之水上接店步下接江口可通漕舟乞擇將
經理存中議遂格孝宗嗣位給廷臣筆札陳當世事安節
請嚴內降之科凡內侍省御藥院內東門司冗費一切罷
去堂除省歸吏部長官聽辟僚屬以清中書之務文武蔭
補各有定制毋令易文資臣僚致仕遺表恩澤不宜奏異
姓使得高貲為市上嘗對大臣稱其誠實一日因奏事面
勞之曰近不見繳駮有所見但繳駮朕無不聽龍大淵曾
覿以潛邸舊恩大淵除樞密都承旨覿帶御器械諫議大
夫劉度仍累疏論之隆興改元大淵覿並除知閤門事宰
相知安節必以為言使人諷之曰若書行即坐政府矣安

節拒不納封還錄黃時臺諫相繼論列奏入不出上意未
回安節與給事中周必大奏陛下即位臺諫有所彈劾雖
兩府大將欲罷則罷欲貶則貶獨於二臣乃為遷就諱避
臣等若奉明詔則臣等負中外之謗大臣若不開陳則大
臣負中外之責陛下若不俯從則中外紛紛未止也上怒
安節即自劾乞竄上意解命遂寢潛邸舊人李珂擢編脩
官安節又奏罷之上諭之曰朕知卿孤立無黨張浚聞之
語人曰金給事真金石人也拜兵部侍郎金將僕散忠義
遣三省樞密院書論和議乃畫定四事詔群臣議安節謂
世稱姪國國號不加大字及用再拜二字皆不可從海泗

唐鄧為淮襄屏蔽不可與必不得已寧少增歲幣欽宗梓
宮當迎奉陵寢地必不肯歸我宜每因遣使恭謁但講好
之後當益選將厲兵以為後圖已而請祠得請中書舍人
胡銓繳奏謂安節太上之舊人而陛下之老成也漢張蒼
唐張柬之國朝富弼文彥博皆年八旬尚不聽其去安節
膂力未愆有憂國心豈宜從其引去上遂留之踰年權吏
部尚書兼侍讀自是力請謝事詔以敷文閣學士致仕陛
辭上曰卿且暫歸旦夕召卿矣去之日縉紳相與嘆羨以
為中興以來全名高節鮮有其比乾道六年卒年七十七
遺表聞贈通奉大夫累贈開府儀同三司少保安節至孝

居喪有禮與兄相友愛田業悉推與之又以恩奏其孫子僎初筮仕未嘗求薦於人及貴有舉薦不令人知其除司農丞或語之曰公是命張侍郎致遠為中司時所薦盍往謝之安節曰彼為朝廷薦人豈私我耶竟不往薦晁公武龔茂良可臺諫皆稱職二人弗知也與秦檜忤不出者十八年及再起論事終不至人以此服之有文集三十卷奏議表號周易解

王剛中字時亨饒州樂平人剛中博覽強記紹興十五年進士第二人任某州推官改左宣義郎故事當召試秦檜怒其不詣己授洪州教授檜死召見擢祕書省校書郎遷

著作佐郎孝宗為普安郡王剛中兼王府教授每侍講極陳古今治亂之故君子小人忠佞之辨遷中書舍人言禦敵今日先務敵強則犯邊弱則請盟今勿計敵人之強弱必先自治擇將帥蒐戰士實邊儲備器械國勢富強將良士勇請盟則為漢文帝犯邊則為唐太宗上韙其言會西蜀謀帥上曰無以逾王剛中矣以龍圖閣待制知成都府置制四川御便殿臨遣錫金帶象笏進敷文閣直學士時吳璘累官閫至大帥其下姚仲王彥等亦建節雄一方守帥以文治則玩於柔而號令不行以武競則窒於暴而下情不通惟剛中檢身以法示人以禮不立崖塹馭吏恩威並行羽檄紛沓從容裁決皆中機會敵騎度大散關人情洶洶剛中跨一馬夜馳二百里起吳璘於帳中責之曰大將與國義同休戚臨敵安得高枕而卧璘大驚又以蠟書抵張正彥濟師西師大集金兵敗走方議奏捷剛中倍道馳還謂其屬李燾曰將帥之功吾何有焉燾喟曰身督戰而功成不居過人遠矣已乃差擇將士衆所推者上之朝備統帥選又疏蜀名勝士與募府之賢備部使者州刺史之佐目使順指內外響應諸汰遣使臣困絕不能自存剛中以為冒刃於少壯之年不可斥棄於既老之後悉召詣府有善射者復其祿秩以禁軍闕額糧給之其罷癃不堪

事則給以義倉米成都萬歲池廣袤十里溉三鄉田歲久淤澱剛中集三鄉夫共疏之累土為防上植榆柳表以石柱州人指曰王公之甘棠也府學禮殿東漢興平中建後又建新學遭時多故日就傾圮蜀九縣繕完悉復其舊有諸葛武侯祠張文定公廟夷黃巢墓表賢癉惡以示民有女巫畜蛇為妖殺蛇黥之孝宗受禪以宮僚進左朝奉大夫召赴闕以足疾請祠提舉太平興國宮歸次番陽營圃植竹號竹塢金犯淮有旨趣剛中入見陳戰守之策除禮部尚書直學士院兼給事中為鹵簿使除端明殿學士簽書樞密院事進同知院事剛中曰戰守者實事和議者虛

名不可恃虛名害實事又奏四事開屯田省浮費選將帥汰冗兵居政府竇疾卒年六十三贈資政殿大學士光祿大夫諡恭簡建炎間詔階成岷鳳四州刺壯丁為兵衆以為憂剛中建言五害罷之免符下民歡呼聲震山谷比去蜀父老遮道有追送數百里者髭布衣至公卿無他嗜好公退惟讀書著文為樂有易說春秋通義仙源聖紀經史辨漢唐史要覽天人修應錄東溪集應齋筆錄凡百餘卷

李彥穎字秀叔湖州德清人少端重強記覽金犯浙西父挾家人逃避彥穎方十歲追不及敵已迫其後能趨支徑亂流獲濟紹興十八年擢進士第主餘杭簿守曹泳豪貌酒家業為官監利其貲具彥穎爭之泳怒戒吏煅煉不得臺髮罪調建德丞改秩時宰知其才將處之學官或勸使一見彥穎恥自獻調富陽丞御史周操薦為御史臺主簿金敗盟張浚督師進討上方向浚執政堅主和陳良翰周操不以為然右正言尹穡陰符執政薦引同己者轉言和於上前上惑之罷督府良翰操相繼黜而穡進殿中遷諫議大夫一日穡以和戰守扣彥穎彥穎曰入所見固不同公既以和議為是曷不明陳於上前以身任之事成功歸於公不成奉身而退若欲享其利而不及其害國事將誰倚穡大怒曰自為諫官前後百餘奏曷嘗及一和字而臺簿有是言自是銜彥穎陰排之改國子博士權吏部郎中以父喪去免喪復為吏部兼皇子恭王府直講權右史兼兵部侍郎經筵張栻講葛覃言先王正家之道因及時事語激切上意不懌彥穎曰人臣事君豈不能阿諛取容栻所以敢直言正為聖明在上得盡愛君之誠耳書曰有言逆于汝心必求諸道上意遽解曰使臣下皆若此人主應無過立皇太子兼左諭德首論建置宮僚以為詹事於東宮內外無所不當省事須白詹事而後行司馬光論皇太子講讀官有奏疏錄以進上大喜行之皇太子尹臨安兼

判官兼中書舍人張說再登樞筦彥穎論說無寸長去年驟躋宥府物議沸騰今此命復出中外駭然臣恐六軍解體人心不服未幾權禮部侍郎兼侍講因言士習委靡不然則矯激宜擇篤實鯁亮者用之升詹事見上言皇太子尹臨安已久雖欲更嘗民事然非便宜一意講學他日以言於上者告太子趣草奏辭尹事三辭乃免兼吏部侍郎權尚書兼侍讀月食淫雨言甲申歲以淫雨求言今十年矣中間非無水旱而不聞求言之詔豈以言多沽激厭之耶比歎敵成風侍從臺諫猶慎嘿況其他乎陰沴之興未必不由此時廷臣多以中批斥去彥穎又言臣下有過宜顯

遂之使中外知獲罪之由以爲戒今譖毀潛行斥命中出在廷莫測其故將恐陰邪得伸善類喪氣非盛世事也除吏部尚書接送金賀正使還言兩淮兵備城築及裁減接送浮費甚悉上嘉納焉十二月除端明殿學士簽書樞密院事二年閏九月參知政事金使至上遣王抃諭金使稍變受書舊禮議久不決彥穎曰須於國體無損而事可濟乃善若如去年張子顏之行不但無益時左司諫湯邦彥新進冀僥倖集事自許立節彥穎言邦彥輕脫必誤國他日對便殿上復語及之彥穎欲進說上色動宰相亟引退遂以邦彥爲申議國信使且命福建造海船起兩淮民兵

赴合肥訓練幷詔諸軍飭戎備中外騷然彥穎復言兩淮州縣去合肥遠者千餘里近亦二三百里令民戶三丁起其二限三月而罷事未集民先失業矣上作色曰卿欲盡撤邊備耶彥穎曰令不得已令三百里內家起一丁詣合肥三百里外就州縣訓習日增給錢米限一月罷庶不大擾翌日復執奏從之洎邦彥辱命而還彥穎論其罪貶新州彥穎在東府三歲實攝相事內降繳回甚多內侍白劄籍名造器械幷擒師降旨發左藏封樁諸庫錢動億萬計彥穎疏歲中經費以進因言虞允文建此庫以備邊故曰封樁陛下方有意恢復茍用之不節從啓他日妄費失封樁初意上瞿然曰卿言是朕失之矣自是絕不支墜馬在告力求去以資政殿學士知紹興府勤約有惠政提舉洞霄宮復參知政事病羸艱拜起力辭上曰老者不以筋力爲禮孟享禮繁特免卿諫官論其子歐人至死奉祠鐫秩起知婺州禁民屠牛捐屬縣稅十三萬三千緡復知紹興府進資政殿大學士再奉祠進觀文殿學士紹熙元年致仕家居凡十載自奉澹約食纔米數合室無姬媵蕭然永日與州縣了不相聞薨年八十一贈少保謚忠文子沐慶元中與一時臺諫排趙汝愚善類一空公論醜之

范成大字致能吳郡人紹興二十四年擢進士第授戶曹

監和劑局隆興元年遷正字累遷著作佐郎除吏部郎官言者論其超躐罷奉祠起知處州陛對論力之所及者三曰日力曰國力曰天力今盡以虛文耗之上嘉納處民以爭役囂訟成大爲創義役隨家貧富輸金買田助當役者甲乙輪第至二十年民便之其後入奏言及此詔頒其法於諸路處多山田梁天監中詹南二司馬作通濟堰在松陽遂昌之間激溪水四十里溉田二十萬畝堰歲久壞成大訪故迹疊石築防置堤閘四十九所立水則上中下溉灌有序民食其利除禮部員外郎兼崇政殿說書乾道令以綃計贓估價輕而論罪重成大奏承平時綃匹不及千

錢而估價過倍紹興初年遞增五分為錢三千足今絹實
貴當倍時直上驚曰是陷民深文遂增為四千而刑輕矣
隆興再講和失定受書之禮上嘗悔之遷成大起居郎假
資政殿大學士充金祈請國信使國書專求陵寢蓋泛使
也上面諭受書事成大乞併載書中不從金迓使者慕成
大名至求巾幘效之至燕山密草奏具言受書式懷之入
初進國書詞氣慷慨金君臣方傾聽成大忽奏曰兩朝既
為叔姪而受書禮未稱臣有疏搢笏出之金主大駭曰此
豈獻書處耶左右以笏標起之成大屹不動必欲書達既
而歸館所金主遣伴使宣旨取奏成大之未起也金庭紛

然太子欲殺成大越王止之竟得全節而歸除中書舍人
初上書崔寔政論賜輔臣成大奏曰御書政論意在飭綱
紀振積敝而近日大理議刑遞加一等此非以嚴致平乃
酷也上稱為知言張說除簽書樞密院事成大當制留詞
頭七日不下又上疏言之說命竟寢知靜江府廣西窘匱
專藉鹽利漕臣盡取之於是屬邑有增價抑配之敝詔復
行鈔鹽漕司拘鈔錢均給所部而錢不時至成大入境曰
利害有大於此乎奏疏謂能裁抑漕司強取之數以寬郡
縣則科抑可禁上從之數年廣州鹽商上書乞復令客販
宰相可其說成大出銀錢助之人多以為非下有司議卒

不易成大說舊法馬以四尺三寸為限詔加至四寸以上
成大謂互市四十年不宜驟改除敷文閣待制四川制置
使疏言吐蕃青羌兩犯黎州而奴兒結蕃列等尤桀黠輕
視中國臣當教閱將兵外修堡砦仍講明教閱團結之法
使人自為戰三者非財不可上賜度牒錢四十萬緡成大
謂西南諸邊黎為要地增戰兵五千奏置都監路分吐蕃
入寇之路十有八悉築柵分戍奴兒結擾安靜砦發飛山
軍千人赴之料其三日必遁已而果然白水砦將王文才
私娶蠻女常導之寇邊成大重賞檄群蠻使相疑貳俄禽
文才以獻即斬之蜀北邊舊有義士三萬本民兵也監司

郡守雜役之都統司又俾與大軍更戍成大力言其不可
詔遵舊法蜀知名士孫松壽年六十餘樊漢廣甫五十九
皆掛冠不仕表其節詔召之皆不起蜀士由是歸心凡人
才可用者悉致幕下用所長不拘小節其傑然者露章薦
之往往顯于朝位至二府召對除權吏部尚書拜參知政
事兩月為言者所論奉祠起知明州奏罷海物之獻除端
明殿學士尋帥金陵會歲旱奏移軍儲米二十萬振飢
民臧租米五萬水賊徐五竊發號靜江大將軍捕而戮之
以病請閒進資政殿學士再領洞霄宮紹興三年加大學
士四年薨成大素有文名尤工於詩上嘗命陳俊卿擇文

士掌內制俊卿以成大及張震對自號石湖有石湖集攬
轡錄桂海虞衡集行于世
論曰劉珙忠義世家迨屬纊以未雪讎耻爲深恨王藺犯
顏忠諫剛腸嫉惡方趙鼎張浚非罪遠謫朋交絕跡大寳
獨從之游逮斥權姦了無顧忌安節距秦檜排淵覿堅如
金石孤立無黨死生禍福曾不一動其心當金兵犯大散
關剛中單騎星馳夜起吳璘一戰却敵成大致書北廷幾
於見殺卒不辱命俱有古大臣風烈孔子所謂歲寒然後
知松柏之後凋者歟若祖舜奪揚愿恩撓秦熺秩誅檜
惡於既死彥穎論事激烈披露忠藎直氣亦可尚已

列傳卷第一百四十五

列傳卷第一百四十六　宋史三百八十七

開府儀同三司上柱國錄軍國重事前中書右丞相監修國史領經筵事都總裁臣脫脫等奉

敕修

黃洽　汪應辰　王十朋

吳芾　陳良翰　杜莘老

黃洽字德潤福州侯官人隆興元年以太學生試春
官第二詔循故事未臨軒賜第二人及第授紹興府
觀察判官秩滿就銓選不用前名例謁廟堂宰相陳
俊卿白于上改宣義郎除國子博士適有旨職事官
無待次改差浙東安撫司主管機宜文字繼爲太學

國子博士樞密院編脩官通判福州奉祠召爲太常
丞請外孝宗方厲精求治曰黃洽厚德方任以事不
許當對奏三事備事莫若儲才士卒當練其心軍政
必預爲謀上矍然洽徐奏願戒飭州郡毋煩擾以致
寇毋輕易以玩寇寇擾而後定傷根本多矣繇祕書
郎遷著作郎上諭詞臣秘閣儲英俊爲異時公卿用
行黃洽詞可及之除右正言首奏諫臣非具員職在
諫諍朝政有關所當盡言上亦以爲端士許其盡言
無隱除侍御史會水旱頻仍因祠祭上言此事全在
一念陛下夙興默想專精在民身雖法宮心則壇壝

洋洋左右理非漠然將歲荒歉之由必有未盡契神示之心者一日特詔諸路奉行荒政不虔差官按視安集洽亟奏使者一出官吏必須知畏其常平一司所職何事淮浙江東見有使以五使分五路尚慮不周知今遣一人兼二三路不過閱圖帳戶口多寡地里遠邇安能遍歷乎若專責常平名正而職舉事分而察精又奏藝祖懲藩鎮偏重之失不欲兵民之權聚於一夫之手今使主兵官兼郡寄是合兵民權爲一且屬邊徼偏重尤甚上皆嘉納洽所論列未嘗擿摭細故他悳以累其終身除右諫議大夫上方銳志

肆武洽因風諫言頤之大象君子以慎言語節飲食言語飲食猶謹節之況其他乎凡筋力喘息之間一有過差皆非所以養其身也上曰卿言無非仁義忠孝可爲萬世臣子之法朕常念之洽在經筵言宰相代天理物要在爲國得人人主之命相任則勿疑宰相重則朝廷尊朝廷尊則廟社安宰相掄才任職當盡公心君子進則庶職舉庶職舉則天下治上首肯再三乃曰卿如良金美玉渾厚無瑕天其以卿爲朕弼耶除御史中丞奏薦舉請託必競於宰執臺諫之門若宰執臺諫不爲人覔舉使士大夫咸自率厲以

公道得之豈不甚善或果知其人露章以薦亦何不可潭州奏彊盜罪不至死應配者坐加役流有旨具議洽曰彊盜異他盜以其故爲也若止髡役三年之後圈檻一弛豨突四出善良受害可勝數耶況役時必去防閑之具走逸結合患尤甚焉上深然之除參知政事上曰卿每告朕用人今卿居用人之地不可不勉上因商榷除目洽罄竭無所顧避上大喜曰五十年無此差除除知樞密院事洽累章求去許之除資政殿大學士知隆興府光宗受禪特詔言事洽奏用人爲萬世不易之論臣前以此納忠壽皇今復告

于陛下屢乞歸田尋畀提舉洞霄宮方未得請也人勸之治第洽曰吾書生蒙拔擢至此未有以報國而先營私乎使吾一旦罪去猶有先人敝廬可芘風雨夫復何憂慶元二年致仕洽常言居家不欺親仕不欺君仰不欺天俯不欺人幽不欺鬼神何用求福報哉六年七月薨年七十九贈金紫光祿大夫洽質直端重有大臣體兩朝推爲名臣有文集奏議八十五卷

汪應辰字聖錫信州玉山人幼凝重異常童五歲知讀書屬對應聲語驚人多識奇字家貧無膏油每拾

薪蘇以繼晷從人借書一經目不忘十歲能詩游鄉
校郡博士戲之曰韓愈十三而能文今子奚若應辰
答曰仲尼三千而論道惟公其然未冠首貢鄉舉試
禮部居高選時趙鼎爲相延之館塾奇之紹興五年
進士第一人年甫十八御策以吏道民力兵勢爲問
應辰答以爲治之要以至誠爲本在人主反求而已
上覽其對意其爲老成之士及唱第乃年少子引見
者掖而前上甚異之鼎出班特謝舊進士第一人賜
以御詩及是特書中庸篇以賜初名洋與姓字若有
語病特改賜應辰上欲即除館職趙鼎言且令歷外

任養成其材乃授鎮東軍簽判故事殿試第一人無
待次者至是取一年半闕以歸舍人胡寅行詞曰屬
者延見多士問以治道爾年未及冠而能推明帝王
躬行之本無曲學阿世之態應辰少受知於喻樗既
擢第知張九成賢問之於樗往從之游所學益進初
任趙鼎爲帥幕府事悉諮焉歲小旱命應辰禱雨名
山即應越人語之曰此相公雨鼎曰不然乃狀元雨
也召爲秘書省正字時秦檜力主和議王倫使還金
人欲以河南地歸我應辰上疏謂和議不諧非所患
和議諧矣而因循無備之可畏異議不息非所患異

議息矣而上下相蒙之可畏金雖通和疆場之上宜
各戒嚴以備他盜今方且肆赦中外褒寵將帥以爲
休兵息民自此而始縱忘積年之恥獨不思異時意
外之患乎此因循無備之所以可畏也方朝廷力排
群議之初大則竄逐小則罷黜至有一言迎合則不
次擢用是以小人窺見間隙輕躁者阿諛以希寵畏
懦者循默以備位而忠臣正士乃無以自立於群小
之間此上下相蒙之所以可畏也臣願勿以和好之
可無虞而思患預防常若敵人之至疏奏秦檜大不
悅出通判建州遂請祠以歸寓居常山之永年院蓬

蒿滿逕一室蕭然饘粥不繼人不堪其憂處之裕如
也益以脩身講學爲事自是凡三主管崇道觀在隱
約時胸中浩然之氣凛然不可屈張九成謫邵州交
游皆絕應辰時通問及其喪父言者猶攻之而應辰
不遠千里往弔人皆危之通判袁州凡所予奪人無
異詞始至或以其書生易之已乃知吏師所不能及
丞相趙鼎死朱崖扶喪過郡應辰爲文祭之曰惟公
兩登上宰皆直艱危之時一斥南荒遂爲死生之別
事已定於蓋棺恩特容於歸骨吏付之火其子借三
兵以歸道出衢州章傑爲守希檜意捃應辰爲阿附

為死黨符移訊鞫徧捜行槖求祭文不可得時胡寅
遺檜書謂此事不足竟事乃寢通判靜江府踰期不
得代乃沿檄歸省其母繼差通判廣州時檜所深忌
者趙鼎張浚鼎既死而浚獨存未快其意江西運判
張常先箋注前帥張宗元與浚詩言于朝其詞連逮
者數十家將誣以不軌而盡去之獄既具檜死應辰
幸而免明年召爲吏部郎官遷右司毋老乞外丞相
苦留之曰方進用未應爾應辰曰親老矣不可緩乃
出知婺州郡積欠上供十三萬緡朝廷命憲漕究治
應辰謂急則擾民乃與諸邑蠲宿逋去苛斂定期會

室滲漏悉爲補發尋丁内艱去廬于墓側服闋除秘
書少監遷權吏部尚書李顯忠冒具安豐軍功賞五
千餘人應辰奏駁之權戶部侍郎兼侍講應辰獨員
當劇務節冗費嘗奏班直轉官三日而堂吏增給食
錢萬餘繒工匠洗澤器皿僅給百餘千而堂吏食錢
六百千塑顯仁神御半年功未及半而堂吏食錢已
支三萬銀絹六百匹兩他皆類此上驚其費冗命吏
部裁之金渝盟詔求足食足兵之策應辰奏曰陸贄
有云將非其人兵雖多不足恃操失其柄將雖才不
爲用臣之所憂不在兵之不足在乎軍政之不脩自

講和以來將士驕惰兵不閲習敵未至則望風逃遁
敵既退則謾列戰功不惟佚罰且或受賞方時無事
詔令有所不行一旦有急誰能聽命以赴國家之難
望發英斷賞善罰惡使人人洗心易慮以聽上命然
後號令必行矣三十二年建儲以孝宗名與唐廬江
王晉楚王同詔改爲瑋應辰以爲與唐昭宗同白左
相陳康伯遂改今名集議秀王封爵應辰定其稱曰
太子本生之親議入内降曰皇太子所生父可封秀
王暨内禪擬於傳位日降赦應辰言唐太宗受禪於
高祖明年正月始改元乃從其說又議改元重熙應

辰謂契丹嘗以紀年遂改隆興一朝大典禮多應辰
所定議太上尊號李燾陳康伯密議以光堯壽聖爲
稱及集議或謂尊號始自開元罷於元豐今不當復
況太上視天下如棄敝屣豈復顧此應辰主之尤力
或又言主上奉親烏得援元豐自却爲比於是議狀
書者半不書者半明日應辰復與金安節等十二人
各陳所見大槩謂光堯近乎神堯壽聖乃英宗誕節
嘗以名寺御史周必大亦以爲問應辰荅以堯豈可
光是語有聞之德壽者高宗因上過宮云汪應辰素
不樂吾於是有詔尊號之議已嘗奏知不容但已安

節等遂奉詔應辰連乞補外遂知福州未幾升敷文閣待制舉朱熹自代在鎮二年會朝廷謀蜀帥乃以敷文閣直學士爲四川制置使知成都府陛辭特降詔撫諭入境以書與宣撫使吳璘令以撫諭詔申嚴號令既至免利路民餉運徙沿邊戍兵就糧內郡縱保勝義士復業存左藏所解白契二百萬以備不虞悉奏行之有謂蜀中綱馬驛程由梁洋金房山路峻險宜浮江而下詔吳璘措置執政大將皆主其說應辰與夔帥王十朋力言其不便遂得中止二稅勘合每貫取二十錢乾道詔旨嘗減三之一有欲增之者

應辰與兩漕臣列奏言勘合不以鈔計而以貫石匹兩計是陽爲減而陰實增之也以成都一路計之歲入三十萬今以所增爲六十萬計以四路不知幾倍雖非興利者所便而民受其賜多矣璘時駐蜀口武興精兵爲天下冠既老且病應辰密奏以關陝大將係國安危所當預圖於是執政傳旨若璘不起令制司暫領其任暨璘死應辰遂攝宣撫之職蜀道晏然虞允文尋以知樞密院事宣撫四川應辰援張浚例乞罷制司不許總所牒委官覈四川隱契稅應辰奏其不便者四曰妨農廢業曰縱吏擾民曰違法害教

曰長姦起訟比戶部已令人自首州縣收併已不少其未盡者有見行法令不宜爲此煩擾上曰論極有理速罷止之蜀大旱詔問救荒之策應辰奏利閬綿梓軍馬糧料隨民力均敷官雖支糴錢民不得半價若選官就歲熟處糴之可以寬民力第無錢束手乞給度牒上曰汪應辰治蜀甚有聲且留意民事如此給度牒四百永爲糴本振濟遂移書諸路漕臣亟救荒且以緜紬和糴告之而全蜀蒙惠劉珙拜同知樞密院事進言曰汪應辰陳良翰張栻學行才能臣所不及已得旨召還卬之安仁年饑挺起爲盜害及旁

郡即具奏且檄茶馬使招捕旬月間誅其渠魁餘悉撫定或白之虞允文曰汪帥得無掩盜事不上聞乎宣司乃密奏使人紿應辰曰卬寇事未敢奏不審制司如何應辰以奏檢報之允文內愧將行代納成都一府激賞絹估三萬三千九百八十四匹冬入覲陛對以畏天愛民爲言上曰卿久在蜀寬朕西顧憂軍政民事革弊殆盡蜀中除虛額民間當被實惠應辰奏虛額去則州縣寬尚有兩事曰預借曰對糴預借乃州縣累歲相仍對糴則以補州縣闕乏民輸米一石即就糴一石或半價或不支且多取贏陛下近捐

百萬除預借之弊對糴患止數州願并除之則弊革無餘矣除吏部尚書兼翰林學士并侍讀論愛民六事廟堂議不合不悅者衆一日陳良祐登對上告以汪應辰言卿在蜀多誕謾良祐奏臣與應辰昨同從班應辰請外得衢州臣惜其去同奏留之時邊奏方急臣不知應辰將為便私計也奏既上應辰以此大慽乃爲是說以中臣耳上曰乃爾邪應辰在朝多革弊事中貴人皆側目德壽宮方甃石池以水銀浮金鳧魚于上上過之高宗指示曰水銀正乏此買之汪尚書家上怒曰汪應辰力言朕置房廊與民爭利

乃自販水銀邪應辰知之力求去會復出發運均輸之旨歎曰吾不可留矣但力辨群枉則補外之請自得乃力論其事有害無利遂以端明殿學士知平江府韓玉被旨揀馬過郡應辰簡其禮玉歸譖之於上曰臣所過州縣未有若平江之不治者上怪之平江米綱至有折閱事上連貶秩力疾請祠自是卧家不起矣以淳熙三年二月卒于家應辰接物溫遜遇事特立不回流落嶺嶠十有七年檜死始還朝剛方正直敢言不避少從呂居仁胡安國游張栻呂祖謙深器許之告以造道之方嘗釋克己之私如用兵克敵

易懲忿窒慾書剛制于酒懲窒剛制皆克勝義可不常省察乎其義理之精如此好賢樂善出於天性尤篤友愛嘗以先疇遜其兄衢雖無屋可居不顧也子達繼登進士第仕至吏部尚書端明殿學士

王十朋字龜齡溫州樂清人資穎悟日誦數千言及長有文行聚徒梅溪受業者以百數入太學主司異其文秦檜死上親政策士諭考官曰對策中有陳朝政切直者並寘上列十朋以權爲對大略曰攬權者非欲衡石程書如秦皇傳餐聽政如隋文彊明自任不任宰相如唐德宗精於吏事以察爲明如唐宣宗

蓋欲陛下懲既往而戒未然威福一出於上而已嘗有鋪翠之禁而以翠羽爲首飾者自若是豈法令不可禁乎抑宮中服澣濯之化衣不曳地之風未形於外乎法之至公者莫如選士名器之至重者莫如科第往歲權臣子孫門客類竊巍科有司以國家名器爲媚權臣之具而欲得人可乎願陛下正身以爲本任賢以爲助博采兼聽以收其效幾萬餘言上嘉其經學淹通議論醇正遂擢爲第一學者爭傳誦其策以擬古晁董上用其言嚴銷金鋪翠之令取交阯所貢翠物焚之詔十朋乃朕親擢授紹興府簽判既至

或以書生易之十朋裁決如神吏姦不行時以四科
求士帥王師心謂十朋身兼四者獨以應詔召為祕
書郎兼建王府小學教授先是教授入講堂居賓位
十朋不可皇孫特加禮而位教授中坐金將渝盟十
朋輪對言自建炎至今金未嘗不內相殘賊然一主
斃一主生曷嘗為中國利要在自備如何禦敵莫急
於用人今有天資忠義材兼文武可為將相者有長
於用兵士卒樂為之用可為大帥者或投閑置散或
老於藩郡願起而用之以寢敵謀以圖恢復蓋指張
浚劉錡也又言今權雖歸於陛下政復出於多門是

一檜死百檜生也楊存中以三衙而交結北司以盜大
權漢之禍起於恭顯王氏之相為終始唐之禍起於北
軍藩鎮之相為表裏今以管軍位三公利源皆入其
門陰結諸將相為黨援樞密本兵之地立班甘居其
後子弟親戚布滿清要臺諫論列委曲庇護風憲獨
不行於管軍之門何以為國至若清資加於儈伍高
爵濫於醫門諸軍承受威福自恣甚於唐之監軍皇
城邏卒旁午察事甚於周之監謗將帥剝下賂上結
怨三軍道路捕人為卒結怨百姓皆非治世事上嘉
納戢邏卒罷諸軍承受更定樞密管軍班次解楊存

中兵權其言大略施行秦檜久塞言路至是十朋與
馮方胡憲查籥李浩相繼論事太學生為五賢詩述
其事除著作郎三十一年正月風雷雨雪交作十朋
以為陽不勝陰之驗遺陳康伯書舉以春秋災異之
說力陳于上崇陽抑陰以弭天變遷大宗正丞丞請
祠歸金犯邊起劉錡為江淮浙西制置張浚帥金陵
悉如其言孝宗受禪起知嚴州召對首言太皇非倦
勤時而以大器付陛下賢於堯舜陛下當思以副太
上者今社稷之安危生民之休戚人才之進退朝廷
之刑賞宜若舜之協堯斷然行之以盡繼述之道拜司

封郎中累遷國子司業言今居位者往往職之不舉
宜有以革之人主有大職三任賢納諫賞罰是也上
嘉之除起居舍人升侍講時左右史失職久十朋除
起居郎胡銓奏四事語在胡銓傳除侍御史上謂胡
銓曰比除臺官外議如何銓曰皆謂得人上曰卿與
十朋皆朕親擢十朋見上英銳每見必陳恢復之計
及將北伐上疏曰天子之孝莫大於光祖宗安社稷
因前王盈成而守者周成康漢文景是也承前世衰
微而興者商高宗周宣王是也先君有恥而雪之漢
宣帝臣單于唐太宗俘頡利是也先君有讎而復之

夏少康滅澆漢光武誅莽是也迹雖不同其爲孝一
也靖康之禍亘古未有陛下英武慨然志在興復竊
聞每對群臣奏事則曰當如剏業時又曰當以馬上
治之又曰某事當俟恢復後爲之此因宣召語及陵
寢聖容惻然曰四十年矣陛下之心真少康高宗宣
王光武之心奈何大臣不能仰副聖心願戒在位者
去附和之私心贊國家之大計則中興日月可冀矣
因論史浩八罪曰懷奸誤國植黨盜權忌言蔽賢欺
君訕上上爲出浩知紹興府十朋再疏謂陛下雖能
如舜之去邪未能如舜之正名定罪紹興密邇行都

浩嘗爲屬吏姦贓彰聞亦何顏復見其吏民遂改與
祠史正志與浩族異拜浩而父事之十朋論正志傾
險姦邪觀時求進宜黜正志以正典刑林安宅出入
史浩龍大淵門盜弄威福至是詐病求致仕十朋并
疏其罪皆罷去張浚出師復靈壁虹縣歸附者萬計
又復宿州十朋奏王師以弔民爲主先之以招納不
獲已而戰伐隨之乞以此指戒浚金將既降宜速加
爵賞以勸來者上皆嘉納會李顯忠邵宏淵不協王
師失律張浚上表自劾主和者乘此唱異議十朋上
疏言臣素不識浚聞其誓不與敵俱生心實慕之前

因輪對言金必敗盟乞用浚陛下嗣位命督師江淮
今浚遣將取二縣一月三捷皆服陛下任浚之難及
王師一不利横議蠭起臣謂今日之師爲祖宗陵寢
爲二帝復讎爲二百年境土爲中原弔民伐罪非前
代好大生事者比並當内脩俟時而動陛下恢復志
立固不以一衄爲群議所搖然異論紛紛浚既待罪
臣其可尚居風憲之職乞賜竄殛因言臣聞近日欲
遣龍大淵撫諭淮南信否上曰無之又言聞欲以楊
存中充御營使上嘿然改除吏部侍郎力辭出知饒
州饒並湖盜出没其間十朋至一夕遁去丞相洪

适請故學基益其圃十朋曰先聖所居十朋何敢予
人移知夔州饒民走諸司乞留不得至斷其橋乃以
車從間道去衆葺斷橋以王公名之移知湖州召對
劉珙請留之上曰朕豈不知王十朋顧湖州被水非
十朋莫能鎮撫至郡戸部責虛逋三十四萬命吏持
券往辨不聽即請祠去起知泉州十朋前在湖劄奏
錢紉貢闕又爲泉建之尤宏壯凡歷四郡布上恩恤
民隱士之賢者詣門以禮致之朔望會諸生學宫講
經詢政僚屬間有不善反復告戒俾之自新民輸租
俾自槩量聞者相告宿逋亦頎償訟至庭温詞曉以

理義多退聽者所至人繪而祠之去之日老稚攀留涕泣越境以送思之如父母饒久旱入境雨至湖積霖入境即霽凡禱必應其至誠不獨感人而亦動天地鬼神東宮建除太子詹事力辭詔州郡禮致遂力疾造朝以足疾不能趨詔給扶減拜謁東宮太子以其舊學待遇有加又詔免朝參遣中使以告及襲衣金帶就其家賜之疾革累章告老以龍圖閣學士致仕命下而卒年六十紹興三年謚曰忠文十朋事親孝終喪不處內友愛二弟郊恩先奏其名沒而二子猶布衣書室扁曰不欺每以諸葛亮顏真卿寇準范

仲淹韓琦唐介自比朱熹張栻雅敬之子聞詩聞禮皆篤學自立聞詩知光州提點江東刑獄聞禮知常州江東轉運判官爲治能守家法人亦思慕之

吳芾字明可台州仙居人舉進士第遷祕書正字與秦檜舊故至是檜已專政芾退然如未嘗識公坐旅進揖而退檜疑之風言者論罷通判處婺越三郡知處州處舊苦丁絹重芾損之以新丁補其額何溥薦芾材中御史除監察御史時金將敗盟芾勸高宗專務脩德痛自悔咎延見群臣俾陳闕失求合乎天地無愧乎祖宗則人心悅服天亦助順矣上韙其言遷

殿中侍御史兩淮戰不利廷臣爭陳退避計芾言今日之事有進無退進爲上策退爲無策既而金主亮斃上亟勸親征車駕至建康芾請遂駐蹕以係中原之望高宗納其說會有密啓還東者下侍從臺諫議芾言今欲控帶襄漢引輸湖廣則臨安不如建康便經理淮甸應接梁宋則臨安不如建康近議者徒恍一時扈從思歸之人非爲國計臣恐回鑾之後西師之聲援不接北土之謳吟絕望矣又言去歲兩淮諸城望風奔潰無一城能拒守者此秦檜壅塞言路挫折士氣之餘毒也能反其道則士氣日振而見危授

命者有人矣知婺州孝宗初即立陛辭陳裴垍對唐憲宗爲治先正其心以爲臨御之初出治大原無越於此上嘉納至郡勸民義役金華長仙鄉民十有一家自以甲乙第其產相次執役幾二十年芾與致十一人者與合宴更其鄉曰循理里曰信義以褒異之知紹興府會稽賦重而折色尤甚芾以攢宮在奏免支移折變鑑湖久廢會歲大饑出常平米募饑民浚治芾去大姓利於田湖復廢權刑部侍郎遷給事中改吏部侍郎以敷文閣直學士知臨安府內侍家僮毆傷酒家保芾捕治之徇于市權豪側目執政議以

芾使金復除吏部侍郎且議以龍大淵爲副芾曰是
可與言行事者邪語聞得罷不行下遷禮部侍郎力
求去提舉太平興國宮時芾與陳俊卿俱以剛直見
忌未幾俊卿亦引去中書舍人閻安中爲孝宗言二
臣之去非國之福起知太平州造舟以梁姑溪歷陽
築者久役潰歸讙言欲趨郡境芾呼至城下厚犒遣
之而密捕倡亂者繫獄以聞詔褒諭知隆興府芾前
後守六郡各因其俗爲寬猛吏莫容姦民懷惠利再
奉太平祠屢告老以龍圖閣直學士致仕後十年卒
年八十嘗曰視官物當如已物視公事當如私事與

其得罪於百姓寧得罪於上官立朝不偶晚退閑者
十有四年自號湖山居士爲文豪健俊整有表奏五
卷詩文三十卷
陳良翰字邦彥台州臨海人蚤孤事母孝資莊重爲
文慷慨有氣中紹興五年進士第知溫州瑞安縣俗
號強梗吏治尚嚴良翰獨撫以寬催租不下文符但
揭示名物民競樂輸聽訟咸得其情或問何術良翰
曰無術第公此心如虛堂懸鏡耳殿中侍御史吳芾
薦爲檢法官遷監察御史孝宗初元金主褒新立求
和而中原舊人多求歸詔問何以處此良翰言議和

復納降皆非是必定計自治而和不和任之乃可張
浚軍淮泗以規進取而議者爭獻防江策良翰言當
固藩籬專委任今捨淮防江却地奪便朝廷過聽使
督府不得專閫外事誤矣除右正言金再移書求故
疆良翰言中原皆吾故土況唐鄧淮泗又金渝盟後
以兵取之安得以故疆爲言而歸之湯思退主遣小
使盧仲賢李栻良翰言仲賢輕儇無恥栻自北來難
信又言廟堂督府論議不同邊奏上聞皆陽唯諾而
陰沮敗之萬一失事機督府安得獨任其責上矍然
稱善朝廷遣史正志至建康與張浚議事乖牾良翰

劾之上曰正志亦無罪良翰言陛下使浚守淮則任
浚爲重一郎官爲輕且正志居中浚必爲去就上悟
出正志爲福建漕運楊存中爲御營使總殿前軍良
翰言存中久擅兵柄太上皇罷就第奈何復假使名
宜慎履霜之戒疏三上存中竟罷李栻不敢涉淮良
翰奏奪其官仲賢至汴輒許金人以疆土歲幣而還
上大怒下仲賢吏欲誅之宰相叩頭懇請得免復遣
王之望龍大淵良翰言前遣使已辱命大臣不悔前
失不謂秦檜復見今日且金要我罷四郡屯兵以歸
之是不折一兵而坐收四千里要害之地決不可許

若歲幣則俟得陵寢然後與庶猶有名今議未決而之望遂行恐其辱國不止於仲賢願先馳一介往俟議決行未晚也詔侍從臺諫議多是良翰遂以胡昉楊由義爲審議官與敵議四郡不合因辱而歸思退尚執前論正言尹穡附思退以撼督府良翰爲左司諫疏論思退姦邪誤國宜早罷黜張浚精忠老謀不宜以小人言搖之孝宗曰思退前議固失然朕愛其謦欬冀可效卿其置之若魏公則今日孰出其右朕豈容有此意縱有之亦豈不謀卿等此殆言者有異意卿爲朕諭之良翰頓首謝曰陛下言及此天下幸甚宰相縱無全才寧取樸實緩急猶可倚賴思退庸狡小黠大癡將誤國且謦欬二字恐非明主卜相之法既退以上語諭同列穡勃然變色明日亦請對遂罷良翰言職兩淮既撤備金大入孝宗始深悔太學生數百人伏闕乞召用良翰胡銓王十朋而斬思退等思退由是始敗良翰在諫省成恭皇后受冊官內外親屬二十五人良翰論其冗詔減七人知建寧府福建轉運副使提點江東刑獄移浙西召爲宗正少卿兵部侍郎除右諫議大夫良翰言以蜀漢之師下關陝以荊襄趨韓魏江淮擣青徐此今日大計四川

既命大臣而荊淮未有任責者亦當擇重臣臨之上稱善進給事中大將成閔冒請真奉有司坐獲譴閤門王抃矯詔遣妄人謝願出境願既抵罪置閤與抃不問良翰皆駁議請正典刑遂改禮部侍郎不拜以敷文閣待制提舉江州太平興國宫召爲太子詹事既見上屬以調護之責一日召對選德殿出手書唐太宗與魏徵論仁德功利之說俾極陳今日所未至者良翰退上疏略曰仁德治之本功利治之效務本而效自至今承天意結民心任賢能退小人擇將帥收軍情擇監司吏久任皆行之有未至誠能革此八弊則仁德無累功利自致矣上爲之嘉歎詔兼侍講未幾以疾告老除敷文閣直學士提舉太平宫卒年六十五光宗立特謚獻肅

杜莘老字起莘眉州青神人唐工部甫十三世孫也幼歲時方禁蘇氏文獨喜誦習紹興間第進士以親老不赴廷對賜同進士出身授梁山軍教授從游者衆秦檜死魏良臣參大政莘老疏天下利害以聞良臣薦之主管禮兵部架閣文字彗星見東方高宗下詔求言莘老上書論彗孛氣所生多爲兵兆國家爲民息兵而將驕卒情軍政不肅今因天戒以脩人事

思患預防莫大於此因陳時弊十事時應詔者衆上
命擇其議論切當推恩以勸之後省以莘老爲首進
一階遷敕令删定官太常寺主簿升博士輪對論金
將敗盟宜飭邊備勿恃其不來恃吾有以待之上稱
善再三南渡後典秩散失多有司所記省至凶禮又
諱不録顯仁皇后崩議禮有疑吏皆拱手莘老以古
義裁定大斂前一日宰相傳旨問含玉之制莘老曰
禮院故實所不載請以周禮典瑞鄭玄注製之其可
因立具奏上覽之曰真禮官也及虞祭或謂上哀勞
欲以宰相行事莘老曰古今無是卒正之遷祕書丞

論江淮守備上曰卿言及此憂國深矣擢監察御史
遷殿中侍御史入對上曰知卿不畏彊禦故有此授
自是用卿矣陳俊卿既解言職力求去莘老因奏事
從容曰多事之際令俊卿輩在論思之地必有補益
上以爲然俊卿乃復留金遣使致嫚書傳欽宗凶問
請淮漢地指索大臣上決策親征莘老既奏贊上且
謂敵欺天背盟當恃以不懼勿以小利鈍爲異議所
搖諛言所惰則人心有恃而士氣振矣宜不限早暮
延見大臣侍從謀議國事申敕侍從臺諫監司守臣
亟舉可用之才又言親征有期而禁衛纔五千餘羸

老居半至不能介胄者願亟留聖慮事皆施行帶御
器械劉炎莞禁中市易通北賈大爲姦利一日見莘
老輒及朝政語狂悖莘老以聞斥監嘉州稅知樞密
院事周麟之初請使金及嫚書至聞金將盛兵犯邊
乃大恐建言不必遣使莘老劾麟之挾姦罔上避事
辭難恐懼至於掩泣衆有哭殺富鄭公之誚尋與宮
觀疏再上乃責瑞州辛醫承宣使王繼先怙寵干法
富埒公室子弟直延閣居第僭擬別業外帑徧畿甸
數十年無敢搖之者聞邊警亟輦重寶歸吳興爲避
敵計莘老疏其十罪上曰朕以太后餌其藥稍假恩

寵不謂小人驕橫乃爾莘老曰繼先罪擢髮不足數
臣所奏其大槩耳上作而曰有恩無威有賞無罰雖
堯舜不能治天下詔繼先福州居住子孫皆勒停籍
其貲以千萬計詔鬻錢入御前激賞庫專以賞將士
天下稱快內侍張去爲取御馬院西兵二百髡其頂
都人異之口語籍籍莘老彈治上疑其未審不樂莘
老執奏不已竟罷去爲御馬院致仕而莘老亦以直
顯謨閣知遂寧府給事中金安節中書舍人劉珙封
還制書改司農少卿尋請外仍與遂寧始莘老自蜀
造朝不以家行高宗聞其清修獨處甚重之一日因

對哀諭曰聞卿出蜀即蒲團紙帳如僧然難及也未幾遂擢用華老官中都久知公論所予奪姦蠹者皆得其根本脉絡嘗歎曰臺諫當論天下第一事若有所畏姑言其次是欺其心不敬其君者也及任言責極言無隱取衆所指目者悉擊去聲振一時都人稱骨鯁敢言者必曰杜殿院云治郡課績爲諸州最孝宗受禪華老進三議曰定國是脩内政養根本尋卒年五十八

論曰黄洽渾厚有守應辰學術精醇尤稱骨鯁十朋吳芾良翰華老相繼在臺府歷詆姦倖直言無隱皆

事上忠而自信篤足以當大任者惜不盡其用焉

列傳卷第一百四十六

列傳卷第一百四十七　宋史三百八十八

開府儀同三司上柱國錄軍國重事前中書右丞相監修國史領經筵事都總裁臣脫脫等奉

勅修

周執羔　王希吕　陳良祐

李浩　陳橐　胡沂

唐文若　李燾

周執羔字表卿信州弋陽人宣和六年舉進士廷試徽宗擢爲第二授湖州司士曹事俄除太學博士建炎初乘輿南渡自京師奔詣揚州不及遂從隆祐太后于江西還覲會稽尋以繼母劉疾乞歸就養調撫

州宜黄縣丞時四境俶擾潰卒相挻爲變令大恐不知所爲執羔諭以禍福皆歛手聽命既又誅其黨執首謀者斬以徇邑人德之至繪像立祠紹興五年改秩通判湖州丁母憂服闋通判平江府召爲將作監丞明年春遷太常丞會始議建明堂大樂久廢不脩詔奉常習肄之訪輯舊聞尨闕工器制作始備累遷右司員外郎八月擢權禮部侍郎充賀金生辰使往歲奉使官得自辟其屬賞典既厚頗行者多納金以請執羔始拒絶之使還兼權吏部侍郎請賜新進士聞喜宴于禮部從之軍興廢此禮至是乃復同知貢

舉舊例進士試禮部下歷十八年得免舉又四試禮部下始特奏名推恩秦檜既以科第私其子士論讙譁為減三年以悅衆執羔言祖宗法不可亂繇此忤檜御史劾罷之又六年起知眉州徙閬州又改夔州兼夔路安撫使夔部地接蠻獠易以生事或告溱播夷叛其豪帥請遣兵致討執羔謂曰朝廷用爾為長今一方繹騷責將焉往能盡力則貰爾一兵不可得也豪懼斬叛者以獻夷人自是皆慴息三十年知饒州尋除敷文閣待制乾道初守婺州召還提舉佑神觀兼侍講首進二說以為王道在正心誠意立國在

節用愛人二年四月復為禮部侍郎孝宗患人才難知執羔曰今一介干進亦蒙賜召口舌相高殆成風俗豈可使之得志哉上曰卿言是也一日侍經筵自言學易知數臣事陛下之日短已乃垂涕上惻然即拜本部尚書升侍讀固辭不許方士劉孝榮言統元曆差命執羔釐正之執羔用劉羲叟法推日月交食考五緯贏縮以紀氣朔寒溫之候撰曆議曆書五星測驗各一卷上之上嘗問豐財之術執羔以為蠹民之本莫甚於兵古者興師十萬日費千金今尺籍之數十倍於此罷癃老弱者幾半不汰之其弊益深論

和糴本以給軍興豫凶災蓋國家一切之政不得已而為之若邊境無事妨於民食而務為聚斂可乎舊糴有常數比年每郡增至一二十萬石今諸路枯旱之餘蟲螟大起無以供常稅況數外取之乎宜視一路一郡一縣豐凶之數輕重行之災甚者蠲之可也上矍然曰災異如此乃無一人為朕言者即詔從之充安恭皇后攢宮按行使日與閹人接卒事未嘗交一談閹亦服其長者不怨也拜疏求去上謂輔臣曰朕惜其老成宜以經筵留之除寶文閣學士提舉佑神觀上曰遂除龍圖可也經筵二年每勸上以辨忠

邪納諫爭上深知其忠明年三月告老上諭曰祖宗時近臣有年踰八十尚留者卿之齒未也命郄其章閏月復申前請上度不可奪詔提舉江州太平興國宮賜茶藥御書恩禮尤渥公卿祖帳都門外搢紳榮之時閩粵江西歲饑盜起執羔陛辭以為言詔遣太府丞馬希言使諸路振救之乾道六年卒年七十七執羔有雅度立朝無朋比治郡廉恕有循吏風手不釋卷尤通于易

王希呂字仲行宿州人渡江後自北歸南既仕寓居嘉興府乾道五年登進士科孝宗獎用西北之士六

年召試授祕書省正字除右正言時張說以攀援戚屬擢用再除簽書樞密院事希呂與侍御史李衡交章劾之上疑其合黨遂名責遠小監當既而悔之改授宮觀方說之見用氣勢顯赫後省不書黃學士院不草詔皆相繼斥逐而希呂復以身任怨去國之日屏徒御躡屨以行恬不爲悔由是直聲聞于遠邇雖以此黜亦以此見知出知廬州淳熙二年除吏部員外郎尋除起居郎兼中書舍人淮右擇帥上以希呂已試有功令知廬州兼安撫使脩葺城守安集流散兵民賴之加直寶文閣江西轉運副使五年召爲起

居郎除中書舍人給事中轉兵部尚書改吏部尚書求去乃除端明殿學士知紹興府尋以言者落職處之晏如治郡百廢俱舉尤敬禮文學端方之士天性剛勁遇利害無回護意惟是之從嘗論近習用事語極切至上變色欲起希呂挽御衣曰非但臣能言之侍從臺諫皆有文字來矣佐漕江西嘗作拳石記以示僚屬一幕官舉筆塗數字舉坐駭愕希呂覽之喜其不阿黨之居官廉潔至無屋可廬內紹興歸有終焉之意然猶寓僧寺上聞之賜錢造第後以疾卒于家

陳良祐字天與婺州金華人年十九預鄉薦間歲入太學紹興二十四年擢進士第調興國軍司戶未上有薦于朝者召除太學錄樞密院編脩官中丞汪澈薦除監察御史累遷軍器監兼鄧王府直講隆興元年出爲福建路轉運副使丁父憂服闋乾道三年除起居舍人兼權中書舍人遷起居郎尋除左司諫首言會子之弊願捐內帑以紓細民之急上曰朕積財何用能散可也慨然發內府白金數萬兩收換會子收銅版勿造軍民翕然未幾戶部得請改造五百萬又奏陛下號令在前不能持半歲久以此令民誰能

信之豈有不印交子五百萬遂不可爲國乎既而又欲造會子二千萬屢爭之不得遂請以五百萬換舊會俟通行漸收之常使不越千萬之數上銳意圖治以唐太宗自比良祐言太宗政要願賜省覽擇善而從知非而戒使臣爲良臣勿爲忠臣上曰卿亦當以魏徵自勉又言陛下躬行節儉弗殖貨利或者託肺腑之親爲市井之行以公侯之貴牟商賈之利占田疇擅山澤甚者發舶舟招蕃賈貿易寶貨糜費金錢或假德壽或託椒房犯法冒禁專利無厭非所以維持紀綱保全戚畹願嚴戒敕苟能改過富貴可保如

其不悛以義斷恩時左相丁外艱詔起復良祐言起
復非正禮今無疆場之事宜使之終喪遂寢遷右諫
議大夫兼侍講同知貢舉除給事中兼直學士院遷
吏部侍郎尋除尚書時議遣泛使請地良祐奏陛下
恢復之志未嘗忘懷然詞莫貴於僉同不可不察博
訪歸於獨斷不可不審固有以用衆而興亦有以用
衆而亡固有以獨斷而成亦有以獨斷而敗今遣使
乃啓釁之端萬一敵騎犯邊則民力困於供輸州郡
疲於調發兵拏禍結未有息期將帥庸鄙類乏遠謀
對君父則言効死臨戰陣則各求生有如符離之役

不戰自潰瓜州之遇望敵驚奔孰可仗者此臣所以
未敢保其萬全且今之求地欲得河南累歲嘗歸版
圖不旋踵而又失如其不許徒費往來若其許我必
邀重幣經理未定根本內虛又將隨而取之矣向之
四郡得之亦勤尚不能有今又無故而求侵地陛下
度可以虛聲下之乎況止求陵寢地在其中曩亦議
此觀其答書幾於相戲凡此二端皆是求釁必須遣
使則祈請欽宗梓宮猶爲有辭內視不足何暇事外
邇者未懷豈能綏遠奏入忤旨貶瑞州居住尋移信
州九年許令自便淳熙四年起知徽州尋除敷文閣

待制知建寧府卒

李浩字德遠其先居建昌遷臨川浩早有文稱紹興
十二年擢進士第時秦熺挾宰相子以魁多士同年
皆見之或拉浩行毅然不往調饒州司戶參軍襄陽
府觀察推官連丁內外艱繼調金州教授改太常寺
主簿尋兼光祿寺丞輪對首陳無逸之戒且言宿衛
大將楊存中恩寵特異待之過非其福上悟旋令就
第自秦檜用事塞言路及上總攬權綱激厲忠讜此
習尚存朝士多務慎默至是命百官轉對浩與王十
朋馮方查籥胡憲始相繼言事聞者興起浩不安於

朝請祠主管台州崇道觀以歸孝宗即位以太常丞
召時張浚督師江淮宰相多抑之浩引仁宗用韓琦
范仲淹詔章得象故事乞戒諭令同心協濟兼權吏
部郎官浩雅爲湯思退所厚御史尹穡欲引之以共
擠浚因薦浩及對乃明示不同之意二人皆不樂踰
年始除員外郎兼皇子恭王府直講在王府多所裨
益且因事以及時政書之於冊冀上或見之王亦素
所愛重他日外補累年以歸王喜曰李直講來矣未
幾宰相召爲郎者四人將進用之尤屬意浩浩嘿然
無一辭同舍皆遷浩獨如故踰年浙河水災詔郎官

館職以上條時政闕失浩謂上焦勞如此今何可不
言即奏疏指論近臣併及宰執惟奉行臺諫多迎合
百執事顧忌畏縮反覆數千言傾倒罄竭見者悚慄
上不以為忤執事者深忌之乞外得台州州有揀中
禁軍五百人訓練官貪殘失衆心不逞者因謀作亂
忽露刃於庭浩謂之曰汝等欲為亂乎請先殺我衆
駭曰不敢乃徐推其為首者四人黥徙之迄無事除
直秘閣並海有宿寇久不獲浩募其徒自縛贖罪即
得其魁里豪民鄭憲以貲給事權貴入門囊橐為姦
事覺械繫之死獄中盡籍其家徙其妻孥權貴人教

其家訟冤且誣浩以買妾事言者用是擠之疏方上
權參政劉珙越次奏曰李浩為郡獲罪豪民為其所
誣臣考其本末甚白上顧曰守臣不畏彊禦豈易得
邪且門章安在珙袖出之遂留中不下大理觀望猶
欲還其所沒貲上批其後曰台州所斷至甚允當鄭
憲家資永不給還流徙如故浩始得安明年除司農
少卿時朝廷和糴米八萬董其事者賤糴濕惡隱刻
官錢戶部不敢詰浩白發其姦下有司窮竟戶部欲
就支稽見數大理附會之浩爭曰非但惠姦且虧軍
食上是其言會大理奏結他獄上顧輔臣曰棘寺官

得剛正如李浩者為之已而卿缺又曰無以易浩遂
除大理卿時上英明有大有為之志廷臣不能奉行
誕慢苟且依違避事浩前在司農嘗因面對陳經理
兩淮之策至是為金使接伴還奏曰臣親見兩淮可
耕之田盡為廢地心嘗痛之條畫營屯以為恢復根
本又言比日措置邊事甚張皇願戒將吏嚴備禦無
規微利近功日與大臣脩治具結人心持重安靜以
俟敵釁上悉嘉納宰相議遣泛使浩與辯其不可至
以官職訹之浩怒以語觸之且力求外以直寶文閣
知靜江府兼廣西安撫有尚書郎入對論及擇帥事

上曰如廣西朕已得李浩矣又諭大臣曰李浩嘗田
議甚可行大臣莫有應者浩至郡舊有靈渠通漕運
及灌溉歲久不治命疏而通之民賴其利邕管所隸
安平州其酋恃險謀聚兵為邊患浩遣單使諭以禍
福且許其引赦自新即日叩頭謝過焚徹水柵聽太
府約束治廣二年召還入對論俗不美者八其言曰
陛下所求者規諫而臣下專務迎合所貴者執守而
臣下專務順從所惜者名器而僥倖之路未塞所重
者廉恥而趨附之門尚開儒術可行而有險詖之徒
下情當盡而有壅蔽之患期以氣節而偷惰者得以

苟容責以實效而誕慢者得以自售上問誕慢謂誰浩具以實對翌日謂宰相曰李浩直諒遂除權吏部侍郎時政府有怙寵竊權者黨與非一自浩之入已相側目且歆以甘言誘之浩中立不倚拒弗納於是相與謀嗾諫議大夫姚憲論浩以彊狠之資挾奸詖之志寘之近列變亂黑白未及正謝而罷乾道九年提舉太平興國宮明年夏夔路闕帥命浩以祕閣脩撰寵其行夔有羈縻州曰思州世襲為守則田氏與其猶子不協將起兵相攻浩草檄遣官為勸解二人感悟歃血盟盡釋前憾邊得以寧踰年以疾請祠提

舉玉隆萬壽宮命未至以淳熙三年九月卒年六十一諸司奏浩盡瘁其職以死詔特贈集英殿脩撰浩天資質直涵養渾厚不以利害動其心少力學為文辭及壯益沈潛理義立朝慨然以時事為己任忠憤激烈言切時弊以此見忌於衆平居未嘗假人以辭色不知者以為傲或譖於上前上謂斯人無他在朕前亦如此非為傲者小人憚之誘以祿利正色不回謀害之者無所不至獨賴上察其衷始終全之為郡尤潔己自海右歸不載南海一物平生奉養如布衣時風裁素高人不敢干以私云

陳槖字德應紹興餘姚人入太學有聲登政和上舍第教授寧州以母老改台州士曹治獄平允更攝天台臨海黃巖三邑易越州新昌令皆以愷悌稱呂頤浩欲援為御史約先一見槖曰宰相用人乃使之呈身耶謝不往趙鼎李光交薦其才紹興二年五月召對改秩六月除監察御史論事不合八月詔以宰邑有治行除江西運判瑞昌令倚勢受賂槖首劾罷之期年所按以十數至有望風解印綬者以母年高乞歸養詔槖善撫字移知台州台有五邑嘗攝其三民懷惠愛越境歡迎不數月稱治母喪邦人巷哭相率

走行在所者千餘人請起槖詔槖清謹不擾治狀著聞其敕所在州賜錢三十萬槖力辭上謂近臣曰陳槖有古循吏風終喪以司勳郎中召累遷權刑部侍郎時秦檜力主和議槖疏謂金人多詐和不可信且二聖遠狩沙漠百姓肝腦塗地天下痛心疾首今天意既回兵勢漸集宜乘時掃清以雪國恥否亦當按兵嚴備審勢而動舍此不為乃遽講和何以繫中原之望既而金亶有所邀議久不決將再遣使槖復言金每挾講和以售其姦謀論者因其廢劉豫又還河南地遂謂其有意於和臣以為不然且金之立豫蓋

歆自為捍蔽使之南窺豫每犯順率皆敗北金知不
足恃從而廢之豈為我哉河南之地欲付之他人則
必以豫為戒故捐以歸我往歲金書嘗謂歲幣多寡
聽我所裁曾未淹歲反覆如此且割地通和則彼此
各守封疆可也而同州之橋至今存焉蓋金非可以
義交而信結恐其假和好之說騁謬悠之辭包藏禍
心變出不測願深鑒前轍亦嚴戰守之備使人人激
厲常若寇至苟彼通和則吾之振飭武備不害為立
國之常如其不然決意恢復之圖勿循私曲之說天
意允協人心響應一舉以成大勳則梓宮太后可還

祖宗疆土可復矣檜憾之槖因力請去未幾金果渝
盟除徽猷閣待制知潁昌府時河南新疆初復無敢
往者槖即日就道次壽春則潁已不守改處州又改
廣州兵興後廣東盜賊無寧歲十年九易牧守槖盡
革弊政以恩先之留鎮三年民夷悅服初朝廷移韓
京一軍屯循州會郴寇駱科犯廣西詔遣京討之槖
奏廣東累年困於寇賊自京移屯斂稍知畏今悉軍
赴廣西則廣東危矣檜以槖為京地坐稽留機事降
秩屢上章告老改婺州請不已遂致事又十二年以
疾卒于家年六十六槖博學剛介不事產業先世田

廬悉推予兄弟在廣積年四方聘幣一不入私室既
謝事歸剡中僑寓僧寺日糴以食處之泰然王十朋
為風土賦論近世會稽人物曰杜祁公之後有陳德
應云

胡沂字周伯紹興餘姚人父宗伋號醇儒能守所學
不逐時好沂穎異六歲誦五經皆畢不忘一字紹興
五年進士甲科陸沅州縣幾三十載至二十八年始
入為正字遷校書郎兼實錄院檢討官吏部員外郎
轉右司以憂去終喪還朝孝宗受禪除國子司業鄧
王府直講尋擢殿中侍御史有旨侍從臺諫條具方

今時務沂言守禦之利莫若令沿邊屯田前歲淮民
逃移未復舊業中原歸附未知所處俾之就耕可贍
給省餉饋東作方興且慮敵人乘時驚擾宜聚兵險
隘防守詔行其言御史中丞辛次膺論殿帥成閔贖
貨不恤士卒之罪詔罷殿前司職事與祠沂再言其
二十罪遂落太尉婺州居住沂又言將臣定十等之
目令其舉薦施之擇將之頃則可施之養士有素則
未也夫設武舉立武學試之以弓馬又試之以韜畧
之文兵機之策蓋將有所用也除高等一二名餘皆
吏部授以権酤征商所養非所用所用非所養願詔

大臣詳議中舉者定品格分差遣將下準備差遣則
人人思奮應上之求矣從之時龍大淵曾覿以藩邸
舊恩除知閤門事張震劉珙周必大相繼繳回詞命
沂論其市權招士請屏遠之未聽而諫官劉度坐抗
論左遷沂累章益懇切曰大淵覿不屏去安知無梆
宗元劉禹錫輩撓節以從之者好進者嫉其言共排
之沂亦以言不行請去遂以直顯謨閣主管台州崇
道觀乾道元年冬召爲宗正少卿兼皇子慶王府贊
讀尋兼侍講進中書舍人給事中進對論命令當謹
之於造命之初上曰三代盛時如此御職在繳駁事

有當然勿謂拂君相不言除吏部侍郎兼權尚書沂
奏七司法自紹興十三年纂脩成書歲且一紀歷月
閱時不無牴牾望令敕令所官討論章旨此法可行
不可行此條當革不當革將見行之法與當革之條
輯爲一書須之中外庶可戢吏胥之姦詔行之尋以
目疾丐祠六年出爲徽猷閣待制知夔州復引疾奉
祠提舉江州太平興國宫八年以待制除太子詹事
尋復拜給事中進禮部尚書並兼領詹事又改侍讀
上顧沂厚有大用意而沂資性恬退無所依附數請
去虞允文當國希旨建策復中原沂極論金無釁而

我諸將未見可任此事者數梗其議遂以龍圖閣學
士仍提舉興國宫淳熙元年卒年六十八方疾革整
容肅冠不少惰蓋其爲學所得者如此諡獻肅

唐文若字立夫眉山人父庚在文苑傳文若少英邁
不群爲文豪健登進士第分教潼川府給事中勾濤
薦自代詔赴行在所既至而勾濤出不得見文若奏
書闕下略曰昔漢高慢士四皓去之而西鄙少廉恥
之人光武禮賢嚴光友之而東都多節義之士陛下
屈萬乘之尊駐蹕東南兩宫將歸五路初復正宜市
朽骨式怒蛙以來豪傑與之共治寧邊惜此數刻之

對耶書奏翌日召對便殿高宗大悅特旨改合入官
通判洋州洋西鄉縣產茶亘陵谷八百餘里山窮險
賦不盡括使者韓球將增賦以市寵園戶避苛斂轉
徙餓殣相藉文若力爭之賦迄不增再通判遂寧府
會大水民多漂死文若乘城上發庫錢募游者振活
甚衆又力請于朝除田租二萬一千頃免場務稅二
十餘所築長堤以捍水勢自是無水患秦檜死上訪
蜀士於魏良臣以文若對二十六年以光祿丞召改
祕書郎爲文思箴以獻其略曰於赫我皇兵既休矣
兵休如何莫若治兵居安思危邦乃攸寧爰整其旅

文王以興載舞干羽舜仁用戚向戎弭兵春秋所懲黷僥去兵禍亂乃萌師則多矣軍則彊矣縱弛不繩猶曰無人兵非以殘以兵休兵凡千五百餘言自檜主和朝論諱言兵故文若以此諷焉遷起居郎勸上收用西北人材以固根本上深納之將命以掌制時有為宣和執政請恩為司諫凌哲所彈文若喜其直作禾黍詩以美之侍御史周方崇以為譏已劾文若狂誕出知邵州上屢為近臣言唐文若無罪可改近郡知饒州興學宮減田租奇耗二萬石又請歲糴常平義倉之儲什三與民平市農末俱利而衆不病遂以著令餘干嘗有劇盜巡尉不能制文若遣牙兵捕而戮之加直敷文閣移知温州三十一年召為宗正少卿金人犯邊文若求對首建大臣督制江上之議上諭大臣以文若與虞允文杜莘老馬驥才皆可用復除起居郎時諸將北出捷書日聞上下有狃志獨文若憂之圖上元嘉北伐故事上諭文若以創業所歷艱苦及敵情反覆甚悉文若對曰願陛下深察大勢趣策之長而避其短無循前代執轍則大善未幾諸軍退守金主自將圖大將王權于歷陽權遁淮南盡沒詔百官廷議文若畫三策一請上親征二乞遣

大臣勞軍三乞起張浚工部侍郎許尹是其言衆遂列奏上之不報文若尋面對上問曰今計安出卿孰張浚否文若曰浚守道篤學天下屬望今四十年天不死浚嶺海正為今日上矍然曰撥浚者多非卿無以發此數日遣楊存中護江上軍俟親征之期起浚知平江府蓋上以浚雖忠慤喜功將士多不附文若復言浚本以孤忠得衆尋改浚鎮建康府將以為江淮宣撫使中沮之而止乘輿幸江表以起居郎兼給事中直學士院同群司居守駕還遷中書舍人上將內禪前數日手詔追崇皇太子所生父文若既書黃因過周必大誦聖德而疑名稱未安歸白宰相請更黃堂吏不可文若執不已宰相以聞詔改稱本生親尋又改宗室子偁其後詔稱皇兄孝宗嗣位張浚以右府都督江淮軍事文若時以疾請外除數文閣待制知漢州尋改都督府參贊軍事浚使行邊按守備多所罷行者未還除知鼎州改江州明年浚入相都督府罷其冬金復大入官軍悉戍淮文若謂上流當嚴兵備以定民志奏籍鄉丁五萬訓練有法人倚以固解嚴和糴大起郡之數八萬文若以民勞堅請得減什三旋請祠章三上未報乾道元年卒年六十贈

左通奉大夫
李燾字仁甫眉州丹稜人唐宗室曹王之後也父中
登第知仙井監燾甫冠憤金讐未報著反正議十四
篇皆救時大務紹興八年擢進士第調華陽簿再調
雅州推官改秩知雙流縣仕族張氏子居喪而爭產
燾曰若忍墜先訓乎盍歸思之三日復來迄悔艾無
訟又有不白其母而鬻產者燾眞之理豪強斂迹於
是以餘暇力學燾恥讀王氏書獨博極載籍搜羅百
氏慨然以史自任本朝典故尤悉力研覈倣司馬光
資治通鑑例斷自建隆迄于靖康爲編年一書名曰

宋史三百八十八　三百九十五个　宋史列傳卷二百四十七　十八　肖　張　寫　羅　善　刊

長編浩大未畢仍效光體爲百官公卿表史官以聞
詔給札來上制置王剛中辟幹辦公事知榮州榮因
溪爲隍夏秋率苦水潦燾築防捍之除潼川府路轉
運判官入境劾守令不職者四人縣多聚斂燾括一
路財賦額通有無酌三年中數定爲科約上之朝須
之州縣乾道三年召對首舉藝祖治身治家治官治
吏典故以爲恢復之法乞增置諫官許六察言事請
練兵毋增兵杜諸將私獻覈軍中虛籍除兵部員外
郎兼禮部郎中會慶節上壽在郊禮散齋內議權作
樂燾言漢唐祀天地散齋四日致齋三日建隆初郊

亦然自崇寧大觀法周禮祭天地故前十日受誓戒
今既合祭宜復漢唐及建隆舊制庶幾兩得詔毋拱
上壽止樂正殿爲北使權用正除禮部郎中言中興
祭禮未備請以開寶通禮嘉祐因革禮政和新儀令
太常寺參校同異脩成祭法四年上續通鑑長編自
建隆至治平凡一百八卷時乾道新曆成燾言曆不
差不改不驗不用未差無以知其失未驗無以知其
是舊曆多差不容不改而新曆亦未有大驗乞申飭
曆官討論五年遷祕書少監兼權起居舍人尋兼實
録院檢討官子垕試賢良方正直言極諫科燾謂

宋史三百八十八　四百十个　宋史列傳卷二百四十七　十九　肖　張　寫　羅　善　刊

唐三百年不愧此科者惟劉去華心慕之嘗以所著
通論五十篇見蜀帥張燾欲應詔不偶而止其友晁
公遡以書勉之燾答以當脩此學必不從此舉既不
克躬試於是命二子垕塾習焉至是吏部尚書汪應
辰薦垕文行可應詔故有是命左相陳俊卿出知福
州右相虞允文任恢復事更張舊典宰相以燾數言
事不樂燾遂請去除直顯謨閣湖北轉運副使陛辭
以欲速變古爲戒又奏禹貢九州荊田第八賦乃在
三人功既脩遂超五等今田多荒蕪賦虧十八上命
之條畫既至奏京湖之民結茅而廬築土而坊備牛

而犁耰種而殖穀苗未立睥睨已多有横加科歛者
今宜寛優𠇍之禁依乾德詔書止輸舊稅廣收募之
術如咸平元豐故事勸課有勞者推恩詔從之總餉
呂游問入奏燾攝其事歲饑發鄂州大軍倉振之僚
屬爭執不可燾曰吾自任不以累諸君尋如數償之
游問返果劾燾專上止令具析不之罪也八年直寶
文閣帥潼川兼知瀘州首葺石門堡以扼夷人奏乞
戒茶馬司市叙州羈縻馬毋溢額戒官民毋於夷漢
禁山伐木造舟奏移鎖水於開邊舊池皆報可淳熙改
元被召適城中火上章自劾提刑何熙志奏災數不

實且言長編記魏王食肥彘語涉誣謗上曰憲臣按
奏火數失實職也何預國史命成都提刑李蘩究火
事詔熙志貶二秩罷燾止貶一秩燾及都門乞祠除
江西運副且許臨遣或勸以方被讒無及時事燾曰
聖主全度如此竭忠所以為報遂奏日食地震皆陰
盛主敵國小人不可不慮且申無變古無欲速兩言
又上快箴引太祖罷朝悔乘快決事以諫上曰朕當
揭之座右進祕閣脩撰權同脩國史權實録院同脩
撰燾為左史時嘗乞復行明堂禮謂南郊明堂初無
隆殺合視圜壇特免出郊淳費至是申言之詔集議

礮幸沮止其後周必大為禮部尚書申其說始克行
權禮部侍郎七月壬戌雷震太祖廟柱壞鴟尾有司旋
加脩繕燾奏非所以畏天變當應以實上諭大臣燾
愛朕屢進讜言賜金紫嘗請正太祖東向之位四年
駕幸太學以執經特轉一官燾論兩學釋奠從祀孔
子當升范仲淹歐陽脩司馬光蘇軾黜王安石父子
從祀武成王當黜李勣衆議不叶止黜王雱而已真
拜侍郎仍兼工部徽宗實録置院已久趣上奏篇燾
薦呂祖謙學識之明召為祕書郎兼檢討官夜直宣
引奏近者蒙氣蔽日厥占不肖者禄賸肱耳目宜謹

厥與賜坐欲起又留賜飲賜茶尋詔監視太史測驗
天文九月丁酉日當夜食燾為社壇祭告官伐鼓禮
廢特舉行㕓既中制科為祕書省正字尋遷著作郎
兼國史實録院編脩檢討官父子同主史事搢紳榮
之燾感上知遇論事益切每集議衆莫敢發言獨條
陳可否無所避近臣復舉其次子塾應制科以閣試
不中程黜㕓偶考上舍試卷發策問制科為御史所
劾語連及燾㕓罷燾亦知常德府初政和末澧辰沅
靖四州置營田刀弩手募人開邊范世雄等附會擾
民建炎罷之乾道間有建請復置者燾為轉運使嘗

奏不當復已而提刑尹機迫郡縣行之田不能給燾至是又申言之請度田立額且約帥臣張栻列奏詔從之境多茶園異時禁切商賈率至交兵燾曰官捕茶賊豈禁茶商聽其自如訖無警累表乞閑提舉興國宮秋明堂大禮成以其首議復除敷文閣待制頃之皇墊繼亡上欲以吏事紓燾憂起知遂寧府七年長編全書成上之詔藏祕閣燾自謂此書寧失之繁無失之略故一祖八宗之事凡九百七十八卷卷第總目五卷依凞寧脩三經例損益脩換四千四百餘事上謂其書無愧司馬遷燾嘗舉漢石渠白虎故事

請上稱制臨決又請冠序上許之竟不克就又奏陛下即位二十餘年志在富彊而兵弱財匱與教民七年可以即戎者異矣一日召對延和殿講臣方讀陸贄奏議燾因言贄雖相德宗其實不遇今遇陛下可謂千載一時遂舉贄所言切於今可舉而行者數十事勸上力行之上有功業不足之嘆燾曰功業見乎變通人事既脩天應乃至進敷文閣學士提舉佑神觀兼侍講同脩國史薦尤袤劉清之十人為史官十年七月久旱進祖宗避殿減膳求言故事上亟施行丁丑雨一日宣對燾言外議陛下多服藥罕御殿宮

嬪無時進見浮費頗多上曰卿可謂忠愛顧朕老矣安得此聲近惟葬李婕妤用三萬緡他無費也遂因轉對乞用祖宗故事召宰執赴經筵太史言十一月朔日當食心八分燾條上古今日食是月者三十四事因奏之曰心天王位其分為宋十一月於卦為復方潛陽時陰氣乘之故比他食為重非小人害政即敵人窺中國明日對延和殿又及晉何曾談武帝無經國遠圖十一年春乞致仕優詔不允上數問其疾增損給事中宇文价傳上旨燾曰臣子戀闕非老病恐乞骸骨因叩价時事勉以忠蓋又聞四川乞減

酒課額猶手劄賛廟堂行之病革除敷文閣學士致仕命下喜曰事了矣口占遺表云臣年七十死不為夭所恨報國缺然願陛下經遠以藝祖為師用人以昭陵為則辭氣舒徐乃卒年七十上聞嗟悼贈光祿大夫他日謂宇文价曰朕嘗許燾大書續資治通鑑長編七字且用神宗賜司馬光故事為序冠篇不謂其止此燾性剛大特立獨行早著書檜尚當路檜死始聞于朝暨在從列每正色以訂國論張栻嘗曰李仁甫如霜松雪栢無嗜好無姬侍不殖產平生生死文字間長編一書用力四十年葉適以為春秋以後

繞有此書有易學五卷春秋學十卷五經傳授尚書百篇圖大傳雜說各一卷七十二子名籍各一卷文集五十卷奏議三十卷四朝史藁五十卷通論十卷南北攻守錄三十卷七十二侯圖陶潛新傳并詩譜各三卷歷代宰相年表唐宰相譜江左方鎮年表晉司馬光本支齊梁本支王謝世表五代將帥年表合爲四十一卷謚文簡累贈太師溫國公子垕𡌴塾壁𡌴垕著作郎𡌴夔州路提點刑獄壁𡌴皆執政别有傳

論曰執羔宿德雅度在經筵忠悃啓沃以口舌相高爲戒希呂剛直慷切有古引裾風良祐力止汎使懼開釁端忤旨竄斥而甘心焉李浩獨不造秦熺陳橐以呈身爲恥文若譏休兵胡沂斥閹官其清風苦節終始弗渝髙孝之世李燾恥讀王氏書掇拾禮文殘缺之餘粲然有則長編之作咸称史才然所掇拾或出野史春秋傳疑傳信之法然歟

列傳卷第一百四十七

列傳第一百四十八　宋史三百八十八

宋 開府儀同三司上柱國錄軍國重事中書右丞相監修國史領經筵事都總裁臣脫脫等奉 勅修

尤袤　謝諤　顏師魯　袁樞

李椿　劉儀鳳　張孝祥

尤袤字延之常州無錫人少穎異蔣偕施坰呼爲奇童入太學以詞賦冠多士尋冠南宮紹興十八年擢進士第嘗爲泰興令問民疾苦皆曰邵伯鎮置頓爲金使經行也使率不受而空厲民漕司輸藁秸致一束數十金二弊久莫之去乃力請臺閫奏免之縣舊有外城屢殘於寇頹毀甚衰即脩築已而金渝盟陷揚州獨泰興以有城得全後因事至舊治吏民羅拜曰此吾父母也爲立生祠注江陰學官需次七年爲讀書計從臣以靖退薦召除將作監簿大宗正闕丞人爭求之陳俊卿曰當予不求者遂除袤虞允文以史事過三館問誰可爲祕書丞者僉以袤對亟授之張栻曰眞祕書也兼國史院編脩官實錄院檢討官遷著作郎兼太子侍讀先是張說自閤門入西府士論鼎沸從臣因執奏而去者數十人袤率三館上書諫且不往見說說留身密奏於是梁克家罷相袤與祕書少監陳騤各與郡袤得台州州五縣有丁無產者輸二年丁稅凡萬有三

千家前守趙汝愚修郡城工纔什三屬袤成之袤按行前築殊鹵莽亟命更築加高厚數月而畢明年大水更築之墉正直水衝城賴以不没會有毀袤者上疑之使人密察民誦其善政不絶口乃録其東湖四詩歸奏上讀而歎賞遂以文字受知除淮東提舉常平改江東江東旱單車行部覈一路常平米通融有無以之振貸朱熹知南康講荒政下五等户租五斗以下悉蠲之袤推行於諸郡民無流殍進直祕閣遷江西漕兼知隆興府屢請祠進直敷文閣改江東提刑梁克家薦袤及鄭僑以言事去國久于外當召上可之召對言水旱之備惟常平義倉願預飭有司隨

市價禁科抑則人自樂輸必易集事除吏部郎官太子侍講累遷樞密檢正兼左諭德輪對又申言民貧兵怨者甚切夏旱詔求闕失袤上封事大畧言天地之氣宣通則和壅遏則乖人心舒暢則悦抑鬱則憤催科峻急而農民怨關征苛察而商旅怨差注留滯而士大夫有失職之怨廩給朘削而士卒有不足之怨奏讞不時報而久繫囚者怨幽枉不獲伸而負累者怨强暴殺人多特貸命使已死者怨有司買納不即酬價負販者怨人心抑鬱所以感傷天和者豈特一事而已方今救荒之策莫急於勸分輸納既多朝廷吝於推賞乞詔有司檢舉行之高宗崩前一日除

太常少卿自南渡來恤禮散失事出倉卒上下罔措每有討論悉付之袤斟酌損益便於今而不戾於古當定廟號袤與禮官定號高宗洪邁獨請號世祖袤率禮官顔師魯鄭僑奏曰宗廟之制祖有功宗有德藝祖規創大業爲宋太祖太宗混一區夏爲宋太宗自真宗至欽宗聖聖相傳廟制一定萬世不易在禮子爲父屈示有尊也太上親爲徽宗子子爲祖而父爲宗失昭穆之序議者不過以漢光武爲比光武以長沙王後布衣崛起不與哀平相繼其稱無嫌太上中興雖同光武然實繼徽宗正統以子繼父非光武比將來祔廟在徽宗下而稱祖恐在天之靈有所不

安詔羣臣集議袤復上議如初邁論遂屈詔從禮官議衆論紛然會禮部太常寺亦同主高宗謂本朝創業中興皆在商丘取商高宗實爲有證始詔從初議建議事堂令皇太子參決庶務袤時兼侍讀乃獻書以爲儲副之位止於侍膳問安不交外事撫軍監國自漢至今多出權宜乞便懇辭以彰殿下之令德臺臣乞定喪制袤奏釋老之教矯誣褻瀆非所以嚴宮禁崇几筵宜一切禁止靈駕將發引忽定配享之議洪邁請用吕頤浩韓世忠趙鼎張俊袤言祖宗典故既祔然後議配享今忽定於靈駕發引一日前不集衆論懼無以厭伏勳臣子孫之心宜反覆熟議以俟

論定奏入詔未預議官詳議以聞繼褒之卒用四人者時楊萬里亦謂張浚當配食爭之不從補外進褒權禮部侍郎兼同脩國史侍講又兼直學士院力辭上聽免直院淳熙十四年將有事于明堂詔議升配褒主紹興孫近陳公輔之說謂方在几筵不可配帝且歷舉郊歲在喪服中者凡四惟元祐明堂用呂大防請升配神考時去大祥止百餘日且祖宗悉用以日易月之制故升侑無嫌今陛下行三年之喪高宗雖已祔廟百官猶未吉服詎可近違紹興而遠法元祐升侑之禮請俟喪畢議之詔可孝宗嘗論人才褒奏曰近召趙汝愚中外皆喜如王藺亦望收召上曰

然一日論事乆上曰如卿才識近世罕有次日語宰執曰尤袤甚好前此無一人言之何也兼權中書舍人復詔兼直學士院力辭且薦陸游自代上不許時內禪議已定猶未論大臣也是日諭袤曰旦夕制冊甚多非卿孰能爲者故勉卿以文字之職袤乃拜命內禪一時制冊人服其雅正光宗即位甫兩旬開講筵袤奏願謹初戒始孜孜興念越數日講筵又奏天下萬事失之於初則後不可救書曰愼厥終惟其始又歷舉唐太宗不私秦府舊人爲戒又五日講筵復論官制謂武臣諸司使八階爲常調橫行十三階爲要官遥郡五階爲美職正任六階爲貴品祖宗待邊

境立功者近年舊法頻壞使被堅執銳者積功累勞僅得一階權要貴近之臣優游而歷華要舉行舊法姜特立以爲議己言者固以爲周必大黨遂與祠紹熙元年起知婺州改太平州除煥章閣待制召除給事中既就職即昌言曰老矣無所補報凡貴近營求內除小礙法制者雖特旨令書請有去而已必不奉詔甫數日中貴四人希賞欲自正使轉橫行袤繳奏者三竟格不下兼侍講入對言願上謹天戒下畏物情內正一心外正五事澄神寡欲保毓太和虛己任賢酬酢庶務不在於勞精神耗思慮屑屑事爲之末也陳源除在京宮觀耶律适嘿除承宣使陸安轉遥

郡王成特補官謝淵李孝友賞轉官吳元充夏永壽遷秩皆論駁之上並聽納韓侂胄以武功大夫和州防禦使用應辦賞直轉橫行袤繳奏謂正使有止法可回授不可直轉侂胄勳賢之後不宜首壞國法開攀援之門奏入手詔令書行袤復奏侂胄四年間已轉二十七年合轉之官今又欲超授四階復轉二十年之官是朝廷官爵專徇侂胄之求非所以爲摩厲之具也命遂格上以疾一再不省重華宮袤上封事曰壽皇事高宗歷二十八年如一日陛下所親見今不待倦勤以宗社付陛下當思所以不負其託望勿憚一日之勤以解都人之惑後數日駕即過重華宮

侍御史林大中以論事左遷袤率左史樓鑰論奏疏入不
報皆封駁不書黃耶律适嘿復以手詔除承宣使一再繳
奏輒奉內批特與書行袤言天下者祖宗之天下爵祿者
祖宗之爵祿壽皇以祖宗之天下傳陛下安可私用祖宗
爵祿而加於公議不允之人哉疏入上震怒裂去後奏付
前二奏出袤以後奏不報使吏收閣命遂不行中宮謁家
廟官吏推賞者百七十有二人袤力言其濫乞痛裁節上
從之嘗因登對專論廢法用例之弊至是復申言之除禮
部尚書駕當詣重華宮復以疾不出率同列奏言壽皇有
免到宮之命願力請而往庶幾可以慰釋羣疑增光孝治

後三日駕隨出中外歡呼兼侍讀上封事曰近年以來給
舍臺諫論事往往不行如黃裳鄭汝楷事遷延一月如陳
源者奉祠人情固已驚愕至姜特立召尤爲駭聞向特立
得志之時昌言臺諫皆其門人竊弄威福一旦斥去莫不
誦陛下英斷今遽召之自古去小人甚難譬除蔓草猶且
復生況加封植乎若以源特立有勞優以外任或加錫賚
無所不可彼其閑廢已久含憤蓄怨待此而發黨復呼之
必將潛引黨類力排異已朝廷無由安靜時上已屬疾國
事多舛袤積憂成疾請告不報疾篤乞致仕又不報遂卒
年七十遺奏大畧勸上以孝事兩宮以勤康庶政察邪佞

護善類又口占遺書別政府明年轉正奉大夫致仕贈金
紫光祿大夫袤少從喻樗汪應辰游樗學於楊時時程頤
高弟也方乾道淳熙間程氏學稍振忌之者目爲道學將
攻之袤在掖垣首言夫道學者堯舜所以帝禹湯武所以
王周公孔孟所以設教近立此名詆訾士君子故臨財不
苟得所謂廉介安貧守分所謂恬退擇言顧行所謂踐履
行已有恥所謂名節皆目之爲道學此名一立賢人君子
欲自見於世一舉足且入其中俱無得免此豈盛世所宜
有願徇名必責其實聽言必觀其行人才庶不壞於疑似
孝宗曰道學豈不美之名正恐假託爲姦使眞僞相亂爾

待付出戒敕之袤死數年侂胄擅國於是禁錮道學賢士
大夫皆受其禍識者以袤爲知言嘗取孫綽遂初賦以自
號光宗書扁賜之有遂初小藁六十卷內外制三十卷嘉
定五年謚文簡子梁槩孫焴禮部尚書

謝諤字昌國臨江軍新喻人幼敏惠日記千言爲文立成
紹興二十七年中進士第調峽州夷陵縣主簿未上撫之
樂安多盜監司檄諤攝尉條二十策大要使其徒相糾而
以信賞隨之羣盜果解散金渝盟諸軍往來境上選行縣
事有治辦聲改吉州錄事參軍囚死者舊瘞以藪往往暴
骨諤白郡取船官棄材以棺斂之郡民陳氏僮竊其篋以

逃有匿之者陳于官詞過其實反爲匿僮者所誣帥龔茂
良怒欲坐以罪諤爲書白茂良陳氏獲免茂良亦以是知
之歲大侵饑民萬餘求廩官吏罔措諤植五色旗分部給
糶頃刻而定知袁州分宜縣縣積負於郡數十萬歲常賦
外又征緡錢二萬餘諤乃疏其弊於諸監司請免之以母
憂去尋丁父憂服闋除幹辦行在諸司糧料院遷國子監
簿尋權監察御史奏減袁州分宜秀州華亭月樁錢諤里
居時創義役法編爲一書至是上之詔行其法於諸路民
以爲便遷侍御史再遷右諫議大夫兼侍講講尚書言於
上曰書治道之本故觀經者當以書爲本上曰朕最喜伊

尹傳說所學得事君之道諤曰伊傳固然非成湯武丁信
用之亦安能致治因論及邊事上有乘機會之諭諤曰機
會雖不可失舉事亦不可輕上嘗問曰聞卿與郭雍遊雍
學問甚好豈曾見程頤乎諤奏雍父忠孝嘗事頤雍蓋得
其傳於父上遂封雍爲頤正先生光宗登極獻十箴又論
二節三近所當節者曰宴飲曰妄費所當近者曰執政大
臣曰舊學名儒曰經筵列職除御史中丞權工部尚書請
祠以煥章閣直學士知泉州又辭提舉太平興國宮而歸
紹熙五年卒年七十四贈通議大夫諤爲文倣歐陽脩曾
鞏初居縣南之竹坡名其燕坐曰艮齋人稱艮齋先生周

必大薦士及諤姓名孝宗曰是謂艮齋者耶朕見其聖學
淵源五卷而得之云

顏師魯字幾聖漳州龍溪人紹興中擢進士第歷知莆田
福清縣嘗決水利滯訟閘陂溢綿四十里歲大侵發廩勸
分有方而不遏糴價船粟畢湊市糴更平鄭伯熊爲常平
使薦于朝帥陳俊卿尤器重之召爲官告院遷國子丞除
江東提舉時天雨土日青無光都人相驚師魯陛辭言田
里未安犴獄未清政令未當忠邪未辨天不示變人主何
繇省悟願詔中外極陳得失求所以答天戒銷患未形上
韙其言尋改使浙西役法敝甚細民至以雞豚鬻榻折產

力遇役輒破家師魯下教屬邑預正流水籍稽其役之序
寬比限免代輸咸便安之鹽課歲百鉅萬本錢久不給亭
竈私鬻禁不可止刑辟日繁師魯撙節緡盡償宿負戒官
吏毋侵移比旁路課獨最上謂執政曰儒生能辦事如此
予職直秘閣農民有墾曠土成田未及受租者姦豪多爲
己利師魯奏但當正其租賦不應繩以盜種法失劭農重
本意奏可遂著爲令入爲監察御史遇事盡言無所阿撓
有自外府得內殿宣引且將補御史闕員師魯亟奏宋璟
召自廣州道中不與楊思勗交一談李鄘恥爲吐突承璀
所薦堅辭相位不拜士大夫未論其才立身之節當以璟

鄜爲法令其人朋邪爲迹人所切齒縱朝廷乏才寧少此輩乎臣雖不肖羞與爲伍命乃寢繼累章論除職帥藩者比年好進之徒平時交結權倖一紓郡紱皆措克以厚包苴故昔以才稱後以貪敗上出其疏袖中行之十年遷太府少卿爲國子祭酒初上諭執政擇老成端重者表率太學故有是命首奏宜講明理學嚴禁穿鑿律廉恥興而風俗厚師魯學行素孚規約率以身先與諸生言孳孳以治己立誠爲本藝尤異者必加獎勸由是人知飭勵上聞之喜曰顏師魯到學未久規矩甚肅除禮部侍郎尋兼吏部有旨改官班特免引見師魯獻規曰祖宗法度不可輕弛願始終持久自強不息因言賜帶多濫應奉微勞皆得橫金預外朝廷會如觀瞻何且臣下非時之賜過於優隆梵舍不急之役亦加錫賚雖南帑封樁不與大農經費然無功勞而槩與之是棄之也萬一有爲國制變禦侮建功立事者將何以旌寵之高宗喪制一時典禮多師魯裁定又與禮官尤袤鄭僑上議廟號語在袤傳詔充遺留禮信使初顯仁遺留使至金必令簪花聽樂師魯陛辭言國勢今非昔比金人或強臣非禮誓以死守沿途宴設力請徹樂至燕山復辭簪花執射時孝宗以孝聞師魯據經陳誼反復懍慨故金終不能奪遷吏部侍郎尋除吏部尚書兼侍

講屢抗章請老以龍圖閣直學士知泉州臺諫侍從相繼拜疏引唐孔戣事以留行內引奏言願親賢積學以崇聖德節情制欲以養清躬在泉因任凡閱三年專以恤民寬屬邑爲政始至即蠲舶貨諸商賈胡尤服其清再起知泉州以紹熙四年卒于家年七十五師魯自幼莊重若成人孝友天至初爲番禺簿喪父以歸扶柩航海水程數千里甫三日登于岸而颶風大作人以爲孝感常曰窮達自有定分枉道希世徒喪所守故其大節確如金石雖動與俗情不合而終翕然信服嘉泰二年詔特賜謚曰定肅

袁樞字機仲建之建安人幼力學嘗以修身爲弓賦試國子監周必大劉珙皆期以遠器試禮部詞賦第一人調溫州判官教授興化軍乾道七年爲禮部試官就除太學錄輪對三疏一論開言路以養忠孝之氣二論規恢復當圖萬全三論士大夫多虛誕僥榮利張說自閤門以節鉞簽樞密樞方與學省同僚共論之上雖容納而色不怡樞退詣宰相示以奏疏且曰公不恥與噲等伍耶虞允文愧甚樞即求外補出爲嚴州教授樞常喜誦司馬光資治通鑑苦其浩博乃區別其事而貫通之號通鑑紀事本末參知政事龔茂良得其書奏于上孝宗讀而嘉嘆以賜東宮及分賜江上諸帥且令熟讀曰治道盡在是矣他日上問袁

樞今何官茂良以實對上曰可與寺監簿於是以大宗正簿召登對即因史書以言曰臣竊聞陛下甞讀通鑑屢有訓詞見諸葛亮論兩漢所以興衰有小人不可不去之戒大哉王言垂法萬世遂歷陳往事自漢武而下至唐文宗偏聽姦佞致于禍亂且曰固有詐偽而似誠實憸佞而似忠鯁者苟陛下日與圖事於帷幄中進退天下士臣恐必爲朝廷累上顧謂曰朕不至與此曹圖事帷幄中樞謝曰陛下之言及此天下之福也遷太府丞時士大夫頗有爲黨與者樞奏曰人主有偏黨之心則臣下有朋黨之患比年或謂陛下寵任武士有厭薄儒生之心猜疑大臣親信

左右內庭行廟堂之事近侍參軍國之謀今雖總權綱專聽覽而或壅蔽聰明潛移威福願可否惟聽於國人毀譽不私於左右上方銳意北伐示天下以所向樞奏古之謀人國者必示之以弱苟陛下志復金讎臣願蓄威養銳勿示其形復陳用宰執臺諫之術時議者欲制宗室應舉鎖試之額限添差嶽祠減臣僚薦舉定文武任子嚴特奏之等展郊禋之歲緩科舉之期樞謂此皆近來從窄之論人君惟天是則不可行也遂抗疏勸上推廣大以存國體兼國史院編修官分修國史傳章惇家以其同里宛轉請文飾其傳樞曰子厚爲相負國欺君吾爲史官書法不隱寧

負鄉人不可負天下後世公議時相趙雄總史事見之嘆曰無愧古良史權工部郎官累遷兼吏部郎官兩淮旱命廉視真揚盧和四郡歸陳兩淮形勢謂兩淮堅固則長江可守今徒知備江不知保淮置重兵於江南委空城於淮上非所以戒不虞瓜洲新城專爲退保金使過而指議淮人聞而嘆嗟誰爲陛下建此策也遷軍器少監除提舉江東常平茶鹽改知廬州赴闕奏事樞之使淮入對也甞言朋黨相附則大臣之權重言路壅塞則人主之勢孤時宰不悅至是又言威權在下則主勢弱故大臣逐臺諫以蔽人主之聰明威權在上則主勢強故大臣結臺諫以遏天

下之公議今朋黨之舊尚在臺諫之官未正紀綱言路將復荆榛矣除吏部員外郎遷大理少卿通州民高氏以產業事下大理殿中侍御史冷世光納厚賂曲庇之樞直其事以聞人爲危之上怒立罷世光以朝臣劾御史寔自樞始手詔權工部侍郎仍兼國子祭酒因論大理獄案請外有予郡之命既而貶兩秩寢前旨光宗受禪敘復元官提舉太平興國宮知常德府寧宗登位擢右文殿修撰知江陵府江陵瀕大江歲壞爲巨浸民無所託楚故城楚觀在焉爲室廬徙民居之以備不虞種木數萬以爲捍蔽民德之尋爲臺臣劾罷提舉太平興國宮自是三奉祠力上請

制比之踈傳陶令開禧元年卒年七十五自是閑居十載
作易傳解義及辯異童子問等書藏于家

李椿字壽翁洺州永平人父升進士起家靖康之難升翼其父以背受刃與長子俱卒椿年尚幼藁殯佛寺深竁而詳識之奉繼母南走艱苦備嘗竭力以養以父澤補迪功郎歷官至寧國軍節度推官治豪民僞券還陳氏田吏才精強人稱之張浚辟爲制司準備差遣常以自隨椿奔走淮甸綏流民布屯戍察廬壽軍情相視山水砦險要周密精審所助爲多隆興元年春諸將有以北討之議上聞者事下督府椿方奉檄至巢亟奏記浚曰復讎伐敵天下大

議不出督府而出諸將況藩籬不固儲備不豐將多而非才兵弱而未練議論不定縱得其地未易守也既而師出無功浚嘗嘆實才之難椿曰豈可厚誣天下無人唯不惡逆耳而甘遜志則庶其肯來耳浚復除右相椿知事不可爲勸之去明年春浚出視師椿曰小人之黨已勝公無故去朝廷蹤跡必危復申前說甚苦浚心是之而自以宗臣任天下之重不忍決去未幾果罷監登聞鼓院有所不樂請通判廉州以歸未上召對知鄂州請行墾田復户數千曠土大闢移廣西提點刑獄獄未竟者一以平決之釋所疑數十百人奏罷昭州金坑禁仕者毋市南物移湖北漕

適歲大侵官強民振糶且下其價米不至益艱食椿損所強糶數而不遏其直未幾米舟湊集價減十三每行部必前期戒吏具州縣所當問事列爲籍單車以行所至取吏卒備使令凡以例致饋一不受言事者請下諸道爲式召爲吏部郎官論廣西鹽法孝宗是其說遂改法焉除樞密院檢詳小吏持南丹州莫酋表求自宜州市馬者因簽書張說以聞椿謂邕遠宜近故遷之豈無意今莫氏方橫柰何道之以中國地里之近小吏妄作將啓邊釁請論如法說怒椿因求去上慰諭令安職遷左司復請外除直龍圖閣湖南運副兼請十三事同日報可大者減桂陽軍月椿

錢萬二千緡損民稅折銀之直民刻石紀之除司農卿椿會大農歲用米百七十萬斛而省倉見米僅支一二月歎曰眞所謂國非其國矣力請歲儲二百萬斛爲一年之蓄擇臨安守椿在議中執政或謂其於人無委曲上曰正欲得如此人遂兼臨安府視事三月竟以權倖不便解去椿在朝遇事輒言執政故不悅及是轉對又言君以剛健爲體而虛中爲用臣以柔順爲體而剛中爲用陛下得虛中之道以行剛健之德矣在廷之臣未見其能以剛中守柔順而事陛下者也執政滋不悅出知婺州會詔市牛筋凡五千斤椿奏一牛之筋纔四兩是欲屠二萬牛也上悟爲

收前詔除吏部侍郎又極言閹寺之盛曰自古宦官之盛
衰係國家興亡其盛也始則人畏之甚則人惡之極則羣
起而攻之漢唐勿論請康明受之禍未遠必有以裁制之
不使至極則國家免於前日之患宦官亦保其富貴門禁
宮戒之外勿得預外事嚴禁士大夫兵將官與之交通上
閱請康明受語蹙頞久之曰幼亦聞此因納疏袖中以入
最後極言當預邊備如欲保淮則楚州盱眙昭信濠梁渦
口花靨正陽光州皆不可以不守如欲保江則高郵六合
瓦梁濡須巢湖北峽亦要地也以病請祠不許面請益力
乃除集英殿修撰知寧國府改太平州賜尚方珍劑以遣

既至力圖上流之備請選將練習緩急列艦上可以援東
關濡須下可以應采石年六十九上章請老以敷文閣待
制致仕越再歲上念湖南兵役之餘欲鎮安之謂椿重厚
可倚命待制顯謨閣知潭州湖南安撫使累辭不獲乃勉
起至則撫摩凋瘵氣象一如盛時復酒稅法人以爲便歲
旱發廩勸分蠲租十一萬糴常平米二萬活數萬人潭新
置飛虎軍或以爲非便椿曰長沙一都會控扼湖嶺鎮撫
蠻傜二十年間大盜三起何可無一軍且已費縣官緡錢
四十二萬何可廢耶亦在馭之而已未蒲歲復告歸進敷
文閣直學士致仕朝拜命夕登舟歸老野塘上椿年十五

歲避地南來貧無以爲養不得專力於學年三十始學易
其言於朝廷措諸行事皆易之用嶷然有守存心每主於
厚尤惡佛老邪説淳熙十年卒年七十三朱熹嘗銘其墓
謂其逆知得失不假蓍龜不阿主好不詭時譽云
劉儀鳳字韶美普州人少以文謁左丞馮澥澥甚推許遂
知名紹興二年登進士第抱負倜儻不事生產於仕進恬
如也擢第十年始赴調尉遂寧府之蓬溪監資州資陽縣
酒稅爲果州榮州掾紹興二十七年有旨令侍從薦士起
居郎趙逵舉儀鳳稱其富有詞華恬於進取宰執上其名
上曰蜀人道遠文學行義有可用者不由論薦何緣知之

前此蜀仕宦者例多隔絶不得一至朝廷殊可惜也自秦
檜專權深抑蜀士故上語及之尋除諸王宮大小學教授
召試館職辭以久離場屋改國子監丞宰相以其名士遷
祕書丞禮部員外郎所草箴奏以典雅稱孝宗受禪議上
光堯壽聖尊號冊寶有欲俟欽宗服除者太常博士林栗
謂唐憲宗上順宗冊寶在德宗服中不必避備樂而不作
可也儀鳳獨上議曰謹按上尊號事屬嘉禮累朝必俟郊
祀慶成然後舉行太上皇帝爲欽宗備禮終制見於詔書
議者引憲宗故事考之唐史自武德以來皆用易月之制
與本朝事體大相遠也乞候欽宗終制檢舉以行則國家

盛美主上事親情實稱矣議者雖是其言然謂事親當權宜而從厚竟用栗議儀鳳復爭辨不已尋兼國史院編修官兼權祕書少監乾道元年遷兵部侍郎兼侍講儀鳳在朝十年每歸卽屏其車騎扃其門户客至無親疎皆不得見政府累月始一上謁人尤其傲奉入半以儲書凡萬餘卷國史録無遺者御史張之綱論儀鳳録四庫書本以傳私室遂斥歸蜀三年十二月輔臣進前侍從當復職者上曰劉儀鳳無罪可與復集英殿修撰起知邛州未上改漢州果州罷歸淳熙二年十二月丙申卒年六十六儀鳳苦學至老不倦尤工於詩然頗慕晉人簡傲之風不樂與庸

輩接故平生多蹭蹬一跌遂不振云

張孝祥字安國歷陽烏江人讀書一過目不忘下筆頃刻數千言年十六領鄉書再舉冠里選紹興二十四年廷試第一時策問師友淵源秦塤與曹冠皆力攻程氏專門之學孝祥獨不攻考官已定塤冠多士孝祥次之曹冠又次之高宗讀塤策皆秦檜語於是擢孝祥第一而塤第三授承事郎簽書鎭東軍節度判官諭宰相曰張孝祥詞翰俱美先是上之抑塤而擢孝祥也秦檜已怒旣知孝祥乃祁之子祁與胡寅厚檜素憾寅且唱第後曹泳揖孝祥于殿庭以請婚爲言孝祥不答泳憾之於是風言者誣祁有反謀繫詔獄會檜死上郊祀之二日魏良臣密奏散獄釋罪遂以孝祥爲祕書省正字故事殿試第一人次舉始召孝祥第甫一年得召由此初對首言乞總攬權綱以盡更化之美又言官吏忤故相意並緣文致有司觀望鍛鍊而成罪乞令有司卽改正又言王安石作日録一時政事美則歸己故相信任之專非特安石臣懼其作時政記亦如安石專用己意乞取已修日曆詳審是正黜私說以垂無窮從之遷校書郎芝生太廟孝祥獻文曰原芝以大本未立爲言且言芝在仁宗英宗之室天意可見乞早定大計遷尚書禮部員外郞尋爲起居舍人權中書舍人初孝祥登

第出湯思退之門思退爲相擢孝祥甚峻而思退素不喜汪澈孝祥與澈同爲館職澈老成重厚而孝祥年少氣鋭往往陵拂之至是澈爲御史中丞首劾孝祥姦不在盧杞下孝祥遂罷提擧江州太平興國宫於是湯思退之客稍稍被逐尋除知撫州年未三十莅事精確老於州縣者所不及孝宗卽位復集英殿修撰知平江府事繁劇孝祥剖決庭無滯訟屬邑大姓並海囊橐爲姦利孝祥捕治籍其家得穀粟數萬明年吳中大饑迄賴以濟張浚自蜀還朝薦孝祥召赴行在孝祥旣素爲湯思退所知及受浚薦思退不悅孝祥入對乃陳二相當同心戮力以副陛下恢復

之志且靖康以來惟和戰兩言遺無窮禍要先立自治之策以應之復言用才之路太狹乞博采度外之士以備緩急之用上嘉之除中書舍人尋除直學士院兼都督府參贊軍事俄兼領建康留守以言者改除敷文閣待制留守如舊會金再犯邊孝祥陳金之勢不過欲要盟宣諭使劾孝祥落職罷復集英殿修撰知靜江府廣南西路經畧安撫使治有聲績復以言者罷俄起知潭州爲政簡易時以威濟之湖南遂以無事復待制徙知荆南荆湖北路安撫使築守金隄自是荆州無水患置萬盈倉以儲諸漕之運請祠以疾卒孝宗惜之有用才不盡之歎進顯謨閣直學

士致仕年三十八孝祥俊逸文章過人尤工翰墨嘗親書奏劄高宗見之曰必將名世但渡江初大議惟和戰張浚主復讎湯思退祖秦檜之說力主和孝祥出入二人之門而兩持其說議者惜之

論曰尤袤學本程頤所謂老成典刑者立朝抗論與人主爭是非不允不已而能令終完節難矣謝諤顏師魯袁樞臨民則以治辦聞立朝則啓沃忠諫各舉乃職爲世師表李椿劉儀鳳言論節槩著於行事張孝祥蚤負才畯莅政揚聲迨其兩持和戰君子每歎息焉

列傳卷第一百四十八

列傳卷第一百四十九　宋史三百九十

開府儀同三司上柱國録軍國重事中書右丞相監修國史領經筵事都總裁臣脫脫等奉

敕修

李衡　王自中　家愿　張綱

張大經　蔡洸　莫濛　周淙

劉章　沈作賓

李衡字彥平江都人高祖昭素仕至侍御史衡幼善博誦爲文操筆立就登進士第授吳江主簿有部使者怙勢作威侵刻下民衡不忍以敲扑迎合投劾于府拂衣而歸後知溧陽縣專以誠意化民民莫不敬夏秋二稅以期日榜

縣門鄉無吏迹而輸送先他邑辦因任歷四年獄户未嘗繫一重囚隆興二年金犯淮堧人相驚曰寇深矣官治江者多送其孥衡獨自浙右移家入縣民心大安盜蝟起旁境而溧陽晏然自如帥汪澈轉運使韓元吉等列上治狀詔進一秩尋召入爲監察御史歷司封郎中樞密院檢詳出知温婺台三州惟婺嘗涖其治加直秘閣而衡引年乞身懇懇不休上累卻其奏除祕閣修撰致仕上思其樸忠旋召落致仕除侍御史以老固辭不獲命差同知貢舉會外戚張說以節度使掌兵柄衡力疏其事謂不當以母后肺腑爲人擇官廷爭移時改除起居郎衡曰與其進而負

於君孰若退而合於道章五上請老愈力上知不可奪仍以秘撰致仕時給事中莫濟不書敕翰林周必大不草制右正言王希呂亦與衡相繼論奏同時去國士爲四賢詩以紀之衡後定居崑山結茅別墅杖屨徜徉左右惟二蒼頭聚書踰萬卷號曰樂菴卒年七十九衡自宣和間入辟雍同舍有趙孝孫者洛人也其父實師程頤家學有源勸衡讀論語曰學非記誦辭章之謂所以學聖賢也不可有絲毫僞實處方可以言學衡心佩其訓雖博通羣書而以論語爲根本臨没沐浴冠櫛翛然而逝周必大聞之曰世謂潛心釋氏乃能達死生衡非逃儒入釋者而臨終超然如此殆幾孔門所謂聞道者歟

王自中字道甫温州平陽人少負奇氣自立崖岸縣是忤世乾道四年議遣歸正人自中伏麗正門爭論且言今内空無賢外空無兵當搜羅豪俊廣募忠力以圖中原坐斥徽州放還淳熙中登進士第主舒州懷寧簿嚴州分水令樞密使王藺薦召對帝壯其言將改秩爲籍田令又俾舉所知且嚮用矣以諫疏罷自中本韓彥古客王藺既薦之上大喜韓彥直彥質輩恐其爲彥古報仇力請交結於自中而密達意近習謂自中受彥古賂伏闕上書薦彥古爲相上遣人物色其事中書舍人王信恒懼自中入臺將不利於王淮知彥直輩譖已行亟請對探上意退即走白右正言蔣繼周繼周方敢劾奏讀至受賂伏闕處上曰卿可謂中其膏肓繼周奏臣非不知孤蹤忤王藺但不敢曠職蓋欲併中藺以媚淮上但喜繼周善論事不知曲折如此通判郢州道除知光化軍改信州丁内艱服闋還朝光宗即位迎謂曰朕得卿名於壽皇留爲郎可乎言者不置主管沖佑觀起知邵州興化軍命下而自中已病慶元五年八月卒年六十

家愿字處厚眉山人父勤國慶曆嘉祐間與從兄安國定國同從劉巨遊與蘇軾兄弟爲同門友王安石久廢春秋學勤國憤之著春秋新義熙寧元豐諸人紛更而元祐諸賢矯枉過正勤國憂之爲築室作室喻二蘇讀之敬歎愿弱冠遊京師以廣文館進士登第時紹聖元年也廷策進士中書侍郎李清臣擬進策問力詆元祐之政愿答策惟以守九年之所已行者爲言時門下侍郎蘇轍嘗上疏辨策問舉漢武帝事觸上怒待罪愿未及知也因見轍誦所對驚喜曰故人子道同志合猶若是也楊畏覆考尊主熙寧元豐取畢漸爲第一愿遂居下第轍尋出守汝而國論大變矣元符三年以日食求言愿時爲普州樂至令應詔上言極論時政凡萬言其大要有十一曰謹始以正本二

曰敬德以格天三曰謹好惡以防小人四曰審信任以辨君子五曰開言路以來直諫六曰詳聽言以觀事實七曰破黨議以存至公八曰登碩德以服天下九曰從寬厚以盡人才十曰崇名節以厚士風疏上不報崇寧元年詔籍元祐元符上書人姓名愿以選人籍入邪下等謫監華州西嶽廟時當改京秩迄不改禁錮不調凡十年大觀四年孛星出降赦黨禁解始改秩調知雙流縣通判文州郡守鄭行純憑內侍勢自恣罷蕃夷互市啓邊隙愿爭之不從徑下令復其舊守怒交章互奏俱報罷而愿以曾入黨籍謫英州酒稅量移黃州數年始予祠興元帥臣王庶薦自

代通判果州靖康初左丞馮澥薦備諫列除開封府工曹京城失守不克赴高宗南渡擢知閬州會張浚謀大舉愿謂浚屬兵足穀以俟機會浚不悅以便旨移彭州有論邊防書名曰罪言守彭之明年乞骸骨以歸卒方蘇轍之讀愿策謂愿少年能不為進取計異時當以直道聞恨不及見轍之言至是而驗淳祐間愿曾孫大酉侍講經筵因從容及之上改容嘉歎宣取所上書又親書西社同門友元符上書人十大字以賜愿同郡楊恂丹陵人也字信仲元豐五年登進士第元符初知廣都縣與愿同時上書語甚切直越三年亦同入黨籍邪下第五等其書以火不存

張綱字彥正潤州丹陽人入太學以上舍及第釋褐徽宗知綱五中首選特除太學正遷博士除校書郎入對論君子小人溷殽詢言試事則邪正自別小人得志邀功生事禍有不可勝言者今用事者大言罔上風俗侈靡背本趨末日甚一日宜以祖考躬行之教為法天下有不難化矣上稱善論事與蔡京不相合擠之去主管玉局觀久之還故官兼修國朝會要校正御前文字遷著作佐郎屯田司勳郎初朝議遣童貫蔡攸使朔方綱力論不可出師狀不報及金渝盟犯京闕命綱分守四壁旋解嚴詔登畀足月者遷綱曰主憂臣辱義當爾顧因此受賞邪卒不自言出

為兩浙提刑移江東池將王進剽悍恣睢曹官以小過違忤遂釘手于門事聞詔綱乘傳窮竟時國勢未安諸將往往易朝廷進擁甲騎數百突至綱前綱叱進階下即按問罪立具自是無越法者以左司召權監察御史請令郡邑月具繫囚存亡數申提刑司歲終校多寡行殿最進起居舍人改中書舍人建言乞依祖宗法命大臣兼領史事詔宰臣呂頤浩監修國史著為令試給事中大將有以軍中田不均乞不收租朝廷將從之綱執不可會推恩元祐黨籍家有司無限制自陳者紛至綱建議以崇寧所刻十八人為正自軍興後小人多乘時召亂歷五年而怨家告訐

者衆綱謂非所以廣好生之德乞自敵因後有告勿受宗室令慶特轉太中大夫綱言庶官超轉侍從非法且自崇寧以來官職不循資任致綱紀大壞今方丕變其俗柰何以令慶故復違舊章詔以次官命詞舍人王居正復執不行命遂寢宣撫使張俊駐師九江遣營卒以書至瑞昌縣令郭彥章揣知卒與獄因通乃械繫之俊愬于朝彥章坐免綱言近時州縣吏多獻諛當路彥章不隨流俗是能奉法守職今不獎而黜何以示勸除給事中侍御史魏矼劾綱提舉太平觀進徽猷閣待制引年致仕秦檜用事久綱臥家二十年絕不與通問檜死召爲吏部侍郎兼侍讀初

講詩關雎因后妃淑女事歷陳文王用人寓意規戒上曰久不聞博雅之言今日所講析理精詳深啓朕心綱言比年監司資淺望輕請擇七品以上清望官或曾任郡守有治狀者爲之庶位望既重材能已試可舉其職從之權吏部尚書時以彗出東方詔求言綱奏求言易聽察難宜命有司詳審章奏必究極其情無事苟簡除參知政事高宗頻諭輔臣寬恤民力蓋懲秦檜苛政期安黎庶綱乃摘其切於利民八十事標以大指乞鏤版宣布中外於是人皆昭知上德意告老以資政殿學士知婺州尋致仕高宗幸建康綱朝行宮孝宗登極召綱陪祀南郊以老辭不至詔嘉之命所在州郡恒存問仍賜羊酒卒年八十四綱常書坐右曰以直行己以正立朝以靜退高天下其篤守如此初謚文定吏部尚書汪應辰論駁之孫釜再請特賜曰章簡釜慶元間爲諫官力排道學諸賢累官至簽書樞密院事

張大經字彥文建昌南城人紹興十五年中進士第宰吉之龍泉有善政諸司列薦賜對便殿出知儀眞時兩淮監司帥守多興事邀功大經獨以平易近民民咸德之提舉湖南常平提點湖北刑獄尋移江東他路有巨豪犯法獄久不竟命移屬大經豪挾權勢求脫大經卒正其罪孝宗

重風憲之選命條上部使者十人上獨可大經召見上曰朕十人中得卿一人以卿風力峻整遂除監察御史命下中外聳歎大經首陳士風掊克媮惰誕慢浮虛四弊時理官間多居外大經奏非便乃作舍寺庭遷大理少卿守殿中侍御史言今日不治由大臣不任責又言諸路荒政不實飛蝗頗多願益加恐懼申飭大臣俾内而百官有司輸忠讜脩厥職外而監司守臣察貪理寃去苛斂寬民力上皆嘉納因論近習韓俱薦士上曰此亦無害昔楊得意爲狗監亦嘗薦司馬相如大經奏彼何人斯使得薦士將恐無廉恥者望風希旨傷毀士俗後數日上謂大經曰卿前

所論韓偶朕思之誠是也又論宦者董璉暴横將命淮甸
所至誅求且自號董閻羅上曰然人皆言之卽依奏鐫罷
寘南康軍除侍御史上宣諭曰卿論事得體且詳練大經
遂言士風未厚吏治未肅民力未蘇和氣未應皆由人心
未正願察公正明義利以彰好惡抑浮薄去貪刻則莫不
靡然洗濯一歸於正上稱善再三又言監司治民之本不
可限以資格上納其言卽選四寺丞同時臨遣試右諫議
大夫兼侍講請通漕臣之計以補州郡之有無拘户絶之
租以廣常平之儲徜嚴贓罪改正法以懲貪贜收外路辟
闕歸吏部以杜私謁而通孤寒秋旱詔求言大經極言人

心不和有以致之民力竭而愁歎多軍士貧而怨嗟衆二
者當今大弊州縣之間綃帛多折其估米粟過收其贏關
市苛征推酷峻禁中外兵帥多出貴倖之門營利自豐素
召衆怨教閱滅裂軍容不整且近習甲第名園越法踰制
別墅列肆在在有之非賂遺何以濟欲願陛下疎斥憸腐
抑絶倖門垂意人主之職責成宰輔一提其綱則天下事
必有能辦之者俄而池司郝政降充統制官殿帥補外蓋
用其言也除禮部尚書兼侍讀大經屢請祠上曰卿公廉
必能爲朕牧民以徽猷閣學士知建寧府未幾移鎮紹興
辭不拜予祠進龍圖閣學士告老以通奉大夫致仕方主

眷未衰抗疏引去人方之孔戣壽逾八袠紹熙五年寧宗
卽位進正議大夫降詔撫問賜銀奩藥茗慶元四年七月
疾革語諸子曰吾目可暝吾愛君憂國之心不可泯無一
語及私卒年八十九訃聞上甚悼之贈銀青光禄大夫謚
簡肅

蔡洸字子平其先興化仙遊人端明殿學士襄之後從曾
川父伸左中大夫洸以蔭補將仕郎中法科除大理評事
遷寺丞出知吉州召爲刑部郎從度支以户部郎總領淮
東軍馬錢糧知鎮江府會西溪卒移屯建康舳艫相銜時
久旱郡民築陂瀦水灌漑漕司檄郡決之父老泣訴洸曰

吾不忍獲罪百姓也卻之已而大雨漕運通歲亦大熟民
歌之曰我瀦我水以灌以漑俾我不奪蔡公是賴就除司
農少卿言鎮江三邑稅户客户輸丁各異請爲一體不得
自爲同異所輸丁絹依和買之直計尺折納人給一鈔官
自買絹起發公私皆便上嘉納以户部侍郎召試吏部尚
書移户部上謂侍臣曰朕以版曹得人爲喜洸常言財無
滲漏則不可勝用未幾求去除徽猷閣學士知寧國府陛
辭賜坐上慰勞曰卿面有火色風證也朕有二方賜卿洸
謝卽奉祠以歸卒年五十七洸事親孝曾祖襄未易名力
請于朝賜謚忠惠所得奉每以振親戚之貧者去朝之日

囊無餘貲至售所賜銀鞍韉治行人服其清潔云

莫濛字子蒙湖州歸安人以祖蔭補將仕郎兩魁法科累官至大理評事提舉廣南市舶張子華以贓敗朝廷命濛往鞫之濛正其罪又言秦熺鄭時中受子華賂計直數千緡還朝除大理寺正吏部火速坐者數百人久不決命濛治之濛察其最可疑者留于獄出餘人爲耳目以蹤跡之約三日復來遂得其實繫者乃得釋黃州倅奏親擒盜五十餘人上命濛覈竟既至咸以冤告濛命囚去桎梏引倅至庭詢竊發之由鬭敵之所遠近時日悉皆牴牾折之語塞濛具正犯數人奏上餘釋之上諭輔臣曰莫濛非獨曉

刑獄可俾理金穀除戶部員外郎朝廷遣濛措置浙西江淮沙田蘆場上語之曰得此可助經費歸日以版曹處卿濛多方括責得二百五十三萬七千餘畝言者論其丈量失實徵收及貧民責監饒州景德鎮起知光化軍諜知金渝盟郡乏舟衆以爲慮濛力爲辦集及敵犯境民賴以濟時餉餽急除淮南轉運判官濛遷延不之任右司諫梁仲敏劾其慢命罷官勒停宣諭使汪澈爲言於上復舊職召見上諭曰朕常記向措置沙田甚不易濛謝曰職爾不敢避怨上曰使任責者人人如卿天下何事不成除湖北轉運判官未幾知鄂州召除戶部左曹郎中出知揚州陛辭上以城圮命濛增築濛至州規度城闉分授諸將各刻姓名甓堞閱縣重賞激勸閱數月告成除直寶文閣學士大理少卿兼詳定司敕令官兼權知臨安府未幾假工部尚書使金賀正旦金庭錫宴濛以本朝忌日不敢簪花聽樂金遣人趣赴濛堅執不從竟不能奪使還除刑部侍郎改工部侍郎兼臨安府少尹以言者罷起知鄂州卒于官年六十一贈正奉大夫

周淙字彥廣湖州長興人父需以進士起家官至左中奉大夫淙幼警敏力學宣和間以父任爲郎歷官至通判建康府紹興三十年金渝盟邊事方興帥守難其選士夫亦

憚行首命淙守滁陽未赴移楚州又徙濠梁淮楚舊有並山水置砦自衛者淙爲立約束結保伍金主亮傾國犯邊民賴以全活者不可勝計除直秘閣再任孝宗受禪王師進取虹縣中原之民翕然來歸扶老攜幼相屬于道淙計口給食行者犒以牛酒至者處以室廬人人感悅張浚視師駐于都梁見淙謀輒稱歎且曰有急公當與我俱死淙亦感激至謂頭可斷身不可去浚入朝悉陳其狀上嘉歎不已進直徽猷閣帥維揚會錢端禮以尚書宣諭淮東復以淙薦進直顯謨閣時兩淮經蹂踐民多流亡淙極力招輯按堵如故勸民植桑柘開屯田上亦專以屬淙屢賜親

札淙奉行益力進直龍圖閣除兩浙轉運副使未幾知臨
安府上言自古風化必自近始陛下躬履節儉以示四方
而貴近奢靡殊不知革乃條上禁止十五事上嘉納之降
詔獎諭賜金帶臨安駐蹕歲久居民日增河流湫隘舟楫
病之淙請疏浚工畢除祕閣修撰進右文殿修撰提舉江
州太平興國宮以歸上念淙不忘除敷文閣待制起知寧
國府趣入奏上慰撫愈渥魏王出鎮移守婺州明年春復
奉祠亟告老十月卒年六十積階至右中奉大夫封長興
縣男

劉章字文孺衢州龍游人少警異日誦數千言通小戴禮

四冠鄉舉紹興十五年廷對考官定其級在三邉進御上
擢爲第一授鎮江軍簽判是冬入省爲正字明年遷祕書
郎兼普安恩平兩王府教授遷著作佐郎事王邸四歲盡
忠誠專以經誼文學啓迪掖導受知孝宗自此始秦檜當
國嫌不附己風言者媒蘖其罪出倅筠州檜死召爲司封
員外郎檢詳樞密院文字兼玉牒檢討官擢祕書少監起
居郎使金還除權工部侍郎俄兼吏部兼侍講郊祀畢侍
從上慶成詩初章在祕省嘗議郊廟禮文當置局討論詔
行其說正還吏部御史論章使胥長買絹高宗愕然曰劉
章必無是事御史執不已罷提舉崇道觀舉朝嗟歎起居
郎王佐訟其寃亦坐黜起知信州未久復請祠孝宗受禪
念舊學命知漳州爲諫議大夫王大寶所格尋除祕閣修
撰敷文閣待制召提舉佑神觀兼侍讀遂拜禮部侍郎奏
禁遏淫祀仍於三朝史中刪去道釋符瑞志大略以爲非
春秋法朝廷議經略中原調諸郡兵民頗擾少卿趙彦端
指言非是或譖彦端曰陛下究心大舉凡所圖回但資趙
彦端一笑爾彦端懼不測上因夜對問章曰聞卿監中有
笑朕者章不知狀從容對曰聖主所爲人焉敢笑若議論
不同或有之上意頗解彦端獲免人稱章長者詔詢唐太
宗所問魏徵德仁功利優劣章上疏諱複且言太宗問徵

在貞觀十六年陛下宅天命十載于茲願益加意將越商
周紹唐虞矣太宗非難到也進權禮部尚書兼給事中對
選德殿問章今年幾而容貌未衰頗嘗學道否章拱對曰
臣書生無他長惟菲儉自度晏嬰一狐裘三十年不易人
以爲難臣以爲易上嘉歎久之親洒宸翰以賜俾安職章
力告歸以顯謨閣學士食祠祿淳熙元年子之衡由御史
檢法出守廣德軍當陛辭對便殿問卿父學士安否撫勞
再三臨退復謂曰卿歸侍爲朕致此意旋遣閤門祇候蘇
曦至家宣問拜端明殿學士賜銀絹四百匹四年上表告
老以資政殿學士致仕卒年八十贈光祿大夫謚曰靖文

章容狀魁碩以周密自守出入兩朝被顧遇未嘗泄禁中
一語
沈作賓字賓王世爲吳興歸安人以父任入仕監饒州永
平監冶鑄堅緻又承詔造鴈翎刀稱上意連進兩資中刑
法科歷江西提刑司檢法官入爲大理評事改秩通判紹
興府帥守丘崈遇僚吏剛嚴作賓從容裨贊每濟以寬秩
滿知台州首訪民疾苦弛鹽禁寬租期均徭役更酒政決
滯獄五十日間盡除前政之不便民者邦人胥悅而前守
嫉其勝已巧媒蘖之罷去民請于朝借留不遂爲立留賢
碑除大理正親嫌改太府丞遷刑部郎慶元初歷官至淮

南轉運判官以治辦聞直華文閣因其任擢太府少卿總
領淮東軍馬錢糧繼升爲卿尋除直龍圖閣帥浙東知紹
興府入對奏徽州南康軍月椿不如期朝廷科降額比年
曰權免一次來年督促如初適足啓吏姦重民害乞明詔
亦又楚州武鋒一軍已招三千五百餘人朝廷初欲減戍
數年未就紀律一主將望輕二郡守節制不爲禮三訓練
不盡其能願令本州少假借責之練習期以歲月考績用
成否上于朝而黜陟之上嘉納韓侂胄方用事族有居越
者私釀公行作賓逮捕寘于獄而竄其奴又論紹興府和
買事語在食貨志除兩浙轉運副使入對奏攢宮一司歲

撥經總制錢爲緡率四萬有奇丹艧未弊加之塗飾牆壁
具存從而創易妄費固不足計亡謂驚黷非所以妥神靈
彰聖孝今後有合營繕聞于朝下守臣稽覈畫旨而後興
役上首肯再三而修奉者不樂也除權工部侍郎繼兼戶
部侍郎奏請修紹興三十一年以前故事復敕令所刪修
官五員以待選人有才者又乞申嚴保伍法以言者罷歸
起知鎮江府除集英殿修撰改知寧國府除寶謨閣待制
知潭州除戶部侍郎兼詳定敕令官奏湖北當儲粟湖南
當增兵未幾除龍圖閣待制知平江府請得節制許浦水
軍詔可郡有使臣故海盜也作賓使招誘其黨既至慰勉

之錫衣物又得強勇者幾千人寘將以統之號曰義士復
募郡城內外惡少亦幾千人號曰壯士衣糧器械皆視官
軍而輕捷善鬭過之於是海道不警市井無譁尋命參贊
督府兼權鎮江府請留戍兵千人又欲以江閩新軍二千
人易舊軍千人備不虞朝廷難之遂請祠言者繼及之復
召爲戶部侍郎軍興之餘國力殫耗見存金穀僅支旬日
作賓考遍覈耗吏姦閱三月即有半年之儲充館伴使兼
權工部尚書會臨安闕知府事時相欲奏用作賓力辭除
權戶部尚書以母憂解服闋授顯謨閣直學士知建寧府
入覲乞申嚴詭戶之禁除寶謨閣學士江西安撫兼知隆

興府奏部内南安南康龍泉三縣迫近溪峒三縣令尉及
近峒之砦曰秀洲曰北鄉曰蓮塘并永新縣之勝鄉砦宜
就委帥憲兩司擇才辟置量加賞格又乞詔諸道監司分
詣州郡選禁軍精練閲改剌其懦弱者爲廂軍在郡撙錢
二十餘萬緡儹屬請獻諸朝作賓謂平生未嘗獻羨以半
歸帥司犒師半隷本府除焕章閣學士提舉隆興府玉隆
萬壽宮進顯謨閣學士致仕卒于家贈金紫光禄大夫

論曰李衡進退雍容幾於聞道王自中家愿奇邁危言摧
折弗悔咸有可稱嘗考宋之立國元氣在臺諫崇寧大觀
而後姦佞擅權爵賞冒濫馴至覆亡高孝重繩糾封駁之
司張綱抑令廣恩大經劾韓俱斥董逮人人振揚風采正
氣稍伸矣時則有若洗濛淙章作賓班班有善同傳亦宜

列傳卷第一百四十九

列傳卷第一百五十　宋史三百九十一

開府儀同三司上柱國錄軍國重事中書右丞相兼修國史領經筵事都總裁臣脫脫等奉

勅修

周必大　留正　胡晉臣

周必大字子充一字洪道其先鄭州管城人祖詵宣
和中倅廬陵因家焉父利建太學博士必大少英特
父死鞠於母家母親督課之紹興二十年第進士授
徽州戶曹中博學宏詞科教授建康府除太學録召
試館職高宗讀其策曰掌制手也守秘書省正字館
職復召試自此始兼國史院編修官除監察御史孝
宗踐祚除起居郎直前奏事上曰朕舊見卿文其以
近作進上初御經筵必大奏經筵非爲分章析句欲
從容訪問裨聖德究治體先是左右史乆不除並記
注壅積必大請言動必書兼修月進遹命必大兼編
類聖政所詳定官又兼權中書舍人侍經筵嘗論邊
事上以蜀爲憂對曰蜀民乆困願詔撫諭事定宜寬
其賦應詔上十事皆切時弊權給事中繳駁不辟權
倖翟婉容位官吏轉行礙止法爭之力上曰意卿止
能文不謂剛正如此金索講和時舊禮必大條奏請
正敵國之名金爲之屈曾覿龍大淵得幸臺諫交彈

之並遷知閤門事必大與金安節不書黃且奏曰陛下於政府侍從欲罷則罷欲貶則貶獨於二人委曲遷就恐人言紛紛未止也明日宣手詔謂給舍爲人鼓扇太上時小事安敢爾必大入謝曰審爾則是臣不以事太上者事陛下退待罪上曰朕知卿舉職但欲破朋黨明紀綱耳旬日申前命必大格不行遂請祠去久之差知南劍州改提點福建刑獄入對願詔中外舉文武之才區別所長爲一籍藏禁中備緩急之用除秘書少監兼直學士院兼領史職鄭聞草必大制上改竄其末引漢宣帝事必大因奏曰陛下取

漢宣帝之言親制贊書明示好惡臣觀西漢所謂社稷臣乃鄙朴之周勃少文之汲黯不學之霍光至於公孫弘蔡義韋賢號曰儒者而持祿保位故宣帝謂俗儒不達時宜使宣帝知真儒何至雜伯哉願平心察之不可有輕儒名上喜其精洽欲與之日夕論文德壽加尊號必大曰太上萬壽而紹興末議文及近上表用嗣皇帝爲未安按建炎遙拜徽宗表及唐憲宗上順宗尊號冊文皆稱皇帝議遂定趙雄使金賫國書議受書禮必大立具草畧謂尊卑分定或較等威叔姪親情豈嫌坐起上褒之曰未嘗諭國書之意

而卿能道朕心中事此大才也兼權兵部侍郎奏請重侍從以儲將相增臺諫以廣耳目擇監司郡守以補郎官尋權禮部侍郎兼直學士院同修國史實錄院同修撰一日詔同王之奇陳良翰對選德殿袖出手詔舉唐太宗魏徵問對以在位久功未有成治效優劣苦不自覺命必大等極陳當否退而條陳陛下練兵以圖恢復而將數易是用將之道未至擇人以守郡國而守數易是責實之方未盡諸州長吏倏來忽去婺州四年易守者五平江四年易守者四甚至秀州一年而四易守吏姦何由可察民瘼何由可蘇

上善其言爲華二弊江湖旱請捐南庫錢二十萬代民輸上嘉之兼侍講兼中書舍人未幾辭直學士院從之張說再除簽書樞密院給事中莫濟封還録黃必大奏曰昨舉朝以爲不可陛下亦自知其誤而止之矣曾未周歲此命復出貴戚預政公私兩失臣不敢具草上批王曮疾速譔入濟必大予宫觀日下出國門說露章薦濟必大於是濟除溫州必大除建寧府濟被命即出必大至豐城稱疾而歸濟聞之大悔必大三請祠以此名益重久之除敷文閣待制兼侍讀兼權兵部侍郎兼直學士院上勞之曰卿不迎合

無附麗朕所倚重除兵部侍郎尋兼太子詹事奏言
太宗儲才爲真宗之用仁宗儲才爲治平元祐
之用自章蔡沮士氣卒致裔夷之禍秦檜忌刻逐人
才流弊至今願陛下儲才於閑暇之日上日御毬場
必大曰固知陛下不忘閱武然太祖二百年天下屬
在聖躬願自愛上改容曰卿言甚忠得非虞銜橛之
變乎正以雖恥未雪不欲自逸爾升兼侍讀改吏部
侍郎除翰林學士久雨奏請減後宮給使寬浙郡積
逋命省部議優恤内直宣引論金星近前星武士擊
毬太子亦與臣甚危之上俾語太子必大曰太子人
子也陛下命以驅馳臣安敢勸以遠命陛下勿命之
可也乞歸弗許上欲召人與之分職因問呂祖謙能
文否對曰祖謙涵養久知典故不但文字之工除禮
部尚書兼翰林學士進吏部兼承旨詔禮官議明堂
典禮必大定圜丘合宫互舉之議被旨撰選德殿記
及皇朝文鑑序必大在翰苑幾六年制命温雅周盡
事情爲一時詞臣之冠或言其再入也實曾覿所薦
而必大不知除參知政事上曰執政於宰相固當和
而不同前此宰相議事執政更無語何也必大曰大
臣自應互相可否自秦檜當國執政不敢措一辭後

遂以爲當然陛下虚心無我大臣乃欲自是乎惟小
事不敢有隱則大事何由蔽欺上深然之久旱手詔
求言宰相謂此詔一下州郡皆乞振濟何以應之約
必大同奏必大曰上欲通下情而吾儕阻隔之何以
塞公論有介椒房之援求爲郎者上俾諭給舍繳駁
必大曰臺諫給舍與三省相維持豈可諭意不從失
體從則壞法命下之日臣等自當執奏上喜曰肯如
此任怨耶必大曰當予而不予則有怨不當予而不
予何怨之有上曰此任責非任怨也除知樞密院上
曰每見宰相不能處之事卿以數語決之三省本末
可輟卿也山陽舊屯軍八千雷世方乞止差鎮江一
軍五千必大曰山陽控扼清河口若今減而後增必
致敵疑揚州武鋒軍本屯山陽者不若歲撥三千與
鎮江五千同戍郭杲請移荆南軍萬二千永屯襄陽
必大言襄陽固要地江陵亦江北喉襟於是留二千
人上諭以金既還上京且分諸子出鎮將若何必大
言敵情疑虚喝正恐我先動當鎮之以静惟邊將不
可不精擇拜樞密使上曰若有邊事宣撫使惟卿可
他人不能也上諸軍升差籍時點召一二察能否主
帥悚激無敢容私刱諸軍點試法其在外解發而親

閱之池州李忠孝自言正將二人不能開弓乞罷軍上曰此樞使措置之效也金州諜帥必大曰與其私舉不若明揚令侍從管軍薦舉或傳大石林牙將加兵於金忽魯大王分據上京邊臣結約夏國必大皆屏不省勸上持重勿輕動既而所傳果妄上曰卿真有先見之明淳熙十四年二月拜右丞相首奏今內外晏然殆將二紀此正可懼之時當思經遠之計不可紛更欲速秀州乞減大軍總制錢二萬吏請勘當必大曰此豈勘當時耶立蠲之封事多言大臣同異必大曰各盡所見歸於一是豈可尚同陛下復祖宗

舊制命三省覆奏而後行正欲上下相維非止奉行文書也高宗升遐議用顯仁例遣三使誥金必大謂今昔事殊不當畏敵曲徇止之賀正使至或請權易淡黃袍御殿受書必大執不可遂爲縞素服就帷幄引見十五年思陵發引援熈陵呂端故事請行乃攝太傅爲山陵使明堂加恩封濟國公十一月留身乞去上獎勞再三忽宣諭比年病倦欲傳位太子湏卿且留必大言聖體康寧止因孝思稍過何遽至倦勤上曰禮莫大於事宗廟而孟饗多以病分詣孝莫重於執喪而不得自至德壽宮欲不退休得乎朕方以

此委卿必大泣而退十二月壬申密賜紹興傳位親札辛卯命留身議定二月壬戌又命預草詔專以奉几筵侍東朝爲意拜左丞相許國公參政留正拜右丞相壬子上始以內禪意諭二府二月辛酉朔降傳位詔翼日上吉服御紫宸殿必大奏陛下巽位與子盛典再見度越千古顧自今不得日侍天顏因哽噎不能言上亦泫然曰正賴卿等協贊新君光宗問當世急務奏用人求言二事三月拜少保益國公李巘草二相制抑揚不同上召巘令帖麻改定既而斥巘予郡必大求去何澹爲司業久不遷留正奏遷之澹

憾必大而德正至是爲諫長遂首劾必大詔以觀文殿大學士判潭州澹論不已遂以少保充醴泉觀使判隆興府不赴復除觀文殿學士判潭州復大觀文坐所舉官以贓敗降滎陽郡公復益國公改判隆興辭除醴泉觀使寧宗即位求直言奏四事曰聖孝曰敬天曰崇儉曰久任慶元元年三上表引年遂以少傳致仕先是布衣呂祖泰上書請誅韓侂胄逐陳自強以必大代之嘉泰元年御史施康年劾必大首唱僞徒私植黨與詔降爲少保自慶元以後侂胄之黨立僞學之名以禁錮君子而必大與趙汝愚留正實指

為罪首二年復少傅四年薨年七十有九贈太師謚文忠寧宗題篆其墓碑曰忠文耆德之碑自號平園老叟著書八十一種有平園集二百卷嘗建三忠堂於鄉謂歐陽文忠修楊忠襄邦乂胡忠簡銓皆廬陵人必大平生所敬慕為文記之蓋絕筆也一子綸

留正字仲至泉州永春人六世祖從效事太祖為清遠軍節度使封鄂國公紹興十三年第進士授南恩州陽江尉清海軍節度判官龔茂良守番禺正言在法刼盜贓滿五貫死海盜加等小民餌利率身陷重辟請鏤梓海上使戶知之民始知避用茂良薦赴都

堂審察宰相虞允文奇之薦于上得對正言國家右文而畧武備祖宗以天下全力用於西夏承平日久邊不為備至敵人長驅而不能支今當改轍使文武並用孝宗嘉歎書劄中要語下三省施行知循州陛辭言士大夫名節不立國家緩急無所倚仗靖康金人犯闕死義者少因亂謀利者多今欲恢復當崇尚名節上益喜明日諭輔臣留正奏事議論耿耿可與職事官除軍器監簿歷官考功郎官太常謚葉義問恭簡正覆謚言義問將兵出疆不知敵人情偽及金犯邊督視寡謀幾至敗事下太常更議時論韙之擢

起居舍人尋權中書舍人光宗自東宮朝顧見正謂左右曰修整如此其人可知迺請于上兼太子左諭德正言記注進御非設官本意乞自今免奏御詔從之為中書舍人兼侍講兼權兵部侍郎除給事中張說子薦往視鎮江戰艦挾勢遊觀沉舟溺卒除知閤門事樞密副承旨正封還詞頭洪邦直除御史正言邦直為邑人所訟不宜任風憲兼權吏部尚書言用人莫先論相陛下志在恢復而相位不能任輔贊望精選人才與圖大計時相益不樂以顯謨閣直學士出知紹興府侍御史范仲芑劾前帥贓六十萬有詔聚

責正明其非辜御史怒并劾正降顯謨閣待制提舉玉隆萬壽宮尋復職知贛州奏減上供米不報及為相蠲一萬八千石知隆興府進龍圖閣直學士四川制置使兼知成都府平四蜀折租價歲減酒課三十八萬乾道初羌酋奴兒結越大渡河擾安靜砦侵漢地幾百里正密授諸將方略擒奴兒結以歸盡俘其黨羌平進敷文閣學士尋詔赴行在正在蜀以簡素化民歸裝僅書數簏入服其清除端明殿學士簽書樞密院事參知政事同知樞密院事孝宗密諭內禪意拜右丞相一日奏事皇太子參決侍立上顧謂太

子曰留正純誠可託光宗受禪主管左右春坊姜特立隨龍恩擢知閤門事聲勢浸盛正列其招權預政狀乞斥逐上意猶未決會副參闕特立謁正曰上以丞相在位久欲遷左相葉翥張杓當擇一人執政未知孰先正奏之上大怒詔特立提舉興國宮孝宗聞之曰真宰相也紹熙元年進左丞相正謹法度惜名器豪髮不可干以私引趙汝愚首從班卒與之共政用黃裳爲皇子嘉王翊善世號得人嘉王感疾正言陛下只有一子隔在宮牆外非便乞令蚤正元良之位入居東宮則朝夕相見甚順又奏太子天下本傳

曰豫建太子所以重宗廟社稷漢文帝即位即建太子本朝皇子居冢嫡有未出閤而正儲位者皇子嘉王既居冢嫡出閤已久宜早正儲位以定天下本再月不報檢漢文帝紀及本朝真宗立仁宗典故并呂誨張方平兩奏節其要語繳奏上不豫外議洶洶正與同列間至福寧殿奏事處分得宜人情以安進封申國公上疾浸平正乞歸政不許初正帥蜀慮吳氏世將謀去之至是朝廷議更蜀帥正言西邊三將惟吳氏世襲兵柄號爲吳家軍不知有朝廷遂以戶部侍郎丘崈行及吳挺死韓侂胄爲吳氏地使吳曦世

襲正力請留曦環衛遣張詔代挺後數歲曦入蜀卒稔變壽皇聖政成進少保封衛國公李端友以椒房親手詔除郎正繳還上不納復執奏曰昔館陶公主爲子求郎明帝不許今端友依憑內援恐累聖德姜特立除浙東副總管尋召赴行在正引唐憲宗召吐突承璀事乞罷相上批成命已行朕無反汗卿宜自處正待罪六和塔奏言陛下近年不知何人獻把定之說遂至每事堅執斷不可回天下至大機務至煩事出於是則人無異詞可以固執事出於非則衆論紛起必須惟是之從臣恐自此以往事無是非陛下

壹持把定之說言路遂塞因繳進前後錫賚及告敕待罪范村乞歸田里不許壽聖太后將以冬至上尊號冊寶以正爲禮儀使攝太傅於是上遣左司徐誼諭旨正復入都堂視事是行也待罪凡一百四十日冊寶禮成拜少傅封魯國公正力辭五年正月孝宗疾革正數請車駕過宮一日上拂衣起正引裾泣諫隨至福寧殿門正退上疏言極激切六月戊戌孝宗崩光宗以疾未能執喪正率同列屢奏乞早正嘉王儲位又擬指揮付學士院降詔尋有手詔朕歷事歲久念欲退閑正得之始懼請對復不報即出國門上

表請老未曰願陛下速回淵鑒追悟前非漸收人心庶保國祚正始議以上疾未克主喪宜立皇太子監國若終喪未倦勤當復辟設議內禪太子可即位時從臣鄭湜奏與正同既而趙汝愚以內禪請于憲聖正謂違儲詔未下遽及此他日必難處論既遠以肩輿逃去及嘉王即位尊皇帝為太上皇帝以正為大行攢宮總護使寧宗即位入謝復出憲聖命速宣押時汝愚亦以為請上親札遣使召正還侍御史張叔椿請議正棄國之罰乃徙叔椿吏部侍郎而正復相入賀且請車駕一出慰安都人心及定壽康宮南向

撤去新增禁旅詔悉從之進少傅屢辭不拜奏言陛下勉徇群情以登大寶當遇事從簡示天下以不得已之意實非頒爵之時韓侂胄浸謀預政數詣都堂正使省吏諭之曰此非知閤日往來之地侂胄怒而退會經筵晚講賜坐正執奏以為非上不懌侍御史黃度論馬大同罪正擬度補外上知其情除度右正言正請推恩隨龍人上曰朕未見父母可恩及下人耶積數事失上意侂胄從而間之八月手詔正以少師觀文殿大學士判建康府尋又以諫議大夫張叔椿言落職慶元元年六月詔正以上皇付正手詔八字進入宣付史館復觀文殿大學士初劉德秀自重慶入朝未為正所知謁正客范仲黼請為言正曰此人若留之班行朝廷必不靜乃除大理簿德秀憾之至是為諫議大夫論正四大罪褫職自是彈劾無虛歲以張釜言責授中大夫光祿卿分司西京邵州居住明年令自便給事中謝源明封還錄黃量移南劍州再許自便復光祿大夫提舉洞霄宮上章乞納祿詔復元官職致仕又以御史林釆言依舊官光祿大夫致仕俄復觀文殿學士金紫光祿大夫嘉泰元年進封魏國公復少師觀文殿大學士開禧二年七月

薨年七十八贈太師正出處大致如紹熙去國恥與姜特立並位而待罪近郊五月復入議者猶惜其去之不勇首發大議啓正嘉王儲位遂致言者深文指為棄國豈弘毅有所不足耶或問范仲黼留趙二公處變不同如何仲黼曰趙同姓之卿也留則異姓之卿反復之而不聽則去聞者以為名言有詩文奏議外制二十卷行于世寶慶三年謚忠宣子恭丙端皆為尚書郎孫元英工部侍郎元剛起居舍人

胡晉臣字子遠蜀州人登紹興二十七年進士第為成都通判制置使范成大以公輔薦諸朝孝宗召赴

行在入對疏當今士俗民力邊備軍政四弊試學士院除秘書省校書郎遷著作佐郎兼右曹郎官輪對論三事一無忽講讀官以仁宗爲法二責諫官以糾官邪責宰相以抑奔競三廣聽納通下情以銷未形之患又極論近倖上覽奏色動晉臣口陳甚悉至論及兩稅折變天威稍霽首肯久之趙雄時秉政手詔下中書問近倖姓名晉臣翼日至中書執政詰其故晉臣曰近習招權丞相豈不知之即條具大者以聞上感悟自是近習嚴憚晉臣以親年高求外補知漢州除潼川路提點刑獄以憂去服除再召以五事見

曰選將帥廣常平治渠堰更銓法通楮幣上謂輔臣曰胡晉臣言可行除度支郎累遷侍御史朱熹除兵部郎官以病足未供職侍郎林栗與熹論易不合因奏熹不即受印爲傲慢晉臣上疏留熹而排栗物論歸重光宗嗣位遷工部侍郎除給事中每以裁濫恩惜名器爲重內降持不下上嘉其有守拜端明殿學士簽書樞密院事正謝日上命條上軍政利害既而朝重華宮孝宗謂曰嗣君擢任二三大臣深愜朕意聞外庭亦無異詞晉臣拜謝除參知政事兼同知樞密院事上自南郊後乆不御朝晉臣與丞相留正同心輔政中外帖然其所奏陳以溫清定省爲先次及親君子遠小人抑僥倖消朋黨啓沃剴切彌縫縝密人無知者未幾薨于位贈資政殿學士謚文靖

論曰謀大事決大議非疑定有立者不能也周必大留正一時俱以相業稱然必大純篤忠厚能以善道其君光寧禪受之際懼禍而去其可爲有立乎哉若胡晉臣爭論朱熹則侃侃有守者也

列傳卷第一百五十

趙汝愚 子崇憲

趙汝愚字子直漢恭憲王元佐七世孫居饒之餘干縣父
善應字彥遠官終修武郎江西兵馬都監性純孝親病嘗
刺血和藥以進母畏雷每聞雷則披衣走其所嘗寒夜遠
歸從者將扣門遽止之曰無恐吾母露坐達明門啓而後
入家貧諸弟未製衣不敢製已製未服不敢服一瓜果之
微必相待共嘗之母喪哭泣嘔血毀瘠骨立終日俯首柩

傍聞雷猶起側立垂涕既終喪言及其親未嘗不揮涕生
朝必哭于廟父終肺疾每膳不忍以諸肺爲羞母生歲值
卯謂卯兔神也終其身不食兔聞四方水旱輒憂形于色
江淮警報至爲之流涕不食累日同僚會宴善應悵然曰
此寧諸君樂飲時耶衆爲失色而罷故人之孤女貧無所
歸善應聘以爲己子婦有嘗同僚者死不克葬子傭食他
所善應馳往哭之歸其子而予之貲使葬焉道見病者必
收恤之躬爲煮藥歲饑旦夕率其家人輟食之半以飼飢
者夏不去草冬不破壞懼百蟲之遊且蟄者失其所也晉
陵尤袤稱之曰古君子也既卒丞相陳俊卿題其墓碣曰

宋篤行趙公彥遠之墓汝愚早有大志每曰丈夫得汗青
一幅紙始不負此生擢進士第一簽書寧國軍節度判官
召試館職除祕書省正字孝宗方銳意恢復始見即陳自
治之策孝宗稱善遷校書郎知閤門張說擢簽書樞密院
事汝愚不往見率同列請祠未報會祖母訃至即日歸因
自劾上不加罪遷著作郎知信州易台州除江西轉運判
官入爲吏部郎兼太子侍講遷祕書少監兼權給事中內
侍陳源有寵於德壽宮添差浙西副總管汝愚言祖宗以
童貫典兵卒開邊釁源不宜使居總戎之任孝宗喜詔自
今內侍不得兼兵職舊制密院文書皆經門下省張說在

西府託言邊機不宜泄汝愚謂東西二府朝廷治亂所關
中書庶政無一不由東省何密院不然孝宗命如舊制權
吏部侍郎兼太子右庶子論知閤王抃招權預政出抃外
祠以集英殿修撰帥福建陛辭言國事之大者四其一謂
吳氏四世專蜀兵非國家之利請及今以漸抑之進直學
士制置四川兼知成都府諸羌蠻相挻爲邊患汝愚至悉
以計分其勢孝宗謂其有文武威風召還光宗受禪趣召
未至殿中侍御史范處義論其稽命除知潭州辭改太平
州進敷文閣學士知福州紹熙二年召爲吏部尚書先是
高宗以宮人黃氏侍光宗於東宮及即位爲貴妃后李氏

意不能平是年冬十一月郊有司已戒而風雨暴至光宗震懼及齋宿青城貴妃暴薨駕還聞之恚是夕疾作內侍馳白孝宗孝宗倉卒至南內問所以致疾之由不免有所戒責及光宗疾稍平汝愚入對上常以五日一朝孝宗於重華宮至是往往以傳旨免至會慶節上壽駕不出冬至朝賀又不出都人以爲憂汝愚往復規諫上意乃悟汝愚又屬嗣秀王伯圭調護於是兩宮之情通光宗及后俱詣北內從容竟日四年汝愚知貢舉與監察御史汪義端有違言汝愚除同知樞密院事義端言祖宗之法宗室不爲執政詆汝愚植黨沽名疏上不納又論臺諫給舍陰附汝

愚一切緘默不報論汝愚發策譏訕祖宗又不報汝愚力辭上爲徙義端軍器監給事中黃裳言汝愚事親孝事君忠居官廉憂國愛民出於天性義端實忌賢不可以不黜上乃黜義端補郡汝愚不獲已拜命未幾遷知樞密院事辭不拜有旨趣受告汝愚對曰臣非敢久辭臣嘗論朝廷數事其言未見用今陛下過重華留正復相天下幸甚惟武興未除帥臣心不敢安上遂以張詔代領武興軍汝愚乃受命光宗之疾生於疑畏其未過宮也汝愚數從容進諫光宗出聞其語輒悟入輒復疑五年春孝宗不豫夏五月疾日臻光宗御後殿丞相率同列入請上詣重華宮侍

疾從臣臺諫繼入閤門吏以故事止之不退光宗益疑起入內越二日宰相又請對光宗令知閤門事韓侂胄傳旨云宰執並出於是俱至浙江亭俟命孝宗聞之憂甚嗣秀王簡丞相傳孝宗意令宰執復入侂胄奏曰昨傳旨令宰執出殿門今乃出都門請自往宣押汝愚等乃還第六月丁酉夜五鼓重華大閹扣宰執私第報孝宗崩中書以聞汝愚恐上疑或不出視朝持其劄不上次日上視朝汝愚以提舉重華宮關禮狀進上乃許過北內至日昃不出宰相率百官詣重華宮發喪壬寅將成服留正與汝愚議介少傅吳琚請憲聖太后垂簾暫主喪事憲聖不許正等附

奏曰臣等連日造南內請對不獲累上疏不得報今當率百官恭請若皇帝不出百官相與慟哭于宮門恐人情騷動爲社稷憂乞太皇太后降旨以皇帝有疾暫就宮中成服然喪不可無主祝文稱孝子嗣皇帝宰臣不敢代行太皇太后壽皇之母也請攝行祭禮蓋是時正汝愚之請垂簾也以國本係乎嘉王欲因簾前奏陳宗社之計使命出簾幃之間事行廟堂之上則體正言順可無後艱而吳琚素畏慎且以后戚不欲與聞大計此議竟格丁未宰臣已下待對和寧門不報乃入奏云皇子嘉王仁孝夙成宜早正儲位以安人心又不報越六日再請御批云甚好明日

同擬旨以進乞上親批付學士院降詔是夕御批付丞相
云歷事歲久念欲退閑留正見之懼因朝臨佯仆于庭密
爲去計汝愚自度不得辭其責念故事須坐甲以戒不虞
而殿帥郭杲莫有以腹心語者會工部尚書趙彥逾至私
第語及國事汝愚泣彥逾亦泣汝愚因微及與子意彥逾
喜汝愚知彥逾善杲因繆曰郭杲儻不同奈何彥逾曰某
當任之約明乃復命汝愚曰此大事已出諸口豈容有所
俟乎汝愚不敢入私室退坐屏後以待彥逾之至有頃彥
逾至議遂定明日正以五更肩輿出城去人心益搖汝愚
處之恬然自吳琚之議不諧汝愚與徐誼葉適謀可以白

意於慈福宮者乃遣韓侂胄以內禪之意請于憲聖侂胄
因所善內侍張宗尹以奏不獲命明日往又不獲命侂胄
逡巡將退重華宮提舉關禮見而問之侂胄具述汝愚意
禮令少俟入見憲聖而泣憲聖問故禮曰聖人讀書萬卷
亦嘗見有如此時而保無亂者乎憲聖曰此非汝所知禮
曰此事人人知之今丞相已去所賴者趙知院旦夕亦去
矣言與淚俱憲聖驚曰知院同姓事體與他人異乃亦去
乎禮曰知院未去非但以同姓故以太皇太后爲可恃耳
今定大計而不獲命勢不得不去去將如天下何願聖人
三思憲聖問侂胄安在禮曰臣已留其俟命憲聖曰事順

則可令諭好爲之禮報侂胄且云來早太皇太后於壽皇
梓宮前垂簾引執政侂胄復命汝愚始以其事語陳騤余
端禮使郭杲及步帥閻仲夜以兵衛南北內禮使其姻黨
宣贊舍人傅昌朝密製黃袍是日嘉王謁告不入臨汝愚
曰禫祭重事王不可不出翌日禫祭羣臣入王亦入汝愚
率百官詣大行前憲聖垂簾汝愚率同列再拜奏皇帝疾
未能執喪臣等乞立皇子嘉王爲太子以繫人心皇帝批
出有甚好二字繼有念欲退閑之語取太皇太后處分憲
聖曰既有御筆相公當奉行汝愚曰茲事重大播之天下
書之史冊須議一指揮憲聖允諾汝愚袖出所擬太皇太

后指揮以進云皇帝以疾至今未能執喪曾有御筆欲自
退閑皇子嘉王擴可即皇帝位尊皇帝爲太上皇帝皇后
爲太上皇后憲聖覽畢曰甚善汝愚奏自今臣等有合奏
事當取嗣君處分然恐兩宮父子間有難處者須煩太皇
太后主張又奏上皇疾未平驟聞此事不無驚疑乞令都
知楊舜卿提舉本宮任其責遂召舜卿至簾前面諭之憲
聖乃命皇子即位皇子固辭曰恐負不孝名汝愚奏天子
當以安社稷定國家爲孝今中外人人憂亂萬一變生置
太上皇何地衆扶入素幄披黃袍方卻立未坐汝愚率同
列再拜寧宗詣几筵殿哭盡哀須臾立仗訖催百官班帝

衰服出就重華殿東廡素幄立內侍扶掖乃坐百官起居訖行禫祭禮汝愚即喪次召還留正長百僚命朱熹待制經筵悉收召士君子之在外者侍御史張叔椿請議正棄國之罰汝愚為遷叔椿官是月上命汝愚兼權參知政事留正至汝愚乞免兼職乃除特進右丞相汝愚辭不拜曰同姓之卿不幸處君臣之變敢言功乎乃命以特進為樞密使汝愚又辭特進孝宗將欑汝愚議欑宮非永制欲改卜山陵與留正議不合侂胄因而間之出正判建康命汝愚為光祿大夫右丞相汝愚力辭至再三不許汝愚本倚正共事怒侂胄不以告及來謁故不見侂胄慙忿簽書樞

密羅點曰公誤矣汝愚亦悟復見之侂胄終不懌自以有定策功且依託肺腑出入宮掖居中用事朱熹進對以為言又約吏部侍郎彭龜年同劾之未果熹白汝愚當以厚賞酬勞勿使預政而汝愚謂其易制不為慮右正言黃度欲論侂胄謀泄以內批斥去熹因講畢奏疏極言陛下即位未能旬月而進退宰執移易臺諫皆出陛下之獨斷大臣不與謀給舍不及議此弊不革臣恐名為獨斷而主威不免於下移疏入遽出內批除熹宮觀汝愚袖批還上且諫且拜侂胄必欲出之汝愚退求去不許吏部侍郎彭龜年力陳侂胄竊弄威福為中外所附不去必貽患又奏近日逐朱熹太暴故欲陛下亦亟去此小人既而內批龜年與郡侂胄勢益張侂胄恃功為汝愚所抑日夜謀引其黨為臺諫以擯汝愚汝愚為人疏不虞其姦趙彥逾以嘗達意於郭杲事定冀汝愚引與同列至是除四川制置意不慊與侂胄合謀陛辭日盡疏當時賢者姓名指為汝愚之黨上意不能無疑汝愚請令近臣舉御史侂胄密諭中司令薦所厚大理寺簿劉德秀內批擢德秀為察官其黨聯以進言路遂皆侂胄之人會黃裳羅點卒侂胄又擢其黨京鏜代點汝愚始孤天子益無所倚信於是中書舍人陳傅良監察御史吳獵起居郎劉光祖各先後斥去羣憸

和附視正士如仇讎而衣冠之禍始矣侂胄欲逐汝愚而難其名或教之曰彼宗姓誣以謀危社稷則一網無遺侂胄然之擢其黨將作監李沐為正言沐彥穎之子也嘗求節度使於汝愚不得奏汝愚以同姓居相位將不利於社稷乞罷其政汝愚出浙江亭待罪遂罷右相除觀文殿學士知福州臺臣合詞乞寢出守之命遂以大學士提舉洞霄宮國子祭酒李祥言去歲國遭大戚中外洶洶留正棄相位而去官僚幾欲解散軍民皆將為亂兩宮隔絕國喪無主汝愚以樞臣獨不避殞身滅族之禍奉太皇太后命翊陛下以登九五勳勞著於社稷精忠貫於天地乃卒受

黯黮而去天下後世其謂何博士楊簡亦以爲言李沐劾
祥簡罷之太府丞呂祖儉亦上書訴汝愚之忠詔祖儉朋
比罔上送韶州安置太學生楊宏中周端朝張衜林仲麟
蔣傅徐範等伏闕言去歲人情驚疑變在朝夕當時假非
汝愚出死力定大議雖百李沐罔知攸濟當國家多難汝
愚位樞府本兵柄指揮操縱何向不可不以此時爲利今
上下安恬乃獨有異志乎書上悉送五百里外羈管侂胄
忌汝愚益深謂不重貶人言不已以中丞何澹疏落大觀
文監察御史胡紘疏汝愚唱引僞徒謀爲不軌乘龍授鼎
假夢爲符責寧遠軍節度副使永州安置初汝愚嘗夢孝

宗授以湯鼎背負白龍升天後翼寧宗以素服登大寶蓋
其驗也而讒者以爲言時汪義端行詞用漢誅劉屈氂唐
戮李林甫事示欲殺之意迪功郎趙師召亦上書乞斬汝
愚汝愚怡然就道謂諸子曰觀侂胄之意必欲殺我我死
汝曹尚可免也至衡州病作爲守臣錢鍪所窘暴薨天下
聞而冤之時慶元二年正月壬午也汝愚學務有用常以
司馬光富弼韓琦范仲淹自期凡平昔所聞於師友如張
栻朱熹呂祖謙汪應辰王十朋胡銓李燾林光朝之言欲
次第行之未果所著詩文十五卷太祖實錄舉要若干卷
類宋朝諸臣奏議三百卷汝愚聚族而居門內三千指所

得廩給悉分與之菜羹蔬食恩意均洽人無間言自奉養
甚薄爲夕郎時大冬衣布裘至爲相亦然汝愚既歿黨禁
寖解旋復資政殿學士太中大夫已而贈少保侂胄誅盡
復元官賜謚忠定贈太師追封沂國公理宗詔配享寧宗
廟庭追封福王其後進封周王子九人崇憲其長子也
崇憲字履常淳熙八年以取應對策第一時汝愚侍立殿
上降再拜以謝孝宗顧近臣曰汝愚年幾何已有子如此
越三年復以進士對策擢甲科上謂執政曰此汝愚子豈
即前科取應第一人者耶崇憲初仕爲保義郎監饒州贍
軍酒庫換從事郎撫州軍事推官汝愚帥蜀辟書寫機宜

文字改江西轉運司幹辦公事監西京中岳廟汝愚既貶
死海內憤鬱崇憲闔門自處居數年復汝愚故官職多勸
以仕改奉議郎知南昌縣事奉行荒政所活甚衆升籍田
令制曰爾先人有功王室中更讒毀思其功而錄其子國
之典也崇憲拜命感泣陳疏力辭以爲先臣之冤未悉昭
白而其孤先被寵光非公朝所以勸忠孝厲廉恥之意俄
改監行在都進奏院復引陳瓘論司馬光呂公著復官事
申言之乞以所陳下三省集議若先臣心迹有一如言者
所論即近日恩典皆爲冒濫先臣復官賜謚與臣新命俱
合追寢如公論果謂誣蔑乞昭示中外使先臣之讒謗既

辨忠節自明而憲聖慈烈皇后擁佑之功德益顯然後申
飭史官改正誣史垂萬世之公又請正趙師召妄貢封章
之罪究蔡璉與大臣為仇之姦毀龔頤正續稽古録之妄
詔兩省史官考訂以聞已而吏部尚書兼修國史樓鑰等
請施行如章從之及誣史未正復進言其略謂前日史官
徒以權臣風旨刊舊史焚元稾略無留難今詔旨再三莫
有慨然奮直筆者何小人敢於為惡而謂之君子者顧不
能勇於為善耶聞者愧之其後玉牒日曆所卒以重修龍
飛事實進呈因崇憲請也未幾贈汝愚太師封沂國公擢
崇憲軍器監丞改太府監丞遷祕書郎辭弗許尋為著作

佐郎兼權考功郎官會因閔雨求言乃上封事謂今日有
更化之名無更化之實人才國之元氣而忠鯁擯廢之士
死者未盡省錄存者未悉褒揚言論國之風采其間輸忠
亡隱有所規益者豈惟獎激弗加蓋亦罕見施用媮安取
容無所建明者豈惟黜罰弗及或乃遂階通顯至若勉聖
學以廣聰明教儲貳以固根本戒宰輔大臣同寅盡瘁以
濟艱難責侍從臺諫思職盡規以宣壅蔽防左右近習竊
弄之漸察姦憸餘黨窺伺之萌皆懇懇為上言之請外知
江州郡民歲苦和糴崇憲疏于朝永蠲之且轉糴旁郡𣪠
別廩儲之以備歲儉瑞昌民負茶引錢新舊累積為緡十

七萬有奇皆困不能償死則以責其子孫猶弗貸會新券
行視舊價幾倍崇憲歎曰負茶之民愈困矣亟請以新
券一償舊券二詔從之蓋受賜者千餘家刻石以紀其事
修陂塘以廣溉灌凡數千所提舉江西常平兼權隆興府
及帥漕司事遷轉運判官仍兼帥事初汝愚捐私錢百餘
萬創養濟院俾四方賓旅之疾病者得藥與食歲久寖移
為它用崇憲至尋修復立規約數十條以愈疾之多寡為
賞罰棄兒於道者亦收鞠之社倉久敝訪其利害而更張
之以兵部郎中召尋改司封皆固辭遂直祕閣知靜江府
廣西經略安撫靜江之屬邑十地肥磽略等而陽朔修仁

荔浦之賦獨倍焉自張栻奏減之餘人猶以為病崇憲請
再加蠲減詔遞損有差三縣民立祠刻石瓊守非才激黎
峒之變乃劾去之改辟能者代其任羅蕒峒者仍歲寇鈔
為暴賓民何嚮父子陰誘導之崇憲捐金繒付小校使繫
以來寘之法因嚴民夷交通之禁使邊民相什伍寇至則
鳴鼓召衆先後掩擊俘獲者賞不至者有懲先是部內郡
邑有警輒移統府兵戍之在宜州者百人古縣半之崇憲
謂根本單虛非所以窒姦萌延於其地各置兵如戍兵之
數而斂戍者以歸邕為邊要害地自狄青平儂智高所以
設扞防者甚至歲久浸弛而溪峒日彊崇憲條上其議朝

廷頗采其言然未及盡用也崇憲天性篤孝居父喪月餘始食食小祥始茹果實終喪不飲酒食肉比御猶弗入者久之

論曰自昔大臣處危疑之地而能免於禍難者蓋鮮矣昔者周成王立而幼沖周公以王室懿親爲宰輔四國流言而周公不免於居東之憂非天降風雷之變以彰周公之德而啓成王之衷則所謂金縢之書固無因而關於王之耳目公之心果能以自明乎公之心能自明則天意之所以屬於周而綿八百載之丕祚者寔係于兹不然周其殆哉趙汝愚宋之宗臣也其賢固不及周公其位與戚又非若周公之尊且昵也方孝宗崩光宗疾大喪無主中外洶洶一時大臣有畏難而去者矣汝愚獨能奮不慮身定大計於頃刻收召明德之士以輔寧宗之新政天下翕然望治其功可謂盛矣然不幾時卒爲韓侂胄所構一斥而遂不復返天下聞而冤之於此見天之所以眷宋者不如周而宋之陵夷馴至于不可爲信非人力之所能也汝愚父以純孝聞而子崇憲能守家法所至有惠政亦可謂世濟其美者已

列傳卷第一百五十一

列傳卷第一百五十二　宋史三百九十三

開府儀同三司上柱國錄軍國重事中書右丞相監修國史領經筵事都總裁臣脫脫等奉

敕修

彭龜年　黃裳　羅點　黃度 周南附

林大中　陳騤　黃黼　詹體仁

彭龜年字子壽臨江軍清江人七歲而孤事母盡孝性穎異讀書能解大義及長得程氏易讀之至忘寢食從朱熹張栻質疑而學益明登乾道五年進士第授袁州宜春尉吉州安福丞鄭僑張杓同薦除太學博士殿中侍御史劉光祖以論帶御器械吳端徙太府少卿龜年上疏乞復其位貽書宰相云祖宗嘗改易差除以伸臺諫之氣不聞改易臺諫以伸倖臣之私兼魏王府教授遷國子監丞以侍御史林大中薦爲御史臺主簿改司農寺丞進祕書郎兼嘉王府直講光宗嘗親郊值暴風雨感疾大臣希得進見久之疾平猶疑畏不朝重華宮龜年以書譙趙汝愚且上疏言壽皇之事高宗備極子道此陛下所親覩也況壽皇今日止有陛下一人聖心拳拳不言可知特遇過宮日分陛下或遲其行則壽皇不容不降免到宮之旨蓋爲陛下辭責於人使人不得以竊議陛下其心非不願陛下之來自古人君處骨肉之間多不與外臣謀而與小人謀之所

以交鬭日深疑隙日大今日兩宮萬萬無此然臣所憂者外無韓琦富弼呂誨司馬光之臣而小人之中已有任守忠者在焉惟陛下裁察又言使陛下虧過宮定省之禮皆左右小人間諜之罪宰執侍從但能推父子之愛調停重華臺諫但能伏父子之義責望人主至於疑間之根盤固不去曾無一語及之今内侍間諜兩宮者固非一人獨陳源在壽皇朝得罪至重近復進用外人皆謂離間之機必自源始宜亟發威斷首逐陳源然後肅命鑾輿負罪引慝以謝壽皇使父子歡然宗社有永顧不幸歟居亡何光宗朝重華都人歡悅尋除起居舍人入謝光宗曰此官以待

有學識人念非卿無可者龜年述祖宗之法爲内治聖鑑以進光宗曰祖宗家法甚善龜年曰臣是書大抵爲宦官女謁之防此曹若見恐不得數經御覽光宗曰不至是他日龜年奏臣所居之官以記注人君言動爲職車駕不過宮問安如此書者又數十矣恐非所以示後有旨幸玉津園龜年奏不奉三宮而獨出宴遊非禮也又言陛下誤以臣充嘉王府講讀官正欲臣等教以君臣父子之道臣聞有身教有言教陛下以身教臣以言教者也言豈若身之切哉紹熙五年五月壽皇不豫疾浸革龜年連三疏請對不獲命屬上視朝龜年不離班位伏地扣額久不已血漬

甃甓光宗曰素知卿忠直欲何言龜年奏今日無大於不過宮光宗曰須用去龜年言陛下屢許臣一入宮則又不然内外不通臣實痛心同知樞密院余端禮曰扣額龍墀曲致忠懇臣子至此爲得已邪上云知之孝宗崩寧宗受禪是夕召對寧宗蹙額云前但聞建儲之義豈知遽踐大位泣辭不獲至今震悸龜年奏此乃宗祏所係陛下安得辭今日但當盡人子事親之誠而已因擬起居劄子乞日進一通又與翊善黄裳同奏往朝南内因定過宮之禮乞先一日入奏率百官恭謝寧宗朝泰安宮至則寢門已閉拜表而退時議欲别建泰安宮而光宗無徙宮之意龜年

言古人拔荆棘立朝廷尚可布政出令況重華一宮豈爲不足哉陛下居狹處太上居寬處天下之人必有諒陛下之心者於是宮不果建遷中書舍人劉慶祖已帶遷郡承宣使而以太上隨龍人落階官龜年繳奏寧宗批可與書行龜年奏臣非爲慶祖惜此一官爲朝廷惜此一門耳夫可與書行近世弊令也使其可行臣即書矣使不可行豈敢因再令而遂書哉寧宗嘗謂退朝無事恐自怠惰非多讀書不可龜年奏人君之學與書生異惟能虛心受諫遷善改過乃聖學中第一事豈在多哉一日御筆書朱熹黄裳陳傅良彭龜年黄由沈有開李巘京鏜黄艾鄧馹十人

姓名示龜年云十人可充講官否龜年對曰陛下若招徠
一世之傑如朱熹輩方厭人望不可專以潛邸學官爲之
尋除侍講遷吏部侍郎升兼侍讀龜年知事勢將變會暴
雨震雷因極陳小人竊權號令不時之弊遣充金國弔祭
接送伴使初朱熹與龜年約共論韓侂胄之姦會龜年護
客熹以上疏見絀龜年聞之附奏云始臣約熹同論此事
今熹既罷臣宜併斥不報迨歸見侂胄用事權勢重於宰
相於是條數其姦謂進退大臣更易言官皆初政最關大
體者大臣或不能知而侂胄知之假託聲勢竊弄威福不
去必爲後患上覽奏甚駭曰侂胄朕之肺腑信而不疑不

謂如此批下中書予侂胄祠已乃復入龜年上疏求去詔
侂胄與內祠龜年與郡以煥章閣待制知江陵府湖北安
撫使龜年丐祠慶元二年以呂棐言落職已而追三官勒
停嘉泰元年復元官起知贛州以疾辭除集英殿修撰提
舉沖佑觀開禧二年以待制寶謨閣致仕卒龜年學識正
大議論簡直善惡是非辨析甚嚴其愛君憂國之忱先見
之識敢言之氣皆人所難晚既投閑悠然自得幾微不見
於顏面自僞學有禁士大夫鮮不變者龜年於關洛書益
加涵泳扁所居曰止堂著止堂訓蒙蓋始終特立者也聞
蘇師旦建節曰此韓氏之陽虎其禍韓氏必矣及聞用兵

曰禍其在此乎所著書有經解祭儀五致録奏議外制侂
胄誅林大中樓鑰皆白其忠寧宗詔贈寶謨閣直學士章
穎等請易名賜謚忠肅上謂穎等曰彭龜年忠鯁可嘉宜
得謚使人人如此必能納君於無過之地未幾加贈龍圖
閣學士而擢用其子欽

黃裳字文叔隆慶府普城人少穎異能屬文登乾道五年
進士第調巴州通江尉益務進學文詞迴出流輩人見之
曰非復前日文叔矣時蜀中餉師名爲和糴實則取民裳
賦漢中行諷總領李蘩蘩爲罷糴民便之改興元府録事
參軍以四川制置使留正薦召對論蜀兵民大計遷國子

博士以母喪去宰相進擬他官上問裳安在賜錢七十萬
除喪復召時光宗登極裳進對謂中興規模與守成不同
出攻入守當據利便之勢不可不定行都富國强兵當求
功利之實不可不課吏治捍內禦外當有緩急之備不可
不立重鎮其論行都以爲就便利之勢莫若建康其論吏
治謂立品式以課其功計資考以久其任其論重鎮謂自
吳至蜀綿亘萬里曰漢中曰襄陽曰江陵曰鄂渚曰京口
當爲五鎮以將相大臣守之五鎮强則國體重矣除太學
博士進秘書郎遷嘉王府翊善講春秋王正月曰周之王
即今之帝也王不能號令諸侯則王不足爲王帝不能統

御郡鎮則帝不足爲帝今之郡縣即古諸侯也周之王惟不能號令諸侯故春秋必書王正月所以一諸侯之正朔今天下境土比祖宗時不能十之四然猶跨吳蜀荆廣閩越二百州任吾民者二百州守也任吾兵者九都統也苟不能統御則何以服之王曰何謂九都統裳曰唐太宗年十八起義兵平禍亂今大王年過之而國家九都統之說猶有未知其可不汲汲於學乎他日王擢用東宫舊人吳端端詣王謝王接之中節裳因講左氏禮有等衰問王比待吳端得重輕之節有之乎王曰有之裳曰王者之學正當見諸行事今王臨事有區别是得等衰之義矣王意益向學於是作八圖以獻曰太極曰三才本性曰皇帝王伯學術曰九流學術曰天文曰地理曰帝王紹運以百官終焉各述大旨陳之每進言曰爲學之道當體之以心王宜以心爲嚴師於心有一毫不安者不可爲也且引前代危亡之事以爲儆戒王謂人曰黄翊善之言人所難堪惟我能受之他日王過重華宫壽皇問所讀書王舉以對壽皇曰數不太多乎王曰講官訓說明白忱心樂之不知其多也壽皇曰黄翊善至誠所講須諦聽之裳久侍王邸每歲誕節則陳詩以寓諷初嘗製渾天儀輿地圖脩以詩章欲王觀象則知進學如天運之不息披圖則思祖宗境土半

陷於異域而未歸其後又以王所講三經爲詩三章以進王喜爲置酒手書其詩以賜之王嘗侍宴宫中從容爲光宗誦酒誥曰此黄翊善所教也光宗詔勞裳裳曰臣不及朱熹熹學問四十年若召寘府寮宜有裨益光宗嘉納裳每勸講必援古證今即事明理凡可以開導王心者無不言也紹熙二年遷起居舍人奏曰自古人君不能從諫者其蔽有三一曰私心二曰勝心三曰忿心事苟不出於公而以己見執之謂之私心私心生則以諫者爲病而求以勝之勝心生則以諫者爲仇而求以遂之因私而生勝因勝而生忿忿心生則事有不得其理者焉如潘景珪常才也陛下固亦以常人遇之特以臺諫攻之不已致陛下庇之愈力事勢相激乃至於此宜因事靜察使心無所係則聞臺諫之言無不悅而無欲勝之心待臺諫之心無不誠而無加忿之意矣三年試中書舍人時武備寖弛裳上疏曰壽皇在位三十年拊循將士士常恨不得效死以報陛下誠能留意武事三軍之士孰不感激願爲陛下用乎又論荆襄形勢居吳蜀之中其地四平若金人擣襄陽據江陵按兵以守則吳蜀中斷此今日邊備之最可憂也宜分鄂渚兵一二萬人屯襄漢之間以張形勢而壯重地時朝廷方宴安裳所言多不省未幾除給事中趙汝愚除同知

樞密院監察御史汪義端言祖宗之法宗室不爲執政再疏詆汝愚汝愚乞免官褒奏汝愚事父孝事君忠居官廉憂國愛民出於天性如青天白日奴隷知其清明義端所見曾奴隷之不如不可以居朝列於是義端與郡褒在瑣闥甫一月封駁無慮十數韓侂胄落階官鄭汝諧除吏部侍郎褒皆繳其命改兵部侍郎不拜遂以顯謨閣待制充翊善先是光宗以憂疑成疾不過重華宮褒入疏請五日一朝至是復苦言之上曰内侍楊舜卿告朕勿過宫褒請斬舜卿且以八事之目爲奏曰念恩釋怨辨讒去疑責己畏天防亂改過不報褒嘗病疽及是憂憤創復作又奏陛下之於壽皇未盡孝敬之道意者必有所疑也臣竊推致疑之因陛下毋乃以焚廪浚井之事爲憂乎夫焚廪浚井在當時或有之壽皇之子惟陛下一人壽皇之心託陛下甚重愛陛下甚至故憂陛下甚切違豫之際燋香祝天爲陛下祈禱愛子如此則焚廪浚井之心臣有以知其必無也陛下何疑焉又無乃以肅宗之事爲憂乎肅宗即位靈武非明皇意故不能無疑壽皇當未倦勤親挈神器授之陛下揖遜之風同符堯舜與明皇之事不可同日而語明矣陛下何疑焉又無乃以衛輒之事爲憂乎輒與蒯聵父子爭國壽皇老且病乃頤神北宫以保康寧而以天下

事付之陛下非有爭心也陛下何疑焉又無乃以孟子責善爲疑乎父子責善本生於愛爲子者能知此理則何至於相夷壽皇顧陛下爲聖帝責善之心出於忠愛非賊恩也陛下何疑焉此四者或者之所以爲疑臣以理推之初無一之可疑者自父子之間小有猜疑此心一萌方寸遂亂故天變則疑而不知畏民困則疑而不知恤疑宰執專權則不禮大臣疑臺諫生事則不受忠諫疑嗜慾無害則近酒色疑君子有黨則庇小人事有不須疑者莫不以爲疑乃若貴爲天子不以孝聞敵國聞之將肆輕侮此可疑也而陛下則不疑小人將起爲亂此可疑也而陛下則不疑中外官軍豈無他志此可疑也而陛下則不疑事之可疑者反不以爲疑顛倒錯亂莫甚於此禍亂之萌近在旦夕宜及今幡然改過整聖駕謁兩宫以交父子之歡則四夷向風天下慕義矣會壽皇不豫中外憂危褒抗聲諫上起入宫褒挽其裾隨之至宫門揮涕而出乃連章請外謂臣職有三曰待制曰侍講曰翊善今使供待制之職乎則當日夕求對以捄主失今不過宫有虧子道前後三諫而不加聽是待制之職可廢也將使供侍講之職乎則當引經援古勸君以孝今不問安不視疾大義已喪復講何書乎是侍講之職可廢也將使供翊善之職乎當究義理教

皇子以孝陛下不能以孝事壽皇臣將何說以勸皇子乎是翊善之職可廢也因出關待命及聞壽皇遺詔乃亟入臨寧宗即位裳病不能朝改禮部尚書兼侍讀力疾入謝奏曰孔子曰有始有卒者其惟聖人乎又詩曰靡不有初鮮克有終所謂有始有卒者由其持心之一也所謂鮮克有終者由其持心之不一也陛下今日初政固善矣能保他日常如此乎請畧舉已行之事論之陛下初理萬機委任大臣此正得人君持要之道使大臣得人常如今日則陛下雖終身守之可也臣恐數年之後亦欲出意作為躬親聽斷左右迎合因謂陛下事決外庭權不歸上陛下

能不咈然於心乎臣恐是時委任大臣不能如今日之專矣夫以萬機之衆非一人所能酬酢苟不委任大臣則必借助左右小人得志陰竊主權引用邪黨其為禍患何所不至臣之所憂者一也陛下獎用臺諫言無不聽此正得祖宗設官之意使臺諫得人常如今日則陛下終身守之亦可也然臣恐自今以往臺諫之言日關聖聽或斥小人之過使陛下欲用之而不能或暴近習之罪使陛下欲親之而不可逆耳之言不能無厭左右迎合因謂陛下獎用臺諫欲聞讜論而其流弊致使人主不能自由陛下能不咈然於心乎臣恐是時獎用臺諫不能如今日之重矣夫

朝廷所恃以分别善惡者專在臺諫陛下苟猒其多言則為臺諫者將咋舌閉口無所論列君子日退小人日進而天下亂矣臣之所憂者二也二事朝廷之大者又以三事之切於陛下之身言之曰篤於孝愛勤於學問薄於嗜好陛下今皆行之矣未知數年之後能保常如今日乎又引魏徵十漸以為戒懇懇數千言又奏言陛下近日所為頗異前日除授之際大臣多有不知臣聞之憂甚而病劇蓋是時韓侂胄已潛弄威柄而宰相趙汝愚未之覺故裳先事言之及疾革時時獨語曰五年之功無使一日壞之度吾已不可為後之君子必有能任其責者遂口占遺表而

卒年四十九上聞之驚悼贈資政殿學士裳為人簡易端純每講讀隨事納忠上援古義下揆人情氣平而辭切事該而理盡篤於孝友與人言傾盡底蘊恥一書不讀一物不知推賢樂善出乎天性所為文明白條達有王府春秋講義及兼山集論天人之理性命之源皆足以發明伊洛之旨嘗與其鄉人陳平父兄弟講學平父張栻之門人也師友淵源蓋有自來云嘉定中謚忠文子璉大宗正丞兼刑部郎官孫子敏刑部郎官

羅點字春伯撫州崇仁人六歲能文登淳熙三年進士第授定江節度推官累遷校書郎兼國史院編修官歲旱詔

求言點上封事謂今時姦諛日甚議論凡陋無所可否則曰得體與世浮沈則曰有量衆皆默已獨言則曰沽名衆皆濁己獨清則曰立異此風不革陛下雖欲大有爲於天下未見其可也自旱暵爲虐陛下檮羣祠赦有罪曾不足以感動及朝求讜言夕得甘雨天心所示昭然不誣獨不知陛下之求言果欲用之否乎如欲用之則願以所上封事反覆詳熟當者審而後行疑者咨而後決如此則治象日著亂萌自消矣遷祕書郎兼皇太子宮小學教授寧宗時以皇孫封英國公點兼教授入講至晡時不輟左右請少憩點曰國公務學不休柰何止之又摭古事勸戒爲

鑑古録以進高宗崩孝宗在諒闇皇太子參決庶務點時以戶部員外郎兼太子侍講出使浙右還起居舍人改太常少卿兼侍立修注官被命使金告登寶位會金有國喪迫點易金帶點曰登位吉事也必以吉服從事有死而已帶不可易又詰點不當稱寶位點曰聖人大寶曰位不加寶字何以別至尊金人不能奪上嘗謂點卿舊爲宮僚非他人比有所欲言毋憚啓告點言君子得志常少小人得志常多蓋君子志在天下國家而不在一己行必直道言必正論往往不忤人主則忤貴近不忤當路則忤時俗小人志在一己而不在天下國家所行所言皆取悅之道用其所以取忤者其得志鮮矣用其所以取悅者其不得志亦鮮矣若昔明主念君子之難進則極所以主張而覆護之念小人之難退則盡所以燭察而隄防之皇子嘉王年及弱冠點言此正親師友進德業之時宜擇端良忠直之士參侍燕閒遂除黃裳爲翊善又言人主憂勤則臣下協心人主偷安則臣下解體今道塗之言皆謂陛下每旦視朝勉彊聽斷意不在事宰執奏陳備禮應答侍從庶僚備禮登對而宮中燕遊之樂錫賚奢侈之費已騰於衆口彊敵對境此聲豈可出哉紹熙三年十一月日長至車駕將朝賀重華宮既而中輟點言自天子達庶人節序拜親無

有闕者三綱五常所係甚大不當以爲常事而忽之上過宮意未決點奏陛下已涓日過宮壽皇必引領以俟陛下常人於朋友且不可以無信況人主之事親乎今陛下久闕溫凊壽皇欲見不可得萬一憂思感疾陛下將何以自解於天下嘗召對便殿點言近者中外相傳或謂陛下內有所制不能遽出溺於酒色不恤政事果有之乎上曰無是點曰臣固知之竊意宮禁間或有攖拂之事姑以酒自遣耳夫閭閻匹夫處閨門逆境容有縱酒自放者人主宰制天下此心如青天白日當風雨雷電既霽之餘湛然虛明豈容復有纖芥停留哉上猶未過宮點又奏竊聞嘉王

生朝稱壽禁中以報劬勞之德父子歡洽寧不動心上念
兩宫延望之意十一月黜以言不見聽求去不許十二月
試兵部尚書五年四月上將幸玉津園黜請先過重華又
奏曰陛下爲壽皇子四十餘年一無間言止緣初郊違豫
壽皇嘗至南内督過左右之人自此讒間遂生憂疑以臣
觀之壽皇與天下相忘久矣今大臣同心輔政百執事奉
法循理宗室戚里三軍萬姓皆無貳志設有離間誅之不
疑乃若深居不出久虧子道衆口謗讟禍患將作不可以
不慮上曰卿等可爲朕調護之黄裳對曰父子之親何俟
調護黜曰陛下一出即當釋然上猶未行黜乃率講官言

之上曰朕心未嘗不思壽皇對曰陛下久闕定省雖有此
心何以自白乎及壽皇不豫黜又隨宰執班進諫閤門吏
止之黜叱之而入上拂衣起宰執引上裾黜亟前泣奏曰
壽皇疾勢已危不及今一見後悔何及羣臣隨上入至福
寧殿内侍闔門衆慟哭而退越三日黜隨宰執班起居詔
獨引黜入黜奏前日迫切獻忠舉措失禮陛下赦而不誅
然引裾亦故事也上曰引裾可也何得輒入宫禁乎黜引
辛毗事以謝且言壽皇止有一子既付神器惟恐見之不
速耳壽皇崩黜請上奔喪許而不出拜遺詔於重華宫前
後與侍從列奏諫請帝過宫者凡三十五疏自上奏者又

十六章而奏疏重華上書嘉王及面對口奏不預焉寧宗
嗣位人心始定拜黜端明殿學士簽書樞密院事上有事
明堂黜扈從齋宫得疾卒年四十五贈太保謚文恭黜天
性孝友無矯激崖異之行而端介有守義利之辨皎如或
謂天下事非才不辦黜曰當先論其心心苟不正才雖過
人果何取哉宰相趙汝愚嘗泣謂寧宗曰黄裳羅黜相繼
淪謝二臣不幸天下之不幸也

黄度字文叔紹興新昌人好學讀書秘書郎張淵見其文
謂似曾鞏隆興元年進士知嘉興縣入監登聞鼓院行國
子監簿言今日養兵爲巨患救患之策宜使民屯田陰復

府衛以銷募兵具屯田府衛十六篇上之紹熙四年守監
察御史蜀將吴挺死度言挺子曦必納賂求襲位若因而
授之恐爲他日患乞分其兵柄宰相難之後曦割關外四
州賂金人求王蜀果如度言光宗以疾不過重華宫度上
書切諫連疏極陳父子相親之義且言太白晝見犯天關
熒惑勾芒行入太微其占爲亂兵入宫以諫不聽乞罷去
又言以孝事君則忠臣父年垂八十菽水不親動經歲月
事親如此何以爲事君之忠蓋託已爲諭冀因有以感悟
上心又與臺諫官劾内侍陳源楊舜卿林億年三人爲今
日禍根罪大於李輔國又言孔子稱天下有道則庶人不

議夫人主有過公卿大夫諫而改則過不彰庶人奚議焉惟諫而不改失不可蓋使閭巷小人皆得妄議紛然亂生故勝廣黄巢之流議於下國皆隨以亡今天下無不議聖德者臣竊危之上猶不聽遂出脩門上諭使安職度奏有言責者不得其言則去理難復入寧宗即位詔復爲御史改右正言韓侂冑用事丞相留正去國侂冑知度嘗與正論事不合欲諷使擠之度語同列曰丞相已去擠之易耳然長小人聲燄可乎侂冑驟竊政柄以意所好惡爲威福度具疏將論其姦爲侂冑所覺御筆遽除度直顯謨閣知平江府度言蔡京擅權天下所由以亂今侂冑假御筆逐

諫臣使俛首去不得效一言非爲國之利也固辭丞相趙汝愚紬其疏入白詔以沖佑祿歸養俄知婺州坐不發覺縣令張元弼贓罪降罷自是紀綱一變大權盡出侂冑而黨論起矣然侂冑素嚴憚度不敢加害起知泉州辭乃進寶文閣奉祠如故侂冑誅天子思而召之除太常少卿尋兼國史院編修官實錄院檢討官朝論欲函侂冑首以四州五千人還金度以爲辱國非之權吏部侍郎兼修玉牒同修國史實錄院同修撰屢移疾以集英殿修撰知福州遷寶謨閣待制始至訟牒日千餘度隨事裁決日未中而畢進龍圖閣知建康府兼江淮制置使賜金帶以行至金陵罷科糴輸送之擾活飢民百萬口除見稅二十餘萬墾降盜卞整斬盜胡海首以獻招歸業者九萬家侂冑嘗募雄淮軍已收刺者十餘萬人別屯數千人未有所屬度憂其爲患人給錢四萬復其役遣之遷寶謨閣直學士度以人物爲己任推挽不休每曰無以報國惟有此耳十上引年之請不許爲禮部尚書兼侍讀趣入覲論藝祖垂萬世之統一曰純用儒生二曰務惜民力上納其言謝病丐去遂以煥章閣學士知隆興府歸越提舉萬壽宮嘉定六年十月卒進龍圖閣學士贈通奉大夫度志在經世而以學爲本作詩書周禮説著史通抑僭竊存大分別爲編年不

用前史法至於天文地理井田兵法即近驗遠可以據依無迂陋牽合之病又有藝祖憲監仁皇從諫録屯田便宜歷代邊防行於世壻周南

周南字南仲平江人年十六游學吳下視時人業科舉心陋之從葉適講學頓悟捷得爲文詞雅麗精切而皆達於時用每以世道興廢爲己任登紹熙元年進士第爲池州教授會度以言忤當路御史劾度并南罷之度與南俱入僞學黨開禧三年召試館職南對策詆權要言者劾南罷之卒于家南端行拱立尺寸有程準自賜第授文林郎終身不進官兩爲館職數月止既絶意當世弊衣惡食挾書

志晝夜曰此所以遺吾老佚吾死也

林大中字和叔婺州永康人入太學登紹興三十年進士第知撫州金谿縣郡督輸賦急大中請寬其期不聽納告勑投劾而歸已而主太常寺簿光宗受禪除監察御史大中謂國之大事在祀治襲不正非所以嚴典禮妥神明上疏言臣昨簿正奉常實陪廟祀見其祝于神者或舛於文稱於神者或訛其字所宜厚者或簡不虔所宜先者或廢不用更制器服或歲月太踈夙興行事或時刻太早是皆禮意所未順人情所未安也一日御札示大中謂言事覺察宜遵舊例大中曰臺臣不當踰分守固如聖訓然必抗

直敢言乃為稱職遷殿中侍御史奏言進退人才當觀其趣向之大體不當責其行事之小節趣向果正雖小節可責不失為君子趣向不正雖小節可喜不失為小人又論今日之事莫大於讎恥之未復此事未就則此念不可忘此念存於心于以來天下之才作天下之氣倡天下之義此義既明則事之條目可得而言治功可得而成矣陳賈以靜江守臣入奏大中極論其庸回亡識嘗表裏王淮剏為道學之目陰廢正人儻許入奏必再留中善類聞之紛然引去非所以靖國命遂寢紹熙二年春雷電交作有旨訪時政闕失大中以事多中出乃上疏曰仲春雷電大雪

繼作以類求之則陰勝陽之明驗也蓋男為陽而女為陰君子為陽而小人為陰當辨邪正毋使小人得以間君子當思正始之道毋使女謁之得行司諫鄧馹以言事移將作監大中言臺諫以論事不合而遷臣恐天下以陛下為不能容守侍御史兼侍講知潭州趙善俊得旨奏事大中上疏劾善俊而言宗室汝愚之賢當召上用其言召汝愚而出善俊與郡時江淮荆襄為國巨屏而權任頗輕大中言宜選行實材畧之人付以江淮荆襄經理之任舊制河北陝西分為四路以文臣為大帥武臣副之中興初沿江置制置使自秦檜罷三大將兵權專歸武臣而江東荆襄

帥臣不復領制置之職宜仍舊制置而以諸將為副久其任重其權則邊防立而國勢張矣江浙四路民苦折帛和買重輸大中曰有產則有稅於稅絹而科折帛猶可言也如和買折帛則重為民害蓋自咸平馬元方建言於春預支本錢濟其乏絕至夏秋使之輸納則是先支錢而後輸絹其後則錢鹽分給又其後則直取於民今又令納折帛錢以兩縑折一縑之直大失立法初意朝廷以其言為減所輸者三歲馬大同為戶部大中劾其用法峻上欲易置他部大中曰是嘗為刑部固以深刻稱章三上不報又論大理少卿宋之瑞章四上又不報大中以言不行求去改

吏部侍郎辭不拜乃除大中直寶謨閣而大同之瑞俱與
郡初占星者謂朱熹曰某星示變正人當之其在林和叔
耶至是熹貽書朝士曰聞林和叔入臺無一事不中的去
國一節風義凜然當於古人中求之給事中尤袤中書舍
人樓鑰上疏云大中言官當與被論者有別尋命知寧國
府又移贛州寧宗即位召還試中書舍人遷給事中尋兼
侍講知閤門事韓侂冑來謁大中接之無他語陰請內交
大中笑而卻之侂冑怨由此始會吏部侍郎彭龜年抗論
侂冑侂冑轉一官與內祠龜年除煥章閣待制與郡大中
同中書舍人樓鑰繳奏曰陛下眷禮儒舊一旦龍飛延問

無虛日不三數月間或死或斥賴龜年一人尚留今又去
之四方謂其以盡言得罪恐傷政體且一去一留恩意不
侔去者日遠不復侍左右留者內祠則召見無時請留龜
年經筵而命侂冑以外任則事體適平人無可言者有旨
龜年已為優異侂冑本無過尤可並書行大中復同奏龜
年除職與郡以為優異則侂冑之轉承宣使非優異乎若
謂侂冑本無過尤則龜年論事實出於愛君之忱豈得為
過龜年既以決去侂冑難於獨留宜畀外任或外祠以慰
公議不聽太府寺丞呂祖儉以上書攻侂冑謫置韶州大
中捄之汪義端頃為御史以論趙汝愚去至是侂冑引為

右史大中駁之改吏部侍郎不拜以煥章閣待制知慶元
府城南民田潮溢不可種大中捐公帑治石築之民不知
役而蒙其利郡訛言夜有妖大中謂此必黠賊所為立捕
黥之人情遂安丐祠得請給事中許及之繳駁遂削職後
提舉沖佑觀乞休致復元職監察御史林采論列再落職
尋復之大中罷歸屏居十二年未嘗以得喪關其心作園
龜潭之上客至擷杞菊取溪魚觴酒賦詩時事一不以掛
口客或勸大中通侂冑書大中曰吾為夕郎時一言承意
豈閑居至今日耶客曰縱不求福盍亦免禍大中曰福不
可求而得禍可懼而免耶侂冑既召兵釁大中謂今日欲

安民非息兵不可欲息兵非去侂冑不可及侂冑誅即召
見落致仕試吏部尚書言呂祖儉以言侂冑得罪死於瘴
鄉雖贈官畀職而公議未厭彭龜年面奏侂冑過尤朱熹
論侂冑竊弄威柄皆為中傷降官鐫職卒以老死宜優加
旌表其他因議切侂冑以得罪者望量其輕重而旌別之
以伸被罪者之冤除端明殿學士簽書樞密院事嘉定改
元兼太子賓客嘗議講和事上曰朕不憚屈己為民講和
之後亦欲與卿等革侂冑弊政作家活耳大中頓首曰陛
下言及此宗社生靈之福也每語所親云吾年垂八十豈
堪勞勤徒以和議未成思體承聖訓以革弊俾為經久之

計儻初志畢遂即乞身而歸矣是年六月卒年七十有八
贈資政殿學士正奉大夫謚正惠大中清修寡欲退然如
不勝衣及其遇事而發凜乎不可犯自少力學趣向不凡
所著有奏議外制文集三十卷
陳騤字叔進台州臨海人紹興二十四年試春官第一秦
檜當國以秦塤居其上累官遷將作少監守祕書少監兼
太子諭德太子尹臨安騤謂儲宮下親細務不得專于學
非所以毓德也太子矍然亟辭崔淵以外戚張說進除祕
書郎兼金部郎騤封還詞頭未幾出知贛州易秀州召還
首言陛下銳意圖治羣下急於自媒爭獻彊兵理財之計

及畀以職報效蔑聞宜杜邪諂之路再歸故官遷祕書監
兼崇政殿說書淳熙五年試中書舍人兼侍講同修國史
上欲采晉宋以下興亡理亂之大端約為一書謂騤曰惟
卿與周必大可任此事言者忌而攻之上留章不下授提
舉太平興國宮起知寧國府改知太平州加集英殿修撰
以言者罷起知袁州光宗受禪召試吏部侍郎紹熙元年
同知貢舉兼侍講二年春雷雪詔陳時政得失騤疏三十
條如宮闈之分不嚴則權柄移內謁之漸不杜則明斷息
謀臺諫於當路則私黨植咨將帥於近習則賄賂行不求
讜論則過失彰不謹舊章則取舍錯宴飲不時則精神昏

賜予無節則財用竭皆切於時病三年三月權禮部尚書
六月同知樞密院事四年二月參知政事光宗以疾不朝
重華宮會慶節稱壽又不果往騤三入奏廷臣上疏者以
百數上感悟以冬至日朝重華五年正月朔旦稱壽于慈
福宮孝宗崩光宗以疾未臨喪騤請正儲位以安人心七
月攝行三省事寧宗即位知樞密院事兼參知政事趙汝
愚為右丞相騤素所不快未嘗同堂語汝愚擬除劉光祖
侍御史騤奏曰劉光祖舊與臣有隙光祖入臺臣請避之
汝愚愕而止時韓侂冑恃傳言之勞潛竊國柄吏部侍郎
彭龜年論侂冑將為國患不報於是龜年侂冑俱請祠騤

曰以閤門去經筵何以示天下龜年竟外補侂冑語人曰
彭侍郎不貪好官固也元樞亦欲為好人耶遂以資政殿
大學士與郡辭詔提舉洞霄宮慶元二年知婺州告老授
觀文殿學士提舉洞霄宮嘉泰三年卒年七十六贈少傅
謚文簡
黃黼字元章臨安餘杭人也少游太學第進士累遷太常
博士輪對言周以輔翼之臣出任方伯漢以牧守之最擢
拜公卿唐不歷邊任不拜宰相本朝不為三司等屬不除
清望官仁宗時韓琦范仲淹龐籍皆嘗經畧西事又歷邊
任始除執政邊奏復警范仲淹至再請行貝州之變文彥

博親自討賊乞於時望近臣中擇才畧謀慮可以任重致遠者或畀上流或委方面習知邊防利害地形險阨中外軍民亦孚其恩信熟其威名天下無事則取風績顯著者不次除拜以尊朝廷邊鄙有警則任以重寄俾制方面出將入相何所不可上嘉奬曰如卿言可謂盡用人之道行太常丞進祕書郎提舉江東常平茶鹽召爲户部員外郎尋除直祕閣兩浙路轉運判官進直龍圖閣升副使辭改直顯謨閣浙東瀕海之田以旱澇告常平儲蓄不足糴捐漕計貸之毗陵飢民取糠粃雜草根以充食郡縣不以聞糴取民食以進乞捐僧牒緡錢振濟所全活甚衆除中書

門下檢正諸房公事守殿中侍御史兼侍講遷侍御史行起居郎兼權刑部侍郎以劉德秀論劾奉祠而卒

詹體仁字元善建寧浦城人父慥與吳宏劉子翬游調贛州信豐尉金人渝盟慥見張浚論滅金祕計浚辟爲屬體仁登隆興元年進士第調饒州浮梁尉郡上體仁獲盜功狀當賞體仁曰以是受賞非其願也謝不就爲泉州晉江丞宰相梁克家泉人也薦於朝入爲太學録升太學博士太常博士遷太常丞攝金部郎官光宗即位提舉浙西常平除户部員外郎湖廣總領就升司農少卿奏蠲諸郡賦輸積欠百餘萬有逃卒千人入大冶因鐵鑄錢剽掠爲變

體仁語戎帥此去京師千餘里若比上請得報賊勢張矣宜速加誅討帥用其言羣黨悉散除太常少卿陛對首陳父子至恩之說謂易於家人之後次之以睽睽之上九曰見豕負塗載鬼一車先張之弧後說之弧匪寇婚媾往遇雨則吉夫疑極而惑凡所見者皆以爲寇而不知實其親也孔子釋之曰遇雨則吉羣疑亡也蓋人倫天理有間隔而無斷絶方其未通也湮鬱煩憒若不可以終日及其醒然而悟泮然而釋如遇雨焉何其和悅而條暢也伏惟陛下神心昭融聖度恢豁凡厥疑情一朝渙然若揭日月而開雲霧丕叙彝倫以承兩宮之歡以塞兆民之望時上以

積疑成疾久不過重華宮故體仁引易睽弧之義以開廣聖意孝宗崩體仁率同列抗疏請駕詣重華宮親臨祥祭辭意懇切時趙汝愚將定大策外庭無預謀者密令體仁及左司郎官徐誼達意少保吳琚請憲聖太后垂簾爲援立計寧宗登極天下晏然體仁與諸賢密贊汝愚之力也時議大行皇帝謚體仁言壽皇聖帝事德壽二十餘年極天下之養諒陰三年不御常服漢唐以來未之有宜謚曰孝卒用其言孝宗將復土體仁言永阜陵地勢卑下非所以妥安神靈與宰相異議除太府卿尋直龍圖閣知福州言者竟以前論山陵事罷之退居雲川日以經史自娱人

莫窺其際始體仁使浙右時蘇師旦以胥吏執役後倚侂胄躐躋大官至是遣介通殷勤體仁曰小人乘君子之器禍至無日矣烏得以汙我未幾果敗復直龍圖閣知静江府閣十縣税錢一萬四千緡雜賦八千移守鄂州除司農卿復總湖廣餉事時歲凶艱食卽以便宜發廩振捄而後以聞侂胄建議開邊一時爭談兵以規進用體仁移書廟堂言兵不可輕動宜遵養俟時皇甫斌自以將家子好言兵體仁語僚屬謂斌必敗已而果然開禧二年卒年六十四體仁穎邁特立博極羣書少從朱熹學以存誠慎獨爲主爲文明暢悉根諸理周必大當國體仁嘗疏薦三十餘人皆當世知名士郡人眞德秀早從其游嘗問居官涖民之法體仁曰盡心平心而已盡心則無愧平心則無偏世服其確論云

論曰彭龜年黃裳羅點以青宮師保之舊盡言無隱黃度林大中亦能守正不阿進退裕如此數臣者皆能推明所學務引君以當道可謂粹然君子矣陳騤論事頗切時病詹體仁深於理學皆有足稱者然騤嘗詆譏呂祖謙至視劉光祖爲仇而體仁乃能以朱熹眞德秀爲師友好惡之邪正於是可知焉

列傳第一百五十二

列傳卷第一百五十三　宋史三百九十四

開府儀同三司上柱國錄軍國重事前中書右丞相監修國史領經筵事都總裁脫脫等奉

勑修

胡紘　何澹　林栗　高文虎　陳自強

鄭丙　京鏜　謝深甫　許及之　梁汝嘉

胡紘字應期處州遂昌人淳熙中舉進士紹熙五年以京鏜薦監都進奏院遷司農寺主簿秘書郎韓侂胄用事逐朱熹趙汝愚意猶未快遂擢紘監察御史紘未達時嘗謁朱熹於建安熹待學子惟脫粟飯遇紘不能異也紘不悅語人曰此非人情隻鷄尊酒山

中未爲乏也遂亡去及是劾趙汝愚且詆其引用朱熹爲僞學罪首汝愚遂謫永州汝愚初抵罪去國搢紳大夫與夫學校之士皆憤悒不平疏論甚衆侂胄患之以汝愚之門及朱熹之徒多知名士不便於已欲盡去之謂不可一一誣以罪則設爲僞學之目以擯之用何澹劉德秀爲言官專擊僞學然未有誦言攻熹者獨紘草疏將上會改太常少卿不果沈繼祖以追論程頤得爲察官紘遂以藁授之繼祖論熹皆紘筆也寧宗以孝宗嫡孫行三年服紘言止當服期詔侍從臺諫給舍集議釋服於是從紘太常少卿使

草定其禮既而親饗太廟紘既解言責復入疏云比年以來僞學猖獗圖爲不軌動搖上皇詆誣聖德幾至大亂賴二三大臣臺諫出死力而排之故元惡殞命群邪屛跡自御筆有救偏建中之說或者誤認天意急於奉承倡爲調停之議取前日僞學之姦黨次第用之以冀幸其他日不相報復往者建中靖國之事可以爲戒陛下何未悟也漢霍光廢昌邑王賀一日而誅群臣一百餘人唐五王不殺武三思不旋踵而皆斃於三思之手今縱未能盡用古法亦宜且令退伏田里循省愆咎俄遷紘起居舍人詔僞學之黨

宰執權住進擬用紘言也自是學禁益急進起居郎權工部侍郎移禮部又移吏部坐同知貢舉考宏詞不當而罷未幾學禁漸弛紘亦廢棄卒于家

何澹字自然處州龍泉人乾道二年進士累官至國子司業遷祭酒除兵部侍郎光宗内禪拜右諫議大夫兼侍講澹本周必大所厚始爲學官二年不遷留正奏遷之澹憾必大及長諫垣即劾必大必大遂策免澹嘗與所善劉光祖言之光祖曰周丞相豈無可論第其門多佳士不可并及其所薦者澹不聽時姜特立譙熙載以春坊舊恩頗用事一日光祖過澹因語澹曰曾龍之事不可再澹曰得非姜譙之謂乎既而澹引光祖入便坐則皆姜譙之徒也光祖始悟澹護諾明年澹同知貢舉光祖除殿中侍御史首上學術邪正之章及奏名光祖被旨入院拆號與澹席甫逼澹曰近日風采一新光祖曰非立異也但嘗爲大諫言者今日言之耳既出同院謂光祖曰何自然見君所上章數夕恍惚餌定志丸他可知也進御史中丞澹有本生繼母喪乞有司定所服禮寺言當解官澹引不逮事之文乞下給諫議之太學生喬嚞朱有成等移書於澹謂足下自長臺諫此綱常之所係也四

十餘年以所生繼母事之及其終也反以爲生不逮而不持心喪可乎奉常禮所由出顧以臺諫給舍議之識者有以覘之矣澹乃去終制除煥章閣學士知泉州移明州寧宗即位朱熹彭龜年以論韓侂冑俱絀澹遷爲中丞怨趙汝愚不援引汝愚時已免相復詆其廢壞壽皇良法美意汝愚落職罷祠又言專門之學流而爲僞願風厲學者專師孔孟不得自相標榜除同知樞密院事參知政事遷知樞密院吳曦賄通時宰規圖帥蜀未及賄澹韓侂冑已許之澹持不可侂冑怒曰始以君肯相就黜僞學汲引至此今顧

立異耶以資政殿大學士提舉洞霄宮起知福州澹居外常怏怏失意以書祈侂胄有曰迹雖東冶心在南園南園侂胄家圃也侂胄憐之進觀文殿學士尋移知隆興府後除江淮制置大使兼知建康府移使湖北兼知江陵奉祠卒贈少師澹美姿容善談論少年取科名急於榮進阿附權奸斥逐善類主僞黨之禁賢士爲之一空其後更化凶黨俱逐澹以早退幸免優游散地幾二十年

林栗字黄中福州福清人登紹興十二年進士第調崇仁尉教授南安軍宰相陳康伯薦爲太學正守太

常博士孝宗即位遷屯田員外郎皇子恭王府直講時金人請和約爲叔姪之國且以歸疆爲請栗上封事言前日之和誠爲非計然徽宗梓宮慈寧行殿在彼爲是而屈猶有名焉今日之和臣不知其説也宗廟之讎而事之以弟姪其忍使祖宗聞之乎無唐鄧則荆襄有齒寒之憂無泗海則淮東之備達于眞揚海道之防偏于明越矣議者皆言和戎之幣少養兵之費多不知講和之後朝廷能不養兵乎今東南民力陛下之所知也朝廷安得而不較乎且非徒無益而已與之歲幣是長之矣三軍之情安得不懈弛歸正之心安得不携貳爲今日計宜停使勿遣遷延其期比至來春別無動息徐於境上移書諭以兩國誓言敗之自彼信不由衷雖盟無益自今宜守分界休息生靈不煩聘使之往來各保疆埸之無事焉用疲弊州縣以奉犬羊之使乎孝宗懲創紹興權臣之弊躬攬權綱不以責任臣下栗言人主涖權大臣審權爭臣議權王侯貴戚善撓權者也左右近習善竊權者也權在大臣則大臣重權在邇臣則邇臣重權在爭臣則爭臣重是故人主常患權在臣下必欲收攬而獨持之然未有能獨持之者也不使大臣持之則

王侯貴戚得而持之矣不使邇臣審之爭臣議之則左右近習得而議之矣人主顧謂得其權而自執之豈不誤哉是故明主使人持權而不以權與之收攬其權而不肯獨持之至有以鹿爲馬以鷄爲鸞之語方奏對時讀至人主常患權在臣下必欲收攬而獨持之孝宗稱善栗徐曰臣意尚在下文執政有訴於孝宗曰林栗謂臣等指鹿爲馬臣實不願與之同朝乃出知江州有旨省併江州屯駐一軍栗奏辛巳甲申金再犯兩淮賴江州一軍分布防托故舒蘄黄三州獨不被寇本州上至鄂渚七百里下至池陽五百

里平時屯戍誠若無益萬一有警鄂渚之戍上趍荆襄池陽之師下流增備中間千里藩籬誠爲虚闕無以一夫之議而廢長江千里之防由是軍得無動以吏部員外郎召冬至有事南郊前期十日百執事聽誓戒會慶節有旨上壽不用樂追宴金使乃有權用樂之命栗以爲不可致書宰相不聽乃乞免充舉冊官以狀申朝廷曰若聽樂則廢齋廢齋則不敢以祭祖宗二百年事天之禮今因一介行人而廢之天之可畏過於外夷遠矣不聽兼皇子慶王府直講有旨令二王非時招延講讀官相與議論時政期盡規益

栗以爲不可疏言漢武帝爲戾太子開博望苑卒敗太子唐太宗爲魏王泰立文學館卒敗魏王古者教世子與吾祖宗之所以輔導太子諸王惟以講經讀史爲事他無預焉若使議論時政則是對子議父古人謂之無禮不可不留聖意除右司員外郎遷太常少卿太廟祫享之制始祖東向昭南向穆北向別廟神主祔于祖姑之下隨本室南北向而無西向之位紹興乾道間懿節安穆二后升祔有司設幄西向逮安恭皇后新祔有司承前失其西向之位幾與僖祖相對栗辨正之除直寶文閣知湖州栗朝辭曰臣聞

漢人賈誼號通達國體其所上書至於痛哭流涕者考其指歸大抵以一身諭天下之勢其言曰天下之勢方病大瘇非徒瘇也又苦跋盭又類辟且病痱臣每見士大夫好論時事臣輒舉以問之今日國體於四百四病之中名爲何病能言其病者猶未必能處其方不能言其病而輒處其方其誤人之死必矣聞臣之言者不忿則默間有反以詰臣即對之曰今日之病名爲風虚其狀半身不隨是也風者在外虚者在内真氣内耗故風邪自外而乘之忽中於人應時僵仆則靖康之變是也幸而元氣猶存故仆而復起

則建炎之興是也然元氣雖存邪氣尚盛自淮以北皆吾故壤而號令不能及正朔不能加有異於半身不隨者乎非但半身不隨而已半身存者凛凛乎畏風邪之乘而不能以自安也今日論者譬如痿人之不忘起奚必賢智之士然後與國同其願哉而市道庸流口傳耳受苟欲嘗試以售其方則蕩熨鍼石雜然並進非體虚之人所宜輕受也聞之醫曰中風偏廢年五十以下而氣盛者易治蓋真氣與邪氣相敵真氣盛則邪氣衰真氣行則邪氣去然真氣不充满於半存之身則無以及偏廢之體故欲起此疾者必

禁其嗜欲節其思慮愛其氣血養其精神使半存之
身日以充實則陽氣周流脉絡宣暢將不覺舍杖而
行若急於愈疾而不顧其本百毒入口五臟受風風
邪之盛未可卒去而真氣之存者日以耗亡故中風
再至者多不能救臣愚有感於斯言竊謂賈誼復生
爲陛下言無以易此知興化軍又移南劒除夔路提
點刑獄改知夔州加直敷文閣夔屬郡曰施州其羈
縻郡曰思州施氏譚汝翼者與知思州田汝弼交惡
會汝弼卒汝翼帥兵二千人伐其喪汝弼之子祖周
深入報復兵交於三州之境施黔大震汝翼復繕甲

兵料丁壯以重幣借兵諸洞而乞師於帥府栗曰汝
翼實召亂者移檄罷兵乃選屬吏往攝兵職以漸收
汝翼之權命兵馬鈐轄按閱諸州寨檄至施就攝州
事汝翼不之覺已乃皇遽遁入成都事聞孝宗親札
賜栗及成都制置使陳峴曰田氏猶是羈縻州郡譚
氏乃夔路豪族又且首爲釁端帥閫不能彈壓縱其
至此如尚不悛未免加兵除其元惡時汝翼在成都
聞之逃歸調集家丁及役入砦義軍列陳于沱河橋
與官軍戰潰汝翼遁去俘其徒四十有三人獲甲鎧
器仗三萬一千栗取其巨惡者九人誅之田祖周由

是懼與其母冉氏謀獻黔江田業計錢九十萬緡以
贖罪蠻徼遂安既而汝翼入都訴栗受田氏金詔以
汝翼屬吏省劄下夔州栗親書奏狀繳還併辨其事
上大怒會近臣有救解者尋坐栗身爲帥臣擅格上
命鐫職罷歸既而理寺追究事白貸汝翼死幽置紹
興府居頃之詔栗累更事任清介有聞復直寶文閣
廣南西路轉運判官就改提點刑獄又改知潭州除
秘閣修撰進集英殿修撰知隆興府召對便殿奏乞
倣唐制置補闕拾遺左右各一員不以糾彈爲責從
之除兵部侍郎朱熹以江西提刑召爲兵部郎官熹

既入國門未就職栗與熹相見論易與西銘不合至
是栗遣吏部趣之熹以脚疾請告栗遂論熹本無學
術徒竊張載程頤之緒餘爲浮誕宗主謂之道學妄
自推尊所至輒携門生十數人習爲春秋戰國之態
妄希孔孟歷聘之風繩以治世之法則亂人之首也
今采其虛名俾之入奏將置朝列以次收用而熹聞
命之初遷延道途邀索高價門生迭爲游說政府許
以風聞然後入門既經陛對得旨除郎而輒懷不滿
傲睨累日不肯供職是豈張載程頤之學教之然也
緣熹既除兵部郎官在臣合有統攝若不舉劾厥罪

惟均望將熹停罷姑令循省以爲事君無禮者之戒上謂其言過當而大臣畏栗之强莫敢深論太常博士葉適獨上封事辯之曰考栗之辭始末參驗無一實者其中謂之道學一語無實最甚蓋自昔小人殘害良善率有指名或以爲好名或以爲立異或以爲植黨近忽剏爲道學之目鄭丙唱之陳賈和之居要路者密相付授見士大夫有稍務潔修粗能操守輒以道學之名歸之殆如喫菜事魔影迹犯敗之類往日王淮表裏臺諫陰廢正人蓋用此術栗爲侍從無以達陛下之德意志慮而更襲鄭丙陳賈密相傳授

之説以道學爲大罪文致言語逐去一熹固未甚害第恐自此游辭無實讒言横生善良受害無所不有願陛下正紀綱之所在絶欺罔於既形摧抑暴横以扶善類奮發剛斷以慰公言於是侍御史胡晉臣劾栗罷之出知泉州又改明州奉祠以卒謚簡肅栗爲人强介有才而性狷急欲快其私忿遂至攻詆名儒廢絶師教殆與鄭丙陳賈何澹劉德秀劉三傑胡紘輩黨邪害正者同科雖晴昔論事雄辯可觀不足以蓋晚節之謬也

高文虎字炳如四明人禮部侍郎閌之從子登紹興庚辰進士第調平江府吳興縣主簿曾幾守官在吳文虎從之游故聞見博洽多識典故除國子正遷太學博士孝宗幸兩學祭酒林光朝訪文虎具儀注文虎輯國朝以來臨幸故事授之兼國史院編修官與修四朝國史出知建昌軍擢將作丞兼實録院檢討官修高宗實録又兼玉牒所檢討官修神宗玉牒自熙寧以來史氏淆雜人無所取信文虎盡取朱墨本刋正繆妄一一研覈既奏御又修徽宗玉牒考訂宣和崇觀以來尤爲詳審寧宗即位遷軍器少監兼將作監遷國子司業兼學士院權直遷祭酒中書舍人

兼直學士院兼祭酒升實録院同修撰同修國史韓侂胄用事既逐趙汝愚朱熹以其門多知名士設僞學之目以擯之遂命文虎草詔曰向者權臣擅朝僞邪朋附協肆姦宄包藏禍心賴天之靈宗廟之福朕獲承慈訓膺受内禪陰謀壞散國勢復安嘉與士大夫厲精更始凡曰淫朋比德幾其自新而歷載臻玆弗迪厥化締交合盟窺伺間隙毀譽舛迕流言間發將以傾國是而惑衆心甚至竊附於元祐之衆賢而不思實類乎紹聖之姦黨國家秉德康寧弗汝瑕殄今惟自作弗靖意者漸于流俗之失不可復反歟將

狃于國之寬恩而罰有弗及歟何其未能洗濯以稱朕意也朕既深詔二三大臣與夫侍從言議之官益維持正論以明示天下矣諭告所抵宜各改視回聽毋復借疑似之說以惑亂世俗若其遂非不悔怙終不悛邦有常刑必罰毋赦西掖詞命舊率以數人共一詞文虎以為非所以崇訓戒賛人才也迺人人各為之遷兵部侍郎兼中書舍人又兼祭酒拜翰林學士兼侍讀實錄院修撰修國史除華文閣學士知建寧府力丐祠提舉太平興國宮以臺臣言奪職卒文虎以博洽自負與胡紘合黨共攻道學久司學校專固過天下士凡言性命道德者皆絀焉

陳自強者福州閩縣人字勉之登淳熙五年進士第慶元二年入都待銓自以嘗為韓侂胄童子師欲見之無以自通適僦居主人出入侂胄家為言於侂胄一日召自強比至則從官畢集侂胄設褥于堂鄉自強再拜次召從官同坐侂胄徐曰陳先生老儒汩沒可念明日從官交薦其才除太學錄遷博士數月轉國子博士又遷秘書郎入館半載擢右正言諫議大夫御史中丞入臺未踰月遂登樞府由選人至兩地財四年嘉泰三年拜右丞相歷封祈衞秦國公韓侂胄頫朝權包苴盛行自強尤貪鄙四方致書餽必題其緘云某物并獻凡書題無并字則不開縱子弟親戚關通貨賄仕進干請必諧價而後予日押空名刺劄送侂胄家須用乃填三省不與也都城火自強所貯一夕為煨燼侂胄首遺之萬緡執政及列郡聞之莫不有助不數月得六十萬緡遂倍所失之數初國用司自為國用使以費士寅張巖為同知國用事掊克民財州郡騷動方侂胄欲為平章猶畏衆議自強首率同列援典故入奏詔以侂胄為平章軍國事常語人曰自強惟一死以報師王每稱侂胄為恩王恩

父而呼堂吏史達祖為兄蘇師旦為叔侂胄將用兵遣使北行審敵虛實自強薦陳景俊以往金人有不宜敗好之語景俊歸自強戒使勿言侂胄乃決恢復之議吳曦有逆謀求歸蜀厚賂自強自強語侂胄非曦不足以鎮坤維乃縱之歸曦卒受金人命為蜀王侂胄姦宄久盜國柄自強實為之表裏既開邊隙朝野洶洶三遣使請和金人欲縛送首議用兵賊臣侂胄恚憤復欲用兵中外大懼史彌遠建議誅侂胄詔以自強阿附充位不恤國事罷右丞相未幾詔追三官永州居住又責武泰軍節度使韶州安置中書舍

人倪思繳奏乞遠竄籍其家詔從之再責復州團練副使雷州安置後死於廣州

鄭丙字少融福州長樂人紹興十五年進士積官至吏部尚書浙東提舉朱熹行部至台州奏台守唐仲友不法事宰相王淮庇之熹章十上丙雅厚仲友且迎合宰相意奏近世士大夫有所謂道學者欺世盜名不宜信用蓋指熹也於是監察御史陳賈奏道學之徒假名以濟其僞乞擯斥勿用道學之目丙倡賈和其後爲慶元學禁善類被厄丙罪爲多嘗知泉州爲政暴急或勸之尚寬丙曰吾疾惡有素豈以晚節易所守哉聞者哂之丙官終端明殿學士卒謚簡肅

京鏜字仲遠豫章人也登紹興二十七年進士第龔茂良帥江西見之曰子廟廊器也及茂良參大政遂薦鏜入朝孝宗詔侍從舉良縣令爲臺官給事中王希呂曰京鏜蚤登儒級兩試令有聲陛下求執法官鏜其人也上引見鏜問政事得失時上初總萬機銳志恢復群臣進說多迎合天子意以爲大功可旦暮致鏜獨言天下事未有驟如意者宜舒徐以圖之上善其言鏜於是極論今日民貧兵驕士氣頽靡言甚切至上說擢爲監察御史累遷右司郎官金遣賀生辰使來上居高宗喪不欲引見鏜爲儐佐以旨拒之使者請少留闕下鏜曰信使之來以誕節也誕節禮畢欲留何名乎使行上嘉其稱職轉中書門下省檢正諸房公事金人遣使來弔鏜爲報謝使金人故事南使至汴京則賜宴鏜請免宴郊勞使康元弼等不從鏜謂必不免宴則請徹樂遣之書曰鏜聞鄰喪者舂不相里殯者不巷歌今鏜銜命而來繫北朝之惠弔是荷是謝北朝勤其遠而憫其勞遣郊勞之使燕式宴之儀德莫厚焉外臣受賜敢不重拜若曰而必聽樂是於聖經爲悖理於臣節爲悖義豈惟貽本朝

之羞亦豈昭北朝之懿哉相持甚久鏜即館相禮者趣就席鏜曰若不徹樂不敢即席金人迫之鏜弗爲動徐曰吾頭可取樂不可聞也乃帥其屬出館門甲士露刃向鏜鏜叱退之金人知鏜不可奪馳白其主主歎曰南朝直臣也特命免樂自是恒去樂而後宴鏜孝宗聞之喜謂輔臣曰士大夫平居孰不以節義自許有能臨危不變如鏜者乎使還入見上勞之曰卿能執禮爲國家增氣朕將何以賞卿鏜頓首曰北人畏陛下威德非畏臣也正使臣死於北庭亦臣子之常分耳敢言賞乎故事使還當增秩右相周必大

言於上曰增秩常典爾京鏜奇節今之毛遂也惟陛下念之乃命鏜權工部侍郎四川闕帥以鏜爲安撫制置使兼知成都府鏜到官首罷征斂弛利以予民瀘州卒殺太守鏜擒而斬之蜀以大治召爲刑部尚書寧宗即位甚見尊禮由政府累遷爲左丞相當是時韓侂胄權勢震天下其親幸者由禁從不一二歲至宰輔而不附侂胄者往往沉滯不偶鏜既得位一變其素守於國事謾無所可否但奉行侂胄風旨而已又薦引劉德秀排擊善類於是有僞學之禁後官者王德謙除節度使鏜乃請裂其麻上曰除德謙一

人而止可乎鏜曰此門不可啓節鉞不已必及三孤三孤不已必及三公願陛下以眞宗不予劉承規爲法以大觀宣政間童貫等冒節鉞爲戒上於是謫德謙而黜詞臣吳宗旦或曰亦侂胄意也居無何以年老請免相薨贈太保謚文忠後以監察御史倪千里言改謚莊定

謝深甫字子肅台州臨海人少穎悟刻志爲學積數年不寐夕則置缾水加足於上以警困怠父景之識爲遠器臨終語其妻曰是兒當大吾門善訓迪之母攻苦守志督深甫力學中乾道二年進士第調嵊縣尉歲饑有死道旁者一嫗哭訢曰吾兒也傭于某家遭掠而斃深甫疑焉徐廉得嫗子他所召嫗出示之嫗驚伏曰某與某有隙賂我使誣告耳越帥方滋錢端禮皆薦深甫有廊廟才調崑山丞爲浙曹考官一時士望皆在選中司業鄭伯熊曰文士世不乏求具眼如深甫者實鮮深甫曰文章有氣骨如泰山喬嶽可望而知以是得之知處州青田縣侍御史葛邲監察御史顔師魯禮部侍郎王藺交薦之孝宗召見深甫言今日人才枵中侈外者多妄誕矯訐沽激者多胘鬻激昂者急於披露然或鄰於好夸剛介者畏於

植立而或鄰於太鋭靜退簡默者寡有所合或鄰於立異故言未及酬而已齟齬事未及成而已挫抑於是趣時徇利之人專務身謀習爲軟熟畏避束手因循苟且年除歲遷亦至通顯一有緩急莫堪倚仗臣願任使之際必察其實既悉其實則涵養之以蓄其才振作之以厲其氣栽培封殖勿使沮傷上嘉納問當世人才對曰薦士大臣職也小臣來自遠方不足以奉明詔上頷之諭宰臣曰謝深甫奏對雍容有古人風除籍田令遷大理丞江東大旱擢爲提舉常平講行救荒條目所全活一百六十餘萬人光宗即位

以左曹郎官借禮部尚書爲賀金國生辰使紹熙改元除右正言遷起居郎兼權給事中知閤門事韓侂胄破格轉遥郡刺史深甫封還内降云人主以爵禄磨厲天下之人才固可重而不可輕以法令隄防天下之僥倖尤可守而不可易今侂胄驟越五官而轉遥郡僥倖一啓攀援踵至將何以拒之請罷其命進士俞古應詔言事語涉詆訐送瑞州聽讀深甫謂以天變求言未聞旌賞而反罪之則是名求而實拒也俞古不足以道所惜者朝廷事體耳右司諫鄧馹論近習左遷深甫請還馹謂不可以近習故變易諫官

爲清朝累二年知臨安府三年除工部侍郎入謝光宗面諭曰京尹寬則廢法猛則厲民獨卿爲政得寬猛之中進兼吏部侍郎兼詳定敕令官四年兼給事中陳源久以罪斥忽予内祠深甫固執不可姜特立復詔用深甫力爭特立竟不得入張子仁除節度使深甫疏十一上命遂寢每禁庭燕私左右有希恩澤者上必曰恐謝給事有不可耳寧宗即位除煥章閣待制知建康府改御史中丞兼侍讀上言比年以來紀綱不立臺諫有所論擊不與被論同罷則反除以外任給舍有所繳駁不命次官書行則反遷以他官監司有所按察不兩置之勿問則被按者反得美除以奔競得志者不復知有廉耻以請屬獲利者不復知有彝憲貪墨縱横莫敢誰何罪惡暴露無所忌憚隳壞紀綱莫此爲甚請風厲在位革心易慮以肅朝著禮官議祧僖祖侍講朱熹以爲不可深甫言宗廟重事未宜遽革朱熹考訂有據宜從熹議慶元元年除端明殿學士簽書樞密院事遷參知政事再遷知樞密院事兼參知政事内侍王德謙建節深甫三疏力陳不可蹈大觀覆轍德謙竟斥進金紫光禄大夫拜右丞相封申國公進岐國公光宗山陵爲總護使

還拜少保力辭改封魯國公嘉泰元年累疏乞避位寧宗曰卿能爲朕守法度惜名器不可以言去召坐賜茶御筆書說命中篇及金幣以賜之有余嚞者上書乞斬朱熹絕僞學且指蔡元定爲僞黨深甫擲其書語同列曰朱元晦蔡季通不過自相與講明其學耳果有何罪乎余嚞蟣虱臣乃敢狂妄如此當相與奏知行遣以厲其餘金使入見不如式寧宗起入禁中深甫端立不動命金使俟于殿隅帝再御殿乃引使者進書迄如舊儀拜少保乞骸骨授醴泉觀使明年拜少傅致仕有星隕于居第遂薨後孫女爲理宗

后追封信王易封衞魯謚惠正

許及之字深甫温州永嘉人隆興元年第進士知袁州分宜縣以部使者薦除諸軍審計遷宗正簿乾道元年林栗請增置諫員乃倣唐制置拾遺補闕以及之為拾遺班序在監察御史之上高宗崩及之言皇帝既躬三年之喪群臣難從純吉當常服黑帶王淮當國乂及之奏陛下即位二十七年而群臣未能如聖意者以苟且為安榮以姑息為仁恕以不肯任事為簡重以不敢任怨為老成敢言者指為輕儇鮮耻者謂之朴實陛下得若人而相之何補於治哉淮竟罷職予祠光宗受禪除軍器監遷太常少卿以言者罷紹熙元年除淮南運判兼淮東提刑以鐵錢濫惡不職貶秩知廬州召除大理少卿寧宗即位除吏部尚書兼給事中及之早與薛叔似同擢遺補皆為當時所予黨事既起善類一空叔似累斥逐而及之諂事侂胄無所不至嘗值侂胄生日朝行上壽畢集及之後至閽人掩關拒之及之俯僂以入為尚書二年不遷見侂胄流涕序其知遇之意及衰遲之狀不覺膝屈侂胄惻然憐之曰尚書才望簡在上心行且進拜矣居亡何同知樞密院事當時有由竇尚書屈膝執政之語傳以為笑嘉定二年拜參知政事進知樞密院事兼參政兵端開侂胄欲令及之守金陵及之辭侂胄誅中丞雷孝友奏及之實贊侂胄開邊及守金陵始詭計免行降兩官泉州居住嘉定二年卒

梁汝嘉字仲謨處州麗水人以外祖太宰何執中任入官調中山府司議曹事建炎初知常州武進縣守薦其治狀擢通判州事加直秘閣歷官至轉運副使臨安闕守火盜屢作命汝嘉攝事汝嘉修火政嚴巡徼盜發輒得火災亦息遂命為真加直龍圖閣以稱職擢徽猷閣待制試户部侍郎兼知臨安府累遷户部侍郎進權尚書兼江淮荆廣經制使汝嘉素善秦檜殿中侍御史周葵將按之汝嘉聞給中書舍人林待聘曰副端將論君待聘亟告檜徙葵起居郎葵入後省出疏示待聘曰梁仲謨何其幸也待聘始知為汝嘉所賣士大夫以是薄汝嘉汝嘉求去以寶文閣直學士提舉太平觀未幾升學士知明州兼浙西沿海制置使更温宣鼎三郡復奉祠以歸紹興二十三年卒汝嘉長於吏治在臨安風績尤著

論曰君子之論人亦先觀其大者而已矣忠孝人之大節也胡紘導其君以短喪不得謂之忠何澹疑所

生繼母之服士論紛紜而後去不可以爲孝彼於其大者且忍爲之則其協比權姦誣構善類亦何憚而不爲乎謝深甫出處舊史泯其迹若無可議爲者然慶元之初韓侂胄設僞學之禁罔羅善類而一空之深甫秉政適與之同時諺曰不知不可也況於一劾陳傅良再劾趙汝愚形於深甫之章有不可揜者乎陳自强鄭丙許及之輩狐媚苟合以竊貴寵斯亦不足論已若林栗之有治才善論事高文虎之自負該洽京鏜之仗義秉禮志信於敵國抑豈無足稱者然栗以私忿詆名儒不爲清議所與而文虎草僞學之詔以是爲非以正爲邪變亂白黑以欺當世其人可知也鏜暮年得政朋姦取容旣愧其初服矣況僞學之目識者以爲鏜實發之乎士君子立身行事一失其正流而不知返遂爲千古之罪人可不懼哉可不懼哉

列傳卷第一百五十三

列傳卷第一百五十四　宋史三百九十五

開府儀同三司上柱國錄軍國重事前中書右丞相監修國史領經筵事都總裁臣脫脫等奉
勅脩

樓鑰　李大性　任希夷　徐應龍
莊夏　王阮　王質　陸游
方信孺　王柟

樓鑰字大防明州鄞縣人隆興元年試南宮有司僞其辭藝欲以冠多士策偶犯舊諱知貢舉洪遵奏得旨以冠末等投贄謝諸公考官胡銓稱之曰此翰林才也試教官調温州教授爲敕令所删定官修淳熙法議者欲降太學釋奠爲中祀鑰曰乘輿臨幸於先聖則拜武成則肅揖其禮異矣可鈞敵乎改宗正寺主簿歷太府宗正寺丞出知温州屬縣樂清倡言方臘之變且復起邑令捕數人歸于郡鑰曰罪之則無可坐縱之則惑民編隸其爲首者而驅其徒出境民言遂定堂帖問故鑰曰蘇洵有言有亂之形無亂之實是謂將亂不可以有亂急不可以無亂弛丞相周必大心善之光宗嗣位召對奏曰人主初政當先立其大者至大莫如恢復然當先強主志進君德又曰今之網密甚矣望陛下軫念元元以設禁爲不得已

凡有剏意增益者寢而勿行所以保養元氣除考功郎兼禮部吏銓並緣爲姦多所壅底鑰曰簡要清通尚書郎之選盡華去之改國子司業擢起居郎兼中書舍人代言坦明得制誥體繳奏無所回避禁中或私請上曰樓舍人朕亦憚之不如且已刑部言天下獄案多所奏裁中書之務不清宜痛省之鑰曰三宥制刑古有明訓力論不可會慶節上壽扈從班集乘輿不出已而玉牒聖政會要書成將進重華又屢更日鑰言臣累歲隨班見陛下上壽重華宮歡動宸極嘉王日趨朝謁恪勤不懈竊料壽皇望陛下之來亦

猶此也又奏聖政之書全載壽皇一朝之事玉牒會要足成淳熙末年之書幸速定其日無復再展以全聖孝於是上感悟進書成禮試中書舍人俄兼直學士院光宗内禪詔書鑰所草也有云雖喪紀自行於宮中而禮文難示於天下薦紳傳誦之遷給事中乞正太祖東嚮之位別立僖祖廟以代夾室順祖翼祖宣祖之主皆藏其中祫祭即廟而饗從之朱熹以論事忤韓侂胄除職與郡鑰言熹鴻儒碩學陛下閔其耆老當此隆寒立講不便何如俾之内祠仍令修史少俟春和復還講筵不報趙汝愚謂人曰樓公當今

人物也直恐臨事少剛決耳及見其持論堅正嘆曰吾於是大過所望矣寧宗受禪侂胄以知閤門事與聞傳命頗有弄權之漸彭龜年力攻之侂胄轉一官與在京宮觀龜年除待制與郡鑰與林大中奏乞留龜年於講筵或命侂胄以外祠龜年竟去鑰還爲吏部尚書以顯謨閣學士提舉江州太平興國宮尋知婺州移寧國府罷仍奪職告老至再許之侂胄嘗副鑰爲館伴以鑰不附己深嗛之侂胄誅詔起鑰爲翰林學士遷吏部尚書兼翰林侍講時鑰年過七十精敏絶人詞頭下立進草院吏驚詫入朝陛楯舊班諦

視鑰曰久不見此官矣時和好未定金求韓侂胄函首鑰曰和好待此而決姦宄已斃之首又何足恤詔從之趙汝愚之子崇憲奏雪父冤鑰乞正趙師召之罪重蔡璉之誅毀龔頤正續稽古録以白誣謗除端明殿學士簽書樞密院事升同知進參知政事位兩府者五年累疏求去除資政殿學士知太平州辭進大學士提舉萬壽觀嘉定六年薨年七十七贈少師謚宣獻鑰文辭精博自號攻媿主人有集一百二十卷

李大性字伯和端州四會人其先積中嘗爲御史以

直言入元祐黨籍始家豫章大性少力學尤習本朝典故以父任入官因參選進藝祖廟謨百篇及公私利害百疏又言元豐制六察許言事章惇爲相始禁之乞復舊制以廣言路從臣力薦之命赴都堂審察僅遷一秩爲湖北提刑司幹官未幾入爲主管吏部架閣文字丁母艱服闋進典故辨疑百篇皆本朝故實蓋網羅百氏野史訂以日歷實錄核其正舛率有據依孝宗讀而褒嘉之擢大理司直遷敕令所刪定官添差通判楚州郡守吳曦與都統劉超合議欲撤城移他所大性謂楚城寔晉義熙間所築最堅奈何

以脆薄易堅厚乎持不可臺臣將劾其沮撓不果會從官送北客朝命因俾廉訪具以實聞遂罷戎帥召大性除太府寺丞遷大宗正丞兼倉部郎尋改工部陳傅良以言事去國彭龜年黃度楊方相繼皆去大性抗疏言朝廷清明乃使言者無故而去臣所甚惜也數人之心皆本愛君知其愛君任其去而不顧恐端人正士之去者將不止此孟子曰不信仁賢則國空虛臣所以爲之寒心也孝宗崩光宗疾未能執喪大性復上疏言今日之事顛倒舛逆況金使祭奠當引見于北宮素帷不知是時猶可以不出乎檀弓曰

成人有兄死而不喪者聞子皐將爲成宰遂爲衰成人曰兄則死而子皐爲之衰蓋言成人畏子皐之來方爲制服其服乃子皐爲之非爲兄也若陛下必待使來然後執喪則恐貽譏中外豈特如成人而已哉遷軍器少監權司封郎提舉浙東常平改浙東提刑兼知慶元府召爲吏部郎中四遷爲司農卿明年兼戶部侍郎出知紹興府甫一歲召爲戶部侍郎升尚書朝論將用兵大性條陳利害主不宜輕舉之說忤韓侂胄意出知平江移知福州又移知江陵充荊湖制置使江陵當用兵後殘燬饑饉繼以疾疫大性首

議振貸凡三十八萬緡有奇前官虛羨凡十有四萬五千緡率蠲放不督民流移新復業者皆奏免征榷邊郡武爵本以勵士冒濫滋衆大性劾兩路戎司冒受逃亡付身凡三千四百九十有七道率繳上毀抹左選爲之一清江陵舊使銅鐵錢重楮輕民持貲入市有終日不得一錢者大性奏乞依襄郢例通用鐵錢於是泉貨流通民始復業除刑部尚書兼詳定敕令尋遷兵部時金國分裂不能自存有舉北伐之議者大性上疏以和戰之說未定乞令朝臣集議從之尋以端明殿學士知平江府引疾丐祠卒于家年七

十七贈開■府儀同三司謚文惠李氏自積中三世官于朝父子兄弟相師友而大性與弟大異大東並躋從列爲名臣云

任希夷字伯起其先眉州人四世祖伯雨爲諫議大夫其後仕閩因家邵武希夷少刻意問學爲文精苦登淳熙三年進士第調建寧府浦城簿從朱熹學篤信力行熹器之曰伯起開濟士也開禧初主太常寺簿奏紹熙以來禮書未經編次歲月滋久恐或散亡乞下本寺修纂從之遷禮部尚書兼給事中請周惇頤程顥程頤爲百代絕學之倡乞定議賜謚其後惇

頤謚元顥謚純頤謚正皆希夷發之進端明殿學士簽書樞密院事兼權參知政事史彌遠柄國久執政皆具員議者頗議其拱默尋提舉臨安洞霄宮薨贈少師謚宣獻

徐應龍字允叔淳熙二年第進士調衢州法曹湖南檢法官潭獲劫盜首謀者已繫獄妄指逸者爲首吏信之及獲逸盜治之急遂誣服吏以成憲讞于憲司應龍閱實其辭謂首從不明法當奏時周必大判潭州提刑盧彥德不欲反其事將寘逸盜于死應龍力與之辨先是彥德許應龍京削至是怒曰君不欲出我門邪應龍曰以人命傳文字所不忍也彥德不能奪聞者多其有守交薦之改秩知瑞州高安縣呂祖儉言事忤韓侂胄謫死高安應龍爲之經紀其喪且爲文誄之有勸之避禍者應龍曰呂君吾所敬雖緣此獲譴亦所願也朱熹貽書應龍曰高安之政義風凜然主淮西機宜文字知南恩州陳自強當國乃舊同舍應龍丐雷州而去召監都進奏院遷國子博士守工部員外郎進戶部侍郎遷國子司業兼實錄院檢討官崇政殿說書守秘書少監兼權工部侍郎時金主徙汴應龍言金人窮而南奔將溢出而蹈吾之

境金亡更生新敵尤爲可慮兼侍講言人主不能盡知天下人材當責之宰相宰相不能盡知天下人材當採之公論李吉甫爲相號稱得人而三人之薦乃出於裴垍之疏遷吏部侍郎進刑部尚書兼侍讀應龍在講筵多指陳時政一日讀吳起爲卒吮疽事應龍奏起恤士卒如此故能得其死力今軍將得以賄遷專事掊克未免多怨上驚曰債帥之風今猶未除邪宰相史彌遠聞而惡之免侍讀未幾兼太子詹事會景獻太子薨請老上不許徙吏部尚書以煥章閣學士提舉嵩山崇福宮嘉定十七年卒贈開府儀同

三司謚文肅子榮叟官至參知政事謚文靖深叟官終將作監丞清叟知樞密院事兼參知政事各有傳

莊夏字子禮泉州人淳熙八年進士慶元六年大旱詔求言夏時知贑州興國縣上封事曰君者陽也臣者君之陰也今威福下移此陰勝也積陰之極陽氣散亂而不收其弊為火災為旱蝗願陛下體陽剛之德使後宮戚里内省黄門思不出位此抑陰助陽之術也召為太學博士言比年分藩持節詔墨未乾而改除坐席未溫而易地一人而歲三易節一歲而郡四易守民力何由裕遷國子博士召除吏部員外郎

遷軍器監太府少卿出知漳州為宗正少卿兼國史院編修官尋權直學士院兼太子侍讀時流民來歸夏言荆襄兩淮多不耕之田計口授地貸以屋廬牛具吾乘其始至可以得其欲彼幸其不死可以忘其勞兵民可合屯田可成此萬世一時也試中書舍人兼太子右庶子左諭德言今戰守不成而規模不定則和好之說得以乘間而入今日之患莫大於兵冗乞行下將帥令老弱自陳得以子若弟姪若壻強壯及等者收刺之代其名糧上曰兵卒子弟與召募百姓不同卿言是也除兵部侍郎煥章閣待制與祠歸嘉定十年卒

王阮字南卿江州人曾祖韶神宗時開熙河擒木征祖厚繼闢湟鄯父彥傳靖康勤王皆有功阮少好學尚氣節常自稱將種辭辯奮發四坐莫能屈嘗謁袁州太守張栻栻謂曰當今道在武夷子盍往求之阮見朱熹于考亭熹與語大說之登隆興元年進士第時孝宗初即位欲成高宗之志首詔經理建業以圖進取而大臣巽懦幸安計未決阮試禮部對策曰臨安蟠幽宅阻面湖背海膏腴沃野足以休養生聚其地利於休息建康東南重鎮控制長江呼吸之間上

下千里足以虎視吳楚應接梁宋其地利於進取建炎紹興間敵人乘勝長驅直擣而我師亦甚憊也上皇遵養時晦不得與平遂駐臨安所以為休息計也已三十年來闕者全壞者修弊者整廢者復較之曩昔倍萬不侔主上獨見遠覽舉而措諸事業非固以臨安為不足居也戰守之形既分動靜進退之理異也古者立國必有所恃謀國之要必負其所恃之地秦有函谷蜀有劒閣魏有成皋趙有井陘燕有飛狐而吳有長江皆其所恃以為國也今東南王氣鍾在建鄴長江千里控扼所會輟而弗顧退守幽深之地

若將終身焉如是而曰謀國果得為善謀乎且夫戰者以地為本湖山回環孰與乎龍盤虎踞之雄胥潮奔猛孰與乎長江之險今議者徒習吳越之僻固而不知秣陵之通達是猶富人之財不布於通都大邑而匣金以守之愚恐半夜之或失也儻六飛順動中原在跬步間況一建康耶古人有言千里之行起於足下人患不為爾知貢舉范成大得而讀之嘆曰是人傑也調南康都昌主簿以廉聲聞移永州教授獻書闕下請罷吳楚牧馬之政而積馬於蜀茶馬司以省往來綱驛之費歲時分牧之資凡數千言紹熙中

知濠州請復曹瑋方田修种世衡射法日講守備與邊民親訪北境事宜終阮在濠金不敢南侵改知撫州韓侂胄宿聞阮名特命入奏將誘以美官夜遣客客詣阮阮不答私謂所親曰吾聞公卿擇士士亦擇公卿劉歆柳宗元失身匪人為萬世笑今政自韓氏出吾肯出其門哉陛對畢拂衣出關侂胄聞之大怒批旨予祠阮於是歸隱廬山盡棄人間事從容觴詠而已朱熹嘗惜其才氣術略過人而留滯不偶云嘉定元年卒

王質字景文其先鄆州人後徙興國質博通經史善屬文游太學與九江王阮齊名阮每云聽景文論古如讀酈道元水經名川支川貫穿周匝無有間斷咳唾皆成珠璣質與張孝祥父子游深見器重孝祥為中書舍人將薦質舉制科會去國不果著論五十篇言歷代君臣治亂謂之朴論中紹興三十年進士第用大臣言召試館職不就明年金主完顏亮南侵御史中丞汪澈宣諭荊襄又明年樞密使張浚都督江淮皆辟為屬入為太學正時孝宗屢易相國論未定質乃上疏曰陛下即位以來慨然起乘時有為之志而陳康伯葉義問汪澈在廷陛下皆不以為才於是

先逐義問次逐澈獨徘徊康伯難於進退陛下意終鄙之遂決意用史浩而浩亦不稱陛下意於是決用張浚而浚又無成於是決用湯思退今思退專任國政又且數月臣度其終無益於陛下夫宰相之任一不稱則陛下之志一沮前日康伯持陛下以和和不成浚持陛下以戰戰不驗浚又持陛下以守守既困思退又持陛下以和陛下亦嘗深察和戰守之事乎李牧在鴈門法主於守守乃有戰祖逖在河南法主於戰戰乃有和羊祜在襄陽法主於和和乃有守何至分而不使相合今陛下之心志未定規模未立或

告陛下金弱且亡而吾兵甚振陛下則勃然有勤燕
然之志或告陛下吾力不足恃而金人且來陛下即
委然有盟平涼之心或告陛下吾不可進金不可入
陛下又褰然有指鴻溝之意使臣爲陛下謀會三者
爲一天下烏有不治哉天子心知質忠而忌者共讒
質年少好異論遂罷去會虞允文宣撫川陝辟質偕
行一日令草檄契丹文援毫立就辭氣激壯允文起
執其手曰景文天才也入爲敕令所删定官遷樞密
院編修官允文當國孝宗命擬進諫官允文以質鯁
亮不回且文學推重於時可右正言時中貴人用事

多畏憚質陰沮之出通判荊南府改吉州皆不行奉
祠山居絕意祿仕淳熙十五年卒
陸游字務觀越州山陰人年十二能詩文蔭補登仕
郎鎖廳薦送第一秦檜孫塤適居其次檜怒至罪主
司明年試禮部主司復置游前列檜顯黜之由是爲
所嫉檜死始赴福州寧德簿以薦者除敕令所删定
官時楊存中久掌禁旅游力陳非便上嘉其言遂罷
存中中貴人有市北方珍玩以進者游奏陛下以損
名齋自經籍翰墨外屏而不御小臣不體聖意輒私
買珍玩虧損聖德乞嚴行禁絕應詔言非宗室外家

雖實有勳勞毋得輒加王爵頃者有以師傅而領殿
前都指揮使復有以太尉而領閤門事瀆亂名器乞
加訂正遷大理寺司直兼宗正簿孝宗即位遷樞密
院編修官兼編類聖政所檢討官史浩黃祖舜薦游
善詞章諳典故召見上曰游力學有聞言論剴切遂
賜進士出身入對言陛下初即位乃信詔令以示人
之時而官吏將帥一切玩習宜取其尤沮格者與衆
棄之和議將成游又以書白二府曰江左自吳以來
未有捨建康他都者駐蹕臨安出於權宜形勢不固
饋餉不便海道逼近凜然意外之憂一和之後盟誓

已立動有拘礙今當與之約建康臨安皆係駐蹕之
地北使朝聘或就建康或就臨安如此則我得以暇
時建都立國彼不我疑時龍大淵曾覿用事游爲樞
臣張燾言覿大淵招權植黨熒惑聖聽公及今不言
異日將不可去燾遽以聞上詰語所自來燾以游對
上怒出通判建康府尋易隆興府言者論游交結臺
諫鼓唱是非力說張浚用兵免歸久之通判夔州王
炎宣撫川陝辟爲幹辦公事游爲炎陳進取之策以
爲經略中原必自長安始取長安必自隴右始當積
粟練兵有釁則攻無則守吳璘子挺代掌兵頗驕恣

傾財結士屢以過誤殺人炎莫誰何游請以玠子拱
代挺炎曰拱怯而寡謀遇敵必敗游曰使挺遇敵安
保其不敗就令有功愈不可駕馭及挺子曦僭叛游
言始驗范成大帥蜀游為參議官以文字交不拘禮
法人譏其頹放因自號放翁後累遷江西常平提舉
江西水災奏撥義倉振濟檄諸郡發粟以予民召還
給事中趙汝愚駁之遂與祠起知嚴州過闕陛辭上
諭曰嚴陵山水勝處職事之暇可以賦詠自適再召
入見上曰卿筆力回斡甚善非他人可及除軍器少
監紹熙元年遷禮部郎中兼實錄院檢討官嘉泰二

年以孝宗光宗兩朝實錄及三朝史未就詔游權同
修國史實錄院同修撰免奉朝請尋兼秘書監三年
書成遂升寶章閣待制致仕游才氣超逸尤長於詩
晚年再出為韓侂胄撰南園閱古泉記見譏清議朱
熹嘗言其能太高迹太近恐為有力者所牽挽不得
全其晚節蓋有先見之明焉嘉定二年卒年八十五
方信孺字孚若興化軍人有雋材未冠能文周必大
楊萬里見而異之以父崧卿蔭補番禺縣尉盜刼海
賈信孺捕之盜方沙聚分鹵獲惶駭欲趨舟信孺已
使人負盜舟去矣乃悉縛盜不失一人韓侂胄舉恢

復之謀諸將僨軍邊釁不已朝廷尋悔金人亦厭兵
乃遣韓元靚來使而都督府亦再遣壯士遺敵書然
皆莫能得其要領近臣薦信孺可使自蕭山丞召赴
都命以使事信孺曰開釁自我金人設問首謀當何
以答之侂胄矍然假朝奉郎樞密院檢詳文字充樞
密院參謀官持督帥張巖書通問于金國元帥府至
濠州金帥紇石烈子仁止于獄中露刃環守之絕其
薪水要以五事信孺曰反俘歸幣可也縛送首謀於
古無之稱藩割地則非臣子所忍言子仁怒曰若不
望生還耶信孺曰吾將命出國門時已置生死度外

矣至汴見金左丞相都元帥完顏宗浩出就傳舍宗
浩使將命者來堅持五說且謂稱藩割地自有故事
信孺曰昔靖康倉卒割三鎮紹興以太母故暫屈今
日顧可用為故事耶此事不獨小臣不敢言行府亦
不敢奏也請面見丞相決之將命者引而前宗浩方
坐幄中陳兵見之云五事不從兵南下矣信孺辯對
不少詘宗浩叱之曰前日興兵今日求和何也信孺
曰前日興兵復讎為社稷也今日屈己求和為生靈
也宗浩不能詰授以報書曰和與戰俟再至決之信
孺還詔侍從兩省臺諫官議所以復命衆議還俘獲

罪首謀增歲幣五萬遣信孺再往時吳曦已誅金人氣頗索然猶執初議信孺曰本朝謂增幣已爲卑屈況名分地界哉且以曲直校之本朝興兵在去年四月若貽書誘吳曦則去年三月也其曲固有在矣如以彊弱言之若得滁濠我亦得泗漣水若夸胥浦橋之勝我亦有鳳凰山之捷若謂我不能下宿壽若圍廬和楚果能下乎五事已從其三而猶不我聽不過再交兵耳金人見信孺忠懇乃曰割地之議姑寢但稱藩不從當以叔爲伯歲幣外別犒師可也信孺固執不許宗浩計窮遂密與定約復命再差充通謝國

信所參謀官奉國書誓草及許通謝百萬緡抵汴宗浩變前說怒信孺不曲折逹白遽以誓書來有誅戮禁錮語信孺不爲動將命曰此事非犒軍錢可了別出事目信孺曰歲幣不可再增故代以通謝錢今得此求彼吾有隕首而已將命曰不爾丞相欲留公信孺曰留於此死辱命亦死不若死於此會蜀兵取散關金人益疑信孺還言敵所欲者五事割兩淮一增歲幣二犒軍三索歸正等人四其五不敢言侂胄再三問至厲聲詰之信孺徐曰欲得太師頭耳侂胄大怒奪三秩臨江軍居住信孺自春至秋使金三往返

以口舌折彊敵金人計屈情見然憤其不屈議用弗就已而王柟出使定和議增幣函首皆前信孺所持不可者柟白廟堂信孺辯折敵酋於彊愎未易告語之時信孺當其難柟當其易柟每見金人必問信孺安在公論所推雖敵人不能掩也乃詔信孺自便尋知韶州累遷淮東轉運判官兼提刑知眞州眞州即北山匱水築石堤袤二十里人莫知其所爲後金人薄儀眞守將決水匱以退敵城乃獲全山東初內附信孺言豪傑不可以虛名駕馭武夫不可以弱勢彈壓宜選威望重臣將精兵數萬開幕山東以主制客以重

駁輕則可以包山東固江北而兩河在吾目中矣坐責降三秩再奉祠稍復官信孺性豪爽揮金如糞土所至賓客滿其後車使北時年財三十既齟齬歸營居室巖竇自放於詩酒後貲用竭賓客益落信孺尋亦死矣

王柟字汝良大名人祖倫同簽書樞密院事倫使北死孝宗訪求其孫之未祿者三人官之柟其一也調通州海門尉乘輕舟入海濤捕劇賊小吳郎并其徒十七人獲之獄成不受賞韓侂胄以恢復起兵端天子思繼好息民凡七遣使無成績遣方信孺往將有

成說矣坐白事忤侂胄得辠欲再遣使顧在廷無可
者近臣以柟薦擢監登聞鼓院假右司郎中使持書
北行柟歸白其母母曰而祖以忠死國故恩及子孫
汝其勉旃毋以吾老爲念乃拜命疾驅抵敵所金將
烏骨論等四人列坐問韓侂胄貴顯幾年矣柟對已
十餘年平章國事財二年耳又問今欲去此人可乎
柟曰主上英斷去之何難四人相顧而笑有完顔天
寵者袖出文書云王柟雖持韓侂胄書乃朝廷有旨
遣其來元帥府議和宜詳議以報於是金人知侂胄
已誅和議遂決柟持金人牒歸求函侂胄首以起居
郎許奕爲通謝使柟爲通謝所參謀官柟自軍前再
還議以侂胄首易淮陜侵地從之柟奏和約之成皆
方信孺備嘗險阻再三將命之功臣因人成事乞錄
信孺功而蠲其過朝論以柟不掩人揚已多之守軍
器少監知楚州累官至太府卿告歸以右文殿修撰
知太平州加集英殿修撰致仕卒贈寶章閣待制
論曰樓鑰渾厚正大李大性直言不愧其先任希夷
請謚先儒徐應龍在經筵多所裨益莊夏王阮王質
皆負其有爲之才卒奉祠去國陸游學廣而望隆晚
爲韓侂胄著堂記君子惜之抑春秋責賢者備也方

信孺年少奉使而以意氣折金人王柟北歸請錄信
孺之功長者哉

列傳卷第一百五十四

開府儀同三司上柱國錄軍國重事前中書右丞相監修國史領經筵事都總裁脫脫等奉

勑修

史浩　王淮　趙雄　權邦彥

程松　陳謙　張巖

史浩字直翁明州鄞縣人紹興十四年登進士第調紹興餘姚縣尉歷温州教授郡守張九成器之秩滿除太學正升國子博士因轉對言普安恩平二王宜擇其一以係天下望高宗頷之翌日語大臣曰浩有用才也除秘書省校書郎兼二王府教授三十年普

安郡王為皇子進封建王除浩權建王府教授詔建王府置直講贊讀各一員浩守司封郎官兼直講一日講周禮言膳夫掌膳羞之事歲終則會惟王及后世子之膳羞不會至酒正掌飲酒之事歲終則會惟王及后之飲酒不會世子不與焉以是知世子膳羞可以不會世子飲酒不可以無節也王作而謝曰敢不佩斯訓三十一年還宗正少卿會金主亮犯邊下詔親征時兩淮失守廷臣爭陳退避計建王抗疏請率師為前驅浩為王力言太子不可將兵以晉申生唐肅宗靈武之事為戒王大感悟立俾浩草奏請扈蹕以供子職辭意懇到高宗方怒覽奏意頓釋知奏出於浩語大臣曰真王府官也既而殿中侍御史吳芾乞以皇子為元帥先視師浩復遺大臣書言建王生深宮中未嘗與諸將接安能辦此或謂使王居守浩復以為不可上亦欲令王徧識諸將遂扈蹕如建康三十二年上還臨安立建王為皇太子浩除起居郎兼太子右庶子孝宗受禪遂以中書舍人遷翰林學士知制誥張浚宣撫江淮將圖恢復浩與之異議欲城瓜洲采石浚奏不守兩淮而守江不若城泗州除參知政事有詔議應敵定論洪遵金安節唐文若

等相繼論列宰執獨無奏上以問浩浩奏先為備禦是謂良規儻聽浚謀之士輿不教之師寇去則論賞以邀功寇至則斂兵而遁跡謂之恢復得乎薦樞密院編修官陸游尹穡召對並賜出身隆興元年拜尚書右僕射首言趙鼎李光之無罪岳飛之冤宜復其官爵祿其子孫悉從之李顯忠邵宏淵奏乞引兵進取浩奏二將輒乞戰豈督府命令有不行耶浚請入覲乞即日降詔幸建康上以問浩浩陳三說不可退又以詰浚曰帝王之兵當出萬全豈可嘗試以圖僥倖復辨論於殿上浚曰中原久陷今不取豪傑必

起而收之浩曰中原決無豪傑若有之何不起而亡金浚曰彼民間無寸鐵不能自起待我兵至為內應浩曰勝廣以鉏耰棘矜亡秦必待我兵非豪傑矣浚因內引奏浩意不可回恐失幾會乞出英斷省中忽得宏淵出兵狀始知不由三省徑檄諸將浩語陳康伯曰吾屬俱兼右府而出兵不與聞焉用相哉不去尚何待乎因又言康伯欲納歸正人臣恐他日必為陛下子孫憂浚銳意用兵若一失之後恐陛下終不得復望中原御史王十朋論之出知紹興先是浩因城瓜洲白遣太府丞史正志往視之正志與浚論辯

十朋亦疏史正志朋比併及浩遂與祠自是不召者十三年起知紹興府浙東安撫使持母喪歸服闋知福州淳熙初上問執政久不見史浩無他否遂除少保觀文殿大學士醴泉觀使兼侍讀五年復為右丞相上曰自葉衡罷虛席以待卿久矣浩奏蒙恩再相唯盡公道庶無朋黨之弊上曰宰相豈當有黨人主亦不當以朋黨名臣下朕但取賢者用之否則去之樞密都承旨王抃建議以殿步二司軍多虛額請各募三千人充之已而殿前司輒捕市人京城騷動被掠者多斷指示不可用軍人怙衆因奪民財浩奏盡

釋所捕而禽軍民首讙呶者送獄獄成議罪欲取兵民各一人梟首以狥浩曰諸軍掠人奪貨至於鬪則始釁者軍人也軍法從事固當若市人陸慶童特與抗鬪爾可同罰乎陛下恐軍人有語故一其罪以安之夫民不得其平言亦可畏等死國可乎是豈軍人語上怒曰是比朕為秦二世也浩徐進曰自古民怨其上者多矣時日曷喪予及汝偕亡豈二世事耶求去拜少傅保寧軍節度使充醴泉觀使兼侍讀後有言慶童之寃者上曰史浩嘗力爭坐此求去至今悔之趙雄嘗薦劉光祖試館職光祖答策論科場取士

之道進入上親批其後略曰用人之弊人君乏知人之哲宰相不能擇人國朝以來過於忠厚宰相而誤國大將而敗軍未嘗誅戮要在人君必審擇相相必當為官擇人懋賞立乎前誅戮設乎後人才不出吾不信也手詔既出中外大聳議者謂曾覿視草為光祖甲科發也上遣覿持示浩浩奏唐虞之世四凶極惡止於流竄三考之法不過黜陟未嘗有誅戮之科誅戮大臣秦漢法也太祖制治以仁待臣下以禮列聖傳心迨仁宗而德化隆洽本朝之治與三代同風此祖宗家法也聖訓則曰過於忠厚夫為國而底於

忠厚豈有所謂過哉臣恐議者以陛下自欲行刻薄之政歸過祖宗不可不審也及自經筵將告歸乃於小官中薦江浙之士十五人有旨令升擢皆一時選也如薛叔似楊簡陸九淵石宗昭陳謙葉適袁燮趙静之張子智後皆擢用不至通顯者六人而已十年請老除太保致仕封魏國公晚治第鄞之西湖上建閣奉兩朝賜書又作堂上為書明良慶會名其閣舊學名其堂光宗御極進太師紹熙五年薨年八十九封會稽郡王寧宗登極賜謚文惠御書純誠厚德元老之碑賜焉嘉定十四年追封越王改謚忠定配享

孝宗廟庭浩喜薦人才嘗擬陳之茂進職與郡上知之茂嘗毀浩曰卿豈以德報怨耶浩曰臣不知有怨若以為怨而以德報之是有心也莫濟狀王十朋行事詆浩尤甚浩薦濟掌內制上曰濟非議卿者乎浩曰臣不敢以私害公遂除中書舍人兼直學士院待之如初蓋其寬厚類此子彌大彌正彌遠彌堅彌遜嘉定初為右丞相有傳

王淮字季海婺州金華人幼穎悟力學屬文登紹興十五年進士第為台州臨海尉郡守蕭振一見奇之許以公輔器振帥蜀辟置幕府振出衆欲留淮曰萬里將母豈為利祿計皆服其器識遷校書郎高宗命中丞舉可為御史者朱倬舉淮除監察御史尋遷右正言首論大臣養尊小臣持祿以括囊為智以引去為高願陛下正心以正朝廷正朝廷以正百官宰相湯思退無物望淮條其罪數十於是策免至於吏部侍郎沈介之欺世盜名都司方師尹之狡險大將劉寶掊克結權倖皆劾罷之又奏自治之策治內有三正心術實慈儉去壅蔽治外有四固封守選將帥明賞罰儲財用上深嘉歎除秘書少監兼恭王府直講時恭王生子挺淮白于丞相曰恭王夫人李氏生皇

嫡長孫乞討論典禮錢端禮怒其名稱奏淮有年鈞以長之說上曰是何言也豈不啓邪心出淮知建寧府改浙西提刑入見陳閩中利病甚悉帝褒嘉之且令一至東宮皇太子待以師儒特施拜禮尋召除太常少卿除中書舍人兼直學士院龍大淵贈太師仍畀儀同三司恩數張說除太尉在京宮觀皆封還詔書除翰林學士知制誥訓詞深厚得王言體上命擇文學行誼之士淮薦鄭伯熊李燾程叔達皆擢用淳熙二年除端明殿學士簽書樞密院事辛棄疾平茶寇上功太濫淮謂不核真偽何以勸有功文州蕃部

擾邉吳挺奏庫彥威失利靖州蠻人擾邉楊倓奏田淇失利淮謂二將戰殁若罪之何以勸來者上嘗諭曰樞密臨事盡公人無間言差除能守法甚善薦軍帥吳拱郭田張宣除同知樞密院事參知政事時宰相久虛淮與李彥穎同行相事淮謂授官當論賢否不事形迹誠賢不敢以鄉里故舊廢之非才不敢以己私庇之上稱善權知院事樞密使上言武臣嶽祠之員宜省淮曰有戰功者壯用其力老而棄之可乎趙雄言北人歸附者畀以員外置宜令詣吏部上曰姑仍舊淮曰上意即天意也雄又奏言宗室嶽祠八

百員宜罷淮曰堯親睦九族在平章百姓之先骨肉之恩疏可乎時辛棄疾平江西冦王佐平湖南冦劉焞平廣西冦淮皆處置得宜論功惟允上深嘉之謂陳康伯雖有人望處事則不及卿八年拜右丞相兼樞密事先是自夏不雨至秋是日甘雨如注士大夫相賀上亦喜命相而雨乃命口筭諸郡紬錢盡蠲一年為緡八十餘萬趙雄罷相蜀士之在朝者皆有去意淮謂此唐季黨禍之胎也豈聖世所宜有皆以次進遷蜀士乃安樞密都承旨王抃怙寵為姦淮極陳其罪謂人主受謗鮮不由此上即斥之且曰丞相直

諒無隱君臣之間正宜如此章頴論事狂直上將黜之淮曰陛下樂聞直言士大夫以言相高此風可賀也黜之適成其名上説頴復留時以荒政為急淮言李椿年老成練達擬除長沙帥朱熹學行篤實擬除浙東提舉以倡郡國其後推賞上曰朱熹職事留意淮言修舉荒政是行其所學民被實惠欲與進職上曰與升直徽猷閣成都闕帥上加訪問淮以留正對上曰非閩人乎淮曰立賢無方湯之執中也必曰閩有章子厚呂惠卿不有曾公亮蘇頌蔡襄乎必曰江浙多名臣不有丁謂王欽若乎上稱善拜左丞相天

長水害七十餘家或謂不必以聞淮曰昔人謂人主不可一日不聞水旱盜賊記曰四方有敗必先知之豈可不以聞鎮江饑民彊借蔽粟執政請痛懲之淮曰令甲饑民罪不至死進士八人求以免舉恩為升等淮曰八人得之則百人援之襲願以執政之客補官求詣銓曹淮以此門不可啓絕其請嘗言跅弛之士緩急能出死力乃以周極知安豐軍辛棄疾與祠上章力求去以觀文殿大學士判衢州淮力辭改提舉洞霄宮光宗嗣位詔詢初政淮以盡孝進德奉天敬民用人立政罔不在初母亡居喪如禮得疾忽語

家人曰易卦六十四吾年亦然淳熙十六年堯訃聞上哀悼輟視朝贈少師謚文定初朱熹為浙東提舉劾知台州唐仲友淮素善仲友不喜熹乃擢陳賈為監察御史俾上疏言近日道學假名濟偽之弊請詔痛革之鄭丙為吏部尚書相與叶力攻道學熹由此得祠其後慶元偽學之禁始於此

趙雄字温叔資州人為隆興元年類省試第一虞允文宣撫四蜀辟幹辦公事入相薦于朝乾道五年召見便殿孝宗大奇之即日手詔除正字范成大使金將行雄當登對允文招與之語既進見雄極論恢復

孝宗大喜曰功名與卿共之即除右史兩月除舍人金使耶律子敬賀會慶節雄館伴子敬披露事情不敢隱遲者以聞上夜召雄雄具以子敬所言對上喜金使入辭故事當用樂雄奏卜郊有日天子方齋樂不可用上難之遣中使諭雄雄奏金使必不敢不順即有他臣得引與就館上大喜雄請復置恢復局日夜講磨條具合上意除中書舍人自選入入館至此未滿歲也時金將起河南之役議盡以諸陵梓宮歸于我上命雄出使賀生辰仍止奉遷陵寢及正受書儀雄既見金主爭辨數四其臣屢唱起雄辭益力卒得請乃已金人謂之龍鬬嘗上疏論恢復計大略謂莫若由蜀以取陝西得陝西以臨中原是秦制六國之勢也八年以母憂去淳熙二年召為禮部侍郎除端明殿學士簽書樞密院事一日奏事上曰今夏蠶麥甚熟絲米價平可喜雄奏孟子論王道始於不饑不寒上曰近世士大夫好高論恥言農事微有西晉風豈知周禮與易言理財周公孔子曷嘗不以理財為務且不獨此士大夫諱言恢復不知其家有田百畝內五十畝為人所據亦投牒理索否雄曰陛下志在大有為敢不布堯言書之時政記十一月同知樞密

院事五年三月參知政事十一月拜右丞相每進見必曰二帝在沙漠未嘗離諸口也朱熹累召不出雄請處以外郡命知南康軍熹極論時事上怒諭雄令分析雄奏熹狂生詞窮理短罪之適成其名若天涵地育置而不問可也會周必大亦力言之乃止紹興帥張津獻羨餘四十萬緡雄乞降旨下紹興以其錢為民代輸和買身丁折帛錢之半使取諸民者民復得之足以見聖主之德自雄獨相蜀人在朝者僅十數及眷衰有言其私里黨者上疑之已而陳峴為四川制置王渥為茶馬命從中出雄求去詔勉留曰丞

相任事不避怨還才無鄉舊蓋有所激也祖宗時蜀人未嘗除蜀帥雄請外除觀文殿大學士四川制置使王藺為御史以故事不可上疏論之雄乞免改知瀘南安撫使上思雄不忘改知江陵府江陵無險可恃雄請城江陵城成民不告擾張栻再被召論恢復固當第其計非是即奏疏孝宗大喜翌日以疏宣示且手詔云恢復當如栻所陳方是即除侍講云且得直宿時與卿論事虞允文與雄之徒不樂遂沮抑之廣西橫山買馬諸蠻感悅爭以善馬至上知栻治行甚嚮栻衆皆忌嫉洎栻復出荊南雄事事沮之時司天奏相星在楚地上曰張栻當之人愈忌之先宗將受禪召雄雄上萬言書陳脩身齊家以正朝廷之道言甚剴切詔授寧武軍節度使開府儀同三司進衛國公改帥湖北疾甚改判資州又除潼川府改隆興府紹熙四年薨年六十五贈少師嘉定二年謚文定

權邦彥字朝美河間人登崇寧四年太學上舍第調滄州教授入為太學博士改宣教郎除國子司業宣和二年使遼明年抗表請帝臨雍為學官積十餘年改都官郎中直秘閣知易州移相州復召為都官郎中與王黼議不合謫職知冀州金人再入高宗開大

元帥府起兩河兵衛汴京邦彥提所部兵二千五百人與宗澤自澶淵趨韋城據刀馬河諸道兵莫有進者會敵兵大至移屯南華二帝北遷邦彥與澤五表勸進建炎元年五月召還命知荊南府改東平府時東州半已入金至是圍益急邦彥誓以死守居數月城破猶力戰不已民義而從之突圍以出遂奔行在有司議失守罪將重坐之帝以其父母妻子皆沒於敵幾貶二秩俄除寶文閣直學士兼知江州本路制置使既抵鎮三年冬聞父死乃解官四年起復知建康府辭不許劇盜張琪殘徽州邦彥遣裨將平之改江淮等路制置發運使以治辦稱言者論三年天下之通喪後世有從權奪服者所以徇國家之急比年如權邦彥姜仲謙至幕職亦起復幾習宣政之風望革其弊以明人倫厚風俗詔邦彥任軍賦宜如舊餘悉罷之紹興元年召為兵部尚書兼侍讀二年除端明殿學士簽書樞密院事初邦彥獻十議以圖中興大略謂宜以天下為度進圖洪業恢復土宇勿苟安於東南駕御諸將當威之以法而限之以爵命讀講之臣取累朝訓典及三代漢唐中興故事日陳于前以裨聖學又監觀傷善妨賢之讒偷安苟容之佞市

恩立威之姦懷護罔上之欺聽其言察其事則忠邪判變民先變其力寬民先節其用朘己奉以佐國當自執政始分閫而屬大事類非偏裨之所能爲必得賢臣大將然後可制置一官可省宜令沿江州縣各備境內總以漕帥上自荆鄂江池下至釆石京口委任得人乃防秋上策宗室中豈無傑然有人望可以濟艱難贊密勿留宿衛者願求其人置諸左右人事盡則天悔禍不可獨歸之數呂頤浩素善邦彥薦用之給事中程瑀劾邦彥五罪三疏不報邦彥在樞密又言宜乘機者三譬奕之爭先安可隨應隨解不制

人而制於人哉尋兼權參知政事帝嘗對輔臣言湖南事頤浩言李綱縱暴恐治潭無善狀帝曰綱在宣和間論水災以得時望邦彥曰綱元無章疏第略虛名耳蓋助頤浩以排綱也三年卒邦彥與政幾一年碌碌無所建明充位而已無子以姪嗣衎爲後有遺藁十卷號瀛海殘編藏於家

程松字冬老池州青陽人登進士第調湖州長興尉章森吳曦使北松爲傔從慶元中韓侂胄用事曦爲殿帥時松知錢塘縣諂事曦以結侂胄侂胄以小故出愛姬松聞以百千市之至則盛供帳舍諸中堂夫婦奉之謹居無何侂胄意解復召姬姬具言松謹待之意侂胄大喜除松幹辦行在諸軍審計司守太府寺丞未閱旬遷監察御史擢右正言諫議大夫呂祖泰上書乞誅侂胄蘇師旦松與陳讜劾祖泰當誅祖泰坐真決流嶺南松滿歲未遷意殊怏怏乃獻一妾于侂胄曰松壽侂胄訝其名問之答曰欲使疵賤姓名常蒙記憶爾除同知樞密院事自宰邑至執政財四年開禧元年以資政殿大學士知成都府四川制置使侂胄決議開邊期以二年四月分道進兵命松爲宣撫使興元都統制吳曦副之尋加曦爲陝西招

撫使許便宜從事松將東軍三萬駐興元曦將西軍六萬駐河池松至益昌欲以執政禮責曦庭參曦聞之及境而返松用東西軍一千八百人自衞曦多抽摘以去松殊不悟曦遣其客納款于金獻關外四州地求爲蜀王有告曦叛者松哂其狂及金人取成州守將棄關遁吳曦焚河池還興州松以書從曦求援兵曦答以鳳州非用騎之地漢中平衍可騎以驅馳當發三千騎往蓋紿之也未幾金人封曦爲蜀王曦遺松書諷使去松不知所爲與元帥劉甲茶馬范仲任見松謀起兵誅曦松恐事泄取禍即揖二人起去

會報金人且至，百姓奔走相蹂躪，一城如沸。松亟望米倉山遁去，由閬州順流至重慶，以書抵曦匄贖禮，買舟稱曦為蜀王。曦遣使以匣封致餽，松望見大恐，疑其劒也，亟逃奔，使者追及，松不得已啓視之，則金寶也。松乃兼程出峽，西向掩涙曰：「吾今獲保頭顱矣。」曦誅，詔落職，降三官，筠州居住，再降順昌軍節度副使、澧州安置，又責果州團練副使、賓州安置，死賓州。

陳謙字益之，温州永嘉人。乾道八年進士，授福州戸曹，主管刑工部架閣文字，遷國子録、敕令所删修官、樞密院編修官。陳中興五事，至李綱議建鎮事，上曰：

「綱何足道。」謙曰：「陛下用大臣審出綱上，宜如聖訓，令顧出綱下遠甚，柰何？」上蹙然。遂極論踰數刻。孝宗内禪，通判江州，知常州，提舉湖北常平，平辰州峒猺，加直焕章閣，除戸部郎中、總領湖廣財賦。謙乃丞相趙汝愚客，會黨論起，坐斥。後數年，起為提點成都府路刑獄，移京西運判，復直焕章閣。韓侂胄謀擾金人，令獻馬者補官，七州民相翕為盜，謙移書侂胄曰：「今若倚群盜行剽掠之策，豈得以敗亡為戲乎？」既而屢論襄帥皇甫斌、李奕罪，且求罷。上諭旨薛叔似協和之。遷司農少卿、湖廣總領，除宣撫司參謀官。金兵深入，

陷應城，焚漢川，漢陽空城走，武昌震懼。謙以寶謨閣待制副宣撫，即日置司北岸，命土豪趙觀覆之中流，士馬溺死甚衆，餘兵皆返走。未幾，奪職罷。後復知江州。侂胄死，和議已決，謙復罷，奉祠，卒年七十三。謙有雋聲，早為善類所予，晚坐偽禁中廢，首稱侂胄為我王，士論繇是薄之。

張巖字肖翁，大梁人，徙家揚州，紹興末，渡江居湖州。為人機警，柔回善諧。登乾道五年進士第，歷官為監察御史，與張釜、陳自強、劉三傑、程松等阿附時相韓侂胄，誣逐當時賢者，嚴道學之禁。進殿中侍御史，累

遷給事中，除參知政事，以言者罷為資政殿學士、知平江府，旋升大學士、知揚州。時邊釁方開，詔巖與程松分帥兩淮。已而召還，為參知政事兼同知國用事。開禧二年，遷知樞密院事。明年，除督視江淮軍馬。時方信孺使金議和，值吳曦以蜀叛，議未決。曦伏誅，金人尋前議，信孺再行，侂胄趣巖遣畢再遇、田琳合兵勦敵，且募生擒偽帥。未幾，川陜戰屢衄，大散關陷，敵情復變。巖開督府九閱月，費耗縣官錢三百七十餘萬緡，見和議反復，乃言不知兵，固求去。侂胄誅，御史章燮論巖與蘇師旦朋姦誤國，奪兩官。寧宗謂兵釁

方開巖嘗言其不可許自便復元官奉祠以銀青光
祿大夫致仕薨贈特進

論曰史浩宅心平恕而不能相其君恢復之謀王淮
爲僞學之禁妻痛善類趙雄與虞允文協謀用兵而
舊史謂二人沮抑張栻何哉邦彥守城力戰惜乎助
呂頤浩攻李綱君子少之程松陳謙張巖誣諛之徒
何足算哉

列傳卷第一百五十五

列傳卷第一百五十六　宋史三百九十七

開府儀同三司上柱國錄軍國重事中書右丞相兼修國史領經筵事都總裁臣脫脫等奉
勅修

徐誼　吳獵　項安世　薛叔似
劉甲　楊輔　劉光祖

徐誼字子宜一字宏父溫州人乾道八年進士累官
太常丞孝宗臨御久事皆上決執政惟奉旨而行群
下多恐懼顧望誼諫曰若是則人主日聖人臣日愚
陛下誰與共功名乎及論樂制誼對以宮亂則荒其
君驕商亂則陂其官壞上遽改容曰卿可謂不以官
自情矣知徽州陛辭屬光宗初受禪誼奏三代聖王
有至誠而無權術至誠不息則可以達天德矣至郡
歙縣有妻殺夫繫獄以五歲女爲證誼疑曰婦人能
一掌致人死乎縷之未覆也會郡究實秘于庭死者
父母及弟在焉乃言我子欠租久繫饑而大叫役者
批之墮水死矣然後冤者得釋吏皆坐罪闔郡以爲
神移提舉浙西常平守右司郎中遷左司孝宗疾寖
棘上久稽定省誼入諫退告宰相曰上慰納從容然
目瞪不瞬意思恍惚真疾也宜禱祠郊廟進皇子嘉
王參決丞相留正不克用孝宗崩上不能喪祭莫有

祝有司不敢攝百官皆未成服誼與少保吳琚議請太皇太后臨朝扶嘉王代祭及將禫正憂懼仆於殿庭而去誼以書譙趙汝愚曰自古人臣為忠則忠為姦則姦忠姦雜而能濟者未之有也公內雖心惕外欲坐觀非雜之謂歟國家安危在此一舉汝愚問策安出誼曰此大事非憲聖太后命不可而知閤門事韓侂胄憲聖之戚也同里蔡必勝與侂胄同在閤門可因必勝招之侂胄至汝愚以內禪議遣侂胄請于憲聖侂胄因內侍張宗尹關禮達汝愚意憲聖許之寧宗即位誼遷檢正中書門下諸房公事兼權刑部

侍郎進權工部侍郎知臨安府侂胄恃功以賞薄浸觖望誼告汝愚曰異時必為國患宜飽其欲而遠之不聽汝愚稚器誼除授建明多咨訪誼隨事裨助不避形迹怨者始衆嘗勸汝愚早退汝愚亦自請名在屬籍不宜久司揆事願因阜陵訖事以去寧宗已許之侂胄出入禁中無度誼密啓汝愚無計防之乃直面諷侂胄侂胄疑將排己首謁誼退柬蔡璉誼還謁侂胄疑汝愚誼知其情益怨恨以御史劉德秀胡紘疏誼責惠州團練副使南安軍安置移袁州又移婺

州久之許自便復官提舉崇道觀起守江州加集英殿修撰升寶謨閣待制移知建康府兼江淮制置使初金攻廬楚不下留兵綴濠州以待和時時鈔掠與宋師遇殺傷相當淮人大驚復迸流江南在建康者以數十萬計誼晝夜拊循益嚴備禦請專捍敵勿從中御朝廷懼生事移知隆興府以卒誼嘗與紹興老將接於行陣之法分數奇正皆有措授自為圖式後謚忠文

吳獵字德夫潭州醴陵人登進士第初主潯州平南簿時張栻經略廣西檄攝靜江府教授劉焞代栻栻

以獵薦辟本司準備差遣盜李接起陷容雷高化貴鬱林等州獵請賞勞誅罪焞於是錄鬱林功誅南流縣尉鬱林巡檢人人驚厲爭死鬭不踰時盜悉就擒尉宰相王淮甥也獵坐降官久之知常州無錫縣用陳傅良薦召試守正字光宗以疾久不覲重華宮獵上疏曰今慈福有八十之大母重華有垂白之二親陛下宜於此時問安上壽恪共子職辭甚切又白宰相留正乞召朱熹楊萬里時陳傅良以言過宮事不行求去獵責之曰今安危之機判然可見未聞有牽裾折檻之士公不於此時有所奮發為士大夫倡第

潔身而去於國奚益傳良爲改容謝之寧宗即位遷
校書郎除監察御史上趣修大内將移御獵言壽皇
破漢魏以來之薄俗服高宗三年之喪陛下萬一輕
去喪次將無以慰在天之靈又言陛下即位未見上
皇宜篤厲精誠以俟上皇和豫而祗見焉會偽學禁
興獵言陛下臨御未數月今日出一紙去宰相明日
出一紙去諫臣昨又聞侍講朱熹遽以御札畀祠中
外惶駭謂事不出於中書是謂亂政獵既駁史浩謚
又請以張浚配享阜陵曰艱難以來首倡大義不以
成敗利鈍異其心精忠茂烈貫日月動天地未有過

於張浚也孝宗皇帝規恢之志一飯不忘歷考相臣
終始此念足以上配孝宗在天之意亦惟浚一人耳
議皆不合出爲江西轉運判官尋劾罷久之黨禁弛
起爲廣西轉運判官除户部員外郎總領湖廣江西
京西財賦韓侂胄議開邊獵貽書當路請號召義士
以保邊場刺子弟以補軍實增襄陽信陽之戍以備
衝突分屯陽羅五關以扞武昌杜越境誘竊以謹邊
隙選試良家子以衛府庫且謂金人懲紹興末年之
敗今其來必出荆襄踰湖乃輸湖南米於襄陽凡五
十萬石又以湖北漕司和糴米三十萬石分輸荆郢

安信四郡蓄銀帛百萬計以備進討援董逵孟宗政
柴發等分列要郡歿後皆爲名將召除秘書少監首
陳邊事乞增光鄂江黄四郡戍屬江陵告饑除秘閣
修撰主管荆湖北路安撫司公事知江陵府陛辭請
出大農十萬緡以振饑者道武昌遣人招商分糴至
郡減價發糴米價爲平獵計金攻襄陽則荆爲重鎮
乃修成高氏三海築金鸞内湖通濟保安四匱達于
上海而注之中海拱辰長林槃山棗林四匱達于下
海分高沙東獎之流由寸金堤外歷南紀楚望諸門
東匯沙市爲南海又於赤湖城西南遏走馬湖熨斗

陂之水西北寘李公匱水勢四合可限戎馬金人圍
襄陽德安游騎迫竟陵朝廷命獵節制本路兵馬獵
遣張榮將兵援竟陵又招神馬陂潰卒得萬人分援
襄陽德安加寶謨閣待制京湖宣撫使時金人再犯
竟陵張榮死之襄陽德安俱急吴曦俄反于蜀警報
至獵請魏了翁攝參議官訪以西事募死士入竟陵
命其將王宗廉死守調大軍及忠義保捷分道夾擊
金人遂去又督董逵等援德安董世雄孟宗政等解
襄陽之圍西事方殷獵爲討叛計請于朝以王大才
彭輅任西事仍分兵抗均房諸險漕粟歸峽以待王

師及曦誅除刑部侍郎充四川宣諭使朝廷命旌別淑慝以敷文閣學士四川安撫制置使兼知成都府嘉定六年召還卒家無餘資蜀人思其政畫像祠之獵初從張栻學乾道初朱熹會栻于潭獵又親炙湖湘之學一出于正獵實表率之有畏齋文集奏議六十卷謚文定

項安世字平父其先括蒼人後家江陵淳熙二年進士召試除秘書正字光宗以疾不過重華宮安世上書言陛下仁足以覆天下而不能施愛於庭闈之間量足以容群臣而不能忍於父子之際以一身寄於

六軍萬姓之上有父子然後有君臣願陛下自入思慮父子之情終無可斷之理愛敬之念必有油然之時聖心一回何用擇日早往則謂之省暮往則謂之定即日就駕旋乾轉坤在返掌間爾疏入不報安世遺宰相留正書求去尋遷校書郎寧宗即位詔求言安世應詔言管夷吾治齊諸葛亮治蜀立國之本不過曰量地以制賦量賦以制用而已陛下試披輿地圖今郡縣之數比祖宗時孰為多少比秦漢隋唐時孰為多少陛下必自知其狹且少矣試命版曹具一歲賦入之數祖宗盛時東南之賦入幾何建炎紹興以來至乾道淳熙其所增取幾何陛下試命內外群臣有司具一歲之用人主供奉好賜之費幾何御前工役器械之費幾何嬪嬙官寺廩給之費幾何戶部四總領養兵之費幾何州縣公使迎送請給之費幾何陛下必自知其為侈且濫矣用不量賦而至於侈且濫內外上下之積不得而不空天地山川之藏不得而不竭非忍痛耐謗一舉而更張之未知其所以終也今天下之費最重而當省者兵也能用土兵則兵可省能用屯田則兵可省其次莫如宮掖兵以待敵國常畏而不敢省故省兵難宮掖以私一身常愛

而不忍省故省宮掖難不敢省者事在他人不忍省者在陛下宮中之嬙嬪官寺陛下事也宮中之器械工役陛下事也陛下肯省則省之宮中既省則外廷之官吏四方之州縣從風而省奔走不暇簡樸成風民志堅定民生日厚雖有水旱蟲蝗之災可活也國力日壯雖有夷狄盜賊之變可為也復祖宗之業雪人神之憤惟吾所為無不可者時朱熹召至闕未幾予祠安世率館職上書留之言御筆除熹宮祠不經宰執不由給舍徑使快行直送熹家竊揣聖意必明知熹賢不當使去宰相見之必執奏給舍見之必繳

駁是以為此駁異變常之舉也夫人主患不知賢爾明知其賢而明去之是示天下以不復用賢也人主患不聞公議爾明知公議之不可而明犯之是示天下以不復顧公議也且朱熹本一庶官在二千里外陛下即位未數日即加號召畀以從官俾侍經幄天下皆以為初政之美供職甫四十日即以內批逐之舉朝驚愕不知所措臣願陛下謹守紀綱毋忽公議復留朱熹使輔聖學則人主無失公議尚存不報俄為言者劾去通判重慶府未拜以偽黨罷安世素善吳獵二人坐學禁久廢開禧用兵獵起帥荆渚安世

方丁內艱起復知鄂州俄淮漢師潰薛叔似以怯懦為侂胄所惡安世因貽侂胄書其末曰偶送客至江頭飲竹光酒半醉書不成字侂胄大喜曰項平父乃爾聞暇遂除戶部員外郎湖廣總領會叔似罷金圍德安益急諸將無所屬安世不俟朝命徑遣兵解圍高悅等與金人力戰馬雄獲萬戶周勝獲千戶安世第其功以聞獵代叔似為宣撫使尋以宣諭使入蜀朝命安世權宣撫使又升太府卿有宣撫幕官王度者吳獵客也獵與安世素相友及安世招軍名項家軍多不逞好虜掠獵斬其為首者安世憾之至是斬度於大別寺獵聞于朝安世坐免後以直龍圖閣為湖南轉運判官未上用臺章奪職而罷嘉定元年卒所著易玩辭他書多行于世

薛叔似字象先其先河東人後徙永嘉游太學解褐國子錄初登對論祖宗立國之初除二稅外取民甚輕自熙寧以來賦日增而民困滋甚孝宗嘉納因曰朕在宮中如一僧叔似曰此非所望於陛下當論功業如何正使海內富庶如文景不過江左之文景法度修明如明章不過江左之明章陛下即位二十餘年國勢未張未免牽於茍安無事之說上默然復數

日宰執進擬朝士上出寸紙書叔似及應孟明姓名嘉其奏對也遷太常博士尋除樞密院編修官時倣唐制置補闕拾遺宰臣啓擬令侍從臺諫薦人上自除叔似左補闕叔似論事遂劾首相王淮去位屬金主殂太孫景立叔似奏規模果定則乘五單于爭立之機規模不存則恐成五胡迭起之勢光宗受禪時傳金使入界使名未正叔似奏自壽皇一正匹敵之禮金人常有南顧之虞使名未正而遽受之祗以重其玩侮翼日復奏謀國者畏敵太過上奮然開納除將作監出為江東轉運判官俄以諫臣論罷主管冲

佑觀尋除湖北運判加直秘閣移福建召為太常少卿兼實録院檢討官守秘書監權户部侍郎初丞相周必大請擇侍從臺諫忠直者提舉太史局蓋用神宗朝司馬光與王安禮故事纒度少差豫圖銷弭遂命叔似提舉尋兼樞密都承旨以劉德秀疏罷提舉興國宮起知贛州移隆興府廬州召除在京宮觀兼侍讀進權兵部侍郎兼同修國史兼國用司參議官兩浙民有身丁錢叔似請于朝遂蠲之試吏部侍郎兼侍讀充京湖宣諭使時韓侂胄開邊除兵部尚書宣撫使叔似方乞給降官會分撥綱運募兵鬻馬辟致僚佐而皇甫斌唐州之師已敗矣遂劾斌南安軍安置叔似料敵必侵光黃委總領陳謙按行五關發鄂卒守三關金果入冦謙駐漢陽為江左節制尋除叔似端明殿學士兼侍讀時宣司兵戍襄陽都統趙淳副統制魏友諒與統制吕渭孫不相下渭孫死之叔似遂自劾委任失當叔似夙以功業自期逮臨事絶無可稱以御史王益祥論奪職罷祠侂胄誅諫官葉時再論降兩官謫福州以兵端之開叔似迎合故也又之許自便嘉定十四年卒贈銀青光禄大夫謚恭翼叔似雅慕朱熹窮道德性命之旨談天文地理鐘律象數之學有藁二十卷

劉甲字師文其先永靜軍東光人元祐宰相摯之後也父著為成都漕幕葬龍游因家焉甲淳熙二年進士累官至度支郎中遷樞密院檢詳兼國史院編修官實録院檢討官使金至燕山伴宴完顔者名犯仁廟嫌諱甲力辭完顔更名修自紹興後凡出疆遇忌俱辭設宴皆不得免秦檜所定也九月[illegible]三日金宴甲以宣仁聖烈后忌辭還除司農少卿進太常擢權工部侍郎升同修撰除寶謨閣待制知江陵府湖北安撫使甲謂荆州為吳蜀脊高保融分江流瀦之以為北海太祖常令決去之蓋保江陵之要害也卽因遺址浚築亘四十里移知廬州程松為四川宣撫使吳曦副之以甲知興元府利東安撫使時蜀口出師敗衂金陷西和成州曦焚河池縣先是曦已遣姚淮源獻四州於金金鑄印立曦為蜀王甲時在漢嘉未至鎮也金人破大散關興元都統制毋思以重兵守關而曦陰撤鶻關之戍金自板岔谷繞出關後思挺身免甲告急于朝乞下兩宣撫司協力扞禦松諉道甲固留不可遽以便宜檄甲兼沿邊制置曦遣後軍統制王鉞準備將趙觀以書致甲甲援大義拒之

因卧疾曦又遣其弟晈邀甲相見甲叱而去之乃援顏真卿河北故事欲自拔歸朝先募二兵持帛書遣參知政事李璧告變且曰若遣兵總以右職入川即日可瓦解矣曦僭王位甲遂去官朝廷久乃微聞曦反狀韓侂胄猶不之信甲奏至舉朝震駭璧袖帛書進上覽之稱忠臣者再召甲赴行在命兵總以雜學士知鄂州多賜告身金錢使招諭諸軍為入蜀計復命以帛書賜甲曰所乞致仕實難允從已降指揮召赴行在今朝廷已遣使與金通和襄漢近日大捷北兵悉已渡江而去恐蜀遠未知更在審度事宜從長

區處二兵皆補官甲舟行至重慶聞安丙等誅曦復還漢中上奏待罪詔趣還任甲奏叛臣子孫族屬及附僞罪狀公論快之會宣撫副使安丙以楊巨源自負倡義之功陰欲除之語在巨源傳巨源既死軍情叵測除甲宣撫使楊輔亦以為請當國者疑輔避事李璧曰昔吳璘屬疾孝宗嘗密詔汪應辰權宣撫司事既而璘果死應辰即日領印軍情遂安此的例也乃以密劄命甲甲鐍藏之未幾金自鶻嶺關劄金崖進屯八里山甲分兵進守諸關截潼川戍兵駐饒風以待之金人知有備引去侂胄誅上念甲精忠拜寶

謨閣學士賜衣帶鞍馬是歲和議成朝廷聞彭輅與丙不恊以書問甲又俾諭丙減汰諸軍勿過甚及訪蜀人才之可用者蓋自楊輔召歸西邊諸事朝論多於甲取決人無知者紹興中蜀軍無見糧剏為科糴孝宗聞其病民命總領李蘩以本所錢招糴糶不給又命勸糴其半勸糴之名自此始久之李昌圖總計復奏令金洋守倅任責收糴而勸糴遂罷及是宣總司令金洋興元三郡勸糴小麥三十萬石甲乞下總所照李蘩成法措置從之明年罷宣撫司合利東西為一帥治興元移甲知潼川府安丙既同知樞密院

事董居誼為制置使甲進寶謨閣學士知興元府利路安撫使節制本路屯駐軍馬朝廷討居誼猶在道命甲權四川制置司事先是大臣撫蜀者諸將事之有所謂互送禮實賄賂也甲下令首罷之凡丙所立茶鹽柴邸悉廢之又乞以阜郊博易鋪場還隸沔戎司復通吳氏莊歲收租四萬斛有奇錢十三萬以裨總計從之丙增多田稅甲命屬吏討論由一府言之歲減凡百六十萬緡米麥萬七千石邊民感泣嘉定七年卒于官年七十三甲幼孤多難母病刲股以進生平常謂吾無他長惟足履實地晝所為夜必書之

名曰自監爲文平澹有奏議十卷理宗詔謚清惠
楊輔字嗣勳遂寧人乾道二年進士甲科召試館職
除秘書省正字遷校書郎出知眉州累遷戸部郎中
總領四川財賦升太府少卿利西安撫使吳挺病輔
以吳氏世帥武興久恐生變密白二府早擇人望以
鎮方面又貽書四川制置丘崈言統制官李奭乃吳
氏腹心緩急不可令權軍崈然之挺卒崈檄輔權帥
事輔謂職爲王人若輕徃第疑軍心遂索印即益昌
領事復數月奏以權興州事楊虞仲兼權召守秘書
監禮部侍郎以顯謨閣待制知江陵府移襄陽又移

潼川召還除顯謨閣直學士奉外祠尋以敷文閣直學
士知成都府兼本路安撫使韓侂胄決意用兵以吳
曦爲四川宣撫副使假以節制財利之權輔知曦有
異志貽書大臣言自昔兵帥與計臣不相統攝故總
領有報發覺察之權今所在皆受節制內憂不輕因
託言他事遣人以謇書告于朝朔日率官屬東望拜
表如常儀上意輔能誅曦密詔授寶謨閣學士四川
制置使許以便宜從事時人望輔倡義劉光祖李道
傳皆勉之輔自以不習兵事且內郡無兵可用遷延
兩月但爲去計曦移輔知遂寧府輔遂以印授通判

韓植而去安丙楊巨源密謀誅曦以輔有人望謂密
詔自輔所來聞者皆信曦既誅丙趣輔還成都除四
川宣撫使奏言臣以衰病軟懦而居建元功者之上
徒恐牽制敗事安丙才力強濟賞罰明果乞以事任
付丙又論蜀中三帥惟武興事權特重故致今日之
變乞並置兩帥分其營屯隸屬安丙奏乞兩宣撫分
司朝廷察丙與輔異召輔赴闕議者謂蜀亂初平如
輔未宜去乃復以爲制置使兼知成都府再被召踰
年財抵建康復引咎不進上召輔益堅乃之鎮江俟
命著作佐郎楊簡言輔嘗棄成都不當召乃除兵部

尚書兼侍讀以龍圖閣學士知建康府兼江淮制置
使卒于官謚曰莊惠

劉光祖字德修簡州陽安人幼出于外祖賈暉後以
暉遺澤補官登進士第廷對言陛下睿察太精宸斷
太嚴求治太速喜功太甚又言陛下躬擐甲冑閲馭
毬馬一旦有警豈能親董六師以督戰乎夫人主自
將危道也臣恐毬馬之事敵人聞之適以貽笑不足
以示武除劔南東川節度推官辟潼川提刑司檢法
淳熙五年召對論恢復事請以太祖用人爲法且曰
人臣獻言不可不察其一不量可否勸陛下輕出驟

進則是即日誤國其一不思振立苟且偷安則是久遠誤國除太學正召試守正字兼吳益王府教授遷校書郎除右正言知果州以趙汝愚薦召入光宗即位除軍器少監兼權侍左郎官又兼禮部時殿中侍御史闕上方嚴其選謂宰相留正曰御監郎官中有其人正沈思久之曰得非劉光祖乎上曰是久在朕心矣先祖入謝因論近世是非不明則邪正互攻公論不立則私情交起此固道之消長時之否泰而實為國家之禍福社稷之存亡甚可畏也本朝士大夫學術議論最為近古初非有強國之術而國勢尊安

根本深厚咸平景德之間道臻皇極治保太和至於慶曆嘉祐盛矣不幸而壞於熙豐之邪說疏棄正士招徠小人幸而元祐君子起而救之末流大分事故反覆紹聖元符之際群凶得志絶滅綱常其論既勝其勢既成崇觀而下尚復何言臣始至時聞有譏貶道學之說而實未睹朋黨之分中更外艱去國六載已憂兩議之各甚而恐一旦之交攻也逮臣復來其事果見因惡道學乃生朋黨因生朋黨乃罪忠諫嗟乎以忠諫為罪其去紹聖幾何陛下履位之初端拱而治凡所進退率用人言初無好惡之私豈以黨偏

為主而一歲之內逐者紛紛中間好人固亦不少反以人臣之私意微累天日之清明往往推忠之言謂為沽名之舉至於潔身以退亦曰憤懟而然欲激怒於至尊必加之以訐訕事勢至此循默乃宜循默成風國家安賴臣欲熄將來之禍故不憚反復以陳伏幾聖心豁然永為皇極之主使是非由此而定邪正由此而別公論由此而明私情由此而熄道學之譏由此而消朋黨之迹由此而泯和平之福由此而集國家之事由此而理則生靈之幸社稷之福也不然相激相勝展轉反復為禍無窮臣實未知稅駕之所

章既下讀之有流涕者劾罷戶部尚書葉翥太府卿兼中書舍人沈揆結近習圖進用言比年以來士大夫不慕廉靖而慕奔競不尊名節而尊爵位不樂公正而樂軟美不敬君子而敬庸人既安習以成風謂苟得為至計良由前輩老成零落殆盡後生晚進議論無所據依學術無所宗主正論益衰士風不競幸詔大臣妙求人物必朝野所共屬賢愚所同敬者一二十人參錯立朝國勢自壯臣雖終歲無所奏糾固亦未至曠官今日之患在於不封殖人才臺諫但有摧殘廟堂初無長養臣處當言之地豈以排擊為能

哉從太府少卿求去不已除直秘閣潼川運判改江
西提刑又改夔州時孝宗不豫上久不過宮光祖致
書留正趙汝愚曰宜與群賢并心一力若上未過宮
宰執不可歸安私第林陳二閣自以獲罪重華日夜
交諜其間宜用韓魏公逐任守忠故事以釋兩宮疑
謗大臣亦當收兵柄密布腹心俾緩急有可仗者閏
孝宗崩又貽書汝愚勉以安國家定社稷之事寧宗
即位除侍御史改司農少卿入對獻謹始五箴又論
人主有六易天命易恃天位易樂無事易安意欲易
奢政令易忽歲時易玩又有六難君子難進小人難

退苦言難入巧佞難遠是非難明取舍難決闇主之
所易明主之所難闇主之所難明主之所易又言陛
下以隆慈之命踐祚於素幄蓋有甚不得已者宜躬
自貶損盡禮於上皇使聖意懽然知釋位之樂然後
足以昭陛下之大孝上悚然嘉納進起居舍人論政
令當出中書陛下審而行之人主操柄無要於此知
閤門事韓侂胄寖擅威福故首及之遷起居郎集議
卜孝宗山陵與朱熹皆謂會稽山陵土薄水淺乞議
改卜既而熹與祠光祖言漢武帝之於汲黯唐太宗
之於魏徵仁宗之於唐介皆斃怒旋悔熹明先聖之

道為今宿儒又非三臣比陛下初膺大寶招徠耆儒
此初政之最善者今一旦無故去之可乎且曰臣非
助熹助陛下者也再疏不聽劉德秀劾光祖出為湖
南運判不就主管玉局觀趙汝愚既罷相侂胄擅朝
遂目士大夫為偽學逆黨禁錮之光祖撰涪州學記
謂學之大者明聖人之道以脩其身而世方以道為
偽小者治文章以達其志而時方以文為病好惡出
於一時是非定於萬世諫官張釜指為謗訕比之楊
惲奪職謫居房州久之許自便起知眉州復職將漕
利路以不習邊事辭進直寶謨閣主管冲佑觀吳曦

叛光祖白郡守焚其榜通衢且馳告帥守監司之所
素知者仗大義連衡以抗賊俄聞曦誅則以書屬宣
撫使楊輔講行營田前日利歸吳氏者悉收之公上
以省餉軍費獎名節旌死事以激忠烈之心除潼川
路提刑權知瀘州侂冑誅召除右文殿修撰知襄陽
府進寶謨閣待制知遂寧府改京湖制置使以寶謨
閣直學士知潼川府詔以閔雨求言光祖奏女直乃
吾不共戴天之讎天亡此讎送死于汴陛下為天之
子不知所以圖之天與不取是謂棄天未有棄天而
天不我怒也青鄆蘭會求通弗納陛下為中國衣冠

之主人歸而我絶之是謂棄人未有棄人而人不我
怨也且金人舍其巢穴汙我汴京尚可使吾使人拜
之於祖宗昔日朝會之廷乎又請改正憲聖慈烈皇
后諱日先是后崩以慶元三年十一月二日郊禋期
迫或謂侂胄曰上親郊不可不成禮且有司所費既
夥柰何已之侂胄入其言五日祀圜丘六日始宣遺
誥於是光祖言憲聖陛下之曾祖母克相高宗再造
大業侂胄敢視之如卑喪遷就若此賊臣就戮盡告
謝祖宗改從本日從之升顯謨閣直學士提舉玉隆
萬壽宮引年不許提舉西京嵩山崇福宮嘉定十五

年卒進華文閣學士謚文節趙汝愚稱光祖論諫激
烈似蘇軾懇惻似范祖禹世以為名言所著後溪集
十卷子端之靖之翊之竑之

論曰徐誼竄逐於小人之手身之否道之亨也吳獵
之以學為政項安世之通經博古皆一時之英才令
更定舊史公論其少伸歟薛叔似通儒也不幸以開
邊事累之劉甲楊輔蔚乎有用之才劉光祖盛名與
涪州學記並傳穹壤世之人何憚而不為君子也

列傳卷第一百五十六

列傳卷第一百五十七　宋史三百九十八

開府儀同三司上柱國錄軍國重事前中書右丞相監修國史領經筵事都總裁臣脫脫等奉
勑修

余端禮　李壁　丘崈　倪思
宇文紹節　李蘩

余端禮字處恭衢州龍游人第進士知湖州烏程縣
民間賦丁絹錢率三縑出一縑不輸絹而折其估一
縑千錢後增至五千民不勝病端禮以告于府事得
上聞又自詣中書陳便宜歲蠲緡錢六萬召對時孝
宗志在恢復端禮言謀敵決勝之道有聲有實敵弱

者先聲後實以讋其氣敵彊者先實後聲以俟其機
漢武乘匈奴之困親行邊陲威震朔方而漠南無王
庭者讋其氣而服之所謂先聲而後實也越謀吳則
不然外講盟好內修武備陽行成以種蠡陰結援於
齊晉教習之士益精而獻遺之禮益密用能一戰而
霸者伺其機而圖之所謂先實而後聲也今日之事
異於漢而與越相若願陰設其備而寄為之謀觀變
察時則機可投矣古之投機者有四有投隙之機有
擣虛之機有乘亂之機有承弊之機因其内釁而擊
之若匈奴困於三國之攻而宣帝出師此投隙之機

也因其外患而伐之若夫差牽於黄池之役而越兵入吴此擣虚之機也敵國不道因其離而舉之若晋之降孫皓此乘亂之機也敵人勢窮躡其後而殲之若高祖之追項羽此乘弊之機也機之未至不可以先機之已至不可以後以此備邊安若太山以此應敵動如破竹惟所欲為無不如志上喜曰卿可謂通事體矣後以薦為監察御史遷大理少卿轉太常少卿詔以來歲祈穀上帝仲春躬耕籍田令禮官討論明道故事端禮言祈穀之制合祭天地於圜丘前期享於太廟視冬至郊祀之儀此國朝故事也若乃明道

之制則以宮中火後考室落成故於太安殿恭謝天地此特一時謝災之事耳今欲祈穀而耕籍必合祭天地於圜丘必前期朝享於景靈宮太廟可也欲如明道之制行於殿庭不可詔太常禮部集議中書有可以義起者端禮曰禮固有可義起至於大體則不可易古者郊而後耕以其於郊故謂之郊猶祀於明堂故謂之明堂如明道謝災之制則與祈穀異今以郊而施之殿庭亦將以明堂而施之壇壝乎禮之失自端禮始端禮死不敢奉詔上為之止權兵部侍郎兼太子詹事進吏部侍郎出知太平州奉祠光宗立

召見言天子之孝不與庶人同今陛下之孝於壽皇當如舜之於堯行其道可也武之於文繼其志述其事可也凡壽皇睿謨聖訓仁政善教所嘗施於天下者願與二三大臣朝夕講求而力行之則足以盡事親之孝矣授集英殿修撰知贛州還為吏部侍郎權刑部尚書兼侍講以煥章閣直學士知建康府召拜吏部尚書權同知樞密院事興州帥吴挺死端禮謂樞密趙汝愚曰吴氏世握蜀兵今若復令承襲將為後患汝愚是其言合辭以奏光宗意未決端禮言汝愚所請為蜀計為東南計夫置大將而非其人是無

蜀也無蜀是無東南也今軍中請帥而遲遲不報人將生心不聽後挺子曦卒以蜀叛如端禮言上以疾不朝重華宮孝宗崩又不能發喪人情恟然端禮謂宰相留正曰公獨不見唐肅宗朝群臣發哀太極殿故事乎宜請太皇太后代行祭奠之禮於是宰執以請于太皇太后留正懼入臨重華宮仆地致仕而去太皇太后垂簾策皇子嘉王即皇帝位王流涕遜避端禮奏太上違豫大喪乏主安危之機在於呼吸太皇太后非為陛下計乃為太上皇帝計為宗社計今堅持退讓不思國家之大計是守匹夫之小節而昧

天子之大孝也寧宗懽然收淚不得已側身就御坐之半端禮與汝愚亦并拜固請寧宗乃正御坐退行禫祭禮進端禮知樞密院事兼參知政事汝愚去右丞相位端禮代之始端禮與汝愚同心共政汝愚嘗曰士論未一非余處恭不能任及韓侂胄以傳道之勞寖竊威柄汝愚等欲疏斥之謀泄而汝愚逐端禮不能遏但長吁而已浙西常平黃灝以放民租竄知婺州黃度以庇屬吏褫職罷郡二人皆侂胄所憾端禮執奏竟不免於罪太府丞呂祖儉坐上書忤侂胄南遷端禮救解不獲公議始歸責焉他日見上言除從官中書不知朝綱已紊禍根已滋即丐去不許進左丞相端禮在相位朞年頗知擁護善類然為侂胄所制壹鬱不愜志稱疾求退以觀文殿大學士提舉洞霄宮居頃之判潭州移慶元復帥潭薨授少保郇國公致仕贈太傅謚忠肅子嶸工部尚書

李壁字季章眉之丹稜人父燾典國史壁少英悟日誦萬餘言屬辭精博周必大見其文異之曰此謫仙才也孝宗嘗問燾卿諸子孰可用燾以壁對以父任入官後登進士第召試為正字寧宗即位徙著作佐郎兼刑部郎權禮部侍郎兼直學士院時韓侂胄專

國建議恢復宰相陳自強請以侂胄平章國事遂召壁草制同禮部尚書蕭逵討論典禮命侂胄三日一朝序班丞相上壁受命使金行次揚州忠義人朱裕挾宋師襲漣水金人憤甚壁乞梟裕首境上詔從其請壁至燕與金人言披露肝膽金人之疑頓釋壁歸侂胄用師意方銳壁言進取之機當重發而必至毋輕出而苟沮既而陳景俊使北還贊舉兵甚力錢象祖以沮兵議忤侂胄得罪貶壁亦論襄陽形勢深以腹心為憂欲待敵先發然後應之侂胄意不懌於是四川荊淮各建宣撫而師出矣壁度力不能回乃入奏自秦檜首倡和議使父兄百世之讎不復開於臣子之口今廟謨未定士氣積衰苟非激昂曷克丕應臣愚以為宜亟貶秦檜示天下以讎恥必復之志則宏綱舉而國論明流俗變而人心一君臣上下奮勵振作拯潰民於殘虐湔祖宗之宿憤在今日舉而措之無難矣疏奏秦檜坐追王爵議者謂壁不論檜之無君而但指其主和其言雖公特以迎合侂胄用兵之私而已初侂胄召葉適直學士院草出師詔適不從乃以屬壁由是進權禮部尚書侂胄既喪師始覺為蘇師旦所誤一夕招壁飲酒酣及師旦事壁微摘其過

覘侂胄意向乃極言師旦怙勢招權使明公負謗非竄黜此人不足以謝天下師旦坐貶官璧又言郭倬李汝翼僨軍誤國之罪宜誅之以謝淮民拜參知政事金遣使來徵示欲和意丘崈以聞璧貽崈書俾遣小使致書金帥求成金帥報書以用兵首謀指侂胄侂胄大恚不復以和為意璧言張浚以討賊復讎為已任隆興之初事勢未集亦權宜就和苟利社稷固難執一侂胄不聽以張巖代崈璧力爭言丘崈素有人望侂胄變色曰方今天下獨有一丘崈邪吳曦叛據蜀稱王楊巨源安丙誅之事聞璧議須用重臣宣

撫薦制置使楊輔為宣撫使而使安丙輔之丙殺楊巨源輔恐召變以書舉劉甲自代侂胄疑輔避事璧曰孝宗聞吳璘病亟詔汪應辰權宣撫使職事蜀賴以安此故事也於是命甲權宣撫使方信孺使北歸言金人欲縛送侂胄故侂胄忿甚用兵之意益急璧方與共政或勸其速去毋與侂胄分禍璧曰嘻國病矣我去誰適謀此會禮部侍郎史彌遠謀誅侂胄以密旨告璧及錢象祖象祖欲奏審璧言事留恐泄侂胄迄誅璧兼用知樞密院事御史葉時論璧反復詭譎削三秩謫居撫州後輔臣言誅侂胄事璧實預聞

乃令自便復官提舉洞霄宮久之復以御史奏削三秩罷祠越四年復除端明殿學士知遂寧府未至而潰兵張福入益昌戕王人略閬剽果至遂寧璧傳檄諭之福等讀檄泣下約解甲降會官軍至挑賊賊忿盡燔其城顧府治曰李公旦夕來居此其勿毀璧馳書大將張威使調嘉定黎雅砦丁牌手來會戰威夜遣人叩門來言曰賊壘堅不可破將選死士梯而登以火攻之璧曰審爾必多殺士卒盍先斷賊汲路與糧道使不得食即自成擒矣以長圍法授之威用其謀賊遂平璧尋引疾奉祠嘉定十五年六月卒進資

政殿學士致仕謚文懿璧嗜學如飢渴群經百氏搜抉靡遺於典章制度尤綜練為文雋逸所著有鴈湖集一百卷涓塵錄三卷中興戰功錄三卷中興奏議若干卷內外制二十卷援毫錄八十卷臨汝閑書百五十卷璧父子與弟𡏖皆以文學知名蜀人比之三蘇云

丘崈字宗卿江陰軍人隆興元年進士為建康府觀察推官丞相虞允文奇其才奏除國子博士孝宗諭允文舉自代者允文首薦崈有旨賜對遂言恢復之志不可忘恢復之事未易舉宜甄拔實才責以內治

導養十年乃可議北向時方遣范成大使金祈請陵寢崈言泛使亟遣無益大計徒以驕敵孝宗不懌曰卿家墳墓爲人所據亦須理索否崈對曰臣但能訴之不能請之孝宗怒崈退待罪孝宗察其忠不譴也遷太常博士出知秀州華亭縣捍海堰廢且百年鹹潮歲大入壞並海田蘇湖皆被其害崈至海口訪遺址已淪沒乃奏撥築三月堰成三州舄鹵復爲良田除直祕閣知平江府入奏內殿因論楮幣折閱請公私出內並以錢會各半爲定法詔行其言天下便之知吉州召除戶部郎中遷樞密院檢詳文字被命接

伴金國賀生辰使金曆九月晦與統天曆不合崈接使者以恩意乃徐告以南北曆法異同合從會慶節正日隨班上壽金使初難之卒屈服孝宗喜謂崈曰使人聽命成禮而還卿之力也先是王抃爲樞密崈不少下之方遂客時抃排定程頓奏上降付接伴令沿途遵執崈具奏謂不可以此啓敵疑心不奉詔抃憾之訾崈不禮金使予祠起知鄂州移江西轉運判官提點浙東刑獄進直徽猷閣知平江府升龍圖閣移帥紹興府改兩浙轉運副使以憂去光宗即位召對除太常少卿兼權工部侍郎進戶部侍郎擢煥章

閣直學士四川安撫制置使兼知成都府崈素以吳氏世掌兵爲慮陛辭奏曰臣入蜀後吳挺脫至死亡兵權不可復付其子臣請得便宜撫定諸軍以俟朝命挺死崈即奏乞選他將代之仍置副帥別差興州守臣併利州西路帥司歸興元以殺其權挺長子曦勿令奔喪起復知和州屬總領楊輔就近節制諸軍檄利路提刑楊虞仲往攝興州朝廷命張詔代挺以李仁廣副之遂革世將之患其後郭杲繼詔復兼利西路安撫杲死韓侂胄復以兵權付曦曦叛識者乃服崈先見進煥章閣直學士寧宗即位赴召以中丞

謝深甫論罷之居數年復職知慶元府既入奏韓侂胄招以見出奏疏幾二千言示崈蓋北伐議也知崈平日主復讎冀可與共功名崈曰中原淪陷且百年在我固不可一日而忘也然兵凶戰危若首倡非常之舉兵交勝負未可知則首事之禍其誰任之此必有夸誕貪進之人攘臂以僥倖萬一宜亟斥絕不然必誤國矣進敷文閣學士改知建康府將行侂胄曰此事姑爲遲之崈因贊曰翻然而改誠社稷生靈之幸惟無搖於異議則善矣侂胄聞金人置平章宣撫河南奏以崈爲簽樞宣撫江淮以應之崈手書力論

金人未必有意敗盟中國當示大體宜申警軍實使吾常有勝勢若釁自彼作我有辭矣宣撫議遂寢侂胄移書欲除崈內職宣諭兩淮崈報曰使名雖異其為示敵人以嫌疑之蹟則同且僞平章宣撫既寢充不宜輕舉侂胄滋不悅升寶文閣學士刑部尚書江淮宣撫使時宋師克泗州進圖宿壽既而師潰侂胄遣人來議招收潰卒且求自解之計崈謂宜明蘇師旦周筠等僨師之姦正李汝翼郭倬等喪師之罪崈欲全淮東兵力為兩淮聲援奏泗州孤立淮北所屯精兵幾二萬萬一金人南出清河口及犯天長等城

則首尾中斷墮敵計矣莫若棄之還軍盱眙從之金人擁衆自渦口犯淮南或勸崈棄廬和州為守江計崈曰棄淮則與敵共長江之險矣吾當與淮南俱存亡益增兵為防進端明殿學士侍讀尋拜簽書樞密院督視江淮軍馬有自北來者韓元靚自謂琦五世孫崈詰所以來之故元靚言兩國交兵北朝皆謂出韓太師意今相州宗族墳墓皆不可保故來依太師爾崈使畢其說始露講解意崈遣人護送北歸俾扣其實其回也得金行省幅紙崈以聞于朝遂遣王文采持書幣以行文采還金帥答書辭順崈復以聞遂

遣陳璧充小使璧回具言金人詰使介既欲和矣何為出兵真州以襲我然仍露和意也崈白廟堂請自朝廷移書續前議又謂彼既指侂胄為元謀若移書宜暫免係銜侂胄大怒罷崈以知樞密院事張巖代之既以臺論提舉洞霄宮落職侂胄誅以資政殿學士知建康府尋改江淮制置大使兼知建康府淮南運司招輯邉民二萬號雄淮軍月廩不繼公肆剽劫崈乃隨雄淮所屯分隸守臣節制其西路則同轉運使張穎揀刺為御前武定軍以三萬人為額分為六軍餘汰歸農自是月省錢二十八萬緡米三萬四千

石武定既成軍伍淮西賴其力以病丐歸拜同知樞密院事卒謚忠定崈儀狀魁傑機神英悟嘗慷慨謂人曰生無以報國死願為猛將以滅敵其忠義性然也

倪思字正甫湖州歸安人乾道二年進士中博學宏詞科累遷祕書郎除著作郎兼翰林權直光宗即位典冊與尤袤對掌故事行三制並宣學士上欲試思能否一夕併草除公師四制訓詞精敏在廷誦歎權侍立修注官直前奏陛下方受禪金主亦新立欲制其命必每事有以勝之彼奢則以儉勝之彼暴則以

仁勝之彼怠惰則以憂勤勝之又請增置諫官專責以諫事又乞召內外諸將訪問以知其才否遷將作少監兼權直學士院兼權中書舍人升中書舍人兼直學士院同修國史兼侍講初孝宗以戶部經費之餘則於三省置封樁庫以待軍用至紹熙移用始頻會有詔發緡錢十五萬入內帑備犒軍思謂實給他費請毋發且曰往歲所入約四百六十四萬緡所出之錢不及二萬非痛加撙節則封樁自此無儲遂定議犒軍歲以四十萬緡為額由是費用有節又言唐制使諫官隨宰相入閤今諫官月一對耳乞許同

宰執宣引庶得從容論奏上稱善除禮部侍郎上久不過重華宮思疏十上言多痛切會上召嘉王思言壽皇欲見陛下亦猶陛下之於嘉王也上為動容時李皇后寖預政思進講姜氏會齊侯于濼因奏人主治國必自齊家始家之不能齊者不能防其漸也始於褻狎終於恣橫卒至於陰陽易位內外無別甚則離間父子漢之呂氏唐之武韋幾至亂亡不但魯莊公也上悚然趙汝愚同侍經筵退語人曰讜直如此吾黨不逮也兼權吏部侍郎出知紹興府寧宗即位改婺州未上提舉太平興國宮召除吏部侍郎兼直

學士院御史姚愈劾思出知太平州歷知泉州建寧府皆以言者論去久之召還試禮部侍郎兼直學士院侂胄先以書致殷勤曰國事如此一世人望豈宜專以潔己為賢哉思報曰但恐方拙不能徇時好耳時趣召者未引對先謁侂胄或勸用近例思曰私門不可登矧未見君乎遂入見首論言路不通自呂祖儉謫徙而朝士不敢輸忠自呂祖泰編竄而布衣不敢極說膠庠之士欲有吐露恐之以去籍諭之以呈稟誰肯披肝瀝膽觸冒威尊近者北伐之舉僅有一二人言其不可如使未舉之前相繼力爭之更加詳

審不致輕動又言蘇師旦贓以巨萬計胡不黜戮以謝三軍皇甫斌喪師襄漢李爽敗績淮甸秦世輔潰散蜀道皆罪大罰輕又言士大夫寡廉鮮恥列拜於勢要之門甚者匍匐門竇稱門生不足稱恩坐恩主甚至于恩父者諛文豐賂又在所不論也侂胄聞之大怒思既退謂侂胄曰公明有餘而聰不足堂中剖決如流此明有餘為蘇師旦蒙蔽此聰不足也周筠與師旦並為姦利師旦已敗筠尚在人言平章騎虎不下之勢此李林甫楊國忠晚節也侂胄悚然曰聞所未聞司諫毛憲劾思予祠侂胄殛復召首對乞用

淳熙例令太子開議事堂閑習機政又言侂冑擅命
凡事取內批特旨當以為戒除權兵部尚書兼侍讀
求對言大權方歸所當防微一有干預端倪必且仍
蹈覆轍厥今有更化之名無更化之實今侂冑既誅
而國人之言猶有未靖者蓋以樞臣猶兼宮賓不時
宣召宰執當同班同對樞臣亦當遠權以息外議樞
臣謂史彌遠也金人求侂冑函首命侍臣集議思謂
有傷國體從禮部尚書史彌遠擬除兩從官參政錢
象祖不與聞思言奏擬除目宰執當同進比專聽侂
冑權有所偏覆轍可鑒既而史彌遠上章自辨思求

去上留之思乞對言前日論樞臣獨班恐蹈往轍宗
社堪再壞耶宜親擢臺諫以革權臣之弊並任宰輔
以鑒專擅之失彌遠懷恚思請去益力以寶謨閣直
學士知鎮江府移福州彌遠拜右丞相陳晦草制用
昆命元龜語思歎曰董賢為大司馬冊文有允執厥
中一言蕭咸以為堯禪舜之文長老見之莫不心懼
今制詞所引此舜禹揖遜也天下有如蕭咸者讀之
得不大駭乎乃上省牘請貼改麻制詔下分析彌遠
遂除晦殿中侍御史即劾思藩臣僭論麻制鐫職而
罷自是不復起矣久之除寶文閣學士提舉嵩山崇

福宮嘉定十三年卒謚文節
宇文紹節字挺臣成都廣都人祖虛中簽書樞密院
事父師援顯謨閣待制父子皆以使北死無子孝宗
愍之命其族子紹節為之後補官仕州縣九年第進
士累遷寶謨閣待制知廬州時侂冑方議用兵紹節
至郡議修築古城搬造砦柵專為固圉計淮西轉運
判官鄧友龍諸於侂冑謂紹節但為城守徒耗財力
無益於事侂冑以書讓紹節紹節復書謂公有復讎
之志而無復讎之略有開邊之害而無開邊之利不
量國力浪為進取計非所敢知侂冑得書不樂乃以

李奕代紹節召還為兵部侍郎兼中書舍人兼直學
士院以寶文閣待制知鎮江府吳曦據蜀趣紹節赴
闕任以西討之事紹節至謂大臣曰今進攻則瞿唐
一關彼必固守若駐軍荆南徒損威望聞隨軍轉運
安丙者素懷忠義若授以密旨必能討賊成功大臣
用其言遣丙所親以帛書達上意丙卒誅曦權兵部
尚書未幾除華文閣學士湖北京西宣撫使知江陵
府統制官高悅在戍所肆為殺掠遠近苦之紹節召
寘帳前收其部曲俄有訴悅縱所部為寇者紹節杖
殺之兵民皆歡升寶文閣學士試吏部尚書尋除端

明殿學士簽書樞密院事安丙宣撫四川或言丙有異志語聞廷臣欲易丙紹節曰方誅曦初安丙一摇足全蜀非國家有顧不以此時為利今乃有他耶紹節願以百口保丙丙卒不易朝廷於蜀事多所咨訪紹節審而後言皆周悉事情嘉定六年正月甲午卒訃聞上嗟悼為輟日朝享進資政殿學士致仕又贈七官為少師非常典也謚曰忠惠

李蘩字清叔崇慶晉原人第進士為隆州判官攝綿州歲侵出義倉穀賤糶之而以錢貸下戶又聽民以茅秸易米作粥及褚衣親衣食之活十萬人明年又

饑邛蜀彭漢成都盜賊蠭起綿獨按堵知永康軍移利州提點成都路刑獄兼提舉常平歲凶先事發廩蠲租所活百七十萬人知興元府安撫利州東路漢中久饑劍外和糴在州者獨多蘩嘗匹馬行阡陌間訪求民瘼有老嫗進曰民所以饑者和糴病之也泣數行下蘩感其言奏免之民大悅從倉部員外郎總領四川賦財軍馬錢粮升郎中淳熙三年廷臣上言四川歲糴軍粮名為和糴實科糴也詔制置使范成大同蘩相度以聞蘩奏諸州歲糴六十萬石若從官糴歲約百萬緡如於經費之中斟酌損益變科糴為官糴貴賤眂時不使虧毫忽之價出納眂量勿務取圭撮之贏則軍不乏興民不加賦乃書利民十一事上之前後凡三年蘩上奏疏者十有三而天子降詔難問者凡八訖如其議民既樂與官為市遠邇讙趨軍餉坐給而田里免科糴始知有生之樂會歲大稔米價頓賤父老以為三十年所無梁洋間繪蘩像祠之范成大驛疏言關外麥熟倍於常年實由罷糴民力稍紓得以盡於農畝孝宗覽之曰免和糴一年田間和氣若此乃知民力不可重困也擢蘩守太府少卿范成大召見孝宗首問糴事可否行否成大奏李

蘩以身任此事臣以身保李蘩孝宗大悅曰是大不可得李蘩也上意方嚮用而蘩亦欲奏蠲監酒和買之弊以盡滌民害會有疾卒詔以蘩能官致仕恩外特與遺表擇一人庶官前此所未有初蘩宰眉山校成都漕試念吳氏世襲兵柄必稔蜀亂發策云久假人以兵柄未有不為患者以武宣之明不能銷大臣握兵之禍以憲武之烈不能收藩鎮握兵之權危劉氏殲唐室鮮不由此吳挺以為怨後蘩總餉事挺謀奏軍食麤惡孝宗以問蘩蘩緘其樣以進挺之妄遂窮蹙三十年吳曦竟以蜀叛安丙既誅曦每語人云

吾等焦頭爛額耳孰如李公先見者乎蘩講學臨政皆有源委所著書十八種有桃溪集一百卷

論曰余端禮平時論議剴正及為相受制於韓侂胄雖有志扶掖善類而不得以直遂頗不免君子之論若李璧丘崈皆諫侂胄以輕兵召釁之失及其決意用師命葉適草詔不從而璧獨當筆焉何其所見後先舛迕哉附會之罪璧固無以逭於公論矣倪思直辭嗣主又屢觸權臣三黜不變其風槩有可尚焉李蘩所至能舉荒政蠲苛賦亦庶幾古所謂惠人也

列傳卷第一百五十七

列傳第一百五十八　宋史三百九十九

開府儀同三司上柱國錄軍國重事前中書右丞相監脩國史領經筵事都總裁臣脫脫等奉敕修

鄭轂 王庭秀附　仇悆　高登

婁寅亮　宋汝為

鄭轂字致剛建州人政和八年舉進士授安陸府教授權信陽縣尉監南京酒稅遂召為御史臺主簿張邦昌之僭號也挺身見高宗于濟州既即位擢監察御史遷右司諫升為諫議大夫帝至杭州轂奏曰陛下南渡出于倉卒省臺寺監百司之臣獲濟者鮮當擢吳中之秀以為用況天下賢俊多避地吳越宜令守臣體訪境內寄居待闕及見任宮觀等京朝官以上各具姓名以聞簡拔任使庶幾速得賢才以濟艱厄詔從之苗傅劉正彥等逆亂轂庭立面折二凶且謂逆賊凶燄熾甚非請外援無可為者乃上章待罪求去退見呂頤浩議興復計太后降詔不允朱勝非言轂面折二凶事拜御史中丞時二凶竊威福之柄肆行殺戮日至都堂侵紊機政轂言黃門宦者之設本以給事內庭供掃除而已俾與政事則貪暴無厭待以兵權則慘毒無已皆前世已行之驗也故宦官用事于上則生人受禍于下匹夫力不能勝則群起而攻之是以靖康之初群

起而攻之者庶民也睿聖皇帝南渡駐蹕未安群起而攻之者衆兵也今當痛革前弊並令選擇其人曾經事任招權納寵者屏之遠方俾無浸淫以激衆怒則賞罰之柄自朝廷出國勢尊矣仍諭軍法便宜止行于所轄軍伍其餘當聞之朝廷付之有司明正典刑所以昭尊君之禮而全臣子忠義之節也疏留中不出毂對請付外行之又論黃潛善汪伯彥均于誤國而潛善之罪居多今同以散官竄謫湖南錢伯言與黃願皆棄城呂源與梁揚祖皆擁兵而逃今願罷官揚祖落職而源伯言未正典刑非所以勸懲詔竄削有差傳正彥日至都堂議事毂奏將帥之臣不可

預政及聞以簽書樞密院召呂頤浩以禮部尚書召張浚分張俊兵以五百人歸陝西而浚不受尚書之命俊不肯分所部兵遂謫浚居郴州權俊以節度知鳳翔毂知出二凶姦謀具章乞留頤浩知金陵浚不當貶不報毂遂遣所親謝嚮變姓名微服爲賈人徒步如平江見浚等具言城中事以爲嚴設兵備大張聲勢持重緩進使賊自遁無驚動三宮此上策也浚聞之皆感激奮厲爲赴難計俄詔睿聖皇帝爲皇太弟天下兵馬大元帥幼主爲皇太姪即與大臣進議以爲在庭公卿百司群吏皆昔之臣屬也今則與之比肩事主矣稽之于古則無所法行之于今則實逆

天或者謂大元帥可以任軍旅之大事臣竊以爲不然昔舜之禪禹也猶命禹徂征有苗則禹雖受禪而征伐之事舜猶親之也唐睿宗傳位皇太子以聽小事自尊爲太上皇以聽大事如是無不可者則稽之于古爲有法行之于今爲得宜太后垂簾同聽政以安人心退與御史王庭秀上疏力爭太后召毂與宰執同對簾前毂乞召庭秀太后諭曰今欲令睿聖皇帝總領兵馬爾毂奏曰臣不知其他但人君位號豈容降改聞之天下孰不懷疑雖前世衰亂分裂之時固未有旬日之間易兩君一朝降兩朝位號者也太后令毂至都堂朱勝非出朱昞等所上書以示毂庭

秀毂庭秀力言昨日詔書不可宣布必召變勝非與執政顏岐王孝迪路允迪皆在坐尚書左丞張澂獨曰事勢若此豈爭此名位耶澂欲出毂等共止之毂與李邴並爲端明殿學士同簽書樞密院事高宗復位進簽書執政而百日而卒高宗甚悼之謂大臣朕喪元子猶能自排遣于毂殆不能釋也

庭秀字穎彥慈溪人與黃庭堅楊時遊其爲學旁搜遠紹不苟趣時好造詣深遠操植堅正發爲文辭俊邁宏遠登政和二年上舍第歷官州縣侍御史李光薦爲御史臺檢法官宣和靖康時進言皆發于忠義御史中丞言僞楚時

庶官中如虞謨王庭秀者初非疾病毅然致爲臣而歸願褒擢之拜監察御史奏乞威斷當出於人主而所遣宣諭官當令舉廉吏又言刑名有疑慮者令州郡法官申憲司閱實具奏以取裁決遷殿中侍御史論黃潛善賣官售寵罷之既與鄭瑴力爭降封高宗事未幾出知瑞州右正言呂祉奏朝廷今日緣論大臣移一言官明日罷一言官則後日大臣行事有失誰敢言者遂召爲吏部郎改左司言朝廷比來深疾貪吏然州縣之間豈無廉介自將沈於下僚者宜命五使所至以廉潔清修可以師表吏民者以名來上參之公議不次升擢以厲士風從之遷檢正中書門下省諸房公事與宰相議多不合不自安引疾求去詔直秘閣主管崇道觀而歸

仇悆字泰然益都人大觀三年進士授邠州司法讞獄詳恕多所全活爲鄧城令滿秩耆幼遮泣不得去徙武陟令屬朝廷方調兵數十萬于燕山悆餽饟畢給時主將縱士卒過市掠物不予直他邑官逃避悆先期趣備申嚴約束遂以不擾已而悆送運餉于涿值大軍潰于盧溝河囊橐往往委以資敵悆間關營護無一豪棄失調高密丞俗尚嚚訟悆攝縣事剖決如流事無淹夕民至懷餅餌以俟決遣猾吏揚蓋每陰疏令過脅持爲姦悆暴其罪黥之無不

悅服州闕司錄命悆攝事既行邑氓萬餘邀留至擁歸縣廨時天寒皆然火警守布滿後先悆由它道得出或追拜馬首曰公舍我去我必使公復來它日悆方白事郡牙忽數千人徑奪以歸守將弗能遏劉冦起萊密間素聞悆名戒其黨毋犯高密境民賴以安密卒閉關叛掠害官吏幾盡獨嘑曰無驚仇公南遷丁母憂服除知建昌軍入爲考功員外時仕者宛轉兵間亡失告牒十常七八而銓部無案籍愬丐者甚多真僞錯亂悆親爲考覈其可據者悉責保識因上聞行之遷右司及中書門下檢正諸房公事俄爲沿海制置使明守與宰相厚善紿言士卒將爲變致遣精兵密捕統制官徐文覺之初謀縱軍剽略頃之泛海去呼曰我以仇公故不殺人不焚屋廬一城晏然猶坐削兩官主管太平觀以淮西宣撫知廬州劉豫子麟合金兵大入民情洶懼宣撫司統制張琦者冀乘危爲亂驅居民越江南走欲先脅悆出擁甲士數千突入露刃登樓揚白麾左右驚潰迫悆上馬悆徐謂曰若輩無守土責吾當以死徇國冦未至而逃人何賴焉堅不爲動神色無少異琦等錯愕遽散其徒人心遂定時金人出入近境悆求援于宣撫司不報又遣其子自間道赴朝廷告急雖雄其子以官而援卒不至帝方下詔親征而詔亦不至淮甸喧言將棄

兩淮爲保江計悆錄詔語揭之郡縣讀者至流涕感思自奮監押閻僅死于賊餘衆來歸州帑匱竭無以爲賞悆悉引班坐犒以酒食慰勞之衆皆感勵募廬壽兵得數百益鄉兵二千出奇直抵壽春城下敵三戰皆北卻走度淮其後麟復增兵來寇悆復壽春俘馘甚衆獲旗械數千焚糧船百餘艘降渤海首領二人初金人圍濠州旬日未下屬天寒馬多僵死乃悉衆向淮東樞密使張浚方視師金陵悆以策說之曰金重兵在淮東師老食匱若以精兵二萬一自壽陽一自漢上徑趨舊京當不戰而退繼以大軍尾擊蔑有不濟者昔人謂一日縱敵數世之患願無失時之

悔浚不能用麟復以步騎數千至合肥諜言兀朮爲之殿人心怖駭不知所爲會京西制置使遣牛皐統兵適至悆顧左右曰召牛觀察來擊賊皐既至以忠義撼之皐素勇甚以二千餘騎馳出短兵相接所向披靡敵稍懾散而復集者三其副徐慶忽墜馬敵競赴之皐掖以上手剚數人因免冑大呼曰我牛皐也嘗四敗兀朮可來決死寇畏其名遂自潰以悆克復守禦功加徽猷閣待制明年宣撫司始遣大將王德來時寇已去德謂其伍曰當事急時吾屬無一人渡江擊賊今事平方至何面目見仇公耶德麾下多女真渤海歸附者見悆像不覺以手加額初宣撫司既

不以一卒援諸郡但令焚積聚負城保文移不絕于道又請浚督行之浚檄悆度其宜與之悆謂殘破之餘兵食不給誠不能支敵然帥臣任一路之責誓當死守今若委城使金人有淮西治兵艦于巢湖必貽朝廷憂力陳不可浚韙其言而卒全活數州之衆尋詔諳閑軍民號送之改浙東宣撫使知明州以挫豪強獎善良爲理吏受賕雖一錢不貸姦猾斂迹州罹兵火既燬悆斥廚錢助其費買田行鄉飲酒禮歲饑發官儲損其直民無死徙朝廷聞之進秩一等再召進對帝親加褒諭欲留寘近密言者以悆在郡多黜胥吏爲慘酷請授外藩時峒獠未息乃進直學士

爲湖南安撫使禁盜鑄錢者趣使爲農物價既平商賈遂通數月召還加寶文閣學士陝西都轉運使時金人無故歸侵疆詭計叵測悆力陳非策固辭不行秦檜方主和議以爲異己落職以左朝奉郎少府少監分司西京全州居住起知河南府未行金人果復陷所歸郡邑如悆言廼復待制再知明州改知平江府陛辭言我軍已習戰非復前日故劉錡能以少擊衆敵大挫衄若乘已振之勢鼓行而前中原可傳檄而定上嘉之以言罷提舉太平觀積官至左朝議大夫爵益都縣伯卒贈左通議大夫悆性至孝母没時方崎嶇轉徙居喪盡禮沿海制置使陳彥文薦于朝

起復之命不就悆端方挺特自初官訖通顯無所附麗令鄧城時丞相范宗尹方為邑子以文詞謁悆悆他日語其父是子公輔器也宗尹既當國未嘗以私見悆在明州嘗欲薦一幕官問曰君日費幾何對以十口之家日用二千悆驚曰吾為郡守費不及此屬僚所費倍之安得不貪遂止

高登字彥先漳浦人少孤力學持身以法度宣和間為太學生金人犯京師登與陳東等上書乞斬六賊廷臣復建和議奪种師道李綱兵柄登與東再抱書詣闕軍民不期而會者數萬王時雍縱兵欲盡殲之登與十人屹立不動欽宗即位擢吳敏張邦昌為相敏又雪前相李邦彥無辜

乞加恩禮起復之登上書曰陛下自東宮即位意必能為民興除大利害踐阼之始兵革擾擾朝廷政事一切未暇人人翹足以待事息而觀惟新之政奈何相吳敏張邦昌又納敏黨與之言播告中外將復用李邦彥道路之人無不飲恨而去是陛下大失天下之望臣恐人心自此離矣太上皇久處邦彥等于政府紀綱紊亂民庶愁怨方且日以治安之言誘誤上皇以致大禍會皇南幸不獲寧居主辱臣死此曹當盡伏誅今乃偃然自恣朋比為姦蒙蔽天日陛下從敏所請天下之人將以陛下為不明之君人心自此離矣再上書曰臣以布衣之微賤臣言繫宗社之存亡未可忽也于是凡五上書皆不報因謀南歸忽聞邦昌各與遠郡一時小人相繼罷斥與所言偶合者十七八登喜曰是可以盡言矣復為書論敏未罷不報初金人至六館諸生將遁去登曰君在可乎與林邁等請隨駕隸聶山帳中而帝不果出金人退師敏遂諷學官起羅織屏斥還鄉紹興二年廷對極意盡言無所顧避有司惡其直投富川主簿憲董弅聞其名檄讞六郡獄復命兼賀州學事學故有田舍法罷歸買馬司登請復其舊守曰買馬養士孰急登曰買馬固急矣然學校禮義由出一日廢衣冠之士與堂下卒何異守曰抗長吏耶曰天下所恃以治者禮義

與法度爾既兩棄之尚何言守不能奪卒從之攝獄事有因殺人守欲奏裁曰陰德可為登曰陰德豈可有心為之殺人者死而可幸免則被死之冤何時而銷滿秩士民丐留不獲相率餽金五十萬不告姓名白于守曰高君貧無以養願太守勸其咸受登辭之不可復無所歸請置于學買書以謝士民歸至廣會新興大饑帥連南夫檄發廩振濟復為糜于野以食之願貸者聽所全活萬計歲適大稔而償亦及數民投牒願留者數百輩因奏辟終其任召赴都堂審察遂上疏萬言及時議六篇帝覽而善之下六議中書秦檜惡其譏己不復以聞授靜江府古縣令道湖州

守汪藻館之藻留與修徽宗實錄固辭或曰是可以階改秩登曰但意未欲爾遂行廣西帥沈晦問登何以治縣登條十餘事告之晦曰此古人之政今人詐疑不可行對曰忠信可行蠻貊謂不能行識不至爾豪民秦琥武斷鄉曲持吏短長號秦大蟲邑大夫以下爲其所屈登至頗革而登喜其遷善補處學職它日琥有請屬登謝卻之琥怒謀中以危法會有愬琥侵貸學錢者登呼至面數琥聲氣俱厲叱下白郡及諸司寘之法琥忿而死一郡快之帥胡舜陟謂登曰古縣秦太師父舊治寔生太師于此盍祠祀之登曰檜爲相亡狀祠不可立舜陟大怒摭秦琥事移蕩浦丞

康寧以代登登以母病去舜陟遂剏檜祠而自爲記且誣以專殺之罪詔送靜江府獄舜陟遣健卒捕登屬登母死舟中藁葬水次航海詣闕上書求納官贖罪帝閔之故人有爲右司者謂曰丞相云嘗識君于太學能一見終身事且無憂上書徒爾爲也登曰某知有君父不知有權臣既而中書奏故事無納官贖罪仍送靜江獄登歸葬其母訖事詣獄而舜陟先以事下獄死矣事卒昭白廣漕鄭鬲趙不棄辟攝歸善令遂差考試摘經史中要語命題策閫漸水災所致之由郡守李仲文即馳以達檜檜聞震怒坐以前事取旨編管容州漳州遣使臣謝大作特省符示登登讀畢即投大作上馬大作曰少入告家人無害也登曰君命不敢稽大作愕然比夜廵檢領百卒復至登曰若朝廷賜我死亦當拜敕而後就法大作感登忠義爲泣下奮劍叱廵檢曰省符在我手中無它語也汝欲何爲吾當以死捍之萬不棄亦坐鐫一官登謫居授徒以給家事一不介意惟聞朝廷所行事小失則顰蹙不樂大失則慟哭隨之臨卒所言皆天下大計後二十年丞相梁克家疏其事以聞何萬守漳言諸朝追復迪功郎後五十年朱熹爲守秦乞褒錄贈承務郎登事其母至孝舟行至封康閒阻風方念無以奉晨膳忽有白魚躍于前其學以愼獨爲本所著

家論忠辨等篇有東溪集行世

婁寅亮字陟明永嘉人政和二年進士爲上虞丞建炎四年高宗至越寅亮上疏云先正有言太祖舍其子而立弟此天下之大公周王薨章聖取宗室育之宮中此天下之大慮也仁宗感悟其說詔英祖入繼大統文子文孫宜君宜王遭罹變故不斷如帶今有天下者獨陛下一人而已屬者椒寢未繁前星不耀孤立無助有識寒心天其或者深戒陛下追念祖宗公心長慮之所及乎崇寧以來諛臣進說獨推濮王子孫以爲近屬餘皆謂之同姓遂使昌陵之後寂寥無聞奔迸藍縷僅同民庶恐祀豐于昵仰違天

監太祖在天莫肯顧歆是以二聖未有回鑾之期金人未有悔禍之意中原未有息肩之日臣愚不識忌諱欲乞陛下于子行中遴選太祖諸孫有賢德者視秩親王俾牧九州以待皇嗣之生退處藩服并選宣祖太宗之裔材武可稱之人升爲南班以備環衛庶幾上慰在天之靈下係人心之望帝讀之感悟樞密富直柔薦之紹興元年召赴行在以其言宗社大計也既入見復上疏曰陛下蹤迹所環六年于外險阻艱難備嘗之矣然而二聖未還金人未滅四方未靖者何哉天意若曰天祚宋德太祖不私其子而保之不幸姦邪誤國而壞之將使嗣聖念祖思危而後獲之乃所以申其永命也臣誠狂妄去歲上章請陛下取太祖諸孫之賢者視秩親王使牧九州誤蒙采聽赦而不誅兹蓋在天之靈發悟聖心爲社稷計非愚臣之所及也伏望宣告大臣行之它日皇子之生使之退處清暇不過增一節度使爾陛下以太祖之心行章聖之慮自然孝弟感通兩宮回蹕澤流萬世改合入官擢監察御史時相秦檜以其直柔所薦惡之諷言者論寅亮匿父喪不舉下大理鞫問無實猶坐爲族父冒占官户罷職送吏部由是坐廢

宋汝爲字師禹豐縣人靖康元年金人犯京師闔門遇害汝爲思報國家及父兄之讎建炎三年金人再至謁部使

者陳邊事遣對行在高宗嘉納特補修武郎假武功大夫開州刺史奉國書副京東運判杜時亮使金時劉豫節制東平丞相呂頤浩因致書豫汝爲行次壽春遇完顏宗弼軍不克與時亮會獨馳入其壁將上國書宗弼盛怒刼而縛之欲加僇辱汝爲一無懼色曰死固不辭然銜命出疆願達書吐一辭死未晚宗弼顧汝爲不屈遂解縛延之曰此山東忠義之士也命往見豫汝爲曰願伏劒爲南朝鬼豈忍背主不忠于所事力拒不行乃至京師瀕死者數四豫僭號汝爲特頤浩書與之開陳禍福勉以忠義使歸朝廷豫愕而立曰使人使人使豫自新南歸人誰直我獨不見張邦昌之事乎業已至此夫復何言即拘留汝爲然以汝爲儒士乃授通直郎同知曹州以誘之固辭遂連結先陷于北者淩唐佐李亘李儔爲腹心以機密歸報朝廷唐佐等所遣僧及卒爲邏者所獲汝爲所遣王現邵邦光善達朝廷皆官之紹興十三年汝爲亡歸作恢復方略獻于朝且曰今和好雖定計必背盟不可遽弛時秦檜當國置不復問獨禮部尚書蘇符憐之爲言于朝換宣教郎添差通判處州高宗憶其忠特轉通直郎汝爲遂上丞相書言用兵之道取勝在于得勢成功在乎投機女真乘襲取契丹之鋭梟視狼顧以窺中原一旦長驅直擣京闕升平既

久人不知兵故彼得投其機而速發由是猖獗兩河以成盜據之功既而關右河朔豪傑士民避地轉鬭從歸聖朝將士戮力削平群盜破逐英雄百戰之餘勇氣萬倍回思曩昔痛自懲悔人人扼腕切齒願當一戰加以金人兵老氣衰思歸益切是以去歲順昌孫壘力挫其鋒方其狼狽逃遁之際此國家乘勝進戰之時也惜乎王師遽旋撫其機而不發遂未能殄滅醜類以成恢復之功今聞其力圖大舉轉輸淮北其設意豈小哉所慮秋冬復肆猖獗兀术不死兵革不休雖欲各保邊陲安可得也今當乘去歲淮上破賊之勢特降哀痛之詔聲言親征約諸帥長驅直擣

其月日各到東京協謀併力以俘馘兀术為急又言兀术好勇妄作再起兵端所共謀者叛亡群盜而已去夏諸帥各舉金人奔命敗北之不暇兀术深以為慮故為先發制人之動所恃者不過自能聚兵合勢料王師以諸帥分軍爾今計其步騎不過十萬王師雲集其衆數倍合勢刻期並進戮力何憂乎不勝若以諸帥難相統屬宜除川陝一路專當撤離喝權合諸帥為兩節制公選大臣任觀軍容為宣慰之職往來調和諸帥使之上下同心左右戮力則勢既合不為賊所料矣不然分軍出陳蔡直擣東都賊必首尾勢分復以重兵急擊然後以舟師自淮泝新河入鉅

野澤以步兵自洛渡懷衛入太行山以襲其內舟師入鉅野則齊魯搖步兵入太行則三晉應賊勢雖欲合而不分亦難乎為計矣久之有告汝為于金人以蠟書言其機事者大索不獲尋知南歸檜將械送金人汝為變姓名為趙復徒步入蜀汝為身長七尺疎眉秀目望之如神仙楊企道者遇之溪上企道曰必奇士也款留之見其議論英發洞貫古今靖康間離亂事歷歷言之企道益驚遂定交假僧舍居之檜死汝為曰朝廷除此巨蠹中原恢復有日矣企道勸其理前事汝為慨然太息曰吾結髮讀書奮身一出志在為國復讎收還土宇頗為諸公所知命緣數奇輒

于權臣今老矣新進貴人無知我者汝為能知死期嘗祭其先終日大慟將終神氣不亂汝為倜儻尚氣節博物洽聞飲酒至斗餘未嘗見其醉或歌或哭涕淚俱下其客蜀也史載之邵博宇文亮臣李燾相得甚歡趙沂王京曾開民先楊寀惠晴經紀其喪事三十二年其妻錢莫知汝為死詣登聞鼓院以狀進詔索之不得隆興二年其子南強以汝為之死哀愬于朝參知政事虞允文錢端禮以聞特官一子有忠嘉集行世

論曰高宗播遷復有苗劉之變此何時也鄭瑴王庭秀正色立朝以爭君臣之義顧不避哉仇愈豈弟君子遺澤桂

民易曰王臣蹇蹇高登有焉婁寅亮請立太祖後爲太子能言人臣之所難言而高宗亦慨然從之君仁而臣直乎宋汝爲歸自金國論事切直與寅亮俱迕秦檜一則誣以罪譴一則逃遁以死於乎悕矣

列傳卷第一百五十八

列傳卷第一百五十九　宋史四百

開府儀同三司上柱國錄軍國重事前中書右丞相監修國史領經筵事都總裁臣脫脫等奉

敕修

王信　汪大猷　袁燮　吳柔勝

游仲鴻　李祥　王介　宋德之

楊大全

王信字誠之處州麗水人既冠入太學登紹興三十年進士第試中教官授建康府學教授丁父憂服除進所著唐太宗論贊及負薪論孝宗覽之嘉歎不已特循兩資授太學博士時須次者例從外添差温州教授郡饑疫議遣官賑救之父老願得信任其事守不欲以煩信請益力信聞之欣然爲行徧至病者家全活不可勝記差敕令所刪定官法令有不合人情自相牴牾吏得以傳會出入者悉釐正之轉對言敵情不可測和議不可恃今日要當先爲自備之策以待可乘之機上以爲是又論太學正録掌規矩之官而員多博士掌訓導之官而員少請以正録兩員升爲博士從之論除官胜冗之獘乞精選監司而擇籍名郡將代半歲乃注人上親以其章授宰臣行權考功郎官蜀人張公遷初八年免銓至是攺秩吏妄引言復令根之信鈎考其故吏怖服有三蜀士實礙式吏受賕爲地工部尚

書趙雄蜀人也以屬信信持弗聽已而轉吏部闕審成牘撫掌愧歎嗟激不已以聞于上它日上謂尚書蔡洸曰考功得王信銓曹遂清遷者私相語指爲神明武臣給告不書年齒磨轉蔭薦肆爲姦欺不可控搏爲擿最者數事告宰相付之大理獄事連三衙殿帥王友直欲爭之上審知其非沮之曰考功所言公事也汝將何爲獄具皆伏辜因請置籍以稽後患授軍器少監仍兼考功郎官丁母憂吏哀金殺牲禱神願信服闋無再爲考功既起知永州入奏事留爲將作少監復考功郎官轉軍器少監兼右司郎官升員外郎四方有以疑獄來上者信反復披覽常至夜分

升左司員外郎轉對論士大夫趨向之敝居官者逃一時之責而後之禍患有所不恤獻言者求一時之合而行之可否有所不計集事者以趣辦爲能而不爲根本之慮謀利者以羨餘爲事而不究源流之實持論尚刻薄而寖失祖宗忠厚之意華敝預煩碎而不明國家寬大之體因循玩習恬不爲怪願酌古之道當時之宜示好惡於取舍之間使天下靡然知鄉而無復爲目前苟且之徇又論朝廷有恤民之政而州縣不能行恤民之實近歲不登陛下軫念元元凡水旱州郡租賦或蠲放或倚閣住催然倚閣住催之名可以並緣爲擾願明與減放又論豫備三說收逃亡之卒

選忠順之官嚴訓練之職又言屯田利害上皆納其說兼玉牒所檢討官提領戶部酒庫久之上諭信曰知朕意否行用卿處書生不長於財賦故以命卿果能副朕所委爲中書門下檢正諸房文字遷太常少卿兼權中書舍人假禮部尚書使于金肆射都亭連中其的金人駭曰尚書得非黑王相公子孫耶謂王德用也信得米芾書法金人寶之歸言金人必衰之兆有四在我當備之策有二上首肯之太史奏仲秋日月五星會于軫信言休咎之徵史策不同然五星聚者有之未聞七政共集也分野在楚願思所以順天而應之因條上七事又言陛下即位之初經營中

原之志甚銳然功之所以未立者正以所用之人不一其人不一故其論不一其論不一故其心不一願豫求奉當之論使歸于一鑽闈封駁而右府所下不關中書或斜封捷出左於公論統領官奴事內侍坐謫遠州幸蒙赦還而遽復故職潛藩恩舊之隸徒擢酤官而齒朝士老禁校僥冀節鉞詭計可得之而奉稍恩典與正不異閤門多溢額祗候妃嬪進封而冒指它姓爲甥姪既一一塗歸有雖書讀而徐核其不當者續爭救之上曰事有不可不問者第言之朕無有不爲卿行者於是益抗志不回官者甘昪既逐遠之矣屬高宗崩用治喪事人莫敢言昪俄提舉德壽

宮信丞執奏舉朝皆悚翰林學士洪邁適入上語之曰王給事論甘昪事甚當朕特白太上皇后聖訓以爲今一宮之事異於向時非我老人所能任小黄門空多類不習事獨昪可任責分吾憂渠今已歸居室尚不能有豈敢蹈故態以是駁疏不欲行卿見王給事可道此意信聞之乃止信遇事剛果論奏不避權要縣此人多嫉之信亦力求去提舉崇福宮詔求言信條十事以獻其目曰法戒輕變令貫必行寬州郡以養民力脩軍政以待機會郡當分其緩急縣當别其劇易嚴銅錢之禁廣積聚之備處歸附之人收逃亡之卒起知湖州信未涉州縣㩀案剖析敏如流泉

擢集英殿脩撰知紹興府浙東安撫使奏免逋官錢十四萬緡七萬匹緜十萬五千兩米二千萬斛山陰境有狹猱湖四環皆田歲苦潦信創啓斗門導停瀦注之海築十一垻化匯浸爲上腴民繪象以祠更其名曰王公湖築漁浦隄禁民不舉子買學田立義冢衆職修理加煥章閣待制徙知鄂州改池州初信扶其父喪歸自金陵草屨徒行雖疾風甚雨弗避也由是得寒濕疾及聞孝宗遺詔悲傷過甚疾復作至是寖劇上章請老以通議大夫致仕有星隕于其居光如炬不及地數尺而散數日信卒遺訓其子以忠孝公廉所著有是齋集行世

汪大猷字仲嘉慶元府鄞縣人紹興七年以父恩補官授衢州江山縣尉曉暢吏事登十五年進士第授婺州金華縣丞爭財者諭以長幼之禮悅服而退李椿年行經界法約束嚴甚檄大猷覆視龍游縣大猷請不實者得自陳毋遽加罪改建德遷知崑山縣丁父憂免喪差總領淮西江東錢糧幹官改幹辦行在諸司糧料院參知政事錢端禮宣諭淮東辟幹辦公事充參議官遷大宗丞兼吏部郎官又兼户部右曹入對言總覈名實責任臣下因才而任毋遷所長量能授官毋拘流品孝宗顧謂左右曰疏通詳雅而善議論有用之才也除禮部員外郎丞相洪适薦兼吏

部侍郎仍遷主管左選莊文太子初建東宮兼太子左諭德侍講兩日一講孟子多寓規戒太子嘗出龍大淵禁中所進侍燕樂章諭宮僚同賦大猷曰鄭衛之音近習爲倡非講讀官所當預白于太子而止遷祕書少監修五禮會要金人來賀假吏部尚書爲接伴使尋兼權刑部侍郎又兼崇政殿說書又兼給事中孝宗清燕每訪政事嘗曰朕每厭宦官女子之言思與卿等款語欲知朝政闕失民情利病苟有所聞可極論之大猷遂陳耆長雇直隸經總制司並緣法意使里正兼催科之役厲民爲甚又論亭户未嘗煑鹽居近場監貸錢射利隱寄田産害及編氓宜取二

等以上充役又論賜田勳戚豪奪相先陵轢州縣惟當賜金使自求之又論没入貲産止可行於彊盜贓吏至於倉庫綱運之負陷者惟當即其業收租以償既足則給還使復故業轉對言榷酒之害及居官者不得鑄銅爲器上嘉奬曰卿前後所言皆今日可行之事權刑部侍郎升侍講言有司率用新制棄舊法輕重舛牾無所遵承使舞文之吏時出以售其姦請明詔編纂書成上進上大悅尚書周執羔韓元吉樞密劉珙以彊盜率不處死無所懲艾右司林栗謂太祖朝彊盜贓滿三貫死無首從不問殺傷景祐增五貫固從寬今設六項法非手刃人例奏裁黥配何所

懲艾請從舊法贓滿三貫者斬大猷曰此吾職也遂具奏曰彊盜烏可恕用舊法而痛懲之固可也天聖以來益用中典寖失禁姦之意今所議六項法犯者以法行之非此而但取財惟再犯者死可謂寬嚴適中若皆寘之死地未必能禁其爲盜盜知必死將甘心於事主矣望稍開其生路乃奏用六項法則死者十七人用見行法則十四人舊法則百七十人俱死遂從大猷議借吏部尚書爲賀金國正旦使至盱眙得印榜云彊盜止用舊法罷六項法還朝自劾求去上聞之復行六項法改權吏部侍郎兼權尚書夜傳旨學士院出唐沈既濟論選舉事曰今日有此敝可

行與否詰旦當面對即奏事與今異敝雖似之言則難行上曰卿言甚明既郊差充鹵簿使以言去授敷文閣待制提舉太平興國宮起知泉州毗舍耶嘗掠海濱居民歲遣戍防之勞費不貲大猷作屋二百區遣將留屯久之戍兵以眞臘大賈爲毗舍耶犯境大猷曰毗舍耶面目黑如漆語言不通此豈毗舍耶耶遂遣之故事蕃商與人爭鬭非傷折罪皆以牛贖大猷曰安有中國用島夷俗者苟在吾境當用吾法三佛齊請鑄銅瓦三萬詔泉廣二州守臣督造付之大猷奏法銅不下海中國方禁銷銅奈何爲其所役卒不與進敷文閣直學士留知泉州踰年提舉太平興

國宮改知隆興府江西安撫使以大暑討永新禾山洞寇不利自劾降龍圖閣待制落職南康軍居住提舉太平興國宮復龍圖閣待制提舉上清太平宮復敷文閣待制升學士没贈二官大猷與丞相史浩同里又同年進士未嘗附麗以干進浩深歎美之好周施叙宗族外族爲興仁録率鄉人爲義莊二十餘畝以爲倡衆皆欣勸所著有適齋存稾備忘訓鑒等書

袁燮字和叔慶元府鄞縣人生而端粹專靜乳媪置槃水其前玩視終日夜卧常醒然少長讀東都黨錮傳慨然以名節自期入太學登進士第調江陰尉浙西大饑常平使

羅點屬任振恤變命每保畫一圖田疇山水道路悉載之而以居民分布其間凡名數治業悉書之合保爲都合都爲鄉合鄉爲縣征發爭訟追胥披圖可立決以此爲荒政首除沿海制屬連丁家艱寧宗即位以太學正召時朱熹諸儒相次去國丞相趙汝愚罷燮亦以論去自是黨禁興矣久之爲浙東帥幕福建常平屬沿海參議嘉定初召主宗正簿樞密院編修官權考功郎官太常丞知江州改提舉江西常平權知隆興召爲都官郎官遷司封因對言陛下即位之初委任賢相正士鱗集而竊威權者從旁睨之彭龜年逆知其必亂天下顯言其姦龜年以罪去而權臣

遂根據幾危社稷陛下追思龜年蓋嘗臨朝太息曰斯人猶在必大用之固已深知龜年之忠矣今正人端士不乏願陛下常存此心急聞剴切崇獎朴直一龜年雖沒衆龜年繼進天下何憂不治臣昨勸陛下勤於好問而聖訓有曰問則明臣退與朝士言之莫不稱善而側聽十旬陛下之端拱淵默猶昔也臣竊惑焉夫旣知如是而明則當知反是而闇明則輝光旁燭無所不通闇則是非得失懵然不辨矣遷國子司業秘書少監進祭酒秘書監延見諸生必迪以反躬切己忠信篤實是爲道本聞者悚然有得士氣益振兼崇政殿說書除禮部侍郎兼侍讀時史彌遠主和燮爭益力臺論劾燮罷之以寶文閣待制提舉鴻慶宮起知溫州進直學士奉祠以卒燮初入太學陸九齡爲學録同里沈煥楊簡舒璘亦皆在學以道義相切磨後見九齡之弟九淵發明本心之指乃師事焉每言人心與天地一本精思以得之兢業以守之則與天地相似學者稱之曰絜齋先生後謚正獻子甫自有傳

吳柔勝字勝之宣州人幼聽其父講伊洛書已知有持敬之學不妄言笑長游郡泮人皆憚其方嚴登淳熙八年進士第調都昌簿丞相趙汝愚知其賢差嘉興府學教授將寘之館閣會汝愚去御史湯碩劾柔勝嘗救荒浙右擅放

田租爲汝愚收人心且主朱熹之學不可爲師儒官自是閒居十餘年嘉定初主管刑工部架閣文字遷國子正柔勝始以朱熹四書與諸生誦習講義策問皆以是爲先又於生徒中得潘時舉呂喬年白于長擢爲職事使以文行表率於是士知趨向伊洛之學晦而復明遷太學博士又遷司農寺丞出知隨州時再議和好尤戒開邊隙旁塞之民事與北界相涉不問法輕重皆殺之郡民梁皐有馬爲北人所盜追之急北人以矢拒皐皐與其徒亦發二矢北界以爲言郡下七人于獄柔勝至立破械縱之具始末報北界而已收土豪孟宗政扈再興隸帳下後宗政再興皆

爲名將築隨州及棗陽城招四方亡命得千人立軍曰忠勇廩以總所闕額營柵器械悉備除京西提刑領州如故改湖北運判兼知鄂州甫至值歲歉即乞糴于湖南大講荒政十五州被災之民全活者不可勝計改知太平州除直祕閣主管亳州明道宮改直華文閣除工部郎中力辭除祕閣修撰依舊宮觀以卒謚正肅二子淵潛俱登進士各有傳

游仲鴻字子正果之南充人淳熙二年進士第初調犍爲簿李昌圖總蜀賦辟糴買官奇其才曰吾董餉積年惟得一士昌圖召入首薦之擢四川制置司幹辦公事制置使

趙汝愚一見即知敬之叙州董蠻犯犍爲境憲將合兵討之仲鴻請行詰其釁端以州負馬直也乃使人諭蠻曰歸俘則還馬直不然大兵至矣蠻聽命仲鴻受其降而歸改秩知中江縣總領楊輔檄置幕下時關外營田凡萬四千頃畝僅輸七升仲鴻建議請以兵之當汰者授之田存赤籍遲以數年汰者衆耕者多則橫歛一切之賦可次第以減輔然之大將吳挺沮而止趙汝愚移帥閩舉仲鴻自代制置使京鏜轉運劉光祖亦交薦于朝紹熙四年赴召趙汝愚在樞密謂仲鴻直諒多聞訪以蜀中利病汝愚欲親出經略西事仲鴻曰宥密之地斡旋者易公獨不聞吕申公經略西事當在朝廷之語乎汝愚悟而止差幹辦諸司糧料院光宗以疾久不朝重華宮仲鴻遺汝愚書陳宗社大計書有伊周霍光語汝愚讀之駭立焚之不答又遺書曰大臣事君之道苟利社稷死生以之既不死曷不去汝愚又不答孝宗崩仲鴻泣謂汝愚曰今惟有率百官哭殿庭以請親臨宰相留正以病去仲鴻亟簡汝愚曰禪日不決禍必起矣汝愚又不答後三日嘉王即位于重華宮汝愚既拜右丞相以仲鴻久游其門辟嫌不用初汝愚之定策也知閤韓侂胄頗有勞望節鉞汝愚不與侂胄方居中用事恚甚汝愚迹已危方益自嚴重選人求見者例不許

仲鴻勸以降意容接覬過異論而汝愚以淮東西總賦積弊奏遣仲鴻覈實仲鴻曰丞相之勢已孤不憂此而顧憂彼耶改監登聞鼓院以行會侍講朱熹以論事去國仲鴻聞之即上䟽曰陛下宅憂之時御批數出不由中書前日宰相留正之去去之不以禮諫官黄度之去去之不以正近臣朱熹之去復去之不以道自古未有舍宰相諫官講官而能自爲聰明者也願亟還熹毋使小人得志以養成禍亂監察御史胡紘希侂胄意誣汝愚久蓄邪心嘗語人以乘龍授鼎之夢又謂朝士中有推其宗派以爲裔出楚王元佐正統所在者指仲鴻也初欲直書仲鴻名同臺張

孝伯見之曰書其名則竄矣凡阿附宰相本冀官爵此人沉埋六院且二年心迹可察卒不書其名慶元元年汝愚罷相仲鴻遷軍器監主簿力丐外除知洋州朱熹聞其出曰信蜀士之多奇也越三年起知嘉定府擢利路轉運判官數忤宣撫副使吳曦曦言仲鴻老病朝命易他部未幾曦叛宣撫司幕官薛紱訪仲鴻於果山仲鴻對之泣指案上一編書示紱曰開禧丁卯正月游某死謂家人曰曦逼吾死即塡其日時宣撫使程松已大棄其師遁仲鴻以書勸成都帥楊輔討賊輔不能用至是松至果仲鴻謂紱曰宣威肯留則吾以積奉二萬緡犒兵護宣威之成都松不

顧而去總賦劉崇之繼至仲鴻遣其子佋往見以告松者告之崇之復不聽未幾曦誅參政李壁奏除利路提點刑獄尋乞休致予祠而歸遷中奉大夫嘉定八年卒年七十八劉光祖表其隧道曰於乎慶元黨人游公之墓紹定五年謚曰忠子佋淳祐五年爲右丞相自有傳

李祥字元德常州無錫人隆興元年進士爲錢塘縣主簿時姚憲尹臨安俾攝録參邏者以巧發爲能每事下有司必監視鍛鍊因服乃已嘗誣告一武臣子謗朝政鞫于獄祥不使邏者入門既而所告無實具以白尹尹驚曰上命無實乎祥曰即坐譴自甘憲具論如祥意上駭曰朕幾誤矣卿吾爭臣也遂賜憲出身爲諫大夫祥調濠州録事參軍安豐守臣冒占民田訟屢改而不決監司委祥卒歸之民未幾其人易守濠以嫌換司理廬州守出攺官奏留之不可主管戶部架閣文字太學博士國子博士司農寺丞樞密院編脩官兼刑部郎官大宗正丞軍器少監言忝朝蹟八年在外賢才不勝衆願更出迭入由臣始出提舉淮東常平茶鹽淮西運判兩淮鐵錢比不定祥疏乞官賜錢米銷濫惡者廢定城興國漢陽監更鑄紹熙新錢從之淮人以安遷國子司業宗正少卿國子祭酒丞相趙汝愚以言去國祥上疏爭之曰頃壽皇崩兩宮隔絕中外洶洶留

正棄印亡去國命如髮汝愚不畏滅族決策立陛下風塵不搖天下復安社稷之臣也奈何無念功至意忽體貌常典使精忠巨節怫鬱黯闇何以示後世除直龍圖閣湖南運副言者劾罷之於是太學諸生楊宏中周端朝等六人上書留之俱得罪主沖佑觀再請老以直龍圖閣致仕嘉泰元年八月卒謚肅簡

王介字元石婺州金華人從朱熹呂祖謙遊登紹熙元年進士第廷對陳時弊大略言近者罷拾遺補闕有遠諫之意小人唱爲朋黨有厭薄道學之名上嘉其直擢居第三人簽書昭慶軍節度判官廳公事除爲國子録上疏言壽

皇親挈神器授之陛下孝敬豈可以闕乎又言婦事舅姑如事父母不可虧宮中之禮不報孝宗崩介又力請上過宮執喪累疏言辭激切人歎其忠寧宗即位介上疏言陛下即位未三月策免宰相遷易臺諫悉出內批非治世事也崇寧大觀間事出御批遂成北狩之禍杜衍爲相常積內降十數封還今宰相不敢封納臺諫不敢彈奏此豈可久之道遷太學博士時韓侂胄居中潛弄威福之柄猶未肆也而文墨議論之士陰附之以希進於是始無所憚矣侂胄始疑介前封事詆己且其弟仰胄嘗以舊識求自通介拒絕之侂胄怨益深添差通判紹興府尋知邵武軍會

學禁起諫大夫姚愈劾介與袁燮皆僞學之黨且附會前相汝愚主管台州崇道觀久之差知廣德軍侂胄之隸人蘇師旦怨介不通謁目爲僞黨併及甲寅廷對之語以告侂胄有勸其自明者介曰吾髮已種種豈爲鼠輩所使邪侂胄亦畏公議不敢發以外艱去免喪知饒州未赴召爲祕書郎遷度支郎官師旦已建節介與同列謁政府遇之於庭客皆踰階而揖介不顧於是殿中侍御史徐柟劾介資淺立異奉祠除都大坑冶侂胄誅朝廷更化介召還除侍左郎官兼右司太子舍人改兵部郎官國子司業太子侍讀兼國史院編修官實錄院檢討官除國子祭酒會以

不雨詔百官指陳闕失時宰相史彌遠以母喪起復介手疏歷論時政推本洪範僭恒暘若之證謂羅日愿爲變是下人謀上也修好增幣而金人猶觖望是夷人亂華也內批數出是左右干政也諫官無故出省是小人間君子也皆謂之僭一僭已足以致天變而況兼有之哉又言漢法天地降災策免丞相乞令彌遠終喪擇公正無私者置左右王呂蔡秦之覆轍可以爲戒接送伴金國賀生辰使還奏故事兩國通廟諱御名而本朝止通御名高宗至光宗皆傳名而不傳諱紹熙初黃裳嘗以爲言而未及釐正願正典禮以尊宗廟除祕書監升太子右諭德其在春宮篤

意輔導每遇講讀因事規諫太子嘗欲索館中圖畫卻而弗與及張燈設樂則諫止之且乞選配故家以正始絕令旨以杜請謁宮僚分日上直以資見聞遷宗正少卿兼權中書舍人繳駁不避權貴張允濟以閤職爲州鈐介謂此小事而用權臣例破祖宗制不可不封還詞頭丞相語介曰此中宮意介曰宰相而逢宮禁意向給舍而奉宰相風旨朝廷紀綱掃地矣居數日除起居舍人介奏宰相以私請不行而托威福於宮禁權且下移誰敢以忠告陛下者乞歸老不許言本朝循唐入閤之制左右史不立前殿若御後殿則立朶殿下何所聞見而修起居注乎乞依歐陽

脩王存胡銓所請分立殿上吏部侍郎許奕以言事去國介奏曰陛下更化三年而言事官去者五人倪思傅伯成旣去其後蔡幼學鄒應龍相繼而出今許奕復蹈前轍此五臣者四爲給事一爲諫大夫兩年之間盡聽其去或謂此皆宰相意自古未有大臣因給舍論事而去之者是大臣誤陛下也將恐成孤立之勢疏奏乞補外以右文殿修撰知嘉興府歲餘升集英殿修撰知襄陽府京西安撫使從知慶元府兼沿海制置使以疾奉祠嘉定六年八月卒年五十六端平三年郡守趙汝談請于朝特贈中大夫寶章閣待制謚忠簡子楚自有傳

宋德之字正仲其先京兆人隋諫大夫遠謫彭山子孫散居於蜀遂爲蜀州人德之以應舉擢慶元二年外省第一爲山南道掌書記召除國子正遷武學博士與諸生論八陣之象本乎八卦皆動物也奇正之變往來相生而不窮知此然後可以致勝遷編修樞密院時兵釁有萌會昴赤嘗見太陰犯權星未浹日內北門鴟尾災延及三省六部詔求言德之奏離爲火爲日爲甲胄坎爲水爲月爲盜爲隱伏故火失其性赤氣見憂在甲兵水失其性太陰失度憂在隱伏因疏七事皆當今至切之患乃曰人火小變不足慮天象之變臣竊危之也又對曰今敵未動而輕變祖宗舊制命武臣帥邊以自遺患晉叛將唐藩鎭之禍基於此矣時吳曦在西陲皇甫斌在襄漢郭倪李爽在兩淮德之預以爲慮除太常丞出知閬州會曦變託跌足以避僞事平始赴閬擢本路提點刑獄制帥安丙奏德之傲視君命不俟代者之來徑用觀察使印領事詔降一官改潼川路轉運判官湖南路提刑改湖北召爲兵部郎官朝論有疑安丙意丞相史彌遠首以問德之德之對曰蜀無安丙朝廷無蜀矣人有大功實不敢以私嫌廢公議忤時相意遂罷安丙深感德之嘗謂人曰丙不知正仲正仲知丙丙負正仲正仲不負丙請賚於德之不許論者益稱德之之

賢起知眉州監特奏名試得疾而卒德之大父耕性剛介一朝棄官去莫知所終從父廉語德之曰吾昔至臨卭府有人言蜀有宋宣教者過浙江而去吾適越求之則入四明矣德之渡浙江尋訪至雪竇有蜀僧言聞諸耆老云山後有爛平山有二居士焉其一宋宣教也德之躋攀至爛平見丹竈置祠其上而歸

揚大全字渾甫眉之青神人乾道八年進士調溫江尉攝邑有政聲紹熙三年召除監登聞鼓院五年光宗以疾久不克省重華宮廷臣多論諫者太學生汪安仁等二百餘人上書而龔日章等百餘人以投匭上書爲緩必欲伏闕

大全謂院以登聞名寔明目達聰之地也今乃使人視爲具文吾何顔以尸此職乃爲書以諫力請過宫書上不報大全於是三上疏其略曰臣之志於憂君者不畏義死不榮幸生不以言而獲罪爲恥而以言不聽從爲恥自古諫之不效其大者身膏斧鑕其次亦流竄四裔其小者猶罷免終身未有若今日不勉於聽從亦不加於黜逐徒餌之以無所譴何之恩使皆豢養富貴甘豢養以消靡其風節平居皆貪禄懷姦之士則臨難必無仗節死義之人陛下自夏秋以來執政從官之死者皆不信卒之果然乎不然乎建康趙濟死武興吳挺死今尚不以爲然則事有幾微於眹兆者可諫陛下乎萬一變起蕭牆禍生肘腋陛下必將以爲不信坐受其危亡矣盜竊山東而高斯弄權二世不知也蠻寇成都而更奏捷明皇不知也此猶左右聾瞽爾今在朝之士瀝忠以告而陛下不聽是陛下自壅蔽其聰明也今外間傳聞以爲壽皇將幸越幸吳興此愛陛下之深欲泯其迹也陛下當亟圖所以解壽皇之憂疏入又不報寧宗即位遷宗正寺主簿慶元元年易太常寺主簿遷司農寺丞修高宗實録充檢討官先是韓侂胄用事私臺諫之選爲己羽翼且欲得知名士借其望以壓羣言一時之好進者恨不預此選也會御史虛位有力薦大全者屬大全一往見且曰公朝見除目夕下矣大全笑謝決不往明日遂丐外時實録將上矣上必推恩大全去不少待於是除知金州至姑蘇以病卒

論曰王信有文學通政事汪大猷敦厚老成袁燮學有所本吳柔勝游仲鴻名在僞學觀李祥訟趙汝愚公論藉是以立王介楊大全直道而行宋德之其知兵者歟

列傳卷第一百五十九

開府儀同三司上柱國錄軍國重事中書右丞相監修國史領經筵事都總裁臣脫脫等奉　敕修

辛棄疾　何異　劉宰　劉爚

柴中行　李孟傳

辛棄疾字幼安齊之歷城人少師蔡伯堅與党懷英同學號辛党始筮仕決以蓍懷英遇坎因留事金棄疾得離遂決意南歸金主亮死中原豪傑並起耿京聚兵山東稱天平節度使節制山東河北忠義軍馬棄疾爲掌書記卽勸京決策南向僧義端者喜談兵棄疾間與之遊及在京軍中義端亦聚衆千餘說下之使隸京義端一夕竊印以逃京大怒欲殺棄疾棄疾曰匄我三日期不獲就死未晚揣僧必以虛實奔告金帥急追獲之義端曰我識君眞相乃青兕也力能殺人幸勿殺我棄疾斬其首歸報京益壯之紹興三十二年京令棄疾奉表歸宋高宗勞師建康召見嘉納之授承務郎天平節度掌書記并以節使印告召京會張安國邵進已殺京降金棄疾還至海州與衆謀曰我緣主帥來歸朝不期事變何以復命乃約統制王世隆及忠義人馬全福等徑趨金營安國方與金將酣飲卽衆中縛之以歸金將追之不及獻俘行在斬安國於市仍授前官改差江陰僉判棄疾時年二十三乾道四年通判建康府六年孝宗召對延和殿時虞允文當國帝銳意恢復棄疾因論南北形勢及三國晉漢人才持論勁直不爲迎合作九議并應問三篇美芹十論獻于朝言逆順之理消長之勢技之長短地之要害甚備以講和方定議不行遷司農寺主簿出知滁州州罹兵燼井邑凋殘棄疾寬征薄賦招流散教民兵議屯田乃刱奠枕樓繁雄館辟江東安撫司參議官留守葉衡雅重之衡入相力薦棄疾慷慨有大畧召見遷倉部郎官提點江西刑獄平劇盜賴文政有功加秘閣修撰調京西轉運判官差知江陵府兼湖北安撫遷知隆興府兼江西安撫以大理少卿召出爲湖北轉運副使改湖南尋知潭州兼湖南安撫盜連起湖湘棄疾悉討平之遂奏疏曰今朝廷清明比年李金賴文政陳子明李峒相繼竊發皆能一呼嘯聚千百殺掠吏民死且不顧至煩大兵翦滅良由州以趣辦財賦爲急吏有殘民害物之政而州不敢問縣以並緣科斂爲急吏有殘民害物之狀而縣不敢問田野之民郡以聚斂害之縣以科率害之吏以乞取害之豪民以兼并害之盜賊以剽奪害之民不爲盜去將安之夫民爲國本而貪吏迫使爲盜今年剗除明年剗盪譬之木焉日刻月削不損則折欲望陛下深思

致盜之由講求弭盜之術無徒恃平盜之兵申飭州縣以惠養元元爲意有違法貪冒者使諸司各揚其職無徒按舉小吏以應故事自爲文過之地詔獎諭之又以湖南控帶二廣與溪峒蠻獠接連草竊間作豈惟風俗頑悍抑武備空虛所致乃復奏䟽曰軍政之敝統率不一差出占破畧無已時軍人則利於優閑窠坐奔走公門苟圖衣食以故教閱廢弛逃亡者不追冒名者不舉平居則姦民無所忌憚緩急則卒伍不堪征行至調大軍千里討捕勝負未決傷威損重爲害非細乞依廣東摧鋒荆南神勁福建左翼例别剏一軍以湖南飛虎爲名止撥屬三牙密院專聽

帥臣節制調度庶使夷獠知有軍威望風懾服詔委以規畫廼度馬殷營壘故基起蓋砦柵招步軍二千人馬軍五百人傔人在外戰馬鐵甲皆備先以緡錢五萬於廣西買馬五百匹詔廣西安撫司歲帶買三十匹時樞府有不樂之者數沮撓之棄疾行愈力卒不能奪經度費鉅萬計棄疾善斡旋事皆立辦議者以聚斂聞降御前金字牌俾日下住罷棄疾受而藏之出責監辦者期一月飛虎營柵成違坐軍制如期落成開陳本末繪圖繳進上遂釋然時秋霖幾月所司言造瓦不易問須瓦幾何曰二十萬棄疾曰勿憂令廂官自官舍神祠外應居民家取溝敔瓦二不二

日皆具僚屬歎伏軍成雄鎮一方爲江上諸軍之冠加右文殿修撰差知隆興府兼江西安撫時江右大饑詔任責荒政始至榜通衢曰閉糴者配强糴者斬次令盡出公家官錢銀器召官吏儒生商賈市民各舉有幹實者量借錢物逮其責領運糴不取子錢期終月至城下發糴於是連檣而至其直自減民賴以濟時信守謝源明乞米救助幕屬不從棄疾曰均爲赤子皆王民也卽以米舟十之三予信帝嘉之進一秩以言者落職久之主管沖佑觀紹熙二年起福建提點刑獄召見遷大理少卿加集英殿修撰知福州兼福建安撫使棄疾爲憲時嘗攝帥每歎曰福州前

枕大海爲賊之淵上四郡民頑獷易亂帥臣空竭急緩奈何至是務爲鎮靜未期歲積鏹至五十萬緡牓曰備安庫謂閩中土狹民稠歲儉則糴于廣今幸連稔宗室及軍人入倉請米出卽糴之候秋賈賤以備安錢糴二萬石則有備無患矣又欲造萬鎧招強壯補軍額嚴訓練則盜賊可以無虞事未行臺臣王藺劾其用錢如泥沙殺人如草芥旦夕望端坐閩王殿遂丐祠歸慶元元年落職四年復主管沖佑觀久之起知紹興府兼浙東安撫使四年寧宗召見言鹽法加寶謨閣待制提舉佑神觀奉朝請尋差知鎮江府賜金帶坐繆舉降朝散大夫提舉沖佑觀差知紹興

府兩浙東路安撫使辭免進寶文閣待制又進龍圖閣知江陵府令赴行在奏事試兵部侍郎辭免進樞密都承旨未受命而卒賜對衣金帶守龍圖閣待制致仕特贈四官棄疾豪爽尚氣節識拔英俊所交多海內知名士嘗跋紹興間詔書曰使此詔出於紹興之前可以無事讎之大恥使此詔行於隆興之後可以卒不世之大功今此詔與讎敵俱存也悲夫人服其警切帥長沙時士人或愬考試官濫取第十七名春秋卷棄疾察之信然索亞牓春秋卷兩易之啓名則趙鼎也棄疾怒曰佐國元勳忠簡一人胡爲又一趙鼎擲之地次閱禮記卷棄疾曰觀其議論必豪傑

士也此不可失啓之乃趙方也嘗謂人生在勤當以力田爲先北方之人養生之具不求於人是以無甚富甚貧之家南方多末作以病農而兼并之患興貧富斯不侔矣故以稼名軒爲大理卿時同僚吳交如死無棺斂棄疾歎曰身爲列卿而貧若此是廉介之士也旣厚賻之復言于執政詔賜銀絹棄疾嘗同朱熹遊武夷山賦九曲櫂歌熹書克己復禮夙興夜寐題其二齋室熹歿僞學禁方嚴門生故舊至無送葬者棄疾爲文往哭之曰所不朽者垂萬世名孰謂公死凜凜猶生棄疾雅善長短句悲壯激烈有稼軒集行世紹定六年贈光祿大夫咸淳間史館校勘謝枋得過棄疾墓旁僧舍有疾聲大呼于堂上若鳴其不平自昏暮至三鼓不絕聲枋得秉燭作文旦且祭之文成而聲始息德祐初枋得請于朝加贈少師謚忠敏

何異字同叔撫州崇仁人紹興二十四年進士調石城主簿歷兩任知萍鄉縣丞相周必大參政留正以院轄擬異孝宗問有無列薦正等以萍鄉政績對適遷國子監主簿遷丞轉對所言帝喜之曰君臣一體初不在事形迹有所見聞於銀臺司繳奏擢監察御史異奏與丞相留正舊同官不敢供職御札不許引嫌遂拜命遷右正言時光宗愆于定省異入疏諫不報約臺官聯名言姦人離間父子當

明正典刑語極峻又不報匄外授湖南轉運判官偶攝帥事辰蠻侵擾邵陽異募山丁捕首亂者蒲來矢以衆來降尋爲浙西提點刑獄以太常少卿召改秘書監兼實錄院檢討官權禮部侍郎太常寺太廟芝草生韓侂胄率百官觀焉異謂其色白慮生兵妖侂胄不悅又以劉光祖於異交密言者遂以異在言路不彈丞相留正及受趙汝愚薦劾罷之久乃予祠起知夔州兼本路安撫異以夔民土狹食少同轉運司糴米樁積立循環通濟倉七月丙戌西北有星白芒墜地其聲如雷異曰戌日酉時火土交會而妖星自東南衝西北化爲天狗蜀其將有兵乎匄祠以寶謨

閤待制提舉太平興國宮後四年吳曦果叛起知潭州乞閑予祠者再嘉定元年召爲刑部侍郎五月不雨巽上封事言近日號令或從中出而執政不得與聞其事臺諫不得盡行其言陛下閔念飢民藥病殯死遐荒僻嶠安得實惠多方稱提不如縮造楮幣阜通商米不如稍寬關市之征明年權工部尚書告老抗章言近臣求去類成虛文中外相觀指爲禮數無以爲風俗廉恥之勸以寶章閣直學士知泉州從所乞予祠進寶章閣學士轉一官致仕卒年八十有一巽高自標致有詩名所著月湖詩集行世

劉宰字平國金壇人既冠入鄉校卓然不苟於去就取舍紹熙元年舉進士調江寧尉江寧巫風爲盛宰下令保伍互相糾察往往改業爲農歲旱帥守命振荒邑境多所全活有持妖術號眞武法穿雲子寶華主者皆禁絕之書其坐右曰毋輕出文引毋輕事箠楚緣事出郊與吏卒同蔬食水飲去官惟篋藏主簿趙師秀酬倡詩而已調眞州司法詔仕者非僞學不讀周惇頤程顥等書才得考試宰喟然曰平生所學者何首可斷此狀不可得卒弗與授泰興令有殺人獄具謂檮于叢祠以殺一人刃忽三躍乃殺三人是神實教我也爲請之州毀其廟斬首以徇鄰邑有租牛縣境者租戶於主有連姻因喪會竊券而逃它日主之子征其租則曰牛鬻久矣子累年訟于官無券可質官又以異縣置不問至是愬于宰宰曰牛失十載安得一旦復之廼召二囚者勞而語之故託以它事繫獄鞫之囚者自詭盜牛以賣遣詣其所驗視租戶曰吾牛因其氏所租囚者辭益力因出券示之相持以來盜券者憮然爲歸牛與租富室亡金釵惟二僕婦在置之有司咸以爲冤命各持一蘆曰非盜釵者詰朝蘆當自若果盜則長於今二寸明旦視之一自若一去其蘆二寸矣即訊之果伏其罪有姑愬婦不養者二召二婦并姑置一室或餉其婦而不及姑徐伺之一婦每以己饌饋姑姑猶呵之其一反之如是累

日遂得其情父喪免至京韓侂冑方謀用兵宰啓鄧友龍薛叔似極言輕挑兵端爲國深害迄如其言爲浙東倉司幹官職事修舉亟引去默觀時變頓不樂仕尋告歸監南岳廟江淮制置使黃度辟之入幕宰辭曰君命召不往今矧可出耶嘉定四年堂審召命且再下不至時相亦屢諷執政從官貽書挽宰宰峻辭以絕俄題考功曆示決不復仕理宗初即位以爲籍田令屢辭改添差通判建康府又辭乞致仕乃以直祕閣主管仙都觀拜改秩予祠之命辭祕閣不允端平元年升直寶謨閣祠如故且盡還磨勘歲月未幾遷太常丞郡守以朝命趣行不得已勉就道至吳

門拜疏徑歸一時譽望收召畧盡所不能致者宰與崔與之耳帝側席以問侍御史王遂且俾宣撫遷將作少監又以直敷文閣知寧國府皆不拜進直顯謨閣主管玉局觀帝猶冀宰一來也召奏事詑不爲起尋卒鄉人罷市走送袂相屬者五十里人人如哭其私親宰剛大正直明敏仁恕施惠鄉邦其烈實多置義倉創義役三爲粥以與餓者自冬徂夏日食凡萬餘人薪粟衣纊藥餌棺衾之須靡謁不獲其無田可耕某無廬可居某之子女長矣而未昏嫁皆汲汲經理如己實任其責橋有病涉路有險阻雖巨役必捐貲先倡而程其事宰生理素薄見義必爲旣竭其力

籍質貸以繼之無倦若定折麥錢額更縣斗斛如制毀淫祠八十四所凡可以白于有司利于鄉人者無不爲也宰隱居三十年平生無嗜好惟書靡所不讀旣竭日力猶坐以待雖博考訓注而自得之爲貴有漫塘文集語錄行世

劉爚字晦伯建陽人與弟韜仲受學于朱熹呂祖謙乾道八年舉進士調山陰主簿爚正版籍吏不容姦調饒州録事通判黃奕將以事汙爚而已自以贓抵罪去都大坑冶耿某閔遺骸暴露議用浮屠法葬之水火爚貽書曰使死者有知禍亦慘矣請擇高阜爲叢冢以葬調連城令罷添給錢及綱運例錢免上供銀錢及綱本二稅甲葉鈔鹽軍期米等錢大修學校乞行經界改知閩縣治以清簡庭無滯訟興利去害知無不爲差通判潭州未上丁父憂僞學禁興爚從熹武夷山講道讀書怡然自適築雲莊山房爲終老隱居之計調贛州坑冶司主管文字差知德慶府大修學校奏便民五事又奏罷兩縣無名租錢料集武勇民兵入奏言前者北伐之役執事者不度事勢貽陛下憂今雖從和議頗益恐懼修省必開言路以廣忠益必振公道以進人才必飭邊備以防敵患提舉廣東常平令守臣歲以一半易新春末支及冬復償存其半以備緩急逋欠亭戶錢十萬轉運司五萬爚以公使公用二庫羸錢補之奏

義倉之敝客丁錢之敝小官奉給之敝舉留守令之敝吏商之敝召入奏事首論公道明則人心自一朝廷自尊雖危可安也公道廢則人心自貳朝廷自輕雖安易危也帝嘉奬遷尚左郎官請節內外冗費以收楮幣轉對言願於經筵講讀大臣奏對反復問難以求義理之當否與政事之得失則聖學進而治道隆矣乞收拾人才及修明軍政遷浙西提點刑獄巡按不避寒暑多所平反有殺人而匿權家者吏弗敢捕爚竟獲之遷國子司業言於丞相史彌遠請以熹所著論語中庸大學孟子之說以備勸講正君定國慰天下學士大夫之心奏言宋興六經微旨孔孟遺言

發明於千載之後以事父則孝以事君則忠而世之所謂道學也慶元以來權倖當國惡人議己指道爲僞屏其人禁其書學者無所依鄉義利不明趨向汚下人欲橫流廉恥日喪追惟前日禁絕道學之事不得不任其咎望其既仕之後職業修名節立不可得也乞罷僞學之詔息邪說正人心宗社之福又請以熹白鹿洞規頒示太學取熹四書集注刊行之又言浙西根本之地宜詔長吏監司禁戢強暴撫柔善良務儲積以備凶荒禁科歛以紓民力兼國史院編修官實錄院檢討官接伴金使于盱眙軍還言兩淮之地藩蔽江南干戈盜賊之後宜加經理必於招集流

散之中就爲足食足兵之計臣觀淮東其地平博膏腴有陂澤水泉之利而荒蕪實多其民勁悍勇敢習邊鄙戰鬭之事而安集者少誠能經畫郊野招集散亡約頃畝以授田使毋廣占拋荒之患列溝洫以儲水且備戎馬馳突之虞爲之具田器貸種糧相其險易聚爲室廬使相保護聯以什伍教以擊刺使相糾率或鄉爲一團里爲一隊建其長立其副平居則耕有警則守有餘力則戰帝嘉納之進國子祭酒兼侍立修注官論貢舉五獘兼權兵部侍郎改兼權刑部侍郎封建陽縣開國男賜食邑權刑部侍郎兼國子祭酒兼太子左諭德升同修國史實錄院同修撰時

廷臣爭務容默有論事稍切者衆輒指以爲異倫奏願明詔大臣崇獎忠讜以作士氣深戒諛倖以肅具僚乞擇州縣獄官冬雷上恐懼倫奏遴選監司以考察貪吏爲先訪求民瘼有澤未下流令未便民者悉以實上變而通之則民心悅而天意解矣又請擇沿邊諸將兼工部侍郎奏乞使沿邊之民各自什伍教閱于鄉有急則相救援無事則耕稼自若軍政隱然寓於田里之間此非止一時之利也請城沿邊州郡罷遣賀正使試刑部侍郎兼職依舊賜對衣金帶辭不允兩請致仕不允奏絕金人歲幣建制置司於歷陽以援兩淮夏旱應詔上封事曰言語方壅而導之

使言人心方鬱而疏之使通上既開不諱之門下必有盡言之士指陳政事之闕失明言朝廷之是非或者以爲好名要譽而陛下聽之則苦言之藥至言之實陛下棄之而不恤矣甘言之疾華言之腴陛下受之而不覺矣乞罷瑞慶聖節謝絕金使進封子爵權工部尚書賜衣帶鞍馬兼太子右庶子仍兼左諭德每講讀至經史所陳聲色嗜欲之戒輒懇切再三敷陳之進讀詩之說詹事戴溪讀之爲之吐舌卒贈光祿大夫官其後賜謚文簡所著有奏議史稾經筵故事東宮詩解禮記解講堂故事雲莊外稾

柴中行字與之餘干人紹熙元年進士授撫州軍事推官

權臣韓侂胄禁道學校文轉運司移檄令自言非僞學中行奮筆曰自幼讀程頤書以收科第如以爲僞不願考校調江州學教授母喪免廣西轉運司辟爲幹官帥將薦之使其客嘗中行中行正色曰身爲大帥而稱人爲恩王恩相心竊恥之毋汙我攝昭州郡事蠲丁錢減苗斛賑飢羸轉運司委中行代行部由桂林屬邑歷柳象賓入邕管問民疾苦先行而後聞捐鹽息以惠遠民嘉定初差主管尚書吏部架閣文字遷太學正升博士轉對首論主威奪而國勢輕次論士大夫寡廉隅乏骨鯁宜養天下剛毅果敢之氣末論權臣用事包苴成風今舊習猶在宜舉行先朝痛繩贓吏之法謂太學風化首童子科覆試冑子舍選有挾勢者中行力言于長守法無秋豪私遷太常主簿轉軍器監丞出知光州嚴保伍精閱習增闢屯田城壕營砦器械糗糧百爾具備治行爲淮右最又條畫極邊次邊緩急事宜上之朝廷大槩謂邊兵宜如虵勢首尾相應草寇合兵大入則鄰道援之分兵輕襲則鄰郡援之援兵既多雖危不敗又言淮襄土豪丁壯往者用兵傾貲效力者朝廷吝賞失信宜亟加收拾亦可激昂得其死力遷西京轉運使兼提點刑獄中行謂襄陽乃自古必爭之地備禦尤宜周密時任邊寄者政令煩苛日夜與民爭利中行諷之不

聽天方旱盡捐酒稅斥征官黥務吏甘澍隨至官取鹽鈔贏過重課日增入中日寡鈔日壅中行揭示通衢一錢不增商賈大集改直祕閣知襄陽兼京西帥仍領漕事江陵戎司移屯襄州兵政久弛中行白于朝考覈軍實舊額二萬二千人存者纔半亟招補虛籍自是朝廷以節制之權歸帥司重劾李珙不法以懲貪守明亳再興有功以屬宿將上聞朝廷下閫制閫遷江東轉運司判官旋改湖南提點刑獄豪家習殺人或收養亡命橫行江湖一繩以法華亭令貪虐法從交疏薦之中行笑曰此欲斷吾按章也卒發其辜入爲吏部郎官以立志啓迪君心言好進好同好欺士大夫風俗三敝選曹法大壞吏緣爲姦中行遇事持正不爲勢屈由是銓綜平允擢宗正少卿上疏謂陛下初政則以剛德立治本更化則以剛德除權姦今者顧乃垂拱仰成安於無爲夫剛德實人主之大權不可以久出而不收覆轍在前良可鑒也又曰朝廷用人外示涵洪而陰掩其迹内用牢籠而微見其機觀聽雖美實無以大服天下之心曩者更化元氣復挽回矣比年欲求安靜頗厭人言於是臣下納說非觀望則希合非回緩則畏避而面折廷諍之風未之多見此任事大臣之責也兼國史編修實録檢討孟春大雨震電雷雹交作邊烽告急至失地喪師

淮甸震洶中行亟奏内外二失朝廷十憂大要言今日之事人主盡委天下以任一相一相盡以天下謀之三數腹心而舉朝之士相視以目噤不敢言甚至邊庭申請久不即報脫有闕誤咎當誰執調秘書監崇政殿說書極論往年以道學爲僞學者欲加遠竄杜絶言語使忠義士箝口結舌天下之氣豈堪再沮壞如此耶又謂欲結人心莫若去貪吏欲去貪吏莫若清朝廷大臣法則小臣廉在高位者以身率下則州縣小吏何恃而敢爲又論内治外患辨君子小人大略謂執政侍從臺諫給舍之選與三衙京尹之除皆朝廷大綱所在故其人必出人主之親擢則權不

下移今或私謁或請見或數月之前先定或舉朝之人不識附會者進爭爲妾婦之道則天下國家之利害安危非惟己不敢言亦且併絶人言矣大臣爲附會之說所誤邊境之臣實遁者掩以爲誣眞怯者譽以爲勇金帛滿前是非交亂以欺廟堂以欺陛下願明詔大臣絶私意布公道進秘閣修撰知贛州治盜有方境内清肅匄祠得請以言罷理宗即位以右文殿修撰主管南京鴻慶宮賜金帶卒所著有易繫集傳書集傳詩講義論語童蒙說

李孟傳字文授資政殿學士光季子也光謫嶺海孟傳才六歲奉母居鄉刻志于學賀允中徐度皆奇之而曾幾妻以其孫龍大淵黜爲浙東總管知孟傳爲名門子解后必就語孟傳正色辭之幹辦江東提刑司易浙東常平司毋喪免調江山縣丞棄去監南岳廟行在編估局未上改楚州司戸參軍單車赴官公退閉戸讀易郡守部使者不敢待以屬吏徐積墓在境内蕪没既久加葺之修復陳公塘有灌漑之利知象山縣守薦爲邑最從官多合薦之主管官告院與同列上封事請詣北宮又移書宰相選將作監主簿丞相趙汝愚初當國適大侵遣孟傳按視江池鄂三大軍所屯積粟道除太府丞既復命汝愚去國黨論起而孟傳奉使無失指面對言比以使事往返四千里所過民

生困窮衣食不贍國之安危以民爲本今根本既虛形勢俱見保邦之慮宜勤聖念時韓侂胄連逐留正及汝愚太府簿吳獵與侂胄有連姻因言臺諫將論朱熹孟傳奮然曰如此則士大夫爭之鼎鑊且不避兼考功郎復因對言國家長育人才猶天地之於植物滋液滲漉待其既成而後足以供大厦之用今士大夫皆有苟進之心治功未優功能尚薄而意已馳騖於臺閣不稍有以扶持正飭之其敝將甚又言武舉及軍士比試專取其力臨敵難以必勝唐世取人由步射弓弩以至馬射各以其中之多寡爲等級宜采取行之韓侂胄與孟傳故嘗致侂胄意孟傳謝曰

行年六十去意已決侂胄慙而退請外知江州獄訟止息侂胄不悅匄歸復知處州遷廣西提點刑獄改江東提舉常平移福建詔入對首論用人宜先氣節後才能益招徠忠讜以扶正論故人有在政府者折簡問勞勤甚孟傳逆知其意即謝曰孤蹤久不造朝獲一望清光而去幸矣對畢即出關至閩大饑發廩勸分民無流莩侂胄誅就遷提點刑獄移江東又辭丞相史彌遠其親故也人謂進用其時矣卒歸使節角巾還第再奉祠以倉部郎召又辭遷浙東提點刑獄未數月申前請章再上加直祕閣移江東不赴主管明道宮進直寶謨閣致仕卒年八十四常誡其子

孫曰安身莫若無競修己莫若自保守道則福至求祿則辱來有磐溪集宏詞類稾左氏說續史雜志記善記異等書行世

論曰古之君子出處不齊同歸于是而已辛棄疾知大義而歸宋何異篤實君子而切諫光宗朝重華宮柴中行寧不校臨川之試終不肯自言非程頤僞學劉爚表章朱熹四書以備勸講衛道之功莫大焉李孟傳所立不愧其父屢徵不起所謂鴻飛冥冥者耶

列傳第一百六十

宋史四百二

列傳卷第一百六十一

開府儀同三司上柱國錄軍國重事中書右丞相監修國史領經筵事脫脫等奉敕修

陳敏　張詔　畢再遇　安丙

楊巨源　李好義

陳敏字元功贛之石城人父皓有才武建炎末以破贛賊李仁功補官至承信郎敏身長六尺餘精騎射積官至忠靖郎以楊存中薦擢閤門祇候時閩地多寇殿司兵往戍率不習水土至是始募三千兵置左翼軍以敏爲統制漳州駐劄敏按諸郡要害凡十有三處悉分兵扼之盜發輒

獲贛州齊述據城叛嘯聚數萬將棄城南寇敏聞之曰贛兵精勁善走嶮若朝廷發兵未至萬一奔衝江湖閩廣騷動矣不俟命領所部馳七日徑抵贛圍其城踰月朝廷命李耕以諸路兵至破之累功授右武大夫封武功縣男領興州刺史召赴闕高宗見其狀貌魁岸除破敵軍統制尋丁母憂詔起復以所部駐太平州紹興三十一年金主亮來攻成閔爲京湖路招討使以敏軍隸之升馬司統制軍于荊漢閔敏說閔曰金人精騎悉在淮汴都必無守備若由陳蔡徑擣大梁潰其腹心此救江淮之術也不聽從閔還駐廣陵時金兵尚未渡淮敏又說閔邀其歸師復不聽

敏遂移疾歸姑孰孝宗即位張浚宣撫江淮奏敏爲神勁軍統制浚視師改都督府武鋒軍都統制朝廷遣李顯忠北伐浚欲以敏偕行敏曰盛夏興師非時且金人重兵皆在大梁我客彼主勝負之勢先形矣願少緩浚不聽令敏屯盱眙顯忠至符離果失律敵遂入泗州守之金人議和詔敏退守滁陽敏請於朝謂滁非受敵之所改戍高郵兼知軍事與金人戰射陽湖敗之焚其舟追至沛城復敗之乾道元年遷宣州觀察使召除主管侍衛步軍司公事居歲餘敏抗章曰久任周廬無以効鷹犬況敵情多詐和不足恃今兩淮無備臣乞以故部之兵再戍高郵仍請更築

其城乃落常階除光州觀察使分武鋒爲四軍升敏爲都統制兼知高郵軍事仍賜築城屯田之費敏至郡板築高厚皆增舊制自寶應至高郵按其舊作石磋十二所自是運河通泄無衝突患四年北界人侍旺叛于漣水軍密款本朝稱結約山東十二州豪傑起義以復中原上以問敏敏曰旺欲假吾國威以行刼爾必不能成事願勿聽適屯田統領官與旺交通旺敗金有間言上知非敏罪乃召敏爲左驍衛上將軍言事者議欲戍守清河口敏言金兵每出清河必遣人馬先自上流潛渡今欲必守其地宜先修楚州城池蓋楚州爲南北襟喉彼此必爭之地長淮二千

餘里河道通北方者五清汴渦潁蔡是也通南方以入江者惟楚州運河耳北人舟艦自五河而下將謀渡江非得楚州運河無緣自達昔周世宗自楚州北神堰鑿老鸛河通戰艦以入大江南唐遂失兩淮之地由此言之楚州實爲南朝司命願朝廷留意及是再出守高郵乃詔與楚州守臣左祐同城楚州祐卒遂移守楚州北使過者觀其雉堞堅新號銀鑄城以歸正人二百家逃歸降授忠州團練使罷爲福建路總管改江西路總管贛州駐劄月餘朝廷命往福州揀軍又命還豫章教閱江西團結諸郡人馬俄提舉佑神觀仍奉朝請繼復蘄州防禦使再除武鋒軍都

統制兼知楚州復光州觀察使以疾卒特贈慶遠軍承宣使

張詔字君卿成州人少隷張俊帳下積功守和州嘗被旨介聘一日金人持所繪祐獻二陵像至館中皆北地服詔向之再拜館者問之答曰詔雖不識其人但龍鳳之姿天日之表疑非北朝祖宗也敢不拜孝宗聞而喜之由是驟用紹熙五年除興州都統制兼知興州代吳挺慶元二年趙彥逾帥蜀以關外去興元遠緩急恐失事機復請分東西爲二帥詔遂兼西路安撫司公事先是趙汝愚爲從官時每奏吳氏世掌蜀兵非國家之利請以張詔代領武興

之軍蓋汝愚之意欲以吳曦爲文臣帥以杜他日握兵之漸而未及行也汝愚旣知樞密院力辭不拜白於光宗曰若武興朝除帥則臣夕拜命上許之乃以詔爲成州團練使興州諸軍都統制詔在興州甚得士心六年卒郭杲代之

畢再遇字德卿兗州人也父進建炎間從岳飛護衛八陵轉戰江淮間積階至武義大夫再遇以恩補官隸侍衛馬司武藝絕人挽弓至二石七斗背挽一石八斗步射二石馬射一石五斗孝宗召見大悅賜戰袍金錢開禧二年下詔北伐以殿帥郭倪招撫山東京東遣再遇與統制陳孝慶取泗州再遇請選新刺敢死軍爲前鋒倪以八十七人付之招撫司尅日進兵金人聞之閉榷場塞城門爲備再遇曰敵已知吾濟師之日矣兵以奇勝當先一日出其不意孝慶從之再遇饗士卒激以忠義進兵薄泗州泗有東西兩城再遇令陳戈旗舟楫於石矼下如欲攻西城者乃自以麾下兵從陟山徑趨東城南角先登殺敵數百金人大潰守城者開北門遁西城猶堅守再遇立大將旗呼曰大宋畢將軍在此爾等中原遺民也可速降旋有淮平知縣縋城而下乞降於是兩城皆定郭倪來饗士出御寶刺史牙牌授再遇辭曰國家河南八十有一州今下泗兩城

即得一刺史繼此何以賞之且招撫得朝廷幾牙牌來固辭不受尋除環衛官倪調李汝翼郭倬取宿州復遣孝慶等繼之命再遇以四百八十騎爲先鋒取徐州至虹遇郭李兵裹創旋問之則曰宿州城下大水我師不利統制田俊邁已爲敵擒矣再遇督兵疾趨次靈壁遇孝慶駐兵于鳳凰山將引還再遇曰宿州雖不捷然兵家勝負不常豈宜遽自挫吾奉招撫命取徐州假道於此寧死靈壁北門外不死南門外也會倪以書抵孝慶令班師再遇曰郭李軍潰賊必追躡吾當自禦之金果以五千餘騎分兩道來再遇令敢死二十人守靈壁北門自領兵衝敵陣金人見其旗呼曰畢將軍來也遂遁再遇手揮雙刀絕水追擊殺敵甚衆甲裳盡赤逐北三十里金將有持雙鐵簡躍馬而前再遇以左刀格其簡右刀斫其脇金將墮馬死諸軍發靈壁再遇獨留未動度軍行二十餘里乃火靈壁諸將問夜不火火今日何也再遇曰夜則照見虛實晝則煙埃莫覩彼已敗不敢迫諸軍乃可安行無虞汝輩安知兵易進而難退邪還泗州以功第一自武節郎超授武功大夫除左驍衞將軍於是丘崈代鄧友龍爲宣撫使檄倪還惟揚尋棄泗州命再遇還盱眙遂知盱眙軍尋改鎮江中軍統制兼守如故以鳳凰山功授達州刺史其冬金人以騎步

數萬戰船五百餘艘渡淮泊楚州淮陰間宣撫司檄再遇援楚遣段政張貴代之再遇既去盱眙政等驚潰金人入盱眙再遇復定盱眙除鎮江副都統制金兵七萬在楚州城下三千守淮陰糧又載糧三千艘泊大清河再遇諜知之曰敵衆十倍難以力勝可計破也乃遣統領許俊間道趨淮陰夜二鼓銜枚至敵營各携火潛入伏糧車間五十餘所聞哨聲舉火敵驚擾奔竄生擒烏古倫師勒蒲察元奴等二十三人金人復自黃狗灘渡淮渦口戍將望風遁濠滁相繼失守又破安豐再遇謂諸將曰楚城堅兵多敵糧草已空所慮獨淮西耳六合最要害彼必并力攻之乃

引兵赴六合尋命節制淮東軍馬金人至竹鎮距六合二十五里再遇登城偃旗鼓伏兵南土門列弩手土城上敵方臨濠衆弩俱發宋師出戰鬬鼓聲城上旗幟並舉金人驚遁追擊大敗之金萬户完顏蒲辣都千户泥厖古等以十萬騎駐成家橋馬鞍山進兵圍城數重欲燒埧木決壕水再遇令勁弩射退之既而紇石烈都統合兵進攻益急城中矢盡再遇令人張青蓋往來城上金人意其主兵官也爭射之須臾矢集樓墻如蝟獲矢二十餘萬紇石烈引兵退已乃益增兵環城四面營帳亘三十里再遇令臨門作樂以示閒暇而間出奇兵擊之敵晝夜不得休乃引退再遇料其且復來乃自提兵奪城東野新橋出敵之背金人遂遁去追至滁大雨雪乃旋獲騾馬一千五百三十一鞍六百衣甲旗幟稱是授忠州團練使三年除鎮江都統制兼權山東京東招撫司事還至揚州除驍衛大將軍金圍楚州已三月列屯六十餘里再遇遣將分道撓擊軍聲大振楚圍解兼知揚州淮東安撫使揚州有北軍二千五百人再遇請分隸建康鎮江軍每隊不過數人使不得爲變更造輕甲長不過膝被不過肘兜鍪亦殺重爲輕馬甲易以皮車牌易以木而設轉軸其下使一人之力可推可擊務便捷不使重遲敢死一軍本烏合亡命再遇能駕馭

得其用陳世雄許俊等皆再遇所薦張健雄特勇桀驁再遇狀其罪于朝命以軍法戮之諸將懾服嘉定元年除左驍衛上將軍和好成累疏乞歸田里賜詔不允除保康軍承宣使降詔獎諭尋令帶職奏事提舉佑神觀六年提舉太平興國宮十年以武信軍節度使致仕卒年七十贈太尉累贈太師謚忠毅再遇姿貌雄傑早以拳力聞屬時寢兵無所自見一旦邊事起諸將望風奔衄再遇威聲始著遂爲名將云

安丙字子文廣安人淳熙間進士調大足縣主簿秩滿詣闕陳蜀利病十五事言皆剴切丁外艱服除辟利西安撫

司幹辦公事調曲水丞吳挺爲帥知其才邀致之改秩知新繁縣丁內艱服除知小溪縣通判隆慶府嘉泰三年郡大水丙白守張鼎發常平粟振之尋又鑿石徙溪自是無水患知大安軍歲旱民艱食丙以家財即下流糴米數萬石以振事聞詔加一秩開禧二年邊事方興程松爲四川宣撫使吳曦副之丙陳十可憂於松繼而松開府漢中道三泉夜延丙議丙又爲松言曦必誤國松不省蓋丙嘗爲其父客素知曦既而曦奏丙爲隨軍轉運司居河池時梁洋義士方襲取和尚原旋爲金人所奪守將棄申而走十一月戊子金人攻湫池堡破天水縣西和入成州師潰曦

置不問金人肆掠關外四州如踐虛邑軍民莫知死所曦已潛遣其客姚淮源交金人至是曦還興州留丙魚關已而曦還武興十二月丙寅金人持其詔及金印至置口曦密受之宣言使者欲得四州以和馳書諷松去癸酉曦受金詔稱蜀王牓諭四川三年正月甲午曦僭號建官稱臣於金以其月爲元年改興州爲興德府以丙爲中大夫丞相長史權行都省事先是從事郎錢鞏之從曦在河池嘗夢曦禱神祠以銀杯爲珓擲之神起立謂曦曰公何疑公何疑後政事已分付安子文矣曦未省神又曰安子文有才足能辦此鞏之覺心異其事具以語曦事既熾丙不得

脫度徒死無益陽與而陰圖之遂與楊巨源李好義等謀誅曦語見巨源好義傳徐景望在利州逐王人擅財賦丙遣弟煥往約諸將相與拊定及景望伏誅軍民無敢譁者於是傳檄諸道按堵如故曦僭位凡四十一日三月戊寅陳曦所以反及矯制平賊便宜賞功狀自劾待罪函曦首級違制法物與曦所受金人詔印及所匿庚牌附驛朝廷初聞變莫知所爲韓侂胄與曦書亦謂嗣頒茅土之封亟召知鎮江府宇文紹節問之紹節曰安丙非附逆者必能討賊於是密降帛書曰安丙素推才具有志事功今聞曦謀不軌爾爲所脅諒以凶焰方張恐重爲蜀禍故權且從

之爾豈一日忘君父者如能圖曦報國以明本心即當不次推賞雖二府之崇亦無所吝更宜審度機便務在成事以副委屬之意帛書未至露布已聞上下動色交慶辛丑加丙端明殿學士中大夫知興州安撫使兼四川宣撫副使詔獎諭恩數視執政如帛書旨也時都統孫忠銳由鳳州進攻大散關不克統領強德等出奇道由松林堡破金砦四月癸丑克之忠銳貪功吝財賞罰謬大失軍心且速還鳳州以關鑰付庸將陳顯癸酉大散關復陷巨源自請收復丙遣朱邦寧佐之丙深惡忠銳檄赴司議事欲廢之巨源至鳳斬忠銳及其子揆丙遂以忠銳附僞進表之

罪聞于朝先是以誅曦功巨源補朝奉郎與通判差遣巨源遣其親校傅檜愬功于朝語見巨源傳於是丙拜疏匃閑至是金人揭示境上得丙首者與銀絹二萬匹兩即授四川宣撫時方議和丙獨戒飭將士恫疑虛喝以攻爲守威聲甚著詔以蜀平遣吳獵撫諭四川時沿邊關隘悉爲金毀丙遣時相書謂西和一面已修仇池聚糧積芻使軍民可守若敵至則堅壁不戰彼欲攻則不可欲越則不敢若西和可守成州之境自不敢犯成州黑谷南谷亦皆頓重兵天水雖不可守距天水十里所見創白環堡與西和相爲掎角又增堡雞頭山咸以民卒守之及修黃牛堡築

興趙原屯千餘人鳳州秋防原尤爲險絶紹興初州治于此宣撫吳玠嘗作家計砦前即馬嶺堡正扼鳳州之後凡此數堡既堅金人決不敢近而河池殺金平魚關皆大軍屯聚其他徑路雖闕之裏如大安亦陰招民卒授以器械爲掩擊之備矣又云見於關表廣結義士月給以糧俾各保田廬墳墓逮事定則係之尺籍而勸之耕庶可經久以丙所見直爲守計則精選五萬人亦爲有餘好義守西和謂四州兵後民不聊生請蠲租以惠創痍丙請于朝又以沔州都統司所統十軍權太重故自吳璘至挺曦皆有尾大不掉之憂乃請分置副都統制各不相隸以前右中左

後五軍隸都統司踏白摧鋒選鋒策鋒遊奕五軍隸副司詔皆從之時方信孺使還金人和意未決且欲得首議興師之人侂胄大怒上手書賜丙謂金人必再至當激勵將士戮力赴功侂胄既誅賜丙金器百二十兩細幣二十匹進資政殿學士和議成還大散隔牙關丙分遣僚吏經量洋沔興元大安民田別定租稅右丞相史彌遠起復丙移書曰昔仁宗起復富鄭公文潞公孝宗起復蔣丞相皆力辭名教所係人言可畏望閣下速辭成命以息議者之口論者韙之升大學士四川制置大使兼知興元府諜知金人遷汴關輔豪傑款塞願降者衆丙以爲此正冉閔告晉

之時乃與宰臣書謂當興問罪之師朝論憂丙輕舉乃詔丙益修守備七年春丙使所愛吏安蕃何九齡合官軍夜襲秦州敗歸王大才執九齡等七人斬之而訟丙于朝三月詔丙同知樞密院事兼太子賓客賜手書召之行次廣德軍進觀文殿學士知潭州湖南安撫使至官留意學校請于太常肄大成樂而政尚嚴酷轉運判官章徠劾丙不報御史李安行併徠劾之徠罷丙授崇信軍節度使開府儀同三司萬壽觀使遣閤門舍人聞人璵錫命賜旌節金印衣帶鞍馬三辭還蜀董居誼帥蜀大失士心金人乘之破赤丹黃牛堡入武休關直擣梁澤至大安宋師所至輒

潰散入巴山十二年聶子述代之時丙之子癸仲知果州子述即檄兼參議官四月紅巾賊張福莫簡叛入利州子述遁去總領財賦楊九鼎與賊遇走匿民舍賊追九鼎殺之子述退保劍門檄癸仲兼節制軍馬任討賊之責癸仲召戎帥張威等軍來會賊自閬趨遂寧所過無不殘滅丙欲自持十萬緡偕子述往益昌募士子述曰大臣非得上旨未可輕出丙遂如果州時四川大震甚於曦之變張方首奏勳望如丙今猶可用魏了翁移書宰執謂安丙不起則賊未即平蜀未可定雖賊亦曰須安相公作宣撫事乃定耳李壁李𡌵時並鎮潼遂亦皆以國事勉丙五月乙未

丙至果州是日賊焚蓬溪縣己酉詔起丙爲四川宣撫使予便宜尋降制授保寧軍節度使兼知興元府利東安撫使丙奏臣不辭老以報國但事不任怨難以圖成將恐騰謗交攻使臣獨抱赤心無從上白昔秦使甘茂攻宜陽至贅之以息壤在彼魏使樂羊攻中山至示之以謗書一篋君臣之間似不必爾然自古及今謗以疑間而成禍以忌嫉而得況臣已傷弓於既往豈容不懲沸於方來詔曰昔唐太宗以西寇未平詔起李靖靖慷慨請行不以老疾爲解代宗有朔方之難圖任郭子儀聞命引道亦不以讒甚自疑皆能乘時立功焜燿竹帛朕甚慕之今蜀道俶擾未

寬顧憂朕起卿燕閒付以方面而卿忠於報國誼不辭難朕之用人庶幾於唐宗卿之事朕無愧於李郭矣勉圖爲功以濟國事尋命丁焴改知興元府甲申發果州丙戌至遂寧賊猶負固于普州之茗山丙下令諸軍合圍絕其樵汲之路以困之未幾張威李貴俘獲張福等十七人以獻丙命臠王大才以祭九鼎七月庚子盡俘餘黨千餘人皆斬之庚戌班師廼移治利州賜保寧軍節度使印癸仲亦加三秩進直華文閣起復主管宣撫司機宜文字明年進丙少保賜衣帶鞍馬丙以關表營田多遺利命官括之有文技者方持母喪以便宜起復幹辦魚關糧料院俾之措置

且以宣撫副使印假之而馮安世者又即利州置根括局於是了翁遺丙書謂幕府舉辟當用經術信厚之士不可用冒喪之人且公八年鎮蜀有恩則有怨豈可人人而校事事而理自處甚狹恐貽子孫賓客無窮之累雖今日理財難拘故常然告絕產首白契訐隱田伺富民過失斜鹽酒户虧額報怨挾憤招權納賄者必且紛然而公任其怨丙復書曰關外糴買當用四百萬緡而總所見緡止二十五萬多方措置非得已而不已儻皆清流何由辦事蜀士中如令弟嘉父李成之輩清則清高則高矣其肯辦錢穀俗務乎劉德修嘗雅責揚嗣勳不能舉義誅叛嗣勳云德

修特未當局耳丙於華父亦云其後安世不法滋甚近臣有以書抵丙而安世之徒亦發其事丙械送大安窮治之先是夏人來乞師併兵攻金人丙且奏且行分遣將士趨秦鞏鳳翔委丁焴節制師次于鞏夏人以樞密使寧子寧衆二十餘萬約以夏兵野戰宋師攻城既而攻鞏不克乃已丙卒訃聞以少傅致仕輟視朝二日贈少師賻銀絹千計賜沔州祠額爲英惠廟理宗親札賜謚忠定丙所著有晶然集

楊巨源字子淵其先成都人父信臣客益昌因家焉巨源倜儻有大志善騎射涉獵諸子百家之書應進士不中武舉又不中劉光祖見而異之薦之總領錢糧陳曄以右職舉爲鳳州堡子原倉官馳騁射獵傾財養士沿邊忠義咸服其才分差魚關糧料院移監興州合江贍軍倉吳曦叛巨源陰有討賊志結義士三百人給其錢糧有遊奕軍統領張林者力能挽兩石弓隊將朱邦寧身長六尺勇力過人皆爲曦所忌雖屢戰有功亦不加賞林等憾之時林在置口邦寧在合江巨源因與深相締結并集忠義入宋福陳安傅檜之徒曦脅安丙爲丞相長史丙稱疾眉士程夢錫見丙丙歎曰世事如此世無豪傑夢錫因及巨源之謀丙曰肯見我乎乃囑夢錫以書致巨源延之卧所巨源曰先生而爲逆賊丞相長史耶丙號哭曰目前兵將我所知不能奮起必得豪傑乃滅此賊則丙無復憂巨源曰先生之意決乎丙指天誓曰若誅此賊雖死爲忠鬼夫復何恨巨源大喜曰非先生不足以主此事非巨源不足以了此事當是時李好義好問亦結李貴楊君玉李坤辰凡數十人坤辰邀巨源與好義會巨源又大喜曰吾與安長史議以三月六日邀曦謁廟合勇士刺之好義曰彼出則齪巷從衛且千人事必難濟聞熟食日祭東園圖之此其時也巨源然之好義願一見長史以爲信巨源曰吾今先爲長史言之來日僞宮令長史問君先世是已巨源以告丙明

日好義在僞宮見丙揖之丙曰鄉與尊父同僚楊省幹盛談才略旦夕以職事相委其謀乃決君玉先屬其鄉人白子申擬詔文不雅馴巨源更爲之例用合江倉朱記巨源好義憂事寖泄遂以二月乙亥未明好義率其徒入僞宮巨源持詔乘馬自稱奉使入内户曦啓户欲逸李貴執殺之衛者始拒鬬聞有詔皆卻巨源好義迎丙宣詔以曦首徇三軍推丙權四川宣撫使巨源權參贊軍事丙奏功于朝以巨源第一詔補承事郎巨源謂丙曰曦死賊膽以破關外四州爲蜀要害盍乘勢復取好義亦以爲言丙慮軍無見糧巨源力言四州不取必有後患自請爲隨軍措置

糧運於是分遣好義復西和州張林李簡復成州劉昌國復階州孫忠銳復散關俄詔巨源轉朝奉郎與通判差遣兼四川宣撫使司參議官丙素惡忠銳聞忠銳失守散關檄其還欲殺之先命巨源偕郛寧以沔兵二千策應巨源至鳳州因忠銳出迎伏壯士於幕後突出斬之并其子揆丙遂以忠銳附僞賀表聞于朝且待罪先是獎諭誅叛詔書至沔州巨源謂人曰詔命一字不及巨源疑有以蔽其功者俄報王喜授節度使巨源彌不平時趙彥吶以在變誅禄禧得州通判巨源曰殺禄禧與通判殺吳曦亦與通判耶以啓謝丙曰飛矢以下聊城深慕魯仲連之高誼解

印而去彭澤賡幾陶靖節之清風又遣愬功于朝而從興元都統制彭輅乞書遺韓侂胄輅陽許而陰以白丙或言巨源與其徒米福車彥威謀爲亂丙命喜鞫之福彥威皆抵罪正將陳安復告巨源結死士入關欲焚沔州州治俟丙出則殺之丙積前事因欲去巨源然未有以發也會巨源在鳳州以檄書遺金鳳翔都統使其辭若用間者且自稱宣撫副使而以參議官印印之金以檄至丙巨源方與金戰敗於長橋丙乃移書召巨源巨源疑焉有梁泉主簿高岳成者巨源薦爲隨軍撥運來見巨源贊其歸巨源信之時輅已至沔六月壬申巨源還幕府丙密命輅收巨源

巨源殊不知以爲謁己也語畢輅起巨源送之賓次武士就挽其裾巨源猶叱之則已爲驅至庭下巨源大呼曰我何罪丙隔屏遣人謂之曰若爲詐稱宣撫副使命械送閬州獄巨源曰我一時用間異時必有爲我明其事丙餉以肴酒巨源曰一身無愧死且無憾惟有妹未嫁宣撫念之癸酉巨源舟抵大安龍尾灘將校樊世顯者呼於岸巨源知將見殺指其地而語之曰此好一片葬地世顯曰安有是舟行數步謂曰宣參久渴莫進杯酒巨源辭以不飲又曰宣參荷械已久盍少蘇巨源未及答左右遽取利刀斷其頭不絕者踰寸遂以巨源自殪聞宣撫司後數日丙命

瘞之巨源死忠義之士爲之扼腕聞者流涕劍外士人張伯威爲文以弔其辭尤悲切巨源之屬吏也李壁在政府聞之曰嘻巨源其死矣丙以人情洶洶封章求免楊輔亦謂丙殺巨源必召變請以劉甲代之初巨源與好義結官軍而丙密爲反正之計各未相知合巨源於好義者李坤辰而合好義於丙者巨源也巨源遺光祖書述丙酬答之語鍰梓競傳之丙已弗樂浸潤不已積成此禍成忠郎李珙投匭獻所作巨源傳爲之訟冤朝廷亦念其功賜廟褒忠贈寶謨閣待制官其二子制置使崔與之請官給其葬加贈寶謨閣直學士太中大夫嘉熙元年理宗特賜謚忠

懿子覆正終大理卿四川制置副使
李好義下邽人祖師中建炎間以白丁守華州積官忠州
團練使父定一興州中軍統制好義弱冠從軍善騎射西
邊第一初以準備將討文州蕃部有功開禧初韓侂胄開
邊吳曦主師好義爲興州正將數請出精兵襲金人曦蓄
異謀不納未幾關外四州俱陷金人長驅入散關曦受金
人詔以蜀叛好義自青坊聞變亟歸與其兄對哭謀誅之
會曦遣李貴追殺宣撫程松貴語其徒曰程宣撫朝廷重
臣不可殺好義知其赤心可以所謀告之貴遂約李彪張
淵陳立劉虎張海等好義又密結親衛軍黃術趙亮吳政

等女弟夫楊君玉亦與知好義戒言曰此事誓死報國救
四蜀生靈愼毋泄留其母以質好義兄弟謀曰今日入皆
可殺曦皆可爲曦曦死後若無威望者鎭撫恐一變未息
一變復生欲至期立長史安丙以主事蓋曦嘗授丙僞丞
相而丙託疾不往故兄弟有是謀也既而君玉與李坤辰
者來坤辰因言丙亦與合江倉楊巨源陰結忠義欲圖曦
好義遂遣君玉偕坤辰約巨源以報丙丙大喜曰非統制
李定一之子毋此人既來斷曦之臂矣遂與好義約二月
晦舉事見巨源傳廷約彪術貴等七十有四人及士人路
良弼王芾好義夜饗士慶衆受甲與好古好仁及子姓拜

決于家廟囑妻馬氏曰日出無耗當自爲計死生從此決
矣馬氏叱之曰汝爲朝廷誅賊何以家爲我決不辱李家
門戶馬氏之母亦曰行矣勉之汝兄弟生爲壯夫死爲英
鬼好義喜曰婦人女子尚念朝廷不愛性命我輩當如何
衆皆踴躍既行小將祿禧引十卒來助各以黃帛爲號好
義誓於衆曰入宮妄殺人掠財物者死時僞宮門洞開好
義大呼而入曰奉朝廷密詔安長史爲宣撫令我誅反賊
敢抗者夷其族曦護衛千兵皆棄梃而走遂至僞殿東角
小門入世美堂近曦寢室曦聞外閧倉皇而起露頂徒跣
開寢戶欲遁見貴復止以手捍內戶貴前爭戶戶紐折曦

走貴追及手執其髻舉刃中曦頰曦素勇有力撲貴仆于
地不能起好義急呼王換斧其腰者二曦負痛手縱貴起
遂斫其首引衆擁曦首出僞宮亟馳告丙宣詔軍民拜舞
歡聲動天地持曦首撫定城中市不改肆好義請乘時取
關外四州巨源贊之丙大喜巨源輔行王喜忌其能沮之
好義曰西和乃腹心之地西和下則三州可不戰而復矣
今不圖後悔無及願得馬步千人死士二百齎十日糧可
濟丙從其請忠義響應次獨頭嶺進士王榮仲兄弟率民
兵會合夾擊金人死者蔽路十戰至山砦高堡七日至西
和好義率衆攻城親犯矢石人人樂死以少擊衆前無留

敵金西和節使完顏欽奔遁好義整衆而入軍民歡呼迎拜籍府庫以歸于官好義初欲乘勝徑取秦隴以牽制淮寇而宣撫司令謹守故疆不得侵越士氣皆沮好義以中軍統制知西和州卒丙以勞績上于朝特贈檢校少保仍給田以贍其家後吳獵爲請謚曰忠壯好義喜誦孟子及左傳以爲終身行此足矣誅曦時惟幼子植留家迄事人爭冒功賞君玉欲注植名好義指心曰惟此物不可欺曦旣誅好義集于丙家王喜後至心懷袁謀欲刃好義丙力救解然日以殺好義爲心及好義守西和喜遣其黨劉昌國聽節制好義與之酬酢歡飲達旦好義心腹暴痛洞瀉而昌國遁矣旣殮口鼻爪指皆青黑居民莫不寃之號慟姑私親摧鋒一軍幾至於變旣而昌國白日見好義持刃剌之驚怖仆地疽發而殂喜曦大將也貪淫狠愎誅曦之日不肯拜詔遣其徒入僞宮虜掠殆盡又取曦姬妾數人其後欲戕好義爲曦復讎丙不能止便宜處以節度使知興州而恨猶未已嘗出兵於船栅嶺鋒未及交棄軍先遁金人遂由黑谷長驅入境朝廷慮喜爲變授節度使移荆鄂都統制而死

論曰陳敏善守畢再遇善戰張詔出使不辱國爲將得士心趙汝愚薦爲武興帥以其才足以制曦也曦之畔向非安丙楊巨源李好義之謀西方之憂莫大焉然丙卒以是殺巨源何其媢疾而殘賊也李好義失於周防竟爲王喜所圖宋知喜爲曦黨旣不能罪又以節鎮賞之幾何而不爲唐末之姑息以成藩鎮之亂乎

列傳卷第一百六十一

開府儀同三司上柱國錄軍國重事中書右丞相監修國史領經筵事都總裁臣脫脫等奉

敕修

趙方　賈涉　扈再興　孟宗政

張威

趙方字彥直衡山人父棠少從胡宏學慷慨有大志嘗見張浚於督府浚雅敬其才欲以右選官之棠不爲屈累以策言兵事浚奇之命子栻與棠交方遂從栻學淳熙八年舉進士調蒲圻尉疑獄多所委決授大寧監教授俗陋甚方擇可教者親訓誘之人皆感勵自是始有進士知青陽

縣告其守史彌遠曰催科不擾是催科中撫字刑罰無差是刑罰中教化人以爲名言主管江西安撫司機宜文字京湖帥李大性辟知隨州南北初講和旱蝗相仍方親走四郊以禱一夕大雨蝗盡死歲大熟適和議成諸郡寖弛備方獨招兵擇將拔土豪孟宗政等補以官提舉京西常平兼轉運判官提點刑獄時劉光祖以耆德爲師方事以師禮自言吾性太剛每見劉公使人更和緩嘗請光祖書勤謹和緩四字揭坐隅以爲戒以金部員外郎召尋加直祕閣改湖北轉運判官兼知鄂州升直煥章閣兼權江陵府增脩三海八匱以壯形勢進祕閣修撰知江陵府主管湖北安撫司事兼權荊湖制置司時金偪於兵討其必南徙日夜爲備荊門有東西兩山險要方築堡其上增戍兵以遏其衝進右文殿脩撰金樊快明謀歸宋追兵至襄陽方遣孟宗政扈再興以百騎邀之殺千餘人金人遁去權工部侍郎寶謨閣待制京湖制置使兼知襄陽府諜知金人決意犯境乃下防夏之令金相高琪及其樞密烏古倫慶壽犯陳光化隨棗陽信陽均州方夜半呼其子范葵曰朝廷和戰之說未定觀此益亂人意吾策決矣惟有提兵臨邊決戰以報國耳遂抗疏主戰親往襄陽金人圍棗陽急方遣宗政再興等援棗陽仍增戍光化信陽均州以聯聲

勢已而棗陽守趙觀敗金人於城外再興宗政至與觀夾擊又敗之棗陽圍解方申飭諸將當遏於境上不可使之入而後拒之于城下時麥正熟方遣兵護民刈之令清野以俟再疏力陳不可和者七戰議遂定金將完顏賽不入境兵號十萬方部分諸將金人犯棗陽者宗政敗之于尚家川犯隨州者劉世興敗之于磨子平相持踰年方調世興移師與許國再興援棗陽張興李雄韜援隨州隨州圍解再興等轉戰入棗陽時宗政守城伏兵城東金人遇伏敗走未幾再至再興又敗之自是無日不戰金人三面來攻宗政出東門再興出南門世興出北門大合戰敗之金

人朝進莫退力不能捍諸將表裏合謀國自南山進張威自瀼河進世興李琪出城與國會再興出城與威會犄角追擊金人遂潰光化守潘景伯亦設伏敗金人于趙家橋孟宗德又破之于隨州鴨兒山擒賽不妻弟王醜漢金人遂誅賽不方以功遷龍圖閣待制封長沙縣男賜食邑金人復大舉命訛可圍襄陽塹其外繞以土城方計其空巢宂而來若擣其虛則襄陽之圍自解乃命國東向唐州再興西向鄧州又命子范監軍葵後殿時宗政在城中日夜鏖戰焚其攻具金人不敢近城西師由光化境出砦于三尖山拔順陽縣金人率衆仰攻大敗再興與國兩道並進掠唐鄧境焚其城柵糧儲襄陽城堅金頓兵八十餘日方知其氣已竭乃召國再興還併東師肆于再興尅期合戰再興敗金人于瀼河又敗之城南宗政自城中出夾擊殺其衆三萬金人大潰訛可單騎遁獲其貲糧器甲不可勝計進方煥章閣直學士奏乞均官軍民兵廩給自備馬者倍之又奏使民兵夏歸以省月給秋復詣屯守禦從之方料金人數不得志于襄陽必將同時並攻諸城當先發以制之命國宗政出師向唐再興向鄧戒之曰毋深入毋攻城第潰其保甲燬其城砦空其貲糧而已宗政進破湖陽縣擒其千户趙興兒國遣部將耶律均與金人戰于比陽

戮其將李提控再興破高頭城大敗金兵遂薄鄧州唐州兵來援迎敗之降者踵至已而金兵至樊城方命再興陣以待之方視其師金人三日不敢動遂遁金將駙馬阿海犯淮西樞密完顏小驢屯唐州爲後繼方先攻唐伐其謀及使再興發襄陽兵擊其西國發桐柏兵擊其東再興敗金人于唐城斬小驢圍其城五匝垂下會蘄黃繼陷詔趣方遣救方亟命國保鄂再興援淮西國還鄂州保江再興軍至蘄之靈山伺金人歸而擊之士豪祝文蔚横突入陣金人大敗國遣張寶將兵來會李全等兵亦至金人遂潰再興追逐六十里擒其監軍合答進方顯謨閣直學士太中大夫權刑部尚書俄得疾進徽猷閣學士京湖制置大使歸還力疾犒師第其功上之病革曰未死一日當立一日紀綱引再興臥内勉以協心報國貽書宰相論疆場大計尋卒是夕有大星隕于襄陽以端明殿學士正議大夫致仕贈銀青光禄大夫累贈太師謚忠肅方起自儒生帥邊十年以戰爲守合官民兵爲一體通制總司爲一家持軍嚴每令諸將飲酒勿醉當使日日可戰淮蜀沿邊屢遭金人之禍而京西一境獨全嘗問相業於劉清之清之以留意人才對故知名士如陳晐游九功輩皆拔爲大吏諸名將多在其麾下若扈再興孟宗政皆起自士豪推誠擢

任致其死力藩屏一方使朝廷無北顧之憂故其没也人皆惜之子董薿范葵范葵有傳

賈涉字濟川天台人幼好讀古書慷慨有大志以父任高郵尉改萬安丞寶應擇令堂差涉至邑請城之役興以憂去金人犯光州起涉竟前役通判真州改大理司直知盱眙軍淮人季先沈鐸說楚州守應純之以招山東人純之令鐸遣周用和說楊友劉全李全等以其衆至先招石珪葛平楊德廣通號忠義軍珪等反斃鐸于漣水純之罷通判梁丙行守事欲省其糧使自潰珪德廣等以漣水諸軍度淮屯南度門焚掠幾盡謂朝廷欲和殘金置我軍何地丙遣李全李先拒之不止事甚危涉時在寶應上書曰降附踵至而金乃請和此正用高澄間侯景遺策恐山東之禍必移於兩淮況金人所乏惟財與糧若舉數年歲幣還之是以肉啗餒虎啗盡將反噬至若忠義之人源源而來不立定額自爲一軍處之北岸則安能以有限之財應無窮之須饑則噬人飽則用命其勢然也授淮東提點刑獄兼楚州節制本路京東忠義人兵涉亟遣傅翼諭珪等逆順禍福自以輕車抵山陽德廣等郊迎伏地請死誓以自新金太子及僕散萬忠盧國瑞等數十萬大入且以計誘珪等涉慮珪等爲金用亟遣陳孝忠向滁州珪與夏全時

青向濠州先平德廣趨滁濠李全李福要其歸路以傅翼監軍數日孝忠捷至珪屢破金人遂與先及李全趨安豐時金人環百餘砦攻具甫畢珪等解其圍李全挾僕散萬忠以歸見李全傳金人不敢窺淮東者六七年南渡門之變平德廣等實預涉既受降置弗問平等尚懷異志涉密使先以計殺之而先之勢亦孤忠義諸軍在漣水山陽者既衆涉慮其思亂因滁濠之役分珪孝忠夏全爲兩屯李全軍爲五砦又用陜西義勇法涅其手合諸軍汰者三萬有奇涅者不滿六萬人正軍常屯七萬餘使主勝客朝廷歲省費十三四涉又遣李全以萬人取海州復取密濰王琳以寧海州歸遂收登萊二州青州守張林以濱棣淄州降又取濟沂等州自是恩博景德至邢洺十餘州相繼請降涉傳檄中原以地來歸及反戈自效者朝廷裂地封爵無所吝仍厲諸將圖未下州郡擢太府少卿制置副使兼京東河北節制金十餘萬衆犯黄州淮西帥趙善湘請援于朝涉遣李全等赴之翟朝宗等爲後繼丞相史彌遠擬外全留後涉曰始全貧窶無聊能輕財與衆同甘苦故下樂爲之用逮爲主帥所爲反是積怨既多衆皆不平近葉西城免死爲幸若無故外遷以驕其志非全之福亦豈國家之福曷若待事定與諸將同外可也金人破黄陷蘄安

慶甚危全馳至遂定全至父長鎮與京湖制置使趙方二子范葵遇掎角連戰俱勝遣彭義斌等進至下灣渡盡掩金人于淮遷權吏部侍郎金人再犯淮西先是蘄州受圍徐暉往援乃鼓衆宵遁金乘間登城一郡爲血前帥不敢問涉斬暉以徇諸將畏懼無不用命淮西之勢大振初翟朝宗得玉璽獻諸朝至是趙拱還又得玉印文與璽同而加大朝廷喜璧之歸行慶賞涉遺書彌遠謂天意隱而難明人事切而易見當思今日人事尚未有可答天意者昔之患不過亡金今之患又有山東忠義與北邊宜亟圖之彌遠不懌李全卒以璽賞爲節度使涉又言盜賊血氣正

盛官職過分將有後憂彌遠不以爲然涉曰朝廷但知官爵可以得其心寧知驕則將至於不可勸邪涉時已疾力辭事任值金人大入彊起視事金將時全合達孛术魯呇哥率細軍及衆軍三道渡淮涉以合達善戰乃命張惠當之惠金驍將所謂賽張飛者既歸宋金人殺其妻所部花帽軍有紀律它軍不及也惠率諸軍出戰自辰至酉金人大敗答哥溺死陷失太半細軍喪者幾二千涉既病乃以所獲京河版籍及金銀牌銅印之屬上于朝卒超贈龍圖閣學士光禄大夫涉父偉嘗守開江貽書丞相趙雄極論武興守吳挺之横它日陛對又乞裁抑郭棣郭杲兵權孝宗嘉納後反爲所擠以没涉弱冠直父寃不避寒暑泣愬十年至伏書闕下子似道有傳

扈再興字叔起淮人也有膂力善機變每戰被髮肉袒徒跣揮雙刃奮呼入陣人馬辟易金人犯襄陽棗陽京西制置使趙方檄再興等禦之金人來自團山勢如風雨再興同孟宗政陳祥分三陳設伏以待既至再興中出一陳復郤金人逐之宗政與祥合左右兩翼掩擊之金人三面受敵大敗血肉枕藉山谷間授神勁統制又犯棗陽再興率師赴援金人聞風夜潰既而益兵數萬復圍城相持九十日再興夜以鐵蒺藜密布地黎明佯遁金人馳中蒺藜者

十踣七八敵却走追至十五里岡已而金兵攻城東隅薄南門北角再興與宗政劉世興各當一面大戰數十合大敗金兵金帥完顏訛可擁步騎數萬傅城再興與宗政縱之涉濠半渡擊之又令守埧者佯走金人爭埧急擊之多墮水中金人刱對樓鵝車華洞決濠水運土石填城下再興募死士著鐵面具披氊列陳以待之金人計無所施而去棄旗甲輜重滿野大戰于范家莊金人敗追之至泊湖禽其巡檢亢師禮酒都監納蘭福昌降其壯丁獲牛馬甚衆自是與宗政世興無日不戰再興又破順昌縣奪甲馬三千破淅川鎮殺金人三百追至馬磴砦焚其城柵又敗

其護駕騎軍千濮河入鄧州破高頭敗其步軍五千騎軍五百焚其積聚遂營于高頭進攻唐州至三家河金騎軍二千步軍七千出城迎戰又敗之死者十七八追及城下金將從義者收殘騎三百奔城再興攄門拒戰斬從義遂圍唐州分兵焚湯州境截其歸路皆孚乂長驅陳以待之援勦殘兵獲其副統軍廣威將軍紇撻達金兵殲乃斂髑髏立人頭堠尋以病卒子世達亦以名將稱官至都統制

孟宗政字德夫絳州人父林從岳飛至隨州因家焉宗政自幼豪偉有膽畧常出沒疆埸間開禧二年金將完顏董犯襄郢宗政率義士據險游擊奪其輜重宣撫使吳獵奇

之補承節郎襄陽令京西路分趙方吳柔勝皆薦其才轉秉義郎京西鈐轄駐劄襄陽嘉定十年金人犯襄陽棗陽方檄宗政節制神勁報捷忠義三軍宗政與統制扈再興陳祥分爲三軍設覆三所蹀血以戰金兵敗走尋報棗陽圍急宗政午發峴首遲明抵棗陽馳突如神金人大駭宵遁方時移帥京西聞捷大喜差權棗陽軍初眡事一愛僕犯新令立斬之軍民股栗於是築隄積水修治城堞簡閱軍士十一年金帥完顏賽不擁步騎圍城宗政與再興合兵角敵歷三月大小七十餘戰宗政身先士卒金人戰輒敗忿甚周城開濠四面控兵列濠外飛鋒鏑以綯鈴自警鈴響則犬吠宗政厚募壯士乘間突擊金人不能支盛兵薄城宗政隨方力拒隨守許國援師至白水鼓聲相聞宗政率諸將出戰金人奔潰賜金帶轉武德郎十二年金帥完顏訛可擁步騎傅城宗政囊糠盛沙以覆樓棚列甕潴水以防火募砲手擊之一砲輒殺數人金人選精騎二千號弩子手擁雲梯天橋先登又募鑿銀礦石工晝夜搯城運茅葦直抵圍樓下欲焚樓宗政先燬樓掘深坑防地道刱戰棚防城損穿穽才透即施毒煙烈火鼓鞴以熏之金人窒以濕氈析路以刳土城頹樓陷宗政撤樓益薪架火山以絕其路列勇士以長槍勁弩備其衝距樓陷所數丈

築偃月城袤百餘尺翼傅正城深坑倍仞躬督役五日成金人摘彊兵披厚鎧氈衫鐵面而前又濕氈濡葦蒙火山覆以冰雪擁雲梯徑抵西北圍樓登城城中軍以長戈舂其喉殺之敢勇軍自下夾擊金兵兵墜死燎焰金將於後截其軍拒馬揮刀迫前自昕至昃死傷踵接梯橋盡燬金人連不得志俄乘順風渡濠飛脂葦燒戰棚宗政激將士血戰凡十五陣矢石交金兵死者千餘弩子手十七八射其都統殪天反風金人愈忿砲愈急會王大任領銳卒一千冒重圍轉鬬入城內外合勢士氣大振賈勇入金營自晡至三更金人橫屍徧地奪其銅印十有六訛可棄帳走

獲輜重牛馬萬計捷至朝廷方録前戰守功升武功大夫兼閤門宣賛舍人重賜金帶制置司以湖陽縣迫境金兵檄宗政圖之宗政一鼓而拔燔燒積聚夷蕩營砦俘掠以歸金人自是不敢窺襄漢棗陽許國移金陵宗政代爲荆鄂都統制仍知棗陽宗政以迫濠而陳迺於西北濠外潴水爲濘以限騎中原遺民來歸者以萬數宗政發廩贍之爲給田刱屋與居籍其勇壯號忠順軍俾出没唐鄧間威振境外金人呼爲孟爺爺俄病疽卒轉右武大夫團練使防禦使宗政於有功者怨必賞有罪者親必罰好賢樂善出於天性未嘗學兵法而暗與之合死之日邊城爲罷市

慟哭子珙有傳

張威字德遠成州人策選鋒軍騎兵也軍中馬料多匹馬給米五石騎軍利其餘以自給總領夔實裁抑威逃去帥郭杲使其父招之歸送隆慶府後軍傚用威貧甚賫藥自給或言其才勇乃令戍邊開禧用兵威與金人戰輒捷屢以功補本軍將領吳曦既誅遣將收復李貴復西和州威率衆先登敗金人戰于板橋遂取西和升統制由是威名大振天水縣當金人西入路乃升縣爲軍命威爲守屢立奇功擢充利州副都統制丁父憂服除帶御器械久之調荆鄂都統制襄陽府駐劄改沔州都統制嘉定十二年金人分道入蜀犯秋池堡又犯白環堡威部將石宣董炤連禦之既而金人犯成州威自西和退保仙人原時興元都統制吳政戰死黄牛堡李貴代政亟走武休金人已破武休遂陷興元又陷大安軍先是利州路安撫使丁焴聞金人深入亟遣書招威東入救蜀又檄忠義總管李好古北上捍禦好古出魚關與統領張彪遇以彪棄迷竹關故斬之彪威弟也威聞彪死按兵不進焴聞之謂僚佐曰吳政身死李貴復以兵敗金人所憚惟威今好古擅殺其弟失威心奈何且金人在東非威地分今可無好古不可無威遂因好古入見數其擅殺彪罪斬之遺書速威進救蜀且

使進士田遂往説之威感激夜半調發鼓行而前破金人于金斗鎮金人雖敗未退威頓兵不動潛遣石宣等襲于大安軍大破之金人之來也擇两齒馬及精兵凡三千人至是殲焉俘其將巴土魯大將包長壽聞之宵遁興元叛兵張福莫簡作亂以紅帕蒙首號紅巾隊焚利州殺總領楊九鼎破閬果入遂寧遊騎在潼漢界將窺成都制置司謂賊勢欲西非威不可禦乃遣威提精兵六千人自劍閣至廣漢盛夏暑劇休士三日俄安丙檄威東進時賊自遂寧入普州茗山威進兵重圍絶其糧道晝夜迫之未幾禽福等十七人戮之簡自殺賊遂平西夏來約夾攻金人丙

許之遣王仕信會夏人于韋又命威與利帥程信興帥陳立等分道並進威向秦州議初起威謂金人尚彊夏人反覆未可輕動丙不聽卒遣威威黽勉而行令所部毋得輕發諸將至城下無功而還丙怒奏罷其兵柄是歲卒于利州終揚州觀察使威初在行伍以勇見稱進充偏裨每戰輒克金人聞其名畏憚之臨陳戰酣則精采愈奮兩眼皆赤時號張紅眼又號張鶻眼威立淨天鶻旗以自表每戰不操它兵有木棓號紫大蟲圜而不刃長不六尺揮之掠陣敵皆靡荆鄂多平川廣野威曰是彼騎兵之利也鐵騎一衝吾步技窮矣蜀中戰法不可用乃意創法名撒星陣分合不常聞鼓則聚聞金則散騎兵至則聲金一軍分爲數十簇金人隨而分兵則又鼓而聚之倏忽之間分合數變金人失措然後縱擊之以此輒勝威御軍紀律嚴整兵行常若銜枚罕聞其聲每與百姓避路買食物則買倍於市迄無敢喧晚以嗜欲多疾故不壽云

論曰宋之南渡邊將之才何其鮮哉或曰江南非用武之地然古之善兵者若孫武子亦吳人也抑先王之世文武無二道文武既分宜其才之各有所偏勝也趙方少從張栻學許國之忠應變之畧隱然有尊俎折衝之風其部曲如扈再興孟宗政後皆爲名將亦方之能獎率也方之子范葵宗政子珙後皆以功名自見不愧其父有足稱者賈涉居方面亦號有才及其庶孽竟至亡國爲可歎也張威者善於御衆故所至立功云

列傳卷第一百六十二

開府儀同三司上柱國錄軍國重事中書右丞相監修國史領經筵事都總裁臣脫脫等奉

敕修

汪若海　張運　柳約　李舜臣

孫逢吉　章穎　商飛卿　劉穎

徐邦憲

汪若海字東叟歙人未弱冠遊京師入太學靖康元年金人侵擾朝廷下詔求知兵者若海應詔未三刻而文成擢高等時已割河北地其年冬再犯京師若海謂河北國家重地當用河北以攬天下之權不可怯懦以自守閉關養

敵坐受其斃屬康王起兵相州乃上書樞密曹輔請立王爲大元帥擁兵鎮撫河北以掎金人之後則京城之圍自解輔大喜即以其書進欽宗用爲參謀遣如康王所宰相何㮚執異議以道梗爲辭不果遣京城失守若海述麟爲書以獻及二帝北行袖書抗粘罕請存趙氏繼而出謁康王於濟州謂神器久虛異姓僭竊宜亟即位以圖中興一日間三被顧問補修職郎充帳前差使高宗既即位推恩改承奉郎遷江南經制使轉承事郎監登聞檢院五府交辟改屬右府朝廷以張浚宣撫川陝議未決若海曰天下者常山蛇勢也秦蜀爲首東南爲尾中原爲脊今以東南爲首安能起天下之脊哉將圖恢復必在川陝延往見浚極談終日浚大驚辟以自隨以親老辭繼論軍食迕執政通判沅州以讒奪籍謫英州道出臨川時節制江夏軍馬李允文擁衆數十萬跋扈不用朝命朝廷命招討使張俊屯江西參謀官湯東野與若海故得若海道中喜甚謂曰李允文懷反側非君莫能開其自新若海即馳往諭以成敗逆順示以朝廷威德復談三策以動之辭旨明暢允文大感悟即舉軍東下若海復爲書招其徒張用曹成李宏馬友同歸朝廷用一見以其衆二十萬解甲效順惟成疑貳有他志若海移書責之成怒將殺若海若海夜宿王林

軍帳以計得林軍印遂奪其衆五千人翼日成遂追若海遺宏書使刺成以自歸宏得書圖成而力不勝復走長沙刺友羣盜解散若海遂以林五千人歸招討使張俊俊乃班師凱旋軍容愈盛時朝廷方出師若海以爲爲國家者當化盜賊爲我用不可失英雄爲國患因獻平寇策朝廷悉用之其後李宏爲劉忠所幷死長沙劉忠爲韓世忠所破走劉豫曹成走廣而復降湖湘遂安尋復承務郎監潭州南岳廟通判辰州紹興九年復三京祗謁陵寢事還以前功旬月四遷至承議郎通判順昌府金人奄至太尉劉錡甫至衆不滿三萬遣人丐援于朝無敢往者若海毅然

請行具述錡明方略善用兵以偏師濟之必有成功朝廷從之金兵果敗去辟淮北宣撫司主管機宜文字拓皐之役復以勞兩轉至朝散郎通判洪州未上丁内艱服除添差通判信州秩滿遷湖北帥司參議知道州陛辭得對上曰久不見卿卿向安在授直秘閣知江州丁父憂時方經略中原朝廷議起若海而若海死矣若海豁達高亮深沈有度恥爲世俗章句學爲文操紙筆立就蹈厲風發高宗嘗以片紙書若海名諭張浚曰似此人材卿宜收拾會浚去國不果召

張運字南仲信之貴溪人唐宰相文瓘之後父貫右通直郎累贈太中大夫運年二十五以太學生登宣和三年進士第賜同上舍出身調桂陽監藍山縣丞縣闕令運攝縣事縣與諸獠接壤因俗爲治吏民安之臨武寇與諸獠合大剽掠運親帥兵禽之遷潭州攸縣尉高宗南渡劇賊王在據岐山潭帥徵兵戍岳運將二千人先至岳賊平攺臨江新淦丞縣新被兵令不能支沿江撫諭使張匯劾罷之以運攝縣事運撥煨燼考版籍正租賦數月之間敝除而民定紹興五年通判鼎州賊楊么黃誠擁衆數萬殘破城邑跳梁湖北高宗遣張浚以都督董師岳飛以招討舉兵擊之賊率輕鋭徑趨武溪南興以臨鼎州城中大震運與太守程昌寓勒兵登城控扼上下以張其勢賊宵潰澧賊雷德進柵險稱亂帥檄運討之運將都統梁吉等率兵直擣其巢破四十二柵降其衆移貳濡須金人犯廬壽等州大將駐兵淮壖以拒之運給餉未嘗乏絶歲餘以親老還江東寓居鄱陽而丁母及父憂服除起知桂陽監五月而境内稱治興部使者奏升監爲軍大脩庠序之教祠漢以來守令有功德於桂陽者衛颯唐羌等七人于學刻續顔氏家訓四時纂要等書散之民間使之脩德而務本召入對除知達州方大旱入境而雨奏除病民五事召爲度支郎中臨安樓店務錢歲三十餘萬緡請以十萬歸省額户

部所儲三佛齊國所貢乳香九萬一千五百斤直可百二十餘萬緡請分送江浙荆湖漕司貿之以糴軍餉及陳諸路綱運七弊懲革十術遠近遞輸以均勞逸事皆施行兼樞密院檢詳遷軍器監尋改大理少卿請正兩浙鹽法以寬私鬻之禁紹興永裕昭慈三陵官地與民犬牙相入請縣重價聽民持券獻納以免誤犯之罪尤明於治獄獄爲之空拜刑部侍郎言諸庠逐累赦未還者宜從蕩洗諸申請條制多重複牴牾失於太煩諸編置不以赦原不以廕論之類失於太重外路刑獄三經翻異移送大理刀鋸數施非所以示遠及諸不便皆從之又請廣儲蓄興鼓鑄脩

屯田作鄉兵亦皆聽納兼權戶部侍郎時久雨傷蠶麥及邊報有警詔侍從臺諫陳弭災禦侮之策運言天災人事有甚可畏而不足畏者視吾政之脩不脩有甚可憂而不足憂者視吾自治之善不善及宜邊淮建三大鎮以守之會金人渝盟特遷戶部侍郎以專餽餉丞相陳康伯議遣李寶自四明控制海道衆論紛紜運直入贊決以爲上策金人果敗走因上疏乞降詔撫將士蠲租賦遣信使結豪傑堅城守督漢中將士趨關陝以制其後置四鎮三帥於兩淮襄漢之間以爲內固以圖進取以御營隨軍都轉運使從上勞師江上及駕還因入對固請補外乃授集英殿

修撰出知太平州當兵饑疾癘之餘殫勞徠安輯之方嚴斥堠攻守之備理財賦造戰艦繕甲兵申禁令民賴以安孝宗既受禪運亦請老以敷文閣待制提舉江州太平興國宮尋授廣東經略不赴乃復祠祿乾道七年鄱大饑運首發粟二千石以振之自是民爭出粟以濟運上章致政不許以疾卒贈少師左光祿大夫官其後三人嘉定六年贈開府儀同三司

柳約字元禮秀州華亭人大觀三年上舍進士試中學官爲霸州教授從睦州入爲辟雍正遷博士改宣議郎充廣親宅宗子博士約深於經學屬辭粹微大爲學者師慕擢舉福建鹽事召對論內外學政次乞罷內外官到堂日投牒求官以厚風俗授秘書省校書郎進著作佐郎徽州司錄改通判宿州召拜監察御史靖康初兼權殿中侍御史論三鎮不可棄改尚書工部員外郎進左司員外郎父憂去官服除以直顯謨閣充御營司參謀官遷太常少卿高宗將幸平江約疏言兵可進毋退以示怯於敵乃以直龍圖閣知台州未赴徙嚴州兼浙西兵馬都監節制管內軍馬當是時金人大入杜充擁衆北去列郡震恐莫有奔問官守者約於橫潰中屹保孤城悉力扞禦境內按堵則慨然上書請糾合諸郡克復吳會上嘉其忠進右文殿修撰

守郡如故詔以軍興費出無藝吏慢弗虔柳約獨謹賦輸率先程督進秩一等又詔約郡當兵衝而能不辭難不避事益嚴列柵保綏一方朕甚嘉之其以約充集英殿修撰召入對獎勞再三擢權戶部侍郎約於是感激盡言凡例外宣索皆執奏不進論吳幵等罪未正非所以厲臣節諸大將提兵入覲各名其家將有尾大不掉之患皆人不敢言者又言軍興科需百出望官戶名田過制者與編戶均一科敷請增諸路酒錢其半令提刑司樁管以備軍費皆從之會高麗請修貢議遣使報聘上顧廷臣無出約右加試戶部侍郎充其選且將大用當路忌之諷言者誣以事

罷爲提舉太平觀居七年復秘閣修撰金人歸侵疆起知蔡州被命而往一無顧避旣而金人渝平傳檄河南守臣皆舉城降約獨遣使數輩於武昌得報而後返未幾以數文閣待制食祠祿十有五年卒贈四官約天性至孝母病甚泣禱于天願損壽以益親壽母壽愈約竟先母兩月卒

李舜臣字子思隆州井研人生四年知讀書八歲能屬文少長通古今推迹興廢洞見根本慨然有志於天下紹興末張浚視師江淮舜臣應詔上書言乘輿不出無以定大計宜徙幸武昌又謂江東六朝皆嘗取勝北方不肯乘機爭天下宜爲今日監著江東勝後之鑑十篇上之中乾道

二年進士第時朝廷旣罷兵而爲相者益不厭天下望舜臣對策論金人世讎無可和之義宰輔大臣不當以奉行文字爲職業考官惡焉絀下第調邛州安仁縣主簿歲大侵飢民千百持鉏棘大呼響震邑市令懼閉門舜臣曰此非盜也何懼爲亟出慰勞遣之教授成都府時虞允文撫師關上辟寘幕府用舉者改宣教郎知饒州德興縣尊尚風化民有母子昆弟之訟連年不決爲陳慈孝友恭之道遂爲母子兄弟如初間詣學講說邑士皆稱蜀先生罷百姓預貸償前官積逋踰三萬緡民病差役舜臣勸糾諸鄉以稅數低昂定役期久近爲義役朞年役成民大便利銀

坑罷雖久小户猶敷銀本錢官爲償之天申大禮助賞及軍器所需皆不以煩民幹辦諸司審計司遷宗正寺主簿重修裕陵玉牒當曾布呂惠卿初用必謹書或謂非執政除免格不應書舜臣曰治忽所關何可拘常法他所筆削類此尤邃於易嘗曰易起於畫理事象數皆因畫以見舍畫而論非易也畫從中起乾坤中畫爲誠敬坎離中畫爲誠明著本傳三十三篇朱熹晚歲每爲學者稱之所著書羣經義八卷書小傳四卷文集三十卷家塾編次論語五卷鐃玉餘功録二卷子心傳道傳性傳以性傳官二府贈太師追封崇國公

孫逢吉字從之吉州龍泉人也隆興元年進士第授郴州司户乾道七年太常黃鈞薦於丞相虞允文梁克家將處以學官逢吉竟就常德教授以歸李燾劉珙鄭伯熊劉焞相繼薦之知萍鄉縣以治最聞除諸軍審計司國子博士遷司農寺丞兼實録院檢討官紹熙元年遷秘書郎兼皇子嘉王府直講二年春二月雷雪之沴交作詔求直言疏八事去敝諛親講讀伸論駁崇氣節省用度惜名器拔材武飭戎備擢爲右正言建言都城之民安居憚徙宗戚營繕寖廣每建一第撤民居數百咨怨者多時親王方更造樓觀未已聞之亟令罷役浙漕沈詵見逢吉謝曰非正言

漕計殆不可支初工部侍郎兼知臨安府潘景珪結貴倖以進司諫鄧馹疊疏其罪景珪反以計傾之除馹匠監逢吉曰優遷其官而罷言職後來者且以言爲戒兩疏乞收馹新命不報併劾景珪脅持臺諫蔑視朝綱景珪遂罷在諫垣七十日章二十上詞旨剴切皆人所難言者改國子司業求去爲湖南提刑以秘書監召兼吏部侍郎俄爲孝宗攢宮按行事朱熹在經筵持論切直小人共不便潛激上怒中批與祠劉光祖與逢吉同在講筵吏請曰今日某侍郎輪講以疾告孫侍郎居次請代之逢吉曰常所講論語今安得即有講義已而問某侍郎講義安在取觀之則

講詩權輿篇刺康公與賢者有始而無終與逐朱熹事相類逢吉欣然代之講因於上前爭論甚苦上曰朱熹言多不可用逢吉曰熹議祧廟與臣不合他所言皆正未見其不可用寖失上意會彭龜年論韓侂胄專僭出補郡逢吉入疏曰道德崇重陛下所敬禮者無若朱熹志節端亮陛下所委信者無若彭龜年熹既以論侂胄去龜年復以論侂胄絀臣恐賢者皆無固志陛下所用皆庸鄙憸薄之徒何以立國侂胄見而惡之丞相趙汝愚既罷侂胄專國一日從臣扈從重華宮上行禮畢駕與扈從者出宮門上馬忽傳呼侂胄至扈從者却入斂板甚恭逢吉曰既出復入

揖臣子事君父之禮當如是耶不揖而去會部中會食吏密報優人王喜除閤職逢吉即言於上前效朱侍講進趨以儒爲戲者豈可令汙閤職即抗疏力爭之同列密以告侂胄時王喜之命實未出遂以誣詆出知太平州丐祠提舉江州太平興國宮起知贛州已屬疾卒謚獻簡弟逢年逢辰皆有文學行義時稱孫氏三龍

章穎字茂獻臨江軍人以兼經中鄉薦孝宗嗣服下詔求言穎爲萬言書附驛以聞禮部奏名第一孝宗稱其文似陸贄調道州教授作周敦頤祠會宜章寇爲亂郡僚相繼引去穎獨留寇平郡守以功入爲郎奏穎有協贊之功

可大用乃召對除太學錄禮部正奏第一人初任即召對者自穎始時樞密都承旨王抃以言者奉外祠穎復言其風金使過求欲已任調護以爲功孝宗謂其言太訐久之不遷及奏考試官孝宗曰章穎可乃知上猶記其讜論也頃之遷太學博士丁內艱服闋添差通判贛州除太常博士御史中丞何澹聞繼母訃引不逮事之文穎定議解官澹猶未決去乞下侍從朝列集議太學諸生攻之曰朝廷專設奉常議禮之所由出也今不從議禮所由出之地反以議禮不公而欲侍從朝列集議豈將啓逢迎希合而爲苟留進身之計乎除左司諫時左相留正去右相葛邲當

國頴論鄉不足任大事凡二十餘疏從官議欲超除頴俾
去言職庚可兩留光宗曰是好諫官何以遷之鄉始出頴
屢疏請上問安重華宮悉焚其藁寧宗即位除侍御史兼
侍講尋權兵部侍郎韓侂胄用事頴侍經幃上曰諫官有
言及趙汝愚者卿等謂何同列謾無可否頴奏言天地變
遷人情危疑加以敵人嫚侮國勢未安未可容易進退大
臣願降詔宣諭汝愚無聽其去不報奏請待罪與郡御史
劾頴阿黨罷太學生周端朝等六人伏闕辨汝愚被誣且
謂章頴言發於忠首遭斥逐端朝等皆被罪自是黨論遂
起矣頴家居久之起知衢州侍御史林行可劾罷之尋知

贛州御史王益祥復劾寢其命再祠需次知建寧府侂胄
誅除集英殿修撰累遷刑部侍郎兼侍講對延和殿上歎
曰卿爲權臣沮抑甚久頴乞修改甲寅龍飛事迹誣筆除
吏部侍郎尋遷禮部尚書升侍讀詔頴以紹熙慶元譏令
憲玉牒辨誣余端禮趙彥逾甲寅龍飛記及趙汝愚當時
所記事考訂削誣從實上之丐去奉祠以嘉定十一年卒
年七十八頴操履端直生平風節不爲窮達所移雖仕多
偃蹇而清議與之方黨論之興朱熹遺以書略曰世道反
覆已足流涕而握其事者怒猶未已未知終安所至極耶
然宗社有靈公論未泯異日必有任是責者非公吾誰望

耶贈光祿大夫謚文肅
商飛卿字翬仲台州臨海人淳熙初由太學登進士第任
無爲軍教授累官至工部郎官時韓侂胄柄國氣焰薰灼
飛卿既至未嘗輒一造請踰月即丐去提舉福建路常平
茶鹽事擢監察御史以言事迕侂胄罷爲奉常請外以秘
閣修撰爲荆湖南路轉運判官後改司農卿總領江東淮
西軍馬錢糧金陵故有帥漕治所合戎騎二帥留鑰內侍
號六司宴飲餽遺費動萬計飛卿以身率儉節縮浮苛糧
饟時斂散稍稍以裕開禧中就擢戶部侍郎侂胄將舉
師嘗問餉計豐約飛卿以實告比調遣浩繁不克支屬有

旨俾飛卿軍前傳宣撫勞值金兵大至幾不免以憂卒
劉頴字公實衢州西安人紹興二十七年進士調溧陽主
簿時張浚留守建康金師初退府索民租未入者頴白浚
言師旅之後宜先撫摩當盡蠲逋賦浚喜即奏閣免由是
知之遣其子栻與游教授全州改官知鉛山縣以外艱去
再知常熟縣簽判潭州王佐爲帥負其能盛氣以臨僚吏
頴約以中道多屈而改爲及陳峒反所擒賊多頴計策帥
上其功曰簽判宜居臣上召監進奏院進太常寺主簿遷
丞兼兵部郎官提舉浙西常平茶鹽還澱水湖以泄吳松
江二水禁民侵築毋使逼塞大流民田賴之就遷提刑以

洗寃澤物爲任閤詣獄察不應繫者縱遣之御史以介僻劾罷除江西運判江州德化縣田逃徙太半守乞蠲稅不報頴以見種之稅均於荒萊民願耕者第減之上供自若而逃田盡復除直秘閣淮東轉運副使初水敗楚州城修補未竟劉超欲移築頴因接伴金國使入對言國家何苦捐百萬緡爲軍帥幸賞地邪光宗從之除戶部郎中淮東總領務塲以額鈔抵賞陰耗餉計二十年無知此弊者頴究覈得之以所賣數論賞而總餉增羨遷司農少卿淮西總領前主計者請自爲都釀抱淨息而利贏餘其後稍虧反以大軍錢佐之邀糴江淮回易如負販狀頴以爲失王

人之體遂罷之內府宣限既迫每移供軍錢以應歲輸頴莬吏弊汰冗員分月綱解自是不復那移尋除直寶謨閣江東運副知平江府皆未行除宗正少卿遷起居郎兼實録院檢討官權戶部侍郎升同修撰以疾丐祠提舉興國宮除集英殿修撰知寧國府改知紹興府未幾知平江府徑歸提舉興國宮起知泉州升華文閣待制請興國祠以歸與國祠滿除敷文閣待制致仕嘉定改元召赴行在落致仕除刑部侍郎辭進龍圖閣待制知婺州請老以寶謨閣直學士致仕六年卒于家年七十八贈光祿大夫在孝宗朝人臣爭承意自獻頴奏今日之失在輕聽人言昔之

施爲今復棄置大損盛德孝宗嘉納之光宗時論人主難克而易流者四曰逸豫無節賜予無度儒臣易踈近侍易昵寧宗時學禁初起黨論日興頴奏願陛下御之以道容之以德不然元祐崇觀之事可鑒也其言皆切中於時自浙西請外凡徙麾節十餘年有以淹速訊之頴笑曰吾所欲也其在從班日韓侂胄舊與周旋無間方居中用事而頴謝絕之常言士以不辱身爲重其爲少宗正而丞相趙汝愚適歸相遇於廢寺泥雨不能伸足但僧床立語曰寄謝余參政某雖去而人才猶在朝廷幸善待之頴曰相公人才即參政人才也使果賢參政之責非宰相之憂也余

參政端禮也余繼相卒於善類多所全佑頴之助云

徐邦憲字文子婺州義烏人幼頴悟從陳傅良究名物義理以通史傳百家之書紹凞四年試禮部第一人登進士第三遷爲秘書郎韓侂胄開兵端同惡附和無敢先發一語議其非者邦憲獨首言之丐外知處州陛辭力諫用兵不可太驟再歲召還言求名義以息兵莫若因建儲而肆赦借殊常之恩爲弭兵之名因行赦宥大霈德澤東委宣諭西委宣撫洗弄兵之咎省戍邊之師發倉粟以賑餓殍及農時而復民業如此則建儲之義正與息兵相爲表裏也又上侂胄書侂胄惡其言嗾御史徐柟擊之鐫秩罷祠

未幾復官除江西憲改江東漕以户部郎爲淮西總領侂胄已誅尚書倪思舉邦憲自代召對上言今日更化未可與紹興乙亥同論秦檜專權天下猶可以緝理今侂胄專權天下敗壞盡矣除尚右郎兼太子侍講除左司爲金賀正使接伴除宗正少卿回權工部侍郎知臨安府丐祠知江州奏乞郡得節制屯戍兵至郡疾以寶謨閣待制致仕卒于官年五十七謚文肅

論曰汪若海柳約仕於南渡播遷之時其志將以尊君父故讀其擊書而悲之張運李舜臣職舉事修遺愛在民孫逢吉章頴辨正人之非邪正學之非僞君子哉商飛卿劉頴徐邦憲皆有立於權臣柄國之日卓乎不爲勢利所移故能爾耶

列傳卷第一百六十三

列傳卷第一百六十四　宋史四百五

開府儀同三司上柱國錄軍國重事中書右丞相監修國史領經筵事都總裁脫脫等奉

勑修

李宗勉　袁甫　劉黻　王居安

李宗勉字强父富陽人開禧元年進士歷黄州教授浙西茶鹽司江西轉運司幹官嘉定十四年主管吏部架閣尋改太學正明年爲博士又明年遷國子博士寶慶初添差通判嘉興府三年召爲祕書郎紹定元年遷著作郎入對言邊事宜夙夜震懼以消咎殃明年兼權兵部郎官時李全叛謀已露人莫敢言宗勉獨累疏及之又言欲人謀之合莫若通下情人多好諂揣所悦意則侈其言度所惡聞則小其事上既壅塞下亦欺誣則成敗得失之機理亂安危之故將孰從而上聞哉不聞則不戒待其事至乃駭而圖之抑已晚矣欲財計之豐莫若節國用善爲國者常使財勝事不使事勝財今山東之旅坐糜我金穀湖南江右閩中之寇蹂踐我州縣苟浮費泛用又從而侵耗之則漏卮難盈蠹木易壞設有緩急必將窘於調度而事機失矣欲邦本之固莫若寬民力州縣之間聚斂者多椎剥之風浸以成習民生窮蹙怨憤莫伸

嘯聚山林勢所必至𦦨焚拯溺可不亟為之謀哉尋改兼侍右郎官明年入對言天災甚切四年差知台州明年直秘閣知婺州六年冬召赴行在未行端平元年進直寶章閣依舊任越月以宗正丞兼權右司召改尚左郎官兼職仍舊尋兼左司五月面對言四事守公道以悅人心行實政以興治功謹命令以一觀聽明賞罰以示勸懲次言楮幣頗詔有司始自乘輿宮掖下至百司庶府覈其冗蠹者節之歲省十萬則十萬之楮可捐歲省百萬則百萬之楮可捐也行之既久捐之益多錢楮相當所至流轉則操吾贏縮

之柄不在楮矣拜監察御史時方謀出師汴洛宗勉言今朝廷安恬無異於常時士卒未精鋭資糧未充衍器械未犀利城壁未繕脩于斯時也守禦猶不可而欲進取可乎借曰今日得蔡明日得海又明日得宿亳然得之者未必可守萬一含怒蓄忿變生倉猝將何以濟臣之所陳豈曰外患之終不可平土宇終不可復哉亦欲量力以有為相時而後動耳願詔大臣愛日力以修内治合人謀以嚴邊防節冗費以裕邦財招彊勇以壯國勢仍飭沿邊將帥毋好虛名而受實害左控右扼毋失機先則以逸待勞以主禦客

庶可保其無虞若使本根壯固士馬精彊觀釁而動用兵未晚已而洛師潰又言昔之所慮者在當守而冒進今之所慮者在欲守而不能何地可控扼何兵可調遣何將可捍禦何糧可給餉皆當預作措畫又言内降之敝大略謂王府后宅之宮僚戚里奄寺之恩賞綸綍直下不經都省竿牘陳請時出禁廷此皆大臣所當執奏夫先事而言見幾而諫不可謂之專善則行之否則止之不可謂之專命出君上政歸中書不可謂之專苟以專權為嫌不以救過為急每事希旨迎合迨其命令已下闕失已彰然後言事之人

從而論列之其累聖德亦多矣況言之未必聽聽之未必行乎進左司諫明年春兼侍講首言均房安蘄光化等處兵禍甚烈然江面可藉以無憂者猶有襄州今又告變矣襄州失則江陵危江陵危則長江之險不足恃昔之所慮猶在秋今之所慮者祗在旦夕江陵或不守則事迫勢蹙必有存亡之憂悔將何及拜殿中侍御史時淮西制置使兼沿江制置副使史嵩之兼知鄂州就鄂建牙宗勉言荆襄殘破淮西正當南北之交嵩之當置司淮西則脈絡相連可以應援邈在鄂渚豈無鞭不及腹之慮若云防江為急欲

籍嵩之於鄂渚經理然齊安正與武昌對如就彼措
置防扼則藩籬壯而江面安矣所謂欲保江南先守
江北也當别擇鄂守徑令嵩之移司齊安詔侍從兩
省臺諫條陳邊事宗勉率合臺奏蜀之四路已失其
二成都隔絶莫知存亡諸司退保夔門未必能守襄
漢昨失九郡今郢破荆門又破江陵孤城何以能立
兩淮之地人民奔迸井邑丘墟嗚呼危哉陛下誠能
亟下哀痛之詔以身率先深自貶損服御飲宴一從
簡儉放後宮浮食之女罷掖庭不急之費止錫賚絶
工役出内帑儲蓄以風動四方然後勸諭戚畹世臣

隨力輸財以佐公家之調度分上流淮西淮東為三
帥而以江淮大帥總之或因今任或擇長才分地而
守聽令而行以公私之財分給四處俾之招潰卒募
流民之彊壯者以充遊兵以補軍籍仍選沿流諸郡
將士為捍禦之圖猶可支吾不然將水陸俱下大合
荆楚之衆擾我上流江以南震蕩矣或謂其勢彊盛
宜於講和欲出金繒以奉之是抱薪救火空國與敵
矣進工部侍郎兼給事中仍侍講復上疏言陛下憂
勤於路朝之頃而入為宴安所移切劘於廣廈之間
而退為便佞所惑不聞減退宮女而嬪嬙已溢於昔

時不聞褒録功臣而節鉞先加於外戚不聞出内帑
以犒戰士而金帛多靡於浮費陛下之舉動人心所
視以為卷舒者也陛下既不以為憂則誰復為陛下
憂擢諫議大夫兼侍讀首言邊事當增兵防托上流
又言求諫非難而受諫為難受諫非難而從諫為難
苟聞之不以為戒玩之不以為信卒使危言鯁論無
益於世用無救於時危其與拒諫者相去一間耳進
端明殿學士同簽書樞密院事未幾進簽書時王檝
復求歲幣銀絹各二十萬宗勉言輕諾者多後患當
守元約可也然比之開禧時物價騰踴奚啻倍蓰矣

史嵩之開督府力主和議宗勉言使者可疑者三嵩
之職在督戰如收復襄光控扼施澧招集山砦保固
江流皆今所當為若所主在和則凡有機會可乘不
無退縮之意必至虛捐歲月坐失事功進參知政事
及拜左丞相兼樞密使守法度抑僥倖不私親黨召
用老成尤樂聞讜言趙汝騰嘗以宗勉為公清之相
以光禄大夫觀文殿大學士致仕卒贈少師謚文清
袁甫字廣微寶文閣直學士燮之子嘉定七年進士
第一簽書建康軍節度判官廳公事授祕書省正字
入對論君天下不可一日無懼心今之可懼者大端

有五端良者斥諂諛者用杜忠臣敢諫之門可懼也
兵戈既興餽餉不繼根本一虛則有蕭牆之憂可懼
也陛下深居高拱群臣奉行簿書獨運密謀之意勝
而虛心咨訪之意微天下迫切之情無由上聞可懼
也外患未弭內患方深而熙熙然無異平時自謂雅
量足以鎮浮不知宴安實為鴆毒可懼也陛下恭儉
有餘剛斷不足庸夫險人苟求富貴而未聞大明黜
陟軍帥交結州郡賄賂皆自貴近化之可懼也其它
禍幾亂萌不可悉數將何以荅天譴召和氣哉次乞
嚴守帥之選併大軍之權興屯田之利遷校書郎轉
對言邊事之病不在外而在內偷安之根不去規摹
終不立壅蔽之根不去血脈終不通忌嫉之根不去
將帥終不可擇欺誕之根不去兵財終不可治祖宗
之御天下政事雖委中書然必擇風采著聞者為臺
諫敢於論駁者為給舍所以戢官邪肅朝綱也今日
誠體是意以行之豈復有偷安壅蔽者哉出通判湖
州考常平激源以增積貯核隱產增附嬰兒局遷祕
書郎尋遷著作佐郎知徽州治先教化崇學校訪便
民事上之請蠲減婺源紬絹萬七千餘匹茶租折帛
錢萬五千餘貫月樁錢六千餘貫請照咸平紹興乾

道寬恤指揮受納徽絹定每匹十兩請下轉運常平
兩司豫蓄常平義倉備荒興脩陂塘剏築百梁丁父
憂服除知衢州立旬講務以理義淑士心歲撥助養
士千緡西安龍游常山三邑積窖預借為代輸三萬
五千緡蠲放四萬七千緡郡有義莊買良田二百畝
益之移提舉江東常平適歲旱亟發庫庾之積凡州
縣窠名隸倉司者無新舊皆住催為錢六萬一千緡
米十有三萬七千麥五千八百石遣官分行振濟饑
者予粟病者予藥尺籍之單弱者市民之失業者皆
曲軫之又告于朝曰江東或水而旱或旱而水重以
雨雪連月道殣相望至有舉家枕藉而死者此去麥
熟尚賒事勢益急詔給度牒百道助費時江閩寇迫
饒信憲民情易動分榜諭安之檄諸郡關制司聞于
朝為保境捍患之圖寇迄不犯遂提點本路刑獄兼
提舉移司番陽霜殺桑春夏雨久湖溢諸郡被水連
請于朝給度牒二百道振恤之盜起常山調他州兵
千人屯廣信以為備都城大火上封事言上下不交
以言為諱天意人心實同一機災變之作端由於此
願下哀痛之詔以回天意詔求直言後上疏言災起
都邑天意蓋欲陛下因其所可見察其所不可見行

至公無私之心全保護大臣之體率屬群工大明黜陟與天下更始行部問民疾苦薦循良劾姦貪決滯獄所至詣學宮講說剏書院貴溪之南祠先儒陸九淵歲大旱請于朝得度牒緡錢綾紙以助振恤疫癘大作剏藥院療之前後持節江東五年所活殆不可數計轉將作監領事如故繼力辭常平事彗星見詔求直言上疏言皇天所以震怒者由愁苦之民衆人民所以愁苦者由貪冒之風熾願一變上下交征之習為大公至正之歸帝親政以直徽猷閣知建寧府明年兼福建轉運判官闕鹽隸漕司例運兩綱供費

後增至十有二吏卒並緣為姦且抑州縣繇責公私苦之甫奏復舊例丁米錢久為泉漳興化民患會知漳州趙以夫請以廢寺租為民代輸甫并捐三郡歲解本司錢二萬七千貫助之郡屯左翼軍本備峒寇招捕司移之江西甫檄使還營俄寇作唐石即調之以行而賊悉平遷祕書少監入見帝曰卿久勞于外篤意愛民每覽所陳備見懇惻甫奏無逸之義言知農夫稼穡艱難自然逸欲之念不起乞力守更化以來求賢如不及之初意遷起居舍人兼崇政殿說書於經筵奏剛之一字最切於陛下陛下徒有慕漢宣

厲精為治之名而乃墮元帝文宗柔弱不振之失元帝文宗果斷不用於斥邪佞反用於逐賢人此二君不識剛德之真所謂真剛者當為之事必行不當為者則斷在勿行又乞專意經訓養育精神務令充實上與天一下合人心帝意欲全功臣之世詔自今中外臣僚奏事毋得擿摭以奏是消天下讜言之氣其謂陛下何兼中書舍人繳奏不摘苛小謂監司郡守非其人則一道一州之蠹也時相鄭清之以國用不足履畝使輸券甫奏避貴虐賤有力者頑未應令而追呼迫促破家蕩產悲痛無聊者大抵皆中下之戶

嘗講罷帝問近事甫奏惟履畝事人心最不悅又嘗讀資治通鑑至漢高祖入關辭秦民牛酒因奏今日無以予人反横科之其心喜乎怒乎本朝立國以仁陛下以為此舉仁乎否乎帝為憫然時朝廷以邊事為憂史嵩之帥江西力主和議甫奏曰臣與嵩之居同里未嘗相知而嵩之父彌忠則與臣有故嵩之易於主和彌忠每戒其輕易今朝廷甘心用父子異心之人臣謂不特嵩之易於主和抑朝廷亦未免易於用人也疏入不報遂乞歸不允授起居郎兼中書舍人未幾擢嵩之刑部尚書復奏疏云臣於嵩之本

無佻慫但國事所係誼難緘黙嵩之誥命終不與書
行廼出甫知江州王遂抗疏力爭帝曰本以授其兄
袤肅報行誤耳今遂勉甫無它志翼日廼與肅江州
而殿中侍御史徐清叟復論甫守富沙日贓六十萬
湯巾等又爭之清叟亦悔未幾改知婺州不拜嘉熙
元年遷中書舍人入見陳心源之說帝問邊事甫奏
當以上流為急議和恐誤事時清叟與甫並召而清
叟未至甫奏臺諫風聞言事初亦何心今人物耿然
有如清叟宜在朝廷辭避實惟臣故乞趣其赴闕又
奏備邊四事曰固江陵堰瓦梁與流民復業嵩之移

京湖沿江制置使知鄂州甫奏曰嵩之輕脫難信去
年嵩之在淮西王檝由淮西而來北軍踵之今又併
湖南付之臣恐其復以誤淮西者誤湖南疏留中不
行翼日權吏部侍郎引疾至八疏賜告一月遂歸從
臣復合奏留之尋命兼脩玉牒官兼國子祭酒皆辭
不拜改知嘉興府知婺州皆辭不拜遷兵部侍郎入
見奏江潮暴涌旱魃為虐楮幣蝕其心腹大敵剝其
四支危亡之禍近在旦夕乞秉一德塞邪徑兼給事
中岳珂以知兵財召甫奏珂總餉二十年焚林竭澤
珂竟從外補遷吏部侍郎兼國子祭酒日召諸生叩

其問學理義講習之益時邊遽日至甫條十事至為
詳明權兵部尚書暫兼吏部尚書卒贈通奉大夫謚
正肅有孝說孟子解後省封駁信安志江東荒政錄
防拓錄樂事錄及文集行世甫少服父訓謂學者當
師聖人以自得為貴又從楊簡問學自謂吾觀草木
之發生聽禽鳥之和鳴與我心契其樂無涯云

劉黻字聲伯樂清人早有令聞讀書鴈蕩山中僧寺
年三十四以淳祐十年試入太學儕輩已翕然稱之
時丁大全方為臺屬劾奏丞相董槐迫逐去國將奪
其位黻率同舍生伏闕上書大槩言朝廷進退大臣

須當以禮書上忤執政送南安軍安置歸別其母解
氏解氏曰為臣死忠以直被貶分也速行黻至南安
盡取濂洛諸子之書摘其精切之語輯成書十卷名
曰濂洛論語及大全貶黻還太學未幾侍御史陳垓
誣劾程公許右正言蔡榮誣劾黃之純二公罷出六
館相顧失色黻又率諸生上書言黻等家被教養視
國家休戚利害若己痛癢朝廷進一君子臺諫發一
公論則彈冠相慶喜溢肺膺至若君子斥而不獲用
公論沮而不克伸則憂憤忡結寢食俱廢臣聞扶植
宗社在君子扶植君子在公論陛下在位幾三十年

端平間公正萃朝忠讜接武天下翕然曰此小元祐也淳祐初大姦屛迹善類在位天下又翕然曰此又一端平也奈何年來培養保護之初心不能不爲之轉移祖宗建置臺諫本以伸君子而折小人昌公論而杜私說迺令老饕自肆姦種相仍以諂諛承風旨以傾險設機阱以淟涊盜官爵陛下非不識拔羣賢彼則忍於空君子之黨陛下非不容受直言彼則勇於倒公議之戈不知陛下何負此輩而彼乃負陛下至此耶當陛下詔起彙髦之秋而公許起自家食正君子覘之以爲進退之機迺令坐席未温彈章已上

一公許去若未害也臣恐草野諸賢見幾深遁而君子之脉自此絕矣比年朋邪翕熖緘默成風奏事者不過襲陳言應故事而已幸而之純兩疏差彊人意迺令軟媚者全身鯁直者去國一之純去若未害也臣恐道路以目欲言輒沮而公論之脉自此絕矣况今天下可言之事不爲少可攻之惡不爲不多術窮桑孔浸有逼上之嫌勢挾金張濫處牧民之職以乳臭騃子而躐登從橐以光範私人而累典輔藩錢神通靈於旁蹊公器反類於互市天下皆知之豈陛下獨不知之正惟爲陛下紀綱者知爲身謀不爲陛下

謀陛下明燭事幾詎可墮此輩蒙蔽術中何忍以祖宗三百年風憲之司而壞於一二小人之手耶臣汝騰陛下之劉向也則以忠鯁斥臣子才臣棟臣伯玉陛下之汲黯也則以切直罷遂使淳祐諸君子日消月磨至今幾爲之一空彼誠何心哉高宗紹興二十年之詔有謂臺諫風憲之地年來用人非據與大臣爲友黨濟其喜怒甚非耳目之寄臣竊觀近事不獨臺諫爲大臣友黨內簡相傳風旨相諭且甘爲鷹犬而聽其指嗾焉宰相所不樂者外若示以優容而陰實頤指臺諫以去之臺諫所彈擊者外若不相爲謀

而陰實奉承宰相以行之方公許之召也天下皆知獨斷於宸衷及公許之來也天下亦知嘗得罪於時宰豈料陛下之恩終不足恃宰相之嗔竟不可逃耶陛下萬機之暇試以公許之純與垓棨等孰思而靜評之其言論孰正孰邪孰忠孰佞雖中智以下之主猶知判別是非况以陛下明聖而顧不察此近見公許奏疏嘗告陛下揭至公以示天下垓則以秘密之說惑上聽公許嘗告陛下以寵賂日章官邪無警欲塞倖門絕曲徑垓則縱俠客以兜攬關節持闔扁以脅取舉狀開賂門以簸弄按章至若之純之告陛下

力伸邪正之辯明斥媚相之非謇謇諤諤流出肺肝
榮身居言責聞其風聲自當愧死尚敢妄肆蔓菲略
無人心乎且陛下擢用臺諫若臣磊卿臣咨夔臣應
起臣漢弼臣凱臣燧光明俊偉卓為天下稱首然甫
入而遽遷或一鳴而輒斥獨玹榮輩貪饕頑忍久汙
要津根據而不拔劉向所謂用賢轉石去佞拔山者
乃今見之可不畏哉矧今國嗣未正事會方殷民生
膏血朘削殆盡所賴以祈天命係人心惟君子與公
論一脉耳小人以不恤之心為無忌憚之事其意不
過欲爵位日穹權勢日盛以富貴遺子孫耳豈暇為

宋史四百五 字四百十个 宋史列傳卷二百六十四 十四 甘真寫 王桓刻

國家計哉自昔天下之患莫大於舉朝無公論空國
無君子我朝本無大失德於天下而乃有宣靖之禍
夫豈無其故哉始則邪正交攻更出迭入中則朋邪
翼僞陰陷潛詆終則倒置是非變亂黑白不至於黨
禍不止向使劉安世陳瓘諸賢尚無恙楊畏張商英
周秩輩不以據臺綱其禍豈至此烈古語云前車覆
後車戒今朝廷善類無幾心懷姦險者則以文藻飾
佞舌志在依違者則以首鼠持圓機宗社大計孰肯
明目張膽為陛下伸一喙者則其勢必終於空國無
君子舉朝無公論朕有緩急彼一二

憸人者陛下獨可倚仗之乎若玹之罪又浮於榮雖
兩觀之誅四裔之投猶為輕典陛下留之一日則長
一日之禍異時雖借尚方劍以礪其首尚何救於國
事之萬一哉又曰自昔大奸巨蘗投閑散地惟覘朝
廷意向以圖進用之機元祐間章惇呂惠卿皆在貶
所自呂大防用楊畏為御史初意不過信用私人牢
護局面不知小人得志搖唇鼓吻一時正人掟被斥
逐繼而章惇復柄用雖大防亦不能安其身於朝廷
之上今右轄久虛姦臣垂涎有日矣聞之道路餽遺
不止於鞭韉脉絡潛通於禁近陛下明察事機之

宋史四百五 字四百十个 宋史列傳卷二百六十四 十五 甘真寫 王桓刻

時若公論不明正人引去則遲回展轉鈞衡重寄必
歸於章惇等乃止今日之天下乃祖宗艱難積累之
天下豈堪此輩再壞耶又諫游幸疏曰天下有道人
主以憂勤而忘逸樂天下無道人主以逸樂而忘憂
勤自昔國家久安四夷賓服享國日久侈心漸生若
漢武帝之單于震讋而有千門萬戶之觀唐明皇之
北邊無事而有驪山溫泉之幸至於隋之煬帝陳之
後主危亡日迫遊觀無度不足效也堯舜禹湯文武
之兢業祇懼終始憂勤無逸言遊畋則不敢曰昃則
不暇食曷嘗借祈禳之說以事遊觀之逸比年以來

以幸為利以玩為常未免有輕視世故耿忽天下之心單于未嘗震讋而有武帝多欲之費耗北邊未嘗無事而有明皇宴安之鴆毒陛下春秋尚少貽謀垂憲之機悉在陛下作而不法後嗣何觀自十數年間創龍翔創集慶創西太一而又示之以遊幸導之以禱祠蠱之以虛誕不經之說孔子曰少成若天性習慣如自然積久慣熟牢不可破誰得而正之且西太一之役佞者進曰太一所臨分野則為福近歲自吳移蜀信如祈禳之說西北坤維按堵可也今五六十州安全者不能十數敗降者相繼福何在邪武帝祠

太一於長安至晚年以虛耗受禍而後悔方士之繆雖其悔之弗早猶愈於終不知悔者也大凡人主不能無過脫有過言過行宰執侍從當言之給舍臺諫當言之縉紳士大夫當言之皆所以納君於當道者也今陛下未為不知道未為不受人言宰執以下希寵而不言與夫言之而不力皆非所以愛陛下也其心豈以此為當而不必言哉直以陛下為不足以望堯舜禹湯文武之主而以漢武明皇待陛下也以材署昭慶軍節度掌書記由學官試館職咸淳三年拜監察御史論內降恩澤曰治天下之要莫先於謹命

令謹命令之要莫先於窒內批命令帝王之樞機必經中書參試門下封駁然後付尚書省施行凡不由三省施行者名曰斜封墨敕不足效也臣覩陛下自郊祀慶成以來恩數綢繆指揮煩數今日內批明日內批邸報之間以內批行者居其半竊為陛下惜之出納朕命載於書出納王命詠於詩不專言出而必言納者蓋以命令繫朝廷之大不能皆中乎理於是有出而復有納焉祖宗時禁中處分軍國事付外者謂之內批如取太原下江南韓琦袖以進呈英宗悚然避坐此豈非謹內批之原哉臣日夜念此以為官

爵陛下之官爵三省陛下之三省所謂同奉聖旨則是三省之出命即出陛下之命也豈必內批而後為恩緣情起事以義制欲某事當行某事當息具有條貫何不自三省行之其有未穩於公論者許令執奏顧不韙歟元祐間三省言李用和等改官移鎮恩例令高氏朱氏皆舉故事皇太后曰外家恩澤方欲除損又可增長乎治平初欲加曹佾使相皇太后再三不許又有聖旨令皇后本家分析親的骨肉聞奏亦與推恩司馬光力諫以為皇太后既損抑外親則后族亦恐未宜褒進乃令前之恩數未竟後之恩數

乘宰執懼有所專而不敢奏給舍臺諫懼有所忤而不敢言更如此者數年將何以為國故政事由中書則治不由中書則亂天下事當與天下共之非人主所可得私也四年改正字言正學不明則義理日微異端不息則鼓惑轉熾臣非不知犯顏逆耳臣子所難實以君德世道重有關繫不容不懷惻開陳疏上踰日未蒙付外孟軻有云有言責者不得其言則去臣忝職諫省義當盡言今既不得其言若更貪慕恩榮不思引去不惟有負朝廷設官之意其於孟軻明訓實亦有慊會丁父憂去位服除授集英殿修撰沿

海制置知慶元府事建濟民莊以濟士民之急資貢士春官之費備郡庠耆老緩急之需又請建慈湖書院八年召還拜刑部侍郎九年改朝奉郎試吏部尚書兼工部尚書兼中書舍人兼修玉牒兼侍讀上疏請給王十朋祠堂田土十年丁母憂明年江上潰師丞相陳宜中起復巖為端明殿學士不起及賈似道竄死宜中謀擁二王由溫州入海以兵迹巖共政將遜相位於是巖託宗祀於母弟成伯遂起及羅浮以疾卒初陳宜中夢人告之曰今年天災流行人死且半服大黃者生繼而疫癘大作服者果得不死及巖病宜中令服之終莫能救其配林氏舉家蹈海未幾海上事亦瓦解矣巖有蒙川集十卷行于世

王居安字資道黃巖人始名居敬字簡卿避祧廟嫌易之始能言讀孝經有從旁指曰曉此乎即答曰夫子教人孝耳劉孝韙七月八日過其家塾見居安異凡兒使賦八夕詩援筆成之有思致孝韙驚拊其背曰子異日名位必過我入太學淳熙十四年舉進士授徽州推官連遭內外艱柄國者以居安十年不調將徑授職事官居安自請試民事乃授江東提刑司幹官使者王厚之厲鋒氣人莫敢嬰居安遇事有不

可平面力爭不少屈入為國子正太學博士入對首言人主當以知人安民為要人未易知必擇宰輔侍從之賢使引其類民未易安必求愷悌循良之吏以布其澤次言火政不修罪在京尹軍律不明罪在殿步兩司罪鈞異罰固不可安有薄罰一步帥而二人置弗問乎遷校書郎居安乞召試言祖宗時惟進士第一不試蘇軾以高科負重名英宗欲授館職韓琦猶執不從執政謂居安曰朝廷於節度尚不較況館職乎居安因言節鉞之重文非位極武非勳高胡可妄得丞相言不較過矣時蘇師旦命且下故居安言

及之改司農丞御史迎意論劾主管仙都觀踰年起
知興化軍既至條奏便民事乞行經界且言番舶多
得香犀象翠崇侈俗洩銅鏹有損無益宜遏絕禁止
皆要務也通商賈以損米價誅劇盜以去民害召為
祕書丞轉對言置宣司不聞進取之良規遣小使寂
無確許之實報但當嚴飭守備益兵據險以待之此
廟筭之上也李璧嘗語人曰比年論疆事無若王祕
丞之明白者遷著作郎兼國史實録院檢討編修官
兼權考功郎官誅韓侂胄居安實贊其決翼日擢右
司諫首論侂胄以預聞內禪之功竊取大權童奴濫

授以節鉞嬖妾竊籍於官庭刱造亭館震驚太廟之
山燕樂語笑徹聞神御之所忽慢宗廟罪宜萬死託
以大臣之薦盡取軍國之權臺諫侍從惟意是用不
恤公議親黨姻婭躐取美官不問流品名器僭濫動
遠成法竊弄威柄妄開邊隙自兵端一啓南北生靈
壯者死鋒刃弱者填溝壑荊襄兩淮之地暴尸盈野
號哭震天軍需百費科擾州縣海內騷然迹其罪狀
人怨神怒衆情洶洶物議沸騰而侂胄箝制中外罔
使陛下聞知宦官宮妾皆其私人莫肯為陛下言者
西蜀吳氏世掌重兵頃緣吳挺之死朝廷取其兵柄

改畀它將其策至善侂胄與曦結為死黨假之節鉞
復授以全蜀兵權曦之叛逆罪將誰歸使曦不死侂
胄未可知也侂胄數年之間位極三公列爵為王外
則專制東西二府之權內則窺伺宮禁之嚴姦心逆
節具有顯狀縱使侂胄身膏斧鉞猶有餘罪況兵釁
未解朝廷儻不明正典刑何以昭國法何以示敵人
何以謝天下令誠取侂胄肆諸市朝是戮一人而千
萬人獲安其生也侂胄既有非常之罪當伏非常之
誅詎可以常典論哉右丞相陳自強素行汙濁老益
貪鄙徒以貧賤私交自一縣丞超遷徑至宰輔姦險

附麗黷亂國經較其罪惡與侂胄相去無幾乞追責
遠竄以為為臣不忠朋邪誤國者之戒又劾曦外姻
郭倪郭僎竄嶺表天下快之繼兼侍講方侂胄用事
箝天下之口使不得議己太府寺丞呂祖儉以譴死
布衣呂祖泰上書直言中以危法流之遠郡居安奏
請明其冤以伸忠鯁之氣又疏言古今之治本亂階
更為倚伏以治易亂則反掌而可治以亂治亂則亂
去而復生人主公聽則治偏信則亂政事歸外朝則
治歸內廷則亂問百辟士大夫則治問左右近習則
亂大臣公心無黨則治植黨行私則亂大臣正小臣

廉則治大臣汙小臣貪則亂如用人稍誤是一侂胄死一侂胄生也趙彥逾與樓鑰林大中章燮並召居安言鑰與大中用宗廟社稷之靈天下蒼生之福彥逾不可與之同日而語彥逾始以趙汝愚不與同列政地遂啓侂胄專政之謀汝愚之斥死彥逾之力居多而彥逾者汝愚之罪人也陛下乃使與二人者同升不幾於薰蕕同器邪正並用乎非所以示趨向於天下也疏已具有徼聞者除目夜下遷起居郎兼崇政殿說書於是為諫官才十有八日既供職即直前奏曰陛下特遷臣柱下史者豈非欲使臣不得言耶二史得直前奏事祖宗法也遂極論之又言臣為陛下耳目官諫紙未乾乃以遷權要從他職不得其言則去臣不復留矣帝為改容御史中丞雷孝友論其越職奪一官罷太學諸生有舉幡乞留者四明楊簡邂逅山陰道中謂此舉吾道增重江陵項安世致書曰左史人中龍也踰年復官知太平州當邊遽甫定歲儉汰去軍群聚寇攘居安威惠流行晏然若無事時將副劉佑為怨家詣闕告密置獄金陵居安以書抵當路辯其冤或謂佑自誣服得無嫌於黨逆乎居安曰郡有無辜死奚以守為事果白以直龍圖閣提

點浙西刑獄葛懌者用戚屬恩補官豪於貲嘗憾父之變既去而誣以盜株連瘐死者數人懌乃未嘗一造庭居安一閱得實立捕繫論罪械送他州入對帝曰卿有用之才也權工部侍郎以集英殿修撰知隆興府初盜起郴黑風峒羅世傳為之倡勢張甚湖南所在發兵扼要衝義丁表裏應援賊乏食少懈主兵者稍堅持之則就禽矣會江西帥欲以買降為功遣人間道說賊餌鹽與糧賊喜謀益逞帥以病卒繼者蹈其敝賊陰治械外送款身受官峒中不至公府義丁皆恚曰作賊者得官我輩捐軀壞產業何所得於是五合六聚各以峒名其鄉李元勵陳廷佐之徒並起為賊矣拔兵四劫掠永新撫龍泉江西列城皆震朝廷調江鄂之兵屯衡贛而他兵駐龍泉者命吉守節制焉吉守率師往幾為賊困池兵來援失利朝廷憂之遂以居安為帥居安以書曉都統制許俊曰賊勝則民皆為賊官軍勝則賊皆為民勢之翕張決於此舉將軍素以勇名挫於山賊可乎俊得書皇恐不敢以他帥事居安居安督戰于黃山勝之賊始懼走韶州為摧鋒軍所敗勢日蹙吉守前以戰不利用招降之策遣吏持受降圖來書賊銜江湖兩路大都統

居安笑曰賊玩侮如此猶為國有人乎白諸朝吉守
以祠去遂命居安節制江池大軍駐廬陵督捕領郡
事召土豪問便宜皆言賊恃險陸降如猿猱若欽吾
糧吾事危矣居安曰吾自有以破賊會元勵執練木
橋賊首李才全至居安厚待才全而賞元勵衆皆感
羅世傳果疑元勵之貳己遂交惡元勵率衆攻世傳
居安語俊曰兩虎鬬于穴吾可成卞莊子之功世傳
嗾練木橋賊黨襲元勵俘其孥禽元勵以獻時青草
峒賊亦就禽並磔于吉之南門元勵既誅世傳以功
負恃益驕蹇名效順而實自保俊請班師居安不許

俾因賊堡壁固守居亡何世傳果與兄世祿俱叛居
安奏乞朝廷毋憂今落其角距可一戰禽也乃密為
方略遣官民兵合圍之世傳自經死斬其首以徇群
盜次第平居安之在軍中也賞罰明將吏盡力始
終用以賊擊賊之策故兵民無傷者江西人祠而祝
之刻石紀功徙鎮襄陽以言者罷閒居十有一年嘉
定十五年與魏了翁同召還工部侍郎時方受寶中
朝皆動色相賀入對首言人主畏無難而不畏多難
輿地寶玉之歸盍思當時之所以失言極切至甫兩
月以集英殿修撰提舉玉隆宮未幾以寶謨閣待制

知溫州郡政大舉理宗即位以敷文閣待制知福州
升龍圖閣直學士轉大中大夫提舉崇福宮將行鹽
寇起寧化居安以書諭汀守曰土瘠民貧業於鹽可
盡禁耶且彼執三首惡以自贖宜治此三人他可勿
治部使者遣左翼軍將鄧起提兵往起貪夜冒險與
寇角以死軍潰民相驚逃去事聞命居安專任招捕
居安既畱募軍校劉華丘銳者授以計畫至汀而賊
已至郡矣州人大懼賊知帥有撫納意即引退華銳
出入賊中指期約降有以右班攝汀守者倔彊好大
言以知兵自任欲出不意為己功賊知其謀敗降約

而建劍諸郡並江西嘯聚蜂起矣居安議不合歎曰
吾可復求焦頭爛額之功耶即拜疏歸居安以書生
於兵事不學而能必誅峒寇而降汀寇皆非苟然者
卒累贈少保居安宅心公明待物不貳有方嚴集行
世

論曰李宗勉在庶僚論事平直及入相負公清之稱
袁甫學有本原善達其用持節所過其民至今思之
劉黻分別邪正侃侃敢言亦難能者王居安掃除群
邪以匡王國其志壯哉

列傳卷第一百六十四

列傳卷第一百六十五　宋史四百六

開府儀同三司上柱國錄軍國重事前中書右丞相兼修國史領經筵事都總裁脫脫等奉勑修

崔與之　洪咨夔　許奕　陳居仁

劉漢弼

崔與之字正子廣州人父世明試有司連黜每曰不為宰相則為良醫遂究心岐黄之書貧者療之不受直與之少卓犖有奇節不遠數千里遊太學紹熙四年舉進士廣之士繇太學取科第自與之始授潯州司法參軍常平倉久弗葺憲雨壞米撤居廨瓦覆之

郡守欲移兌常平之積堅不可守敬服吏薦之調淮西提刑司檢法官民有窘於豪民適負毆死其子誣之者其長欲流之與之曰小民計出倉猝恐使一家轉徙乎況故殺子孫罪止徒卒從之知建昌之新城歳適大歉有彊發民廩者執其首折手足以徇盜為止勸分有法貧富安之開禧用兵軍旅所需天下騷然與之獨買以條省錢吏告月解不登曰寧罷去和糴令下與之獨以時賈糴令民自槩通判邕州守武人苛刻衣賜不時給諸卒大閧漕司檄與之攝守叛者帖然乃密訪其首事一人斬之閫郡以寧擢發遣

賓州軍■事郡政清簡尋特授廣西提點刑獄徧歷所部至浮海巡朱崖秋毫無擾州縣而停車裁決獎廉劾貪風采凜然朱崖地産苦薆民或取葉以代茗州郡征之歳五百緡瓊人以吉貝織為衣衾工作皆婦人役之有至期年者棄稚違老民尤苦之與之皆為榜免其他利病罷行甚衆瓊之人次其事為海上澄清錄嶺海去天萬里用刑慘酷貪吏厲民迺疏為十事申論而痛懲之高惟肖嘗刻之號嶺海便民榜廣右僻縣多右選攝事者類多貪黷與之請援廣東循梅諸邑棫舉員賞格以勸選人凞寧免役之法獨

不及海外四州民破家相望與之議舉行未果以語顏戣戣守瓊遂行之召為金部員外郎時郎官多養資望不省事與之鉅細必親省決吏為欺者必杖之莫不震栗金南遷于汴朝議疑其進迫特授直寶謨閣權發遣揚州事主管淮東安撫司公事寧宗宣引入内覲遣之奏選守將集民兵為邊防第一事既至浚濠廣十有二丈深二丈西城濠勢低因疏塘水以限戎馬開月河置釣橋州城與堡砦城不相屬舊築夾土城往來為易以甓因滁有山林之阻創五砦結忠義民兵金人犯淮西沿邊之民得附山自固金人

亦疑設伏自是不敢深入楊州兵久不練分疆勇鎮淮兩軍月以三八日習馬射令所部兵皆倣行之淮民多畜馬善射欲依萬弩手法創萬馬社募民爲之宰相不果行浙東饑流民渡江與之開門撫納所活萬餘楚州工役繁夥士卒苦之叛入射陽湖亡命多從之者與之給旗帖招之衆聞呼皆至首謀者獨遁疑不前禽戮之分其餘隸諸軍山東李全以衆來歸與之移書宰相謂自昔召外兵以集事者必有後憂宰相欲圖邊功諸將皆懷僥倖都統劉琸承密劄取泗州兵渡淮而後牒報琸全軍覆沒與之憂憤馳書

宰相言與之乘鄭五年子養士卒今以萬人之命壞於一夫之手敵將乘勝襲我金人入境宰相連遺與之三書俾議和與之答曰彼方得勢而我與之和必遭屈辱今山砦相望邊民米麥已盡輸藏野無可掠諸軍與山砦併力勦逐勢必不能久駐況東海漣水已爲我有山東歸順之徒已爲我用一旦議和則漣海二邑若爲區處山東諸酋若爲措置望別選通才以任和議與之自劉琸敗亟修守戰備遣精鋭布要害金人深入無功而和議亦寢時議將姑闕兩淮制置命兩淮帥臣互相爲援與之答廟堂曰兩淮分任

其責而無制閫總其權則東淮有警西帥果能疾馳往救乎東帥亦果能疾馳往救西淮乎制閫俯瞰兩淮特一水之隔文移往來朝發夕至無制閫則事事稟命朝廷必稽緩誤事矣議遂寢召爲祕書少監軍民遮道壅滯與之力辭召命竟還將度嶺趣召不已行次池口聞金人至邊乃造朝奏今邊聲可慮者非一惟山東忠義區處要不容緩前後累疏數千言每歎養虎將自遺患升秘書監兼太子侍講權工部侍郎未幾成都帥董居誼以黷貨爲叛卒所逐總領楊九鼎遇害蜀大擾與之以選爲煥章閣待制知成都

府本路安撫使至即帖然時安丙控蜀重兵久每忌蜀帥之自東南來者至是獨推誠相與丙卒詔盡護四蜀之師開誠布公兼用吳蜀之士拊循將士人心悅服先是軍政不立戎帥多不協和劉昌祖在西和王大才在沔州大才之兵屢衄昌祖不救遂棄皁郊吳政屯鳳州張威屯西和金人自白環堡突入黑谷威不尾襲而迂路由七方關上青野原金人遂得入鳳州與之戒以同心體國之大義於是戎帥協和而軍政始立先是丙嘗納夏人合從之請會師攻秦鞏而夏人不至遂有皁郊之敗與之至是飭邊將不得

輕納踰年夏人復攻金人遣百騎入鳳州邀守將求援兵與之使都統李冲來言曰通問當遣介持書不當遣兵徑入若邊民不相悉或有相傷則失兩國之好宜歛兵退屯夏人知不可動不復有言初金人既弊率衆南歸者所在而有或疑不敢納與之優加爵賞以來之未幾金萬戶呼延棫等扣洋州以歸與之察其誠納之籍其兵千餘人皆精悍善戰金人自是不敢窺興元既復鏤榜邊關開諭招納金人諜得之自是上下相疑多所詟戮人無固志以至於亡蜀盛時四戎司馬萬五千有奇開禧後安丙裁去三之一

嘉定損耗過半比與之至馬僅五千與之移檄茶馬司許戎司自於關外收市如舊嚴私商之禁給細茶增馬價使無為金人所邀總司之給料不足者亦移檄增給之乞移大帥於興元雖不果行而凡關外林木厚加封殖以防金人突至階第關盤車嶺皆極邊號天險因厚間探者賞使覘之動息悉知邊防益密總計告匱首撥成都府等錢百五十萬緡助糴本又慮關外歲糴不多運米三十萬石積沔州倉以備不測初至府庫錢僅萬餘其後至千餘萬金帛稱是蜀知名士若家大酉游似李性傳李心傳度正之徒皆

薦達之其有名浮於實用過其才者亦歷歷以為言沔帥趙彥吶方有時名與之獨察其大言亡實它日誤事者必此人移書廟堂欲因乞祠而從之不可付以邊藩之寄後果如其言與之以疾丐歸朝廷以鄭損代既受代金諜知之大入與之再為臨邊金人乃退召為禮部尚書不拜便道還廣蜀人思之肖其像於成都仙遊閣以配張詠趙抃名三賢祠理宗即位授充顯謨閣直學士知潭州湖南安撫使辭提舉西京嵩山崇福宮遷煥章閣學士知隆興府江西安撫使又辭授徽猷閣學士提舉南京鴻慶宮端平初帝

既親政召為吏部尚書數以御筆起之皆力辭金亡朝廷議取三京聞之頓足浩歎繼而授端明殿學士提舉嵩山崇福宮亦辭俄授廣東經略安撫使兼知廣州先是廣州摧鋒軍遠戍建康留四年比撤戍歸未踰嶺就留戍江西又四年轉戰所向皆捷而上功幕府不報求撤戍又不報遂相率倡亂縱火惠陽郡長驅至廣州城聲言欲得連帥洎幕屬甘心焉與之家居肩輿登城叛兵望之俯伏聽命曉以逆順禍福其徒皆釋甲而首謀數人懼事定獨受禍遂率之遁去入古端州以自固至是與之聞命亟拜即家治事

屬提刑彭鉉討捕潛移密運人無知者俄而新調諸軍畢集賊戰敗請降餘黨不悛者戮之其餘分隸諸州帝於是注想彌切拜參知政事拜右丞相皆力辭乃訪以政事之孰當罷行人才之孰當用舍與之力疾奏天生人才自足以供一代之用惟辨其君子小人而已忠實而有才者上也才雖不高而忠實有守者次也用人之道無越於此蓋忠實之才謂之有德而有才者也若以君子為無才必欲求有才者用之意嚮或差名實無別君子小人消長之勢基於此矣陛下勵精更始擢用老成然以正人為迂闊而疑其難以集事以忠言為矯激而疑其近於好名任之不專信之不篤或謂世數將衰則人才先已凋謝如真德秀洪咨夔魏了翁方此柄用相繼而去天意固不可曉至於敢諫之臣忠於為國言未脫口斥逐隨之一去而不可復留人才豈易得而輕棄如此陛下悟已往而圖方來昨以直言去位者亟加峻擢補外者蚤與召還使天下明知陛下非疏遠正人非厭惡忠言一轉移力耳陛下收攬大權悉歸獨斷謂之獨斷者必是非利害胸中卓然有定見而後獨斷以行之比聞獨斷以來朝廷之事體愈輕宰相進擬多沮格不

行或除命中出而宰相不與知立政造命之原失其要矣大抵獨斷當以兼聽為先儻不兼聽而斷其勢必至於偏聽實為亂階威令雖行於上而權柄潛移於下矣又曰邊臣主和朝廷雖知而未嘗明有施行憂邊之士剴切而言一鳴輒斥得非朝廷亦陰主之乎假使和而可保亦當議而行之可也又曰比年以變故層出盜賊跳梁雷雹震驚星辰乖異皆非細故京城之災七年而兩見豈數萬戶生靈皆獲罪於天者百姓有過在予一人此陛下所當凜凜惟有求直言可以裨助君德感格天心又曰戚畹舊僚凡有絲髮夤緣者孰不乘間伺隙以求其所大欲近習之臣朝夕在側易於親昵而難於防閑司馬光謂內臣不可令其采訪外事及問以群臣能否蓋干預之門自此始也若謂其所言出於無心豈知愛惡之私因此而入其於聖德寧無玷乎帝覽奏嘉歎趣召愈力控辭至于有三疏嘉熙三年乃得致仕以觀文殿大學士提舉洞霄宮自領鄉郡不受廩祿之入凡奉餘皆以均親黨薨時年八十有二遺戒不得作佛事累封至南海郡公諡清獻

洪咨夔字舜俞於潛人嘉定二年進士授如皋主簿

尋試為饒州教授作大冶賦樓鑰賞識之授南外宗學教授以言去丁母憂服除應傅學宏詞科直院莊夏舉自代崔與之帥淮東辟置幕府邊事纖悉為盡力丘壽雋代與之為帥金人犯六合揚州閉門設守咨夔亟請壽雋言曰金人忌楚必未至揚乃先自示弱不特淮左之人心動而金人且驕必來矣第當遠斥堠精間探簡士馬張外郡聲援而大開城門晏然如平時若金人果來犯其當身任之壽雋愧謝已而金人果遁山陽無帥事青州張林請獻銅錢二十萬緡咨夔謂宜以所獻就犒其軍如唐魏博故事使無

輕量中國心帥乃令輸其半林亦不復來與之帥成都請於帝授咨夔藉田令通判成都府與之為制置使首檄咨夔自近辭曰今當開誠心布公道合西南人物以濟國事乃一未有聞而先及門生故吏是示人私也卒不受惟以通判職事往來效忠蜀人高之尋知龍州州歲貢麩金率科鑛戶咨夔曰將奉上乃厲民乎出官錢市之江油之民歲戍邊復苦餫饟為請于制漕司免之毀鄧艾祠更祠諸葛亮告其民曰毋事仇讎而忘父母還朝為秘書郎遷金部員外郎會詔求直言慨然曰吾可以盡言寤主矣其父見其

疏曰吾能喫茄子飯汝無憂史彌遠讀至濟王之死非陛下本心大恚擲于地轉考功員外郎轉對復言李全必為國患於是臺諫李知孝梁成大交論鐫二秩讀書故山七年而彌遠死帝親政五日即以禮部員外郎召入見乞養英明之氣及論君子小人之分帝問今日急務對以進君子而退小人開誠心而布公道且言在陛下一念堅凝又問在外人物對以崔與之護蜀而歸閒居十年終始全德之老臣若趣其來可為朝廷重真德秀魏了翁皆陛下所簡知當聚之本朝翼日與王遂並拜監察御史咨夔感激知遇

謂遂曰朝無親擢臺諫久矣要當極本窮原而先論之乃上疏曰臣歷考往古治亂之原權歸人主政出中書天下未有不治權不歸人主則廉級一夷綱常且不立奚政之問政不出中書則腹心無寄必轉而他屬奚權之攬此八政馭群臣所以獨歸之王而詔之者必天官冢宰也陛下親政以來威福操柄收還掌握揚廷出令震撼海宇天下始知有吾君元首既明股肱不容於自惰撤副封罷先行坐政事堂以治事天下始知有朝廷此其大權大政亦略舉矣然中書之敝端其大者有四一曰自用二曰自專三曰自

私四曰自固頹陛下於從容論道之頃宣示臣言俾
大臣充初志而加定力懲往轍而圖方來以仰稱勵
精更始之意帝嘉納之又首乞罷樞密使薛極以厲
大臣之節章三上卒出之其他得罪清議者相繼劾
去朝綱大振明年改元端平咨夔預乞於正月朔下
詔求直言使人人得盡言無隱又乞令內職任之容
者各舉所知皆從之時登進諸儒以廣講讀說書之
選咨夔言聖學之實所當講明而推行者有六一親
睦本支二正始閨門三警褻侍御四審正邪用舍五
儲養文武之才六憂根本無生事邀功又言常平義
倉鹽課及苗稅多取之獘京湖以八陵圖來上咨夔
援紹興留司奉表八陵及東晉大都督親謁五陵故
事乞先詔制臣往省候還別議朝祭又復以完顏守
緒骨來獻時相侈大其事咨夔曰此朽骨耳函之以
葬大理寺可也第當以金亡告九廟歸諸祖宗德澤
況與大敵為鄰抱虎枕蛟事變叵測顧可侈因人之
獲使邊臣論功朝臣頌德且陛下知慕崇政受俘之
元祐獨不鑒端門受降之崇寧乎然不果悉從擢殿
中侍御史會王定入臺察力詆蔣重珍咨夔乃接定
疾視善良乞罷之越三日左遷定而擢咨夔中書舍

宋史四百六 四百令五个
宋史列傳卷二百六十五 十二
甘 真 宫 區二刑

人尋兼權吏部侍郎與真德秀同知貢舉俄兼直學
士院時咨夔口瘍已深復上疏謂當引咎悔過且乞
祠帝曰卿在朝多有裨益何輕去咨夔奏臣數備臺
諫給舍皆不能過六月之師何補於朝臣病久當去
去猶足裨風俗帝勉留之遷吏部侍郎兼給事中奏
比徇私成俗化實未更所恃以一公鑠萬私者獨陛
下耳而好樂營繕親暱近屬保護舊臣若未能無所
繫累上在位踰一紀國本未立未有敢深言之者咨
夔乞擇宗室子養之併為濟王立後擢給事中史嵩
之入相召赴闕下進刑部尚書拜翰林學士知制誥
求去愈力加端明殿學士卒御筆洪咨夔鯁亮忠慤
有助新政與執政恩例特贈兩官其遺文有兩漢詔
令擥抄春秋說外內制奏議詩文行于世

許奕字成子簡州人以父任主長江簿丁內艱免喪
調涪城尉慶元五年寧宗親擢進士第一授簽書劍南
東川節度判官未期年持所生父心喪召為秘書省
正字遷校書郎兼吳興郡王府教授尋遷秘書郎著
作佐郎著作郎權考功郎官非報謁問疾不出遷起
居舍人韓侂冑議開邊奕貽書曰今日之勢如元氣
僅屬不足以當寒暑之寇又因轉對論今日之急惟

備邊而朝廷晏然百官充位如平時京西淮上之師敗同罰異總領王人也而聽宣撫司節制或爲參謀廟堂之議外廷莫得聞護聖之軍半發於外而禁衛單薄乞鞫勘贓吏永廢勿用特與放行以啓僥倖者宜加遏絶所言皆侂胄所不樂也蜀盜既平以起居舍人宣撫四川奕謂使從中遣必淹時乃至既又徙云犒師而不以旌别淑慝爲指無以慰蜀父老之望執政是其言又請遇朝會起居郎舍人分左右立如常儀前後殿坐侍立官御坐東南面西立可以獲聞聖訓傳示無極臣僚奏事亦不敢易詔下其疏討論

之遣奕使金奕與骨肉死訣詣執政趣受指請行執政曰金人要索議未決者尚多今將奈何奕曰往集議時奕嘗謂增歲幣歸俘虜或可耳外此其可從乎不可行者當死守之尋遷起居郎兼權給事中以國事未濟力辭不許金人聞奕名久禮迓甚恭方清暑離宮相距二十里至是特爲奕還内方射奕破的十有一乃卒行成還奏帝優勞久之奕復奏和不可恃宜葺紀綱練將卒使屈信進退之權復歸于我客有以使事賀者奕憮然曰是豈得已者吾深爲天下愧之權禮部侍郎條六事以獻俄兼侍講會諫官王居

安傳伯成以言事去職奕上疏力爭之其後又因災異申言曰比年上下以言爲諱諫官無故而去者再矣以言名官且不得盡況疏遠乎又論用兵以來資賞汎濫僥倖捷出宜加裁制夏旱詔求言奕言當以實意行實政活民于死不可責償于禱祠之間而已也蝗至都城然後下禮寺講酺祭孰非王土顧及境而懼偶不至輦下則終不以爲災乎又曰權臣之誅也下至閭巷讙聲如雷蓋更化之初人有厚望久而無以相遠也此謗讟之所從生又曰内降非盛世事也王璹進狀不實而經營以求倖免裴伸何人驟爲

帶御器械時應詔者甚衆奕言最爲剴切攝兼侍讀每進讀至古今治亂必參言時事願陛下試思設遇事若此當何以處之必拱默移時俟帝凝思乃徐竟其說帝曰如此則經筵不徒設矣遷吏部侍郎兼修玉牒官兼權給事中論駁十有六事皆貴族近習之撓政體者而封還劉德秀贈典高文虎之奉祠士論尤韙之加楊次山少保永陽郡王奕上疏曰自古外戚恩寵太甚鮮不禍咎天道惡盈理所必至次山果辭則宜從之如欲更示優恩則超轉少傅在陛下既隆於恩在次山知止於義顧不休哉又言史彌遠力

辭恩命宜從之以成其美䟽入不報奕遂卧家求補外以顯謨閣待制知瀘州彌遠問所欲言奕曰比觀時事調護之功深扶持之意少非朝廷之利也嘉叙瀘俱接夷壤董蠻米在大入俘殺兵民四路創安邊司窮治其事奕得夷人質之以致所掠由是迕安邊司夷酋王粲浮楠木萬計入賈奕慮其蕩水陸之險驅之安撫使安丙新立大功讒忌日聞宰相錢象祖出謗書問奕奕喟而言士不愛一死而困於衆多之口亦可悲也奕願以百口保之象祖艴然曰公悉安子文若此乎適宇文紹節宣撫荆湖還亦曰僕願亦百口以信許公之言於是異論頓息委寄益專奕於丙深相知而職事所關必反復辯數以求直其後士多畔丙奕獨以書䟽候問愈數移知夔州表辭不行改知遂寧府捐緡錢數十萬以代民輸役鹽筴之利以養士為浮梁作隄數百丈民德之畫像祠于學進龍圖閣待制加寶謨閣直學士知潼川府霖雨壞城撤而築之不以煩民亦捐緡錢十二萬為十縣民代輸於是其民亦相與祠于東山僧舍會金人敗盟蜀道震擾奕請速選威望大臣宣撫信賞必罰以獎忠義收人心又言忠義之招體勢倒持兵食頓增未知攸

濟且斬將之人未聞褒擢敗軍之將未見施行事勢不決將有後時之悔御史劾奕欺罔降一官詔提舉玉隆宮未數月特復元官提舉崇福宮還家草遺表曰自念本非衰病初染微痾當湯劑可去之時臣以疾而為諱及鍼石已窮之後醫束手而莫圖靖言膏肓所致之由大抵脉絡不通之故皆寓諷諫之意進顯謨閣直學士致仕贈通議大夫初奕之守瀘帝顧禮部尚書章頴曰許奕已去乎起居舍人真德秀侍帝前論人才上以骨鯁稱之奕天性孝友送死恤孤恩意備至通籀隸書所著有毛詩說論語尚書周禮講義奏議雜文行世

陳居仁字安行興化軍人父大府少卿膏娶明州汪氏女因家焉膏初為汾州教授佐守臣張克戩捍金人後知惠州單馬造曾衮壘譬曉降之鄭僧王法恩謀逆事覺或請屠城膏方為御史力論多殺非聖世事脅從者悉寬宥之居仁年十四而孤以蔭授鉛山尉紹興二十一年舉進士秦檜與膏有故有勸以一見可得美官居仁曰是有命焉終不自通移永豐令入監行在點檢贍軍激賞酒庫所糴場詔修高宗聖政妙選寮屬與范成大並充檢討官淮甸交兵魏杞

以宗正少卿使金辟居仁幕下時和戰未決金兵駐淮北人情恟懼突騎大至彎弓夾道居仁上馬猶從容舉酒屬杞天寒且酬此觴觀者壯之乃諭金人開道入卒成禮葳歲幣而還因出疆賞轉承議郎授諸王宮大小學教授杞秉國柄居仁忍貧需遠次未嘗求進虞允文欲引以為用不就允文欲與論兵謝不能退而貽書謂有定力乃可立事若徒為大言終必無成幸成亦旋敗允文為之色動從主軍器監簿宗正修玉牒轉對言立國須定規模陛下非無可致之資而規模未立孝宗初頗不懌曰朕未嘗不立規模

居仁奏陛下銳意恢復繼乃通和和戰守三者迄今未定孰為規模耶允文曰此正前日定力之論某今益知此言之當也遷將作監丞轉國子丞九年進秘書丞入對論文武並用長久之術陛下獎進武臣深得持平救偏之道然未必得智謀勇略之士或多便佞輕躁之徒將復有偏勝之患帝嘉納權禮部郎官嘗言臺閣宜多用明習典故之士帝問其人居仁以李燾莫濟對甫數日召燾居仁力請外乃知徽州帝令陛辭慰諭遣之至郡告以天子節經費以惠儉瘠不能推廣聖德吏則有罪乃招三衙軍植二表于庭

有輸納中度而遭抑退者抱所輸立表下親視之人無留滯吏不能措手輸稅者恒累羸以歸鄰州有訟多詣臺省乞決於居仁秩滿郡人挽留由間道始得去入對帝舉新安之政獎之請編類隆興以來寬恤詔令有曰法久則易玩事久則易怠惟申加戒飭有以儆其觀聽則千萬年猶一日帝曰名言也又言歸正忠順過於優渥而遇戰士反輕此曹出萬死策勳今老矣添差已罷廩稍半給至匃于市軍士解體乞加優恤以終始念功之意堅後生圖報之心帝覽之嘉歎會駕大閱白石即命再添差兩任衣糧全給三

軍為之呼舞留為戶部右曹郎官命未下朝方推會要賞帝曰陳居仁治行為天下第一可因是并賞之特轉朝議大夫兼權度支又兼權禮部會樞屬闕員方進擬帝曰豈有人才如陳居仁而可久為郎乎即授樞密院檢詳文字尋為右司遷左司又遷檢正中書門下省諸房公事歷兼左藏諸庫居仁親視按牘嘗謂有罪幸免則冤者何告誣枉者七人皆當叙復執政難之居仁退疏其冤狀上之帝曰居仁精審尚復何疑詔以旱求言居仁乞命公卿務行寬大御史京鏜極論從窄之敝此風未革假吏部尚書使金還遂遷

起居郎尋兼詳定一司敕令兼權中書舍人泛恩濫賞封繳無所避因言恩惠不及小民名為寬逋負實以惠頑民耳名為赦有罪實以惠姦民耳願盡放天下五等戶身丁四等戶一半從之安定王子彤乞封妾為夫人居仁繳奏帝喜迎謂有補風教又論君人之道貴在執要今陛下親細故而忽遠猷事未節而忘大體願舉綱要以御臣下省思慮以頤精神詰旦令户中書之務權直學士院帝曰內外制向委數人今陳居仁一人當之不見其難乞詔大臣博議絕浮費汰冗兵討當省之數定蠲除之目此富民之要術

也以集英殿修撰知鄂州築長隄扞江新安樂寨以養貧病之民撥閒田歸之進煥章閣待制移建寧府歲饑出儲粟平其價弛逋負以巨萬計代輸畸零繭稅有因告糴殺人者會赦免居仁曰此亂民也釋之將覆出為惡遂誅之觀察推官柳某死貧不克歸二子行匄于道聞而憐之予之衣食買田以養之擇師以教之鎮江大旱又移居仁守鎮江請以緡錢十四萬給兵食不報為書以義撼丞相然後許發時寄往覘之間遣糴運於荊楚商人商人曰是陳待制耶爭以粟就糴居仁區畫有方所存活數萬計因饑民治

古海鮮界港為石碶丹徒境上蓄泄以時以通漕運治江陰姦僧加寶文閣待制知福州入境有饑民嘯聚部分遊兵遮擊之首惡討窮自經死治宗室之暴橫申蠱毒之舊禁有召命求閒者再進華文閣直學士提舉太平興國宮卒贈金紫光祿大夫居仁風度凝遠處己應物壹以誠信臨事毅然有守所至號稱循吏皆立祠祀之有奏議制稾詩文行世子卓

卓字立道紹熙元年進士其後知江州移寧國府丞相以故欲見之卓謝不往丞相益器之李全叛號其爵詔書至淮人益自勵太廟災降罪己詔京師感動

皆卓所草也為簽書樞密院事未幾丐祠還里平生不營產業以贊書所酬金築世綸堂閒居十有六年卒年八十六有將葬事不能具丞相吳潛聞之貽書制置使以助其孫定孫力請謚于朝迺謚清敏

劉漢弼字正甫上虞人生二歲而孤母謝氏撫而教之嘉定九年舉進士授吉州教授歷江西安撫司幹官監南嶽廟浙西提舉茶鹽司幹官召試館職改秘書省正字序遷秘書郎兼沂王府教授改著作佐郎兼史館校勘權考功員外郎升著作郎知嘉興府兼兵部員外郎改兼考功尋為考功員外郎兼崇政殿

說書編修國史檢討實録擢監察御史出知温州尋擢太常少卿以左司諫召擢侍御史兼侍講以戶部侍郎致仕漢弼學明義利之辨為正字時應詔言事極論致菑弭菑之道為校書郎轉對舉蘇軾所言結人心厚風俗存紀綱又論制閫當復其舊戎司當各還其所邊郡守當用武臣又論決和戰以定國論合江淮以壹帥權公賞罰以勵人心廣規橅以用人才為著作佐郎言兵財楮幣權不可分又言取士之法詞學不當去宏博字混補不如復待補之便為著作為考功員外所陳皆切於時務及為言官帝奬諭曰

以卿純實不欺故此親擢宜悉心以告漢弼以臺綱久弛疏三事曰定規橅正體統遠謀慮首論給事中錢相巧於迎合睥睨政地直學士院吳愈不稱其職罷去之又劾中書舍人濮斗南左正言葉賁疏留中不出賁松陽人為時相史嵩之腹心有使賁互披者明日賁有他命而漢弼由是去國嵩之久擅國柄帝益患苦之既復以左司諫召首贊帝分別邪正以息衆疑奏疏論立聖心正君道謹事機伸士氣收人才五事帝嘉其言併付外行之及為侍御史密奏曰自古未有一日無宰相之朝今虛相位已三月尚可狐疑

而不斷乎願奮發英斷拔去陰邪庶可轉危而安否則是非不兩立邪正不並進陛下雖欲收召善類不可得矣臣聞富弼之起復止於五請蔣芾之起復止於三請今嵩之既六請矣願聽其終喪亟選賢臣早定相位帝覽納遂決乃命范鍾杜範並相百官舉笏相慶漢弼之力為多又累章言金淵鄭起潛陳一薦謝逵韓祥濮斗南王德明皆疇昔託身私門為之腹心盤據要路公論之所切齒者至論馬光祖奪情總賦淮東乃嵩之預為引例之地乞勤令追服終喪以補名教帝嘗屬漢弼以進人才退而條具以奏皆時

望所歸重漢弼以受知特異而姦邪未盡屏汰論議未能堅定為慮遂感末疾居亡何遂卒特贈四官朩錢賜官田五百畝楮五千緡給其家諡曰忠漢弼之沒也太學生蔡德潤等百七十有三人伏闕上書以為暴卒而程公許著漢弼墓銘亦與徐元杰並言其旨微矣

論曰唐張九齡姜公輔宋余靖皆出於嶺嶠之南而為名世公卿造物者曷嘗擇地而生賢哉先王立賢無方蓋為是也番禺崔與之晚出屹然大臣之風卒與三子者方駕齊驅洪咨夔許奕真道正言於理宗

在位之日陳居仁見稱循吏親結主知劉漢弼抱忠以死哀哉

列傳卷第一百六十五

列傳卷第一百六十六　宋史四百七

開府儀同三司上柱國錄軍國重事前中書右丞相監修國史領經筵事都總裁臣脫脫等奉敕修

杜範　楊簡 錢時附　張虙　呂午 子沆

杜範字成之黃巖人少從其從祖燁知仁游從祖受學朱熹至範益著嘉定元年舉進士調金壇尉再調婺州司法紹定三年主管戶部架閣文字六年遷大理司直端平元年改授軍器監丞明年入對言陛下親覽大政兩年于茲本不惟未覩更新之效而或者乃有浸不如舊之憂夫致弊必有原救弊必有本積

三四十年之蠹習浸漬薰染日深日腐有不可勝救者其原不過私之一字耳陛下固宜懲其弊原使私意淨盡顧以天位之重而或藏其私憾天命有德而或濫於私予天討有罪而或制於私情左右近習之言或溺於私聽土木無益之工或侈於私費隆禮貌以尊賢而用之未盡溫辭色以納諫而行之惟艱此陛下之私有未去也和衷之美不著同列之意不孚紙尾押敕事不預知同堂決事莫相可否集議盈庭而施行決於私見諸賢在列而密計定於私門此大臣之私有未去也君相之私容有未去則敎條之頒

徒為虛文近者召用名儒發明格物致知誠意正心之學有好議論者乃從而詆訾訕笑之陛下一惑其言即有厭棄儒學之意此正賢不肖進退之機天下安危所係願以其講明見之施行改秘書郎尋拜監察御史奏曩者權臣所用臺諫必其私人約言已堅而後出命其所彈擊悉承風旨是以紀綱蕩然風俗大壞陛下親政首用洪咨夔王遂痛矯宿弊斥去奸邪然廟堂之上奉御尚多言及貴近或委曲回護而先行丐祠之請事有掣肘或彼此調停而卒收論罪之章亦有彈墨尚新而已須除目沙汰未幾而旋得

美官自是臺諫風采昔之振揚者日以鑠朝廷紀綱昔之漸起者日以壞理宗深然之又奏九江守何炳年老不足備風寒事寢不行範再奏曰一守臣之未罷其事小臺諫之言不行其事大阻臺諫之言猶可也至於陛下之旨匿而不行此豈勵精親政之時所宜有哉丞相鄭清之見之大怒五上章丐去有危機將發朋比禍作之語且謂範順承風旨粉飾擠陷範遂自劾言宰相之與臺諫官有尊卑而事關一體但當同心為國豈容以私而害公行之者宰相言之者臺諫行之者豈盡合於事宜言之者或未免於攻詆

清明之朝此特常事古者大臣欲扶持紀綱故必崇獎臺諫閒有因言而待罪者矣未聞有諱言而含怒者也曩者柄臣所用臺諫必其私人陛下更新庶政而臺諫皆出於親擢若廟堂不欲臣言其親故鉗其口奪其氣則與曩者之用私人何以異不知所謂承順風旨者何人粉飾擠陷者何事乞檢臣前奏賜之罷黜以從臣退安田里之欲時清之妄邀邊功用師河洛兵民死者十數萬資糧器甲悉委於敵邊境騷然中外大困範率合臺論其事併言制閫之詐謀罔上於是凡侍從近臣之不合時望者監司郡守之貪

暴害民者皆以次論斥清之愈忌之改太常少卿轉對言今日之病莫大於賄賂交結之風名譽已隆者賈左右之譽以固寵宦遊未達者惟梯級之求以進身邊方帥臣黃金不行於反間而以探刺朝廷厚賜不優於士卒而以交通勢要以致賞罰顛倒威令慢褻罪貶者拒命而不行棄城者巧計以求免提樓兵者召亂而肆掠當重任者怙勢而奪攘下至禁旅驕悍難制監軍群聚相剽刼欲望陛下毋以小恩廢大誼毋以私情撓公法嚴制宦掖不使片言得以入於闈禁約閹官不復讒謟得以售其姦範自入臺屢丐

祠至是復五上歸田之請皆不允遷秘書監兼崇政殿說書大元兵徇江陵範乞屯兵蘄黄以防窺江且令沿江帥臣兼江淮制置大使以重其權令淮西帥臣急調兵撥糧以援江陵拜殿中侍御史辭不獲乃因講筵奏臣嘗冒耳目之寄輒忤宰相至煩陛下委曲調護今又使居向者負芒之地豈以臣絶私比而其言猶有可取耶抑以臣巽懦之質易於調護而姑使之備數耶昔人主之於諍臣非樂而聽之即勉而從之否則疎而遠之未聞有不用其言而復用其人者陛下自端平親政以來召用正人以振臺綱未幾而有委曲調護之弊其所彈擊或牽制而不行其所斥逐復因緣以求進臣於入臺之初固已力言之不惟不之華而其弊滋甚甚至節貼而文理不全易寫而臺印無有中書不敢執奏見者為之致疑不意聖明之時其弊一至於此陛下以其言之不可用又從而超遷之則是臺諫之官專為仕途之捷徑陛下但知崇奬臺諫為盛德而不知阻抑直言之為弊政則陛下外有好諫之名内有拒諫之實天下豈有虚可以蓋實哉範始以不得其言不去為恨至是遂極言臺諫失職之弊時襄蜀俱壞江陵孤危兩淛震恐復言

清之横啓邊釁幾危宗祀及其子招權納賄貪冒無猒盗用朝廷錢帛以易貨外國且有實狀併言簽書樞密院事李鳴復與史寅午彭大雅以賄交結曲為之地鳴復既不恤父母之邦亦何有陛下之社稷帝以清之潜邸舊臣鳴復未見大罪未即行範亦不入臺帝促之範奏鳴復不去則臣去安敢入經筵方再奏之鳴復抗疏自辨言臺臣論臣不知所指何事豈以臣嘗主和議耶幸未斥退則安國家利社稷死生以之否則無家可歸惟有扁舟五湖耳範又極言其寡廉鮮耻既而合臺劾之太學諸生亦上書交攻之鳴復將出關帝又遣使召回範復與合臺奏鳴復為宰執所交惟史寅午彭大雅此等相與陰謀不過賂近習蒙上聽以陰圖相位臣近見自辨之章見其交闘邊臣以啓釁隙妄言和戰以肆脅持且以蜀既破蕩而欲泛舟五湖又以安國家利社稷自任不知鳴復久居政府今又有何安利之策欺君罔上無所不至如臣等言是即乞行之所言若非早賜罷斥改起居郎範奏臣論鳴復未見施行忽拜左史之命則是所言不當姑示優遷臣前者嘗奏臺諫但為仕途之捷徑初無益朝廷之紀綱躬言之躬蹈之臣之罪大

矣即渡江而歸授江東提點刑獄尋改浙西提點刑獄範力辭之而鳴復亦出守越嘉興二年差知寧國府明年至郡適大旱範即以便宜發常平粟又勸寓公富人有積粟者發之民賴以安始至倉庫多空未幾米餘十萬斛錢亦數萬悉以代輸下户糧兩淮饑民渡江者多剽掠其首張世顯尤勇悍擁衆三千餘人至城外範遣人犒之俾勿擾以俟處分世顯乃陰有窺城之意範以計擒斬之給其衆使歸四年還朝首言旱暵荐臻人無粒食楮券猥輕物價騰踊行都之內氣象蕭條左浙近輔殍死盈道流民充斥未聞

安輯之政剽掠成風已開弄兵之萌是內憂既迫矣新興北兵乘勝而善鬬中原群盜假名而崛起擣我巴蜀據我荊襄擾我淮堧近又由夔峽以瞰鼎澧疆埸之臣肆為欺蔽勝則張皇而言功敗則掩覆而不言脫使乘上流之無備為飲馬長江之謀其誰與捍之是外患既深矣人主上所事者天下所恃者民近者天文示變妖彗吐芒方冬而雷既春而雪海潮衝突於都城赤地幾徧於畿甸是不得乎天而天已怒矣人死於干戈死於饑饉父子相棄夫婦不相保怨氣盈腹謗言載路等死一萌何所不至是不得乎民

而民已怨矣內憂外患之交至天心人心之俱失陛下能與二三大臣安居於天下之上乎陛下亦嘗思所以致此否乎蓋自曩者權相陽進妾婦之小忠陰竊君人之大柄以聲色玩好內蠱陛下之心術而廢置生殺一切惟其意之所欲為以致紀綱陵夷風俗頹靡軍政不修而邊備廢缺凡今日之內憂外患皆權相三十年醖成之如養癰疽待時而決耳端平號為更化而居相位者非其人無能改於其舊敗壞汙穢殆有甚焉自是聖意惶惑莫知所倚仗方且不以彼為讐而以為德不以彼為罪而以為功於是天

之望於陛下者孤而變怪見矣人之望於陛下者觖而怨叛形矣陛下敬天有圖旨酒有箴緝熙有記使持此一念振起傾頹宜無難者然聞之道路謂警懼之意秖見於外朝視政之頃而好樂之私多縱於內廷燕褻之際名為任賢而左右近習或得而潛間政出於中書而御筆特奏或從而中出左道之蠱惑私親之請託蒙蔽陛下之聰明轉移陛下之心術於是範去國四載矣帝撫勞備至遷權吏部侍郎兼侍講以久旱復言陛下嗣膺寶位餘二十年災異譴告無歲無之至于今而益甚陛下求所以應天者將止於

減膳徹樂分禱群祀而已乎抑當外此而反求諸躬乎夫不務反躬悔過而徒覬天怒之釋天下寧有是理欲望陛下一洒舊習以新天下出宮女以遠聲色斥近習以防蔽欺省浮費以給國用薄征斂以寬民力且儲貳未立國本尚虛乞選宗姓之賢者育之宮中而教導之又言銓法之壞廟堂既有堂除復時取部缺以徇人情士大夫既陷贓濫乃間以不經推勘而改正凡此皆徇私忘公之害未幾復上疏曰天災旱暵昔固有之而倉廩匱竭月支不繼升粟一千其增未已富户淪落十室九空此又昔之所無也甚而

閭門餓死相率投江里巷聚首以議執政軍伍詳語所不忍聞此何等氣象而見於京城衆大之區浙西稻米所聚而赤地千里淮民流離襁負相屬欲歸無所奄奄待盡使邊塵不起尚可相依苟活萬一敵騎衝突彼必奔迸南來或相携從敵因為之鄉導巴蜀之覆轍可鑑也竊意陛下宵旰憂懼寧處弗遑然宮中宴賜未聞有所貶損左右嬙嬖未聞有所放遣貂璫近習未聞有所斥遠女冠請謁未聞有所屏絕朝廷政事未聞有所修飭府庫積蓄未聞有所搜覈兼國鈞者惟私情之徇主道揆者惟法守之侵國家大

政則相持而不決司存細務則出意而輒行命令朝更而夕變紀綱蕩廢而不存無一事之不弊無一弊之不極陛下盍亦震懼自省詔中外臣庶思當今急務如河道未通軍餉若何而可運浙右旱歉荒政若何而可行財計空匱糴本若何而可足流徙失所遣使若何而可定敵情叵測邊圉若何而可固各務悉力盡思以陳持危制變之策拜吏部侍郎兼中書舍人復極言宴賜不節修造不時玩寇緩欲數事兼權兵部尚書改禮部尚書兼中書舍人淳祐二年擢同簽書樞密院事范既入都堂凡行事有得失除授有

是非悉抗言無隱情丞相史嵩之外示寬容內實忌之四年還同知樞密院事以李鳴復參知政事范不屑與鳴復共政去之帝遣中使召回且敕諸城門不得出范太學諸生亦上書留范而斥鳴復并斥嵩之嵩之令諫議大夫劉晉之等論范及鳴復范遂行會嵩之遭喪謀起復不果於是拜范右丞相范以遜游佀不許遂力疾入覲帝親書開誠心布公道集衆思廣忠益賜之范上五事曰正治本謂政事當常出於中書毋使旁蹊得竊威福曰肅宮闈謂當嚴內外之限使宮府一體曰擇人才謂當隨其所長用之而久

於職毋徒守遷轉之常格曰惜名器謂如文臣貼職武臣閤衛不當為徇私市恩之地曰節財用謂當自人主一身始自宮掖始自貴近始考封樁國用出入之數而補窒其罅漏求鹽筴楮幣變更之目而斟酌其利害仍乞早定國本以繫人心時親王近戚多求降恩澤引前朝杜衍例範皆封還乞撥堂除闕歸之吏部以清中書之務惟留書庫架閣京教及要地幹官人皆以為不便太學生亦上書言之帝以示範範奏曰三四十年權臣柄國以公朝爵祿而市私恩取吏部之闕以歸堂除太學諸生亦習於見聞乃以近

年之弊政為祖宗之成法如以臣言為是上下堅守則諫者必多而謗者息矣未幾赴選調者無淹滯合資格者得美闕衆始服帝命宰執各條當今利病與政事可行者範上十二事曰公用捨顧進退人才悉參以國人之論則秉鈞抵巇者無所投其間曰儲材能內而朝列則儲宰執於侍從臺諫儲侍從臺諫於卿監郎官外而守帥則以江面之通判為幕府郡守之儲以江面之郡守為帥閫之儲他職皆然如是則臨時無乏才之憂曰嚴薦舉宜詔中外之臣凡薦舉必明著職業功狀事實不許止為褒詞朝廷籍記不

如所舉並罰舉主仍詔侍從臺諫不許與人覓舉曰懲贓貪自今有以贓罪案上即行下勘證果有贓敗必繩以祖宗之法無實跡而監司妄以贓罪誣人者亦量行責罰臺諫風聞言及贓罪亦行下勘證曰專職任吏部不可兼給舍京尹不可兼尹吏經筵亦必專官曰久任使內而財賦獄訟銓選與其他煩劇之職必三年而後遷外而監司郡守亦必使之再任其不能者則亟行罷斥曰抑僥倖布告中外各務職業朝廷不以弊例而過恩宮庭不以私揭而廢法勳舊之家邸第之戚不以名器而輕假曰重閫寄曰選軍實曰

招土豪曰宜倣祖宗方田之制疏為溝洫縱橫經緯各相灌注以鑿溝之土積而為徑使不得並轡而馳結陣而前如曹瑋守陝西之制則戎馬之來所至皆有阻限而溝之內又可以耕屯勝於陸地多矣曰治邊理財實為當今急務有明於治邊善於理財者搜訪以聞時孟珙權重兵久居上流朝廷素疑其難制至是以書來賀範復之曰古人謂將相調和則士豫附自此但相與同心徇國若以術相籠架非範所屑為也珙大感服未幾大元軍大入五河絕中流置營柵且以重兵綴合肥令不得相援為必取壽春之計

範命惟揚鄂渚二帥各調兵東西來應卒以捷聞範計功行賞莫不曲當軍士皆悅未幾卒贈少傅謚清獻其所著述有古律詩歌詞五卷雜文六卷奏藁十卷外制三卷進故事五卷經筵講義三卷

楊簡字敬仲慈溪人乾道五年舉進士授富陽主簿會陸九淵道過富陽問答有所契遂定師弟子之禮富陽民多服賈而不知學簡興學養士文風益振爲紹興府司理汗獄必親臨端默以聽使自吐露越陪都臺府鼎立簡中平無頗惟理之從一府史觸怒帥令鞫之簡白無罪命鞫平日簡曰吏過誰能免今日

實無罪必摘往事置之法某不敢奉命帥大怒簡取告身納之爭愈力常平使者朱熹薦之先是丞相史浩亦以簡薦差浙西撫幹白尹張杓宜因凶歲戒不虞乃令簡督三將兵接以恩信出諸葛亮正兵法肄習之軍政大修衆大和悅改知嵊縣丁外艱服除知樂平縣興學訓士諸生聞其言有泣下者楊石二少年爲民害簡寘獄中諭以禍福咸感悟願自贖由是邑人以訟爲耻夜無盜警路不拾遺紹熙五年召爲國子博士二少年大帥縣民隨出境外呼曰楊父會斥丞相趙汝愚祭酒李祥抗章辨之簡上書言昨者危急軍民將潰亂社稷將傾危陛下所親見汝愚冒萬死易危爲安人情妥定汝愚之忠陛下所心知不必深辨臣爲祭酒屬日以義訓諸生若見利忘義畏害忘義臣耻之未幾亦遭斥主管崇道觀再任轉朝奉郎嘉泰四年賜緋衣銀魚朝散郎權發遣全州以言罷主管仙都觀嘉定元年寧宗更化授秘書郎轉朝請郎遷秘書省著作佐郎兼權兵部郎官轉對極言經國之要弭災厲消禍變之道北境傳誦爲之涕泣詔以旱蝗求直言簡上封事言旱蝗根本近在人心兼考功郎官兼禮部郎官授著作郎將作少監入

對答問往復漏過八刻上目送之兼國史院編修官兼實錄院檢討官以面對所陳未行求外補知溫州移文首罷妓籍尊敬賢士私鹺五百爲群過境內分司幹官檄永嘉尉及水砦兵捕之巡尉不白郡簡驚曰是可輕動乎萬一召亂貽朝廷憂兵之節制在郡將違節制是不嚴天子命違節制應斬建旗立巡尉庭下召劊手兩行夾立郡官盛服立西序數其罪命斬之郡官交進爲致悔罪意良久得釋奏罷分司其紀律如此寓官置民田負其直簡追其隸責之而償所負勢家第宅障官河即日撤之城中讙踊名楊

公河帝遣使至郡譏察徙於簡為先世契出郊迎不
敢當從間道走州入客位簡聞之不敢入徃來傳送
數四乃驅車反將降半使者趨出立戟門外簡亦趨
出立使者外頓首言曰天使也某不敢不肅使者曰
契家子禮有常尊簡曰某守臣使者銜天子命辱臨
敝邑天使也某不敢不肅遂從西翼偕進禮北面東
上簡行則常西步則後及階莫敢升已乃同升自西
階足蹴蹴莫敢就主席使者曰邦君之庭也禮有常
尊簡曰春秋王人雖微例書大國之上尊天子也況
今天使手持之益堅使者辭益力如是數刻使者知

不可變乃曰某不敏敢不敬承執事尊天子之義即
揖而出既就館簡乃以賓禮見儀典曠絕邦人創見
之莫不瞿然竦觀屏息立簡在郡廉儉自將奉養菲
薄常曰吾敢以赤子膏血自肥乎閭巷雍睦無忿爭
聲民愛之如父母咸畫象事之遷駕部員外郎老稚
扶擁緣道傾城哭送入對言盡掃喜順惡逆之私情
善政盡舉弊政盡除民怨自銷禍亂不作改工部員
外郎轉對又以擇賢久任為言遷軍器監兼工部郎
官轉朝奉大夫又遷將作監兼國史院編修官兼實
錄院檢討官轉朝散大夫金人大饑來歸者日以數

千萬計邊吏臨淮水射之簡慼然曰得土地易得人
心難溥海內外皆吾赤子中土故民出塗炭投慈父
母顧靳斗升粟而迎殺之靳脫死乃速得死豈相上
帝綏四方之道哉即日上奏哀痛言之不報會有疾
請去益力乃以直寶謨閣主管玉局觀升直寶文閣
主管明道宮秘閣修撰主管千秋鴻禧觀特授朝請
大夫右文殿修撰主管鴻慶宮賜紫衣金魚進寶謨
閣待制提舉鴻慶宮賜金帶理宗即位進寶謨閣直
學士賜金帶寶慶元年轉朝議大夫慈溪縣男尋授
華文閣直學士提舉佑神觀奉朝請詔入見簡屢辭

授敷文閣直學士累加中大夫乃提舉鴻慶宮尋以
寶謨閣學士太中大夫致仕卒贈正奉大夫簡所著
有甲稾乙稾冠記昏記喪禮家記家祭記釋菜禮記
石魚家記又有已易啓蔽等書其論治務最急者五
其次八一曰謹擇左右大臣近臣小臣二曰擇賢以
久任中外之官三曰罷科舉而行鄉舉里選四曰罷
設法道溢五曰治伍法脩諸葛武侯之正兵以備不
虞其次急者有八一曰募兵屯田以省養兵之費二
曰限民田以漸復井田三曰罷妓籍從良四曰漸罷
和買折帛暨諸無名之賦及榷酤而禁群飲五曰擇

賢士教之大學教成使分掌諸州之學又使各擇井里之士聚而教之教成使各分掌其邑里之學六曰取周禮及古書會議熟講其可行於今者行之七曰禁淫樂八曰修書以削邪說此簡之志也後咸淳間制置使劉黻卽其居作慈湖書院門人錢時

時字子是淳安人幼奇偉不群讀書不爲世儒之習以易冠漕司既而絕意科舉究明理學江東提刑袁甫作象山書院招主講席學者輿起政事多所裨益郡守及新安紹興守皆厚禮延請開講郡庠其學大抵發明人心論議宏偉指擿痛決聞者皆有得焉丞

相喬行簡知其賢特薦之朝且曰時夙負才識尤通世務田里之休戚利病當世之是非得失莫不詳究而熟知之不但通詩書守陳言而已授秘閣校勘詔守臣以時所著書來上未幾出佐浙東倉幕太史李心傳奏召史館檢閱轉對敷陳剴切皆聖賢之精微旋以國史宏綱未畢求去授江東帥屬歸其書有周易釋傳尚書演義學詩管見春秋大旨四書管見兩漢筆記蜀阜集冠昏記百行冠冕集寶祐間守季鏞祠于學

張虙字子宓慈溪人慶元二年進士故事潛邸進士升名虙不以自陳授州教授爲浙東帥屬帥督新昌舊逋虙手書諫曰越人之瘠宜咻噢撫摩之今夏稅當寬爲之期使田里久饑之氓少還已耗之氣血尚可理舊逋耶力辭不行主管戶部架閣文字改太學正時新進者多逞小才害大體轉對言立國有大經人主當以靜制天下之動今日之治或有鄰於鍥薄而咈人心傷國體者宜有以華之使祖宗之意常如一日可也帝嘉納焉遷太常博士又遷國子博士時金垂亡因論自治之道謂天下之治必有根本城郭所以禦敵也使溝壑有轉徙之民則何敵之能禦儲

峙所以備患也使枵腹盻盻不得食則何患之能備今日之吏能知守邊之務者多而能明立國之意者少繕城郭聚米粟恃此而不恤乎民則其策下矣時以旱求言卽上疏曰上天之心卽我祖宗之心數年以來蓋有爲祖宗所不敢爲者凡祖宗之時幾舉而不遂已行而復寢始以人言而從終以國體而回者今皆處之以不疑矣凡祖宗長慮卻顧所以銷惡運遏亂原兢兢相與守之者皆變於目前利便快意之謀矣議者惟知衰靡之俗不可不振起也圮壞之風不可不整刷也抑不知振起整刷之術最難施於衰

靡坨壞之後何者元氣已傷而不可再擾人心方蘇
而不可駭動也且造楮初欲便民朝廷既以一切之
政驅其聽復以一定之價迫之從郡縣之間遂騷然
矣監司郡守老成遲鈍者悉屏而不用而取夫新進
喜功名者為之見事則風生臨事則痛決事未果集
而根本已朘國未有益而民生已困矣凡此皆有累
於祖宗仁厚之德此旱勢之所以彌甚也遷國子監
丞轉對頗力主正論勿使迎合之人得以投吾機遷
秘書郎預編寧宗會要兼吳益王府教授改兼莊文
府講毛詩終篇乞以所讀諸子改讀尚書帝曰吾固

以詩書成麟趾之美也遷著作佐郎兼權都官郎官
轉對言邊事有二病戒敕千條猶患悖繆指意明白
猶復背違安有不示其所向而謂可責其成且言戰
則當知彼言和則當請於彼惟守則自求諸已而已
儻以為可則當力主其說明告天下日講求其所以
守之之策蓋議論貴合一而今則病乎襍也用人不
可以嘗試任人不可以自疑朝廷惟慮獨任之難勝
彼此互分不相扶持人得抗衡莫有稟屬制置但存
虛器便宜反出多門蓋體貴合一而今則病乎分也
遷秘書丞改著作郎以疾乞外出知南康至郡剖決

滯訟衆皆悅服前守陳宓以錢七千緡置濟民庫為
築城費處至曰不必取贏於民吾捐萬緡為倡繼是
儻不已何患事之難成轉運使以錢萬二千緡置平
糴於郡處復出錢萬二千緡以增益之民賴其利將
增建禁旅營地屬民者索質劑視元直償之徙知處
州移知溫州力辭遂直秘閣主管千秋鴻禧觀參議
制置使幕中使者尚威力愎諫自用處守正不阿每
濟以寬大又上書論海防利便主管玉局觀端平初
召為國子司業兼侍講以禮記月令進讀至獄訟必
端平之語因數暢厥旨八陵來復將議修奉而論者

未能協一處議曰當乘此時遣官肅清威儀申祗奉
故事如或為其所給功未即就亦足以感動天下忠
臣義士之心力辭勸講之職升國子祭酒以為月令
之書雖出於呂不韋然人主後天而奉天時此書不
為無助乃因已講者為十二卷乞按月而觀之兼權
工部侍郎兼國子祭酒命下而卒詔贈四官

呂午字伯可歙縣人嘉定四年進士授烏程主簿郡
守致之幕下事一決於午守張忠恕丞相浚之孫薦
午猶力時忠恕之母就養而時時躬至簿聽迎午二
親入郡與午皆衣綵衣奉觴上壽邦人榮之調當塗

縣丞守吳桀勝謂午有操守俾其子淵潛定交焉會
司理攝蕪湖縣廬州遣兩兵會公事司理遂以廬兵
奪縣民為言桀勝怒悉實獄屬午問之午謂廬州有
公檟不可謂奪民桀勝愈怒再以屬午明日午入謁
桀勝先令左右問若何午執前説桀勝益加怒謂我
不忍廬兵奪吾百姓不出迎午午坐客位不退不食
桀勝勉為出怒不息欲黥二兵午徐曰廬州初無公
檟則可有則縣不為處置而反罪廬兵恐不可久之
卒從午請由是桀勝益知午陳貴誼守太平屬午安
集淮南流民江東提舉徐僑知午在郡鸞喜辟為幕

屬午欲盡決遣郡事而後行帖趣行至十八而不以
白貴誼僑貽書貴誼午始行既而僑行部以田事迕
丞相史彌遠以言罷午還當塗監溫州天富北監鹽
場改知餘杭縣亦以言罷公論大不平然午自此名
益重浙東提舉章良朋留之幕旋兼沿海制置司事
海寇未平良朋問策安在午廉知調軍出海糧盡即
還軍獲寇物官盡拘收乃與制置司幹官施一飛議
糧盡再給不許擅還賊舟所有悉以給軍海道遂清
差知龍陽縣豪民陶守忠殺人正其獄誅之彌遠雖
非賢相猶置人才簿書賢士大夫以待用而午治縣

之政亦書之差兩浙轉運司主管文字彌遠病久不
見客午入謁特出迎運使罷故不用人以午護印半
年或問彌遠何以不注官彌遠曰爾謂護印官不能
耶午聞之力辭差監三省樞密院門兼監提轄封椿
上庫丁父憂免喪遷大府寺簿拜監察御史帝親擢
也鄭清之喪師至是丁黼死於成都史嵩之孟珙在
京湖嵩之尋升督府陳韡杜杲在淮西王鑑在黄州
計用兵十七萬人圍始解獨周葵在淮東不受兵而
坐視不出兵應援午疏論邊閫角立當協心釋嫌而
乃幸災樂禍無同舟共濟之心葵以為午黨京湖制

司而嵩之亦憾午乃遷宗正少卿兼國史院編修官
實録院檢討官出知泉州初左丞相李宗勉深以葵
之言為疑會來自淮東者乃言臺官皆以葵交書獨
呂御史無之宗勉始以午為賢語人曰呂伯可獨立
無黨者嵩之得彌遠人才簿心知敬午而内怨所論
邊事及午移浙東提刑嵩之令鄧咏嗾董復亨論罷
中外不直嵩之提舉崇禧觀再移浙東提刑復為監
察御史入見帝曰卿向來議論甚明切無崇政殿説
書嵩之雅不欲午在經筵時殺中侍御史項容孫子
娶午從子嵩之俾容孫上疏避午欲撼之去而於法

無避嵩之乃與言路密謀以為午嘗劾王瓚姻家史
洽遂以瓚為右正言午即治裝去上手詔趣留之午
力辭不允由是再留而議論愈不合遷起居郎兼史
院官官至中奉大夫閑居一紀卒年七十有七累贈
至華文閣學士通奉大夫子沇
沇字叔朝以恩補將仕郎端平三年銓試第一授黃
巖縣主簿監西京中嶽廟者二總領湖廣江西京西
財賦所準備差遣改知於潛縣重囚逸聞沇至自歸
淮西總領辟充主管文字通判婺州朱君章訟爭田
四十有二年吳王府爭墓二十有九年沇皆決之特

差充提領兩浙轉運鹽事使司主管文字又差充行
在點檢贍軍激賞酒庫歷四轄六院之文思官告書
擬尚左右郎官事賈似道議行公田彗星見沇請罷
公田還民及理宗崩似道矯詔廢十七界會子行關
子沇力言非便似道大怒調將作監簿急令言者論
寢久之與雲臺觀起知興國軍未赴論仍雲臺觀起
知全州未赴與仙都觀德佑元年三學伏闕上書訟
沇丞召赴行在沇不復出卒年八十有一
論曰杜範在下僚已有公輔之望及入相未久而沒
楊簡之學非世儒所能及施諸有政使人百世而不
能忘然雖享高年不究於用豈不重可惜也哉張虙
子諒易直呂午風采凜然皆有裨於世道者矣

列傳卷第一百六十六

列傳卷第一百六十七　宋史四百八

開府儀同三司上柱國錄軍國重事前中書右丞相兼修國史領經筵事都總裁臣脫脫等奉

勑修

吳昌裔　汪綱　陳宓　王霆

吳昌裔字季永中江人蚤孤與兄泳痛自植立不肯逐時好得程頤張載朱熹諸書輒研繹不倦嘉定七年舉進士闢漢陽守黃榦得熹之學往從之調閬中尉利路轉運使曹彥約聞其賢俾司糴場時歲饑議糴上流昌裔請發本倉所儲數萬而徐糴以償從之調眉州教授眉士故尚蘇軾學昌裔取諸經為之講說祠周惇頤及顥頤載熹揭白鹿洞學規做潭州釋奠儀簿正祭器士習丕變制置使崔與之薦之改知華陽縣修學宮來四方士斥羨錢二十萬緡買良田備旱通判眉州著苦言十篇慮蜀甚悉攝郡事御軍有紀律尋權漢州故事比攝官奉饋皆如真昌裔命削其半核兵籍興社倉郡政畢舉興元帥趙彥呐議東納武仙西結秦鞏人莫敢言昌裔獨奮筆力辨其非未幾武仙敗二州之民果叛端平元年入為軍器監簿改將作監簿改太常少卿徐僑於人少許可獨賢之兼皇后宅教授昌裔以祖宗舊典無以職事官

充者力辭改吳益王府教授轉對首陳六事其目曰天理未純天德未健天命未敕天工未亮天職未治天討未公凡君臣之綱兄弟之倫舉世以為大戒而不敢言者皆痛陳之至於邊臣玩令陟罰無章尤拳拳焉拜監察御史彈劾無所避且曰今之朝綱果無所撓乎言及親故則為之留中言及私昵則為之訖了事有窒礙則節帖付出情有嫌疑則調停寢行今日遷一人曰存近臣之體明日遷一人曰為遠臣之勸屈風憲之精采徇人情之去留士氣銷耎下情壅滯非所以糾正官箴助國脉也臺臣故事季詣獄點檢時有爭常州田萬四千畝平江亦數百畝株逮百餘人視其牘乃趙善湘之子汝櫄汝梓也州縣不敢決昌裔連疏劾罷之冬洊雷春大雨雪昌裔居齋宮秉燭草疏凡上躬缺失宮庭嬖私廟堂除授皆以為言又言將帥方命女寵私謁舊黨之用邊疆之禍皆此陰類且曰今大昕坐朝間有時不視事之文私第謁假或有時不入堂之報上有耽樂慆逸之漸下無協恭和衷之風內則嬖御懷私為君心之蠹外則子弟寡謹為朝政之累遊言噂沓寵賂章聞欲蕭勺大和得乎又念蜀事阽危條四事以進實規撫審功賞

訪軍實儲帥才時有果閬州守臣逃遁而進職有知
遂寧李煒父子足迹不至邊庭而受賞償軍之趙楷
棄城之朱揚祖皆不加罰又帥臣趙彥呐年老智衰
其子淮刑黷貨士卒不用命安癸仲恥遭抨彈經營
復用欲起謫籍以代帥垣昌裔皆抗疏彈擊又歷言
三邊之事曰今朝廷之上百辟晏然言論多於施行
浮文妨於實務后族王宮之冗費列曹坐局之常程
群工闒慢之差除諸道非泛之申請以至土木經營
時節宴遊神霄祈禳大禮錫賚藻飾治具無異平時
至於治兵足食之方脩車備馬之事乃缺略不講且
擾靖康之敝痛哭言之出為大理少卿屢疏引去不
許會杜範再入臺擊參政李鳴復謂昌裔與範善必
相為謀者數譏之以權工部侍郎出參贊四川宣撫
司軍事人曰此李綱救太原也太原不可救特以綱
主戰故出之耳昌裔曰君命也不可不亟行慷慨襆
被出關忽得疾中道病甚帝聞之授秘閣修撰改嘉
興府昌裔曰吾以疾不能歸救父母上負聖恩下負
此心若舍遠就近舍危就安人其謂我何辭至四五
而言者以避事論矣改贛州辭以右文殿修撰主管
鴻慶宮遷浙東提刑辭改知婺州婺告旱民日夜望

之乃不忍終辭減騶從供帳遣僚佐召邑令周行阡
陌蠲粟八萬一千石錢二十五萬緡有奇加集英殿
修撰卒以寶章閣待制致仕昌裔剛正莊重遇事敢
言典章多所閑習嘗輯至和紹興諸臣奏議本末名
儲鑑又會稡周漢以至宋蜀道得失興師取財之所
名蜀鑑有奏議四書講義鄉約口義諸老記聞容臺
議禮文集行于世初昌裔與徐清叟杜範一日並入
臺皆天下正士四方想聞風采人至和三諫詩以侈
之然才七閱月以遷故莫不惋惜云後謚忠肅
汪綱字仲舉黟縣人簽書樞密院勳之曾孫也以祖
任入官淳熈十四年中銓試調鎮江府司户參軍馬
大同鎮京口強毅自任綱言論獨不詭隨議者欲以
兩淮鐵錢交子行於沿江廷議令大同倡率行之綱
貽書曰邊面行鐵錢慮銅寶洩於外耳私鑄盛行故
錢輕而物重今若塲務出納不以鐵錢取息堅守四
色請買舊制治鑄定額不求餘羡重禁以戢私鑄支
散邊戍與在軍中半者無異不以鐵錢準折則淮民
將自便之何至以敝內郡邪大同始悟試湖南轉運
司又中綱笑曰此豈足以用世澤物耶乃刻意問學博
通古今精究義理覃思本原調桂陽軍平陽縣令縣連

溪峒蠻蜑與居綱一遇以恩信科罰之害既三十年綱下車首白諸臺罷之桂陽歲貢銀二萬九千餘兩而平陽當其三分之二綱謂向者銀礦坌發價輕故可勉以應今地寶已竭市於他郡其價倍蓰願力請痛蠲損之歲饑旁邑有曹伍者群聚惡少入境彊貸發廩眾至千餘挾界頭牛橋二砦兵為援地盤踞萬山間前後令未嘗一涉其境不虞綱之至也相率出迎綱已夙具酒食令之曰汝何敢亂順者得食亂者就誅夜宿砦中呼砦官詰責不能防守狀皆皇恐伏地請死杖其首惡者八人發粟振糶民賴以安改知

金壇縣親嫌更弋陽縣父義和為侍御史主管佑神觀尋丁父喪服除知蘭溪縣決擿如神歲旱郡倚辦勸分綱謂勸分所以助義倉一切行之非所謂安富恤貧也願假常平錢為糴本使得循環迭濟又躬勸富民浚築塘堰大興水利餓者得食其力全活甚眾郡守張抑及部使者列綱為一道荒政之冠以言去邑人相率投匭直其事綱力止之繼知太平縣主管兩浙轉運司文字未赴罹內艱擢監行在左藏西庫屬金人殺其主允濟自立遣使來告襲位議者即欲遣幣綱言使名不遜當止之境上姑命左帑視例計

辦或且留京口總司令盱眙諭之曰紀年名節皆犯先朝避忌歲幣乃爾前主所增今既易代當復隆興大定之舊俟此議定而後正旦生辰之使可遣遲以歲月吾擇邊將葺城堡簡軍實儲峙糗糧使沿邊屹然有不可犯之勢聽其自相攻擊然後以全力制其後廟堂韙之提轄東西庫又幹辦諸司審計司以選知高郵軍陛辭言揚楚二州當各屯二萬人壯其聲勢而以高郵為家計砦高郵三面阻水湖澤與阻戎馬所不能騁獨西南一路直距天長無險可守乃去城六十里隨地經畫或浚溝塹或備設伏以扼其衝

又甓湖可以入淮招水卒五千人造百艘列三砦以戒非常興化民田濱海昔范仲淹築堰以障舄鹵守毛澤民置石䃮函管以疏運河水勢歲久皆壞綱乃增脩之部使者聞于朝增一秩提舉淮東常平淮米越江有禁綱念淮民有警則室廬莫保歲凶則轉徙無歸豐年可以少蘇重以苛禁自分畛域豈為民父母意哉請下金陵糴三十萬以通淮東之運京口糴五十萬以通淮西之運又言兩淮之積不可多昇潤之積不可少平江積米數百萬陳陳相因久而紅腐宜視其收貯近久取餉輦下百司諸軍江上歲餫當

至京者貯之京口金陵轉漕兩淮中都諸倉亦當廣
糴以補其數制置使訪綱備禦孰宜先綱言淮地自
昔號財賦淵藪西有鐵冶東富魚稻足以自給淮右
多山淮左多水足以自固誠能合兩淮為一家兵財
通融聲勢合一雖不假江浙之力可也祖宗盛時邊
郡所儲足支十年慶曆間中山一鎮尚百八十萬石
今宜上法先朝令商旅入粟近塞而筭請錢貨於京
師入粟拜爵守之以信則輸者必多邊儲不患不豐
州郡禁兵本非供役乃就糧外郡耳今不為戰鬭用
乃使之共力役緩急戍守專倚大軍指日待更不安

風土豈若土兵生長邊地墳墓室家人自為守邪當
精擇伉壯廣其尺籍悉隷御前軍額分擘券給以助
州郡衣糧之供大率如山陽武鋒軍制則邊面不必
抽江上之戍江上不必出禁闈之師生券更番勞費
俱息時有獻言制司廣買荒田開墾以為營田綱以
為荒瘠之地不難辦而工力水利非久不可棄產歟
官良田終不可得耗費公帑開墾難就曷若勸民盡
耕閒田甽澮堙塞則官為之助變瘠為沃使民有餘
蓄晁錯入粟之議本朝便糴之法在其中矣制司知
其無益乃止淮東煑鹽之利本居天下半歲久敝滋

鹽本日侵帑儲空竭負兩總司五十餘萬亭户二十
八萬借撥於朝廷五十萬又會餉所復鹽鈔舊制弗
許商人預供貼鈔錢鹽司坐是窘不能支綱抉擿隱
伏凡虛額無實詭為出内飛走移易事制曲防課乃
更羡既盡償所負又貢金三十萬緡為樁辦庫以備
鹽本之闕添置新竈五十所諸場悉視乾道舊額三
百九十萬石通一千三百萬緡課官吏之殿最綱約
己率下辭臺郡之互餽獨增場官奉以養其廉擢户
部員外郎總領淮東軍馬財賦時邊面多生券山東
歸附月饟錢糧以緡計增三十有三萬米以石計增

六萬真楚諸州又新招萬弩手皆仰給總所而浙西
鹽利積負至七十餘萬緡諸州漕運不以時至綱核
名實覈稽慢區畫處分餉事賴以不乏移疾乞閑得
直秘閣知婺州改提點浙東刑獄皆屢辭不得請慮
囚至婺有奴挾刃欲戕其主不遇而殺其子諵讕妄
牽連桎出斬之釋衢因之寃者台盜鍾百一非其盜
尉覬賞躐申制司綱謂治盜雖尚嚴豈得鍛鍊傅會
以成其罪邪於是得減死禱雨龍瑞宮有物蜿蜒朱
色盤旋壇上者三日綱曰吾欲雨而已毋為異以惑
衆言未竟雷雨大至歲以大熟進直煥章閣知紹興

府主管浙東安撫司公事兼提點刑獄訪民瘼罷行尢切蕭山有古運河西通錢塘東達台明沙漲三十餘里舟行則膠乃開浚八千餘丈復創牐江口使泥淤弗得入河水不得洩於涂則盡鑿以達城闉十里創一廬名曰施水主以道流於是舟車水陸不問晝夜暑寒意行利涉歡訢忘勩屬邑諸縣瀕海而諸暨十六鄉瀕湖蕩濼灌溉之利甚博勢家巨室率私植埂岸圍以成田湖流既束水不得去雨稍多則溢入邑居田閭寖蕩瀕海藉塘為固隄岸易圮鹹鹵害稼歲損動數十萬畝蠲租亦萬計以綱言詔提舉常平

司發田國奇援巧請一切峻卻而湖田始復郡備緡錢三萬專備修築而海田始固綱謂是邦控臨海道密拱都畿而軍籍單弱乃招水軍刺义手教習甚專不令他役創營千餘間寬整堅密增置甲兵威聲赫然兼權司農卿尋直龍圖閣因任理宗即位詔為右文殿修撰加集英殿修撰復因任又加寶謨閣待制寶慶三年大水綱發粟三萬八千餘緡錢五萬振之蠲租六萬餘石捐瘠頓蘇無異常歲越有經總制窠名四十一萬其中二十五則紹興以來虛額也前後帥懼負殿以修奉攢宫之資偽增焉綱謂負殿之責

小罔上之罪大據其實以聞詔免九萬五千緡而宿敝因是著明矣紹定元年召赴行在綱入見言臣下先利之心過於徇義為身之計過於謀國媮惰退縮奔競貪黷相與為欺宜有以轉移之帝曰聞卿治行甚美越中民力如何對曰去歲水潦諸暨為甚今歲幸中熟十年之間千里晏安皆朝廷威德所及臣何力之有權戶部侍郎越數月上章致仕特畀二秩守戶部侍郎仍賜金帶卒越人聞之多齎泣有相率哭於寺觀者綱學有本原多聞博記兵農醫卜陰陽律曆諸書靡不研究機神明銳遇事立決在越佩四印

文書山積而能操約御詳治事不過二十刻公庭如水旱官下吏一言中理慨然從之為文尤長於論事援據古今辨博雄勁服用不喜華麗供帳車乘雖敝不更所著有恕齋集左帑志漫存錄

陳宓字師復丞相俊卿之子少嘗及登朱熹之門熹器異之長從黃榦遊以父任歷泉州南安鹽稅主管南外睦宗院再主管西外知安溪縣嘉定七年入監進奏院時無敢慷慨盡言者宓上封事言宮中宴飲或至無節非時賜予為數浩穰一人蔬食而嬪御不廢於擊鮮邊事方殷而椿積反資於妄用此宮闈儀

刑有未正也大臣所用非親即故執政擇易制之人臺諫用愼默之士都司樞掾無非親暱貪吏靡不得志廉士動招怨尤此朝廷權柄有所分也鈔鹽變易楮幣秤提安邊所創立固執已見動失人心敗軍之將躐躋殿嚴庸鄙之夫久尹京兆宿將有守成之功以小過而貶三牙無汗馬之勞託公勤而擢此政令刑賞多所舛逆也若能交飭內外一正紀綱天且不雨臣請伏面謾之罪奏入丞相史彌遠不樂而中宫慶壽三牙獻遺至是為之罷卻尋遷軍器監簿九年轉對言人主之德貴乎明大臣之心貴乎公臺諫之

言貴乎直陛下臨政雖勤而治功未舉奉身雖儉而財用未豐愛民雖仁而實惠未徧良由上下相蒙務於欺蔽壓奏囊封有懷畢吐陛下付近臣差擇是有意於行其言也而有司惟取專攻上躬與移咎牧守之章騰播中外以答觀聽今赤地千里蝗飛蔽天如此其可畏猶或諱晦以旱不為災蝗不害稼其他誣罔抑又可知臣故曰人主之德貴乎明大臣施設浸異厥初凡建議求言之人則以他事逐諫官言事稍直則以他職徙忠憤者指為不靖切直者目曰沽名衆怨所萃則相繼超升物論所歸則以次疏外某人

之遷是嘗重人罪以快同列之私怨者某人之擢是嘗援古事以文過日之天變者直節重望以私嫌而久棄老姦宿贓以巧請而牽復使大臣果能杜倖門塞邪徑則舉錯當而人心服臣故曰大臣之心貴乎公臺諫平居未嘗立異遇事不敢盡言有如金人再通最關國體近而侍從下至生徒莫不力爭龔禪廟筭獨於言責不出一辭輦轂之下乾沒巨萬莫之誰何州縣之間罪僅毫髮擴以塞責大臣所欲為之事則遂之所不右之人則排之仁宗時有宰相奉行臺諫風旨之譏今乃有臺諫不敢違中書之誚豈祖宗

設官之初意哉臣故曰臺諫之言貴乎直三者機括所繫願陛下憣然悔悟昭明德以照臨百官大臣臺諫亦宜公心直節以副望治之意指陳敝事視前疏尤剴切焉疏遂請罷歸在告日擢太府丞不拜出知南康軍詣史彌遠別彌遠曰子言甚切當第愚昧不能行殊有愧耳至官歲大侵奏蠲其賦十之九會流民群集趣就役之築江隄而給其食時造白鹿洞與諸生討論改知南劍州時大旱疫蠲逋賦十數萬且弛新輸三之一躬率僚吏持錢粟藥餌户給之創延平書院悉倣白鹿洞之規知漳州未行聞寧宗崩嗚

咽累日亡何請致仕寶慶二年提點廣東刑獄章復三上迄不就直秘閣主管崇禧觀宓拜祠命而辭職名卒進職一等致仕三學諸生以起宓為請而沒已閱月矣初宓之在朝也寺丞丁焴往使金宓歎曰世讐未復何以好為餞詩有百年中國豈無人之句後數年聞關外不靖以書抵焴曰蜀口去關外雖遠實如一身近事可寒心者士大夫之罪豈非賄道不絕之故耶焴服其言宓天性剛毅信道尤篤嘗為朱墨銘謂朱屬陽墨屬陰以驗理欲分寸之多寡自言居官必如顏真卿居家必如陶潛而深愛諸葛亮身死

家無餘財庫無餘帛廢平能蹈其語者端平初發中侍御史王遂首言宓事先帝有論諫之直而不及俟聖化之更宜褒其身後以勸天下之為臣者帝為感動詔贈直龍圖閣所著書有論語注義問答春秋三傳抄讀通鑑綱目唐史贅疣之藁數十卷藏于家

王霆字定叟東陽人高大父豪帥衆誅方臘以功補官霆少有奇氣試有司不偶去就武舉嘉定四年中絕倫異等喬行簡考藝別頭喜曰吾為朝廷得一帥才矣授承節郎從軍于鄂帥鍾與嗣戍邊請于樞密院以霆為隨軍都錢糧官總領綦奎委霆專一教閱總效軍尋委帥師守禦黃州沿江制置副使李臺辟置幕下淮右兵叛遣霆招諭之霆於軍事知無不言謂招募良家子不可以寅緣關節冒濫其間防守江面全藉正軍若義勇民兵特可為聲援耳而所謂大軍羸病者多兵械損舊豈不敗事調兵防江當於江岸創屋居之使之專心守禦諸軍伍法既廢平居則無以稽其虛籍冒請之獘無以糾其竄逸生事之人緩急則無以稽其併力向敵之志無以連其逃陳不進之心此尉繚子所以著東部伍之令太公謂伍法為要者謂此也用兵不以人數多寡為勝負惟教習

之精否則勝負之形可見矣理宗即位特差充浙西副都監湖州駐劄時潘甫等起兵事甫定霆因綏撫之鎮江都統趙勝辟為計議官時李全寇盬城攻海陵勝出戍揚州屬官多憚從行霆慨然曰此豈臣子辭難之日至揚子橋人言賊兵昨日在南門去將安之霆竟至南門以帥憲之命董三城事勝次第出城接戰霆必身先士卒大小十八戰無一不利奪賊壕築土城焚城門賊氣為懾差知應州兼沿邊都巡檢使樞密院命節制黃蕭後營彈壓諸道軍馬諸道兵二十萬將往收復楚州霆帥所部為犄角之助大帥

薦之名試爲閤門舍人入對言恢復之說有二曰規撫曰機會顧今日之規撫安在哉守令所以牧民而惠養之未加將帥所以御軍而拊循之未至邦財未裕而楮劵之敝浸深軍儲未豐而和糴之害徒慘官有土地而荒蕪民因賦役而破蕩獄訟類成冤抑銓曹率多淹留薦舉無反坐貪徒得以引類而通班按剌不徇公徵官易以迕意而連譴以言郡計則紛耗於囊橐苞苴以言戰功則多私於親昵故舊至如降卒中處養虎遺患輕敵開邊以肉餧虎夫以規撫之切要者而不滿人意如此臣敢輕進恢復之說以誤

上聽哉凡臣之所陳者誠播告中外之臣悉懲其舊而圖其新規撫既立然後義旗一麾諸道並進臣力尚壯願效前驅惟陛下堅定而勉圖之帝稱其言可采升武功大夫出知濠州賜金帶至州節浮費糴粟買馬以備不虞尋差知安豐軍臣僚上言王霆在濠人甚安之不宜輕易詔再任濠職事修舉特轉橫班諸使交薦之比兵至浮光其民奔迸相屬于道朝論以爲霆可守之乃知光州兼沿邊都巡檢使冒雪夜行倍道疾馳至州分遣間探整飭戰守之具大戰于謝令橋光人遂安督府魏了翁以書來慰安之以緡

錢十萬勞其軍霆以名尋爲吉州刺史仍知光州霆固辭丞相鄭清之制置使史嵩之皆數以書留霆霆不從且曰士大夫當以世從道不可以道從世也再授閤門舍人尋爲達州刺史右屯衛大將軍兼知蘄州不赴尋遷淮西馬步軍副總管兼淮西遊擊軍副都統制論遊擊軍十事不報提舉崇禧觀知高郵軍流民[illegible]邦傑聚衆三千人爲盜霆勦其渠魁餘黨悉散時議出師和者甚多霆以爲莫若遣間探覘敵情如不得已然後行之否則無故自蕩其根本是外兵未至而內兵先慘烈也諸軍畢行惟高郵遲之境內

賴以安全由是與時迕而讒者益衆提舉雲臺觀執政期論邊事且謂朝廷即有齊安之命霆曰秋防已急邊守不宜臨時更易益少需之乃授帶行左領軍衛大將軍充沿江制置副使司計議官霆乃撰沿江等邊誌一編上之制置使董槐鄧泳交薦之差知壽昌軍改蘄州建學舍祠忠臣嘗歎曰兩淮藩籬也大江門戶也三輔堂奧也藩籬不固則門戶且危門戶既危則堂奧豈能久安乎於是貽書丞相杜範乞撤孟城滁陽置于宣化不報卒初其父析業霆獨以讓

其兄處宗族有恩意嘗訓其子弟曰窮理盡性學之本也有玉溪集行于世

論曰吳昌裔訪道東南一何勤我故其造深醇見諸事功者足以知其學無雜也汪綱之遺愛在越先民所謂擇賢久任者固不我欺矣陳宓以宰相子論諫之直于今有光王霆通兵家言而謂不可以道從世此古人謀帥貴乎說禮樂而敦詩書也

列傳卷第一百六十七

列傳第一百六十八　宋史四百九

儀同三司上柱國錄軍國重事中書右丞相監修國史領經筵事都總裁臣脫脫奉敕修

高定子　高斯得　張忠恕

唐璘

高定子字瞻叔利州路提點刑獄兼知沔州稼之弟也嘉泰二年舉進士授郫縣主簿吳曦畔乞解官養母曦誅攝府事宇文公紹以忠孝兩全薦之調中江縣丞父就養得疾定子衣不解帶者六旬居喪哀毀骨立服除成都府路諸司辟丹稜令尋以同產弟魏了翁守眉改監資州酒務丁母憂服除差知夾江縣前是酒酤貸秫于商人定子給錢以糴且寬榷酤民以爲便麻菽舊有征定子悉弛之會水潦洊饑貧民競趨無所於糴定子曰女毋憂女第持錢往常所糴家以俟遲發縣廩給諸富家俾以時價糶至秋而償須臾米溢于市鄰邑有爭田十餘年不決部使者以屬定子定子察知僞爲質劑其人不伏定子曰嘉定改元詔三月始至縣安得有嘉定元年正月文書邪兩造遂決四川總領所辟主管文字同幕有以趣辦爲能迫促諸郡者定子白使者斥去之總領所治利州倚酒榷以佐軍用吏姦盤錯定子躬自究詰酒政遂平後來者復欲增課定

子曰前以東蠹亦既革之今又求益是弄權也乃止制置使鄭損強愎自用誤謂總領所擅十一州小會子之利奏請廢之令下民疑而罷市定子力爭謂小會子實以代錢百姓貿易賴是以權川引罷則關隴之民交病況又隆興間得旨爲之非擅也乃得存其半損又欲增總領所鹽課取舊貸軍費定子辨其顛末損乃釋然曰二司相關慶公每明白洞達言之使人爽然自失尋差知長寧軍長寧地接夷獠公家百需皆仰淯井鹽利來者往往因以自封殖制置司又榷入其半定子至爭於制置使得蠲重賦差知緜州

大元兵穿鳳州塞破武休下興元小校張鉞以其徒潰入文州殺守臣楊必復將自龍趨緜以闖成都安撫使黃伯固聞之亟奏定子兼參議官措置文龍備禦定子乃部分諸軍扼青塘嶺鉞就擒已而蜀南大震定子語僚吏曰諸君去留不敢拘若某則守城郭封疆之臣有死而已戒群胥曰潰軍流民不過欲得錢糧爾吾將盡發吾州之藏與截諸司之綱爲朝廷扞蔽全蜀我去聽汝等殺我汝等逃吾所汝頭矣乃下令招潰卒人給緡錢五十米一石命都監陳訓專任接納訓忽奔告曰諸軍雖受招不肯釋甲柰何定子乃令帳下卒裹甲於兩廡以俟戒毋輕動俄而諸

軍盛陳兵以至吏士皆股栗定子坐堂上傳令勞苦之諸軍皆拜定子開諭以理使還本部以俟給犒諸將聞之亦來上謁定子復慰安之因問汝等何爲至此皆曰制置使未知存亡諸軍無主定子曰大帥不過暫移治爾已遣人訪所在苟終不獲我當爲汝曹主張且諸軍至此以無糧故吾州當任供億又曰敵將復會于此盍避之定子曰我文官也不畏死汝將軍也世世衣食縣官乃欲避敵乎我是守臣死則死于此爾有欲殺太守者一槍足矣軍器安用多爲今諸軍大集萬一敵至能勠力出戰是汝曹立功報國之機也不猶愈於深入內郡爲罪滋大乎衆悅而去

乃遣吏給犒如令關寺觀祠宇以舍之亡幾何敗將和彥威陳邦佐曹琥張涓姚承祖等皆集于彰明剽掠尤甚彥威遣邦佐入州大言駭衆謂定子曰知府何不去和太尉兼兩戎司威權甚重麾下兵且二萬餘欲來駐此今至矣定子謂曰本州素非備禦之地大將以兵入欲何爲者第來吾固有以相待邦佐色沮乃曰已遣幕府來議至則一遊士爾繆爲恭敬要索甚大定子答曰軍將入吾境當受吾節制惟各守紀律則給以錢糧若敵至爲國一死作忠臣孝子愈於病五日不汗死也幕府莫能對出彥威符檄有云大府招戢散軍人給錢米若干今所部不下二萬人

願如數得之定子報曰本州已下此令何敢食言但所給者乃潰軍就招免罪之人都統所部非潰也若以此例相給其肯受乎彦威得檄甚慚乃乞別給錢糧以饟軍定子即捐四十萬緡與之仍趣其還戍蓋定子身任兩司之責極其勞勩以收捕張鉞功進三官以防遏招收潰兵功又進一官進直寶章閣再任頃之召入奏事吏民追送莫不流涕鄰郡聞定子至焚香夾道擧手加額曰微公吾屬塗炭久矣定子之未去郡也伯兄稼以權利路提刑上印而歸了翁亦至自靖州過定子於綿定子爲築棣鄂堂飲酒賦詩爲樂一時以爲美談入對極言時敝時史彌遠執國

柄久故有曰陛下優禮元勳俾得以弛繁機而養靜壽朝廷得以新百度而革因循不亦善乎既對人爲定子危之定子曰乘逢得褒是有命焉吾得盡言乃報君職分也越兩月乃遷刑部郎中彌遠沒言之者紛然識者謂定子先事有言視諸人爲難尋以直寶謨閣江南東路轉運判官陛辭帝曰淮師兆邊卿知之乎輔車之勢漕運爲急卿是行宜斟酌緩急以相通融定子因上疏論邊事甚周悉帝嘉納焉踰年召入奏事會稼死事于沔州上疏引疾乞歸田里不許尋遷軍器監又遷太府少卿升計度轉運副使有事于明堂天大雷雨詔求言定子反覆論敬懼災異之

意復召入遷司農卿兼玉牒所檢討官入對言內治不修外懼不謹近親有預政之漸近習有弄權之漸小人有復用之漸國柄有陵夷之漸士氣有委靡之漸主勢有孤立之漸宗社有阽危之漸天變日多地形日蹙昔有危脈今有危形昔有亡理今有亡證又請明詔沿流帥守將吏思出奇乘險求爲水陸可進之策升兼樞密都承旨又遷太常少卿兼國史院編脩官累言邊事遷起居舍人尋兼中書舍人參贊京湖江西督視府事定子親往周視新城大犒諸軍激厲守將還禮部侍郎仍兼中書舍人郎軍中賜金帶詔以督府事入奏既至帝勞問甚渥特進一官尋兼

崇政殿說書兼直學士院未幾改侍講權禮部尚書升兼侍讀入奏言國無仁賢無禮義無政事有類叔世帝竦然尋兼直學士修孝宗寧宗日曆書成上進擢拜翰林學士知制誥兼吏部尚書升兼修國史實錄院修撰賜衣帶鞍馬乞召收李心傳卒成四朝志傳時禮部尚書杜範吏部侍郎李韶皆以伉直稱或乞身求去或卧家不出定子言人主寄耳目者臺諫也補耳目之所不逮者法從之論思百官之輪對則上必論君德之粹駁次必言朝政之得失舍是而使之但言常程姑應故事畏縮乎雷霆之威阿徇乎宰執之好惡避乎耳目之官則凡論思等事皆不必講

矣宜速返李部以開不諱之門勉起杜範以伸敢言之氣因乞歸田甚力進端明殿學士僉書樞密院事尋兼權參知政事仍舊職知福州福建安撫固辭提舉洞霄宮因請致仕不許改知潭州湖南安撫大使力辭退居吳中深衣大帶日以著述自娛以資政殿學士轉一官致仕卒贈少保定子作同人書院于夾江修長興學創六先生祠蓋以教化爲先務所著存著齋文集北門類藁微垣類藁經說紹熙講義奏議歷官表奏行世

高斯得字不妄利州路提點刑獄知沔州稼之子也少從李坤臣學坤臣暫斯得左右扶持之中成都路轉運司試

補入太學紹定二年舉進士授利州路觀察推官越二年辟差四川茶馬幹辦公事李心傳以著作佐郎領史事即成都修國朝會要辟爲檢閱文字端平二年九月稼死事于沔時

大元兵屯沔斯得日夜西嚮號泣會其僮至自沔知稼戰沒處與斯得潛行至其地遂得稼遺體奉以歸見者感泣服除而哀傷不已無意仕進心傳方修四朝史辟爲史館檢閱秩同秘閣校勘蓋創員也斯得分修光寧二帝紀尋遷史館校勘又遷軍器監主簿兼史館校勘時丞相史嵩之柄國斯得遇對空臆盡言冬雷斯得應詔上封事乞擇才並相由是忤嵩之意遷太常寺主簿仍兼史館校勘時斯得叔父定子以禮部尚書領史事時人以爲美談會太學博士劉應起入對扗嵩之嵩之恚使其黨言叔父兄子不可同朝以斯得添差通判紹興府淳祐二年四朝帝紀書成上之嵩之妄加毀譽於理宗濟王改斯得所草寧宗紀末卷斯得與史官杜範王遂辨之範報書亦有姦人勦入邪說之語然書已登進矣心傳藏斯得所草題其末曰前史官高某撰而已踰年添差通判台州範既入相召爲太常博士遷秘書郎六年正月朔日有食之斯得應詔上封事言大姦嗜權巧營奪服陛下奮獨斷而罷退之是矣

諫憲之臣交疏其惡或請投之荒裔或請勒之休致陛下苟行其言亦足昭示意向渙釋羣疑乃一切寢而不宣歷時既久人言不置然後黽勉傳諭委曲誨姦俾於襲經之時妄致掛冠之請因降祠命苟塞人言又有姦人陰爲之地是以謁言並興善類解體謂聖意之難測而大姦之必還恭卓操懿之禍將有不忍言者時監察御史江萬里及它臺諫累疏論嵩之罪惡竟不施行第因嵩之致仕予祠而已故斯得封事首及之又言大臣貴乎以道事君今乃獻替之義少而容悅之意多知恥之念輕而患失之心重內降當執奏則不待下殿而已行濫恩當裁抑則不從中覆

而遠命嫉正而庇邪喜同而惡異任術而詭道樂媮而憚勞陛下虛心委寄所責者何事而其應乃爾時范鍾獨當國過失日章故斯得及之文言便嬖側媚之人尤足爲清明之累腐夫巧讒而使傳幾搖妖孍外通而魁邪密主陰姦伏蠱互煽交攻陛下之心至是其存者幾希矣陛下之心大化之本也洗濯磨淬思所以更之乃徒立爲虛言無實之名而謂之更化此天心之所以未當大異之所以示儆也言尤切直帝嘉納焉又言群臣厖襍宮禁奇衺黷貨外交豈可坐視而不之問顧乃并包兼容之意多別邪辨正之慮淺憂讒避謗之心重直前邁往之志微遂使衆臣

爭衡大權旁落養成積輕之勢以開窺覘之漸設有不幸變故乘之上心一移凶渠立至使宗社有淪亡之憂衣冠遭魚肉之禍生靈罹塗炭之厄當是時也能潔身以去其能逃萬世之清議乎於是群憸悚懼或泣愬上前或上章求去合力排擯斯得遂求補外在告幾百餘日於是差知嚴州斯得三請乞祠不許嚴環山爲郡雖豐歲猶仰它州夏旱斯得蠲租發廩招糴勸分請于朝得米萬石以振濟遷浙東提點刑獄遂劾知處州趙善瀚知台州沈塈等七人倚勢厲民跡上不報改江西轉運判官斯得具辭免上奏曰臣劾奏趙善瀚等七人未聞報可固疑必有黨與營

救惑誤聖聽今奉恩除乃知中臣所料善瀚者侍御史周坦之婦翁也贓吏之魁錮於聖世鄭清之與之有舊復與州符沈塈者同簽書樞密院事史宅之妻黨也祖宗以來未有監司按吏一不施行者壞法亂紀未有甚此臣身爲使者劾吏不行反叨易節若貪榮冒拜則與世之頑頓無恥者何異乞併臣鐫罷以戒奉使無狀者章既上坦自謂已任臺諫而反見攻徧懇同列論斯得同列難之計急自上章劾罷斯得新任未幾坦亦罷七人竟罷去移湖南提點刑獄薦通判潭州徐經孫等六人攸縣富民陳衡老以家丁糧食資彊賊劫殺平民斯得至有愬其事者首吏受

賕而左右之衡老造庭首吏拱立斯得發其姦械首吏下獄群胥失色股栗於是研鞫具得其狀乃黥配首吏具白朝省追毀衡老官資籍錄其家會諸邑水災衡老願出米五萬石振濟以贖罪衡老壻兵自性與衡老館客太學生馮燁等謀中傷斯得盜拆官櫝斯得白于朝復正其罪出一篋書具得自性等交通省部吏胥情狀斯得并言於朝下其事天府索出賕銀六萬餘兩黥配自性及省寺高鑄等二十餘人初自性厚賂宦者言於理宗曰斯得以緡錢百萬進願易近地一節理宗曰高某硬漢安得有是而斯得力求去清之以書留之又薦李晞顏等五人加直祕閣

湖南轉運判官改尚右郎官未至改禮部郎中上疏極論
時事改權左司力辭內批兼侍立修注官言水災曰願陛
下立罷新寺土木速反近旨諸臣遏絶家說主張善良謹
重刑辟愛惜士類抑遠佞臣絶其干撓則天意可回和氣
可召矣會斥左司徐霖帝慮給事中趙汝騰爭遂霖事乃
徙汝騰翰林學士汝騰聞命即去國斯得言汝騰一世之
望宗老之重飄然引去陛下遂亦棄之有如弁髦中外驚
恠將見賢者力爭不勝而去小人踊躍增氣而來陛下改
紀僅數月初意遽變臣深惜之時上封事言得失者衆或
者惡其讙譊遂謂空言徒亂人聽無補國事斯得因轉對

言諸臣之言上則切劘聖主下則砥礪大臣內則權壓姦
衺外則銷遏寇虐顧以爲無補於實政乎空言之譏好名
之說欲一網君子而盡去之其言易入其禍難言此君子
去留之機國家安危之候不可不深留聖慮者也監察御
史蕭泰來論罷踰年以直寶文閣知泉州力辭遷福建路
計度轉運副使朝廷行自實田斯得言按史記秦始皇三
十一年令民自實田主上臨御適三十一年而異日書之
史冊自實之名正與秦同丞相謝方叔大媿即爲之罷董
槐入相召爲司農卿程元鳳入相改秘書監丁大全入相
監察御史沈炎論斯得以閩漕妄承錢物下郡吏天府榜

死數人先是吳自性之獄高鑄爲首惡黥配廣州指貲免
行至是爲相府監奴嗾炎發其端京尹顧嵒傳會其獄安
吉守何夢然奉行其事陵轢甚至斯得不少挫竟無所得
大全既謫朝廷罪其委任非人遂斬鑄斯得既拜浙西提
點刑獄之命炎浙西人泣於上前乞更之移浙東提舉常
平命下給事中章鑑繳還斯得杜門不出著孝宗繫年要
録彗星見應詔上封事曰陛下專任一相虛心委之果得
其人宜天心克享災害不生而庚申己未之歲大水爲災
浙西之民死者數百千萬連年旱暵田野蕭條物價翔踊
民命如綫今妖星突出其變不小若非大失人心何以致

天怒如此之烈封事之上也似道匿不以聞度宗即位召
爲秘書監又論罷復遷秘書監屢辭不許擢起居舍人兼
國史院編脩官實録院檢討官兼侍講進讀之際每於天
命去留之際人心得失之因前代治亂之故祖宗基業之
難必反復陳之兼權工部侍郎遂兼同修國史實録院同
修撰仍兼侍講進高宗繫年要録綱目帝善之
大元軍下襄陽斯得疏論言事最爲切要帝嘉納遷工部
侍郎屢求補外以顯文閣待制知建寧府度宗崩陳宜中
入相以權兵部尚書召斯得痛國事之阽危疏言誅姦臣
以謝天下開言路以回天心聚人才以濟國事旌節義以

厲懦夫竭財力以收散亡忠憤激烈指陳當時之事無所遺擢翰林學士知制誥兼侍讀進端明殿學士簽書樞密院事兼參知政事同提舉編脩敕令及經武要略

大元兵下饒州江萬里赴水死事聞贈太傅斯得言贈恤之典所當度越故常以風厲天下遂加贈太師又言貫逼判池州趙卯發死節太薄乃加贈待制臺諫徐直方等四人論似道誤國之罪乞安置嶺表籍錄其家丞相留夢炎庇護似道止令散官居住且謂籍錄擾及無辜斯得謂散官則安置追降官分司則居住祖宗制也夢炎語塞夢炎乘間直罷去平章事王爚監察御史俞浙併罷斯得於是

宋亡矣所著有詩膚說儀禮合抄增損刋正杜佑通典徽宗長編孝宗繫年要錄眂堂文集行世

張忠恕字行父右僕射浚之孫以祖任監樓店務入府幕時韓侂胄權勢熏灼嘗奪民間已許嫁女夫家以告忠恕白尹歸其父母尹不能難再調廣西轉運司主管文字改通判沅州主管京湖宣撫司機宜文字知澧州開禧末入爲籍田令屬太廟鴟吻爲雷雨壞神主遷御忠恕因輪對請廣言路通下情寧宗嘉納嘉定五年遷軍器丞進太府丞出知湖州遷司農丞知寧國府夏旱請于朝得賜僧牒五十米十萬七千餘石常平使者欲均濟而勿勸糶忠恕慮後無以濟遂核戶口計歲月嚴戒諸邑諭大家發蓋藏所見寖異以言去主管沖佑觀起知鄂州改湖北轉運判官兼知鄂州召爲屯田郎官丁內艱免喪入爲戶部郎官入對極言邊事其慮至遠理宗即位忠恕移書史彌遠請取法孝宗行三年喪且曰孝宗始自踐祚服勤子職凡二十有七年今上自外邸入繼大統未嘗躬一日定省之勞欲報之德視孝宗宜有加既而宰輔率百僚請太母同聽政忠恕復貽書史彌遠謂英宗以疾仁哲以幼母后垂簾有不容已惟欽聖出於勉彊務從抑損今吾君長矣若姑援以請此亦中策爾詔羣臣集議廟制忠恕謂九廟非古

若升先帝則十世之廟昉于今日於禮無稽寶慶初詔求直言忠恕上封事陳八事一曰天人之應捷於影響自冬徂春雷雪非時西蜀東淮狂悖洊興客星爲妖太白見晝正統所係不宜諉之分野二曰人道莫先乎孝送死尤爲大事孝宗朝衣朝冠皆以大布迨寧考以適孫承重光宗雖有疾未嘗不服喪宮中也洎光宗上賓權臣方張莫有言者去秋禮寺受成胥吏未嘗以義折衷慶元間再期而祥百僚始純服吉今若甫經練祭雖朝臣一帶之微不復有凶吉之別則是三年之喪降而爲期害理滋甚況人主執喪于內而群工之服無異常日是有父子而無君臣也

三曰太母方卻垂簾之請而慶壽前期陛下吉服稱觴播為詩什此世俗之見非所以表儀於天下也四曰陛下斬然在疚大昏之期固未暇問然非豫講夙定恐俚說乘間而入臣所望於今日者亦曰嚴取舍而正法度廣詢謀而協公議爾五曰陛下於濟王之恩自謂彌縫曲盡矣然不留京師徙之外郡不擇牧守混之民居一夫奮呼闔城風靡事雖弭患莫副初心謂當此時亟下哀詔痛自引咎優崇恤典選立嗣子則陛下所以身處者庶幾無憾而造訛騰謗者靡所致力自始至今率誤於含糊而猶不此之思臣所不解也六曰近世憸佞之徒凡直言正論率指為好名歸過夫好名歸過其自為者非也若首萌逆億厭惡之心則自今言者望風見疑此危國之鴆毒七曰當今名流雖已褒顯而搜羅未廣遺才尚多經明行修如柴中行陳孔碩楊簡識高氣直如陳宓徐僑傅伯放僉論所推史筆如李心傳何惜一官不俾與聞況邇來取人以名節為矯激以忠讜為迂疏以介潔為不通以寬厚為無用以趣辦為強敏以拱默為靖共以迎合為適時以操切為任事是以正士不遇小人見親八曰士習日異民生益艱第宅之麗聲伎之羨服用之侈饋遺之珍向來宗戚閹官猶或間見今縉紳士大夫殆過之公家之財視為己物薦舉獄訟

軍伎吏役僧道富民凡可以得賄者無不為也至其避譏媒進往往分獻厥餘欲基本之不搖殆卻行而求前也疏入朝紳傳誦始魏了翁嘗勉忠恕以植立名節無隤家聲及是嘆曰忠獻有後矣真德秀聞之更納交焉忠恕又因輪對引以伯父栻告孝宗之語曰當求曉事之臣不求辦事之臣欲求伏節死義之臣必求犯顏敢諫之臣語益剴切忠恕自知不為時所容力請外補遂以直祕閣知贛州抵郡才兩月言者指為朋比落職降兩官罷紹定三年復元官進秩一等提舉沖佑觀卒遷一官致仕魏了翁嘗許忠恕拳拳體國似浚撥繁剸劇似其父枃斂華就實則有志義理之學嘗有聞乎栻之教矣

唐璘字伯玉古田人遊太學嘉定十年舉進士時臺臣李安行奏次對官不許論邊事璘對策極詆之曰吾始進可壞於天子之庭乎調吳縣尉有殺人于貨挾其舟亡者有司求賊急屠者自告吾兒實殺之兒亦自誣伏璘問舟安在錢何用其辭差為緩之果得賊太湖與舟俱至舉縣感服縣有勢家治圃將鑿渠通舟繆言古有渠常平使者主之璘視乾道故籍則誠民田也力爭迕使者意移監縣稅璘遂以直聞調瑞州學教授用白鹿洞教法崇禮讓後文藝士翕然知嚮監行在榷貨務門辟淮東運司催轄綱運

官屬出師楚州盡瘁焉撓閫以金人據淮陰欲乘勢取之璘言捷奏多誇詎得信乎須聚兵二十萬日費米斛餘五千緡錢餘二萬調夫幾萬人僅能使賊全師北去今出沒漣海謀結北邊政欲迭出撓我憂方大爾淮陰堅壘與楚城等濠之廣又過之我士疲丁困可一拔得乎恢復美名也而賈實禍僕竊危之不聽制司恥楚城之捷自趙范與葵出議贖淮陰二城爲功洎聞金變即轉攻之我師死傷者六萬璘在兵間憤之著讜論直書其事上之知晉陵縣隣州田訟至有泣愬諸使願送晉陵可否者制置使陳韡留守建康辟爲通判舉府事以聽監六部門擢監察御史

臺吏且至璘皇駭趨避不敢詣閫母曰人言此官好汝何得憂乎璘曰此官須爲朝廷爭是非一咈上意或迕權貴恐重爲大人累何得不憂母曰而第盡言吾有而兄在勿憂璘拜謝入就職故事御史惟常服拜下有論奏纔進至是獨召對緝熙殿令服窄衫面讀首疏奏天變而至於怒民怨而幾於離海宇將傾天下有不可勝諱之慮陛下謂此何時縱欲累德閫過飾非疏遠正人狎暱戚宦濁亂朝政自取覆亡宰相用時文之才爲經世之具不顧民命輕挑兵端不度事宜頓空國帑委政厥子內交商人賄塗大開小雅盡廢瑣瑣姻婭敢預邪謀視國事如俳優以神器

爲奇貨都人側目朝士痛心盍正無將之誅以著不忠之戒崔與之操行類楊綰雖修途莫景力不逮心而命下之日聞者興起喬行簡頗識大體朝望稍孚而除授偏私事多遺忘宜擇家相贊宗子輔民物以慰父母之望毋使天變寖極人心愈離也上爲改容又請號召土豪經理荊襄亟擇帥臣安集淮西帝嘉納至問邊事甚悉璘感激知遇自是彈擊無所避再疏鄭清之妄庸誤國乞褫職罷祠其子士昌招權納賄拔庸將爲統帥起贓吏爲守臣乞削籍廢棄鄭性之懦而多私黨庇姦庸臣受其改官舉狀賓家薦之陛下國事至此不敢顧私李鳴復甘心諂鄭損得薦

入朝適清之議張天綱之獄迎合從輕遂擢臺端會趙枕夫遣史寅午屬清之父子鳴復又結寅午得登政府會杜範亦論鳴復不行而範去璘遂力匄外疏七上授廣西運判改知嘉興府尋改江東運判時邊事急置四察訪使就詔璘分建康太平池州江西璘揭榜馬前咨所部以利害又戒土豪團結漁業水手茶鹽舟夫蘆丁悉備燎舟之具人人思奮即選將總二州兵舟以耀敵擻當塗宿設戰具防采石擻和糴續生券且奏損總領所錢二十萬緡助江防軍聲大振尋升直華文閣知廣州廣東經略安撫使梅州寇作璘示以威信寇尋息江淮旱議下廣右和糴璘言

公家赤立糶本無所辨終恐日取於民非臣不敢撥本召還兼重朝廷多事之憂明年上章乞致仕帝思見之亟命入奏擢太常少卿尋丁內艱璘居喪哀毀不食久之疾革卒璘立朝僅百日世謂再見唐介至切劘上躬盡言無隱帝益嚴憚之居官大節則母教之助爲多

論曰觀高定子在西陲政業著聞矣斯得屢起而屢仆於權臣之手及其再起宋事已非張忠恕論濟邸事有父祖風焉唐璘者亦可謂古之遺直

列傳卷第一百六十八

列傳卷第一百六十九　宋史四百十

開府儀同三司上柱國錄軍國重事前中書右丞相監修國史領經筵事都總裁臣脫脫等奉

敕修

婁機　沈煥（舒璘附）　曹彥約

范應鈴　徐經孫

婁機字彥發嘉興人乾道二年進士授鹽官尉丁父憂服除調含山主簿郡委治銅城圩八十有四役夫三千有奇設廬以處之器用材植一出於官民樂勸趨兩旬告畢七攝鄰邑率以治績聞調於潛縣丞輕賦稅正版籍簡獄訟興學校遭外艱免喪爲江東提舉司幹辦公事易淮東已而復舊改知西安縣巨室買地爲塋域發地遇石復索元價機曰設得金將誰歸通判饒州平反冤獄蜀帥袁說友辟參議幕中不就改幹辦諸司審計司轉對請裁損經費又論刑名疑慮之敝遷宗正寺主簿爲太常博士祕書郎請續編中興館閣書目又請寬恤淮浙被旱州縣時皇太子始就外傳遴選學官以機兼資善堂小學教授機日陳正言正道又以累朝事親修身治國愛民四事手書以獻太子賓之坐右朝夕觀省隨事開明多所裨益遷太常丞仍兼資善旋遷右曹郎官祕書省著作郎改兼駕部都城大火機應詔上封事力言朝臣務爲奉承不能出已見以

裨國論外臣不稱職至苛刻以困民財將帥偏裨務爲交結而不知訓閱以彊軍律時年七十匃閒不許太子得機所著廣干祿字一編尤喜命戴溪跋之權監察御史講未退而除命頒太子戀戀幾不忍舍機亦爲之感涕論京官必兩任有舉主年三十以上方許作縣又論郡守輕濫太甚貽害千里蘇師旦怙勢妄作蒙蔽自肆語及者皆罪去而獨憚機韓侂胄議開邊機極口沮之謂恢復之名非不美今士卒驕逸遽驅於鋒鏑之下人才難得財力未裕萬一兵連禍結久而不解奈何侂胄聞之不說其議愈密外廷罔測又上疏極論雖密謀人莫得知而羽書一馳中外

皇惑侍御史鄧友龍初不知兵騰書投合妄薦大將旣召還專主此議機語友龍曰今日孰可爲大將孰可爲計臣正使以殿巖當之能保其可用乎遷右正言兼侍講首論廣蓄人才乞詔侍從臺諫學士待制三牙管軍各舉將帥邊郡一二人召問甄拔優養以備緩急進太常少卿兼權中書舍人詔遣宣諭荆襄機昌言曰使往慰安人情則可必欲開邊啓釁有死而已不能從也泗州捷聞愈增憂危且曰若自此成功以攄列聖之宿憤老臣雖死亦幸謫官但恐進銳退速禍愈深耳友龍至不能堪曰不逐此人則異議無所回機遂以言去侂胄誅召爲吏部侍郞兼太子左庶子還朝言至公始可以服天下權臣以私意橫生敗國殄民今當行以至公若曰私恩未報首爲汲引私讎未復且爲沮抑一涉於私人心將無所觀感矣又言兩淮招集敢勇不難於招而難於處若非繩以紀律課其勤惰必爲後害仍請檢校權臣內侍等沒入家貲專爲養兵之助機里人有故官吏部喪未舉而子赴調者機謂彼旣冒法禁而部胥不之問即擿數吏使之治葬而後來聞者韙之兼太子詹事著歷代帝王總要以稗考訂遷給事中海巡八廂親從都軍頭指揮使年勞轉資恩旨太濫乞收寢未應年格之人年已及者予之帝稱善良久飛蝗爲災機應

詔言和議甫成先務安靜葺罅漏以成紀綱節財用以固邦本練士卒以壯國威遷禮部尚書兼給事中權同知樞密院事兼太子賓客進參知政事當干戈甫定信使往來之始瘡痍方深邀蠹紛然機彌縫裨贊甚多尤惜名器守法度進退人物直言可否不市私恩不避嫌怨有舉員及格當改秩作邑而必欲朝闕機曰若是則有勞者何以勸孤寒者何以伸若至上前自應執奏堂吏寄資未仕而例以外朝官賞陳乞封贈機曰進士非通籍不能及親汝輩乃以白身得之耶嘉定二年八月行皇太子冊命機攝中書令讀冊九月祀明堂爲禮儀使數上章告老帝不許皇

太子遺官屬勉留之以資政殿學士知福州力辭提舉洞霄宮以歸遂卒贈金紫光祿大夫加贈特進機初登第其父壽戒之曰得官誠可喜然為官正自未易爾機撫其弟模棟卒為善士居鄉以誠接物是非枉直判於語下不為後言人憚而服之稱獎人才不遺寸長訪問賢能疏列姓名及其可用之實以備采取其所薦進亦不欲人之知也所著復有班馬字類機深於書學尺牘人多藏弆云

沈煥字叔晦定海人試入太學始與臨川陸九齡為友從而學焉乾道五年舉進士授餘姚尉揚州教授召為太學錄以所躬行者淑諸人蚤暮延見學者孜孜誨誘長貳同僚忌其立異會充殿試考官唱名日序立庭下帝偉其儀觀遣內侍問姓名衆滋忌之或勸其姑營職道未可行也煥曰道與職有二乎適私試發策引孟子立乎人之本朝而道不行恥也言路以為訕已請黜之在職才八旬調高郵軍教授而去後充幹辦浙東安撫司公事高宗山陵百司次舍供帳酒食之需供給不暇煥亟言於安撫使鄭汝諧曰國有大戚而臣子宴樂自如安乎汝諧屬煥條奏充修奉官移書御史請明示喪紀本意使貴近哀戚之心重則茇舍菲食自安不煩彈劾而須索絕矣於是治並緣為姦者追償率斂者支費頓減歲旱常平使分擇官屬振恤

得上虞餘姚二縣無復流殍改知婺源三省類薦書以聞遂通判舒州閑居雖病猶不廢讀書拳拳然以母老為念善類凋零為憂卒丞相周必大聞之曰追思立朝不能推賢揚善予愧叔晦益者三友叔晦不予愧也煥人品高明而其中未安不苟自恕常曰晝觀諸妻子夜卜諸夢寐兩者無愧始可以言學追贈直華文閣特謚端憲煥之友舒璘字元質一字元賓奉化人補入太學張栻官中都璘往從之有所開警又從陸九淵遊曰吾惟朝於斯夕於斯刻苦磨厲改過遷善日有新功亦可以弗畔矣乎朱熹呂祖謙講學于婺璘徒步往謁之以書告其家曰敝床疏席總是佳趣櫛風沐雨反為美境舉乾道八年進士兩授郡教授不赴繼為江西轉運司幹辦公事或忌璘所學望風心議及與璘處了無疑間為徽州教授徽習頻異詩禮久不預貢士學幾無傳璘作詩禮講解家傳人習自是其學寖盛丞相留正稱璘為當今第一教官司業汪逵首欲薦璘或謂璘舉員已足逵曰吾職當舉教官舍斯人將誰先卒剡薦之知平陽縣郡政頗苛及璘以民病告辭嚴義正守為改容秩滿通判宜州卒璘樂於教人嘗曰師道尊嚴璘不如叔晦若啓迪後進則璘不敢多遜袁燮謂璘篤實不欺無豪釐矯偽楊簡謂璘孝友忠實道心融明樓鑰謂璘

之於人如熙然之陽春淳祐中特謚文靖

曹彥約字簡甫都昌人淳熙八年進士嘗從朱熹講學歷建平尉桂陽司録辰溪令知樂平縣主管江西安撫司機宜文字知澧州未上薛叔似宣撫京湖辟主管機宜文字漢陽闕守檄攝軍事時金人大入郡兵素寡弱彥約搜訪土豪得許㝡俾總民兵趙觀俾防水道党仲昇將宣撫司軍屯郡城金重兵圍安陸遊騎闖漢川彥約授觀方畧結漁户拒守南河觀逆擊斬其先鋒且遣死士焚其戰艦晝夜殊死戰北渡追擊金人大敗去又遣仲昇劫金人砦殺千餘人仲昇中流矢死奏觀補成忠郎漢川簿尉贈仲昇

修武郎官其後二人彥約以守禦功進秩二等就知漢陽嘉定元年詔求言彥約上封事謂敵豈不以歲幣爲利惟其所向輙應所求輙得以我爲易與而縱其欲莫若遲留小使督責邊備假以歲月當知真僞設復大舉則民固已怨矣欲進而我已戒嚴欲退而彼有叛兵決勝可期矣尋提舉湖北常平權知鄂州兼湖廣總領改提點刑獄還湖南轉運判官時盜羅世傳李元礪李新等相繼竊發桂陽茶陵安仁三縣皆破環地千里莽爲盜區彥約至攸督運李元礪朝命下湖南議招討之宜彥約言今不行討捕曲徇招安失朝廷威重若元礪設疑詞以款重兵則兵不可撤戍民不得安業元礪果不可降彥約乃督諸將逼賊巢而屯擊破李新於鄷洣新中創死衆推李如松爲首如松降遂復桂陽世傳素與元礪有隙至是密請圖元礪以自效彥約録賞格報之且告于朝又予萬緡錢犒其師世傳遂禽元礪彥約還長沙未幾復出督戰餘黨悉平世傳既自以爲功遲留以邀重賂彥約諭以不宜格外邀求時池州副都統許俊駐兵吉之龍泉厚賂以結世傳超格許轉官資世傳遂以元礪解江西胡槼爲右司欲以世傳盡統諸峒而爲之帥悉徹江西湖南戍兵彥約固爭之槼不悅

然世傳終桀驁不肯出峒彥約密遣羅九遷爲間誘胡友睦許以重賞友睦遂殺世傳江西來爭功不與校權侍右郎官以右正言鄭昭先言罷其命久之以爲利路轉運判官兼知利州闕外乏食彥約悉發本司所儲減價遺糴勸分免役通商蠲稅民賴以濟時沔州都統制王大才驕橫制置使董居誼既不得其柄反曲意奉之彥約以蜀之邊面諸司並列兵權不一微有小警紛然奏議理財者歸怨於兵弱握兵者歸咎於財寡乃作病夫議獻之廟堂曰古之臨邊求一賢者而盡付之兵權兵權正則事體重兵權尊則號令一今廟堂之上患士大夫不奉行詔令惡士大

夫不恪守忠實故雖信而用之又以人參之雖以事權付之又從中御以縶維之致使知事者不敢任事畏事者常至失事卒有緩急各持己見兵權財計互相歸咎昔秦隴之俗以知兵善戰聞天下自吳氏世襲以來握兵者志在於怙勢不在於尊上用兵者志在於誅貨不在於息民本原一壞百病間出至有世將巳叛而宣威不覺四郡巳割而諸將不知更化之後逆黨既誅而土俗人心其實未改任軍官而領州事者易成藩鎮之權起行伍而立微効者漸無階級之分由阜郊以至宕昌即隴西天水之地其忠義民兵利在戰鬬緩急之際固易鼓率若其恃勇貪利犯

上作亂則又不止於大軍而巳苟不正其本原磨之以歲月漸之以禮義未見其可也今日之領帥權者必當近邊境必當擁親兵有兵權者必當領經費必當寬用度至於忠義之兵又須有德者以爲統率擇知書者以爲教導如古人所謂教民而後用之也今議不出此乃欲幸勝以爲功苟安以求免誤天下者必此人也時朝論未以爲然差知寧國府又改知隆興府江西安撫居亡何蜀邊被兵内有張福莫簡之變彥約之言無一不驗遷大理少卿又權户部侍郎以寶謨閣待制知成都彥約乞赴闕奏事不允又申省乞入對不報改知福州又改知潭州彥約力辭提

舉明道觀尋以煥章閣待制提舉崇福宫理宗即位權兵部侍郎兼國史院同修撰寶慶元年入對勸帝講學防近習次言當以慶曆元祐聽言爲法以紹聖崇觀諱言爲戒比年以來有以賣直好名之説見於奏對者願陛下倚忠直如蓍龜去衺佞若蟊賊其有沮撓讜言者必加斥逐會下詔求言彥約上封事曰陛下謹定省以事長樂開王社以篤天倫孝友之行宜足以取信於天下然兄弟至親猶誤於狂妄小人之手道路異説猶襲尺布不縫之謡臣以爲守法者人臣之職也施恩者人主之柄也漢淮南王欲危社稷張蒼馮敬等請論如法文帝既赦其罪廢徙王

不幸而死封其二子於故地此往事之明驗本朝太宗皇帝之所巳行也今若倣文帝緣情之義法太宗繼絶之意明示好惡無隙可指雖不止謗而謗息矣又言陛下求言之詔惟恐不遠然外議致疑以爲明言文武似或止於搢紳泛言小大恐不及於韋布引而伸之特在一命令之間耳又薦隆州布衣李心傳素精史學乞官以初品寘之史館從之尋兼侍讀俄遷禮部侍郎加寶謨閣直學士提舉佑神觀兼侍讀授兵部尚書力辭不拜改寶章閣學士知常德府陛辭言下情未通横斂未革帝曰其病安在對曰臺諫專言人主不及時政下情安得通包苴公行於都城

則州郡橫歛無可疑者提舉崇福宮卒以華文閣學士轉通議大夫致仕贈宣奉大夫嘉熙初賜謚文簡

范應鈴字旂叟豐城人方娠大父夢雙日照庭應鈴生稍長厲志于學丞相周必大見其文嘉賞之開禧元年舉進士調永新尉縣當龍泉茶陵溪峒之衝冦甫平喜亂者詐爲驚擾應鈴廉得主名捽而治之縣十三鄉冦擾者不時安撫使移司兼郡初奏弛八鄉民租二年詔下如章既而復催以檢校之數應鈴力爭不從即詣郡自言反覆數四帥聲色俱厲應鈴從容曰其非徒爲八鄉貧民乃深爲州家耳民貧迫之急將以不肖之心應之租不可得而禍未易弭也帥色動令免下户既出令復徵之應鈴歎曰是使我重失信於民也又力爭之訖得請民大感悅有大姓與轉運使有連家僮恣橫厲民應鈴笞而繫之獄郡吏庭辱令應鈴執吏囚之以狀聞調衡州録事總領聞應鈴名辟爲屬改知崇仁縣始至明約束信期會正紀綱曉諭吏民使知所趨避然後罷鄉吏之供需校版籍之欺弊不數月省簿成即以其簿及苗稅則例上之總領所自此賦役均矣夙興冠裳聽訟發擿如神故事無不依期結正雖負者亦無不心服眞德秀扁其堂曰對越將代整治如始至歲杪與百姓休息閣債負蠲租稅釋囚繫恤生瘞死崇孝勸

睦仁民厚俗之事悉舉以行形之榜揭見者嗟歎調提轄文思院幹辦諸軍審計添差通判撫州以言者罷與祠丁内艱服除通判蘄州時江右峒寇爲亂吉州八邑七被残燬差知吉州應鈴慨然曰此豈臣子辭難時耶即奉親以行下車首以練兵足食爲先務然後去冗吏覈軍籍汰老弱以次罷行應鈴洞究財計本末每郡榷酤興利蘄五邑悉改爲户吉舟車之會且屯大軍六萬户人勸之榷應鈴曰理財正辭吾縱不能禁百姓群飲其可誘之利其羸耶求新禾山群盗嘯聚數日間應者以千數應鈴察過客趙希邵有才略檄之攝邑調郡兵結隅保分道擣其巢宂禽之誅其爲首者七人一鄉以定贛叛卒朱先賊殺主帥應鈴曰此非小變也密遣諜以厚賞捕之部使者劾其輕發鐫一官閒居六年養親讀書泊如也起廣西提點刑獄力辭踰年乃拜命既至多所平反丁錢蠹民力奏免之召爲金部郎官入見首言今以朝行暮改之規撫欲變累年上翫下慢之積習以悠悠内治之弊政欲圖一旦赫赫外攘之大功又曰公論不出於君子而參以逢君之小人紀綱不正於朝廷而牽於弄權之閹寺言皆讜直識者韙之遷尚左郎官尋爲浙東提點刑獄力匃便養改直秘閣江西提舉常平併詭挾三萬户風采凜然丁外艱服除遷軍器

監兼尚左郎官召見奏曰國事大且急者儲貳為先陛下不斷自宸衷徒眩惑於左右近習之言轉移於宮庭嬪御之見失今不圖姦臣乘夜半片紙或從中出忠義之士束手無策矣帝為之動容屬鹽法屢變商賈之贏上奪於朝廷之自鬻下奪於都郡之拘留九江豫章扼其襟喉江右貧民終歲食淡商與民俱困矣應鈴力陳四害願用祖宗入粟易鹽之法授直寶謨閣湖南轉運判官兼安撫司峒獠蔣何三族聚千餘人執縣令殺王官帥憲招捕逾年不至應鈴曰招之適以長寇亟捕之可也即調飛虎等軍會隅總討之應鈴親臨誓師號令明并士卒鼓勇以前禽蔣

時選父子及兇渠五人誅之脅從者使之安業未一月全師而歸授直煥章閣上疏謝事不允擢大理少卿再請又不允一旦籍府庫核簿書處決官事已遂及家務纖悉不遺僚屬勸以清心省事曰生死數也平生學力正在今日帥別之傑問疾應鈴整冠肅入言論如平常之傑退脩然而逝應鈴開明磊落守正不阿別白是非見義必為不以得失利害動其心書饋不交上官薦舉不徇權門當官而行無敢撓以非義所至無留訟無滯獄繩吏不少貸亦未嘗沒其貲曰彼之貨以悖入官又從而悖入之可乎進脩絜案姦贓振樹風聲聞者興起家居時人有不平不走官

府而走應鈴之門為不善者輒相戒曰無使范公聞之讀書明大義尤喜左氏春秋所著有西堂雜著十卷斷訟語曰對越集四十九卷徐鹿卿曰應鈴經術似兒寬決獄似雋不疑治民似龔遂風采似范滂理財似劉晏而正大過之人以為名言

徐經孫字中立初名子柔寶慶二年進士授瀏陽主簿潭守俾部牙契錢至州有告者曰朝廷方下令頒行十七界會令若此錢皆用會小須則幸而獲大利矣經孫曰此錢取諸保司出諸公庫吾納會而私取其錢外欺其民內欺其心矣可哉詰旦悉以所部錢上之其人驚服有愧色辟

來興令知臨武縣通判潭州帥陳韡雅相知事必咨而後行秩滿由豐儲倉提管進權轄國子博士兼資善堂直講為監察御史劾京尹厲文翁言偽而辨疏入留中宣諭至再即日出關上遣使追之不及進直寶章閣福建提點刑獄號稱平允歲餘升安撫使召為秘書監兼太子諭德經孫為安撫時韡家居門人故吏有撓法者不得逞相與摇撼至是韡起家判本郡懷私逞忿無復交承之禮即日劾奏通判語侵經孫謂席卷府庫而去於是罷通判削其秩經孫造朝具白于政府事上聞帝大怒諭宰執曰陳韡老繆至此宜亟罷之於是經孫再詣政府言其韡門生也前

日之白公事也苟韓以是得罪人謂我何請之不置俾自乞閒明通判無罪識者韙之遷宗正少卿起居舍人起居郎入奏君人者當守理欲之界限遷刑部侍郎兼給事中外太子左庶子太子詹事輔導東宮者三年數陳經義隨事啓迪太子入侍必以其所講聞悉奏之帝未嘗不稱善景定三年春雷詔求直言經孫對曰三數年來言論者以靖共爲主有懷者以諱訐爲戒忠讜之氣鬱不得行上帝降監假雷以鳴切中時病公田法行經孫條其利害忤丞相賈似道拜翰林學士知制誥未踰月諷御史舒有開奏免罷歸授湖南安撫使知潭州不拜授端明殿大學士閒

居十年卒贈金紫光祿大夫經孫所薦陳茂濂爲公田官分司嘉興聞經孫去國曰我不可以負徐公遂以親老謝歸終身不起

論曰嗚呼寧宗之爲君韓侂胄之爲相豈用兵之時乎故婁機力止之小學之廢久矣而機獨知致力於此況煥舒璘學邃識明曹彥約可與建立事功范應鈴赫然政事如神明徐經孫清愼有守卒以爭公田迕賈似道去國君子稱之

列傳卷第一百六十九

列傳卷第一百七十　宋史四百十一

開府儀同三司上柱國錄軍國重事中書右丞相監修國史領經筵事都總裁臣脫脫等奉敕修

湯璹　蔣重珍　牟子才　朱貔孫
歐陽守道

湯璹字君寶瀏陽人淳熙十四年進士調德安府學教授轉三省樞密院架閣遷國子博士時召朱熹爲侍講未幾辭歸朝廷從其請予祠璹上疏言熹以正學爲講官四方顒望其有啓沃之益曾未踰時輒聽其去必駭物論宜追召熹還仍授講職疏上不報由是浸忤權相意而璹之直

聲亦大聞于時歷禮部架部二郎官出知常州入爲大理少卿進直徽猷閣卒璹負直㮣與韓侂胄陳自強不合故屢躓言者中傷璹生平奉祠閒居之日多於揚歷其在禮曹例掌三省奏記臨安大火寧宗遇災避正殿中書三表請復不許璹屬辭務持大體不爲阿曲言者摘其語涉訕上而朝廷實知其無他故起復制詞有清風峻節之語璹嘗擇壻得蔣重珍後舉進士第一

蔣重珍字良貴無錫人嘉定十六年進士第一簽判建康軍丁母憂改昭慶軍尋以公事與部使者異議請祠易簽判奉國軍紹定二年召入對首以自天子至於庶人所當

先知者本心外物二者之界限爲言界限明則知有天下治亂而已何樂其尊知有生民休戚而已何樂其奉且論苞苴有昔所未有之物故吾民罹昔所未有之害苞苴有不可勝窮之費故吾民有不可勝窮之憂遷祕書省正字屢乞祠以伯父喪予告遷校書郎辭不可明年待命雲川移文閤門請對當路憚之添差通判鎮江府辭會行都火應詔曰臣頃進本心外物界限之說蓋欲陛下親攬大柄不退託於人盡破恩私求無愧於己儻以富貴之私視之一言一動不忘其私則是以天下生靈社稷宗廟之事爲輕而以一身富貴之所從來爲重不惟上負天命以先帝

聖母至于公卿百執事之所以望陛下者亦不如此也昔周勃今日握璽授文帝是夜即以宋昌領南北軍霍光今年定策立宣帝而明年稽首歸政今臨御八年未聞有所作爲進退人才興廢政事天下皆曰此丞相意一時恩怨雖歸廟堂異日治亂實在陛下焉有爲天之子爲人之主而自朝廷達於天下皆言相而不言君哉天之所以火宗廟火都城者殆以此臣所以痛心者九廟至重事如生存而徹小塗大不防於火之未至宰相之居華屋廣袤而焦頭爛額獨全於火之未然亦足以見人心陷溺知有權勢不知有君父矣他有變故何所倚仗陛下自視不亦孤乎

昔史浩兩入相才五月或九月即罷孝宗之報功寧有窮已顧如此其亟何哉保全功臣之道可厚以富貴不可久以權也上讀之感動授寶章閣主管雲臺觀則告吏部不受貼職祿不願貼職恩它日星變求言復申前說又慮柄臣或果去位君心易縱大權旁落則進爲君難六箴召爲祕書郎兼莊文府教授端平初入對上五事且曰隱蔽君德昔咎故相故臣得以專誑權臣昭明君德今在陛下故臣以責難君父乞召眞德秀魏了翁用之帝謂之曰人主之職無它惟辨君子小人重珍對曰小人亦指君子爲小人此爲難辨人主當精擇人望處之要津正論日聞則必

知君子姓名小人情狀矣兼崇政殿說書戒家事勿以白務積精誠以寤上意每草奏齋心盛服有密啓則手書削藁帝稱其平實遷著作佐郎邊帥以八陵圖來上詔百官集議重珍言史嵩之旣失相位危於幕巢猶欲邀功自固其位請擇賢帥如漢用充國使之親至邊境審度事勢條上便宜丞相主出師關洛重珍力爭會邊師議和戰不一復召集議重珍奏曩乞專意備守不得已則用應兵今不敢變前說不聽遂自劾以密勿清光乃不能遏兵端乞免說書職遷著作郎兼權司封郎官起居舍人言近者當侍講席旋命止之或曰是日道流生朝夫輟講偶以它故則

當知聖躬舉措之難或所傳果得其實則當知聖心持守之難帝曰非卿不聞此言闗洛師大衄復進兵董珍言若恥敗而欲勝之則心不平而成忿氣不平而成怒生靈之命豈可以忿怒用哉又言邇來用臺諫頗主不必矯激之說似畏剛方大過之士竊窺選用之意正謂其平易而省事耳然數月之間一失於某再失於某借曰慎重臺綱而憂其激亦當以平正者居之又論禁旅貧弱教習頗嚴輕不能堪不稍變通非消變之道兼國史院編修官實録院檢討官言更化以來舊邸徼未去者五徇私調停覆護姑息依違是也今又益之以輕易遷起居郎以疾求去以集英

殿修撰知安吉州權刑部侍郎三辭不許自劾其不能取信朝廷之罪乞鐫斥置閑散促覲愈力而疾不可起詔守刑部侍郎致仕贈朝請大夫謚忠文

牟子才字存叟井研人八世祖允良生期歲淳化間盜起舉家殲焉惟一姑未笄以甕覆之得免子才少從其父客陳咸咸張樂大宴子才閉户讀書若不聞見者咸異之學于魏了翁楊子謨虞剛簡又從李方子方子朱熹門人也嘉定十六年舉進士對策詆丞相史彌遠調嘉定府洪雅縣尉監成都府権茶司賣引所辟四川提舉茶馬司準備差遣使者魏泌衆人遇之子才拂衣竟去泌以書幣謝不受改辟總領四川財賦所幹辦公事詔李心傳即成都修四朝會要辟兼檢閲文字制置司遣之文州視王宣軍饟鄧艾縋兵處也道遇宣曰敵且壓境宣已退矣君毋庸往子才不可遂至州視軍吏而還甫出境文州陷辟知成都府温江縣事未上連丁内外艱時成都已破遂盡室東下免喪心傳方修中興四朝國史請子才自助擢史館檢閲入對首言大臣不公不和六事次陳備邊三策理宗顧問甚悉將下殿復召與語翼日帝諭宰相曰人才如此可峻擢之左丞相李宗勉擬祕書郎右丞相史嵩之怒子才言已遽曰姑遷校勘俄宗勉卒嵩之獨相亟請外通判吉州

轉通判衢州日食詔求言上封事萬言極陳時政得失且乞蚤定立太子入爲國子監主簿兼史館校勘踰年遷太常博士鄭清之再相子才兩上封事言今日有徽欽時十證又請爲濟王立後以回天怒校書郎徐霖言諫議大夫鄭寀臨安府尹趙與𥲅不報出闗子才言陛下行霖言則霖留不然則不留也二人之中寀尤無恥請先罷之寀去至若嵩之謀復相清之誤引嵩之之黨别之傑共政皆歷歷爲上言之作書以孔光張禹切責清之清之復書媿謝謁告還安吉州寓舍遷祕書郎屢辭主管崇道觀踰年遷著作佐郎又辭清之卒之明日詔子才還朝遷著作郎左

丞相謝方叔右丞相吳潛交章言道上意趣行益急乃至兼
崇政殿說書子才隨事奏陳舉朝誦子才奏疏皆曰有德
之言也兼國史院編修官實錄院檢討官兼權禮部郎官
時修四朝史乃復兼史館檢討信州守徐謂禮奉行經界
苛急又以脊杖比校催科飢民嘯聚爲亂子才言于上立
罷經界謫謂禮浙東福建九郡同日大水子才言今日納
私謁溺近習勞土木庇小人失人心五者皆蹈宣和之失
苟不恐懼修省臣恐宣和京城之水將至矣燮理陰陽大
臣之事宜諭大臣息乖爭以召和氣除壅蔽以通下情今
遣使訪問水災德至渥也願出內帑振之又言君子難聚

而易散今聚者將散甚幾有十又言謚以勸懲當出自朝
廷毋待其家自請左司徐霖言諫議大夫葉大有帝大怒
逐霖給事中趙汝騰繳之徙它官汝騰即出關子才上疏
留之大有遂劾汝騰子才上疏訟汝騰誣及大有之欺未
幾罷大有言職故事早講講讀官皆在晚講惟說書一員
宰相懼子才言己并晚講於早自是不得獨對矣遷軍器
少監御史蕭泰來劾高斯得徐霖右司李伯玉言泰來所
劾不當上切責伯玉降兩官罷子才言陛下更化召用諸
賢今汝騰斯得霖相繼劾去伯玉又重獲罪善人盡矣除
兼侍立修注官力辭行都大火子才應詔上封事言甚切

直兼直舍人院會泰來亦遷起居郎恥與泰來同列乞疏
力辭上爲出泰來而子才亦請去不已曰泰來既去臣豈
得獨留上不允又言蜀當以嘉渝夔三城爲要欲保夔則
巴蓬之間不可無屯以控扼之欲保渝則利閬之間不可
無屯以遏截之欲守嘉則瀘遂之間不可無屯以掎角之
屯必萬人而後可升兼侍講御史徐經孫劾府尹厲文翁
不報出關子才奏留之文翁改知紹興府又繳其命伯玉
降官已逾年舍人院不敢行詞子才曰故事文書行不過
百刻即爲書行以爲叙復地帝曰譎詞皆褒語可更之子
才不奉詔丞相又道帝意子才曰腕可斷詞不可改丞相

欲改則自改之乃已淮東制置使賈似道以海州之捷子
才草獎諭詔第述軍容之盛不言其功且語多戒敕似道
不樂又言全蜀盛時官軍七八萬人通忠義爲十四萬今
官軍不過五萬而已宜招新軍三萬并撫慰田楊二家使
歲以兵來助如此則蜀猶可保不則不出三年蜀必亡矣
湯漢黃蛻召試學士院子才發策蛻舉嵩之罷蛻正字去
遷起居郎言外郡以進奉易富貴左右以土木蠱上心小
人以譁競朋比陷君子此天災所以數見也明堂禮成帝
將幸西太乙宮款謝實欲遊西湖爾子才力諫止皇子冠
面諭作樂章禮部言古者適子一醮無樂庶子三醮有樂

用樂非是子才言嫡庶之分特以所立之地不同非適專
用醴庶專用醮也樂章乃學士院故事況面諭臣不敢不
作詔從之又言首蜀尾吳幾二萬里今兩淮惟賈似道荊
蜀惟李曾伯二人而已可爲寒心謂宜於合肥別立淮西
制置司江淮別立荊湖制置司且於漣楚光黃均房巴閬
緜劒要害之郡或築城或增戍以守之似道聞之怒曰是
欲削吾地也正月望召妓入禁中子才言此皆董宋臣輩
壞陛下素履權兵部侍郎屢辭帝不允外同修國史實錄
院同修撰御史洪天錫劾宋臣文翁及謝堂等不報出關
子才請行其言文翁別與州郡堂自請外補宋臣自請解

內轄職而宋臣録黃竟不至院蓋子才復有言也吳子聰
之姑知古爲女冠得幸子聰因之以進得知閤門事子才
繳之曰子聰依憑城社勢燄熏灼以官爵爲市搢紳之無
恥者輻湊其門公論素所切齒不可用帝曰子聰之除將
一月矣乃始繳駁何也可即爲書行子才曰文書不過百
刻此舊制也今子聰録黃二十餘日乃至後省蓋欲俟其
供職使臣不得繳之耳給舍紀綱之地豈容此輩得以行
私於其間於是子聰改知澧州待次子才力辭去帝遣檢
正姚希得挽留之不可以集英殿修撰知太平州前是倒
兼提領江淮茶鹽子才以不諳財賦免至郡首數民孝弟

以前人慈竹義木二詩刻而頒之間詣學爲諸生講説經
義修采石戰艦百餘艘造兵仗以千計前政負上供綱及
總所綱七十萬緡悉爲補之蠲黃池酒息六十餘萬貫三
縣秋苗畸零萬五千餘石夏稅畸零紬帛四千五百餘匹
絲七百餘兩緜一萬三千餘兩麥二千餘石郡有平糴倉
以米五千石益之又以緡錢二十六萬創抵庫歲收其息
以助糴本召入對權工部侍郎時丁大全與宋臣表裏濁
亂朝政子才累疏辭歸初子才在太平建李白祠自爲記
曰白之斥實由高力士激怒妃子以報脫鞾之憾也力士
方貴倨豈甘以奴隷自處者白非直以氣陵亢而已蓋以

爲掃除之職固當爾所以反其極重之勢也彼昏不知顧
爲逐其所忌力士聲勢益張宦官之盛遂自是始其後分
提禁旅蹀血宮庭雖天子且不得奴隷之矣又寫力士脫
鞾之狀爲之贊而刻諸石屬有拓本遺宋臣宋臣大怒持
二碑泣愬于帝乃與大全合謀嗾御史交章誣劾子才在
郡公燕及餽遺過客爲入已降兩官猶未已帝疑之密以
繫問安吉守吳子明子明奏曰臣嘗至子才家四壁蕭然
人咸知其清貧陛下毋信讒言帝語經筵官曰牟子才之
事吳子明乃謂無之何也衆莫敢對戴慶炣曰臣憶子才
嘗繳子明之兄子聰帝曰然事遂解蓋公論所在雖仇讎

不可廢也未幾大全敗宋臣斥誣劾子才者悉竄嶺海外
乃復子才官職提舉玉隆萬壽宮帝即欲召子才會似道
入相素憚子才又憾草詔事僅進寶章閣待制知温州又
嗾御史造飛語目子才爲潛黨將中以危禍上意不可奪
遂以禮部侍郎召屢辭不許乃賜御筆曰朕久思見卿故
有是命卿其勿疑爲我彊起故事近臣自外召者必先見
帝乃供職子才至北關請内引奏事官者在旁沮之帝特
令見大說慰諭久之時似道自謂有再造功四方無虞皆
其力故肆意逸樂惡聞讜言子才言開慶之時天下岌岌
殆矣今幸復安不知天將去疾遂無復憂耶抑順適吾意

而基異時不可測之禍也奈何懷宴安以鴆毒而不明間
暇之政刑乎忠厚者我朝之家法也乃者小人枋國始用
一切以戕其脈今當反其所爲奈何愈益甚乎謂宜悉㕔
祖宗所以待士愛民祈天永命者循而行之言議者國之
元氣也今言及乘輿尚見優假事關廊廟忿怒斯形朝政
之闕失臣下之蔽蒙何由上達乎帝曰非卿不聞此言宣
坐賜茶問外事甚悉子才具以田里疾苦對帝顰蹙久之
即兼侍讀尋兼同修國史實録院同修撰宋臣有内侍省
押班之命舉朝爭之不能得子才入疏詰朝帝出其疏示
輔臣皆曰子才有憂君愛國之眞無要譽沽名之巧權

禮部尚書祀明堂子才爲執綏官帝問漢唐文物占對詳
贍時士大夫小迕權臣輒竄流子才請重者量移輕者放
還兼直學士院前是儤直多以疾免子才始復舊制帝賜
詩褒賞每直輒召對内殿語至夜分或就賜酒果兼給事
中彗星見應詔上封事請罷公田更七司法正爲尚書力
辭不許升修國史實録院修撰徐敏子以星赦量移似道
惡其爲潛所用諷後省繳之子才不可葉李呂宙之等上
書攻似道似道怒欲殺之以它事下天府獄子才請宥之
又遺書似道似道復書辭甚忿徑從天府斷遣不復以聞
蓋憚子才再有所論駁也度宗在東宮雅敬子才言必稱

先生即位授翰林學士知制誥力辭不拜請去不已進端
明殿學士以資政殿學士致仕卒贈四官官其後二人子
才事親甚孝弟子方客死公安挾其柩葬安吉女弟在暑
山掠其家于兵火致之安吉在吉州文天祥以童子見即
期以遠大所薦士若李芾趙卯發劉黻家鉉翁後皆爲忠
義士平江守吳淵籍富民田以千餘畝遺子才皆卻之身
後家無餘貲賣金帶乃克葬有存齋集内制外制四朝史
稾奏議經筵講義口義故事四尚易編春秋輪輻子𪧐大
理少卿
朱貔孫字興甫浮梁人淳祐四年進士授臨江軍學教授

丞相史嵩之聞鵷孫名欲致之館下以祿未及親辭喪父服除授福州學教授差充江東安撫司幹辦公事制置使王埜丘岳馬光祖趙與陋皆薦之丁大全在臺勢燄熏灼天乆陰雨鵷孫貽書政府言回積陰之道去姦邪罷手實蠲米稅姦邪指大全也丞相董槐得書嘉歎主管尚書刑工部架閣文字宦者董宋臣寵幸用事鵷孫發策試胄子極論宦寺專權之患宋臣諷言者論罷之光祖辟添差江東安撫司機宜文字擢史館校勘時大全執政使其黨許以驟用鵷孫力拒之且謁告歸省遷太學博士屬帝親擢監察御史兼崇政殿說書首疏論大全權姦誤國之罪倡

言學校六士之寃又以翕聚人才凝固人心精擇人言增禁旅以壯帝畿擇良守以牧內郡選全才以守江面嚴舟師以防海道因地募兵以應突至之敵并力合勢以援必守之地時有建議遷都四明者鵷孫亟上疏言鑾輿若動則三邊之將士瓦解而四方之盜賊蠭起必不可遂止鵷孫在講筵言及宋臣撓政事忤旨遷大理少卿又遷司農少卿兼太子右諭德詔許乘馬赴講鵷孫諭導得體衍說經義有關於君道者必委曲敷暢陰寓警戒太子每爲之改容兼國史院編修官實錄院檢討官兼權直舍人院時大禮成封命叢委吏持詞頭下每夕無慮數十鵷孫運筆

如飛夜未中已就皆溫潤典雅遷宗正少卿丁母憂服除授秘書監兼太子左諭德改監察御史兼崇政殿說書姓名已付外矣尋復改命淅西行公田吏並緣爲姦鵷孫疏其獘推春秋尊王絀霸之旨勸帝崇仁政用吉士行正論賜賚甚渥擢殿中侍御史兼侍講請嚴京師淫聲奇服之禁他所論苗耗役害及經理川蜀皆當世急務宋臣覆出朝論紛然鵷孫因對力斥其姦卒奪祠升侍御史兼侍講長星出東方鵷孫力詆外戚內臣及進奉羨餘失人心者且曰回天心自回人心始辭旨懇切帝爲之感動升侍讀鵷孫之再入臺屬疆埸多事屢陳備禦之策理宗春秋高

倚成賈似道似道擅命鵷孫隨事進諫不肯阿附至若行公田之政屢於經筵密以告帝似道自是深忌之鵷孫累疏求去理宗崩度宗即位擢右諫議大夫賜紫金魚袋兼賜章服犀帶以疾乞辭言職遷吏部尚書不拜帝以舊學故雅欲留鵷孫使者旁午於道而鵷孫辭益力以華文閣學士知寧國府似道諷言者論罷乆之提舉太平興國宮復華文閣學士知袁州至郡宣布德意以戢暴禁貪爲先務郡倉受租舊倚斛面取贏吏加漁取鵷孫知其獘悉榜除之許民自槩量宿獘頓革田里歡聲興學校以勸士升敷文閣學士知福州福建安撫使未幾卒于袁之郡治贈

四官與恩澤二令所在給喪事有文集奏議行世
歐陽守道字公權一字迂父吉州人初名巽自以更名應舉非是當祭必稱巽少孤貧無師自力於學里人聘爲子弟師主人瞯其每食舍肉密歸遺母爲設二器馳送乃肯肉食鄰媪兒無不歎息感動年未三十翕然以德行爲鄉郡儒宗江萬里守吉州守道適貢于鄉萬里獨異視之淳祐元年舉進士廷對言國事成敗在宰相人才消長在臺諫昔者當國惡箴規言者疑觸迕及其去位共謂非才或有迎合時宰自效殷勤亦有疾惡乖方苟求玼纇以致忠邪不辨黜陟無章唱名徐儼夫爲第一儼夫揑守道起曰

吾愧出君上矣君文未嘗不在我上也授雩都主簿丁母憂服除調贛州司户其次在十年後萬里作白鷺洲書院首致守道爲諸生講說湖南轉運副使吴子良聘守道爲嶽麓書院副山長守道初升講發明孟氏正人心承三聖之說學者悅服宗人新及子必泰先寓居長沙聞守道至往訪之初猶未識也晤語相契守道即請于子良禮新爲嶽麓書院講書新講禮記天降時雨山川出雲一章守道起曰長沙自有仲齊吾何爲至此仲齊新之字也踰年新卒守道哭之慟自銘其墓又薦其子必泰於當道子良代守道復還吉州里有張其喪其父小祥而舅氏訟以事繫之獄使不得祭邀其售已地以葬守道聞之歎曰吾惟痛斯子之不得一哭其父也且其痛奈何明日告之邑令曰此非人心瀆祭而薄之撓葬而奪之舅如此是自食其肉也請任斯子出祭而復獄令亟出之其舅醜詆守道守道亦不自辨轉運使包恢爲請祠于朝萬里入爲國子祭酒薦爲史館檢閱召試館職授秘書省正字安南國王陳日照傳位其子求封太上國王下省官議守道謂太上者漢高帝以尊其父累朝未之有改若賜詔書稱太上國王非便南越尉佗嘗自稱蠻夷大長老正南夷事也禮方伯自稱曰天子之老大夫致仕曰老自稱亦曰老自蠻夷言之

則有尉佗之故事自中國言之亦方伯致仕者之常稱漢亦有老上單于之號易太以老無損或去上字存其太字太王則有古公三太三少太宰少宰太所以別於少也謂父爲太則子爲少矣太以尊言則太后太妃太子太孫以卑言則太史太卜太祝樂太師太固上下所通用也時病足不及與議遷校書郎兼景憲府教授遷秘書郎轉對言欲家給人足必使中外臣庶無復前日言利之風而後可風化惟反諸身化之以儉而彼不爲儉吾惟有卑宫室菲飲食化之以廉而彼不興廉吾惟有不貴難得之貨不厚無益之藏以言罷守道徒步出錢塘門唯書兩篋而已理

宗遺詔聞守道與其徒相嚮哭踊僮奴孺子各爲悲哀感淳三年特旨與祠詔大臣舉賢才少傅呂文德舉九十六人守道預焉添差通判建昌軍以書謝廟堂曰史贊大將軍不薦士今大將軍薦士矣而某何以得此於大將軍哉幸嘗蒙召權備數三館異時或者謂其放廢無聊託身諸貴人虧傷國體則寧得而辭顧仍賦祠禄足矣遷著作佐郎兼崇政殿說書兼權都官郎官經筵所進皆切於當世務上爲動色遷著作郎卒家無一錢守道之兄之妻蚤喪其子演五歲餘且多病淡生甫數月守道三十未有室顧無能乳哺者日夜抱二子泣里巷憐之演既長出莫知所

之守道哭而求諸野終不能得三年不食肉顴頞不釋者終身吉有賢守而大家然之厚誣以贓者下其事常平使者會旱甚禱雲騰守道曰無以禱也雲騰之神唐郡守吳侯也寃莫甚於前守寃不直而吳侯於禱侯有辭矣匹婦藏寃旱或三年寃在民牧害豈其小反覆千餘言或迂笑之守道不改告來者不倦守卒以得直所著有易故文集

論曰湯璹立朝蹇諤蔣重珍自擢巍科既居盛名之下而[illegible]立於當世可謂難矣牟子才朱貔孫直聲著于中外[illegible]道[illegible]醇儒也

[illegible]卷第[illegible]

列傳卷第一百七十一　宋史四百十二

開府儀同三司上柱國錄軍國重事前中書右丞相監修國史領經筵事都總裁脫脫等奉敕修

孟珙　杜杲子庶　王登
楊掞　張惟孝　陳咸

孟珙字璞玉隨州棗陽人四世祖安嘗從岳飛軍中有功嘉定十年金人犯襄陽駐團山父宗政時為趙方將以兵禦之珙料其必鬨樊城獻策宗政由羅家渡濟河宗政然之越翼日諸軍臨渡布陣金人果至半渡伏發殲其半宗政被檄援棗陽臨陣嘗父子相

失珙望敵騎中有素袍白馬者曰吾父也急麾騎軍突陣遂脫宗政以功補進勇副尉十二年完顏訛可步騎二十萬分兩路攻棗陽環集城下珙登城射之將士驚服宗政命珙取它道趨金人破砦十有八斬首千餘級大俘軍器以歸金人遁以功升下班祗應十四年入謁制置使趙方一見奇之辟光化尉轉進武校尉十六年以功特授承信郎丁父憂制置使起復之珙辭訖葬趣就職又辭轉成忠郎理宗即位特授忠翊郎尋差峽州兵馬監押兼在城巡檢京湖制置司差提督虎翼突騎軍馬又辟京西第五副將權

管神勁左右軍統制初宗政招唐鄧蔡壯士二萬餘
人號忠順軍命江海總之衆不安制置司以珙代海
珙分其軍為三衆乃帖然紹定元年珙白制置司刱
平堰于棗陽自城至軍西十八里由八疊河經漸水
側水跨九阜建通天槽八十有三丈溉田十萬頃立
十莊三轄使軍民分屯是年收十五萬石又命忠順
軍家自畜馬官給芻粟馬益蕃息二年升京西第五
正將棗陽軍總轄本軍屯駐忠順三軍明年差京西
兵馬都監丁母憂又明年起復京西兵馬鈐轄棗陽
軍駐劄仍總三軍六年大元將那顏倴盞追金主完

顏守緒逼蔡檄珙戍鄂討金唐鄧行省武仙仙時與
武天錫及鄧守移剌瑗相犄角為金盡力欲迎守緒
入蜀犯光化鋒剽甚天錫者鄧之農夫乘亂聚衆二
十萬為邊患珙逼其壘一鼓拔之壯士張子良斬天
錫首以獻是役獲首五千級俘其將士四百餘人戶
十二萬二十有奇乃授江陵府副都統制賜金帶制
置司檄珙問邊事珙曰金人若向呂堰則八千人不
為少然須木查騰雲呂堰等砦受節制乃可濟已而
劉全雷去危兩部與金人戰于夏家橋小捷有頃金
人犯呂堰珙喜曰吾計得矣亟命諸軍追擊呂堰進

逼大河退逼山險砦軍四合金人棄輜重走獲甲士
五十有二斬首三千馬牛橐駝以萬計歸其民三萬
二千有奇瑗遣其部曲馬天章奉書請降得縣五鎮
二十二官吏一百九十三馬軍千五百步軍萬四千
戶三萬五千三百口十二萬五千五百五十三珙入
城瑗伏階下請死珙為之易衣冠以賓禮見初仙屯
順陽為宋軍所撓退屯馬蹬金順陽令李英以縣降
申州安撫張林以州降珙言歸附之人宜因其鄉土
而使之耕因其人民而立之長少壯籍為軍俾自耕
自守才能者分以土地任以職使各招其徒以殺其

勢制置司是之七月己酉仙愛將劉儀領壯士二百
降珙問仙虛實儀陳仙所據九砦其大砦石穴山以
馬蹬沙窩岵山三砦蔽其前三砦不破石穴未易圖
也若先破離金砦則王子山砦亦破岵山沙窩孤立
三帥成禽矣珙翼日遣兵向離金盧秀執黑旗帥衆
入砦金人不疑為宋軍乃分據巷道大呼縱火掩殺
幾盡是夜壯士楊青等擣王子山砦護帳軍酣寢王
建入帳中斬金將首囊佩之平明視之金小元帥也
丙辰出師馬蹬遣樊文彬攻其前門成明等邀截西
路一軍圍岵石烈一軍圍小總帥砦火燭天殺僇山

積餘逸去者復為成明伏軍所得壯士老少萬二千三百來歸師還至沙窩西與金人遇大捷是日三戰三克未幾丁順等又破黙候里砦珙召儀曰此砦既破板橋石穴必震汝能為我招之乎儀曰晉德與花腿王顯金鎮撫安威故舊招之必來迺遣德行儀又請選婦人三百偽逃歸懷招軍榜以向珙從之威見德叙情好甚歡介德往見顯顯即日以書乞降德復請珙遣劉儀候之顯軍約五千猶未解甲珙令作栲栳陣入陣周視良久乃去如素所撫循饗以牛酒皆醉飽歌舞珙料武仙將上岵山絕頂窺伺令樊文彬

詰旦奪岵山駐軍其下前當設伏後遮歸路已而仙衆果登山及半文彬麾旗伏兵四起仙衆失措枕藉匿谷山為之赬殺其將兀沙惹擒七百三十人棄鎧甲如山薄暮珙進軍至小水河儀還具言仙不欲降謀往商州依險以守然老稚不願北去珙曰進兵不可緩夜漏十刻召文彬等受方畧明日攻石穴九砦丙辰蓐食啓行晨至石穴時積雨未霽文彬患之珙曰此雪夜擒吳元濟之時也策馬直至石穴分兵進攻而以文彬往來給事自寅至巳力戰九砦一時俱破武仙走追及於鮎魚砦仙望見易服而遁復戰于

銀葫蘆山軍又敗仙與五六騎奔追之隱不見降其衆七萬人獲甲兵無算還軍襄陽轉修武郎鄂州江陵府副都統制大元兵遣宣撫王檝約共攻蔡制置使謀於珙珙請以二萬人行因命珙盡護諸將金兵二萬騎繇真陽橫山南來珙鼓行而前金人戰敗卻走追至高黃陂斬首千二百級倴盞遣兎花忒沒荷過出阿悉三人來迓珙與射獵割鮮而飲馳入其帳倴盞喜約為兄弟酌馬湩飲之金兵萬人自東門出戰珙遮其歸路掩入汝河擒其偏裨八十有七人得蔡降人言城中飢珙曰已窘矣當盡死而守以防突

圍珙與倴盞約南北軍毋相犯決堰水布虎落倴盞遣萬户張柔帥精兵五千人入城金人鈎二卒以往柔中流矢如蝟珙麾先鋒救之挾柔以出撥發官宋榮不肅將斬之衆下馬羅拜以請猶杖之黎明珙進逼石橋鈎致生俘郭山戰少却金人突至珙躍馬入陣斬山以徇軍氣復張殊死戰進逼柴潭立栅俘金人百有二斬首三百餘級翼日命諸將奪柴潭樓金人爭樓諸軍魚貫而上金人又飾美婦人以相蠱麾下張禧等殺之遂拔柴潭樓俘其將士五百三十有七人蔡人恃潭為固外即汝河潭高於河五六丈城

上金字號樓伏巨弩相傳下有龍人不敢近將士疑畏珙召麾下飲再行曰柴潭非天造地設樓伏弩能及遠而不可射近彼所恃此水耳決而注之涸可立待皆曰隄堅未易鑿珙曰所謂堅者止築兩隄首耳鑿其兩翼可也潭果決實以薪葦遂濟師攻城擒其兩將斬之獲其殿前右副點檢溫端磔之城下進逼土門金人驅其老稚熬為油號人油砲人不堪其楚珙遣道士說止之端平元年正月辛丑黑氣壓城上日無光降者言城中絕糧已三月鞍韉敗鼓皆糜煮且聽以老弱互食諸軍日以人畜骨和芹泥食之又往往斬敗軍全隊拘其肉以食故欲降者衆珙下令諸軍銜枚分運雲梯布城下己酉珙帥師向南門至金字樓列雲梯令諸將聞鼓則進馬義先登趙榮繼之萬衆競登大戰城上降其丞相烏古論栲栳殺其元帥兀林達及偏裨二百人門西開招倴盞入江海執其參政張天綱以歸珙問守緒所在天綱曰城危時即取寶玉寘小室環以草號泣自經曰死便火我煙燄未絕珙與倴盞分守緒骨得金謚寶玉帶金銀印牌有差還軍襄陽特授武功郎主管侍衛馬軍行司公事權建康府都統制兼權侍衛馬軍行司職事

太常寺簿朱揚祖看班祗候林拓朝入陵諜云大元兵傳宋來爭河南府哨已及盟津陝府潼關河南皆增屯設伏又聞淮閫刻日進師衆畏不前珙曰淮東之師由淮泗泝汴非旬餘不達吾選精騎疾馳不十日可竣事逮師至東京吾已歸矣於是晝夜兼行與二使至陵下奉宣御表成禮而歸制置司奏留珙襄陽兼鎮北軍都統制鎮北軍者珙所招中原精鋭百戰之士萬五千餘人分屯漅北樊城新野唐鄧間俄令赴樞密院稟議授帶御器械二年授主管侍衛馬軍司公事時暫黃州駐劄朝辭上曰卿名將之子忠勤體國破蔡滅金功績昭著珙對曰此宗社威靈陛下聖德與三軍將士之勞臣何力之有帝問恢復對曰願陛下寬民力畜人材以俟機會帝問和議對曰臣介冑之士當言戰不當言和賜賚甚厚兼知光州又兼知黃州三年珙至黃增埤浚隍蒐訪軍實邊民來歸者日以千數為屋三萬間居之厚加賑貸又處兵民雜處因高阜為齊安鎮淮二砦以居諸軍栅章家山毋家山兩堡為先鋒虎翼飛虎營兼主管管內安撫司公事節制黃蘄光信陽四郡軍馬大元兵攻蘄州珙遣兵解其圍又攻襄陽隋守張龜壽荆門守

朱揚祖郢守喬士安皆委郡去復州施子仁死之江陵危急詔沿江淮西遣援衆謂無踰珙者乃先遣張順渡江珙以全師繼之大元兵分兩路一攻復州一在枝江監利縣編筏窺江珙變易旌旗服色循環往來夜則列炬照江數十里相接又遣外弟趙武等共戰躬往節度破砦二十有四還民二萬嘉熙元年封隋縣男擢高州刺史忠州團練使兼知江陵府京西湖北安撫副使未幾授鄂州諸軍都統制大元大將忒沒解入漢陽境大將口溫不花入淮甸蘄守張可大舒州李士達委郡去光守董堯臣以州降合三郡

人馬糧械攻黃守王鑑江帥萬文勝戰不利珙入城軍民喜曰吾父來矣駐帳城樓指畫戰守卒全其城斬逗留者四十有九人以徇御筆以戰功賞將士特賜珙金盌珙盌以白金五十兩賜之諸將將士彌月苦戰病傷者相屬珙遣醫視療士皆感泣二年春授寧遠軍承宣使帶御器械鄂州江陵府諸軍都統制珙以三軍賞典未須表辭詔曰有功不賞人謂朕何三軍勲勞趣其來上封爵之序自將帥始卿奚辭焉未幾授樞密副都承旨京西湖北路安撫制置副使兼督視行府參謀官未幾升制置使兼知岳州廼檄

江陵節制司擣襄郢於是張俊復郢州賀順復荆門軍十二月壬子劉全戰于冢頭戰于樊城戰于郎神山屢以捷聞三年春正月曹文鏞復信陽軍劉全復樊城遂復襄陽授樞密都承旨制置使兼知鄂州全遣譚深復光化軍息蔡降珙命以兵逆之得壯士百餘籍為忠衛軍初詔珙收復京襄珙謂必得郢然後可以通饋餉得荆門然後可以出奇兵由是指授方畧發兵深入所至以捷聞珙奏畧曰取襄不難而守為難非將士不勇也非車馬器械不精也實在乎事力之不給爾襄樊為朝廷根本今百戰而得之當加

經理如護元氣非甲兵十萬不足分守與其抽兵於敵來之後孰若保此全勝上兵伐謀此不爭之爭也乃置先鋒軍以襄郢歸順人隸焉庚寅諜報大元兵欲大舉臨江珙策必道施黔以透湖湘請粟十萬石以給軍餉以二千人屯峽州千人屯歸州忠衛舊將晉德自光化來歸珙奬用之珙弟瑛以精兵五千駐松滋為夔聲援遣于德興增兵守歸州隘口萬户谷大元兵自隨闗江珙密遣劉全拒敵遣伍思智以千人屯施州大元大將塔海并禿雪帥師入蜀號八十萬珙增置營砦分布戰艦遣張舉提兵間道抵均州

防遏大元兵度萬州湖灘施夔震動珙兄璟時為湖北安撫副使知峽州急以書謀備禦珙請于督府帥師西上璟調金鐸一軍迎拒于歸州大埡砦劉義捷于巴東縣之清平村珙弟璋選精兵二千駐澧州防施黔路四年進封子珙條上流備禦宜為藩籬三層乞剏制副司及移關外都統一軍於夔任涪南以下江面之責為第一層備鼎澧為第二層備辰沅靖桂為第三層峽州松滋須各屯萬人舟師隸焉歸州屯三千人鼎澧辰沅靖各五千人郴桂各千人如是則江西可保又遣楊鼎張謙往辰沅靖三州同守倅曉

宋史四百十二　字四百一十个　宋史列傳卷二百七十二　十　李俊寫　王林刊

諭熟蠻講求思播施黔支徑以圖來上會諜知大元兵於襄樊隨信陽招集軍民布種積船材于鄧之順陽乃遣張漢英出隨任義出信陽焦進出襄分路撓其勢遣王堅潛兵燒所積船材又度師必因糧於蔡遣張德劉整分兵入蔡火其積聚制拜寧武軍節度使四川宣撫使兼知夔州招集麻城縣巴河安樂磯管公店淮民三百五十有九人皆沿邊經戰之士號寧武軍令璋領之進封漢東郡侯兼京湖安撫制置使回鶻愛里八都魯帥壯士百餘老稚百一十五人馬二百六十匹來降創飛鶻軍改愛里名艾忠孝充總

轄乞補以官四川制置使陳隆之與副使彭大雅不協交章于朝珙曰國事如此合智并謀猶懼弗克而兩司方勇於私鬬豈不愧廉藺之風乎馳書責之隆之大雅得書大慚鑒蜀政之弊為條班諸郡縣曰差除計屬曰功賞不明曰減尅軍糧曰官吏貪黷曰上下欺罔又曰不擇險要立砦柵則難責兵以衛民不集流離安耕種則難責民以養兵乃立賞罰以課殿最俾諸司奉行之黎守閻師古言大理國請道黎雅入貢珙報大理自通邕廣不宜取道川蜀卻之兼夔路制置大使兼屯田大使軍無宿儲珙大興屯田調

宋史四百十二　計字四百一十个　宋史列傳卷二百七十二　十一　李俊寫　王二遇刊

夫築堰募農給種首秭歸尾漢口為屯二十為莊百七十為頃十八萬八千二百八十上屯田始末與所減券食之數降詔獎諭靖州猺林賽良為亂遣王璘平之淳祐二年珙以京襄死節死事之臣請于朝建祠岳陽歲時致祭有旨賜名閔忠廟淮東受兵樞密俾珙應援遣李得帥精兵四千赴之珙子之經監軍諜知京兆府也可那延以騎兵三千經商州取鶻嶺關出房州竹山遣王令屯江陵尋進屯郢州劉全屯沙市焦進提千人自江陵荊門出襄檄劉全齎十日糧取道南漳入襄與諸軍合大元兵至三川珙下令

應出戍主兵官不許失棄寸土權開州梁棟乏糧請還司珙曰是棄城也棟至夔州使高達斬其首以徇由是諸將稟令惟謹大元兵至瀘珙命重慶分司發兵應援遣張祥屯涪州拜檢校少保進封漢東郡公珙言沅之險不如辰靖之險不如沅三州皆當措置而靖尤急今三州粒米寸兵無所從出此京湖之憂一江防上自秭歸下至壽昌亘二千里自公安至峽川灘磧凡十餘處隆冬水涸節節當防兵諱備多此京湖之憂二今尺籍數虧既守灘磧又守關隘此京湖之憂三陸抗有言荆州國之藩表如其有虞非但失一郡當傾國爭之若非增兵八萬併力備禦雖韓白復生無所展巧今日事勢大略相似利害至重余玠宣諭四川道過珙珙以重慶積粟少餉屯田米十萬石遣晉德師師六千援蜀之經為策應司都統制四年兼知江陵府珙謂其佐曰政府未之思耳彼若以兵綴我上下流急將若之何珙往則彼擣吾虛不往則誰實捍患識者是之詔京湖調兵五千戍安豐援壽春珙遣劉全將以往繼有命分兵三千備齊安珙言黃州與壽昌三江口隔一水耳須兵即發何必預遣先一日則有一日之費無益有損萬一上游有

警我軍已疲非計之得也不從五年御筆以職事脩舉轉行兩官許令回授珙至江陵登城歎曰江陵所恃三海不知沮洳有變為桑田者敵一鳴鞭即至城外蓋自城以東古嶺先鋒直至三汊無所限隔迺脩復內隘十有一別作十隘於外有距城數十里者沮漳之水舊自城西入江因障而東之俾遶城北入于漢而三海遂通為一隨其高下為匱蓄泄三百里間渺然巨浸土木之工百七十萬民不知役繪圖上之珙以身鎮江陵而兄璟帥武昌故事無兄弟同處一路者乞歸田不允詔以兵五千援淮珙使張漢英帥之樞密調兵五千赴廣西珙移書執政曰大理至邕數千里部落隔絶今當擇人分布數郡使之分治生夷險要形勢隨宜措置創關屯兵積糧聚芻於何地聲勢既張國威自振計不出此而閫風調遣空費錢糧無補於事不聽大元大將大納至江陵遣楊全伏兵荆門以戰珙先期諜知達于樞密檄兩淮為備兩淮不知也後果如所報珙奏襄蜀蕩析士無所歸蜀士聚於公安襄士聚於郢渚臣作公安南陽兩書院以沒入田廬隸之使有所教養請帝題其榜賜焉初珙招鎮北軍駐襄陽李虎王旻軍亂鎮北亦潰乃厚

招之降者不絶行省范用吉密通降款以所受告為質珙白于朝不從珙歎曰三十年收拾中原人今志不克伸矣病遂革乞休致授檢校少師寧武軍節度使致仕終于江陵府治時九月戊午也是月朔大星隕于境内聲如雷薨之夕大風發屋折木訃至帝震悼輟朝賻銀絹各千特贈少師三贈至太師封吉國公謚忠襄廟曰威愛珙忠君體國之念可貫金石在軍中與參佐部曲論事言人人異珙徐以片語折衷衆志皆愜謁士游客老校退卒壹以恩意撫接名位雖重惟建鼓旗臨將吏而色凜然無敢涕唾者退則

焚香掃地隱几危坐若蕭然事外遠貨色絶滋味其學邃於易六十四卦各繫四句名警心易贊亦通佛學自號無菴居士

杜杲字子昕邵武人父頴仕至江西提點刑獄故杲以任授海門買納鹽場未上福建提點刑獄陳彭壽檄攝閩尉民有甲之子死誣乙殺之驗髮中得沙而甲舍旁有池沙類髮中者鞫問子果溺死江淮制置使李珏羅致幕下滁州受兵檄杲提偏師往援甫至民蔽野求入避滁守固拒杲啓鑰納之金人圍城數重杲登陴中矢益自奮厲卒全其城調江山丞兩浙

轉運使朱在辟監崇明鎮崇明改隸淮東總領與總領岳珂議不合慨然引去珂出文書一卷曰舉狀也杲曰比而得禽獸雖若丘陵弗為珂怒杲曰可劾者文林不可強者杜杲珂竟以負蘆錢劾朝廷察蘆無虧三劾皆寢淮西制置曾式中辟廬州節度推官淠光兵變杲單騎往誅其渠魁守將爭餉金幣悉封貯一室將行屬通判鄭準反之安豐守告戍將翕摇軍情且為變帥欲討之杲曰是激使叛也請與兩卒往呼將諭之曰而果無他可持吾書詣制府將即日行一軍帖然知六安縣民有嬖其妾者治命與二子均

分二子謂妾無分法杲書其牘云傳云子從父令律曰違父教令是父之言為令也父令子違不可以訓然妾守志則可或去或終當歸二子部使者季衍覽之擊節曰九州三十三縣令之最也知定遠縣會李全犯邊衍時為淮帥辟通判濠州朝廷以杲久習邊事擢知濠州制置大使趙善湘謀復盱眙密訪杲杲曰賊恃外援當斷盱眙橋梁以困之卒用其策成功金衆數萬駐榆林阜請降輜重甚富或請誘而圖之杲曰殺降不仁奪貨不義納之則有後患諭而遣之召奏事差主管官告院知安豐軍善湘與趙范范弟

葵出師遷淮西轉運判官詔問守禦策杲上封曰沿淮旱蝗不任征役中原赤立無糧可因若盧內事外移南實北腹心之地必有可慮時在外諫出師者惟杲一人及兵敗洛陽人始服其先見奉崇道祠再知濠州未行改安豐大元兵圍城與杲大戰明年大兵復大至又大戰擢將作監御書慰諭之丞相李宗勉參知政事徐榮叟曰帥淮西無逾杜杲者詔以安撫兼廬州進大府卿淮西制置副使兼轉運使復與大元兵戰累疏請老不許權刑部尚書淳祐元年乞去愈力擢工部尚書遂以直學士奉祠帝欲起之帥廣

西以言者罷帝曰杜杲兩有守功若脫兵權使有後禍朕何以使人乃起知太平州俄擢華文閣學士沿江制置使知建康府行宮留守節制安慶和無為三郡杲罷楊林堡以其費備歷陽淮民寓沙上者護以師首謁程顥祠總領所即張栻官遊處陳像設祀焉置貢士莊蠲民租二萬八千石復與大元兵戰于真州進敷文閣學士遷刑部尚書引見帝加獎勞乞歸不許兼吏部尚書杲隨資格通其礙銓綜為精梁成太子賂當國者求銓試杲曰昔沈繼祖論朱文公成大亦論真文忠公皆得罪名教者子孫宜廢錮安得仕進徽猷閣奉祀請老升寶文閣致仕帝思前功進龍圖閣而杲卒遺表上贈開府杲淹貫多能為文醲密清嚴善行草急就章晚歲專意理學嘗言吾兵間無悖謀左畫得於四書子庶

庶字康侯幼倜儻有大志性剛勁通宋典故善為文從父兵間習邊事未入仕已立戰功明堂恩補官大元兵圍安豐兵將不相下庶調護咸得其歡心卒協力捍禦杲帥淮西辟書寫機宜文字廬州圍解庶白事廟堂諸將餽金助上功費皆受之賞典行歸悉反所餽遷籍田令兼制機督幹監呂文德聶斌軍與大

元兵戰朱皐白家邊將作監簿杲在建康庶通判和州權知真州郡素缺備庶大修守禦具積排杉木殆十萬株差知興化軍奉祀鴻禧觀起知邕州改潮州以言者寢命赴淮東制司議幕過闕遷將作監丞遷司農丞知和州陛辭言今天時不可幸地利不可恃人和不可保苟恃天幸恃長江恃清野而付邊事於素不諳歷之人未見其可帝嘉納尋兼淮西提點刑獄浚城濠增守備脩學宮知真州兼淮東提點刑獄踰年進直秘閣移淮西兼廬州安撫副使人歡迎如見慈父治績甚多就任加刑部郎中升寶文閣與大

元兵戰於望仙白沙城升華文閣開慶元年冬進大理少卿淮東轉運副使兩淮制置司參謀官特授兩淮制置使知揚州射陽湖饑民嘯聚麻曰吾赤子也遣將招刺得丁壯萬餘戮止首惡數人明年四月火杭章自劾召赴行在尋直寶文閣知隆興府江西轉運副使卒

王登字景宋德安人少讀書喜古兵法慷慨有大志不事生產出制置使孟珙幕府久之權知巴東縣獻俘制置司登念奮自書生不拜吏曰不拜則不敢上難之竟棄功去淳祐四年舉進士調興山主簿總領

賈似道檄修江陵城條畫有法明年制置使李曾伯經理襄陽登在行以積功升尋以母憂去及吳淵為制置使邊事甚亟因憶弟潛盛言王登才畧具書幣招之登方與客奕發書衣冠拜家廟長揖出門問牛幾何可盡發犒師淵慨然曰事亟矣柰何登曰亟呼諸將共議衆至驩躍曰景宋在此淵曰汝輩欲西門出景宋欲從方城如何衆曰惟命登曰用兵患不一登書生不過馮軾觀戰請五大帥中擇一人為節制淵曰請監丞出正謂此也即書銀牌曰監丞代某親行將士用命不用命賞罰畢具申登至沙市椎牛釃酒得七千人誓曰登與諸將義同骨肉今日之事登不用命諸將殺登以獻主帥諸將有一不用命登有制劄在不敢私也衆股慄聽命竟立奇功於沮河趙葵為制置使見登握手曰景宋一身膽惜相見晚也俾參宣撫司兼京西兩節馬光祖為制置使辟充參謀官遷軍器少監京西提點刑獄登威聲日振有余思忠及徐制幾讒於光祖曰京湖知有王景宋不知有馬制置非久易位矣光祖疑馬出登屯郢州後以幹辦鍾蜚英調護情好如初侍御史戴慶炣劾思忠其黨過元龍沈翥在幕中又傾之以是議論不合才

畧不能施識者惜焉開慶元年登提兵援蜀約日合戰夜分登經理軍事忽絕倒五藏出血幕客唐舜申至登尚瞪目視几上文書俄而卒它日舜申舟經漢陽有蜀聲呼唐舜申者三左右曰景宋聲也是夕舜申暴卒

楊掞字純父撫州臨川人少能詞賦里陳氏館之教子數月拂衣去遊襄漢既而代陳中選陳謝之萬緡輦以入倡樓簾垂晝夜忽自呼曰純父來此何為明日遂行用故人薦出淮閫杜杲幕杲曰風神如許它日不在我下由是治法征謀多咨於掞逾年安豐被

兵揆慨然曰事亟矣揆請行乃以奇策解圍奏補七官揆僉置身行伍間騎射所當工夜以青布籍地乘生馬以躍初過三尺次五尺至一丈數閃跌不顧制置使孟珙辟于幕嘗用其策為小子旁與之茶局周其資用揆以本領錢數萬貴之總領賈似道稽數責償珙以白金六百令揆償之揆又散之賓客酣歌不顧似道欲殺之揆曰漢高祖以黃金四萬斤付陳平不問出入公乃顧此區區不以結豪傑之心邪似道始寘之珙嘗燕客有將校語不遜命斬之揆從容曰斬之誠是第方會客廣謀議非其時非其地也珙大

服未幾有大將立功珙坐受其拜揆為動色因歎曰大將立功庭參納拜信兜鍪不如毛錐子也於是謝絕賓客治進士業遂登第調麻城尉向士璧守黃州檄入幕尋以戰功升三官無何得心疾曰我不可用矣遂調潭州節度推官趙葵為京湖制置使揆與偕行王登迓於沙市極談至夜分揆退曰王景宋滿身是膽惜太沉細者如揆副之何事不可為也但恐終以勇敗後登死人以為知言逾時士璧守峽州招之病不果行而卒贈架閣

張惟孝字仲友襄陽人長六尺通春秋下第乃工騎射城中亂爭出關惟孝挾劍殺數人趨白河見一舟壯鉅甚急登之舟人不可惟孝曰今日之事非汝即我能殺我者得此舟衆披靡遂以舟達郢州兵亂奔沙洋別之傑為帥盡臨諸湖不泄水惟孝令二人貫服前行察窺臨兵曰易與耳乃與十騎衣黑袍假為敵兵曰後隊亟至守隘四五百人悉潰舟趨藕池開慶元年卜居江陵至沙市衆舟大集不可涉頃有峩冠張蓋從者數十則宣撫姚希得之弟也令曰敢有爭岸者投水中惟孝睥睨良久提劍驅左右而出擧白旗以麾令衆船登岸毋敢亂次幹官鍾蜚英見而

異之以告唐舜申舜申曰吾故人也具言惟孝平生蜚英謂曰今日正我輩趨事赴功之秋惟孝不答又叩之則曰朝廷負人明日蜚英道希得羅致之宴仲宣樓蜚英酒酣曰有國而後有家天下如此將安歸乎惟孝躍然曰從公所命乃請空名帖三十以還逾旬與三十騎俱擁甲士五千至旗幟鮮明部伍嚴肅上至公安下及墨山游踏相繼希得大喜請所統姓名惟孝曰朝廷負人福難禍易聊為君紓一時之難耳姓名不可得也時鼎澧五州危甚於是擊鼓耀兵不數日衆至萬人數戰俱捷江上平制使呂文德

招之不就而遺物色之不可得或云已趨淮甸後不
知所終
陳咸字逢儒監察御史升卿次子為叔父巨卿後登
淳熙二年進士第調內江縣尉縣吏受賄賦民不均
咸以聞于部使者為下令聽民自陳利病而委咸均
其賦改知果州南充縣轉運司辟主管文字歲旱稅
司免下戶兩稅轉運使安節以為虧漕計咸白安節
曰苟利於民違之不可因言今楮幣行於四川者幾
虧三百萬苟增印百萬足以補放免之數安節從之
軍多濫請咸每裁損帥屬以為言咸曰咸首可斷濫

請不可得蜀歲收激賞權輸絹錢民以為病咸白安
節蠲入節出奏歲減二十餘萬緡權知資州時久旱
咸被命即請帥臣發粟二千餘石以振明年東西川
皆旱總制二司議蠲民賦而慮虧國課咸請增印未
補發引百有九萬以償所蠲議遂決大修學宮政以
最聞改知普州開禧元年邊事興四川宣撫使程松
奇其才辟主管機宜文字咸首貽書論兵不可輕動
勸松搜人才練軍實考圖籍以疏財用之源視險要
以決攻守之計約大將面會以免疑忌之嫌捐金帛
募死士以明間探之遠出虛擣奇之策審於當用偉

勝趨利之謀寢而勿行松復書深納然實不能用副
使吳曦蔑視松易置將兵不關白正使松務為簡貴
咸憂之復說松收梁洋以北義士為緩急用據險阨
立關堡杜支徑以備不虞松又不能用遷利路轉運
判官曦叛臣於金關外四州繼沒人情大駭咸留大
安軍督軍糧檄其守楊震仲振流民備姦盜衆稍安
安丙密以曦反謀告咸咸即遣人告松松不之察曦
以咸蜀名士欲首脅之以令其餘檄咸議事咸不往
遂之利州抵城外偽都運使徐景望已挾兵入居臺
治英宗諱日景望大合樂以享咸力拒之初咸自大

安東下遇偽將褚青與語青有悔意至是以主管文
字王釜福艾可與共事欲結二人誅景望燒棧閣絕
曦援兵既而釜棄官歸咸以青不可保謀遂沮李道
傳問咸計將安出咸曰事極不過一死耳必不為吾
蜀累也語家子欽曰咸受國厚恩義當擊賊恨無兵
權獨有下策削髮以全臣節會曦以書招之急咸答
書勸其稟命既而欲親諭之遂行遇偽統領孟可道
知曦已僭亂曰吾書不可用矣還至后鐵入帳中以
刀自斷其結披緇而出景望遣兵拘咸于岸曦聞怒
甚吳晛勸曦召咸主武興寺因殺之安丙力為救解

乃得釋歸曦既誅咸語諸子曰吾不能討賊而棄官守罪也上表自劾安丙楊輔等皆勉其出丙尋奏以咸總蜀賦從之時僭亂後帑藏赤立咸至武興與丙商榷利病兵政財計合為一家請丙奏于朝罷諸司羨餘移支常平廣惠米鑄當五錢榜責官弁權截四路上供汰弱兵二萬餘覬畫備至故軍興增支之數八千七百五十餘萬皆不取於民咸總賦之始贍軍帑廩緡不過一千四十五萬餘糧不過九十一萬餘料不過二萬餘咸晝夜精勤調度有方不二歲益昌大軍庫有楮引百八十萬成都免引場樁撥二百一十餘萬城下三倉軍糧四十餘萬石預借米本一百一十餘萬又別貯軍糧百四十九萬石料七萬餘而布帛絲綿銅鐵錢與祠牒不預焉劒外民久苦役調或建議調東西兩路及夔路丁壯共其勞令始下民僤行馳愬于安丙乞計直輸錢以免行久而不克輸者十五餘萬咸蠲之蜀錢引舊約兩界五千餘萬半藏於官自軍興引皆散於民宣總二司增掬三界通行八千餘萬價日益落咸捐一千二百餘萬緡以收十九界之半又與丙議合茶馬司之力再收九十一界續造九十三界以兊之於是引價復昂糴價頓減嘉陵

江流忽淺或云金人截上流咸不動疏而導之自益昌至于魚梁饋運無阻金州地險咸增饋米以實之人皆曰金州之險金人不可向何益之為咸曰敵至而慮無及矣未幾金人犯上津守賴以固召為司農少卿卒丙列奏其功賜謚勤節初宣諭使吳獵嘗表其節詔進二秩咸乞回贈所生父母焉

論曰宋之辱於金久矣值我國家興師討罪聲震河朔乃遣孟珙師師夾攻遂滅其國以雪百年之耻而珙說禮樂敦詩書誠寡與二杜杲王登揚掞張惟孝思以功名自見雖所立有小大皆奇才也陳咸不從逆曦雖不能死然理財於喪亂之餘蜀賴以固守豈不賢於匹夫之自經溝瀆者哉

列傳卷第一百七十一

列傳卷第一百七十二　宋史四百十三

開府儀同三司上柱國錄軍國重事前中書右丞相監修國史領經筵事都總裁脫脫等奉
勑修

趙汝談　趙汝讜　趙希錧
趙彥吶　趙善湘　趙與懽
趙必愿

趙汝談字履常生而穎悟年十五以大父恩補將仕郎登淳熙十一年進士第丞相周必大得其文異之語叅知政事施師點曰是子他日有大名于世調汀州教授改廣德軍添差江西安撫司幹辦公事嘗從

朱熹訂疑義十數條熹嗟異之佐丞相趙汝愚定大策汝愚欲驟以詞掖處之力辭去持祖母服汝愚去國其弟汝讜力上疏乞留汝愚斬侂胄聞者吐舌凡弟罹黨禍斥去尋調安慶府教授添差浙東安撫司幹辦公事丁母憂免喪召為大社令時侂胄用事熾甚汝談痛憤登壇讀祝大呼侂胄及陳自強名自強不能堪它日指汝談曰末坐白皙者何人汝談不為動以叅知政事李璧薦召試館職擢正字是時吳曦叛上下束手或請就以曦為王其人造汝談汝談詰之曰孰欲王曦者可斬其人面發赤不能對遂以言

去主管崇道觀添差通判嘉興府與郡守王介志合改知無為軍與光州守柴中行安豐守陸峻俱稱循吏時金人內變有旨令獻料敵備邊二策其料敵之策曰禍亂猶在河北未遽至河南蓋豪雄擇形勢大盜窺貨寶金帛重遲俱聚河北河南無大川為之險欲起安所憑且金素以河南近我置守多完顏氏親黨其下亦令番漢錯居所以防慮備盡縱彼喪亂守將欲畔則自畔何至相率盡反然有天下者自不容易一日廢備豈以金人存亡之候為吾緩急哉其備邊之策曰今邊州大抵無城缺兵少糧鎧仗不足若

使自辦何所取資內諸朝廷安得力給若倣古藩封拔用英傑守郡則併租稅市榷之利盡與之免其共貢上不置監臨下悉聽選辟民得自賦兵得自募凡百悉聽所為其有功者亦不遽徙就峻爵秩增異車服給美田宅官其子孫凡可優寵無不極至使內為公卿雖貴曾不如守邊之樂如此則有才者爭自奮勵緩急必能出死力報上于後河南二十餘年猶為金守宋沿邊諸郡權大削兵事無肯任責者汝談之言若蓍龜然改湖北提舉常平振饑盡力知溫州改知外宗正作詩勉其族屬皆望風而化遷江西提舉

常平寧宗崩以哀痛得疾賀理宗表力寓勸戒陳碩曰此諫書也數匄祠授江西轉運判官辭不獲命之官一月以言者罷先是汝談因疾去官言者謂其傲睨軒冕不樂為世用至是彌遠不與祠迺杜門著述端平初以禮部郎官召入對言倚用老成廣集忠智訪求幾微之原辟取可行之策以防積蠹之蠱而成終泰之功者願加聖心焉又言大佞似忠大姦似聖未免信向而擢任之始未見甚失久乃寖至差訛則綱維之臣將不能不執議論之士將不得不言執之堅寧不疑其侵權言之數寧不意其賣直至是則不

特是非邪正易位而黜陟予奪失中多矣又曰外之得以窒吾聽雜吾目擾吾天君者以吾未得虛一而靜之理也苟得之導我聲色而不能入投我寳貨而不能中蔽我以功名而不能動凝然湛然孰得干之哉改秘書少監兼權直學士院時集議出師汝談反覆言不可輕戰而和尤非計既而三京收復雖前言用兵不便者亦喜汝談獨有憂色未幾洛師敗朝論始服其先見遷宗正少卿兼權直兼編修國史檢討實錄兼崇政殿說書因講論語而言漢元帝恭儉無過惟以剛不克改明不能繹優柔不斷而漢業遂衰

權吏部侍郎升侍讀兼直學士院兼同修國史院同修撰以所註易進講時朝議屢畝稱楮汝談言非便迕時宰意京師軍變宰相乞貶秩上已允汝談奏恐失體恃不可草答詔以為貶秩易審舉措難宰相滋不悅以言去國提舉崇禧觀起知婺州四辭不允至郡力匄祠召赴行在四辭權禮部侍郎兼學士院力辭兼直時金兵新破三關增秩稱提官楮四郡獲賞汝談獨蹙頞登對首疏言邊面無可倚仗乞超越拘攣簡拔俊傑如吳用周瑜魯肅晉任祖逖陶侃故事使之各分方面連數十城推轂授權盡歸賜履巴蜀

一人荆襄一人兩淮各一人一切便宜行事不復更從中御度幾伸縮由己機用出心盡推廣鄉者備邊之策且曰臣之此策行於開禧未用兵之前決不至罹今日之患其論楮法尤中時敝上稱歎久之且謂卿文學高世宜代予言力辭何為卒以老祈免章四上免兼直改侍講數日仍兼直學士院五辭權給事中權刑部尚書及卒轉兩官遺表上又轉四官汝談天資絕人沈思高識自少至老無一日去書冊其論易以為為占者作書堯舜二典宜合為一禹功只施於河洛洪範非箕子之作詩不以小序為信禮記雜

出諸生之手周禮宜傅會女主之書要亦卓絶特立之見為文章有天巧篤於倫誼而忘仇怨御史王益祥嘗劾之後汝談官其鄉益祥愧不敢見汝談乃數過之相得歡甚嘗論議韓非李斯皆有荀卿之才惟其富貴利欲之心重故世得而賤之惟卿獨能守其身不苟希合士何可不自重哉所著有易書詩論語孟子周禮禮記荀子莊子通鑑杜詩注

趙汝讜字蹈中少傲儻有軼材智畧出入上龍泉葉適嘗過其家汝讜年少衣短後衣不得避適勸之曰名門子安可不學汝讜慚自是終身不衣短後衣折

節讀書與兄汝談齊名天下稱為二趙以祖遺恩補承務郎歷泉州市舶務利州大軍倉屬從臣薦宗室之賢者監行在右藏西庫韓侂冑謀逐趙汝愚汝讜兄弟昌言非是且上言訟汝愚寃侂冑惧其詞直使其黨胡紘再攻汝愚以汝讜兄弟受汝愚厚恩私屬為之畫策惑亂天聽為言斥使去國坐廢十年調華亭浦東鹽場棄職去辟浙西安撫司幕官調簽書昭慶軍節度判官皆不赴以前官改鎮東軍登嘉定元年進士第為大社令遷將作監簿大理司農丞與史彌遠不合請外改湖南提舉常平易江西提點刑獄瑞州大姓幸氏貪徐氏田不可得强取其禾終不與誣以殺婢寘徐獄徐訴其寃汝讜以反坐法黥寘幸氏籍其家幸氏走告急于中宮徙汝讜湖南旣至則表直臣龔夬墓瀏陽有豪民羅氏奪民田汝讜復懲以法遷知溫州卒汝讜常言宗子不忘君孝子不辱身臨難則功業當如朱虛立身當如子政

趙希錧字君錫舊名希喆登慶元二年進士第改賜今名少扶父喪歸道遇寇左右駭散希錧拊棺慟哭不懾寇義而去學于陳傳良徐誼旣舉進士調汀州司戶峒寇李元礪方起汀人震懼郡會僚佐議守城

希錧下坐無一語守異之曰不言得無有所見乎希錧曰守城非策也距城三十里有關曰古城若悉精鋭以扼其衝賊不足慮矣守以付希錧人為危之希錧至關審形明間申令謹候分晝粗定賊已遣諜窺關希錧得諜詰之縱其舉火相示而羸師以誤之夜半賊數百銜枚突至希錧嚴兵以待賊且至始命矢石俱下賊無一免餘黨聞風而遁希錧引還老稚羅拜相屬希錧辭他道以避之事聞詔升州推官治疑獄決滯訟攝下邑弭亂卒去之日軍民遮道泣送者數十里調主管夔州路轉運司帳司疏大寧鹽井利

病使者上諸朝民便之改知玉山縣未行召對希館首言民力困於貧吏軍力困於僨帥國家之力則外困於歸附之卒内困於浮冗之費次論四蜀銓科舉之弊次論大寧鹽井本末寧宗嘉納之授大理寺丞遷大宗正丞權工部郎官宗姓多貧而始生有訓名爲入後有過禮吏受賕亡藝莫敢自陳希館白其長推行之會朝議燕邸近屬赴朝參者少命希館易班希館力辭弗克特換授吉州刺史提舉佑神觀未幾廷臣言宗姓换班人嘗舉進士請視朝士聽輪對於是希館次對時首論今日多事之際而未有辦事之

人朝紳清選也以緘默爲清重以刻薄爲舉職以無所可否爲識體閒寄重任也以大言爲有志以使過爲知恩臣非敢厚誣天下以爲無人患在選擇未得其道䇿使未當其才爾授成州團練使賜金帶令服繫以寶璽推恩進和州防禦使理宗即位進潭州觀察使以公族近邸恩特加厚又進安德軍承宣使希館引對言初政急務莫先於明道總治統收人心上爲動容越明年論祠祭不蠲禁衛不肅慈明宫上壽升節度封信安郡公卒遺奏聞上震悼輟視朝賜含歛贈以金幣希館風資凝重胷抱魁壘揚人之善不

記人之過急人之難不忘人之恩居官祁寒盛暑未嘗謁告衣食取裁足而已追封信安郡王

趙彦呐字敏若彭州人登四川類試第少以材稱吳曦叛以禄禧僞守夔彦呐結義士殺之遂顯名嘉定十二年關外西和州新被兵制使安丙檄使經理金人再至戰却之因請修州北水關募民耕戰以守又勸丙盡捐關外四州粗結民兵使各自爲守皆不行在州五年得軍民心轉提點刑獄尋帥沔時譽甚都及崔與之代丙始察其大言無實謂他日誤事者必此人請廟堂毋付以邊藩尋奪其節制寶慶元年乃

移帥興元三年會鄭損棄四州退保三關彦呐力爭不勝罷歸家者五年紹定四年桂如淵代損起彦呐於副使更李𡌴黄伯固皆彦呐副之端平元年遂升正使丞相鄭清之趣其出兵以應入洛之役不從秦鞏之豪汪世顯久求内附至是彦呐爲力請數四清之亦訖不從三年金人大入至三泉彦呐大敗貶衡州其子洸夫用事亦竄嶺南史嵩之留之江陵兩年卒

趙善湘字清臣濮安懿王五世孫父武翼郎不陋從高宗渡江聞明州多名儒徙居焉善湘以恩補保義郎

轉成忠郎監潭州南嶽廟轉忠翊郎又轉忠訓郎慶元二年舉進士以近屬轉秉義郎換承事郎調金壇縣丞五年知餘姚縣開禧元年添差通判婺州嘉定元年以招茶寇功赴都堂審察提轄文思院出判無為軍兼淮南轉運判官淮西提點刑獄四年改知常州八年主管武夷山冲佑觀十年知湖州十一年丁內艱明年起復知和州三辭不獲命遷知大宗正丞兼權戶部郎官改知秘閣淮南轉運判官兼淮西提舉常平兼知無為軍進直徽猷閣主管淮南制置司公事兼知廬州兼本路安撫仍兼轉運判官提舉常

平十三年進直寶文閣以平固始寇功賜金帶許令服繫十四年進直龍圖閣知鎮江府十七年拜大理少卿進右文殿修撰知鎮江府封梓符縣男賜食邑寶慶二年進集英殿修撰拜大理卿兼權刑部侍郎進寶章閣待制沿海制置使兼知建康府江東安撫使兼主管行宮留守司公事賜御僊花金帶進封子加食邑紹定元年以糾防江軍寧淮軍及平楚州畔寇劉慶福等功皆升其官進龍圖閣待制仍任兼江東轉運副使三年進煥章閣直學士仍任進封伯加食邑以李全犯淮東進煥文閣學士江淮制置使乃

命專討許便宜從事四年進封侯加食邑及戮全善湘遣使以露布上乃進兵部尚書仍兼任時善湘見范葵進取慰藉殷勤餽問接踵有請必應遣諸子屯寶應以從范葵亦讓功督府凡得捷皆汝檟等捏章草報善湘李子汝楳丞相史彌遠壻也故奏報無不達以平閩寇功轉江淮安撫制置使五年復泰州淮安州盱城淮陰縣四城及策應京湖功進端明殿學士與執政恩例仍任升留守加食邑以受金樞密副使納合買住降復盱眙軍泗壽二州功進資政殿學士加食邑遣使賜手詔金器等物九疏乞歸皆不許

請愈力進大學士提舉洞霄宮封天水郡公加食邑監察御史劾奏善湘御筆以善湘有討逆復城之功寢其奏嘉熙二年授四川宣撫使兼知成都府未拜改沿海制置使兼知慶元府即內祠改知紹興府兼浙東安撫使三年兩請休致四乞歸田復提舉洞霄宮淳祐二年帝手詔求所解春秋進觀文殿學士守本官致仕卒遺表聞帝震悼輟視朝贈少師賻贈加等所著有周易約說八卷周易或問四卷周易續問八卷周易指要四卷學易補過六卷洪範統論一卷中庸約說一卷大學解十卷論語大意十卷孟子解

十四卷老子解十卷春秋三傳通議三十卷詩詞雜
著三十五卷
趙與權字悦道燕懿王八世孫嘉定七年進士調會
稽尉改建寧司戶參軍中明法科攝浦城縣丁父憂
作善慶五規示子孫免喪授大理評事轉對言天變
民情國威三事又言死囚以取會駁勘動涉歲時類
瘐死而干證者多斃逆旅宜精擇憲臣悉使詳覆果
可疑則親往鞫正必情法輕重可閔始許審奏遷籍
田令久之拜宗正寺簿歷軍器監司農寺丞遷宗正
丞兼權都官郎官改倉部權度支以直寶章閣知安

吉州郡計仰榷醋禁網峻密與權首捐以予民設銅
鉦縣門欲愬者擊之冤無不直有富民愬幼子察之
非其本心姑逮其子付獄徐廉之乃二兄強其父析
業與權曉以法開以天理皆忻然感悟又婺媼僅一
子亦以不孝告留之郡聽日給饌俾親饋晨昏以禮
未周月母子如初二家皆畫像事之丧母朝廷屢起
之不可議使守邊授淮西提點刑獄弗能奪再期以
刑部郎官召乞終禫奉祠復半載乃趍朝自慨復退
師又議納使與權言在朝迎合政出多門必得智識
氣節之士布列中外可也兼權檢正遷宗正少卿兼

權戶部侍郎尋兼知臨安府浙西安撫使同詳定剖
决明暢罪者咸服郊祀之夕大風雷與權言國本未
定又陳弭盜固本之策有以刑罰術數言於帝者與
權言導民有本如臣待罪天府豈遽能及民惟其真
實相孚待以不擾數月而庭訟彌寡人心本善有感
必從或謂厲以威待以術者非知本之論且言朝令
夕改非以示作新旁蹊曲徑非以肅紀綱帝為悚然
又建言秦刻頌有端平法度語明年改元嘉熙襄蜀
殘破或望風棄地召見便殿言韓琦當仁宗朝猶晝
夜泣血今主憂臣辱矣因具言防邊之道其後多見

施行與權招刺三千人為忠毅軍又言禁衛虛籍及
京口諸郡悉宜募兵統以郡將財先贍軍餘始上供
乞省不急之費薦文武士四十人遷戶部侍郎兼權
兵部尚書論邊事至為深切星變上章請罷大火力
言災變之烈謂臣罪擢髮莫數猶欲以去國為言少
悟上聽願祗畏天威思以實德及民始自上躬痛加
節約廣推振恤五請窜於是中書方大琮言與權素
自潔修疏財輕爵人所共知不幸遇此觀其待罪之
章懇切至到未嘗不歎其知義也乞俞所請使小大
之臣皆知引咎乃收一階尋復之與權請先叙復同

降官屬又言艱難不可為之時當慷慨厲志深為人才兵力思遷户部尚書兼權吏部累匃祠不許論楮幣自嘉定以一易二失信天下嘗出内帑收換屢稱提而折閱益甚嘗請兩界並展十年勿議造新貴州縣毋以損污抑沮至是遂請不立界限以絶其疑所以區畫者甚備其後詔宰相徧詢侍從與懽又以前說陳之有欲以端平錢當五行使與懽謂開禧嘗以二當三何救於楮且曰士大夫不清白奉法恪意扶持雖日易一法無救於楮而國非其國矣法削國弱能獨享富貴乎每言端平以來竄贓吏禁包苴戒奔

競戢横斂而風俗沈痼自若或口仁義而身市井率以欺君為常肥家為樂遂臨事之使而小人得從旁乘間竊取官爵矣疏乞别邪正警婾惰奬用恬退質直之士以絶躁競浮靡之習内廷有關於除授者必斥暗室有涉於謗議者必思清心寡欲以華酣歌黷貨之風其機皆自陛下始又言軍政弛而尺籍不明總兵者或緣功賞開嫌隙内則班行惟求速化守牧類多貪庸楮事日非浮冗不節指陳無虚日大風震雷數見因具陳邊事且言人才國用民力兵威頓乘此機加意根本勿徒困精神於除授老歲月於行移

委公道於私情付事功於無可柰何也遷吏部尚書講筵言膏雨不降星變頻仍在京物價騰踊民謗士譟在外兵權渙散流民充斥登崇元老並建宰輔謂宜風采振揚而事勢猶若此士大夫未必任天下之責天下未必知陛下之志力求歸田會潮汐齧隄執政道帝意留治之手詔云忠正廉勤無如卿者授端明殿學士知臨安府浙西安撫使江隄竣事獄空力匃罷依舊端明殿學士提舉萬壽觀提領户部財用兼侍讀兼修國史實録院修撰奉朝請出關遣使趣還會饑民相携溺死帝仍付臨安府事恩例視執政

與懽涕泣奉詔亟榜諭曰今申奏振救宜忍死須臾各全性命佇沐聖恩都人相謂毋死與懽上則祈哀公朝下則推誠勸分甘雨隨至米商來集流移至者有以濟之力求納禄授資政殿學士提舉萬壽觀兼侍讀監修國史實録院修撰奉朝請與懽至浙江上召還即日絶江去帝為悵然與懽三為府尹盡力民事都人稱趙端明必以手加額曰趙佛子也久之以舊職知温州政事必親吏不敢欺紉水砦修貢院以侍讀召辭不許入對言爵禄之濫因及國本事五匃歸又不許進春秋解升大學士薦士六十人史嵩之

将復入相而人言不已帝以問與懽言嵩之老師費
財私暱貪富過立名譽必不宜復用時嵩之猶子璟
卿誦言其過忽斃而杜範劉漢弼徐元杰三賢暴死
入皆疑嵩之致毒與懽請優恤漢弼元杰家帝從之
而■優恤手詔則與懽所擬入也又請以兵財分任
輔臣在講筵言以壞證付庸醫僅支殘息徒運巧心
天一事尚堪再誤耶時相忌之尋授安德軍節度使
開府儀同三司萬壽觀使日食應詔言事益切月賜
內帑與懽辭不取帝書安貧樂道植節秉忠字賜之
建儲未定乃申言之又言人才乏使賊吏不悛民昔

流而南今流而北盜昔伏於遠今伏於近體認不真
賢否無別國將誰與立邪頗富一代之儲使小人無
間可投以絕隱伏之禍帝為改容袁士宋斌少從黃
榦李燔登朱熹之門學禁方嚴羇旅困沮年且八十
與懽延之事以父行奏乞用旌禮布衣故事死葬西
湖上歲一祭焉帝遂二諫臣與懽力爭之五乞免朝
請三乞致仕俱不允賜泰卦詩忠邪辨自是國事皆
縷縷言之有不勝書蓋其愛君憂國本諸天性拜少
傅卒遺表猶不忘規正帝震悼輟朝賻贈有加詔有
司治葬贈少師追封奉化郡王謚清敏累贈太師手

注六經及仁皇訓典詳釋又有高宗寶訓要釋奏議
詩文百卷與懽嘗謂士大夫有貪聲則雖奇才奥學
徒以蠹國害民爾故斂之夕而金帶猶質錢民家云
趙必愿字立夫廣西經畧安撫崇憲之子也未弱冠
丁大母憂哀毀骨立服闋以大父汝愚遺表補承務
郎開禧元年銓監平江府糧料院調常熟丞嘉定七
年舉進士知崇安縣剖判如流吏不能困修學政立
催科法列戶名為三等以三期為約足者旌之未足
者寬以趣之踰期不納者里胥程督之民皆感懌頑
輸華胥吏鬻鹽之弊擅發光化社倉活饑民帥怒逮

吏欲懲之必愿曰吾牧職也吏何罪東檐俟譴帥無
以詰而止舊有均惠倉無所儲必愿捐緡錢增糴至
二千石力主義役之法鄉選善士任以推排入資買
田助役則勉有產之家有感化者出己田以倡遂遍
行一邑上下便之臺府以聞下其式八郡四十八縣
秩滿民共立祠刻石授湖廣總所幹辦公事丁父憂
居喪盡禮貽書問學于黃榦服除差充兩浙運司主
管文字再考特差充提領安邊所主管文字差知全
州陛辭奏乞下道江二州訪周惇頤之後知常州改
知處州陳折帛納銀之害皆得請移泉州罷白土課

及免差吏權鐵諷諸邑行義役秋旱力講行荒政乞
撥永儲廣儲二倉米振救差主管官告院越五日詔
依舊主管官告院兼知台州一循大父之政察民疾
苦撫摩凋瘵修養濟院建陳瓘祠政教兼舉端平元
年以直秘閣知婺州至郡免催紹定六年分小戶綾
羅錢三萬緡有奇立淳良頑慢二籍勸懲人戶措置
廣惠倉及諸倉積穀奏乞寬減內帑綾羅申省免用
舊例預解諸色窠名錢罷開化稅場遷太府寺丞尋
遷度支郎中詔以汝愚配享寧宗從必愿請也兼右
司郎中引見疏言陛下英明容運斷出於獨固欲一

切轉移之然而大權若在我或者猶有下移之疑衆
正若已開或者猶有旁徑之疑策免二相銷天變也
去者固難以復留留者恐終於引去虛鼎席以待故
老疑者或意其未必來而況在數千里之外責次補
以任大政疑者或意其不敢專而況於不安其位中
書政之本也今果何時尚可含糊意向以啓天下之
疑乎親擢臺諫開言路也用之未久者何為輕於易
去去之未幾何為使之復來召於外服者不知果能
用之而必堅除目周行者不知果能聽之而無諱乎
朝廷除授軍國賞罰本至公也今有姓名未達於廟

堂而遷擢忽由於中出斥逐三衙竟不指名罪狀而
人始得以疑陛下矣一除目之肦一號令之出雖未
必由於閹官而人或疑於閹官雖未必由於私謁而
人或疑於私謁雖未必由於戚畹宗邸而人或疑於
戚畹宗邸夫天下者祖宗之天下也非陛下所私有
也陛下雖有去敝之心而動涉可疑之迹陛下亦何
樂於此時論偉之三京兵敗邊事甚亟詔條上守禦
計必愿言十事下哀痛之詔合江淮之兵捄江陵之
急節財用之宜縻議和之使撫無歸之民處北來之
衆置鎮撫之使擇帥閫之代援未用之將皆切於邊

要政府議楮幣日輕欲令諸州再用印及他為稱提
之法必愿力爭不可嘉熙元年貽書政府論邊防事
宜授右司郎中火災必愿應詔上封事曰開邊稔禍
之刑牽制而未行激變棄城之戮姑息而未舉京襄
淪沒祖宗之基業莫能保淮蜀蹂躪赤子之寃魂無
所依履畝之令下而加以抑配稱提之法嚴而重以
告訐民無蓋藏每有轉壑之憂士不宿飽常有思亂
之志又曰臺諫給舍骨鯁之論莫容左右便嬖浸潤
之言易入春夏常尋閤畧於原廟之尊節鉞隆恩啓
勤於邸第之貴又曰必也正故相專國之罪嚴貪夫

徇國之誅思室鬼髙明之瞰先編氓後親貴去木妖
競治之釁尚堅固華奢華戒宴毆無度之讌酣節内
庭不急之營繕又論濟王及國本事遷左司郎中又
遷司農少卿兼左司轉對言正氣日消月沮馴至今
日非惟搢紳不肯論事下至草茅之士皆結舌矣端
平初年沉痾方去新病未作陛下猶勤於咨訪如恐
不及今疾攻心腹決裂將潰乃不求瞑眩之劑以起
其殆甚可惑也又曰毋使人臣以指斥懷疑毋致陛
下以厭言得謗時直士相繼去故必愿及之兼勑令
所删修官拜司農卿兼職如故翼日改宗正少卿仍

兼删修勑令兼國史編修實録檢討尋兼左司遷太
府卿仍兼編修檢討遷宗正少卿詔依舊太府卿仍
兼職且兼中書門下檢正諸房公事轉對言中才庸
主惟其無所知覺故言不可入而敗亡隨之陛下作
敬天之圖朝夕對越謂宜天意可回而熒惑失度鬱
攸煽災迫近禁門幾燬左藏煙埃方息白晝隕星貫
日之虹脅陽之雹疊見層出陛下觀時察變何由致
此今日之事動無良策惟在側身修行祈天永命而已
遷起居舍人兼職仍舊大水上封事曰海潮毀隘侵
迫禁城災異之來理不虛發必上畏天戒下修人事

易沴召和轉移於陛下方寸間耳又曰周官國有大
事則舉大詢之理今日之事迫矣謂宜合衆謀屈群
策上而搢紳下而芻蕘各陳所見擇其可用之策以
授任事之臣庶幾千慮一得以成天下人不因之意
暫兼權右郎官言財非天雨鬼輸豈可輕施妄用長
此不已必至顛覆異時或得罪今之大夫不能為國
生財程异皇甫鎛之徒乘間捷出推敲剋剝以術相
勝鑿空取辦以計巧取事掊斂獻羨餘間架緡錢之
令下而唐祚愈促矣願陛下精思熟慮約已愛民必
如勾踐之卧薪嘗膽必如衛文公之帛衣布冠可也

權吏部右侍郎乞免兼檢正從之兼國史修撰時邊
事急必愿應詔言宜勑彭大雅自重慶領王青之兵
東下以復夔責李安民及歸峽二守以自效調一將
督中流之師以伐其順流之謀調一將自間道出鼎
澧之後以折其擣虛之鋒調一將助芮興之勢以備
江陵之急又宜下湖南遣飛軍及團結民兵之類守
沅江益陽江以防衝突長沙盡收江上民船毋資敵
用區畫皆中事機暫兼權侍左侍郎李宗勉每稱其
平允暫兼權戶部侍郎兼同詳定勑令請立國本請
親禱雨遷戶部侍郎暫兼給事中先是錢相嘗繳陳

洵益贈節使不行必愿復繳奏曰李韶向為殿中侍御史疏論洵益乞予外祠以絶窺伺陛下不行其言復奪其職韶不能自安徑求外補今召之不至正以此故若超贈洵益又繳駁不行韶愈無來期矣陛下忍於去一賢從官而不忍於沮一已死之内侍則何以興起治功振揚國勢欲望寢洵益節鉞趣韶供職於是必愿三以疾乞祠不許權户部尚書疏言端平元年洛師輕出明年德安失襄陽失又明年固始失定遠失六安失郢復荆門失蜀道蹂成都破又明年夔峽徙淳光降又明年滁陽殲越二年壽春棄明年

真陽擾安豐危成都遺燼靡有孑遺又曰去冬安豐危而復安特天幸爾君臣動色太平自賀雷作於雪宴之先期蜀警於大宴之盼命戒心一弛赫鑒已隨之矣又乞諭太府丞覈户部收支數目庶見多寡盈虛之實有餘則儲之以待朝廷之取撥闕則助之以示宫府之一體二疏迕丞相史嵩之乞免官乞祠皆不許以司諫鄭起潛論列以寶謨閣直學士奉祠辭職名不許淳祐五年以華文閣直學士知福州福建安撫使三辭不許閩人聞必愿至欣然歎美必愿平易以近民忠信以厚俗惻怛以勤政行鄉飲酒旌退

士獎高年裁僧寺實封之數尤留意武事甫入境即以軍禮見戎帥申明左翼軍節制事宜措置海道修水教士卒知勸居官四年累乞歸及命召又三辭皆不許卒遺表上贈銀青光禄大夫必愿才周器博心平量廣而又蚤聞家庭忠孝之訓師友正大之言故所立卓然可稱云

論曰宋之公族往往亦由科第顯用各能以術業自見汝談汝讜希館是已彥吶帥邊而墮功亦由廟算之短善湘父子克平大盜與懽以長者稱必愿世濟其美可謂信厚之公子矣

列傳卷第一百七十二

列傳卷第一百七十三　宋史四百十四

開府儀同三司上柱國錄軍國重事中書右丞相監修國史領經筵事都總裁臣脫脫等奉

勅修

史彌遠　鄭清之　史嵩之

董槐　葉夢鼎　馬廷鸞

史彌遠字同叔浩之子也淳熙六年補承事郎八年轉宣義郎銓試第一調建康府糧料院改沿海制置司幹辦公事十四年舉進士紹熙元年授大理司直二年遷太社令三年遷太常寺主簿以親老請祠主管沖佑觀丁父憂慶元二年復為大理司直尋改諸

王宮大小學教授輪對乞旌廉潔之士推舉薦之實濬溝洫固隄防實倉廩均賦役課農桑禁末作為水旱之備葺城郭修器械選將帥練士卒儲粟穀明烽燧為邊鄙之防丞相京鏜屏左右曰君他日功名事業過鏜遠甚願以子孫為託四年授樞密院編修官遷太常丞尋兼工部郎官改刑部六年改宗正丞出外知池州嘉泰四年提舉浙西常平開禧元年授司封郎官兼國史編修實錄檢討遷秘書少監遷起居郎二年兼資善堂直講韓侂胄建開邊之議以堅寵固位已而邊兵大衄詔在位者言事彌遠上疏曰今之議者以為先發者制人後發者制於人此為將之事施於一勝一負之間則可以爭雄而捷出若夫事關國體宗廟社稷所係甚重詎可舉數千萬人之命輕於一擲乎京師根本之地今出戍既多留衛者寡萬一盜賊竊發誰其禦之若夫沿江屯駐之兵各當一面皆所以拱護行都尤當整備繼今勿輕調發則內外表裏俱有足恃而無可伺之隙矣所遣撫諭之臣止令按歷邊陲招集逋寇戒飭將士固守封圻毋惑浮言以撓吾之規毋貪小利以滋敵之釁使民力愈寬國勢愈壯遲之歲月以俟大舉實宗社無疆之

福奏方具客曰侂胄必以奏議占人情太夫人年高能無貽親憂乎彌遠曰時事如此言入而益於國利於人吾得罪甘心焉封鄞縣男兼權刑部侍郎三年改禮部兼同修國史實錄院同修撰仍兼刑部兵端既開敗衄相屬累使求和金人不聽都城震搖宮闈疑懼常若禍在朝暮然皆畏侂胄莫敢言彌遠力陳危迫之勢皇子詢聞之亟具奏乃罷侂胄并陳自強右丞相既而臺諫給舍交章論駁侂胄乃就誅召彌遠對延和殿帝欲命為簽書樞密院事力辭乃遷禮部尚書兼國史實錄院修撰詢立為太子兼詹事遣

使詣金求和金人以大散隔牙二關濠州來歸疏奏
令兩淮襄漢沿邊之地瘡痍未瘳軍實未充當勉厲
將帥盡吾委寄之誠簡閱士卒覈其尺籍之闕繕城
堡葺器械儲糗糧當聘使既通之後常如干戈未定
之日推擇帥守以壯藩屏之勢獎拔智勇以備緩急
之求拜同知樞密院事兼太子賓客進封伯嘉定元
年遷知樞密院事進奉化郡侯兼參知政事拜右丞
相兼樞密使兼太子少傅進開國公丁母憂歸治葬
太子請賜第行在令就第持服以便咨訪二年以使
者趣行急乃就道起復右丞相兼樞密使兼太子少

師四年落起復霅趙汝愚之冤乞褒贈賜謚甄正誣
史一時偽學黨人朱熹彭龜年楊萬里呂祖儉雖已
殁或褒贈易名或錄用其後召還正人故老于外十
四年賜家廟祭器寧宗崩擁立理宗於是拜太師依
前右丞相兼樞密使進封魏國公六辭不拜因乞解
機政歸田里亟出關帝從之寶慶二年拜少師賜玉
帶勸上傾心順承以事太后力學修德以答皇天眷
祐以副四海歸戴紹定元年上太后尊號拜太傅八
辭不拜夏得疾累疏丐歸不許都城災五疏乞罷斥
乃降封奉化郡公五年春復爵六年將拜太師三具

奏辭乞免出命不許乃拜太師依前右丞相兼樞密
使魯國公又三具奏辭紹定五年上疏乞謝事拜太
傅未幾拜太師左丞相兼樞密使上疏乞解機政依
前太師特授保寧昭信軍節度使充醴泉觀使進封
會稽郡王卒遺表聞帝震悼輟朝三日特贈中書令
追封衛王謚忠獻戶部支賻贈銀絹以千計內帑特
須五千匹兩遣使祭奠及其喪還遣禮官致路祭于
都門外賜繇佩玉黝纁初誅李全復淮安克盱眙第
功行賞諸將皆望不次拔擢或言於彌遠彌遠曰御
將之道譬如養鷹飢則依人飽則颺去曹彬下江南

太祖未肯以使相與之況今邊戍未撤警報時聞若
諸將一一遂其所求志得意滿猝有緩急孰肯效死
趙善湘以從官開閫指授之功居多日夜望執政彌
遠曰天族於國有嫌高宗有詔止許任從官不許為
執政紹熙末慶元初因汝愚旁逾有定策功是以權
宜行之其與善湘姻家則又豈敢彌遠親客友周鑄
兄彌茂甥夏周篆皆寄以腹心人皆謂三人者必顯
貴然鑄老於布衣彌茂以執政恩入流周篆以捧香
恩補官俱止訓武郎而已初彌遠既誅韓侂胄相寧
宗十有七年迨寧宗崩廢濟王非寧宗意立理宗又

獨相九年擅權用事專任憸壬理宗德其立己之功不思社稷大計雖臺諫言其姦惡弗恤也彌遠死寵渥猶優其子孫厥後為製碑銘以公忠翊運定策元勳題其首濟王不得其死識者群起而論之而彌遠反用李知孝梁成大等以為鷹犬於是一時之君子貶竄斥逐不遺餘力云

鄭清之字德源慶元之鄞人初名燮字文叔少從樓昉學能文樓鑰亟加稱賞嘉泰二年入太學十年登進士第調峽州教授帥趙方嚴重靳許可清之往白事為置酒命其子范葵出拜方掖清之毋答拜且曰他日願以二子相累湖北茶商群聚暴橫清之白總領何炳曰此輩精悍宜籍為兵緩急可用炳亟下召募之令趨者雲集號曰茶商軍後多賴其用調湖廣總所準備差遣國子監書庫官十六年遷國子學錄丞相史彌遠與清之謀廢濟國公事見皇子竑傳俄以清之兼魏惠憲王府教授遷宗學諭遷太學博士皆仍兼教授寧宗崩丞相入定策詔旨皆清之所定理宗即帝位授諸王宮大小學教授遷宗學博士宗正寺丞兼權工部郎兼崇政殿說書帝問外人因閤子庫進絲履有謗議清之言禁中服用頗事新潔者

帝曰故事月進鞵數兩朕非敢不易何由致謗清之奏孝宗繼高宗故儉德易彰陛下繼寧考故儉德難著寧考自奉如寒士衣領重澣華爲屢補今欲儉德著聞須過於寧考方可帝嘉納寶慶元年改兼兵部兼國史院編修官實錄院檢討官遷起居郎仍兼史官說書樞密院編修官二年權工部侍郎暫權給事中進給事中升兼同修國史實錄院同修撰紹定元年遷翰林學士知制誥兼侍讀升兼修國史實錄院修撰端明殿學士簽書樞密院事三年授參知政事兼簽書樞密院事四年兼同知樞密院事六年彌遠卒命清之為右丞相兼樞密使端平元年上既親總庶政赫然獨斷而清之亦慨然以天下為己任召還真德秀魏了翁崔與之李埴徐僑趙汝談尤焴游似洪咨夔王遂李宗勉杜範徐清叟袁甫李韶時號小元祐大者相繼為宰輔惟與之終始辭不至遺逸如劉宰趙蕃皆見旌異是時金雖亡而入洛之師大潰二年上疏乞罷不可拜特進左丞相兼樞密使三年八月霖雨大風四疏匄去九月禋祀雷變請益力乃授觀文殿大學士醴泉觀使兼侍讀四疏控辭依舊大學士提舉洞霄宮及聞邊警密疏恐陛下憂悔太

過以汨清明之躬累剛大之志嘉熙三年封申國公四年遣中使賜御書輔德明謨之閣賜楮十萬緡為築室乃日與賓客門生相羊山水間淳祐四年依前觀文殿大學士醴泉觀使兼侍讀屢辭不允拜少保觀文殿大學士醴泉觀使兼侍讀進封衛國公趣入見有旨賜第五年正月上壽畢亦疏乞歸不允拜少傅依前觀文殿大學士醴泉觀使兼侍讀進封越國公居無何聚其子士昌決意東還又不許拜少師奉國軍節度使依前醴泉觀使兼侍讀越國公賜玉帶更賜第于西湖之漁莊進讀仁皇訓典謂仁祖之仁

厚發為英明故能修明紀綱而無寛弛不振之患孝宗之英明本於仁厚故能涵養士氣而無矯勵峭刻之習蓋仁厚英明二者相須此仁祖孝宗所以為盛也帝褒諭之六年拜太保力辭故事許回授子孫清之請追封高祖洽帝從之蓋異恩也七年拜太傅右丞相兼樞密使越國公中使及門清之方放浪湖山寓僧剎竟夕不歸詰旦內引叩頭辭免帝勉諭有外間所不及知者甫退則中使接踵而至或請更化改元清之曰改元天子之始事更化朝廷之大端漢事已非古然不因易相而為之帝以邊事為憂詔趙葵

以樞使視師陳韡以知樞密院事帥湖廣二人方辭遜會清之再相力主之科降辟置無所留難葵韡遂往於是戰于泗水渦口木庫皆以捷聞九年拜太師左丞相兼樞密使辭太師不拜依前太傅每謂天下之財困於養兵兵費困於生券思所以變通之遇調戍防邊命樞屬量遠近以便其道塗時緩急以次其遣發又議移戍調兵屯以戍淮面併軍分頭目以節廩稍先移鎮江策勝一軍屯泗水公私便之諸路虧鹽執其事者破家以償清之覈其犯科者追理詿誤者悉蠲之全活甚衆沿江算舟之賦素重清之次第

停罷如池之鴈汊有大法場之目其錢分隸諸司清之奏罷其並緣漁取者蓋數倍公家之入合分隸者從朝廷償之報下清之方與客飲舉杯曰今日飲此酒殊快四上謝事之章十年進十龜元吉箴一持敬二典學三崇儉四力行五能定六明善七謹微八察言九惜時十務實疏奏敬天之怒易敬天之休難天怒可憂而以為易天休可喜而以為難何哉蓋憂則懼心生懼則怒可轉而為休喜則玩心生玩則休或轉而為怒帝大喜命史官書之賜詔獎諭十一年十疏乞罷政皆不許拜太師力辭有事于明堂有旨閤

門給扶掖二人再賜玉帶令服以朝十一月丁酉退朝感寒疾危甚猶以未得雪為憂俄大雪起曰百官賀雪上必甚喜命掬雪床前觀之累奏乞罷政不允奏不已拜太傅保寧軍節度使充醴泉觀使進封齊國公致仕卒遺表聞帝震悼輟朝三日特贈尚書令追封魏郡王賜謚忠定清之不好立異湯巾嘗論事侵清之及清之再相巾求去清之曰已欲作君子使誰為小人力挽留之徐清叟嘗論列清之乃引之共政趙葵視師年餘乞罷上未有以處之清之曰非使作相不足以酬勞陛下豈以臣故耶臣必不因葵來

遽引退臣願為左使葵居右上諡從之然葵竟不果來清之代言奏對多不存藁有安晚集六十卷清之自與彌遠議廢濟王竑立理宗驟驟至宰輔然端平之間召用正人清之之力也至再相則年齒衰暮政歸妻子而閒廢之人或因緣以賄進為世所少云

史嵩之字子由慶元府鄞人嘉定十三年進士調光化軍司戶參軍十六年差充京西湖北路制置司準備差遣十七年升幹辦公事寶慶三年主管機宜文字通判襄陽府紹定元年以經理屯田襄陽積穀六十八萬加其官權知棗陽軍二年遷軍器監丞兼權知棗陽軍尋兼制置司參議官三年棗陽屯田成轉兩官以明堂恩封鄞縣男賜食邑以直秘閣京西轉運判官兼提舉常平兼安撫制置司參議官四年遷大理少卿兼京西湖北制置副使五年加大理卿兼權刑部侍郎升制置使兼知襄陽府賜便宜指揮六年遷刑部侍郎仍舊職端平元年破蔡滅金獻俘上露布降詔獎諭進封子加食邑移書廟堂乞經理三邊不合內祠歸侍手詔勉留之會出師與淮閫協謀掎角嵩之力陳非計疏為六條上之詔令嵩之籌畫糧餉嵩之奏言臣熟慮根本周思利害甘受遲鈍之

譏思出萬全之計荊襄連年水潦螟蝗之災饑饉流亡之患極力振救尚不聊生征調既繁夫豈堪命其勢必至於主戶棄業以逃亡役夫中道而竄逸無歸之民聚而為盜饑饉之卒未戰先潰當此之際正恐重貽宵旰之慮矣兵民陛下之兵民也片紙調發東西惟命然事關根本願計其成必計其敗既慮其始必慮其終謹而審之與二三大臣深計而熟圖之若夫和好之與進取決不兩立臣受任守邊適當事會交至之衝議論紛紜之際雷同和附以致誤國其罪當誅確守不移之愚上迕丁寧之旨罪亦當誅迕旨則

止於一身誤國則及天下丞相鄭清之亦以書言勿爲異同嵩之力求去朝陵之使未還而諸軍數道並進復上疏乞黜罷權兵部尚書不拜乞祠進寶章閣直學士提舉太平宮歸養田里尋以華文閣直學士知隆興府兼江西安撫使帝自師潰始悔不用嵩之言召見力辭權刑部尚書引見疏言結人心作士氣覈實理財等事且言今日之事當先自治不可專恃和議乞祠以前職知平江府以母病乞侍醫藥不俟報可而歸進寶章閣學士淮西制置使兼沿江制置副使兼知鄂州既內引賜便宜指揮兼湖廣總領兼淮西安撫使嘉熙元年進華文閣學士京西荊湖安撫制置使依舊沿海制置副使兼節制光黃蘄舒乞免兼總領從之廬州圍解詔獎諭之以明堂恩進封伯加食邑條奏江淮各三事又陳十難又言江陵非孟珙不可守乞勉諭之漢陽受攻嵩之帥師發江陵奏誅張可大寘盧普李士達以其棄城也二年黃州圍解降詔獎諭拜端明殿學士職任依舊恩數視執政進封奉化郡侯加食邑詔入覲拜參知政事督視京西荊湖南北江西路軍馬鄂州置司兼督視淮南西路軍馬兼督視光蘄黃夔施州軍馬加食邑城黃

州十一月復光州十二月復滁州三年授宣奉大夫右丞相兼樞密都督兩淮四川京西湖北軍馬進封公加食邑兼督江西湖南軍馬改都督江淮京湖四川軍馬薦士三十有二人其後董槐吳潛皆號賢相復信陽以督府米拯淮民之饑六月復襄陽嵩之言襄陽雖復未易守自是邊境多以捷聞降詔獎諭四年乞祠趣召奏事轉三官依前右丞相兼樞密使眷顧特隆賜賚無虛日久旱乞解機政地震屢疏乞罷免皆不許淳祐元年進王斧箴安南入貢不用正朔嵩之議用范仲淹卻西夏書例以不敢聞于朝還之二年進高孝光寧帝紀孝宗經武要畧寧宗實錄日曆會要玉牒進金紫光祿大夫加食邑是冬封永國公加食邑四年遭父喪起復右丞相兼樞密使累賜手詔遣中使趣行於是太學生黃愷伯金九萬孫翼鳳等百四十四人武學生翁日善等六十七人京學生劉時舉王元野黃道等九十四人宗學生與寰等三十四人建昌軍學教授盧鉞皆上書論嵩之不當起復不報將作監徐元杰奏對及劉鎮上封事帝意頗悟初嵩之從子璟卿嘗以書諫曰伯父秉天下之大政必辦天下之大事膺天下之大任必能成天下

之大功比所行寖不克終用人之法不待舉削而改官者有之譴責未幾而旋蒙敘理者有之丁難未幾而遽被起復者有之借曰有非常之才有不次之除醲恩異賞所以收拾人才而不知斯人者果能運籌帷幄獻六奇之策而得之乎抑亦獻賂幕賓而得之乎果能馳身鞍馬效一戰之勇而得之乎抑亦效鞾奴僕而得之乎徒聞包苴公行政出多門便嬖私昵狼狽萬狀祖宗格法壞於今日也自開督府東南民力困於供需州縣倉卒匱於應辦簞金帛輓芻粟絡繹道路曰一則督府二則督府不知所幹者何事所成者何功近聞蜀川不守議者多歸退師於鄂之失何者分戍列屯備邊禦戎首尾相援如常山之蛇維揚則有趙葵廬江則有杜伯虎金陵則有別之傑為督府者宜據鄂渚形勢之地西可以援蜀東可以援淮北可以鎮荆湖不此之圖盡損藩籬深入堂奧伯父謀身自固之計則安其如天下蒼生何是以饑民叛將乘虛擣危侵軼於沅湘搖蕩於鼎澧為江陵之勢尚孤則武昌之勢未易守荆湖之路稍警則江浙之諸郡焉得高枕而卧況殺降失信則前日徹疆之計不可復用矣內地失護則前日清野之策不可復施矣此隙一開東南生靈特几上之肉耳則宋室南渡之疆土惡能保其金甌之無闕也盍早為之圖上以寬九重宵旰之憂下以慰雙親朝夕之望不然師老財殫績用不成主憂臣辱公論不容萬一不畏強禦之士繩以春秋之法聲其討罪不效之咎當此之時雖優游菽水之養其可得乎異日國史載之不得齒於趙普開國勳臣之列而乃厠於蔡京誤國亂臣之後遺臭萬年果何面目見我祖於地下乎人謂禍起蕭墻危如朝露此愚所痛心疾首為伯父苦口極言為今之計莫若盡去在幕之群小悉召在野之君子相與改弦易轍戮力王事庶幾失之東隅收之桑榆矣如其視失而不知救視非而不知革薰蕕同器鸞驥同櫪天下大勢駸駸日趨於危亡之域矣伯父與璟卿親猶父子也伯父無以少年而忽之則吾族幸甚天下生靈幸甚我祖宗社稷幸甚居無何璟卿暴卒相傳嵩之致毒云嵩之為公論所不容居閒十有三年寶祐四年春授觀文殿大學士加食邑八月癸巳卒遺表上帝輟朝贈少師安德軍節度使進封魯國公謚忠簡以家諱改謚莊肅德祐初以右正言徐直方言奪謚

董槐字庭植濠州定遠人少喜言兵陰讀孫武曹操之書而曰使吾得用將汛掃中土以還天子槐貌甚偉廣顙而豐頤又美鬚論事慷慨自方諸葛亮周瑜父永遇槐嚴聞其自方怒而嘻曰不力學又自喜大言此狂生耳吾弗願也槐心愧乃益自摧折學於永嘉葉師雍聞輔廣者朱熹之門人復往從廣廣歎其善學嘉定六年登進士第調靖安主簿丁父憂去官十四年起為廣德軍錄事參軍民有誣富人李桷私鑄兵結豪傑以應李全者郡捕繫之獄槐察其枉以白守守曰為反者解說族矣槐曰吏明知獄有枉而

擠諸死地以傅於法顧法豈謂諸被告者無論枉不枉皆可殺乎不聽頃之守以憂去槐攝通判州事歎曰桷誠枉今不為出之生無繇矣乃為翻其辭明其不反書上卒脫桷獄紹定二年遷鎮江觀察推官明年春入為主管刑部架閣文字秋兼權禮兵部架閣還籍田令特差權通判鎮江府至州會全叛浙淮臨大江大府急發州兵槐即日將兵濟江而西全遁去乃還五年丁母憂端平三年差通判蘄州辭嘉熙元年召赴都堂遷宗正寺簿出知常州後三日提點湖北刑獄常德軍亂夜縱火而譟守尉閉不出槐騎從

數人於火所且問亂故亂者曰將軍馬彥直李五歲請吾屬將責之償不為亂也槐坐馬上召彥直斬馬前亂者還入伍中明日乃捕首亂者七人戮諸市而聘彥直之家差充歸峽岳察訪使二年兼權知常德府尋兼軍器少監依舊提點刑獄三年以直寶謨閣知江州兼都督府參謀秋流民渡江而來歸者十餘萬議者皆謂方軍興郡國急儲粟不暇食民也槐曰民吾民也發吾粟振之胡不可至者如歸焉當是時宋與金為鄰國而襄漢楊楚之間豪傑皆自相結以保其族無賴者往往去為群盜浮光人瞿全寓黃陂

有衆三千餘稍出鹵掠槐令客說下全徙之陽鳥洲使雜耕蘄春間又募賜之用為裨將於是曹聰劉清之屬皆來自歸四年進直華文閣知潭州主管湖南安撫司公事方三邊急於守禦督府日夜徵發民且困槐為畫策應之令民不傷而軍須亦不匱淳祐二年遷左司郎官進直龍圖閣沿江制置副使兼知江州主管江西安撫司公事視其賦則吏侵甚下教曰吾滋州而吏猶為盜不自悔吾且誅之吏乃震恐願自新槐因除民患害凡利有宜弛以利民惟恐不盡弛大計軍實常若敵且至裨將盧淵凶猾不受命斬

以徇師軍中肅然三年進秘閣修撰四年召入奏事遷權戶部侍郎賜紫進集英殿修撰沿江制置使江東安撫使兼知建康府兼行宮留守軍政弛弗治乃為賞三等以教射春秋教肄士卒坐作進退擊刺之技歲餘盡為精兵六年召至闕辭出知靜江府兼廣西經略安撫使又辭權廣西運判兼提點刑獄宰相移書槐曰國家方用兵人臣不辭急難公幸毋固辭槐即日就道至邕州上守禦七策邕州之地西通諸蠻夷南引交阯及符奴月烏流鱗之屬數寇邊槐與約無相侵推赤心遇之皆伏不動又與交阯約五事

一無犯邊二歸我侵地三還鹵掠生口四奉正朔五通貿易於是遣使來獻方物大象南方悉定七年進寶章閣待制八年遷工部侍郎職事依舊兼轉運使九年召赴闕封定遠縣男遷兵部侍郎兼權給事中兼侍讀升給事中上疏請抑損戚里恩澤以慰天下士大夫羣臣奏事少與法違憚槐不敢上兼侍讀進寶章閣直學士知福州福建安撫使辭進封子是年冬拜端明殿學士簽書樞密院事進封侯十二年為同知樞密院事寶祐元年權參知政事二年進參知政事四川制置使余晦以戰敗奪官詔荊襄制置使

李曾伯往視師曾伯辭槐曰事如此尚可坐而睨乎上疏請行頓重兵夔門以固荊蜀輔車之勢詔報曰腹心之臣所與共理天下者也宜在朝廷不宜在四方復上疏曰天下之事不進則退人臣無敢為岐意者苟以臣為可任宜少聽臣自效即臣不足與軍旅之事願上官爵不許進封濮陽郡公帝曰卿用槐槐言事無所隱意在於格君心之非而不為容悅帝問糴民粟積邊則對曰吳民困甚有司急糴不復省夫民惟邦本願先盡意根本帝問修太乙祠則對曰土工洊起民罷於徵發非所以事天也帝問邊事對曰

外有敵國則其計先自強自強者人畏我我不畏人又言敵國在前宜拔材能用之士大夫有過失為執法吏所刺劾終身擯弗用深為朝廷惜此苟非姦衺皆願為昭洗勿廢其他善又遷謫之臣久墮遐方稍稍內徙今得生還顧弗用可矣槐每奏帝輒稱善三年拜右丞相兼樞密使槐自以為人主所振拔苟可以利安國家無不為然務先大體任人先取故舊之在疏遠者在官者率滿歲而遷嗜進者始不說矣槐又言於帝曰臣為政而有害政者三帝曰胡為害政者三對曰戚里不奉法一矣執法大吏久於其官而

擅威福二矣皇城司不檢士三矣將率不檢下故士卒橫士卒橫則變生於無時執法威福擅故賢不肖混淆賢不肖混淆則姦宄肆賢人伏而不出親戚不奉法故法令輕法令輕故朝廷卑三者弗去政且廢頤自上除之於是嫉之者滋甚帝年浸高操柄獨斷群臣無當意者漸喜狎佞人丁大全善為佞帝躐貴之竊弄威權而帝弗覺悟大全已為侍御史遣客私自結於槐槐曰吾聞人臣無私交吾惟事上不敢私結約幸為謝丁君大全度槐弗善己銜甚乃日夜刻求槐短槐入見極言大全衺佞不可近帝曰大全未

嘗短卿卿勿疑槐曰臣與大全何怨顧陛下棱臣至此臣知大全姦衺而噤不言是負陛下也且陛下謂大全忠而臣以為姦不可與俱事陛下矣既罷出即上書乞骸骨不報四年策免丞相以觀文殿大學士提舉洞霄宮時大全亦論劾槐書未下自發省兵迫遣之於是太學諸生陳宜中等上書爭之語見大全傳五年及景定元年俱用祀明堂恩加食邑二年特授判福州福建路安撫大使固辭進封吉國又進封許國公三年五月二十八日既夕天大雨烈風雷電槐起衣冠而坐麾婦人出為諸生説允謙二卦問夜

如何諸生以夜中對遂薨遺表上贈太子少師謚文清帝使使致金六十斤帛千匹以賻

葉夢鼎字鎮之台之寧海人本陳待聘之子七歲後於母族少從直龍圖閣鄭霖宗正少卿趙逢龍學以太學上舍試入優等兩優釋褐出身授信州軍事推官攝數事講荒政遷太學録淳祐二年雷變上封事言召人才戒嬖近明年輪對言君子直言軍制楮幣任官分閫六事同番易湯巾召試館職授秘書省正字四年升校書郎兼莊文府教授五年遷秘書郎轉對言定國本求哲輔專閫帥奬用介直雷變上言援

唐康澄五可畏之説遷著作佐郎六年拜軍器少監兼兵部郎官轉對言國計邊事國體三事又言外有窺邊之大敵内有伺隙之巨姦奇衺蠱媚於宮闈熏腐依憑於城社強藩悍將牙蘖易搖草竊姦宄肘腋階變權知袁州轉運司和糴米三萬斛夢鼎言袁山多而田少朝廷免和糴已百年自今開之百姓子孫受無窮之害則無窮之怨從之民湯頑獻田學官妻子離散夢鼎遂還之毀萬載旗簡村淫祠塞其妖井召赴行在丁本生母憂十一年免喪拜司封員外郎輪對言陛下感於左右之譏説例視言者為好名中

傷既深膠固莫解近歲以來言稍犯人主之所難者不顯罷則陰黜不久外則設閫去者屢召而不還來者一鳴而輒斥兼王爍檢討官以直秘閣江西提舉常平兼知吉州節制捍將置社倉義倉平反李義山受贓之冤以國子司業召寶祐元年陛對言國論主平江西義倉不可待申省而後發考試集英殿授崇政殿說書進講尚書兼國史編修實錄檢討遷國子祭酒二年兼權禮部侍郎諫辛酉太乙宮三年權禮部侍郎仍兼祭酒升兼同修國史實錄院同修撰尋兼侍講丁母憂五年以集英殿修撰差知贛州丁大

全柄國欲撓夢鼎登朝卒辭謝之六年改知建寧府又改知隆興府開慶元年復知建寧府作橋梁置驛舍建大安關決疑獄景定元年召為太子詹事上疏以法天為言遷吏部侍郎賜寧海縣食邑二年權兵部尚書兼權吏部尚書三年遷兵部尚書兼修國史兼實錄修撰遷吏部尚書五辭免請祠不允拜端明殿學士同簽書樞密院事屢辭不許同提舉編修經武要略兼太子賓客進封寧海伯七年簽書樞密院事進封臨海郡侯以明堂恩進封臨海郡公丞相賈似道欲造關子罷十七十八兩界會子夢鼎以為厲

民乃止罷十七界公田法行夢鼎又以為厲民故行之浙右而止五年三辭不許進同知樞密院事權參知政事以彗星出夢鼎言政上下恐懼交修之日乞解機政又不許奏免浙西經界理宗崩議太子即位太后垂簾聽政夢鼎曰母后垂簾豈是美事進參知政事加食邑夢鼎力辭似道懇留之不可帝勉諭再三詔閤門封還奏疏似道奏參政去則江萬里王爚必不來理宗復土攝少傅竣事引疾歸里累詔力辭授資政殿學士知慶元府沿海制置使肅清海寇罷止首惡羨餘之費悉卻不受建濟民倉以備饑歲造

驛舍以待賓旅咸淳三年再召為參知政事加食邑六辭不許詔著作佐郎盧鉞與台州守項公采趣行拜特進右丞相兼樞密使累辭不許迺與似道分任利州轉運使王价嘗以言去官非其罪也四川制置司已辟參議及死其子想求遺澤至是夢鼎明其無罪似道以為恩不已出罷省部吏數人榜其姓名于朝夢鼎怒曰我斷不為陳自強即求去似道之母讓似道曰葉丞相安於家食未嘗希進汝強與以相印令乃牽制至此若不從吾言吾不食矣似道曰為官不得不如此會太學諸生亦上書言似道專權固位

乃悔悟屬府尹洪燾求解而夢鼎屢上章乞閒冬雷引咎求去愈力四年兼揚妃宰相無拜禮吏贊拜夢鼎以笏揮之趨出明日乞還田里詔勉留之詔免諸州守臣上殿奏事夢鼎言祖宗謹重牧守之寄將赴官必令奏事蓋欲察其人品及面諭以廉律己愛育百姓其至郡延見吏民具宣上意庶幾求無負臨遣之意今不遠數千里而來咫尺天顏而不得見甚非立法之本意又乞容受直言進少保五年引杜衍致仕單車脅遺故事累辭乃授觀文殿學士判福州福建安撫大使進封信國公不拜充醴泉觀使又不拜

七年再充醴泉使九年授少傅右丞相兼樞密使引疾力辭宰掾即賫詔至趣行扶病至嵊縣請辭不獲乞還山林疏奏願上屬精寡欲規當國者收人心固邦本勵將帥飭州縣重振恤侖冊徑歸使者以禍福告夢鼎語之曰廉恥事大死生事小萬無可回之理似道大怒臺臣奏從歸田之請詔仍少保觀文殿大學士醴泉觀使不請祠祿瀛國公初即位咨訪故老夢鼎上封事曰敦教道訓廉德厲臣節拯民瘼重士選勸吏廉懲吏姦補軍籍授判慶元府沿海制置大使力辭依前醴泉觀使兼侍讀不拜二年益王即位

于閩召為少師太乙宮使航海遂行道梗不能進南向慟哭失聲而還後二年卒子應及太府寺丞知建德府軍器少監駐戍軍馬應有朝請郎太社令

馬廷鸞字翔仲饒州樂平人本灼之子繼灼兄光後甘貧力學既冠里人聘為童子師遇有酒食饌則念母蔡藿不給為之食不下咽登淳祐七年進士第調池州教授需次六年寶祐元年召赴都堂審察辭至池以禮帥諸生二年調主管戶部架閣三年遷太學錄召試館職時外戚謝堂屬文翁內侍盧允升董宋臣用事廷鸞試策言彊君德重相權收直臣防近習

大興時迁遷秘書省正字四年尤焴提舉史事辟為史館校勘初丁大全令浮梁雅慕廷鸞彌欲鉤致之廷鸞不為動試策稍及大全及廷鸞當輪對大全私謂王持垕往瞯焉廷鸞素厚持垕且同館不虞其諜也密露大意持垕紿曰君猶未敗秩姑託疾為後圖乎廷鸞曰此微臣千一之遭其何敢不力持垕以告大全及俟對殿門格不得見翼日以監察御史朱熠劾罷宋臣遣八廂貌士索奏藁雖焚聞者浸廣忌者愈深而廷鸞之名重天下開慶元年吳潛入相召為校書郎景定元年兼沂靖惠王府教授時大全黨

多斥宋臣尚居中言路無肯言者諸學官抗疏疏上即行會日食與秘書省同守局因相與草疏潛以書告廷鸞曰諸公言事紛紛皆疑潛所嗾閣館中又將論列校書宜無與以重吾過廷鸞對曰公論也不敢避私嫌越數日宋臣竟坐謫徙安吉州兼權樞密院編修官時賈似道自江上還位望赫奕廷鸞未嘗親之輪對言國於東南者楚越霸而有餘東晉王而不足乞遏惡揚善以順天舉直錯枉以服民遷樞密院編修官兼權倉部郎官二年進著作佐郎兼右司遷將作少監三年一再乞外補不許廷鸞論貢舉三事嚴鄉里之舉重臺省之覆試訪山林之遺逸又言荒政宜獨除被災州縣租賦之不可得者權軍器監兼左司兼太子右諭德升左諭德行國子司業乞免兼左司輪對言集和平之福者自陛下之身始養和平之德者自陛下之心始兼翰林權直擢秘書少監升權直學士院四年擢起居舍人兼太子右庶子兼國史院編修官實録院檢討官入奏言太史必當謹書災異願陛下翕受敷施以壯人才之精神虛心容納以植人言之骨幹念邦本而以公滅私嚴邊備而思患豫防時毋召用宋臣廷鸞引何郯之説進極言宋

臣不可用帝從之薦士二十人進中書舍人程奎汚穢詭秘不當補將仕郎王之淵為大全黨不當通判江州朱熠不當知慶元府及為制置使林爽趙必遵張稱孫不當與郡皆繳還詞頭兼國史實録院五年彗出上疏極言天人之際遷禮部侍郎理宗遺詔度宗登極詔皆廷鸞所草兼侍讀辭不許疏列孝宗之政以告升直學士院咸淳元年進端明殿學士簽書樞密院事兼同提舉編修經武要略丁母憂三年同知樞密院事兼同提舉編修經武要略入奏言培命脉植根本崇寬大行仁厚又言恢大度以優容虛聖心而延佇推内恕以假借忍難行而聽納則情無不達理無不盡姦人破膽直士吐氣天下事尚可為也兼權參知政事五年進參知政事兼同知樞密院事進右丞相兼樞密使八年九疏乞罷政九年依舊觀文殿大學士知紹興府浙東安撫大使上疏辭免依舊職提舉臨安府洞霄宮度宗初年詔詢故老專以修攘大計叩之趙葵葵極意指陳曰老臣出入兵間備諳此事願朝廷謹之重之似道作色曰此三京敗事者詞臣失言廷鸞每見文法密功賞稽遲將校不出死力於邊閫升辟稍越拘攣似道頗疑異已黙堂

吏以泄其憤及辭相位帝惻怛久之曰丞相勉為朕留廷鸞言臣死亡無日恐不得再見君父然國事方殷疆圉孔棘天下安危人主不知國家利害羣臣不知軍前勝負列閫不知陛下與元老大臣惟懷私圖臣死且瞑目頓首涕泣而退瀛國公即位召不至自罷相歸又十七年而薨所著六經集傳語孟會編楚辭補記洙泗斋編讀莊筆記張氏祝氏皇極觀物外篇諸書

論曰史彌遠廢親立疏諱聞直言鄭清之墮名於再相之日彌遠之罪既著故當時不樂嵩之之繼也因喪起復群起攻之然固將才也董槐毋得而議之矣葉夢鼎馬廷鸞之所遭逢其不幸也夫

列傳卷第一百七十三

列傳卷第一百七十四　宋史四百十五

開府儀同三司上柱國錄軍國重事前中書右丞相兼修國史領經筵事都總裁脫脫等奉勑修

傅伯成　葛洪　曾三復
黃疇若　袁韶　危稹
程公許　羅必元　王遂

傅伯成字景初吏部員外郎察之孫少從朱熹學登隆興元年進士第調連江尉試中教官科授明州教授以年少嫌以師自居日與諸生論質往復後多成才改知閩清縣丁父艱服除知連江縣東湖溉田餘二千頃隄壞即下流南港為石隄三百尺民蒙其利慶元初召為將作監進太府寺丞言呂祖儉不當以上書貶又言於御史朱熹大儒不可以偽學目之又言朋黨之敝起於人主好惡之偏坐是不合出知漳州以律己愛民為本推熹遺意而遵行之創惠民局濟民病以革禨鬼之俗由郡南門至漳浦為橋三十五治道千二百丈兩為部使者遷工部侍郎時權臣方開邊語尚祕伯成言天下之勢譬如乘舟中興且八十年矣外而望之舟若堅緻歲月既久罅漏寖多苟安旦夕猶懼覆敗乃欲徼倖圖古人之所難臣則

來之知也相府洪同列相率唁丞相或以爲偶然者
伯成正色謂天意如此官師相規時也以爲偶然孚
丞相色動遂陳三事一曰失民心二曰隳軍政三曰
啓邊釁進右司郎官權幸有私謁者皆峻拒之出爲
湖廣總領朝議欲納金人之叛降者伯成言不宜輕
棄信誓乞戒將帥毋生事御史中丞鄧友龍遂劾伯
成罷之嘉定元年召對面論前日失於戰今日失之
和小使雖返要求尚多陛下不獲已悉從之使和議
成猶可以紓一時之急否則虛竭帑藏以資敵人驅降
附以絕來者非計也今之策雖以和爲主宜借日爲
戰守之備權戶部侍郎史彌遠初拜相薦詞有昆命
元龜之語閫帥倪思以爲不當用御史劾罷思伯成
因對及其事帝曰過當者乃對曰思固過當但恐摧
抑太過遂塞言路乞明詔臺諫侍從盡底蘊無以思
爲戒李壁謫居撫州伯成言侂胄之誅壁與有功不
酬近功乃追前罪他日負罪之臣不容以功贖過矣
伯成未爲諫官也嘗言彌遠謀誅侂胄事不遂則其
家先破侂胄誅而史代之勢也諸公要相協和共議
國事若立黨相擠必有勝負非國之福又勸丞相錢
象祖安危大事以死爭之差除小者何必爭異拜左

諫議大夫抗疏十有三皆軍國大義或致彌遠意欲
使有所彈劾謂將引以共政謝之曰吾豈傾人以爲
利哉疏乞詔大臣以公滅私左遷權吏部侍郎以集
英殿修撰知建昌府蔡元定謫死道州歸葬建陽乃
雪其冤於朝進寶謨閣待制知鎮江府全活飢民瘞
藏野殍不可勝數制置司欲移焦山防江軍於圌山
石碑伯成謂虛此實彼利害等耳包港在焦圌之中
不若兩砦之兵迭戍焉圌山砦兵素與海盜爲地伯
成廉知姓名會郡都試捕而鞫之無一逸去獄具請
貸其死黥隸諸軍嘉定八年召赴闕辭不獲行至莆
拜疏曰臣病不能進矣除寶謨閣直學士通奉大夫
致仕理宗即位升直學士落致仕予祠錫金帶伯成
辭免乃進昭明天常扶持人極之說詔進一官寶慶
元年與楊簡同召尋加寶文閣學士提舉佑神觀奉
朝請雖力以老病辭而愛君憂國之念不少衰聞大
理評事胡夢昱坐論事貶竄然語所親曰向呂祖儉
之謫吾爲小臣猶嘗抗論今蒙國恩叨竊至此而不
言誰當言者遂抗疏曰臣恐陛下不復聞天下事矣
方今內無良吏田里愁咨外無名將邊陲危急而廉
恥道喪風俗益偷賄賂流行公私俱困謂宜君臣上

下憂邊恤民以弭禍亂柰何今日某人言某事未幾而斥明日某人言某事未幾而斥則是上疏者以共工驩兜之刑加之矣昔韓愈論後世人主奉佛運祚短促唐憲宗大怒將抵以死自崔群裴度戚里諸賢皆爲愈言止貶潮州尋復内徙今上疏者非可愈比然在列之臣無一爲言者萬一死於瘴癘陛下與大臣有殺諫者之謗史冊書之有累聖治臣垂盡之年與斯人相去風馬牛之不相及獨以受恩優異效其瞽言不報明年加龍圖閣學士轉一官提舉鴻慶宮復辭伯成純實無妄表裏洞達每稱人善不啻如己

出語及女婗人誤國邪人害正詞色俱厲不少假借常慕尸諫疏草畢垂命繕寫朝服而逝年八十有四贈開府儀同三司端平三年賜謚忠簡

葛洪字容父婺州東陽人從呂祖謙學登淳熙十一年進士第嘉定間爲樞密院編修官兼國史院編修官實録院檢討官遷守尚書工部員外郎兼權樞密院檢詳諸房文字上疏言今之將帥其才與否臣不得而盡知惟忠誠所在凡爲人臣者斯須所不可離則不可不以是責之耳今安居無事非必奮不顧死冒水火蹈白刃而後謂之忠也第職思其憂謂之忠公爾忘私謂之忠純實不欺謂之忠且拊循士卒帥之職也朝廷每嚴掊克之禁而營運之適其微之者至矣今乃有別爲名色益肆貪贖視生理之稍豐者而誣以非辜動輒估籍擇廩給之稍優者而強以庫務取辦糴粟抑配軍需於拊循何有哉訓齊戎旅亦帥之職也朝廷每嚴點試之法申階級之令其微之亦切矣今顧有教閱視爲具文坐作僅同兒戲技勇者不與旌賞拙懦者未嘗勸懲士日橫驕類難役使於訓齊何有哉況乃有沉酣聲色之奉溺意田宅之圖而不恤國事者矣又有營營終日專務納交書幣

往來道路旁午而妄希升進者矣自謂繕治器甲修造戰艦究其實則飾舊爲新而已爾自謂撙節財用聲稱羨餘原其自則剝下罔上而已爾乞嚴飭將帥上下振厲申儆軍實常若有寇至之憂磨礪振刷以求更新亦庶乎其有用矣帝嘉納之進直煥章閣爲國子祭酒仍兼國史編修實録檢討遷工部侍郎仍兼祭酒兼同修國史實録院同修撰拜工部尚書亦兼祭酒兼侍讀進端明殿學士同簽書樞密院事拜參知政事封東陽郡公贊討平李全擢王素諫仁宗却王德用進女事以止備嬪御世多稱之以資政殿

學士提舉洞霄宮進大學士召赴行在仍舊職充萬
壽觀使兼侍讀尋提舉萬壽觀兼侍讀守本官致仕
卒帝輟視朝一日謚端獻杜範稱其侃侃守正有大
臣風有奏議雜著文二十四卷
曾三復字無玷臨江人乾道六年進士淳熙末爲主
管官告院遷太府寺簿歷將作太府丞登朝數年安
於平進搢紳稱之紹熙初出知池州改常州召爲御
史檢法拜監察御史轉太常少卿進起居舍人遷起
居郎兼權刑部侍郎以疾告老詔守本官職致仕三
復性耿介恥奔競故位不速進在堂餘兩年持論正

平不隨不激其沒也士論惜之
黃疇若字伯庸隆興豐城人一歲而孤外大母杜教
之淳熙五年舉進士授祁陽縣主簿邑民有訴僧爲
盜且殺人移鞫治疇若疑其無證以白提點刑獄馬
大同且爭之甚力已而得真盜大同薦之調柳州教
授又調靈川令會萬安軍黎蠻竊發經略司遣疇
若條畫招捕事宜疇若謂須稽原始亂爲區處之方
再任嶺外用舉改知廬陵縣州常以六月督畸零稅
疇若念民方艱食取任內縣用錢三十餘緡爲民代
輸兩年諸司舉爲邑最官召赴都堂審察差監行在

都進奏院開禧元年都城火疇若應詔上言曰當今
之急務有三一曰賦斂征求之無藝二曰都鄙軍民
之無法三曰守令牧養之無狀遷太府寺主簿又遷
將作監丞兼皇弟吳興郡王府教授遷太府寺丞又
遷祕書丞兼權禮部郎官兼資善堂說書遷著作
郎拜監察御史首章乞天子擇宰相宰相擇監司又言
善爲國者必以恐懼修省之訓陳于前善爲相者必
以危亡災異之事告於上韓侂胄敗疇若上章匄去
帝批其奏曰卿懷忠蓋朕固知之疇若遂疏鄧友龍
陳景俊之惡先是江淮督府既罔功罷不更置疇若

奏以爲和戰未決不遣近臣置幕府無以統諸將乞
檢會前奏亟詔大臣科條人才爲宣撫使帝即日以
丘崇爲江淮制置使尋遷疇若殿中侍御史兼侍講
朝廷與金人約和金人約函致侂胄首詔令臺諫侍
從兩省雜議疇若與章燮等奏乞梟首然後函送
敵國人譏其有失國體疇若奏令帑藏無餘歲幣若
必睥睨於百姓願自宮禁以及宰執百官共爲撙節逐
年樁積遂置安邊所戶部侍郎沈詵條具合節省拘
催者疇若復乞依仁宗孝宗兩朝成訓凡節省事在
內諸司選內侍長一員令自行搜訪條具來上在外

廷三省則委宰掾樞屬六曹則委長貳事干浮費者聞奏又乞以官司房廊及激賞庫四季所獻幷佗冑萬畝莊等一倂拘樁既而內廷及酒所減省議多格獨得估籍姦贓及房廊非泛供須五項總緡錢九百一十三萬有奇外樁留產業每歲又可得七十一萬五千三百餘緡疇若乞令後省類聚更化以來臣下章奏察其可行者以聞付之中書都城穀踊貴詔減價糶樁管米十萬石於是淮浙流民交集臨安府按籍振濟僅不滿五千人以三月後麥熟罷振濟各給粮遣歸疇若謂此實驅之使去耳遂奏乞令覈實近

甸之人願歸就田者勿問其有未能歸者更振濟兩月淮民見在都城者其家既破又無贏貲必難遽去仍與振恤俟早熟乃罷於是詔振濟至六月乃止帝以蝗災令刺舉監司不才者疇若同臺監攷察上之又言湖廣盜賊固迫於飢寒然亦有激而成之者黒風峒寇實由官不爲決訟所致宜戒湖廣諸司申明法禁爲賊關防以時平心決訟勿令砦官巡尉侵漁權戶部侍郎金使告主亡差充館伴自軍興費廣朝廷給會子數多至是折閱日甚朝論頗嚴稱提民愈不售郡縣科配民皆閉門牢避行旅持券終日有不獲

一錢一物者詔令侍從臺省條上所見疇若奏曰物少則貴多則賤理之常也曷若令郡縣姑以漸稱提先收十一界者消毀勿復支出上下流通則不待稱提矣由是峻急之令少寬又疏奏乞崇忠厚延質朴屛絕浮薄之論乞撥買官田克糴本以廣常平之儲乞令戶察一員專監安邊所帑皆是之因面求補外退上章降詔不允又連疏匄去會旱蝗復熾御筆令在朝百執事條上封事疇若奏官吏苛刻科役頻倂賦歛繁重刑法淹延四事册皇太子差充引見禮儀使進華文閣待制知成都府蜀自吳曦畔後制置使

移司興元朝論有偏重之嫌朝廷擇人故輟疇若以往三辭不允避諱改寶謨閣待制詔凡屬軍民利病吏治臧否並許諮訪以聞當徵積欠十餘萬疇若亟命榜九邑盡蠲之考官吏冗員非勑命差注者悉罷之爲民代輸六年布估錢計二十萬二千四百緡又別立庫儲二十五萬三千緡期於異日接續代輸又糴米十五萬石有奇足廣惠倉之儲又減他賦之重者民力遂寬初沈黎蠻屢犯邊疇若至則鏤榜曉以禍福青彌兩羌遂乞降四年董蠻合其部族入寇犍爲利店疇若亟調兵且設方略捕之皆遁去先是疇

若廉知嘉定邊備廢弛而平戎莊子弟可用遂檄嘉定府權免平戎莊是年歲估麻租令莊子弟即日上邊爲守備會嘉定關守蠻窺利店無備遂入寇疇若復選西軍欲且往防拓牒轉運司折支不報蠻再犯龍鳩堡轉運司始頗從所請蠻復到龍門隘知有備乃退進龍圖閣待制依舊知成都府大使司之師出東路提刑亦徵兵三垂告警敘南之報復急兩路震動疇若亟移書兩軍俾速還師守險爲後圖西師遂退守沐川既而疇若兼制敘州兵甲公事既得專行益嚴守備蠻首昔丑竟降朝廷賞平蠻功進疇若一秩疇若留蜀四年弊根蠹穴苗耨髮櫛如乞揀留移乇西兵義勇以防竊發以救偏重更用東南賢士使蜀四路而拔蜀守之有治功者爲東南監司康杜州縣姻婭之私輕取錢引貼期之費以紓民力皆抗疏請于朝乞力行之復念大玄城乃張儀所築高駢所修圮壞歲久復修費重乃以節縮餘錢四十萬貫爲修城備疇若以制置使留漢中則護諸將爲得宜召赴行在入對延和殿遷權兵部尚書太子右庶子八年四月不雨詔求直言疇若條具三事首言比稱提楮幣州縣奉行切迫故因坐臧陌被估籍者衆乞與給還乞蠲閣下户畸零稅賦乞振贍稚淮軍之乏尋皆行之落權升左庶子仍兼修史擢太子詹事疇若引范鎮故事乞歸田里十年春差知貢舉試禮部尚書以足疾乞歸進煥章閣學士知福州力辭乃改提舉鴻慶宮關外軍潰言者論及疇若落職罷祠後以煥章閣學士致仕所著有竹坡集奏議講議經進故事

袁韶字彥淳慶元府人淳熙十三年進士嘉泰中爲吳江丞蘇師旦恃韓侂胄威福撓役法提舉常平黃榮檄韶覈田以定役師旦密諭意言吳江多姻黨黨

相容當薦爲京朝官韶不聽是歲更定户籍承徭賦皆師旦黨師旦諷言者將論去榮亟以是事白於朝且薦之未幾師旦敗改知桐廬縣桐廬多宗室持縣事無有善去者韶始至絕私謁莫敢撓錢塘岸歲爲潮齧率取石桐廬韶言嚴子山有石不必旁取鄰郡遂得求免嘉定四年召爲太常寺主簿父老旗鼓蔽江以餞至於富陽泣謝曰吾曹不復輸石矣後爲右司郎官接伴金使使者索歲幣語慢甚韶曰昔兩國誓約止令輸燕不聞在汴使者語塞十三年爲臨安府尹幾十年理訟精簡道不拾遺里巷爭呼爲佛子

平反冤獄甚多紹定元年拜參知政事胡夢昱論濟
王事當遠竄韶獨以夢昱無罪不肯署文書李全
叛楊州告急飛檄載道都城爭有逊避者乃拜韶浙
西制置使仍治臨安鎮遏之丞相史彌遠懲韓侂胄用
兵事不欲聲討韶與范楷言於彌遠曰楊失守則京
口不可保淮將如卞整崔福皆可用適福至韶夜與
同見彌遠言福實可用彌遠從之遂討全韶卒以言
罷端平初奉祠卒年七十有七贈少傅後以郊恩累
贈太師越國公韶之父爲郡小吏給事通判廳勤謹
無失歲滿當代不聽去後通判至復留用之因致豐

饒夫妻俱近五十無子其妻資遣之往臨安置妾既
得妾察之有憂色且以麻束髮外以綵飾之問之泣
曰妾故趙知府女也家四川父歿家貧故鬻妾以爲
歸葬計耳即送還之其母泣曰計女聘財猶未足以
給歸費且用破矣將何以酬汝徐曰賤吏不敢辱娘
子聘財盡以相奉且闢其家尚不給盡以橐中貲與
之遂獨歸妻迎問之曰妾安在告以其故且曰吾思
之無子命也我與汝周旋久若有子汝豈不育必待
他婦人乃育哉妻亦喜曰君設心如此行當有子矣
明年生韶

危積字逢吉撫州臨川人舊名科淳熙十四年舉進
士孝宗更名積時洪邁得積文爲之賞激調南康軍
教授轉運使楊萬里按部驟見嘆奬偕遊廬山相與
酬倡調廣東帳司未上服父喪免調臨安府教授倪
思薦之且語人曰吾得此一士可以報國矣丁母憂
免幹辦京西安撫司公事入爲武學諭改太學録明
年遷武學博士又遷諸王宮教授積謂以教名官而
實未嘗教請改創宗子學立課試法如兩學從之嘉
定九年新學成改充博士其教養之規積所論建遷
祕書郎著作佐郎兼吳益王府教授升著作郎兼屯

田郎官積始進對請叙復軍功之賞以立大信拔拭
功臣之罪以厲忠勤置局以立武事遣使以省邊防厚
賞以精間諜次論和戰守利害而請顓意於守是歲
春至夏不雨積應詔言安邊所征斂之害與無罪而
籍沒之害楮幣之敗以一奪二鹽鈔之更以新廢舊
至於沮格軍賞放散死士皆足以召怨而致旱明年
又論謀國者欲以安靖爲安靖憂國者欲以振厲爲
安靖自二議不合是以國無成謀人無定志願詔大
臣合二議共圖之且欲下兩淮帥臣講明守禦之備
最後言事無成規者皆不可爲意向不明無以一衆

聽信誓不立無以結人心報應不亟無以趨事機賞罰不果無以作士氣番易柴中行去國積賦詩送之迁宰相出知潮州尋以通金華徐僑書論罷提舉千秋鴻禧觀久之知漳州漳俗視不葬親爲常往往棲寄僧刹積命營高燥地爲義冢三約期責之葬其無主名若有主名而力弗給者官爲葬之凡二千三百有奇刻石以識郡有臨漳臺據溪山最勝處作龍江書院其上既成横經自講人用歆動邑令有賄聞者劾去之籍其財以還民郡有經總制無名錢歲五千緡厲民爲甚前守趙汝讜奏蠲五之二積䟽于朝悉

罷之會常平使有言積不欲辯即自請以歸久之提舉崇禧觀與鄉里耆艾七人爲真率會卒年七十四積性至孝父疾頗損己筭益親年疾尋愈真德秀蚤從班舉積自代沒又爲銘其墓所著有巽齋集諸經有講義集解諸魏晉唐詩文皆有編輯先賢奏議曰王府曰樂山弟和字祥仲開禧元年進士爲上元主簿大闢祠字祀程顥真德秀爲記之知德興振荒有惠政有蟾塘文集

程公許字季與一字希頴叙州宣化人少知孝敬大母侯疾公許不交睫者數月病革嘗其殘沫既卒哀毁踰制嘉定四年舉進士調溫江尉未上丁母憂服除授華陽尉再調綿州教授制置使崔與之大加器賞改秩知崇寧縣蠲預借免抑配人甚德之差通判簡州改隆州未上會金人犯關中制置使桂如淵遁三川震動朝廷擢李𡌴代之辟公許通判施州行戶房公事當兵將奔潰之後公許盡力佐之節浮費䟽利原民不增賦而用自足時諸將乘亂抄劫事定自危以重賂結幕府大將和彥威懷金寶以獻公許正色卻之彥威慚而退吳彥者緘僧牒於書尾以進公許卷還之而責其使聞者畏服有獻議招秦鞏大

姓於𡌴者衆多從臾獨公許謂山東覆轍未遠反覆論難𡌴從之其後趙彥吶開閫復行其策未幾金人擣成都大姓者實導之始服公許先見端平初授大理司直遷太常博士秋祀明堂雷雨應詔言事嘉熙元年御史杜範論執政李鳴復不行範右史竟拂衣東歸鳴復坐政府自若公許輪對言志士仁人嬰逆鱗賈衆怒不過爲陛下通耳目爲朝廷立綱紀而已今也假以職而棄其諫幸其退而優其遷則是自裂其綱紀自蔽其耳目遂使居是職者雖被親擢言不得行始焉固辭而弗從終焉強留而歛愧臣恐自此

同類沮失各起遐心來者相戒以爲容默陛下愈孤
立無助矣夏行都大火殿中侍御史蔣峴逢君希寵
捌爲邪説禁錮言者公許應詔曰群臣忠告者衆而
聖意確不可回聖意不可回而言者不免於激陛下
宜以大舜無藏怒宿怨爲心而參酌於漢文帝之待
淮南厲王我太宗待秦邸之故事以召和氣弭眚災
特在一念轉移之頃耳遷祕書丞兼考功郎官竟爲
峴劾去差主管雲臺觀知衢州未上改江東宣撫司
參議官不赴李宗勉入相以著作佐郎召兼權尚左
郎官兼直舍人院遷著作郎時諫官郭磊卿以論事

不報出關徐榮叟亦抗章引去公許奏乞還言官俾
安厥位既而史嵩之自江上入相臺諫謝方叔王萬
及磊卿相繼他徙公許又奏外難憑陵國勢岌若綴
旒朝廷上自爲弗靖陽爲遷除陰奪言職此中外所
以怏怏遷將作少監大旱應詔疏時事四條又言儲極
虛位天下寒心時朝廷令侍從臺諫條具楮利害
尋降旨以新造十八界折五行使公許繳申省謂廟
堂決意更革本欲重十八界亦當令十六界十七界
稍有分別若一時皆以五折一安保將來十七界與十
八界並行而不折閡乎曷若將十七界且以三兌

一使民間尚知實此一界不至一旦貿易不行令三
界各有等第庶幾公私兩便嵩之格不行徑揭黃榜
公許謂不經鳳閣鸞臺不得爲敕朝廷出令而宰相
擅行如此則掖垣可廢累上奏牘徑欲引去宗勉又
參知政事游似面奏留之兼國史編修實録檢討淳
祐元年遷祕書少監輪對言蜀事十條兼直學士院
拜太常少卿力請外爲右正言濮斗南之所論罷尋
以直寶謨閣知袁州請蠲和糴之半改命郡吏部總
所綱運而厚其貲免募平民民甚便之新周敦頤祠
葺張栻書院聘宿儒胡安之爲諸生講説杜範薦于

上召拜宗正少卿再遷起居舍人濮斗南繳還疏有臣
等恥與爲伍之語遂以舊職提舉玉局觀範見疏曰
程季與胥與汝爲伍耶退處二年召赴行在屬嵩之以
父憂去位經營起復益憚公許寢東韓祥㬋殿中侍
御史王贊奏寢召命帝雖曲從而意不悅及遂不才
臺諫擢公許起居郎兼直學士院公許入奏不可不
堅凝者七帝語之曰卿一去三年今用卿出自朕意
是日晚命下嵩之罷起復相范鍾及範三制皆公許
爲之兼權中書舍人時二相尚遜機務多壅公許奏
輔臣崇執謙遜避遠形迹相示以色而不明言事幾

無窮日月易失今最急莫若疆場之事帥才不蓄一旦欲議易置茫然莫知所付九江捍守至以近所廢斥閒附為欺之壹察克其選同時任言責者錐心迹有顯晦過惡有重輕而獲罪於清議則同一人技拭之驟若是三人者寧不引領以望玷缺之復况近者言官方以劉晉之鄭起潛濮斗南三人乞明正其罪以示警戒而忽聞龔基先之用議者咸謂政紀之初所為錯繆邪枉窺伺善類何可高枕而臥帝見公許疏稱善且言基先之用太早右史徐元杰暴亡司諫謝方叔御史劉應起言不報公許亟奏曰正月侍御

史劉漢弼死四月右丞相杜範死六月右史徐元杰死漢弼之死固可疑範之死人言已籍籍然漢弼類風湿未疾範亦尫弱多病諉曰天命猶可也元杰氣體魁碩神釆嚴毅議論英發甫聞謁告奄至暴亡口鼻四體變異之狀使人為之雪涕不已六館諸生叩閽顧告陛下始命有司置獄鞫勘謂當於朝紳中選公正明決無所顧忌者專蒞其事盡情研究務使得實集議朝堂分列首從必誅無赦疏入不報物論沸騰臨安尹趙與𥲅悉奏乞置獄天府帝從之公許繳奏與𥲅悉乃嵩之死黨乞改送大理寺命臺臣董之詔殿

中侍御史鄭寀寀回懦首鼠事竟不白然公論莫不偉公許權禮部侍郎差克執綏官鄭起潛劉晉之及陳一鶚以臺臣論劾遷謫公許疏其附下罔上之罪乞下各州軍嚴行押發鄭清之以少保奉祠侍講幄中批復其子士昌官職與內祠且許侍養行在所盖士昌嘗以詔獄追逮或云詐以死聞清之造闕■泣請于帝故有是命公許繳奏士昌罪重京都浩穰姦究雜糅恐其積習沉痼重為清之累莫若且與甄復少慰清之內祠侍養之命宜與収寢帝寄遣中貴人以公許疏示清之項容孫以罪遣還家道死時叔官

復職公許駁奏命遂格遷中書舍人進禮部侍郎嵩之免喪以觀文殿大學士提舉洞霄宮臺諫給舍交章論奏公許疏乞睿斷亟下明詔正邦典殿中侍御史章琰正言李昴英以論執政及府尹帝怒出二人公許力爭之公許自繳士昌之命清之日夜於經筵短公許周坦妻與清之妻善因拜坦殿中侍御史坦首疏劾公許以寶章閣待制知建寧府諫議大夫鄭寀又劾之命遂寢清之再相公許屛居湖州者四年再提舉玉隆觀差知婺州未上帝欲召為文字官清之奏已令守婺帝曰朕欲其來乃授權刑部尚書屢

辭弗獲入對上疏貨財興繕逐諫臣開邊釁等時弊七事薦知名士二十九人時罷京學類申散遣生徒公許奏京學養士其法本與三學不侔往者立類申之法重輕得宜人情便安近一旦忽以鄉庠教選而更張之爲士亦當自反未可盡歸咎朝廷也令行之始臣方還朝未敢強聒以撓既出之令今士子擾擾道途經營朝夕今既未能盡復舊數莫若權宜以五百爲額仍用類申之法使遠方遊學者得以肄習其間京邑四方之極而庠序一空弦誦寂寥遂使逢掖皇皇市廛敢怨而不敢議非所以作成士氣尊崇教化

也清之益不樂授意殿中侍御史陳垓以劾公許叅知政事吳潛奏留之帝夜半遣小黃門取垓疏入後二日二府奏公許不宜去同知樞密院徐清叟上疏論垓太學生劉黻等百餘人布衣方和卿伏闕上書論垓朝廷尋授寶章閣學士知隆興府而公許已死矣遺表上帝嗟悼進龍圖閣學士致仕贈宣奉大夫官其後賜賻如令式公許沖澹寡欲晚年惟一僮侍食無重味一裘至十數年不易家無羨儲敬愛親戚備至蜀有兵難族姻奔東南者多依公許以居所著有塵缶文集內外制奏議奉常擬謚掖垣繳奏金華講義進故事行世

羅必元字亨父隆興進賢人嘉定十年進士調咸寧尉撫州司法叅軍崇仁丞僉攝司法郡士曾極題金陵行宮龍屏迕丞相史彌遠謫道州解吏窘極甚必元釋其縛使之善逹真德秀入叅大政必元移書曰老醫嘗云傷寒壞證惟獨參湯可救之然其活者十無二三先生其今之獨參湯乎調福州觀察推官有勢家李遇奪民荔支園必元直之遇爲言官以私憾罷之知餘干縣趙福王府驕橫前後宰貳多爲擠陷至是以汝愚墓占四周民山亦爲直之言于州曰

區區小官罷去何害人益壯其風力淳祐中通判贛州賈似道總領京湖尅剝至甚必元上疏以爲蠹國脈傷民命似道銜之改知汀州爲御史丁大全按去後起幹行在糧料院錢塘有海鰍爲患漂民居詔方士治之都人皷扇成風必元上疏力止之帝召見曰見卿梅花詩足知卿志度宗即位以直寶章閣兼宗學博士致仕卒年九十一必元嘗從危稹包遜學最爲有淵源見理甚明風節甚高至今鄉人猶尊慕之云

王遂字去非一字穎叔樞密副使韶之玄孫後爲鎮江府金壇人嘉泰二年進士調富陽主簿歷官差幹

辦諸司審計司紹定三年福建寇擾甫定朝廷選賢能吏勞來安集以遂知邵武軍兼福建招捕司參議官遂過江山浦城道中遇邵武避地之人即遣金為歸資從者如市至郡撫摩創痍翦平兇孽民恃以安未幾言者以遂妄自標致邀譽沽名罷歸知安豐軍遷國子監主簿又遷太常寺主簿拜監察御史疏奏極論進君子退小人又言正風俗息奔競又言朝廷謂史嵩之小黠為大智近功為遠略忽臣之言必欲僥倖嵩之於不敗非為國至計也欺君誤國天下知之而朝廷猶且惑焉勢甚凜凜也入對言帝知仁勇學

有未至遷右正言尋拜殿中侍御史疏言三十年來凶德參會未有如李知孝梁成大莫澤肆無忌憚者三凶之罪上通于天乞重其刑又取劉光祖為殿中侍御史時奏格擇其關於風化切於時宜者請頒示中外皆從之又請於並淮置屯田且條上邊事曰當今之急務在朝廷者五定規摹明意嚮一心力謹事權審號令在邊閫者六恤歸附精間諜節財用練士兵擇將才計軍實又言君德必純乎剛帝皆善之遷戶部侍郎兼同修國史實錄院同修撰時暫兼權侍左侍郎以寶章閣待制差知遂寧府進煥章閣待制

四川安撫制置副使兼知成都府差知平江府進敷文閣待制知慶元府改知太平府以論罷進顯謨閣待制知泉州改溫州寧國府以寶章閣直學士知建寧府以華文閣直學士差知隆興府兼江西轉運副使改知太平州復知隆興兼江西安撫使召赴闕授權工部尚書遂與同里劉宰素同志宰實稱遂為文雅健無世俗浮靡之氣足以名世遂守平江宰贈之言曰士友當親而賢不肖不可不辨財利當遠而會計不可不明折獄以情毋為私意所牽薦士以才毋為權要所奪當言則言不視時而退縮可去則去不計

利而遲回庶幾名節之全不愧簡冊所載蓋格言也

論曰傅伯成晚與楊簡為時蓍龜葛洪守正不阿曾三復澹然無躁競之心黃疇若優於政治袁韶力請討李全蓋丞相史彌遠腹心也危稹以通問徐僑獲罪其人可知剡治州之政有循吏之風焉羅必元受學於稹者也程公許王遂讜論疊見豈不偉哉

列傳卷第一百七十四

列傳卷第一百七十五　宋史四百十六

開府儀同三司上柱國錄軍國重事前中書右丞相兼修國史領經筵事都總裁脫脫等奉

勅修

吳淵　余玠　汪立信
向士璧　胡穎　冷應澂
曹叔遠 從子豳　王萬
馬光祖

吳淵字道父祕閣修撰柔勝之第三子也幼端重寡
言苦志力學五歲喪母哭泣哀慕如成人嘉定七年
舉進士調建德縣主簿丞相史彌遠館留之語竟日

大悅謂淵曰君國器也今開化新置尉即日可上欲
以此處君淵對曰甫得一官何敢躁進況家有嚴君
所當稟命彌遠為之改容不復強至官就辟令江東
九郡之冤訟于諸使者皆乞送淵改差浙東制置使司
幹辦公事丁父憂詔以前職起復力辭弗許再辭且
貽書政府曰人道莫大於事親事親莫大於送死茍冒
哀求榮則平生大節已掃地矣他日何以事君時丞
相史嵩之方起復或曰得無礙時宰乎淵弗顧詔從
之服除差浙東提舉茶鹽司幹辦公事尋改鎮江府
節制司沿江制置使司幹辦公事皆不就知武陵縣

改楊子縣兼淮東轉運司幹辦公事添差通判真州
入為將作監丞遷樞密院編修官兼刑部郎官再遷
祕書丞仍兼刑部郎官以直煥章閣知平江府兼節
制許浦水軍提點浙西刑獄會衢嚴盜起警報至調
遣將士招捕之殲其渠魁散其支黨以功為樞密院
撿詳諸房文字兼國史院編修官實錄院撿討官兼
左司進右文殿修撰樞密副都承旨兼右司兼撿正
適政府欲用兵中原以據關守河為說淵力陳其不
可大要謂國家力決不能取縱取之決不能守丞相
鄭清之不樂而罷出知江州改江淮荆浙福建廣南

都大提點坑冶都司袁商令御史王定劾淵罷侍御
史洪咨夔不直之劾定左遷未幾邊事果如淵言清
之致書引咎異謝差知鎮江府定防江軍之擾兼淮
東總領以功遷太府少卿復以總領兼知鎮江加集
英殿修撰知鎮江兼總領進權工部侍郎職任如舊
權兵部侍郎權戶部侍郎再為總領兼知鎮江時淵
造闕下入對歷陳九事甫下殿御史唐璘擊之璘蓋
淵所薦者也遂仍前職提舉太平興國宮久之加寶
章閣待制再起知鎮江兼總領未幾以戶部侍郎兼
知鎮江府召赴行在以寶章閣直學士知太平州尋

兼江東轉運使時兩淮民流徙入境者四十餘萬淵亟加慰撫而賙濟之使之什伍令土著人無相犯旁郡流民焚刦無虛日獨太平境內肅然無敢譁者以功加華文閣直學士沿海制置使知慶元府不赴以工部尚書沿海制置副使知江州亦不赴升華文閣學士知隆興府江西安撫使兼轉運副使會歲大侵講行荒政全活者七十八萬九千餘人徙知潭州湖南安撫使不赴加敷文閣學士仍知隆興府安撫轉運副使如故改知鎮江府兼都大提舉浙西沿海諸州軍許浦澉浦等處兵船歲亦大侵因淵全活者六

十五萬八千餘人右正言三疏劾淵奪職尋復職提舉太平興國宮未幾改鴻慶宮丁母憂服除進龍圖閣學士江西安撫使兼知江州尋爲沿江制置副使兼提舉南康軍兵甲公事節制蘄黃州安慶府屯田使湖南峒寇蔓入江右之境破數縣袁洪大震淵命將調兵生禽其渠魁亂遂平遷兵部尚書知平江府兼浙西兩淮發運使尋兼知平江府歲亦大侵因淵全活者四十二萬三千五百餘人兼浙西提點刑獄知太平州兼提領兩淮茶鹽所以功進端明殿學士沿江制置使江東安撫使兼知建康府兼行宮留守

節制和州無爲軍安慶府兼三郡屯田使朝廷付淵以光豐蘄黃之事凡栁司空山燕家山金剛臺三大砦嵯峨山鷹山什子山等二十二小砦團丁壯置軍分立隊伍星聯棊布脉絡貫通無事則耕有警則禦詔以淵興利除害所列二十有五事究心軍民拜資政殿大學士職任如舊與執政恩例封金陵侯復賜錦繡堂忠勤樓大字進爵爲公徙知福州福建安撫使改知平江府兼發運使御史劉元龍劾淵帝寢其奏改知寧國府累具辭免且匄祠以本官提舉洞霄宮起知潭州湖南安撫使不赴改知太平兼提領江

淮茶鹽所轉荊湖制置大使知江陵府兼夔路策應大使兼京湖屯田大使帶行京湖安撫制置大使拜觀文殿學士職任如舊兼總領湖廣江西京西財賦湖北京西軍馬錢粮淵調兵二萬往援川蜀其後力戰于白河沮河王泉寶祐五年正月朔以功拜叅知政事越七日卒贈少師賻銀絹以五百計淵有材略迄濟事功所至興學養士然政尚嚴酷好興羅織之獄籍入豪横故時有蜈蚣之謠其弟潛亦數諫止之所著易解及退庵文集奏議

余玠字義夫蘄州人家貧落魄無行喜功名好大言

少為白鹿洞諸生嘗携客入茶肆毆賣茶翁死脫身走襄淮時趙葵為淮東制置使玠作長短句上謁葵壯之留之幕中未幾以功補進義副尉擢將作監主簿權發遣招進軍充制置司參議官進工部郎官嘉熙三年與大元兵戰于汴城河陰有功授直華文閣淮東提點刑獄兼知淮安州兼淮東制置司參謀官淳祐元年玠提兵應援安豐拜大理少卿升制置副使進對必使國人上下事無不確實然後華夏率孚天人感格又言今世胄之彥場屋之士田里之豪一或即戎即指之為麤人斥之為噲伍願陛下視文武

之士為一勿令偏有所重偏必至於激文武交激非國之福帝曰卿人物議論皆不常可獨當一面卿宜少留當有擢用乃授權兵部侍郎四川宣諭使帝從容慰遣之玠亦自許當手挈全蜀還本朝其功日月可冀尋授兵部侍郎四川安撫制置使兼知重慶府兼四川總領兼夔路轉運使自寶慶三年至淳祐二年十六年間凡授宣撫三人制置使九人副四人或老或暫或庸或貪或慘或謬或遙領而不至或開隙而各謀終無成績於是東西川無復統律遺民咸不聊生監司戎帥各專號令擅辟守宰蕩無紀綱蜀日

益壞及聞玠入蜀人心粗定始有安土之志玠大更敝政遴選守宰築招賢之館于府之左供張一如帥所居下令曰集衆思廣忠益諸葛孔明所以用蜀也欲有謀以告我者近則徑詣公府遠則自言于郡所在以禮遣之高爵重賞朝廷不吝以報功豪傑之士趨期立事今其時矣士之至者玠不厭禮接咸得其歡心言有可用隨其才而任之苟不可用亦厚遺謝之播州冉氏兄弟璡璞有文武才隱居蠻中前後閫帥辟召堅不肯起聞玠賢相謂曰是可與語矣遂詣府上謁玠素聞冉氏兄弟刺入即出見之與分廷抗

禮賓館之奉冉安之若素有居數月無所言玠將謝之迺為設宴玠親主之酒酣坐客方紛紛競言所長璡兄弟飲食而已玠以微言挑之卒默然玠曰是觀我待士之禮何如耳明日更闢別館以處之且日使人窺其所為兄弟終日不言惟對踞以堊畫地為山川城池之形起則漫去如是又旬日請見玠屏人曰某兄弟辱明公禮遇思有以少裨益非敢同衆人也為今日西蜀之計其在徙合州城乎玠不覺躍起執其手曰此玠志也但未得其所耳曰蜀口形勝之地莫若釣魚山請徙諸此若任得其人積粟以守之賢

於十萬師遠矣巴蜀不足守也玠大喜曰玠固疑先生非淺士先生之謀玠不敢掠以歸己遂不謀於衆密以其謀聞於朝請不次官之詔以璡爲承事郎權發遣合州璞爲承務郎權通判州事徙城之事悉以任之命下一府皆諠然同辭以爲不可玠怒曰城成則蜀賴以安不成玠獨坐之諸君無預也卒築青居大獲釣魚雲頂天生凡十餘城皆因山爲壘碁布星分爲諸郡治所屯兵聚粮爲必守計且誅潰將以肅軍令又移金戎於大獲以護蜀口移沔戎於青居興戎先駐合州舊城移守釣魚共備内水移利戎於雲

頂以備外水於是如臂使指氣勢聯絡又屬嘉定俞興開屯田於成都蜀以富實十年冬玠率諸將巡邊直擣興元大元兵與之大戰十二年又大戰于嘉定初利司都統王夔素殘悍號王夜叉恃功驕恣桀驁不受節度所至劫掠毎得富家穴箕加頸四面然箕謂之蟇蝕月以弓弦繋鼻下高懸於格謂之錯繋喉縛人兩股以木交壓謂之乾榨油以至用醋灌鼻惡水灌耳口等毒虐非一以脅取金帛稍不遂意即死其手蜀人患苦之且悉歛部將倖馬以自入將戰迺高其估賣與之朝廷雖知其不法在遠不能詰也大

師慶分少不慊其意則百計撓之使不得有所爲玠至嘉定夔帥所部兵迎謁才羸弱二百人玠曰久聞都統兵精今疲敝若此殊不稱所望夔對曰夔兵非不精所以不敢即見者恐驚從人耳頃之班聲如雷江水如沸聲止圓陣即合旗幟精明器械森然沙上之人彌望若林立無一人敢亂行者舟中皆戰掉失色而玠自若也徐命吏班賞有差夔退謂人曰儒者中迺有此人玠久欲誅夔獨患其握重兵居外恐輕動危蜀謀於親將楊成成曰夔在蜀久所部兵精前時大帥夔皆勢出其右意不止此也視侍郎爲文臣

必不肯甘心從令今縱弗誅養成其勢後一舉足西蜀危矣玠曰我欲誅之久矣獨患其黨與衆未發耳成曰侍郎以夔在蜀久有威名孰與吳氏夔固弗若也夫吳氏當中興危難之時能百戰以保蜀傳之四世恩威益張根本益固蜀人知有吳氏而不知有朝廷一旦曦爲畔逆諸將誅之如取孤豚況夔無吳氏之功而有曦之逆心恃豨突之勇敢慢法度縱兵殘民奴視同列非有吳氏得人之固也今誅之一夫力耳待其發而取之難矣玠意遂決夜召夔計事潛以成代領其衆夔才離營而新將已單騎入矣將士皆

愕眙相顧不知所爲成以師指譬曉之遂相率拜賀
變至斬之成因察其所與爲惡者數人稍稍以法誅
之乃薦成爲文州刺史戎帥欲舉統制姚世安爲代
玠素欲革軍中舉代之敝以三千騎至雲頂山下遣
都統金某往代世安世安閉關不納且有危言然常
疑玠圖己屬丞相謝方叔家子姪自永康避地雲頂
世安厚結之求方叔爲援方叔因倡言玠失利戎之
心非我調停且旦夕有變又陰嗾世安密求玠之短
陳於帝前於是世安與玠抗玠鬱鬱不樂寶祐元年
聞有召命愈不自安一夕暴下卒或謂仰藥死蜀之

人莫不悲慕如失父母玠自入蜀進華文閣待制賜
金帶權兵部尚書進徽猷閣學士升大使又進龍圖
閣學士端明殿學士及召拜資政殿學士恩例視執
政其卒也帝輟朝特贈五官以監察御史陳大方言
奪職六年復之玠之治蜀也任都統張實治軍旅安
撫王惟忠治財賦監簿朱文炳接賓客皆有常度至
於脩學養士輕徭以寬民力薄征以通商賈蜀既富
實乃罷京湖之餉邊關無警又撤東南之戍自寶慶
以來蜀閫未有能及之者惜其遽以太平自詫進蜀
錦蜀箋過於文飾久假便宜之權不顧嫌疑昧於勇

退遜來說賊之口而又置機捕官雖足以廉得事情
然寄耳目於群小虛實相半故人多懷疑懼至於世
安拒命玠威名頓挫齎志以沒有子曰如孫取當如
孫仲謀之義遭論敗師忠歷大理寺丞爲賈似道
所殺

汪立信徽從孫也立信曾大父智從徽宣諭湖北道
六安愛其山水因居焉淳祐元年立信獻策招安慶
劇賊胡興劉文亮等借補承信郎六年登進士第理
宗見立信狀貌雄偉顧侍臣曰此閫帥才也授烏江
主簿辟沿江制幕知桐城縣未上辟荊湖制司幹辦

通判建康府荊湖制置趙葵辟充策應使司及本司
參議官葵去而馬光祖代之立信是時猶在府也鄂
州圍解賈似道既罔上要功惡閫外之臣與己分功
迺行打筭法於諸路欲以軍興時支散官物爲罪擊
去之光祖與葵素有隙且欲迎合似道被旨即召吏
稽勾簿書卒不能得其疵迺以開慶二年正月望夕
張燈宴設錢三萬緡爲葵放散官物聞于朝立信力
爭之謂不可且曰方艱難時趙公在事勤勞而公以
非理擿拾之公一旦去此後來者復效公所爲可乎
光祖怒曰吾不才不能爲度外事知奉朝命而已君

他日處此勉爲之立信曰使其不爲則已果爲之必不效公所爲也光祖益怒議不行立信遂投劾去初立信通判江陵府參制置荆湖嘗以公事劾立信及在沿江府亦諫議寡諧立信於參蓋未嘗有一日之讙也擢京西提舉常平改知昭信軍權淮東提刑景定元年差知池州提舉江東常平權知常州浙西提點刑獄明年冬即嘉興治所講行荒政尋改知江州兗沿江制置副使節制蘄黃興國軍馬提舉饒州南康兵甲升江西安撫使乞祠祿差知鎮江尋充湖南安撫使知潭州至官供帳之物悉置官庫所積錢連

歲代納潭民夏稅貧無告者予錢粟病者加藥餌雨雪旱潦軍民皆有給與學校士習爲變以潭爲湖湘重鎮刱威敵軍所募精銳數千人後來者果賴其用權兵部尚書荆湖安撫制置知江陵府時襄陽被圍危急立信上疏請益安陸府屯兵凡邊戍皆不宜抽減黃州守臣陳奕素蓄異志朝廷宜防之迺移書似道謂今天下之勢十去八九而君臣宴安不以爲虞夫天之不假易也從古以然此誠上下交修以迓續天命之幾重惜分陰以趨事赴工之日也而迺酣歌深宮嘯傲湖山玩歲愒日緩急倒施卿士師師非度

百姓鬱怨非上以求當天心俯遂民物拱揖指揮而折衝萬里者不亦難乎爲今日之計者其策有三夫內郡何事乎多兵宜盡出之江干以實外禦算兵帳見兵可七十餘萬人老弱柔脆十分汰二爲選兵五十餘萬人而沿江之守則不過七千里若距百里而屯屯有守將十屯爲府府有總督其尤要害處輒參倍其兵無事則泛舟長淮往來游徼有事則東西齊奮戰守並用刁斗相聞饋餉不絕互相應援以爲聯絡之固選宗室親王忠良有幹用大臣立爲統制分東西二府以涖任得其人率然之勢此上策也久拘

聘使無益於我徒使敵得以爲辭請禮而歸之許輸歲幣以緩師期不二三年邊遽稍休藩垣稍固生兵日增可戰可守此中策也二策果不得行則天敗我也若銜璧輿櫬之禮則請備以俟似道得書大怒抵之地詬曰瞎賊狂言敢爾蓋以立信目微眇云尋中以危法廢斥之咸淳十年大元兵大舉伐宋似道督諸軍出次江上以立信爲端明殿學士沿江制置使江淮招討使俾就建康府庫募兵以援江上諸郡立信受詔不辭即日上道以妻子託愛將金明執其手曰我不負國家爾亦必不負我遂行與似道遇蕪湖似

道撫立信背哭曰不用公言以至於此立信曰平章平章瞎賊今日更說一句不得似道問立信何向曰今江南無一寸乾淨地某去尋一片趙家地上死第要死得分明爾既至則建康守兵悉潰而四面皆北軍立信知事不可成歎曰吾生爲宋臣死爲宋鬼終爲國一死但徒死無益耳以此負國率所部數千人至高郵欲控引淮漢以爲後圖已而聞似道師潰無湖江漢守臣皆望風降遁立信歎曰吾今日猶得死於宋土也迺置酒召賓佐與訣手爲表起居三宮與從子書屬以家事夜分起步庭中慷慨悲歌握拳撫

案者三以是失聲三日扼吭而卒以光祿大夫致仕遺表聞贈太傅大元丞相伯顏入建康金明以其家人免或惡立信於伯顏以其二策及其死告且請戮其孥伯顏歎息久之曰宋有是人有是言哉使果用我安得至此命求其家厚恤之曰忠臣之家也金明以立信之喪歸葬丹陽立信子麟内書寫機宜文字在建康不肯從衆降崎嶇走閩以死初立信之未仕也家窶甚會歲大侵吴淵守鎭江命爲粥以食流民使其客黃應炎主之應炎一見立信與語心知其非常人言於淵淵大奇之禮以上客凡共張服御視應炎爲有加應炎甚怏怏淵解之曰此君吾地位人也但遭時不同耳君之識度志業皆非其倫也盍少下之是年試江東轉運司明年登第後其踐歷畧如淵而卒死於難人謂淵能知人云

向士壁字君玉常州人負才氣精悍甚自好紹定五年進士累通判平江府以臣僚言罷起爲淮西制置司參議官又以監察御史胡泳言罷起知高郵軍制置使立崇又論罷起知安慶府知黃州遷淮西提點刑獄兼知黃州加直寶章閣仍舊職奉鴻禧祠特授將作監京湖制置參議官進直煥章閣湖北安撫副

使兼知峽州兼歸峽施黔南平軍紹慶府鎭撫使遷太府少卿大理卿進直龍圖閣合州告急制置使馬光祖命士壁赴援數立奇功帝亦語群臣曰士壁不待朝命進師歸州且捐家貲百萬以供軍費其志足嘉進祕閣脩撰樞密副都承旨仍舊職開慶元年涪州危又命士壁往援北兵夾江爲營長數十里阻舟師不能進至浮橋時朝廷自楊州移賈似道以樞密使宣撫六路進駐峽州檄士壁以軍事付呂文德士壁不從以計斷橋奏捷具言方畧未幾文德亦以捷聞士壁還峽州方懷傾奪之疑尋辟爲宣撫司參議

官遷湖南安撫副使兼知潭州兼京西湖南北路
宣撫司參議官加右文殿修撰尋授權兵部侍郎湖
南安撫使兼知潭州頃之升湖南制置副使大元將
兀良哈䚟兵自交阯北還前鋒至城下攻圍急士壁
極力守禦聞後隊且至遣王輔佑率五百人往覘之以
易正大監其軍遇於南岳市一戰有功潭州圍遂解事
聞賜金帶令服繫進兵部侍郎兼轉運使餘依舊職
似道入相疾其功非獨不加賞反諷監察御史陳寅
侍御史孫附鳳一再劾罷之送漳州居住又稽守城時
所用金穀逮至行部責償幕屬方元善者極意逢

迎似道意士壁坐是死復拘其妻妾而徵之其後元
善敗知吉水縣俄歸得狂疾常呼士壁時輔佑亦遠
謫及文天祥起兵召輔佑于謫所則死矣德祐元年
三月詔追復元官仍還從官恩數立廟潭州明年正
月太府卿柳岳乞録用其子孫詔從之
胡穎字叔獻潭州湘潭人父𤫩娶趙方弟雍之女二
子長曰顯有拳勇以材武入官數有戰功事見趙范
傳穎自幼風神秀異機警不常趙氏諸舅以其類
己每加賞鑒成童即能倍誦諸經中童子科後從兄
學弓馬母不許曰汝家世儒業不可復爾也遂感勵

苦學尤長於春秋紹定三年范討李全檄穎入幕穎
常微服行諸營察衆志嚮歸必三鼓後全敗遣穎獻俘
于朝以賞補官五年登進士第即授京秩歷官知平
江府兼浙西提點刑獄移湖南兼提舉常平即家置
司性不喜邪佞尤惡言神異所至毀淫祠數千區以
正風俗衡州有靈祠吏民夙所畏事穎撤之作來諗
堂奉母居之嘗語道州教授楊允恭曰吾夜必瞑
坐此室察影響咸無有允恭對曰以爲無則無矣從
而察之則是又疑其有也穎甚善其言以樞密都承
旨爲廣東經畧安撫使潮州僧寺有大蛇能驚動

人前後仕于潮者皆信奉之前守去州人心疑焉以爲
未嘗詣也已而旱咸咎守不敬蛇神故致此後守不得
已詣焉已而蛇蜿蜒而出守大驚得疾旋卒穎至廣州
聞其事檄潮州令僧舁蛇至至則其大如柱而黑色載
以闌檻穎令之曰爾有神靈當三日見變怪過三日
則汝無神矣既及期蠢然猶衆蛇耳遂殺之毀其寺
并罪僧移鎮廣西尋遷京湖總領財賦咸淳間卒贈
四官穎爲人正直剛果博學強記吐辭成文書判下
筆千言援據經史切當事情倉卒之際對偶皆精
讀者驚嘆臨政善斷不畏彊禦在浙西榮王府十

三人行刼穎悉斬之一日輪對理宗曰聞卿好殺意在
浙獄穎曰臣不敢屈太祖之法以負陛下非嗜殺也
帝爲之默然

冷應澂字公定隆興分寧人寶慶元年進士調廬陵
主簿即以廉能著有愬事臺府者必曰願下廬陵
淸主簿尤爲楊長孺所識拔調靜江府司錄參軍治
獄平恕轉運使范應鈴列薦于朝知萬載縣大修
學舍招俊秀治其業擇其通經飭行者以勸歲歉
棄孩滿道乃下令恣民收養所棄父母不得復問全
活甚衆葉夢得列其行事風厲餘邑通判道州入

監行在権貨務遷登聞鼓檢院景定元年奉使督餉
江上還知德慶府前守政不立縱豪吏漁獵峒獠遂大
爲變偪城六十里而營應澂未入境馳檄諭之曰汝等米
獲已至此新太守且上轉禍爲福一機也脅從影附亦
宜早計去就不然不免矣獠感悟欲自歸或謀主不
果衆稍引去應澂知其勢解即厲士馬出不意一皷
擒之縱遣歸農猶千餘人乃請諸監司歸郡之避難
留幕府者誅豪吏之激禍者初經畧雷宜中意應
澂必以濟師來請及是歎服亟上其事薦應澂可大用
屬縣租賦諉道阻久不至郡應澂爲之期曰首輸者與

減分未至則償所減民惟恐後不一月訖事凡諸綱
官廩稍軍券並前政積不得者悉補還之上下欣附應
澂亦極力摩撫與爲簡便期年報政奏罷抑配鹽法
又乞用楮券折銀綱等五事以紓民力詔就升本道
提舉常平兼轉運使俾行其說首劾守令貪横不法
十餘人列郡肅然最聞加直祕閣時經畧使陳宗禮
入爲參知政事帝問誰可代卿者宗禮以應澂對旋
召爲都官郎官未行就升直寶章閣知廣州主管廣
南東路經畧安撫司公事馬步軍都總管領漕庾如
故五司叢劇應澂即分時理務不擾不勞常曰治官

事當如家事惜官物當如己物方今國計内虛邊声
外震吾等受上厚恩安得清談自高以誤世陶士行
卞望之吾師也自聞襄樊受圍日繕器械裕財粟以備
倉卒後卒賴其用屢平大寇未嘗輕殺笞杖以降亦
加審慎至其臨事輒斷雖勢要不爲撓奪後卒于家

曹叔遠字器遠温州瑞安人少學于陳傅良登紹熙
元年進士第久之李壁薦爲國子學録迕韓侂胄罷
通判涪州後守遂寧營卒莫簡苦總領所侵刻相
率稱亂勢張甚入遂寧境輒戕其徒無肆暴曰此江南
好官員也入朝爲工部郎出知袁州以太常少卿召權

禮部侍郎遇事獻替多所裨益終徽猷閣待制謚文肅嘗編永嘉譜識者謂其有史才子鑰孫即皆登進士第族子豳

豳字西士少從錢文子學登嘉泰二年進士第授安吉州教授調重慶府司法參軍郡守度正欲薦之豳辭曰章司錄母老請先之正敬嘆改知建昌縣後故尚書李常山房建齋舍以處諸生擢秘書丞兼倉部郎官出爲浙西提舉常平面陳和糴折納之敝建虎丘書院以祀尹焞移浙東提點刑獄寒食放囚歸祀其先囚感泣如期至召爲左司諫與王萬郭磊卿

徐清叟俱負直聲當時號嘉熙四諫上疏言立太子厚倫紀以弭火災又論余天錫李鳴復之過迕旨遷起居郎進禮部侍郎不拜疏七上進古詩以寓規正久之起知福州再以侍郎召爲臺臣所沮而止遂守寶章閣待制致仕卒謚文恭子愉老亦登進士第

王萬字處一家世婺州父游淮間萬因生長濠州少忠伉有大志究心當世急務尤精於邊防要害嘉定十六年進士第調和州教授端平元年主管尚書吏部架閣文字遷國子學錄明年添差通判鎮江府時金初滅當路多知其人豪也咨問者旁午鄭清之初謀乘虛取河洛萬謂當急爲自治之規已而大元兵壓境三邊震動理宗下罪己詔吳泳起草又以咨萬萬謂兵固失矣言之甚恐亦不可令邊民生意如髮宜以振厲奮發興感人心爲條具沿邊事宜徧告大臣要官謂長淮千里中間無大山澤爲限擊首尾應正如常山蛇勢首當併兩淮爲一制閫之命是聽兩淮惟濠州居中濠之東爲盱眙爲楚以達鹽城淮流深廣敵所難度濠之西爲安豐爲光以達信陽淮流淺澀敵每揭厲以涉之法當調揚州北軍三千人自淮東擣虛常往來宿亳間使敵無意於東而

我併力淮西淮西則又惟合肥居江淮南北之中法當建制置司合肥而以濠梁安豐光州爲臂以黃岡爲肘後緩急之助又必令荊襄每假西兵東來輒尾之使淮襄之勢亦合而後大規撫可立論用兵則謂當以五千人爲屯每屯一將二長一大將一路又合一大將而併合於制置爲總統淮東可精兵三萬光黃可二萬東西夾擊而沿江制司會合肥兵共二萬以牽制其中行則給營陣止則依城壘行則齎乾糧止則就食州縣論屯田則謂當於新復州軍東則海邳所依者水之險西則唐鄧所依者山之險盡此無地無

田不耕則歸附新軍流落餘民亦有固志又謂戍司
舊分地戍守殿步兵戍真揚六合鎮江兵戍楊楚盱
眙建康馬司兵戍滁濠定遠都統司兵戍廬和安豐
以至池司兵戍舒蘄巢縣江司兵戍蘄黃浮光地勢
皆順皆以統制部之出外而皆常有帥臣居內以本
軍財賦葺營柵撫士卒備器械以故軍事常整辦遇
警急則帥臣親統重兵以行此乃有以建康馬帥而
知黃州者都統而知光州者以池司都統而在楚州
以鎮江都統而在應天者將不知兵兵不屬將往往
以本軍之財資他處之用以致營柵壞而莫修士卒

貧而莫給器械鈍而莫繕宜與盡還舊制及請寬邊
民請團民兵請援浮光請邊民之能捍邊者常厚其
賞而小其官使常得其力其後兵興用窘覆畝之令
行則又言之廟堂曰令名更化可反為故相之所不
為乎其他數陳往往累數萬言其自任之篤切於當
世如此三年授樞密院編脩官嘉熙六年兼權屯田
郎中因轉對言天命去留原於君心陛下一一而思
之凡惻然有觸於心而未能安者皆心之未能同乎
天者也天不在天而在陛下之心苟能天人合一永
永勿替天命在我矣差知台州至郡日惟蔬飯終日

坐廳事事至立斷吏無所售往往改業散去民亦化
之不復訟上下肅然郡以大治才五月乞祠去三年
遷屯田員外郎兼編修轉對言君臣上下盡克私心
以服人心以回天心遷尚右郎官尋兼崇政殿說書
四年擢監察御史首論史宅之故相之子曩者弄權
不當復玷從班上命丞相再三諭旨迄不奉詔上不
得已出宅之知平江府又論之疏凡五上史嵩之自
江上董師入相萬又首論之謂其事體迫遽氣象傾
搖太學生欲趣其歸則賄賂之迹已形近或謂有族
人發其私事肆為醜詆者以相國大臣而若此非書

宋史四百十六　宋史列傳卷二百七十五　二十二

之所謂大臣矣然當時論相之事已決疏入遷大理
少卿萬即日還常熟寓舍遷太常少卿辭差知寧國
府辭召赴行在奏事出為福建提點刑獄加直煥章
閣四川宣諭司參議官皆力辭乞休致詔特轉朝奉
郎守太常少卿致仕卒嵩之罷相衆方交論其非上
思萬先見親賜御札謂萬立朝蹇諤古之遺直為郡
廉平古之遺愛聞其母老家貧朕甚念之賜新會五
千貫田五百畝以贍給其家初萬之學專有得於時
習之語謂學莫先於言顧行言然而行未然者非言
之僞也習未熟也熟則言行一矣故終其身行無不

顧其言發於設施論諫皆根於中心遺文有時習編
及其他奏劄及論天下事者凡十卷
馬光祖字華父婺州金華人寶慶二年進士調新喻
主簿已有能名從真德秀學攻知餘干縣差知高郵
軍遷軍器監主簿差充督視行府參議官奉雲臺祠
差知處州監登聞鼓院進太府寺丞兼莊文府教授
右曹郎官出知處州乞降僧道牒振濟詔從之加直
祕閣浙東提舉常平移浙西提點刑獄時暫兼權浙
西提舉常平起復軍器監總領淮東軍馬錢糧兼知
鎮江進直徽猷閣江西轉運副使兼知隆興府以右

正言劉漢弼言罷後九年起直徽猷閣知太平州提
領江西茶鹽所進直寶文閣遷太府少卿仍知太平
州提領江淮茶鹽所遷司農卿淮西總領兼權江東
轉運使拜戶部尚書兼知臨安府浙西安撫使帝諭
丞相謝方叔趣入覲乞嚴下海米禁歷陳京師艱食
和糴增價海道致寇三害加寶章閣直學士沿江制
置使江東安撫使知建康府兼行宮留守兼節制和
州無為軍安慶府三郡屯田使加煥章閣尋加寶章
閣學士始至官即以常例公用器皿錢二十萬緡支
犒軍民減租稅養鰥寡孤疾無告之人招兵置砦給

錢助諸軍昏嫁屬縣稅折收絲綿紬帛倚閣除免以
數萬計興學校禮賢才辟召僚屬皆極一時之選拜
端明殿學士荊湖制置知江陵府去而建康之民思之
不已帝聞命以資政殿學士沿江制置大使江東安
撫使再知建康士女相慶光祖益思寬養民力興廢
起壞知無不為蠲除前政逋負錢百餘萬緡魚利稅
課悉罷減予民修建明道南軒書院及上元縣學撙
節費用建平糴倉貯米十五萬石又為庫貯糴本二
百餘萬緡補其折閱發糴常減於市價以利小民修
飭武備防拓要害邊賴以安其為政寬猛適宜事存

大體公田法行光祖移書賈似道言公田法非便乞
不以及江東必欲行之罷光祖乃可進大學士兼淮
西總領召赴行在遷提領戶部財用兼知臨安府浙
西安撫使會歲饑榮王府積粟不發廩光祖謁王辭
以故明日往亦如之又明日又往臥客次王不得已見
馬光祖厲聲曰天下孰不知大王子為儲君大王
不於此時收人心乎王以無粟辭光祖探懷中文
書曰某莊某倉若干王無以辭得粟活民甚多進同
知樞密院事尋差知福州福建安撫使以侍御史陳堯
道言罷以前職提舉洞霄宮再以沿江制置江東安

撫使知建康郡民爲建祠六所乞致仕不許咸淳三年拜參知政事五年拜知樞密院事兼參知政事以監察御史曾淵子言罷給事中盧鉞徒繳奏新命以金紫光祿大夫致仕卒謚莊敏光祖之在外練兵豐財朝廷以之爲京尹則剸治浩穰風績凜然三至建康終始一紀威惠並行百廢無不修舉云

論曰吳淵才具優長而嚴酷累之余玠意氣豪雄而志不克信賈似道不用汪立信之策殆天奪其魄矣向仕璧卒阨於似道宋之不足圖存蓋可知也胡穎好毀淫祠非其中之無慊不能爾也冷應澂安邊之才曹叔遠王萬皆正人端士馬光祖治建康逮今遺愛猶在民心可謂能臣已

列傳卷第一百七十五

列傳卷第一百七十六　宋史四百十七

開府儀同三司上柱國錄軍國重事前中書右丞相監修國史領經筵事都總裁臣脫脫等奉

敕修

喬行簡　范鍾　游似

趙葵兄范　謝方叔

喬行簡字壽朋婺州東陽人學于呂祖謙之門登紹熙四年進士第歷官知通州條上便民事主管户部架閣召試館職爲秘書省正字兼樞密院編修官升秘書郎爲淮西轉運判官知嘉興府改淮南轉運判官兼淮西提點刑獄提舉常平言金有必亡之形中國宜静以觀變因列上備邊四事會近臣有主戰者師遂出金人因破蘄黄移浙西提點刑獄兼知鎮江府遷起居郎兼國子司業兼國史編修實録檢討兼侍講尋遷宗正少卿秘書監權工部侍郎皆任兼職理宗即位行簡貽書丞相史彌遠請帝法孝宗行三年喪應詔上疏曰求賢求言二詔之頒果能確守初意深求實益則人才振而治本立國威張而姦宄銷臣竊觀近事似或不然未自侍從至郎官凡幾人自監司至郡守凡幾人今其所舉賢能才識之士又不知其幾人也陛下蓋嘗摟其一二欲召用之矣凡内

外小大之臣囊封來上或直或巽或切或泛無所不
有陛下亦嘗擿其一二見之施行且褒賞之矣而天
下終疑陛下之爲具文蓋以所召者非久無官情決
不肯來之人則年已衰暮決不可來之人耳彼風節
素著持正不阿耿介有守臨事不撓者論奏雖多固
未嘗收拾而召之也其所施行褒賞者往往皆末節
細故無關於理亂粗述古今不至於抵觸然後取之
以示吾有聽受之意其間亦豈無深憂遠識高出
衆見之表忠言至計有補聖聽之聰者固未聞采
納而用之也自陛下臨御至今班行之彥麾節之臣有

因論列而去有因自請而歸其人或以職業有聞或
以言語自見天下未知其得罪之由徒見其置散投
閒倏來驟去甚至廢罷而鐫褫削奪而流竄皆以爲陛
下黜遠善士厭惡直言去者遂以此而得名朝廷乃
因是而致謗其亦何便於此夫賢路當廣而不當狹言
路當開而不當塞治亂安危莫不由此又言敬天命
伸士氣時帝移御清燕殿行簡奏願加畏謹且言群
賢方集願勿因濟王議異同致有渙散幷兼侍讀兼
國子祭酒吏部侍郎權禮部尚書權刑部尚書拜
端明殿學士同簽書樞密院事進簽書樞密院事太

后崩疏言向者陛下內廷舉動皆有稟承小人縱有
蠱惑干求之心猶有所忌憚而不敢發今者安能保
小人之不萌是心陛下又安能保聖心之不無少肆陛
下爲天下君當懋建皇極一循大公不應私徇小人
爲其所誤凡爲此者皆戚畹肺腑之親近習貴幸之
臣奔走使令之輩外取貨財內壞綱紀上以罔人君
之聰明來天下之怨謗下以撓官府之公道亂民間
之曲直縱而不已其勢必至於假采聽之言而傷動
善類譽衆人之譽而進拔憸人借納忠效勤之意而
售其陰險巧佞之姦日積月累氣勢益張人主之威

權將爲所竊弄而不自知矣陛下衰絰在身愈當警
戒宮庭之間既無所嚴憚嬪御之人又視昔衆多以
春秋方富之年居聲色易縱之地萬一於此不能自
制必於盛德大有虧損願陛下常加警省又論火災
求言乞取其切者付外行之又論許國不當換文資
其當慮者有五鄭損不當帥蜀又言時青者以官則
國家之節度以人則邊陲之大將一旦遽爲李全所戕
是必疑其終爲我用慮變生肘腋故先其未發驅除
之竊意軍中必有憤激思奮之人莫若乘勢就淮
陰一軍拔其尤者以護其師然後明指殺青者之姓

名俾之誅戮加贈恤之典於青則其勢自分而吾得藉此以制之則可折其姦心而存吾之大體不然跋扈者尊殺而不敢誅有功者見殺而不敢恕彼知朝廷一用柔道而威斷不施烏保其不遞相視效則其所當慮者不獨李全一人而已又言山陽民散財殫非丞賊久安之地當日夜為鴟張之計揚州城堅勢壯足以坐制全淮此曹未必無窺伺之心或為所入則淮東俱非我有不可不先為之慮也又請毛駐重兵海道內為吳越之捍蔽外為南北之限制又論李全攻圍泰州勦除之兵今不可已此賊氣貌無以踰人

未必有長筭深謀直剽捍勇決能長雄於其黨耳況其守泗之西城則失西城守下邳則失下邳守青社則失青社既又降北此特敗軍之將十年之內自白丁至三孫功薄報豐反背義忘恩此天理人情之所共憤惟決意行之後皆如行簡所料拜參知政事兼知樞密院事時議收復三京行簡在告上疏曰八陵有可朝之路中原有可復之機以大有為之資當有可為之會則事之有成固可坐而策也臣不憂出師之無功而憂事力之不可繼有功而至於不可繼則其憂始深矣夫自古英君必先治內而後治外陛下

視今日之內治其已舉乎其未舉乎向未攬權之前其敝凡幾今既親政之後其已更新者凡幾欲用君子則其志未盡伸欲去小人則其心未盡革上有厲精更始之意而士大夫之苟且不務任責者自若朝廷有禁包苴戒貪墨之令而州縣之黷貨不知盈厭者自如欲行楮令則外郡之新券雖低價而莫售欲平物價則京師之百貨視舊直而不殊紀綱法度多頹弛而未張賞刑號令皆玩視而不肅此皆陛下國內之臣子猶令之而未從作之而不應乃欲闔闢乾坤混一區宇制姦雄而折戎狄其能盡如吾意乎此

臣之所憂者一也自古帝王欲用其民者必先得其心以為根本數十年來上下皆懷利以相接而不知有所謂義民方憾於守令緩急豈有效死勿去之人卒不愛其將校臨陳豈有奮勇直前之士蓄怨含憤積於平日見難則避遇敵則奔惟利是顧皇恤其他人心如此陛下曾未有以轉移固結之遽欲驅之北鄉從事於鋒鏑忠義之心何由而發況乎境內之民困於州縣之貪刻阨於勢家之兼并飢寒之氓常欲乘時而報怨茶鹽之寇常欲伺間而竊發蕭墻之憂凜未可保萬一兵興於外綴於強敵而不得休潢池

赤子復有如江閩東浙之事其將柰何夫民至愚而不可忽內郡武備單弱民之所素易也往時江閩東浙之寇皆藉邊兵以制之今此曹猶多竄伏山谷窺伺田里彼知朝廷方有事於北方其勢不能以相及寧不又動其姦心此臣之所憂者二也自古英君規恢進取必須選將練兵豐財足食然後舉事今邊面遼闊出師非止一塗陛下之將足當一面者幾人勇而能鬬者幾人智而善謀者幾人非屈指得二三十輩恐不足以備驅馳陛下之兵能戰者幾萬分道而趣京洛者幾萬留屯而守淮襄者幾萬非按籍得

二三十萬衆恐不足以事進取借曰師臣威望素著以意氣招徠以功賞激勸推擇行伍即可爲將接納降附即可爲兵臣實未知錢糧之所從出也興師十萬日費千金千里餽糧士有飢色今之餽餫累日不已至於累月累月不已至於累歲不知累幾千金而後可以供其費也今百姓多垂罄之室州縣多赤立之帑大軍一動厥費多端其將何以給之今陛下不愛金幣以應邊臣之求可一而不可再可再而不可三再三之後兵事未已欲中輟則廢前功欲勉強則無事力國既不足民亦不堪臣恐北方未可圖而南方

已先騷動矣中原殘破之餘所在空曠縱使東南有米可運然道里遼遠寧免乏絕由淮而進縱有河渠可通寧無盜賊邀取之患由襄而進必須負載三十鍾而致一石亦恐未必能達若頓師千里之外粮道不繼當此之時孫吳爲謀主韓彭爲兵師亦恐無以爲策他日粮運不繼進退不能必勞聖慮此臣之所憂者三也願陛下堅持聖意定爲國論以絕紛紛之說不果從進知樞密院事時議御閱不果及驟汰之殿司軍閧爲之黜主帥罷都司官給黃榜撫存軍愈呼噪行簡以聞戮爲首者二十餘人衆乃帖息尋

拜右丞相言三京撓敗之餘事與前異但當益修戰守之備襄陽失守請急收復或又陳進取之計行簡奏今內外事勢可憂而不可恃者七言甚懇切師得不出端平三年九月有事于明堂大雷雨行簡與鄭清之並策免既去而獨趣召行簡還京留之拜左丞相援韓琦故事乞以邊防財用分委三執政請修中興五朝國事十上章請謝事嘉熙三年拜平章軍國重事封肅國公每以上游重地爲念請建節度宣撫使提兵戍夔邊事稍寧復告老章十八上四年加少師保寧軍節度使醴泉觀使封魯國公淳祐元年二月薨

于家年八十六贈太師謚文惠行簡歷練老成識量弘遠居官無所不言好薦士多至顯達至於舉錢時吳如愚又皆當時隱逸之賢者所著有周禮總說孔山文集

范鍾字仲和婺州蘭溪人嘉定二年舉進士歷官調武學博士添差通判太平州知徽州召赴闕遷刑部郎官又遷尚右郎官兼崇政殿說書進對帝曰仁宗時甚多事鍾對曰仁宗始雖多事乃以憂勤致治徽宗始雖無事餘患至于今日帝悅尋遷吏部郎中兼說書又遷秘書少監國子司業兼國史編修實錄檢

討拜起居郎兼祭酒權兵部侍郎兼同修國史實錄同修撰遷兵部侍郎兼給事中權兵部尚書兼侍講尋兼侍讀嘉熙三年拜端明殿學士簽書樞密院事四年授參知政事淳祐元年乞歸田里不許四年知樞密院事乞歸田里五年特拜左丞相兼樞密使封東陽郡公再乞歸田里不許六年復請許之加觀文殿大學士醴泉觀使兼侍讀辭不拜以保晚節乃提舉洞霄宮九年正月薨鍾為相直清守法重惜名器雖無赫赫可稱而清德雅量與杜範李宗勉齊名贈少師謚文肅所著書有禮記解

游似字景仁利路提點刑獄仲鴻之子嘉定十四年進士歷官為大理司直升大理寺丞遷太常丞兼權兵部郎官遷秘書丞兼權考功郎中直秘閣夔路轉運判官移潼川提點刑獄兼提舉常平請封謚田錫從之遷軍器監宗正少卿兼權樞密都承旨時暫兼權禮部侍郎兼侍講權禮部侍郎有事于明堂似上疏言欲盡事天之禮當盡敬天之心心存則政事必適其宜言動必當其理雨暘必循其序夷夏必安其生兼同修國史實錄院同修撰權禮部尚書兼侍讀言軍賞冒濫請給告之制奏功者書填真命付之

候從軍十年別能立功升至統領已上方許從所屬保明申朝廷立名給告則冒濫者革功勞者勸遷禮部尚書兼給事中兼修國史實錄院修撰權工部侍郎充四川宣撫司參贊軍事兼給事中遷吏部尚書入侍經幄帝問唐太宗貞觀治效何速如是似對曰人主一念之烈足以旋乾轉坤或謂霸圖速而王道遲不知一日歸仁期月而可王道曷嘗不速一念有時間斷則無以挽回天下之大勢至於憂勤既切宸念而佐理非人亦何以布宣九重之實乃撥太宗事以陳且謂太宗矜心易啓漸弗克終僅止貞觀之治陛

下嗣服十有五年艱危之勢滋甚回視太宗治效敏速相越乃爾意者親儒而從諫敬畏以檢身未若貞觀之超卓乎節用以致愛選廉以共理未若貞觀之切至乎願陛下益加聖心嘉熙三年正月拜端明殿學士同簽書樞密院事封南充縣伯八月拜參知政事四年閏月知樞密院事兼參知政事淳祐四年提舉萬壽觀兼侍讀仍奉朝請授知樞密院事兼參知政事進爵郡公五年拜右丞相兼樞密使十上章乞歸田里帝不許七年特授觀文殿大學士醴泉觀使兼侍讀進爵國公十一年轉兩官致仕薨特贈少師

趙葵字南仲京湖制置使方之子初生時或夢南岳神降其家方在襄陽命葵專督飲食共養之事與兄范俱有志事功方器之聘鄭清之全子才爲之師又遣從南康李燔爲有用之學每聞警報與諸將偕出遇敵則深入死戰諸將惟恐失制置子盡死救之屢以此獲捷一日方賞將士恩不償勞軍欲爲變葵時十二三覺之亟呼曰此朝廷賜也本司別有賞賚軍心賴一言而定人服其機警嘉定十年金將高琪烏古論慶壽犯襄陽團棗陽時邊烽久熄金兵猝至人情震懼方帥范葵往戰敗走之十三年方遣葵及都統扈再興攻金人至高頭高頭金人必守之處也出勁兵拒戰葵率先鋒奮擊再興繼進殲之翼日進次鄧州金人阻泚河以拒葵麾軍進擊楊義諸將繼至金兵亦大出合戰大破之俘斬及降者幾二萬獲萬户而下十數人奪馬八百逐北直傅城下而還十四年金人犯蘄州葵與范攻唐鄧方命之曰不克敵毋相見也三月丁亥至唐州薄城而陳金大將阿海引兵出戰葵帥精騎赴敵再興從之大捷斬馘萬餘金人閉門不出時金人陷蘄州者至久長數十騎出

山撒葵帥楊大成以十四騎逐之金騎漸益至數百葵力戰連破之而金步騎大集會范再興軍合戰至夜分始解庚寅官軍分二陣范將左再興將右葵帥突騎左右策應金人背山亦分爲二以相當而不先動范曰金人必復謀夜戰以俟勝乃預備大鼓令軍中聞疊鼓聲始動若彼未至五十步內而輒動者斬未幾金兵稍下山再興遽衝之果爲敵所乘遂逼范軍范疊鼓麾軍突鬬葵繼進殲金兵數千敵併力向再興葵率土豪祝文蔚等以精騎橫衝之金人僵屍相屬復相持至夜分金人雖斂而陣如故范葵急會將校

選死士數千黎明四面奮擊喚声撼山谷金人走乘
勝逐北斬首數千級副統軍投戈降拔所掠子女萬
餘得輜重器械山積補葵承務郎知棗陽軍范授安
撫司內機方卒十五年起復直祕閣通判廬州進大
理司直淮西安撫參議官十七年李全往青州淮東
制置使許國檄葵議兵葵至曰君侯欲圖賊而坐賊
穽中悔已無及惟有重帳前兵猶足制之爾國曰兵
不能集集不能精柰何曰葵請視兩路之兵別其精
銳君侯留三萬帳前賊不敢動矣國曰不若集淮兵
來閱而君董之既足示衆亦可選銳葵曰有兵之郡

必當衝要守將豈可空壁以從制使命耶必將力爭
于朝分留自衞一得朝命必匿其強壯遣老弱以備
數本欲選銳適得其鈍本欲示衆適示單弱徒啓
戎心國不聽卒敗寶慶元年范知揚州乞調葵以強
勇雄邊軍五千屯寶應備賊葵在廬州數費私錢會
諸將毬射與制置使會式中不合葵去之言者以爲擅
遂奉祠三年起爲將作監丞紹定元年出知滁州二
年全將入浙西告糴實欲覘釁也初全之獻俘也
朝廷授以節鉞葵策其必叛乃上書丞相史彌遠曰
此賊若止於得粟尚不宜使輕至內地況包藏禍心

不止告糴若不痛抑其萌則自此肆行無憚所謂延
盗入室亟戢內有不可勝諱之憂至滁以其地當賊
衝又與金人對境實兩淮門戶修城浚隍經武不少
暇命秦喜守青平趙必勝守萬山以壯形勢葵母疾
謁告省侍不得封股雜藥以寄之母卒葵求解官不
許不得已卒哭復視事全造舟益急葵復致書史彌
遠曰李全既破鹽城反稱陳知縣自棄城蓋欲欺朝
廷以款討罪之師彼得一意修舟楫造器械窺伺城
邑或直浮海以擣腹心此其姦謀明若觀火葵自聞
鹽城失守日夕延頸以俟制帥之設施今乃聞遣王

節入鹽城祈哀於逆葵又聞遣二吏入山陽請命于
賊婦堂堂制閫如此舉措豈不墮賊計貽笑天下貽
笑外夷乎又聞張國明前此出山陽已知賊將舉鹽
城之兵今君聽國明言更從闊略則自此人心解體
萬事渙散社稷之憂有不可勝諱者葵非欲張皇生
事啓釁務李全決非忠臣非孝子丞相苟聽葵之言
翻然改圖發兵討叛則豈獨可以強國勢安社稷葵
父子世受國恩亦庶幾萬一之報使丞相不聽葵言不
發兵討賊則豈特不可以強國勢安社稷而葵亦不
知死所不復可報君相之恩矣一安一危一治一亂係

朝廷之討叛與不討爾淮東安則江南安江南安則
社稷安社稷安則丞相安丞相安則凡爲國之臣子
爲丞相之門人弟子莫不安矣又言於朝曰葵父
子兄弟世受國恩每見外寇盜賊侵侮國家未嘗不
爲忠憤所激今大逆不道邈視朝廷負君相卵翼之
恩無如李全前此畔逆未彰猶可言也今已破蕩城
邑略無忌憚若朝廷更從隱忍則將何以爲國欲
望特發剛斷名其爲賊即日命將遣師水陸並進誅鋤
此逆以安社稷以保生靈葵雖不才願身許朝廷如
或不然乞將葵早賜處分以安邊鄙以便國事彌遠

猶未欲興討參知政事鄭清之贊決之乃加葵直寶
章閣淮東提點刑獄兼知滁州范刻日約葵葵帥雄
勝寧淮武定彊勇步騎萬四千命王鑑扈斌胡顯等
將之以葵兼參議官顯顗之兄也拳力絕人方在襄
陽每出師必使顯及葵各領精銳分道赴戰摧堅陷
陣聚散離合前無勁敵以功至撿校太尉已而全攻
揚州東門葵親出搏戰賊將張友呼城門請葵出及
出全在隔壕立馬相勞苦左右欲射全葵止之問全
來何爲全曰朝廷動見猜疑今復絕我糧餉我非背
叛索錢糧耳葵曰朝廷資汝錢糧寵汝官職蓋不貲

矣待汝以忠臣孝子而乃反戈攻陷城邑朝廷安得
不絕汝錢糧汝云非叛欺人乎欺天乎切責之言甚
多全無以對彎弓抽矢向葵而去於是數戰皆捷四
年正月壬寅遂殺全事見全傳進葵福州觀察使左
驍衛上將軍葵辭不受八月召封樞密院稟議受
寶章閣待制樞密副都承旨依舊職仍落起復尋進兵
部侍郎六年十一月詔授淮東制置使兼知揚州入
對帝曰卿父子兄弟宣力甚多卿在行陣又能率先
士卒捐身報國此尤儒臣之所難朕甚嘉之葵頓首
謝曰臣不佞忠孝之義嘗奉教於君子世受國恩當

捐軀以報陛下端平元年朝議收復三京葵上疏請
出戰乃授權兵部尚書京河制置使知應天府南
京留守兼淮東制置使時盛暑行師汴堤破決水潦泛
溢糧運不繼所復州郡皆空城無兵食可因未幾北
兵南下渡河發水閘兵多溺死遂潰而歸范上表劾
葵詔與全子才各降一秩授兵部侍郎淮東制置使
移司泗州嘉熙元年以寶章閣學士知揚州依舊制
置使二年以應援安豐捷奏拜刑部尚書進端明
殿學士特予執政恩例復兼本路屯田使葵前後
留揚八年墾田治兵邊備益飭淳祐二年進大學士

知潭州湖南安撫使改福州三年葬其母乞追服終
制不允葵上疏曰移忠為孝臣子之通誼教孝求忠
君父之至仁忠孝一原並行不悖故曰忠臣以事其君
孝子以事其親其本一也臣不佞兢謹持循惟恐先墜
往歲叨當事任服在戎行借同氣以率先冒萬死而
不顧捐軀戡難效命守封是以孝事君之充也陛下
昭示顯揚優崇寵數使為人子者感恩為人親者知
勸矣臣昨於草土被命起家勉從權制先國家之急
而後親喪也今釋位去官已追服居廬乞從彝制又
不許再上疏曰臣昔者奉詔討逆適丁家難閔然哀

疚之中命以驅馳之事移孝為忠所不敢辭是臣嘗
先國家之急而效臣子之義矣親恩未報寖踰一紀
食稻衣錦俯仰增愧且臣業已追衰麻之制俾苫塊
之哀負土成墳倚廬待盡喪事有進而無退固不應
數月而除也乃命提舉洞霄宮不拜淳祐四年授同
知樞密院事疏奏今天下之事其大者有幾天下之
才其可用者有幾吾從其大者而講明之疏其可用
者而任使之有勇畧者治兵有心計者治財寬厚者
任牧養剛正者持風憲為官擇人不為人而擇官用
之既當任之既久然後可以責其成效又乞亟與宰

臣講求規畫凡有關於宗社安危治亂之大計者
條具以聞審其所先後緩急以圖壽策則治功可
成外患不足畏又乞捌游擊軍三萬人以防江詔從
之十二月拜知樞密院事兼參知政事又特授樞密
使兼參知政事督視江淮京西湖北軍馬封長沙郡
公尋知建康府行宮留守江東安撫使九年特授光
祿大夫右丞相兼樞密使封信國公四上表力辭言
者以宰相須用讀書人罷為觀文殿學士充醴泉觀
使兼侍讀仍奉朝請尋判潭州湖南安撫使加特進
寶祐二年宣撫廣西三年改鎮荊湖城荊門及郢州改

授湖南路安撫使判潭州再辭依舊職醴泉觀使五
年進少保寧遠軍節度使進封魏國公醴泉觀使兼
侍讀四辭免開慶元年判慶元府沿海制置使尋授
沿江江東宣撫使置司建康府任責隆興府饒州江
州徽州兩界防拓調遣時暫兼判建康府行宮留守
尋授江東西宣撫使節制調遣饒信袁臨江撫吉隆
興官軍民兵訪問百姓疾苦罷行黜陟並許便宜從
事景定元年授兩淮宣撫使判揚州進封魯國公尋
奉祠咸淳元年加少傅二年乞致仕特授少師武安
軍節度使進封冀國公舟次小孤山薨年八十一是

夕五洲星隕如箕贈太傅謚忠靖
范孚武仲少從父軍中嘉定十三年嘗與弟葵殲金
人于高頭十四年出師唐鄧范與葵監軍孟宗政時
知棗陽憚於供億使人問曰金人在蘄黄而君攻唐
鄧何也范曰不然徹襄陽之備以救蘄黄則唐鄧必
將躡吾後且蘄黄之寇正銳曷若先擣唐鄧以示有
餘唐鄧應我之不暇則吾圍不守而自固寇在蘄黄
師曰以老然後回師蹙之可勝敵而無後患又敗金
人於久長與弟葵俱授制置安撫司内機事具葵傳
十五年丁父憂起復直祕閣通判揚州十六年爲軍

器監丞以直祕閣知光州十七年入爲知大宗正丞
刑部侍郎試將作監兼權知鎮江府進直徽猷閣知
揚州淮東安撫副使劉全王文信二軍老幼留揚州
范欲修軍政懼其徒漏泄兵機乃時餽勞二家既
大喜范即遺徐晞稷書令教二人挈家歸楚二人
從之范厚賚以遣有孫海者其衆亦八百范併請
抽還楚州又請刱馬軍二千招游手之强壯者及
籍牢城重役人充之別籍民爲半年兵春夏在田
秋冬教閱官免建砦而私不廢農彭義斌使統領張
士顯見范請合謀討李全范告于制置使趙善湘

曰以義斌歷全如山壓卵然必請而後討者知有朝廷
也失此不右而右凶徒則權綱解紐矣萬一義斌無朝
命而成大勲是又唐藩鎮之事非討之得也莫若移揚
州增戍之兵往盱眙而四總管兵各留半以備金人餘
皆起發擇一能將銳之命葵摘淮西精銳萬人與會于楚
州出許浦海道五十艘入淮以斷賊歸路密約義斌
自北攻之事無不濟四總管權位相侔劉琸雖能得
其歡心而不能制其死命如用琸須令親履行陣指
蹤四人不可止坐籌帷幄也不報范又曰國家討賊
則自此中興否則自此不振若朝廷不欲張皇則范

乃提刑職在捕盗但令范以本路兵措置楚州盐賊
范當調時青張惠兩軍之半及其船數百徑薄楚城
以遏賊路調夏全范成進之半據漣海而守之又移
揚州之戍以戍盱眙然得親提精鋭雄勝強勇等就
時青于城外示賊以形勢諭賊以禍福賊必自降若
循拒守則南北軍民雜處必有内應者矣别約義斌
攻之於北山陽下則進駐漣海以應之撫歸附家屬
以離其黨不出半月此賊坐亡若是則不調許浦水
軍但得趙葵三千人亦足矣若朝廷憚費則全有豫
買軍需錢二十萬在真州且漣楚積聚多自足用丞

相史彌遠報范書令諭四總管各享安靖之福范所遣計議官聞之曰但恐禍根轉深不得安靖爾各揮涕而歸會全且至范又獻計曰撫機不發事已無及侯景困喪河南致毒蕭氏今逆全不得志於義斌而復慮四總管應之歸據舊巢其謀必急然變之於喪敗之餘者易圖之於休息之後者難矧四總管合謀章露必難遂已但事機既變局面不同若廟筭果定不欲出敎令但得密賜指授范一切伏藏不動只約義斌使自彼攻其所必救則機會在我而前日之策可用矣還報戒范無出位專兵范乃爲書謝廟堂

且決之曰令上自一人下至公卿百執事又下至士民軍吏無不知禍賊之必反雖先生之心亦自知其必反也衆人知之則言之先生知而獨不言不言誠是也内無臥薪嘗膽之志外無戰勝攻取之備先生隱忍不言而徐思所以制之此廟謨所以爲高也然以撫定責之睎稷而以鎭守責之范責睎稷者函人之事也責范者矢人之事也既責范以惟恐不傷人之事又禁其爲傷人之痛惡其爲傷人之言何哉其禍賊見范爲備則必忌而不得以肆其姦他日必將指范爲首禍激變之人劫朝廷以去范先生始未之信

也左右曰可卿大夫曰可先生必將曰是何惜一趙范而不以紓禍哉必將縛范以授賊而范遂爲宋晁錯雖然使以范授賊而果足以紓國禍范死何害哉諺曰護家之狗盜賊所惡故盜賊見有護家之狗必將指斥於主人使先去之然後肆穿窬之姦而無所忌然則殺犬固無益於弭盜也欲望矜憐別與閑慢差遣彌遠得書爲之動心二年春奉祠三年知安慶府未行改知池州繼兼江東提舉常平彌遠訪將材於葵葵以范對進范直敷文閣淮東提點刑獄兼知滁州范曰弟而薦兄不順以母老辭乃上書彌

遠曰淮東之事日異日新然有淮則有江無淮則長江以北港汊蘆葦之處敵人皆可潛師以濟江面數千里何從而防哉今或謂巽辭厚惠可以啗賊而不知陷彼款兵之計或謂斂兵退屯可以緩賊而不知成彼深入之謀或欲行青野以嬰城或欲聚烏合而浪戰或以賊詞之乍順乍逆而爲喜懼或以賊兵之乍進乍退而爲寬緊皆失策也失策則失淮失淮則失江而其失有不可勝諱者矣夫有過寇之兵有游擊之兵有討賊之兵今寶應之逼山陽天長之逼盱眙須各增戍兵萬人遣良將統之賊來則堅壁以挫其

鋒不來則耀武以壓其境而又覘釁伺隙時遣偏師掩其不備以示敢戰使雖欲深入而畏吾之擣其虛此遏寇之兵也盱眙之寇素無儲蓄金人亦無以養之不過分兵擄掠而食當量出精兵授以勇校募土豪出奇設伏以勦殺之此游擊之兵也惟揚金陵合肥各聚二三萬人人物必精將校必勇器械必利教閱必熟紀律必嚴賞罰必公其心術念慮必人人思親其上而死其長信能行此半年而可以強國一年而可討賊矣賊既不能深入擄掠復無所獲而又懷見討之恐則必反而求贍於金金無餘力及此則必怨之

怨之吾於是可以嫁禍於金人矣或謂揚州不可屯重兵恐速賊禍是不然揚州者國之北門一以統淮一以蔽江一以守運河豈可無備哉善守者敵不知所攻今若設寶應天長二屯以扼其衝復重三帥閫以張吾勢賊將不知所攻而敢犯我揚州哉誤使賊不知兵勢而犯揚州是送死矣朝廷乃召范京議復令知池州紹定元年試將作監知鎮江府三年丁母憂求解官不許起復直徽猷閣淮東安撫副使尋轉右文殿修撰賜章服金帶不得已卒哭復視事又為書告廟堂請罷調停之議一請撤沿江制

置司調王明本軍駐泰興港以扼泰州下江之捷徑一請撤射陽湖人為兵屯其半高郵以制賊後屯其半瓜州以扼賊前一請速調淮西兵合滁陽六合諸軍圖救江面不然范雖死江皋無益也朝旨乃許范刺射陽湖兵毋過二萬人就聽節制范又遺善湘書曰今日與宗社同休戚者在內惟丞相在外惟制使與范及范弟葵耳賊若得志此四家必無存理於是討賊之謀遂決遂戮全進范兵部侍郎淮東安撫使兼知揚州兼江淮制置司參謀官以次復淮東加吏部侍郎進工部尚書沿江制置副使權移司兼知黃州

尋兼淮西制置副使未幾為兩淮制置使節制巡邊軍馬仍兼沿江制置副使又進端明殿學士京河關陝宣撫使知開封府東京留守兼江淮制置使入洛之師大潰乃授京湖安撫制置使兼知襄陽府范至則倚王旻樊文彬李伯淵黃國弼數人為腹心朝夕酣狎了無上下之序民訟邊防一切廢弛屬南北軍將交爭范失於撫御於是北軍王旻內叛李伯淵繼之焚襄陽北去南軍大將李虎不救焚不定變乃因之劫掠城中官民尚四萬七千有奇錢粮在倉庫者無慮三十萬弓矢器械二十有四庫皆為敵有蓋自兵

飛收復百三十年生聚繁庶城高池深甲於西陲一旦灰燼禍至慘也言者劾范降三官落職依舊制置使尋奉祠以言罷論者未已再降兩官送建寧府居住嘉熙三年敘復官職與宮觀四年知靜江府後卒于家

謝方叔字德方威州人嘉定十六年進士歷官監察御史疏奏秉剛德以回上帝之心奮威斷以回天下之勢或者猶恐前者便嬖之人有以私陛下之聽而惑陛下之心則前日之畏者怠憂者喜慮者玩矣左右前後之人進憂危恐懼之言者是納忠於上也

進燕安逸樂之言者是不忠於上也凡有水旱盜賊之奏者必忠臣也有謟諛蒙蔽之言者必佞臣也陛下享玉食珍羙之奉當思兩淮流莩轉壑之可矜聞管弦鼉鼓之聲當思西蜀白骨如山之可念又言崇儉德以契天理儲人才以供天職恢遠畧以需天討行仁政以荅天意帝悅差知衡州除宗正少卿又除太常少卿兼國史編修實録檢討時劉漢弼杜範徐元杰相繼死方叔言元杰之死陛下既為命官鞫獄立賞捕姦盜非人未得忠冤未伸陛下苟不始終主持將恐紀綱掃地而國無以為國矣遷殿中侍御

史進對言操存本於方寸治亂係於天下人主宅如法宮蹇濩之邃朝夕親近者左右近習承意伺旨之徒往往覘上之所好不過保恩寵希貨利而已而宴寘之中或有游揚之說潛伏而莫之覺防微杜漸實以是心主之又言今日為兩淮謀者有五一曰明間諜二曰修馬政三曰營山水砦四曰經理近城之方田五曰加重遏絕遊騎及救奪擄掠之賞罰請行限田請録朱熹門人胡安定呂燾蔡模詔皆從之權刑部侍郎兼權給事中升兼侍講正授刑部侍郎權國史編修實録檢討拜端明殿學士簽書樞密院事

參知政事淳祐九年拜參知政事封永康郡侯十一年特授知樞密院事兼參知政事尋拜左丞相兼樞密使進封惠國公勸帝以愛身育德屬監察御史洪天錫論宦者盧允升董宋臣疏留中不下大宗正寺丞趙崇璠移書方叔云閹寺驕恣特甚宰執不聞正救臺諫不敢誰何一新入孤立之察官乃鋭意出身攻之此豈易得哉側耳數日寂無所聞公議不責備他人而責備於宰相不然倉卒出御筆某人授少卿亦必無可遏之理矣丞相不可謂非我責也丞相得君最深名位已極儻言之勝宗社賴之言之不勝則去去則諸

君必不吝不爭是勝亦勝負亦勝況未必去耶方叔得書有赧色翼日果得御筆授天錫大理少卿而天錫去國於是太學生池元堅太常寺丞趙崇潋左史李昴英皆論擊允升宋臣而說者又曰天錫之論方叔意也及天錫之去亦曰方叔意也方叔上疏自解於是監察御史朱應元論方叔罷相旣罷允升宋臣猶以爲未快厚賂太學生林自養上書力詆天錫方叔且曰乞誅方叔使天下明知宰相臺諫之去出自獨斷於内侍初無預焉書旣上學舍惡自養黨姦相與鳴鼓攻之上書以聲其罪乃授方叔觀文殿大

學士提舉洞霄宮復以監察御史李衢兩劾褫職罷祠後依舊職與祠起居郎呂澤中書舍人林存劾罷監察御史章士元請更與降削竄廣南景定二年請致仕乃叙復官職度宗即位方叔以一琴一鶴金丹一粒來進丞相賈似道忌其希望諷權右司郎官盧越左司諫趙順孫給事中馮夢得右正言黄鏞相繼請奪方叔官職封爵制置使呂文德頌以己官贖其罪咸淳七年詔叙復致仕八年卒特贈少師方叔在相位子弟干政若謎余玠之類是也

論曰喬行簡弘深好賢論事通諫范鍾游似同在相位皆謹飭自將而意見不侔趙方豫計二子後當若何而葵范所立皆如所言所謂知子莫若父也然宋自端平以來捍禦淮蜀兩邊者非葵材館之士即其偏裨之將朝廷倚之如長城之勢及其筋力旣老而衛國之志不衰亦曰壯哉謝方叔相業無過人者晚困於權臣至以玩好丹劑爲人主壽是貽削有愧金鏡多矣

列傳卷第一百七十六

列傳卷第一百七十七　宋史四百十八

開府儀同三司上柱國錄軍國重事前中書右丞相監修國史領經筵事都總裁臣脫脫等奉勑修

吳潛　程元鳳　江萬里

王爚　章鑑　陳宜中

文天祥

吳潛字毅夫宣州寧國人祕閣修撰柔勝之季子嘉定十年進士第一授承事郎簽鎮東軍節度判官改簽廣德軍判官丁父憂服除授祕書省正字遷校書郎添差通判嘉興府權發遣嘉興府事轉朝散郎尚

書金部員外郎紹定四年遷尚右郎官都城大火潛上疏論致災之由願陛下齋戒修省恐懼對越菲衣惡食必使國人信之毋徒減膳而已疎損聲色必使天下孚之毋徒徹樂而已閹官之竊弄威福者勿親女寵之根萌禍患者勿昵以暗室屋漏爲尊嚴之區而必敬必戒以恒舞酣歌爲亂亡之宅而不淫不泆使皇天后土知陛下有畏之之心使三軍百姓知陛下有憂之之心然後明詔二三大臣和衷竭慮力改絃轍收召賢哲選用忠良貪殘者屏回衺者斥懷姦黨賊者誅賈怨誤國者黜毋並進君子小人以爲包荒毋兼容衺說正論以爲皇極以培國家一綫之脉以救生民一旦之命庶幾天意可回天災可息弭災爲祥易亂爲治又言重地要區當豫畜人才以備患論大順之理貫通天人當以此爲致治之本又貽書丞相史彌遠論事一曰格君心二曰節奉給三曰振恤都民四曰用老成廉潔之人五曰用良將以禦外患六曰革吏弊以新治道授直寶章閣浙東提舉常平辭不赴改吏部員外郎兼國史編修實錄檢討遷太府少卿淮西總領又告執政論用兵復河南不可輕易以爲金人既滅與北爲鄰法當以和爲形以守爲

實以戰爲應自荊襄首納空城合兵攻蔡兵事一開調度寖廣百姓狼狽死者枕藉使生靈肝腦塗地得城不過荊榛之區獲俘不過曖昧之骨而吾之內地荼毒如此邊臣誤國之罪不待言矣聞有進恢復之畫者其算可謂俊傑然取之若易守之實難征行之具何所取資民窮不堪激而爲變內郡率爲盜賊矣今日之事豈容輕議自後興師入洛潰敗失亡不貲潛之言率驗遷太府卿兼權沿江制置知建康府江東安撫留守上疏論保蜀之方護襄之策防江之算備海之宜進取有甚難者三事端平元年詔求直

言潛所陳九事一曰顧天命以新立國之意二曰植國本以廣傳家之慶三曰篤人倫以爲綱常之宗主四曰正學術以還斯文之氣脉五曰廣畜人才以待之絶六曰實恤民力以致寬舒七曰邊事當鑒前轍以圖新功八曰楮幣當權新制以解後憂九曰盜賊當探禍端而圖長策以直論忤時相罷奉千秋鴻禧祠改祕閣修撰權江西轉運副使兼知隆興府主管江西安撫司擢太常少卿奏造斛斗輸諸郡租寬恤人户培植根本凡十五事進右文殿修撰集英殿修撰樞密都承旨督府參謀官兼知太平州五辭不允又

言和戰成敗大計宜急救襄陽等事貽書執政論京西既失當招收京淮丁壯爲精兵以保江西權工部侍郎知江州辭不赴請養宗子以係國本以鎭人心改權兵部侍郎兼檢正論士大夫私意之敝以爲襄漢潰決興沔破亡兩淮俶擾三川陷沒欲望陛下念大業將傾士習已壞以靜專察群情以剛明消衆慝譬于有位各厲至公毋以術數相高而以事功相勉毋以陰謀相訐而以識見相先協謀并智戮力一心則危者尚可安而衰證尚可起也又請分路取士以收淮襄之人物試工部侍郎知慶元府兼沿海制置

使改知平江府條具財計凋敝本末以寬郡民與轉運使王埜爭論利害授寶謨閣待制提舉太平興國宫改玉隆萬壽宫試户部侍郎淮東總領兼知鎭江府言邊儲防禦等十有五事改寶謨閣直學士兼浙西都大提點坑冶權兵部尚書浙西制置使申論防拓江海團結措置等事進工部尚書改吏部尚書兼知臨安府乃論艱屯蹇困之時非反身修德無以求亨通之理乞遴選近族以係人望而俟太子之生帝嘉納兼侍讀經筵以臺臣徐榮叟論列授寶謨閣學士知紹興府浙東安撫使辭提舉南京鴻慶宫遂請

致仕授華文閣學士知建寧府辭丁母憂服除轉中大夫試兵部尚書兼侍讀轉翰林學士知制誥兼侍讀改端明殿學士簽書樞密院事進封金陵郡侯以亢旱乞罷免改資政殿學士提舉洞霄宫改知福州兼本路安撫使徙知紹興府浙東安撫使召同知樞密院兼參知政事入對言國家之不能無敵猶人之不能無病今日之病不但倉扁望之而驚庸醫亦望而驚矣願陛下篤任元老以爲醫師博采衆益以爲醫工使臣輩得以效牛溲馬勃之助以不辱陛下知人之明淳祐十一年入爲參知政事拜右丞相兼樞

密使明年以水災乞解機政以觀文殿大學士提舉洞霄宮又四年授沿海制置大使判慶元府至官條具軍民久遠之計告于政府奏皆行之又積錢百四十七萬三千八百有奇代民輸帛前後所蠲五百四十九萬一千七百有奇以久任丐祠且累章乞歸田里進封崇國公判寧國府還家以醴泉觀使兼侍讀召入對論畏天命結民心進賢才通下情帝嘉納拜特進左丞相進封慶國公奏乞令在朝之臣各陳所見以決處置之宜改封許國公大元兵渡江攻鄂州別將由大理下交阯破廣西湖南諸郡潛奏令鄂諸

被兵湖南擾動推原禍根良由近年姦臣險士設爲處議迷國誤軍其禍一二年而愈酷附和逢迎媕阿諂媚積至於大不靖臣年將七十捐軀致命所不敢辭所深痛者臣交任之日上流之兵已踰黃漢廣右之兵已蹈賓柳謂臣壞天下之事亦可哀已又論國家安危治亂之原蓋自近年公道晦蝕私意橫流仁賢空虛名節喪敗忠嘉絕響諛佞成風天怒而陛下不知人怨而陛下不察稔成兵戈之禍積爲宗社之憂章鑑高鑄嘗與丁大全同官傾心附麗躐躋要途蕭泰來等群小噂沓國事日非浸淫至于今日陛下稍垂日月之明毋使小人翕聚以貽善類之禍沈炎實趙與𥲅之腹心爪牙而任臺臣甘爲之搏擊姦黨盤據血脉貫穿以欺陛下致危亂者皆此等小人爲之又乞令大全致仕炎等與祠高鑄羈管州軍不報屬將立度宗爲太子潛密奏云臣無彌遠之材忠王無陛下之福帝怒潛卒以炎論劾落職命下中書舍人洪芹繳還詞頭不報謫建昌軍尋徙潮州責授化州團練使循州安置潛預知死日語人曰吾將逝矣夜必雷風大作已而果然四鼓開霽撰遺表作詩頌端坐而逝時景定三年五月也循人聞之咨嗟悲

慟德祐元年追復元官仍還執政恩數明年以太府卿柳岳請贈謚特贈少師

程元鳳字申甫徽州人紹定元年進士調江陵府教授端平元年差江西轉運司幹辦公事丁母憂淳祐元年遷禮兵二部架閣以父老不忍去側遷太學正以祖諱辭改國子錄父憂服闋遷太學博士改宗學博士以詩禮講榮王府旁諷曲諭隨事規正多所裨益王亦傾心敬聽輪對極論世運剝復之機及人主所當法天者理宗覽之曰有古遺直風六年進祕書丞兼權刑部郎官七年兼權右司郎官遷著作

郎仍權右司郎官輪對指陳時病尤激切當國者以爲厲己丐外知饒州郡初罹水災元鳳訪民疾苦夙夜究心修城堞置義阡寬誅求察誣證進江淮荆浙福建廣南都大提點坑冶仍兼知饒州冶司歲有冬夏帳銀悉舉以補郡積年諸税斂之不足者乏生治所衆以治行之致元鳳曰五穀熟則民家惠此不足異也召奏事辭不允還右曹郎官疏言實學實政國本人才吏治生民財計兵威八事尋兼右司郎官拜監察御史兼崇政殿説書丞相鄭清之久專國柄老不任事臺官潘凱呉燧合章論列清之不悦改

遷之二人不拜命去元鳳上疏斥清之罪其言明白正大凱燧得召還有事于明堂元鳳疏言祈天以實不以文又言邊備謂當申儆軍實以起積玩之勢及言濫刑之敝十二年拜右正言兼侍講以祖諱辭詔權以右補闕繫銜上疏論格心之學謂華士大夫之風俗當華士大夫之心術至於文敝邊儲人才民心儲將帥救災異莫不盡言余晦以從父天錫恃恩妄作三學諸生伏闕上書白其罪狀司業蔡抗又力言之元鳳數其罪劾之奏上以晦爲大理少卿抗爲宗正少卿元鳳又上疏留抗而黜晦以安士心乃命抗仍兼

司業晦予郡升殿中侍御史仍兼侍講京城災疏言輟土木無益之役以濟暴露之民移緇流泛濫之恩以給顛沛之衆務行寬大之政固結億兆之心旁招俊乂而私昵無濫及之恩屏去奸私而貪黷無復出之患謹便嬖之防而不使之弄權抑恩澤之請而不至於無節言多剴切寶祐元年兼侍讀遷侍御史言法孝宗八事薦名士三十餘人進尚書吏部侍郎兼中書舍人兼同修國史實録院同修撰仍兼侍讀丞辭出關不允有事于南郊元鳳爲執綏官咨問多所開陳帝因欲幸西太乙宮力諫止之三年遷權

工部尚書力求補外特授端明殿學士同簽書樞密院事蜀境與沅靖交急朝廷欲擇重臣出鎮上流用徐敏子易蜀帥及用向士壁爲鎮撫元鳳請下荆南調兵援蜀移呂文德上沅靖進依前職簽書樞密院事兼權參知政事進參知政事尋進拜右丞相兼樞密使進封新安郡公力辭御筆勉諭猶周回累日而後治事疏奏正心待臣進賢愛民備邊守法謹微審令八事高孝光寧四朝國史未就奏轉任尤焴領其事纂修成之會丁大全謀奪相位元鳳力辭授觀文殿大學士判福州福建安撫使又力辭依前職提舉

洞霄宮開慶兵興上手疏收人心重賞罰團結民兵
數事俄起判平江府兼淮浙發運使四上章乞免三
年御筆趣行奏免修明局米五萬石拜特進依前職
充醴泉觀兼侍讀度宗即位進少保三年拜少傅右
丞相兼樞密使進封吉國公以言罷依舊少保觀文
殿大學士醴泉觀使乞致仕不許四年罷觀使以守
少保觀文殿大學士致仕卒遺表聞帝震悼輟朝特
贈少師元鳳之在政府也一契家子求貳令元鳳謝之
曰除授須由資其人累請不許乃以先世爲言元鳳
曰先公疇昔相薦者以某粗知恬退故也今子所求

躐次豈先大夫意哉矧以國家官爵報私恩某所不
敢有嘗遭元鳳論列者其後見其可用更薦拔之每
曰前日之彈劾成其才也今日之擢用盡其才也所著
訥齋文集若干卷

江萬里字子遠都昌人自其父燁始業儒大父璘鄉
稱善人其鄉史知縣者夸其能杖譁健士璘俛首不
答歸語燁曰史祖父故寒士今居官以杖士人自憙於
我心有不釋然審爾史氏且不昌汝其戒之是夕燁
妻陳夢一貴人入其家曰以汝家長有善言故來已
而有娠生萬里少神雋有鋒穎連舉于鄉入太學

有文聲理宗在潛邸嘗書其姓名几研間以舍選出身
歷池州教授沿江制置司準備差遣兩浙安撫司幹
辦公事召試館職累遷著作佐郎權尚左郎官兼
樞密院檢詳文字知吉州創白鷺洲書院兼提舉
江西常平茶鹽召爲屯田郎官未行遷直秘閣江西
轉運判官兼權知隆興府創宗濂書院遷考功郎
官命旋寢久之以駕部郎官召遷尚右兼侍講史嵩
之罷相拜監察御史仍兼侍講未幾遷右正言殿中侍
御史又遷侍御史未及拜萬里器望清峻論議風采
傾動一時帝眷注尤厚嘗匄祠省母疾不許屬弟萬

頃奉母歸南康旋以母病聞萬里不俟報馳歸至
初門得訃而議者謂萬里毋死秘不奔喪反挾妾媵
自隨於是側目萬里者相與騰謗萬里無以自解坐
是閒廢者十有二年後陸德輿嘗辨其非辜於帝前
賈似道宣撫兩浙辟參謀官及似道同知樞密院爲
京湖宣撫大使以萬里帶行寶章閣待制爲參謀
官大元兵圍鄂似道以右丞兼樞密使移軍漢陽萬
里遷刑部侍郎似道入相萬里兼國子祭酒侍讀入
對遷權吏部尚書又拜端明殿學士同簽書樞密院
事兼太子賓客隨以言者去官後以原職知建寧

府兼權福建轉運使已而加資政殿學士依舊職知福州兼福建安撫使度宗即位召同知樞密院事又兼權參知政事遷參知政事萬里始雖俛仰容默爲似道用然性峭直臨事不能無言似道常惡其輕發故每入不能久在位似道以去要君帝初即位呼爲師相至涕泣拜留之萬里以身掖帝云自古無此君臣禮陛下不可拜似道不可復言去似道不知所爲下殿舉笏謝萬里曰微公似道幾爲千古罪人然以此益忌之帝在講筵每問經史疑義及古人姓名似道不能對萬里常從旁代對時王夫人頗知書帝語夫

人以爲笑似道聞之積慚怒謀逐之萬里四匄祠不俟報出關加資政殿大學士知慶元府兼沿海制置使不拜予祠後二年知太平州兼提領江淮茶鹽兼江東轉運使召拜參知政事進封南康郡公既至拜左丞相兼樞密使匄祠加觀文殿大學士知福州辭依舊職提舉洞霄宮又授知潭州湖南安撫大使加特進尋予祠時咸淳九年萬里年七十有六矣明年大元兵渡江萬里隱草野間爲遊騎所執大詬欲自戕既而脫歸先是萬里聞襄樊失守鑿池芝山後圃扁其亭曰止水人莫諭其意及聞警執門人陳偉器手曰大

勢不可支余雖不在位當與國爲存亡及饒州城破軍士執萬頃索金銀不得支解之萬里竟赴止水死左右及子鎬相繼投沼中積尸如疊翼日萬里尸獨浮出水上從者草歛之萬里無子以蜀人王橚子爲後即鎬也事聞贈太傅益國公後加贈太師謚文忠萬頃歷守大郡爲提舉江西常平茶鹽官至正郎城破時郴州守趙崇榞寓居城中亦死之

王爚字仲潛一字伯晦紹興新昌人登嘉定十三年進士第知常熟縣紹定四年江淮制置司辟通判泰州五年差知滁州端平元年知瑞州嘉熙元年提轄

左藏東西庫兼提轄封樁下庫二年遷籍田令兼督視幹辦公事淳祐二年改監三省樞密院門乞免所居官詔從之四年再任五年遷太府寺丞祕書丞戶部郎官淮西總領主管右曹六年爲尚書左司員外郎賜對乞祠不許七年遷祕書少監以侍御史周坦言罷爲福建提點刑獄差知溫州十年差知寧國府遷太府卿寶祐元年兼國史編修實錄檢討兼權兵部侍郎試司農卿兼中書門下省檢正諸房公事疏奏願詔大臣相與憂亂而思治懼危而圖安哀恫警省修德行政摧抑群陰之氣以保護微陽之根本批

札畢杜於私蹊官賞宏闢於正路使內治明如天日
外治勁如風霆則精神運動陽彙昭蘇世道昌明
物情熙洽上以迓續天命於諟告之餘下以固結人
心於解紐之際其孰能禦之以右文殿修撰提舉太
平興國宮五年京湖宣撫大使趙葵辟爲判官開
慶元年召赴行在授集英殿修撰樞密都承旨權
吏部侍郎景定元年兼同修國史實錄院同修撰兼
侍讀爲眞侍郎兼太子左庶子極言正論太子聽而
說之帝聞之甚喜二年遷禮部尚書權吏部尚書
加龍圖閣學士知平江府淮浙發運使五年召赴行在

進端明殿學士提舉佑神觀兼侍讀召赴行在咸淳
元年二月拜簽書樞密院事閏月同知樞密院事兼權
參知政事二年以疾乞祠不許乞放歸田里帝遣尚醫
視之且賜食箯兩乞歸皆不許二年拜參知政事三年
知樞密院事兼參知政事立皇太子加食邑三辭免
官不許乞奉祠休假皆不許最後乞祠祿乃授資政
殿學士知慶元府兼沿海制置使四辭免不許七年
台州言乞差爚充上蔡書院山主詔從之八年加觀
文殿學士提舉萬壽宮兼侍讀詔遣刑部郎官董
樸起之四上疏辭免始從之十年乞致仕不許十一月

以爚爲左丞相章鑑爲右丞相並兼樞密使尋授爚
特進加食邑乞致仕兩乞辭免皆不許德祐元年兩
乞致命經筵庶可優閒再乞以舊職奉京祠侍讀皆
不許右丞相章鑑參知政事陳宜中奏諭留爚以
鎮人心以康世道從之爚兩請毋署省院公牘不許
又奏乞將臣先賜罷斥臣本志誓死報國願假臣以
宣撫招討等職臣當招募忠義共圖興復鑑宜中又
奏爚單車絕江已至蕭山乞遣中使趣還治事乃授
觀文殿大學士浙西江東路宣撫招討大使置司在
京以備咨訪乞解大使職名不許進少保左丞相兼

樞密使尋加都督諸路軍馬累辭皆不許奏言今天
下所以大壞至此者正以一私蟠塞賞罰無章故也救
之之策在反其所以壞之之由大明賞罰動合乎天
庶幾人心興起天下事尚可爲也因言賈似道誤國
喪師之罪於是始降詔切責似道不忠不孝六月庚
子朔日食爚奏日食不盡僅一分白晝晦冥者數刻
陰盛陽微災異未有大於此者臣待罪首相上佐天
子理陰陽下遂萬物外鎮諸侯皆其職也氛祲充
塞而未能消生民塗炭而未能拯反復思之咎實在
臣乞罷黜以荅天譴荅詔不許第降授金紫光祿

大夫而已辭降官乞罷斥又不許尋進平章軍國重事辭不許或請出宜中或夢炎出督兵門否則臣雖老無能爲若效死封疆亦不敢辭詔三省集議乞罷平章事不許京學生上書詆宜中宜中亦上疏乞骸骨初宜中在相位政事多不關白爚或謂京學之論實爚嗾之七月壬辰詔給舍之奏三入爚與宜中必難共處兼爚近奏乞免平章侍經筵辭氣不平誠有如人言者矣遂罷爚平章依前少保特授觀文殿大學士充醴泉觀使爚爲人清修剛勁似道歸天台弈毋過新昌爚獨不見之後以元老入相位值國勢危亡之際天下所屬望也而卒與宜中不協而去云

章鑑字公秉分寧人以別院省試及第累官中書舍人侍左郎官崇政殿說書進簽書樞密院事兼權參知政事遷同知樞密院事咸淳十年王爚拜左丞相鑑拜右丞相並兼樞密使明年大元兵逼臨安鑑託故徑去遣使亟召還朝既至罷相予祠殿帥韓震之死鑑與曾淵子明震無他至是御史王應麟繳其錄黃謂震有逆謀鑑與淵子曲庇之坐是削一官放歸田里後有告鑑家匿寶璽者霜晨鑑方擁敗衾臥兵士至大索其室惟敝篋貯一玉杯餘無一物人頗嘆其清約鑑在朝日號寬厚然與人多許可士大夫目爲滿朝歡云

陳宜中字與權永嘉人也少甚貧而性特俊拔有賈人推其生時以爲當大貴以女妻之既入太學有文譽寶祐中丁大全以戚里婢壻事權倖盧允升董宋臣因得寵於理宗擢爲殿中侍御史在臺橫甚宜中與黃鏞劉黻林測祖陳宗曾唯六人上書攻之大全怒使監察御史吳衍劾宜中削其籍拘管他州司業率十二齋生冠帶送之橋門之外大全益怒立碑學中戒諸生亡妄議國政且令自後有上書者前廊生看詳以牒報檢院由是士論翕然稱之號爲六君子宜中謫建昌軍大全既竄丞相吳潛奏還之賈似道入相復爲之請有詔六人皆免省試令赴景定三年廷試而宜中中第二人六人之中宜中尤達時務由紹興府推官戶部架閣秘書省正字校書郎數年遷監察御史程元鳳再相似道恐其侵權欲去之宜中首劾元鳳縱丁大全肆惡基宗社之禍命格除太府卿宜中亦自請外爲江東提舉茶鹽常平公事四年改浙西提刑五年召爲崇政殿說書累遷禮部侍郎兼中書舍人七年閩關帥以顯

文閣待制知福州在官得民心歲餘入爲刑部尚書十年拜簽書樞密院事兼權參知政事德祐元年升同知樞密院事二月似道喪師蕪湖乃以宜中知樞密院兼參知政事已而翁應龍自軍中歸宜中問似道所在應龍以不知對宜中以爲似道已死即上疏乞正似道誤國之罪似道行時以所親信韓震總禁兵宜言震欲以兵劫遷者宜中召震計事伏壯士袖鐵椎擊殺之以示不黨於似道時右丞相章鑑宵遁曾淵子等請命宜中攝丞相事詔以王爚爲左丞相拜宜中特進右丞相四月爚還朝論事即與宜中不合臺臣孫嶸叟請竄籍潛說友吴益李珏宜中以爲簿録非盛世事祖宗忠厚未嘗輕用之珏方召入朝遽加重刑恐後無以示信爚力爭以爲當如嶸叟議會留夢炎自湖南入朝爚與宜中俱乞罷政請以夢炎爲相太皇太后乃以宜中爲左丞相夢炎爲右丞相爚進平章軍國重事爚拜命即日徙居以丞相府讓宜中宜中上疏以爲一辭一受何以解天下之譏亦去遣使數輩遮留之始至時命張世傑等四道進師二丞相都督軍馬而不出督爚請以一丞相建閫吳門以護諸將不然則已請行宜中媿始與夢炎上疏乞行邊事下

公卿議不決七月世傑等兵果敗於焦山爚奏言事無重於兵今二相並建都督廟筭指授臣不得而知比者六月出師諸將無統臣豈不知吳門距京不遠而必爲此請者蓋大敵在境非陛下自將則大臣開督今世傑以諸將心力不一而敗不知國家尚堪幾敗邪臣既不得其職又不得其言乞罷免不允爚子乃嗾京學生伏闕上書數宜中過失數十事其略以爲趙溍趙與鑑皆棄城遁宜中乃借使過之說以報私恩今孤槩潛說友皆以城降乃受其包苴而爲之羽翼文天祥率兵勤王信讒而沮撓之似道喪師誤國陽請致罰而陰佑之大兵薄國門勤王之師乃留之京城而不遣宰相當出督而畏縮猶豫第令集議而不行吕師夔狼子野心而使之通好乞盟張世傑步兵而用之於水劉師勇水兵而用之於步指授失宜因以敗事臣恐誤國將不止於一似道也書上宜中竟去遣使召之不至其後罷爚命臨安府捕逮京學生召之亦不至太皇太后自爲書遣其母楊使勉諭之宜中始乞以祠官入侍乃拜醴泉觀使十月壬寅始造朝尋爲右丞相然事已去矣宜中倉皇發京城民爲兵民年十五以上者皆籍之人

皆以爲笑十一月遣張全合尹玉麻士龍兵援常州玉
與士龍皆戰死全不發一矢奔還文天祥請誅全宜
中釋不問已而常州破兵薄獨松關鄰邑望風
皆遁宜中遣使如軍中請和不得即率群臣入宮
請遷都太皇太后不可宜中痛哭請之太皇太后乃
命裝俟升車給百官路費銀及暮宜中不入太皇
太后怒曰吾初不欲遷而大臣數以爲請顧欺我邪
脫簪珥擲之地遂閉閤群臣求内引皆不納蓋宜中
實以明日遷倉卒奏陳失審耳宜中初與大元丞相
伯顏期會軍中既而悔之不果往伯顏將兵至皋亭山

宜中宵遁陸秀夫奉二王入温州遣人召宜中宜中至温
州而其母死張世傑舁其棺舟中遂與俱入閩中益
王立復以爲左丞相井澳之敗宜中欲奉王走占城乃
先如占城諭意度事不可爲遂不反二王累使召之
終不至至元十九年大軍伐占城宜中走暹後没於
暹宜中爲人多術數少爲縣學生其父爲吏受贓當
黥宜中上書温守魏克愚請貸之克愚以爲黥吏
卒實之法其後宜中爲浙西提刑克愚郊迎宜中
報禮不書銜亦云部下民陳某克愚皇恐不敢受袖
而謝之宜中陽禮之而陰摭其過無所得其後克愚

發賈德生冒借官木事忤似道廢罷家居宜中入乃
極言克愚居鄉不法事似道令章鑑劾之貶嚴州
克愚之死宜中擠之爲多

論曰孔子曰才難不其然乎理宗在位長久命相寔
多其人若吴潛之忠亮剛直財數人焉潛論事雖近
於訐度宗之立謀議及之潛以正對人臣懷顧望爲
子孫地者能爲斯言哉程元鳳謹飭有餘而乏風節
尚爲賈似道所惎江萬里問學德望優於諸臣不免
爲似道籠絡晚年微露鋒穎輒見擯斥士大夫不幸
與權姦同朝自處難矣似道督視江上之師以國事

付王爚章鑑陳宜中蓋取其平時素與己者爚宜中
於其既出稍欲自異及聞其敗乘勢蹙之既而二人
自爲矛盾宋事至此危急存亡之秋也當國者交離
戮力猶懼不逮所爲若是何望其能匡濟乎似道誅
爚死鑑遯宜中走海島宋亡

文天祥字宋瑞又字履善吉之吉水人也體貌豐偉
美晳如玉秀眉而長目顧盼燁然自爲童子時見學
宮所祠鄉先生歐陽修楊邦乂胡銓像皆謚忠即欣
然慕之曰没不俎豆其間非夫也年二十舉進士對
策集英殿時理宗在位久政理浸怠天祥以法天不

息爲對其言萬餘不爲稾一揮而成帝親拔爲第一考官王應麟奏曰是卷古誼若龜鑑忠肝如鐵石臣敢爲得人賀尋丁父憂歸開慶初大元兵伐宋宦官董宋臣說上遷都人莫敢議其非者天祥時入爲寧海軍節度判官上書乞斬宋臣以一人心不報即自免歸後稍遷至刑部郎官宋臣復入爲都知天祥又上書極言其罪亦不報出守瑞州改江西提刑遷尚書左司郎官累爲臺臣論罷除軍器監兼權直學士院賈似道稱病乞致仕以要君有詔不允天祥當制語皆諷似道時內制相承皆呈稾天祥不呈稾似

道不樂使臺臣張志立劾罷之天祥既數斥援錢若水例致仕時年三十七咸淳九年起爲湖南提刑因見故相江萬里萬里素奇天祥志節語及國事愀然曰吾老矣觀天時人事當有變吾閱人多矣世道之責其在君乎君其勉之十年改知贛州德祐初江上報急詔天下勤王天祥捧詔涕泣使陳繼周發郡中豪傑幷結溪峒蠻使方興召吉州兵諸豪傑皆應有衆萬人事聞以江西提刑安撫使召入衛其友止之曰今大兵三道鼓行破郊畿薄內地君以烏合萬餘赴之是何異驅群羊而搏猛虎天祥曰吾亦知其然

也第國家養育臣庶三百餘年一旦有急徵天下兵無一人一騎入關者吾深恨於此故不自量力而以身徇之庶天下忠臣義士將有聞風而起者義勝者謀立人衆者功濟如此則社稷猶可保也天祥性豪華平生自奉甚厚聲伎滿前至是痛自貶損盡以家貲爲軍費每與賓佐語及時事輒流涕撫几言曰樂人之樂者憂人之憂食人之食者死人之事八月天祥提兵至臨安除知平江府時以丞相宜中未還朝不遣十月宜中至始遣之朝議方擢呂師孟爲兵部尚書封呂文德和義郡王欲賴以求好師孟

益偃蹇自肆天祥陛辭上疏言朝廷姑息牽制之意多奮發剛斷之義少乞斬師孟釁鼓以作將士之氣且言宋懲五季之亂削藩鎮建郡邑一時雖足以矯尾大之弊然國亦以寖弱故敵至一州則破一州至一縣則破一縣中原陸沈痛悔何及今宜分天下爲四鎮建都督統御於其中以廣西益湖南而建閫於長沙以廣東益江西而建閫於隆興以福建益江東而建閫於番陽以淮西益淮東而建閫於揚州責長沙取鄂隆興取蘄黃番陽取江東揚州取兩淮使其地大力衆足以抗敵約日齊奮有進無退日

夜以圖之彼備多力分疲於奔命而吾民之豪傑者又伺間出於其中如此則敵不難却也時議以天祥論闊遠書奏不報十月天祥入平江大元兵已發金陵入常州矣天祥遣其將朱華尹玉麻士龍與張全援常至虞橋士龍戰死朱華以廣軍戰五牧敗績玉軍亦敗爭渡水挽全軍舟全軍斷其指皆溺死玉以殘兵五百人夜戰比旦皆沒全不發一矢走歸大元兵破常州入獨松關宜中夢炎召天祥棄平江守餘杭明年正月除知臨安府未幾宋降宜中世傑皆去仍除天祥樞密使尋除右丞相兼樞密使

使如軍中請和與大元丞相伯顏抗論皋亭山丞相怒拘之偕左丞相吳堅右丞相賈餘慶知樞密院事謝堂簽書樞密院事家鉉翁同簽書樞密院事劉岊北至鎮江天祥與其客杜滸十二人夜亡入真州苗再成出迎喜且泣曰兩淮兵足以興復特二閫小隙不能合從耳天祥問計將安出再成曰今先約淮西兵趨建康彼必悉力以扞吾西兵指揮東諸將以通泰兵攻灣頭以高郵寶應淮安兵攻揚子橋以揚兵攻瓜步吾以舟師直擣鎮江同日大舉灣頭揚子橋皆沿江脆兵且日夜望我師之至攻之即下合攻瓜步

之三面吾自江中一面薄之雖有智者不能爲之謀矣瓜步既舉以東兵入京口西兵入金陵要浙歸路其大帥可坐致也天祥大稱善即以書遺二制置遣使四出約結天祥未至時揚有脫歸兵言密遣一丞相入真州說降矣庭芝信之以爲天祥來說降也使再成亟殺之再成不忍紿天祥出相城壘以制司文示之閉之門外久之復遣二路分覘天祥果說降者即殺之二路分與天祥語見其忠義亦不忍殺以兵二十人道之揚四鼓抵城下聞候門者談制置司下令備文丞相甚急衆相顧吐舌乃東入海道遇

兵伏環堵中得免然亦飢莫能起從樵者乞得餘糁羹行入板橋兵又至衆走伏叢篠中兵入索之執杜滸金應而去虞候張慶矢中目身被二創天祥偶不見獲滸應解所懷金與卒獲免募二樵者以蕢荷天祥至高郵泛海至温州聞益王未立乃上表勸進以觀文殿學士侍讀召至福拜右丞相尋與宜中等議不合七月乃以同都督出江西遂行收兵入汀州十月遣參謀趙時賞諮議趙孟濚將一軍取寧都參贊吳浚將一軍取雩都劉洙蕭明哲陳子敬皆自江西起兵來會鄒渢以招諭副

使聚兵寧都大元兵攻之㵐兵敗同起事者劉欽
鞠華叔顏斯立顏起巖皆死武岡教授羅開禮起
兵復永豐縣已而兵敗被執死於獄天祥聞開禮
死製服哭之哀至元十四年正月大元兵入汀州
天祥遂移漳州乞入衛時賞孟濚亦提兵歸獨浚
兵不至未幾浚降來說天祥天祥縛浚縊殺之四
月入梅州都統王福錢漢英跋扈斬以徇五月出江
西入會昌六月入興國縣七月遣參謀張汴監軍趙
時賞趙孟濚等盛兵薄贛城鄒㵐以贛諸縣兵擣
永豐其副黎貴達以吉諸縣兵攻泰和吉八縣復

其半惟贛不下臨洪諸郡皆送款潭趙璠張虎張唐
熊桂劉斗元吳希奭陳子全王夢應起兵邵永間
復數縣撫州何時等皆起兵應天祥分寧武寧建
昌三縣豪傑皆遣人如軍中受約束江西宣慰使
李恒遣兵援贛州而自將兵攻天祥于興國天祥
不意恒兵猝至乃引兵走即鄒㵐于永豐㵐兵先
潰恒窮追天祥方石嶺鞏信拒戰箭被體死之至
空坑軍士皆潰天祥妻妾子女皆見執時賞坐
肩輿後兵問謂誰時賞曰我姓文衆以為天祥禽
之而歸天祥以此得逸去孫㮚彭震龍張汴死於

兵繆朝宗自縊死吳文炳林棟劉洙皆被執歸隆興
時賞奮罵不屈有係累至者輒麾去云小小簽
廳官耳執此何為由是得脫者甚衆臨刑洙頗自
辯時賞叱曰死耳何必然於是棟文炳蕭敬夫
蕭燾夫皆不免天祥收殘兵奔循州駐南嶺
黎貴達潛謀降執而殺之至元十五年三月進
屯麗江浦六月入船澳益王殂衛王繼立天祥上
表自劾乞入朝不許八月加天祥少保信國公軍
中疫且起兵士死者數百人天祥惟一子與其母
皆死十一月進屯潮陽縣潮州盜陳懿劉興數叛

附為潮人害天祥攻走懿執興誅之十二月趨南嶺
鄒㵐劉子俊又自江西起兵來再攻懿黨懿乃潛道
元帥張弘範兵濟潮陽天祥方飯五坡嶺張弘範
兵突至衆不及戰皆頓首伏草莽天祥倉皇出
走千户王惟義前執之天祥吞腦子不死鄒㵐自
頸衆扶入南嶺死官屬士卒得脫空坑者至是
劉子俊陳龍復蕭明哲蕭資皆死杜滸被執以憂
死惟趙孟濚遁張唐熊桂吳希奭陳子全兵敗被
獲俱死焉唐廣漢張栻後也天祥至潮陽見弘範左
右命之拜不拜弘範遂以客禮見之與俱入厓山使

為書招張世傑天祥曰吾不能扞父母乃教人叛父母可乎索之固乃書所過零丁洋詩與之其末有云人生自古誰無死留取丹心照汗青弘範笑而置之厓山破軍中置酒大會弘範曰國亡丞相忠孝盡矣能改心以事宋者事皇上將不失為宰相也天祥泫然出涕曰國亡不能捄為人臣者死有餘罪況敢逃其死而二其心乎弘範義之遣使護送天祥至京師天祥在道不食八日不死即復食至燕館人供張甚盛天祥不寢處坐達旦遂移兵馬司設卒以守之時世祖皇帝多求才南

官王積翁言南人無如天祥者遂遣積翁諭旨天祥曰國亡吾分一死矣儻緣寬假得以黃冠歸故鄉他日以方外備顧問可也若遽官之非直亡國之大夫不可與圖存舉其平生而盡棄之將焉用我積翁欲合宋官謝昌元等十人請釋天祥為道士留夢炎不可曰天祥出復號召江南置吾十人於何地事遂已天祥在燕凡三年上知天祥終不屈也與宰相議釋之有以天祥起兵江西事為言者不果釋至元十九年有閩僧言土星犯帝坐疑有變未幾中山有狂人自稱宋主有兵千人欲

取文丞相京城亦有匿名書言某日燒蓑城葦率兩翼兵為亂丞相可無憂者時盜新殺左丞相阿合馬命撤城葦遷瀛國公及宋宗室開平疑丞相者天祥也召入諭之曰汝何願天祥對曰天祥受宋恩為宰相安事二姓願賜之一死足矣然猶不忍遽麾之退言者力贊從天祥之請從之俄有詔使止之天祥死矣天祥臨刑殊從容謂吏卒曰吾事畢矣南鄉拜而死數日其妻歐陽氏收其屍面如生年四十七其衣帶中有贊曰孔曰成仁孟曰取義惟其義盡所以仁至讀聖賢書所學

何事而今而後庶幾無愧

論曰自古志士欲信大義於天下者不以成敗利鈍動其心君子命之曰仁以其合天理之正即人心之安爾商之衰周有代德盟津之師不期而會者八百國伯夷叔齊以兩男子欲扣馬而止之三尺童子知其不可他日孔子賢之則曰求仁而得仁宋至德祐亡矣文天祥往來兵間初欲以口舌存之事既無成奉兩孱王崎嶇嶺海以圖興復兵敗身執我世祖皇帝以天地有容之量既壯其節又惜其才留之數年如虎兕在柙百計馴之終不可得觀

其從容伏質就死如歸是其所欲有甚於生者可不謂之仁哉宋三百餘年取士之科莫盛於進士進士莫盛於倫魁自天祥死世之好爲高論者謂科目不足以得偉人豈其然乎

列傳卷第一百七十七

列傳卷第一百七十八　宋史四百十九

開府儀同三司上柱國錄軍國重事前中書右丞相兼修國史領經筵事都總裁臣脫脫等奉

勑修

宣繒　薛極　陳貴誼

曾從龍　鄭性之　李鳴復

鄒應龍　余天錫　許應龍

林略　徐榮叟　別之傑

劉伯正　金淵　李性傳

陳韡 崔福附

宣繒慶元府人嘉泰二年太學兩優釋褐歷官以太學博士召試為祕書省校書郎升著作佐郎兼權考功郎官知吉州福建提點刑獄遷考功員外郎又遷祕書少監時暫兼權侍立修注官守起居舍人為起居郎兼權侍左侍郎編孝宗寶訓試吏部侍郎權兵部尚書嘉定十四年同知樞密院事兼參知政事明年拜參知政事以資政殿學士奉祠端平二年召赴闕升大學士提舉洞霄宮以觀文殿大學士致仕卒贈少師詔繒嘗預定策以王堯臣故事贈太師謚忠靖

薛極字會之常州武進人以父任調上元主簿中詞

科為大理評事通判溫州知廣德軍以參知政事樓鑰薦遷大理正刑部郎官司封郎中權右司郎中遷右司郎中兼提領雜賣場寄樁庫兼敕令所刪修官中書門下省檢正諸房公事兼刪修敕令官拜司農卿兼權兵部侍郎尋為真嘉定八年疏奏願陛下深思顧諟之難益懷兢業之念勿謂帝德罔愆而怠於進修勿以天災代有而應不以實政綱雖舉必求益其所未至德澤雖布必思及其所未周誓以今日遇災警懼之心永為異時暇逸之戒將見天心昭格沛然之澤響應於不崇朝之間遷權刑部尚書尋試戶

部尚書兼權吏部尚書遂為真時暫兼權戶部尚書十五年特賜同進士出身拜端明殿學士簽書樞密院事紹定元年拜參知政事兼同知樞密院事尋知樞密院事兼參知政事封毗陵郡公以觀文殿大學士知紹興府兼浙東安撫使端平元年加少保和國公致仕卒

陳貴誼字正甫福州福清人慶元五年進士授瑞州觀察推官丁內外艱服除調安遠軍節度掌書記辟差四川制置司書寫機宜文字中博學宏詞科授江南東路安撫司機宜文字遷太社令改武學諭國子錄遷太學博士時議更楮幣法貴誼轉對言人主令行禁止者以同民之所好惡楮券之令乃使姦惡獲逞道路咨怨非所以祈天永命固結人心因援熙寧新法為辭又言明銳果敢之才足以集事而失於剽輕老成寬博之士足以厚俗而失於循理孰若舉之以衆取之以公主更幣之法者乃摘新法等語激怒時相且謂貴誼引類植黨人為危之遷太常博士以兄貴謙兼禮部郎官引嫌遷將作監丞兼魏惠憲王府小學教授轉對謂言路雖開觸犯忌諱者指為好名切劘時政者指為玩令利害關於天下是非公於

人心一人言之未已或至累十數人言之則又指為朋黨是非易位忠佞不分史彌遠益不樂遷祕書郎出知江陰軍提舉江西常平召赴行在未至授禮部郎官屬金人大擾淮蜀貴誼言人才所以立國今旁蹊曲徑倖門四闢言路所以通下情今媕阿循默囊括不言民力已竭而科歛之外餽遺以謀進者未已軍中恥言敗北則陣亡者不恤恥言棄潰則逃竄者復招又言婉順巽從者是災疢也非愛我也宜屏之外之矯拂捄正者是藥石也愛我也宜用之聽之彌遠滋不樂諷言者論罷主管崇禧觀起知徽州召授

司封郎官兼翰林權直兼玉牒所檢討會有事明堂首引包拯皇祐中乞因肆赦除聚斂掊克之敝當察州縣府庫致羨之由做成周邦饗必及死王事者之子與漢置羽林孤兒專取從軍死事之後教以五兵理宗即位以為宗正少卿兼侍講兼權直學士院尋遷起居舍人寶慶初詔舉賢能才識之士貴誼乃言曰世以容嘿滯固為賢以苛刻生事為能以褊狹趣辦為才以輕踈嘗試為識及兹初政當求忠實正直奉公愛民知禮義廉耻而不越防範者以充中外之選又言成王之初元臣故老警以無逸者欲其克

壽勉以敬德者欲其永命期以豈弟者欲其受命之長則可謂愛君切而慮患深矣遷中書舍人升兼直學士院內侍濫受恩賞輙封還詔書將郊貴誼以民生實艱吏貪尚衆征斂幾於奪取公費擅為私藏宜大明黜陟庶有以見帝于郊遷禮部侍郎仍兼中書舍人權刑部尚書升修玉牒官兼侍讀為禮部尚書兼給事中端明殿學士簽書樞密院事紹定六年冬上始親政進叅知政事上面諭之曰頃聞憂國之言朕所不忘兼同知樞密院事出師汴洛時貴誼已移疾猶上疏力爭五上章乞歸轉四官加邑封致仕卒贈少保資政殿大學士

曾從龍字君錫左僕射公亮四世從孫初名一龍慶元五年擢進士第一始賜今名授簽書奉國軍節度判官廳公事遷兵部員外郎左司郎中起居舍人兼太子右諭德使金還轉官疏言州郡累月闕守而以次官權攝者彼惟其攝事也自知非久何暇盡心於民事獄訟淹延政令玩弛舉一郡之事付之胥吏幸而除授一人民望其至如渴望飲足未及境而復以他故罷去矣且每易一守供帳借請少不下萬緡郡帑所入歲有常數而頻年將迎所費不可勝計然則

輕於易置公私俱受其病欲望明詔二三大臣郡守有闕即時進擬其有求避憚行者悉杜絕其請其繳劾彈拄者疾速行之蓋郡計寬則民力裕利害常相關故也又請已振濟者免其後開禧間出外知信州戍卒行掠境內從龍寘于法索得婦人衣命梟于市召權禮部侍郎兼中書舍人兼太子左諭德繳還張鎡復官詞頭以鎡抑令姪女竭資財結姻蘇師旦之子故也尋兼太子諭德兼同修國史實錄院同修撰兼國子祭酒為吏部侍郎仍兼職兼太子右庶子兼給事中兼直學士院權刑部尚書嘉定六年秋陰雨

乞放繫囚進對言修德政蓄人材飭邊備常善其言七年知貢舉疏奏國家以科目網羅天下之英雋義以觀其通經賦以觀其博古論以觀其識策以觀其才異時謀王斷國皆繇此其選比來循習成風文氣不振學不務根柢辭不尚體要涉獵未精議論疏陋綴緝雖繁氣象萎薾願下臣此章風厲中外澄源正本莫甚於斯詔從之進端明殿學士簽書樞密院太子賓客改參知政事疾胡榘憸壬排沮正論陳其罪榘嗾言者劾罷以前職提舉洞霄宮起知建寧府丁内艱服除為湖南安撫使撫安峒獠威惠並行興

學養士湘人紀之石改知隆興府復提舉洞霄宮改萬壽觀兼侍讀奉朝請端平元年授資政殿大學士沿江制置使兼知建康府兼行宮留守拜參知政事兼同知樞密院事時有三京之役極論南兵輕進易退未幾言驗進知樞密院事兼參知政事以樞密院使督視江淮荊襄軍馬疏言邊面遼遠聲援不接請並建二閫詔許之專畀江淮以荊襄屬魏了翁朝論遷用不給詔從龍了翁并領督府及從龍卒贈少師第用虎天麟治鳳皆歷顯任

鄭性之字信之初名自誠後改今名福州人嘉定元年進士第一歷官知贛州改知隆興府復以寶章閣待制提舉玉隆萬壽宮進華文閣待制提舉上清太平宮進敷文閣待制知建寧府端平元年召為吏部侍郎入對言陛下大開言路以通壅蔽心苟愛君誰不欲言言不切直何能感動譬如積水久壅一決其勢必盛其聲必激故言者多則易於取厭言之激則難於樂受若少有厭倦動於詞色則讒諂乘間或不自知矣又言願陛下明詔百辟滌去積汙一以清白相師權之所在勢所必趨恐懼戒謹尤防其微以保終譽毋招謗議則朝綱肅而國體尊矣又曰為君者

不以堯舜自期則無善治告君者不陳堯舜之道則無遠猷擢左諫議大夫言臺臣交章互詆願陛下監古今天下安危之變君子小人消長之機公以處之迺得其當況夫聽言之道宜以事觀若言果有關國體有補治道有益主德則言之過激夫亦何傷彼雖采名我實有益惟虛心納善若決江河則激者自平矣拜端明殿學士簽書樞密院事進同知樞密院事兼權參知政事尋拜參知政事兼同知樞密院事尋知樞密院事兼參知政事加觀文殿學士致仕寶祐二年卒

李鳴復字成叔瀘州人嘉定二年進士歷官權發遣金州兼幹辦安撫司公事制置使鄭損薦于朝乞召審察授司農寺丞遷駕部員外郎遷兵部郎中面對遷軍器少監大理少卿拜侍御史兼侍講進對言荊襄制臣有當戒者三曰去私禁暴懲怒權工部尚書兼權吏部尚書又權刑部尚書兼給事中簽書樞密院事端平三年拜參知政事以資政殿學士知紹興府嘉熙元年復為參知政事明年知樞密院事兼參知政事加資政殿大學士賜衣帶鞍馬淳祐四年復為參知政事未幾出知福州福建安撫使尋予祠監

察御史蔡次傳按劾落職罷宮觀後卒于嘉興

鄒應龍字景初慶元二年進士歷官為起居舍人以直龍圖閣權知贛州遷江西提點刑獄尋遷中書舍人兼太子右諭德復兼太子左庶子試戶部尚書使金還為太子詹事兼中書舍人遷給事中兼太子詹事權禮部侍郎兼侍講權工部尚書兼同修國史實錄院同修撰遷刑部尚書乞祠以敷文閣學士提舉安慶府真源萬壽宮以徽猷閣學士起知太平州以臣僚論罷以敷文閣學士提舉玉隆萬壽宮拜禮部尚書兼侍讀嘉熙元年拜端明殿學士簽書樞密院事進資政殿學士知慶元府兼沿海制置使依舊職提舉洞霄宮淳祐四年卒贈少保

余天錫字純父慶元府昌國人丞相史彌遠延為弟子師性謹愿絕不預外事彌遠器重之是時彌遠在相位久皇子竑深惡之念欲有廢置會沂王宮無後丞相欲借是陰立為後備天錫秋告歸試于鄉彌遠曰今沂王無後宗子賢厚者幸具以來天錫絕江與越僧同舟舟抵西門天大雨僧言門左有全保長者可避雨如其言過之保長知為丞相館客具雞黍甚肅須臾有二子侍立全曰此吾外孫也日者嘗言二

兒後極貴問其姓長曰趙與莒次曰與芮天錫憶彌遠所屬其行亦良是告于彌遠命二子來保長大喜鬻田治衣冠心以為沂邸後可冀也集姻黨且詫其遇以行天錫引見彌遠善相大奇之計事泄不便遽復使歸保長大懟其鄉人亦竊笑之逾年彌遠忽謂天錫曰二子可復來乎保長謝不遣彌遠密諭曰二子長最貴宜撫於父家遂載與歸天錫母朱為沐浴教字禮度益閑習未幾召入嗣沂王迨即帝位是為理宗天錫嘉定十六年舉進士歷監慈利縣稅籍田令超授起居舍人遷權吏部侍郎兼玉牒所檢討官

兼崇政殿說書遷戶部侍郎兼知臨安府浙西安撫使試戶部侍郎權戶部尚書皆兼知臨安府升兼詳定勅令官以寶文閣學士知婺州仍舊職奉祠起知寧國府進華文閣學士知福州召為吏部尚書兼給事中兼侍讀疏奏臣荷國恩起家分閫旋蒙趣覲躐玷邇聯特權禮部侍郎曹豳嘗在諫省蓋嘗抗疏謂用臣大騤臣與豳交最久相知最深今觀其所論於君父有陳善之敬友朋有責善之道而豳遽遷官臣竟汙要路豳以不得其言累疏匃去夫亟用舊人而遽退二莊士則將謂之何哉豳老成之望直諒多益

宋史四百十九　字四百十个
宋史列傳一百七十八　十
曹字寫　劉鍚刻

寘之近班可以正乃辟可以儀有位欲望委曲留行使之釋然無疑安於就職則陛下既昭好賢之美而微臣亦免妨賢之媿帝從之嘉熙二年拜端明殿學士同簽書樞密院事尋拜參知政事兼同知樞密院事封奉化郡公授資政殿學士知紹興府浙東安撫使以觀文殿學士致仕朱氏亦封周楚國夫人壽過九十將以生日拜天錫為相而天錫卒贈少師尋加太師謚忠惠弟天任為兵部尚書兄弟友愛方貧時率更衣以出終歲同衾從子晦歷官尚書出師全蜀嘗置義莊以贍宗族然在蜀以違言論知閬州王惟

忠死士論少之

許應龍字恭甫福州閩縣人五歲通經旨坐客曰小兒氣食牛應龍應聲丈夫才吐鳳為對四坐嘉歎入太學嘉定元年舉進士調汀州教授差浙東宣撫司掾差戶部架閣還籍田令太學博士時李全時青輩歸附應龍入對有弄蜂是懲養虎遺患之說後皆如所言遷國子博士國子丞宗學博士理宗即位應龍首陳正心為治國平天下之綱領遷祕書郎兼權尚右郎官遷著作郎匃外知潮州盜陳三槍起贛州出沒江閩廣間勢熾甚而盜鍾全相挻為亂樞密陳韡

宋史四百十九　三百九十五
宋史列傳一百七十八　十一
曹字寫　梁俱刻

師江西任招捕三路調軍分道追勦盜逼境上應龍亟調水軍禁卒土兵弓級分扼要害明間諜守關隘斷橋開塹斬木塞塗點集民兵激勸隅總諭以保鄉井守室廬全妻子蒐補親兵日加訓閱既而橫岡桂嶼相繼以捷聞招捕司遣統領官齊敏率師由漳趨潮截贛寇餘黨應龍諭敏曰兵法攻瑕今鍾寇將窮陳寇猖獗若先破鍾則陳不戰禽矣敏惟命於是諸寇皆平方未解嚴時有行旅數人隅總搜其橐中金銀指為賊黨應龍辨其非盜釋之皆羅拜感泣始人疑應龍儒者不閑戎事及見其區畫事宜分別齊民

靜練雍容莫不歎服僚屬請上功應龍曰守職扞城保民何功之云距州六七十里曰山斜峒獠所聚勾耕土田不輸賦禁兵與鬬應龍平決之其酋感悅率父老嗚鉦擊筒踴躍詣郡謝去之日闔郡遮道攀送端平初召為禮部郎官入對帝謂應龍曰卿治潮有聲與李宗勉治台齊名應龍頓首曰民無不可化顧牧民者如何耳臣治州幸免曠瘝皆陛下德化所暨臣非曰能之兼榮文恭王府教授力辭遷國子司業祭酒徐僑議學校差職欲先舉堂應龍以為不若差以資格資格一定則僥倖之門杜而造請之風息僑以為然時有憑勢干職者力卻之兼權直舍人院遷國子祭酒攝侍右侍郎兼學士院權直是日罷鄭清之喬行簡制應龍所草也翼日文德殿宣布畢帝遣中使召應龍諭之曰草制甚善應龍復謝曰臣聞昔人有言進人若將加諸膝退人若將墜諸淵今二相乞罷機政與陛下體貌大臣之意兩盡其美可也帝善之就令草勅書戒諭諸閫權吏部侍郎兼侍講兼權直學士院試吏部侍郎升侍讀權兵部尚書時楮幣虧甚行簡主行稱提之說州縣希旨奉承貧富猜懼應龍奏徙民便節用二說行簡然之兼吏部尚書

遷兵部兼中書舍人三上章匄外不允兼給事中兼吏部尚書請外詔免兼中書拜端明殿學士簽書樞密院事累辭會正言郭磊卿有論疏以端明殿學士提舉洞霄宮卒年八十有一贈資政殿學士銀青光祿大夫應龍不躁不競不激不隨不妄薦士而亦無傷人害物之事潮州之治最可紀也

林略字孔英温州永嘉人慶元五年舉進士歷饒州大寧監教授辟幹辦四川茶馬司公事崔與之帥蜀目之曰此臺閣之瑞也薦之遷武學博士國子監丞太常寺丞奉祠拜宗正少卿兼崇政殿說書遷右司諫尋遷左司諫兼侍講告于帝曰虛心以為從諫之本從諫以為求治之本拜殿中侍御史升侍御史試右諫議大夫嘉熙三年以端明殿學士同簽書樞密院事以言罷提舉洞霄宮以資政殿學士致仕淳祐三年八月卒特贈宣奉大夫

徐榮叟字茂翁煥章閣學士應龍之子嘉定七年舉進士歷官通判臨安府遷太學博士兼崇政殿說書遷祕書郎升著作佐郎兼侍左郎官出為江東提點刑獄直祕閣知婺州遷著作郎兼禮部郎官以集英殿修撰知靜江府兼廣西經略安撫使召為行在司

諫復兼說書兼侍講嘉熙四年拜右諫議大夫入對言自楮幣不通物價倍長而民始怨自米運多阻粒食孔艱而民益怨此見之京師者然也外而郡邑苛征橫斂無所不有嚴刑峻罰靡所不施和糴則科抑以取贏軍需則並緣而規利逃亡強令代納蠲放忍至重催祀私販者不問多寡槩遭點徒逋官課者不恤有無動輙監繫囹圄充斥率是干連詞訟追呼莫非枝蔓如此則民安得而不怨甚者富家巨室武斷鄉閭貴族豪宗侵牟民庶銜冤者不敢告負抑者不得伸怨氣薰蒸天示之應此亢陽之所以爲沴也遷

權禮部尚書兼權吏部尚書拜端明殿學士簽書樞密院事淳祐二年乞歸田里以資政殿大學士提舉洞霄宮六年轉一官致仕卒

別之傑字宋才郢州人嘉定二年進士歷官差充京西安撫司參議官遷太府寺主簿又遷將作監丞差知澧州知德安府親喪起復知德安府加直寶謨閣知江陵府湖北安撫副使進直煥章閣言親年八十乞祠歸養庶幾君親之義兩全從之以京湖安撫制置使陳韡論罷以前職主管崇禧觀進直敷文閣知江陵府湖北安撫使起復知真州改知江寧府湖北安撫副使加兵部郎官差充督視行府參謀官遷軍器監加直寶文閣京西轉運判官兼提點刑獄加秘閣修撰知江陵兼京湖制置副使進寶章閣待制知太平州又進寶謨閣學士依舊沿江制置使兼知建康府江東安撫使加兵部尚書兼淮西制置使邉事聽便行之加端明殿學士淳祐二年授同知樞密院事兼權參知政事進資政殿學士湖南安撫使兼知潭州監察御史蔡次傳論罷七年拜參知政事乞歸田里依前職知紹興府復以兩浙轉運判官翁甫論罷寶祐元年卒特贈少師

劉伯正字直卿饒州餘干人父簡爲丞相趙汝愚客嘗書慶曆西諫奏議授伯正而伯正以開禧元年舉進士調太平主簿通判東陽軍辟荊湖制置司機宜兩浙轉運司主管公事歷軍器將作太府三監主簿樞密院編修官兵部郎官監察御史有事于明堂雷電忽至執事者鮮不離次伯正立殿下紳笏儼然聲色不動帝遂以大任期之遷左司諫疏言兵籍寖廣粮餉益艱請豫備軍食又言銓選財計刑獄之積敝乞以穎治之心而急董正治官之圖以勤政之思而嚴察計吏之法又言所憂非一而急務之當慮者有

三日申飭邊備區處流民隄防姦盜帝皆善其言升右正言以華文閣待制知廣州兼廣東經略安撫使召見賜金帶鞍馬改轉運使以寶章閣直學士知太平州召為禮部侍郎兼中書舍人遷吏部侍郎兼侍講同修國史實錄院同修撰兼給事中權刑部尚書兼侍讀淳祐四年拜端明殿學士簽書樞密院事兼權參知政事真拜參知政事以監察御史孫起予言罷授資政殿學士提舉洞霄宮監察御史蔡次傳言之降一官尋復舊官致仕卒贈正奉大夫加少保時論謂伯正立朝以靜重鎮浮不求名譽善藏其用云

金淵字淵叔臨安府人嘉定七年進士歷官為太學博士遷太府寺丞祕書郎升著作佐郎兼權司封郎官遷祕書丞拜右正言兼工部侍郎遷將作少監兼侍右郎官兼國子司業兼國史編修實錄檢討兼崇政殿說書拜監察御史論曹豳項寅孫兼侍講遷禮部侍郎尋兼國子祭酒遷吏部侍郎拜右諫議大夫改左諫議大夫遷禮部尚書兼給事中淳祐四年知貢舉拜端明殿學士同簽書樞密院事侍御史劉漢弼論淵尸位妨賢罷政予祠監察御史劉應起言落職罷祠十一年妻盛氏愬于朝乞曲加優宥少叙官職詔止量移平江府居住卒

李性傳字成之宗正寺主簿舜臣之子也嘉定四年舉進士歷幹辦行在諸軍審計司進對有崇尚道學之名未遇其實帝曰實者何在性傳對曰在陛下格物致知以為出治之本遷武學博士尋為太常博士兼諸王宮大小學教授升太常寺丞兼權工部郎中兼權都官郎官遷起居舍人兼侍講疏言東周以後諸侯卿大夫皆以既葬而除服秦漢之際尤為淺促孝文定為三十六日之制則視孝惠以前已有加矣東漢以後又損之為二十七日謂之以日易月則薄

之至也千數百年惟晉武帝魏孝文為能復古之制而群臣沮格未克盡行惟孝宗通喪三年近古所獨陛下繼之至性克盡前烈有光乞以此疏付之史官庶幾四海聞風民德歸厚遷起居郎兼國史編脩實錄檢討權刑部侍郎進禮部侍郎以臣僚言罷尋以寶章閣待制知饒州改知寧國府再知饒州復以言罷召為兵部侍郎兼侍講兼同脩國史兼實錄院同修撰升兼侍讀權兵部尚書進讀仁皇訓典乞讀帝學從之權吏部尚書臣僚論舜臣立廟封爵事落職提舉太平興國宮淳祐四年權禮部尚書兼給事中

兼同修國史實録院同脩撰兼侍讀五年拜端明殿
學士簽書樞密院事兼權叅知政事尋同知樞密院
事未幾落職與郡十二年以資政殿大學士提舉洞
霄宫寶祐二年依舊職提舉萬壽觀兼侍讀以觀文
殿學士致仕卒特贈少保
陳韡字子華福州候官人父孔碩為朱熹吕祖謙門
人韡讓父郊恩與弟韍登開禧元年進士第從葉適
學嘉定十四年賈涉開淮閫辟京東河北幹官韡謂
山東河北遺民宜使歸耕其土給耕牛農具分配以
內郡之貧死者然後三分齊地張林李全各處其一

其一以待有功者河南首領以三兩州來歸者與節
度使一州者守其土忠義人盡還北然後括淮甸閑
田倣韓琦河北義勇法募民為兵給田而薄征之擇
土豪統率鹽丁又別廩為一軍此第二重藩籬也十
五年淮西告捷韡策金人必專向安豐而分兵綴諸
郡使卞整張惠李汝舟范成進各以其兵屯廬州以
待之金將盧鼓搥新勝於潼關乘鋭急戰當持久困
之不過十日必遁設伏邀擊必可勝又使時青夏全
候金人深入以輕兵擣其巢穴第一策也其後金人
果犯安豐韡如盱眙犒師改淮東制置司幹辦公事

再如盱眙見劉琸調卞整張惠范成進夏全諸軍應
援擣虛皆行韡之策遂有堂門之捷俘其四駙馬者
遷將作監丞又遷太府寺丞差知真州淮東提點刑
獄加直寶章閣依舊提點刑獄兼知寶應州遷宗正
寺丞權工部郎中改倉部員外郎入對言臣所陳夏
周漢唐數君之事如布德兆謀任賢使能信賞必罰
區處藩鎮不事姑息規摹莫大於此又言人主所以
御天下者賞罰而已紹定二年冬盜起閩中帥王居
安屬韡提舉四隅保甲韡有親喪辭之轉運使陳汶
提舉常平史彌忠告急于朝謂非韡莫可平明年以

寶章閣直學士起復知南劍州提舉汀州邵武軍兵
甲公事福建路兵馬鈐轄同共措置招捕盜賊兼福
建路招捕使未幾加提點刑獄韡籍土民丁壯為一
軍沙縣紫雲臺告急沙縣破賊由間道趨城忠勇軍
破之於高橋賊乃趨邵武勢益熾時有議當招不當
捕者韡言始者賊僅百計招而不捕養之至千又養
之至萬今復養之將至於無筭求淮西兵五千人可
圖萬全詔韡兼福建路招捕使賊急攻汀州淮西帥
曾式中調精兵三千五百人由泉漳間道入汀擊賊
于順昌勝之六月兵大合加福建提點刑獄七月韡

親提兵至沙縣順昌將樂清流宣化督捕所至克捷九月分兵進討十月進攻五賊營砦平之十一月破潭飛磜賊起之地夷其巢穴十二月誅汀州叛卒諭降連城七十有二砦汀境皆平四年正月遣將破下瞿張原砦二月躬往邵武督捕餘寇賊首晏彪迎降韡以其力屈乃降卒誅之進右文殿修撰依舊提點刑獄招捕使兼知建寧府衢州寇汪徐來二破常山開化勢張甚韡命淮將李大聲提兵七百出賊不意夜薄其砦賊出迎戰見算子旗驚曰此陳招捕軍也皆大哭急擊之衢寇悉平六年進寶章閣待制知隆

興府贛寇陳三槍據松梓山砦出沒江西廣東所至屠殘韡遣官吏諭降賊輒殺之乃謂盜賊起於貪吏劾其尤者二人又謂寇盜稽誅以臣下欺誕事權渙散所致若決討蕩除數月可畢十一月詔節制江西廣東福建三路捕寇軍馬韡奏遣將劉師直扼梅州齊敏扼循州自提淮西兵及親兵擣賊巢穴十二月兼知贛州端平元年正月進華文閣待制江西安撫使二月至贛斬將士張皇賊勢及掠子女貨財者齊敏李大聲所至克捷三月分兵守大石堡截賊糧道遂破松梓山三槍與餘黨縋崖而遁韡親督諸將乘

春瘴未生薄松梓山賊悉精銳下山迎敵旗幟服色甚盛韡軍步騎夾擊又縱火焚之士皆攀崖上賊巢蕩為煙埃賊首張魔王自焚斬千五百級禽賊將十二得所掠婦女牛馬及僭偽服物各數百計三槍中箭與敏軍遇擊敗之賊遁翼日追及下黃又敗之餘衆尚千餘薙獮畧盡三槍僅以數十人遁至興寧就禽檻車載三槍等六人斬隆興市初賊跨三路數州六十砦至是悉平詔曰韡忠勤體國計慮精審身任討捕之責江閩東廣訖底寧輯乃進權工部侍郎仍知隆興兼江西安撫使未幾為工部侍郎改江東安

撫使知建康府兼行宮留守二年入奏事帝稱其平寇功韡頓首言曰臣不佞徒有孤忠仗陛下威靈苟逃曠敗耳何功之有遷權工部尚書又權刑部尚書沿江制置大使依舊江東安撫使知建康府往來巡視鄂州江面措置捍禦三年加寶謨閣學士十月詔選猛將精兵相視緩急據地利遏要衝以伐姦謀嘉熙元年進煥章閣學士四年拜刑部尚書辭免加徽猷閣學士知潭州荊湖南路安撫使淳祐四年召為兵部尚書遷禮部尚書兼侍讀兼同修國史實錄院同修撰拜端明殿學士同簽書樞密院事兼參知政

事尋拜參知政事兼同知樞密院事七年知樞密院事湖南安撫大使兼知潭州九年以觀文殿學士福建安撫大使知福州五上章辭以舊職提舉洞霄宮開慶元年召赴闕落致仕充醴泉觀使兼侍讀景定元年授福建安撫大使兼知福州久之提舉佑神觀力請致仕明年卒年八十有三贈少師謚忠肅崔福者故群盜嘗為官軍所捕會夜大雪方與嬰兒同榻兒寒啼不止福不得寐覺捕者至因以故衣擁兒口遂逸去因隸軍籍初從趙葵收李全有功名重江淮又累從韡捕賊積功至刺史大將軍後從韡留隆興

既而韡移金陵而福猶在隆興屬通判與郡僚燕滕王閣福恚其不見招道遇民愬冤者福携其人直至飲所責以郡官不理民事麾諸卒盡碎飲具官吏皆惴恐竄去莫敢嬰其鋒韡知之遂檄建康署為鈐轄福又奪統制官王明鞍馬及迫逐總領所監酒官親屬韡戒諭之不聽會淮兵有警步帥王鑑出師鑑請福行韡因厚遣之福不樂為鑑用遇敵不擊託以弃女擅歸亦不聞于制置司鑑怒遂白其前後過惡請必正其慢令之罪會韡亦厭忌之遂坐以軍法然後聲其罪于朝且自劾專殺之罪下詔奬諭免其罪福勇悍善戰頗著威聲其死也軍中惜之時論以為良將難得而韡以私忿殺之然福跋扈之迹已不可揜殺身之禍亦有以自取之也

論曰宋自嘉定以來居相位者賢否不同故執政者各以其氣類而用之因其所就而後世得以考其人焉宣繒薛極者史彌遠之腹心也陳貴誼曾從龍鄭性之李性傳劉伯正皆無所附麗李鳴復金淵者史嵩之之羽翼也鄒應龍無所考見許應龍治郡見稱循良林略所謂虛心從諫者有益於人主矣徐榮叟父子兄弟皆為名臣陳韡將帥才也優於別之傑多矣

列傳卷第一百七十八

列傳卷第一百七十九　宋史四百二十

開府儀同三司上柱國錄軍國重事前中書右丞相監修國史領經筵事都總裁臣脫脫等奉敕修

王伯大　鄭寀　應䌖
徐清叟　李曾伯　王埜
蔡抗　張磻　馬天驥
朱熠　饒虎臣　戴慶炣
皮龍榮　沈炎

王伯大字幼學福州人嘉定七年進士歷官主管户部架閣遷國子

監丞知信陽軍改知池州兼權江東提舉久之依舊直祕閣江東提舉常平仍兼知池州端平三年召至闕下遷尚右郎官尋兼權左司郎官遷右司郎官試將作監兼右司郎中兼提領鎮江建寧府轉般倉兼提領平江府百萬倉兼提領措置官田進直寶謨閣樞密副都承旨兼左司郎中進對言今天下大勢如江河之決日趨日下而不可挽其始也搢紳之論莫不交口誦詠謂太平之期可蹻足而待也未幾則以治亂安危之制爲言矣又未幾則置治安不言而直以危亂言矣又未幾則置危亂不言而直以亡言矣

嗚呼以亡爲言猶知有亡矣今也置亡而不言矣人主之患莫大乎處危亡而不知人臣之罪莫大乎知危亡而不言陛下親政五年于茲盛德大業未能著見於天下而招天下之謗議者何其籍籍而未已也議逸欲之害德則天下將以陛下爲商紂周幽之人主議戚官近習之撓政則天下將以朝廷爲恭顯許史武韋仇魚之朝廷議姦儉佞朋之誤國則天下又將爲漢黨錮元祐黨籍之君子數者皆犯前古危亡之轍迹忠臣懇惻而言之志士憤激而和之陛下雖日御治朝日親儒者日修辭飾色而終莫能弭天下

之議言者執之而不肯置聽者厭之而不憚煩於是厭轉而爲疑疑增而爲忿忿極而爲愎則罪言黜諫之意藏伏於陛下之胸中而凡迕已者皆可逐之人矣彼中人之性利害不出於一身莫不破崖絕角以阿陛下之所好其稍畏名義者則包羞閔默而有跋前壹後之憂若其無所顧戀者則皆攘袂遠引不顧立于王之朝矣陛下試反於身而自省曰吾之制行得無有屋漏在上知之在下者乎徒見變眊之多選擇未已排當之聲時有流聞則謂精神之內守血氣之順軌未可也陛下又試于宮闈之內而加省曰凡吾

之左右近屬得無有因微而入緣形而出意所狎信不復猜覺者乎徒見內降干請數至有司裹言除臣每實人口則謂浸潤之不行邪逕之已塞未可也陛下又試於朝廷政事之閒而三省曰凡吾之諸臣得無有讒說殄行震驚朕師惡直醜正側言改度者乎徒見剛方峭直之士昔者所進今不知其亡柔佞闒茸之徒適從何來而遽集於斯也則謂舉國皆忠臣聖朝無闕事未可也夫以陛下之好惡用舍無非有招致人言之道及人言之來又復推而不受不知平日之際遇信任者肯為陛下分此謗乎無也陛下誠

能布所失於天下而不必曲為之回護凡人言之所不貸者一朝赫然而盡去之務使蠹根悉拔孽種不留如日月之更如風雷之迅則天下之謗不改而自息矣陛下何憚何疑而不為此哉又極言邊事曲盡事情以直寶謨閣知婺州還祕書少監拜司農卿復為祕書少監進太常少卿兼中書門下檢正諸房公事遷起居舍人升起居郎兼權刑部侍郎臣僚論罷以集英殿修撰提舉太平興國宮起再知婺州辭免復舊祠淳祐四年召至闕授權吏部侍郎兼權中書舍人尋為吏部侍郎仍兼權中書舍人兼侍讀時暫

兼權侍右侍郎兼同修國史實錄院同修撰權刑部尚書尋為真七年拜端明殿學士簽書樞密院事兼權參知政事八年拜參知政事以監察御史陳垓論罷以資政殿學士知建寧府寶祐元年卒

鄭寀不詳何郡人初歷官為祕書省校書郎兼國史編修實錄檢討遷著作佐郎兼權侍右郎官升著作郎兼侍講拜右正言言丞相史嵩之以父憂去遽欲起之意甚厚也柰何謗議未息事關名教有尼其行帝答曰卿言雖切事理進退大臣豈易事也擢殿中侍御史疏言臺諫以糾察官邪為職國之紀綱係焉

比劉漢弼劾奏司農卿謝逵陛下已行其言矣未及兩月忽復叙用何其速也漢弼雖亡官不可廢臣非為漢弼惜為朝廷惜也又奏劾王瓚龔基先胡清獻鐫秩罷祠皆從之三人者不才臺諫也遷侍御史疏言比年以來舊章寖廢外而諸閫不問勳勞之有無而爵秩皆得以例遷內而侍從不問才業之優劣而職位皆可以例進執政之歸休田里者與之貼職可也而凡補外者皆授之矣故自公侯以至節度有同序補自書殿以至祕閣錯立周行名器之輕莫此為甚無功者受賞則何以旌有功之士有罪者假寵則

何以服無罪之人矧事變無窮而名器有限使名器常重於上則人心不敢輕視於下非才而罔功者不得覬幸於其間則負慷慨之氣懷功名之願者陛下始可得而鼓舞之矣遷左諫議大夫淳祐七年拜端明殿學士同簽書樞密院以監察御史陳求魯論罷淳祐九年五月卒家之居言路嘗按工部侍郎曹豳主管吏部架閣文字洪芹則大傷公論云

應繇字之道慶元府昌國人刻志于學嘉定十六年試南省第一遂舉進士爲臨江軍教授入爲國子學録兼莊文府教授遷太學博士又遷祕書郎請蚤建

太子入對帝問星變繇請修實德以答天戒帝問州縣貪風繇曰貪黷由殉色而起成湯制官刑儆有位首及於巫風淫風者有以也帝問藏書繇請訪先儒解經注史因及程迥張根所著書皆有益世教帝善之遷祕書省著作佐郎兼權尚左郎官兼翰林權直又遷著作郎仍兼職以言罷淳祐二年叙復奉祠遷宗正寺丞兼權禮部郎官兼國史編修實録檢討以言罷差知台州召兼禮部郎官崇政殿說書遷祕書少監仍兼職兼權直學士院又遷起居舍人權兵部侍郎時暫兼權吏部侍郎兼直學士院帝一夕召繇草麻夜四鼓五制皆就帝奇其才遷吏部侍郎仍兼■進翰林學士兼中書舍人八年授同知樞密院事兼參知政事九年拜參知政事封臨海郡侯乞歸田里以資政殿學士知平江府提舉洞霄宮寶祐三年殿中侍御史丁大全論罷尋卒德祐元年詔復元職致仕

徐清叟字直翁煥章閣學士應龍之子嘉定七年進士歷主管户部架閣遷籍田令疏言邇者江右閩嶠盜賊竊發監司帥守未免少立威名專行誅戮此特以權濟事而已而偏州僻壘習熟見聞轉相倣傚亦

皆不俟論報輒行專殺欲望明行禁止一變臣下嗜殺希進之心以無墜祖宗立國仁厚之意遷軍器監主簿入對言太后舉哀之日陛下以后服下同媵妾令別置大袖一襲文思院觀望欲如后飾再造其一以進詔卻之此真知嫡庶之辨者請宣付史館以垂法後世遷太常博士入對疏言陛下親政以來精神少振而氣脈未復條目畢舉而綱紀未張公道若伸而私意之未盡克者則亦風化之先務勸戒之大權與夫選用之要術猶有闕略而未之講明者爾何謂風化之先務曰原人倫以釋群惑者是已何謂勸戒

之大權曰惜名器以示正義者是已何謂選用之要術曰因物望而進人才者是已蓋欲請復皇子竑王爵裁抑史彌遠恤典召用真德秀魏了翁也兼崇政殿說書遷祕書郎升著作佐郎兼權司封郎官遷軍器少監皆兼職依舊遷將作監拜殿中侍御史兼侍講遷太常少卿兼權戶部侍郎兼侍講三疏丐外給事中洪咨夔起居舍人吳泳皆抗疏留之尋權工部侍郎以右文殿修撰知泉州集英殿修撰知靜江府廣西經略安撫使遷侍右侍郎主管雲臺觀召赴闕遷戶部侍郎再爲侍右侍郎以寶章閣直學士知溫

州改知福建安撫使改知婺州以煥章閣直學士差知泉州辭免改知袁州又改知紹興府兩浙東路安撫使辭免改知潭州尋知廣州兼廣東經略安撫使召赴闕權兵部尚書兼侍讀淳祐九年兼同修國史實錄院同修撰權吏部尚書遷禮部尚書拜端明殿學士簽書樞密院事進同知樞密院事封晉寧郡公奏修四朝國史志傳五上章乞改機政帝不許十二年拜參知政事尋知樞密院事兼參知政事監察御史朱應元論罷以資政殿大學士提舉玉隆萬壽宮改洞霄宮復以監察御史朱熠論罷久之以舊職提

舉洞霄宮開慶元年召赴闕以舊職提舉佑神觀兼侍讀出知泉州復提舉佑神觀景定三年轉兩官致仕卒贈少師謚忠簡清叟父子兄弟皆以風節相尚而清叟劾罷袁甫於公論少貶云

李曾伯字長孺覃懷人後居嘉興歷官通判濠州遷軍器監主簿添差通判鄂州兼沿江制置副使司主管機宜文字遷度支郎官授左司郎官淮西總領尋遷右司郎官太府少卿兼左司郎官兼勑令所刪修官遷太府卿淮東制置使兼淮西制置使詔軍事便宜行之曾伯疏奏三事荅天心重地勢協人謀又言

邊餉貴於廣積將材貴於素儲賞與不可以不精戰士不可以不恤又條上淮面舟師之所當戒湖面險阻之所當治加華文閣待制又加寶章閣直學士進權兵部尚書淳祐六年正月朔日食曾伯應詔歷陳先朝因天象以謹邊備圖帥材乞早易閫寄放歸田里又請修浚泗州西城加煥章閣學士言者相繼論罷九年以舊職知靜江府廣西經略安撫使兼廣西轉運使陳守邊之宜五事進徽猷閣學士京湖安撫制置使知江陵府兼湖廣總領兼京湖屯田使進龍圖閣學士疏言襄陽新復之地城池雖修浚田野未

加閫室廬雖草創市井未阜通請蠲租三年詔從之加端明殿學士兼䕫路策應大使進資政殿學士制置四川邊面與執政恩例尋授四川宣撫使特賜同進士出身召赴闕加大學士知福州兼福建安撫使辭免以大學士提舉洞霄宮起爲湖南安撫大使兼知潭州兼節制廣南移治靜江開慶元年進觀文殿學士以諫議大夫沈炎等論罷景定五年起知慶元府兼沿海制置使咸淳元年殿中侍御史陳宗禮論劾褫職德祐元年追復元官曾伯初與賈似道俱爲閫帥邊境之事知無不言似道卒嫉之使不竟其用

云

王埜字子文寶章閣待制介之子也以父蔭補官登嘉定十二年進士第仕潭時帥真德秀一見異之延致幕下遂執弟子禮德秀欲授以詞學埜曰所以求學者義理之奧也詞科惟強記者能之德秀益器重之紹定初汀邵盜作辟議幕參贊攝邵武縣後復攝軍事盜起唐石親勒兵討之後爲樞密院編修兼檢討襄蜀事急議遣使講和時相依違不決史嵩之帥武昌首進和議埜言今日之事宜先定規模并力攻守上疏言八事繼爲副都承旨奏請出師絕和使命

淮東西夾攻不然利害將深理宗深然之令樞密院下三閫諭旨嘉熙元年輪對采事係安危者四端而專以司馬光仁明武推說復推廣前所言八事以孝宗講軍實激發帝意淳祐初自江西赴闕奏祈天永命十事嵩之起復傾國爭之埜上疏乞聽終喪後又言嵩之當顯絕而終斥益嚴君子小人之限拜禮部尚書奏十事終之曰陛下一心十事之綱領也前後奏陳皆明正剴切鑿鑿可行其爲兩浙轉運判官以察訪使出視江防首嘉興至京口增修官民兵船守險備具爲江西轉運副使知隆興府繼有它命時以

米綱不便就湖口造轉般倉請事畢受代知鎮江府兼都大提舉浙西兵船江面幾千里調兵捍禦以守江尤重于淮瓜洲一渡甚狹請免鎮江水軍調發專一守江置遊兵如呂蒙所言將欽將萬人巡江上增創水艦就揚子江習水戰登金山指麾之是冬揚子橋有警急調湯孝信所領遊兵救之而退淳祐末遷沿江制置使江東安撫使節制和州無爲軍安慶府兼三郡屯田行宮留守巡江引水軍大閱舳艫相銜幾三十里憑高望遠考求山川險阨謂要務莫如屯田講行事宜修飭行宮諸殿室推京口法創遊擊軍

萬二千篆衡萬艘江上晏然寶祐二年拜端明殿學士簽書樞密院事封吳郡侯與宰相不合言者攻之以前職主管洞霄宮卒贈七官位特進埜因德秀知朱熹之學凡熹門人高弟必加敬禮知建寧府創建安書院祠熹以德秀配有奏議文集若干卷埜工于詩書法祖唐歐陽詢署書尤清勁

蔡抗字仲節處士元定之孫紹定二年進士其後差主管尚書刑工部架閣文字召試館職遷祕書省正字升校書郎兼樞密院編修官遷諸王宮大小學教授疏奏權姦不可復用國本不可不早定帝善其言

遷樞密院編修官兼權屯田郎官遷著作佐郎兼侍右郎官兼樞密院編修官尋兼國史院編修官實錄檢討官江東提點刑獄加直祕閣特授尚書司封員外郎進直寶章閣尋加寶謨閣移浙東召爲國子司業兼資善堂贊讀兼王牒所檢討官時暫兼侍立修注官拜宗正少卿兼國子司業進直龍圖閣知隆興府試國子祭酒兼侍立修注官拜太常少卿仍兼資善堂翊善權工部侍郎兼國史院編修官實錄院檢討官遷工部侍郎時暫兼禮部侍郎兼權吏部尚書加端明殿學士同簽書樞密院事差兼同提舉編修

經武要略同知樞密院事拜參知政事落職予祠起居郎林存請加竄削從之未踰年復端明殿學士提舉洞霄宮乞致仕轉一官守本官職致仕卒謚文簡以犯祖諱更謚文肅

張磻字渭老福州人嘉定四年進士歷官辟點檢贍軍激賞酒庫所主管文字差主管尚書吏部架閣遷太常博士宗正丞兼權兵部郎官遷國子祭酒時暫兼權禮部侍郎尋爲眞兼國史編修實錄檢討加集英殿修撰差知婺州復爲禮部侍郎權兵部尚書時暫兼權吏部尚書以右補闕程元鳳論罷寶祐三年

復權刑部尚書兼侍讀拜端明殿學士簽書樞密院事升同知樞密院事兼參知政事五年拜參知政事進封長樂郡公轉三官守參知政事致仕九月卒遺表上贈少師

馬天驥字德夫衢州人紹定二年進士補簽書領南判官廳公事遷祕書省正字兼沂靖惠王府教授遷祕書省校書郎升著作佐郎輪對假司馬光五規之名條上時敝詞旨切直遷考功郎官入對言周世宗當天下四分五裂之餘一念振刷猶能轉弱爲強陛下有能致之資乘可爲之勢一轉移間耳遷祕書監

直秘閣知吉州遷宗正少卿以秘閣修撰知紹興府主管浙東安撫司公事兼提舉常平權兵部侍郎授沿海制置使差知慶元府改知池州兼江東提舉常平改知廣東兼廣東經略安撫使寶祐四年遷禮部侍郎兼直學士院兼侍讀兼國子祭酒拜端明殿學士同簽書樞密院事封信安郡侯五年以殿中侍御史朱熠右正言戴慶炣監察御史吳衍翁應弼等論罷依舊職提舉洞霄宮景定元年知衢州以兵部侍郎章鑑論罷有旨依舊職予祠起知福州福建安撫使以職事修舉升大學士改知平江府又改知慶元

府兼沿海制置使提舉洞霄宮褫職罷祠咸淳三年追奪執政恩數送信州居住四年放令自便後卒于家

朱熠溫州平陽人端平二年武舉第一遷閤門舍人差知沅州改橫州復爲閤門舍人知雷州入對爲監察御史陳垓論罷臣僚復論降一官久之授帶御器械兼幹辦皇城司差知興國軍遷度支郎官拜監察御史兼崇政殿說書權右正言殿中侍御史兼侍講遷侍御史寶祐六年遷左諫議大夫拜端明殿學士簽書樞密院事同知樞密院事開慶元年拜參知政事兼權知樞密院事景定元年知樞密院事兼參知政事兼太子賓客以舊職知慶元府沿海制置使奉祠爲監察御史胡用虎論罷久之監察御史張桂常楙相繼糾劾送處州居住咸淳四年詔令自便五年侍御史章鑑復以爲言驅之還鄉尋卒熠居言路彈劾最多一時名士若徐清叟呂中尤焴馬廷鸞亦皆不免云

饒虎臣字宗召寧國人嘉定七年進士歷官遷將作監主簿差知徽州遷秘書郎升著作郎兼權右司郎官遷兵部郎官兼權左司郎官特授左司郎中遷司

農少卿兼左司兼國史編修實録檢討遷司農卿直龍圖閣福建轉運判官浙東提點刑獄拜太府卿兼中書門下檢正諸房公事以秘閣修撰兩浙轉運使權禮部侍郎尋爲真時暫兼權侍右侍郎寶祐六年兼同修國史實録院同修撰暫遍攝吏部尚書拜端明殿學士同簽書樞密院事開慶元年同知樞密院事兼權參知政事景定元年拜參知政事殿中侍御史何夢然論罷以資政殿學士提舉洞霄宮夢然再劾之褫職罷祠四年叙復元官提舉太平興國宮卒德祐元年禮部侍郎王應麟右史徐宗仁乞追復元

官守資政殿學士致仕

戴慶炣字彥可溫州永嘉人淳祐十年進士歷官差主管戶部架閣文字召試館職遷祕書省正字兼史館校勘升校書郎遷右正言左司諫殿中侍御史升侍御史開慶元年拜右諫議大夫尋加端明殿學士簽書樞密院事兼權參知政事同知樞密院事兼參知政事未幾守本官致仕卒贈特進資政殿大學士

皮龍榮字起霖一字季遠潭州醴陵人淳祐四年進士歷官主管吏部架閣文字遷宗學諭授諸王宮大小學教授兼資善堂直講入對請以改過之實易運

化之名一過改而一善著百過改而百善融遷祕書郎升著作郎入對因及真德秀崔與之薦龍榮曰今天下豈無薦者願陛下崇獎之以風天下執賞罰之公以示勸懲帝以爲然兼兵部郎官差知嘉興府召赴闕遷侍右郎官兼資善堂贊讀又遷吏部員外郎兼直講入對言忠王之學願陛下身教之於內帝嘉納遷將作監兼尚右郎官祕書少監兼吏部郎中宗正少卿起居郎兼權侍左侍郎兼給事中吏部侍郎兼贊讀封醴陵縣男遷集賢殿脩撰提舉太平興國宮召見進刑部侍郎加寶章閣待制荊湖南路轉運使權刑部尚書兼翊善景定元年四月拜端明殿學士簽書樞密院進封伯權參知政事兼太子賓客二年拜參知政事仍兼太子賓客封壽沙郡公三年罷爲湖南安撫使判潭州四年以資政殿大學士提舉洞霄宮以右正言曹孝慶論罷咸淳元年以舊職奉祠殿中侍御史陳宗禮監察御史林拾先後論劾削一官它日帝偶問龍榮安在賈似道恐其召用陰諷湖南提點刑獄李雷應劾之雷應至官謁龍榮龍榮託故不出旣退又斥罵之或以語雷應不能平遂疏其罪又謂每對人言有吾擁至尊于膝上之語詔徙

衡州居住湖南提刑治衡州龍榮恐不爲雷應所容未至而歿龍榮少有志略精于春秋學有文集三十卷性伉直似道當國不肯降志又以度宗舊學卒爲似道所擯德祐元年復其官致仕二年太府卿柳岳乞加贈謚未及行而宋亡

沈炎字若晦嘉興人寶慶二年進士調嵊縣主簿廣西經略司准備差遣湖南安撫司幹辦公事討郴寇有功改知金華縣沿江制置司幹官通判和州沿江制置主管機宜文字監三省樞密院門樞密院編修官爲監察御史右正言左司諫殿中侍御史侍御史

景定元年拜右諫議大夫加端明殿學士同簽書樞密院事兼太子賓客二年拜同知樞密院事兼權參知政事以資政殿學士提舉洞霄宮三年進大學士致仕卒贈少保炎居言路嘗按劾福建轉運使高斯得觀文殿學士李曾伯沿江制置司參謀官劉子澄左丞相吳潛然論罷右丞相丁大全及其黨與則為公論也

論曰王伯大立朝直諒鄭寀沈炎居言路不辨君子小人皆彈拄之吾不知其何說也應䌷清慎沒世徐清叟風采凛乎班行之間李曾伯之治邊短于才者也王埜得名父師而其學問益光蔡抗號為君子史闕其事若張磻馬天驥饒虎臣未見卓然有可稱道者戴慶炣皮龍榮登第皆未久而位至執政龍榮不附權臣為所擯斥而死猶為可取慶炣無所稱述焉朱熠在臺察如狂猘遇人輒噬之云

列傳卷第一百七十九

列傳卷第一百八十　宋史四百二十一

開府儀同三司上柱國錄軍國重事中書右丞相兼修國史領經筵事都總裁臣脫脫等奉

敕修

楊棟　姚希得　包恢

常挺　陳宗禮　常楙

家鉉翁　李庭芝

楊棟字元極眉州青城人紹定二年進士第二授簽書劍南西川節度判官廳公事未上丁母憂服除遷判南制置司改辟西川入為太學正丁父憂服除召試授祕書省正字兼吳益王府教授遷校書郎樞密院編脩官入對言飛蝗蔽天願陛下始終一德庶幾感格天心消弭災咎又言邇來中外之臣如主兵理財聽其言無非可用跡其實類皆欺誑上下相蒙無一可信陛下先之以至誠而後天下之事可為也又言祖宗立國不恃兵財法惟恃民心固結而已願陛下常存忠厚之意勿用峻急之人理宗悅以臣僚言奉祠起知興化軍孔子之裔有居涵頭鎮者棟為建廟闢田訓其子弟遷福建提點刑獄尋加直祕閣兼權知福州兼本路安撫使遷都官郎官又遷左司郎官尋為右司郎官兼玉牒所檢討官除宗正少卿進

對帝曰止是正心脩身之說乎棟對曰臣所學三十年止此一說用之事親取友用之治凋郡察究獄至為簡易時有女冠出入宮禁頗通請謁外廷多有以為言者棟上疏曰陛下何惜一女冠天下所側目而不亟去之乎帝不謂然棟曰此人密交小人甚可慮也又言京襄兩淮四川殘破郡縣之吏多是兵將權攝科取無藝其民可矜非陛下哀之誰實哀之帝從之遷太常少卿起居郎差知滁州以殿中侍御史周坦論罷起直龍圖閣知建寧府不拜提舉千秋鴻禧觀遷起居郎兼權侍左侍郎崇政殿說書繼遷吏部

侍郎兼同修國史實錄院同修撰兼侍讀以集英殿脩撰兼中書舍人兼侍講出知太平州以右補闕蕭泰来論罷依舊職提舉太平興國宮起知婺州召奏事以舊職奉祠度宗立為太子帝親擢棟太子詹事遷工部侍郎仍為詹事兼同修國史實錄院同修撰兼中書舍人兼直學士院權刑部尚書兼國子祭酒遷禮部尚書加端明殿學士同簽書樞密院事兼太子賓客進同知樞密院事兼權參知政事拜參知政事台州守王華甫建上蔡書院言于朝乞棟為山主詔從之因卜居于山日尋授資政殿學士知建寧府不

拜以舊職提舉洞霄宮復依舊職知慶元府沿海制置使以監察御史胡用虎言罷仍奉祠加觀文殿學士知慶元府沿海制置使又不拜仍奉祠乃以資政殿大學士充萬壽觀使卒遺表上帝輟朝特贈少保棟之學本諸周程氏負海內重望方賈似道入相登用故老列之從官棟亦預焉及彗星見棟乃言蚩尤旗非彗也故為世所少云或謂棟姑為是言陰告于帝謀逐似道似道覺之遂家疑而去所著有崇道集平舟文集

姚希得字逢原一字叔剛潼川人嘉定十六年進士

授小溪主簿待次三年朝夕討論六經諸子百家之言調盤石令會蜀有兵難軍需調度不擾而集吏調嘉定府司理參軍改知蒲江縣巨室挾勢邑號難治希得綏彊扶弱聲聞著聞同知樞密院事游似以希得名聞召審察遷行在都進奏院通判太平州改福州徙婺至候官吏不知為通判也召為國子監丞遷太府寺丞時暫書擬金部文字兼沂靖王府教授時帝斥逐權姦收召名德舉朝相慶希得以為外觀形狀似若清明之朝內察脉息有類危亡之證乃上疏言堯舜三代之時無危亡之事而常言危亡之言秦

漢以來多危亡之事而常諱危亡之言夫危亡之事不可有而危亡之言不可亡後世人主乃纔危如履坦諱言如諱病又言君子非不收召而意向猶未調一小人非不斥逐而根株猶未痛斷大權若操握而不能無旁蹊曲逕之疑大勢若更張而未見有長治久安之道廷臣之所諷諫封囊之所奏陳非不激切而陛下固不之罪亦不之行自古甘蹈危亡之機非獨闇主而明君亦有焉此臣之所甚懼朝廷者萬化之所自出也實根於人君之一心夫何大明當天猶有可議者內小學之建人皆知陛下有意建儲也然

歲月逾邁未覩施行人心危疑無所係屬秦漢而下嗣不蚤定事出倉卒或宮闈出令或宦寺主謀或姦臣首議此皆足以危人之國也陛下何憚而不蚤定大計邸第之盛人皆知篤於親愛也然依憑[illegible]者衆輕視王法請託之行捷於影響楊干晉侯弟也亂行於曲梁而魏絳戮其僕晉侯始怒而終悔晉卒以霸平原君趙王弟也不出租稅而趙奢刑其用事者趙王賢而用之趙卒以彊皆足以興人之國也陛下何為而不必伸國法令女冠者流衆所指目近璫小臣時竊威福此皆陛下之心作明作晦之所致豈不謂之危乎國有善類猶人有元氣善類一敗一消元氣一病一衰善類能幾豈堪數消消極則國隨之矣陛下明於知人公於用人固無權姦再用之意然道路之人往往竊議此元祐紹聖將分之機也禍根猶伏而未去不幾於安其危乎帝改容曰朕決不用史嵩之遷知大宗正丞兼權金部郎官李韶以病告十上疏欲去希得言韶有德望雖以病告曷若留奉內祠侍經幄亦足為朝廷重又言財用困竭民生憔悴移此不急之費以實軍儲以厚民生敬天莫大於此豈在崇大宮宇莊嚴設像哉又條救錢楮三策請置惠

民局帝皆以為可行進祕書丞尋遷著作郎授江西提舉常平役法久壞臨川富田室有賂吏求免者希得竟罪之遂提點刑獄加直祕閣未幾加度支員外郎尋直寶章閣移治贛州盜有偽號崔太尉者據石壁連結數郡劉老龍等聚衆焚掠一方繹騷希得指授方畧不五旬平之以直寶謨閣廣西轉運判官兼權靜江府尋授直徽猷閣知靜江府主管廣西經略安撫司公事兼轉運判官毋喪免召為祕書少監兼中書門下省檢正諸房公事入對言君子小人邪正之辯且曰君子犯顏敢諫拂陛下之意退甘家食此乃

為國計非為身計也小人自植朋黨擠排正人甘言佞語一切順陛下之意遂取陛下官爵此乃為身計非為國計也遷宗正少卿兼國史編修實錄檢討兼權給事中兼權刑部侍郎同修國史實錄院同修撰時西方用兵有為蒿之復出計者謂非此人不能辦帝有意再用知希得必執之出旨諭意希得毅然具疏密奏不報又繳鄧泳予祠之命右正言邵澤監察御史吳衍殿中侍御史朱熠相繼論罷久之以集英殿修撰提點千秋鴻禧觀未幾依舊職兩淮宣撫使司判官俄加寶謨閣待制移京西湖南北四川詔敘

復元官護江陵有功召為戶部侍郎帝曰姚希得才望可為閫帥乃進煥章閣待制知慶元府沿海制置使繼升敷文閣待制詔增沿海舟師希得為之廣募水軍造戰艦蓄糧食糴米一萬二千石舊逋一百萬去官庫餘羨悉以代民輸召為工部尚書兼侍讀入侍經筵帝問慶元之政甚悉以華文閣直學士沿江制置使知建康府江東安撫使行宮留守希得按行江上慰勞士卒衆皆歡說溧陽饑發廩勸分全活者衆栁寧江軍自建康太平至池州列砦置屋二萬餘間屯戍七千餘人帝聞之一再降詔獎諭加寶章閣

學士尋加刑部尚書依舊任兼淮西總領景定五年召為兵部尚書兼侍讀乃言用人才修政事治兵甲惜財用四事拜端明殿學士簽書樞密院事兼太子賓客會星變上疏引咎乞解機務兼權參知政事度宗即位授同知樞密院事兼權參知政事尋授參知政事以言罷授資政殿學士提舉洞霄宮起知潭州湖南安撫使以疾甚辭乃仍舊職奉祠請致仕詔不許力請以資政殿大學士金紫光祿大夫依舊潼川郡公致仕咸淳五年卒遺表聞帝輟朝贈少保希得忠亮平實清儉自將好引善類不要虛譽蓋有請薦

于上而其人莫之知者廣西官署以錦為帟幕希得曰吾起身書生安用此命以繒纈易之蜀之親族婣舊相依者數十家希得廩之終身居喪悉損己力晚年計口授田各有差所著有續言行錄奏藁橘州文集

包恢字宏父建昌人自其父揚世父約叔父遜從朱熹陸九淵學恢少為諸父門人講大學其言高明諸父驚焉嘉定十三年舉進士調金谿主簿邵武守王遂辟光澤主簿平寇亂建寧守袁甫薦為府學教授監虎翼軍募土豪討唐石之寇授掌故改沿海制置司幹官會歲饑盜起金壇溧陽之間恢部諸將為十誅寇之沿江制置使陳韡辟為

機宜復有平寇功改知吉州永豐縣未行差發運幹官福建安撫使陳塏檄平寇遷武學諭宗正寺主簿添差通判台州徐鹿卿討溫寇辟兼提點刑獄司主管文字議收捕改通判臨安府遷宗正寺主簿知台州有妖僧居山中號活佛男女爭事之因爲姦利豪貴風靡恢誅其僧進左司郎官未行改湖北提點刑獄未行移福建兼知建寧閩俗以九月祠五王生日靡金帛傾市奉之恢曰彼非犬豕安得一日而五子同生非不祥者乎而尊畏之若是衆感悟爲之衰止兼轉運判官以侍御史周坦論罷光州布衣陳景夏上書云包恢剛正不屈之臣言者汙衊之耳又四年

起爲廣東轉運判官權經略使遷侍右郎官尋爲大理少卿即日除直顯文閣浙西提點刑獄是時海寇爲亂恢單車就道調許浦分屯建砦一旦集諸軍討平之嘉興史因和糴受賕百萬恢被旨鞫囚曰吾用此消沴氣乃減死斷其手進直龍圖閣權發運升祕閣修撰知隆興府兼江西轉運洗妖妓於水化爲狐人皆神之有母愬子者年月後狀作疏字恢疑之呼其子至泣不言及得其情母孀居與僧通惡其子諫以不孝坐之狀則僧爲之也因責子侍養跬步不離僧無由至母乃託夫諱日入寺作佛事以籠盛衣帛因納僧於內以歸恢知之使人要之置籠公庫逾

旬吏報籠中臭達于外恢命沉於江語其子曰爲汝除此害矣又姑死者假手婦棺以斂家貧不能償婦愬子恢恢怒買一棺給其婦臥棺中以試就掩而葬之改湖南轉運使罷景定初拜大理卿樞密都承旨兼侍講權禮部侍郎尋爲中書舍人林希逸奏恢守法奉公其心如水權刑部侍郎進華文閣直學士知平江府兼發運豪有奪民包舉田寄公組誣上者恢上疏指爲以小民祈天永命之一事帝覽奏惻然罪任事者即歸民田召赴闕辭改知紹興又辭度宗即位召爲刑部尚書進端明殿學士簽書樞密院事封南城縣侯郊祀禮成還以資政殿學士致仕恢歷仕

所至破豪猾去姦吏治蠱獄課盆鹽理銀欠政聲赫然嘗因輪對曰此臣心惻隱所以深切爲陛下告者陛下惻隱之心如天地日月其閉而食之者曰近習曰外戚耳參知政事董槐見而歎曰吾等有慚色矣他日講官因稱恢疏剴切頗容納理宗欣然曰其言甚直朕何嘗怒直言經筵奏對誠實懇惻至身心之要未嘗不從容諄至度宗室比恢爲程顥程頤恢侍其父疾滌濯拚除之役不命僮僕年八十有七臨終舉盧懷慎卧簀窮約事戒諸子斂以深衣作書別親戚而後卒有光隕其地遺表聞帝輟朝贈少保謚文肅賻銀絹五百

常挺字方叔福州人嘉熙二年進士歷官為太學錄召試館職遷秘書省正字兼莊文府教授升校書郎輪對乞以李若水配享高宗改秘書郎兼考功郎官出知衢州拜監察御史兼崇政殿說書疏言邊閫三事曰辟實才曰奏實功曰招實兵朝廷二事曰選良吏曰擢正人又言願陛下深思宏遠之規模奮發清明之志氣立綱陳紀必為萬世之法程昭德塞違以示百官之憲度遷太常少卿兼國子司業兼國史編修實錄檢討兼直舍人院遷起居郎權工部侍郎兼直學士院遷工部侍郎給事中右諫議大夫陳堯道論罷以寶章閣直學士知漳州改知泉州權兵部尚書兼侍讀權禮部尚書兼同修國史實錄院同修撰進帝學發題遷吏部尚書咸淳三年授同知樞密院事兼權參知政事封合沙郡公拜參知政事四年致仕尋卒贈少保

陳宗禮字立之少貧力學袁甫為江東提點刑獄宗禮往問學焉淳祐四年舉進士調邵武軍判官入為國子正遷太學博士國子監丞轉秘書省著作佐郎入對言火不循軌帝以星變為憂宗禮曰上天示戒在陛下脩德布政以回天意又曰天下方事於利欲

之中士大夫奔競趨利惟至公可以遏之兼考功郎官兼國史實錄院校勘兼景獻府教授升著作郎遷尚左郎官兼右司時丁大全擅國柄以言為諱宗禮歎曰此可一日居乎陛對言願為宗社大計毋但為倉廩府庫之小計願得天下四海之心毋但得左右便嬖戚畹之心願寄腹心於忠良毋但寄耳目於卑近願四通八達以來正人毋但旁蹊曲逕類引貪濁拜太常少卿以直寶謨閣廣東提點刑獄進直煥章閣遷秘書監以監察御史虞䖍言追兩官送永州居住景定四年拜侍御史直龍圖閣淮西轉運判官遷刑部尚書以起居舍人曹孝慶言罷度宗即位兼侍講拜殿中侍御史疏言恭儉之德自上躬始清白之規自宮禁始左右之言利者必斥蹊隧之私獻者必誅以詩進講因奏帝王舉動無微不顯古人所以貴於慎獨也權禮部侍郎兼給事中進讀孝宗聖訓因奏安危治亂常起於一念慮之間念慮少差禍亂隨見天下之亂未有不起於微而成於著又言不以私意害公法迺國家之福帝曰孝宗家法惟賞善罰惡為尤謹宗禮言有功不賞有罪不罰雖堯舜不能治天下信不可不謹也遷禮部侍郎尋權禮部尚書乞

奉祠帝曰豈朕不足與有為耶以華文閣直學士知隆興府再辭依舊職與待次差遣逾年依舊職廣東經略安撫使兼知廣州加端明殿學士簽書樞密院事尋兼權參知政事疏奏國所以立曰天命人心因其警而加敬畏天命未有不可回也因其未墜而加綏定人心未嘗不可回也卒官遺表上贈開府儀同三司盱江郡侯謚文定所著有寄懷斐藁曲轅散木集兩朝奏議經筵講義經史明辨經史管見人物論

常楙字長孺顯謨閣直學士同之曾孫入太學淳祐七年舉進士調常熟尉公廉自持不畏彊禦部使者交薦之調婺州推官疏決滯訟以剸繁裁劇稱臨安府尹馬光祖又薦於朝辟差平江府百萬倉檢察不受和糴事例戢吏卒苛取發運使趙與𥲅憲兼提點刑獄屬楙檢覆雪無錫翟氏冤獄監江淮茶鹽所蕪湖局不受商稅贏光祖益敬之改知嘉定縣歲大水勸分和糴按籍均敷發運使王爚提點刑獄孫子秀俱特薦于朝簽書臨安府判官不為權勢撓有為淮東提舉常平辟楙提管楙知其不可與共事笑而卻之未幾政府強楙行遂拂衣去朝野高之主管城南廂

聽訟嚴明豪右益憚之都城火後瓦礫充斥差民船徙運在籍者百五十家惟二十有五家應役餘率為勢要官官所庇楙悉追之不服者杖其人械于他所無不聽命又力拒戶部科買葉夢鼎陳昉深期望焉添差臨安通判朝命鞫封樁庫吏范成獄不肯承廟堂風旨無辜者悉出之知廣德軍郡有水災發社倉粟以活饑民官吏難之楙先發而後請專命之罪置慈幼局立先賢祠故事郡守秋苗例可得米千石廼以代屬縣償大農綱欠拜監察御史知無不言嘗論天變及賈似道家爭田事論繼皇子竑嗣觸度宗怒遷

司農卿尋為兩浙轉運使禁戢吏姦不以急符督常賦海鹽歲為鹹潮害稼楙請于朝捐金發粟復毀已色人德之遷戶部侍郎受四方民詞務通下情兼中書門下省檢正諸房公事兼刑部侍郎極論檢覆之弊上進故事首論雷雪非時之變帝意不悅句祠不許以集英殿修撰知平江值旱故事郡守合得繙錢十五萬悉以為民食軍餉助糴苗九萬稅十三萬版帳十六萬又蠲新苗二萬八千大寬公私之力飛蝗

幾及境疾風飄入太湖節浮費修府庫旣代有送還事例自給吏卒外餘金萬楮掾悉不受吏驚曰人言常侍郎不愛錢果然改浙東安撫使值水災捐萬楮以振之復請糴于朝得米萬石蠲新苗三萬八千又以諸暨被水尤甚給二萬楮付縣折運民食不至乏絶民各祀于家兩浙及會稽山陰死者暴露與貧而無以爲殮者廼以十萬楮置普惠庫取息造棺以給之尋以刑部侍郎召申明期赦叙改法與廟堂爭可否辨僞關獄救八倉虧欠免死罪平反夭井巷殺人獄全活者甚衆兼給事中封還隆國夫人從子黃進

宋史四百二十一 四百十八

宋史列傳卷二百八十一 十四 馮正寫 朱名刊

觀察使録黃帝怒似道以御書令委曲書行掾迄不奉命以寶章閣待制提舉太平興國宮德祐元年拜吏部尚書以老病辭累詔不許專官趣行甚峻掾入見首言雲川之變非其本心寘之死過矣不與立後又過矣巴陵帝王之胄生不得正命死不得血食沉冤幽憤鬱結四五十年之久不爲妖爲札於冥冥中者幾希願陛下勿搖浮議特發神斷宗社幸甚於是詔國史院討論典故以聞明堂禮成進端明殿學士提領戶部財用特與執政恩數掾以國步方艱非臣子貪榮之時力辭恩數與廟堂議事不合以疾謁告

二年春拜參知政事爲夏士林繳駁拜疏出關後六年卒

家鉉翁眉州人以蔭補官累官知常州政譽翕然遷浙東提點刑獄入爲大理少卿直華文閣以祕閣修撰充紹興府長史遷樞密都承旨知建寧府兼福建轉運副使權戶部侍郎兼知臨安府浙西安撫使遷戶部侍郎權侍右侍郎仍兼樞密都承旨賜進士出身拜端明殿學士簽書樞密院事大元兵次近郊丞相吳堅賈餘慶檄告天下守令以城降鉉翁獨不署元帥遣使至欲加縛鉉翁曰中書省無縛執政之理

宋史四百二十一 三百九十二下

宋史列傳卷二百八十一 十五 馮正寫 朱名刊

堅奉表祈請于大元以鉉翁介之禮成不得命留館中聞宋亡旦夕哭泣不食飲者數月大元以其節高欲尊官之以示南服鉉翁義不二君辭無詭對宋三宮北還鉉翁冉率故臣迎謁伏地流涕頓首謝奉使無狀不能感動上衷無以保存其國見者莫不歎息文天祥女弟坐兄故繫奚官鉉翁傾橐中裝贖出之以歸其兄璧鉉翁狀貌奇偉身長七尺被服儼雅其學邃於春秋自號則堂改館河間廼以春秋教授弟子數爲諸生談宋故事及宋興亡之故或流涕太息大元成宗皇帝卽位放還賜號處士錫賚金幣皆辭

不受又數年以壽終
李庭芝字祥甫其先汴人十二世同居號義門李氏
後徙隨之應山縣金亡襄漢被兵又徙隨然特以武
顯庭芝生時有芝產屋棟鄉人聚觀以為生男祥也
遂以名之少頴異日能誦數千言而智識恒出長老
之上王旻守隨庭芝年十八告其諸父曰王公貪而
不恤下下多怨之隨必亂請徙家德安以避諸父勉
強從之未浹旬旻果為部曲挾之以叛隨民死者甚
衆嘉熙末江防甚急庭芝得鄉舉不行以策干荊帥
孟珙請自效珙善相人且夜夢車騎稱李尚書謁

明日庭芝至珙見其貌偉甚顧諸子曰吾相人多無如
李生者其名位當過我時四川有警即以庭芝權施
之建始縣庭芝至訓農治兵選壯士雜官軍教之期
年民皆知戰守善馳逐無事則植戈而耕兵至則悉
出而戰夔帥下其法於所部行之淳祐初始去舉進
士中第辟珙幕中主管機宜文字珙卒遺表舉賈似
道自代而薦庭芝於似道庭芝感珙知己扶其柩葬
之興國即棄官歸為珙行三年喪似道鎮京湖起為
制置司參議移鎮兩淮與似道議柵清河五河口增
淮南烽百二十繼知濠州復城荊山以備淮南皆切

中機會開慶元年似道宣撫京湖留庭芝權揚州尋
以大兵在蜀奏知峽州以防蜀江口朝廷以趙與𥲅
為淮南制置李應庚為參議官應庚發兩路兵城南
城大暑中暍死者數萬李璮窺其無謀奪漣水三城
渡淮奪南城郛兵解庭芝丁母憂去朝議擇守揚者
帝曰無如李庭芝乃奪情主管兩淮制置司事庭芝
再破璮兵殺璮將屬元帥夷南城而歸明年復敗璮
于喬村破東海石圍等城又明年璮降徙三城民於
通泰之間又破蘄縣殺守將庭芝初至揚時揚新遭
火廬舍盡燬州賴鹽為利而亭戶多亡去公私蕭然

庭芝悉貸民負逋假錢使為屋屋成又免其假錢凡
一歲官民居皆具鑿河四十里入金沙餘慶場以省
車運兼浚他運河放亭戶負鹽二百餘萬亭民無車
運之勞又得免所負逃者皆來歸鹽利大興始平山
堂瞰揚城大元兵至則構望樓其上張車弩以射城
中庭芝乃築大城包之城中募汴南流民二萬人以
實之有詔命為武銳軍又大修學為詩書俎豆與士
行習射禮郡中有水旱即命發廩不足則以私財振
之揚民德之如父母劉槃自淮南入朝帝問淮事槃
對曰李庭芝老成謹重軍民安之今邊塵不驚百度

具舉皆陛下委任得人之效也咸淳五年北兵圍襄陽急夏貴入援大敗虎尾州范文虎總諸兵再入又敗文虎以輕舸遁兵亂士卒溺漢水死者甚衆冬命庭芝以京湖制置大使督師援襄陽文虎聞庭芝至貽書似道曰吾將兵數萬入襄陽一戰可平但無使聽命於京閫事成則功歸恩相矣似道喜即除文虎福州觀察使其兵從中制之文虎日擕妓妾走馬擊毬軍中為樂庭芝屢欲進兵曰吾取旨未至也明年六月漢水溢文虎不得已始一出師未至鹿門中道遁去庭芝數自劾請代不允竟失襄陽陳宜中請誅

文虎似道芘之止降一官知安慶府而貶庭芝及部將蘇劉義范友信廣南庭芝罷居京口未幾大元兵圍楊州制置印應雷暴死即起庭芝制置兩淮庭芝請分淮西夏貴而已得專力淮東從之十年築清河口詔以為清河軍十二月大元兵破鄂詔天下勤王庭芝首遣兵為諸道倡德祐元年春似道兵潰蕪湖沿江諸郡或降或遁無一人能守者庭芝率所部郡縣城守有李虎者持招降榜入楊州庭芝誅虎焚其榜總制張俊出戰持孟之縉書來招降庭芝焚書梟俊五人於市而日調苗再成戰其南許文德戰其北

姜才施忠戰其中時出金帛牛酒燕犒將士人人為之死鬬朝廷亦以督府金勞之加庭芝參知政事七月以知樞密院事徵入朝從夏貴知楊州貴不至事遂已十月大元丞相伯顏入臨安留元帥阿术軍鎮江以遏淮兵阿术攻楊久不拔乃築長圍困之冬城中食盡死者滿道明年二月饑益甚赴濠水死者日數百道有死者衆爭割啖之立盡宋亡謝太后及瀛國公為詔諭之降庭芝登城曰奉詔守城未聞有詔諭降也已而兩宮入朝至瓜洲復詔庭芝曰比詔卿納欵日久未報豈未悉吾意尚欲固圉邪今吾與嗣

君既已臣伏卿尚為誰守之庭芝不荅命發弩射使者斃一人餘皆退去姜才出兵奪兩宮不克復閉城守三月夏貴以淮西降阿术驅降兵至城下以示之旌旗蔽野幕客有以言覘庭芝者庭芝曰吾惟一死而已阿术使者持詔來招降庭芝開壁納使者斬之焚詔陴上已而知淮安州許文德知盱眙軍張思聰知泗州劉興祖皆以糧盡降庭芝猶括民間粟以給兵粟盡令官人出粟粟又盡令將校出粟雜牛皮麴蘖以給之兵有烹子而食者猶日出苦戰七月阿术請赦庭芝焚詔之罪使之降有詔從之庭芝亦不納

是月益王遣使以少保左丞相召庭芝庭芝以朱煥守揚與姜才將兵七千人東入海至泰州阿朮將兵追圍之朱煥既以城降驅庭芝將士妻子至泰州城下俾將孫貴胡惟孝等開門降庭芝聞變赴蓮池水淺不得死被執至揚州朱煥請曰揚自用兵以來積骸滿野皆庭芝與才所為不殺之何俟於是斬之死之日揚之民皆泣下有宋應龍者為泰州諮議官泰守孫良臣之弟舜臣自軍中來說降良臣召應龍與計應龍極陳國家恩澤君臣大義請殺舜臣以戒持二心者良臣不得已殺之及泰州降應龍夫婦自經

死提刑司諮議褚一正置司高郵督戰被創沒水死知興化縣胡拱辰城破亦死

論曰楊棟學本伊洛而厄於權臣速謗召尤誰之過歟姚希得謫然君子包恢以嚴為治抑以衰世之民非可以縱弛待之耶常挺陳宗禮咸通濟著聲常楙晚諗皇子竑事光明正大公義炳然家鉉翁義不二君足為臣軌李庭芝之死於國難其可憫哉

列傳卷第一百八十

列傳卷第一百八十一　宋史四百二十二

開府儀同三司上柱國錄軍國重事前中書右丞相監修國史領經筵事都總裁臣脫脫等奉勅修

林勳　劉才邵　許忻　應孟明
曾三聘　徐僑　度正　程珌
牛大年　陳仲微　梁成大　李知孝

林勳賀州人政和五年進士為廣州教授建炎三年八月獻本政書十三篇言國家兵農之政率因唐末之故今農貧而多失職兵驕而不可用是以饑民竄卒類為盜賊宜假古井田之制使民一夫占田五十

畝其有羨田之家毋得市田其無田與游惰末作者皆驅之使為隸農以耕田之羨者而雜紐錢穀以為十一之稅宋二稅之數視唐增至七倍今本政之制每十六夫為一井提封百里為三千四百井率稅米五萬一千斛錢萬二千緡每井賦二兵馬一匹率為兵六千四百人馬三千四百匹歲取五之一以為上番之額以給征役無事則又分為四番以直官衛以給守衛是民凡三十五年而役使一遍也悉上則歲食米萬九千餘斛錢三千六百餘緡無事則減四分之三皆以一同之租稅供之匹婦之貢絹三尺綿一

兩百里之縣歲收絹四千餘疋綿三千四百斤非蠶鄉則布六尺麻二兩所收視絹綿率倍之行之十年則民之口筭官之酒酤與凡茶鹽香礬之榷皆可弛以予民其說甚備書奏以勲為桂州節度掌書記其後勲又獻比校書二篇大略謂桂州地東西六百里南北五百里以古尺計之為方百里之國四十當墾田二百二十五萬二千八百頃有田夫二百四萬八千出米二十四萬八千斛祿卿大夫以下四千人祿兵三十萬人今桂州墾田約萬四十二頃丁二十一萬六千六百一十五稅錢萬五千餘緡苗米五萬二百斛有奇州縣官不滿百員官兵五千一百人蓋土地荒蕪而遊手末作之人衆是以地利多遺財用不足皆本政不脩之故朱熹甚愛其書東陽陳亮曰勲為此書考古驗今思慮周密可謂勤矣世之為井地之學者孰有加於勲者乎要必有英雄特起之君用於一變之後成順致利則民不駭而可以善其後矣

劉才邵字美中吉州廬陵人其上世鶚太宗召見未及用而卒嘗憤五季文辭卑弱倣揚雄法言著法語八十一篇行於世才邵以大觀二年上舍釋褐為贑汝二州教授復為湖北提舉學事管幹文字宣和二

年中宏詞科遷司農寺丞靖康元年遷校書郎高宗即位以親老歸侍居閒十年御史中丞廖剛薦之召見遷祕書丞歷駕部員外郎遷吏部員外郎與侍右選事先是宗室注宮觀岳廟例須赴部遠者或難於行才邵言許經所屬以聞于部依條注擬行之而使還軍器監既而遷起居舍人未幾為中書舍人兼權直學士院帝稱其能文時宰忌之出知漳州即城東開渠十有四為牐與斗門以瀦匯決溉田數千畝民甚德之兩奉祠紹興二十五年召拜工部侍郎兼直學士院尋權吏部尚書以疾請祠加顯謨閣直學士卒贈通奉大夫才邵氣和貌恭方權臣用事之時雍容遜避以保名節所著檆溪居士集行世

許忻撫州人宣和三年進士高宗時為吏部員外郎有旨引見是時金國使人張通古在館忻上疏極論和議不便曰臣兩蒙召見擢寘文館今茲復降睿旨引對今見陛下於多故之時欲來千慮一得之說以廣聰明是臣圖報萬分之秋也故敢竭愚而效忠臣聞金使之來陛下以祖宗陵寢廢祀徽宗皇帝顯肅皇后梓宮在遠母后春秋已高久闕晨昏之奉淵聖皇帝與天族遠歸無期欲屈己以就和遣使報聘茲

事體大固已詔侍從臺諫各具所見聞矣不知侍從臺諫皆以為可乎抑亦可否雜進而陛下未有所擇乎抑亦金已恭順不復邀我以難行之禮乎是數者臣所不得而聞也請試別白利害為陛下詳陳之夫金人始入寇也固嘗云講和矣靖康之初約肅王至大河而返已而挾之北行訖無音耗河朔千里焚掠無遺老稚係纍而死者億萬計復破威勝隆德等州淵聖皇帝嘗降詔書謂金人渝盟必不可守是歲又復深入朝廷制置失宜都城遂陷敵情狡甚懼我百萬之衆必以死爭也止我諸道勤王之師則又曰講

和矣乃邀淵聖出郊次邀徽宗繼往追取宗族殆無虛日傾竭府庫靡有孑遺公卿大臣類皆拘執然後偽立張邦昌而去則是金人所謂講和者果可信乎此已然之禍陛下所親見今徒以王倫繆悠之說遂誘致金人責我以必不可行之禮而陛下遂已屈己從之臣是以不覺涕泗之橫流也而彼以詔諭江南為名而來則是飛尺書而下本朝豈講和之謂哉我躬受之真為臣妾矣陛下方寢苫枕塊其忍下穹廬之拜乎臣竊料陛下必不忍為也萬一奉其詔令則將變置吾之大臣分部吾之諸將邀求無厭靡有窮

極當此之時陛下欲從之則無以立國不從之則復責我以違令其何以自處乎況犬羊之群驚動我陵寢戕毀我宗廟劫遷我二帝據守我祖宗之地塗炭我祖宗之民而又徽宗皇帝顯肅皇后鑾輿不返遂致萬國痛心是謂不共戴天之讎彼意我之必復此讎也未嘗頃刻而忘圖我豈一王倫能平哉方王倫之為此行也雖閭巷之人亦知其取笑外夷為國生事今無故誘狂敵悖慢如此若猶倚信其說而不寤誠可慟哭使賈誼復生謂國有人乎哉無人乎哉古之外夷固有不得已而事之以皮幣事之以珠玉事

之以犬馬者曷嘗有受其詔惟外夷之欲是從如今日事哉脫或包羞忍恥受其詔諭而彼所以許我者不復如約則徒受莫大之辱貽萬世之譏縱使如約則是我今日所有土地先拱手而奉外夷矣祖宗在天之靈以謂如何徽宗皇帝顯肅皇后不共戴天之讎遂不可復也豈不痛哉陛下其審思之斷非聖心所能安也自金使入境以來內外惶惑儻或陛下終以王倫之說為不妄金人之詔為可從臣恐不惟墮外夷之姦計而意外之虞將有不可勝言者矣此衆所共曉陛下亦嘗慮及於此乎國家兩嘗敗外夷於

淮甸雖未能克復中原之地而大江之南亦足支吾軍聲粗震國勢粗定故金人因王倫之往復遣使來嘗試朝廷我若從其所請正墮計中不從其欲且厚携我之金幣而去亦何適而非彼之利哉為今之計獨有陛下幡然改慮布告中外以收人心謂祖宗陵寢廢祀徽宗皇帝顯肅皇后梓宮在遠母后淵聖宗枝族屬未還故遣使迎請冀遂南歸今敵之來邀朝廷以必不可從之禮實王倫賣國之罪當行誅責以釋天下之疑然後激厲諸將謹捍邊陲無墮敵計進用忠正黜遠姦衺以振紀綱以脩政事務為實效不事虛名夕慮朝謀以圖興復庶乎可矣今金使雖已就館謂當別議區處之宜臣聞萬人所聚必有公言今在廷百執事之臣與中外一心皆以金人之詔為不可從公言如此陛下獨不察乎若夫謂黏罕之已死外夷內亂契丹林牙復立故今金主復與我平等語是皆行詐款我師之計非臣所敢知也或者又謂金使在館今稍恭順如臣之所聞又何其悖慢於前而遽設恭順於後敵情變詐百出豈宜惟聽其甘言遂忘備豫之深計待其禍亂之已至又無所及此誠切於事情今日之舉存亡所繫不愚衷感發不能自已望

鑒其惓惓之忠特垂采納更與三二大臣熟議其便無貽異時之悔社稷天下幸甚疏入不省後忻託故乞從外補乃授荊湖南路轉運判官謫居撫州起知邵陽卒

應孟明字仲實婺州永康人少入太學登隆興元年進士第試中教官調臨安府教授繼為浙東安撫司幹官樂平縣丞侍御史葛邲監察御史王蘭薦為詳定一司敕令所删定官輪對首論南北通好疆埸無虞當選將練兵常如大敵之在境而可以一日忽乎貪殘苛酷之吏未去吾民得無不安其生者乎賢士匿於下僚忠言壅於上聞無乃衆正之門未盡開而兼聽之意未盡孚乎君臣之間戒懼而不自持勤勞而不自寧進君子退小人以民隱為憂以邊陲為警則政治自脩紀綱自張矣孝宗曰朕早夜戒懼無頃刻忘退朝之暇亦無它好正恐臨朝或稍晏則萬幾之曠自此始矣次乞申嚴監司庇貪吏之禁薦舉徇私情之禁帝嘉獎久之它日宰相進擬帝出片紙於掌中書二人姓名曰卿何故不及此其一則孟明也乃拜大理寺丞故大將李顯忠之子家僮溺死有司誣以殺人逮繫幾三百家孟明察其冤白於長官釋

之出為福建提舉常平陛辭帝曰朕知卿愛百姓惡贓吏事有不便于民宜悉意以聞因問當世人才孟明對曰有才而不學則流為刻薄惟上之敎化明取舍正使回心向道則成就必倍於人帝曰誠為人上者之責孟明至部具以臨遣之意咨訪之帝一日御經筵因論監司按察顧謂講讀官曰朕近日得數人孟明其最也尋除浙東提點刑獄以鄉部引嫌改使江東會廣西謀帥帝謂輔臣曰朕熟思之無易孟明者即以手筆賜孟明曰朕聞廣西鹽法利害相半卿到任自可詳究事實進直祕閣知靜江府兼廣西經略安撫初廣西鹽易官般為客鈔客戶無多折閱逃避遂抑配於民行之六年公私交病追逮禁錮民不聊生孟明條具驛奏除其弊詔從之禁卒朱興結集黨侶弄兵雷化間聲勢漸長孟明遣將縛致轅門斬之光宗即位遷浙西提點刑獄尋召為吏部員外郎改左司遷右司再遷中書門下省檢正諸房公事寧宗即位拜太府卿兼吏部侍郎慶元初權吏部侍郎卒孟明以儒學奮身受知人主官職未嘗倖遷韓侂冑嘗遣其密客誘以諫官俾誣趙汝愚孟明不答士論以此重之

曾三聘字無逸臨江新淦人乾道二年進士調贛州司戶參軍累遷軍器監主簿有旨造划車弩三聘謂划車弩六人挽之而箭之所及止二百六十步今所用克敵弓較之工費不及十之三一人挽之而射可及三百六十步利害曉然乃不果造光宗不朝重華宮中外疑懼三聘以書抵丞相留正正未及言會以它事不合求去三聘謂丞相今泯默而退耶亦將取今日所難言者別白言之而後退凡今闕庭之內閨門衽席之間父子夫婦之際羣臣莫敢深言者避嫌遠罪耳丞相身退計決言之何嫌乎遷祕書郎帝欲幸玉津園三聘上疏言今人心既離大亂將作小大之臣震怖請命而陛下安意肆志而弗聞知萬一敵人諜知馳一介之使問安北宮不知何以答之姦宄窺間傳一紙之檄指斥乘輿不知何以禦之望亟備法駕朝謁不然臣實未知死所也孝宗病革復上疏言道路流言洶洶日甚臣恐不幸而有狂夫姦人託忠憤以行詐假曲直以動衆至此而後悔之則恐無及矣帝意為動及孝宗崩帝疾不能執喪朝論益震洶三聘謂今日事勢莫若建儲或戒之曰前日臺諫諸公謂汝奪其職今復有疏耶三聘曰此何時而可避

煩言也寧宗立兼考功郎後知郢州會韓侂冑爲相指三聘爲故相趙汝愚腹心坐追兩官久之復元官與祠差知郴州改提點廣西湖北刑獄皆辭不赴侂冑誅諸賢遭竄斥者相繼召用三聘祿不及終不自言嘉熙間三聘已卒有旨特贈三官直龍圖閣賜謚忠節

徐僑字崇甫婺州義烏人蚤從學於呂祖謙門人葉邽淳熙十四年舉進士調上饒主簿始登朱熹之門熹稱其明白剛直命以毅名齋入爲祕書省正字校書郎兼吳益王府教授直寶謨閣江東提點刑獄以

迕丞相史彌遠劾罷寶慶初葛洪喬行簡代爲請祠迄不受祿紹定中告老得請端平初與諸賢俱被召遷祕書少監太常少卿趣入覲手疏數千言皆感憤剴切上瀆主闕下逮羣臣分別黑白無所回隱帝數慰諭之顧見其衣履垢敝愀然謂曰卿可謂清貧僑對曰臣不貧陛下迺貧耳帝曰朕何爲貧僑曰陛下國本未建疆宇日蹙權幸用事將帥非材旱蝗相仍盜賊並起經用無藝帑藏空虛民困於橫斂軍怨於掊克羣臣養交而天子孤立國勢阽危而陛下不悟臣不貧陛下乃貧耳又言今女謁閹宦相爲囊橐誕

爲二豎以處國膏肓而執政大臣又無和緩之術陛下此之不慮而耽樂是從世有扁鵲將望見而卻走矣時貴妃閻氏方有寵而內侍董宋臣表裏用事故僑論及之帝爲之感動改容咨嗟太息明日手詔罷邊帥之尤無狀者申儆羣臣以朋黨爲之戒命有司裁節中外浮費而賜僑金帛甚厚僑固辭不受侍講開陳友愛大義用是復皇子竑爵請從祀周敦頤程顥程頤張載朱熹以趙汝愚侑食寧宗帝皆如其請金使至僑以無國書宜館之於外如叔向辭鄭故事迕丞相意力匄休致帝諭留甚勤遷工部侍郎辭益

堅遂命以內祠侍讀不得已就職遇事盡言以疾申前請乃以寶謨閣待制奉祠卒謚文清僑嘗言比年熹之書滿天下不過割裂掇拾以爲進取之資求其專精篤實能得其所言者蓋鮮故其學一以眞踐實履爲尚奏對之言剖析理欲因致勸懲弘益爲多若其守官居家清苦刻厲之操人所難能也

度正字周卿合州人紹熙元年進士歷官爲國子監丞時士大夫無賢愚皆策李全必反而不敢言正獨上疏極言之且獻艱全之策有三其言鯁亮激切遷軍器少監輪對言陛下推行聖學當自正家始進太

常少卿適太廟災爲二説以獻其一則用朱熹之議其一則因宋朝廟制而參以熹之議自西徂東爲一列每室之後爲一室以藏祧廟之主如僖祖廟以次祧主則藏之昭居左穆居右後世穆之祧主藏太祖廟昭之祧主藏太宗廟仁宗爲百世不遷之宗後世昭之祧主則藏之高宗爲百世不遷之宗後世穆之祧主則藏之室之前爲兩室三年祫享則帷帳冪之通爲一室盡出諸廟主及祧廟主並爲一列合食其上往者此廟爲一室凡遇祫享合祭於室名爲合享而實未嘗合享今増此三室後有藏祧主之所前有

祖宗合食之地於本朝之制初無更革而頗已得三年大祫之義遷權禮部侍郎兼侍右郎官兼同脩國史實録院同脩撰遷禮部侍郎轉一官守禮部侍郎致仕卒贈四官賻銀絹三百所著有性善堂文集

程珌字懷古徽州休寧人紹熙四年進士授昌化主簿調建康府教授改知富陽縣遷主管官告院歷宗正寺主簿樞密院編脩官權右司郎官秘書監丞江東轉運判官陛辭寧宗謂宰臣曰程珌豈可容其補外遂復舊職遷浙西提舉常平又遷秘書丞升秘書省著作郎尋爲軍器少監兼權左司郎官遷國子司業兼國史編脩實録檢討兼權直舍人院遷起居舍人兼職依舊權吏部侍郎直學士院兼同脩國史實録院同脩撰兼權中書舍人遷禮部侍郎仍兼侍讀權刑部尚書封休寧縣男授禮部尚書兼同脩國史實録院同脩撰兼權吏部尚書拜翰林學士知制誥兼脩玉牒官進封子五上䟽匄祠以焕章閣學士知建寧府授福建路招捕使以舊職提舉玉隆萬壽宫進封伯進敷文閣學士知寧國府改知贛州皆不赴進封新安郡侯加寶文閣學士知福州兼福建安撫使再奉祠又加龍圖閣學士以端明殿學士致仕卒

年七十有九贈特進少師珌十歲詠冰語出驚人直學士院時寧宗崩丞相史彌遠夜召珌舉家大驚珌妻丞相王淮女也泣涕疑有不測使人瞷之知彌遠出迎而後收涕彌遠與珌同入禁中草矯詔一夕爲制誥二十有五初許珌政府楊皇后緘金一囊賜珌珌受之不辭歸視之其直不貲彌遠以是銜之卒不與共政云

牛大年字隆叟楊州人慶元二年進士歷官將作監主簿入對言人主所當先著要以天命人心之所繫致念焉夫以人主居富貴崇高之位重而承宗社之

托尊而為臣辟之戴一指意而衆莫敢違一動作而人孰敢議然而天心靡常則可畏也又言今日士氣亦久靡矣宜體立國之意以振起之夫有扶持作興之意而後縉紳無貪名嗜利之習無貪名嗜利之習而後有持正秉義之操國家之休戚在士大夫之風俗而風俗之善惡在朝廷惟陛下為之振起機括一運天下轉移而風俗易矣遷軍器監主簿大宗正丞四川提舉茶馬兼權總領知黎州兼管內安撫司公事節制黎雅州屯戍軍馬加直寶章閣為工部郎官入對請懲貪吏遷侍左郎中進直華文閣浙東提點

刑獄遷守祕書少監宗正少卿升祕書監遷起居舍人升起居郎兼崇政殿說書以寶章閣待制提舉太平興國宮卒特贈四官大年清操凜然所至以廉潔自將

陳仲微字致廣瑞州高安人其先居江州旌表義門嘉泰二年舉進士調莆田尉會守令闕通判又罷輭不任臺閫委以縣事時歲凶部卒并饑民作亂仲微立召首亂者戮之籍閉糴抑強糴一境以肅囊山浮屠與郡學爭水利久不決仲微按法曰曲在浮屠它日沿檄過寺其徒久揭其事鐘上以為冤旦暮祝詛然莫省為仲微也仲微見之曰吾何心哉吾何心哉貧明首僧無疾而死寓公有誦仲微於當路而密授以薦牘者仲微受而藏之踰年其家負縣租竟逮其奴寓公有怨言仲微還其牘緘封如故其人慚謝終其任不敢撓以私遷海鹽丞鄰邑有疑獄十年郡命仲微按之一問立決改知崇陽縣寢食公署旁曰與父老樵豎相爾汝下情畢達吏無所措手通判黃州職兼餉餽以身律下隨事檢柅軍興賴以不乏制置使上其最辭曰職分也何最之有復通判江州遷幹辦諸司審計事知贛州江西提點刑獄迕丞相賈似

道監察御史舒有開言罷久之起知惠州遷太府寺丞兼權侍右郎官輪對言祿餌可以釣天下之中才而不可啖嘗天下之豪傑名航可以載天下之猥士而不可以陸沉天下之英雄似道怒又諷言者罷奪其官久之叙復時國勢危甚仲微上封事其略曰誤襄者老將也夫襄之罪不專在於庸閫疲將孩兵也君相當分受其責以謝先皇帝在天之靈天子若曰罪在朕躬大臣宜言咎在臣等宣布十年養安之往繆深懲六年玩寇之昨非救過未形固已無極追悔既往尚愈於迷或謂覆護之意多剋責之辭少或謂

陛下乏哭師之誓師相飾分過之言甚非所以慰恤死義祈天悔禍之道也往往代言乏知體之士翹館鮮有識之人吮音茹柔積習成痼君道相業兩有所虧方今何時而在廷無謀國之臣在邊無折衝之帥監之先朝宣和未亂之前靖康既敗之後凡前日之日近冕旒朱輪華轂俛首吐心奴顏婢膝即今日奉賊稱臣之人也彊力敏事捷疾快意即今日畔君賣國之人也爲國者亦何便於若人哉迷國者進惱憂之歎以違其君託國者護恥敗之局而莫敢議當國者昧安危之機而莫之悔臣嘗思之今之所少不止於

兵閫外之事將軍制之而一級半階率從中出斗粟尺布退有後憂平素無權緩急有責或請建督或請行邊或請京城創聞駭聽因諸閫有辭於緩急之時故廟堂不得不掩惡於敗闕之後有謀莫展有敗無誅上下包羞噤無敢議是以下至器仗甲馬衆颯尾凉不足以肅軍容壁壘堡柵折獘駑漏不足以當衝突之騎號爲帥閫名存實亡也城而無兵以城與敵兵不知戰以將與敵鬭不知兵以國與敵光景蹙近目睫矣惟君相幡然改悟天下事尚可爲也轉敗爲成在君相一念間耳乃出仲微江東提點刑獄德祐元年遷祕書監尋拜右正言左司諫殿中侍御史益王即位海上拜吏部尚書給事中厓山兵敗走安南越四年卒年七十有二其子文孫與安南王族人益稷出降鄉導我師南征安南王憤伐仲微墓斧其棺仲微天稟篤實雖生長富貴而惡衣菲食自同窶人故能涵飫六經精研理致於諸子百家天文地理醫藥卜筮釋老之學靡不搜獵云

梁成大字謙之福州人開禧元年進士素苟賤亡恥作縣滿秩謟事史彌遠家幹萬昕昕言眞德秀當擊成大曰某若入臺必能辦此事昕爲達其語通判揚

州尋遷宗正寺簿寶慶元年冬轉對首言大佞似忠大辨若訥或好名以自鬻或立異以自詭或假高尚之節以要君或飾矯僞之學以欺世言若忠鯁心實回衺一不察焉薰蕕同器涇渭襍流矣言不達變謀不中機或巧辨以爲能或詭訐以市直或設奇險之說以駴衆聽或肆妄誕之論以惑士心所行非所言所守非所學一不辨焉枘鑿不侔矛盾相激矣越六日拜監察御史尋奏魏了翁已從追竄人猶以爲罪大罰輕眞德秀狂僭悖繆不減了翁相羊家食宜削秩貶竄一等施行章既上不下者兩月或傳德秀有

衡陽之命時宰於帝前及之帝曰仲尼不為已甚遂止鎸三秩明年三月又奏楊長孺寢新命徐瑄追三秩移象州居住胡夢昱移欽州編管是冬拜右正言紹定元年進左司諫四年正月遷宗正少卿五年二月權刑部侍郎明年十月帝夜降旨黜之提舉千秋鴻禧觀莫澤時兼給事中急於別異上疏駁之遂寢祠命端平初洪咨夔吳泳交章論駁鎸兩秩泳復上疏送泉州居住會王遂論亦上再鎸秩徙潮州成大天資暴狠心術嶮巇凡可賊忠害良者率多攘臂為之四方賂遺列寘堂廡賓至則導之使觀欲其效尤

也尤嗜豪奪冒占宇文氏賜第既擯歸訟之者不下百數竄之日朝命毀其廬雖小人如李知孝亦曰所不堪者他日與成大同傳耳

李知孝字孝章參知政事光之孫嘉定四年進士嘗為右丞相府主管文字不以為恥差充幹辦諸司審計司拜監察御史寶慶元年八月上疏士大夫汲汲好名正救之力少而附和沽激之意多扶持之意微而詆訾扇搖之意勝既慮君上之或不能用又恐朝廷之或不能容姑為激怒之辭退俟斥逐之命始則慷慨而激烈終則懇切而求去將以樹奇節而求令

名此臣之所未解蓋陰詆眞德秀等又奏洪咨夔鎸三秩放罷胡夢昱追毀除名勒停覊管象州知孝猶語魏了翁曰此所論咨夔等乃府第付出全文其情狀變詐如此越月復言近年以來諸老凋零後學晚出不見前輩不聞義理不講綱常識見卑陋議論偏詖更唱迭和蠱惑人心此風披扇為害實深乞下臣章風厲內外各務靖共以杜亂萌拜右正言又言德秀節改聖語繆騰牒示導信邪說簧鼓同流其或再有妄言當追削流竄以正典刑疏既上遂鏤榜播告天下又言趣召之人率皆遲回久而不至以要君為

高致以共命為常流可行而固不行不疾而稱有疾比比皆是相扇成風欲求難進易退之名殊失尊君親上之義願將趣召之人計其程途限以時日使之造朝其有衰病者早與改命時召傅伯成楊簡劉宰等皆不至故知孝詆之又奏張忠恕落職鎸秩罷郡知孝拜殿中侍御史升侍御史紹定元年遷右司諫進右諫議大夫五年遷工部尚書兼侍讀越月進兵部明年理宗親政以寶謨閣直學士出知寧國後省駁之令提舉嵩山崇福宮端平初監察御史洪咨夔權直舍人院吳泳交章論駁鎸秩罷祠泳復封駁繼

送婺州居住殿中侍御史王遂且論之再鐫秩徙瑞州知孝起自名家苟於仕進領袖庶頑懷諼迷國排斥諸賢殆盡時乘小輿謁醉從官之家侵欲斂積不知紀極紹定末猶自乞為中丞世指知孝及梁成大莫澤為三凶卒以貶死天下快之

論曰讀本政書然後知林勳之於井地可謂密矣劉才邵能全名節於權姦之時許忻之論和議最為忠懇卒以是去國尤足悲夫應孟明曾三聘之不污韓侂胄孔子所謂歲寒然後知松柏之後凋也徐僑之清節度正之淳敏牛大年之廉正陳仲微之忠實然皆不至於大用非可惜哉若乃程珌之竊取富貴梁成大李知孝甘為史彌遠鷹犬遺臭萬年者也

列傳卷第一百八十一

列傳卷第一百八十二　宋史四百二十三

開府儀同三司上柱國錄軍國重事中書右丞相監修國史領經筵事都總裁臣脫脫等奉
敕修

吳泳　徐範　李韶　王邁
史彌鞏　陳塤子蒙　趙與懽　李大同
黃韐　楊大異

吳泳字叔永潼川人嘉定二年進士歷官為軍器少監行太府寺丞行校書郎升秘書丞兼權司封郎官兼樞密院編修官升著作郎時暫兼權直舍人院輪對言願陛下養心以清明約已以恭儉進德以剛毅發強毋以旨酒遠善言毋以嬖御嫉莊士毋以靡曼之色伐天性杜漸防微澄原正本使君身之所自立者先有其地夫然後移所留之聰明以經世務移所舍之精神以強國政移所用之心力以恤罷民移所當省之浮費以犒邊上久戍之士則不惟可以消弭災變攘除姦凶殄滅寇賊雖以是建久安長治之策可也他日入對又言誦往哲之遺言進謀國之上策實不過曰內修政事而已然所謂內修者非但車馬器械之謂也袞職之闕所當修也官師之曠所當修也出令之所弗清所當修也本兵之地弗嚴所當修

也直言敢諫之未得其職所當修也折衝禦侮之弗
堪其任所當修也陛下退修於其上百官有司交修
於其下朝廷既正人心既附然後申警國人精討軍
實合内修外攘爲一事神州赤縣皆在吾指顧中矣
火災應詔上封曰京城之災京城之所見也四方有
敗陛下亦得而見之乎夫慘莫慘於兵也而連年不
戢則甚於火矣酷莫酷於吏也而頻歲横征則猛於
火矣閩之民困於盗浙之民困於水蜀之民困於兵
横斂之原既不澄於上包苴之根又不絶於下譬彼
壞木疾用無枝而内涸之形見矣遷祕書少監兼權

中書舍人尋遷起居舍人兼權吏部侍郎兼直學士
院疏言世之識治體而憂時幾者以爲天運將變矣
世道將降矣國論將更矣正人將引去而舊人將登
用矣執持初意封植正論茲非砥柱傾頹之時乎若
使廉通敏慧者專治財賦淑慎曉暢者專御軍旅明
清敬謹者專典刑獄經術通明使道訓典文雅麗則
使作訓辭秉節堅厲使備風憲奉法循理使居牧守
剛直有守者不聽其引去恬退無競者不聽其里居
功名慷慨者不佚之以祠庭言論閫爽者不寘之於
外服隨才器使各盡其分則短長小大安有不適用

者哉又言謹政體正道揆厲臣節綜軍務四事權刑
部尚書兼修玉牒以寶章閣直學士知寧國府提舉
太平興國宮進寶章閣學士差知温州赴官道聞閩
温州饑至處州乞蠲租科降救饑者四萬八千有奇
放夏税一十二萬有奇秋苗二萬八千有奇病者復
與之藥事聞賜衣帶鞍馬改知泉州以言罷所著有
鶴林集

徐範字彝父福州候官人少孤刻苦授徒以養母與
兄同舉于鄉入太學未嘗以疾言遽色先人丞相趙
汝愚去位祭酒李祥博士楊簡論救之俱被斥逐同

舍生議叩閽上書書已具有閩士亦署名忽夜傳韓
侂胄將寘言者重辟閩士怖請削名範之友亦勸止
之範慨然曰業已書名矣尚何變書奏侂胄果大怒
謂其扇揺國是各送五百里編管範謫臨海與兄歸
同往禁錮十餘年登嘉定元年進士第授清江縣尉
辟江淮制置司準備差遣屬邊事紛紜營砦子弟募隸
軍籍者未及涅洶洶相驚一夕秉燭招刺千餘人踊
躍爭奮差主管户部架閣改太學録遷國子監主簿
入對言時平不急之務無用之官猶當痛加裁節矧
多事之秋所貴全萬民之命紓一時之急獨柰何坐

視其無救而以虛文自蔽哉願懲旣往之失廢無用之文一意養民以培國本內外添差通判澤州湖湘大旱振救多所裨益知邵武軍尋召赴行在言功利不若道德刑罰不若恩厚雜伯不若純王異端不若儒術諛佞不若直諫便嬖不若正人奢侈不若詩書盤遊不若節儉玩好不若宵衣旰食窮黷不若偃兵息民是非兩立明白易見幾微之際大體所關積習不移治道弊矣遷國子監丞從太常丞權都官郎官改祕書丞著作郎起居郎兼國史編修實錄檢討以朝奉大夫致仕卒贈朝請大夫集英殿修撰

李韶字元善彌遜之曾孫也父文饒爲台州司理參軍每謂人曰吾司臬多陰德後有興者韶五歲能賦梅花嘉定四年與其兄寧同舉進士調南雄州教授校文廣州時有當國之親故私報所業韶卻之調慶元丞相史彌遠薦士充學職韶不與袁燮求學宮射圃益其居亦不與燮以此更敬韶以廉勤薦遷主管三省架閣文字遷太學正改太學博士上封事諫濟王竑獄且以書曉彌遠言甚懇到又捄太學生竊式迕學官內外添差通判泉州郡守游九功素清嚴獨異顧韶改知道州晉周惇頤故居錄其子孫於學宮

且周其家紹定四年行都災韶應詔言事擢舉福建市舶會星變又應詔言事入爲國子監丞改知泉州兼市舶端平元年召明年轉太府寺丞遷都官郎官遷尚左郎官未幾拜右正言奏乞以國事邊防二事專委丞相鄭清之喬行簡各任責論汰兵節財及襄蜀邊防又論史嵩之王遂和戰異議迄無成功請出遂於要藩易嵩之於邊面使各盡其才史宅之將守袁州韶率同列一再劾之俱不報乞解言職拜殿中侍御史辭不允奏曰頃同臣居言職者四人未踰月徐清叟去未三月杜範吳昌裔免獨臣尚就列清叟昨言三漸臣繼其說李宗勉又繼之陛下初不加怒而清叟竟去猶曰清叟倡之也今臣與範昌裔言未嘗不相表裏二臣出臺臣獨留豈臣言不加切於二臣邪抑先去二臣以警臣使知擇而後言邪清叟所言三漸臣猶以爲未甚切今國柄有陵夷之漸士氣有委靡之漸主勢有孤立之漸宗社有阽危之漸上下偷安以人言爲諱此意不改其禍豈直三漸而已時魏了翁罷督予祠韶訟曰了翁刻志問學幾四十年忠言讜論載在國史去就出處具有本末端平收召論事益切去年督府之遺體統不一識者逆知其

無功了翁迫於君命黽勉驅馳未有大關襄州變出肘腋未可以爲了翁罪樞庭之召未幾改鎮改鎮未久有旨予祠不知國家四十年來收拾人才熚然有稱如了翁者幾人願亟召還處以台輔又劾奏陳洵益刑餘腐夫粗通文墨掃除賤隷竊弄威權乞予洵益外祠劾女冠吳知古在宫掖招權納賄宜出之禁庭帝怒韶還笏殿陛乞歸會祀明堂雷電免二相韶權工部侍郎正言遷起居舍人復疏洵益知古不報辭新命不許應詔上封事幾數千言帝諭左右曰李韶真有愛朕憂國之心凡三辭不獲以生死祈哀乞

去帝感額謂韶曰曲爲朕留退復累疏乞補外以集英殿修撰知漳州號稱廉平朝廷分遣部使者諸路稱提官楮韶疏極言其敝嘉熙二年召明年上疏乞寢召命云端平以來天下之患莫大於敵兵歲至和不可戰不能楮券日輕民生流離物價踊貴遂至事無可爲臣竊論以爲必自上始九重菲衣惡食臥薪嘗膽使上下改慮易聽然後可圖今二患益深雖欲效忠他莫有以爲說此其不敢進者一史宅之故相子予郡外議皆謂抜擢之徒將自是復用故嘗論列至再今聖斷赫然用舍由己人才一變矣環視前日

在廷之臣流落擯棄臣雖欲貪進未知所以處其身此其不敢進者二始臣爲郎蜀受兵方亟廟堂已遣小使至特起嵩之於家而言者攻擊不已臣妄論以爲講和固非策而首兵亦豈能無罪故居言路首乞出高論者付以兵事使稍知敵情者嘗試其說於閫外不知事勢推移遂竟罷廢而款敵無功者白麻揚廷矣或者將議臣前日有所附會此臣重不敢進者三又臣昨彈内侍女冠不行退惟聖主高明必不容其干政然未幾首相去位臣亦出臺傳聞其人謂臣受廟堂風旨故決意内外今臣言迄不行苟貪君命

竊恐或者譏臣向何所聞而去今何所見而來此臣重不敢進者四四年詔趣赴闕辭遷戶部侍郎再辭不許五年改禮部侍郎辭詔不允令所在州軍護遣至闕嵩之遣人謂韶曰毋言濟邸宫媼國本韶不荅上疏曰臣生長淳熙初猶及見度江盛時民生富樂吏治修舉事變少異政歸私門紹定之末元氣索矣端平更化陛下初意豈不甚美國事日壞其人或罷或死莫有爲陛下任其責者考論至是天下事豈非陛下所當自任而力爲乎左氏載史墨言魯公世從其失季氏世修其勤蓋言所由來者漸矣陛下臨御

日久宜深思熟念威福自己誰得而盜之哉舍此不爲悠悠玩愒乃幾於左氏所謂世從其失者盖以世卿風嵩之也疏出嵩之不悅曰治春秋人下語毒當是時杜範亦在列二人廉直中外稱爲李杜兼侍講累辭兼國史編修實錄檢討辭遷吏部侍郎兼中書舍人三辭不許淳祐二年疏言道揆之地愛善類不勝於愛爵禄畏公議不勝於畏權勢陛下以腹心寄之大臣大臣以腹心寄之一二都司恐不能周天下之慮故以之用人則能用其所知豈能用其所不知以之守法則能守其所不與必不能守於其所欲與

又及濟王國本宮媼三上疏乞歸以寶章閣直學士知泉州辭乞畀祠不許既歸三辭仍舊職提舉鴻慶宮淳祐五年韶被召韶辭詔本州通判勸勉赴闕遷禮部侍郎三辭遷權禮部尚書復三辭不許入見疏曰陛下既畀正權並進時望天下孰不延頸以覬大治臣竊窺之恐猶前日也君子小人倫類不同惟不計近功不急小利然後君子有以自見不惡聞過不諱盡言然後小人無以自託不然治亂安危反覆手爾又曰陛下所謀者嬪妃近習所信者貴戚近親按政和令諸國戚命婦[illegible]若女冠尼不因大禮等輒求入內者許臺諫覺察彈奏乞申嚴禁廷之籍以絕天下之謗世臣貴戚牽聯並進何示人以不廣也借曰以才選他時萬一有非才者援是以求進將何以抑之耶又曰今土地日蹙者未反人民喪敗者未復兵財止有此數旦旦而理之不過椎剝州縣朘削里閭就使韓白復生桑孔繼出能爲陛下强兵理財何補治亂安危之數徒使國家負不韙之名況議論紛然賢者不過苟容而去不肖者反因是以媒其身忠言至計之不行淺功末利之是計此君子小人進退機括所係何不思之甚也又曰聞之道路德音毋下昆蟲

草木咸被潤澤恩獨不及於一枯胔威斷出自公卿大夫莫敢後先令獨不行於一老媪小大之臣積勞受爵皆得以延于世而國儲君副社稷所賴以靈長獨不蚤計而豫定又疏乞還不許兼侍讀三辭不許又三疏乞歸時游似以人望用然有牽制之者韶奏云人主職論一相而已非其人不以輕授始而授之如不得已既乃疑之反使不得有所爲是豈專任責成之體哉所言之事不必聽所用之人不必從疑畏憂沮而權去之矣擢翰林學士兼知制誥兼侍讀不拜詔不許又三辭不許嵩之服除有鄉用之意殿中

侍御史章琰正言李昴英監察御史黃師雍論列嵩之甚峻詔落職予祠韶同從官抗疏曰臣等謹按春秋桓公五年書蔡人衛人陳人從王伐鄭春秋之初無君無親者莫甚於鄭莊二百四十二年之經未有云王伐國者而書王書伐以見鄭之無王而天王所當聲罪以致討未有書諸侯從王以伐者而書三國從王伐鄭又見諸侯莫從王以伐罪而三國之微者獨至不足伸天王之義初不聞以其嘗爲王卿士而薄其伐今陛下不能正姦臣之罪其過不專在上蓋大臣百執事不能輔天子以討有罪皆春秋所不赦乞斷以春秋之義亟賜裁處詔嵩之勒令致仕既而嵩之進觀文殿大學士韶上疏爭之甚力未幾琰昴英他有所論列並罷言職韶復上疏留之七年詔十上疏乞去以端明殿學士提舉玉隆宮時直學士院應繇中書舍人趙汝騰拜疏留韶內祠未報韶陛辭疏甚剴切其略曰彼此相視莫行其志而剸裁庶政品量人物相與運於冥冥之中者不得不他有人焉是中書之手可束而臺諫之口可鈐朝廷之事所當力爲不可枚舉皆莫有任其責者甚非所以示四方一體統改提舉萬壽觀兼侍讀即出國門力辭道次

三衢詔趣受命再辭仍奉祠玉隆八年被召辭不許再辭仍舊職奉祠萬壽兼侍讀令守臣以禮趣行又辭不許九年仍奉祠玉隆十一年祠滿再任卒年七十五韶忠厚純實平粹簡澹不溺於聲色貨利默坐一室門無雜賓云

王邁字實之興化軍仙遊人嘉定十年進士爲潭州觀察推官丁內艱調浙西安撫司幹官考廷試詳定官王元春欲私所親寘高第邁顯擿其繆元春怒嗾諫官李知孝誣邁在殿廬語聲高免官調南外睦宗院教授真德秀方守福州邁竭忠以裨郡政赴都堂審察丞相鄭清之曰學官掌故不足浼吾實之俄召試學士院策以楮幣邁援據古今考究本末謂國貧楮多弊始於兵乾淳初行楮幣止二千萬時南北方休息也開禧兵興增至一億四千萬矣紹定有事山東增至二億九千萬矣議者徒患楮窮而弗懲兵禍姑以今之尺籍校之嘉定增至二十八萬八千有奇用寡謀之人試直突之說能發而不能收能取而不能守今無他策核軍實窒邊釁救楮幣第一義也又言修內司營繕廣內帑宣索多厚施緇黃濫予嬪御若此未嘗裁撙徒聞有括田推鹽之議者向使二事

可行故相行之久矣更化伊始奈何取前日所不屑行者而行之乎又因楮以及時事言君子之類雖進而其道未行小人之迹雖屛而其心未服眞德秀病危聞邁所對善之帝再相喬行簡或傳史嵩之復用邁上封事曰天下之相不與天下共謀之是必冥冥之中有爲之地者且舊相姦險刻薄天下所知復用則君子空於一網矣又言吳知古陳洵益撓政輪對言君不可欺天臣不可欺君厚權臣而薄同氣爲欺天之著邁由疏遠見帝空臆無隱帝爲改容言者劾邁論邊事過實魏了翁侍經筵爲帝言惜其去改通

判漳州禋祀雷雨邁應詔言天與寧考之怒久矣麴蘖致疾妖冶伐性初秋踰旬曠不視事道路憂疑此天與寧考之所以怒也隱刺覆絕攸嬉尊寵綱淪法斁上行下效京率外兵狂悖迭起此天與寧考之所以怒也陛下不是之思方用漢災異免三公故事環顧在廷莫知所付遥相崔與之臣恐與之不至政柄他有所屬此世道否泰君子小人進退之機也於是臺官李大同言邁交結德秀了翁及洪咨夔以收虛譽削一秩免蔣峴劾邁前疏妄論倫紀請坐以非所宜言之罪削二秩久之復通判贛州改福州建康府

信州皆不行淳祐改元通判吉州右正言江萬里袖疏摘前曰邁之才可惜不即召將有老不及之歎帝以爲然有尼之者遂止知邵武軍在郡詔以亢旱求言邁驛奏七事而以徹龍翔宮立濟王後爲先時鄭清之再相以左司郎官召力辭以直祕閣提點廣東刑獄亦辭改侍右郎官諫官焦炳炎論罷予祠卒贈司農少卿邁以學問詞章發身尤練世務易簀戒潭人曰此君不可犯奪勢家冒占田數百畝以還民李宗勉嘗論邁然邁評近世宰輔至宗勉必曰賢相徐清叟與邁有違言邁晩應詔謂清叟有人望可用世

服其公云

史彌鞏字南叔彌遠從弟也好學彊記紹熙四年入太學升上舍時彌遠柄國寄理不獲試淹抑十載嘉定十年始登進士第時李臯開鄂閫知彌鞏持論不阿辟諸幕府事壽昌戍卒失律欲盡誅其亂者乃請誅倡者一人軍心感服改知溧水縣首嚴庠序之教端平初入監都進奏院轉對有君子小人才不才之奏護蜀保江之奏嘉熙元年都城火彌鞏應詔上書謂修省之未至者有五又曰天倫之變世孰無之陛下友愛之心亦每發見洪咨夔所以蒙陛下殊知者

謂霅川之變非濟邸之本心濟邸之死非陛下之本心其言深有以契聖心耳矧以先帝之子陛下之兄乃使不能安其體魄於地下豈不干和氣召災異乎蒙蔽把握良有以也出提點江東刑獄歲大旱饒信南康三郡大侵謂振荒在得人俾釐戶為五甲乙以等第振糶丙為自給丁糶而戊濟全活為口一百一十四萬有奇徽之休寧有淮民三十餘輩挾戈劫人財逮捕法曹以不傷人論罪彌華曰持兵為盜貸之是滋盜也推情重者僇數人一道以寧饒州兵籍溢數供億不繼請汰冗兵令下營門大譟乃呼諸校謂

曰汰不當許自陳敢譁者斬咸叩頭請罪諸營帖然廩給亦大省召為司封郎中以兄子嵩之入相引嫌丐祠遂以直華文閣知婺州時年已七十丐祠提舉崇禧觀里居絕口不道時事卒年八十真德秀嘗曰史南叔不登宗衮之門者三十年未仕則為其寄理已仕則為其排擯皭然不汙有如此五子長肎之終刑部郎官能之有之胄之俱進士肎之子豪卿咸淳元年進士調江陰軍教授蚤受業邑川陽恪為學淹傳著書立言一以朱熹為法

陳塤字和仲慶元府鄞人大父叔平與同郡樓鑰友善死鑰哭之塤纔四歲出揖如成人鑰指案中銀杏使屬對塤應聲曰金桃問何所據對以杜詩鸚鵡啄金桃鑰竦然曰亡友不死矣長受周官於劉著頃刻數千百言輒就試江東轉運司第一試禮部復為第一嘉定十年登進士第調黃州教授丧父毀瘠考古禮制時祭儀制祭器行之忽歎曰俗學不足學乃師事楊簡攻苦食淡晝夜不怠免丧史彌遠當國謂之曰省元魁數千人狀元魁百人而恩數踰等盍今省元初授堂除教授當自君始塤謝曰廟堂之議甚盛舉自塤始得無嫌乎徑部注處州教授以去士論高

之理宗即位詔求言塤上封事曰上有憂危之心下有安泰之象世道之所由隆上有安泰之心下有憂危之象世道之所由汙故為天下而憂則樂隨之以天下為樂則憂隨之有天下者在乎審憂樂之機而已今日之敝莫大於人心之不合紀綱之不振風俗之不淳國敝人偷而不可救願陛下養之以正勵之以實溢之以明斷之以武而塤直聲始著于天下與郡守高似孫不合去歸奉其母召為太學錄踰年始至轉對言天道無親民心難保日月逾邁事會莫留始之銳久則怠始之明久則昏垂拱仰成盛心也

不可因以負有爲之志遵養時晦至德也不可因以失秉時之機上嘉納之遷太學博士主宗正寺簿都城火塤步往玉牒所盡藏玉牒于石室詔遷官不受應詔言應上天非常之怒者當有非常之舉動歷陳致災之由又有吳潛汪泰亨上彌遠書乞正馮榯王虎不盡力救火之罪及行知臨安府林介兩浙轉運使趙汝惲之罰人皆壯之遷太常博士獨爲袁燮議謚餘皆閣筆因歎曰幽厲雖百世不改謚有美惡豈諛墓比哉會朱端常子乞謚塤曰端常居臺諫則逐善類爲藩牧則務刻剝宜得惡謚以戒後來乃謚曰榮愿議出宰相而下皆肅然改容考功郎陳耆覆議合官者陳洵益欲改塤終不荅李全在楚州有異志塤以書告彌遠痛加警悔以回群心釐正典刑以肅權綱大明黜陟以飭政體不納未幾賈貴妃入内塤又言乞去君側之蠱媚以正主德從天下之公論以新庶政彌遠召塤問之曰吾甥殆好名邪塤曰好名孟子所不取也夫求士於三代之上惟恐其好名求士於三代之下惟恐其不好名耳力匄去添差通判嘉興府彌遠卒召爲樞密院編修官入對首言天下之安危在宰相南渡以來屢失機會秦檜死所任不

過万俟卨沈該耳侂胄死所任史彌遠耳此今日所當謹也次言内廷當嚴宦官之禁外廷當嚴臺諫之選於是洵益陰中之監察御史王定劾塤出知常州改衢州冦卜日發潔坑遵江山縣而東塤獲諜者即遣人致牛酒諭之曰汝不爲良民而爲劫盜不事耒耜而弄甲兵今享汝牛酒冀汝改業否則殺無赦於是自首者日以百數獻器械者重酬之遂以潰散改提點都大坑冶徙福建轉運判官侍御史蔣峴常與論中庸不合又劾之主管崇道觀踰年遷浙西提點刑獄歲旱盜起捕斬之盜懼徙去安吉州俞垓與丞相李宗勉連姻恃勢黷貨塤親按臨之弓手戴福以獲潘丙功爲副尉宗勉倚之爲腹心盜横貪害塤至福聞風而去貽書宗勉曰塤治福所以報丞相也傳聞實走丞相賢輔弼不宜有此宗勉荅書曰福罪惡貫盈非君不能治宗勉雖不才不敢庇姦凶惟君留意及獲福豫章衆皆欲殺之塤曰若是則刑濫矣乃加墨徇于市囚之圜土以吏部侍郎召又爲國子司業諸生咸相慶以爲得師未幾兼玉牒檢討國史編修實録修撰乃辭兼史館歷陳境土之蹙民生之艱國計之匱既無經理圖回之素惟有感動轉移之策

必有爲之本者本者何復此心之妙耳又言履泰安而逸樂者有習安致危之理因艱危而兢懼者有慮危圖安之機明用舍以振紀綱躬節儉以汰冗濫屏姦妄以厲將士抑貴近以寬糶糴結鄉社以防竊發黜增刪以培根本今任用混殽薰蕕同器遂使賢者恥與同群諫議大夫金淵見之怒塡乞補外不許又辭免和糴轉官賞亦不許知溫州未上以言罷塡家居時自娛於泉石四方學者踵至輕財急義明白洞達一言之出終身可復忽卧疾戒其子抽架上書占之得呂祖謙文集其墓志曰祖謙生於丁巳歲沒於辛丑歲塡曰異哉我生於慶元丁巳今歲在辛丑於是一甲矣吾死矣夫子蒙年十八上書萬言論國事吳子良奇之妻以女爲太府寺主簿入對極言賈似道爲相時國政闕失文多不錄爲淮東總領似道誣以貪汙貶建昌軍簿錄其家惟靑氊耳德祐初禮部侍郎李玨乞放便以刑部侍郎召不赴卒

趙與𥲅字德淵太祖十世孫居湖州嘉定十三年進士歷官差主管官告院遷將作監主簿差知嘉興府遷知大宗正兼權樞密院檢詳諸房文字尋爲都官郎官加直寶章閣兩浙轉運判官進煥章閣知慶元府主管沿海制置司公事拜司農少卿仍兼知慶元府兼沿海制置副使遷浙西提點刑獄授中書門下省檢正諸房公事拜司農卿兼知臨安府主管浙西安撫司公事權刑部侍郎兼詳定勅令官權兵部侍郎遷戶部侍郎權戶部尚書時暫兼吏部尚書尋爲眞兼戶部尚書時暫兼浙西提舉常平加端明殿學士提領戶部財用皆依舊兼知臨安府與執政恩澤加資政殿大學士以觀文殿學士知紹興府浙東安撫使知平江府兼淮浙發運使時暫兼權浙西提點刑獄授沿江制置使知建康府江東安撫使馬步軍都總管兼行宮留守節制和州無爲軍安慶府三郡屯田使時暫兼權揚州兩淮安撫制置使改兼知揚州尋兼知鎭江府兼淮東總領提舉洞霄宮復爲淮浙發運使差知平江府特轉兩官致仕景定元年八月卒特贈少師與𥲅所至急於財利幾於聚歛之臣矣

李大同字從仲婺州東陽人嘉定十六年進士歷官爲祕書丞兼崇政殿說書拜右正言兼侍講疏言趙冀分野乃有熒惑犯塡星之變則我師之出豈無當長慮而卻顧者故臣願陛下勿以星文爲小異而或

加忽一話一語一政一事必求有以格天心而弭災變至於進兵攻討尤切謹重遷太常少卿兼國史編修實錄檢討兼侍講兼權侍立修注官遷起居郎拜殿中侍御史權刑部侍郎兼同修國史實錄院同修撰選吏部侍郎進工部尚書以寶謨閣直學士知平江府提舉江州太平興國宮乞致仕不許後卒于家

黃𤲅字子耕隆興分寧人嘗從郭雍朱熹學熹深期之而𤲅亦以道自任反復論辨必無所疑然後止舉太學進士爲瑞昌主簿監文思院知盧陽縣五溪獠獷悍𤲅爲詩諭之獠感悅有公事莫敢違通判處州

經總制有額無錢俗號殿最綱𤲅會十年中成賦酌取之閣免逋負錢額鈞等獨以最聞主管官告院大理寺簿軍器監丞歲餘三遷𤲅乃不樂間行西湖慨然曰我昔在南北山一水一石無不自題品今無復情味何邪內外知台州謝良佐子孫居台者既播越流落𤲅求之民間收而教之勤苦夙夜先勸後禁訟牒銷縮郡稱平治爲濟糶倉爲抵當庫葬民之棲寄暴露者爲棺千五百置養濟院又刱安濟坊以居病囚皆自有子本錢使不廢故業適謂𤲅條目建置憂民如家遷袁州哭從弟哀甚得疾卒所著有復齋集

楊大異字同伯唐天平節度使漢公之後十世祖祥避地醴陵因家焉祥事親孝親亡哀毀泣盡繼以血廬墓終身有白烏白兔之瑞事聞于朝褒封至孝公賜名木植墓道以旌其孝大異從胡宏受春秋大義登嘉定十三年進士第授衡陽主簿有惠政調龍泉尉攝邑令適歲饑提刑司遣吏和糴米二萬石于邑米價頓增民乏食大異即以提刑司所糴者如價發糶民甚德之提刑趙與簒大怒据其罪弗得坐以方命移安遠尉邑有峒寇擾民官兵致討積年弗獲檄大異往治之大異以一僕負告身自隨肩輿入

賊峒傳呼尉至賊露刃成列以待徐諭以禍福皆伏地叩頭願改過自新留告身爲質偕其渠魁數輩出降以賞遷吉州戶曹改廣西經幹復以弭盜賞除四川制置司參議官北兵入成都大異從制置使丁黼巷戰兵敗身被數創死闤門皆遇難詰旦其部曲竊往瘞之大異復甦負以逃獲免進朝奉郎宰石門縣就除通判溧陽攝州事皆有惠政去官之日老弱攀號留之大異易服潛去擢知登聞鼓院遷大理寺丞平反冤獄者七召對極言時政得失迕宰相意出知澧州理宗曰是四川死節更生者楊大異耶論事剴

切有用之材也何遽出之對曰是人尤長於治民命予節兼庾事進直祕閣提點廣東刑獄兼庾事時常平司逋負山積械繫追索姦竄百出大異與之約悉縱遣之負者如期畢輸吏無所容其姦訪張九齡曲江故宅建相江書院以祀九齡改提點廣西刑獄兼漕庾二司所至姦吏屏息寇盜絕迹凡可以爲民興利除害者必奏行之復建宣成書院祀張栻呂祖謙廣海幅員數千里道不拾遺報政爲最未六十即丐致仕不允章四上除祕閣修撰太中大夫提舉崇禧觀醴陵縣開國男食邑三百戶賜紫金魚袋歸里第

與居民無異學者從之講肄諄諄相與發明經旨條析理學食祠祿者二十四年卒年八十二子霆霖霆在忠義傳

論曰正論之在天下未嘗亡也徐範之於韓侂冑吳泳李韶王邁之於史氏皆能無所回撓正色直言至於史彌鞏則彌遠之弟陳塤其甥也不以私親而廢天下之公論抑孟子所謂寡助之至者歟趙與篤楊歷最久甘爲聚歛之臣李大同以鄉人喬行簡爲相薦起之黃疇出仕以恤民尊賢爲急可謂知本大異節義如此宜其善政之著稱于世也　列傳卷一百八十二

列傳卷第一百八十三　宋史四百二十四

開府儀同三司上柱國錄軍國重事前中書右丞相兼修國史領經筵事都總裁臣脫脫等奉敕修

陸持之　徐鹿卿　趙逢龍　趙汝騰
孫夢觀　洪天錫　黃師雍　徐元杰
孫子秀　李伯玉

陸持之字伯微知荊門軍九淵之子也七歲能爲文九淵授徒象山之上學者數百人有未達持之爲敷繹之荊門郡治火持之倉卒指授中程九淵器之韓侂冑將用兵持之憂時不懌乃歷聘時賢將有以告

見徐誼於九江時議防江持之請擇僚吏察地形孰險而守孰易而戰孰隘而伏毋專爲江守具言自古興事造業非有學以輔之往往皆以血氣盛衰爲銳情故三國兩晉諸賢多以盛年成功名公更天下事變多矣未舉一事而朝思夕惟利害先入于中愚恐其爲之難也誼撫然又之鄂謁薛叔似項安世之荊謁吳獵爭欲留之尋皆謝歸著書十篇名贅說嘉定三年試江西轉運司預選常平使袁燮薦于朝謂持之議論不爲空言緩急有可倚仗不報豫章建東湖書院連帥以書幣彊起持之長之嘉定十六年寧宗特

詔持之祕書省讀書固辭不獲既至又詔以迪功郎入省乞歸不許理宗即位轉修職郎差幹辦浙西安撫司以疾請致仕特命改通直郎所著有易提綱諸經雜說

徐鹿卿字德夫隆興豐城人博通經史以文學名於鄉後進爭師宗之嘉定十六年廷試進士有司第其對居二詳定官以其直抑之猶寘第十調南安軍學教授張九成嘗以直道謫居鹿卿摭其言行刻諸學以訓先是周惇頤程顥與其第頤皆講學是邦鹿卿申其教由是理義之學復明立養士綱條學田多在

溪峒異時征之無藝農病之鹿卿撫恤無逋租者其後盜作環城皆燬惟學宮免曰是無撓我者辟福建安撫司幹辦公事會汀邵寇作鹿卿贊書備禦動中機會避寇者入城多方振濟全活甚衆郡多火災救護有方會都城火鹿卿應詔上封事言積陰之極其徵為火指言惑孽寵溺燕私用小人三事尤切真德秀稱其氣平論正有憂愛之誠心改知尤溪縣德秀守泉辟宰南安鹿卿以不便養辭德秀曰道同志合可以拯民何憚不來鹿卿入白其母欣然許之既至首罷科歛之無名者明版籍革預借決壅滯達寃抑邑以大治德秀尋帥閩踈其政以勸列邑歲饑處之有法富者樂分民無死徙最聞令赴都堂審察以母喪去詔服闋赴樞密稟議首言邊事楮幣主管官告院幹辦諸司審計司故相子以集英殿修撰食祠祿又劄司農少卿米麥鹿卿曰奈何為一人壞成法持不可遷國子監主簿入對陳六事曰洗凡陋以起事功昭勸懲以收主柄清班著以儲實才重藩輔以蔽都邑用閩越舟師以防海合東南全力以守江上皆嘉納改樞密院編修官權右司贊書三府通而守法會右史方大琮編修劉克莊正字王邁以言事黜鹿

卿贈以詩言者併劾之太學諸生作四賢詩知建昌軍未上而崇教龍會兩保與建寧鐵城之民修怨交兵鹿卿馳書諭之斂手聽命既至則寬賦斂禁掊克汰贓濫抑彊禦恤寡弱黥黠吏訓戍兵葺百丈砦擇兵官城蜀縣治行大孚田里歌誦督府橫取秋苗斛面建昌為米五千斛鹿卿爭之曰守可去米不可得民恐失鹿卿請輸之以共命鹿卿曰民為守計則善矣守獨不為民計乎卒爭以免召赴行在將行盜發南豐捕斬渠首二十人餘不問擢度支郎官兼右司入對極陳時敝改侍右郎官兼敕令刪修官兼右

司鹿卿又言當時並相之敝宰相以甘言誘鹿卿退
語人曰是牢籠也吾不能爲宰相私人言者以他事
詆鹿卿主管雲臺觀越月起爲江東轉運判官歲大
饑人相食留守別之傑諱不詰鹿卿命掩捕食人者
尸諸市又奏授眞德秀爲漕時撥錢以助振給不報
遂出本司積米三千餘石減半價以糶及減抵當庫
息出緡錢萬有七千以予貧民勸居民收字遺孩日
給錢米所活數百人宴集不用樂會岳珂守當塗制
置茶鹽自詭興利橫斂百出商旅不行國計反屈於
初命鹿卿覈之吏爭竄匿鹿卿寬其期限躬自鈎考
盡得其實珂辟置貪刻吏開告訐以罔民沒其財民
李士賢有稻二千石囚之半歲鹿卿悉縱舍而勸以
其餘分皆感泣奉命珂罷以鹿卿兼領太平仍暫提
舉茶鹽事弛苛征蠲米石蕪湖兩務蘆稅江東諸郡
飛蝗蔽天入當塗境鹿卿露香默禱忽飄風大起蝗
悉度淮之傑密請移鹿卿浙東提點刑獄加直祕閣
兼提舉常平鹿卿言罷浮鹽經界鹺地先撤相家所
築就捕者自言我相府人鹿卿曰行法必自貴近始
卒論如法丞相史彌遠之弟通判溫州利韓世忠家
寶玩籍之鹿卿奏削其官初鹿卿檄衢州推官馮惟

說決婺獄惟說素廉平至則辨曲直出淹禁大家不
快其爲會鄉人居言路迺屬劾惟說州索印紙惟說
笑曰是猶可以仕乎自題詩印紙而去衢州鄭逢辰
以繆舉鹿卿以委使不當相繼自劾且共和其詩御
史兼二人劾罷之及知泉州改贛州皆辭還浙西提
點刑獄江淮都大坑冶皆以病固辭遂主管玉局觀
及召還又辭改直寶章閣知寧國府提舉江東常平
又辭淳祐三年以右司召猶辭丞相杜範遺書曰直
道不容使人擊節君不出豈以馮惟說故耶惟說行
將有命矣鹿卿迺出擢太府少卿兼右司入對請定
國本正紀綱立規模時事多艱人心易搖無獨力任
重之臣無守節伏義之士願蚤決大計上嘉納之兼
中書門下省檢正諸房公事兼崇政殿說書逾年兼
權吏部侍郎時議使執政分治兵財鹿卿執議不可
以疾丐祠遷右文殿修撰知平江府兼發運副使力
丐祠上諭丞相挽留之召權兵部侍郎固辭上令丞
相以書招之鹿卿至又極言君子小人切於當世之
務兼國子祭酒權禮部侍郎兼同修國史兼實錄院
同修撰兼侍講兼權給事中鹿卿言瑣闥之職無所
不當問比年命下而給舍不得知請復舊制從之上

眷遇寀篤而忌者寖多有撰僞疏託鹿卿以傳播歷詆寀相至百執事鹿卿初不知也遂力辨上前因乞去上曰去則中姦人之計矣令臨安府根捕事連勢要獄不及竟遷禮部侍郎累疏告老授寶章閣待制知寧國府而引年之疏五上不允提舉鴻禧觀遂致仕進華文閣待制卒遺表聞贈四官鹿卿居家孝友喜怒不形恩怨俱泯宗族鄉黨各得歡心居官廉約清峻豪髮不妄取一廬僅庇風雨所著有泉谷文集奏議講義鹽楮議政稾歷官對越集手編漢唐文類文苑菁華謚清正

趙逢龍字應甫慶元之鄞人刻苦自修爲學淹博純實登嘉定十六年進士第授國子正太學博士歷知興國信衢衡袁五州提舉廣東湖南福建常平每至官有司例設供張悉命撤去日具疏飯坐公署事至即面問決遣爲政務寬恕撫諭惻怛一以天理民彝爲言民是以不忍欺居官自常奉外一介不取民賦有逋負悉爲代輸尤究心荒政以羨餘爲平糴本遷將作監拜宗正少卿兼侍講凡道德性命之蘊禮樂刑政之事縷縷爲上開陳疏奏甚衆藁悉焚棄年八十有八終于家逢龍家居講道四方從遊者皆爲鉅公名士丞相葉夢鼎出判慶元修弟子禮常謁師門庳陋欲市其鄰居充拓之逢龍曰鄰里粗安一旦驚擾彼雖勉從我能無媿於心逢龍寡嗜欲不好名歛歷日久泊然不知富貴之味或問何以裕後逢龍笑曰吾憂子孫學行不進不患其飢寒也

趙汝騰字茂實宗室子也居福州寶慶二年進士歷官差主管禮兵部架閣遷籍田令召試館職授祕書省正字升校書郎尋升祕書郎兼史館校勘輪對言節用先自乘輿宮掖始兼玉牒所檢討官以直煥章閣知溫州進直徽猷閣江東提點刑獄又進直寶文

閣差知婺州召赴闕遷起居舍人兼權中書舍人升起居郎時暫兼權吏部侍郎兼國史編修實錄檢討兼同修國史實錄院同修撰兼侍講遷吏部侍郎兼侍講權工部尚書兼權中書舍人皆兼同修撰以左司諫陳垓論罷召爲禮部尚書兼給事中兼修國史實錄院修撰入奏言前後姦諛之臣傷善害賢自取穹官要職何益於陛下而深損於聖德興利之臣移東就西順適宮禁自遂谿壑無厭之欲何益於陛下而深戕於國脈則陛下私惠群小之心可以息矣又言陛下有用君子之名無用君子之實兼直學士院

拜翰林學士兼知制誥兼侍讀辭歸故里累召力辭以龍圖閣學士知紹興府浙東安撫使召至闕以端明殿學士提舉佑神觀兼翰林學士承旨知泉州知州南外宗正事復提舉佑神觀兼侍讀兼翰林學士承旨景定二年卒遺表上特贈四官

孫夢觀字守叔慶元府慈溪人寶慶二年進士調桂陽軍教授浙西提舉司幹辦公事差主管吏部架閣文字爲武學諭輪對言人主不容有所憚尤不容有所玩憚則有言而不能容玩則雖容其言而不能用力請外添差通判嚴州主管崇道觀召爲武學博士

太常寺丞兼諸王宮大小學教授大宗正丞兼屯田郎官將作少監知嘉興府仍舊班兼右司郎官將作監轉對極言風憲之地未聞有十八疏攻一疏者封駁之司未聞有三舍人不肯草制者道揆不明法守滋亂天下之權將有所寄而倒持之患作當路者滋不悅出知泉州兼提舉市舶改知寧國府蠲逋減賦無筭泛入者盡籍于公帑戶部遣官督賦急若星火闔郡皇駭莫知爲計夢觀曰吾寧委官以去毋寧病民以留力丐祠且將以府印牒所遣官所遣官聞之夜遁他日夢觀去寧國人言之爲之流涕丞相董槐

召還帝問江東廉吏槐首以夢觀對帝說乃遷司農少卿兼資善堂贊讀輪對謂今內外之臣侍陛下以各遂其私而陛下獨一無可恃可爲寒心次論郡國當爲斯民計朝廷當爲郡國計乞命大臣應自前主計之臣奪州縣之利而歸版曹者復歸所屬庶幾郡國蒙一分之寬則斯民亦受一分之賜帝善其言遷太府卿宗正少卿兼給事中起居舍人起居郎入上章辭免以監察御史吳燧論罷直龍圖閣與祠授秘閣修撰江淮等路提點鑄錢司公事甫至官即復召爲起居郎兼侍右侍郎給事中兼贊讀兼國子祭酒

權吏部侍郎奏事抗論益切以寵賂彰仁賢逝貨財偏聚爲言且謂未易相之前敝政固不少既易相之後敝政亦自若在廷之士皆危之夢觀曰吾以一布衣蒙上恩至此雖捐軀無以報利鈍非所計也力求補外以集英殿修撰知建寧府蠲租稅省刑罰郡人徐清叟蔡抗以爲有古循吏風民有憂從者甚都迎祠山神出視之則夢觀也俄而夢觀得疾口授遺表不忘規諫遂卒帝悼惜之賻銀帛三百夢觀退然若不勝衣然義所當爲奮往直前其居敗屋數間布衣蔬食而重名節云

洪天錫字君疇泉州晉江人寶慶二年進士授廣州
司法長吏盛氣待僚屬天錫糾正爲多丁内艱免喪
調潮州司理勢家奪民田天錫言於守還之帥方大
琮辟眞州判官留寘幕府改秩知古田縣行鄉飲酒
禮邑劇牒愬猥多天錫剖決無留難有倚王邸勢殺
人者誅之不少貸調通判建寧府大水擅發常平倉
振之擢諸司糧料院拜監察御史兼說書累疏言天
下之患三宦官也外戚也小人也劾董宋臣謝堂厲
文翁理宗力護文翁天錫又言不斥文翁必爲王府
累上令吳燧宣諭再三天錫力爭謂貴倖作姦犯科

根柢蟠固乃遲回護惜不欲繩以法勢焰愈張紀綱
愈壞異時禍成雖欲治之不可得矣上又出御札俾
天錫易疏欲自戒飭之天錫又言自古姦人雖憑怙
其心未嘗不畏人主之知苟知之而止於戒飭則憑怙
愈張反不若未知之爲愈也章五上出關待罪詔二人
已改命宋臣續處之天錫言臣留則宋臣去宋臣留
則臣當斥願早賜裁斷越月天雨土天錫以其異爲
蒙力言陰陽君子小人之所以辨又言修内司之爲
民害者蜀中地震浙閩大水又言上下窮空遠近怨
疾獨貴戚巨閹享富貴耳舉天下窮且怨陛下能獨

與數十人者共天下乎會吳民仲大論等列愬宋臣
奪其田天錫下其事有司而御前提舉所移文謂田
屬御莊不當白臺儀鸞司亦牒常平天錫謂御史所
以雪冤常平所以均役若中貴人得以控之則内外
臺可廢猶爲國有紀綱乎乃申劾宋臣併盧允升而
枚數其惡上猶力護之天錫又言修内司供繕修而
已比年動曰御前姦贓之老吏迹捕之兇渠一竄名
其間則有司不得舉手狡者獻謀暴者助虐其展轉
受害者皆良民也願毋使史臣書之曰内司之横自
今始疏上至六七最後請還御史印謂明君當爲後

人除害不當留患以遺後人今朝廷輕給舍臺諫輕
百司庶府而北司獨重倉卒之際臣實懼焉言雖不
果行然終宋世閹人不能竊弄主威者皆天錫之力
而天錫亦自是去朝廷矣改大理少卿再遷太常少
不拜改廣東提點刑獄五辭明年起知潭州久之始
至官戢盜賊尊先賢踰年大治直寶謨閣遷廣東轉
運判官決疑獄劾貪吏治財賦皆有法召爲秘書監
兼侍講以瀆辭升秘閣修撰福建轉運副使又辭度
宗即位以侍御史兼侍讀召累辭不許在道間監察
御史張桂劾罷之乃疏所欲對病民五事曰公田曰

關子曰銀綱曰鹽鈔曰賦役又言在廷無嚴憚之士何以寢姦謀遇事無敢諍之臣何以臨大節人物稀疏精采銷耎隱惰惜己者多忘身徇國者少進工部侍郎兼直學士院加顯文閣待制湖南安撫使知潭州改漳州皆力辭又明年改福建安撫使力辭不許亭戶以鹽至破家隕身者天錫首罷之民作佛事以報罷荔枝貢召爲刑部尚書詔憲守之臣趣行無虛日不起久之進顯文閣直學士提舉太平興國宮三降御札趣之又力辭踰年進華文閣直學士仍舊宮觀尋致仕加端明殿學士轉一官疾革草遺表以規

君相上震悼特贈正議大夫諡文毅天錫言動有準繩居官清介臨事是非不可回折所著奏議經筵講義進故事通祀輯略味言發墨陽巖文集

黃師雍字子敬福州人少從黃榦學入太學寶慶二年舉進士詔爲楚州宮屬出盜賊白刃之衝不畏不慴李全反狀已露師雍密結忠義軍別部都統時青圖之謀泄全殺青師雍不爲動全亦不加害秩滿朝議褒異師雍恥出史彌遠門不往見之調婺州教授學政一以呂祖謙爲法李宗勉趙必願趙汝談皆薦之師雍慕徐僑有清望欲謁之會其有召命師雍曰今不可往也僑聞而賢之至闕以其學最聞宗勉在政府力言於丞相喬行簡行簡已許以朝除師雍以書見行簡勸其歸老行簡不悅宗勉之請遂格知遂之龍溪轉運使王伯大上其邑最行簡罷宗勉與史嵩之入相召師雍審察將至而宗勉卒嵩之延師雍密示相親意師雍不領還糧料院又曰料院與相府密邇所以相處師雍亦不願嵩之獨相權勢浸盛上下懾惕未有發其姦者博士劉應起首疏論嵩之帝感悟思逐嵩之師雍與應起相善故嵩之疑師雍左右之諷御史梅杞擊師雍差知興化軍旋奪之改知

邵武軍及應起爲監察御史師雍還宗正寺簿尋亦拜監察御史首疏削金淵秩送外居住再疏斥趙綸項容孫史宜之嵩之終喪正言李鼎英殿中侍御史章琰共疏乞竄斥之師雍亦上疏論列帝感悟即其日詔勒令致仕褫直舍人院劉克莊封還詞頭乞畀嵩之以貼職如宰臣去國故事遂得守金紫光祿大夫觀文殿學士致仕議者曰大夫官也觀文職也元降御筆但云守官無本官職之辭觀文之命自克莊啓之朋邪顧望不可赦師雍遂劾克莊臨事失身犯義免所居官琰亦繼劾克莊師雍又乞籍嵩之家隸

張叔儀皆從之未幾昴英劾臨安尹趙與𥲅及執政琰亦劾執政帝怒昴英并及琰鄭寀乘間劾琰昴英又嗾同列再疏以昴英屬某人琰屬師雍師雍毅然不從獨擊葉閶乃與𥲅腹心琰昴英去國寀於是薦周坦葉大有入臺首劾程公許江萬里善類日危矣未踰月坦攻參政吳潛去陳垓爲監察御史時寀與𥲅坦垓大有合爲一師雍獨立寀惡之尤甚思所以去師雍未得招四人共謀之會大旱求言應詔者多指寀坦等爲起災之由牟子才李伯玉盧鉞語尤峻坦等僞撰匿名書誣三士師雍揭前雜謂匿名書條

令所禁非公論也不知何爲至前因發其僞撰之迹適鉞疏譽師雍寀遞以鉞附師雍帝不聽擢師雍左司諫未幾寀入政府謝方叔趙汝騰疏其姦寀遂罷去師雍與丞相鄭清之故同舍然以劾劉用行魏峴皆清之親故清之不樂坦喜曰吾得所以去之矣遣其婦日造清之妻譖曰彼去用行峴乃去丞相之漸也帝將以師雍爲侍御史清之曰如此則臣不可留遷起居舍人兼侍講即力勾去清之猶冀師雍少貶師雍曰吾欲爲全人終不屈數月坦卒劾師雍及高斯得俱罷久之以直寶文閣奉祠陳垓又嗾同列寢

之清之卒起師雍爲左史既而改江西轉運使遷禮部侍郎命下而卒于江西官舍師雍簡淡寡欲靖厚有守言若不出口而於衺正之辨甚明視外物輕甚故博采公論當官而行愛護名節無愧師友云

徐元杰字仁伯信州上饒人幼穎悟誦書日數千言每冥思精索聞陳文蔚講書鉛山實朱熹門人往師之後師事真德秀紹定五年進士及第發書鎮東軍節度判官廳公事嘉熙二年召爲祕書省正字遷校書郎奏否泰剝復之理因及右轄久虛非骨鯁耆艾身足負荷斯世者不可輕畀又言皇子竑當置後及

蚤立太子乞蚤定大計時諫官蔣峴方力排竑置後之說遂力請外不許即謁告歸匃祠章十二上三年遷著作佐郎兼兵部郎官以疾辭差知安吉州辭召赴行在奏事辭益堅淳祐元年差知南劍州會峽陽寇作擒渠魁八人斬之餘釋不問父老或相語曰侯不來我輩魚肉矣郡有延平書院率郡博士會諸生親爲講說民訟率呼至以理化誨多感悅而去輸畝聽其自槩闔郡德之丁母憂去官衆遮道跪留既免喪授侍左郎官言敵國外患乞以宗社爲心言錢塘駐蹕驕奢莫尚宜抑文尚質兼崇教殿說書每入講

必先期齋戒嘗進仁宗詔內降旨揮許執奏及臺諫
察舉故事爲戒語多切宮壼拜將作監進楊雄大匠
箴陳古節儉時天久不雨轉對極論洪範天人感應
之理及古今遇災修省之實辭益忠懇丞相史嵩之
丁父憂有詔起復中外莫敢言惟學校叩閽力爭元
杰時適輪對言臣前日晉侍經筵親承聖問以大臣
史嵩之起復臣奏陛下出命太輕人言不可沮抑陛
下自盡陛下之禮大臣自盡大臣之禮玉音賜俞臣
又何所容喙今觀學校之書使人感歎且大臣讀聖
賢之書畏天命畏人言家庭之變哀戚終事禮制有

常臣竊料其何至於忽送死之大事輕出以犯清議
哉前日昕庭出命之易士論所以凜凜者實以陛下
爲四海綱常之主大臣身任道揆扶翊綱常者也自
聞大臣有起復之命雖未知其避就若何凡有父母
之心者莫不失聲涕零是果何爲而然人心天理誰
實無之興言及此非可使聞於鄰國也陛下烏得而
不悔悟大臣烏得而不堅忍臣懇懇納忠何敢詆訐
特爲陛下愛惜民彝爲大臣愛惜名節而已疏出朝
野傳誦帝亦察其忠亮每從容訪天下事經筵益申
前議未幾夜降御筆黜四不才臺諫起復之命遂寢

元老舊德次第收召元杰亦兼右司郎官拜太常少
卿兼給事中國子祭酒權中書舍人杜範入相復延
議軍國事爲書無慮數十所言皆朝廷大政邊鄙遠
慮每裁書至宗社隱憂處輒閣筆揮涕書就隨削槀
雖子弟無有知者六月朔輪當侍立以暴疾謁告特
拜工部侍郎隨乞納祿詔轉一官致仕夜四鼓遂卒
先元杰未死之一日方謁左丞相范鍾歸又折簡察
院劉應起將以翼日奏事是夕俄熱大作詰朝不能
造朝夜煩愈甚指爪忽裂以死朝紳及三學諸生往
弔相顧駭泣訃聞帝震悼曰徐元杰前日方侍立不

聞有疾何死之遽耶亟遣中使問狀賻贈銀絹二百
計已而太學諸生伏闕愬其爲中毒且曰昔小人有
傾君子者不過使之自死於蠻烟瘴雨之鄉今蠻烟
瘴雨不在嶺海而在陛下之朝廷望奮發睿斷大明
典刑於是三學諸生相繼叩閽訟冤臺諫交疏論奏
監學官亦合辭聞于朝二子直諒直方乞以恤典充
賞格有旨付臨安府逮醫者孫志寧及常所給使鞠
治既又改理寺詔殿中侍御史鄭寀董之且募告者
賞繒錢十萬官初品大理寺正黃濤謂伏暑證二子
乞斬濤謝先臣然獄迄無成海內人士傷之帝悼念

不已賜官田五百畝緡錢五千給其家賜謚忠愍
孫子秀字元實越州餘姚人紹定五年進士調吳縣主簿有妖人稱水仙太保郡守王遂將使治之莫敢行子秀奮然請往焚其廬碎其像沈其人於太湖曰實汝水仙之名矣妖遂絕日詣學宮與諸生討論義理辟淮東總領所中酒庫檄督宜興縣圍田租既還白水災總領恚曰軍餉所關而敢若此獨不為身計乎子秀曰何敢為身計寧罪去爾力爭之遂免調滁州教授至官改知金壇縣嚴保伍釐經界結義役一切與民休息訟者使齎牒自詣里正并鄰證來然後

行不實者往往自匿其牒惟豪黠者有犯則痛繩不少貸淮民流入以萬計振給撫恤樹廬舍括田使耕技其能者分治之崇學校明教化行鄉飲酒禮訪國初茅山書院故址新之以待遠方遊學之士通判慶元府主管浙東鹽事先是諸場鹽百袋附五袋名五釐鹽未幾提舉官以為正數民困甚子秀奏蠲之辟幹辦行在諸司糧料院衢州寇作水冒城郭朝廷擇守屬子秀行子秀謂捕賊之責雖在有司亦必習土俗之人乃能翦其憑依截其奔突乃立保伍選用土豪首從常山縣令陳謙亨寓士周還淳等捍禦之勞

且表於朝乞加優賞人心由是競勸未幾盜復起江山玉山間甫七日而衆禽四十八人以来終子秀之任賊不復動水潦所及則為治橋梁修堰牐補城壁浚水原助葺民廬振以錢米招通鄰糴奏蠲秋苗萬五千石有奇盡代納其夏稅并除公私一切之負坍溪沙壅之田請於朝永蠲其稅民用復蘇南渡後孔子裔孫寓衢州詔權以衢學奉祀因循踰年無專饗之廟子秀撤廢佛寺奏立家廟如闕里既成行釋菜禮以政最遷太常丞以言罷未幾遷大宗正丞遷金部郎官金部舊責州郡以必不可辦之泛數吏顛倒

為姦欺子秀日夜討論給用轉遞以均其輸人人如債切身不遺一字而輸足遷將作監淮東總領辭改知寧國府辭為左司兼右司再兼金部與丞相丁大全議不合去國差知吉州尋鐫罷時孌倖朱熠凡三劾子秀開慶元年為浙西提舉常平先是大全以私人為之盡奪亭民鹽本錢充獻羨之數不足則估籍虛攤一路騷動亭民多流亡子秀還前政鹽本錢五十餘萬貫奏省華亭茶鹽分司官定衡量之非法多取者於是流徙復業徙浙西提點刑獄兼知常州淮兵數百人浮寓貢院給餉不時死者相繼子秀請於

朝創名忠衞軍置砦以居截撥上供贍之盜刦吴大椿前使者諱其事誣大椿與兄子熉爭財自刦其家追毁大椿官編置千里外徙黥其臧獲子秀廉得實乃悉平反之尋以兼郡則行部非便得請專臬事擊貪舉廉風采凛然犴獄爲清進大理少卿直華文閣淛東提點刑獄兼知婺州婺多勢家有田連阡陌而無賦税者子秀悉覈其田書諸牘勢家以爲厲己嗾言者罷之尋遷湖南轉運副使以迎養非便辭移淛西提點刑獄子秀冒暑周行八郡三十九縣獄爲之清安吉州有婦人愬人殺其夫與二僕郡守捐賞萬

緡逮繫考掠十餘人終莫得其實子秀密訪之乃婦人賂宗室子殺其夫僕救之并殺以滅口一問即伏誅又釋僞會之連逮者遠近稱爲神明初獄訟之滯皆由期限之不應使者下車或親書戒州縣勿違而違如故則怒之怒之改匣又違則又重怒之至再三而專卒四出巡尉等司繳限抱匣費不貲則其勢必違子秀與州縣約到限者徑詣庭下吏不得要索亦無違者其後創循環總匣屬各州主管官凡管内諸司報應皆併入匣一日一遣公移則又總貫於匣以往於是事無小大纖悉畢具而風聞者反謂專卒淩

州縣劾罷之子秀笑而已移江東提點刑獄度宗即位進太常少卿兼右司尋兼知臨安府以言罷起知婺州卒子秀少從上虞劉漢弼遊磊落英發抵掌極談神采飛動與人交久而益親死生患難營救不遺力聞一善則手録之

李伯玉字純甫饒州餘干人端平二年進士第二初名誠以犯理宗潛諱更今名授觀察推官太學正兼莊文府教授太學博士召試館職歷詆貴戚大臣直聲暴起改校書郎奏言臺評迎合上意論罷尤焴楊棟盧鉞三人忠衰不辨乞同罷帝不允監察御史陳

垓連劾罷之奉雲臺祠差知南康軍遷著作佐郎兼沂靖惠王府教授兼考功郎官兼尚書右司員外郎引故事彈臺臣蕭泰来遷著作郎帝怒降兩官罷叙復知邵武軍改湖北提點刑獄移福建遷尚右郎官侍御史何夢然論伯玉迺吴潛之死黨奉祠遷福建提舉常平淮西轉運判官召赴經筵遷考功郎兼太子侍讀拜太府少卿祕書少監起居郎工部侍郎度宗即位兼侍講權禮部侍郎升兼同修國史實録院同修撰賈似道嘗集百官議事忽厲聲曰諸君非似道拔擢安得至此衆默然莫敢應者伯玉答曰伯玉

殿試第二名平章不拔擢伯玉地步亦可以至此似道雖改容而有怒色既退即治歸以顯文閣待制知隆興府右正言黄萬石論罷召入覲擢權禮部尚書兼侍讀似道益專國柄帝以伯玉舊學進之卧内相對泣下欲用以參大政似道益忌之而伯玉尋病卒伯玉嘗請罷童子科以爲非所以成人材厚風俗趙汝騰嘗薦八士各有品目於伯玉曰銅山鐵壁立朝風節大較似之所著有斛峯集

論曰陸持之學足以承其家而不幸蚤喪徐鹿卿論議明達克施有政趙逢龍之清操汝騰之不撓孫夢觀之平直洪天錫黄師雍徐元杰李伯玉皆悉心直言不避權勢孫子秀政績著見皆當時之傑出云

列傳卷第一百八十三

開府儀同三司上柱國錄軍國重事前中書右丞相監修國史領經筵事都總裁臣脫脫等奉勑修

劉應龍　潘牥　洪芹　趙景緯

馮去非　徐霖　徐宗仁　危昭德

陳塏　楊文仲　謝枋得

劉應龍字漢臣瑞州高安人嘉熙二年進士授零陵主簿饒州録事參軍有毛隆者務剽掠殺人州民被盜逢呼盜曰汝毛隆也盜亦曰我毛隆也既訟于官捕隆置獄應龍曰盜誠毛隆其肯自謂因言于州州不可乃委它官隆誣伏抵死未幾盜敗應龍繇是著名改知崇仁縣淮西失守江西諸州有殘破者縣佐貳聞變先遁應龍固守不去先是理宗久未有子以弟福王與芮之子爲皇子丞相吳潛有異論帝已不樂大元兵度江朝野震動逐丞相丁大全復起潛爲相帝問潛策安出潛對曰當遷幸又問卿如何潛曰臣當死守於此帝泣下曰卿欲爲張邦昌乎潛不敢復言未幾北兵退帝語群臣曰吳潛幾誤朕遂罷潛相帝怒潛不已應龍朝受命帝夜出象簡書疏藁授應龍使劾潛應龍謂潛本有賢譽獨論事失當臨變

寡斷祖宗以來大臣有罪未嘗輕肆誅戮欲望姑從
寬典以全體貌帝大怒廷按劾丁大全請加竄斥疏
言內莫急於蘇民瘼以固國本外莫急於討軍實以
振國威又言時政四事廣發廩以振民饑通商販以
助民食勸分富室以助官糴嚴等第以覈民數稽檢
放以蘇民窮嚴戢盜以除民害賈似道素忌濳會京
師米貴應龍爲勸糴歌官者取以上聞帝問知應龍
所作問似道米價高當亟處之似道訪其由亦怒應
龍遷司農少卿尋以右諫議大夫孫附鳳言遂去國
景定三年湖南饑起提舉常平以救荒功遷直寶章

閣廣南東路轉運判官遷秘書監兼國史編修實録
檢討知隆興府兼江西轉運副使奏免和糴二十萬
石擢權戶部侍郎兼侍講時似道當國百官奏對稍
切直者輒黜應龍言臣觀今日之事可言者多矣邇
日以來靖恭自守者以論事爲忌指陳稍切者聯翩
引去豈兩省繳駁過甚重其疑歟抑廷臣奏對咈意
速其畏歟朝廷清明之時而言者已懷疑畏臣恐正
臣奪氣鯁臣吃舌宜非盛世所有遂迕當路自侍從
兩省以下無不切齒未幾以集英殿修撰知建寧府
亟辭中書舍人盧鉞希指封還録黄久之起爲江東

轉運使辭南海寇作朝廷患之乃以顯謨閣待制知
廣州廣東經略安撫使寇聞應龍至遁去應龍勦遂
之南海大治特旨屢召拜戶部侍郎仍兼侍讀七上
奏辭免德祐元年遷兵部尚書寶章閣直學士知贛
州兼江西兵馬鈐轄青海軍節度使力辭隱九峯子
元高亦舉進士知候官縣沒洪天錫歎曰朝廷失一
御史矣

潘牥字庭堅福州閩人端平二年策進士牥對曰陛
下承休上帝皈德匹夫何異爲人子孫身荷父母劬
勞之賜乃指豪奴悍婢爲恩私之地欲父母無怒不

可得也又曰陛下手足之愛生榮死哀反不得視士
庶人此如一門之內骨肉之間未能親睦是以僮僕
疾視鄰里生侮宜厚東海之恩裂淮南之土以致人
和時對者數百人庭堅語最直會殿中侍御史蔣峴
劾方大琮劉克莊王邁前倡異論併誣牥姓同逆賊
策語不順請皆論以漢法牥調鎮南軍節度推官衢
州推官歷浙西提舉常平司遷太學正旬日出通判
潭州日食應詔上封事曰熙寧初元日食詔郡縣掩
骼著爲令故王一抔淺土其爲暴骸亦大矣請以王
禮改葬又移書丞相游似申言之似心善其言方將

收用之而物卒
洪芹尚書右僕射适之曾孫以大父澤入官甫更調
登進士第自南平司法改欽州教授部使者愛其才
先後並薦之有旨召審察丁內外艱入主省架閣遷
太學博士輪對發明絜矩之道擢國子博士出通判
南劒入爲太常博士累遷將作少監屬詞臣無當上
意慨然思得天下士丞相程元鳳言當今地望無踰
洪芹者進兼翰林權直祕書少監開慶元年升直學
士院繼權禮部侍郎中書舍人屬兵興帝悟柄任非
人自貽國禍詔書所至聞者奮激蓋芹所草也丁大

全罷相出典鄉郡芹遷禮部侍郎繳奏大全鬼蜮之
資穿窬之行暴戾淫黷引用凶惡陷害忠良遏塞言
路濁亂朝綱乞盡從諫臣所請追官遠竄以伸國法
以謝天下洸炎秉上意攻丞相吳潛芹獨繳奏曰方
國本多虞潛星馳赴闕理紛鎮浮陳力爲多一旦視
爲弁髦得無如詩所謂將安將樂女轉棄予乎慷慨
敢言天下義之遷禮部侍郎帝銳意鄉用而以論去
退寓永嘉怡然自適咸淳初起知寧國府卒有文集
趙景緯字德父臨安府於潛人少勤學弱冠得周惇
頤程顥兄弟諸書讀之恨不及登朱熹之門熹門人

葉味道謂之曰度正吾黨中第一人遂往見首誨以
求放心爲本由是往來味道正之間研索益精入太
學登淳祐元年進士第授江陰軍教授諸生守其榘
度丁母憂以禄不逮養服闋不調作讀易菴懸雷山
江東提點刑獄吳勢卿辟爲幹辦公事不就召爲史
館檢閱辭不許乞換待次教授不許乞岳祠又不許
乞致仕不報有旨特與改合入官主管崇道觀三辭
不許景定元年特授祕書郎兩辭不許遷著作郎辭
不許以疾匄祠差主管佑神觀兼史館校勘史成兩
乞外祠進直祕閣與在外宮觀辭職名不許差主管

崇禧觀台州守王華甫建上蔡書院禮景緯爲堂長
以疾辭依舊職差知台州兩辭不許趣命益嚴至郡
以化民成俗爲先務首取陳述古諭俗文書示諸邑
且自爲之說使其民更相告諭諷誦服行期無失墜
約束官吏擾民五事取孝經庶人章爲四言詠贊其
義使朝夕歌之至有爲之感涕者舉遺逸車若水林
正心于朝旌孝行作訓孝文以勵其俗平重刑懲譁
訐治豪橫建黃巖縣社倉六十有六浚河道九十里
築隄路三十里節浮費爲下戶代輸秋苗奏蠲五邑
坊河渡錢期年之内乞歸田里者再進考功郎官再

辭不許兼沂靖惠王府教授辭不許是冬四辭新命且乞祠皆不許乃乞於赤城桐栢之間采藥著書庶幾有補後學使病廢之身不爲無用於聖世不許御筆兼崇政殿說書三辭不許乃造朝侍緝熙殿以易進講論聖人體元之妙在惟幾人君得此則天下有治而無亂人事有吉而無凶矣又曰惕厲祇懼乃天心之所存聖人先處於憂故能無憂先處以危故能無危若乃先自處於安樂則憂危乘之矣又論監司守令其說曰知人之難自古已然人才乏使莫令爲甚或觀望而撓於勢或阿私而狥於情或是非不公

而以枉爲直或毁譽失實而以汚爲廉遂使舉刺不當不足以服天下之心與其糾劾於有罪之後而未必盡得其情孰若精擇於未用之先而使之各稱其職彗出于柳景緯應詔上封事曰今自求所以解天意者不過悦人心而已百姓之心即天心也錮私藏而專天下之同欲則人不悦保私人而違天下之公議則人不悦閭閻之糟糠不厭而燕私之供奉自如則人不悦百姓之膏血日朘而符移之星火愈急則人不悦不公於己而欲絶天下之私則人不悦不澄其源而欲止天下之貪則人不悦夫必有是數者斯

足以召怨而致災願陛下捐內帑以絶壅利之謗出嬪嬙以節用度之奢弄權之貂寺素爲天下之所共惡者屏之絶之毒民之恩澤倖嘗爲百姓之所憤者黜之弃之擇忠鯁敢言之士置之臺諫以通關鬲之壅選慈惠忠信之人使爲守宰以保元氣之殘又必稽乾淳以来凡利源窠名之在百司庶府者悉隷其舊以濟經用之急公田派買不均之斂聽民自陳隨宜通變以安田里之生則人心悦天意解矣人之常情懼心每發於災異初見之時不能不潛移於諂諛交至之後萬一過聽左右寬譬之言曲爲它說以自

解毛舉細故以塞責而恐懼之初心弛則下拂人心上違天意國之安危或未可知又曰損玉食不若損內帑卻貢奉之爲實避正朝不若塞倖門廣忠諫之爲實肆大眚固所以廣仁恩又不若擇循良黜貪暴之爲實蓋天意方回而未豫人心乍悦而旋疑此正陰陽勝復之會眷命隆替之機也兼國史院編脩官實錄院檢討官辭不許轉對言願明辨義利之限力破繫吝之私以天自處而絶內外之分以道制欲而黜耳目之累毋以閨闥之賤干公議毋以戚畹之私紊國常乞歸田里不許拜太府少卿兼職仍舊再辭

不許復上疏乞歸不許以直敷文閣知嘉興府辭仍乞奉祠皆不許咸淳元年至郡首以護根本正風俗爲先務三乞辭不許拜宗正少卿御筆兼侍講辭不許乃還家三乞祠御筆趣行猶乞寬告不許至國門御筆兼權工部侍郎時暫兼權中書舍人三辭不許以禮記進講開陳敬恕之義封還濫恩詞頭帝從之又言損德害身之大莫過於嗜欲而窒嗜欲之要莫切於思居處則思敬動作則思禮祭祀則思誠事親則思孝每御一食則思天下之飢者每服一衣則思天下之寒者嬪嬙在列必思夏桀以嬖色亡其國飲

燕方歡必思商紂以沈湎喪其身念起而思隨之則念必息欲萌而思制之則欲必消志氣日以剛健德性日以充實豈不盛哉又曰雷發非時竊迹今日之事而有疑焉内批疊降而名器輕宮闈不嚴而主威褻橫恩之濫已收而復出戢貪之詔方嚴而隨弛宫正什伍之令所以防奇袤而或縱於乞憐之卑詞緇黄出入之禁所以嚴宸居而間惑於禬禳之小數以至彈墨未乾而拔拭之旨已下駁奏未幾而捷出之徑已開命令不疑則陽縱而不收主意不堅則陰閉而不密陛下可不思致災之由而亟求所以正之哉

願清其天君以端出治之源謹其號令以肅紀綱之本毋牽於私恩而撓公法毋遷於邇言而亂舊章去讒而遠色賤貨而貴德則人心悅而天意得可以開太平而兆中興也進權禮部侍郎兼修玉牒再辭不許升兼侍讀辭不許進聖學四箴一曰惜日力以致其勤二曰精體認以充其知三曰屏嗜好以專其業四曰謹行事以驗其用五乞歸田里帝勉留之請益力特授集英殿修撰知建寧府辭不許乃還家召爲中書舍人三辭不許請益力進顯文閣待制依所乞予祠辭職名不許遂差提舉玉隆萬壽宫有疾謝醫

卻藥曰使我清心以順天命毋重惱我懷拱手三揖乃卒詔特贈四官至中奉大夫謚文安景緯天性孝友雅志沖澹親没無意仕進故其立朝之日不久云

馮去非字可遷南康都昌人父椅字儀之家居授徒所註易書詩語孟太極圖西銘輯說孝經章句喪禮小學孔子弟子傳讀史記及詩文志録合二百餘卷去非淳祐元年進士嘗幹辦淮東轉運司治儀真歐陽脩東園在焉使者黄濤欲以爲佛寺時已許薦去非力爭不得寧不受使者薦謁告而去寶祐四年召爲宗學諭丁大全爲左諫議大夫三學諸生叩閤言

不可帝爲下詔禁戒詔立石三學去非獨不肯書名
碑之下方監察御史吴衍翁應弼劾諸生下獄去非
復調護宗學生之就逮者未幾大全簽書樞密院事
叅知政事蔡抗去國去非亦以言罷歸舟泊金焦山
有僧上謁去非不虞其爲大全之人也周旋甚欵僧
乘間致大全意願毋遽歸少俟收召誠得尺書以往
成命即下去非奮然正色曰程丞相蔡叅政牽攣老
夫至此今歸吾廬山不復仕矣斯言何爲至我絕之
不復與言
徐霖字景說衢州西安人年十三有志聖人之道取

所作文焚之研精六經之奥採賾先儒心傳之要淳
祐四年試禮部第一知貢舉官入見理宗曰第一名
得人嘉奬再三登第授沅州教授時宰相史嵩之挾
邊功要君植黨顓國霖上疏歷言其姦深之狀以爲
其先也奪陛下之心其次奪士大夫之心而其甚也
奪豪傑之心今日之士大夫嵩之皆變化其心而收
攝之矣且其變化之術甚深非章章然號於人使之
爲小人也常於善類擇其質柔氣弱易以奪之者親
任一二其或稍有異己則潛棄而擯逺之以風其餘
彼以名節之尊不足以易富貴之願義利之辨亦終

暗於妻妾宫室之私則亦從之而已疏奏見者吐舌
爲霖危之未幾嵩之匿父喪求起復君子並起而攻
之上大感悟丞相范鍾進所召試館職二人上思霖
之忠親去其一易霖名及試則曰人主無自强之志
大臣有患失之心故元良未建凶姦未竄是時丞相
杜範已薨而鍾雖得位畏姦人覆出爲己禍故也擢
祕書省正字霖辭不獲命遂就職會日食霖應詔上
封事曰日陽類也天理也君子也吾心之天理不能
勝乎人欲朝廷之君子不能勝乎小人宫闈之私暱
未屏瑣闥之姦衺未辨臺臣之討賊不決精祲感浹

日爲之食又數言建立太子遷校書郎七年夏大旱
霖應詔言諫議大夫不易則不雨京兆尹不易則不
雨不報去國上遣著作郎姚希得留之不還御筆改
合入官迺改宣教郎霖屢辭曰向爲身死而不敢欺
其君父今以官高而自眩於平生失其本心何以暴
其忠志又曰志貴乎潔忠尚乎精即有取則自蹈於
垢汙矣八年夏添差通判信州霖皆力辭竟未拜改
秩之命故也尋令守臣勉諭之特改宣教郎主管雲
臺觀霖迺拜受十二年遷祕書省著作郎累辭不許
兼國史編脩實録檢討上曰今日所當言者當備陳

之霖復以正太子名爲言又奏萬化之本在心存心之法在敬無權尚佐郎官兼崇政殿說書迺上疏言葉大有陰柔姦黠爲群憸冠不宜久長臺諫乞斥去不報兼權左司霖知無不言於是讒嫉者思以中傷而上亦不說乞補外知撫州祠先賢寬租賦振饑窮誅悍將建營砦幾一月而政舉化行以言去士民遮道不得行及暝始由徑以出寶祐元年差知衡州三年當之官遂辭差知袁州五年丁外艱哀毀號絕水漿不入口七日明年開慶元年差主管崇禧觀景定二年知汀州明年卒將終語其長子心亨曰有生必有

死自古聖賢皆然吾復何憾尚書省請加優異詔與一子恩澤度宗賜祭田百畝以旌直臣霖問居衢守游鈞築精舍聘霖爲學者講道是日聽者三千餘人

徐宗仁字求心信之永豐人淳祐十年進士歷官爲國子監主簿開慶元年伏闕上書曰賞罰者軍國之綱紀賞罰不明則綱紀不立今天下如器之欹而未墜於地存亡之機固不容髮兵虛將惰而力匱財殫環視四境類不足恃而所恃以維持人心奔走豪傑者惟陛下賞罰之微權在耳權在陛下而陛下不知所以用之則未墜者安保其終不墜乎臣爲此懼久

矣陛下當危急之時出金幣賜土田授節鉞分爵秩尺寸之功在所必賞故當悉心效力圖報萬分可也而自幹腹之兵越江踰廣以來凡閱數月尚未聞有死戰陣死封疆死城郭者豈賞罰不足以勸懲之耶今通國之所謂佚罰者不過丁大全袁玠沈翥張鎮吳衎翁應弼石正則王立愛高鑄之徒而首惡則董宋臣也是以廷紳抗疏學校叩閽至有欲借尚方劍爲陛下除惡而陛下乃釋而不問豈真欲愛護此數人而重咈千萬人之心天下之事勢急矣朝廷之紀綱壞矣君誤國之罪不誅則用兵之士不勇今東南

一隅天下已半壞於此數人之手而罰不損其豪毛彼方擁厚貲挾聲色高卧華屋而使陛下與二三大臣焦心勞思可乎三軍之在行者豈不憤然不平曰稔禍者誰歟而使我捐軀兵革之間百姓之罹難者豈不群然胥怨曰召亂者誰歟而使我流血鋒鏑之下陛下亦嘗一念及此乎又極論邊事謂患藝而威不振論董宋臣盤固日久蒙蔽日久又請使有言責者皆得以盡其言則國論伸而國威振臣雖屏處山林亦有生氣遷國子監丞秘書省著作佐郎主管崇禧觀還考功郎官兼崇政殿說書進讀敬天圖遷太

府少卿兼侍講兼侍立修注官遷太常少卿兼國史編修實録檢討知寧國府監察御史郭闓論罷德祐元年起授吏部侍郎兼中書門下檢正諸房公事兼提領豐儲倉所兼同修國史實録院同修撰侍左侍郎乞假督府名稱往本州同守臣防拓不允權禮部尚書兼益王府贊讀衛益王走海上厓山兵敗死焉

危昭德邵武人寶祐元年進士歷官爲史館檢閱校勘武學諭宗正寺簿兼崇政殿說書遷祕書郎疏言國之命在民民之命在士大夫士大夫不廉朘民膏血爲已甘朘民不堪命矣又言願陛下與二三大臣

察利害之實究安危之本明詔郡國申嚴號令俾急其所急凡荒政之當舉者不可一日而置念緩其可緩凡苛賦之肆擾者易爲此時之寬征固結人心乃所以延天命也又言願陛下舉考課之事内以責諸彈糾之職外以責諸監司郡守之計貪濁昏庸固在必懲廉能正直尤當示勸察之精則黜陟之咸服行之力則觀聽之具孚而課吏之實得矣進兼侍講又言民者邦之命脉欲壽國脉必厚民生欲厚民生必寬民力且條上厲民四敝又言願陛下爲萬世根本之慮爲一時倉卒之防必求安節之亨毋招不節之

咎節之又節則宮闈之費差省帑藏之積自充上用足而下不匱矣又乞察欣瘁休戚之故酌利害損益之宜孰爲當因孰爲當革孰爲可罷孰爲可行則析稟泉貸而遠近便開通關梁而商賈行下修身奉法之詔而吏得自新出輸倉助貸之令而民免貴糴窒墨敕之門而無官府黜陟之異止輪臺之議而無疆界彼此之分則氣脉蘇醒意向翕合矣遷起居舍人兼國史編修實録檢討尋遷殿中侍御史侍御史諫作宗陽宮權工部侍郎兼同修國史實録院乞致仕特轉一官昭德在經筵以易春秋大學衍義進講反

覆規正者甚多所著春山文集子徹孫咸淳元年進士

陳塏字子爽嘉興人歷京湖制置使司主管機宜文字差知德安府加直寶謨閣江西提點刑獄改直敷文閣提舉千秋鴻禧觀轉司農寺丞主管崇道觀知安慶府召赴闕加直顯謨閣湖南提點刑獄再召爲右司郎官加直寶文閣知隆興府江西安撫使改知江州主管江西安撫司事召爲右司郎官進直龍圖閣浙西提點刑獄遷司農少卿以祕閣修撰知慶元府兼沿海制置副使遷大理卿進右文殿修撰知平

江府兼淮浙發運使戶部侍郎趙必愿舉墱最詔特轉一官遷太府卿司農卿權工部侍郎兼同詳定敕令官兼中書門下省檢正諸房公事入奏言願陛下轉移世道之樞機砥礪士大夫之廉恥使知名義爲重利祿爲輕乂去國以恬退聞者召之乂立朝以更迭請者從之甘言容悅者必斥眞情匃閑者勿留如此則君臣上下皆以眞實相與四維既張士大夫難進易退之風當見於聖世人才幸甚又言請以從官做古昔入從出藩之意其從臣爲諸路憲漕則以提點刑獄使轉運使繫銜假之使名示與庶官別仍乞

除授自臣始自是屢言於帝前不許以言罷未幾進集英殿修撰知婺州改知太平州兼江東轉運副使請蠲放諸郡災傷加戶部侍郎淮東總領尋提領江淮茶鹽所兼知太平州發公帑代三縣輸折絲帛錢五十萬九千三百六十餘貫又作浮淮書堂以處兩淮之民而教之進顯謨閣待制知廣州權兵部尚書又進寶章閣直學士知婺州遷權戶部尚書尋爲眞時暫兼吏部尚書以寶文閣學士知潭州兼湖南安撫使召赴闕以舊職提舉太平興國宮加龍圖閣學士依舊宮觀乂之加端明殿學士咸淳四年卒謚清毅墱屢歷麾節軍民愛戴幕客盛多而墱又樂薦士所著可齋詩藁二十卷

楊文仲字時發眉州彭山人七歲而孤母胡年二十有八守節自誓教養諸子文仲既冠以春秋貢其母喜曰汝家至汝三世以是經投效矣淳祐七年文仲以冑試第一入太學九年又以公試第一升內舍時言路頗壅因季冬雷震首帥同舍叩閽極言時事有曰天本不怒人激之使怒人本無言雷激之使言一時爭傳誦之升上舍爲西廊學錄丞相謝方叔嘗問文仲曰今日何事最急對曰國本未建莫大於此上

意未喻當以死請可也寶祐元年登進士第丁母憂釋服屬從叔父棟守夔州罷歸寓餘杭文仲往問伊洛之學調復州學教授轉運使印應飛辟入幕明發婦冤獄應飛悉從文仲議且薦之荆湖宣撫使趙葵署文仲佐分司幕姚希德江萬里合薦文仲學爲有用辟四川宣撫司準備差遣添差沿海制置司幹辦公事召爲戶部架閣遷太學正升博士時棟爲祭酒講學益詣精邃遷國子博士匃外添差通判台州故事守貳尚華侈正月望取燈民間吏以白文仲曰爲吾然一燈足矣劭農東郊守因欲泛湖文仲即先馳

歸添差通判楊州牙契舊額歲爲錢四萬緡累政增至十六萬開告許以求羨文仲曰希賞以擾民吾不爲也卒增十八界一而已制置使李庭芝檄主管機宜文字時有沙田使者欲舉行之文仲力爭以爲事不可妄興蓋與民之惠有限不擾之惠無窮江北風寒之地民力竭矣爲利幾何安忍重擾吾民乎事遂不行召爲宗學博士郊祀攝圜壇子階監察御史近輔兵變水患輪對言皇天眷命垂四百年天命久熟之餘國脉癃老之候此豈非一大喜懼之交乎願陛下一初清明自作主宰又曰春多沉陰豈但麥秋之

憂於時爲夬尤軫莧陸之慮天目則洪水發焉蘇湖則弄兵興焉戕寇于于而每見大夫之乏使佩印纍纍而常慮貪瀆之無厭將習黃金橫帶之娛兵疲赤籍掛虛之冗蚩蚩編氓得以輕統府瑣瑣響邊輒以憂朝廷設不幸事有大於此者國何賴焉帝竦聽顧問甚至遷太常丞尋兼權倉部郎官兼崇政殿說書遷將作少監又遷將作監文仲在講筵每以積誠感動嘗進讀春秋帝問五霸何以爲三王罪人文仲奏云齊桓公當王霸升降之會而不能爲向上事業獨能開世變厲階臣考諸春秋桓公初年多書人越二

十年伐楚定世子之功既成然後書侯之辭迭見此所以爲尊王抑伯之大法然王豈徒尊哉蓋欲周王子孫率修文武成康之法度以扶持文武成康之德澤則王迹不熄西周之美可尋如此方副春秋尊王之意帝曰先帝聖訓有曰絲竹之亂耳紅紫之眩目良心善性皆本有之又曰得聖賢心學之指要本領端正家傳世守以是而君國子民以是而祈天永命以是而貽謀燕翼大哉先訓朕朝夕服膺時帝以疾連不視朝文仲奏聲色之事若識得破元無可好帝斂容端拱久之盛夏建宗陽宮壞徙民居畿甸騷然

文仲疏諫移閭閻之聚爲香火之庭不得爲善計矣陛下紹祖宗之位豈以黃老之居爲輕重哉翼日面奏益懇至丞相賈似道怒曰楊文仲多言詔卿監以上薦人才文仲薦陳存呂折鍾季玉等十有八人名士二人金華王柏天台車若水也兼國子司業兼侍立修注官又以抹太學教諭彭成大迕似道主管崇禧觀出知衡州運餉有法而民不擾以所當得米八千石立思濟倉召爲祕書少監尋兼崇政殿說書以疾乞致仕不許兼國史院編修官實錄院檢討官遷太常少卿兼國子司業遷起居舍人瀛國公即位授

權工部侍郎兼權侍右郎官尋兼給事中有事明堂議以上公攝行文仲議曰今祇見天地之始雖在幼沖比即喪次已勝拜跪執禮無違所當親饗時丞相王爚陳宜中不協文仲上疏言事危且急矣祖宗所深賴億兆所寄命在乎二相苟以不協之故今日不戰明日不征時不再來後悔何及尋兼國子祭酒請謚金華何基及栢時大元兵度江畿甸震動朝士多棄去者侍從班惟文仲一人詔旌在列不去者二階文仲疾益甚句祠以集英殿修撰知漳州三上章乞致仕改知泉州因將家踰嶺南待次卒而宋亡矣有

見山文集焉

謝枋得字君直信州弋陽人也為人豪爽每觀書五行俱下一覽終身不忘性好直言一與人論古今治亂國家事必掀髯抵几跳躍自奮以忠義自任徐霖稱其如驚鶴摩霄不可籠縶寶祐中舉進士對策極攻丞相董槐與宦官董宋臣意擢高第矣及奏名中乙科除撫州司戶參軍即棄去明年復出試教官中兼經科除教授建寧府未上吳潛宣撫江東西辟差幹辦公事團結民兵以扞饒信撫科降錢米以給之枋得說鄧傳二社諸大家得民兵萬餘人守信州暨

兵退朝廷覈諸軍費幾至不免五年彗星出東方枋得考試建康擿似道政事為問目言兵必至國必亡漕使陸景思銜之上其藁於似道坐居鄉不法起兵時冒破科降錢且訕謗追兩官謫居興國軍咸淳三年赦放歸德祐元年吕文煥導大元兵東下鄂黃蘄安慶九江凡其親友部曲皆誘下之遂屯建康枋得與吕師夔善乃應詔上書以一族保師夔可信乞分沿江諸屯兵以之為鎮撫使使之行成且願身至江州見文煥與議從之使以沿江察訪使行會文煥北歸不及而反以江東提刑江西招諭使知信州明年

正月師夔與武萬戶分定江東地枋得以兵逆之使前鋒呼曰謝提刑來吕軍馳至射之矢及馬前枋得走入安仁調淮士張孝忠逆戰團湖坪矢盡孝忠揮雙刀擊殺百餘人前軍稍却後軍繞出孝忠後衆驚潰孝忠中流矢死馬奔歸枋得坐敵樓見之曰馬歸孝忠敗矣遂奔信州師夔下安仁進攻信州不守枋得乃變姓名入建寧唐石山轉茶坂寓逆旅中日麻衣躡屨東鄉而哭人不識之以為被病也已而去賣卜建陽市中有來卜者惟取米屨而已委以錢率謝不取其後人稍稍識之多延至其家使為弟子論學

天下既定遂居閩中至元二十三年集賢學士程文海薦宋臣二十二人以枋得為首辭不起又明年行省丞相忙兀台將旨詔之執手相勉勞枋得曰上有堯舜下有巢由枋得名姓不祥不敢赴詔丞相義之不強也二十五年福建行省參政管如德將旨如江南求人材尚書留夢炎以枋得薦枋得遺書夢炎曰江南無人材求一瑕呂飴甥程嬰杵臼廝養卒不可得也紂之亡也以八百國之精兵而不敢抗二子之正論武王太公凜凜無所容急以興滅繼絕謝天下殷之後遂與周並立使三監淮夷不叛武庚必不死

殷命必不黜夫女眞之待二帝亦慘矣而我宋今年遣使祈請明年遣使問安王倫一市井無賴狎邪小人謂梓宮可還太后可歸終則二事皆符其言令一王倫且無之則江南無人材可見也今吾年六十餘矣所欠一死耳豈復有它志哉終不行郭少師從瀛國公入朝既而南歸與枋得道時事曰大元本無意江南屢遣使使頓兵令毋深入待還歲幣即議和無枉害生靈也張宴然上書乞歛兵從和上即可之兵交二年無一介行李之事乃挈數百年宗社而降因相與痛哭福建行省參政魏天祐見時方以求材為急欲薦枋得為功使其友趙孟濚來言枋得罵曰天祐仕閩無毫髮推廣德意反起銀冶病民顧以我輩飾好邪及見天祐又傲岸不為禮與之言坐而不對天祐怒強之而北枋得即日食菜果二十六年四月至京師問謝太后欑所及瀛國所在再拜慟哭已而病遷憫忠寺見壁間曹娥碑泣曰小女子猶耳吾豈不汝若哉留夢炎使醫持藥雜米飲進之枋得怒曰吾欲死汝乃欲生我邪棄之於地終不食而死伯父徽明以特奏恩為當陽尉攝縣事時天基節上壽大元兵奄至徽明出兵戰死二子趍進抱父屍亦死

論曰劉應龍不附賈似道馮去非不附丁大全潘枋論皇子竑事坎壈以終洪芹訟吳潛偉哉趙景緯醇儒也而無躁競之心徐霖進則直言于朝退則講道于里徐宗仁國亡與亡異乎懷二心以事其君者也危昭德經筵進對之言悉載諸故史陳塏能以意氣感人楊文仲當搶攘之時猶能薦士謝枋得嶔崎以全臣節皆宋末之卓然者也

列傳卷第一百八十四

開府儀同三司上柱國錄軍國重事前中書右丞相監修國史領經筵事都總裁脫脫等奉
勅修

循吏

陳靖　張綸　邵曄　崔立
魯有開　張逸　吳遵路　趙尚寬
高賦　程師孟　韓晉卿　葉康直

宋法有可以得循吏者三太祖之世收守令録躬自召見問以政事然後遣行簡擇之道精矣監司察郡守郡守察縣令各以時上其殿最又命朝臣專督治之考課之方密矣吏犯贓遇赦不原防閑之令嚴矣承平之世州縣吏謹守法度以修其職業者實多其人其間必有絶異之績然後別於賞令或自州縣善最他日遂爲名臣則撫字之長又不足以盡其平生故始終三百餘年循吏載諸簡策者十二人作循吏傳

陳靖字道卿興化軍莆田人好學頗通古今父仁壁仕陳洪進爲泉州別駕洪進稱臣豪猾有負險爲亂者靖徒步謁轉運使楊克巽陳討賊策召還授陽翟縣主簿契丹犯邊王師數不利靖遣從子上書求入奏機略詔就問之上五策曰明賞罰撫士衆持重示弱待利而舉帥府許自辟士而將帥得專制境外太宗異之改將作監丞未幾爲御史臺推勘官時御試進士多擢文先就者爲高等士皆習浮華尚敏速靖請以文付考官第甲乙俟唱名或果知名士即寘上科丧父起復祕書丞直史館判三司開拆司淳化四年使高麗還提點在京百司遷太常博士太宗務興農事詔有司議均田法靖議曰法未易遽行也宜先命大臣或三司使爲租庸使或兼屯田制置仍擇三司判官選通知民事者二人爲之貳兩京東西千里

檢責荒地及逃民産籍之募耕作賜耕者室廬牛犂種食不足則給以庫錢別其課爲十分責州縣勸課給印紙書之分殿最爲三等凡縣管墾田一歲得課三分二歲六分三歲九分爲下最一歲四分二歲七分三歲至十分爲中最一歲五分未及三歲盈十分者爲上最其最者令佐免選或超資殿者即增選降資每州通以諸縣田爲十分視殿最行賞罰候數歲盡罷官屯田悉用賦民然後量人授田度地均税約井田之制爲定以法頒行四方不過如此矣太宗謂吕端曰朕欲復井田顧未能也靖此策合朕意乃召

見賜食遣之他日帝又語端曰靖說雖是第田未必
墾課未必入請下三司雜議於是詔鹽鐵使陳恕等
各選判官二人與靖議以靖爲京西勸農使命大理
寺丞皇甫選光祿寺丞何亮副之選等言其功難成
帝猶謂不然既而靖欲假緡錢二萬試行之陳恕等
言錢一出後不能償則民受害矣帝以群議終不同
始罷之出靖知婺州再遷尚書刑部員外郎眞宗卽
位復列前所論勸農事又言國家禦戎西北而仰東
南東南食不足則誤國大計請自東西及河北諸州
大行勸農之法以殿最州縣官吏歲可省江淮漕百

餘萬復詔請條上之靖請刺史行春縣令勸耕孝悌
力田者賜爵置五保以檢察姦盜籍游惰之民以供
役作又下三司議皆不果行歷度支判官爲京畿均
田使出爲淮南轉運副使兼發運司公事徙河南轉
運使極論前李氏橫賦於民凡十七事詔爲罷其尤
甚者徙知潭州歷度支鹽鐵判官祀汾陰爲行在三
司判官又歷京西京東轉運使知泉蘇越三州累遷
太常少卿進太僕卿集賢院學士知建州徙泉州拜
左諫議大夫初靖與丁謂善謂貶黨人皆逐去提點
刑獄侍御史王耿乃言靖老疾不宜又爲鄉里官於

是以祕書監致仕卒靖平生多建畫而於農事尤詳
嘗取淳化咸平以来所陳表章目曰勸農奏議錄上
之然其說泥古多不可行

張綸字公信潁州汝陰人少倜儻任氣舉進士不中
補三班奉職遷右班殿直從雷有終討王均于蜀有
降寇數百據險叛使綸擊之綸馳報曰此窮寇急之
則生患不如諭以向背有終用其說賊果棄兵来降
以功遷右侍禁慶州兵馬監押擢閤門祗候益彰簡
等州都巡檢使所部卒縱酒掠居民綸斬首惡數人
衆乃定徙荆州提點刑獄遷東頭供奉官提點開封

府界縣鎭公事奉使靈夏還會辰州溪峒彭氏蠻內
寇以知辰州綸至築蓬山驛路賊不得通乃遁去徙
知渭州改內殿崇班知鎭戎軍奉使契丹安撫使曹
瑋表留之不可蠻復入寇爲辰州澧鼎等州緣邊五
溪十峒巡檢安撫使諭蠻酋禍福購還所掠民遣官
與盟刻石于境上久之除江淮制置發運副使時鹽
課大虧乃奏除通泰楚三州鹽戶宿負官助其器用
鹽入優與之直由是歲增課數十萬石復置鹽場于
杭秀海三州歲入課又百五十萬居二歲增上供米
八十萬疏五渠導太湖入于海復租米六十萬開長

蘆西河以避覆舟之患又築漕河隄二百里于高郵北旁錮鉅石爲十𥓐以泄橫流泰州有捍海堰延袤百五十里久廢不治歲患海濤冒民田綸方議修復論者難之以爲濤患息而畜潦之患興矣綸曰濤之患十九而潦之患十一獲多而亡少豈不可邪表三請願身自臨役命兼權知泰州卒成堰復逋戶二千六百州民利之爲立生祠居淮南六年累遷文思使昭州刺史契丹隆緒死爲弔慰副使歷知秦瀛二州兩知滄州再遷東上閤門使真拜乾州刺史徙知潁川卒綸有材略所至興利除害爲人恕喜施予在江淮見漕卒凍餒道死者衆歎曰此有司之過非所以體上仁也推奉錢市絮襦千數衣其不能自存者

邵曄字日華其先京兆人唐末喪亂曾祖岳挈族之荊南謁高季興不見禮遂之湖南彭玕刺全州辟爲判官會賊魯仁恭寇連州即署岳國子司業知州事遂家桂陽祖崇德道州錄事參軍父簡連山令曄幼嗜學恥從辟署太平興國八年擢進士第解褐授邵陽主簿改大理評事知蓬州錄事參軍時太子中舍楊全知州性悍率蒙昧部民張道豐等三人被誣爲劫盜悉寘于死獄已具曄察其枉不署牘白全當核

其實全不聽引道豐等抵法號呼不服再繫獄按驗既而捕獲正盜道豐等遂得釋全坐削籍爲民曄代還引對太宗謂曰爾能活吾平民深可嘉也賜錢五萬下詔以全事戒諭天下授曄光祿寺丞使廣南採訪刑獄俄通判荊南賜緋魚遷著作佐郎知忠州歷太常丞江南轉運副使改監察御史以母老乞就養得知朗州入判三司磨勘司遷工部員外郎淮南轉運使景德中假光祿卿充交阯安撫國信使會黎桓死其子龍鉞嗣立兄龍全率兵劫庫財而去其弟龍廷殺鉞自立龍廷兄明護率扶蘭砦兵攻戰曄駐嶺表以事上聞改命爲緣海安撫使許以便宜設方略曄貽書安南諭朝廷威德俾速定位明護等即時聽命奉龍廷主軍事初詔曄俟其事定即以黎桓禮物改賜新帥曄上言懷撫外夷當示誠信不若俟龍廷貢奉別加封爵而寵賜之真宗甚嘉納使還改兵部員外郎賜金紫初受使假官錢八十萬市私覿物及爲安撫已償其半餘皆詔除之嘗上邕州至交州水陸路及宜州山川等四圖頗詳控制之要俄判三司三勾院坐所舉季隨犯贓曄當削一官上以其遠使之勤止令停任大中祥符初起知兖州表請東封優

詔答之及遣王欽若趙安仁經度封禪仍判州事就
命轉爲京東轉運使封禪禮畢超拜刑部郎中復判
三勾院出爲淮南江浙荆湖制置發運使四年改右
諫議大夫知廣州州城瀕海每蕃舶至岸常苦颶風
轉鑿內濠通舟颶不能害俄遘疾卒年六十三

崔立字本之開封鄢陵人祖周度仕周爲泰寧軍節
度判官慕容彥超叛周度以大義責之遂見殺立中
進士第爲果州團練推官役兵輦官物道險迺率衆
錢備舟載歸知州姜從革論如率斂法當斬三人立
曰此非私已罪杖爾從革初不聽卒論奏詔如立議
真宗記之特改大理寺丞知安豐縣大水壞期斯塘
立躬督繕治踰月而成進殿中丞歷通判廣州許州
會滑州塞決河調民出芻楗命立提舉受納立計其
用有餘而下戶未輸者尚二百萬悉奏弛之知江陰
軍屬縣有利港久廢立教民濬治既成溉田數千頃
及開橫河六十里通運漕累遷太常少卿歷知棣漢
相潞兗鄆涇七州兗州歲大饑募富人出穀十萬餘
石振餓者所全活者甚衆立性淳謹尤喜論事大中
祥符間帝既封禪士大夫爭奏上符瑞獻賛頌立獨
言水發徐州旱連江淮無爲烈風金陵火天所以警

驕惰戒淫泆也區區符瑞尚何足爲治道言哉前後
上四十餘事以右諫議大夫知耀州改知濠州遷給
事中告老進尚書工部侍郎致仕卒識韓琦於布衣
以女妻之人嘗服其鑒云

魯有開字元翰參知政事宗道從子也好禮學通左
氏春秋用宗道蔭知韋城縣曹濮劇盜橫行旁縣間
聞其名不敢入境知確山縣大姓把持官政有開治
其最甚者遂以無事興廢陂溉民田數千頃富弼守
蔡薦之以爲有古循吏風知金州有蠱獄當死者數
十人有開曰欲殺人衰謀之足矣安得若是衆邪訊
之則誣天方旱獄白而雨知南康軍代還熙寧行新
法王安石問江南如何曰法新行未見其患當在異
日也以所對爭異出通判杭州知衛州水災人乏食
擅貸常平錢粟與之且奏乞蠲其息徙冀州增隄或
謂郡無水患何以役爲有開曰豫備不虞古之善計
也卒成之明年河決水果至不能冒隄而止朝廷遣
使河北民遮誦有開功狀召爲膳部郎中元祐中歷
知信陽軍洺滑州復守冀官至中大夫卒

張逸字天隱鄭州滎陽人進士及第爲試秘書省校
書郎知襄州鄧城縣有能名知州謝泌將薦逸先設

几案置章其上望闕再拜曰老臣爲朝廷得一良吏洒奏之他日引對真宗問所欲何官逸對曰母老在家願得近鄉一幕職官歸奉甘旨足矣授澶州觀察推官數日以母喪去服除引對帝又固問之對曰願得京官特改大理寺丞帝雅賢逸再召問逸者用逸薦也知長水縣時王嗣宗留守西京厚遇之又徙青神縣貧不自給嗣宗假奉半年使辦裝既至縣興學校教生徒後邑人陳希亮楊異相繼登科逸改其居曰桂枝里縣東南有松栢灘夏秋暴漲多覆舟逸禱江神不踰月灘爲徙五里時人異之再遷太常博士知尉氏縣擢監察御史提點益州路刑獄開封府判官使契丹爲兩浙轉運使徙陝西未赴又徙河東居數月復徙陝西以龍圖閣待制知梓州累遷尚書兵部郎中知開封府有僧求內降免田稅而逸固執不許仁宗曰有司能守法朕何憂也又言頃禁命婦干禁中恩比來稍通女謁願令官司糾劾從之以樞密直學士知益州逸凡四至蜀諳其民風華陽驛長殺人誣道旁行者縣吏受財獄既具乃使殺人者守囚逸曰囚色冤守者氣不直豈守者殺人乎囚始敢言而守者果服立誅之蜀人以爲神會歲旱逸使作堰壅江水溉民田自出公租減價以振民初民饑多殺耕牛食之犯者皆配關中逸奏民殺牛以活將死之命與盜殺者異若不禁之又將廢穡事今歲少稔請一切放還復其業報可未幾卒于官

吳遵路字安道父淑見文苑傳第進士累官至殿中丞爲秘閣校理章獻太后稱制政事得失下莫敢言遵路條奏十餘事語皆切直忤太后意出知常州嘗預市米吳中以備歲儉已而果大乏食民賴以濟自他州流至者亦全十八九累遷尚書司封員外郎權開封府推官改三司鹽鐵判官加直史館爲淮南轉運副使會罷江淮發運使遂兼發運司事嘗於真楚泰州高郵軍置斗門十九以畜泄水利又廣屬郡常平倉儲畜至二百萬以待凶歲凡所規畫後皆便之遷工部郎中坐失按蘄州王蒙正故入部吏死罪降知洪州徙廣州辭不行是時發運司既復置使乃以爲發運使未至召修起居注元昊反建請復民兵除天章閣待制河東路計置糧草受詔料揀河東鄉民可爲兵者諸路視以爲法進兵部郎中權知開封府馭吏嚴肅屬縣無追逮時宋庠鄭戩葉清臣皆宰相呂夷簡所不悅遵路與三人雅相厚蓋夷簡忌之出

知宣州上禦戎要略邊防雜事二十篇徙陝西都轉
運使遷龍圖閣直學士知永興軍被病猶決事不輟
手自作奏及卒仁宗聞而悼之詔遣官護喪還京師
導路幼聰敏既長博學知大體毋喪廬墓蔬食終制
性夷雅慎重寡言笑善筆札其為政簡易不為聲威
立朝敢言無所阿倚平居廉儉無他好既沒室無長
物其友范仲淹分奉賙其家子瑛為尚書比部員外
郎不待老而歸
趙尚寬字濟之河南人參知政事安仁子也知平陽
縣鄰邑有大囚十數破械夜逸殺居民將犯境尚寬

趣尉出捕曰盜謂我不能來方怠惰易取也宜亟往
毋使得散漫且為害尉既出又遣徼巡兵躡其後悉
獲之知忠州俗畜蠱殺人尚寬揭方書市中教人服
藥募索為蠱者窮治寘于理大化其俗轉運使持鹽
數十萬斤課民易白金期會促尚寬發官帑所儲副
其須徐與民為市不擾而集嘉祐中以考課第一知
唐州唐素沃壤經五代亂田不耕土曠民稀賦不足
以充役議者欲廢為邑尚寬曰土曠可益墾辟民稀
可益招徠何廢郡之有乃按視圖記得漢召信臣陂
渠故迹益發卒復疏三陂一渠溉田萬餘頃又教民

自為支渠數十轉相浸灌而四方之民來者雲布尚
寬復請以荒田計口授之及貸民官錢買耕牛比三
年榛莽復為膏腴增戶積萬餘尚寬勤於農政治有
異等之效三司使包拯與部使者交上其事仁宗聞
而嘉之下詔褒焉仍進秩賜金留于唐凡五年民像
以祠而王安石蘇軾作新田新渠詩以美之徙同宿
二州河中府神勇卒苦大校貪虐刊匿名書告變尚
寬命焚之曰妄言耳衆乃安已而奏黜校分士卒隷
他營又徙梓州尚寬去唐數歲田日加闢戶日益衆
朝廷推功自少府監以直龍圖閣知梓州積官至司

農卿卒詔賜錢五十萬
高賦字正臣中山人以父任為右班殿直復舉進士
改奉禮郎四遷太常博士歷知真定縣通判劍邢石
州成德軍知衢州俗尚巫鬼民毛氏柴氏二十餘家
世畜蠱毒值閏歲害人尤多與人忿爭輒毒之賦悉
擒治伏辜蠱患遂絕徙唐州州田經百年曠不耕前
守趙尚寬菑墾不遺力而榛莽者尚多賦繼其後益
募兩河流民計口給田使耕作陂堰四十四再滿再
留比其去田增闢三萬一千三百餘頃戶增萬一千
三百八十歲益税二萬二千二百五十七璽書褒諭

韓晉卿字伯修密州安丘人爲童子時日誦書數千言長以五經中第歷肥鄉嘉興主簿安肅軍司法參軍平城令大理詳斷審刑詳議官通判應天府知同州壽州奏課第一擢刑部郎中元祐初知明州兩浙轉運使差役法復行諸道處晝多倉卒失叙獨晉卿視民所宜而不戾法指入爲大理少卿遷卿晉卿自仁宗朝已典讞臬時朝廷有疑議輒下公卿雜議開封民爭鵝殺人王安石以爲盜拒捕鬬而死殺之無罪晉卿曰是鬬殺也登州婦人謀殺夫郡守許遵執爲按問安石復主之晉卿曰當死事久不決爭論盈

庭終持之不肯變用是知名元豐置大理獄多內庭所付晉卿持平考核無所上下神宗稱其才每讞獄雖明若事連貴要屢鞫弗成者必以委之嘗被詔按治寧州獄循故事當入對晉卿曰奉使有指三尺法具在豈應刺候主意輕重其心乎受命即行諸州請讞大辟執政惡其多將劾不應讞者晉卿曰聽斷求所以生之仁恩之至也苟讞而獲譴後不來矣議者又欲引唐日覆奏令天下庻戮悉奏決晉卿言可疑可矜者許上請祖宗之制也四海萬里必須繫以聽朝命恐自今瘐死者多於伏辜者矣朝廷皆行其說故士大夫間推其忠厚不以法家名之卒于官

葉康直字景溫建州人擢進士第知光化縣縣多竹民皆編爲屋康直教用陶瓦以寧火患凡政皆務以利民時豐稷爲穀城令亦以治績顯人歌之曰葉光化豐穀城清如水平如衡曾布行新法以爲司農屬歷永興秦鳳轉運判官徙陝西進提點刑獄轉運副使五路兵西征康直領涇原糧道承受內侍梁同以餉惡妄奏神宗怒械康直將誅之王安禮力救得歸故官元祐初加直龍圖閣知秦州中書舍人曾肇蘇轍劾康直諂事李憲免官究實無狀改知河中府復

爲秦州夏人侵甘谷康直戒諸將設伏以待殲其二酋自是不敢犯境進寶文閣待制陝西都運使以疾請知亳州通濟積潦民獲田數十萬畝召爲兵部侍郎卒年六十四

列傳卷第一百八十五

宣布治狀以勸天下兩州爲生立祠擢提點河東刑
獄又加直龍圖閣知滄州程昉欲於境內開西流河
繞州城而北注三塘泊賦曰滄城近河歲增隄防猶
懼奔溢矧妄有開鑿乎昉執不從後功竟不成歷蔡
潞二州入同判太常寺進集賢院學士在朝多所建
明嘗言二府大臣或僦舍委巷散處京城公私非便
宜倣前代丞相府於端門前列置大第俾居之又言
仁宗朝爲兖國公主治第用錢數十萬緡今有五大
長公主若悉如前比其費無藝願講求中制裁爲定
式請諸道提點刑獄司置檢法官庶專平讞使民不

冤乞於禁中建閣繪功臣像如漢雲臺唐淩煙之制
言多施行以通議大夫致仕退居襄陽卒年八十四
程師孟字公闢吳人進士甲科累知南康軍楚州提
點夔路刑獄瀘戎數犯渝州邊使者治所在萬州相
去遠有警率浹日乃至師孟奏徙於渝夔部無常平
粟建請置倉適凶歲振民不足即矯發他儲不俟報
吏懼白不可師孟曰必俟報餓者盡死矣竟發之徙
河東路晉地多土山旁接川谷春夏大雨水濁如黃
河俗謂之天河可溉灌師孟勸民出錢開渠築堨淤
良田萬八千頃裒其事爲水利圖經頒之州縣爲度

支判官知洪州積石爲江隄浚章溝揭北閘以節水
升降後無水患判三司都磨勘司接伴契丹使蕭惟
輔曰白溝之地當兩屬今南朝植柳數里而以北人
漁界河爲罪豈理也哉師孟曰兩朝當守誓約涿郡
有案牘可覆視君舍文書騰口說詎欲生事耶惟輔
媿謝出爲江西轉運使盜發袁州州吏爲耳目久不
獲師孟械吏數輩送獄盜即成擒加直昭文館知福
州築子城建學舍治行最東南徙廣州州城爲儂寇
所毀他日有警民駭竄方伯相踵至皆言土疏惡不
可築師孟在廣六年作西城及交阯陷邕管聞廣守

備固不敢東時師孟已召還朝廷念前功以爲給事
中集賢殿修撰判都水監賀契丹生辰至涿州契丹
命席迎者正南向涿州官西向宋使介東向師孟曰
是卑我也不就列自日昃爭至暮從者失色師孟辭
氣益厲叱儐者易之於是更與迎者東西向明日涿
人餞于郊疾馳過不顧涿人移雄州以爲言坐罷歸
班復起知越州青州遂致仕以光祿大夫卒年七十
八師孟累領劇鎮爲政簡而嚴罪非死者不以屬吏
發隱擿伏如神得豪惡不逞跌宕者必痛懲艾之至
勦絕乃已所部肅然洪福廣越爲立生祠

百衲本

宋史

〔元〕脱脱等撰

8

國家圖書館出版社

開府儀同三司上柱國錄軍國重事前中書右丞相監修國史領經筵事都總裁脫脫等奉

敕修

道學一

周敦頤　程顥　程頤

張載弟戩　邵雍

道學之名古無是也三代盛時天子以是道為政教大臣百官有司以是道為職業黨庠術序師弟子以是道為講習四方百姓日用是道而不知是故盈覆載之間無一民一物不被是道之澤以遂其性於斯

時也道學之名何自而立哉文王周公既沒孔子有德無位既不能使是道之用漸被斯世退而與其徒定禮樂明憲章刪詩修春秋讚易象討論墳典期使五三聖人之道昭明於無窮故曰夫子賢於堯舜遠矣孔子沒曾子獨得其傳傳之子思以及孟子孟子沒而無傳兩漢而下儒者之論大道察焉而弗精語焉而弗詳異端邪說起而乘之幾至大壞千有餘載至宋中葉周敦頤出於舂陵乃得聖賢不傳之學作太極圖說通書推明陰陽五行之理命於天而性於人者瞭若指掌張載作西銘又極言理一分殊之旨然後道之大原出於天者灼然而無疑焉仁宗明道初年程顥及弟頤寔生及長受業周氏已乃擴大其所聞表章大學中庸二篇與語孟並行於是上自帝王傳心之奧下至初學入德之門融會貫通無復餘蘊迄宋南渡新安朱熹得程氏正傳其學加親切焉大抵以格物致知為先明善誠身為要凡詩書六藝之文與夫孔孟之遺言顛錯於秦火支離於漢儒幽沉於魏晉六朝者至是皆煥然而大明秩然而各得其所此宋儒之學所以度越諸子而上接孟氏者歟其於世代之汙隆氣化之榮悴有所關係也甚大道

學盛於宋宋弗究於用甚至有厲禁焉後之時君世主欲復天德王道之治必來此取法矣邵雍高明英悟程氏實推重之舊史列之隱逸未當今置張載後張栻之學亦出程氏既見朱熹相與博約又大進焉其他程朱門人考其源委各以類從作道學傳

周敦頤字茂叔道州營道人元名敦實避英宗舊諱改焉以舅龍圖閣學士鄭向任為分寧主簿有獄久不決敦頤至一訊立辨邑人驚曰老吏不如也部使者薦之調南安軍司理參軍有囚法不當死轉運使王逵欲深治之逵酷悍吏也衆莫敢爭敦頤獨與之

辨不聽乃委手版歸將棄官去曰如此尚可仕乎殺人以媚人吾不為也逵悟囚得免移郴之桂陽令治績尤著郡守李初平賢之語之曰吾欲讀書何如敦頤曰公老無及矣請為公言之二年果有得徙知南昌南昌人皆曰是能辨分寧獄者吾屬得所訴矣富家大姓黠吏惡少惴惴焉不獨以得罪於令為憂而又以污穢善政為恥歷合州判官事不經手吏不敢決雖下之民不肯從部使者趙抃惑於譖口臨之甚威敦頤處之超然通判虔州抃守虔熟視其所為乃大悟執其手曰吾幾失君矣今而後乃知周茂叔也

熙寧初知郴州用抃及呂公著薦為廣東轉運判官提點刑獄以洗冤澤物為己任行部不憚勞苦雖瘴癘險遠亦緩視徐按以疾求知南康軍因家廬山蓮花峯下前有溪合於湓江取營道所居濂溪以名之抃再鎮蜀將奏用之未及而卒年五十七黃庭堅稱其人品甚高胸懷灑落如光風霽月廉於取名而銳於求志薄於徼福而厚於得民菲於奉身而燕及煢嫠陋於希世而尚友千古博學力行著太極圖明天理之根源究萬物之終始其說曰無極而太極太極動而生陽動極而靜靜而生陰靜極復動一動一靜互為其根分陰分陽兩儀立焉陽變陰合而生水火木金土五氣順布四時行焉五行一陰陽也陰陽一太極也太極本無極也五行之生也各一其性無極之真二五之精妙合而凝乾道成男坤道成女二氣交感化生萬物萬物生生而變化無窮焉惟人也得其秀而最靈形既生矣神發知矣五性感動而善惡分萬事出矣聖人定之以中正仁義而主靜立人極焉故聖人與天地合其德日月合其明四時合其序鬼神合其吉凶君子修之吉小人悖之凶故曰立天之道曰陰與陽立地之道曰柔與剛立人之道曰仁

與義又曰原始反終故知死生之說大哉易也斯其至矣又著通書四十篇發明太極之蘊序者謂其言約而道大文質而義精得孔孟之本源大有功於學者也掾南安時程珦通判軍事視其氣貌非常人與語知其為學知道因與為友使二子顥頤往受業焉敦頤每令尋孔顏樂處所樂何事二程之學源流乎此矣故顥之言曰自再見周茂叔後吟風弄月以歸有吾與點也之意侯師聖學於程頤未悟訪敦頤敦頤曰吾老矣說不可不詳留對榻夜談越三日乃還頤驚異之曰非從周茂叔來耶其善開發人類此嘉

習慨然有求道之志泛濫於諸家出入於老釋者幾十年返求諸六經而後得之秦漢以來未有臻斯理者教人自致知至於知止誠意至於平天下洒埽應對至於窮理盡性循循有序病學者厭卑近而騖高遠卒無成焉故其言曰道之不明異端害之也昔之害近而易知今之害深而難辨昔之惑人也乘其迷暗今之惑人也因其高明自謂之窮神知化而不足以開物成務言為無不周遍實則外於倫理窮深極微而不可以入堯舜之道天下之學非淺陋固滯則必入於此自道之不明也邪誕妖妄之說競起塗生

民之耳目溺天下於汙濁雖高才明智膠於見聞醉生夢死不自覺也是皆正路之蓁蕪聖門之蔽塞闢之而後可以入道顥之死士大夫識與不識莫不哀傷焉文彥博采衆論題其墓曰明道先生其弟頤序之曰周公沒聖人之道不行孟軻死聖人之學不傳道不行百世無善治學不傳千載無真儒無善治士猶得以明夫善治之道以淑諸人以傳諸後無真儒則貿貿焉莫知所之人欲肆而天理滅矣先生生于千四百年之後得不傳之學於遺經以興起斯文為己任辨異端闢邪說使聖人之道煥然復明於世蓋

自孟子之後一人而已然學者於道不知所向則孰知斯人之為功不知所至則孰知斯名之稱情也哉嘉定十三年賜謚曰純公淳祐元年封河南伯從祀孔子廟庭

程頤字正叔年十八上書闕下欲天子黜世俗之論以王道為心游太學見胡瑗問諸生以顏子所好何學頤因答曰學以至聖人之道也聖人可學而至歟曰然學之道如何曰天地儲精得五行之秀者為人其本也真而靜其未發也五性具焉曰仁義禮智信形既生矣外物觸其形而動其中矣其中動而七情

出焉曰喜怒哀樂愛惡欲情既熾而益蕩其性鑿矣是故覺者約其情使合於中正其心養其性愚者則不知制之縱其情而至於邪僻梏其性而亡之然學之道必先明諸心知所養然後力行以求至所謂自明而誠也誠之之道在乎信道篤信道篤則行之果行之果則守之固仁義忠信不離乎心造次必於是顛沛必於是出處語默必於是久而弗失則居之安動容周旋中禮而邪僻之心無自生矣故顏子所事則曰非禮勿視非禮勿聽非禮勿言非禮勿動仲尼稱之則曰得一善則拳拳服膺而弗失之矣又曰不遷

怒不貳過有不善未嘗不知知之未嘗復行此其好之篤學之得其道也然聖人則不思而得不勉而中顔子則必思而後得必勉而後中其與聖人相去一息所未至者守之也非化之也以其好學之心假之以年則不日而化矣後人不達以謂聖本生知非學可至而為學之道遂失不求諸己而求諸外以博聞强記巧文麗辭為工榮華其言鮮有至於道者則今之學與顔子所好異矣瑗得其文大驚異之即延見處以學職呂希哲首以師禮事頤治平元豐間大臣屢薦皆不起哲宗初司馬光呂公著共疏其行義曰

伏見河南府處士程頤力學好古安貧守節言必忠信動遵禮法年踰五十不求仕進眞儒者之高蹈聖世之逸民望擢以不次使士類有所矜式詔以為西京國子監教授力辭尋召為秘書省校書郎既入見擢崇政殿說書即上疏言習與智長化與心成今夫人民善教其子弟者亦必延名德之士使與之處以薰陶成性況陛下春秋之富雖睿聖得於天資而輔養之道不可不至大率一日之中接賢士大夫之時多親寺人宮女之時少則氣質變化自然而成願選名儒入侍勸講講罷留之分直以備訪問或有小失

隨事獻規歲月積久必能養成聖德頤每進講色甚莊繼以諷諫聞帝在宮中盥而避蟻問有是乎曰然誠恐傷之爾頤曰推此心以及四海帝王之要道也神宗喪未除冬至百官表賀頤言節序變遷時思方切乞改賀為慰既除喪有司請開樂置宴頤又言除喪而用吉禮尚當因事張樂今特設宴是喜之也皆從之帝嘗以瘡疹不御邇英累日頤詣宰相問安否且曰上不御殿太后不當獨坐且人主有疾大臣可不知乎翌日宰相以下始奏請問疾蘇軾不悅於頤頤門人賈易朱光庭不能平合攻軾胡宗愈顧臨詆

頤不宜用孔文仲極論之遂出管勾西京國子監久之加直秘閣再上表辭董敦逸復摭其有怨望語去官紹聖中削籍竄涪州李清臣尹洛即日迫遣之欲入別叔母亦不許明日贐以銀百兩頤不受徽宗即位徙峽州俄復其官又奪於崇寧卒年七十五頤於書無所不讀其學本於誠以大學語孟中庸為標指而達于六經動止語默一以聖人為師其不至乎聖人不止也張載稱其兄弟從十四五時便脫然欲學聖人故卒得孔孟不傳之學以為諸儒倡其言之旨若布帛菽粟然知德者尤尊崇之嘗言今農夫祁寒

暑雨深耕易耨播種五穀吾得而食之百工技藝作為器物吾得而用之介冑之士被堅執鋭以守土宇吾得而安之無功澤及人而浪度歲月晏然為天地間一蠹唯綴緝聖人遺書庶幾有補爾於是著易春秋傳以傳於世易傳序曰易變易也隨時變易以從道也其為書也廣大悉備將以順性命之理通幽明之故盡事物之情而示開物成務之道也聖人之憂患後世可謂至矣去古雖遠遺經尚存然而前儒失意以傳言後學誦言而忘味自秦而下蓋無傳矣予生千載之後悼斯文之湮晦將俾後人沿流而求源此

傳所以作也易有聖人之道四焉以言者尚其辭以動者尚其變以制器者尚其象以卜筮者尚其占吉凶消長之理進退存亡之道備於辭推辭考卦可以知變象與占在其中矣君子居則觀其象而玩其辭動則觀其變而玩其占得於辭不達其意者有矣未有不得於辭而能通其意者也至微者理也至著者象也體用一源顯微無間觀會通以行其典禮則辭無所不備故善學者求言必自近易於近者非知言者也予所傳者辭也由辭以得意則在乎人焉春秋傳序曰天之生民必有出類之才起而君長之治之

而爭奪息導之而生養遂教之而倫理明然後人道立天道成地道平二帝而上聖賢世出隨時有作順乎風氣之宜不先天以開人各因時而立政暨乎三王迭興三重既備子丑寅之建正忠質文之更尚人道備矣天運周矣聖王既不復作有天下者雖欲倣古之跡亦私意妄為而已事之繆秦至以建亥為正道之悖漢專以智力持世豈復知先王之道也夫子當周之末以聖人不復作也順天應時之治不復有也於是作春秋為百王不易之大法所謂考諸三王而不繆建諸天地而不悖質諸鬼神而無疑百世以

俟聖人而不惑者也先儒之傳游夏不能贊一辭辭不待贊者也言不能與於斯爾斯道也唯顔子嘗聞之矣行夏之時乘殷之輅服周之冕樂則韶舞此其準的也後世以史視春秋謂褒善貶惡而已至於經世之大法則不知也春秋大義數十其義雖大炳如日星乃易見也惟其微辭隱義時措從宜者為難知也或抑或縱或予或奪或進或退或微或顯而得乎義理之安文質之中寬猛之宜是非之公乃制事之權衡揆道之模範也夫觀百物然後識化工之神聚衆材然後知作室之用於一事一義而欲窺聖人之

用心非上智不能也故學春秋者必優游涵泳默識心通然後能造其微也後王知春秋之義則雖德非禹湯尚可以法三代之治自秦而下其學不傳予悼夫聖人之志不明於後世也故作傳以明之俾後之人通其文而求其義得其意而法其用則三代可復也是傳也雖未能極聖人之蘊奧庶幾學者得其門而入矣平生誨人不倦故學者出其門最多淵源所漸皆為名士涪人祠頤於北巖世稱為伊川先生嘉定十三年賜謚曰正公淳祐元年封伊陽伯從祀孔子廟庭門人劉絢李籲謝良佐游酢張繹蘇昞皆班

班可書附于左呂大鈞大臨見大防傳

張載字子厚長安人少喜談兵至欲結客取洮西之地年二十一以書謁范仲淹一見知其遠器乃警之曰儒者自有名教可樂何事於兵因勸讀中庸載讀其書猶以為未足又訪諸釋老累年究極其說知無所得反而求之六經嘗坐虎皮講易京師聽從者甚衆一夕二程至與論易次日語人曰比見二程深明易道吾所弗及汝輩可師之撤坐輟講與二程語道學之要渙然自信曰吾道自足何事旁求於是盡棄異學淳如也舉進士為祁州司法參軍雲巖令政事

以敦本善俗為先每月吉具酒食召鄉人高年會縣庭親為勸酬使人知養老事長之義因問民疾苦及告所以訓戒子弟之意熙寧初御史中丞呂公著言其有古學神宗方一新百度思得才哲士謀之召見問治道對曰為政不法三代者終苟道也帝悅以為崇文院校書他日見王安石安石問以新政載曰公與人為善則人以善歸公如教玉人琢玉則宜有不受命者矣明州苗振獄起往治之末殺其罪還朝即移疾屏居南山下終日危坐一室左右簡編俯而讀仰而思有得則識之或中夜起坐取燭以書其志道

精思未始須臾息亦未嘗須臾忘也敝衣蔬食與諸生講學每告以知禮成性變化氣質之道學必如聖人而後已以為知人而不知天求為賢人而不求為聖人此秦漢以來學者大蔽也故其學尊禮貴德樂天安命以易為宗以中庸為體以孔孟為法黜怪妄辨鬼神其家昏喪葬祭率用先王之意而傳以今禮又論定井田宅里發斂學校之法皆欲條理成書使可舉而措諸事業呂大防薦之曰載之始終善發明聖人之遺旨其論政治略可復古宜還其舊職以備諮訪乃詔知太常禮院與有司議禮不合復以疾歸

中道疾甚沐浴更衣而寢旦而卒貧無以斂門人共
買棺奉其喪還翰林學士許將等言其恬於進取乞
加贈卹詔賜館職半賻載學古力行為關中士人宗
師世稱為橫渠先生著書號正蒙又作西銘曰乾稱
父而坤母予茲藐焉乃混然中處故天地之塞吾其
體天地之帥吾其性民吾同胞物吾與也大君者吾
父母宗子其大臣宗子之家相也尊高年所以長其
長慈孤幼所以幼其幼聖其合德賢其秀也凡天下
疲癃殘疾惸獨鰥寡皆吾兄弟之顛連而無告者也
于時保之子之翼也樂且不憂純乎孝者也違曰悖

德害仁曰賊濟惡者不才其踐形惟肖者也知化則
善述其事窮神則善繼其志不愧屋漏為無忝存心
養性為匪懈惡旨酒崇伯子之顧養育英材潁封人
之錫類不弛勞而底豫舜其功也無所逃而待烹申
生其恭也體其受而歸全者參乎勇於從而順令者
伯奇也富貴福澤將厚吾之生也貧賤憂戚庸玉女
於成也存吾順事歿吾寧也程頤嘗言西銘明理一
而分殊擴前聖所未發與孟子性善養氣之論同功
自孟子後蓋未之見學者至今尊其書嘉定十三年
賜謚曰明公淳祐元年封郿伯從祀孔子廟庭弟戩

戩字天祺起進士調閿鄉主簿知金堂縣誠心愛人
養老恤窮間召父老使教督子弟民有小善皆籍記
之以奉錢為酒食月吉召老者飲勞使其子孫侍勸
以孝弟民化其德所至獄訟日少熙寧初為監察御
史裏行累章論王安石亂法乞罷條例司及追還常
平使者劾曾公亮陳升之趙抃依違不能救正韓絳
左右徇從與為死黨李定以邪諂竊臺諫且安石擅
國輔以絳之詭隨臺臣又用定輩繼續而來芽蘖漸
盛呂惠卿刻薄辯給假經術以文姦言豈宜勸講君
側書數十上又詣中書爭之安石舉扇掩面而笑戩

曰戩之狂直宜為公笑然天下之笑公者不少矣趙
抃從旁解之戩曰公亦不得為無罪抃有愧色遂稱
病待罪出知公安縣徙監司竹監至舉家不食筍常
愛用一卒及將代自見其人盜筍籜治之無少貸罪
已正待之復如初略不介意其德量如此卒于官年
四十七

邵雍字堯夫其先范陽人父古徙衡漳又徙共城雍
年三十游河南葬其親伊水上遂為河南人雍少時
自雄其才慷慨欲樹功名於書無所不讀始為學即
堅苦刻厲寒不爐暑不扇夜不就席者數年已而歎

曰昔人尚友於古而吾獨未及四方於是踰河汾涉淮漢周流齊魯宋鄭之墟久之幡然來歸曰道在是矣遂不復出北海李之才攝共城令聞雍好學嘗造其廬謂曰子亦聞物理性命之學乎雍對曰幸受教乃事之才受河圖洛書宓羲八卦六十四卦圖像之才之傳遠有端緒而雍探賾索隱妙悟神契洞徹蘊奧汪洋浩博多其所自得者及其學益老德益邵玩心高明以觀夫天地之運化陰陽之消長遠而古今世變微而走飛草木之性情深造曲暢庶幾所謂不惑而非依倣象類億則屢中者遂衍宓羲先天之旨著書十餘萬言行于世然世之知其道者鮮矣初至洛蓬蓽環堵不芘風雨躬樵爨以事父母雖平居屢空而怡然有所甚樂人莫能窺也及執親喪哀毀盡禮富弼司馬光呂公著諸賢退居洛中雅敬雍恒相從遊為市園宅雍歲時耕稼僅給衣食名其居曰安樂窩因自號安樂先生旦則焚香燕坐晡時酌酒三四甌微醺即止常不及醉也興至輒哦詩自詠春秋時出遊城中風雨常不出出則乘小車一人挽之惟意所適士大夫家識其車音爭相迎候童孺廝隸皆驩相謂曰吾家先生至也不復稱其姓字或留信宿

乃去好事者別作屋如雍所居以候其至名曰行窩司馬光兄事雍而二人純德尤鄉里所慕嚮父子昆弟每相飭曰毋為不善恐司馬端明邵先生知士之道洛者有不之公府必之雍雍德氣粹然望之知其賢然不事表襮不設防畛羣居燕笑終日不為甚異與人言樂道其善而隱其惡有就問學則答之未嘗強以語人人無貴賤少長一接以誠故賢者悅其德不賢者服其化一時洛中人才特盛而忠厚之風聞天下熙寧行新法吏牽迫不可為或投劾去雍門生故友居州縣者皆貽書訪雍雍曰此賢者所當盡力之時新法固嚴能寬一分則民受一分賜矣投劾何益耶嘉祐詔求遺逸留守王拱辰以雍應詔授將作監主簿復舉逸士補潁州團練推官皆固辭乃受命竟稱疾不之官熙寧十年卒年六十七贈秘書省著作郎元祐中賜謚康節雍高明英邁迥出千古而坦夷渾厚不見圭角是以清而不激和而不流人與交久益尊信之河南程顥初侍其父識雍論議終日退而歎曰堯夫內聖外王之學也雍知慮絕人遇事能前知程頤嘗曰其心虛明自能知之當時學者因雍超詣之識務高雍所為至謂雍有玩世之意又因雍

之前知謂雍於凡物聲氣之所感觸輒以其動而推其變焉於是摭世事之已然者皆以雍言先之雍蓋未必然也雍疾病司馬光張載程顥程頤晨夕候之將終共議喪葬事外庭雍皆能聞衆人所言召子伯温謂曰諸君欲葬我近城地當從先塋爾既葬顥為銘墓稱雍之道純一不雜就其所至可謂安且成矣所著書曰皇極經世觀物内外篇漁樵問對詩曰伊川擊壤集子伯温別有傳

列傳卷第一百八十六

列傳卷第一百八十七　宋史四百二十八

開府儀同三司上柱國録軍國重事前中書右丞相監修國史領經筵事都總裁臣脫脫等奉敕修

道學二程氏門人

劉絢　李籲　謝良佐

游酢　張繹　蘇昞

尹焞　楊時　羅從彥

李侗

劉絢字質夫常山人以蔭為壽安主簿長子令督公家逋賦不假鞭朴而集歲大旱府遣吏視傷所蠲財什二絢力爭不得封還其檄請易之富弼歎曰真縣令也元祐初韓維薦其經明行修為京兆府教授王巖叟朱光庭又薦為太學博士卒于官絢力學不倦最明於春秋程顥每為人言他人之學敏則有矣未易保也若絢者吾無疑焉

李籲字端伯洛陽人登進士第元祐中為秘書省校書郎卒程頤謂其才器可以大受及亡也祭之以文曰自予兄弟倡明道學能使學者視傚而信從者籲與劉絢有焉

謝良佐字顯道壽春上蔡人與游酢呂大臨楊時在

程門號四先生登進士第建中靖國初官京師召對忤旨去監西京竹木場坐口語繫詔獄廢為民良佐記問該贍對人稱引前史至不差一字事有未徹則顙有泚與程顥別一年復來見問其所進曰但去得一矜字爾頤喜謂朱光庭曰是子力學切問而近思者也所著論語說行於世

游酢字定夫建州建陽人與兄醇以文行知名所交皆天下士程頤見之京師謂其資可以進道程顥興扶溝學招使肄業盡棄其學而學焉第進士調蕭山尉近臣薦其賢召為太學錄遷博士以奉親不便求

知河陽縣范純仁守潁昌府辟府教授純仁入相復為博士僉書齊州泉州判官晚得監察御史歷知漢陽軍和舒濠三州而卒

張繹字思叔河南壽安人家甚微年長未知學傭力於市出聞邑官傳呼聲心慕之問人曰何以得此人曰此讀書所致爾即發憤力學遂以文名預鄉里計偕謂科舉之習不足為嘗游僧舍見僧道楷將祝髮從之時周行己官河南警之曰何為舍聖人之學而學佛異日程先生歸可師也會程頤還自涪乃往受業頤賞其穎悟讀孟子志士不忘在溝壑勇士不忘喪其元慨然若有得未及仕而卒頤嘗言吾晚得二士謂繹與尹焞也

蘇昞字季明武功人始學於張載而事二程卒業元祐末呂大中薦之起布衣為太常博士坐元符上書入邪籍編管饒州卒

尹焞字彥明一字德充世為洛人曾祖仲宣七子而二子有名長子源字子漸是謂河內先生次子洙字師魯是謂河南先生源生林官至虞部員外郎林生焞少師事程頤嘗應舉發策有誅元祐諸臣議焞曰噫尚可以干祿乎哉不對而出告頤曰焞不復應進

士舉矣頤曰子有母在焞歸告其母陳母曰吾知汝以善養不知汝以祿養頤聞之曰賢哉母也於是終身不就舉焞之從師與河南張繹同時繹以高識焞以篤行頤既沒焞聚徒洛中非吊喪問疾不出戶士大夫宗仰之靖康初种師道薦焞德行可備勸講召至京師不欲留賜號和靖處士戶部尚書梅執禮御史中丞呂好問戶部侍郎邵溥中書舍人胡安國合奏河南布衣尹焞學窮根本德備中和言動可以師法器識可以任大近世招延之士無出其右者朝廷特召而命處士以歸使焞韜藏國器不為時用未副

陛下側席求賢之意望特加識擢以慰士大夫之望不報次年金人陷洛焞闔門被害焞死復甦門人舁置山谷中而免劉豫命僞師趙斌以禮聘焞不從則以兵恐之焞自商州奔蜀至閬得程頤易傳十卦於其門人呂稽中又得全本於其壻邢純拜而受之紹興四年止于涪涪頤讀易地也闢三畏齋以居邦人不識其面侍讀范冲舉焞自代授左宣教郎充崇政殿說書以疾辭范冲奏給五百金為行資遣漕臣奉詔至涪親遣六年始就道作文祭頤而後行先是崇寧以來禁錮元祐學術高宗渡江始召楊時寘從班

召胡安國居給舍范冲朱震俱在講席薦焞甚力既召而左司諫陳公輔上疏攻程氏之學乞加屏絕焞至九江上奏曰臣僚上言程頤之學惑亂天下焞實師頤垂二十年學之既專自信甚篤使焞濫列經筵其所敷繹不過聞於師者舍其所學是欺君父加以疾病衰耗不能支持遂留不進胡安國奉祠居衡陽上書言欲使學者蹈中庸師孔孟而禁不從程頤之學是入室而不由戶朱震引疾告去時趙鼎去位張浚獨相於是召安國俾以內祠兼侍讀而上章薦焞言其拒劉豫之節且謂其所學所養有大過人者乞

令江州守臣疾速津送至國門復以疾辭上曰焞可謂恬退矣詔以秘書郎兼說書趣起之焞始入見就職八年除秘書少監未幾力辭求去上語參知政事劉大中曰焞未論所學淵源足為後進矜式班列得老成人亦是朝廷氣象乃以焞直徽猷閣主管萬壽觀留侍經筵資善堂翊善朱震疾亟薦焞自代輔臣入奏上愀然曰楊時物故胡安國與震又亡朕痛惜之趙鼎曰尹焞學問淵源可以繼震上指奏牘曰震亦薦焞代資善之職但焞微聵恐教兒費力爾除太常少卿仍兼說書未幾稱疾在告除權禮部侍郎兼

侍講時金人遣張通古蕭哲來議和焞上疏曰臣伏見本朝有遼金之禍亘古未聞中國無人致其猖亂昨者城下之戰詭詐百出二帝北狩皇族播遷宗社之危已絕而續陛下即位以來十有二年雖中原未復讎敵未殄然而賴祖宗德澤之厚陛下勤苦之至億兆之心無有離異前年徽宗皇帝寧德皇后崩問遽來莫究不豫之狀天下之人痛心疾首而陛下方且屈意降志以迎奉梓宮請問諱日為事今又為此議則人心日去祖宗積累之業陛下十二年勤撫之功當決於此矣不識陛下亦嘗深謀而熟慮乎抑在廷

之臣不以告也禮曰父母之讎不共戴天兄弟之讎
不反兵今陛下信讎敵之譎詐而覬其肯和以紓目
前之急豈不失不共戴天不反兵之義乎又况使人
之來以詔諭為名以割地為要今以不戴天之讎與之
和臣切為陛下痛惜之或以金國内亂懼我襲己故
為甘言以緩王師倘或果然尤當鼓士卒之心雪社
稷之恥尚何和之為務又移書秦檜言今北使在廷
天下憂憤若和議一成彼日益强我日益怠侵尋朘
削天下有被髮左衽之憂比者竊聞主上以父兄未
返降志辱身於九重之中有年矣然亦自是未聞金

人悔過還二帝於沙漠繼之梓宮崩問不詳天下之
人痛恨切骨金人狼虎貪噬之性不言可見天下方
將以此望於相公覬有以革其已然豈意為之已甚
乎今之上策莫如自治自治之要内則進君子而遠
小人外則賞當功而罰當罪使主上孝弟通於神明
道德成於安彊勿以小智孑義而圖大功不勝幸甚
疏及書皆不報於是焞固辭新命九年以徽猷閣待
制提舉萬壽觀兼侍講又辭且奏言臣職在勸講蔑
有發明期月之間病告相繼坐竊厚祿無補聖聰先
聖有言陳力就列不能者止此當去一也臣起自草

茅誤膺召用守道之語形于訓詞而臣貪戀寵榮遂
移素守使朝廷非常不次之舉獲懷利苟得之人此
當去者二也比嘗不量分守言及國事識見迂陋已
驗于今跡其庸愚豈堪時用此當去者三也臣自擢
春官未嘗供職以疾乞去更獲超遷有何功勞得以
祗受此當去者四也國朝典法授之禮經年至七十
皆當致仕今臣年齒已及加以疾病血氣既衰戒之
在得此當去者五也臣聞聖君有從欲之仁匹夫有
莫奪之志今臣有五當去之義無一可留之理乞檢
會累放歸田里疏上以焞提舉江州太平觀引年告

老轉一官致仕焞自入經筵即乞休致朝廷以禮留
之浚鼎既去秦檜當國見焞議和疏及與檜書已不樂
至是得求去之疏遂不復留十二年卒當是時學于
程頤之門者固多君子然求質直弘毅實體力行若
焞者蓋鮮頤嘗以魯許之且曰我死而不失其正者
尹氏子也其言行見於涪陵記善錄為詳有論語解
及門人問答傳于世

楊時字中立南劍將樂人幼穎異能屬文稍長潛心
經史熙寧九年中進士第時河南程顥與弟頤講孔
孟絕學于熙豐之際河洛之士翕然師之時調官不

赴以師禮見顥於潁昌相得甚懽其歸也顥目送之曰吾道南矣四年而顥死時聞之設位哭寢門而以書赴告同學者至是又見程頤於洛時蓋年四十矣一日見頤頤偶瞑坐時與游酢侍立不去頤既覺則門外雪深一尺矣關西張載嘗著西銘二程深推服之時疑其近於兼愛與其師頤辨論往復聞理一分殊之說始豁然無疑杜門不仕者十年久之歷知瀏陽餘杭蕭山三縣皆有惠政民思之不忘張舜民在諫垣薦之得荊州教授時安於州縣未嘗求聞達而德望日重四方之士不遠千里從之游號曰龜山先

生時天下多故有言於蔡京者以為事至此必敗宜引舊德老成置諸左右庶幾猶可及時宰是之會有使高麗者國主問龜山安在使回以聞召為秘書郎遷著作郎及面對奏曰堯舜曰允執厥中孟子曰湯執中洪範曰皇建其有極歷世聖人由斯道也熙寧之初大臣文六藝之言以行其私祖宗之法紛更殆盡元祐繼之盡復祖宗之舊熙寧之法一切廢革至紹聖崇寧抑又甚焉凡元祐之政事著在令甲皆焚之以滅其跡自是分為二黨縉紳之禍至今未殄臣願明詔有司條具祖宗之法著為綱目有宜於今者

舉而行之當損益者損益之元祐熙豐姑置勿問一趨於中而已朝廷方圖燕雲虛內事外時遂陳時政之弊且謂燕雲之師宜退守內地以省轉輸之勞募邊民為弓弩手以殺常勝軍之勢又言都城居四達之衝無高山巨浸以為阻衞士人懷異心緩急不可倚仗執政不能用登對力陳君臣警戒正在無虞之時乞為宣和會計錄以周知天下財物出入之數徽宗首肯之除邇英殿說書聞金人入攻謂執政曰今日事勢如積薪已然當自奮勵以竦動觀聽若示以怯懦之形委靡不振則事去矣昔汲黯在朝淮南寢

謀論黯之才未必能過公孫弘董也特其直氣可以鎮壓姦雄之心爾朝廷威望弗振使姦雄一以弘董視之則無復可為也要害之地當嚴為守備比至都城尚何及哉近邊州軍宜堅壁清野勿與之戰使之自困若攻戰略地當遣援兵追襲使之腹背受敵則可以制勝矣且謂今日之事當以收人心為先人心不附雖有高城深池堅甲利兵不足恃也免夫之役毒被海內京城聚斂東南花石其害尤甚前此蓋嘗罷之詔墨未乾而花石供奉之舟已銜尾矣今雖復申前令而禍根不除人誰信之欲致人和去此三者正

今日之先務也金人圍京城勤王之兵四集而莫相統一時言唐九節度之師不立統帥雖李郭之善用兵猶不免敗衄今諸路烏合之衆臣謂當立統帥一號令示紀律而後士卒始用命又言童貫爲三路大帥敵人侵疆棄軍而歸孥戮之有餘罪朝廷置之不問故梁方平何灌皆相繼而遁當正典刑以爲臣子不忠之戒童貫握兵二十餘年覆軍殺將馴至今日比聞防城仍用閹人覆車之轍不可復蹈疏上除右諫議大夫兼侍講敵兵初退議者欲割三鎮以講和時極言其不可曰河朔爲朝廷重地而三鎮又河朔

之要藩也自周世宗迄太祖太宗百戰而後得之一旦棄之北庭使敵騎疾驅貫吾腹心不數日可至京城今聞三鎮之民以死拒之三鎮拒其前吾以重兵躡其後尚可爲也若种師道劉光世皆一時名將始至而未用乞召問方略疏上欽宗詔出師而議者多持兩端時抗疏曰聞金人駐磁相破大名劫虜驅掠無有紀極誓墨未乾而背不旋踵吾雖欲專守和議不可得也夫越數千里之遠犯人國都危道也彼見勤王之師四面而集亦懼而歸非愛我而不攻朝廷割三鎮三十州之地與之是欲助寇而自攻也聞肅

王初與之約及河而返今挾之以往此敗盟之大者臣竊謂朝廷宜以肅王爲問責其敗盟必得肅王而後已時太原圍閉數月而姚古擁兵逗留不進時上疏乞誅古以肅軍政拔偏裨之可將者代之不報李綱之罷太學生伏闕上書乞留綱與种師道軍民集者數十萬朝廷欲防禁之吳敏乞用時以靖太學時得召對言諸生伏闕紛紛忠於朝廷非有他意但擇老成有行誼者爲之長貳則將自定欽宗曰無逾於卿遂以時兼國子祭酒首言三省政事所出六曹分治各有攸司今乃別辟官屬新進少年未必賢於六

曹長貳又言蔡京用事二十餘年蠹國害民幾危宗社人所切齒而論其罪者莫知其所本也蓋京以繼述神宗爲名實挾王安石以圖身利故推尊安石加以王爵配饗孔子廟庭今日之禍實安石有以啓之謹按安石挾管商之術飭六藝以文姦言變亂祖宗法度當時司馬光已言其爲害當見於數十年之後今日之事若合符契其著爲邪說以塗學者耳目而敗壞其心術者不可縷數姑即一二事明之昔神宗嘗稱美漢文惜百金以罷露臺安石乃言陛下若能以堯舜之道治天下雖竭天下以自奉不爲過守財

之言非正理曾不知堯舜茅茨土階禹曰克儉于家則竭天下以自奉者必非堯舜之道其後王黼以應奉花石之事竭天下之力號爲享上實安石有以倡之也其釋鳧鷖守成之詩於末章則謂以道守成者役使羣衆泰而不爲驕宰制萬物費而不爲侈孰弊弊然以愛爲事詩之所言正謂能持盈則神祇祖考安樂之而無後艱爾自古釋之者未有泰而不爲驕費而不爲侈之說也安石獨倡爲此說以啓人主之侈心後蔡京輩輕費妄用以侈靡爲事安石邪說之害如此伏望追奪王爵明詔中外毀去配享之像使

邪說淫辭不爲學者之惑疏上安石遂降從祀之列士之習王氏學取科第者已數十年不復知其非忽聞以爲邪說議論紛然諫官馮澥力主王氏上疏詆時會學官中有紛爭者有旨學官並罷時亦罷祭酒時又言元祐黨籍中惟司馬光一人獨褒顯而未及呂公著韓維范純仁呂大防安燾輩建中初言官陳瓘已褒贈而未及鄒浩於是元祐諸臣皆次第牽復尋四上章乞罷諫省除給事中辭乞致仕除徽猷閣直學士提舉嵩山崇福宮時力辭直學士之命改除徽猷閣待制提舉崇福宮陛辭猶上書乞選將練兵

爲戰守之備高宗即位除工部侍郎陛對言自古聖賢之君未有不以典學爲務除兼侍讀乞修建炎會計録乞恤勤王之兵乞寬假言者連章丐外以龍圖閣直學士提舉杭州洞霄宮已而告老以本官致仕優游林泉以著書講學爲事卒年八十三謚文靖時在東郡所交皆天下士先達陳瓘鄒浩皆以師禮事時暨渡江東南學者推時爲程氏正宗與胡安國往來講論尤多時浮沉州縣四十有七年晚居諫省僅九十日凡所論列皆切於世道而其大者則闢王氏經學排靖康和議使邪說不作凡紹興初崇尚元祐

學術而朱熹張栻之學得程氏之正其源委脉絡皆出於時子迪力學通經亦嘗師程頤云

羅從彥字仲素南劍人以累舉恩爲惠州博羅縣主簿聞同郡楊時得河南程氏學慨然慕之及時爲蕭山令遂徒步往學焉時熟察之乃喜曰惟從彥可與言道於是日益以親時弟子千餘人無及從彥者從彥初見時三日即驚汗浹背曰不至是幾虛過一生矣嘗與時講易至乾九四爻云伊川説甚善從彥即鬻田走洛見頤問之頤反覆以告從彥謝曰聞之龜山具是矣乃歸卒業沙縣陳淵楊時之壻也嘗詣從

彥必竟日乃返謂人曰自吾交仲素日聞所不聞奥學清節真南州之冠冕也既而築室山中絕意仕進終日端坐間謁時將溪上吟詠而歸恒充然自得焉嘗采祖宗故事為遵堯錄靖康中擬獻闕下會國難不果嘗與學者論治曰祖宗法度不可廢德澤不可恃廢法度則變亂之事起恃德澤則驕佚之心生自古德澤最厚莫若堯舜向使子孫可恃則堯舜必傳其子法度之明莫如周向使子孫世守文武成康之遺緒雖至今存可也又曰君子在朝則天下必治蓋君子進則常有亂世之言使人主多憂而善心生故治小人在朝則天下亂蓋小人進則常有治世之言使人主多樂而怠心生故亂又曰天下之變不起於四方而起於朝廷譬如人之傷氣則寒暑易侵木之傷心則風雨易折故內有林甫之姦則外必有祿山之亂內有盧杞之姦則外必有朱泚之叛其論士行曰周孔之心使人明道學者果能明道則周孔之心深自得之三代人才得周孔之心而明道者多故視死生去就如寒暑晝夜之移而忠義行之者易至漢唐以經術古文相尚而失周孔之心故經術自董生公孫弘倡之古文自韓愈柳宗元啓之於是明道者

寡故視死生去就如萬鈞九鼎之重而忠義行之者難嗚呼學者所見自漢唐衰矣又曰士之立朝要以正直忠厚為本正直則朝廷無過失忠厚則天下無嗟怨一於正直而不忠厚則漸入於刻一於忠厚而不正直則流入於懦其議論醇正類此朱熹謂龜山倡道東南士之游其門者甚衆然潛思力行任重詣極如仲素一人而已紹興中卒學者稱之曰豫章先生淳祐間謚文質

李侗字愿中南劍州劍浦人年二十四聞郡人羅從彥得河洛之學遂以書謁之其略曰侗聞之天下有三本焉父生之師教之君治之闕其一則本不立古之聖賢莫不有師其肄業之勤惰涉道之淺深求益之先後若存若亡其詳不可得而考惟洙泗之間七十二弟子之徒議論問答具在方冊有足稽焉是得夫子而益明矣孟氏之後道失其傳枝分派別自立門戶天下真儒不復見於世其聚徒成羣所以相傳授者句讀文義而已爾謂之熄焉可也其惟先生服膺龜山先生之講席有年矣況嘗及伊川先生之門得不傳之道於千五百年之後性明而修行完而潔擴之以廣大體之以仁恕精深微妙各極其至漢唐

諸儒無近似者至於不言而飲人以和與人並立而使人化如春風發物蓋亦莫知其所以然也凡讀聖賢之書粗有識見者孰不願得授經門下以質所疑至於異論之人固當置而勿論也侗之愚鄙徒以習舉子業不得服役於門下而今日拳拳欲求教者以謂所求有大於利禄也抑侗聞之道可以治心猶食之充飽衣之禦寒也人有迫於飢寒之患者皇皇焉爲衣食之謀造次顛沛未始忘也至於心之不治有沒世不知慮豈愛心不若口體哉弗思甚矣侗不量資質之陋徒以祖父以儒學起家不忍墜箕裘之業

孜孜矻矻爲利禄之學雖知真儒有作聞風而起固不若先生親炙之得於動靜語默之間目擊而意全也今生二十有四歲茫乎未有所止燭理未明而是非無以辨宅心不廣而喜怒易以揺操履不完而悔吝多精神不充而智巧襲揀焉而不淨守焉而不敷朝夕恐懼不啻如飢寒切身者求充飢禦寒之具也不然安敢以不肖之身爲先生之累哉從之累年授春秋中庸語孟之說從彥好靜坐侗退入室中亦靜坐從彥令靜中看喜怒哀樂未發前氣象而求所謂中者久之而於天下之理該攝洞貫以次融釋各有

條序從彥亟稱許焉既而退居山田謝絶世故餘四十年食飲或不充而怡然自適事親孝謹仲兄性剛多忤侗事之得其懽心閨門內外夷愉肅穆若無人聲而衆事自理親戚有貧不能婚嫁者則爲經理振助之與鄉人處飲食言笑終日油油如也其接後學答問不倦雖隨人淺深施教而必自反身自得始故其言曰學問之道不在多言但默坐澄心體認天理若是雖一毫私欲之發亦退聽矣又曰學者之病在於未有洒然冰解凍釋處如孔門諸子羣居終日交相切磨又得夫子爲之依歸日用之間觀感而化者

多矣恐於融釋而不脫落處非言說所及也又曰讀書者知其所言莫非吾事而即吾身以求之則凡聖賢所至而吾所未至者皆可勉而進矣若直求之文字以資誦說其不爲玩物喪志者幾希又曰講學切在深潛縝密然後氣味深長蹊徑不差若槩以理一而不察其分之殊此學者所以流於疑似亂真之說而不自知也嘗以黃庭堅之稱濂溪周茂叔胸中灑落如光風霽月爲善形容有道者氣象嘗諷誦之而顧謂學者存此於胸中庶幾遇事廓然而義理少進矣其語中庸曰聖門之傳是書其所以開悟後學無遺

葉矣然所謂喜怒哀樂未發謂之中者又一篇之指要也若徒記誦而已則亦奚以爲哉必也體之於身實見是理若顏子之歎卓然若有所見而不違乎心目之間然後擴充而往無所不通則庶乎其可以言中庸矣其語春秋曰春秋一事各是發明一例如觀山水徙步而形勢不同不可拘以一法然所以難言者蓋以常人之心推測聖人未到聖人灑然處豈能無失耶侗既閑居若無意當世而傷時憂國論事感激動人嘗曰今日三綱不振義利不分三綱不振故人心邪僻不堪任用是致上下之氣間隔而中國日

衰義利不分故自王安石用事陷溺人心至今不自知覺人趨利而不知義則主勢日孤人主當於此留意不然則是所謂雖有粟吾得而食諸也是時吏部員外郎朱松與侗爲同門友雅重侗遣子熹從學熹卒得其傳沙縣鄧迪嘗謂松曰愿中如冰壺秋月瑩徹無瑕非吾曹所及松以謂知言而熹亦稱侗姿禀勁特氣節豪邁而充養完粹無復圭角精純之氣達於面目色溫言厲神定氣和語默動靜端詳閑泰自然之中若有成法平日恂恂於事若無甚可否及其酬酢事變斷以義理則有截然不可犯者又謂自從侗學辭去復來則所聞益超絕其上達不已如此侗子友直信甫皆舉進士試吏旁郡更請迎養歸道武夷會閩帥汪應辰以書幣來迎侗往見之至之日疾作遂卒年七十有一信甫仕至監察御史出知衢州擢廣東江東憲以特立不容於朝云

列傳卷第一百八十七

儀同三司上柱國錄軍國重事前中書右丞相監修國史領經筵事都總裁臣脫脫等奉敕修

道學三

朱熹　張栻

朱熹字元晦一字仲晦徽州婺源人父松字喬年中進士第胡世將謝克家薦之除秘書省正字趙鼎都督川陜荆襄軍馬招松爲屬辭鼎再相除校書郎遷著作郎以御史中丞常同薦除度支員外郎兼史館校勘歷司勲吏部郎秦檜決策議和松與同列上章極言其不可檜怒風御史論松懷異自賢出知饒州未上卒熹幼穎悟甫能言父指天示之曰天也熹問曰天之上何物松異之就傅授以孝經一閱題其上曰不若是非人也嘗從群兒戲沙上獨端坐以指畫沙視之八卦也年十八貢于鄉中紹興十八年進士第主泉州同安簿選邑秀民充弟子員日與講說聖賢修己治人之道禁女婦之爲僧道者罷歸請祠監潭州南嶽廟明年以輔臣薦與徐度呂廣問韓元吉同召以疾辭孝宗即位詔求直言熹上封事言聖躬雖未有過失而帝王之學不可以不熟講朝政雖未有闕遺而修攘之計不可以不早定利害休戚雖不可徧舉而本原之地不可

以不加意陛下毓德之初親御簡策不過風誦文辭吟詠情性又頗留意於老子釋氏之書夫記誦詞藻非所以探淵源而出治道虛無寂滅非所以貫本末而立大中帝王之學必先格物致知以極夫事物之變使義理所存纖悉畢照則自然意誠心正而可以應天下之務次言修攘之計不時定者講和之說誤之也夫金人於我有不共戴天之讎則不可和也明矣願斷以義理之公閉關絕約任賢使能立紀綱厲風俗數年之後國富兵强視吾力之强弱觀彼釁之淺深徐起而圖之次言四海利病係斯民之休戚斯民休戚係守令之賢否監司者守令之綱朝廷者監司之本也欲斯民之得其所本原之地亦在朝廷而已今之監司姦贓狼籍肆虐以病民者莫非宰執臺諫之親舊賓客其已失勢者既按見其交私之狀而斥去之尚在勢者豈無其人顧陛下無自而知之耳隆興元年復召入對其一言大學之道在乎格物以致其知陛下雖有生知之性高世之行而未嘗隨事以觀理即理以應事是以舉措之間動涉疑貳聽納之際未免蔽欺平治之效所以未著其二言君父之讎不與共戴天今日所當爲者非戰無以復讎非守無以制勝且陳古先聖王所以强本折衝威制遠人之道時相湯思退方倡和議除熹武學博士待次乾

道元年促就職既至而洪适爲相復主和論不合歸三年陳俊卿劉珙薦爲樞密院編修官待次五年丁内艱六年工部侍郎胡銓以詩人薦與王庭珪同召以未終喪辭七年既免喪復召以禄不及養辭九年梁克家相申前命又辭克家奏熹屢召不起宜蒙褒録執政俱稱之上曰熹安貧守道廉退可嘉特改合入官主管台州崇道觀熹以求退得進於義未安再辭淳熙元年始拜命二年上欲奬用廉退以勵風俗龔茂良行丞相事以熹名進除秘書郎力辭且以手書遺茂良言一時權倖群小乘間讒毁乃因熹再辭即從其請主管武夷山冲佑觀五年史浩再相除知

南康軍降旨便道之官熹再辭不許至郡興利除害值歲不雨講求荒政多所全活訖事奏乞依格推賞納粟人間詣郡學引進士子與之講論訪白鹿洞書院遺址奏復其舊爲學規俾守之明年夏大旱詔監司郡守條其民間利病遂上疏言天下之務莫大於恤民而恤民之本在人君正心術以立紀綱蓋天下之紀綱不能以自立必人主之心術公平正大無偏黨反側之私然後有所繫而立君心不能以自正必親賢臣遠小人講明義理之歸閉塞私邪之路然後乃可得而正今宰相臺省師傅賓友諫諍之臣皆失其職而陛下所與親密謀議者不過一二近習之臣

上以蠱惑陛下之心志使陛下不信先王之大道而説於功利之卑説不樂莊士之讜言而安於私暬之鄙態下則招集天下士大夫之嗜利無恥者文武彙分各入其門所喜則陰爲引援擢寘清顯所惡則密行訾毁公肆擠排交通貨賂所盜者皆陛下之財命卿置將所竊者皆陛下之柄陛下所謂宰相師傅賓友諫諍之臣或反出其門牆承望其風旨其幸能自立者亦不過齷齪自守而未嘗敢一言以斥之其甚畏公論者乃能略警逐其徒黨之一二既不能深有所傷而終亦不敢正言以擣其囊橐窟穴之所在勢成威立中外靡然向之使陛下之號令黜陟不復出

於朝廷而出於一二人之門名爲陛下獨斷而實此一二人者陰執其柄且云莫大之禍必至之憂近在朝夕而陛下獨未之知上讀之大怒曰是以我爲亡也熹以疾請祠不報陳俊卿以舊相守金陵過闕入見薦熹甚力宰相趙雄言於上曰士之好名陛下疾之愈甚則人之譽之愈衆無乃適所以高之不若因其長而用之彼漸當事任能否自見矣上以爲然乃除熹提舉江西常平茶鹽公事旋録救荒之勞除直祕閣以前所奏納粟人未推賞辭會浙東大饑宰相王淮奏改熹提舉浙東常平茶鹽公事即日單車就道復以納粟人未推賞辭職名納粟賞行遂受職名

入對首陳災異之由與修德任人之說次言陛下即政之初蓋嘗選建英豪任以政事不幸其間不能盡得其人是以不復廣求賢哲而姑取軟熟易制之人以充其位於是左右私褻使令之賤始得以奉燕閒備驅使而宰相之權日輕又慮其勢有所偏而因重以壅己也則時聽外廷之論將以陰察此輩之負犯而操切之陛下既未能循天理公聖心以正朝廷之大體則固已失其本矣而又欲兼聽士大夫之言以爲駕馭之術則士大夫之進見有時而近習之從容無間士大夫之禮貌既莊而難親其議論又苦而難入近習便辟側媚之態既足以蠱心志其胥史狡獪

之術又足以眩聰明是以雖欲微抑此輩而此輩之勢日重雖欲兼采公論而士大夫之勢日輕重者既挾其重以竊陛下之權輕者又借力於所重以爲竊位固寵之計日往月來浸淫耗蝕使陛下之德業日隳綱紀日壞邪佞充塞貨賂公行兵愁民怨盜賊間作災異數見饑饉荐臻群小相挺人人皆得滿其所欲惟有陛下了無所得而顧乃獨受其弊上爲動容所奏凡七事其一二事手書以防宣洩熹始拜命即移書他郡募米商蠲其征及至則客舟之米已輻湊熹日鈎訪民隱按行境内單車屏徒從所至人不及知郡縣官吏憚其風采至自引去所部肅然凡丁錢

和買役法榷酤之政有不便於民者悉釐而革之於救荒之餘隨事處畫必爲經久之計有短熹者謂其疏於爲政上謂王淮曰朱熹政事却有可觀熹以前後奏請多所見抑幸而從者率稽緩後時蝗旱相仍不勝憂憤復奏言爲今之計獨有斷自聖心沛然發號責躬求言然後君臣相戒痛自省改其次惟有盡出内庫之錢以供大禮之費爲收糴之本詔户部免徵舊負詔漕臣依條檢放租稅詔宰臣沙汰被災路分州軍監司守臣之無狀者遴選賢能責以荒政庶幾猶足下結人心消其乘時作亂之意不然臣恐所憂者不止於飢殍而將在於盜賊蒙其害者不止於

官吏而上及於國家也知台州唐仲友與王淮同里爲姻家吏部尚書鄭丙侍御史張大經交薦之遷江西提刑未行熹行部至台訟仲友者紛然按得其實章三上淮匿不以聞熹論愈力仲友亦自辯淮乃以熹章進呈上令宰屬看詳都司陳庸等乞令浙西提刑委清强官究實仍令熹速往旱傷州郡相視熹時留台未行既奉詔益上章論前後六上淮不得已奪仲友江西新命以授熹辭不拜遂歸且乞奉祠時鄭丙上疏詆程氏之學以沮熹淮又擢太府寺丞陳賈爲監察御史賈面對首論近日搢紳有所謂道學者大率假名以濟僞願考察其人擯棄勿用蓋指熹也

十年詔以熹累乞奉祠可差主管台州崇道觀既而連奉
雲臺鴻慶之祠者五年十四年周必大相除熹提點江西
刑獄公事以疾辭不許遂行十五年淮罷相遂入奏首言
近年刑獄失當獄官當擇其人次言經總制錢之病民及
江西諸州科罰之弊而其末言陛下即位二十七年因循
荏苒無尺寸之效可以仰酬聖志嘗反覆思之無乃燕閒
蠖濩之中虛明應物之地天理有所未純人欲有所未盡
是以為善不能充其量除惡不能去其根一念之頃公私
邪正是非得失之機交戰於其中故體貌大臣非不厚而
便嬖側媚得以深被腹心之寄寤寐英豪非不切而柔邪

列傳 四百四十 傳一百八十八 七 德成

庸繆得以久竊廊廟之權非不樂聞公議正論而有時不
容非不堲讒說殄行而未免誤聽非不欲報復陵廟讎恥
而未免畏怯苟安非不愛養生靈財力而未免歎息愁怨
願陛下自今以往一念之頃必謹而察之此為天理耶人
欲耶果天理也則敬以充之而不使其少有壅閼果人欲
也則敬以克之而不使其少有凝滯推而至於言語動作
之間用人處事之際無不以是裁之則聖心洞然中外融
澈無一毫之私欲得以介乎其間而天下之事將惟陛下
所欲為無不如志矣是行也有要之於路以為正心誠意
之論上所厭聞戒勿以為言熹曰吾平生所學惟此四字

豈可隱默以欺吾君乎及奏上曰久不見卿浙東之事朕
自知之今當處卿清要不復以州縣為煩也時曾覿已死
王抃亦逐獨內侍甘昪尚在熹力以為言上曰昪乃德壽
所薦謂其有才耳熹曰小人無才安能動人主翌日除兵
部郎官以足疾丐祠本部侍郎林栗嘗與熹論易西銘不
合劾熹本無學術徒竊張載程頤緒餘謂之道學所至輒
携門生數十人妄希孔孟歷聘之風邀索高價不肯供職
其僞不可掩上曰林栗言似過周必大言熹上殿之日足
疾未瘳勉強登對上曰朕亦見其跛曳左補闕薛叔似亦
奏援熹乃令依舊職江西提刑太常博士葉適上疏與栗

列傳 四百四十 傳一百八十八 八 章成

辨謂其言無一實者謂之道學一語無實尤甚往日王淮
表裏臺諫陰廢正人蓋用此術詔熹昨入對所論皆新任
職事朕諒其誠復從所請可疾速之任會胡晉臣除侍御
史首論栗執拗不通喜同惡異無事而指學者為黨乃黜
栗知泉州熹再辭免除直寶文閣主管西京嵩山崇福宮
未踰月再召熹又辭始熹嘗以為口陳之說有所未盡乞
具封事以聞至是投匭進封事曰今天下大勢如人有重
病內自心腹外達四支無一毛一髮不受病者且以天下
之大本與今日之急務為陛下言之大本者陛下之心急
務則輔翼太子選任大臣振舉綱紀變化風俗愛養民力

修明軍政六者是也古先聖王兢兢業業持守此心是以建師保之官列諫諍之職凡飲食酒漿衣服次舍器用財賄與夫宦官宮妾之政無一不領於冢宰使其左右前後一動一靜無不制以有司之法而無纖芥之隙瞬息之頃得以隱其毫髮之私陛下所以精一克復而持守其心果有如此之功乎所以修身齊家而正其左右果有如此之效乎宮省事禁臣固不得而知然爵賞之濫貨賂之流閭巷竊言久已不勝其籍籍則陛下所以修之家者恐其未有以及古之聖王也至於左右便嬖之私恩遇過當往者淵覿說抃之徒勢焰熏灼傾動一時今已無可言矣獨有

前日臣所面陳者雖蒙聖慈委曲開譬然臣之愚竊以為此輩但當使之守門傳命供掃除之役不當假借崇長使得逞邪媚作淫巧於內以蕩上心立門庭招權勢於外以累聖政臣聞之道路自王抃既逐之後諸將差除多出此人之手陛下竭生靈膏血以奉軍旅顧乃未嘗得一溫飽是皆將帥巧為名色奪取其糧賚行貨賂於近習以圖進用出入禁闥腹心之臣外交將帥共為欺蔽以至於此而陛下不悟反寵暱之以是為我之私人至使宰相不得議其制置之得失給諫不得論其除授之是非則陛下所以正其左右者未能及古之聖王又明矣至於輔翼太子則

自王十朋陳良翰之後宮僚之選號為得人而能稱其職者蓋已鮮矣而又時使邪佞儇薄闒冗庸妄之輩或得參錯於其間所謂講讀亦姑以應文備數而未聞其有箴規之效至於從容朝夕陪侍遊燕者又不過使臣宦者數輩而已師傅賓客既不復置而詹事庶子有名無實其左右春坊遂直以使臣掌之既無以發其隆師親友尊德樂義之心又無以防其戲慢媟狎奇衺雜進之害宜討論前典置師傅賓客之官罷去春坊使臣而使詹事庶子各復其職至於選任大臣則以陛下之聰明豈不知天下之事必得剛明公正之人而後可任哉其所以常不得如此之人

而反容鄙夫之竊位者直以一念之間未能徹其私邪之蔽而燕私之好便嬖之流不能盡由於法度若用剛明公正之人以為輔相則恐其有以妨吾之事害吾之人而不得肆是以選擇之際常先排擯此等而後取凡疲懦軟熟平日不敢直言正色之人而揣摩之又於其中得其至庸極陋決可保其不至於有所妨者然後而加之於位是以除書未出而物色先定姓名未顯而中外已逆知其決非天下第一流矣至於振肅紀綱變化風俗則今日宮省之間禁密之地而天下不公之道不正之人顧乃得以窟穴盤據於其間而陛下目見耳聞無非不公不正之事則其

所以熏烝銷鑠使陛下好善之心不著疾惡之意不深其害已有不可勝言者矣及其作姦犯法則陛下又未能深割私愛而付諸外廷之議論以有司之法是以紀綱不正於上風俗頹弊於下其爲患之日久矣而浙中爲尤甚大率習爲軟美之態依阿之言以不分是非不辨曲直爲得計甚者以金珠爲脯醢以契券爲詩文宰相可啗則啗宰相近習可通則通近習惟得之求無復廉恥一有剛毅正直守道循理之士出乎其間則群譏衆排指爲道學而加以激矯之罪十數年來以此二字禁錮天下之賢人君子復如昔時所謂元祐學術者排擯詆辱必使無所容其身

而後已此豈治世之事哉至於愛養民力修明軍政則自虞允文之爲相也盡取版曹歲入窠名之必可指擬者號爲歲終羨餘之數而輸之內帑顧以其有名無實積累掛欠空載簿籍不可催理者撥還版曹以爲內帑之積將以備他日用兵進取不時之須然自是以來二十餘年內帑歲入不知幾何而認爲私貯典以私人宰相不得以式貢均節其出入版曹不得以簿書勾考其在亡日銷月耗以奉燕私之費者蓋不知其幾何矣而曷嘗聞其能用此錢以易敵人之首如太祖之言哉徒使版曹經費闕乏日甚督促日峻以至廢去祖宗以來破分良法而必以十分登

足爲限以爲未足則又造爲比較監司郡守殿最之法以誘脅之於是中外承風競爲苛急此民力之所以重困也諸將之求進也必先掊剋士卒以殖私利然後以此自結於陛下之私人而蘄以姓名達於陛下之貴將貴將得其姓名即以付之軍中使自什伍以上節次保明稱其材武堪任將帥然後具奏牘而言之陛下之前陛下但見等級推先案牘具備則誠以爲公薦而可以得人矣而豈知其諧價輸錢已若晚唐之債帥哉夫將者三軍之司命而其選置之方乖剌如此則彼智勇材略之人孰肯抑心下首於宦官宮妾之門而陛下之所得以爲將帥者皆庸夫走

卒而猶望其修明軍政激勸士卒以彊國勢豈不誤哉凡此六事皆不可緩而本在於陛下之一心一心正則六事無不正一有人心私欲以介乎其間則雖欲憊精勞力以求正夫六事者亦將徒爲文具而天下之事愈至於不可爲矣疏入夜漏下七刻上已就寢亟起秉燭讀之終篇明日除主管太一宮兼崇政殿說書熹力辭除秘閣修撰奉外祠光宗即位再辭職名仍舊直寶文閣降詔獎諭居數月除江東轉運副使以疾辭改知漳州奏除屬縣無名之賦七百萬減經總制錢四百萬以習俗未知禮采古喪葬嫁娶之儀揭以示之命父老解說以教子弟土俗崇信釋

氏男女聚僧廬為傳經會女不嫁者為庵舍以居熹悉禁之常病經界不行之害會朝論欲行泉汀漳三州經界熹乃訪事宜擇人物及方量之法上之而土居豪右侵漁貧弱者以為不便沮之宰相留正泉人也其里黨亦多以為不可行布衣吳禹圭上書訟其擾人詔且需後有旨先行漳州經界明年以子喪請祠時史浩入見請收天下人望乃除熹秘閣脩撰主管南京鴻慶宮熹再辭詔論撰之職以寵名儒乃拜命除荊湖南路轉運副使辭漳州經界竟報罷以言不用自劾除知靜江府辭主管南京鴻慶宮未幾差知潭州力辭黃裳為嘉王府翊善自以學不及熹乞

召為宮僚王府直講彭龜年亦為大臣言之留正曰正非不知熹但其性剛恐到此不合反為累耳熹方再辭有旨長沙巨屏得賢為重遂拜命會洞獠擾屬郡熹遣人諭以禍福皆降之申敕令嚴武備戢姦吏抑豪民所至興學校明教化四方學者畢至寧宗即位趙汝愚首薦熹及陳傅良有旨赴行在奏事熹行且辭除煥章閣待制侍講辭不許入對首言乃者太皇太后躬定大策陛下寅紹丕圖可謂處之以權而庶幾不失其正自頃至今三月矣或反不能無疑於逆順名實之際竊謂陛下憂之猶有可諉者亦曰陛下之心前日未嘗有求位之計今日未嘗忘思親之

懷此則所以行權而不失其正之根本也充未嘗求位之心以盡負罪引慝之誠充未嘗忘親之心以致溫清定省之禮而大倫正大本立矣復面辭待制侍講上手劄卿經術淵源正資勸講次對之職勿復勞辭以副朕崇儒重道之意遂拜命會趙彥逾按視孝宗山陵以為土肉淺薄下有水石孫逢吉覆按乞別求吉兆有旨集議臺史憚之議中輟熹竟上議狀言壽皇聖德衣冠之藏當博訪名山不宜偏信臺史委之水泉沙礫之中不報時論者以為上未還大內則名體不正而疑議生金使且來或有窺伺有旨修葺舊東宮為屋三數百間欲徙居之熹奏疏言此必左

右近習倡為此說以誤陛下而欲因以遂其姦心臣恐不惟上帝震怒災異數出正當恐懼修省之時不當興此大役以咈譴告警動之意亦恐畿甸百姓饑餓流離阽於死亡之際或能怨望忿切以生他變不惟無以感格太上皇帝之心以致未有進見之期亦恐壽皇在殯因山未卜几筵之奉不容少弛太皇太后皇太后皆以尊老之年煢然在憂苦之中晨昏之養尤不可闕而四方之人但見陛下亟欲大治宮室速得成就一旦翩然委而去之以就安便六軍萬民之心將有扼腕不平者矣前鑑未遠甚可懼也又聞太上皇后懼忤太上皇帝聖意不欲其聞太上之稱

又不欲其闈內襌之說此又慮之過者殊不知若但如此而不爲宛轉方便則父子之間上怨怒而下憂恐將何時而已父子大倫三綱所繫父而不圖亦將有借其名以造謗生事者此又臣之所大懼也願陛下明詔大臣首罷修葺東宮之役而以其工料回就慈福重華之間草創寢殿一二十間使粗可居若夫過宮之計則臣又願陛下下詔自責減省輿衛入宮之後暫變服色如唐肅宗之改服紫袍執控馬前者以伸負罪引慝之誠則太上皇帝雖有忿怒之情亦且霍然消散而歡意浹洽矣至若朝廷之紀綱則臣又願陛下深詔左右勿預朝政其實有勳庸而所得

褒賞未愜衆論者亦詔大臣公議其事稽考令典厚報其勞而凡號令之弛張人才之進退則一委之二三大臣使之反覆較量勿徇已見酌取公論奏而行之有不當者繳駁論難擇其善者稱制臨決則不惟近習不得干預朝權大臣不得專任己私而陛下亦得以益明習天下之事而無所疑於得失之算矣若夫山陵之卜則願黜臺史之說別求草澤以營新宮使壽皇之遺體得安於內而宗社生靈皆蒙福於外矣疏入不報然上亦未有怒熹意也每以所講編次成帙以進上亦開懷容納熹又奏勉上進德云願陛下日用之間以求放心爲之本而於玩經觀史親近

儒學益用力焉數召大臣切劘治道群臣進對亦賜溫顔反覆詢訪以求政事之得失民情之休戚而又因以察其人才之邪正短長庶於天下之事各得其理熹奏禮經敕令子爲父嫡孫承重爲祖父皆斬衰三年嫡子當爲其父後不能襲位執喪則嫡孫繼統而代之執喪自漢文短喪歷代因之天子遂無三年之喪爲父且然則嫡孫承重可知人紀廢壞三綱不明千有餘年莫能釐正壽皇聖帝至性自天易月之外猶執通喪朝衣朝冠皆用大布所宜著在方冊爲萬世法程間者遺誥初頒太上皇帝偶違康豫不能躬就喪次陛下以世嫡承大統則承重之服著在禮

律所宜遵壽皇已行之法一時倉卒不及詳議遂用漆紗淺黃之服不惟上違禮律且使壽皇已行之禮舉而復墜臣竊痛之然既往之失不及追改有將來啓殯發引禮當復用初喪之服會孝宗祔廟議宗廟迭毀之制孫逢吉曾三復首請併祧僖宣二祖奉太祖居第一室祫祭則正東向之位有旨集議僖順翼宣四祖祧主宜有所歸自太祖皇帝首尊四祖之廟治平間議者以世數寖遠請遷僖祖於夾室後王安石等奏僖祖有廟與稷契無異請復其舊時相趙汝愚雅不以復祀僖祖爲然侍從多從其說吏部尚書鄭僑欲且祧宣祖而祔孝宗熹以爲藏之夾室則是

以祖宗之主下藏於子孫之夾室神宗復奉以爲始祖巳爲得禮之正而合於人心所謂有舉之而莫敢廢者乎又擬爲廟制以辨以爲物豈有無本而生者廟堂不以聞即毀撤僖宣廟室更創別廟以奉四祖始寧宗之立韓侂冑自謂有定策功居中用事熹憂其害政數以爲言且約吏部侍郎彭龜年共論之會龜年出護使客熹乃上疏斥言左右竊柄之失在講筵復申言之御批云憫卿耆艾恐難立講已除卿宮觀汝愚袖御筆還上且諫且拜内侍王德謙徑以御筆付熹臺諫爭留不可樓鑰陳傅良旋封還録黄修注官劉光祖鄧馹封章交上熹行被命除寶文閣待

制與州郡差遣辭尋除知江陵府辭仍乞追還新舊職名詔依舊煥章閣待制提舉南京鴻慶宮慶元元年初趙汝愚既相收召四方知名之士中外引領望治熹獨惕然以侂冑用事爲慮既屢爲上言又數以手書啓汝愚當用厚賞酬其勞勿使得預朝政有防微杜漸謹不可忽之語汝愚方謂其易制不以爲意及是汝愚亦以誣逐而朝廷大權悉歸侂冑矣熹始以廟議自劾不許以疾再乞休致詔辭職謝事非朕優賢之意依舊祕閣修撰二年沈繼祖爲監察御史誣熹十罪詔落職罷祠門人蔡元定亦送道州編管四年熹以年近七十申乞致仕五年依所請明年卒

年七十一疾且革手書屬其子在及門人范念德黄榦拳拳以勉學及修正遺書爲言翌日正坐整衣冠就枕而逝熹登第五十年仕於外者僅九考立朝纔四十日家故貧少依父友劉子羽寓建之崇安後徙建陽之考亭簞瓢屢空晏如也諸生之自遠而至者豆飯藜羹率與之共往往稱貸於人以給用而非其道義則一介不取也自熹去國侂冑勢益張何澹爲中司首論專門之學文詐沽名乞辨眞僞劉德秀仕長沙不爲張栻之徒所禮及爲諫官首論留正引僞學之罪僞學之稱蓋自此始太常少卿胡紘言比年僞學猖獗圖爲不軌望宣諭大臣權住進擬遂召陳

賈爲兵部侍郎未幾熹有奪職之命劉三傑以前御史論熹汝愚劉光祖徐誼之徒前日之僞黨至此又變而爲逆黨即日除三傑右正言右諫議大夫姚愈論道學權臣結爲死黨窺伺神器乃命直學士院高文虎草詔諭天下於是攻僞日急選人余嚞至上書乞斬熹方是時士之繩趨尺步稍以儒名者無所容其身從游之士特立不顧者屏伏丘壑依阿巽懦者更名他師過門不入甚至變易衣冠狎遊市肆以自別其非黨而熹日與諸生講學不休或勸以謝遣生徒者笑而不答有籍田令陳景思者故相康伯之孫也與侂冑有姻連勸侂冑勿爲已甚侂冑意亦漸悔

熹既沒將葬言者謂四方僞徒期會送僞師之葬會聚之
間非妄談時人短長則繆議時政得失望令守臣約束從
之嘉泰初學禁稍弛二年詔朱熹已致仕除華文閣待制
與致仕恩澤後侂冑死詔賜熹遺表恩澤謚曰文尋贈中
大夫特贈寶謨閣直學士理宗寶慶三年贈太師追封信
國公改徽國始熹少時慨然有求道之志父松病亟嘗屬
熹曰籍溪胡原仲白水劉致中屏山劉彥沖三人學有淵
源吾所敬畏吾即死汝往事之而惟其言之聽三人謂胡
憲劉勉之劉子翬也故熹之學既博求之經傳復徧交當
世有識之士延平李侗老矣嘗學於羅從彥熹歸自同安

不遠數百里徒步往從之其爲學大抵窮理以致其知反
躬以踐其實而以居敬爲主嘗謂聖賢道統之傳散在方
冊聖經之旨不明而道統之傳始晦於是竭其精力以研
窮聖賢之經訓所著書有易本義啓蒙著卦考誤詩集傳
大學中庸章句或問論語孟子集註太極圖通書西銘解
楚辭集註辨證韓文考異所編次有論孟集議孟子指要
中庸輯略孝經刊誤小學書通鑑綱目宋名臣言行錄家
禮近思錄河南程氏遺書伊洛淵源錄皆行於世熹沒朝
廷以其大學語孟中庸訓說立於學官又有儀禮經傳通
解未脫藁亦在學官平生爲文凡一百卷生徒問答凡八

十卷別錄十卷理宗紹定末秘書郎李心傳乞以司馬光
周敦頤邵雍張載程顥程頤朱熹七人列于從祀不報淳
祐元年正月上視學手詔以周張二程及熹從祀孔子廟
黃榦曰道之正統待人而後傳自周以來任傳道之責者
不過數人而能使斯道章章較著者一二人而止耳由孔
子而後曾子子思繼其微至孟子而始著由孟子而後周
程張子繼其絕至熹而始著識者以爲知言熹子在紹定
中爲吏部侍郎

張栻字敬夫丞相浚子也穎悟夙成浚愛之自幼學所教
莫非仁義忠孝之實長師胡宏宏一見即以孔門論仁親

切之旨告之栻退而思若有得焉宏稱之曰聖門有人矣
栻益自奮厲以古聖賢自期作希顏錄以蔭補官辟宣撫
司都督府書寫機宜文字除直秘閣時孝宗新即位浚起
謫籍開府治戎參佐皆極一時之選栻時以少年內贊密
謀外參庶務其所綜畫幕府諸人皆自以爲不及也間以
軍事入奏因進言曰陛下上念宗社之讎恥下閔中原之
塗炭惕然於中而思有以振之臣謂此心之發即天理之
所存也願益加省察而稽古親賢以自輔無使其或少息
則今日之功可以必成而因循之弊可革矣孝宗異其言
於是遂定君臣之契浚去位湯思退用事遂罷兵講和金

一人乘間縱兵入淮甸中外大震廟堂猶主和議至敕諸將
無得輒稱兵時浚已沒栻營葬甫畢即拜疏言吾與金人
有不共戴天之讎異時朝廷雖嘗興縞素之師然旋遣玉
帛之使是以講和之念未忘於胷中而至忱惻怛之心無
以感格于天人之際此所以事屢敗而功不成也今雖重
爲群邪所誤以蹙國而召寇然亦安知非天欲以是開聖
心哉謂宜深察此理使吾胷中了然無纖芥之惑然後明
詔中外公行賞罰以快軍民之憤則人心悅士氣充而敵
不難卻矣繼今以往益堅此志誓不言和專務自強雖折
不撓使此心純一貫徹上下則遲以歲月亦何功之不濟

哉疏入不報久之劉珙薦於上除知撫州未上改嚴州時
宰相虞允文以恢復自任然所以求者類非其道意栻素
論當與己合數遣人致殷勤栻不答入奏首言先王所以
建事立功無不如志者以其胷中之誠有以感格天人之
心而與之無間也今規畫雖勞而事功不立陛下誠深察
之日用之間念慮云爲之際亦有私意之發以害吾之誠
者乎有則克而去之使吾中扃洞然無所間雜則見義必
精守義必固而天人之應將不待求而得矣夫欲復中原
之地先有以得中原之心欲得中原之心先有以得吾民
之心求所以得吾民之心者豈有他哉不盡其力不傷其

財而已矣今日之事固當以明大義正人心爲本然其所
施有先後則其緩急不可以不詳所務有名實則其取舍
不可以不審此又明主所宜深察也明年召爲吏部侍郎
兼權起居郎侍立官時宰方謂敵勢衰弱可圖建議遣泛
使往責陵寢之故士大夫有憂其無備而召兵者輒斥去
之栻見上上曰卿知敵國事乎栻對曰不知也上曰金國
饑饉連年盜賊四起栻曰金人之事臣雖不知境中之事
則知之矣上曰何也栻曰臣切見比年諸道多水旱民貧
日甚而國家兵弱財匱官吏誕謾不足倚賴正使彼實可
圖臣懼我之未足以圖彼也上爲默然久之栻因出所奏

疏讀之曰臣竊謂陵寢隔絕誠臣子不忍言之至痛然今
未能奉辭以討之又不能正名以絕之乃欲卑詞厚禮以
求於彼則於大義已爲未盡而異論者猶以爲憂則其淺
陋畏怯固益甚矣然臣竊揆其心意或者亦有以見我未
有必勝之形而不能不憂也歟蓋必勝之形當在於早正
素定之時而不在於兩陣決機之日上爲竦聽改容栻復
讀曰今日但當下哀痛之詔明復讎之義顯絕金人不與
通使然後修德立政用賢養民選將帥練甲兵通內修外
攘進戰退守以爲一事且必治其實而不爲虛文則必勝
之形隱然可見雖有淺陋畏怯之人亦且奮躍而爭先矣

上爲歎息襃諭以爲前始未聞此論也其後因賜對反復前說上益嘉歎面諭當以卿爲講官冀時得晤語也會史正志爲發運使名爲均輸實盡奪州縣財賦遠近騷然士大夫爭言其害栻亦以爲言上曰正志謂但取之諸郡非取之於民也栻曰今日州郡財賦大抵無餘若取之不已而經用有闕不過巧爲名色以取之於民耳上矍然曰如卿之言是朕假手於發運使以病吾民也旋閱其實果如栻言即詔罷之兼侍講除左司員外郎講詩葛覃進說治生於敬畏亂起於驕淫使爲國者每念稼穡之勞而其后妃不忘織紝之事則心不存者寡矣因上陳祖宗自家刑國之懿下斥今日興利擾民之害上歎曰此王安石所謂人言不足恤者所以爲誤國也知閤門事張說除簽書樞密院事栻夜草疏極諫其不可旦詣朝堂質責宰相虞允文曰宦官執政自京黼始近習執政自相公始允文慙憤不堪栻復奏文武誠不可偏然今欲右武以均二柄而所用乃得如此之人非惟不足以服文吏之心正恐反激武臣之怒孝宗感悟命得中寢然宰相實陰附說明年出栻知袁州申說前命中外諠譁說竟以謫死栻在朝未期歲而召對至六七所言大抵皆修身務學畏天恤民抑僥倖屏讒諛於是宰相益憚之而近習尤不悅退而家居累年

孝宗念之詔除舊職知靜江府經略安撫廣南西路所部荒殘多盜栻至簡州兵汰冗補闕籍諸州黥卒伉健者爲效用日習月按申嚴保伍法諭溪峒酋豪弭怨睦鄰毋相殺掠於是群蠻帖服朝廷買馬橫山歲久弊滋邊氓告病而馬不時至栻究其利病六十餘條奏革之諸蠻感悅爭以善馬至孝宗聞栻治行詔特進秩直寶文閣因任尋除祕閣修撰荊湖北路轉運副使改知江陵府安撫本路一日去貪吏十四人湖北多盜府縣往往縱釋以病良民栻首劾大吏之縱賊者捕斬姦民之舍賊者令其黨得相捕告以除罪群盜皆遁去郡瀕邊屯主將與帥守每不相下栻以禮遇諸將得其驩心又加恤士伍勉以忠義隊長有功輒補官士咸感奮並淮姦民出塞爲盜者捕得數人有北方亡奴亦在盜中栻曰朝廷未能正名討敵無使疆埸之事其曲在我命斬之以徇於境而縛其亡奴歸之北人歎曰南朝有人信陽守劉大辯怙勢希賞廣招流民而奪見戶熟田以與之栻劾大辯詐諼所招流民不滿百而虛增其數十倍請論其罪不報章累上大辯易他郡栻自以不得其職求去詔以右文殿修撰提舉武夷山沖佑觀病且死猶手疏勸上親君子遠小人信任防一己之偏好惡公天下之理天下傳誦之栻有公輔之望卒時年四十有

八孝宗聞之深爲嗟悼四方賢士大夫往往出涕相弔而江陵靜江之民尤哭之哀嘉定間賜謚曰宣淳祐初詔從祀孔子廟栻爲人表裏洞然勇於從義無毫髮滯吝每進對必自盟於心不可以人主意悅輒有所隨順孝宗嘗言伏節死義之臣難得栻對當於犯顏敢諫中求之若平時不能犯顏敢諫他日何望其伏節死義孝宗又言難得辦事之臣栻對陛下當求曉事之臣不當求辦事之臣若但求辦事之臣則他日敗陛下事者未必非此人也栻自言前後奏對忤上旨雖多而上每念之未嘗加怒者所謂可以理奪云爾其遠小人尤嚴爲都司日肩輿出遇曾覿覿

舉手欲揖栻急揜其窻櫺覿慙手不得下所至郡暇日召諸生告語民以事至庭必隨事開曉具爲條教大抵以正禮俗明倫紀爲先斥異端毀淫祠而崇社稷山川古先聖賢之祀舊典所遺亦以義起也栻聞道甚早朱熹嘗言已之學乃銖積寸累而成如敬夫則於大本卓然先有見者也所著論語孟子說太極圖說洙泗言仁諸葛忠武侯傳經世紀年皆行于世栻之言曰學莫先於義利之辨義者本心之當爲非有爲而爲也有爲而爲則皆人欲非天理此栻講學之要也子焯

列傳卷第一百八十八

列傳卷第一百八十九　宋史四百三十

開府儀同三司上柱國錄軍國重事前中書右丞相監修國史領經筵事都總裁臣脫脫等奉

敕修

道學四朱氏門人

黃榦　李燔　張洽

陳淳　李方子　黃灝

黃榦字直卿福州閩縣人父瑀在高宗時爲監察御史以篤行直道著聞瑀沒榦往見清江劉清之清之奇之曰子乃遠器時學非所以處子也因命受業朱熹榦家法嚴重乃以白母即日行時大雪既至而熹它出榦因留客邸臥

起一榻不解衣者二月而熹始歸榦自見熹夜不設榻不解帶少倦則微坐一椅或至達曙熹語人曰直卿志堅思苦與之處甚有益嘗詣東萊呂祖謙以所聞於熹者相質正及廣漢張栻亡熹與榦書曰吾道益孤矣所望於賢者不輕後遂以其子妻榦寧宗即位熹命榦奉表補將仕郎銓中授迪功郎監台州酒務丁母憂學者從之講學于墓廬甚衆熹作竹林精舍成遺榦書有它時便可請直卿代卽講席之語及編禮書獨以喪祭二編屬榦稾成熹見而喜曰所立規模次第縝密有條理它日當取所編家鄉邦國王朝禮悉倣此更定之病革以深衣及所著書授榦手

書與訣曰吾道之託在此吾無憾矣訃聞榦持心喪三年
畢調監嘉興府石門酒庫時韓侂冑方謀用兵吳獵帥湖
北將赴鎮訪以兵事榦曰聞議者謂今天下欲爲大舉深
入之謀果爾必敗此何時而可進取哉獵雅敬榦名德辟
爲荆湖北路安撫司激賞酒庫兼準備差遣事有未當必
輸忠款力爭江西提舉常平趙希懌知撫州高商老辟爲
臨川令歲旱勸糶捕蝗極其力改知新淦縣吏民習知臨
川之政皆喜不令而政行以提舉常平郡太守薦擢監尚
書六部門未上改差通判安豐軍淮西帥司檄榦鞫和州
獄獄故以疑未決榦釋囚桎梏飲食之委曲審問無所得
一夜夢井中有人明日呼囚詰之曰汝殺人投之於井我
悉知之矣胡得欺我囚遂驚服果於廢井得尸尋知漢陽
軍值歲饑糴客米發常平以振制置司下令欲移本軍之
粟而禁其糴榦報以乞候榦罷然後施行及援鄂州例十
之一告糴於制司荒政具舉旁郡飢民輻湊惠撫均一春
暖願歸者給之糧不願者結廬居之民大感悅所至以重
庠序先教養其在漢陽即郡治後鳳棲山爲屋館四方士
立周程游朱四先生祠以病乞祠主管武夷沖祐觀尋起
知安慶府至則金人破光山而沿邊多警安慶去光山不
遠民情震恐乃請于朝城安慶以備戰守不俟報即日興

工城分十二料先自築一料計其工費若干然後委官吏
寓公士人分料主之役民兵五千人人役九十日而計人
戶產錢起丁夫通役二萬夫人十日而罷役者更番暑月
休六日日午休一時至秋漸殺其半榦日以五鼓坐于
堂濠砦官入聽命以一日成算授之役某鄉民兵若干某
鄉人夫若干分布於某人料分或搬運某處土木應副某
料使用某料民兵人夫合當更代合散幾日錢米俱受命
畢乃治府事理民訟接賓客閱士卒會僚佐講究邊防利
病次則巡城視役晚入書院講論經史築城之杵用錢監
未鑄之鐵事畢還之城成會上元日張燈士民扶老携幼
往來不絕有老嫗百歲二子輿之諸孫從至府致謝榦禮
之命具酒炙且勞以金帛嫗曰老婦之來爲一郡生靈謝
耳太守之賜非所冀也不受而去是歲大旱榦祈輒雨或
未出晨興登郡閣望灊山再拜雨即至後二年金人破黃
州沙窩諸關淮東西皆震獨安慶按堵如故繼而霖潦餘
月巨浸暴至城屹然無虞舒人德之相謂曰不殘于寇不
淊于水生汝者黃父也制置李珏辟爲參議官再辭不受
既而朝命與徐僑兩易和州且令先赴制府禀議榦即日
解印趨制府和州人日望其來曰是嘗檄至吾郡鞫死囚
感夢於井中者庶能直吾屈乎先是榦移書珏曰丞相誅

韓之後懲意外之變專用左右親信之人往往得罪於天
下公議世之君子遂從而歸咎於丞相丞相不堪其咎斷
然遂去之而左右親信者其用愈專矣平居無事紀綱紊
亂不過州縣之間百姓受禍至於軍政不脩邊備廢弛皆
此曹爲之若今大敵在境更不改圖大事去矣今日之急
莫大於此又曰今日之計莫若用兩淮之人食兩淮之粟
守兩淮之地然其策當先明保伍保伍既明則爲之立堡
砦蓄馬制軍器以資其用不過累月軍政可成且淮民遭
丙寅之厄今聞金人遷汴莫不狼顧脅息有棄田廬挈妻
子渡江之意其間勇悍者且將伺變竊發向日胡海張軍

之變爲害甚於金今若不早爲之圖則兩淮日見荒墟卒
有警急擁臂而起矣珏皆不能用及至制府珏往惟揚視
師與偕行榦言敵既退當思所以賞功罰罪者崔惟揚能
於清平山豫立義砦斷金人右臂方儀眞能措置捍禦粟
使軍民倉皇奔軼此二人者當薦之泗上之敗劉倬可斬
也某州官吏三人攜家奔竄追而治之然後具奏可也其
時幕府書館皆輕儇浮靡之士僚吏士民有獻謀畫多爲
毀抹疏駁將帥偏裨人心不附所向無功流移滿道而諸
司長吏張宴無虛日榦知不足與共事歸自惟揚再辭和
州之命仍乞祠閑閤謝客宴樂不與乃復告珏曰浮光敵

退已兩月安豐已一月盱眙亦將兩旬不知吾所措置者
何事所施行者何策邊備之弛又甚於前日復一日恬不
知懼恐其禍又不止今春矣向者輕信人言爲泗上之役
喪師萬人良將勁卒精兵利器不戰而淪於泗水黃團老
幼俘虜殺戮五六千人盱眙東西數百里莽爲丘墟安豐
浮光之事大率類此切意千乘言旋必痛自咎責出宿于
外大戒于國曰此吾之罪也有能箴吾失者疾入諫日與
僚屬及四方賢士討論條畫以爲後圖今歸已五日矣但
聞請總領運使至玉麟堂賞牡丹用妓樂又聞總領運使
請宴賞亦然又聞宴僚屬亦然邦人諸軍聞之豈不痛憤

且視牡丹之紅豔豈不思邊庭之流血視管絃之啁啾豈
不思老幼之哀號視棟宇之宏麗豈不思士卒之暴露視
飲饌之豐美豈不思流民之凍餒敵國深侵宇內騷動主
上食不甘味聽朝不怡大臣憂懼不知所出尚書豈得不
朝夕憂懼而乃如是之透緩暇逸耶今浮光之報又至矣
金欲以十六縣之衆四月攻浮光侵五關且以一縣五千
人爲率則當有八萬人攻浮光以萬人刈吾麥以五萬人
攻吾關吾之守關不過五六百人豈能當萬人之衆哉則
關之不可守決矣五關失守則蘄黃決不可保蘄黃不保
則江南危尚書聞此亦已數日乃不聞有所施行何耶其

它言皆激切同幕忌之尤甚共詆排之厥後光黃蘄繼失果如其言遂力辭去請祠不已俄再命知安慶不就入廬山訪其友李燔陳宓相與盤旋玉淵三峽間俛仰其師舊跡講乾坤二卦於白鹿書院山南北之士皆來集未幾召赴行在所奏事除大理丞不拜為御史李楠所劾初幹入荊湖幕府奔走諸關與江淮豪傑游而豪傑往往願依幹及倅安豐武定諸將皆歸心焉後倅建康守漢陽聲聞益著諸豪又深知幹倜儻有謀及來安慶且兼制幕長淮軍民之心翕然相向此聲既出在位者益忌且慮幹入見必直言邊事以悟上意至是羣起擠之幹遂歸里弟子日盛

巴蜀江湖之士皆來編禮著書日不暇給夜與之講論經理亹亹不倦借鄰寺以處之朝夕往來質疑請益如熹時俄命知潮州辭不行差主管亳州明道宫踰月遂乞致仕詔許之特授承議郎既没後數年以門人請謚又特贈朝奉郎與一子下州文學謚文肅有經解文集行于世

李燔字敬子南康建昌人少孤依舅氏中紹熙元年進士第授岳州教授未上往建陽從朱熹學熹告以曾子弘毅之語且曰致遠固以毅而任重貴乎弘也燔退以弘名其齋而自儆焉至岳州教士以古文六藝不因時好且曰古之人皆通材用則文武兼焉即武學諸生文振而識高者拔之闢射圃令其習射廩老將之長於藝者以率偷惰以祖母卒解官承重而歸改襄陽府教授復往見熹熹嘉之凡諸生未達者先令訪燔俟有所發乃從熹折衷諸生畏服熹謂人曰燔交友有益而進學可畏且直諒樸實處事不苟它日任斯道者必燔也熹没學禁嚴燔率同門往會葬視封窆不少怵及詔訪遺逸九江守以燔薦召赴都堂審察辭再召再辭郡守請為白鹿書院堂長學者雲集講學之盛它郡無與比除大理司直辭尋添差江西運司幹辦公事江西帥李珏漕使王補之交薦之會洞寇作亂帥漕議平之而各持其說燔徐曰寇非吾民耶豈必皆惡然

其如是誠以吾有司貪刻者激之及將校之邀功者逼成之耳及是而行之則皆民矣帥漕曰幹辦議是誰可行者燔請自往乃駐兵萬安會近洞諸巡尉寨隅保之尤無良者易置之分兵守險馳辯士諭賊逆順禍福寇皆帖服洪州地下異時贑江漲而隄壞久雨輒澇燔白于帥漕修之自是田皆沃壤漕司以十四界會子新行價日損乃視民稅產物力各藏會子若干官為封識不時點閱人爱重之則價可增慢令者黥籍而民譁張持空券益不售燔與國子學録李誠之力爭不能止燔又入劄爭之曰錢荒楮涌子母不足以相權不能行楮者由錢不能權之也楮不行

而抑民藏之是棄物也誠能節用先穀粟之實務而不取必於楮幣則楮幣爲實用矣劄入漕司即弛禁詣燔謝燔又念社倉之置僅貸有田之家而力田之農不得沾惠遂倡議裒穀創社倉以貸佃人有旨改官通判潭州辭不許眞德秀爲長沙帥一府之事咸咨燔不數月辭歸當是時史彌遠當國廢皇子竑燔以三綱所關自是不復出矣眞德秀及右史魏了翁薦之差權通判隆興府江西帥魏大有辟充參議官皆辭乃以直祕閣主管慶元至道宮燔自惟居閒無以報國乃薦崔與之魏了翁眞德秀陳宓鄭寅楊長孺丁黼葉宰龔維蕃徐僑劉宰洪咨夔于朝紹定五

年帝論及當時高士累召不起者史臣李心傳以燔對且曰燔乃朱熹高弟經術行義亞黃榦當今海內一人而已帝問今安在心傳對曰燔南康人先帝以大理司直召不起比乞致仕陛下誠能彊起之以實講筵其裨聖學豈淺淺哉帝然其言終不召也九江蔡念成稱燔心事有如秋月燔卒年七十贈直華文閣謚文定補其子舉下州文學燔嘗曰凡人不必待仕宦有位爲職事方爲功業但隨力到處有以及物即功業矣又嘗曰仕宦至卿相不可失寒素體夫子無入不自得者正以磨挫驕奢不至居移氣養移體因誦古語曰分之所在一毫躋攀不上善處者退一步耳故燔處貧賤患難若平素不爲動被服布素雖貴不易入仕凡四十二年而歷官不過七考居家講道學者宗之與黃榦並稱曰黃李孫鏞登進士第

張洽字元德臨江之清江人父綬第進士洽少穎異從朱熹學自六經傳注而下皆究其指歸至於諸子百家山經地志老子浮屠之說無所不讀嘗取管子所謂思之思之又重思之思之不通鬼神將通之之語以爲窮理之要熹嘉其篤志謂黃榦曰所望以永斯道之傳如二三君者不數人也時行社倉法洽請於縣貸常平米三百石建倉里中六年而歸其本於官鄉人利之嘉定元年中第授松滋

尉湖右經界不正弊日甚洽請行推排法令以委洽洽於是令民自實其土地疆界產業之數投于匱乃籌覈而次第之吏姦無所匿其後十餘年訟者猶援以爲證云改袁州司理參軍有大囚訊之則服尋復變異且力能動搖官吏累年不決而逮繫者甚衆洽以白提點刑獄殺之有盜黠甚辭不能折會獄有兄弟爭財者洽諭之曰訟于官祇爲胥吏之地且冒法以求勝孰與各守分以全手足之愛乎辭氣懇切訟者感悟盜聞之自伏民有殺人賂其子焚之居數年事敗洽治其獄無狀憂之且白郡委官體訪俄夢有人拜于庭示以傷痕在脅翌日委官上其事果然郡

守以倉廩虛籍倉吏二十餘家命洽鞫之洽廉知爲都吏所賣都吏者州之巨蠹也嘗干於倉不獲故以此中之洽度守意銳未可嬰姑繫之而密令計倉庾所入以白守曰君之籍二十餘家者以胥吏也令校數歲之中所入已豐於昔由是觀之胥吏妄矣君必不忍受胥吏之妄而籍無罪之家也若以罪胥吏過乃可免守悟爲罷都吏而免所籍之家知永新縣一日謁告閶獄中榜笞聲蓋獄吏受賕秉間訊囚使誣服也洽大怒亟執付獄明日以上于郡縣之湖南鄰寇作亂與縣接壤民大恐洽單車以往邑佐寓士交諫弗聽至則寇未嘗至乃延見隅官訪利害而犒之

因行安福境上結約土豪得其懽心未幾南安舒寇將犯境聞有備乃去以江東提舉常平薦通判池州獄有張德脩者誤蹴人以死獄吏誣以故殺洽訊而疑之請再鞫守不聽會提點常平袁甫至時方大旱禱不應洽言于甫曰漢晉以來濫刑而致旱伸寃而得雨載於方冊可攷也今天大旱焉知非由德脩事乎甫爲閱款狀於獄德脩遂從徒罪復白郡請蠲征稅寬催科以召和氣守爲寬稅三日果大雨民甚悅洽數以病請祠至是主管建昌仙都觀以慶壽恩賜緋衣銀魚時袁甫提點江東刑獄甫以白鹿書院廢弛招洽爲長洽曰嘻是先師之迹也其可辭至則選

好學之士日與講說而汰其不率教者凡養士之田乾沒於豪右者復之學興即謝病去端平初大臣多薦洽召赴都堂審察洽以疾不赴乃除祕書郎尋遷著作佐郎度正葉味道在經幄帝數問張洽何時可到將以說書待洽洽固辭遂除直祕閣主管建康崇禧觀嘉熙元年以疾乞致仕十月卒年七十七洽自少用力於敬故以主一名齋平居不異常人至義所當爲則勇不可奪居間不言朝廷事或因災異變故輒顰蹙不樂及聞一君子進用士大夫直言朝廷得失則喜見顏色所交皆名士如呂祖儉黃榦趙崇憲蔡淵吳必大輔廣李道傳李燔葉味道李閎祖李方

子柴中行眞德秀魏了翁李𡌴趙汝讜陳貴誼杜孝嚴度正張嗣古皆敬慕之卒後一日有旨除直寶章閣所著書有春秋集注春秋集傳左氏蒙求續通鑑長編事略歷代郡縣地理沿革表文集子椐椻賜同進士出身

陳淳字安卿漳州龍溪人少習舉子業林宗臣見而奇之且曰此非聖賢事業也因授以近思錄淳退而讀之遂盡棄其業焉及朱熹來守其鄉淳請受教熹曰凡閱義理必窮其原如爲人父何故止於慈爲人子何故止於孝其他可類推也淳聞而爲學益力日求其所未至熹數語人以南來吾道喜得陳淳門人有疑問不合者則稱淳善問後

十年淳復往見熹陳其所得時熹已寢疾語之曰如公所學已見本原所闕者下學之功爾自是所聞皆要切語凡三月而熹卒淳追思師訓痛自裁抑無書不讀無物不格日積月累義理貫通洞見條緒故其言太極曰太極只是理理本圓故太極之體渾淪以理言則自末而本自本而末一聚一散而太極無所不極其至自萬古之前與萬古之後無端無始此渾淪太極之全體也自其沖漠無眹而天地萬物皆由是出及天地萬物既由是出又復沖漠無眹此渾淪無極之妙用也聖人一心渾淪太極之全體而酬酢萬變無非太極流行之用學問工夫須從萬事萬物中貫過湊成一渾淪大本又於渾淪大本中散為萬事萬物使無少窒礙然後實體得渾淪至極者在我而大用不差矣其言仁曰仁只是天理生生之全體無表裏動靜隱顯精粗之間惟此心純是天理之公而絕無一毫人欲之私乃可以當其名若一處有病痛一事有欠闕一念有間斷則私意行而生理息即頑痺不仁矣其語學者曰道理初無玄妙只在日用人事間但循序用功便自有見所謂下學上達者須下學工夫到乃可從事上達然不可以此而安於小成也夫盈天地間千條萬緒是多少人事聖人大成之地千節萬目是多少功夫惟當開拓心胸大作基

址須萬理明徹於胸中將此心放在天地間一例看然後可以語孔孟之樂須明三代法度通之於當今而無不宜然後為全儒而可以語王佐事業須運用酬酢如探諸囊中而不匱然後為資之深取之左右逢其原而真為己物矣至於以天理人欲分數而驗賓主進退之幾如好好色惡惡臭而為天理人欲強弱之證必使之於是是非非如辨黑白如遇鏌鋣不容有騎牆不決之疑則雖艱難險阻之中無不從容自適夫然後為知之至而行之盡此語又中學者膏肓而示以標的也淳性孝母疾亟號泣于天乞以身代弟妹未有室家者皆婚嫁之葬宗族之喪無歸者居鄉不沽名徇俗恬然退守若無聞焉然名播天下世雖不用而憂時論事感慨動人郡守以下皆禮重之時造其廬而請焉嘉定九年待試中都歸過嚴陵郡守鄭之悌率僚屬延講郡庠淳歎陸張王學問無源全用禪家宗旨認形氣之虛靈知覺為天理之妙不由窮理格物而欲徑造上達之境反託聖門以自標榜遂發明吾道之體統師友之淵源用功之節目讀書之次序為四章以示學者明年以特奏恩授迪功郎泉州安溪主簿未上而沒年六十五其所著有語孟大學中庸口義字義詳講禮詩女學等書門人錄其語號筠谷瀨口金山所聞

李方子字公晦昭武人少博學能文爲人端謹純篤初見朱熹謂曰觀公爲人自是寡過但寬大中要規矩和緩中要果決遂以果名齋長遊太學學官李道傳折官位輩行具剌就謁嘉定七年廷對擢第三調泉州觀察推官適眞德秀來爲守以師友禮之郡政大小咸咨焉暇則辨論經訓至夜分不倦故事秩滿必先通書廟堂乃除方子曰以書通是求也時丞相彌遠聞之怒踰年始除國子錄無何將選入宮僚而方子不少貶以求合或告彌遠曰此眞德秀黨也使臺臣劾罷之方子既歸學者畢集危坐竟日未始傾側對賓客一語不妄發雖奴隸亦不加詬詈然常嚴憚之嘗語人曰吾於問學雖未能周盡然幸於大本有見處此心常覺泰然不爲物欲所漬爾其亡也天子閔之與一子恩澤

黃灝字商伯南康都昌人幼敏悟彊記肄業荊山僧舍三年入太學擢進士第教授隆興府知德化縣以興學校崇政化爲本歲饑行振給有方王藺劉頴薦于朝除登聞鼓院光宗即位遷太常寺簿論今禮教廢闕請敕有司取政和冠昏喪葬儀及司馬光高閌等書參訂行之除太府寺丞出知常州提舉本路常平秀州海鹽民伐桑柘毀屋廬莩殣盈野或食其子持一臂行乞而州縣方督促逋欠灝見之蹙然時有旨倚閣夏稅遂奏乞併閣秋苗不俟報行之言者罪其專移居筠州已而寢謫命止削兩秩而從其蠲閣之請灝既歸里幅巾深衣騎驢匡山間若素隱者起知信州改廣西轉運判官移廣東提點刑獄告老不赴卒灝性行端飭以孝友稱朱熹守南康灝執弟子禮質疑問難熹之沒黨禁方厲灝單車往赴徘徊不忍去者久之

列傳卷第一百八十九

開府儀同三司上柱國錄軍國重事前中書右丞相監修國史領經筵事都總裁脫脫等奉
勅修

儒林

聶崇義　邢昺　孫奭　王昭素
孔維　孔宜　崔頌子頤附　尹拙
田敏　辛文悅　李覺　崔頤正弟偓佺附
李之才

聶崇義河南洛陽人少舉三禮善禮學通經旨漢乾
祐中累官至國子禮記博士校定公羊春秋刊板于

國學周顯德中累遷國子司業兼太常博士先是世
宗以郊廟祭器止由有司相承製造年代浸久無所
規式乃命崇義檢討摹畫以聞四年崇義上之乃命
有司別造焉五年將禘於太廟言事者以宗廟無祧
室不當行禘祫之禮崇義援引故事上言其略曰魏
明帝以景初三年正月上僊至五年二月祫祭明年
又禘自茲後以五年為禘且魏以武帝為太祖至明
帝始三帝未有毀主而行禘祫其證一也宋文帝元
嘉六年祠部定十月三日大祠其太學博士議云案
禘祫之禮三年一五年再宋高祖至文帝裁亦三帝
未有毀主而行禘祫其證二也梁武帝用謝廣議三
年一禘五年一祫謂之大祭禘祭以夏祫祭以冬且
梁武乃受命之君猶追尊四朝而行禘祫則知祭者
是追養之道以時移節變孝子感而思親故薦以首
時祭以仲月間以禘祫序以昭穆乃禮之經也非關
宗廟備與未備其證三也終從崇義之議未幾世宗
詔崇義參定郊廟祭玉又詔翰林學士竇儼統領之
崇義因取三禮圖再加考正建隆三年四月表上之
儼為序太祖覽而嘉之詔曰禮器禮圖相承傳用寖
歷年祀寧免差違聶崇義典事國庠服膺儒業討尋

故實刊正疑訛奉職效官有足嘉者崇義宜量與酬
獎所進三禮圖宜令太子詹事尹拙集儒學三五人
更同參議所冀精詳苟有異同善為商確五月賜崇
義紫袍犀帶銀器繒帛以獎之拙多所駁正崇義復
引經以釋之悉以下工部尚書竇儀俾之裁定儀上
奏曰伏以聖人制禮垂之無窮儒者據經所傳或異
年祀寖遠圖繪缺然踳駁彌深丹青靡據聶崇義研
求師說耽味禮經較於舊圖良有新意尹拙爰承制
旨能罄所聞尹拙駁議及聶崇義答義各四卷臣再
加詳閱隨而裁置率用增損列於注釋共分為十五

卷以聞詔頒行之拙崇義復陳祭玉鼎釜異同之說詔下中書省集議吏部尚書張昭等奏議曰按聶崇義稱祭天蒼璧九寸圓好祭地黃琮八寸無好圭璋琥並長九寸自言周顯德三年與田敏等按周官玉人之職及阮諶鄭玄舊圖載其制度臣等按周禮玉人之職只有璧琮九寸瑑琮八寸及璧羨度尺好三寸以為度之文即無蒼璧黃琮之制兼引注有爾雅肉倍好之說此即是注璧羨度之文又非蒼璧之制又詳鄭玄自注周禮不載尺寸豈復別作畫圖違經立異四部書目內有三禮圖十二卷是隋開皇中敕

禮官脩撰其圖第一第二題云梁氏第十後題云鄭氏又稱不知梁氏鄭氏名位所出今書府有三禮圖亦題梁氏鄭氏不言名位厥後有梁正者集前代圖記更加詳議題三禮圖曰陳留阮士信受禮學於潁川綦毋君取其說為圖三卷多不按禮文而引漢事與鄭君之文違錯正刪為二卷其阮士信即諶也如梁正之言可知諶之紕繆兼三卷禮圖刪為二卷應在今禮圖之內亦無改祭玉之說臣等參詳自周公制禮之後叔孫通重定以來禮有緯書漢代諸儒頗多著述討尋祭玉並無尺寸之說魏晉之後鄭玄王

肅之學各有生徒三禮六經無不論說檢其書亦不言祭玉尺寸臣等參驗畫圖本書周公所說正經不言尺寸設使後人謬為之說安得便入周圖知崇義等以諸侯入朝獻天子夫人之琮璧以為祭玉又配合羨度肉好之言彊為尺寸古今大禮順非改非於理未通又據尹拙所述禮神之六玉稱取梁桂州刺史崔靈恩所撰三禮義宗內昊天及五精帝圭璧琮璜皆長尺二寸以法十二時祭地之琮長十寸以倣地之數又引白虎通云方中圓外曰璧圓中方外曰琮崇義非之以為靈恩非周公之才無周公之位一

朝撰述便補六玉闕文尤不合禮臣等竊以劉向之論洪範王通之作元經非必挺聖人之姿而居上公之位有益於教不為斐然臣等以靈恩所撰之書書稽古訓祭玉以十二為數者蓋天有十二次地有十二辰日有十二時封山之玉牒十二寸圓丘之籩豆十二列天子以鎮圭外守宗后以大琮內守皆長尺有二寸又裸圭尺二寸王者以祀宗廟若人君親行之郊祭登壇酌獻服大裘搢大圭行稽奠而手秉尺二之圭神獻九寸之璧不及禮宗廟裸圭之數父天母地情亦奚安則靈恩議論理未為失所以自義宗

之出歷梁陳隋唐垂四百年言禮者引為師法今五禮精義開元禮郊祀録皆引義宗為標準近代晉漢两朝仍依舊制周顯德中田敏等妄作穿鑿輙有更改自唐貞觀之後凡三次大修五禮並因隋朝典故或節奏繁簡之間稍有釐革亦無改祭玉之説伏望依白虎通義宗唐禮之制以為定式又尹拙依舊圖畫釜聶崇義去釜畫鑊臣等參詳舊圖皆有釜無鑊按易説卦云坤為釜詩云惟錡及釜又云漑之釜鬵春秋傳云錡釜之器禮記云燔黍捭豚解云古未有甑釜所以燔捭而祭即釜之為用其來尚矣故入於

禮圖今崇義以周官祭祀有省鼎鑊供鼎鑊又以儀禮有羊鑊豕鑊之文乃云畫釜不如畫鑊今諸經皆載釜之用誠不可去又周儀禮皆有鑊之文請兩圖之又若觀諸家祭祀之畫今代見行之禮於大祀前一日光禄卿省視鼎鑊伏請圖鑊於鼎下詔從之未幾崇義卒三禮圖遂行於世并畫於國子監講堂之壁崇義為學官兼掌禮僅二十年世推其該博郭忠恕嘗以其姓嘲之曰近貴全為聵攀龍即作聾雖然三箇耳其奈不成聰崇義對曰僕不能為詩聊以一聯奉荅即云勿笑有三耳全勝畜二心蓋因其名以

嘲之忠恕大慙人許其機捷而不失正真儒者之戲云

邢昺字叔明曹州濟陰人太平興國初舉五經廷試日召升殿講師比二卦又問以群經發題太宗嘉其精博擢九經及第授大理評事知泰州鹽城監賜錢二十萬昺以是監處楚泰間泰僻左而楚會要鹽食為急請改隸楚州從之明年召為國子監丞專講學之任遷尚書博士出知儀州就轉國子博士代還賜緋選為諸王府侍講雍熙中遷水部員外郎改司勲端拱初賜金紫累遷金部郎中眞宗即位改司勲郎

中俄知審刑院以昺儒者不達刑章命劉元吉同領其事是冬昺上表自陳夙侍講誦遷右諫議大夫咸平初改國子祭酒二年始置翰林侍講學士以昺為之受詔與杜鎬舒雅孫奭李慕清崔偓佺等校定周禮儀禮公羊穀梁春秋傳孝經論語爾雅義疏及成並加階勲俄為淮南兩浙巡撫使初置講讀之職即於便坐令昺講左氏春秋侍讀預焉五年講畢宴近臣於崇政殿賜昺襲衣金帶加器幣仍遷工部侍郎兼國子祭酒學士如故知審官院陳恕丁内艱以昺權知院事景德二年上言亡兄素嘗舉進士願霑贈

典特贈大理評事是夏上幸國子監閱庫書問昺經
版幾何昺曰國初不及四千今十餘萬經傳正義皆
具臣少從師業儒時經具有疏者百無一二蓋力不
能傳寫今板本大備士庶家皆有之斯乃儒者逢辰
之幸也上喜曰國家雖尚儒術非四方無事何以及
此上又訪以學館故事有未振舉者昺不能有所建
明先是印書所裁餘紙鬻以供監中雜用昺請歸之
三司以裨國用自是監學公費不給講官亦厭其寡
落上方興起道術又令昺與張雍杜鎬孫奭舉經術
該博德行端良者以廣學員三年加刑部侍郎昺居
近職常多召對一日從容與上語及宮邸舊僚歎其
淪喪殆盡唯昺獨存翌日賜白金千兩且詔其妻至
宮庭賜以冠帔四年昺以羸老艱於趨步上前自陳
曹州故鄉願給假一年歸視田里俟明年郊祀還朝
上命坐慰勞之因謂曰便可權本州何須假耶昺又
言楊礪夏侯嶠同為府僚二臣沒皆贈尚書上憫之
翌日謂宰相曰此可見其志矣即超拜工部尚書知
曹州職如故入辭日賜襲衣金帶是日特開龍圖閣
召近臣宴崇和殿上作五七言詩二首賜之預宴者
皆賦昺視壁間尚書禮記圖指中庸篇曰九為天下

國家有九經因陳其大義上嘉納之及行又令近臣
祖送設會於宜春苑大中祥符初上東封泰山昺表
曹州民請車駕經由本州仍令濟陰令王範部送父
老詣闕優詔答之俄召還車駕進發命判留司御史
臺禮畢進位禮部尚書上勤政憫農每雨雪不時憂
形於色以昺素習田事多委曲訪之初田家察陰晴
豐凶皆有狀候老農之相傳者率有驗昺多采其說
為對又言民之災患大者有四一曰疫二曰旱三曰
水四曰畜災歲必有其一但或輕或重耳四事之害
旱暵為甚蓋田無畎澮悉不可救所損必盡傳曰天
災流行國家代有此之謂也三年被病請告詔太醫
診視六月上親臨問疾賜名藥一奩白金器千兩繒
綵千匹國朝故事非宗戚將相無省疾臨喪之禮特
有加於昺與郭贄者以恩舊故也未幾有旨命中書
召其子太常博士知東明縣仲寶國子博士知信陽
軍若思還侍疾踰月卒年七十九贈左僕射三子並
進秩初雍熙中昺撰禮選二十卷獻之太宗探其帙
得文王世子篇觀之甚悅因問衛紹欽曰昺為諸王
講說曾及此乎紹欽曰諸王常時訪昺經義昺每至
發明君臣父子之道必重複陳之太宗益喜上嘗因

內閣纂書覽而稱善召昺同觀作禮選賛賜之昺言家無遺藁頎得副本上許之繕録未畢而昺卒亟詔寫二本一本賜其家一本俾置冢中昺在東宮及內庭侍上講孝經禮記論語書易詩左氏傳據傳疏敷引之外多引時事為喻深被嘉獎上嘗問管仲召忽皆事公子糾小白之入召忽死之管仲乃歸齊相桓公豈非召忽以忠死而管仲不能固其節為臣之道當若是乎又鄭注禮記世子篇云文王以勤憂損壽武王以安樂延年朕以為本經旨意必不然也且夏禹焦勞有玄圭之賜而享國永年若文王能憂人之心

不自暇逸縱無感應豈至虧損壽命耶各隨其事理以對先是咸平中王欽若知貢舉有告其受舉人賄賂者下御史臺鞫得狀欽若自訴詔昺與邊肅毋賓古閻承翰就太常寺覆推昺力辨欽若而洪湛抵罪欽若以是德之昺之享被寵顧欽若與有功焉仲寶貪猥不才舉止率易士大夫多鄙笑之欽若在中書用為三司判官後至祠部郎中坐贓黜官卒若思終於駕部郎中

孫奭字宗古博州博平人幼與諸生師里中王徹徹死有從奭問經者奭為解析微指人人驚服於是門人數百皆從奭後徙居須城九經及第為莒縣主簿上書願試講說遷大理評事為國子監直講太宗幸國子監召奭講書至事不師古以克永世匪說攸聞帝曰此至言也商宗乃得賢相如此耶因咨嗟久之賜五品服真宗以為諸王府侍讀會詔百官轉對奭上十事判太常禮院國子監司農寺累遷工部郎中擢龍圖閣待制奭以經術進守道自處即有所言未嘗阿附取悅大中祥符初得天書於左承天門帝將奉迎召宰相對崇政殿西廡王旦等曰天貺符命實盛德之應皆再拜稱萬歲又召問奭奭對曰臣愚所

聞天何言哉豈有書也帝既奉迎天書大赦改元布告其事于天下築玉清昭應宮是歲天書復降泰山帝以親受符命遂議封禪作禮樂王欽若陳堯叟丁謂杜鎬陳彭年皆以經義左右附和由是天下爭言符瑞矣四年又將祀汾陰是時大旱京師近郡穀踊貴奭上疏諫曰先王卜征五年歲習其祥祥習則行不習則增修德而改卜陛下始畢東封更議西幸殆非先王卜征五年慎重之意其不可一也夫汾陰后土事不經見昔漢武帝將封禪故先封中嶽祠汾陰始巡幸郡縣遂有事於泰山今陛下既已登封復欲

幸汾陰其不可二也古者圓丘方澤所以郊祀天地今南北郊是也漢初承秦唯立五時以祀天而后土無祀故武帝立祠於汾陰自元成以來從公卿之議遂徙汾陰后土於北郊後之王者多不祀汾陰今陛下已建北郊乃舍之而遠祀汾陰其不可三也西漢都雍去汾陰至近今陛下經重關越險阻輕棄京師根本而慕西漢之虛名其不可四也河東唐王業之所起也唐又都雍故明皇間幸河東因祠后土聖朝之興事與唐異而陛下無故欲祀汾陰其不可五也昔者周宣王遇災而懼故詩人美其中興以為賢主

比年以來水旱相繼陛下宜側身脩德以荅天譴豈宜下徇姦回遠勞民廢盤游不已忘社稷之大計其不可六也夫雷以二月啓蟄八月收聲育養萬物失時則為異今震雷在冬為異尤甚此天意丁寧以戒陛下而反未悟殆失天意其不可七也夫民神之主也是以聖王先成民而後致力於神今國家土木之功累年未息水旱洊沴饑饉居多乃欲勞民事神神其享之乎此其不可八也陛下必欲為此者不過效漢武帝唐明皇巡幸所至刻石頌功以崇虛名夸示後世爾陛下天資聖明當慕二帝三王何為下襲漢

唐之虛名其不可九也唐明皇以嬖寵姦邪內外交害身播國屯兵交闕下亡亂之迹如此由狃於承平肆行非義稔致禍敗今議者引開元故事以為盛烈乃欲倡導陛下而為之臣切為陛下不取此其不可十也臣言不逮意陛下以臣言為可取願少賜清問以畢臣說帝遣內侍皇甫繼明就問又上疏曰陛下將幸汾陰而京師民心弗寧江淮之衆困於調發理須鎮安而矜存之且土木之功未息而奪攘之盜公行外國治兵不遠邊境使者雖至寧可保其心乎昔陳勝起於徭戍黃巢出於凶饑隋煬帝勤遠略而唐

高祖興於晉陽晉少主惑小人而耶律德光長驅中國陛下俯從姦佞遠棄京師涉仍歲荐饑之墟修違經久廢之祠不念民疲不恤邊患安知今日戍卒無陳勝饑民無黃巢英雄將無窺伺於肘腋外敵將無觀釁於邊隙乎先帝嘗議封禪寅畏天災尋詔停寢今姦臣乃贊陛下力行東封以為繼成先志先帝嘗欲北平幽朔西取繼遷大勳未集用付陛下則群臣未嘗獻一謀畫一策以佐陛下繼先帝之志者反務卑辭重幣求和於契丹蹙國縻爵姑息於繼遷曾不思主辱臣死為可戒誣下罔上為可羞撰造祥瑞假

託鬼神纔畢東封便議西幸輕勞車駕虐害饑民冀其無事往還便謂成大勳績是陛下以祖宗艱難之業為姦邪僥倖之資臣所以長嘆而痛哭也夫天地神祇聰明正直作善降之百祥作不善降之百殃未聞專事籩豆簠簋可邀福祥春秋傳曰國之將興聽於民將亡聽於神愚臣非敢妄議惟陛下終賜裁擇後天下數有災變又言古者五載巡守有國之事爾非必有紫氣黃雲然後登封嘉禾異草然後省方也今野鵰山鹿郡國交奏秋旱冬雷群臣率賀退而腹非竊笑者比比皆是孰謂上天為可罔下民為可

愚後世為可欺乎人情如此所損不細惟陛下深鑒其妄六年又上疏曰陛下封泰山祀汾陰躬謁陵寢今又將祠于太清宮外議籍籍以謂陛下事事慕效唐明皇豈以明皇為令德之主耶甚不然也明皇禍敗之迹有足為深戒者非獨臣能知之近臣不言者此懷姦以事陛下也明皇之無道亦無敢言者及奔至馬嵬軍士已誅楊國忠請矯詔之罪乃始諭以識理不明寄任失所當時雖有罪己之言覺寤已晚何所及也臣願陛下早自覺寤抑損虛華斥遠邪佞罷興土木不襲危亂之迹無為明皇不及之悔此天下

之幸社稷之福也帝以為封泰山祠汾陰上陵祀老子非始於明皇開元禮今世所循用不可以天寶之亂舉謂為非也秦為無道甚矣今官名詔令郡縣猶襲秦舊豈以人而廢言乎作解疑論以示群臣然知奭朴忠雖其言切直容之而弗斥也以父老請歸田里不許以知密州居二年還左諫議大夫罷待制還糾察在京刑獄是時初置天慶天祺天貺先天降聖節天下設齋醮張燕費甚廣奭又請裁省浮用不報復出知河陽又求解官就養還給事中徙兖州天禧中朱能獻乾祐天書復上疏曰朱能者姦險小人

妄言祥瑞而陛下崇信之屈至尊以迎拜歸祕殿以奉安上自朝廷下及閭巷靡不痛心疾首反脣腹非而無敢言者昔漢文成將軍以帛書飯牛既而言牛腹中有奇書殺視得書天子識其手迹又有五利將軍妄言方多不讎二人皆坐誅先帝時有侯莫陳利用者以方術暴得寵用一旦發其姦誅於鄭州漢武可謂雄材先帝可謂英斷唐明皇得靈寶符上清護國經寶券等皆王鉷田同秀等所為明皇不能顯戮怵於邪說自謂德實動天神必福我夫老君聖人也儻實降語固宜不妄而唐自安史亂離乘輿播越兩

都邑覆四海沸騰豈天下太平乎明皇雖僅得歸闕復爲李輔國劫遷卒以憂終豈聖壽無疆長生久視乎以明皇之英睿而禍患猥至曾不知者良由在位既久驕亢成性謂人莫己若謂諫不足聽心玩居常之安耳熟導諛之說內惑寵嬖外任姦回曲奉鬼神過崇妖妄今日見老君於閣上明日見老君於山中大臣尸祿以將迎端士畏威而緘默既惑左道即紊政經民心用離變起倉卒當是之時老君寧肯禦兵寶符安能排難邪今朱能所爲或類於此願陛下思漢武之雄材法先帝之英斷鑒明皇之召禍庶幾災

害不生禍亂不作未幾能果敗奭又嘗請減修寺度僧帝雖未用其言嘗令向敏中諭令陳時政得失奭以納諫恕直輕徭薄斂四事爲言頗施行焉仁宗即位宰相請擇名儒以經術侍講讀乃召爲翰林侍講學士知審官院判國子監修真宗實錄丁父憂起復兼判太常寺及禮院三遷兵部侍郎龍圖閣學士每講論至前世亂君亡國必反覆規諷仁宗意或不在書奭則拱默以俟帝爲竦然改聽嘗畫無逸圖上之帝施於講讀閣時章憲明肅皇后每五日一御殿與帝同聽政奭言古帝王朝朝暮夕未有曠日不朝

陛下宜每日御殿以覽萬機奏留中不報然帝與皇太后亦愛重之每進見未嘗不加禮三請致仕召對承明殿敦諭之以年踰七十固請迺下帝亦惻然詔與馮元講老子三章各賜帛二百匹以不得請求近郡優拜工部尚書復知兗州詔須宴而後行又留數月特宴太清樓近臣皆預帝作飛白大字以賜二府而小字賜諸學生獨奭與晁迥兼賜大小字詔群臣即席賦詩太后又別出禁中珍器勸酒翌日奭入謝又命講老子賜襲衣金帶銀鞍勒馬及行賜宴瑞聖園又賜詩詔近臣皆賦以恭謝恩改禮部尚書既而累

表乞歸以太子少傅致仕疾甚徙正寢屏婢妾謂子瑜曰無令我死婦人之手卒奏至帝謂張士遜曰朕方欲召奭還而奭遂死矣嗟惜者久之罷朝一日贈左僕射諡曰宣奭性方重事親篤孝父亡舐其面以代類常掇五經切於治道者爲經典徽言五十卷又撰崇祀錄樂記圖五經節解五服制度嘗奉詔與邢昺杜鎬校定諸經正義莊子爾雅釋文考正尚書論語孝經爾雅謬誤及律音義初圜丘無外壝五郊從祀不設席尊不施冪七祠時饗飲福用一尊不設三登升歌不以雍徹冬至攝祀昊天上帝外級止十七

位而不以星辰從饗先農在祈穀之前上丁釋奠無三獻宗廟不備二舞諸臣當謚者或既葬乃請諡皆援古奏正遂著於禮又請冬至罷祀五帝大雩設五帝而罷祠昊天上帝事下有司議不合而止逾官至工部侍郎致仕

王昭素開封酸棗人少篤學不仕有至行為鄉里所稱常聚徒教授以自給李穆與弟肅及李惲皆常師事焉鄉人爭訟不詣官府多就昭素決之昭素博通九經兼究莊老尤精詩易以為王韓注易及孔馬疏義或未盡是乃著易論二十三篇開寶中穆薦之朝

詔召赴闕見於便殿時年七十七精神不衰太祖問曰何以不求仕進致相見之晚對曰臣草野蠢愚無以裨聖化賜坐令講易乾卦召宰相薛居正等觀之至飛龍在天上曰此書豈可令常人見昭素對曰此書非聖人出不能合其象因訪以民間事昭素所言誠實無隱上嘉之以衰老求歸鄉里拜國子博士致仕賜茶藥及錢二十萬留月餘遣之年八十九卒於家昭素頗有人倫鑒初李穆兄弟從昭素學易常謂穆曰子所謂精理往往出吾意表又語人曰穆兄弟皆令器穆尤沈厚他日必至廊廟後果參知政事昭

素每市物隨所言而還直未嘗論高下縣人相告曰王先生市物無得高取其價也治所居室有椽木積門中夜有盜者抉門將入昭素覺之即自門中潛擲椽於外盜者慙而去由是里中無盜家有一驢人多來假將出先問僮奴曰外無假驢者乎對云無然後出其為純質若此子仁著亦有隱德

孔維字為則開封雍丘人乾德四年九經及第解褐東明鄢陵二主簿開寶中禮部再奏為考試官調滁州軍事推官太宗即位擢授太子左贊善大夫知河南縣通判滑梓二州太平興國中就拜國子周易博

士代還遷禮記博士七年使高麗王治問禮於維維對以君父臣子之道升降等威之序治悅稱之曰今日復見中國之夫子也九年判國學事雍熙初遷主客員外郎三年擢為國子司業賜金紫會將有事于籍田維起周禮至于唐書凡沿革制度並録之以獻觀者稱其博又上書請禁原蠶以利國馬直史館樂史駁之曰管子云倉廩實知禮節衣食足知榮辱是以古先哲王享農桑之業以其為衣食之原耳一夫不耕天下有受其飢者一婦不蠶天下有受其寒者故天子親耕后妃親蠶屈身以化下者邦國之重務

也吳都賦曰國賦再熟之稻鄉貢八蠶之綿則蠶之有原其來舊矣今孔維請禁原蠶以利國馬徒引前經物類同氣之文不究時事確實之理夫所市國馬來自外方涉遠馳驅虧其秣飼失於善視遂至玄黃致斃之由鮮不以此今乃欲禁其蠶事甚無謂也唐朝畜馬具存監牧之制詳觀本書亦無禁蠶之文況近降明詔來年春有事于籍田是則勸農之典方行而禁蠶之制又下事相違戾恐非所長臣嘗歷職州縣粗知利病編民之內貧窶者多春蠶所成止充賦調之備晚蠶薄利始及卒歲之資今若禁其後圖必

有因緣為弊滋彰撓亂民豈皇寧渙汗絲綸所宜重慎上覽之遂寢晚蠶之禁維復抗疏曰按周禮夏官司馬職禁原蠶者為傷馬也原再也天文辰為馬蠶書蠶為龍精月直大火則浴其種是蠶與馬同氣物莫能兩大故禁再蠶以益馬也又郭璞云重蠶為原今晚蠶也臣少親耕桑之務長歷州縣之職物之利害盡知之矣蚕蚕之氓知其利而不知其害故有早蠶之後重養晚蠶之繭出絲甚少再采之葉來歲不茂豈止傷及於馬而桑亦損矣臣自縣歷官路見垌野之地官馬多死若非明擬典據助其畜牧安敢妄有

舉陳哉按本草注以僵蠶塗馬齒則不能食草物類相感如此月令仲春祭馬祖季春享先蠶皆謂天駟房星也為馬祈福謂之馬祖為蠶祈福謂之先蠶是蠶與馬同其類爾蠶重則馬損氣感之而然也臣謂依周禮禁原蠶為當上雖不用維言而嘉其援引經據以章付史館籍田畢拜國子祭酒淳化初兼工部侍郎二年卒年六十四維通經術準舊制舉九經一上不中第即改科開寶中維論其事非便詔禮部自今九經同諸科許再赴舉太宗尹京日維為屬邑吏頗以經術受知即位後維始升郎署自以通經求為

司業即以授之使外國者皆假服紫維自高麗還會東使至維自恥衣緋因求見上詭言高麗使問臣獲何罪降服臣無以對因泣下上憐之即賜以金紫及為祭酒又奏言朝廷久不置此官少有知者臣之親戚故舊有書信來者多云祭酒郎中田敏晉朝任祭酒仍兼侍郎原循前例兼領是官庶獲美稱上從之然縉紳惡其儒者躁求無退讓之風嘗建議乞廣太學上以侵壞民舍不許受詔與學官校定五經疏義刻板行用功未及畢被病上遣太醫診視使者撫問初維私用印書錢三十餘萬為掌事黃門所發維憂懼

邊以家財償之疾遂亟上敕而不問維將終召其壻鄭革口授遺表以五經疏未畢為恨景德四年録其孫禹圭同學究出身

孔宜字不疑兗州曲阜人孔子四十四世孫孔子生鯉字伯魚鯉生伋字子思伋生白字子上白生求字子家求生箕字子京箕生穿字子高穿生謙字子慎謙生鮒字子魚以弟子騰為嗣騰字子襄值秦難藏其家書于屋壁騰生忠字季忠忠生武武生延年及安國延年生霸字次孺漢昭帝時為博士宣帝時為太中大夫授皇太子經元帝即位賜爵關內侯號褒

成君霸生福福生房房生均字長平好學有才為尚書郎平帝元始元年封均為褒成侯食邑二千户追謚夫子為褒成宣尼公王莽以均為太尉三以疾辭得還莽敗失國後漢世祖建武十四年復封均子志為褒成侯謚元成志生損襲爵和帝永元四年徙封損為褒亭侯損卒子曜嗣侯邑千户子完嗣邑百户完早卒無子以弟子羨襲爵羨仕魏為議郎黃初二年封宗聖侯邑百户羨生震晉武帝泰始三年徙封奉聖亭侯邑二百户歷太常黃門侍郎震生嶷嶷生撫舉孝廉辟太尉掾歷豫章太守撫生懿懿生鮮有度量好學宋文帝元嘉十九年襲封奉聖侯鮮生乘博學有才藝後魏孝文延興初舉孝廉三年封乘為崇聖大夫復十户以供洒掃乘生靈珍襲爵歷祕書郎太和十九年改封崇聖侯邑百户靈珍生文泰文泰生渠北齊文宣帝天保元年改封恭聖侯後周宣帝大象二年追封孔子為鄒國公以渠襲爵邑百户渠生長孫隋文帝復封長孫為鄒國公長孫生嗣悊應制舉歷涇州司兵參軍太子通事舍人大業四年改封紹聖侯邑百户嗣悊生德倫唐太宗貞觀十一年封褒聖侯邑百户朝會位同三品復其子孫則天

天授二年賜德倫璽書衣服德倫生崇基襲侯中宗神龍元年授朝散大夫崇基生璲之玄宗開元中歷國子四門博士邠王府文學蔡州長史二十七年詔追謚孔子為文宣王改封褒聖侯璲之為襲文宣公兼兗州長史璲之生萱襲封歷兗州泗水令萱生齊卿德宗建中三年詔以齊卿為兗州司馬陷於東平卒至憲宗元和十三年平李師道其子惟晊歸魯詔以惟晊為兗州參軍奉夫子祀復五十户以供灑掃惟晊生策會昌元年歷國子監丞尚書博士大中元年宰相白敏中奏歲給封户絹百疋充春秋奉祀自

璲之至策五世並襲封文宣公策生振懿宗咸通四
年舉進士甲科歷兖州觀察判官至刑部員外郎振
生昭儉歷兖州司馬曲阜令自策至昭儉三世歲給
封絹以供享祀昭儉生光嗣哀帝天祐中為泗水主
簿奉孔子祀光嗣生仁玉九歲通春秋姿貌雄偉後
唐明宗長興元年以為曲阜主簿三年遷龔丘令襲
文宣公晉高祖天福五年改曲阜令周高祖廣順二
年平慕容彥超幸曲阜拜孔子廟及墓召仁玉賜五
品服復以為本縣令仁玉四子長曰宜舉進士不第
乾德中詣闕上書述其家世詔以為曲阜主簿歷黃

州軍事推官遷司農寺丞掌星子鎮市征宜上言星
子當江湖之會商賈所集請建為軍詔以為縣就命
宜知縣事後以為南康軍宜代還獻文賦數十篇太
宗覽而嘉之召見問以孔子世嗣因下詔曰素王之
道百代所崇傳祚襲封抑存典制文宣王四十四代
孫司農寺丞宜服勤素業砥礪廉隅亟歷官聯洽聞
政績聖人之後世德不衰俾登朝倫以光儒冑可太
子右贊善大夫襲封文宣公復其家未幾通判容州
太平興國八年詔修曲阜孔子廟宜貢方物為謝詔
褒之還殿中丞雍熙三年王師北征受詔督軍糧涉

拒馬河溺死年四十六子延世字茂先以父死事賜
學究出身為曲阜主簿歷閬長葛二令真宗至道三
年十一月召赴闕以為曲阜令襲封文宣公賜白金
東帛及太宗御書印九經咸平三年詔本道轉運使
本州長吏待以賓禮仍留三年卒官年三十八次曰憲
太平興國二年進士及第至工部員外郎知浚儀縣
次曰冕應城主簿次曰勗雍熙中進士及第延世子
聖祐景德初始九歲特賜同學究出身大中祥符元
年東封泰山特聽聖祐衣綠陪位綴京官班後及還
至兖州十一月朔幸曲阜謁孔子廟行酌獻之禮孔

氏宗屬並令陪位又幸孔林觀其墓又之又御北亭
召從臣觀古碑加謚孔子為玄聖文宣王追封孔子
父叔梁紇齊國公母顏氏魯國太夫人擢聖祐為太
常寺奉禮郎又錄其近屬進士謂同三傳出身習進
士延祐習學究延渥延魯延齡並同學究出身共賜
銀二百兩絹三百疋以充奉祠廟時勗為殿中丞通
判廣州王欽若言其有聲於鄉曲召赴闕改太常博
士賜緋令知曲阜縣專主祠廟二年三月又遣使賜
太宗御書及九經書疏三史藏于廟令本州選儒生
講說聖祐後改大理評事天禧五年授光祿寺丞襲

封文宣公知仙源縣事後改名佑還太子中舍卒年
三十勗為司封郎中延魯大中祥符五年復舉進士
及第後改名道輔為左司諫龍圖閣待制自有傳
崔頌字敦美河南偃師人父協後唐門下侍郎平章
事頌幼孤母為外祖母所鞠養以蔭補河南府巡官
歷開封主簿鄧州録事參軍以疾去官未幾詣闕上
書言事宰相桑維翰覽而奇之擢為左拾遺還右補
闕漢初加朝散階副右散騎常侍張煦冊錢俶為吳
越王梁末恊嘗使兩浙至是越人羨之贈賄甚厚及
還值周祖入京師為軍士剽奪悉盡世宗鎮澶淵擇

僚佐頌與王朴王敏中皆中其選以頌為觀察判官
贈金紫世宗尹京拜司封員外郎充判官以斷獄悞
失罷職守本官即位拜駕部郎中遷吏部復副尹日
就使兩浙世宗讀唐元稹均田疏命寫為圖賜近臣
遣使均諸道租賦頌使兗州頗增舊額恭帝嗣位改
左諫議大夫宋初判國子監會重修國學及武成王
廟命頌總領其事建隆三年夏始會生徒講說太祖
遣中使以酒果賜之每臨幸國學召頌與語因及經
義頌應答無滯及郊祀以頌攝太僕升車執綏上問
以一時典禮頌占對閑雅上甚重之未幾坐請託有司

為所親求便官出為保大軍行軍司馬乾德六年暴
得疾卒年五十頌好詼諧善筆札受命書世宗謚冊
文當時稱其遒麗篤信釋氏睹佛像必拜性多疑在
鄜州官舍嘗召圬墁者治堂室以帛蒙其目入皆笑
之子曉至太子右賛善大夫矑字文炳雍熙二年進
士淹雅有士行累為屯田員外郎開封三司户部判
官景德中雍王元份薨府官皆坐黜時戚維為曹國
公元儼府翊善上謂宰相曰元儼年少乏資賛導維
迂懦循默不能規戒聞崔矑性純謹以之代維庶有
裨益因召對遷都官員外郎充記室參軍賜金紫遷

兵部郎中出知河中府轉太常少卿將作監卒
尹拙潁州汝陰人梁貞明五年舉三史調補下邑主
簿攝本鎮館驛巡官後唐長興中召為著作佐郎直
史館遷左拾遺依前直史館加朝散大夫應順初出
為宣武軍掌書記檢校虞部員外郎兼殿中侍御史
清泰初加檢校駕部員外郎兼御史大夫二年改檢
校虞部郎中忠武軍掌書記晉天福四年入為右補
闕明年轉侍御史會詔拙與張昭呂琦等同修唐史
改倉部員外郎賜金紫八年還左司員外郎契丹入
寇趙延壽鎮常山以拙為掌書記漢初召為司馬郎

中弘文館直學士周廣順初遷庫部郎中兼太常博士仍充直學士奉使判南還改兵部郎中顯德初拜檢校右散騎常侍國子祭酒通判太常禮院事與張昭同修唐應順清泰及周祖實録又與昭及田敏同詳定經典釋文丁憂免宋初改檢校工部尚書太子詹事判太府寺遷祕書監判大理寺乾德六年告老以本官致事拙性純謹博通經史周世宗北征命翰林學士為文祭白馬祠學士不知所出遂訪於拙拙歷舉郡國祠白馬者以十數當時伏其該博開寶四年卒年八十一子季通至國子博士

田敏淄州鄒平人少通春秋之學梁貞明中登科調補淄州主簿不令之任留為國子四門博士後唐天成初改尚書博士賜緋滿歲為國子博士上言請四郊置齋宮不報秩滿轉屯田員外郎以詳明典禮兼太常博士建議請依春秋每歲藏冰薦宗廟頒公卿如古禮奉詔與太常卿劉岳博士段顒路航李居浣陳觀等刪定唐鄭餘慶書儀又詔與馬鎬等同校九經改戶部員外郎賜金紫清泰初遷國子司業晉天福四年授祭酒仍檢校工部尚書俄兼戶部侍郎開運初遷兵部侍郎充弘文館學士判館事議者以敏止可任學官宰相桑維翰聞之即改授檢校右僕射復為祭酒漢乾祐中拜尚書右丞判國子監周廣順初改左丞遣使契丹將歲賂錢十萬貫止其侵剽契丹不許周祖將親郊命權判太常卿事世宗即位真拜太常卿檢校左僕射加司空顯德五年上章請老賜詔曰卿詳明禮樂博涉典墳為儒學之宗師乃薦紳之儀表朕方資舊德以訪話言遽覽封章頓致官政引年之制雖著舊文尊賢之心方深虛佇所請宜不允遷工部尚書俄再上表願歸故鄉以遂首丘之志改太子少保致仕歸淄州別墅恭帝即位加少傅

開寶四年卒年九十二敏解官歸鄉有良田數十頃多釀美酒待賓客體強少疾徒步往來閭巷間不以杖每日親授諸子經自作父墓碑辭甚質敏嘗使湖南路出荊渚以印本經書遺高從誨從誨謝曰祭酒所遺經書僕但能識孝經耳敏曰讀書不必多十八章足矣如諸侯章云在上不驕高而不危制節謹度滿而不溢皆至要之言也時從誨兵敗於郢故敏以此諷之從誨大慙敏雖篤於經學亦好為穿鑿所校九經頗以獨見自任如改尚書盤庚若網在綱為若綱在綱重言綱字又爾雅椴木槿注曰日及改為白

及如此之類甚衆世頗非之子章至殿中丞

辛文悅者不知何許人以五經教授太祖幼時從其肄業周顯德中太祖歷禁衛爲殿前都點檢節制方面文悅久不獲接見一日夢邀車駕請見既拜乃太祖也太祖亦夢其來謁因令左右尋訪文悅果自至太祖異之及登位召見授太子中允判太府事開寶三年出知房州時周鄭王出居是州上以文悅長者故命焉文悅後累遷至員外郎又有張逌張文旦者嘗與太宗同學校太平興國中詣闕自言各起家爲主簿

李覺字仲明本京兆長安人曾祖鼎唐國子祭酒蘇州刺史唐末避亂徙家青州益都鼎生瑜本州推官瑜生成字咸熙性曠蕩嗜酒喜吟詩善琴奕畫山水尤工人多傳祕其蹟周樞密使王朴將薦其能會朴卒鬱鬱不得志乾德中司農卿衛融知陳州聞其名召之成因挈族而往日以酣飲爲事醉死於客舍子覺太平興國五年舉九經起家將作監丞通判建州秩將滿州人借留有詔褒之就遷左贊善大夫知泗州轉祕書丞太宗以孔穎達五經正義刋板詔孔維與覺等校定王師征燕薊命覺部京東諸州芻糧赴幽州維薦覺有學遷禮記博士賜緋魚雍熙三年與右補闕李若拙同使交州黎桓謂曰此土山川之險中朝人乍歷之豈不倦乎覺曰國家提封萬里列郡四百地有平易亦有險固此一方何足云哉桓默然色沮使還久之遷國子博士端拱元年春初令學官講說覺首預焉太宗幸國子監謁文宣王畢升輦將出西門顧見講坐左右言覺方聚徒講書上即召覺令對御講覺曰陛下六龍在御臣何敢輒升高坐上因降輦令有司張帟幕設別坐詔覺講周易之泰卦從臣皆列坐覺因述天地感通君臣相應之旨上甚

悅特賜帛百疋俄獻時務策上頗嘉獎是冬以本官直史館右正言王禹偁上言覺但能通經不當輒居史職覺倣韓愈毛穎傳作竹穎傳以獻太宗嘉之故寢禹偁之奏淳化初上以經書板本有田敏輒刪去者數字命覺與孔維詳定二年詳校春秋正義成改水部員外郎判國子監四年遷司門員外郎被病假滿詔不絕奉卒覺累上書言時務述養馬漕運屯田三事太宗嘉其詳備令送史館語見本志覺性彊毅而聰敏嘗與祕閣校理吳淑等同考試開封府秋賦舉人語及筭雉兔首足法覺曰此頗繁吾能易之及

成果精簡淑意其宿製即試以別法皆能立就坐中皆嘆伏子宥大中祥符五年進士為祠部員外郎集賢校理

崔頤正開封封丘人與弟偓佺並舉進士明經術頤正雍熙中為高密尉秩滿國子祭酒孔維薦之以為國學直講遷殿中丞太宗召見令說莊子一篇賜錢五萬判監李至上言本監先校定諸經音疏其間文字訛謬尚多深慮未副仁君好古誨人之意也蓋前所遣官多專經之士或通春秋者未習禮記或習周易者不通尚書至於旁引經史皆非素所傳習以是

之故未得周詳伏見國子博士杜鎬直講崔頤正孫奭皆苦心彊學博貫九經問義質疑有所依據望令重加刊正冀除舛謬從之咸平初又有學究劉可名言諸經版本多舛誤真宗命擇官詳正因訪達經義者至方參知政事以頤正對曰朕宮中無事樂聞講誦翌日召頤正於苑中說尚書大禹謨賜以牙緋自是日令赴御書院待對說尚書至十卷頤正年老步趨艱蹇表求致仕上命坐問恤甚至賜器幣聽以本官致仕仍充直講改國子博士三年卒年七十九偓佺淳化中歷福州連江尉判國子監李至奏為直講

引對便坐太宗顧謂曰李覺嘗奏朕云四皓中一先生或言姓用字加撇或云加點爾知否偓佺曰昔秦時程邈撰隸書訓如僕隸之易使也今字與古或異臣聞刀用為角（音榷）兩點為甪（音鹿）用上一撇一點俱不成字咸平二年真宗幸國學召偓佺說尚書即特賜緋景德後令講道德經日於崇文院候對終篇賜以白金繒綵三年卒年七十九嘗撰帝王手鑑十卷并注曹唐大遊仙詩十五卷其子世安上之特賜出身

李之才字挺之青社人也天聖八年同進士出身為

人朴且率自信無少矯厲師河南穆脩脩性卞嚴寡合雖之才亦頗在詬怒中之才事之益謹卒能受易時蘇舜欽輩亦從脩學易其專授受者惟之才爾脩之易受之种放放受之陳摶源流最遠其圖書象數變通之妙秦漢以來鮮有知者之才初為衛州獲加主簿權共城令時邵雍居母憂于蘇門山百源之上布裘蔬食躬爨以養父之才叩門來謁勞苦之曰好學篤志果何似雍曰簡策之外未有適也之才曰君非迹簡策者其如物理之學何他日則又曰物理之學學矣不有性命之學乎

雍再拜頓受業於是先示之以陸淳春秋意欲以春秋表儀五經既可語五經大旨則授易而終焉其後雍卒以易名世之才器大難乎識者棲遲久不調或惜之則曰宜少貶以圖榮進石延年獨曰時不足以容君盍不棄之隱去再調孟州司法參軍時范雍守孟亦莫之知也雍初自洛建節守延安送者皆出境外之才獨別近郊或病之謝曰故事也頃之雍謫安陸之才沿檄見之洛陽前日遠送之人無一來者雍始恨知之晚友人尹洙以書薦於中書舍人葉道卿因石延年致之曰孟州司法參軍李之才年三十九能為古文章語直意遂不肆不窘固足以蹈及前輩非洙所敢品目而安於卑位無仕進意人罕知之其才又達世務使少用於世必過人遠甚恨其貧不能決其歸心知之者當共成之延年復書曰今業文好古之士至鮮且不張茍遺若人其學益衰矣延年素不喜謁貴仕凡四五至道卿門通其書乃已道卿薦之遂得應銓新格有保任五人改大理寺丞為緱氏令未行會延年與龍圖閣直學士吳遵路調兵河東辟之才澤州簽署判官澤人劉羲叟從受曆法世稱羲叟曆法遠出古今上有楊雄張衡所未喻者實之才授之在澤轉殿中丞丁母憂甫除喪暴卒于懷州官舍寶曆五年二月也時尹洙兄漸守懷哭之才過哀感疾不踰月亦卒之才歸葬青社邵雍表其墓有曰求於天下得聞道之君子李公以師焉

列傳卷第一百九十

列傳卷第一百九十一　宋史四百三十二
開府儀同三司上柱國録軍國重事前中書右丞相監修國史領經筵事都總裁臣脫脫等奉
勑修
儒林二
胡旦　賈同　劉顏　高弁
孫復　石介　胡瑗　劉羲叟
林槩　李覯　何涉　王回弟向
周堯卿　王當　陳暘
胡旦字周父濱州渤海人少有雋才博學能文辭舉
進士第一為將作監丞通判昇州時江南初平汰李

氏時所度僧十減六七旦曰彼無田廬可歸將聚而
為盜悉黥為兵遷左拾遺直史館數上書言時政利
病出為淮南東路轉運副使知海州踰年召歸先是
盧多遜貶趙普罷相其夏河決韓村尋復塞旦獻河
平頌曰天祚我宋以君兆民配天成休惟堯與隣粵
有大水昏墊下人非曰聖作孰究孰度蔽賢者退壅
澤者罷我防大患河豈云敗逆遜遠投姦普屏外聖
道如隄崇崇海内帝曰守文是塞是親調爾衛兵程
是烝民民以盡力臣以勤職役云其終河以之塞唐
堯懷山實警神德漢武宣防實彰令式我塞長河融

流惠澤明明聖功萬代成則太宗覽頌有逆遜姦普
之語召宰相謂曰胡旦獻頌詞意悖戾朕自擢於甲
科歷試外任所至無善狀知海州日為部下所訟獄
已具適會大赦朕録其材而捨其過尚令在近列又
領史職乃敢恣胸臆狂躁如此其亟逐之即貶殿中
丞商州團練副使上平燕議曰今幽州在北門之外
東封非國家所急願移其資以事北伐且天時地利
人事皆有可伐之意歲之所臨其地受福今年春末
至來年歲在宋分今年初秋至六年鎮在燕分從今
年為備至來春興師北兵之遇春夏則氊裘皮屨羊

弓塞馬不為用而中原士卒素不能寒往北逢暄筋
力勇健以勇健之士驅不用之敵承福慶之時討災
殃之城成功立事在于此矣長淮以北太行以東河
水罷災土地甚沃因其豐實取其穀帛減價以折納
見錢以貴糴官府多積兵役無虞用兵豐財可濟大
事太原克復以來于今七載兵甲甚利士卒甚雄夜
寢晨興寒衣飢粟若以促裝之賜發軍而用之恩賞
之賞成功而賚之可以齊心平敵恢拓舊境幽州平
土而負敵為勢必擇四人分之方面以剛斷勇毅者
主之選和平恭慎者一人部之幽州之北皆是山谷

通人馬者不過十處領將士者亦擇十人同行則共議兵機分出則各司軍事寇來則同戰以驅逐寇歸則畫疆以扞蔽苟寒斷山路餘寇在燕與大軍相持則遷延其時以度春夏寇不能熟有退無前使士之剛勇與才力者各為一將多則分部扞敵攻城兩盡其力定其軍名實其軍數我寡彼多則力不勝我實彼虛則勝有餘力均則較其地形地均則爭其謀略分明勇怯各致其用以茶鹽香藥之價十分減二從新者先賫於邊城要路軍馬屯所以糴粟錢帛之價十分增二納貨以出券者詣本場以交貨得貨者緣

邊路以納稅出往來四方之饒為兩地費用之耗自然商得其利則買之於人人得其資則勤之於穡故必民效兼倍之力國貯九年之積科撥不假於度支轉般何勞於漕挽糴粟之給攻具之用委輸發運以為後繼令將用二十萬之衆役三十州之民願陛下明降日月之信先示雨露之澤民知信賞則悅而忘死士得仰給則死而力戰如此則逆壘不足下猾寇不足殄也起為左補闕復直史館遷脩撰預修國史以尚書戶部員外郎知制誥遷司封員外郎有備書人翟頻者旦嘗與之善因為改姓名馬周以為唐馬

周復出上書詆時政且自薦可為大臣又舉材任公輔者十人其辭頗壯當時皆謂旦所為馬周坐流海島旦亦貶坊州團練副使坐擅離所部謫宋白子鄜州既被劾特釋之徙絳州稍復工部員外郎直集賢院遷本曹郎中知制誥史館修撰素善中官王繼恩為繼恩草制辭過美繼恩敗真宗聞而惡之貶安遠軍行軍司馬又削籍流潯州咸平初移通州團練副使徙徐州以祠部員外郎分司西京又為保信軍節度副使久之以司封員外郎通判襄州封泰山改祠部郎中服母喪既除乃言父卒時嘗詔奪哀從事請

追行服三年已而失明以秘書省少監致仕居襄州再遷秘書監卒旦喜讀書既喪明猶令人誦經史隱几聽之不少輟著漢春秋五代史略將帥要略演聖通論唐乘家傳三百餘卷斲大硯方五六尺刻而瘞之曰胡旦修漢春秋硯晚尤黷貨干擾州縣持吏短長為時論所薄既死子孫貧甚寓柩民間皇祐末知襄州王田為言於朝得錢二十萬以葬

賈同字希得青州臨淄人五代時楊光遠反同祖崇率鄉里四百餘家保愚谷山全活者二千人同初名罔字公疎篤學好古有時名著山東野録七篇年四

十餘同進士出身真宗命改今名王欽若方貴盛聞同名欲致之固謝不往居八九年始補歷城主簿張知白薦為大理評事通判兖州天聖初上書言自祥符以來諫諍路塞丁謂乘間造符瑞以欺先帝今謂姦既白宜明告天下正符瑞之謬罷宫觀祟奉歸不急之衛兵收無名之實費使先帝免後世之議國家無因循之失又言寇準忠規亮節疾惡擯邪自其貶黜天下之人弗見其罪宜還之内地以明忠邪善惡之分時章獻太后臨朝而同言如此人以為難尋遷殿中丞知棣州卒劉顔李冠王無忌及其門人謚同

宋史四百三十二 字三百七十五个 宋史列傳卷一百九十二 五 陳寧寫 黄匆刊

曰存道先生

劉顔字子望彭城人少孤好古學不專章句師事高弁舉進士第以試祕書省校書郎知龍興縣坐法免久之授徐州文學居鄉里教授數十百人採漢唐奏議為輔弼名對馮元劉筠錢易縢涉蔡齊上其書除任城主簿歲饑發大姓所積粟活數千人李迪知兖州青州皆辟為從事卒著儒術通要經濟樞言復數十篇石介見其書歎曰恨不在弟子之列子庠自有傳

高弁字公儀濮州雷澤人弱冠徒步從种放學于終南山又學古文于柳開與張景齊名至道中以文謁王禹偁禹偁奇之舉進士累官侍御史諫修玉清昭應宫降知廣濟軍尋以戶部判官試開封府進士私發糊名奪二官稍復知單州邢州鹽鐵判官河決澶州請弛隄防縱水所之可省民力且以扼契丹南向議寢知陜州卒弁性孝友所為文章多祖六經及孟子喜言仁義有帝則三篇為世所傳與李迪賈同陸參朱頔伊淳相友善石延年劉潛皆其門人也

孫復字明復晉州平陽人舉進士不第退居泰山學春秋著尊王發微十二篇大約本於陸淳而增新意

宋史四百三十二 字四百令六个 宋史列傳卷一百九十二 六 陳寧寫 黄匆刊

石介有名山東自介而下皆以先生事復年四十不娶李迪知其賢以其弟之子妻之復初猶豫石介與諸弟子請曰公卿不下士久矣今丞相不以先生貧賤欲託以子宜因以成丞相之賢名復乃聽孔道輔聞復之賢就見之介執杖屨立侍復左右升降拜則扶之其往謝亦然介既為學官語人曰孫先生非隱者也於是范仲淹富弼皆言復有經術宜在朝廷除祕書省校書郎國子監直講車駕幸太學賜緋衣銀魚召為邇英閣祗候說書楊安國言其講說多異先儒罷之孔直温敗得所遺復詩坐貶虔州監稅徙泗

州又知長水縣簽書應天府判官事通判陵州未行
翰林學士趙槩等十餘人言復經為人師不宜使佐
州縣留為直講稍遷殿中丞卒賜錢十萬復與胡瑗
不合在太學常相避瑗治經不如復而教養諸生過
之復既病韓琦言於仁宗選書吏給紙筆命其門人
祖無擇就復家得書十五萬言録藏祕閣特官其一
子

石介字守道兖州奉符人進士及第歷鄆州南京推
官篤學有志尚樂善疾惡喜聲名遇事奮然敢為御
史臺辟為主簿未至以論赦書不當求五代及諸僞

國後罷為鎮南掌書記代父丙遠官為嘉州軍事判
官丁父母憂耕徂徠山下葬五世之未葬者七十喪
以易教授于家魯人號介徂徠先生入為國子監直
講學者從之甚衆太學繇此益盛介為文有氣嘗患
文章之弊佛老為蠹著怪說中國論言去此三者乃
可以有為又著唐鑑以戒姦臣宦官宮女指切當時
無所諱忌杜衍韓琦薦擢太子中允直集賢院會呂
夷簡罷相夏竦既除樞密使復奪之以衍代章得象
晏殊賈昌朝范仲淹富弼及琦同時執政歐陽脩余
靖王素蔡襄並為諫官介喜曰此盛事也歌頌吾職

其可已乎作慶曆聖德詩曰於惟慶曆三年三月皇
帝龍興徐出闈闥晨坐太極晝開閶闔躬覽英賢手
鉏姦枿大聲渢渢震搖六合如乾之動如雷之發昆
蟲蹢躅妖怪藏滅同明道初天地嘉吉初聞皇帝慼
然言曰予祖予父付予大業予恐失墜實賴輔弼汝
得象殊重慎微密君相予久予嘉君伐君仍相予笙
鏞斯協昌朝儒者學問該洽與予論政傳以經術汝
貳二相庶績咸秩惟汝仲淹汝誠予察太后乘勢湯
沸火熱汝時小臣危言嶪嶪為予司諫正予門闌為
予京兆堲予讒說賊叛予夏往予式遏六月酷日大

冬積雪汝寒汝暑同予士卒予聞辛酸汝不告乏予
晚得弼予心弼悅弼每見予無有私謁以道輔予弼
言深切予不堯舜弼自笞罰諫官一年疏奏滿篋侍
從周歲忠力殫竭契丹忘義檮杌饕餮敢侮大國其
辭慢悖弼將予命不畏不怯卒復舊好民得食褐沙
磧萬里死生一節視弼之膚霜剝風裂觀弼之心鍊
金鍛鐵寵名大官以酬勞渴弼辭不受其志莫奪惟
仲淹弼一夔一契天實賚予予其敢忽並來弼予民
無瘥札曰衍汝來汝予黃髮事予二紀毛禿齒豁心
如一兮率履弗越遂長樞府兵政無蹶予早識琦琦

有奇骨其器魁落豈視居楔其人渾樸不施剞劂可
屬大事敦厚如勃琦汝副衍知人予哲惟脩惟靖立
朝巘巘言論磥砢忠誠特達禄微身賤其志不怯嘗
詆大官亟遭貶黜萬里歸来剛氣不折屢進直言以
補予闕素相之後含忠履潔昔為御史幾叩予榻襄
雖小官名聞予徹亦嘗獻言箴予之失剛守粹慤與
脩儔疋並為諫官正色在列予過汝言毋鉗汝舌皇
帝聖明忠邪辨別舉擢畯良掃除妖魃衆賢之進如
茅斯拔大姦之去如距斯脱上倚輔弼司予調燮下
賴諫諍維予紀法左右正人無有邪孽予望太平日

不逾浹皇帝嗣位二十二年神武不殺其默如淵聖
人不測其動如天賞罰在予不失其權恭己南面退
姦進賢知賢不易非明弗得去邪惟難惟斷乃克明
則不貳斷則不惑既明且斷惟皇帝之德群臣踧踖
重足屏息交相教語曰惟正直毋作側僻皇帝汝殛
諸侯危慄墮玉失舄交相告語皇帝神明四時朝覲
謹修臣職四夷走馬墜鐙遺策交相告語皇帝英武
解兵修貢永為屬國皇帝一舉群臣懾焉諸侯畏焉
四夷服焉臣願皇帝壽萬千年詩所稱多一時名臣
其言大姦蓋斥竦也詩且出孫復曰子禍始於此矣

介不畜馬借馬而乘出入大臣之門頗招賓客預政
事人多指目不自安求出通判濮州未赴卒會徐狂
人孔直溫謀反搜其家得介書夏竦銜介甚且欲中
傷杜衍等因言介詐死北走契丹請發棺以驗詔下
京東訪其存亡衍時在兗州以驗介事語官屬衆不
敢答掌書記龔鼎臣願以闔族保介必死衍探懷出
奏藁示之曰老夫已保介矣君年少見義必為豈可
量哉提點刑獄呂居簡亦曰發棺空而介果走北孥戮
非酷不然是國家無故剖人冢墓何以示後世且介
死必有親族門生會葬及棺斂之人茍召問無異即

令具軍令狀保之亦足應詔於是衆數百保介已死
乃免斲棺子弟羈管他州久之得還介家故貧妻子
幾凍餒富弼韓琦共分奉買田以贍養之有徂徠集
行於世

胡瑗字翼之泰州海陵人以經術教授吳中年四十
餘景祐初更定雅樂詔求知音者范仲淹薦瑗白衣
對崇政殿與鎮東軍節度推官阮逸同較鐘律分造
鐘磬各一虡以一黍之廣為分以制尺律徑三分四
氂六毫四絲圍十分三氂九毫三絲又以大黍累尺
小黍實龠丁度等以為非古制罷之授瑗試祕書省

校書郎范仲淹經略陝西辟丹州推官以保寧節度
推官教授湖州瑗教人有法科條纖悉備具以身先
之雖盛暑必公服坐堂上嚴師弟子之禮視諸生如
其子弟諸生亦信愛如其父兄從之游者常數百人
慶曆中興太學下湖州取其法著為令召為諸王宮
教授辭疾不行為太子中舍以殿中丞致仕皇祐中
更鑄太常鐘磬驛召瑗逸與近臣太常官議于祕閣
遂典作樂事復以大理評事兼太常寺主簿辭不就
歲餘授光祿寺丞國子監直講樂成遷大理寺丞賜
緋衣銀魚瑗既居太學其徒益衆太學至不能容取

旁官舍處之禮部所得士瑗弟子十常居四五隨材高
下喜自修飭衣服容止往往相類人遇之雖不識皆
知其瑗弟子也嘉祐初擢太子中允天章閣侍講仍
治太學既而疾不能朝以太常博士致仕歸老於家
諸生與朝士祖餞東門外時以為榮既卒詔賻其家
劉羲叟字仲更澤州晉城人歐陽脩使河東薦其學
術試大理評事權趙州軍事判官精筭術兼通大衍
諸曆及修唐史令專修律曆天文五行志尋為編修
官改祕書省著作佐郎以母喪去詔令家居編修書
成擢崇文院檢討未入謝疽發背卒羲叟強記多識

尤長於星曆術數皇祐五年日食心時胡瑗鑄鐘弇
而直聲鬱不發又陝西鑄大錢羲叟曰此所謂害金
再興與周景王同占上將感心腹之疾其後仁宗果不
豫又月入太微曰後宮當有喪已而張貴妃薨至和
元年日食正陽客星出于昴曰契丹宗真其死乎事
皆驗羲叟未病嘗曰吾及秋必死自擇地於父冢旁
占庚穴以語其妻如其言葬之著十三代史志劉氏
輯曆春秋災異諸書

林槩字端父福州福清人父高太常博士有治行槩
幼警悟舉進士以祕書省校書郎知長興縣歲大饑

富人閉糴以邀價槩出奉粟庭下誘土豪輸數千石
以飼飢者知連州康定初上封事曰古者民為兵而
今兵食民古馬寓於民而今不習馬此兵與馬之大
患也請附唐府兵之法四斂一民部以為軍闢耕田
里被甲皆兵因命其家咸得畜馬私乘休暇官為調
習則人便干戈馬識行列又行陣無法而出於臨時
將無素備而取於倉卒軍不專權而監以宦侍若是
者雖得古之材使循今之法亦必屢戰而屢敗又請
備蠻籍土民為兵柵要衝購猺人使守禦從淮安軍
程琳嘗禁蜀人不得自為渠堰槩奏罷之又言蜀飢

頹罷川峽漕發常平粟貸民租募富人輕粟價除商旅之禁使通貨相資官至太常博士集賢校理卒著史論辯國語子希自有傳

李覯字泰伯建昌軍南城人俊辯能文舉茂才異等不中親老以教授自資學者常數十百人皇祐初范仲淹薦爲試太學助教上明堂定制圖序曰考工記周人明堂度九尺之筵是言堂基脩廣非謂立室之數東西九筵南北七筵堂崇一筵是言堂上非謂室中東西之堂各深四筵半南北之堂各深三筵半五室凡室二筵是言四堂中央有方十筵之地自東至

西可營五室自南至北可營五室十筵中央方二筵之地既爲太室連作餘室則不能令十二位各直其辰當於東南西北四面及四角缺處各虛方二筵之地周而通之以爲太廟太室正居中月令所謂中央土居太廟太室者言此太廟之中有太室也太廟之外堂子午卯酉四位上各畫方二筵地二與太廟相通爲青陽明堂總章元堂四太廟當寅申巳亥辰戌丑未八位上各畫方二筵地以爲左个右个也大戴禮盛德記明堂凡九室室四戶八牖共三十六戶七十二牖八个之室并太室而九室四面各有戶戶旁夾兩牖也白虎通明堂上圓下方八窻四闥九室十二坐四太廟前各爲一門出於堂上門旁夾兩窻也左右之个其實皆室但以分處左右形如夾户故有个名太廟之内以及太室其實祀文王配上帝之位謂之廟者義當然矣土者分王四時於五行最尊故天子當其時居太室用祭天地之位以尊嚴之也四仲之月各得一時之中與餘月有異故復於子午卯酉之方取二筵地假太廟之名以聽朔也周禮言基而不及室大戴言室而不及廟稽之月令則備矣然非白虎通亦無以知窻闥之制也聶崇義所謂秦人

明堂圖者其制有十二階古之遺法當亦取之禮記外傳曰明堂四面各五門今按明堂位四夷之國西門之外九采之國應門之外時天子負斧扆南嚮而立南門之外者北面東上應門之外者亦北面東上是南門之外有應門也既有應門則不得不有皋庫雉門明堂者四時所居四面如一南面既有五門則餘三面皆各有五門鄭注明堂位則云正門謂之應門其意當謂變南門之文以爲應門又見王宮有路門其次乃有應門今明堂無路門之名而但有應門便謂更無重門而南門即是應門且路寢之前則名

路門其次有應門明堂非路寢乃變其內門之名為東門南門而次有應門何害於義四夷之君既在四門之外而外無重門則是列於郊野道路之間豈朝會之儀乎王宮常居猶設五門以限中外明堂者效天法地尊祖配帝而止一門以表之豈為稱哉若其建置之所則淳于登云在國之陽三里之外七里之內丙巳之地玉藻聽朔於南門之外康成之注亦與是合夫稱明也宜在國之陽事天神也宜在城門之外今圖以九分當九尺之筵東西之堂共九筵南北之堂共七筵中央之地自東至西凡五室自南至北

凡五室每室二筵取於考工記也一太室八左右个共九室室有四戶八牖共三十六戶七十二牖協於戴德記也九室四廟共十三位本於月令也四廟之面各為一門門夾兩窻是為八窻四闥稽於白虎通也十二階采於三禮圖也四面各五門酌於明堂位禮記外傳也嘉祐中用國子監奏召為海門主簿太學說書而卒觀嘗著周禮致太平論平土書禮論門人鄧潤甫熙寧中上其退居類藳皇祐續藳并後集請官其子參魯詔以為郊社齋郎

何涉字濟川南充人父祖皆業農涉始讀書晝夜刻苦汎覽傳古上自六經諸子百家旁及山經地志醫卜之術無所不學一過目不復再讀而終身不忘人問書傳中事必指卷第冊葉所在驗之果然登進士第調落交主簿改中部令范仲淹一見奇之辟彰武軍節度推官用龐籍奏遷著作佐郎管勾鄜延等路經略安撫招討司機宜文字時元昊擾邊軍中經畫涉預有力元昊納款籍召為樞密使欲與之俱涉曰親老矣非人子自便之時拜章願得歸養特改祕書丞通判眉州徙嘉州用文彥博龐籍薦召還除集賢校理既又求歸蜀遂得知漢州歲滿移合州累官尚

書司封員外郎父喪罷歸卒詔恤其家并官其一子涉長厚有操行事親至孝平居未嘗談人過惡所至多建學館勸誨諸生從之游者甚衆雖在軍中亦嘗為諸將講左氏春秋狄青之徒皆橫經以聽有治道中術春秋本旨廬江集七十卷

王回字深父福州侯官人父平言試御史回敦行孝友質直平恕造次必稽古人所為而不為小廉曲謹以求名譽嘗舉進士中第為衛眞簿有所不合稱病自免作告友曰古之言天下達道者曰君臣也父子也夫婦也兄弟也朋友也五者各以其義行而人倫

立其義廢則人倫亦從而亡矣然而父子兄弟之親
天性之自然者也夫婦之合以人情而然者也君臣
之從以衆心而然者也是雖欲自廢而理勢持之何
能斬也惟朋友者舉天下之人莫不可同亦舉天下
之人莫不可異同異在我則義安所卒歸乎是其漸
廢之所繇也君之於臣也父之於子也夫之於婦也
兄之於弟也過且惡必亂敗其國家國家敗而皆受
其難被其名而終身不可辭也故其為上者不敢不
誨為下者不敢不諫世治道行則人能循義而自得
世衰道微則人猶顧義而自全間有不若則亦無害

於衆焉耳此所謂理勢持之雖百代可知也親非天
性也合非人情也從非衆心也群而同別而異有善
不足與榮有惡不足與辱大道之行公於義者可至
焉下斯而言其能及者鮮矣是以聖人崇之以列於
君臣父子夫婦兄弟而壹為達道也聖人既沒而其
義益廢於今則亡矣夫人有四肢所以成身一體不
備則謂之廢疾而人倫缺焉何以為世嗚呼處今之
時而望古之道難矣姑求其肯告吾過也而樂聞其
過者與之友乎退居潁州久之不肯仕在廷多薦者
治平中以為忠武軍節度推官知南頓縣命下而卒.

回在潁川與處士常秩友善熙寧中秩上其文集補
回子汾為郊社齋郎弟向
向字子直為文長於序事戲作公默先生傳曰公議
先生剛直任氣好議論取當世是非辨明游梁宋間
不得意去居潁其徒從者百人居二年與其徒謀又
去潁弟子任意對曰先生無復念去也弟子從先生
久矣亦各厭行役先生舍潁為居廬少有生計主人
公賢遇先生不淺薄今又去之弟子未見先生止處
也先生豈薄潁邪公議先生曰来吾語爾君子貴行
道信於世不信貴容不容貴去古之辟世辟地辟色

辟言是也吾行年三十立節循名被服先王究窮六
經頑鈍晚成所得無幾張羅大綱漏略零細校其所
見未為完人豈敢自忘冀用於世予所厭苦正謂不
容予行世間波混流同予譽不至予毁日隆小人鑿
空造事形迹侵排萬端地隘天側詩不云乎讒人罔
極主人明恕故未見疑不幸去我来者謂誰讒一日
效我終顛危智者利身遠害全德不如亟行以適異
國語已任意對曰先生無言也意輩弟子嘗竊論先
生樂取怨憎為人所難不知不樂也今定不樂先生
知所以取之乎先生聰明才能過人遠甚而刺口論

世事立是立非其間不容豪髮又以公議名此人之怨府也傳曰議人者不得其死先生憂之是也其去未是意有三事為先生計先生幸聽意不必行不聽先生雖去絕海未見先生安也公議先生彊舌不語下視任意目不轉移時卒問任意對曰人之肺肝安得可視高出重泉險不足比聞善於彼陽譽陰非反背復憎詆笑縱横得其細過聲張口播緣飾百端德敗行破自然是人賤彼善我意策之三此為最上者也先生能用之乎公議先生曰不能爾試言其次者對曰捐棄骨肉佯狂而去令世人不復顧忌此策之

次者先生能用之乎公議先生曰不能爾試言其又次者對曰先生之行己視世人所不逮何等也曾未得稱高世而詆訶鋒起幾不得與妄庸人伍者良以口禍也先生能不好議而好默是非不及口而心存焉何疾於不容此策之最下者也先生能用之乎公議先生喟然歎曰吁吾為爾用下策也任意乃大笑顧其徒曰宜吾先生之病於世也吾三策之卒取其下者矣弟子陽思曰今日非任意先生不可得留與其徒謝意更因意請去公議為公默先生弟同字容季性純篤亦善序事皆蚤卒仕止於縣主簿

周堯卿字子俞道州永明人警悟彊記以學行知名天聖二年舉進士歷連衡二州司理參軍桂州司錄知高安寧化二縣提點刑獄楊紘入境有被刑而耘苗者紘就詢其故對曰貧以利故為人直其枉令不我欺而我欺之我又何怨紘至縣以所聞薦之後通判饒州積官至太常博士范仲淹薦經行可為師表未及用以慶曆五年卒年五十一始堯卿年十二喪父憂戚如成人見母則抑情忍哀不欲傷其意母知而異之謂族人曰是兒愛我如此多知孝養矣卒能如母之言及母喪倚廬三年席薪枕塊雖疾病不飲

酒食肉既葬慈烏百數銜土集隴上人以為孝感所致其於昆弟尤篤友愛又為人簡重不校有慢己者必厚為禮以愧之居官祿雖薄必以周宗族朋友罄而後已為學不專於傳注問辨思索以通為期長於毛鄭詩及左氏春秋其學詩以孔子所謂詩三百一言以蔽之曰思無邪孟子所謂說詩者以意逆志是為得之考經指歸而見毛鄭之得失曰毛之傳欲簡或寡於義理非一言以蔽之也鄭之箋欲詳或遠於性情非以意逆志也是可以無去取乎其學春秋由左氏記之詳得經之所以書者至三傳之異同均有

所不取曰聖人之意豈二致耶讀莊周孟子之書曰周善言理未至於窮理窮理則好惡不繆於聖人孟軻是已孟善言性未至於盡己之性能盡己之性則能盡物之性而可與天地參其唯聖人乎天何言哉性與天道子貢所以不可得而聞也昔宰我子貢善為說辭冉牛閔子顏淵善言德行孔子曰我於辭命則不能也惟不言故曰不能而已蓋言生於不足者也其講辭議論皆若是有詩春秋說各三十卷文集二十卷七子諭鼎州司理參軍詵湖州歸安主簿謐諷謹說誼

王當字子思眉州眉山人幼好學博覽古今所取惟王佐大略嘗謂三公論道經邦燮理陰陽塡撫四方親附百姓皆出於一道其言之雖大其行之甚易嘗舉進士不中退居田野歎曰士之居世苟不見其用必見其言遂著春秋列國名臣傳五十卷人競傳之元祐中蘇轍以賢良方正薦廷對慷慨不避權貴策入四等調龍遊縣尉蔡京知成都舉為學官當不就其後京相當遂不復仕卒年七十二當於經學尤邃易與春秋皆為之傳得聖人之旨居多又有經旨二卷史論十二卷兵書十二篇

陳暘字晉之福州人中紹聖制科授順昌軍節度推官徽宗初進迓衡集以勸導紹述得太學博士祕書省正字禮部侍郎趙挺之言暘所著樂書二十卷貫穿明備乞援其兄祥道進禮書故事給札既上遷太常丞進駕部員外郎為講議司參詳禮樂官魏漢津議樂用京房二變四清暘曰五聲十二律樂之正也二變四清樂之蠹也二變以變宮為君四清以黃鍾清為君事以時作固可變也而君不可變太簇大呂夾鍾或可分也而黃鍾不可分豈古人所謂尊無二上之旨哉時論方右漢津絀暘議進鴻臚太常少卿

禮部侍郎以顯謨閣待制提舉醴泉觀嘗坐事奪已而復之卒年六十八祥道字用之元祐中為太常博士終祕書省正字所著禮書一百五十卷與暘樂書並行于世

列傳卷第一百九十一

列傳卷第一百九十二

開府儀同三司上柱國録軍國重事前中書右丞相監修國史領經筵事脫脫等奉

勅修

儒林三

邵伯溫 喻樗 洪興祖 高閌
程大昌 林之奇 林光朝 楊萬里

邵伯溫字子文洛陽人康節處士雍之子也雍名重一時如司馬光韓維呂公著程頤兄弟皆交其門伯溫入聞父教出則事司馬光等而光等亦屈名位輩行與伯溫為再世交故所聞日博而尤熟當世之務

光入相嘗欲薦伯溫未果而薨後以河南尹與部使者薦特授大名府助教調潞州長子縣尉初蔡確之相也神宗崩哲宗立邢恕自襄州移河陽詣確謀造定策事及司馬光子康詣闕恕召康詣河陽伯溫謂康曰公休除喪未見君不宜枉道先見朋友康曰已諾之伯溫曰恕傾巧或以事要公休若從之必為異日之悔康竟往恕果勸康作書稱確以為他日全身保家計康恕同年登科恕又出光門下康遂作書如恕言恕蓋以康為光子言確有定策功世必見信既而梁燾以諫議召恕亦要燾至河陽連日夜論確功

不休且以康書為證燾不悅會吳處厚奏確詩謗朝政燾與劉安世共請誅確且論恕罪亦命康分析康始悔之康卒子植幼宣仁后憫之呂大防謂康素以伯溫可託請以伯溫為西京教授以教植伯溫既至官則誨植曰溫公之孫大諫之子賢愚在天下可畏也植聞之力學不懈卒有立紹聖初章惇為相惇嘗事康節欲用伯溫伯溫不往會法當赴吏部銓程頤為伯溫曰吾危子之行也伯溫曰豈不欲見先公於地下耶至則先就部擬官而後見宰相惇論及康節之學曰嗟乎吾於先生不能卒業也伯溫曰先君先天之學論天地

萬物未有不盡者其信也則人之仇怨反覆者可忘矣時惇方興黨獄故以是動之惇悚然猶薦之于朝而伯溫願補郡縣吏惇不悅遂得監永興軍鑄錢監時元祐諸賢方南遷士鮮訪之者伯溫見范祖禹於咸平見范純仁於潁昌或為之恐不顧也會西邊用兵復夏人故地從軍者得累數階伯溫當行輒推同列秩滿惇猶在相位伯溫義不至京師從外臺辟環慶路帥幕實避惇也徽宗即位以日食求言伯溫上書累數千言大要欲復祖宗制度辨宣仁誣謗解元祐黨錮分君子小人戒勞民用兵語極懇至宣仁太

后之謗伯温既辨之又著書名辨誣後崇寧大觀間以元符上書人分邪正等伯温在邪等中以此書也出監華州西嶽廟久之知峽州靈寶縣徙芮城縣丁母憂服除主管永興軍耀州三白渠公事童貫為宣撫使士大夫爭出其門伯温聞其來出他州避之除知果州請罷歲輸瀘南諸州綾絹絲綿數十萬以寬民力除知興元府遂寧府邠州皆不赴擢提點成都路刑獄賊史斌破武休入漢利窺劍門伯温與成都帥臣盧法原合謀守劍門賊竟不能入蜀人德之除利路轉運副使提舉太平觀紹興四年卒年七十八

初邵雍嘗曰世行亂蜀安可避居及宣和末伯温載家使蜀故免於難伯温嘗論元祐紹聖之政曰公卿大夫當知國體以蔡確姦邪投之死地何足惜然嘗為宰相當以宰相待之范忠宣有文正餘風知國體者也故欲薄確之罪言既不用退而行確詞命然後求去君子長者仁人用心也確死南荒豈獨有傷國體哉劉摯梁燾王巖叟劉安世忠直有餘然疾惡已甚不知國體以貽後日縉紳之禍不能無過也趙鼎少從伯温游及當相乞行追録始贈祕閣修撰嘗表伯温之墓曰以學行起元祐以名節居紹聖以言廢

於崇寧世以此三語盡伯温出處云著書有河南集聞見録皇極系述辨誣辨惑皇極經世序觀物内外篇解近百卷三子溥博傳

喻樗字子才其先南昌人初俞樂仕梁位至安州刺史武帝賜姓喻後徙嚴樗其十六世孫也少慕伊洛之學中建炎三年進士第為人質直好議論趙鼎去樞筦居常山樗徃謁因諷之曰公之事上當使啓沃多而施行少啓沃之際當使誠意多而語言少鼎奇之引為上客鼎都督川陝荊襄辟樗為屬紹興初高宗親征樗見鼎曰六龍臨江兵氣百倍然公自度此

舉果出萬全乎或姑試一擲也鼎曰中國累年退避不振敵情益驕義不可更屈故贊上行耳若事之濟否則非鼎所知也樗曰然則當思歸路毋以賊遺君父憂鼎曰策安出樗曰張德遠有重望居閩今莫若使其為江淮荊浙福建等路宣撫使俾以諸道兵赴闕命下之日府庫軍旅錢穀皆得專之宣撫來路即朝廷歸路也鼎曰諾於是入奏曰今沿江經畫大計畧定非得大臣相應援不可如張浚人才陛下終棄之乎帝曰朕用之遂起浚知樞密院事浚至執鼎手曰比行舉措皆合人心鼎笑曰子才之功也樗曰是

往來鼎浚間多所裨益頃之以鼎薦授祕書省正字
兼史館校勘初金既退師鼎浚相得驩甚人知其將
並相樗獨言二人宜且同在樞府他日趙退則張繼
之立事任人未甚相遠則氣脉長若同處相位萬有
一不合或當去位則必更張是賢者自相背戾矣後
稍如其言又嘗曰推車者遇艱險則相詬病及車之
止也則欣然如初士之於國家亦若是而已先是樗
與張九成皆言和議非便秦檜既主和言者希旨劾
樗與九成謗訕樗出知舒州懷寧縣通判衢州已而
致仕檜死復起為大宗正丞轉工部員外郎出知蘄

州孝宗即位用為提舉浙東常平以治績聞淳熙七
年卒初樗善鑒識宣和間謂其友人沈晦試進士當
第一建炎初又謂今歲進士張九成當第一凌景夏
次之會風折大槐樗以作二簡遺之後果然趙鼎嘗
以樊光遠免舉事訪樗樗曰今年省試不可無此人
於是光遠亦第一初樗二女方擇配富人交請婚不
許及見汪洋張孝祥乃曰佳壻也遂以妻之
洪興祖字慶善鎮江丹陽人少讀禮至中庸頓悟性
命之理績文日進登政和上舍第為湖州士曹改宣
教郎高宗時在揚州廢事草創選人改秩軍頭司引

見自興祖始召試授祕書省正字後為太常博士上
疏乞收人心納謀策安民情壯國威又論國家再造
一宜以藝祖為法紹興四年蘇湖地震興祖時為駕
部郎官應詔上疏具言朝廷紀綱之失為時宰所惡
主管太平觀起知廣德軍視水原為陂塘六百餘所
民無旱憂一新學舍因定從祀自十哲曾子而下七
十有一人又列先儒左丘明而下二十有六人擢提
點江東刑獄知真州州當兵衝瘡痍未瘳興祖始至
請復一年租從之明年再請又從之自是流民復業
墾闢荒田至七萬餘畝從知饒州先夢持六刀覺曰

三刀為益今倍之其饒乎已而果然是時秦檜當國
諫官多檜門下爭彈劾以媚檜興祖坐嘗作故龍圖
閣學士程瑀論語解序語涉怨望編管昭州卒年六
十有六明年詔復其官直敷文閣興祖好古博學自
少至老未嘗一日去書著老莊本旨周易通義繫辭
要旨古文孝經序贊離騷楚詞考異行于世
高閌字抑崇明州鄞縣人紹興元年以上舍選賜進
士第執政薦之召為祕書省正字時將賜新進士儒
行中庸篇閌奏儒行詞說不醇請止賜中庸庶幾學
者得知聖學淵源而不惑於他說從之權禮部員外

即兼史館校勘面對言春秋之法莫大於正名今樞密院號本兵柄而諸路軍馬盡屬都督是朝廷兵柄自分為二又周六卿其大事則從其長小事官屬猶得專達今一切拘以文法雖利害灼然可見官長且不敢自決必請于朝故廟堂之事益繁而省曹官屬乃與胥吏無異又政事之行給舍得繳駁臺諫得論列若給舍以為然臺諫以為不然則不容不改祖宗時有繳駁臺諫章疏不以為嫌者恐其得於風聞致朝廷之有過舉然此風不見久矣臣恐朝廷之權反在臺諫且祖宗時監察御史許言事靖康中嘗行之

今則名為臺官實無言責此皆名之未正也尋遷著作佐郎以言者論罷主管崇道觀召為國子司業時興太學閎奏宜先經術帝曰士習詩賦已久遽能使之通經乎閎曰先王設太學惟講經術而已國初猶循唐制用詩賦神宗始以經術造士遂罷詩賦又慮不足以盡人才乃設詞學一科今宜以經義為主而加詩賦帝然之閎於是條具以聞其法以六經語孟義為一場詩賦次之子史論又次之時務策又次之太學課試及郡國科舉盡以此為法且立郡國士補國學監生之制中興已後學制多閎所建明閎又言建學之始宜得老成以誘掖後進乃薦全州文學師維藩詔除國子錄維藩眉山人精春秋學林栗其高第也故首薦之新學成閎奏補試者六千人且乞臨雍繼率諸生上表以請於是帝幸太學秦熺執經閎講易泰卦賜三品服胡寅聞之以書責閎曰閣下為師儒之首不能建大論明天人之理乃阿諛柄臣希合風旨求舉太平之典欺天罔人孰甚焉平生志行掃地矣閎少宗程頤學宣和末楊時為祭酒閎為諸生胡安國至京師訪士於時以閎為首稱由是知名閎除禮部侍郎帝因問閎張九成安否明日復以問

秦檜檜疑閎薦中丞李文會承檜旨劾閎出知筠州不赴卒初秦棣嘗使姚孚請婚閎辭之其著述有春秋集傳行于世

程大昌字泰之徽州休寧人十歲能屬文登紹興二十一年進士第主吳縣簿未上丁父憂服除著十論言當世事獻於朝宰相湯思退奇之擢太平州教授明年召為太學正試館職為秘書省正字孝宗即位遷著作佐郎當是時帝初政銳於事功命令四出貴近或預密議會詔百官言事大昌奏曰漢石顯知元帝信己先請夜開宮門之詔他日故夜還稱詔啓關或言

矯制帝笑以前詔示之自是顯真矯制人不復言國
朝命令必由三省防此弊也請自今被御前直降文
書皆申省審奏乃得行以合祖宗之規以防石顯之
姦又言去歲完顏亮入寇無一士死守而兵將至今
策勳未已惟李寶捷膠西虞允文戰采石實屠亮之
階今寶罷兵允文守夔此公論所謂不平也帝稱善遷
為恭王府賛讀遷國子司業兼權禮部侍郎直學士
院帝問大昌曰朕治道不進奈何大昌對曰陛下勤
儉過古帝王自文真通和知尊中國不可謂無效但
當求賢納諫修政事則大有為之業在其中不必他

求奇策以幸速成又言淮上築城太多緩急何人可
守設險莫如練卒練卒莫如擇將帝稱善除浙東提
點刑獄會歲豐酒稅踰額有挾朝命請增額者大昌
力拒之曰大昌寧罪去不可增也徙江西轉運副使
大昌曰可以興利去害行吾志矣會歲歛出錢十餘
萬緡代輸吉贛臨江南安夏稅折帛清江縣舊有破
坑桐二堰以捍江護田及民居地幾二千頃後堰壞
歲罹水患且四十年大昌力復其舊進秘閣修撰召
為秘書少監帝勞之曰卿朕所簡記監司若人人如
卿朕何憂兼中書舍人六和塔寺僧以鎮潮為功求

內降給賜所置田產仍免科徭大昌奏僧寺既違法
置田又移科徭於民奈何許之况自修塔之後潮果
不齧岸乎寢其命權刑部侍郎升侍講兼國子祭酒
大昌言辟以止辟未聞縱有罪為仁也今四方讞獄
例擬貸死臣謂有司當守法人主察其可貸則貸之
如此則法伸乎下仁歸乎上矣帝以為然兼給事中
江陵都統制率逢原縱部曲毆百姓守帥辛棄疾以
言狀徙帥江西大昌因極論自此屯戍州郡不可為
矣逢原由是坐削兩官降本軍副將累遷權吏部尚
書言今日諸軍西北舊人日少其子孫伉健者當教

之戰陳不宜輕聽離軍且禁衛之士祖宗非獨以備
宿衛而已南征北伐是嘗為先鋒今率十三年輒補外
用違其長即有征行無入在選奈何始以材武擇之
而終以庸常棄之乎願留三衙勿遣會行中外更迭
之制力請郡遂出知泉州汀州賊沈師作亂戍將蕭
統領與戰死閩部大震漕撤統制裴師武討之師武
以未得帥符不行大昌手書趣之曰事急矣有如帥
責君可持吾書自解當是時賊謀攻城而先使諜者
衷甲縱火為內應會師武軍至復得諜者賊遂散去
遷知建寧府光宗嗣位徙知明州尋奉祠紹熙五年

請老以龍圖閣學士致仕慶元元年卒年七十三謚文簡大昌篤學於古今事靡不考究有禹貢論易原雍録易老通言攷古編演繁露北邊備對行於世

林之奇字少穎福州侯官人紫微舍人吕本中入閩之奇甫冠從本中學時將試禮部行次衢州以不得事親而反學益力本中奇之由是學者踵至中紹興二十一年進士第調莆田簿段尉長汀召爲秘書省正字轉校書郎會朝廷欲令學者參用王安石三經義之說之奇上言王氏三經率爲新法地晉人以王何清談之罪深於桀紂本朝靖康禍亂考其端倪王

氏實負王何之責在孔孟書正所謂邪說詖行淫辭之不可訓者或傳金人欲南侵之奇作書抵當路以爲乂和畏戰人情之常金知吾重於和故常以虛聲喝我而示我以欲戰之意非果欲戰所以堅吾和欲與之和宜無憚於戰則其權在我又言戰之所須不一而人才爲先必求可與共患難者非得如麗士元所謂俊傑者不可也以痺疾乞外由宗正丞提舉閩舶參帥議遂以祠禄家居自稱拙齋東萊吕祖謙嘗受學焉淳熙三年卒年六十有五有書春秋周禮說論孟楊子講義道山記聞等書行於世

林光朝字謙之興化軍莆田人再試禮部不第聞吳中陸子正嘗從尹焞學因往從之游自是專心聖賢踐履之學通六經貫百氏言動必以禮四方來學者亡慮數百人南渡後以伊洛之學倡東南者自光朝始然未嘗著書惟口授學者使之心通理解嘗曰道之全體全乎太虛六經既發明之後世注解固已支離若復增加道愈遠矣孝宗隆興元年光朝年五十以進士及第調袁州司户參軍乾道三年龍大淵曾覿以潛邸恩倖進臺諫給舍論駁不行張闡自外召爲執政銳欲去之覺其不可拙遂以老疾力辭不拜

而光朝及劉朔方以名儒薦對頗及二人罪由是光朝改左承奉郎知永福縣而大臣論薦不已召試館職爲秘書省正字兼國史編脩實録檢討官歷著作佐郎兼禮部郎官八年進國子司業兼太子侍讀史職如故是時張說再除簽書樞密院事光朝不往賀遂出爲廣西提點刑獄移廣東茶寇自荊湘剽江西薄嶺南其鋒銳甚光朝自將郡兵擬摧鋒統制路海本路鈐轄黃進各以軍分控要害會有詔徙光朝轉運副使光朝謂賊勢方張留屯不去督二將邀擊連敗之賊驚懼宵遁帝聞之喜曰林光朝儒生乃知兵

耶加直寶謨閣召拜國子祭酒兼太子左諭德四年帝幸國子監命講中庸帝大稱善面賜金紫不數日除中書舍人是時吏部郎謝廓然由曾覿薦賜出身除殿中侍御史命從中出光朝曰是輕臺諫羞科目也立封還詞頭天子度光朝決不奉詔改授工部侍郎不拜遂以集英殿脩撰出知婺州光朝老儒素有士望在後省未有建明或疑之及聞繳駁廓然士論始服光朝因引疾提舉興國宫卒年六十五

揚萬里字廷秀吉州吉水人中紹興二十四年進士第為贛州司户調永州零陵丞時張浚謫永杜門謝

客萬里三往不得見以書力請始見之浚勉以正心誠意之學萬里服其教終身迺名讀書之室曰誠齋浚入相薦之朝除臨安府教授未赴丁父憂改知隆興府奉新縣戢追胥不入鄉民逋賦者揭其名市中民讙趨之賦不擾而足縣以大治會陳俊卿虞允文為相交薦之召為國子博士侍講張栻以論張說出守袁萬里抗疏留栻又遺允文書以和同之說規之栻雖不果留而公論偉之遷太常博士尋升丞兼吏部侍右郎官轉將作少監出知漳州改常州尋提舉廣東常平茶鹽盗沈師犯南粤帥師往平之孝宗稱之曰仁者之勇遂有大用意就除提點刑獄請於潮惠二州築外砦潮以鎮賊之巢惠以扼賊之路俄以憂去免喪召為尚左郎官淳熈十二年五月以地震應詔上書曰臣聞言有事於無事之時不害其為忠言無事於有事之時其為姦也大矣南北和好踰二十年一旦絶使敵情不測而或者曰彼有五單于爭立之禍又曰彼有匈奴困於東胡之禍既而皆不驗道塗相傳繕汴京城池開海州漕渠又於河南北簽民兵增驛騎製馬櫪籍井泉而吾之間諜不得以入此何為者耶臣所謂言有事於無事之時者一也或謂

金主北歸可為中國之賀臣以中國之憂正在乎此此人北歸蓋懲創於逆亮之空國而南侵也將欲南之必固北之或者以身填撫其北而以其子與壻經營其南也臣所謂言有事於無事之時者二也臣竊聞論者或謂緩急淮不可守則棄淮而守江是大不然昔者吴與魏力爭而得合肥然後吴始安李煜失滁揚二州自此南唐始蹙今曰棄淮而保江既無淮矣江可得而保乎臣所謂言有事於無事之時者三也今淮東西凡十五郡所謂守帥不知陛下使宰相擇之乎使樞廷擇之乎使宰相擇之宰相未必為樞

廷慮也使樞廷擇之則除授不自己出也一則不為之慮一則不自己出緩急敗事則皆曰非我也陛下將責之誰乎臣所謂言有事於無事之時者四也且南北各有長技若騎若射北之長技也若舟若步南之長技也今為北之計者曰繕治其海舟而南之海舟則不聞繕治焉或曰吾舟素具也或曰舟雖未具而憚於擾也紹興辛巳之戰山東釆石之功不以騎也不以射也不以步也舟焉而已當時之舟今可復用乎且夫斯民一日之擾與社稷百世之安危孰輕孰重事固有大於擾者也臣所謂言有事於無事之

時者五也陛下以今日為何等時耶金人日逼疆場日擾而未聞防金人者何策保疆場者何道但聞某日修某禮文也某日進某書史也是以鄉飲理軍以干羽解圍也臣所謂言有事於無事之時者六也臣聞古者人君人不能悟之則天地能悟之今也國家之事敵情不測如此而君臣上下處之如太平無事之時是人不能悟之矣故上天見災異異時熒惑犯南斗邇日鎮星犯端門熒惑守羽林臣書生不曉天文未敢以為必然也至於春正月日青無光若有兩日相摩者茲不曰大異乎然人猶恐陛下不信也至

於春日載陽復有雨雪殺物茲不曰大異乎然天猶恐陛下又不信也廼五月庚寅又有地震茲又不曰大異乎且夫天變在遠臣子不敢奏也不信可也地震在外州郡不敢聞也不信可也今也天變頻仍地震輦轂而君臣不聞警懼朝廷不聞咨訪人不能悟之則天地能悟之臣不知陛下於此悟乎否乎臣所謂言有事於無事之時者七也自頃年以來兩浙最近則先旱江淮則又旱湖廣則又潦徙者相續道殣相枕而常平之積名存而實亡入粟之令上行而下慢靜而無事未知所以振救之動而有事將何以仰

以為資耶臣所謂言有事於無事之時者八也古者足國裕民惟食與貨今之所謂錢者富商巨賈閹官權貴皆盈室以藏之至於百姓三軍之用惟破楮券爾萬一如唐涇原之師因怒糲食蹴而覆之出不遜語遂起朱泚之亂可不為寒心哉臣所謂言有事於無事之時者九也古者立國必有可畏非畏其國也畏其人也故苻堅欲圖晉而王猛以為不可謂謝安桓沖江左之望是存晉者二人而已異時名相如趙鼎張浚名將如岳飛韓世忠此金人所憚也近時劉珙可用則早死張栻可用則沮死萬一有緩急不知

可以督諸軍者何人可以當一面者何人而金人之所素憚者又何人而或者謂人之有才用而後見臣聞之記曰苟有車必見其式苟有言必聞其聲今曰有其人而未聞其可將可相是有車而無式有言而無聲也且夫用而後見非臨之以大安危試之以大勝負則莫見其用也平居無以知其人必待大安危大勝負而後見焉成事幸矣萬一敗事悔何及耶昔者謝玄之北禦苻堅而郗超知其必勝桓温之西伐李勢而劉惔知其必取蓋玄於履屐之間無不當其任温於蒱博不必得則不為二子於平居無事之日蓋

必有以察其小而後信其大也豈必大用而後見哉臣所謂言有事於無事之時者十也願陛下超然遠覽昭然遠寤勿矜聖德之崇高而增其所未能勿恃中國之生聚而嚴其所未備勿以天地之變異為適然而法宣王之懼災勿以臣下之苦言為逆耳而體太宗之導諫勿以女謁近習之害政為細故而監漢唐季世致亂之由勿以仇讎之包藏為無他而懲宣政晚年受禍之酷責大臣以通知邊事軍務如富弼之請勿以東西二府異其心委大臣以薦進謀臣良將如蕭何所奇勿以文武兩途而殊其轍勿使賂宦

者而得旄節如唐大曆之弊勿使貨近幸而得招討如梁段凝之敗以重蜀之心而重荊襄使東西形勢之相接以保江之心而保兩淮使表裏脣齒之相依勿以海道為無虞勿以大江為可恃增屯聚糧治艦扼險君臣之所咨訪朝夕之所講求姑置不急之務精專備敵之策庶幾上可消於天變下不墮於敵姦然天下之事有本根有枝葉臣前所陳枝葉而已所謂本根則人主不可以自用人主自用則人臣不任責然猶未害也至於軍事而猶曰誰當憂此吾當自憂今日之事將無類此傳曰水木有本原聖學高明

願益思其所以本原者東宮講官闕帝親擢萬里為侍讀宮僚以得端人相賀他日讀陸宣公奏議等書皆隨事規警太子深敬之王淮為相一日問曰宰相先務者何事曰人才又問孰為才即疏朱熹袁樞以下六十人以獻淮次第擢用之歷樞密院檢詳守右司郎中遷左司郎中十四年夏旱萬里復應詔言旱及兩月然後求言不曰遲乎上自侍從下止館職不曰隘乎今之所以旱者以上澤不下流下情不上達故天地之氣隔絕而不通因疏四事以獻言皆懇切遷祕書少監會高宗崩孝宗欲行三年喪創議事

堂命皇太子參決庶務萬里上疏力諫且上太子書言天無二日民無二王一履危機悔之何及與其悔之而無及孰若辭之而不居願陛下三辭五辭而必不居也太子悚然高宗未葬翰林學士洪邁不俟集議配饗獨以呂頤浩等姓名上萬里上疏詆之力言張浚當預且謂邁無異指鹿為馬孝宗覽疏不悅曰萬里以朕為何如主由是以直祕閣出知筠州光宗即位召為祕書監入對言天下有無形之禍僭非權臣而僭於權臣擾非盜賊而擾於盜賊其惟朋黨之論乎蓋欲激人主之怒莫如朋黨空天下人才莫如

朋黨黨論一興其端發於士大夫其禍及於天下前事已然願陛下建皇極於聖心公聽並觀壞植散群曰君子從而用之曰小人從而廢之皆勿問其某黨某黨也又論古之帝王固有以知一己攬其權不知臣下竊其權大臣竊之則權在大臣大將竊之則權在大將外戚竊之則權在外戚近習竊之則權在近習竊權之最難防者其惟近習乎非敢公竊也私竊之也始於私竊其終必至於公竊而後已可不懼哉紹熙元年借煥章閣學士為接伴金國賀正旦使兼實錄院檢討官會孝宗日曆成參知政事王藺以

故事俾萬里序之而宰臣屬之禮部郎官傅伯壽萬里以失職力丐去帝宣諭勉留會進孝宗聖政萬里當奉進孝宗猶不悅遂出為江東轉運副使權總領淮西江東軍馬錢糧朝議欲行鐵錢於江南諸郡萬里疏其不便不奉詔忤宰相意改知贛州不赴乞祠除祕閣修撰提舉萬壽宮自是不復出矣寧宗嗣位召赴行在辭升煥章閣待制提舉興國宮引年乞休致進寶文閣待制致仕嘉泰三年詔進寶謨閣直學士給賜衣帶開禧元年召復辭明年升寶謨閣學士卒年八十三贈光祿大夫萬里為人剛而褊孝宗始

愛其才以問周必大必大無善語由此不見用韓侂胄用事欲網羅四方知名士相羽翼嘗築南園屬萬里為之記許以掖垣萬里曰官可棄記不可作也侂胄恚改命他人臥家十五年皆其柄國之日也侂胄專僭日益甚萬里憂憤怏怏成疾家人知其憂國也凡邸吏之報時政者皆不以告忽族子自外至遽言侂胄用兵事萬里慟哭失聲亟呼紙書曰韓侂胄姦臣專權無上動兵殘民謀危社稷吾頭顱如許報國無路惟有孤憤又書十四言別妻子筆落而逝萬里精於詩嘗著易傳行於世光宗嘗為書誠齋二字

學者稱誠齋先生賜謚文節子長孺

列傳卷第一百九十二

列傳卷第一百九十三　宋史四百三十四

開府儀同三司上柱國錄軍國重事前中書右丞相監修國史領經筵事都總裁臣脫脫等奉

敕修

儒林四

劉子翬　呂祖謙　蔡元定子沈　陸九齡弟九韶

陸九淵　薛季宣　陳傅良　葉適　戴溪

蔡幼學　楊泰之

劉子翬字彥沖贈太師韐之仲子以父任授承務郎辟真定府幕屬韐死靖康之難子翬痛憤幾無以為生廬墓三年服除通判興化軍冦楊勍犯閩境子翬與郡將張當世盡計備禦如素服戎事者賊不敢犯事聞詔因任子翬始執喪致羸疾至是以不堪吏責辭歸武夷山不出者凡十七年間走其父墓下瞻望徘徊涕泗嗚咽或累日而返妻死不再娶事繼母呂氏及兄子羽盡孝友子羽之子珙幼英敏嗜學子翬教之不懈珙卒有立與籍溪胡憲白水劉勉之交相得每見講學外無雜言它所與遊皆海內知名士而期以任重致遠者惟新安朱熹而已初熹父松且死以熹託子翬及熹請益子翬告以易之不遠復三言俾佩之終身熹後卒為儒宗子翬少喜佛氏說歸而

讀易即渙然有得其說以為學易當先復故以是告熹焉一日感微疾即謁家廟泣別母與親朋訣付珙家事指葬處屬親戚孤弱之無業者訓學者修身求道數百言後二日卒年四十七學者稱屏山先生珙別有傳

呂祖謙字伯恭尚書右丞好問之孫也自其祖始居婺州祖謙之學本之家庭有中原文獻之傳長從林之奇汪應辰胡憲游既又友張栻朱熹講索益精初蔭補入官後舉進士復中博學宏詞科調南外宗教丁內艱居明招山四方之士爭趨之除太學博士時

中都官待次者例補外添差教授嚴州尋復召為博士兼國史院編修官實錄院檢討官輪對勉孝宗留意聖學且言恢復大事也規模當定方略當審陛下方廣攬豪傑共集事功臣願精加考察使之確指經畫之實孰為先後使嘗試僥倖之說不敢陳於前然後與一二大臣定成算而次第行之則大義可伸大業可復矣召試館職先是召試者率前期從學士院求問目獨祖謙不然而其文特典美嘗讀陸九淵文喜之而未識其人考試禮部得一卷曰此必江西小陸之文也揭示果九淵人服其精鑑父憂免喪主管

台州崇道觀越三年除秘書郎國史院編修官實錄院檢討官以修撰李燾薦重修徽宗實錄書成進秩面對言曰夫治道體統上下內外不相侵奪而後安鄉者陛下以大臣不勝任而兼行其事大臣亦皆親細務而行有司之事外至監司守令職任率為其上所侵而不能令其下故豪猾玩官府郡縣忽省部掾屬凌長吏賤人輕柄臣平居未見其患一旦有急誰與指麾而伸縮之邪如曰臣下權任太重懼其不能無私則有給舍以出納焉有臺諫以救正焉有侍從以詢訪焉儻得端方不倚之人分處之自無專恣之

慮何必屈至尊以代其勞哉人之關鬲脈絡少有壅滯久則生疾陛下於左右雖不勞操制苟玩而弗慮則聲勢浸長趨附浸多過咎浸積內則懼為陛下所遣而益思壅蔽外則懼為公議所疾而益肆詆排願陛下虛心以求天下之士執要以總萬事之機勿以圖任或誤而謂人多可疑勿以聰明獨高而謂智足徧察勿詳於小而忘遠大之計勿忽於近而忘壅蔽之萌又言國朝治體有遠過前代者有視前代為未備者夫以寬大忠厚建立規模以禮遜節義成就風俗此所謂遠過前代者也故於俶擾艱危之後駐蹕

東南踰五十年無纖豪之虞則根本之深可知矣然文治可觀而武績未振名勝相望而幹略未優故雖昌熾盛大之時此病已見是以元昊之難范韓皆極一時之選而莫能平殄則事功之不競從可知矣臣謂今日治體視前代未備者固當激厲而振起遠過前代者尤當愛護而扶持還著作郎以末疾請祠歸先是書肆有書曰聖宋文海孝宗命臨安府校正刊行學士周必大言文海去取差謬恐難傳後盍委館職銓擇以成一代之書孝宗以命祖謙遂斷自中興以前崇雅黜浮類為百五十卷上之賜名皇朝文鑑

詔除直祕閣時方重職名非有功不除中書舍人陳騤駁之孝宗批旨云館閣之職文史為先祖謙所進採取精詳有益治道故以寵之可即命詞騤不得已草制尋主管沖祐觀明年除著作郎兼國史院編脩官卒年四十五謚曰成祖謙學以關洛為宗而旁稽載籍不見涯涘心平氣和不立崖異一時英偉卓犖之士皆歸心焉少卞急一日誦孔子言躬自厚而薄責於人忽覺平時忿懥渙然冰釋朱熹嘗言學如伯恭方是能變化氣質其所講畫將以開物成務既卧病而任重道遠之意不衰居家之政皆可為後世法

修讀詩記大事記皆未成書考定古周易書說閫範官箴辨志録歐陽公本末皆行于世晚年會友之地曰麗澤書院在金華城中既殁郡人即而祠之子延年

蔡元定字季通建州建陽人生而穎悟八歲能詩日記數千言父發博覽群書號牧堂老人以程氏語録邵氏經世張氏正蒙授元定曰此孔孟正脉也元定深涵其義既長辨析益精登西山絕頂忍飢啖薺讀書聞朱熹名往師之熹扣其學大驚曰此吾老友也不當在弟子列遂與對榻講論諸經奧義每至夜分

四方來學者熹必俾先從元定質正焉太常少卿尤袤祕書少監楊萬里聯疏薦于朝召之堅以疾辭築室西山將為終焉之計時韓侂冑擅政設偽學之禁以空善類臺諫承風專肆排擊然猶未敢誦言攻朱熹至沈繼祖劉三傑為言官始連疏詆熹并及元定元定簡學者劉礪曰化性起偽烏得無罪未幾果謫道州州縣捕元定甚急元定聞命不辭家即就道熹與從遊者數百人餞別蕭寺中坐客興嘆有泣下者熹微視元定不異平時因喟然曰友朋相愛之情季通不挫之志可謂兩得矣元定賦詩曰執手笑相別

無為兒女悲衆謂宜緩行元定曰獲罪于天天可逃乎杖屨同其子沉行三千里脚為流血無幾微見言面至舂陵遠近來學者日衆州士子莫不趨席下以聽講說有名士挾才簡傲非笑前修者亦心服謁拜執弟子禮甚恭人為之語曰初不敬今納命愛元定者謂宜謝生徒元定曰彼以學來何忍拒之若有禍患亦非閉門塞竇所能避也貽書訓諸子曰獨行不愧影獨寢不愧衾勿以吾得罪故遂懈一日謂沉曰可謝客吾欲安靜以還造化舊物閱三日卒侂冑既誅贈迪功郎賜謚文節元定於書無所不讀於事無

所不究義理洞見大原下至圖書禮樂制度無不精妙古書奇辭奥義人所不能曉者一過目輒解熹嘗曰人讀易書難季通讀難書易熹疏釋四書及為易詩傳通鑑綱目皆與元定往復參訂啓蒙一書則屬元定起藁嘗曰造化微妙惟深於理者能識之吾與季通言而不厭也及葬以文誄之曰精詣之識卓絶之才不可屈之志不可窮之辯不復可得而見矣學者尊之曰西山先生其平生問學多寓於熹書集中所著書有大衍詳說律呂新書燕樂原辯皇極經世太玄潛虛指要洪範解八陣圖說熹為之序子淵

沉皆躬耕不仕淵有周易訓解沉字仲默少從朱熹游熹晚欲著書傳未及為遂以屬沉洪範之數學者久失其傳元定獨心得之然未及論著曰成吾書者沉也沉受父師之託沈潛反復者數十年然後成書發明先儒之所未及其於洪範數謂體天地之撰者易之象紀天地之撰者範之數數始於一奇象成於二偶奇者數之所以立偶者數之所以行故二四而八八卦之象也三三而九九疇之數也由是八八而又八八之為四千九十六而象備矣九九而又九九之為六千五百六十一而數周矣易更四聖而象已

著範錫神禹而數不傳後之作者昧象數之原窒變通之妙或即象而為數或反數而擬象牽合傅會自然之數益晦焉始從元定謫道州跋涉數千里道楚粵窮僻處父子相對常以理義自怡悅元定沒徒步護喪以還有遺之金而義不可受者輒謝卻之曰吾不忍累先人也年僅三十屛去舉子業一以聖賢為師隱居九峯當世名卿物色將薦用之沉不屑就次子抗别有傳

陸九齡字子壽八世祖希聲相唐昭宗孫德遷五代末避亂居撫州之金溪父賀以學行為里人所宗嘗

采司馬氏冠昏喪祭儀行於家生六子九齡其第五子也幼頴悟端重十歲喪母哀毀如成人稍長補郡學弟子員時秦檜當國無道程氏學者九齡獨尊其說久之聞新博士學黃老不事禮法慨然嘆曰此非吾所願學也遂歸家從父兄講學益力是時吏部員外郎許忻有名中朝退居臨川少所賓接一見九齡與語大說盡以當代文獻告之自是九齡益大肆力於學繙閱百家晝夜不倦悉通陰陽星曆五行卜筮之說性周謹不肯苟簡涉獵入太學司業汪應辰舉為學録登乾道五年進士第調桂陽軍教授以親

老道遠改興國軍未上會湖南茶寇剽廬陵聲摇旁郡人心震懾舊有義社以備寇郡從衆請以九齡主之門人多不悦九齡曰文事武備一也古者有征討公卿即為將帥比閭之長則五兩之率也士而耻此則豪俠武斷者專之矣遂領其事調度屯禦皆有法寇雖不至而郡縣倚以為重暇則與鄉之子弟習射曰是固男子之事也歲惡有剽刼者過其門必相戒曰是家射多命中無自取死及至興國地濱大江俗儉嗇而鮮知學九齡不以職閒自佚益嚴規矩肅衣冠如臨大衆勸綏引翼士類興起不滿歲以繼母

憂去服除調全州教授未上得疾一日晨興坐牀上與客語猶以天下學術人才為念至夕整襟正卧而卒年四十九寶慶二年特贈朝奉郎直祕閣賜謚文達九齡嘗繼其父志益修禮學治家有法闔門百口男女以班各供其職閨門之内嚴若朝廷而忠敬樂易鄉人化之皆遜弟焉與弟九淵相為師友和而不同學者號二陸有來問學者九齡從容啓告人人自得或未可與語則不發嘗曰人之惑有難以口舌爭者言之激適固其意少需未必不自悟也廣漢張栻與九齡不相識晚歲以書講學期以世道之重呂祖

謙常稱之曰所志者大所據者實有肯綮之阻雖積九仞之功不敢遂有毫釐之偏雖立萬夫之表不敢安公聽並觀却立四顧弗造於至平至粹之地弗措也弟九韶

九韶字子美其學淵粹隱居山中晝之言行夜必書之其家累世義居一人最長者為家長一家之事聽命焉歲遷子弟分任家事凡田疇租稅出内庖爨賓客之事各有主者九韶以訓戒之辭為韻語晨興家長率衆子弟謁先祠畢擊鼓誦其辭使列聽之子弟有過家長會衆子弟責而訓之不改則撻之終不

改度不可容則言之官府屛之遠方焉九韶所著有梭山文集家制州郡圖

陸九淵字子靜生三四歲問其父天地何所窮際父笑而不答遂深思至忘寢食及總角舉止異凡兒見者敬之謂人曰聞人誦伊川語自覺若傷我者又曰伊川之言奚為與孔子孟子之言不類近見其間多有不是處初讀論語即疑有子之言支離他日讀古書至宇宙二字解者曰四方上下曰宇往古來今曰宙忽大省曰宇宙內事乃己分內事己分內事乃宇宙內事又嘗曰東海有聖人出焉此心同也此理同

也至西海南海北海有聖人出亦莫不然千百世之上有聖人出焉此心同也此理同也至於千百世之下有聖人出此心此理亦無不同也後登乾道八年進士第至行在士爭從之游言論感發聞而興起者甚衆教人不用學規有小過言中其情或至流汗有懷於中而不能自曉者為之條析其故悉如其心亦有相去千里聞其大槩而得其為人嘗曰念慮之不正者頃刻而知之即可以正念慮之正者頃刻而失之即為不正有可以形迹觀者有不可以形迹觀人則不足以知人必以形迹繩人則不足以救之初調隆興靖安縣主簿丁母憂服闋改建寧崇安縣以少師史浩薦召審察不赴侍從復薦除國子正教諸生無異在家時除敕令所刪定官九淵少聞靖康間事慨然有感於復讎之義至是訪知勇士與議恢復大畧因輪對遂陳五論一論讎恥未復願博求天下之俊傑相與舉論道經邦之職二論願致尊德樂道之誠三論知人之難四論事當馴致而不可驟五論人主不當親細事帝稱善未幾除將作監丞為給事中王信所駁詔主管台州崇道觀還鄉學者輻湊每開講席戶外屨滿耆老扶杖觀聽自號象山翁

學者稱象山先生嘗謂學者曰汝耳自聰目自明事父自能孝事兄自能弟本無欠闕不必它求在乎自立而已又曰此道與溺於利欲之人言猶易與溺於意見之人言却難或勸九淵著書曰六經註我我註六經又曰學苟知道六經皆我註脚光宗即位差知荊門軍民有訴者無早暮皆得造于庭復令其自持狀以追為立期皆如約而至即為酌情決之而多所勸釋其有涉人倫者使自毀其狀以厚風俗唯不可訓者始寘之法其境內官吏之貪廉民俗之習向善惡皆素知之有訴人殺其子者九淵曰不至是及追

究其子果無恙有訴竊取而不知其人九淵出二人姓名使捕至訊之伏辜盡得所竊物還訴者且宥其罪使自新因語吏以某所某人為暴翌日有訴遇奪掠者即其人也乃加追治吏大驚郡以為神申嚴保伍之法盜賊或發擒之不逸一人群盜屏息荊門為次邊而無城九淵以為郡居江漢之間為四集之地南捍江陵北援襄陽東護隨郢之脅西當光化夷陵之衝荊門固則四鄰有所恃否則有背脅腹心之虞由唐之湖陽以趨山則其涉漢之處已在荊門之脅由鄧之鄧城以涉漢則其趨山之處已在荊門之腹自

此之外間道之可馳漢津之可涉坡陀不能以限馬灘瀨不能以濡軌者所在尚多自我出奇制勝徼敵兵之腹脅者亦正在此雖四山環合易於備禦而城池闕然將誰與守乃請於朝而城之自是民無邊憂罷關市吏譏察而減民稅商賈畢集稅入日增舊用銅錢以其近邊以鐵錢易之而銅有禁復令貼納九淵曰既禁之矣又使之輸邪盡蠲之故事平時教軍伍射郡民得與中者均賞薦其屬不限流品嘗曰古者無流品之令而賢不肖之辨嚴後世有流品之分而賢不肖之辨略每旱禱即雨郡人異之逾年政行

令修民俗為變諸司交薦丞相周必大嘗稱荊門之政以為躬行之效一日語所親曰先教授兄有志天下竟不得施以沒又謂家人曰吾將死矣又告僚屬曰某將告終會禱雪明日雪迺沐浴更衣端坐後二日日中而卒會葬者以千數謚文安初九淵嘗與朱熹會鵝湖論辨所學多不合及熹守南康九淵訪之熹與至白鹿洞九淵為講君子小人喻義利一章聽者至有泣下熹以為切中學者隱微深痼之病至于無極而太極之辨則貽書往來論難不置焉門人楊簡袁燮舒璘沈煥能傳其學云

薛季宣字士龍永嘉人起居舍人徽言之子也徽言卒時季宣始六歲伯父敷文閣待制弼收鞠之從弼官游及見渡江諸老聞中興經理大畧喜從老校退卒語得岳韓諸將兵間事甚悉年十七起從荊南帥辟書寫機宜文字獲事袁溉溉嘗從程頤學盡以其學授之季宣既得溉學於古封建井田鄉遂司馬法之制靡不研究講畫皆可行於時金兵之未至也武昌令劉錡鎮鄂渚季宣白錡以武昌形勢直淮蔡而兵寡勢弱宜早為備錡不聽及兵交稍稍資季宣計畫未幾汪澈宣諭荊襄而金兵趨江上詔成閔還師

入援季宣又說澈以閔既得蔡有破竹之勢宜守使
宜分遣而令其乘勝下潁昌道陳汝趨汴都金內顧
且驚潰可不戰而屈其兵矣澈不聽時江淮仕者聞
金兵且至皆預遣其奴而繫馬于庭以待季宣獨留
家與民期曰吾家即汝家即有急吾與汝偕死民亦
自奮縣多盜季宣患之會有伍民之令乃行保伍法
五家為保二保為甲六甲為隊因地形便合為總不
以鄉為限總首副總首領之官族士族富族皆附保
蠲其身俾輸財供總之小用諸總必有圃以習射禁
蒱博雜戲而許以武事角勝負五日吏至庭閱之而

賞其尤者不幸死者予棺復其家三年鄉置樓盜發
伐鼓舉烽瞬息徧百里縣治白鹿磯安樂口皆置戍
復請於宣諭司得戰艦十甲三百羅落之守計定說
兵退人心不搖樞密使王炎薦于朝召為大理寺主
簿未至為書謝炎曰主上天資英特群臣無將順緝
熙之具幸得遭時不能格心正始以建中興之業徒
僥倖功利夸言以眩俗雖復中夏猶無益也為今之
計莫若以仁義紀綱為本至於用兵請俟十年之後
可也時江湖大旱流民北渡江邊吏復奏淮北民多
款塞者宰相虞允文白遣季宣行淮西收以實邊季

宣為表廢田相原隰復合肥三十六圩立二十二莊
於黃州故治東北以戶授屋以丁授田頒牛及田器
穀種各有差廩其家至秋乃止凡為戶六百八十有
五分處合肥黃州間並邊歸正者振業之季宣謂人
曰吾非為今日利也合肥之圩邊有警因以斷柵江
保巢湖黃州地直蔡衝諸莊輯則西道有屏蔽矣光
州守宋端友招集北歸者止五戶而雜舊戶為一百
七十奏以幸賞季宣按得其實而劾之時端友為環
列附託難撼季宣奏上孝宗怒屬大理治端友以憂
死季宣還言於孝宗曰左右之人進言者其情不可

不察也託正以行邪偽直以售佞薦進人物曾非誦
言游揚中傷乃自不意一旦號令雖自中出而其權
已歸私門矣故齊威之霸不在阿即墨之誅賞而在
毀譽者之刑臣觀近政非無阿即墨之誅賞柰何毀
譽之人自若乎帝曰朕方圖之季宣又進言曰日城
淮郡以臣所見合肥板幹方立中使督視卒卒成之
臣行過郡一夕風雨墮樓五堵溧陽南壁闕而居巢
庳陋如故乃聞有靡錢鉅萬而成城四十餘丈者陛
下安取此然外事無足道咎根未除臣所深憂左右
近侍陰擠正士而陽稱道之陛下儻因親言而聽之

臣恐石顯王鳳鄭注之智中也又言近或以好名棄
士大夫夫好名特為臣子學問之累人主為社稷計
唯恐士不好名誠人人好名畏義何鄉不立帝稱善
恨得季宣晚遂進兩官除大理正自是允奏請論薦
皆報可以虞允文諱闕失不樂之居七日出知湖州
會户部以曆付場務錙銖皆分隸經總制諸郡束手
無策季宣言於朝曰自經總制立額州縣罄空以取
贏雖有奉法吏思寬弛而不得騁若復額外征其強
半郡調度顧安所出殆復巧取之民民何以勝户部
譙責愈急季宣爭之愈強臺諫交疏助之乃收前

令改知常州未上卒年四十季宣於詩書春秋中庸
大學論語皆有訓義藏于家其雜著曰浪語集
陳傅良字君舉溫州瑞安人初患科舉程文之弊思
出其說為文章自成一家人爭傳誦從者雲合由是
其文擅當世當是時永嘉鄭伯熊薛季宣皆以學行
聞而伯熊於古人經制治法討論尤精傅良皆師事
之而得季宣之學為多及入太學與廣漢張栻東萊
呂祖謙友善祖謙為言本朝文獻相承條序而主敬
集義之功得於栻為多自是四方受業者愈衆登進
士甲科教授泰州參知政事龔茂良才之薦于朝改

太學録出通判福州丞相梁克家領帥事委成于傅
良傅良平一府曲直壹以義強禦者不得售其私陰
結言官論罷之後五年起知桂陽軍光宗立稍遷提
舉常平茶鹽轉運判官湖湘民無後以異姓以嗣者
官利其貲輙没入之傅良曰絶人嗣非政也復之幾
二千家轉浙西提點刑獄除吏部員外郎去朝四十
年至是而歸鬚鬢無黑者都人聚觀嗟嘆號老陳
郎中傅良為學自三代秦漢以下靡不研究一事
一物必稽於極而後已而於太祖開創本原尤為潛
心及是因輪對言曰太祖皇帝垂裕後人以愛惜民

力為本熙寧以來用事者始取太祖約束一切紛更
之諸路上供歲額增於祥符一倍崇寧重修上供格
頒之天下率增至十數倍其它雜斂則熙寧以常平
寬剩禁軍闕額之類別項封樁而無額上供起於元
豐經制起於宣和總制月樁起於紹興皆迄今為額
折帛和買之類又不與焉茶引盡歸於都茶場鹽鈔
盡歸於榷貨務秋苗斗斛十八九歸於綱運皆不在
州縣州縣無以供則豪奪於民於是取之斛面折變
科敷抑配贓罰而民困極矣方今之患何但四夷蓋
天命之永不永在民力之寬不寬耳豈不甚可畏哉

陛下宜以救民窮為己任推行太祖未泯之澤以為萬世無疆之休且言今天下之力竭於養兵而莫甚於江上之軍都統司謂之御前軍馬雖朝廷不得知總領所謂之大軍錢糧雖版曹不得與於是中外之勢分而事權不一施行不專雖欲寬民其道無繇誠使都統司之兵與向者在制置司時無異總領所之財與向者在轉運司時無異則內外為一體內外一體則寬民力可得而議矣帝從容嘉納且勞之曰卿昔安在朕不見久矣其以所著書示朕退以周禮說十三篇上之遷祕書少監兼實錄院檢討官嘉王府贊讀紹熙三年除起居舍人明年兼權中書舍人初光宗之妃黄氏有寵李皇后妬而殺之光宗既聞之而復因郊祀大風雨遂震懼得心疾自是視章疏不時於是傅良奏曰一國之勢猶身也壅底則致疾今日遷延某事明日阻節某人即有姦險乘時為利則內外之情不接威福之柄下移其極至於天變不告邊警不聞禍且不測矣帝悟會疾亦稍平過重華宮而明年重明節復以疾不往丞相以下至於太學諸生皆力諫不聽而方召內侍陳源為內侍省押班傅良不草詞且上疏曰陛下之不過宮者特誤有所疑

而積憂成疾以至此爾臣嘗即陛下之心反覆論之竊自謂深切陛下亦既許之矣未幾中變以誤為實而開無端之釁以疑為真而成不療之疾是陛下自貽禍也書奏帝將從之百官班立以俟帝出至御屏皇后挽帝回傅良遂趨上引裾后叱之傅良哭于庭后益怒傅良下殿徑行詔改秘閣修撰仍兼贊讀不受寧宗即位召為中書舍人兼侍讀直學士院同實錄院修撰會詔朱熹與在外宮觀傅良言熹難進易退內批之下舉朝驚愕臣不敢書行熹於是進寶文閣待制與郡御史中丞謝深甫論傅良言不顧行出提舉興國宮明年察官交疏削秩罷嘉泰二年復官起知泉州辭授集英殿修撰進寶謨閣待制終于家年六十七謚文節傅良著述有詩解詁周禮說春秋後傳左氏章指行于世

葉適字正則温州永嘉人為文藻思英發擢淳熙五年進士第二人授平江節度推官丁母憂改武昌軍節度判官少保史浩薦于朝召之不至改浙西提刑司幹辦公事士多從之游參知政事龔茂良復薦之召為太學正遷博士因輪對奏曰人臣之義當為陛下建明者一大事而已二陵之讎未報故疆之半未

復而言者以為當乘其機當待其時然機自我發何彼之乘時自我為何彼之待非真難真不可也正以我自為難自為不可耳於是力屈氣索甘為退伏者於此二十六年積今之所謂難者陰沮之所謂不可者默制之也蓋其難有四其不可有五置不共戴天之讎而廣兼愛之義自為虛弱此國是之難一也國之所是既然士大夫之論亦然為奇謀祕畫者止於乘機待時忠義決策者止於親征遷都深沉慮遠者止於固本自治此議論之難二也環視諸臣迭進迭退其知此事本而可以反覆論議者誰乎抱此志意

而可以策勵期望者誰乎此人才之難三也論者徒鑒五代之致亂而不思靖康之得禍今循守舊模而欲驅一世之人以報君仇則形勢乖阻誠無展足之地若順時增損則其所更張動搖關係至重此法度之難四也又有甚不可者兵以多而至於弱財以多而至於乏不信官而信吏不任人而任法不用賢能而用資格此五者舉天下以為不可動豈非今之實患歟沿習牽制非一時之久講利害明虛實斷是非決廢置在陛下所為耳讀未竟帝蹙額曰朕比苦目疾此志已泯誰克任此惟與卿言之耳及再讀帝慘然

久之除太常博士兼實錄院檢討官嘗薦陳傅良等三十四人於丞相後皆召用時稱得人會朱熹除兵部郎官未就職為侍郎林栗所劾適上疏爭曰栗劾熹罪無一實者特發其私意而遂忘其欺矣至於其中謂之道學一語利害所係不獨熹蓋自昔小人殘害忠良率有指名或以為好名或以為立異或以為植黨近創為道學之目鄭丙倡之陳賈和之居要津者密相付授見士大夫有稍慕潔修者輒以道學之名歸之以為善為玷闕以好學為己愆相與指目使不得進於是賢士惴慄中材解體銷聲滅影穢德

垢行以避此名栗為侍從無以達陛下之德意志慮而更襲用鄭丙陳賈密相付授之說以道學為大罪文致語言逐去一熹自此善良受禍何所不有伏望摧折暴橫以扶善類疏入不報光宗嗣位由祕書郎出知蘄州入為尚書左選郎官是時帝以疾不朝重華宮者七月事無鉅細皆廢不行適見上力言父子親愛出於自然浮疑私畏似是而非豈有事實若因是而定省廢於上號令愆於下人情離阻其能久乎既而帝兩詣重華宮都人懽悅適復奏自今宜於過宮之日令宰執侍從先詣起居異時兩宮聖意有

難言者自可因此傳致則責任有歸不可復使近習小人增損語言以生疑惑不報而事復浸異中外洶洶及孝宗不豫群臣至號泣攀裾以請帝竟不往適責宰相留正曰上有疾明甚父子相見當俟疾瘳公不播告使臣下輕議君父可乎未幾孝宗崩光宗不能執喪軍士籍籍有語變且不測適又告正曰上疾而不執喪將何辭以謝天下今嘉王長若預建參決則疑謗釋矣宰執用其言同入奏立嘉王為皇太子帝許之俄得御批有歷事歲久念欲退閑之語正懼而去人心愈搖知樞密院趙汝愚憂危不知所出適

告知閤門事蔡必勝曰國事至此子為近臣庸坐視乎蔡許諾與宣贊舍人傅昌朝知內侍省關禮知閤門事韓侂胄三人定計侂胄太皇太后甥也會慈福宮提點張宗尹過侂胄侂胄覘其意以告必勝適得之即亟白汝愚汝愚請必勝議事遂遣侂胄因張宗尹關禮以內禪議奏太皇太后且請垂簾許之計遂定翌日禫祭太皇太后臨朝嘉王即皇帝位親行祭禮百官班賀中外晏然凡表奏皆汝愚與適裁定臨期取以授儀曹郎人始知其預議焉遷國子司業汝愚既相賞功將及適適曰國危效忠職也適何功之

有而侂胄恃功以遷秩不滿望怨汝愚適以告汝愚曰侂胄所望不過節鉞宜與之汝愚不從適嘆曰禍自此始矣遂力求補外除太府卿總領淮東軍馬錢糧及汝愚貶衡陽而適亦為御史胡紘所劾降兩官罷主管沖佑觀差知衢州辭起為湖南轉運判官遷知泉州召入對言於寧宗曰陛下初嗣大寶臣嘗申繹卷阿之義為獻天啟聖明銷磨黨偏人才庶幾復合然治國以和為體處事以平為極臣欲人臣忘己體國息心既往圖報方來可也帝嘉納之初韓侂胄用事患人不附一時小人在言路者創為偽學之名

舉海內知名士貶竄殆盡其後侂胄亦悔故適奏及之且薦樓鑰丘崇黃度三人悉與郡自是禁網漸解矣除權兵部侍郎以父憂去服除召至時有勸侂胄立蓋世功以固位者侂胄然之將啟兵端適因奏曰甘弱而幸安者衰改弱而就彊者興陛下申命大臣先慮預算思報積恥規恢祖業蓋欲改弱以就彊矣竊謂必先審知彊弱之勢而定其論論定然後修實政行實德弱可變而為彊非有難也今欲改弱以就彊為問罪驟舉之舉此至大至重事也故必備成而後動守定而後戰今或謂金已衰弱姑開先釁不懼

後艱求宣和之所不能為紹興之所不敢此至險至危事也且所謂實政者當經營瀕淮沿漢諸郡各為處所牢實自守敵兵至則阻於堅城彼此策應而後進取之計可言至於四處御前大軍練之使足以制敵小大之臣試之使足以立事皆實政也所謂實德者當今賦稅雖重而國愈貧如和買折帛之類民間至有用田租一半以上輸納者況欲規恢宜有恩澤乞詔有司審度何名之賦害民最甚何等横費裁節宜先減所入之額定所出之費既修實政於上又行實德於下此其所以能屢戰而不屈必勝而無敗也除權

工部侍郎侂胄欲藉其草詔以動中外改權吏部侍郎兼直學士院以疾力辭兼職會詔諸將四路出師適又告侂胄宜先防江不聽未幾諸軍皆敗侂胄懼以丘崈為江淮宣撫使除適寶謨閣待制知建康府兼沿江制置使適謂三國孫氏嘗以江北守江自南唐以來始失之建炎紹興未暇尋繹乃請于朝乞節制江北諸州及金兵大入一日有二騎舉旗若將渡者淮民倉皇爭斫舟纜覆溺者衆建康震動適謂人心一搖不可復制惟劫砦南人所長乃募市井悍少并帳下傾行者得二百人使采石將徐緯統以往

夜過半遇金人敵茅葦中射之應弦而倒矢盡揮刀以前金人皆錯愕不進黎明知我軍寡來追則已在舟中矣復命石跋定山之人劫敵營得其俘馘以歸金解和州圍退屯瓜步城中始安又遣石斌賢渡宣化夏侯成等分道而往所向皆捷金自滁州遁去時羽檄旁午而適治事如平時軍須皆從官給民以不擾淮民渡江有舟次止有寺給錢餉米其來如歸兵退進寶文閣待制兼江淮制置使措置屯田遂上堡塢之議初淮民被兵驚散日不自保適遂於墟落數十里內依山水險要為堡塢使復業以守春夏散耕

秋冬入堡凡四十七處又度沿江地創三大堡石跋則屏蔽采石定山則屏蔽靖安瓜步則屏蔽東陽下蜀西護溧陽東連儀真緩急應援首尾聯絡東西三百里南北三四十里每堡以二千家為率教之習射無事則戍以五百人一將有警則增募新兵及抽摘諸州禁軍二千人并堡塢內居民通為四千五百人共相守戍而制司於每歲防秋别募死士千人以為劫砦焚糧之用因言堡塢之成有四利大要謂敵在北岸共長江之險而我有堡塢以為聲援則敵不敢窺江而士氣自倍戰艦亦可以策勳和滁真六合等

城或有退遁我以堡塢全力助其襲逐或邀其前或尾其後制勝必矣此所謂用力寡而收功博也三堡就流民漸歸而侂胄適誅中丞雷孝友劾適附侂胄用兵遂奪職自後奉祠者凡十三年至寶文閣學士通議大夫嘉定十六年卒年七十四贈光祿大夫謚忠定適志意慷慨雅以經濟自負方侂胄之欲開兵端也以適每有大讎未復之言重之而適自召還每奏疏必言當審而後發且力辭草詔第出師之時適能極力諫止曉以利害禍福則侂胄必不妄為可免南北生靈之禍議者不能不為之歎息焉

戴溪字肖望永嘉人也少有文名淳熙五年為別頭省試第一監潭州南嶽廟紹熙初主管吏部架閣文字除太學録兼實録院檢討官正録兼史職自溪始升博士奏兩淮當立農官若漢稻田使者括閑田諭民主出財客出力主客均利以為救農之策除慶元府通判未行改宗正簿累官兵部郎官開禧時師潰于符離溪因奏沿邊忠義人湖南北鹽商皆當區畫以銷後患會和議成知樞密院事張巖督師京口除授參議軍事數月召為資善堂說書由禮部郎中凡六轉為太子詹事兼祕書監景獻太子命溪講中庸大學溪辭以講讀非詹事職懼侵官太子曰講退便服說書非公禮毋嫌也復命類易詩書春秋論語孟子資治通鑑各為說以進權工部尚書除華文閣學士嘉定八年以宣奉大夫龍圖閣學士致仕卒贈特進端明殿學士理宗紹定間賜謚文端溪久於宮僚以微婉受知春官然立朝建明多務秘密或議其殊乏骨鯁云

蔡幼學字行之溫州瑞安人年十八試禮部第一是時陳傅良有文名于太學幼學從之游月書上祭酒芮燁及呂祖謙連選拔輒出傅良右皆謂幼學之文

過其師孝宗聞之因策士將寘首列而是時外戚張說用事宰相虞允文梁克家皆陰附之幼學對策其略曰陛下資雖聰明而所存未大志雖高遠而所趨未正治雖精勤而大原不立即位之始與太平旦暮至奈何今十年風俗日壞將難扶持紀綱日亂將難整齊人心益搖將難收拾吏慢兵驕財匱民困將難正救又曰陛下恥名相之不正更制近古二相並進以為美談然或以虛譽惑聽自許立功或以緘默容身不能持正蓋指虞允文梁克家也又曰漢武帝用兵以來大司馬大將軍之權重而丞相輕公孫弘為

相衛青用事弘苟合取容相業無有宣元用許史成帝用王氏哀帝用丁傅寔為始元之禍今陛下使姨子預兵柄其人無一才可取宰相忍與同列曾不羞耻按其罪名宜在公孫弘上蓋指張說也帝覽之不懌虞允文尤惡之遂得下第教授廣德軍丁父憂再調潭州執政薦于朝帝許之且問年幾何矣何以名幼學參政施師點舉孟子幼學壯行之語以對上佇思慨然曰今壯矣可行也遂除敕令所刪定官首言大耻未雪境土未復陛下睿知神武可以有為而苟且之議委靡之習顧得以綏陛下欲為之心孝宗喜曰

解卿意欲令朕立規摹爾尋以母憂去光宗立以太學録召改武學博士踰年遷太學擢秘書省正字兼實録院檢討官遷校書郎時光宗以疾不朝重華宮幼學上封事曰陛下自春以來北宮之朝不講比者壽皇微豫侍從臺諫叩陛請對陛下拂衣而起相臣引裾群臣隨以號泣陛下退朝宮門盡閉大臣累日不獲一對清光望日之朝都人延頸遷延至午禁衛飲恨市廛軍伍謗誹籍籍旁郡列邑傳聞疑惟變起倉卒陛下實受其禍誠思身體髮膚壽皇所與宗社人民壽皇所命則疇昔慈愛有感乎心可不獨出

聖斷復父子之歡弭宗社之禍疏入不報寧宗即位詔求直言幼學又奏陛下欲盡為君之道其要有三事親任賢寬民而其本莫先於講學比年小人謀傾君子為安靖和平之説以排之故大臣當興治而以生事自疑近臣當效忠而以忤旨擯棄其極至於九重深拱而群臣盡廢多士盈庭而一籌不吐自非聖學日新求賢如不及何以作天下之才自熙寧元豐而始有免役錢有常平積剩錢有無額上供錢自大觀宣和而始有大禮進奉銀絹有贍學糴本錢有經制錢自紹興而始有和買折帛錢有總制錢有月樁

大軍錢至於茶鹽酒榷稅契頭子之屬積累增多較之祖宗無慮數十倍民困極矣幼學既論列時政其極歸之聖學帝稱善將進用之時韓侂胄方用事指正人為偽學異論者立黜幼學遂力求外補特除提舉福建常平陛辭言今除授命令徑從中出而大臣之責始輕諫省經筵無故罷黜而多士之心始惑或者有以誤陛下至此耶侂胄聞之不悅既至官日講荒政時朱熹居建陽幼學每事咨訪遂為御史劉德秀劾罷奉祠者九八年起知黄州改提點福建路刑獄未行有勸侂胄以收召海内名士者乃召幼學為

吏部員外郎入見言高宗建炎間减婺州和買絹折羅事因諭輔臣曰一日行得如此一事一年不過三百六十事而已陛下除兩浙丁錢視高宗無間然而兵事既開諸路罹鋒鏑轉餉之艱江湖以南有調募科需之擾惟陛下以愛惜邦本爲念遷國子司業宗正少卿皆兼權中書舍人侂胄既誅餘黨尚塞正路幼學次第彈繳竄黜尤衆號稱職遷中書舍人兼侍講故事閤門宣贊而下供職十年始得路都監若鈐轄侂胄壞成法率五六年七八年即越等除授有已授外職猶通籍禁闥者幼學一切釐正嘉定初同樓鑰

知貢舉時正學久錮士專於聲律度數其學支離幼學始取義理之文士習漸復於正兼直學士院内外制皆溫醇雅厚得體人多稱之除刑部侍郎改吏部仍兼職趙師𢍰除知臨安府𢍰辭故事當有不允詔幼學言師𢍰以媚權臣進官三尹京兆狼籍無善狀詔必出褒語臣何辭以草命遂寢改兼侍讀師𢍰命乃下除龍圖閣待制知泉州從建康府福州進福建路安撫使政主寬大惟恐傷民福建下州例抑民買鹽以户産高下均賣者曰産鹽以交易契紙錢科數者曰浮鹽皆出常賦外久之遂爲定賦幼學力請蠲之不報提舉司令民以田甚下藏新會子不如令者籍其貲幼學曰罔民而可吾忍之乎惟有去而已因言錢幣未均秤提無術力求罷去遂升寶謨閣直學士提舉萬壽宮召權兵部尚書兼修玉牒官尋兼太子詹事先是朝廷既遣歲幣入金境適值其有難不果納則遽以兵叩邊索之中外洶洶皆言當亟與幼學請對言玉帛之使未還而侵軼之師奄至且肆其侮慢形之文辭天怒人憤可不伸大義以破其謀乎於是朝論奮然始詔與金絶幼學因請固本根以弭外虞示意向以定衆志公汲引以合材謀審懷附以

一南北帝稱善一夕感異夢星隕于屋西南隅遂卒年六十四幼學早以文鳴于時而中年述作益窮根本非關教化之大由情性之正者不道也器質凝重莫窺其際終日危坐一語不妄發及辯論義理縱横闔闢沛然如決江河雖辯士不及也嘗續司馬光公卿百官表年曆大事記備忘辨疑編年政要列傳舉要凡百餘篇傳于世

楊泰之字叔正眉州青神人少刻志于學卧不設榻幾十歲慶元元年類試調瀘州尉易什邡再調綿州學教授羅江丞制置司檄置幕府吳獵諭蜀泰之貽

書曰使吳曦為亂而士大夫不從必有不敢為既亂而士大夫能抗曦猶有所憚夫亂曦之為也亂所以成士大夫之為也改知嚴道縣攝通判嘉定白厓砦將王墫引蠻寇利店刑獄使者寘墫于法又罥絓餘人當坐死泰之訪知夷都實逼利店夷都蠻稱亂不需引導固請釋之不聽乃去官宣撫使安丙薦之曰蜀中名儒楊虞仲之子當逆臣之變勉有位者毋動言不用拂衣而去使得尺寸之柄必能見危致命召泰之赴都堂審察以親老辭差知廣安軍未上丁父憂免喪知富順監去官以禄稟數千緡予鄰里以千

緡為義莊知晉州以安居安岳二縣受禍尤慘泰之力白丙盡蠲其賦丙復薦于朝召赴行在固辭知果州蹄零錢病民泰之以一年經費儲其羸為諸邑對減上尚書省按為定式民歌之曰前張後楊惠我無疆張謂張義實自發其端而泰之踵行之理宗即位趣入對言法天行健奮發英斷總攬威權無牽於私無奪於邪說以救蠱敝以新治功本朝德澤逼來斲喪無餘民無恒心何以為國陛下以直言求人而以直言罪之使天下以言為戒臣恐言路既梗士氣益消循循默默浸成衰世之風為國者何便於此上奇

其對以為工部郎中其後言事者相繼無所避忌自泰之發之遷軍器少監大理少卿紹定元年入對謂風雨為暴水潦潰溢此陰盛陽微之證而臺臣諉曰雲川水患之沴餘烈也後又言巴陵追降之命重於違群臣輕於絕友愛陛下居天位之至逸則思天倫之大痛秦邸殁於房陵既行封謚又録用其子今乃曰不當為之後以貽它日憂何示人之不廣乎又曰今日不言後必有言之者與其追恤於後固不若舉行於今也是日詔直寶謨閣知重慶府為書以別丞相曰宰相職事無大於用人有道去自私之心恢

容人之度審取舍之擇而已至官俗用大變主管千秋鴻禧觀卒所著克齋文集論語解老子解春秋列國事目公羊穀梁類詩類詩名物編論孟類東漢三國志南北史唐五代史類歷代通鑑本朝長編類東漢名物編詩事類大易要言雜著凡二百九十七卷

列傳卷第一百九十三

列傳卷第一百九十四　宋史四百三十五

開府儀同三司上柱國錄軍國重事前中書右丞相監修國史領經筵事都總裁臣脫脫等奉

勅修

儒林五

范沖　朱震　胡安國子寅 宏 寧

范沖字元長登紹聖進士第高宗即位召為虞部員外郎俄出為兩淮轉運副使紹興中隆祐皇后誕日上置酒宮中從容語及前朝事后曰吾老矣有所懷為官家言之吾逮事宣仁聖烈皇后聰明母儀古今未見其比曩因姦臣誣謗有玷聖德建炎初雖下詔辨明而史錄未經刪定無以傳信後世而慰在天之靈也上悚然亟詔重修神哲兩朝實錄召沖為宗正少卿兼直史館沖父祖禹元祐中嘗修神宗實錄盡書王安石之過以明神宗之聖其後安石婿蔡卞惡之祖禹坐謫死嶺表至是復以命沖上謂之曰兩朝大典皆為姦臣所壞故以屬卿沖因論熈寧創置元祐復古紹聖以降弛張不一本末先後各有所因又極言王安石變法度之非蔡京誤國之罪上嘉納之遷起居郎俄開講筵升兼侍讀上雅好左氏春秋命沖與朱震專講沖敷衍經旨因以規諷上未嘗不稱

善會皇子建國公瑗出就傅首命沖以徽猷閣待制提舉建隆觀為資善堂翊善而朱震兼贊讀詔曰朕為宗廟社稷大計不敢私于一身選于屬籍得藝祖七世孫鞠之宮中茲擇剛辰出就外傅宜有端良之士以充輔導之官博觀在廷無以易汝沖德行文學為時正人迺祖發議嘉祐之初迺父納忠元祐之際敷求是似尚有典刑顧資善之開史館經筵姑仍厥舊朕方求多聞之益爾實兼數器之長施及童蒙綽有餘裕蔽自朕志宜即安之時張浚在長沙亦薦沖震可備訓導沖震皆一時名德老成極天下之選上命建國公見翊善贊讀皆納拜俄遷翰林學士兼侍讀沖力辭改翰林侍讀學士用其父故事也尋以龍圖閣直學士奉祠卒年七十五沖之修神宗實錄也為考異一書明示去取舊文以墨書刪去者以黃書新修者以朱書世號朱墨史及修哲宗實錄別為一書名辨誣錄沖性好義樂善司馬光家屬皆依沖所沖撫育之為光編類記聞十卷奏御請以光之族曾孫宗召主光祀又嘗薦尹焞自代云

朱震字子發荊門軍人登政和進士第仕州縣以廉稱胡安國一見大器之薦於高宗召為司勳員外郎

震稱疾不至會江西制置使趙鼎入為參知政事上諮以當世人才鼎曰臣所知朱震學術深博廉正守道士之冠冕使位講讀必有益於陛下上乃召之既至上問以易春秋之旨震具以所學對上說擢為祠部員外郎兼川陝荊襄都督府詳議官震因言荊襄之間沿漢上下膏腴之田七百餘里若選良將領部曲鎮之招集流亡務農種穀寇來則禦寇去則耕不過三年兵食自足又給茶鹽鈔於軍中募人中糴可以下江西之舟通湘中之粟觀釁而動席捲河南此以逸待勞萬全計也遷秘書少監兼侍經筵轉起居

郎建國公出就傳以震為贊讀仍賜五品服遷中書舍人兼翊善時郭千里除將作監丞震言千里侵奪民田曾經按治頗寢新命從之轉給事中兼直學士院遷翰林學士是時虔州民為盜天子以為憂選良太守往慰撫之將行震曰使居官者廉而不擾則百姓自安雖誘之為盜亦不為矣願詔新太守到官之日條具本郡及屬縣官吏有貪墨無狀者一切罷去聽其自擇慈祥仁惠之人有治效者優加獎勸上從其言故事當喪無享廟之禮時徽宗未祔廟太常少卿吳表臣奏行明堂之祭震因言王制喪三年不祭

惟天地社稷為越紼而行事春秋書夏五月乙酉吉禘于莊公公羊傳曰譏始不三年也國朝景德二年真宗居明德皇后喪既易月而除服明年遂享太廟合祀天地于圜丘當時未行三年之喪專行以日易月之制可也在今日行之則非也詔侍從臺諫禮官參議卒用御史趙渙禮部侍郎陳公輔言大饗明堂七年震謝病丐祠旋知禮部貢舉會疾卒震經學深醇有漢上易解云陳摶以先天圖傳种放放傳穆脩穆脩傳李之才之才傳邵雍放以河圖洛書傳李溉溉傳許堅許堅傳范諤昌諤昌傳劉牧穆脩以太極圖

傳周惇頤惇頤傳程顥程頤是時張載講學於二程邵雍之間故雍著皇極經世書牧陳天地五十有五之數惇頤作通書程頤著易傳載造太和參兩篇臣今以易傳為宗和會雍載之論上采漢魏吳晉下逮有唐及今包括異同庶幾道離而復合蓋其學以王弼盡去舊說雜以莊老專尚文辭為非是故其於象數加詳焉其論圖書授受源委如此蓋莫知其所自云

胡安國字康侯建寧崇安人入太學以程頤之友朱長文及潁川靳裁之為師裁之與論經史大義深奇

重之三試于禮部中紹聖四年進士第初廷試考官
定其策第一宰職以無詆元祐語遂以何昌言冠方
天若次之又欲以宰相章惇子次天若時發策大要
崇復熈寧元豐之制安國推明大學以漸復三代為
對哲宗命再讀之注聽稱善者數四親擢為第三為
太學博士足不躡權門提舉湖南學事有詔舉遺逸
安國以永州布衣王繪鄧璋應詔二人老不行安國
請命之官以勸為學者零陵簿稱二人黨人范純仁
客而流人鄒浩所請託也蔡京素惡安國與己異得
簿言大喜命湖南提刑置獄推沁又移湖北再鞫卒

無驗安國竟除名未幾簿以他罪抵法臺臣直前事
復安國元官政和元年張商英相除提舉成都學事
二年丁內艱移江東父没終喪謂子弟曰吾昔為親
而仕今雖有祿萬鍾將何所施遂稱疾不仕築室墓
傍耕種取給蓋將終身焉宣和末李彌大吳敏譚世
勣合薦除屯田郎辭靖康元年除太常少卿辭除起
居郎又辭朝旨屢趣行至京師以疾在告一日方午
欽宗亟召見安國奏曰明君以務學為急聖學以正
心為要心者萬事之宗正心者揆事宰物之權願擢
名儒明於治國平天下之本虛懷訪問深發獨智又

言為天下國家必有一定不可易之計謀議既定君
臣固守故有志必成治功可立今南向視朝半年矣
而紀綱尚紊風俗益衰施置乖方舉動煩擾大臣爭
競而朋黨之患萌百執窺覦而浸潤之姦作用人失
當而名器愈輕出令數更而士民不信若不掃除舊跡
乘勢更張竊恐大勢一傾不可復正乞訪大臣各令展
盡底蘊畫一具進先宣示臺諫使隨事疏駁若大臣
議絀則參用臺諫之言若疏駁不當則專守大臣之
策仍集議于朝斷自宸衷按為國論以次施行敢有
動搖必罰無赦庶幾新政有經可冀中興欽宗曰比

留詞掖相待已命召卿試矣語未竟日昃暑甚汗浹
上衣遂退時門下侍郎耿南仲倚攀附恩凡與己不
合者即指為朋黨見安國論奏慍曰中興如此而曰
績效未見是謗聖德也乃言安國意窺經筵不宜召
試欽宗不答安國屢辭南仲又言安國不臣欽宗問
其狀南仲曰往不事上皇今又不事陛下欽宗曰渠
自以病辭初非有向背也每臣僚登對欽宗即問識
胡安國否中丞許翰曰自蔡京得政士大夫無不受
其籠絡超然遠跡不為所汙如安國者實鮮欽宗嘆
息遣中書舍人晁說之宣旨令勉受命且曰他日欲

去即不彊留既試除中書舍人賜三品服南仲諷臺諫論其稽命不恭宜從黜削疏奏不下安國乃就職南仲既傾宰相吳敏樞密使李綱又謂許景衡晁說之視大臣爲去就懷姦徇私並黜之安國言二人爲去就必有陳論懷姦徇私必有實跡乞降付本省載諸詞命不報葉夢得知應天府坐爲蔡京所知落職奉祠安國言京罪已正子孫編置家財没入已無蔡氏矣則向爲京所引者今皆朝廷之人若更指爲京黨則人才見棄者衆黨論何時而弭乃除夢得小郡中書侍郎何㮚建議分天下爲四道置四都總管各

付一面以衛王室捍彊敵安國言内外之勢適平則安偏重則危今州郡太輕理宜通變一旦以二十三路之廣分爲四道事得專決財得專用官得辟置兵得誅賞權恐太重萬一抗衡跋扈何以待之乞据見今二十三路帥府選擇重臣付以都總管之權專治軍旅或有警急即各率所屬守將應援則一舉兩得矣尋以趙野總北道安國言魏都地重野必誤委寄是冬金人大入野遁爲群盜所殺西道王襄擁衆不復北顧如安國言李綱罷中書舍人劉玨行詞謂綱勇於報國數至敗衂吏部侍郎馮澥言玨爲綱遊說

玨坐貶安國封還詞頭以爲侍從雖當獻納至於彈擊官邪必歸風憲今臺諫未有緘默不言之咎而澥越職此路若開臣恐立於朝者各以好惡脅持傾陷非所以靖朝著南仲大恐何㮚從而擠之詔與郡㮚以安國素苦足疾而海門地卑濕乃除安國右文殿修撰知通州安國在省一月多在告之日及出必有所論列或曰事之小者盍姑置之安國曰事之大者無不起於細微今以小事爲不必言至於大事又不敢言是無時而可言也安國既去逾旬金人薄都城子寅爲郎在城中客或憂之安國愀然曰主上在重

圍中號令不出卿大夫恨效忠無路敢念子乎敵圍益急欽宗亟召安國及許景衡詔竟不達高宗即位以給事中召安國言昨因繳奏偏觸權貴今陛下將建中興而政事弛張人才升黜尚未合宜臣若一一行其職守必以妄發干犯典刑黄潛善諷給事中康執權論其託疾罷之三年樞密張浚薦安國可大用再除給事中賜其子起居郎寅手札令以上意催促既次池州聞駕幸吳越引疾還紹興元年除中書舍人兼侍講遣使趣召安國以時政論二十一篇先獻之論入復除給事中二年七月入對高宗曰聞卿大

名渴於相見何為累詔不至安國辭謝乞以所進二十一篇者施行其論之目曰定計建都設險制國邺民立政覈實尚志正心養氣宏度寬隱論定計略曰陛下履極六年以建都則未有必守不移之居以討賊則未有必操不變之術以立政則未有必行不反之令以任官則未有必信不疑之臣舍今不圖後悔何及論建都謂宜定都建康以比關中河內為興復之基論設險謂欲固上流必保漢沔欲固下流必守淮泗欲固中流必以重兵鎮安陸論立志謂當必志於恢復中原祗奉陵寢必志於掃平讎敵迎復兩宮論正心謂戡定禍亂雖急於戎務而裁決戎務必本於方寸願選正臣多聞識有志慮敢直言者置諸左右日夕討論以宅厥心論養氣謂用兵之勝負軍旅之彊弱將帥之勇怯係人君所養之氣曲直何如願彊於為善益新厥德使信於諸夏聞於夷狄者無曲可議則至剛可以塞兩間一怒可以安天下矣安國嘗謂雖諸葛復生為今日計不能易此論也居旬日再見以疾懇求去高宗曰聞卿深於春秋方欲講論遂以左氏傳付安國點句正音安國奏春秋經世大典見諸行事非空言比今方思濟艱難左氏繁碎不宜

虛費光陰耽玩文采莫若潛心聖經高宗稱善尋除安國兼侍讀專講春秋時講官四人援例乞各專一經高宗曰他人通經豈胡安國比不許會除故相朱勝非同都督江淮荊浙諸軍事安國奏勝非與黃潛善汪伯彥同在政府緘默附會循致渡江尊用張邦昌結好金國淪滅三綱天下憤鬱及正位冢司苗劉肆逆貪生茍容辱逮君父今彊敵憑陵叛臣不忌用人得失係國安危深恐勝非上誤大計勝非改除侍讀安國持錄黃不下左相呂頤浩特命校正黃龜年書行安國言有官守者不得其職則去臣今待罪無補既失其職當去甚明況勝非係臣論列之人今朝廷乃稱勝非處苗劉之變能調護聖躬昔公羊氏言祭仲廢君為行權先儒力排其說蓋權宜廢置非所施於君父春秋大法尤謹於此建炎之失節者今雖特釋而不問又加選擢習俗既成大非君父之利臣以春秋之時而與勝非為列有違經訓遂卧家不出初頤浩都督江上還朝欲去異己者未得其策或教之指為朋黨且曰黨魁在瑣闥當先去之頤浩大喜即引勝非為助而降旨曰胡安國屢召偃蹇不至今始造朝又數有請初言勝非不可同都督及改命經

筵又以為非豈不以時艱不肯盡瘁乃欲求微罪而去其自為謀則善如國計何落職提舉仙都觀是夕彗出東南右相秦檜三上章乞留之不報即解相印去侍御史江躋上疏極言勝非不可用安國不當責右司諫吳表臣亦言安國扶病見君欲行所學今無故罪去恐非所以示天下不報胡浩即黜給事中程瑀起居舍人張燾及躋等二十餘人云應天變除舊布新之象臺省一空勝非遂相安國竟歸五年除徽猷閣待制知永州安國辭詔以經筵舊臣重閔勞之特從其請提舉江州太平觀令纂修所著春秋傳書成高宗謂深得聖人之旨除提舉萬壽觀兼侍讀未行諫官陳公輔上疏詆假託程頤之學者安國奏曰孔孟之道不傳久矣自頤兄弟始發明之然後知其可學而至今使學者師孔孟而禁不得從頤學是入室而不由戶本朝自嘉祐以來西都有邵雍程顥及其弟頤關中有張載皆以道德名世公卿大夫所欽慕而師尊之會王安石蔡京等曲加排抑故其道不行望下禮官討論故事加之封爵載在祀典比於荀楊韓氏仍詔館閣裒其遺書校正頒行使邪說者不得作奏入公輔與中丞周祕侍御史石公揆承望宰

相風旨交章論安國學術頗僻除知永州辭復提舉太平觀進寶文閣直學士卒年六十五詔贈四官又降詔加賻賜田十頃恤其孤謚曰文定蓋非常格也安國彊學力行以聖人為標的志於康濟時艱見中原淪沒遺黎塗炭常若痛切於其身雖數以罪去其愛君憂國之心遠而彌篤每有君命即置家事不問然風度凝遠蕭然塵表視天下萬物無一足以嬰其心自登第迄謝事四十年在官實歷不及六載朱震被召問出處之宜安國曰子發學易二十年事事當素定矣世間惟講學論政不可不切切詢究至於行己大致去就語默之幾如人飲食其饑飽寒溫必自斟酌不可決諸人亦非人所能決也吾平生出處皆內斷於心浮世利名如蠛蠓過前何足道哉故渡江以來儒者進退合義以安國尹焞為稱首侯仲良言必稱二程先生他無所許可後見安國歎曰吾以為志在天下視不義富貴真如浮雲者二程先生而已不意復有斯人也安國所與游者游酢謝良佐楊時皆程門高弟良佐嘗語人曰胡康侯如大冬嚴雪百草萎死而松柏挺然獨秀者也安國之使湖北也時方為府教授良佐為應城宰安國質疑訪道禮之甚恭

每來謁而去必端笏正立目送之自王安石廢春秋不列於學宮安國謂先聖手所筆削之書乃使人主不得聞講說學士不得相傳習亂倫滅理用夏變夷殆由乎此故潛心是書二十餘年以為天下事物無不備於此每嘆曰此傳心要典也安國少欲以文章名世既學道乃不復措意有文集十五卷資治通鑑舉要補遺一百卷三子寅宏寧

寅字明仲安國弟之子也寅將生弟婦以多男欲不舉安國妻夢大魚躍盆水中急往取而子之少桀黠難制父閉之空閣其上有雜木寅盡刻為人形安國

曰當有以移其心別置書數千卷於其上年餘寅悉成誦不遺一卷游辟雍中宣和進士甲科靖康初以御史中丞何㮚薦召除秘書省校書郎楊時為祭酒寅從之受學遷司門員外郎金人陷京師議立異姓寅與張浚趙鼎逃太學中不書議狀張邦昌偽立寅棄官歸言者劾其離次降一官建炎三年高宗幸金陵樞密使張浚薦為駕部郎官尋擢起居郎金人南侵詔議移蹕之所寅上書曰昨陛下以親王介弟出師河北二聖既遷則當糾合義師北向迎請而遽膺翊戴亟居尊位斬戮直臣以杜言路南巡淮海偷安

歲月敵入關陝漫不捍禦盜賊橫潰莫敢誰何元元無辜百萬塗地方且製造文物講行郊報自謂中興金人乘虛直擣行在匹馬南渡淮甸流血迨及返正寶位移蹕建康不為久圖一向畏縮遠避此皆失人心之大者也自古中興之主所以能克復舊物者莫不本於憤耻恨怒不能報怨終不苟已未有乘衰微闕絕之後固陋以為榮苟且以為安而能久長無禍者也黃潛善與汪伯彥方以乳嫗護赤子之術待陛下曰上皇之子三十人今所存惟聖體不可不自重愛曾不思宗廟則草莽湮之陵闕則畚鍤驚之堂堂

中華戎馬生之潛善伯彥所以誤陛下陷陵廟蹙土宇喪生靈者可勝罪乎本初嗣服既不為迎二聖之策因循遠狩又不為守中國之謀以致于今德義不孚號令不行刑罰不威爵賞不勸若不更轍以救垂亡則陛下永負孝悌之愆常有父兄之責人心一去天命難恃雖欲羈栖山海恐非為自全之計願下詔曰繼紹大統出於臣庶之謟而不悟其非巡狩東南出於僥倖之心而不虛其禍金人逆天亂倫朕義不共天志思雪耻父兄旅泊陵寢荒殘罪乃在予無所逃責以此號召四海聳動人心決意講武戎衣臨陣

按行淮襄收其豪英誓以戰伐天下忠義武勇必雲
合響應陛下凡所欲為孰不如志其與退保吳越豈
可同年而語哉自古中國彊盛如漢武帝唐太宗其
得志四夷必併吞掃滅極其兵力而後已中國禮義
所自出也恃彊淩弱且如此今乃以仁慈之道君子
長者之事望於凶頑之粘罕豈有是理哉今日圖復
中興之策莫大於罷絕和議以使命之幣為養兵之
資不然則僻處東南萬事不競納賂則孰富於京室
納質則孰重於二聖反復計之所謂乞和決無可成
之理夫大亂之後風俗靡然欲丕變之在於務實效

去虛文治兵擇將誓戮大憝者孝弟之實也遣使乞
和冀幸萬一者虛文也罪己求賢信用群策者求賢
之實也外示禮貌不用其言者虛文也不惟面從必
將心改苟利於國即日行之者納諫之實也和顏泛
受內惡切直者虛文也擢智勇忠直之人待御以恩
威結約以誠信者任將之實也親暱庸奴等威不立
者虛文也汰疲弱擇壯勇足其衣食申明階級以變
其驕悍之習者治軍之實也教習兒戲紀律蕩然者
虛文也遴選守刺久於其官痛刈姦贓廣行寬恤者
愛民之實也軍須戎具征求取辦蠲租赦令苟以欺

之者虛文也若夫保宗廟陵寢土地人民以此六實
者行乎其間則為中興之實政也陵廟荒圮土宇日
蹙衣冠黔首為血為肉以此六虛者行乎其間則為
今日虛文陛下戴黃屋建幄殿質明輦出房雉扇金
爐夾侍兩陛仗馬衛兵儼分儀式贊者引百官入奉
起居以此度日彼粘罕者晝夜厲兵跨河越岱電掃
中土遂有吞吸江湖蹂踐衡霍之意吾方擁虛器詫
然未知所之君子小人勢不兩立仁宗皇帝在位得
君子最多小人亦時見用然罪著則斥君子亦或見
廢然忠顯則收故其成當世之功貽後人之輔者皆

君子也至王安石則不然斥絕君子一去而不還崇
信小人一任則不改故其敗當時之政為後世之害
者皆小人也仁宗皇帝所養之君子既日遠而銷亡
矣安石所致之小人方蕃息而未艾也所以誤國破
家至毒至烈以致二聖屈辱羿莽擅朝伏節死難者
不過一二人此浮華輕薄之害明主之所畏而深戒
者也古之稱中興者曰撥亂世反之正今之亂亦云
甚矣其反正而興之在陛下其遂陵遲不振亦在陛
下昔宗澤一老從官耳猶能推誠感動群賊北連懷
衛同迎二聖尅期宮寢應者無慮數十萬人何況陛下

身為子弟欲北向而有為將見舉四海為陛下用期以十年必能掃除妖沴遠迓父兄稱宋中興其與惕息遁藏蹈危負恥如今日豈不天地相絕哉疏入宰相呂頤浩惡其切直除直龍圖閣主管江州太平觀二年五月詔內外官各言省費裕國彊兵息民之策寅以十事應詔曰修政事備邊陲治軍旅用人才除盜賊信賞罰理財用核名實屏諛佞去姦慝疏上不報尋命知永州紹興四年十二月復名為起居郎遷中書舍人賜三品服時議遣使入雲中寅上疏言女真驚動陵寢殘毀宗廟劫質二聖乃吾國之大讎也

頃者誤國之臣遣使求和以茍歲月九年于茲其效如何幸陛下灼見邪言漸圖恢復忠臣義士聞風興起各思見效今無故蹈庸臣之轍忘復讎之義陳自辱之辭臣切為陛下不取也若謂不少貶屈如二聖何則自丁未以至甲寅所為卑辭厚禮以問安迎請為名而遣使者不知幾人矣知二聖之所在者誰歟聞二聖之聲音者誰歟得女真之要領而息兵者誰歟臣但見丙午而後通和之使歸未息肩而黃河長淮大江相繼失險矣夫女真知中國所重在二聖所懼在劫質所畏在用兵而中國坐受此餌既久而不

悟也天下謂自是必改圖矣何為復出此謬計邪當今之事莫大於金人之怨欲報此怨必殄此讎用復讎之議而不用講和之政使天下皆知女真為不共戴天之讎人人有致死之心然後二聖之怨可平陛下人子之職舉矣茍為不然彼或願與陛下歃盟泗水之上不知何以待之望聖意直以世讎無可通之義寢罷使命高宗嘉納云胡寅論使事詞旨剴切深得獻納論思之體召至都堂諭旨仍降詔獎諭既而右僕射張浚自江上還奏遣使為兵家機權竟反前旨寅復奏疏言今日大計只合明復讎之義用賢修

德息兵訓民以圖北向儻或未可則堅守待時若夫二三其德無一定之論必不能有所立寅既與浚異遂乞便郡就養始寅上言近年書命多出詞臣好惡之私使人主命德討罪之詞未免玩人喪德之失乞命詞臣以飾情相悅含怒相訾為戒故寅所撰詞多誥誡於是忌嫉者衆朝廷辨宣仁聖烈之誣行遣章惇蔡卞皆宰臣面授上旨令寅撰進除徽猷閣待制知邵州辭改集英殿修撰復以待制改知嚴州又改知永州徽宗皇帝寧德皇后訃至朝廷用故事以日易月寅上疏言禮讎不復則服不除願降詔旨服喪

三年衣墨臨戎以化天下尋除禮部侍郎兼侍講兼直學士院丁父憂免喪時秦檜當國除徽猷閣直學士提舉江州太平觀俄乞致仕遂歸衡州檜既忌寅雖告老猶憤之坐與李光書譏訕朝政落職右正言章夏劾寅不持本生母服不孝諫通鄰好不忠責授果州團練副使新州安置檜死詔自便尋復其官紹興二十一年卒年五十九寅志節豪邁初擢第中書侍郎張邦昌欲以女妻之不許始安國頗重秦檜之大節及檜擅國寅遂與之絕新州謫命下即日就道在謫所著讀史管見數十萬言及論語詳說皆行于世其為文根著義理有斐然集三十卷

宏字仁仲幼事楊時侯仲良而卒傳其父之學優游衡山下餘二十年玩心神明不舍晝夜張栻師事之紹興間上書其略曰治天下有本仁也何謂仁心也心官茫茫莫知其鄉若為知其體乎有所不察則不知矣有所顧慮有所畏懼則雖有能知能察之良心亦浸消亡而不自知此臣之所大憂也夫敵國據形勝之地逆臣僭位於中原牧馬駸駸欲爭天下臣不是懼而以良心為大憂者蓋良心充于一身通于天地宰制萬事統攝億兆之本也察天理莫如屏欲存良心莫如立志陛下亦有朝廷政事不干於慮便嬖智巧不陳於前妃嬪佳麗不幸於左右時矣陛下試於此時沉思靜慮方今之世當陛下之身事孰為大乎孰為急乎必有歉然而餒惻然而痛坐起彷徨不能自安者則良心可察而臣言可信矣昔舜以匹夫為天子瞽叟以匹夫為天子父受天下之養豈不足於窮約哉而瞽叟猶不悅自常情觀之舜可以免矣而舜蹙然有憂之舉天下之大無足以解憂者徽宗皇帝身享天下之奉幾三十年欽宗皇帝生於深宮享乘輿之次以至為帝一旦劫於讎敵遠適窮荒衣裘失司服之制飲食失膳夫之味居處失宮殿之安妃嬪之好動無威嚴辛苦墊隘其願陛下加兵敵國心目睽睽猶飢渴之於飲食庶幾一得生還父子兄弟相持而泣歡若平生引領東望九年于此矣夫以疏賤念此痛心當食則噎未嘗不投箸而起思欲有為況陛下當其任乎而在廷之臣不能對揚天心充陛下仁孝之志反以天子之尊北面讎敵陛下自念以此事親於舜何如也且群臣智謀淺短自度不足以任大事故欲偷安江左貪圖寵榮皆為身謀爾陛下乃信之以為必持是可以進撫中原展省陵廟來

歸兩宮亦何誤耶萬世不磨之辱臣子必報之讎子
孫之所以寢苫枕戈弗與共天下者也而陛下顧慮
畏懼忘之不敢以為讎臣下僭逆有明目張膽顯為
負叛者有協贊亂賊為之羽翰者有依隨兩端欲以
中立自免者而陛下顧慮畏懼寬之不敢以為討守
此不改是祖宗之靈終天暴露無與復存也父兄之
身終天困辱而求歸之望絕也中原士民沒身塗炭
無所赴愬也陛下念亦及此乎王安石輕用己私紛
更法令棄誠而懷詐興利而忘義尚功而悖道人皆
知安石廢祖宗法令不知其并與祖宗之道廢之也

邪說既行正論屏棄故姦諛敢挾紹述之義以逞其
私下誣君父上欺祖宗誣謗宣仁廢遷隆祐使我國
家君臣父子之間頓生疵癘三綱廢壞神化之道泯
然將滅遂使敵國外橫盜賊內訌王師傷敗中原陷
沒二聖遠棲於沙漠皇輿僻寄於東吳囂囂萬姓未
知攸底禍至酷也若猶習於因循憚於更變亡三綱
之本性昧神化之良能上以利勢誘下下以智術干
上是非由此不公名實由此不核賞罰由此失當亂
臣賊子由此得志人紀由此不修天下萬事倒行逆
施人欲肆而天理滅矣將何以異於先朝求救禍亂

而致升平乎未言陛下即位以來中正邪佞更進更
退無堅定不易之誠然陳東以直諫死于前馬伸以
正論死于後而未聞誅一姦邪黜一諛佞何摧中正
之力而去姦邪之難也此雖當時輔相之罪然中正
之士乃陛下腹心耳目柰何以天子之威握億兆之
命乃不能保全二三腹心耳目之臣以自輔助而令
姦邪得而殺之於誰責而可乎臣竊痛心傷陛下威
權之不在己也高閌為國子司業請幸太學宏見其
表作書責之曰太學明人倫之所在也昔楚懷王不
返楚人憐之如悲親戚蓋忿秦之以彊力詐其君使

不得其死其憯勝於加之以刃也太上皇帝劫制於
彊敵生往死歸此臣子痛心切骨臥薪嘗膽宜思所
以必報也而柄臣乃敢欺天罔人以大讎為大恩乎
昔宋公為楚所執及楚子釋之孔子筆削春秋乃曰
諸侯盟于薄釋宋公不許楚人制中國之命也太母
天下之母其縱釋乃在金人此中華之大辱臣子所
不忍言也而柄臣乃敢欺天罔人以大辱為大恩乎
晉朝廢太后董養游太學升堂歎曰天人之理既滅
大亂將作矣則引遠而去今閣下目覩忘讎滅理北
面敵國以苟晏安之事猶偃然為天下師儒之首既

不能建大論明天人之理以正君心乃阿諛柄臣希合風旨求舉太平之典又為之詞云云欺天罔人孰甚焉宏初以蔭補右承務郎不調秦檜當國貽書其兄寅問二弟何不通書意欲用之寧作書止敘契好而已宏書辭甚厲人問之宏曰政恐其召故示之以不可召之端檜死宏被召竟以疾辭卒于家著書曰知言張栻謂其言約義精道學之樞要制治之蓍龜也有詩文五卷皇王大紀八十卷

寧字和仲以蔭補官秦檜當國召試館職除敕令所刪定官秦熺知樞密院事檜問寧曰熺近除外議云何寧曰外議以為相公必不為蔡京之所為也遷太常丞祠部郎官初以寧父兄故召用及寅與檜忤乃出寧為夔路安撫司參議官除知澧州不赴主管台州崇道觀卒安國之傳春秋也脩纂檢討盡出寧手寧又著春秋通旨以羽翼其書云

列傳卷第一百九十四

列傳卷第一百九十五　宋史四百三十六

開府儀同三司上柱國錄軍國重事前中書右丞相監修國史領經筵事都總裁臣脫脫等奉
敕修

儒林六

陳亮　鄭樵林霆附　李道傳

陳亮字同父婺州永康人生而目光有芒為人才氣超邁喜談兵論議風生下筆數千言立就嘗攷古人用兵成敗之跡著酌古論郡守周葵得之相與論難奇之曰他日國士也請為上客及葵為執政朝士白事必指令揖亮因得交一時豪俊盡其議論因授以中庸大學曰讀此可精性命之說遂受而盡心焉隆興初與金人約和天下忻然幸得蘇息獨亮持不可婺州方以解頭薦因上中興五論奏入不報已而退脩于家學者多歸之益力學著書者十年先是亮嘗圜視錢塘喟然歎曰城可灌爾蓋以地下於西湖也至是當淳熙五年孝宗即位蓋十七年矣亮更名同詣闕上書曰臣惟中國天地之正氣也天命所鍾也人心所會也衣冠禮樂所萃也百代帝王之所相承也挈中國衣冠禮樂而寓之偏方雖天命人心猶有所係然豈以是為可久安而無事也天地之正氣鬱

遏而久不得騁必將有所發泄而天命人心固非偏
方所可久係也國家二百年太平之基三代之所無
也二聖北狩之痛漢唐之所未有也方南渡之初君
臣上下痛心疾首誓不與之俱生卒能以奔敗之餘
而勝百戰之敵及秦檜倡邪議以沮之忠臣義士斥
死南方而天下之氣惰矣三十年之餘雖西北流寓
皆抱孫長息於東南而君父之大讎一切不復關念
自非海陵送死淮南亦不知兵戈為何事也況望其
憤故國之恥而相率以發一矢哉丙午丁未之變距
今尚以為遠而海陵之禍蓋陛下即位之前一年也

獨陛下奮不自顧志於殄滅而天下之人安然如無
事時方口議腹非以陛下為喜功名而不恤後患雖
陛下亦不能以崇高之勢而獨勝之隱忍以至于今
又十有七年矣昔春秋時君臣父子相戕殺之禍舉
一世皆安之而孔子獨以為三綱既絕則人道遂為
禽獸皇皇奔走義不能以一朝安然卒於無所遇而
發其志於春秋之書猶能以懼亂臣賊子今舉一世
而忘君父之大讎此豈人道所可安乎使學者知學
孔子之道當道陛下以有為決不沮陛下以苟安也
南師之不出於今幾年矣豈無一豪傑之能自奮哉

其勢必有時而發泄矣苟國家不能起而承之必將
有承之者矣不可恃衣冠禮樂之舊祖宗積累之深
以為天命人心可以安坐而久係也皇天無親惟德
是輔民心無常惟惠之懷自三代聖人皆知其為甚
可畏也春秋之末齊晉秦楚皆衰吳越起於小邦遂
伯諸侯黃池之會孔子所甚痛也可以明中國之無
人矣此今世儒者之所未講也今金源之植根既久
不可以一舉而遂滅國家之大勢未張不可以一朝
而大舉而人情皆便於通和者勸陛下積財養兵以
待時也臣以為通和者所以成上下之苟安而為安

庸西售之地宜其為人情之所甚便也自和好之成
十有餘年凡今日之指畫方略者他日將用之以坐
籌也今日之擊毬射鵰者他日將用之以決勝也府
庫充滿無非財也介冑鮮明無非兵也使兵端一開
則其跡敗矣何者人才以用而見其能否安坐而能
者不足恃也兵食以用而見其盈虛安坐而盈者不
足恃也而朝廷方幸一旦之無事庸愚齷齪之人皆
得以守格令行文書以奉陛下之使令而陛下亦幸
其易制而無他也徒使度外之士擯棄而不得騁日
月蹉跎而老將至矣臣故曰通和者所以成上下之

苟安而為妄庸兩售之地也東晉百年之間南北未
嘗通和也故其臣東西馳騁多可用之才今和好一
不通朝野之論常如敵兵之在境惟恐其不得和也
雖陛下亦不得而不和矣昔者金人草居野處往來
無常能使人不知所備而兵無日不可出也今也城
郭宮室政教號令一切不異於中國點兵聚糧文移
往反動涉歲月一方有警三邊騷動豈能歲出師
以擾我乎然使朝野常如敵兵之在境乃國家之福
而英雄所用以爭天下之機也執事者胡為速和以
惰其心乎晉楚之戰於邲也欒書以為楚自克庸以

來其君無日不討國人而訓之于民生之不易禍至
之無日戒懼之不可以忽在軍無日不討軍實而申
儆之于勝之不可保紂之百克而卒無後晉楚之弭
兵於宋也子罕以為兵所以威不軌而昭文德也聖
人以興亂人以廢廢興存亡昏明之術皆兵之由也
而求去之是以誣道蔽諸侯也夫人心之不可惰兵
威之不可廢故雖成康太平猶有所謂四征不庭張
皇六師者此李沆所以深不願真宗皇帝之與遼和
親也況南北角立之時而廢兵以惰人心使之安於
忘君父之大讎而置中國於度外徒以便妄庸之人

則執事者之失策亦甚矣陛下何不明大義而慨然
與金絕也貶損乘輿卻御正殿痛自克責誓必復讎
以勵羣臣以振天下之氣以動中原之心雖未出兵
而人心不敢惰矣東西馳騁而人才出矣盈虛相補
而兵食見矣狂妄之辭不攻而自息懦庸之夫不卻
而自退縮矣當有度外之士起而惟陛下之所欲用
矣是雲合響應之勢而非可安坐所致也臣請為陛
下陳國家立國之本末而開今日大有為之略論天
下形勢之消長而決今日大有為之機惟陛下幸聽
之唐自肅代以後上失其柄藩鎮自相雄長擅其土

地人民用其甲兵財賦官爵惟其所命而人才亦各
盡心於其所事卒以成君弱臣彊正統數易之禍藝
祖皇帝一興而四方次第平定藩鎮拱手以趨約束
使列郡各得自達於京師以京官權知三年一易財
歸於漕司而兵各歸於郡朝廷以一紙下郡國如臂
之使指無有留難自筦庫微職必命於朝廷而天下
之勢一矣故京師嘗宿重兵以為固而郡國亦各有
禁軍無非天子所以自守其地也兵皆天子之兵財
皆天子之財官皆天子之官民皆天子之民紀綱總
攝法令明備郡縣不得以一事自專也士以尺度而

取官以資格而進不求度外之奇才不慕絶世之雋功天子蚤夜憂勤於其上以義理廉恥嬰士大夫之心以仁義公恕厚斯民之生舉天下皆由於規矩準繩之中而二百年太平之基從此而立然契丹遂得以猖狂恣睢與中國抗衡儼然爲南北兩朝而頭目手足渾然無別澶淵一戰則中國之勢浸微根本雖厚而不可立矣故慶曆增幣之事富弼以爲朝廷之大恥而終身不敢自論其勞蓋契丹征令是主上之操也天子供貢是臣下之禮也契丹之所以卒勝中國者其積有漸也立國之初其勢固必至此故我

宋史四百三十六 四百个 宋史列傳卷一百九十五 六 趙維新寫 陳貞刊

祖宗常嚴廟堂而尊大臣寬郡縣而重守令於文法之內未嘗折困天下之富商巨室於格律之外有以容獎天下之英偉奇傑皆所以助立國之勢而爲不虞之備也慶曆諸臣亦嘗憤中國之勢不振矣而其大要則使羣臣爭進其說更法易令而廟堂輕矣嚴按察之權邀功生事而郡縣又輕矣豈惟於立國之勢無所助又從而朘削之雖微章得象陳執中以排沮其事亦安得而不自沮哉獨其破去舊例以不次用人而勸農桑務寬大爲有合於因革之宜而其大要已非矣此所以不能洗契丹平視中國之恥而卒

發神宗皇帝之大憤也王安石以正法度之說首合聖意而其實則欲籍天下之兵盡歸於朝廷別行教閱以爲彊也括郡縣之利盡入於朝廷別行封樁以爲富也青苗之政惟恐富民之不困也均輸之法惟恐商賈之不折也罪無大小動輒興獄而士大夫緘口畏罪矣西北兩邊至使內臣經畫而豪傑恥於爲役矣徒使神宗皇帝見兵財之數既多銳然南北征伐卒乖聖意而天下之勢實未嘗振也彼蓋不知朝廷立國之勢正患文爲之太密事權之太分郡縣太輕於下而委瑣不足恃兵財太關於上而重遲不易

宋史四百三十六 字四百个 宋史列傳卷一百九十五 七 趙維新寫 仝 周刊

舉祖宗惟用前四者以助其勢而安石竭之不遺餘力不知立國之本末者眞不足以謀國也元祐紹聖一反一復而卒爲金人侵侮之資尚何望其振中國以威四裔哉南渡以來大抵遵祖宗之舊雖微有因革增損不足爲輕重有無如趙鼎諸臣固已不究變通之理况秦檜盡取而沮毀之忍恥事讎飾太平於一隅以爲欺其罪可勝誅哉陛下憤王業之屈於一隅勵志復讎不免籍天下之兵以爲彊括郡縣之利以爲富加惠百姓而富人無五年之積不重征稅而大商無巨萬之藏國勢日以困竭臣恐尺籍之兵府

庫之財不足以支一旦之用也陛下蚤朝晏罷與中
興日月之功而以繩墨取人以文法涖事聖斷裁制
中外而大臣充位胥吏坐行條令而百司逃責人才
日以闒茸臣恐程文之士資格之官不足當度外之
用也藝祖經畫天下之大略太宗已不能盡用今其
遺意豈無望於陛下也陛下苟推原其意而行之可
以開社稷數百年之基而況於復故物乎不然維持
之具既窮臣恐祖宗之積累亦不足恃也陛下試令
臣畢陳於前則今日大有為之略必知所處矣夫吳
蜀天地之偏氣錢塘又吳之一隅當唐之衰錢鏐以

閭巷之雄起王其地自以不能獨立常朝事中國以
為重及我宋受命俶以其家入京師而自獻其土故
錢塘終始五代被兵最少而二百年之間人物日以
繁盛遂甲於東南及建炎紹興之間為六飛所駐之
地當時論者固已疑其不足以張形勢而事恢復矣
秦檜又從而備百司庶府以講禮樂於其中其風俗
固已華靡士大夫又從而治園囿臺榭以樂其生於
干戈之餘上下晏安而錢塘為樂國矣一隙之地本
不足以容萬乘而鎮壓且五十年山川之氣蓋亦發
泄而無餘矣故穀粟桑麻絲枲之利歲耗於一歲禽

獸魚鼈草木之生日微於一日而上下不以為異也
公卿將相大抵多江浙閩蜀之人而人才亦日以凡
下場屋之士以十萬數而文墨小異已足以稱雄於
其間矣陛下據錢塘已耗之氣用閩浙日衰之士而
欲鼓東南習安脆弱之衆北向以爭中原臣是以知
其難也荊襄之地在春秋時楚用以虎視齊晉而齊
晉不能屈也及戰國之際獨能與秦爭帝其後三百
餘年而光武起於南陽同時共事往往多南陽故人
又二百餘年遂為三國交據之地諸葛亮由此起輔
先主荊楚之士從之如雲而漢氏賴以復存於蜀周

瑜魯肅呂蒙陸遜陸抗鄧艾羊祜皆以其地顯名又
百餘年而晉氏南渡荊雍常雄於東南而東南往往
倚以為彊梁竟以此代齊及其氣發泄無餘而隋唐
以來遂為偏方下州五代之際高氏獨常臣事諸國
本朝二百年之間降為荒落之邦北連許汝民居稀
少土產卑薄人才之能通姓名於上國者如晨星之
相望況至于建炎紹興之際羣盜出沒於其間而被
禍尤極以迄于今雖南北分畫交據往往又置於不
足用民食無所從出而兵不可由此而進議者或以
為憂而不知其勢之足用也其地雖要為偏方然未

有偏方之氣五六百年而不發泄者況其東通吳會西連巴蜀南極湖湘北控關洛左右伸縮皆足以為進取之機今誠能開墾其地洗濯其人以發泄其氣而用之使足以接關洛之氣則可以爭衡於中國矣是亦形勢消長之常數也陛下慨然移都建業百司庶府皆從草創軍國之儀皆從簡略又作行宮於武昌以示不敢寧居之意常以江淮之師為金人侵軼之備而精擇一人之沈鷙有謀開豁無他者委以荊襄之任寬其文法聽其廢置撫摩振厲於三數年之間則國家之勢成矣石晉失盧龍一道以成開運之

禍蓋丙午丁未歲也明年藝祖皇帝始從郭太祖征伐卒以平定天下其後契丹以甲辰敗于澶淵而丁未戊申之間真宗皇帝東封西祀以告太平蓋本朝極盛之時也又六十年而神宗皇帝實以丁未歲即位國家之事於此一變矣又六十年丙午丁未遂為靖康之禍天獨啓陛下於是年而又啓陛下以北向復讎之志今者去丙午丁未近在十年間矣天道六十年一變陛下可不有以應其變乎此誠今日大有為之機不可苟安以玩歲月也臣不佞自少有驅馳四方之志嘗數至行都人物如林其論皆不足以起

人意臣是以知陛下大有為之志孤矣辛卯壬辰之間始退而窮天地造化之初攷古今沿革之變以推極皇帝王伯之道而得漢魏晉唐長短之由天人之際昭昭然可攷而知也始悟今世之儒士自以為得正心誠意之學者皆風痺不知痛癢之人也舉一世安於君父之讎而方低頭拱手以談性命不知何者謂之性命乎陛下接之而不任以事臣於是服陛下之仁又悟今世之才臣自以為得富國彊兵之術者皆狂惑以肆叫呼之人也不以暇時講究立國之本末而方揚眉伸氣以論富彊不知何者謂之富彊乎

陛下察之而不敢盡用臣於是服陛下之明陛下厲志復讎足以對天命篤於仁愛足以結民心而又明足以照臨羣臣一偏之論此百代之英主也今乃委任庸人籠絡小儒以遷延大有為之歲月臣不勝憤悱是以忘其賤而獻其愚陛下誠令臣畢陳於前豈惟臣區區之願將天地之神祖宗之靈實與聞之書奏孝宗赫然震動欲牓朝堂以勵羣臣用种放故事召令上殿將擢用之左右大臣莫知所為惟曾覿知之將見亮亮恥之踰垣而逃覿以其不詣己不悅大臣尤惡其直言無諱交沮之乃有都堂審察之命宰

相臨以上旨問所欲言皆落落不少貶又不合待命十日再詣闕上書曰恭惟皇帝陛下厲志復讎不肯即安於一隅是有大功於社稷也然坐錢塘浮侈之隅以圖中原則非其地用東南習安之衆以行進取則非其人財止於府庫則不足以通天下之有無兵止於尺籍則不足以兼天下之勇怯是以遷延之計遂行而陛下大有為之志乖矣此臣所以不勝忠憤齋沐裁書獻之闕下願得望見顏色陳國家立國之本末而開大有為之略論天下形勢之消長而決大有為之機務合於藝祖經畫天下之本旨然待命八

日未有聞焉臣恐天下豪傑有以測陛下之意向而雲合響應之勢不得而成矣又上書曰臣妄意國家維持之具至今日而窮而藝祖皇帝經畫天下之大指猶可恃以長久茍推原其意而變通之則恢復不足為矣然而變通之道有三有可以遷延數十年之策有可以為百五六十年之計有可以復開數百年之基事勢昭然而効見殊絕非陛下聰明度越百代決不能一二以聽之臣不敢泄之大臣之前而大臣拱手稱旨以問臣亦姑取其大體之可言者三事以答之其一曰二聖北狩之痛蓋國家之大恥而天下之公憤也五十年之餘雖天下之氣銷鑠頹墮不復知讎恥之當念正在主上與二三大臣振作其氣以泄其憤使人人如報私讎此春秋書衞人殺州吁之意也其二曰國家之規模使天下奉規矩準繩以從事羣臣救過之不給而何暇展布四體以求濟度外之功哉其三曰藝祖皇帝用天下之士人以易武臣之任事者故本朝以儒立國而儒道之振獨優於前代今天下之士熟爛委靡誠可厭惡正在主上與二三大臣反其道以教之作其氣而養之使臨事不至乏才隨才皆足有用則立國之規模不至戾藝祖之

本旨而東西馳騁以定禍亂不必專在武臣也臣所以為大臣論者其略如此書既上帝欲官之亮笑曰吾欲為社稷開數百年之基寧用以博一官乎亟渡江而歸日落魄醉酒與邑之狂士飲醉中戲為大言言涉犯上一士欲中亮以其事首刑部侍郎何澹嘗為考試官黜亮亮不平語數侵澹澹聞而嗛之即繳狀以聞事下大理笞掠亮無完膚誣服為不軌事聞孝宗知為亮嘗陰遣左右廉知其事及奏入取旨帝曰秀才醉後妄言何罪之有劃其牘于地亮遂得免居無何亮家僮殺人于境適被殺者嘗辱亮父次尹

其家疑事由亮聞于官笞榜僮死而復蘇者數不服又囚亮父于州獄而屬臺官論亮情重下大理時丞相淮知帝欲生亮而辛棄疾羅點素高亮才援之尤力復得不死亮自以豪俠屢遭大獄歸家益厲志讀書所學益博其學自孟子後惟推王通嘗曰研窮義理之精微辨析古今之同異原心於秒忽較禮於分寸以積累爲工以涵養爲正睟面盎背則於諸儒誠有愧焉至於堂堂之陳正正之旗風雨雲雷交發而並至龍蛇虎豹變現而出没推倒一世之智勇開拓萬古之心胸自謂差有一日之長亮意蓋指朱熹呂

祖謙等云高宗崩金遣使來弔簡慢而光宗由潛邸判臨安府亮感孝宗之知至金陵視形勢復上疏曰有非常之人然後可以建非常之功求非常之功而用常才出常計舉常事以應之者不待知者而後知其不濟也秦檜以和誤國二十餘年而天下之氣索然無餘矣陛下慨然有削平宇内之志又二十餘年天下之志始知所向其有功於宗廟社稷者非臣區區所能誦說其萬一也高宗皇帝春秋既高陛下不欲大舉驚動慈顏抑心俯首以致色養聖孝之盛書冊之所未有也今者高宗既已祔廟天下之英雄豪傑皆仰首以

觀陛下之舉動陛下其忍使二十年間所以作天下之氣者一旦而復索然乎天下不可以坐取也兵不可以常勝也驅馳運動又非年高德尊者之所宜也東宮居曰監國行曰撫軍陛下何以不於此時而命東宮爲撫軍大將軍歲巡建業使之兼統諸司盡護諸將置長史司馬以專其勞而陛下於宅憂之餘運用人才均調天下以應無窮之變此肅宗所以命廣平王之故事也高宗與金有父兄之讎生不能以報之則死必有望於子孫何忍以升遐之哀告諸讎哉遺留報謝三使繼遣金帛寶貨千兩連發而金人僅

以一使如臨小邦哀祭之辭寂寥簡慢義士仁人痛切心骨豈以陛下之聖明智勇而能忍之乎陛下倘以大義爲當正撫軍之言爲可行則當先經理建業而後使臨之縱今歲未爲北舉之謀而爲經理建康之計以振動天下而與金絶陛下之初志亦庶幾於少伸矣陛下試一聽臣用其喜怒哀樂之權鼓動天下大略欲激孝宗恢復而是時孝宗將内禪不報由是在廷交怒以爲狂怪先是鄉人會宴末胡椒特置亮羹胾中蓋村俚敬待異禮也同坐者歸而暴死疑食異味有毒已入大理會呂興何念四毆呂天濟且

死恨曰陳上舍使殺我縣令王恬實其事臺官論監司選酷吏訊問無所得取入大理衆意必死少卿鄭女諧閱其單辭大異曰此天下奇材也國家若無罪而殺士上干天和下傷國脉矣力言於光宗遂得免未幾光宗策進士問以禮樂刑政之要亮以君道師道對且曰臣竊歎陛下之於壽皇莅政二十有八年之間寧有一政一事之不在聖懷而問安視寢之餘所以察辭而觀色因此而得彼者其端甚衆亦既得其機要而見諸施行矣豈徒一月四朝而以為京邑之美觀也哉時光宗不朝重華宫羣臣更進迭諫皆

不聽得亮策乃大喜以為善處父子之間奏名第三御筆擢第一既知為亮則大喜曰朕擢果不謬孝宗在南内寧宗在東宫聞知皆喜故賜第告詞曰爾蚤以藝文首賢能之書旋以論奏動慈宸之聽親閱大對嘉其淵源擢置舉首殆天留以遺朕也授僉書建康府判官廳公事未至官一夕卒亮之既第而歸也弟充迎拜于境相對感泣亮曰使吾他日而貴澤首逮汝死之日各以命服見先人于地下足矣聞者悲傷其意然志存經濟重許可人人見其肺肝與人言必本於君臣父子之義雖為布衣薦士恐弗及家僅

中產畸人寒士衣食之久不衰卒之後吏部侍郎葉適請于朝命補一子官非故典也端平初謚文毅更與一子官

鄭樵字漁仲興化軍莆田人好著書不為文章自負不下劉向揚雄居夾漈山謝絶人事久之乃游名山大川搜奇訪古遇藏書家必借留讀盡乃去趙鼎張浚而下皆器之初為經旨禮樂文字天文地理蟲魚草木方書之學皆有論辨紹興十九年上之詔藏秘府樵歸益厲所學從者二百餘人以侍講王綸賀允中薦得召對因言班固以來歷代為史之非帝曰聞

卿名久矣敷陳古學自成一家何相見之晚耶授右迪功郎禮兵部架閣以御史葉義問劾之改監潭州南嶽廟給札歸抄所著通志書成入為樞密院編脩官尋兼攝檢詳諸房文字請修金正隆官制比附中國秩序因求入秘書省繙閱書籍未幾又坐言者寢其事金人之犯邊也樵言歲星分在宋金主將自斃後果然高宗幸建康命以通志進會病卒年五十九學者稱夾漈先生樵好為考證倫類之學成書雖多大抵博學而寡要平生甘枯淡樂施與獨切切於仕進識者以是少之同郡林霆字時隱擢政和進士第博

學深象數與䌊為金石交林光朝嘗師事之聚書數千卷皆自校讎謂子孫曰吾為汝曹穫良產矣紹興中為敕令所删定官力詆秦檜和議之非即掛冠去當世高之

李道傳字貫之隆州井研人父舜臣嘗為宗正寺主簿道傳少莊重稍長讀河南程氏書玩索義理至忘寢食雖處暗室整襟危坐肅如也擢慶元二年進士第調利州司戶參軍從蓬州教授開禧用兵金人窺散關急道傳以諸司檄計事道聞吳曦反痛憤見於形色遣其客間道持書遺安撫使楊輔論曦必敗曰

彼素非雄才犯順首亂人心離䟽因人心而用之可坐而縛也誠決此舉不惟內變可定抑使金知中國有人稍息窺覘正使不捷亦無愧千古矣曦黨以曦意脅道傳道傳以義折之竟棄官歸曦平詔以道傳抗節不撓進官二等嘉定初召為太學博士遷太常博士兼沂王府小學教授會沂府有母喪遺表官吏例進秩道傳曰有襄事之勞者推恩可也吾屬何與於是皆辭不受遷秘書郎著作佐郎見帝首言憂危之言不聞於朝廷非治世之象今民力未裕民心未固財用未阜儲蓄未豐邊備未修將帥未擇風俗未

能知義而不偷人才未能彙進而不乏而八者之中復以人才為要至於人才盛衰繫學術之明晦今學禁雖除而未嘗明示天下以除之之意願下明詔崇尚正學取朱熹論語孟子集註中庸大學章句或問四書頒之太學仍請以周惇頤邵雍程顥程頤張載五人從祀孔子廟時執政有不樂道學者以語侵道傳道傳不為動兼權考功郎官遷著作郎時薛極胡榘等皆以新進用事賄賂成風道傳言今名優儒臣實取材吏刺剥殘忍誕謾傾危之人進矣遂求補郡於是出知真州城圮弗治道傳覺之築兩石埧以護

並江居民益浚二壕又堤陳公塘有警則決之以為阻人心始固除提舉江東路常平茶鹽公事初至即按部劾吏之貪縱者十餘人胥吏為民害者大黥小逐百餘人釋獄之濫繫者二百餘人弛負錢一十餘萬緡夏大旱道傳應詔言楮幣之換官民如雠鈔法之行商賈疑怨賦斂增加軍將推剥皆切中時病遂條上荒政朝廷多從之與漕臣真德秀振饑道傳分池宣徽三州窮冬行風雪中雖深村窮谷必至賴以全活者甚衆攝宣州守行朱熹社倉法上饒新安南康諸郡翕然應命人蒙其利廣德守魏峴劾教官林

庠委堂試而任荒政挾漕臣以凌郡守且言真德秀輕視朝廷自專掠美乞遠之道傳上疏力辨峴坐免會胡榘為吏部侍郎薦道傳自代引疾乞去不許召令奏事再辭又不許遂入對上自宮掖次及朝廷以侍從臺諫闕失盡言無所諱帝不以為忤除兵部郎官辭未就監察御史李楠覘當路指意乞授以節鎮蜀遂出知果州至九江得疾卒年四十八詔特轉一官致仕謚文節道傳自蜀來東南雖不及登朱熹之門而訪求所嘗從學者與講習盡得遺書讀之篤於踐履氣節卓然於經史未有論著曰學未至不敢於

詩文未嘗苟作曰學未至不暇一日以疾謁告真德秀造焉即榻屏間大書嘆起截斷四字知其用功慎獨如此居官以惠利為本振荒遺愛江東人久而思焉三子達可當可斅可斅可為心傳後

列傳卷第二百九十五

列傳卷第二百九十六　宋史四百三十七

開府儀同三司上柱國錄軍國重事前中書右丞相兼修國史領經筵事都總裁脫脫等奉

勅修

儒林七

程迥　劉清之　真德秀

魏了翁　廖德明

程迥字可久應天府寧陵人家于沙隨靖康之亂徙紹興之餘姚年十五丁內外艱孤貧飄泊無以自振二十餘始知讀書時亂甫定西北士大夫多在錢塘迥得以考德問業焉登隆興元年進士第歷揚州泰

興尉訓武郎楊大烈有田十頃死而妻女存俄有訟其妻非正室者官沒其貲且追十年所入租部使者以諉迥迥曰大烈死貲產當歸其女女死當歸所生母可也調饒州德興丞盜入縣民齊匑家平素所不快者皆詈絓逮獄州屬迥決禁因辨其冤者縱遣之匑訟不已會獲盜寧國匑猶訟還所縱之人迥曰盜既獲矣再令追捕或死於道路使其骨肉何依豈審冤之道哉唐肅宗時縣有程氏女其父兄為盜所殺因掠女去隱忍十餘年手刃盡誅其黨剔其肝心以祭其父兄迥取春秋復讎之義頌之曰大而得其正

者也表之曰英孝程烈女改知隆興府進賢縣省符
下知平江府王佐決陳長年輙私賣田其從子愬有
司十有八年母魚氏年七十坐獄廷辨按法追正令
候母死服闋日理為己分令天下郡縣視此為法迴
為議曰天下之人孰無母慈子若孫宜定省溫清不
宜有私財也在律別籍者有禁異財者有禁當報牒
之初縣令杖而遣之使聽命于其母可矣何稽滯徧
愬有司而達于登聞院乎春秋穀梁傳注曰臣無訟
君之道為衛侯鄭與元咺發論也夫諸侯之於命大
夫猶若此子孫之於母乃使坐獄以對吏受其親者

聞之不覺泣涕之橫集也按令文分財產謂祖父母
父母服闋已前所有者然則母在子孫不得有私財
借使其母一朝盡費其子孫亦不得違教令也既使
歸于其母其日前所費乃卑幼輙用尊長物法須五
年尊長告乃為理何至豫期母死又開他日爭訟之
端也抑亦安知不令之子孫不死于母之前乎守令
者民之師帥政教之所由出誠宜正守令不職之愆
與子孫不孝之罪以敬天下之為人母者民饑府檄
有愬閉糴及糶與商賈者迴即論報之曰力田之人
細米每斗才九十五文逼於稅賦是以出糶非上戶

也縣境不出貨寶茍不與外人交易輸官之錢何由
而得今強者羣聚脅持取錢毆傷人者甚衆[illegible]民不
敢入市坐致缺食申論再三見從乃已縣大水亡稻
麥郡蠲租稅至薄迴白于府曰是驅民流徙耳賦不
可得徒存欠籍乃悉蠲之郡僚猶曰度江後來未嘗
全放恐戶部不從迴力論之曰唐人損七則租庸調
俱免今損十矣夏稅役錢不免是猶用其二也不可
謂寬議乃息境內有婦人傭身紡績舂簸以養其姑
姑感婦孝每受食即以手加額仰天而祝之其子為
人牧牛亦乾飯以餉祖母迴廉得之為紀其事白于

郡郡給以錢粟調信州上饒縣歲納租數萬石舊法
加倍又取斛面米迴力止絕之嘗曰令與吏服食者
皆此邦之民膏血也曾不是思而橫斂虐民鬼神其
無知乎州郡督索經總錢甚急迴曰斯錢古之除陌
之類今其類乃三倍正賦民何以堪反復言之當路
奉祠寓居番陽之蕭寺程祥者從伯父待制昌禹來
居番陽昌禹死遂失所依祥繼亡祥妻度氏猶質賣
奩具以撫育孤子久之罄竭瀕死鄰家皆莫識其面
有欲醮之者度曰吾兒幼若事他人使母不得撫其
子豈不負良人乎終辭焉或為迴言其事迴走告于

郡守月給之錢粟迥居官臨之以莊政寬而明令簡而信綏強撫弱導以恩義積年雠訟一語解去猾吏姦民皆以感激久而悛悔欺詐以革暇則賓禮賢士從容盡歡進其子弟之秀者與之均禮爲之陳說詩書質疑問難者不問蚤暮勢位不得以交私祠廟非典祀不謁隱德潛善無問幽明皆表而出之以勵風俗或周其窮阨俾全節行聽决獄訟期於明允凡上官所未悉者必再三抗辨不爲苟止貴溪民僞作吳漸名誣愬縣令石邦彥迥言匿名書不當受轉運使不謂然遂興大獄瘐死者十有四人及閩省寺訖報

如迥言迥嘗授經學於崐山王葆嘉禾聞人茂德嚴陵喻樗所著有古易考古易章句古占法易傳外編春秋傳顯微例目論語傳孟子章句文史評經史說諸論辨太玄補贊戶口田制貢賦書乾道振濟録醫經正本書條具乾道新書度量權三器圖義四聲韻淳熙襍志南齋小集卒官朝奉郎朱熹以書告迥子絢曰敬惟先德博聞至行追配古人釋經訂史開悟後學當世之務又所通諳非獨章句之儒而已曾不得一試而奄棄盛時此有志之士所爲悼歎咨嗟而不能已者然著書滿家足以傳世是亦足以不朽絢以致仕恩調巴陵尉攝邑事能理冤獄孫仲熊亦有名

劉清之字子澄臨江人受業於兄靖之甘貧力學博極書傳登紹興二十七年進士第調袁州宜春縣主簿未上丁父憂服除改建德縣主簿請於州俾民自實其戶由是賦役平爭訟息調萬安縣丞時江右大侵郡檄視旱徒步阡陌親與民接凡所蠲除具得其實州議減常平米直清之曰此惠不過三十里內耳外鄉遠民勢豈能來老幼疾患之人必有餓死者今有粟之家閉不肯糶實窺伺攘敓者衆也在我有政

則大家得錢細民得米兩適其便乃請均境內之地爲八俾有粟者分振其鄉官爲主之規畫防閑民甚賴之帥龔茂良以救荒實跡聞于朝又偕諸公薦之發運使史正志按部至筠俾清之攝集州縣畸零之賦清之不可清之有同年生在幕中謂曰侍郎因子言謂子愛民特立將薦子矣其以賦閱來清之貽之以書曰所謂羨資者皆州縣侵刻於民法所當禁縱有贏資是所謂羨餘也獻之自下而詔止之今則上而求之乃自上焉不奪不饜其弊有不可勝言者願侍郎自請于朝姑歸貳卿之班主大農經費以佐國

家如此則士孰不願出侍郎之門不然其誠不敢玷侍郎知人之鑒以薦者兩有審察之命清之竟不見丞相詣吏部銓得知宜黃縣茂良入為參知政事與丞相周必大薦清之于孝宗召入對首論民困兵驕大臣退託小臣苟媮願陛下廣覽兼聽并謀合智清明安定提要挈綱而力行之古今未有俗不可變弊不可革者變而通之亦在陛下方寸之間耳又言用人四事一曰辨賢否謂道義之臣大者可當經綸小者可為儀刑功名之士大者可使臨政小者可使立事至於專謀富貴利達而已者下也二曰正名實今

百有司職守不明非曠其官則失之侵偪願詔史官考究設官之本意各指其合主何事制旨親定載之命書依開寶中差諸州通判故事使人人曉然知之而行賞罰焉三曰使材能謂軍旅必武臣錢穀必能吏必臨之以忠信不欺之士使兩人者皆得以效其所長四曰聽換授謂文武之官不可用違其才然不當許之自列宜令文武臣四品以上各以性行材略及文武藝每歲互舉堪充左右選者一人於合入資格外稍與優奬改太常寺主簿丁內艱服除通判鄂州鄂大軍所駐兵籍多僞清之白郡及諸司請自通

判廳始俾僞者以實自言而正之州有民妻張以節死嘉祐中詔封旌德縣君表其墓曰烈女中更兵火至是無知其墓者清之與郡守羅願訪而祠之鄂俗計利而尚鬼家貧子壯則出贅習為當然而尤謹奉大洪山之祠病者不藥而聽於巫死則不葬而畀諸火清之皆諭止之差權發遣常州改衡州衡自建炎軍興有所謂大軍月椿過湖錢者歲送漕司無慮七八萬緡以四邑所入麴引錢及郡計畸零苗米折納充之舊法民有吉凶聚會許買引為酒麴謂之麴引錢其後直以等第數納衡有五邑獨敷其四取民之

辭不正良民徧受其害而黠民往往侮易其上乃并與常賦不輸雖得麴引錢四五萬緡而常賦之失不啻數萬緡矣清之請於朝願與總領所酌損補移漸圖蠲減不報遂戒諸邑董常賦緩襍征閣舊逋戒預折新簿籍謹推收督勾銷明逋負防帶鈔治頑梗扼吏姦擾戶長費用有節滲漏有防稽考有政補置有漸先是郡飾廚傳以事常平刑獄二使者月一會集互致折餽清之歎曰此何時也與其取諸民孰若裁諸公吾之所以事上官者惟究心於所職無負於吾民足矣豈以酒食貨財為勤哉清之自常祿外悉歸之

公帑以佐經用至之日兵無糧官無奉上供送使無可備已而郡計漸裕民力稍蘇或有報白手自書之吏不與焉嘗作諭民書一編首言畏天積善勤力務本農工商賈莫不有勸教以事親睦族教子祀先謹身節用利物濟人婚姻以時喪葬以禮詞意質直簡而易從邦人家有其書非理之訟日爲衰息念士風未振每因月講復具酒肴以燕諸生相與輸情論學設爲疑問以觀其所嚮然後從容示以先後本末之序來者日衆則增築臨蒸精舍居之其所講先正經次訓詁音釋次疏先儒議論次述今所紬繹之說然

後各指其所宜用人君治天下諸侯治一國學者治心治身治家治人確然皆有可舉而措之實闢爲武場凡禁軍役於他所隱於百工者悉按軍籍俾詣訓閱作朱陵道院祠張九齡韓愈寇準周敦頤胡安國於左祠晉死節太守劉翼宋死節內史王應之於右雅儒吉士日相周旋其間而參佐謀論多在焉劉孝昌者摯之孫也貧不自立清之買田以給之部使者以清之不能媚己惡之貽書所厚臺臣誣以勞民用財論罷主管雲臺觀歸築槐陰精舍以處來學者胡晉臣鄭僑尤袤羅點皆力薦清之於上光宗即位起

知袁州而清之疾作猶貽書執政論國事諸生往候疾不廢講論語及天下孜孜歎息若任其責者病且革爲書以別向浯彭龜年賦二詩以別朱熹楊萬里取高氏送終禮以授二子曰自斂至葬視此從事周必大來視疾謂曰子澄其澄慮清之氣息已微云無慮可澄遂卒初清之既舉進士欲應博學宏詞科及見朱熹盡取所習焚之慨然志於義理之學呂伯恭張栻皆神交心契汪應辰李燾亦敬慕之母不逮養每展閱手澤涕泗交頤從兄肅流落新吳族父騂寓丹陽艾寓臨川皆迎養之從祖子僑爲邵州録事參

軍死吳錫之亂清之遣其孫晉之致書邵守得其遺骨歸葬焉族人自遠來館留之不忍使之遽去嘗序范仲淹義莊規矩勸大家族衆者隨力行之本之家法參取先儒禮書定爲祭禮行之高安李好古以族人有以財爲訟見清之豫章清之爲說訟家人二卦好古惕然遽舍所訟市程氏易以歸卒爲善士所著有曾子內外雜篇訓蒙新書外書戒子通録墨莊總録祭儀時令書續說苑文集農書

真德秀字景元後更爲景希建之浦城人四歲受書過目成誦十五而孤母吳氏力貧教之同郡楊圭見

而異之使歸共諸子學卒妻以女登慶元五年進士第授南劍州判官繼試中博學宏詞科入閩帥幕召為太學正嘉定元年遷博士時韓侂冑已誅入對首言權臣開邊南北塗炭今茲繼好豈非天下之福然日者以行人之遣金人欲得姦臣之首而吾亦曰可增金人欲多歲幣之數而吾亦曰可與往來之稱謂犒軍之金帛根括歸明流徙之民皆承之唯謹得無滋嫚我乎抑善謀國者不觀敵情觀吾政事今號為更紀而無以使敵情之畏服正恐彼資吾歲賂以厚其力乘吾不備以長其謀一旦挑爭端而吾無以應

此有識所為寒心又言侂冑自知不為清議所貸至誠憂國之士則名以好異於是忠良之士斥而正論不聞正心誠意之學則誣以好名於是偽學之論興而正道不行今日改弦更張正當褒崇名節明示好尚召試學士院改祕書省正字兼檢討玉牒二年遷祕書郎又對言暴風雨雹熒惑螟蝗之變皆贓吏所致尋兼沂王府教授學士院權直三年遷祕書郎入對乞開公道窒旁蹊以抑小人道長之漸選良牧勵戰士以扼羣盜方張之鋭四年遷著作佐郎同列相恭饒之德秀恬不與較宰相將用德秀會言官觝之

德秀力辭兼禮部郎上疏言金有必亡之勢亦可為中國憂蓋金亡則上恬下嬉憂不在敵而在我多事之端恐自此始五年遷軍器少監升權直六年遷起居舍人奏權姦擅政十有四年朱熹彭龜年以抗論逐呂祖儉周端朝以上書斥當時近臣猶有爭之者其後呂祖泰之貶非惟近臣莫敢言而臺諫且出力以擠之則嘉泰之失已深於慶元矣更化之初群賢皆得自奮未幾傅伯成以諫官論事去蔡幼學以詞臣論事去鄒應龍許奕又繼以封駁論事去是數人者非能大有所矯拂已皆不容於朝故人務自全一

辭不措設有大安危大利害羣臣喑嘿如此豈不殆哉今欲與陛下言勤訪問廣謀議明黜陟三者而已時鈔法楮令行告訐繁興抵罪者衆莫敢以上聞德秀奏或一夫坐罪而併籍昆弟之財或虧陌四錢而沒入百萬之貲至於科富室之錢拘鹽商之舟視產高下配民藏楮擁田宅以收券者雖大家不能免尚得名便民之策自此籍沒之產以漸給還兼太常少卿又言金人必亡君臣上下皆當以祈天永命為心充金國賀登位使及盱眙聞金人內變而返言于上曰臣自揚之楚自楚之盱眙沃壤無際陂湖相連民

皆堅悍强忍此天賜吾國以屏障大江使强兵足食
為進取資顧田疇不闢溝洫不治險要不扼丁壯不
練豪傑武勇不收拾一旦有警則徒以長江為恃豈
如及今大脩墾田之政專為一司以領之數年之後
積儲充實邊民父子爭欲自保因其什伍勤以兵法
不待糧饟皆為精兵又言邊防要事時史彌遠方以
爵禄縻天下士德秀慨然謂劉爚曰吾徒須急引去
使廟堂知世亦有不肯為從官之人遂力請去出為
秘閣脩撰江東轉運副使山東盜起朝廷猶與金通
聘德秀朝辭奏國恥不可忘鄰盜不可輕宰安之謀

不可恃導諛之言不可聽至公之論不可忽寧宗曰
卿力有餘到江東日為朕撙節財計以助邊用江東
旱蝗廣德太平為甚德秀遂與留守憲司分所部九
郡大講荒政而自領廣德太平親至廣德與太守魏
峴同以便宜發廩使教授林庠振給竣事而還百姓
數千人送之郊外指道傍叢塚泣曰此皆往歲餓死
者微公我輩已相隨入此矣索毁太平州私創之大
斛新徽州守林琰無廉聲寧國守張忠恕親匿振濟
米皆劾之而以李道傳攝徽先是都司胡榘薛極每
譖德秀迂儒試以事必敗至是政譽日聞因倡言旱

傷本輕監司好名振贍太過使峴劾庠以撼德秀德
秀上章自明朝廷悟與峴祠授庠幹官而道傳尋亦
召還德秀以右文殿脩撰知泉州番舶畏苛征至者
歲不三四德秀首寬之至者驟增至三十六艘輸租
令民自槩聽訟惟揭示姓名人自詣州泉多大家為
閭里患痛繩之有訟田者至焚其券不敢爭海賊作
亂將逼城官軍敗衄德秀祭兵死者乃親授方略禽
之復徧行海濱審視形勢增屯要害處以備不虞十
二年以集英殿脩撰知隆興府承寬弛之後乃稍濟
以嚴尤留意軍政欲分鄂州軍屯武昌及通廣鹽於

贛與南安以弭汀贛鹽寇未及行以母喪歸明年蘄
黃失守盜起南安討之數載始平人服德秀先見十
五年以寶謨閣待制湖南安撫使知潭州以廉仁公
勤四字勵僚屬以周惇頤胡安國朱熹張栻學術源
流勉其士罷榷酤除斛面米申免和糴以甦其民民
艱食既極力振贍之復立惠民倉五萬石使歲出糶
又易穀九萬五千石分十二縣置社倉以徧及鄉落
別立慈幼倉立義阡惠政畢舉月試諸軍射捐其回
易之利及官田租凡營中病者死未葬者孕者嫁娶
者贍給有差朝廷從壽昌朱熹請以飛虎軍戍壽昌

併致其家口力爭止之江華縣賊蘇師入境殺劫檄廣西共討平之司馬遵守武岡激軍變劾遵而誅其亂者理宗即位召為中書舍人尋擢禮部侍郎直學士院入見奏三綱五常扶持宇宙之棟幹奠安生民之柱石晉廢三綱而劉石之變興唐廢三綱而安祿山之難作我朝立國先正名分陛下不幸處人倫之變流聞四方所損非淺霅川之變非濟王本志前有避匿之跡後聞討捕之謀情狀本末灼然可考願討論雍熙追封秦王舍罪恤孤故事濟王未有子息亦惟陛下興滅繼絕上曰朝廷待濟王亦至矣德秀曰

若謂此事處置盡善臣未敢以為然觀舜所以處象則陛下不及舜明甚人主但當以二帝三王為師上曰一時倉猝耳德秀曰此已往之咎惟願陛下知有此失而益講學進德次言霅川之獄未聞參聽於公朝淮蜀二閫乃出於僉論所期之外天下之事非一家之私何惜不與衆共之且言乾道淳熙間有位於朝者以饋及門為恥受任于外者以包苴入都為羞今餽賂公行薰染成風恬不知怪又號言朝廷之上敏銳之士多於老成雖嘗以耆艾褒傳伯成楊簡以儒學褒崇中行以恬退用趙蕃劉宰至忠亮敢言如

陳宓徐僑皆未蒙錄用上問廉吏德秀以知袁州趙鎔夫對親擢鎔夫直秘閣為監司具手劄入謝因言崔與之帥蜀楊長孺帥閩皆有廉聲乞廣加咨訪上初御清暑殿德秀因經筵侍上進曰此高孝二祖儲神燕閒之地仰瞻楹桷當如二祖實臨其上陛下所居處密邇東朝未敢遽當人主之奉今宮闈之義浸備以一心而受衆攻未有不浸淫而蠱蝕者惟學可以明此心惟敬可以存此心惟親君子可以維持此心因極陳古者居喪之法與先帝視朝之勤寧宗小祥詔羣臣服純吉德秀爭之曰自漢文帝率情變古惟

我孝宗方衰服三年朝衣朝冠皆以大布惜當時不併定臣下執喪之禮此千載無窮之憾孝宗崩從臣羅點等議令羣臣易月之後未釋衰服惟朝會治事權用黑帶公服時序仍臨慰至大祥始除侂胄枋政始以小祥從吉且帶不以金鞓不以紅佩不以魚鞍轎不以文繡此於羣臣何損朝儀何傷議遂格德秀屢進鯁言上皆虛心開納而彌遠益嚴憚之乃謀所以相撼畏公議未敢發給事中王塈盛章始駁德秀所主濟王贈典繼而殿中侍御史莫澤劾之遂以煥章閣待制提舉玉隆宮諫議大夫朱端常又劾之落

職罷祠監察御史梁成大又劾之請加竄殛上曰仲尼不為已甚乃止既歸修讀書記語門人曰此人君為治之門如有用我者執此以往汀寇起德秀薦陳韡有文武才于常平使者史彌忠言于朝遂起韡討平之紹定四年改職與祠五年進徽猷閣知泉州迎者塞路深村百歲老人亦扶杖而出城中歡聲動地諸邑二稅嘗預借至六七年德秀入境首禁預借諸邑有累月不解一錢者郡計赤立不可為或咎寬恤太驟德秀謂民困如此寧身代其苦決訟自卯至申未已或勸嗇養精神德秀謂郡弊無力惠民僅有

政平訟理事當勉建炎初置南外宗政司于泉公族僅三百人漕司與本州給之而朝廷歲助度牒已而不復給而增至二千三百餘人郡坐是愈不可為德秀請于朝詔給度牒百道彌遠薨上親政以顯謨閣待制知福州戒所部無濫刑橫歛無徇私黷貨罷市令司曰物同則價同寧有公私之異閩縣里正苦督賦華之屬縣苦貴糴便宜發常平振之海寇縱橫次第禽殄之未幾聞金滅京湖帥奉露布圖上八陵而江淮有進取潼關黃河之議德秀以為憂上封事曰移江淮甲兵以守無用之空城運江淮金穀以治不

耕之廢壤富庶之效未期根本之弊立見惟陛下審之重之召為戶部尚書入見上迎謂曰卿去國十年每切思賢乃以大學衍義進復陳祈天永命之說謂敬者德之聚儀狄之酒南威之色盤遊弋射之娛禽獸狗馬之玩有一于茲皆足害敬上欣然嘉納改翰林學士知制誥時政多所論建踰年知貢舉已得疾拜參知政事同編脩勑令經武要略三乞祠祿上不得已進資政殿學士提舉萬壽觀兼侍讀辭疾亟冠帶起坐迄謝事猶神爽不亂遺表聞上震悼輟視朝贈銀青光祿大夫德秀長身廣額容貌如玉望之者

無不以公輔期之立朝不滿十年奏疏無慮數十萬言皆切當世要務直聲震朝廷四方人士誦其文想見其風采及宦遊所至惠政深洽不愧其言由是中外交頌都城人時驚傳傾洞奔擁出關曰真直院至矣果至則又填塞聚觀不置時相益以此忌之輒擯不用而聲愈彰及歸朝適鄭清之挑敵兵民死者數十萬中外大耗尤世道升降治亂之機而德秀則既衰矣杜範方攻清之誤國且謂其貪黷更甚於前而德秀乃奏言此皆前權臣玩愒之罪今日措置之失譬如和扁繼庸醫之後一藥之誤代為庸醫受責其

議論與範不同如此然自侂胄立僞學之名以錮善類凡近世大儒之書皆顯禁以絕之德秀晚出獨慨然以斯文自任講習而服行之黨禁既開而正學遂明于天下後世多其力也所著西山甲乙藁對越甲乙集經筵講義端平廟議翰林詞草四六獻忠集江東救荒録清源雜志星沙集志既薨上思之不置謚曰文忠

魏了翁字華父邛州蒲江人年數歲從諸兄入學儼如成人少長英悟絶出日誦千餘言過目不再覽鄉里稱為神童年十五著韓愈論抑揚頓挫有作者風

慶元五年登進士第時方諱言道學了翁策及之授僉書劍南西川節度判官廳公事盡心職業嘉泰二年召為國子正明年改武學博士開禧元年召試學士院韓侂胄用事謀開邊以自固徧國中憂駭而不敢言了翁乃言國家紀綱不立國是不定風俗苟偷邊備廢弛財用凋耗人才衰弱而道路籍籍皆謂將有北伐之舉人情恟恟憂疑錯出金地廣勢強未可卒圖求其在我未見可以勝人之實盍亦急於內修姑追外擾不然舉天下而試於一擲宗社存亡係焉不可忽也策出衆大驚改秘書省正字御史徐柟即

劾了翁對策狂妄獨侂胄持不可而止明年遷校書郎以親老乞補外乃知嘉定府行次江陵蜀大將吳曦以四川叛了翁策其必敗又明年曦誅蜀平了翁奉親還里侂胄亦以誤國誅朝廷收召諸賢了翁預焉會史彌遠入相專國事了翁察其所為力辭召命丁生父憂解官心喪築室白鶴山下以所聞於輔廣李燔者開門授徒士爭負笈從之由是蜀人盡知義理之學差知漢州漢號為繁劇了翁以化善俗為治首獨積逋二十餘萬除科抑賣酒之弊嚴戶婚交訐之禁復為文諭以厚倫止訟其民敬奉條教不敢犯

會境內橋壞民有壓死者部使者以聞詔降官一秩主管建寧府武夷山冲佑觀未數月復元官知眉州眉雖為文物之邦然其俗習法令持吏短長故號難治聞了翁至爭試以事乃尊禮耆耇簡拔俊秀朔望詣學宮親為講說誘掖指授鄉飲酒禮以示教化增貢士員以振文風復蟇頤堰築江鄉館利民之事知無不為士論大服俗為之變治行彰聞嘉定四年擢潼川路提點刑獄公事八年兼提舉常平等事遷轉運判官戢吏姦詢民瘼擧刺不避權右風采肅然上疏乞與周惇頤張載程顥程頤錫爵定謚示學者趨

向朝論蹝之如其請遂寧闕守了翁行郡事即具奏乞脩城郭備不虞廷議靳其費了翁增埤浚隍如待敵至者後一年潰卒攻掠郡縣知其有備不敢逞人始服豫防之意十年遷直秘閣知瀘州主管潼川路安撫司公事丁母憂免喪差知潼川府約已裕民厥績大著若游似吳泳牟子才皆蜀名士造門受業十五年被召入對疏二千餘言首論人與天地一本必與天地相似而後可以無曠天位幷及人才風俗五事明白切暢又論郡邑强榦弱枝之弊所宜變通蓋自了翁去國十有七年矣至是上迎勞優渥嘉納其言進兵部郎中俄改司封郎中兼國史院編脩官轉對論江淮襄蜀當分為四重鎮擇人以任虛心以聽假以事權資以才用為聯絡守御之計次論蜀邊墾田及實錄闕文等事皆下其章中書十六年為省試參詳官遷太常少卿兼侍立修注官十七年遷秘書監尋以起居舍人再辭而後就列入奏極言事變倚伏人心向背疆埸安危鄰寇動靜其幾有五謂宜察時幾而共天命尊道揆而嚴法守集思廣益汲汲圖之不猶愈於坐觀事會而聽其勢之所趨乎又論士大夫風俗之弊謂君臣上下同心一德而後平居有

所補益緩急有所倚仗如人自為謀則天下之患有不可終窮者今則面從而腹誹習諛而踵陋臣實懼焉蓋亦察人心之邪正推世變之倚伏開拓規模收拾人物庶幾臨事無乏人之歎其言剴切無所忌避而時相始不樂矣寧宗崩理宗自宗室入即位時事忽異了翁積憂成疾三疏求閒不得請遷起居郎明年改元寶慶雷發非時上有朕心終夕不安之語了翁入對即論人主之心義理所安是之謂天非此心之外別有所謂天地神明也陛下盍即不安而求之對天地事太母見羣臣親講讀皆隨事反求則大本立而無事不可為矣又論講學不明風俗浮淺立朝無犯顏敢諫之忠臨難無仗節死義之勇願數求碩儒丕闡正學圖為久安長治之計又請申命大臣於除授之際公聽並觀然後實意所孚善類皆出矣屬濟王黜削以死有司顧望治葬弗虔了翁每見上請厚倫紀以弭人言應詔言事者十餘人朝士惟了翁與洪咨夔胡夢昱張忠恕所言能引義劘上最為切至而了翁亦以疾求去右正言李知孝劾夢昱竄嶺南了翁出關餞別遂指了翁首倡異論將擊之彌遠猶外示優容俄權尚書工部侍郎了翁力以疾辭乃

以集英殿修撰知常德府越二日諫議大夫朱端常
遂劾了翁欺世盗名朋邪謗國詔降三官靖州居住
初了翁再入朝彌遠欲引以自助了翁正色不撓未
嘗私謁故三年之間循格序遷未嘗處以要地了翁
至靖湖湘江浙之士不遠千里負書從學乃著九經
要義百卷訂定精密先儒所未有紹定四年復職主
管建寧府武夷山冲佑觀五年改差提舉江州太平
興國宮尋知遂寧府辭不拜進寶章閣待制潼川路
安撫使知瀘州瀘大藩控制邊面二千里而武備不
修城郭不治了翁乃奏葺其城樓櫓雉堞增置器械

教習牌手申嚴軍律興學校蠲宿負復社倉刱義塚
建養濟院居數月百廢具舉彌遠薨上親庶政進華
文閣待制賜金帶因其任了翁念國家權臣相繼内
擅國柄外變風俗綱常淪斁法度墮弛貪濁在位舉
事弊蠹不可滌濯遂應詔上章論十弊乞復舊典以
彰新化一曰復三省之典以重六卿二曰復二府之
典以集衆議三曰復都堂之典以重省府四曰復侍
從之典以來忠告五曰復經筵之典以熙聖學六曰
復臺諫之典以公黜陟七曰復制誥之典以謹命令
八曰復聽言之典以通下情九曰復三衙之典以彊

主威十曰復制閫之典以黜私意疏列萬言先引故
實次陳時弊分别利害凝若白黑上讀之感動即於
經筵舉之成誦其後舊典皆復其初臣庶封章多乞
召還了翁及真德秀上因民望而並招之用了翁權
禮部尚書兼直學士院入對首乞明君子小人之辨
以為進退人物之本以杜姦邪窺伺之端次論故相
十失猶存又及脩身齊家選宗賢建内小學等皆切
於上躬者他如和議不可信北軍不可保軍實財用
不可恃凡十餘端復口奏利害晝漏下四十刻而退
兼同修國史兼侍讀俄兼吏部尚書經幃進讀上必

改容以聽詢察政事訪問人才復條十事以獻皆苦
心空臆直述事情言人所難上悉嘉納且手詔奬諭
又奏乞收還保全彌遠家御筆乞定趙汝愚配享寧
廟乞趣崔與之參預政事乞定履畝之令以寬民力
乞詔從臣集議以採積弊乞儲閫才以備緩急又因
進故事如儲人才凝國論如力圖自治之策如下罪
己之詔如分别襄黄二帥是非如究見黄陂叛卒利
害如分任諸帥區處降附還朝六閱月前後二十餘
奏皆當時急務上將引以共政而忌者相與合謀排
擯而不能安於朝矣執政遂謂近臣惟了翁知兵體

國乃以端明殿學士同僉書樞密院事督視京湖軍
馬會江淮督府曾從龍以憂畏卒併以江淮付了翁
朝論大駭以為不可三學亦上書爭之適邊警沓至
上心焦勞了翁嫌於避事既五辭弗獲遂受命開府
宣押同二府奏事上勉勞尤至尋無提舉編修武經
要略恩數同執政進封臨邛郡開國侯又賜便宜詔
書如張浚故事朝辭面賜御書唐人嚴武詩及鶴山
書院四大字仍賜金帶鞍馬詔宰臣飲餞于關外乃
酌上下流之中開幕府江州申儆將帥調遣援師褒
死事之臣黜退懦之將奏邊防十事甫二旬召為僉
書樞密院事赴闕奏事時以疾力辭不拜蓋在朝諸
人始謀假此命以出了翁既出則復以建督為非雖
恩禮赫奕而督府奏陳動相牽制故遽召還前後皆
非上意也尋改資政殿學士湖南安撫使知潭州復
力辭詔提舉臨安府洞霄宮未幾改知紹興府浙東
安撫使嘉熙元年改知福州福建安撫使累章乞骸
骨詔不允疾革復上疏門人問疾者猶衣冠相與酬
答且曰吾平生處已澹然無營復語蜀兵亂事蹙頞
久之口授遺奏少焉拱手而逝後十日詔以資政殿
大學士通奉大夫致仕遺表聞上震悼輟視朝歎惜

有用才不盡之恨詔贈太師謚文靖賜第宅蘇州累
贈秦國公所著有鶴山集九經要義周易集義易舉
隅周禮井田圖說古今考經史雜抄師友雅言

廖德明字子晦南劍人少學釋氏及得龜山楊時書
讀之大悟遂受業朱熹登乾道中進士第知莆田縣
民有奉淫祠者罪之沉像于江會有顯者欲取邑地
廣其居德明不可守會僚屬諭之德明曰太守天子
守土之臣未聞以土地與人者守乃慙服累官知潯
州有聲諸司且交薦之德明曰今老矣況以道徇人
乎固辭不受遷廣東提舉刑獄彈劾不避權要咸當
薦士朝貴多以書託之德明曰此國家公器也悉不
啓封還之有鄉人為主簿德明聞其能薦之會德明
行縣簿感其知己置酒延之悉假富人觴豆甚盛德
明怒曰一主簿乃若是侈耶必貪也於是追還薦章
其公嚴類此時盜陷桂陽迫韶韶人懼德明燕笑自
如遣將馳擊而親持小麾督戰大敗之乃分戍守遠
斥堠明審賞罰宣布威信韶晏然如平時徙知廣州
遷吏部左選郎官奉祠卒德明初為潯州教授為學
者講明聖賢心學之要手植三柏于學潯士愛敬之
如甘棠在南粵時立師悟堂刻朱熹家禮及程氏諸

書公餘延僚屬及諸生親為講説遠近化之嘗語人
以仕學之要曰德明自始仕以至為郡惟用三代直
道而行一句而已有樸溪集行于世

列傳卷第一百九十六

列傳卷第一百九十七　宋史四百三十八

開府儀同三司上柱國録軍國重事前中書右丞相兼修國史領經筵事都總裁臣脫脫等奉
勅修

儒林八

湯漢　何基　王柏
徐夢莘弟得之從子天麟附　李心傳　葉味道
王應麟　黃震

湯漢字伯紀饒州安仁人與其兄千巾中皆知名當
時柴中行見而奇之真德秀在潭致漢為賓客嘗造
趙汝談汝談曰第一流也江東提刑趙汝騰薦漢於

朝詔免解差充象山書院堂長赴禮部别院試正奏
名授上饒縣主簿江東轉運使趙希塈言漢今海內
知名士也豈得吏之州縣哉詔循兩資差信州教授
兼象山書院長淳祐十二年差充史館校勘改國史
實録院校勘會大水上封事曰君心敬肆之分實上
天喜怒之由一念之敬上帝臨汝祥風慶雲所從出
也一念之肆上帝震怒妖祲陰沴所從生也火災應
詔上封事曰臣聞任天下之大立心不可不公守天
下之重持心不可不敬陛下膺皇天之眷命受祖宗
之寶圖則不當懷私恩為天下共主為億兆寄命則

不當隆私親大臣邇臣服休服采皆陛下所倚仗也則不當信私人三省密院者陛下之朝廷發號布政所從出也則不當有私令四海九州土宇版章皆陛下之倉廩府庫也則不當殖私財陛下於皇天祖宗之德弗永念而報答私恩於羣黎百姓之疾苦弗深恤而富貴私親公卿在廷其信任不若近習之篤中書造命其除行不若內批之專則陛下之立心既未能盡合乎天下之公矣往者陛下上畏天戒下恤人言內則拘制於權臣外則恐怯於彊敵敬心既不敢盡弛則私意亦未得盡行比年以來天戒人言既以

玩熟而貪濁柄國黷貨無厭彼既將慫行其私則不得不縱陛下之所欲為於是前日之敬畏盡忘而一念之私始四出而不可禦矣姑以近事迹之定策之碑忽從中出鄉未欲親其文也貴戚子弟參錯中外鄉不如是之放也土木之禍展轉流毒訟牒細故胥吏賤人皆得籍群璫之勢微清都之邃鄉不如是之熾也御筆之出上則廢朝令下則侵有司鄉不如是之多也賄賂之通書致之操鄉不如是其章也故凡陛下之所以未能任大守重而至於召怨宿禍者始於立心之未公成於持心之不敬私以為主而肆以行

之此所以感動天地而水火之災捷出於數月之內也陛下得不亟為治亂持危之計而可復以常日玩易之心處之乎授太學博士轉對言太祖之天下壞其半者蔡京王黼也高宗之天下壞其半者鄭清之也又曰苟有志焉則其紀綱必先正其根本必先彊其藩籬必先固夫然後心廣體胖泮渙而優游其樂無極矣舍此不務而徒以九重之深一笑之適以為樂樂極而思之吾有朝廷而不能治也吾有黎民而無與保之也起視四境而外侮又至矣雖有鄭衛之音燕趙之色建章之麗瓊林之積亦獨何樂哉召試

館職遷秘書省校書郎皇太子冠差充太常博士引賓贊受命進冠醮詔令太子拜謝升秘書郎轉對極言邊事以為今日扶危救亂無復他策在乎人主清心無欲盡用天下之財力以治兵大臣公心無我盡用天下之人才以彊本庶幾尚有以亡為存之理耳提舉福建常平劾福州守史嵓之泉州守謝堂召為禮部郎官兼太子侍讀尋以直華文閣福建運判改知寧國府遷提舉江西常平兼知吉州移江東運判知隆興府召為尚左郎官兼太子侍讀兼玉牒所檢討官入奏願陛下端本澄源虛己盡下恢大公之道

開不諱之門使朝廷之上光明洞達而無邪孽之根以撓其正四海之內歡欣交通而無怨戾之氣以奸其和臣之忠愛莫切於此遷太府少卿升兼太子諭德改秘書少監疏論比年董宋臣聲焰薰灼其力能去臺諫排大臣結連兇渠惡德參會以致兵戈相尋之禍陛下灼見其故斥而遠之臣意其影滅而跡絶矣豈料夫陰消而再凝冰解而驟合既得自便即圖復用以其罪戾之餘一旦復使之出入壺奧之中給事宗廟之內此其重干神人之怒再基禍亂之源上下皇惑大小切齒而陛下方為之辨明大臣方與之

和解臣竊重傷此過計也自古小人復出其害必慘將逞其憤怨嘯其儔伍顛倒宇宙陛下之威神有時而不得以自行甚可畏也乞休致擢太常少卿太子以書勉留求補外以秘閣修撰知福州福建安撫改知隆興府度宗即位召奏事授太常少卿兼國史院編脩官實録院檢討官遷起居郎兼侍讀入奏言願陛下持一敬心以正百度則追養繼孝所以報先帝者必益致其隆先意承志所以事太母者必益致其謹其愛身也必不以物欲撓其和平其正家也必不以私昵瀆其法度政事必出於朝廷而預防於多門

人才必由於明揚而深杜於邪徑無權中書舍人權兵部侍郎升兼同修國史實録院同修撰兼直學士累請致仕授華文閣待制知寧國府賜金帶久之又召為刑部侍郎兼侍讀以龍圖閣待制知福州福建安撫使改知太平州權工部尚書兼侍讀以顯文閣直學士提舉玉隆宮進華文閣學士以端明殿學士致仕卒年七十一特贈正奉大夫謚文清漢介潔有守恬於進取有文集六十卷

何基字子恭婺州金華人父伯熭為臨川縣丞而黃榦適知其縣事伯熭見二子而師事焉榦告以必有

真實心地刻苦工夫而後可基悚惕受命於是隨事誘掖得聞淵源之懿微辭奧義研精覃思平心易氣以俟其通未嘗參以己意立異以為高徇人而少變也凡所讀無不加標點義顯意明有不待論說而自見者朱熹門人楊與立一見推服來學者衆嘗謂為學立志貴堅規模貴大充踐服行死而後已讀詩之法須掃蕩胸次淨盡然後吟哦上下諷詠從容使人感發方為有功謂以洪範參之大學中庸有不約而符者謂讀易者當盡去其膠固支離之見以潔淨其心玩精微之理沉潛涵泳得其根源乃可漸觀爻象

盖其確守師訓故能精義造約王柏旣執贄為弟子
基譏抑不以師道自尊柏高明絶識序正諸經弘論
英辨質問難疑或一事至十往返基終不變以待其
定嘗曰治經當謹守精玩不必多起疑論有欲為後
學言者謹之又謹可也基淳固篤實絶類漢儒雖一
本於熹然就其言發明則精義新意愈出不窮基文
集三十卷而與柏問辨者十八卷郡守趙汝騰守婺
延聘請講辭不就復首薦于朝又率名從官列薦通
判鄭士懿守蔡沈楊棟相繼以請皆辭景定五年詔
舉賢特薦基與建人徐幾同被命添差婺州學教授

兼麗澤書院山長力辭未竟理宗崩咸淳初授史館
校勘兼崇政殿説書屢辭改承務郎主管西岳廟終
亦不受也卒年八十一國子祭酒楊文仲請于朝謚
文定所著大學發揮中庸發揮大傳發揮易啓蒙發
揮通書發揮近思録發揮

王柏字會之婺川金華人大父崇政殿説書師愈從
楊時受易論語旣又從朱熹張栻呂祖謙游父瀚朝
奉郎主管建昌軍仙都觀兄弟皆及熹祖謙之門柏
少慕諸葛亮為人自號長嘯年踰三十始知家學之
原捐去俗學勇於求道與其友汪開之著論語通旨

至居處恭執事敬惕然歎曰長嘯非聖門持敬之道
亟更以魯齋從熹門人游或語以何基嘗從黃榦得
熹之傳即往從之授以立志居敬之旨且作魯齋箴勉
之質實堅苦有疑必從基質之於論語大學中庸孟
子通鑑綱目標注點校尤為精密作敬齋箴圖夙興
見廟治家嚴飭當暑閉閤靜坐子弟白事非衣冠不
見也少孤事其伯兄甚恭季弟蚤喪撫其孤又割田
予之收合宗族周恤扶持之開之沒家貧為之斂且
葬焉來學者衆其教必先之以大學蔡抗楊棟相繼
守婺趙景緯守台聘為麗澤上蔡兩書院師鄉之耆

德皆執弟子禮理宗崩率諸生製服臨于郡柏之言
曰伏羲則河圖以畫八卦文王推八卦以合河圖者
先天後天之宗祖也河圖是逐位奇偶之交後天是
統體奇偶之交惟四生數不動以四成數而下上之
上偶下奇莫匪自然又曰大禹得洛書而列九疇箕
子得九疇而傳洪範範圍之數不期而暗合洪範者
經傳之宗祖乎初一曰五行以下六十五字為洪範
五皇極以下六十四字為皇極經此帝王相傳之大
訓非箕子之言也又曰今詩三百五篇豈盡定於夫
子之手所删之詩容或有存於閭巷浮薄之口漢儒

取於補亡乃定二南各十有一篇兩兩相配退何彼穠矣甘棠歸之王風削去野有死麕黜鄭衛淫奔之詩又作春秋發揮又曰大學致知格物章未嘗亡還知止章于聽訟之上謂中庸古有二篇誠明可為綱不可為目定中庸誠明各十一章其卓識獨見多此類也其卒整衣冠端坐揮婦人勿近國子祭酒楊文仲請于朝謚曰文憲所著有讀易記涵古易說大象衍義涵古圖書讀書記書疑詩辨說讀春秋記論語衍義太極衍義伊洛精義研幾圖魯經章句論語通旨孟子通旨書附傳左氏正傳續國語閩學之書文

章復古文章續古濂洛文統擬道志朱子指要詩可言天文考地理考墨林考大爾雅六義字原正始之音帝王歷數江右淵源伊洛精義樵志周子發遣三昧文章指南朝華集紫陽詩類家乘文集

徐夢莘字商老臨江人幼慧耽嗜經史下至稗官小說寓目成誦紹興二十四年舉進士歷官為南安軍教授改知湘陰縣會湖南帥括田號增耕稅他邑奉令惟謹夢莘獨謂邑無新田租稅無從出帥恚其私於民欲從簿書間擿摭其過終莫能得由是反器重之尋主管廣西轉運司文字時朝廷議易二廣鹽法遣廣西安撫司幹官胡廷直與東西漕臣集議于境夢莘從行謂廣西阻山止當仍官般法則害不及民廣東諸郡並江或可容客販未宜遽以二廣槩行議與廷直不合廷直竟遂其說以客販變法得為轉運使夢莘既知賓州猶以前議為梗法罷去不三年二廣商賈毀業民苦無鹽復從官般法矣夢莘恬於榮進每念生於靖康之亂四歲而江西阻訌母襁負亡去得免思究見顛末乃網羅舊聞會稡同異為三朝北盟會編三百五十卷自政和七年海上之盟訖紹興三十一年完顏亮之斃上下四十五年凡曰敕曰

制誥詔國書書疏奏議記序碑志登載靡遺帝聞而嘉之擢直秘閣夢莘平生多所著有集補有會録有讀書記志有集醫録有集仙録皆以儒學冠之其嗜學博文蓋孜孜焉死而後已者開禧元年秋八月卒年八十二夢莘弟得之從子天麟得之字思叔淳熙十年舉進士部使者以廉吏薦以通直郎致仕安貧樂分不貪不躁著左氏國紀史記年紀作具敝篋筆略鼓吹詞郴江志天麟字仲祥開禧元年進士調撫州教授歷湖廣總領所幹辦公事臨安府教授浙西提舉常平司幹官主管禮兵部架閣宗學諭武學博

士輪對言人主當持心以敬奉祠仙都觀通判潼二州權英德府權發遣廣西轉運判官所至興學明教有惠政著西漢會要七十卷東漢會要四十卷漢兵本末一卷西漢地理疏六卷山經三十卷既謝官作亭蕭灘之上畫嚴子陵像而事之

李心傳字微之宗正寺簿舜臣之子也慶元元年薦于鄉既下第絶意不復應舉閉戶著書晚因崔與之許奕魏了翁等合前後二十三人之薦自制置司敦遣至闕下為史館校勘賜進士出身專修中興四朝帝紀甫成其三因言者罷添差通判成都府尋遷著

作佐郎兼四川制置司參議官詔無入議幕許辟官置局踵修十三朝會要端平三年成書召赴闕為工部侍郎言臣聞大兵之後必有凶年蓋其殺戮之多賦斂之重使斯民怨怒之氣上干陰陽之和至於此極也陛下所宜與諸大臣掃除亂政與民更始以為消惡運迎善祥之計而法弊未嘗更張民勞不加振德既無能改於其舊而殆有甚焉故帝德未至於罔愆朝綱或苦於多紊廉平之吏所在鮮見而貪利無恥敢於為惡之人挾敵興兵四面而起以求逞其所欲如此而望五福來備百穀用成是緣木而求魚也

臣考致旱之由曰和糴增多而民怨曰流散無所歸而民怨曰檢稅不盡實而民怨曰籍貲不以罪而民怨凡此皆起於大兵之後而勢未有以消之故愈積而愈極也成湯聖主也而桑林之禱猶以六事自責陛下順治七年于此災祥飢饉史不絶書其故何哉朝令夕改靡有常規則政不節矣行齋居送略無罷日則使民疾矣陪都園廟工作甚殷則土木營矣潜邸女冠聲焰茲熾則女謁盛矣珍玩之獻罕聞郤絶則包苴行矣鯁切之言類多厭棄則讒夫昌矣此六事者一或有焉猶足以致旱願亟降罪己之詔修六

事以回天心羣臣之中有獻聚斂剽竊之論以求進者必重黜之俾不得以上誣聖德則旱雖烈猶可弭也然民怨於內敵逼於外事窮勢迫何所不至陛下雖謀臣如雲猛將如雨亦不知所以為策矣帝從之未幾復以言去奉祠居潮州淳祐元年罷祠復予文罷三年致仕卒年七十有八心傳有史才通故實然其作吳獵項安世傳褒貶有愧秉筆之旨蓋其志常重川蜀而薄東南之士云所著成書有高宗繫年錄二百卷學易編五卷誦詩訓五卷春秋考十三卷禮辨二十三卷讀史考十二卷舊聞誤十五卷朝野雜

記四十卷道命錄五卷西陲泰定錄九十卷辨南遷錄一卷詩文一百卷

葉味道初諱賀孫以字行更字知道溫州人少刻志好古學師事朱熹試禮部第一時偽學禁行味道對學制策率本程頤無所避知舉胡紘見而黜之曰此必偽徒也既下第復從熹于武夷山中學禁開登嘉定十三年進士第調鄂州教授理宗訪問熹之徒及所著書部使者遂以味道行誼聞差主管三省架閣文字遷宗學諭輪對言人主之務學天下之福也必堅志氣以守所學謹幾微以驗所學正綱常以勵所

學用忠言以充所學至若口奏則又述帝王傳心之要與四代作歌作銘之旨其終有曰言宣則力減文勝則意虛從臣有薦味道可為講官乃授太學博士兼崇政殿說書故事說書之職止於通鑑而不及經味道請先說論語詔從之帝忽問鬼神之理疑伯有之事涉於誕味道對曰陰陽二氣之散聚雖天地不能易有死而猶不散者其常也有不得其死而鬱結不散者其變也故聖人設為宗祧以別親疏遠邇正所以教民親愛參贊化育今伯有得罪而死其氣不散為妖為厲使國人上下為之不寧於是為之立子

洩以奉其後則庶乎鬼有所知而神莫不寧矣蓋諷皇子竑事也三京用師廷臣邊閫交進機會之說味道進議狀以為開邊浸闊應援倍難科配日繁餽餉日迫民一不堪命龐勛黃巢之禍立見是先揺其本無益於外也經筵奏事無日不申言之而洛師尋以敗聞於是人謂味道見微慮遠味道所奏陳無一言不開導引翼求切於君身旁引折旋推致於治道遷秘書著作佐郎而卒訃聞帝震悼出內帑銀帛賻其喪升一官以任其後故事所未有也所著四書說大學講義祭法宗廟廟享郊社外傳經筵口奏故事講

義

王應麟字伯厚慶元府人九歲通六經淳祐元年舉進士從王埜受學調西安主簿民以年少易視之輸賦後時應麟白郡守繩以法遂立辦諸校欲為亂知縣事翁甫倉皇計不知所出應麟以禮諭服之差監平江百萬東倉調浙西提舉常平茶鹽主管帳司部使者鄭霖異待之丁父憂服除調揚州教授初應麟登第言曰今之事舉子業者沽名譽得則一切委棄制度典故漫不省非國家所望於通儒於是閉門發憤誓以博學宏辭科自見假館閣書讀之寶祐四年

中是科應麟與弟應鳳同日生開慶元年亦中是科
詔褒諭之添差浙西安撫司幹辦公事帝御集英殿
策士召應麟覆考考第既上帝欲易第七卷寘其首
應麟讀之乃頓首曰是卷古誼若龜鏡忠肝如鐵石
臣敢為得士賀遂以第七卷為首選及唱名乃文天
祥也遷主管三省樞密院架閣文字遷國子録進武
學博士疏言陛下閱理多頗治久當事勢之艱興圖
蹙於外患人才乏而民力殫宜強為善增修德無自
沮怠恢弘士氣下情畢達操綱紀而明委任謹左右
而防壅蔽求哲人以輔後嗣既對帝問其父名曰爾

父以陳善為忠可謂繼美丁大全欲致應麟不可得
遷太常寺主簿面對言淮戍方警蜀道孔艱海表上
流皆有藩籬唇齒之憂軍功未集而吝賞民力既困
而重斂非修攘計也陛下勿以宴安自逸勿以容悅
之言自寬帝愀然曰邊事甚可憂應麟言無事深憂
臨事不懼頓汲汲預防毋為壅蔽所欺時大全諱言
邊事於是應麟罷未幾大全敗起應麟通判台州召
為太常博士擢秘書郎俄兼沂靖惠王府教授彗星
見應詔極論執政侍從臺諫之罪積私財行公田之
害又言應天變莫先回人心回人心莫先受直言箝

天下之口沮直臣之氣如應天何時直言者多迕權
臣意故應麟及之遷著作佐郎度宗即位攝禮部郎
官草百官表舊制請聽政四表已上一夕入臨宰臣
諭旨增撰三表應麟操筆立就丞相總護還辭位表
三道使者立以俟應麟從容授之丞相驚服即授兼
禮部郎官兼直學士院馬廷鸞知貢舉詔應麟兼權
直俄兼崇政殿說書遷著作郎守軍器少監經筵值
人日雪帝問有何故事應麟以唐李嶠李乂等應制
詩對因奏春雪過多民生飢寒方寸仁愛宜謹感召
遷將作監帝視朝謂應麟曰為學要灼見古人之心

應麟對曰嚴恭寅畏不敢怠皇克勤克儉無自縱逸
強以馭下制事以斷此古人之心然操舍易忽於眇
綿兢業每忘於游衍帝嘉納之既而轉對言人君防
未萌之欲存不已之誠擢兼侍立修注官升權直學
士院遷秘書少監兼侍講上疏論市舶不報會賈似
道拜平章事葉夢鼎江萬里各求去似道亦求去應
麟奏孝宗朝闕相者亦逾年帝亟取以諭之似道聞
應麟言大惡之語包恢曰我去朝士若王伯厚者多
矣但此人素著文學名不欲使天下謂我棄士彼盍
思少自貶恢以告應麟咲曰迕相之患小負君之罪

大遷起居舍人兼權中書舍人冬雷應麟言十月之雷惟東漢數見命令不專姦衆並進卑踰尊外陵内之象當清天君謹天命體天德以回天心守成必法祖宗御治必總威福似道聞之斥逐之意決矣應麟牒閤門直前奏對謂用人莫先察君子小人方袖疏待班臺臣亟疏駁之由是二史直前之制遂廢以秘閣修撰主管崇禧觀久之起知徽州其父撝嘗守是郡父老皆曰此清白太守子也摧豪右省租賦民大悅召為秘書監權中書舍人力辭不許兼國史編修實錄檢討兼侍講遷起居郎兼權吏部侍郎指陳成敗逆順之説且曰國家所恃者大江襄樊其喉舌議不容緩朝廷方從容如常時事幾一失豈能自安朝臣無以邊事言者帝不懌似道復謀斥逐適應麟以母憂去及似道潰師江上授中書舍人兼直學士院即引疏陳十事急征討明政刑厲廉恥通下情求將材練軍實備糧餉舉實材擇牧守防海道其目也且言圖大患者必略細故求實效者必去虛文因請集諸路勤王之師有能率先而至者宜厚賞以作勇敢之氣并力進戰惟能戰斯可守進兼同修國史實錄院同修撰兼侍讀遷禮部侍郎兼中書舍人日食應

詔論答天戒五事陳備禦十策皆不及用尋轉尚書兼給事中左丞相留夢炎用徐囊為御史擢江西制置使黄萬石等應麟繳奏曰囊與夢炎同鄉有私人之嫌萬石麤戾無學南昌失守誤國罪大今方欲引以自助善類為所搏噬者必擕持而去吳浚貪墨輕躁豈宜用之況夢炎舛令慢諫讜言弗敢告今之賣降者多其任用之士疏再上不報出關俟命再奏曰因危急而紊紀綱以偏見而咈公議臣封駁不行與大臣異論勢不當留疏入又不報遂東歸詔中使譚純德以翰林學士召識者以為奪其要路寵以清秩非所以待賢者應麟亦力辭後二十年卒所著有深寧集一百卷玉堂類藁二十三卷掖垣類藁二十二卷詩攷五卷詩地理考五卷漢藝文志攷證十卷通鑑地理攷一百卷通鑑地理通釋十六卷通鑑答問四卷困學紀聞二十卷蒙訓七十卷集解踐阼篇補注急就篇六卷補注王會篇小學紺珠十卷玉海二百卷詞學指南四卷詞學題苑四十卷筆海四十卷姓氏急就篇六卷漢制攷四卷六經天文編六卷小學諷詠四卷

黄震字東發慶元府慈溪人寶祐四年登進士第調

吳縣尉吳多豪勢家告私債則以屬尉民多飢凍窘苦死尉卒手震至不受責家告府擻攝其縣及攝長洲華亭皆有聲浙東提舉常平王華甫辟主管帳司文字時錢庚孫守常朱熠守平江吳君擢守嘉興皆倚變俾厲民華甫病革彊起劾罷三人震贊之也沿海制置司辟幹辦提領浙西鹽事不就改辟提領鎮江轉般倉分司公田法行改提領官田所言不便不聽復轉般倉職入為點校贍軍激賞酒庫所檢察官擢史館檢閱與修寧宗理宗兩朝國史實録輪對言當時之大弊曰民窮曰兵弱曰財匱曰士大夫無恥

乞罷給度僧人道士牒使其徒老死即消弭之收其田入可以富軍國紓民力時宮中建內道場故首及此帝怒批降三秩即出國門用諫官言得寢出通判廣德軍初孝宗班朱熹社倉法於天下而廣德則官置此倉民困於納息至以息為本而息皆橫取民窮至自經人以為熹之法不敢議震曰不然法出於堯舜三代聖人猶有變通安有先儒為法不思捄其弊耶況熹法社倉歸之於民而官不得與官雖不與而終有納息之患震為別買田六百畝以其租代社倉息約非凶年不貸而貸者不取息郡有祠山廟歲合

江淮之民禱祈者數十萬其牲皆用牛郡惡少挾兵刃舞牲迎神為常鬭爭致犯法其俗又有自嬰桎梏自拷掠以徼福者震見問之乃兵卒責自狀其罪卒曰本無罪震曰爾罪多不敢對人言特告神以免罪耳杖之示衆又其俗有所謂埋藏會者為坎於庭深廣皆五尺以所祭牛及器皿數百納其中覆以牛革封鐍一夕明發視之失所在震以為妖而殺牛淫祀非法言之諸司禁絕之郡守賈蕃世以權相從子驕縱不法震數與爭論是非蕃世積不堪䟽震撓政坐解官尋通判紹興府獲海寇僇之撫州饑起震知其

州單車疾馳中道約富人耆老集城中毋過某日至則大書閉糴者籍彊糴者斬揭于市坐驛舍署文書不入州治不抑米價價日損親煑粥食餓者請于朝給爵賞旌勞者而後入視州事轉運司下州糴米七萬石震曰民生蹶矣豈宜重困之以沒官田三莊所入應之若補刻六經儀禮修復朱熹祠樹晏殊里門曰舊學坊制祭社稷器復風雷祀勸民種麥禁競渡船焚千三百餘艘用其丁鐵刱軍營五百間皆善政也詔增秩遂升提舉常平倉司舊有結關拒逮捕事繫郡獄二十有八年存者十無三四以事聞尚書省

無敢決其獄者以結關為作亂也震謂結關猶他郡之結甲也非作亂比況已經數赦於是皆釋之新城與光澤地犬牙相入民夾溪而處歲常忿鬬爭漁會知縣事蹇雄為政擾民因相結拒起焚掠震乃劾罷雄諭其民散去初常平有慈幼局為貧而棄子者設久而名存實亡震謂收哺於既棄之後不若先其未棄保全之乃損益舊法凡當免而貧者許里胥請于官贍之棄者許人收養官出粟給所收家成活者衆震論役法先令縣覈民產業不使下戶受抑於上戶大興水利廢陂壞堰及為豪右所占者復之改提點

刑獄決滯獄清民訟赫然如神明有貴家害民震按之貴家怨又疆發富人粟與民富人亦怨御史中丞陳堅以讒者言劾震去讒者乃怨震者也遂奉雲臺祠賈似道罷相以宗正寺簿召將與俞浙並為監察御史有內戚畏震直止之而浙亦以直言去移浙東提舉常平鎮安飢民折盜賊萌芽時皇叔大父福王與芮判紹興府遂無王府長史震奏曰朝廷之制尊卑不同而紀綱不可紊外雖藩王監司得言之今為其屬豈敢察其非柰何自臣復壞其法固不拜長史命進侍左郎官及宗正少卿皆不拜震嘗告人曰非

聖人之書不可觀無益之詩文不作可也居官恒未明視事事至立決自奉儉薄人有急難則周之不必吝所著日抄一百卷卒門人私謚曰文潔先生

列傳卷第一百九十七

開府儀同三司上柱國録軍國重事前中書右丞相監修國史領經筵事都總裁脫脫等奉敕修

文苑一

宋白　梁周翰　朱昂　趙鄰幾（何承裕附）
鄭起（郭昱 馬應附）　和峴（弟㠓附）　馮吉

自古創業垂統之君即其一時之好尚而一代之規撫可以豫知矣藝祖革命首用文吏而奪武臣之權宋之尚文端本乎此太宗真宗其在藩邸已有好學之名作其即位彌文日增自時厥後子孫相承上之為人君者無不典學下之為人臣者自宰相以至令録無不擢科海内文士彬彬輩出焉國初楊億劉筠猶襲唐人聲律之體柳開穆脩志欲變古而力弗逮廬陵歐陽脩出以古文倡臨川王安石眉山蘇軾南豐曾鞏起而和之宋文日趨於古矣南渡文氣不及東都豈不足以觀世變歟作文苑傳

宋白字太素大名人年十三善屬文多游鄠杜間嘗館于張瓊家瓊武人賞白有才遇之甚厚白豪俊尚氣節重交友在詞場名稱甚著建隆二年竇儀典貢部擢進士甲科乾德初獻文百軸試拔萃高等解褐授著作佐郎廷賜襲衣犀帶蜀平授玉津縣令開寶中閻丕王洞交薦其才宜預朝列白以親老祈外任連知蒲城衛南二縣太宗潛藩時白嘗贄文有襲衣之賜及即位擢為左拾遺權知兗州歲餘召還泰山有唐玄宗刻銘白摹本以獻且述承平東人望幸之意預脩太祖實録俄直史館判吏部南曹從征太原判行在御史臺劉繼元降翌日奏平晉頌太宗夜召至行宮褒慰且曰俟還京師當以璽書授職白謝于幄中尋拜中書舍人賜金紫太平興國五年與程羽同知貢舉俄充史館脩撰判館事八年復典貢部改集賢殿直學士判院事未幾召入翰林為學士雍熙中召白與李昉集諸文士纂文苑英華一千卷端拱初加禮部侍郎又知貢舉白凡三掌貢士頗致譏議然所得士如蘇易簡王禹偁胡宿李宗諤輩皆其人也是時命復舊制専委有司白所取二十八人罷退既衆群議嚚然太宗遽召已黜者臨軒覆試連放馬國祥葉齊等八百餘人焉白嘗過何承矩家方陳倡優飲宴有進士趙慶者素無行檢游承矩之門因潛出拜白求為薦名及掌貢部慶遂獲薦人多指以為辭又女弟適王沔淳化二年沔罷參知政事時寇準

方詆許求進故沔被出復言白家用黃金器蓋舉人
所賂其實白嘗奉詔撰錢惟濬碑得塗金器爾張去
華者白同年生也坐尼安道事貶白素與去華厚善
遂出為保大軍節度行軍司馬踰年抗疏自陳有來
日苦少去日苦多之語太宗覽而憫之召還為衛尉
卿俄復拜為禮部侍郎脩國史至道初為翰林學士
承旨二年遷戶部侍郎俄兼秘書監真宗即位改吏
部侍郎判昭文館先是白獻擬陸贄牓子集上察其
意欲求任用遂命知開封府以試之既而白倦於聽
斷求罷任咸平四年擢王欽若馮拯陳堯叟入掌機

要以白宿舊拜禮部尚書白學問宏博屬文敏贍然
辭意放蕩少法度在內署久頗厭番直草辭踈略多
不愜旨景德二年與梁周翰俱罷拜刑部尚書集賢
院學士判院事舊三館學士止五日內殿起居會錢
易上言悉令赴外朝白羸老步梗就班足跌未幾抗
表引年上以舊臣眷顧未允再上表辭乃以兵部尚
書致仕因就宰臣訪問其資產虞其匱乏時白繼母
尚無恙上東封白肩輿辭於北苑召對久之進吏部
尚書賜帛五十匹大中祥符三年丁內艱五年正月
卒年七十七贈左僕射錄其孫懿孫為將作監主簿

孝孫試秘書省校書郎從子唐臣試正字白善談謔
不拘小節贍濟親族撫卹孤藐世稱其雍睦聚書數
萬卷圖畫亦多奇古者嘗類故事千餘門號建章集
唐賢編集遺落者白多續綴之後進之有文藝者必
極意稱獎時彥多宗之如胡旦田錫皆出其門下陳
彭年舉進士輕俊喜嘲謗白惡其為人黜落之彭年
憾焉後居近侍為貢舉條制多所關防蓋為白設也
會有司謚白為文憲內出密奏言白素無檢操遂改
文安有集百卷子憲臣國子博士得臣賜進士及第
至太常丞良臣為太子中舍忠臣殿中丞

梁周翰字元褒鄭州管城人父彥溫延州馬步軍都
校周翰幼好學十歲能屬詞周廣順二年舉進士授
虞城主簿辭疾不赴宰相范質王溥以其聞人不當
佐外邑改開封府戶曹參軍宋初質溥仍為相引為
秘書郎直史館時左拾遺知制誥高錫上封議武成
王廟配享七十二賢內王僧辯以不令終恐非全德
尋詔吏部尚書張昭工部尚書竇儀與錫重銓定功
業終始無瑕者方得預焉周翰上言曰臣聞天地以
來覆載之內聖賢交騖古今同流校其顛末鮮克具
美周公聖人也佐武王定天下輔成王致治平盛德

大勳蟠天極地外則淮夷構難內則管蔡流言疐尾跋胡垂至顛頓偃禾仆木僅得辨明此可謂之盡美哉臣以為非也孔子聖人也删詩書定禮樂祖述堯舜憲章文武卒以棲遲去魯奔走戹陳雖試用於定哀曾不容於季孟又嘗履盜跖之虎尾聞南子之佩聲遠辱慎名未見其可此又可謂其盡善者哉臣以為非也自餘區區後賢瑣瑣立事比於二聖曾何足云而欲責其磨涅不渝始卒如一者臣竊以為難其人矣昉自唐室崇祀太公原其用意蓋以天下雖大不可去兵域中有爭未能無戰資其佑民之道立乎

為武之宗覬張國威遂進王號貞元之際祀典益備因以歷代武臣陪饗廟貌如文宣釋奠之制有弟子列侍之儀事雖不經義足垂勸況於曩日不乏通賢疑難討論亦云折中今若求其考類別立否臧以羔袖之小疵忘狐裘之大善恐其所選僅有可存只如樂毅廉頗皆奔亡而為虜韓信彭越悉菹醢而受誅白起則錫劍杜郵伍員則浮尸江澨左車亦僨軍之將孫臏實刑餘之人穰苴則僨卒齊庭吳起則非命楚國周勃稱重有置甲尚方之疑陳平善謀蒙受金諸將之謗亞夫則死於獄吏鄧艾則追於檻車李廣

後期而自剄竇嬰樹黨而喪身鄧禹敗於回溪終身無董戎之寄馬援死於蠻徼還尸闕遺奠之儀其餘諸葛亮之儔事偏方之主王景略之輩佐閏位之君關羽則為仇國所禽張飛則遭帳下所害凡此名將悉皆人雄苟欲指瑕誰當無累或從澄汰盡可棄捐況其功業穹隆名稱烜赫樵夫牧稚咸所聞知列將通侯竊所思慕若一旦除去神位擯出祠庭吹毛求異代之疵投袂忿古人之惡必使時情頓惑竊議交興景行高山更奚瞻於往躅英魂烈魄將有恨於明時況伏陛下方厲軍威將遏亂略講求兵法締構武

祠蓋所以勸激戎臣資假陰助忽使長廊虛邈僅有可圖之形中殿前空不見配食之坐似非允當臣竊惑焉深惟事貴得中用資體要若令之可以議古恐來者亦能非今顧納臣微忠特追明敕乞下此跡廷議其長不報乾德中獻擬制二十編擢為右拾遺會脩大內上五鳳樓賦人多傳誦之五代以來文體卑弱周翰與高錫柳開范杲習尚淳古齊名友善當時有高梁柳范之稱初太祖嘗識彥溫於軍中石守信亦與彥溫舊故一日太祖語守信將用周翰掌誥守信微露其言周翰遽上表謝太祖怒遂寢其命歷通

判綿眉二州在眉州坐杖人至死奪二官起授太子左贊善大夫開寶三年遷右拾遺監綾錦院改左補闕兼知大理正事會將郊祀因上疏曰陛下再郊上帝必覃赦宥臣以天下至大其中有慶澤所未及節文所未該者所宜推而廣之方今賦稅所入至多加以科變之物名品非一調發供輸不無重困且西蜀淮南荆潭廣桂之地皆以為王土陛下誠能以三方所得之利減諸道租賦之入則庶乎均德澤而寬民力矣俄坐杖錦工過差為其所訴太祖甚怒責之曰爾豈不知人之膏血與己無異何乃遽為酷罰將杖

之周翰自言臣負天下才名不當如是太祖乃解止授左司農寺丞逾年為太子中允太平興國中知蘇州周翰善音律喜蒱博惟以飲戲為務州有伶官錢氏家數百人日令百人供妓每出必以散具自隨郡務不治以本官分司西京踰月授左贊善大夫仍分司俄除楚州團練副使雍熙中宰相李昉以其名聞召為右補闕賜緋魚使江淮提點茶鹽周翰以辭學為流輩所許頻歷外任不樂吏事會翰林學士宋白等列奏其有史才還回下位遂命兼史館修撰會太宗親試貢士周翰為考官面賜金紫因語宰相稱其

有文尋遷起居舍人五年張佖建議復置左右史之職乃命周翰與李宗諤分領之周翰兼起居郎因上言自今崇德長春殿皇帝宣諭之言侍臣論列之事望依舊中書修為時政記其樞密院事涉機密亦令本院編纂每至月終送史館自餘百司凡干對拜除改沿革制置之事悉條報本院以備編錄仍令郎與舍人分直崇政殿以記言動別為起居注每月先進御後降付史館從之起居注進御自周翰等始也周翰夙有時譽以擯廢及被除擢尤洽時論會考課京朝官有敢隱前犯者皆除名為民周翰被譴尤多所

上有司偶遺一事當免判館楊徽之率三館學士詣相府以為周翰非故有規避其實所犯頻繁不能悉記於是止罰金百斤先是趙安易建議於西川鑄大鐵錢以一當十周翰上言古者貨幣錢三者無用若錢少於貨幣即鑄大錢或當百或當五十蓋欲廣其錢而足用爾今不若使蜀民貿易者凡鐵錢一止作一錢用官中市物即以兩錢當一又西川患在少鹽請於益州置榷院入物交易則公私通濟矣至道中遷工部郎中真宗在儲宮知其名徽之時為左庶子因令取其所為文章周翰悉纂以獻上答以書及即

位未行慶首擢為駕部郎中知制誥俄判史館昭文館咸平三年召入翰林為學士受詔與趙安易同脩屬籍唐末喪亂籍譜罕存無所取則周翰刱意為之頗有倫貫車駕幸澶淵命判留司御史臺周翰懇求扈從從之明年授給事中與宋白俱罷學士大中祥符元年遷工部侍郎踰年被疾卒年八十一真宗憫之録其子忠寶為大理評事給奉終喪周翰性疏雋卞急臨事過於嚴暴故多曠敗晚年才思稍減書詔多不稱旨有集五十卷及續因話録

朱昂字擧之其先京兆人世家渼陂唐天復末徙家南陽梁祖篡唐父葆光與唐舊臣顏蕘李濤數輩挈家南渡寓潭州每正旦夕至必序立南嶽祠前北望號慟殆二十年後濤北歸葆光樂衡山之勝遂往家焉昂少與熊若谷鄧洵美同學朱遵度好讀書人號之為朱萬卷目昂為小萬卷昂嘗聞行經廬陵道遇異人謂之曰中原不久當有真主平一天下子仕至四品安用南為遂北游江淮時周世宗南征韓令坤統兵至揚州昂謁見陳治亂方略令坤奇之署權知揚州揚子縣適兵革之際逃亡過半昂便宜綏輯復逋亡者七千餘家令坤即表授本縣令宋初為衡州

録事參軍嘗讀陶潛閑情賦而慕之因廣其辭曰維禀氣兮清濁獨得意兮虛徐耳何聰兮無瑱衣何散兮無裾務寘懷於得喪寧勤體乎菑畬將使同方姬孔抗跡孫蘧精騖廣漠心游太虛傲朝曦兮南榮遡夕飈兮北牕非道之病惟情之舒繇是含韻懷粹凝和習懿器奫淪兮幽憂德芬馨兮周比井無渫兮泉驪珠潛輝兮川媚又何必陋雄之尚玄笑奕之心醉悲墨之素絲嘆展之下位苟因時之明揚乃斯文之不墜睇烟景兮飄飄心懸旌兮搖搖感朝榮而夕落嗟響蛩而鳴蜩姑葳器以有待因寄物而長謠願在首而為弁束玄髮而未褰會名器之有得與纓珥兮相宜願在足而為舄何坎險之罹憂欲效勤於豎亥思追踵於浮丘願在服而為袂傳繪素而飾躬異化緇之色涅寧拭面而道窮願在目而為鑑分妍醜於崇朝驚青陽之難久悲白首以見招願在地而為簟當暑溽而冰寒伊膚革之尚𡱝胡寤寐以求安願在觴而為醴不亂德而溺真體虛受之為器葦譎性以歸淳願在握而為劍每輔袵而保裾殊鉛鋙之効用比硎刃而有餘願在橐而為矢羨箬羽之斯全疇懋勳而錫晉射窮壘而衄燕願在體而為裘託針縷以

成功非珍華而取飾將被服而有容顧在軒而為篁
貫歲寒而不改挺介節以自持廓虛心而有待人之
顧兮寔繁我之心兮若此蓄為志兮璞藏發為文兮
霧委既持瑾兮掌瑜復擷蘭兮蘂茝始無言兮植杖
終俛首兮嗟髀振襟兮自適觀物兮解頤雲無心兮
遐舉蘿倚榦兮叢滋想陵谷之變地況玄黃之易緣
人可汰而可鍛已不磷而不緇苟一鳴而驚人何五
鼎而勿飴已而擁膝清嘯傾懷自寬樞桑戶蓽兮差
樂鳩飛梭躍兮胡難指夜蟾兮為伍仰疎籟兮邀歡
何孫牧而伊耕何巢箕而呂磻淼我慮兮綠綺清我

瞑兮琅玕周旋兮有則徙倚兮可觀終卷舒兮自得
契休哉於考槃李昉知州事暇日多召語且以文為
贄昉深所嗟賞歷宣城令開寶中拜太子洗馬知蓬
州徙廣安軍會渠州妖賊李仙衆萬人劫掠軍界昂
設策禽之自餘果合渝涪四州民連結為妖者置不
問蜀民遂安宰相薛居正稱其能遷殿中丞知泗州
嘗作隋河辭謂濬決之病民游觀之傷財乃天意之
所以亡隋也使隋不興役費財以害其民則安得有
今日之利哉嘗聚淮水流屍三千為壕瘞之有戍卒
謀亂昂誅其首惡凡支黨之詿誤者悉貫之就遷監

察御史江南轉運副使太平興國二年知鄂州加殿
中侍御史為峽路轉運副使就改庫部員外郎遷轉
運使端拱二年以本官直秘閣賜金紫久之出知復
州表求謝事不許遷水部郎中復請老召還再直秘
閣尋兼越王府記室參軍真宗即位遷秩司封郎中
俄知制誥判史館受詔編次三館秘閣書籍既畢加
吏部咸平二年召入翰林為學士踰年拜章乞骸骨
召對敦諭請彌確乃拜工部侍郎致仕翌日遣使就
第賜器幣給全奉詔本府歲時存問章奏聽附驛以
聞命其子正辭知公安縣以便侍養許歸江陵舊制

致仕官止謝殿門外昂特延見命坐恩禮甚厚令俟
秋涼上道遣中使賜宴于玉津園兩制三館皆預仍
詔賦詩餞行縉紳榮之昂前後所得奉賜以三之一
購奇書以諷誦為樂及是閒居自稱退叟著資理論
三卷上之詔以其書付史館弟協以純謹著稱仕至
主客郎中雍王府翊善昂以書招之協亦告老歸兄
弟皆眉壽時人比漢之二疏知府陳堯容署其居曰
東西致政坊昂於所居建二亭曰知止曰幽棲頗好
釋氏書晚歲自為墓誌景德四年卒年八十三門人
謚曰正裕先生詔加賻贈錄其孫适出身昂好學純

厚有清節澹於榮利為洗馬十五年不以屑意居內署非公事不至兩府在王邸時真宗居儲宮知其素守故每加褒進然昻未嘗有所私請進退存禮士類多之有集三十卷子正彝正辭並登進士第正基虞部員外郎

趙隣幾字亞之鄆州須城人家世為農隣幾少好學能屬文嘗作禹別九州賦凡萬餘言人多傳誦周顯德二年舉進士解褐秘書省校書郎歷許州宋州從事太平興國初召為左贊善大夫直史館改宗正丞四年郭贄宋白授中書舍人告謝日交薦之俄而隣

幾獻頌上覽而嘉之遷左補闕知制誥數月卒年五十九中使護葬隣幾體貌尫弱如不勝衣為文浩博慕徐庾及王楊盧駱之體每搆思必斂衽危坐成千言始下筆屬對精切致意縝密時輩咸推服之及掌誥命頗繁富冗長不達體要無稱職之譽常欲追補唐武宗以來實録孜孜訪求遺事殆廢寢食會疾革唯以書未成為恨至淳化中參知政事蘇易簡因言及隣幾追補唐實録事隣幾一子東之以蔭補郎山主簿部送軍糧詣北邊沒焉其家屬寄居睢陽太宗遣直史館錢熙往取其書得隣幾所補會昌以來日曆二十六卷及文集三十四卷所著鯫子一卷六帝年略一卷史氏懋官志五卷幷他書五十餘卷來上皆塗竄之筆也詔賜其家錢十萬時又有何承裕者晉天福末擢進士第有清才好為歌詩而嗜酒狂逸初為中都主簿桑維翰鎮兗州知其真率不責以吏事累官至著作佐郎直史館出為盩厔咸陽二縣令醉則露首跨牛趨府府尹王彥超以其名士而容之然為治清而不煩民頗安焉每覽牒訴必戲判以喻曲直訴者多心伏引去往往召豪吏接坐引滿吏因醉挾私白事承裕悟之笑曰此見罔也當受杖杖訖

復召與飲其無檢多類此開寶三年自涇陽令入為監察御史後歷侍御史累知忠萬商三州太平興國中卒

鄭起字孟隆不知何許人少游京洛間佻薄無檢操聞襄州雙泉寺僧能為黃金往依焉遂削髮為侍者久之知其誑燿乃反初服舉進士時舉子多尚詩賦惟起有文七軸歌詩尤清麗周廣順初調補尉氏主簿秩滿以書干宰相范質薦為右拾遺直史館恭帝初遷殿中侍御史乾德初出掌泗州市征刺史張延範檢校司徒官吏呼以太保起貧常乘騾一日從延

範出近郊送客延範揖起曰請策馬令進起曰此騾
也不當過呼耳以譏延範延範深銜之密奏起嗜酒
廢職初顯德末起見太祖握禁兵有人望乃上書范
質極言其事又嘗遇太祖於路橫絕前導而過太祖
亦弗之怒及延範奏至出為河西令會蜀平當從遠
官起不欲往乃炙烙其足因是成疾而卒起負才倨
傲多所詆訐數為羣小窘辱終亦不改時有郭昱者
好為古文狹中詭僻周顯德中登進士第恥赴常選
獻書於宰相趙普自比巢由朝議惡其矯激故久不
調後復伺普望塵自陳普笑謂人曰今日甚榮得巢

由拜於馬首開寶末普出鎮河陽昱詣薛居正上書
極言誇普居正奏之詔署襄州觀察推官潘美鎮襄
陽討金陵以昱隨軍昱中夜被酒號叫軍中皆驚翌
日美遣還歲餘坐盜用官錢除名因居襄陽游索樊
鄧間雍熙中卒又有馬應者薄有文藝多服道士衣
自稱先生開寶初傚元結中興頌作勃興頌以述太
祖下荆湖之功欲刊石於永州結頌之側縣令惡其
夸誕不以聞太平興國初登第授大理評事坐事除
名羈旅積年淳化中以詩干同年殿中丞牛景景因
奏上太宗覽而嘉之復授大理評事未幾卒又有顔

贄董淳劉從義善為文章張翼譚用之善為詩張之
翰善牋啓贄拔萃登科至太子中允淳為工部員外
郎直史館奉詔撰孟昶紀事從義多藏書嘗續長安
碑文為遺風集二十卷餘皆官不達

和峴字晦仁開封浚儀人父凝晉宰相太子太傅魯
國公峴生之年適會凝入翰林加金紫知貢舉凝喜
曰我平生美事三者併集此子宜於我也因名之曰
三美七歲以門蔭為左千牛備身還著作佐郎漢乾
祐初加朝散階十六登朝為著作郎丁父憂服闋拜
太常丞建隆初授太常博士從祀南郊贊導乘輿進

退閑雅太祖謂近侍曰此誰氏之子熟於贊相左右
即以峴門閥對俄拜刑部員外郎兼博士仍判太常
寺乾德元年十一月甲子有事于南郊丁丑冬至有
司復請祀昊天上帝詔峴議其禮峴以祭義戒於煩
數請罷之二年議孝明孝惠二后神主祔于別廟峴
以舊禮有二后同廟之文無各殿異室之說今二后
同祔別廟亦宜共殿別室孝明皇后嘗母儀天下宜
居上室孝惠皇后止以追尊當居次室從之三年春
初克夔州以內衣庫使李光睿權知州峴通判州事
代還是歲十二月十四日戊戌臘有司以七日辛卯

蜡百神峴獻議正之四年南郊峴建議望燎位置爟
火又嘗言依舊典宗廟殿庭設宮縣三十六架加鼓
吹熊羆十二案朝會登歌用五瑞郊廟奠獻用四瑞
迴仗至樓前奏采茨之曲御樓奏隆安之曲各用樂
章復舉唐故事宗廟祭科外別設珍膳用申孝享之
意又謂八佾之舞以象文德武功請用玄德升聞天
下大定二舞並從其議事具禮樂志先是王朴竇儼
洞曉音樂前代不協律呂者多所考正朴儼既沒未
有繼其職者會太祖以雅樂聲高詔峴講求其理以
均節之自是八音和暢上甚嘉之語具律志樂器中

有义手笛者上意欲增入雅樂峴即令樂工調品以
諧律呂其執持之狀如拱揖然請目曰拱辰管詔備
于樂府開寶初遷司勳員外郎權知泗州判吏部南
曹歷夔晉二州通判九年江南平受詔採訪太宗即
位遷主客郎中太平興國二年知兗州改京東轉運
使峴性苛刻鄙吝好殖財復輕侮人嘗以官船載私
貨販易規利初為判官鄭同度論奏既而彰信軍節
度劉遇亦上言按得實坐削籍配隸汝州六年起為
太常丞分司西京復階勳章服端拱初上躬耕籍田
峴奉留司賀表至闕下因以其所著奉常集五卷秘

閣集二十卷注釋武成王廟贊五卷奏御上甚嘉之
復授主客郎中判太常寺兼禮儀院事是秋得暴疾
卒年五十六弟嶸
嶸字顯仁凝第四子也生五六歲凝教之誦古詩賦
一歷輒不忘試令詠物為四句詩頗有思致凝歎賞
而奇之語峴曰此兒他日必以文章顯吾老矣不見
汝曹善保護之太平興國八年擢進士第釋褐霍丘
主簿雍熙初知崇仁縣就拜大理評事江南轉運楊
緘以其材幹奏移知南昌縣代還刑部取為詳覆官
遷光祿寺丞先是凝嘗取古今史傳聽訟斷獄辨雪

冤枉等事著為疑獄集嶸因增益事類分為三卷表
上之俄獻所著文賦五十軸召試中書擢為太子中
允先是馮起撰御前登第三牓碑以獻上甚稱獎命
直史館淳化初嶸又撰七牓題名記并補注凝所撰
古今孝悌集成十卷以獻遂以本官直集賢院中謝
日賜緋魚三年春獻觀燈賦詔付史館遷右正言是
歲太宗親試貢士嶸預考校作歌以獻上對宰相稱
賞之召問年幾何時摹印儒行篇以賜新及第人及
三館臺省官皆上表稱謝上時御便坐出表以示宰
相而嶸與張洎尤稱上旨因謂李昉曰嶸宰相子勤

學自立有文章能荷堂構如嶸者不可多得也遂以本官知制誥不踰年加水部員外郎知理檢院至道元年賜金紫與王旦同判吏部銓是秋晨起將朝風眩暴作而卒年四十五上聞之驚歎遣中使就家問疾狀并恤其孫賵賻加等長子拱纔十歲即授大理評事次子璥補太廟齋郎嶸好修飾容儀自五鼓張燈燭至辨色冠帶方畢雖幼能屬文殊少警策每草制必精思討索而後成拘於引類偶對頗失典誥之體上以其貴家子能業文甚寵待之欲召入翰林謂近臣曰嶸眸子眊眊然胷中必不正不可以居近侍也其命遂寢嶸弟峰始為三班奉職淳化中獻文求試上以故相之後改授大理評事

馮吉字惟一河南洛陽人父道周太師中書令追封瀛王吉晉天福初以父任秘書省校書郎遷膳部金部職方員外郎屯田戶部司勳郎中累階金紫周顯德中遷太常少卿吉嗜學善屬文工草隸議者以掌誥許之然性滑稽無操行每中書舍人缺宰相即欲用吉終以佻薄而止雅好琵琶尤臻其妙教坊供奉號名手者亦莫能及父常戒令勿習吉性所好亦不能改道欲辱之因家宴令吉奏琵琶為壽賜以束帛吉置於肩左抱琵琶按膝再拜如伶官狀了無怍色家人皆大笑及為少卿頗不得意以栝酒自娛每朝士宴集雖不召亦常自至酒酣即彈琵琶彈罷賦詩詩成起舞時人愛其俊逸謂之三絕宋初受詔撰述明憲皇太后謚議見稱於時建隆四年卒年四十五

列傳卷第一百九十八

開府儀同三司上柱國録軍國重事前中書右丞相監修國史領經筵事都總裁臣脱脱等奉

勅修

文苑二

高頔　李度　韓溥　鞠常
宋準　柳開　夏侯嘉正　羅處約
安德裕　錢熙

高頔字子奇開封雍丘人後唐清泰中舉進士同輩紿之曰何不從裴僕射求知乎時裴皥以左僕射致仕後進無至其門者頔性純樸信其言以文贄於皥

明年禮部侍郎馬裔孫知貢舉乃皥門下生也皥以頔語之遂擢乙科四遷魏博觀察支使周顯德中符彥卿奏署掌書記時太宗親迎懿德皇后于大名彥卿遣頔迎候日夕陪接尤伸款好後隨彥卿鎮鳳翔會詔留彥卿洛陽頔復為天雄軍掌書記後以病免居於魏雍熙二年太宗親試貢士頔子南金舉學究自陳曰臣父年八十四嘗佐使幕久已罷職家貧無以存養願賜一第庶獲寸祿以及老父上問左右其父何人宰相宋琪以頔對且言其素行廉介老而彌厲甚為搢紳推重上曰此高頔子耶頔在大名幕中嘗與朕遊處迨踰旬月晨暮對接飲食常拱手危坐未曾少懈其恭謹蓋天性也惜其老矣不欲煩以官政即擢南金第拜頔左補闕致仕賜錢十萬後卒于家頔有清節力學彊記手寫書千餘卷彥卿待之甚厚或過致優給頔計口受費餘皆不納彥卿左右多肆貪虐民不能堪及彥卿罷鎮其故時將吏賓客皆心愧無敢復遊魏者惟頔清苦守法魏人愛之在魏三十年無一人言其非者所乘馬老以槀飼之僕夫年七十待之如初時稱其長者次子鼎舉進士至殿中丞

李度河南洛陽人周顯德中舉進士度工於詩有醉輕浮世事老重故鄉人之句時翰林學士申文炳知貢舉樞密使王朴移書録其句以薦之文炳即擢度為第三人釋褐永寧縣主簿累遷殿中丞知歙州坐事左遷絳州團練使十年不調度在歙州嘗以所著詩刻於石有中黄門得其石本傳入禁中太宗見之謂宰相曰度今安在即令召至對於便殿與語甚悦擢為虞部員外郎直史館賜緋端拱初籍田畢交州黎桓加恩命度借太常少卿充官告國信副使上賜詩以寵行未至交州卒于太平軍傳舍年五十七度

之南使每至州府即借圖經觀其勝迹皆形篇詠以上所賜詩有奉使南遊多好景之句遂題為奉使南遊集未成編而亡弟康亦善詩太平興國二年登進士第官至太子右賛善大夫

韓溥京兆長安人唐相休之裔孫少俊敏善屬文周顯德初舉進士累遷歷使府開寶三年自靜難軍掌書記召為監察御史三遷至庫部員外郎知華州同判靈州再轉司門郎中淳化二年被病表請辭職尋醫許之溥博學善持論詳練臺閣故事多知唐朝氏族與人談亹亹然可聽號為近世肉譜搢紳頗推重之尤善筆札人多藏其尺牘弟洎亦進士及第

鞠常字可久密州高密人祖貞黃縣令父慶孫申州團練判官有詩名常少好學善屬文漢乾祐二年擢進士第裁二十一釋褐祕書省校書郎周廣順中宰相范質奏充集賢校理出為鄆州觀察支使歷永興軍節度掌書記伊陽令顯德四年詣闕進策召試復授猗氏令遷蔡州防禦判官復宰介休魏縣開寶中趙普為相擢為著作佐郎時任此官惟常與楊徽之李若拙趙隣幾四人皆有名於時常應舉時著四時成歲賦萬餘言又為春蘭賦頗存興託後為清河令七年卒年四十七子仲謀字有開雍熙中進士有材幹歷御史東京留守推官陝西轉運至兵部員外郎仲謀集其父所為文成二十卷弟愉周廣順中進士與常齊名

宋準字子平開封雍丘人祖彥升庫部員外郎父鵬祕書郎準開寶中舉進士翰林學士李昉知貢舉擢準甲科會貢士徐士廉擊登聞鼓訴昉用情取捨非當太宗怒召準覆試于便殿見準形神偉茂程試敏速甚嘉之以為宜首冠俊造由是復擢準甲科即授祕書省祕書郎直史館八年受詔修定諸道圖經俄奉使契丹復命稱旨明年出知南平軍會改軍為太平州依前知州事就加著作佐郎太平興國四年遷著作郎通判梓州轉左拾遺歸朝預修諸書八年同知貢舉出為河北轉運使歲餘以本官知制誥雍熙中加主客員外郎復預知貢舉俄判大理寺四年被病遷金部郎中罷知制誥端拱二年卒年五十二賜錢百萬準美風儀善談論辭采清麗涖官所至皆有治聲盧多遜之南流也李穆坐同門生黜免左右無敢言者準因奏事盛言穆長者有檢操常惡多遜專恣固非其黨也上寤未幾盡復穆舊官時論以此稱

之天禧三年錄其子大年試秘書省校書郎準從弟可觀金部郎中族子珣祁並天聖二年進士甲科別有傳

柳開字仲塗大名人父承翰乾德初監察御史開幼穎異有膽勇周顯德末侍父任南樂夜與家人立庭中有盜入室衆恐不敢動開裁十三亟取劍逐之盜踰垣出開揮刃斷二足指既就學喜討論經義五代文格淺弱慕韓愈柳宗元為文因名肩愈字紹元既而改名字以為能開聖道之塗也著書自號東郊野夫又號補亡先生作二傳以見意尚氣自任不顧小節所交皆一時豪儁範杲好古學大重開文世稱為柳范王祐知大名開以文贄大蒙賞激楊昭儉盧多遜並加延奬開寶六年舉進士補宋州司寇參軍以治獄稱職遷本州錄事參軍太平興國中擢右贊善大夫會征太原督楚泗八州運糧選知常州遷殿中丞徙潤州拜監察御史召還知貝州轉殿中侍御史雍熙二年坐與監軍忿爭貶上蔡令會大舉北征開部送軍糧將至涿州有契丹酋長領萬騎與米信戰相持不解俄遣使紿言求降開謂信曰兵法云無約而請和謀也彼將有謀急攻之必勝信遲疑不決踰

二日賊復引兵挑戰後偵知果以矢盡俟取于幽州也師還詣闕上書願從邊軍效死太宗憐之復授殿中侍御史雍熙中使河北因抗疏曰臣受非常恩未有以報年裁四十膽力方壯今契丹未滅願陛下賜臣步騎數千任以河北用兵之地必能出生入死為陛下復幽薊雖身沒戰場臣之願也上以五代戰爭以來自節鎮至刺史皆用武臣多不曉政事人受其弊欲兼用文士乃以侍御史鄭宣戶部員外郎趙載司門員外郎劉墀並為如京使左拾遺劉慶為西京作坊使開為崇儀使知寧邊軍徙全州全西延洞有粟氏聚族五百餘人常鈔劫民口糧畜開為作衣帶巾帽選牙吏勇辯者得三輩使入諭之曰爾能歸我即有厚賞給田為屋處之不然發兵深入滅爾類矣粟氏懼留二吏為質率其酋四人與一吏偕來開厚其犒賜吏民爭以鼓吹飲之居數日遣還如期携老幼悉至開即賦其居業作時鑑一篇刻石戒之遣其酋入朝授本州上佐賜開錢三十萬淳化初移知桂州初開在全州有卒訟開開即杖背黥面送闕下有司言卒罪不及徒召開下御史獄劾繫削二官黜為復州團練副使移滁州復舊官知環州三年移邠州

時調民輦送趣環慶已再運民皆蕩析產業轉運使復督後運民數千人入州署號訴開貼書轉運使曰開近離環州知芻糧之數不增大兵可支四年今蠶農方作再運半發老幼疲弊畜乘困竭奈何又苦之不罷開卽馳詣闕下白於上前矣卒罷之又知曹邢二州眞宗卽位加如京使歸朝命知代州上言曰國家翔業將四十年陛下紹二聖之祚精求至治若守舊規斯未盡善能立新法乃顯神機臣以益州稍靜望陛下選賢能以鎮之必須望重有威郎群小畏服又西鄙今雖歸明他日未可必保苟有翻覆須得人

制禦若以契丹比議為患更深何者契丹則君臣久定蕃漢久分縱萌南顧之心亦須自有思慮西鄙積恨未泯貪心不悛其下猖狂競謀兇惡侵漁未必知足姑息未能感恩望常預備之以良將守其要害以厚賜足其貪婪以撫慰來其情以寬假息其忿多命人使西入甘凉厚結其心為我聲援如有動靜使其掩襲令彼有後顧之憂乃可制其輕動今甲兵雖衆不及太祖之時人人練習謀臣猛將則又懸殊是以比年西北屢遭侵擾養育則月費甚廣征戰則軍捷未聞誠願訓練禁戰使如往日行伍必求於勇敢指

顧無縱於後先失律者悉誅獲功者必賞偏裨主將不威嚴者去之聽斷之暇親臨殿庭更召貔虎使其擊刺馳驟以彰神武之盛臣又以宰相樞密朝廷大臣委之必無疑用之必至當銓總僚屬評品職官內則主管百司外則分治四海今京朝官則別置審官供奉殿直則別立三班刑部不令詳斷別立審刑宣徽一司全同散地大臣不獲親信小臣乃謂至公至如銀臺一司舊屬樞密近年改制職掌甚多加倍置人事則依舊別無利害虛有變更臣欲望停審官三班復委中書樞密宣徽院銀臺司復歸樞密審刑院

復歸刑部去其繁細省其頭目又京府大都萬方軌則望仍舊貫選委親賢今皇族宗子悉多成長但令優逸無以試材委之外藩擇文武忠直之士為左右贊弼之任又天下州縣官吏不均或冗長至多或歲年久闕欲望縣四千戶已上選朝官知三千戶已上選京官知省去主簿令縣尉兼領其事自餘通判監軍巡檢監臨使臣並酌量省減免虛費於利祿仍均濟於職官又人情貪競時態輕浮雖骨肉之至親臨勢利而多變同僚之內多或不和伺隙則致于傾危患難則全無相救仁義之風蕩然不復欲望明頒告

諭各使改更廢享化原永敦政本恭惟太祖神武太
宗聖文光掩百王威加萬國無賢不用無事不知望
陛下開豁聖懷如天如海可斷即斷合行即行愛惜
忠直之臣體察姦諛之黨臣久塵著位寢荷恩寵辭
狂理拙唯聖明恕之開至州葺城壘戰具諸將多沮
議不協開謂其從子曰吾觀昴宿有光雲多從北來
犯境上寇將至矣吾聞師克在和今諸將怨我一旦
寇至必危我矣即求換郡徙忻州刺史及契丹犯邊
開上書又請車駕觀兵河朔四年徙滄州道病首瘍
卒年五十四録其子涉為三班奉職開善射喜奕棊

有集十五卷作家戒千餘言刻石以訓諸子性倜儻
重義在大名嘗過酒肆飲有士人在旁辭貌稍異開
詢其名則至自京師以貧不克葬其親聞王祜篤義
將丐之問所費曰二十萬足矣開即罄所有得白金
百餘兩益錢數萬遣之開兄肩吾至御史肩吾三子
湜灝沆並進士第灝秘書丞
夏侯嘉正字會之江陵人少有俊才太平興國中舉
進士歷官至著作佐郎使于巴陵為洞庭賦曰楚之
南有水曰洞庭環帶五郡淼不知其幾百里臣乙酉
夏使岳陽抵湖上思構賦明日披襟而觀之則翼然

動促然跂慄然駭愕然眙悦若駕春雲而軾霓浩若
浮汗漫而朝蹐退若據泰山之安進若履千仞之危
懵若無識智若通微跛若不倚蹌若將馳耳不及掩
目不暇逃情悖心嬉二三日而後神始宅氣始正若
此不敢以賦為事者二年然眷眷不已一日登崇丘
望大澤有雲崪兮興欻兮止興止未霽忽若有遇由
是濆陽輝沬芳澤覿一異人于巖之際霞為裾雲為
袂氷膚雪肌金玦玉珮浮丘羨門斯實其對因言曰
若非好辭者耶臣曰然然則若智有所不通識有所
不窮用不通不窮而循乎無端之紀若得無殆乎臣

又曰然然志極則物應思精則道來嘉若之勤無譁
談吾為若稱云太極之生曰地曰天中含五精五精
之用而水居一焉水之疏通則為江兮遠則為河積
則為豬兮總則為湖若今所謂洞庭者傑立而孤廓
然如無區其大無徒含陽字陰玄神之都曚曚眛眛
百川不敢逾有若臣者有若賓者有若僕者有若子
者有若附庸者有若娣姒者若禹會塗山武巡牧野
千出百會咸奏麾下每六合澄靜中流迴睨莽莽蒼
蒼纖靄不翳太陽望舒出沒其間萬頃咸沸彊而名
之為巨澤為長川為水府為大淵縱之不踰蹈之不

畢作若賢人以重自持誘之不前犯之愈堅又若良將以謀守邊澎澎濞濞浩爾一致又若太始未有仁義沖沖漠漠二氣交錯又若混沌凝然未鑿此乃方輿之心胷溟海之郛郭也三代之前其氣濩落浩浩滔天與物廻薄滅木襄陵無際無廓上帝降鑒巨人斯作乃命玄夷授禹之機隧山陻谷滌源暢微然後若金在鎔若木在工流精成器夫何不通是澤之設允執厥中既巽其性遂得其正有升有降有動有靜臣應之曰升降動靜可得聞乎神曰水之性非圓非方非柔非剛非直非曲非玄非黃劃象為坎本乎羲

皇外婉而固內健而彰降以姤始升以復張其靜處陰其動隨陽六府之甲萬化之綱式觀是澤乃知天常若乃四序之變九夏攸處烘然而炎沸然而煮群物鴻洞爍為隆暑澤之作傾然其容若去若住若茹若吐靈趨怪覿杳不可覯蒸之為雲散之為雨倏忽萬象如還太古真可嘉也若乃秋之為神素氣清泚肅肅翛翛群籟四起澤之動黝然其姿若挺若倚若行若止巽宮離離為之騰風蒼梧崇崇為之供雲四顧一色黯然氤氳其聲瀰瀰若商非商若徵非徵東湊海門一浪千里又足畏也言其狀則石然而骨岸

然而華氣然而榮浲然而脉有山而心有洞而腹有玉而體有珠而目穹鼻孤島呀口萬谷劈帶三吳足跬荊巫或跂然而望或翼然而趨彭蠡震澤詎可云乎臣又問曰澤之態已聞命矣水之族將如何居神曰大道變易或文或質沉潛自遂其類非一或被甲而遭或曳裾而圓或秃而跂或角而蜿或呑而呀或呿而牙或心以之蟠或目以之蝦或脩臂而立或橫騖而疾或鬈於首或鬚於肘或儼而莊或毅而黝彪彪玢玢若大虛之含萬彙各循其生而合乎群者也臣又問曰若神之資其品何如也神曰清矣靜矣麗

矣至矣邈難知矣肇于古古有所未達形于今今有所未察非希夷合其心於自然然後上天入地把三根六況水居陸處夫何不燭彼鞚鯉之賢轡龍之仙乃吾之肯也其餘海若天吳陽侯神胥齪齪而遊會不我儔臣又問曰易稱王公設險是澤之險可以為固而歷代興衰其義安取神曰天道以順不以逆地道以謙不以盈故治理之世建仁為旌聚心為城而弧不暇弦矛不暇鋒四海以之而大同何必恃險阻何必據要衝若秦得百二為帝齊得十二而王其山為金其水為湯守之不義欻然而亡水不在大恃之者敗水不

在微怗之者危若漢瘈於昆明桀困於酒池亦其類也故黃帝張樂而興三苗棄義而傾則知洞庭之波以仁不以亂以道不以賊惟賢者觀其知而後得也於是盤桓徙倚凝精流視鏧以辭對倏然而晦徐鉉見之曰是玄虛之流也人多傳寫端拱初太宗知其名召試辭賦擢為右正言直史館兼直秘閣賜緋魚元夕上御乾元門觀燈嘉正獻五言十韻詩其末句云兩制誠堪羨青雲侍玉輿上依韻和以賜之有狹劣終難舉通才列上居之句議者以為誡嘉正之好進也未幾被病詔以為益王生辰使所獲金幣鬻得

宋史四百四十　四百十个　宋史列傳卷第二百九十九　十三　朱昂寫　李祖刊

錢葺歸家忽一緡自地起立良久而仆聞者異之嘉正疾遂篤月餘卒年三十七子紓太子中舍

羅處約字思純益州華陽人唐酷吏希奭之裔孫伯祖衮唐末為諫官父濟仕蜀為升朝官歸朝至太常丞處約嘗作黃老先六經論曰先儒以太史公論道德先黃老而後六經此其所以病也甚曰不然道者何無之稱也無不由也混成而仙兩儀至虛而應萬物不可致詰況名之曰道道既名矣降而為聖人者為能知來藏往與天地準故黃老姬孔通稱焉其體曰道其用曰神無適也無莫也一以貫之胡先而尊

孰後而愧六經者易以明人之權而本之於道禮以節民之情趣於性也樂以和民之心全天真也書以敘九疇之秘煥二帝之美春秋以正君臣而敦名教詩以正風雅而存規戒是道與六經一也矧仲尼祖述堯舜而況於帝鴻氏乎華胥之治太上之德史傳詳矣老聃世謂方外之教然而與六經皆足以治國治身清淨則得之矣漢文之時未遑學校竇后以之而治曹參得之而相幾至措刑且仲尼嘗問禮焉俗儒或否其說余曰春秋昭十七年郯子來朝仲尼從而學焉俾後之人敦好問之旨矧老子有道之士周

宋史四百四十　四百十三个　宋史列傳卷第二百九十九　十四　朱昂寫　李祖刊

之史氏乎余謂六經之教化而不已則臻于大同大道之行則蜡賓息歎黃老之與六經孰為先而孰為後乎又何必繅藉玉帛然後為禮筍虡鏞鼓然後為樂乎余謂太史公之志斯見之矣惡可以道之跡儒之末相戾而疾其說病之者可以觀徼未可以觀妙人多重之登第為臨渙主簿再遷大理評事知吳縣王禹偁知長州縣日以詩什唱酬蘇杭間多傳誦後並召赴闕上自定題以試之以禹偁為右拾遺處約著作郎皆直史館賜緋魚會下詔求讜言處約上奏曰伏覩今年春詔旨責以諫官備員未嘗言事雖九

寺三監之官亦得盡其讜議陛下虔恭勞神厲精求理力行王道坐致太平心先天而不違德生民而未有所以散玄黄之協氣為動植之休祥而猶不伐功成屢求獻替此真唐堯虞舜之用心也臣累日以來趨朝之暇或於卿士之内預聞時政之言皆曰聖上以三司之中邦計所屬簿書既廣綱條實繁將求盡善之規冀協酌中之道竊聞省上言欲置十二員判官兼領其職貴各司其局允執厥中臣以三司之制非古也蓋唐朝中葉之後兵寇相仍河朔不王軍旅未弭以賦調筦權之所出故自尚書省分三司以董

之然國用所須朝廷急務故僚吏之屬倚注尤深或重其位以處之優其禄以寵之黽勉從事者姑務其因循盡瘁事國者或生於睚眦因循則無補於國睚眦則不協於時或淺近之人用指瑕於心計深識之士以多可為身謀蠹弊相沿為日已久今若如十二員判官之說亦從權救敝之一端也然而聖朝之政臻乎治平當求稽古之規以為垂世之法臣嘗讀說命之書以為事不師古匪說攸聞又二典曰若稽古帝堯若稽古帝舜皆謂順考古道而致治平以臣所見莫若復尚書都省故事其尚書丞郎正郎員外郎

主事令史之屬請依六典舊儀以今三司錢刀粟帛筦權支度之事均在二十四司如此則各有司存可以責其集事今則金部倉部安能知儲廩帑藏之盈虛司田司川孰能知屯役河渠之遠近有名無實積久生常況此却復都省之事下臣猶能僉知其可況陛下聰明濬哲乎然議者以為不行已久難於改更若斷自宸心下於相府都省之制故典存焉上令下從孰不為可蓋人者可與習常難與適變可與樂成難與慮始在周易有之天地革而四時成此言能改命而翔制及小人樂成則革面以順上矣況三司之名

興於近代堆案盈几之籍何嘗能省覽之乎復就三司之中更分置僚屬則愈失其本原矣今三司勾院郎尚書省比部元為勾覆之司周知内外經費陛下若欲復之則制度盡在追及九寺三監多為冗長之司雖有其官不舉其職伏望陛下當治平之日建垂久之規不煩更差使臣別置公署如此則名正而言順言順而事成省其冗員則息其經費故書曰唐虞稽古建官惟百夏商官倍亦克用乂伏望法天地簡易之化建洪範大中之道可以億萬斯年垂衣裳而端拱矣受詔荆湖路巡撫欲以苛察立名所奏劾甚衆

官吏多被黜責淳化三年卒年三十三初濟為開封
府司録太宗尹京頗嘉其彊幹太平興國中處約與
兄賁同舉進士上臨試知賁濟之子遂置之高等八
年處約復登第賁後至員外郎處約形神豐碩見者
加重雖有詞采而急於進用時論亦以此薄之卒後
蘇易簡王禹偁集其文凡十卷題曰東觀集禹偁為
序易簡表上之詔付史館蜀士又有嚴儲楮平興國
中進士後直史館使河北督軍糧陷于契丹
安德裕字益之一字師臯河南人父重榮晉成德軍
節度五代史有傳德裕生于真定未朞重榮舉兵敗

乳母抱逃水竇中將出為守兵所得執以見軍校秦
習習與重榮有舊因匿之習先養石守瓊為子及年
壯無嗣以德裕付瓊養之因姓秦氏習世兵家以弓
矢狗馬為事德裕孩提即喜筆硯遇文字輒為誦讀
聲諸子不之齒習獨異之既成童俾就學遂博貫文
史精於禮傳嗜西漢書習卒德裕行三年服然後還
本姓習家盡以橐裝與之凡白金萬餘兩德裕郤之
曰斯秦氏之蓄於我何有丈夫當自樹功名以取富
貴豈屑於他人所有耶聞者高之開寶二年擢進士
甲科歸州軍事推官歷大理寺丞著作佐郎太平興

國中累遷秘書丞知廣濟軍時軍城新建德裕作軍
記及圖經三卷優詔嘉奬俄改太常博士八年通判
秦州就知州事雍熙初遷主客員外郎通判廣州未
行宰相李昉言其有史才即以本官直史館端拱初
改金部員外郎淳化初知開封縣會備三館職改直
昭文館三年春廷試貢士德裕與史館修撰梁周翰
並為考官上顧宰相曰此皆有聞之士而老於郎署
周翰狹中德裕嗜酒朕聞其能改矣遂並賜金紫俄
遷司勳員外郎至道初德裕常作九絃琴五絃阮頌
以獻上稱其詞采古雅至道三年轉金部郎中出知

睦州還判太府寺咸平五年卒年六十三德裕性介
絜以風鑑自負王禹偁孫何皆初遊詞場德裕力為
延譽及領考試何又其首選然酣飲太過故不被奬
擢有集四十卷
錢熙字太雅泉州南安人父居讓陳洪進署清溪令
熙幼頴悟及長博貫群籍善屬文洪進嘉其才以弟
之子妻之將署熙府職辭不就著楚鴈賦以見志尋復
辟為巡官專掌牋奏洪進歸朝熙不敘舊職舉進
士雍熙初携文謁宰相李昉昉深加賞重為延譽于
朝令子宗諤與之游明年登甲科補度州觀察推官

代還寇準掌吏部選上封薦錢若水陳充王扶洎熙皆有文得試中書遷殿中丞賜緋魚著四夷來王賦以獻凡萬餘言太宗嘉之卽以本官直史館淳化中參知政事蘇易簡對太宗言趙隣幾追補唐實錄隣幾卒家睢陽卽命熙乘傳而往盡取其書來上熙嘗與楊徽之言及張洎錢若水將被進用熙與劉昌言同鄉里相親善又語及其事昌言因以語洎洎疑熙交構訴之熙坐削職通判朗州俄徙衡州就改太常博士真宗卽位遷右司諫李宗諤楊億素尊善熙乃與梁顥趙況趙安仁同表請復熙舊職不報尋通判

杭州政多專達爲轉運使所奏徙通判越州熙負氣好學善談笑精筆札狷躁務進自罷職因憤恚成疾咸平三年卒年四十八嘗擬古樂府著雜言十數篇及措刑論爲識者所許有集十卷子蒙吉亦進士及第

列傳卷第一百九十九

列傳第二百 宋史四百四十一

開府儀同三司上柱國錄軍國重事中書右丞相監修國史領經筵事都總裁臣脫脫等奉勅修

文苑三

陳充 吳淑 舒雅 黃夷簡 盧稹 許洞附 謝炎

徐鉉 句中正 曾致堯 刁衎

姚鉉 李建中 洪湛 路振

崔遵度 陳越

陳充字若虛益州成都人家素豪盛少以聲酒自娛不樂從官邑人敦迫赴舉至京師有名場屋間雍熙中天府禮部奏名皆爲進士之冠廷試擢甲科釋褐孟州觀察推官

就改掌書記會寇準薦其文學得召試授殿中丞出知明州入爲太常博士直昭文館遷工部刑部員外郎以病告滿除籍真宗憐其貧病令致仕給半奉未幾病間守本官仍充職以久次遷兵部員外郎景德中與趙安仁同知貢舉改工部刑部郎中大中祥符六年以足疾不任朝謁出權西京留守御史臺旋以本官分司卒年七十充詞學典贍唐牛僧孺著善惡無餘論言堯舜之善伯鯀之惡俱不能慶殃及其子充因作論以反之文多不載性曠達善談謔澹於榮利自號中庸子上頗熟其名以疾故不登詞職

臨終自爲墓誌有集二十卷

呉淑字正儀潤州丹陽人父文正事呉至太子中允好學多自繕寫書淑幼俊爽屬文敏速韓熙載潘佑以文章著名江左一見淑深加器重自是每有滯義難於措詞者必命淑賦述以校書郎直内史江南平歸朝久不得調甚窮窘俄以近臣延薦試學士院授大理評事預修太平御覽太平廣記文苑英華一日召對便殿出古碑一編令淑與呂文仲杜鎬讀之歷太府寺丞著作佐郎始置秘閣以本官充校理嘗獻九絃琴五絃阮頌太宗賞其學問優博又作事類賦百篇以獻詔令注釋淑分注成三十卷上之遷

水部員外郎至道二年兼掌起居舍人事預修太宗實録再遷職方員外郎時諸路所上閏年圖皆儀鸞司掌之淑上言曰天下山川險要皆王室之秘奥國家之急務故周禮職方氏掌天下圖籍漢祖入關蕭何收秦籍由是周知險要請以今閏年所納圖上職方又州郡地里犬牙相入向者獨畫一州地形則何以傳合他郡望令諸路轉運使每十年各畫本路圖一上職方所冀天下險要不窺牖而可知九州輪廣如指掌而斯在從之會詔詢禦戎之策淑抗䟽請用古車戰法上覽之頗嘉其博學咸平五年卒年五十六淑性純靜好古詞學典雅初王師圍建業城中乏食里閈有與淑同宗者舉家皆死惟存二女孩淑即收養如所生及長嫁之時論多其義有集十卷善筆札好篆籀取説文有字義者千八百餘條撰説文五義三卷又著江淮異人録三卷秘閣閑談五卷子安節讓夷遵路皆進士及第遵路官至祠部員外郎秘閣校理

舒雅字子正父任李氏江左平爲將作監丞後充秘閣校理好學善屬文與呉淑齊名累遷職方員外郎求出得知舒州仍賜金紫恬於榮宦州之潛山靈仙觀有神仙勝迹郡秩滿即請掌觀事東封就加主客郎中改直昭文館轉刑部在觀累年優游山水吟詠自樂時人美之卒年七十

餘弟雄端拱二年進士

黄夷簡字明舉福州人父廷樞爲王審知從事甚被親遇嗣王延鈞以女妻之錢氏取福州署光禄卿夷簡少孤好學有名於江東爲錢惟治明州判官太平興國初隨錢俶來朝授檢校秘書少監元帥府掌書記賜以襲衣器幣鞍勒馬八年俶讓元帥改授夷簡淮海國王府判官雍熙四年俶改封許王出鎮南陽加夷簡倉部員外郎充許王府判官俶薨歸朝爲考功員外郎累遷都官郎中掌名表人頗稱其得體至道二年上言浙右人無預館閣之職者因自陳嘗勸錢俶入朝詞甚懇激太宗憐之命直秘閣俄判

吏部南曹咸平中召試翰林遷光祿少卿初宰相張齊賢欲引夷簡與曾致堯並知制誥有急制值舍人出院即封除目命夷簡草之物議以爲不可故但進秩而已景德中夷簡被病告滿二百日御史臺言當除籍眞宗以其吳越舊僚有詞學且年老母在特命續其月廩大中祥符初遷祕書少監三年丁内艱上遣中使存問賻贈有加因請護母喪歸浙右許之且欲不絕其奉給特授檢校祕書監平江軍節度副使踰年卒年七十七夷簡喜談論善屬文尤工詩詠老而不輟嘗攝鴻臚卿護許國長公主葬在道駙馬都尉魏咸信禮接甚薄夷簡銜之言於上云發引之日

以錢三十千遺臣治裝不重王人若有輕國命之意臣拒不納上遣中使詰咸信咸信言夷簡始受命屢有求丐又獻挽詞以希賂遺臣皆不敢受以是爲慊既而夷簡又貢歌詩一編大率譏咸信吝嗇且形于怨詛復言所未受三十千錢意欲索取眞宗甚鄙之且不欲其歌詩流布于外命中書召夷簡對𡚁之士大夫以是薄其爲人浙右士之秀者又有盧稹謝炎許洞

盧稹字叔微杭州人幼穎悟七歲能詩十二學屬文及長曉五經大義酷嗜周易孟子端拱初游京師時徐鉉以宿儒爲士子所宗覽稹文甚奇之爲延譽於朝是年登進士第調補眞定束鹿主簿至府值契丹圍城未及赴官卒年二十七嘗著五帝皇極志孺子問冀聖書數十篇

謝炎字化南蘇州嘉興人父崇禮泰寧軍掌書記炎慕韓柳爲文與盧稹齊名時謂之盧謝稹選懦炎勁急反相厚善端拱初舉進士調補昭應主簿徙伊闕連知華容公安二縣卒年三十四有集二十卷

許洞字洞天蘇州吳縣人父仲容太子洗馬致仕洞性踈雋幼時習弓矢擊刺之伎及長折節勵學尤精左氏傳咸平三年進士解褐雄武軍推官嘗詣府白事有卒踞坐不起即杖之時馬知節知州洞又移書責知節知節怒其狂

狷不遜會洞輒用公錢奏除名歸吳中數年日以酣飮爲事嘗從民坊貰酒一日大書壁作酒歌數百言鄉人爭往觀其酤數倍乃盡捐洞所負景德二年獻所撰虎鈐經二十卷應洞識韜略運籌決勝科以負譴報罷就除均州參軍大中祥符四年祀汾陰獻三盛禮賦召試中書改烏江縣主簿卒年四十二有集一百卷又著春秋釋幽五卷演玄十卷

徐鉉字鼎臣揚州廣陵人十歲能屬文不妄游處與韓熙載齊名江東謂之韓徐仕吳爲校書郎又仕南唐李昇父子試知制誥與宰相宋齊丘不協時有得軍中書檄者鉉

及弟鍇評其援引不當檄乃湯悅所作悅與齊丘誣鉉鍇洩機事鉉坐貶泰州司户掾鍇貶爲烏江尉俄復舊官時景命内臣車延規傅宏營屯田於常楚州處事苛細人不堪命致盜賊群起命鉉乘傳巡撫鉉至楚州奏罷屯田延規等懼逃罪鉉捕之急權近側目及捕得賊首即斬之不俟報坐專殺流舒州周世宗南征景徙鉉饒州俄召爲太子右諭德復知制誥遷中書舍人景死事其子煜爲禮部侍郎通署中書省事歷尚書左丞兵部侍郎翰林學士御史大夫吏部尚書宋師圍金陵煜遣鉉求緩兵時煜將朱令贇將兵十餘萬自上江來援煜以鉉既行欲止令贇勿令東下鉉曰此行未保必能濟難江南所恃者援兵爾奈何止之煜曰方求和解而復決戰豈利於汝乎鉉曰要以社稷爲計豈顧一介之使置之度外可也煜泣而遣之及至雖不能緩兵而入見辭歸禮遇皆與常時同及隨煜入覲太祖責之聲甚厲鉉對曰臣爲江南大臣國亡罪當死不當問其他太祖歎曰忠臣也事我當如李氏命爲太子率更令太平興國初李昉獨直翰林鉉直學士院從征太原軍中書詔塡委鉉援筆無滯辭理精當時論能之師還加給事中八年出爲右散騎常侍遷左常侍淳化二年廬州女僧道安誣鉉姦私事道安坐不實抵罪鉉亦貶靜難

行軍司馬初鉉至京師見被毛褐者輒哂之邠州苦寒終不御毛褐致冷疾一日晨起方冠帶遽索筆手疏約束後事又別署曰道者天地之母書訖而卒年七十六鉉無子門人鄭文寶護其喪至汴胡仲容歸其葬於南昌之西山鉉性簡淡寡欲質直無矯飾不喜釋氏而好神怪有以此獻者所求必如其請鉉精小學好李斯小篆臻其妙隸書亦工嘗受詔與句中正葛湍王惟恭等同校說文序曰許愼說文十四篇并序目一篇凡萬六百餘字聖人之旨蓋云備矣夫八卦既畫萬象既分則文字爲之大輅載籍爲之六轡先王教化所以行於百代及物之功與造化均不可忽也雖五帝之後改易殊體六國之世文字異形然猶存篆籀之迹不失形類之本及暴秦苛政散隸聿興便於末俗人競師法古文既變巧僞日滋至漢宣帝時始命諸儒修倉頡之法亦不能復至光武時馬援上疏論文字之譌謬其言詳矣及和帝時申命賈逵修理舊文於是許愼采史籀李斯揚雄之書博訪通人考之於逵作說文解字至安帝十五年始奏上之而隸書之行已久加以行草八分紛然間出反以篆籀爲奇怪之迹不復經心至於六籍舊文相承傳寫多求便俗漸失本原爾雅所載草木魚鳥之名肆志增益不可觀矣諸儒傳釋亦非精究小學之徒

莫能矯正唐大曆中李陽氷篆迹殊絶獨冠古今於是刋定說文修正筆法學者師慕篆籀中興然頗排斥許氏自爲臆說夫以師心之獨見破先儒之祖述豈聖人之意乎今之爲字學者亦多陽氷之新義所謂貴耳而賤目也自唐末喪亂經籍道息有宋膺運人文國典粲然復興以爲文字者六藝之本當由古法乃詔取許慎說文解字精加詳校垂憲百代臣等敢竭愚陋備加詳考有許慎注義序例中所載而諸部不見者審知漏落悉從補録復有經典相承傳寫及時俗要用而說文不載者皆附益之以廣篆籀之路亦皆形聲相從不違六書之義者其間說文具有

正體而時俗譌變者則具於注中其有義理乖舛違戾六書者並列序於後俾夫學者無或致疑大抵此書務援古以正今不徇今而違古若乃高文大冊則宜以篆籀著之金石至於常行簡牘則草隸足矣又許慎注解詞簡義奧不可周知陽氷之後諸儒箋述有可取者亦從附益猶有未盡則臣等粗爲訓釋以成一家之書說文之時未有反切後人附益互有異同孫愐唐韻行之已久今並以孫愐音切爲定庶幾學者有所適從焉錯亦善小學嘗以許慎說文依四聲譜次爲十卷目曰說文解字韻譜鉉序之曰昔伏羲畫八卦而文字之端見矣蒼頡模鳥迹而文字之

形立矣史籀作大篆以潤色之李斯變小篆以簡易之其美至矣及程邈作隸而人競趣省古法一變字義浸譌先儒許慎患其若此故集倉雅之學研六書之旨博訪通識考於賈逵作說文解字十五篇凡萬六百字字書精博莫過於是篆籀之體極於斯焉其後賈魴以三蒼之書皆爲隸字隸字始廣而篆籀轉微後漢及今千有餘歲凡善書者皆草隸焉又隸書之法有刪繁補闕之論則其譌僞斷可知矣故今字書之數累倍於前夫聖人創制皆有依據不知而作君子慎之及史闕文格言斯在若草木魚鳥形聲相從觸類長之良無窮極苟不折之以古義何足以觀

故叔重之後玉篇切韻所載習俗雖久要不可施之於篆文往者李陽氷天縱其能中興斯學贊明許氏奐焉英發然古法背俗易爲堙微方今許李之書僅存於世學者殊寡舊章罕存秉筆操觚要資檢閱而偏傍奥密不可意知尋求一字往往終卷力省功倍思得其宜舍弟錯特善小學因命取叔重所記以切韻次之聲韻區分開卷可覩錯又集通釋四十篇考先賢之微言暢許氏之玄旨正陽氷之新義折流俗之異端文字之學善矣盡矣今此書止欲便於檢討無恤其他故聊存詁訓以爲別識其餘敷演有通釋五音凡十卷貽諸同志云鉉親爲之篆鏤板以行于

世錯字楚金四歲而孤母方教鉉未暇及錯能自知書李景見其文以爲祕書省正字累官內史舍人因鉉奉使入宋憂懼而卒年五十五李穆使江南見其兄弟文章歎曰二陸不能及也鉉有文集三十卷質疑論若干卷所著稽神録多出於其客蒯亮錯所著則有文集家傳方輿記古今國典賦苑歲時廣記云

句中正字坦然益州華陽人孟昶時館于其相毋昭裔之第昭裔奏授崇文館校書郎復舉進士及第累爲昭裔從事歸朝補曹州録事參軍汜水令又爲潞州録事參軍中正精於字學古文篆隸行草無不工太平興國二年獻八

體書太宗素聞其名召入授著作佐郎直史館被詔詳定篇韻四年命副張洎爲高麗加恩使還遷左贊善大夫改著作郎與徐鉉重校定說文模印頒行太宗覽之嘉賞因問中正凡有聲無字有幾何中正退條爲一卷以獻上曰朕亦得二十一字可并録之也時又命中正與著作佐郎吳鉉大理寺丞楊文舉同撰定雍熙廣韻中正先以門類上進面賜緋魚袋加太常博士廣韻成凡一百卷特拜虞部員外郎淳化元年改直昭文館三遷屯田郎中杜門守道以文翰爲樂太宗神主及謚寶篆文皆詔中正書之嘗以大小篆八分三體書孝經摹石咸平三年表上之真宗召見便殿賜坐問所書幾許時中正曰臣寫此書十五年方成上嘉歎良久賜金紫命藏於祕閣時乾州獻古銅鼎狀方而四足上有古文二十一字人莫能曉命中正與杜鎬詳驗以聞援據甚悉五年卒年七十四中正喜藏書家無餘財子希古希仲並進士及第希仲太常博士蜀人又有孫逢吉林罕逢吉常爲蜀國子毛詩博士檢校刻石經罕亦善文字之學嘗著說文二十篇目曰林氏小說刻石蜀中

曾致堯字正臣撫州南豐人太平興國八年進士解褐符離主簿梁州録事參軍三遷著作佐郎直史館改祕書丞

出爲兩浙轉運使嘗上言去歲所部秋租惟湖州一郡督納及期而蘇常潤三州悉有逋負請各按賞罰太宗以江淮頻年水災蘇常特甚所言刻薄不可行詔戒致堯毋擾俄徙知壽州轉太常博士致堯性剛率好言事前後屢上章奏辭多激訐真宗即位遷主客員外郎判鹽鐵勾院張齊賢薦其材任詞職命翰林試制誥既而以輿議未允而罷李繼遷擾西鄙靈武危急命張齊賢爲涇原邠寧環慶等州經略使選致堯爲判官仍遷戶部員外郎既受命因抗疏自陳願不受章綬之賜詞旨狂躁詔御史府鞫其罪黜爲黃州副使奪金紫未幾復舊官改吏部員外郎歷知

泰泉蘇揚鄂五州大中祥符初遷禮部郎中坐知揚州日
冒請一月奉降掌昇州榷酤轉户部郎中五年卒年六十
六致堯頗好纂録所著有仙鳧羽翼三十卷廣中台志八
十卷清邊前要三十卷西陲要紀十卷爲臣要紀一十五
篇子易從易上皆登進士第
刁衎字元賓昇州人父彦能仕南唐爲昭武軍節度衎用
蔭爲祕書郎集賢校理衣五品服以文翰入侍甚被親昵
李煜嘗令直清輝殿閲中外章奏金陵平從煜歸宋太祖
賜緋魚授太常寺太祝稱疾假滿屏居輦下者數歲太平
興國初李昉扈蒙在翰林勉其出仕因撰聖德頌獻之詔

復本官出知睦州桐廬縣會詔羣臣言事衎上諫刑書謂
淫刑酷法非律文所載者望詔天下悉禁止之巡檢使臣
捕得盜賊亡卒並送本部法官訊鞫無得擅加酷虐古者
投姦凶于四裔今遠方四人盡歸京闕以配務役最非其
宜且神皋勝地天子所居豈使流囚於此聚役自今外處
罪人望勿許解送上京亦不留於諸務充役又禮曰刑人
於市與衆棄之則知黄屋紫宸之中非用刑行法之處望
自今御前不行決罰之刑殿前引見司鉗黥法具並赴御
史臺廷尉之獄敎杖不以大小皆引赴御史廷尉京府或
出中使或命法官具禮監科以重聖皇明刑慎法之意或

有犯刼盜亡命罪重者刖足釘身國門布令此乃小民昧
於刑憲逼於衣食偶然爲惡義不及他被其慘毒實傷風
化亦望減除其法如此則人情不駭各固其生和氣無傷
必臻上瑞再遷大理寺丞獻文四十篇召試授殿中丞通
判湖州上疏請定天下酒稅額修郡縣城隍條約牧宰除
兩浙丁身錢禁汴水流屍凡五事俄知婺州遷國子博士
會考校百官殿最衎被召以無過得知光州就改虞部員
外郎轉運使狀其政績優詔加獎徙知盧州眞宗即位遷
比部員外郎嘗上疏曰臣聞天下大器也羣生衆畜也治
大器者執一以正其度保衆畜者齊化以臻其原故至人

謂莫神於天莫富於地莫大於帝王又曰帝王乘地而總
萬物以用人也則知萬乘之尊一人之位等天地之覆燾
若日月之照臨可不慎思慮以安民繫慘舒而被物所以
堯舜篤善道以埀化而民謂之所天桀紂懷凶德以害世
而民謂之獨夫則君之於民善惡有如是之驗民之於君
毁譽有如是之異陛下纂圖兹始布政惟新所宜上順天
心下從人欲進善以去惡避毁而來譽遵唐虞之治斥幸
癸之亂私賞無及於小人私罰無施於君子任賢勿貳去
邪勿疑開諫諍之門塞讒佞之口愛而知其惡憎而知其
善無以春秋鼎盛而耽於逸游無以血氣方剛而惑於聲

色若太祖之勤儉若太宗之惠慈答天地數錫之意保祖宗艱難之業則周成漢文三宗之美不可同年而議擬也代還獻所著本說十卷得以本官充秘閣校理出知潁州入爲駕部員外郎改直秘閣充崇文院檢討時杜鎬陳彭年並預檢討衎言此二人可專其任詔許解職判三司開拆司預修册府元龜加主客郎中求領外任得知湖州轉刑部郎中歲滿復預編修大中祥符六年書成授兵部郎中入朝暴中風眩眞宗遣使馳賜金丹已不救年六十九衎始仕李氏權勢甚盛父爲藩帥家富於財被服飲膳極於侈靡歸宋以純澹夷雅知名于時恬於祿位善談笑喜

棊弈交道敦篤士大夫多推重之子湛湜渭皆登進士第湛刑部郎中湜屯田員外郎渭太常博士湛子繹約天聖中並進士及第

姚鉉字寶之廬州合肥人太平興國八年進士甲科解褐大理評事知潭州湘鄉縣三遷殿中丞通判簡宣昇三州淳化五年直史館侍宴內苑應制賦賞花釣魚詩特被嘉賞翌日命中使就第賜白金以獎之至道初遷太常丞充京西轉運使歷右正言右司諫河東轉運使俄上言曰伏見諸路官吏或彊明莅事惠愛及民者則必立教條除其煩擾然狡胥之輩非其所便俟其罷官悉藏記籍害公蠹政莫甚於此禮云其人存則其政舉其人亡則其政息又語曰舊令尹之政必告新令尹斯實聖人之格言國家之急務也欲望所在官吏有經畫利濟事可長久者歲終書曆受代日錄付新官俾之遵守若事有灼然匪便聽上聞俟報改正詔從之咸平三年河決鄆州王陵埽東南注鉅野入淮西城中積水壞廬舍以鉉知州事徙州于汶陽鄉之高原委以營度許便宜從事工畢加起居舍人京東轉運使徙兩浙路鉉儁爽頗尚氣薛映知杭州與之不協事多矛盾映摭鉉罪狀數條密以聞詔使劾之當奪一官特除名貶連州文學吉州之萬安抵虔江有贛石舟行其中

湍險萬狀鉉過感而賦之以自況大中祥符五年會赦移岳州又移舒州俄授本州團練副使天禧四年卒年五十三鉉文辭敏麗善筆札藏書至多頗有異本兩浙課吏寫書亦辭映所掎之一事雖被竄斥猶傭夫荷擔以自隨有集二十卷又采唐人文章纂爲百卷目曰文粹卒後子嗣復以其書上獻詔藏內府授嗣復永城主簿幼子稱俊穎美秀頗善屬辭裁十歲卒鉉紀其事爲聰悟錄人多傳之

李建中字得中其先京兆人曾祖逢唐左衛兵曹參軍祖稠梁商州刺史避地入蜀會王建僭據稠預佐命功臣左衛將軍建中幼好學十四丁外艱會蜀平侍母居洛陽聚

學以自給携文遊京師為王祐所延譽館于石熙載之第
熙載厚待之太平興國八年進士甲科解褐大理評事知
岳州録事參軍轉運使李惟清薦其能再遷著作佐郎監
潭州茶場改殿中丞歷通判道郢二州柴成務領漕運再
表稱薦轉太常博士時言事者多以權利進建中表陳時
政利害序王霸之略太宗嘉賞因引對便殿賜以緋魚會
考課京朝官建中舊坐公累罰金漏其事坐降授殿中丞
監在京権易院蘇易簡方被恩顧多得對嘗言蜀中文士
因及建中太宗亦素知之命直昭文館建中父名昭文懇
辭改集賢院數月出為兩浙轉運副使再遷主客員外郎

四百四十一　傳二百　十六

歷通判河南府知曹解頴蔡四州景德中以久次進金部
員外郎建中性簡靜風神雅秀恬於榮利前後三求掌西
京留司御史臺尤愛洛中風土就構園池號曰靜居好吟
詠每遊山水多留題自稱巖夫民伯加司封員外郎工部
郎中建中善修養之術會命官校定道藏建中預焉又判
太府寺大中祥符五年冬命使泗州奉御製表汴水發願文
就致設醮使還得疾明年卒年六十九建中善書札行筆
尤工多構新體草隸篆籀八分亦妙人多摹習爭取以為
楷法嘗手寫郭忠恕汗簡集以獻皆科斗文字有詔嘉奬
好古勤學多藏古器名畫有集三十卷子周道周士並進

士及第周士歷侍御史江東陝西轉運三司鹽鐵判官賜
金紫終工部郎中周民太子中舍

洪湛字惟清昇州上元人曾祖勳南唐崇文館直學士祖
壽桐城令父慶元獻書李煜授奉禮郎補新喻令歸宋至
寬句令湛幼好學五歲能為詩未冠録所著十卷為齠年
集舉進士有聲雍熙二年廷試已落復試擢眞高等解褐
歸德軍節度推官召還授右拾遺直史館端拱初通判壽
許二州歸宋與左正言尹黄裳馮拯右正言王世則宋沆
伏閤請立許王元僖為儲貳詞意狂率太宗怒時沆坐呂
蒙正親黨已出為宜州團練副使上因語近臣曰儲副邦

四百四十一　傳二百　十七　潘正

國之本朕豈不知但近世澆薄若立太子即東宫僚屬皆
須稱臣官職聯次與上臺無異人情深所不安此事朕自
有時爾湛坐削職出知容州黄裳知邕州拯知端州沆知
靖州世則知蒙州容之戍卒謀竊發者湛偵知亟斬之再
遷比部員外郎知郴舒二州咸平二年召還命試舍人院
復直史館是秋命與閤門祗候韓紹輝使荆湖按視民事
條奏利病甚衆還判三司都磨勘司又與王欽若同知貢
舉未幾同修起居注時議城綏州邊臣互言利害遣湛與
閤門祗候程順奇同往按視湛言城之利有七而害有二
遂詔營葺終以勞人罷之湛美風儀俊辯有材幹凡五使

西北議邊要真宗有意擢任顧遇甚厚曲宴苑中賦賞花
詩不移晷以獻深被褒賞五年春有河陰民常德方訟臨
津尉任懿納賄登第事下御史臺鞫得懿款云咸平二年
補太學生寓僧仁雅舍因仁雅求院之主僧惠泰爲道地
署紙許銀七鋌仁雅惠泰隱其二易爲五鋌惠泰素識王
欽若已在貢院乃因館客甯文德僕夫徐興納署紙于欽
若妻李李密召家僕祁睿書懿名於左臂并口傳許賂之
數入省告欽若及懿過五場睿復持湯飲至省欽若遣睿
語李令取其銀懿未即與既而懿預奏名授官未行丁內
艱還鄉里仁雅馳書索銀形於詛罵德方者賣卜縣市獲

其書以告中丞趙昌言具其事奏白請逮欽若屬吏先是
欽若爲亳州判官睿其廳幹及代歸以睿從行而未除州
之役籍及貢舉事畢會州人張績還鄉行服託爲睿去籍
名至是欽若訴云睿休役之後始傭于家而惠泰未嘗及
門欽若方被寵顧乃詔翰林侍讀學士邢昺內侍副都知
閻承翰并驛召知曹州邊肅知許州毋賓古就太常寺別
鞫懿易款云有妻兄張駕舉進士識湛懿亦與駕同造湛
門嘗以石榴二百枚木炭百秤饋之懿之輸銀也但憑二
僧達一主司實不知誰何廼以爲湛納其銀湛適使陝西
中途召還時張駕已死甯文德徐興悉遁去欽若近參機

務門下僕使多新募至不識惠泰故無與左證又固執知
舉時未有祁睿遂以湛受銀法當死特詔削籍流儋州懿
杖脊配隸忠靖軍惠泰坐受簡札及隱銀未入已以年七
十餘當贖銅八斤特杖一百黥面配商州坑冶仁雅杖脊
配隸郢州牢城而不窮用銀之端初王旦與欽若知舉出
拜樞密副使以湛代領其事湛之入貢院懿已試第三場
畢及官收湛贓家實無物湛素與梁顥善或假顥白金器
乃取以輸官六年會赦移惠州至化州調馬驛卒年四十
一湛時一子偕行甚幼州以聞特詔賜錢二萬官爲護喪
還揚州因詔命官配流嶺外而沒者悉給緡錢聽其歸葬

如親屬幼穉者在所遣牙校部送之湛有集十卷子鼎大
中祥符四年進士至度支員外郎直史館鹽鐵判官
路振字子發永州祁陽人唐相巖之四世孫巖貶死嶺外
其子琛避地湘潭間遂居焉振父洵美事馬希杲署連州
從事謝病終于家振幼穎悟五歲誦孝經論語十歲聽講
陰符裁百言而止洵美責之俾終其業振曰百言演道足
矣餘何必學洵美大奇之十二丁外艱母氏慮其廢業自
加誨激雖隆冬盛暑未始有懈淳化中舉進士太宗以詞
場之弊多事輕淺不能該貫古道因試卮言日出賦觀其
學術時就試者凡數百人咸瞠眙忘其所出雖當時馳聲

塲屋者亦有難色振寔素遊京師人罕知者所作賦尤為典贍太宗甚嘉之擢真甲科釋褐大理評事通判邠州徙徐州召還直史館復遣之任遷太子中允知濱州一日契丹至城下兵少民相恐衆謂振文吏無戰禦方略環聚而泣振乃親加撫諭且以敵盛不可與爭鋒宜堅壁自守數日契丹引去轉運使劉綜稱其能詔書褒美常作祭戰馬文曰咸平中契丹犯高陽關執大將康保裔略河朔而去天子幸魏特遣將王榮以五千騎追之榮無將材但能走馬以馳射為事受命恇怯數日不敢行伺賊渡河而後發有剽淄齊者數千騎尚屯泥沽榮不欲見敵遂以其騎略

四百卌　傳二百　二十　潘正

河南岸而還晝夜急騎馬不秣而道斃者十有四五天子憫之遣使收瘞焉因作祭文曰房駟之精降為驤騂飲臬呀風流沙激霆虎脊孤聳龍媒鶩獰丹髦曉霞的顙秋星茀方著幹宜秉旋膺巉臚角起方背珠明爾其絕塞草荒八月隕霜毛縮蹄堅筋舒脉張獸惡恐噬虬獰欲驤噴沙散沫千里飛雪圉人負紖武士索鐵前遮後突雷動地裂忽挽一而制百終伏轡而受縶牧官劬劬歲入券書蹄蹴纍纍通乎鬼區名駒大駒銜尾入塞勞其首長飾以駔儈蜀錦吳繒積如丘陵馬歸於我也重幣入於彼也輕於是絡黃金之羈浴天池之波鼓鬣亂雲衢弄影星河或蹀而齧

或齅而吪原蠶申禁駔駿何多帝念神物來經遠道閟之于內殿養之于外皁飲以玉池秣之瑤草窮冬邊塵入我河湑羽書宵飛龍馭北巡選仗下之名馬屬閫外之武臣琱戈電燭禁旅星陳授以長策帥以全軍壯士怒兮山可擘猛馬嗥兮虎可咋何嘆嗟之無勇反遷延而避敵氷霜凄凄介甲而馳不飲不秣載渴載飢駿馬餒死行人嗟咨委天骨於衢路反星精於雲霧報主恩之無及齊戎力而何誤生芻致祭弊帷成禮瘞于崇岡全爾具體馬如有神知帝之仁嗚呼又以西兵未弭入判大理寺改太常丞知河中府徙知鄧州代還判吏部南曹三司催欠憑由司景

四百三十五　傳二百　二十一　潘正

德中使福建巡撫俄判鼓司登聞院會修兩朝國史以振為編修官大中祥符初使契丹撰乘軺録以獻改太常博士左司諫擢知制誥振文詞温麗屢奏賦頌為名輩所稱尤長詩詠多警句及居文翰之職深愜物議自是彌加精厲從祀譙亳時同職分局掌事振獨直行在專典綸翰牋奏塡委應用無滯時推其敏贍七年同修起居注張復崔遵度以書事誤失降秩擇振與夏竦代之嗜酒得疾其冬卒年五十八録其子綸為太常寺奉禮郎振純厚無城府恂恂如也時人惜其登用之晚有集二十卷又嘗采五代末九國君臣行事作世家列傳書未成而卒

崔遵度字堅白本江陵人後徙淄州之淄川純介好學始七歲授經於叔父憲嘗以春秋編年史漢紀傳之例問於憲憲曰此兒他日成令名矣太平興國八年舉進士解褐和川主簿換臨汾饋芻糧三抵綏州涉無定河河沙與水混流無定跡陷溺相繼遵度憫之著銘以紀焉端拱初轉運副使夏侯嶠上其勤狀召歸對便坐因獻文自薦時新建祕閣命中書試作頌一首擢著作佐郎淳化中吏部侍郎李至薦之遷殿中丞出知忠州李順之亂賊遣其黨張餘來攻遵度領甲士百餘背城而戰賊踰堞以入遵度投江中賴州兵援之得免坐失城池貶崇陽令移鹿邑咸平

初復爲太子中允景德初内出遵度名引對崇政殿詔索所著文召試舍人院改太常丞直史館會修兩朝國史與路振並爲編修官大中祥符元年命同修起居注東封進博士祀汾陰是歲眞宗以兩省官絶少故因覃慶選補之命爲左司諫遵度與物無競口不言是非淳澹清素於勢利泊如也掌右史十餘歲立殿墀上常退匿楹間慮上之見善鼓琴得其深趣所僦舍甚湫隘有小閣手植竹數本朝退默坐其上彈琴獨酌翛然自適嘗著琴箋云世之言琴者必曰長三尺六寸象期之日十三徽象期之月居中者象閏前世未有辨者至唐協律郎劉貺以樂器配諸節候而謂琴爲夏至之音至於泛聲卒無述者愚嘗病之因張弓附案泛其弦而十三徽聲具焉況琴瑟之弦乎是知非所謂象者蓋天地自然之節耳又豈止夏至之音而已夫易有太極是生兩儀兩儀者太極之節也四時者兩儀之節也律呂者四時之節也晝夜者律呂之節也刻漏者晝夜之節也節節相受自細至大而歲成焉既不可使之節亦不可使之不節氣之自然者也氣既節矣聲同則應既不可使之應亦不可使之不應數之自然者也既節且應則天地之文成矣文之義也或任形而著或假物而彰日星文乎上山川理乎下動物植物花者節者五色具矣

斯任形者也至於人常有五性而不著以事觀之然後著日常有五色而不見以水觀之然後見氣常有五音而不聞以弦犮之然後聞斯假物者也是故聖人不能作易而能知自然之數不能作琴而能知自然之節何則數本於一而成於三因而重之故易六畫而成卦及其應也一必於四二必於五三必於六焉氣氣相召其應也必矣卦既畫矣故畫琴焉始以一絃泛桐當其節則清然而號不當其節則泯然無聲豈人力也哉且徽有十三而居中者爲一自中而左泛有三焉又右泛有三焉其聲殺而已絃盡則聲減及其應也一必於四二必於五三必於六焉節節

相召其應也必矣易之書也偶三爲六三才之配具焉萬物由之而出雖曰六畫及其數也止三而已矣琴之畫也偶六而根於一一鍾者道之所生也在數爲一在律爲黃在音爲宮在木爲根在四體爲心衆徽由之而生雖曰十三及其節也止三而已矣卦之德方經也蓍之德圓緯也故萬物不能逃其象徽三其節經也絃五其音緯也故衆音不能勝其文先儒謂八音以絲爲君絲以琴爲君愚謂琴以中徽爲君盡矣夫徽十三者蓋盡昭昭可聞者也苟盡絃而考之乃總有二十三徽焉是一氣也丈絃具之尺絃亦具之豈有長短大小之限哉是則萬物本於天地天

地本於太極太極之外以至於無物聖人本於道道本於自然自然之外以至於無爲樂本於琴琴本於中徽中徽之外以至於無聲是知作易者考天地之象也作琴者考天地之聲也往者藏音而未談來者專聲而忘理琴箋之作也庶乎近之苟其闕也請俟君子世稱其知言七年東郊建壇恭謝壇上設正坐奉天地配坐奉二聖遵度時與張復同典記注書昊天爲天皇又增聖祖配位坐謬誤降爲右正言復亦責爲工部郎中踰歲並復其秩九年仁宗以壽春郡王開府詔宰相擇耆德方正有學術之士咸曰遵度力學有士行時稱長者遂命與張士遜並爲王友改

户部員外郎賜服金紫又賚襲衣犀帶緡錢上作七言詩寵之因謂左右曰翊善記室皆府屬也故王皆受拜今賓友之禮當令答拜府中文翰皆遵度所作王讀孝經徹章復以御詩賜之國史成拜吏部員外郎昇邸進封改禮部郎中充諮議參軍儲宮建又加吏部兼左諭德未幾命使契丹判司農寺遵度性寡合喜讀易嘗云意有疑則彈琴辨其數筮易觀其象無不究也天禧四年八月卒年六十七其子拜官者二人仁宗即位特詔贈工部侍郎又授其二孫官有集二十卷

陳越字損之開封尉氏人祖守危興道令父夏虞部員外

郎越少好學尤精歷代史善屬文辭氣俊拔咸平中詔舉賢良刑部侍郎郭贄薦之策入第四等解褐將作監丞通判舒州徙知端州又徙通判袁州未幾召還遷著作佐郎直史館掌鼓司登聞院預修冊府元龜與陳從易劉筠尤爲勤職眞宗以其奉薄並命月增錢五千車駕朝陵掌留司名表時稱爲工自是兩府牋奏多命草之勳貴家以銘誌爲請者甚衆遷太常丞羣牧判官祀汾陰擢爲左正言越耿槩任氣喜臧否朋友放曠盃酒間家徒壁立不以屑意然嗜酒過差每食必先引數升罕有醒日亦用是遘疾大中祥符五年卒年四十無子母老人皆傷之越兄咸嘗

舉進士未第楊億杜鎬陳彭年列奏爲言眞宗憫之及册府元龜奏御特賜咸同三傳出身故事中書章表皆舍人爲之東封後朝廷多慶禮舍人或以他務所嬰乃擇館閣官得盛度路振劉筠夏竦宋綬洎越分撰表奏宰相嘗以名聞其後皆相次掌外制唯越不及登擢時論惜之

列傳卷第二百

開府儀同三司上柱國録軍國重事中書右丞相監修國史領經筵事都總裁臣脫脫等奉敕修

文苑四

穆修 石延年附劉潛 蕭貫 蘇舜欽
尹源 黃亢 黃鑑 楊蟠
顔太初 郭忠恕

穆修字伯長鄆州人幼嗜學不事章句眞宗東封詔舉齊魯經行之士修預選賜進士出身調泰州司理參軍負才與衆齟齬通判忌之使人誣告其罪貶池州中道亡至京師叩登聞鼓訴冤不報居貶所歲餘遇赦得釋迎母居京師閒出遊匄以給養久之補潁州文學參軍徙蔡州明道中卒修性剛介好論斥時病詆誚權貴人欲與交結往往拒之張知白守亳亳有豪士作佛廟成知白使人召修作記記成不書士名士以白金五百遺修爲壽且求載名于記修投金庭下俶裝去郡士謝之終不受且曰吾寧糊口爲旅人終不以匪人汚吾文也宰相欲識修且將用爲學官修終不往見母死自負櫬以葬日誦孝經喪記不飯浮屠爲佛事自五代文敝國初柳開始爲古文其後楊億劉筠尚聲偶之辭天下學者靡然從之修於是時獨以古文

稱蘇舜欽兄弟多從之游脩雖窮死然一時士大夫稱能文者必曰穆參軍慶曆中祖無擇訪得所著詩書序記誌等數十首集爲三卷

石延年字曼卿先世幽州人晉以幽州遺契丹其祖舉族南走家于宋城延年爲人跌宕任氣節讀書通大略爲文勁健於詩最工而善書累舉進士不中真宗録三舉進士以爲三班奉職延年恥不就張知白素奇之謂曰母老乃擇禄耶延年不得已就命後以右班殿直改太常寺太祝知金鄉縣有治名用薦者通判乾寧軍徙永靜軍爲大理評事館閣校勘歷光禄大理寺丞上書章獻太后請還政

天子太后崩范諷欲引延年延年力止之後諷敗延年坐與諷善落職通判海州久之爲秘閣校理遷太子中允同判登聞鼓院嘗上言天下不識戰三十餘年請爲二邊之備不報及元昊反始思其言召見稍用其說命往河東籍鄉兵凡得十數萬時邊將遂欲以扞賊延年笑曰此得吾粗也夫不教之兵勇怯相雜若怯者見敵而動則勇者亦牽而潰矣今既不暇教宜募其敢行者則人人皆勝兵也又嘗請募人使喻廝囉及回鶻舉兵攻元昊帝嘉納之延年喜劇飲嘗與劉潛造王氏酒樓對飲終日不交一言王氏恠其飲多以爲非常人益奉美酒肴果二人飲啖自若至夕無酒色相揖而去明日都下傳王氏酒樓有二仙來飲已乃知劉石也延年雖酣放若不可攖以世務然與人論天下事是非無不當初與天章閣待制呉遵路同使河東及卒遵路言於朝廷特官其一子

劉潛字仲方曹州定陶人少卓逸有大志好爲古文以進士起家爲淄州軍事推官嘗知蓬萊縣代還過鄆州方與曼卿飲聞母暴疾亟歸母死潛一慟遂絶其妻復撫潛大號而死時人傷之曰子死于孝妻死于義同時以文學稱京東者齊州歷城有李冠舉進士不第得同三禮出身調乾寧主簿卒有東臯集二十卷

蕭貫字貫之臨江軍新喻人俊邁能文尚氣槩舉進士甲科爲大理評事通判安宿二州遷太子中允直史館仁宗即位進太常丞同判禮院歷吏部南曹開封府推官三司鹽鐵判官爲京東轉運使時提舉捉賊劉舜卿善捕盜號劉鐵彈恃功爲不法前後畏其凶悍莫敢治貫至發之廢爲民徙江東改知洪州累遷尚書刑部員外郎坐前使江東不察所部吏受賕降知饒州有撫州司法參軍孫齊者初以明法得官以其妻杜氏留里中而紿娶周氏入蜀後周欲訴于官齊斷髪誓出杜氏乆之又納倡陳氏挈周所生子之撫州未踰月周氏至齊捽置廡下出僞券曰若傭

婢也敢爾邪乃殺其所生子周訴于州及轉運使皆不受人或告之曰得知饒州蕭史君者訴之事當白矣周氏以布衣書姓名乞食道上馳告貫撫非所部而貫特爲治之更赦猶編管齊濠州遷兵部員外郎召還將試知制誥會營建獻懿二皇太后陵未及試而卒貫臨事敢爲不茍合於時初感疾夢綠衣中人召至帝所賦禁中曉寒歌詞語清麗人以比唐李賀

蘇舜欽字子美參知政事易簡之孫父耆有才名嘗爲工部郎中直集賢院舜欽少慷慨有大志狀貌怪偉當天聖中學者爲文多病偶對獨舜欽與河南穆脩好爲古文歌詩一時豪俊多從之游初以父任補太廟齋郎調滎陽縣尉玉清昭應宮災舜欽年二十一詣登聞鼓院上疏曰烈士不避鈇鉞而進諫明君不諱過失而納忠是以懷策者必吐上前蓄冤者無至腹誹然言之難不如容之難容之難不如行之難有言之必容之行之則三代之主也幸陛下留聽焉臣觀今歲自春徂夏霖雨陰晦未嘗少止農田被菑者幾於十九臣以謂任用失人政令多過賞罰弗中之所召也天之降災欲悟陛下而大臣歸咎于刑獄之濫陛下聽之故肆赦天下以爲禳救如此則是殺人者不死傷人者不抵罪而欲以合天意也古者斷決滯訟以平水

旱不聞用赦故赦下之後陰霾及今前志曰積陰生陽陽生則火災見焉乘夏之氣發洩於玉清宮震雨雜下烈焰四起樓觀萬疊數刻而盡非慢於火備乃天之垂戒也陛下當降服減膳避正寢責躬罪己下哀痛之詔罷非業之作拯失職之民察輔弼及左右無裨國體者罷之竊弄權威者去之念政刑之失收芻蕘之論庶幾所以變災爲祐浹日之間未聞爲此而將計工役以圖修復都下之人聞者駭惑聚首橫議咸謂非宜皆曰章聖皇帝勤儉十餘年天下富庶帑府流衍乃作斯宮及其畢功海內虛竭陛下即位未及十年數遭水旱雖征賦咸入而百姓困乏若大興土木則費用不知紀極財力耗于內百姓勞于下內耗下勞何以爲國況天災之已違之是欲競天無省己之意逆天不祥安已難任欲祈厚貺其可得乎今爲陛下計莫若來吉士去佞人修德以勤至治使百姓足給而征稅寬減則可以謝天意而安民情矣夫賢君見變修道除凶亂世無象天不譴告今幸天見之變是陛下修己之日豈可忽哉昔漢宣帝三年茂陵白鶴館災詔曰迺者火災降於孝武園館朕戰慄恐懼不燭變異罪在朕躬群有司又不肯極言朕過以至于斯將何寤焉夫茂陵不及上都白鶴館大不及此宮彼尚降詔四方以求己過是知帝王憂危

念治汲汲如此臣又按五行志賢佞分别官人有叙率由舊章禮重功勳則火得其性若信道不篤或耀虛僞讒夫昌邪勝正則火失其性自上而降及濫炎妄起燔宗廟燒宮室雖興師徒而不能救魯成公三年新宮災劉向謂成公信三桓子孫之讒逐父臣之應襄公九年春宋火劉向謂宋公聽讒逐其大夫華弱奔魯之應今官災豈亦有是乎願陛下拱默内省而追華之罷再造之勞述前世之法天下之幸也又上書曰歷觀前代聖神之君好聞讜議蓋以四海至遠民有隱慝不可以徧照故無間愚賤之言而擇用之然後朝無遺政物無遁情雖有佞臣邪謀莫得而

進也臣覩乙亥詔書戒越職言事播告四方無不驚惑往往竊議恐非出陛下之意蓋陛下即位以來屢詔羣下勤求直言使百僚轉對置匭函設直言極諫科今詔書頓異前事豈非大臣壅蔽陛下聰明杜塞忠良之口不惟虧損朝政實亦自取覆亡之道夫納善進賢宰相之事蔽君自任未或不亡今諫官御史悉出其門但希旨意即獲美官多士盈庭噤不得語陛下拱默何由盡聞天下之事乎前孔道輔范仲淹剛直不撓致位臺諫後雖改他官不忘獻納二臣者非不知緘口數年坐得卿輔蓋不敢負陛下委注之意而皆罹中傷竄謫而去使正臣奪氣鯁士咋舌目

覩時弊口不敢論昔晉侯問叔向曰國家之患孰爲大對曰大臣持祿而不極諫小臣畏罪而不敢言下情不得上通此患之大者故漢文感女子之說而肉刑是除武帝聽三老之議而江充以族肉刑古法江充近臣女子三老愚耄疏隔之至也蓋以義之所在賤不可忽二君從之後世稱聖況國家班設爵位列陳豪英故當責其公忠安可教之循默賞之使諫尚恐不言罪其敢言孰肯獻納物情閉塞上位孤危軫念于兹可爲驚怛覬望陛下發德音寢前詔勤於采納下及芻蕘可以常守隆平保全近輔尋舉進士改光祿寺主簿知長垣縣遷大理評事監在京店宅務

康定中河東地震舜欽詣匭通疏曰臣聞河東地大震裂涌水壞屋廬城堞殺民畜幾十萬歷旬不止始聞惶駭疑惑竊思自編策所紀前代衰微喪亂之世亦嘗有此大變今四聖接統内外平寧戎夷交歡兵革偃息固與夫衰微喪亂之世異何災變之作反過之耶且妖祥之興神實尸之各以類告未嘗妄也天人之應古今之鑒大可恐懼豈王者安於逸豫信任近臣而不省政事乎廟堂之上有非才冒祿竊弄威福而侵上事者乎又豈施設之政有不便民者乎深宮之中有陰教不謹以媚道進者乎西北羌夷有背盟犯順之心乎臣從遠方來不知近事心疑而口不

敢道也所怪者朝廷見此大異不修闕政以厭天戒安民心默然不恤如無事之時諫官御史不聞進牘鋪白災害之端以開上心然民情洶洶聚首横議咸有憂悸之色臣以世受君禄身齒國命涵濡惠澤以長此軀目覩心思驚怛流汗欲盡吐肝膽以拜封奏又見范仲淹以剛直忤姦臣言不用而身竄謫降詔天下不許越職言事臣不避權右必恐横罹中傷無補於國因自悲嗟不知所措旣而孟春之初雷震暴作臣以謂國家闕失衆臣莫敢爲陛下言者唯天丁寧以告陛下陛下果能沛發明詔許群臣皆得獻言臣初聞之踴躍欣抃旬日間頗有言事者其間豈無

切中時病而未聞朝廷舉而行之是亦收虛言而不根實效也臣聞唯誠可以應天唯實可以安民今應天不以誠安民不以實徒布空文增人太息耳將何以謝神靈而救弊亂也豈大臣蒙塞天聽不爲陛下行之豈言事迂闊無所取不足行也臣竊見綱紀隳敗政化闕失其事甚衆不可槩舉謹條大者二事以聞一曰正心夫治國如治家治家者先脩己脩己者先正心心正則神明集而萬務理今民間傳陛下比年稍邇俳優賤人燕樂踰節賜予過度燕樂踰節則蕩賜予過度則侈蕩則政事不親侈則用度不足臣竊觀國史見祖宗日視朝旰昃方罷猶坐於後苑門

有白事者立得召對委曲詢訪小善必納眞宗末年不豫始間日視事今陛下春秋鼎盛實宵衣旰食求治之秋而乃隔日御殿此政事不親也又府庫匱竭民鮮蓋藏誅斂科率殆無虛日計度經費二十倍於祖宗時此用度不足也政事不親用度不足誠國大憂臣望陛下脩己以御人洗心以鑒物勤聽斷舍燕安放棄優諧近習之纖人親近剛明鯁直之良士因此災變以思求圖則天下幸甚其二曰擇賢夫明主勞於求賢而逸於任使然盈庭之士不須盡擇在擇一二輔臣及御史諫官而已陛下用人尚未慎擇昨王隨自吏部侍郎遷門下侍郎平章事超越十資復

爲上相此乃非常之恩必待非常之才而隨虛庸邪諂非輔相之器降麻之後物論沸騰故疾纏其身災仍於國此亦天意愛惜我朝陛下鑒之哉且石中立頃在朝行以詼諧自任士人或有宴集必置席間聽其語言以資笑噱今處之近輔不聞嘉謀物望甚輕人情所忽使災害屢降而朝廷不尊蓋近臣多非才者陛下左右尚如此天下官吏可知也實恐遠人輕笑中國宜即行罷免別選賢才又張觀爲御史中丞高若訥爲司諫二人者皆登高第頗以文詞進而溫和軟懦無剛鯁敢言之氣斯皆執政引拔建置欲其愼默不敢舉揚其私時有所言則必暗相關說旁人

竊之甚可笑也故御史諫官之任臣欲陛下親擇之不令出執政門下臺諫官既得其人則近臣不敢為過乃馭下之策也臣以謂陛下身既勤儉輔弼臺諫又皆得人則天下何憂不治災異何由而生惟陛下少留意焉范仲淹薦其才召試為集賢校理監進奏院舜欽娶宰相杜衍女衍時與仲淹富弼在政府多引用一時聞人欲更張庶事御史中丞王拱辰等不便其所為會進奏院祠神舜欽與右班殿直劉巽輒用鬻故紙公錢召妓樂間夕會賓客拱辰廉得之諷其屬魚周詢等劾奏因欲揺動衍事下開封府劾治於是舜欽與巽俱坐自盜除名同時會者皆知名士因縁得罪逐出四方者十餘人世以為過薄而拱辰等方自喜曰吾一舉網盡矣舜欽既放廢寓于吳中其友人韓維責以世居京師而去離都下隔絶親交舜欽報書曰蒙開責以兄弟在京師不以義相就獨羈外數千里自取愁苦子豈無親戚之情豈不知會合之樂也安肯舍安逸而甘愁苦哉昨在京師不敢犯人顔色不敢議論時事隨衆上下心志蟠屈不開固亦極矣不幸適在疑嫌之地不能決然早自引去致不測之禍捽去下吏人無敢言友雖一波共起謗議被廢之後喧然未已更欲寘之死地然後為快來者往往鉤賾言語欲以傳播好意相恤者幾希矣故

閉户不敢與相見如避兵寇偷俗如此安可久居其間遂超然遠舉羈泊於江湖之上不唯衣食之累實亦少避機穽也况血屬之多資入之薄持國見之矣常相團聚可乏衣食乎不可也閉關常不與人接乎不可也與人接必與之言與之言必與之還往使人人皆如持國則可不追持國者必加釀惡言喧布上下使僕不能自明則前日之事未為重也都無此事亦終日勞苦應接之不暇寒暑奔走塵土泥淖中不能了人事羸馬餓僕日棲棲取辱於都城使人指背譏笑哀閔亦何顔面安得不謂之愁苦哉此雖與兄弟親戚相遠而伏臘稍足居室稍寛無終日應接奔走之勞耳目清曠不設機關以待人心安閑而體舒放三商而眠高舂而起靜院明窻之下羅列圖史琴樽以自愉悦有興則泛小舟出盤閶二門吟嘯覽古於江山之間渚茶野釀足以銷憂蓴鱸稻蟹足以適口又多高僧隱君子佛廟勝絶家有園林珍花奇石曲池高臺魚鳥留連不覺日暮昔孔子作春秋而夷吳又曰吾欲居九夷觀今之風俗樂善好事知予守道好學皆欣然願來過從不以罪人相遇雖孔子復生是亦必欲居此也以彼此較之孰為然哉人生内有自得外有所適固亦樂矣何必高位厚禄役人以自奉養然後為樂今雖僑此亦如仕宦南北安可

與親戚常相守耶予窘迫勢不得如持國意必使我尸轉溝洫肉餧豺虎而後以爲安所義何其忍耶詩曰凡今之人莫如兄弟謂兄弟以恩急難必相拯救後章曰喪亂既平既安且寧雖有兄弟不如友生謂友朋尚義安寧之時以禮義相琢磨予於持國外兄弟也急難不相救又於未安寧之際欲以義相琢刻雖古人所不能受予欲不報慮淺吾持國也二年得湖州長史卒舜欽數上書論朝廷事在蘇州買水石作滄浪亭益讀書時發憤懣於歌詩其體豪放往往驚人善草書每酣酒落筆爭爲人所傳及謫死世尤惜之妻杜氏有賢行兄舜元字才翁爲人精悍任氣

節爲歌詩亦豪健尤善草書舜欽不能及官至尚書度支員外郎三司度支判官

尹源字子漸少博學彊記與弟洙皆以文學知名洙議論明辨果於有爲源自晦不矜飾有所發即過人初以祖蔭補三班借職稍遷殿直舉進士爲奉禮郎累遷太常博士歷知芮城河陽新鄭三縣通判涇州時知滄州劉渙坐專斬部卒降知密州源上書言渙爲主將部卒有罪不伏笞輒呼萬歲渙斬之不爲過以此謫渙臣恐邊兵愈驕輕視主將所繫非輕也渙遂獲免嘗作唐說及叙兵十篇上之其唐說曰世言唐所以亡由諸侯之彊此未極于理夫弱唐者諸侯也唐既弱矣而久不亡者諸侯維之也燕趙魏首亂唐制專地而治若古之建國此諸侯之雄者然皆恃唐爲輕重何則假王命以相制則易而順唐雖病之亦不得而外焉故河北順而聽命則天下爲亂者不能遂其亂河北不順而變則姦雄或附而起德宗世朱泚李希烈始遂其僭而終敗亡者田悅叛于前武俊順于後也憲宗討蜀平夏誅蔡夷鄆兵連四方而亂不生卒成中興之功者田氏稟命王承宗歸國也武宗將討劉稹之叛先正三鎮絕其連衡之計而王誅以成如是二百年姦臣逆子專國命者有之夷將相者有之而不敢窺神器非力不足畏諸

侯之勢也及廣明之後關東無復唐有方鎮相侵伐者猶以王室爲名及梁祖舉河南劉仁恭輕戰而敗羅氏內附王鎔請盟于時河北之事去矣梁人一舉而代唐有國諸侯莫能與之爭其勢然也向使以僖昭之弱乘巢蔡之亂而田承嗣守魏王武俊朱滔據燕趙彊相均地相屬其勢宜莫敢先動況非義舉乎如此雖梁祖之暴不過取霸于一方耳安能彊禪天下故唐之弱者以河北之彊也唐之亡者以河北之弱也或曰諸侯彊則分天子之勢子何議之過乎曰秦隋之勢無分于諸侯而亡速于唐何如哉或曰唐之亡其由君失道乎曰君非失道而才不至焉爾其

亡也臣實主之請極其說唐太宗起艱難有天下其用臣也聽其言而盡其才故君臣相親而至治安以及後世視太宗由茲而興雖其聖不及而任臣納諫之心一也君有太宗之心臣非太宗之臣上聽其下或不能辨其姦下惑其上無所不至所以敗也何哉夫君一而臣衆大聖之君不相繼而出大姦之臣則世有之大聖在上則姦無所容其臣莫不賢苟君之才不能勝臣之姦則雖有賢者不能進矣如是然未至於失道猶失道也明皇非不欲天下如貞觀之治而馭臣之才不能勝林甫之姦於是有祿山之禍德宗非不欲平暴亂安四方而君人之術不能勝盧杞

之邪於是有朱泚之變以至于僖昭其心皆欲去亂而即治也而才不逮於明皇德宗輔臣之姦邪或過於林甫盧杞求國不亡安可得已然迹其事君豈有失道乎于時天下非無賢由君不能主聽也故至賢之主與夫失道之主其與其亡皆自取之此繫乎君者也中才之主其臣正勝邪則治而安邪勝正則亂而亡此繫乎臣者也然則唐之亡非君之爲臣之爲也其叙兵曰唐杜牧當會昌中河朔用兵嘗爲文數篇上論歷代軍事利害繼以本朝制兵用將之得失下參以當時事機牧儒者位不顧其術未嘗試然識者謂牧知兵雖古名將不能過今觀牧所著大要究

極當世之務不專泥古法使時君可行而易爲功此其善也今兵之利鈍所以與唐世異者唐自中世以來諸侯皆自募兵訓練出攻入守上下一志故討淮西青冀滄德澤潞之叛以至四征夷狄大率假外兵以集事朝廷所出神策禁軍不過爲聲援而已故所至多有功今則不然國家患前世藩鎮之彊凡天下所募驍勇一萃於京師雖濱塞諸郡大者籍兵不踰數千每歲防秋則戍以禁兵將帥任輕而勢分軍事往往中御愚謂此可以施於無事時鎮中國服豪傑心苟戎夷侵軼未必能取勝也何則兵主於外則勇主於內則驕勇生於勞驕生於逸夫外兵所習尚皆

彊埸戰鬬勞苦之事死生之命制之於將故勇勇而使之戰則多利內兵居京都日享安逸加之以賞賚未嘗服甲冑荷戈戟不知將帥號令之嚴故驕驕而勞之則怨以之戰則多鈍若唐之失失於諸侯之不制非失於外兵之彊故有驕將罕聞有驕兵今之失失於將太輕而外兵不足以應敵內兵鮮得其用故有驕兵不聞有驕將且唐之所失者勢也今之所失者制也勢也者不得已也制也者可爲而不爲也然則爲今之計當如何曰稍革舊制大募豪勇益外兵之籍俾足以戰敵以內兵爲聲勢重邊將之任使專一軍之事而不得連州郡之勢斯可以獲近利而士

後害也餘文多不錄趙元昊冦定川堡葛懷敏發涇原兵救之源是時通判慶州遺懷敏書曰賊舉國而來其利不在城堡而兵法有不得而救者宜駐兵瓦亭擇利而後動懷敏不聽以敗范仲淹韓琦薦其才召試學士院源素不喜賦請以論易賦主試者方以賦進不悅其言第其文下除知懷州卒

黃亢字清臣建州浦城人也母夢星殞于懷掬而吞之遂有娠少奇頴過人年十五以文謁翰林學士章得象得象奇之遊錢塘以詩贈處士林逋逋尤激賞時王隨知杭州奏禁西湖爲放生池亢作詩數百言以諷士人爭傳之亢

爲人侏儒不飾小節對人野率如不能言然嗜學彊記爲文詞奇偉卒鄉人類其文爲十二卷號東溪集

黃鑑字唐卿與亢同鄉里少敏慧過人舉進士補桂陽監判官爲國子監直講同郡楊億尤善其文詞延置門下由是知名累遷太常博士爲國史院編修官嘗詔館閣官後苑賞花而鑑特預召國史成擢直集賢院以母老出通判蘇州卒

楊蟠字公濟章安人也舉進士爲密和二州推官歐陽脩稱其詩蘇軾知杭州蟠通判州事與軾倡酬居多平生爲詩數千篇後知壽州卒

顏太初字醇之徐州彭城人顏子四十七世孫少博學有雋才慷慨好義喜爲詩多譏切時事天聖中亳州衛眞令黎德潤爲吏誣搆死獄中太初以詩發其寃覽者壯之文宣公孔聖祐卒無子除襲封且十年是時有醫許希以鍼愈仁宗疾拜賜已西向拜扁鵲曰不敢忘師也帝爲封扁鵲神應侯立祠城西太初作許希詩指聖祐事以諷在位又致書參知政事蔡齊齊爲言於上遂以聖祐弟襲封山東人范諷石延年劉潛之徒喜豪放劇飲不循禮法後生多慕之太初作東州逸黨詩孔道輔深器之太初中進士後爲莒縣尉因事忤轉運使投劾去久之補閬中主簿時

范諷以罪貶同黨皆坐斥齊與道輔薦太初上其嘗所爲詩召試中書言者以爲此嘲譏之辭遂報罷臨晉主簿前此有太常博士宋武通判同州與守爭事恚死守憾之搆其子以罪發狂亦死父子寓骨僧舍時守方貴顯無敢爲直寃太初因事至同州葬武父子蘇舜欽表其事于墓左後移應天府戶曹參軍南京國子監說書卒著書號洙南子所居在鳧繹兩山之間號鳧繹處士有集十卷淳曜聯英二十卷子復嘉祐中本郡敦遣至京師召試舍人院爲奉議郎

郭忠恕字恕先河南洛陽人七歲能誦書屬文舉童子及

第尤工篆籀弱冠漢湘陰公召之忠恕拂衣遽辭去周廣
順中召爲宗正丞兼國子書學博士改周易博士建隆初
被酒與監察御史符昭文競於朝堂御史彈奏忠恕叱臺
吏奪其奏毀之坐貶爲乾州司户參軍乘醉毆從事范滌
擅離貶所削籍配隸靈武其後流落不復求仕進多游岐
雍京洛間縱酒跅弛逢人無貴賤輒呼猫有佳山水即淹
留浹旬不能去或踰月不食盛暑暴露日中體不沾汗窮
冬鑿河冰而浴其傍凌澌消釋人皆異之尤善畫所圖屋
室重復之狀頗極精妙多游王侯公卿家或待以美醖豫
張紈素倚於壁乘興即畫之苟意不欲而固請之必怒而
去得者藏以爲寶太宗即位聞其名召赴闕授國子監主
簿賜襲衣銀帶錢五萬館於太學令刊定歷代字書忠恕
性無檢局放縱敗度上憐其才每優容之益使酒肆言談
謗時擅鬻官物取其直詔減死決杖流登州時太平興國
二年已行至齊州臨邑謂部送吏曰我今逝矣因掊地爲
穴度可容其面俯窺焉而卒稾葬於道側後累月故人取
其尸將改葬之其體甚輕空空然若蟬蛻焉所定古今尚
書并釋文並行於世

列傳卷第二百一

列傳卷第二百二 宋史四百四十三

開府儀同三司上柱國錄軍國重事中書右丞相監修國史領經筵事都總裁臣脫脫等奉 敕修

文苑五

梅堯臣 江休復 蘇洵

章望之 王逢 孫唐卿 黄庠 楊寘附

唐庚 文同 揚傑

賀鑄 劉涇 鮑由

黄伯思

梅堯臣字聖俞宣州宣城人侍讀學士詢從子也工爲詩
以深遠古淡爲意間出奇巧初未爲人所知用詢蔭爲河
南主簿錢惟演留守西京特嗟賞之爲忘年交引與酬倡
一府盡傾歐陽脩與爲詩友自以爲不及堯臣益刻厲精
思苦學繇是知名於時宋興以詩名家爲世所傳如堯臣
者蓋少也嘗語人曰凡詩意新語工得前人所未道者斯
爲善矣必能狀難寫之景如在目前含不盡之意見於言
外然後爲至也世以爲知言歷德興縣令知建德襄城縣
監湖州稅簽書忠武鎮安判官監永豐倉大臣屢薦宜在
館閣召試賜進士出身爲國子監直講累遷尚書都官員
外郎預修唐書成未奏而卒録其子一人寶元嘉祐中仁

宗有事郊廟堯臣預祭輒獻歌詩又嘗上書言兵注孫子十三篇撰唐載記二十六卷毛詩小傳二十卷宛陵集四十卷堯臣家貧喜飲酒賢士大夫多從之游時載酒過門善談笑與物無忤詼嘲刺譏託於詩晚益工有人得西南夷布弓衣其織文乃堯臣詩也名重於時如此

江休復字鄰幾開封陳留人少彊學博覽爲文淳雅尤善於詩喜琴弈飲酒不以聲利爲意進士起家爲桂陽監藍山尉騎驢之官每據鞍讀書至迷失道家人求得之舉書判拔萃改大理寺丞遷殿中丞獻其所著書召試爲集賢校理判尚書刑部與蘇舜欽游坐預進奏院祠神會落職

監蔡州商稅久之知奉符縣通判睦州徙廬州復集賢校理判吏部南曹登聞鼓院爲群牧判官出知同州提點陝西路刑獄入判三司鹽鐵勾院修起居注累遷尚書刑部郎中卒休復外簡曠而內行甚飭事嫡姑如母所與游皆一時豪俊爲政簡易嘗著神告一篇言皇嗣未立假神告祖宗之意冀以感悟又嘗言昭憲太后子孫多流落民間宜甄錄之著唐宣鑒十五卷春秋世論三十卷文集二十卷

蘇洵字明允眉州眉山人年二十七始發憤爲學歲餘舉進士又舉茂才異等皆不中悉焚常所爲文閉戶益讀書遂通六經百家之說下筆頃刻數千言至和嘉祐間與其二子軾轍皆至京師翰林學士歐陽脩上其所著書二十二篇既出士大夫爭傳之一時學者競效蘇氏爲文章所著權書衡論機策文多不可悉錄錄其心術遠慮二篇心術曰爲將之道當先治心太山覆於前而色不變麋鹿興於左而目不瞬然後可以待敵凡兵上義不義雖利勿動夫惟義可以怒士士以義怒可與百戰凡戰之道未戰養其財將戰養其力既戰養其氣既勝養其心謹烽燧嚴斥候使耕者無所顧忌所以養其財豐犒而優游之所以養其力小勝益厲所以養其氣用人不盡其所爲所以養其

心故士常蓄其怒懷其欲而不盡怒不盡則有餘勇欲不盡則有餘貪故雖并天下而士不厭兵此黄帝所以七十戰而兵不殆也凡將欲智而嚴凡士欲愚智則不可測嚴則不可犯故士皆委己而聽命夫安得不愚夫惟士愚而後可與之皆死凡兵之動知敵之主知敵之將而後可以動於險鄧艾縋兵於穴中非劉禪之庸則百萬之師可以坐縛彼固有所侮而動也故古之賢將能以兵嘗敵而又以敵自嘗故去就可以決凡主將之道知理而後可以舉兵知勢而後可以加兵知節而後可以用兵知理則不屈知勢則不沮知節則不窮見小利不動見小患不避小利

小患不足以辱吾技也夫然後有以支大利大患夫惟養技而自愛者無敵於天下故一忍可以支百勇一靜可以制百動兵有長短敵我一也敢問吾之所長吾出而用之彼將不與吾校吾之所短吾斂而置之彼將彊與吾角柰何曰吾之所短吾抗而暴之使之疑而却吾之所長吾陰而養之使之狎而墮其中此用長短之術也兵者使之無所顧有所恃無所顧則知死之不足惜有所恃則知不至於必敗尺箠當猛虎奮呼而操擊徒手遇蜥蜴變色而却步人之情也知此者可以將矣袒裼而按劒則烏獲不敢逼冠冑衣甲據兵而寢則童子彎弓殺之矣故善用兵者

以形固夫能以形固則力有餘矣遠慮曰聖人之道有經有權有機是以有民有群臣而又有腹心之臣曰經者天下之民舉知之可也曰權者民不可得而知矣群臣知之可也曰機者雖群臣亦不得而知之矣腹心之臣知之可也夫使聖人無權則無以成天下之務無機則無以濟萬世之功然皆非天下之民所宜知而機者又群臣所不得聞群臣不得聞則誰與議不議不濟然則所謂腹心之臣者不可一日無也後世見三代取天下以仁義而守之以禮樂也則曰聖人無機夫取天下與守天下無機不能顧三代聖人之機不若後世之詐故後世不得見耳有機也是以

有腹心之臣禹有益湯有伊尹武王有太公望是三臣者聞天下之所不聞知群臣之所不知禹與湯武倡其機於上而三臣者和之於下以成萬世之功下而至於桓文有管仲狐偃爲之謀主闔廬有伍員勾踐有范蠡大夫種高祖之起也大將任韓信黥布彭越裨將任曹參樊噲滕公灌嬰游說諸侯任酈生陸賈樅公至於奇機密謀群臣所不與者唯留侯酇侯二人唐太宗之臣多奇才而委之深任之密者亦不過曰房杜夫君子爲善之心與小人爲惡之心一也君子有機以成其善小人有機以成其惡有機也雖惡亦或濟無機也雖善亦不克是故腹心之臣不可

以一日無也司馬氏魏之賊也有賈充之徒爲之腹心之臣以濟陳勝吳廣秦民之湯武也無腹心之臣以不克何則無腹心之臣無機也有機而泄也夫無機與有機而泄者譬如虎豹食人而不知設陷穽設陷穽而不知以物覆其上者也或曰機者創業之君所假以濟耳守成之世其奚事機而安用夫腹心之臣嗚呼守成之世能遂熙然如太古之世矣乎未也吾未見機之可去也且夫天下之變常伏於安田文所謂子少國危大臣未附當是之時而無腹心之臣可爲寒心哉昔者高祖之末天下既定矣而又以周勃遺孝惠孝文武帝之末天下既治矣而又以霍光

遺孝昭孝宣蓋天下雖有泰山之勢而聖人常以累卵爲心故雖守成之世而腹心之臣不可去也傳曰百官總己以聽于冢宰彼冢宰者非腹心之臣天子安能舉天下之事委之三年不置疑於其間邪又曰五載一巡狩彼無腹心之臣五載一出捐千里之畿而誰與守邪今夫一家之中必有宗老一介之士必有密友以開心胸以濟緩急奈何天下而無腹心之臣乎近世之君抗然于上而使宰相眇然於下上下不接而其志不通矣臣視君如天之遼然而不可親而君亦如天之視人泊然無愛之之心也是以社稷之憂彼不以爲憂君憂不辱君辱不死一人譽之則

用之一人毀之則捨之宰相避嫌譏且不暇何暇盡心以憂社稷數遷數易視相府如傳舍百官泛泛於下而天子惸惸於上一旦有卒然之憂吾未見其不顛沛而殞越也聖人之任腹心之臣也尊之如父師愛之如兄弟執手入卧內同起居寢食知無不言言無不盡百人譽之不加密百人毀之不加疎尊其爵厚其祿重其權而後可與議天下之機慮天下之變宰相韓琦見其書善之奏于朝召試舍人院辭疾不至遂除秘書省校書郎會太常修纂建隆以來禮書乃以爲霸州文安縣主簿與陳州項城令姚闢同修禮書爲太常因革禮一百卷書成方奏未報卒賜其家縑銀二百子軾辭所賜求贈官特贈光祿寺丞敕有司具舟載其喪歸蜀有文集二十卷謚法三卷

章望之字表民建州浦城人少孤喜問學志氣宏放爲文辯博長於議論初由伯父得象廕爲秘書省校書郎監杭州茶庫逾年辭疾去求舉賢良方正得象在相位以嫌抑之乃上書論時政凡萬餘言不報丁母憂毀瘠過制服除浮游江淮間犯艱苦汲汲以營衣食不自悔人勸之仕不應也其兄拱之知晉江縣忤其守蔡襄襄誣以贓貶望之號泣歷訴於朝時襄方貴顯事久不得直望之訴不已章十餘上起獄數年朝廷爲再劾卒脫拱之冤復官如初

望之遂不復仕覃恩遷太常寺太祝大理評事翰林學士歐陽脩韓絳知制誥吳奎劉敞范鎮同薦其才宰相欲稍用之除簽書建康軍節度判官不赴又除知烏程縣趣令受命固辭遂以光祿寺丞致仕卒望之喜議論宗孟軻言性善排荀卿揚雄韓愈李翺之說著救性七篇歐陽脩論魏梁爲正統望之以爲非著明統三篇江南人李覯著禮論謂仁義智信樂刑政皆出於禮望之訂其說著禮論一篇其議論多有過人者嘗北游齊趙南泛湖湘西至汧隴東極吳會山水勝處無所不歷有詩雜文數百篇集爲三十卷

王逢字會之太平州當塗人其四世祖居巖仕唐爲驍衛長史遭亂棄官歸居青山楊行密據淮南使人以兵迫起之居巖散遣其家人而以一身歸行密授以湖州別駕不遣一日行密大會失居巖亟使人掩其家無一人在者其後有人於嵩山見空石室詢其旁或云有道人王居巖居此去而莫知其所終子孫仕無顯者至逢博學能屬文尤長於講說少舉進士不中去教授蘇州學者常數百人晚始登第補南雄州軍事判官歸爲國子監直講兼隴西郡王宅教授李瑋從學事之甚謹岐國公主既降瑋爲逢求遷官且有命逢辭不受久之以太常博士通判徐州未至

卒逢爲人樂易篤於朋友與胡瑗最善喜著書有易傳十卷乾德指說一卷復書七卷妻陳氏亦有賢行無子

孫唐卿字希元青州人少有學行年十七以書謁韓琦琦甚器之與黃庠楊寘自景祐以來俱以進士爲舉首有名一時唐卿初中第通判陝州於吏事若素習民有母再適人而死及葬其父恨母之不得祔乃盜母之喪而同葬之有司論以法唐卿時權府事乃曰是知有孝而不知有法爾乃釋之以聞未幾丁父憂毀瘠嘔血而卒詔賻其家

黃庠字長善洪州分寧人博學彊記超敏過人初至京師就舉國子監開封府禮部皆爲第一比引試崇政殿以疾不時入天子遣內侍即邸舍撫問賜以藥劑是時庠名聲動京師所作程文傳誦天下聞于外夷近世布衣罕比也歸江南五年以病卒

楊寘字審賢察之弟少有雋才慶曆二年舉進士京師試國子監禮部皆第一既試崇政殿帝臨軒啓封見名喜動于色謂輔臣曰楊寘也遂擢第一公卿相賀爲得人授將作監丞通判潁州未至官持母喪病羸卒特詔賻恤其家先是其友夢寘作龍首山人寘自謂龍首我四冠多士山人無祿位之稱我其終是乎已而果然

唐庚字子西眉州丹稜人也善屬文舉進士稍爲宗子博

士張商英薦其才除提舉京畿常平商英罷相庚亦坐貶安置惠州會赦復官承議郎提舉上清太平宮歸蜀道病卒年五十一庚爲文精密通於世務作名治察言閔俗存舊內前行諸篇時人稱之有文集二十卷子文若自有傳庚兄弟五人長兄瞻字望之後改名伯虎字長孺治易春秋皆有家法元祐三年其父游瀘南伯虎兄弟居母喪於丹山伯虎夜半蹴庚曰吾夢收父書發之得亟來二字吾父得無他乎吾心動矣汝奉母莫朝夕吾趨瀘南庚未及應伯虎奮曰吾決矣起裹糧黎明走洪川艤舟遇江漲聲播數十里客舟皆艤岸不敢動伯虎彷徨堤上有漁者持

小艇繫港中唱以厚利不許伯虎超入艇中叱僕夫解維漁者不得已從之二日半至瀘南父果病甚見伯虎大驚問其故具告之父嘆曰天告汝也是日疾少間伯虎具舟侍父以歸居數日疾復作遂卒元符二年庚以貢舉事繫獄臨邛語連伯虎臨邛并械之凡對吏逾年掠治無完膚其詞確然一不及庚以故獄久不具卒會赦除之伯虎性真率無威儀人多易之至是皆大服以爲不可及伯虎仕於四方每數年一歸不過旬日復去後卒于家有子二人

文同字與可梓州梓潼人漢文翁之後蜀人猶以石室名其家同方口秀眉以學名世操韻高潔自號笑笑先生善

詩文篆隷行草飛白文彥博守成都奇之致書同曰與可襟韻洒落如晴雲秋月塵埃不到司馬光蘇軾尤敬重之軾同之從表弟也同又善畫竹初不自貴重四方之人持縑素請者足相躡於門同厭之投縑於地罵曰吾將以爲韈好事者傳之以爲口實初舉進士稍遷太常博士集賢校理知陵州又知洋州元豐初知湖州明年至陳州宛丘驛忽留不行沐浴衣冠正坐而卒崔公度嘗與同同爲館職見同京南殊無言及將別但云明日復來乎與子話公度意以話爲畫明日再往同曰與公話則左右顧恐有聽者公度方知同將有言非畫也同曰吾聞人不妄語者舌可過鼻即吐其舌三疊之如餅狀引之至眉間公度大驚及京中傳同死公度乃悟所見非生者有丹淵集四十卷行于世

楊傑字次公無爲人少有名于時舉進士元豐中官太常者數任一時禮樂之事皆預討論嘗議玉牒帝系自僖祖而上世次莫知則僖祖爲始祖無疑宜以僖祖配感生帝又請孝惠賀后淑德尹后章懷潘后皆祖宗首納之后孝章宋后嘗母儀天下升祔之禮久而未講宜因慈聖光獻崇配之日升四后神主祔于祖宗祏室斷天下之大疑正宗廟之大法由是四后始得升祔神宗詔秘書監劉几禮

部侍郎范鎮議樂几請命傑同議傑言大樂七失並圖上之神宗下几鎮參定鎮不用傑議自製樂成詔褒之元豐末晉州教授陸長愈言近封孟軻鄒國公宜春秋釋奠與顏子並配下太常議傑與少卿葉均博士盛陶王古辛公佐以謂凡配享從祀皆孔子同時之人今以孟軻並配非是禮部復言自唐至今以伏勝高堂生等二十一賢從祀豈必同時人詔從禮部議哲宗即位議樂又用范鎮說傑復破鎮樂章曲名宮架加磬十六鍾磬之非又論鎮以黑黍用秬制律銅量叩之不合黃鍾以世無真黍用太府尺爲樂尺下舊樂三律詳具樂志傑在神宗時與鎮異議至

是復攻之鎮之樂律卒不用元祐中爲禮部員外郎出知潤州除兩浙提點刑獄卒年七十自號無爲子有文集二十餘卷樂記五卷

賀鑄字方回衞州人孝惠皇后之族孫長七尺面鐵色眉目聳拔喜談當世事可否不少假借雖貴要權傾一時小不中意極口詆之無遺辭人以爲近俠博學強記工語言深婉麗密如次組繡尤長於度曲掇拾人所棄遺少加檃括皆爲新奇嘗言吾筆端驅使李商隱温庭筠常奔命不暇諸公貴人多客致之鑄或從或不從其所不欲見終不貶也初娶宗女隸籍右選監太原工作有貴人子同事驕

倨不相下鑄廉得盜工作物屏侍吏閉之密室以杖數曰來若某時盜某物爲某用某時盜某物入于家然乎貴人子惶駭謝有之鑄曰能從吾治免白發即起自袒其膚杖之數下貴人子叩頭祈哀即大笑釋去自是諸挾氣力頡頏者皆側目不敢仰視是時江淮間有米芾以魁岸奇譎知名鑄以氣俠雄爽適相先後二人每相遇瞋目抵掌論辯鋒起終日各不能屈談者爭傳爲口實元祐中李清臣執政奏換通直郎通判泗州又倅太平州竟以尚氣使酒不得美官悒悒不得志食宫祠禄退居吳下稍務引遠世故亦無復軒輊如平日家藏書萬餘卷手自校讎無一字誤以是杜門將遂其老家貧貸子錢自給有負者輒折券與之秋毫不以丐人鑄所爲詞章往往傳播在人口建中靖國時黄庭堅自黔中還得其江南梅子之句以爲似謝玄暉其所與交終始厚者惟信安程俱鑄自裒歌詞名東山樂府俱爲序之嘗自言唐諫議大夫知章之後且推本其初出王子慶忌以慶爲姓居越之湖澤所謂鏡湖者本慶湖也避漢安帝父清河王諱改爲賀氏慶湖亦轉爲鏡當時不知何所據故鑄自號慶湖遺老有慶湖遺老集二十卷

劉涇字巨濟簡州陽安人舉進士王安石薦其才召見除

經義所檢討久之爲太學博士罷知咸陽縣常州教授通判莫州成都府除國子監丞知處號眞坊四州元符末上書召對除職方郎中卒年五十八涇爲文務奇怪語好進取多爲人排斥屢躓不伸同時有鄭少微者字明舉成都人也與涇俱以文知名而仕不偶

鮑由字欽止處州龍泉人舉進士嘗從王安石學又親炙蘇軾故其文汪洋閎肆詩尤高妙徽宗召對除工部員外郎居無何以不合去責監泗州轉般倉歷河東福建路常平廣西淮南轉運判官復召爲郎以言者罷提點元封觀起知明州又知海州復奉祠卒年五十六嘗注杜甫詩有

文集五十卷

黄伯思字長睿其遠祖自光州固始徙閩爲邵武人祖履資政殿大學士父應求饒州司録伯思體弱如不勝衣風韻灑落飄飄有凌雲意自幼警敏不好弄日誦書千餘言每聽履講經史退與他兒言無遺誤者嘗夢孔雀集于庭覺而賦之詞采甚麗以履任爲假承務郎甫冠入大學校藝屢占上游履將以恩例奏增秩伯思固辭履益奇之元符三年進士高等調磁州司法參軍久不任改通州司户丁内艱服除除河南府户曹參軍治劇不勞而辦秩滿留守鄧洵武辟知右軍巡院伯思好古文奇字洛下公卿家

商周秦漢彝器款識研究字畫體製悉能辨正是非道其本末遂以古文名家凡字書討論備盡初淳化中博求古法書命待詔王著續正法帖伯思病其乖僞厖雜考引載籍咸有依據作刊誤二卷由是篆隸正行草章草飛白皆至妙絶得其尺牘者多藏弆又二年除詳定九域圖志所編修官兼六典檢閲文字改京秩尋監護崇恩太后園陵使司掌管牋奏以修書恩升朝列擢祕書省校書郎未幾遷祕書郎縱觀册府藏書至忘寢食自六經及歷代史書諸子百家天官地理律曆卜筮之說無不精詣凡詔講明前世典章文物集古器考定真贋以素學與聞議論發明居多館閣諸公自以爲不及也踰再考丁外艱宿抱羸瘵因喪尤甚服除復舊職伯思頗好道家自號雲林子別字霄賓及至京夢人告曰子非久人間上帝有命典司文翰覺而書之不踰月以政和八年卒年四十伯思學問慕揚雄詩慕李白文慕柳宗元有文集五十卷翼騷一卷二子詔右宣教郎荆湖南路安撫司書寫機宜文字訒右從事郎福州懷安尉裒伯思平日議論題跋爲東觀餘論三卷

列傳卷第二百二

開府儀同三司上柱國錄軍國重事前中書右丞相監修國史領經筵事都總裁臣脫脫等奉

敕修

文苑六

黄庭堅字魯直洪州分寧人幼警悟讀書數過輒成誦舅

李常過其家取架上書問之無不通常驚以爲一日千里舉進士調葉縣尉熙寧初舉四京學官第文爲優教授北京國子監留守文彦博才之留再任蘇軾甞見其詩文以爲超軼絶塵獨立萬物之表世久無此作由是聲名始震知太和縣以平易爲治時課頒鹽筴諸縣爭占多數太和獨否吏不悦而民安之哲宗立召爲校書郎神宗實錄檢討官逾年遷著作佐郎加集賢校理實錄成擢起居舍人丁母艱庭堅性篤孝母病彌年晝夜視顏色衣不解帶及亡廬墓下哀毁得疾幾殆服除爲秘書丞提點明道宮兼國史編修官紹聖初出知宣州改鄂州章惇蔡卞與其黨論實錄多誣俾前史官分居畿邑以待問摘千餘條示之謂爲無驗證既而院吏考閲悉有据依所餘才三十二事庭堅書用鐵龍爪治河有同兒戲至是首問焉對曰庭堅時官北都嘗親見之真兒戲耳凡有問皆直辭以對聞者壯之貶涪州別駕黔州安置言者猶以處善地爲翫法以親嫌遂移戎州庭堅泊然不以遷謫介意蜀士慕從之游講學不倦凡經指授下筆皆可觀徽宗即位起監鄂州税簽書寧國軍判官知舒州以吏部員外郎召皆辭不行丐郡得知太平州至之九日罷主管玉龍觀庭堅在河北與趙挺之有微隙挺之執政轉運判官陳舉承風旨上其所

作荆南承天院記指爲幸災復除名羈管宜州三年徙永州未聞命而卒年六十一庭堅學問文章天成性得陳師道謂其詩得法杜甫學甫而不爲者善行草書楷法亦自成一家與張耒晁補之秦觀俱游蘇軾門天下稱爲四學士而庭堅於文章尤長於詩蜀江西君子以庭堅配軾故稱蘇黄軾爲侍從時舉以自代其詞有瓌偉之文妙絶當世孝友之行追配古人之語其重之也如此初游灊皖山谷寺石牛洞樂其林泉之勝因自號山谷道人云

晁補之字無咎濟州鉅野人太子少傅迥五世孫宗慤之曾孫也父端友工於詩補之聰敏强記纔解事即善屬文

王安國一見奇之十七歲從父官杭州稱錢塘山川風物之麗著七述以謁州通判蘇軾軾先欲有所賦讀之歎曰吾可以閣筆矣又稱其文博辯雋偉絶人遠甚必顯於世由是知名舉進士試開封及禮部別院皆第一神宗閱其文曰是深於經術者可革浮薄調澧州司户參軍北京國子監教授元祐初爲太學正李清臣薦堪館閣召試除祕書省正字遷校書郎以祕閣校理通判揚州召還爲著作佐郎章惇當國出知齊州群盜晝掠塗巷補之默得其姓名囊槖皆審一日宴客召賊曹以方略授之酒行未竟悉擒以來一府爲徼警坐修神宗實錄失實降通判應天府亳州又貶監處信二州酒稅徽宗立復以著作召既至拜吏部員外郎禮部郎中兼國史編修實錄檢討官黨論起爲諫官管師仁所論出知河中府修河橋以便民民畫祠其像徙湖州密州果州遂主管鴻慶宮還家葺歸來園自號歸來子忘情仕進慕陶潛爲人大觀末出黨籍起知達州改泗州卒年五十八補之才氣飄逸嗜學不知倦文章温潤典縟其凌麗奇卓出於天成尤精楚詞論集屈宋以來賦詠爲變離騷等三書安南用兵著罪言一篇大意欲擇仁厚勇略吏爲五管郡守及修海上諸郡武備議者以爲通達世務從弟詠之

詠之字之道少有異材以蔭入官調揚州司法參軍未上時蘇軾守揚州補之倅州事以其詩文獻軾軾曰有才如此獨不令我一識面邪乃具參軍禮入謁軾下堂挽而上顧坐客曰奇才也復舉進士又舉宏詞一時傳誦其文爲河中教授元符末應詔上書論事罷官久之爲京兆府司錄事秩滿提點崇福宮卒年五十二有文集五十卷

秦觀字少游一字太虚揚州高郵人少豪雋慷慨溢於文詞舉進士不中強志盛氣好大而見奇讀兵家書與己意合見蘇軾於徐爲賦黄樓軾以爲有屈宋才又介其詩於王安石安石亦謂清新似鮑謝軾勉以應舉爲親養始登第調定海主簿蔡州教授元祐初軾以賢良方正薦于朝除太學博士校正祕書省書籍遷正字而復爲兼國史院編修官上日有硯墨器幣之賜紹聖初坐黨籍出通判杭州以御史劉拯論其增損實錄貶監處州酒稅使者承風望指候伺過失既而無所得則以謁告寫佛書爲罪削秩徙郴州繼編管黄州又徙雷州徽宗立復宣德郎放還至藤州出游華光亭爲客道夢中長短句索水欲飲水至笑視之而卒先自作挽詞其語哀甚讀者悲傷之年五十三有文集四十卷觀長於議論文麗而思深及死軾聞之歎曰少游不幸死道路哀哉世豈復有斯人乎弟覯字少章

覯字少儀皆能文

張耒字文潛楚州淮陰人幼穎異十三歲能爲文十七時作函關賦已傳人口游學於陳學官蘇轍愛之因得從軾游軾亦深知之稱其文汪洋沖澹有一倡三嘆之聲弱冠第進士歷臨淮主簿壽安尉咸平縣丞入爲太學録范純仁以館閣薦試遷祕書省正字著作佐郎祕書丞著作郎史館檢討居三館八年顧義自守泊如也擢起居舍人紹聖初請郡以直龍圖閣知潤州坐黨籍徙宣州謫監黃州酒稅徙復州徽宗立起爲通判黃州知兗州召爲太常少卿甫數月復出知潁汝二州崇寧初復坐黨籍落職主管

明道宮初耒在潁聞蘇軾訃爲舉哀行服言者以爲言遂貶房州別駕安置於黃五年得自便居陳州耒儀觀甚偉有雄才筆力絶健於騷詞尤長時二蘇及黃庭堅晁補之輩相繼没耒獨存士人就學者衆分日載酒殽飲食之誨人作文以理爲主嘗著論云自六經以下至於諸子百氏騷人辯士論述大氐皆將以爲寓理之具也故學文之端急於明理如知文而不務理求文之工世未嘗有也夫決水於江河淮海也順道而行滔滔汩汩日夜不止衝砥柱絶吕梁放於江湖而納之海其舒爲淪漣鼓爲波濤激之爲風飆怒之爲雷霆蛟龍魚黿噴薄出没是水之奇變也水之初豈若是哉順道而決之因其所遇而變生焉溝瀆東決而西竭下滿而上虛日夜激之欲見其奇彼其所至者蛙蛭之玩耳江河淮海之水理達之文也不求奇而奇至矣激溝瀆而求水之奇此無見於理而欲以言語句讀爲奇反覆咀嚼卒亦無有文之陋也學者以爲至言作詩晚歲益務平淡效白居易體而樂府效張籍久於投閑家益貧郡守翟汝文欲爲買公田謝不取晚監南嶽廟主管崇福宮卒年六十一建炎初贈集英殿修撰

陳師道字履常一字無己彭城人少而好學苦志年十六蚤以文謁曾鞏鞏一見奇之許其以文著時人未之知也

留受業熙寧中王氏經學盛行師道心非其說遂絶意進取鞏典五朝史事得自擇其屬朝廷以白衣難之元祐初蘇軾傳堯俞孫覺薦其文行起爲徐州教授又用梁燾薦爲太學博士言者謂在官嘗越境出南京見軾改教授潁州又論其進非科第罷歸調彭澤令不赴家素貧或經日不炊妻子慍見弗恤也久之召爲祕書省正字卒年四十九友人鄒浩買棺斂之師道高介有節安貧樂道於諸經尤邃詩禮爲文精深雅奥喜作詩自云學黃庭堅至其高奥或謂過之然小不中意輒焚去今存者財十一世徒喜誦其詩文至若奥學至行或莫之聞也嘗銘黃樓曾子固

謂如泰石初游京師踰年未嘗一至貴人之門傅堯俞欲識之先以問泰觀觀曰是人非持刺字俛顏色伺候乎公卿之門者殆難致也堯俞曰非所望也吾將見之懼其不吾見也子能介於陳君乎知其貧懷金欲爲餽比至聽其論議益敬畏不敢出章惇在樞府將薦于朝亦屬觀延致師道答曰辱書諭以章公降屈年德以禮見招不佞何以得此豈侯嘗欺之耶公卿不下士尚矣乃特見於今而親於其身幸孰大焉愚雖不足以齒士猶當從侯之後順下風以成公之名然先王之制士不傳贄爲臣則不見於王公所以成禮而其敝必至自鬻故先王謹其始以爲之防

而爲士者世守焉師道於公前有貴賤之嫌後無平生之舊公雖可見禮可去乎且公之見招蓋以能守區區之禮也若昧冒法義聞命走門則失其所以見招公又何取焉雖然有一於此幸公之他日成功謝事幅巾東歸師道當御款段乘下澤候公於東門外尚未晚也及惇爲相又致意焉終不往官頴時蘇軾知州事待之絕席欲參諸門弟子間而師道賦詩有嚮來一瓣香敬爲曾南豐之語其自守如是與趙挺之友壻素惡其人適預郊祀行禮寒甚衣無綿妻就假於挺之家問所從得却去不肯服遂以寒疾死

李廌字方叔其先自鄆徙華廌六歲而孤能自奮立少長以學問稱鄉里謁蘇軾於黃州贄文求知軾謂其筆墨瀾翻有飛沙走石之勢拊其背曰子之才萬人敵也抗之以高節莫之能禦矣廌再拜受教而家素貧三世未葬一夕撫枕流涕曰吾忠孝焉是學而親未葬何以學爲旦而別軾將客游四方以蕆其事軾解衣爲助又作詩以勸風義者於是不數年盡致累世之喪三十餘柩歸窆華山下范鎮爲表墓以美之益閉門讀書又數年再見軾軾閱其所著歎曰張耒秦觀之流也鄉舉試禮部軾典貢舉遺之賦詩以自責呂大防歎曰有司試藝乃失此奇才耶軾與范

祖禹謀曰廌雖在山林其文有錦衣玉食氣棄奇寶於路隅昔人所歎我曹得無意哉將同薦諸朝未幾相繼去國不果軾亡廌哭之慟曰吾愧不能死知己至於事師之勤渠敢以生死爲間即走許汝間相地卜兆授其子作文祭之曰皇天后土監一生忠義之心名山大川還萬古英靈之氣詞語奇壯讀者爲悚中年絕進取意謂頴爲人物淵藪始定居長社縣令李佐及里人買宅處之卒年五十一廌喜論古今治亂條暢曲折辯而中理當喧溷倉卒間如不經意睥睨而起落筆如飛馳元祐求言上忠諫書忠厚論并獻兵鑒二萬言論西事朝廷擒羌酋鬼章將致法廌

深論利害以爲殺之無益願加寬貸當時韙其言

劉恕字道原筠州人父渙字凝之爲潁上令以剛直不能事上官棄去家于廬山之陽時年五十歐陽脩與渙同年進士也高其節作廬山高詩以羨之渙居廬山三十餘年環堵蕭然饘粥以爲食而游心塵垢之外超然無慼慼意以壽終恕少穎悟書過目即成誦八歲時坐客有言孔子無兄弟者恕應聲曰以其兄之子妻之一坐驚異年十三欲應制科從人假漢唐書閱月皆歸之謁丞相晏殊問以事反覆詰難殊不能對恕在鉅鹿時召至府重禮之使講春秋殊親帥官屬往聽未冠舉進士時有詔能講經義者別奏名應詔者才數十人恕以春秋禮記對先列注疏次引先儒異說末乃斷以己意凡二十問所對皆然主司異之擢爲第一他文亦入高等而廷試不中格更下國子試講經復第一遂賜第調鉅鹿主簿和川令發強擿伏一時能吏自以爲不及恕爲人重意義急然諾郡守得罪被劾屬吏皆連坐下獄恕獨恤其妻子如己骨肉又面數轉運使深文峻詆篤好史學自太史公所記下至周顯德末紀傳之外至私記雜說無所不覽上下數千載間鉅微之事如指諸掌司馬光編次資治通鑑英宗自擇館閣英才共修之光對曰館閣文學之士誠多至於專精史學臣得而

知者唯劉恕耳即召爲局僚遇史事紛錯難治者輒以諉恕恕於魏晉以後事考證差繆最爲精詳王安石與之有舊欲引寘三司條例恕以不習金穀爲辭因言天子方屬公大政宜恢張堯舜之道以佐明主不應以利爲先又條陳所更法令不合衆心者勸使復舊至面刺其過安石怒變色如鐵恕不少屈或稠人廣坐抗言其失無所避遂與之絕方安石用事呼吸成禍福高論之士始異而終附之面譽而背毀之口順而心非之者皆是也恕奮厲不顧直指其事得失無所隱光出知永興軍恕亦以親老求監南康軍酒以就養許即官修書光判西京御史臺恕請詣光留數月而歸道得風攣疾右手足廢然苦學如故少間輒修書病亟乃止官至祕書丞卒年四十七恕爲學自曆數地里官職族姓至前代公府案牘皆取以審證求書不遠數百里身就之讀且抄殆忘寢食偕司馬光游萬安山道旁有碑讀之乃五代列將人所不知名者恕能言其行事始終歸驗舊史信然宋次道知亳州家多書恕枉道借覽次道日具饌爲主人禮恕曰此非吾所爲來也殊廢吾事悉去之獨閉閤晝夜口誦手抄留旬日盡其書而去目爲之翳著五代十國紀年以擬十六國春秋又采太古以來至周威烈王時事史記左氏傳所不載者爲通鑑外紀家

素貧無以給旨甘一毫不妄取於人自洛南歸時方冬無
寒具司馬光遺以衣襪及故茵褥辭不獲強受而別行及
潁悉封還之尤不信浮屠說以爲必無是事曰人如居逆
旅一物不可乏去則盡棄之矣豈得齎以自隨哉好攻人
之惡每自訟平生有二十失十八蔽作文以自警亦終不
能改也死後七年通鑑成追錄其勞官其子義仲爲郊社
齋郎次子和仲有超軼材作詩清奧刻厲欲自成家爲文
慕石介有俠氣亦蚤死

王無咎字補之建昌南城人第進士爲江都儀眞主簿天
台令棄而從王安石學久之無以衣食其妻子復調南康
主簿已又棄去好書力學寒暑行役不暫釋所在學者歸
之去來常數百人王安石爲政無咎至京師士大夫多從
之游有卜鄰以考經質疑者然與人寡合常閉門治書惟
安石言論莫逆也安石上章薦其文行該備守道安貧而
久棄不用詔以爲國子直講命未下而卒年四十六

蔡肇字天啓潤州丹陽人能爲文最長歌詩初事王安石
見器重又從蘇軾游聲譽益顯第進士歷明州司戶參軍
江陵推官元祐中爲太學正通判常州召爲衛尉寺丞提
舉永興路常平徽宗初入爲戶部吏部員外郎兼編修國
史言者論其學術反覆出提舉兩浙刑獄張商英當國引
爲禮部員外郎進起居郎拜中書舍人前此試三題率以宰
相上馬爲之候肇援筆立就不加潤飾商英讀之擊節纔
踰月以草御史章義責詞不稱罷爲顯謨閣待制知明州
言者又論其包藏異意非議辟雍以爲不當立奪職提舉
洞霄宮會赦復之卒

李格非字文叔濟南人其幼時俊警異甚有司方以詩賦
取士格非獨用意經學著禮記說至數十萬言遂登進士
第調冀州司戶參軍試學官爲鄆州教授郡守以其貧欲
使兼他官謝不可入補太學錄再轉博士以文章受知于
蘇軾甞著洛陽名園記謂洛陽之盛衰天下治亂之候也

其後洛陽陷于金人以爲知言紹聖立局編元祐章奏以
爲檢討不就戾執政意通判廣信軍有道士說人禍福或
中出必乘車甿俗信惑格非遇之塗叱左右取車中道士
來窮治其姦杖而出諸境召爲校書郎遷著作佐郎禮部
員外郎提點京東刑獄以黨籍罷卒年六十一格非苦心
工於詞章陵轢直前無難易可否筆力不少滯甞言文不
可以苟作誠不著焉則不能工且晉人能文者多矣至劉
伯倫酒德頌陶淵明歸去來辭字字如肺肝出遂高步晉
人之上其誠著也妻王氏拱辰孫女亦善文女清照詩文
尤有稱於時嫁趙挺之之子明誠自號易安居士

呂南公字次儒建昌南城人於書無所不讀於文不肯綴緝陳言熙寧中士方推崇馬融王肅許慎之業剽掠補拆臨摹之藝大行南公度不能逐時好一試禮闈不偶退築室灌園不復以進取爲意益著書且借史筆以褒善貶惡遂以袞斧名所居齋嘗謂士必不得已於言則文不可以不工蓋意有餘而文不足則如吃人之辨訟心未始不虛理未始不直然而或屈者無助於辭而已觀書契以來特立之士未有不善於文者士無志於立則已必有志焉則文何可以卑淺而爲之故毅然盡心思欲與古人並元祐初立十科薦士中書舍人曾肇上疏稱其讀書爲文不事

俗學安貧守道志希古人堪充師表科一時廷臣亦多稱之議欲命以官未及而卒遺文曰灌園先生集傳於世

郭祥正字功父太平州當塗人母夢李白而生少有詩聲梅堯臣方擅名一時見而歎曰天才如此眞太白後身也舉進士熙寧中知武岡縣簽書保信軍節度判官時王安石用事祥正奏乞天下大計專聽安石處畫有異議者雖大臣亦當屏黜神宗覽而異之一日問安石曰卿識郭祥正乎其才似可用出其章以示安石安石恥爲小臣所薦因極口陳其無行時祥正從章惇察訪辟闢之遂以殿中丞致仕後復出通判汀州知端州又棄去隱于縣青山卒

米芾字元章吳人也以母侍宣仁后藩邸舊恩補浛光尉歷知雍丘縣漣水軍太常博士知無爲軍召爲書畫學博士賜對便殿上其子友仁所作楚山清曉圖擢禮部員外郎出知淮陽軍卒年四十九芾爲文奇險不蹈襲前人軌轍特妙於翰墨沈著飛翥得王獻之筆意畫山水人物自名一家尤工臨移至亂眞不可辨精於鑒裁遇古器物書畫則極力求取必得乃已王安石嘗摘其詩句書扇上蘇軾亦喜譽之冠服効唐人風神蕭散音吐清暢所至人聚觀之而好潔成癖至不與人同巾器所爲譎異時有可傳笑者無爲州治有巨石狀奇醜芾見大喜曰此足以當吾

拜具衣冠拜之呼之爲兄又不能與世俯仰故從仕數困嘗奉詔倣黃庭小楷作周興嗣千字韻語又入宣和殿觀禁內所藏人以爲寵子友仁字元暉力學嗜古亦善書畫世號小米仕至兵部侍郎敷文閣直學士

劉詵字應伯福州福清人中進士第歷莆田主簿知廬江縣崇寧中爲講議司檢討官進軍器大理丞大晟府典樂詵通音律嘗上歷代雅樂因革及宋制作之旨故委以樂事又言周官大司樂禁淫聲慢聲蓋孔子所謂放鄭聲者今燕樂之音失於高急曲調之詞至於鄙俚恐不足以召和氣宋火德也音尚徵徵調不可闕臣按古制旋十二宮

以七聲得正徵一調惟陛下財取徽宗曰卿言是也五聲闕一不可徵招角招爲君臣相説之樂此朕所欲聞而無言者卿宜爲朕典司之他日禁中出古鍾二詔執政召詵按於都堂詵曰此與今太蔟大吕聲協命取大晟鍾扣之果應又曰鍾磬之無餘韻不如石聲詩所云依我磬聲者言其清而定也復取以合之聲益諧歷宗正鴻臚衛尉太常四少卿纂續因革禮卒詵居母喪盡禮有雙芝生墓側人以爲孝感

倪濤字巨濟廣德軍人丱角能屬文博學强記年十五試太學第一遂擢進士調廬陵尉信陽軍教授入爲太學正秘書省校書郎著作佐郎司勳左司員外郎朝廷議有事燕雲大臣爭先決策爲固位計皆心知不可無敢一出口濤獨言其非且曰景德以來遼守約不犯邊盟誓固在不可渝也天下乂平士不習戰軍儲又屈毋輕議以詒後患王黼怒曰君敢沮軍事邪於是言者論其鼓唱撰造貶監朝城縣酒税再徙茶陵船場卒年三十九死之明年金人犯闕朝廷憶濤言官其一子有雲陽集傳於世

李公麟字伯時舒州人第進士歷南康長垣尉泗州録事參軍用陸佃薦爲中書門下後省删定官御史檢法好古博學長於詩多識奇字自夏商以來鍾鼎尊彝皆能考定

世次辨測款識聞一妙品雖捐千金不惜紹聖末朝廷得玉璽下禮官諸儒議言人人殊公麟曰秦璽用藍田玉今玉色正青以龍蚓鳥魚爲文著帝王受命之符玉質堅甚非昆吾刀蠟肪不可治琱法中絶此真秦李斯所爲不疑議由是定元符三年病痺遂致仕既歸老肆意於龍眠山巖壑間雅善畫自作山莊圖爲世寶傳寫人物尤精識者以爲顧凱之張僧繇之亞襟度超軼名士交譽之黄庭堅謂其風流不減古人然因畫爲累故世但以藝傳云

周邦彦字美成錢塘人踈儁少檢不爲州里推重而博涉百家之書元豐初游京師獻汴都賦餘萬言神宗異之命侍臣讀於邇英閣召赴政事堂自太學諸生一命爲正居五歲不遷益盡力於辭章出教授廬州知溧水縣還爲國子主簿哲宗召對使誦前賦除秘書省正字歷校書郎考功員外郎衛尉宗正少卿兼議禮局檢討以直龍圖閣知河中府徽宗欲使畢禮書復留之踰年乃知隆德府徙明州入拜秘書監進徽猷閣待制提舉大晟府未幾知順昌府徙處州卒年六十六贈宣奉大夫邦彦好音樂能自度曲製樂府長短句詞韻清蔚傳於世

朱長文字伯原蘇州吳人年未冠舉進士乙科以病足不肯試吏築室樂圃坊著書閱古吳人化其賢長吏至莫不

先造請謀政所急士大夫過者以不到樂圃爲恥名動京師公卿薦以自代者衆元祐中起教授於鄉召爲太學博士遷祕書省正字元符初卒哲宗知其清貧賻絹百有文三百卷六經皆爲辨說又著琴史而序其略曰方朝廷成太平之功制禮作樂比隆商周則是書也豈虛文哉蓋立志如此

劉弇字偉明吉州安福人兒時警穎日誦萬餘言登元豐二年進士第繼中博學宏詞科歷官知嘉州峩眉縣改太學博士元符中有事于南郊弇進南郊大禮賦哲宗覽之動容以爲相如子雲復出除祕書省正字徽宗即位改著作佐郎實錄院檢討官以疾卒于官弇少嗜酒不事拘檢爲文辭剗剔瑕纇卓詭不凡有龍雲集三十卷周必大序其文謂廬陵自歐陽文忠公以文章續韓文公正傳遂爲一代儒宗繼之者弇也其相推重如此云

列傳卷第二百三

列傳卷第二百四　宋史四百四十五

開府儀同三司上柱國錄軍國重事中書右丞相監修國史領經筵事都總裁臣脫脫等奉

敕修

文苑七

陳與義　汪藻　葉夢得　程俱

張嵲　韓駒　朱敦儒　葛勝仲

熊克　張即之附趙蕃

陳與義字去非其先居京兆自曾祖希亮始遷洛故爲洛人與義天資卓偉爲兒時已能作文致名譽流輩欽衽莫敢與抗登政和三年上舍甲科授開德府教授累遷太學博士擢符寶郎尋謫監陳留酒稅及金人入汴高宗南遷遂避亂襄漢轉湖湘踰嶺嶠久之召爲兵部員外郎紹興元年夏至行在遷中書舍人兼掌內制拜吏部侍郎尋以徽猷閣直學士知湖州召爲給事中駮議詳雅又以顯謨閣直學士提舉江州太平觀被召會宰相有不樂與義者復用爲中書舍人直學士院六年九月高宗如平江十一月拜翰林學士知制誥七年正月參知政事唯師用道德以輔朝廷務尊主威而振綱紀時丞相趙鼎言人多謂中原有可圖之勢宜便進兵恐他時悔今日之失機上曰今梓宮與太后淵聖皆未還若不與金議和則無可還之理

與義曰若和議成豈不賢於用兵萬一無成則用兵必不免上曰然三月從帝如建康明年扈蹕還臨安以疾請復以資政殿學士知湖州陛辭帝勞問甚渥遂請閒提舉臨安洞霄宮十一月卒年四十九與義容狀儼恪不妄笑言平居雖謙以接物然內剛不可犯其薦士於朝退未嘗以語人士以是多之尤長於詩體物寓興清邃紆餘高舉橫厲上下陶謝韋柳之間嘗賦墨梅徽宗嘉賞之以是受知于上云

汪藻字彥章饒州德興人幼穎異入太學中進士第調婺州觀察推官改宣州教授稍遷江西提舉學事司幹當公事徽宗親製君臣慶會閣詩群臣皆賡進惟藻和篇衆莫能及時胡伸亦以文名人爲之語曰江左二寶胡伸汪藻尋除九域圖志所編修官再遷著作佐郎時相王黼與藻同舍素不咸出通判宣州提點江州太平觀投閑凡八年終黼之世不得用欽宗即位召爲屯田員外郎再遷太常少卿起居舍人高宗踐祚召試中書舍人時次揚州藻多論奏宰相黃潛善惡之遂假他事免爲集英殿修撰提舉太平觀明年復召爲中書舍人兼直學士院擢給事中遷兵部侍郎兼侍講拜翰林學士帝以所御白團扇親書紫誥仍兼綰黃麻似六經十字以賜搢紳艷之屬時多事詔

令類出其手嘗論諸大將擁重兵寖成外重之勢且陳所以待將帥者三事後十年卒如其策又言崇觀以來貴結權倖奴事閹官與開邊誤國得職名自觀文殿大學士而下直祕閣官至銀青光祿大夫者近稍鐫褫而建炎恩宥又當甄復盍依國初法止中大夫紹興二年除龍圖閣直學士知湖州以顏真卿盡忠唐室嘗守是邦乞表章之詔賜廟忠烈又言古者有國必有史故書榻前議論之辭則有時政記錄柱下見聞之實則有起居注類而次之謂之日曆修而成之謂之實錄今踰二十年無復日曆何以示來世乞即臣所領州許臣訪尋故家文書纂集元符庚辰以來詔旨爲日曆之備制可史館既開修撰綦崇禮言不必別設外局乃已郡人顏經投匭愬其斂糴軍食遂貶秩停官起知撫州御史張致遠又論之予祠六年修撰范沖言日曆國之大典比詔藻纂修事復中止恐遂散逸宜令就閒復卒前業詔賜史館修撰餐錢聽辟屬編類八年上所修書自元符庚辰至宣和乙巳詔旨凡六百六十有五卷藻再進官其屬鮑延祖孟處義咸增秩有差藻升顯謨閣學士遣使賜茶藥尋知徽州逾年徙宣州言者論其嘗爲蔡京王黼之客奪職居永州累赦不宥二十四年卒秦檜死復職官其二子二十八年徽宗實錄成書右僕射湯

思退言藻嘗纂集詔旨比修實錄所取十蓋七八深有力於斯文詔贈端明殿學士藻通顯三十年無屋廬以居博極群書老不釋卷尤喜讀春秋左氏傳及西漢書工儷語多著述所爲制詞人多傳誦子六人恬恪憺怲懍愭

葉夢得字少蘊蘇州吳縣人嗜學蚤成多識前言往行談論亹亹不窮紹聖四年登進士第調丹徒尉徽宗朝自婺州教授召爲議禮武選編修官用蔡京薦召對言自古帝王爲治廣狹大小規模各不同然必自先治其心者始今國勢有安危法度有利害人材有邪正民情有休戚四者治之大也若不先治其心或誘之以貨利或蹈之以聲色

則所謂安危利害邪正休戚者未嘗不顛倒易位而況求其功乎上異其言特遷祠部郎官大觀初京再相向所立法度已罷者復行夢得言周官太宰以八柄詔王馭群臣所謂廢置賞罰者王之事也太宰得以詔王而不得自專夫事不過可不可二者而已以爲可而出於陛下則前日不應廢以爲不可而不出於陛下則今不可復令徒以大臣進退爲可否無乃陛下有未了然於中者乎上喜曰邇來士多朋比媒進卿言獨無觀望遂除起居郎時用事者喜小有才夢得言自古用人必先辨賢能賢者有德之稱能者有才之稱故先王常使德勝才不使才勝德崇寧以來在内惟取議論與朝廷同者爲純正在外惟取推行法令速成者爲幹敏未聞器業任重識度經遠者特有表異恐用才太勝願繼今用人以有德爲先二年累遷翰林學士極論士大夫朋黨之弊專於重内輕外且乞身先衆人補郡蔡京初欲以童貫宣撫陝西取青唐夢得見京問曰祖宗時宣撫使皆是見任執政文彥博韓絳因此即軍中拜相未有以中人爲之元豐末神宗欲命李憲雖王珪亦能力爭此相公所見也昨八寶恩遽除貫節度使天下皆知非祖宗法此已不可救今又付以執政之任使得青唐何以處之京有慚色然卒用貫取青唐三年以龍圖閣直

學士知汝州尋落職提舉洞霄宮政和五年起知蔡州復龍圖閣直學士移帥潁昌府發常平粟振民常平使者劉寄惡之宦官楊戩用事寄括部内得常平錢五十萬緡請糴粳米輸後苑以媚戩戩委其屬持御筆來責以米樣如蘇州夢得上疏極論潁昌地力與東南異願隨品色不報時旁郡糾民輸錢就糴京師怨聲載道獨潁昌賴夢得得免李彥括公田以黠吏告訐籍郟城舞陽隱田數千頃民詣府訴者八百户夢得上其事捕吏按治之郡人大悦戩彥交怒尋提舉南京鴻慶宮自是或廢或起逮高宗駐蹕揚州遷翰林學士兼侍讀除户部尚書陳待敵之計有三

曰形曰勢曰氣而已形以地理山川爲本勢以城池芻粟器械爲重氣以將帥士卒爲急形固則可恃以守勢強則可資以立氣振則可作以用如是則敵皆在吾度内矣因請上南巡阻江爲險以備不虞又請命重臣爲宣總使一居泗上總兩淮及東方之師以待敵一居金陵總江浙之路以備退保疏入不報既而帝駐蹕杭州遷尚書左丞奏監司州縣擅立軍期司掊歛民財者宜罷上諭以兵食二事最大當擇大臣分掌門下侍郎顔岐知杭州康允之皆嫉夢得又與宰相朱勝非議論不協會州民有上書訟夢得過失者上以夢得深曉財賦乃除資政殿學士提舉中

太一宮專一提領户部財用充車駕巡幸頓遞使辭不拜歸湖州紹興初起爲江東安撫大使兼知建康府兼壽春等六州宣撫使時建康荒殘兵不滿三千夢得奏移統制官韓世清軍屯建康崔增屯采石閻皐分守要害會王才降劉豫引兵入冦夢得遣使臣張偉諭才降之以其衆分隸諸軍濠壽叛將冦宏陳卞雖陽受朝命陰與劉豫通夢得諭以福禍皆聽命及豫入冦卞擊敗之齊兵宵遁八年除江東安撫制置大使兼知建康府行宮留守又奏防江措畫八事一申飭邊備二分布地分三把截要害四約束舟船五團結鄉社六明審斥堠七措置積聚八責官吏死

守又言建康太平池州緊要隘口江北可濟渡去處共一十九處願聚集民兵把截要害命諸將審度敵形併力進討金都元帥宗弼犯含山縣進逼歷陽張俊諸軍遷延未發夢得見俊請速出軍曰敵已過含山縣萬一金人得和州長江不可保矣俊趣諸軍進發聲勢大振金兵退屯昭關明年金復入冦遂至柘皐夢得團結沿江民兵數萬分據江津遣子模將千人守馬家渡金兵不得渡而去初建康屯兵歲費錢八百萬緡米八十萬斛榷貨務所入不足以支至是禁旅與諸道兵咸集夢得兼總四路漕計以給饋餉軍用不乏故諸將得悉力以戰詔加觀文殿學士移

知福州兼福建安撫使海冦朱明猖獗詔夢得挾御前將士便道之鎮或招或捕或誘之相戕遂平冦五十餘群然頗與監司異議上章請老特遷一官提舉臨安府洞霄宮尋拜崇信軍節度使致仕十八年卒湖州贈檢校少保

程俱字致道衢州開化人以外祖尚書左丞鄧潤甫恩補蘇州吳江主簿監舒州太湖茶場坐上書論事罷歸起知泗州臨淮縣累遷將作監丞近臣以譔述薦遷著作佐郎宣和二年進頌賜上舍出身除禮部郎以病告老不俟報而歸建炎中爲太常少卿知秀州會車駕臨幸賜對俱言陛下德日新政日舉賞罰施置仰當天意俯合人心則趙

氏安而社稷固不然則宗社危而天下亂其間蓋不容髮高宗嘉納之金兵南渡據臨安遣兵破崇德海鹽馳檄諭降俱率官屬棄城保華亭留兵馬都監守城朝廷命俱部金帛赴行在既至以病乞歸紹興初始置祕書省召俱爲少監奏修日曆祕書長貳得預修纂自俱始時庶事草創百司文書例從省記俱摭三館舊聞比次爲書名曰麟臺故事上之擢中書舍人兼侍講俱論國家之患在於論事者不敢盡情當事者不敢任責言有用否事有成敗理固不齊令言不合則見排於當時事不諧則追咎於始議故雖有智如陳平不敢請金以行間勇如相如不敢全璧以抗秦通財如劉晏不敢言理財以贍軍食使人人不敢當

事不敢盡謀則艱危之時誰與圖回而恢復乎武功大夫蘇易轉横行俱論祖宗之法文臣自將作監主簿至尚書左僕射武臣自三班奉職至節度使此以次遷轉之官也武臣自閤門副使至内客省使爲横行不繫磨勘遷轉之列其除授皆須特旨故元豐之制以承務郎至特進爲寄禄官易監主簿至僕射之名武臣獨不以寄禄官易之者蓋有深意也政和間改武臣官稱爲郎大夫遂并横行易之爲轉官等級蓋當時有司不習典故以開僥倖之門自改使爲大夫以來常調之官下至皂隷轉爲横行者不可勝數且文臣所謂庶官者轉不得過中大夫而武臣乃得過皇城使此何理也夫官職輕重在朝廷朝廷愛重官職不妄與人則官職重反是則輕輕則得者不以爲恩未得者常懷觖望此安危治亂所關也徐俯爲諫議大夫俱繳還以爲俯雖才俊氣豪所歷尚淺以前任省郎遽除諫議自元豐更制以來未之有也昔唐元稹爲荊南判司忽命從中出召爲省郎便知制誥遂喧朝聽時謂監軍崔潭峻之所引也近聞外傳俯與中官唱和有魚須之句號爲警策臣恐外人以此爲疑仰累聖德陛下誠知俯姑以所應得者命之不報後二日言者論俱前棄秀州城罷爲提舉江州太平觀久之除徽猷閣待制俱晚病風痺秦檜薦俱

領史事除提舉萬壽觀實録院修撰使免朝參俱力辭不至卒年六十七俱在掖垣命令下有不安于心者必反覆言之不少畏避其爲文典雅閎奥爲世所稱

張嵲字巨山襄陽人宣和三年上舍選中第調唐州方城尉改房州司刑曹劉子羽薦于川陜宣撫使張浚辟利州路安撫司幹辦公事以母病去官紹興五年召對嵲上疏曰金人去冬深涉吾地王師屢捷一朝宵遁金有自敗之道非我幸勝之也今士氣稍振乘其鋭而用之固無不可然兵疲民勞若便圖進取似未可遽臣竊謂爲今日計當

築塢堡以守淮南之地興屯田以爲久戍之資備舟楫以阻長江之險以我之常待彼之變又荆襄壽春皆古重鎮敵之侵軼多出此塗願速擇良將勁兵戍守其地以重上流之勢召試除秘書省正字六年地震嶸奏比年以來賦歛繁重征求百出流移者擠溝壑土著者失常業地震之異殆或爲此願深思變異之由修政之闕致民之安七年遷校書郎兼史館校勘再遷著作郎嶸因對言吳蜀唇齒之勢也蜀去朝廷遠今無元帥一年矣蜀之利害臣粗知之忠勇之人使之捍外侮則可至於撫循斯民則非所能辦也宜於前宰執中擇其可以任川事者委任之然川蜀

繫國利害非腹心之臣不可今早得一賢宣撫使爲要又言自駐蹕吳會以來似未嘗以襄陽荆南爲意今宜亟選儒臣有牧御之才者爲二路帥使之招集流散興農桑治城壁以爲保固之資益重上流之勢既而何掄以刊改神宗實錄得罪語連嶸出爲福建路轉運判官上䟽略曰古之人君其患有二不在於拒諫在納諫而不能用不在於不知天下利害在知而不以爲意陛下渡江十年矣外有勍敵之國内有驕悍之兵下有窮困無聊之民進言者多矣今皆以爲陳腐而别取新奇之説任事者衆矣今皆習是以爲當然而更爲迂闊之事此近於納諫而不知用知利害而不知恤也爲今之計朝斯夕斯非是二者不務數年之後庶其有濟有國之所惡者莫大於朋黨今一宰相用凡其所與者不擇賢否而盡用之一宰相去凡其所與者不擇賢否而盡逐之宜其朋黨之寖成也九年除司勳員外郎兼實録院檢討官金人叛盟上命兩省卿監郎曹各草檄以進獨取嶸所進者播之四方十年擢中書舍人升實録院同修撰論王德収復宿亳兩郡乃擅退軍使岳飛勢孤金人猖獗授承宣防禦使何應罰而反賞封還詞頭乞罷已降轉官指揮未幾右正言万俟卨論嶸爲侍從日薦引非才以酬私恩邊報始至託疾家居由是罷去頃

之起知衢州除敷文閣待制爲政頗尚嚴酷歲滿得請提舉江州太平興國宫時方修好息兵朝廷講稽古禮文之事嶸作中興復古詩以進上將召用會疽發背卒年五十三子昌時

韓駒字子蒼仙井監人少有文稱政和初以獻頌補假將仕郎召試舍人院賜進士出身除秘書省正字尋坐爲蘇氏學謫監華州蒲城縣市易務知洪州分寧縣召爲著作郎校正御前文籍駒言國家祠事歲一百十有八用樂者六十有二舊撰樂章辭多舛牾於是詔三館士分撰親祠明堂圓壇方澤等樂曲五十餘章多駒所作宣和五年除

秘書少監六年遷中書舍人兼修國史入謝上曰近年爲制誥者所褒必溢美所貶必溢惡豈王言之體且盤誥具在寧若是乎駒對若止作制誥則粗知文墨者皆可爲先帝置兩省豈止使行文書而已上曰給事實掌封駁駒奏舍人亦許繳還詞頭上曰自令朝廷事有可論者一切繳來尋兼權直學士院制詞簡重爲時所推未幾復坐鄉黨曲學以集英殿修撰提舉江州太平觀高宗即位知江州紹興五年卒于撫州進一官致仕贈中奉大夫與遺澤三人駒嘗在許下從蘇轍學評其詩似儲光羲其後由官者以進用頗爲識者所薄云子遜遊

朱敦儒字希眞河南人父勃紹聖諫官敦儒志行高潔雖爲布衣而有朝野之望靖康中召至京師將處以學官敦儒辭曰麋鹿之性自樂閑曠爵禄非所願也固辭還山高宗即位詔舉草澤才德之士預選者命中書策試授以官於是淮西部使者言敦儒有文武才召之敦儒又辭避亂客南雄州張浚奏赴軍前計議弗起紹興二年宣諭使明槖言敦儒深達治體有經世才廷臣亦多稱其靖退詔以爲右迪功郎下肇慶府敦遣詣行在敦儒不肯受詔其故人勸之曰今天子側席幽士翼宣中興譙定召於蜀蘇庠召於浙張自牧召於長蘆莫不聲流天京風動郡國君何爲棲茅茹藿白首巖谷乎敦儒始幡然而起既至命對便殿論議明暢上悅賜進士出身爲秘書省正字俄兼兵部郎官遷兩浙東路提點刑獄會右諫議大夫汪勃劾敦儒專立異論與李光交通高宗曰爵禄所以厲世如其可與則文臣便至侍從武臣便至節鉞如其不可雖一命亦不容輕授敦儒遂罷十九年上疏請歸許之敦儒素工詩及樂府婉麗清暢時秦檜當國喜獎用騷人墨客以文太平檜子熺亦好詩於是先用敦儒子爲刪定官復除敦儒鴻臚少卿檜死敦儒亦廢談者謂敦儒老懷舐犢之愛而畏避竄逐故其節不終云

葛勝仲字魯卿丹陽人登紹聖四年進士第調杭州司理參軍林希薦試學官及詞科俱第一除兗州教授入爲太學正上幸學多獻頌者勝仲獨獻賦上命中書第其優劣勝仲爲首差提舉議曆所檢討官兼宗正丞始朝廷以從臣提舉議曆所至是代以鄭天信勝仲力請罷之稍遷禮部員外郎會御史中丞石公弼言僖祖原廟增置殿室違元豐之舊詔禮官議勝仲建言予而復奪在常人猶難之況在天之靈乎議者非之責知歙州休寧縣復召爲禮部員外郎權國子司業時朝廷命諸生習雅樂樂成進一官遷太常卿宋自建隆至治平所行典禮歐陽脩嘗裒集爲

書凡百篇號太常因革禮部勝仲續之增爲三百卷詔藏太常及建春宫以勝仲兼諭德勝仲爲仁孝學三論獻之太子復採春秋戰國以來歷代太子善惡成敗之迹日進數事詔嘉之徙太常少卿除國子祭酒尋知汝州李彥括田破產者衆勝仲請蠲不當括者彥怒劾勝仲上寢其奏改湖州尋徙鄧州朱勔先求白雀之屬勝仲不與至是媒蘖其短罷歸建炎中范宗尹爲相凡前日以朋附被罪遠貶者咸赦還復知湖州時群盜縱横聲揺諸郡勝仲修城郭作戰艦閱士卒賊知有備引去歲大饑發官廩振之民賴以濟紹興元年丐祠歸十四年卒年七十三諡文康子

立方官至侍從孫鄰爲右相自有傳

熊克字子復建寧建陽人御史大夫博之後將生有雀翠羽翔卧内克幼而穎秀既長好學善屬文郡博士胡憲器之曰子學老於年他日當以文章顯紹興中進士第知紹興府諸暨縣越帥課賦頗急諸邑率督趣以應克曰寧吾獲罪不忍困吾民他日府遣幕僚閱視有亡時方不雨克對之泣曰此催租時耶部使者芮煇行縣至其境謂克曰曩知子文墨而已今迺見古循吏爲表薦之入爲提轄文思院嘗以文獻曾覿覿持白于孝宗孝宗喜之内出御筆除直學士院宰相趙雄甚異之因奏曰翰苑清選熊克小臣不由論薦而得無以服衆論請自朝廷召試然後用之上曰善乃以爲校書郎累遷學士院權直上御選德殿召諭曰卿制誥甚工且有體自此燕閒可論治道克自以見知於上數有論奏嘗言金人雖講和而不能保於他日令宜以和爲守以守爲攻當和好之時爲備守之計彼不能禁吾不爲也邊備既實金人萬一猖獗必不得志於我退而乘我曲不在我矣且今日之守莫重淮東金犯淮西負糧自隨其勢必難若犯淮東清河糧船直下易耳然則守淮之策以墾田修堰教民兵爲先援淮東之策莫若即江陰建水軍緩急可相應然驟立一軍慮敵生疑當託以海

道商賈之衝多盜攘置一巡檢警督之自此歲增兵不出十年隱然一軍矣中興之際不患兵不可用而患將權難收今日之弊不患將不可馭而患軍情易動往時諸大將拊士卒如家人自罷諸將兵權御前主帥更徙不常凡軍中莞權之利所以養士卒者今皆轉而爲包苴矣又朘其餘以佐之得無怨乎宜嚴戒將帥毋縱掊削帝嘉其有志召草明堂赦書克言二浙荐饑蝗且起赦文不宜飾詞帝嘉其識體除起居郎兼直學士院以言者出知台州奉祠克博聞強記自少至老著述外無他嗜尤淹習宋朝典故有問者酬對如響家素儉約雖貴不改舊所居卑陋門不

容轍雖部使者郡守至必降車乃入嘗愛臨川童子王克勤之才將妻以女而乏資遺會韋制獲賜金遂以歸之人稱其清介卒年七十三

張即之字温夫參知政事孝伯之子以父恩授承務郎銓中兩浙轉運司進士舉歷監平江府糧料院丁父憂服除監臨安府樓店務丁母憂服除監臨安府龍山稅寧國府城下酒麴務簽書荆門軍判官廳公事烏程丞特差簽書江陰軍判官廳公事提領戶部犒賞酒庫所幹辦公事添差兩浙轉運司主管文字行在檢點贍軍激賞酒庫所主管文字監尚書六部門淮南東路提舉常平司主管文字

添差通判揚州改鎮江又改嘉興將作監簿軍器監丞司農寺丞知嘉興未赴以言者罷匄祠主管雲臺觀引年告老特授直祕閣致仕寶祐四年制置使余晦入蜀以譏劾閬州守王惟忠於是削惟忠五官没入其貲下詔獄鍛鍊誣伏坐棄市惟忠臨刑謂其友陳大方曰吾死當上愬于天七揮刃不殊血逆流即之雖閒居移書言於淮東制置使賈似道恤其遺孤又使從孫士倩娶惟忠孤女未幾似道入相中書舍人常挺亦以爲言景定元年給還首領以禮改葬復金壇田多即之倡義云即之以能書聞天下金人尤寶其翰墨惟忠字自尊慶元之鄞人嘉定十三年進士

趙蕃字昌父其先鄭州人建炎初大父暘以祕書少監出提點坑冶寓信州之玉山蕃以暘致仕恩補州文學調浮梁尉連江主簿皆不赴爲太和主簿受知於楊萬里調辰州司理參軍與郡守爭獄罷人以蕃爲直始蕃受學於劉清之清之守衡州乃求監安仁贍軍酒庫因以卒業至衡而清之罷蕃即匄祠從清之歸其後眞德秀書之國史曰蕃於師友之際蓋如此肯負國乎家居連書祠官之考者三十有一理宗即位以太社令與劉宰同召不拜特改奉議郎直祕閣又辭奉祠得致仕轉承議郎依前直祕閣卒

年八十七蕃年五十猶問學于朱熹既耄猶慮末路之難命所居曰難齋蕃賦性寛平與人樂易而剛介不可奪丞相周必大與蕃契屢加引薦蕃竟不受宰之言曰文獻之家典刑之彥巋然獨存猶有以繫學者之望者蕃一人而已信州守吳旂乞録其後詔其子遂補上州文學遂亦力辭又詔以承務郎致仕與一子恩澤景定三年祕閣修撰鄭協等請謚乃謚文節

列傳卷第二百五　　宋史四百四十六

開府儀同三司上柱國錄軍國重事前中書右丞相監修國史領經筵事都總裁脫脫等奉

勅修

忠義一

康保裔　馬遂　董元亨　曹覲孔宗旦 趙師旦

蘇緘　秦傳序　詹良臣江仲明

李若水　劉韐　傅察　楊震父宗閔

張克戩　張確　朱昭　史抗

孫益

士大夫忠義之氣至於五季變化殆盡宋之初興范

質王溥猶有餘憾況其他哉藝祖首褒韓通次表衛
融足示意嚮厥後西北疆場之臣勇於死敵往往無
懼眞仁之世田錫王禹偁范仲淹歐陽修唐介諸賢
以直言讜論倡于朝於是中外搢紳知以名節相高
廉恥相尚盡去五季之陋矣故靖康之變志士投袂
起而勤王臨難不屈所在有之及宋之亡忠節相望
班班可書匡直輔翼之功蓋非一日之積也奉詔修
三史集儒臣議凡例前代忠義之士咸得直書而無
諱焉然死節死事宜有別矣若敵王所愾勇往無前
或銜命出疆或授職守土或寓官閑居感激赴義雖

所處不同論其捐軀徇節之死靡二則皆為忠義之
上者也若勝負不常陷身俘獲或慷慨就死或審義
自裁斯為次矣若蒼黃遇難霣命亂兵雖疑傷勇終
異苟免況於國破家亡主辱臣死功雖無成志有足
尚者乎若夫世變淪胥毀跡冥遯能以貞厲保厥初
心抑又其次歟至於布衣危言嬰鱗觸諱志在衛國
遑恤厥躬及夫鄉曲之英方外之傑賈勇蹈義厥死
惟鈞以類附從定為等差作忠義傳

康保裔河南洛陽人祖志忠後唐長興中討王都戰
歿父再遇為龍捷指揮使從太祖征李筠又死於兵

保裔在周屢立戰功為東班押班及再遇陣沒詔以
保裔代父職從石守信破澤州明年攻河東之廣陽
獲千餘人開寶中又從諸將破契丹于石嶺關累遷
日騎都虞候轉龍衛指揮使領登州刺史端拱初授
淄州團練使徙定州天雄軍駐泊部署尋知代州移
深州又徙高陽關副都部署就加侍衛馬軍都虞候
領涼州觀察使眞宗即位召還以其母老勤養賜以
上尊酒茶米俄領彰國軍節度出為并代都部署徙
知天雄軍并代列狀請留詔褒之復為高陽關都部
署契丹兵大入諸將與戰于河間保裔選精銳赴之

會暮約詰朝合戰遲明契丹圍之數重左右勸易甲馳突以出保裔曰臨難無苟免遂決戰二日殺傷甚衆蹴踐塵深二尺兵盡矢絶援不至遂没焉時車駕駐大名聞之震悼廢朝二日贈侍中以其子繼英為六宅使順州刺史繼彬為洛苑使繼明為内園副使幼子繼宗為西頭供奉官孫惟一為將作監主簿繼英等奉告命謝曰臣父不能決勝而死陛下不以罪其孥幸矣臣等顧蒙非常之恩因悲泣伏地不能起上惻然曰爾父死王事贈賞之典所宜加厚顧謂左右曰保裔父祖死疆場身復戰没世有忠節深可嘉

也保裔有母年八十四遣使勞問賜白金五十兩封為陳國太夫人其妻已亡亦追封河東郡夫人保裔謹厚好禮喜賓客善騎射弋飛走無不中嘗握矢三十引滿以射箸鏑相連而墜人服其妙屢經戰陣身被七十創貸公錢數十萬勞軍没後親吏鬻器玩以償上知之乃復厚賜焉繼英仕至左衛大將軍貴州團練使嚴於馭軍厚於撫宗族其卒也家無餘財方保裔及契丹血戰而援兵不至惟張凝以高陽關路鈐轄領先鋒李重貴以高陽關行營副都部署率衆策應遇契丹兵交戰保裔為敵所覆重貴與凝赴援腹背受敵自申至寅力戰敵乃退當時諸將多失部分獨重貴凝全軍還屯凝議上將士功狀重貴喟然曰大將陷没而吾曹計功何面目也上聞而嘉之重貴仕至知鄭州領播州防禦使改左羽林軍大將軍致仕凝加殿前都虞候卒贈彰德軍節度使

馬遂開封人初隸龍衛軍補散直改三班奉職為北京指使聞王則叛中夜叱咤晨起請留守賈昌朝請擊賊昌朝因使持榜入貝州招降則盛服見之遂諭以禍福輒不荅遂將殺則而無兵仗自隨時張得一在側欲其助已目得一得一不動遂奮起投杯抵則

扼其喉毆之流血而左右卒無助之者賊黨攢刃聚諜至斷一臂猶詈則曰妖賊恨不斬汝萬段賊縛遂廳事前支解之則倉猝被毆駭傷病數日乃起事聞仁宗歎息久之贈宮苑使封其妻為旌忠縣君賜冠帔官其子五人後得殺遂者驍捷卒石慶使其子剖心而祭之

董元亨深州東鹿人累官至國子博士通判貝州王則據城叛是日冬至元亨方與州將張得一朝謁天慶觀夜漏未盡變起倉猝衆莫知所為元亨促馬馳還坐廳事賊黨十餘人擐甲露刃排闥而入左右皆

奔潰賊脅元亨曰大王遣我來索軍資庫鑰元亨擄
桉叱之曰大王誰也妖賊乃敢弄兵乎我有死耳鑰
不可得也賊將郝用繼來索愈急曰庫帑今日大王
所有也可不上鑰乎元亨厲聲張目罵賊用遂殺之
賊爭入携鑰而去事聞仁宗曰守法之臣也贈太常
少卿録其子孫三人賊平獲郝用斬以祭元亨
曹覲字仲賓曹修禮子也叔修古卒無子天章閣待
制杜杞為言于朝授覲建州司戶參軍為修古後皇
祐中以太子中舍知封州儂智高叛攻陷邕管趨廣
州行至封州州人未嘗知兵士卒纔百人不任戰鬬

又無城隍以守或勸覲遁去覲正色叱之曰吾守臣
也有死而已敢言避賊者斬麾都監陳曄引兵迎擊
賊封川令率鄉丁弓手繼進賊衆數百倍曄兵敗走
鄉丁亦潰覲率從卒決戰不勝被執賊戒勿殺捽使
拜且誘之曰從我得美官付汝兵柄以女妻汝覲不
肯拜且詈曰人臣惟北面拜天子我豈從爾苟生邪
速殺我幸矣賊猶惜不殺徙置舟中覲不食者兩日
探懷中印章授其從卒曰我且死若求間道以此上
官賊知其無降意害之至死詬賊聲不絕投屍江中
時年三十五事聞贈太常少卿録其子四人妻劉避

賊死於林峒追封彭城郡君加賜冠帔又贈修古尚
書工部侍郎封修古妻陳潁川郡君當智高之反乘
嶺南無備州縣吏往往望風竄匿故賊所向輒下獨
覲與孔宗旦趙師旦能以死守後田瑜安撫廣■南
為覲立廟封州
孔宗旦魯人為邕州司戶參軍儂智高未反時州有
白氣出庭中江水溢宗旦以為兵象度智高必反以
書告知州陳珙珙不聽後智高破橫州即載其親往
桂州曰吾有官守不得去無為俱死也既而州破被
執賊欲任以事宗旦叱賊且大罵遂被害始宗旦官

京東與李師道徐程尚同等四人為監司耳目號為
四瞎人多惡之其後立節如此知袁州祖無擇以其
事聞贈太子中允
趙師旦字潛叔樞密副使稹之從子美容儀身長六
尺少年頗涉書史尤刻意刑名之學用稹蔭試將作
監主簿累遷寧海軍節度推官知江山縣斷治出已
吏不能得民一錢棄物道上人無敢取以薦者改大
理寺丞知彭城縣遷太子右贊善大夫移知康州儂
智高破邕州順流東下師旦使人覘賊還報曰諸州
守皆棄城走矣師旦叱曰汝亦欲吾走矣乃大索得

諜者三人斬以徇而賊已薄城下師旦止有兵三百
開門迎戰殺數十人會暮賊稍却師旦語其妻取州
印佩之使負其子以匿曰明日賊必大至吾知不敵
然不可以去爾留死無益也遂與監押馬貴部士卒
固守州城召貴食貴不能食師旦獨飽如平時至夜
貴臥不安席師旦即臥內大鼾達明賊攻城愈急左
右請少避師旦曰戰死與戮死何如衆皆曰願為國
家死至城破無一人逃者矢盡與貴俱還據堂而坐
智高麾兵鼓譟爭入脅師旦師旦大罵曰餓獠朝廷
負若何事乃敢反邪天子發一校兵汝無遺類矣智

高怒并貴害之賊既去州人為立廟事平贈光祿少
卿賜其母王長安縣太君冠帔錄其子弟并從子三
人師旦遇害時年四十二柩過江山江山之人迎師
旦喪哭祭於路絡繹數百里不絕同時有王從政者
以東頭供奉官閤門祗候與儂智高戰于太平場被
執罵賊不已至以沸湯沃之終不屈而死贈信州刺
史錄其孫二人

蘇緘字宣甫泉州晉江人舉進士調廣州南海主簿
州領蕃舶每商至則擇官閱實其貲商皆豪家大姓
習以客禮見主者緘以選往商樊氏輙升階就席緘
詰而杖之樊訴于州州召責緘緘曰主簿雖卑邑官
也商雖富部民也邑官杖部民有何不可州不能詰
再調陽武尉劇盜李囊橐于民賊曹莫能捕緘訪得
其處萃衆大索火旁舍以迫之李從中逸出緘馳馬
逐斬其首送府府尹賈昌朝驚曰儒者乃爾輕生邪
累遷秘書丞知英州儂智高圍廣緘曰廣吾都府也
且去州近今城危在旦暮而不往救非義也即募士
數千人委印於提點刑獄鮑軻夜行赴難去廣二十
里止營廣人黃師宓陷賊中為之謀主緘擒斬其父
群不逞並緣為盜復捕殺六十餘人招其詿誤者六

千八百人使復業賊勢沮將解去緘分兵先扼其歸
路布槎木亘四十里賊至不得前乃遶出數舍渡江
由連賀而西緘與賊戰摧傷甚衆盡得其所略物時
諸將皆罷獨緘有功仁宗喜換為供備庫副使廣東
都監管押兩路兵甲遣中使賜朝衣金帶襲賊至邕
大將陳曙以失律誅緘亦貶房州司馬復著作佐郎
監越州稅十餘年始還副使知廉州屋多茅竹戍卒
楊禧醉焚營延燒民廬因乘以為竊緘戮之於市又
坐謫潭州都監未幾知鼎州熙寧初進如京使廣東
鈐轄四年交阯謀入寇以緘為皇城使知邕州緘伺

得實以書抵知桂州沈起起不以為意及劉彛代起緘致書於彛請罷所行事彛不聽反移文責緘沮議令勿得輒言八年蠻遂入寇衆號八萬陷欽廉破邕四砦緘聞其至閲州兵得二千八百召僚吏與郡人之材者授以方略勒部隊使分地自守民驚震四出緘悉出官帑及私藏示之曰吾兵械既具蓄聚不乏今賊已薄城宜固守以遲外援若一人舉足則群心揺矣幸聽吾言敢越佚則孥戮汝有大校翟績潛出斬以狥由是上下脅息緘子子元為桂州司户因公事携妻子來省欲還而寇至緘念人不可户曉必以

郡守家出城乃獨遣子元留其妻子選勇士拏舟逆戰斬蠻酋二邕既受圍緘晝夜行勞士卒發神臂弓射賊所殪甚衆緘初求救於劉彛彛遣將張守節救之逗遛不進緘又以蠟書告急於提點刑獄宋球球得書驚泣督守節守節皇恐遽移屯大夾嶺回保崑崙關猝遇賊不及陣舉軍皆覆蠻獲北軍知其善攻城陷以利使為雲梯又為攻濠洞家以華布緘悉焚之蠻計已窮將引去而知外援不至或教賊囊土傅城者頃刻高數丈蟻附而登城遂陷緘猶領傷卒馳騎戰愈厲而力不敵乃曰吾義不死賊手亟還州治

殺其家三十六人藏于坎縱火自焚蠻至求尸皆不得屠郡民五萬餘人率百人為一積凡五百八十餘積隳三州城以填江邕被圍四十二日糧盡泉涸人吸漚麻水以濟渴多病下利相枕藉以死然訖無一叛者緘憤沈起劉彛致寇又不救患欲上疏論之屬道梗不通乃榜其罪于市冀朝廷得聞焉神宗聞緘死嗟悼贈奉國軍節度使謚曰忠勇賜都城甲第五鄉里上田十頃聽其家自擇以子元為西頭供奉官閤門祗候召對謂曰邕管賴卿父守禦儻如欽廉即破則賊乘勝奔突桂象皆不得保矣昔張巡許遠以

睢陽蔽遮江淮較之卿父不能過也政授殿中丞通判邕州次子子明子正孫廣淵直溫與緘同死皆褒贈焉起與彛皆坐謫官緘没後交人謀寇桂州行數舍其衆見大兵從北來呼曰蘇城隍領兵來報怨懼而引歸邕人為緘立祠元祐中賜額懷忠

秦傳序江寧人淳化五年充夔峽巡檢使李順之亂賊衆奄至傳夔州城下傳序督士卒晝夜拒戰嬰城既久危蹙日甚長吏皆奔竄投賊傳序謂士卒曰吾為監軍盡死節以守城吾之職也安可苟免乎城中乏食傳序出囊橐服玩盡市酒肉以犒士卒慰勉之

衆皆感泣力戰傳序度力不能拒乃為蠟書遣人間道上言臣盡死力誓不降賊城壞傳序赴火死傳序家寄荆湖間子奭遡峽求父屍溺死人以為父死於忠子死於孝奏至太宗嗟惻久之録傳序次子煦為殿直以錢十萬賜其家煦卒復以煦弟昉為三班奉職

詹良臣字元公睦州分水人舉進士不第以恩得官調縉雲縣尉方臘起其黨洪再犯處州守貳俱棄城遁又有他盜霍成富者用臘年號剽掠縉雲良臣曰捕盜尉職也縱不勝敢愛死乎率弓兵數十人出禦之為所執成富誘使降良臣曰汝輩不知求生顧欲降我邪昔年李順反於蜀王倫反於淮南王則反於貝州身首橫分妻子與同惡無少長皆誅死旦暮官軍至汝肉飼狗鼠矣賊怒臠其肉使自啖之良臣吐且罵至死不絶聲見者掩面流涕時年七十二徽宗聞而傷之贈通直郎官其子孫二人

江仲明台州人宣和寇亂載老母逃山澗中猝遇寇于東城之岡逼使就降仲明義不辱奮起罵賊卒死之丞相吕頤浩誅以文有蔣煜者州之仙居人有文學寇欲妻以女煜拒之脅以拜亦不從寇曰吾戮汝矣煜伸頸就刃詈聲不絶而死

李若水字清卿洺州曲周人元名若冰上舍登第調元城尉平陽府司録試學官第一濟南教授除太學博士蔡京晚復相子絛用事李邦彥不平欲謝病去若水為言大臣以道事君不可則止胡不取決上前使去就之義暴於天下顧可默默託疾而退使天下有伴食之譏邪又言積蠹已久致理惟難建裁損而邦用未豐省科徭而民力猶困權貴抑而益橫仕流濫而莫澄正宜置驛求賢解榻待士采其寸長遂見以興治功凡十數端皆深中時病邦彥不悅靖康元年為太學博士開府儀同三司高俅死故事天子當挂服舉哀若水言俅以幸臣躐躋顯位敗壞軍政金人長驅其罪當與童貫等得全首領以沒尚當追削官秩示與衆棄而有司循常習故欲加縟禮非所以靖公議也章再上乃止欽宗將遣使至金國議以賦入贖三鎮詔舉可使者若水在選中召對賜今名遷著作佐郎為使見粘罕于雲中纔歸兵已南下復假徽猷閣學士副馮澥以往甫次中牟守河兵相驚以金兵至左右謀取間道去澥問何如若水曰戍卒畏敵而潰柰何效之今正有死耳令敢言退者斬衆

乃定既行疊具奏言和議必不可諧宜申飭守備至懷州遇館伴蕭慶挾與俱還及都門拘之于沖虛觀獨令慶瀨入既所議多不從粘罕急攻城若水入見帝道其語帝命何㮚行㮚還言二人欲與上皇相見帝曰朕當往明日幸金營過信而歸擢若水禮部尚書固辭帝曰學士與尚書同班何必辭請不已改吏部侍郎二年金人再邀帝出郊帝殊有難色若水以為無他慮扈從以行金人計中變逼帝易服若水抱持而哭詆金人為狗輩金人曳出擊之敗面氣結仆地衆皆散留鐵騎數十守視粘罕令曰必使李侍郎無恙若水絕不食或勉之曰事無可為者公昨雖言國相無怒心今日順從明日富貴矣若水歎曰天無二日若水寧有二主哉其僕亦來慰解曰公父母春秋高若少屈冀得一歸覲若水叱之曰吾不復顧家矣忠臣事君有死無二然吾親老汝歸勿遽言令兄弟徐言之可也後旬日粘罕召計事且問不肯立異姓狀若水曰上皇為生靈計罪己內禪主上仁孝慈儉未有過行豈宜輕議廢立粘罕指宋朝失信若水曰若以失信為過公其尤也歷數其五事曰汝為封豕長蛇真一劇賊滅亡無日矣粘罕令擁之去反顧

罵益甚至郊壇下謂其僕謝寧曰我為國死職耳奈併累若屬何又罵不絕口監軍者撾破其唇噀血罵愈切至以刃裂頸斷舌而死年三十五寧得歸具言其狀高宗即位下詔曰若水忠義之節無與比倫達於朕聞為之涕泣特贈觀文殿學士謚曰忠愍死後有自北方逃歸者云金人相與言遼國之亡死義者十數南朝惟李侍郎一人臨死無怖色為歌詩卒曰矯首問天兮天卒無言忠臣效死兮死亦何愆聞者悲之

劉韐字仲偃建州崇安人第進士調豐城尉隴城令王厚鎮熙州辟狄道令提舉陝西平貨司河湟兵屯多食不繼韐延致酋長出金帛從易粟就以餉軍公私便之遂為轉運使擢中大夫集英殿修撰劉法死夏人攻震武韐攝帥鄜延出奇兵擣之解其圍夏人來言願納款謝罪皆以為詐韐曰兵興累年中國尚不支況小邦乎彼雖新勝其衆亦疲懼吾再舉故款附以圖自安此情實也密疏以聞詔許之夏使愆期不至諸將言夏果詐請會兵乘之韐曰越境約會容有他故會再請者至韐戒曰朝廷方事討伐吾為汝請毋若異時邀歲幣軼疆場以取威怒夏人聽命西

邊自是遂安韐求東歸拜徽猷閣待制提舉崇福宮起知越州鑑湖為民侵耕官因收其租歲二萬斛政和間涸以為田衔至六倍隸中宮應奉租太重而督索嚴多逃去前勒鄰伍取償民告病韐請而蠲之方臘陷衢婺越大震官吏悉遁或具舟請行韐曰吾為郡守當與城存亡不為動益厲戰守備寇至城下擊敗之拜述古殿直學士召為河北河東宣撫參謀官時邊臣言燕民思内附童貫蔡攸方出師而种師道之軍潰韐意譤報不實見師道計事師道曰契丹兵勢尚盛而燕人未有應者恐邊臣誕謾誤國事韐即

馳白貫攸請班師又論燕薊不可得正使得之也兵遣餉經費無藝必重困中國還次莫州會郭藥師以涿州降戎車再駕以韐議異徙知真定府藥師入朝韐密奏乞留之不報徙知建州改福州加延康殿學士或言其過闕時見御史中丞有所請遂罷起知荊南河北盜起復以守真定首賊柴宏本富室不堪征歛聚衆剽掠殺廵尉統制官亦戰死韐單騎赴鎮遣招之宏至服罪韐飲之酒奏以官縱其黨還田里一路遂平藥師請馬詔盡以河北戰馬與之不足又賦諸民韐曰空内郡驅駿付一降將非計也奏止之金

人已謀南牧朝廷方從之求雲中地韐諜得實急以聞且陰治城守以待變是冬金兵抵城下知有備留兵其旁長驅内嚮及還治梯衝設圍示欲攻擊韐發強弩射之金人知不可脅乃退自金兵之來諸郡皆塞門民坐困韐獨縱樵牧如平日以時啓閉欽宗嘉之拜資政殿學士時已許割地賂金人而議者秉士民之憤復議追躡韐以亟戰為非是時諸將救太原种師中姚古敗以韐為宣撫副使至遼州招集糾募得兵四萬人與解潛折可求約期俱進兩人又繼敗初韐遣別將賈瓊自代州出敵背且許義軍以爵禄

得首領數十既復五臺而潛可求敗聞遂不果進太原陷召入覲為京城四壁守禦使宰相沮罷之京城不守始遣使金營金人命僕射韓正館之僧舍正曰國相知君今用君矣韐曰偷生以事二姓有死不為也正曰軍中議立異姓欲以君為正代得以家屬行與其徒死不若北去取富貴韐仰天大呼曰有是乎歸書片紙曰金人不以予為有罪而以予為可用夫貞女不事二夫忠臣不事兩君況主憂臣辱主辱臣死以順為正者妾婦之道此予所以必死也使親信持歸報諸子郎沐浴更衣酌巵酒而縊燕人歎其忠

瘞之寺西岡上遍題窓壁識其處凡八十日乃就殯
顏色如生建炎元年贈資政殿大學士後謚曰忠顯
齡莊重寬厚與人交若有畏者至臨大事則毅然不
可回奪初在西州為童貫所知故首尾預其軍事及
以忠死論者不復短其前失云子子羽孫珙自有傳
傅察字公晦孟州濟源人中書侍郎堯俞從孫也年
十八登進士第蔡京在相位聞其名遣子攸往見將
妻以女拒弗答調青州司法參軍歷永平淄川丞入
為太常博士遷兵部吏部員外郎宣和七年十月接
伴金國賀正旦使是時金將渝盟而朝廷未之知也

察至燕聞金人入寇或勸毋遽行察曰受使以出聞
難而止若君命何遂至韓城鎮使人不來居數日金
數十騎馳入館彊之上馬行次境上察覺有變不肯
進曰迓使人故例止此金人輒易其馭者擁之東北
去行百里許遇所謂二太子斡離不者領兵至驛道
使拜察曰吾若奉使大國見國主當致敬今來迎客
而脅我至此又止令見太子太子雖貴人臣也當以
賓禮見何拜為斡離不怒曰吾興師南向何使之稱
凡汝國得失為我道之否則死察曰主上仁聖與大
國講好信使往來項背相望未有失德太子干盟而

動意欲何為還朝當具奏斡離不曰爾尚欲還朝邪
左右促使拜白刃如林或捽之伏地衣袂顛倒愈植
立不顧反覆論辨斡離不曰爾今不拜後日雖欲拜
可得邪麾令去察知不免謂官屬侯彥等曰我死必
矣我父母素愛我聞之必大戚若萬一脫幸記吾言
告吾親使知我死國少紓其亡窮之悲也衆皆泣是
夕隔絕不復見金兵至燕彥等密訪存亡曰使臣不
拜太子昨郭藥師戰勝有喜色太子慮其刼取且銜
往忿殺之矣將官武漢英識其屍焚之裹其骨命虎
翼卒沙立負以歸立至涿州金人得而繫諸土室凡

兩月伺守者怠毀垣出歸以骨付其家副使蔣噩及
彥輩歸皆能道察不屈狀贈徽猷閣待制察自幼嗜
學同輩或邀與娛嬉不肯就為文溫麗有典裁平居
恂恂然無喜慍色遇事若無所可否非其意崒然不
可犯恬於勢利在京師故人鼎貴罕至其門間一見
寒溫談笑而已及倉卒狥義崒崒如此聞者哀而壯
之時年三十七乾道中賜謚曰忠肅

楊震字子發代州崞人以弓馬絕倫為安邊巡檢河
東軍征臧底河敵據山為城下瞰官軍諸將合兵城
下震率壯士拔劍先登斬數百級衆乘勝平之上功

第一從折可存討方臘自浙東轉擊至三界鎮斬首八千級追襲至黃巖賊帥呂師囊扼斷頭之險拒守下石肆擊累日不得進可存問計震請以輕兵緣山背上憑高鼓譟發矢石賊驚走已復縱火自衛震身被重鎧與麾下冒火突入生得師囊及殺首領三十人進秩五等還知麟州建寧砦初契丹之亡其將小鞠𩦺西奔招合雜羌十餘萬破豐州攻麟府諸城郭震父宗閔領本道兵馬屢摧敗之俘其父母妻子靖康元年十月太原陷鞠𩦺驅幽薊叛卒與夏人奚人圍建寧扣壁語震曰汝父奪我居破我兵擒我骨肉

我忍死到今急舉城降當全汝軀命時城中守兵不滿百震與戰士約斬一級賞若干官帑竭繼以家人服珥吏士感激自奮越旬矢盡力乏城不守與子居中執中力戰沒闔門俱喪唯長子存中從征河北獨免明年宗閔亦死事于長安震時年四十四建炎二年詔贈武經郎存中貴請于朝謚曰恭毅

張克戩字德祥侍中耆曾孫也第進士歷河間令知吳縣吳為浙劇邑民喜爭大姓怙勢持官府為令者踵故抑首務為不生事幸得去而已克戩一裁以法姦猾屏氣使者以狀聞召拜衛尉丞初克戩從弟克公為御史劾蔡京京再輔政脩怨於張氏以微事黜克戩踰年起知祥符縣司開封戶曹提舉京東常平入辭留為庫部員外郎宣和七年八月知汾州十二月金兵犯河東圍太原太原距汾二百里遣將銀朱孛堇來攻縱兵四掠克戩畢力扞禦燕人先內附在城下者數十陰結黨欲為內應悉收斬之數選勁卒撓敵營出不意焚其柵敵懼引去論功加直祕閣靖康元年六月金兵復逼城朝廷命經略使張孝純之子灝都統制張思正轉運使李宗來援思正誅求無藝民不堪命克戩引誼開曉皆願自奮宣撫使李綱

表其守城之勞連進直龍圖閣右文殿修撰太原不守思正紿云出戰遂率灝宗奔慈隰於是人無固志戍將麻世堅中夜斬關出通判韓琥相繼亡克戩召令兵民曰太原既陷吾固知亡矣然義不忍負國家辱父祖願與此城終始以明吾節諸君其自為謀皆泣不能仰視同辭而對曰公父母也願盡死聽命乃益厲兵儆守賊至身帥將士擐甲登陴雖屢卻敵而援師訖不至金兵破平遙平遙為汾大邑又與賊抗既先陷又脅降介休孝義諸縣據州南二十村作攻城器具兩遣使持書諭克戩焚不啓具述危苦之狀

募士間道言之朝不報十月朔金益萬騎來攻愈急有十人唱為降語斬以徇諸酋列城下克戩臨罵極口砲中一酋立斃度不得免手草遺表及與妻子遺書縋州兵持抵京師明日金兵從西北隅入殺都監賈亶克戩猶帥衆巷戰金人募生致之克戩歸索朝服焚香南向拜舞自引決一家死者八人金將奉其屍禮葬于後園羅拜設祭為立廟事聞詔贈延康殿學士贈銀三百兩絹五百匹表揭門閭紹興中謚忠確

張確字子固邠州宜祿人元祐中擢進士第徽宗郎

位應詔上書言十事乞誅大姦退小人進賢能開禁錮起老成擢忠鯁息邊事修文德廣言路容直諫遂列于上籍宣和二年召至京師青溪盜起確言此皆王民但庸人擾之耳願下哀痛之詔省不急之務租賦之外一切寢罷敢以花石溼巧供上者死撫綏脅附毋以多殺為功旬浹之間可以殄滅忤王黼意通判杭州攝睦州事有自賊中逃歸者悉宥之訪得虛實以告諸將用其言盜平知坊汾二州宣和七年徙解州又徙隆德府金兵圍太原忻代降平陽兵叛確表言河東天下根本安危所係無河東豈特秦不可守汴亦不可都矣敵既得叛卒勢必南下瀕城百年不修築將兵又皆戍邊臣生長西州頗諳武事若得秦兵十萬人猶足以抗敵不然唯有一死報陛下耳書累上不報明年二月金兵至知城中無備諭使降確乘城拒守或獻謀欲自東城潰圍出且探確意確怒叱曰確守土臣當以死報國頭可斷腰不可屈乃戰而死欽宗聞之悲悼優贈述古殿直學士召見其子宗尉撫之曰卿父今之巡遠也得其死所矣復何恨使為將為守者皆如卿父朕顧有今日邪歔容嘆息者久之

朱昭字彥明府谷人以效用進累官秉義郎浮湛班行不自表異宣和末為震武城兵馬監押攝知城事金兵內侵夏人乘虛盡取河外諸城鎮震武距府州三百里最為孤絕昭率老幼嬰城敵攻之力昭募驍銳兵卒千餘人與約曰賊知城中虛實有輕我心若出不意攻之可一鼓而潰於是夜縋兵出薄其營衆驚亂城上鼓譟乘之殺獲甚衆夏人設木鵝梯衝以臨城飛矢雨激卒不能施然晝夜進攻不止其酋悟兒思齊介冑來以氈盾自蔽邀昭計事昭常服登陴披襟問曰彼何人乃爾不武欲見我我在此將有何

事思齊却盾而前數宋朝失信曰大金約我夾攻京師為城下之盟畫河為界太原旦暮且下麟府諸壘悉已歸我公何恃而不降昭曰上皇知姦邪誤國改過不吝已行内禪今天子聖政一新矣汝獨未知邪乃取傳禪詔赦宣讀之衆聘眙服其勇辯是時諸城降者多昭故人從旁語曰天下事已矣忠安所施昭叱曰汝輩背義偷生不異犬彘尚敢以言誘我乎我唯有死耳因大罵引弓射之衆走凡被圍四日城多圮壞昭以智補禦皆合法然不可復支昭退坐廳事召諸校謂曰城且破妻子不可為賊汙辛先戕我家

而背城死戰勝則東嚮圖大功不勝則暴骨境内大丈夫一生之事畢矣衆未應昭幼子戲階下遽起手刃之長子驚視又殺之徑領數卒屠其家人舁屍納井中部將賈宗望母適過前昭起呼曰媪鄉人也吾不欲刃請自入井媪從之遂併覆以土將士將妻孥者又皆盡殺之昭謂衆曰我與汝曹俱無累矣部落子有陰與賊通者告之曰朱昭與其徒各殺其家人將出戰人雖少皆死士也賊大懼以利啗守兵得登城昭勒衆于通衢接戰自暮達旦屍填街不可行昭躍馬從缺城出馬蹶墜塹賊羅曰得朱將軍矣欲生致之昭瞋目仗劍無一敢前旋中矢而死年四十六

史抗濟源人宣和末為代州沿邊安撫副使金人圍代急抗夜呼其二子稽古稽哲謂曰吾昔語用事者鴈門控制一道宜擇帥增戍以謀未形之患若使橫流則無所措矣言雖切皆不吾省今重圍既固外援不至吾用六壬術占之明日城必陷吾將死事汝輩亦勿以妻子為念而負國也能聽吾言當令家屬自裁然後同赴義二子泣曰唯吾父命明日城果破父子三人突圍力戰死于城隅

孫益不知其所以進宣和末以福州觀察使知朔寧

府被命救太原時敵勢張甚或言不若引兵北擣雲中彼之將士室家在焉所謂攻其所必救也益曰此策固善柰違君命因躍馬冒圍至城下張孝純不肯啓門遂死之益天資忠勇每傾貲以賞戰士能得人死力小鞠録為邊患遣將致討益手在行間師無功益謂子必死朝廷聞之恤録其孤甚厚其子遣信至益所報平安益怒其子不能死以狀自列盡上還官所賜而斬其持書來者初益在朔寧察郡人孫谷可用奏為掾屬待之異於常僚益出師屬以後事益死敵騎來攻且別命郡守衆議欲開關迎之谷争弗得

嘆曰吾身已許國又不忍負孫公之託諸人不見容
是吾死所也或舉刃脅之無懼容遂見殺

列傳卷第二百五

列傳卷第二百六 宋史四百四十七

開府儀同三司上柱國錄軍國重事前中書右丞相監修國史領經筵事都總裁臣脫脫等奉

勅修

忠義二

霍安國 李涓 李邈 劉翊
徐揆 陳遘 趙不試
趙令𡸣 唐重 郭忠孝 程迪 徐徽言
向子韶 楊邦乂

霍安國不知何許人燕山之復以直祕閣為轉運判官宣和末知懷州靖康元年路允迪奉使至懷表其

治狀加直龍圖閣歲中進右文集英殿修撰徙知隆德府未行復留金騎再至遂被圍安國扞禦不遺力鼎澧兵亦至相與共守拜徽猷閣待制然竟以閏十一月城陷將官王美投壕死粘罕引安國以下分為四行使夷官問不降者為誰安國曰守臣安國也問餘人通判州事直徽猷閣林淵兵馬鈐轄濟州防禦使張彭年都監趙士詝張諶于潛鼎澧將沈敦張行中及隊將五人同辭對曰淵等與知州一體皆不肯降酋令引於東北鄉望其國拜降皆不屈乃解衣面縛殺十三人而釋其餘安國一門無噍類明年贈延

康殿學士
李涓字浩然駙馬都尉遵勗曾孫也以蔭為殿直召
試中書易文階至通直郎知鄂州崇陽縣靖康元年
京城被圍羽檄召天下兵鄂部縣七當發二千九百
人皆未集涓獨以所募六百銳然請行或謂盍徐之
以須他邑涓曰事急矣當持一信報天子為東南倡
而募士多市人不能軍涓出家錢買牛酒激犒之令
曰吾固知無益然世受國恩唯直死耳若曹知法乎
失將者死鈞之一死死國留名男兒不朽事也衆皆
泣即日引而東北過淮蒲圻嘉魚二縣之兵始至合

而前至蔡天大雪蔡人忽譟而奔曰敵至矣即結陣
以待少焉游騎果集涓馳馬先犯其鋒下皆步卒蒙
鹵盾徑進頗殺其騎且走涓乘勝追北十餘里大與
敵遇飛矢蝟集二縣兵亟舍去涓創甚猶血戰大呼
叱左右負已遂死焉年五十三士卒死者六七上官
有忌涓者劾亡卒誣已遁明年金兵去蔡人以其屍
歸朝廷錄其忠贈朝奉郎官其三子
李邈字彥思臨江軍清江人唐宗室宰相適之之後
少有才略精悍敏決見事風生以父任為太廟齋郎
初調安州司理監潤州酒務用薦改京官監在京竹

木務擢提轄環慶路粮草通判河間府以迕蔡京童
貫換右列由承議郎換莊宅副使知信安軍遷知霸
州為遼國賀正副使還貫將連金人夾攻契丹呼邈
至私第以語動之使附已邈言契丹人未厭其主貫
懼邈有異議即奏不俟對令復任邈上書言契丹不
可滅苟誤幾事願誅臣以謝邊吏都轉運使沈積中
捃邈罪五十有三條鞫治一無所得乃以建神霄宮
不如詔免官久之監在京染院進都大提舉京西汴
河隄岸盜起浙東改江淮兩浙制置司管當公事改
知嚴州代還貫欲以西師入燕邈復語貫曰方臘小

醜一呼屠七州四十餘縣竭數路之力而後能平之
殆天以此警公也何可遽移之北乎因密教貫陰佐
契丹以圖金人貫不能用乃乞致仕貫收復燕山奏邈
知涿州改易州皆辭不赴嘆曰國家禍亂自茲始矣
金人犯京師詔趣入見邈慨然復起就道既至會姚
平仲戰不利京師震動上不以時賜對問禦敵奈何
邈言勝負兵家之常勢陛下無過憂第古未有和戰不
定而能成功者因言种師道宿將有重名二敵所畏朝
廷自主和議而盡以諸道兵畀師道視敵為進退將在
軍中君命有所不受使見可擊而進勝固社稷之福不

勝亦足使敵知吾將帥有以國為任者上稱善而耿南仲方主和議不合乃換右文殿脩撰京畿轉運使辭不拜金人猶駐毛駝崗乃以邈為京城西壁守禦使邈言姚平仲敗績而敵猶不敢留是畏我也不以种師道再戰已失機會尚可尾其行及河半渡擊之猶足為後戒議復格三上章致仕不允改主管馬軍公事權樞密副都承旨出為河北西路制置使以措置山西塘濼屯田弓箭手事邈論塘濼不可為奪制置使下遷提舉保甲仍領措置司又論不已再奪觀察使則金兵將及境矣遂復舊官守真定後二日落

階拜青州觀察使仍知府事邈始視事兵不滿二千錢不滿二百萬自度無以拒敵乃諭民出財共為死守民恃邈為固不數日得錢十三萬貫粟十一萬石募民為勇敢亦數千人而新集之兵皆無鬬志金人至邈乞師于宣撫副使劉韐且間道走蠟書上聞皆不報城被圍且戰且守相持四旬城破邈巷戰不克將赴井左右持之不得入斡離不脅邈拜不拜以火燎其鬚眉及兩髀亦不顧乃拘于燕山府金人問曰集民兵擊我謂我為賊何也邈曰汝負盟所至掠吾金帛子女何謂吾言敵不能屈久之欲以邈知滄州笑而不答且說之曰天下強弱之勢安有常特吾中國適逢其隙耳汝不以此時歸二帝及兩河地歲取重幣如契丹以為長利強尚可恃乎金人諱其言命邈被髮左袵邈憤詆毀甚力金人撾其口猶吮血噀之翼日自去髮為浮屠金人大怒遂遇害將死顏色不變南向再拜端坐就戮燕人為之流涕高宗贈招化軍節度使謚曰忠壯

劉翊靖康元年以吉州防禦使為真定府路都鈐轄金人攻廣信保州不克遂越中山而攻真定翊率衆晝夜搏戰城上金兵初攻北壁翊拒之乃僞從攻東

城宣撫使李邈復趣翊往應越再宿潛移攻具還薄北城衆攀堞而上城遂陷邈就執翊猶集左右巷戰已而稍亡去翊顧其弟曰我大將也其可受賊戮乎挺身潰圍欲出諸門已為敵所守乃之孫氏山亭中解絛自縊死

徐揆衢州人遊京師入太學靖康元年試開封府進士為舉首未及大比而遭國難欽宗詣金營不歸揆帥諸生扣南薰門以書抵二酋請車駕還闕其略曰昔楚莊王入陳欲以為縣申叔時諫復封之後世君子莫不多叔時之善諫楚子之從諫千百歲之下猶

想其風采本朝失信大國背盟致討元帥之職也郡
城失守社稷幾亡而存元帥之德也兵不血刃市不
易肆生靈幾死而活元帥之仁也雖楚子存陳之功
未能有過我皇帝親屈萬乘兩造轅門越在草莽國
中喁喁跂望屬車之塵者屢矣道路之言乃謂以金
銀未足故天子未返揆竊惑之今國家帑藏既空編
民一妾婦之飾一器用之微無不輸之公上商賈絕
迹不來京邑區區豈足以償需索之數有存社稷之
德活生靈之仁而以金帛之故留質君父是猶愛人
之子弟而辱其父祖與不愛無擇元帥必不為也願

推惻隱之心存始終之惠反其君父班師振旅緩以
時日使求之四方然後遣使人奉獻則楚封陳之功
不足道也二酋見書使以馬載揆至軍詰難揆厲聲抗
論為所殺建炎二年追錄死節詔贈宣教郎而官其
後

陳遘字亨伯其先自江寧徙永州登進士第知莘縣
為治有績魏尹蔣之奇馮京許將交薦之知雍丘縣
徽宗將以為御史而遭父祐甫憂畢喪為廣西轉運
判官蔡京啓蠻徭地建平從允三州遘言蠻人幸安
靜輕擾以兆釁不可京惡之以他事罷歸旋知商州

興元府入為駕部金部員外郎張商英得政用為左
司員外郎俄擢給事中會商英免相蔡嶷攝封駁力
沮止之遘懼請外以直祕閣為河北轉運使加直龍
圖閣徙陝西召還京師而蔡京復相再使河北徙淮
南帝將易置發運使命選諸道計臣有閥閱者執政
以遘言京曰職卑不可用頤更選帝曰可除集英殿
脩撰使往京乃不敢言遂為副使未幾升為使朝廷
方督綱餉運渠壅澀遘使決呂城陳公兩塘達于渠
漕路甫通而朱勔花石綱塞道官舟不得行遘捕繫
其人而上章自劾帝為黜勔人進遘徽猷閣待制宣

和二年冬方臘亂詔以屬遘遘言臘始起青溪衆不
及千今脅從已過萬又有蘇州石生歸安陸行兒皆
聚黨應之東南兵弱勢單士不習戰必未能滅賊願
發京畿兵鼎澧槍盾手兼程以來庶幾蜂起愚民不
至滋蔓帝悉行其言加龍圖閣直學士經制七路治
于杭時縣官用度百出遘創議度公私出納量增其
贏號經制錢其後總制使翁彥國倣其式號總制錢
於是天下至今有經總制錢名自兩人始也又言妖
賊陵暴州縣唯搜求官吏恣行殺戮往往斷截支體
探取肺肝或熬以鼎油或射以勁矢備極慘毒不償

怨心盡貪汙嗜利之人倚法侵牟騷動不知藝極積
有不平之氣結於民心一旦乘勢如此可為悲痛此
風不除必更生事臣願采摭官吏姦贓尚仍舊習者
按治以聞乞重寘于理許之又進學士凡所施置以
御筆先下於是劾越州王仲嶷斜市民造金茶器減
直買軍糧券而以私錢取之仲嶷坐黜杭經巨寇後
河渠堙窒邦人以水潦為病前守數請于朝皆以勞
費輟役遘以冬月檄真揚潤楚諸郡凡守牐綱卒悉
集治所先是當閉牐群卒無以食率凍餓不自聊聞
命相率呼舞以來者二千人用其力治河不兩月畢

杭人利焉徙河北都轉運使進延康殿學士歷知中
山真定河間府欽宗立加資政殿學士積官至光祿
大夫復為真定又徙中山金人再至遘冒圍入城堅
壁拒守詔康王領天下大元帥命遘為兵馬元帥受
圍半年外無援師京都既陷割兩河求和遘弟光祿
卿適至中山臨城諭旨遘遥語之曰主辱臣死吾兄
弟平居以名義自處寧當賣國家為囚孥乎適泣曰
兄但盡力勿以弟為念遘呼總管使盡括城中兵擊
賊總管辭遂斬以狥又呼步將沙振往振素有勇名
亦固辭遘固遣之振怒且懼潛衷刃入府遘妾定奴

責其輒入振立殺之遂害遘於堂及其子錫并僕妾
十七人長子鉅以官淮南獲免振出帳下卒譟而前
曰大敵臨城汝安得殺吾父執而捽裂之身首無餘
城中無主乃開門出降金人入見其屍曰南朝忠臣
也斂而葬諸鐵柱寺建炎初贈特進遘性孝友為人
寛厚長者任部刺史二十年每出行郡邑必焚香祈
天願不逢貪濁吏嘗薦王安中呂頤浩張慤謝克家
何鑄後皆至公輔世以為知人適由開封少尹衛尉
少卿至光祿卿是役也金人執之以北後十年死於
雲中

趙不試太宗六世孫宣和末通判相州尋權州事兼
主管真定府路經略安撫公事建炎元年知相州初
汪伯彦既去相金人執其子似遣來割地似至相不
試固守不下明年金人大入州久被圍軍民無固志
不試謂之曰今城中食乏外援不至不試宗子也義
不降計將安出衆不應不試知事不可為遂登城與
金人約勿殺許之既啓門乃納其家井中然後以身
赴井命提轄官實以土州人皆免於死

趙令㡿燕懿王玄孫安定郡王令衿兄也初名令裨
建炎初仕至鄂州通守領兵戍武昌賊閻瑾犯黃州

縱掠而去令㟁渡江存撫之黃人乃安李綱言於上擢直龍圖閣知黃州賜令名奉詔修城凡六月而畢賊張遇過城下招令㟁度不能拒出城見之遇飲以酒一舉而盡曰固知飲此必死願勿殺軍民遇驚曰先以此試公耳更取壽酒沃地地裂有聲乃引軍去未幾丁進李成兵迭至俱擊卻之叛將孔彥舟又引兵圍城率民兵固守凡六日乃解三年以內艱去詔起服時金人聞孟太后在南昌欲邀之徑犯黃州令㟁已還在道郡卒得金人木笴鑿箭浮江告急令㟁疾趨夜半入城金人力攻翼日城陷金人欲降之大

罵不屈酌以酒揮之不肯飲又衣以戰袍曰我豈當服金人曰趙使君何堅執膝曰但當拜祖宗豈能拜犬彘金人怒鞭之流血被面罵不絕口而死事聞贈徽猷閣待制謚曰愍忠州人乞立廟從之初城破都監王遠判官吳源巡檢劉卓皆以不屈死焉

唐重字聖任眉州彭山人少有大志大觀三年進士徽宗親策士問以制禮作樂重對曰事親從兄為仁義禮樂之實陛下以神考為父哲宗為兄盍亦推原仁義之實而已何以制作為授蜀州司理參軍改成都府府學教授知懷安軍金堂縣擢辟雍錄先是朝廷以拓土為功邊師爭興利以徼賞凡蜀東西㚟峽路及荊湖廣南皆誘近邊蕃夷獻其地之不可耕者謂之納土因置州縣所至騷然重以其利害白之宰相因是薦之召對遷吏部員外郎左司郎官起居舍人金人入京師重言開邊之禍起於童貫故金人以貫為禍首若斬貫首遣人傳送于金尚可緩兵或獻議遠避重闈衛士語以告于朝始定守城之計擢右諫議大夫時宰執各主和戰二議重上疏乞命其廷辨得失金人要求金帛中書侍郎王孝迪下令有匿金銀者死許人告重曰如此則子得以告父弟得以

告兄奴婢得以告主矣豈初政所宜即與御史抗論乃止又累疏乞斬蔡京父子以謝天下尋遷中書舍人詞命多所繳奏又言近世不次用人其間致身宰輔有未嘗一日出國門者乞先補外以為之唱上開納而宰相執奏以為不可明日臺諫皆得罪重落職知同州金人已陷晉絳將及同重度不能守乃開門縱州人使出自以殘兵數百守城以示必死金人疑有備不復渡河而返降詔獎諭擢天章閣待制先是陝西宣撫使范致虛提五路兵勤王至陝州重遣致虛書言中都倚秦兵為爪牙諸夏恃京師為根本今

京城圍父人無鬬志若五路之師逡巡未進則所以為爪牙者不足恃而根本揺矣然潰卒為梗關中公私之積已盡又聞西夏侵掠鄜延為腹背患今莫若移檄蜀帥及川陝四路共資關中守禦之備合秦蜀以衞王室致虛鈗於出師由澠池乇千秋鎮為金將所敗軍皆潰退保潼關而五路之力益耗矣重募人間道走京城歸報二帝既北行重郎移檄川秦十路帥臣各備禮物徃軍前迎奉未幾高宗即位重上疏論今急務有四大患有五所謂急務者以車駕西幸為先次則建藩鎮封宗子通夏國之好繼青唐之後使相掎角以緩敵勢所謂大患者法令滋彰朝綱委靡軍政敗壞國用竭民心離欲救此者宜守祖宗成憲登用忠直大正賞刑誠今日之急務長安謀帥劉岑自河東使還上亦詢可守關中者岑以重對乃以天章閣直學士知京兆府尋兼京兆府路經略制置使重前在同州凡三疏上大元帥府乞蚤臨關中以符衆望且畫三策一謂鎮撫關中以固根本然後營乇於漢中開國於西蜀此為策之上若駐節南陽控楚吳越齊趙魏之師以臨秦晉之墟視敵強弱為進退選宗親賢明者開府於關中此為策之次儻因都

城再治城池汴洛之境據成皐崤函之險悉嚴防守此策之下若引兵南度則國勢微弱人心離散此最無策暨至汞興又六上疏皆以車駕幸關中為請并條奏關中防河事宜大意謂虢陝殘破解州河中已陷同華州沿河與金人對壘邊面亘六百餘里本路無可戰之兵乞增以五路兵馬十萬以上委漕臣儲偫以守關中章凡七八上朝廷未有所處重復上疏曰關中百二之勢控制陝西六路捍蔽川陝四路今蒲解失守與敵為鄰關中固則可保秦蜀十路無虞緣逐路帥守監司各有占護不相通融昨范致虛會合勤王之師非不竭力而將帥各自為謀不聽節制乞選宗親賢明者克京兆牧或置元帥府令總管秦蜀十道兵馬以便宜從事應帥守監司並聽節制緩急則合諸道之兵以衞社稷不惟可以禦敵亦可以救郡縣瓦解之失又乞節制五路兵俱不報金將婁宿渡河陷韓城縣時京兆餘兵皆為經制使錢蓋調赴行在重度勢不可支以書别其父克臣曰忠孝不兩立義不苟生以辱吾父克臣報之曰汝能以身狥國含笑入地矣及金人入境重遺書轉運使李唐孺曰重平生忠義不敢辭難始意迎車駕入關居建瓴

之勢庶可以臨東方今車駕南幸矣關陝又無重兵雖竭智力何所施一死報上不足惜及金兵圍城城中兵不滿千固守踰旬外援不至而經制副使傅亮以精鋭數百奪門出降城陷重以親兵百人血戰諸將扶重去重曰死吾職也戰不已衆潰重中流矢死初唐孺以其書聞俄以死節報上哀悼之贈資政殿學士後謚恭愍

郭忠孝字立之河南人簽書樞密院事逵之子受易中庸於程頤少以父任補右班殿直遷右侍禁登進士第換文資授將作監主簿年踰三十不忍去親側多仕于河南筦庫間宣和間爲河東路提舉解梁猗

氏與河東接壤盜販鹽者數百爲群歲起大獄轉相告引抵罪者衆忠孝止治其首餘悉貰貸宰相王黼怒之坐廢格鹽法免靖康初召爲軍器少監入對以和議爲非是力陳追擊之策謂兵家忌深入金人自燕薊興兵踰河朔犯都城其鋒不可當今鋭氣且衰又顧子女玉帛之獲故議和以欵我師今諸道之師集矣宜乘其惰擊之若不能擊其歸他日安能禦其來上命與宰相吳敏樞密李綱議忠孝復條上戰守利害士馬分合之策十餘事主和者衆卒不用其策改永興軍路提點刑獄措置保甲初議者請擇保甲十

萬刺爲義勇分隷河朔諸郡忠孝曰保甲歲久死亡者衆擇三萬人守都城可也河朔騎兵之地非保甲所宜上從之忠孝亟走關陝得勝兵三萬分隷十將擇一將統之繼遣兵趍澤潞聽宣撫司節制金人再犯京師永興帥范致虛率諸軍踰淆澠入援忠孝曰金人深入而河東無守備願分兵走太行扼其歸路彼必來戰城下之圍可緩致虛以爲然檄河中守席益馮翊守唐重與忠孝同出河東爲牽制之舉大軍盡出函谷忠孝獨以蒲解軍三千至猗氏遇金人破之踰絳州破太平砦斬首數百級攻平陽入其郛會

大軍失利淆澠間乃引還及金人犯永興兵寡或勸忠孝以監司出巡可以避禍忠孝不答與經略唐重分城而守忠孝主西壁唐重主東壁金人陳城下忠孝募人以神臂弓射之敵不得前已而攻陷城東南隅忠孝與重及副總管楊宗閔轉運副使桑景詢判官曾謂經略主管機宜文字王尚提舉軍馬武功大夫程迪俱死之朝廷贈忠孝大中大夫子雍別有傳

程迪字惠老開封人父博古部鄜延兵戰死永樂迪以門蔭得官宣和中從楊惟中征方臘有功加武功大夫榮州團練使瀘南潼川府路走馬承受公事諸

使合薦迪忠義謀略可任將帥召赴行在經略制置使唐重以敵迫近留迪提舉軍馬措置民兵以為備金人已自同州度河或勸迪還蜀迪思有以報國不從乃詣种氏諸豪謀率衆保險俟其勢稍衰出奇擊之轉運使桑景詢知其謀以告唐重揭牓許民擇險自固會前河東經制使傅亮建議當守不當避重從之以亮為制置副使去者悉還既而金兵益迫重乃以迪提舉永興路軍馬措置民兵令迪行視南山諸谷將運金帛徙治其中因召士豪集民兵以補軍籍會應募者衆亮語重曰人心如此假以旬日守備且

具奈何望風棄去重大然之即檄諸司聽亮節制金人近城迪又欲選兵迎戰使老稚得趣險尚可以活十萬人亮執議城守金人四面急攻外無援兵迪率諸司及統制偏裨以下東鄉會盟危急必以死相應誓不與敵俱生慷慨嗚咽同盟皆感泣城破乃自亮所分地始亮先出降衆潰迪率其徒行徇于衆曰敵讎我矣降亦死戰亦死努力與鬬憤怒大呼口流血士皆感奮多所斬殺迪冒飛矢持短兵接戰數十合身被創幾徧絕而復蘇猶厲聲叱戰不已遂死之麾下士舁置空室中比壘皆燼室獨不火及斂容色如

生詔贈明州觀察使諡恭愍子昌謌

徐徽言字彥猷衢之西安人少為諸生泛涉書傳負氣豪舉有奇志喜談功名事大觀二年詔求材武士韓忠彥范純粹劉仲武以徽言應詔召見崇德殿賜武舉絕倫及第歷保德軍監押以邊功加閤門祗候平陽府軍馬鈐轄權知保德軍改總領河西軍馬以討西夏功累遷秉議郎宣和四年將伐燕命太原帥張孝純招河西帳族遣徽言入其地帳族拒而射之徽言迎戰破之遂定天德雲內兩城宣撫使童貫嫉其功檄太原不得遠節度復棄去孝純先定朔武二

州亦不能守改知火山軍兼統制河西軍馬徙赴石州靖康初遷武翼郎閤門宣贊舍人金人圍太原分兵絕鑲道自隰石以北命令不通者累月徽言以三十人渡河一戰破之遷武經郎知晉寧軍兼嵐石路沿邊安撫使金人再犯京師陝西制置使范致虛糾合五路兵赴難檄徽言守河西欽宗割兩河以紓禍同知樞密院事聶昌出河東為金人所刼以便宜割河西三州隸西夏晉寧軍民大恐曰棄麟府豐晉寧豈能獨存徽言曰此使人矯詔耳三郡在河西設有詔猶當執奏況無之耶遂率兵復取三州夏人所置守長

皆出降徽言慰遣之又并取嵐石等州敎戈舡卒乘羊皮渾脫亂流以掩敵金人益備克胡砦𡾟堡津遣守領爲九州都統與晉寧對壘徽言出奇兵襲逐之時河東郡縣淪没遺民日徯王師之至徽言陰結汾晉土豪數十萬約復故地則奏官爲守長聽世襲條其事以聞俟報可即身率精甲擣太原徑取鴈門留兵戍守且曰定全晉則形勝爲我有中原當指期克復投機一時會不可失奏上詔徽言聽王庶節制議遂格金人忌徽言欲速拔晉寧以除患建炎二年冬自蒲津涉河圍之先是徽言移府州約折可求夾攻金人可求降金將婁宿挾至城下以招徽言徽言故與可求爲姻婭登陴以大義譙數之可求仰曰君於我胡大無情徽言攝弓厲言曰爾於國家不有情我尚於爾何情寧惟我無情此矢尤無情一發中之可求走因出兵縱擊遂斬婁宿孛堇之子當是時環河東皆已陷獨晉寧屹然孤墉橫當强敵勢相百不抗徽言堅壁持久撫摩疲傷遣没人泅河召民之逃伏山谷者幾萬衆浮筏西渡與金人鏖河上大小數十戰所俘殺過當晉寧號天下險徽言廣外城東壓河下塹不測譙堞雄固備械甚整命諸將畫隅分守敵至則自致死力以勁兵往來爲游援金進攻數敗不得志圍之益急晉寧俗不井飮寄汲于河金人載茭石湮壅支流城中水乏絶儲偫寖罄鎧仗空敝人人惴憂知殞亡無日徽言能得衆心奮羸餓傷夷之餘裒折槊斷刃以死固守既自度不支取砲機篦格凡守具悉火之曰無以遺敵遣人間道馳書其兄昌言曰徽言孤國恩死矣兄其勉事君一夕裨校李位石斌繫帛書飛符上陰約婁宿啓外郭納金兵徽言與太原路兵馬都監孫昂決戰門中所格殺甚衆退嬰牙城以守金人攻之不已徽言置妻子室中積薪自焚仗劍坐堂上慷慨語將士我天子守土臣義不見屻敵手因援佩刀自擬左右號救持之急金兵狎至挾徽言以去然猶憚其威名婁宿得徽言所親説徽言盍具冠帶見金帥徽言斥曰朝章覲君父禮以入穹廬可乎汝汙僞官不即愧死顧以爲榮且爲敵人摇吻作説客邪不急去吾力猶能搏殺汝婁宿就見徽言語曰二帝北去爾其爲誰守此徽言曰吾爲建炎天子守婁宿曰我兵已南矣中原事未可知何自苦爲徽言怒曰吾恨不殺汝輩歸見天子將以死報太祖太宗地下庸知其他婁宿又出金制曰能小屈

當使汝世帥延安舉陝地弁有之徽言益怒罵曰吾荷國厚恩死正吾所此膝詎為汝輩屈耶汝當親刃我不可使餘人見加妻宿舉戟向之覘其懼伏徽言披袵迎刃意象自若飲以酒持杯擲妻宿曰我尚飲汝酒乎慢罵不已金人知不可屈遂射殺之粘罕聞其死怒妻宿曰尔麤狠可專殺義人以逞尔私治其罪甚慘初徽言與劉光世東髮雅故光世被命援太原次吳堡津輒頓不進徽言移書趣行未聽又諭以太原危不守旦暮望救總管承詔赴急不宜稽固取方命罪光世猶前卻徽言即露章劾其逗撓封副與

之光世惶遽引道宣撫使張浚與諸使者相繼以死節事聞高宗撫几震悼顧謂宰相曰徐徽言報國死封疆臨難不屈忠貫日月過於顏真卿段秀實遠矣不有以寵之何以勸忠昭示來世乃贈晉州觀察使謚忠壯再贈彰化軍節度祁昴亦引刀欲自刺金人擁至軍前不屈而死至是贈成忠郎團練使徽言子岡既同死事而從孫適亦以守安豐死昴父翊宣和末知朔寧府救太原死于陣各世著忠義云

向子韶字和卿開封人神宗后再從姪也年十五入太學登元符三年進士第特恩改承事郎授荊南府節度判官累官至京東轉運副使屬郡郭奉世進萬緡羨餘戶部聶昌請賞之以勸天下子韶劾奉世且言近臣首開聚斂之端寖不可長士論韙之以父憂免起復知淮寧府建炎二年金人犯淮寧子韶率諸弟城守諭士民曰汝等墳墓之國去此何之吾與汝當死守時有東兵四千人第三將岳景綬欲棄城率軍民走行在子韶不從景綬引兵迎敵而死金人晝夜攻城子韶親擐甲冑冒矢石遣其弟子率赴宗澤乞援兵未至城陷子韶率軍民巷戰力屈為所執金人坐城上欲降之酌酒於前左右抑令屈膝子韶直立

不動戟手責罵金人殺之其弟新知唐州子褒朝請郎子家等與闔門皆遇害惟一子鴻六歲得存事聞再贈通議大夫官其家六人後謚忠毅初金人至淮寧府楊時聞之曰子韶必死矣蓋知其素守者云

楊邦乂字晞稷吉州吉水人博通古今以舍選登進士第遭時多艱每以節義自許歷婺源尉蘄廬建康三郡教授改秩知溧陽縣會叛卒周德據府城殺官吏邦乂立縣獄囚趙明於庭欲誅之因諭之曰尔悉里中豪傑誠能集尔徒為邑人誅賊不惟宥尔罪當上功畀爵明即請行邦乂飲之卮酒使自去越翼日

討平之建炎三年金人至江上高宗如浙西留右僕射杜充爲御營使駐劄建康命劉光世韓世忠王㻶諸將悉聽充節制充性酷而無謀士心不附渡碙沙充遣陳淬岳飛等及金人戰于馬家渡自辰至未戰數合勝負未決㻶擁兵弗救淬被擒㻶兵遁充率麾下數千人降金人濟江鼓行逼城時李梲以戶部尚書董軍餉陳邦光以顯謨閣直學士守建康皆具降狀逆之十里亭金帥完顏宗弼既入城梲邦光率官屬迎拜惟邦乂不屈膝以血大書衣裾曰寧作趙氏鬼不爲他邦臣宗弼不能屈翼日遣人說邦乂許以

舊官邦乂以首觸柱礎流血曰世豈有不畏死而可以利動者速殺我翼日宗弼等與梲邦光宴堂上立邦乂于庭邦乂叱梲邦光曰天子以若扞城敵至不能抗更與共宴樂尚有面目見我乎有劉團練者以幅紙書死活二字示邦乂曰若無多云欲死趣書死字邦乂奮筆書死字金人相顧動色然未敢害也已而宗弼再引邦乂邦乂不勝憤遥望大罵曰若女真圖中原天寧久假汝行磔汝萬段安得汙我宗弼大怒殺之剖取其心年四十四事聞贈直秘閣賜田三頃官爲斂葬即其地賜廟褒忠謚忠襄官其四子邦乂少處郡學目不視非禮同舍欲隳其守拉之出詭言故舊家實倡館也邦乂初不疑酒數行娼女出邦乂愕然疾趨還舍解其衣冠焚之流涕自責紹興七年樞密院言邦乂忠節顯著上曰顏真卿異代忠臣朕昨已官其子孫邦乂爲朕死節不可不厚褒錄以爲忠義之勸加贈徽猷閣待制增賜田三頃

列傳卷第二百六

列傳卷第二百七　　宋史四百四十八

開府儀同三司上柱國錄軍國重事前中書右丞相監修國史領經筵事都總裁脫脫等奉

敕修

忠義三

曾恴 弟悟　劉汲　鄭驤

呂由誠　郭永　韓浩 朱庭傑 王允功 王薦 周中 周辛附

歐陽珣　張忠輔　李彥仙 邵雲 宋炎 呂圓登附

趙立 王復 鄭褒附　王忠植　唐琦

李震　陳求道

曾恴字仲常中書舍人鞏之孫補太學內舍生以父

任郊社齋郎累官司農丞通判溫州須次于越建炎三年金人陷越以琶八為帥約詰旦城中文武官並詣府有不至及藏匿不覺察者皆死恴獨不往為隣人糾察逮捕見琶八辭氣不屈且言國家何負汝乃叛盟欺天恣為不道我宋世臣也恨無尺寸柄以死國安能貪生事爾狗奴邪時金人帳中執兵者皆愕眙相視琶八曰且令出左右盡驅其家屬四十口同日殺之越南門外越人作窖瘞其屍金人去恴弟朝散郎悬時知杭州餘杭縣事製大棺斂其骨瘞之天柱山事聞予三資恩澤官其弟忞子宏兄子宿皆將

仕郎方遇難時宏甫四歲與乳母張皆死夜值小雨張得蘇顧見宏亦蘇尚吮其乳郡卒陳海匿宏以歸後仕至知南安軍恴從弟悟

悟字蒙伯翰林學士肇之孫也宣和二年進士靖康間為亳州士曹金人破亳州悟被執抗辭慢罵衆刃劘之屍體無存者妻癸同日被害年三十三

劉汲字直夫眉州丹陵人紹聖四年進士為合州司理武信軍推官改宣德郎知開封府鄢陵縣奉行神霄宮不如令以京畿轉運使趙霆奏徙通判隆德府時方士林靈素用事郡人班自政易繫辭為妖言以

應靈素汲攝守下自獄靈素薦自有道命轉運使陳知存按驗掾史懼欲變獄汲責數掾史知存憚之卒以實聞通判河中府辟開封府推官自盛章等尹京果於誅殺率取特旨以快意汲■白府奏罷之宰相王黼初領應奉司汲對客輒詆之黼聞奏謫監蓬州稅欽宗召赴闕汲奏願得驅馳外服治兵食以衛京師時置京西轉運司于鄧州以汲添差副使建炎元年范致虛師至陝汲貽書勸以一軍自蒲中越河陽焚金人積聚絕河橋一軍自陝路直抵鄭許與諸道連衡敵必解散致虛以書謝汲而行金人再犯京師

諸道不知朝廷動息者三月馮延緒傳詔撫諭謂軍駕出郊定和議令諸道罷兵汲謂副總管高公純曰詔書未可遽信公純問故汲曰詔下以去年十二月鄧去京七百里今始至州何也安有議和以三月而敵猶未退乎此必金人脅朝廷以款勤王之師爾可速進兵公純難之汲請自行公純不得已俱至南陽不進汲獨馳數十騎赴都城二帝已北行汲素服慟哭尋代公純攝帥事措金帛饗士為戰守計詔鄧州備巡幸汲廣城池飾行闕所以待乘輿之具甚備就加直龍圖閣知鄧州兼京西路安撫使汲奏欲復兩

河當先河東欲復河東當用陝兵請先從事河東以定西河之根本於是金人復渡河諜知鄧州為行在所命其將銀朱急攻京西汲遣副總管侯成林守南陽金人奄至殺成林汲集將吏謂曰吾受國恩恨未得死所金人來必死汝有能與吾俱死者乎皆流涕曰惟命民有請涉山作砦以避敵者汲曰是棄城矣然若屬俱死無益乃下令曰城中有材武願從軍者聽留餘從便得敢死士四百人又令曰凡仕於此其聽送其家寅出午反違者從軍法衆皆感服無一人失期及南陽陷命將戚鼎將兵三千逆戰及命靳儀與

趙宗印分西南門掎之汲自以牙兵四百登陴望見宗印從間道遁即自至鼎軍中麾其衆陣以待敵至皆死鬭敵却俄而儀敗金人攻之益急矢下如雨軍中請汲去汲不許曰使敵知安撫使在此為國家致死敵大至汲死之事聞贈大中大夫謚忠介

鄭驤字潛翁信之王山人登元符三年進士第知溧陽縣歲饑民多逃亡漕司按籍督逋賦不少貸驤悉之盡去其籍使者欲繩以法驤曰著令約二稅為定數今不除則逋愈多民愈貧賦愈不辦使者不能屈時議自建康鑿漕渠導太湖以通大江將破數州民

田調江浙二十五州丁夫所費百萬計朝廷遣官視可否驤條析利病力止之通判岢嵐軍改慶陽府姚古奏為熙河蘭廓路經略司屬官錢蓋自渭易熙奏辟幕下地震秦隴金城六城壞驤為蓋言六城熙河重地宜趣繕治因自請董兵護築益機灘新堡六百步以控西夏堡成以功遷官賜緋衣銀魚唃廝羅氏舊據青唐置西寧州董氊入朝其弟益麻党征走西夏大觀中羌人假其名歸附童貫奏賜姓名趙懷恭官團練使至是党征自西寧求歸貫懼事露議者希貫意欲絕之驤謂貫欺君請辦其偽貫怒將厚誣以

罪會敗而止擢京兆府等路提舉常平驤按格為常
平總目十卷頒之所部時陝右大稔驤奏乞以所部
本息乘時廣糴得米六十萬斛高宗初以直祕閣知
同州兼沿河安撫使時謀巡近甸金陵南陽長安為
駐蹕計驤言南陽金陵偏方非興王地長安四塞天
府之國可以駐蹕會帝東幸揚州復請自楚泗汴洛
以迄陝華各募精兵首尾相應庶敵勢不得衝決不
報金將婁宿犯同州及韓城驤遣兵拒險擊之師失
利金人乘勝徑至城下通判以下皆遁去驤曰所謂
太守者守死而已翼日城陷驤赴井死贈通議大夫

樞密直學士謚威愍詔賜廟愍節驤在熙河嘗撫熙
寧迄政和攻取建置之迹為拓邊録十卷兵將蕃漢
雜事為別録八十卷圖畫西蕃西夏回鶻盧甘諸國
人物圖書為河隴人物志十卷序贊普迄溪巴温董
氈世族為蕃譜系十卷

呂由誠字子明御史中丞誨之季子幼明爽有智略
范鎮司馬光父友也皆器重之以父恩補官調鄧州
酒稅臨事精敏老吏不能欺會營兵竊發聚衆閉城
守貳逃匿由誠親往招諭賊歛兵聽命以功遷秩尋
擢提舉三門白波輦運言者謂其資淺罷之知合水
縣王中立种諤征靈州由誠部運隨軍天寒食盡他
邑役夫多潰去唯由誠所部分無失者改知乘氏縣
丞相呂大防為山陵使辟為屬通判成都府知雅嘉
温緜四州復知嘉州皆有治績靖康元年宰相唐恪
薦由誠剛正有家法宜任臺臣召至京師與恪議不
合且憂其蓄縮不足以濟時艱力辭求退差知襲慶
府未及出關金人再入陷京師立張邦昌以兵脅士
大夫臣之由誠微服得免時群盜所在蠭起由誠崎
嶇至郡城圯糧竭於是晝夜為備版築甫就劇賊李
昱擁十萬衆奔至城中知其有備陽受元帥府招安

而去康王移軍濟陽由誠竭力饋餉軍以不乏遣官
屬王允恭奉表勸進時京東諸郡兵驕多内訌獨由
誠拊循有方士樂為用前後數被攻圍屹然自立群
盜中救援皆絕孔彥舟以鄆兵叛首犯郡境攻之累
旬不能下始引去胡選者衆尤殘暴攻由誠示必取由誠
夜焚其攻具直入帳下賊駭散不知所為怱解圍去一日
金兵四集由誠嚴立賞罰厲以忠義守兵爭奮晝夜儆
備金人百道攻城矢石如雨人無叛志郡官有迎降
者執而械之判官趙令佳同心誓守城陷俱被執金
人欲生降之由誠不屈乃殺其子仍於前由誠不顧

與令佳同遇害子偰與其家四十口皆被執無生還者南北隔絶其孫紹清留蜀後自蜀走江浙訪由誠生死遇令佳之子子彝于江陰知令佳與由誠同死被褒典乃愬于朝詔贈由誠三官為通奉大夫與二子恩澤

郭永大名府元城人少剛明勇決身長七尺鬚顙若神以祖任為丹州司法參軍守武人為姦利無所忌永數引法裁之守大怒盛威臨永永不為動則繆為好言薦之朝後守欲變具獄永力爭不能得袖舉牒還之拂衣去調清河丞尋知大谷縣太原帥率用重

臣每宴饗費千金取諸縣以給斂諸大谷者尤亟永以書抵幕府曰非什一而取皆民膏血也以資觴豆之費可乎脫不獲命令有投劾而歸耳府不敢迫縣有潭出雲雨歲旱巫乘此譁民永杖巫暴日中雨立至縣人刻石紀其異府遣卒數輩號警盜刺諸縣短長逰蠧不歸莫敢迕永械致之府府為弃它縣追還於是部使者及郡文移有不便於民者必條利病反復或遂寢而不行或謂永世方雷同毋以此賈禍永曰吾知行吾志而已皇恤其它大谷人安其政以為自有令無求比者既去數年復過之則老稚遮留如

永始去調東平府司錄參軍府事無大小永咸決之吏有不能辦者私相靳曰爾非郭司錄耶通判鄭州燕山兵起以永為其路轉運判官郭藥師屯邊怙恩暴甚與民市不償其直復毆之至壞自折支乃已安撫使王安中莫敢問永白安中不治且難制請見而顯責之不從則取其尤者磔之市乃見藥師曰朝廷負將軍乎藥師矍曰何謂也永曰前日將軍杖策歸朝廷上推赤心置將軍腹中寵遇之禮無所不至而將軍未有尺寸功報上也今乃倚將軍為重乃縱部曲戕民不禁平居尚爾如緩急何藥師雖謝無愧容

永謂安中曰它日亂邊者必此人也已而安中罷永亦辭去移河北西路提舉常平會金人趨京師所過城邑欲立取之是時天寒城池皆凍金率藉冰梯城不攻而入永適在大名聞之先弛壕漁之禁人爭出漁冰不能合金人至城下睥睨久之而去遷河東提點刑獄時高宗在楊州命宗澤守京師澤屬兵積粟將復兩河以大名當衝要檄永與師杜充漕張益謙相掎角永即朝夕謀戰守具因結東平權邦彥為援不數日聲振河朔已沒州縣皆復應官軍金人亦畏之不敢動居亡何澤卒充守京師以張益謙代之而裴億

爲轉運使益謙億齷齪小人會范瓊胥邦彥南去劉
豫舉濟南來寇大名孤城無援永率士晝夜乘城伺
間則出兵狙擊或勸益謙委城遁永曰北門所以蔽遮梁
宋彼得志則席卷而南朝廷危矣借力不敵猶當死
守徐剉其鋒待外援之至奈何棄之因募士齎帛書
夜縋城出告急朝廷乞先爲備攻圍益急俘東平濟
南大呼城下曰二郡已降降者富貴不降者無噍類
益謙輩相顧色動永大言曰今日正吾儕報國之時
又行城撫將士曰王師至矣吾城堅完可守汝曹努
力敵不足畏也衆感泣質明大霧四塞豫以車發斷碑

殘礎攻城樓櫓皆壞左右蒙盾而立多碎首者良久
城陷永坐城樓上或掖之以歸諸子環泣請去永曰
吾世受國恩當以死報然巢傾卵覆汝輩亦何之茲
命也奚懼益謙億率衆迎降金人曰城破始降何也
衆以永不從爲辭金人遣騎召永永正衣冠南向再
拜訖易幅巾而入黏罕曰沮降者誰永熟視曰不降
者我金人奇永狀貌且素聞其賢乃自相語欲以富
貴啗永永瞋目唾曰無知犬豕恨不臨爾以報國家
何說降乎怒罵不絕金人諱其言麾之使去永復厲
聲曰胡不速我死當率義鬼滅爾曹大名人在繫者

無不以手加額爲之出涕金人怒斷所舉手乃殺之
一家皆遇害雖素不與永合者皆面慟金人去相與
負其屍瘞之永博通古今得錢即買書家藏書萬卷
爲文不求人知見古人立名節者未嘗不慨然掩卷
終日而尤慕顏真卿爲人充之守大名名稱甚盛永
嘗畫數策見之它日問其目曰未暇讀也永數之曰
人有志而無才好名而遺實驕蹇自用而得名聲以
此當大任鮮不顛沛者公等足與爲治乎充大慙靖
康元年冬金人再犯京師中外阻絕或以兩宮北狩
告永者永號絕仆地家人舁歸不食者數日聞大元

帥府檄書至始勉彊一餐其忠義蓋天性然紹興初
贈中大夫資政殿學士謚勇節官其族數人
韓浩丞相琦孫以奉直大夫守濰州建炎二年金人
攻城浩率衆死守城陷力戰死通判朱庭傑身被數
箭亦死權北海縣丞王允功司理叅軍王薦皆全家
陷沒浩特贈三官官其家三人庭傑允功薦各官其
家一人朝議大夫周中世居濰州率家人乘城拒守
中弟辛家最富盡散其財以享戰士城陷中闔門百
口皆死紹興六年以周聿請贈官
歐陽珣字全美吉州廬陵人崇寧五年進士調忠州

學教授南安軍司録知鹽官縣以薦上京師遇國難及出使加將作監丞金人犯京師朝議割河北絳磁深三鎮地講和珣率其友九人上書極言祖宗之地尺寸不可以與人及事急會群臣議珣復抗論當與力戰戰敗而失其地它日取之直不戰而割其地它日取之曲時宰怒欲殺珣迺遣珣奉使割深州珣至深州城下慟哭謂城上人曰朝廷爲姦臣所誤至此吾已辦一死來矣汝等宜勉爲忠義報國金人怒執送燕焚死之

張忠輔宣和末爲將同崔中折可與守崞縣金人來攻嬰城固守率士卒以死拒敵中度不可支有二心忠輔宣言于衆曰必欲降請先殺我中設伏紿約議事斬忠輔首擲陴外以示金人既開城門可與不屈見殺可與兄可求建炎中言于朝官可與之子五人而忠輔不與士論惜之

李彦仙字少嚴初名孝忠寧州彭原人徙鞏州有大志所交皆豪俠士閑騎射家極邊每出必陰察山川形勢或瞷敵人縱牧取其善馬以歸嘗爲种師中部曲入雲中獲首級補校尉靖康元年金人犯境郡縣募兵勤王遂率士應募補承節郎李綱宣撫兩河上

書言綱不知兵恐誤國書聞下有司追捕乃亡去易名彦仙以效用從河東軍諜金人還復補校尉河東陷彦仙挺歸道出陝以兵事見守臣李彌大彌大與語壯之留爲裨將戍殽澠間金人再犯汴京與師范致虚合西兵入援彦仙遊説曰殽澠道隘難以衆進不若分兵而前留其半於陝可爲後圖致虚怒其沮衆罷遣之師至千秋府果敗官吏皆遁時彦仙爲石壕尉堅守三觜民爭依之下令曰尉異縣人非如汝室墓於是今尉爲汝守若不悉力金人將尸汝於市衆皆奮金人攻三觜彦仙戰佯北金人追之伏發掩殺千計分兵四出下五十餘壁初金人得陝用降者守之使招集散亡彦仙陰遣士廁其間金人不覺乃引兵攻其南郭夜潛師薄東北隅所納士内應譟而入復陝州乘勝渡河列柵中條諸山旁郡邑皆響附分遣邵雲等下絳解諸邑吏行文書請州印章彦仙曰吾以尉守此第用吾印事聞上謂輔臣曰近知彦仙與金人戰再三獲捷朕喜而不寐即命知陝州燕安撫使遷武節郎閤門宣贊舍人彦仙蒐軍實增陴濬湟益爲戰守備盡取家屬以來曰吾以家徇國與城俱存亡聞者感服邵興在神稷山以其衆來願受節

宋史四百四十八 四百令八字 宋史列傳卷二百七 十二 錢亭寫 陳貞刊

制彥仙辟興統領河北忠義軍馬屯三門後賴其力復
虢州金將烏魯撒拔再攻陝彥仙極力禦之金人技
窮而去三年婁宿悉兵自蒲解大入彥仙伏兵中條
山擊之金兵大潰婁宿僅以身免授右武大夫寧州
觀察使兼同虢州制置彥仙度金人必併力來攻即
遣人詣宣撫使張浚求三千騎俟金人攻陝即空城
度河北趨晉絳并汾擣其心腹金人必自救乃繇嵐
石西渡河道鄜延以歸浚貽書勸彥仙空城清野據
險保聚俟隙而動彥仙不從婁宿率叛將折可求衆
號十萬來攻分其軍為十以正月旦為始日輪一軍

攻城聚十軍併攻期以三旬必拔彥仙意氣如平常
登譙門大作技樂潛使人縋而出焚其攻具金人愕
而卻食盡煮豆以啖其下而取汁自飲至是亦盡告
急于浚浚間道以金幣使犒其軍檄都統制曲端涇
原兵來援端素疾彥仙出己上無出兵意浚幕官謝
昇言於浚曰金旦暮下陝則全據大河且窺蜀矣浚
乃出師至長安道阻不得進裨將邵隆呂圓登楊伯
孫自外來援間關傷仆僅有至者彥仙日與金人戰將
士未嘗解甲婁宿雅奇彥仙才嘗啗以河南兵馬元
帥彥仙斬其使至是使人呼曰即降畀前秩彥仙曰

吾寧為宋鬼安用汝富貴為命彊弩一發斃之說鈎
索曰鈎取金人春斮城上殺傷相當守陴者傷夷日
盡金益兵急攻城陷彥仙率衆巷戰矢集身如蝟左
臂中刃不斷戰愈力金人惜其才以重賞募人生致
之彥仙易敝衣走渡河曰吾不甘以身受敵人之刃
既而聞金人縱兵屠掠曰金人所以甘心此城以我
堅守不下故也我何面目復生乎遂投河死年三十
六金人害其家惟第彥子毅得免浚承制贈彥仙彰
武軍節度使建廟商州號忠烈官其子給宅一區田
伍頃紹興九年宣撫使周聿請即陝州立廟名義烈

後以商陝與金人徙其廟閬州乾道八年易謚忠威
彥仙頎而長面嚴厲不可犯以信義治陝犯令者雖
貴不貸與其下同甘苦故士樂為用有籌略善應變
嘗略地至青澗猝遇金人衆愕眙彥仙依山植疑幟
徐據柳林解甲自如金人疑有伏引去彥仙追襲於
隘躪死相枕關以東皆下陝獨存金人必欲下陝然
後併力西向彥仙以孤城扼其衝再踰年大小二百
戰金人不得西至城陷民無貳心雖婦女亦升屋以
瓦擲金人哭李觀察不絕金人怒屠其城全陝遂沒
裨將邵雲呂圓登宋炎賈何闓平趙成皆死並贈官

錄其家
邵雲龍門人金人陷蒲城雲聚少年數百壁山谷時
出撓之會邵隆起兵雲往從之約爲兄弟聞胡夜义
者衆彊乃擧所部聽命李彥仙嘗假夜义官夜义意
不滿掠南原而去彥仙誘殺之雲欲攻陝彥仙遣客
說以義遂來歸累有功官至武翼郎閤門宣贊舍人
城破被執妻宿欲命以千戶長雲大罵不屈妻宿怒
釘雲五日而磔之金人有就視者猶咀血噴其面至
抉眼摘肝罵不絕
呂圓登夏縣人嘗爲僧後以良家子應募捍金人渝

濶閒彥仙保三觜圓登歸之功最多爲愛將城垂破
以兵來援身重創持彥仙泣曰圓父不知公安否今
得見公且死無恨創身方臥聞城陷遽起戰死
宋炎陝縣人蹶張命中補秉義郎先金人圍城炎射
死數百人比再圍炎以勁弩數百發毒矢殺千餘人
城陷金人聲言求善射者貴之炎不應力戰死
趙立徐州張益村人以敢勇隸兵籍靖康初金人大
入盜賊群起立數有戰功爲武衛都虞候建炎三年
金人攻徐王復拒守命立督戰中六矢戰益厲復壯
其勇酌卮酒揮涕勞之城陷復與其家皆死獨子俏先

去州教授鄭褒亦罵敵而死城始破立巷戰奪門以
出金人擊之死夜半得微雨而蘇乃殺守者入城求
復屍慟哭手瘞之陰結鄉民爲收復計金人北還立
率殘兵邀擊斷其歸路奪舟船金帛以千計軍聲復
振乃盡結鄉民爲兵遂復徐州詔授忠翊郎權知州
事立奏爲復立廟每遇歲時及出師必帥衆泣禱曰
公爲朝廷死必能陰祐其遺民也齊人聞之歸心焉
時山東諸郡𦍑爲盜區立介居其間威名流聞累遷
右武大夫忠州刺史會金左將軍昌圍楚州急通守
賈敦詩欲以城降宣撫使杜充命立將所部兵往赴

之且戰且行連七戰勝而後能達楚兩頰中流矢不
能言以手指麾既入城休士而後接鏃詔以立守楚
州明年正月金人攻城立命撤廢壘城下然火池壯
士持長矛以待金人登城鉤取投火中金人選死士突
入又摶殺之乃稍引退五月兀朮北歸築高臺六合
以輜重假道于楚立斬其使兀朮怒乃設南北兩屯
絕楚餉道立引兵出戰大破之會朝廷分鎮以立爲徐
州觀察使泗州漣水軍鎮撫使兼知楚州立一日擁
六騎出城呼曰我鎮撫也可來接戰有兩騎將襲其背
立奮二矛刺之俱墮地奪兩馬而還衆數十追其後

立瞋目大呼人馬皆辟易明日金人列三隊邀戰立為三陣應之金人以鐵騎數百橫分其陣而圍之立奮身突圍持梃左右大呼金人落馬者不知數承楚閒有樊梁新開白馬砦湖賊張敵萬窟穴其間立絕不與通故楚糧道愈梗始受圍殺麥野生澤有鳧茨可采後皆盡至屑榆皮食之承州既陷楚勢益孤立遣人詣朝廷告急簽書樞密院事趙鼎欲遣張俊救之俊不肯行鼎曰江東新造全藉兩淮失楚則大事去矣若俊憚行臣願與之偕往俊復力辭乃命劉光世督淮南諸鎮救楚東海李彥先首以兵至淮河扼不

得進高郵薛慶至揚州轉戰被執死光世將王德至承州下不用命揚州郭仲威按兵天長陰懷顧望獨海陵岳飛僅能為援而眾寡不敵高宗覽立奏歎曰立堅守孤城雖古名將無以踰之以書趣光世會兵者五光世訖不行金知外救絕圍益急九月攻東城立募壯士焚其梯火輒反嚮立歎曰豈天未助順乎一旦風轉焚一梯立喜登磴道以觀飛砲中其首左右馳救之立曰我終不能為國殄賊矣言訖而絕年三十有七眾巷哭以參謀官程括攝鎮撫使以守金人疑立詐死不敢動越旬餘城始陷初朝廷聞楚之食

與粟萬斛命兩浙轉運李承造自海道先致三千斛未發而楚失守矣立家先殘于徐以單騎入楚為人木彊不知書忠義出天性善騎射不喜聲色財利與士卒均稟給每戰擐甲冑先登有退卻者大呼馳至捽而斬之初入城合徐楚兵不滿萬二州眾不相能立善撫馭無敢私隙仇視金人言之必嚼齒而怒所俘獲磔以示眾未嘗獻馘行在也劉豫遣立故人齎書約降立不發書以油布焚市中且曰吾了此賊必滅豫乃止由是忠義之聲遠近皆傾下之金人不敢斥其名圍既久眾益困立夜焚香望東南拜且泣

曰誓死守不敢負國家命其眾擊鼓曰援兵至聞吾鼓聲則應矣如是累月終無至者立嘗戒士卒不幸城破必巷戰決死及陷眾如其言自金人犯中國所下城率以虛聲脅降惟太原堅守踰二年濮州城破殺傷大相當皆為金人所憚而立威名戰多咸出其上訃聞輟朝贈奉國節度使開府儀同三司官其子孫十人謚忠烈明年金人退得立屍謹櫝下頰骨箭穴存焉命官給葬事後為立祠名曰顯忠

王復以龍圖閣待制知徐州建炎三年金人自襲慶府引兵圍徐州復與男倚同守城率軍民力戰外援

不至城陷復堅坐聽事不去謂粘罕曰死守者我也監郡而次無預焉願殺我而舍僚吏百姓粘罕欲降之復慢罵求死闔門百口皆被殺巡檢揚彭年亦死焉事聞贈復資政殿學士謚壯節立廟楚州號忠烈官其家五人

王忠植太行義士也紹興九年取石州等十一郡授武功大夫華州觀察統制河東忠義軍馬遂知代州尋落階官為建寧軍承宣使龍神衛四廂都指揮使河東經略安撫使明年金人圍慶陽急帥臣宋萬年乘城拒守會川陝宣撫副使胡世將檄忠植以所部赴陝西會合行次延安叛將趙惟清執忠植使拜詔忠植曰本朝詔則拜金國詔則不拜惟清械詣其右副元帥撒離曷不能屈使甲士引詣慶陽城下諭使降忠植大呼曰我河東步佛山忠義人也為金人所執使來招降願將士勿負朝廷堅守城壁忠植即死城下撒離曷怒詰之忠植披襟大呼曰當速殺我遂遇害世將上其事贈奉國軍節度使開府儀同三司官其家十人

唐琦本衛士建炎間高宗航海琦病留越州李鄴以城降金人琶八守之琦袖石伏道旁伺其出擊之不

中被執琶八詰之琦曰欲碎爾首死為趙氏鬼耳琶八曰使人人如此趙氏豈至是哉又問曰李鄴為帥尚以城降汝何人敢爾琦曰鄴為臣不忠吾恨不得手刃之尚何言斯人為乃顧鄴曰我月給才石五斗米不肯背其主爾享國厚息乃若此豈復齒人類哉詬罵不少屈琶八趣殺之至死不絕口事聞詔為立廟賜名旌忠

李震汴人也靖康初金人迫京師震時為小校率所部三百人出戰殺人馬七百餘已而被執金人曰南朝皇帝安在震曰我官家非爾所當問金人怒縛諸庭桂臠割之膚肉垂盡腹有餘氣猶罵不絕口

陳求道字得之咸寧人登進士第靖康間判都水監及朝議二帝出郊請和求道力爭之不聽欽宗知康王兵衆求道請以元帥加之齎蠟書者八人皆遇害惟求道所薦劉定致書而還金人立張邦昌下令在京官不朝者死求道稱疾不往嘔血累日開封尹親以邦昌命召之竟不能屈求道以二帝蒙塵屢欲自殺因救得免先是陳留河決四十餘日漕輸不通京城大恐開封尹宗澤命求道治之七日河盡復故道建炎四年命為襄鄧隨郢鎮撫以奏兵食不給待命

未行自咸寧挈家就食嘉魚值亂兵起迺之蒲圻寓
龍堂僧寺未久招撫劉忠叛一夕數千人麇至驅求
道家還嘉魚至茗山逆旅具酒食奉求道為主將南
走湖湘求道正色厲辭賊怒殺求道妻蔡及二子符
佺必欲從已求道罵愈厲賊斫其口挍出舌斷之獨
符子覬竄山谷得免賊退始得求道屍瘞于興陂

列傳卷第二百七

列傳卷第二百八　宋史四百四十九

開府儀同三司上柱國錄軍國重事前中書右丞相監修國史領經筵事都總裁臣脫脫等奉

敕修

忠義四

崔縱吳安國附　林沖之子郁從子霽龐附　滕茂實
魏行可郭元邁附　閻進朱勣附　趙師檟
易青　胡斌　莊旺
馬俊　楊震仲史次秦郭靖附　高稼
曹友聞　陳寅賈子坤劉銳婁拜何充　許彪孫張桂金文德曹贊蔡從之梁陽之王安等附
陳隆之史季儉王翊附　李誠之秦鉅附

崔縱字元矩撫州臨川人登政和五年進士第歷確
山主簿仙居丞累遷承議郎幹辦審計司二帝北行
高宗將遣使通問廷臣以前使者相繼見縶莫肯往
縱毅然請行乃授朝請大夫右文殿脩撰試工部尚
書以行比至首以大義責金人請還二帝又三遺之
書金人怒徙之窮荒縱不少屈久之金人許南使自
陳而聽其還縱以王事未畢不忍言又以官爵誘之
縱以恚恨成疾竟握節以死洪皓張卲還遂歸縱之
骨詔以兄子延年為後
吳安國字鎮卿處州人太學進士累官遷考功郎官

以太常少卿使金值金人渝盟拘留脅服之安國毅然正色曰我首可得我節不可奪惟知竭誠死王事王命烏敢辱金人不敢犯遣還後知袁州卒

林沖之字和叔興化軍莆田人元符三年進士歷御史臺檢法官大宗正丞都官金部郎滯省寺者十年出守臨江南康靖康初召為主客郎中金人毋來侵詔副中書侍郎陳過庭使金同被拘執初猶給乳酪追宇文虛中受其命金人亦以是邀之沖之奮厲見詞色金人怒徙之奉聖州既二年過庭卒金人逼沖之仕偽齊不屈徙上京又不屈置顯州極北沍寒之地幽佛寺十餘年漸使飲茹以義命自安髭髮還黑病亟語同難者曰某年七十二持忠入地無恨所恨者國讎未復耳南向一慟而絕僧窆之寺隅洪皓還朝以聞詔與二子官子郁從子震霆郁字龔休宣和三年進士再調福建茶司幹官建州勤王卒自京師還求御甲餞郡守逃匿卒鼓譟取庫兵爲亂殺轉運使毛奎轉運判官曾仔主管文字洗昇郁聞變急入諭卒遇害事聞詔各與一子官震字時東崇寧元年進士仕至祕書少監以不附二蔡有聲崇寧大觀間霆字時隱政和五年進士敕令所刪定官詆紹興和

議謂不宜置二帝萬里外不通問即挂冠出都門權臣大恚怒亦廢放以死莆人稱為忠義林氏寶慶三年即其所居立祠寶祐中又給田百畝使備祭享以勸忠義云

滕茂實字秀穎杭州臨安人政和八年進士靖康元年以工部員外郎假工部侍郎副路允迪出使為金人所留時茂實兄絢通判代州已先降金粘罕素聞茂實名乃遷之代州又自京師取其弟華實同居以慰其意欽宗自離都城舊臣無敢候問起居者茂實聞欽宗將至即自為哀詞且篆宋工部侍郎滕茂實墓九字取奉使黃幡裹之以授其友人朔寧府司理董詵欽宗及郊茂實具冠幘迎謁拜伏號泣金人諭之曰國破主遷所以留公蓋將大用迫令易服茂實力拒不從見者墮淚茂實請從舊主俱行金人不許憂憤成疾卒雲中詵拔歸錄所爲哀詞言於張浚浚以詵為陝西轉運判官上其事紹興二年贈龍圖閣直學士官其家三人

魏行可建州建安人建炎二年以太學生應募奉使補右奉議郎假朝奉大夫尚書禮部侍郎充河北金人軍前通問使仍命兼河北京畿撫諭使時河北紅

巿賊甚衆行可始懼為所攻既而見使旌皆引去行可渡河見金人于澶淵金人知其布衣借官待之甚薄因留不遣行可嘗貽書金人譬以不戢自焚之禍大國舉中原與劉豫劉氏何德趙氏何罪若亟以還趙氏賢於奉劉氏萬萬也紹興六年卒十三年張邵來歸言行可執節沒於王事行可父通直郎伯能亦愬于朝遂贈朝奉郎秘閣修撰先已官其二子一弟至是復官其一孫行可之使也吳人郭元邁以上舍應募補右武大夫和州團練使為之副不肯髡髮換官亦卒于北焉

閤進隸宣武建炎初遣使通問進從行既至雲中府金人拘留使者散處之進亡去追還留守高慶裔問何為亡進曰思大宋爾又問郎主待汝有恩汝亡何故進曰錦衣玉食亦不戀也慶裔義而釋之凡三亡乃見殺臨刑進謂行刑者吾南向受刃南則我皇帝行在也行刑者曳其臂令面北進踴身直起盤旋數四卒南鄉就死進武校尉朱勣亦從之分在粘罕所勣見粘罕數日遽求妻室粘罕喜令擇所虜内人妻之勣取最醜者人莫諭其意不半月亡去追之還粘罕大怒勣含笑死挺下蓋勣求妻者所以固粘罕也

趙師檟以罪拘管西外宗正司福建提刑王夢龍以智勇可用屬製軍器會寇逼尤溪令師檟統卒數百往戍既行大書于旗曰不與賊俱生人皆壯之賊兵至師檟迎敵于林嶺身為先鋒戰十餘合賊至益衆師檟所乘馬適陷田中賊斷其左臂師檟以右手接背刀斬七級力盡部曲欲引遁師檟仰天大呼曰師檟報國死於此矣遂沒焉尤溪之民為之立廟戰處樞密王埜請加襃贈乃贈武節郎與一子恩澤

易青者為都督行府摧鋒軍效用初廣東賊曾衮本軍士也已受招復叛紹興六年十月經略使連南夫

與摧鋒軍統制韓京會于惠州督諸兵討之京募敢死士七十三人夜劫衮營青在行中為所執賊驅至後軍趙續砦外謂續曰汝大軍為我所擒者甚衆青大呼曰勿信所擒者我爾賊又言吾不汝殺第令經略持黃牓來招安青又呼曰勿聽任賊殺我我惟以一死報國賊怒焚之青死罵不絕口青無妻子事聞特贈保義郎閤門祗候官為露祭焉

胡斌為殿前司將官童德興提禁旅戍邵武江閩寇作知邵武有備未敢犯會招捕司檄德興稟議獨留斌將弱卒數百留城中紹定三年閏月己卯盜衆大

至他將士皆遁獨斌奮身迎戰所格殺甚衆賊益生兵官軍所存僅數十人或告以衆寡不敵盍避之斌曰郡民死者以萬計賴生者數千人由東門而出我不綴其勢使得脫走則賊躡其後無噍類矣遂巷戰大呼曰我死救百姓兵盡矢窮卒遇害其屍僵立移時始仆事聞贈武節大夫錄其後一人樞密院編修官王埜言邵武民即斌戰地立廟請就以武節爲廟額從之

范旺南劍州順昌縣巡檢司軍校也初順昌盜俞勝等作亂官吏皆散土軍陳望素樂禍與射士張衮謀

舉砦應之旺叱之曰吾等父母妻子皆受國家廩食以活今力不能討反更助爲虐是無天地也凶黨怒剔其目而殺之一子曰佛勝年二十以勇聞賊詐以父命召之至則俱死其妻馬氏聞之行且哭賊脅汙之不從節解之賊既平旺死迹在地隱隱不沒邑人驚異爲設像城隍廟歲時祭享紹興六年轉運使以狀聞詔贈承信郎更立祠號忠節二十八年復詔立愍節廟以祠之

馬俊或曰進太平州慈湖砦兵也紹興二年砦軍陸德周青張順等據州叛青爲謀主約翌日盡屠城中少壯而屠其老弱然後擁衆渡江俊隸青左右得其謀陰結其徒十人殺賊然後諭衆開門其徒許之俊歸語其妻孫氏與之訣至南門伺青出上馬斫中頰九人懼不敢前俊與妻子皆遇害青被傷卧旬日賊黨散官軍至德青遂伏誅三年贈俊修武郎爲立祠號登勇

楊震仲字革父成都府人蚤負氣節雅有志當世登淳熙二年進士第知閬州新井縣以惠政聞辟興元府通判權大安軍吳曦叛素聞震仲名馳檄招之震仲辭疾不行時軍教授史次秦亦被檄謀於震仲震

仲曰大安自武興而來爲西蜀第一州若首從其招則諸郡風靡矣顧力不能拒義死之教授非城郭臣且有母在未可死脫去爲宜因屬次秦曰吾死以匹絹纏身斂以小棺足矣曦遣興州都統司機宜郭鵬飛代震仲趣其行益急鵬飛宴震仲終飲不見顏色歸舍然燭獨坐夜漏至三鼓呼左右索湯比至震仲飲毒死矣次秦如其言斂而寘于蕭寺閬郡爲之流涕震仲之未死先遺家人書曰武興之事從之則失節何面目在世間不從禍立見我死禍止一身不及妻子矣人孰無死死而有子能自立即不死自震仲死

蜀之義士感慨奮發始有協謀誅逆者明年曦伏誅
蜀帥安丙楊輔以聞贈朝奉大夫直寶謨閣官二子
表其里曰義榮吳獵宣諭西蜀爲之請廟與謚名其
廟旌忠謚曰節毅
史次秦眉山人及進士第吳曦叛招次秦甚遽次秦
遷延固避僞知大安軍郭鵬飛迫之行乃以石灰桐
油塗兩目末生附子傅之比至目盍腫次秦毋年高
而瞽聞次秦爲曦所招即命家人以疾篤馳報且曰
恐病不足取信以訃聞可也曦乃聽還曦誅蜀帥上
其事改秩爲利路主管文字仕至合州太守有郭靖

者高橋土豪巡檢也吳曦叛四州之民不願臣金棄
田宅推老稚順嘉陵而下過大安軍楊震仲計口給
粟境內無餓死者曦盡驅蠶移之民使還皆不肯行
靖時亦在遣中至白崖關告其弟端曰吾家世爲王
民自金人犯邊吾兄弟不能以死報國避難入關今
爲曦所逐吾不忍棄漢衣冠願死於此爲趙氏鬼遂
赴江而死

高稼字南叔邛州蒲江人真德秀一見以國士期之
嘉定七年進士調成都尉轉九隴丞丁内艱免喪辟
潼川府路都鈐轄司幹辦公事制置使崔與之聞其

名改辟本司幹辦公事稼持論不阿憂世甚切及鄭損
爲制置使即求去朝廷以稼贊閫有勞未幾改知綿
谷縣制置司以總領所擅十一州會子之利請盡廢
之此蓋紹興隆興之間得旨爲之者今下民疑爲之
罷市稼亟出私錢以給中下户稼弟定子時爲總領
所主管文字相與徵其誤而力救之得存其半公私
僅濟歲大饑有司置弗聞稼捐橐中裝市粟以食之
全活甚衆損之入蜀也稼同産弟了翁誦言于朝謂
必敗事損銜之遂劾稼罷寶慶三年元兵至武階損
棄沔而遁桂如淵鎮蜀辟通判沔州尋檄兼幕職稼

首言蜀以三關爲門户五州爲藩籬自前帥棄五州
民無固志一旦敵至又有因糧之利或遂留不去今
亟當申理俾緩急有所保聚如淵然之乃刱山砦八十
有四且募義兵五千人與民約曰敵至則官軍守原
堡民丁保山砦義兵爲遊擊庶其前靡所掠後弗容
以北兵由東道以入如淵憂之辟稼知洋州稼日夜
爲守禦計以洋居平地無一卒以守議移金州帥司
軍千人駐洋州而自任其餉給李心傳爲言諸朝不
報及鳳州破制置司始從稼請調金州兵赴之而兵
不時至漢中陷梁洋之民數十萬盡趨安康稼乃移屯

黃金渡收散卒招忠義以制置司之命致故將陳昱
於安康委以收復之任昱部分諸軍召青座華陽諸
關守將皆以兵來會凡得三千人稼竭洋之帑廩贍
之以州事付通判而自假節制軍馬督諸將繼進沔
州破北兵迫大安益昌大震稼亟命趨沔自至西縣
援之如淵以便宜命稼利路提刑司兼權興元府制
置司攝其守米倉稼移書曰今日之事如弈棋所校
者先後爾苟以分水三泉米倉爲可保敵兵若自宕
昌清川以入將孰禦之盍以與沔利三戎司分駐鳳
州俾制司已招之忠義關表復雠之豪傑聯司以進

兵氣奪矣如淵遲疑不決遂天水同慶被屠西和圍
益急始會軍民之衆萬人援之道梗不得前而城已
破矣俄報岩窠七方之師皆潰稼率遺民駐廉水縣
召集保甲分布間道以保巴山當是時文臣之在軍
中者惟稼一人如淵既罷李𡌴代之以稼久勞請攺
界內郡差知榮州殿中侍御史汪剛中如淵黨也欲
使稼分其罪乃謂蜀之敗實由稼遽罷之又削二官
李心傳見上訟稼無罪不當罷宣撫使黄伯固辟稼
知閬州未幾伯固去官制置使趙彥吶以參議官辟
之制置司近漢中稼言漢中蕩無藩籬宜經理仙人

原以爲緩急視師之地彥吶以委稼稼至原繕營壘
峙芻糧比器甲開泉源守禦之規罔不備具會召還
彥吶密奏留稼以直秘閣知沔州利州提點刑獄兼
參議官始至告于神曰郡當兵難之後生聚撫摩所
當盡力去之日誓垂橐以入劍門乃葺理創殘招集
流散民皆襁負來歸北兵入西和薄階州稼贊彥吶
登原督戰知天水軍曹友聞等兵大戰進稼三官爲
朝請大夫兼關外四州安撫司公事措置西路屯田
稼嘗代彥吶論蜀事利害上嘉覽之北兵自鳳州入
東軍不能禦遂擣河池至西池谷距沔九十里吏民

率逃議欲退保大安稼白彥吶曰今日之事有進無
退能進據險地以身捍蜀敵有後顧必不深入若倉
皇召兵退守內地敵長驅而前蜀事去矣彥吶曰吾志
也已而竟行留稼守沔北兵自白水關入六股株距
沔六十里沔無城依山爲阻稼升高鼓譟盛旗鼓爲
疑兵彥吶至罝口輟帳前總管和彥威以軍還沔召
小將楊俊何璘悉以兵會又調總管王宣精兵千人益之
璘軍無紀律稼捕其縱火者三人誅之未幾北兵大
至璘遁其衆皆潰遂下沔州先是友聞戍七方知沔
不可守勸稼移保山砦而自將所部助之稼曰七方

要地不可棄吾郡將也城亦不可棄即事不濟有死而已先二日子斯復侍以時危任重為憂稼舉田承君五日不汙之言語之且曰吾得死所何憾又以書告李心傳曰稼必堅守沔無沔則無蜀矣自謂此舉可以無負知己及事迫參議楊約勸稼姑保大安稼厲聲曰我以監司守城郭爾以幕客往來應援各行其志常平司屬官馮元章率吏士力請稼少避稼不為動城既陷衆擁稼出戸稼叱之不能止兵騎四集圍之遂死焉詔進稼七官為正議大夫龍圖閣直學士謚曰忠後以子斯得執政累贈太師稼為人慷慨有大志聞

人有善稱之不容口不善面折無所避推轂人士常恐不及視財如糞土死之日聞者莫不於邑流涕所著有縮齋類藁三十卷斯得自有傳

曹友聞字允叔同慶栗亭人武惠王彬十二世孫也少有大志與仲弟友諒不遠千里尋師取友登寶慶二年進士授縣竹尉改辟天水軍教授城已被圍友聞單騎夜入與守臣張維糾民厲戰兵退制置使製大旗書滿身膽以旌之已而兵復至友聞發家財招集忠義得健士五千人制置使李𡌴檄管忠義領所部守仙人關且行且戰至峽口據險前軍統制屈信率

所部突陳還所掠四州人畜至秦塡遣左軍統制杜午迎擊力不能敵友聞令諸軍乘高據險身冒矢石為士卒先信與統制張安國領兵出戰兵退制置使檄捍七方關北兵東破武休關已而破七方遂入沔州金牛至大安又分兵自嘉陵江木皮口突出何進軍後進戰敗死之遂長驅入劒門友聞與弟萬各率所部取間道過氈帽山至青萬堌戰于白水江中流兵退制置司檄駐閬州叛將魯珎為陳隆之所斬珎部曲肆焚劫友聞討斬其將郭虎蘭廣楊仲等餘黨散去檄知天水軍北兵入鳳州略河池抵同慶友聞

密遣統制王漢臣統領張祥授以方略出戰兵至城下友聞部分諸將各守一門偃旗伏鼓戒士卒俟嚮近鳴鼓張旗矢石並發又命漢臣等取間道出戰自提重兵尾敵後大戰有功端平初友聞遣萬與忠義總管時當可分兵碎石頭青萬谷前後大戰數合制置使上其功特授承務郎權發遣天水軍北兵又自西和至階州友聞曰階雖非吾境豈可坐視而不救遂引兵與諸軍會命前軍統制全貴領所部為先鋒統制夏用出其左張成出其右總管陳庚及萬友諒往來督戰有功制置使趙彥呐俾節制利帥司軍馬任責措置邊

面換武翼大夫閤門宣贊舍人差權利州駐劄御前諸軍都統制駐劄石門控扼七方關明年北兵破武休關入沔陽利路提刑高稼死之制置使進屯青野原被圍友聞曰青野爲蜀咽喉不可緩遣萬領兵自冷水口度嘉陵江至六股株屢戰有功夜銜枚由間道直趨青野原制置使奇萬之勇令督諸軍戰守兵退友聞引精兵亦趨至原下夜半截戰圍遂得解特授武德大夫左驍騎大將軍依舊利州駐劄御前諸軍統制北兵破沔州擒大安友聞遣權鋒軍統制王資踏白軍統制白再興速趨雞冠隘左軍統制王進據

陽平關友聞登溪嶺手執五方旗指麾甫畢兵數萬突至陽平關遂遣進及遊奕部將王剛出戰又親帥帳兵及背嵬軍突出陳前左右馳射兵退友聞謂忠義總管陳庚及當可曰敵必旋兵攻雞冠隘宜急援之既而果以步騎萬餘攻隘庚以騎兵五百直前決戰當可將步兵左右翼並進王資白再興又自隘出戰蹀血十餘里兵乃解去特授友聞眉州防禦使依舊左驍衞大將軍利州駐劄御前諸軍統制兼沔州駐劄兼管關外四州安撫權知沔州節制本府屯戍軍馬茶萬差知同慶府四川制置司帳前總管仍舊總

管忠義軍馬節制屯戍軍馬董仙駐劄專與沔利兩司同共任責措置邊面明年友聞引兵扼仙人關諜聞北兵合西夏女眞回回吐蕃渤海軍五十餘萬大至友聞語萬曰國家安危在此一舉衆寡不敵豈容浪戰惟當乘高據險出奇匿伏以待之北兵先攻武休關敗都統李顯忠軍遂入興元欲衝大安制置使趙彥呐檄友聞控制大安以保蜀口友聞馳書彥呐曰沔陽蜀之險要吾重兵在此敵有後顧之憂必不能越沔陽而入蜀又有曹萬王宣首尾應援可保必捷大安地勢平壙無險可守正敵騎所長步兵所短

況衆寡不敵豈可於平地控禦彥呐不以爲然一日持小紅牌來速者七友聞議爲以寡擊衆非乘夜出奇內外夾擊不可乃遣萬友諒引兵上雞冠隘多張旗幟示敵堅守友聞選精鋭萬人夜渡江密往流溪設伏約曰敵至內以鳴鼓舉火爲應外呼殺聲北兵果至萬出逆戰敵將八都魯擁萬餘衆查海帥千人往來搏戰矢石如雨萬身被數創令諸軍舉譟友聞遣選鋒軍統制楊大全遊奕軍統制馮大用引本部出東菜園擊敵後隊敢勇軍總管夏用知西和州神勁軍總管趙興帥所部出水嶺擊敵中隊知天水軍

安邊軍總管呂嗣徳陳庚率所部出龍泉頭擊敵前
隊友聞親帥精兵三千人疾馳至隘下先遣保捷軍
統領劉虎帥敢死士五百人衝前軍前軍不動大兵
伏三百騎道旁虎衆銜枚突戰會大風雨諸將請曰
雨不止淖濘深没足宜俟少霽友聞斥曰敵知我伏
兵在此緩必失機遂擁兵齊進友聞入龍尾頭萬聞之
五鼓出隘口與友聞會内外兩軍皆殊死戰血流二
十里西軍素以緜裘代鐵甲經雨濡濕不利安闘黎
明大兵益增迺以鐵騎四面圍繞友聞歎曰此殆天
乎吾有死而已於是極口詬罵殺所乘馬以示必死

血戰愈厲與弟萬俱死軍盡没北兵遂長驅入蜀秦
鞏人汪世顯素服友聞威望嘗以名馬遺友聞還師
過戰地歎曰蜀將軍真男兒漢也盛禮祭之事聞特
贈龍圖閣學士大中大夫賜廟褒忠謚曰節官其二子
承務郎增迪功郎萬特贈武翼大夫二子成忠郎
陳寅寶謨閣待制咸之子漕司兩貢進士以父恩補
官歷官州縣紹定初知西和州西和極邊重地寅以
書生義不辭難北兵入境蜀都統何進出守大安獨
統制官王鋭與忠義千人城守而已寅誓與其民共
守此土居民始以進留家城中恃以爲固已而進徙

它郡遂無固志寅獨留其二子弁閶門二十八口曰
人各顧其家將誰共守迺散資財以結忠義爲必守
之計北兵十萬攻城東南門以降者爲先驅寅草檄
文喻之自執旗鼓激厲將士迎敵力戰矢石如雨師
退詰旦增兵復來寅帥忠義民兵與敢死士力戰晝
夜數十合兵退制置司以寅功徧告列郡北兵伐木爲
攻具增兵至數十萬圍州城進素與寅不協寅有功
尤爲諸將所忌至是求援甚急久之制置司才遣劉
鋭及忠義人陳瑀等往救率皆觀望不進鋭甫進七
方關瑀未及仇池皆以路梗告寅率民兵晝夜苦戰

援兵不至城遂陷寅顧其妻杜氏曰若速自爲計杜
厲聲曰安有生同君祿死不共王事者即登高堡自
飲藥二子及婦俱死毋傍寅斂而焚之乃朝服登戰樓
望闕焚香號泣曰臣始謀守此城爲蜀藩籬城之不
存臣死分也臣不負國臣不負國再拜伏劒而死賓
客同死者二十有八人一子後至亦欲自裁軍士抱
持之曰不可使忠臣無後與俱縋城亦折足死制置
司以聞詔特贈朝議大夫右文殿修撰賜錢三千緡
即其所居鄉所守州立廟久之加贈華文閣待制謚
襄節

賈子坤字伯厚潼川懷安軍人嘉定十三年進士爲西和推官攝通判關外被兵子坤與郡守陳寅誓死城守城陷子坤朝服與其家十二口死之追贈承議郎封其父崧承務郎官其子仲武宣教郎隆州簽判改奉議郎果州通判卒仲武子昌忠純孝同登咸淳七年進士第純孝楊州教授受知帥李庭芝調江淮總幕北兵下江南二王在福州以史館檢閱召辟會丞相文天祥辟佐其幕尋授秘書丞擢吏部郎中丁母憂起復爲右司轉朝散郎厓山師敗純孝抱二女偕妻牟同蹈海死

劉銳知文州嘉熙元年北兵來攻銳與通判趙汝曏乘城固守率軍民七千餘人晝夜搏戰殺傷甚多拒守兩月餘援兵不至城中無水取汲于江會陳昱以去歲失守沔編置此州夜踰城出降敵女大將告以虛實敵遂增兵攻城甚急一夕移江流於數里外銳度不免集其家人盡飲以藥皆死乃聚其屍及公私金帛告命焚之家素有禮法幼子同哥才六歲飲以藥猶下拜受之左右爲之感慟汝曏宣城人善射城破被執先斷其兩臂而後殺之銳及其二子自刎死軍民死者數萬人

蹇彞潼川通泉人嘉定二年進士累官通判金州端平三年北兵攻蜀彞堅守戰不能敵被擒不屈而死其子永叔復力戰城破舉家死焉弟維之紹定五年進士利州都統王宣辟行參軍事亦迎敵力戰而死特官其子

何充漢州德陽人秘書監耕之孫通判黎州攝州事預爲備禦計及宋能之至建議急於邛峽創大小兩關倉及砦屋百間親督程役俄關破充自刺不死大軍帥呼之語許以不殺充曰吾三世食趙氏祿爲趙氏死不憾帥設帝幄環坐諸將而虛其賓席呼充曰汝

能降即坐此充踞坐地求死遂罷它日又呼之欲辮其髮而髡其頂曰可殺不可髡又使署招民榜充曰吾監州也可聚吾民使殺之耶即一家有死而已榜必不可署大將遣以酒茗羊牛肉皆卻之自是水飲絶不入口敵知其不可強將屈之大將曰此南家好漢也使之即死於是斬其首充妻陳罵不絶口初充之見呼也陳必以一家往帥曰不呼汝何以來陳曰吾求死爾及充死東望再拜曰臣夫婦雖死可以對趙氏無愧矣衆以石擊殺之方充夫婦之嬰禍也親戚勸其苟免充正色曰我夫婦與兒婦義同死汝等自

求生可也於是上下感泣願同死者四十餘人男士
麟孫駒行從子仲桂先充而死惟長子士龍得免
許彪孫顯謨閣學士奕之子也為四川制置司參謀官
景定二年劉整叛召彪孫草降文以潼川一道為獻
彪孫辭使者曰此腕可斷此筆不可書也即閉門與
家人俱仰藥死整既降遂引兵襲都統張桂營桂及
統制金文德戰死納溪曹顗闔門死之景定四年沔
州都統胡世全護糧運至虎象山遇敵兵戰敗死咸
淳二年北兵取開州守將龐彥海死之德祐元年瀘
守梅應春殺判官李子孫推官唐奎瑞以城降珎州

守將江彥清巷戰死之
陳隆之不知所仕履為四川制置使淳祐元年十一
月成都被圍守彌旬弗下部將田世顯乘夜開門北
兵突入隆之舉家數百口皆死檻送隆之至漢州命
諭漢州守臣王夔降隆之呼夔語之曰大丈夫死爾
毋降也遂見殺後五年提刑袁簡之上其事特贈徽
猷閣待制合得恩澤外特與兩子恩澤賜謚立廟又
有史季儉者威州棋城主簿也成都之陷子良震與
壻楊城夫爭相為死各特贈兩官與一子下州文學
王翊字公輔郫縣人寶慶元年進士吳曦嘗招之入

幕及曦以蜀叛抗節不拜為陳大義曦怒囚翊欲烹之
曦誅而免嘉熙元年制置使丁黼辟為參議官先遣
其家歸鄉里為文訣先墓誓以身死報國及北兵至
帳前提舉官成駒先走黼倉卒迎敵敗死翊與司理
王璆運司幹官李日宣等募兵拒守兵入公署見翊
朝服危坐問為何人曰小官食天子之祿臨難不能
救死有餘罪可速殺我又問何以不走曰願與此城俱
亡北兵相謂曰忠臣也戒勿殺敵縱火大掠翊以朝服
赴井死兵後其家出其屍井中衣冠儼如也轉運副使
蒲東卯死之兵屠漢州權州事劉當可判官邵復錄

事參軍羅由司戶參軍趙崇啓知雒縣羅君文皆不
屈而死復雍六世孫也入眉州知丹陵縣馮仲燁死
之取簡州簡守李大全死之邛守趙晨親率雅州牌
手出戰力盡而死文州守劉銳通判趙汝鄉相誓死
守吏迭出戰[illegible]被圍旬有五日汲道絕兵民水不入
口者半月至吮妻子之血卒無叛志城垂陷汝鄉猶
提雙刃入陣中十六矢被執以死銳先殺其妻父子
三人登文王臺自刎死師至遂寧民兵趙朋拒戰左
臂已斷而戰不休至重慶進士胡天啓負母而逃兵
欲殺其母天啓妻張哀號願以身代不聽卒殺之天

啓與其妻呼天大罵大將奇天啓貌欲活之謂之曰汝從我當共富貴天啓愈奮罵於是夫婦同死事聞詔汝勵皆立廟賜謚餘褒卹有差寶祐六年北兵拔吉平隘守將楊禮周德榮死之拔長寧守將王佐父子俱死至閬州推官趙廣死之至蓬州轉運使施擇善死之至順慶帥守段元鑑城守麾下劉淵殺之以降

李誠之字茂欽婺州東陽人受學呂祖謙鄉舉第一後入太學舍選亦第一慶元初釋褐爲饒州教授丁父母憂廬墓終喪幹辦福建安撫司公事遷刑工部

架閣擢國子學録以言罷起爲江西轉運司幹辦使稱提會子第其物力高下輸錢以歛之誠之以爲擾使者不悅曰商君之令猶能必行今乃齟齬如此誠之愀然曰使君儒者而欲效商君之所爲乎遂辭去使者遜謝罷令而後止改通判常州知郢州知金人必敗盟大修邊防戰攻守禦之具移知蘄州蘄自南渡以來未嘗被兵誠之曰備禦無素長驅而來將若之何相視城壁而增益之備樓櫓築重馬牆教閱廂禁民兵激之以賞積粟四萬先是酒庫月解錢四百五十千以獻守誠之一無所受寄諸公帑以助兵食

嘉定十四年二月金人犯淮南時誠之已逾滿代者不至欲先遣其孥歸聞難作而止喟然謂其僚曰吾以書生再任邊壘行年七十抑又何求獨欠一死爾當與同僚戮力以守不濟則以死繼之乃選丁壯分布城守募死士迎擊遇于横槎橋大破之居數日金人擁衆臨沙河欲度又破之明日金兵大至決湟水焚戰樓又拒退之明日金移兵要衝爲必渡計蘄兵直前奮擊殺其酋帥金人雖屢挫然謀益巧攻益力未幾傳城下圍之數重遂燔木柵誠之出兵禦之又殺其將卒數十人奪所佩印三月朔金人攻西門

射御之俄造望樓以窺城誠之爲疑兵以示之又使持書來脅降誠之戮之而還其書越二日金人以攻具進誠之設械禦之夜出擣其營料敵應變若熟知兵者金人卒不得志會黃州失守併兵爲一凡十餘萬池陽合肥援兵敗走朝命馮榯援二郡榯至境遷延不進誠之激厲將士勉以忠義城陷率兵巷戰殺傷相當子士允力戰死誠之引劍將自刭呼其孥曰城已破汝等宜速死無辱妻許及婦若孫皆赴水死事聞贈朝散大夫祕閣修撰封正節侯立廟于蘄賜名褒忠賻銀絹二百仍賜爵迪功郎者三贈其妻令人

士允通直郎子婦及孫女之沒於難者皆贈安人從誠之之死者通判州事秦鉅

秦鉅字子野丞相檜曾孫通判蘄州金人犯境與郡守李誠之協力捍禦求援於武昌安慶月餘兵不至策應兵徐揮常用等棄城遁城破鉅與誠之各以自隨之兵巷戰死傷略盡鉅歸署疾呼吏人劉廸令火諸倉庫乃赴一室自焚有老卒見煙焰中著白戰袍者識其鉅也冒火挽出之鉅叱曰我爲國死汝輩可自求生掣衣就焚而死次子浚先往四祖山兵至亟還與弟瀈從父偕死特贈鉅五官秘閣修撰封義烈

侯與誠之皆立廟蘄州賜額褒忠贈浚瀈通直郎賻以銀絹各三百州學教授阮希甫贈通直郎防禦判官趙汝標蘄春主簿宰時鳳録事參軍兼司戶杜諤俱贈承務郎監蘄州都大監轄蘄口鎮倉庫嚴剛中贈承事郎時統制官孫中小將江士旺陳興曹全立卞軍士李斌等皆鬬死司理參軍趙與裕先率民兵百餘人奪關出外求援僅以身免而全家十六人皆沒淳祐十二年特■封鉅義烈顯節侯黃州之陷守臣何大節亦投江死焉

列傳卷第二百八

列傳卷第二百九　宋史四百五十

……司上柱國錄軍國重事中書右丞相監修國史領經筵事都總裁臣脫脫等奉敕修

忠義五

陳元桂　張順 張貴　范天順

牛富　邊居誼　陳炤 王安節

尹玉　李芾　尹穀 楊霆

趙卯發　唐震　趙與檡 趙孟錦

趙淮

陳元桂撫州人淳祐四年進士累官知臨江軍時聞警報

築城備禦以焦心勞思致疾開慶元年春北兵至臨江時制置使徐敏子在隆興頓兵不進元桂力疾登城坐北門亭上督戰矢石如雨力不能敵吏卒勸之避去不從有以門廊鼓翼蔽之者麾之使去有欲抱而走者元桂曰死不可去此左右走遁師至元桂瞠目叱罵遂死之縣其首於敵樓越四日方斂體色如生初親戚有勸其移治者元桂曰子亦爲浮議所搖耶時事如此與其死於饑饉死於疾病死於盜賊孰若死於守土之爲光明俊偉哉家人或請登舟不許且戒之曰守臣家屬豈可先動以搖民心敏子以聞贈寶章閣待制賜緡錢十萬與一子京官一子選人

恩澤立廟北門謚曰正節

張順民兵部將也襄陽受圍五年宋閫知其西北一水曰清泥河源於均房即其地造輕舟百艘以三舟聯爲一舫中一舟裝載左右舟則虛其底而掩覆之出重賞募死士得三千求將得順與張貴俗呼順曰矮張貴曰竹園張俱智勇素爲諸將所服俾爲都統出令曰此行有死而已汝輩或非本心宜亟去毋敗吾事人人感奮漢水方生發舟百艘稍進團山下越二日進高頭港口結方陳各船置火槍火砲熾炭巨斧勁弩夜漏下三刻起矴出江以紅鐙爲識貴先登順殿之乘風破浪徑犯重圍至磨洪灘以上北

軍舟師布滿江面無隙可入衆乘銳凡斷鐵絙攢杙數百轉戰百二十里黎明抵襄城下城中久絕援聞救至踊躍氣百倍及收軍獨失順越數日有浮屍遡流而上被介冑執弓矢直抵浮梁視之順也身中四槍六箭怒氣勃勃如生諸軍驚以爲神結冢斂葬立廟祀之

張貴旣抵襄襄帥呂文煥力留共守貴恃其驍勇欲還郢乃募二士能伏水中數日不食使持蠟書赴郢求援北兵增守益密水路連鎖數十里列撒星樁雖魚鰕不得度二人遇樁即鋸斷之竟達郢還報許發兵五千駐龍尾洲以助夾擊刻日旣定乃別文煥東下點視所部軍泊登舟帳前一人亡去乃有過被撻者貴驚曰吾事泄矣亟行彼或未及知復不能銜枚隱迹乃舉砲鼓譟發舟乘夜順流斷絙破圍冒進衆皆辟易旣出險地夜半天黑至小新城大兵邀擊以死拒戰沿岸束荻列炬火光燭天如白晝至勾林灘漸近龍尾洲遥望軍船旗幟紛披貴軍喜躍舉流星火示之軍船見火即前迎及勢近欲合則來舟皆北兵也蓋郢兵前二日以風水驚疑退屯三十里而大兵得逃卒之報據龍尾洲以逸待勞貴戰已困出於不意殺傷殆盡身被數十槍力不支見執卒不屈死之乃命降卒四人舁尸至襄令於城下曰識矮張乎此是也守陴者皆哭城中

喪氣文煥斬四卒以貴祔葬順冢立雙廟祀之

范天順荆湖都統也襄陽受圍天順日夕守戰尤力及呂文煥出降天順仰天歎曰生爲宋臣死當爲宋鬼即所守處縊死贈定江軍承宣使制曰賀蘭擁兵坐視睢陽之失李陵失節重爲隴士之羞今有人焉得其死所可無褒恤以示寵綏范天順功烈雖卑忠義莫奪自均房泛舟之役克濟于艱而襄樊坐甲之師益堅所守俄州刺史爲降將軍爾乃不屈自經可謂見危致命封其妻宜人官其二子仍賜白金五百兩田五百畝

牛富霍丘人制置司遊擊砦兵籍勇而知義爲侍衛馬軍

司統制戍襄陽五年移守樊城累戰不爲衄且數射書襄陽城中遺呂文煥相與固守爲脣齒兩城凡六年不拔富力居多城破富率死士百人巷戰死傷不可計渴飲血水轉戰前遇民居燒絕街道身被重傷以頭觸柱赴火死贈靜江軍節度使謚忠烈賜廟建康裨將王福見富死歎曰將軍死國事吾豈宜獨生亦赴火死

邊居誼隨人也初事李庭芝積戰功至都統制咸淳十年以京湖制置帳前都統守新城居誼善御下得士心凡戰守之具治之皆有法大兵至沙陽守將王大用不降麾兵攻城破之執大用呂文煥至新城意其小壘可不攻而破

居誼率舟師拒之文煥列沙陽所斬首招降不從明日縛大用至壁下使呼曰邊都統急降不然禍即至矣居誼不荅又射榜檄入壁中居誼曰吾欲與呂參政語耳文煥聞之以爲居誼降己也馳馬至伏弩亂發中文煥者三并中其馬馬仆幾鈎得之衆挾文煥以他馬奔走越二日總制黃順挾一人開東門走出降明日使順來招之居誼曰若欲得新城邪吾誓以死守此何可得也順又呼其部曲部曲欲縋城出居誼悉驅以入當門斬之文煥乃麾兵攻城以火具卻之旋蟻附而上居誼乃取其家金盡散將士往來督戰會暮破侵漢樓樓火延爇民居居誼度力不支走還第拔劍自殺不殊赴火死丞相伯顏壯其勇購得其屍燼中觀之事聞贈利州觀察使立廟死所

陳炤字光伯常州人少工詞賦登第爲丹徒縣尉歷兩淮制置司參議官大軍倉曹壽春府教授復入帥幕改知朐山縣仍兼主管機宜文字尋丁母憂歸北兵至常常守趙與鑒走匿郡人錢訔以城降淮民王通居常州陰以書約劉師勇許爲內應朝議乃以姚希得子訔知常州師勇復常州走錢訔執安撫戴之泰等遂迎訔以入訔以炤久任邊知兵辟爲通判或謂炤曰今辟難有辭矣炤曰鄉邦淪沒何可坐視與其偷生而苟全不若死之愈也遂墨衰而

出凡可以備禦者無不爲之訔入常甫十餘日大軍攻常炤等率義兵戰禦自夏徂冬不能下以功加帶行提轄文思院常將張彥攻呂城兵敗而降因盡言常城中虛實遂急攻之炤等晝夜城守招之不下丞相伯顏自將圍其城炤與訔持以忠義協力固守再加訔太府寺丞炤幹辦諸軍糧料院常將士皆轉五官城益急常兵阻壕水爲陳矢盡亦不降城破訔死之炤猶歛兵巷戰家人請曰城東北門圍未合可走常熟入臨安也炤曰去此一步非死所矣日中兵至死焉事上追贈訔龍圖閣待制希得贈太師炤直寶章閣並官其子

王安節節度使堅之子也少從其父守合州有功安節等兄弟五人皆受官堅爲賈似道所忌出知和州鬱鬱而死安節至咸淳末爲東南第七副將德祐初似道潰師蕪湖列城皆降不降者亦棄城遁時安節駐兵江陵即走臨安上疏乞募兵爲捍禦授閤門祗候浙西添差兵馬副都監收兵入平江合張世傑兵戰鳳皇港有功轉三官劉師勇復常州攻走王良臣師勇還平江以安節與張詹守常已而良臣道大兵攻常常城素惡安節等築柵以守相拒兩月不下

大元丞相伯顏自將攻之屢遣使招降亦不下丞相怒麾兵破其南門安節揮雙刀率死士巷戰臂傷被執有求其姓名者安節呼曰我王堅子安節也降之不得乃殺之

尹玉寧都人以捕盜功爲贛州三砦巡檢秩滿城居從文天祥勤王及天祥至平江調玉同淮將張全廣將朱華拒大兵戰于伍牧全等軍敗以淮廣軍先遁曾全胡遇謝榮曾玉以贛州四指揮軍亦遁唯玉殘軍五百殊死戰玉手殺數十人箭集於胄如蝟毛援絕力屈遂被執大軍橫四槍於其項以梃擊之死餘兵猶夜戰殺人馬蔽田間無一降者質明生還者四人贈玉濠州團練使官其二子賜田二頃以恤其家

李芾字叔章其先廣平人中徙汴高祖升起進士爲吏有廉名靖康中金人破汴以刃迫其父升前捍之與父俱死曾祖椿徙家衡州遂爲衡人芾生而聰警少自樹立名其齋曰無暴棄魏了翁一見禮之謂有祖風易其名曰肯齋初以蔭補南安司户辟祁陽尉出振荒即有聲攝祁陽縣縣大治辟湖南安撫司幹官時盜起永州招之歲餘不下芾與參議鄧坰提千三百人破其巢禽賊魁蔣時選父子以歸餘黨遂平攝湘潭縣縣多大家前令束手不敢犯芾稽籍出賦不避貴勢賦役大均入朝差知德清縣屬浙西飢芾置保伍振民活數萬計遷主管酒庫所德清有妖人扇民爲亂民蜂起附之至數萬人遣芾討之盜聞其來衆立散歸除司農寺丞歷知永州有惠政永人祠之以浙東提刑知温州州瀕海多盜芾至盜息遂以前官移浙西時浙西亦多盜羣穴太湖中芾跡得其出没按捕之盜亦駭散作虎丘書院以祠尹焞置學官親爲學規以教之學者甚盛咸淳元年入知臨安府時賈似道當國前尹事無鉅細先關白始行芾獨無所問福王府有迫人死者似道力爲營捄芾以書往復辨論竟寘諸法嘗出閱火具民有不爲具者問之曰似道家人也立杖之似道大怒使臺臣黄萬石誣以贓罪罷之大軍取鄂州始起爲湖南提刑時郡

縣盜擾民多奔竄芾令所部發民兵自衞縣予一皂幟令曰作亂者斬幟下民始帖然乃號召發兵擇壯士三千人使土豪尹奮忠將之勤王別召民兵集衡爲守備未幾似道兵潰蕪湖乃復芾官知潭州兼湖南安撫使時湖北州郡皆已歸附其友勸芾勿行曰無已即以身行可也芾泣曰吾豈昧於謀身哉第以世受國恩雖廢棄中猶思所以報者今幸用我我以家許國矣時其所愛女死一慟而行德祐元年七月至潭潭兵調且盡游騎已入湘陰益陽諸縣倉卒召募不滿三千人乃結溪峒蠻爲聲援繕器械峙芻糧柵江脩壁命劉孝忠統諸軍吳繼明自湖北至陳義

陳元自戍蜀歸芾奏請留之戍潭推誠任之皆得其死力大元右丞阿里海牙既下江陵分軍戍常德遏諸蠻而以大兵入潭芾遣其將於輿帥兵禦之于湘陰輿戰死九月再調繼明出禦兵不及出而大軍已圍城芾慷慨登陴與諸將分地而守民老弱亦皆出結保伍助之不令而集十月兵攻西壁孝忠輩奮戰芾親冒矢石以督之城中矢盡有故矢皆羽敗芾命括民間羽扇羽立具又苦食無鹽芾取庫中積鹽席焚取鹽給之有中傷者躬自撫勞日以忠義勉其將士死傷相藉人猶飲血乘城殊死戰有來招降者芾殺之以徇十二月城圍益急孝忠中礮風不能起諸將泣請曰事急矣吾屬爲國死可也如民何芾罵曰國家平時所以厚養汝者爲今日也汝第死守有後言者吾先戮汝除夕大兵登城戰少却旋蟻附而登衡守尹穀及其家人自焚芾命酒酹之因留賓佐會飲夜傳令猶手書盡忠字爲號飲達旦諸賓佐出參議楊震赴園池死芾坐熊湘閣召帳下沈忠遺之金曰吾力竭分當死吾家人亦不可辱於俘汝盡殺之而後殺我忠伏地扣頭辭以不能芾固命之忠泣而諾取酒飲其家人盡醉乃徧刃之芾亦引頸受刃忠縱火焚其居還家殺其妻子復至火所大慟舉身投地乃自刎幕屬茶陵顏應焱安仁陳億孫皆死潭民

聞之多舉家自盡城無虛井縊林木者累累相比繼明等以城降陳毅潰圍將奔閩中道戰死事聞贈端明殿大學士謚忠節芾初至潭遣其子裕孫出曰存汝以奉祀也其孫輔叔時亦親迎於温皆得不死二王悉詔入閩官之芾爲人剛介不畏强禦臨事精敏姦猾不能欺且强力過人自旦治事至暮無倦色夜率至三鼓始休五鼓復起視事望之凜然猶神明而好賢禮士即之温然雖一藝小善亦惓惓獎薦之平生居官廉及擯斥家無餘貲

尹穀字耕叟潭州長沙人性剛直莊厲初處郡學士友皆嚴憚之宋以詞賦取士季年惟閩浙賦擅四方穀與同郡

邢天榮董景舒歐陽逢泰諸人爲賦體裁務爲典雅每一篇出士爭學之由是湘賦與閩浙頡頏中年登進士第調常德推官知崇陽縣所至廉正有聲丁內艱居家教授不改儒素日未出授諸生經及朱氏四書士雖有才思而不謹飭者擯不齒諸生隆暑必盛服端居終日夜滅燭始免巾幘早作必冠而後出帷行市中市人見其舉動有禮相謂曰是必尹先生門人也詰之果然晚入李庭芝制幕用薦擢知衡州需次于家潭城受兵帥臣李芾禮以爲參謀共畫備禦策時城中壯士皆入衞臨安所餘軍僅四百五十人老弱太半芾糾率民丁奬勵以義人殊死戰三月城不下大軍斷絕險要援兵不至穀知城危與妻子訣曰吾以寒儒受國恩典方州誼不可屈若輩必當從吾已耳召弟岳秀使出以存尹氏祀岳秀泣而許之死乃積薪扃戶朝服望闕拜已先取歷官告身焚之即縱火自焚鄰家救之火熾不可前但於烈焰中遥見穀正冠端笏危坐闔門無少長皆死焉芾聞之命酒酹穀曰尹務實男子也先我就義矣務實穀號也初潭士以居學肄業爲重州學生月試積分高等升湘西嶽麓書院生又積分高等升嶽麓精舍生潭人號爲三學生兵興時三學生聚居州學猶不廢業穀死諸生數百人往哭之城破多感激死義者

楊霆字震仲少有志節以世澤奏補將仕郎銓試第一授脩職郎桂嶺主簿有能聲又五中漕舉改鄂州教授遷復州司理參軍轉常澧觀察推官擢知監利縣縣有疑獄歷年不決霆未上微服廉得其實立決之人稱神明辟荆湖制置司幹官吕文德爲帥素慢侮士常試以難事霆倉卒立辦皆合其意一日謂曰朝廷有密旨出師策應淮東誰可往者即對曰某將可又曰兵器糧草若何即對曰某營兵馬某庫器甲某處矢石某處芻糧口占授吏頃刻案成文德大驚曰吾平生輕文人以其不事事也公材幹如此何官不可爲吾何敢不敬密薦諸朝除通判江陵府江陵大府雄據上流表裏襄漢西控巴蜀南扼湖廣兵民雜處庶務叢集霆隨事裁決處之泰然暇日詣郡庠與諸生講學又取隸官閒田增益廩稍選民之强壯當農隙訓練之時付以器械雜兵行肄習親閱試行賞以激勸之未幾有能擐甲騎射者遂皆獲其用而兵不復擾民丁內艱德祐初起復奉議郎湖南安撫司參議與安撫使李芾協力戰守霆有心計善出奇應變帥府機務芾一以委之城初被圍日夜守禦數日西北隅破霆麾兵巷戰抵暮增築月城比旦城復完策厲將士以死守之城既破霆赴水死妻妾奔救無及遂皆死

趙卯發字漢卿昌州人淳祐十年以上舍登第爲遂寧州司戶潼川簽判宣城宰素以節行稱中被論罷咸淳七年起爲彭澤令十年權通判池州大兵渡江池守王起宗棄官去卯發攝州事繕壁聚糧爲守禦計夏貴兵敗歸所過縱掠卯發捕斬十餘人兵乃戢明年正月大兵至李王河都統張林屢諷之降卯發忿氣塡膺瞠目視林不能言有問以提身之道者卯發曰忠義所以提身也此外非臣子所得言林以兵出巡江陰降歸而陽助卯發爲守守兵五百餘柄皆歸林卯發知不可守乃置酒會親友與飲訣謂其妻雍氏曰城將破吾守臣不當去汝先出走雍氏曰君

爲命官我爲命婦君爲忠臣我獨不能爲忠臣婦乎卯發笑曰此豈婦人女子之所能也雍氏曰吾請先君死卯發笑止之明日乃散其家資與其弟姪僕婢悉遣之二月兵薄池卯發晨起書几上曰君不可叛城不可降夫妻同死節義成雙又爲詩別其兄弟與雍盛服同縊從容堂死卯發始爲此堂名可以從容及兵遽領客堂中指所題扁曰吾必死於是客問其故曰古人謂慷慨殺身易從容就義難此殆其兆也卯發死林開門降

大元丞相伯顏入問太守何在左右以死對即如堂中觀之皆歎息爲具棺衾合葬於池上祭其墓而去事聞贈華文閣待制諡文節雍氏贈順義夫人錄二子爲京官

唐震字景實會稽人少居鄉介然不苟交有言其過者輒喜既登第爲小官有權貴以牒薦之者震內牒篋中已而干政震取牒還之封題未啓其人大媿後爲他官所至以公廉稱楊棟葉夢鼎居政府交薦其賢咸淳中由大理司直通判臨安府時潛說友尹京恃賈似道勢甚驕蹇政事一切無所顧讓會府有具獄將寘辟震力辨其非說友爭之不得上其事刑部卒是震議六年江東大旱擢知信州震奏減綱運米蠲其租賦令坊置一吏籍其戶勸富人分粟使坊吏主給之吏有勞者輒爲具奏復其身吏感其誠事

爲盡力所活無筭州有民傭童牧牛童逸而牧舍火其父訟傭者殺其子投火中民不勝掠自誣服震視牘疑之密物色之得童傍郡以詰其父對如初震出其子示之獄遂直擢浙西提刑過闕陛辭似道以類田屬震震謝不能行至部又以疏力爭之趙氏有守阡僧甚暴橫震遣吏捕治似道以書營救震不省卒按以法似道怒使侍御史陳堅劾去之咸淳十年起震知饒州時興國南康江州諸郡皆已歸附大兵略饒饒兵止千八百人震發州民城守昧爽出治兵至夜中始寐上書求援不報大兵使人入饒取降款通判萬道同陰使於所部斂白金牛酒備降禮饒寓士

皆從之道同風裹降裹叱之曰我忍偷生負國耶城中少
年感裹言殺使者民有李希聖者謀出降械實獄中明年
二月兵大至都大提舉鄧益遁去裹盡出府中金錢書官
資揭於城募有能出戰者賞之衆懼不能戰北兵登陴衆
遂潰裹入府中玉芝堂其僕前請曰事急矣番江門兵未
合亟出猶可免裹罵曰城中民命皆係於我我若從爾言
得不死城中民死我何面目生耶左右不復敢言皆出有
頃兵入執牘鋪案上使裹署降裹擲筆于地不屈遂死之
兄椿與家人俱死張世傑尋復饒州判官鄒宗節求裹屍
葬之贈華文閣待制謚忠介廟號褒忠官其二子裹客馮

驥何新之驥後守獨松關新之守閩之新壘皆戰死
趙與檡爲嗣秀王德祐二年爲浙閩廣察訪使益王之立
舅楊亮節居中秉權與檡自以國家親賢多所諫止遂忌
忌嫉諸將俱憚之未幾北兵逼浙東乃命與檡出瑞安與
守臣方洪共任備禦朝臣言與檡有劉更生之忠曹王皐
之孝宜留輔以隆國本譖者益急卒遣之瑞安受圍城中
危急與洪誓以死守小校李雄夜開門納外兵與檡洪率
衆巷戰兵敗被執董文炳問之曰汝爲秀王耶今能降乎
與檡厲聲曰我國家近親今力屈而死分也尚何問爲遂
殺之洪亦伏節而死又有趙孟錦者少不羈遊淮以軍功
爲將佐北兵攻眞州每戰輒爲士卒先守苗再成倚之爲
重北兵重艦駐江上孟錦乘大霧來襲俄霧解日已高北
兵見其兵少逐之登舟失足墮水身荷重甲溺焉
趙淮丞相葵之從子也李全之叛屢立戰功累官至淮東
轉運使德祐中戍銀樹壩兵敗與其妾俱被執至瓜州元
帥阿术使淮招李庭芝許以大官淮陽許諾至揚城下乃
大呼曰李庭芝男子死耳毋降也元帥怒殺之棄屍江濱

列傳卷第二百九

開府儀同三司上柱國錄軍國重事前中書右丞相監修國史領經筵事都總裁臣脫脫等奉

敕修

忠義六

趙良淳 徐道隆　姜才　馬塈　密佑

張世傑　陸秀夫　徐應鑣　陳文龍　鄧得遇

張珏

趙良淳字景程居饒之餘干太宗子恭憲王之後丞相汝愚曾孫也累世以學行名號賢宗子良淳少學於其鄉先生饒魯知立身大節及仕所至以幹治稱而未嘗干人薦舉初以蔭爲泰寧主簿三遷至淮西運轄浮湛冗官二十餘年馬光祖李伯玉范丁孫交薦辟之卒不振援考舉及格改知分寧縣分寧江西劇邑俗尚譁訐良淳治之不用刑戮不任吏胥取民之敖孝者身親尊禮之至甚桀驁者乃繩以法俗爲少革秩滿特差權江西安撫司機宜文字詔除諸司審計院督餉江西升大理司直咸淳末廷臣議衆建宗室於內郡以爲屏翰遂除良淳知安吉州先是知州李庚適百事隳廢良淳至日與僚吏論所以守禦之備悉舉行之時歲饑民相聚爲盜所在蜂起或請以兵擊之良淳曰民豈樂爲盜哉時艱歲旱故相率剽掠苟活耳命

僚屬以義諭之衆皆投兵散歸其不歸者衆縛以獻有掠人貨財詣其主謝過而還之者良淳勸富人出粟振之嘗語人曰使太守身可以濟民亦所不惜也其言懇懇足以動人人皆倒囷以應之朝議尋以徐道隆爲浙西提刑以輔良淳加良淳直祕閣文天祥去平江潰兵四出剽掠良淳捕斬數人梟首市中兵稍戢已而范文虎遣使持書招降良淳焚書斬其使大兵迫獨松關有旨趣道隆入衛道隆既去大兵至軍其東西門良淳率衆城守夜就菱舍睥上不歸先是朝廷遣將吳國定援宜興宜興已危不敢往乃如安吉見良淳願留以爲輔良淳見國定慷慨大言意其可用也請於朝留戍安吉已而國定開南門納外兵兵入城呼曰衆散元帥不殺汝於是衆號泣散去良淳命車歸府兵士止之曰事至此侍郎當爲自全計良淳叱去之命家人出避乃閉閣自經有兵士解救之復蘇衆羅拜泣曰侍郎何自苦逃之猶可求生良淳叱曰我豈逃生者耶衆猶環守不去良淳大呼曰爾輩欲爲亂耶衆涕泣出復投繯而死

徐道隆字伯謙婺州武義人父煥知南雄道隆以任入官累官潭州判官權知全州荊湖制置使汪立信奏辟道隆爲參議官立信遷兵部尚書道隆與賓客十許人俱去江

陵趙孟傳爲制置使以道隆參其軍事遂爲提點刑獄時文天祥既去平江潰卒四出爲浙西患若安吉尤甚有旨令道隆措置乃梟其首亂者于市牛監軍適范文虎程鵬飛管景模俱遣書誘降道隆焚書斬使大兵至臨平皋亭山令間道入援時水陸皆有屯軍道絕不通議由太湖經武康臨安縣境勤王即日乘舟出臨湖門泊宋村郡守趙良淳既縊死德祐二年正月朔旦追兵及道隆江陵親從軍三百人殊死戰矢盡槍槊折一軍盡没道隆見執艦内間守者少怠赴水死長子載孫亦赴水死餘兵有脫歸者言於朝命贈官賜謚厚恤其家立廟安吉官其子孫越三日宋亡

姜才濠州人貌短悍少被掠入河朔稍長亡歸隸淮南兵中以善戰名然以來歸人不得大官爲通州副都統時淮多健將然驍雄無踰才才知兵善騎射撫士卒有恩至臨陣軍律凛凛其子當戰回白事才望見以爲敗也拔劍馳逐幾殺之賈似道出師才以兵屬孫虎臣爲先鋒相拒于丁家洲大軍設砲架彀車弩江濱中流數千艘旌旗聯亘鼓行而下才奮兵前接戰鋒已交虎臣遽過其妾所乘舟衆見之譁曰步帥遁矣於是諸軍皆潰才亦收兵入揚州大兵乘勝攻揚州才爲三疊陣逆之三里溝戰有功又與元帥戰揚子橋日暮兵亂流矢貫才肩才拔矢揮刀而前所向辟易已而大軍築長圍自揚子橋竟瓜洲東北跨灣頭至黄塘西北至丁村務欲以久困之時德祐元年也明年正月宋亡二月五奉使及一閤門宣贊舍人持謝太后詔來諭降才發弩射却之復以兵擊五奉使于召伯堡大戰而退未幾瀛國公至瓜洲才與庭芝泣涕誓將士出奪之將士皆感泣乃盡散金帛犒兵以四萬人夜擣瓜洲戰三時衆擁瀛國公避去才追戰至浦子市夜猶不退阿术使人招之才曰吾寧死豈作降將軍邪四月才以兵攻灣頭柵五月復攻之騎旋濘而止乃舍騎步戰至四鼓全師

以歸揚食盡才時出運米眞州高郵以給兵六月護餉至馬家渡萬户史弼將兵擊奪之才與戰達旦弼幾殆阿术馳兵來援乃得免去庭芝以在圍久召才計事屏左右語久之第聞才厲聲云相公不過忍片時痛耳左右聞之俱汗下才自是以兵護庭芝第期與俱死七月益王在福州以龍神四廂都指揮使保康軍承宣使召才才與庭芝東至泰州將入海阿术以兵追及圍泰州使使者招之降才不聽阿术驅揚兵士妻子至城下會才疽發脅不能戰諸將遂開門降都統曹安國入才卧内執之以獻阿术愛其忠勇欲降而用之才肆爲慢言阿术責庭芝不降才曰不

降者才也復憤憤不已阿术怒咼之揚州才臨刑夏貴出其傍才切齒曰若見我寧不媿死邪有洪福者夏貴家僮也從貴積勞爲鎮巢雄江左軍統制鎮江北降福與子大淵大源下班祗候彭元亮結貴軍復之加右武大夫知鎮巢貴既臣附招福不聽使其從子往福斬之大兵攻城久不拔遣貴至城下好語語福請單騎入城福信之門發而伏兵起執福父子屠城中貴泣殺大源大淵譚曰法止誅首謀何至舉家爲戮福叱曰以一命報宋朝何至告人求活邪次及福福大罵數貴不忠請身南向死以明不背國也聞者流涕

馬塈宕昌人也一家父叔兄弟皆以忠勇爲名將而塈與其兄埜特顯咸淳中塈知欽州從知邕邕地接六詔安南傍通諸溪峒撫御少失宜往往召亂塈鎮撫諸蠻及治關隘皆有條理大理不敢越善闡安南不敢入永平諸峒皆上帳冊邊陲晏然廣西經略李興上其功加閤門宣贊舍人未幾以左武衛將軍徵入朝已而宋亡塈因留靜江總屯戍諸軍護經略司印守城至元十四年平章阿里海牙攻廣西塈發所部及諸峒兵守靜江而自將三千人守嚴關鑿馬坑斷嶺道大兵攻嚴關不克乃以偏師入平樂過臨桂夾攻塈塈兵敗退保靜江平章使人招降塈發弩射之攻三月塈夜不解甲前後百餘戰城中死傷相藉訖無降意城東隅稍卑大軍陽攻西門以精兵夜決水簰攻東門破其外城塈閉內城城守又破之塈率死士巷戰刀傷臂被執殺之斷其首猶握拳奮起立踰時始仆靜江破邕守馬成旺及其子都統應麒以城降獨塈部將婁鈐轄猶以二百五十人守月城不下阿里海牙笑曰是何足攻圍之十餘日婁從壁上呼曰吾屬饑不能出降苟賜之食當聽命乃遺之牛數頭米數斛一部將開門取歸復閉壁大軍乘高視之兵皆分米炊未熟生臠牛啖立盡鳴角伐鼓諸將以爲出戰也甲以待婁乃令所部入擁一火砲然之

聲如雷霆震城土皆崩煙氣漲天外兵多驚死者火熄入視之灰燼無遺矣

密佑其先密州人後渡淮居廬州佑爲人剛毅質直累官至廬州駐札御前遊擊中軍統領改權江西路副總管咸淳十年以閤門宣贊舍人爲江西都統是冬

大元丞相伯顏下鄂州留右丞阿里海牙守之而將大兵東下明年二月朱禩孫遣高世傑取鄂州阿里海牙以兵逆擊執世傑荆江口兵盡潰半入江西江西制置黃萬石招集之且募寧都廣昌南劍義兵千餘人盡以屬佑十一月大兵至隆興劉槃兵敗乃嬰城自守萬石時移治撫州

將遁懼佑不從乃調佑兵援槃且戒以勿戰未至隆興槃已降都統夏驥率所部兵潰圍出已而元帥張榮實呂師夔提兵逼撫州佑率衆逆之進賢坪兵來呼曰降者乎鬭者乎佑曰鬭者也麾其兵突戰進至龍馬坪大兵圍之數重矢下如雨佑告其部曰今日死日也若力戰或有生理衆咸憤厲自辰戰至日昃佑面中矢拔之復戰又身被四矢三槍衆皆死僅餘數十人佑乃揮雙刀斫圍南走前渡橋馬踏板斷遂被執衆見其勇戒勿殺輿歸隆興元帥宋都䚟曰壯士也欲降之縶之月餘終不屈嘗罵萬石爲賣國小人使我志不得伸宋都䚟命劉槃呂師夔坐城樓引

佑樓下以金符遺之許以官佑不受語侵槃師夔益不遜又令佑子說之曰父死子安之佑斥曰汝行乞於市第云密都統子誰不憐汝也怡然自解其衣請刑遂死觀者皆泣下

張世傑范陽人少從張柔戍杞有罪遂奔宋隸淮兵中無所知名阮思聰見而奇之言之呂文德文德召爲小校累功至黃州武定諸軍都統制攻安東州戰疾力與高達援鄂州有功轉十官尋從賈似道入黃州戰薙草坪奪還所俘加環衛官歷知高郵軍安東州咸淳四年大軍築鹿門堡呂文德請益兵于朝調世傑與夏貴赴之及呂文煥以襄陽降命世傑將五千人守鄂州世傑以鐵絙鎖兩城夾以砲弩其要津皆施杙設攻具大軍破新城長驅而下世傑力戰不得前遣人招之不聽丞相伯顏陽攻嚴山隘潛自唐港盪舟入漢東攻鄂鄂降世傑提所部兵入衛道復饒州乃入朝時方危急徵諸將勤王多不至獨世傑來上下歎異自和州防禦使不數月累加至保康軍承宣使總都督府兵遣將四出取浙西諸郡復平江安吉廣德溧陽諸城兵勢頗振七月與劉師勇諸將大出師焦山令以十舟爲方碇江中非有號令毋發碇示以必死元帥阿术載轂士以火矢攻之世傑兵亂無敢發碇赴江死者萬餘人

大敗奔圌山上疏請濟師不報尋擢龍神衛四廂都指揮使十月進沿江招討使改制置副使兼知江陰軍已而大軍至獨松關召文天祥入衛以世傑爲保康軍節度使知平江尋亦召入衛加檢校少保二年正月大軍迫臨安世傑請移三宮入海而與天祥合兵背城一戰丞相陳宜中方遣人請和不可白太皇太后止之未幾和議亦沮兵至皋亭山世傑乃提兵入定海石國英遣都統卞彪說之使降世傑以爲彪來從己俱南也椎牛享之酒半彪從容爲言世傑大怒斷其舌磔之巾子山四月從二王入福州五月與宜中奉昰爲主拜簽書樞密院事王世強導大軍攻

之世傑乃奉益王入海而自將陳弔眼許夫人諸畬兵攻
蒲壽庚不下十月元帥唆都將兵來援泉遂解去既而唆
都遣人招益王又遣經歷孫安甫說世傑世傑拘安甫軍
中不遣招討劉深攻淺灣世傑兵敗移王居井澳深復來
攻井澳世傑戰却之因徙碙州至元十四年正月遣將王
用攻雷州用敗績四月益王殂衞王昺立拜世傑少傅樞
密副使五月遣瓊州安撫張應科攻雷州三戰皆不利六
月再決戰雷城下應科死之世傑以碙洲不可居徙王新
會之厓山八月封越國公發瓊州粟以給軍十月遣凌震
王道夫襲廣州震敗績明年元帥張弘範等兵至厓山或

謂世傑曰北兵以舟師塞海口則我不能進退盍先據海
口幸而勝國之福也不勝猶可西走世傑恐久在海上有
離心動則必散乃曰頻年航海何時已乎今須與決勝負
悉焚行朝草市結大舶千餘作水砦爲死守計人皆危之
已而弘範兵至據海口樵汲道絕兵茹乾糧十餘日渴甚
下掬海水飲之海鹹飲即嘔泄兵大困世傑率蘇劉義方
興日大戰弘範得世傑甥韓命以官使三至招之世傑歷
數古忠臣曰吾知降生且富貴但爲主死不移耳二月癸
未弘範等攻厓山世傑敗走衞王舟大軍薄中軍世傑乃
斷維以十餘艦奪港去後還收兵厓山劉自立擊敗之降

其將方遇龍葉秀榮章文秀等四十餘人世傑復欲奉楊
太妃求趙氏後而立之俄颶風壞舟溺死平章山下劉師
勇者廬州人以戰功歷環衞官魯港師潰賈似道欲東入
海師勇贊之入揚州圖再舉似道然之時姚訔復常州似
道命師勇以淮兵取呂城朝廷加師勇和州防禦使助訔
守常而以張彥守呂城合兵拒大軍戰失利彥馬弱陷淖
中見執呂城失守常州勢益孤大軍寘彥城下招降師勇
以大義斥彥彥慚而退又遣范文虎來諭師勇伏弩射走
之常受圍數月援兵絕有羣鴟飛鳴繞城衆惡爲不祥俄
而城陷師勇拔柵戰且行其弟馬墮塹躍不能出師勇舉

手與訣而去淮軍數千人皆鬬死有婦人伏積屍下鬬淮
兵六人反背相拄殺敵十百人乃殪師勇從二王至海上
見時事不可爲憂憤縱酒卒葬于鼓山

陸秀夫字君實楚州鹽城人生三歲其父從家鎮江稍長
從其鄉二孟先生學孟之徒恒百餘獨指秀夫曰此非凡
兒也景定元年登進士第李庭芝鎮淮南聞其名辟置幕
中時天下稱得士多者以淮南爲第一號小朝廷秀夫才
思清麗一時文人少能及之性沉靜不苟求人知每僚吏
至閤賓主交驩秀夫獨斂焉無一語或時宴集府中坐尊
俎間矜莊終日未嘗少有希合至察其事皆治庭芝益器

之雖改官不使去已就幕三遷至主管機宜文字咸淳十年庭芝制置淮東擢參議官德祐元年邊事急諸僚屬多亡者惟秀夫數人不去庭芝上其名除司農寺丞累擢至宗正少卿兼權起居舍人二年正月以禮部侍郎使軍前請和不就而反二王走温州秀夫與蘇劉義追從之使人召陳宜中張世傑等皆至遂相與立益王于福州進端明殿學士簽書樞密院事宜中以秀夫久在兵間知軍務每事咨訪始行秀夫亦悉心贊之無不自盡旋與宜中議不合宜中使言者劾罷之張世傑讓宜中曰此何如時動以臺諫論人宜中皇恐亟召秀夫還時君臣播越海濱庶事

疏略楊太妃垂簾與群臣語猶自稱奴每時節朝會秀夫儼然正笏立如治朝或時在行中淒然泣下以朝衣拭淚衣盡浥左右無不悲動者屬井澳風王以驚疾殂群臣皆欲散去秀夫曰度宗皇帝一子尚在將焉置之古人有以一旅一成中興者今百官有司皆具士卒數萬天若未欲絕宋此豈不可爲國邪乃與衆共立衛王時陳宜中往占城以與世傑不協屢召不至乃以秀夫爲左丞相與世傑共秉政時世傑駐兵厓山秀夫外籌軍旅内調工役凡有所述作又盡出其手雖匆遽流離中猶日書大學章句以勸講至元十六年二月厓山破秀夫走衛王舟而世傑劉義各斷維去秀夫度不可脱乃杖劒驅妻子入海即負王赴海死年四十四翰林學士劉鼎孫亦驅家屬并輜重沉海不死被執搒掠無完膚一夕得脱卒蹈海鼎孫字伯鎮江陵人進士也方秀夫海上時記二王事爲一書甚悉以授禮部侍郎鄧光薦曰君後死幸傳之其後厓山平光薦以其書還廬陵大德初光薦卒其書存亡無從知故海上之事世莫得其詳云

徐應鑣字巨翁衢之江山人世爲衢望族咸淳末試補太學生德祐二年宋亡瀛國公入燕三學生百餘人皆從行應鑣不欲從乃與其子琦崧女元娘誓共焚子女皆喜從

之太學故岳飛第有飛祠應鑣具酒肉祀飛曰天不祚宋社稷爲墟應鑣死以報國誓不與諸生俱北死已將魂魄累王作配神主與王英靈永永無斁琦亦賦詩以自誓祭畢以酒肉餉諸僕諸僕醉卧應鑣乃與其子女入梯雲樓積諸房書籍箱笥四周縱火自焚一小僕未寐聞火聲起至樓下穴牖視之應鑣父子儼然坐立如廟塑像走報諸僕壞壁入撲滅火應鑣不得死與其子女怏怏出戶去倉卒莫知所之翌日得其屍祠前井中皆僵立瞠目面如生諸僕爲具棺斂殯之西湖金牛僧舍益王立福州褒其節贈朝奉郎秘閣脩撰後十年其同舍生劉汝鈞率儒者五

十餘人收而葬之方家峪私謚曰正節先生

陳文龍字君賁福州興化人丞相俊卿之後也能文章負氣節初名子龍咸淳五年廷對第一度宗易其名文龍丞相賈似道愛其文雅禮重之由鎭東軍節度判官歷崇政殿說書秘書省校書郎數年拜監察御史皆出似道力然自十數年似道所置臺諫皆闒茸臺中相承凡有所建白皆呈藁似道始行至文龍爲之獨不呈藁已忤似道知臨安府洪起畏請行類田似道主其說文龍上疏以爲不可似道怒寢其疏襄陽久被圍似道日恣淫樂不少加意時陽請督師而陰使其黨留已竟失襄陽文龍上疏極言其

失范文虎總師無功似道庇之以知安慶又除趙溍知建康黃萬石知臨安文龍言文虎失襄陽令反見擢用是當罰而賞也溍乳臭小子何以任大閫之寄萬石政事怠荒以爲京尹何以能治請皆罷之似道大怒黜文龍知撫州旋又使臺臣李可劾罷之未幾呂文煥導大軍東下范文虎首迎降與文煥俱東似道兵潰魯港潛晸先遁以故列城從之皆遁始悔不用文龍之言起爲左司諫尋遷侍御史時邊事甚急王爚與陳宜中不能畫一策而日坐朝堂爭私意潛說友以平江降臺臣請籍其家爚以爲可宜中以爲不可張世傑諸將分四道出師而大臣不監護臺諫論之爚請行邊下公卿雜議宜中請出督師又下公卿雜議文龍上疏曰書言三后協心同厎於道北兵今日取某城明日築某堡而我以文相遜以迹相疑譬猶拯溺救焚而爲安步徐行之儀也請詔大臣同心圖治無滋虛議其後宜中與爚終不相能而去至十月始來事已不可爲矣是冬累遷文龍至參知政事未幾議降文龍乃上章乞歸養既出國門而悔之復上疏求還不報乃歸五月益王稱制于福州復以文龍參知政事漳州畔以文龍爲閩廣宣撫使討之文龍以黃恮前守漳有恩信辟爲參謀官授兵泉州使恮入招撫之恮至民皆頓首謝罪興化有石手軍

者能擲石中人議者以其不足用罷之石手軍亦畔復命文龍爲知軍平之已而降將王世強復導大軍入廣建寧泉福皆降知福州王剛中遣使徇興化文龍斬之而縱其副以還使持書責世強剛中負國遂發民兵自守城中兵不滿千大兵來攻不克使其姻家持書招降之文龍焚書斬其使有風其納款者文龍曰諸君特畏死耳未知此生能不死乎乃使其將林華偵伺境上華即降且導兵至城下通判曹澄孫開門降執文龍與其家人至軍中欲降之不屈左右凌挫之文龍指其腹曰此皆節義文章也可相逼邪強之卒不屈乃械繫送杭州文龍去興化即不食至

杭餓死其母繫福州尼寺中病甚無醫藥左右視之泣下毋曰吾與吾兒同死又何恨哉亦死衆歎曰有斯母宜有是兒爲收葬之蒲壽庚以泉州降告其民曰陳文龍非不忠義如民何聞者笑之大兵既歸文龍之姪瓚復舉兵殺林華據興化未幾復破瓚死之

鄧得遇字逢夫邛州人淳祐十年進士調寧遠主簿改知南昌縣通判隆興府監行在左藏庫出知昭州遷廣西提點刑獄逾年攝經略事兼知静江府德祐元年長沙被兵得遇遣都統馬𩥇馬應麒赴援𩥇潜叛而還得遇斬之軍事悉委之應麒未幾馬塈代閫議事不合二年移治蒼梧静江破得遇朝服南望拜辭書幅紙云宋室忠臣鄧氏孝子不忍偷生寧甘溺死彭咸故居乃吾潭府屈公子平乃吾伴侶優哉悠哉吾得其所遂投南流江而死

張珏字君玉隴西鳳州人年十八從軍釣魚山以戰功累官中軍都統制人號爲四川虓將寶祐末大兵攻蜀破吉平隘拔長寧殺守將王佐父子至閬州降安撫楊齋推官趙廣死之至蓬州降守將張太悅運使施擇善死之順慶廣安諸郡破竹而下明年合諸道兵圍合州凡攻城之具無不精備珏與王堅協力戰守攻之九月不能下景定初合守王堅徵入朝以馬千代守合四年千予餽餉至虎相

山爲東川兵所得屢以書勸千降朝廷乃以珏代千珏魁雄有謀善用兵出奇設伏筭無遺策其治合州士卒必練器械必精御部曲有法雖奴隸有功必優賞之有過雖至親必罰不貸故人人用命自全汝楫失大良平大兵築虎相山駐兵兩城時出攻梁山忠萬開達民不得耕兵不得解甲而卧每餉渠竭數郡兵護送死戰兩城之下始克入咸淳二年十二月珏遣其將史炤王立以死士五十斧西門入大戰城中復其城三年四月平章賽典赤提兵入壞重慶麥道出合城下珏碇舟斷江中爲水城大兵數萬攻之不克遂引去合州自余玠用二冉生策徙軍釣魚山城壁甚固然開慶受兵民凋弊甚珏外以兵護耕内教民墾田積粟未再期公私兼足九年叛將劉整復獻計欲自青居進築馬騣虎頂山扼三江口以圖合匣刺統軍率諸翼兵以築之左右欲出兵與之爭珏不可曰蕪菁平毋德彰城汪帥勁兵之所聚也吾出不意而攻之馬騣必顧其後不暇城矣乃張疑兵嘉渠口潛師渡平陽灘攻二城火其資糧器械越砦七十里焚舡場統制周虎戰死馬騣城卒不就十年加寧江軍承宣使德祐元年升四川制置副使知重慶府五月加檢校少保徵其兵入衛蜀道斷不得達六月昝萬壽以嘉定及三龜九頂降守將侯都統戰死已

而瀘敘長寧富順開達巴渠諸郡不一月皆下合兵圖重慶作浮梁三江中斷援兵自秋徂冬援絶糧盡珏屢以死士間入城許以赴援且爲之畫守禦計二年正月遣其將趙安襲青居執安撫劉才參議馬嵩歸二月遣張萬以巨艦載精兵斷内水橋入重慶四月合重慶兵出攻鳳頂諸砦珏結瀘士劉霖先坤朋爲内應六月遣趙安破神臂門執梅應春殺之復瀘州重慶兵漸解去圍瀘州十二月趙定應迎珏入重慶爲制置時陽立以涪州降珏遣張萬攻走立俘其傔屬馮巽午等立復合兵來決戰史進張世傑戰死萬不支俘立妻子及安撫李端以歸珏以都統程聰

守涪重慶兵盡退珏聞二王立廣中遣兵數百人求王所調史訓忠趙安等援瀘州張萬入夔連忠涪兵拔石門及巴巫砦獲將士百餘人解大寧圍攻破十八砦明年六月張德潤復破涪州執守將程聰先是聰在重慶力主守城之議珏入不知也使出守涪聰至郡怏怏不設備至是被執德潤以肩輿載聰歸語之曰君子鵬飛爲參政矣旦晚可會聚也聰曰我執彼降非吾子也是月梁山軍袁世安降十月萬州破殺守將上官夔十一月瀘州食盡人相食遂破之安撫王世昌自經死大兵會重慶駐佛圖關以一軍駐南城一軍駐朱村坪一軍駐江上遣瀘州降將李從招降珏不從十二月達州降將鮮汝忠破咸淳皇華城執守將馬塈軍使包申巷戰死至元十五年春珏遣總管李義將兵田廣陽一軍皆没二月大兵破紹慶府執守將鮮龍湖北提刑趙立與制司幕官趙酉泰皆自殺珏率兵出薰風門與大將也速解兒戰扶桑壩諸將從其後合擊之珏兵大潰城中糧盡趙安以書説珏降不聽安乃與帳下韓忠顯夜開鎮西門降珏率兵巷戰不支歸索鴆飲左右匿鴆乃以小舟載妻子東走涪中道大慟斧其舟欲自沉舟人奪斧擲江中珏踊躍欲赴水家人挽持不得死明日萬戶鐵木兒追及於涪執之送京師重慶降制機曹琦自

經死張萬張起嵒出降進攻合州破外城三月王立亦降珏至安西趙老庵其友謂之曰公盡忠一世以報所事今至此縱得不死亦何以哉珏乃解弓弦自經厠中從者焚其骨以瓦缶葬之死所趙立者字德脩重慶人第進士以上書斥賈似道被謫德祐初起爲太社令湖北提刑使蜀趣諸將入衛至重慶則昝萬壽已降珏方城守爲後圖立無以復命還至涪沉水死

列傳卷第二百十

開府儀同三司上柱國錄軍國重事前中書右丞相監脩國史領經筵事臣脫脫等奉敕修

忠義七

高敏登州人爲涇原指使數與西夏戰遭重傷范仲淹韓琦皆薦之爲閤門祗候歷利州路邠寧環慶都監主蕃部事羌圍大順城偏將趙懷德力戰其下以銀買級主帥李復圭以所部不整欲治之敏言懷德善用人戰必勝當略其小過且蕃官難彊以漢法復圭乃止羌人聲言將出鄜延敏屢白復圭曰兵家之事聲東擊西環慶嘗破白豹金湯結釁已深不可不備已而果以兵三十萬來寇總管楊遂駐兵大義以敏爲先鋒將夏人攻奪大順水砦敏出通路自寅及午且戰且前多所斬獲次榆林援兵不至中流矢死年五十七官止東頭供奉官詔贈嘉州刺史錄其三子爲侍禁殿直

張吉者慶州卒也爲淮安鎮守烽夏人寇東谷掠得之脅以兵使呼城中曰淮安諸砦已破宜速降吉反其辭曰努力諸砦無虞賊糧盡且去矣毋庸降賊怒害之詔贈內殿崇班又錄其子

景思忠字進之普州安岳人以父西上閤門使泰蔭累官西京左藏庫使爲遂州駐泊都監夷人寇淯井鈐轄張承祐出兵救之思忠部卒五百爲前鋒夷乘險薄官軍官軍戰不利死者十之六左右勸思忠引避不聽奮劍疾戰而死走馬使張宗望爲言詔察訪熊本考實得其事神宗憫之官思忠及同死者之子七人餘皆賜其家錢帛

弟思立以蔭主渭州治平砦囉兀用兵韓絳使攝保安軍夏人寇順寧思立擅領兵赴援諸將敗一軍獨全以功知德順軍策應王韶取熙州過洮築當川堡克羌香子珂諾城遂定河州嘗與羌力戰斬不用命者數人軍聲大振詔

言其臨事忠勇進如京副使通事舍人再擢東上閤門使河州刺史賜繡旗朱甲又遷四方館使河州團練使知其州神宗知思立母老而未有官令命其弟思誼爲秦州判官以便養青宜結鬼章舉兵襲殺伐木卒害小校七人以書抵思立詞不遜思立不能忍帥兵六千攻之于踏白城鈐轄韓存寶蕃將瞎藥交止之不聽自將中軍使存寶及魏奇爲先鋒王存將左賈翊將右鬼章衆二萬分三砦以抗官軍戰數十合羌從山下圍中軍他將王寧李元凱沒于陣思立存寶潰圍出諸將多傷議曰日暮兵疲宜移屯東岡以自固思立以魏奇創重獨徙其軍方遣之而殿後兵亂前人望見亦皆潰思立且鬬且退曰我適以百騎走羌數千人無助我者今敗矣當自剄以謝朝廷衆止之少頃再戰遂死時已除忠州防禦使會其死不及拜帝以其輕敵致敗不復贈官

王奇汾州人武舉中第章惇經營湖北溪洞以爲將領降其酋舒光貴縛元猛平懿洽等州累遷如京副使爲湖南都監從廣西宜州蠻寇邊奇領兵至天河縣期旦日會戰裨將費萬夜以衆竊出河泥隘戰沒經略使移書迫奇奇不能堪後數日蠻萬人驟集奇輕出遂敗麾下猶數百人勸策馬逃去奇罵曰大丈夫當盡節以報國何走爲戰而死詔贈皇城使忠州防禦使官其家六人仍賜金帛

蔣興祖常州宜興人之奇之孫也以蔭累調饒州司録睦州盜起旁郡皆震興祖白州將糾吏卒繕戰具盜不敢謀以功遷官知開封陽武縣陽武古博浪沙地土脉脆惡大河薄其南嘗積雨汎溢埽且潰興祖躬救護露宿其上彌四旬隄以不壞治爲畿邑最使者交薦之靖康初金兵犯京師道過縣或勸使走避興祖曰吾世受國恩當死于是與妻子留不去監兵與賊通斬以徇金數百騎來攻不勝去明日師益至力不敵死焉年四十二妻及長子相繼以悸死詔贈朝散大夫

郭滸德順中安堡人從軍積官至武經郎爲涇原第八副將金人犯陝西渭帥以下叛降獨滸義不許稱病去帥惡忌之傅致以罪下之獄脅使俱降滸奮而呼曰大丈夫今得死所矣終不能受汙叛逆大惡天地所不容吾雖死誓不爾貸當訴于地下耳衆醜其語即殺之建炎三年贈武翼大夫忠州刺史同死者朱友恭西安人以忠翊郎爲涇原第一副將部兵扞金人於華亭數有功會金兵大集友恭赴敵力戰爲所得渭帥既降誘以甘言許優進官秩不肯從更詆辱之帥不勝忿斷其脛以徇經日乃斬之後贈敦武郎

吳革字義夫華州華陽人國初勳臣廷祚七世孫也少好學喜談兵再試禮部不中乃從涇原軍以秉義郎幹辦經略司公事金人南牧帥兵解遼州之圍使粘罕軍見之庭揖不拜責其貪利敗約詞直氣勁粘罕少屈爲追回威勝諸屯兵授書使歸欽宗問割地與不割地利害對曰金人有吞噬之意願悉起關中士馬赴都爲備詔以爲武功大夫閤門宣贊舍人持節諭陝西行至朱遷聞金人犯京師復還與張叔夜同入城請於帝乞幸秦川又乞出城刼之使不敢近又乞諸門同出兵牽制衝突尾襲應援可一戰而勝時衆言已入皆不果後金兵攻安上門填道度壕華言之守將使洩蔡河水以灌之不聽及填道將合欲用前議則水已涸矣車駕幸金營華以爲墮其詐往請叔夜欲身見其大酋計事叔夜問其故曰茲行有三說一則天子還內二則金騎歸國三則華死叔夜爲言之不報上皇妃后太子出郊華白孫傅乞留之不得乃爲傅謀於啓聖僧院置振濟局募士民就食一日之間至者萬計陰以軍法部勒將攻金營久之遷于同文館所合已至數萬多兩河驍悍之士既而有立張邦昌之議華謀先誅范瓊輩以三月八日起兵謀既定前期二日有班直甲士數百人排闥入言邦昌以七日受冊請亟起事華乃被甲上馬至咸豐門四面皆瓊黨紿華入帳即執之脅以從逆華罵之極口引頸受刃顏色不變其麾下百人皆同死

李翼麟州新秦人宣和末爲代州西路都巡檢使屯崞縣金人取代執守將嗣本遣來諭降翼射却之帥士卒堅守義勝軍統領崔忠殺都監張洪輔夜引金兵入城翼挺身搏戰連旦力不敵被執酋粘罕欲臣之怒罵不屈與縣令李聳丞王唐臣尉劉子英監酒閻誠將官折可與同死之

阮駿者興化軍人紹聖元年進士爲河南府少尹金人犯京師率所隸兵擁護神御殿抱神御罵聲不絕口卒被害特贈朝議大夫

趙士隆字景瞻太宗之後生五歲補右班殿直既長遊庠序月試數居前列一日投筆歎曰昔賢有不願爲章句儒出玉門關佩侯印者彼何人哉遂不復事科舉去爲郡縣吏累遷至淮南西路兵馬鈐轄駐壽春劇賊丁一箭衆號十萬來攻城郡守不知兵凡備禦之策悉委士隆賊三旬不退士隆募軍中敢死士與之謀有張宣者應募獨持槊縋城下擊殺數十人賊衆披靡乃選壯士數百夜開城門出其不意擊走之追奔數十里以功遷三官秩滿授江東路鈐轄李成叛據江淮六七郡連兵數萬遣其黨馬進圍九江守臣姚舜明與士隆及副鈐轄劉紹先禦之進攻城

益急士嶐竭力捍守江東帥呂頤浩屯鄱陽既復南康與建武節度使楊惟忠兵會遣統制巨師古援江州未至遇伏敗紹興元年正月詔張俊爲江淮招討使入辭頗言成兵衆高宗責以立功俊悚懼受命未至城已陷時守城罷卒僅數千捍賊百餘日城中食盡舜明紹先議縱火因棄城去士嶐毅然獨糾合部曲餘民守城城破衆號呼曰無殺我趙鈐轄賊入城大掠成素服士嶐之義欲以爲僞安撫使士嶐怒罵曰賊欲屈我耶陰裂帛以書使示諸子曰賊不殺我義不苟活汝輩得出爲我雪恥遂仰藥而卒年五十二賊怒并害其家數十口事聞上嘉悼贈武功大夫

官其孫二人士嶐六子皆有文行不[illegible]不忩不愆不惡不濦不隱是役也不忩不濦不隱死焉又宗子有士瞖士眞士道皆以死事聞

士瞖任秀州兵馬都監建炎四年兀朮入州士瞖乘城拒戰城陷死之後贈武翼大夫官其二子

士眞權知信陽軍寇劉滿至士眞拒之兵潰滿執之去荆門遇害後贈右朝奉大夫官其一子

士道以武翼大夫守官江州紹興五年馬進寇江州士道遇害贈武德大夫官其家二人

士跋濮王曾孫也靖康末爲右監門衛大將軍吉州團練使金人驅宗室北行士跋得間道遁去居邢州結土豪將舉事有告者金人執而殺之事聞贈保寧軍節度使謚忠果

叔皎秦悼王四世孫元豐中爲右班殿直累遷至德州兵馬都監自靖康以來劉順呂拱劉亨相繼謀叛叔皎皆設方略捕擒之建炎二年金人圍城郡檄叔皎率兵禦之前後六戰圍急有江喆者與郡守宗諒謀以城降叔皎斬喆以徇金人登城叔皎猶力戰勢窮被執怒罵不屈遂遇害

叔憑建炎間任陝州都監累官武翼大夫就遷通守金人圍陝州既久援兵不至城危時叔憑子官盧氏遣以蠟丸

書曰人臣當死國難況吾以近屬其可辱命耶死固其所也遂死之時通判王滸職官劉效陳思道馮經李岳杜開縣令張玘將佐盧亨等五十一人俱死無降者

訓之字誨道秦悼王五世孫父叔倏官至惠州防禦使訓之登政和二年進士調東平儀曹知平江府吳縣朱勔怙勢役州縣訓之不爲屈勔嘗執數輩詣縣請治訓之悉縱之忤勔遂移疾去宣和末盜起河北訓之屢與人言契丹舊盟未可渝金人新好未可恃未幾金人犯京師訓之居揚州率大姓募士勤王聞都城失守乃止建炎三年知吉州永豐縣孟太后避地虔州護衛統制杜彥與其麾下叛

後軍揚世雄應之將犯永豐訓之與尉陳自仁簡兵分爲二一取間道遶賊後一據地利匿其精兵以誘賊賊至伏發殲其衆會賊別校繼至官兵未成列訓之率數十輩拒戰厲聲罵賊與自仁俱被害事聞詔贈訓之朝散郎直秘閣謚忠果自仁通直郎官其子邑人爲立祠太后之發吉州也至太和衆皆潰從事郎三省樞密院幹辦官劉德老爲金人追騎所殺官其家一人是年金人過江陳淬戰死岳飛等兵皆引去上元丞趙壘之帥鄉兵迎敵死之贈奉議郎官其家一人

聿之安定郡王叔東子也建炎中爲成忠郎金人圍潭州

帥臣向子諲率衆守城聿之隸東壁子諲循城顧聿之曰君宗室不可效他人苟簡聿之感慨流涕金兵登城縱火子諲率官吏突門遁去城遂陷聿之巷戰大罵而死將官武經郎劉玠亦死之事聞贈聿之左監門衛大將軍玠武經大夫皆官其家其後朱熹爲請立廟賜號忠節

陳淬字君銳興化軍莆田人紹聖初下第挾策西遊時呂惠卿帥鄜延淬戎服往見惠卿問相見何事淬曰大丈夫求見大丈夫又何事惠卿器之補三班奉職與西人接戰于烏原手殺十餘人擒其酋主奏爲左班殿直鄜延路兵馬都監累遷武經郎丁外艱宣和四年召赴闕授眞定路分都監兼知北砦河北第一將尋拜忠州團練使眞定府路馬步副總管七年金人入眞定淬以孫軍禦之妻孥八人皆遇害建炎元年辟諸軍統制宗澤命擊金人於南華敗之兼大名府路都總管兵馬鈐轄權知恩州王善者金之種落也擁衆十萬長驅兩河遂襲恩淬與長子仲剛拒戰賊飛刃及淬仲剛以身蔽刃死之明年善復圍陳州淬大敗善兵拜宿州安撫使李成叛詔以淬爲御營使六軍都統淮南招撫使討之三戰三捷未幾金人犯采石又檄淬回援建康淬將中軍戚方將前王𤫊將後淬曰彼衆雖多然止有二十艘一艘不越五十人每至不過千人吾伏

兵葭蘆(翳音)間俟其旋濟旋獲前後不相知訖濟當盡獲矣杜充不從金兵遂犯板橋諸軍皆潰淬獨與戰勢窮力盡據胡床大罵刃交於胷而色不動與其從子仲敏俱死詔贈拱衛大夫明州觀察使官其一子一婿

黃友字龍友温州平陽人少不羈十五入太學語同輩曰大丈夫不能爲國立功亦造化中贅物耳因投筆西遊邊帥劉法一見奇之延致門下會西鄙兵鬨都護高永年戰没友作七詩哀其忠其後幕府奏功没永年之實恤典不及其子以友詩進徽宗覽之惻然遂加贈謚友亦免省試登進士第調永嘉瑞安二縣主簿攝華陰令有政聲方臘

竊發友同諸將收復所至披靡黎兒復作守留友攝兵曹
爲殄滅計友請往諭之既次浦江賊望風解去復單騎次
武義賊衆持釘一榼置其前友正色叱之曰汝等何速死
耶賊首李德壯之亟麾退一境貼然婺人圖像祀之通判
檀州會金人敗盟郭藥師以常勝軍叛燕土響應友獨領
數千人與之戰躬冒矢石破裂脣齒欽宗即位制置使詹
度奏友久服武事籌略過人丞相何㮚從而薦之召對問
友脣齒破裂狀爲之稱歎賚予甚渥進直徽猷閣制置司
參謀官同种師中解太原圍友遣兵三千奪榆次得糧萬
餘斛明日大軍進榆次十里而止友亟白師中地非利將

三面受敵論不合友仰天歎曰事去矣迨曉兵果四合矢
石如雨敵益以鐵騎士卒奔潰敵執友謂曰降則赦汝友
厲聲曰男兒死耳遂遇害帝書忠節傳家四字旌其閭官
其後八人友體貌英偉膽雄萬夫謀畫機密出人意表嘗
語子弟曰天下承平日久武事玩弛萬一邊書告警馬革
裹尸乃吾素志他日收吾骸足心黑子爲識也其忠誠許
國根於天性如此

郝仲連昌元人建炎元年金人犯河中守臣席益遁去仲
連時爲貴州防禦使宣撫范致虛遣節制河東軍馬屯河
中就權府事金將婁宿以重兵壓城仲連率衆力戰外援
不至度不能守先自殺其家人城陷不屈及其子皆遇害
後贈中侍大夫明州觀察使

劉惟輔涇州人以同州觀察使爲熙河馬步軍副總管金
人既得秦州經略使張深遣惟輔將三千騎禦之金前軍
踰鞏州距熙才百里惟輔留軍熟羊城以千八百騎夜趨
新店黎明軍進短兵相接殺傷大當惟輔舞矟刺其先鋒
將孛堇黑鋒洞胷墮馬死敵爲奪氣退深擻隴右都護張
嚴往追之至鳳翔境上惟輔不欲聽嚴節制乃自別道由
吳山出寶鷄獲金遊騎嚴擁大兵及金人於五里坡金人
知之伏兵坡下嚴與曲端期而不至徑前遇伏死之惟輔

自石鼻砦遁歸金人略熙河惟輔將去顧熙河尚有積粟
恐金人因之以守急出悉焚之金人追及所部皆走惟輔
與親信數百匿山寺中遣人詣夏國求附夏國不受其親
信軍詣金人降金人執惟輔誘之百方終不言金人怒捽
以出惟輔奮首曰死犬斬即斬吾頭豈汝捽也顧坐上客
曰國家不負汝一旦遽降敵耶即閉口不復言而死張浚
聞之承制贈昭化軍節度使賻銀帛布以二百計官子孫
十二人立廟成州號忠烈有高子儒狄道人知蘭州龕谷
砦聞惟輔尚存固守以待及城陷先刃其家而後死韓青
爲熙河馬步軍第六將間行從惟輔爲金人所擒亦罵不

絕口而死

牛皓福津人爲武功大夫川陜宣撫後軍中部將紹興五年金右都監撒離喝與其熙河經略使慕洧欲犯秦川宣撫副使吳玠遣諸校分道伺之皓至瓦吾谷與金將虎山遇皓所部步卒不滿二百乃下與戰謂其徒曰吾所以舍馬者欲與若等同死也金人見皓異於它人欲招之皓力戰死有承信郎高萬且罵且戰與熙河路部將任安宣撫司隊官秦元薛琪張旵皆死於陣金人相謂眞健兒也後皓安皆贈翊衞大夫官其家五人贈萬等三官錄其子

魏彥明開封人通判延安府建炎二年金人陷府東城而西城猶堅守金人併兵入鄜延王庶自當鄜州來路遣統制官龐世才當延安來路天大雪世才戰敗自是金兵專圍西城初受圍時彥明與權府事劉選分地而守彥明當東壁空家貲以賞戰士金人不敢犯王庶子之道未弱冠率老弱乘城金人晝夜攻城閱十有三日城陷彥明坐子城樓上金人併其家執之諭使速降彥明曰吾家食宋祿犬彘使背吾君乎婁宿怒殺之詔贈中大夫官一子

劉士英宣和間爲温州教授方臘陷處州州人爭具舟欲遁士英奮謂不當避自郡將而下皆排沮之士英獨身任責推郡茂才石礪爲謀主治兵峙糧籍保伍分其地爲八

隅委官統率以鍾爲約令民聞鍾聲則趨所守堞未幾賊來攻拒守凡四十餘日官軍繼至賊潰去靖康初通判太原府金人入境帥臣張孝純欲避之士英率通判方笈將官王稟力止孝純及城陷稟赴火死士英持短兵接戰死之笈在金因講和使附書言二人死節後刻石于衢温二州

翟興字公祥河南伊陽人少以勇聞劇賊王伸起興與弟進應募擊賊號大翟小翟金人犯京師西道總管王襄檄興統領在城軍馬以保護陵寢功補承信郎辟京西北路兵馬副鈐轄爲陜西宣撫司前軍統制高世由以澤州降

金金以爲西京留守興與進提步卒數百卷甲夜趨洛陽擒世由等斬之群盜楚德韓清出沒汝洛間興以輕騎追襲德就擒清僅以身免會進爲叛將楊進所害賊乘勢擊敗官軍興帥餘衆拒賊保伊川明年愬進死事于朝以興代進爲京西北路安撫制置使兼京西北路招討使兼知河南府楊進屯鳴皐山北興與子琮帥鄉兵時出擾之進懼棄輜重南走興邀擊于魯山縣進中流矢死餘衆潰去西京平賊王俊據汝州興引兵攻之俊棄城去退保纖蓋山興進攻免冑大呼曰賊識我乎我翟總管也衆皆披靡遂破之金人犯河陽鞏縣永安軍興遣子琮與搏戰屢捷

追至澠池詔授河南孟汝唐州鎮撫使兼知河南府轉武略大夫兼閤門宣贊舍人寓治伊陽時河東北雖陷土豪聚衆保險興遣蠟書結約之向密王簡王英輩皆願受節制奏上高宗嘉之授河東北路軍馬使偏撥山砦由是汾澤潞懷衞間山砦首領皆應命金人入陜右興遣將邀擊俘五十餘人又遣子琮生擒金河東都統保胥遂復陽城縣乘勝取絳之垣曲進至米糧川紹興元年春金重兵犯河南時興軍乏糧就食諸道僅存親兵自衞人情震恐興授將彭玘方略設伏于井首俟敵至陽遁金衆果追玘伏發金帥就擒鄧州人楊其擁衆河北僞稱信王興遣將董

先追獲于商州殺之進武功大夫忠州團練使劉豫將遷汴以興屯伊陽憚之遣蔣順持書誘興以王爵興斬順焚其書豫計不行乃陰遣人啗裨將楊偉以利偉殺興携其首奔豫或云路偉爲內應以兵徑犯中軍興奮擊墜馬死事聞贈保信軍節度使興威貌魁偉每怒鬚輒張軍食不繼士以菽粟雜藜藿食之激以忠義無不奮厲在河南累年金人不敢犯諸陵詔賜軍名忠護子琮沈勇有父風繼興爲鎮撫使琳閤門祗候

進字先之以捕盜勞補下班殿侍累功充京西第一將坐熈河帥劉法涇原戰失利降官停任尋敘復女真歸故地改河北第四將往至遂城會契丹兵奄至都統制劉延慶以進爲先鋒與契丹戰于幽州石料岡盧溝河皆捷又與契丹大將遇于峯山力戰彌日契丹潰去金人犯京師朝廷密詔西道總管王襄會兵三萬赴京城至葉縣襄欲引兵而南進諫止之因分軍遣進持書而西時經略使范致虛已合五路軍馬次潼關以進統河南民兵收復西京進至福昌遣兵襲金營時金遊騎往來外邑進設伏擒之金人逼靈山砦進父子兄弟與之戰潰圍至高都集鄉兵七百人夜行晝伏五日至洛城夜半破關入擒高世由再捷于伊陽白草塢都總管孫昭遠至洛陽以進戍澠池界授

武義大夫閤門宣贊舍人金人犯白浪隘將渡河進破之未幾洛陽再陷進在伊陽哀散亡才千人金人犯薛封進選精鋭三百人夜縱火斫其營焚死者甚衆又戰于驢道堰生擒金將翟海追至梅花谷賊翼德韓清嘯聚南陽進間道擊之德降繼斬清于艾蒿平勤兵抵龍門屢與金人夾河戰乘勝入洛陽或曰彼砦尚固城未可守不聽金人聚懷衞蒲孟數州之衆薄城下斧諸門入進率士卒巷戰次子亮死之遷武功大夫閤門宣贊舍人充京西北路兵馬都鈐轄尋授馬步軍副總管升本路制置使兼知河南府會東京留守杜充所招巨寇楊進號没角牛者擁兵數

萬殘害汝洛間進謂其兄與欲力除之會楊進遣數百騎絶水犯進營進乘半渡擊之追賊數十里破賊四砦馬驚墜塹爲賊所害贈左武大夫忠州刺史官其後五人

朱蹕湖州安吉人知錢塘縣建炎三年金人陷杭州初犯餘杭守臣康允之退保赭山蹕白允之率弓手土軍前路拒敵使杭民爲逃死計行二十里遇金兵蹕兩中流矢左右掖至天竺山猶能率鄉兵禦敵後數日遇害時兀朮自安吉進兵過獨松關曰南朝若以羸兵數百守此吾豈能遽度哉

朱良者字良伯吳郡人世儒科建炎中爲海鹽縣尉金兵入境良謂僚友曰今日乃忠臣義士死國之時也被甲執戈集所部百餘人奮而前擊金兵數人死衆爲披靡然力不敵竟死事聞官其子思後守漢陽

方允武者衢州人武學上舍補官爲常州宜興巡檢建炎三年金人入縣之金泉鄉允武率土軍鄉民迎敵殺獲數級奪弓箭與旗後遇金兵梅嶺村力戰而没詔贈兩官官其家二人

龔楫字濟道兵部侍郎原之孫世以儒學顯楫懦如不勝衣建炎初聞金人陷郡縣輒忿恚不食念有以自見而不可得兀朮據和州以偏師萬人築堡新塘遏絶濡須之路

楫率家僮百餘人襲之鄉里從者二千餘人獲千户二繫累者數百人輜重稱是縱遣所掠州民父母妻子將歸于滁和鎮撫司遇金兵大至乃取道圩上金騎兵據其衝不得前衆多赴水死楫麾其衆曰今日鬬死亦足爲義士自棄溝瀆無益也戰敗爲金人所獲猶挺劍刺其一人罵不絶口金人臠割之年二十二金人初至新塘有蔣子春者教授里中金人見其挾書又人物秀整喜之欲命以官子春怒罵乃殺之

李亘者字可大兖州乾封人少好學有知慮大觀二年進士徐處仁當國擢尚書郎官建炎末金人犯淮南亘不及避劉豫使守大名與凌唐佐謀密陳豫可取狀告于朝募卒劉全宋萬僧惠欽輩十餘往返事泄全萬惠欽爲邏者所得亘坐死後贈官立祠曰愍忠又有武顯大夫孫安道爲應天府兵馬鈐轄城陷不得歸謀挺身還朝爲人所告而死後贈忠州刺史

凌唐佐字公弼徽州休寧人元符三年進士建炎初提點京畿刑獄加直秘閣知南京南京陷劉豫因使爲守唐佐與宋汝爲密疏其虛實遣人持蠟書告于朝江淮都督呂頤浩過常州得唐佐從孫憲授保義郎閤門祗候俾持帛書遺之憲至睢陽事泄豫捕唐佐并其家憲脱歸唐佐見

豫責以大義豫怒斬唐佐境上李横復潁昌言于朝詔贈
徽猷閣待制

揚粹中眞定府人建炎二年金人大入時粹中知濮州固守不下粘罕以濮小郡易之將官姚端乘其不意夜擣其營直犯中軍粘罕跣足走僅以身免遂急攻城凡三十三日而陷端率死士突出粘罕入其城粹中登浮圖不下粘罕嘉其忠義許以不死乃以粹中歸粹中竟不屈而死守禦官杜績亦死之贈粹中徽猷閣待制

彊霓自金歸宋爲武功大夫閤門宣賛舍人知環州環慶路統制軍馬兼沿邊安撫使隆興間金兵圍環州與其弟武經大夫環慶路統領沿邊忠義軍馬震堅守孤城招誘使降不屈城陷死馬興州駐劄御前諸軍統制吳挺言于朝並贈觀察使立廟西和州賜額旌忠

康傑者權知扶風縣與金將馮宣戰宣愛而欲招之傑奮曰吾今也當死於陣不能降敵宣殺之

李仲者知天興縣堅守不下城陷曰吾豈使敵殺我遂自殺

郭僎字同升開封祥符縣人以父任調海州東海縣尉權祥符縣尉時童貫子師閔死敕葬邑境僎任道途之役貫命徹民屋之當道者僎先籍童氏屋數十間欲毀之貫遽

令勿毀由是民屋得免再調潁州招安丞又爲亳州蒙城丞令以鹽科邑民僎爭之不可郡守以僎丞鹿邑中貴人揚逢周率軍士二百人以捕寇爲名入邑境所至騷動僎檄逢周取所受文書逢周不與僎令尉譏察之逢周歸愬於徽宗詔追僎赴開封府獄獄以狀聞乃使還任辟權咸平縣丞靖康初勤王兵有剽掠邑界者僎率民兵擊之得犯者斬以徇會金人大至力不敵其僚欲降之僎走南京從趙野乞師不從慟哭而歸尋知宣城縣苗傳劉正彥之變呂頤浩傳檄諸郡僎說郡守劉珏請募勇士倍道赴難揭榜復用建炎年號人皆韙之通判全州權饒州浮梁宰未行時有賊張頂花者已逼縣境衆止之僎曰安逸則就艱危則辭非我所學徑就道至縣約束吏士誓以死戰賊聞之僞降入邑爲變邑官竄伏僎曰吾爲宰義不可去端坐公署賊徒責僎僎大罵不絕口遂遇害詔贈承議郎錄其後二人

郭贊者汝陽縣丞也建炎二年金人陷蔡州守臣閻孝忠聞之先遣其家獨聚軍民守城金人陷城孝忠爲所執見其貌陋且侏儒乃令荷檐因乘間而逃獨贊朝服詬叱不肯降遂見殺

王逬字純父饒州樂平人鄉舉恩免爲固始簿攝邑紹定

中金兵犯淮守令望風遁迸虔力不能禦懷印自投于井而死

吳從龍字子雲官至武功郎建康府統制紹定兵難爲先鋒援不至被擒使至泰州城下誘降終不屈死之廟祀揚泰二州賜額褒忠官其弟從虎至武經大夫

司馬夢求敘州人温國公光之後也母程歸及門夫死誓不它適旌其門曰節婦夢求其族子取以爲後景定三年舉進士咸淳末調江陵沙市監鎮沙市距城才十五里南阻蜀江北倚江陵地勢險固爲舟車之會恃水爲防德祐元年湖水忽涸北兵横過中道乘南風縱火都統程文亮逆戰于馬頭岸制置使高達束手不援文亮降夢求朝服望闕再拜自經死

林空齋永福人失其名父同官至監丞空齋舉進士歷知縣解官家居益王立張世傑圍泉州乃率鄉人黃必大劉仝祖即其家開忠義局起義兵復永福縣時王積翁以福安送款世傑然實密約北兵兵至屠永福必大仝祖等走它邑空齋盛服坐堂上嚙指血書壁云生爲忠義臣死爲忠義鬼草間雖可活吾不忍爲爾諸君何爲者自古皆有死俄見執不屈而死

黃介字剛中隆興分寧人意氣卓越喜兵法制置使朱禩孫帥蜀介上攻守策禩孫愛之以自隨夏貴辟充廣濟簿尉平反死囚尹不能抗錢真孫復辟入幕及興真孫别誦南八男兒死爾語以勉之後家居帥鄉民登龍安山爲保聚計德祐元年北兵至岩衆奔潰介堅守不去且射且詬面中六矢不爲動顧謂家僮陳力曰爾盡力勿走力曰主在死生同之介身被鏃如蝟面頸復中十三矢倚柵而死力亦死妻劉被掠子用中逃得不死及壯求母四方逾十年得于京師以歸州里稱爲黃孝子云

孫益揚州泰興人少豪俠紹定中李全犯揚州遊騎薄泰興城下縣令王錀募人守禦益起從之俄賊兵大至益率衆拒之衆見賊勢盛且前且卻益厲聲呼曰王令君募我來將以守護城邑也今賊至城下我輩不爲一死復何面目見令君乎遂身先赴敵死之同時顧緒顧珣俱戰死事聞贈益保義郎緒珣承節郎各官其子一人

王仙蜀都統也守涪州北兵攻圍無虛日勢援孤絶宋亡之二年城始破仙自刎斷其亢不殊以兩手自摘其首墜死曹琦蜀進士也知南平軍亦被執脱身南歸制置辟主管機宜文字聞都統趙安以城降就守禦地自經死

兵楚材名炎以字行建昌南城人德祐元年建昌降明年春楚材還其鄉傾財糾集民兵時江西制置使黃萬石走

邵武遂縣邵武守黎靖德請于萬石乞濟師萬石不許而授楚材迪功郎權制置司計議官以安之且戒勿興兵楚材不聽二月己亥自領村率衆晨炊蓐食將攻城鉦鼓震動甫至近郊之龜湖北兵三道蹴之奪其長梯鐵鈎因進攻領村拒以木柵不得入事聞益王元帥府承制遷楚材宣義郎帶行太社令知建昌軍俾聚兵圖再舉萬石匿其命楚材既失利且乏援

大元兵誘降其衆多解去楚材走光澤爲人所執及其子應登以獻郡遣録事婁南良訊之曰汝何爲錯舉楚材抗聲曰不錯不錯如府録所爲乃大錯爾府録受宋官爵今乃爲敵用事還思身上綠袍自何而得吾一鄙儒特爲忠義所激爲國出力事雖不成正不錯也南良愧而語塞及吳浚爲江西制置招討使斬楚材父子傳首諸邑益王立于福州聞而哀之贈官朝奉郎即邵武境上立廟賜名忠勇

李成大字實夫南康軍建昌人文定公李迪之從子也寶祐四年進士德祐初知金壇縣北兵至與寄居官潘大同大本率民兵巷戰不勝大同兄弟死之吏民挾成大降乃潛與胡用存謀復金壇事泄繫獄搒掠不屈遂殺其二子以懼之終不屈笑曰子爲父死臣爲君死卒殺之事聞贈朝散大夫直祕閣謚忠節制曰外難方熾褫名城數十而降者相望也守封疆之臣父忠於前子繼於後如晉卞氏可無褒乎通直郎知鎮江府金壇縣兼弓手砦兵正李成大勁氣排霄精忠貫日壯志弗就以没其身襚以大夫之階官其二孤用慰英爽

陶居仁太平之蕪湖人以行義聞州里仕爲鎮江録事參軍北兵攻鎮江守臣洪起畏遁統制官石祖忠舉城降居仁見執抑使降居仁曰吾固知曆數窮而世運更也詎可失忠義求苟生邪得以死報朝廷夫何憾竟不屈遂見殺大帥至聞居仁死時語歎嘖之爲棺斂使人護以還其家渧流數百里不時頃至人皆異之鄉人爲立祠

列傳卷第二百十一

列傳卷第二百十二　宋史四百五十三

開府儀同三司上柱國錄軍國重事前中書右丞相監修國史領經筵事都總裁臣脫脫等奉

敕修

忠義八

高永年，河東蕃官也。爲麟州都巡檢。王贍取青唐，永年總蕃兵爲先鋒。贍入邈川，而宗哥叛，永年以千騎直抵其城，開省章峽路，擊走叛羌，結陣還。青唐羌攻甚急，復擊之，去會苗履、姚雄以援師至，戰溪蘭宗堡，履少却，永年領勁騎

斷羌爲二，乃退。復與李克保敦谷，又戰于乾溝，單馬援矛刺羌酋彪雞廝萬衆之中，斬其首，餘衆宵遁。已而隴拶自乾溝逼鄯州，永年佐贍拒守。及雄棄湟、鄯，皆以永年殿歸師。崇寧初，知岷州。蔡京議復兩州，王厚使永年帥兵二萬出京玉關，克安川堡，遂至湟，即知州事。自皇城副使進四方館使、利州刺史，爲熙秦兩路兵都統制，將前軍駐宗哥北。溪賒羅撒萃精勇據高阜，欲衝官軍，永年揮選鋒突陣，師乘之，羌大敗，遂平鄯州。遷賀州團練使、知其州。溪賒羅撒合夏國四監軍之衆逼宣威城，永年出禦之，行三十里，逢羌帳下親兵，皆永年昔所推納熟户也，永年不之備，羌遽執永年以叛，遂爲多羅巴所殺，探其心肝食之，謂其下曰：「此人奪我國，使吾宗族漂落無處，所不可不殺也。」是役也，王厚實主其事，而謀策皆出永年，乃劾永年信任降羌，坐受執縛，故贈恤不及云。永年略知文義，范純仁嘗令贅所著書詣闕，作元符隴右錄，不以棄湟、鄯爲是，故蔡京用之，雖成功，然竟以此死云。

鞠嗣復，不知何許人。宣和初，知歙州休寧縣。方臘黨破縣，欲逼使降，面斬二士以怖之。嗣復罵曰：「自古妖賊，豈有長久者，爾當去逆從順，因我而歸朝，官爵尚可得，何爲脅我？」使降。嗣復知必死，不少懾，屢言何不速殺我。賊曰：「我縣人

也明府宰邑有善政我不忍殺乃委之而去初嗣復聞難率吏民脩城立門衆赴功守備略就朝廷知之進其官二等加直祕閣擢知睦州嘗爲賊所傷自力度江乞師於宣撫使未及行而卒

宋旅字庭實莆田人第進士累官奉議郎知剡縣方臘既陷歙睦杭衢婺五州且犯越越盜亦起應之縣吏多逃旅遣妻子浮海歸閩獨與民據守以忠義激勸部勒隊伍爲豫備計俄而盜衆大至躬率壯銳冒矢石雖頗殺獲終以力不敵遂死之越帥劉韐上其事詔贈朝散郎録其四子

丁仲脩字敏之温州人方臘黨俞道安陷樂清將渡江廵檢陳華往捕死之先鋒將張理同李振出南門迎敵渡八接橋橋斷馬蹶溺死賊至帆游夏祥遣輔褒迎戰數十合褒死之仲脩帥鄉兵禦諸樂灣鄉兵失據而散仲脩以餘兵與賊戰力屈乃死

項德婺州武義人郡之禁卒也宣和間盜發幫源明年陷婺而邑隨没德率敗亡百人破賊因據邑之城隍祠自二月訖五月東抗江蔡西拒董舉北捍王國大小百餘戰出則居選鋒之先入則殿後前後俘馘不可勝計賊目爲項鷂子聞其鉦則相率遁去方謀復永康諸縣而官兵至德引其衆欲會合賊盡鋭邀之黄姑嶺下德戰死邑人哭聲震山谷圖其像歲時祭之

孫昭遠字顯叔其先眉州眉山人元祐間進士調長沙尉辟河東經略司幹當公事歷鳳翔府天興縣河北山東撫諭盜賊幹當公事擢河北燕山府路轉運使靖康元年召爲水部員外郎金人圍太原宋師多潰欽宗遣折彦質乘傳同昭遠招集會洛陽陷西京留守西道總管王襄從治襄漢授昭遠西道總管道收潰卒至京兆遇永興路安撫范致虚會諸軍入援昭遠督其進且檄諸道使出師環慶帥王似熙河帥王倚各以師會涇原帥席貢秦鳳帥趙點鄜坊使張深皆後師期昭遠二十有八疏劾之合諸道

兵得十萬命馬祐昌統之昭遠與致虚同出關祐昌與金人戰敗京師陷遣使至大元帥府建炎元年還河南尹西京留守西道都總管至洛收集散亡得義兵萬餘人柵伊陽使民入保其冬金人來攻昭遠遣將姚慶拒戰軍敗慶死昭遠命將官王仔奉啓運諸殿神御間道走行在金兵益熾昭遠戰不利其下欲擁昭遠南還昭遠罵曰若等平日衣食縣官不以此時報國南去何爲叛兵怒反擊昭遠遂遇害官屬無免者四年追贈徽猷閣待制

曾孝序字逢原泉州晉江人以蔭補將作監主簿監泰州海安鹽倉因家泰州累官至環慶路經略安撫使過闕與

蔡京論講議司事曰天下之財貴於流通取民膏血以聚
京師恐非太平法京銜之時京方行結糴俵糴之法盡括
民財充數孝序上䟽曰民力殫矣民爲邦本一有逃移誰
與守邦京益怒遣御史宋聖寵劾其私事追逮其家人鍜
鍊無所得但言約日出師幾誤軍期削籍竄領表遇赦量
移永州京罷相授顯謨閣待制知潭州復以論傜事與呉
居厚不合落職知袁州尋復職再知潭州道州傜人叛乘
高恃險機毒矢下射官軍不得前於兩山間仆巨木横累
以守孝序夜遣驍鋭攀援而上以大兵繼進破平之進顯
謨閣直學士遷龍圖閣直學士知青州繕修城池訓練士

卒儲峙金穀有數年之備金人不敢犯高宗即位遷徽猷
閣學士外延康殿學士召赴行在既而青州民詣南都借
留許之先是臨朐土兵趙晟聚衆爲亂孝序付將官王定
兵千人捕之失利而歸孝序責以力戰自贖定乃以言撼
敗卒奪門斬關入孝序出據廳事瞋目罵之遂與其子宣
教郎訏皆遇害年七十九城無主遂陷知臨淄縣陸有常
率民兵拒守死于陣知益都縣張侃千乘縣丞丁興宗亦
死之後贈孝序五官爲光禄大夫謚威愍子訏承議郎有
常朝散郎録其家一人贈侃興宗二官官二子

趙伯振太祖八世孫宣和六年進士靖康末爲鄭州司録
捍禦有功上聞之就遷直秘閣通判州事建炎二年金人
犯鄭州守臣董庠棄城走越八日城陷伯振率兵巷戰中
流矢墜馬遂遇害事聞贈朝請大夫官其一子

王士言武舉進士累立戰功西北服其威名宣和初擢河
東廉訪使者方臘爲寇詔擇材略之士馮熙載薦爲東南
第三將首解嘉興之圍靖康元年詔以浙西兵往河東防
秋金人攻澤州畢力守禦金兵日增士言分必死他將力
屈城西南遂陷乃使親卒持劒歸報巷戰而死康允之上
其事贈拱衛大夫忠州團練使官其後五人

祝公明處州麗水人太原府盂縣主簿靖康間金人犯河

東令棄官去公明攝縣事率保甲入援圍守踰年城陷不
屈子陶爲唐州司户中原失守陶亦死官所建炎中贈公
明承事郎

薛慶起羣盜據高郵兵數萬人多驍儁敢鬬能以少擊衆
附者日多張浚聞慶無所係屬欲歸麾下親往招之慶感
服因使守高郵尋遷拱衛大夫福州觀察使承州天長軍
鎮撫使金人還遂自浙屯天長六合間慶率衆劫之得牛數
百悉賤估分畀民之力田者金人欲自運河引舟北歸而
趙立在楚慶在承扼其衝不得進金左監軍昌來見兀术
欲會兵攻楚州眞揚鎮撫郭仲威聞之約慶俱往迎敵慶

至揚州仲威殊無行意置酒高會慶怒曰此豈縱酒時耶我爲先鋒汝當繼後上馬疾馳去平旦出揚州西門從騎不滿百轉戰十餘里亡騎三人仲威迄不至慶與其下奔揚州仲威閉門拒之慶倉皇墜馬爲金追騎所獲馬識舊路還軍中見之曰馬還太尉其死乎金人殺慶承州陷訃聞贈保寧軍承宣使官其家十人封其妻碩人

孫暉爲泗州招信縣尉建炎三年正月金人陷泗州州守呂元闓瑾焚淮橋遁金人由招信將渡淮暉將射士民兵禦之沈其數舟會大霧蔽日金人莫測其多寡相持踰半日以疑兵縻暉自上流渡兵暉又戰且卻城破竟死于敎

書樓

李靚字彥和吉州龍泉人幼孤母督之學不肯卒業母詰之辭曰國家遭女眞之變寓縣雲擾士當捐軀爲國戡大憝安能呫囁章句間效淺丈夫哉岳飛督師平虔寇挺身從之未行奔母喪服除走淮南以策干都督張浚浚奇之使隸淮西總管孫暉戲下累功授承信郎紹興十年金遣其將翟將軍犯境靚與部曲當其鋒轉戰至西京天津橋南俘翟將軍乘勝逐北會金兵大至遂死之年三十一

楊照者濠州將官也金人圍城急照躍上角樓刺賊之執黑旗者洞腹抽腸而死照俄中流矢卒有統領丁元者遇金人十八里洲被圍元大詬其徒勉以毋得負國一舟二百人皆鬬死詔並贈承信郎録其後

宋昌祚和州鈐轄也建炎三年兀朮犯和州州人推昌祚權領軍事率衆堅守金人圍之數匝禁軍左指揮使鄭立亦拳勇忠憤共激士卒晝夜備禦不少怠閱數日軍士胡廣發弩中兀朮左臂兀朮大怒飛砲雨集徑登弩發之地城立破金人入屠其城昌祚與權倅唐璟歷陽令龔譽司户徐猇縣尉邵元通及立廣皆死譙樓上磔裂以徇軍士多不降潰圍西出保麻湖水砦推鄉豪爲統領聞於朝遂以趙霖爲和州鎮撫使昌祚璟譽猇元通各贈官録其子

弟

李政爲雲騎第六指揮在京東立戰功補官授河北將官冀州駐劄靖康二年知州權邦彥以兵赴元帥府勤王金兵來攻政守禦有法紀律嚴明軍民皆不敢犯金屢攻城政皆却之夜擣其砦所得財物盡散士卒無纖豪入私家號令明賞罰信由是人皆用命俄攻城甚急有登城者政呼曰事急矣有能躍火而過者有重賞於是有十數人皆以濕氈裹身持仗躍火而過大呼力戰金人驚駭有失仗者遂敗走政大喜皆厚賞之未幾政死城遂陷權知州事單某者不降自經死

姜綬處州麗水人金人再犯京師内外不相聞朝廷募忠勇士齎蠟書往南京總管司調兵赴援綬以忠翊郎應募乃刲股藏書縋下南壁爲邏騎所獲厲聲叱罵遂被害建炎中州上其事官其子特立承信郎

劉宣爲秦鳳路兵馬都監金人入關陝宣遣蠟書密與吴玠相結且率金將任拱等以所部歸朝約日已定有告之者金人取宣縷臂之其家屬配曹州

屈堅爲右武大夫忠州防禦使建炎二年金人圍陝府堅引所部救之圍解金人執堅堅曰始吾所以來爲解圍也城苟全吾死何憾叱金人使速殺之後贈三官録其家五

人

王琦爲弓門砦巡檢建炎四年金人還自熙河琦禦之金人立招降旗牓改年號阜昌衆皆拜琦獨不屈金人執而殺之

韋永壽者紹興三十二年以統制官與金人戰和州子承節郎世堅救之同死張浚以言贈中衛大夫融州觀察使世堅贈三官

鄭畢字季厚明州人靖康二年貢于鄉建炎四年春金人陷明州縱兵大掠畢挈族避難山谷間金人追及與兄章俱被執脅以刃曰予吾金即貰死畢號泣指所瘞黄金欲遺之遂見釋而金兵相屬畢挐小舟與其妻董同載去顧謂章曰萬一不得脱畢豈北面事異國者兄勉主祭祀復爲兵所刼去迫使之降畢厲辭罵不屈躍入水中董哭曰夫亡矣與其受辱以生不如死亦自沈畢死後孫曾多舉進士而清之最顯畢累贈太師秦國公董秦國夫人

姚興相州人靖康中以州校用刼殺金人有功借補承信郎建炎初張琪聚兵歸東京留守宗澤興往從之又從琪依劉洪道于池州紹興元年琪叛掠饒州吕頤浩招降之琪既聽命而中變執總管巨師古將殺之興密諭所部挾師古同其妻游騎而馳夜歸順浩順浩義之請于朝授武

義郎隷張俊軍中復從劉錡守順昌復宿亳下城父永城臨渙蘄縣朱家村遷武略大夫戰淮壖有功授右武大夫累遷建康府駐劄御前破敵軍統制充荆湖南路兵馬副都監紹興三十一年金人渝盟興隷都統王權麾下遇金兵五百騎于廬州之定林與戰卻之生得女直鶻粘虎初金主亮在壽春江淮制置使劉錡命權將兵迎敵權怯懦不進錡督戰益急權不得已守廬州及金兵渡淮權遣興拒之而退保和州興與金人遇于尉子橋金人以鐵騎進興麾兵力戰手殺數百人權奔仙宗山嚴兵自衛興告急不應統領戴皐帥馬軍引避初李二者嘗有私恩於權因

得出入軍中往來兩界貿易間竊權旗幟遺金人至是金
人立權旗幟以誤興興往奔之父子俱死焉事聞詔贈容
州觀察使又特官其後三人即其砦立廟旣復淮西又立
廟戰所賜額旌忠開禧元年户部侍郎趙善堅言近守邊
藩詢訪故老姚興以四百騎當金人十數萬自辰至午戰
數十合援兵不至竟死于敵金人相謂曰有如姚興者十
輩吾屬敢前乎興忠勇如此宜超加爵謚於是賜謚忠毅
張玘字伯玉世居河南澠池建炎中以家財募兵討金人
從者數千人時翟興制置京西玘以衆屬焉金兵長驅渡
河玘禦之白浪口金人不得渡積功補武翼大夫成州刺
史董先爲制置司前軍統制玘佐之每戰冒矢石爲諸軍
先紹興元年金將高璦率衆取商州董先禦之玘乘鋭奔
擊從騎一不能屬單馬至四皓廟金兵數百騎至玘瞋目大
呼挺刃突擊金兵披靡莫敢向是日九戰九捷追至試劒
關爭門蹂踐死者百人明年春偕先繇藍田渡渭規取長
安時僞齊經略使李諤屯渭北與金將折合孛堇相爲聲
勢玘陳兵華嚴川俄白氣貫日吏士驩奮戰于興平咸陽
渭河石鼈谷時劉豫據京師先軍乏食僞降豫不挈家玘
事其夫人如舊豫使人迎其妻先密書報玘勿遣且述必
還意王倚攝虢州從僞意堅玘患之會别將董震自商州
來倚喜曰震與我善今以兵來天贊我也乃與震謀害玘
震陽許而陰以告翼日倚詣玘議事玘叱下責以大誼幷
推官祁宗儒斬之先是豫遣人持詔撫諭以玘爲商虢順
州路兵馬都監同統制軍馬玘因其使至是幷戮之於是
僞齊河南安撫孟邦雄總管樊彦直據洛陽兵直抵長水
玘遣將陳俊守白馬山謝皐守船板山梁進守錦屏山盡
匿精鋭金兵深入玘戰東關三砦響應金兵潰玘率精騎
三千一日夜馳三百里黎明抵河南邦雄就擒彦直遁去
便宜外霸州防禦使三年春先自僞齊歸玘還兵柄退就
位時人義之初翟興旣死朝廷命其子琮襲至是琮言于

朝眞授玘武翼大夫果州團練使河南府孟汝唐州馬步
軍副總管擊金將鬪銳于唐鄧間先登殺獲千餘人未幾
詔先一行並聽神武後軍統制玘從岳飛復京西六州平
湖賊鍾子義等累功進拱衛大夫入侍衛始以誅王倚事
聞敕付史館賜褒詔進親衛大夫三十二年領御營宿衛
前軍都統屯泗州時金人攻海州急詔玘會鎭江都統制
張子蓋赴之賊環城數十匝矢石如雨玘戰于州北三里
麾精騎衝其陳手殺數十人殲其長殺獲萬計海州圍解
玘中流矢卒子蓋上其功特贈正任觀察使官其後九人
廟號忠勇孝宗即位又命祠于戰所賜清遠軍承宣使子

世雄歿於符離之戰贈武節大夫

陳亨祖者淮寧大豪也紹興末官軍已復蔡州亨祖遂領民兵據淮寧執金知州完顏耶魯以其城來歸命爲武翼大夫忠州刺史知海寧府金兵攻城亨祖力戰死之舉家五十餘人皆死贈容州觀察使立廟光州賜額閔忠

王拱建康府前軍統制從都統邵宏淵收復虹縣進取宿州屢立奇功隆興元年五月與金人接戰深入營中自辰至申力戰死詔贈正任觀察使官其家八人許奏異姓賜銀三百兩即其地立廟賜額忠節是役也中亮大夫朱贇亦死之贈承宣使

劉泰樞密院忠義前軍正將也慷慨好義以私財募兵三百糧儲器械一切不資於官金人犯壽春泰率所部赴援轉戰累日金人引去泰身被數十創一夕死詔贈武翼郎官其家三人

孫逢眉山人大觀四年進士累官至太學博士張邦昌僭立有司趣百僚入賀逢獨堅卧不起夜既半同僚彊起之不從至垂泣與之訣時祠部員外郎喻汝礪聞變捫其膝曰不能爲賊臣屈遂掛冠去事畢有司舉不至者欲以逢與汝礪復于金人邦昌以畢至告乃免逢聞之曰是必將肆赦遷官以重汙我我其可殃遂發疾而卒李熙靖晉陵人提舉醴泉觀邦昌使直學士院熙靖固拒因憂憤不食疾且篤謂友人曰百官何日冊朝天乎泣數行下邦昌又命禮部侍郎譚世勣權直學士院世勣亦稱疾堅卧不起熙靖尋卒後並贈延康殿學士

趙俊字德進南京宋城人紹聖四年進士官至朝奉郎隱居杜門雖鄉里不妄交劉安世無恙時居河南暇則獨一過之徐處仁與俊厚善及爲丞相鄉人多見用俊未嘗往求處仁亦忘之獨不得官建炎末士大夫皆避地俊獨不肯曰但固吾所守爾死生命也避將安之衣冠奔踣於道者相繼俊晏然不動劉豫以俊爲虞部員外郎辭疾不受

以告畀其家卒卻之如是再三豫亦不復彊凡家書文字一不用豫僭號但書甲子後三年卒承直郎姚邦基者蜀人也知尉氏縣秩滿不復仕屏居村落間授徒自給時宗室南渡不及者尚散居民間豫募人索之承務郎閻琦匿不以聞爲人所告豫杖之死

劉化源耀州人紹聖元年進士建炎初金人陷關陝守令以城降者金人因而命之化源時知隴州不肯降城陷被執金人使人守之不得死遂驅入河北鬻蔬果隱民間者十年終不屈辱有米璞者與化源同鄉里西人皆敬之璞登政和二年進士第時通判原州劉豫欲官之杜門謝病

卒不汙僞命有劉長孺者亦耀州人時簽書博州判官廳公事與豫書備陳祖宗德澤勸以轉禍爲福豫怒追其官囚之百日長孺終不屈豫後復官之不從紹興九年宣諭使周聿上之朝詔赴行在而簽書樞密院事樓炤言璞若風痺化源長孺老病遂命各轉兩官奉祠又言新鳳翔教授隂晫守節不仕詔特改令入官其後金盟復渝長孺知華陰縣不屈而死有李嘉者開封人宣和六年進士建炎中知彭陽縣亦不降與民移治境上令執之以獻金人欲官之凡三辭其後金人以爲歸附命爲儒林郎嘉言於所司曰昔爲俘獲不敢受歸附之賞還其牒劉麟聞其賢命張中孚以禮招致嘉力拒之紹興九年死原州事聞贈奉議郎官其家一人

胡唐老字俊明樞密副使宿之曾孫也崇寧間與弟世將同登進士第歷南京國子博士知江陵縣召爲祕書省校書郎靖康元年擢殿中侍御史金人再犯京師攻圍日急唐老請對曰城危矣康王北使爲河朔士民留不得進殆天意也請就拜大元帥俾召天下兵入援宰相何㮚是之遂遣秦仔持蠟書詣相州拜王河北兵馬大元帥時朝廷趣西兵入衞而不立帥唐老疏乞命范致虛爲宣撫使節制諸路以進不然必無功不聽後致虛以孤軍與金人戰淆澠間它路兵不至遂敗京城破金人根括金銀分命朝臣董之以臺臣糾察唐老預焉出知無爲軍朝廷竄逐僞命之臣坐降二官先是金人怒民間多匿金銀杖唐老幾死以疾得免稱臣於僞楚至是唐老不自言故例從貶秩三年知衢州苗傅敗走以亂兵犯城唐老拒之會大雨雹城上矢石俱發賊不支遂解去以功擢祕閣修撰未幾進徽猷閣待制充兩浙宣撫司參謀官知鎮江府兼浙西安撫使杜充降于金建康失守潰卒戚方等趣鎮江城壁頹圮兵不滿千獨倚浙西制置韓世忠爲重世忠復去唐老度力不敵因撫之無何方欲犯臨安妄言赴行在請唐老部衆以行唐老不從諭以逆順禍福方衆環脅之唐老怒罵方遂遇害詔贈徽猷閣直學士謚定愍時安撫司機宜鄭凝之亦以兵死詔官其家一人凝之戩孫也

王儔以通判眞州權通判廣德軍建炎末盜戚方既爲劉晏所破引兵欲趨宣城道過廣德入其郛儔不屈與權判官李唐俊權司法潘偶權知廣德縣事績權丞蔣曦皆死後贈儔二官唐俊等皆京秩錄其家一人

朱嗣孟饒州樂平人宣和間進士爲廣德司戶兼司理叛卒戚方破鎮江犯廣德守倉皇遣招安無敢往者奇嗣孟狀貌有膽略遂以命焉嗣孟雅自負不復遜直詣賊壘問

所以涉吾地何故爲陳逆順禍福使自擇所處方以迮巳
殺之事聞贈宣教郎官其子
劉晏字平甫嚴州人入遼舉進士爲尚書郎宣和四年帥
衆數百來歸授通直郎金人犯京師以晏總遼東兵號赤
心隊建炎初從劉正彥擊淮西賊丁進進黨頗衆晏所提
赤心騎才八百乃爲五色旗使騎兵持之循山而出一色
盡則以一色易之賊見官軍累日不絕顏色各異遂不戰
而降遷朝散郎正彥反晏謂其部曲曰吾豈從逆黨者耶
以衆歸韓世忠世忠追正彥及苗傅于浦城以晏騎六百
爲疑兵于浦山之陽賊大駭晏以所部力戰正彥既擒世

忠上其功遷一官金人犯建康杜充兵潰世忠退保江陰
晏領赤心百五十騎屯青龍羣寇犯常州郡守請晏爲援
晏以精銳七千人出奇破之進直龍圖閣保馬跡山以捍
寇寇再至晏選舟師迎戰降其衆千五百人郡人爲晏立
生祠戚方圍宣城急命晏往援晏至城下未立營壘出不
意直擣方帳下方大驚卻走晏欲生致方單騎追之方率
其衆迎戰晏不能敵猶手殺數十人爲賊所害事聞贈龍
圖閣待制官其子四人於死所立廟曰義烈歲時祀之
鄭振字真叔興化軍仙遊人建炎中盜楊勍起邑令檄振
糾集民兵以禦之振力戰賊衆披靡一夕遁去紹興十三

年羣盜曾少龍周老龍何白旗陳大刀衆至數萬帥司檄
振行盜素聞振名不戰自屈十六年盜詹鐵义者入振井
里振帥衆拒之殺數十人遂遇害廟食里中有孫知微者
以朝請大夫通判舒州紹興元年賊劉忠入其境執知微
以去知微不屈忠怒臠而食之
孟彥卿忠厚從父也頗知兵通判潭州建炎三年潭城中
叛卒焚掠自東門出帥臣向子諲命彥卿領兵追之已而
招安其衆未幾潰兵杜彥自袁州入瀏陽遂犯善化長沙
二縣彥卿率民兵拒之手殺數人賊勢挫退還瀏陽彥卿
追與之戰俄而民兵有自潰者賊遂乘之斬彥卿持其首

以告所掠民兵曰此善戰孟通判首也因支解以徇添差
通判趙民彥以民兵赴之鏖戰瀏陽城南南流橋依山爲
陣殺傷甚衆偶爲間者折其陣中認旗衆驚謂民彥已敗
遂潰民彥爲賊所得邑士謝淳以才勇衆推之帥民兵爲
前鋒助民彥戰淳手殺數十人力屈亦被執賊併殺之事
聞彥卿民彥並贈直龍圖閣官其家各三人淳字景祥贈
成忠郎官其子晞古朱熹帥湖南請爲彥卿民彥立廟以
淳侑之
高談字景遂邵武光澤人紹定二年旁郡盜作諸子請避
之談曰昔揚子訓問避寇於胡文定公語之曰往歲盜起

燕山則河北關中可避入關則淮南漢南可避今惟二廣寧保其無寇乎吾惟存心以聽命爾小子識之此格言也今南去則汀劒西去則盱贛皆爲盜區東去富沙雖有城避吾聞官吏例弗我納北去廣信防夫守隸利人囊篋指民爲諜數剽殺之舍胡公之言未有他策也盜入諸子又請談曰有廟祏在將焉之盜至談出曰時和歲豐何忍爲此盜曰吏貪暴民無所翹我爲直之談曰獨不能檛鼓上聞乎民何辜而殺之盜怒執諸庭遺之牛酒不釋遺之金帛不釋談曰然則將何爲盜曰我欲東破武陽若得耆老如爾者率是鄉子弟吾其濟乎談曰斯言奚爲至我唾賊大罵遂遇害而里人賴以免談平居言動必由禮法故鄉人敬而附之

連萬夫德安人或曰南夫弟也補將仕郎建炎四年羣賊犯應山萬夫率邑人數千保山砦賊不能犯寇浪子者以兵至圍之三日卒破之賊知萬夫勇敢有謀欲留爲用萬夫怒厲聲罵賊爲所害贈右承務郎官其家一人

謝皐者開封人爲鎮撫司統制官李成陷虢州欲降之皐指腹示賊曰此吾赤心也自剖其心以死

王大壽泉州人爲左翼隊將紹定五年海寇王子清犯圍頭守眞德秀遣大壽領卒百人防遏猝與賊遇奮前控弦斃賊十餘後無援者遂沒從死者五人賊就俘剖心祭之事聞贈官恤其家

薛良顯字貴勤溫之瑞安人登崇寧二年進士第累官爲太宗正丞出爲江東轉運使江寧軍校周德作亂良顯聞變率衆與戰斬十餘級力不勝死之事聞贈卹良渥

唐敏求字好古太平當塗人宣和六年進士調德化主簿盜起敏求挺身率衆捍賊度力不能支諭以禍福賊憤詆觸譟而前遂遇害事聞加贈外朝官仍補其子楠將仕郎

王師道字居中兗州人爲人沈勇任吉州栗傳砦巡檢紹興中與盜戰于呂村每射輒斃追擊數里遇賊有伏于民居者挺身力戰遂死立廟其地部使者以聞官其二子王輝者青州人亦嘗爲栗傳砦巡檢靖康初詔起義兵輝應募立奇功官至正使寓吉州淳熙二年茶寇犯邑郡以輝驍勇檄之使行至勝鄉地險輝勇於進士卒不繼爲賊所得以刃加頸欲全之輝含血大罵遂死帥司以聞贈忠州刺史與恩澤二人立廟羅陂陳霖者字傳岑泉州人嘉定十三年進士爲瑞金尉盜起江閩霖迎敵力戰盜繫之以[illegible]遇害

開府儀同三司上柱國錄軍國重事前中書右丞相監修國史領經筵事都總裁臣脫脫等奉
勅修

忠義九

趙時賞　趙希洎　劉子薦 黃文政
呂文信　鍾季玉 潘方　耿世安
丁黼　米立 楊壽孫 趙文義　侯畐
王孝忠　高應松 張山翁　黃申
陳奎　蕭雷龍　宋應龍 褚正一
鄒渢 劉子俊 蕭燾夫　劉沐 陳繼周　孫㮚 陳龍復　彭震龍 張鏜

張雲 杜滸　張汴 林琦　呂武 蕭資　鞏信 徐臻　蕭明哲 金應
何時 陳子敬　劉士昭 王士敏 趙孟余　趙孟壘

趙時賞字宗白和州宗室也居太平州咸淳元年擢進士第累官知宣州旌德縣德祐元年北軍至境時賞擁民兵捍戰有功升直寶章閣軍器太監從二王入閩中益王即位擢知邵武軍未幾言者以棄城論罷之文天祥開都督府于南劍奏辟叅議軍事江西招討副使與宗室孟濚提兵趣贛州取道石城復寧都縣數以偏師當一面戰比有勝時賞風神明俊議論慷慨有策謀尤為天祥所知及空沆之役兵敗走吳溪為追兵所執不屈死之時賞在軍中時見同列盛輜重飾姬侍歎曰軍行如春遊其能濟乎及被執見係纍它僚屬至者時賞輒麾去云小小簽廳官爾執此何為由是得脫者衆

趙希洎宗室子居宜春歷官至戶部尚書咸淳中近丞相賈似道出領廣東轉運使德祐元年制置使黃萬石檄其勤王得潰卒數百道經廬陵邵守邀其軍遂與從子必向避地贛州亂定歸里時袁守聶嵩孫希洎內婣也勉之內款不能屈文天祥兵敗以失言與必向俱被囚辭節愈厲家人饋食則碎器覆諸地俱不食據搨而死

劉子薦字貢伯吉州安福人父夢驥以進士歷官知澧州沒於王事子薦以父任為湘鄉尉以獲盜功調撫州司錄有憩王應亨毆死荷擔黃九者獄成矣子薦閱受書疑而駁之俄烈風迅雷闢獄戶裂吏揳殺人者實孔目馮汝能非應亨也獄遂白得免死者八人事聞頒諭天下之為理官者改知贛縣監行在左藏庫通判常德府知融州陛辭度宗慰之曰廣郡凋瘵賴卿撫摩子薦對曰臣當推行德化以安其民至官以鎮靜著聞主管仙都觀廣西經略司檄為叅議

官德祐二年十一月北兵至靜江權經略使馬塈遣
子薦提搖兵樂弩手守城東門勢不支時瀛國公已
入燕子薦取笏書其上云我頭可斷膝不可屈登城
北望再拜取所衣袍瘞之語左右曰事急不可為吾
有以死守或諷子薦遁去子薦曰死事義也何以遁
為竟死之有黃文政者淮人戍蜀軍潰間道走靜江
馬塈邀與同守城破文政被執大詬不屈大軍斷其
舌以次劓刖之文政含胡叱咄比死不絕聲

呂文信文德之弟也仕至武功大夫沿江副司諮議
官德祐初帥舟師次南康斛林夾白鹿磯與北兵遇

戰死特贈定遠軍承宣使子師憲特與帶行閤職與
兩子承信郎恩澤仍立廟賜額河湖砦巡檢張興宗
亦死之贈武翼郎賜緡錢三萬仍與一子承信郎恩
澤

鍾季玉饒州樂平人淳祐七年舉進士調為都大坑
冶屬改知萬載縣淮東制置使李庭芝薦之遷審計
院改宗正寺簿又遷樞密院編脩出知建昌軍會有
旨江西和糴季玉至郡才半年屬歲旱度其經賦不
能辦請于朝和糴得減三之一遷提舉常平未幾改
轉運判官皆不赴後以江西轉運判官彊起之郡大
胥以賄敗前使百計護之季玉卒窮治投嶺表俄以
秘書丞召還遭前使搆讒而封駁之改都大提點坑
冶北兵渡江季玉徙寓建陽兵至不屈死之有潘方
者溫州平陽人寶祐四年進士調監慶元府市舶慶
元降附方不屈赴水死

耿世安為武翼大夫淮東副總管兩淮都撥發官初
諜報大兵至制置使賈似道調世安提兵往漣水軍
增戍泉方猶豫世安徑迎至漁溝以三百騎入陳鏖
擊自午至酉身被七創猶能追殺潰兵收兵還至數
里沒事聞贈五官立廟淮安賜額忠武

丁黼成都制置使也嘉熙三年北兵自新井入詐豎
宋將李顯忠之旗直趨成都黼以為潰卒以旗榜招
之既審知其非領兵夜出城南迎戰至石筍街兵散
黼力戰死之方大兵未至黼先遣妻子南歸自誓死
守至是從黼者惟幕客楊大異及所信任數人大異
死而復蘇黼帥蜀為政寬大蜀人思之事平賜額立
廟

米立淮人三世為將從陳奕守黃州奕降立潰圍出
江西制置使黃萬石署為帳前都統制大兵略江西
立迎戰于江坊被執不降繫獄行省遣萬石諭之曰

吾官銜一箇先牌寫不盡今亦降矣立曰侍郎國家大臣立一小卒爾何足道但三世食趙氏禄趙亡何以生爲立乃生擒之人與投拜者不同萬石再三説之不屈遂遇害趙文義者郢州都統制吏戍歸與北兵遇力戰死之初開州之役文義兄武義亦死焉有楊壽孫者爲雲安軍主簿兼教授佐忠勝軍端平中北兵至中江縣與將官何庚安惟臣田廣澤万坤等連戰二日俱死之壽孫贈通直郎官一子下州文學庚等各贈承節一子進勇副尉

侯畐字道子溫州樂清人三貢于鄉兩試轉運司皆

第一以武舉授合浦尉柳城令衞步軍司幹辦公事侍衞馬軍行司計議官寶祐五年制置使賈似道辟通判海州兼河南府計議官李松壽據山東突出漣泗畐壘城下死之闔室遇害太學生三十一人言於朝即海州賜廟旌忠謚曰節毅仍立廟其鄉畐所著有霜厓集

王孝忠爲鎮江前軍統制兼淮東路分戍淮陰楊貴叛孝忠率衆迎戰勝氣百倍俄水軍統制朱信降賊孝忠孤軍力不敵死焉

高應松開慶元年進士繇衢州教授通判廣德軍召爲國子監丞權禮部員外郎翰林權直北兵自湧金門入舉朝奔竄從官留者九人應松其一也遷中書舍人直學士院尋遷權工部侍郎進端明殿學士簽書樞密院事從瀛國公至燕絶粒不語越七日卒張山翁字君壽普州人景定三年進士德祐元年爲荆湖宣撫司幹官鄂守張晏然議納款山翁以書譙讓之晏然既降山翁被執軍前諭曰若降不失作顯官山翁酬對不屈行省官賈思貞義之貸不殺後居黄鵠山聚徒教授而終有南紀緇林藏雲山相鋤等集

黄申字酉卿井研人開慶元年進士授德安尉攝主

簿兼提點江西刑獄司簽廳獄事多所辨明丞相江萬里提刑黄震交薦之調安樂丞申爲政廉謹有治聲以恩升從事郎大兵掠撫州下諸縣索降狀樂安令率其僚聯署以上申初聞變悉遣家人遠避至是獨抗不往令遣吏促之申不動吏白令令怒俄而吏衆捽蹴詬叱曰爲爾不順將累我輩申陽死爲不聞令無如之何申有惠愛在民至暮衆舁入眞中堂翼日或食以粥得免遂去隱巴山中以終

陳夆字聲芳一字儒節饒州安仁人父詩川以武功

補沭陽令咸淳元年父子同舉進士調滁州司戶參軍父喪免改荆閫糧料院又以母憂去調朐山主簿制置使印應雷辟入幕德祐元年秋率繇海道歸抗授南安軍教授不就還家率少與謝枋得遊會枋得起兵安仁首挾入幕執安仁令李景景率里人也景請得以家貲二萬贖罪率曰普天之下莫非王土家財獨非朝廷錢耶聲其罪斬之景子率鄉民五千報怨率度勢不敵引兵趨信州會守吏遁去率闖於朝就攝郡事益王即位率入覲遷宗正寺簿太府寺丞領江東安撫使出上饒接應郡縣所部才千餘人屯

火燒山越數月戰潰被執至豫章元帥憐其才羈縻館留之遁去後三年復起兵尋敗入積煙山中自剄死所著有鶴心集其詩多譏刺當時之士大夫弟年同時被執死焉

蕭雷龍字顯辰建昌新城人景定三年進士調臨安府學教授通判衢州及州守棄城遁朝命雷龍權知府事北兵薄城下不降脫去還建昌建昌已降雷龍與同里人黄巡檢起兵時大兵四合雷龍度不可支與黄巡檢及麾下數人奔入閩未出境為同安武人徐浚冲獲送縣權縣尹劉聖仲素與雷龍有怨殺之後聖仲北來泊舟小孤山有巨艦衝前建大旗書曰蕭知府兵繼見雷龍坐船上聖仲大呼有頃不見以驚死

宋應龍者儒生通兵出入行陳三十餘年為諮議官寓泰州德祐二年六月甲寅大兵至泰州裨校孫貴胡惟孝尹端甫李遇春開門迎降應龍與其妻自縊於圃中是時提刑諮議褚一正字粹翁廬州人武舉進士督戰高沙被創竟沒于水知興化縣胡拱辰縣破亦死之

鄒渢字鳳叔吉水人後從永豐少慷慨有大志以豪

俠鳴從文天祥勤王補武資至將軍益王立改寺丞領江西招諭副使聚兵寧都得數萬改授江西安撫副使復興國永豐二縣進兵部侍郎兼江東西處置副使及永豐敗繼從天祥間關嶺道未幾復出開督府分司永豐興國境上北兵驟至大戰渢脫身走至潮州及天祥被執渢自殺當是時從天祥勤王死事者渢與劉子俊等凡十有九人因次第其名附見左方

劉子俊字民章廬陵人嘗中漕試少與文天祥同里閈相友善天祥開督府興國子俊詣府計事補宣教

郎帶行軍器監簿兼督府機宜空坑兵敗子俊收兵保洞源接應郡縣尋入廣與大兵遇戰潰復招集散七與鄒渢同趨潮州天祥兵敗子俊被執自詭為天祥意使大兵不窮追天祥可間走也未幾別隊執天祥至相遇於途各爭真贋至大將前始得其實乃烹子俊

劉沐字淵伯廬陵人文天祥鄉曲也少相狎暱天祥好奕與沐對奕竆思忘日夜以為常及起兵辟補宣教郎督府機宜暨天祥出使沐領兵還天祥歸開府南劍沐收部曲來會改授太府寺簿專將一軍

為督府親衛會空坑兵敗被執至豫章父子同日死焉仲子死亂兵季子復從天祥死嶺南當時江西忠義皆沐所號召沐性洸實而圜機晝夜應酬亹亹不倦云

孫㮚字實甫吉州龍泉人獻簡公抃之後天祥長妹婿也天祥起兵檄㮚招忠義士補宣教郎帶行監官告院知吉州龍泉縣天祥擁兵出贛里人奉㮚復龍泉拒守不下尋為判者所陷執至隆興殺之

彭震龍字雷可永新人天祥次妹壻也性跌蕩喜事嘗以罪墨天祥起兵補宣教郎帶行太社令知永新縣會天祥出使被執震龍遁歸吉州已失乃結峒獠起兵天祥兵出嶺震龍接應復永新大兵至震龍為親黨所執至帥府要斬之屠永新

蕭燾夫永新人與兄敬夫俱天祥客燾夫為詩有豪俊氣天祥起兵補從仕郎及彭震龍謀復其縣燾夫贊之縣受屠兄弟俱死之

陳繼周字碩卿寧都人淳祐三年貢于鄉以捕盜功行未奏名授廉州司法南豐縣知録淮東總領幹官藤州觀察推官知吉州永豐縣改知高安縣廣東經略司準備差遣知衡陽縣辟淮東轉般倉江東提點

刑獄幹辦公事未上會咸淳十年詔徵勤王文天祥方守贛州即日舉兵造繼周問計繼周慨然為具言閭里豪傑子弟與凡起兵之處其為方略甚詳於是留繼周幕中晝夜調度授繼周江西安撫司準備差遣率贛士以從繼周雖弱不勝衣而年德有以服人士視為父兄進止疾徐惟指呼無敢先後詔改繼周合入官帶行監文思院差充江淛制置司主管機宜所部夜襲大兵於南柵門殺傷相當質明猶戰渴赴水死

張抃字朝宗一字次山蜀人少客丞相吳潛兄弟門

出入荆闈歷年明習韜略潛兄弟既失廢斥者十餘
年繼文天祥起兵辟為祕閣脩撰領廣東提舉督府
叅謀左右幕府知無不為空坑兵敗為亂兵所殺處
置使鄒渢得其屍葬之
呂武太平州步卒也文天祥出使武應募從行偕脫
鎮江之難沿淮東走海道頼武力為多天祥開府南
劍武以武功補官遣之結約州縣起兵相應道阻復
崎嶇數千里即天祥于汀梅挺身患難化賊為兵以
環衛官將數千人出江西以遇士大夫無禮死於橫
逆一軍揮涕而葬之武忠梗出天性不避彊禦而好

面折人過多觸忌諱故及於禍云
鞏信安豐軍人為荆湖都統沈勇有謀本隷蘇劉義
部曲文天祥開督府劉義以信與王福張必勝詣天
祥信官至團練使同督府都統制江西招討使初至
都府天祥以義士千人付之信曰此輩徒累人爾乃
招淮士數千自隨然常怏怏曰有將無兵其如彼何
天祥自興國趍永豐大兵追其後信戰于方石嶺中
數矢傷重不能戰自投厓石而死土人葬之顏色如
生贈清遠軍承宣使立廟旌之
蕭明哲字元甫太和人性剛有膽氣明大節少舉進

士天祥開府汀州辟充督幹架閣監軍師出嶺明哲
以贛縣民義復萬安連結諸砦拒守兵敗被執不屈
死於隆興臨刑大罵不絶口聞者壯之
杜滸字貴卿丞相範從子也少負氣遊俠德祐元年
有詔勤王滸時宰縣糾集民兵得四千人文天祥開
閫平江往附焉時陳志道等贊天祥出使滸力争不
可志道遂之去已而天祥果見留志道竊藏逃歸天
祥北行諸客無敢從者滸獨慨然請行特改兵部架
閣從京口以計賂守夜劉千戸者得官鐙脫天祥偕
走淮甸繇海道以達永嘉益王即位授司農卿廣東

提舉招討副使督府叅謀尋往溫台招集兵財福安
陷與天祥相失遂趨行朝蘇劉義疑滸自来欲殺之
陳宜中張世傑不可使人監護之乃免久之奉命復
入天祥幕及空坑兵敗又與跋涉患難以出天祥移
屯潮州滸議趨海道天祥不聽使護海舟至官富場
滸俱力單徑趨厓山兵潰被執以憂憤感疾卒
林琦閩人也德祐二年大兵既迫臨安琦於赭山結
集忠義數千人捍禦海道以功補宣教郎督府主管
機宜文字充檢院文天祥開府南劍琦佐其幕琦外
文采內忠實數涉患難無怨懟辭及潮州移屯琦俱

被執至惠州道復執之北行赴水為吏所捄至建康以憂憤死

蕭資天祥幕下書吏也天祥起兵資于患難中扶持甚至空坑兵敗以全督府印功升閤門路鈐轄資性和厚臨機應變輯穆將士總攝細務任腹心之寄潮陽移屯與大兵遇死之

徐臻盜州人父官河南德祐元年春臻往省以道阻會天祥勤王臻往依之以筆札典樞密小心精練天祥被執臻脫難復來顧從天祥北行扶持患難備殫忠欵至隆興病死

金應者性少剛知義為天祥職書司入京補承信郎官路分天祥奉使被執左右皆散應獨無畔志及脫走鎮江至淮東以憂憤死焉

何時字了翁撫州樂安人天祥同年進士也調廬陵尉尋入江西轉運司幕府還臨江軍司理參軍郡獄相傳舊斬一冠屍能行一里許衆神之壕為肉身皁陶時至取故櫝閱此冠嘗掠殺數人曰如此可為神乎命鞭之湛於水人服其明改知興國縣天祥起兵辟署帥府機宜帶行監文思院天祥入衞時任留司分司吉州饟運平江天祥奏時知撫州吉州下時脫身歸鄉里益王立天祥開府南劍時起兵趨興國接引以時帶行監江西提刑時聚兵復崇仁縣未幾大軍奄至兵敗削髮為僧竄迹嶺南賣卜自給變姓名自號堅白道人又有陳子敬者贛州人以貲雄鄉里嘗從天祥遊天祥開閫汀州子敬募集民兵屯皁口據下流及天祥攻贛子敬與合謀忠效甚著空坑兵敗復聚兵屯黃塘砦連結山砦不降大軍以重兵囊其砦砦潰子敬不知所終

劉士昭太和人嘗為鍼工與鄉人同謀復太和縣敗血指書帛云生為宋民死為宋鬼赤心報國一死而

已因以其帛自縊死其黨入獄多乞憐苟免有王士敏者獨慷慨不撓題其裾血生無復望生還一死都歸談笑間大地盡為腥血汚好收吾骨首陽山臨刑歎曰恨吾病失聲不能大罵耳同時有趙孟壘者合州人登開慶元年第為金華尉臨安降與從子由鑑懷太皇太后帛書詣益王權宗正寺簿監軍復明州戰敗見獲不屈磔死方大軍駐紹興福王與芮從子曰孟桀謀舉兵事泄被執至臨安范文虎詰其謀逆孟桀詬曰賊臣負國厚恩共危社稷我帝室之冑欲一刷宗廟之耻乃更以為逆乎文虎怒驅出斬之過

宋廟呼曰太祖太宗列聖之靈在天何以使孟余至此都人莫不隕涕既死雷電晝晦者久之

列傳卷第二百十三

列傳卷第二百十四　宋史四百五十五

開府儀同三司上柱國錄軍國重事前中書右丞相監修國史領經筵事都總裁臣脫脫等奉勑修

忠義十

陳東　歐陽澈　馬伸　呂祖儉
呂祖泰　楊宏中　華岳　鄧若水
僧眞寶　徐道明　莫謙之

陳東字少陽鎭江丹陽人蚤有儁聲俶儻負氣不戚戚於貧賤蔡京王黼方用事人莫敢指言獨東無所隱諱所至宴集坐客懼為己累稍引去以貢入太學

欽宗即位率其徒伏闕上書論今日之事蔡京壞亂於前梁師成陰謀於後李彥結怨於西北朱勔結怨於東南王黼童貫又結怨於遼金刱開邊隙宜誅六賊傳首四方以謝天下言極憤切明年春貫等挾徽宗東行東獨上書請追貫還正典刑別選忠信之人往侍左右金人迫京師又請誅六賊時師成尚留禁中東發其前後姦謀乃謫死李邦彥議與金和李綱及种師道主戰邦彥因小失利罷綱而割三鎭東復率諸生伏宣德門下上書曰在廷之臣奮勇不顧以身任天下之重者李綱是也所謂社稷之臣也其庸

繆不才忌疾賢能動為身謀不恤國計者李邦彦白時中張邦昌趙野王孝迪蔡懋李梲之徒是也所謂社稷之賊也陛下拔綱列卿之中不一二日為執政中外相慶知陛下之能任賢矣斥時中而不用知陛下之能去邪矣然綱任而未專時中斥而未去復相邦彦又相邦昌自餘又皆擢用何陛下任賢猶未能勿貳去邪猶未能勿疑乎金人聞罷綱職事臣等驚疑莫知所以綱自起庶官獨任大事邦彦等疾如仇讎恐其成功因用兵小不利遂得乘間投隙歸罪於綱夫一勝一負兵家常勢豈可遽以此傾動任事之

臣竊聞邦彦時中等盡勸陛下他幸京城騷動若非綱為陛下建立則乘輿播遷宗廟社稷已為丘墟生靈已遭魚肉賴聰明不惑特從其請宜邦彦等讒嫉無所不至陛下若聽其言斥綱不用宗社存亡未可知也邦彦等執議割地蓋河北實朝廷根本無三關四鎮是棄河北朝廷能復都大梁則不知割太原中山河間以北之後邦彦等能使金人不復敗盟乎一進一退在綱為甚輕朝廷為甚重幸陛下即反前命復綱舊職以安中外之心付种師道以閫外之事陛下不信臣言請徧問諸國人必皆曰綱可用邦彦等

可斥也用舍之際可不審諸軍民從者數萬書聞傳旨慰諭者旁午衆莫肯去方舁登聞鼓撾壞之喧呼震地有中人出衆臠而磔之於是亟詔綱入復領行營遣撫諭乃稍引去金人既解去學官觀望時宰議屏伏闕之士先自東始京尹王時雍欲盡致諸生於獄人人惴恐朝廷用楊時為祭酒復東職遣聶山詣學撫諭然後定吳敏欲弭謗議奏補東官賜第除太學録東又請誅蔡氏且力辭官以歸前後書五上既歸復預鄉薦高宗即位五日相李綱又五日召東至未得對會綱去乃上書乞留綱而罷黄潛善汪伯彦不

報請親征以還二聖治諸將不進兵之罪以作士氣車駕歸京師勿幸金陵又不報潛善輩方揭示綱幸金陵舊奏東言綱在中途不知事體宜以後說為正必速罷潛善輩會布衣歐陽澈亦上書言事潛善遽以語激怒高宗言不亟誅將復鼓衆伏闕書獨下潛善所府尹孟庾召東議事東請食而行手書區處家事字畫如平時已乃授其從者曰我死爾歸致此於吾親食已如廁吏有難色東笑曰我陳東也畏死即不敢言已言肯逃死乎吏曰吾亦知公安敢相迫頃之東具冠帶出別同邸乃與澈同斬於市四明李猷

贖其尸瘗之東初未識綱特以國故至為之死識與
不識皆為流涕時年四十有二潛善既殺二人明日
府尹白事獨詰其何以不先關白微示慍色以明非
已意越三年高宗感悟追贈東澈承事郎東無子官
有服親一人澈一子令州縣撫其家又駕過鎮江遣
守臣祭東墓賜緡錢五百紹興四年並加朝奉郎祕
閣脩撰官其後二人賜田十頃

歐陽澈字德明撫州崇仁人年少美須眉善談世事
尚氣大言慷慨不少屈而憂國閔時出於天性靖康
初應制條斂政陳安邊禦敵十策州未許發退而復

采朝廷之闕失政令之乖違可以為保邦御俗之方
去蠹國殘民之賊者十事復為書并上聞已而復論
列十事言臣所進三書實為切要然而觸權臣者有
之迕天聽者有之或結怨富貴之門或遺怒臺諫之
官臣非不知而敢抗言者願以身而安天下也所上
書為三巨軸概置卒辭不能舉州將為選力士荷之
以行會金人大入要盟城下而去澈聞輙語人曰我
能口伐金人強於百萬之師願殺身以安社稷有如
上不見信請質子女於朝身使穹廬御親王以歸鄉
人每笑其狂止之不可乃徒步走行在高宗即位南

京伏闕上封事極詆用事大臣遂見殺見陳東傳死
時年三十七許翰在政府罷朝問潛善處分何人曰
斬陳東歐陽澈耳翰驚失色因究其書何以不下政
府曰獨下潛善故不得以相視遂力求罷為東澈著
哀詞澈所著飄然集六卷會稽胡衍既刻之豐城范
應鈴為立祠學中

馬伸字時中東平人紹聖四年進士不樂馳騖每調
官未嘗擇便利為成都郫縣丞守委受成都租前受
輸者率以食色玩好蠱訹而敗伸請絕宿弊民爭先
輸至沿途假寐以達旦常平使者孫傒蚤行怪問之

皆應曰今年馬縣丞受納不病我也傒薦于朝崇寧
初范致虛攻程頤為邪說下河南府盡逐學徒伸註
西京法曹欲依頤門以學因張繹求見十反愈恭頤
固辭之伸欲休官而來頤曰時論方異恐貽子累子
能棄官則官不必棄也曰使伸得聞道死何憾況未
必死乎頤歎其有志進之自是公暇雖風雨必日一
造忌娼者飛語中傷之弗顧卒受中庸以歸靖康初
孫傅以卓行薦召御史中丞秦檜迎辟之擢監察御
史及汴京陷金人立張邦昌集百官環以兵脅之俾
推戴衆唯唯伸獨奮曰吾職諫爭忍坐視乎乃與御

史吳給約秦檜共為議狀乞存趙氏復嗣君位會統制官吳革起義募兵圖復二帝伸預其謀邦昌既僭立賊臣多從史之伸首具書請邦昌速迎奉元帥康王同院無肯連名者伸獨持以往而銀臺司視書不稱臣辭不受伸投袂叱之曰吾今日不愛一死正為此耳爾欲吾稱臣邪即繳申尚書省以示邦昌其書略曰相公服事累朝為宋輔臣比不幸迫於強敵使當僞號變出非常相公此時豈以義為可犯君為可忘宗社神靈為可昧邪所以忍須臾死而詭聽之者其心若曰與其虛遜於人而實亡趙氏之宗孰若虛

受於己而實存以歸之耳忠臣義士未即就死闔城民庶未即生變者亦以相公必能立趙孫也今金人北還相公義當憂懼自列于朝康王在外國統有屬獄訟謳歌人皆歸往宜即發使通問掃清宮室率群臣共迎而立之相公易服退處省中庶事皆稟命太后其赦書施恩惠收人心等事日下拘收俟康王御極施行然後相公北面引咎以明身為人臣昧於防患遭寇讐脅汗當時不能即死以待陛下今復何面目事君請歸死司寇為人臣失節之戒伏闕下俟命如此則明主必能察相公忠實存國義非苟生且棄

過而録功矣今乃謀不出此時日已多肆然尚當非據偃寢禁闥若固有之群心狐疑道路洶洶謂相公方挾強金使人遊說康王姑令南適為久假不歸之計上天難欺下民可畏相公若以愚言粗知覺悟及此改圖猶可轉禍為福於匪朝伊夕之間過此以往則相公包藏已深志慮轉異外飾事端僞日待期而陰結寇讐合從為亂九廟在天萬無成理伸必不能輔相公為宋朝叛臣也請先伏死都市以明此心邦昌得書氣沮謀喪明日議迎哲宗后孟氏垂簾追還僞赦乃遣馮澥李回等迎康王時王及之等猶請籍

龍德宮寶貨斥賣靈沼魚鵝以資官用伸復慨然引義擊之曰古者人臣去國三年不反然後收其田里君之禮臣如此臣之報君宜如何今二聖遠狩猶未出境天下之人方且北首欲追挽而還之君之府藏燕遊忍一朝而毀乎爾等逆節甚矣力爭乃止高宗即位伸拜章以城陷不能救主遷不能死請就竄削上知其有忠力於國擢殿中侍御史撫諭荊湖廣南以誅邦昌及其黨王時雍等所過州縣訪察吏之賢否與民利病以次列上于朝伸自湖廣將入奏黃潛善汪伯彥不法凡十有七事草疏已具朝廷方召孫

覿謝克家乃先奏覿克家趨操不正在靖康間與王時雍王及之等七人結為死黨附耿南仲倡為和議助成賊謀有不主和議者則欲執送金人覿受金人女樂草表媚之極其筆力乃負國之賊宜加遠竄不報伸又進疏曰陛下得黃潛善汪伯彥以為輔相委任不復疑然自入相以來處事未嘗愜當物情遂使女真日強盜賊日熾國本日蹙威權日削且三鎮未服汴都方危前日遽下還都之詔至今鑾輿未能順動其不謹詔命如此草茅對策不如式考官罰金可矣一日黜三舍人乃取沈晦孫覿黃哲輩諸群小以

掌誥命其黜陟不公如此吳給張閣以言事被逐邵成章緣上言遠竄其壅塞言路如此祖宗舊制諫官御史有闕御史中丞翰林學士具名以進三省不敢預聞有深旨近擬用臺諫多取親舊不過欲為己助其毀法自恣如此張愨宗澤許景衡公忠有才皆可任重潛善伯彥忌之沮抑至死其妨功害能如此或責以救焚拯溺之事則曰難言盡謂陛下制之不得施設也或問陳東之死則曰不知盡謂其事繇於陛下也其過則稱君善則稱己如此呂源狂横陛下逐去不數月由郡守升發運其彊很自專如此御營使

雖主兵權凡行在諸軍皆其所統潛善伯彥別置親兵一千人請給居處優於衆兵其務收軍情如此廣市私恩則多復祠官之闕同惡相濟則力庇王安中之罪據其所為豈不辜陛下倚任之重哉陛下隱忍不肯斥逐塗炭遺民固已絕望二聖還期在何時邪臣每念此不如無生歲月如流時幾易失望速罷潛善伯彥政柄別選賢者共圖大事疏入留中明日改衛尉少卿伸以論事不行辭不拜錄其疏申御史臺且疊上章言臣言可采即乞施行若臣言非是合坐誣罔之罪移疾待命旬日詔伸言事不實送吏部責

濮州監酒稅時用事者恚甚必欲殺之以濮迫寇境故有是命趣使上道伸怡然襆被而行死道中或曰王淵在濮潛善客嗾其不利於伸天下識與不識皆冤痛之明年金人陷廣陵伸言始驗潛善伯彥始以誤國竄殛於是臺臣奏伸嘗論潛善等罪乃復以衛尉少卿召實未知其存亡也尋加直龍圖閣紹興初胡安國上時政論有曰伸言潛善伯彥措置乖方條其罪狀凡舉一事必立一證皆衆所共知共見不敢以無為有以是為非而當時曾不從用反以為言事不實而重責之是罰沮忠讜邪說何由而息公道何

由而明乎仲既遠貶雖有詔命還無來期君子閔焉賁以龍圖猶未盡褒勸之典乞重加追奬及其子孫以承天意詔贈諫議大夫仲天資純確學問有源委勇於為義而所蘊深厚恥以自名建炎初右正言鄧肅嘗論朝士臣邦昌者例貶二秩仲不辨也凡有建明輙削其藁人罕知之居官晨興必整衣端坐讀中庸一遍然後出涖事每曰吾志在行道以富貴為心則為富貴所累以妻子為念則為妻子所奪道不可行也故在廣陵行篋一擔圖書半之山東已擾家尚留于鄆常稱孔子言志士不忘溝壑勇士不忘喪其

元今日何日溝壑乃吾死所也有何從者昭武人受學於仲仲沒從嘗輯其事狀紹興中為辰州通判覩鄆報秦檜自陳其存趙之功謂它人莫預從徑取所輯事狀達尚書省檜大怒下從荊南詔獄獄辭皆出吏手從坐削官竄真陽檜死始放還復其官尋卒

呂祖儉字子約祖謙之弟也受業祖謙如諸生監明州倉將上會祖謙卒部法半年不上者為違年祖儉必欲終春喪朝廷從之詔違年者以一年為限自祖儉始終更赴銓丞相周必大語尚書尤袤招之祖儉已調衢州法曹而後往見潘時經畧廣東欲辟為屬

祖儉辭尋以侍從鄭僑張杓羅點諸葛廷瑞薦召除籍田令中丞何澹所生父繼室周氏死澹欲服伯母服下太常百官雜議祖儉貽書宰相曰禮曰為伋也妻者是為白也母令周氏非中丞父之妻乎將不謂之母而謂之何中丞為風憲首而以不孝令百僚何觀焉除司農薄已而乞補外通判台州寧宗即位除太府丞時韓侂冑寖用事正言李沐論右相趙汝愚罷之祖儉奏汝愚亦不得無過然未至如言者所云侂冑怒曰呂寺丞乃預我事耶會祭酒李祥博士楊簡皆上書訟汝愚沐昔劾罷之祖儉乃上封事曰陛

下初正清明登用忠良然曾未踰時朱熹老儒也有所論列則亟使之去彭龜年舊學也有所論列亦亟許之去至於李祥老成篤實非有偏比蓋衆聽所共孚者今又終於斥逐臣恐自是天下有當言之事必將相視以為戒鉗口結舌之風一成而未易反是豈國家之利耶又曰今之能言之士其所難非在於得罪君父而在忤意權勢姑以臣所知者言之難莫難於論災異然言之而不諱者以其事不關於權勢也若乃御筆之降廟堂不敢重違臺諫不敢深論給舍不敢固執蓋以其事關貴倖深慮乘間激發而重得

罪也故凡勸導人主事從中出者蓋欲假人主之聲勢以漸竊威權耳比者聞之道路左右輩御於黜陟廢置之際間得聞者車馬輻湊其門如市恃權怙寵揺撼外庭臣恐事勢浸淫政歸倖門不在公室凡所薦進皆其所私凡所傾陷皆其所惡豈但側目憚畏莫敢指言而阿比順從內外表裏之患必將形見臣因李祥獲罪而深及此者是豈矯激自取罪戾哉實以士氣頹靡之中稍忤權臣則去不旋踵私憂過計深慮陛下之勢孤而相與維持宗社者寖寡也疏既上束擔待罪有旨呂祖儉朋比罔上安置韶州中書

舍人鄧駉繳奏祖儉罪不至貶御筆祖儉意在無君罪當誅竄遂已為寬恩會樓鑰進讀呂公著元祐初所上十事因進曰如公著社稷臣猶將十世宥之前日太府寺丞呂祖儉以言事得罪者其孫也今投之嶺外萬一即死聖朝有殺言者之名臣竊為陛下惜之上問祖儉所言何事然後知前日之行不出上意侂胄謂人曰復有救祖儉者當處以新州矣衆莫敢出口有謂侂胄曰自趙丞相去天下已切齒今又投祖儉瘴鄉不幸或死則怨益重焉若少徙內地侂胄亦悟祖儉至廬陵將趨嶺得旨改送吉州遇赦量移

高安二年卒詔令歸葬祖儉之謫也朱熹與書曰熹以官則高於子約以上之顧遇恩禮則深於子約然坐視群少之為不能一言以報効乃令子約獨舒憤懣觸群小而蹈禍機其愧歎深矣祖儉報書曰在朝行聞時事如在水火中不可一朝居使處鄉閭理亂不知又何以多言為哉在謫所讀書窮理賣藥以自給每出必草屨徒步為踰嶺之備嘗言因世變有所摧折失其素履者固不足言矣因世變而意氣有所加者亦私心也所為文有大愚集祖儉從弟祖泰

祖泰字泰然夷簡五世孫寓常之宜興性疏達尚氣

誼學問該洽徧遊江淮交當世知名士得錢或分挈以去無吝色飲酒至數斗不醉論世事無所忌諱聞者或掩耳而走慶元初祖儉以言事安置韶州既移瑞州祖泰徒步往省之留月餘語其友王深孚曰自吾兄之貶諸人箝口我雖無位義必以言報國當少須之今未敢以累吾兄也及祖儉沒貶所嘉泰元年周必大降少保致仕祖泰憤之乃詣登聞鼓院上書論侂胄有無君之心請誅之以防禍亂其略曰道學自古所恃以為國也丞相汝愚今之有大勳勞者也立偽學之禁逐汝愚之黨是將空陛下之國而陛下

不知悟邪陳自強侂胄童孺之師躐致宰輔陛下舊學之臣若彭龜年等今安在邪蘇師旦平江之吏胥以潜邸而得節鉞周筠韓氏之厮役以皇后親屬得大官不識陛下在潜邸時果識師旦乎椒房之親果有筠乎凡侂胄之徒自尊大而卑朝廷一至於此也願亟誅侂胄及師旦而罷逐自強之徒獨周必大可用宜以代之不然事将不測書出中外大駭有旨呂祖泰挾私上書語言狂妄拘管連州右諫議大夫程松與祖泰狎友懼曰人知我素與遊其謂預聞乎乃獨奏言祖泰有當誅之罪且其上書必有教之者今

縱不殺猶當杖黥竄遠方殿中侍御史陳讜亦以為言乃杖之百配欽州牢城收管初監察御史林采言偽習之成造端自必大故有少保之命祖泰知必死冀以身悟朝廷無懼色既至府廷尹為好語誘之曰誰教汝共為章汝試言之吾且寛汝祖泰笑曰公何問之愚也吾固知必死而可受教於人且與人議之乎尹曰汝病風喪心邪祖泰曰以吾觀之若今之附韓氏得美官者乃病風喪心耳祖泰既貶道出潭州錢文子為醴陵令私餽其行侂胄使人迹其所在祖泰乃匿襄郢間侂胄誅朝廷訪得祖泰所在詔雪其

寃特補上州文學改授迪功郎監南嶽廟喪母無以葬至都謀於諸公得寒疾索紙書曰吾與吾兄共攻權臣今權臣誅吾死不憾獨吾生還無以報國且未能葬吾母為可憾耳乃卒尹王柟為具棺斂歸葬焉

楊宏中字充甫福州人弱冠補國子生孝宗崩光宗以疾不能執喪時趙汝愚知樞密院奏請太皇太后迎立寧宗于嘉邸以成喪禮朝野晏然遂命汝愚為右丞相登進耆德及一時知名之士有意慶曆元祐之治韓侂胄竊弄國柄引将作監李沐為右正言首

論罷汝愚中丞何澹御史胡紘章繼上竄汝愚永州國子祭酒李祥博士楊簡連疏救争俱被斥宏中曰師儒能辨大臣之寃而諸生不能留師儒之去於誼安乎衆莫應獨林仲麟徐範張衜蔣傅周端朝五人願預其議遂上書曰自古國家禍亂之由初非一道惟小人中傷君子其禍尤慘君子登庸杜絕邪枉要其處心實在於愛君憂國小人得志仇視正人必欲空其朋類然後可以肆行而無忌於是人主孤立而社稷危矣黨錮敝漢朋黨亂唐大率由此元祐以來邪正交攻卒成靖康之變臣子所不忍言而陛下所

不忍聞也臣竊見近者諫臣李沐論前宰相趙汝愚
数談夢兆擅權植黨將不利於陛下以此加誣實不
其然汝愚乞去中外咨憤而言者以為父老憮呼蒙
蔽天聽一至於此章穎力辨其非首遭斥逐聞者已
駭既而祭酒李祥博士楊簡相繼抗論毅然求去告
假幾月善類皇皇一旦有外補之命言者惡其扶植
正論極力舐排同日報罷六館之士為之憤惋涕泣
令李沐自知邪正之不兩立而公議之不直已也乃
欲盡去正人以便其私於是託朋黨以罔陛下之聽
臣謂二人之去若未足惜殆恐君子小人消長之機

於此一判則靖康已然之監豈堪復見於今日邪陛
下厲精圖政方將正三綱以維人心采群議以定國
是遽聽奸回槩疑善類此臣等之所未諭也臣願陛
下鑒漢唐之禍懲靖康之變精加宸慮特奮睿斷念
汝愚之忠勤察祥簡之非黨灼李沐之回邪明示好
惡旌別淑慝竄李沐以謝天下還祥簡以收士心臣
雖身膏鼎鑊實所不辭書奏不報則繳副封于臺諫
侍從侂胄大怒坐以不合上書之罪六人皆編置以
宏中為首將竄之嶺南中書舍人鄧馹上書救之不
聽右丞相余端禮拜於榻前至數十次免遠徙上惻

然許之乃送太平州編管天下號為六君子明年移
福州聽讀嘉泰三年寧宗幸學特旨放參開禧元年
宏中登進士第教授南劒州太守余嶸故相端禮子
與之相得甚懽侂胄誅先以言得罪者悉加褒録嘉
定元年特遷宏中一秩亦不拜六年以嶸與汪逵趙
彥櫛薦授户部架閣俄遷太學正八年夏旱上封事
指切無隱遷武學博士改宣教郎時諫官應武論一
學官宏中季試策士及其故武聞而銜之秋戊祀武
成王祭酒行事故事博士攝亞獻至是不命宏中宏
中白于祭酒於是武劾宏中與同列競且謂其激矯

不自愛遂通判潭州以親老請祠差知武岡軍未受
卒年五十三端朝字子靜嘉定三年試禮部第一終
刑部侍郎兼侍講衛字用叟以父任補官有二子與
端朝同登進士第仲麟字景仲傳字象夫父居學校
忠鯁有聞咸以不偶死範自有傳

華岳字子西為武學生輕財好俠韓侂胄當國岳上
書曰旬月以來都城士民彷徨四顧若將喪其室家
諸軍妻子隱哭含悲若將驅之水火闤闠籍籍欲語
復噤駭於傳聞莫曉所謂臣徐考之則侍衛之兵日
月潛發樞機之遞星火交馳戎作之役倍於平時郵

傳之程兼於疇昔乃知陛下將有事於北征也侂胄以后族之親位居極品專執權柄公取賄賂畜養無籍吏僕委以腹心賣名器私爵賞睥睨神器窺覬宗社日益炎炎不敢嚮爾此外患之居吾腹心者也朝臣有以庸瑣之資請媚師旦驟入政府者有以諛佞之資附阿侂胄致身顯貴者陳自強老不知恥貪不知止私植黨與陰結門第凡見諸行事惟知侂胄不知君父此外患之居吾股肱者也爽奕汝翼諸李之貪懦無謀倪僎倬杲諸郭之膏粱無用諸吳之恃寵專僭諸彭之庸孱不肖皇甫斌魏文諒毛致通秦世

輔之彫瘵軍心瘠痍士氣以致陳孝慶夏興祖商榮田俊邁之徒皆以一卒之才各得把麾專制平日剋膏刻血包苴侂胄以致通顯饑寒之士咸願食其肉而不可得萬一陛下付以大事彼之首領自不可保奚暇為陛下計耶此外患之居吾爪牙者也程松之納妾求知或以售妹入府或以獻妻入閤曾亞之貢子為郎富嵓之庸鶩充位此外患之居吾耳目者也蘇師旦以胥吏冒節鉞牙儈名爵周筠以隸卒冒戎鈐市易將相此外患之扼吾咽喉者也彼之所謂外患者實未足憂而此之外患蓋已周吾一身之間矣

禮樂征伐自天子出所貴乎中國者皆聽命於陛下也今也與奪之命黜陟之權又不出於陛下而出於侂胄是吾有二中國也命又不出於侂胄而出於蘇師旦周筠是吾有三中國也女真以區區之地猶能逼我淮漢曾謂外患之居吾腹心股肱耳目爪牙及吾咽喉而不憑陵吾之宗廟社稷乎曾謂一家之中自為秦越一舟之中自為敵國而能制遠人乎比年軍皆掊克而士卒自仇其將佐民皆侵漁而百姓自畔其守令家自為戰此又啓吾中國億萬之仇敵也今不務去吾腹心股肱爪牙耳目咽喉與夫億萬之

仇敵而欲空國之師竭國之財而與遠人相從於血刃相塗之地顧不外用其心歟臣嘗推演兵書自去歲上元甲子五福太一初度吳分四神直符對臨荊楚始擊蜚符旁臨甌粵青門直使交次于幽冀黑殺黃道正掖于燕趙考之成法主算最長客算最短兵以先發為客後發為主自太歲乙丑至庚午六年之間皆不利於先舉儻其畔盟犯義撓我疆埸至於事不獲已然後應之則反主為客猶曰庶幾萬一國家首事倡謀則將帥內睽士卒外畔肝腦萬民血刃千里此天數之不利於先舉也矧將帥庸愚軍民怨懟

馬政不講騎士不熟豪傑不出英雄不收餽糧不豐
形便不固山砦不脩堡壘不設吾雖帶甲百萬餫餉
千里而師出無功不戰自敗此人事之不利於先舉
也臣願陛下除吾一身之外患吾中國之外患既已
除然後公道開明正人登用法令自行紀綱自正豪
傑自歸英雄自附侵疆自還中原自復天下自底於
和平四海自躋於仁壽何俟乎兵革哉不然則亂臣
賊子毀冕裂冠哦九錫陰恩之詩恃貴不可倖之相
私妾內姬陰臣將相魚肉軍士塗炭生靈墜百世之
遠圖虧十廟之遺業陛下此時雖欲不與之偕亡則禍

迫於身權出於人俛首待終何臍可噬事之未然難
以取信臣願以身屬之廷尉待其軍行用師勞還奏
凱則梟臣之首風迹四方以為天下欺君罔上者之
戒儻或干戈相尋敗亡相繼強敵外攻姦臣內畔與
臣所言盡相符契然後令臣歸老田里永為不齒之
民書奏侂胄大怒下大理貶建寧圜土中郡守傅伯
成憐之命獄卒使出入毋繫伯成去又迕守李大異
復寘獄侂胄誅放還復入學登第為殿前司官屬辭
不得志謀去丞相史彌遠事覺下臨安獄獄具坐議
大臣當死寧宗知岳名欲生之彌遠曰是欲殺臣者

竟杖死東市
鄧若水字平仲隆州井研人博通經史為文章有氣
骨吳曦叛州縣莫敢抗若水方為布衣憤甚將殺縣
令起兵討之夜刲雞盟其僕曰我明日謁知縣汝密
懷刃以從我顧汝即殺之僕佯許諾至期三顧不發
歸責其僕以背盟僕曰平人尚不可殺況知縣乎此
何等事而使我為之若水乃仗劍徒步如武興欲手
刃曦中道聞曦死乃還人皆笑其狂而壯其志登嘉
定十三年進士第時史彌遠柄國久若水對策極論
其姦請罷之更命賢相否則必為宗社憂考官寘之

末甲策語播行都士爭誦之彌遠怒諭府尹使逆旅
主人幾其出入將寘之罪或為之解乃已理宗即位
應詔上封事曰行大義然後可以弭大謗收大權然
後可以固大位除大姦然後可以息大難寧宗皇帝
晏駕濟王當繼大位者也廢黜不聞於先帝過失不
聞於天下史彌遠不利濟王之立夜矯先帝之命棄
逐濟王并殺皇孫而奉迎陛下曾未半年濟王竟不
幸於湖州揆以春秋之法非弒乎非篡乎非攘奪乎
當悖逆之初天下皆歸罪彌遠而不敢歸過於陛下
者何也天下皆知倉卒之間非陛下所得知亦諒陛

下必無是心也亦料陛下必能掃清妖氛以雪先帝濟王父子終天之憤今踰年矣而乾剛不决威斷不行無以慰天下之望昔之信陛下之必無者今或疑其有昔之信陛下不知者今或疑其知陛下何以忍清明天日而以此身受此汙辱也盍亦求明是心於天下而俾有辭於千古乎為陛下之計莫若遵泰伯之至德伯夷之清名季子之高節而後陛下之本心明于天下此臣所謂行大義以弭大謗策之上也自古人君之失大權鮮有不自廢立之際而盡失之當其廢立之間威動天下既立則眇視人主是故強臣

挾恩以陵上小人怙強以無上久則內外相為一體為上者喑默以聽其所為日朘月削殆有人臣之所不忍言者威權一去人主雖欲固其位保其身有不可得豈繒薛極彌遠之肺腑也王愈其耳目也盛章李知孝其鷹犬也馮榯其爪牙也彌遠之欲行某事害某人則此數人者相與謀之曷嘗有陛下之意行乎其間哉臣以為不除此數凶陛下非惟不足以弭謗亦未可以必安其位然則陛下何憚久而不為哉此臣所以謂收大權以定大位策之次也次而不行又有一焉曰除大姦然後可以弭大難李全一流民

耳寓食於我兵非加多土地非加廣勢力非特盛也實涉為帥庸人耳全不敢妄動何也名正而言順也自陛下即位乃敢倔彊何也彼有辭以用其衆也其意必曰濟王先皇帝之子也而彌遠放弒之皇孫先皇帝之孫也而彌遠戕害之其辭直其勢壯是以沿淮數十萬之師而不敢睥睨其鋒雖曰今暫無事未也安知其不一日羽檄飛馳以濟王為辭以討君側之惡為名彌遠之徒死有餘罪不可復惜宗社生靈何辜焉陛下今日而誅彌遠之徒則全無辭以用其衆矣上而不得則思其次次而不得則思其下悲夫

制置司不敢為附驛卻還之以格當改官奏上彌遠取筆橫抹之而罷嘉熙間召為太學博士當對草奏數千言略曰寧宗不豫彌遠急欲成其詐此其心豈復顧先帝之生哉先帝不得正其終陛下不得正其始臣請發冢斲棺取其屍斬之以謝在天之靈往年臣嘗上封事請禪位近屬以洗不義之汚無路自達今其尚書在謹昧死以聞將對前一日假筆吏於所親潘允恭允恭素知若水好危言諭筆吏使竊錄之允恭見之懼并及禍走告丞相喬行簡亦大駭翼日蚤朝奏出若水通判寧國府退朝召閤門舍人問曰

今日有輪對官乎舍人以若水對行簡曰已得旨補外矣可格班若水袖其書待廡下舍人諭使去若水怏怏而退自知不為時所容到官數月以言罷遂不復仕隱太湖之洞庭山賈似道在京湖聞其名辟叅軍事若水雅思其鄉乃起從其招因西歸蜀居山中有盜夜刼之若水危坐不動盜擊其首流血被面亦不動乃舍去若水為學務躬行恥為空言削木為主大書曰自古以來忠臣孝子義夫節婦之位歲時祀之有一子贊力絶人築山砦以兵捍衛鄉井砦破舉家遇害

僧真寶代州人為五臺山僧正學佛能外死生靖康之擾與其徒習武事於山中欽宗召對便殿眷賚隆縟真寶還山益聚兵助討州不守敵衆大至晝夜拒之力不敵寺舍盡焚酋下令生致真寶至則抗詞無撓酋異之不忍殺也使郡守劉騊誘勸百方終不顧且曰吾法中有口回之罪吾旣許宋皇帝以死豈當妄言也怡然受戮北人聞見者嘆異焉

莫謙之常州宜興僧人也德祐元年糾合義士捍禦鄉閭詔為溧陽尉是冬沒于戰陣贈武功大夫時萬安僧亦起兵舉旗曰降魔又曰時危聊作将事定復為僧旋亦敗死

徐道明常州天慶觀道士也為管轄賜紫德祐元年北兵圍城道明謁郡守姚訔請曰事急矣君侯計将安出訔曰内無食外無援死守而已道明亟還慨然告其徒曰姚公誓與城俱亡吾屬亦不失為義士迺取觀之文籍置石函藏坎中兵屠城道明危坐焫香讀老子書兵使之拜不顧誦聲琅然以刃脅之不為動遂死焉

列傳卷第二百十四

列傳卷第二百十五　宋史四百五十六

開府儀同三司上柱國録軍國重事前中書右丞相提調國史領經筵事都總裁脱脱等奉

勑修

孝義

李璘 甄婆兒　徐承珪　劉孝忠　呂昇 王翰

羅居通 黄德輿　齊得一　李罕澄

邢神留 沈正　許祚 李琳等　胡仲堯 仲容　陳兢

洪文撫　易延慶　董道明　郭琮 畢贊

顧忻 李瓊　朱泰　成象　陳思道

方綱　龎天祐　劉斌　樊景温 榮恕旻

祁暐　何保之　李玭　侯義

王光濟 李祚等　江白　裘承詢 孫浦等　常真 子晏王淦等

杜誼　姚宗明　鄧中和　毛安輿

李訪　朱壽昌　侯可　申積中

郝戭　支漸　鄧宗古　沈宣

蘇慶文 臺亨　仰忻　趙伯深　彭瑜

毛洵 李籌揚芾　楊慶　陳宗　郭義

申世寧　苟與齡　王珠　顔詡

張伯威　蔡定　鄭綺 鮑宗巖附

冠冕百行莫大於孝範防百爲莫大於義先王興孝以教民厚民用不薄興義以教民睦民用不爭率天下而由孝義非履信思順之世乎太祖太宗以來子有復父仇而殺人者壯而釋之刲股割肝咸見褒賞至於數世同居輒復其家一百餘年孝義所感醴泉甘露芝草異木之瑞史不絶書宋之教化有足觀者矣作孝義傳

李璘瀛州河間人晉開運末契丹犯邊有陳友者乘亂殺璘父及家屬三人乾德初璘隸殿前散祗候友爲軍小校相遇於京師寶積坊北璘手刃殺友而不逃去自言復父讎案鞫得實太祖壯而釋之雍熙中

又有京兆鄠縣民甄婆兒母劉與同里人董知政忿競知政擊殺劉氏婆兒始十歲妹方襁褓託鄰人張氏乳養婆兒避仇徙居赦村後數年稍長大念母爲知政所殺又念其妹寄張氏與兄課兒同詣張氏求見妹張氏拒之不得見婆兒憤怒悲泣謂兄曰我母爲人所殺妹流寄他姓大讎不報何用生爲時方寒食具酒殽詣母墳慟哭歸取條桑斧置袖中徃見知政知政方與小兒戲婆兒出其後以斧斫其腦殺之有司以其事上請太宗嘉其能復母讎特貸焉

徐承珪萊州掖人幼失父母與兄弟三人及其族三

十口同甘蕣藿衣服相讓歷四十年不改其操所居崇善鄉緝俗里木連理瓜瓠異蔓同實州以聞乾德元年詔改鄉名義感里名和順承珪嘗爲贊皇令

劉孝忠并州太原人母病經三年孝忠割股肉斷左乳以食母母病心痛劇孝忠然火掌中代母受痛母尋愈後數歲母死孝忠傭爲富家奴得錢以葬富家知其孝行養爲己子後養父兩目失明孝忠爲舐之經七日復能視以親故事佛謹嘗於像前割雙股肉注油創中然燈一晝夜劉鈞聞而召見給以衣服錢帛銀鞍勒馬署宣陵副使開寳二年太祖親征太原召見慰諭

呂昇萊州人父權失明剖腹探肝以救父疾父復能視而昇不死冀州南宮人王翰母喪明翰自抉右目睛補之母目明如故淳化中並下詔賜粟帛

羅居通益州成都人母死廬墓三年有甘露降墳樹芝草生其旁開寳四年長吏以聞詔以居通爲延長主簿大中祥符初資州人黃德輿葬父母負土成墳甘泉湧其側降詔旌表

齊得一密州諸城人幼嗜學及長能讀五經善於教授鄉里士大夫子弟不遠百里皆就之肄業焉晉末皇甫暉爲密州防禦使得一父爲客將及暉叛歸淮南屢率衆剽刼於故郡民之牛羊犬豕悉取以犒士卒得一之家被略殆盡後王萬敢爲防禦使性貪暴執鄉民十八家責其嘗以牛酒餽賊盡殺之而取其資產得一親屬死者十餘人唯得一與兄脫身獲免明年詣闕上訴朝廷遣使按鞫之得實萬敢削官判官胡韜坐死得一乃歸鄉里布衣蔬食不樂仕進開寳中詔郡國舉廉退孝悌之士本郡即以得一應詔至闕策試中選授章丘主簿

李罕澄冀州阜城人也七世同居漢乾祐三年詔改鄉里名及旌其門閭太平興國六年長吏以漢所賜詔書來上復旌表之

邢神留深州陸澤人父超逋官租里胥督租與超鬭超毆里胥死神留年十六詣吏求代父死州以聞特詔減死賜里胥家萬錢爲棺斂具端拱初泰州海陵人沈正父爲屯田院衙官凶暴無賴使酒毆平人死正中塗見父恐懼述其故正即號呼褫衣就毆其屍巡警者捕送官獄具怡然就死聞者悲之

許祚江州德化人八世同居長幼七百八十一口太平興國七年旌其門閭淳化二年本州言祚家春夏

常乏食詔歲貸米千斛又有信州李琳十五世同居貝州田祚京兆惠從順十世同居廬州趙廣順安軍鄭彥圭信州俞雋八世同居陝州張文裕六世同居襄州張巨源劉芳潭州瞿景鴻温州陳侶江陵褚彥逢五世同居徐州彭程四世同居皆賜詔旌表門閭巨源素習法律太平興國五年賜明法及第芳淳化四年來賀壽寧節賜進士出身侶事母至孝賜其母粟帛彥逢兄弟五人皆年七十餘至道元年轉運使表其事詔補彥逢教練使

胡仲堯洪州奉新人累世聚居至數百口構學舍于華林山別墅聚書萬卷大設廚廩以延四方游學之士南唐李煜時嘗授寺丞雍熙二年詔旌其門閭仲堯詣闕謝恩賜白金器二百兩淳化中州境旱歉仲堯發廩減市直以振饑民又以私財造南津橋太宗嘉之除本州助教許每歲以香稻時果貢于內東門五年遣弟仲容來賀壽寧節召見仲容特授試校書郎賜袍笏犀帶又以御書賜之公卿多賦詩稱美仲堯稍遷國子監主簿致仕卒仲容字咸和咸平三年復至闕貢土物改大理評事屢被賜賚仲容建本縣孔子廟頗為宏敞後遷光祿丞致仕天禧中特賜緋魚卒年七十九以弟之子用訥為後試校書郎仲容弟克順端拱二年進士至都官員外郎三司戶部判官仲容子用之洎從子用莊用舟並進士及第

陳兢江州德安人陳宜都王叔明之後叔明五世孫兼唐右補闕兼生京秘書少監集賢院學士無子以從子褒為嗣褒至鹽官令褒生灌高安丞灌孫伯宣避難泉州與馬總善注司馬遷史記行於世後遊廬山因居德安嘗以著作佐郎召不起大順初卒伯宣子崇為江州長史益置田園為家法戒子孫擇群從掌其事建書堂教誨之僞唐時嘗詔旌其門南唐又為立義門免其徭役崇子袞江州司戶袞子昉試奉禮郎昉家十三世同居長幼七百口不畜僕妾上下姻睦人無間言每食必群坐廣堂未成人者別為一席有犬百餘亦置一槽共食一犬不至群犬亦皆不食建書樓於別墅延四方之士肄業者多依焉鄉里率化爭訟稀少開寶初平江南知州張齊上請仍舊免其徭役從之昉弟之子鴻太平興國七年江南轉運使張齊賢又奏免雜科兢即鴻之弟淳化元年知州康戩又上言兢家常苦食不足詔本州每歲貸粟二千石後兢死其從父弟旭每歲止受貸粟之半云

省啬而食可以及秋成屬歲儉穀貴或勸其全受而糶之可邀善價旭曰朝廷以旭家群從千口軫其乏食貸以公粟豈可見利忘義爲罔上之事乎至道初遣内侍裴愈就賜御書還言旭家孝友儉讓近於淳古太宗嘗對近臣言之參知政事張洎對曰旭宗族千餘口世守家法孝謹不衰閨門之内肅於公府且言及旭受貸事上以遠民義聚復能固廉節爲之嘆息大中祥符四年以旭爲江州助教旭卒弟緼主家事天聖元年又以緼繼爲助教緼卒弟泰主之泰弟慶太子中舍致仕從子延賞可丞舉進士延賞職方員外郎

洪文撫南康建昌人本姓祀宣祖偏諱改焉曾祖諤唐虔州司倉參軍子孫衆多以孝悌著稱六世義居室無異爨就所居雷湖北創書舍招來學者至道中本軍以聞遣内侍裴愈齎御書百軸賜其家文撫遣弟文舉詣闕貢土物爲謝太宗飛白一軸曰義居人以賜之命文舉爲江州助教三年八月又詔表其門閭自是每歲遣子弟入貢必厚賜荅之文撫兄子待用登咸平三年進士第至都官員外郎

易延慶字餘慶筠州上高人父贇以勇力仕南唐至雄州刺史延慶幼聰慧涉獵經史尤長聲律以父蔭爲奉禮郎顯德四年周師克淮南贇歸朝授道州刺史延慶亦授大名府兵曹參軍後爲大理評事知臨淮縣乾德末贇卒葬臨淮延慶居喪摧毀廬於墓側手植松柏數百本旦出守墓夕歸侍母紫芝生於墓之西北數年又生玉芝十八莖本州將表其事延慶懇辭或晝其芝來京師朝士多爲詩賦稱其孝感服闋延慶以母老稱疾不就官母卒後稾殯數年延慶出爲大理寺丞嘗司建安市征及母葬有期私歸營葬掩壙而返知軍邑繼昇言其擅去職坐免所居官復廬墓側數年母平生嗜栗延慶樹二栗樹墓側二樹連理蘇易簡朱台符爲贊美之後知端州卒子綸大中祥符元年進士及第

董道明蔡州褒信人母死出葬道明潛匿墓中人瘞之經三日家人發冢取之道明無恙終身廬於墓側

郭琮台州黄巖人幼喪父事母極恭順娶妻有子移居母室凡母之所欲必親奉之居常不過中食絕飲酒茹葷者三十年以祈母壽母年百歲耳目不衰飲食不減鄉里異之至道三年詔書存恤孝悌鄉老陳贇率同里四十人狀琮事于轉運使以聞有詔旌表

門閭除其徭役明年母無疾而終琮哀號幾乎滅性鄉閭率金帛以助葬又有越州應天寺僧者幼貧無以養母剃髮乞食以給晨夕母年一百五歲而終潭州長沙人畢贊仕郡爲引贊吏性至孝父母皆年八十餘轉運使表其事詔贊解職終養

顧忻泰州泰興人十歲喪父以母病葷辛不入口者十載鷄初鳴具冠帶率妻子詣母之室問其所欲如此五十年未嘗離母左右母老目不能覩物忻日夜號泣祈天刺血寫佛經數卷母目忽明燭下能縫紝九十餘無疾而終又有杭州仁和人李瓊以鬻繒爲

業事母孝夜常十餘起省母母喜食時新瓊百方求市得必十倍酬其直

朱泰湖州武康人家貧鬻薪養母常適數十里外易甘旨以奉母泰服食麤糲戒妻子常候母色一日鷄初鳴入山及明憩于山足遇虎搏攫負之而去泰已瞑眩行百餘步忽稍醒厲聲曰虎爲暴食我所恨母無託爾虎忽棄泰於地走不顧如人疾驅狀泰匍匐而歸母扶持以泣泰亦彊舉動不踰月如故鄉里聞其孝感率金帛遺之里人目爲朱虎殘

成象渠州流江人以詩書訓授里中事父母以孝聞母病割股肉食之詔賜束帛酧酒淳化中李順盜據郡縣象父母驚悸而死燼骨寄浮圖舍象號泣營葬賊平鄉里率錢三百萬贈之象廬於墓側以衰服襟袂篩土於墳上日三斗每慟聞者戚愴未嘗食肉衣帛或贈之亦不受虎豹環廬而卧象無畏色鸞百餘集廬中木生墓側吐九穗服終猶未還家知禮者爲書以諭之遂歸教授遠近目爲成孝子

陳思道江陰人喪父事母兄以孝悌聞鬻醯市側以給晨夕買物不酬價如所索與之母病思道衣不解帶者數月雙目瘡爛飲食隨母多少洎母喪水漿不入口七日既葬哀鬻醯之利得錢十萬奉其兄結廬

墓側日夜悲慟其妻時攜兒女詣之拒不與見夏日種瓜以待過客晝則白兔馴狎夜則虎豹環其廬而卧咸平元年知軍上其事詔賜束帛旌其門

方綱池州青陽人八世同爨家屬七百口居室六百區每旦鳴鼓會食嘗出稻五千斛振貸貧民景德二年轉運使馮亮以聞詔旌其門天禧中侍御史韓億安撫江南使還言綱家稅籍錢四百餘千米二千五百斛同居四百年而本縣科率一無寬假望蠲其戶雜科詔從之

龐天祐江陵人以經籍教授里中父疾天祐刲股肉食之疾愈又復病目爽明天祐號泣祈天舐之父年八十餘大中祥符四年卒天祐負土封墳結廬其側晝夜號不絕聲知府陳堯咨親往致奠上其事詔旌表門閭天祐家無儋石儲居委巷中堯咨為徙里門之右築闕表之

劉斌定州人父加友端拱中為從弟志元所殺斌兄弟皆幼隨母改適人母嘗戒之曰爾等長必復父仇景德中斌兄弟挾刃伺志元於道刺之不殊即詣吏自陳州具獄上請詔志元黥面配隸汝州釋斌等罪

樊景温陝州芮城人榮恕旻雄州歸信人兄弟異居積年大中祥符中景温擣樹五枝并為一恕旻家揄樹兩本自合兩家感其異復義聚鄉人稱雍睦

邴韓字坦之萊州膠水人淳化三年進士歷度支員外郎直集賢院天禧中出知濰州母卒葬于州城之南韓既解官就墳側構小室號泣守護蔬食經六冬墮足二指有白烏白兔馴擾墳側州人異之以狀聞有詔旌美賜帛三十匹粟三十石令長吏每月存問

何保之梓州通泉人業進士有至行母卒負土成墳廬於其側日有群烏飛集墳上哀鳴不去又嘗有兔馴於坐隅人稱異焉大中祥符降詔旌恤

李玭大名宗城人性篤孝力耕以事母母卒讓田與其弟堅遂廬於葬所晝夜號泣負土築墳高丈餘又以二代及諸族父母暴葬者盡禮築之凡三年成六墳皆丈餘不食肉衣帛不預人事遑遑然唯恐築之不及墳成復留守墳三年常令兄之子責糴以自給年六十餘足未嘗入縣門鄉人目為李孝子天禧中知府張知白以狀聞詔賜粟帛令府縣安存之里中有母在而析產者聞玭被旌兄弟慚懼復相率同居

侯義應天府楚丘人貧無產傭田以事母里人有葬

其親而還返者義母過其家泣謂義曰我死其若是乎義乃感激自誓而不欲言但慰其母曰勿悲義必不爾咸平中母卒義力自辦葬不掩墳壙晝則負土築墳夜則慟哭柩側妻子困匱不給田主曹氏哀憐之資以餱糧踰年墳間瓜異帶木連理又有巨蛇遶其側不暴物野鴿飛而不去嘗遇盜刼其衣服既而知是義物悉還之

王光濟廬州人喪母因刻像日夕奉事如平生孝道純篤咸平二年本州以孝聞有詔旌之時又有徐州豐人李祚親喪廬墓側凡二十七年家人百計勉諭

不聽益州雙流人周善敏喪父廬於墓側母病又割
股肉以啖之遂愈大中祥符九年特詔旌表仍賜善
敏粟帛存慰之
江白建昌人景德二年進士父禹錫有節義高年不
仕躬自教授大中祥符初獻東封詩十五篇有詔嘉
美賜以粟帛歲時遣使存問五年卒白自鄞尉罷還
負土營葬廬於墓側藜羹芒屩晝夜號泣將終制猶
然轉運使以其狀聞詔賜帛二十匹粟麥二十石醪
酒十缸
裘承詢越州會稽人居雲門山前十九世無異爨子

弟習弦誦鄉里稱其敦睦州以聞詔旌其門閭咸平
後又有保定軍孫浦襄州常元紹蔡州王美解州董
孝章並十世同居莫州高珪永定軍朱仁貴潞州邢
濬相州趙祚八世同居麟州楊榮隰州趙友開封李
居正潁州張可象衛州張珪滄州崔諒七世同居邢
州王覺趙州曹遵六世同居兗州童升陳州樊可行
京兆元守全平定軍段德五世同居開封張仁遇亳
州王子上建昌軍瞿肅四世同居肅家百五十口長
幼孝悌鄉人化之又河陰王世及大名李宗祐陳州
劉閏宣州汪政潭州李耕或聚居至七百口累數十

百年並所在請加旌表詔從之仍蠲其課調大中祥
符初東封泰山判兗州王欽若言曲阜東野宜乾封
竇益合居五六世有節行四年祀汾陰考制度使馬
起言陝州張化基閻用和楊忠義聚族累世孝悌可
稱並即行在所降詔褒美各優賜粟帛
常真陳州項城人父母死廬墓終喪負土成墳不茹
葷血周廣順中詔旌其門閭開寶七年本州以聞詔
再加旌表真妻病子晏割股肉以養母及死次子守
規徒跣日一食廬墓三年太平興國八年詔旌表之
又有齊州王洤河南李繼成滄州胡元興並母死負

土成墳晝夜哭不絕聲州郡繼以聞皆降詔旌其門
閭賜以粟帛
杜誼字漢臣台州黃巖人事父母至孝父剛嚴誼獨
失愛惴惴不自容伺顏色而後進繼喪父母號慟晝
夜不絕勺水不入口者累日卜葬徒跣負土爲墳往
來十餘里日渡塘澗泥水沒骭雖大雨雪未嘗少止
手足皸裂血流以漆塗之每覆一畚必三遶墳號而
後去既葬遂茇舍墓旁負土終喪人往視之輒遣去
日一飯不葷雖虎狼交於墓側誼泰然無所畏明年
吳越大水山皆發洚推巨石走十數里台州山最高

而水又夜至旁山之民居廬墓田畜牧漂壞者甚衆而獨不及誼邑人狀其事以聞詔書嘉獎事族父衎甚謹衎愛之均諸子以祖垂象蔭入官至贊善大夫嘗知永城縣歲捐奉錢三十萬以收瘞汴渠之溺死者凡四十餘又出奉錢率其下新文宣王廟兩旁爲學舍數十區旦夕講學於其堂永城父老稱誼之政爲不可及誼生平敦厚尚信義有大志家貧不恤有無常推以濟親友後通判梓州卒子揆絶十六歲哭誼墓旁卒

姚宗明河中永樂人也其十世祖栖雲當唐貞元中調卒戍邊栖雲之父語其兄曰兄嗣未立可無往某幸有子請代兄行遂戰没塞上時栖雲方三歲其母再嫁栖雲養於伯母既長事伯母如其母伯母亡栖雲葬之又招魂葬其父痛其父死於邊乃廬於墓次終身哀慕不衰縣令蘇轍以俸錢買地開阡刻石表之河中尹渾瑊上其事詔加優賜表其門名其鄉曰孝悌社曰節義里曰敬愛栖雲生岳岳生君儒君儒生師正自岳至師正四世廬墓五世孫曰厚六世曰雅七世曰文八世曰敬真九世曰直十世曰宗明當慶曆初有司以姚氏十世同居聞于朝仁宗詔復其家十一世孫用和十二世孫士明十三世孫德自宗明至德又三世自慶曆以後又五十餘年而其家孝睦不替姚氏世爲農無爲學者家不甚富有田數十頃聚族百餘人子孫躬事農桑僅給衣食歷三百餘年無異辭者經唐末五代兵戈亂離而子孫保守墳墓骨肉不相離散求之天下未或有焉

鄧中和字祖德開封長垣人舉三禮景祐慶曆間丧親廬墓終其丧定省往來如事生者二十年負土累墳高三丈

毛安輿嘉州洪雅人年九歲父死負土爲墳廬於其側三年知益州張方平聞之遺以酒饌狀其事以聞

李訪韶州人業進士廬父母墓有虎暴傷旁人而不近訪又有白鳥集墓上

朱壽昌字康叔揚州天長人以父巽蔭守將作監主簿累調州縣通判陝州荆南權知岳州州濱重湖多水盜壽昌籍民船刻著名氏使相伺察出入必以告盜發驗船所向窮討之盜爲少弭旁郡取以爲法富弼韓琦爲相遣使四出寬恤民力擇壽昌使湖南或言邵州可置冶采金者有詔興作壽昌言州近蠻金冶若大發蠻必爭自此邊境恐多事且廢良田數百

項非敦本抑末之道也詔亟罷之知閬州大姓雍子良屢殺人挾財與勢得不死至是又殺人而賂其里民出就吏獄具壽昌覺其姦引囚詰之曰吾聞子良與汝錢十萬許納汝女爲婦且婚汝子故汝代其命有之乎囚色動則又摘之曰汝且死書劵抑汝女爲婢指錢爲顧直又不婚汝子將柰何囚悟泣涕覆面曰囚幾誤死以實對立取子良正諸法郡稱爲神蜀人至今傳之知廣德軍壽昌母劉氏巽妾也巽守京兆劉氏方娠而出壽昌生數歲始歸父家母子不相聞五十年行四方求之不置飲食罕御酒肉言輒流涕用浮屠法灼背燒頂刺血書佛經力所可致無不爲者熙寧初與家人辭訣棄官入秦曰不見母吾不反矣遂得之於同州劉時年七十餘矣嫁党氏有數子悉迎以歸京兆錢明逸以其事聞詔還就官由是以孝聞天下自王安石蘇頌蘇軾以下士大夫爭爲詩美之壽昌以養母故求通判河中府數歲母卒壽昌居喪幾喪明既葬有白烏集墓上拊同母弟妹益篤又知鄂州提舉崇禧觀累官司農少卿易朝議大夫遷中散大夫卒年七十壽昌勇於義周人之急無所愛嫁兄弟兩孤女葬其不能葬者十餘喪天性如此

侯可字無可華州華陰人少倜儻不羈以氣節自許既壯盡易前好篤志爲學隨計入京里中醵金贐行比還悉散其餘與同舉者曰此金鄉里所以資應詔者也不可以爲他利且行聞鄉人病念曰吾歸則彼死矣遂留不去病者癒輟己馬載之徒步而歸孫沔征儂猺請參軍事奏功得官知巴州化城縣巴俗尚鬼而廢醫唯巫言是用娶婦必責財貧人女至老不得嫁可爲約束立制度違者有罪幾變其習再調華原主簿富人有不占田籍而質人田劵至萬畝歲責其租可晨馳至富家發櫝出劵歸其主郡吏趙至誠貪狡凶橫持守以下短長前後莫能去可暴其罪苟校寘獄言於大府誅之聞者快服簽書儀州判官西夏寇邊使者使可按視即以數十騎涉夏境猝與之遇亟分其騎爲三四令之曰建爾旗幟旋山徐行夏人循環間見疑以爲誘騎不敢擊韓琦鎮長安薦知涇陽縣說渭源羌酋輸地八千頃因城熟羊以撫之琦上其功又議復鄭白渠得召對旋以微罪罷官至殿中丞卒于家年七十二可輕財樂義急人之急憂人之憂與田顏爲友顏病重千里求醫未歸而顏死

目不瞑人曰其待侯君乎且斂而可至拊之乃瞑顔無子不克葬可辛勤百營鬻衣相役卒葬之方天寒、單衣以居有饋白金者顔顔之妹處室舉以佐其匳具一日自遠歸家以寠告適友人郭行扣門曰吾父病醫邀錢百千賣吾廬而不售可惻然計槖中裝界當其數盡與之關中稱其賢

申積中成都人襁褓中楊繪從其父起求之爲子及長知非楊氏而絶口不言年十九登進士第事所養父母盡孝終身有二弟一妹爲畢婚娶始歸本族復爲申氏蜀人以純孝歸之政和六年以奉議郎通判

德順軍翰林學士許光凝嘗守成都得其事薦諸朝召赴京師擢提舉永興軍學事道卒光凝復與宣和殿學士薛嗣昌中書舍人宇文黄中表其操行詔予一子官初光凝所同薦者三人其一河陽故大理丞陳芳一門十四世同居三百年一鄧州王襄經術登科年未六十請老事孀嫂如母養孤甥如子教誨後進賙恤鄉里貧民以學行稱乞加獎異詔表芳門閭賜襄號處士

郝戩字伯牙石州定胡人家貧竭力營養或憐傷之貸以錢數百萬使取息自贍戩重謝留錢五六年不用復返之舉進士調宛丘尉舞陽主簿通山令時年未五十以父樵老不第上書請致仕爲父求官執政諭使赴官而後請曰如是則可升朝籍遇恩及親矣於是留妻子於家獨奉父行踰歲竟謝事上官以其治縣有績惜其去固留之耆老拜庭遮道皆不能止得太子中允以歸未至鄉里而樵卒自畚土造冢人有助之者使實土冢上去則隨撤之服除州以狀聞詔賜粟帛治平末以翰林學士呂公著薦起爲奉寧軍推官涇原經畧使亦奏辟幕府戩曰向所以未老致仕欲官及親也既不能及尚庶幾以恩得贈今則

無及矣姻族語其妻聶氏使勸戩仕曰吾不德無以助君子矧敢強其所不欲以累其高哉聶事舅姑亦以孝義著戩忠信自將篤行苦節不仕而卒司馬光爲銘其墓

支漸資州資陽人年七十持母喪既葬廬墓側負土成墳蓬首垢面三時號泣哀毀瘠甚白蛇貍兎擾其旁白雀白烏日集于壠木五色雀至萬餘回翔悲鳴若助哀者鄉人句六鼎自娶婦即與父母離居覩漸至行深自悔責號慟而歸孝養盡志鄉閭觀感而化者甚衆

鄧宗古簡州陽安人父死自培土爲墳廬其側晨夕號慟甘露降于墓木里中號爲鄧孝子

沈宣汝州梁人母亡既葬不塞墓門三十有六月晝負土夜拊棺而卧爲墳廣百尺妻高氏亦有孝行漸以下三人元豐中皆褒賜粟帛

蘇慶文臺亨皆夏縣人慶文事父母以孝聞母少寡慶文懼其妻不能敬事每戒之曰汝事吾母少不謹必逐汝妻奉教母得安其室終身

亨工畫元豐中朝廷脩景靈宫調天下畫工詣京師選試其優者待詔翰林畀以官禄亨名第一以父老

固辭歸養閭里賢之

仰忻字天貺温州永嘉人力學以篤行稱年五十餘執母喪盡孝禮躬自負土廬于墓側有慈烏白竹之瑞紹聖中郡守楊蟠表其里孝廉坊大觀二年以行取士郡以忻應詔未幾卒特贈將仕郎

趙伯深字逢原父子佪宣和間爲棣州兵官屬會兵動燕雲子佪被檄往塞上伯深時尚幼與其母張留居棣州既而金人渡河伯深毋子相失子佪亦隔絶建炎二年始得南歸子佪卒伯深訪尋其母二十餘年一旦聞在瀘南伯深徒步入蜀間關累年紹興二十一年乃得其母相持號泣哀感行路曹愷在夔州賦詩以美其孝

彭瑜字君玉吉之安福人熙寧間失其母瑜朝夕焚香祈天願知母所在如是十餘年俄有人言母爲泰和倪氏婦瑜竟迎以歸

毛洵字子仁吉州吉水人天聖二年進士又中拔萃科性至孝凡守四官再以親疾解任執藥調膳嘗而後進三月不之寢室父應佺通判太平州卒官母高繼卒于池陽卅次持鍤荷土以爲墳手胝面黥親友不能識廬於墓凡二十一月朝夕哭踊食裁脱粟諸

生請問經義對之流涕未嘗言文抱疾歸數日而卒郡以孝聞賜其家帛五十匹米五十斛兄溥字文祖亦以哀毀卒于舟中李籌者洵同縣人字彥良與弟衡字平國生同乳二歲喪母十歲喪父兄弟每以不逮事親爲恨政和中改葬其母於楊山負土成墳廬于墓左未幾廬所產木一本兩榦高丈許復合于一至其末乃分兩榦五枝鄉人以爲瑞有楊芾者亦同縣人字文卿性至孝歸必市酒肉以奉二親未嘗及妻子紹興五年大饑爲親負米百里外遇盜奪之不與盜欲兵之芾慟哭曰吾爲親負米不食三日矣幸

哀我盜義而釋之
楊慶鄞人父病貧不能召醫迺刲股肉啖之良巳其後母病不能食慶取右乳焚之以灰和藥進焉入口遂差乂之乳復生宣和三年守樓异名其坊曰崇孝紹興七年守仇悆爲之請十二年詔表其門復之悆曰韓退之作鄠人對以毀傷支體爲害義而匹夫單人身膏草莽軌訓之理未宏汲引之徒多闕而乃行成于內情發自天使稍知詩書禮義之說推其所存出身事主臨難伏節死義豈減介之推安金藏哉
陳宗永嘉人年十六母綦病篤刲股爲餌病愈巳而

復病不救宗一慟而絕郡守陸德輿云陳宗自毀其體哀慟傷生雖非孝道之正而能爲人所難爲之事亦天性之至官爲合葬榜曰陳孝子墓
郭義興化軍人早遊太學以操尚稱年四十餘客錢塘聞母喪徒跣奔喪每一慟輒嘔血家貧甚故人有所饋不受聚土爲墳手蒔松竹而廬于其旁甘露降于墓上烏鵲馴集郡上其事詔旌表其閭於所居前安綽楔左右建土臺高一丈二尺方正下廣上狹飾白間以赤仍植所宜木
申世寧信州鉛山人紹興六年潘逵兵襲鉛山父愈年七十未及出戶遇賊賊意其有藏金欲殺之世寧年未冠亟引頸願代父死賊感其孝兩全之
苟與齡字壽隆滁州來安人志尚高潔事其親生養死葬力竭而禮盡鄉黨稱之母歿廬墓側有芝十九莖生于墓亭郡縣以事聞旌其門
王珠字仲淵吉州龍泉人以孝謹聞建炎間居父憂芝數本生墓側倒植竹以爲杙復生柯葉紹興間再罹母喪復有雙竹靈芝之祥
顏詡唐太師真卿之後真卿嘗謫廬陵故詡爲吉州永新人詡少孤兄弟數人事繼母以孝聞一門千指

家法嚴肅男女異序少長輯睦匜架無主廚饌不異義居數十年終日怡愉家人不見其喜慍年七十餘卒
張伯威大安軍人武翼大夫御前前軍正將祥之子紹熙元年武舉進士調神泉尉大母黄年九十八不忍之官黄得血痢疾瀕殆伯威刲左臂肉食之遂愈繼母楊因姑病篤驚而成疾伯威復刲臂肉作粥以進其疾亦愈伯威妹嫁崔均其姑王疾妹亦刲左臂肉作粥以進逵旦即愈知大安軍羅植即伯威所居立純孝坊崔均所居立孝婦坊事聞詔伯威與升擢

倍賜其妹束帛

蔡定字元應越州會稽人家世微且貧父革依郡獄吏傭書以生資定使學遊鄉校稍稍有稱郡獄吏一日坐舞文法被繫革以詿誤年七十餘矣法當免繫鞫胥任澤削其籍年而入之罪且與獄吏等案具府奏上之方待命于朝故俱以囚而革不得獨決定切痛念父當耆年以非辜墮圜扉誓將身贖數詣府號慟請代坐獄弗許請效命于戎行弗許請隸五符爲兵又弗許定知父終不可贖也仰而呼曰天乎將使定

坐視父纏徽纆乎父老耄不應連繫傭書罪不應與獄吏等理明矣而無所云愬父老而刑定之生其何益乎定圖死矣庶有司哀憐而釋父則雖死無憾矣於是預爲志銘其墓又爲狀若詣府者結置袂間皆叙陳致死之由冀其父之必免也以建炎元年十二月甲申自赴河死府帥聞之驚曰真孝子命出革厚爲定具棺斂事而撫周其家

鄭綺婺州浦江人善讀書通春秋穀梁學以肅睦治家九世不異爨四世孫德珪德璋孝友天至晝則聯几案夜則同衾寢德璋素剛直與物多迕宋亡仇家遂陷以死罪當會逮揚州德珪哀弟之見誣乃陽謂曰彼欲害吾也何預爾事我往則姦狀白爾去得不死乎即治行德璋追至諸暨道中兄弟相持頓足哭爭欲就死德珪默計沮其行遂紿以無往夜將半從間道逸去德璋復追至廣陵德珪已斃於獄德璋聞之慟絕者數四負骨歸葬廬墓再期每一悲號烏鳥皆翔集不食德珪之子文嗣幼病僂德璋鞠之如己子有鮑宗巖者字傳叔徽州歙人子壽孫字子壽宋末盜起里中宗巖避地山谷間爲賊所得縛宗巖樹上將殺之壽孫拜前願代父死宗巖曰吾老矣僅一子奉先祀豈可殺之吾願自死盜兩釋之

列傳卷第二百十五

列傳卷第二百十六　宋史四百五十七

開府儀同三司上柱國錄軍國重事前中書右丞相監修國史領經筵事都總裁脫脫等奉

敕修

隱逸上

戚同文　陳摶　种放　萬適
李瀆　魏野　邢敦　林逋
高懌　徐復　孔旼　何羣

中古聖人之作易也於遯之上九曰肥遯無不利蠱之上九曰不事王侯高尚其事二爻以陽德處高地而皆以隱逸當之然則隱德之高於當世其來也遠矣巢由雖不見於經其可誣哉五季之亂避世宜多宋興巖穴弓旌之招疊見於史然而高蹈遠引若陳摶者終莫得而致之豈非二卦之上九者乎种放之徒召對大廷亹亹獻替使其人出處果有合于艮之君子時止時行人何譏焉作隱逸傳

戚同文字同文宋之楚丘人世為儒幼孤祖母攜育於外氏奉養以孝聞祖母卒晝夜哀號不食數日鄉里為之感動始聞邑人楊慤教授生徒日過其學舍因授禮記隨即成誦日諷一卷慤異而留之不終歲畢誦五經慤即妻以女弟自是彌益勤勵讀書累年不解帶時晉末喪亂絕意祿仕且思見混一遂以同文為名字慤嘗勉之仕同文曰長者不仕同文亦不仕慤依將軍趙直家遇疾不起以家事託同文即為葬三世數喪直復厚加禮待為築室聚徒請益之人不遠千里而至登第者五六十人宗度許驤陳象輿高象先郭成範王礪滕涉皆踐臺閣同文純質尚信義人有喪者力拯濟之宗族閭里貧乏者周給之冬月多解衣裘與寒者不積財不營居室或勉之輒曰人生以行義為貴焉用此為由是深為鄉里推服有不循孝悌者同文必諭以善道頗有知人鑒所與遊

皆一時名士樂聞人善未嘗言人短與宗翼張昉滕知白為友生平不至京師長子維任隨州書記迎同文就養卒於漢東年七十三好為詩有孟諸集二十卷楊徽之嘗因使至郡一見相善多與酬唱徽之嘗云陶隱居號堅白先生先生純粹質直以道義自富遂與其門人追號堅素先生二子維綸維建隆二年以屯田員外郎為曹王府翊善累官職方郎中致仕卒年八十一綸自有傳大中祥符二年府民曹誠即同文舊居旁造舍百餘區聚書數千卷延生徒講習甚盛詔賜額為本府書院命綸子奉禮郎舜賓主之

署誠府助教委本府幕官提舉之揚愨者虞城人力學勤志不求聞達宗翼者蔡州上蔡人父為虞城主簿因家焉篤孝恭謹負米養母好學彊記經籍一見即能默寫歐陽虞柳書皆得其楷法能屬文隱而不仕家無斗粟怡怡如也未嘗以貧窶干人市物不評價市人知而不欺嘗言晝夜者昏曉之辨也故既瞑未曙皆不出戶見隣里小兒待之如成人未嘗欺紿同文嘗謂翼曰子勞謙有古人風真吾友也卒年八十餘子慶舉進士至侍御史歷京西轉運使預修太祖實錄張昉有史材歷知雜御史省郎至殿中少監

致仕子信自有傳滕知白善為詩至刑部員外郎河北轉運使子涉為給事中高象先父凝祐刑部郎中以彊幹稱象先淳化中三司戶部副使卒于光祿少卿郭成範最有文為倉部員外郎掌安定公書記辭疾以司封員外郎致仕卒王礪事母甚謹太平興國五年進士至屯田郎中子渙濆淵沖泳渙子稷臣濆子堯臣並進士及第渙子夢臣進士出身

陳摶字圖南亳州真源人始四五歲戲渦水岸側有青衣媼乳之自是聰悟日益及長讀經史百家之言一見成誦悉無遺忘頗以詩名後唐長興中舉進士不第遂不求祿仕以山水為樂自言嘗遇孫君仿麞皮處士二人者高尚之人也語摶曰武當山九室巖可以隱居摶往棲焉因服氣辟穀歷二十餘年但日飲酒數杯移居華山雲臺觀又止少華石室每寢處多百餘日不起周世宗好黃白術有以摶名聞者顯德三年命華州送至闕下留止禁中月餘從容問其術摶對曰陛下為四海之主當以致治為念柰何留意黃白之事乎世宗不之責命為諫議大夫固辭不受既知其無他術放還所止詔本州長吏歲時存問五年成州刺史朱憲陛辭赴任世宗令齎帛五十匹

茶三十斤賜摶太平興國中來朝太宗待之甚厚九年復來朝上益加禮重謂宰相宋琪等曰摶獨善其身不干勢利所謂方外之士也摶居華山已四十餘年度其年近百歲自言經承五代離亂幸天下太平故來朝覲與之語甚可聽因遣中使送至中書琪等從容問曰先生得玄默修養之道可以教人乎對曰摶山野之人於時無用亦不知神仙黃白之事吐納養生之理非有方術可傳假令白日沖天亦何益於世今聖上龍顏秀異有天人之表博達古今深究治亂真有道仁聖之主也正君臣協心同德興化致治

之秋勤行修煉無出於此琪等稱善以其語白上上
益重之下詔賜號希夷先生仍賜紫衣一襲留摶闕
下令有司增葺所止雲臺觀上屢與之屬和詩賦數
月放還山端拱初忽謂弟子賈德昇曰汝可於張超
谷鑿石為室吾將憩焉二年秋七月石室成摶手書數
百言為表其畧曰臣摶大數有終聖朝難戀已於今
月二十二日化形於蓮花峯下張超谷中如期而卒
經七日支體猶温有五色雲蔽塞洞口彌月不散摶
好讀易手不釋卷常自號扶搖子著指玄篇八十一
章言導養及還丹之事宰相王溥亦著八十一章以

箋其指摶又有三峯寓言及高陽集釣潭集詩六百
餘首能逆知人意齋中有大瓢挂壁上道士賈休復
心欲之摶已知其意謂休復曰子來非有他蓋欲吾
瓢爾呼侍者取以與之休復大驚以為神有郭沆者
少居華陰夜宿雲臺觀摶中夜呼令趣歸沆未決有
頃復曰可勿歸矣明日沆還家果中夜母暴得心痛
幾死食頃而愈華陰隱士李琪自言唐開元中郎官
已數百歲人罕見者關西逸人呂洞賓有劍術百餘
歲而童顏步履輕疾頃刻數百里世以為神仙皆數
來摶齋中人咸異之大中祥符四年真宗幸華陰至

雲臺觀閱摶畫像除其觀田租又有許瓊者開封鄢
陵人開寶五年子永罷盧氏縣尉詣匭上言臣年七
十五父瓊年九十九長兄年八十一次兄年七十九
欲乞近地一官以就榮養上覽奏召永訊之即命迎
其父赴闕瓊得對于講武殿上顧問久之悉能奏對
而詞氣不衰言唐末以來事歷歷可聽上悦其父子
俱享遐壽賜襲衣犀帶銀鞍勒馬帛三十匹茶二十
斤授永鄢城令是時澶密齊沂萊江吉萬州江陰梁
山軍各奏八十已上呂繼美等二十九人並賜爵公
士真宗時凡老人年百歲已上者州縣以名聞皆詔

賜衣帛米麥長吏存撫之

种放字名逸河南洛陽人也父詡吏部令史調補長
安主簿放沉默好學七歲能屬文不與群兒戲父嘗
令舉進士放辭以業未成不可妄動每往來嵩華間
慨然有山林意未幾父卒數兄皆干進獨放與母俱
隱終南豹林谷之東明峯結草為廬僅庇風雨以講
習為業從學者衆得束脩以養母母亦樂道薄滋味
放得辟穀術別為堂於峯頂盡日望雲危坐每山水
暴漲道路阻隔糧糗乏絶止食芋栗性嗜酒嘗種秫
自釀每日空山清寂聊以養和因號雲溪醉侯幅巾

短褐負琴攜壺泝長溪坐磐石採山藥以助飲往往
終日值月夕或至宵分自豹林抵州郭七十里徒步
與樵人往返性不喜浮圖氏嘗裂佛經以製帷帳所
著蒙書十卷及嗣禹說表孟子上下篇太一祠錄人
頗稱之多為歌詩自稱退士嘗作傳以述其志淳化
三年陝西轉運宋惟幹言其才行詔使召之其母恚
曰常勸汝勿聚徒講學身既隱矣何用文為果為人
知而不得安處我將棄汝深入窮山矣放稱疾不起
其母盡取其筆硯焚之與放轉居窮僻人跡罕至太
宗嘉其節詔京兆賜以緡錢使養母不奪其志有司

歲時存問咸平元年母卒水漿不入口三日廬於墓
側翰林學士宋湜集賢院學士錢若水知制誥王禹
偁言其貧不克葬詔賜錢三萬帛三十匹米三十斛
以助其喪四年兵部尚書張齊賢言放隱居三十年
不遊城市十五載孝行純至可勵風俗簡朴退靜無
謝古人復詔本府遣官詣山以禮發遣赴闕賚裝錢
五萬放辭不起明年齊賢出守京兆復條陳放操行
請加旌賁即賜詔曰汝隱居丘園傳通今古孝悌之
行鄉里所推慕古人之遺榮挹君子之常道屢覽守
藩之奏彌彰遁世之風載渴來儀副予延佇今遣供

奉官周旺齎詔召汝赴闕賜帛百匹錢十萬九月放
至對崇政殿以幅巾見命坐與語詢以民政邊事放
曰明王之治愛民而已惟徐而化之餘皆謙讓不對
即日授左司諫直昭文館賜巾服簡帶館于都亭驛
大官供膳翌日表辭恩命上知放舊與陳堯叟游令
堯叟諭意又謂宰相曰朕求茂異以廣視聽資治道
如放終未樂仕亦可遂其請也中書傳詔放曰病居
山林天恩累加禮聘巖猿溪鳥之性固不敢以祿仕
為意然主上虛懷待士旰食憂人之心亦不敢以羈
束為念遂詔不聽其讓數日復召見賜緋衣象簡犀

帶銀魚御製五言詩寵之賜昭慶坊第一區加帷帳
什物銀器五百兩錢三十萬中謝日賜食學士院自
是屢得召對六年春再表謝暫歸故山詔許其請將
行又遷起居舍人命館閣官宴餞于瓊林苑上賜七
言詩三章在席皆賦十月遣使就山撫問圖其林泉
居處以獻優詔趣其入覲放以疾未平為請景德元
年十月來朝言歸山之久請計月不受奉詔特給之
嘗因觀書賦詩上曰放體格高古聞其歸私居終日
默坐一室山水之樂亦天性也每所詢問皆據經以
對頗多裨益朕優待之蓋以激浮競也放每至京師

秦雍生徒多就而受業二年擢為右諫議大夫表乞
嵩少養疾許之令河南府檢校召對資政殿曲宴學
士院王欽若洎當直學士舍人侍制悉預既罷又賜
宴于欽若直廬表乞免都門置餞之禮屢遣中使勞
問賜以茶藥是冬復來朝三年以兄喪請告歸終南
營葬復召宴賜詩放山居草舍五六區啖野蔬蕎麥
表求太宗御書及經史音䟽悉給焉十月復至上謂
宰相曰放比來高尚其事每所詢問頗有可采朝廷
雖加爵秩而未能大用即物議未厭所慮放卷而懷
之即遣內侍任文慶齎詔諭之曰朕臨御寰區憂勤

旰昃詳延茂異物色隱淪思訪詁言用熈庶績以卿
棲心巖竇屏跡囂塵躡綺皓之遐蹤有曾顏之至行
特舉賁園之典果無前習之心每所諮詢備詳理道
載覩敷納蔚有材謀深簡朕懷頗思大用然以群情
未悉成命是稽今四輿來同萬區思乂方崇政本庶
厚時風卿必能酌斟化源丹青王度恢富國彊兵之
術陳制禮作樂之規返樸還淳措刑息訟輔予不逮
馴至太平登用機衡弼成寡昧卿宜體兹眷遇罄乃
誠明叙經國之大猷述致君之遠略盡形奏牘以沃
朕心副凉德之倚毗褰外朝之觀聽乃司樞務式洽

至公放上言曰臣讀書業文蹟父師之誨學古嗜退
本求山水之樂恩率天性以奉至道豈有意於麋鹿蓋
無心於紱冕其所幸者邦家化成疆場兵偃羣黎鼓
舞庶彙胥悅蒲帛之聘寵渙巖谷君命荐及肅聽紙
受既朝象魏之下但愧巖林之賤奉聖顏於咫尺聆
德音之教論列迹侍從裁冠諫諍雖愚者之慮竭忠
規而屢陳而大君之明懼瞽言之無補今又訪以禮
樂之制詢其刑政之方且小器微材欲加大用蓋念
沿革之攸宜歷三五而既異弛張之體豈一二而可
述國家謀建皇極躋納富壽惟二聖之光宅總百王

之闕漏豈伊蕘菲敢預論述方今德義宣明鸞騶戾
止如臣之才儼爾駢列伏望洞知臣之鑒憐守節之
志俾泛駕無覆壓之害使為器免溢蕩之咎寢此過
聽遂其夙心況臣首獻納之行不為無位預清閑之
對不為疎隔又安敢碌碌而依違嘿嘿而曠素頡且
齒於諫署庶少觀於朝制斯亦否能有適名器無假
唯兹保全之惠仰繫仁聖之賜時先俾陳堯叟諭旨
堯叟手筆審其意放云自被聘召及遷諫垣無所補
報為幸多矣今主上聖明朝無闕政處之顯位則是
重增其過及覽表上曰放能守分懇讓益可嘉也大

中祥符元年命判集賢院從封泰山拜給事中二年四月求歸山宴餞于龍圖閣命學士即席賦詩製序上作詩卒章云我心虛佇日無復醉山中初放作詩嘗有溪上醉眠都不知之句故及之三年正月復召赴闕表乞賜告手詔優荅之作歌賜之乃齋衣服罷帶令京兆府每季遣幕職就山存問四年正月復來朝從祠汾陰拜工部侍郎放屢至闕下俄復還山人有詒書嘲其出處之迹且勸以棄位居巖谷放不荅放終身不娶尤惡囂雜故京城賜第為擇僻處然祿賜既優晚節頗飾輿服于長安廣置良田歲利甚博

亦有彊市者遂致爭訟門人族屬依倚恣橫王嗣宗守京兆放嘗乘醉慢罵之嗣宗屢遣人責放不法仍條上其事詔工部郎中施護推究會赦恩而止四月求歸山又賜宴遣之所居山林細民多縱樵採特詔禁止放遂表徙居嵩山天封觀側遣內侍就與唐觀基起第賜之假踰百日續給其奉然猶往來終南按視田畝每行必給驛乘在道或親詬驛吏規算糧具之直時議浸薄之嘗曲宴令群臣賦詩杜鎬以素不屬辭誦北山移文以譏之上嘗語近臣曰放為朕言事甚衆但外廷無知者因出所上時議十三篇其目

曰議道議德議刑議兵議文武議制度議教化議賞罰議官司議軍政議獄訟議征賦議邪正八年十一月乙丑晨興忽取前後章疏稾悉焚之服道士衣召諸生會飲於次酒數行而卒訃聞上甚嗟悼親製文遣內侍朱允中致祭歸葬終南贈工部尚書錄其姪世雍同學究出身

萬適字縱之陳州宛丘人自號遣玄子六七歲即為詩及長喜學問精於道德經與高錫族子冕及韓伾交遊酬唱多有警句不求仕進專以著述為務有狂簡集百卷雅書三卷志苑三卷雍熙詩二百首經籍

擿科討論計四十卷淳化中伾任翰林學士因召對上問曰卿早在嵩陽當時輩流頗有遺逸否伾以適及楊璞田誥為對上悉令召至闕下詔書下而誥卒璞既至對於便殿不願仕進上賜以束帛與一子出身遣還故郡適最後至特授慎縣主簿適素康強無疾詔下日已病猶勉強赴朝謝舉止山野人皆笑之後數日卒田誥者歷城人好著述聚學徒數百人舉進士至顯達者接踵以故聞名於朝宋惟翰許袞皆其弟子也誥著作百餘篇傳於世大率迂闊每構思必匿深草中絕不聞人聲俄自草中躍出即一篇成

矣楊璞字契玄鄭州新鄭人善歌詩士大夫多傳誦與畢士安尤相善每乘牛往來郭店自稱東里遺民嘗杖策入嵩山窮絕處構思爲歌詩凡數年得百餘篇璞既被召還作歸耕賦以見志眞宗朝諸陵道出鄭州遣使以茶帛賜之卒年七十八

李瀆河南洛陽人也六世祖坦馮翊令坦生仲芳大理司直仲芳生玄初福建觀察推官玄初生鄠即瀆之曾祖也字堯封仕梁歷滑魏宋三鎭留後拜崇政使禮部尚書後唐天成中以太子少傅致仕卒贈太保祖延昭殿中丞父瑩字正白善詞賦廣順進士蒲

帥張鐸辟爲記室因家河中乾德初右補闕蘇德祥薦爲殿中侍御史度支判官使江南坐受李從善賂遺責授右贊善大夫卒初瑩禱河祠而生瀆故名瀆字河神後改字長源渟澹好古博覽經史十六丁外艱服闋杜門不復仕進家世多聚書畫頗有奇妙王枯典河中深加禮待自是多聞於時往來中條山中不親產業所居木石幽勝談唐室已來衣冠人物歷歷可聽罕著文前後州將皆厚遇之王旦李宗諤與之世舊每勸其仕瀆皆不答所乘馬嘗爲宗人借慰于壓間人有見者以語瀆瀆即鬻之其惡囂如此州閭化其儉德眞宗祀汾陰直史館孫冕言其隱操請加搜采陳堯叟復薦之命使召見辭足疾不起遣内侍勞問令長吏歲時存撫明年又遣使存問瀆自陳世本儒墨習靜避世之意素嗜酒人或勉之答曰扶羸養疾捨此莫可從吾所好以盡餘年不亦樂乎嘗語諸子曰山水足以娛情苟遇醉而卒吾之願也吾將與爾永訣爾輩當常在左右即設外寢與諸子同處一日忽曰適有人至牀下誦詩云行到水窮處未知天盡時言訖不見吾當逝矣亟取瑩集七十編洎書畫付諸子促家人置酒頃之卒時天禧三年十二

月三日也年六十三四年春詔曰故河中府處士李瀆奢纓傳緒儒雅踐方曠逸自居恬智交養追茲晚節彌邵清猷奄及淪亡良深軫惻特行賁典式慰營魂惟蓬閤之司文乃儒林之美秩仍示歸生之贈無推給復之恩申飭守臣優卹其後豈獨旌於泉壤亦足厚於民風可特贈秘書省著作佐郎賜其家帛二十匹米三十斛州縣常加存卹二稅外蠲其差役

魏野字仲先陝州陝人也世爲農母嘗夢引袂於月中承兔得之因有娠遂生野及長嗜吟咏不求聞達居州之東郊手植竹樹清泉環遶旁對雲山景趣幽

絕鑿土袤丈曰樂天洞前為草堂彈琴其中好事者多載酒肴從之遊嘯詠終日前後郡守雖武臣舊相皆所禮遇或親造謁趙昌言性尤倨傲特署賓次戒閽吏野至即報野不喜巾幘無貴賤皆紗帽白衣以見出則跨白驢過客名士往來留題會詰累宿而去野為詩精苦有唐人風格多警策句所有草堂集十卷大中祥符初契丹使至嘗言本國得其上帙願求全部詔與之祀汾陰歲與李瀆並被薦遣陝令王希招之野上言曰陛下告成天地延聘巖藪臣實愚戇資性慵拙幸逢聖世獲安故里早樂吟詠實匪風騷

豈意天慈曲垂搜引但以曾嬰心疾尤踈禮節麋鹿之性頗纓則狂豈可瞻對殿墀仰奉清燕望回過聽許令愚守則畝畝之間永荷帝力詔州縣長吏常加存撫又遣使圖其所居觀之五年四月復遣內侍存問天禧三年十二月無疾而卒年六十州上其狀四年正月詔曰國家舉旌賁之命以輝丘園申卹贈之恩用慰泉壤所以褒逸民而厚風俗也故陝州處士魏野服膺儒素刻意篇章顧詞格之清新為士流之推許而能篤淳古之行慕肥遯之風頃屬時巡嘗加聘召懇陳誠志願遂考槃及此淪亡載深嗟悼蘭臺

清秩追飾幽扃厚其賻助之資寬以復除之命諒惟優禮式顯令名魂而有知歆此殊渥可特贈秘書省著作郎賻其家帛二十匹米三十斛州縣常加存卹二稅外免其差徭瀆即野中表兄也瀆卒訃至野哭之慟謂其子曰吾不可去去必不至第遣其子赴之裁六日而野亦卒時甚異焉

邢敦字君雅不知何許人家於雍丘與宋準趙昌言交遊甚厚太平興國初嘗舉進士不第慨然有隱遯意性介僻不妄交友耽玩經史精於術數工繪畫頗嗜酒或遊市廛過客詢以休咎者多不之語里中號

邢夫子大中祥符七年真宗幸亳回邑人列上其事王曾為考制度使以名聞詔曰敦早預詞場勤脩天爵超然處退亦既累年屬覽公車之言俾忝郡學之職用精儒業以寵耆年可許州助教敦讓而不受乾興元年無疾而卒年七十四

林逋字君復杭州錢塘人少孤力學不為章句性恬淡好古弗趨榮利家貧衣食不足晏如也初放遊江淮間久之歸杭州結廬西湖之孤山二十年足不及城市真宗聞其名賜粟帛詔長吏歲時勞問薛映李及在杭州每造其廬清談終日而去嘗自為墓於其

廬側臨終為詩有茂陵他日求遺藁猶喜曾無封禪書之句既卒州為上聞仁宗嗟悼賜諡和靖先生賻粟帛逋善行書喜為詩其詞澄浹峭特多奇句既就藁隨輒棄之或謂何不録以示後世逋曰吾方晦迹林壑且不欲以詩名一時況後世乎然好事者往往竊記之今所傳尚三百餘篇逋嘗客臨江時李諮方舉進士未有知者逋謂人曰此公輔器也及逋卒諮適罷三司使為州守為素服與其門人臨七日葬之刻遺句內壙中逋不娶無子教兄子宥宥登進士甲科宥子大年頗介潔自喜英宗時為侍御史連被臺移

出治獄拒不肯行為中丞唐介所奏降知蘄州卒于官

高懌字文悅荆南高季興四世孫幼孤養于外家十三歲能屬文通經史百家之書聞种放隱終南山乃築室豹林谷從放受業放奇之不敢處以弟子行與同時張蕘許勃號南山三友會詔舉沈淪草澤知長安寇準聞其名薦之辭不起景祐中録國初侯王後懌推其弟忻得官及范雍建京兆府學召懌講授諸生席間常數十百人杜衍嘗請賜處士號乃命為大理評事懌固辭仁宗嘉其守號安素處士詔州縣歲時禮遇之給良田五百畝文彦博表其經術該通有高世之行可以勵風俗詔賜第一區嘉祐中就除光禄寺丞復固辭夢道士持素書聘為白鹿洞主卒

有韓退者稷山人亦師事种放母死負土成墳徒跣終喪去隱嵩山吳遵路石延年論其高節詔賜粟帛號安逸處士以壽終

徐復字復之建州人初遊京師舉進士不中退而學易通流衍卦氣法自筮知無禄遂亡進取意遊學淮浙間數年益通陰陽天文地理遁甲占射諸家之說他日聽其鄉人林鴻範說詩且言詩之所以用於樂

者忽若有得因以聲器求之遂悟大樂於七音十二律清濁次序及鐘磬侈弇匏竹高下制度皆洞達方仁宗留意於樂詔天下求知樂者大臣薦胡瑗瑗作鐘磬大變古法復笑曰聖人寓器以聲今不先求其聲而更其器其可用乎後瑗制作皆不效范仲淹過潤州見復問曰今以衍卦占之四夷無變異乎復尅西方當用兵推其月日後無少差慶曆初與布衣郭京俱召見帝問天時人事復對曰以京房易卦推之今年所配年月日時當小過也剛失位而不中其在彊君德乎帝又問明年主何卦復曰乾卦用事說至

九五盡而止帝又問前年京師黑風何所應復曰其兆在内豫王薨其應也明日命為大理評事固以疾辭乃賜號沖晦處士補其子發試秘書省校書郎復性高潔而處世未嘗自異後居杭州十數年卒郭京者少任俠不事家産平居好言兵范仲淹滕宗諒數薦之

孔旼字寧極孔子四十六代孫隱居汝州龍興縣龍山之滍陽城性孤潔喜讀書有田數百畝賦稅常為鄉里先遇歲饑分所餘賙不足者未嘗計有無聞人之善若出于已動止必依禮法環所居百餘里人皆

愛慕之見旼于路輒斂袵以避葬其父廬墓三年卧破棺中日食米一溢壁間生紫芝數十本州以行義聞賜粟帛又給復其家近臣列薦授秘書省校書郎致仕居數年召為國子監直講辭不赴即遷光禄寺丞頃之起知龍興縣復辭卒贈太常丞盜嘗入旼家發其廪粟旼避之縱其所取嘗逢羸弱者為盜掠奪其貲旼追盜與語責之以義解金帛之使歸所掠居山未嘗逢毒蛇虎豹或謂之曰子毋夜行此亦可畏旼曰無心則無所畏晚年惟玩周易老子他書亦不復讀為太玄圖張壁上外列方州部家而規其中心空之無所書曰易所謂寂然不動者與此無異也

何群字通夫果州西充人嗜古學喜激揚論議雖業進士非其好也慶曆中石介在太學四方諸生來學者數千人群亦自蜀至方講官會諸生講介曰生等知何群乎群日思為仁義而已不知饑寒之切己也衆皆注仰之介因館群于其家使弟子推以為學長群愈自克厲著書數十篇與人言未嘗下意曲從同舍目群為白衣御史群嘗言今之士語言說易舉止惰肆者其衣冠不如古之嚴也因請復古衣冠又上書言三代取士皆舉於鄉里而先行義後世專以文

辭就文辭中害道者莫甚於賦請罷去介贊美其說會諫官御史亦言以賦取士無益治道下兩制議皆以為進士科始隋歷唐數百年將相多出此不為不得人且祖宗行之已久不可廢也群聞其說不行乃慟哭取平生所為賦八百餘篇焚之講官視群賦既多且工以為不情絀出太學群徑歸遂不復舉進士嘉祐中龍圖閣直學士何剡表其行義賜號安逸處士群既死趙抃守益州奏群遺藁有益時政頗詔果州録上之云非若茂陵書起天子侈心也寢不下

列傳卷第二百十六

開府儀同三司上柱國錄軍國重事前中書右丞相兼修國史領經筵事都總裁臣脫脫等奉
敕修

隱逸中

王樵　張愈　黃晞　周啓明
代淵　陳烈　孫侔　劉易
姜潛　連庶　章詧　俞汝尚
陽孝本　鄧孝甫　宇文之邵　吳瑛
松江漁翁　杜生　順昌山人　南安翁
張舉

王樵字肩望淄州淄川人居縣北梓桐山博通群書不治章句尤善考易與賈同李冠齊名學者多從之咸平中契丹遊騎度河舉家被掠樵即棄妻挺身入契丹訪父母累年不獲還東山刻木招魂以葬立祠畫像事之如生服喪六年哀動行路又為屬之尊者次第成服北望嘆曰身世如此自比於人可乎遂與俗絕自稱贅世翁唯以論兵擊劒為事一驢負裝徒步千里晚年屢遊塞下畫策干何承矩耿望求減邊復讎不用乃於城東南隅累磚自環謂之繭室銘其門曰天生王樵薄命寡智材不濟時道號贅世生而為室以備不虞死則藏形不虞乃備病革入室自掩戶卒治平末職方郎中向宗道知淄州訪繭室已撤屋為民居得樵甥年氏子乃知改葬因而即其地復作繭室及祠堂刻石以記之

張愈字少愚益州郫人其先自河東徙愈儁偉有大志遊學四方屢舉不第寶元初上書言邊事請使契丹令外夷相攻以完中國之勢其論甚壯用使者薦除試秘書省校書郎願以授父顯忠而隱於家文彥博治蜀為置青城山白雲谿杜光庭故居以處之丁內艱鹽酪不入口再期植所持柳杖於墓忽生枝葉

後合抱六召不應喜奕棋樂山水遇有興雖數千里輒盡室往遂浮湘沅觀浙江升羅浮入九疑買石載鶴以歸杜門著書未就卒妻蒲氏名芝賢而有文為之誄曰高視往古哲士實殷施及秦漢餘烈氣氳挺生英傑卓爾逸群孰謂今世亦有其人其人伊何白雲隱君嘗曰丈夫遯世不偶仕非其志祿不可苟營營末途非吾所守吾生有涯少實多艱窮亦自固困亦不顛不貴人爵知命樂天脫簪散髮眠雲聽泉有峯千仞有溪數曲廣成遺趾吳興高躅跡石通逕依林架屋麋鹿同群晝遊夜息嶺月破雲秋霖洒竹清

意何窮真心自得放言遺慮何榮何辱孟春感疾閉戶不出豈期遂徃英標永隔抒詞哽噎揮涕汍瀾人誰無死惜乎材賢已矣吾人嗚呼哀哉

黃晞字景微建安人少通經聚書數千卷學者多從之游自號贅隅子著歔欷瑣微論十卷以謂贅隅者柎物之名歔欷者歎聲瑣微者述辭也石介在太學遣諸生以禮聘召晞走匿鄰家不出樞密使韓琦表薦之以為太學助教致仕受命一夕卒

周啓明字昭回其先金陵人後占籍處州初以書謁翰林學士楊億億携以示同列大見嘆賞自是知名

四舉進士皆第一景德中舉賢良方正科既召會東封泰山言者謂此科本因災異訪直言非太平事遂報罷於是歸教弟子百餘人不復有仕進意里人稱為處士轉運使陳堯佐表其行義於朝賜粟帛仁宗即位除試助教就加廩給久之特遷秘書省秘書郎改太常丞卒啓明篤學藏書數千卷多手自傳寫而能口誦之有古律詩賦牋啓雜文千六百餘篇

代淵字蘊之本代州人唐末避地導江家世為吏有陰德淵性簡絜事親以孝聞受學于李畋張達年四十鄉人更勸舉進士甲科得清水主簿歎曰祿不及親何所為耶還家教授坐席常滿安撫使舉鳳州團練推官不就知益州楊日嚴又薦之遂以太子中允致仕謝絕諸生著周易旨要老佛雜說數十篇田況上其書自太常丞改祠部員外郎晚年日菜食巾褐山水間自號虛一子長吏歲時致問澹然與對略不及私嘉祐二年九月有疾召術士擇日云丙申吉頷之是日沐浴而絕

陳烈字季慈福州候官人性介僻篤於孝友居親喪勺飲不入口五日自壯及老奉事如生學行端飭動遵古禮平居終日不言御童僕如對賓客里中人

敬之冠昏喪祭請而後行從學者常數百賢父兄訓子弟必舉烈言行以示之嘗以鄉薦試京師不利即罷舉或勉之求仕則曰伊尹守道成湯三聘以幣呂望既老文王載之俱歸今天子仁聖好賢有湯文之心豈無先覺如伊呂者乎仁宗屢詔之不起人問其故應曰吾學未成也公卿大夫郡守鄉老交章稱其賢嘉祐中以為本州教授歐陽脩又言之召為國子直講皆不拜已而福建提刑王陶言其為妻林氏所訟因詆烈貪詐乞奪所受恩司馬光為諫官率同列爭曰臣等每患士無名檢故舉烈以厲風俗烈平生

操守出於誠實雖有迂闊不合中道猶為守節之士當保而全之若夫婦不相諧則聽之離絶毋使節行之士為横辱所挫陶説遂不行元祐初部使者申薦之詔從其尚以宣德郎致仕明年復教授本州在職不受廪奉鄉里問遺絲毫無所受家租有餘則推以濟貧乏卒年七十六

孫侔字少述與王安石曾鞏游名傾一時早孤事母盡孝志於禄養故屢舉進士及母病革自誓終身不求仕客居江淮間士大夫敬畏之劉敞知揚州言其孝弟忠信足以扶世矯俗求之朝廷吕公著王安石

之流也詔以為揚州教授辭敞守永興辟入幕府亦辭英宗時沈遘及王陶韓維連薦之授忠武軍推官常州判官皆不赴少與安石友善安石為相過真州與相見侔待之如布衣交卒年六十六初王回王令常秩與侔皆有盛名回令不壽秩為隱不竟唯侔以不仕始終

劉易忻州人性介烈博學好古喜談兵韓琦知定州上其所著春秋論授太學助教并州州學説書不能屈志仕進寓居於虢之盧氏習辟穀術趙抃復薦其行誼賜號退安處士易作詩琦每為書之石或不可其意輒滌去琦亦再書之尹洙帥渭延致尊禮狄青代洙遇之亦厚治平末卒琦作文祭之云剛介之性天下能合者有幾淵源之學古人不到者甚多其敬之如此熙寧察訪定户役詔易家用處士如七品恩得減半示優禮云

姜潛字至之兖州奉符人從孫復學春秋用田況舉召試學士院為明州録事參軍以母思鄉求致仕敕過門下知封駁司吳奎封還之而與韓絳共上章以薦從兖州録事參軍從奎辟鄆州教授奎升堂拜其母又薦為國子直講韓王宫伴讀謁宗正允弼吏引

趨庭潛不答呼馬欲去遂以客禮見熙寧初詔舉選人淹滯者與京官凡三十七人潛在選中神宗聞其賢召對延和殿訪以治道何以致之對曰有堯舜二典在顧陛下致之之道何如知陳留縣至數月青苗令下潛出錢榜其令於縣門已徙之鄉落各三日無應者遂撤榜付吏曰民不願矣錢以是獨得不散司農開封疑潛沮格各使其屬來驗皆如令而條例司劾祥符住散青苗錢潛知且不免移疾去縣人詣府請留之不得家居卒年六十六

連庶字居錫安州應山人舉進士調商水尉壽春令

興學尊禮秀民以勸其俗開瀕淮田千頃縣大治淮南王舊壘在山間會大水州守議取其甓為城庶曰弓矢舞衣傳百世藏於王府非為必可用蓋以古之物傳於今尚有典刑也壘因是得存以母老乞監陳州稅嘗送客出北門見日西風塵而冠蓋憧憧不已慨然有感即日求分司歸父之翰林學士歐陽脩龍圖閣直學士祖無擇言庶文學行義宜在臺閣以知崑山縣辭不行累遷職方員外郎卒庶始與弟庠在鄉里時宋郊兄弟歐陽脩皆依之及二宋貴達不可其志退居二十年守道好修非其人不交非其義秋

毫不可污也庶既死宋郊之孫義年為應山令緣邑人之意作堂於法興僧舍繪二宋及庶庠之像祠事之庠亦登科敏於政事號良吏終都官郎中

章詧字隱之成都雙流人少孤鞠於兄嫂以所事父母事之博通經學尤長易太玄著發隱三篇明用著索道之法知以數寓道之用三摹九據始終之變蜀守蔣堂楊察張方平何郯趙抃咸以逸民薦一賜粟帛再命州助教不就嘉祐中賜號沖退處士王素時為州因更其所居之鄉曰處士里曰通儒坊曰沖退詧由是益以道自裕尊生養氣憂喜是非亦不以撓

其心形嘗訪里人范百祿謂曰子辟穀二十餘年今強力尚足予亦嘗知以氣治疾之說乎百祿因從扣太玄詧為解述大旨再復攡詞曰人之所好而不足者善也所醜而有餘者惡也君子能強其所不足而拂其所有餘太玄之道幾矣此子雲仁義之心予之於太玄也述斯而已若苦其思艱其言迂溺其所以為數而忘其仁義之大是惡足以語夫道哉熙寧元年卒年七十六子禩亦好古學嘗應行義敦遣詔仍世有隱德其所居猶存

俞汝尚字退翁湖州烏程人少時讀書於鄣南之崑

山為人溫溫有禮議論不苟不可於意有所不言言之未嘗妄也不肯料理生事不以貧乏撓其懷澹於勢利聞人善言善行記之不忘時時為人道之擢進士第涉歷州縣無少營進取之心嘗知導江縣新繁令卒使者使承其乏將資以公田辭不許至則悉以周舊令之家熙寧初簽書劍南西川判官趙抃守蜀以簡靜為治每旦退坐便齋諸吏莫敢至唯汝尚來輒排闥徑入相對清談竟暮王安石當國患一時故老不同已或言汝尚清望可寘之御史使以次彈擊驛召詣京師既知所以薦用意力辭章再上得免親

故有責以不能與子孫為地者汝尚笑曰是乃所以為其地也還家苦貧未能忘祿養又從趙抃於青州遂以屯田郎中致仕蘇軾蘇轍孫覺李常皆賦詩文歎羨之優游數年當六月徂暑寢室不可居出舍于門妻黃就視之汝尚曰人生七十者希吾與夫人皆過之可以行矣妻應曰然則我先去後三日卒汝尚庀其喪為作銘召諸子告曰吾亦從此逝矣隱几而終相去纔十日孫倅紹興中敷文閣直學士

陽孝本字行先虔州贛人學博行高隱於城西通天巖蘇頌蒲宗孟皆以山林特起薦之蘇軾自海外歸

過而愛焉號之曰王巖居士嘗直造其室知其不娶戚以為元德秀之流孝本自言為陽城之裔故軾詩有云衆謂元德秀自稱陽道州嘉之也隱遯二十年一時名士多從之游崇寧中舉八行解褐為國子錄再轉博士以直秘閣歸卒年八十四

鄧孝甫字成之臨川人第進士歷陳留尉萬載永明令知上饒縣積官奉議郎提點開封府界河渠坐事去官遂閉戶著書不復言仕元符末詔求直言孝甫年八十一上書云亂天下者新法也末流之禍將不可勝言今宜以時更化純法祖宗因論熙寧而下權

臣迭起欺世誤國歷指其事而枚數其人蔡京嫉之謂為詆訕宗廟削籍羈筠州崇寧去黨碑釋逐臣同類者五十三人其五十人得歸惟孝甫與范柔中封覺民獨否遂卒於筠且死命幼孫名世執筆口占百餘言其略曰子自謂山中宰相虛有其才也自謂文昌先生虛有其詞也不得大用於盛世亦無憾焉蓋有天命爾所論述有卜世大寶龜伊周素蘊義命雜著太平策要等凡二百五十餘篇

宇文之邵字公南漢州綿竹人舉進士為文州曲水令轉運以輕縑高其價使縣鬻於民之邵言縣下江

上山地狹人貧耕者亡幾方歲儉饑羌夷數入寇不可復困之以求利運使怒會神宗即位求言乃上疏曰天下一家也祖宗創業守成之法具在陛下方居諒陰諂諛姦佞之人屏伏未動正可念五聖之功德常若左右前後京師者諸夏之視儆俗宜敦厚而儉薄浮侈是尚公卿大夫民之表也宜以名節自勵而勢利合雜是先須以節義廉恥風導之使人知自重千里之郡有利未必興有害未必除者轉運使提點刑獄制之也百里之邑有利未必興有害未必除者郡制之也前日赦令應在公逋負一切蠲除而有司

操之益急督之愈甚使上澤不下流而細民益困如
擇賢才以為三司之官稍假郡縣以權則民瘼除矣
然後監番聚瀰橋之盛以保安外戚考棠棣角弓之
義以親睦九族興墜典拔滯淹逐夸毗來忠讜凡所
建置必與大臣共議以廣其善號令威福則專制之
如此則天下之人思見太平可拱而俟也疏奏不報
喟然曰吾不可仕矣遂致仕以太子中允歸時年未
四十自強于學不易其志日與交友為經史琴酒之
樂退居十五年而終司馬光曰吾聞志不行顧祿位
如錙銖道不同視富貴如土芥今於之邵見之矣范

鎮亦曰之邵位下而言高學富而行篤少我二十一
歲而先我掛冠使吾慊然其為兩賢所推尚如此
吳瑛字德仁蘄州蘄春人以父龍圖閣學士遵路任
補太廟齋郎監西京竹木務簽書淮南判官通判池
州黃州知郴州至虞部員外郎治平三年官滿如京
師年四十六即上書請致仕公卿大夫知之者相與
出力挽留之不聽皆嘆服以為不可及相率賦詩飲
餞于都門遂歸蘄有田僅足自給臨溪築室種花釀
酒家事一付子弟賓客至必飲飲必醉或困臥花間
客去亦不問有臧否人物者不酬一語但促奴益行

酒人莫不愛其樂易而敬其高嘗有貴客過之瑛酒
酣而歌以樂器扣其頭為節客亦不以為忤視財物
如糞土妹壻輒取家財數十萬貸人不能償瑛哀之
曰是人有母得無重憂召而焚其券門生為治田事
歷歲忽謝去曰聞有言其簿書為欺者誼不可留瑛
命取前後文書示之蓋未嘗發封也盜入室覺而不
言且取其被乃曰他物唯所欲夜正寒幸舍吾被其
真率曠達類此哲宗朝有薦之者召為吏部郎中就
知蘄州皆不起崇寧三年感疾即閉閤謝醫藥至垂
絕不亂卒年八十四

松江漁翁者不知其姓名每棹小舟游長橋往來波
上扣舷飲酒酣歌自得紹聖中閩人潘裕自京師調
官回過吳江遇而異焉起揖之曰子視先生氣貌固
非漁釣之流願丐緒言以發蒙陋翁瞪視曰君不凡
若誠有意能過小舟語乎裕欣然過之翁曰吾厭喧
煩處閒曠遁迹於此三十年矣幼喜誦經史百家之
言後觀釋氏書今皆棄去唯飽食以嬉尚何所事裕
曰先生澡身浴德如此今聖明在上盍出而仕乎笑
曰君子之道或出或處吾雖不能棲隱巖穴追園綺
之蹤竊慕老氏曲全之義且養志者忘形養形者忘

利致道者忘心心形俱忘其視軒冕如糞土耳與子出處異趣子勉之裕曰裕也不才幸聞先生之高義敢問舍所在曰吾姓名且不欲人知況居室耶飲畢長揖使裕反其所鼓枻而去

杜生者潁昌人不知其名縣人呼為杜五郎所居去縣三十里有屋兩間與其子並居前有空地丈餘即為籬門生不出門者三十年黎陽尉孫軫往訪之其人頗洒落自陳村人無所能官人何為見顧軫問所以不出門之因笑曰以告者過也指門外一桑曰憶十五年前亦曾納涼其下何謂不出但無用於時無

求於人偶自不出耳何足尚哉問所以為生曰昔時居邑之南有田五十畝與某兄同耕迨兄子娶婦度所耕不足贍乃盡以與兄而攜妻子至此蒙鄉人借屋遂居之唯與人擇日又賣醫藥以給飦粥亦有時不繼後子能耕荷長者見憐與田三十畝使之耕尚有餘力又為人傭耕自此食足鄉人貧以醫術自業者多念已食既足不當更無他利由是擇日賣藥一切不為問常何所為曰端坐耳頗觀書否曰二十年前曾有人遺一書策無題號其間多說浮名經當時極愛其議論今忘之并書亦不知所在矣時盛寒布袍草屩室中枵然而氣韻閒曠言詞精簡蓋有道之士也問其子之為人曰村童也然性質甚淳厚不妄言不敢嬉唯間一至縣買鹽酪可數行跡以待其歸徑往徑還未嘗傍游一步也軫嗟嘆留連久之乃去後至延安幕府為沈括言之括時理軍書迨夜半疲極未卧聞軫談及此乃頓忘其勞

順昌山人靖康末有避亂於順昌山中者深入得茅舍主人風裁甚整即之語士君子也怪而問曰諸君何事挈妻孥能至是耶因語之故主人曰亂何自而起耶衆爭為言主人嗟惻久之曰我父為仁宗朝人

也自嘉祐末卜居于此因不復出以我所聞但知有熙寧紀年亦不知于今幾何年矣

南安翁者漳州陳元忠客居南海日嘗赴省試過南安會日暮投宿野人家茅茨數椽竹樹茂密可愛主翁雖麻衣草屨而舉止談對宛若士人几案間有文籍散亂視之皆經子也陳叩之曰翁訓子讀書乎曰種園為生耳亦入城市乎曰十五年不出矣問藏書何用曰偶有之耳因雜以他語少焉風雨暴作其二子歸揞鉏揖客人物不類農家子翁進豆羹享客不復共談遲明別去陳以事留城中翌日見翁倉遑而

行陳追詰之曰翁云十五年不出城何為到此曰吾以急事不容不出問之乃大兒於關外買果失稅為關吏所拘陳為謁監征至則已捕送郡翁與小兒偕詣庭下長子當杖翁懇白郡守曰某老鈍無能全藉此子贍給若渠不勝杖則翌日乏食矣願以身代之小兒曰大人豈可受杖某願代兄大兒又以罪在已甘心焉三人爭不決小兒來父耳旁語若將有所請翁叱之兒必欲前郡守疑之呼問所以對曰大人元係帶職正郎宣和間累典州郡翁急摙其衣使退曰兒狂妄言守詢誥敕在否兒曰見作一束寘甕中埋

於山下守立遣吏隨兒發取果得之即延翁上坐謝而釋其子次日枉駕訪之室已虛矣

張舉字子厚常州登進士甲科以無他兄弟獨養其親不忍斯須去左右親友彊之仕乃調青溪主簿亦不之官閉戶讀書四十年手校數萬卷無一字舛窮經著書至夜分不寐元豐中近臣薦其高行至于元祐大臣復薦之起教授潁州辭不就於是孫覺胡宗愈范祖禹交章言曰舉且死草萊後世必以為朝廷失士蘇軾言之尤切詔拜秘書省校書郎敕郡縣致禮敦遣竟不出舉孝弟脩於家忠信行於友聲名聞於人蹈中守常從容不迫為當時名流所慕以不造門為恥崇寧四年卒明年詔以舉隱德丘園聲聞顯著賜謚曰正素先生

列傳卷第二百十七

開府儀同三司上柱國錄軍國重事前中書右丞相監修國史領經筵事都總裁脫脫等奉
勅修

隱逸下

徐中行　蘇雲卿　譙定　王忠民
劉勉之　胡憲　郭雍　劉愚
魏掞之　安世通

徐中行台州臨海人始知學聞安定胡瑗講明道學其徒轉相傳授將往從焉至京師首謁范純仁純仁賢之薦于司馬光光謂斯人神清氣和可與進道會

福唐劉彝赴闕得瑗所授經熟讀精思攻苦食淡夏不扇冬不爐夜不安枕者踰年乃歸葺小室竟日危坐所造詣人莫測也父死跣足廬墓躬耕養母推其餘力葬內外親及州里貧無後者十餘喪晚年教授學者自洒掃應對格物致知達于治國平天下不失其性不越其序而後已其友羅適持節本路舉以自代又率部使者以遺逸薦崇寧中郡守李諤又以八行薦時章蔡竊國柄竄逐善類且盡中行每一聞命輒涕下一日去之黃巖會親友盡燬其所為文幅巾藜杖往來委羽山中客有詰以避舉要名者中行曰人而無行與禽獸等使吾得以八行應科目則彼之不被舉者非人類與吾正欲避此名非要名也客慙而退陳瓘謫台州聞名納交暨其沒錄其行事謂與山陽徐積齊名呼為八行先生子三人庭筠其季也童丱有志行事父兄孝友天至居喪毀甚既免喪不忍娶者十餘年秦檜當國科場尚諛佞試題問中興歌頌庭筠歎曰今日豈歌頌時耶跪其未足為中興者五見者尤之庭筠曰吾欲不妄語而敢欺君乎黃巖尉鄭伯熊代去請益庭筠曰富貴易得名節難守願安時處順主張世道伯熊受其言迄為名臣有

詔舉人嘗五上春官者予岳祠庭筠適應格所親咸勸之庭筠辭曰吾嘗草封事謂岳廟冗祿無用既心非之可躬蹈耶其學以誠敬為主夜必就榻而後脫巾旦必巾而後起居無惰容喜無戲言不事緣飾不苟臧否聞人片善記其姓名遇饑凍者推食解衣不靳儉屋以居未嘗戚戚尤袤為守聞其名遣書禮之一日巾車歷訪舊游徜徉幾月歸感微疾端坐瞑目而逝年八十有五鄉人崇敬之以其父子俱隱遯稱之曰二徐先生淳熙間常平使者朱熹行部拜墓下題詩有道學傳千古東甌說二徐之句且大書以表

之曰有宋高士二徐先生之墓庭筠之兄庭槐庭蘭皆有父風孫日升苦學有守於是徐氏詩書不絕六世矣

蘇雲卿廣漢人紹興間來豫章東湖結廬獨居待鄰曲有恩禮無良賤老稚皆愛敬之稱曰蘇翁身長七尺美須髯寡言笑布褐草履終歲不易未嘗疾病披荊畚礫為圃藝植耘芟灌溉培壅皆有法度雖隆暑極寒土焦草凍圃不絕蔬滋鬱暢茂四時之品無闕者味視他圃尤勝又不二價市鬻者利倍而售速先期輸直夜織屨堅韌過革屩人爭貿之以鑽遠以故

薪米不乏有羨則以周急應貸假者負償一不經意溉園之隙閉門高臥或危坐終日莫測識也少與張浚為布衣交浚為相馳書函金幣屬豫章帥及漕曰余鄉人蘇雲卿管樂流亞遁跡湖海有年矣近聞灌園東湖其高風偉節非折簡能屈幸親造其廬必為我致之帥漕密物色曰此獨有灌園蘇翁無雲卿也帥漕乃屏騎從更服為遊士入其圃翁運鋤不顧進而揖之翁曰二客何從來耶延入室土銼竹几地無纖塵案上有西漢書一冊二客恍若自失默計此為蘇雲卿也既而汲泉煮茗意稍款洽遂扣其鄉里徐曰廣漢客曰張德遠廣漢人翁當識之曰然客又問德遠何如人曰賢人也第長於知君子短於知小人德有餘而才不足因問德遠今何官二客曰今朝廷起張公欲了此事翁曰此恐怕他未便了得在二客起而言曰張公令某等致公共濟大業因出書函金幣寘几上雲卿鼻間隱隱作聲若自然歎者二客力請共載辭不可期以詰朝上謁且遣使迎伺則扃戶閴然排闥入則書幣不啓家具如故而翁已遁矣竟不知所往帥漕復命浚拊几嘆曰求之不早實懷竊位之羞作箴以識之曰雲卿風節高於傳霖予期與

之共濟當今山潛水杳邈不可尋弗力弗早予罪曷鍼

譙定字天授涪陵人少喜學佛析其理歸於儒後學易于郭曩氏自見乃謂之象一語以入郭曩氏者世家南平始祖在漢為嚴君平之師世傳易學蓋象數之學也定一日至汴聞伊川程頤講道于洛潔衣往見棄其學而學焉遂得聞精義造詣愈至浩然而歸其後頤貶涪實定之鄉也北山有巖師友游泳其中涪人名之曰讀易洞靖康初呂好問薦之欽宗召為崇政殿說書以論弗合辭不就高宗即位定猶在汴

右丞許翰又薦之詔宗澤津遣詣行在至惟揚寓邸舍窶甚一中貴人偶與隣餽之食不受與之衣亦不受委金而去定袖而歸之其自立之操類此上將用之會金兵至失定所在復歸蜀愛青城大面之勝棲遯其中蜀人指其地曰譙巖敬定而不敢名稱之曰譙夫子有繪像祀之者久而不衰定易學得之程頤授之胡憲劉勉之而馮時行張行成則得定之餘意者也定後不知所終樵夫牧童往往有見之者世傳其爲仙云初程頤之父珦嘗守廣漢頤與兄顥皆隨侍遊成都見治篾箍桶者挾冊就視之則易也欲擬

議致詰而篾者先曰若嘗學此乎因指未濟男之窮以發問二程遜而問之則曰三陽皆失位兄弟渙然有所省翌日再過之則去矣其後袁滋入洛問易於頤頤曰易學在蜀耳盍往求之滋入蜀訪問久無所遇已而見賣醬薛翁於眉邛間與語大有所得不知所得何語也憲勉之滋皆閩人時行行成蜀人郭曩氏及篾叟醬翁皆蜀之隱君子也

王忠民潁陽人世業醫忠民幼通經史自靖康以來數言邊方利害于朝累召弗至高宗渡江忠民隱居不出諸鎮翟興等皆重之弗能致張浚授以迪功郎不受與徙治欒川忠民避地南下遇商虢鎮撫使董先于內鄉留軍中事以師禮時劉豫僭立忠民作九思圖及定亂四象達之金主及鏤板印圖散于僞境以明天下之義紹興三年翟宗薦其忠節于朝特授宣教郎詔董先津遣詣行在既至宰相呂頤浩簽書樞密院事徐俯見之皆拜舍于政府忠民上疏辭官言臣憤金人無道故三上金主書乞還二帝本心報國非冀名祿上不許忠民以誥眞牘中藏七寶山下力懇求去復依董先軍中遂不出時又有蘇庠者丹陽人紳之後頌之族也少能詩蘇軾見其清江曲大

愛之由是知名徐俯薦其賢上特召之固辭又命守臣以禮津遣庠辭疾不至以壽終

劉勉之字致中建州崇安人自幼強學日誦數千言踰冠以鄉舉詣太學時蔡京用事禁止毋得挾元祐書自是伊洛之學不行勉之求得其書每深夜同舍生皆寐乃潛抄而默誦之譙定至京師勉之聞其從程頤遊邃易學遂師事之已而厭科舉業揖諸生歸見劉安世楊時皆請業焉及至家即邑近郊結草爲堂讀書其中力耕自給澹然無求於世與胡憲劉子翬相往來日以講論切磋爲事紹興閒中書舍人呂

本中疏其行義志業以聞特召詣闕秦檜方主和憲
勉之見上持正論乃不引見但令策試後省給札而
已勉之知不與檜合即謝病歸杜門十餘年學者踵
至隨其材品為説聖賢教學之門及前言往行之懿
所居有白水人號曰白水先生賢士大夫自趙鼎以
下皆敬慕與交後秦檜益横鼎竄死諸賢禁錮勉之
竟不復出勉之一介不妄取婦家富無子謀盡以貲
歸于女勉之不受以畀族之賢者命之奉祀其友朱
松卒屬以後事且戒其子熹受學勉之經理其家而
誨熹如子姪熹之得道自勉之始紹興十九年卒年

五十九
胡憲字原仲居建之崇安生而静慤不妄笑語長從
從父胡安國學平居危坐植立時然後言雖倉卒無
疾言遽色人犯之未嘗校紹興中以鄉貢入太學會
伊洛學有禁憲獨陰與劉勉之誦習其説既而學易
於譙定久未有得定曰心為物漬故不能有見唯學
乃可明耳憲喟然歎曰所謂學者非克己工夫耶自是
一意下學不求人知一旦揖諸生歸故山力田賣藥
以奉其親安國稱其有隱君子之操從游者日衆號
籍溪先生賢士大夫亦高仰之折彥質范冲朱震劉

子羽呂祉呂本中共以其行義聞于朝上特召之憲
辭母老及彥質入西府又言於上趣召愈急憲力辭
乃賜進士出身授左迪功郎添差建州教授憲猶不
屈太守魏矼遣行義諸生入里致詔且為手書陳大
義開譬甚力憲不得已就職日與諸生接訓以為己
之學聞者始而笑中而疑久而觀其所以修身事親
接人者無一不如所言遂翕然悦服郡人程元以篤
行稱龔何以廉節著皆迎致俾參學政學者自是大
化因七年不徙官以母年高不樂居官舍求監南嶽
廟以歸久之起為福建路安撫使司屬官時帥張宗

元榷鹽急私販者銖兩亦重坐憲告以為政大體宗
元不悦憲復請祠而去秦檜方用事諸賢零落憲家
居不出檜死以大理司直召未行改秘書正字既至
次當奏事而病不能朝乃草疏言金人大治汴京宮
室勢必敗盟今元臣宿將惟張浚劉錡在識者皆謂
金果南牧非此兩人莫能當顧亟起之臣死不恨時
兩人皆為積毀所傷未有敢顯言其當用者憲獨首
言之疏入即求去上嘉其忠詔改秩與祠歸初憲與
劉勉之俱隱後又與劉子翬朱松交松將沒屬其子
熹受學於憲與勉之子翬熹自謂從三君子遊而事籍溪

先生為久方憲之以館職召也適秦檜諱言之後憲與王十朋馮方查籥李浩相繼論事大學士為五賢詩以歌之人始信憲之不苟出而惜其在位僅半年不究其底蘊云紹興三十二年卒年七十七

郭雍字子和其先洛陽人父忠孝官至太中大夫師事程頤著易說號兼山先生自有傳雍傳其父學通世務隱居峽州放浪長楊山谷間號白雲先生乾道中以峽守任清臣湖北帥張孝祥薦于朝旌召不起賜號沖晦處士孝宗稔知其賢每對輔臣稱道之命所在州郡歲時致禮存問後更封頤正先生令部使

者遣官就問雍所欲言備録繳進於是雍年八十有三矣淳熙初學者裒集程顥程頤張載游酢楊時及忠孝雍凡七家為大易粹言行于世其述雍之説曰易貫通三才包括萬理伏羲氏之畫得于天而明天文王之重得于人而明人義畫為天天君道也故五之在人為君文重為地地臣道也故二之在人為臣以上下二卦別而言之如此合六爻而言之則三四皆人道也故謂之中爻乾元亨利貞初曰四德後又曰乾元始而亨者也利牝馬貞利君子貞是以四德為二義亦可矣乾陽物也坤陰物也由乾一卦論之則元與亨陽之類利與貞陰之類也是猶春夏秋冬雖為四時由陰陽觀之則春夏為陽秋冬為陰也天之所謂元亨利貞者如立天之道陰與陽之類也地之所謂元亨利貞者如立地之道柔與剛之類也人之所謂元亨利貞者如立人之道仁與義之類也又坤之六五坤雖臣道五實君位雖以柔德不害其為君猶乾之九二雖有君德不害其為臣故乾有兩君德無兩君坤有兩臣德無兩臣六五以柔居尊下下之君也江海所以能為百谷王者以其善下下也下下本坤德也黃中色也色之至美也裳下服也是以

至美之德而下人也其發明精到如此淳熙十四年卒

劉愚字必明衢州龍游人幼警敏力學弱冠入太學有聲受業者甚衆侍御史柴瑾祭酒顔師魯博士林光朝深器重之瑾每奏對稱上意則曰臣客劉愚為臣言師魯嘗奏愚行藝上記曰此向者柴瑾所薦也上舍釋褐居第一調江陵府教授早晚為諸生講説同僚相率以聽愚益謙下與葉適項安世講論不倦每以隱居學道為樂歲滿帥王藺致書辟固辭貧不能歸外移安鄉縣令邑逋賦萬計愚覈實數寬限

期民不見吏而賦自足會歲歉出常平米振貸邑佐持不可愚曰有罪不以相累出緡錢數千萬召商糴他郡而收元直米價頓平猶積廩數千石以備饑旱邑有范仲淹讀書地為繪像立祠興學士競知勸諸司交薦改秩愚雅不樂仕進遂致仕丞相余端禮鄉人也與愚有舊且召堂審愚竟捨去不顧結廬城南頹垣敗壁蓬蒿蕭然著書自適書禮語孟皆有解年八十三而卒故友與其門人私謚曰謙靖先生後更謚曰靖君鄉郡祠之妻徐氏在家時其母將以嫁姑子之富者徐泣曰為富人妻不願也遂歸于愚居破

屋中一事機杼愚嘗懷白金歸徐怒曰我以子為賢而若是亟具歸愚出書以示東修得也乃已有梁鴻之風焉子克几凡克蚤以詩名葉適嘗稱其可繼陶韋

魏掞之字子實建州建陽人初字元履自幼有大志師胡憲與朱熹游兩以鄉舉試禮部不第嘗客衢守章傑所趙鼎以謫死其子汾將喪過衢傑雅憾鼎又希秦檜意遣尉翁蒙之領卒掩取鼎平時與故舊來往簡牘蒙之先遣人告汾焚之逮至一無所得傑怒治蒙之拘汾于兵家所且以告檜掞之以書責傑長揖徑歸築室讀書牓以艮齋自是人稱曰艮齋先生閩帥汪應辰建守陳正同知其賢薦于朝時相尼之不果召乾道中詔舉遺逸部刺史芮燁與帥守共表其行誼特詔召之掞之力辭時宰相陳俊卿閩人也雅知掞之招之甚力乃以布衣入見極陳當時之務大要勸上以脩德業正人心養士氣為恢復之本上嘉納之賜同進士出身守太學録先是學官養望自高不與諸生接掞之既就職日進諸生教誨之又增葺其舍人人感勵將釋菜掞之請廢王安石父子從祀追爵程顥程頤列于祀典不報復言太學之教宜

以德行經術為先其次則通習世務今乃專以空言取人又不報遂丐去會福州副總管曾覿秩滿還在道掞之累疏以諫移疾杜門遺書陳俊卿責其不能捄止語甚切遂以迎親請歸行數日罷為台州教授方掞之之未行也覿至國門外已久伺掞之去乃敢入掞之在朝不能半歲既歸喟然歎曰上恩深厚如此而吾學不足以感悟聖意乃日居艮齋條理舊聞以求其所未至其居家謹喪祭重禮法從父有客于南者千里迎養死葬如禮而字其孤建俗生子多不舉為文以戒全活者甚衆又白于官請督不舉其親

者富與期貧與財而無主後者掩之毎遇歲饑為粥以食饑者後依古社倉法請官米以貸民至冬取之以納于倉部使者素敬揆之捐米千餘斛假之歲歲斂散如常民賴以濟諸鄉社倉自揆之始與人交嘉其善而掖其失後進以禮來者苟有寸長必汲汲推挽成就之至或訾其近名則蹙然曰使夫人而避此嫌為善之路絕矣病革毋視之不巾不見戒其子毋以僧巫俗禮浼我以書召朱熹至委以後事而訣卒年五十八後上思其直諒將召用之大臣言已死乃贈直秘閣熹平日趣向與揆之同乾道中熹亦被召

将行聞揆之去國乃止

青城山道人安世通者本西人其父有謀策為武官數以言干當路不用遂自沈於酒而終世通亦隱居青城山中不出吳曦反乃獻書於成都帥楊輔曰世通在山中忽聞關外之變不覺大慟世通雖方外人而大人先生亦嘗發以入道之門竊以為公初得曦檄即當還書誦其家世激以忠義聚官屬軍民素服號慟因而散金發粟鼓集忠義閉劒門檄褒梓與伏義之師以順討逆誰不願從而士大夫皆酒缸飯囊不明大義尚云少屈以保生靈何其不知輕重如此夫君乃父也民乃子也豈有棄父而掖子之理此非曦一人之叛乃舉蜀士大夫之叛也聞古有叛民無叛官今曦叛而士大夫皆縮手以聽命是驅民而為叛也且曦雖叛逆猶有所忌未敢建正朔殺士大夫尚以虛文見招亦以公之與否卜民之從違也今悠悠不決徒為婦人女子之悲所謂停囚長智吾恐朝廷之失望也凡舉大事者成敗死生皆當付之度外區區行年五十二矣古人言可以生而生福也可以死而死亦福也決不忍汗面戴天同為叛民也輔有重名蜀中士大夫多勸以舉義者而世通之言尤切

至輔不能決遂東如江陵請吳獵舉兵以討曦未幾曦敗獵使蜀薦士以世通為首云

卓行

劉庭式　巢谷　徐積
曾叔卿　劉永一

父子有親夫婦有別朋友有信天下之所共知而共由者也乃有卓行於斯焉徐積於其所天劉庭式於其室家巢谷於其知己皆行常人之難行其所難而安焉豈非卓乎曾叔卿之不欺劉永一之不苟取皆以一事而人譽之終身蓋有其所矣其可忽諸撰卓

行傳

劉庭式字得之齊州人舉進士蘇軾守密州庭式為通判初庭式未第時議娶鄉人之女既約未納幣庭式乃及第女以病喪明女家躬耕貧甚不敢復言或勸納其幼女庭式笑曰吾心已許之矣豈可負吾初心哉卒娶之生數子後死庭式喪之逾年不肯復娶軾問之曰哀生於愛愛生於色今君愛何從生哀何從出乎庭式曰吾知喪吾妻而已吾若緣色而生愛緣愛而生哀色衰愛弛吾哀亦忘則凡揚袂倚[illegible]市目挑而心招者皆可以為妻也耶軾深感其言庭式

後監太平觀老于廬山絕粒不食目奕奕有紫光步上下峻坂如飛以高壽終

巢谷初名穀字元修眉州眉山人父中谷傳其學雖朴而博舉進士京師谷素多力見舉武藝者心好之遂棄其舊學蓄弓箭習騎射久之業成而不中第聞西邊多驍勇為四方冠去遊秦鳳涇原間所至友其秀桀與韓存寶尤相善教之兵書熙寧中存寶為河州將有功號熙河名將會瀘州蠻乞弟擾邊諸郡不能制命存寶出兵討之存寶不習蠻事邀谷至軍中問焉及存寶得罪將就逮自度必死謂谷曰我涇原武夫死非所惜顧妻子不免寒餓槖中有銀數百兩非君莫可使遺之者谷許諾即變姓名懷銀步往授其子人無知者存寶死谷逃避江淮間會赦乃出蘇軾責黃州與谷同鄉幼而識之因與之遊及軾與弟轍在朝谷浮沉里中未嘗一來相見紹聖初軾轍謫嶺海平生親舊無復相聞者谷獨慨然自眉山誦言欲徒步訪兩蘇聞者皆笑其狂元符二年谷竟往至梅州遺轍書曰我萬里步行見公不意自全今至梅矣不旬日必見死無恨矣轍驚喜曰此非今世人古之人也既見握手相泣已而道平生逾月不厭時谷年

七十三瘦瘠多病將復見軾於海南轍愍而止之曰君意則善然循至儋數千里當復渡海非老人事也谷曰我自視未即死也公無止我閱其槖中無數千錢轍方困乏亦強資遣之舟行會有蠻隸竊其槖裝以逃獲於新州谷從之至新遂病死轍聞哭之失聲恨不用已言而致死又奇其不用已言而行其志也

徐積字仲車楚州山陽人孝行出於天禀三歲父死旦旦求之甚哀母使讀孝經輒淚落不能止事母至孝朝夕冠帶定省從胡翼之學所居一室寒一衲裘啜菽飲水翼之饋以食弗受應舉入都不忍捨其親

徒載而西登進士第舉首許安國率同年生入拜且致百金為壽謝却之以父名石終身不用石器行遇石則避而不踐或問之積曰吾遇之則怵然傷吾心思吾親故不忍加足其上爾母亡水漿不入口者七日悲慟嘔血廬墓三年卧苫枕塊衰經不去體雪夜伏墓側哭不絕音翰林學士呂溱過其廬適聞之為泣下曰使鬼神有知亦垂涕也甘露歲降兆域杏兩枝合為榦既終喪不徹筵几起居饋獻如平生中年有瞶疾屏處窮里而四方事無不知客從南越來積與論嶺表山川險易鎮戍疎密口誦手畫若數一二

客嘆曰不出戶而知天下徐公是也自少及老日作一詩為文率用腹藁口占授其子嘗借人書策經宿還之借者紿言中有金葉積謝而不辨賣衣償之鄉人有爭訟多就取決州以行聞詔賜粟帛元祐初近臣合言積養親以孝著居鄉以廉稱道義文學顯於東南今年過五十以耳疾不能出仕朝廷方詔舉中外學官如積之賢宜在所表乃以楊州司戶參軍為楚州教授每升堂訓諸生曰諸君欲為君子而勞己之力費己之財如此而不為猶之可也不勞己之力不費己之財何不為君子鄉人賤之父母惡之如此而不為可也鄉人榮之父母欲之何不為君子又曰言其所善行其所善思其所善如此而不為君子者未之有也言其不善行其不善思其不善如此而不為小人者未之有也聞之者斂衽敬聽居數歲使者又交薦之轉和州防禦推官改宣德郎監中岳廟卒年七十六政和六年賜謚節孝處士官其一子

曾叔卿建昌南豐人鞏族兄也家苦貧即心存不欺嘗買西江陶器欲貿易於北方既而不果行有從之轉售者與之既受直矣問將何之其人曰欲效君前策耳叔卿曰不可吾聞北方新有災饉此物必不時

泄故不以行余豈宜不告以誤子其人即取錢去居鄉介潔非所宜受一介不取妻子困於饑寒而拊庇孤惸唯恐失其意起家進士至著作佐郎熙寧中卒

劉永一陝州夏縣人孝友廉謹熙寧初巫咸水溢入縣城民多溺死永一持竿立門前見他人物流入者輙擿出之有僧寓錢數萬於其室無何而僧死永一詣縣自言請以錢歸其弟子鄉人負債不肯償立焚其券行事類此凡大為醫助教居親喪不飲酒食肉終三年司馬光傳之以為今士大夫所難

列傳卷二百十八

列傳卷第二百十九　宋史四百六十

開府儀同三司上柱國録軍國重事前中書右丞相監修國史領經筵事都總裁臣脫脫等奉

勅修

列女

朱娥　張氏　彭列女

郝節娥　朱氏　崔氏

趙氏　丁氏　項氏

王氏二婦　徐氏　榮氏

何氏　董氏　譚氏

劉氏　張氏　師氏

陳堂前　節婦廖氏　劉當可母

曾氏婦　王袞妻　涂端友妻

詹氏女　劉生妻　謝泌妻

謝枋得妻　王貞婦　趙淮妾

譚氏婦　吳中孚妻　呂仲洙女

林老女　童氏女　韓氏女

王氏婦　劉仝子妻毛惜惜附

古者天子親耕教男子力作皇后親蠶教女子治生王道之本風俗之原固有在矣男有塾師女有師氏國有其官家有其訓然而詩書所稱男女之賢尚可數也世道既降教典非古男子之志四方猶可隆師親友以為善女子生長環堵之中能著美行垂於汗青豈易得哉故歷代所傳列女何可棄也考宋舊史得列女若干人作列女傳

朱娥者越州上虞朱回女也母早亡養于祖媼娥十歲里中朱顏與媼競持刀欲殺媼一家驚潰獨娥號呼突前擁蔽其媼手挽顏衣以身下墜顏刀曰寧殺我毋殺媼也媼以娥故得脫娥連被數十刀猶手挽顏衣不釋顏忿恚斷其喉以死事聞賜其家粟帛其後會稽令董偕為娥立像于曹娥廟歲時配享焉

張氏鄂州江夏民婦里惡少謝師乞過其家持刀逼欲與為亂曰從我則全不從則死張大罵曰庸奴可死不可它也至以刃斷其喉猶能走擒師乞以告鄰人既死朝廷聞之詔封旌德縣君表墳曰列女之墓賜酒帛令郡縣致奠

彭列女生洪州分寧農家從父泰入山伐薪父遇虎將不脫女拔刀斫虎奪其父而還事聞詔賜粟帛敕州縣歲時存問

郝節娥嘉州娼家女生五歲母娼苦貧賣於洪雅良家為養女始笄母奪而歸欲令世其娼娥不樂娼日

逼之娥曰少育良家習織作組紃之事又輒精巧粗可以給母朝夕欲求此身使終為良可乎母益怒且箠且罵洪雅春時為蠶叢祠娼與邑少年期因蠶叢具酒邀娥娼與娥徐往娥見少年倉皇驚走母挽捽不使去不得已留坐中時時顧酒食輒唾強飲之則嘔噦滿地少年卒不得侵凌暮歸過鷄鳴渡娥度他日必不可脫陽渴求飲自投于江以死鄉人謂之節娥云

朱氏開封民婦也家貧賣巿餳餈珥以給其夫夫日與俠少飲博不以家為事犯法徙武昌父母欲奪而嫁之朱曰何迫我如是耶其夫將行一夕自經死且曰及吾夫未去使知我不為不義屈也吳充時為開封府判官作阿朱詩以道其事

崔氏合淝包繶妻繶樞密副使拯之子早亡惟一稚兒拯夫婦意崔不能守也使左右嘗其心崔蓬垢涕泣出堂下見拯曰翁天下名公也婦得齒賤獲執辦滌之事幸矣況敢汙家乎生為包婦死為包鬼誓無它也其後稚兒亦卒母呂自荊州來誘崔欲嫁其族人因謂曰喪夫守子子死孰守崔曰昔之留也非以子也舅姑故也今舅歿姑老矣將舍而去乎呂怒詛

罵曰我寧死此決不獨歸須爾同往也崔泣曰母遠來義不當使母獨還然到荊州儻以不義見迫必絕於尺組之下願以屍還包氏遂偕去母見其誓必死卒還包氏

趙氏貝州人父嘗舉學究王則反聞趙氏有殊色使人劫致之欲納為妻趙日號哭慢罵求死賊愛其色不殺多使人守之趙知不脫乃紿曰必欲妻我宜擇日以禮聘賊信之使歸其家家人懼其自殞得禍于賊益使人守視賊具聘帛盛輿從來迎趙與家人訣曰吾不復歸此矣問其故答曰豈有為賊汙辱至此而尚有生理乎家人曰汝忍不為家族計趙曰第亡患遂涕泣登輿而去至州廨舉簾視之已自縊輿中死矣尚書屯田員外郎張寅有趙女詩

張晉卿妻丁氏鄭州新鄭人參知政事度五世孫也靖康中與晉卿避金兵於大隗山金兵入山為所得挾之鞍上丁自投于地戟手大罵連呼曰我死即死耳誓不受辱於爾輩復挾上馬再三罵不已卒乃忿然舉梃縱擊遂死杖下

項氏吉州吉水人居永昌里適同里孫氏宣和七年為里胥所逮至中途欲侵凌之項引刀自刺而死郡

以聞詔贈孺人旌表其廬

王氏二婦汝州人建炎初金人至汝州二婦為所掠擁置舟中遂投漢江以死屍皆浮出不壞人為收葬之城外江上為双塚以表之

徐氏和州人閑中女也適同郡張弼建炎三年春金人犯惟揚官軍望風奔潰多肆虜掠執徐欲汙之徐瞋目大罵曰朝廷畜汝輩以備緩急今敵犯行在既不能赴難又乘時為盜我恨一女子不能引劍斷汝頭以快衆憤肯為汝辱以茍活耶第速殺我賊慙恚以刃刺殺之投江中而去

榮氏顗女弟也自幼如成人讀論語孝經能通大義事父母孝歸將作監主簿馬元潁建炎二年賊張遇寇儀真榮與其姑及二女走惟揚姑素羸榮扶掖不忍舍賊至脅之不從賊殺其女脅之益急榮厲聲詬罵遂遇害

何氏吳人吳永年之妻也建炎四年春金兵道三吳官兵遁去城中人死者五十餘萬永年與其姊及其妻何奉母而逃母老待挾持而行卒為賊所得將縶其姊及何何紿謂賊曰諸君何不武耶婦人東西惟命爾賊信之行次水濱謂其夫曰我不負君遂投于河其姊繼之

董氏沂州滕縣人許適劉氏子建炎元年盜李昱攻剽滕縣悅其色欲亂之誘諭再三曰汝不我從當剉汝萬段女終不屈遂斷其首劉氏子聞女死狀大慟曰列女也葬之為立祠三年春盜馬進掠臨淮縣王宣要其妻曹氏避之曹曰我聞婦人死不出閨房賊至宣避之曹堅卧不起衆賊刼持之大罵不屈為所害四年盜祝友聚衆於滁州龔家城掠人為糧東安縣民丁國兵者及其妻為友所掠妻泣曰丁氏族流亡已盡乞存夫以續其祀賊遂釋夫而害之同時叛

卒楊勍寇南劍州道出小常村掠一民婦欲與亂婦毅然誓死不受汙遂遇害棄屍道傍賊退人為收瘞屍所枕藉處跡宛然不滅每雨則乾晴則濕或削去即復見覆以他土其迹愈明

譚氏英州真陽縣人曲江村士人吳琪妻也紹興五年英州饑觀音山盜起攻剽鄉落琪竄去譚不能俱與其女被執譚有姿色盜欲妻之譚怒罵曰爾輩賊也我良家女豈若偶耶賊度無可柰何害之同時有南雄李科妻謝氏保昌故村人囚於虔盜中數日有欲犯之謝唾其面曰寧萬段我不汝徇也盜怒剉之

而去

劉氏海州朐山人適同里陳公緒紹興末金人犯山東郡縣震響公緒倡義來歸偶劉歸寧倉卒不得與偕惟挈其子庚以行宋授以八品官後累功至正使劉留北方音問不通或語之曰人言貴易交富易妻今陳已貴必他娶矣盍改適曰吾知守吾志而已皇䘏乎他公緒亦不他娶子庚浸長輒思念涕泣傾家貲結任俠奔走淮甸險阻備嘗如是者十餘年遂得迎母以歸劉在北二十五年嘗緯蕭以自給

張氏羅江士人女其母楊氏寡居一日親黨有婚會

母女偕往其典庫雍乙者從行既就坐乙先歸會罷楊氏歸則乙死于庫莫知殺者主名提點成都府路刑獄張文饒疑楊有私懼為人知殺乙以滅口遂命石泉軍劾治楊言與女同榻實無他遂逮其女考掠無實吏乃掘地為坑縛母于其內旁列熾火間以水沃之絕而復蘇者屢辭終不服一日女謂獄吏曰我不勝苦毒將死矣願一見母而絕吏憐而許之既見謂母曰母以清絜聞柰何受此汚辱寧死箠楚不可自誣女今死死將訟冤于天言終而絕於是石泉連三日地大震有聲如雷天雨雹屋瓦皆落郡人震恐

勘官李志寧疑其獄夕具衣冠禱于天俄假寐坐廳事恍有係墜前驚寤呼吏卒索之不見志寧自念夢兆非殺人者袁姓乎有門卒忽言張氏饋食之夫曰袁大明日袁至使吏執之曰殺人者汝也袁色動遂曰吾憐之久矣願就死問之云適盜庫金會雍歸遂殺之楊乃得免時女死才數日也獄上郡牓其所居曰孝感坊

師氏彭州永豐人父驥政和二年省試第一宣和中為右正言十餘日凡七八䟽論權倖及廉訪使者之害而去女適范世雍子孝純建炎初還蜀至唐州方

城縣會賊朱顯終掠方城孝純先被害賊執師氏欲強之許以不死師罵曰我中朝言官女豈可受賊辱吾夫已死宜速殺我賊知不可屈遂害之

陳堂前漢州雒縣王氏女節操行義為鄉人所敬但呼曰堂前猶私家尊其母也堂前年十八歸同郡陳安節歲餘夫卒僅有一子舅姑無生事堂前歛泣告曰人之有子在奉親克家爾今已無可柰何婦願幹蠱如子在日舅姑曰若然吾子不亡矣既葬其夫事親治家有法舅姑安之子曰新年稍長延名儒訓導既冠入太學年三十卒二孫曰綱曰紱咸篤學有聞

初堂前歸陳夫之妹尚幼堂前教育之及笄以厚禮嫁遣舅姑亡妹求分財產堂前盡遺室中所有無靳色不五年妹所得財為夫所罄乃歸悔堂前為買田置屋撫育諸甥無異己子親屬有貧窶不能自存者收養婚嫁至三四十人自後宗族無慮百數里有故家甘氏貧而質其季女於酒家堂前出金贖之俾有所歸子孫遵其遺訓五世同居並以孝友儒業著聞乾道九年詔旌表其門閭云

廖氏臨江軍貢士歐陽希文之妻也紹興三年春盜起建昌號白氊笠過臨江希文與妻共挾其母傳走

山中為賊所追廖以身蔽姑使希文負之逃賊執廖氏廖正色叱之賊知不可屈揮刃斷其耳與臂廖猶謂賊曰爾輩叛逆至此我即死爾輩亦不久屠戮語絕而仆鄉人義而葬之號廖節婦墓是年盜彭友犯吉州龍泉李生妻梁氏義不受辱赴水而死

王氏利州路提舉常平司幹辦公事劉當可之母也紹定三年就養興元大元兵破蜀提刑龐授檄當可詣行司議事當可捧檄白母王氏毅然勉之曰汝食君祿豈可辭難當可行大元軍屠興元王氏義不辱大罵投江而死其婦杜氏及婢僕五人咸及于難當可聞變奔赴江滸得母喪以歸詔贈和義郡太夫人

曾氏婦晏汀州寧化人夫死守幼子不嫁紹定間寇破寧化縣令佐俱逃將樂縣宰黃垺令土豪王萬全王倫結約諸砦以拒賊晏首助兵給糧多所殺獲賊忿其敗結集愈衆諸砦不能禦晏乃依黃牛山傍自為一砦一日賊遣數十人來索婦女金帛晏召其田丁諭曰汝曹衣食我家賊求婦女意實在我汝念主母各當用命不勝即殺我因解首飾悉與田丁田丁感激思奮晏自撾鼓使諸婢鳴金以作其勇賊復退敗鄰鄉知其可依挈家依黃牛山避難者甚衆有不

能自給者晏悉以家糧助之於是聚衆日廣復與倫萬全共措置析黃牛山為五砦選少壯為義丁有急則互相應援以為犄角賊屢攻弗克所活老幼數萬人知南劍州陳韡遣人遺以金帛晏悉散給其下又遺楮幣以勞五砦之義丁且借補其子名其砦曰萬安事聞詔特封晏為恭人仍賜冠帔其子特與補承信郎

王袤妻趙氏饒州樂平人建炎中袤監上高酒稅金兵犯筠袤棄官逃去趙從之行遇金人縛以去繫袤夫婦於劉氏門而入剽掠劉室趙宛轉解縛并解袤

謂袞曰君速去俄而金人出問袞安往趙他指以誤之金人追之不得怒趙欺己殺之袞方伏叢薄間望之悲痛歸刻趙像以葬袞後仕至孝順監鎮

涂端友妻陳氏撫州臨川人紹興九年盜起被驅入黃山寺賊逼之不從以刃加其頸叱曰汝輩鼠竊命若蜉蝣我良家子義豈爾辱縱殺我官兵即至爾其免乎賊知不可屈乃幽之屋壁居數日族黨有得釋者咸齎金帛以贖其孥賊引端友妻令歸曰吾聞貞女不出閨閤今吾被驅至此何面目登涂氏堂復罵賊不絕竟死之

詹氏女蕪湖人紹興初年十七淮寇號一窠蜂倏破縣女歎曰父子無俱生理我計決矣頃之賊至欲殺其父兄女趨而前拜曰妾雖窶陋願執巾帚以事將軍贖父兄命不然父子併命無益也賊釋父兄縛女麾手使亟去無顧我我得侍將軍何所憾哉遂隨賊行數里過市東橋躍身入水死賊相顧駭歎而去

劉生妻歐陽氏吉州安福人生居新樂鄉以事出惡少來欲侵凌之歐陽不受辱而死邑人劉寬作詩以弔之時紹興十年也同縣有朱雲孫妻劉氏姑病雲孫刲股肉作糜以進而愈姑復病劉亦刲股以進又愈尚書謝諤為賦孝婦詩

謝泌妻侯氏南豐人始笄家貧事姑孝謹盜起焚里舍殺人遠近逃避姑疾篤不能去侯號泣姑側盜逼之侯曰寧死不從盜刃之仆溝中賊退漸蘇見一篋在側發之皆金珠族婦以為己物侯悉歸之婦分其一以謝侯辭曰非我有不願也後夫與姑俱亡子幼父母欲更嫁之侯曰兒以賤婦入得歸隱居賢者之門已幸矣忍去而使謝氏無後乎寧貧以養其子雖餓死亦命也同縣有樂氏女父以鬻果為業紹定二年盜入境其父買舟挈家走建昌盜掠其舟將逼二

女俱不從一赴水死一見殺

謝枋得妻李氏饒州安仁人也色美而慧通女訓諸書嫁枋得事舅姑奉祭待賓皆有禮枋得起兵守安仁兵敗逃入閩中武萬戶以枋得豪傑恐其扇變購捕之根及其家人李氏攜二子匿貴溪山荊棘中採草木而食至元十四年冬信兵蹤跡至山中令曰茍不獲李氏屠而墟李聞之曰豈可以我故累人吾出事塞矣遂就俘明年徙囚建康或指李言曰明當沒入矣李聞之撫二子淒然而泣左右曰雖沒入將不失為官人妻何泣也李曰吾豈可嫁二夫耶顧謂二

子曰若幸生還善事吾姑吾不得終養矣是夕解裙帶自經獄中死枋得母桂氏尤賢達自枋得逋播婦與孫幽遠方處之泰然無一怨語人問之曰義所當然也人稱為賢母云

王貞婦夫家臨海人也德祐二年冬大元兵入浙東婦與其舅姑夫皆被執既而舅姑與夫皆死主將見婦皙美欲內之婦號慟欲自殺為奪挽不得死夜令俘囚婦人雜守之婦乃陽謂主將曰若以吾為妻妾者欲令終身善事主君也吾舅姑與夫死而我不為之衰是不天也不天之人若將焉用之願請為服期即惟

命苟不聽我我終死耳不能為若妻也主將恐其誠死許之然防守益嚴明年春師還挈行至嵊青楓嶺下臨絕壑婦待守者少懈嚙指出血書字山石上南望慟哭自投崖下而死後其血皆漬入石間盡化為石天且陰雨即墳起如始書時至治中朝廷旌之曰貞婦郡守立石祠嶺上易名曰清風嶺

趙淮妾長沙人也逸其姓名德祐中從淮戍銀樹壩淮兵敗俱執至瓜州元帥阿朮使淮招李庭芝淮陽諾至揚城下乃大呼曰李庭芝男子死耳毋降也元帥怒殺之棄其尸江濱妾俘一軍校帳中乃解衣中金遺其左右且告之曰妾夙事趙運使今其死不葬妾誠不能忘情願因公言使掩埋之當終身事相公無憾矣軍校憐其言使數兵輿如江上妾聚薪焚淮骨置瓦缶中自抱持操小舟至急流仰天慟哭躍水而死

譚氏婦趙吉州永新人至元十四年江南既內附永新復嬰城自守天兵破城趙氏抱嬰兒隨其舅姑同匿邑校中為悍卒所獲殺其舅姑執趙欲汙之不可臨之以刃曰從我則生不從則死趙罵曰吾舅死於汝吾姑又死於汝吾與其不義而生寧從吾舅姑以

死耳遂與嬰兒同遇害血漬於禮殿兩楹之間入甎為婦人與嬰兒狀久而宛然如新或訝之磨以沙石不滅又煅以熾炭其狀益顯

吳中孚妻隆興之進賢人少寡景定元年兵亂携孤女自沈于縣之梁步曰義不辱吾夫

呂仲洙女名良子泉州晉江人父得疾瀕殆女焚香祝天請以身代刲股為粥以進時夜中群鵲遶屋飛噪仰視空中大星爗煜如月者三越翼日父瘳女弟細良亦相從拜禱良子卻之細良恚曰豈姊能之兒不能耶守真德秀嘉之表其居曰懿孝

林老女永春人及笄未昏紹定三年夏寇犯邑入山避之猝遇寇欲汙之不從度不得脫紿曰有金帛埋於家盍同取之甫入門大呼曰吾寧死於家決不辱吾身賊怒殺之越三日面如生

童八娜鄞之通遠鄉建奧人虎銜其大母女手拽虎尾祈以身代虎為釋其大母銜女以去始林栗待親官其地嘗目睹之已而為守以聞于朝祠祀之

韓氏女字希孟巴陵人或曰丞相琦之裔少明慧知讀書開慶元年大元兵至岳陽女年十有八為卒所掠將挾以獻其主將女知必不免竟赴水死越三日

得其尸於練裙帶有詩曰我質本瑚璉宗廟供蘋蘩一朝嬰禍難失身戎馬間寧當血刃死不作衽席完漢上有王猛江南無謝安長號赴洪流激烈摧心肝

王氏婦梁臨川人歸夫家才數月會大元兵至一夕與夫約曰吾遇兵必死義不受汙辱若後娶當告我頃之夫婦被掠有軍千戶強使從已婦紿曰夫在伉儷之情有所不忍乞歸之而後可千戶以所得金帛與其夫而歸之并與一矢以却後兵約行十餘里千戶即之婦拒且罵曰斫頭奴吾與夫誓天地鬼神寔臨之此身寧死不可得也因奮搏之乃被殺有同掠脫歸者道其事越數年夫以無嗣謀更娶議輒不諧因告其故妻夜夢妻曰我死後生某氏家今十歲矣後七年當復為君婦明日遣人聘之一言而合詢其生與婦死年月同云

劉仝子妻林氏福州福清人其父公遇知名士仝子為福建招撫使起義兵事見林同傳仝子亡命自經死有司執其妻具反狀林叱曰林劉二族世為宋臣欲以忠義報國事不成天也何為反乎汝知去歲有以血書壁而死者乎是吾兄也吾與兄忠義之心則二也死且求治汝於地下可生為汝等淩辱耶遂遇

害

毛惜惜者高郵妓女也端平二年別將榮全率衆據城以畔制置使遣人以武翼郎招之全偽降欲殺使者方與同黨王安等宴飲惜惜恥於供給安斥責之惜惜曰初謂太尉降為太尉更生賀今乃閉門不納使者縱酒不法乃畔逆耳妾雖賤妓不能事畔臣全怒遂殺之越三日李虎破關禽全斬之并其妻子及王安以下預畔者百有餘人悉傳以法

列傳卷第二百十九

開府儀同三司上柱國録軍國重事前中書右丞相監修國史領經筵事都總裁臣脫脫等奉

敕修

方技上

趙修己　王處訥子熙元　苗訓子守信　馬韶

楚芝蘭　韓顯符　史序　周克明

劉翰　王懷隱　趙自化　馮文智

沙門洪蘊　蘇澄隱　丁少微　趙自然

昔者少皞氏之衰，九黎亂德，家為巫史，神人淆焉。顓頊氏命南正重司天以屬神，北正黎司地以屬民，其患遂息。厥後三苗復棄典常，帝堯命羲和脩重黎之職，絕地天通，其患又息。然而天有王相孤虛，地有燥濕高下，人事有吉凶悔吝、疾病札瘥，聖人欲斯民趨安而避危，則巫醫不可廢也。後世占候測驗、厭禳禬禁，至於兵家遁甲、風角、鳥占，與夫方士脩煉、吐納、導引、黃白、房中，一切焄蒿妖誕之說，皆以巫醫為宗。漢以來，司馬遷、劉歆又亟稱焉。然而歷代之君臣，一惑於其言，害於而國，凶於而家，靡不有之。宋景德、宣和之世，可鑒乎哉！然則歷代方技何脩而可以善其事乎？曰：人而無恆，不可以作巫醫。漢嚴君平、唐孫思邈、呂才言皆近道，孰得而少之哉？宋舊史有老、釋、符瑞二志，又有方技傳，多言機祥。今省二志，存方技傳云。

趙修己，開封浚儀人。少精天文推步之學。晉天福中，李守貞掌禁軍，領滑州節制，表為司戶參軍，留門下。守貞每出征，修己必從，軍中占候，多中。奏試大理評事，賜緋。漢乾祐中，守貞鎮蒲津，陰懷異志，修己屢以禍福諭之，不聽，遂辭疾歸鄉里。明年，守貞果叛，幕吏多伏誅，獨修己得免。朝廷知其能，召為翰林天文。周祖鎮鄴，奏參軍謀。會隱帝誅楊邠、史弘肇等，且將害周祖，修己知天命所在，密謂周祖曰：「釁發蕭牆，禍難斯作，公擁全師，臨巨屏，臣節方立，忠誠見疑。今幼主信讒，大臣受戮，公位極將相，居功高不賞之地，雖欲殺身成仁，何益於事？不如引兵南渡，詣闕自訴，則明公之命是天所與也。天與不取，悔何可追。」周祖然之，遂決渡河之計。即位，以為殿中省尚食奉御，賜金紫，改鴻臚少卿，遷司天監。顯德中，累加檢校戶部尚書，嘗遣副翰林學士承旨陶穀以御衣、金帶、戰馬、器幣賜吳越錢俶。宋初，遷太府卿，判監事。上章告老，優詔不許。建隆三年，卒，年七十一。

王處訥，河南洛陽人。少時，有老叟至舍，煑洛河石如麪，令處訥食之，且曰：「汝性聰悟，後當為人師。」又嘗夢人持巨鑑，星宿燦然滿中，剖腹納之，覺而汗洽，月餘心匈猶覺痛。因

留意星曆占候之學深究其旨晉末之亂避地太原漢祖時領節制辟置幕府即位擢爲司天夏官正出補許田令召爲國子尚書博士判司天監事周祖嘗與處訥同事漢祖雅相厚善及自鄴舉兵入汴遽命訪求處訥得之甚喜因問以劉氏祚短事對曰人君未得位嘗務寬大既得位即思復讎漢氏撫中土承正統以歷數推之其載祀猶永第以高祖得位之後多報讎殺人及夷人之族結怨天下所以運祚不長周祖蹶然太息適發兵圍漢大臣蘇逢吉劉銖等家待旦將行孥戮遽命止之逢吉已自殺止誅劉銖餘悉全活廣順中遷司天少監世宗以舊歷差舛俾處

訥詳定曆成未上會樞密使王朴作欽天曆以獻頗爲精密處訥私謂朴曰此曆且可用不久即差矣因指以示朴朴深然之至建隆二年以欽天曆謬誤詔處訥別造新曆經三年而成爲六卷太祖自製序命爲應天曆處訥又以漏刻無準重定水秤及候中星分五鼓時刻俄遷少府少監太平興國初改司農少卿並判司天事六年又上新曆二十卷拜司天監歲餘卒年六十八子熙元

熙元幼習父業開寶中補司天曆筭端拱初改監丞累遷太子洗馬兼春官正加殿中丞景德中同判監事東封隨經度制置使詣祠所禮畢授權知司天少監祠汾陰眞拜少監奉詔於後苑纘陰陽事十卷上之眞宗爲製序賜名靈臺秘要及作詩紀之初上所修儀天曆秋官正趙昭益言其三年後必差又熒惑度數稍謬後果驗熙元頗伏其精一上常對宰相言及曆筭事曰曆象陰陽家流之大者以推步天道平秩人時爲功且言昭益能專其業人鮮及也玉清昭應宮成以祇事之勤授司天監坐擇日差謬降爲少監以目疾改將作監致仕天禧二年卒年五十八

苗訓河中人善天文占候之術仕周爲殿前散員右第一直散指揮使顯德末從太祖北征訓視日上復有一日久相摩盪指謂楚昭輔曰此天命也夕次陳橋太祖爲六師

推戴訓皆預白其事既受禪擢爲翰林天文尋加銀青光祿大夫檢校工部尚書年七十餘卒子守信

守信少習父業補司天曆筭尋授江安縣主簿改司天臺主簿知筭造太平興國中以應天曆小差詔與冬官正吳昭素主簿劉內眞造新曆及成太宗命衞尉少卿元象宗與明律曆者同校定賜號乾元曆頗爲精密皆優賜束帛雍熙中遷冬官正端拱初改太子洗馬判司天監淳化二年守信上言正月一日爲一歲之首每月八日天帝下巡人世察善惡太歲日爲歲星之精人君之象三元日上元天官中元地官下元水官各主錄人之善惡又春戊寅夏

甲午秋戊申冬甲子爲天赦日及上慶誕日皆不可以斷極刑事下有司議行未幾轉殿中丞權少監事立本品之下俄賜金紫至道二年上以梁雍宿兵彌歲凶歉心憂之令宰相召守信問以天道咎證所在守信奏曰臣仰瞻玄象及推驗太一經歷宮分其荆楚吳越交廣並皆安寧自來五緯陵犯彗星見及水神太一臨井鬼之間屬秦雍分及梁益之地民罹其災水神太一來歲入燕分歲在房心正當京都之地自茲朝野有慶詔付史館明年真授少監咸平三年卒年四十六子舜卿爲國子博士

馬韶趙州平棘人習天文三式開寶中太宗以晉王尹京申嚴私習天文之禁韶素與太宗親吏程德玄善德玄每戒韶不令及門九年冬十月十九日既夕韶忽造德玄德玄恐甚詰其所以來韶曰明日乃晉王利見之辰韶故以相告德玄惶駭止韶一室遽入白太宗太宗命德玄以人防守之將聞于太祖及詰旦太宗入謁果受遺踐阼韶以赦獲免踰月起家爲司天監主簿太平興國二年擢太僕寺丞改祕書省著作佐郎歷太子中允祕書丞出爲平恩令歸朝復守舊任與楚芝蘭同判司天監事就遷太常博士淳化五年坐事出爲博興令移長山令秩滿歸鄉里卒於家

楚芝蘭汝州襄城人初習三禮忽自言遇有道之士教以符天六壬遁甲之術屬朝廷博求方技詣闕自薦得錄爲學生以占候有據擢爲翰林天文授樂源縣主簿遷司天春官正判司天監事占者言五福太一臨吳分當於蘇州建太一祠芝蘭獨上言京師帝王之都百神所集且今京城東南一舍地名蘇村若於此爲五福太一建宮萬乘可以親謁有司便於祗事何爲遠趨江外以蘇臺爲吳分乎輿論不能奪遂從其議仍令同定本宮四時祭祀儀及醮法宮成特遷尚書工部員外郎賜五品服淳化初與馬韶同判監俱坐事芝蘭出爲遂平令卒年六十錄其子繼芳爲城父縣主簿

韓顯符不知何許人少習三式善察眡辰象補司天監生遷靈臺郎累加司天冬官正顯符專渾天之學淳化初表請造銅渾儀候儀詔給用度俾顯符規度擇匠鑄之至道元年渾儀成於司天監築臺置之賜顯符雜綵五十匹顯符上其法要十卷序之云伏羲氏立渾儀測北極高下量日影短長定南北東西觀星間廣狹帝堯即位羲氏和氏立渾儀定曆象日月星辰敬授民時使知緩急爰及虞舜則璇璣玉衡以齊七政通占又云撫渾儀觀天道萬象不足以爲多是知渾儀者實天地造化之準陰陽曆數之元

自古聖帝明王莫不用是精詳天象預知差忒或鑄以銅或飾以玉置之內庭遣日官近臣同窺測焉自伏羲甲寅年至皇朝大中祥符三年庚戌歲積三千八百九十七年五帝之後訖今明曆象之玄知渾天之奧者近十餘朝考而論之臻至妙者不過四五自餘徒誇重於一日不深圖於久要致使天象無準曆筭漸差占候不同盈虛難定陛下講求廢墜爰造渾儀漏刻星躔曉然易辨若人目窺於下則銅管運於上七曜之進退盈縮衆星之次舍遠近占逆順明吉凶然後修福俾順其度省事以退其災悉由斯器驗之昔漢洛下閎修渾儀測太初曆云後五百年必當

重製至唐李淳風果合前契貞觀初淳風又言前代渾儀得失之差因令銅鑄七年太宗起凝暉閣於禁中俾侍臣占驗既在宮掖人莫得見後失其處所玄宗命沙門一行修大衍曆蓋以渾儀為證又有梁令瓚造渾儀木式一行謂其精密思出古人遂以銅鑄今文德殿鼓樓下有古本銅渾儀一制極疎略不可施用且曆象之作非渾儀無以考眞偽筭造之士非占驗不能究得失渾儀之成則司天歲上細行曆益可致其詳密其制有九事具天文志自是顯符專測驗渾儀累加春官正又轉太子洗馬大中祥符三年詔顯符擇監官或子孫可以授渾儀法者顯符言長子監生承矩善察躔度次子保章正承規見知筭造又主簿杜貽範保章正楊惟德皆可傳其學詔顯符與貽範等參驗之顯符後改殿中丞兼翰林天文六年卒年七十四又詔監丞丁文泰嗣其事焉

史序字正倫京兆人善推步曆筭太平興國中補司天學生太宗親較試擢為主簿稍遷監丞賜緋魚隸翰林天文院雍熙二年廷試中選者二十六人而序為之首命知筭造又知監事淳化三年司天鄭昭晏言臣測金火行度須有相犯今驗之天而火行漸南金度漸北有若相避遂不相犯序又言木火金三星初夜在午木在東火在中金最

西漸北行去火尺餘此國家欽崇天道聖德所感也序後累遷夏官正河西環慶二路隨軍轉運太子洗馬修儀天曆上之又嘗纂天文曆書為十二卷以獻改殿中丞賜金紫俄權監事景德二年遷權知少監大中祥符初即眞三年卒年七十六序慎密勤職在監三十年未嘗有過衆頗稱之

周克明字昭文曾祖德扶唐司農卿祖傑開成中進士解褐授嘉尉歷弘文館校書郎中和中僖宗在蜀傑上書言治亂萬餘言擢水部員外郎三遷司農少卿傑精於曆筭嘗以大衍曆數有差因敷衍其法著極衍二十四篇以究

天地之數時天下方亂傑以天文占之惟嶺南可以避地乃遣其弟鼎求爲封州録事參軍傑天復中亦棄官携家南適嶺表劉隱素聞其名每令占候天文災變傑自以年老常策名中朝恥以星曆事僭僞乃謝病不出龔襲位還起之令知司天監事因問國祚脩短傑以周易筮之得比之復曰卦有二土土數生五成於十二五相比以歲言之當五百五十龔大喜賞賚甚厚龔以梁貞明三年僭號至開寶四年國滅止五十五年蓋傑舉成數以避害爾大有中遷太常少卿卒年九十餘傑生茂元亦世其學事龔至司天少監歸宋授監丞而卒即克明之父也克明精於數

術凡律曆天官五行讖緯及三式風雲龜筮之書靡不究其指要開寶中授司天六壬改臺主簿轉監丞五遷春官正克明頗修詞藻喜藏書景德初嘗獻所著文十編召試中書賜同進士出身三年有大星出氐西衆莫能辨或言國皇妖星爲兵凶之兆克明時使嶺表及還亟請對言臣按天文録荆州占其星名曰周伯其色黄其光煌煌然所見之國大昌是德星也臣在塗聞中外之人頗惑其事願許文武稱慶以安天下心上嘉之即從其請拜太子洗馬殿中丞皆兼翰林天文又權判監事屬修兩朝國史其天文律曆事命克明參之大中祥符九年坐本監擇日差互

例降爲洗馬天禧元年夏火犯靈臺克明語所親曰去歲太白犯靈臺掌曆者悉被降譴上天垂象深可畏也今熒惑又犯之吾其不起乎八月疽發背卒年六十四克明久居司天之職頗勤慎凡奏對必據經盡言及卒上頗悼惜遣內侍論其壻直龍圖閣馮元令主喪事賜賻甚厚初諸僭國皆有纂録獨嶺南闕焉惟胡賓王胡元興二家纂述皆不之備克明訪耆舊采碑誌葺著撰裁十數卷書未成而卒

劉翰滄州臨津人世習醫業初攝護國軍節度巡官周顯德初詣闕獻經用方書三十卷論候十卷今體治世集二

十卷世宗嘉之命爲翰林醫官其書付史館再加衛尉寺主簿太祖北征命翰從行建隆初加朝散大夫鴻臚寺丞時太祖求治事皆覈實故方技之士必精練乾德初令太常寺考較翰林醫官藝術以翰爲優絀其業不精者二十六人自後又詔諸州訪醫術優長者籍其名仍量賜裝錢所在厨傳給食遣詣闕開寶五年太宗在藩邸有疾命翰與馬志視之及愈轉尚藥奉御賜銀器緡錢鞍勒馬嘗被詔詳定唐本草翰與道士馬志醫官翟煦張素吳復珪王光祐陳昭遇同議凡神農本經三百六十種名醫録一百八十二種唐本先附一百一十四種有名無用一百九十

四種翰等又參定新附一百三十三種旣成詔翰林學士
中書舍人李昉戶部員外郎知制誥王祐左司員外郎知
制誥扈蒙詳覆畢上之昉等序之曰三墳之書農預其一
百藥旣辨本草序其録舊經三卷世所流傳名醫别録互
爲編纂至梁陶弘景乃以别録參其本經朱墨雜書時謂
明白而又考彼功用爲之注釋列爲七卷南國行焉逮乎
有唐别加參校增藥餘八百味添注爲二十卷本經漏切
則補之陶氏誤說則證之然而載歷年祀又逾四百朱字
墨字無本得同舊注新注其文互闕非聖主撫大同之運
永無疆之休其何以改而正之哉乃命盡考傳誤刊爲定

本類例非允從而革焉至如筆頭灰兔毫也而在草部今
移附兔頭骨之下半天河地漿皆水也亦在草部今移附
土石類之間敗鼓皮移附於獸名胡桐淚改從於木類紫
鑛亦木也自玉石品而改焉伏翼實禽也由蟲魚部而移
焉橘柚附於果實食鹽附於光鹽生薑乾薑同歸一類至
於雞腸蘩蔞陸英蒴藋以類相似從而附之仍採陳藏器
拾遺李含光音義或窮源於别本或傳效於醫家參而較
之辨其臧否至如突厥白舊說灰類今是木根天麻根解
似赤箭今又全異去非取是特立新條自餘刊正不可悉
數下採衆議定爲印板乃以白字爲神農所說墨字爲名

醫所傳唐附今附各加顯注詳其解釋審其形性證謬誤
而辨之者署爲今注考文意而述之者又爲今按義旣判
定理亦詳明今以新舊藥合九百八十三種幷目録二十
一卷廣頒天下傳而行焉翰後加檢校工部員外郎太平
興國四年命爲翰林醫官使再加檢校戶部郎中雍熙二
年滑州劉遇疾詔翰馳往視之翰還言遇必瘳旣而即死
坐責授和州團練副使端拱初起爲尚藥奉御淳化元年
復爲醫官使辛年七十二

王懷隱宋州睢陽人初爲道士住京城建隆觀善醫診太
宗尹京懷隱以湯劑祗事太平興國初詔歸俗命爲尚藥

奉御三遷至翰林醫官使三年吳越遣子惟濬入朝惟濬
被疾詔懷隱視之初太宗在藩邸暇日多留意醫術藏名
方千餘首皆嘗有驗者至是詔翰林醫官院各具家傳經
驗方以獻又萬餘首命懷隱與副使王祐鄭奇醫官陳昭
遇參對編類每部以隨太醫令巢元方病源候論冠其首
而方藥次之成一百卷太宗御製序賜名曰太平聖惠方
仍令鏤板頒行天下諸州各置醫博士掌之懷隱後數年
卒昭遇本嶺南人醫術尤精驗初爲醫官領溫水主簿後
加光禄寺丞賜金紫

趙自化本德州平原人高祖常爲景州刺史後舉家陷契

冉父知嵒脫身南歸寓居洛陽習經方名藥之術又以授二子自正自化周顯德中偕來京師悉以醫術稱知嵒卒自正試方技補翰林醫學會秦國長公主疾有薦自化診候者疾愈表為醫學再加尚藥奉御淳化五年授醫官副使時召陳州隱士萬適至館于自化家會以適補慎縣主簿適素羸無疾詔下日自化怪其色變為切脉曰君將死矣不數日適果卒至道中有布衣鄭元輔者嘗依自化之姻吏部令史張崇敏家元輔時從自化丐索無所得心銜之乃詣檢上書告自化漏泄禁中語及指斥非所宜言等事太宗初甚駭命王繼恩就御史府鞫之皆無狀斬元

輔於都市自化坐交遊非類黜為郢州團練副使未幾復舊職咸平三年加正使景德初雍王元份洎晉國長公主並上言自化藥餌有功請加使秩領遙郡上以自化居太醫之長不當復為請求令樞密院召自化戒之雍王薨坐診治無狀降為副使二年復舊官是冬卒年五十七遺表以所撰四時養頤録為獻真宗改名調膳攝生圖仍為製序自化頗喜為篇什其貶郢州也有漢沔詩集五卷宋白李若拙為之序又嘗纘自古以方技至貴仕者為名醫顯秩傳三卷

馮文智并州人世以方技為業太平興國中詣闕自陳召試補醫學加樂源縣主簿端拱初授少府監主簿逾年轉醫官加少府監丞嘗隸并代部署淳化五年府州折御卿疾文智診療獲愈御卿表薦之賜緋加光祿寺丞咸平三年明德太后不豫文智侍醫既愈加尚藥奉御賜金紫六年直翰林醫官院東封轉醫官副使祀汾陰又加檢校主客員外郎大中祥符五年卒年六十自建隆以來近臣皇親諸大校有疾必遣內侍挾醫療視羣臣中有特被眷遇者亦如之其有效者或遷秩賜服色邊郡屯帥多遣醫官醫學隨行三年一代出師及使境外貢院鎖宿皆令醫官隨之京城四面分遣翰林祗候療視將士暑月即令醫官

合藥與內侍分詣城門寺院散給軍民上每便坐閱兵有被金瘡者即令醫官處療咸平中有軍士嘗中流矢自頰貫耳衆醫不能取醫官閻文顯以藥傅之信宿而鏃出上嘉其能命賜緋又有醫學劉贇亦善此術天武右廂都指揮使韓晟從太祖征晉陽弩矢貫左髀鏃不出幾三十年景德初上遣贇視晟贇傅以藥出之步履如故晟請見自陳感激願得死所又極稱贇之妙特賜贇白金遷醫官

沙門洪蘊本姓藍潭州長沙人母翁初以無子專誦佛經既而有娠生洪蘊年十三詣郡之開福寺沙門智巴求出

家習方技之書後遊京師以醫術知名太祖召見賜紫方袍號廣利大師太平興國中詔購醫方洪蘊録古方數十以獻眞宗在蜀邸洪蘊嘗以方藥謁見咸平初補右街首座累轉左街副僧録洪蘊尤工診切每先歲時言人生死無不應湯劑精至貴戚大臣有疾者多詔遣診療景德元年卒年六十八又有廬山僧法堅亦以善醫著名久遊京師嘗賜紫方袍號廣濟大師後還山景德二年以雍王元份久被疾召赴闕至則元份已薨法堅復歸山而卒

蘇澄隱字棲眞眞定人爲道士住龍興觀得養生之術年八十餘不衰老後唐明宗嘗下詔召之又令宰相馮道致

書諭旨歷清泰天福中繼有聘命並辭疾不至開運末契丹主兀欲立求有名稱僧道加以恩命惟澄隱不受當時公卿自馮道李崧和凝而下皆在鎭陽日造其室與談宴各賦詩以贈周廣順顯德中詔存問之太祖征太原還駐蹕鎭陽召見行宮命中使掖升殿謂之曰京師作建隆觀思得有道之士居之師累辭召命豈懷土耶對曰大梁帝宅浩穰繁會非林泉之士所可寄迹也上察其意亦不彊之賜茶百斤絹二百匹又幸其觀問曰師年踰八十而氣貌益壯善養生者也因問其術對曰臣之養生不過精思練氣爾帝王養生即異於是老子曰我無爲而民自化我無欲而民自正無爲無欲凝神太和昔黄帝唐堯享國永年得此道也上大悅賜紫衣一襲銀器五百兩帛五百匹年僅百歲而卒

丁少微亳州眞源人爲道士持齋戒奉科儀尤爲精至嘗隱華山潼谷密邇陳摶所居與摶齊名少微志尚清潔摶嗜酒適性其道不同未嘗相往還少微善服氣多餌藥年百餘歲康強無疾始卜居山上起壇場淨室通夕朝禮五十餘年未嘗稍懈太平興國三年召赴闕以金丹巨勝南芝玄芝爲獻留數月遣還山七年冬卒

趙自然太平繁昌人家荻港旁以鬻茗爲業本名王九始

十三疾甚父抱詣青華觀許爲道士後夢一人狀貌魁偉綸巾素袍鬢髮班白自云姓陰引之登高山謂曰汝有道氣吾將教汝辟穀之法乃出青栢枝令啗夢中食之及覺遂不食神氣清爽每聞火食氣即嘔惟生果清泉而已歲餘復夢向見老人教以篆書數百字寤悉能記寫以示人皆不能識或云此非篆也乃道家符籙耳嘗爲元道歌言修練之要知州王洞表其事太宗召赴闕親問之賜道士服改名自然賚錢三十萬月餘遣還住青華觀後因病飲食如故大中祥符二年詔曰如聞自然頗精修養之術委發轉使楊覃訪其行迹命內侍武永全召至闕下屢得對

賜紫衣改青華觀曰延禧自然以毋老求還侍養許之大中祥符中又有鄭榮者本禁軍戍壁州還夜遇神人謂曰汝有道氣勿火食因授以醫術救人七年賜名自清度爲道士居上清宮所傳藥能愈大風疾民多求之皆剌臂血和餅餌焉又有秦州民家子趙抱一者常牧牛田間一夕有叩門召之者以杖引行杖端有氣如煙其香可悦俄至山崖絶頂見數人會飲音樂交奏與人間無異抱一駭而不測會巡檢使過其下聞樂聲疑羣盜歡聚集村民梯崖而上至則無所覩抱一獨在援以下之具言其故凡經夕若餓頃自是不喜熟食凡火化者未嘗歷口茹甘菊栢葉

果實并泉間亦飲酒貌如嬰兒素不習文墨口占辭句頗成篇詠有道家之趣遂不親農事野行露宿大中祥符四年至京師猶丱角詔賜名度爲道士自是間歲或一至京師常令居太一宮與人言多養生事焉

列傳卷第二百二十

列傳卷第二百二十一　宋史四百六十二

開府儀同三司上柱國錄軍國重事前中書右丞相監修國史領經筵事都總裁臣脫脫等奉

敕修

方技下

賀蘭棲真　柴通玄　甄棲真

楚衍　僧志言　僧懷丙　許希

龐安時　錢乙　僧智緣　郭天信

魏漢津　王老志　王仔昔　林靈素

皇甫坦　王克明　莎衣道人　孫守榮

賀蘭棲真不知何許人爲道士自言百歲善服氣不憚寒暑往往不食或時縱酒遊市廛間能啖肉至數斤始居嵩

山紫虛觀後徙濟源奉仙觀張齊賢與之善景德二年詔曰師棲身巖壑抗志煙霞觀心衆妙之門脫屣浮雲之外朕奉希夷而爲教法清靜以臨民思得有道之人訪以無爲之理久懷上士欲覿眞風爰命使車往申禮聘師其暫別林谷來儀闕庭必副招延無憚登涉今遣入内内品李懷贇召師赴闕既至眞宗作二韻詩賜之號宗玄大師賚以紫服白金茶帛香藥特蠲觀之田租度其侍者未幾求還舊居大中祥符三年卒時大雪經三日頂猶熱人多異之

柴通玄字又玄陝州閿鄉人爲道士於承天觀年百餘歲善辟穀長嘯唯飲酒言唐末事歷歷可聽太宗召至闕下懇求歸本觀眞宗即位屢來京師召對語無文飾多以修身慎行爲說祀汾陰召至行在命坐問以無爲之要所居觀即唐軒遊宮有明皇詩石及所書道德經二碑上作二韻詩賜之并賚以茶藥束帛詔爲修道院蠲其田租度弟子二人明年春通玄作遺表自稱羅山太一洞主遣弟子張守元李守一詣闕以龜鶴爲獻又召官僚士庶言生死之要夜分盥濯然香庭中望闕而坐遲明卒時又召河中草澤劉巽華山隱士鄭隱敷水隱士李寧巽年七十餘以經傳講授躬耕自給授大理評事致仕賜綠袍笏銀帶隱以經術爲業遇道士傳辟穀鍊氣之法修習頗驗居華山王刁巖踰二十年冬夏常衣皮裘寧精於藥術老而不衰常以藥施人人以金帛爲報輒拒之景德中萬安太后不豫驛召寧赴闕未至而后崩大中祥符四年賜號正晦先生上並作詩爲賜加以茶藥繒帛獨隱辭賜物不受

甄棲眞字道淵單州單父人博涉經傳長於詩賦一應進士舉不中第歎曰勞神敝精以追虛名無益也遂棄其業讀道家書以自樂初訪道於牢山華蓋先生久之出遊京師因入建隆觀爲道士周歷四方以藥術濟人不取其報祥符中寓居晉州性和靜無所好惡晉人愛之以爲紫極宮主年七十有五遇人或以爲許元陽語之曰汝風神秀異有如李筌雖老矣尚可仙也因授鍊形養元之訣且曰得道如反掌第行之惟艱汝勉之棲眞行之二三年漸反童顏攀高躡危輕若飛舉乾興元年秋謂其徒曰此歲之暮吾當逝矣即宮西北隅自甃殯室室成不食一月與平居所知敘別以十二月二日衣紙衣臥磚塌卒人未之奇也及歲久形如生衆始驚傳以爲尸解棲眞自號神光子與隱人海蟾子者以詩往還論養生祕術目曰還金篇凡兩卷

楚衍開封作城人少通四聲字母里人柳曜師事衍里中以先生目之衍於九章緝古綴術海島諸筭經尤得其妙明相法及聿斯經善推步陰陽星曆之數間語休咎無不中自陳試宣明曆補司天監學生遷保章正天聖初造新曆衆推衍明曆數授靈臺郎與掌曆官宋行古等九人製崇天曆進司天監丞入隸翰林天文皇祐中同造司辰星漏曆十二卷久之與周琮同管勾司天監卒無子有女亦善筭術

僧志言自言姓許壽春人落髮東京景德寺七俱胝院事清璲初璲誦經勤苦志言忽造璲跪前願爲弟子璲見其

相貌奇古直視不瞬心異之爲授具戒然動止軒昂語笑無度多行市里褰裳疾趨舉指畫空佇立良久時從屠酤遊飲啗無所擇衆以爲狂遜獨曰此異人也人有欲爲齋施輒先知以至不召款門指名取供溫州人林仲方自其家以摩衲來獻舟始及岸遽來取去仁宗每延入禁中徑登坐結趺飯畢遽出未嘗揖也王公士庶召即赴然莫與交一言者或陰卜休咎書紙揮翰甚疾字體遒壯初不可曉其後多驗仁宗春秋漸高嗣未立默遣內侍至言所言所書有十三郎字人莫測何謂後英宗以濮王第十三子入繼衆始悟大宗正守節請書言不顧迫之得潤州字未

幾守節薨贈丹陽郡王見寺童義懷撫其背曰德山臨濟懷既落髮住天衣說法大爲學者所宗其前知多類此普淨院施浴夜漏初盡門扉未啓方迎佛而浴室有人聲往視則言在焉有具齋薦鱠者并食之臨流而吐化爲小鮮鼇泳而去海客遇風且沒見僧操絙引舶而濟客至都下遇言忽謂之曰非我汝奈何客記其貌眞引舟者也與曹州士趙棠善後棠棄官隱居番禺人傳棠與言數以偈頌相寄萬里間輒數日而達棠死亦感夏身不壞言將死作頌不可曉已而曰我從古始成就逃多國土今南國矣仁宗遣內侍以眞身塑像置寺中榜曰顯化禪師其後善厚者禮之見額上熒然有光就視之得舍利

僧懷丙眞定人巧思出天性非學所能至也眞定構木爲浮圖十三級勢尤孤絕既久而中級大柱壞欲西北傾他匠莫能爲懷丙度短長別作柱命衆工維而上已而却衆工以一介自從閉戶良久易柱下不聞斧鑿聲趙州洨河鑿石爲橋鎔鐵貫其中自唐以來相傳數百年大水不能壞歲久鄉民多盜鑿鐵橋遂欹倒計千夫不能正懷丙不役衆工以術正之使復故河中府浮梁用鐵牛八維之一牛且數萬斤後水暴漲絕梁牽牛沒于河募能出之者懷丙以二大舟實土夾牛維之用大木爲權衡狀鉤牛徐去

其土舟浮牛出轉運使張燾以聞賜紫衣尋卒

許希開封人以醫爲業補翰林醫學景祐元年仁宗不豫侍醫數進藥不效人心憂恐冀國大長公主薦希希診曰鍼心下包絡之間可亟愈左右爭以爲不可諸黃門祈以身試試之無所害遂以鍼進而帝疾愈命爲翰林醫官賜緋衣銀魚及器幣希拜謝已又西嚮拜帝問其故對曰扁鵲臣師也今者非臣之功殆臣師之賜安敢忘師乎乃請以所得金興扁鵲廟帝爲築廟于城西隅封靈應侯其後廟益完學醫者歸趨之因立太醫局于其旁希至殿中省尚藥奉御卒著神應鍼經要訣行于世錄其子宗道至內

殿崇班

龐安時字安常蘄州蘄水人兒時能讀書過目輒記父世醫也授以脈訣安時曰是不足為也獨取黃帝扁鵲之脈書治之未久已能通其說時出新意辨詰不可屈父大驚時年猶未冠已而病聵乃益讀靈樞太素甲乙諸秘書凡經傳百家之涉其道者靡不通貫嘗曰世所謂醫書予皆見之惟扁鵲之言深矣蓋所謂難經者扁鵲寓術於其書而言之不詳意者使後人自求之歟予之術蓋出於此以之視淺深決死生若合符節且察脈之要莫急於人迎寸口是二脈陰陽相應如兩引繩陰陽均則繩之大小等故

定陰陽於喉手配覆溢於尺寸寓九候於浮沉分四溫於傷寒此皆扁鵲略開其端而予參以內經諸書考究而得其說審而用之順而治之病不得逃矣又欲以術告後世故著難經辨數萬言觀草木之性與五藏之宜秩其職任官其寒熱班其奇偶以療百疾著主對集一卷古今異宜方術脫遺備陰陽之變補仲景論藥有後出古所未知今不能辨嘗試有功不可遺也作本草補遺為人治病率十愈八九踵門求診者為辟邸舍居之親視饘粥藥物必愈而後遣其不可為者必實告之不復為治活人無數病家持金帛來謝不盡取也嘗詣舒之桐城有民家婦孕將產七日而子不下百術無所效安時之弟子李百全適在傍舍邀安時往視之纔見即連呼不死令其家人以湯溫其腰腹自為上下拊摩孕者覺腸胃微痛呻吟間生一男子其家驚喜而不知所以然安時曰兒已出胞而一手誤執母腸不復能脫故非符藥所能為吾隔腹捫兒手所在鍼其虎口既痛即縮手所以遽生無他術也取兒視之右手虎口鍼痕存焉其妙如此有問以華佗之事者曰術若是非人所能為也其史之妄乎年五十八而疾作門人請自視脈笑曰吾察之審矣且出入息亦脈也今胃氣已絕死矣遂屏卻藥餌後數日與客坐語而卒

錢乙字仲陽本吳越王俶支屬祖從北遷遂為鄆州人父穎善醫然嗜酒喜游一旦東之海上不反乙方三歲母前死姑嫁呂氏哀而收養之長誨之醫乃告以家世即泣請往迹尋凡八九反積數歲遂迎父以歸時已三十年矣鄉人感慨賦詩詠之其事呂如事父呂沒無嗣為收葬行服乙始以顱顖方著名至京師視長公主女疾授翰林醫學皇子病瘈瘲乙進黃土湯而愈神宗召問黃土所以愈疾狀對曰以土勝水水得其平則風自止帝悅擢太醫丞賜金紫由是公卿宗戚家延致無虛日廣親宗子病診之曰此可毋藥而愈其幼在傍指之曰是且暴疾驚人後三日

過午可無恙其家恚不答明日幼果發癇甚急召乙治之三日愈問其故曰火色直視心與肝俱受邪過午者所用時當更也王子病嘔泄他醫與剛劑加喘焉乙曰是本中熱脾且傷柰何復燥之將不得前後溲與之石膏湯王不信謝去信宿寖劇竟如言而效士病欬面青而光氣哽哽乙曰肝乘肺此逆候也若秋得之可治今春不可治其人祈哀強予藥明日曰吾藥再瀉肝而不少却三補肺而益虛又加脣白法當三日死今尚能粥當過期居五日而絕孕婦病醫言胎且墮乙曰娠者五藏傳養率六旬乃更誠能候其月偏補之何必墮已而母子皆得全又乳婦因悸

而病既癒目張不得瞑乙曰煑郁李酒飲之使醉即愈所以然者目系內連肝膽恐則氣結膽衡不下郁李能去結隨酒入膽結去膽下則目能瞑矣飲之果驗乙本有羸疾每自以意治之而後甚歎曰此所謂周痺也入藏者死吾其已夫既而曰吾能移之使在末因自製藥日夜飲之左手足忽攣不能用喜曰可矣所親登東山得茯苓大踰斗以法啖之盡由是雖偏廢而風骨悍堅如全人以病免歸不復出乙為方不名一師於書無不闚不靳靳守古法時度越縱舍卒與法會尤邃本草諸書辨正闕誤或得異藥問之必為言生出本末物色名貌差別之詳退而考之皆合末年攣痺寖劇知不可為召親戚訣別易衣待盡遂卒年八十二

僧智緣隨州人善醫嘉祐末召至京師舍于相國寺每察脉知人貴賤禍福休咎診父之脉而能道其子吉凶所言若神士大夫爭造之王珪與王安石在翰林珪疑古無此安石曰昔醫和診晉侯而知其良臣將死夫良臣之命乃見於其君之脉則視父知子亦何足怪哉熙寧中王韶謀取青唐上言蕃族重僧而僧結吳叱臘主部帳甚衆請智緣與俱至邊神宗召見賜白金遣乘傳而西遂稱經略大師智緣有辯口徑入蕃中說結吳叱臘歸化而他族俞龍

珂禹臧訥令支等皆因以書款韶頗忌惡之言其撓邊事召還以為右街首坐卒

郭天信字佑之開封人以技隸太史局徽宗為端王嘗退朝天信密遮白曰王當有天下既而即帝位因得親暱不數年至樞密都承旨節度觀察留後其子中復為閤門通事舍人許陪進士徑試大廷擢秘書省校書郎未幾天信覺已甚乞還武爵又從之政和初拜定武軍節度使祐神觀使頗與聞外朝政事見蔡京亂國每託天文以撼之且云日中有黑子帝甚懼言之不已京由是黜張商英方有時望天信往往稱於內朝商英亦欲借左右游談之助陰

與相結使僧德洪輩道達語言商英勸帝節儉稍裁抑僧寺帝始敬畏之而近侍積不樂間言浸潤眷日衰京黨因是告商英與天信漏泄禁中語言天信先發端窺伺上旨動息必報乃從外庭決之無不如志商英遂罷御史中丞張克公復論之詔貶天信昭化軍節度副使單州安置命宋康年守單幾其起居冊貶行軍司馬竄新州又徙康年使廣東天信至數月死京已冊相猶疑天信挾術多能死未必實令康年選吏發棺驗視焉

魏漢津本蜀黥卒也自言師事唐仙人李良號李八百者授以鼎樂之法嘗過三山龍門聞水聲謂人曰其下必有玉即脫衣沒水抱石而出果玉也皇祐中與房庶俱以善樂薦時阮逸方定黍律不獲用崇寧初猶在朝廷方協考鐘律得召見獻樂議言得黃帝夏禹聲為律身為度之說謂人主稟賦與衆異請以帝指三節三寸為度定黃鐘之律而中指之徑圍則度量權衡所自出也又云聲有太有少太者清聲陽也天道也少者濁聲陰也地道也中聲在其間人道也合三才之道備陰陽奇偶然後四序可得而調萬物可得而理當時以為迂怪蔡京獨神之或言漢津本范鎮之役稍窺見其制作而京託之於李良云於是請先鑄九鼎次鑄帝坐大鐘及二十四氣鐘四年三月鼎成

賜號沖顯處士八月大晟樂成徽宗御大慶殿受群臣朝賀加漢津虛和沖顯寶應先生頒其樂書天下而京之客劉昺主樂事論太少之說為非將議改作既而以樂成久易之恐動觀聽遂止漢津密為京言大晟獨得古意什三四爾他多非古說異日當以訪任宗堯宗堯學於漢津者也漢津曉陰陽數術多奇中嘗語所知曰不三十年天下亂矣未幾死京遂召宗堯為典樂復欲有所建而為田為所奪語在樂志後即鑄鼎之所建寶成殿祀黃帝夏禹成王周召而良漢津俱配食謚漢津為嘉晟侯有馬賁者出京之門在大晟府十三年方魏劉任田異論時依違其間無所質正擢至通議大夫徽猷閣待制議者咎當時名器之濫如此

王老志濮州臨泉人事親以孝聞為轉運小吏不受賂謝遇異人於丐中自言吾所謂鍾離先生也予之丹服之而狂遂棄妻子結草廬田間時為人言休咎政和三年太僕卿王亶以其名聞召至京師館于蔡京第嘗緘書一封至帝所徽宗啓讀乃昔歲秋中與喬劉二妃燕好之語也帝由是稍信之封為洞微先生朝士多從求書初若不可解後卒應者十八九故其門如市京慮太甚頗以為戒老志亦謹畏乃奏禁絕之嘗獻乾坤鑑法命鑄之既成謂帝與

皇后他日皆有難請時坐鑑下思所以徹懼消變者明年見其師責以擅處富貴乃丐歸未得請病甚始許其去步行出就居病已失矣歸濮而死詔賜金以葬贈正議大夫

初王黼未達時父為臨泉令問黼名位所至即書太平宰相四字旋以墨塗之曰恐泄機也黼敗人乃悟

王仔昔洪州人始學儒自言遇許遜得大洞隱書豁落七元之法出游嵩山能道人未來事政和中徽宗召見賜號冲隱處士帝以旱禱雨每遣小黃門持紙求仔昔書一日又至忽篆符其上仍細書焚符湯沃而洗之黃門懼不肯受強之乃持去盖帝默祝為宮妃療赤目者用其說一沃立愈進封通妙先生居上清寶籙宮獻議九鼎神恐不可藏於外乃於禁中建圓象徽調閣以貯之仔昔資倨傲又少戆帝常待以客禮故其遇巨閹殆若童奴又欲群道士皆宗己及林靈素有寵忌之陷以事囚之東太一宮旋坐言語不遜下獄死仔昔之得罪宦者馮浩力最多未死時書示其徒曰上蔡遇冤人其後浩南竄至上蔡被誅

林靈素温州人少從浮屠學苦其師笞罵去為道士善妖幻往來淮泗間丐食僧寺僧寺苦之政和末王老志王仔昔既衰徽宗訪方士於左道錄徐知常以靈素對既見大言曰天有九霄而神霄為最高其治曰府神霄玉清王者上帝之長子主南方號長生大帝君陛下是也既下降于世其弟號青華帝君者主東方攝領之己乃府仙卿曰褚慧亦下降佐帝君之治又謂蔡京為左元仙伯王黼為文華吏盛章王革為園苑寶華吏鄭居中童貫及諸巨閹皆為之名貴妃劉氏方有寵曰九華玉真安妃帝心獨喜其事賜號通真達靈先生賞賚無算建上清寶籙宮密連禁省天下皆建神霄萬壽宮浸浸造為青華正晝臨壇及火龍神劍夜降內宮之事假帝誥天書雲篆務以欺世惑衆其說妄誕不可究質實無所能解惟稍識五雷法召呼風霆間禱雨有小驗而已令吏民詣宮受神霄祕籙朝士之嗜進者亦靡然趨之每設大齋輒費緡錢數萬謂之千道會帝設幄其側而靈素升高正坐問者皆再拜以請所言無殊異時時雜捷給嘲詼以資媟笑其徒美衣玉食幾二萬人遂立道學置郎大夫十等有諸殿侍晨校籍授經以擬待制修撰直閣始欲盡廢釋氏以逞前憾既而改其名稱冠服靈素益尊重升温州為應道軍節度加號元妙先生金門羽客冲和殿侍晨出入呵引至與諸王爭道都人稱曰道家兩府本與道士王允誠共為怪神後忌其相軋毒之死宣和初都城暴水遣靈素厭勝方率其徒步虛城上役夫爭舉梃將擊之走而免帝知衆所怨始不樂靈素

在京師四年恣横愈不悛道遇皇太子弗斂避太子入訴帝怒以為太壓大夫斥還故里命江端本通判温州幾察之端本廉得其居處過制罪詔徙置楚州而已死遺奏至猶以侍從禮葬焉

皇甫坦蜀之夾江人善醫術顯仁太后苦目疾國醫不能療詔募他醫臨安守臣張偁以坦聞高宗召見問何以治身坦曰心無為則身安人主無為則天下治引至慈寧殿治太后目疾立愈帝喜厚賜之一無所受令持香禱青城山還復召問以長生久視之術坦曰先禁諸欲勿令放逸丹經萬卷不如守一帝歎服書清靜二字以名其菴且繪

其像禁中荆南帥李道雅敬坦坦嵗謁道隆興初道入朝高宗孝宗問之皆稱皇甫先生而不名坦又善相人嘗相道中女必為天下母後果為光宗后

王克明字彥昭其始饒州樂平人後徙湖州烏程縣紹興乾道間名醫也初生時母乏乳餌以粥遂得脾胃疾長益甚醫以為不可治克明自讀難經素問以求其法刻意處藥其病乃愈始以術行江淮入蘇湖鍼灸尤精診脉有難療者必沈思得其要然後予之藥病雖數證或用一藥以除其本本除而餘病自去亦有不予藥者期以某日自安有以為非藥之過過在某事當隨其事治之言無不驗士大夫皆自屈與游魏安行妻風痿十年不起克明施鍼而步履如初胡秉妻病内秘腹脹號呼踰旬克明視之時秉家方會食克明謂秉曰吾愈恭人病使預會可乎以半硫圓碾生薑調乳香下之俄起對食如平常盧州守王安道風禁不語旬日他醫莫知所為克明令熾炭燒地灑藥置安道于上須臾而蘇金使黑鹿谷過姑蘇病傷寒垂死克明治之明日愈及從徐度聘金黑鹿谷適為先排使待克明厚甚克明訝之谷乃道其故由是名聞北方後再從呂正己使金金接伴使忽被危疾克明立起之却其謝張子蓋救海州戰士大疫克明時在軍中全活者幾萬人子蓋

上其功克明力辭之克明頗知書好俠尚義常數千里赴人之急初試禮部中選累任醫官王炎宣撫四川辟克明不就炎怒劾克明避事坐貶秩後遷至額内翰林醫痊局賜金紫紹興五年卒年六十七

莎衣道人姓何氏淮陽軍朐山人祖執禮仕至朝議大夫道人避亂渡江嘗舉進士不中紹興末來平江一日自外歸倏若狂者身衣白襴晝肉食于市夜止天慶觀久之衣益敝以莎緝之嘗遊妙嚴寺臨池見影豁然大悟人無貴賤問休咎罔不奇中會有瘵者乞醫命持一草去旬日而愈衆翕然傳莎草可以愈疾求而不得者或遂不起由是

遠近異之孝宗一夕夢衩衣人跣哭來弔者訊之曰蘇人也詰其故不肯言帝寤以語內侍會后及太子薨帝哀泣念恢復大計累歲未有所屬后位虛且久乃焚香默言何誠能仙顧必知朕意遂遣中官致贄不言所以道人見之掉首吳音曰有中國即有外夷有日即有月不須問遜之去使者歸奏帝甚異之遂賜號通神先生為築庵觀中賜衣數襲皆不受好事者强邀入庵大笑而出復於故處衆日以珍饌餉之每食于通衢遠飽即去帝歲命內侍即其居設千道齋合雲水之士施予優普一歲偶踰期衆咸訝而請道人亟起于卧揺手瞬目而招之曰亟來亟來是日內侍至平望衆益服其神光宗即位召之又不至慶元六年卒

孫守榮臨安富陽人生七歲病瞽遇異人教以風角鳥占之術其法以音律推五數播五行測度萬物始終盛衰之理凡問者一語頃輒知休咎守榮既悟異人授以鐵笛遂去不復見守榮因號富春子吹笛市中人初不異也然其術率驗寶慶間遊吳興聞譙樓鼓角聲驚曰旦夕且有變土人當有典郡者見王元春即賀之曰作鄉郡者必君也元春初不之信越兩月潘丙作亂元春以告變功果典郡

自是富春子之名大顯貴人爭延致之淮南帥李曾伯薦諸朝既至謁丞相史嵩之閽者以晝寢辭守榮曰丞相方釣魚園池何得云爾閽者驚異入白丞相丞相一見頗喜之自是數出入相府一日庭鵲噪令占之曰來日晡時當有寶物至明日李全果以玉柱斧為貢嵩之又嘗得李全檄藏袖中詢其事守榮曰此李全詐假布囊二十萬爾剡封果如其說士大夫咸詢履歷守榮不盡答私謂所知曰吾以音推諸朝紳亙有贏縮宋祿其殆終乎後為嵩之所忌誣以他罪貶死遠郡

列傳卷第二百二十一

列傳卷二百二十二　宋史四百六十三

開府儀同三司上柱國錄軍國重事前中書右丞相監修國史領經筵事都總裁臣脫脫等奉勑修

外戚上

杜審琦 弟審瓊 審肇 審進 從子彥圭 彥鈞 孫守元 曾孫惟序

賀令圖 附楊重進　王繼勳　劉知信 子承宗

劉文裕　劉美 子從德 從廣 孫永年 馬季良附

郭崇仁　楊景宗　符惟忠

柴宗慶　張堯佐

自西漢有外戚之禍，歷代鑒之，崇爵厚祿，不畀事權，然而一失其馭，猶有肺附之變焉。宋法待外戚厚，其間有文武才諝，皆擢而用之；怙勢犯法，繩以重刑，亦不少貸。仁、英、哲三朝，母后臨朝聽政，而終無外家干政之患，將法度之嚴，體統之正，有以防閑其過歟？抑母后之賢，自有以制其戚里歟？作外戚傳。

杜審琦，定州安喜人，昭憲皇太后之兄。太后昆仲五人，審琦最長，其次審玉，次審瓊，次審肇，次審進。世居常山，以積善聞。審琦仕後唐為義軍指揮使。天成二年卒，年三十五。審玉前一年卒，年二十二。太祖開國，贈審琦左神武軍大將軍，以其子彥超為西京作坊使。彥超卒，贈左領軍衛大將軍。

審瓊，建隆初，授檢校國子祭酒。二年，拜左領軍衛將軍。三年，與其弟審肇、審進皆召赴闕，審瓊改左龍武軍大將軍，遷右衛大將軍。乾德初，領富州刺史。三年，以本官權判右金吾街仗事。四年春，步軍帥王繼勳坐事，詔審瓊兼點檢侍衛步軍司事。是秋卒，年七十。太祖為廢朝三日，發哀成服，贈太保、寧國軍節度使，謚恭僖。審瓊性醇質，在公畏慎，宿衛勤謹，徼巡京邑，里閈清肅，人皆稱之。景德三年春，加贈審瓊太傅，妻吳氏陳留郡太夫人。是秋，改葬陪陵，又贈審瓊太師、中書令。子彥圭。

審肇，建隆三年，起家授左武衛上將軍、檢校左僕射致仕，賜第於京師。乾德初，領維州刺史。開寶二年，改左衛上將軍，仍致仕。三年，起為右驍衛上將軍，俄出知澶州。太祖以審肇未嘗歷郡務，乃命司封郎中姚恕通判州事，以左右之。未幾，河大決，東匯于鄆、濮，數郡民田罹水害。太祖怒其不即時上言，遣使案鞫，遂論恕棄市，審肇免官歸私第。俄復舊官，令致仕，特以濰州刺史月奉優給之。七年卒，年七十二。太祖廢朝二日，素服發哀，贈太保、昭信軍節度，謚溫肅，遣中使

護喪事景德三年加贈太傅妻劉氏東海郡太夫人
子彦遵至南作坊使
審進建隆三年起家授右神武大將軍改右羽林大
將軍乾德元年領賀州刺史二年知陝州三年就改
保義軍節度觀察留後五年加本軍節度太祖郊祀
西洛審進來朝頻賚甚厚太宗嗣位加檢校太傅太
平興國二年會許昌裔刺虢州捃拾使州闕失事上
訴詔右拾遺李幹鞫之幹因上言請支郡不復隸藩
鎮皆得專達從之三年秋以審進妻卒廢朝十一月
郊禮畢加檢校太尉四年上親征河東審進與嵐州

團練使周承晉德州刺史孫方進成州刺史慕容福
起皆上言願率所部擊太原上以審進耆年不許五
年來朝是歲契丹寇邊出師捍禦上幸大名勞軍留
審進警巡都邑肅然六年復歸陝親王宴餞供帳甚
盛其年就加檢校太師九年夏上以審進年高不當
煩以劇務授右衛上將軍奉給如故雍熙四年復授
靜江軍節度端拱元年上親耕籍田審進預其禮恩
賜彌渥加開府儀同三司是歲卒年七十九上趣駕
臨喪哭之慟廢朝三日設次成服親王公主以下並
詣其第舉哀贈中書令謚恭惠審進鎮陝二十餘年

勸農敦本民庶便之雖居位節制無驕矜之色人推
其醇厚景德三年追封京兆郡王妻趙氏南陽郡太
夫人後贈尚書令子彦鈞彦彬彦彬至禮賓副使而
卒
彦圭起家六宅副使遷翰林使開寶五年領信州刺
史六年改領饒州團練使俄加領本州防禦使從征
太原與曹翰孫繼業攻城西面北征班師命彦圭與
孟玄喆樂可瓊趙延進率兵屯中山坐市竹木矯制
免筭責授洛苑使饒州刺史裁數日牽復餘年遷沁
州觀察使出知定州雍熙中北伐命副米信為幽州

西北道行營都部署彦圭不容軍士餔食設陣不整
以致亡失坐左遷均州團練副使雍熙三年卒于貶
所年五十九贈歸義軍節度景德三年春加贈中書
令是秋又贈太師子守元
彦鈞起家補供奉官累遷崇儀使端拱初加莊宅使
領羅州刺史淳化四年特置昭宣使以彦鈞洎王延
德王繼恩為之未幾加領恩州防禦使西鄙用兵命
為永興軍駐泊鈐轄真宗嗣位改領潁州防禦使出
知河中府占謝使坐求解內使之職可之歷知邠慶
延鳳四州景德中為天雄軍副都部署車駕駐澶淵

為駕前東面貝冀路副都部署契丹騎兵攻月城彥鈞率兵擊走之以勞優加封邑召還再任河中彥鈞由威里進保位而已會有言政事不舉者徙西京水南北都巡檢使大中祥符五年復知莫州馬知節為潁州防禦使彥鈞換秦州九年拜寧州觀察使出為并代副都部署天禧元年卒贈安化軍節度錄其子贊文為供奉官贊寧為殿直孫宗壽為三班奉職

守元開寶中補左班殿直得侍便殿帶御器械遷供奉官莫州監軍契丹入邊與州將固守城壁出兵邀擊獲生口羊馬以功加崇儀副使未幾改正使秩座

如京洛苑使至道三年領梧州刺史連為并代鎮定高陽關鈐轄大中祥符二年副趙稹使契丹復從鎮定頃之屬疾詔遣其子殿直惟慶挾太醫乘驛診候既至而卒年五十八

惟序字舜功自三班奉職累遷知惠州莫州以供備庫使為梓夔路鈐轄徙懷慶路知邠州又權慶州會任福敗以騎兵數千蹂懷安路破賊三砦斬首數百級獲牛馬千計以功領忠州刺史為涇原鈐轄敕巡警邊州久之改六宅使知雄州時契丹勒兵燕薊間遣使求割地未至而惟序購得其草先以聞徙知滄州又徙定州再遷東上閤門使知涇州改四方館使知瀛州復知滄州入朝為祁州團練使出知恩州徙大名府路總管改乾州團練使卒

賀令圖開封陳留人父懷浦孝惠皇后兄也仕軍中為散指揮使太平興國初出為岳州刺史領兵屯三交雍熙三年從楊業北征死於陣令圖少謹愿隸太宗左右洎即位補供奉官改綾錦副使知莫州遷崇儀使知雄州雍熙二年領平州刺史充幽州行營壕砦使以所部下固安新城兩縣克涿州會父戰死起家為六宅使領本州團練使護瀛州屯兵先是令圖

握兵邊郡十餘年恃藩邸舊恩每歲入奏事多言邊塞利害及幽薊可取之狀上信之故有岐溝之舉既而師敗議者皆咎其貪功生事令圖輕而無謀契丹將耶律遜寧號于越者使諜紿令圖曰我獲罪本國旦夕願歸南朝無路自拔幸君侯少留意焉令圖不虞其詐私遺以重錦十兩是年十二月于越率衆入寇大將劉廷讓與戰于君子館令圖為先鋒被圍數重于越傳言軍中願得見雄州賀使君令圖嘗為所紿意其來降而終獲大功即引麾下數十騎逆之將至其帳數步外于越據床罵曰汝常好經度邊事乃

令送死來邪慶左右盡殺其從騎反縛令圖而去令圖與其父首謀北伐一歲中父子皆陷焉令圖時年三十九是役也武州防禦使高陽關部署楊重進死之

重進太原人少有膂力周祖鎮大名以隸帳下廣順初補衛士宋初累遷至內殿直都虞候太平興國初改龍衛軍都校領徐州刺史從征太原出為萊州刺史隨曹彬北征為右廂排陣使改武州防禦使高陽關都部署會契丹兵至與之力戰遂沒於陣年六十五

王繼勳彰德節度饒之子孝明皇后同母弟也生時其母見一人赤髮狀貌怪異入室中遂生繼勳及長美風儀性凶率無賴以后故為內殿供奉官都知溪州刺史建隆二年加領恩州團練使又改龍捷右廂都指揮使尋領永州防禦使四年收復湖南改領彭州防禦使是秋將討西蜀命繼勳戒期將大閱繼勳素與大校馬仁瑀不協陰勸部下市白挺將以相圖太祖知之為出仁瑀密州俄遷保寧軍節度觀察留後領虎捷左右廂都虞候權侍衛步軍司事繼勳所為多不法會新募兵千餘隸雄武將遣出征多無妻室太祖謂繼勳曰此必有願為婚者不須備聘財但酒炙可也繼勳不能諭上旨縱令掠人子女京城為之紛擾上聞大驚遣捕斬百餘人人情始定時后已崩上追念后故不之罪也乾德四年繼勳復為部曲所訟詔中書鞫之解兵柄為彰國軍留後奉朝請繼勳自以失職常怏怏專以臠割奴婢為樂前後多被害一日天雨墻壞群婢突出守國門訴冤上大駭命中使詰之盡得繼勳所為不法事詔削奪官爵勒歸私第仍令甲士守之俄又配流登州未至改右監門率府副率開寶三年命分司西京繼勳殘暴愈甚

強市民家子女備給使小不如意即殺食之而棺其骨棄野外僧及鬻棺者出入其門不絕洛民苦之而不敢告太宗在藩邸頗聞其事及即位人有訴者命戶部員外郎知雜事雷德驤乘傳往鞫之繼勳具伏自開寶六年四月至太平興國二年二月手所殺婢百餘人乃斬繼勳洛陽市及為彊市子女者女僧八人男子三人長壽寺僧廣惠常與繼勳同食人肉令折其脛而斬之洛民稱快其後家寓西洛頴陽孫惟德不肖不能自立丐食以給真宗聞而憫之授惟德汝州司士參軍

劉知信字至誠邢州人父遷晉天福末鳳翔帳前軍使改滑州奉國軍校從驍將皇甫暉禦邊有功早卒母即昭憲太后之妹也乾德初封京兆郡太君六年進本郡太夫人開寶三年十月卒太祖廢朝發哀追封齊國太夫人陪葬安陵贈遷太保知信三歲而孤宣祖憐其敏慧建隆三年起家授供奉官丁內艱轉六宅副使開寶五年遷軍器庫使掌武德司六年領錦州刺史屬郊祀西洛為行宮使駐洛中又為西京武德皇城宮苑等使車駕出郊又充大內留守太宗即位進領本州團練使拜武德使從征河東又為行

宮使太平興國五年坐遣親信市竹木於秦隴矯制免所過筭緡入官多取其直左授軍器庫使領錦州刺史俄復為武德使會改武德為皇城司即為皇城使七年坐秦王廷美事改右衛將軍是秋出為靜難軍節度行軍司馬九年起為左衛將軍領營州刺史雍熙初改左神武軍將軍尋領檀州團練使護屯兵于鎮州會大舉北伐與六宅使符昭壽為押陣都監師還諸將失道知信獨整所部以歸俄知定州無兵馬鈐轄押大陣右偏一日宴犒將士契丹騎乘間至知信不介而出追之數十里斬獲甚衆以功就拜邕州觀察使四年召入改并州路副都部署端拱中代還知杭州淳化四年又知天雄軍府太宗崩充修奉永熙陵部署咸平初拜建武軍節度觀察留後知永平軍府契丹犯邊復知天雄軍真宗北巡充駕前副都部署歷知河陽昇州景德元年車駕幸澶淵命為東京都巡檢使復知定州二年以疾求還京至鎮州卒年六十三廢朝贈太尉天平軍節度知信以戚里致貴尤被親任中外踐歷最為舊故雖無顯赫稱亦以循謹聞于時子承宗承渥

承宗幼善射兼習書數以蔭補殿直寄班祇候咸平

初轉供奉官鎮定高陽關三路承受公事還掌軍器庫會真宗臨幸見其整肅面授閤門祇候知信卒轉內殿崇班未幾為河北緣邊安撫都監大中祥符初就加內殿承制歷知京文思二副使徙河東緣邊安撫又知保州俄拜東染院使知定州副薛瑛使契丹使還■歸本任又兼鎮定路兵馬鈐轄俄改宮苑使知雄州河北緣邊安撫使在郡有治迹詔書嘉獎召歸時靈昌決河初塞擇守臣以承宗為皇城使知滑州未幾復代還會西邊言吐蕃唃厮囉作文法頗為邊患命副龍圖閣直學士陳堯咨為鄜延邠寧環慶

涇原儀渭秦州路巡撫使詔令堯咨等所至軍州犒官吏將校諮訪民間利害郡官使臣能否功過以聞或有陳訴屈抑經轉運提點司區斷不當即按鞫詣實杖以下依法區理徒以上驛聞仍取繫囚躬親録問催促論決既行就命堯咨知秦州承宗為西上閤門使充鈐轄乾興初進東上閤門使徙鄜延都鈐轄而卒中使護柩至京師賜以葬地承渥蔭補殿直累任使喜為條奏至供奉官閤門祗候承宗子永釗右侍禁閤門祗候

劉文裕字以寧保州保塞人祖正晉幽州營田使兼

平州刺史父審奇武牢關使簡穆皇后即文裕祖姑也審奇三子長文遠建隆中為供奉官與幷人戰萬善而沒次即文裕開寶四年起家補殿直八年攉管雲騎員僚直預討江南中弩矢神色自若太宗在藩邸多得親接太平興國二年擢為內弓箭庫副使特封其母張氏清河縣太君出為秦隴巡檢有李飛雄者太保致仕鏻之孫秦州節度判官若愚之子性兇險不為其家所容常往來京師觀博間與無賴惡少游處縱酒蒲博為務以其父故盡知秦州倉庫所積及地形險易兵籍多少又有妻父張季英為鳳翔盩厔尉飛雄自京師往省之因乘季英馬詐為使者夜抵廄置呼卒索馬卒秉炬出迎飛雄以私市馬纓示之卒不能辨即授以馬一卒乘一馬前導以巡邊為名因矯詔率巡驛殿直姚承遂至隴州率監軍供奉官王守定至吳山縣率縣尉盧贊皆從行先是秦州內屬羌人為寇朝廷遣周承瑨田仁朗王侁梁崇贊韋韜馬知節及文裕領兵屯清水縣飛雄至稱制盡縛之承瑨等見姚承遂數輩同至不覺其詐仁朗獨號泣求詔書飛雄叱之曰我受密旨以若輩逗撓不用命令盡誅汝豈不聞封州殺李鶴邪詔書汝豈得

見先是上即位分命親信於諸道廉官吏善惡密以聞嶺南使者言封州李鶴不奉法誣奏軍吏謀反詔即誅之故飛雄引以為言將械承瑨等詣秦州戮之因據城叛遂驅承瑨等行初飛雄詐宣制時自言我上南府時親吏文裕因哀告飛雄曰我亦嘗依晉邸使者豈不嘗救之乎飛雄低語謂文裕曰爾能與我同富貴否文裕覺其詐偽許之飛雄即命左右釋文裕縛文裕策馬前附耳語仁朗仁朗佯墜馬若卒中風眩狀飛雄共前視之又釋其縛仁朗奮起搏飛雄與文裕共擒之飛雄尚呼云田仁朗等謀反殺使者送

秦州獄鞫得實飛雄承遂守定贊坐要斬夷飛雄家
捕先與飛雄善者何大舉等數輩悉棄市廐置卒亦
夷其族因下詔中外臣庶之家子弟或有乖檢甚為
鄉黨所知雖加戒勗曾不悛改者並許本家尊長具
名聞州縣遣吏錮送闕下當配隸諸處敢有藏匿不
以名聞者異時醜狀彰露朞功以上悉以其罪罪之
文裕後遷軍器庫使四年車駕征太原命文裕與通
事舍人王侁分兵控石嶺關六年領儒州刺史明年
為高陽關都監會契丹萬餘騎入文裕與大將崔彥
進擊卻之雍熙初徙屯三交加領順州團練使會李

繼遷率折遇也寇邊初詔田仁朗與王侁等討之仁
朗坐逗遛命文裕代仁朗繼遷等遁去從潘美北征
坐陷失驍將楊業削籍配隸登州事具業傳歲餘上
知業之陷由王侁召文裕還俄起為右領軍衛大將
軍領端州團練使封其母清河郡太夫人賜翠冠霞
帔授其弟文質殿直踰月文裕遷容州觀察使出為
鎮州兵馬部署端拱元年卒於屯所年四十五上甚
悼惜贈寧遠軍節度命中使護喪歸葬京師弟文質
至供奉官閤門祇候文質至內園使連州刺史
劉美字世濟并州人四世祖質絳州刺史曾祖維嶽

不仕祖延慶右驍衛將軍父通宋初掌禁旅從潘美
征廣南又累戰北面積勞至虎捷都指揮使領嘉州
刺史太平興國中扈蹕太原卒于師贈潁州防禦使
長女為真宗德妃加贈定國軍節度兼侍中大中祥
符五年德妃正位中宮又贈維嶽忠正軍節度檢校
太傅延慶彰德軍節度檢校太尉通永興軍節度兼
中書令追封曾祖母宋氏吳國太夫人祖母河南縣
君元氏許國太夫人母龐氏徐國太夫人初通之卒
窆京城西天禧二年詔贈太師尚書令謚武懿七月
遣昇王府諮議參軍張士遜具鹵簿鼓吹改葬于祥

符鄧公原皇后親臨奠真宗御製祭文置靈坐右美
即后之兄也初事真宗于藩邸以謹力被親信即位
補三班奉職再遷右侍禁咸平中傅潛失律流房州
擇美監軍及從潛潁州又為自京至陳潁巡檢石保
吉在陳州大治廨舍修城壁不以聞僮奴輩假威擾
民會有言者遣美廉其狀美曰保吉世受國恩擁高
貲列藩閫營繕過度拙於檢下誠或有之自餘保無
他患上意乃解歸朝充閤門祇候大中祥符二年護
屯兵于漢州歷遷供奉官從嘉州士卒有病皆給醫
藥親察視撫循之召還改內殿崇班提點在京倉場

東西八作司以舉職閙遷洛苑副使八年預修大內以勞改南作坊使同句當皇城司天禧初遷洛苑使領勤州刺史與周懷政聯職懷政姦恣義未嘗阿附懷政左右有過必痛繩之親從卒偵邏者多不時更易義按籍分番次均使馬上屢欲委之兵柄以皇后懇讓故中輟者數四三年授龍神衛四廂都指揮使領昭州防禦使改侍衛馬軍都虞候五年加武勝軍節度觀察留後卒年六十廢朝三日贈太尉昭德軍節度錄其子從德供備庫使從廣內殿崇班旁親遷補者數人追封義亡妻宋氏河內郡夫人仁宗嗣位

尊皇后為皇太后贈維嶽鎮寧軍節度兼侍中延慶建雄軍節度兼中書令通彭城郡王曾祖母宋氏陳國太夫人祖母元氏衛國太夫人母龐氏鄆國太夫人義亦贈侍中天聖二年郊祀加贈維嶽彰信軍節度兼中書令延慶鎮安軍節度兼中書令通鄭王宋氏楚國太夫人元氏韓國太夫人龐氏魏國太夫人五年再郊又贈維嶽天平軍節度中書令兼尚書令延慶彰化軍節度許國公通開府儀同三司魏王宋氏安國太夫人元氏齊國太夫人龐氏晉國太夫人從德和州刺史從廣內殿承制有龔知進者即通之友壻也亦贈衛尉卿其妻追封南安郡君從德子復本父義卒年十四自殿直遷至供備庫副使弟從廣是歲始生亦補西頭供奉官遷內殿崇班太后臨朝從德以崇儀使真拜恩州刺史改和州又遷蔡州團練使出知衛州改恩州兵馬都總管知相州從德齒少無才能特以外家故恩寵無比其在衛州縣吏李熈輔者善事從德乃薦其才於朝太后喜曰兒能薦士知所以為政矣即日擢熈輔京官從事鄭驤因緣從德亦擢義官從德妻嘉州王蒙正女也蒙正家豪右以厚賂結納至郎官為郡守既而從德病召還道卒

年二十四贈保寧軍節度使封滎國公謚康懷太后悲憐之尤甚錄內外姻戚門人及僮隸數十人從德娣壻龍圖閣直學士馬季良母越國夫人錢氏兄惟演子集賢校理曖及蒙正皆遷二官尚書屯田員外郎戴融嘗佐從德衛州以為三司度支判官御史曹修古楊偕郭勸推直官段少連上疏論之皆坐貶子永年

從廣字景元少出入禁中侍仁宗左右太后愛之如家人子太后崩真拜崇州團練使娶荊王元儼女為滁州防禦使時年十七趙元昊反從廣自言待罪行

閒不能扞患疆埸坐耗縣官額上所給公使錢帝嘉納之爲群牧都監改副使從廣自爲防禦使十年不遷特拜宣州觀察使同勾當三班院請補外自效以知洺州漳水溢從廣穿隋故渠以殺水勢洺人便之徙邢州籍鄉軍之罷老者聽引子弟自代者爲令召還復領三班院出知襄州徙真定府路馬步軍副都總管卒贈昭慶軍節度使謚良惠從廣性謹飭然喜交士大夫時頗稱之

永年字君錫生四歲授内殿崇班許出入兩宮仁宗使賦小山詩有一柱擎天之語帝誤投金杯瑶津亭

下戲謂左右曰能取之乎永年一躍持之而出帝拊其首曰奇童子也常置内中年十二始聽出外累遷廉州團練使爲陝州都監郭邈山等爲盜永年密遣壯士夜渡河殺其凶桀二十餘人衆遂散遷鈐轄代還召見問破賊狀擢幹辦皇城司改單州團練使永興軍路總管契丹遣使來請帝繪像選副張昇報使契丹以未得志夜取巨石塞驛門衆皆恐永年素有力手擲棄之契丹驚以爲神出知涇州帝賜詩寵之郡兵歲以香藥爲折支三司不時輦致振武卒素驕突入通判聽事請以他物代給讙譁語不遜永年召至庭下數其罪斬爲首二人餘不敢動同提舉在京諸司庫務凡三除防禦使皆爲言者所論而寢知代州契丹取西山木積十餘里輦載相屬於路前守不敢遏永年遣人焚之一夕盡上其事帝稱善契丹移檄捕縱火盜永年曰盜固有罪然發在我境何預汝事乃不敢復言帝嘗問禦戎策對合旨書忠孝字以賜英宗立遷沂州防禦使復知代州歷步軍馬軍殿前都虞候太原定州路副都總管王師征安南永年請先士卒度富良江取賊以獻不許遷邕州觀察使步軍副都指揮使卒贈崇信軍節度使謚曰莊恪

馬季良字元之開封府尉氏人家本茶商娶劉美女初補越州上虞尉改秘書省校書郎知明州鄞縣入爲刑部詳覆官太后臨朝遷光禄寺丞頃之擢秘閣校理同判太常禮院再遷太子中允判三司度支勾院以太常丞直史館提舉在京諸司庫務擢龍圖閣待制三丞充近職非故事也遷尚書工部員外郎龍圖閣直學士同知審官院劉從德卒遺表季良遷二官辭不就而請以其子直方爲館閣讀書會江南旱出爲安撫使再遷兵部郎中太后崩換濠州防禦使赴本州御史中丞范諷言季良徼倖得官降屯衛將

軍滁州安置開封府劾奏李良冒立券疕占富民劉守謙免戶役詔許李良自陳以地給還歲餘徙壽州致仕還京師卒李良因緣以進無他行能在禮院嘗建言攝祠事官致齋三日無供帳飲食非所以重祠事也自是翰林儀鸞司供帳大官給食於祠所云

郭崇仁字永年守文之子章穆皇后弟也淳化四年補左班殿直遷東頭供奉官閤門祗候契丹入寇齎密詔諭河北諸將還奏稱旨累遷崇儀副使兼閤門通事舍人章穆崩特除莊宅使康州刺史再遷宮苑使昭州團練使丁母憂起復雲麾將軍拜解州團練使改蔡州擢捧日天武四廂都指揮使賀州防禦使高陽關路馬步軍副都總管以疾落軍職改磁州防禦使卒贈彰德軍節度觀察留後崇仁雖外戚朝廷未嘗過推恩澤其為解州團練使十年不遷嘗除知相衛二州皆辭不行蓋性慎靜不樂外官也

楊景宗字正臣章惠皇太后從父弟少蒲博無賴客京師以罪黥隸致遠務章惠入宮為美人奏補茶酒班殿侍累遷西頭供奉官閤門祗候坐事降左侍禁鄆州兵馬都監未久復官累遷東染院副使章惠為太后進崇儀使領連州刺史揚州兵馬鈐轄未幾授

秦州刺史徙滑州鈐轄遷舒州團練使為兵馬總管章惠崩遷成州防禦使坐入臨皇儀殿被酒讙譟出為兗州總管改天雄軍副都總管時呂夷簡守魏常以官屬禮飭戒之而景宗肆志不悛遂以不法奏貶齊州都監徙衛州又徙鄆州鈐轄召還同勾當景靈宮提舉四園苑章獻章懿二后升祔太廟帝念章惠故特拜景宗徐州觀察使給留後奉逾年領軍頭引見司出知磁州為建寧軍節度觀察留後知潞州給節度使奉領皇城司坐衛士入禁中謀為亂貶徐州觀察使知濟州還提舉萬壽觀復建寧軍留後復領軍頭引見又坐從卒王安挾刃入皇城謫左監門衛大將軍均州安置起為汝州鈐轄祀明堂覃恩願還所改官求為郡帝謂輔臣曰景宗性貪虐老而益甚郡不可予也乃復以為建寧軍留後提舉四園苑改提舉在京諸司庫務卒贈安武軍節度使兼太尉謚莊定景宗起徒中以外戚故至顯官然暴戾所至為人患復使酒任氣在滑州嘗毆通判王述仆地帝深戒毋飲酒景宗雖書其戒坐右頃之輒復醉其奉賜亦隨費無餘始宰相丁謂方盛築第敦教坊景宗為役卒負土第中後謂敗仁宗以其第賜景宗居三十

年乃終
符惟忠字正臣孝卿曾孫也以外祖母賢靖大長公主蔭為三班奉職後權閤門通事舍人勾當東排岸司三司使寇瑊繩下急漕米數不足綱吏卒率論以自盜惟忠爭曰在法欠不滿四百者不坐若以自盜論則計直八百即當坐徒矣瑊怒曰敢抗三司使邪惟忠曰職有當辨非抗也瑊益怒惟忠爭愈力如所議乃已以西染院副使權提舉倉草場提點開封府界縣鎮公事開封主簿樂誥宰相王曾外孫也或風使薦之惟忠不從曰誥無善狀安可以勢使我既而

誥果以贓敗時吳奎為長垣尉惟忠厚遇奎白府共薦之惠民河與刁河合流歲多決溢害民田惟忠自宋樓鎮碾灣橫隴村置二斗門殺水勢以接鄭河主河自是無復有水害陝西用兵除涇原路兵馬鈐轄兼知涇州三司使鄭戩奏留都大管勾汴河使建議以為渠有廣狹若水闊而行緩則沙伏而不利於舟請即其廣處東以木岸三司以為不便後卒用其議再遷西上閤門副使契丹遣使求地惟忠副富弼往報使遷閤門使至武彊縣疽發背卒贈客省使眉州防禦使

柴宗慶字天祐大名人祖禹錫鎮寧軍節度使父宗亮太子中舍宗慶尚太宗女魯國長公主升其行為禹錫子拜左衛將軍駙馬都尉領恩州刺史禹錫卒真拜康州防禦使改復州舊制諸公主宅皆雜買務市物宗慶遣家僮自外州市炭所過免算至則盡鬻之復市於務中自是詔雜買務罷公主宅所市物從祀汾陰為行宮四面都巡檢進泉州管內觀察使又自言陝西市材木至京師求蠲所過稅真宗曰向諭汝毋私販以奪民利今復爾邪既而河東提點刑獄劾宗慶私使人市馬不輸稅貸不問授武勝軍節度

觀察留後歷拜彰德軍節度使仁宗即位徙靜難軍又徙永清彰德軍拜同中書門下平章事徙節武成軍出知澶州未行改陝州潞州後判鄭州以縱部曲擾民召還奉朝請歲減公用錢四百萬久之出判濟州用御史中丞賈昌朝言留不遣盡停本使公使錢卒贈中書令謚曰榮密主累封楚國大長公主先宗慶沒宗慶歷官多過失性極貪鄙積財鉅萬而薄於自奉甚至優人以為戲宗慶雖知莫能改也無子及終顧以貲產送官仁宗以其女尚幼不許人謂宗慶選尚榮貴逾四十年晚上積奉以裨軍用蓋亦追補

前過云

張堯佐字希元，河南永安人，溫成皇后世父也。舉進士，歷憲州筠州推官。吉州有道士與商人夜飲，商人暴死，道士懼而逋，為邏者所獲，捕繫百餘人。轉運使命堯佐覆治，盡得其冤。改大理寺丞、知汜水縣，遷殿中丞、知犀浦縣。犀浦地狹民繁，多田訟，堯佐正其疆界，條衆敝以曉之，訟遂簡。知開州，還，判登聞鼓院。時溫成方為脩媛，欲以門閥自表異，故堯佐稍進用。權開封府推官，又提點府界公事。諫官余靖言用堯佐不宜太遽，頃者郭后之禍起於楊尚，不可不監。未幾

遷三司戶部判官，又為副使，擢天章閣待制、吏部流內銓，累遷兵部郎中、權知開封府，加龍圖閣直學士，遷給事中、端明殿學士，拜三司使。明年，諫官包拯、陳升之、吳奎言：「比年以來，水旱、城郭地震、河溢，蓋小人道盛。天下皆謂堯佐主大計，諸路困於誅求，內帑煩於借助，法制刓敝，實自堯佐。臣等竊惟親昵之私，聖人不免，惟處之有道，使不踐危機，斯為得矣。」仁宗祀明堂，改戶部侍郎，尋拜淮康軍節度使、群牧制置使、宣徽南院使、景靈宮使，賜二子進士出身。拯等復言：「陛下即位僅三十年，未有失道敗德之事，乃五六年來擢用堯佐，群口竊議，以謂其過不在陛下，在女謁近習與執政大臣也。蓋女謁近習知陛下繼嗣未立，既有所私，莫不潛有趨向，執政大臣不能規諫，乃從諛順旨，高官要職，惟恐堯佐不滿其意，致陷陛下於私昵後宮之過。制下之日，陽精晦塞，氛霧蒙孛，宜斷以大義，亟命追寢。必不得已，宣徽、節度擇與一焉。如此則合天意、順人情矣。」御史中丞王舉正留百官班，欲廷議，不許。乃詔曰：「近臺諫官乞罷堯佐三司，及言不可用為執政，若優與之官，於體為善。朕用其言，遂有是命。今後以為不可，前後反覆，於法當黜。其令中

書戒諭之。自今言事官相率上殿，先取旨。」是日，堯佐辭宣徽、景靈使，從之。未幾，復以宣徽使判河陽，舉正又抗章論之，至于三。時吳育判西京留臺，河陽民訟有不決者，多詣育，育於狀尾判曲直，堯佐畏恐，即奉行之。召還，徙鎮天平軍。卒，贈太師，賜其家僦舍錢日三千。堯佐起寒士，持身謹畏，頗通吏治，曉法律，以戚里進，遂至崇顯，戀嫪恩寵，為世所鄙。子山甫，引進副使、樞密副都承旨。從弟堯封，孝謹好學，舉進士，為石州推官，卒。次女即溫成皇后也，累贈至中書令、清河郡王，謚曰景思。

列傳卷第二百二十二

開府儀同三司上柱國錄軍國重事中書右丞相監修國史領經筵事都總裁臣脫脫等奉勅修

外戚中

王貽永　李昭亮　李用和子璋　瑋　珣
李遵勗子端懿　端愿　端慤　端愿子評　曹佾從弟傑　子評　誘
高遵裕弟遵惠　從姪士林　子公紀　公紀子世則　士林
向傳範從姪經　綜　經子宗回　宗良　張敦禮　任澤

王貽永字季長，溥之孫也。性清慎寡言，頗通書，不好聲技。初生十餘歲時，其舅魏咸信見而奇之，曰：「後當類我。」咸平中，尚鄭國公主，授右衛將軍、駙馬都尉。從封泰山，領高州刺史，再遷右監門衛大將軍、獎州團練使。求外補，得知單州。真宗戒之曰：「和衆靜治，卿所當先也。」真拜洺州團練使，徙徐州。河決滑州，徐大水，貽永作隄城南以禦之。改衛州團練使，進懷州防禦使，知澶、定二州，徙成德軍。會有告曹汭變者，貽永奏治之，遷耀州觀察使，復知澶州，歷彰化、武定軍節度使、觀察留後，拜安德軍節度使，出知天雄軍，徙保寧軍節度使、知鄆州。州自咸平中徙城，而故治為通衢，介梁山，春夏多水患，貽永相度地勢，為築東西道三十餘里，民便之。復徙定州，又徙成德軍。擢同知樞密院事，改副使，加宣徽南院使，進樞密院使。久之，拜同中書門下平章事，遂加兼侍中，徙節鎮海。以疾求罷，手詔撫諭，遣上醫診視，帝臨問，須尚方珍藥，手取糜粥食之。貽永自言寵祿過盛，願罷樞筦，解使相，還第。帝冀其愈也，乃聽罷侍中，徙彰德節度使、同平章事、樞密使如故。疾稍間，入見，命其子道卿掖登垂拱殿，仍賜五日一朝，遇朝參起居，許休於殿側。至和初，復以疾辭，拜尚書右僕射、檢校太師兼侍中、景靈宮使。卒，贈太師、中書令，謚康靖。當時無外姻輔政者，貽永能遠權勢，在樞密十五年，迄無過失，人稱其謙靜。子道卿，西上閤門使。

李昭亮字晦之，明德太后兄繼隆子也。四歲補東頭供奉官，許出入禁中。繼隆北征契丹，遣昭亮侍詔軍中，問方略及營陣衆寡之勢。昭亮年雖少，還奏稱旨，累遷西上閤門使。出為潞州兵馬鈐轄，徙領麟府路軍馬事，尋為管勾軍頭引見司兼三司衙司。軍士有逃死而冒請官廩者數百人，昭亮按發之。領高州刺史、知代州，以四方館使復領麟府路軍馬事，遷引進使、領賀州團練使，歷知瀛、定二州，成州團練使、寧州

防禦使延州觀察使感德軍節度觀察留後擢殿前都虞候泰鳳路馬步軍副都總管經略招討副使徙永興路馬步軍副都指揮使并代州路副都總管安撫招討副使未幾守代州再徙真定路都總管保州兵叛殺官吏詔遣王果招降之叛者乘埤呼曰得李步軍來我降矣於是遣昭亮昭亮從輕騎數十人不持甲盾弓矢叩城門呼城上曰爾輩第來降我保其無虞也不爾幾無噍類矣卒稍稍縋城下明日相率開城門降改淮康軍節度觀察留後復知定州敕使存勞賜黃金三百兩給節度使奉以褒其功都轉運

使歐陽脩言昭亮入保州以叛卒女口分隸諸軍有輒私入其家者置不問明年拜武寧軍節度使代李用和為殿前副都指揮使時承平久將士多因循樂縱弛昭亮本將家子雖以恩澤進然習軍中事既統宿衛政尚嚴多所建請萬勝龍猛軍蒲博爭勝負徹屋椽相擊士皆惶駭昭亮捕斬之杖其主者諸軍為之股慄帝祠南郊有騎卒亡所挾弓會赦當釋去昭亮曰宿衛不謹不可貸卒配隸下軍禁兵自是頗肅以宣徽北院使判河陽徙延州以南院使判澶州徙并州成德軍拜同中書門下平章事判大名府仁宗以塗金紋羅書曰李昭亮親賢勳舊命其子惟賢持以賜徙定州改天平彰信泰寧軍節度使在定州數言老疾不任邊事願還京師乃以為景靈宮使又改昭德軍節度使卒贈中書令謚良僖昭亮為人和易練習近事於吏治頗通敏善委任僚佐以故數更藩鎮無他過昭亮妻早亡內嬖三妾迭預家政莫能制也子惟賢字寶臣以父蔭為三班奉職後為閤門祗候通事舍人累遷西上閤門使尋領高州刺史知莫州州倉粟陳腐戍兵大譟弗肯受州人皆恐惟賢馳往諭曰邊兵衆則積粟多廩數多且積久能無陳腐

乎欲盡取新則陳者何所歸遂斬首惡一人流十人軍中帖然召還提舉諸司庫務領榮州團練使知冀州會邊補禁軍自隸籍後犯贓汚者皆絀為下軍惟賢曰武士何可責以廉節且抵罪在昔今不可以新令繩之帝為更其制徙恩州後遷四方館使卒惟賢善宣辭令習朝儀仁宗頗愛之

李用和字審禮章懿皇太后弟也少窮困居京師鑿紙錢為業劉美求用和於民間奏為三班奉職累遷右侍禁閤門祗候權提點在京倉草場考城縣兵馬都監太后崩詔赴喪既葬遷禮賓副使領八作司遷

禮賓使同領皇城司遷崇儀使賀州刺史改奉太后于永安領捧日天武兵護梓宮明年春又詔乘傳行太后陵還授寧州刺史歷遷澤州團練慶州防禦鄜州觀察使既而擢殿前都虞候鄜延路馬步軍副都總管未行拜永清軍節度觀察留後改真定府定州路舊制刺史以上所賜公使錢得私入而用和悉用為軍費歷侍衛親軍步軍馬軍副都指揮使拜建武軍節度使殿前副都指揮使以老乞罷軍職拜宣徽北院使逾月改彰信軍節度使同中書門下平章事景靈宮使以疾告仁宗臨問賜銀飾肩輿進兼侍中初未有居第詔寓館芳林園用和固辭又假以惠寧坊之官第病革帝入見臥內擢其次子珣為閤門使賜所居第并日給官舍僦錢五千既卒帝哭之慟贈太師中書令隴西郡王輟朝五日制服禁中謚恭僖帝撰神道碑書曰親賢之碑其妻卒亦輟朝成服初仁宗以太后不逮養故外家褒寵特厚用和列位將相能小心靜默推遠權勢論者以此稱之子璋

璋字公明以章懿皇后恩補三班借職積官為天平軍節度觀察留後知澶州護塞商胡會河溢訛言水且至璋據聽事自若人心乃安河亦不溢徙曹州觀

察使累遷武勝軍節度使殿前都指揮使仁宗書忠孝李璋字并秘書賜之宴近臣群玉殿酒半命大盃二飲韓琦及璋如有所屬帝崩執政欲增京城甲士璋曰例出累代不宜輒易時禁衛相告乾興故事內給食物中有金既而累賜食衆視食中璋曰天子未臨政已優賞彼何功復云云敢諠者斬衆乃定以武成軍節度使知鄆州京東盜白日殺縣令略入道中璋信賞罰擒捕盜為衰止歲大雨水競以船筏邀利多溺死者璋一切籍之約所勝載如黃河法發卒城州西關調夫修路數十里夾道植柳人指為李公柳知鄧州坐失舉改節保武軍知鄆州還朝道卒年五十三贈太尉謚曰良惠弟瑋珣

瑋選尚兗國公主積官濮州團練使以樸陋與主不恊所生母又忤主意主入訴禁中瑋皇恐自劾坐罰金後數年終不恊主還宮瑋自安州觀察使降建州落駙馬都尉知衛州未幾主徙封岐國復瑋都尉主薨以奉主亡狀貶郴州團練使陳州安置遇赦還京師至建武軍節度使檢校太師卒哲宗臨奠哭之贈太師中書令

珣字公粹以蔭為閤門祗候時兄璋為閤門副使珣

又求通事舍人仁宗曰爵賞所以與天下共也儻盡用親戚何以待勳舊乎後一年乃命之車駕視用和疾自西上閤門副使累遷均州防禦使知相州賜御製詩飛白字寵其行未幾遷相州觀察使時劉永年亦同除官知制誥楊畋以為不可開僥倖之門詔他舍人草制御史范鎮復論之命遂寢使契丹預釣魚會獲多契丹遺以金罌使還悉上之吏賜黃金及李珣忠孝字熙寧中遷宣州觀察使知潁州哲宗初進泰寧軍留後提舉萬壽觀故事正任遇覃恩止移鎮唯宗室乃遷官至是珣與李端愨皆特遷戚里一覃

恩遷官自此始復知相州卒年七十四

李遵勗字公武崇矩孫繼昌子也生數歲相者曰是當以姻戚貴少學騎射馳冰雪間馬逸墜崖下衆以為死遵勗徐起亡恙也及長好為文詞舉進士大中祥符間召對便殿尚萬壽長公主初名勗帝益遵字升其行為崇矩子授左龍武軍駙馬都尉賜第永寧里主下嫁而所居堂甍或瓦甓多為鸞鳳狀遵勗令鑱去主服有龍飾悉屏藏之帝歎喜領澄州刺史坐私主乳母謫均州團練使徙蔡州踰年起為太子左衛率府副率復左龍武軍將軍領宏州團練使真拜康州團練使給觀察使祿時繼昌官刺史遵勗請班其下許之後繼昌守涇州暴感風眩遵勗馳省不俟命帝遣使令乘驛赴之既還上表自劾帝使輔臣慰諭之遷澤州防禦使又遷宣州觀察使求補郡自試出知澶州賜宴長春殿在郡會河水溢將壞浮梁遵勗督工徒七日而堤城遷昭德軍節度觀察留後拜寧國軍節度使徙鎮國軍知許州水軍多不練習而隸籍遵勗命部校按劾技去十七八後以疾請援唐韋嗣立故事求山林號詔不許初天聖間章獻太后屏左右問曰人有何言遵勗不答太后固問之遵勗

曰臣無他聞但人言天子既冠太后宜以時還政太后曰我非戀此但帝少內侍多恐未能制之也嘗上三說五事以論時政晉國夫人林氏以太后乳母多干預國事太后崩遵勗密請置之別院出入伺察之以厭服衆論其補助居多類此所居第園池冠京城嗜奇石募人載送有自千里至者構堂引水環以佳木延一時名士大夫與宴樂師楊億為文億卒為制服及知許州奠億之墓慟哭而返又與劉筠相友善筠卒存恤其家通釋氏學將死與浮圖楚圓為偈頌卒贈中書令謚曰和文有間宴集二十卷外館芳題

七卷子端懿

端懿字元伯性和厚喜問學頗通陰陽醫術星經地理之學七歲授如京副使侍眞宗東宮尤所親愛嘗解方玉帶賜之稍長出入宮禁如家人七遷濟州防禦使爲群牧副使杜衍爲樞密擇外戚子弟試外官廼以端懿知冀州爲政循法度民愛其不擾轉運使移州捕妖人李教教已死恩州王則據城叛人有言教不死在賊軍中遂降單州團練使知均州改滑州兵馬鈐轄賊平實無李教者乃以爲汝州防禦使提舉在京諸司庫務遷蔡州觀察使同勾當三班院徙

華州觀察使以母喪起復爲鎭國軍節度觀察留後頻終制許之仍給全奉服除提舉集禧觀出知鄆州兼京東西路安撫使是歲京東水民多饑大發倉廩以賑之置弓手爲教以戰鬭遂如精兵治汶陽堤百餘里以却水患民便之尋除寧遠軍節度使知澶州御史中丞韓絳奏端懿無功不當得旄節不拜以留後赴澶州數月卒訃聞帝方宴禁中爲徹樂贈其家黃金三百兩贈感德軍節度使謚良定再贈兼侍中端懿能自刻厲聞善士傾身下之以故士大夫與之遊甚得名譽弟端愿

端愿字公謹以穆獻公主恩七歲授如京副使四遷爲恩州團練使仁宗以歲旱御便殿慮囚放宮女端愿上疏謂縱釋有罪小人之幸放宮女爲宦者專制反失所歸何以弭災變累進邢州觀察使鎭東軍留後知襄郢二州本路轉運使獻羨財數十萬被賞端愿言常賦三折其民不堪即上其事帝爲奪轉運使賞申折變之禁移廬州富弼謂曰肥上之政何以減於襄陽端愿曰初官喜事飾廚傳以干名則譽者至吏事既久知抑豪彊制猾吏故毀隨之弼深然其言英宗初同提舉在京諸司庫務帝以疾拱默端愿求

對進曰陛下當躬攬權綱以係人心不宜退託失天下望拜武康軍節度使知相州請歸除醴泉觀使神宗即位遣使就其家錄取異時章奏賜詔褒之河東城囉兀端愿手寫趙普諫太宗北伐疏以聞連年請老以太子少保致仕凡大禮成賜金帶器幣品數視執政哲宗嗣位進太子太保欽聖皇后以甥舅之故嘗幸其第致禮於獻穆祠堂命近侍掖端愿勿拜元祐六年卒帝輟朝臨奠賻典加等贈開府儀同三司

弟端慤子評

端慤字守道官左藏庫使執獻穆喪辭起復詔特給

奉累遷東上閤門使幹辦三班院嘗侍宴群玉殿仁宗獨賜珠花飛白字寵顧特異知邢冀衛三州至蔡州觀察使元祐中以安德軍留後卒贈昭德軍節度使諡曰恭敏兄端懿在嘉祐時嘗密請建儲人無知者卒於澶淵端愨走護其喪以歸元豐間因進對袖舊槀上之神宗歎曰近世之賢戚也由是端愨之名益著

評字持正由東頭供奉官八遷皇城使以父告老授西上閤門使爲樞密都承旨出使陝西河東還言鄜延之人皆謂城囉兀非便乞速毁撤解一路之患師

出安南調兵及河東又言王師南征而取卒於西北使蠻聞之得以窺我所論事頗多或見施行然天資刻薄招權不忌多希耳目采聽外事自效以爲忠僥倖進用中外反目以榮州刺史出知潁州還幹當三班院副韓縝報聘契丹且分畫河東地界凡二年乃決賜袍帶金帛以賞勞進成州團練使知蔡州卒年五十二贈冀州觀察使賜白金千兩評少涉書傳嘗以公主遺奏召試學士院改殿中丞意不滿辭之後二年再召試復止遷一官愈不悅至上書辨論及卒人無憐者

曹佾字公伯韓王彬之孫慈聖光憲皇后弟也性和易美儀度通音律善奕射喜爲詩自右班殿直累進殿前都虞候安化軍留後言者謂年未四十毋典軍出知澶青許三州徙河陽以建武軍節度使爲宣徽北院使知鄆州改保靜保平軍節度使同中書門下平章事景靈宮使加兼侍中封濟陽郡王神宗每咨訪以政然退朝終日語不及公事帝謂大臣曰曹王雖用近親貴而端拱寡過善自保眞純臣也進對未嘗名元豐中以疾告既愈入謝帝曰舅久不覲太皇太后宜少憩內東門朕當自督已而召入歷上下儒

釋道五閣大椿蟠桃亭再升殿乃退以護國軍節度使司徒兼中書令爲太一宮使給朱衣雙引騎吏前馬慈聖喪終請郡帝曰時見舅如面慶壽宮柰何欲遠朕得無禮遇有不至乎佾皇恐即城南爲園池給八作兵庀役疏惠民河水灌之且將爲築三百楹第固辭乃止高麗獻玉帶爲秋蘆白鷺紋極精巧詔後苑工以黃金倣其製爲帶賜佾生日賚予如宰相親王用教坊樂工服色衣侑酒以示尊寵哲宗即位加少保坤成節獻壽特綴宰相班優詔減拜卒年七十二贈太師追封沂王從弟佾子評誘

偕字先道少讀書知義以節俠自喜為許州都監幕
客史沆傾險刼持為不法上下畏之偕從容置酒對
客數沆十罪將擊殺之沆起拜謝偕罵曰復不改必
殺汝沆為斂迹累遷東上閤門使帶御器械知雄州
議者欲廢塘濼為田偕曰何承矩李允則嘗此累年
所以限契丹廢之不可進華州防禦使知相州徙河
陽總管卒嘗從梅堯臣學詩堯臣稱之為序其詩
評字公正以父任累官至引進使知審官西院積遷
溫州防禦使元祐中提舉萬壽觀丐外樞密院白為
真定路鈐轄哲宗曰先帝待慈聖家極厚其以為總

管徽宗即位遷相州觀察使歷龍神衛捧日天武都
指揮使殿前都虞候馬步軍副都指揮使寧遠軍留
後平海軍節度使佑神觀使契丹者四館伴者十
二在閤門十二年預修儀制多所增損性喜文史書
有楷法慈聖命書屏以奉神宗即賜玉帶旌其能尤
善射左右手如一夜或滅燭能中伴契丹使者射嘗
雙破的客驚竦在戚里號為湛厚卒年六十六贈開
府儀同三司
誘字公善以蔭至左藏庫副使熙寧中父佾以疾告
入謝神宗面授誘閤門通事舍人元祐中以東上閤

門使為真定府定州路兵馬鈐轄遷文州刺史使契
丹至其宮門館客者下馬邀誘同入誘曰北朝使至
及朝堂門兩朝積好久無妄生事卒乘馬入使還為
樞密副都承旨徽宗時進都承旨歷慶州團練恩州
防禦晉州觀察使保慶軍留後大觀中進安德軍節
度使醴泉觀使與兄評同日拜立雙節堂於家戚里
榮之性謹密習熟典故卒年六十五贈開府儀同三
司謚曰忠定
高遵裕字公綽忠武軍節度使瓊之孫也以父任累
遷供備庫副使鎮戎軍駐泊都監夏人寇大順城諒

祚中矢遁會英宗宴駕遣遵裕告哀抵宥州下宮夏
人遣王盥受命以吉服至遵裕切責之遂易服既而
具食上官語及大順城事盥曰剽掠輩耳遵裕曰若
主寇邊扶傷而遁斯言非妄邪夏人以為辱亟遣人
代對終食不敢發口輒忿怒曰王人蔑視下國弊邑
雖小控弦十數萬亦能躬執櫜鞬與君周旋遵裕瞋
目曰主上天縱神武毋肆狂躁以干誅夷時諒祚覘
於屏間搖手使止神宗聞而嘉之擢知保安軍橫山
豪欲向化帝使遵裕諭种諤圖之諤遂取綏州帥怒
諤擅發兵欲正軍法諤懼稱得密旨於遵裕故諤被

罪遵裕亦降為乾州都監遷通事舍人主管西路羌部駐古渭砦分所部羌兵為三等教以軍法熈寧初朝廷用王韶復洮隴命為秦鳳路沿邊安撫以遵裕副之尋以古渭為通遠軍命知軍事明年持附順羌部圖籍及繪青唐武勝形勢入獻擢引進副使帶御器械俾歸治師師次慶平堡夜行晨至野人關羌人旅拒引親兵一鼓破之進營武勝城下羌衆逃去遂據其城詔建為鎮洮軍又命知軍事尋以熈河洮岷遠通為一路進西上閤門使榮州刺史充總管復知通遠軍明年詔欲取河州遵裕曰古謂舉事先建堡砦以漸而進故一舉抜武勝今兵與糧未備一旦越數舍圖人之地使彼阻要害我軍進退無所矣詔與李憲笑曰君何遽相異邪檄使守臨洮韶攻河州果不克帝善遵裕議令專管洮岷疊巖未款附者遵裕以逾龍珂地有鹽井遂築鹽川砦瞎吳叱率諸羌脅青唐欲擾邊詔遣張玉攻討遵裕曰青唐無罪第為生羌所脅耳遣裨將與龍珂率衆禦之青唐人見龍珂泣訴瞎吳叱知不附己潰去從韶取岷州下之令士衆曰生獲老幼與得級同全活者以數萬捷聞加岷州刺史明年羌乘景思立之敗圍河岷二州道路不通者幾月或請退保遵裕曰敢議此者斬岷城軍缺守者恐遵裕登西門命將縱擊别選精騎繇南門譟而出合擊之羌敗走時朝廷以岷城遠難守議棄之詔至賊已潰矣以功進團練使龍神衛都指揮使知熈州坐薦張穆之為轉運使而穆之有罪罷知頴州未幾徙慶州又坐事黜知淮陽軍元豐四年復知慶州詔與諸路討夏國請濟師得東兵十一將騎不足用以群牧馬益之又令節制涇原兵劉昌祚先至靈州幾得城遵裕嫉之故不用其計遂以潰歸語在昌祚傳貶郢州團練副使哲宗即位復右屯衛將軍主管中嶽廟卒年六十贈永州團練使紹聖中崇贈奉國軍節度觀察留後從弟遵惠

遵惠字子育以蔭為供奉官熈寧中試經義中選換大理評事歷三班院主簿軍器丞元祐初上疏言法度更張事有當否如先帝所施設未可輕議擢太僕少卿進太府卿出知河中府改河北路都轉運使未行拜工部侍郎以集賢殿脩撰知鄭州河南頴昌府加寶文閣待制知成德軍召為户部侍郎以龍圖閣學士知慶州卒年五十八贈樞密直學士方宣仁后臨朝繩檢族人一以法度乃舉家事付遵惠遵惠辭

表率之人無間言亦能遠嫌自保故不罹紹聖之禍

從姪士林

士林字才卿宣仁聖烈皇后之弟也累官内殿崇班殿直英宗書謹守法律四字誨之曰能此則為良吏矣每欲進擢后屢辭輒止喜儒學涉閱經史通大義尤有巧智嘗監揚州召伯埭税木舊用火印士林改刃其印文鑿以為識尤簡便傍郡皆效焉卒贈德州刺史神宗立加贈昭德軍節度使紹興初追封普安郡王子公紀

公紀字君正歷閤門祗候通事舍人累進寧州刺史

團練使永州防禦使集慶留後性儉約珍異聲伎無所好奉禄多以給諸族得任子恩均及孤遠特宣仁后喪未終卒贈感德軍節度使謚曰懷僖紹興初追封新興郡王子世則

世則字仲貽幼以恩補左班殿直至内殿崇班復用父遺表恩為閤門祗候後除親衛郎以通經典轉内殿承制累遷康州防禦使知西上閤門事宣和末金泛使至徽宗命世則掌客世則詰問該洽應對有據帝聞悦之自是掌客多命世則金人軍城下又命世則使其軍還進秩二等遷知東上閤門使金遣燕人吳孝民請和孝民邀宰執親王詣軍前議事高宗在康邸請行是日世則入對遂除計議副使以從康王復使河北世則改華州觀察使充參議官召對賜金帶當高宗艱難中世則嘗在左右寢處不少離大元帥府建改元帥府參議官因請布檄諸路以定人心進遥郡承宣使不拜高宗承制轉越州觀察使及即位除保静軍承宣使提舉萬壽觀詔令編類元帥府事迹付史館召為樞密都承旨兼提舉京畿監牧兼提舉萬壽觀世則居温州帝遣中使諭守臣以時給奉禄凡積二萬緡因請以裨郡費常病瘍艱於據鞍

又以舊所御肩輿賜焉帝每念宣仁聖烈皇后保祐三朝中遭誣詆外家班秩無顯者制以為感德軍節度使充萬壽觀使進開府儀同三司奉朝請賜第臨安除景靈宫使兼判温州尋以病丐罷復為萬壽觀使十四年召入覲進少保懇求還卒年六十五贈太傅賜田三十頃謚曰忠節

向傳範字仲模尚書左僕射敏中之子以父任為衛尉丞娶南陽郡王惟吉女改内殿崇班帶御器械歷知相恩邢三州入管幹客省閤門皇城司知陝州仁宗賜詩以寵其行熙寧初知鄆州兼京西路安撫使

諫官楊繪言傳範領安撫使無以杜外戚僥求之源
樞密使文彥博曰傳範累典郡非緣外戚神宗曰得
諫官如此言甚善可以止他日妄求者以密州觀察
使卒贈昭德軍節度使謚曰惠節傳範宰相子聯戚
里所至有能稱以橐中貲千餘萬葬族人在殯者六
十四喪從姪經綜

經字審禮以蔭至虞部員外郎神宗為潁王選經女
為妃改莊宅使帝即位妃為皇后進光州團練使以
濰州防禦使知陳州歲中閱囚活重辟三人西華令
掠人至死誣以疾吏畏令莫敢言經得其情卒窮治

如法歲大雪輒弛公私僦錢以寬民有司持不可經
曰上使我守陳民窮蓋我責我自為此不爾累也方
鎮別賜公使錢例私以自奉去則盡入其餘經獨斥
歸有司唯以供享勞賓客軍師之用知河陽會旱蝗
民乏食經度官廩歲用無餘乃先以圭田租入振救
之富人爭出粟多所濟活徙徐州遷明州觀察使召
還提舉景靈宮進定國軍留後復出知青州既行官
給車徒三宮皆遣使送之車馬相屬於道未踰歲得
疾還卒于淄州年五十四詔內侍迎其喪皇后出哭
于新昌第喪至慶壽寶慈宮交遣謁者弔醊后臨于

國門之外贈侍中謚曰康懿將葬遣近臣典護穿復
土給太常鹵簿帝出郊奠之周視其柩葬三日后臨
于墓下賜篆碑首曰忠勤懿戚經所至勤吏治事皆
自省決頗欲以才見於用故數請外補嘗因太祖忌
日百官班開元殿下后召經見行幄勉以盡忠朝廷
經亦以善事三宮為言不及其家事子宗回宗良

綜字君章知歙縣籍閭里惡少年有盜發用以推迹
輒得通判桂州常州知隨鼎潭汾密棣沂七州沂阻
山多盜綜請用重法繩禁歲斷大辟減半兵久惰會
初置官提舉教之急衆不悅監兵夜排闥告變綜疑

有他謀就寢自若明日大閱申嚴號令賞其高彊罰
其不進者卒亦無事性寬裕善治劇於姦惡不少恕
官累中散大夫卒

宗回字子發累官相州觀察使徽宗立進彰德軍留
後歷安國保信鎮南保平軍節度使檢校司空封永
陽寧海安康漢東郡王開府儀同三司崇寧初有告
其陰事者詔開封府鞫實御史中丞吳執中臨問宗
回惶懼上還印綬以太子少保致仕言者不已削官
爵流郴州行二日聽家居省咎踰年盡還其故官宗
回少驕恣有小才嘗權群牧都監數以蕃息被賞出

知蔡州檎劇賊殲其黨類歲饑發廩與力役饑者得濟而官舍帑廩一新欽聖后服除起奉朝請繼命止朝朔望卒年六十二帝制服苑中贈檢校少師謚曰榮縱

宗良字景弼歷秀州刺史利州觀察使昭信軍留後奉國清海鎮東武寧寧海軍節度使永嘉郡王開府儀同三司欽聖后臨朝時嘗為陳瓘論其與蔡京相結及預政事亦能恪共自守宣和中卒年六十六贈少保

張敦禮熙寧元年選尚英宗女祁國長公主授左衛

將軍駙馬都尉遷密州觀察使元祐初疏言變法易令始於王安石成於蔡確近者退確進司馬光以臣觀之所得多矣進武勝軍留後章惇為政言敦禮忘德犯分醜正朋邪容封華疏詆毀先烈引譽罪首謂當褒崇欲其黨傳盡見收用乃責授左千牛衛大將軍勒止朝參徽宗立有司以敦禮在貴籍奏審恩賜帝與欽聖后皆以為當與惇等執前疏欽聖曰戚里何必預知朝廷事當時罰亦太重矣復和州防禦使進保信軍留後崇寧初拜寧遠軍節度使諫官王能甫言敦禮以匹夫之賤一日而富貴具馬神宗親愛隆厚禮遇優渥而敦禮詆毀盛德罪大謫輕今復與之節鉞無乃傷陛下紹述之志乎乃奪節仍為集慶軍留後大觀初復節度寧遠軍徙雄武卒贈開府儀同三司

任澤字天錫仙遊夫人毋弟也英宗入繼大統召至延和殿授西頭供奉官賜第一區寵賚甚厚神宗時累遷皇城使領昌州刺史護仙遊柩還祔于濮園真拜嘉州刺史卒贈崇信軍節度使謚曰恭僖賜墓寺寺額為旌孝澤起田里際會恩寵能自安繩檢帝欲廣其居固辭當任子弗請其篤謹如此

列傳卷第二百二十三

開府儀同三司上柱國錄軍國重事前中書右丞相監修國史領經筵事都總裁臣脫脫等奉

敕修

外戚下

孟忠厚　韋淵　錢忱　邢煥
潘永思　吳益弟蓋　李道　鄭興裔
楊次山

孟忠厚字仁仲隆祐太后兄追封咸寧郡王彥弼子也后退居瑤華宮哲宗恩眷不衰故忠厚得以仕進宣和中官至將作少監靖康元年知海州召權衞尉卿金人圍城后宮火出居忠厚家踰是免北遷金兵退張邦昌迎后聽政后遣忠厚持書遺康王王即位將迎后授忠厚徽猷閣待制提舉一行事務尋兼幹辦奉迎太廟神主事帝幸揚州除顯謨閣直學士臺諫六章論列帝以太后故難之后聞即命易武秩遂授常德軍承宣使幹辦皇城司未幾奉太后幸杭州苗傅亂平趙鼎謂張浚曰太后復辟其功甚大當推恩外家浚乃奏忠厚寧遠軍節度使尋奉太后幸南昌歸至越以母憂解職頃之后崩以祔廟恩起復鎮海軍節度使開府儀同三司及后大祥封信安郡王

充禮儀使奉太后神御幸溫州紹興九年判鎮江府改判明州兼安撫使改判婺州既而帝以太后攢會稽乃命忠厚判紹興府兼修奉攢宮事加少保三梓宮歸充迎護使及營佑陵秦檜當為總護使憚往乃除忠厚樞密使以代其行檜與忠厚僚壻也然心實忌之山陵事畢忠厚欲歸樞密府檜諷言路引故事論列遂判福州時海寇猖獗帝憂忠厚不能弭其患改判建康府又改判紹興府會郊赦加恩謝表有本無時才出為世用語中丞詹大方希檜意論忠厚表辭輕侮謂今日不足與有為遂罷為醴泉觀使檜死召還行在授保寧軍節度使判平江府再改判紹興府過闕入見復詔充萬壽觀使提舉秘書省二十七年卒贈太保忠厚奉昭聖太后訓避遠權勢不敢以私干朝廷明受之變太后垂簾忠厚乞裁節本家恩澤如有夤緣令三省執奏御史劾秦檜當國親姻扳援以進忠厚獨與之忤自越入見語所善王鋌曰忠厚與檜雖有親好每懷疑心今欲求一不傷時忌對劄鋌教之但言乞免提舉學事而已然亦見廢帝以太后擁佑功故眷忠厚特優后在瑤華三十年恩澤未嘗陳請詔賜忠厚田三十頃以賞之既奉內祠金

使至特命押班且令月遏局如宰執例及卒三子皆
除直秘閣親屬六人各進以一官
韋淵顯仁太后季弟也靖康末官至拱衛大夫忠州
防禦使勾當軍頭引見司金人退張邦昌遣淵持書
遺康王于濟南王即位遷親衛大夫寧州觀察使知
東上閤門事言橫行五司尚未遵元豐舊制乞併引
進司歸客省東西上閤門合而為一以省冗費從之
遂命同管客省四方館閤門事淵性暴橫不循法度
帝慮其有過難於行法遂遷福建路副總管淵引疾
丐祠許之淵乃言自宣和及今十二年未嘗磨勘乞

遷秩吏部言在法橫行無以年勞磨勘者帝遂不許
久之落階官除德慶軍節度使召赴行在除開府儀
同三司會建康軍帥邊順疾篤留守呂頤浩奏以淵
代帝不欲以戚里管軍不許淵陳乞恩數帝詢太后
家故例賜田五十頃旁緡錢日二十千帝久不予淵
官闈太后將入境乃封平樂郡王令逆于境上既從
后歸即令致仕又詔奉朝請遷少師淵在內不得逞
乞致仕任便居住從之未幾帝恐其肆橫於外復詔
落致仕還居賜第太后朝景靈宮淵見后出言詆毁
詔侍御史余堯弼即其家鞫治淵具伏誣罔責授寧

遠軍節度副使袁州安置數年復故職累遷太保太
傅卒贈太師子三人訊謙讜訊紹興中官至達州刺
史坐過用太后旨降武德郎與嶺外監當謙好學能
詩官至建康軍節度使謙子璞淳熙末仕至太府少
卿高宗崩擢司農少卿為金國告哀使金主錫宴其
館使欲用樂璞不可自朝至夜漏下三十刻金人不
能奪及入見其閤門令璞吉服入璞又不可日將中
乃以凶服見紹熙初除煥章閣論者以為非祖宗舊
制遂換授明州觀察使十年不遷寧宗嘉其恬退授
清遠軍節度使致仕卒贈太尉

錢忱字伯誠吳越王俶五世孫父景臻尚仁宗第十
女秦魯國大長公主生忱神宗命賜名除莊宅副使
騎都尉帝嘗諭景臻曰主賢宜有子為擇嘉配娶唐
介孫女又晁迥外孫忱從二家遊伯父勰在翰苑因
得識一時名卿哲宗愛之常使侍左右徽宗覃八寶
恩為邕州觀察使遷武寧軍觀察留後喜其請共除
瀘州軍節度使欽宗加檢校少保尋納節高宗立復
拜檢校少保瀘州節度使中太一宮使御書忠孝之
家四字賜之進開府儀同三司紹興十五年以秦魯
主終喪除少保封榮國公三十年遷少師仍舊節致

仕給真奉明年卒年八十餘贈太師子端禮自有傳
邢煥字文仲開封人以父任調孟州汜水縣主簿監
在京樂局平準務茶場以勞改宣德郎莫州司録移
知開封府陽武縣都大提舉開德大名府堤埽歷開
封府士工儀曹詔納其女為康王妃靖康初主管亳
州明道宮王即位升右文殿修撰進徽猷閣待制諫
議大夫衛膚敏言后父不當班從臣遂改光州觀察
使除樞密都承旨煥屢奏馬伸言事切當宗澤忠勞
可倚黄潛善汪伯彥誤國其言多所裨益遷保靜軍
承宣使苗劉之變煥自度不能爭遁病免兼提舉萬

壽觀求去不已改江州太平觀遂徙居忠州紹興二
年入對首陳川陜形勢利害請幸荆南分兵以圖恢
復凡數百言帝甚嘉之復以為都承旨引疾不拜擢慶
遠軍節度使提舉洞霄宮煥涉學有文節儉自持未
嘗恃恩私請識者取焉是年卒贈開府儀同三司謚
恭簡加贈少師追封嘉國公
潘永思賢妃叔父也妃初進封詔以梁師成第賜永
思建炎初為閤門宣贊舍人帶御器械元祐太后在
虔帝遣永思迎歸權三省樞密事盧益頗與之交結
為諫官吴表臣所論范宗尹請出永思帝曰未可姑

罷禄以困之庶知悔過遂奪職既而辛企宗言永思
嘗捕魔賊有功復為帶御器械未幾大理推治偽告
事連永思帝曰永思雖戚里既有過安可廢法乃罷
職就逮獄成追一官尋復為閤門宣贊舍人遷同知
閤門事永思乞增給殘錢户部言其不應格法乃止
紹興八年自右武郎擢右武大夫知閤門事尋卒
吴益字叔謙蓋字叔平俱憲聖皇后弟也益建炎末
以恩補官累遷幹辦御輦院帶御器械蓋紹興五年
以恩補官累遷宣贊舍人帝與后皆喜翰墨故益蓋
兄弟師法亦有書名后受冊推恩益加成州團練使

蓋加文州刺史帝為置皇后宅大小學教授以王鎡
為之鎡明經善訓導若益蓋折節事之益娶秦檜長孫
女又與王繼先交相薦引故三家姻族皆躐美官益
歷官至保康軍節度使加太尉儀同三司初既建節
以檜故授文資直秘閣檜進徽宗御製辭免加恩帝
乃特命賜益三品服累加秘閣修撰直徽猷閣以檜
提舉編修寬恤詔令又加益直寶文閣檜死其子熺
復請於帝又升敷文閣待制中丞湯鵬舉言益以庸
瑣之才恃親昵之勢乞褫職名以示至公帝謂鵬舉
所論甚切當然朕於與檜日諭檜妻子許以保全其

家今若遽出其壻則傷恩臣僚無得更有論列自是不復還顯仁太后葬為攢宮總護使始進少保孝宗嗣位進少傅又進太師封太寧郡王乾道七年卒年四十八謚莊簡追封衛王蓋官至武寧軍節度使亦累升太尉開府儀同三司少保封新興郡王乾道二年卒年四十二贈太傅追封鄭王孟子璐習吏事乾道九年特授添差臨安府通判其後歷尚書郎部使者換資至鎮安軍節度使復以才選除知明州兼沿海制置使寧宗初乃得祠奉朝請尋知鄂州再知慶元府位至少師判建康府兼留守卒方孝宗崩光宗

以疾不能執喪大臣請太后垂簾同立寧宗璐言於后曰垂簾可暫不可久后遂以翌日徹簾璐嘗使金金人嘉其信義璐死後宋遣使至金議和屢不合金人言南使中惟吳璐言為可信璐弟璹仕至保靜軍節度使蓋子瓌亦至昭化軍節度使

李道字行之相州人其中女為光宗后初道與兄旺聚衆歸宗澤澤因事斬旺命道掌其軍澤薨道引軍依襄陽鎮撫使桑仲仲以為副都統制兼知隨州奏于朝授武義郎閤門宣贊舍人仲為霍明所殺道與統制李横率兵縞素圍明于郢明亡去劉豫遣人持書招道道不從執其使以聞詔嘉奬之豫怒遣將穆楷攻道道拒破之除鄧隨州鎮撫使兼知鄧州時李横已命別將守鄧道憚横不敢受遂命仍知隨州樞密院以道能察軍情不受鎮撫之命理宜褒賞詔領榮州團練使進武義大夫胡安中守唐州勢孤不能自立遂附豫道招之安中復來歸會李成入寇鎮撫使李横棄襄陽去道亦棄隨南歸至江州詔道屬岳飛為選鋒軍統制入唐州擒偽將除唐鄧郢州襄陽都統制從飛收復襄陽等郡授行營護軍累至復州防禦使果州觀察使戍鄂州加中侍大夫武勝軍承

宣使又升御前諸軍統制武興蠻楊再興連歲寇掠道破其衆擒再興及其二子遷保寧軍承宣使群盜朱持等聚桂陽詔道移軍衡州經理道遣高仲等擊平之落階官加龍神衛四廂都指揮使還鎮南軍承宣使金將渝盟命道以所部戍荊南府帥臣劉錡奏改為御前前軍右軍就命道統之錡召奏事道代為御前諸軍都統制金將劉士萼屯光化境道掩擊焚其舟莫遂遁去尋因大將言道與鄂帥不協罷逾年起授捧日天武四廂都指揮使知荊南府隆興初湖北諸司劾其過帝曰道恃戚里妄作可罷久之再為

湖北副總管及卒乃拜慶遠軍節度使贈太尉謚忠毅后既貴進封楚王孫孝友孝純皆至節度使

鄭興裔字光錫初名興宗顯肅皇后外家三世孫也曾祖紳封樂平郡王祖翼之陸海軍節度使父藩和州防禦使興裔早孤叔父藻以子字之分以餘貲興裔不受請立義莊贍宗族及藻沒遂解官致追報之義初以后恩授成忠郎充幹辦祗候庫聖獻后葬充攢宮內外巡檢累至江東路鈐轄乾道初建康留司請治行宮備巡幸興裔奏勞人費財乞罷其役且言都統及馬軍帥皆非其人徙福建路兵馬鈐轄過闕

入見詢以守令臧否興裔條析以對帝曰卿識時務習吏事行當用卿會復置武臣提刑就命為之加遥領高州刺史郡縣積玩檢驗法廢興裔剏為格目分畀屬縣吏不得行其姦因著為令建劒汀邵鹽筴屢更漕臣請易綱運為鈔法興裔極言其不可海寇倏去忽來調兵常無及興裔請置澳長寇至徑率民兵禦之又言禁兵事藝不精多充私役乞行禁止尉以捕盜改秩多偽當加審實帝善其數論事詔加成州團練使時傳聞金欲敗盟召興裔為賀生辰使以覘之使還言無他卒如所料累差浙東浙西江東提刑請祠以歸尋詔知閤門事兼幹辦皇城司又兼樞密副都承旨軍婦楊殺鄰舍兒取其臂釧而棄其屍獄成刑部以無證左出之命興裔覆治得實帝喜賜居第丁母憂去官服闋復故職除均州防禦使冊使金還遷潭州觀察使復請祠起知廬州移知揚州揚與廬為鄰初興裔在廬嘗卻鄰道互送禮至是按郡籍見前所卻者有出無歸遂奏嚴其禁揚有重屯糧乏例糴他境興裔捜括滲漏以補之食遂足民舊皆茅舍易焚興裔貸之錢命易以瓦自是火患乃息又奏免其償民甚德之修學宮立義塚定部轄民兵升差

法郡以大治楚州議改築城有謂韓世忠遺基不可易者命興裔往視既至闕地丈餘增築之帝閱奏喜曰興裔不吾欺也紹興元年遷保静軍承宣使召領內祠充明堂大禮都大主管大內公事寧宗即位除知明州兼沿海制置使告老授武泰軍節度使卒年七十四贈太尉謚忠肅興裔歷事四朝以材名結主知中興外族之賢未有其比子三人挺以橫行團練使歷淮襄兩道帥損登進士甲科與抗皆有位于朝

楊次山字仲甫恭聖仁烈皇后兄也其先開封人曾祖全以材武奮靖康末捍京城死事祖漸以遺澤補

官仕東南家于越之上虞次山儀狀魁偉少好學能文補右學生后受職宮中次山遂霑恩得官積階至武德郎后為貴妃累遷帶御器械知閤門事丐祠除吉州刺史提舉佑神觀后受冊除福州觀察使尋拜岳陽軍節度使后謁家廟加太尉韓侂胄誅加開府儀同三司尋進少保封永陽郡王南郊恩加少傅充萬壽觀使致仕加太保授安德軍昭慶軍節度使改封會稽郡王次山能避權勢不預國事時論賢之嘉定十二年卒年八十一贈太師追封冀王子二人谷至太傅保寧軍節度使充萬壽觀使永寧郡王石字

介之乾道間入武學以恭聖仁烈后貴賜第慶元中補承信郎差充閤門看班祗候尋帶御器械嘉泰四年充賀正旦接伴使時金使頗驕倨自矜其善射石從容起挽弦三發三中的金使氣沮嘉定改元除楊州觀察使知閤門事進保寧承宣使久之授保寧節度使提舉萬壽觀奉朝請進封信安郡侯十五年以檢校少保進封開國公寧宗崩宰相史彌遠謀廢皇子竑而立成國公昀命石與谷白后后不可曰皇子先帝所立豈敢擅變谷石凡一夜七往反以告后終不聽谷等拜泣曰內外軍民皆已歸心苟不從禍變

必生則楊氏且無噍類矣后默然良久曰其人安在彌遠等召昀入遂矯詔廢竑為濟王立昀是為理宗授開府儀同三司充萬壽觀使時寶慶垂簾人多言本朝世有母后之聖石獨曰事豈容槩言昔仁宗英宗哲宗嗣位或尚在幼沖或素繇撫育軍國重事有所未諳則母后臨朝宜也今主上熟知民事天下悅服雖聖孝天通然不蚤復政得無基小人離間之嫌乎乃密疏章獻慈聖宣仁所以臨朝之由遠及漢唐母后臨朝稱制得失上之后覽奏即命擇日徹簾進石少保封永寧郡王以壽明慈睿仁福三冊太后寶進至

太傅石性恬澹每拜爵命必力辭恭聖祔廟除太師兄谷疑於辭受石力言曰吾家非有元勳盛德徒以恭聖故致貴顯曩吾父不居是官吾兄弟今偃然受之是將自速顛覆耳矧恭聖抑遠族屬意慮深遠言猶在耳何可遽忘乃合疏懇辭至再三不受及屬疾除彰德集慶節度使進封魏郡王卒年七十一贈太師

列傳卷第二百二十四

列傳卷第二百二十五　宋史四百六十六

開府儀同三司上柱國録軍國重事前中書右丞相監修國史領經筵事都總裁臣脫脫等奉

勑修

宦者一

竇神寶　王仁睿　王繼恩　李神福弟神祐

劉承規　閻承翰　秦翰　周懷政

張崇貴　張繼能　衛紹欽　石知顒從子全斌

鄧守恩

宋世待宦者甚嚴太祖初定天下掖庭給事不過五十人宦寺中年方許養子為後又詔臣僚家毋私蓄

閹人民間有閹童孺為貨鬻者論死去唐未遠有所懲也厥後太宗却宰相之請不授王繼恩宣徽眞宗欲以劉承規為節度使宰相持不可而止中更主幼母后聽政者凡三朝在於前代豈非宦者用事之秋乎祖宗之法嚴宰相之權重貂璫有懷姦慝旋踵屏除君臣相與防微杜漸之慮深矣然而宣政間童貫梁師成之禍亦豈細故南渡苗劉之逆亦宦者所激也坊記曰君子之道辟則坊與大為之坊民猶踰之可不戒哉作宦者傳

竇神寶父思儼五代時為內侍宋初皇城使兄神興

左領軍衛大將軍致仕神寶初為黃門太平興國中從征太原擐甲登城中流矢稍遷入內高品監并州戍兵屢出襲賊前後破砦三十六斬千餘級大獲鎧甲牛馬橐駝因築三砦詔褒之九年命與尹憲屯夏州時岌伽羅膩等十四族叉叛神寶率兵大破之焚其廬帳斬千餘級虜獲甚衆雍熙中朝廷遣使綏宥麟府州募邊部願攻契丹者賜以金帛神寶上言狼子野心由此或生邊隙乃止俄轉殿頭高品淳化中使河東閱視堡柵兵騎慕容德豐自刑臺徙延州未至郡詔神寶乘傳權州事環州近邊內擾與陳德玄

討之破牛家族二十八部且規度通遠入靈武路就命環慶同駐泊牛家族復結衆叛又破之殲餘黨於極泉鎮獲其渠帥九人西戎寇鄜以援之之勞遷供奉官與田紹斌部送靈州芻糧即命駐泊李繼遷入寇與慕容德豐襲破其堡砦焚帳幕獲人畜數萬計連詔嘉獎遷內殿崇班至道初繼遷再寇靈武神寶遣人間道告急闕下賊圍之歲餘地震二百餘日城中糧糗皆竭潛遣人市糴河外宵運以入間出兵擊賊賊引去以功拜西京作坊副使又命于浦洛河清遠軍援芻糧與楊允恭議造小車三千運粮至環州

三年遷西京左藏庫副使出使靈武還奏對稱旨面授供備庫使咸平中出為高陽關鈐轄徙貝冀巡檢會原州野狸族三千餘衆徙帳于順成谷大蟲堪與熟魏族接戰詔神寶和治之至則定其經界遣悉還舊地入為內侍右班副都知真宗朝陵留與劉承珪同掌大內事大中祥符初勾當三班院又掌諸王宮事遷西京左藏庫使領密州刺史兼掌往來國信神寶益職精恪性吝嗇貲鉅萬天禧初以皇城使罷內職三年卒年七十一錄其子守忠為入內供奉官

王仁睿不知何許人年十餘歲事太宗于晉邸服勤

左右甚淳謹及即位宣傳指揮頗稱旨歷入內小底都知洛苑副使命典宮闈出納之命最居親近嘗與柴禹錫等發秦邸陰事雍熙四年被疾遣太醫診視卒年四十一特贈內侍省內侍國朝以來內侍都知押班不領他職淳化至道後皆內殿崇班以上兼充多至諸司使有領觀察使者沒皆有贈官官給葬事舊制內侍人許養一子以充繼嗣開寶四年以其爭財起訟詔自今滿三十無養父者始聽養子仍以其名上宣徽院違者準前詔抵死咸平中徐志通為溫台等州巡檢坐取李歡男四人為假子又縱卒略民家小兒致其母抱兒投海死決杖配掃灑班復申前詔以戒厲之

王繼恩陝州陝人周顯德中為內班高品初養於張氏名德鈞開寶中求復本宗太祖召見許之因賜名焉累為內侍行首會討江南與竇神興等部禁兵及戰船抵采石九年春改裏面內班小底都知賜金紫十月加武德使太祖崩副杜彥圭案行陵地尋充永昌陵使太平興國三年遷宮苑使久之領河州刺史掌軍器弓槍庫雍熙中王師克雲朔命繼恩率師屯易州又為天雄軍駐泊都監自岐溝關君子館敗績之

後河朔諸路為契丹所擾城壘多圮四年詔繼恩與翟守素田仁朗郭延濬分路按行增築之及遣將北伐又為排陣都監屯中山改皇城使端拱初領本州團練使又為鎮定高陽關兩路排陣鈐轄淳化初賜甲第一區五年加昭宣使勾當皇城司李順亂成都命為劍南兩川招安使率兵討之軍事委其制置不從中覆管內諸州繫囚非十惡正贓悉得以便宜決遣二月命馬步軍都軍頭王杲趣劍門崇儀使尹元由峽路分遣討賊並受繼恩節度詔前軍所至其賊黨敢抗王師者即須殺戮如本非同惡受制脅徒先

被脅從令能歸順者悉釋其罪四月繼恩由小劒門路入研石砦破賊斬首五百級逐北過青彊嶺平劒州進破賊五千于柳池驛斬千六百級賊衆望風奔走殺蹂溺死者不可勝計又克閬綿二州五月至成都破賊十萬餘斬首三萬級獲順及鎧甲僭偽服用甚衆朝議賞功中書欲除宣徽使太宗曰朕讀前代史書不欲令宦官預政事宣徽使執政之漸也止可授以他官宰相力言繼恩有大功非此任無足以為賞典上怒深責相臣命學士張洎錢若水議別立宣政使序位昭宣使上以授之進領順州路防禦使繼

恩握重兵久留成都轉餉不給專以宴飲為務每出入前後奏音樂又令騎兵執博局棋枰自隨威振郡縣僕使輩用事恣横縱所部剽掠子女金帛軍士亦無鬬志餘賊迸伏山谷閬州縣有復陷者太宗知之乃命入内押班衛紹欽同領其事又遣樞密直學士張鑑西京作坊使馮守規乘傳督其捕賊議分減師徒出蜀境以便糧運高品王文壽者隸繼恩麾下繼恩遣領虎翼卒二千分遂州路追討文壽御下嚴急士卒皆怨一夕卧帳中指揮使張嶙遣卒排闥入斬文壽首以出會夜昏黑嶙猶疑其非然炬照之曰是

也時嘉州賊帥張餘有衆萬餘嶙即以所部與之合賊勢甚盛初奏至太宗欲盡誅軍人妻子近臣或請勿殺悉索營中書遣師招撫諭以釋罪親屬皆全必自引來歸因可破賊上然之令巡檢程道符諭旨亡卒斬嶙函首送繼恩皆自拔來歸因使為鄉導擊賊悉平之至道二年春布衣韓拱辰詣闕上言繼恩有平賊大功當秉機務今止得防禦使賞甚薄無以慰中外之望上大怒以拱辰惑衆杖脊黥面配崖州俄召繼恩太宗崩命與李神福按行山陵加領桂州觀察使繼恩初事太祖特承恩顧及崩夕太宗在南府

繼恩中夜馳詣府邸請太宗入太宗悳之自是寵遇莫比喜結黨邀名譽乘間或敢言薦外朝臣由是士大夫之輕薄好進者從之交往每以多寶院僧舍為期有潘閬者能詩詠賣藥京師繼恩薦之召見賜進士第尋察其狂妄追還詔書及真宗初繼恩益豪横頗欺罔漏泄機事與參知政事李昌齡綴題往來多請託至有連宮禁者素與胡旦善時將加恩密誘其為褒辭又士人詩頌盈門上惡其朋結黜為右監門衛將軍均州安置籍没貲產多得蜀土僭擬之物昌齡責忠武軍節度行軍司馬旦削籍長流潯州詔中

外臣僚曾與繼恩交識及通書尺者一切不問咸平二年卒於貶所遣使將其家屬還京師假官舍處之四年聽歸葬大中祥符三年特詔追復官爵以白金千兩賜其家子懷珪轉入內高班

李神福開封人父繼美仕後唐為內侍顯德初為御廚都監時內臣止以服色為貴太祖特賜紫後至右領軍衛將軍神福少給事晉王府謹恪解上意未嘗少怠太宗即位授入內高品從征太原攻城之際往來梯衝間宣傳詔命即行在所遷殿頭太平興國六年擢入內高品押班遷副都知勾當翰林司轉入內

內班都知兼勾當祗候內品班淳化四年遷崇儀副使勾當皇城司屬初易黄門之號轉入內黄門都知俄加宮苑使太宗好筆札神福每侍側多獲別本之賜及不豫神福朝夕左右躬侍藥膳真宗即位遷皇城使內侍省入內內侍都知領恩州團練使勾當永熙陵行宮事時模寫太宗聖容以神福立侍未幾求罷都知加昭宣使勾當皇城司賜第宮城側遣脩內工為葺之咸平二年秋閱兵東郊以神福為太內都部署是冬幸大名與王繼英並為行宮使四年勾當三班部脩含光殿賜賚甚優景德初兼領親王諸宮

使三年改宣政使從謁諸陵復為行宮使進幸西京賜酺命神福主其事大中祥符初天書降夕神福與劉承珪鄧永遷李神祐石知顒張景宗藍繼宗同直禁中賜以羅幣緡錢京師酺會又令神福與白文肇閻承翰同典之是歲封泰山與曹利用同經度行宮道路及車駕進發又為行宮使禮畢授宣慶使領昭州防禦使整肅禁衛先是諸司使止于宣政故特置使額以寵之三年卒年六十四贈潤州觀察使神福性恭愿和易每為衛紹欽所詬罵皆引避不校在禁闥五十年稱為長者然久掌三班無規制遠近失敍

有請託者不能拒之人譏其所守子懷斌懷贇弟神祐

神祐初以父任授殿頭高品太祖將納孝章皇后命神祐奉聘禮于華州乾德五年征太原負御寶從行開寶二年又從征太原時有詔緣邊和市軍儲車駕在潞州聞之且慮擾民令神祐馳驛止之時詔下已五日神祐一夕而及晉陽一日甲士旣陣賊潛縱火焚梯衝亟命神祐部衛兵為援斬賊甚衆餘悉潰去王師伐廣州隨軍賞給劉鋹平先部帑藏之物赴京師及土寇周瓊等叛又副尹崇珂討平之六年隨曹

郴南征克關城擒偽將朱令贇命神祐馳入獻捷書
賜錦袍金帶太宗即位遷南作坊副使錢俶歸朝命
神祐往按府藏之積再征太原領工徒千人隨駕以
備繕完甲兵劉繼元表納降款太宗陳儀衛城北臺
以受之繼元移時未至神祐馳單騎入城俄頃引繼
元至及北伐燕薊命與劉廷翰統精騎為大陣之援
車駕還又令率兵屯定州以備契丹太平興國六年
滑州治河防材葦未具命神祐馳往洹曲伐薪蒸四
百萬以濟其用七年契丹寇邊命領兵屯瀛州俄改
崇儀使提點左右藏庫遷洛苑使至道初西鄙不寧
命為靈環排陣都監率衆至烏白池而還俄駐永興
復護糧運抵朔方真宗嗣位轉內園使邠州都監車
駕北巡改天雄軍都監子城內巡檢時北兵充斥道
途阻塞命神祐單騎諭密旨於諸將敵騎數百忽至
神祐乃周麾而呼若召伏兵敵懼而逃遂達其命俄
充邢州排陣都監勾當西八作司景德初上幸澶州
領隨駕壕砦三年遷入內都知從東封還遷南作坊
使時內侍將遷秩有畏從升山不升山或不預從祀
者令神祐第其勤狀上親閱而敘遷之有逃守邊皇
甫文史崇貴張延訓等皆嘗有譴累而互陳勞効且

言神祐等品第非當泣訴于上上止而復來者數四守
遜等先改內常侍上怒悉停其官神祐洎石知顒副
都知張景宗藍繼宗並坐削職尋掌御廚七年卒年
六十六大中祥符六年錄其孫永和為三班奉職神
祐性謹愿曉音律頗好篇詠子懷岊太宗時嘗請為
道士後復內侍多屯邊郡常持大鐵鞭以鬬賊屢中
流矢至供奉官懷儼為內殿崇班

劉承規字大方楚州山陽人父延韜內班都知承規
建隆中補高班太宗即位超拜北作坊副使時泉帥
陳洪進歸朝遣承規疾置封其府庫會土民嘯聚為
寇承規與知州喬維岳率兵討定之太平興國四年
命與內衣庫使張紹勍等六人率師屯定州以備契
丹又護滑州決河雍熙中勾當內藏庫兼皇城司出
為鄜延路排陣都監改崇儀使遷洛苑使至道中與
周瑩同簽書提點樞密宣徽諸房公事仍加六宅使
承規懇辭帝雖不許而嘉其退讓真宗立瑩為宣徽
使以承規領勝州刺史簽書宣徽院公事尋讓宣徽
之務加莊宅使咸平三年遷北作坊使時邊境未寧
議脩天雄軍城壘命承規乘傳經畫又命提舉內東
崇政殿等諸門遷宮苑使上詢承規西事請益環州

木波鎮戍兵以為諸路之援從之俄無勾當群牧司景德二年與李允則使河間按視營經戰陣等處將卒之勞是歲置官提舉京師諸司庫務以承規領之所創局署多所規制改皇城使與林特李溥議更茶法四年三司上言新課增羨承規以勞加領昭州團練使大中祥符初議封泰山以掌發運使遷昭宣使長州防禦使會脩玉清昭應宫以承規為副使祀汾陰復命督運議者以自京至河中由陸則山險具舟則湍悍承規決議水運凡百供應悉安流而達自朝陵東封及是皆留掌大内禮成當進秩表求休致手

詔敦勉仍作七言詩賜之拜宣政使應州觀察使五年以疾求致仕脩宫使丁謂言承規領宫職藉其督轄望勿許所請第優賜告詔特置景福殿使名以寵之班在客省使上仍改新州觀察使上作歌以賜承規以廉使月禀歸於有司手詔褒美復定殿使奉以給之本名承珪以父疾羸瘵上為取道家易名度厄之義改珪為規疾甚請解務還私第聽之仍許皇城常務上印日内藏庫有捌制就取商度又再表求罷官檢校太傅左驍衛上將軍安遠軍節度觀察留後致仕七月卒年六十四廢朝贈左衛上將軍鎮江軍

節度謚曰忠肅承規事三朝以精力聞樂較簿領孜孜無倦自掌内藏僅三十年檢察精密動著條式又製定權衡法語在律曆志性沈毅徇公深所倚信尤好伺察人多畏之上崇瑞命脩祠祀飾宫觀承規悉預聞作玉清昭應宫尤為精麗屋室有少不中程雖金碧已具必毁而更造有司不敢計所費二聖殿塑配饗功臣特詔塑其像太宗之側承規遇事亦或寬恕鑄錢工常訴本監前後盗銅瘗地數千斤承規佯為不納因密遣人發取送官不問其罪咸平中朱昂杜鎬編次館閣書籍錢若水脩祖宗實録其後脩冊

府元龜國史及編著讐校之事承規悉典領之頗好儒學喜聚書間接文士質訪故實其有名於朝者多見禮待或密為延薦自寢疾惟以公家之務為念遺奏求免贈賻詔葬上甚嗟惜之遣内臣與鴻臚典喪親為祭文玉清昭應宫成加贈侍中遣内侍鄧守恩就墓告祭子從愿為西染院使

閻承翰真定人周顯德中為内侍入宋事太祖以謹愿稱太宗時擢為殿頭高品稍遷内侍供奉官内殿崇班先是八作司材木頗有隱弊承翰建議於都城西置事材場治材以給之雍熙中知廣州徐休復奏

轉運使王延範不執狀遣承翰馳往同逮捕下獄就鞫之考掠過苦延範遂坐誅李順亂蜀命為川峽招安都監賊平授西京作坊副使會增募金吾兵以承翰及劉承蘊分充左右金吾都監兼街仗司事俄罷之真宗即位改酒作坊使內侍左班副都知咸平三年河決鄆州王陵埽遣承翰護塞時議徙鄆州以避河患又詔承翰與工部郎中陳若拙乘傳規度徙于舊治之東南五年入內都知韓守英為鎮定高陽關三路排陣都鈐轄上以其素無執守議別擇人因謂宰相曰承翰雖無武勇然涖事勤恪乃令代守英時

中山屯兵甚衆艱於飛輓承翰請鑿渠計引唐河水自嘉山至定州三十二里又至蒲陰東六十二里合沙河經邊吳泊入界河以濟饋運亦可旁為方田上嘉而從之渠成人以為便優詔褒之景德初契丹謀寇順安軍承翰奉詔發雄霸精兵與荊嗣張延同築壘禦之俄又遣詣德清軍規度重脩城壘車駕北征承翰先在澶州北城奏契丹兵在近請不度河上不聽促駕度浮橋二年加領廉州刺史勾當群牧司多條上馬政遂兼群牧副使時契丹結好始置國信司主交聘之事以承翰領之多所規置大中祥符初改西京左藏庫使充夏州趙德明加恩官告使還請於蒲洛河置館以待夏臺進奉使上以荒遠勞役不許四年遷內園使左班都知領獎州團練使有西京左藏庫副使趙守倫乂典廐牧至是又掌估馬與承翰聯職任雖素為姻家然不相得遂各訟訴並付御史臺承翰坐擅用群牧司錢當贖金三十斤守倫坐違制移估馬司當免所居官典吏當杖脊詔寬其罰承翰贖金十斤守倫贖金二十斤典吏亦降從杖群牧都監張繼能判官陳越田敳勾當騏驥院楊保用估馬楊繼凝皆釋之制置使陳堯叟特免按問六年上製

內侍箴賜之承翰表請刻石省中明年建應天府為南京作鴻慶宮設太祖太宗像遣承翰自京奉往授南作坊使入內都知未幾卒年六十八贈懷州防禦使承翰性剛彊所至過於檢察乏和懿之譽子文應西京左藏庫使

秦翰字仲文真定獲鹿人十三為黃門開寶中遷高品太平興國四年崔彥進領衆數萬擊契丹翰為都監以善戰聞太宗因加賞異謂可屬任雍熙中出為瀛州駐泊仍管先鋒事還入內殿頭高品鎮定高陽關三路排陣都監淳化四年補入內押班趙保忠叛

命李繼隆率師問罪翰監護其軍次延州翰慮保忠遁逸即乘驛先往矯詔安撫以緩其陰計王師至翰又諷保忠以地主之禮郊迎因並驅而出保忠遂就擒以功加崇儀副使至道初為靈環慶州清遠軍四路都監真宗即位加洛苑使入內副都知咸平中河朔用兵以為鎮定高陽關排陣都監敗契丹于莫州東追斬數萬盡奪所掠老幼詔褒之徙定州行營鈐轄王均之亂為川峽招安巡檢使時上官正與石普不協翰恐生事為曉譬和解之親督衆擊賊中流矢不却五戰五捷遂克益州上手札勞問翼日進至廣

都斬首千餘級獲馬數千匹歸朝還內園使領恩州刺史出為鎮定高陽關前陣鈐轄又徙後陣破契丹二萬衆于威虜軍西俘其鐵林大將等十五人又為邠寧涇原路鈐轄兼安撫都監率所部按行山外召戎落酋帥諭以恩信凡三千餘帳相率內附未幾康奴族拒命翰與陳興許均深入擊之斬級數千焚其廬帳獲牛馬甚衆復與陳興曹瑋襲殺章埋軍主于武延鹹泊川詔書加獎賜錦袍金帶白金五百兩帛五百匹景德初車駕將北巡先遣翰乘傳往澶魏裁制兵要許便宜從事俄充邢洛路鈐轄與大軍會德

清軍張犄角之勢又召為駕前西面排陣鈐轄管勾大陣翰即督衆環城浚溝洫以拒契丹功畢契丹兵果暴至翰不脫甲冑七十餘日契丹乞和凱旋留泊澶州月餘令率所部兵還京師加宮苑使入內都知出為涇原儀渭鈐轄先是西鄙無藩籬之蔽翰規度要害鑿巨塹計工三十萬役卒數年而成不煩於民就遷皇城使入內都知以翰在邊久宣力勤盡特置是名以寵異焉翰表讓不聽大中祥符初求從東封手詔諭以西番委任之異改昭宣使又為群牧副使祀汾陰是歲夏州蕃戶有擾境上者即日遣翰往雕上

按視遍巡邊部及翰至事寧復還扈從凡行在諸司細務悉令裁決不須中覆禮畢加領平州團練使奉祀亳州掌如汾陰八年嘗葺大內詔翰參領其事閏六月暴卒於內庭之廨年六十四上甚悼惜為之泣下贈貝州觀察使賻䘏加等倚內畢詔遣使以襲衣金帶賜其家翰倜儻有武力以方略自任前後戰鬭身被四十九創李繼遷之未賓也翰因使常出入其帳中無疑間嘗白太宗言臣一內官不足惜願手刺此賊死無所恨太宗深嘉其忠翰性溫良謙謹接人以誠信群帥有剛很不和者翰皆得其懽心輕財好

施與將士同休戚能得衆心皆樂為用其殁也禁旅有泣下者九年重贈彰國軍節度詔楊億撰碑文億以其不蓄財表辭所賫物雖朝廷不許而時論美之子懷志内殿崇班

周懷政幷州人父紹忠以黄門事太宗從征河東得懷政于亂兵間養為子給事禁中累至入内高品大中祥符初真宗東封命脩行宮頓遞及奉泰山天書馳驛赴闕轉殿頭天書每出宮與皇甫繼明並為夾侍東封禮成與内殿崇班康宗元留泰山脩圜臺轉入内西頭供奉官祀汾陰轉東頭六年劉承規卒擢

内殿崇班入内押班勾當皇城司會朝謁太清宮與閻承翰等同管勾大内事七年奉天書摹刻于乾元殿為刻玉都監又為脩兖州景靈宮太極觀都監俄遷内殿承制是冬命起居舍人知制誥盛度為會真宮醮告使懷政為都監還為玉清昭應宮都監兼掌景靈宮會靈觀使刻玉成遷如京副使九年建資善堂以懷政為都監壽丘宮觀成優賜襲衣金帶遷崇儀使天禧大禮又為脩奉寶冊都監加領長州刺史是冬遷洛苑使二年春遷左藏庫使仁宗為皇太子命為入内副都知管勾左右春坊轉左騏驥使三年領英州團練使加昭宣使懷政日侍内廷權任尤盛於是附會者頗衆往往言事獲從同列位望居右者必排抑之中外帑庫皆得專取因多入其家性識凡近酷信妖妄有朱能者本單州團練使田敏廝養為人凶狡遂賂懷政親信得見因與侍卒姚斌妄談神怪以誘之懷政大惑援能至御藥使領階州刺史俄於終南山脩道觀與劉益輩造符命託神言國家休咎臧否大臣及寇準鎮永興能為巡檢倚準舊望欲實其事準好勝喜其附己多依違之朝臣屢言懷政之妄真宗含忍不斥然漸疏遠之懷政憂懼時使小

黄門自禁中出詐稱宣召入内東門坐别室久之而還以欺同類會準為相踰年而罷懷政愈畏獲譴不自安四年七月與弟禮賓副使懷信謀潛召客省使楊崇勳内殿承制楊懷吉閤門祗候楊懷玉會皇城司期以二十五日竊發殺丁謂等復相寇準奉真宗為太上皇傳位太子前夕崇勳懷吉詣丁謂第密告之謂即夜偕崇勳懷吉至曹利用第計議翌日利用入奏真宗怒命收懷政令宣徽北院使曹瑋與崇勳於御藥院鞫訊具伏帝坐承明殿臨問懷政但祈哀而已命斬于城西普安寺父内殿承制紹忠及懷信

並杖配復岳州子姪勒停貲產没官朱能父左武衛
將軍致仕諤母周氏罰銅百斤子守旻守吉分配郤
蔡道州懷政僕使親從並杖配海島遠州部下使臣
貶秩有差懷政之未敗也紹忠嘗語之曰斫頭竪子
終累我懷信謂之曰兄前事必敗宜早詣上首實庶
獲輕典及其謀亂又泣拜止之不聽故皆得免死右
街僧録澄遠以預聞妖詐決杖黥配郴州内供奉官
譚元吉高品王德信高班胡允則黄門楊允文與懷
政協同妖妄貸杖配遠州入内押班鄭志誠與能書
問往還削兩任配房州入内供奉官石承慶嘗為懷

政所召夜二鼓不下皇城門鑰以待黄門黄守忠見
之戒門卒勿納至是言其事承慶坐削兩任配宿州
楊懷玉次日始詣樞密院自陳責授侍禁杭州都監
擢崇勳内客省使桂州觀察使懷吉如京使賜以金
帶金銀懷政既誅亟遣入内供奉官盧守明鄧文慶
馳驛永興捕朱能劉益李貴康玉唐信道士王先張
用和悉免死配遠州能偵知使者至衷甲出殺守明
以叛詔遣内殿承制江德明入内供奉官于德潤發
兵捕之能入桑林自縊死永興乾耀都巡檢供奉官
李興本軍十將張順斷能及其子首以獻補興閤門

祗候順牢城都頭以劉益等十一人黨能害中使磔
于市王先李貴唐信張用和八人皆處斬能母妻子
弟皆決杖配隸閤門祗候穆介知永興軍府朱臣轉
運使梅詢劉楚知鳳翔府臧奎等坐與懷政能交結
相稱薦皆論罪降寇準太常卿再貶道州凡朝士及
永興鳳翔官吏與準厚善者悉降黜焉

張崇貴真定人太祖時為内中高品稍遷殿頭太平
興國中以善射選為御帶錢俶納土命馳往閱城防
儲偫之數親征太原從崔彥進李漢瓊先路視水草
端拱初補内供奉官淳化四年命乘傳之延州招羌

戎之内附者發庫錢犒給以金幣賜酋領將行轉内
班右班押班就命管勾鄜延屯兵李繼隆討李繼遷
詔崇貴以延安兵掎角進討及擒趙保忠留崇貴與
石覇守綏州徙平夏民以實之繼遷扼橐駝路驅脅
内屬戎人崇貴與田敏率熟倉族癿遇戰於雙堆殺
二千餘級掠牛羊橐駝鎧甲甚衆連詔褒諭繼遷走
漠中遣其將佐趙光祚張浦求納欵會于石堡砦崇
貴椎牛釃酒犒諭之給以錦袍帶會改内班為黄門
命為黄門右班押班仍加内殿崇班又改黄門為内
侍職隨易焉既而繼遷貢橐駝名馬待罪遣崇貴往

賜器幣茶藥衣物至道元年進崇儀副使内侍右班副都知時繼遷復叛刼芻餽于浦洛河二年詔李繼隆大發師進討賊圍靈州急太宗將棄之廷議未決命崇貴與馮訥乘傳往議其事乃益兵固守就命為靈環慶州清遠軍路監軍又為排陣都監真宗立拜洛苑使右班都知管勾并州軍馬自至道後五路討賊兵戰相繼卒無成功及是保吉復脩貢詔以定難節度授之命崇貴持詔命衣帶器幣以賜使還加六宅使咸平元年又命管勾鄜延屯兵泊延安改駐泊都監又為鈐轄其後繼遷復與熟戶李繼福為隙因

緣内擾崇貴與張守恩擊之焚廬舍獲貲畜器甲生口甚衆又與王榮禦賊獲具裝馬數十四再詔褒飭四年詔歸俄領奬州刺史復泊鄜延仍制置沿邊青白鹽事與衛超領軍入敵境焚廬舍帳幕獲橐駝牛羊復被詔奬崇貴屢詗契丹事傳遞以聞願身當一隊為前鋒詔不允景德元年保吉死其子德明尚幼崇貴移書諭朝廷恩信德明請俟釋服禀命詔書慰撫以向敏中為緣邊安撫使自是邊防事宜經制小大皆崇貴專主之築臺保安北十里許召戎人會議興之盟約二年春召赴闕面授方略許德明以定難

節度西平王賜金帛緡錢各四萬茶二萬斤給内地節度奉聽回圖往來放青鹽禁凡五事而令德明納靈州土疆止居平夏遣子弟入宿衛送略去官吏盡散蕃漢兵及質口封境之上有侵擾者禀朝旨凡七事德明悉如約惟以子弟入質及納靈州為難故亦禁鹽如舊不許回圖三年九月以德明誓表來上崇貴因請入朝許之以功拜皇城使内侍左右班都知領博州團練使又持旌節誥命授德明太常博士趙湘為之副四年使還會車駕上陵次瓊林苑崇貴對于苑中即命為行宮使是秋復還延安供奉官曹信

時監邊軍信善琴崇貴與石普軍中宴集令信奏之信以父喪為辭崇貴與普因擿其他過以聞真宗知其誣奏不問大中祥符元年加昭宣使崇貴久在邊善識羌戎情僞西人畏服每德明有所論述及境上交侵皆先付裁制夏州趣邊有二路其文移至環慶者皆付延州議焉嘗請置緣邊安撫使如北面之制上曰西鄙別無經營苟德明能守富貴無慮朝廷失恩信也增置署局徒為張皇不若委卿靜制之二年上言久去鄉里願得告歸葬父母許之錫與甚厚復命為都鈐轄提舉榷場崇貴乞留京師面諭委屬之

意聽歲入奏事四年八月卒年五十七帝悼惜之贈
豐州觀察使內侍護喪還京師子承素東染院副使
張繼能字守拙并州太原人父贇晉末為內班繼能
建隆初以黃門事禁中太平興國初為內品從征河
東命主城南洞屋以勞遷高品契丹入寇命為高陽
鎮定路先鋒都監從崔彥進戰長城口多所俘馘明
年又與彥進敗契丹于唐興口轉殿頭高品雍熙中
夏州叛命李繼隆為銀夏都部署以繼能監軍俄徙
護定州屯兵領驍捷卒三千屯五回領端拱初遷入
內殿頭從趙保忠討李繼遷保忠薦其有材命與保

忠同經略其事代還掌內弓箭庫淳化三年與白承
睿護芻粟入靈武會繼遷復寇邊命繼能承睿與知
靈州侯延廣領驍卒五千同主軍務俄留為本州都
監及鄭文寶議城威州清遠軍繼能護其役工畢命
與西京作坊副使張延洲同知軍事又與田紹斌同
掌積石砦就遷內供奉官靈環慶清遠軍後陣都監
與西人轉鬬敗走之復還清遠詣闕奏事遷內殿崇
班未幾拜供備庫副使復遣護環州屯兵徙涇原儀
渭都巡檢使真宗即位遷崇儀使靈環十州軍兵馬
都監兼巡檢安撫使咸平三年王均之亂命為川峽

兩路招安巡檢使成都平留為利州招安巡檢尋召
歸會銀夏寇警復為邠寧駐泊都監夏人寇清遠軍
營于積石河繼能與楊瓊馮守規在慶州逗遛不時
赴援致陷城堡又焚棄青岡砦特詔下御史府免死
長流儋州景德二年會赦還為內侍省內常侍又為
陝西捕賊巡檢獲千餘人改內殿崇班從朝陵為行
宮四面巡檢四年宜州卒陳進為亂初知州劉永規
馭下嚴酷課澄海卒伐木葺州廨數不中程即杖之
至有率妻孥趣山林以采者雖甚風雨不停其役故
進因衆怨殺永規及監軍國鈞擁判官盧成均為帥

據其城七月奏至詔東上閤門使忠州刺史曹利用
供備庫使賀州刺史張煦為廣南東西路安撫使如
京副使張從古及繼能副之虞部員外郎薛顏同勾
當轉運事發荊湖蘄黃州兵討之上語近臣曰番禺
寶貨雄富賊若募驍果立謀主沿流東下趣廣州則
為患深矣遣內侍高品周文質使廣州監屯兵會隣
路巡檢使控要路集東西海戰櫂扼端州峽口賊悉
衆來攻柳城縣殿直韓明許貴郝惟和以所部兵千
餘禦敵明貴死之惟和僅以身免成均奉宜州印遣
使詣舒賁求赦罪是夕進復陷柳城官軍退保象州

賊又寇懷遠軍知軍殿直任吉與邕桂巡檢殿直張崇寶侍禁張守榮擊走之賊退而復集者累日吉輩固守屢與鬬大獲其器甲又攻天河砦砦兵甚少監軍奉職錢吉部分嚴整一戰敗之賊衆屢衂頗潰去衆心攜貳將棄宜州以家屬之悼耄者五百人隕江中率其衆裁三千趣柳象將入容管初至柳州限江不能度知州王昱望賊遁走城遂陷朝廷以詔書四十分揭要路諭賊歸順者悉釋其罪賊挈族居思順州分兵攻象州利用命入内高班于德潤以千兵倍道襲逐利用等繼至遇賊武僊縣之李練鋪賊初不知覺惟進率衆來拒直犯前軍前軍寄班侍班郭志言麾騎士左右縱擊賊衣順水甲執標牌以進飛矢攢鋒不能卻前軍即持棹刀巨斧破其牌史崇貴登山大呼曰賊走矣急殺之賊心動衆遂潰逐北至象州城下賊砦猶有據長竿瞰城中者成均始挈其族以詔書來降乃斬進并其黨生擒賊帥六十餘人斬首級獲器甲戰馬甚衆利用分兵捕餘寇還于德潤馳奏其事授利用引進使煦如京使從古莊宅副使繼能供備庫使志言供備庫使又以御前忠佐馬步軍副都軍頭郭全豐為都軍頭領勤州刺史歸遠軍

士手殺進者李昊劉宗趙敏並補本軍頭張守榮為供奉官閤門祗候張崇寶任吉並為供奉官錢吉為右侍禁又以知象州大理寺丞何邴最有勞優拜祠部員外郎賜緋又賜邴三子知道知古知常出身邴之親屬同扞寇者悉甄叙之升象州為防禦使初賊攻象州城在高丘上素無井閉壘之日皆以之水為憂賴天雨停水將竭而雨復下如是者兩月汲之以濟山中無烽候每欲破賊即禱於城西神祠或見巨蟒吞黿是日果有克獲衆以為神靈助順之應張守榮俄病瘴遣尚醫馳往視之未至而卒贈如京使録其子官十二月餘寇悉平東封留繼能為京舊城内巡檢鈐轄俄加東染院使大中祥符二年入内都知李神福等坐事悉罷擢繼能入内侍省副都知時宗室多召侍講說書上嘉其勤學令講誦日別給公膳專遣繼能主之俄又與内殿承制岑保正提點郡縣主諸院事三年兼群牧都監祀汾陰留掌大内兼舊城内巡檢鈐轄俄領會州刺史謁太清宮為天書扶侍都監七年以疾求解職不許命為涇原儀渭鎮戎軍兩路鈐轄未幾徙鄜延都鈐轄先是内屬戶殺漢口者止罰羊畜繼能則置於常法繇是西人畏而不

敢犯德明雖受朝命而羌部不絕寇境繼能日課卒截竹為簽署字其上且言以備將士記發獲功狀賊聞之甚懼歸朝復涖群牧仁宗在儲宮嘗親書一幅賜之繼能以聞真宗亦為標題其末人以為榮九年坐前護脩莊穆皇后陵摧陷左授西染院使掌往來國信天禧初復西京左藏庫使國信司吏陳誠者頗巧黠繼能欲援置群牧司而誠先隸群牧坐事停職至是群牧吏左宗抉其宿負白制置使曹利用故誠不遂所求繼能怒宗之沮己寄遣親事卒偵宗會宗弟元喪妻宗嘗為假敦駿軍校馬送葬及還元抵飲

肆與酒保相毆繫府中而假馬之事未發誠即白繼能請屬府中并劾其事知府樂黃目受屬獄未就為群牧副使楊崇勳所發繼能坐罷內職降授西京作坊使出為邠寧鈐轄繼能自陳不願外任得掌瑞聖園尋領往來國信所三年復為西京左藏庫使內侍右班副都知未幾遷崇儀使以衰老求解職轉內園使掌瓊林苑五年卒年六十五特贈汀州團練使錄其子懷忠為大理寺丞孫遜為三班奉職遜為借職春坊祇候繼能性沉密知兵頗勇敢喜讀書然好治生晚年急於聚蓄衆以此少之何邠後歸朝知磁州

而卒一子知崇裁十餘歲特補太廟齋郎又徙其姪平夷尉知古為滏陽尉省郎無賞延之例猶以城守勞故甄錄焉

衛紹欽開封人父漢超內侍高品紹欽始以中黃門給事晉邸太宗即位補入內高品甚被親倚從征太原命督諸將攻城劉繼元降命領驍卒先入城燒其營柵遷殿頭高品雍熙二年擢入內西頭供奉官淳化中部脩皇城功畢授入內押班五年加崇儀副使李順之亂王師致討與王繼恩同領招安捉賊事遇賊鬪學射山南又攻清水埧破雙流砦招降數萬衆

斬千餘級順死餘黨保險為寇又與楊瓊先扼要路以邀之擒斬萬餘人獲器甲槍槊千餘遣別將曹習領兵捕餘賊于安國鎮斬三百級時嘉眉二州賊尚擾城郭又遣內殿崇班宿翰討之兩川平召還深被褒勞真宗嗣位拜宮苑使領愛州刺史充入內副都知脩奉永熙都監既復土遂為陵使景德元年改皇城使從幸河朔命為東駕前後行宮四面都巡檢次澶淵命領扈駕兵守河橋三年加昭宣使朝諸陵復為行宮巡檢駐洛陽命為皇城內外都巡檢歷掌三班院皇城儀鸞翰林司卒年五十六紹欽苛愎少恩

不為報所附太平興國中江東有僧詣闕請脩天台
壽昌寺且言寺成願焚身以報太宗允其請命紹欽
往督營繕既訖役遂積薪於廷請僧如願僧言欲見
至尊面謝紹欽曰昨朝辭日親奉德音不煩致謝僧
惵怖偃蹇顧道俗望有救之者紹欽即促令躋薪上
火既盛僧欲投下紹欽遣左右以叉抑按而焚之子
承慶至內殿承制
石知顒真定人曾祖承渥梁尚食使祖守忠晉內供
奉官父希鐸高品知顒形貌甚偉建隆中授內中高
品太宗即位改供奉官雍熙中諸將征幽薊以知顒

隨軍歸掌儀鸞司淳化中明州初置市舶司與蕃商
貿易命知顒往經制之轉內殿崇班親王諸宮都監
從王繼恩平蜀寇就遷西京作坊副使咸平初遷正
使帶御器械契丹犯邊上北巡命為天雄軍澶州巡
檢使俄改德博等州緣河巡檢使兼安撫加領長州
刺史三年改鎮定高陽關三路押大陣是冬改高陽
關駐泊行營鈐轄歸朝復掌親王諸宮事景德中自
京抵泗遣徒治河堤命總其役初計工累月及是浹
日而畢上面加褒諭賜白金千兩授入內都知大中
祥符初遷內園使俄以定內侍遷秩品第不當為其

列所誣坐罷都知三年為并代州鈐轄遷莊宅使徙
鎮定高陽關鈐轄四年命與內殿崇班張繼能供奉
官侍其旭同脩太祖神御殿上封求覲闕下復掌群
牧司三班院親王諸宮事天禧二年為并代州鈐轄
兼管勾麟府路軍馬事三年卒年六十九孫全彬
全彬字長卿以知顒奏補入內小黄門累遷西頭供
奉官仁宗使致香幣于南海審詢察所過州縣吏治
民俗還具以對帝以為忠謹陝右群盜殺鳳州巡檢
遣往擒滅之元昊叛全彬監鄜州兵救延州解圍去
經略使明鎬言其勇略善將得邊人情除并代州都

監加內侍押班進鈐轄徙鄜延還為押班儂智高寇
廣南以為湖南江西路安撫副使出桂林請于宣撫
使狄青願獨當一隊以自效於是使將左方兵力戰
于邕州南方平領綿州防禦使張貴妃居寧華殿閤
命全彬提舉妃薨治喪過制皆劉沆王洙與全彬共
為之數月進宮苑使利州觀察使給兩使留後奉俄
為入內副都知知制誥劉敞封還詞命居三月復授
之轉領信武軍留後為永昭陵鈐轄時去永定復土
四十二年有司多亡其籍全彬以心計辦治遷福延
宮使提點奉先院熙寧中卒年七十六贈太尉定武

軍節度使謚曰恭僖

鄧守恩并州人十歲以黄門事太宗淳化中盜起成都從王繼恩往討之至道初就護西蜀屯兵咸平初爲入内高班契丹入寇命石保吉爲鎮定都部署以守恩爲都監踰年入掌騏驥院會龍騎叛卒剽刼環慶遣守恩擒翦之景德初爲澶濮都巡檢又使環慶及戎瀘等州巡察邊事大中祥符初按獄于濮州雪冤人十餘預監脩玉清昭應宫會靈觀七年又兼脩真遊殿景靈宫累遷入内高品供奉官宫成遷内殿承制八年預脩大内改西京作坊副使九年營造皆

畢授東染院使充會靈觀都監天禧二年掌軍頭引見司又脩祥源觀成遷崇儀使三年授入内押班河決滑州命爲脩河鈐轄郊祀召爲行宫使改如京使復還本任四年春河復故道遷文思院使歸朝加領昭州刺史是秋掌皇城國信二司整肅禁衛遷入内副都知會建天章閣命領其事又勾當資善堂兼太子左右春坊司守恩長七尺餘狀貌甚偉涖事幹敏以彊果稱于時五年卒年四十八贈淄州防禦使録其子官

列傳卷第二百二十五

列傳卷第二百二十六　　宋史四百六十七

開府儀同三司上柱國録軍國重事中書右丞相監修國史領經筵事都總裁脱脱等奉勑修

宦者二

楊守珍　韓守英　藍繼宗　張惟吉
甘昭吉　盧守懃　王守規　李憲
張茂則　宋用臣　王中正　李舜舉
石得一　梁從吉　劉惟簡

楊守珍字仲寶開封祥符人爲入内黄門習書史學兵家方略善射家僮過堂下一發貫髻人服其精選

爲環慶路走馬承受公事契丹謀入塞爲鎮定高陽關行營同押先鋒事會許民周繼宗爲人誣告與外夷交通干證者六十人辭服遣守珍覆問悉辨理出之徙真定保趙等州駐泊都監邕桂等十州安撫都監從曹克明降撫水州蠻築二柵以扼其要天禧初擒盜於青灰山累遷西京作坊使帶御器械永興軍兵馬鈐轄徙真定邠寧路爲内侍省内侍押班提點内弓箭軍器庫進内園使右班都知領端州刺史嘗侍仁宗苑中命乘馬馳射賞其便習賜錦袍色酒卒贈原州防禦使

韓守英字德華開封祥符人初為入内高品從征河東數奉詔至石嶺關督戰取隆州遷殿頭久之以西頭供奉官擢入内内侍押班遷副都知隨王繼恩招安西川為先鋒戰手劍門有功遷西京作坊使劍門都監還勾當三班院進入内内侍都知歷定州鎮定高陽關并代路兵馬鈐轄契丹圍岢嵐軍守英與鈐轄張志言知府州折惟昌帥所部渡河抵朔州以牽賊勢遂破狼水砦俘數百人獲馬牛羊鎧甲以數萬計賊為解去賜錦袍金帶俄領會州刺史解都知再遷昭宣使復領三班出為鄜延路都鈐轄徙并代路

建言本路宿兵多百姓困於飛輓今幸邊鄙無事請留騎軍千餘人悉徙内地真宗曰邊臣能體朝廷恤民之意宜詔諸路視此行之提舉在京諸司庫務勾當皇城司為趙德明官告使歷宣政宣慶二使内侍左班都知領奬州團練使雅州防禦使入内都知管勾脩國史書成進景福殿使又為延福宫使入内都知復提舉諸司庫務卒贈定國軍節度觀察留後

藍繼宗字承祖廣州南海人事劉鋹為官者歸朝年十二遷為中黃門從征太原傳詔營陳間多稱旨泰州並邊有大小洛門砦自唐末陷西羌雍熙中溫仲舒諭酋豪使獻其地徙衆渭北言者以為生事請罷仲舒太宗遣繼宗往按視還奏二砦據要害産良木不可棄帝悅復使繼宗勞賜仲舒累遷西京作坊副使勾當内東門元德太后章穆皇后葬為按行園陵使車駕北征勾當留司皇城司車駕謁諸陵近陵舊乏水繼宗疏泉陵下百司從官皆取以濟擢入内副都知為天書扶侍都監詔與李神祐第東封扈從内臣之勞而入内供奉官范守遜䓁訴其不公罷都知祀汾脽復為天書扶侍都監再遷東染院使明年領會州刺史進崇儀使勾當皇城司脩玉清昭應宫與

劉承珪典工作宫成遷洛苑使高州團練使充都監坐章穆皇后陵隧墊免如京使典脩景靈宫進南作坊使復脩會靈祥源觀車駕幸亳州管勾留司大内公事提舉在京諸司庫務勾當三班院脩國史院為趙德明加恩使德明與繼宗射繼宗每發必中德明遺以所乘名馬為内侍省右班都知遷入内都知仁宗即位遷左騏驥使忠州防禦使永定陵脩奉鈐轄歷昭宣宣政宣慶使累上章求致仕特免入朝拜舞及從行幸頃之復固請罷都知以景福殿使邕州觀察使家居養疾卒贈安德軍節度使謚僖靖繼宗事

四朝議謹自持每領職未久輒請罷家有園池退朝即亟歸同列或留之繼宗曰我欲歸種花卉弄游魚為樂爾景福殿置使自大中祥符間至繼宗授者纔三人養子元用元震元用終左藏庫使梓州觀察使元震以兄蔭補入內黃門轉高班給事明肅太后禁中夜火后擁仁宗登西華門左右未集元震獨傳呼宿衛以功遷高品為三陵都監條列防守法其後諸陵以為式歷群牧都監監三館祕閣積官皇城使累遷入內副都知忠州防禦使仙韶院火元震救護火以時息詔褒之賜襲衣金帶卒贈鎮海軍留後元震養子五人不畜閤子

張惟吉字祐之開封人初補入內黃門遷殿頭高陽關路走馬承受公事護塞滑州天臺埽役遷西頭供奉官監在京榷貨務知嘉州張約以贓敗詔與御史王軫往劾其獄還領內東門司為脩奉章獻章懿太后二陵承受時議復用李諮榷茶筭緡法乃以惟吉為內殿崇班復監榷貨務凡內侍領內東門次遷勾當御藥院而惟吉纔進官衆以為薄惟吉欣然就職再朞以羨餘遷承制為趙元昊官告使還言元昊驕僭勢必叛請預飭邊備及元昊寇延州遣按視延鄜環慶兩路罷甲并訪攻守利害敵既退夏竦韓琦謀自鄜延深入乘虛擊之命惟吉募并汾驍勇副以土兵軀齎赴河外惟吉以為我師當持重伺變不宜馳赴不測以自困已而元昊果引去還奏稱旨領皇城司遷內侍省押班群牧都監簡陝西冗兵領軍頭引見司遷供備庫使盡汰軍頭司軍校之罷癃者同提舉在京諸司庫務領恩州刺史為入內都知商湖決為澶州脩河都鈐轄轉運使施昌言請亟塞崔嶧以為歲災民困役宜緩命惟吉按視言河可塞而民誠困財用不足宜少待之從其議遷如京使果州團練

使復領皇城司卒惟吉任事久頗見親信而言弗阿狥張貴妃薨將治喪皇儀殿諸宦官皆以為可獨惟吉曰此事干典禮須翌日問宰相既而宰相不能執議惟吉深以為非贈昭信軍節度觀察留後逾月又贈保順軍節度使諡忠安養子若水字盎之以惟吉奏補小黃門給事章惠太后殿轉入內高品王師平貝州征儂賊皆以幹敏遷為走馬承受賊平以勞進官三遷環慶路鈐轄討環州觧乜曰族復有功歷帶御器械內侍押班副都知熙寧初造神臂弓成神宗御延和殿臨閱置鐵甲七十步俾衛士射未有中者

若永自請射連中徽札建慶壽寶慈兩宮典領工作再遷嘉州防禦使以病斷解職領輝州觀察使提舉四園苑諸司庫務卒贈天平軍留後

甘昭吉字祐之開封人初以內侍殿頭為英韶州巡檢捕盜有功再遷內殿崇班京東路都巡檢齊州武衛小校馮坦率營卒二百突入州廳事欲為變昭吉單騎馳往戒所從將士操兵在外先獨見亂卒諭以福禍令推首惡自贖衆疑沮不敢動已而操兵者皆入即共執十餘人告曰此誘我者也昭吉立殺之縱其餘去州以無事特遷供備庫副使帶御器械後內

侍省押班閣仁宗記前功特以授之遷入內副都知英宗即位之夕昭吉直禁中翊衛有勞自文思副使超遷供備庫使康州刺史昭吉奏曰臣本孤微無左右之舉而先帝知臣朴直自小官拔用至此分當從葬今願得洒掃陵寢足矣帝愛其忠特授永昭陵使加如京使還朝表辭職以左龍武軍大將軍致仕卒昭吉敦實慎密人士稱之

盧守懃字君錫開封祥符人自入內內品累遷禮賓使邠寧環慶路鈐轄還為入內內侍省押班領昌州刺史明道中改葬章懿太后而舊藏有水以守懃嘗典葬事罷為永興軍兵馬鈐轄從鄜延路再遷六宅使加貴州團練使進榮州防禦使兼邠寧環慶路安撫都監元昊寇保安軍守懃率兵擊走之特遷左騏驥使移陝西鈐轄初劉平石元孫被執守懃擁膺涕泣不敢出又嘗易番官馬延州通判計用章勸范雍棄城將保鄜州雍欲遣安撫都監李康伯往說賊不肯行賊去而守懃用章更相論奏知制誥葉清臣以守懃擁兵觀望請正其罪并按二人守懃奪防禦使為湖北都監用章除籍配雷州本城康伯均州都監久之復恩州防禦使遷利州觀察使歷真定府定州

北京路鈐轄以左衛大將軍致事卒贈保順軍節度使謚安恪養子昭序

王守規真定欒城人入內都都知守忠之弟守忠事真宗謹愿慎密眷遇最厚明道時守規為小黃門禁中夜半火守規先覺自寢殿至後苑皆擊去其鎖乃奉仁宗及皇太后至延福宮回視所經處已成煨燼翌日執政候起居帝曰非王守規導朕至此幾不與卿等相見以功遷入內殿頭選治京城水決汴河于公賈村決蔡河于四里橋水患以息加帶御器械積官至宣慶使康州防禦使內侍右班副都知卒年六

十七贈昭武■軍留後

李憲字子範開封祥符人皇祐中補入内黄門稍遷供奉官神宗即位歷永興太原府路走馬承受數論邊事合旨幹當後苑王韶上書請復河湟命憲往視師與韶進收河州加東染院使幹當御藥院復戰牛精谷拔珂諾城為熙河經略安撫司幹當公事按視鄜延軍制行至蒲中會木征合董氈鬼章之兵攻破踏白城殺景思立圍河州詔趣赴之憲馳至軍先是朝廷出黄旗書敕諭將士如用命破賊者倍賞於是憲晨起帳中張以示衆曰此旗天子所賜也視此以

戰帝實臨之士爭呼用命以進督諸將傍山焚族帳即日通路至河州賊餘衆保踏白官軍出與戰大破之進至餘川又破賊堡十餘木征率酋長八十餘人詣軍門降捷聞以功加昭宣使嘉州防禦使還為入内内侍省押班幹當皇城司安南叛副趙卨招討未行卨建言朝廷置招討副使軍事須共議至節制號令即宜歸一憲銜之由是屢紛辯遂罷憲而令乘驛計議秦鳳熙河邊事諸將皆聽節度於是御史中丞鄧潤甫御史周尹蔡承禧彭汝礪極論其不可又言鬼章之患小用憲之患大憲功不成其禍小有成功

其禍大章再上弗聽冷雞朴誘山後生羌擾邊木征請自効衆以為不可憲曰何傷乎羌人天性畏服貴種聽之往木征盛裝以出衆聳視皆無鬭志師乘之殺獲萬計斬冷雞朴董氈懼即遣使奉贄効順加宣州觀察使宣政使入内副都知又遷宣慶使時用兵連年度支調度不繼詔憲兼經制財用裁冗費什六歲運西山巨木給京師營繕賜瑞應坊園宅一區元豐中五路出師討夏國憲領熙秦軍至西市新城復蘭州城之請建為帥府帝又詔憲領兵直趣興靈董氈亦稱欲往宜乘機協力入掃巢穴若興靈道阻即過

河取涼州乃總兵東上平夏人于高川石峽進至屈吳山營打囉城趨天都燒南牟府庫次葫蘆河而還憲既不能至靈州董氈亦失期師無功憲欲以開蘭會邀功弭責同知樞密院孫固曰兵法期而後至者斬況諸路皆至而憲獨不行不可赦帝以憲循有功但令詰擅還之由憲以餽餉不接為辭釋弗誅復上再舉之策兼陳進築五利且從之會李順舉入奏具陳師老民困狀乃罷兵趣憲赴闕道賜銀帛四千為涇原經略安撫制置使給衛三百進景福殿使武信軍留後使復還熙河仍兼秦鳳軍馬夏人入蘭州破

西關降宣慶使憲以蘭州乃西人必爭地衆數至河外而相羊不進意必大舉乃增城守塹壁樓櫓具備明年冬夏人果大入圍蘭州步騎號八十萬衆十日不克糧盡引去又詔憲遣間諭阿里骨結等且選騎度河與賊遇破之坐妄奏功狀罷內省職事哲宗立改永興軍路副都總管提舉崇福宫御史中丞劉摯論憲貪功生事一出欺罔避興靈會師之期頓兵以城蘭州遺患至今永樂之圍逗留不急赴援降宣州觀察使又貶右千牛衛將軍分司南京居陳州卒年五十一紹聖元年贈武泰軍節度使初謚敏恪改忠敏

憲以中人為將雖能拓地降敵而罔上害民終貽患中國云

張茂則字平甫開封人初補小黃門五遷至西頭供奉官幹當內東門禁庭夜有盜茂則首登屋以入既獲賊遷領御藥院仁宗不豫中夜促召茂則趨入扶衛左右或欲擅宫門茂則曰事無可慮何至使中外生疑耶帝疾間欲處以押班懇求補外轉宫苑使果州團練使為永興路兵馬鈐轄入為內侍押班再遷副都知熙寧初同司馬光相視恩冀深瀛四州生隄及六塔二股河利害進入內都知上元夜宫中火督衆即撲滅詔曰宫禁不驚帑藏如故惟忠與力予固嘉之賜以窄衣金帶累乞退休言受國厚恩廩食過量積而未請者七年乞令三司毀券詔褒之仍進其官哲宗即位遷寧國軍留後加兩省都都知卒年七十九茂則性儉素食不重味衣裘累十數年不易紹聖論元祐人以茂則嘗預任使追貶左監門衛將軍崇寧中入黨籍

宋用臣字正卿開封人為人有精思彊力以父蔭隸職內省神宗建東西府築京城建尚書省起太學立原廟導洛通汴凡大工役悉董其事性敏給善傳詔令故多訪以外事同列悉籍以進朝士之乏廉節者往往諂附之權勢震赫一時積勞至登州防禦使加宣政使元祐初言者論其罪降為皇城使謫監滁州太平州酒稅四年主管靈僊觀紹聖初召為內侍押班進瀛州刺史徽宗即位遷蔡州觀察使入內副都知為永泰陵脩奉鈐轄卒陵下贈安化軍節度使謚僖敏謚議謂用臣為廣平宋公有天子念公之勞久徙于外之語豐稷論奏以為凡稱公者皆須耆宿大臣與鄉黨有德之士其曰念公之勞久徙于外斯乃古周公之事於用臣非所宜言也止令賜謚論者是

之
王中正字希烈開封人因父任補入內黃門遷赴延
福宮學詩書曆筭仁宗嘉其才命置左右慶曆衛士
之變中正援弓矢即殿西督捕射賊悉就擒時年甫
十八人頗壯之遷東頭供奉官歷幹當御藥院鄜延
環慶路公事分治河東邊事破西人有功帶御器械
神宗將復熙河命之規度還言熙河譬乳虎抱玉乘
爪牙未備可取也遂從王韶入熙河治城壁守具以
功遷作坊使嘉州團練使擢內侍押班吐蕃圍茂州
詔率陝西兵援之圍解自石泉至茂州謂之隴東路

土田肥美西羌據有之中正不能討乃因吐蕃入寇
言其路經靜州等族㯼僻不通邇年商旅稍往來故
外蕃因以乘間縣至綿與茂道里均而龍安有都巡
檢緩急可倚仗請割石泉隸綿而窒其故道從之隴
東遂不可得還使熙河經畫𨠵章進昭宣使入內副
都知元豐初提舉教畿縣保甲將兵捕賊盜巡檢獻
民兵伍保法請於村疃及縣以時閱習悉行其言復
徃鄜延環慶經制邊事詔凡所須用度令兩路取給
無限多寡既行又稱面受詔所過募禁兵願從者將
之主者不敢違問罪西夏以中正簽書涇原路經略

司事詔五路之師皆會靈州中正失期糧道不繼士
卒多死命權分屯鄜延鎰城砦以俟後舉自請罷省
職遷金州觀察使提舉西太一宮坐前敗貶秩元祐
初言者再論其將王師二十萬公違詔書之罪劉摯
比中正與李憲宋用臣石得一為四凶又貶秩兩等
久之提舉崇福宮紹聖初復嘉州團練使卒年七十
一

李舜舉字公輔開封人世為內侍曾祖神福事太宗
以信謹終始舜舉少補黃門仁宗使督工冶金為器
既成有羨數并上之帝嘉其不欺出為秦鳳路走馬

承受英宗立奏事京師會帝不豫內謁者止之宮門
舜舉曰天子新即位使者從遠來不得一見而去何
以慰遠人謁者以聞亟召對帝意良悅因言承受公
事以察守將不法為職而終更論最乃使帥臣保任
乞免之遂刪舊制熙寧中歷幹當內東門御藥院講
筵閣實錄院郭逵討交州以為廣西幹當公事軍中
之政得與講畫或疾置入朝稟受成筭會逵貶亦降
左藏庫副使以文思院使領文州刺史帶御器械進
內侍押班制置涇原軍馬五路師出無功議再舉李
憲督餽糧言受密詔自都轉運使以下乏軍興者皆

聽斬民懲前日之役多死於凍餒皆憚行出錢百緡不能雇一夫相聚立柵山澤不受調吏往逼呼輒毆擊鮮州至械縣令以督之不能集舜舉入奏其事乃罷兵退詣中書王珪迎勞之曰朝廷以邊事屬押班及李留後無西顧之憂矣舜舉曰四郊多壘此卿大夫之辱相公當國而以邊事屬二內臣可乎內臣正宜供禁庭灑掃之職豈可當將帥之任聞者代珪慚焉轉嘉州團練使沈括城永樂遣舜舉計議被圍急斷衣襟作奏曰臣死無所恨願朝廷勿輕此賊尋以死聞贈昭信軍節度使謚曰忠敏舜舉資性安重與人言

未嘗及官省事頗覽書傳能文辭筆札在御藥院十四年神宗嘗書李舜舉公忠奉上恭勤檢身始終惟一以安以榮十九字賜之

石得一開封人為內侍黃門累官內殿承制神宗時帶御器械管幹龍圖天章寶文閣皇城司四遷入內副都知元祐初領成州團練使罷內省職御史劉摯言得一頃莞皇城恣其殘刻縱遣邏者所在棊布張穽設網以無為有以虛為實朝廷大吏及富家小人飛語朝上暮入狴犴上下惴恐不能自保至相顧以目者殆十年坐降左藏庫使卒紹聖中贈隨州觀察使

梁從吉字君祐開封人補入內高班王則反奉命宣慰還言小寇無多慮諸將之兵足以剪除若得重臣統其事不崇朝可平矣於是仁宗以文彥博為安撫招討使賊平又奏請分河北為路每路以一帥府統之遂建魏鎮定瀛四帥熙寧初為邠寧環慶路駐泊兵馬鈐轄夏人寇大順城圍慶州七砦從吉率兵八百餘人與戰獲其首領又討平寧州叛卒以功升都鈐轄累官皇城使從高遵裕至寧武督士卒攻城身被創甚進入內押班遷永州團練使為副都知元祐

中卒贈成德軍節度使謚曰敏恪

劉惟簡開封人由入內黃門積官至昭宣使康州刺史高陽關路兵馬都監為入內押班英宗初立惟簡自河北來朝請對寢門內謁者難之獨引見皇太后惟簡立福寧殿下雨沾衣不退帝起坐幃中望見呼問曰諸路如汝者幾人何以獨來對曰陛下新即位臣來自邊塞未瞻天表不敢輒還不知其他帝歎曰小臣知所守如此識其姓名屏間他日神宗覽所題昇擢幹當延福宮自是蒙親信交人叛詔馳驛至桂州審視事勢還言帥臣劉彝貪功生事罪當誅乾德

往童頸不足繫帝信之郭逵趙卨南征以為行營承受逵卨被謫惟簡亦奪一官陝西五路師還受命撫犒士卒以疾先還者不賜惟簡心知其不便至慶州疏言士卒不幸以將臣上違聖略糧食不繼逃生以歸其情可貸今同立庭中而不預賜恐患生倉卒帝用其言均予之又使案閱河北保甲振濟京西水災參定諸陵薦獻既而為言者所劾擯不用哲宗在藩時惟簡奔奏服勤及親政召至左右以內侍押班卒贈昭化軍留後

列傳卷二百二十六

列傳卷第二百二十七　宋史四百六十八

開府儀同三司上柱國錄軍國重事前中書右丞相監修國史領經筵事都總裁脫脫等奉勑修

宦者三

李祥　陳衍　馮世寧
李繼和　高居簡　程昉
蘇利涉　雷允恭　閻文應
任守忠　童貫附方臘　梁師成
楊戩

李祥開封人為入內黃門資驍銳善騎射用材武中選授涇原儀渭同巡檢從景思立于河巉功遷內殿崇班為河州駐泊兵馬都監從郭逵討交阯駐富民江賊兵大至與涇原將姚兕力戰敗之遷皇城使鎮戎軍沿邊都巡檢使從劉昌祚征靈武議功加沂州團練使或言所部兵失亡多降簡州刺史權熙河蘭會路都監總岷州兵夏人攻蘭州祥赴援保險待變數日虜徹圍去復團練使進階州防禦使從种誼襲鬼章有功升兵馬都鈐轄在熙河二十餘年以宣慶使內侍押班卒

陳衍開封人以內侍給事殿庭累官供備庫使梁惟

簡薦諸宣仁聖烈皇后主管高韓王宅領御藥院内東門司宣仁山陵為按行使俄以左藏庫使文州刺史出為真定路都監御史來之邵方力詆元祐政事首言衍在垂簾日怙寵驕肆交結戚里進退大臣力引所私俾居耳目之地張商英亦論衍交通宰相御服為之賜珠結詔詞臣儲祥為之賜膳蓋指呂大防蘇軾也衍坐貶監郴州酒稅務惟簡以援引張士良梁知新以黨附皆得罪已又編管白州徙配朱崖章惇起獄誣元祐諸老大臣云結衍輩以謀廢立士良嘗與衍同在宣仁后閤自郴州召之使實其說士良

至但言宣仁彌留之際衍嘗可否二府事及用御寶付外而已鍛鍊無所得安惇蔡京乃奏衍跡隣兩宮斥隨龍内侍十餘人于外以剪除人主腹心羽翼意在動搖大逆不道乃詔處死令廣西轉運使程節涖其刑

馮世寧字靜之以入内黄門累遷昭宣使忠州團練使入内押班楊國公主寢疾哲宗欲夜出問訊世寧執言不可帝雖微忤卒為之改容再遷景福殿使明州觀察使至副都知崇寧新官名世寧首知入内内侍省事禁中夜火使宿衛士撲滅之既定令自他途出蓋不欲使知宮省曲折也徽宗賞歎進感德軍留後政和初以内客省使彰化軍留後致仕世寧出入禁闥六十年循謹無過卒年六十七贈開府儀同三司謚曰恭節

李繼和開封人以父任為内侍黄門慶曆中為河北西路承受保州兵叛塞城門拒守官軍重圍之不得入繼和獨上南關門密呼所結内應者諭以禍福衆言候李昭亮至即斬關自歸已而果然賊平遷兩秩王則反貝州為城下走馬承受沙苑闕馬詔秦州置場以券市之繼和領職不數月得馬千數而人不擾

舊制内侍入仕三十年始得磨勘至是乃令以勞進官者無拘於年環州弓箭手歲時給酒州將不與衆諠訴亟闔府門不敢出繼和步入衆中譬曉之曰汝曹為一杯酒遂喪軀命乎衆悟散去事聞擢帶御器械累遷宣慶使文州團練使入内副都知卒子從善援例求贈官神宗曰此弊事也繼和無軍功何必贈自是為定制云

高居簡字仲略世本番禺人以父任為入内黄門護作温成原廟奉神物以精辨稱超轉殿頭領後苑事坐奉使梓夔路多占驛兵降高品歷領龍圖天章寶

文閣內東門司幹當御藥院神宗即位御史張唐英言其資性憸巧善迎合取容中丞司馬光亦言其父處近職罪惡已多祖宗舊制幹當御藥院官至內殿崇班以上即須出外今陛下獨留四人中外以此竊議況居簡頃在先朝依憑城社物論切齒及陛下繼統乃復先自結納使寵信之恩過於先帝願明治其罪以解天下之惑於是罷為供備庫使稍遷帶御器械進內侍押班以文思使領忠州刺史卒贈輝州觀察使居簡聞外廷議論必以入告省中目為高直奏仁宗時嘗使南海遇廣州火救者不力居簡督衆護

軍資甲仗二庫賴以獲全事聞詔褒之

程昉開封人以小黃門積遷西京左藏庫副使熙寧初為河北屯田都監河決棗彊釃二股河導之使東為鋸牙下以竹落塞決口加帶御器械河決商胡北流與御河合為一及二股東流御河遂淺澀昉以開浚功遷宮苑副使又塞漳河作浮梁于洛州兼外都水丞詔相度興脩水利河決大名第五埽昉議塞之因跡塘水溉深州田又導葫蘆河自樂壽之東至滄州二百里塞孟家口開乾寧軍直河作橋于真定之中渡又自衞州王供埽導沙河入御河以廣運路累遷達州防禦使制置河北河防水利御史盛陶言昉挾第五埽之功專為己力假朝廷威福恐動州縣所開共城河頗廢人戸水磑又無成功又議開沁河因察訪官按行始知不便漳河滹沱之役水占邢洺趙深祁五州之田王廣廉孔嗣宗錢勰趙子幾皆嘗論其奸欺之狀則多置撻口指決河所侵便為淤田其事權之盛則舉官廢吏惟其所欲悖慢豪橫則受聖旨者三受提點刑獄司牒者十二故有違拒小人誤當賞擢驕恣自肆願遣官代還仍行究治神宗曰王安石以昉知河事故加任使令開漳河用工七百萬

滹沱八九百萬已議體量矣始安石欲興水利縣用昉昉挾安石勢而慢韓琦後安石覺其虛誕亦疏之以憂死贈輝州觀察使遂罷都大制置河防水利司

蘇利涉字公濟祖保遷自廣州以閹人從劉鋹入朝利涉初為入內內品慶曆中衞士之變以護衞有勞賞激加等英宗為皇子利涉給事東宮及即位遷東頭供奉官欲以為潁王府都監力辭幹當御藥院遷供備庫使帝不豫侍醫藥最勤言輒流涕及帝崩乞與醫官同貶三上表待罪不許神宗即位授達州刺史歷內侍押班副都知轉海州團練使遷部院火營

救甚力賜襲衣金帶卒年六十四贈奉國軍節度使謚曰勤僖利涉嘗幹當皇城司循故事廂卒邏報不皆以聞後石得一代之事無巨細悉以奏往往有緣飛語受禍者人始以利涉為賢

雷允恭開封人初為黄門頗慧黠稍遷入内殿頭給事東宫周懷政偽為天書允恭豫發其事懷政死擢内殿崇班遷承制再遷西京作坊使普州刺史入内内侍省押班章獻后初臨政丁謂潜結允恭凡機密事令傳達禁中由是允恭勢横中外山陵事起允恭請效力陵上章獻后曰吾慮汝有妄動恐為汝累也

乃以為山陵都監允恭馳至陵下司天監邢中和為允恭言今山陵上百步法宜子孫類汝州秦王墳允恭曰何不就中和曰恐下有石與水爾允恭曰上無他子若如秦王墳何不可中和曰山陵事重踏行覆按動經月日恐不及七月之期耳允恭曰第移就上穴我走馬入見太后言之允恭素貴横人不敢違即改穿上穴入白其事章獻后曰此大事何輕易如此允恭曰使先帝宜子孫何惜不可章獻后意不然曰出與山陵使議可否時丁謂為山陵使允恭具道所以謂唯唯而已允恭入奏曰山陵使亦無異議矣既

而上穴果有石石盡水出允恭竟以是并坐盜金寶賜死籍其家中和流沙門島謂尋竄海上

閻文應開封人給事掖庭積遷至入内副都知仁宗初親政與宰相呂夷簡謀以張耆夏竦陳堯佐范雍趙稹晏殊錢惟演皆章獻后所任用悉罷之退以語郭后后曰夷簡獨不附太后邪但多機巧善應變耳由是并夷簡罷夷簡素與文應相結使為中詗久之乃知事由郭后夷簡遂怨后及再相楊尚二美人方寵尚美人於仁宗前有語侵后后不勝忿批其頰仁宗自起救之誤中其頸仁宗大怒文應乘隙遂與謀

廢后且勸以爪痕示執政夷簡以怨力主廢事内奏仁宗出諫官竟廢后為淨妃以所居宫名瑶華皆文應為夷簡内應也郭后既廢楊尚二美人益寵專夕仁宗體為之弊或累日不進食中外憂懼楊太后亟以為言仁宗未能去文應早暮入侍言之不已仁宗厭其煩強應曰諾文應即以氈車載二美人出二美人涕泣詞説云云不肯行文應罵曰宫婢尚何言驅使登車翌日以尚氏為女道士居洞真宫楊氏别宅安置既而仁宗復悔廢郭后有復后之意文應大懼會后有小疾挾太醫診視數日乃言后暴崩疑文應

為之也累至昭宣使恩州團練使時諫官劾其罪請
并其子士良出之以文應領嘉州防禦使為秦州鈐
轄改鄆州士良罷御藥院為内殿崇班始楊尚二美
人之出宫也左右引陳氏女入宫父號陳子城楊太
后嘗許以為后宋綬不可王曾呂夷簡蔡齊相繼論
諫陳氏女將進御士良聞之遽見仁宗仁宗披百葉
擇日士良曰陛下閱此豈非欲納陳氏女為后邪仁
宗曰然士良曰子城使大臣家奴僕官名也陛下納
其女為后無乃不可乎仁宗遽命出之文應後徙相
州鈐轄卒贈邠州觀察使

任守忠字稷臣蔭入内黄門累轉西頭供奉官領御
藥院坐事廢久之復故官稍遷上御藥供奉初章獻
后聽政守忠與都知江德明等交通請謁權寵過盛
仁宗親政出為黄州都監又謫監英州酒稅稍遷潭
州都監徙合流鎮西鄙用兵又為秦鳳涇原路駐泊
都監以功再遷東染院使内侍押班出為定州鈐轄
加内侍副都知累遷宣政使洋州觀察使為入内都
知仁宗未有嗣屬意英宗守忠居中建議欲援立昏
弱以徼大利及英宗即位拜宣慶使安静軍留後守
忠又語言誕妄交亂兩宫於是知諫院司馬光論守

忠離間之罪為國之大賊民之巨蠹乞斬於都市英
宗猶未行宰相韓琦出空頭敕一道參政歐陽脩已
簽趙槩難之脩曰第書之韓公必自有說琦遂坐政
事堂立守忠庭下曰汝罪當死貶保信軍節度副使
蘄州安置取空頭敕填與之即日押行琦意以為少
緩則中變也守忠久被寵幸用事于中人不敢言其
過及貶中外快之久之起為左武衛將軍致仕卒年
七十九

童貫少出李憲之門性巧媚自給事宫掖即善策人
主微指先事順承徽宗立置明金局于杭貫以供奉

官主之始與蔡京游京進貫力也京既相贊策取青
唐因言貫嘗十使陝右審五路事宜與諸將之能否
為最悉力薦之合兵十萬命王厚專閫寄而貫用李
憲故事監其軍至湟川適禁中火帝下手札驛止貫
毋西兵貫發視遽納鞾中厚問故貫曰上趣成功耳
師竟出復四州擢景福殿使襄州觀察使内侍寄資
轉兩使自兹始未幾為熙河蘭湟秦鳳路經略安撫
制置使累遷武康軍節度使討溪哥臧征復積石軍
洮州加檢校司空頗恃功驕恣選置將吏皆捷取中
旨不復關朝廷寖咈京意除開府儀同三司京曰使

相豈應授官官不奉詔政和元年進檢校太尉使契
丹或言以宦官為上介國無人乎帝曰契丹聞貫破
羌故欲見之因使覘國策之善者也使還益展奮廟
謨兵柄皆屬焉遂請進築夏國橫山以太尉為陝西
河東河北宣撫使俄開府儀同三司簽書樞密院河
西北兩房不三歲領院事更武信武寧護國河東山
南東道劍南東川等九鎮太傅涇國■公時人稱蔡京
為公相因稱貫為媼相將秦晉銳師深入河隴薄于
蕭關古骨龍謂可制夏人死命遣大將劉法取朔方
法不可貫逼之曰君在京師時親授命於王所自言

必成功今難之何也法不得已出塞遇伏而死法西
州名將既死諸軍恟懼貫隱其敗以捷聞百官入賀
皆切齒然莫敢言關右既困夏人亦不能支乃因遼
人進誓表納款使至授以誓詔辭不取貫彊館伴使
固與之還及境棄諸道上舊制熟羌不授漢官貫敌
引援之有至節度使者弓箭手失其分地而使守新
疆禁卒逃亡不死而得改隸他籍軍政盡壞政和元
年副鄭允中使于遼得燕人馬植歸薦諸朝遂造平
燕之謀選健將勁卒刻日發命會方臘起睦州勢甚
張改江浙淮南宣撫使即以所聚兵帥諸將討平之

方臘者睦州青溪人也世居縣堨村託左道以惑衆
初唐永徽中睦州女子陳碩真反自稱文佳皇帝故
其地相傳有天子基萬年樓臘益得憑藉以自信縣
境梓桐幫源諸峒皆落山谷幽險處民物繁夥有漆
楮杉材之饒富商巨賈多往來時吳中困於朱勔花
石之擾比屋致怨臘因民不忍陰聚貧乏游手之徒
宣和二年十月起為亂自號聖公建元永樂置官吏
將帥以巾飾為別自紅巾而上凡六等無弓矢介胄
唯以鬼神詭秘事相扇訹焚室廬掠金帛子女誘脅
良民為兵人安於太平不識兵革聞金鼓聲即斂手

聽命不旬日聚衆至數萬破殺將官蔡遵于息坑十
一月陷青溪十二月陷睦歙二州南陷衢殺郡守彭
汝方北掠新城桐廬富陽諸縣進逼杭州郡守棄城
走州即陷殺制置使陳建廉訪使趙約縱火六日死
者不可計凡得官吏必斷臠支體探其肺腸或熬以
膏油叢鏑亂射備盡楚毒以償怨心警奏至京師王
黼匿不以聞於是凶焰日熾蘭溪靈山賊朱言吳邦
剡縣仇道人仙居呂師囊方巖山陳十四蘇州石生
歸安陸行兒皆合黨應之東南大震發運使陳亨伯
請調京畿兵及鼎澧槍牌手兼程以來使不至滋蔓

徽宗始大驚亟遣童貫譚稹爲宣撫制置使率禁旅
及秦晉蕃漢兵十五萬以東且諭貫使作詔罷應奉
局三年正月臘將方七佛引衆六萬攻秀州統軍王
子武乘城固守已而大軍至合擊賊斬首九千築京
觀五賊還據杭二月貫稹前鋒至青州堰水陸並進
臘復焚官舍府庫民居乃宵遁諸將劉延慶王稟王
渙楊惟忠辛興宗相繼至盡復所失城四月生擒臘
及妻邵子亳二太子僞相方肥等五十二人於梓桐
石穴中殺賊七萬四年三月餘黨悉平進貫太師徙國
楚臘之起破六州五十二縣戕平民二百萬所掠婦

女自賊峒逃出裸而縊於林中者由湯巖椏嶺八十
五里間九村山谷相望王師自出至凱旋四百五十
日臘雖平而北伐之役遂起既而以復燕山功詔解
節鉞爲貞三公加封徐豫兩國越兩月命致仕而代
以譚稹明年復起領樞密院宣撫河北燕山宣和七
年詔用神宗遺訓能復全燕之境者胙本邦疏王爵
遂封廣陽郡王是年粘罕南侵貫在太原遣馬擴辛
興宗往聘以嘗金金人以納張覺爲責且遣使告興
兵貫厚禮之謂曰如此大事何不素告我使者勸貫
速割兩河以謝貫氣褫不能應謀遁歸太原守張孝

純詣之曰金人渝盟王當令天下兵悉力枝梧今委
之而去是棄河東與敵也河東入敵手柰河北乎貫
怒叱之曰貫受命宣撫非守土也君必欲留貫置帥
何爲孝純拊掌嘆曰平生童太師作幾許威望及臨
事乃蓄縮畏懾奉頭鼠竄何面目復見天子乎貫奔
入都欽宗已受禪下詔親征以貫爲東京留守貫不
受命而奉上皇南巡貫在西邊募長大少年號勝捷
軍幾萬人以爲親軍環列第舍至是擁之自隨上皇
過浮橋衛士攀望慟哭貫唯恐行不速使親軍射之
中矢而踣者百餘人道路流涕於是諫官御史與國

人議者蠭起初貶左衛上將軍連謫昭化軍節度副
使竄之英州吉陽軍行未至詔數其十大罪命監察
御史張澂迹其所至即斬之及於南雄既誅函首赴
闕梟于都市貫握兵二十年權傾一時奔走期會過
於御敕嘗有論其過者詔方劭往察劭一動一息貫
悉偵得之先密以白且陷以他事劭反得罪竄死貫
狀魁梧偉觀視頎下生須十數皮骨勁如鐵不類閹
人有度量能疎財後宮自妃嬪以下皆獻餉結內左右
婦寺■譽言日聞寵煽翕赫庭戶雜遝成市岳牧輔
弼多出其門廝養僕圉官諸使者至數百輩窮姦稔

禍流毒四海雖菹醢不償責也

梁師成字守道慧黠習文法稍知書初隸賈詳書藝局詳死得領睿思殿文字外庫主出外傳道上旨政和間得君貴幸至竄名進士籍中積遷晉州觀察使興德軍留後建明堂為都監既成拜節度使加中太一神霄宮使歷護國鎮東河東三節度至檢校太傅遂拜太尉開府儀同三司換節淮南時中外泰寧徽宗留意禮文符瑞之事師成善逢迎希恩寵帝本以隸人畜之命入處殿中凡御書號令皆出其手多擇善書吏習倣帝書雜詔旨以出外廷莫能辨師成實

不能文而高自標牓自言蘇軾出子是時天下禁誦軾文其尺牘在人間者皆毀去師成訴於帝曰先臣何罪自是軾之文乃稍出以翰墨為己任四方儁秀名士必招致門下往往遭點污多寘書畫卷軸於外舍邀賓客縱觀得其題識合意者輒密加汲引執政侍從可階而升王黼父事之雖蔡京父子亦諂附焉都人目為隱相所領職局至數十百黼造伐燕議師成始猶依違卒乃贊決又薦譚稹為宣撫燕山平策勲進少保益通賄謝人士入錢數百萬以獻頌上書為名令赴廷試唱第之日侍於帝前嚬嚅升降其小吏儲宏亦豫科甲而執廝養之役如初李彥括民田於京東西所至倨坐堂上監司郡守不敢抗禮有言於帝師成適在旁抗聲曰王人雖微序於諸侯之上豈足為過言者懼而止師成貌若不能言然陰賊險鷙遇間即發家居與黼隣帝幸黼第見其交通狀已怒朱勔又以應奉與黼軋因乘隙攻之帝罷黼相師成由是益紿鄆王楷寵盛有動搖東宮意師成能力保護欽宗立嬖臣多從上皇東下師成以舊恩留京師於是太學生陳東布衣張炳力疏其罪炳指之為李輔國且言宦官表裏相應變恐不測東復論其有

異志擁定策功當正典刑帝迫於公議猶未誦言逐之師成疑之寢食不離帝所雖奏廁亦侍於外久未有以發會鄭望之使金營還帝命師成及望之以宣和殿珠玉器玩復往先令望之詣中書諭宰相至則留之始詔暴其罪責為彰化軍節度副使開封吏護至貶所行次八角鎮縊殺之以暴死聞籍其家

揚戩少給事掖庭主掌後苑善測伺人主意自崇寧後日有寵知入內內侍省立明堂鑄鼎鼐起大晟府龍德宮皆為提舉政和四年拜彰化軍節度使首建期門行幸事以固其權勢與梁師成埒歷鎮安清海

鎮東三鎮由檢校少保至太傅遂誅撼東宮有胥吏杜公才者獻策于戩立法索民田契自甲之乙乙之丙展轉究尋至無可證則度地所出增立賦租始於汝州浸淫于京東西淮西北括廢隄棄堰荒山退灘及大河淤流之處皆勒民主佃額一定後雖衝蕩回復不可減號為西城所築山濼古鉅野澤綿亘數百里濟鄆數州賴其蒲魚之利立租筭船納直犯者盜執之一邑率於常賦外增租錢至十餘萬緡水旱蠲稅此不得免擢公才為觀察使宣和三年戩死贈太師吳國公而李彥繼其職彥天資狠愎密與王黼表

裏置局汝州臨事愈劇凡民間美田使他人投牒告陳皆指為天荒雖執印券皆不省魯山闔縣盡括為公田焚民故券使田主輸租佃本業訴者輒加威刑致死者千萬公田既無二稅轉運使亦不為奏除悉均諸別州京西提舉官及京東州縣吏劉寄任輝彥李士漁王滸毛孝立王隨江惇呂坯錢棫宋憲皆助彥為虐如奴事主民不勝忿痛前執政冠帶操笏迎謁馬首獻媚花朝夕造請賓客狴趍謁舍不敢對之上馬而彥處之自如發物供奉大抵類朱勔凡竹數竿用一大車牛驢數十頭其數無極皆責辦於民經時閱月無休息期農不得之田牛不得耕墾殫財靡芻力竭餓死或自縊轅軛間如龍鱗薜荔一本輦致之費踰百萬喜賞怒刑禍福轉手因之得美官者甚衆頳昌兵馬鈐轄范寥不為取竹誣刋蘇軾詩文于石為十惡朝廷察其捃摭亦令勒停當時謂朱勔結怨于東南李彥結怨於西北靖康初詔追戩所贈官爵彥削官賜死籍其家劉寄以下十人皆停廢復范寥官

列傳卷第二百二十七

列傳卷第二百二十八　宋史四百六十九

開府儀同三司上柱國錄軍國重事中書右丞相監修國史領經筵事都總裁脫脫等奉

勅修

宦者四

邵成章　藍珪康履　馮益　張去為

陳源　甘昪　王德謙　關禮

董宋臣

邵成章欽宗朝内侍也帝入青城命成章衛皇太子赴宣德門稱御行事太子北去成章留于汴康王将即位元祐太后遣成章奉乘輿服御至南京從幸揚州金人掠陝西京東諸郡群盜起山東黄潛善汪伯彦匿不以聞及張遇焚眞州去行在六十里帝亦不之知也成章上疏條具潛善伯彦之罪曰必誤國且申潛善等使聞之帝怒除名南雄州編管侍御史馬伸言成章緣上書得罪今是何時以言為諱乂之帝思成章忠直召赴行在其徒忌之譖于帝曰邵九百來陛下無歡樂矣遂止之于洪州金人入洪聞其名訪求得之謂之曰知公忠正能事吾主可坐享富貴成章不應脅之以威亦不從金人曰忠臣也吾不忍殺遣之金帛而去

藍珪康履初皆為康王府都監入内東頭供奉官嘗從康王使金人行營及開元帥府並主管機宜文字朝廷遣人趣師入援履等請王留相州王叱之而行既即位二人俱侍思用事履尤妄作威福大將如劉光世等多曲意事之帝知之詔内侍不許與統兵官相見違者停官編隷履終無所忌憚與内侍曾擇凌忽諸將或踞坐洗足立諸將於左右聲喏甚至馬前故疾之者衆俄遷内侍省押班金州觀察使帝在揚州金兵卒至帝馳馬出門百官不戒備從行者惟履等五六人自是履等益自衒愈有輕外朝心及幸浙道吳江其黨競以射鴨為樂比至杭州江下觀潮中官供帳赫然遮道統制苗傅等切齒曰此輩使天子至此猶敢爾邪傅幕客王世修亦疾中官恣横以告武功大夫劉正彦正彦曰會當共除之王淵踞樞筦正彦以為由宦者所薦愈不平謀遂决伏兵斬淵遣兵圍履家分捕中官凡無須者皆殺之履馳入白帝傅等至厲聲曰陛下信任中官凡中官所主者皆得美官王淵遇賊不戰交康履得樞密中官在外者已誅更乞康履藍珪曾擇等誅之以謝三軍帝不忍除傳等官以安之傳等曰欲遷官第須控兩匹馬與内

侍何必至此帝問百官策安出主管浙西機宜文字時希孟曰中官之為患至此極矣不除之天下之患未已軍器監葉宗諤言陛下何惜一康履不以慰三軍帝不得已遣人執履至履望帝呼曰大家何獨殺臣遂以付傳即腰斬之梟其首帝幸睿聖宮傳等留內侍十五人奉左右尋捕珪擇等皆編置遠州擇貽州行一程追還斬之傳等誅贈履官謚榮節召珪等還中書舍人季陵言中官復召其黨與相賀氣燄益張中外切齒不報珪至自武功大夫擢內侍省押班慈寧宮建命提點事務尋升內侍省都知及迎太后

命充都大主管太后既還宮珪奏應干補授恩乞聽慈寧宮施行從之珪初與履同進而驕橫不及履故幸以壽終有安石者與珪同姓為內侍省副都知至景福殿使湖州觀察使卒贈保寧軍節度使謚良恪渡江後中官贈謚自安石始又有與履同姓者名諝為內侍省押班亦親幸用事與知閤門事藍公佐善每邀公佐至其直舍必縱飲大醉溥莫乃歸嘗漏泄禁中語劉光遠被劾諝與內侍陳永錫受其金力為營救言官劾之帝詔永錫與祠諝送吏部後累官至均州觀察使卒贈保信軍節度使謚忠定

馮益康王邸舊人也王即位自入內東頭供奉官遷至幹辦御藥院尋兼幹辦皇城司恃舊恩驕恣帝幸浙東益與御前右軍都統制張俊爭渡以語侵俊且訴于帝事下御史臺侍御史趙鼎言明受之變起于內侍覆轍不可不戒事乃已紹興三年授武功大夫康州防禦使帶御器械時帝用侍御史常同言詔皇城司並隸臺察益言非祖宗舊制帝為追寢前詔特遷宣政使益自言藩邸舊吏乞加恩遂升明州觀察使內廐舊有騏驥院官益請別置御馬院自領其事又擅穿皇城便門侍御史沈與求以為言趙鼎等皆

患之會劉豫揭榜山東言益遣人收買飛鴿因有不遜語張浚請斬益以釋謗帝不許鼎言事關國體當解職加罰帝喜曰閩益交關外事漸不可長與祠故歸浚意未息鼎解之益自是家居廪祠者十四年先是偽柔福帝姬之來自稱為王貴妃季女益自言嘗在貴妃閤帝遣之驗視益為所詐遂以真告及事覺益坐驗視不實送昭州編管尋以與皇太后連姻得免十九年卒于家

張去為內侍張見道養子也初為韋太后宅提點官累遷至安德軍承宣使帶御器械又遷內侍省押班

時見道為入內內侍省押班父子並充景福殿使去為寢有寵請以一官回授見道帝嘉而許之其後見道以保康軍承宣使致仕而去為與秦檜王繼先俱用事升延福宮使累遷至入內內侍省都知恃恩干外朝謀議金兵將至遣使來出慢言以相懼去為陰沮用兵進幸蜀之計宰相陳康伯力非之帝悟而止侍御史杜莘老乞斬去為以作士氣先是去為取御馬院西兵二百人髡其頂髮都人駭之莘老復劾其罪帝不得已令去為致仕莘老亦出補外及內禪詔落致仕提舉德壽宮行移如內侍省仍鑄印賜之脩

宮有勞又特遷安慶軍承宣使初安恭后入宮去為實進之后崩上皇又遣去為傳旨立謝貴妃為后故亦貴重然至死不復涉朝廷事

陳源淳熙中提舉德壽宮頗有寵俄帶浙西副總管給事中趙汝愚言內侍不當干軍政遂罷源恃恩顓恣本宮書史徐彥通者為源掌家務不數歲官至經武大夫甄士昌源厮役也工理髮奏補承信郎又補臨安府都吏李庚以官使之窺伺府事孝宗聞而惡之十年春詔源應奉日久特落階官與京祠給事中宇文价封還錄黃改外祠臺官黃洽等又劾之乃謫源建州居住籍其貲進德壽宮彥通除名道州編管士昌庚皆抵罪言者猶未已移源郴州源有園名小隱其制視禁籞有加高宗以賜王才人光宗即位復召還紹熙四年自拱衛大夫永州防禦使除入內內侍省押班帝以疾不朝重華宮源與內侍楊舜卿林億年數有間言寧宗即位命三人俱事光宗于泰安宮御史章穎論其離間君親乞行誅竄以慰壽皇在天之靈詔罷源等官源撫州億年常州居住舜卿任便居住慶元二年以生皇子恩源億年許自便舜卿與內祠給事中汪義端駁之乃移源婺州億年湖州

義端再駁舜卿內祠及坐外補其後源等卒聽自便億年養娼女以別業源在貶所與妓濫俱以淫媟聞人疑其非宦者云

甘昇內侍省押班澤之子澤之死昇累遷亦至押班乾道中帝頗親昇昇以此用事臨安尹胡與可為小官時丐貸於臨安富民馬氏不如欲銜之至是馬以鬻官鹽踰格繫獄與可諷有司以私鹽論御史陳升卿決獄平反之昇之子婦與可女也乃陰為與可地譖升卿于帝前謂為豪民馬請事所得至萬緡上疑遂論罪馬流嚴州升卿由是罷去時曾覿以使弼領

京祠王抃以知閤門兼樞密都承旨昺為入內押班相與盤結士大夫無恥者爭附之既而覿死抃逐獨昺在朱熹力言之帝曰昺乃德壽宮所薦謂有才耳熹曰姦人無才何以動人主昺用事二十年招權市賄黃由對策亦頗及之後帝察其姦遂抵之罪籍其貲竟以廢死弟昺淳熙末幹辦內東門司帶御器械光宗朝累遷至親衛大夫保康軍承宣使提舉佑神觀慶元初為內侍省都知帝過壽康宮昺有力焉遷官二秩頗貴寵

王德謙初為嘉邸都監頗親幸孝宗大漸光宗以疾久不朝重華宮黃由時為王府贊讀奏請嘉王詣重華宮問疾既得旨德謙固請覆奏王斥之遂行孝宗崩王在喪次中外洶洶王以告直講彭龜年龜年以為建儲則人心安須白中宮乃可即諭德謙奏之皇太后德謙不敢強之既而無報王即位德謙累遷昭慶軍承宣使內侍省押班賜居第驕恣踰法服食擬乘輿出入或以導駕燈籠自奉為人求官賕以巨萬計泄其事者禍立至故外朝多附之中書舍人吳宗旦事之尤謹夜則易服造謁德謙求為節度使先薦宗旦為刑部侍郎直學士院將使草麻宗旦先備草示之引天寶同光為比德謙喜制出參政何澹不肯署諫議大夫劉德秀率臺諫論列宰相京鏜復以為言命遂寢韓侂胄與德謙爭用事德謙屢以計勝侂胄摘之詔與外祠臺諫又交章論駁侍御史姚愈言吳宗旦嘗草德謙制遂罷其官愈又率同列力攻德謙詔送廣德軍居住尋以臨安尹劾其贓濫僭擬詔降團練使移居撫州他事勿問中書舍人高文虎請改為安置臺諫復言其姦詭乞自今不以赦移雖特旨亦許執奏帝用其言德謙遂坐廢斥以死

關禮高宗朝宦者淳熙末積官至親衛大夫保信軍

承宣使孝宗頗親信之後命提舉重華宮孝宗崩光宗疾不能執喪樞密趙汝愚等請建儲以安人心光宗御批又有念欲退閑語丞相留正懼納祿去人心愈搖汝愚遣戚里韓侂胄因內侍張宗尹以禪位之議奏太皇太后曰此豈可易言明日汝愚再遣侂胄附宗尹以奏未獲命而侂胄退與禮遇禮知其意問之侂胄不以告禮指天自誓不言侂胄遂白其事禮即入宮泣告太后以時事可憂之狀且曰留丞相已去所恃者趙知院耳今欲定大計而無太皇太后之命亦將去矣太后驚曰知院同姓也事體與他人異

禮曰知院未去恃有太后耳今有請不許計無所出亦惟有去而已知院去天下將若何太后悟遂命禮傳旨俾胄以諭汝愚約明日太后垂簾上其事又明日嘉王入行禫祭汝愚即簾前進呈御批太后遂命王即皇帝位尋除禮入內內侍省都知又差兼重華慈福宮承受充提舉皇城司遷中侍大夫禮不以功自居乞致仕不許乞免推恩又不許南渡後內侍可稱者惟邵成章與禮云

董宋臣理宗朝宦者淳祐中以睿思殿祗候特轉橫行官寶祐三年兼幹辦佑聖觀侍御史洪天錫劾之

不報天錫坐左遷大理少卿開慶初大元兵駐江上京師大震宋臣贊帝遷幸寧海軍簽判文天祥上疏乞誅宋臣又不報景定四年自保康軍承宣使除入內內侍省押班尋兼主管太廟往來國信所同提點內軍器庫翰林院編脩敕令所都大提舉諸司提點顯應觀主管景獻太子府事會天祥以著作佐郎兼獻景府教授義不與宋臣聯事上書求去天祥出知瑞州言者論宋臣不置帝曲為諭解庇之祕書少監湯漢上封事亦言宋臣十餘年來聲焰薰灼其力能去臺諫排大臣至結兇渠以致大禍中外惶惑切齒而陛下方為之辨明大臣方為之和解此過計也願收還押班等除命不勝宗社之幸疏入帝亦不之省六月命主管御前馬院及酒庫既卒帝猶命特轉節度使其見寵愛如此

列傳卷第二百二十八

列傳卷第二百二十九　宋史四百七十

開府儀同三司上柱國錄軍國重事前中書右丞相提舉修國史領經筵事都總裁臣脫脫等奉
敕修

佞幸

弭德超　侯莫陳利用　趙贊
王黼　朱勔　王繼先　曾覿龍大淵附
張說　王抃　姜特立譙熙載附

人君生長深宮之中法家拂士接耳目之時少宦官女子共啓處之日多二者佞幸之梯媒也剛明之主亦有佞幸焉剛好專任明好偏察彼佞幸者一投其機為患深矣他日敗闕雖能殄除隳城以求狐灌社以索鼠亦已殆哉宋世中材之君朝有佞幸所不免也太宗有弭德超趙贊孝宗有曾覿龍大淵二君固不可謂非剛明之主也作佞幸傳

弭德超滄州清池人李符李琪薦之給事太宗晉邸太宗即位補供奉官太平興國三年遷酒坊使杭州兵馬都監又為鎮州駐泊都監初太宗念邊戍勞苦月賜士卒銀謂之月頭銀德超乘間以急變聞於太宗曰樞密使曹彬秉政歲久得士衆心臣從塞上來聞士卒言月頭銀曹公所致微曹公我輩餓死矣又巧誣彬他事上頗疑之出彬為天平軍節度以王顯為宣徽南院使德超為宣徽北院使並兼樞密副使德超譖曹彬事成期得樞密使乃為副使又柴禹錫與德超官同先授班在其上故德超視事月餘稱病請告居常怏怏一日詬顯及禹錫曰我言國家大事有安社稷功止得綫許大官汝等何人反在我上更令我効汝輩所為我實耻之又大罵曰汝輩當斷頭我度上無守執為汝輩所眩惑顯告之太宗怒命膳部郎中知雜滕中正就第鞫德超具伏下詔奪官職與其家配隸瓊州禁錮未幾死

侯莫陳利用益州成都人幼得變幻之術太平興國初賣藥京師言黃白事以惑人樞密承旨陳從信白於太宗即日召見試其術頗驗即授殿直累遷崇儀副使雍熙二年改右監門衛將軍領應州刺史三年諸將北征以利用與王侁並為并州駐泊都監擢單州刺史四年遷鄭州團練使前後賜與甚渥依附者頗獲進用遂橫恣無復畏憚其居處服玩皆僭乘輿人畏之不敢言會趙普再入中書廉知殺人及諸不法盡奏之太宗遣近臣案得姦狀欲貸其死普固請曰陛下不誅是亂天下法法可惜此何足惜哉遂下

詔除名配商州禁錮初籍其家俄詔還之趙普恐其復用因殿中丞竇諲嘗監鄭州榷酤知利用每獨南向坐以接京使犀玉帶用紅黄羅袋澶州黄河清鄭州用為詩題試舉人利用判試狀言甚不遜召諲至中書詰實令上疏告之又京西轉運副使宋沆籍利用家得書數紙言皆指斥切害悉以進上太宗怒令中使蠻殺之已而復遣使貸其死乗疾置至新安馬旋濘而踣出濘換馬比追及之已為前使誅矣

趙贊并州人性險詖辯給好言利害初為軍小吏與都校不恊因誣訾中謀叛劉繼元屠之無遺類稍署贊右職太原平隸三司為走吏又許本司補殿直太宗頗任之遷供奉官閤門祗候提舉京西陝西數州錢帛發擿甚衆又自乞捕盜至求與得兵士盜錢二百欲磔諸市知府張齊賢奪而釋之太宗命御史臺按問停贊官數月復令專鉤校三司簿令贊自選吏十數人為耳目專伺中書樞密及三司事乗間白之太宗以為忠無他腸中外益畏其口會改三司官屬以贊為西京作坊副使度支都監時又有鄭昌嗣者宣州人亦起三司役吏稍遷侍禁奉使西川回奏在官不治者數十人太宗嘉其直會市物吏因緣為姦列肆屢謁開封訴之乃置雜買務使昌嗣監之昌嗣乞著籍便殿門許非時入奏與贊親比相表裏累遷至西上閤門副使鹽鐵都監二人既得聯事由是益橫恣所為皆不法太宗頗知之以問左右皆畏二人無敢言其惡至道元年上元節京城張燈太宗以上清宮成臨幸贊與昌嗣邀其黨數人携妓樂登宮中玉皇閣飲宴至夜分掌舍官者不能止以其事聞太宗大怒并攄諸事下詔奪贊官許携家配隸房州禁錮即日驛遣之昌嗣黜唐州團練副使不署事既數日並賜死於路太宗謂侍臣曰君子小人如芝蘭荊

棘不能絶其類在人甄别耳苟盡君子則何用刑罰焉參知政事寇準對曰帝堯之時四凶在庭則三代之前世質民淳已有小人矣今之衣儒服居清列者亦頗朋附小人為自安計如贊昌嗣之類奔走賤吏不足言也

王黼字将明開封祥符人初名甫後以同東漢宦官賜名黼為人美風姿目睛如金有口辯才踈雋而寡學術然多智善佞中崇寧進士第調相州司理參軍編脩九域圖志何志同領局喜其人為父執中言之薦擢校書郎遷符寶郎左司諫張商英在相位寖失

帝意遣使以玉環賜蔡京於杭黼覘知之數條奏京所行政事并擊商英京復相德其助己除左諫議大夫給事中御史中丞自校書至是財兩歲黼因執中進迺欲去執中使京顓國遂疏其二十罪不聽俄兼侍讀進翰林學士京與鄭居中不合黼復內交居中京怒徙為戶部尚書大農方乏將以邦用不給為之罪既而諸班禁旅賚犒不如期詣左藏鼓譟黼聞之即諸軍揭大榜期以某月某日衆讀榜皆散京計不行還為學士進承旨遭父憂閱五月起復宣和殿學士賜第昭德坊故門下侍郎許將宅在左黼父事梁

師成稱為恩府先生倚其聲焰逼許氏奪之白晝逐將家道路憤歎復為承旨拜尚書左丞中書侍郎宣和元年拜特進少宰由通議大夫超八階宋朝命相未有前比也別賜城西甲第徙居之日導以教坊樂供張什器悉取於官寵傾一時蔡京致仕黼陽順人心悉反其所為罷方田毀辟雍醫筭學併會要六典諸局汰省吏減遞郡使橫班官奉入之半茶鹽鈔法不復比較富戶科抑一切蠲除之四方翕然稱賢相既得位乘高為邪多畜子女玉帛自奉僭擬禁省誘奪徽猷閣待制鄧之綱妾反以罪竄之綱嶺南加少

保太宰請置應奉局自兼提領中外名錢皆許擅用竭天下財力以供費官吏承望風旨凡四方水土珍異之物悉苛取於民進帝所者不能什一餘皆入其家御史陳過庭乞盡罷以御前使喚為名冗官京西轉運使張汝霖請罷進西路花果帝既納黼復露章劾之兩人皆徙遠郡睦寇方臘起黼方文太平不以告蔓延彌月遂攻破六郡帝遣童貫督秦甲十萬始平之猶以功轉少傅又進少師貫之行也帝全付以東南一事謂之曰如有急即以御筆行之貫至吳見民困花石之擾衆言賊不亟平坐此耳貫即命其僚

董耘作手詔若罪己然且有罷應奉局之令吳民大悅貫平賊歸黼言於帝曰臘之起由茶鹽法也而貫入姦言歸過陛下帝怒貫謀起蔡京以間黼黼懼是時朝廷已納趙良嗣之計結女真共圖燕大臣多不以為可黼曰南北雖通好百年然自累朝以來彼之慢我者多矣兼弱攻昧武之善經也今弗取女真必彊中原故地將不復為我有帝雖向其言然以兵屬貫命以保民觀釁為上策黼復折簡通誠於貫曰太師若北行願盡死力時帝方以睦寇故悔其事及黼一言遂復治兵黼於三省置經撫房專治邊事不

關之樞密括天下丁夫計口出筭得錢六千二百萬緡竟買空城五六而奏凱率百僚稱賀帝解玉帶以賜優進太傅封楚國公許服紫花袍騶從儀物幾與親王等黼議上尊號帝曰此神宗皇帝所不敢受者也卻弗許始遼使至率迂其驛程燕犒不示以華侈及黼務於欲速令女真使以七日自燕至都每張宴其居輒陳尚方錦繡金玉瑰寶以誇富盛由是女真益生心身為三公位元宰至陪扈曲宴親為俳優鄙賤之役以獻笑取悅欽宗在東宮惡其所為鄆王楷有寵黼為陰畫奪宗之策皇孫諶為節度使崇國公

黼謂但當得觀察使召宮臣耿南仲諭指使草代東宮辭諶官奏竟奪之蓋欲以是撼搖東宮帝待遇之厚名其所居閤曰得賢治定為書亭堂牓九有玉芝産堂柱乘輿臨觀之梁師成與連墻穿便門往來帝始悟其交結狀還宮黼眷頓熄尋命致仕欽宗受禪黼惶駭入賀閤門以上旨不納金兵入汴不俟命載其孥以東詔貶為崇信軍節度副使籍其家吳敏李綱請誅黼事下開封尹聶山山方挾宿怨遣武士躡及於雍丘南輔固村戕之民家取其首以獻帝以初即位難於誅大臣託言為盜所殺議者不以誅黼為過而以天討不正為失刑云

朱勔蘇州人父沖狡獪有智數家本賤微庸於人梗悍不馴抵罪鞭背去之旁邑乞貸遇異人得金及方書歸設肆賣藥病人服之輒效遠近輻湊家遂富因脩葺園圃結游客致往來稱譽始蔡京居錢塘過蘇欲建僧寺閣會費鉅萬僧言必欲集此緣非朱沖不可京以屬郡守郡守呼沖見京京語故沖願獨任居數日請京詣寺度地至則大木數千章積庭下京大驚陰器其能明年召還挾勔與俱以其父子姓名屬童貫竄置軍籍中皆得官徽宗頗垂意花石京諷勔

語其父密取浙中珍異以進初致黃楊三本帝嘉之後歲歲增加然歲率不過再三貢貢物裁五七品至政和中始極盛舳艫相銜于淮汴號花石綱置應奉局于蘇指取內帑如囊中物每取以數十百萬計延福宮艮嶽成奇卉異植充牣其中勔擢至防禦使東南部刺史郡守多出其門徐鑄應安道王仲閎等濟其惡竭縣官經常以為奉所貢物豪奪漁取於民毛髮不少償士民家一石一木稍堪翫即領健卒直入其家用黃封表識未即取使護視之微不謹即被以大不恭罪及發行必徹屋抉墻以出人不幸有一物小

異共指為不祥唯恐芟夷之不速民預是役者中家悉破産或鬻賣子女以供其須斸山輦石程督峭慘雖在江湖不測之淵百計取之必出乃止嘗得太湖石高四丈載以巨艦役夫數千人所經州縣有拆水門橋梁鑿城垣以過者既至賜名神運昭功石截諸道糧餉綱旁羅商船揭所貢暴其上篙工柁師倚勢貪橫陵轢州縣道路相視以目廣濟卒四指揮盡給輓士猶不足京始患之從容言於帝願抑其太甚者帝亦病其擾乃禁用糧綱船戒伐冢藏毀室廬毋得加黄封帕蒙人園囿花石凡十餘事聽勔與蔡攸等六人入貢餘進奉悉罷自是勔小戢既而寖甚所居直蘇市中孫老橋忽稱詔凡橋東西四至壤地室廬悉買賜予已合數百家期五日盡徙郡吏逼逐民嗟哭於路遂建神霄殿奉青華帝君像其中監司都邑吏朔望皆拜庭下命士至輒朝謁然後通刺詣勔主趙霖建三十六浦牐興必不可成之功天方大寒役死者相枕藉霖志在媚勔益加苛虐吳越不勝其苦徽州盧宗原竭庫錢遺之引為發運使公肆掊克園池擬禁籞服飾器用上僭乘輿又託輓舟募兵數千人擁以自衛子汝賢等召呼鄉州官寮頤指目攝皆奔走聽命流毒州郡者二十年方臘起以誅勔為名童貫出師承上旨盡罷去花木進奉帝又黜勔父子弟姪在職者民大悅然寇平勔復得志聲焰熏灼邪人穢夫候門奴事自直祕閣至殿學士如欲可得不附者旋踵罷去時謂東南小朝廷帝末年益親任之居中白事傳達上旨大略如内侍進見不避宮嬪歷隨州觀察使慶遠軍承宣使燕山奏功進拜寧遠軍節度使醴泉觀使一門盡為顯官騶僕亦至金紫天下為之扼腕靖康之難欲為自全計倉卒擁上皇南巡且欲邀至其第欽宗用御史言放歸田里凡由勔得官者皆罷籍其貲財田至三十萬畝言者不已羈之衡州徙韶州循州遣使即所至斬之

王繼先開封人姦黠善佞建炎初以醫得幸其後寖貴寵世號王醫師至和安大夫開州團練使致仕尋以覃恩改授武功大夫落致仕給事中富直柔奏繼先以雜流易前班則自此轉行無礙深恐將帥解體帝曰朕頃冒海氣繼先診視有奇效可特書讀直柔再駁命乃寢既而特授榮州防禦使太后有疾繼先診視有勞特補其子悅道為閤門祗候尋命繼先主

管翰林醫官局力辭是時繼先用事中外切齒乃陽
乞致仕以避人言詔遷秩二等許回授餓除右武大
夫華州觀察使詔餘人毋得援例吳貴妃進封推恩
遷奉寧軍承宣使特封其妻郭氏為郡夫人繼先遭
遇冠絕人臣諸大帥承順下風莫敢少忤其權勢與
秦檜埒檜使其夫人詣之叙拜兄弟表裏引援遷昭
慶軍承宣使又欲得節鉞使其徒張孝直等校本草
以獻給事中楊椿沮之計不行繼先富埒王室子弟
通朝籍總戎寄姻戚黨與盤據要途數十年間無能
搖之者金兵將至劉錡請為戰備繼先乃言新進主

兵官好作弗靖若斬一二人和好復固帝不懌曰是
欲我斬劉錡乎侍御史杜莘老劾其十罪大略謂繼
先廣造第宅占民居數百家都人謂之快樂仙宮奪
良家婦女為侍妾鎮江有娼妙於歌舞矯御前索之
淵聖成服舉家燕飲令妓女舞而不歌謂之啞樂自
金使來日輦重寶之吳興為避走計陰養惡少私置
兵甲受富民金薦為閤職州縣大獄以賂解免誣姊
姦淫加之黥隸又於諸處佛寺建立生祠凡名山大
剎所有太半入其家此特舉其大者其餘擢髮未足
數也奏入詔繼先福州居住其子安道武泰軍承宣

使守道朝議大夫直徽猷閣悅道朝奉郎直秘閣孫
錡承議郎直秘閣並勒停放還良家子為奴婢者凡
百餘人籍其貲以千萬計鬻其田園及金銀並隸御
前激賞庫其海舟付李寶天下稱快方繼先之怙寵
奸法帝亦知之故晚年以公議廢之遂不復起孝
宗即位詔任便居住毋至行在淳熙八年卒
曾覿字純甫其先汴人也用父任補官紹興三十年
以寄班祗候與龍大淵同為建王內知客孝宗受禪
大淵自左武大夫除樞密副都承旨而覿自武翼郎
除帶御器械幹辦皇城司諫議大夫劉度入對首言

二人潛邸舊人待之不可無節度又因進故事論京
房石顯事大淵遂除知閤門事而覿除權知閤門事
度言臣欲退之而陛下進之何面目尚為諫官乞賜
貶黜中書舍人張震繳其命至再出知紹興府殿中
侍御史胡沂亦論二人市權既而給舍金安節周必
大再封還錄黃時張燾新拜參政亦欲以大淵覿決
去就力言之帝不納燾辭去遂以內祠兼侍讀劉度
奪言職權工部侍郎而二人仍知閤門事必大格除
目不下尋與祠二人除命亦寢未幾卒以大淵為宜
州觀察使知閤門事覿文州刺史權知閤門皆兼皇

城司不數月間除命四變劉度出知建寧府尋放罷
群臣既以言二人得罪去侍御史周操章十五上不
報自是覿與大淵勢張甚士大夫之寡恥者潛附麗
之帝嘗令大淵撫慰兩淮將士侍御史王十朋言大
淵銜命撫師非出朝廷論選之公有輕國體時又有
內侍押班梁珂者三人表裏用事及珂以罪出右正
言龔茂良入對首論二人害政甚珂百倍陛下罷行
一政事進退一人才必掠美自歸謂為己力或時有
少過昌言於外謂嘗爭之而不見聽群臣章疏留中
未出間得窺見出以語人有司條陳利害示以副封

公然可否若夫交通賄賂干求差遣特其小者耳願
特出威斷並行罷去先是江浙大水詔侍從臺諫陳
闕政著作郎劉夙上封事曰陛下與覿大淵輩觴詠
唱酬字而不名罷宰相易大將待其言而後決嚴法
守裁僥倖當自宮掖近侍始茂良時為監察御史亦
言水至陰其占為女寵為嬖倖為小人蓋專指左右
近習也帝諭以二人皆潛邸舊人非近習比且俱有
文學敢諫諍杜門不出不預外事宜退而訪問茂良
再上疏言德宗不知盧杞之姦邪此其所以姦邪也
大淵覿所為行道之人能言之特陛下未之覺耳疏

入不報茂良待罪除太常少卿五辭不拜出知建寧
府一日右史洪邁過叅政陳俊卿曰聞將除右史邁
遷西掖信乎俊卿曰何自得之邁以二人告俊卿即
以語宰相葉顒魏杞而已獨奏之且以邁語質之帝前
帝怒即出二人於外於是遷大淵為江東總管覿為
淮西副總管中外快之尋改大淵浙東覿福建乾道
四年大淵死覿尚在福建帝憐欲召之樞密劉珙奏
曰此曹奴隸爾厚賜之可也引以自近而待以賓友
使得與聞政事非所以增聖德整朝綱也帝納珙言
命遂寢既而覿垂滿俊卿恐其入預請以浙東總管

處之臺臣上疏論之不報太學錄魏掞之亟上封
事論列且見俊卿切責之掞之得台州教官以出覿
至龍山已久伺掞之去然後入國門會虞允文使蜀
還與俊卿同奏覿不可留帝曰然留則累朕卒除浙
東副總管未幾以墨詔進覿一官為觀察使中書舍
人繳還不因事除拜必有人言帝不聽俊卿曰不爾
亦須有名會汪大猷為賀金正旦使俾覿副之比還
遷一秩而竟申浙東之命且戒閤門吏趣朝辭覿由
是怏怏而去六年夏俊卿罷政十月覿以京祠召七
年立皇子覿以伴讀勞升承宣使八年姚憲為賀金

國尊號使覿副之歸除武泰軍節度使提舉萬壽觀淳熙元年除開府儀同三司四年覿欲以文資官其子孫帝遣中使至省中具使相奏補法龔茂良時以參政行丞相事遂以文武官各隨本色蔭補法繳進覿大怒茂良退朝覿從騎不避茂良執而撻之待罪乞出不許戶部員外郎謝廓然忽賜出身除侍御史廓然首論茂良以資政殿學士知鎮江章再上鐫罷言之不已貶英州皆覿所使也覿前雖預事未敢肆至是責逐大臣士始側目重足矣廓然既以擅權罪茂良從班有韓彥古者覿之姻廓然之黨遂獻議助

之使人主疑大臣而信近習至是益甚六年二月帝幸佑聖觀召宰臣史浩及覿同賜酒是歲加覿少保醴泉觀使時周必大當草制人謂其必不肯從及制出乃有敬故在尊賢之上之語士論惜之覿始與龍大淵相朋及大淵死則與王抃甘昪相蟠結文武要職多出三人之門葉衡自小官十年至宰相徐本中由小使臣積階至刺史知閤門事換文資為右文殿修撰樞密都承旨賜三品服俄為浙西提刑尋以集英殿修撰奉內祠是二人者皆覿所進也著作郎胡晉臣因轉對極論近習怙權之害遂出知濮州

南康守朱熹應詔上書其言尤力有曰一二近習之人蠱惑陛下心志所謂宰相師傅賓友諫諍之臣或反出入其門牆承望其風旨疏入帝怒諭令分析丞相趙雄言之事遂止陳俊卿守金陵過闕入見首言曾覿王抃招權納賂薦進人才皆以中批行之帝曰瑣細差遣或勉徇之至於近上之除此輩何敢預俊卿入辭又曰向來士大夫奔覿抃之門十才一二尚畏人知今則公然趨附十已八九大非朝廷美事也帝感悟覿用事二十年權震中外至於譖逐大臣貶死嶺外自是寖覺其姦嘗謂左右曰曾覿誤我不少

遂稍疏覿覿憂恚疽發于背七年三月侍帝宴于翠寒堂退為記以進十二月卒於是凡前論覿得罪者皆錄賜胡晉臣起至執政魏掞之贈直祕閣龔茂良悉還其職名恩數云

張說開封人父公裕省吏也為和州防禦使建炎初有軍功說受父任為右職娶壽聖皇后女弟由是累遷知閤門事隆興初兼樞密副都承旨乾道初為都承旨加明州觀察使七年三月除簽書樞密院事時起復劉珙同知樞密院珙恥與之同命力辭不拜命既下朝論譁然不平莫敢頌言于朝者惟左司員外

郎張栻在經筵力言之中書舍人范成大不草詞尋除說安遠軍節度使奉祠歸第不數月出知袁州說既奉祠語人曰張左司平時不相樂固也范致能亦胡為見攻指所坐亭材植曰是皆致能所惠也八年二月復自安遠軍節度使提舉萬壽觀簽書樞密院事侍御史李衡右正言王希呂交章論之起居郎莫濟不書錄黃直院周必大不草答詔於是命權給事中姚憲書讀行下命翰林學士王曮草答詔未幾曮升學士承旨憲贈出身為諫議大夫詔希呂合黨邀名持論反覆責遠小監當衡素與說厚所言亦婉止罷言職遷左史而濟必大皆與在外宮觀日下出國門國子司業劉焞移書責宰相言說不當用即為言者所論出為江西轉運判官於是說勢赫然無敢攖之者九年春說露章薦濟必大於是二人皆予郡必大卒不出淳熙元年帝廉知說欺罔數事命侍御史范仲芑究之遂罷為太尉提舉玉隆宮諫官湯邦彥又劾其姦贓乃降為明州觀察使責居撫州三年許自便七年卒于湖州帝猶念之詔復承宣使給事中陳峴繳之乃止其子薦文州刺史嶷明州觀察使說敗薦亦貶郴州先是南丹州莫延葚表乞就宜州市

馬比橫山省三十程說在樞筦以聞樞屬有論其不便說不聽說既貶遂罷其議說又嘗建議欲郎官卿監通差武臣中書舍人留正以為不可遂止與右相梁克家議使事不合克家罷去而說留其竊政權傾大臣類如此

王抃初為國信所小吏金人求海泗唐鄧商秦地議久不決金兵至遣抃往使許以地易歲貢為歲幣而還乾道中積官至知閤門事帝親信之金使至議國書禮不合抃以宰執虞允文命紿其使曰兩朝通好自有常禮使人何得妄生事已牒知對境翌日金使乃進書帝以為可任遣詣荊襄點閱軍馬淳熙中兼樞密都承旨建議以殿步二司軍多虛籍請各募三千人已而殿司輒捕市人充軍號呼滿道軍士乘隙掠取民財帝專以罪殿前指揮使王友直而命抃權殿前司事時抃與曾覿甘昇相結恃恩專恣其門如市著作郎胡晉臣嘗論近習怙權帝令執政趙雄詢其人雄憚抃等乃令晉臣捨抃等指其位卑者數人以對晉臣竟外補校書郎鄭鑑宗正丞袁樞因轉對數為帝言之帝猶未之覺也吏部侍郎趙汝愚力疏抃罪言陛下即位之初宰相如葉顒等皆懼陛下左

右侵其權日夜與之為敵陛下察數年已來大臣還有與陛下左右角是非者否盖其勢積至此也今將帥之權盡歸王抃矣先是抃紿金使取國書及使歸金主誅之嗣歲金使至帝以德壽宮之命為離席受國書尋悔之淳熙八年金賀正旦使至復要帝起立如舊儀帝遽入内抃擅許金使用舊儀見翌日汝愚侍殿上帝不懌數日汝愚因亟攻抃帝遂出抃外祠不復召淳熙十一年以福州觀察使卒

姜特立字邦傑麗水人以父綬恩補承信郎淳熙中累遷福建路兵馬副都監海賊姜大獠寇泉南特立

以一舟先進擒之帥臣趙汝愚薦于朝召見獻所為詩百篇除閤門舍人命充太子宮左右春坊兼皇孫平陽王伴讀由是得幸於太子太子即位除知閤門事與譙熙載皆以春坊舊人用事恃恩無所忌憚時人謂曾龍再出留正為右相執政尚闕人特立一日語正曰帝以丞相在位久欲遷左揆就二尚書中擇一人執政孰可者明日正論其招權納賄之狀遂奪職與外祠帝念之復除浙東馬步軍副總管詔賜錢二千緡為行裝正引唐憲宗召吐突承璀事乞罷相不許正復言臣與特立勢難兩立帝答曰成命已班朕無反汗卿宜自處正待罪國門外帝不復召而特立亦不至寧宗受禪特立遷和州防禦使再奉祠俄拜慶遠軍節度使卒熙載亦為平陽邸伴讀累官至忠州防禦使知閤門事紹熙中卒較之特立頗廉勤熙載子令雍以恩補承信郎平陽郡王府幹辦尋充王府内知客小有才王嘗與論春秋褒貶齊宣王易牛秦穆公悔過事令雍即為三詩以獻王甚愛重之及即位除知閤門事累遷至揚州承宣使謝事拜保成軍節度使初賜居第帝親書依光二字賜之至是復書得閑知止四字以名其堂寳慶歸覃恩進檢校

少保仍轉太尉致仕卒贈開府儀同三司

列傳卷第二百二十九

開府儀同三司上柱國錄軍國重事中書右丞相兼修國史領經筵事都總裁脫脫等奉敕修

姦臣一

蔡確 吳處厚附　邢恕　呂惠卿

章惇　曾布　安惇

易曰陽卦多陰陰卦多陽君子雖多小人用事其象為陰小人雖多君子用事其象為陽宋初五星聚奎占者以為人才衆多之兆然終宋之世賢哲不乏姦邪亦多方其盛時君子秉政小人聽命為患亦鮮及

其衰也小人得志逞其狡謀壅閼上聽變易國是賊虐忠直屏棄善良君子在野無救禍亂有國家者正邪之辨可不慎乎作姦臣傳

蔡確字持正泉州晉江人父徙陳確有智數尚氣不謹細行第進士調邠州司理參軍以賄聞轉運使薛何行部欲按治見其儀觀秀偉召與語奇之更加延譽韓絳宣撫陝西見所製樂語以為材薦於弟開封尹維辟管幹右廂公事維去而確至舊制當庭參確不肯後尹劉庠責之確曰唐藩鎮自置掾屬故有是禮今輦轂下比肩事主雖故事不可用遂乞解職王安石薦確徙為三班主簿用鄧綰薦為監察御史裏行王韶開熙河多貸公錢秦帥郭逵劾其罪詔使杜純鞫治得實安石卻其牘更遣確確希意直韶逵純獲譴確善觀人主意與時上下知神宗已厭安石因安石乘馬入宣德門與衞士競即疏其過以賈直加直集賢院遷御史知雜事范子淵浚河之役知制誥熊本按行以為非是為子淵所訟確劾本附文彥博黜之代為知制誥知諫院兼判司農寺三司使沈括謁宰相吳充論免役法確言括為近臣見朝廷法令未便不公言之而私語執政意王安石既去新法可

摇耳括坐黜知宣州開封鞫相州民訟事連判官陳安民安民令其甥文及甫求援於充之子安持及甫充壻也確言事關大臣非開封可了遂移御史臺時獄起皇城卒事多不讎中丞鄧潤甫御史上官均按之與府獄同王珪奏遣確詣臺參治確鍛鍊為獄潤甫均不能制密奏確慘掠諸囚確伺知之即劾二人庇有罪且詐使吏為使者慮問因稱冤輒苦辱之帝頗疑其濫連遣諫官及內侍審直皆怖畏言不寬由是潤甫均皆罷而確得中丞猶領司農凡常平免役法皆成其手太學生虞蕃訟學官確深探其獄連引

朝士自翰林學士許將以下皆逮捕械繫令獄卒與
同寢處飲食旋溷共為一室設大盆於前凡羹飯餅
胾舉投其中以杓混攪分飼之如犬豕久繫不問幸
而得問無一事不承遂劾參知政事元絳有所屬請
絳出知亳州確代其位確自知制誥為御史中丞參
知政事皆以起獄奪人位而居之士大夫交口呲罵
而確自以為得計也吳充數為帝言新法不便欲稍
去其甚者確曰曹參與蕭何有隙至代為相一遵何
約束今陛下所自建立豈容一人挾怨而壞之法遂
不變元豐五年拜尚書右僕射兼中書侍郎時富弼

在西京上言蔡確小人不宜大用確既相屢興羅織
之獄縉紳士大夫重足而立矣初議官制蓋倣唐六
典事無大小並中書取旨門下審覆尚書受而行之
三省分班奏事柄歸中書確說王珪曰公久在相位
必得中書令珪信不疑確乃言於帝曰三省長官位
高不須置令但令左右僕射分兼兩省侍郎足矣帝
以為然故確名為次相實顓大政珪以左僕射兼門
下拱手而已帝雖以次敘相珪確然不加禮重屢因
微失罰金每罰輒門謝宰相罰金門謝前此未有人
皆恥之哲宗立轉左僕射韓縝入相中書用其兩姪

為列卿確風御史中丞黃履劾縝始詔三省凡取旨
事及臺諫官章疏並執政同進擬不專屬中書蓋確
畏失權又復改制也為永裕山陵使靈駕發引之夕
不宿於次在道又不扈從還又不丐去御史劉摯王
巖叟連擊之言確有十當去在熙寧元豐時寃獄苛
政首尾預其間及至今日稍語於人曰當時確豈敢
言此其意欲固竊名位反歸曲於先帝也司馬光呂
公著進用蠲除煩苛確言皆己所建白公論益不容
太皇太后猶不忍即退斥元祐元年閏二月始罷為
觀文殿學士知陳州明年坐弟碩事奪職徙安州又

徙鄧初神宗疾革王珪議建儲事確與同列皆在側
知狀確自見得罪於世陰與章惇邢恕等合志邪謀
謂珪實懷異意賴己擁護故不得逞確奉使陵下韓
縝白發其端事寢籍籍既失勢愈怨望恕又益為往
來造言識者以為憂未有以發也確在安陸嘗游車
蓋亭賦詩十章知漢陽軍吳處厚上之以為皆涉譏
訕其用郝處俊上元間諫高宗欲傳位天后事以斥
東朝語尤切害於是左諫議大夫張燾右諫議大夫
范祖禹左司諫吳安詩右司諫王巖叟右正言劉安
世連上章乞正確罪詔確具析確自辨甚悉安世等

又言確罪狀著明何待具析此乃大臣委曲爲之地
耳遂貶光禄卿分司南京再責英州別駕新州安置
宰相范純仁左丞王存坐簾前出語救確御史李常
盛陶翟思趙挺之王彭年坐不舉劾中書舍人彭汝
礪坐封還詞命皆罷去確後卒于貶所紹聖元年馮
京卒哲宗臨奠確子渭京壻也於喪次中闌訴明日
詔復正議大夫二年贈太師謚曰忠懷遣中使護其
葬又賜第京師崇寧初配饗哲宗廟庭蔡京請徽宗
書元豐受遺定策殊勳宰相蔡確之墓賜其家京與
太宰鄭居中不相能居中以憂去京懼其復用而居

中王珪壻也時渭更名懋宗使之重理前事以沮居
中遂追封確清源郡王御製其文立石墓前擢懋同
知樞密院事次子莊爲從官弟碩贈待制諸女壻進
封爵諸壻皆得官貴震當世高宗即位下詔暴群姦
之罪貶確武泰軍節度副使竄懋英州凡所與濫恩
一切削奪天下快之吳處厚者邵武人登進士第仁
宗屢喪皇嗣處厚上言臣嘗讀史記考趙氏廢興本
末當屠岸賈之難程嬰公孫杵臼盡死以全趙孤宋
有天下二人忠義未見褒表宜訪其墓域建爲其祠
帝覽其䟽矍然即以處厚爲將作丞訪得兩墓於絳

封侯立廟始蔡確嘗從處厚學賦及作相處厚通牋
乞憐確無汲引意王珪用爲大理丞王安禮舒亶相
攻事下大理處厚知安禮與珪善論亶用官燭爲自
盜確密遣達意救亶處厚不從確怒欲逐之未果珪
請除處厚館職確又沮之珪爲永裕山陵使辟掌牋
奏確代使出知通利軍又徙知漢陽處厚不悅元祐
中確知安州郡有靜江卒當戍漢陽確固不遣處厚
怒曰爾在廟堂時數陷我今比郡作守猶爾耶會得
確車蓋亭詩引郝甑山事乃箋釋上之云郝處俊封
甑山公會高宗欲遜位武后處俊諫止今乃以比太

皇太后且用滄海揚塵事此蓋時運之大變尤非佳
語譏謗切害非所宜言確遂南竄擢處厚知衛州然
士大夫由此畏惡之未幾卒紹聖間追貶歙州別駕
邢恕字和叔鄭州陽武人博貫經籍能文章喜功名
論古今成敗事有戰國縱橫氣習從程顥學因出入
司馬光呂公著門登進士第補永安主簿公著薦于
朝得崇文院校書王安石亦愛之因賓客諭意使養
晦以待用恕不能從而對其子雱語新法不便安石
怒諫官亦言新進士未歷官而即處館閣開奔競路
出知延陵縣縣廢不復調浮湛陝洛間者七年復爲

校書吳充用為館閣校勘歷史館檢討著作佐郎蔡確代充相盡逐充所用人恕深居懼及神宗見其送文彥博詩稱於確乃進職方員外郎帝有復用光公著意確以恕於兩人為門下客亟結納之恕亦深自附託乃為確畫策稍收召名士於政事微有更革自是相與如素交帝不豫恕與確成謀密語宣仁后之姪公繪公紀曰家有白桃著華道書言可療上疾邀與歸視之至則執其手曰蔡丞相令布腹心上疾不可諱延安沖幼宜早有定論雍曹皆賢王也公繪驚曰此何言君欲禍吾家邪急趨出恕計不行則反宣

言太后屬意雍王與王珪表裏導確約珪入問疾陽鉤致珪語使知開封府蔡京伏劍士於外須珪小持異則執而誅之既而珪言上自有子定議立延安恕益無所施猶自謂有定策功傳播其語哲宗立遷右司員外郎起居舍人又為公繪具奏乞尊崇朱太妃為高氏異日計后詰之曰汝素不識字誰為之者公繪不得隱以恕對且上其藁特恕方召試中書遂黜知隨州改汝襄河陽恕久斥外蓄怨憤間道謁確於鄧緒成前惡紿司馬光子康手書持以取信會確得罪恕亦責監永州酒紹聖初權寶文閣待制知青州

章惇蔡卞得政將甘心元祐諸人引恕自助召為刑部侍郎再遷吏部尚書兼侍讀改御史中丞恕既處風憲遂誣宣仁后有廢立謀引司馬光言北齊婁后宣訓事詆高遵裕之子士京追訟其父在日王珪令其兄士充來謀立雍王遵裕非之又教蔡懋上文及甫私牘為廋詞歷詆梁燾劉摯云陰圖不軌且加司馬光呂公著以凶悖名惇使蔡京置獄於同文館組織萬端將悉陷諸人於族罪既而無所得乃已恕內懷猜猾而外持正論嘗於經筵讀寶訓至仁宗諭輔臣以為人君當修舉政事則日月薄食星文變見為

不足慮恕言仁宗之旨雖合於荀卿書然自古帝王孰肯自謂不脩政事者如此則天變遂廢矣帝嘉納之數登對惇恐其大用切忌之恕亦揣帝稍薄惇屢白其短竟為惇所陷出知汝州未幾徙應天府惇復摭其曩過移知南安軍徽宗初言者論其矯誣責為少府少監分司西京居均州蔡京當國經營湟鄯以開邊隙欲使恕立方面之勳起為鄜延經略安撫使旋改涇原擢至龍圖閣學士恕乞築蕭關采其里人許彥圭車戰法為淺攻計又欲使熙河造船直抵興靈以空夏國巢穴其謀皆迂誕轉運使李復言恕所

為類兒戲不可用帝亦燭其妄京力主之已而夏人
寇鎮戎欲趨渭州警奏至京師日五六京懼始徙恕
太原連徙永興潁昌真定尋奪職久之復顯謨閣待
制卒年七十恕本從程門得游諸公間一時賢士爭
與之交恕善為表襮登致聲名而天資反覆行險冒
進為司馬光客即諂光附章惇即背惇至與三蔡為
腹心則之死弗替上誣母后下誣忠良幾於禍及宗
廟建炎元年與蔡確同追貶而恕為常德軍節度副
使子居實倞居實有異材八歲為明妃引黃庭堅晁
補之張耒秦觀陳師道皆見而愛之從恕守隨作南

征賦蘇軾讀之歎曰此足以藉手見古人矣卒時年
十九有遺文曰呻吟集倞及恕在時為司農丞靖康
初至少卿奉詔館金國使是時肅王使斡离不軍為
所質朝廷議亦留其使以相當於是踰月不遣都管
趙倫燕人也性猾獪懼不得歸乃詐以情告倞曰金
國有余覩金吾者尚領契丹精銳甚衆貳於金人願
歸大國可結之以圖二酋倞以聞大臣信之即為賜
余覩詔書授倫納衣領中厚與倫金帛倫獻其書粘
罕粘罕大怒以聞金主報令深入攻討遂復提兵南下倞
時出知岳州詔責其始禍削籍停官既而[illegible]京闕失

守云
呂惠卿字吉甫泉州晉江人父璹習吏事為漳浦令
縣處山林蔽翳間民病瘴霧蛇虎之害璹教民焚燎
而耕害為衰止通判宜州儂智高入寇轉運使檄璹
與兵會或勸勿行不聽將二千人躡賊後以往得首
虜為多為開封府司録鞫中人史志聰役衛卒伐木
事吏多為之地璹窮治之志聰以謫去終光祿卿惠
卿起進士為真州推官秩滿入都見王安石論經義
意多合遂定交熙寧初安石為政惠卿方編校集賢
書籍安石言於帝曰惠卿之賢豈特今人雖前世儒

者未易比也學先王之道而能用者獨惠卿而已及
設制置三司條例司以為檢詳文字事無大小必謀
之凡所建請章奏皆其筆擢太子中允崇政殿說書
集賢校理判司農寺司馬光諫帝曰惠卿憸巧非佳
士使安石負謗於中外者皆其所為安石賢而愎不
閑世務惠卿為之謀主而安石力行之故天下幷指
為姦邪近者進擢不次大不厭衆心帝曰惠卿進對
明辨亦似美才光曰惠卿誠文學辨慧然用心不正
願陛下徐察之江充李訓若無才何以能動人主帝
默然光又貽書安石曰諂諛之士於公今日誠有順

適之快一旦失勢將必賣公自售矣安石不悅會惠卿以父喪去服除召為天章閣侍讀同脩起居注進知制誥判國子監與王雱同脩三經新義又知諫院為翰林學士安石求去惠卿使其黨變姓名日投匭上書留之安石力薦惠卿為參知政事惠卿懼安石去新法必搖作書徧遺監司郡守使陳利害又從容白帝下詔言終不以吏違法之故為之廢法故安石之政守之益堅議罷制科馮京爭之不得弟升卿無學術引為侍講又用弟和卿計制五等丁產簿使民自供手實尺椽寸土檢括無遺至雞豚亦徧抄之隱

匿者許告而以貲三之一充賞民不勝其困又因保甲正長給散青苗使結甲赴官不遺一人上下騷動鄭俠疏惠卿朋姦壅蔽惠卿怒又惡馮京異己而安石弟安國惡惠卿姦諂面辱之於是乘勢併陷三人皆獲罪安石以安國之故始有隙惠卿既叛安石凡可以害王氏者無不為韓絳為相不能制請復用安石安石至猶與共事御史蔡承禧論其惡鄧綰又言其兄弟強借秀州富民錢買田出知陳州久之以資政殿學士知延州始陝西緣邊漢蕃兵各自為軍每戰則以蕃部為先鋒而漢兵城守伺便乃出戰惠卿

始合之為一先蒐補守兵而出其選以戰隨屯置將具條約上之邊人及議者多言不可路都監高永亨老將也爭之力奏斥之蕃部屈全也將入寇惠卿以近世帥臣多養威持重乃將牙兵按邊啓師于東郊遂趨綏德抵無定河歷十有八日而還俄丁母憂詔於本奉外特給五萬惠卿更請添支萬五千御史劾之將下揚州取奉曆帝曰惠卿固貪冒然嘗為執政治之傷體姑責以義可也但削其誤奉惠卿猶自辨御史又論其方居喪不應有言詔勿問元豐五年加大學士知太原府入見將使仍鎮鄜延惠卿云陝西

之師非唯不可以攻亦不可以守要在大為形勢而已帝曰如惠卿言是為陝西可棄也豈宜委以邊事數其輕躁矯誣之罪斥知單州明年復知太原哲宗即位勑疆吏勿侵擾外界惠卿遣步騎二萬襲夏人於聚星泊斬首六百級夏人遂寇鄜延惠卿見正人彙進知不容於時懇求散地於是右司諫蘇轍條奏其姦曰惠卿懷張湯之辨詐有盧杞之姦邪詭變多端敢行非度王安石強佷傲誕於吏事宜無所知惠卿指擿教導以濟其惡又興起大獄欲株連蔓引塗汙公卿賴先帝仁聖每事裁抑不然安常守道之士

無嗟類矣安石於惠卿有卵翼之恩父師之義方其求進則膠固爲一及勢力相軋化爲敵讎發其私書不遺餘力犬彘之所不爲而惠卿爲之昔呂布事丁原則殺丁原事董卓則殺董卓劉牢之事王恭則反王恭事司馬元顯則反元顯故曹操桓玄終畏而誅之如惠卿之惡縱未正典刑猶當投畀四裔以禦魑魅中丞劉摯數其五罪以爲大惡乃貶爲光祿卿分司南京再責建寧軍節度副使建州安置中書舍人蘇軾當制備載其罪於訓詞天下傳誦稱快焉紹聖中復資政殿學士知大名府加觀文殿學士知延州夏人復入寇將以全師圍延安惠卿備米脂諸砦以備寇至欲攻則城不可近欲掠則野無所得欲戰則諸將按兵不動欲南則懼腹背受敵留二日即拔柵去遂陷金明惠卿求詣闕不許以蔡威戎威羌城加銀青光祿大夫拜保寧武勝兩軍節度使徽宗立易節鎮南因曾布有宿憾從爲杭州而用范純粹帥延治其上功罔冒事奪節度使去位復武昌節度使知大名數歲又以上表引喻失當還爲銀青光祿大夫令致仕崇寧五年起爲觀文殿學士知杭州坐其子淵聞妖人張懷素言不告淵配沙門島惠卿責祁州團練副使安置宣州再移廬州復觀文殿學士爲醴泉觀使致仕卒贈開府儀同三司始惠卿逢合安石驟致執政安石去位遂極力排之至發其私書於上安石退處金陵往往寫福建子三字蓋深悔爲惠卿所誤也雖章惇曾布蔡京當國咸畏惡其人不敢引入朝以是轉徙外服訖於死云

章惇字子厚建州浦城人父俞徙蘇州起家至職方郎中致仕用惇貴累官銀青光祿大夫年八十九卒惇豪儁博學善文進士登名恥出姪衡下委敕而出再舉甲科調商洛令與蘇軾游南山抵仙游潭潭下臨絕壁萬仞橫木其上惇揖軾書壁軾懼不敢書惇平步過之垂索挽樹攝衣而下以漆墨濡筆大書石壁曰蘇軾章惇來既還神彩不動軾拊其背曰君他日必能殺人惇曰何也軾曰能自判命者能殺人也惇大笑召試館職王陶劾罷之熙寧初王安石秉政悅其才用爲編修三司條例官加集賢校理中書檢正時經制南北江羣蠻命爲湖南北察訪使提點刑獄趙鼎言峽州羣蠻苦其酋剝刻謀內附辰州布衣張翹亦言南北江羣蠻歸化朝廷遂以事屬惇惇募流人李資張竑等往招之資竑淫于夷婦爲酋所殺

遂致攻討由是兩江扇動神宗疑其擅命安石戒惇
勿輕動惇竟以三路兵平懿洽鼎州以蠻方據潭之
梅山遂乘勢而南轉運副使蔡燁言是役不可亟成
神宗以為然專委於燁安石主惇爭之不已既而燁
得蠻地安石恨燁沮惇乃薄其賞進惇修起居注以
是兵久不決召惇還擢知制誥直學士院判軍器監
三司火神宗御樓觀之惇部役兵奔救過樓下神宗
問知為惇明日命為三司使呂惠卿去位鄧綰論惇
同惡出知湖州徙杭州入為翰林學士元豐三年拜
參知政事朱服為御史惇容使客達意於服為服所

白惇父冒占民沈立田立遂訴惇惇繫之開封坐二
罪罷知蔡州又歷陳定二州五年召拜門下侍郎豐
稷奏曰官府肇新而惇首用非稽古建官意稷坐左
遷諫官趙彥若又疏惇無行不報哲宗即位知樞密
院事宣仁后聽政惇與蔡確矯唱定策功確罷惇不
自安乃駮司馬光所更役法累數千言其略曰如保
甲保馬一日不罷有一日害若役法則熙寧之初遽
改免役後遂有弊今復為差役當議論盡善然後行
之不宜遽改以貽後悔呂公著曰惇所論固有可取
然專意求勝不顧朝廷大體光議既行惇憤恚爭辨

簾前其語甚悖宣仁后怒劉摯蘇轍王覿朱光庭王
巖叟孫升交章擊之黜知汝州七八年間數為言者
彈治哲宗親政有復熙寧元豐之意首起惇為尚書
左僕射兼門下侍郎於是專以紹述為國是凡元祐
所革一切復之引蔡卞林希黃履來之邵張商英周
秩翟思上官均居要地任言責協謀朋姦報復仇怨
小大之臣無一得免死者禍及其孥甚至詆宣仁后
謂元祐之初老姦擅國又請發司馬光呂公著冢斲
其棺哲宗不聽惇意不愜請編類元祐諸臣章疏識
者知禍之未弭也遂治劉安世范祖禹諫禁中雇乳

媼事又以文及甫誣語書導蔡渭使告劉摯梁燾有
逆謀起同文館獄命蔡京安惇蹇序辰窮治欲覆諸
人家又議遣呂升卿董必察訪嶺南將盡殺流人哲
宗曰朕遵祖宗遺制未嘗殺戮大臣其釋勿治然重
得罪者十餘人或至三四謫徙天下寃之惇用邢恕
為御史中丞恕以北齊婁太后宮名宣訓嘗廢孫少
主立子常山王演託司馬光語范祖禹曰方今主少
國疑宣訓事猶可慮又誘高士京上書言父遵裕臨
死屏左右謂士京曰神宗彌留之際王珪遣高士充
來問曰不知皇太后欲立誰我叱士充去之皆欲誣

宣仁后以此實之惇遂追貶司馬光王珪贈遵裕奉國軍留後結中官郝隨為助欲追廢宣仁后自皇太后太妃皆力爭之哲宗感悟焚其奏隨覘知之密語惇與蔡卞明日惇卞再言哲宗怒曰卿等不欲朕入英宗廟乎惇卞乃已惇又以皇后孟氏元祐中宣仁后所立迎合郝隨勸哲宗起掖庭祕獄誣以左道廢居瑤華宮其後哲宗頗悔乃歎曰章惇壞我名節惇又結劉友端相表裏請建劉賢妃於中宮初神宗用王安石之言開熙河謀靈夏師行十餘年不息迨聞永樂之敗神宗當宁慟哭循致不豫故元祐宰輔推

本其意專務懷柔外國西夏請故地以非要害城砦還之惇以為變國棄地罪其帥臣遂用浅攻撓耕之說肆開邊隙絕夏人歲賜進築汝遮等城陝西諸道興役五十餘所敗軍覆將復棄青唐死傷不可計知天下怨己欲塞其議請詔中外察民妄語者論如律優立賞邏告訐之風浸盛民有被酒狂譏者詔貸其死惇竟論殺之用刑愈峻然不能過也哲宗崩皇太后議所立惇厲聲曰以禮律言之母弟簡王當立皇太后曰老身無子諸王皆是神宗庶子惇復曰以長則申王當立皇太后曰申王病不可立惇尚欲言知

樞密院事曾布叱之曰章惇聽太后處分皇太后決策立端王是為徽宗遷惇特進封申國公為山陵使靈轝陷澤中踰宿而行言者劾其不恭罷知越州尋貶武昌軍節度副使潭州安置右正言任伯雨論其欲追廢宣仁后又貶雷州司戶參軍初蘇轍謫雷州不許占官舍遂僦民屋惇又以為強奪民居下州追民究治以僦券甚明乃已至是惇問舍于是民民曰前蘇公來為章丞相幾破我家今不可也徙睦州卒惇敏識加人數等窮凶稔惡不肯以官爵私所親四子連登科獨季子援嘗為校書郎餘皆隨牒東銓仕

州縣訖無顯者妻張氏甚賢惇之入相也張病且死屬之曰君作相幸勿報怨既祥惇語陳瓘曰悼亡不堪奈何瓘曰與其悲傷無益曷若念其臨絕之言惇無以對政和中追贈觀文殿大學士紹興五年高宗閱任伯雨章疏手詔曰惇詆誣宣仁后欲追廢為庶人賴哲宗不從其請使其言施用豈不上累泰陵貶昭化軍節度副使子孫不得仕於朝詔下海內稱快獨其家猶為辨誣論見者哂之

曾布字子宣南豐人年十三而孤學於兄鞏同登第調宣州司戶參軍懷仁令熙寧二年徙開封以韓維

王安石薦上書言爲政之本有二曰厲風俗擇人才其要有八曰勸農桑理財賦興學校審選舉責吏課叙宗室修武備制遠人大率皆安石指也神宗召見論建合意授太子中允崇政殿說書加集賢校理判司農寺檢正中書五房凡三日五受敕告與呂惠卿共創青苗助役保甲農田之法一時故臣及朝士多爭之布疏言陛下以不世出之資登延碩學遠識之臣思大有爲於天下而大臣玩令倡之於上小臣橫議和之於下人人窺伺間隙巧言醜詆以譁衆罔上是勸沮之術未明而威福之用未果也陛下誠推赤

心以待遇君子而厲其氣奮威斷以屏斥小人而消其萌使四方曉然皆知主不可抗法不可侮則何爲而不可何欲而不成哉布欲堅神宗意使專任安石以威脅衆使毋敢言故驟見拔用遂脩起居注知制誥爲翰林學士兼三司使韓琦上疏極論新法之害神宗頗悟布遂爲安石條析而駁之持之愈固七年大旱詔求直言布論判官呂嘉問市易掊克之虐大驚以爲天下之財匱乏良由貨不流通貨不流通由商賈不行商賈不行由兼并之家巧爲摧抑故設市易於京師以售四方之貨常低印其價使高於兼并

之家而低於倍蓰之直官不失二分之息則商賈自然無滯矣今嘉問乃差官於四方買物貨禁客旅無得先交易以息多寡爲誅賞殿最故官吏牙駔惟恐裒之不盡而息之不夥則是官自爲兼并殊非市易本意也事下兩制議惠卿以爲沮新法安石怒布遂去位惠卿參大政置獄舉劾黜布知饒州徙潭州復集賢院學士知廣州元豐初以龍圖閣待制知桂州進直學士知秦州改歷陳蔡慶州元豐末復翰林學士遷戶部尚書司馬光爲政諭令增損役法布辭曰免役一事法令纖悉皆出己手若令遽自改易義不

可爲元祐初以龍圖閣學士知太原府歷眞定河陽及青瀛二州紹聖初徙江寧過京留爲翰林學士遷承旨兼侍讀拜同知樞密院進知院事初章惇爲相布草制極其稱美冀惇引爲同省執政惇忌之止薦居樞府故稍不相能布贊惇紹述甚力請毀貫元祐臣庶論吏役法不便者以勸敢言惇遂興大獄陷正人流貶錮廢略無虛日布多陰擠之掖庭詔獄成付執政蔽罪法官謂厭魅事未成不當處極典布曰驢媚蛇霧是未成否衆皆瞿然於是死者三人惇以士心不附詭情飾過薦引名士彭汝礪陳瓘張庭堅等

乞正所奪司馬光呂公著贈謚勿毀墓仆碑布以為
無益之事又奏人主操柄不可倒持今自丞弼以至
言者知畏宰相不知畏陛下臣如不言孰敢言者其
意蓋欲傾惇而未能會哲宗崩皇太后召宰執問誰
可立惇有異議布叱惇使從皇太后命徽宗立惇得
罪罷遣中使召蔡京鏁院拜韓忠彥左僕射京欲探
徽宗意旨請曰麻詞未審合作專任一相或作分命
兩相之意徽宗曰專任一相京出宣言曰子宣不復
相矣已而復召曾肇草制拜布右僕射其制曰東西
分臺左右建輔忠彥雖居上然柔懦事多決於布布猶

不能容時議以元祐紹聖均為有失欲以大公至正
消釋朋黨明年乃改元建中靖國邪正雜用忠彥遂
罷去布獨當國漸進紹述之說明年又改元崇寧召
蔡京為左丞京與布異會布擬陳佑甫為戶部侍郎
京奏曰爵祿者陛下之爵祿奈何使宰相私其親布
壻陳迪佑甫子也布忿然爭辨久之聲色稍厲溫益
叱布曰曾布上前安得失禮徽宗不悅而罷御史遂
攻之罷為觀文殿大學士知潤州京積憾未已加布
以贓賄令開封呂嘉問逮捕其諸子鍛鍊訊鞫誘左證
使自誣而貸其罪布落職提舉太清宮太平州居住

又降司農卿分司南京又以嘗薦學官趙諗而諗叛
責散官衡州安置又以棄湟州責賀州別駕又責廉
州司戶凡四年乃徙舒州復太中大夫提舉崇福宮
大觀元年卒于潤州年七十二後贈觀文殿大學士
謚曰文肅

安惇字處厚廣安軍人上舍及第調成都府教授上
書論學制召對擢監察御史哲宗初政許察官言事
諫議大夫孫覺請汰其不可者詔劉摯推擇罷惇為
利州路轉運判官歷夔州湖北江東三路紹聖初召
為國子司業三遷諫議大夫章惇蔡卞造同文謗獄

使蔡京與惇雜治二人肆其忮心上言司馬光劉摯
梁燾呂大防等交通陳衍之徒變先帝成法懼陛下
一日親政必有欺君之誅乃密為傾搖之計於是疏
隔兩宮斥隨龍內侍以去陛下之腹心廢顧命大臣
以翦陛下之羽翼繼釋先帝之所罪收用先帝之所
棄無君之惡同司馬昭之心擅事之迹過趙高指鹿
為馬比詢究本末得其情狀大逆不道死有餘責帝
曰元祐人果如是乎惇京曰誠有是心特反形未具
耳帝為誅衍錮摯燾子孫遷御史中丞劉后之受冊
也百官仗衛陳于大庭是日天氣清晏惇魏立班中

倡言曰今日之事上當天心下合人望朝士皆笑其姦佞又鞫鄒浩事檄廣東使者鍾正甫攝治之于新州士大夫或千里會逮踵塞序辰初議閲訴理書牘被禍者七八百人天下怨疾爲二蔡二惇之譏徽宗雅惡之鄒浩還朝惇言浩若復用慮彰先帝之失帝曰立后大事也御史中丞不言而浩獨敢言之何爲不可復用惇懼而退陳瓘請曰陛下欲開正路取浩既往之善惇乃誑惑主聽規騁其私若明示好惡當自惇始乃以寶文閣待制知潭州尋放歸田里蔡京爲相復拜工部侍郎兵部尚書崇寧初同知樞密院

辛贈特進長子郊後坐指斥誅流其次子邦於涪而追貶惇單州團練副使其祀遂絶人以爲惇平生數陷忠良之報云

列傳卷第二百三十

列傳卷第二百三十一　　宋史四百七十二

開府儀同三司上柱國錄軍國重事前中書右丞相監修國史領經筵事都總裁臣脫脫等奉勅修

姦臣二

蔡京 弟卞 子攸脩　趙良嗣 張覺　郭藥師附

蔡京字元長興化仙游人登熙寧三年進士第調錢塘尉舒州推官累遷起居郎使遼還拜中書舍人時弟卞已爲舍人故事入官以先後爲序卞乞班京下兄弟同掌書命朝廷榮之改龍圖閣待制知開封府元豐末大臣議所立京附蔡確將害王珪以貪定策之

功不克司馬光秉政復差役法爲期五日同列病太迫京獨如約悉改畿縣雇役無一違者詣政事堂白光光喜曰使人人奉法如君何不可行之有已而臺諫言京挾邪壞法出知成德軍改瀛州徙成都諫官范祖禹論京不可用乃改江淮荆浙發運使又改知揚州歷鄆永興軍遷龍圖閣直學士復知成都紹聖初入權戶部尚書章惇復變役法置司講議久不決京謂惇曰取熙寧成法施行之爾何以講爲惇然之雇役遂定差雇兩法光惇不同十年間京再莅其事成於反掌兩人相倚以濟識者有以見其姦卞拜右

丞以京為翰林學士兼侍讀修國史文及甫獄起命京窮治京捕内侍張士良令述陳衍事狀即以大逆不道論誅并劉摯梁燾劾之衍死二人亦貶死皆錮其子孫王巖叟范祖禹劉安世復遠竄京覬執政曾布知樞密院忌之密言卞備位承轄京不可以同升但進承旨徽宗即位罷為端明龍圖兩學士知太原皇太后命帝留京畢史事踰數月諫官陳瓘論其交通近侍瓘坐斥京亦出知江寧頗怏怏遷延不之官御史陳次升龔夬陳師錫交論其惡奪職提舉洞霄宮居杭州童貫以供奉官詣三吳訪書畫奇巧留杭累月京與游不舍晝夜凡所畫屏幛扇帶之屬貫日以達禁中且附語言論奏至帝所由是帝屬意京又太學博士范致虛素與左街道錄徐知常善知常以符水出入元符后殿致虛深結之道其平日趣向謂非相京不足以有為已而宮妾宦官合為一詞譽京遂擢致虛右正言起京知定州崇寧元年徙大名府韓忠彥與曾布交惡謀引京自助復用為學士承旨徽宗有意修熙豐政事起居舍人鄧洵武黨京撰愛莫助之圖以獻徽宗遂決意用京忠彥罷拜尚書左丞俄代曾布為右僕射制下之日賜坐延和殿命之曰神宗創

法立制先帝繼之兩遭變更國是未定朕欲上述父兄之志卿何以教之京頓首謝願盡死二年正月進左僕射京起於逐臣一旦得志天下拭目所為而京陰託紹述之柄箝制天子用條例故事即都省置講議司自為提舉以其黨吳居厚王漢之十餘人為僚屬取政事之大者如宗室冗官國用商旅鹽澤賦調尹牧每一事以三人主之凡所設施皆由是出用馮澥錢遹之議復廢元祐皇后罷科舉法令州縣悉倣太學三舍考選建辟雍外學於城南以待四方之士推方田於天下榷江淮七路茶官自為市盡更鹽鈔法凡舊鈔皆弗用富商巨賈嘗齎持數十萬緡一旦化為流丐甚者至赴水及縊死提點淮東刑獄章縡見而哀之奏改法誤民京怒奪其官因鑄當十大錢盡陷縡諸弟御史沈畸等用治獄失意黜削者六人陳瓘子彙以上書黜置海島南開黔中築靖州辰溪猺叛殺溆浦令京重為賞募殺一首領者賜之絹三百官以班行且不令質究本末荆南守馬瑊言有生猺有省地猺今未知叛者為何種族若計級行賞懼不能無枉濫蔣之奇知樞密院恐忤京意白言瑊不體國京罷瑊命舒亶代之以勦絕羣猺為期西收湟川鄯廓取

牂牁夜郎地擢童貫領節度使其後楊戩藍從熙譚
稹梁師成皆踵之凡寄資一切轉行祖宗之法蕩然
無餘矣又欲兵柄士心皆歸己建澶鄭曹拱州為四
輔各屯兵二萬而用其姻昵宋喬年胡師文為郡守
禁卒于掫月給錢五百驟增十倍以固結之威福在
手中外莫敢議累轉司空封嘉國公京既貴而貪益
甚已受僕射奉復創取司空寄祿錢如粟豆柴薪與
傔從糧賜如故時皆折支亦悉從真給但入熟狀奏
行帝不知也時元祐群臣貶竄死徙略盡京猶未愜
意命等其罪狀首以司馬光目曰姦黨刻石文德殿

門又自書為大碑徧班郡國初元符末以日食求言
言者多及熙寧紹聖之政則又籍范柔中以下為邪
等凡名在兩籍者三百九人皆錮其子孫不得官京
師及近甸五年進司空開府儀同三司安遠軍節度
使改封魏國時承平既久帑庾盈溢京倡為豐亨豫
大之說視官爵財物如糞土累朝所儲掃地矣帝嘗
大宴出玉琖玉卮示輔臣曰欲用此恐人以為太華
京曰臣昔使契丹見玉盤琖皆石晉時物持以夸臣
謂南朝無此今用之上壽於禮無嫌帝曰先帝作一
小臺財數尺上封者甚衆朕甚畏其言此器已就久

矣倘人言復興久當莫辨京曰事苟當於理多言不
足畏也陛下當享天下之奉區區玉器何足計哉五
年正月彗出西方其長竟天帝以言者毀黨碑凡其
所建置一切罷之京免為開府儀同三司中太乙宮
使其黨陰援於上大觀元年復拜左僕射以南丹納
土躐拜太尉受八寶拜太師三年臺諫交論其惡遂
致仕猶提舉脩哲宗實錄改封楚國朝朔望太學生
陳朝老追疏京惡十四事曰瀆上帝罔君父結奥援
輕爵祿廣費用變法度妄制作喜導諛箝臺諫熾親
黨長奔競崇釋老窮土木矜遠略乞投畀遠方以禦

魑魅其書出士人爭相傳寫以為實錄四年五月彗
復出奎婁間御史張克公論京輔政八年權震海内
輕錫予以蠹國用託爵祿以市私恩役將作以葺居
第用漕船以運花石名為祝聖而脩塔以壯臨平之
山託言灌田而決水以符興化之讖法名退送門號
朝京方田擾安業之民圍土聚徙郡之惡不軌不忠
凡數十事先是御史中丞石公弼侍御史毛注數劾
京未允至是貶太子少保出居杭政和二年召還京
師復輔政徙封魯國三日一至都堂治事京之去也
中外學官頗有以時政為題策士者提舉淮西學士

蘇棫欲自售，獻議請索五年間策問，校其所詢，以觀
向背，於是坐停替者三十餘人。初，國制，凡詔令皆中
書門下議，而後命學士為之。至熙寧間，有內降手詔
不由中書門下共議，蓋大臣有陰從中而為之者。至
京則又患言者議己，故作御筆密進，而丐徽宗親書
以降，謂之御筆手詔，違者以違制坐之。事無巨細，皆
託而行，至有不類帝札者，群下皆莫敢言。繇是貴戚
近臣爭相請求，至使中人楊球代書，號曰「書楊」。京復
病之，而亦不能止矣。既又更定官名，以僕射為太、少
宰，自稱公相，總治三省。追封王安石、蔡確皆為王。省

吏不復立額，至五品階以百數，有身兼十餘奉者。侍
御史黃葆光論之，立竄昭州。拔故吏魏伯芻領榷貨，
造料次錢券百萬緡進入，徽宗大喜，持以示左右曰：「
此太師與我奉料也。」擢伯芻至徽猷閣待制。京每為
帝言，今泉幣所積贏五千萬，和足以廣樂，富足以備
禮，於是鑄九鼎，建明堂，修方澤，立道觀，作大晟樂，製
定命寶。任孟昌齡為都水使者，鑿大伾三山，創天成、
聖功二橋，大興工役，無慮四十萬。兩河之民，愁困不
聊生，而京僴然自以為稷、契、周、召也。又欲廣宮室求
上寵媚，召童貫輩五人，風以禁中偪側之狀。貫俱聽

命，各視力所致，爭以侈麗高廣相夸尚，而延福宮、景
龍江之役起，浸淫及於艮嶽矣。子攸、儵、翛，攸子行，皆
至大學士，視執政。鯈尚茂德帝姬。帝七幸其第，賚予
無筭，命坐傳觴，略用家人禮。厮養居大官，媵妾封夫
人。然公論益不與，帝亦厭薄之。宣和二年，令致仕。六
年，以朱勔為地，再起領三省。京至是四當國，目昏眊
不能事事，悉決於季子絛。凡京所判，皆絛為之，且代
京入奏。每造朝，侍從以下皆迎揖，呫囁耳語，堂吏數
十人抱案後從。由是恣為姦利，竊弄威柄，驟引其婦
兄韓梠為戶部侍郎，媒櫱密謀，斥逐朝士，創宣和庫

式貢司，四方之金帛與府藏之所儲，盡拘括以實之，
為天子之私財。宰臣白時中、李邦彥惟奉行文書而
已，既不能堪。兄攸亦發其事，上怒，欲竄之，京力丐免，
特勒停侍養，而安置韓梠黃州。未幾，褫絛侍讀，毀賜
出身敕，而京亦致仕。方時中等白罷絛以撼京，京殊
無去意，帝呼童貫使詣京，令上章謝事。貫至，京泣曰：「
上何不容京數年，當有相讒譖者。」貫曰：「不知也。」京不
得已，以章授貫，帝命詞臣代為作三表請去，乃降制
從之。欽宗即位，邊遽日急，京盡室南下，為自全計。天
下罪京為六賊之首，侍御史孫覿等始極疏其姦惡，

乃以祕書監分司西京連貶崇信慶遠軍節度副使衡州安置又徙韶儋二州行至潭州死年八十京天資凶譎舞智御人在人主前顓狙伺為固位計始終一說謂當越拘攣之俗竭四海九州之力以自奉帝亦知其姦屢罷屢起且擇與京不合者執政以枝之京每聞將退免輒入見祈哀蒲伏扣頭無復廉恥燕山之役京送攸以詩陽寓不可之意冀事不成得以自解見利忘義至於兄弟為參商父子如秦越暮年即家為府營進之徒舉集其門輸貨僮隸得美官棄紀綱法度為虛器患失之心無所不至根株結盤牢

不可脫卒致宗社之禍雖譴死道路天下猶以不正典刑為恨子八人攸先死攸翛伏誅絛流白州死儵以尚帝姬免竄餘子及諸孫皆分徙遠惡郡

卞字元度與京同年登科調江陰主簿王安石妻以女因從之學元豐中張璪薦為國子直講加集賢校理崇政殿說書擢起居舍人歷同知諫院侍御史居職不久皆以王安石執政親嫌辭拜中書舍人兼侍講進給事中哲宗立遷禮部侍郎使於遼遼人頗聞其名卞適有寒疾命載以白馳車典客者曰此君所乘蓋異禮也使還以龍圖閣待制知宣州徙江寧府歷揚廣越潤陳五州廣州寶貝叢湊一無所取及徙越夷人清其去以薔薇露灑衣送之紹聖元年復為中書舍人上疏言先帝盛德大業卓然出千古之上發揚休光正在史策而實錄所紀類多疑似不根乞驗索審訂重行刊定使後世考觀無所迷惑詔從之以卞兼國史修撰初安石且死悔其所作日錄命從子防焚之防詭以他書代至是卞即防家取以上因芟落事實文飾姦偽盡改所修實錄正史於是呂大防范祖禹趙彥若黃庭堅皆獲深譴遷翰林學士四年拜尚書左丞專託紹述之說上欺天子下脅同列凡

中傷善類皆密疏建白然後請帝親札付外行之章惇雖鉅姦然猶在其術中惇輕率不思而卞深阻寡言論議之際惇毅然主持卞或噤不啟齒一時論者以為惇迹易明卞心難見徽宗即位諫官陳瓘任伯雨御史龔夬疏其兄弟姦惡瓘併數卞尊私史以厭宗廟之罪伯雨言卞之惡有過於惇去年封事數千人皆乞斬惇卞公議於此可見矣遂陳其大罪有六曰誣罔宣仁聖烈保佑之功欲行追廢一也凡紹聖以來竄逐臣僚皆卞啟而後行二也宮中厭勝事作哲宗方疑未知所處惇欲召禮法官通議卞云既犯法

矣何用禮法官議皇后以是得罪三也編排元祐章
牘萋菲語言被罪者數千人議自卞出四也鄒浩以
言忤旨卞激怒哲宗致之遠謫又請治其親故送別
之罪五也蹇序辰建看詳訴理之議章惇遲疑未應
卞即以二心之言迫之惇默不敢對即日置局士大
夫得罪者八百三十家凡此皆卞謀之而惇行之六
也頃亟正典刑以謝天下詔以資政殿學士知江寧
府連貶少府少監分司池州纔踰歲起知大名府徙
揚州召為中太乙宮使擢知樞密院時京居相位卞
禮辭不許帝謀復湟鄯問於卞卞以王厚高永年對

與京合謀竭府藏以事邊募商人運糧不復問其直
貴賤鄯廓至斗米錢四千束芻錢千二百秦中騷困
及取三州進金紫光祿大夫來年竟為帳下執去以
降自是西方交兵連年不息追讐任伯雨所言曲自辨
理至欲會獄證治諸人坐貶卞居心傾邪一意以婦
公王氏所行為至當兄晚達而位在上致己不得相
故二府政事時有不合京以中旨用童貫為陝西制
置使卞言不宜用宦者右丞張康國引李憲故事以
對卞曰用憲已非美事憲猶稍習兵貫略無所長異
時必誤邊計帝令中書行之京於帝前詆卞卞求去

以天章閣學士知河南妖人張懷素敗卞素與之游
謂其道術通神嘗識孔子漢高祖至稱為大士坐降
職旋加觀文殿學士拜昭慶軍節度使入為侍讀進
檢校少保開府儀同三司易節鎮東政和末謁歸上
冢道死年六十贈太傅謚曰文正高宗即位追責為
寧國軍節度副使紹興五年又貶單州團練副使
攸字居安京長子也元符中監在京裁造院徽宗時
為端王每退朝攸適趨局遇諸塗必下馬拱立王問
左右知為蔡承旨子心善之及即位記其人遂有寵
崇寧三年自鴻臚丞賜進士出身除祕書郎以直祕

閣集賢殿脩撰編脩國朝會要二年間至樞密直學
士京再入相加龍圖閣學士兼侍讀詳定九域圖志
脩六典提舉上清寶籙宮祕書省兩街道錄院禮制
道史局官僚合百人多三館雋游而攸用大臣子領
袖其間懵不知學士論不與初置宣和殿命為大學
士賜毬文方團金帶改淮康軍節度使帝將去京先
逐其黨劉昺劉煥等使御史中丞王安中劾之攸通
籍禁庭聞其事亟請間百拜以懇帝意遂解其後與
京權勢日相軋浮薄者復間之父子各立門戶遂為
仇敵攸別居賜第嘗詣京京正與客語使避之攸甫

入邃起握父手為胗視狀曰大人脉勢舒緩體中得
無有不適乎京曰無之攸曰禁中方有公事即辭去
客竊窺見以問京京曰君固不解此此兒欲以為吾
疾而罷我也閲數日京果致仕以季弟絛鍾愛於京
數請殺之帝不許攸歷開府儀同三司鎮海軍節度
使少保進見無時益用事與王黼得預宮中祕戲或
侍曲宴則短衫窄袴塗抹青紅雜倡優侏儒多道市
井淫媟謔浪語以蠱帝心妻宋氏出入禁掖子行領
殿中監視執政寵信傾其父帝留意道家者說攸獨
倡為異聞謂有珠星璧月跨鳳乘龍天書雲篆之符

與方士林靈素之徒爭證神變事於是神霄玉清之
祠徧天下咎端自攸與吳童貫伐燕以攸副宣撫攸
童騃不習事謂功業可唾手致入辭之日二美嬪侍
上側攸指而請曰臣成功歸乞以是賞帝笑而弗責
涿州留守郭藥師擁所部八千人舉涿易二州降進
攸少傅王師入燕進少師封英國公還領樞密院王
黼罷政帝欲大用攸既而悔之但進太保徙封燕帝
欲內禪親書傳位東宮字授李邦彥邦彥欲立不敢
承遂以付攸攸退屬其客給事中吳敏議遂定靖康
元年從上皇南下及還都始責為大中大夫繼而安

置永州連徙潯雷京死御史言攸罪不減乃父燕山
之役禍及宗社驕奢淫泆載籍所無當竄諸海島詔
置萬安軍尋遣使者隨所至誅之
脩初以恩澤為親衛郎祕書丞至保和殿學士宣和
中拜禮部尚書兼侍講時脩弟兄亦知事勢日異其
客傅墨卿孫傅等復語之曰天下事必敗蔡氏必破
當亟為計脩心然之密與攸議稍持正論故與京異
然皆蓄縮不敢明言遂引吳敏李綱李光楊時等用
之以挽物情尋加大學士提舉醴泉觀欽宗立脩上
募兵陝西策自請行又勸西幸帝頗采納俾知京兆

府討垂就攸忌其功成會金破濬州徽宗南幸攸假
徽宗旨請脩守鎮江改資政殿大學士或謂脩前討
已乖宜勿行脩幸得去不復辭流言至京師謂將復
辟於鎮江帝趣迎上皇還而責脩昭信軍節度副使
攸之誅也御史陳述且行帝取詔批其尾曰脩亦然
於是併誅宗者京族子也性獝妄善談鬼神事當承
門蔭固推與庶兄宗族稱為賢崇寧初京黨以學行
脩飭聞諸朝與泉州布衣呂注皆著道士服召入謁
累官拜給事中兼侍讀京去位為言者所攻以顯謨
閣待制提舉崇福宮言者復論其不學無文結豪民

規厚利持道家吐納之說以為論思侍立集英賜目
自若為不恭遂奪職陳正彙上京變事置獄京師具
陳在杭州時日聞宗盛言京有後福獄上詔削其籍
京復相徽宗戒毋得用宗但復集英殿脩撰旋還待
制提點洞霄宮宣和中卒
趙良嗣本燕人馬植世為遼國大族仕至光祿卿行
汚而亂不齒於人政和初童貫出使道盧溝植夜見
其侍史自言有滅燕之策因得謁童貫與語大奇之
載與歸易姓名曰李良嗣薦諸朝即獻策曰女真恨
遼人切骨而天祚荒淫失道本朝若遣使自登萊涉

海結好女真與之相約攻遼其國可圖也議者謂祖
宗以來雖有此道以其地接諸蕃禁商賈舟船不得
行百有餘年矣一旦啓之懼非中國之利徽宗召見
問所來之因對曰遼國必亡陛下念舊民遭塗炭之
苦復中國往昔之疆代天譴責以治伐亂王師一出
必壺漿來迎萬一女真得志先發制人後發制於人
事不侔矣帝嘉納之賜姓趙氏以為祕書丞圖燕之
議自此始遷直龍圖閣提點萬壽觀加右文殿脩撰
宣和二年二月使于金國見其主阿骨打議取燕雲使
還進徽猷閣待制自是將命至六七頗能緩頰盡心

與金爭議進龍圖閣直學士既得燕山又加延康殿
學士提舉上清宮官至光祿大夫良嗣言頃在北國
與燕中豪士劉範李奭及族兄柔吉三人結義同心
欲拔幽薊歸朝瀝酒於北極祠下祈天為約俟他日
功成即挂冠謝事以表本心初非取功名而徼富貴
也賴陛下威靈今日之事幸而集顧前日之約豈可
欺哉願許臣致仕使得買田歸耕令有識者曰此平
燕首謀之人得請閑退天下美事也不然則臣為敢
欺神明何所不至九三上章詔不許既而朝廷納張
覺良嗣爭之云國家新與金國盟如此必失其歡後

不可悔不聽坐奪職削五階靖康元年四月御史胡
舜陟論其結成邊患敗契丹百年之好使金寇侵陵
禍及中國乞戮之於市時已竄柳州詔廣西轉運副
使李昇之即所至梟其首徙妻子于萬安軍
張覺平州義豐人也在遼國第進士為遼興軍節度
副使鎮民殺其節度使蕭諦里覺撫定亂者州人推
領州事燕王淳死覺知遼必亡籍丁壯五萬人馬千
匹練兵為備蕭后遣時立愛來知州拒弗納金人入
燕訪覺情狀於遼故臣康公弼公弼言彼何能為當
示以不疑乃以為臨海軍節度使任知平州遼相左

企弓等將歸東粘罕欲先遣兵擒覺公弼曰如此是
趣之叛也我請使焉而觀之遂往見覺覺曰契丹八
路皆陷今獨平州存敢有異志所以未釋甲者防蕭
幹耳厚賂公弼使還公弼道其語粘罕信之升平州
為南京加覺同中書門下平章事企弓公弼與曹勇
義虞仲文皆東遷時燕民盡徙流離道路或詣覺訴
公弼企弓等不能守燕致吾民如是能免我者非公
而誰覺召僚屬議皆曰近聞天祚復振於松漠金人
所以急趨山西者畏契丹議其後也公能仗大義迎
故主以圖興復責企弓等之罪而殺之縱燕人歸燕

南朝宜無不納儻金人西來內用營平之兵外藉南
朝之援何所懼乎覺又訪於翰林學士李石亦以為
然乃殺企弓等四人復稱保大三年繪天祚像於廳
事每事告而後行呼父老諭曰女真讎也豈可從指
其像曰此非汝主乎豈可背當相約以死必不得已
則歸中國燕人尚義皆景從於是悉遣徙民歸石更
名安弼偕故三司使高黨往燕山說王安中曰平州
自古形勝之區地方數百里帶甲十餘萬覺文武全
才若為我用必能屏翰王室苟為不然彼西迎天祚
北通蕭幹將為吾肘腋患矣安中深然之具奏于朝

願以身任其責令安弼黨詣京師徽宗以手札付詹
度曰本朝與金國通好信誓甚重豈當首違金人昨
所以不即討覺者以兵在關中而覺抗榆關故也今
既已東去他日西來則覺藂爾數城恐未易當為今
之計姑當密示羈縻足矣而度數誘致之諷令內附
宣和五年六月覺遣書至安撫司云金虜恃虎狼之
強驅徙■燕京富家巨室止留空城以塞盟誓緬想
大朝亦非得已遺民假道當管寬痛之聲盈於衢路
州人不忍僉謂宜抗賊命以存生靈使復父母之邦
且為大朝守禦之備已盡遣其人過界謹令掌書記

張鈞參謀軍事張敦固詣安撫司聽命金人聞覺叛
遣闍母國王將三千騎來討覺帥兵迎拒之于營州
闍母以兵少不交鋒而退大書于門有今冬復來之
語覺遂妄以大捷聞朝廷建平州為泰寧軍拜覺節
度使以安弼黨鈞敦固皆為徽猷閣待制宣撫司犒
以銀絹數萬詔命至覺喜遠出迎金人諜知舉兵來
覺不得返同其弟挾所被詔敕奔燕母妻先寓營州
為金人所得弟聞之亟往降獻其詔敕金人圍平州
覺之從弟及姪固守金人以納叛為責且求餉糧凡
攻擊數月州民數千潰圍走莫肯降金人既平二州

始來索覺王安中諱之索愈急乃斬一人貌類者去
金人曰此非覺也覺匿於王宣撫甲仗庫若不與我
我自以兵取之安中不得已引覺出數其過使行刑
覺語殊不遜既死函首送之燕之降將及常勝軍皆
泣下郭藥師曰若來索藥師當奈何自是解體金人
終用是啓釁云

郭藥師渤海鐵州人也遼之將亡燕王淳募遼東饑
民為兵使之報怨於女真目曰怨軍藥師為之渠首
明年其兩營叛藥師殺叛者羅青都統蕭幹留二千
人為四營以藥師及張令徽劉舜仁甄五臣為將淳

建號於燕改怨軍為常勝軍擢藥師至諸衛上將軍
涿州留守淳死蕭后立蕭幹專國人貳宣和四年九
月藥師擁所部八千人奉涿易二州來歸詔以為恩州
觀察使王師北討劉延慶與幹軍于盧溝藥師曰幹
以全師抗我燕城必虛選勁騎襲之可得也延慶遣
藥師與諸將帥兵六千夜半渡河倍道而進質明甄
五臣領五千騎奪迎春門以入大軍繼至下令納燕
人降而盡殺契丹雜屬藥師遣人諭蕭后使趣降后
密詔蕭幹還戰於三市藥師失馬幾為所擒遂以敗
還猶進安遠軍承宣使十二月拜武泰軍節度使五

年正月加檢校少保同知燕山府詔入朝徽宗禮遇
甚厚賜以甲第姬妾張水嬉於金明池使觀之命貴戚
大臣更互設宴又召對於後苑延春殿藥師拜廷下
泣言臣在虜聞趙皇如在天上不謂今日得望龍顏
帝深褒稱之委以守燕對曰願效死又令取天祚以
絕燕人之望變色而言曰天祚臣故主也國破出走
臣是以降陛下使臣畢命他所不敢辭若使反故主
非所以事陛下願以付他人因涕泣如雨帝以為忠
解所御珠袍及二金盆以賜藥師出諭其下曰此非
吾功汝輩力也即剪盆分給之加檢校少傅歸鎮蕭

幹犯塞藥師破其衆於峰山生擒阿魯太師獲耶律
德光尊號寶劒撿塗金印幹尋為部下所殺策勳加
檢校太傅初王安中知燕山府詹度與藥師同知藥
師自以節鉞欲居度上度稱御筆所書有序藥師不
從加以常勝軍肆橫藥師右之度不能制告于朝廷
慮其交惡命度與河間蔡靖兩易靖至坦懷待之藥
師亦重靖稍為抑損安中但諂事之朝廷亦曲徇其
意所請無不從良械精甲多遣部曲貿易他道為奇
巧之物以奉權貴宦侍於是譽言日聞專制一路增
募兵號三十萬而不改左衽朝論頗以為慮亟拜太

尉召入朝辭不至帝令童貫行邊陰察其去就不然則挾之偕來貫至燕藥師迎于易州再拜帳下貫避之曰汝今為太尉位視二府與我等耳此禮何為藥師曰太師父也藥師唯拜我父焉知其他貫釋然遂邀貫視師至于迥野略無人迹藥師下馬當貫前掉旗一揮俄頃四山鐵騎耀日莫測其數貫衆皆失色歸為帝言藥師必能抗虜蔡攸亦從中力主之金使賀天寧節歸送伴使見藥師兵遇之於道金使為之斂馬引避鄉兵或持矛揭取其羊鞹皆不敢爭奏言藥師威聲遠振攸益謂其可倚故內地不復防制屢

有告變及得其通金國書輒不省七年十二月詹度言藥師瞻視不常趣向懷異蜂目烏喙怙寵恃功逆節已萌凶横日甚今聞與金人交結背負朝廷興禍不遠願早為之慮始詔遣官究實而金兵已南下破檀薊至玉田蔡靖遣藥師張令徽劉舜仁帥師出禦其夕令徽遁歸靖與部使者詣藥師計事藥師欲降靖曰靖誓死報國此何言邪引佩刀將自刭藥師抱持之并諸使者悉鎖于家斡離不及郊藥師率軍官迎拜遂徙以南叛報至帝猶祕其事議封為燕王劃地與之使世守而已無及斡離不至慶源聞天子內

禪欲回軍藥師曰南朝未必有備不如姑行其後趍趄京城詰索宮省與邀取寶器服玩皆藥師道之也

列傳卷第二百三十一

開府儀同三司上柱國錄軍國重事前中書右丞相監修國史領經筵事都總裁脫脫等奉

勑修

姦臣三

黃潛善　汪伯彥　秦檜

黃潛善字茂和邵武人擢進士第宣和初為左司郎陝西河東地大震陵谷易處徽宗命潛善察訪陝西因往視潛善歸不以實聞但言震而已擢戶部侍郎坐事謫亳州以徽猷閣待制知河間府靖康初金人入攻康王開大元帥府檄潛善將兵入援張邦昌僭

位潛善趨白于帥府王承制拜潛善為副元帥二年高宗即位拜中書侍郎時上從人望擢李綱為右相綱將奏逐潛善及汪伯彥右丞呂好問止之未幾潛善拜右僕射兼中書侍郎綱遂罷御史張所言潛善姦邪恐害新政左遷所尚書郎尋謫江州太學生陳東論李綱不可去潛善伯彥不可任潛善恚會歐陽澈上書詆時事語侵宮掖帝謂其言不實潛善乘間啓殺澈并東誅之識與不識皆為之垂涕帝悔焉明年金人攻陝西京東山東盜起潛善伯彥匿不以聞張遇焚真州距行在六十里內侍邵成章疏潛善伯彥誤國成章坐除名御史馬伸亦以劾潛善伯彥得罪謫監濮州酒稅道卒潛善進左僕射兼門下侍郎鄆濮相繼陷沒宿泗屢警右丞許景衡以扈衞單弱請帝避其鋒潛善以為不足慮率同列聽浮屠克勤說法俄泗州奏金人且至帝大驚決策南渡御舟已戒潛善伯彥方共食堂吏大呼曰駕行矣乃相視蒼黃鞭馬南馳都人爭門而出死者相枕藉人無不怨憤會司農卿黃鍔至江上軍士聞其姓以為潛善也爭數其罪揮刃而前鍔方辯其非是而首已斷矣帝渡瓜州幸鎮江敵兵已躡其後潛善伯彥聯疏言艱

難之時不敢具文求退中丞張澂劾之乃罷潛善為觀文殿大學士知江寧府落職居衡州鄭瑴又論潛善伯彥均於誤國而潛善之惡居多王廷秀繼以為言責置英州諫官袁植乞斬之都市帝不許尋卒于梅州潛善猥持國柄嫉害忠良李綱既逐張慤宗澤許景衡輩相繼貶死憲諫一言隨陷其禍中外為之切齒高宗末年有旨潛善余深薛昂皆復官錄後諫官凌哲言深昂朋附蔡京潛善專恣誤國今盡復三人恩數恐政刑失平忠義解體詔以潛善嘗任副元帥特復元官錄一子

汪伯彥字廷俊徽之祈門人登進士第積官為虞部郎官靖康改元召見獻河北邊防十策直龍圖閣知相州是冬金人陷真定詔徙真定帥司于相俾伯彥領之高宗以康王使金至磁時金騎充斥嘗有甲馬數百至城下蹤跡王所在伯彥亟以帛書請王還相躬服櫜鞬部兵逆王于河上王勞之曰他日見上當首以京兆薦公其受知自此始矣未幾王奉蠟書開天下兵馬大元帥府以伯彥為副將王引兵渡河謀所向言人人殊伯彥獨曰非出北門濟子城不可王喜曰廷俊言是也既濟趨大名歷鄆濟達于京奏為集

英殿修撰北兵薄京城欽宗詔金人見議通和康王將兵毋得輕動伯彥以為然宗澤曰女真狂譎是欲款我師爾如即信之後悔何及乎宜亟進兵伯彥等難之及城破金人逼二帝北行張邦昌僭立王聞之涕泣明年春承制除伯彥顯謨閣待制升元帥進直學士高宗即位擢知樞密院事未幾拜右僕射方高宗初政天下望治伯彥潛善踰年在相位專權自恣不能有所經畫御史諫官下至韋布內侍皆劾奏之罷伯彥為觀文殿大學士知洪州改提舉崇福宮尋落職居永州紹興初復職知池州江東安撫大使言

者弗置乃詔以舊職奉祠尋知廣州四年帝追贈陳東歐陽澈舍人王居正論伯彥潛善不已復褫前職七年帝謂輔臣曰元帥舊僚往往淪謝惟汪伯彥實同艱難朕之故人所存無幾宜與牽復秦檜張浚曰臣等已議曰郊恩取旨更得天筆明其舊勞庶幾內外孚信始伯彥之未第也受館于王氏檜嘗從之學而浚亦伯彥所引故共贊焉九年知宣州過闕帝謂檜曰伯彥便令之官庶免紛紜又曰伯彥潛藩舊僚去國七年漢之高光不忘豐沛南陽故舊皆人情之常伯彥上所著中興日曆五卷拜檢校少傅保信軍

節度使十年請祠從之明年五月卒贈少師謚忠定初伯彥既去相州金人執其子軍器監丞似使割地以至相州守臣趙不試固守不下遂拘而北久之乃還或云似之得歸伯彥實使人贖之似後更名召嗣

秦檜字會之江寧人登政和五年第補密州教授繼中詞學兼茂科歷太學學正靖康元年金兵攻汴京遣使求三鎮檜上兵機四事一言金人要請無厭乞止許燕山一路二言金人狙詐守禦不可緩三乞集百官詳議擇其當者載之誓書四乞館金使于外不可令入門及引上殿不報除職方員外郎尋屬張

邦昌為幹當公事檜言是行專為割地與臣初議矛盾失臣本心三上章辭許之時議割三鎮以弭兵命檜借禮部侍郎與程瑀為割地使奉肅王以往金師退檜瑀至燕而還御史中丞李回翰林承旨吳幵共薦檜拜殿中侍御史遷左司諫王雲李若水見金二酋歸言金堅欲得地不然進兵取汴京十一月集百官議于延和殿范宗尹等七十人請與之檜等三十六人持不可未幾除御史中丞閏十一月汴京失守二帝幸金營二年二月莫儔吳幵自金營來傳金帥命推立異姓留守王時雍等召百官軍民共議立張

邦昌皆失色不敢荅監察御史馬伸言於衆曰吾曹職為爭臣豈容坐視不吐一辭當共入議狀乞存趙氏時檜為臺長聞伸言以為然即進狀曰檜荷國厚恩甚愧無報今金人擁重兵臨已拔之城操生殺之柄必欲易姓檜盡死以辨非特忠於主也且明兩國之利害爾趙氏自祖宗以至嗣君百七十餘載頃緣姦臣敗盟結怨鄰國謀臣失計誤主喪師遂致生靈被禍京都失守主上出郊求和軍前兩元帥既允其議布聞中外矣且空竭帑藏追取服御所用割兩河地恭為臣子今乃變易前議人臣安忍畏死不論哉

宋於中國號令一統綿地萬里德澤加於百姓前古未有雖興亡之命在天有數焉可以一城決廢立哉昔西漢絕於新室光武以興東漢絕於曹氏劉備帝蜀唐為朱溫篡奪李克用猶推其世序而繼之蓋基廣則難傾根深則難拔張邦昌在上皇時附會權倖共為蠹國之政社稷傾危生民塗炭固非一人所致亦邦昌為之也天下方疾之如仇讎若付以土地使主人民四方豪傑必共起而誅之終不足為大金屏翰必立邦昌則京師之民可服天下之民不可服京師之宗子可滅天下之宗子不可滅檜不顧斧鉞之誅言兩朝之利

害願復嗣君位以安四方非特大宋蒙福亦大金萬世利也金人尋取檜詣軍前三月金人立邦昌為僞楚邦昌遣金書請還孫傅張叔夜及檜不許初二帝北遷檜與傅叔夜何㮚司馬朴從至燕山又徙韓州上皇聞康王即位作書貽粘罕與約和議俾檜潤色之檜以厚賂達粘罕會金主吳乞買以檜賜其弟撻懶為任用撻懶攻山陽建炎四年十月甲辰檜與妻王氏及婢僕一家自軍中取漣水軍水砦航海歸行在丙午檜入見丁未拜禮部尚書賜以銀帛檜之歸也自言殺金人監己者奔舟而來朝士多謂檜與㮚傅朴同拘而

檜獨歸又自燕至楚二千八百里踰河越海豈無譏
訶之者安得殺監而南就令從軍撻懶金人縱之必
質妻屬安得與王氏偕惟宰相范宗尹同知樞密院
李回與檜善盡破群疑力薦其忠未對前一日帝命
先見宰執檜首言如欲天下無事南自南北自北及
首奏所草與撻懶求和書帝曰檜朴忠過人朕得之
喜而不寐蓋聞二帝母后消息又得一佳士也宗尹
欲處之經筵帝曰且與一事簡尚書故有禮部之命
從行王安道馮由義水砦丁㮨及參議官並改京秩
舟人孫靖亦補承信郎始朝廷雖數遣使但且守且
和而專與金人解仇議和實自檜始蓋檜在金庭首
唱和議故撻懶縱之使歸也紹興元年二月除參知
政事七月宗尹罷先是范宗尹建議討論崇寧大觀
以來濫賞檜力贊其議見帝意堅反以此擠之宗尹
既去相位久虛檜揚言曰我有二策可聳動天下或
問何以不言檜曰今無相不可行也八月拜右僕射同
中書門下平章事兼知樞密院事九月呂頤浩再相
檜同秉政謀奪其柄風其黨建言周宣王內脩外攘故
能中興今二相宜分任內外頤浩遂建都督府於鎮
江帝曰頤浩專治軍旅檜專理庶務如種蠡之分職

可也二年檜奏置修政局自為提舉參知政事翟汝
文同領之未幾檜面劾汝文擅治堂吏汝文求去諫
官方孟卿一再論之汝文竟罷監察御史劉一止檜
黨也言宣王內修修其所謂外攘之政而已今簿書
獄訟官吏差除土木營繕俱非所當急者屯田郎曾
統亦謂檜曰宰相事無不統何以局為檜皆不聽既
而有議廢局以搖檜者一止及檢討官林待聘皆上
疏言不可廢七月一止出臺除起居郎蓋自叛其說
識者笑之頤浩自江上還謀逐檜有教以引朱勝非
為助者詔以勝非同都督給事中胡安國言勝非不
可用勝非遂以醴泉觀使兼侍讀安國求去檜三上
章留之不報頤浩尋以黃龜年為殿中侍御史劉棐
為右司諫蓋將逐檜於是江躋吳表臣程瑀張燾胡
世將劉一止林待聘樓炤並落職予祠臺省一空皆
檜黨也檜初欲傾頤浩引一時名賢如安國燾瑀輩
布列清要頤浩問去檜之術於席益益曰目為黨可
也今黨魁胡安國在瑣闥宜先去之蓋安國嘗問人
材於游酢酢以檜為言且比之荀文若故安國力言
檜賢於張浚諸人檜亦力引安國至是安國等去檜
亦尋去檜再相誤國安國已死矣黃龜年始劾檜專

主和議沮止恢復植黨專權漸不可長至比檜為莽卓八月檜罷乃為觀文殿學士提舉江州太平觀前一日上召直學士院綦崈禮入對示以檜所陳二策欲以河北人還金國中原人還劉豫帝曰檜言南人歸南北人歸北朕北人將安歸檜又言為相數月可聳動天下今無聞崈禮即以上意載訓辭播告中外人始知檜之姦龜年等論檜不已詔落職牓朝堂示不復用三年韓肖胄等使還洎金使李永壽王翊偕來求盡還北俘與檜前議脗合識者益知檜與金人共謀國家之辱未已也五年金主既死撻懶主議卒

成其和二月復資政殿學士仍舊宮祠六月除觀文殿學士知溫州六年七月改知紹興府尋除醴泉觀使兼侍讀充行宮留守孟庾同留守並權赴尚書樞密院參決庶事時已降詔將行幸檜乞扈從不許帝駐蹕平江召檜赴行在用右相張浚薦也十二月檜以醴泉觀兼侍讀赴講筵七年正月何蘚使金還得徽宗及寧德后訃帝號慟發喪即日授檜樞密使恩數視宰臣四月命王倫使金國迎奉梓宮九月浚求去帝問誰可代卿浚不對帝曰秦檜何如浚曰與之共事始知其闇帝曰然則用趙鼎鼎是復相臺諫交

章論浚安置嶺表鼎約同列救解與張守面奏各數千百言檜獨無一語浚遂謫永州始浚鼎相得甚浚先達力引鼎嘗共論人才浚劇談檜善鼎曰此人得志吾人無所措足矣浚不以為然故引檜共政方知其闇不復再薦也檜因此憾浚反謂鼎曰上欲召公而張相遲留蓋怒鼎使擠浚也檜在樞府惟聽鼎鼎素惡檜由是反深信之卒為所傾鼎與浚晚遇於閩言及此始知皆為檜所賣十一月奉使朱弁以書報粘罕死帝曰金人暴虐不亡何待檜曰陛下但積德中興固有時帝曰此固有時然亦須有所施為然後

可以得志八年三月拜右僕射同中書門下平章事兼樞密使吏部侍郎晏敦復有憂色曰姦人相矣五月金遣烏陵思謀等來議和與王倫偕至思謀即宣和始通好海上者議以吏部侍郎魏矼館伴矼辭曰頃任御史嘗言和議之非今不可專對檜問矼所以不主和矼備言敵情檜曰公以智料敵檜以誠待敵矼曰第恐敵不以誠待相公爾檜乃改命六月思謀等入見帝愀然謂宰相曰先帝梓宮果有還期雖待二三年尚庶幾惟是太后春秋高朕旦夕思念欲早相見此所以不憚屈己冀和議之速成也檜曰屈己議

和此人主之孝也見主卑屈懷憤不平此人臣之忠
也帝曰雖然有備無患使和議可成邊備亦不可弛
十月寧執入見檜獨留身言臣僚畏首尾多持兩端
此不足與斷大事若陛下决欲講和乞顓與臣議勿
許群臣預帝曰朕獨委卿檜曰臣亦恐未便望陛下
更思三日容臣別奏又三日檜復留身奏事帝意欲
和甚堅檜猶以為未也曰臣恐別有未便欲望陛下
更思三日容臣別奏帝曰然又三日檜復留身奏事
如初知上意確不移乃出文字乞決和議勿許羣臣
預鼎力求去位以少傅出知紹興府初帝無子建炎

宋史四百七十三 字四百二十八
宋史列傳卷二百三十二 十一
潘源寫 羅文安刊

末范宗尹造膝有請遂命宗室令懬擇藝祖後得伯
琮伯玖入宮皆藝祖七世孫伯琮改名瑗伯玖改名璩瑗
先建節封建國公帝諭鼎專任其事又請建資善堂
鼎罷言者攻鼎必以資善為口實及鼎檜再相帝出
御札除璩節度使封吳國公執政聚議樞密副使王
庶見之大呼曰並后匹嫡此不可行鼎以問檜不荅
檜更問鼎鼎曰自丙辰罷相議者專以此藉口今當
避嫌約同奏面納御筆及至帝前檜無一語鼎曰今
建國在上名雖未正天下之人知陛下有子矣今日
禮數不得不異帝乃留御筆俟議明日檜留身奏事

後數日參知政事劉大中參告亦以此為言故鼎與
大中俱罷明年璩卒授保大軍節度使封崇國公故
鼎入辭勸帝曰臣去後必有以孝弟之說脅制陛下
者出見檜一揖而去檜亦憾之鼎既去檜獨專國決
意議和中朝賢士以議論不合相繼而去於是中書
舍人呂本中禮部侍郎張九成皆不附和議檜諭之
使優游委曲九成曰未有枉己而能正人者檜深憾
之殿中侍御史張戒上疏乞留趙鼎又陳十三事論
和議之非忤檜王庶與檜尤不合自淮西入樞庭始
終言和議非是疏凡七上且謂檜曰而忘東都欲存

宋史四百七十三 字四百二十八
宋史列傳卷二百三十二 十二
潘源寫 羅文安刊

趙氏時何遺此敵邪檜方挾金人自重尤恨庶言故
出之樞密院編修官胡銓上疏願斬檜與王倫以謝
天下於是上下洶洶檜諉為解救卒械送銓貶昭州
陳剛中以啓賀銓檜大怒送剛中吏部差知贛州安
遠縣贛有十二邑安遠濵嶺地惡瘴深諺曰龍南安
遠一去不轉言必死也剛中果死尋以銓事戒諭中
外既而校書郎許忻樞密院編脩官趙雍同日上疏
猶祖銓意力排和議雍又欲正南北兄弟之名檜亦
不能罪會開見檜言今日當論存亡不當論安危檜
駭愕遂出之司勳員外郎朱松館職胡珵張擴淩景

夏常明范如圭同上一疏言金人以和之一字得志于我者十有二年以覆我王室以弛我邊備以竭我國力以懈緩我不共戴天之讎以絕望我中國謳吟思漢之赤子以詔諭江南爲名要陛下以稽首之禮自公卿大夫至六軍萬姓莫不扼腕憤怒豈肯聽陛下北面爲仇敵之臣哉天下將有仗大義問相公之罪者後數日權吏部尚書張燾吏部侍郎晏敦復魏矼戶部侍郎李彌遜梁汝嘉給事中樓炤中書舍人蘇符工部侍郎蕭振起居舍人薛徽言同班入奏極言屈己之禮非是新除禮部侍郎尹焞獨上疏且移

書切責檜檜始大怒焞於是固辭新命不拜奉禮郎馮時行召對言和議不可信至引漢高祖分羹事爲喻帝曰朕不忍聞顰蹙而起檜乃謫時行知萬州尋亦抵罪中書舍人勾龍如淵抗言於檜曰邪說橫起胡不擇臺官擊去之檜遂奏如淵爲御史中丞首劾銓金使張通古蕭哲以詔諭江南爲名檜猶恐物論咎己與哲等議改江南爲宋詔諭爲國信京淮宣撫處置使韓世忠凡四上疏力諫有金以劉豫相待之語且言兵勢重處願以身當之不許哲等既至泗洲要所過州縣迎以臣禮至臨安日欲帝待以客禮世

忠益憤再疏言金以詔諭爲名暗致陛下歸順之義此主辱臣死之時願效死戰以決勝敗若其不克委曲從之未晚亦不許哲等既入境接伴使范同再拜問金主起居軍民見者往往流涕過平江守臣向子諲不拜乞致仕哲等至淮安言先歸河南地且冊上爲帝徐議餘事檜至是欲上行屈己之禮帝曰朕嗣守太祖太宗基業豈可受金人封冊會三衙帥楊沂中解潛韓世良相率見檜曰軍民洶洶若之何退又白之臺諫於是勾龍如淵李誼數見檜議國書事如淵謂得其書納之禁中則禮不行而事定給事中樓

炤亦舉諒陰三年不言事以告檜於是定檜攝冢宰受書之議帝亦切責王倫倫諭金使金使亦懼而從帝命檜即館中見哲等受其書金使欲百官備禮檜使省吏朝服導從以書納禁中先一日詔金使來將盡割河南陝西故地又許還梓宮及母兄親族初無需索以參知政事李光素有時望俾押和議牓以鎮浮言又降御札賜三大將九年金人歸河南陝西故地以王倫簽書樞密院事充迎奉梓宮奉還兩宮交割地界使藍公佐副之判大宗正事士㒟兵部侍郎張燾朝八陵帝謂宰執曰河南新復宜命守臣專撫

遺民勸農桑各因其地以食因其人以守不可移東
南之財虛內以事外帝雖聽檜和而實疑金詐未嘗
弛備也時張浚在永州馳奏力言以石晉劉豫為戒
復遺書孫近以帝秦之禍發遷而大徐俯守上饒連
南夫帥廣東岳飛宣撫淮西皆因賀表寓諷俯曰禍
福倚伏情偽多端南夫曰不信亦信其然豈然雖虞
舜之十二州皆歸王化然商於之六百里當念爾欺
飛曰救暫急而解倒懸猶之可也欲長慮而尊中國
豈其然乎他如秘書省正字汪應辰樊光遠澧州推
官韓紘臨安府司戶參軍毛叔度皆言金人叵測迪

功郎張行成獻詢堯書二十篇大意言自古講和未
有終不變者條具者皆豫備之策檜悉加黜責紘貶
循州七月兀朮殺其領三省事宗磐及左副元帥撻
懶拘王倫於中山府蓋兀朮以歸地為二人所主將
有他謀也倫嘗密奏于朝檜不之備但趣倫進時韓
世忠有爽懈掩擊之請檜言春秋不伐喪與帝意合
遂己十年金人果敗盟分四道入侵兀朮入東京葛王
褎取南京李成取西京撒离喝趨永興軍河南諸郡
相繼陷沒帝始大怪下詔罪狀兀朮御史中丞王次
翁奏曰前日國是初無主議事有小變則更用他相

後來者未必賢而排黜異黨紛紛累月不能定願陛
下以為至戒帝深然之檜力排群言始終以和議自
任而次翁謂無主議者專為檜地也於是檜位復安
據之凡十八年公論不能撼搖矣六月檜奏曰德無
常師主善為師臣昨見撻懶有割地講和之議故贊
陛下取河南故疆今兀朮戕其叔撻懶藍公佐歸和
議已變故贊陛下定弔伐之計願至江上諭諸帥同
力招討卒不行閏六月貶趙鼎興化軍以王次翁受
檜旨言其規圖復用也言者不已尋竄潮州時張俊
克亳州魏勝克海州岳飛克郾城幾獲兀朮張浚戰

勝於長安韓世忠勝於泇口鎮諸將所向皆奏捷而
檜力主班師九月詔飛還行在沂中還鎮江光世還
池州錡還太平飛軍聞詔旗靡轍亂飛口呿不能合
於是淮寧蔡鄭復為金人有以明堂恩封檜莘國公
十一年兀朮再舉取壽春入廬州諸將邵隆王德關
師古等連戰皆捷楊沂中戰拓皐又破之檜忽諭沂
中及張俊遽班師韓世忠聞之止濠州不進劉錡聞
之棄壽春而歸自是不復出兵四月檜欲盡收諸將兵
權給事中范同獻策檜納之密奏召三大將論功行賞
韓世忠張俊並為樞密使岳飛為副使以宣撫司軍

隸樞密院六月拜左僕射同中書門下平章事兼樞密使進封慶國公徽宗實錄成遷少保加封冀國公先是莫將韓恕使金拘于涿州至是兀朮有求和意縱之歸檜復奏遣劉光遠曹勛使金又以魏良臣爲通問使未幾良臣偕金使蕭毅等來議以淮水爲界求割唐鄧二州尋遣何鑄報聘許之十月興岳飛之獄檜使諫官万俟卨論其罪張俊又誣飛舊將張憲謀反於是飛及子雲俱送大理寺命御史中丞何鑄大理卿周三畏鞫之十一月貶李光藤州范同罷參知政事同雖附和議以自奏事檜忌之也十二月殺

岳飛檜以飛屢言和議失計且嘗奏請定國本俱與檜大異必欲殺之鑄三畏初鞫久不伏卨入臺獄遂上誣飛嘗自言己與太祖皆三十歲建節爲指斥乘輿受詔不救淮西罪賜死獄中子雲及張憲殺于都市天下冤之聞者流涕飛之死張俊有力焉語在飛傳十二年胡銓再編管新州八月徽宗及顯肅懿節二梓宮至行在太后還慈寧宮九月加太師進封魏國公十月進封秦魏兩國公檜以封兩國與蔡京童貫同請改封母爲秦魏國夫人子熺舉進士館客何溥赴南省皆爲第一熺本王㬇孽子檜妻㬇妹無

子㬇妻貴而妬檜在金國出熺爲檜後檜還其家以熺見檜喜甚檜幸和議復成益咎前日之異己者先是趙鼎貶潮州王庶貶道州胡銓再貶新州至是皆遇赦永不檢舉曾開李彌遜並落職張浚本助和議居位歲餘無去意檜諷江邈論罷之十三年賀瑞雪賀雪自檜始賀日食不見是後日食多書不見彗星常見選人康倬上書言彗星不足畏檜大喜特改京秩楚州奏鹽城縣海清檜請賀帝不許知虔州薛弼言木內有文曰天下太平年詔付史館於是修飾彌文以粉飾治具如鄉飲耕籍之類節節備舉爲苟安

餘杭之計自此不復巡幸江上而祥瑞之奏日聞矣洪皓歸自金國名節獨著以致金酋室撚語直翰苑不一月逐去室撚者黏罕之左右也初黏罕行軍至淮上檜嘗爲之草檄爲室撚所見故因皓歸寄聲檜意士大夫莫有知者聞皓語深以爲憾遂令李文會論之胡舜陟以非笑朝政下獄死張九成以鼓唱浮言貶累及僧宗杲編配皆以語忤檜也張邵亦坐與檜言金人有歸欽宗及諸王后妃意斥爲外祠十四年貶黃龜年以前嘗論檜也閩浙大水右武大夫白鍔有燮理乖謬語刺配萬安軍太學生張伯麟嘗題

壁曰夫差爾忘越王殺而父乎杖脊刺配吉陽軍故將解潛罷官閑居辛永宗總戎外郡亦坐不附和議潛竄南安死永宗編置肇慶死趙鼎李光皆再竄過海皓之罪由白鍔延譽光以在藤州唱和有諷刺又檜者為守臣所告也先是議建國公出閤吏部尚書吳表臣禮部尚書蘇符等七人論禮與檜意異於是表臣等以討論不詳懷姦附鼎皆罷始檜為上言趙鼎欲立皇太子是待陛下終無子也宜俟親子乃立遂嗾御史中丞詹大方言鼎邪謀密計深不可測與范沖等咸懷異意以徼無妄之福沖嘗為資善翊善故大方誣之其後監察御史王鐩言帝未有嗣宜祠高禖詔築壇于圜丘東皆檜意也台州曾惇獻檜詩稱聖相凡投獻者以皐夔稷契為不足必曰元聖檜乞禁野史又命子熺以秘書少監領國史進建炎元年至紹興十二年日曆五百九十卷熺因太后北還自頌檜功德凡二千餘言使著作郎王揚英周執高上之皆遷秩自檜再相凡前罷相以來詔書章疏稍及檜者率更易焚棄日曆時政亡失已多是後記録皆熺筆無復有公是非矣冬十月右正言何溥指程頤張載遺書為專門曲學力加禁絶人無敢以為非

十五年熺除翰林學士兼侍讀四月賜檜甲第命教坊樂導之入賜緡錢金綿有差六月帝幸檜第檜妻婦子孫皆加恩檜先禁私史七月又對帝言私史害正道時司馬伋遂言涑水記聞非其曾祖光論著之書其後李光家亦舉光所藏書萬卷焚之十月帝親書一德格天扁其閣十六年正月檜立家廟三月賜祭器將相賜祭器自檜始先是帝以彗星見求言張浚上疏言今事勢如養大疽於頭目心腹之間不決不止願謀為豫備不然異時以國與敵者反歸罪正義檜大憾浚至是大怒即落浚節鉞貶連州尋移永州十七年改封檜益國公五月移貶洪皓于英州八月趙鼎死于吉陽軍是夏先有趙鼎遇赦永不檢舉之旨又令月申存亡鼎知之不食而卒自鼎之謫門人故吏皆被羅織雖聞其死而歎息者亦加以罪又竄呂頤浩子摭于藤州十二月進士施鍔上中興頌行都賦及紹興雅十篇永免文解自此頌詠導諛愈多賜百官喜雪御筵于檜第十八年熺除知樞密院事檜問胡寅曰外議如何寅曰以為公相必襲蔡京之迹五月李顯忠上恢復策落軍職與祠六月迪功郎王廷珪編管辰州以作詩送胡銓也閏八月福州

言民采竹實萬斛以濟飢十一月胡銓自新州移貶吉陽軍以作頌謗訕也十九年帝命繪檜像自為贊是歲湖廣江西建康府皆言甘露降諸郡奏獄空帝嘗語檜曰自今有奏獄者當令監司驗實果妄誕即按治仍命御史臺察之苟不懲戒則奏甘露瑞芝之類崇虛飾誕無所不至帝雖眷檜而不可蔽欺也如此十二月禁私作野史許人告二十年正月檜趨朝殿司小校施全刺檜不中磔于市自是每出列五十兵持長梃以自衛是月曹泳告李光子孟堅省記光所作私史獄成光竄已久詔永檢舉孟堅編置峽州朝士

連坐者八人皆落職貶秩胡寅竄新州泳由是驟用五月秘書少監湯思退奏以檜存趙氏本末付史館六月熺加少保鄭瑋告其鄉人福建安撫司機宜吳元美作夏二子傳指蚊蠅也家有潛光亭商隱堂以亭號潛光有心於黨李堂名商隱無意於事秦故檜尤惡之編管右迪功郎安誠布衣汪大圭斬有蔭人惠俊進義副尉劉允中黥徑山僧清言皆以訕謗也時檜疾愈朝參許肩輿二孫扶掖仍免拜二十一年朝散郎王揚英上書薦熺為相檜奏揚英知泰州二十二年又興王庶二子之奇之荀葉三省楊煒索

敏求四大獄皆坐謗訕煒又以嘗登李光蕭振之門言時事也於是光永不檢舉振貶池州二十三年檜請下台州於謝伋家取綦崈禮所受御筆繳進檜初罷相上有責檜語欲泯其迹焉是歲進士黃友龍坐謗訕黥配嶺南內侍裴詠坐指斥編管瓊州二十四年二月王炬以弟煒舊累死賓州炬編管邕州何兌訟其師馬伸發端上金人書乞存趙氏為分檜功兌編管英州三月檜孫敷文閣待制塤試進士舉省殿試皆為第一檜從子焞熺姻黨周夤沈興傑皆登上第士論為之不平考官則魏師遜湯思退鄭仲熊沈

虛中董德元也師遜等初知貢舉即語人曰吾曹可以富貴矣及廷試檜又奏思退為編排師遜為詳定塤與第二人曹冠策皆攻專門之學張孝祥策則主一德元老且及存趙事帝讀塤策皆檜熺語於是擢孝祥為第一降塤第三未幾塤修撰實錄院宰相子孫同領史職前所無也六月以王循友前知建康嘗罪檜族黨循友安置藤州八月五趯為李光求內徙趯編管辰州鄭玘賈子展以會中有嘲詆講和之語玘竄容州子展竄德慶府方疇以與胡銓通書編置永州十二月魏安行洪興祖以廣傳程瑀論語解安

行編置欽州興祖編置昭州又竄胤程緯以其慢上無禮也帝嘗諭檜曰近輪對者多謁告避免百官輪對正欲聞所未聞可令檢舉約束檜擅政以來屏塞人言蔽上耳目凡一時獻言者非誦檜功德則訐人語言以中傷善類欲有言者恐觸忌諱畏言國事僅論銷金鋪翠乞禁鹿胎冠子之類以塞責而已故帝及之蓋亦防檜之壅蔽也衢州嘗有盜起檜遣殿前司將官辛立將千人捕之不以聞晉安郡王因入侍言之帝大驚問檜檜曰不足上煩聖慮故不敢聞盜平即奏矣退而求其故知晉安言之遂奏晉安居秀王

喪不當給俸月損二百緡帝爲出内帑給之二十五年二月以沈長卿舊與李光啓識和議又與芮燁共賦牡丹詩有寧令漢社稷變作莽乾坤之句爲鄰人所告長卿編置化州燁武岡軍静江有驛名秦城知府呂愿中率賓僚共賦秦城王氣詩以媚檜不賦者劉芮李燓羅博文三人而已愿中由此得召又張扶請檜乘金根車又有乞置益國官屬及議九錫者檜聞之安然十月申禁專門之學以太廟靈芝繪爲華旗凡郡國所奏瑞木嘉禾瑞瓜雙蓮悉繪之趙令衿觀檜家廟記口誦君子之澤五世而斬爲汪召錫所

告御史徐嚞又論趙鼎子汾與令衿飲別厚贐必有姦謀詔送大理拘令衿南外宗正司檜於一德格天閣書趙鼎李光胡銓姓名必欲殺之而後已鼎已死而憾之不置遂欲孥戮汾檜忌張浚尤甚故令衿之獄張宗元之罷皆波及浚浚在永州檜又使其死黨張柄知潭州與郡丞汪召錫共伺察之至是使汾自誣與浚及李光胡寅謀大逆凡一時賢士五十三人皆與焉獄成而檜病不能書是月乙未帝幸檜第問疾檜無一語惟流涕而已熺奏請代居相位者帝曰此事卿不當與帝遂命直學士院沈虛中草檜父子

致仕制熺猶遣其子塤與林一飛鄭柟夜見臺諫徐嚞張扶謀奏請己爲相丙申詔檜加封建康郡王熺進少師皆致仕塤堪並提舉江州太平興國宮是夜檜卒年六十六後贈申王謚忠獻檜兩據相位凡十九年劫制君父包藏禍心倡和誤國忘讎斁倫一時忠臣良將誅鉏略盡其頑鈍無恥者率爲檜用爭以誣陷善類爲功其矯誣也無罪可狀不過曰謗訕曰指斥曰怨望曰立黨沽名甚則曰有無君心凡論人章疏皆檜自操以授言者識之者曰此老秦筆也察事之卒布滿京城小涉譏議即捕治中以深文又陰

結內侍及醫師王繼先伺上動靜郡國事惟申省無
一至上前者檜死帝方與人言之檜立久任之說士
俺滯失職有十年不解者附已者立與擢用自其獨
相至死之日易執政二十八人皆世無一譽柔佞易
制者如孫近韓肖冑樓炤王次翁范同万俟卨程克
俊李文會楊愿李若谷何若段拂汪勃詹大方余堯
弼巫伋章夏宋樸史才魏師遜施鉅鄭仲熊之徒率
拔之冗散遽躋政地既共政則拱默而已又多自言
官聽檜彈擊輒以政府報之由中丞諫議而陞者凡
十有二人然甫入即出或一閱月或半年即罷去惟

王次翁閱四年以金人敗盟之初持不易相之論檜
德之深也開門受賂富敵於國外國珍寶死猶及門人謂
熺自檜秉政無日不鍛酒具治書畫特其細爾檜陰
險如崖穽深阻竟叵測同列論事上前未嘗力辨但
以一二語傾擠之李光嘗與檜爭論言頗侵檜檜不
答及光言畢檜徐曰李光無人臣禮帝始怒之凡陷
忠良率用此術晚年殘忍尤甚數興大獄而又喜諛
佞不避形迹然檜死熺廢其黨祖述餘說力持和議
以竊據相位者尚數人至孝宗始蕩滌無餘開禧二
年四月追奪王爵改謚謬醜嘉定元年史彌遠奏復

王爵贈謚

列傳卷第二百三十二

開府儀同三司上柱國錄軍國重事前中書右丞相監修國史領經筵事都總裁臣脫脫等奉

勅修

姦臣四

万俟卨　韓侂冑　丁大全　賈似道

万俟卨字元忠開封陽武縣人登政和二年上舍第調相州頴昌府教授歷太學録樞密院編脩官尚書比部員外郎紹興初盜曹成掠荆湖間卨時避亂沅湘帥臣程昌寓以便宜檄卨權沅州事成奄至城下卨召土豪集丁壯以守成食盡乃退除湖北轉運判

官改提點湖北刑獄岳飛宣撫荆湖遇卨不以禮卨憾之卨入覲調湖南轉運判官陛辭希秦檜意譖飛于朝留為監察御史擢右正言時檜謀收諸將兵權卨力助之言諸大將起行伍知利不知義畏死不畏法高官大職子女玉帛已極其欲盍示以逗遛之罰敗亡之誅不用命之戮使知所懼張俊歸自楚州與檜合謀擠飛令卨劾飛對將佐言山陽不可守命中丞何鑄治飛獄鑄明其無辜檜怒以卨代治遂誣飛與其子雲致書張憲令虛申警報以動朝廷及令憲措置使還飛軍獄不成又誣以淮西逗遛之事飛

父子與憲俱死天下寃之大理卿薛仁輔寺丞李若樸何彦猷言飛無罪卨劾之知宗正寺士㒟請以百口保飛卨又劾之士㒟竄死建州劉洪道與飛有舊卨劾其足恭媚飛聞飛罷宣撫抵掌流涕於是洪道抵罪終身不復叅政范同為檜所引或自奏事檜忌之卨劾罷再論同罪謫居筠州又為檜劾李光鼓倡孫近朋比二人皆被竄謫和議成卨請詔戸部會計用兵之時與通和之後所費各幾何若減於前日乞以羨財別貯御前激賞庫不許他用蓄積稍實可備緩急梓宫還以卨為攢宫按行使內侍省副都知宋

唐卿副之卨請與唐卿同班上殿奏事其無耻如此張浚寓居長沙卨妄劾浚卜宅踰制至擬五鳳樓會吳秉信自長沙還朝奏浚宅不過衆人常産可辨浚乃得免除叅知政事充金國報謝使使還檜假金人譽已數千言囑卨以聞卨難之他日奏事退檜坐殿廬中批上旨輒除所厚者官吏鈐紙尾進卨曰不聞聖語却不視檜大怒自是不交一語言官李文會詹大方交章劾卨卨遂求去帝命出守檜愈怒給事中楊愿封還詞頭遂罷去尋謫居歸州遇赦量移沅州二十五年召還除叅知政事尋拜尚書右僕射同中

書門下平章事纂次太后回鑾事實上之張浚以卨與沈該居相位不厭天下望上書言其事欲受命於金卨見書大怒以為金人未有釁而浚所奏乃若禍在年歲間浚坐竄謫卨提舉刊脩貢舉勅令格式五十卷看詳法意四百八十七卷書進授金紫光祿大夫致仕卒年七十五謚忠靖卨始附檜為言官所言多出檜意及登政府不能受鉗制遂忤檜去檜死帝親政將及檜所為首召卨還卨主和固位無異於檜士論益薄之

韓侂胄字節夫魏忠獻王琦曾孫也父誠娶高宗憲

聖慈烈皇后女弟仕至寶寧軍承宣使侂胄以父任入官歷閤門祗候宣贊舍人帶御器械淳熙末以汝州防禦使知閤門事孝宗崩光宗以疾不能執喪中外洶洶趙汝愚議定策立皇子嘉王時憲聖太后居慈福宮而侂胄雅善慈福內侍張宗尹汝愚乃使侂胄介宗尹以其議密啓太后侂胄兩至宮門不獲命彷徨欲退遇重華宮提舉關禮問故入白憲聖言甚懇切憲聖可其議禮以告侂胄侂胄馳白汝愚日已向夕汝愚亟命殿帥郭杲以所部兵夜分衛南北內翌日憲聖太后即喪次垂簾宰臣傳旨命嘉王即

皇帝位寧宗既立侂胄欲推定策恩汝愚曰吾宗臣也汝外戚也何可以言功惟爪牙之臣則當推賞乃加郭杲節鉞而侂胄但遷宜州觀察使兼樞密都承旨侂胄始觖望然以傳導詔旨浸見親幸時時乘間竊弄威福朱熹白汝愚當用厚賞酬其勞而疏遠之汝愚不以為意右正言黃度欲劾侂胄謀泄斥去朱熹奏其姦侂胄怒使優人峩冠闊袖象大儒戲於上前熹遂去彭龜年請留熹而逐侂胄未幾龜年與郡侂胄進保寧軍承宣使提舉佑神觀自是侂胄益用事而以抑賞故怨汝愚日深雲川劉弢者曩與侂胄同

知閤門事頗以知書自負方議內禪時汝愚獨與侂胄計議弢弗得與聞內懷不平至是謂侂胄曰趙相欲專大功君豈惟不得節度將恐不免嶺海之行矣侂胄愕然因問計弢曰惟有用臺諫爾侂胄問若何而可弢曰御筆批出是也侂胄悟即以內批除所知劉德秀為監察御史楊大法為殿中侍御史罷吳獵監察御史而用劉三傑代之於是言路皆侂胄之黨汝愚之迹始危侂胄欲逐汝愚而難其名謀於京鏜鏜曰彼宗姓誣以謀危社稷可也慶元元年侂胄引李沐為右正言沐嘗有求於汝愚不獲即奏汝愚以

同姓居相位將不利於社稷汝愚罷相始侂冑之見汝愚徐誼實薦之汝愚既斥遂併逐誼朱熹彭龜年黃度李祥楊簡呂祖儉等以攻侂冑得罪太學生楊宏中張衜徐範蔣傳林仲麟周端朝等又以上書論侂冑編置朝士以言侂冑遭責者數十人已而侂冑拜保寧軍節度使提舉佑神觀又設偽學之目以網括汝愚朱熹門下知名之士用何澹胡紘為言官澹言偽學宜加風厲或指汝愚為偽學罪首紘條奏汝愚有十不遜且及徐誼汝愚謫永州誼謫南安軍慮他日汝愚復用密諭衡守錢鍪圖之汝愚抵衡暴薨

留正舊在都堂衆辱侂冑至是劉德秀論正引用偽黨正坐罷斥吏部尚書葉翥要侍郎倪思列疏論偽學思不從侂冑乃擢翥執政而免思官侂冑加開府儀同三司時臺諫迎合侂冑意以攻偽學為言然憚清議不欲顯斥熹侂冑意未快以陳賈嘗攻熹召除賈兵部侍郎未至亟除沈繼祖臺察繼祖誣熹十罪落職罷祠三年劉三傑入對言前日偽黨今變而為逆黨侂冑大喜即日除三傑為右正言而坐偽學逆黨得罪者五十有九人王沇獻言令省部籍記偽學姓名姚愈請降詔嚴偽學之禁二人皆得遷官施康

年陳讜鄧友龍林采皆以攻偽學久居言路而張釜張巖程松率由此秉政四年侂冑拜少保封豫國公有蔡璉者嘗得罪汝愚執而黥之五年侂冑使璉告汝愚定策時有異謀具其賓客所言七十紙侂冑欲逮彭龜年曾三聘徐誼沈有開下大理鞫之張仲藝力爭乃止其年遷太保封平原郡王六年進太傅婺州布衣呂祖泰上書言道學不可禁請誅侂冑以周必大為相侂冑大怒決杖流欽州言者希侂冑意劾必大首植偽黨降為少保一時善類悉罹黨禍雖本侂冑意而謀實始京鏜逮鏜死侂冑亦稍厭前事張

孝伯以為不弛黨禁後恐不免報復之禍侂冑以為然追復汝愚朱熹職名留正周必大亦復秩還政徐誼等皆先後復官偽黨之禁寖解三年拜太師監惠民局夏允中上書請侂冑平章國政侂冑繆為辭謝乞致其仕詔不許允中放罷時侂冑以勢利蠱士大夫之心薛叔似辛棄疾陳謙皆起廢顯用當時固有困於久斥損晚節以規榮進者矣若陳自強則以侂冑童子師自選人不數年致位宰相而蘇師旦周筠又侂冑廝役也亦皆預聞國政超取顯仕群小阿附勢焰熏灼侂冑凡所欲為宰執惕息不敢為異自強

至印空名勑劄授之惟所欲用三省不預知也言路阨塞每月舉論二三常事而已謂之月課或勸侂冑立蓋世功名以自固者於是恢復之議興以殿前都指揮使吳曦為興州都統識者多言曦不可主西師必叛侂冑不省安豐守厲仲方言淮北流民願歸附會辛棄疾入見言敵國必亂必亡願屬元老大臣預為應變計鄭挺鄧友龍等又附和其言開禧改元進士毛自知廷對言當乘機以定中原侂冑大悅詔中外諸將密為行軍之計先是楊輔傅伯成言兵不可動抵罪至是武學生華岳叩閽乞斬侂冑蘇師旦周

筠以謝天下諫議大夫李大異亦論止開邊岳下大理劾罷編置大異斥去陳自強援故事乞命侂冑兼領平章臺諫鄧友龍等繼以為請侂冑除平章軍國事蕭逵李壁時在太常論定典禮三日一朝因至都堂序班丞相之上三省印並納其第侂冑眂蘇師旦為腹心除師旦安遠軍節度使自置機速房於私第甚者假作御筆升黜將帥事關機要未嘗奏稟人莫敢言四年以薛叔似為京湖宣諭使鄧友龍為兩淮宣諭使程松為四川宣撫使吳曦副之徐邦憲自處州召見以弭兵為言忤侂冑意削二秩於是左司諫

易祓大理少卿陳景俊太學博士錢廷玉皆起而言恢復之計矣詔侂冑日一朝友龍叔似並升宣撫使吳曦兼陝西河東招撫使皇甫斌副之時鎮江武鋒軍統制陳孝廣復泗州及虹縣江州統制許進復新息縣光州孫成復褒信縣捷書聞侂冑乃議降詔趣諸將進兵未幾皇甫斌兵敗於唐州秦世輔至城固軍潰郭倬李汝翼敗於宿州敵追圍倬倬執統制田俊邁以遺敵乃獲免事聞鄧友龍罷以丘崈代為宣撫使侂冑既喪師始覺為師旦所誤侂冑招李壁飲酒酒酣語及師旦壁微摘其過侂冑以為然壁乃悉

數其罪贊侂冑去之翌日師旦謫韶州斬郭倬於京口流李汝翼王大節李爽于嶺南已而金人渡淮攻廬和真楊取安豐濠又攻襄陽至棗陽乃以丘崈僉書樞密院事督視江淮軍馬侂冑輸家財二十萬以助軍而諭丘崈募人持書幣赴敵營謂用兵乃蘇師旦鄧友龍皇甫斌所為非朝廷意金人荅書辭甚倨且多所要索謂侂冑無意用兵師旦等安得專崈又遣書許還河北流民及今年歲幣金人乃有許意會招撫使郭倪與金人戰敗於六合金人攻蜀吳曦叛受金命稱蜀王崈乞移書敵營伸前議且謂金人指

太師平章為首謀宜免繫銜侂胄忿宗尚坐罷曦叛狀聞舉朝震駭侂胄亟遣曦書許以茅土之封書未達而安丙楊巨源已率義士誅曦矣侂胄連遣方信孺使北請和以林拱辰為通謝使金人欲責正隆以前禮賂以侵疆為界且索犒軍銀凡數千萬而縛送首議用兵之臣信孺歸白事朝堂不敢斥言侂胄窮其說乃微及之侂胄大怒和議遂輟起辛棄疾為樞密都承旨會棄疾死乃以殿前都指揮使趙淳為江淮制置使復銳意用兵自兵興以來蜀口漢淮之民死於兵戈者不可勝計公私之力大屈而侂胄意猶未

已中外憂懼禮部侍郎史彌遠時兼資善堂翊善謀誅侂胄議甚秘皇子榮王入奏楊皇后亦從中力請乃得密旨彌遠以告參知政事錢象祖李壁御筆云韓侂胄久任國柄輕啓兵端使南北生靈枉罹凶害可罷平章軍國事與在外宮觀陳自强阿附充位不恤國事可罷右丞相日下出國門仍令權主管殿前司公事夏震以兵三百防護象祖欲奏審璧謂事留恐泄不可翌日侂胄入朝震呵止於途擁至玉津園側殛殺之先一日周筠謂侂胄事將不善侂胄與自强謀用林行可為諫議大夫盡擊謀侂胄者是日行

可方請對自强坐待漏院語同列曰今日大成上殿俄侂胄先驅至象祖色變尋報侂胄已押出象祖乃入奏有詔斬蘇師旦於廣東嘉定元年金人求函侂胄首乃命臨安府斲侂胄棺取其首遺之侂胄用事十四年威行宮省權震寓內嘗鑿山為園下瞰宗廟出入宮闈無度孝宗疇昔思政之所偃然居之老宮人見之往往垂涕顏棫草制言其得聖之清易祓撰荅詔以元聖褒之四方投書獻頌者謂伊霍旦奭不足以儗其勳有稱為我王者余嘉請加九錫趙師𢍰乞置平原郡王府官屬侂胄皆當之不辭所嬖妾張

譚王陳皆封郡國夫人號四夫人每內宴與妃嬪雜坐恃勢驕倨掖庭皆惡之其下受封者尤衆至是論四夫人罪或杖或徙餘數十人縱遣之有司籍其家多乘輿服御之飾其僭紊極矣始侂胄以導達中外之言遂見寵任朱熹彭龜年既以論侂胄去貴戚吳琚語人曰帝初無固留侂胄意使有一人繼言之去之易爾而一時臺諫及執政大臣多其黨與故稔其惡以底大僇開禧用兵帝意弗善也侂胄死寧宗諭大臣曰恢復豈非美事但不量力爾侂胄娶憲聖吳皇后姪女無子取魯詢子為後名珍既誅侂胄削籍

流沙門島云
丁大全字子萬鎮江人面藍色嘉熙二年舉進士調
蕭山尉上謁帥閫安撫使史巖之俟衆賓退獨留大
全款曲甚至期以他日必大用大全為戚里婢壻寅
緣以取寵位事内侍盧允昇董宋臣累官為大理司
直添差通判饒州入為太府寺簿調尚書茶鹽所檢
閱江州分司復兼樞密院編脩官拜右正言兼侍講
辭改右司諫拜殿中侍御史升侍御史兼侍讀劾奏
丞相董槐章未下大全夜半調隅兵百餘人露刃圍
槐第以臺牒驅迫之出紿令輿槐至大理寺欲以此

恐之須臾出北關棄槐嘂呼而散槐徐步入接待寺
罷相之命下矣自是志氣驕傲道路以目尋為右諫
議大夫進端明殿學士僉書樞密院事封丹陽郡侯
進同知樞密院事兼權參知政事寶祐六年拜參知政
事四月拜右丞相兼樞密使進封公初大全以袁玠
為九江制置副使玠貪且刻逮繫漁湖土豪督促輸
錢甚急土豪怨盡以魚舟濟北來之兵太學生陳宗
劉黻黄唯陳宜中林則祖等六人伏闕上書訟大全
臺臣翁應弼吳衍為大全鷹犬鈐制學校貶逐宗等
開慶元年九月罷相以觀文殿大學士判鎮江府中

書舍人洪芹繳言大全鬼蜮之資穿窬之行引用凶
惡陷害忠良遏塞言路濁亂朝綱乞追官遠竄以伸
國法以謝天下侍御史沈炎右正言曹永年相繼論
罷監察御史朱貔孫復論大全奸回險狡狠毒貪殘
假陛下之刑威以箝天下之口挾陛下之爵祿以籠
天下之財監察御史饒虎臣又論大全四罪絶言路
壞人才竭民力誤邊防再削其官景定元年詔守中
奉大夫致仕臣僚言乞遠竄使不失刑詔送南康軍
居住臺臣復以為言追三官移送南安軍居住明年
監察御史劉應龍請加竄追削兩官移竄貴州團練

使與州守游翁明失色杯酒間翁明愬大全陰造弓
矢將通蠻為不軌朱禩孫以聞于朝又明年移置新
州太常少卿兼權直舍人院劉震孫繳奏乞移徙海
島四年正月將官畢遷護送舟過滕州擠之於水而
死大全知淮西總領鄭羽富甲吳門始欲結姻羽不
從遂令臺臣卓夢卿彈之籍其家為子壽翁聘婦見
其豔自取為妻為世所醜

賈似道字師憲台州人制置使涉之子也少落魄為
游博不事操行以父蔭補嘉興司倉會其姊入宮有
寵於理宗為貴妃遂詔赴廷對妃於內中奉湯藥以

給之擢太常丞軍器監益恃寵不檢日縱游諸妓家至夜即燕游湖上不反理宗嘗夜憑高望西湖中燈火異常時語左右曰此必似道也明日詢之果然使京尹史巖之戒勑之巖之曰似道雖有少年氣習然其材可大用也尋出知澧州淳祐元年改湖廣總領三年加戶部侍郎五年以寶章閣直學士爲沿江制置副使知江州兼江西路安撫使一歲中再遷京湖制置使兼知江陵府調度賞罰得以便宜施行九年加寶文閣學士京湖安撫制置大使十年以端明殿學士移鎮兩淮年始三十餘寶祐二年加同知樞密

院事臨海郡開國公威權日盛臺諫嘗論其二部將即毅然求去孫子秀新除淮東總領外人忽傳似道已密奏不可矣丞相董槐懼留身請之帝以爲無有槐終不敢遣子秀以似道所善陸壑代之其見憚已如此四年加參知政事五年加知樞密院事六年改兩淮宣撫大使自端平初孟珙帥師會大元兵共滅金約以陳蔡爲界師未還而用趙范謀發兵據殽函絕河津取中原地大元兵擊敗之范僅以數千人遁歸追兵至問曰何爲而敗盟也遂縱攻淮漢自是兵端大啟開慶初憲宗皇帝自將征蜀世祖皇帝時以

皇弟攻鄂州元帥兀良哈解由雲南入交阯自邕州蹂廣西破湖南傳檄數宋背盟之罪理宗大懼乃以趙葵軍信州禦廣兵以似道軍漢陽援鄂即軍中拜右丞相十月鄂東南陬破宋人再築再破之賴高達率諸將力戰似道時自漢陽入督師十一月攻城急城中死傷者至萬三千人似道乃密遣宋京詣軍中請稱臣輸歲幣不從會憲宗皇帝晏駕于釣魚山合州守王堅使阮思聰踔急流走報鄂似道再遣京議歲幣遂許之大元兵拔砦而北留張傑閻旺以偏師候湖南兵明年正月兵至傑作浮梁新生磯濟師北

歸似道用劉整計攻斷浮梁殺殿兵百七十遂上表以肅清聞帝以其有再造功以少傅右丞相召入朝百官郊勞如文彥博故事初似道在漢陽時丞相吳潛用監察御史饒應子言移之黃州而分曹世雄等兵以屬江閫黃雖下流實兵衝似道以爲潛欲殺己銜之且聞潛事急時每事先發後奏帝欲立榮王子孟啟爲太子潛又不可帝已積怒潛似道遂陳建儲之策令沇炎劾潛措置無方致全衡永桂皆破大稱旨乃議立孟啟貶潛循州盡逐其黨人高達在圍中恃其武勇殊易似道每見其督戰即戲之曰巍巾者

何能為哉每戰必須勞始出否即使兵士譁於其門呂文德謟似道即使人呵曰宣撫在何敢爾邪曹世雄向士璧在軍中事皆不關白似道故似道皆恨之以覈諸兵費世雄士璧皆坐侵盜官錢貶遠州每言於帝欲誅達帝知其有功不從尋論功以文德為第一而達居其次明年大元世祖皇帝登極遣翰林侍讀學士國信使郝經等持書申好息兵且徵歲幣似道方使廖瑩中輩撰福華編稱頌鄂功通國皆不知所謂和也似道乃密令淮東制置司拘經等於真州忠勇軍營時理宗在位久內侍董宋臣盧允昇為之

聚斂以媚之引薦奔競之士交通賄賂置諸通顯又用外戚子弟為監司郡守作芙蓉閣香蘭亭宮中進倡優傀儡以奉帝為遊燕竊弄權柄臺臣有言之者帝宣諭去之謂之節貼似道入逐盧董所薦林光世等悉罷之勒外戚不得為監司郡守子弟門客斂跡不敢干朝政由是權傾中外進用群小取先朝舊法率意紛更增吏部七司法買公田以罷和糴浙西田畝有直千緡者似道均以四十緡買之數稍多予銀絹又多予度牒告身吏又恣為操切浙中大擾有奉行不至者提領劉良貴劾之有司爭相迎合務以買

田多為功皆繆以七八斗為石其後田少與磽瘠虧租與佃人負租而逃者率取償田主六郡之民破家者多包恢知平江督買田至以肉刑從事復以楮賤作銀關以一準十八界會之三自製其印文如賈字狀行之十七界廢不用銀關行物價益踊楮益賤秋七月彗出柳光燭天長數十丈自四更見東方日高始滅臺諫布韋皆上書言此公田不便民間愁怨所致似道上書力辯之且乞罷政帝勉留之曰公田不可行卿建議之始朕已沮之矣今公私兼裕一歲軍餉皆仰於此使因人言而罷之雖足以快一時之議

如國計何有太學生蕭規葉李等上書言似道專政命京尹劉良貴捃摭以罪悉黥配之後又行推排法江南之地尺寸皆有稅而民力弊矣理宗崩度宗又其所立每朝必答拜稱之曰師臣而不名朝臣皆稱為周公甫葬理宗即棄官去使呂文德報北兵攻下沱急朝中大駭帝與太后手為詔起之似道至欲以經筵拜太師以典故須建節授鎮東軍節度使似道怒曰節度使粗人之極致爾遂命出節都人聚觀節已出復曰時日不利亟命返之宋制節出有撤關壞屋無倒節理以示不屈至是人皆駭歎然下沱之報

實無兵也三年又乞歸養大臣侍從傳旨留之者日四五至中使加賜賚者日十數至夜即交卧第外以守之除太師平章軍國重事一月三赴經筵三日一朝赴中書堂治事賜第葛嶺使迎養其中吏抱文書就第署大小朝政一切決於館客廖瑩中堂吏翁應龍宰執充位署紙尾而已似道雖深居凡臺諫彈劾諸司薦辟及京尹畿漕一切事不關白不敢行李芾文天祥陳文龍陸達杜淵張仲微謝章輩小忤意輒斥重則屛棄之終身不録一時正人端士為似道破壞殆盡吏爭納賂求美職其求為帥閫監司郡守者

貢獻不可勝計趙溍輩爭獻寶玉陳奕至以兄事似道之玉工陳振民以求進一時貪風大肆五年復稱疾求去帝泣涕留之不從令六日一朝一月兩赴經筵六年命入朝不拜朝退帝必起避席目送之出殿廷始坐繼又令十日一入朝時襄陽圍已急似道日坐葛嶺起樓閣亭榭取宮人娼尼有美色者為妾日淫樂其中惟故博徒日至縱博人無敢窺其第者其妾有兄來立府門若將入者似道見之縛投火中嘗與羣妾踞地鬬蟋蟀所狎客入戲之曰此軍國重事邪酷嗜寶玩建多寶閣日一登玩聞余玠有玉帶求

之已徇葬矣發其冢取之人有物求不予輒得罪自是或累月不朝帝如景靈宮亦不從駕八年明堂禮成祀景靈宮天大雨似道期帝雨止升輅胡貴嬪之父顯祖為帶御器械請如開禧故事卻輅乘逍遙輦還宮帝曰平章云云顯祖紿曰平章已允乘逍遙輦矣帝遂歸似道大怒曰臣為大禮使陛下舉動不得預聞乞罷政即日出嘉會門帝留之不得乃罷顯祖涕泣出貴嬪為尼如還似道既專恣日甚畏人議己務以權術駕馭不愛官爵牢籠一時名士又加太學餐錢寬科場恩例以小利啗之由是言路斷絕威福

肆行自圍襄陽以來每上書請行邊而陰使臺諫上章留己呂文煥以急告似道復申請之事下公卿雜議監察御史陳堅等以為師臣出顧襄未必能及淮顧淮未必能及襄不若居中以運天下為得乃就中書置機速房以調邊事時物議多言高達可援襄陽者監察御史李旺率朝士入言於似道似道曰吾用達如呂氏何旺等出歎曰呂氏安則趙氏危矣文煥在襄聞達且入援亦不樂以語其客客曰易耳今朝廷以襄陽急故遣達援之吾以捷聞則達必不成遣矣文煥大以為然時襄兵出獲哨騎數人即繆以大

捷奏然不知朝中實無援襄事也襄陽降似道曰臣始屢請行邊先帝皆不之許向使早聽臣出當不至此爾十月其母胡氏薨詔以天子鹵簿葬之起墳擬山陵百官奉襄事立大雨中終日無敢易位尋起復入朝度宗崩大兵破鄂太學諸生亦群言非師臣親出不可似道不得已始開都督府臨安然憚劉整不行明年正月整死似道欣然曰吾得天助也乃上表出師抽諸路精兵以行金帛輜重之舟舳艫相銜百餘里至安吉似道所乘舟膠堰中劉師勇以千人入水曳之不能動乃易他舟而去至蕪湖遣還軍中所

俘曾安撫以荔子黃甘遺丞相伯顏俾宋京如軍中請輸歲幣稱臣如開慶約不從夏貴自合肥以師來會袖中出編書示似道曰宋曆三百二十年似道俛首而已時一軍七萬餘人盡屬孫虎臣軍丁家洲似道與夏貴以少軍軍魯港二月庚申夜虎臣以失利報似道倉皇出呼曰虎臣敗矣命召貴與計事頃之虎臣至撫膺而泣曰吾兵無一人用命也貴微笑曰吾嘗血戰當之矣似道曰計將安出貴曰諸軍已膽落吾何以戰公惟入揚州招潰兵迎駕海上吾特以死守淮西爾遂解舟去似道亦與虎臣以單舸奔揚

州明日敗兵蔽江而下似道使人登岸揚旗招之皆不至有為惡語慢罵之者乃檄列郡如海上迎駕上書請遷都列郡守於是皆遁遂入揚州陳宜中請誅似道謝太后曰似道勤勞三朝安忍以一朝之罪失待大臣之禮止罷平章都督予祠官三月除似道諸不恤民之政放還諸竄謫人復吳潛向士璧等官誅其幕官翁應龍廖瑩中王庭皆自殺潘文卿季可陳堅徐卿孫皆似道鷹犬至是交章劾之四月高斯得乞誅似道不從而似道亦自上表乞保全乃命削三官然尚居揚不歸五月王爚論似道既不死忠又不

死孝太皇太后乃詔似道歸終喪七月黃鏞王應麟請移似道鄰州不從王爚入見太后曰本朝權臣稔禍未有如似道之烈者縉紳草茅不知幾疏陛下皆抑而不行非惟付公言於不恤何以謝天下始徙似道婺州婺人聞似道將至率衆為露布逐之監察御史孫嶸叟等皆以為罰輕言之不已又徙建寧府翁合奏言建寧乃名儒朱熹故里雖三尺童子粗知向方聞似道來嘔惡況見其人時國子司業方應發權直舍人院封還錄黃乞竄似道廣南中書舍人王應麟給事中黃鏞亦言之皆不從侍御史陳文龍乞俯

從衆言陳景行徐直方孫嶸叟及監察御史俞浙併上疏於是始謫似道為高州團練使循州安置籍其家福王與芮素恨似道募有能殺似道者使送之貶所有縣尉鄭虎臣欣然請行似道行時侍妾尚數十人虎臣悉屏去奪其寶玉徹轎蓋暴行秋日中令舁轎夫唱杭州歌謔之每名斥似道辱之備至似道至古寺中壁有吳潛南行所題字虎臣呼似道曰賈團練吳丞相何以至此似道慙不能對嶸叟應麟奏似道家畜乘輿服御物有反狀乞斬之詔遣鞫問未至八月似道至漳州木綿菴虎臣屢諷之自殺不聽曰太皇許我不死有詔即死虎臣曰吾為天下殺似道雖死何憾拉殺之

列傳卷第二百三十三

列傳卷第二百三十四　宋史四百七十五

開府儀同三司上柱國錄軍國重事中書右丞相監修國史領經筵事都總裁臣脫脫等奉勑修

叛臣上

張邦昌　劉豫　苗傅　劉正彥附　杜充　吳曦

宋失其政金人乘之俘其人民遷其寶器效遼故事立其臣為君冠屨易位莫甚斯時高宗南渡國勢弗振悍僕狂奴欺主衰敗易動於惡兵雖凶器尤忌殘忍将用忍人先無仁心視背君親猶反掌耳世将之子使握重兵居之阨塞之地豈非召亂之道乎大義昭明旋踵殄滅蓋天道也扶綱常遏亂略作叛臣傳

張邦昌字子能永靜軍東光人也舉進士累官大司成以訓導失職貶提舉崇福宮知光汝二州政和末由知洪州改禮部侍郎首請取崇寧大觀以來瑞應尤殊者增製旗物從之宣和元年除尚書右丞轉左丞遷中書侍郎欽宗即位拜少宰金人犯京師朝廷議割三鎮俾康王及邦昌為質于金以求成會姚平仲夜斫金人營斡離不怒責邦昌邦昌對以非出朝廷意俄進太宰兼門下侍郎既而康王還金人復質

肅王以行仍命邦昌為河北路割地使初邦昌力主和議不意身自為質及行乃要欽宗署御批無變割地議不許又請以璽書付河北亦不許時粘罕兵又來侵上書者攻邦昌私敵社稷之賊也遂黜邦昌為觀文殿大學士中太一宮使罷割地議其冬金人陷京師帝再出郊留青城明年春吴幵莫儔自金營持文書來令推異姓堪為人主者從軍前備禮冊命留守孫傅等不奉命表請立趙氏金人怒復遣幵儔促之劫傅等召百官雜議衆莫敢出聲相視久之計無所出乃曰今日當勉強應命舉在軍前者一人適尚

書員外郎宋齊愈至自外衆問金人意所主齊愈書張邦昌三字示之遂定議以邦昌治國事孫傅張叔夜不署狀金人執之置軍中王時雍時為留守再集百官詣秘書省至即閉省門以兵環之俾范瓊諭衆以立邦昌衆意唯唯有太學生難之瓊恐沮衆厲聲折之遣歸學舍時雍先署狀以率百官御史中丞秦檜不書抗言請立趙氏宗室且言邦昌當上皇時專事讌游黨附權姦蠹國亂政社稷傾危實由邦昌金人怒執檜幵儔持狀赴軍前邦昌入居尚書省金人趣勸進邦昌始欲引決或曰相公不前死城外今欲

塗炭一城耶適金人奉冊寶至邦昌北向拜舞受冊即僞位僭號大楚擬都金陵遂升文德殿設位御牀西受賀遣閤門傳令勿拜時雍率百官遽拜邦昌但東面拱立外統制官宣贊舍人吴革恥屈節異姓首率内親事官數百人皆先殺其妻孥焚所居謀舉義金水門外范瓊詐與合謀令悉棄兵仗乃從後襲殺百餘人捕革并其子皆殺之又擒斬十餘人是日風霾日暈無光百官慘沮邦昌亦變色唯時雍幵儔瓊等欣然鼓舞若以為有佐命功云即以時雍權知樞密院事領尚書省幵權同知樞密院事儔權僉書樞

密院事吕好問權領門下省徐秉哲權領中書省下令曰比縁朝廷多故百官有司皆失其職自今各遵法度御史臺覺察以聞見百官稱予手詔曰手書獨時雍每言事邦昌前輒稱臣啓陛下邦昌斥之勸邦昌坐紫宸垂拱殿吕好問爭之乃止邦昌以嗣位之初宜推恩四方以道阻先赦京城選郎官為四方密諭使金人將退師邦昌詣金營祖别服柘袍張紅蓋所過設香案起居悉如常儀時雍秉哲幵儔皆從行士庶觀者無不感愴二帝北還邦昌率百官遥辭於南薰門衆慟哭有仆絶者金師既還邦昌降手書赦

天下呂好問謂邦昌曰人情歸公者劫於金人之威耳金人既去能復有今日乎康王居外久衆所歸心曷不推戴之又謂曰為今計者當迎元祐皇后請康王早正大位庶獲保全監察御史馬伸亦請奉迎康王邦昌從之王時雍曰夫騎虎者勢不得下所宜熟慮他日噬臍悔無及已徐秉哲從旁贊之邦昌弗聽乃冊元祐皇后曰宋太后入御延福宮遣蔣師愈齎書於康王自陳所以勉循金人推戴者欲權宜一時以紓國難也敢有他乎王詢師愈等具知所由乃報書邦昌邦昌尋遣謝克家獻大宋受命寶復降手書

請元祐皇后垂簾聽政以俟復辟書既下中外大說太后始御內東門小殿垂簾聽政邦昌以太宰退處內東門資善堂尋遣使奉乘輿服御物至東京既而邦昌亦至伏地慟哭請死王撫慰之王即皇帝位相李綱徙邦昌太保奉國軍節度使封同安郡王綱上書極論邦昌久與機政擢冠宰司國破而資之以為利君辱而攘之以為榮異姓建邦四十餘日逮金人之既退方降赦以收恩是宜肆諸市朝以為亂臣賊子之戒時黃潛善猶左右之綱又力言邦昌已僭逆豈可留之朝廷使道路目為故天子哉高宗乃降御

批曰邦昌僭逆理合誅夷原其初心出於迫脅可特與免貸責授昭化軍節度使潭州安置初邦昌僭居內庭華國靖恭夫人李氏數以果實奉邦昌邦昌亦厚答之一夕邦昌被酒李氏擁之曰大家事已至此尚何言因以赭色半臂加邦昌身掖入福寧殿夜飾養女陳氏以進及邦昌還東府李氏私送之語斥乘輿帝聞下李氏獄詞服詔數邦昌罪賜死潭州李氏杖脊配車營務時雍秉哲幵儔等先已遠竄至是併誅時雍

劉豫字彥游景州阜城人也世業農至豫始舉進士

元符中登第豫少時無行嘗盜同舍生白金盂紗衣政和二年召拜殿中侍御史為言者所擊帝不欲發其宿醜詔勿問未幾豫累章言禮制局事帝曰劉豫河北種田叟安識禮制黜豫兩浙察訪宣和六年判國子監除河北提刑金人南侵豫棄官避亂儀真豫善中書侍郎張慤建炎二年正月用慤薦除知濟南府時盜起山東豫不願行請易東南一郡執政惡之不許豫忿而去是冬金人攻濟南豫遣子麟出戰敵縱兵圍之數重郡倅張柬益兵來援金人乃解去因遣人啗豫以利豫懲前忿遂畜反謀殺其將關勝率

百姓降金百姓不從豫縋城納欵三年三月兀朮聞高宗渡江乃徙豫知東平府充京東西淮南等路安撫使節制大名開德濮濱博棣德滄等州以麟知濟南府界舊河以南俾豫統之四年七月丁卯金人遣大同尹高慶裔知制誥韓昉冊豫為皇帝國號大齊都大名府先是北京順豫門生瑞禾濟南漁者得鱣豫以為己受命之符遣麟持重寶賂金左監軍撻辣求僭號撻辣許之遣使即豫所部咨軍民所宜立衆未及對豫鄉人張浹越次請立豫議遂决乃命慶裔昉備璽紱寶冊以立之九月戊申豫即僞位赦境內

奉金正朔稱天會八年以張孝純為丞相李孝揚為左丞張東為右丞李儔為監察御史鄭億年為工部侍郎王瓊為汴京留守子麟為太中大夫提領諸路兵馬兼知濟南府孝純始堅守太原頗懷忠義高宗以王衣雅厚孝純俾衣招之會粘罕遣人自雲中送歸豫遂失節於賊豫還東平升為東京改東京為汴京降南京為歸德府以弟益為北京留守尋改汴京留守復降淮寧永昌順昌興仁府悉為州自以生景州守濟南節制東平僭位大名乃起四郡丁壯數千人號雲從子弟下僞詔求直言十月冊其母翟氏為

皇太后妾錢氏為皇后錢氏宣和內人也習宮掖事豫欲有所取則故立之十一月改明年元阜昌方豫未僭號時數遣人說東京副留守上官悟及路悟左右喬思恭與共説悟令降金悟並斬之又招知楚州趙立立不發書斬其使復遣立友人劉偲以榜旗誘之且曰吾君之故人也立曰我知有君父不知有故人燒殺偲博州判官劉長孺以書勸豫反正豫囚之十旬不屈欲官之不受豫大索宋宗室承務郎閻琦匿之豫杖死琦及迪功郎王寵不至文林郎李喆尉氏令姚邦基皆棄官去朝奉郎趙俊書甲子不書僭

年豫亦無如之何洪皓久陷于金粘罕勸皓仕豫不從竄皓冷山處士尹惇聞豫召逃山谷間走蜀中國信副使宋汝為以呂頤浩書勉豫忠義豫曰獨不見張邦昌乎業已然尚何言哉滄州進士邢希載上豫書乞通宋朝豫殺希載是月豫立陳東歐陽澈廟於歸德如唐張巡許遠雙廟制紹興元年五月張俊討李成敗之成逃歸豫雄州大儈王友直嘗抵豫書招李成謂劉光世呂頤浩非中興將相才後為人所訴詔鞫而刑之六月豫以麟為兵馬大總管尚書左丞相置招受司于宿州誘宋逋逃金人既立豫以舊河

為界恐兩河民之陷沒者逃歸下令大索或轉鬻諸國或縶送雲中實防豫也十月豫入寇遣其將王世冲以蕃漢兵攻廬州守臣王亨誘斬世冲大敗其衆十一月帥臣葉夢得招降豫將王才僞秦鳳帥郭振入寇王彥關師古敗之僞知海州薛安靖及通判李彙以州來歸二年二月知商州董先以商虢二州叛附于豫襄陽鎮撫使桑仲上疏請正豫罪朝廷尋命仲兼節制應援京城軍馬量度事勢復豫所陷郡仍命河南翟興荆南解潛金房王彥德安陳規蘄黃孔彥舟廬壽王亨相為應援毋失事機三月仲為其將

霍明所殺高宗聞之授仲二子將仕郎河南鎮撫使翟興屯伊陽山豫患之使人招興許以王爵興焚僞詔并戮其使豫乃陰結興麾下楊偉圖之偉殺興持興首降豫四月丙寅豫遷都汴因奉祖考于宋太廟尊其祖曰徽祖毅文皇帝父為衍祖睿仁皇帝親巡郊社是日暴風捲旗屋瓦皆震士民大恐豫曲赦汴人與民約曰自今不肆赦不用宦官不度僧道文武雜用不限資格時河淮陝西山東皆駐北軍籍鄉兵十餘萬為皇子府十三軍分置河南汴京淘沙官兩京冢墓發掘殆盡賦歛煩苛民不聊生五月豫聞桑仲死遣人招隨州李道鄧州李橫皆不受執其使以聞六月蘄黃鎮撫使孔彥舟叛降豫其將陳彥時率衆千餘來歸直徽猷閣淩唐佐尚書郎李亘國信副使宋汝為留僞庭久謀疏豫虛實蠟書以聞事泄豫殺唐佐亘亦遇害豫以知東平府李鄴為尚書右丞河南鎮撫司都統制董先為大總府先鋒將十二月襄陽鎮撫使李橫敗豫兵於揚石乘勝趣汝州僞守彭玘以城降豫遣劉夔與金帥撒離曷侵蜀執進士薛筇送豫筇勉豫早圖反正庶或全宗孰與他日併妻子磔東市豫怒欲兵之賴張孝純獲免三年正

月庚申李橫破潁順軍僞守蘭和降壬戌敗豫兵于長葛甲子橫引兵至潁昌府僞安撫趙弼固守急攻下之弼遁復潁昌二月河南鎮撫司統制官李吉敗豫將梁進於伊陽臺璮之三月豫聞橫入潁昌求援于金人粘罕遣兀朮赴之豫亦遣將李成率師二萬逆戰於京城西北之年駞岡橫敗績復陷潁昌橫軍本羣盜恃勇無律勝則爭取子女金帛故及於敗四月陷虢州鎮撫司統制官謝皋指腹示賊曰此吾赤心也自剖心以死皋開封人是月明州守將徐文以所部海舟六十艘官軍四千餘人浮海抵鹽城輸款

于豫文言沿海無備二浙可襲取豫大喜以文知萊州益海艦二十俾寇通泰間五月朝廷遣韓肖胄胡松年使偽齊豫欲以臣禮見肖胄無以應松年曰均為宋臣遂長揖不拜豫不能屈因問主上如何松年曰聖主萬壽復問帝意所向松年曰必欲復故疆耳豫有慚色時豫悉有梁衛之地翟琮屯伊陽之鳳牛山不能孤立突圍奔襄陽九月楊政遣川陝將官吴勝破豫兵於蓮花城十月己亥賊將李成陷鄧州以齊安守之癸卯陷襄陽李横奔荆南知隨州李道棄城走成據襄陽以王嵩知隨州甲辰陷郢州守臣李

簡遁豫以荆超知州事賊將王彦先自亳引兵至壽春將窺江南劉光世駐軍建康扼馬家渡遣酈瓊領所部駐無為軍為濠壽聲援賊乃還十一月金人遣李永壽王翊來報聘永壽等驕倨請還豫俘及西北士民之流寓者復要畫江以益豫監廣州鹽稅吴伸上書請討豫謂金人雖彊實不足慮賊豫雖微實為可憂今敵使在廷宜陽許而陰圖之乘其不疑可一戰擒也四年正月翰林學士綦崇禮言豫父子倚重金人且永壽等從豫所來畫江之請必出於豫覘其姦謀在窺吾境土恐既通使人情必解弛宜戒將帥

愈益置守縱和議成亦未可弛備既而朝廷遣章誼使金至雲中粘罕答書約毋駐軍淮南誼不屈還過汴豫欲留之以計獲免熙河路馬步軍總管關師古與豫兵戰于左要嶺敗績遂降賊洮岷之地盡歸豫矣二月豫策進士五月知壽春府羅興叛降豫舒蘄等州制置使岳飛復襄陽李成遁尋復唐州六月復隨州擒偽守王嵩于襄陽市七月復鄧州語在飛傳豫聞岳飛取襄鄧遂乞師於金人偽奉議郎羅誘上南征策豫大喜奪民舟五百載戰具以徐文為前軍聲言攻定海九月豫下偽詔有混一六合之言遣子

麟入寇及誘金人宗輔撻辣兀朮分道南侵步兵自楚承進騎兵由泗趨徐復遣偽知樞密院盧緯請師於金主金主集諸將議粘罕希尹難之獨宗輔以為可乃以宗輔權左副元帥撻辣權右副元帥調渤海漢軍五萬應豫以兀朮嘗渡江習知險易俾將前軍豫以麟領東南道行臺尚書令朝廷震恐或勸帝他幸趙鼎曰戰而不捷去未晚也張浚曰避將安之遂決意親征壬申豫兵與金人分道渡淮楚州守臣樊序棄城走淮東宣撫使韓世忠自承州退保鎮江十月丙子朔詔張浚援世忠劉光世移軍建康世忠復

還揚州起張浚為侍讀戊子韓世忠戰於大儀巳丑
解元戰於承州皆捷丙申豫露榜有窺江之言戊戌
帝發臨安十一月壬子下詔討豫始暴豫罪惡士氣
大振欲濟江決戰趙鼎曰退固不可渡江亦非策豫
猶不親來至尊豈可與逆雛決勝負哉淮西將王師
晟張琦合兵復南壽春府執偽知州王靖十二月壬
辰岳飛遣將牛皐徐慶敗金人於廬州庚子金人退
師遣使告麟麟棄輜重宵遁語在世忠傳五年正月
淮西將酈瓊復光州偽守許約降閏二月豫將商元
攻信陽軍知軍事舒繼明死之七月豫廢明堂為講

武殿暴風連日八月陷光州十月豫令民鬻子依商
稅法許貫陌而收其筭豫獻海道圖及戰船木樣於
金主亶六年正月豫聚兵淮陽韓世忠引兵急圖之
賊守將連舉六烽兀朮與劉猊合兵來援皆為世忠
所敗六月築劉龍城以窺淮西王師晟破之執華知
剛俘其衆而還九月豫罷沿海互市張孝純謂豫曰
聞南人久治舟一旦乘風北濟將不利於我豫懼故
罷之豫聞帝親征告急於金主亶領三省事宗磐曰
先帝立豫者欲豫闢疆保境我得按兵息民也今豫
進不能取退不能守兵連禍結休息無期從之則豫

收其利而我實受弊柰何許之金主報豫自行姑遣
兀朮提兵黎陽以觀釁豫於是以麟領東南道行臺尚
書令李鄴行臺右丞馮長寧行臺戶部許清臣兵馬
大總管李成孔彥舟關師古為將籍民兵三十萬分
三道入寇麟總中路兵由壽春犯廬州猊率東路兵
取紫荊山出渦口以犯定遠西兵趨光州寇六安彥
舟統之十月猊兵阻韓世忠不得前還順昌麟兵從
淮西繫三浮橋以濟賊衆十萬次濠壽間江東安撫
使張俊拒戰詔併以淮西屬俊命殿師楊沂中至泗
州與俊合比至濠而劉光世已棄合肥矣張俊遣人

星馳采石諭光世曰敢濟者斬光世不得已還廬州
與沂中相應統制王德酈瓊出安豐遇賊三將軍皆
敗之猊衆數萬過定遠欲趨宣化犯建康沂中遇猊
兵於越家坊破之又遇于藕塘大破之猊遁麟聞亦
拔砦走麟兵有自書鄉貫姓名而縊者豫由此失人
心金人聞麟等敗詰豫罪狀始有廢豫意矣豫覺請
立麟為太子以覘其意金人乃答豫曰徐當遣人咨
訪河南百姓七年春豫策進士遣諜縱火淮甸燔劉
光世帑藏二月又焚鎮江豫自麟敗意沮氣奪中原
遺民日望王師三月帝進駐建康八月統制酈瓊執

呂祉以兵三萬叛降豫尋殺祉豫聞瓊降大喜御文德殿見之授瓊靜難軍節度使知拱州瓊勸豫入寇豫復乞師金人且言瓊欲自效金人恐豫兵衆難制欲以計除之乃佯言瓊降恐詐命散其兵金人業已廢豫而豫日益請兵遂以女眞萬戶束拔為元帥府左都監屯太原渤海萬戶大撻不也為右都監屯河間於是尚書省奏豫治國無狀當廢十一月丙午廢豫為蜀王初金主先令撻辣兀朮偽稱南侵至汴紿麟出至武成魔騎翼而擒之因馳至城中豫方射講武殿兀朮從三騎突入東華門下馬執其手偕至宣

德門強乘以羸馬露刃夾之囚于金明池翼日集百官宣詔責豫以鐵騎數千圍宮門遣小校巡閭巷間揚言曰自今不僉汝為軍不取汝免行錢為汝敲殺貌事人請汝舊主少帝來此由是人心稍安置行臺尚書省於汴以張孝純權行臺左丞相偽丞相張昂知淄州李鄴知代州李成孔彥舟酈瓊關師古各予一郡以女眞胡沙虎為汴京留守李儔副之諸軍悉令歸農聽宮人出嫁得金一百二十餘萬兩銀一千六百餘萬兩米九十餘萬斛絹二百七十萬匹錢九千八百七十餘萬緡豫求哀撻辣曰昔趙氏少帝出

京百姓然頂煉臂號泣之聲聞於遠邇今汝廢無一人憐汝者何不自責也豫語塞迫之行頓居相州韓琦宅許之後併其子麟徙於臨潢封豫為曹王賜田以居之紹興十三年六月卒是年金皇統三年也豫僭號凡八年廢時年六十五先是齊地數見怪異有梟鳴于後苑龍撼宣德門滅宣德二字有星隕于平原鎮識者謂禍不出百日豫怒殺之未幾果廢初偽麟府路經略使折可求以事抵雲中左監軍撒離曷密諭可求代豫後撻辣有歸疆之議恐可求觖望酖殺之豫之僭逆也馬定國進君臣名分論祝簡獻還

都國馬賦語多指斥又如許清臣毀景靈宮孟邦雄發永安陵瘞犬吠斃蓋無責焉

苗傅上黨人大父授父履授在元豐中為殿前都指揮使康王建元帥府信德守臣梁揚祖以兵萬人至傅與張俊楊沂中田師中皆隸麾下隆祐太后南渡傅為統制官以所部八千人扈衛駐于杭州有劉正彥者不知何許人父法政和間為熙和路經略使死王事正彥由閤門祗候易文資至朝奉大夫後以事責降會法部曲王淵為御營都統制正彥歸之淵以法故薦正彥于朝復為武德大夫知濠州擢御營右

軍副都統制淵分精兵三千與之以平丁進功進武
功大夫威州刺史初正彥討進請劉晏借行晏本巖
陵人陷遼登第宣和中率衆來歸正彥用晏計易旗
幟為疑兵遂降進晏自通直郎遷朝請郎正彥恥已
賞薄而晏獲峻遷由是觖望乃散所賜金帛與將士
尋被命從六宮皇子至杭州建炎三年二月壬戌高
宗從王淵議由鎮江幸杭州時諸大將如劉光世張
俊楊沂中韓世忠分守要害扈衛者獨苗傅先是王
淵裝大船十數自維揚來杭杭人相謂曰船所載皆
淵平陳通時殺奪富民家財也內侍省押班康履頗

用事威福由己出其徒效民居肆為暴橫傅等恨之
曰天子顛沛至此猶敢爾耶其黨張逵復激怒諸軍
曰能殺淵及內侍則人人可富朝廷豈能徧罪哉三
月辛巳拜王淵同僉書樞密院事初淵建幸杭州議
內侍實左右之及淵躐躋樞筦衆謂薦由內侍傅自
負宿將疾淵驟貴正彥雖由淵進淵檄取所予兵亦
怨之於是傅積不能平與王世脩張逵王鈞甫馬柔
吉等謀作亂鈞甫等皆燕人所將號赤心軍傅部分
既定乃紿淵以臨安縣有盜意欲使淵出其兵於外
康履得黃卷小文書有兩統制作田金字署卷末田

乃苗金乃劉也於是頗泄賊謀以告淵淵伏兵天竺
明日賊黨亦伏兵城北橋下俟淵退朝誣以結宦官
謀反正彥手殺淵以兵圍履第分捕內官凡無須者
盡殺之揭淵首引兵犯闕中軍統制吳湛守宮門潛
與傅通導其黨入奏曰苗傅不負國止為天下除害
知杭州康允之聞變率從官扣閤請帝御樓百官皆
從殿帥王元大呼聖駕來傅見黃屋猶山呼而拜帝
憑闌呼二賊問故傅厲聲曰陛下信任中官軍士有
功者不賞私內侍者即得美官黃潛善汪伯彥誤國
猶未遠竄王淵遇敵不戰因交康履得除樞密臣立

功多止作遙郡團練已斬淵首更乞斬康履藍珪曾
擇以謝三軍帝諭以當流海島可與軍士歸營且曰
已除傅承宣使御營都統制正彥觀察使御營副都
統制賊不退帝問百官計安出浙西安撫司主管機
宜文字時希孟曰禍由中官不悉除之禍未已也帝
曰朕左右可無給使耶軍器監葉宗諤曰陛下何惜
康履遂命吳湛捕履得於清漏閣承塵中傅即樓下
腰斬履傅猶肆惡言謂帝不當即大位淵聖來歸何
以處也帝使朱勝非縋樓下曲諭之傅請隆祐太后
同聽政及遣使與金議和帝許諾即下詔請太后垂

簾賊聞詔不拜曰自有皇太子可立張逵曰今日之
事當為百姓社稷計時希孟曰宜率百官死社稷否
則從三軍之請通判杭州事章誼叱之曰何可從三
軍邪帝徐謂勝非曰朕當退避須太后命勝非謂不
可顏岐曰得太后親諭之則無詞矣時寒甚門無簾
幃帝生一竹椅既請太后即起立楹側太后御肩輿
出立樓前二賊拜曰今日百姓無辜肝腦塗地望太
后主張太后曰道君皇帝任蔡京王黼更祖宗法童
貫起邊釁所以致金人之禍今皇帝聖孝無失德止
為黃潛善汪伯彥所誤已加竄逐統制獨不知邪傅

曰臣等定議必欲立皇子后曰今強敵在外使吾一
婦人簾前抱三歲兒何以令天下正彥等號泣固請
因呼其衆曰太后既不允吾當受戮遂作解衣狀后
諭止之傅曰事久不決恐三軍生變顧謂勝非曰相
公何無一言勝非不能答適顏岐至自帝前奏曰皇
帝令臣奏知太后已決意從傅請矣乞太后宣諭后
猶不許傅等語益不遜太后還入門帝遣人奏禪位
勝非泣曰臣義當死乞下詰二凶帝屏左右語曰當
為後圖事不成死未晚勝非曰王鈞甫賊腹心也適
語臣曰二將忠有餘學不足此可為後圖耳是日帝

幸顯忠寺甲申太后垂簾降赦號帝為睿聖仁孝皇
帝以顯忠寺為睿聖宮留內侍十五人餘悉編置丙
戌赦至平江府張浚知有變不拜丁亥至江寧制置
呂頤浩遺浚書痛述事變浚乃舉兵戊子御營前軍
統制張俊至平江浚諭以起兵俊泣奉命初勝非奏
垂簾當二臣同對今屬時艱乞許獨對恐賊疑乃日
引其徒一人與俱傅入對后勞勉之賊喜無所疑故
臣僚入對得謀復辟勝非深結王世脩將處以從官
俾通二凶傅欲改元正彥欲遷都建康太后謂勝非
曰二事如俱不允恐賊有他變已丑改元明受張浚

遺書二凶獎其忠義以慰安之庚寅百官朝睿聖宮以
傅為武當軍節度使辛卯張浚遣進士馮轓赴行在請
帝親總要務復抵書馬柔吉王鈞甫宜早反正以解天
下之惑浚既遣轓即檄諸路約呂頤浩劉光世會平江
傅以堂帖趣張浚赴秦州命趙哲領俊軍哲不從改命
陳思恭思恭亦不從壬辰以諫議大夫鄭瑴為御史中
丞賊以武功大夫王彥為御營司統制瑴面折二凶彥
佯狂即日致仕癸巳韓世忠引兵至常熟辛道宗謂張
浚曰賊萬一邀駕入海何以為計浚乃聲言防遏海寇
奏道宗為節制司參議官措置海船以避賊甲午貶曾

擇藍珪于嶺南傳追斬擇賊欲以所部代禁衛守睿
聖宮又欲邀帝幸徽越張浚勝非曲諭止之馮轓說
二凶反正傳按劍瞋目視轓正彥解之曰須張侍郎
來乃可即遣歸朝官趙休與轓共招浚乙未呂頤浩
勤王兵至丹陽劉光世引所部來會丙申韓世忠兵
至平江即欲進兵浚曰已遣馮轓甘言誘賊矣投鼠
忌器不可太亟賊遣張彥王德聲言防淮德伺彥醉
幷其軍自采石濟江歸劉光世彥尋為人所殺戊戌
浚以世忠兵少分張俊兵二千益之發平江馮轓至
平江浚復遣入責賊以大義諭以禍福期雖死無悔
傳等初聞浚集兵未之信及得浚書始悟見討奏請
誅浚以令天下詔責浚黃州團練使郴州安置鄭㲄
上疏謂浚不當責密遣所親謝嚮變姓名告浚宜持
重緩進賊當自遁浚然之是日賊遣苗瑀馬柔吉將
赤心隊及王淵舊部曲駐臨平以拒勤王之師馮轓
至臨平見馬柔吉同縋入城詰朝與傳等議傳曰爾
尚敢來邪欲拘轓浚逆知之謬為書遺轓言客自杭
來知二公於朝廷初無異心殊悔前書失於輕易賊
得浚遺轓書大喜乃釋轓壬寅浚得謫命恐將士解
體紿曰趣召之命也是日呂頤浩至平江與浚對泣

曰事不諧不過赤族乃命幕客李承造草檄告四方
討賊賊聞勤王之兵大集即呼馮轓勝非議復辟癸
卯張俊發平江劉光世繼之賊亦遣兵三千屯湖州
小林丙午頤浩浚以大兵發平江詔以浚為知樞密
院事丁未勝非召二凶至都堂議復辟率百官三上
表以請夏四月戊申朔帝還宮都人大說帝御前殿
詔尊太后曰隆祐皇太后立嗣君為皇太子辛酉徙
傅淮西制置使正彥副之庚戌詔復建炎號是日頤
浩浚軍次臨平苗翊馬柔吉以兵阻河韓世忠率先
鏖力戰俊光世乘之翊敗走勤王兵進北關二凶詣
都堂趣得所賜鐵券引精兵二千夜開湧金門遁辛
亥頤浩俊引勤王兵入城世忠手執王世脩以屬吏
苗傅犯富陽統制官喬仲福追擊之癸丑犯桐廬甲
寅斬吳湛時希孟編管吉陽軍丙辰傳等至白沙渡
所過燔橋以阻官軍丁巳犯壽昌縣黥民充軍庚申
犯衢州守臣胡唐老拒卻之丙寅犯常山世忠請任
討賊丁卯以世忠為江浙制置使自衢信追擊賊戊
辰賊犯玉山縣辛未賊屯沙溪鎮統制闕師古自江
東討賊還與喬仲福王德會信州賊聞之還屯衢信
間五月戊寅朔世忠發杭州庚辰賊黨張翼斬鈞甫

及桑吉父子首以降江浙制置使周望受之以聞賊寇浦城縣夾溪而屯據險設伏以邀官軍統制官馬彥溥死之賊乘勝犯中軍世忠瞋目大呼揮兵直前正彥墮馬生禽之賊將江池殺孟皐禽苗翊降衆悉解甲張逵收餘兵入崇安喬仲福追殺之傅棄軍變姓名夜遁建陽土豪詹標覺之執送世忠檻車赴行在壬寅詔班師秋七月辛巳世忠軍還俘傅正彥以獻磔于建康市張逵苗瑀及傅二子俱已前死詔釋餘黨

杜充字公美相人也喜功名性殘忍好殺而短於謀略紹聖間登進士第累遷考功郎光祿少卿出知滄州靖康初加集英殿脩撰復知滄州時金人南侵郡中僑寓皆燕人來歸者充慮為敵內應殺之無噍類建炎元年進天章閣待制北京留守遷樞密直學士提刑郭永嘗畫三策以獻充充不省永誚之曰人有志而無才好名而無實驕蹇自用而得聲譽以此當大任鮮克有終矣二年宗澤卒充代為留守兼開封尹三年以戶部尚書兼侍讀召未至改資政殿學士節制京東西路依前京城留守尋知宣武軍節度使七月以同知樞密院召還至即拜尚書右僕射同平

章事御營使初宗澤要結豪傑圖迎二帝澤卒充短於撫御人心疑阻兩河忠義之士往往皆引去留守判官宗穎嘗疏其失朝廷謂充有威望可屬大事呂頤浩張浚亦薦之故有是命時諸路各擁重兵率驕蹇不用命張俊方白事謁未入後遷前充怒戮其使諸將稍稍慴服高宗將幸西浙命韓世忠屯太平王瓊屯常州以充為江淮宣撫使留建康使盡護諸將光世世忠憚充嚴急不樂屬充詔移光世江州世忠常州時江浙倚充為重而充日事誅殺無制敵之方識者寒心金人窺江充遣裨將王民張超分守諸渡乘高據岸以神臂弓射卻之金人復逼磧砂時以輕舟薄南岸官軍奮擊或沉其舟一日當晝金人對江列陣而佯退衆信之守益懈敵諜知無備夜乃乘數十舟橫江直濟衆不能禦敵遂登岸充亟命統制官陳淬盡領岳飛諸裨校合二萬人邀擊於馬家渡約王瓊俱進敵氣銳甚淬戰沒瓊引兵遁充軍潰金人陷建康充渡江保真州充嘗痛繩諸將諸將銜之伺其敗衆將甘心焉充不敢歸乃北約泗州劉位徐州趙立欲合兵邀敵歸路詔遣內侍任源賜親札激厲俾為後圖源至常州道阻未得進募健士先達上意充詭詞

自飭以報源充居真州長蘆寺守臣向子忞勸充由
通泰入浙欲與偕行充畜異志不聽始京畿提刑凌
唐佐在南京守臣孟庾歸朝以府事委之唐佐遂降
于金為所用唐佐雅善充以書招之完顏宗弼復遣
人說充曰若降當封以中原如張邦昌故事充遂叛
降金事聞高宗謂輔臣曰朕待充不薄何乃至是哉
下制削充爵徙其子嵩巖崑壻韓汝惟於廣州是冬
充至雲中粘罕薄之久之命知相州充猜阻肆威同
列多不協紹興二年其孫自從所間走歸充其副胡
景山誣充陰通朝廷粘罕下充吏炮掠備至不服釋

之因問充曰汝欲復歸南朝邪充曰元帥敢歸充不
敢也粘罕哂之七年命充為燕京三司使八年同僉
書燕京行臺尚書省事九年遷行臺右丞相十一年
和議成而充死矣

吳曦信王璘之孫節度挺之中子以祖任補右承奉
郎淳熙五年換武德郎除中郎將後省言其太驟改
武翼郎累遷高州刺史紹興元年挺卒起復濠州團
練使慶元元年冬由建康軍馬都統制除知興州兼
利西路安撫使四年憲聖園陵成以勞遷武寧軍承
宣使六年光宗攢陵成遷太尉會韓侂胄謀開邊曦

潛畜異志因附侂胄求還蜀樞密何澹覺其意力沮
之陳自強納曦厚賂陰贊侂胄遂命曦與州駐劄御
前諸軍都統制兼知興州利州西路安撫使從政郎
米不棄上侂胄書謂曦不可主西師侂胄不報曦至
鎮譖副都統制王大節罷之更不除副帥而兵權悉歸
於曦開禧二年朝廷議出師詔曦為四川宣撫副使
仍知興州聽便宜行事自紹興末王人出總蜀賦移
牒宣司勢均禮敵而侂胄以總計隸宣司副使得節
制按劾而財賦之權又歸於曦未幾兼陝西河東招
撫使曦與從弟晛及徐景望趙富米脩之董鎮共為

反謀陰遣客姚淮源獻關外階成和鳳四州于金求封
為蜀王侂胄日夜望曦進兵曦陽為持重按兵河池不
進潛為金人地以困王師侂胄不之覺會正使程松
至曦不庭參松不敢詰曦復多摘取松衛兵松亦不
悟金人犯西和王喜曾翼拒之戰方急曦傳令退保
黑谷軍遂潰乃焚河池退壁青野原曦時已布腹心
于金將士未之知猶力戰敵人竊笑之曦退壁魚關
招集忠義厚賜以收衆心與興元都統制毋思以重兵
守大散關曦因撤蔥關之戍敵由版閘谷遶出思後
思遁金遂陷大散關曦退屯置口舉人陳國飾投匭

上書言曦必叛侂胄不省十二月興州見兩日相摩金遣吳端持詔書金印至置口封曦蜀王曦密受之李好義敗金人於七方關曦不上其捷還興州是夜天赤如血光燭地如晝翌日曦召幕屬諭意謂東南失守車駕幸四明今宜從權濟事衆失色王翼楊騤之抗言曰如此則相公八十年忠孝門戶一朝掃地矣曦曰吾意已決即詣甲仗庫集兵將官語故禄禧褚青王喜王大中等皆稱賀聽命曦北向受印遣徐景望爲四川轉運使褚青爲左右軍統制趙益昌攝總領所倉庫程松聞變棄興元去三年正月曦遣將利吉引

金兵入鳳州以四郡付之表鐵山爲界曦乘黃屋左纛僭王位于興州即治所爲行宮稱是月爲元年使人告其伯母趙氏趙怒絕之叔母劉晝夜號泣罵不絕口曦扶出之族子僎爲與元統制見僞檄色甚不平曦既僭位議行削髮左衽之令遣董鎮至成都治宮殿將徙居之曦所統軍七萬併程松軍三萬分隸十統帥遣禄祁房大勛戍萬州泛舟下嘉陵江聲言約金人夾攻襄陽祁尋至夔遣兵扼巫山得勝羅護等砦以遏王師侂胄聞曦反不知所爲或勸不如因而封之侂胄納其說吳晛爲曦謀宜收用蜀名士以

係民心於是陳咸自髡其髮史次秦塗其目楊震仲飲藥卒王翊家拱辰皆不受僞命楊脩年詹父中家大酉李道傳鄧性善楊泰之悉棄官去薛九齡謀舉義兵興州合江倉官楊巨源倡義討逆未有以發遂與隨軍轉運安丙共謀誅曦會李好義與兄好古李貴等皆有謀交相結納二月甲戌夜漏盡巨源好義首率勇敢七十人斧門以入李貴即曦室斬其首裂其尸丙分遣將士收其二子及叔父柄弟睟從弟晛賊黨姚淮源李珪郭仲米脩之郭澄等皆誅之時吳端猶卧後閤亦伏誅徐景望趙富吳曉董鎮郭榮禄

禧等皆在外遣人就誅之函曦首獻于朝詔曦妻子處死親昆弟除名勒停吳璘子孫並徙出蜀吳玠子孫免連坐通主璘祀曦敗時年四十六

列傳卷第二百三十四

開府儀同三司上柱國錄軍國重事前中書右丞相監修國史領經筵事都總裁臣脫脫等奉

勑修

叛臣中

李全上

李全者濰州北海農家子同產兄弟三人全銳頭蠭目權譎善下人以弓馬趫捷能運鐵槍時號李鐵槍初大元兵破中都金主竄汴賦斂益橫遺民保巖阻思亂於是劉二祖起泰安掠淄沂二祖死霍儀繼之彭義斌石珪夏全時青裴淵葛平楊德廣王顯忠等

附之楊安兒起掠莒密展徽王敏為謀主母舅劉全為帥汲君立王琳閻通董友張正中孫武正等附之餘寇蠭起大元兵至山東全母及其兄死馬全與仲兄福聚衆數千劉慶福國安用鄭衍德田四于洋洋弟潭等咸附之大元兵退金乃遣完顏霆為山東行省黃摑為經歷官將花帽軍三千討之敗安兒于闌頭滴水斷其南路安兒輕舸走即墨金人募其頭千金舟人斬以獻安兒無子從子友僞稱九大王不閑軍務安兒妹四娘子狡悍善騎射劉全收潰卒奉而統之稱曰姑姑衆尚萬餘掠食至磨旗山全以其衆

附楊氏通焉遂嫁之全合軍與霆戰又敗霆驍將張惠望見全躍馬赴之槍及全若有繫其馬足而止者全得收餘衆保東海劉全分軍駐崓山上霍儀攻沂州不下霆自清河出徐州斬儀潰其衆彭義斌歸李全黃摑者即阿魯達霆即李二措賜姓完顏惠號賽張飛燕俠士也此數人者出沒島崓寶貨山委而不得食相率食人有沈鐸者鎮江武鋒卒也亡命盜販山陽誘致米商斗米輙售數十倍知楚州應純之償以玉貨北人至者輙舍之又說純之以歸銅錢為名弛度淮之禁來者莫可遏安兒之未敗也有意歸宋招禮

宋人定遠民季先者嘗為大俠劉佑家厮養隨佑部綱客山陽安兒見而說之處以軍職安兒死先至山陽寅緣鐸得見純之道豪傑願附之意時江淮制置李珏淮東安撫崔與之皆令純之沿江增戍恐不能禦乃命先為機察諭意羣豪叔復鐸為武鋒軍副將辟楚州都監與高忠皎各集忠義民兵分二道攻金先遂以李全五千人附忠皎合兵攻尅海州糧援不繼退屯東海全分兵襲破莒州禽金守蒲察李家別將于洋克密州兄福克青州始授全武翼大夫京東副總管純之見北軍屢捷密聞于朝謂中原可復時

頻歲小稔朝野無事丞相史彌遠鑒開禧之事不明
招納密勅珏及純之慰接之號忠義軍就聽節制於
是有旨依武定軍生券例放錢糧萬五千人名忠義
糧於是東海馬良高林宋德珍等萬人輻湊漣水鐸
納之全與劉全俱起羨心焉嘉定十一年五月己丑
全軍至漣水邀先白事楚城取器甲金穀議再攻海
州純之厚勞全金玉器用及其下有差六月全圍海
城金經略阿不罕納不剌等固守不下七月合鄆單
邳徐兵來援全與戰于高橋不勝退守石秋分兵襲
密州禽黃摑械至楚城是冬徙屯淮陰之龜山十二

年山東來歸者不止權楚州梁丙無以贍先懇丙請
預借兩月然後帥所部五千并良等萬人往密州就
食不許請速遣全代領其衆又不許丙以石珪權軍
務珪乃奪運糧之舟二月庚辰率軍二萬度淮大掠
丙調王顯臣高友趙邦永以兵逆之至南度門顯臣
敗友邦永遇珪下馬與作山東語皆不復戰丙窘乃
遣全出諭之時金人圖淮西急馬司都統李慶宗戍
濠出戰喪騎三千珪及張春皆有亡失帥司調全與
先珪軍援盱眙全亦欲自試親往東海點軍赴之癸
亥遇金人于嘉山戰小捷三月先軍進駐天長全進

駐盱眙鼎立以待金人乙酉全至渦口值金將乞石
烈牙吾答名盧鼓槌者將濟全與其將鹿仙掩之金
兵溺淮者數千俘獲甚衆壬辰與阿海戰于化陂湖
大捷殺金數將得其金牌追至曹家莊而還三圍俱
解全喪失亦衆阿海者金所謂四駙馬也全進達州
刺史妻楊氏封令人六月金元帥張林以青莒密登
萊濰淄濱棣寧海濟南十二州來歸始林心存宋及
摑敗意決而未能達會全還濰州上冢揣知林意乃
薄兵青州城下陳說國家威德勸林早附林恐全誘
已猶豫未納全約挺身入城惟數人從林乃開門納

之相見甚歡謂得所托置酒結為兄弟全既得林要
領附表奉十二州版籍以歸表辭有云舉諸七十城
之全齊歸我三百年之舊主表馮坦所作也秋授林
武翼大夫京東安撫兼總管其餘授官有差進全廣
州觀察使京東總管劉慶福彭義斌皆為統制增放
二萬人錢糧徙屯楚州先是制置使賈涉以朝命督
戰許殺金太子者賞節度使殺親王承宣使殺駙馬
觀察使全致所得金牌于涉云殺四駙馬所獲者涉
上于朝乞如約賞之故全有是受而四駙馬實不死
也十一月大雨雪淮氷合全請于制府曰每恨泗州

沮水今如平地矣請取東西城自效制府遣就盱眙劉琸議琸集諸將燕全時青夏全咸願以長槍三千人從夜半度淮潛向泗之東城將踏濠冰傳城下捲金人不備俄城上萩炬數百齊舉邏謂曰賊李三汝欲偷城耶天黑故以火燭之全知有備引去十三年趙拱以朝命諭京東過青厓崮嚴實求内附拱與定約奉實欵至山陽舉魏博恩德懷衛開相九州來歸涉再遣拱往諭配兵二千全亦請往涉不能止乃帥楚州及盱眙忠義萬餘人以行拱說全曰將軍提兵度河不用而歸非示武也今乘勢取東平可手於是

全合林軍得數萬襲東平之城南金叅政蒙古剛帥衆守東平全以三千人金銀甲赤幟遶濠躍馬索戰時大暑全見城阻水矢石不能及乃與林夾汶水而砦中通浮梁來往一夕汶水溢漂大木斷浮梁全首尾幾絶蓋金人堰汶水而决之也詰旦金騎兵三百奄至全欣然上馬帥帳前所有騎赴之殺數人奪其馬逐北抵山谷上有龍虎上將軍者貫銀甲揮長槊盛兵以出旁有繡旗女將馳槍突鬭會諸將至援全以出乃退保長清縣精鋭喪失太半統制陳孝忠死馬林兵還青州全所携鎮江軍五百人多怨憤全乃

分隷拱使先歸而以餘衆道滄州假鹽利以慰贍之龍虎上將軍者東平副帥幹不搭女將者劉節使女也全至楚州屬召先赴行在全自渦口之捷有輕諸將心獨先嘗策戰勛威望不下己患之乃陰結制帥所任吏莫凱使譖先先卒全喜而心益貳涉乘先死欲收其軍輟統制陳選往漣水以總之先黨裴淵宋德珍孫武正及王義深張山張友拒而不受潛迎石珪于盱眙奉為統帥珪道楚城涉不知覺選還涉恥之乃謀分珪軍為六請于朝出脩武京東路鈐轄印告各六授淵等使之分統謂可散其縱淵等陽受

命涉即聞于朝謂六人已順從珪無能為矣其後有教令皆不納然後知淵等猶主珪涉恐甚全結府吏伺知之乃見涉請討珪涉未有處議者請以全軍布南度門移淮陰戰艦陳于淮岸以示珪有備然後命一將招珪軍來者增錢粮不至罷支衆心一散珪黨自離涉用其策珪技果窮珪素通好於大元至是殺淵而挾武正德珍與其謀主孟導歸大元漣水軍未有所屬全求併將之客有請以附淮將者曰使南將主北軍則淮楚為一涉然之且曰先在時有三千虚籍今當遣明亮覈實因可省費全聞之即獻計曰全

若朝將此軍夕與聚除虛籍因畢辭獻珍具以自結
涉不能卻遂以付全翼日復命曰初謂有虛額昨夕
細點萬五千人之外尚溢十數名涉始悟全見紿他
日議更遣幕屬點之吏亟報全全忽狀白涉昨夕三
鼓漣水告警云金人萬餘在邳州全思漣水去邳咫
尺既無險阻城壁複弊一被攻劫則直臨淮面罪在
全矣深夜不敢驚制使已調七千人迎敵矣涉知全
詐因寢點軍之議全又白制府請于朝以劉全爲總
管駐揚州分數千兵從之而將其衆十一月丁未全
遊金山作佛事以薦國殤知鎮江府喬行簡■方舟

逆之大合樂以饗之總領程覃迭爲主禮務誇北人
以繁盛全請所狎娼覃不與全歸語其徒曰江南佳
麗無比須與若等一到始造艇艣舟謀爭舟楫之利
焉十四年正月金人將南來全請於涉欲與劉琸共
圖泗州以伐其謀涉許之全兵至盱眙度淮攻尅泗
州之西城入城布守琸徙盱眙芻粟以實之防城之
具俱撤以往爲必守之計未幾盧鼓椎來取西城全
盛兵出戰大敗統制賴興死全閉城自守明日復戰
不勝全遁歸資糧器械悉以委敵金人既陷蘄州邑
再與趙范及其弟葵邀擊于天長全隨行襲金人後

謁而賀曰二監軍已立大功乞以餘寇付全追之然
全追之不甚力亦以是進承宣使十五年二月琸再
取西城盧鼓椎背城力戰戒惠必獲全不獲則斬惠
數嘗敗全于山東而不能獲每歎曰天假此賊事未
可量及聞盧鼓椎言自度進未必獲退復受戮即陳
躍馬奔全壁棄所執兵請降全掖而起之相與歡甚
不數日惠戲下數千人皆潛至全與惠歸請于制置
司官之令自總一軍膠西當登寧海之衝百貨輻湊
全使其兄福守之爲窟宅計時互市始通北人尤重
南貨價增十倍全誘商人至山陽以舟浮其貨而中

分之自淮轉海達于膠西福又具車輦之而稅其半
然後從聽往諸郡貿易車夫皆督辦於林林不能堪
林財計仰六鹽場福恃其弟有大造于林又欲分其
半林許福恣取鹽而不分場福怒曰若背恩耶待與
都統提兵取若頭爾林懼愬于制置司涉密召林戲
下問之福伏兵于塗以伺林覺不追於是李馬兒說
林歸大元福狼狽走楚州冬加全招信軍節度林猶
遺涉書誣全明已非叛涉以咎全全請爲朝廷取之乃
提師駐海州以迫林涉間道遣黠胥王翊閻瓊勞林
林泣涕道其故翊歸全使人殺諸塗全攻林急林走

全遂入青州十六年二月涉勸農出郊暮歸入門忠
義軍遮道涉使人語楊氏楊氏馳出門佯怒忠義而
揮之道開涉乃入城自是以疾求去甚力五月被召
辛秋全新置忠義軍籍初涉屯鎮江副司八千人于
城中翟朝宗統之分帳前忠義萬人屯五千城西趙
邦永高友統之屯五千淮陰王暉及于潭統之所以
制北軍也全輕鎮江兵且以利啗其統制陳選及趙
興使不為己患唯忌帳前忠義乃數稱高友等勇過
出軍必請以自隨涉不許全每燕戲下幷召涉帳前
將校帳前亦願隸焉然未能合也及丘壽邁攝帥事

全忽請曰忠義爲合尺籍鹵莽莫若别置新籍一納
諸朝一申制閫一留全所庶功過有攷請給無弊壽
邁善而諾之全乃合帳前忠義悉籍之盡統其軍時
人莫悟十一月許國自武階換朝議大夫淮東安撫
制置使命下聞者驚異先是國奉祠家食數言全必
反欲傾涉而代之會召國奏事國疏全姦謀甚深反
狀已著非有豪傑不能消弭盖自薦也至是喬行簡
爲吏部侍郎上疏論國望輕不宜帥淮不報山陽參幕
徐晞稷雅意閫閫及聞國用晞稷闕望乃謄國奏注
釋以寄全全得報不樂是冬大元將李二措及邳州

守致書海州欲附宋全戲下周岊得之即以報全全
喜遣王喜兒以兵二千應接而已繼之二措納喜兒
而囚之全兵欲攻邳四面阻水二措積勁弩備之全
不得進合兵索戰全敗欲還楚州會濱棣有亂乃引
兵趨山東十七年正月國之鎮楊氏郊迓國辭不見
楊氏慚以歸國既視事痛抑北軍有與南軍競者無
曲直偏坐之犒賚十裁七八全自山東致書于國國
誇於衆曰全仰我養育我略示威即奔走不暇矣全
固留青州國不能致四月全遣小吏致再書國書曲
加勞接即日真補承信郎冀結其心小吏曰小吏奉

書而還得命諸將校謂何不受歸語其徒以為笑國
見全無來期數致厚餽邀全議事會劉慶福亦使人
覘國意向國左右知之語覘者曰制置無害汝等意
慶福以報全全集將校曰我不恭制閫則曲在我今
不計生死必往見八月全上謁賓贊戒全曰節使當
庭趨制使必免禮及庭趨國端坐納全拜不為止全
退怒曰庭參亦常禮全歸本朝拜人多矣但恨汝非
文臣本與我等汝向以淮西都統謁賈制帥亦免汝
拜汝有何勛業一旦位我上便不相假借耶全赤心
報朝廷不反也國繼設盛會宴全遺勞加厚全終不

樂國之客章夢先主幕議慶福謁見夢先責客將令隔簾貌喏慶福不能堪國以名馬十餘噉遺全不受國固遣全俟其充斥階庭伺候移時而復卻之如是者半月卒不受全欲往青州懼國苛留自計曰彼所爭者拜也拜而得志吾何愛焉更折節為禮因會席間出劉白事國見其細故判從之全即席再拜謝自是動息必請得請必拜國大喜語家人曰吾折伏此虜矣義斌求趙邦永來山東全為白之國諾邦永隸間告國曰邦永若去制使誰與處國曰我自能兵爾毋過慮邦永泣而辭之全遂往青州十一月國集兩淮馬步軍十三萬大閱楚城之外以挫北人之心楊氏及軍校留者恐其圖已內自為備寶慶元年湖州人潘甫與其從弟丙壬起兵寄告全黨于山陽全黨欲坐致成敗然其謀而不助之力甫歸陰勸部曲及聚販鹽盜至千餘結束如北軍率衆揚言自山陽來擁立濟王事見竑傳時全圖國之意已決遣慶福還楚城使為亂或教楊氏畜一妾男子間指謂入曰此宗室也至語郡僚曰會令汝為朝士潛約盱眙四軍相應忠義統領王文信有衆八百涉徙刺揚州强勇軍國之聚兵大閱文信在焉慶福與謀令歸襲揚州

別遣將劫寶應事濟即揮衆度江盱眙四將不從於是慶福等謀中輟止欲快意於許國焉計議官苟夢玉知之以告國國曰但使反反即殺我豈文儒不知兵耶夢玉懼禍及已求檄往盱眙復告慶福曰制帥欲圖汝兩為自結之計乙卯國晨起蒞事忽露刃充庭客駭走國厲聲曰不得無禮矢已及額流血蔽面國走亂兵悉害其家大縱火焚官寺兩司積蓄盡入賊親兵數十人翼國登城樓縋城走伏道堂中宿焉時四明人姚翀通判青州全豫令還山陽及漣水而復止之至是擁翀入城與通判宋恭唱搞南北軍使歸營是日慶福首殺夢先以報貌喏之辱戒諸軍毋害苟夢玉家護以五十兵初國倚揚州强勇軍統制彭興及淮西親兵將趙社朱虎等為腹心至是首降賊且助為亂惟丁勝張世雄沇與杜靖毗富道不屈或與賊巷戰與手殺賊將馬良賊黨得志更相賀獨張正忠歎曰若曹不識事體朝廷豈置汝耶王文信復獻計慶福曰我僞作重傷提本部軍歸揚州揚守必不疑我生縛守以其城獻慶福喜夜飲而遣之丙辰許國縊于途丁巳文信將至揚州其徒有亡入城告變者時揚之兵皆在楚知州兼提點刑獄汪統會

同官議鈐轄趙拱曰若不納則文信必曰我歸營何
故見拒將借是以魚肉城外之民拱素善文信請說
止其兵而以單騎入俟入城而殺之然後撫其兵領
往盱眙分隸張范戲下統喜遣之遇文信于十里頭
置酒相勞苦文信僞爲裹創狀拱曰忠義反楚州揚
州人見忠義暮歸豈不相疑不若暫駐兵城外然後
同見提刑提刑急欲知楚州事也文信不疑聯騎入
城坐客次拱先入勸統收戮之統躊躇不敢發劉全
知其謀帥甲士突入郡堂厲聲曰王統領好人提刑
不必疑請出受參統不得已出而搞之劉全以兵翼

之出館其家詰旦統未有處拱又請引文信出城與
議田屯楚州文信知事泄拱就出劉全亦請從至平
山堂文信責拱賣己欲殺之拱曰爾謀如此三城人
命何辜我已存三城人身死無憾然我死汝八百家
老幼在城豈得生耶文信及其衆動色文信劉全遂
還楚州時盱眙總管夏全聞山陽得志亦懷異圖劉
琸厚賂之乃止及文信亂琸懼夏全復動乃使卞整
將兵三千視之使不敢動整以邀文信爲辭引兵還
揚州因僞言盱眙失守卞整爲亂於是揚州復震城
門晝閉彌遠懼激他變欲姑事涵忍而後圖之謀帥

莫可以徐晞稷嘗倅楚州守海州得全歡心晞稷亦
勇往乃授淮東制置使令屈意撫全時慶福以事濟
報全全又牒義斌等曰許國謀反已伏誅矣爾軍並
聽我節制義斌得牒大罵曰逆賊背國厚恩擅殺制
使此事皆因我起我必報此讐呼趙邦永曰趙二汝
南人正須爾明此事乃斬齎牒人南向告天誓衆見
者憤激全自青州至楚城佯責慶福不能彈壓致忠義
之鬨斬數人請待罪朝廷未之詰趙范時知揚州兼
提點刑獄得制置印于潰卒中以授晞稷全遣騎逆
晞稷己卯晞稷入楚城劉全躍馬登郡廳晞稷迎之

全及門下馬拜庭下晞稷降等止之賊衆乃悦四月
潘壬變姓名至楚州將度淮而北小校明亮獲之械
送行在伏誅甲午時青使人僞爲金兵道邳州出漣
水奪全田租而伏騎八百翼且全引二百騎度淮與
鬪伏發全敗圖之慶福以兵往援全全出與慶福俱重
傷歸楚州丁勝張世雄欲乘全敗舉兵追北軍晞稷
止之全後知其謀對晞稷詰之二人不爲屈然懼禍
及己晞稷乃潛授世雄勝軍統制教使逃而陽索之
北軍追世雄世雄且戰且走得達揚州晞稷初至楚
緩急相濟如因趙社逐朱虎賊尚知畏憂令全還戰

馬軍器于制司全唯唯退招姚翀及將校飲酒酣全
曰制司追我戰馬軍器若何忽有將校曰當時忠義
只百十人其他軍皆南軍乘勢將帶若潰將何以還
一人曰制司必欲追之不若有官者棄官無官者歸
山東為百姓一人抵掌憤然使全反全陽罵之翀以
告晞稷翼日全見晞稷求納官晞稷撫之而去自是
不復誰何其後至以恩府稱全恩堂稱楊氏而手足
倒置矣軍器庫止餘槍千數千全復取去全欲戰艦
晞稷使擇二艘全移出淮河使軍習之初楚城之將
亂也有吏竊許國書篋二以獻慶福皆機事慶福賞

盜篋者五百千未之閱全始發緘使家僮讀之有廟
堂遺國書令圖全者全大怒又有苟夢玉書即以慶
福謀告國者全始惡夢玉反覆夢玉知之時已被堂
召亟辭全如京已卯全餽餞夢玉如平時潛瘞諸十
里之郊復出榜捕害夢玉者全往青州五月丁卯全
取東平不克戊寅劉全以券易制司錢不如欲復謀
亂楊氏出二千緡解之乃止全引兵攻恩州明日義
斌出兵與全鬪全敗義斌以千五百騎追之獲馬二
千匹皆揚州強勇軍馬也慶福往救又敗全退保山
崮柚山陽忠義以北楊氏及劉全皆欲親赴之會全

遣人求晞稷書與義斌連和乃止義斌納全降兵兵
勢大振進攻真定降金將武仙衆至數十萬致書沿
江制置使趙善湘曰不誅逆全恢復不成但能遣兵扼
淮進據漣海以蹙之斷其南路如此賊者或生禽或
斬首惟朝廷所命賊平之後收復一京三府然後義
斌戰河北盱眙諸將襄陽騎士戰河南神州可復也
時四總管亦各遣計議官致書乞助討賊范亦以為
言不報全貽書制置司誣義斌叛晞稷繳達之時朝
廷知義斌之功憚全未欲行賞未幾義斌侯命不至
拓地而北與大元兵戰于内黄之五馬山大元兵說

之降義斌厲聲曰我大宋臣且河北山東皆宋民義
豈為他臣屬耶遂死之戲下王義深等復歸全全使
人說時青附己餽金五百兩青見義斌死乃附全自
移屯淮陰全招青入城飲折俎銅券二千他餽稱是
恩徧麾下人人喜悅晞稷宴青全餽折俎如前全將
往山東以南軍七百從官犒鐵錢券人五千全犒銅
錢三倍許犒南貨免稅於是請行者不已得千人以
俱晞稷又以千八百人繼之二年春趙范奉祠林珙
知揚州權提點刑獄全北剽山東南假宋以疑大元
且仰食會金與大元爭大名全得往來經理三月丙

辰朔大元兵攻青州全大小百戰終不利嬰城自守大元築長圍夜布狗砦糧援路絕全遣小校周興祖縋城雜樵采者走楚州發援兵終不能支全與福謀福曰二人俱死無益也汝身係南北輕重我當死守孤城汝間道南歸提兵赴援可尋生路全曰數十萬勍敵未易支也全朝出則城夕陷不如兄歸於是全止而福行朝廷初以力未能討故用晞稷調護及傳全被圍稍欲圖賊晞稷畏懦幸全未歸以苟歲月朝廷方謀易帥劉琸久在盱眙雅意建閫又見賊勢稍孫意功名可立使鎮江副都統彭㐨延譽京師自謂

素撫鎮江三萬人足用且得四總管歡心討賊有餘力朝廷信之㐨亦垂涎代琸從臾尤力九月以琸知楚州兼淮東制置使㐨代知盱眙晞稷不知也乙亥晞稷以戶部侍郎召未幾出知泉州十一月壬子朔琸至楚州心知不能制馭四總管惟以鎮江兵自隨時青在淮陰琸怨其移屯叛已不召也夏全請從琸素畏全狡亦俾留盱眙㐨自揣資望視琸更淺曰琸之止夏全是欲遺患盱眙也琸猶憚夏全我何能用乃激夏全曰楚城賊黨不滿三千健將又在山東劉制使圖之收功在旦夕太尉曷不往赴事會何端坐為夏全欣然領兵徑入楚城青亦自淮陰復移屯城內琸且駭且恐勢不容卻復就二人謀焉時傳全已死福欲分兵赴援兵必卒不往甲子琸令夏全盛陳兵楚城賊黨䆠惡楊氏遣人賂夏全求緩師乃止

列傳卷第二百三十五

列傳卷第二百三十六　宋史四百七十七

開府儀同三司上柱國錄軍國重事前中書右丞相監修國史領經筵事都總裁臣脫脫等奉

勑修

叛臣下

李全下

寶慶三年二月楊氏使人行成于夏全曰將軍非山東歸附耶狐死兎泣李氏滅夏氏寧獨存願將軍垂盼全諾楊氏盛飾出迎與按行營壘曰人傳三哥死吾一婦人安能自立便當事太尉爲夫子女玉帛干戈倉廪皆太尉有望即領此誠無多言也夏全心動

乃置酒歡甚飲酣就寢如歸轉仇爲好更與福謀逐璋矣辛卯夏全令賊黨圍州治焚官民舍殺守臧吏取貨物時璋精兵尚萬餘窘束不能發一令太息而已夜半縋城僅以身免鎮江軍與賊戰死者太半將校多死器甲錢粟悉爲賊有璋步至揚州借州兵自衛猶劄揚州造旗幟林拱繳奏于朝聞者大笑夏全既逐璋暮歸楊氏拒之意楊氏反目圖己明日大掠趨盱眙欲爲亂張惠范成進閉門不得入翱翔淮上惠成進出兵欲勦之夏全狼狽歸金金人納之是舉也張正忠不從亂經妻女于庭并己自焚報至中外大恐劉璋自劾未幾死初姚翀從貫涉辟楚州推官全喜其附己爲引重當路得改秩全請以通判青州國之死全借翀撫定以誑衆以功入朝三月以翀爲軍器少監知楚州兼制置翀辟鄭子恭杜耒等爲幕客留母及其子于京買二妾以行至城東艤舟以治事間入城見楊氏用晞稷故事而禮過之楊許翀入城乃入寓治僧寺極意娛之時全在圍一年食牛馬及人且盡將自食其軍初軍民數十萬至是餘數千矣四月辛亥全欲歸于大元懼衆異議乃焚香南向再拜欲自經而使鄭衍德田四救之曰譬如爲衣有

身愁無袖耶今北歸蒙古未必非福全從之乃約降大元大元兵入青州承制授全山東行省慶福在山陽自知己爲厲階懷不自安欲圖福以自贖福知之亦謀去慶福二人互相猜貳不相見福僞病旬餘諸將問疾慶福不往張甫者素厚慶福懼福疑己乃勸慶福往後慶福約甫同往及寢遙見福卧不解衣心恐不得已至床前見床頭鞘刀慶福口問疾而手按鞘懼福先發福疑慶福就刀見害乃躍起拔刀傷慶福慶福徒手不支甫救之左右羣起殺慶福及甫甫本金元帥封高陽公最善馭衆金亡河北甫據雄霸

清莫河間信安不下信安出白溝距燕二百里而阻巨濼大元兵不能涉甫每潛師窺伺大元將俚砦奴屢欲滅甫以取雄霸驍將窩羅虎者歸甫甫納之其後窩羅虎遁去且竊甫千里馬以獻俚砦奴俚砦奴喜待遇益厚嘗會飲燕京之大悲閣窩羅虎醉俚砦奴而推使墜閣幾斃焉窩羅虎乃佯醉下樓復乘所獻馬以歸甫追者莫及人始服甫之用間焉其後歸全福以慶福頭納琳琳大喜来曰慶福首禍一世姦雄今頭落措大手耶飛報于朝遣子恭繼奏捷璋之敗儲積掃地綱運不續賊黨籍籍謂福所致福數見琳

及僉幕促之皆謝以朝廷撥降未下福曰朝廷若不養忠義則不必建閫開幕今建閫開幕如故獨不支忠義錢糧是欲立制閫以困忠義也六月福乘衆怨與楊氏謀召琳飲琳至而楊氏不出就坐賓次左右散去福與琳命召諸幕客以楊氏命召琳二妾諸幕客知有變不得已往来朝服至八字橋福兵腰戮之来南望再拜就斃二妾之入琳及見之福兵欲害琳鄭衍德救之得免去須鬢縋城西夜走徒步歸明州未幾死朝廷以淮亂相仍遣帥必斃莫肯往来始欲輕淮而重江楚州不復建閫就以帥楊紹雲兼制置

改楚州名淮安軍命通判張國明權守視之若羈縻州然賊徒黨塞南門開北門支邑民田皆以少價抑買之自收賦以贍軍錢糧不繼如故賊將國安用閻通歎曰我曹来外日受銅錢二百楚州物賤可以樂生而劉慶福為不善怨仇相尋使我曹無所衣食張林邢德亦謂嘗受宋恩中遭全間隙今歸于此豈可不與朝廷立事王義深亦嘗遭全屈辱且謂我本貫帥帳前人與彭安撫舉義不成而歸五人相謂曰朝廷不降錢糧為有反者未除耳乃共議殺福及楊氏以獻於是衆帥兵趨楊氏家福出德手刃之相屠者

數百人有郭統制者殺全次子通殺一婦人以為楊氏函其首并福首馳獻于紹雲紹雲驛送京師傾朝甚喜檄彭忔張惠范成進時青併兵往楚州便宜盡戮餘黨未幾傳楊氏故無恙婦人頭乃全次妻劉氏也忔輕儇每供四總管弄戲得檄不敢自決力邀惠成進二人即提兵入楚城與林等五人歡宴議分北軍為五使五人分掌之每軍無過千人一屯南度門一屯平河橋一屯北神鎮城中城西各一在山東人老幼並絕錢糧出淮陰戰艦陳淮岸以斷全歸路請制府及朝廷處之廟議謂青望重惟聽青區畫省檄

之下不及恵成進青亦恐禍及密遣人報全于青州
遷延不決恵等歸盱眙賊黨復振紹雲赴樞密稟議
淮東總領岳珂攝制府事恵成進既歸錢糧缺乏密
約降金盧鼓槌許之時鎮江軍及滁州虎兒軍在盱
眙者尚衆二人紿恠曰南北軍易致激變宜令軍人
出入無得帶刃又勸早發虎兒軍折洗恠從之二人
每宴恠必徧造皂隷恠皆不悟方感其拒夏全之功
轉兩軍官資二人同戲下合辭曰不願得官欲得錢
粮八月辛酉恵成進燕恠恠左右知有謀多不往恠
往如平時酒半縛恠恠從者無寸鐵且醉皆就縛即

日渡淮輸欵以盱眙附盧鼓槌于泗州金兵至開門
接之諸軍不戰皆降於是塞南門開北門導淮水以
通泗之東西域焉盧鼓槌與恵釋憾連姻金官恵有
加俾專制河南以拒大元自是金人窺淮東益急朝
廷調京湖制置司兵萬人屯青平山以備全全得青
報慟哭力告大元大將求南歸不許斷一指示歸南
必畔許之承制授山東淮南行省得專制山東而歲
獻金幣十月丙辰全與大元張宣差并通事數人至
楚州服大元衣冠文移紀甲子而無號義深走金安
用殺林德自贖丁巳全邀青及張國明于淮陰國明

辭疾青父子同至全推殺其子者郭統制斬之又收
田成瑶田之昂李英等八人下獄云非朝廷殺我妻
子吾惟問汝李英全腹心狡而密與李平皆山東晉
吏全之乍逆乍順二人所教也平又數致全書至廟
堂以覘朝廷青繳所授檄於全曰我素推尊相公豈
肯爲此全亦惡青反覆辛酉與登城南樓飲殺青馳
騎往紿青妻言青病見與禱禳青妻至盡殺之遂併
青軍擢小校胡義爲將從其半于漣海紹定元年春
全厚募人爲兵不限南北宋軍多亡應之天長民保
聚爲十六砦比歲失業官振之不能繼壯者皆就募

射陽湖浮居數萬家家有兵仗侵掠不可制其豪周
安民谷汝礪王十五長之亦遣結水砦以觀成敗翟
朝宗知揚州權制置全厚賞捕趙邦永邦永乃變名
以勝全知東南利舟師謀習水戰來商至悉併舟羅
之留其柁工一以教十又遣人泛江湖市桐油粘筏
厚募南匠大治舭艖船自淮及海相望於是善湘禁
桐油粘筏下江嚴甚朝宗市粘木往揚州善湘亦聞
于朝請以松木易留之全不得已代以楡板舟成多
重滯六月試舟射陽湖善湘恐其乘便擣通泰函牒
池州求通泰入湖之路七月壬辰全使衍德提兵三

萬如海州乙未全及楊氏大閱戰艦于海洋八月全趨青州爲嚴實及石小哥邀擊敗走小哥珪子也遂奪青崖崮據之九月全歸海州治舟益急驅諸崮人習水十一月全至楚州全山東經理未定而歲貢于大元者不缺故外恭順于宋以就錢糧徃徃貿貨輸大元宋得少寬北顧之憂遣餉不輟全縱遊説于朝不若復建山陽制置司全又與金合縱約以盱眙與之金亦遣靳經歷者聘全皆不遂二年四月全以糧少爲詞遣海舟自蘇州洋入平江嘉興告糴實欲習海道覘畿甸也六月全資淮安牛馬鱠趙五嘯合亡命雜北軍分徃盱眙略牛馬九月全徃漣海視戰艦陽言歸東平葬方士許先生未幾還嘗燕張國明等忽曰我乃不忠不孝之人衆曰節使何爲有是言也全曰糜費朝廷錢糧至多乃殺許制置不忠我兄被人殺不能報復不孝二月二十五日事吾之罪也十一月十三日事誰之罪耶蓋指琫與夏全也全密遣軍掠高郵寶應天長之間知高郵軍葉秀發遣宗雄武領民兵捍禦爲賊所敗三年二月壬寅御前軍器庫火得縱火者楚州軍穆椿也全欲鎖宋兵備故使椿行且伏姦于外謀入爲亂以不得入而止於是先朝兵

甲盡喪椿臨刑笑曰事濟矣全欲先據揚州以度江分兵徇通泰以趨海諸將皆曰通泰鹽場在焉莫若先取爲家計且使朝廷失鹽利全欲朝廷不爲備且雖反而難遽絶錢糧乃挾大元李宋二宣差恫疑虛喝而使國明達諸朝而大元實未嘗資全兵有識李宣差者曰此青州賣藥人也七月召國明稟議全以寶玉資其行賓從所過揚言李相公英略絶倫其射五百步朝廷莫若裂地王之與增錢糧使當邊境偏餽要津求主其説既見廟堂以百口保全不叛八月全將閱舟師風不順焚香禱曰使全有天命當反風語畢風反大閱數日會全糴麥舟過鹽城縣朝宗嗾尉兵奪之全怒以捕盜爲名庚午水陸數萬徑擣鹽城戍將陳益樓強皆遁全入城據之知縣陳遇踰城走公私鹽貨皆沒於全朝宗倉皇遣幹官王節入鹽城懇全退師又遣吏曾玠李易入山陽求楊氏裹言之助皆不答朝宗乃遣卞整領兵扼境全留鄭祥董友守鹽城提兵徃楚璧與遇麾軍道左擊柝聲諾全言于朝稱遣兵捕盜過鹽城令自棄城遁去慮軍民驚擾未免入城安衆乃加全兩鎮節令釋兵命制置司幹官耶律均徃諭之全曰朝廷待我如小兒啼則

與果不受朝廷為罷朝宗謀再用紹雲紹雲辭以官
卑不能制命鄭損損辭通判揚州趙璥夫暫攝事全造
舟益急至發冢取結板鍊鐵錢為釘鞠熬人脂擣油
灰列炬繼晷招沿海亡命為水手又給璥夫以大元
為詞邀增五千人錢糧求誓書鐵券朝廷猶遺餉不絕
全得米即自轉輸淮海入鹽城以贍其衆他軍士見
者曰朝廷惟恐賊不飽我曹何力殺賊射陽湖人至
有養北賊戕淮民之語聞者太息王十五附全全又
遣人以金牌誘脅周安民等造浮梁于諭口以便鹽
城來往又開馬邏港壽河引淮船入湖為攻撓水砦

討復言於制置司云全復歸三年淮甸寧息雖荀大
丞相力主安靖之說深有覆護之恩柰何趙制置岳
總管二趙兄弟人自為政使全難處全欲決定去就
親往鹽城存劉若有疾全者疑全者如趙知府之輩
便可提兵決戰如能滅全高官重祿任彼取之倘不
能滅方表全心善湘見之甚憤范亦請調兵時彌遠
多在告執政無可否舉朝率謂大丞相老於經綸豈
不善處獨參知政事鄭清之深憂之密與樞密袁韶
尚書范楷議二人所見合清之乃約韶見帝韶歷言
全狀帝有憂色清之即力贊討全帝意決清之退以

帝意告彌遠彌遠意亦決乙巳金字牌進善湘煥章
閣學士江淮制置大使范直徽猷閣知揚州淮東安
撫副使葵直寶章閣淮東提點刑獄兼知滁州俱節
制軍馬全子才軍器監簿制置司參議官下詔曰君
臣天地之常經刑賞軍國之大柄順斯柔撫逆則誅
夷惟我朝廷兼愛南北念山東之歸附即淮甸以綏
來視爾遺黎本吾赤子故給資糧而脫之餓殍賜爵
秩而示以寵榮坐而食者踰十年惠而養之如一日
此更生之恩也何負汝而反耶蠢茲李全僑於異類
蜂屯蟻聚初無橫草之功人面獸心曷勝擢髮之罪

繆為恭順公肆陸梁因餽餉之富以嘯集儔徒挾品位
之崇以脅制官吏淩蔑帥閫殺逐邊臣虔劉我民輸
掠其衆狐假威以為畏已犬吠主旁若無人姑務包
含愈滋猖獗遷欲攘於鹽邑繼掩襲於海陵用怨酬
恩稔惡恣暴為封豕以游食貪婪無厭怒螳螂而當
車滅亡可待故神人之共憤豈覆載之所容舍是弗
圖孰不可忍李全可削奪官爵停給錢糧敕江淮制
臣整諸軍而討伐因朝野僉議堅一意以勦除敵自
朕心誕行天罰肆予衆士久銜激憤之懷暨爾邊氓
期洗沈冤之痛益勉思於奮厲以共赴於功名凡曰

脅從舉宜效順當察情而宥過庸加惠以褒忠義飭
邦條式孚羣聽應擒斬到全者賞節度使錢二十萬
銀絹二萬匹同謀人次第擢賞能取奪見占城壁者
州除防禦使縣除團練使將佐官民兵以次推賞逆
全頭目兵卒皆我遺黎豈甘從叛諒由劫制必非本
心所宜去逆來降並與原罪若能立功效者更加異
賞鄭衍德國安用雖與逆全管兵然屢效忠欵乃心
本朝馮垍于世珍雖為逆全信用然俱通古今宜曉
逆順如率衆來降當加擢用四方士人流落淮甸一
時陷賊實非本心如能相率來歸當與赦罪海州漣

水軍東海縣等處有為逆全守城壁者舉城來降當
各推恩時青以忠守境屢立駿功彭義斌以忠拓境
大展皇略亦為逆全謀害俱加贈典追封立廟噫以
威報虐既有辭於苗民惟斷乃成斯克平於淮蔡布
告中外咸使聞知詔詞清之所代也促荊襄淮西諸
軍赴援壬子全兵突至灣頭璥夫恐欲走副都統丁
勝劫闕者止之全攻城南門都統趙勝自堡砦提勁
弩赴大城注射全稍退全遣劉全奄至堡砦西城下
欲奪之以瞰大城先是趙勝屯西城見濠淺每曰設
有寇至未圍大城先襲堡砦何可不備盛暑中督軍

浚濠人皆苦之翟朝宗亦以為笑既浚勝決新塘水
注焉及是劉全不能進勝又浚市河人尤謂不急全
至勝開水門納賈舟千餘艘活者數千人糧貨不與
焉時朝廷雖下詔討全而猶有內圖戰守外用調停
之說是日璥夫得彌遠書許增萬五千人糧勸全歸
楚州璥夫亟遣劉易即全壘授全全笑曰丞相勸我
歸丁都統與我戰非相紿耶擲書不受惟留省劄璥
夫始知全紿已亟發牌印迓范癸丑全塞泰州城濠
于邦傑宗雄武通全戒守者無得發矢俟薄城而歷
之全得毕堙宋濟恐令縣尉某如全壘全以增糧省

檄示之尉復出獻錢二百萬以降乙卯邦傑雄武開
門導全濟師僚吏出迎全入坐郡治濟發帑出所獻
錢全曰獻者獻汝私藏耶若泰州府庫則我固有何
假汝獻為乃舍濟僉判廳入郡堂盡收子女貨幣庚
申全聞范葵既入鞭衍德曰我計先取揚州度江爾
曹勸我先取通泰今二趙入揚州矣江其可度耶莫
敢對既而曰今惟有徑擣揚州耳甲子全配兵守泰
州悉出衆宜陵丙寅至灣頭立砦據運河之衝使胡
義將先鋒馬駐平山堂伺三城機便丁卯全攻城東
門不利賊將張友呼城東請見葵全隔濠立馬相勞

苦葵切責之全彎弓抽矢向葵而去戊辰張璡戴友龍王銓張青以天長制勇三軍至阻全不得前遣人請援范葵親出堡塞西門列陳待之全不敢動璡等乃入城庚午全晨率步騎五千餘攻堡塞西門趙勝出兵戰不利范葵以兵益之全兵亦增葵擊却之辛未賊引兵三萬沿州城東向西門李虎趙必勝張璡崔福力戰自巳至申全乃沿東門以歸丁勝王鑑于俊擊走之襄兵萬人至真州上垻統制張達監軍張大連不設備魚貫而行全哨馬師田四擊之爲數截殲者五千達大連死之淮西援兵至亦遇全統領桑

青力戰城中俱不知也襄兵敗全兇熖益振每曰我不要淮上州縣度江浮海徑至蘇杭孰能當我甲戌復引輕騎犯州城南門且欲破堰泄濠水統制陳達率勁弩射之范葵出軍迎擊乃去是日金玠等距淮安十里焚全砦擒全將劉全出戰玠軍不利退屯寶應全志吞三城而兵每不得傳城下宗雄武獻全計曰城中素無薪且儲蓄爲總所支借殆盡若築長圍三城自困乙亥全悉衆及驅鄉農合數十萬列砦圍三城制司總所糧援俱絕范葵命三城諸門各出兵劫砦舉火爲期夜半縱兵衝擊殲賊甚衆自是賊一

意長圍以持久困官軍不復薄城戊寅全張盖奏樂平山堂布置築圍指揮閑暇范葵令諸門以輕兵牽制親帥将士出堡砦西全分路鏖戰自辰至未殺傷相當庚辰范出師大戰玠等破全將張友于都倉獲粮船數十艘甲申葵出戰賊大敗四年正月辛卯全兵浚圍城塹范葵遣諸将出城東門掩擊全走土城官軍躡之蹂溺甚衆是日玠破全將鄭祥獲粮百艘甲午全兵千餘犯州城東門城中出兵應之全即引去乙未李虎出南門楊義出東門王鑑出西門崔福出北門各徑扼賊圍開土城數處范葵提兵策應全

步騎數千出戰諸軍奮擊俘馘甚衆夜賊復合所開城丁酉趙勝遣統制陸昌孫舉立橋堡砦于北門賊步騎分道來戰勝擊退之范陳于西門賊閉壘不出葵曰賊佚我收兵而出爾乃伏騎破垣門收步卒誘之賊兵數千果趨濠側虎力戰城上矢石雨注賊退有頃賊別隊自東北馳至范葵揮步騎夾浮橋吊橋並出爲三迭陳以待之自巳至未賊與大戰別遣虎顯廣必勝義以馬步五百出賊背而葵師輕兵橫衝之三道夾擊用范所制長槍果大利賊敗走翼日全遣步卒三百餘向城西門乍進乍退以誘揚州兵復

驅壯丁增濠面培鹿角范葵遣騎將出夾城東西牽制之親出州城西門分三道以進賊望風潰乃募勇力齎薪砲焚其樓櫓十餘賊自平山堂麾騎下救道遇于俊軍而歸始全反計雖成然多顧忌且懼其黨不皆從逆邊陲好進喜事者欲挾賊為重或陰贊之謂激作愈甚朝廷愈畏則錢糧愈增又許身任調停之責故全兵將舉而張國明先召全之託詞陳遇棄城及歸過三趙圖已蓋成謀也及三趙用宋師集諸閫易國明俎削全官爵罷支錢糧攻城不得欲戰不利全始自悔忽忽不樂或令左右抱其臂曰是我手否人皆恠之時正月望城中放燈張樂姑示整暇全見之亦往海陵載妓女張燈平山堂燆情自肆是晚燕大元宣差宣差激全曰相公服飾器用多南方物乃心終在南耳全乃取誥勅朝服南向歷述平生梗槩再拜號服焚之歎曰國明誤我淚下如雨拔淚就坐彊歡有朐山子道士者老矣全迎致之初見全即歎曰我業債合在此償耶占事多驗尊為軍師及見全焚誥命謂人曰相公死明日我死今日矣人問之曰朝廷以安撫提刑討逆然為逆者節度使也豈有安撫提刑能擒節度使哉誥勅既焚則一賊爾盜固

安撫提刑所得捕不死何為入見全曰相公明日出帳門必死全怒以為厭已斬之范葵夜議詰朝所向葵曰東向利不如出東門范曰西出嘗不利賊必見易因其所易而圖之必勝不如出堡塞西門壬寅全置酒高會平山堂有堡塞候卒識其槍垂雙拂為號以報范喜謂葵曰此賊勇而輕若果出必成擒矣乃悉精鋭數千而西取官軍素為賊所易者張其旗幟以易之全望見喜謂宣差曰看我掃南軍官軍見賊突鬬而前亦不知其為全也范麾軍並進葵親搏戰諸軍爭奮賊始疑非前日軍欲走入土城李虎軍已塞其甕門全窘從數十騎北走葵率諸將以制勇寧淮軍蹙之賊趨新塘新塘自決水後淖深數尺會久晴浮戰塵如燥壤全騎陷淖不能拔制勇軍奮長槍三十餘亂刺之全曰無殺我我乃頭目先是令諸陣上衆獲頭目無得爭以為獻故羣卒碎其尸而分其鞍馬器甲幷殺三十餘人類非卒伍俱不暇問甲辰賊軍全椒人周海請降報全已殺餘黨議潰去未幾聞安用歎恨飲泣初議推一人為首以竟其逆莫肯相下欲還淮安奉楊氏主之范夜上捷書制置司議翼日追賊乙巳早安用引五百騎徑南門趨灣頭范

伏弩射之賊呼曰爾襄陽援兵已敗走汝知之乎城中應曰汝李全已為戮汝何不降賊不應諸將欲追賊范懼有伏兵先分兵燒圍城樓櫓夜半火光燭天命東南諸門皆出兵范葵繼提精兵進四鼓賊大潰丙午黎明葵追及賊于灣頭一戰又破之俘斬及奪回糧畜蔽野别將追至大儀不及葵使人瘞新塘骸骨得左掌無一指蓋全支解也先是全乞靈茅司徒廟無應全怒斷神像左臂或夢神告曰全傷我全死亦當如我至是果然揚州平善湘以露布上帝驚喜太后舉手加額國明輩懼禍及已唱論云全未死至

有資遊士吳大理等助煽之及泰州凱奏繼上浮言始定朝中皆擬隨表入賀獨逵以小寇就平謝止之甲寅善湘來犒師二月命胡穎部所獲賊酋二十人獻俘于朝且定奇功二十有九人及其餘促行賞又遣趙楷往稟廟筭三月庚寅禡祭有梟鳴于牙占之吉别遣余子才率王旻等將萬五千人與子玠犄角取鹽城癸巳步騎十萬發揚州留勝權守庚子鹽城賊董友王海以兵圍卞整砦玠擊却之癸卯遣總轄韓亮戚永昇率多槳船及民船四百入射陽湖擊賊于諭口丁未亮破賊于崔溝己酉范葵分兵進至平

河橋勦賊甚多壬子玠整敗賊將王國興于岡門斬首千級四月丁巳敗賊于十里亭賊兵爭門墜濠如蟻庚申别將范勝趙興破賊砦于壽河拔農民脅從者萬家壬戌范葵遣諸軍薄淮安城下賊大敗死者萬餘焚二千家城中哭聲振天甲子子才自他道進攻賊將董友拒之大戰于港口敗之庚辰舟師過運水戰勝達淮安五月丙戌朔天大霧官兵攻上城賊守者尚卧倉皇起鬭官軍互踏肩為梯前者或墜後者繼至自丑至未五城俱破斬首數千級生擒數百人兵士有故隸楚州左右軍者家屬數為賊虐至是

洩憤無老幼皆殺之燒砦柵萬餘家腥焰蔽天餘寇爭橋入大城重濠皆滿淮北賊歸赴援舟師又勦擊焚其水柵夷五城餘址賊始懼己亥子才率趙必勝王旻軍移砦西門道遇賊大戰至夜不解子才為銳陣左右救乃勝揚氏諭鄭衍德等曰二十年梨花槍天下無敵手今事勢已去撑拄不行汝等未降者以我在故爾殺我而降汝必不忍若不圖我人誰納降今我欲歸老漣水汝等宜告朝廷本欲圖我來降為我所覺已驅之過淮矣以此請降可乎衆曰諾翼日揚氏絕淮而去賊黨即遣僞計議馮垍潘子欵于軍

門范等密聞于朝朝論不可范曰若明諭朝旨是堅賊志不如陽許以誤之我自爲必討之計乃遣范用吉入城諭賊曰朝廷已許納降但令安撫交過北軍衍德等遣潘于隨用吉報謝許獻玉帶犒軍黃金四千兩范曰我欲紿賊賊更來欵我于歸鄭衍德等自知降亦不免始送欵于金至是金遣其副統軍許來萬戶兀林答以其京東元帥牒來言曰此賊不降能爲兩國患請與大國夾攻之各勿受降范栓其來無故而難於陰絕遣王貴報之不從其請六月己未大戰于河西三砦賊大敗楊氏歸漣水壬戌賊先遣妻

孥過淮軍爭欲往斬之不能禁反有走殺頭目者甲子復大戰淮安遂平議乘勝復淮陰兵未行淮陰降金繼得探報云宋師遲一宿攻城淮安亦爲金有矣於是全所據州悉平楊氏竄歸山東又數年而後斃全之寇泰州官屬十有九人皆迎降獨教授高夢月不汙詔贈三官全子壇

列傳卷第二百三十六

列傳卷第二百三十七　宋史四百七十八

開府儀同三司上柱國錄軍國重事前中書右丞相監修國史領經筵事都總裁脫脫等奉勑修

世家一

南唐李氏

唐自安史之亂藩鎮專制百有餘年浸成割據及巢賊蹂躪郡邑丘墟降臻五季豪傑蠭午各挾智力擅爲封疆自制位號以爭長雄天厭禍亂授宋大柄太祖命將出師十餘年間南平荊楚西取巴蜀劉鋹既俘李氏納欵至于太宗吳越請吏漳泉來歸薄伐太

原遂傾北漢而海內一矣王偁東都事略用東漢隗囂公孫述例置孟昶劉鋹等於列傳舊史因之今倣歐陽脩五代史記列之世家凡諸國治亂之原天下離合之勢有足鑒者悉著于篇其子孫諸臣事業有可考者各疏本國之下作列國世家

南唐李景本名景通後改爲璟避周廟諱復改爲景父昪吳楊行密將徐温養子冒姓徐氏名知誥五代史有傳景十餘歲以父任駕部郎中諸衛將軍後唐天成二年温卒昪遂專吳政昪將出鎮欲以國事付景拜兵部尚書參知政事昪出鎮金陵還景司徒平

章事知内外左右諸軍事頃之亦赴金陵為中外諸軍副都統昪受吳禪國號大齊改元昪元僭帝號居金陵自云唐宗室建王恪之後下令復姓李氏國號唐封景吳王諸道元帥録尚書事改封齊王昪立七年卒景襲位改元保大尊母宋氏為皇太后立妻鍾氏為皇后用宋齊丘周宗為宰相郊祀天地天福末遣其將祖思全何洙侵福建漳泉之地漢乾祐初李守貞以河中叛潜遣舒元楊訥間道求援於景景命其將李金全郭全義出師應之金全以聲勢不接初不願行景固遣之至沭陽聞守貞敗乃還周廣順初

景又遣其將邊鎬平湖湘尋復失之顯德二年周世宗征淮南破景衆於正陽遂進圍壽州太祖時總禁兵破景將何延錫於渦口又擒皇甫暉於滁州景大懼遣其臣鍾謨李德明奉表願為附庸未幾又遣其臣孫晟王崇質奉表獻濠壽泗楚光海六州之地願罷兵世宗未之許四年春世宗大破景軍於紫金山降其將朱元克壽州冬又克濠泗二州五年春改元中興未幾又改元交泰是春周師克楚州又進克揚州將議濟江景大懼請盡割江北之地畫江為界稱臣於中朝歲貢土物數十萬世宗許之始稟周之正朔上表稱唐國主世宗答書用唐報回鶻可汗之制云皇帝恭問江南國主臨汴水置懷信驛以待其使景又上言世宗請傳位於世子冀世宗賜書勉諭之乃止景既失淮南之地頗躁憤惡其大臣宋齊丘陳覺李徵吉皆殺之六年十月冀卒命御廚使張延範充使吊祭建隆元年太祖受命即遣使以書諭景初顯德中江南將校相繼來降周成等三十四人皆在京師至是遣歸三月景遣使貢絹二萬匹銀萬兩賀登極及澤潞平景又貢銀五千兩為賀七月還京又貢金器五百兩銀器三千兩羅紈千匹絹五千匹又

遣其禮部郎中龔慎儀貢乘輿服御物每歲冬正端午長春節皆以土產珎異金銀器用繒帛片茶為貢每景及錢俶遣親屬入貢皆御前殿曲宴以寵之景生日遣使賜以金幣及賜羊萬口馬三百疋槖駞三十以為常制是年親征李重進駐蹕廣陵遣其左僕射嚴續來犒師俄遣其子蔣國公從鎰朝行在所又遣其戶部尚書馮延魯貢金買宴幷伶官五十人作樂上壽又貢金銀器金玉鞍勒銀裝兵器及錢銀綾絹皆有加常數太祖亦厚賜之初景之襲父位也屬中原多故盧文進李金全皇甫暉之徒皆奔於景跨

據江淮三十餘州擅魚盐之利即山鑄錢物力富盛嘗試貢士高祖入關詩頗有窺覦中土之意自世宗平淮甸浸以衰弱及太祖平揚州日習馬舫戰艦於京城之南池景懼甚其小臣杜著頗有辭辯偽作商人由建安渡來歸又彭澤令薛良坐事責授池州文學亦挺身來奔獻平南策景聞之益懼太祖命斬著於下蜀市良配隸廬州衙校景乃安終以國境蹙弱不遑寧居遂遷於豫章上遣通事舍人王守正持詔撫之俄而景卒其臣桂陽郡公徐邈奉遺表來上太祖廢朝五日遣鞍轡庫使梁義弔祭贈賻絹三千匹

子煜又遣其臣馮謐奉表願追尊帝號許之煜乃謚景為明道崇德文孝皇帝廟號元宗陵號順陵

煜字重光景第六子也本名從嘉少聰悟喜讀書屬文工書畫知音律初封安定郡公累遷諸衛大將軍副元帥封鄭王景始嗣位以弟齊王景遂為元帥居東宮燕王景達為副元帥就昇柩前盟約兄弟相繼中外庶政並委景遂參決景長子冀為東都留守後又立景遂為太弟景達為齊王元帥冀為燕王副元帥冀鎮京口周師征淮吳越圍常州冀部將敗之景達屯濠州兵衄遁還及割地後出景遂為洪州元帥

封晉王景達撫州元帥立冀為太子景遂尋卒數月冀亦卒乃立從嘉為吳王建隆二年景遷洪州立為太子監國是秋襲位居建康改名煜立母鍾氏為聖尊后以鍾氏父名泰章故也妻周氏為國后遣戶部尚書馮謐來貢金器二千兩銀器二萬兩紗羅繒綵三萬匹且奉表陳紹襲之意曰臣本於諸子實愧非才自出膠庠心疎利祿被父兄之蔭育樂日月以優游思追巢許之餘塵遠慕夷齊之高義繼傾懇悃上告先君固匪虛詞人多知者徒以伯仲繼沒次第推遷先世謂臣克習義方既長且嫡俾司國事遽易年

華及乎暫赴豫章留居建業正儲副之位分監撫之權懼弗克堪常深自勵不謂奄丁艱罰遂玷纘承因顧肯堂不敢滅性然念先世君臨江表垂二十年中間務在倦勤將思釋負臣亡兄文獻太子從冀將從內禪已決宿心而世宗敦勸既深議言因息及陛下顯膺帝籙彌篤睿情方誓子孫仰酬臨照則臣向於脫屣亦匪邀名既嗣宗枋敢忘負荷唯堅臣節上奉天朝若曰稍易初心輒萌異志豈獨不遵於祖禰實當受譴於神明方主一國之生靈遐賴九天之覆燾況陛下懷柔義廣煦嫗仁深必假清光更逾曩日遠

憑帝力下撫舊邦克獲宴安得從康泰然所慮者吳越國鄰於弊土近似深讐猶恐輒向封疆或生紛擾臣即自嚴部曲終不先有侵漁免結釁嫌撓干旒扆仍慮巧肆如簧之舌仰成投杼之疑曲構異端潛行詭道願迴鑒燭顯諭是非庶使遠臣得安危懇太祖詔答焉自景畫江內附周世宗貽書於景至是因煜之立始下詔而不名會昭憲太后葬煜遣戸部侍郎韓熙載太府卿田霖來貢三年詔煜應朝廷横海飛江水鬭懷順諸軍親屬有在江表者悉遣令渡江煜每聞朝廷出師克捷及嘉慶之事必遣使犒師脩貢

其大慶即更以買宴爲名別奉珍玩爲獻吉凶大禮皆別脩貢助煜有母妻之喪亦遣使往弔乾德元年煜上表乞呼名詔不許二年又詔江北許諸州民及諸監鹽亭戸緣江採捕及過江貿易先是江北置榷場禁商人渡江及百姓緣江樵採是歲以江南荐飢特弛其禁三年獻銀二萬兩金銀龍鳳茶酒器數百事開寶四年又以占城闍婆大食國所送禮物來上又遣弟從謙奉珍寶器用金帛爲貢且買宴其數皆倍於前是冬以將郊祀又遣弟從善來貢會嶺南平煜懼上表遂改唐國主爲江南國主唐國印爲江南

國主印又上表請所賜詔呼名許之煜又貶損制度下書稱教改中書門下省爲左右内使府尚書省爲司會府御史臺爲司憲府翰林爲文館樞密院爲光政院降封諸王爲國公官號多所改易五年長春節別貢錢三十萬遂以爲常太祖以從善爲泰寧軍節度賜第留京師是歲煜又貢米麥二十萬石雖外示畏服脩藩臣之禮而内實繕甲募兵潛爲戰備太祖慮其難制令從善諭旨於煜使來朝煜但奉方物爲貢六年賜米麥十萬斛振其飢民七年秋遂詔煜赴闕煜稱疾不奉詔冬乃興師致討以宣徽南院使義

成軍節度曹彬爲西南面行營都部署山南東道節度潘美爲都監煜初聞大兵將舉甚惶懼遣其弟從鎰及潘慎脩來買宴貢絹二十萬匹茶二十萬斤及金銀器用乘輿服物等及至遂留於別館王師克池州又破其衆二萬於采石磯擒其龍驤都虞候楊收等獲馬三百匹江表無戰馬朝廷歲賜之及是所獲觀其印文皆歲賜之馬也初將有事江表江南進士樊若水詣闕獻策請造浮梁以濟師太祖遣高品石全振往荆湖造黃黑龍船數千艘又以大艦載巨竹絙自荆渚而下及命曹彬等出師乃遣八作使郝守

濬等率丁匠營之議者以為古未有作浮梁渡大江者恐不能就乃先試於石牌口移置采石三日而成渡江若履平地煜初聞朝廷作浮梁語其臣張洎洎對曰載籍已來長江無為梁之事煜曰吾亦以為兒戲耳王師渡江煜委兵柄於皇甫繼勳委機事於陳喬張洎又以徐温諸孫元檔等為傳詔每軍書告急多不時通八年春王師傅城下煜猶不知一日登城見列柵於外旌旗徧野始大懼知為近習所蔽遂殺繼勳召朱令贇於上江令速巨筏載甲士數萬人順流而下將斷浮梁未至為劉遇所破又募勇士五千

餘人謀襲官軍皆素不習戰以暮夜人秉一炬來攻襲北砦宋師縱其至擊之殲焉獲其將帥悉佩印符初彬之南征也太祖親諭之曰卿至彼慎勿暴略可示以兵威俾自歸順不必急攻及彬軍圍城又命左拾遺知制誥李穆送從鎰還本國諭以手詔促其降會潤州平煜危迫甚遣其臣徐鉉周惟簡奉方物來貢手書奏目以來哀懇求罷兵太祖不許俄復遣鉉等入貢仍乞緩師又不答但厚賜遣之初從鎰之還詔諸將罷攻城而煜終惑左右之言猶豫不決遂詔進兵八年冬城陷曹彬等駐兵于宮門煜率其近臣

迎拜於門彬等上露布以煜并其宰相湯悅等四十五人上獻太祖御明德樓以煜嘗奉正朔詔有司勿宣露布止令煜等白衣紗帽至樓下待罪詔並釋之賜冠帶器幣鞍馬有差下詔曰上天之德本於好生為君之心貴乎含垢自亂離之云瘼致跨據之相承諭文告而弗賓申弔伐而斯在慶茲混一加以寵綏江南僞主李煜承奕世之遺基據偏方而竊號惟乃先父早荷朝恩當爾襲位之初未嘗稟命朕方示以寬大每為含容雖陳內附之言罔效駿奔之禮聚兵峻壘包蓄日彰朕欲全彼始終去其疑間雖頒召節

亦俟來朝庶成玉帛之儀豈願干戈之役蹇然弗顧潛蓄陰謀勞銳旅以徂征傅孤城而問罪洎聞危迫累示招携何迷復之不悛果覆亡之自掇昔者唐堯光宅非無丹浦之師夏禹泣辜不赦防風之罪稽諸古典諒有明刑朕以道在包荒恩推惡殺在昔騾車出蜀青蓋辭吳彼皆閏位之降君不預中朝之正朔及頒爵命方列公侯爾實為外臣戾我恩德比禪與皓又非其倫特升拱極之班賜以列侯之號式優待遇盡捨尤違可光祿大夫檢校太傅右千牛衛上將軍仍封違命侯召升殿撫問妻周氏封鄭國夫人又

以其子神武右廂都指揮使仲寓爲左千牛衛大將軍弟宣州節度使從鎰爲左領軍衛大將軍江州節度使從謙爲右領軍衛大將軍神武統軍從度爲左監門衛大將軍神武左廂都指揮使從信爲右監門衛大將軍姪戶部尚書仲遠爲右驍衛將軍刑部尚書仲輿爲右武衛將軍禮部尚書仲偉爲右屯衛將軍宗正卿季操爲左武衛將軍殿中監仲康爲右領衛將軍殿中少監仲宣爲監門衛將軍仍賜其弟姪宅各一區太宗即位始去違命侯加特進封隴西郡公太平興國二年煜自言其貧詔增給月奉仍賜錢三百萬太宗嘗幸崇文院觀書召煜及劉鋹令縱觀謂煜曰聞卿在江南好讀書此簡策多卿之舊物歸朝來頗讀書否煜頓首謝三年七月辛年四十二廢朝三日贈太師追封吳王先是江南自後漢以來民間有服玩侈靡者人詢之必對曰此物屬趙寶子又煜之妓妾嘗染碧經夕未收會露下其色愈鮮明煜愛之自是宮中競收露水染碧以衣之謂之天水碧及江南滅方悟趙國姓也寶年號也天水趙之望也

從善字子師僞封鄭王累遷太尉中書令後降封南楚國公開寶四年春奉方物來貢授泰寧軍節度兖

海沂等州觀察等使留京師時太祖平劉鋹將召煜入朝故授從善節制仍賜汴陽坊甲第一區煜手疏求遣從善歸國優詔不許七年推恩將佐以掌書記江直木爲司門員外郎同判兖州衙內都指揮使兼左都押衙崔光習爲右千牛衛將軍衙內都虞候兼右都押衙子再興爲右千牛衛中郎將並同正又封從善母凌氏吳國太夫人江南平改右神武大將軍雍熙初再遷右千牛衛上將軍出爲通許監軍四年卒年四十八子仲翊大中祥符初賜同進士出身二年復召試除楚州推官累遷殿中丞坐事免次子仲猷景德中特錄爲三班借職

從誧本名從謙僞封吉王後降封鄂國公隨煜歸朝爲右領軍衛大將軍遷右龍武大將歷知隋復成三州上表改名淳化五年上言貧不能自給求外任以本官充武勝軍行軍司馬月給奉錢三萬子仲偃大中祥符八年舉進士

季操昇從父弟僞江王遏之子也從煜入朝後爲右神武將軍累遷左衛大將軍領康州刺史出爲單州都監歷知淮陽漣水二軍蔡舒二州大中祥符四年卒

仲寓字叔章少聰慧能屬文多才藝僞封清源郡公歸朝為千牛衛大將軍煜卒太宗賜仲寓積珍坊第一區白金五千兩仲寓宗族百餘口猶貧不能給上書自陳太宗憐之授郢州刺史在郡迨十年為政寬簡部内甚治淳化五年卒年三十七子正言景德三年特補供奉官早卒無嗣唯一女孤幼真宗愍之賜絹百匹錢二百萬以備聘財仍遣内臣主其事煜有主田在常州官為檢校上聞其宗屬貧甚命鬻其半置資產以贍之

舒元潁州沘丘人少倜儻好學與道士楊訥講習於

嵩陽通左氏及公穀二傳與訥同詣河中謁李守貞與語奇之俱館於門下守貞謀叛遣元與訥間道乞師江南江南遣大將軍皇甫暉等率衆數萬次沭陽為之聲援會守貞敗元與訥留江南元易姓朱楊訥更姓名為李平元事李景歷江寧令駕部員外郎文理院待詔嘗坐事左遷世宗征淮南諸郡多下元求見言兵事景大悅遣率兵攻舒州復之即以為團練使又平歷陽景以元為淮南北面招討使周師圍壽春景以其弟齊王景達為元帥率兵來救以陳覺為監軍總軍政元素與覺有隙覺密表譖元於景信之

卒遣大將楊守忠代元元憤怒自以戰功高又不忍負景欲自殺門下客宋垍諫曰大丈夫何往不取富貴豈必為妻子死哉元聽之將其衆歸世宗景盡誅其妻子世宗素知元驍果得之甚喜以為檢校太保蔡州防禦使淮南平改濠州防禦使宋初從平李重進改沂州防禦使為滑州巡檢使與節帥不協誣奏元為同產妹婿宋玭請求事得釋詔元復姓舒氏開寶五年為白波兵馬都監太平興國二年卒年五十五特贈武泰軍節度元辯捷強記治郡日或奏其不親獄訟事多寃滯太祖面詰問之凡所詰元必具誦

欵占指述曲直太祖甚嘉歎之子知白知雄知崇知白至作坊使知雄初補殿直畱有終薦授供奉官鄜延路駐泊都監後辭疾居嵩山知白嘗奏事太宗語及之即召出授西京作坊副使泉福都巡檢使真宗初懇請入道歸嵩陽舊隱復為王嗣宗李元則所薦授供備庫使歷知棣州麟府鄜延鈐轄又知虔州復求入道面賜紫冠服號崇玄大師嘗獻字母圖有詔褒奬乾興元年卒年八十一知崇累歷内職至供備庫使嘗為廣州鈐轄河北安撫副使卒知白子昭遠大中祥符五年任大理評事因對自陳改大理寺丞

賜進士第至太常博士

韓熙載字叔言濰州北海人後唐同光中舉進士名聞京洛父光嗣爲平盧軍節度副使同光末青州軍亂逐其帥符習推光嗣爲留後明宗即位誅光嗣熙載奔江南歷僞吳滁和常三州從事李昪僭號爲祕書郎令事其子景於東宮景嗣位遷虞部員外郎史館脩撰熙載自言受昪知遇不得顯位是以我屬嗣君也遂上章言事切直景嘉納之又改吉凶儀禮不如式者十數事大爲宋齊丘馮延巳所忌昪將葬以熙載知禮令兼太常博士時江左草創典禮多闕議

者以昪繼唐昭宗之後廟號合稱宗熙載建議以爲古者帝王已失之已得之謂之反正非我失之自我復之謂之中興中興之君廟號稱祖以爲昪興既墜之業請號烈祖景由是益加恩禮擢知制誥熙載性懶慢朝直多闕未幾罷去晉天福末中原多事江南方盛其臣陳覺馮延魯建討福州師敗而還景釋不問罪熙載與徐鉉同上疏請寘于法覺延魯宋齊丘之黨也熙載爲齊丘所排貶和州司馬語在徐鉉傳久之召爲虞部郎中史館修撰拜中書舍人世宗平淮甸景患國用不足熙載請鑄鐵錢及煜襲位卒行其議以熙載爲兵部尚書充鑄錢使錢貨益輕不勝其弊熙載頗亦自悔熙載善爲文江東士人道釋載金帛以求銘誌碑記者不絕又累獲賞賜由是畜妓妾四十餘人多善音樂不加防閑恣其出入外齋與賓客生徒雜處煜以其盡忠言事垂欲相之終以帷薄不脩責授右庶子分司洪州熙載盡斥諸妓單車即路煜留之改祕書監俄而復位向所斥之妓稍稍而集頃之如故煜歎曰吾亦無如之何遷中書侍郎光政殿學士承旨開寶三年卒年六十煜痛惜之贈左僕射平章事謚文靖葬於梅頂岡謝安墓側命徐

鍇集其遺文熙載才氣俊逸機用周敏性高簡無所卑屈未嘗拜人雖被遣逐終不改節江左號爲韓夫子顯德中熙載來朝廷歸景問中國大臣時太祖方典禁兵熙載對曰趙點檢顧視不常不可測也及太祖登極景益重之頗以文章自負好大言初乾德丁卯年五星連珠於奎奎主文章又在魯分時太宗鎭兗海中國太平之符也是歲熙載著格言五卷自序其事云魯無其應韓子格言成之人多笑之

馮謐本名延魯字叔文其先彭城人唐末南渡家于新安李昪僭號立子景爲太子謐與兄延巳俱以文

學得幸及景嗣位累遷至中書舍人晉開運末閩越大亂景遣諡與諫議大夫陳覺乘傳安撫諡遂矯詔發數郡兵攻福州及敗引佩刀自刺覩吏制之不死長流舒州會赦叙用復為中書舍人改工部侍郎江南以揚州為東都命諡副留守周世宗下揚州諡髡髮為僧匿于佛寺為官軍所獲世宗釋之授太常卿賜與甚厚數年拜刑部侍郎放還為戶部尚書建隆三年煜遣來貢因表求舒州田宅詔賜之後改常州觀察使而卒子伉歸中朝與兄儀伀並登進士第伉文辭清麗嘗著平晉頌時人稱之累遷殿中侍御史

歷典藩郡皆有治跡咸平三年知福州卒特賜錢十萬錄其子玄應同學究出身

潘佑南唐散騎常侍處常之子少介僻杜門讀書不交人事及長善屬文尤長於論議陳喬韓熙載徐鉉等共薦於景為秘書省正字直崇文館煜襲位遷虞部員外郎史館修撰未幾知制誥為內史舍人有李平者本嵩山道士楊訥依河中帥李守貞漢乾祐中守貞叛遣訥與舒元乞師江南守貞敗訥遂易姓名江南以為員外郎遷衛尉少卿蘄州刺史戶部侍郎平好神仙修養之事動作妖妄自言常與神接佑亦好神仙遂相善二家皆置淨室圖神像常被髮裸袒處室中家人亦不得至佑嘗建議復井田及依周禮置牛籍薦平判司農寺以督之事行百姓大撓未幾而罷佑自以為衆所排因憤懟歷詆大臣與握兵者兩為朋比將謀反叛又言國將亡非己為相不可救江南政事多在尚書省因薦平知省事又薦星官楊熙澄為樞密使小校侯英典禁兵煜不納佑益忿抗疏請誅宰相湯悅等數十人煜手書教戒之佑不復朝謁乃於家上書曰臣聞三軍可奪帥也匹夫不可奪志也近者連上表章指陳姦惡何面目以見士人乎遂自縊死

皇甫繼勳江州節度使暉之子幼以父蔭為軍校父死難於滁州累遷將軍池饒二州刺史勤於吏事入為諸軍都虞候遷神衛統軍都指揮使諸老將相次皆死而繼勳尚少遂為大將貲產優贍營第舍車服畜妓樂潔飲食極遊宴之好及宋師至諸軍多敗衂繼勳欲煜之速降每衆中流言頗道國中虛弱姪紹傑亦以繼勳故為巡檢常令紹傑入見煜陳歸命之計會有風雹繼勳又密陳滅亡之兆偏裨或有募勇士欲夜出營邀宋師者輒鞭而拘之又因請出煜親兵千餘守闕城為宋師所掩一日煜躬自巡城見宋

師列柵城外旌旗偏野始驚懼知為左右所蔽及巡城還繼勳從至宮煜乃責其流言惑衆及不用命之狀收付大理始出軍士悉集臠割其肉頃刻都盡紹傑亦被誅煜皆赦其妻子

周惟簡饒州鄱陽人隱居好學問明易義煜召為國子博士集賢侍講頃之以虞部郎中致仕宋師圍金陵煜求能使交兵者張洎薦惟簡有遠略可以談咲和解之召為給事中與徐鉉奉使至京師太祖召見詰責惟簡惶恐反言曰臣本居山野無仕進之意李煜强遣來耳臣素聞終南山多靈藥事寧後願得栖

隱太祖許之江南平以惟簡為國子周易博士判監事開寶九年上書述前志求解官盖不得已非其心也改虞部郎中致仕以其子繕為京兆府鄠縣主簿俾就養太平興國初惟簡自終南至闕下求入見有司以致仕官非有詔召無求對之制乃還歲餘復上表自求用除太常博士遷水部員外郎卒繕後舉進士至都官員外郎

列傳卷第二百三十七

列傳卷第二百三十八　宋史四百七十九

開府儀同三司上柱國録軍國重事中書右丞相監修國史領經筵事都總裁臣脫脫等奉勑修

世家二

西蜀孟氏

西蜀孟昶初名仁贊及僭位改焉其先邢州龍岡人父知祥事後唐武皇武皇以弟之子妻之是為瓊華長公主同光初知祥為太原尹知留守事三年平蜀四年以知祥為劍南西川節度副大使知節度事明宗即位命知祥討平東川知祥自領兩川節度明宗

即以授之長興四年封蜀王許行墨制五年閔帝立乃稱帝於蜀改元明德時清泰元年也事具五代史昶母李氏本莊宗嬪御以賜知祥天祐十六年己卯十一月生昶於太原初知祥鎮西川不及以族行天成元年奏遣衙校迎家太原明宗因令部送長公主及昶與所生母至蜀公主以長興三年卒知祥初署昶兩川節度行軍司馬僭號以昶為檢校太保同平章事崇聖宮使東川節度知祥疾亟立為皇太子權監軍國明德元年七月知祥卒昶襲位年始十六止稱明德年號委政於趙季良張知業李仁罕等三年尊

其母李氏爲皇太后四年改元廣政後以事誅仁罕
知業乃親政事十三年加號睿文英武仁聖明孝皇
帝晋末秦州節度使何建鳳州防禦使石奉頵俱以
城降昶時契丹亂華漢祖起并門中土蝗旱連歲昶
益自大開貢部行郊祀禮自此君臣奢縱及周世宗
克秦鳳昶始懼放還先所獲濮州刺史胡立致書世
宗稱大蜀皇帝且言家世邢臺願敦鄉里之分世宗
怒其無禮不荅昶愈不自安乃於劍門夔峽多積芻
粟增置師旅用度不足遂鑄鐵錢禁境内鐵凡器用
須鐵爲之者置場鬻之以專其利立其子玄喆爲太

子用王昭遠伊審徵韓保正趙崇韜等分掌機要總
内外兵柄母李氏謂昶曰吾嘗見莊宗跨河與梁軍
戰又見爾父在并州捍契丹及入蜀定兩川當時主
兵者非有功不授故士卒畏服如昭遠者出於微賤
但自爾就學之年給事左右又保正等皆世禄之子
素不知兵一旦邊疆警急此輩有何智略以禦敵高
彦儔是爾父故人秉心忠實多所經練此可委任昶
不能遵用其言及太祖下荆楚昶欲遣使朝貢昭遠
等固止之太祖詔蜀之邸吏將卒先在江陵者並放
還仍給賜錢帛以遣乾德二年昶遣孫遇楊蠲趙彦

韜爲諜至京師彦韜潛取昶與并州劉鈞蠟丸帛書
以告其書云早歲曾奉尺書遠達睿聽丹素備陳於
翰墨歡盟已保於金蘭洎傳吊伐之嘉音實動輔車
之喜色尋於褒漢添駐師徒只待靈旗之濟河便遣
前鋒而出境先是太祖已有西伐意而未發及覽書
喜曰吾用師有名矣即命忠武軍節度王全斌充鳳
州路行營前軍兵馬都部署武信軍節度侍衛步軍
都指揮使崔彦進充副部署樞密副使王仁贍充都
監龍捷右廂都指揮使史延德充馬軍都指揮使虎
捷右廂都指揮使張方友充步軍都指揮使龍州防

禦使張凝充先鋒都指揮使左神武大將軍王繼濤
充濠砦使內染院使康延澤充馬軍都監翰林副使
張煦充步軍都監供奉官田仁朗充濠砦都監殿直
鄭粲充先鋒都監步軍都軍頭向韜充先鋒都軍頭
寧江軍節度侍衛馬步軍都指揮使劉廷讓充歸州
路行營前軍兵馬副都部署內客省使樞密承旨曹
彬充都監客省使武懷節充戰櫂部署龍捷左廂都
指揮使李進卿充步軍都指揮使前階州刺史高彦
暉充先鋒都指揮使右衛將軍白廷誨充濠砦使御
厨副使米光緒充馬軍都監儀鸞副使折彦贇充步

軍都監八作副使王令岩充先鋒都監供奉官郝守濬充濠砦都監馬步軍都軍頭楊光美充戰棹左右廂都指揮使供奉官樂守節充戰棹左廂都監殿直劉漢卿充戰棹右廂都監率禁兵三萬人諸州兵二萬人分路討之詔令孫遇等指畫江山曲折之狀及兵砦戍守之處道里遠近俾畫工圖之以授全斌等因謂曰西川可取否全斌等對曰臣等仗天威遵廟筭刻日可定龍捷右廂都校史延德前奏曰西川一方儻在天上人不能到固無可柰何若在地上以今之兵力到即平矣上壯其言謂之曰汝等果敢如此

我何憂乎又謂全斌等曰凡克城砦止籍其器甲芻糧悉以錢帛分給戰士及兵至昶遣王昭遠趙崇韜韓保正李進等來拒戰昭遠等相繼就擒昶大懼出金帛募兵令其子玄喆統之李廷珪張惠安爲副以守劍門玄喆素不習武廷珪惠安皆庸懦無識玄喆離成都但携姬妾樂器及伶人數十輩晨夜嬉戲不恤軍政至緜州聞宋師已破劍門遂遁歸東川所過焚廬舍倉廩而去昶益遑駭問計於左右有老將石斌對以宋師遠來勢不能久請聚兵固守以老之昶曰吾父子以豐衣美食養士四十年及遇敵不能爲

我東嚮發一矢今若固壘何人爲我效命三年正月昶遣其通奏伊審徵賫表詣全斌請降且言中外骨肉二百餘人有親年幾七十願終甘旨之養免賜睽離之責則祖宗血食庶獲少延未援劉禪陳叔寶故事以請封號全斌等既受其降遣馬軍都監康延澤先以百騎入城見昶諭以恩信留三日盡封府庫而還昶又遣其弟贄詣闕上表言先臣受命唐室建牙蜀川因時事之變更爲人心之擁迫先臣即世臣方少年猥以童昏繆承餘緒乖以小事大之禮闕稱藩奉國之誠襍習偷安因循積歲所以上煩宸筭遠發

王師勢甚疾雷功如破竹顧惟懦卒焉敢當鋒壽東手以云歸止傾心而俟命今月七日巳令私署通奏使宣徽南院使伊審徵奉表歸降以緣路寇攘前進不得臣尋更令兵士援送至十一日尚恐前表未達續遣供奉官王茂隆再賫前表至十二日以後相次方到軍前必料血誠上達睿聽臣今月十九日巳領親男諸弟納降禮於軍門至於老母諸孫延餘喘於私第陛下至仁廣覆大德好生顧臣假息於數年所望全軀於此日今蒙元戎慰恤監護撫安若非天地之垂慈豈見軍民之受賜臣亦自量過咎尚切憂疑

謹遣親弟詣闕奉表待罪以聞太祖詔曰朕以受命上穹臨制中土姑務保民而崇德豈思右武以佳兵至於臨戎蓋非獲已矧惟益部僻處一隅靡思僭竊之愆輒肆窺覦之志潛結并寇自啓釁端爰命偏師往申吊伐靈旗所指逆壘自平朕嘗中宵憮然兆民何罪屢馳騶騎嚴戒兵鋒務宣拯溺之懷以盡招攜之禮而卿果能率官屬而請命拜表疏以祈恩託以慈親保其宗祀悉封庫府以待王師追咎改圖將自求於多福匿瑕含垢當盡滌於前非朕不食言爾無他慮昶乃舉族與官屬由峽江而下至江陵上遣皇城使

竇思儼迎勞之四月初昶與母至襄漢復遣使齎詔賜茶藥所賜詔不名仍呼昶母為國母昶將至命太宗勞於近郊昶率子弟素服待罪闕下太祖御崇元殿備禮見之賜昶襲衣玉帶黃金鞍勒馬金器千兩銀器萬兩錦綺千段絹萬匹又賜昶母金器三百兩銀器三千兩錦綺千匹絹千匹子弟及其官屬等襲衣金玉帶鞍勒馬車乘器幣有差又遣使分詣江陵鳳翔賜其家屬錢帛疾病者給以醫藥即日宴於大明殿先是詔有司於右掖門外臨汴水起大第五百間以待昶供帳悉備至是賜之又為其官屬各營居第

翌日詔曰伯禹導川黑水本梁州之域河圖括象岷山直井絡之墟是曰坤維素為王土屬中原多故四海羣飛遂剖裂於山河競僭竊於位號朕削平寓縣載整皇綱復周漢之舊疆寵綏羣后采唐虞之大訓協和萬邦六年于茲百揆時敘禮樂征伐之柄盡出朝廷蠻夷山海之君咸脩職貢一昨順長庚而授律法時雨以興師先申誕告之文以慰徯來之衆咨爾偽蜀主孟昶克承餘緒保據一隅擅正朔以自尊歷歲時而滋久屬王師致討察天道之惡盈體此綏懷思於效順盡率羣吏降于軍門抗手疏以陳誠伏天闕

而請命是用昭示大信盡滌疵瑕度越彝章升於崇秩冠紫微之近署以奉內朝剪鶉首之奧區為之封邑率從異數式洽殊私爾宜欽承往踐厥位可開府儀同三司檢校太師兼中書令秦國公給上鎮節度使奉祿餘官除拜有差昶數日卒年四十七太祖廢朝五日素服發哀於大明殿賜尚書令追封楚王謚恭孝賻布帛千匹葬事官給後數日其母李氏亦卒初李氏隨昶至京師太祖數命肩輿入宮謂之曰母善自愛無戚戚懷鄉土異日當送母歸李氏曰妾家安往太祖曰歸蜀爾李氏曰妾家本太原倘得歸老

并土妾之願也時晉陽未平太祖聞其言大喜曰俟平劉鈞即如母所願因厚加賜賚及昶卒不哭以酒酹地曰汝不能死社稷貪生以至今日吾所以忍死者以汝在爾今汝既死吾何生焉因不食數日卒太祖聞而傷之賻贈加等令鴻臚卿范禹偁護喪事與昶俱葬洛陽詔發奉義甲士千人護送七月正衙備禮冊命昶其文曰維乾德二年歲次乙丑七月己巳朔二十四日戊子皇帝若曰咨爾故檢校太師兼中書令秦國公孟昶冊贈之典所以彰世祚而紀勳伐繼絕之義所以旌異域而表來庭苟匪全功寧兼二

者國家秉乾撫運括地開圖稽至德於勛華體深仁於湯禹既定壺關之亂復剪淮夷之凶暨荊及衡洗蕩通穢以為君人之道先德而後刑王者之師有征而無戰兵威震疊寰宇來同以至薄伐兩川徂征三峽惟爾昶襲乃堂構據有巴庸而能祗畏皇靈保全宗緒知機識變委順圖全馳子牟魏闕之心奉伯禹塗山之會朕自聞獻款良切虛懷舟車欣至止之初邸第錫非常之制封崇異數祈保永年景命不融奄然殂謝於戲爾有及親之孝特異常倫爾有達上之情所期終養何高穹之不祐與幽壤之同歸斯朕所

以當宁興悲徹縣永歎詢于史氏申命禮官今遣使起復雲麾將軍檢校太傅右神武統軍兼御史大夫上柱國平昌縣開國伯食邑七百戶孟仁贄持節冊贈爾為尚書令仍追封楚王於戲式備哀榮載光簡牒南宮峻秩全楚大邦併示追崇曼超彝制始終之盼無愧焉仍贈昶墳莊一區給守墳人米千石錢五萬初昶在蜀專務奢靡為七寶溺器他物稱是每歲除命學士為詞題桃符置寢門左右末年學士幸寅遜撰詞昶以其非工自命筆題云新年納餘慶嘉節號長春以其年正月十一日降太祖命呂餘慶知成都

府而長春乃聖節名也又昶襲位後民貸錢取息者將徙居必署其門曰召主收贖周世宗平淮甸克關南即議討蜀而未果至太祖乃平之昶三子玄喆玄珏玄寶玄寶先卒僭贈遂王昶弟仁贄仁裕仁操昶既降寧江軍節度同平章事伊審徵檢校太尉兼侍中韓保正山南西道節度同平章事王昭遠工部侍郎幸寅遜武信軍節度保寧軍都巡檢使李廷珪來闕下審徵授靜難軍節度昭遠授左領軍衛大將軍寅遜授右庶子廷珪授右千牛衛上將軍韓保正未授官卒保正昭遠廷珪川中各有田宅詔各賜錢三

百萬又成都人王處瓊少孫有司籍其金寶昶降輦送闕下太祖聞之令計其直還焉玄喆字遵聖幼聰悟善隸書年十四偕封秦王檢校太尉同平章事判六軍諸衛事嘗自書姚崇口箴刻諸石昶賜以銀器錦綵廣政二十一年領武德軍節度二十四年加兼侍中二十五年立爲皇太子宋師將至以玄喆爲元帥精卒萬餘旌旗用文繡以錦綢其杠是日微雨玄喆慮霑濕令解去俄雨止復旆之旌幟數千皆倒繫杠上識者異之及聞劍門陷遂奔東川數日棄軍遁歸入朝與昶同日宣制檢校太尉泰寧軍節度昶卒

賜玄喆羊五百口酒五百壺玄喆獻馬二百匹白玉水晶鞍勒副之移鎮貝州在鎮十餘年亦有治迹太平興國初移鎮定州三年加開府儀同三司四年從平太原就命爲鎮州駐泊兵馬鈐轄又從征幽州率所部攻城之西面會班師遣與軍器庫使樂可瓊深州刺史念金鏁左龍武將軍趙延進殿前都虞候崔翰四方館使梁迴翰林使杜彥圭帥兵歸屯定州俄契丹入寇玄喆與諸將校破之徐河以功封滕國公入爲左龍武軍統軍判右金吾衛仗未幾知滑州淳化初病求換潁淮一小郡養疾移知滁州卒年五十

五贈侍中初玄喆在貝州凡民輸税者皆令出商算覘其餘羨以備留使之用人頗苦之景德中都官員外郎孔揆使河北表論其事詔除之有子十五人隆記隆詁隆說隆詮並進士及第玄珏初封王與玄喆並日封拜仍檢校太保少端敏常侍昶射雙翁連中的昶奇之賜錢三十萬時玄珏方就學爲選起居舍人陳鄂爲教授至是自陳願以錢賜鄂昶嘉而許焉鄂嘗倣唐李瀚蒙求高測韻對爲四庫韻對四十卷以獻玄珏並賞之廣政二十三年玄珏領閬州保寧軍節度久之加檢校太傅歸朝爲千牛衛上將軍乾

德五年遷右神武統軍代玄喆判金吾衛仗太平興國九年出爲宋曹兗鄆都巡檢又改右屯衛上將軍淳化元年四月復爲右神武統軍六月出知滑州三年卒

仁贄字忠義初爲左威衛將軍同正廣政十三年封雅王檢校太尉二十年領閬州保寧軍節度二十四年加檢校太尉及昶降遣仁贄奉表詣闕太祖召見廣德殿賜襲衣玉帶鞍勒馬俄授右神武統軍丁母憂起復領大同軍節度西京都巡檢使開寶四年卒年四十四贈太子太師

仁裕字鳴謙初為左威衛將軍同正與仁贊同日封彭王檢校太傅廣政二十年領黔州武泰軍節度二十四年加檢校太尉歸朝授檢校太傅右監門衛上將軍遷右羽林軍開寶三年卒年四十四贈太子太傅

仁操初為右領軍衛將軍同正與仁贊同日封嘉王檢校太傅廣政二十一年領果州永寧軍節度嘗侍昶射於梔子園仁操連中的者三二十四年加檢校太尉尤奉釋氏深究其理歸朝授右監門衛上將軍累遷右龍武統軍雍熙三年卒

伊審徵字申圖并州人父延瓌隨知祥入蜀知祥僭位以女妻延瓌僭封崇華公主延瓌歷陵嘉眉三州刺史審徵幼以孝聞母病割股肉啖之以父任歷蜀州刺史雲安榷鹽使廣政十四年高延昭求解機務急召為通奏使知樞密院事久之領蜀州刺史秦鳳興師命檢校城砦儀領武泰軍節度選其子崇度尚公主又改寧江軍節度同平章事與王昭遠俱掌機務昶事無大小一以咨之常自以康濟經略為己任蜀宋師入境審徵首奉降表詣軍前昭遠時統軍敗走時人笑之審徵歸朝授靜難軍節度乾德六年移鎮延安開寶末入朝改右屯衛上將軍太平興國二年判右金吾衛仗雍熙五年卒年七十五

韓保正字永吉潞州長子人父昭運從知祥入蜀及知祥僭號署珍州刺史保正初事知祥為押衙及僭位以為豐德庫使廣義庫使眉州刺史樞密副使復刺漢州拜宣徽北院使會鳳翔侯益歸款以保正為北路行營都監以圖岐陽時晉昌趙贊亦謀歸蜀為王景崇所逼棄城東奔偏將李廷珪先退師保正次陳倉與大將張虔釗龐福誠謀議不叶益亦中變遂還成都俄為雄武節度領兵出新關至隴州漢兵固

守保正無功而還復屯雄武廣政十四年赴成都其親吏楊虔範訟保正不法昶令斬虔範釋保正不問俄改夔州寧江軍節度李昊讓度支以保正代之未幾加宣徽南院使山南節度左衛聖步軍節度指揮使遷奉鑾肅衛馬步軍都指揮使又選其子崇遂尚主宋初荊南高繼沖納土昶聞之以保正為峽路都指揮制置使屯夔州以經畫邊事遷檢校太尉兼侍中聞太祖將加兵以保正為山南節度興元武定緣邊諸砦屯駐都指揮使及王全斌至保正棄興元保西縣王師進圍之保正懦懼不敢出遣人依山背城結

陣以自固爲史延德所破保正以麾下遯延德追擒之送全斌全斌驛置闕下太祖召升殿勞問賜袍笏金帶茵褥鞍勒馬仍賜甲第未及命官而卒贈右千牛衛上將軍

王昭遠益州成都人幼孤貧年十三依東郭僧智諲爲童子知祥鎮蜀一日飯僧於府署昭遠持巾履從智諲得入時昶方就學知祥見昭遠聰慧留給事昶左右昶嗣位以昭遠爲捲簾使茶酒庫使會樞密使王處回出知梓州昶以樞密事權太重乃以昭遠及普豐庫使高延昭爲通奏使知樞密院事機務一以

委之府庫財帛恣其取不問加領眉州刺史出爲永平軍節度不數月會昭武李繼勳以目疾不能視事議以閑地處之昭遠遽以永平讓繼勳歲餘爲夔州寧江軍節度昶母常言昭遠不可用昶不從未幾兼領山南西道節度同平章事及入謝求解通奏職遂以左街使張仁貴爲副使知樞密以代之昭遠好讀兵書頗以方略自許宋師入境昶遣昭遠與趙崇韜率兵拒戰始發成都昶遣其宰相李昊等餞郊外昭遠酒酣攘臂曰是行也非止克敵當領此二三萬雕面惡少兒取中原如反掌耳及行執鐵如意指麾軍

事自方諸葛亮將至漢源聞劍門已破昭遠股慄發言失次崇韜布陣將戰昭遠據胡床皇恐不能起俄崇韜敗乃免胄棄甲走投東川匿倉舍下悲嗟流涕目盡腫惟誦羅隱詩云運去英雄不自由俄爲追騎所執送闕下太祖釋之授左領軍衛大將軍廣南平奉使交阯開寶八年卒

趙崇韜并州太原人父廷隱隨知祥入蜀廷隱拳勇有智略知祥麾下無及者東川董璋襲成都廷隱大破之璋奔歸爲部下所殺知祥遂有其地及僭號以廷隱總親軍爲衛聖諸軍馬步軍指揮使累遷至太

師中書令宋王卒謚忠武崇韜驍果有父風昶自置殿直四番取將家及死事孫子爲之始命李仁罕子繼宏趙季良子元振張知業子繼昭侯洪實子令欽及崇韜分爲都知領之後累遷至客省使周世宗克秦鳳將入蜀境爲崇韜拒退歷左右衛聖步軍都指揮使選其子文亮尚公主加領洋州武定軍節度山南武定緣邊諸砦都指揮副使漢源之戰獨策馬先登及蜀軍敗猶手擊殺十數人爲宋師所擒

高彥儔并州太原人父暉宣威軍使彥儔從知祥入蜀累歷軍校爲昭武軍監押昶嗣位遷邛州刺史改

馬步軍使會漢兵入大散關克安都砦彥儔以所部先進漢人燒砦毀閣道去彥儔盡銳追之復其砦而還未幾彥儔領趙州刺史俄為奉鑾肅衛都指揮副使改右驍銳馬軍都指揮使加光聖馬軍都指揮使真拜源州武定軍節度周顯德初向訓攻鳳州昶令彥儔出兵解圍未至聞敗軍於唐倉因潰歸判官趙玭閉關不納以城歸朝廷彥儔遁歸成都昶不之罪以為右奉鑾肅衛都指揮使改功德使廣政二十二年出授夔州寧江軍都巡檢制置招討使加宣徽北院事利州昭武軍節度及宋師至彥儔謂副使趙崇

濟監軍武守謙曰北軍涉遠而來利在速戰不如堅壁以待之守謙不從獨領麾下以出時大將劉廷讓頓兵白帝廟西遣騎將張廷翰等引兵與守謙戰豬頭鋪守謙敗走廷翰等乘勝登其城廷讓率大軍繼至彥儔以所部將出拒戰宋師已乘城而入彥儔惶駭失次不知計所出判官羅濟勸令單騎歸成都彥儔曰我昔已失天水今復不能守夔州縱不忍殺我亦何面目見蜀人哉濟又勸其降彥儔曰老幼百口在成都若一身偷生舉族何負吾今日止有死耳即解符印授濟具衣冠望西北再拜登樓縱火自焚後數日廷讓得其骨煨燼中以禮收葬初昶母語昶惟彥儔可任及是果能死難

趙彥韜興州順政人為本州義軍裨校乾興中昶遣與興國軍討擊使孫遇及楊蠲為諜至都下彥韜潛取昶與幷州蠟丸帛書以告因言伐蜀之狀太祖幷赦遇蠲出師西討並以為鄉導克興州以為本州馬步軍都指揮使蜀平遷本州刺史移澧州性兇率所為不法部民有訴被盜劫財物鞫之不實彥韜手殺之探取心肝民家詣闕訴冤太祖怒令杖配蔡州

龍景昭夔州奉節人少有武勇事蜀為義軍裨校以

功遷戰櫂都將久之櫂為施州刺史乾德中諸將伐蜀分兵由峽路入將歷其境景昭率官吏以牛酒犒宋師迎入城太祖聞之甚悅蜀平即授永州刺史秩滿入朝改右千牛衛將軍開寶三年卒昶之入朝也為左羽林將軍景昭弟處瑭等四人隨行卒於道太祖憫之以其男補供奉官殿直

幸寅遜蜀人初仕昶為茂州錄事參軍昶好擊毬雖盛暑不已寅遜上章極諫深被賞納遷新都令拜司門郎中知制誥中書舍人出知武信軍府加史館修撰改給事中預修前蜀書拜翰林學士加工部侍郎

判吏部三銓事領簡州刺史隨昶歸朝授右庶子嘗上疏諫獵太祖嘉之召見賜帛開寶五年爲鎭國軍行軍司馬罷職年九十餘尚有仕進意治裝赴闕未登路而卒

李廷珪并州太原人七歲隸知祥帳下後從入蜀知祥僭號補軍職累遷奉鑾肅衛都虞候賞拔階州之功領眉州刺史會圖取鳳翔令廷珪領兵二萬出子午谷赴援始出谷聞趙贇爲王景崇所逼遯軍以廷珪權知興元俄召歸授捧聖控鶴都指揮使領蜀州刺史拜雅州永平軍節度改右光聖都指揮使領山

南節度改閬州保寧節度護聖控鶴都指揮使周師攻秦州以廷珪爲北路行營都統秦成階三州竟爲周所取廷珪奉章待罪昶釋之以爲左右衛聖諸軍馬步軍都指揮使分衛聖光聖步騎爲左右十軍以武定節度呂彥珂爲之使並隸廷珪總領之時論以廷珪不能救援階州不當復總兵柄廷珪亦自陳求解許之俄加兼侍中蜀成都巡檢使改遂州武信軍節度領本鎭及保寧軍都巡檢使王全斌之下劍關也昶遣廷珪與其太子玄喆將兵來拒宋師至綿漢與全斌遇狼狽而還玄喆與廷珪謀所經州縣盡焚其儲蓄及全斌等入成都行營都監王仁贍案籍詰所在軍須廷珪懼以告馬軍都監康延澤延澤曰王公志在聲色苟得其所欲則置而不問矣廷珪素儉約不畜妓樂遂求於姻戚家得女妓四人復假貸金帛直數百萬以遺仁贍繇是獲免歸闕爲右千牛衛上將軍乾德五年卒先是廷珪及王昭遠韓保正川中各自有田宅昶降後奉表上獻詔各賜錢三百萬以償其直

李昊字穹佐自言唐相紳之後祖乾祐建州刺史父羔容管從事昊生於關中幼遇唐末之亂隨父避地

至奉天值昭宗遷洛岐軍攻破奉天父及弟妹皆爲亂兵所殺是時年十三獨得免遂流寓新平十數年會劉知俊領岐軍圍州城昊踰城出爲候騎所得知俊與語甚器之寘于門下以其女妻之知俊歸蜀僞署遂州武信軍節度以昊爲從事王建使知俊出師令昊主留務會建敍知俊昊亦罷職王衍襲僞位授彭州導江令歷中書舍人翰林學士岐軍之難昊母獨無恙至是十九年昊仕獨顯達乃遣心膂張金王彥間道迎其母昊請告境上奉迎衍賜以金勒名馬昊至青泥嶺見母母撫昊首號慟哀感行路蜀亡入洛明

宗授昊檢校兵部郎中詔西川孟知祥三川制置使趙季良同於權鹽度支戶部院間授昊一職昊至蜀久無所授會知祥奏季良爲西川節度副使昊辭歸洛知祥始辟爲觀風推官遷掌書記知祥稱帝擢爲禮部侍郎翰林學士昶立領漢州刺史遷兵部侍郎出知武德軍府加承旨昶嘗欲命昊二子官昊固讓且言遂州判官石欽若蘇涯前蜀時同在劉知俊幕下頗回授欽若等子昶嘉歎許之仍授昊二子官俄加尚書左丞拜門下侍郎兼戶部尚書同平章事監修國史因請置史官乃以給事中郭廷鈞職方員外

郎趙元拱爲脩撰雙流令崔崇構成都主簿王中孚爲直館俄加昊左僕射昶令就知祥真容院圖文武三品以上於東西廊以昊有恭佐功特畫於殿內自知祥領蜀凡章奏書檄皆出昊手至是集爲百卷曰經緯略以獻昶賚以珍器錦綵俄命判度支戶部廣政十四年修成昶實錄四十卷昶欲取觀昊曰帝王不閱史不敢奉詔丁母憂裁百日起復俄修前蜀書命昊與趙元拱王中孚及左諫議大夫喬諷給事中馮侃知制誥賈玄珪韋寅遜太府少卿郭微右司郎中黃彬同撰成四十卷上之以判使辦集封趙國公

俄加司空領遂州武信軍節度出判鹽鐵加弘文館大學士修奉太廟禮儀使昶嘗召四孫悉授太子司儀郎舍人並賜緋昊又改判度支使其子孝連尚昶女鳳儀公主累遷太常少卿資州刺史長子孝逢給事中蜀平隨昶入朝太祖優待之拜昊工部尚書賜第以孝逢爲膳部郎中孝連爲將作少監親屬乘舟自峽下至夷陵妻死昊聞悲愴成疾而卒年七十三贈右僕射昊前後仕蜀五十年昶之世位無將相秉利權資貨歲入鉅萬奢侈尤甚後堂妓妾曳羅綺數百人昶與江南李景通好遣其臣趙季札至江南購

得李紳武宗朝入相制書還以遺昊昊結綵樓置其中盡召成都聲妓昊朝服前迎歸私第大會賓客宴飲所費無算以帛二千匹謝季札初王衍降莊宗昊草其表昶之降也其表亦昊所爲蜀人潛署其門曰世修降表李家見者哂之有集二十卷目爲樞機應用集孝連後至司農少卿昊孫德鏻至國子博士德鎔進士及第

毋守素字表淳河中龍門人父昭裔僞蜀宰相太子太師致仕守素弱冠起家僞授秘書郎累遷戶部員外郎知制誥真拜中書舍人工部侍郎出爲雲安榷

鹽使召見其二子克溫克恭並賜緋以次子克恭尚昶女授檢校水部員外郎廣政二十年拜工部尚書時昭裔判鹽鐵衰老不能親職委其務於判官李光遠事多留滯昶患之命守素代判使務父子相代時頗榮之俄改判度支領彭州刺史又判鹽鐵守素奉親頗勤至雖隆暑暮歸必朝服執簡以申昏定之禮蜀亡入朝授工部侍郎籍其蜀中莊產茶園以獻詔賜錢三百萬以充其直仍賜第於京城歲餘為兄之子岳州司法正己訟其居父喪娶妾免正己亦坐奪一官開寶初起為國子祭酒太祖征河東命權知趙

州及平嶺表移知容州兼本管諸州水陸轉運使先是部民有逋賦者或縣吏代輸或於兼并之家假貸則皆納其妻女以為質守素表其事即日降詔禁止六年卒年五十三昭裔性好藏書在成都令門人句中正孫逢吉書文選初學記白氏六帖鏤板守素齎至中朝行於世大中祥符九年子克勤上其板補三班奉職次子克恭尚昶女鑾國公主仕為光祿少卿歸宋至左監門衛將軍

歐陽迥益州華陽人父珏通泉令迥少事王衍為中書舍人後唐同光中蜀平隨衍至洛陽補秦州從事知祥鎮成都迥復來入蜀知祥僭號以為中書舍人廣政十二年拜翰林學士明年知貢舉判太常寺遷禮部侍郎領陵州刺史轉吏部侍郎加承旨二十四年拜門下侍郎兼戶部尚書平章事監修國史嘗擬白居易諷諫詩五十篇以獻昶手詔嘉美賚以銀器錦綵從昶歸朝為右散騎常侍俄充翰林學士就轉左散騎常侍嶺南平議遣迥祭南海迥聞之稱病不出太祖怒罷其職以本官分司西京開寶四年卒年七十六贈工部尚書迥性坦率無檢操雅善長笛太祖常召於偏殿令奏數曲御史中丞劉溫叟聞之叩殿

門求見諫曰禁署之職典司誥命不可作伶人之事上曰朕嘗聞孟昶君臣溺於聲樂迥至宰司尚習此技故為我所擒所以召迥欲驗言者之不誣也溫叟謝曰臣愚不識陛下鑒戒之微旨自是不復召迥好為歌詩雖多而不工掌誥命亦非所長但在蜀日卿相以奢靡相尚迥猶能守儉素此其可稱也

列傳卷第二百三十八

列傳卷第二百三十九　宋史四百八十

開府儀同三司上柱國錄軍國重事前中書右丞相兼修國史領經筵事都總裁臣脫脫等奉

勑修

世家四

吳越錢氏

吳越錢俶字文德杭州臨安人本名弘俶以犯宣祖偏諱去之祖鏐因黃巢之亂據有吳越昭宗授以杭越兩藩節制封彭城郡王歷梁後唐加吳越國王卒子元瓘嗣元瓘卒子佐嗣佐卒弟倧嗣為其大將胡進思所廢遂迎立俶事具五代史俶即元瓘之第九

子也母越國恭懿夫人吳氏晉開運中為台州刺史數月有僧德韶語俶曰此地非君為治之所當速歸不然不利俶從其言即求歸國未幾有進思之變漢乾祐初授東南面兵馬都元帥鎮海鎮東軍節度使開府儀同三司檢校太師兼中書令杭越等州大都督吳越國王賜號翊聖廣運同德保定功臣賜以金印玉冊三年江南遣其將查文徽攻福州俶發兵擒文徽獻捷加尚書令周廣順初授諸道兵馬元帥二年授天下兵馬元帥改賜推誠保德安邦致治忠正功臣六月丁母憂起復世宗即位授天下兵馬都元

帥顯德三年世宗征淮南令俶以所部分路進討俶遣偏將吳程圍毗陵陷關城擒刺史趙仁澤路彥銖圍宣城俄俶軍戰敗復失常州會李景上表求割地內附詔俶班師五年夏四月杭州災府舍悉為煨燼將延及倉庾俶命酒祝曰食為民天若盡焚之民命安仰火遂止世宗聞之遣內侍賚詔恤問是歲淮南內屬遣翰林學士陶穀司天監趙脩己使俶賜羊馬橐駝自是以為常七月又遣閤門使曹彬賜俶兵甲旗幟六年恭帝嗣位賜崇仁昭德宣忠保慶扶天翊亮功臣建隆元年授天下兵馬大元帥俶舅寧國軍

節度吳延福有異圖左右勸俶誅之俶曰先夫人同氣安忍寘於法言訖嗚咽流涕但黜延福於外終全母族自太祖受命俶貢奉有加常數二年遣使賜俶戰馬二百羊五千橐駝三十乾德元年以白金萬兩犀牙各十株香藥一十五萬斤金銀真珠瑇瑁器數百事來貢改賜承家保國宣德守道忠正恭順功臣是冬郊祀遣其子惟濬入貢開寶五年改賜開吳鎮越崇文耀武宣德守道功臣封其妻孫氏為賢德順穆夫人未幾遣幕吏黃夷簡入貢上謂之曰汝歸語元帥常訓練兵甲江南彊倔不朝我將發師討之元

帥當助我無惑人言云皮之不存毛將安傅特命有司造大第於薰風門外連亘數坊棟宇宏麗儲侍什物無不悉具因召進奏使錢文贄謂之曰朕數年前令學士承旨陶穀草詔比來城南建離宮令賜名禮賢宅以待李煜及汝主先來朝者以賜之詔以草示文贄遂遣文贄賜俶戰馬及羊諭旨於俶七年五月賜俶襲衣玉帶玉鞍勒馬金器二百兩銀器三千兩錦綺千段是冬討江南遣內客省使丁德裕齎詔以俶為昇州東面招撫制置使賜戰馬二百匹旌旗劒甲令德裕以禁兵步騎千人為俶前鋒盡護其軍李煜

貽書於俶其略曰今日無我明日豈有君一旦明天子易地酬勳王亦大梁一布衣耳俶不荅以書來上八年俶率兵拔常州加守太師詔俶歸國俶遣大將沈承禮等率兵水陸隨王師平潤州遂進討金陵上嘗召進奏使任知果令諭旨於俶曰元帥克毗陵有大功俟平江南可暫來與朕相見以慰延想之意即當遣還不久留也朕三執圭幣以見上帝豈食言乎江南平論功以俶大將沈承禮孫承祐並為節度使為防禦使者一人刺史六人九年二月俶與其妻孫氏子惟濬平江軍節度使孫承祐來朝上遣皇子興

元尹德昭至睢陽迎勞俶將至車駕先幸禮賢宅按視供帳之具及至詔俶居之對於崇德殿貢白金四萬兩絹五萬匹賜襲衣玉帶金器千兩白金器三千兩羅綺三千段玉勒馬即日宴長春殿俶又貢白金二萬兩絹三萬匹乳香二萬斤賀平江左貢白金五萬兩錢十萬貫綿百八十萬兩茶八萬五千斤犀角象牙二百株香藥三百斤車駕幸其第又貢白金十萬兩絹五萬匹乳香五萬斤以助郊祭三月庚午詔曰古者宗工大臣特被隆眷或劒履上殿或書詔不名率由豐功待以殊禮今我無其命數用獎勳賢輝

映古今允為優異咨爾吳越國王錢俶德隆宏茂器識深遠撫奧區於吳會勤洪伐於宗彝昨以江表不庭王師致討委方面之兵柄克常潤之土宇輔翼帝室震疊皇靈而乃執圭來庭垂紳就列罄事君之誠懿為群后之表儀爰峻徽章以旌元老可特賜劒履上殿書詔不名以俶妻賢德順穆夫人孫氏為吳越國王妃令惟濬齎詔賜之宰相以為異姓諸侯王妻無封妃之典太祖曰行自我朝表異恩也俶獻白金六萬兩絹六萬匹為謝太祖數詔俶與其子惟濬宴射苑中惟諸王預坐每宣諭俶俶拜謝多令內侍扶

起俶感泣又嘗一日召宴獨太宗秦王侍坐酒酣太祖令俶與太宗秦王叙昆仲之禮俶伏地叩頭涕泣固讓乃止會將以四月幸西京親雩祀俶懇請扈從不許留惟濬侍祠令俶歸國太祖宴餞於講武殿賜窄衣玉束帶玉鞍勒馬玳瑁鞭金銀錦綵二十餘萬銀裝兵八百事謂俶曰南北風土異宜漸及炎暑卿可早發俶涕泣言願三歲一朝太祖曰川陸迂遠當俟詔旨即來覲也俶將發京師特賜導從儀衛之物率皆鮮麗令自禮賢宅陳列至迎春苑自俶之至逮於歸國太祖所賜金器萬兩白金器又數萬兩白金十

餘萬兩錦綺綾羅紬絹四十餘萬匹馬數百匹他物不可勝計俶既歸國嘗視事功臣堂一日命坐于東偏謂左右曰西北者神京在焉天威不違顏咫尺俶豈敢寧居乎太宗即位加食邑五千戶俶貢御衣通天犀帶絹萬匹金器瑇瑁器百餘事金銀釦器五百事塗金銀香臺龍腦檀香床銀假果水晶花凡數千計價直鉅萬又貢犀角象牙三十株香藥萬斤乾薑五萬斤茶五萬斤俶又請歲增常貢詔不許太平興國二年正月孫氏卒遣給事中程羽弔祭九月上言乞所賜詔書呼名不許三年三月來朝遣判四方館

事梁迥至泗州迎勞惟濬先在闕下上遣至睢陽候俶俶先遣孫承祐入奏事上即遣承祐護諸司供帳勞俶於郊又命齊王廷美宴俶於迎春苑俶至對於崇德殿賜襲衣玉帶金銀器玉鞍勒馬錦綵萬匹錢千萬賓佐崔仁冀等賜金銀帶器幣鞍馬有差即日宴俶長春殿令劉鋹李煜預坐俶貢白金五萬兩錢萬萬絹十萬匹綾二萬匹綿十萬屯茶十萬斤建茶萬斤乾薑萬斤越器五萬事錦緣席千金銀畫舫三銀飾龍舟四金飾烏樠木御食案御床各一金樽罍醆斝各一金飾瑇瑁器三十事金釦藤盤二金釦雕

象俎十銀假果樹十事翠毛真珠花三叢七寶飾食案十銀樽罍十醆斝副焉金釦越器百五十事雕銀俎五十密假果翦羅花各二十樹銀釦大盤十銀裝鼓二七寶飾胡琴五絃箏各四銀飾箜篌方響羯鼓各四紅牙樂器二十二事乳香萬斤犀角象牙各一百株香藥萬斤蘇木萬斤上又嘗召俶及其子惟濬宴後苑泛舟池中上手酌酒以賜俶俶跪飲之其恩待如此四月會陳洪進納土俶上言曰臣伏有懇誠貯於肺腑幸因入覲輒敢上聞蓋虞神道之害盈必冀天慈之從欲臣近蒙朝廷賜以劍履上殿詔書不

名仍以本道領募卒徒嘗營戎甲特建國王之號俾
增師律之嚴皆所以假其寵名託於隣敵方今幅員
無外名數洞分豈可冒居自難公議合從省罷以正
等威除本道軍士器甲臣已曾奏納外其所封吳越
國王及天下兵馬大元帥職名望皆許解罷凡須詔
命願復名呼庶聖朝無虛授之恩微臣免疾顛之禍
優詔不許五月乙酉俶再上表臣慶遇承平之運遠
修肆覲之儀宸眷彌隆寵章皆極斗筲之量實覺滿
盈丹赤之誠輒茲披露臣伏念祖宗以來親提義旅
尊戴中京略有兩浙之土田討平一方之僭逆此際

蓋隔朝天之路莫諧請吏之心然而稟號令於闕庭
保封疆於邊徼家世承襲已及百年今者幸遇皇帝
陛下嗣守丕基削平諸夏凡在率濱之內悉歸輿地
之圖獨臣一邦僻介江表職貢雖陳於外府版籍未
歸於有司尚令山越之民猶隔陶唐之化太陽委照
不及蔀家春雷發聲兀為聾俗則臣實使之然也罪
莫大焉不勝大願願以所管十三州獻于闕下執事
其間地里名數別具條析以聞伏望陛下念奕世之
忠勤察乃心之傾向特降明詔允茲至誠詔荅曰卿
世濟忠純志遵憲度承百年之堂構有千里之江山

自朕纂臨聿修覲禮覩文物之全盛喜書軌之混同
願親日月之光遽忘江海之志甲兵樓櫓既悉上於
有司山川土田又盡獻於天府舉宗效順前代所無
書之簡編永彰忠烈所請宜依丁亥詔曰漢寵功臣
聿著帶河之誓周尊元老遂分表海之邦其有奄宅
句吳早綿星紀包茅入貢不絕於累朝羽檄起兵備
嘗于百戰適當輯瑞而來勤爰以提封而上獻宜遷
內地別錫爰田彌昭啓土之榮俾增書社之數吳越
國王錢俶天資純懿世濟忠貞兆積德於靈源書大
勳於策府近者慶沖人之踐阼奉國珍而來朝齒革

羽毛既脩其常貢土田版籍又獻於有司願宿衛於
京師表乃心於王室眷茲誠節宜茂寵光是用列西
楚之名區析長淮之奧壤建茲大國不遠舊封載疏
千里之疆更重四征之寄疇其爵邑施及子孫永夾
輔於皇家用對揚於休命垂厥百世不其偉歟其以
淮南節度管內封俶為淮海國王仍改賜寧淮鎮海
崇文耀武宣德守道功臣即以禮賢宅賜之惟濬為
節度使兼侍中惟治為節度使惟演為團練使惟頊
暨姪郁昱並為刺史弟儀信並為觀察使將校孫承
祐沈承禮並為節度使體貌隆盛冠絕一時是歲七

月中元京城張燈令有司於俶宅前設燈山陳聲樂
以寵之八月令兩浙發俶緦麻以上親及管內官吏
悉歸朝凡舟一千四十四艘所過以兵護送杭州貢
俶樂人凡八十有一人詔以三十六人還杭州四十
五人賜俶俶上表謝上親畫付中書送史館四年二
月宴苑中俶被病拜不能起上命以銀裝肩輿送歸因
以賜之四月從征太原賜羊三百酒十斛俶小心謹
恪每晨趨行闕人未有至者俶必先至假寐以待旦
上知之謂俶曰卿已中年宜避風冷自今入謁不須
太早也特輟御前二大燭以賜之令先赴前頓上嘗

賜從臣食於中路頓并賜衛士羊臂臑巵酒觀其飲
啖上見其雄壯因顧俶俶進曰所謂如虎如貔如熊
如羆者也會劉繼元降上御連城臺誅軍中先亡命
太原者顧謂俶曰卿能保全一方以歸於我不致血
刃深可嘉也俶頓首謝俶中途被足疾車駕親臨問
令太醫然艾以灸疾尋愈還京策勳宰相進振加食
邑萬户實封千户上即改白麻倍加食邑二萬户實
封二千户五年八月俶被病上臨問賜白金萬兩錢
千萬絹萬匹金器千兩賜其子惟濬惟治白金各萬
兩是冬車駕幸大名府詔俶乘肩輿即路六年又被

病賜告久之上遣中使賜俶文楸棋局水精棋子乃
諭旨曰朕機務之餘頗曾留意以卿在假可用此遣
日八年十二月上言曰臣以蕞爾之軀蒙被恩寵賦
祿百萬兼職數四元帥之任實本於兵權國王之號
蓋屏於帝室尚書總百揆之重中書掌八柄之繁維
師冠於上台開府當於極品臣之孱瑣罔克負荷邦
國之制式著等威名器之間固有涯分徒速罪戾以
取顛隮伏望聖旨特從省罷下許表三上下詔曰分
茅胙土所以彰世及之榮大輅繁纓所以表名器之
重至若褒寵勳德度越典常洛子舊章爰推異數乃

有體好謙之德形固讓之辭敦諭再三確乎不拔用
曲至公之論式光知止之風淮海國王錢俶方岳炳
靈風雲通感奄有句吳之地不忘象魏之心掃境來
朝舉宗宿衛籍其土宇入手朝廷式昭職員胙之淮
海居天子二老之任啓真王萬戶之封併加寵章用
答忠順而乃屢形表疏願避官榮發於深衷誠不可
奪若以靈臺偃伯武庫櫜兵天下一家書軌之無外
五侯九伯征伐之不行願寢元帥之名勉徇由衷之
請其乃世祚明德存於帶礪之盟帝賚良弼寵以台
輔之任極馭貴之爵增衍食邑之封非足疇庸適以昭

德勉膺渥澤克副眷懷可罷天下兵馬大元帥餘如故雍熙元年改封漢南國王四年春出為武勝軍節度改封南陽國王俶久被病詔免入辭將發賜玉束帶金唾壺椀盃等俶四上表讓國王改封許王端拱元年春徙封鄧王會朝廷遣使賜生辰器幣與使者宴飲至暮有大流星墮正寢前光燭一庭是夕暴卒年六十俶以天成四年八月二十四日生至是八月二十四日卒復與父元瓘卒日同人皆異之上為廢朝七日追封秦國王謚忠懿仍正衙備禮發冊曰皇帝若曰昊穹眷祐賢哲挺生稟象緯之純精負經綸

之盛業作民父母為國翰垣其存也冠中臺而長諸侯其沒也峻徽章而崇禮命咨爾故安時鎮國崇文耀武宣德守道功臣武勝軍節度鄧州管內觀察處置等使開府儀同三司守太師尚書令兼中書令使持節鄧州諸軍事行鄧州刺史上柱國鄧王食邑九萬七千戶食實封一萬六千九百戶賜劒履上殿詔書不名錢俶嗣祖考之令德奠東南之奧區開國承家本仁祖義以忠孝而保社稷以廉讓而化人民勤翊戴於累朝克惠綏於一境世傳威略志慕聲明當武庫戢兵洞闕詩書之府洎秣陵問罪雄張犄角之師致匡宇之同文賴忠良之協力逮于纂紹益尊崇高蘊明哲而保身務傾輸而竭節盡獻土壤來歸闕庭予嘉乃功荐錫殊寵而道隆簡退志尚謙沖屢辭卻轂之權雖奪苞宣之讓朕深惟勳舊俾就養頤爰出殿於大邦庶聿臻於眉壽式緊元老永輔眇躬何天道之難諶而梁木之斯壞長沙既往空存甲令之勳征虜云亡但見雲臺之像贈賻從於異等嗟悼廢於臨朝寧酬柱石之勳未極君臣之分庸加典則以厚始終今遣使太中大夫尚書工部侍郎上柱國汾陽郡開國侯食邑一千戶賜紫金魚袋郭贄持節冊

贈爾為秦國王嗚呼德無不報予敢忘於格言魂而有知爾尚欽於天命嗚呼哀哉命中使護其喪歸葬洛陽自鏐至俶世有吳越之地僅百年管內諸州皆子弟將校授任而後請命於朝有至使相者俶任太師尚書令兼中書令四十年為元帥三十五年及歸朝卒子惟演惟濟皆童年召見慰勞並起家諸衛將軍善始令終窮極富貴福履之盛近代無比然甚儉素自奉尤薄常服大帛之衣幃帳茵褥皆用紫絁食不重味頗知書雅好吟詠在吳越日自編其詩數百首為正本集因陶穀奉使至杭州求為之序性謙和

未嘗忤物在藩日每朝廷使至接遇勤厚所上乘輿服物器玩制作精妙每遣使脩貢必羅列於庭焚香再拜其恭謹如此崇信釋氏前後造寺數百歸朝又以愛子為僧善草書上一日遣使謂曰聞卿善草聖可寫一二紙進來俶即以舊所書絹圖上之詔書褒美因賜玉硯金匣一紅綠象牙管筆龍鳳墨蜀牋盈丈紙皆百數屬久病家居有黃門趙海被酒造其第求見因出藥數丸謂俶曰此頗療目疾願王即餌之俶即餌焉既去家人皆惶駭不測俶曰此但醉耳又何疑哉後數日上聞大驚捕海繫獄決杖流海島初

俶為胡進思所立廢其兄倧徙越州資給豐厚進思屢請除之恐為後患俶泣曰若殺吾兄吾終不忍汝欲行其志吾當退避賢路進思慚而退俶慮進思害倧遣親將薛溫為倧守衛戒之曰委汝以保全廢王苟有非常汝當以死扞之溫至越旬餘有二卒夜持刃踰垣入倧闔戶拒之呼聲達於外溫領徒而入斃二卒於庭中乃進思之所遣也進思因憂懼疽發背卒後左右屢有以倧為言俶終拒之倧居越州二十餘年卒俶自建隆已來貢奉不絕及用兵江左所貢數十倍先是錢與戰士多賜己姓後俶歸朝皆稱同

宗淳化三年詔令復本姓又浙中劉氏避錢諱改為金氏亦令還故景德中有司請以禮賢宅為司天監真宗以先朝所賜不許大中祥符八年子惟演等復表上之詔賜錢五萬貫仍各賜第一區子惟濬惟治惟演惟灝惟潛惟濟惟渲至韶州團練使惟灝賀州團練使惟潛至左龍武將軍獎州刺史惟演自有傳

惟濬字禹川俶嫡子也裁數歲俶表授鎮海鎮東兩軍節度副大使檢校太保鈐轄兩浙管內土客諸軍事建隆元年加檢校太傅三年領建武軍節度乾德初加檢校太尉是年冬來朝因侍祠南郊六年復來

朝侍郊祀命兵部員外郎知制誥盧多遜迎勞之開寶二年授鎮東等軍節度浙江東西道觀察處置兩浙制置營田發運等使未幾來朝太祖召宴苑中令黃門奏簫韶樂與諸王同席而坐賜白玉帶珠綴衣水精鞍勒御馬賜賚鉅萬計月餘遣歸辭日又賜襲衣玉帶金鞍勒馬四年又來朝因侍祠南郊寵待殊等及大兵征金陵惟濬從父下毗陵以功加平章事九年隨俶入朝俶先歸留惟濬扈從郊祀西洛太宗即位加兼侍中太平興國二年丁母妃孫氏憂起復加鎮東大將軍右金吾衛大將軍員外置同正俶將

入朝惟濬先奉方物來貢詔戶部郎中侯涉至泗州迎勞之賜賚無筭并增其食邑三年隨俶來朝俶盡獻浙右之地改封淮海國王徙惟濬淮南節度是冬郊祀恩加檢校太師從平太原及從征幽薊又從幸大名雍熙元年郊祀改山南東道節度四年徙鎮安州惟濬雖再移鎮常留京師端拱初籍田封蕭國公俶薨起復加兼中書令惟濬與俶諸子共進錢金綾羅犀玉帶笏犀角象牙丁香金玉馬腦鞍勒金玉珠翠首飾樂器博具器皿什物馬槖駞牛驢車凡數十萬計俶妻俞氏又進金銀十餘萬犀二十株通犀

頰犀玉帶二十二條水晶佛像十二事惟濬又進女樂十人上不納各賜錦綵三十段遣還之淳化初杭州以錢氏家廟所藏唐梁以來累朝所賜玉册竹册各三副鐵券一來上上悉以賜惟濬明年春得疾暴卒年三十七廢朝二日追封邠王諡安僖中使典喪事子守吉守讓守吉至西京作坊使守讓字希仲以蔭累遷供備庫使天禧四年録諸國之後加領榮州刺史改東染院使卒守讓頗勤學為文章退居多閑閱讀書屢獻歌頌真宗優詔褒奬有集二十卷子惄娶曹王元偁女長安縣主

惟治字和世廢王倧之長子倧初遷於越而惟治生俶愛之養為己子幼好讀書八歲授兩浙牙內諸軍指揮使判軍糧管田事又改德化軍使遷檢校太保台州團練使乾德四年四月制授寧遠軍節度檢校太傅仍兼衙職與惟濬節旄同日而至國人榮之王師討江南惟治從俶率兵下常州策勳改奉國軍節度俶入朝命惟治權發遣軍國事俶還令奉幣入貢撫諭命賜甚厚惟治又獻塗金銀香師子香鹿鳳鶴孔雀寶裝絲合鈿金甆器萬事吳綾千匹辭日賜襲衣玉帶塗金鞍勒馬金銀器繒綵踰萬計太宗嗣

位進檢校太尉太平興國三年俶再入覲又權國事一夕廐中火惟治率兵臨高下視令親信十數輩仗劒申令敢後顧者斬須之火息妻族有隸帳下者恃親犯法惟治命杖背於府門俶既納土朝廷命考功郎中范旻知杭州惟治奉兵民圖籍帑廩管籥授旻與其弟惟渲惟灝歸朝次近郊遣內侍護諸司供帳迎勞至京師即日召對長春殿賜衣服金帶鞍勒馬器幣改領鎮國軍節度五年八月車駕幸俶第召見惟治賜白金萬兩惟治善草隸尤好二王書嘗曰心能御手手能御筆則法在其中矣家藏書帖圖書甚

衆太宗知之嘗謂近臣曰錢俶兒姪多工草書因命
翰林書學賀丕顯詣其第徧取視之曰諸錢皆效浙
僧亞栖之迹故筆力軟弱獨惟治為工耳惟治嘗以
鍾繇王羲之唐玄宗墨跡凡七軸為獻優詔褒答雍
熙三年大出師征幽州命惟治知真定軍府兼兵馬
都部署旦削一日■曲宴內殿惟治獻詩帝覽之悅酒半
遣小黃門齎諭北面之寄至則訓兵享士頗勤政務
設廚饌於城門以待使傳初惟濬雖俶嫡嗣然俶以
其放蕩無檢故器惟治冊俾權國務嘗一夕俶暴疾
孫妃悉心斂符篇付惟治後惟濬知之甚恚恨洎入朝

惟濬止奉朝請而委惟治藩任焉俶薨召還起復檢
校太師移疾就第百日有司請罷奉特詔續給累上
表請罷節鎮優詔不許惟治既病心恍惚家事不肅
咸平初僮奴以姦私殺人於庭事連閨閫真宗為停
按鞫止授右監門衛上將軍其子貜部員外郎丕責
授郢州團練副使晚年頗貧匱景德中其弟惟演獻
文上對宰相稱其公王之後能苦心翰墨令記其名
因曰錢氏繼世忠順子孫可念如聞惟治頗貧乏尤
可軫惻特轉右武衛上將軍月給奉十萬累加左驍
衛上將軍左神武統軍大中祥符七年七月卒年六

十六贈太師初有司援統軍陳承昭孟玨例當贈東
宮保傅上以俶奉土歸國優其贈典又聞群臣家貧
乏者不欲官給喪事為罷詔葬錄其四子官及外弟
子壻親校並甄擢之惟治好學聚圖書萬餘卷多異
本慕皮陸為詩有集十卷書迹多為人藏祕晚年雖
病廢猶或揮翰真宗嘗語惟演曰朕知惟治工書然
以疾不欲遣使往取卿為求數幅進來翌日寫聖製
詩數十章以獻賜白金千兩初鎮四明嘗夢神人披
甲自稱西嶽神謂惟治曰公面有缺文即捧土培之
後領華州節鉞二十年子丕字簡之幼好學雍熙中

俶上言欲求舉進士太宗以其世家子特召試內署
授祕書丞賜金紫累遷駕部郎中嘗知新淦縣又知
衡州惟治卒以將作少監起復俄為三司戶部判官
卒於光祿少卿
惟濟字嚴夫生七歲俶封漢南王奏補本府元從指
揮使歷諸衛將軍領恩州刺史改東染院使真拜封
州刺史真宗祀汾陰還燕近臣苑中命惟濟射一發
中的故事刺史射不解箭帝賜解之且賜襲衣金帶
其後請試郡命知絳州民有條桑者盜奪桑不能得
乃自創其臂誣桑主欲殺人久繫不能辨惟濟取盜

與之食視之盜以左手舉七筯惟濟曰以右手創人者上重下輕今汝創特下重正用左手傷右臂非爾自為之邪辭遂服帝聞之謂宰相向敏中曰惟濟試守郡輙明辨後必為能吏矣徙潞州民相驚有外寇奔城而仆者相枕藉惟濟從容行視從騎甚省民乃安遷永州團練使改知成德軍仁宗即位加檢校司空民有偽作白金質取緡錢者其家來告惟濟曰第聲言被盜示以重購質者當來責餘直即得之矣已而果然乃杖配之以吉州防禦使留再任遷虔州觀察使知定州有婦人待前妻子不仁至燒銅錢灼臂

惟濟取婦人所生兒置雪中械婦人往視兒死其慘毒多此類遷武昌軍節度觀察留後改保靜軍留後惟濟喜賓客豐宴犒家無餘貲帝賜白金二千兩所負公使錢七百餘萬卒贈平江節度使謚宣惠遣使護葬事賻錢二百萬絹千匹有玉季集二十卷惟濟有吏幹能戢下而性苛忍所至牽蔓滿獄重囚棄市或斷手足探肝膽用以威衆觀者色動而惟濟自若也

儼字誠允俶之異母弟也本名信淳化初改焉幼為沙門及長頗謹慎好學俶襲國封命為鎮東軍安撫副使周顯德四年奏署衢州刺史太祖平揚州俶遣儼入賀命閤門副使武懷節齎詔迎勞賜賚甚厚及歸又賜玉帶名馬錦綵器皿開寶三年代兄偡知湖州充宣德軍安撫使俶奉詔攻毗陵命儼督漕運太平興國二年從俶之請授新嬀儒等州觀察使仍知湖州儼兄儀為慎瑞師等州觀察使入朝以儼為隨州觀察使儀為金州觀察使侍祠郊宮特召升儼班於節度使之次儀卒儼換金州常從幸天駟監會賜從官馬太宗敕有司曰錢儼儒者宜擇馴馬給之未幾出判和州在職十七年咸平六年卒年六十七贈昭

化軍節度儼嗜學博涉經史少夢人遺以大硯自是樂為文辭頗敏速富贍當時國中詞翰多出其手歸京師與朝廷文士遊歌詠不絕淳化初嘗獻皇猷録咸平又獻光聖録並有詔嘉答所著有前集五十卷後集二十四卷吳越備史十五卷備史遺事五卷忠懿王勲業志三卷又作貴溪叟自敘傳一卷善飲酒百巵不醉居外郡嘗患無敵或言一軍校差可倫擬儼問其狀曰飲益多手益恭儼曰此亦變常非善飲也

昱字就之忠獻王佐之長子佐薨昱尚幼國人立倧

遂以昱為咸寧大安二宮使俶嗣國承制授秀州刺史太祖受禪俶遣昱入貢與江南使同侍宴射于後苑江南使先中的令昱解之昱應弦而中賜以玉帶及平蜀復來賀歸國為台州刺史俶得福州命昱守之王師討江南為東面水陸行營應援使從俶入朝授白州刺史昱好學多聚書喜吟詠多與中朝卿大夫唱酬嘗與沙門贊寧談竹事迭錄所記昱得百餘條因集為竹譜三卷俄獻太平興國錄求換臺省官令學士院召試制誥三篇改秘書監判尚書都省時新葺省署昱撰記奏御又嘗以鍾王墨跡八卷為獻

有詔褒美出知宋州改工部侍郎歷典壽泗宿三州率無善政至道中郊祀當進秩太宗曰昱貴家子無檢操不宜任丞郎以為鄆州團練使咸平二年表入朝以病不及陛見卒年五十七昱善筆札工尺牘太祖嘗取觀賞之賜以御書金花扇及急就章昱聰敏能覆棋工琴畫飲酒至斗餘不亂善諧謔生平交舊終日談宴未曾犯一人家諱有集二十卷然貪猥縱肆無名節可稱生子百數涉雍熙中進士及第絳至內殿承制閤門祇候累典郡頗以幹力稱俶之群從又有台州刺史仰之子昭序字著明好學喜聚書書多親寫知通利軍以勤幹聞至如京副使衢州刺史偓之子昭度字九齡至供奉官俊敏工為詩多警句有集十卷蘇易簡為序行於世

孫承祐杭州錢塘人俶納其姊為妃因擢處要職累遷浙江東道鹽鐵副使鎮海鎮東兩軍節度副使知靜海軍節度事開寶初隨俶子惟濬入貢詔授光祿大夫檢校太保鎮東鎮海等軍行營司馬俶又私署中吳軍節度七年俶復遣承祐入貢賜襲衣玉帶鞍勒馬黃金器五百兩銀器三千兩雜綵五千匹且令諭旨於俶將有事於江表及王師渡江命內客省使

丁德裕率步騎一千詔俶以所部與德裕會攻常潤承祐從俶克毗陵功居多詔改中吳軍為平江軍真授承祐節太平興國中俶來朝盡獻其地徙承祐泰寧軍節度使五年從幸大名留知府事雍熙二年改知滑州數月卒贈太子太師中使護葬承祐在浙右日憑藉親寵恣為奢侈每一飲宴凡殺物命千數常膳亦數十品方下筯所居室中爇龍腦日不下數兩從車駕北征以橐駞負大斛貯水養魚自隨至幽州南村落間日已旰西京留守石守信與其子駙馬都尉保吉及近臣十數人尚未朝食適遇承祐即延所

止幕舍中膽魚具食窮極水陸人皆異之承祐少時嘗夢人以蓍草一本增其一而授之既寤以語所親曰大衍之數五十其用四十有九今增其一我壽止於此乎果五十而卒子誘至駕部郎中出為淮南節度行軍司馬

沈承禮湖州烏程人錢鏐辟置幕府署處州刺史鏐子元瓘以女妻之署為府中右職出為台州刺史元瓘卒子佐嗣以承禮掌親兵俶襲位命知威武軍節度事充兩浙都鈐轄使王師征江南俶遣承禮率水陸數萬人助平毗陵因攻潤州城中兵夜出焚外柵

諸將皆欲馳救承禮曰古人有言擊東南而備西北若此之謂也命士皆擐甲持食堅壁不動他壘不設備者悉驚擾獨承禮所部敵人不敢窺冉陽平遂率兵抵建業李煜歸朝錄其功真授福州節制太平興國初俶盡獻浙右地徙承禮鎮容州八年卒年六十七廢朝二日贈太子太師中使護葬初秦王廷美之敗也有司按驗俶惟濬孫承祐及陳洪進皆嘗有贈遺獨承禮無焉

列傳卷第二百三十九

列傳卷第二百四十　宋史四百八十一

開府儀同三司上柱國錄軍國重事前中書右丞相監修國史領經筵事都總裁臣脫脫等奉

敕修

世家四

南漢劉氏

南漢劉鋹其先蔡州上蔡人高祖仁安仕唐為潮州刺史因家嶺表仁安生謙為廣州牙校累遷封州刺史賀水鎮遏使謙生隱謙卒隱代領其任唐昭宗以薛王知柔鎮南海辟為行軍司馬委以兵柄及宰相徐彥若代知柔以為節度副使時唐室已季彥若威

令不振事皆決于隱彥若卒遺表薦隱自代昭宗不從以崔遠代之遠至江陵遷延不進乃以隱為留後未幾授以節旄梁開平初兼靜海軍節度使封南海王隱卒弟陟襲位貞明三年僭帝號國稱大漢改元乾亨行郊祀禮改名巖又改龔終改龑龑讀為儼字書不載蓋其妄作也晉天福七年卒子玢嗣為弟晟所殺晟遂自立性尤酷暴周顯德五年卒事具五代史鋹即晟長子也初名繼興封衛王襲父位改今名改元大寶性昏懦委政宦官龔澄樞及才人盧瓊仙每詳覽可否皆瓊仙指之鋹日與宮人波斯女等游

戲內官陳延受引女巫樊胡入宮言玉皇遣樊胡命鋹為太子皇帝乃于宮中施帷幄羅列珍玩設玉皇坐樊胡遠遊冠紫衣紫霞裙坐宣禍福令鋹再拜聽命嘗云瓊仙澄樞延受皆玉皇遣輔太子皇帝有過不得治又有梁山師馬媼何擬之徒出入宮掖宮中婦人皆具冠帶領外事初龔雖寵任中官其數裁三百餘位不過掖庭諸局令丞至晟時千餘人稍增內常侍諸謁者之稱至鋹漸至七千餘有為三師三公但其上加內字諸使名不翅二百女官亦有師傅令僕之號目百官為門外人群臣小過及士人釋道有

才略可備問者皆下蠶室令得出入宮闈作燒煮剝剔刀山劍樹之刑或令罪人鬭虎抵象又賦斂煩重邕民入城者人輸一錢瓊州米斗稅四五錢置媚川都定其課令入海五百尺採珠所居宮殿以珠玳瑁飾之陳延受作諸淫巧日費數萬金宮城左右離宮數十鋹游幸常至月餘或旬日以豪民為課戶供宴犒之費乾德中太祖命師克郴州獲其內品十餘人有余延業者人質么麽太祖問曰爾在嶺南為何官對曰為扈駕弓箭手官命授之弓矢延業極力控弦不開太祖因笑問鋹為治之迹延業備言其奢酷太祖驚駭曰吾當救此一方之民先是晟因湖南馬氏之亂襲取桂郴賀等州開寶初鋹又舉兵侵道州刺史王繼勳上言鋹為政昏暴民被其毒請討之太祖難其事令江南李煜遣使以書諭鋹使稱臣歸湖南舊地鋹不從煜又遣其給事中龔慎儀遺書曰煜與足下叨累世之睦繼祖考之盟情若弟兄義敦交契憂戚之患曷嘗不同每思會面而論此懷抵掌而談此事交議其所短各陳其所長使中心釋然利害不惑而相去萬里斯願莫伸凡於事機不得款會屢達誠素冀明此心而足下視之謂書檄一時之儀近國

梗槩之事外貌而待之汎濫而觀之使忠告確論如水投石若此則又何必事虛詞而勞往復哉殊非宿心之所望也今則復遣人使罄申鄙懷又慮行人失辭不盡深素是以再寄翰墨重布腹心以代會面之談與抵掌之議也足下誠聽其言如交友諫爭之言視其心如親戚急難之心然後三復其言三思其心則忠乎不忠斯可見矣從乎不從斯可決矣昨以大朝南伐圖復楚疆交兵已來遂成釁隙詳觀事勢深切憂懷冀息大朝之兵求契親仁之願引領南望于今累年昨命使臣入貢大朝大朝皇帝果以此事宣示

曰彼若以事大之禮而事我則何苦而伐之若欲興
戎而爭我則以必取為度矣見今黠閡大衆仍以上
秋為期令弊邑以書復叙前意是用奔走人使遽貢
直言深料大朝之心非有唯利之貪蓋怒人之不賓
而已足下非有不得已之事與不可易之謀殆一時
之忿而已觀夫古之用武者不顧小大強弱之殊而
必戰者有四父母宗廟之讐此必戰也彼此烏合民
無定心存亡之機以戰為命此必戰也敵人有進必
不捨我求和不得退守無路戰亦亡不戰亦亡奮不
顧命此必戰也彼有天亡之兆我懷進取之機此必

戰也今足下與大朝非有父母宗廟之讐也非同烏
合存亡之際也既殊進退不捨奮不顧命也又異乘
機進取之時也無故而坐受天下之兵將決一旦之
命既大朝許以通好又拒而不從有國家利社稷者
當若是乎夫稱帝稱王角立傑出今古之常事也割
地以通好玉帛以事人亦古今之常事也盈虛消息
取與翕張屈伸萬端在我而已何必膠柱而用壯輕
禍而爭雄哉且足下以英明之姿撫百越之衆北距
五嶺南負重溟藉累世之基有及民之澤衆數十萬
表裏山川此足下所以慨然而自負也然違天不祥

好戰危事天方相楚尚未可爭恭以大朝師武臣力
實謂天贊也登太行而伐上黨士無難色絶劒閣而
舉庸蜀役不淹時是知大朝之力難測也萬里之境
難保也十戰而九勝亦一敗可憂六奇而五中則一
失何補況人自以我國險家自以我兵強蓋揣于此
而不揣于彼經其成而未經其敗也何則國莫險于
劒閣而庸蜀已亡矣兵莫強于上黨而太行不守矣
人之情端坐而思之意滄海可涉也及風濤驟興奔
舟失馭與夫坐思之時蓋有殊矣是以智者慮於未
萌機者重其先見圖難於其易居存不忘亡故曰計

禍不及慮福過之良以福者人之所樂心樂之故其
望也過禍者人之所惡心惡之故其思也忽是以福
或修於慊望禍多出於不期又或慮有矜功好名之
臣獻尊主強國之議者必曰慎無和也五嶺之險山
高水深輜重不並行士卒不成列高壘清野而絶其
運糧依山阻水而射以強弩使進無所得退無所歸
此其一也又或曰彼所長者利在平地今捨其所長
就其所短雖有百萬之衆無若我何此其二也其次
或曰戰而勝則霸業可成戰而不勝則汎巨舟而浮
滄海終不為人下此大約皆說士孟浪之談謀臣狎

閫之策坐而論之也則易行之如意也則難何則今荆湘以南庸蜀之地皆是便山水習險阻之民不動中國之兵精卒已逾於十萬矣況足下與大朝封疆接畛水陸同途殆雞犬之相聞豈馬牛之不及一旦緣邊悉舉諸道進攻豈可俱絶其運糧盡保其城壁若諸險悉固誠善莫加焉苟尺水横流則長堤虛設矣其次曰或大朝用吳越之衆自泉州泛海以趣國都則不數日至城下矣當其人心疑惑兵勢動揺岸上舟中皆為敵國忠臣義士能復幾人懷進退者步步生心顧妻子者滔滔皆是變故難測須臾萬端非

惟暫乖始圖實恐有誤壯志又非巨舟之可及滄海之可遊也然此等皆戰伐之常事兵家之預謀雖勝負未知成敗相半苟不得已而為也固斷在不疑若無大故而思之又深可痛惜且小之事大理固然也遠古之例不能備談本朝當楊氏之建吳也亦入貢莊宗恭自烈祖開基中原多故事大之禮因循未遑以至交兵幾成危殆非不欲憑大江之險恃衆多之力尋悟知難則退遂修出境之盟一介之使繞行萬里之兵頓息惠民和衆于今賴之自足下祖德之開基亦通好中國以闡霸圖願修祖宗之謀以尋中國

之好蕩無益之忿棄不急之爭知存知亡能強能弱屈己以濟億兆談笑而定國家至德大業無虧也宗廟社稷無損也玉帛朝聘之禮纔出於境而天下之兵已息矣豈不易如反掌固如太山哉何必扼腕盱衡履腸蹀血然後為勇也故曰德輶如毛民鮮克舉之我儀圖之又曰知止不殆可以長久又曰沉潛剛克高明柔克此聖賢之事業何耻而不為哉況大朝皇帝以命世之英光宅中夏承五運而乃當正統度四方則咸偃下風獫狁太原固不勞於薄伐南轅返旆更屬在於何人又方且遏天下之兵鋒俟貴國之嘉

問則大國之義斯亦以善矣足下之忿亦可以息矣若介然不移有利於宗廟社稷可也有利於黎元可也有利於天下可也有利於身可也凡是四者無一利焉何用棄德修怨自生仇敵使赫赫南國將成禍機炎炎奈何其可嚮邇幸而小勝也莫保其後焉不幸而違心則大事去矣復念頃者淮泗交兵疆陲多壘吳越以累世之好遂首為厲階惟有貴國情分逾親驩盟愈篤在先朝感義情實慨然下走承基理難負德不能自已又馳此緘近奉大朝諭旨以為足下無通好之心必舉上秋之役即命弊邑速絶連盟雖

善隣之心期於永保而事大之節焉敢固違恐煜之不得事足下也是以惻惻之意所不能云區區之誠於是乎在又念臣子之情尚不逾於三諫煜之極言於此三矣是為臣者可以逃為子者可以泣為交友者亦惆悵而遂絶矣鋹得書遂囚慎儀驛書答煜言甚不遜煜上其書開寶三年太祖命潭州防禦使潘美朗州團練使尹崇珂討之八月師至白霞鋹賀州刺史陳守忠告急於鋹時舊將多以讒構誅死宗室翦滅殆盡掌兵者唯宦人數輩自晟以來耽於遊宴城壁壕隍多飾為宮館池沼樓艦皆毀兵器又腐內

外震恐乃遣龔澄樞往賀州郭崇岳往桂州李托往韶州畫守禦之策九月美與崇珂圍賀州澄樞遁歸鋹遣大將伍彥柔領兵赴賀美等以奇兵伏南岸彥柔夜至艤舟岸側遲明挾彈登岸踞胡牀指麾伏兵卒發彥柔衆大亂死者千人擒彥柔斬之梟首以示城中翌日城陷美等督戰艦聲言順流趨廣州鋹令都統潘崇徹將兵五萬屯賀江十月美等次昭州破開建砦殺卒數百擒砦將靳暉昭州刺史田行稠遁去城遂陷桂州刺史李承進棄城亦奔十一月連州陷招討使盧收率衆退保清遠十二月美等攻韶州

都統李承渥以兵數萬陣蓮華山下初鋹教象為陣每象載十數人皆執兵仗凡戰必置陣前以壯軍威至是與美遇美盡索軍中勁弩布前以射之象奔踶乘象者皆墜反踐承渥軍遂大敗承渥僅以身免韶州陷擒刺史辛延渥諫議大夫鄭文遠鋹始令塹廣州東壕遣郭崇岳統兵六萬屯馬逕列柵以拒之四年正月美等破英雄二州都統潘崇徹來降翌日次瀧頭鋹遣使請和且求緩師瀧頭山水險惡美等疑有伏兵乃挾鋹使速度諸險二月過馬逕去廣城十里砦于雙女山下鋹聞之取舶船十餘艘載金寶妃

嬪欲入海未及發宦官樂範與衛兵千餘盜舶船走美等將至城鋹懼遣其右僕射蕭漼奉表詣軍門乞降美諭太祖意語在美傳使者乞部送赴闕師遂頓城外鋹又遣其弟保興率百官奉迎為郭崇岳所遏崇岳無謀勇但祈禱鬼神復為拒扞之備美等乃進攻保興迎戰大為所敗美乘風縱火煙埃坌起崇岳死於亂兵城既破鋹盡焚其府庫美擒鋹及龔澄樞李托薛崇譽與宗室文武九十七人同縻於龍德宮保興逃於民家亦獲之悉部送闕下斬閹工五百餘人凡得州六十縣二百四十戶十七萬鋹至江陵邸

吏龐師進迎謁學士黄德昭侍鋹鋹問師進何人德
昭曰本國人也鋹曰何為在此曰先主歲貢大朝輜
重比至荊州乃令師進至邸于此造車以給饋運爾
鋹嘆曰我在位十四年未嘗聞此言今日始知祖宗
山河及大朝境土也因泣下久之至京舍于玉津園
太祖遣參知政事呂餘慶問鋹翻覆及焚府庫之罪
鋹歸罪潛樞托崇譽翌日有司以帛係鋹及其官屬
獻太廟太社太祖御明德門遣攝刑部尚書盧多遜
宣詔責鋹鋹對曰臣年十六僭偽位澄樞等皆先臣
舊人每事臣不得專在國時臣是臣下澄樞是國主

遂伏地待罪太祖命攝大理卿高繼申引澄樞托崇
譽斬于千秋門外釋鋹罪賜襲衣冠帶器幣鞍勒馬
授金紫光禄大夫檢校太保右千牛衛大將軍員外
置同正員封恩赦侯朝會班上將軍之下以其弟保
興為右監門率府率左僕射蕭漼為太子中允中書
舍人卓惟休為太僕寺丞餘並署諸州上佐縣令主
簿初龑時嘗召司天監周傑筮之遇復之豐龑問曰
享年幾何傑曰凡二卦皆土為應土之數五二五十
也上下各五將五百五十五乎及鋹之敗果五十五
年蓋傑舉成數以避一時之害爾又廣州童謡曰羊

頭二四白天雨至識者以羊是未之神是歲歲在辛
未以二月四日擒鋹天雨者王師如時雨之義又前
一年九月八日夕衆星皆北流有知星者言劉氏歸
朝之兆也四年詔鋹月給增錢五萬米麥五十斛八
年李煜平遷左監門衛上將軍進封彭城郡公太平
興國初又進衛國公五年卒年三十九廢朝三日贈
太師追封南越王鋹體質豐碩眉目俱竦有口辯性
絶巧嘗以珠結鞍勒為戲龍之狀極其精妙以獻太
祖太祖詔示諸宮官皆駭伏遂以錢百五十萬給其
直謂左右臣曰鋹好工巧習以成性儻能以習巧之

勤移於治國豈至滅亡哉太祖嘗乘肩輿從十數騎
幸講武池從官未集鋹先至賜鋹巵酒鋹疑為酖泣
曰臣承祖父基業違拒朝廷勞王師致討罪固當死
陛下不殺臣今見太平為大梁布衣足矣願延旦夕
之命以全陛下生成之恩臣未敢飲此酒太祖笑曰
朕推心於人腹安有此事命取鋹酒自飲之别酌以
賜鋹大慚頓首謝太宗將討晉陽召近臣宴鋹預之
自言朝廷威靈及遠四方僭竊之主今日盡在坐中
旦夕平太原劉繼元又至臣率先來朝願得執梃為
諸國降王長太宗大笑賞賜甚厚其詼諧此類也鋹子

守節守正皆至崇儀副使守正卒帝聞其家貧詔月給萬錢守素咸平中爲侍禁亦貧真宗賜白金百兩語宰相曰諸僞主子孫率多窘迫蓋僭侈之後不知稼穡艱難所致也後至内殿崇班天禧中又録爲閤門祇候守通供奉官守正子克昌爲三班奉職國昌爲借職

龔澄樞廣州南海人性廉謹不妄交游幼事龔爲内供奉官累遷内給事晟襲位任閹人林延遇爲甘泉宮使頗預政事延遇病將死言於晟曰臣死惟龔澄樞可用即日擢知承宣院兼内侍省改德陵使兼龍德宮使鋹嗣位加特進開府儀同三司萬華宮使驃騎大將軍改上將軍左龍虎軍觀軍容使内太師軍國之務皆決於澄樞澄樞與李托薛崇譽置酷法之具民甚苦之初鋹改名龔有術者言不利名龔當敗國事遂改名龔後鋹用澄樞以其姓卒亡其國澄樞亦被誅

李托封州封川人少習騎射以謹愿事龔爲内府局令晟襲位遷内侍省内侍充宮闈諸衛押番兼秀華宮使鋹立改玩華宮使内侍監兼列聖景陽二宮使托納二女於鋹鋹以其長爲貴妃次爲美人政事皆訪托而後行加特進開府儀同三司甘泉宮使兼六軍觀軍容使行内中尉遷驃騎上將軍内太師太祖命師伐鋹既克韶州統軍使李承渥戰死節度副使辛延渥間道遣人勸鋹降托堅沮其議及就擒至許田太祖遣使問托等昨已約降復率衆來拒戰及軍敗又縱火焚府庫誰爲之謀也托俛首不能對鋹諫議大夫王珪謂托曰昔在廣州機務並爾輩所專火又自内起今天子遣使案問爾復欲推過何人遂唾而批其頰托乃引伏後至京斬之

薛崇譽韶州曲江人善孫子五曹筭晟署爲内門使兼太倉使鋹嗣位遷内中尉特進開府儀同三司簽書點檢司事太祖命師克廣州崇譽縱火焚倉廩擒至京與李托同戮

潘崇徹廣州南海人事龔爲内侍省局丞頗讀兵書立戰功晟嘗遣大將吳懷恩伐桂州平之懷恩爲部下所殺命崇徹代之鋹襲位加西北面都統歲餘鋹頗疑崇徹遣薛崇譽使其軍以察之崇譽還遂白崇徹日以伶人百餘衣錦繡吹玉笛爲長夜之飲不恤軍政鋹怒召歸奪其兵柄自是居常怏怏太祖命師度嶺鋹復命崇徹領兵五萬戍賀江崇徹不爲効命

鋹敗至京太祖知其事特赦之授汝州別駕卒

列傳卷第二百四十

列傳卷第二百四十一　宋史四百八十二

開府儀同三司上柱國錄軍國重事前中書右丞相監修國史領經筵事都總裁脫脫等奉

敕修

世家五

北漢劉氏

北漢劉繼元并州太原人祖崇漢祖之弟漢初為太原尹北京留守隱帝嗣位周祖為樞密使崇謂判官鄭珙曰吾與郭樞密素不恊朝廷幼弱郭得志吾無類矣因泣下珙遂勸繕完甲兵招集亡命為自全計及聞隱帝遇害崇欲舉兵南向會漢太后下令遣馮

道詣徐州迎崇子贇為漢嗣崇信之謂賓佐曰吾兒為帝矣復何慮哉少尹李驤曰知幾其神時不可失揣郭公之心必不以天下與人不如領精騎疾度太行控孟津以觀其變徐州位定然後歸晉陽郭公不敢動矣崇大怒罵曰腐儒敢離間我父子遽令左右曳出斬之驤曰僕負王佐才今日為愚人畫計死固甘心但家有病妻願同戮於市崇並殺之表其事於太后明無他志俄周祖為衆所推降封贇湘陰公崇遣使奉書周祖乞贇歸藩使還知贇已死崇慟哭為驤立祠遂即皇帝位國仍號漢仍稱乾祐年改名旻以

子鈞為太原尹判官趙華鄭珙為宰相陳光裕為宣
徽使賫重幣結契丹自言與周有隙願如晉祖故事
約為父子契丹主許之遣政事令燕王耶律述軋上
樞使高勳策崇為大漢神武皇帝自是數侵晉絳高
平之敗崇單騎遁歸由此喪氣不敢復出師顯德元
年崇卒鈞襲位鈞舊名承鈞後止名鈞改元天會以
衛融為相段常為樞密使蔚進掌親軍子繼恩為太
原尹始建七廟於漢祖舊第號顯聖宮潛結江南西
川為外援六年冬鈞結契丹侵周明年正月周恭帝
命太祖北征至陳橋驛衆推戴太祖即位鈞與契丹

兵皆遁去是夏李筠以上黨叛令判官因監軍周光
遜等送於鈞稱臣求援鈞自至太平驛與筠會遣其
宣徽使盧贊將騎數千隨筠入寇又遣其河陽節度
范守圖援之及太祖親討前軍石守信高懷德破筠
衆於澤州獲守圖殺鈞兵數千鈞之沁谷砦又為折
德扆所破斬首五百級九月昭義李繼勳率師入鈞
平遥虜獲甚衆建隆二年冬繼勳又敗鈞兵斬首百
餘級獲其遼州刺史傅廷彥弟勳以獻三年二月鈞
侵晉潞二州守將擊走之三月太祖詔河東降人徙
家於邢洺計口給粟四月太原民四百七十人降七

月鈞捉生指揮使路貴等十一人降並補內殿直四
年八月邢州王全贇率師攻樂平鈞拱衛指揮使王
超散指揮使元威侯霸榮率所部千八百人降全贇
未幾鈞侍衛都指揮使蔚進馬軍都指揮使郝貴超
與契丹悉兵來救樂平三戰皆敗之遂下其城詔建
為平晉軍以降兵為效順軍賜以錢帛靜陽十八砦
遂相率來降九月鈞復引契丹攻平晉軍太祖遣洺
州防禦使郭進濮州防禦使張彥進客省使曹彬趙
州刺史陳萬通將步騎萬餘救之未至而鈞遁去乾
德二年二月李繼勳與兵馬鈐轄康延沼馬步軍都

軍頭尹訓率兵攻遼州鈞遣郝貴超來援戰于城下
大敗刺史杜延韜危蹙與拱衛都指揮使冀進兵馬
都監侯美籍部兵三千降于繼勳賜延韜等襲衣銀
帶器幣鞍勒馬其降兵以效順懷恩為名是月府州
擒鈞衛州刺史楊璘以獻又鈞耀州團練使周審玉
等四人降賜審玉襲衣金帶絹千匹銀五百兩鞍勒
馬仍賜名承璠以為左千牛衛大將軍領汾州團練
使四月太祖遣馬軍都校劉光將兵戍潞備鈞入侵
五年三月鈞招收指揮使閻章以石盆砦降鎮州四
月招收指揮使樊暉殺監軍成昭以鴻唐砦降鎮州

六年正月偏成砦招收指揮使任恩等百五十人降晉州三月鎮州守將攻破鈞馬鞍山砦七月鈞烏玊砦主胡遇等百三十九人降鎮州初鈞自李筠敗狼狽而歸旦夕懼宋師之至以趙文度為相召抱腹山人郭無為參議中書事以五臺山僧繼顒為鴻臚卿參議國事因事誅段常契丹主遣使責鈞曰爾不稟我命其罪三擅改年號一也助李筠有所覬覦二也殺段常三也鈞皇恐曰父為子隱願赦罪契丹不報自是使契丹者被留不遣終以勢力窘弱憂憤成疾是月卒年四十三繼恩嗣位初太祖嘗因界上諜者謂鈞曰君家與周氏為世讎宜其不屈今我與爾無所間何為困此一方人也若有志中國宜下太行以決勝負鈞遣諜者復命曰河東土地甲兵不足以當中國然鈞家世非叛者區區守此蓋懼漢氏之不血食也太祖哀其言笑謂諜者曰為我語鈞開爾一生路故終其世不加兵焉繼恩本姓薛父釗娶崇女晉初為護聖營卒漢祖典禁兵以釗崇壻釋其籍館門下漢祖後領方鎮爵位通顯釗罕得見其妻居常怏怏一日乘醉求見即引佩刀刺妻妻奮衣得脫釗乃自剄繼恩時尚幼漢祖令鈞養為子遂冒姓劉八月

太祖詔伐繼恩以內客省使盧懷忠等二十二人將禁兵赴潞州昭義節度李繼勳為行營前軍都部署侍衛步軍都指揮使党進副之宣徽南院使曹彬為都監棣州防禦使何繼筠為前鋒部署懷州防禦使康延沼為都監建雄軍節度趙贊為汾州路部署絳州防禦使司超副之隰州刺史李謙溥為都監九月繼勳敗繼恩軍於洞渦河其左勝軍使李瓊來降賜襲衣金帶鞍勒馬初鈞謂郭無為曰繼恩庸懦何堪付後事無為亦以為然至是繼恩獨處一室行喪左右親信皆在太原無得從者或勸召之繼恩猶豫不決有侯霸榮者邢州龍岡人多力善射走及奔馬嘗為盜弃汾間鈞用為散指揮使戍樂平建隆中率所部來歸補內殿直未幾復奔太原鈞署供奉官至是謀持繼恩首獻太祖遂乘繼恩無備白晝挺刃而入反扃其門繼恩繞牀環走霸榮以刃揕胸弒之年三十四時立六十日矣無為遣卒登梯入殺霸榮立其弟繼元繼元本姓何初薛釗死崇以女再妻何氏生繼元何死鈞亦養繼元為子繼元既襲位改元廣運復結契丹為援開寶二年春太祖詔李繼勳趙贊郭進司超等將兵先赴太原太祖遂親征以繼元大

谷令梁文陟為太子洗馬郊令張續為右贊善大夫太祖將至繼勳敗繼元兵於城下其憲州推官史昭文以州來降升本州刺史乃壅汾水灌其城又遣海州刺史孫方進圍瀘州繼元方恃契丹為援守陴者揚言旦夕契丹至四月何繼筠敗契丹於陽曲北太祖命以所獲首級鎧甲示於城下城中由是喪氣知嵐州趙文度遂來降閏五月南城為汾水陷水注城中太祖幸長堤觀焉登望樓者見繼元殺其相郭無為城中紛擾俄而城兵自西長連城出將焚攻戰具反為攻兵擊走之斬首萬餘級夜半傳呼壁外繼元

降太祖令衛士擐甲將開壁門八作使趙璲曰受降如受敵詎可中夜輕出太祖使伺之果諜者也太常博士李光贊上言曰陛下應天順人體元御極戰無不勝謀無不臧四方恃險之邦僭竊帝王之號者昔日與中國為隣今日與陛下為臣蕞爾晉陽豈須親討重勞飛輓久駐師徒且太原得之未必為多失之未足為辱今時屬炎蒸候當暑雨儻河津泛溢道路阻艱糧運稽留恐勞宸慮太祖覽奏甚喜命宰相趙普撫諭諸將欲班師禁軍校趙翰等叩頭願乘城急擊以盡死力太祖曰汝曹我所訓練無不一當百以

備肘腋同休戚也我寧不取太原豈忍驅汝曹冒鋒鏑而蹈必死之地乎士皆感泣遂班師九年八月太祖又遣党進潘美楊光美牛思進米文義討之時繼元諜者趙訓為晉州所捕械送于朝太祖命釋之給服裝放歸又遣郭進入忻代路郝崇信王政忠入汾州路閻彥進齊超入沁州路孫晏宣安守忠入遼州路齊延琛穆彥璋入石州路九月党進敗繼元兵數千獲馬千餘郭進得山北民三萬七千餘十月遼州監押馬繼恩入幷州境燔四十餘砦獲牛羊數千郭進又破壽陽得民九千穆彥璋入幷州境得民二千

党進又敗繼元兵千餘於城下是月太宗即位召諸將還太平興國二年繼元胡桃砦指揮使史温等以其民內附太宗謂齊王廷美曰太原我必取之四年始議討伐曹彬以為可太宗意遂決語在彬傳宰相薛居正曰昔周世宗舉兵太原倚契丹之援堅壁不戰以至師老而歸及太祖破契丹於鴈門關南盡驅其民分布河洛之間雖巢穴尚存而危困已甚得之不足以闢土舍之不足以為患願陛下熟慮之太宗曰今者事同而勢異彼弱而我強昔先皇破契丹徙其人而空其地者正為今日事也朕計決矣卿勿復

言遂遣宣徽南院使潘美等率諸將分兵圍汾沁嵐諸州車駕遂親征以驍將郭進扼石嶺關斷契丹援路契丹果至進擊敗之初繼元遣子續質於契丹契丹為進所敗繼元又遣健步間道賫蠟丸帛書求救進又得之徇於城下繼元外援不至饟道又絶潘美等兵數十萬長圍四合自春徂夏矢石如雨晝夜不息城中大懼會太宗奄至親督衛士急攻入百其勇城無完堞太宗慮城陷則殺傷者衆以手詔諭繼元降詔至城下守陴者不納繼元不能知太宗躬擐甲胄夜至長連城督諸將攻之控弦之士數萬列陣于

前蹲甲交射矢集城上如蝟毛每給矢必數百萬頃之咸盡捕得城中人云繼元以十錢購一矢凡聚百餘萬太宗笑曰此為我畜也五月庚辰繼元宣徽使范超來降攻城者以超為出戰禽而戮之繼元遂斬超妻子投其首城外壬午馬軍都指揮使郭萬超踰城降繼元帳下親信因之漸亡去城中危急太宗又自草詔諭之曰越王吳主獻地歸朝或授以大藩或列於上將臣僚子弟皆享官封繼元但速降必保終始富貴安危兩途爾宜自擇至是詔入諸將銳攻不可遏太宗臨之恐城陷害民麾衆少退是夕繼元遣

其客省使李勳奉表請降太宗賜勳襲衣金帶銀器錦綵銀鞍勒馬復遣通事舍人薛文寶齎詔答之夜漏未盡太宗幸城北張樂宴從臣於城臺繼元降逮明繼元率官屬縞衣紗帽待罪臺下詔釋之賜襲衣玉帶金銀鞍勒馬三匹金器五百兩銀器五千兩錦綵二千段文武官各賜衣金銀帶器幣鞍勒馬有差召升臺繼元叩頭言臣聞車駕親征即願束身歸罪蓋亡命者懼死逼臣不得降爾太宗籍軍中亡投繼元者數百人選其巨室者以從軍法餘賜服及錢帛分隷諸將詔授繼元特進檢校太師右衛上將軍封

彭城郡公館於行在所給賜甚厚其相李惲等授官有差命中使康仁寶監之繼元獻其宮妓百餘悉分賜立功將校又令仁寶護繼元親屬百餘赴京所過續食賜京城甲第一區歲時優加須賚六年加開府儀同三司雍熙三年建房州為保康軍以繼元為節度淳化二年繼元疾遣中使護醫診視及卒遺奏以其子三豬為託太宗惻然哀之贈中書令追封彭城郡王賵賻加等葬事官給時三豬六歲賜名守節授西京作坊副使家居賜祿初太宗征繼元行次澶淵有太僕寺丞宋捷者掌出納行在軍儲太宗見其姓

名喜以為師必有捷之兆及將至太原太宗遣語攻城諸將曰我以端午日當置酒高會於太原城中至癸未繼元降乃五月五日也劉崇自周廣順元年稱帝歷四主二十九年而亡繼元性殘忍在太原凡臣下有忤意必族其家自太祖親征及遣將攻伐因之殺傷不可勝紀及窮蹙始降太宗待遇終保全之嘗謂近臣曰晉司馬昭以劉禪思蜀之對戲之云何乃似卻正之言此不仁之甚也亡國之君皆暗懦所致苟有遠識豈至滅亡此可愍傷何反戲侮乎劉繼元朕所虜者待之若賓客猶恐不慰其意爾守節後為

崇儀使改右屯衛將軍天禧四年特遷右武衛將軍改右驍衛將軍

衛融字明遠青州博興人晉天福初舉進士調南樂主簿歷齊澧二州從事忠武軍掌書記漢初為太原觀察支使劉崇稱帝授中書侍郎平章事太祖立李筠據上黨遣使降劉鈞鈞自將兵至太平驛與筠會遣宣徽使盧贊入潞州監筠軍贊與筠不協鈞遣融和解之會筠敗融被擒太祖責之曰汝何故勸劉鈞舉兵助李筠反耶融曰犬吠非其主臣四十口受劉氏豐衣美食不忍負之陛下縱不殺臣臣亦不為陛下用終當間道走河東爾太祖怒令左右以鐵撾擊其首曳出將戮之融大呼曰大丈夫死或重於泰山或輕於鴻毛令之死正得其所爾太祖聞之曰此忠臣也遽命釋之召坐御前以良藥傳其創賜襲衣金帶鞍勒馬既而欲放融歸令融先為書諭鈞言侯周光遜等歸朝即遣融去鈞得書久無報乃授融太府卿賜第京城乾德初郊祀融獻郊禋大禮賦改司農卿出知陳舒黃三州開寶六年卒年六十九子偁傳孫齊並進士及第

趙文度薊州漁陽人父玉嘗客滄州依節度判官呂兗

劉守光破滄州收兗親屬盡戮之兗子琦年十四玉負之以逃至太原變姓名丐衣食以給琦琦後唐同光初為藩郡從事當是時燕趙之士以玉能存呂氏之孤翕然稱之明宗朝琦至職方員外郎知雜清泰中琦為給事中端明殿學士玉已卒矣文度入洛舉進士琦薦於主司馬裔孫擢甲科歷徐兗陳許四鎮從事漢初為河東掌書記文度捷給善戲謔劉崇雅愛之及稱帝累官至翰林承旨兵部尚書天會四年授中書侍郎平章事轉門下侍郎兼樞密使加司徒久之與郭無為不協出知汾州徙嵐州太祖開寶二

年親征晉陽遣偏師圍嵐文度危蹙請降待罪行宮
太祖命釋之賜襲衣玉帶金鞍勒馬器幣甚厚擢其官
屬賜物有差文度本名弘以犯宣祖廟諱賜今名師
還授檢校太傅安國軍節度歲餘徙華州不宣制而
告敕同宣制之例又徙耀州凡歷三鎮七年卒年六
十一文度善為詩人多諷誦有觀光集文度之降也
其母在太原世以不能死節罪之子昌圖至內殿崇
班閤門祗候

李惲字孟深開封陽武人漢乾祐中舉進士客游嵐
州會劉崇自立署州從事擢知制誥翰林學士累至

司空平章事時母在鄉里惲不知存亡居常慼慼但
以奕棋沈飲為務政事多廢劉繼元頗以為言惲不
介意後方與僧奕棋繼元命近侍直抵惲前取局焚
之惲怡然徐諸繼元謝繼元因切責之明日別造新
局弈棋如故太宗克太原為殿中監始知母亡表求
追服母喪不許出知廣州遷司農卿連知許孟二州
以足疾求解授忠武軍行軍司馬端拱元年卒年七
十三惲性踈達善談名理年少時好滑稽及為相頗
事持重初與王溥李昉同年登第太原平相見敘舊
情好益固論者美之子存誠駕部員外郎存信左侍

禁閤門祗候

馬峰并州太原人仕劉繼元至樞密使左僕射致仕
太原平太宗以為將作監遷太府卿分司西京峰善
服餌養生體強無疾性鄙吝頗好持論雍熙元年卒
年八十餘

郭無為青州千乘人少博學有辭辯為道士隱武當
山漢乾祐中周祖征河中無為杖策謁於軍門周祖
一見大奇之將留館門下左右曰無為縱橫家流今
公握重兵不宜親之無為遂拂衣去隱太原抱腹山
會劉鈞將兵援李筠將發太原其大臣趙華諫曰筠

舉動輕易今起兵應之未見其可鈞怒不顧遂行及
筠敗鈞狼狽而歸由是重文學之士且日夕懼宋師
至頗求有智謀者與之計事段常薦無為於鈞鈞以
諫議大夫召之及至與語大悅尋遷吏部侍郎參議中
書事與趙文度同秉政意好不協鈞乃出文度知汾
州俄誅段常遂以無為為左僕射平章事兼樞密使
機務一以委之鈞嘗病與無為語及後事謂其子繼
恩不才無為亦言其然繼恩既立知其事欲誅無為
畏懦不能決月餘侯霸榮弒繼恩無為使人殺霸榮
并人疑無為初授意於霸榮後殺之以滅口也繼元

立太祖遣李繼勳等討之仍詔許繼元以青州節度無為邢州節度無為得詔色動一日繼元宴群臣契丹使亦在焉無為慟哭於庭曰今日以空城抗大軍計將安出引佩刀欲自刺繼元遽降階持其手引無為升坐蓋無為欲以動衆心也及太祖親征長圍既合無為請自將兵夜出擊圍欲自拔來歸值天陰晦而止閹人衛德貴告其事會太祖塹汾水浸城城中人情大懼繼元乃殺無為以徇

列傳卷第二百四十一

列傳卷第二百四十二　宋史四百八十三

開府儀同三司上柱國錄軍國重事中書右丞相監修國史領經筵事都總裁脫脫等奉勑修

世家六

湖南周氏　荊南高氏

漳泉留氏　陳氏

湖南周行逢朗州武陵人少無賴不事產業嘗犯法配隸鎮兵以驍勇累遷裨校自唐乾寧二年馬氏專有湖南二十州之地雖稟朝廷正朔其郡守官屬皆自署至周廣順初兄弟爭國求援於江南李景景遣大將邊鎬率兵赴之因下長沙遷馬氏之族於建康封希萼為楚王居洪州希崇鎮舒居揚州宋興希崇率兄弟十七人歸朝皆為美官景以鎬為潭帥會朗州衆亂推衙將劉言為留後言以行逢為都指揮使行逢以衆情表於景請授言節鉞景不從召言入金陵言懼遣副使王進逵行軍何景真與行逢帥舟師襲破潭州鎬遁去行逢等據其城言遣使上言長沙兵亂焚燒公府請移治朗州祖即以言為朗帥王進逵為潭帥行逢為潭州行軍司馬領集州刺史未幾進逵寇朗州害劉言周祖即以進逵為朗州節度以行

逢領鄂州節度知潭州軍府事初朗州人謂劉言為劉皷牙馬氏將亂湘中童謠云馬去不用鞭皷牙過今年及邊鎬俘馬氏鎬為劉言所逐而言亦被害顯德中世宗將用師淮甸詔朗州王進逵出師入鄂州界進逵遣裨將潘叔嗣領兵五千為先鋒行及鄂州界叔嗣乃回戈襲進逵進逵聞之倍道先入武陵叔嗣攻其城進逵敗走為叔嗣所殺迎行逢為節度行逢至即斬叔嗣以徇世宗乃授行逢朗州大都督武平軍節度制置武安靜江等州軍事兼侍中盡有湖南之地宋初加兼中書令行逢在鎮盡心為治辟署

官屬必取廉介之士有女壻求補吏不許返給以耒耜語之曰吏所以治民也汝才不能任職豈敢私汝以祿邪姑歸墾田以自活其公正多此類條教簡約民皆悅之然性多猜忌左右少有忤意者必寘於法麾下之人重足累息有何景山者為王進逵記室常狎侮行逢及行逢為帥署景山益陽令數月縛投於江又館驛巡官鄧洵美與翰林學士李昉同年進士會昉使行逢召至傳舍與話終日行逢疑其泄己陰事黜為易俗場官潛遣殺之由是士流不附馬氏舊僚有天策府學士徐仲雅性滑稽頗恃才倨傲行逢

以為節度判官行逢多署溪洞蠻酋為司空太保一日謂仲雅曰吾奄有湖湘兵彊俗阜四鄰其懼我乎仲雅曰公部內司空滿川太保徧地孰敢不懼行逢不悅擯斥仲雅行逢妻潘氏貌醜性剛很行逢為帥妻不為屈不入府署躬率奴僕耕織以自給賦調必先期輸送行逢止之不從曰稅官物也若主帥自免其家何以率下建隆三年十月行逢卒追封汝南郡王子保權年十一初為武平軍節度副使太祖授以起復檢校太尉朗州大都督武平軍節度初行逢疾且亟召將校託保權曰吾部內兇很者誅之略盡唯

張文表在焉吾死文表必亂諸公善佐吾兒無失土宇必不得已當舉族歸朝無令陷於虎口行逢卒明年春文表果自衡州舉兵據潭州將取朗陵盡滅周氏保權乞師於朝廷江陵高繼沖亦以其事聞上遣中使趙璲齎詔諭文表而保權之奏繼至乃遣山南東道節度慕容延釗為湖南道行營都部署宣徽南院使李處耘為都監率淄州刺史尹崇珂申州刺史聶章郢州刺史趙重進判四方館事武懷節氊毯使張繼勳染院副使康延澤內酒坊副使盧懷忠等將步騎往平之又發安復等十州兵會于襄陽師及江

陵趙璲至潭州文表已為保權之衆所殺保權牙校張從富輩以為文表已平而王師繼進不已懼為襲取相與拒守延釗令閤門使丁德裕先路安撫及至城下從富輩拒而不納盡撤部內橋梁沉舫伐樹塞路德裕以不奉詔不敢與戰退軍以須朝旨延釗以聞太祖遣中使諭保權及將校曰爾本請師救援故發大軍以拯爾難今妖孽既殄是有大造於爾輩反拒王師何也無自取塗炭重擾生聚保權出軍於澧州南未及交鋒望風而潰復還朗州焚廬舍廩庫皆盡驅略居人奔竄山谷城郭為之一空王師長驅而

南獲從富於西山下梟首朗市其大將汪端劫保權幷家屬棄城亡匿山洞王師至數月獲保權武懷節分兵克岳州端擁保權衆寇略未幾亦就擒磔於市湖湘悉平保權至上章待罪優詔釋之賜襲衣金帶鞍勒馬茵褥銀器千兩帛二千匹錢千貫授右千牛衛上將軍葺京城舊邸院為第令居焉仍下詔朗州增築行逢之墓保權乾德五年累遷右羽林統軍太平興國元年知幷州賜錢三百萬雍熙二年卒年三十四

李觀象桂州臨桂人行逢署為掌書記行逢性殘忍多誅殺觀象懼及禍清苦自勵以求知遇帳幃寢衣悉以紙為之行逢頗加信任軍府之政一皆取決觀象涉經史有文辭忌才怙寵湖南士人多為所排擯行逢臨終託以後事令其子保權善待之及張文表難作王師壓境觀象謂保權曰我所恃者北有荆渚以為脣齒今高氏拱手聽命朗州勢不獨全莫若幅巾歸朝則不失富貴保權幼懦不能用其言及湖湘平太祖聞觀象嘗為保權畫謀以為左補闕

張文表朗州武陵人從王進逵周行逢舉兵逐邊鎬行逢署文表衡州刺史頗心忌之常欲誅文表未有

以發及行逢卒保權遣兵代永州戍卒路出衡陽文表遂驅之以襲潭州時行軍司馬廖簡知留後素輕文表不為之備方宴飲外報文表兵至簡殊不以介意謂四坐曰此黃口小兒至則成擒何足慮也飲啖如故俄文表率衆徑入府中簡醉不能彀弓弩但按膝叱之文表遂害簡及坐客十餘人保權遣其將楊師璠悉衆以禦文表保權泣謂衆曰先君可謂知人矣今墳土未乾文表構逆軍府安危在此一舉諸公勉之衆皆感憤遂破其衆於平津亭擒文表臠而食之初文表將攻長沙猶豫未決有小校夢文表龍出

領下明日以告文表喜曰天命也及敗梟首于朗陵
市
荆南高保融字德長其先陜州峽石人祖季興唐末
爲荆南節度歷梁後唐封南平王卒子從誨嗣至太
傅中書令五代史有傳從誨生保融以長興初蔭補
太子舍人賜緋晉天福中制授檢校司空判内外諸
軍從遷節度副使開運末領峽州刺史累加至檢校
太傅漢初從誨卒權知軍府事制授起復檢校太尉
同平章事江陵尹荆南節度荆歸峽觀察使遣翰林
使郭允明賜衣幣乾祐二年加檢校太師兼侍中周

廣順初加兼中書令封勃海郡王正衙命使禮部尚
書王易副使刑部郎中景範發冊命仍賜禮服冠劍
顯德初進封南平王世宗即位加守中書令世宗征
淮南詔保融出水軍數千人抵夏口爲掎角淮甸平
璽書褒美以絹數萬疋賞其軍世宗將議伐蜀保融
上言請率舟師趣三峽六年恭帝即位加守太保宋
初守太傅連遣使貢獻恩顧甚厚是歲八月卒年四
十一廢朝三日遣儀鸞使李繼超賻物兵部尚書
李濤兵部郎中李汀持節冊贈太尉謚正懿保融性
迂闊淹緩御兵治民一時術略政事悉委於母弟保

勗焉子繼沖繼充繼充至郢州刺史
保勗字省躬從誨第十子保融同母弟也晉天福初
起家領漢州刺史保融嗣政令判内外諸軍事周廣
順元年加檢校太傅充荆南節度副使顯德初從保
融之請加檢校太尉充行軍司馬領寧江軍節度融
卒保勗權知軍府事章以聞太祖即授以節度使建
隆二年遣其弟保寅入貢初保融於紀南城北決江
水瀦之七里餘謂之北海以閡行者至是太祖因保
寅竉諭旨令決去使道路無阻保勗幼多病體貌臞
瘠淫泆無度日召娼妓集府署擇士卒壯健者令恣

調諢保勗與姬妾垂簾共觀以爲娛樂又好營造臺
榭窮極土木之工軍民咸怨政事不治從事孫光憲
切諫不聽三年十一月卒年三十九廢朝二日贈侍
中遣御厨使李光睿賻祭初保勗在保抱從誨獨鍾
愛故或盛怒見之必釋然而笑荆人目爲萬事休及
保勗之立藩政離弱卒栽數月遂失國亦預兆也
繼沖字贊平保融長子也周顯德六年以蔭檢校司
空爲荆州節度副使建隆三年保勗寢疾以繼沖爲
節度副使權知軍府保勗卒四年正月制授繼沖爲
檢校太保江陵尹荆南節度時湖南張文表叛周保

權求救於朝廷詔江陵發水軍三千人赴潭州繼沖即遣親校李景威將之而往二月慕容延釗李處耘等率衆至繼沖以牛酒犒師開門納延釗等即遣客將王昭濟蕭仁楷奉表納土太祖令御廚使部岳持詔安撫樞密承旨王仁贍爲荆南都巡檢使仍令齎衣服玉帶器幣鞍勒馬以賜繼沖授繼沖馬步都指揮使梁延嗣爲復州防禦使節度判官孫光憲爲黃州刺史右都押衙孫仲文爲武勝軍節度副使知進奏鄭景玫爲右驍衛將軍王昭濟左領軍衛將軍蕭仁楷供奉官繼沖籍管內芻糧錢帛之數來上又獻錢

五萬貫絹五千匹布五萬匹復遣支使王崇範詣闕貢金器五百兩銀器五千兩錦綺二百段龍腦香十斤錦繡帷幕二百事三月詔鞍轡庫使翟光裔齎官告旌節賜繼沖幷存問參佐官吏等又以保融兄弟諸父江陵少尹保紳爲衛尉卿節院使保寅爲將作監充內作坊使左衙都將保緒爲鴻臚少卿右衙都將保節爲司農少卿合州刺史從翊爲右衛將軍衙將保遜爲左監門衛將軍巴州刺史保衡爲歸州刺史知峽州事保膺爲本州刺史衙將從詵爲右衛率府率從讓爲左清道率府率從謙爲左司禦率府率

又以王崇範爲節度判官高若拙觀察判官梁[illegible]江陵少尹韋仲宣掌書記胡允脩節度推官州縣官悉仍舊別賜管內符印五月保紳等來朝各賜京城第一區六月命王仁贍兼知軍府事會是歲將郊祀表求入覲可之十月至闕下獻金銀器錦帛寶裝弓劒繡旗幟象牙玉鞍勒等賜賚甚厚郊禋畢授繼沖徐州大都督府長史武寧軍節度使徐宿觀察使繼沖鎭彭門幾十年委政僚佐部內亦治開寶六年卒年三十一廢朝二日贈侍中遣中使護喪葬事官給自高季興據有荆南歸峽之地傳襲三世五帥凡四

十餘年

保寅字齊巽晉天福七年以蔭授太子舍人賜緋累加檢校司空兄保融襲封奏署節院使賜金紫宋興保勗既襲封遣保寅入覲太祖召對便殿授掌書記遣還保寅語保勗曰眞主出世天將混一區宇兄宜首率諸國奉土歸朝無爲他人取富貴資保勗不聽王師討武陵道出荆渚保寅奉牛酒迎犒軍鋒太祖嘉之驛召赴闕授將作監充內作坊使賜第一區俄知宿州乾德四年丁外艱起復轉少府監開寶五年知懷州歷司農衛尉二卿是州本隷河陽時趙普爲

帥與保寅素有隙事多抑制保寅心不能平手疏請罷支郡之制詔從之又為西川諸州都巡檢使改光祿卿歷知同汝二州改光化軍卒年六十八廢朝賻錢十萬初保寅在懷州蘇易簡王欽若並妙年始趨學在同州錢若水為從事在光化軍張士遜其邑人也保寅一見皆獎拔許以遠大議者多其知人子輔政輔之輔堯輔國並進士及第輔政至秘書丞輔之至太常丞

孫光憲字孟文陵州貴平人世業農畝惟光憲少好學游荊渚高從誨見而重之署為從事歷保融及繼

沖三世皆在幕府累官至檢校秘書監兼御史大夫賜金紫慕容延釗等救朗州之亂假道荊南繼沖開門納延釗光憲乃勸繼沖獻三州之地太祖聞之甚悅授光憲黃州刺史賜賚加等在郡亦有治聲乾德六年卒時宰相有薦光憲為學士者未及召會卒光憲博通經史尤勤學聚書數千卷或自抄寫孜孜讎校老而不廢好著撰自號葆光子所著荊臺集三十卷筆湖編玩三卷筆傭集三卷橘齋集二卷北夢瑣言三十卷蠶書二卷又撰續通歷紀事頗失實太平興國初詔毀之子謂讜並進士及第

梁延嗣京兆長安人少事高季興頗見委任表授檢校司空領綿州刺史充衙內馬步軍都指揮使歷事四帥人稱其忠藎繼沖之納土也延嗣亦嘗勸之復率荊之水軍從慕容延釗越戰太祖嘉之授復州防禦使充湖南前軍步軍都指揮使兼排陣使後因郊禮自復州入朝太祖慰撫之曰使高氏不失富貴爾之力也改濠州防禦使有善政詔書褒美延嗣頗知書好接士嘗暴疾禳於城隍神是夕夢神人告以九九之數俄疾愈開寶九年卒八十一

漳泉留從效泉州永春人幼孤事母兄以孝悌聞頗

知書好兵法唐末王審知據有福建之地子延鈞後唐長興中僭稱帝國號閩都福州為其下所殺立審知次子延羲晉天福末部將朱文進殺延羲據其位署其黨黃紹頗為泉州刺史程贇為漳州刺史許文稹為汀州刺史時審知子延政為建州刺史亦僭稱帝泉人念王氏失國群逆分據時從效為泉州散指揮使與其黨王忠順董思安及所親蘇光誨相與圖議與復王氏從效倡言吾等皆受王氏恩遇今王氏子孫未復位而不思報可謂忠義乎聞建州士卒謀盡力擊福州以復王氏苟一旦功先成王氏復位我輩

何面見之邪於是忠順思安置酒從效家募敢死士得陳洪進等五十二人夜持白挺踰城而入劫庫兵擒紹頗斬之立延政從子繼勳為刺史從效等三人自署為統帥洪進等皆為指揮使繼勳令送紹頗首於建州奉延政為主延政遂送款於江南李景文進率衆攻泉州為從效所敗會景遣將討王氏之亂圍福州兩浙錢氏發兵來援景將但克汀建而歸福州入於錢氏從效以兵劫繼勳送江南自領漳泉二州留後李景即建泉州為清源軍授從效節度泉漳等州觀察使閩中五州自此分矣景累授從效同平章

事兼侍中中書令封鄂國公晉江王從效出自寒微知人疾苦在郡專以勤儉養民為務常衣布素置公服於中門之側出則衣之每言我素貧賤不可忘本民甚愛之部內安治王氏有二女嫁為郡人妻從效奉之甚謹資給豐厚每歲取進士明經謂之秋堂世宗征淮南李景以兵十萬保紫金山從效累表於景言其頓兵老師形勢非便既而果敗江北之地盡入於中朝從效遣衙將蔡仲贇等為商人以帛書表置革帶中自鄂路送款內附又遣別駕黄禹錫間道奉表以獬豸通犀帶龍腦香數十斤為貢世宗錫詔書嘉

納之從效又乞置邸京師世宗以其素附江南慮其非便不許宋初從效遂上表稱藩貢奉不絶會李景遷洪州從效疑景討己頗懼遣其從子紹鎡齎厚幣獻景又遣使假道吳越入貢太祖特命使厚賜以撫之使未至從效疽發背卒年五十七偽贈太尉靈州大都督從效無嗣以兄從願之子紹鎡紹錡為子從效寢疾時從願守漳州紹錡在金陵紹鎡尚幼衙校張漢思陳洪進等率兵劫從效遷東亭漢思自稱留後洪進為副使時建隆三年也明年洪進又廢漢思而自立從效再從弟仁謙淳化中為泗州長史有清

節官散奉薄雖藜藿不充未嘗妄干人太宗聞之召赴闕特遷揚州觀察支使大中祥符七年從效孫丕式詣闕上從效所受太祖朝制書授三班借職

陳洪進泉州仙遊人幼有壯節頗讀書習兵法及長以材勇聞隸兵籍從攻汀州先登補副兵馬使從留從效殺黄紹頗將以紹頗首送建州請出兵為援群下以道阻賊盛憚其行洪進慮事久生變獨請往至尤溪賊數千人遮道不得前洪進紿賊曰福州泉州已為義師所襲爾輩復為何人戍守即持紹頗首示之曰我送此於建州迎嗣君以歸國爾輩將安歸乎

賊遂潰渠帥數人皆聽命洪進至建州延政大悅以爲本州馬步行軍都校是歲晉開運元年也自是漳州校程贇迎延政從子繼成爲刺史許文稹以汀州降連重遇殺朱文進傳首建州福人又殺重遇延政遂遣洪進歸泉州三年李景陷建州延政入江南明年泉州留從效劫王繼勳降江南景以從效爲清源軍節度洪進爲統軍使與副使張漢思同領兵柄累立戰功從效卒少子紹鎡典留務月餘洪進誣紹鎡將召越人以叛執送江南推副使張漢思爲留後自爲副使漢思年老醇謹不能治軍務事皆決於洪進

漢思諸子並爲衙將頗不平洪進圖欲害之漢思亦患其專明年夏四月漢思大享將吏伏甲於內將害洪進酒數行地忽大震棟宇將傾坐立者不自持同謀者以告洪進洪進亟去衆驚悸而散漢思事不成慮洪進先發常嚴兵爲備洪進子文顯文顥皆爲指揮使勒所部欲擊漢思洪進不許一日洪進袖置大鎖從二子常服安步入府中直兵數百人皆叱去之漢思方處內齋洪進即鎖其門使人叩門謂漢思曰郡中軍吏請洪進知留務衆情不可違當以印見授漢思惶懼不知所爲即自門間出印與之洪進遷召

將校吏士告之曰漢思昏耄不能爲政授吾印請吾蒞郡事將吏皆賀即日遷漢思別墅以兵衞送遣使請命於李煜煜以洪進爲清源軍節度泉南等州觀察使時太祖平澤潞下揚州取荆湖威振四海洪進大懼遣衙將魏仁濟間道奉表自稱清源軍節度副使權知泉南等州軍府事且言張漢思老耄不能御衆請臣領州事恭聽朝旨太祖遣通事舍人王班賫詔撫諭又與李煜詔曰泉州陳洪進遣使奉表言爲衆所推因而總領州事以誠控告聽命於朝觀其傾輸尤足嘉尚但聞泉州昔嘗附麗尤荷撫綏然變詐

多端屢移主帥恐其地里遼遠制御有所未遑朕以書軌大同恩威遠被嘉其款附已降詔書蓋矜其遠俗便安不必以彼此爲意想惟明哲當體朕懷煜上言洪進多詐首鼠兩端誠不足聽太祖又詔諭之煜乃聽命建隆四年遣使朝貢是冬又貢白金萬兩乳香茶藥萬斤煜復上言請寢洪進恩命太祖又以諭煜乾德二年制改清源軍爲平海軍授洪進節度泉漳等州觀察使檢校太傅賜號推誠順化功臣鑄印賜之以文顯爲節度副使文顥爲漳州刺史是年夏丁家艱起復洪進每歲以修貢朝廷多厚歛於民第

民貲百萬以上者令差入錢以為試協律奉禮郎蠲
其丁役及江南平吳越王來朝洪進不自安遣其子
文顥入貢乳香萬斤象牙三千斤龍腦香五斤太祖
因下詔召之遂入覲至南劒州聞太祖崩歸鎮發哀
太宗即位加檢校太師明年四月來朝朝廷遣翰林
使程德玄至宿州迎勞既至賜錢千萬白金萬兩絹
萬匹禮遇優渥又增其食邑以其子文顥為團練使
文顥文項並為刺史洪進遂上言曰臣聞峻極者山
也在汙壤而不辭無私者日也雖覆盆而必照顧惟
遐僻尚隔聲明願歸益地之圖輙露由衷之請臣所

領兩郡僻在一隅自浙右未歸金陵偏霸臣以崎嶇
千里之地疲散萬餘之兵望雲就日以雖勤畏首畏
尾之不暇遂從間道遠貢赤誠願傾事大之心庶齒
附庸之末太祖皇帝賜之軍額授以節旄俾專達於
一方復延賞於三世祖父荷漏泉之澤子弟享列土
之榮棨戟在門龜緺盈室雖冠列藩之寵未修肆覲
之儀暨江表底平先皇厭世會嬰犬馬之病尚阻雲
龍之庭皇帝陛下欽嗣丕基誕敷景命臣遠辭海嶠
入覲天墀獲覲咫尺之顏疊被便蕃之澤六飛遊幸
每奉屬車之塵三殿宴嬉屢挹大罇之味旬浹之內

雨露駢臻至於童男亦荷殊獎恩榮若此報效何階
志益懸於君軒心遂忘於坎井臣不勝大願願以所
管漳泉兩郡獻于有司使區區負海之邦遂為內地
蚩蚩生齒之類得見太平伏望聖慈授臣近地別鎮
臣男文顥等早膺朝獎皆忝郡符牙校賓僚久經驅
策各希玄造稍霑鴻私太宗優詔嘉納之以洪進為
武寧軍節度同平章事留京師奉朝請諸子皆授以
近郡賜白金萬兩各令市宅明年從平太原六年封
杞國公雍熙元年進封岐國公洪進年老富貴且極
上言求致仕優詔免其朝請二年以疾卒年七十二

廢朝二日贈中書令謚曰忠順中使護喪葬事官給
洪進在泉州日方晝有蒼鶴翔集內齋前引吭向洪
進洪進視之有魚鯁其喉即以手探取之魚猶活鶴
馴擾齋中數日而後去人皆異之洪進弟銛初為泉
州都指揮使開寶四年授漳州刺史入貢至宿州卒
銛子文璉供奉官閤門祗候

文顥字仲達洪進領漳泉節制署左神機指揮使遷
泉州馬步軍都軍使右軍押衙乾德初朝命平海軍
節度副使累加檢校太保洪進歸朝授文顥通州團
練使知泉州未幾代還時太宗征太原朝於行在久

之出爲青齊廬壽西京水南北陝州四州都巡檢使文顥與諸弟不睦咸平初御史中丞李惟清抗疏曰文顥等並分符竹委以方面一門榮盛當世罕儔先人之墳土未乾私室之風規大壞弟兄列訟骨肉爲仇官奉私藏同居異爨屢經赦宥而久積人言文顥首起訟端當律文尊長之坐乞寘散秩以警浮俗詔曰文顥等頗傷名教合寘邦刑以其父有忠勲未忍捐棄宜賜誡諭許其改過儻無悛革當正簡書令御史臺告諭之以疾改通許鎮都監六年卒年六十五子宗憲歷虞部員外郎爲西京作坊使宗元殿中丞

文顥初爲泉州右軍散兵馬使衙內都指揮使俄權知漳州朝命漳州刺史凡七年求還泉州署行軍司馬開寶末江南平洪進遣第三子文顗入貢文顗不欲行乃遣文顥至京師自陳願留以俟父入覲太祖嘉之及洪進歸朝授文顥房州刺史會升房州爲節鎮換康州刺史端拱初出知同州錢若水爲從事文顥深禮之委以郡政咸平初知耀州又徙徐州坐用刑失入責授左武衛大將軍知漣水軍上念其父納土效順復以爲康州刺史留京師大中祥符初議東封以濮州馳道所出命知州事頗置供擬頗勤至詔褒之篤至召見勞問禮畢改衡州刺史特給內地刺史奉料未幾代還以老疾累表求致仕詔免朝謁歲給公費及月廩並如故六年卒年七十二

文顗始爲泉州衙內都指揮使知漳州洪進歸朝授滁州刺史仍舊知州俄召歸奉朝請景德中換光州以久次領和州團練使歷知海濮濰沂黄五州信陽軍所至無能稱卒年七十一錄其子宗綬爲大理評事孫永弼永昇爲三班借職次子宗纘太子中舍

文頊本文顥子初洪進在泉州有相者言一門受祿當至萬石時洪進與三子皆領州郡而文頊始生乃

以文頊爲子欲應其言初補泉州衙內都校又爲衙內都監使朝命領順州刺史歸朝爲登州刺史滄棣有寇盜命爲巡檢使會以禁軍按大趙延溥爲登州團練使文頊改舒州刺史淳化三年卒年三十五文頊頗知書亦工畫子宗繹爲殿中丞

列傳卷第二百四十二

列傳卷第二百四十三　宋史四百八十四

開府儀同三司上柱國錄軍國重事前中書右丞相兼修國史領經筵事都總裁脫脫等奉
勑修

周三臣

韓通　李筠　李重進

五代史記有唐六臣傳示譏也宋史傳周三臣其名似之其義異焉求所以同則歸於正名義扶綱常而已韓通與宋太祖比肩事周而死於宋未受禪之頃然不傳於宋則忠義之志何所託而存乎李筠李重進舊史書叛叛與否未易言也洛邑所謂頑民非殷

之忠臣乎孔子定書不改其舊稱焉或曰三人者嘗臣唐晉漢矣曰智氏之豫讓非歟作周三臣傳

韓通并州太原人弱冠應募以勇力聞補騎軍隊長晉開運末漢祖建義於太原寘通帳下尋從漢祖至東京累遷為軍校漢祖典衛兵以通為衛隊副指揮使從討杜重威得銀青階檢校國子祭酒漢祖開國加檢校左僕射隱帝即位遷奉國指揮使乾祐初周祖為樞密使統兵伐河中知通謹厚命之自隨先登身被六創以功遷本軍都虞候周祖鎮大名奏通為天雄軍馬步軍都校委以心腹及入汴通甚有力焉授奉國左第六軍都校領雷州刺史廣順初為虎捷右廂都校遷左廂充孟州巡檢繼領永睦二州防禦使周祖親征兗州以通為在京右廂都巡檢時河溢灌河陰城命通率廣銳卒千二百浚汴口又部築河陰城刱營壁未幾拜保義軍節度觀察留後周祖親郊正授節度并州劉崇南侵命通副河中王彥超出晉州道擊之敗于高平以通為太原北面行營部署為地道攻其城俄班師移鎮曹州檢校太保世宗即位以深冀之間有胡蘆河東西橫亘數百里堤埳非峻不能扼契丹奔突顯德二年命通與王彥超浚治

之功未就契丹至通出兵迎擊退之遂城李晏口為静安軍四旬而完又城束鹿及鼓城并葺祁州時大兵之後遺骸布野通悉收瘞為萬人冢又城博野安平往來深定間夜宿古寺晝披荊棘在安平頃百餘騎督役會契丹騎數百奄至通率麾下與戰日暮大風雨契丹解去擒十餘騎又城百八橋鎮及武強縣皆旬日畢歸朝會攻秦鳳以通為西南面行營馬步軍都虞候入大散關圍鳳州分兵城固鎮以斷蜀餉道未幾拔鳳州以功授侍衛馬步軍都虞候世宗征淮南命通為京城都巡檢世宗以都城狹小役畿甸

民築新城又廣舊城街道命左龍武統軍薛可信右衛上將軍史佺右監門衛上將軍蓋萬右羽林將軍康彥環分督四面通總領其役功未就世宗幸淮上留通為在京內外都巡檢權點檢侍衛司是役也期以三年繞半歲而就三年追敘秦鳳功改領忠武軍節度檢校太傅又改侍衛馬步軍都虞候世宗幸壽春為京城內外都巡檢淮南平為歸德軍節度六年春詔通河北按行河堤因發徐宿宋單等州民浚汴渠數百里世宗將北征命通與高懷德張鐸先赴滄州賜襲衣金帶鞍馬器帛即領兵入契丹境乾寧軍

之南俄為陸路都部署殿前都虞候石守信副馬又命通巡北邊自浮陽至淤口浦壞坊三十六遂通瀛莫初克益津關以為霸州役濱棣民數千城之命通董其役師還以為檢校太尉同平章事充侍衛親軍馬步軍副都指揮使恭帝即位移領鄆州太祖奉詔北征至陳橋為諸軍推戴通在殿閣聞有變惶遽而歸軍校王彥昇遇通於路策馬逐之通馳入其第未及闔門為彥昇所害妻子皆死太祖聞通死怒彥昇專殺以開國初隱忍不及罪即下詔曰易姓受命王者所以應期臨難不苟人臣所以全節故周天平軍

節度檢校太尉同中書門下平章事侍衛親軍馬步軍副指揮使韓通振迹戎伍委質前朝彰灼茂功踐更勇爵夙定交於霸府遂接武於和門艱險共嘗情好尤篤朕以三靈眷佑百姓樂推言念元勳將加殊寵蒼黃遇害良用憮然可贈中書令以禮收葬遺高品粱令珍護喪事通性剛而寡謀言多忤物肆威虐衆謂之韓瞠眼其子頗有智略幼病傴人目為橐駝兒見太祖有人望常勸通早為之所通不聽後太祖幸開寶寺見通及其子畫像于壁遽命去之

李筠并州太原人善騎射後唐秦王從榮判六軍諸

衛募勇士為爪牙筠操弓矢求見弓力及百斤府中無能挽者從榮令筠射引滿有餘力再發皆中因以隸麾下從榮難作筠騎從至天津橋射殺十數人知事不濟棄馬遁去清泰初應募為內殿直遷控鶴指揮使晉開運末契丹犯汴京其將趙延壽聞筠驍勇召寘帳下及契丹主北歸死欒城延壽至常山為永康王所縶契丹衆數萬據常山後北去留耶律解里衆纔二千騎又分別部首領楊袞以千騎掠邢洺來還中朝士大夫多在城中契丹與漢相雜解里性貪惑自奉削漢軍日食衆皆菜色筠乘其怨察與王羗

石公覇何福進等謀以閏七月二十九日伺契丹守閽者旦食撞寺鐘為期相率入據兵庫次焚牙門大呼市人併力擊焉契丹衆大驚由北門而出解里趣族乘列之於野明日集衆入郛力戰屬晉士卒分掠唯控鶴一軍與市民禦之死傷相繼午後郛外民千餘知契丹奔敗者持兵趣其族乘將刼之守者入郛馳告解里聞之遂挈族而去初筠建謀約諸將同力控鶴左廂都校白再榮首匿於室不敢應筠拔佩刀破幕引臂迫之再榮不得已而行諸將次第赴之及契丹去百姓死者二千餘人諸將互伐其功筠詣故

相馮道請權領節度事道曰子主奏事而已留後事當議功臣為之道恐諸將爭功復亂乃以再榮前職貴加諸將權推為留後人心遂定是戰筠功居多即送款漢祖以其子赴朝漢祖深賞之以控鶴一軍力戰優加賜與授再榮留後筠博州刺史筠以賞薄不悅周祖鎮大名表為先鋒指揮使又為北面緣邊巡檢周祖起兵入汴筠同郭崇從與慕容彥超戰於留子陂彥超東奔廣順初權知滑州俄真拜義成軍節度數月改彰德軍節度并人侵晉州王峻率師往拒筠亦請西征詔褒之又乞免黃澤關商稅奏可周祖

征兗還次濮筠因朝獻馬賜襲衣金帶從至澶宴訖遣還及召潞州常思入朝命筠權知軍府思改宋亳以筠為昭義軍節度三年加檢校太傅時王峻秉節制以筠及王殷何福進皆創業功臣故並加恩焉顯德初周祖親郊加同平章事世宗即位并人入侵其將張暉率先鋒自團柏谷入營梁侯驛攻劫堡柵所至焚畧盪盡筠遣護軍穆令均率步騎二千拒之令均營於太平驛驛東南距潞八十里失於偵邏暉凌晨奄至潞兵被甲介馬暉見之佯退潞兵追之并伏遂發令均且鬬且却步卒降并者數百人騎不復者

百人餘衆還保潞世宗親征沁州降之命筠率沁之行營兵赴太原符彥卿戍州口拒契丹援兵彥卿請益師詔筠與張永德以三千騎益之既至以偏師遠契丹後奮擊走之師還加兼侍中二年筠破并軍於輸社獲其將安灊康超等七十餘人三年筠遣行軍司馬范守圖率兵入遼州界殺并卒三百餘獲小校數人以獻四年又遣守圖入河東界降二砦五年筠自將入石會關破并人六砦是冬又破遼州長清砦擒其磁州刺史李戴興以獻俄又敗并人於境斬三百餘級六年平遼州獲刺史張丕且等二百四十五

人以獻筠在鎮擅用征賦頗集亡命嘗以私忿因監軍使世宗心不能堪但詔責而已恭帝即位加檢校太尉是秋令裨將劉繼忠將兵與吐渾入幷境平賈家砦斬百餘級獲牛羊而還太祖建隆初加兼中書令遣使諭以受周禪筠即欲拒命左右為陳曆數方僶俛下拜覩猶不恭及延使者升階置酒張樂遽索周祖畫像懸壁涕泣不已賓佐惶駭告使臣曰令公被酒失其常性幸勿為訝及太原劉鈞以蠟書結筠共舉兵筠雖緘書上太祖心已畜異謀太祖手詔慰撫之是時筠子守節為皇城使嘗泣諫筠不聽太祖

又遣守節諭旨曰吾聞汝諫汝父汝父不聽吾令殺汝何如汝歸語汝父我未為天子時任自為之既為天子獨不能臣我耶守節白筠筠謀愈甚遂起兵令幕府為檄書辭多不遜從事閭丘仲卿獻策於筠曰公以孤軍舉事其勢甚危雖倚河東之援亦恐不得其力大梁兵甲精銳難與爭鋒不如西下太行直抵懷孟塞虎牢據洛邑東向而爭天下計之上也筠曰吾周朝宿將與世宗義同昆弟禁衛皆舊人聞吾之來必倒戈歸我況有儋珪槍撥汗馬何憂天下哉儋珪筠愛將有勇力善用槍撥汗筠駿馬日馳七百里

故筠誇焉執監軍亳州防禦使周光遜閑廄使李廷玉遣判官孫孚衙校劉繼忠送於劉鈞求濟師又遣人殺澤州刺史張福徃據其城劉鈞遂率兵與契丹數千衆來援至太平驛筠以臣禮迎謁見鈞兵衛寡弱甚悔之而業已然矣鈞封筠西平王賜馬三百匹召與之語筠自言受周祖大恩敢愛死不寤鈞與周祖有世讐鈞默然遂疑之命其宣徽使盧賛監筠軍筠心不能平頗與賛不恊鈞復命平章事衛融和解之筠有馬三千匹闘鞠場閱習日夜謀畫為寇留其子守節守上黨引衆南向太祖遣石守信高懷德將

兵討之敕曰勿縱筠下太行急進師扼其隘破之必矣又遣慕容延釗王全斌由東路會守信與監軍李崇矩破筠衆於長平斬首三千級又攻大會砦下之太祖遂親征山路險峻多石不可行太祖先於馬上負數石群臣六軍皆負之即日平為大道與守信懷德會破筠衆三萬於澤南降者三千餘殺筠監軍使盧賛擒筠河陽節度范守圖筠走還保澤太祖至列柵圍之筠龍捷使王廷曾吐渾留後汾州團練使王全德率所部自昭義來降筠益失援太祖親督戰拔其城筠赴水死獲鈞相衛融鈞懼而遁歸太祖進伐

上黨守節以城降釋其罪賜襲衣金帶銀鞍勒馬是
日宴從官守節預焉以為單州團練使以昭義軍節
度副使趙處愿為鄆州刺史節度判官孫孚為屯田
郎中觀察判官史文通為水部郎中前遼州衙内指
揮使馬廷禹為右監門衛將軍領壁州刺史筠性雖
暴恣事母甚孝每怒將殺人母屏風後呼筠筠趨至母
曰聞將殺人可免乎為吾曹增福爾筠遽釋之筠稍
知書頗好調謔初名榮避周世宗諱將改之或令名
筠筠曰李筠李筠玉篇云乎哉聞者皆笑筠有愛妾
劉氏隨筠至澤時被攻城危劉謂筠曰城中健馬幾

何筠曰爾安問此劉曰孤城危蹙破在俄頃今誠得
馬數百與腹心潰圍出保昭義求援河東猶愈於坐
待死也筠然之召左右計馬尚不減千匹以是夕將
出或謂筠曰今帳前計議皆云一心縣門既發不可
保矣儻劫公而降悔其可及筠猶豫不決明日城陷
筠將赴火劉欲俱死筠以其有娠麾令去守節既購
得之果生子焉守節字得臣初補東頭供奉官廣順
中嘗以心疾乘醉擊殺供御白鶻筠上章待罪詔釋
之四遷至皇城使歷單濟二州團練使乾德六年出
知遼州開寶三年改和州團練使四年卒年三十三

無後以劉氏所生之弟為嗣
李重進其先滄州人周太祖之甥福慶長公主之子
也生於太原晉天福中仕為殿直漢初從周祖征河
中廣順初遷内殿直都知領泗州刺史改小底都指
揮使二年改大内都點檢權侍衛馬步軍都軍頭領
恩州團練使遷殿前都指揮使三年加領泗州防禦
使顯德初領武信軍節度重進年長於世宗及周祖
寢疾召重進受顧命令拜世宗以定君臣之分世宗
嗣位為侍衛親軍馬步軍都虞候從世宗征劉崇戰
于高平不利大將樊愛能何徽以其衆遁唯重進與

白重贇勒兵不動既而太祖先以麾下犯敵重贇繼
領所部力戰世宗躬率衛兵合勢周師復振崇遂大
敗以功領忠武軍節度及進討太原又為行營馬步
軍都虞候師還加同中書門下平章事改歸德軍節
度兼侍衛馬步軍都指揮使世宗親征淮南命重進
將兵先赴正陽俄聞李穀攻壽春不克退保正陽促
重進兵助之吳人以穀退為懼乃發兵三萬餘旌旗
輜重亘數百里又發戰櫂二百艘以張斷橋之勢列
陣鼓譟而北横布拒馬以萬數皆貫以利刃維以鐵
索又刻木為戰形立陣前號捷馬牌皮囊貯鐵蒺莉

以布戰地時周師未朝食吳師奄至周師望其陣皆笑之宣祖領前軍與重進韓令坤合勢擊之一鼓而敗斬首萬餘級追奔二十餘里殺大將劉彥貞擒裨將盛師朗數十人降三千人獲戈甲三十萬世宗大悅詔書褒諭即以重進代穀為行營招討使賜襲衣金帶玉鞍名馬三年以重進為廬壽等州招討使時李繼勳主壽春重進駐軍城北聞城南洞屋為淮人所焚將議退軍會太祖自六合歸道出壽州因駐師旬餘重進倚以為援兵威復振吳人大懼以重進色黔號黑大王張永德屯下蔡與重進不協永德每宴

將吏多暴重進短後乘醉謂重進有奸謀將吏無不驚駭永德密遣親信乘驛上言世宗不之信亦不介意二將俱握重兵人情益憂恐重進遂自壽陽單騎直詣永德帳中命酒飲酣謂永德曰吾與公皆國家肺腑相與戮力同獎王室公何疑我之深也永德意解二軍皆安李景知之密令人齎蠟書誘重進啗以厚利重進表其事時行濠州刺史齊藏珍亦說重進世宗知之假他事誅藏珍詔重進夾淮城正陽下蔡既成上其圖俄又敗淮兵二千餘於埇山北時圍壽經年未下吳遣將許文縝邊鎬舟師數萬泝淮來援

文縝維舟淮南據紫金山山距壽數里設十餘砦連亘相望與城中烽火相應又南築夾道將抵壽為饋路重進伺其城北展砦出兵擊之敗五千餘衆奪二砦獲器甲甚衆世宗幸壽宴從官召重進賜戎服玉帶金銀器繒綵鞍勒馬及克壽錄功加檢校太傅兼侍中又改天平軍節度仍為招討使四年攻取濠州南關城其團練使郭廷謂以兵萬餘降獲糧數萬斛從平楚州命先還揚州五年世宗在迎鑾遣重進將兵赴廬州會李景請畫江為界世宗遂還留重進戍守景遣人以牛酒來犒俄乃還鎮六年世宗北征次

傅州重進來朝賜宴行宮即命將兵先趣北面及世宗駐瓦橋關重進與諸將率師而至時關南已平議進取幽州會世宗不豫而止即命率所部赴河東次百井路敗幷人五千餘斬二千餘級恭帝嗣位加檢校太尉改淮南道節度太祖即位以韓令坤代為侍衛都指揮使加重進中書令既而移鎮青州加開府階重進與太祖俱事周室分掌兵柄常心憚太祖太祖立愈不自安及聞移鎮陰懷異志太祖知之遣六宅使陳思誨齎賜鐵券以安其心重進欲治裝隨思誨入朝為左右所惑猶豫不決又自以周室近親恐

不得全遂拘思誨治城隍繕兵甲遣人求援李景景懼而不納聞之太祖監軍安友規常為重進所忌至是友規謀與親信數人斬關出為衆所拒踰城得脫重進捕軍校不附者數十人盡殺之太祖遣石守信王審琦李處耘宋偓四將率禁兵討重進會友規至賜襲衣金帶器幣鞍馬以為滁州刺史監前軍太祖謂左右曰朕於周室舊臣無所猜間重進不體朕心自懷反側今六師在野當暫往慰撫之爾遂親征次大儀頓石守信遣使馳奏揚州破在旦夕願車駕臨視太祖徑至城下即日拔之初城將陷重進左右勸

殺思誨重進曰吾今舉族將赴火死殺此何益即縱火自焚思誨亦為其黨所害太祖入駐城西南閲逆黨數百人盡戮之重進兄深州刺史重興聞其叛自殺弟解州刺史重贇子尚食使延福並戮於市初重進謀舉兵遣親吏翟守珣往潞陰結李筠守珣素識太祖往還京師潛詣樞密承旨李處耘求見太祖問曰我欲賜重進鐵券彼信我乎守珣曰重進終無歸順之志太祖厚賜守珣許以爵位且令說重進緩其謀無令二凶並作以分兵勢守珣歸勸重進養威持重未可輕發重進甚信之及李筠誅重進反書聞並如太祖之策其不信鐵券亦如守珣所云揚州既平購得守珣補殿直俄為供奉官又有張崇詁者周廣順初為樞密承旨二年出為解州刺史兩池榷鹽使多規畫鹽池利害顯德三年改德州又改泗州澤州崇詁本名崇訓恭帝嗣位避諱改焉重進赴淮南時道出泗上崇詁說以畜兵完城之計重進敗事露詔捕之棄市籍其家

列傳卷二百四十三

列傳卷第二百四十四　宋史四百八十五

開府儀同三司上柱國錄軍國重事前中書右丞相監修國史領經筵事都總裁臣脫脫等奉敕修

外國一

夏國上

昔唐承隋後，隋承周齊，上遡元魏，故西北之疆有漢晉正朔所不逮者，然亦不過使介之相通、貢聘之時至而已。唐德既衰，荒服不至，五季迭興，綱紀自紊，遠人慕義，無所適從。宋祖受命，諸國削平，海內清謐，於是東若高麗、渤海，雖阻隔遼壤，而航海遠來，不憚跋涉；西若天竺、于闐、回鶻、大食、高昌、龜茲、拂林等國，雖介遼夏之間，篚篚亦至，屢勤館人。党項、吐蕃、唃廝囉、董氈、瞎征諸部，夏國兵力之所必爭者也，宋之威德亦暨其地，又間獲其助焉。交阯、占城、真臘、蒲耳、大理濱海諸蕃，自劉鋹、陳洪進來歸，接踵修貢。宋之待遇亦得其道，厚其委積而不計其貢輸，假之榮名而不責以煩縟；來則不拒，去則不追；邊圉相接，時有侵軼，命將致討，服則舍之，不黷以武。先王柔遠之制，豈復有加於是哉！南渡以後，朔漠不通，東南之陬以及西鄙，冠蓋猶有至者。交人遠假爵命，訖宋亡而後絕焉。女直在宋初屢貢名馬，他日彊大，僭慾於遼，其索叛臣阿踈，責還所掠，宋詔猶知以通宋為重。及渝海上之盟，尋搆大難，宋遂為所絀辱，豈非自取之過乎？前宋舊史有女直傳，今既作金史，義當削之。夏國雖偭鄉不常，而視金有間，故仍舊史所錄存焉。

李彝興，夏州人也。本姓拓跋氏。唐貞觀初，有拓跋赤辭者歸唐，太宗賜姓李，置靜邊等州以處之。其後析居夏州者號平夏部。唐末，拓跋思恭鎮夏州，統銀、夏、綏、宥、靜五州地，討黃巢有功，復賜李姓。思恭卒，弟思諫代為定難軍節度使。思諫卒，思恭孫彝昌嗣。梁開平中，彝昌遇害，將士立其族子蕃部指揮仁福。仁福卒，子彝興嗣，事具五代史。彝興，彝超之弟也，本名彝殷，避宋宣祖諱改殷為興。初為行軍司馬，清泰二年，彝超卒，遂加定難軍節度使。晉初，加同平章事。開運初，契丹授西南招討使。漢初，加兼侍中。周初，加中書令，顯德初，封西平王。世宗即位，加太保。恭帝初，加太傅。宋初，加太尉。北漢劉鈞結代北諸部來寇麟州，彝興遣部將李彝玉會諸鎮兵禦之，鈞眾遂引去。建隆初，獻馬三百匹，太祖大喜，親視攻玉為帶，且召使問曰：「汝帥腰圍幾何？」使言彝興腰腹甚大，太祖曰：「汝帥真福人也。」遂遣

使以帶賜之乾德五年卒太祖廢朝三日贈太師追
封夏王子克睿立　克睿初名光睿避太宗諱改
光為克彝興之卒自權知州事授檢校太保定難軍節
度使開寶九年率兵破北漢吳堡砦斬首七百級獲
牛羊千計俘砦主侯遇以獻累加檢校太尉太平興
國三年卒太宗廢朝二日贈侍中子繼筠立　繼
筠初為衙內都指揮使檢校工部尚書克睿卒自權
知州事授檢校司徒定難軍節度觀察留後太宗征
北漢繼筠遣銀州刺史李光遠綏州刺史李光憲率
蕃漢兵列陣渡河畧太原境以張軍勢太平興國五

年卒弟繼捧立　繼捧立以太平興國七年率族
人入朝自上世以來未嘗親覲者繼捧至太宗甚嘉
之賜白金千兩帛千匹錢百萬祖母獨孤氏亦獻玉
盤一金盤三皆厚賚之繼捧陳其諸父昆弟多相怨
願留京師乃遣使夏州護緦麻已上親赴闕授繼捧
彰德軍節度使并官其昆弟夏州蕃落指揮使克信
等十二人有差遂曲赦銀夏管內太宗嘗宴群臣苑
中謂繼捧曰汝在夏州用何道以制諸部對曰羌人
鷙悍但羈縻而已非能制也弟權知夏州克文來朝
以唐僖宗所賜其祖思恭鐵券及朱書御札來上改

博州防禦使初繼捧之入也弟繼遷出奔及是數來
為邊患有言繼遷悉知朝廷事蓋繼捧泄之乃出為
崇信軍節度使克憲為道州防禦使克文遣歸博州
並選常參官為通判以專郡政端拱初改感德軍節
度使屢發兵討繼遷不克用宰相趙普計欲委繼捧
以邊事令圖之因召赴闕賜姓趙氏更名保忠太宗
親書五色金花牋以賜之授夏州刺史充定難軍節
度使夏銀綏宥靜等州觀察處置押蕃落等使賜金
器千兩銀器萬兩并賜五州錢帛芻粟田園保忠辭
日宴于長春殿賜襲衣玉帶銀鞍馬錦綵三千匹銀

器三千兩又賜錦袍銀帶五百副馬百匹至鎮數月
上言繼遷悔過歸款乃授繼遷官然實無降心也二
年加保忠特進同中書門下平章事淳化初與繼遷
戰于安慶澤繼遷中流矢遁去保忠乞師禦繼遷遣
商州團練使翟守素率兵援之賜保忠茶百斤上醞
十石乃獻白鶻名海東青以久罷畋獵詔慰還之五
年繼遷攻靈州遣侍衛馬軍都指揮使李繼隆討之
保忠先挈其母與妻子壁野外乃上言與繼遷解怨
獻馬五十匹乞罷兵帝覽奏立遣中使督繼隆進軍
及兵壓境保忠反為繼遷所圖欲併其衆縛牙校趙

光祚襲其營帳保忠方寢聞難作單騎走還城為大校趙光嗣閉於別室旦開門迎繼隆乃執保忠送闕下待罪崇政殿庭帝詰責數四釋之賜冠帶器幣并賜其母金銀器以撫之尋責授右千牛衛上將軍封宥罪侯賜第京師保忠狀貌雄毅居環列奉朝請常怏怏不自得咸平中丁內艱以本官起復遷金吾衛上將軍判岳州移復州景德元年病劇上言有子永哥不肖乞配春州帝以其病語乃授永州別駕詔監軍察之尋卒贈威塞軍節度使克文亦死贈岳州防禦使天禧四年錄其孫從吉為三班奉職

繼遷繼捧族弟也高祖思忠嘗從兄思恭討黃巢拒賊於渭橋表有鐵鶴射之沒羽賊駭之遂先士卒戰沒僖宗贈宥州刺史祠于渭陽曾祖仁顏仕唐銀州防禦使祖彝景嗣于晉父光儼嗣于周建隆四年繼遷生于銀州無定河生而有齒開寶七年授定難軍管內都知蕃落使繼捧之歸宋時年二十留居銀州及使至召緦麻親赴闕乃詐言乳母死出葬于郊遂與其黨數十人奔入地斤澤澤距夏州東北三百里太平興國八年知夏州尹憲與都巡檢曹光實偵知夜襲破之斬首五百級焚四百餘帳繼遷與其弟遁免獲

其母與妻繼遷復連娶豪族轉遷無常漸以彊大而西人以李氏世著恩德往往多歸之繼遷因語其豪右曰李氏世有西土今一旦絕之爾等不忘李氏能從我興復乎眾曰諾遂與弟繼沖破丑重遇貴張浦李大信等起夏州乃詐降誘殺曹光實於葭蘆川遂襲銀州據之時雍熙二年二月也三月破會州焚毀城郭而去三年遼以義成公主嫁繼遷册為夏國王四年知夏州安守中以三萬眾戰于王亭鎮敗績繼遷追至城門而返端拱元年繼捧之節制夏臺言能歸款即授洛苑使銀州刺史淳化初復與繼捧戰于

安慶澤不利轉攻夏州繼捧乞師及翟守素來及奉表歸款授銀州觀察賜名保吉子德明管內蕃落使行軍司馬淳化四年轉運副使鄭文寶議禁鹽池用困繼遷數月邊人四十二族萬餘騎寇環州屠小康堡太祖乃遣錢若水弛其禁因撫慰之五年正月繼遷徙綏州民于平夏部將高文岯等因眾不樂反攻敗之繼遷復圍堡砦掠居民焚積聚遂攻靈州詔遣李繼隆等進討繼遷夜襲保忠走之獲其輜重以歸七月乃獻馬以謝又遣弟廷信獻馬橐駝太宗撫賚甚厚遣內侍張崇貴詔諭賜茶藥器幣衣物至道初

遣左都押衙張浦以槖駞良馬來獻太宗令衛士翹關超乘引彊奪槊於後園俾浦等觀且令兵士皆拓兩石弓帝笑問浦曰羌人敢敵否浦曰羌部弓弱矢短但見此長大人則已遁矣況敢敵乎繼遷乞禁邊盜掠詔令謹守疆場還所盜物遣閤門副使馮訥中使賈繼隆持詔拜繼遷鄜州節度使不受乃以浦為鄭州團練留京師繼遷表鄭文寶誘其部長嵬囉嵬悉遂貶文寶藍山令繼遷以千騎攻清遠軍守臣張延擊退之二年春命洛苑使白守榮等護送芻粟四十萬于靈州且令車重先後作三隊丁夫持弓矢

自衛士卒布方陣以護之遇敵則戰可以無失復令會州觀察使田紹斌率兵應援而守榮乃併為一運繼遷邀擊于浦洛河紹斌不救衆潰運餽盡為繼遷所得太宗聞之怒三年復命李繼隆為環慶等州都部署會四方館使曹璨自河西至言繼遷衆萬餘圍靈武城中上表告急為繼遷所得遂頓兵不去時朝議或云率輕騎三道擣平夏或云暑渉旱海無水泉粮運艱辛不如靜以待之帝不聽九月親部分諸將繼隆出環州丁罕出慶州范廷召出延州王超出夏州張守恩出麟州五路進討直抵平夏繼隆以環州

路迂乃自青岡峽逕靈武徑趨平夏兵行數日與丁罕合又行十餘日無所見乃引還張守恩遇之不戰而遁王超范廷召遇之于烏白池大小數十戰不利諸將失期士卒困乏繼遷復令軍主史不能駐屯槖駞口以阻歸宋人繼隆遣田敏等擊之咸平春繼遷復表不順真宗乃授夏州刺史定難軍節度夏銀綏宥靜等州官察處置押番落等使加邑千戶實封二百戶益功臣號乃放張浦還復遣押衙劉仁謙表讓恩命詔不允賜仁謙錦袍銀帶尋遣弟繼瑗來謝恩授繼瑗亳州防禦使封繼遷母衛慕氏衛國太夫人子

德明為定難軍節度行軍司馬未幾復抄邊四年麟府副部署曹璨率熟戶兵邀繼遷輜重于柳撥川殺獲甚衆九月來攻破定州懷遠縣及堡靜永州清遠軍監軍段義叛城遂陷五年三月繼遷大集蕃部攻陷靈州以為西平府六年春遂都于靈州詔遣張崇貴王渉議和割河西銀夏等五州與之六月復以二萬騎圍麟州詔金明巡檢李繼周擊之圍未解麟州部署請濟師真宗閱地圖曰麟州依險三面孤絶戮力可守但城中乏水可憂耳乃遣兵走援繼遷果據水砦薄城已五日知州衛居實出奇兵突戰縋勇士

城下城上鼓譟矢石如注殺傷萬餘人繼遷乃挾去
遂率衆攻西蕃取西涼府都首領潘羅支偽降繼遷
受之不疑羅支遽集六谷蕃部及者龍族合擊之繼
遷大敗中流矢八月復聚兵浦洛河聲言攻環州詔
張凝等分兵以待之景德元年正月二日卒年四十
二子德明立祥符五年德明追上繼遷尊號曰應運
法天神智仁聖至道廣德孝光皇帝元昊追謚曰神
武廟號太祖墓號裕陵

德明小字阿移母曰順
成懿孝皇后野利市即位于柩前時年二十三邊臣
以德明初立乞詔撫之因賜詔令審圖去就又詔蕃

族萬山萬遇龐羅逝安萬子都虞候軍主吳守正馬
尾等能率部下歸順者授團練使銀萬兩絹萬匹錢
五萬緡茶五千斤其有亡命叛去者釋罪甄録既而
康奴𢫫移等率屬來降德明遣牙將王旻奉表歸順
賜旻錦袍銀帶遣侍禁夏居厚持詔荅之因詔河西
羌族各守疆場德明連歲表歸順三年復遣牙將仁
勗奉誓表請藏盟府且言父有遺命帝嘉之乃授特
進檢校太師兼侍中持節都督夏州諸軍事行夏州
刺史上柱國充定難軍節度夏銀綏宥靜等州管內
觀察處置押蕃落等使西平王食邑六千戶食實封

一千戶仍賜推忠保順亮節翊戴功臣遣內侍左右
班都知張崇貴太常博士趙湘等充旌節官告使賜
襲衣金帶銀鞍勒馬銀萬兩絹萬匹錢三萬貫茶二
萬斤給奉如內地因責子弟入質德明謂非先世故
事不遣乃獻御馬二十五匹散馬七百匹槖駝三百
頭謝恩四年又獻馬五百匹槖駝三百頭謝給奉廩
賜襲衣金帶器幣及請使至京市所需物從之五月
母罔氏薨除起復鎮軍大將軍右金吾衛上將軍員
外置同正員餘如故以殿中丞趙積為弔贈兼起復
官告使德明以樂迎至柩前明日釋服涕泣對使者

自陳感恩及葬請脩供五臺山十寺乃遣閤門祗候
袁瑀為致祭使護送所供物至山復獻馬五百匹助
脩章穆皇后園陵大中祥符元年以天書降加賜守
正功臣益食邑一千戶食實封四百戶俄境內旱詔
榷場勿禁西人市粮以振其乏東封又遣使來獻禮
成加兼中書令益食邑千戶實封四百戶時遼亦遣
使冊德明為大夏國王明年出侵回鶻恒星晝見德
明懼而還三年境內饑上表求粟百萬朝議不知所
出時王旦為相請敕有司具粟百萬于京師詔其來
取德明既得詔曰朝廷有人遂止大起宮室于鏊子

山會旱西攻河州甘州宗哥族及秦州緣邊熟戶遂出大里河築栅蒼耳平四年祀汾陰進中書令五年聖祖降加守太保七年二月謁太清宮遣使來獻方物加宣德功臣八年築堡于石州濁輪谷將建権場詔緣邊安撫司止之九年因表邊臣違約招納逃亡云自景德中進誓表朝廷亦降詔書應兩地逃民緣邊雜戶不令停舍皆俾交還自兹謹守翰垣頗有倫理自向敏中歸闕張崇貴云亡後來邊臣罕守舊制各務邀功不虞生事遂致綏延等界涇原以來擅舉兵甲入臣境土其有叛亡部族劫掠主財去者百無

十四臣之邊吏亦務蔽藏俱失奏論漸乖盟約詔答已令鄜延涇原環慶麟府等路約束邊部毋相攻刼其有隱蔽逃亡盡時勘送本國亦宜戒部下毋有藏匿各遵紀律以守封疆五年德明追尊繼遷為太祖應運法天神智仁聖至道廣德光孝皇帝廟號武宗七年甘露降國中天禧元年正月加守太傅食邑千戶實封四百戶三年春德明丁繼立母憂除起復如前制以屯田員外郎上官佖為弔贈兼起復官告使閤門祗候常希古為致祭使冬郊祀又加崇仁功臣四年遼主親將兵五十萬以狩為言來攻涼甸德明

帥衆逆拒敗之五年遼復遣金吾衞上將軍蕭孝誠賫玉册金印册為尚書令大夏國王乾興元年加純誠功臣德明自歸順以來每歲旦聖節冬至皆遣牙校來獻不絕而每加恩賜官告則又以襲衣五金荔支帶金花銀匣副之銀沙鑼盆合千兩錦綵千匹金塗銀鞍勒馬一匹副以纓複遣內臣就賜之又遣閤門祗候賜冬服及頒儀天具注曆明年攻麟州柔遠砦巡檢楊承吉與戰不利命曹璟為環慶秦州緣邊巡檢安撫使摽備之德明城懷遠鎮為興州以居仁宗即位加尚書令德明娶三姓衞慕氏生元昊咩迷

氏生成遇訛藏屈懷氏生成嵬天聖六年德明遣子元昊攻甘州拔之八年瓜州王以千騎降于夏火星入南斗九年十月德明卒時年五十一追謚曰光聖皇帝廟號太宗墓號嘉陵宋贈太師尚書令兼中書令以尚書度支員外郎朱昌符為祭奠使六宅副使內侍省內侍押班馮仁俊副之賻絹七百匹布三百匹副以上醖羊米麪將葬賜物稱是皇太后所賜亦如之帝與皇太后成服于苑中子曩霄立　曩霄本名元昊小字嵬理國語謂惜為嵬富貴為理母曰惠慈敦愛皇后衞慕氏性雄毅多大畧善繪畫能刱製

物始圓面高準身長五尺餘少時好衣長袖緋衣冠黑冠佩弓矢從衛步卒張青蓋出乘馬以二旗引百餘騎自從曉浮圖學通蕃漢文字案上置法律常攜野戰歌太乙金鑑訣弱冠獨引兵襲破回鶻夜洛隔可汗王奪甘州遂立為皇太子數諫其父毋臣宋父輒戒之曰吾久用兵疲矣吾族三十年衣錦綺此宋恩也不可負元昊曰衣皮毛事畜牧蕃性所便英雄之生當王霸耳何錦綺為德明卒即授特進檢校太師兼侍中定難軍節度夏銀綏宥靜等州觀察處置押蕃落使西平王以工部郎中楊吉為旌節官告使禮賓副使朱允中副之既襲封明號令以兵法勒諸部始衣白窄衫氈冠紅裏冠頂後垂紅結綬自號嵬名吾祖凡六日九日則見官屬其官分文武班曰中書曰樞密曰三司曰御史臺曰開封府曰翊衛司曰官計司曰受納司曰農田司曰群牧司曰飛龍院曰磨勘司曰文思院曰蕃學曰漢學自中書令宰相樞使大夫侍中太尉已下皆分命蕃漢人為之文資則幞頭鞾笏紫衣緋衣武職則冠金帖起雲鏤冠銀帖間金鏤冠黑漆冠衣紫旋襴金塗銀束帶垂蹀躞佩解結錐短刀弓矢韣馬乘鯢皮鞍垂紅纓打跨鈸拂

便服則紫皂地繡盤毬子花旋襴束帶民庶青綠以別貴賤每舉兵必率部長與獵有獲則下馬環坐飲割鮮而食各問所見擇取其長初宋改元明道元昊避父諱稱顯道於國中景祐元年遂攻環慶路殺掠居人下詔約束之是歲改元開運踰月或告以石晉敗亡年號也乃改廣運二年母衛慕氏死遣使來告哀起復鎮軍大將軍左金吾衛上將軍員外置同正員以內殿崇班閤門祇候王中庸為致祭使起居舍人郭勸為弔贈兼起復官告使慶州柔遠砦蕃部巡檢嵬通攻破後橋諸堡於是元昊稱兵報仇緣邊都巡檢楊遵柔遠砦監押盧訓以兵七百與戰于龍馬嶺敗績環慶路都監齊宗矩走馬承受趙德宣寧州都監王文援之次節義峯伏兵發執宗矩久之始放歸二年加兼中書令遣其令公蘇奴兒將兵二萬五千攻唃廝囉敗死略盡蘇奴兒被執元昊自率衆攻猫牛城一月不下既而詐約和城開乃大縱殺戮又攻青唐安二宗哥帶星嶺諸城唃廝囉部將安子羅以兵絕歸路元昊晝夜角戰二百餘日子羅敗遂取瓜沙肅三州元昊既還欲南侵恐唃廝囉制其後復舉兵攻蘭州諸羌侵至馬銜山築城凡川元昊既悉

有夏銀綏宥靜靈鹽會勝甘涼瓜沙肅而洪定威龍皆即堡鎮號州仍居興州阻河依賀蘭山為固始大建官以嵬名守全張陟張絳楊廓徐敏宗張文顯輩主謀議以鍾鼎臣典文書以成逋克成賞都卧㲳如定多多馬竇惟吉主兵馬野利仁榮主蕃學置十二監軍司委豪右分統其衆自河北至午臘蒻山七萬人以備契丹河南洪州白豹安鹽州羅落天都惟精山等五萬人以備環慶鎮戎原州左廂宥州路五萬人以備鄜延麟府右廂甘州路三萬人以備西蕃回紇賀蘭駐兵五萬靈州五萬人興州興慶府七萬人

為鎮守總五十餘萬而苦戰倚山訛山訛者橫山羌平夏兵不及也選豪族善弓馬五千人迭直號六班直月給米二石鐵騎三千分十部發兵以銀牌召部長面受約束設十六司于興州以總庶務元昊自製蕃書命野利仁榮演繹之成十二卷字形體方整類八分而畫頗重複教國人紀事用蕃書而譯孝經爾雅四言雜字為蕃語復改元大慶宋寶元元年表遣使詣五臺山供佛寶欲窺河東道路與諸豪歃血約先攻鄜延欲自靖德塞門砦赤城路三道並入遂築壇受冊即皇帝位時年三十遣潘七布昌里馬乞點兵集蓬子山自詣西涼府祠神明年遣使上表曰臣祖宗本出帝胄當東晉之末運創後魏之初基遠祖思恭當唐季率兵拯難受封賜姓祖繼遷心知兵要手握乾符大舉義旗悉降諸部臨河五郡不旋踵而歸沿邊七州悉差肩而克父德明嗣奉世基勉從朝命真王之號夙感于頒宣尺土之封顯蒙於割裂臣偶以狂斐制小蕃文字改大漢衣冠衣冠既就文字既行禮樂既張器用既備吐蕃塔塔張掖交河莫不從伏稱王則不喜朝帝則是從輻湊屢期山呼齊舉伏願一垓之土地建為萬乘之邦家于時再讓靡遑

群集又迫事不得已顯而行之遂以十月十一日郊壇備禮為世祖始文本武興法建禮仁孝皇帝國稱大夏年號天授禮法延祚伏望皇帝陛下睿哲成人寬慈及物許以西郊之地冊為南面之君敢竭愚庸常敦歡好魚來鴈往任傳鄰國之音地久天長永鎮邊方之患至誠瀝懇仰俟帝俞謹遣督涉俄疾你斯悶卧普令濟嵬崖妳奉表以聞詔削奪官爵互市揭榜于邊募人能擒元昊若斬首獻者即為定難軍節度使又遣賀永年齎嫚書納旌節及所授敕告置神明匣留歸孃族而去康定元年環慶路鈐轄高繼隆

知慶州張崇俊攻後橋而柔遠砦主武英入自北門㧞之未幾夏人攻金明砦執都監李士彬父子破安遠塞門永平諸砦圍延州設伏三川口執劉平石元孫傅偃劉發石遜等又攻鎮戎軍敗劉繼宗李緯兵五千環慶部署任福入白豹城焚其積聚破四十一族慶曆元年二月攻渭州逼懷遠城韓琦徼巡邊至高平盡發鎮戎兵及募勇士得萬人命行營總管任福等并擊之都監桑懌為前鋒鈐轄朱觀都監武英繼之福申令持重其夕宿三川夏人已過懷遠東南翌日諸軍躡其後西路巡檢常鼎劉肅與夏人對壘

于張家堡懌以騎兵趣之福分兵夕與懌為一軍屯好水川川與能家川隔在隴山外觀英為一軍屯龍洛川相離五里期以明日會兵不使夏人一騎遁然已陷其伏中矣元昊自將精兵十萬營于川口候者言夏人有砦數不多兵益進詰旦福與懌循好水川西去未至羊牧隆城五里與夏軍遇懌為先鋒見道傍置數銀泥合封襲謹密中有動躍聲疑莫敢發福至發之乃懸哨家鴿百餘自合中起盤飛軍上於是夏兵四合懌先犯中軍繼之自辰至午酣戰陣中忽樹鮑老旗長二丈餘懌等莫測既而鮑老揮右則右

伏出揮左則左伏出翼而襲之宋師大敗懌劉肅及福子懷亮皆戰沒小校劉進勸福自㧞福不聽力戰死初渭川都監趙津將瓦亭塞騎兵三千餘為諸將後繼是日朱觀武英兵會能家川與夏人遇陣合王珪自羊牧隆城以屯兵四千五百人助觀略陣陣堅不可動英重傷不能出軍戰自午至申夏軍益至東陣步兵大潰衆遂奔珪英津及參軍耿傅隊將李簡都監李禹亨劉均皆死於陣觀以千餘人保民垣發矢四射會暮夏軍引去將校士卒死者萬三百人關右震動軍須日廣三司告不足仁宗為之旰食宋庠請修潼

關以備衝突秋夏人轉攻河東及麟府不能下乃引兵攻豐州城孤無援遂據之又破寧遠砦屯要害絶麟府餉道楊偕始請棄河外保合河津帝不許會張亢管勾麟府軍馬事破之于柏子又破之于兎毛川亢築十餘柵河外始固元昊雖數勝然死亡創痍者相半人困於點集財力不給國中為十不如之謠以怨之元昊乃歸塞門砦主高延德因乞和知延州范仲淹為書陳禍福以喻之元昊使其親信野利旺榮復書語猶嫚知延州龐籍言夏境鼠食稼且旱元昊思納款遂令知保安軍劉拯諭旺榮言公方持靈夏

兵倘內附當以西平茅土分冊之知青澗城种世衡
又遣王嵩以棗及畫龜為書置蠟丸中遺旺榮諭以
早歸之意欲元昊得之疑旺榮旺榮得之笑曰种使
君亦長矣何為此兒戲耶囚嵩窖中歲餘知渭州王
沿總管葛懷敏使僧法淳持書往而旺榮乃出嵩與
教練使李文貴至青澗城自言用兵以來貲用困乏
人情便於和籍疑其款吾軍留之數月二年復大入
戰于定川宋師大敗葛懷敏死之直抵渭川大焚掠
而去詔籍招納籍遣文貴還月餘元昊使文貴與王
嵩以其臣榮旺其弟旺令嵬名瓌卧譽諍三人書議
和然屈彊不肯削僭號且云如日方中止可順天西
行安可逆天東下籍以其言未服乃令自請而詔籍
復書許之明年遣六宅使伊州刺史賀從勗與文貴
俱來猶稱男邦泥定國兀卒上書父大宋皇帝更名
曩霄而不稱臣兀卒即吾祖也如可汗號議者以為
改吾祖為兀卒特以侮玩朝廷不可許詔遣邵良佐
張士元張子奭王正倫更往議且許封冊為夏國主
而元昊亦遣如定聿捨張延壽楊守素繼來四年始
上誓表言兩失和好遂歷七年立誓自今願藏盟府
其前日所掠將校民戶各不復還自此有邊人逃亡

亦毋得襲逐臣近以本國城砦進納朝廷其栲栳鎌
刀南安承平故地及他邊境蕃漢所居乞畫中為界
於內聽築城堡凡歲賜銀綺絹茶二十五萬五千乞
如常數臣不復以他相干乞頒誓詔蓋欲世世遵守
永以為好倘君親之義不存或臣子之心渝變使宗
祀不永子孫殲殃詔荅曰朕臨制四海廓地萬里西
夏之土世以為胙今乃納忠悔咎表於信誓質之日
月要之鬼神及諸子孫無有渝變申復懇至朕甚嘉
之俯閱來誓一皆如約十二月遣尚書祠部員外郎
張子奭充冊禮使東頭供奉官閤門祗候張士元副
之仍賜對衣黃金帶銀鞍勒馬銀二萬兩絹二萬匹
茶三萬斤冊以漆書竹簡籍以天下樂錦金塗銀印
方二寸一分文曰夏國主印錦綬塗金銀牌緣冊法
物皆銀裝金塗覆以紫繡約稱臣奉正朔改所賜敕
書為詔而不名許自置官屬使至京就驛貿賣宴坐
朶殿使至其國相見用賓客禮置榷場于保安軍及
高平砦第不通青鹽然宋每遣使往館于宥州終不
復至興靈而元昊帝其國中自若也是歲遼夾山部
落呆兒族八百戶歸元昊興宗責還元昊不遣遂親
將騎兵十萬出金肅城弟天齊王馬步軍大元帥將

騎七千出南路韓國王將兵六萬出北路三路濟河長驅興宗入夏境四百里不見敵據得勝寺南壁以待八月五日韓國王自賀蘭北與元昊接戰數勝之遼兵至者日益夏乃請和退十里韓國王不從如是退者三凡百餘里矣每退必赭其地遼馬無所食因許和夏乃遷延以老其師而遼之馬益病因急攻之遂敗復攻南壁興宗大敗入南樞王蕭孝友砦擒其鶻突姑駙馬興宗從數騎走元昊縱其去元昊五月五日生國人以其日相慶賀又以四孟朔為節凡五娶一曰大遼興平公主二曰宣穆惠文皇后沒藏氏

生諒祚三曰憲成皇后野力氏四曰妃沒㖳氏五曰索氏元昊以慶曆八年正月殂年四十六在位十七年改元開運一年廣運二年大慶二年天授禮法延祚十一年謚曰武烈皇帝廟號景宗墓號泰陵宋遣開封府判官尚書祠部員外郎曹頴叔為祭奠使六宅使達州刺史鄧保信為弔慰使賜絹一千匹布五百端羊百口麪米各百石酒百瓶及葬仍賜絹一千五百匹餘如初賻子諒祚立　諒祚景宗長子也小字寧令哥國語謂歡嘉為寧令兩岔河名也母曰宣穆惠文皇后沒藏氏從元昊出獵至此而生諒祚

遂名焉以慶曆七年丁亥二月六日生八年戊子正月方期歲即位四月遣尚書刑部員外郎任顓充册禮使供備庫副使宋守約充副使册諒祚為夏國主嘉祐元年母沒藏氏薨遣祖儒嵬名聿則慶唐及徐舜卿來告哀詔以集賢校理馮浩假尚書刑部郎中直史館為弔慰使文思副使張惟清假文思使副之乃獻遺留馬駝以謝諒祚幼養于母族訛龐訛龐因專國政初麟州西城枕睥睨曰紅樓下瞰屈野河其外距夏境尚七十里而田腴利厚多入訛龐歲東侵不已至耕穫時輒屯兵河西經畧使龐籍每戒邊將

使毋得過屈野河然所距屈野河猶二十里管勾軍馬司賈逵徼循見所侵田稍過督邊吏麟州守王亮懼始以事聞詔以殿直張安世賈恩為同巡檢經制之訛龐晏然弗革迫之則格鬬緩之則歸耕經畧司遣使還所侵田訛龐專為譋言無歸意嘉祐二年遂團兵宿境上逮三月增至數萬人守將斂兵弗與戰知麟州武戡築堡于河西以為保障役既興戡率將吏往按視遇夏人于沙鼠浪戡與管勾郭恩等欲止而走馬承受黃道元以言脅之遂夜進至卧牛峯見烽舉且鼓聲道元猶不信比明至忽里堆與夏人相

去幾數十步遂合戰自旦至食時夏人四面合擊衆大潰戡走恩與道元及兵馬監押劉慶等被執安撫司遣李思道孫兆往議疆事而諒祚驁不聽久之太原府代州兵馬鈐轄蘇安靜得夏國呂寧拽浪撩黎來合議乃築堠九更新邊禁要以違約則罷和市自此始定諒祚忌訛龐專或告訛龐將叛諒祚討殺之夷其族已而請去蕃禮從漢儀嘉祐六年上書自言慕中國衣冠明年當以此迎使者詔許之明年又改西壽監軍司為保泰軍石州監軍司為靜塞軍韋州監軍司為祥祐軍左廂監軍司為神勇軍遣人獻方

物稱宣徽南院使詔諭非陪臣所宜稱戒其僭擬使遵誓詔表求太宗御製草詩隸書石本且進馬五十匹求九經唐史冊府元龜及宋正至朝賀儀詔賜九經還所獻馬治平初求復榷場不許既而遣吳宗等來賀英宗即位詔令門見使者不從至順天門且欲佩魚及儀物自從引伴高宜禁之不可留止廐置一夕絕其供饋宗語不遜宜折之使如故事良久乃聽入及賜食殿門又訴於押伴張覲詔命還赴延州與宜辨宗度理屈不復置對遂詔諒祚懲約之秋夏人出兵秦鳳涇原抄熟戶擾邊寨弓箭手殺掠人畜以萬計程戡王素孫長卿諭安諸族首領防誘脅散叛遣文思副使王無忌齎詔問之諒祚遷延弗受已而因賀正使荔茂先獻表歸罪宋邊吏三年遂大舉攻大順城分兵圍柔遠砦燒屈乞村柵段木嶺州兵熟戶蕃官趙明合擊退之遣西京左藏庫副使何次公詰之三月乃獻方物謝罪賜絹五百匹銀五百兩神宗即位乃遣內殿崇班魏璟賜以治平三年冬服銀絹供備庫副使高遵裕告哀并以英宗遺留物賜之秋夏國遣使奉慰及進助山陵冬种諤取綏州因發兵夜掩嵬名山帳脅降之諒祚乃詐為會議誘知保

安軍楊定都巡檢侍其臻等殺之邊吏以聞命韓琦知永興軍經畧西方諒祚錮送殺定者六宅使李崇貴右侍禁韓道善及虜去定子仲通十二月諒祚殂年二十一在位二十年改元延嗣寧國一年天祐垂聖三年福聖承道四年奲都六年拱化五年謚曰昭英皇帝廟號毅宗墓號安陵子秉常立

列傳卷第二百四十四

列傳卷第二百四十五　宋史四百八十六

開府儀同三司上柱國錄軍國重事前中書右丞相監修國史領經筵事都總裁臣脫脫等奉

勅修

外國二

夏國下

秉常，毅宗之長子。母曰恭肅章憲皇后梁氏。治平四年冬，即位，時年七歲，梁太后攝政。熙寧元年三月，遣薛宗道等來告哀。神宗問殺楊定事，宗道言殺人者先已執送之矣。乃賜詔慰之，并諭令上大首領數人姓名，當爵祿之。俟崇貴至，即行冊禮。及崇貴至，云定奉使諒祚，嘗拜稱臣，且許以歸沿邊熟戶，諒祚遺之寶劍、寶鑑及金銀物。初，定之歸，上其劍、鑑而匿其金銀，言諒祚可刺，帝喜，遂擢知保安。既而夏人失綏州，以為定賣己，故殺之。至是事露，帝薄崇貴等罪，而削定官，沒其田宅萬計。二年二月，遣河南監牧使劉航等冊秉常為夏國主。三月，夏人入秦州，陷劉溝堡，殺范愿。既而進誓表，乞班誓詔，及請以安遠、塞門二砦易綏州。初，朝議欲官爵夏之首領，計分其勢。郭逵以為彼必不受詔，且彼既恭順，宜布以大信，不當誘之以利。秉常果不奉詔，遣都

羅重進來言曰：「上方以孝治天下，奈何反教小國之臣叛其君哉？」於是前議遂罷，乃賜誓詔，而綏州待得二砦廼還。夏主受冊而二砦不歸，且欲先得綏州，遣罔萌訛以誓詔來言，及趙卨往交地，萌訛對以朝廷本欲得二砦地界，非所約。卨曰：「若然，塞門二堡墟耳，安用之？」遂罷詔城綏州。八月，表請去漢儀，復用蕃禮，從之。十月，遣使來謝封冊。三年五月，夏人號十萬築鬧訛堡，知慶州李復圭合蕃漢兵纔三千，偪遣偏將李信、劉甫、种詠等出戰。信等訴以衆寡不敵，復圭威以節制，親畫陣圖方略授之，兵進，遂大敗。復圭懼，欲自解，即執信等而取其圖略，命州官李昭用劾以故違節制，詠瘐死獄中，斬信，甫配流。郭貴復出兵邛州堡，夜入欄浪市，掠老幼數百，又襲金湯，而夏人已去，惟殺其老幼一二百人，以功告捷，而邊怨大起矣。八月，夏人遂大舉入環慶，攻大順城、柔遠砦、荔原堡、淮安鎮、東谷西谷二砦、業樂鎮，兵多者號二十萬，少者不下一二萬，屯榆林，距慶州四十里，游騎至城下，九日乃退。鈐轄郭慶、高敏、魏慶宗、秦勃等死之。四年正月，种諤謀取橫山，領兵先城囉兀，進築永樂川、賞逋嶺二砦，分遣都監趙璞、燕達築撫寧故城，及分荒堆

三泉吐渾川開光嶺葭蘆川四砦與河東路修築各
相去四十餘里二月夏人來攻順寧砦復圍撫寧折
繼昌高永能等擁兵駐細浮圖去撫寧咫尺囉兀兵
勢尚完种諤在綏德節制諸軍聞夏人至茫然失措
欲作書召燕達戰怖不能下筆顧轉運判官李南公
涕泗不已於是新築諸堡悉陷將士千餘人皆沒初
朝議以諤新築囉兀城去綏德百餘里偏梁險狹難
於餽餉且城中無井泉遣李評張景憲往視之未至而
撫寧陷遂詔棄囉兀城五月燕達以戍卒輜重歸自
囉兀為夏人邀擊逵多失亡九月夏遣使入貢且以

二砦易綏州乞如舊約詔不允五年正月夏鈐轄結
勝為麟州安將王文郁戰降授供奉官父之謀竄歸
事覺詔聽其去六月夏人還荔原堡逃背熟戶嵬通
等七十八人閏七月遣部將景思立王存以涇原兵
出南路王韶由東谷徑趨武勝未至十餘里逢夏人
戰遂至其城瞎藥棄城夜遁大首領曲撒四王阿南
珂出奔乃城武勝十二月遣使進馬贖大藏經詔賜
之而還其馬八年三月夏人以索蕃漢部盜人畜投
南界者牒鄜延經略司請高太尉赴三岔堡會議牒
稱大安二年乃詔鄜延經略司令牒宥州問安稱年

號且牒非其地分邊臣會議皆違越生事是必夏主
不知請問之夏人進奉山陵後期詔令先至永厚陵
設祭後至闕奉慰帝謂輔臣曰元昊昔僭號遣使上
表稱臣其辭猶遜朝廷不先詰其所以然而遽絕之
縱邊民蕃部討虜故元昊嘗自謂為諸羌所立不得
辭朝廷不得命不得已而變西師亟戰輒敗天下騷
然仁宗悔之當元昊僭書來獨諫官吳育謂難以中
國叛臣處之或可稍易以名號議者皆以為不然卒
困中原而後歲賜封冊為夏國主良可惜哉元豐二
年六月夏人自滿堂川入大會平殺防田人馬兵官

李浦等逼逐出塞九月綏德把截楊永慶聲徼循邊
而掩取蕃部首級詐言斬犯邊人詔毀永慶出身文
字送西京編管四年四月有李將軍清者本秦人說
秉常以河南地歸宋國母知之遂誅清而奪秉常政
鄜延總管种諤乃疏秉常遇弒國內亂宜興師問罪
此千載一時之會帝然之遂遣王中正往鄜延環慶
稱詔募禁兵從者將之詔熙河李憲等以秉常見囚
大舉征夏及詔諭夏國嵬名諸部首領能挺身自歸
及相率共誅國讎當崇其爵賞敢有違拒者誅九族
八月中正及諤言涇原環慶會兵取靈州復討興州

麟府鄜延先會夏州取懷州渡會興州憲總七軍及董氊兵三萬至新市城遇夏人戰敗之王中正出麟州禡辭自言皇帝親征提兵六萬才行數里即奏已入夏境屯白草平九日不進環慶經畧使高遵裕將步騎八萬七千涇原總管劉昌祚將卒五萬出慶州諤將鄜延及畿內兵九萬三千出綏德城九月諤圍米脂夏人來救戰于無定川大破之斬首五千級十月遂克米脂降守將令分訛遇進攻石州中正以河東軍度無定河循水北行地皆沙濕士馬多陷沒遂繼諤趨夏州而民皆潰軍無所得遵裕至清遠軍攻

靈州夏人決黃河灌營復抄絕餉道士卒凍溺死餘兵纔萬三千人遂歸夏人追戰將官俞平死之中正至宥州奈王井糧盡士卒死亡者已二萬乃引軍還諤兵無食會大雪死遂潰入塞者纔三萬人昌祚遇夏人于磨臍隘夏之拒者二三萬人昌祚乃分兵渡葫蘆河奪其隘與統軍國母弟梁大王戰遂大破之憲營于天都山下焚夏之南牟內殿并其館庫追襲其統軍仁多唆丁敗之擒百人遂班師涇原總兵侍禁魯福彭孫護餽餉至鳴沙川與夏人三戰敗績初夏人聞宋大舉梁太后問策于廷諸將少者盡請戰

一老將獨曰不須拒之但堅壁清野縱其深入聚勁兵于靈夏而遣輕騎抄絕其餽運大兵無食可不戰而困也梁后從之宋師卒無功五年正月遼使涿州遺書云夏國來稱宋兵起無名不測事端神宗報以夏國主受宋封爵昨邊臣言秉常見爲母黨囚辱比令移問事端其同惡不報繼又引兵數萬侵犯我邊界義當有征今彼以屢遭敗衄故遣使詭情陳露意在間貳想彼必以悉察夏人聞此遂不至五月沈括請城古烏延城以包橫山使夏人不得絕沙漠遂遣侍中徐禧內侍押班李舜舉往議禧復請于銀夏宥

之界築永樂城永樂依山無水泉獨种諤極言不可禧率諸將竟城之賜名銀川砦禧等還米脂以兵萬人屬曲珍守之永樂接宥州附橫山夏人必爭之地禧等既城去九日夏人來攻珍使報禧乃挾李舜舉來援而夏兵至者號三十萬禧登城西望不見其際宋軍始懼翌日夏兵漸逼禧乃以七萬陣城下坐譙門執黃旗令衆曰視吾旗進止夏人縱鐵騎渡河或曰此號鐵鷂子當其半濟擊之乃可有逞得地則其鋒不可當也禧不聽鐵騎既濟震盪衝突大兵從之禧師敗績將校寇偉李思古高世才夏儼程博古及

使臣十餘輩士卒八百餘人盡沒詔李憲張世矩往援及令括遣人與約退軍當還永樂地夏人進侵及縣門遺歸城者決水砦為道以登夏人因之奔歸于城者三萬人皆沒夏兵圍之者厚數里遊騎掠米脂將士晝夜血戰城中乏水已數日鑿井不得泉渴死者大半括等援兵及餽運皆為夏大兵所隔夏人呼珎來講和呂整景思義相繼而行夏人髡思義囚之而城圍者已浹旬矣夜半夏兵環城急攻城遂陷高永能戰沒禧舜舉運使李稷皆死於亂兵惟曲珍王湛李浦呂整裸跣走免蕃部指揮馬貴獨誓死持刀

殺數十人而沒是役也死者將校數百人士卒役夫二十餘萬夏人乃耀兵米脂城下而還宋自熙寧用兵以來凡得葭蘆吳保義合米脂浮圖塞門六堡而靈州永樂之役官軍熟羌義保死者六十萬人錢粟銀絹以萬數者不可勝計帝臨朝痛悼而夏人亦困弊夏西南都統昴星嵬名濟迺移書劉昌祚曰中國者禮樂之所存恩信之所出動止猷為必適于正若乃聽誣受間肆詐窮兵侵人之土疆殘人之黎庶是乖中國之體為外邦之羞昨者朝廷暴興甲兵大窮侵討蓋天子與邊臣之議為夏國方守先誓宜出不

虞五路進兵一舉可定故去年有靈州之役今秋有永樂之戰然較其勝負與前日之議為何如哉朝廷於夏國非不經營之五路進討之策諸邊肆撓之謀皆嘗用之矣知徼幸之無成故終於樂天事小之道況夏國提封一萬里帶甲數十萬南有于闐作我歡隣北有大燕為我強援若乘間伺便角力競鬬雖十年豈得休哉即念天民無辜受此塗炭之苦國主自見伐之後夙夜思念為自祖宗之世事中國之禮無或虧貢聘不敢怠而邊吏幸功上聰致惑祖宗之盟既阻君臣之分不交存亡之機發不旋踵朝廷豈不

恤哉至於魯國之憂不在顓臾隋室之變生於楊感此皆明公得於胸中不待言而後喻今天下倒垂之望正在英才何不進讜言闢邪議使朝廷與夏國歡好如初生民重見太平豈獨夏國之幸乃天下之幸也昌祚上其書帝諭答之六年二月夏人大舉圍蘭州已奪兩關門鈐轄王文郁集死士七百夜縋城而下持短兵突營遂拔去五月復來圍九日大戰侍禁韋禁死之乃解去閏六月遣使謨箇咩迷乞遇來貢表曰夏國累得西蕃征王子書稱南朝與夏國交戰歲久生靈荼毒欲擬通和緣夏國先曾請所侵疆土不

從以來未使輕許西蕃再遣使散八昌郡丹星等
到國稱南朝語言計會但當遣使賫表自令引赴南
朝切念臣自歷世以來貢奉朝廷無所虧怠至於近
歲尤甚歡和不意憸人誣間朝廷特起大兵侵奪疆
土城砦因茲構怨歲致交兵今乞朝廷示以大義特
還所侵倘垂開納別效忠勤乃賜詔曰頃以權強敢
行廢辱朕用震驚令邊臣往問匿而不報王師徂征
蓋討有罪今遣使造庭辭禮恭順仍聞國政悉復故
常益用嘉納已戒邊吏毋輒出兵亦其守先盟遂
詔陝西河東經略司其新復城砦徼循毋出三二里

夏之歲賜如舊七年正月圍蘭州李憲戰却之六月
攻德順軍巡檢王友戰死九月圍定西城燒龕谷族
帳遂以十月至靜邊鈐轄彭孫敗之殺其首領仁多
唆丁十二月攻清遠隊將白玉李貴死之八年三月
神宗崩賜以遺留物夏人攻葭蘆供奉王英戰死七
月遣使丁拏嵬名謨鐸副使呂則陳聿精等來奠慰
十月遣芭良嵬名濟賴昇聶張聿正進助山陵禮物
夏國主母梁氏薨訃至以朝散郎刑部郎中杜紘充
祭奠使東頭供奉官閤門祗候王有言充弔慰使夏
以主母遺留物來進元祐元年二月始遣使入貢五

月遣鼎利罔豫章來賀哲宗即位六月復遣訛囉聿
來求所侵蘭州米脂等五砦使未至蘇轍兩疏請因
其請地而與之司馬光言此邊鄙安危之機不可不
察靈夏之役本由我起新開數砦皆是彼田今既許
其內附豈宜靳而不與彼必曰新天子即位我卑辭
厚禮以事中國庶幾歸我侵疆今猶不許則是恭順
無益不若以武力取之小則上書悖慢大則攻陷新
城當此之時不得已而與之其為國家之恥無乃甚
於今日乎群臣猶有見小忘大守近遺遠惜此無用
之地使兵連不解為國家之憂願決聖心為兆民計

時異議者衆唯文彥博與光合遂從之秋七月乙丑
秉常殂時年三十六在位二十年改元乾道二年天
賜禮盛國慶五年大安十一年天安禮定一年謚曰
康靖皇帝廟號惠宗墓號獻陵子乾順立　乾順
惠宗之長子也母曰昭簡文穆皇后梁氏生三歲即
位元祐元年十月以父殂遣使呂則罔聿謨等來告
哀詔自元豐四年用兵所得城砦待歸我陷執民當
盡以給還乃遣金部員外郎穆衍充祭奠使供備庫
使張楙充弔慰使夏遣使進馬駝來賀龍興節二年
正月遣樞密院都承旨公事劉奉世為冊禮使崇

儀副使崔象先副之冊乾順為夏國主仍節度西平王三月夏遣大使昳吳嵬名諭密副使廣樂毛示聿等詣太皇太后進馳馬以謝奠慰七月夏人攻鎮戎軍諸堡劉昌祚等禦之而退三年三月攻德靖砦諸將米贇郝普戰死詔劉昌祚以涇原萬人駐德順軍熙河五千人駐通遠軍據秦鳳要害以為犄角夏人遂攻龕谷砦砦兵及東關堡巡檢等戰不利死者幾百人四年二月始遣使謝封冊六月稍歸永樂所獲人遂以葭蘆米脂浮圖安疆四砦與之而畫界未定遣崇儀使董正叟如京使李玩押賜夏國生日禮物

及冬服七月坤成節十二月興龍節皆遣使來賀五年六月夏人來言畫疆界者不依綏州內十里築堡鋪供耕牧外十里立封堠作空地例以辨兩國界詔曰已諭邊臣如約夏之封界當亦體此冬攻蘭州之質孤勝如堡既而遣使來賀正旦六年七月遣使來賀坤成節九月圍麟府三日殺掠不計鄜延都監李儀等盡沒七年屢攻綏德城以重兵壓涇原境留五旬大掠築壘于沒烟峽口以自固游師雄請自蘭州李諾平東抵通遠定西通渭之間建汝遮納迷結珠龍三砦及置護耕七堡以固藩籬穆衍請於質孤勝

如二堡之間城李諾平以控要害議未決秦鳳都監康謂以為夏之所以未臣附而屢肆兵者以我勢分於隄備兵未練而賞罰失當耳若擇銳結伍伺彼之動聚則先擊散則復襲則彼分而我聚以眾擊寡可得志也詔謂諸關而下其事於諸道八年四月復遣使以蘭州一境易塞門二砦詔數其違順不常而却其請紹聖元年二月夏進馬助太皇太后山陵復遣使再議易地詔不允三年九月大入鄜延西自順寧招安砦東自黑水安定中自塞門龍安金明以南二百里間相繼不絕至延州北五里十月忽自長城一

日馳至金明列營環城國主子母親督桴鼓縱騎四掠知麟州有備復還金明而後騎之精銳者留龍安邊將悉兵掩擊不退金明乃破守兵二千八百人惟五人得脫城中糧五萬石草千萬束皆盡將官皇城使張俞死之既還留一書置漢人頸上曰貸汝命為我投於經略使處其言曰夏國昨與朝廷議疆埸惟有小不同方行理究不意朝廷改悔却於坐團鋪處立界本國以恭順之故亦黽勉聽從遂於境內立數堡以護耕而鄜延出兵悉行平蕩又數數入界殺掠國人共憤欲取延州終以恭順止取金明一砦以示

兵鋒亦不失臣子之節也延帥呂惠卿上于樞密院而不以聞初哲宗聞夏人來寇泰然笑曰五十萬衆深入吾境不過十日勝不過一二砦須去已而果破金明引退四年正月涇原都鈐轄王文振率諸將破没煙峽新砦斬獲三千餘級二月夏復以七萬衆攻綏德鄜延將兵戰退之元符元年十二月涇原折可適掩夏西壽統軍嵬名阿埋監軍妹勒都逋獲之彗星見乾順赦國中二年正月國母梁氏薨遼遣使蕭德崇來為夏人議和乃復書謂若果出至誠深悔謝罪當徐度所宜開以自新之路五月夏蘭會正鈐轄筆瓦爃以部落來降授內殿崇班賜銀絹緡錢各三百七月環州种朴徼赤羊川獲賞囉訛乞家屬百五十餘口孳畜五千夏人千餘騎來追戰卻之擒監軍訛勃囉及首領涙丁訛遇詔令赴闕存恤訛乞家屬又遣人持其家信號往招之九月夏人來告國母哀因上表謝過詔夏主省所上表能抗章引慝已諭邊臣我疆彼界毋相侵犯已而夏以二千騎出浮圖岔來戰供奉官陳告差使李戩死之閏九月古遝川部族叛熙河將王愍率兵掩擊翌日夏人馬數萬圍愍等力戰敗之擒其鈐轄嵬名乞遇統制苗履又戰於

青唐峗夏人敗績十二月遂遣令能嵬名濟等進誓表曰臣國久不幸時多遇凶兩經母黨之擅權累為奸臣之竊命頻生邊患增怒上心釁端既深理訴難達幸凶黨伏誅稚躬反正遐馳懇奏陳前咎之所歸乞紹先盟果淵衷之俯納故班詔而申諭獲貢誓以輸誠謹當飭疆吏而永絕爭端戒國人而常遵聖化違約則凶咎再降背盟則基緒非延約束事條恭依處分詔報曰尔以凶黨造謀數干邊吏而能悔過請命祈紹先盟念彼種人均吾赤子措之安靜乃副朕心嘉尔自新俯從厥志尔無爽約朕不食言自今已往歲賜仍舊三年正月哲宗崩徽宗即位九月夏遣使來奠慰及賀即位十月復遣使來賀天寧節建中靖國元年乾順始建國學設弟子員三百立養賢務以廩食之崇寧三年蔡京秉政使熙河王厚招夏國卓羅右廂監軍仁多保忠厚云保忠雖有歸意而下無附者章數上不聽京愈責厚急乃遣弟詣保忠許還為夏之邏者所獲遂追保忠赴牙帳厚以保忠縱不為所殺亦不能復領軍政使得之一匹夫耳何益於事京怒必令金帛招致之夏乃點兵延渭慶三路各數千騎出没聲言假兵于遼矣三年遼以成安公

主嫁乾順四年詔西邊能招致者毋問首從賞同斬級令用京計也陶節夫在延州大加招誘乾順遣使巽請皆拒之又令殺其牧放者夏人遂入鎮戎略數萬口執知廓州高永年而去又攻湟州自是兵連者三年大觀元年始遣人脩貢政和四年冬環州定遠大首領夏人李訛哆以書遺其國統軍梁哆唆曰我居漢二十年每見春廩既虛秋庾未積糧草轉輸例給空券方春未秋士有饑色若捲甲而趨徑擣定遠唾手可取定遠既得則旁十餘城不攻而下矣我儲穀累歲闕地而藏之所在如是大兵之來斗糧無齎

可坐而飽也哆唆遂以萬人來迎轉運使任諒先知其謀募民盡發窖穀哆唆圍定遠失所藏越七日訛哆遂以其部萬餘歸夏乾順築臧底河城遂詔河東節度使童貫為陝西經畧以討之五年春遣熙河經畧劉法將步騎十五萬出湟州秦鳳經畧劉仲武將兵五萬出會州貫以中軍駐蘭州為兩路聲援仲武至清水河築城屯守而還法與夏人右廂軍戰於古骨龍大敗之斬首三千級貫奏凱皆遷秩秋仲武王厚復合涇原鄜延環慶秦鳳之師攻夏臧底河城敗績死者十四五秦鳳第三將全軍萬人皆沒厚懼厚

賂貫而匿之冬夏人以數萬騎畧蕭關而去六年春劉法劉仲武合熙秦之師十萬攻夏仁多泉城三日不克援後期不至城中請降法受其降而屠之獲首三千級种師道以十萬衆復攻臧底河城克之十一月夏人大舉攻涇原靖夏城時久無雪夏兵使數萬騎繞城踐塵漲天兵對不覩乃潛穿壕為地道入城中城遂陷復屠之而去宣和元年童貫復逼劉法使取朔方法不得已引兵二萬出至統安城遇夏國主弟察哥郎君率步騎為三陣以當法前軍而別遣精騎登山出其後大戰移七時前軍楊惟忠敗入中軍

後軍焦安節敗入左軍朱定國力戰自朝及暮兵不食而馬亦渴死多法乘夜遁比明走七十里至盍朱峗守兵見追之墜崖折足為一別瞻軍斬首而去是役死者十萬貫隱其敗而以捷聞察哥見法首惻然語其下曰劉將軍前敗我於古骨龍仁多泉吾常避其鋒謂天生神將豈料今為一小卒梟首哉其失在恃勝輕出不可不戒遂乘勝圍震武劉仲武何瓘等赴之乃解去震武在山峽中熙秦兩路不能餉自築三歲間知軍李明孟清皆為夏人所殺初夏人陷法軍圍震武欲拔之察哥曰勿破此城留作南朝病塊

乃自引去而宣撫司受解圍之賞者數百人實自去之也諸路所築城砦皆不毛夏所不爭之地而關輔爲之蕭條果如察哥之言十月夏遣使來賀天寧節投以誓詔不取貫不能屈但迫館伴强之使持還及邊遂棄之而去貫炎得而上之貫始大沮欽宗即位遣使來賀正旦先是金人滅遼黏罕遣撒拇使夏國許割天德雲内金肅河清四軍及武州等八館之地約攻麟州以牽河東之勢靖康元年三月夏人遂由金肅河清渡河取天德雲内武州河東八館之地四月陷震威城兵馬監押朱昭死之繼而金貴人兀室

以數萬騎陽爲出獵掩至天德逼逐夏人悉奪有其地夏人請和金人執其使歲丁未乾德改元正德時建炎元年也是歲九月金帥兀朮留雲中遣保靜軍節度使楊天吉約侵宋乾順許之十月通問使傅雱見金左監軍希尹于雲中希尹以國書授雱爲夏國請熙寧以來侵地蓋彼既奪其地乃責償于宋以報之二年正月以主客員外郎謝亮爲陝西撫諭使兼宣諭使從事郎何洋爲太學博士持詔書賜乾順亮西入關鄜延經畧使王庶遺亮書曰大夫出疆有可以安社稷利國家者專之可也夏國爲患小而緩

金人爲患大而急方其挫銳熙河奔北鄜延秋稼未登兵士困餓閤下苟能仗節督諸路協同義舉雖未足盡雪舊恥亦可驅逐渡河全秦奠枕徐圖恢復矣亮不能用遂由環慶入西夏慶曆後夏國主嘗以賓禮見使者亮至乾順乃倨然見之留居幾月始與約和罷兵亮歸而夏之兵已躡其後襲取定邊軍明年亮還行在二月金帥婁宿連陷長安鳳翔隴右大震夏人諜知關陝無備遂檄延安府言大金割鄜延以隸本國須當理索敢違拒者發兵誅討之帥臣王庶檄報曰金人初犯本朝嘗以金肅河清畀尔今誰與

守國家以奸臣貪得不恤鄰好遂至于此貪利之臣何國無之豈意夏國躬蹈覆轍比聞金人欲自涇原徑擣興靈方切寒心不圖尚欲乘人之急幕府雖士卒單寡然類皆節制之師左支右吾尚堪一戰果能辦此何用多言因遣諜間其用事臣李遇夏人竟不出是歲開封尹宗澤奏疏請北伐且言乞遣辯士西說夏國東說高麗俾出助兵三年知樞密院事張浚使川陝謀北伐欲通夏國爲援奏請國書詔從之七月浚西行復以主客員外郎謝亮假太常卿權宣府處置司參議官再使夏國四年正月浚遣亮往迄不

得其要領而還十月環慶路統制慕洧叛降于夏國紹興元年二月同州觀察副使劉惟輔棄德順軍輸款于夏夏人拒不受八月詔以夏本敵國毋復班曆日十一月川陝宣撫副使吳玠始遣人通夏國書二年九月呂頤浩言聞金夏交惡夏國屢遣人來吳玠關師古軍中宜令張浚通問以譚其情是歲餘覩謀結燕雲之人圖女直黏罕覺欲誅之餘覩父子遁入夏國夏人以其兵少不納四年十二月吳玠奏夏國數通書有不忘本朝意五年乾順改元大德七年正月吳璘奏西蕃三十八族首領趙繼忠來歸用可拒

西夏右臂十月僞齊知同州李世輔謀執金帥撒里曷歸宋不克遂奔夏世輔父母親族在延安者金人殺之無遺類九年夏人陷府州靈芝生於後堂高守忠家乾順作靈芝歌俾中書相王仁宗和之乾順以世輔為靜難軍承宣使鄜延岐雍等路經畧安撫使世輔請兵將報延安之役夏主俾先討別種酋豪號青面夜义者世輔擒之以獻乾順乃為出兵遣文臣王樞武臣䜶訛等隨之世輔軍至延安撒里曷走糴州世輔購得害其父母者殺之東城聞金人降赦歸宋河南地乃說王樞等降宋䜶訛不從世輔抽刀斫之不中遂縛樞命王晞韓護送行在五月丙午世輔以其衆三千人歸宋授世輔護國承宣使樞密行府前軍都統制賜名顯忠六月四日乾順殂年五十七在位五十四年改元天儀治平四年天祐民安八年永安三年貞觀十三年雍寧五年元德八年正德八年大德五年謚曰聖文皇帝廟號崇宗墓號顯陵子仁孝嗣

仁孝崇宗長子也紹興九年六月崇宗殂卽位時年十六十月詔還王樞及夏國之俘百九十人十一月仁孝尊其母曹氏為國母十二月納后罔氏十年夏改元大慶三月詔胡世將與夏人議入貢

夏人不報十一年六月夏樞密使慕洧弟慕濬謀反伏誅仁孝上尊號曰制義去邪十一年九月夏國饑十三年三月地震逾月不止地裂泉湧出黑沙歲大饑乃立井里以分振之十三年夏改元人慶始建學校于國中立小學于禁中親為訓導十四年彗星見坤宮五十餘日而滅占其分在夏國十五年八月夏重大漢太學親釋奠弟子員賜予有差十六年尊孔子為文宣帝十七年改元天盛策舉人始立唱名法十八年復建內學選名儒主之增脩律成賜名鼎新二十八年始立通濟監鑄錢二十九年歸宋官李宗

閏上書言夏國副使屈移嘗兩使南朝以爲衣冠禮
樂非他國比怨金人叛盟奪其所與地此其情可見
壬子歲黏罕嘗聚兵雲中以窺蜀夏人謂將圖己舉
國屯境上以待其至今誠遣辯士往說之夏國必不
難出兵庶足爲吾聲援以圖恢復書奏不報三十年
夏封其相任得敬爲楚王三十一年立翰林學士院
以焦景顏王僉等爲學士俾脩實録金主亮犯四川
宣撫使吳璘檄西夏俾合兵討之三十二年夏國移
置中書樞密於內門外大業奢侈始封制蕃字師野
利仁榮爲廣惠王夏人聞金人南侵以騎兵二千至

蔡園川及馬家巉禿頭嶺將分道入攻宣撫使吳璘
命鎮戎軍守將秦弼說諭之金兵敗夏人乃還乾道
三年五月夏國相任得敬遣間使至四川宣撫司約
共攻西蕃虞允文報以蠟書七月得敬間使再至宣
撫司夏人獲其帛書傳至金人四年夏改元乾祐得
敬以謀篡伏誅淳熙十二年二月諜報故遼國大石
牙林假道于夏以伐金密詔利西都統制吳挺與制
置使留正議之十三年四月復詔挺結夏國當時論
議可否及夏人從違史皆失書紹熙四年九月二十
日仁孝殂年七十在位五十五年改元大慶四年人

慶五年天盛二十一年乾祐二十四年謚曰聖德皇
帝廟號仁宗陵號壽陵子純佑嗣　純佑仁宗長
子也母曰章獻欽慈皇后羅氏仁宗殂即位時年十
七明年改元天慶開禧二年正月二十日廢遂殂年
三十在位十四年謚曰昭簡皇帝廟號桓宗陵號莊
陵鎮夷郡王安全立安全崇宗之孫越王仁友之子
開禧二年正月廢其主純佑自立明年改元應天嘉
定四年八月五日安全殂年四十二在位六年改元
應天四年皇建二年謚曰敬穆皇帝廟號襄宗陵號
康陵有子曰承禎齊國忠武王彥宗之子大都督府

主遵頊立　遵頊始以宗室策試進士及第爲大
都督府主嘉定四年七月三日立時年四十九改元
光定金衛紹王崇慶元年三月遣使册爲夏國王七
年夏左樞密使萬慶義勇遣二僧齎蠟書來西邊欲
與共圖金人復侵地制置使黃誼不報其後金人南
遷議從都長安遣元帥赤盞以重兵宿鞏州夏主畏
其侵迫乃遣樞密使都招討寧子寧忠翼赴蜀聞議
夾攻秦鞏聶子述俾利西安撫丁焴答書飭將吏嚴
兵以待時嘉定十二年三月也子述尋罷去焴持議
不可輕動師不可出十二月寧子寧遣使復申前說

且責我以失期時安丙再開宣閫許之命利州副都統制程信任其責十三年八月寗子寧以師期来告丙遂決意出師以奏劄聞諸朝不待報可命将大舉卒無功夏人寗子寧寬名公輔亦率其衆歸國十四年正月丙回利州十六年遵頊自號上皇傳位於其子德旺寶慶二年春遵頊殂年六十四改元光定十三年謚曰英文皇帝廟號神宗丙戌七月德旺殂年四十六改元乾定四年廟號獻宗清平郡王之子南平王睍立二年丁亥秋為大元所取國遂亡

夏之境土方二萬餘里其設官之制多與宋同朝賀之儀雜用唐宋而樂之器與曲則唐也河之內外州郡凡二十有二河南之州九曰靈曰洪曰宥曰銀曰夏曰石曰鹽曰南威曰會河西之州九曰興曰定曰懷曰永曰涼曰甘曰肅曰瓜曰沙熙秦河外之州四曰西寧曰樂曰廓曰積石其地饒五穀尤宜稻麥甘涼之間則以諸河為溉興靈則有古渠曰唐來曰漢源皆支引黃河故灌溉之利歲無旱澇之虞其民一家號一帳男年登十五為丁率二丁取正軍一人每負贍一人為一抄負贍者隨軍雜役也四丁為兩抄餘號空丁願隸正軍者得射他丁為負贍無則許射

正軍之疲弱者為之故壯者皆習戰鬭而得正軍為多凡正軍給長生馬駝各一團練使以上帳一弓一箭五百馬一槖駝五旗鼓槍劍棍棓粆袋披氈渾脫背索鍬钁斤斧箭牌鐵爪籬各一刺史以下無帳無旗鼓人各槖駝一箭三百幕梁一兵三人同一幕梁幕梁織毛為幕而以木架有砲手二百人號潑喜陡立旋風砲於槖駝鞍縱石如拳得漢人勇者為前軍號撞令郎若脆怯無他伎者遷河外耕作或以守肅州有左右廂十二監軍司曰左廂神勇曰石州祥祐曰宥州嘉寧曰韋州靜塞曰西壽保泰曰卓囉和南曰右廂朝順曰甘州甘肅曰瓜州西平曰黑水鎮燕曰白馬強鎮曰黑山威福諸軍兵總計五十餘萬別有擒生十萬興靈之兵精練者又二萬五千別副以兵七萬為資贍號御圍內六班分三番以宿衛每有事於西則自東點集而西於東則自西點集而東中路則東西皆集用兵多立虛砦設伏兵包敵以鐵騎為前軍乘善馬重甲刺斫不入用鉤索絞聯雖死馬上不墜遇戰則先出鐵騎突陣陣亂則衝擊之步兵挾騎以進戰則大將居後或據高險其人能寒暑饑渴出戰率用隻日避晦日齎糧不過一旬弓皮弦矢

沙柳䓷惡雨雪晝舉煙揚塵夜篝火以爲候不恥奔遁敗三日輒復至其處捉人馬射之號曰殺鬼招魂或縛草人埋於地衆射而還篤信機鬼尚詛祝每出兵則先卜卜有四一以艾灼羊脾骨以求兆名炙勃焦二擗竹于地若揲蓍以求數謂之擗筭三夜以羊焚香祝之又焚穀火布靜處晨屠羊視其腸胃通則兵無阻心有血則不利四以矢擊弓弦審其聲知敵至之期與兵交之勝負及六畜之災祥五穀之凶稔俗皆土屋惟有命者得以瓦覆之

論曰拓跋氏考諸前史可見也自赤辭納欵於貞觀立功於天寶思恭以宥州著節於咸通夏雖未稱國而王其土久矣子孫歷王五代宋興太祖即西平王加彝興太尉德明在祥符間已追帝其父於國中逮元昊始顯稱帝厥後因之與金同亡槩其歷世二百五十八年雖嘗受封冊于宋宋亦稱有歲幣之賜誓詔之荅要皆出於一時之言其心未嘗有臣順之實也元昊結髮用兵凡二十年無能折其強者乾順建國學設弟子員三百立養賢務仁孝增至三千尊孔子爲帝設科取士又置宮學自爲訓導觀其陳經立紀傳曰不有君子其能國乎今史所載追尊謚號廟號陵名兼採夏國樞要等書其與舊史有所牴牾則闕疑以俟知者焉

列傳卷第二百四十五

列傳卷第二百四十六　宋史四百八十七

開府儀同三司上柱國錄軍國重事前中書右丞相監修國史領經筵事都總裁臣脫脫等奉敕修

外國三

高麗

高麗本曰高句驪禹別九州屬冀州之地周爲箕子之國漢之玄菟郡也在遼東蓋扶餘之別種以平壤城爲國邑漢魏以來常通職貢亦屢爲邊寇隋煬帝再舉兵唐太宗親駕伐之皆不克高宗命李勣征之遂拔其城分其地爲郡縣唐末中原多事遂自立君

長後唐同光天成中其主高氏累奉職貢長興中權知國事王建承高氏之位遣使朝貢以建爲玄菟州都督充大義軍使封高麗國王晉天福中復來朝貢開運二年建死子武襲位漢乾祐末武死子昭權知國事周廣順元年遣使朝貢以昭爲特進檢校太保使持節玄菟州都督大義軍使高麗國王顯德二年又遣使來貢加開府儀同三司檢校太尉又加太師建隆三年十月昭遣其廣評侍郎李興祐副使李勵希判官李彬等來朝貢四年春降制曰古先哲后奄宅中區曾不同文軌於萬方覃聲教於四海顧予涼德猥被鴻名爰致賓王宜優錫命開府儀同三司檢校太師玄菟州都督充大義軍使高麗國王昭日邊鍾粹遼左推雄習箕子之餘風撫朱蒙之舊俗而能占雲候海奉贄充庭言念傾輸實深嘉尚是用賜之懿號疇以公田載推柔遠之恩式奬拱辰之志於戲來朝萬里美愛戴之有孚柔撫四封庶混并之無外永保東裔聿承天休可加食邑七千戶仍賜推誠順化保義功臣其年九月遣使時贊等來貢涉海值大風船破溺死者七十餘人贊僅免詔加勞恤開寶五年遣使以方物來獻制加食邑賜推誠順化守節

保義功臣進奉使內議侍郎徐熈加檢校兵部尚書副使內奉卿崔鄴加檢校司農卿並兼御史大夫判官廣評侍郎康禮試少府少監錄事廣評員外郎劉隱加檢校尚書金部郎中皆厚禮遣之昭卒其子伷權領國事九年伷遣使趙遵禮奉土貢以父沒當承襲來聽朝旨授伷檢校太保玄菟州都督大義軍使封高麗國王太宗即位加檢校太傅改大義軍爲大順軍遣左司禦副率于延超司農寺丞徐昭文使其國伷遣國人金行成入就學於國子監太平興國二年遣其子元輔以良馬方物兵器來貢其年行成擢

進士第三年又遣使貢方物兵器加伷檢校太師以太子中允直舍人院張洎著作郎直史館句中正爲使四年復遣供奉官閤門祗候王僎使其國五年六月再遣使貢方物六年又遣使來貢七年伷卒其弟治知國事遣使金全奉金銀線罽錦袍褥金銀飾刀劍弓矢名馬香藥來貢且求襲位授治檢校太保玄菟州都督充大順軍使封高麗國王以監察御史李巨源禮記博士孔維奉使雍煕元年遣使韓遂齡以方物來貢二年加治檢校太傅遣翰林侍書王著侍讀呂文仲充使三年出師北伐以其國接契丹境常

爲所侵遣監察御史韓國華賫詔諭之曰朕誕膺丕構奄宅萬方華夏蠻貊罔不率俾蠢茲北裔侵敗王略幽薊之地中朝土疆晉漢多虞寅緣盜據今國家照臨所及書軌大同豈使齊民陷諸獷俗今已董齊師旅殄滅妖氛惟王久慕華風素懷明略效忠純之節撫禮義之邦而接彼邊疆罹於蠆毒舒泄積憤其在茲乎可申戒師徒迭相掎角協比鄰國同力盪平奮其一鼓之雄戡此垂亡之寇良時不再王其圖之應俘獲生口牛羊財物器械並給賜本國將士用申賞勸先是契丹伐女真國路由高麗之界女真意高

麗誘導構禍因貢馬來愬于朝且言高麗與契丹結好倚爲勢援剽略其民不復放還洎高麗使韓遂齡入貢太宗因出女真所上告急木契以示遂齡仍令歸白本國還其所俘之民治聞之憂懼及國華至令人言於國華曰前歲冬末女真馳木契來告稱契丹興兵入其封境恐當道未知宜豫爲之備當道與女真雖爲鄰國而路途遐遠彼之情僞素知之矣貪而多詐未之信也其後又遣人告曰契丹兵騎已濟梅河當道猶疑不實未暇營救俄而契丹雲集大擊女真殺獲甚衆餘族敗散逃遁而契丹壓背追捕及于

當道西北德昌德成威化光化之境俘擒而去時有契丹一騎至德米河北大呼關城戍卒而告曰我契丹之騎也女真寇我邊鄙率以爲常今則復仇已畢整兵回矣當道雖聞師退猶憂不測乃以女真避兵來奔二千餘衆資給而歸之女真又勸當道控梅河津要築治城壘以爲防遏之備亦以爲然方令行視興功不意女真潛師奄至殺略吏民驅掠丁壯沒爲奴隸轉徙他方以其歲貢中朝不敢發兵報怨豈期反相誣構以惑聖聽當道世稟正朔踐修職貢敢有二心交通外國況契丹介居遼海之外復有大梅小

搤二河之阻女真渤海本無定居從何徑路以通往復橫罹讒謗憤氣填膺日月至明諒垂昭鑒間者女真逃難之衆罔不存恤亦有授以官秩尚在當國其職位高者有勿屈尼于鄣元尹能達鄣老正衛迦耶夫等十數人欲望召赴京闕與當道入貢之使庭辯其事則丹石之誠庶幾昭雪國華諸之乃命發兵西會治遷延未即奉詔國華屢督之得報發兵而還具錄女真之事以奏焉十月遣使朝貢又遣本國學生崔罕王彬詣國子監肄業端拱元年加治檢校太尉以考功員外郎兼侍御史知雜呂端起居舍人呂祐

之爲使二年遣使來貢詔其使選官侍郎韓蘭卿副使兵官郎中魏德柔並授金紫光祿大夫判官少府丞李光授檢校水部員外郎先是治遣僧如可齎表來覲請大藏經至是賜之仍賜如可紫衣令同歸本國淳化元年三月詔加治食邑千戶遣戶部郎中柴成務兵部員外郎直史館趙化成往使其國俗信陰陽鬼神之事頗多拘忌每朝廷使至必擇良月吉辰方具禮受詔成務在館踰月乃遺書於治曰王奕葉藩輔尊獎王室凡行大慶者被徽章今國家特馳信使以申殊寵非止歷川塗之綿邈亦復蹈溟海之艱危皇朝睠遇斯亦隆矣而乃牽於禁忌泥於卜數眩惑日者之浮說稽緩天子之命書惟典冊之舊文非卜祝之能曉是以書称上日不推六甲之元辰禮載仲冬但取一陽之嘉會粲然古訓足以明稽所宜改圖速拜君賜儻鳳綍無滯克彰拱極之誠則龍節有輝免貽辱命之責謹以誠告王其聽之治覽書慚懼遣人致謝焉會霖雨不止仍以俟霽爲請成務復遺書以責之治翌日乃出拜命二年遣使韓彥恭來貢彥恭表述治意求印佛經詔以藏經并御製祕藏詮逍遥詠蓮華心輪賜之四年正月治遣使白思柔貢

方物并謝賜經及御製二月遣祕書丞直史館陳靖祕書丞劉式爲使加治檢校太師仍降詔存問軍吏耆老靖等自東牟趣八角海口得思柔所乘海船及高麗水工即登舟自芝岡島順風泛大海再宿抵甕津口登陸行百六十里抵高麗之境曰海州又百里至閻州又四十里至白州又四十里至其國治迎使于郊盡藩臣禮延留靖等七十餘日而還遺以襲衣金帶金銀器數百兩布三萬餘端附表稱謝先是三年上親試諸道貢舉人詔賜高麗賓貢進士王彬崔罕等及第既授以官遣還本國至是靖等使回治上

表謝曰學生王彬崔罕等入朝習業蒙恩並賜及第授將仕郎守秘書省校書郎仍放歸本國竊以當道荐修貢奉多歷歲年盖以上國天高遐荒海隔不獲躬趍金闕面叩玉堦唯深拱極之誠莫展來庭之禮彬罕等幼從匏繫嗟混迹於嵎夷不憚遂飄早賓王於天邑緼袍短褐玉粒桂薪堪憂食貧若爲卒歲皇帝陛下天慈照毓海量優容豐其餼穀之資勗以藝文之業去歲高懸軒鑑大選髦儒彬罕接武澤宮敢萌心於中鵠濫巾英域空有志於羨魚陛下以其萬里辭家十年觀國俾登名於桂籍仍命秩於芸臺憫

其懷土之心慰以倚門之望別垂宸旨令歸故鄉玄造曲成鴻恩莫報臣不勝感天戴聖之至又有張仁銓者進奉使白思柔之孔目吏也上書獻便宜思柔意其持國陰事以告仁銓懼不敢歸上命靖等領以還國仍詔治釋仁銓罪治又上表謝曰官告國信使陳靖劉式至奉傳聖旨以當道進奉使從行孔目官張仁銓至闕輒進便宜翻懷憂懼今附使臣帶歸本國者仁銓嵎宅細民海門賤吏獲趍上國敢肓愚誠罔思狂瞽之尤輒奏權宜之事妄塵旒冕上黷朝廷今者仰奉綸言釋其罪咎小人趍利豈虞僭越之求

聖主寬恩遠降哀矜之命其張仁銓者已依詔旨放罪令掌事如故又上言願賜板本九經書用敦儒教許之先是式等復命治遣使元證衍送之證衍至安香浦口值風損船溺所賞物詔登州給證衍文據遣還仍賜治衣段二百疋銀器二百兩羊五十口五年六月遣使元郁來乞師愬以契丹寇境朝廷以北鄙甫寧不可輕動干戈爲國生事但賜詔慰撫厚禮其使遣還自是受制于契丹朝貢中絶治卒弟誦立嘗遣兵校徐遠來候朝廷德音遠久不至咸平三年其臣吏部侍郎趙之遴命牙將朱仁紹至登州偵之州

將以聞上特召見仁紹因自陳國人思慕皇化爲契丹羈制之狀乃賜誦鈿函詔一道令仁紹賫還六年誦遣使戶部郎中李宣古來朝謝恩且言晉割燕薊以屬契丹遂有路趣玄菟屢來攻伐求取不已乞王師屯境上爲之牽制詔書優荅之誦卒弟詢權知國事先是契丹既襲高麗遂築六城曰興州曰鐵州曰通州曰龍州曰龜州曰郭州于境上契丹以爲貳己遣使來求六城詢不許遂舉兵奄至城下焚蕩宮室剽劫居人詢徙居昇羅州以避之兵退乃遣使請和契丹堅以六城爲辭自是調兵守六城大中祥符三

年大舉來伐詢與女真設奇邀擊殺契丹殆盡詢又于鴨緑江東築城與來遠城相望跨江爲橋潛兵以固新城七年方遣告奏使御事工部侍郎尹證古以金線織成龍鳳鞍并綉龍鳳鞍幞各二幅細馬二疋散馬二十疋來貢證古還賜詢詔書七通并衣帶銀綵鞍勒馬等八年詔登州置館於海次以待使者其年又遣御事民官侍郎郭元來貢元自言本國城無垣墻府曰開城管六縣民不下三五千有州軍百餘置十路轉運司統之每州管縣五六小者亦三四每縣戶三四百國境南北千五百里東西二千里軍民雜處隸軍者不黥面方午爲市不用錢第以布米貿易地宜秔稻風俗頗類中國無羊兔橐駞水牛驢氣候少寒暑差多有僧無道士民家器皿悉銅爲之樂有二品曰唐樂曰鄉樂三歲一試舉人有進士諸科筭學每試百餘人登第者不過一二十每正月一日五月五日祭祖禰廟又正月七日家爲王母像戴之二月望僧俗燃燈如中國上元節上巳日以青艾染餅爲盤羞之冠端午有鞦韆之戲士女服尚素地産龍鬚蓆藤蓆白硾紙鼠狼尾筆元辭貌恭恪每受宴賜必自爲謝表粗有文采朝廷待之亦厚九年辭還

賜詢詔書七函襲衣金帶器幣鞍馬及經史曆日聖惠方等元又請録國朝登科記及所賜御詩以歸從之天禧元年遣御事刑官侍郎徐訥奉表獻方物于崇政殿又賀封建壽春郡王三年九月登州言高麗進奉使禮賓卿崔元信至秦王水口遭風覆舟漂失貢物詔遣内臣撫之十一月元信等入見貢罽錦衣褥烏漆甲金飾長刀匕首罽錦鞍馬紵布藥物等又進中布二千端求佛經一藏詔賜經還布以元信覆溺匱乏别賜衣服繒綵焉明州登州屢言高麗海船有風漂至境上者詔令存問給度海粮遣還仍爲著例五年詢遣告奏使御事禮部侍郎韓祚等一百七十九人來謝恩且言與契丹修好又表乞陰陽地理書聖惠方並賜之金行成者累官至殿中丞治表乞放還行成自以筮仕朝廷不願歸本國又以父母垂老在海外旦暮思念恨禄不及令工圖其像置正寢與妻史氏居旁室晨夕定省上食未嘗少懈淳化初通判安州被病知州李範與僚佐數人省之行成病已篤泣且言曰行成外國人爲朝官佐郡政病且死未有以報主恩雖瞑目固有遺恨二子宗敏宗訥皆幼家素貧無他親可依旦暮委溝壑矣未幾行成死

其妻養二子誓不嫁織穫以給範表其事詔以宗敏
補太廟齋郎令安州月給其家錢叄緡米五斛長吏
歲時存問又高麗信州永寧人康戩字休祐父允三
世爲兵部侍郎戩少好學時紇升與契丹交兵戩從
允戰木葉山下連中二矢神色不變後陷契丹遁居
墨斗嶺又至黃龍府間道得歸高麗時允猶在開寶
中允遣戩隨賓貢肄業國學太平興國五年登進士
第解褐大理評事知湘鄉縣再遷著作佐郎知江陰
軍江州歷官以清白幹力聞改太常博士蘇易簡在
翰林稱其吏才命爲廣南西路轉運副使賜緋魚就

遷正使再轉度支員外郎戶部判官出知峽越二州
連被詔褒其能政又爲京西轉運使加工部郎中賜
金紫戩所至好行事上章多建白以竭誠自任景德
三年卒真宗特以其子希齡爲太常寺奉禮郎給奉
終喪乾興元年二月祚等辭歸國賜詔如故事會真
宗晏駕又賚遺物以賜詢天聖八年詢復遣御事民
官侍郎元穎等二百九十三人奉表入見於長春殿
貢金器銀罽刀劍鞍勒馬香油人參細布銅器磂黃
青鼠皮等物明年二月辭歸賜予有差遣使護送至
登州其後絕不通中國者四十三年詢孫徽嗣立是

爲文王熈寧二年其國禮賓省移牒福建轉運使羅
拯云本朝商人黃真洪萬來稱運使奉密旨令招接
通好奉國王旨意形于部述當國僻居暘谷邈戀天
朝頃從祖禰以來素願梯航相繼蕞爾平壤邇于大
遼附之則爲睦鄰疏之則爲勍敵慮邊騷之弗息蓄
陸讋以靡遑久困羈縻難圖攜貳故違述職致有積
年屢卜雲祥雖美聖辰於中國空知日遠如迷舊路
於長安運屬垂鴻禮稽展慶大朝化覃無外度豁包
荒山不謝乎纖埃海不辭於支派謹當遵尋通道遄
赴豪街但兹千里之傳聞恐匪重霄之紆眷今以公

狀附真萬西還俟得報音即備禮朝貢徽又自言嘗
夢至中華作詩紀其事三年拯以聞朝廷議者亦謂
可結之以謀契丹神宗許焉命拯諭以供擬腆厚之
意徽遂遣民官侍郎金悌等百十人來詔待之如夏
國使往時高麗人往反皆自登州七年遣其臣金良
鑑來言欲遠契丹乞改塗由明州詣闕從之郡縣供
頓無舊準頗擾民詔立式頒下費悉官給又以其不
通華言恐規利者私與交關令所至禁止徽問遺二
府甚厚詔以付市易務售縑帛荅之又表求醫藥畫
塑之工以教國人詔羅拯募願行者九年復遣崔思

訓來命中貴人倣都亭西驛例治館待之寖厚其使來者亦益多嘗獻伶官十餘輩曰夷樂無足觀止欲潤色國史爾帝以其國尚文每賜書詔必選詞臣著撰而擇其善者元豐元年始遣安燾左諫議大夫陳睦假起居舍人往聘造兩艦於明州一曰凌虛安濟致遠次曰靈飛順濟皆名爲神舟自定海絶洋而東既至國人歡呼出迎徽具袍笏玉帶拜受詔與燾睦尤禮館之別宮標曰順天館言尊順中國如天云徽已病僅能拜命且乞醫藥二年遣王舜封挾醫往診治徽又使柳洪來謝海中遇風失所貢物洪上章自

劾敕書安慰尋獻日本所造車曰諸侯不貢車服故不敢與土貢同前此貢物至輒下有司估直償以萬縑至是命勿復估以萬縑爲定數六年徽卒在位三十八年治尚仁恕爲東夷良主然猶循其俗王女不下嫁臣庶必歸之兄弟宗族貴臣亦然次子運諫以爲既通上國宜以禮革故習徽怒斥之于外訃聞天子閔焉詔明州修浮屠供一月遣楊景略王舜封祭奠錢勰宋球弔慰景略辟李之儀書狀帝以之儀文稱不著宜得問學博洽器宇整秀者召赴中書試以文乃遣又以遠服不責其備諭使者以相見之所殿

名鴟吻皆聽勿避徽子順王勳嗣百日卒弟宣王運仁賢好文內行飭備每賈客市書至則絜服焚香對之八年遣其弟僧統來朝求問佛法并獻經像哲宗立遣使金上琦奉慰林暨致賀請市刑法之書太平御覽開寶通禮文苑英華詔惟賜文苑英華一書以名馬錦綺金帛報其禮運立四年卒子懷王堯嗣未閱歲以病不能爲國國人請其叔父雞林公熙衞攝政未幾堯卒熙乃立凡數歲使不至元祐四年其王子義天使僧壽介至杭州祭亡僧言國母使持二金塔爲兩宮壽知州蘇軾奏却之語在軾傳熙後避遼

主諱改名顒顒性貪吝好奪商賈利富室犯法輒久繫責贖雖微罪亦輸銀數斤五年復通使賜銀器五千兩七年遣黃宗慤來獻黃帝鍼經請市書甚衆禮部尚書蘇軾言高麗入貢無絲髪利而有五害今請諸書與收買金箔皆宜勿許詔許買金箔然卒市冊府元龜以歸元符中遣士賔貢徽宗立遣任懿王嘏來弔賀崇寧二年詔戶部侍郎劉逵給事中吳拭往使顒卒子俁嗣貢使接踵且令士子金瑞等五人入太學朝廷爲置博士政和中升其使爲國信禮在夏國上與遼人皆隸樞密院改引伴押伴官爲接送館

伴賜以大晟燕樂籩豆簠簋尊罍等器至宴使者于睿謨殿中宣和四年俁卒初高麗俗兄終弟及至是諸弟爭立其相李資深立俁子楷來告哀詔給事中路允迪中書舍人傅墨卿奠慰俁之在位也求醫於朝詔使二醫往留二年而歸楷語之曰聞朝廷將用兵伐遼遼兄弟之國存之足爲邊扞女真狼虎耳不可交也業已然願二醫歸報天子宜早爲備歸奏其言已無及矣欽宗立賀使至明州御史胡舜陟言高麗靡敝國家五十年政和以來人使歲至淮浙之間苦之彼昔臣事契丹今必事金國安知不窺我虛實

宋史四百八十七　四百二十字　宋史列傳卷二百四十六　十五　黃安寫　孔光同刊

以報宜止勿使來乃詔留館於明而納其贄幣明年始歸國自王微以降雖通使不絕然受契丹封冊奉其正朔上朝廷及他文書蓋有稱甲子者歲貢契丹至於六而誅求不已常云高麗乃我奴耳南朝何以厚待之使至其國尤倨暴館伴及公卿小失意輒行捽辱聞我使至必假他事來覘分取賜物嘗詰其西向修貢事高麗表謝其略曰中國三甲子方得一朝大邦一周天每修六貢契丹悟乃得免高宗即位慮金人通於高麗命迪功郎胡蠡假宗正少卿爲高麗國使以間之蠡之回史失書二年浙東路馬步軍都

總管楊應誠上言由高麗至女真路甚徑請身使三韓結鷄林以圖迎二聖乃以應誠假刑部尚書充高麗國信使浙東帥臣翟汝文奏言應誠欺罔爲身謀耳若高麗辭以金人亦請問津以窺吳越其將何辭以對萬一辱命取笑遠夷願毋遣應誠聞之遂與副使韓衍書狀官孟健由杭州浮海以行六月抵高麗諭其王楷以所欲爲楷曰大朝自有山東路盍不由登州往應誠曰以貴國路徑耳楷有難色已而命其門下侍郎傅佾至館中果對如翟汝文言應誠曰女真不善水戰佾曰彼常於海道往來況女真舊臣本

宋史四百八十七　四百十字　宋史列傳卷二百四十六　十六　黃安寫　孔光同刊

國今反臣事之其强弱可見矣居數月復遣其中書侍郎崔洪宰知樞密院金富軾持前議不變謂二聖今在燕雲大朝雖盡納土未必可得何不練兵與戰終不奉詔應誠留兩月餘不得已見楷於壽昌門受其拜表而還十月至闕入對言狀上以楷負國恩怒甚尚書右丞朱勝非曰彼鄰金人與中國隔海利害甚明曩時待之過厚今安能責其報也右僕射黃潛善曰以巨艦載精兵數萬徑擣其國彼寧不懼勝非曰越海興師燕山之事可爲近鑒上怒解十一月楷遣其臣尹彥頤奉表謝罪詔以二聖未歸燕設不宜

用樂乃設幕殿門外命客省官吳得興伴賜酒食命中書舍人張澂押伴如禮遣還三年八月上謂輔臣曰聞上皇遣内臣宮女各二人隨高麗貢使來朕聞之悲喜交集呂頤浩曰此必金人之意不然高麗必不敢安知非窺我虛實以報於是詔止之略曰王緬守基圖夙同文軌乃附來脩之信嗣修貢篚之恭惟忠順之無他質神明而靡愧屬闡聞聽良用歎嘉言念晚年實爲多故舉中原之生聚遭强敵之震驚旣涉境以寀深猶稱兵而未已玆移仗衞暫駐江湖如行使之果來恐有司之不戒俟休邊境當問聘期壞

晉館以納車庶無後悔閉漢關而謝質非用前規想彼素懷知吾誠意紹興元年十月高麗將入貢禮部侍郎柳約言四明殘破之餘荒蕪單弱恐起戎心宜屯重兵以俟其至十一月詔柳約奉使高麗不果行二年閏四月楷遣其禮部員外郎崔惟清閤門祗候沈起入貢金百兩銀千兩綾羅二百疋人參五百斤惟清所獻亦三之一上御後殿引見賜惟清起金帶二答以温詔遣還是月定海縣言民亡入高麗者約八十人願奉表還國詔候到日高麗綱首卓榮等量與推恩十二月聞高麗遣知樞密院事洪彝叙等六

十五人來貢議以臨安府學館其使言者謂雖在兵間不可無學恐爲所窺詔以洪惠寺爲同文館以待之旣而卒不至六年高麗持牒官金稚圭至明州賜銀帛遣之懼其爲金間也三十二年三月高麗綱首徐德榮詣明州言本國欲遣賀使守臣韓仲通以聞殿中侍御史吳芾奏曰高麗與金人接壤昔稚圭之來朝廷懼其爲間亟遣還今兩國交兵德榮之請得無可疑使其果來猶恐不測萬一不至貽笑遠方詔止之隆興二年四月明州言高麗入貢史不書引見日恐同彝叙之詐其後使命遂絶慶元間詔禁商人

持銅錢入高麗蓋絶之也初高麗入使明越困於供給朝廷館遇燕賚錫予之費以鉅萬計饋其主者不在焉我使之行每乘二神舟費亦不貲三節官吏縻爵捐廩皆仰縣官昔蘇軾言于先朝謂高麗入貢有五害以此也惟是國於吳會事異東都昔高麗入使率由登萊山河之限甚遠今直趍四明四明距行都限一浙水耳由海道奉使高麗瀰漫汪洋洲嶼險阻遇黑風舟觸礁輙敗出急水門至群山島始謂平達非數十日不至也舟南北行遇順風則歷險如夷至不數日其國東西二千里南北五百里西北接契丹

恃鴨緑江以爲固江廣三百步其東所臨海水清澈
下視十丈東南望明州水皆碧王居開州蜀莫郡曰
開成府依大山置宮室立城壁名其山曰神嵩民居
皆茅茨大止兩椽覆以瓦者才十二以新羅爲東州
樂浪府號東京百濟爲金州金馬郡號南京平壤爲
鎮州號西京西京最盛總之凡三京四府八牧郡百
有十八縣鎮三百九十洲島三千七百郡邑之小者
或只百家男女二百十萬口兵民僧各居其一地寒
多山土宜松柏有秔黍麻麥而無秫以秔爲酒少絲
蠶匹縑直銀十兩多衣麻紵王出乘車駕牛歷山險

乃騎紫衣行前捧護國仁王經以導出令曰教曰宣
臣民呼之曰聖上私謂曰嚴公后妃曰宮主百官名
稱階勲功臣檢校頗與中朝相類過御史臺則下馬
違者有劾士人以族望相高柳崔金李四姓爲貴種
無官者以世族子爲内侍六衛歲十二月朔王坐紫
門小殿注官外官則付國相有國子監四門學學者
六千人貢士三等王城曰土貢郡邑曰鄉貢他國人
曰賓貢間歲試于所屬再試于學所取不過三四十
人然後王親試以詩賦論三題謂之簾前重試亦有
制科宏詞之目然特文具而已士尚聲律少通經王

城有華人數百多閩人因賈舶至者密試其所能誘
以祿仕或強留之終身朝廷使至有陳牒來訴者則
取以歸百官以米爲奉皆給田納祿半給死乃拘之
國無私田民計口授業十六以上則充軍六軍三衛
常留官府三歲以選戍西北半歲而更有警則執兵
任事則服勞事已復歸農畝王亦有分地以供私用
王母妃主世子皆受湯沐田上下以賈販利入爲事
日中爲虚用米布貿易地産銅不知鑄錢中國所予
錢藏之府庫時出傳翫而已崇寧後始學鼓鑄有海
東通寶重寶三韓通寶三種錢然其俗不便也兵器

踈簡無強弩大刀祟尚釋教雖王子弟亦常一人爲
僧信鬼拘陰陽病不相視歛不撫棺貧者死則露置
中野歲以建子月祭天國東有穴號歲神常以十月
望日迎祭謂之八關齋禮儀甚盛王與妃嬪登樓大
張樂宴飲賈人曳羅爲幕至百疋相聯以示富三歲
大祭徧其封内因是歛民財而王與諸臣分取之
祖廟在國門之外大祭則具車服冕圭親祠王城有
佛寺七十區而無道觀大觀中朝廷遣道士往乃立
福源院置羽流十餘輩俗不知毉自王俁來請毉後
始有通其術者人首無枕骨背扁側男子巾幘如唐

裝婦人髮皆垂右肩餘髮被下約以絳羅貫之簪旋裙重疊以多爲勝男女自爲夫婦者不禁夏月同川而浴婦人僧尼皆男子拜樂聲甚下無金石之音既賜樂乃分爲左右二部左曰唐樂中國之音也右曰鄉樂其故習也堂上設席升必脫屨見尊者則膝行必跪應必唯其拜無不答子拜父猶半答其禮性仁柔惡殺不屠宰欲食羊豕則包以蒿而燔之刑無慘酷之科唯惡逆及罵父母者斬餘皆杖肋外郡刑殺悉送王城歲以八月減囚死罪貸流諸島累赦眂輕重原之自明州定海遇便風三日入洋又五日抵墨山入其境自墨山過島嶼詰曲嶕石間舟行甚駛七日至禮成江江居兩山間束以石峽湍激而下所謂急水門最爲險惡又三日抵岸有館曰碧瀾亭使人由此登陸崎嶇山谷四十餘里乃其國都云

列傳卷第二百四十六

列傳卷第二百四十七　宋史四百八十八

開府儀同三司上柱國錄軍國重事前中書右丞相監修國史領經筵事都總裁臣脫脫等奉
敕修

外國四

交阯　大理

交阯

交阯本漢初南越之地漢武平南越分其地爲儋耳珠崖南海蒼梧鬱林合浦交阯九真日南凡九郡置交阯刺史以領之後漢置交州晉宋齊梁陳因之又爲交阯郡隋平陳廢郡置州煬帝初廢州置郡唐武德中改交州總管府至德中改安南都護府梁貞明中土豪曲承美專有其地送款於末帝因授承美節鉞時劉隱擅命嶺表遣將李知順伐承美執之乃并有其地後有楊廷藝紹洪皆受廣南署繼爲交阯節度使紹洪卒州將吳昌岌遂居其位昌岌死其弟昌文襲乾德初昌文死其參謀吳處玶峯州刺史矯知護武寧州刺史楊暉牙將杜景碩等爭立管內一十二州大亂部民嘯聚起爲寇盜攻交州先是楊廷藝以牙將丁公著攝驩州刺史兼禦蕃都督部領即其子也公著死部領繼之至是部領與其子璉率兵擊敗處玶等賊黨潰散境内安堵交民德之乃推部領

爲交州帥號曰大勝王署其子璉爲節度使凡三年遜璉位璉立七年聞嶺表平遂遣使貢方物上表内附制以權交州節度使丁璉以檢校太師充靜海軍節度使安南都護又詔以進奉使鄭琇王紹祚並爲檢校左散騎常侍兼御史大夫八年遣使貢犀象香藥朝廷議崇寵部領降制曰率土來王方推以恩信舉宗奉國宜洽於封崇眷拱極之外臣舉顯親之茂典爾部領世爲右族克保遐方夙慕華風不忘内附屬九州混一五嶺廓清蘂限溟濤樂輸琛賮嘉乃令子稱吾列藩特被鴻私以旌義訓介爾眉壽服茲寵章可授開府儀同三司檢校太師封交阯郡王太宗即位璉又遣使以方物來賀部領及璉既死璉弟璿尚幼嗣立稱節度行軍司馬權領軍府事大將黎桓擅權樹黨漸不可制卻遷璿於別第舉族禁錮之代總其衆太宗聞之怒乃議舉兵太平興國五年秋詔以蘭州團練使孫全興八作使張璿左監門衛將軍崔亮爲陸路兵馬部署自邕州路入寧州刺史劉澄軍器庫副使賈湜供奉官閤門祗候王僎爲水路兵馬部署自廣州路入是冬黎桓遣牙校江巨湟齎方物來貢仍爲丁璿上表曰臣族本蠻酋辟處海裔修

職貢於宰旅假節制於方隅臣之父兄代承閫寄謹保封略罔敢怠遑爰暨淪亡將墜堂構將吏耆耋乃屬於臣俾權軍旅之事用安夷落之衆土俗獷悍懇請愈堅拒而弗從慮其生變臣已攝節度行軍司馬權領軍府事願賜真秩令備列藩于胥宸扆伏增震越上察其欲緩王師寢而不報王師進討破賊萬餘衆斬首二千餘級六年春又破賊于白藤江口斬首千餘級獲戰艦二百艘甲冑萬計轉運使侯仁寶率前軍先進全興等頓兵花步七十日以候澄仁寶累促之不進及澄至并軍由水路至多羅村不遇賊復擅迴花步桓詐降以誘仁寶遂爲所害轉運使許仲宣馳奏其事遂班師上遣使就劾澄湜僎澄尋病死戮湜等邕州市全興至闕亦下吏誅餘抵罪有差仁寶贈工部侍郎七年春桓懼朝廷終行討滅復以丁璿爲名遣使貢方物上表謝罪八年桓自稱權交州三使留後遣使貢方物并以璿表來上帝賜桓詔曰丁氏傳襲三世保據一方卿既受其倚毗爲之心膂克徇邦人之請無負丁氏之心朕且欲令璿爲統帥之名卿居副貳之任剸裁制置悉繫於卿俟丁璿既冠有所成立卿之輔翼令德彌光崇獎忠勳朕亦何

吝若丁璿將材無取童心如故然其奕世紹襲載綿
星紀一旦捨去節鉞降同士伍理既非便居亦靡安
詔到卿宜遣丁璿毋子及其親屬盡室來歸俟其入
朝便當擇日降制授卿節旄凡茲兩途卿宜審處其
一丁璿到京必加優禮今遣供奉官張宗權齎詔諭
旨當悉朕懷亦賜璿詔書如旨時黎桓已專據其土
不聽命是歲五月上言占城國水陸象馬數萬來寇
率所部兵擊走之俘斬千計雍熙二年遣牙校張紹
馮阮伯簪等貢方物繼上表求正領節鎮三年秋又
遣使貢方物儋州言占城國人蒲羅遏率其族百餘

衆内附言爲交州所逼故也是歲十月制曰王者懋
建皇極寵綏列藩設邸京師所以盛會同之禮胙土
方面所以表節制之雄矧茲跕鳶之隅克修設羽之
貢式當易帥爰利建侯不忘請命之恭用舉酬勞之
典權知交州三使留後黎桓兼資義勇特稟忠純能
得邦人之心彌謹藩臣之禮徃者丁璿方在童幼昧
於撫綏桓乃肺腑之親專掌軍旅之事號令自出威
愛並行璿盡解三使之權以徇衆人之欲遠輸誠款
求領節旄士燮彊明化越俗而咸乂尉佗恭順禀漢
詔以無違宜正元戎之稱以列通侯之貴控撫夷落

對揚天休可檢校太保使持節都督交州諸軍事安
南都護充静海軍節度交州管内觀察處置等使封
京兆郡侯食邑三千户仍賜號推誠順化功臣遣左
補闕李若拙國子博士李覺爲使以賜之端拱元年
加桓檢校太尉進邑千户實封五百户遣户部郎中
魏庠虞部員外郎直史館李度徃使焉淳化元年夏
加桓特進邑千户實封四百户遣左正言直史館宋
鎬右正言直史館王世則又使焉明年六月歸闕上
令條列山川形勢及黎桓事迹以聞鎬等具奏曰去
歲秋末抵交州境桓遣牙内都指揮使丁承正等以

船九艘卒三百人至太平軍來迎由海口入大海肙
涉風濤頗歷危險經半月至白藤徑入海汊乘潮而
行凡宿泊之所皆有茅舍三間營葺尚新目爲館驛
至長州漸近本國桓張皇虛誕務爲誇詫盡出舟師
戰櫂謂之軍自是宵征抵海岸至交州僅十五里有
茅亭五間題曰茅徑驛至城一百里驅部民畜產妄
稱官牛數不滿千揚言十萬又廣率其民混於軍旅
以雜色之衣乘船鼓譟近城之山虛張白旗以爲陳
兵之象俄而擁從桓至展郊迎之禮桓斂馬側身問
皇帝起居畢按轡偕行時以檳榔相遺馬上食之此

風俗待賓之厚意也城中無居民止有茅竹屋數十百區以爲軍營而府署湫隘題其門曰明德門桓質陋而目眇自言近歲與蠻寇接戰墜馬傷足受詔不拜信宿之後乃張筵飲宴又出臨海汊以爲娛賓之遊桓跣足持竿入水標魚每中一魚左右皆叫譟歡躍凡有宴會預坐之人悉令解帶冠以帽子桓多衣花纈及紅色之衣帽以真珠爲飾或自歌勸酒莫能曉其詞嘗令數十人扛大蛇長數丈饋於使館且曰若能食此當治之爲饌以獻焉又羈送二虎以備縱觀皆却之不受士卒殆三千人悉黥其額曰天子軍

粮以禾穗日給令自舂爲食兵器止有弓弩木牌梭槍竹槍弱不可用桓輕悅殘忍昵比小人腹心閹豎五七輩錯立其側好狎飲以手令爲樂凡官屬善其事者擢居親近左右有小過亦殺之或鞭其背一百至二百賓佐小不如意亦撻之三十至五十黜爲閽吏怒息乃召復其位有木塔其制樸陋桓一日請同登遊覽地無寒氣十一月猶衣夾衣揮扇云四年進封桓交阯郡王五年遣牙校費崇德等來修職貢然桓性本兇狠負阻山海屢爲寇害漸失藩臣禮至道元年春廣南西路轉運使張觀欽州如洪鎮兵馬監

押衛昭美皆上言有交州戰船百餘艘寇如洪鎮略居民劫廩實而去其夏桓所管蘇茂州又以鄉兵五千寇邕州所管綠山都巡檢楊文傑擊走之太宗志在撫寧荒服不欲問罪觀又言風聞黎桓爲丁氏斥逐擁餘衆山海間失其所據故以寇鈔自給今則桓已死觀仍上表稱賀詔太常丞陳士隆高品武元吉奉使嶺南因偵其事士隆等復命所言與觀同其實桓尚存而傳聞者之誤觀等不能審覈未幾有大賈自交阯回具言桓爲帥如故詔劾觀等會觀病卒昭美士隆元吉抵罪先是欽州如洪咄步如昔等三鎮

皆瀕海交州潮陽民卜文勇等殺人并家七命至如昔鎮鎮將黃令德等匿之桓令潮陽鎮將黃成雅移牒來捕令德固不遣因茲海賊連年剽掠二年以工部員外郎直史館陳堯叟爲轉運使因賜桓詔書堯叟始至遣攝雷州海康縣尉李建中賫詔勞問桓堯叟又至如昔詰得匿文勇之由盡擒其男女老少一百三十口召潮陽鎮吏付之且戒勿加酷法成雅得其人以狀謝堯叟桓遂上章感恩并捕海賊二十五人送于堯叟且言已約勒谿峒首領不得騷動七月太宗遣主客郎中直昭文館李若拙賫詔書充國信

使以美玉帶往賜桓若拙既至桓出郊迎然其詞氣尚悖慢謂若拙曰向者劫如洪鎮乃外境蠻賊也皇帝知此非交州兵否若使交州果叛命則當首攻番禺次擊閩越豈止如洪鎮而已若拙從容謂桓曰上初聞寇如洪鎮雖未知其所自然以足下拔自交州牙校授之節制固當盡忠以報豈有他慮及見執送海賊事果明白然而大臣僉議以爲朝廷比建節帥以寧海表今既蠻賊爲寇害乃是交州力不能獨制矣請發勁卒數萬會交兵以剪滅之使交廣無後患上曰未可輕舉慮交州不測朝旨或致驚駭不若且

委黎桓討擊之亦當漸至清謐今則不復會兵也桓愕然避席曰海賊犯邊守臣之罪也聖君容貸恩過父母未加誅責自今謹守職約保永清於漲海因北望頓首謝真宗即位進封桓南平王兼侍中桓前遣都知兵馬使阮紹恭副使趙懷德以金銀七寶裝交椅一銀盆十犀角象牙五十枚絹紬布萬匹來貢詔陳于萬歲殿太宗神御許紹恭等拜奠及迴賜桓帶甲馬詔書慰奬咸平四年又遣行軍司馬黎紹留使副何慶常以馴犀一象二象[illegible]二七寶裝金瓶一來貢其年欽州言交州効誠場民及頭首八州使黃慶

集等數百人來投有詔慰撫遣還本道廣南西路言黎桓迎受官告使黃成雅附奏自今國朝加恩願遣使至本道以寵海裔先是使至交州桓即以供奉爲辭因緣賦斂上聞之止令疆吏召授命不復專使景德元年又遣其子攝驩州刺史明提來貢懇求加恩使至本道慰撫遐裔許之仍以明提爲驩州刺史二年上元節賜明提錢令與占城大食使觀燈宴飲因遣工部員外郎邵曄充國信使三年桓卒立中子龍鉞龍鉞兄龍全劫庫財而遁其弟龍廷殺龍鉞自立龍廷兄明護率扶蘭砦攻戰明提以國亂不能還特

詔廣州優加資給知廣州淩策等言桓諸子爭立衆心離叛頭首黃慶集黃秀蠻等千餘人以不從驅率戮及親族來投廉州請發本道二千人平之慶集等願爲前鋒上以桓素忠順屢修職貢今幸亂而伐喪不可就改國信使邵曄爲緣海安撫使令曉譬之慶集等仍計口賜田粮曄乃貽書交州諭以朝廷威德如其自相魚肉久無定位偏師問罪則黎氏盡滅矣明護懼即奉龍廷主軍事龍廷自稱節度開明王遂欲修貢曄以聞上曰遐荒異俗不曉事体何足怪也令削去僞官曄又言頭首黃慶集先避亂歸化其種

族尚多若復遣還慮遭屠戮詔以慶集隸三班釐務于郴州遂許入貢四年龍廷稱權安南靜海軍留後遣弟峯州刺史明昶副使安南掌書記殿中丞黃成雅等來貢會含光殿大宴上以成雅坐遠欲稍升位著訪於宰相王旦旦曰昔子產朝周周王饗以上卿之禮子產固辭受下卿之禮而還國家惠綏遠方優待客使固無嫌也乃升成雅于尚書省五品之次詔拜龍廷特進檢校太尉充靜海軍節度觀察處置等使安南都護兼御史大夫上柱國仍封交阯郡王食邑三千戶食實封一千戶賜推誠順化功臣仍賜名

至忠給以旌節又追贈桓中書令南越王進奉使黎明昶等並進秩大中祥符元年天書降加翊戴功臣食邑七百戶實封三百戶東封畢加至忠同平章事食邑一千戶食實封四百戶二年廣南西路言蠻人刼海口蜑戶如洪砦主李文著以輕兵襲逐中流矢死詔督安南捕賊明年執狄獠十三人以獻至忠又遣推官阮守疆以犀角象齒金銀紋綿等來貢并獻馴犀一上以犀違土性不可豢畜卻不納又以逆至忠意使者既去乃令縱之海澨三年遣使來朝表求甲冑具裝詔從其請又求互市于邕州本道轉運使

以聞上曰瀕海之民數患交州侵寇仍前止許廉州及如洪砦互市蓋爲邊隅控扼之所今或直趨內地事頗非便詔令本道以舊制諭之至忠纔年二十六苛虐不法國人不附大校李公蘊尤爲至忠親任嘗令以黎爲姓其年遂圖至忠逐之殺明提明昶等自稱留後遣使貢奉上曰黎桓不義而得公蘊尤而效之甚可惡也然以其蠻俗不足責遂用桓故事制授特進檢校太傅充靜海軍節度觀察處置等使安南都護兼御史大夫上柱國封交阯郡王食邑三千戶實封一千戶賜推誠順化功臣公蘊又表求太宗御

書詔賜百軸四年祀汾陰后土公蘊遣節度判官梁任文觀察巡官黎再嚴以方物來貢禮成加公蘊同平章事食邑一千戶實封四百戶任文等並優進秩五年夏以進奉使李仁美爲誠州刺史陶慶文爲太常丞其從隸有道病死者所賜附還其家是冬聖祖降加公蘊開府儀同三司食邑七百戶實封三百戶賜翊戴功臣七年春又加保節守正功臣食邑一千戶實封四百戶詔交阯諸國使入貢者所在館餼供億務令豐備其年遣知唐州刺史陶碩等來貢詔以碩爲順州刺史充安南靜海軍行軍司馬副使吳懷

副爲澄州刺史充節度副使先是交州狄獠張婆看避罪來奔知欽州穆重頴召之至中路復拒焉都巡檢臧嗣逐令如洪砦犒以牛酒交州偵知其事因捕狄獠故鈔如洪砦掠人畜甚衆詔轉運司督公蘊追索仍令疆吏自今不得誘召蠻獠致生事公蘊或間歲或仍歲以方物入貢天禧元年進封公蘊南平王加食邑一千戶實封四百戶三年加檢校太尉食邑一千戶實封四百戶每加恩皆遣使將命至其境上仍賜器幣襲衣金帶鞍馬焉仁宗即位加公蘊檢校太師遣長州刺史李寬泰都護副使阮守疆來貢天

聖六年遣驩州刺史李公顯來貢除叙州刺史既而令其子弟及其壻申承貴率衆內寇詔廣南西路轉運司發溪峒丁壯討捕之未幾卒年四十四其子德政自稱權知留後事來告哀贈公蘊侍中南越王命本路轉運使王惟正爲祭奠使又爲賜官告使除德政檢校太尉靜海軍節度使安南都護交阯郡王天聖九年遣知峯州刺史李偓佺知愛州刺史帥日新等來謝以偓佺爲驩州刺史日新爲珍州刺史明道元年恭謝加同中書門下平章事景祐中郡人陳公永等六百餘人內附德政遣兵千餘境上捕逐之

詔遣還仍戒德政毋得輙誅殺尋遣靜海軍節度判官陳應機掌書記王惟慶來貢以應機爲太子中允惟慶爲大理寺丞德政加檢校太師三年其甲峒及諒州門州蘇茂州廣源州大發峒丹波縣蠻寇邕州之思陵州西平州石西州及諸峒略居人馬牛焚室廬而去下詔責問之且令捕酋首正其罪以聞寶元元年進封南平王康定元年遣知峯州刺史帥用和節度副使杜猶興等來貢慶曆三年又遣節度副使杜慶安三班奉職梁材來以慶安爲順州刺史材爲太子左監門率府率六年又遣兵部員外郎蘇仁祚

東頭供奉官陶惟幢來以仁祚爲工部郎中惟幢爲內殿崇班明年又遣祕書丞杜文府左侍禁文昌來以文府爲屯田員外郎昌爲內殿崇班初德政發兵取占城朝廷疑其內畜姦謀乃詔自唐以來所通道路凡十六處令轉運使杜杞度其要害而戍守之然其後亦未嘗寇邊前後累貢馴象皇祐二年邕州誘其蘇茂州韋紹嗣紹欽等三千餘人入居省地德政表求所誘詔盡還之仍令德政約束邊戶毋相侵犯其後廣源州蠻儂智高反德政率兵二萬由水路欲入助王師朝廷優其賜而卻其兵至和二年卒其子

日尊遣人告哀命廣南西路轉運使尚書屯田員外郎蘇安世爲弔贈使贈德政爲侍中南越王賻賚甚厚壽除日尊特進檢校太尉靜海軍節度使安南都護封交阯郡王嘉祐三年貢異獸二四年寇欽州思稟管五年與甲峒賊寇邕州詔知桂州蕭固發部兵與轉運使宋咸提點刑獄李師中同議掩擊又詔安撫使余靖等發兵捕討靖遣諜誘占城同廣南西路兵甲趨交阯日尊惶怖上表待罪詔未得舉兵聽日尊貢奉至京師八年遣文思使梅景先副使大理評事李繼先貢馴象九年四月戊寅以大行皇帝詔及

宋史四百八十八　字四百壹拾个

宋史列傳卷二百四十七　十四　黃安寫　呈祖刊

遺留物賜日尊加同中書門下平章事是日交阯使辭命內侍省押班李繼和喻以申紹泰入寇本路屢乞討伐而朝廷以紹泰一夫肆狂又本道已遣使謝罪故未欲興兵治平初知桂州陸詵言交州來求儂宗旦男日新及欲取溫悶洞等地帝問交阯於何年割據輔臣對曰自唐至德中改安南都護府梁貞明中土豪曲承美專有此地韓琦曰向以黎桓叛命太宗遣將討伐不服後遣使招誘始效順交州山路險僻多潦霧瘴毒之氣雖得其地恐不能守也神宗即位進封日尊南平王熙寧元年加開府儀同三司二

年表言占城國久闕貢臣親師兵討之虜其王詔以其使郭士安爲六宅副使陶宗元爲內殿崇班日尊自帝其國僭稱法天應運崇仁至道慶成龍祥英武睿文尊德聖神皇帝尊公蘊爲太祖神武皇帝國號大越改元寶象又改神武五年三月日尊卒命廣西轉運使康衛爲弔贈使子所奪州縣詔報之曰鄉撫有南交世受王爵而乃背德奸命竊暴邊城棄祖考忠順之圖煩朝廷討伐之舉師行深入勢蹙始歸迹其罪尤在所絀削今遣使修貢上章致恭詳觀詞情灼見悛悔朕撫綏萬國不異邇遐但以邕欽之民遷

宋史四百八十八　四百令十个

宋史列傳卷二百四十七　十五　黃安寫　呈隆刊

劫交阯久失鄉井俟盡送還省界即以廣源等賜交州乾順初約歸三州官吏千人久之才送民二百二十一口男子年十五以上皆刺額曰天子兵二十以上曰投南朝婦人刺左手曰官客以舟載之而涯其戶牖中設燈燭日行一二十里則止而僞作更鼓以報凡數月乃至蓋以紿示海道之遠也順州落南深置戍鎮守被罹瘴霧多病沒陶弼亦終於官朝廷知其無用乃悉以四州一縣還之然廣源舊隸邕管羈縻本非交阯所有也元豐五年獻馴象二犀角象齒百六年以追捕儂智會爲辭犯歸化州又遣其臣黎

文盛來廣西辨理順安歸化境界經略使熊本遣左江巡檢成卓與議文盛稱陪臣不敢爭執詔以文盛能導乾德恭順之意賜之袍帶及絹五百匹乃以八隘之外保樂六縣宿桑二峒予乾德哲宗立加同中書門下平章事元祐中又數上表求勿惡勿陽峒地詔不許二年遣使入貢進封南平王徽宗時累加開府儀同三司檢校太師大觀初貢使至京乞市書籍有司言法不許詔嘉其慕義除禁書卜筮陰陽曆筭術數兵書敕令時務邊機地理外餘書許買政和末又詔以交人自熙寧以來全不生事特寬和市之禁

宣和元年加乾德守司空建炎元年詔廣西經略安撫司禁邊民毋受安南逋逃從其主乾德之請也四年安南入貢詔卻其方物之華靡者賜敕書厚其報以懷柔之紹興二年乾德卒贈侍中追封南越王子陽煥嗣授靜海軍節度使特進檢校太尉封交阯郡王賜推誠順化功臣八年陽煥卒以轉運副使朱芾充弔祭使贈陽煥開府儀同三司追封南平王子天祚嗣授官如其父初封之制九年詔廣西帥司毋受趙智之入貢初乾德有側室子奔大理變姓名爲趙智之自稱平王聞陽煥死大理遣歸與天祚爭立求

入貢欲假兵納之帝不許十七年詔文思院製鞍韉以賜天祚二十一年累加天祚崇義懷忠保信鄉德安遠承和功臣二十五年詔館安南使者於懷遠驛賜宴以彰異數進封天祚南平王賜襲衣金帶鞍馬二十六年命右司郎中汪應辰宴安南使者於玉津園八月天祚遣李國等以金珠沉水香翠羽良馬馴象來貢詔加天祚檢校太師增食邑隆興二年天祚遣尹子思鄧碩儼等貢金銀象齒香物乾道六年累加天祚歸仁協恭繼美遵度履正彰善功臣帝自卽位屢卻安南貢使九年天祚復遣尹子思李邦正求

入貢帝嘉其誠許之詔館於懷遠驛廣南西路經略安撫使范成大言本司經略諸蠻安南在撫綏之內其陪臣豈得與中國王官亢禮政和間貢使入境皆庭參不復報謁宜遵舊制於禮爲得朝廷從其請淳熙元年二月進封天祚安南國王加號守謙功臣二年賜安南國印三年賜安南國曆日天祚卒明年子龍𣉙嗣位授靜海軍節度使觀察處置等使特進檢校太尉兼御史大夫上柱國特封安南國王加食邑仍賜推誠順化功臣制曰卽樂國以肇封既從世襲極眞王而錫命何待次升示殊禮也五年貢方物上

表稱謝九年詔卻安南所貢象以其無用而煩民他物亦止受什一十六年累加龍乾守義奉國履常懷德功臣光宗即位奉表入貢稱賀寧宗朝賜衣帶器幣累加謹度思忠濟美勤禮保節歸仁崇謙協恭功臣及食邑焉嘉定五年龍乾卒詔以廣西運判陳孔碩充弔祭使特贈侍中依前安南國王制以其子昊旵襲封其爵位給賜如龍乾始封之制仍賜推誠順化功臣其後謝表不至遂輟加恩昊旵卒無子以女昭聖主國事遂爲其婿陳日煚所有李氏有國自公蘊至昊旵凡八傳二百二十餘年而國亡淳祐二年詔安南國王陳日煚元賜效忠順化保節功臣增守義二字寶祐六年詔安南情狀叵測申飭邊備景定二年貢象二三年表乞世襲詔日煚授檢校太師安南國大王加食邑男威晃授靜海軍節度使觀察處置使檢校太尉兼御史大夫上柱國安南國王效忠順化功臣賜金帶器幣鞍馬咸淳五年詔安南國王父日煚國王威晃加食邑八年明堂禮成日煚威晃各加食邑賜鞍馬等物

大理國即唐南詔也熙寧九年遣使貢金裝碧玕山氊罽刀劍犀皮甲鞍轡自後不常來亦不領於鴻臚

政和五年廣州觀察使黃璘奏南詔大理國慕義懷徠願爲臣妾欲聽其入貢詔璘置局於賓州凡有奏請皆俟進止六年遣進奉使天駟爽彥賁李紫琮副使坦綽李伯祥來詔璘與廣東轉運副使徐惕偕詣闕其所經行令監司一人主之道出荆湖南當由邵州新化縣至鼎州而璘家潭之湘鄉轉運判官喬方欲媚璘乃排比由邵至潭由潭至鼎一路御史劾其當農事之際而觀望勞民詔罷方紫琮等過鼎聞學校文物之盛請於押伴求詣學瞻拜宣聖像郡守張察許之遂往遍謁見諸生又乞觀御書閣舉笏扣首

七年二月至京師貢馬三百八十匹及麝香牛黃細氊碧玕山諸物制以其王段和譽爲金紫光祿大夫檢校司空雲南節度使上柱國大理國王朝廷以爲璘功并其子暉昨皆遷官少子㬂爲閤門宣贊舍人已而知桂州周穜劾璘詐冒璘得罪自是大理復不通於中國間一至黎州互市紹興三年十月廣西奏大理國求入貢及售馬詔卻之不欲以虛名勞民也朱勝非奏曰昔年大理入貢言者深指其妄黃璘由是獲罪帝曰遐方異域何由得實但讎當其馬價則馬方至用益騎兵不爲無補也六年七月廣西經略

安撫司奏大理復遣使奉表貢象馬詔經略司護送行在優禮答之九月翰林學士朱震上言乞諭廣西師臣凡市馬當擇謹厚者任之毋遣好功喜事之人以啓邊釁異時南北路通則漸減廣西市馬之數庶幾消患於未然詔從之淳熙二年十一月知靜江府張栻申嚴保伍之禁又以邕管戍兵不能千人左右江峒丁十餘萬每恃以爲藩蔽其邕州提舉巡檢官宜精其選以撫峒丁欲制大理當自邕管始云

列傳卷第二百四十七

列傳卷第二百四十八　宋史四百八十九

開府儀同三司上柱國錄軍國重事中書右丞相監修國史領經筵事都總裁脫脫等奉

勑修

外國五

占城　真臘　蒲甘　邈黎

三佛齊　闍婆　勃泥　注輦

丹眉流

占城國在中國之西南東至海西至雲南南至真臘國北至驩州界汎海南去三佛齊五日程陸行至賓陀羅國一月程其國隸占城焉東去麻逸國二日程蒲端國七日程北至廣州便風半月程東北至兩浙一月程西北至交州兩日程陸行半月程其地東西七百里南北三千里南曰施備州西曰上源州北曰烏里州所統大小州三十八不盈三萬家其國無城郭有百餘村村落戶三五百或至七百亦有縣鎮之名土地所出箋沉香檳榔烏樠木蘇木白藤黃蠟吉貝花布絲絞布白氎布藤簟貝多葉簟金銀鐵鋌等物五穀無麥有秔米粟豆麻子官給種一斛計租百斛果實有蓮甘蔗蕉子椰子鳥獸多孔雀犀牛畜產多黃牛水牛而無驢亦有山牛不任耕耨但殺以祭

鬼將殺令巫祝之曰阿羅和及拔譯云早教他託生
民獲犀象皆輸于王國人多乘象或軟布兜或於交
州市馬頗食山羊水兕之肉其風俗衣服與大食國
相類無絲蠶以白氎布纏其胸垂至於足衣衫窄袖
撮髮為髻散垂餘髾於其後互市無緡錢止用金銀
較量錙銖或吉貝錦定博易之直樂器有胡琴笛鼓
大鼓樂部亦列舞人其王腦後髽髮散披吉貝衣戴
金花冠七寶裝纓絡為飾脛股皆露躡革履無襪婦
人亦腦後撮髻無笄梳其服及拜揖與男子同王每
日午坐憚官屬謁見膜拜一而止白事畢復膜拜一

而退或出遊看象采獵觀漁皆數日方還近則乘軟
布兜遠則乘象或乘一木杠四人舁之先令一人持
檳榔盤前導從者十餘輩各執弓箭刀槍手牌等其
民望之膜拜一而止日或一再出每歲稻熟王自刈
一把從者及群婦女競刈之其王或以兄為副王或
以弟為次王設高官凡八員東西南北各二分治其
事無奉祿令其所管土俗資給之別置文吏五十餘
員有郎中員外秀才之稱分掌資儲寶貨等事亦無
資奉但給龜魚充食及免調役而已又有司帑廩者
十二員主軍卒者二百餘員皆無月奉勝兵萬餘人

月給秔米二斛冬夏衣布各三匹至五匹每夕唯王
升床而臥諸臣皆寢于地尊親近之臣見王即胡跪
作禮稍疏遠者但拱手而已其風俗正月一日牽象
周行所居之地然後驅逐出郭謂之逐邪四月有遊
船之戲定十一月十五日為冬至人皆相賀州縣以
土產物帛獻其王每歲十二月十五日城外縛木為
塔王及人民以衣物香藥置塔上焚之以祭天人有
疾病旋采生藥服食地不產茶亦不知醞釀之法止
飲椰子酒兼食檳榔刑禁亦設枷鎖小過以四人拽
伏於地藤杖鞭之二人左右更互搥扑量其或五六

十至一百當死者以繩繫於樹用梭槍舂喉而殊其
首若故殺劫殺令象踏之或以鼻卷撲于地象皆素
習將刑人即令豢養之以數諭之悉能曉焉犯姦者
男女共入牛以贖罪負國王物者以繩拘於荒塘物
充而後出之其國前代罕與中國通周顯德中其王
釋利因德漫遣其臣蒲訶散貢方物有雲龍形通犀
帶菩薩石又有薔薇水灑衣經歲香不歇猛火油得
水愈熾皆貯以瑠璃瓶建隆二年其王釋利因陁盤
遣使蒲訶散來朝表章書于貝多葉以香木函盛之
貢犀角象牙龍腦香藥孔雀四大食瓶二十使迴錫

賚有差以器幣優賜其王三年又貢象牙二十二株
乳香千斤乾德四年其王悉利因陁盤遣使因陁玢
李帝婆羅貢馴象牯犀象牙白氎哥縵越諾王妻波
良僕瑁男占謀律秀瓊等各貢香藥五年又遣使李
吽李被瑳相繼來貢獻開寶三年遣使貢方物犛象
一四年悉利多盤副國王李耨王妻郭氏子蒲路鷄
波羅等並遣使來貢五年其王波美税褐印茶遣使
蒲訶散來貢六年又貢七年又貢孔雀傘二西天烽
鐵四十斤九年遣使朱陁利陳陁野等來貢太平興
國二年其王波美稅陽布印茶遣使李牌來貢三年

其王及男達智遣使來貢四年遣使李木吒哆來貢
六年交州黎桓上言欲以占城俘九十三人獻于京
師太宗令廣州止其俘存撫之給衣服資糧遣還占
城詔諭其王七年遣使乘象入貢詔留象廣州畜養
之八年獻馴象能拜伏詔畜於京畿寧陵縣雍熙二
年其王施利陀盤吳日歡遣婆羅門金歌麻獻方物
且訴為交州所侵詔荅令保國睦鄰三年其王劉繼
宗遣使李朝仙來貢儋州上言占城人蒲羅遏為交
州所逼率其族百口來附四年秋廣州上言雷恩州
關送占城夷人斯當李娘并其族一百五十人來歸

分隸南海清遠縣端拱元年廣州又言占城夷人忽
宣等族三百一人來附淳化元年新王楊陁排自稱
新坐佛逝國楊陁排遣使李臻貢馴犀方物表訴為
交州所攻國中人民財寶皆為所略上賜黎桓詔令
各守境三年遣使李良蒲貢方物賜其王白馬二兵
器等本國僧淨戒獻龍腦金鈴銅香鑪如意等各優
賜之至道元年正月其王遣使來貢奉表言前進奉
使李良蒲迴伏蒙聖慈賜臣細馬二疋旗五面銀裝
劍五口銀纏槍五條弓弩各五張及箭等戴恩感懼
稽首稽首臣生長外國邈遠天都竊承皇帝聖明威

德廣大臣不憚介居海裔遣使入朝皇帝不棄蠻夷
山國曲加優賜然臣自為土長聲勢尚卑常時外國
頗相侵撓況以前民庶如芥隨風星散流離各不自
保近蒙皇帝賜臣內閑馹駿及旗幟兵器等隣國聞
之知臣荷大國之寵而各懼天威不敢謀害今臣一
國安寧流民來復若非皇帝天德加護何以至此臣
之一國仰望仁聖覆之如天載之如地臣自思惟鴻
恩不淺且自天子之都至臣所居之國涉海綿邈不
啻數萬里而所賜之馬及器械等並安全而至皆聖
德之所及也自前本國進奉未嘗有旌旗弓矢之賜

臣今何幸獨受異恩此蓋天威廣被壯臣土疆臣雖
殞身無以上報無臣貢使往復資給備至恩重山岳
不可具陳今特遣專使李波珠副使訶散判官李磨
勿等進奉犀角十株象牙三十株玳瑁十斤龍腦二
斤沉香百斤夾箋黃熟香九十斤檀香百六十斤山
得雞二萬四千三百雙胡椒二百斤簟席五前件物
固非珍奇惟表誠懇臣生居異域幸遇明時不貴殊
珍惟重良馬儻皇帝念及外國不罪懇求若使介南
歸願賚頒賜臣之幸矣蕪臣本國元有流民三百散
居南海曾蒙聖旨許令放還今有猶在廣州者本國

舊有進奉夷人羅常占見駐廣州乞詔本州盡數點
集兵籍以付常占令造船船乘便風部領歸國冀得
安其生聚以實舊疆至於萬里感恩一心事上臣之
志也上覽表遣使詰廣州詢問願還者悉付波珠使
還復賜白馬二遂爲常制咸平二年其王楊普俱毗
茶逸施離遣使朱陳堯副使蒲薩陁婆判官黎姑倫
以犀象玳瑁香藥來貢賜堯等冠帶衣褥有差景德
元年又遣使來貢詔以良馬介冑戎器等賜之四年
遣使布祿爹地加等奉表來朝表函籍以文錦詞曰
占城國王楊普俱毗茶室離頓首言臣聞二帝封疆

南止届于湘楚三王境界北不及於幽燕仰矚昌時
實邁往跡伏惟皇帝陛下乾坤授氣日月儲英出震
居尊承基御極慈悲敷於天下聲教被於域中業茂
前王功芳祖后蒼生是念黃屋非心無方不是生靈
有土並爲臣妾真風遍布霈澤周行凡沐照臨共增
聳抃臣生于邊鄙幸襲華風蟻垤蜂房聊爲遂性龍
樓鳳閣尚阻觀光再念自假天威獲全封部隣無侵
奪俗有舒蘇每歲拜遣下臣問寧上國蒙陛下恩霑
行葦福及豚魚特因迴人須賜戎器臣本土惟望闕
焚香歡呼拜受心知多幸曷荅洪恩聖君既念於賓

王誠懇肯忘於述職今遣專信臣布祿爹地加副使
臣除逋麻瑕珈耶判官臣皮霸抵一行人力等部署
土毛遠充歲貢雖表菲芽之禮實懷曾酒之憂虔望
睿明甫寬譴戮專信臣等迴日軍容器仗耀武之物
伏願重加賜賚蓋念忝爲臣子合告君親服飾車輿
威儀斧鉞不敢私制惟望恩頒千冒冕旒不任死罪
布祿爹地加言本國舊隷交州後奔于佛逝北去舊
所七百里使還賜物甚厚大中祥符三年國主施離
霞離鼻麻底遣使朱渟禮來貢四年遣使貢師子詔
畜于苑中使者留二蠻人以給豢養上憐其懷土厚

給資糧遣還八年遣使波輪訶羅帝來貢訶羅帝因上言有弟陶珠頃自交州押馴象赴闕今幸得見欲携以還許之仍賜陶珠衣幣裝錢天禧二年其王尸嘿排摩惵遣使羅皮帝加以象牙七十二株犀角八十六株玳瑁千片乳香五十斤丁香花八十斤荳蔻六十五斤沉香百斤箋香二百斤別箋一劑六十八斤茴香百斤檳榔千五百斤來貢羅皮帝加言國人詣廣州或風漂船至石塘即累歲不達矣三年使還詔賜尸嘿排摩惵銀四千七百兩并戎器鞍馬海上又有蒲端國三麻蘭國勿巡國蒲婆衆國大中祥符

四年祀汾陰並遣使來貢先是咸平景德中蒲端國主其陵數遣使來貢方物及獻紅鸚鵡其後國主悉離琶大遐至亦以金版鐫表來上其使已絜漢上言伏見詔旨給賜占城使鞍勒馬大神旗各二乞如恩例有司以蒲端在占城下請賜雜綵小旗五從之天聖八年十月占城王陽補孤施離皮蘭德加拔麻疊遣使李蒲薩麻瑕陁琶來貢木香玳瑁乳香犀角象牙慶曆元年九月廣東商人邵保見軍賊鄂鄰百餘人在占城轉運司選使臣二人齎詔書器幣賜占城購鄰致闕下餘黨令就戮之明年十一月其王刑卜

施離值星霞弗遣使獻馴象三皇祐二年正月又使俱舍唎波微收羅婆麻提楊卜貢象牙二百一犀角七十九表二通一以本國書一以中國書五年四月其使蒲思馬應來貢方物嘉祐元年閏三月其使蒲息陁琶貢方物還至太平州江岸崩沉失行橐明年正月詔廣州賜銀千兩六年九月又獻馴象七年正月廣西安撫經略司言占城素不習兵與交阯鄰常苦侵軼而占城復近修武備以抗交阯將繇廣東路入貢京師望撫以恩信五月其使頓琶尼來貢方物六月賜其王施里律茶盤麻常楊溥白馬一從其求

也熙寧元年其王楊卜尸利律陁般摩提婆遣使貢方物乞市騾馬詔賜白馬一令於廣州買騾以歸五年貢瑠璃珊瑚酒器龍腦乳香丁香華登茄紫礦七年交州李乾德言其王領兵三千人并妻子來降以正月至本道九年復遣使來言其國自海道抵真臘一月程西北抵交州四十日皆山路所治聚落一百五大略如州縣王年三十六歲著大食錦或川法錦大衫七條金瓔珞戴七寶裝成金冠躡紅皮履出則從者五百人十婦人執金柈合貯檳榔導以樂王師討交阯以其素仇詔使秉機協力除蕩行營戰棹都

監楊從先遣小校樊寔諭旨寔還言其國選兵七千扼賊要路其王以木葉書回牒詔使上之然亦不能成功後兩國同入貢占城使者乞避交人詔遇朔日朝文德殿分東西立望日則交人入垂拱殿而占城趍紫宸大宴則東西坐元祐七年又表言如天朝討交阯願率兵掩襲朝廷以交阯數入貢不絶臣節難以興師答敕書報之而以其使良保故倫軋丹副使傍水知突爲保順郎將政和中授其王楊卜麻疊金紫光祿大夫領廉白州刺史楊卜麻疊言身雖化外不霑祿食願得薄授奉給壯觀小國許之宣和元年

進檢校司空兼御史大夫懷遠軍節度琳州管內觀察處置使封占城國王自是每遇恩輒降制加封邑建炎三年楊卜麻疊遣使入貢遇郊恩制授檢校太傅加食邑紹興二十五年其子鄒時闌巴嗣立遣使進方物求封爵錫宴於懷遠驛以其父初封之爵授之報賜甚厚乾道三年子鄒亞娜嗣掠大食國方物遣人來貢以求封爵爲其國人所訴詔卻之遂不議其封七年閩人有浮海之吉陽軍者風泊其舟抵占城其國方與真臘戰皆乘大象勝負不能決閩人教其王當習騎射以勝之王大説具舟送之吉陽市得馬

數十匹歸戰大捷明年復來瓊州拒之憤怒大掠而歸淳熙二年嚴馬禁不得售外蕃三年占城歸所掠生口八十三人求通商詔不許四年占城以舟師襲真臘傳其國都慶元以來真臘大舉伐占城以復讎殺戮殆盡俘其主以歸國遂亡其地悉歸真臘真臘國亦名占臘其國在占城之南東際海西接蒲甘南抵加羅希其縣鎮風俗同占城地方七千餘里有銅臺列銅塔二十有四銅象八以鎮其上象各重四千斤其國有戰象幾二十萬馬多而小政和六年十二月遣進奏使奉化郎將鳩摩僧哥副使安化郎將摩

君明稽嗢等十四人來貢賜以朝服僧哥言萬里遠國仰投聖化尚拘卉服未稱區區嚮慕之誠願許服所賜詔從之仍以其事付史館書諸策明年三月辭去宣和二年又遣郎將摩臘摩秃防來朝廷官封其王與占城等建炎二年以郊恩授其王金裒賓深檢校司徒加食邑遂定爲常制其屬邑有真里富在西南隅東南接波斯蘭西南與登流眉爲鄰所部有六十餘聚落慶元六年其國主立二十年矣遣使奉表貢方物及馴象二詔優其報賜以海道遠涉後毋再入貢蒲甘國崇寧五年遣使入貢詔禮秩視注輦尚

書省言注輦役屬三佛齊胡熙寧中敕書以大背紙
緘以匣襆今蒲甘乃大國王不可下視附庸小國欲
如大食交阯諸國禮凡制詔並書以白背金花綾紙
貯以間金鍍管籥用錦絹夾襆緘封以往從之
邈黎國元祐四年般次冷移四抹粟迷等賫于闐國
黑汗王并本國王表章來有司以其國未嘗入貢請
視于闐條式從之
三佛齊國蓋南蠻之別種與占城爲隣居真臘闍婆
之間所管十五州土產紅藤紫礦箋沉香檳榔椰子
無緡錢土俗以金銀貿易諸物四時之氣多熱少寒

冬無霜雪人用香油塗身其地無麥有米及青白豆
雞魚鵝鴨頗類中土有花酒椰子酒檳榔酒蜜酒皆
非麴糵所醞飲之亦醉樂有小琴小鼓崑崙奴踏曲
爲樂國中文字用梵書以其王指環爲印亦有中國
文字上章表即用焉累甓爲城周數十里用椰葉覆
屋人民散居城外不輸租賦有所征伐隨時調發立
酋長率領皆自備兵器糗糧泛海使風二十日至廣
州其王號詹卑其國居人多蒲姓唐天祐元年貢物
授其使都蕃長蒲訶粟寧遠將軍建隆元年九月其
王悉利胡大霞里檀遣使李遮帝來朝貢二年夏又

遣使蒲蔑貢方物是冬其王室利烏耶遣使茶野伽
副使嘉末吒朝貢其國號生留王李犀林男迷日來
亦遣使同至貢方物三年春室利烏耶又遣使李麗
林副使李鵶末判官吒吒壁等來貢迴賜以白犛牛
尾白甆器銀器錦線鞍轡二副開寶四年遣使李何
末以水晶火油來貢五年又來貢七年又貢象牙乳
香薔薇水萬歲棗褊桃白沙糖水晶指環瑠璃瓶珊
瑚樹八年又遣使蒲陀漢等貢方物賜以冠帶器幣
太平興國五年其王夏池遣使茶龍眉來是年潮州
言三佛齊國蕃商李甫誨乘船船載香藥犀角象牙

至海口會風勢不便飄船六十日至潮州其香藥悉
送廣州八年其王遐至遣使蒲押陁羅來貢水晶佛
錦布犀牙香藥雍熙二年船主金花茶以方物來獻
端拱元年遣使蒲押陁黎貢方物淳化三年冬廣州
上言蒲押陁黎前年自京迴聞本國爲闍婆所侵住
南海凡一年今春乘船至占城偶風信不利復還乞
降詔諭本國從之咸平六年其王思離咮囉無尼佛
麻調華遣使李加排副使無陁李南悲來貢且言本
國建佛寺以祝聖壽願賜名及鐘上嘉其意詔以承
天萬壽爲寺額并鑄鐘以賜授加排歸德將軍無陁

李南悲懷化將軍大中祥符元年其王思離麻囉皮遣使李眉地副使蒲婆藍判官麻河勿來貢許赴泰山陪位于朝覲壇遣賜甚厚天禧元年其王霞遲蘇勿吒蒲迷遣使蒲謀西等奉金字表貢真珠象牙梵夾經崑崙奴詔許謁會靈觀游太清寺金明池及還賜其國詔書禮物以慰奬之天聖六年八月其王室離疊華遣使蒲押陀羅歇及副使判官亞加盧等來貢方物舊制遠國使人貢賜以間金塗銀帶時特以渾金帶賜之熙寧十年使大首領地華伽囉來以爲保順慕化大將軍賜詔寵之曰吾以聲教覆露方域

不限遠邇苟知夫忠義而來者莫不錫之華爵耀以美名以寵異其國爾悅慕皇化浮海貢琛吾用汝嘉併超等秩以昭忠義之勸元豐中使至者再率以白金真珠婆律薰陸香備方物廣州受表入言俟報乃護至闕下天子念其道里遥遠每優賜遣歸二年賜錢六萬四千緡銀一萬五百兩官其使群陀畢羅爲寧遠將軍官陀旁亞里爲保順郎將畢羅乞買金帶白金器物及僧紫衣師牒皆如所請給之三年廣州南蕃綱首以其主管国事國王之女唐字書寄龍腦及布與提舉市舶孫迥迥不敢受言於朝詔令估直輸之官悉市帛以報五年遣使皮襪副使胡仙判官地華加羅來入見以金蓮花貯真珠龍腦撒殿官皮襪爲懷遠將軍胡仙加羅爲郎將加羅還至雍丘病死賻以絹五十匹六年又以其使薩打華滿爲將軍副使羅悉沙文判官悉理沙文爲郎將紹聖中再入貢紹興二十六年其王悉利麻霞囉陀遣使入貢帝曰遠人向化嘉其誠耳非利乎方物也其王復以珠獻宰臣秦檜時檜已死詔償其直而收之淳熙五年復遣使貢方物詔免赴闕館於泉州

闍婆國在南海中其國東至海一月泛海半月至崑

崙國西至海四十五日南至海三日泛海五日至大食國北至海四日西北泛海十五日至勃泥國又十五日至三佛齊國又七日至古邏國又七日至柴歷亭抵交阯達廣州其地平坦宜種植產稻麻粟豆無麥民輸十一之租煑海爲鹽多魚鱉雞鴨山羊兼椎牛以食果實有木瓜椰子蕉子蔗芋出金銀犀牙箋沉檀香茴香胡椒檳榔硫黃紅花■蘇木亦務蠶織有薄絹絲絞吉貝布剪銀葉爲錢博易官以粟一斛二斗博金一錢室宇壯麗飾以金碧中國賈人至者待以賓館飲食豐潔地不產茶其酒出於椰子及蝦

蝝冊樹蝦蝝冊樹華人未嘗見或以桃榔檳榔釀成
亦甚香美不設刑禁雜犯罪者隨輕重出黃金以贖
惟寇盜者殺之其王椎髻戴金鈴衣錦袍躡革履坐
方牀官吏日謁三拜而退出入乘象或腰輿壯士五
七百人執兵器以從國人見王皆坐俟其過乃起以
王子三人為副王官有落佶連四人共治國事如中
國宰相無月奉隨時量給土產諸物次有文吏三百
餘員目為秀才掌文簿總計財貨又有卑官殆千員
分主城池帑廩及軍卒其領兵者每半歲給金十兩
勝兵三萬每半歲亦給金有差土俗婚聘無媒妁但

納黃金於女家以娶之五月遊船十月遊山有山馬
可乘跨或乘軟兜樂有橫笛鼓板亦能舞土人被髮
其衣裝纏胸以下至於膝疾病不服藥但禱神求佛
其俗有名而無姓方言謂真珠為沒爹蝦羅謂牙為
家囉謂香為崐𡿺盧林謂尾為低密先是宋元嘉十
二年遣使朝貢後絕淳化三年十二月其王穆羅茶
遣使陀湛使副蒲亞里判官李陀那假澄等來朝貢
陁湛云中國有真主本國乃脩朝貢之禮國王貢象
牙真珠綉花銷金及綉絲絞雜色絲絞吉貝織雜色絞
布檀香玳瑁檳榔盤犀裝劍金銀裝劍藤織花簟白

鸚鵡七寶飾檀香亭子其使別貢玳瑁龍腦丁香藤
織花簟先是朝貢使汎舶船六十日至明州定海縣
掌市舶監察御史張肅先驛奏其使飾服之狀與嘗
來入貢波斯相類譯者言云今主舶大商毛旭者建
溪人數往來本國因假其鄉導來朝貢又言其國王
一號曰夏至馬囉夜王妃曰落肩娑婆利本國亦署
置僚屬又其方言目船主為勃荷王妻曰勃荷比毛
贖其船中婦人名眉珠椎髻無首飾以蠻布纏身顏
色青黑言語不能曉拜亦如男子膜拜一子項戴金
連鎖子手有金鈎以帛帶縈之名阿嚕其國與三佛

齊有讎怨互相攻戰本國山多猴不畏人呼以霄霄
之聲即出或投以果實則其大猴二先至土人謂之
猴王猴夫人食畢群猴食其餘使既至上令有司優
待久之使還賜金幣甚厚仍賜良馬戎具以從其請
其使云隣國名婆羅門有善法察人情人欲相危害
者皆先知之大觀三年六月遣使入貢詔禮之如交
阯又有摩逸國太平興國七年載寶貨至廣州海岸
建炎三年以南郊恩制授闍婆國主懷遠軍節度琳
州管內觀察處置等使金紫光祿大夫檢校司空使
持節琳州諸軍事琳州刺使兼御史大夫上柱國闍

婆國王食邑二千四百戶實封一千戶悉里地茶蘭
固野可特授檢校司空加食邑實封紹興二年復加
食邑五百戶實封二百戶

南毗國在大海之西南由三佛齊風飄月餘可至其
國王每巡行先期遣兵百餘人持水灑地上以防颶
風揚沙塵列鼎百以進食日一易之置翰林官供王
飲食俗喜戰鬭習刀矟善射鑿雜白銀爲錢產真珠
番布其國最遠番舶罕到時羅巴智力干父子其種
類也居泉之城南自是舶舟多至其國矣

勃泥國在西南大海中去闍婆四十五日程去三佛

齊四十日程去占城與摩逸各三十日程皆計順風
爲則其國以版爲城城中居者萬餘人所統十四州
其王所居屋覆以貝多葉民舍覆以草在王左右者
爲大人王坐繩床若出即大布單坐其上衆舁之名
曰阮囊戰鬭者則持刀被甲甲以銅鑄狀若大筒穿
之於身護其腹背其地無麥有麻稻又有羊及雞魚
無蠶絲用吉貝花織成布飲椰子酒昏聘之資先以
椰子酒檳榔次之指環又次之然後以吉布貝或量出
金銀成其禮喪葬亦有棺斂以竹爲轝載棄山中二
月始耕則祀之凡七年則不復祀矣以十二月七日
爲歲節地熱多風雨國人宴會鳴鼓吹笛擊鈸歌舞
爲樂無器皿以竹編貝多葉爲器盛食食訖棄之其
國鄰於底門國有藥樹取其根煎爲膏服之及塗其
體兵刃所傷皆不死前代未嘗朝貢故史籍不載太
平興國二年其王向打遣使施弩使副蒲亞里判官
哥心等齎表貢大片龍腦一家底第二等八家底第
三等十一家底米龍腦二十家底蒼龍腦二十家底
凡一家底並二十兩龍腦版五玳瑁殼一百檀香三
橛象牙六株表云爲皇帝千萬歲壽望不責小國微
薄之禮其表以數重小囊緘封之非中國紙類木皮

而薄瑩滑色微綠長數尺濶寸餘橫卷之僅可盈握
其字細小橫讀之以華言譯之云勃泥國王向打稽
首拜皇帝萬歲萬歲萬萬歲願皇帝萬歲壽今遣使
進貢向打聞有朝廷無路得到昨有商人蒲盧歇船
泊水口差人迎到州言自中朝來比詣闍婆國遇猛
風破其船不得去此時聞自中國來國人皆大喜即
造舶船令蒲盧歇導達入朝貢所遣使人只願平善
見皇帝每年令人入朝貢每年修貢慮風吹至占城
界望皇帝詔占城令有向打船到不要留臣本國別
無異物乞皇帝勿怪其表文如是詔館其使於禮賓

院優賜以遣之元豐五年二月其王錫理麻喏復遣使貢方物其使乞從泉州乘海舶歸國從之

注輦國東距海五里西至天竺千五百里南至羅蘭二千五百里北至頓田三千里自古不通中國水行至廣州約四十一萬一千四百里其國有城七重高七尺南北十二里東西七里每城相去百步凡四城用塼二城用土最中城以木為之皆植花果雜木其第一至第三皆民居環以小河第四城四侍郎居之第五城主之四子居之第六城為佛寺百僧居之第七城即主之所居室四百餘區所統有三十一部落

其西十二曰只都尼施亞盧尼羅琶離鸞琶移布林琶布尼古檀布林蒲登故里婆輪岑本蹄揭蹄閣黎池離那部尼遮古林亞里者林其南八曰無雅加黎麻藍眉古黎苦低舍里尼密多羅摩伽藍蒲登蒙伽林伽藍琶里琶離遊亞林池蒙伽藍其北十二曰撥羅耶無沒離江林加里蒙伽藍漆結麻藍樫折蒙伽藍皮林伽藍蒲稜和藍堡琶來田注離盧婆羅迷蒙伽藍今國主相傳三世矣民有罪即命侍郎一員處治之輕者繫於木格笞五十至一百重者即斬或以象踐殺之其宴則國主與四侍郎膜拜于階遂共坐作樂歌舞不飲酒而食肉俗衣布亦有餅餌掌饌執事用婦人其嫁娶先用金銀指環使媒婦至女家後二日會男家親族約以土田生畜檳榔酒等稱其有無為禮女家復以金銀指環越諾布及女所服錦衣遺壻若男欲離女則不取聘財女却男則倍償之其兵陣用象居前小牌次之梭槍次之長刀又次之弓矢在後四侍郎分領其衆國東南約二千五百里有悉蘭池國或相侵伐地產真珠象牙珊瑚頗黎檳榔豆蔻吉貝布獸有山羊黃牛禽有山鷄鸚鵡果有餘甘藤羅千年棗椰子甘羅崐崘梅婆羅密等花有白

末利散絲蛇脐佛桑麗秋青黃碧娑羅瑶蓮蟬紫水蕉之類五穀有綠豆黑豆麥稻地宜竹自昔未嘗朝貢大中祥符八年九月其國主羅茶羅乍遣進奉使侍郎娑里三文副使蒲恕判官翁勿防援官亞勒加等奉表來貢三文等以盤奉真珠碧玻璃升殿布於御坐前降殿再拜譯者導其言曰願以表遠人慕化之誠其國主表曰臣羅茶羅乍言昨遇舶船商人到本國告稱鉅宋之有天下也二帝開基聖人繼統登封太岳禮祀汾陰至德升聞上穹眷命臣昌期斯遇吉語幸聞輒傾就日之誠仰露朝天之款臣伏聞

人君之御統也無遠不臻臣子之推誠也有道則服伏惟皇帝陛下功超邃古道建大中衣裳垂而德合乾坤劍戟鑄而範圍區宇神武不殺人文化成廓明明之德以臨御下民懷翼翼之心以昭事上帝至仁不傷於行葦大信爰及於淵魚故得天鑒孔彰帝文有赫顯今古未聞之事保家邦大定之基竊念臣微類醯鷄賤如蒭狗世居夷落地遠華風虛荷燭幽曾無執贄今者竊聽歌頌普及遐陬恨年鬐於桑榆阻躬陳於玉帛矧滄溟之曠絶在跋涉以稍艱是敢傾倒赤心進贍册闕任土作貢同螻蟻之慕膻委質事

君比葵藿之向日謹遣專使等五十二人奉土物來貢凡真珠衫帽各一真珠二萬一千一百兩象牙六十株乳香六十斤三文等又獻珠六千六百兩香藥三千三百斤初羅茶羅乍既聞商船言且曰十年來海無風濤古老傳云如此則中國有聖人故遣三文等入貢三文離本國舟行七十七晝夜歷郍勿丹山娑里西蘭山至占賓國又行六十一晝夜歷伊麻羅里山至古羅國國有古羅山因名焉又行七十一晝夜歷加八山占不牢山舟寶龍山至三佛齊國又行十八晝夜度蠻山水口歷天竺山至賓頭狼山望東西王母冢距舟所將百里又行二十晝夜度羊山九星山至廣州之琵琶洲離本國凡千一百五十日至廣州焉詔閤門祇候史祐之館伴凡宴賜恩例同龜茲使其年承天節三文等請於啓聖禪院會僧以祝聖壽明年使回降詔羅茶羅乍賜物甚厚天禧四年又遣使琶欄得麻烈呧奉方物入貢至廣病死守臣以其表聞詔廣州宴犒從者厚賜以遣之明道二年十月其王尸離囉茶印陁囉注囉遣使蒲押陁離等以泥金表進真珠衫帽及真珠一百五兩象牙百株西染院副使閤門通使舍人符惟忠假鴻臚少卿押

伴蒲押陁離自言數朝貢而海風破船不達願將上等珠就龍牀脚撒殿頂戴贍禮以申嚮慕之心乃奉銀盤升殿跪撒珠於御榻下而退景祐元年二月以蒲押陁離為金紫光祿大夫懷化將軍還本國熙寧十年國王地華加羅遣使奇囉囉副使南卑琶打判官麻圖華羅等二十七人來獻豌豆珠麻瑠璃大洗盤白梅花腦錦花犀牙乳香瓶香薔薇水金蓮花木香阿魏鵬砂丁香使副以真珠龍腦登陛跪而散之謂之撒殿既降詔遣御藥室勞之以為懷化將軍保順郎將各賜衣服器幣有差答賜其王錢八萬一千

八百緡銀五萬二千兩

丹眉流國東至占臘五十程南至羅越水路十五程西至西天三十五程北至程良六十程東北至羅斛二十五程東南至闍婆四十五程西南至程若十五程西北至洛華二十五程東北至廣州一百三十五程其俗以版為屋跣足衣布無紳帶以白紵纏其首貿易以金銀其主所居廣袤五里無城郭出則乘象車亦有小駟地出犀象鍮石紫草蘇木諸藥四時炎熱無雪霜未嘗至中國咸平四年國主多須機遣使打吉馬副使打臘判官皮泥等九人來貢木香千斤鍮鑞各百斤胡黃連三十五斤紫草百斤紅氈一合花布四段蘇木萬斤象牙六十一株召見崇德殿賜以冠帶服物及還又賜多須機詔書以敦獎之

列傳卷第二百四十八

列傳卷第二百四十九　宋史四百九十

開府儀同三司上柱國錄軍國重事前中書右丞相監修國史領經筵事都總裁脫脫等奉敕修

外國六

天竺　于闐　高昌　回鶻

大食　層檀　龜茲　沙州

拂菻

天竺國舊名身毒亦曰摩伽陀復曰婆羅門俗宗浮圖道不飲酒食肉漢武帝遣使十餘輩間出西南指求身毒為昆明所閉莫能通至漢明帝夢金人於是遣使天竺問佛道法由是其教傳於中國梁武帝後魏宣武皆來貢獻隋煬帝志通西域諸國多有至者唯天竺不通唐貞觀以後朝貢相繼則天天授中五天竺王並來朝獻乾元末河隴陷沒遂不復至周廣順三年西天竺僧薩滿多等十六族來貢名馬乾德三年滄州僧道圓自西域還得佛舍利一水晶器貝葉梵經四十夾來獻道圓晉天福中詣西域在塗十二年住五印度凡六年五印度即天竺也還經于闐與其使偕至太祖召問所歷風俗山川道里一一能記四年僧行勤等一百五十七人詣闕上言願至西

域求佛書許之以其所歷甘沙伊肅等州焉耆龜茲于闐割禄等國又歷布路沙加濕彌羅等國並詔諭其國令人引導之開寶後天竺僧持梵夾來獻者不絶八年冬東印度王子穰結説囉來朝貢天竺之法國王死太子襲位餘子皆出家為僧不復居本國有曼殊室利者乃其王子也隨中國僧至焉太祖令館於相國寺善持律為都人之所傾嚮財施盈室衆僧頗嫉之以其不解唐言即偽為奏求還本國許之詔既下曼殊室利始大驚恨衆僧諭以詔旨不得已遲留數月而後去自言詣南海附賈人船而歸終不知所適太平興國七年益州僧光遠至自天竺以其王没徙曩表來上上令天竺僧施護譯云近聞支那國内有大明王至聖至明威力自在每慙薄幸朝謁無由遥望支那起居聖躬萬福光遠來蒙賜金剛吉祥無畏坐釋迦聖像袈裟一事已披掛供養伏願支那皇帝福慧圓滿壽命延長常為引導一切有情生死海中渡諸沉溺今以釋迦舍利附光遠上進又譯其國僧統表詞意亦與没徙曩同施護者烏填曩國人其國屬北印度西行十二日至乾陀羅國又西行二十日至曩誐囉賀囉國又西行十日至嵐婆國又西

行十二日至誐惹曩國又西行至波斯國得西海自北印度行百二十日至中印度中印度西行三程至阿囉尾國又西行十二日至末曩囉國又西行十二日至鉢頼野迦國又西行六十日至迦囉拏俱惹國又西行二十日至摩囉尾國又西行二十日至烏然泥國又西行二十五日至囉囉國又西行四十日至蘇囉茶國又西行十一日至西海自中印度行六月程至南印度又西行九十日至供迦拏國又西行一月至海自南印度南行六月程得南海皆施護之所述云八年僧法遇自天竺取經回至三佛齊遇天竺僧彌摩羅失黎語不多令附表願至中國譯經上優詔召之法遇後募緣製龍寶蓋袈裟將復往天竺表乞給所經諸國勅書遂賜三佛齊國王遐至葛古羅國主司馬佶芒柯蘭國主讚怛羅西天王子謨馱仙書以遣之雍熙中衞州僧辭澣自西域還與胡僧密坦羅奉北印度王及金剛坐王那爛陀書來又有婆羅門僧永世與波斯外道阿里烟同至京師永世自云本國名利得國王姓牙羅五得名阿喏你縛衣黄衣戴金冠以七寶為飾出乘象或肩輿以音樂螺鈸前導多遊佛寺博施貧乏其妃曰摩訶你衣大紬縷

金紅衣歲一出多所振施人有宛抑候王及妃出遊即迎隨伸訴署國相四人庶務並委裁制五穀六畜果實與中國無異市易用銅錢有文漫圓徑如中國之制但實其中心不穿貫耳其國東行經六月至大食國又二月至西州又三月至夏州阿里烟自云本國王號黑衣姓張名哩泿用錦綵為衣每遊獵三二日一還國署大臣九人治國事無錢貨以雜物貿易其國東行經六月至婆羅門至道二年八月有天竺僧隨舶至海岸持帝鐘鈴杵銅鈴各一佛像一軀貝葉梵書一夾與之語不能曉天聖二年九月西印度僧

宋史列傳卷第二百四十九　四

愛賢智信護等來獻梵經各賜紫方袍束帛五年二月僧法吉祥等五人以梵書來獻賜紫方袍景祐三年正月僧善稱等九人貢梵經佛骨及銅牙菩薩像賜以束帛

于闐國自漢至唐皆入貢中國安史之亂絕不復至晉天福中其王李聖天自稱唐之宗屬遣使來貢高祖命供奉官張鄴持節冊聖天為大寶于闐國王建隆二年十二月聖天遣使貢圭一以玉為柙玉枕一本國摩尼師貢琉璃瓶二胡錦一段其使言本國去京師九千九百里西南抵葱嶺與婆羅門接相去三千餘里東接吐蕃西北至疏勒二千餘里國城東有白玉河西有綠玉河次西有烏玉河源出崐岡山去國城西千三百里每歲秋國人取玉於河謂之撈玉土宜蒲萄人多醞以為酒甚美俗事妖神乾德三年五月于闐僧善名善法來朝賜紫衣其國宰相因善名等來致書樞密使李崇矩求通中國太祖令崇矩以書及器幣報之至是冬沙門道圓自西域還經于闐與其朝貢使至四年又遣其子德從來貢方物開寶二年遣使直末山來貢且言本國有玉一塊凡二百三十七斤願以上進乞遣使取之善名復至貢阿

宋史列傳卷第二百四十九　五

魏子賜號昭化大師因令還取玉又國王男總嘗貢玉欛刀亦厚賜報之四年其國僧吉祥以其國王書來上自言破疏勒國得舞象一欲以為貢詔許之大中祥符二年其國黑韓王遣回鶻羅厮溫等以方物來貢厮溫跪奏曰臣萬里來朝獲見天日願聖人萬歲與遠人作主上詢以在路幾時去此幾里對曰涉道一年晝行暮息不知里數昔時道路嘗有剽掠今自瓜沙抵于闐道路清謐行旅如流願遣使安撫遠俗上曰路遠命使益以勞費爾國今降詔書汝即賫往亦與命使無異也初太平興國中有澶州卒王貴

者貴忽見使者至營急召貴偕行南至河橋驛馬已
具即命乘之俄覺騰虛而去頃之駐馬但見屋室宏
麗使者引貴入見其主者容衛制度悉如王者謂貴
曰俟汝年五十八當往于闐國北通聖山取一異寶
以奉皇帝宜深志之遂復乘馬凌虛而旋軍中失貴
已數日矣驗所乘即營卒之馬也知州宋煦劾貴以
聞太宗釋之天禧初貴自陳年已五十八願遵前戒
西至于闐尋詐其行貴至秦州以道遠悔懼俄於市
中遇一道士引貴出城登高原問貴所欲具以實對
即命貴閉目少頃令開視山川頓異道士曰此于闐

國北境通聖山也復引貴觀一池池中有仙童出一
物授之謂曰持此奉皇帝又令瞑目俄頃復至秦州
向之道士已失所在發其物乃玉印也文曰國王趙
萬永寶州以獻天聖三年十二月遣使羅面于多副
使金三監使安多都監趙多來朝貢玉鞍轡白玉帶
胡錦獨峯槖駝乳香硇砂詔給還其直館于都亭西
驛別賜襲衣金帶銀器百兩衣著二百羅面于多金
帶嘉祐八年八月遣使羅撒温獻方物十一月以其
國王為特進歸忠保順斫鱗黒韓王羅撒温言其王
乞賜此號也于闐謂金翅鳥為斫鱗黒韓蓋可汗之

訖也羅撒温等以獻物賜直少不受及請所獻獨峯
槖駝詔以遠人特別賜錢五千貫以槖駝還之而與
其已賜之直其後數以方物來獻熙寧以來遠不踰
一二歲近則歲再至所貢珠玉珊瑚翡翠象牙乳香
木香琥珀花蕊布硇砂龍鹽西錦玉鞦轡馬腽肭臍
金星石水銀安息雞舌香有所持無表章每賜以暈
錦旋襴衣金帶器幣宰相則盤毬雲錦夾襴地產乳
香來輒羣負私與商賈牟利不售則歸諸外府得善
價故其來益多元豐初始詔惟齎表及方物馬驢乃
聽以詣闕乳香無用不許貢四年遣部領阿辛上表

稱于闐國僂儸有福力量知文法黒汗王書與東方
日出處大世界田地主漢家阿舅大官家大略云路
遠傾心相向前三遣使入貢未回重複數百言董氊
使導至熙州譯其辭以聞詔前三輩使人皆已朝見
錫賚遣發賜勅書諭之神宗嘗問其使去國歲月所
經何國及有無鈔略對曰去國四年道塗居其半歷
黃頭回紇青唐惟懼契丹鈔略耳因使之圖上諸國
距漢境遠近為書以授李憲八年九月遣使入貢使
者為神宗飯僧追福賜錢百萬還其所貢師子元祐
中以其使至無時令熙河間歲一聽至闕八年請討

夏國不許紹聖中其王阿忽都董娥密竭篤又言緬
藥家作過別無報效已遣兵攻甘沙肅三州詔厚答
其意知秦州游師雄言于闐大食拂菻等國貢奉般
次踵至有司憚於供賚抑留邊方限二歲一進外夷
慕義萬里而至此非所以來遠人也從之自是訖于
宣和朝享不絕
高昌國漢車師前王之地有高昌城取其地勢高敞
人民昌盛以為名焉後魏初沮渠無諱自署高昌太
守無諱死茹茹以闞伯周為高昌王高昌有王始於
此後魏至隋皆來貢獻唐貞觀中侯君集平其國以

其地為西州安史之亂其地陷沒乃復為國語訛亦
云高敞然其地頗有回鶻故亦謂之回鶻建隆三年
四月西州回鶻阿都督等四十二人以方物來貢乾
德三年十一月西州回鶻可汗遣僧法淵獻佛牙琉
璃器琥珀盞太平興國六年其王始稱西州外生師
子王阿廝蘭漢遣都督麥索溫來獻五月太宗遣供
奉官王延德殿前承旨白勳使高昌八年其使安鶻
盧來貢雍熙元年四月王延德等還敘其水程來獻
云初自夏州歷玉亭鎮次歷黃羊平其地平而產黃
羊渡沙磧無水行人皆載水凡二日至都囉囉族漢

使過者遺以財貨謂之打當次歷茅女喎子族族臨
黃河以羊皮為囊吹氣實之浮於水或以橐駝牽木
栰而渡次歷茅女王子開道族行入六窠沙沙深三
尺馬不能行行者皆乘橐駝不育五穀沙中生草名
登相收之以食次歷樓子山無居人行沙磧中以日
為占旦則背日暮則向日日中則止夕行望月亦如
之次歷卧梁劾特族地有都督山唐回鶻之地次歷
大蟲太子族族接契丹界人衣尚錦繡器用金銀馬
乳釀酒飲之亦醉次歷屋地因族蓋達于于越王子
之子次至達于于越王子族次歷拽利王子族有合

羅川唐回鶻公主所居之地城基尚在有湯泉池次
歷阿墩族經馬騣山望鄉嶺嶺上石龕有李陵題字
處次歷格囉美源西方百川所會極望無際鷗鷺鳧
鴈之類甚衆次至托邊城亦名李僕射城城中首領
號通天王次歷小石州次歷伊州州將陳氏其先自
唐開元二年領州凡數十世唐時詔敕尚在地有野
蠶生苦參上可為綿帛有羊尾大而不能走尾重者
三斤小者一斤肉如熊白而甚美又有礪石剖之得
賓鐵謂之喫鐵石又生胡桐樹經雨即生胡桐律次
歷益都次歷納職城城在大患鬼魅磧之東南望玉

門關甚近地無水草載糧以行凡三日至鬼谷口避
風驛用本國法設祭出詔神禦風風乃息凡八日至
澤田寺高昌聞使至遣人來迎次歷地名寶莊又歷
六種乃至高昌高昌即西州也其地南距于闐西南
距大食波斯西距西天步路涉雪山葱嶺皆數千里
地無雨雪而極熱每盛暑居人皆穿地為穴以處飛
鳥群萃河濱或起飛即為日氣所爍墜而傷翼屋室
覆以白堊雨及五寸即廬舍多壞有水源出金嶺導
之周圍國城以溉田園作水磑地產五穀惟無蕎麥
貴人食馬餘食羊及鳧鴈樂多琵琶箜篌出貂鼠白

氎繡文花蕋布俗好騎射婦人戴油帽謂之蘇幕遮
用開元七年曆以三月九日為寒食餘二社冬至亦
然以銀或鍮石為筒貯水激以射或以水交潑為戲
謂之壓陽氣去病好游賞行者必抱樂器佛寺五十
餘區皆唐朝所賜額寺中有大藏經唐韻玉篇經音
等居民春月多群聚遨樂於其間游者馬上持弓矢
射諸物謂之禳災有勑書樓藏唐太宗明皇御札詔
勑緘鎖甚謹復有摩尼寺波斯僧各持其法佛經所
謂外道者也所統有南突厥北突厥大衆熨小衆熨
樣磨割祿黠戛司末蠻格哆族預龍族之名甚衆國

中無貧民絕食者共賑之人多壽考率百餘歲絕無
夭死時四月師子王避暑於北廷以其舅阿多于越
守國先遣人致意於延德曰我王舅也使者拜我乎
延德曰持朝命而來禮不當拜復問曰見王拜乎延
德曰禮亦不當拜阿多于越復數日始相見然其禮
頗恭師子王邀延德至其北廷歷交河州凡六日至
金嶺口寶貨所出又兩日至漢家砦又五日上金嶺
過嶺即多雨雪嶺上有龍堂刻石記云小雪山也嶺
上有積雪行人皆服毛罽度嶺一日至北廷憩高臺
寺其王烹羊馬以具膳尤豐潔地多馬王及王后太

子各養馬放牧平川中彌亘百餘里以毛色分別為
群莫知其數北廷川長廣數千里鷹鷂鵰鶻之所生
多美草不生花砂鼠大如鼫鷙禽捕食之其王遣人
來言擇日以見使者願無訝其淹久至七日見其王
及王子侍者皆東向拜受賜旁有持磬者擊以節拜
王聞磬聲乃拜既而王之兒女親屬皆出羅拜以受
賜遂張樂飲宴為優戲至暮明日汎舟於池中池四面
作鼓樂又明日游佛寺曰應運太寧之寺貞觀十四
年造北廷北山中出硇砂山中嘗有烟氣涌起無雲
霧至夕光燄若炬火照見禽鼠皆赤采者著木底鞵

取之皮者即焦下有穴生青泥出穴外即變爲砂石土人取以治皮城中多樓臺卉木人白皙端正性工巧善治金銀銅鐵爲器及攻玉善馬直絹一匹其駑馬充食纔直一丈貧者皆食肉西抵安西即唐之西境七月令延德先還其國其王九月始至亦聞有契丹使來謂其王云高敞本漢土漢使來覘視封域將有異圖王當察之延德偵知其語因謂王曰契丹素不順中國今乃反間我欲殺之王固勸乃止自六年五月離京師七年四月至高昌所歷以詔賜諸國君長襲衣金帶繒帛八年春與其謝恩使凡百餘人復

循舊路而還雍熙元年四月至京師景德元年又遣使金延福來貢

回鶻本匈奴之別裔在天德西北娑陵水上後魏號鐵勒唐初號特勒後稱回紇其君長曰可汗自貞觀以後朝貢不絕至德初出兵助國討平安史之亂故累朝恩禮最重然而恃功橫恣朝廷雖患其邀求無厭然頗姑息聽從之元和中詔爲回鶻會昌中其國衰亂其相駁職者擁外甥將龎勤西奔安西既而回鶻爲幽州張仲武所破龎勤乃自稱可汗居甘沙西州無復昔時之盛矣歷梁後唐晉漢周皆遣使朝貢後唐同光中冊其國王仁美爲英義可汗仁美卒其弟仁裕立冊爲順化可汗晉天福中又改爲奉化可汗仁裕卒子景瓊立先是唐朝繼以公主下嫁故回鶻世稱中朝爲舅中朝每賜答詔亦曰外甥五代之後皆因之建隆二年景瓊遣使朝獻三年阿都督等四十二人以方物來貢乾德二年遣使貢玉百團琥珀四十斤犛牛尾貂鼠等三年遣使趙黨誓等四十七人以團玉琥珀紅白犛牛尾爲貢開寶中累遣使貢方物其宰相鞠仙越亦貢馬太平興國二年冬遣殿直張璨齎詔諭甘沙州回鶻可汗外甥賜以器幣

招致名馬美玉以備車騎琮璜之用五年甘沙州回鶻可汗夜落紇密禮遏遣使裴溢的等四人以槖駞名馬珊瑚琥珀來獻雍熙元年四月西州回鶻與婆羅門僧永世波斯外道阿里烟同入貢四年合羅川回鶻第四族首領遣使朝貢端拱二年九月回鶻都督石仁政麽囉王子邈拏王子越黜黃水州巡檢四族並居賀蘭山下無所統屬諸部入貢多由其地麽囉王子自云向爲靈州馮暉阻絕由是不通貢奉今有內附意各以錦袍銀帶賜之咸平四年可汗王祿勝遣使曹萬通以玉勒名馬獨峯無峯槖駞賓鐵劍

甲琉璃器来貢萬通自言任本國樞密使本國東至黄河西至雪山有小郡數百甲馬甚精習願朝廷命使統領使得縛繼遷以獻因降詔禄勝曰賊遷凶悖人神所棄卿世濟忠烈義篤舅甥繼上奏封備陳方略且欲大舉精甲就覆殘妖拓土西陲獻俘北闕可汗功業其可勝言嘉歎所深不忘朕意今更不遣使臣一切委卿統制特授萬通左神武軍大將軍優賜禄勝器服景德元年夜落紇遣使来貢四年又遣尼法仙等来朝獻馬仍許法仙遊五臺山又遣僧翟入奏来獻馬欲於京城建佛寺祝聖壽求賜名額不許

大中祥符元年夏州萬子等軍主領族兵趨回鶻回鶻設伏要路示弱不與鬭俟其過奮起擊之勦戮殆盡其生擒者回鶻驅坐於野悉以所獲資粮示之曰爾輩弧鼠規求小利我則不然遂盡焚而殺之唯萬子軍主挺身走鎮戎軍以聞上曰回鶻嘗殺繼遷世為讎敵甘州使至亦言德明侵軼之狀意頗輕視之量其兵勢德明未易敵也其年夜落紇寶物公主及没孤公主娑温宰相各遣使来貢東封禮成以可汗王進奉使姚進為寧遠將軍寶物公主進奉曹進為安化郎將賜以袍笏又賜夜落紇介胄三年又遣左

温宰相何居録越樞密使翟符守榮等来貢是年龜兹國王可汗遣使李延福副使安福監使翟進来進香藥花蕊布名馬獨峯驝大尾羊玉鞍勒琥珀碖石等四年翟符守榮等三十人請從祀汾陰其年夜落紇遣使貢方物秦州回鶻安密獻玉帶於道左禮成以翟符守榮為左神武軍大將軍安殿民為保順郎將餘皆賜冠帶器幣其年夜落紇遣使言敗趙德明立功首領請加恩賞詔給司戈司階郎將告勅十道使得承制補署六年龜兹進奉使李延慶等三十六人對于長春殿獻名馬弓箭鞍勒團玉香藥等優詔

答之先是甘州數與夏州接戰夜落紇貢奉多為夏州鈔奪及宗哥族感悅朝廷恩化乃遣人援送其使故頻年得至京師既而唃廝羅欲娶可汗女而無聘財可汗不許因為讎敵五年秦州遣指揮使楊知進譯者郭敏送進奉使至甘州會宗哥怨隙阻歸路遂留知進等不敢遣八年敏方得還可汗王夜落隔上表言寶物公主疾死以西涼人蘇守信劫亂不時奏聞又謝恩賜寶鈿銀匣曆日及安撫詔書仍乞慰諭宗哥使開朝貢之路九年楊知進亦至遂遣郭敏賜宗哥詔書并甘州可汗器幣其年使来朝貢言夜落

隔辛九宰相諸部落奉夜落隔歸化為可汗王領國事天禧二年夜落隔歸化遣都督安信等来朝四年又遣使同龜茲國可汗王智海使来獻大尾羊初回鶻西奔族種散處故甘州有可汗王西州有克韓王新復州有黑韓王皆其後焉天聖元年五月甘州夜落隔通順遣使阿葛之王文貴来貢方物六月詔甘州回紇外甥可汗王夜落隔通順特封歸忠保順可汗王二年五月遣使都督翟信等十四人来貢馬及黄湖綿細白氎三年四月可汗王公主及宰相撒温訛進馬乳香賜銀器金帶衣著暈錦旋襴有差五年八月

遣使安萬東等一十四人来貢方物六年二月遣人貢方物熙寧元年入貢求買金字大般若經以墨本賜之六年復来補其首領五人為軍主歲給綵二十疋神宗問其國種落生齒幾何曰三十餘萬壯可用者幾何曰二十萬明年勅李憲擇使聘阿里骨使諭回鶻令發兵深入夏境憲以命殿直皇甫旦旦往不得前而妄奏功狀詔逮旦赴御史獄抵罪然回鶻使不常来宣和中間因入貢散而之陝西諸州公為貿易至留久不歸朝廷慮其習知邊事且往来皆經夏國於播傳非便乃立法禁之

大食國本波斯之別種隋大業中波斯有桀黠者探穴得文石以為瑞乃糾合其衆剽略資貨聚徒浸盛遂自立為王據有波斯國之西境唐永徽以後屢来朝貢其王盆泥末換之前謂之白衣大食阿蒲羅拔之後謂之黑衣大食乾德四年僧行勤遊西域因賜其王書以招懷之開寶元年遣使来朝貢四年又貢方物以其使李訶末為懷化將軍特以金花五色綾紙寫官告以賜是年本國及占城門婆又致禮物于李煜煜不敢受遣使来上因詔自今勿以為獻六年遣使来貢方物七年國王訶黎佛又遣使不囉海九

年又遣使蒲希密皆以方物来貢太平興國二年遣使蒲思那副使摩訶末判官蒲囉等貢方物其從者目深體黑謂之崑崙奴詔賜其使襲衣器幣從者縑帛有差四年復有朝貢使至雍熙元年國人花茶来獻花錦越諾揀香白龍腦白沙糖薔薇水琉璃器淳化四年又遣其副酋長李亞勿来貢其國舶主蒲希密至南海以老病不能詣闕乃以方物附亞勿来獻其表曰大食舶主臣蒲希密上言衆星垂象回拱於北辰百谷疏源委輸於東海屬有道之柔遠罄無外以宅心伏惟皇帝陛下德合二儀明齊七政仁宥萬國

光被四夷賡歌洽擊壤之民重譯走奉珎之貢臣顧
惟殊俗景慕中區早傾向日之心頗鬱朝天之願昨
在本國曾得廣州蕃長寄書招諭令入京貢奉盛稱
皇帝聖德布寬大之澤詔下廣南寵綏蕃商阜通遠
物臣遂乘海舶爰率土毛涉歷龍王之宮瞻望天帝
之境庶遵玄化以慰宿心今則雖届五羊之城猶賒
雙鳳之闕自念衰老病不能興遐想金門心目俱斷
今遇李亞勿来貢謹備蕃錦藥物附以上獻臣希密
凡進象牙五十株乳香千八百斤賓鐵七百斤紅絲
吉貝一段五色雜花蕃錦四段白越諾二段都爹一

琉璃瓶無名異一塊薔薇水百瓶詔賜希密勑書錦
袍銀器束帛等以答之至道元年其國舶主蒲押陁
黎賫蒲希密表来獻白龍腦一百兩腽肭臍五十對
龍鹽一銀合眼藥二十小琉璃瓶白沙糖三琉璃甕
千年棗船上五味子各六琉璃瓶舶上褊桃一琉璃
瓶薔薇水二十琉璃瓶乳香山子一坐蕃錦二段駞
毛褥面三段白越諾三段引對於崇政殿譯者代奏
云父蒲希密因緣射利泛舶至廣州迨今五稔未歸
母令臣遠来尋訪昉至廣州見之具言前歲蒙皇帝
聖恩降勑書賜以法錦袍紫綾纏頭間塗金銀鳳瓶

一對綾絹二十疋今令臣奉章来謝以方物致貢太
宗因問其國對云與大秦國相鄰為其統屬今本國
所管之民纔及數千有都城介山海間又問其山澤
所出對云惟犀象香藥問犀象以何法可取對云象
用象媒誘至漸以大繩羈縻之耳犀則使人升大樹
操弓矢伺其至射而殺之其小者不用弓矢可以捕
獲上賜以襲衣冠帶被褥等物令閤門宴犒訖就館
延留數月遣回降詔答賜蒲希密黄金準其所貢之
直三年二月又與賓同隴國使来朝咸平二年又遣
判官文戊至三年舶主陁婆離遣使穆吉鼻来貢吉

鼻還賜陁婆離詔書并器服鞍馬六年又遣使婆羅
欽三摩尼等来貢方物摩尼等對於崇政殿持真珠
以進自云離國日誠願得瞻威顏即獻此乞不給回
賜真宗不欲違其意俟其還優加恩賚景德元年又
遣使来時與三佛齊蒲端國使並在京師會上元觀
燈皆賜錢縱其宴飲其秋蕃客蒲加心至四年又遣
使同占城使来優加館餼之禮許徧至苑囿寺觀遊
覽大中祥符元年十月車駕東封舶主陁婆離上言
願執方物赴泰山從之又舶主李亞勿遣使麻勿来
獻玉圭並優賜器幣袍帶并賜國主銀飾繩床水罐

器械旗幟鞍勒馬等四年祀汾陰又遣歸德將軍陁羅離進鋌香象牙琥珀無名異繡絲紅絲碧黃綿細越諾紅駝毛間金線壁衣碧白琉璃酒器薔薇水千年棗等詔令陪位禮成並賜冠帶服物五年廣州言大食國人無西忽盧華百三十歲耳有重輪貌甚偉異自言遠慕皇化附古邏國舶船而來詔就賜錦袍銀帶加束帛天禧三年遣使蒲麻勿陁婆離副使蒲加心等來貢先是其入貢路繇沙州涉夏國抵秦州乾興初趙德明請道其國中不許至天聖元年來貢恐為西人鈔略乃詔自今取海路繇廣州至京師至

和嘉祐間四貢方物最後以其首領蒲沙乙為武寧司階熙寧中其使辛押陁羅乞統察蕃長司公事詔廣州裁度又進錢銀助脩廣州城不許六年都蕃首保順郎將蒲陀婆離慈表令男麻勿奉貢物乞以自代而求為將軍詔但授麻勿郎將其國部屬各異名故有勿巡有陁婆離有俞盧和地有麻囉跂等國然皆冠以大食勿巡所貢又有龍腦兜羅錦毬錦襆蕃花簟陁婆有金飾壽帶連環臂釧數珠之屬政和中橫州士曹蔡蒙休押伴其使入都沿道故滯留彊市其香藥不償直事聞詔提點刑獄置獄推治因詔自

今蕃夷入貢並選承務郎以上清幹官押伴按程而行無故不得過一日乞取買市者論以自盜云其國在泉州西北舟行四十餘日至藍里次年乘風颿又六十餘日始達其國地雄壯廣袤民俗侈麗甲於諸蕃天氣多寒其王錦衣玉帶躡金履朔望冠百寶純金冠其居以碼碯為柱綠甘為壁水晶為瓦碌石為磚活石為灰帷幕用百花錦官有丞相太尉各領兵馬二萬餘人馬高七尺士卒驍勇民居屋宇略與中國同市肆多金銀綾錦工匠技術咸精其能建炎三年遣使奉寶玉珠貝入貢帝謂侍臣曰大觀宣和間茶

馬之政廢故武備不脩致金人亂華危亡不絕如綫今復捐數十萬緡以易無用之珠玉曷若惜財以養戰士詔張浚却之優賜以答遠人之意紹興元年復遣使貢文犀象齒朝廷亦厚加賜與而不貪其利故遠人懷之而貢賦不絕

層檀國在南海傍城距海二十里熙寧四年始入貢海道便風行百六十日經勿巡古林三佛齊國乃至廣州其王名亞美羅亞眉蘭傳國五百年十世矣人語音如大食地春冬暖貴人以越布纏頭服花錦白氎布出入乘象馬有奉祿其法輕罪杖重罪死穀有

稻粟麥食有魚畜有綿羊山羊沙牛水牛槖駝馬犀
象藥有木香血竭沒藥鵬砂阿魏薰陸產真珠玻璃
密沙華三酒交易用錢官自鑄三分其齊金銅相半
而銀居一分禁民私鑄元豐六年使保順郎將層伽
尼再至神宗念其絕遠詔頒賚如故事仍加賜白金
二千兩

龜茲本回鶻別種其國主自稱師子王衣黃衣寶冠
與宰相九人同治國事國城有市井而無錢貨以花
蘂布博易有米麥瓜果西至大食國行六十日東至
夏州九十日或稱西州回鶻或稱西州龜茲又稱龜

茲回鶻自天聖至景祐四年入貢者五最後賜以佛
經一藏熙寧四年使李延慶曾福入貢五年又使盧
大明篤都入貢紹聖三年使大首領阿連撒羅等三
人以表章及玉佛至洮西熙河經略使以其罕通使
請令於熙秦州博買而估所齎物價答賜遣還從之

沙州本漢燉煌故地唐天寶末陷于西戎大中五年
張義潮以州歸順詔建沙州為歸義軍以義潮為節
度使領河沙甘肅伊西等州觀察營田處置使義潮
入朝以從子惟深領州事至朱梁時張氏之後絕州
人推長史曹義金為帥義金卒子元忠嗣周顯德二
年来貢授本軍節度檢校太尉同中書門下平章事
鑄印賜之建隆三年加兼中書令子延恭為瓜州防
禦使興國五年元忠卒子延祿遣人来貢贈元忠燉
煌郡王授延祿本軍節度弟延晟為瓜州刺史延瑞
為衙內都虞候咸平四年封延祿為譙郡王五年延
祿延瑞為從子宗壽所害宗壽權知留後而以其弟
宗允權知瓜州表求旌節乃授宗壽節度使宗允檢
校尚書左僕射知瓜州宗壽子賢順為衙內都指揮
使大中祥符末宗壽卒授賢順本軍節度弟延惠為
檢校刑部尚書知瓜州賢順表乞金字藏經洎茶藥

金箔詔賜之至天聖初遣使來謝貢乳香硇砂玉團
自景祐至皇祐中凡七貢方物

拂菻國東南至滅力沙北至海皆四十程西至海三
十程東自西大食及于闐回紇青唐乃抵中國歷代
未嘗朝貢元豐四年十月其王滅力伊靈改撒始遣
大首領你厮都令厮孟判來獻鞍馬刀劍真珠言其
國地甚寒土屋無瓦產金銀珠西錦牛羊馬獨峯駝
梨杏千年棗巴欖粟麥以蒲萄釀酒樂有箜篌壺琴
小篳篥偏鼓王服紅黃衣以金線織絲布纏頭歲三
月則詣佛寺坐紅牀使人舁之貴臣如王之服或青

緑緋白粉紅褐紫並纏頭跨馬城市田野皆有首領主之每歲惟夏秋兩得奉給金錢錦穀帛以治事大小為差刑罰罪輕者杖數十重者至二百大罪則盛以毛囊投諸海不尚闘戰鄰國小有爭但以文字来往相詰問事大亦出兵鑄金銀為錢無穿孔面鑿彌勒佛背為王名禁民私造元祐六年其使兩至詔別賜其王帛二百匹白金瓶襲衣金束帶

列傳卷第二百四十九

列傳卷第二百五十　宋史四百九十一

開府儀同三司上柱國録軍國重事前中書右丞相提舉國史領經筵事都總裁臣脫脫等奉勑修

外國七

流求國　定安國　渤海國
日本國　党項

流求國在泉州之東有海島曰彭湖烟火相望其國塹柵三重環以流水植棘為藩以刀矟弓矢劒鼓為兵器眂月盈虧以紀時無他奇貨商賈不通厥土沃壤無賦斂有事則均稅旁有毗舍邪國語言不通袒裸盱睢殆非人類淳熙間國之酋豪嘗率數百輩猝至泉之水澳圍頭等村肆行殺掠喜鐵器及匙筯人閉戶則免但刓其門圈而去擲以匙筯則頫拾之見鐵騎則爭刓其甲駢首就戮而不知悔臨敵用標鎗繫繩十餘丈為操縱蓋惜其鐵不忍棄也不駕舟楫惟縳竹為筏急則羣舁之泅水而遁

定安國本馬韓之種為契丹所攻破其酋帥糾合餘衆保于西鄙建國改元自稱定安國開寶三年其國王烈萬華因女真遣使入貢乃附表貢獻方物太平興國中太宗方經營遠略討擊契丹因降詔其國令

張掎角之勢其國亦怨寇讎侵侮不已聞中國用兵
北討欲依王師以攄宿憤得詔大喜六年冬會女真
遣使來貢路由本國乃托其使附表來上云定安國
王臣烏玄明言伏遇聖主洽天地之恩撫夷貊之俗
臣玄明誠喜誠抃頓首頓首臣本以高麗舊壤渤海
遺黎保據方隅涉歷星紀仰覆露鴻鈞之德被浸漬
無外之澤各得其所以遂本性而頃歲契丹恃其強
暴入寇境土攻破城砦俘略人民臣祖考守節不降
與衆避地僅存生聚以迄于今而又扶餘府昨背契
丹並歸本國災禍將至無大於此所宜受天朝之密

畫率勝兵而助討必欲報敵不敢違命臣玄明誠懇
誠願頓首頓首其末題云元興六年十月日定安國
王臣玄明表上聖皇帝前上答以詔書曰勑定安國
王烏玄明女真使至得所上表以朕嘗賜手詔諭旨
且陳感激卿遠國豪帥名王茂緒奄有馬韓之地介
于鯨海之表彊敵吞併失其故土沉冤未報積憤奚
伸矧彼獯戎尚搖蠆毒出師以薄伐稟夫天災之流
行敗衂相尋滅亡可待今國家已于邊郡廣屯重兵
只俟嚴冬即申天討卿若能追念累世之恥宿戒舉
國之師當于伐罪之秋展爾復仇之志朔漠底定爵

賞有加宜思永圖無失良便而況渤海顒歸於朝化
扶餘已背於賊庭勵乃宿心糾其協力克期同舉必
集大勳尚阻重溟未遑遣使倚注之切鑒寐寧忘以
詔付女真使令齎以賜之端拱二年其王子因女真
使附獻馬雕羽鳴鏑淳化二年其王子太元女真使
上表其後不復至

渤海本高麗之別種唐高宗平高麗徙其人居中國
則天萬歲通天中契丹攻陷營府高麗別種大祚榮
走保遼東睿宗以為忽汗州都督封渤海郡王因自
稱渤海國併有扶餘肅慎等十餘國歷唐梁後唐朝

貢不絕後唐天成初為契丹阿保機攻扶餘城下之
改扶餘為東丹府命其子突欲留兵鎮之阿保機死
渤海王復攻扶餘不能克歷長興清泰遣使朝貢周
顯德初其酋豪崔烏斯等三十人來歸其後隔絕不
能通中國太平興國四年太宗平晉陽移兵幽州其
酋帥大鸞河率小校李勛等十六人部族三百騎來降
以鸞河為渤海都指揮使六年賜烏舍城浮渝府渤
海琰府王詔曰朕纂紹丕構奄有四海普天之下罔
不率俾矧太原封域國之保障頃因竊據遂相承襲
倚遼為援歷世逋誅朕前歲親提銳旅盡護諸將校

弁門之旅壘斷匈奴之右臂眷言弔伐以蘇黔黎蠢茲北戎非理搆怨輒肆荐食犯我封畧一昨出師逆擊斬獲甚衆今欲鼓行深入席捲長驅焚其龍庭大殲醜類素聞爾國密邇寇讎迫於吞幷力不能制因而服屬困於率割當靈旗破敵之際是鄰邦雪憤之日所宜盡出族帳佐予兵鋒俟其翦滅沛然封賞幽薊土宇復歸中原朔漠之外悉以相與勗乃協力朕不食言時將大舉征契丹故降是詔諭旨九年春宴大明殿因召大鸞河慰撫久之上謂殿前都校劉延翰曰鸞河渤海豪帥束身歸我嘉其忠順夫夷落之俗以馳騁為樂候高秋戒候當與駿馬數十匹令出郊遊獵以遂其性因以緡錢十萬并酒賜之

日本國者本倭奴國也自以其國近日所出故以日本為名或云惡其舊名改之也其地東西南北各數千里西南至海東北隅隔以大山山外即毛人國自後漢始朝貢歷魏晉宋隋皆來貢唐永徽顯慶長安開元天寶上元貞元元和開成中並遣使入朝雍熙元年日本國僧奝然與其徒五六人浮海而至獻銅器十餘事并本國職員今王年代紀各一卷奝然衣綠自云姓藤原氏父為真連真連其國五品品官也

奝然善隸書而不通華言問其風土但書以對云國中有五經書及佛經白居易集七十卷並得自中國土宜五穀而少麥交易用銅錢文曰乾文大寶畜有水牛驢羊多犀象產絲蠶多織絹薄緻可愛樂有國中高麗二部四時寒暑大類中國國之東境接海島夷人所居身面皆有毛東奥州產黃金西別島出白銀以為貢賦國王以王為姓傳襲至今王六十四世文武僚吏皆世官其年代紀所記云初主號天御中主次曰天村雲尊其後皆以尊為號次天八重雲尊次天彌聞尊次天忍勝尊次瞻波尊次萬魂尊次利利魂尊次國狹槌尊次角龔魂尊次汲津丹尊次面垂見尊次國常立尊次天鑑尊次天萬尊次沫名杵尊次伊奘諾尊次素戔烏尊次天照大神尊次正哉吾勝速日天押穗耳尊次天彥尊次炎尊次彥瀲尊凡二十三世並都於筑紫日向宮彥瀲第四子號神武天皇自筑紫宮入居大和州橿原宮即位元年甲寅當周僖王時也次綏靖天皇次安寧天皇次懿德天皇次孝昭天皇次孝天皇次孝靈天皇次孝元天皇次開化天皇次崇神天皇次垂仁天皇次景行天皇次成務天皇次仲哀天皇國人言今為鎮國香椎

大神次神功天皇開化天皇之曾孫女又謂之息長足姬天皇國人言今爲大奈良姬大神次應神天皇甲辰歲始於百濟得中國文字今號八蕃菩薩有大臣號紀武内年三百七歲次仁德天皇次履中天皇次反正天皇次允恭天皇次安康天皇次雄略天皇次清寧天皇次顯宗天皇次仁賢天皇次武烈天皇次繼體天皇次安開天皇次宣化天皇次天國排開廣庭天皇亦名欽明天皇即位十一年壬申歲始傳佛法於百濟國當此土梁承聖元年次敏達天皇次用明天皇有子曰聖德太子年三歲聞十人語同時

解之七歲悟佛法于菩提寺講聖鬘經天雨曼陀羅華當此土隋開皇中遣使泛海至中國求法華經次崇峻天皇次推古天皇欽明天皇之女也次舒明天皇次皇極天皇次孝德天皇白雉四年律師道照求法至中國從三藏僧玄奘受經律論當此土唐永徽四年也次天豐財重日足姬天皇令僧智通等入唐求大乘法相教當顯慶三年次天智天皇次天武天皇次持總天皇次文武天皇大寶三年當長安元年遣粟田真人入唐求書籍律師道慈求經次阿閉天皇次皈依天皇次聖武天皇寶龜二年遣僧正玄昉

入朝當開元四年次孝明天皇聖武天皇之女也天平勝寶四年當天寶中遣使及僧入唐求内外經教及傳戒次天炊天皇次高野姬天皇聖武天皇之女也次白壁天皇二十四年遣二僧靈仙行賀入唐禮五臺山學佛法次桓武天皇遣騰元葛野與空海大師及延歷寺僧澄入唐詣天台山傳智者止觀義當元和元年也次諸樂天皇次嵯峨天皇次淳和天皇次仁明天皇當開成會昌中遣僧入唐禮五臺次文德天皇當大中年間次清和天皇次陽成天皇次光孝天皇遣僧宗叡入唐傳教當光啓元年也次仁和

天皇當此土梁龍德中遣僧寬建等入朝次醍醐天皇次天慶天皇次封上天皇當此土周廣順年也次冷泉天皇今爲太上天皇次守平天皇即今王也凡六十四世畿内有山城大和河内和泉攝津凡五州共統五十三郡東海道有伊賀伊勢志摩尾張參河遠江駿河伊豆甲斐相模武藏安房上總常陸凡十四州共統一百一十六郡東山道有通江美濃飛驒信濃上野下野陸奥出羽凡八州共統一百二十二郡北陸道有若狹越前加賀能發越中越後佐渡凡七州共統三十郡山陰道有丹波丹彼徂馬因幡伯耆

出雲石見隱伎凡八州共統五十二郡小陽道有播
磨美作備前備中備後安藝周防長門凡八州共統
六十九郡南海道有伊紀淡路河波讚耆伊豫土佐
凡六州共統四十八郡西海道有筑前筑後豐前豐
後肥前肥後日向大隅薩摩凡九■州共統九十三
郡又有壹伎對馬多褹凡三島各統二郡是謂五畿
七道三島凡三千七百七十二都四百一十四驛八
十八萬三千三百二十九丁課丁之外不可詳見皆
奝然所記云按隋開皇二十年倭王姓阿每名自多
利思比孤遣使致書唐永徽五年遣使獻琥珀馬腦

宋史四百九十一 字四百令九个

宋史列傳卷第二百五十 八

趙繼新寫 徐昌刊

長安二年遣其朝臣真人貢方物開元初遣使來朝
天寶十二年又遣使來貢元和元年遣高階真人來
貢開成四年又遣使來貢此與其所記皆同大中光
啓龍德及周廣順中皆嘗遣僧至中國唐書中五代
史失其傳唐咸亨中及開元二十三年大曆十二年
建中元年皆來朝貢其記不載太宗召見奝然存撫
之甚厚賜紫衣館于太平興國寺上聞其國王一姓
傳繼臣下皆世官因歎息謂宰相曰此島夷耳乃世
祚遐久其臣亦繼襲不絕此蓋古之道也中國自唐
季之亂寓縣分裂梁周五代享歷尤促大臣世冑鮮

能嗣續朕雖德慚往聖常夙夜寅畏講求治本不敢
暇逸建無窮之業垂可久之範亦以為子孫之計使
大臣之後世襲祿位此朕之心焉其國多有中國典
籍奝然之來復得孝經一卷越王孝經新義第十五
一卷皆金縷紅羅標水晶為軸孝經即鄭氏注者越
王者乃唐太宗子越王貞新義者記室參軍任希古
等撰也奝然復求詣五臺許之令所過續食又求印
本大藏經詔亦給之二年隨台州寧海縣商人鄭仁
德船歸其國後數年仁德還奝然遣其弟子喜因奉
表來謝曰日本國東大寺大朝法濟大師賜紫沙門

宋史四百九十一 計字四百令大个

宋史列傳卷第二百五十 九

趙繼新寫 臨二刊

奝然啓傷鱗入夢不忘漢主之恩枯骨合歡猶亢魏
氏之敵雖云羊僧之拙誰忍鴻霈之誠奝然誠惶誠
恐頓首頓首死罪奝然附商船之離岸期魏闕於生
涯望落日而西行十萬里之波濤難盡顧信風而東
別數千里之山嶽易過妄以下根之卑適詣中華之
盛於是宣旨頻降恣許荒外之跋涉宿心克協粗觀
寓內之瓌奇況乎金闕曉後望堯雲於九禁之中巖
扃晴前拜聖燈於五臺之上就三藏而禀學巡數寺
而優游遂使蓮華迴文神筆出於北闕之北貝葉印
字佛詔傳於東海之東重蒙宣恩忽趁來跡季夏解

台州之纜孟秋達本國之郊爰逮明春初到舊邑緇
素欣待侯伯慕迎伏惟陛下惠溢四溟恩高五嶽世
超黃軒之古人直金輪之新奝然空辭鳳凰之窟更
還螻蟻之封在彼在斯只仰皇德之盛越山越海敢
忘帝念之深縱粉百年之身何報一日之惠染筆拭
淚伸紙搖魂不勝慕恩之至謹差上足弟子傳燈大
法師位嘉因并大朝剃頭受戒僧祚乾等拜表以聞
稱其本國永延二年歲次戊子二月八日實端拱元
年也又別啓貢佛經納青木函琥珀青紅白水晶紅
黑木槵子念珠各一連並納螺鈿花形平函毛籠一

納螺杯二口葛籠一納法螺二口染皮二十枚金銀
蒔繪筥一合納髮鬘二頭又一合納參議正四位上
藤佐理手書二卷及進奉物數一卷表狀一卷又金
銀蒔繪硯一筥一合納金硯一鹿毛筆松烟墨金銅
水瓶鐵刀又金銀蒔繪扇筥一合納檜扇二十枚蝙
蝠扇二枚螺鈿梳函一對其一納赤木梳二百七十
其一納龍骨十橛螺鈿書案一螺鈿書几一金銀蒔
繪平筥一合納白細布五匹鹿皮籠一納貂裘一領
螺鈿鞍轡一副銅鐵鐙紅絲鞦泥障倭畫屏風一雙
石流黃七百斤咸平五年建州海賈周世昌遭風飄

至日本凡七年得還與其國人滕木吉至上皆召見
之世昌以其國人唱和詩来上詞甚雕刻膚淺無所
取詢其風俗云婦人皆被髮一衣用二三縑又陳所
記州名年號上令滕木吉以所持木弓矢挽射矢不
能遠詰其故國中不習戰鬬賜木吉時裝錢遣還景
德元年其國僧寂照等八人来朝寂照不曉華言而
識文字繕寫甚妙凡問答並以筆札詔號圓通大師
賜紫方袍天聖四年十二月明州言日本國太宰府
遣人貢方物而不持本國表詔却之其後亦未通朝
貢南賈時有傳其物貨至中國者熙寧五年有僧誠

尋至台州止天台國清寺願留州以聞詔使赴闕誠
尋獻銀香爐木槵子白琉璃五香水精紫檀琥珀所
飾念珠及青色織物綾神宗以其遠人而有戒業處
之開寶寺盡賜同来僧紫方袍是後連貢方物而来
者皆僧也元豐元年使通事僧仲回来賜號慕化懷
德大師明州又言得其國太宰府牒因使人孫忠還
遣仲回等貢絁二百匹水銀五千兩以孫忠乃海商
而貢禮與諸國異請自移牒報而答其物直付仲回
東歸從之乾道九年始附明州綱首以方物入貢淳
熙二年倭船火兒滕太明毆鄭作死詔械太明付其

綱首歸治以其國之法三年風泊日本舟至明州衆
皆不得食行乞至臨安府者復百餘人詔人日給錢五
十文米二升俟其國舟至日遣歸十年日本七十三
人復飄至秀州華亭縣給常平義倉錢米以振之紹
熙四年泰州及秀州華亭縣復有倭人為風所泊而
至者詔勿取其貨出常平米振給而遣之慶元六年
至平江府嘉泰二年至定海縣詔並給錢米遣歸國
党項古析支之地漢西羌之別種後周世始強盛有
細風氏費聽氏往利氏頗超氏野亂氏房當氏米禽
氏拓拔氏最為強族唐貞觀至上元間內附散居西

北邊元和以後頗相率為盜會昌初武宗置三使以
統之在邠寧延者為一使在鹽夏長澤者為一使在
靈武麟勝者為一使五代亦嘗入貢今靈夏綏麟府
環慶豐州鎮戎天德振武軍並其族帳太祖建隆二
年代州刺史折乜埋來朝乜埋党項之大姓世居河
右有捍邊之功故授以方州召令入覲而遣還開寶
元年直蕩族首領啜信等引并人寇府州為王師所
敗詔內屬羌部十六府大首領屈遇與十二府首領
羅崖領所部誅啜信啜信懼以其族歸順以屈遇為
檢校太保歸德將軍羅崖啜信並為檢校司徒懷化

將軍太平興國二年二月靈州部送歲市官馬賂所
過族帳物粗惡羌人恚不受知州比部郎中張全操
捕得十八人殺之沒入其兵仗羊馬戎人遂擾上遣
使齎金帛撫賜其族與之盟始定召全操下有司鞫
之決杖流登州沙門島是歲靈州通遠軍界嗓咩族
折四族吐蕃村族秦喝三家族尾落族秦家族嗓泥族
剽略官綱詔靈州安守忠通遠軍董遵誨討平之六
年府州外浪族首領來都等來貢馬七年豐州大首
領黃羅并弟乞蚌等來貢馬又銀州羌部拓跋遇來
訴本州賦役苛虐乞移居內地詔令各守族帳又保

細族結集扇動諸部夏州巡檢使梁迥率兵討平之
雍熙初諸族渠帥附李繼遷為寇詔判四方館事田
仁朗及閤門使王侁等相繼領兵討擊并賜麟府銀
夏豐州及日利月利族勑書招諭之二年四月侁等
於銀州北破悉利諸族斬首三千六百餘級生擒八
十人俘老小一千四百餘口器甲一百八十六梟偽
署代州刺史折羅遇并弟埋乞獲馬牛羊三萬計五
月又於開光谷西杏子平破保寺保香族追奔二十
餘里斬首八百餘級梟其首領埋乜巳等五十七人
生擒四十九人俘其老小三百餘人獲牛羊馬驢凡

四千餘計又破保洗兩族俘三千人降五十五族獲牛羊八千計侁等又言麟州及三族砦羌人二千餘戶皆降酋長折御也等六十四人獻馬首罪願改圖自効為國討賊遂與部下兵入濁輪川斬賊首五十級酋豪二十人李繼遷及三族砦監押折御也皆遁去旋命内客省使郭守文自三交乘驛亟往與王侁等同領邊事五月王侁李繼隆等又破銀州杏子平東北山谷内沒邵浪悉訛等族及濁輪川東兎頭川西諸族生擒七十八人梟五十九人俘二百三十六口牛羊驢馬千二百六十招降千四百五十二戶六月夏州尹憲等引兵至監城吳移越移等四族來降憲等撫之岌伽羅賦十四族拒命憲等縱兵斬首千餘級俘擒百人焚千餘帳獲馬牛羊七千計又降銀麟夏等州三族砦諸部一百二十五族合萬六千一百八十九戶酋豪折御也窮蹙來歸守文置之部下又夏州咩嵬族魔病人乜崖在南山族結黨為寇招懷不至擒斬之梟首徇衆并臧其族又府州女乜族首領來母崖男社正等内附因還居茖乜族中七月賜宥州界咩兀十族首領都指揮使遇乜布等九人勅書以安撫之十一月以勸浪族十六府大首領屈

遇名波族十二府大首領浪買當豐州路最為忠順及兀泥三族首領佶移等女女四族首領殺越都等歸化並賜勅書撫之端拱元年三月火山軍言河西羌部直蕩族内附三年四月夏州趙保忠言臣準詔市馬已獲三百匹其宥州御泥布囉樹等二族黨附繼遷不肯賣馬臣遂領兵掩殺二百餘人擒百餘人其族即降各已安撫詔書奬諭之十月繼遷寇會州熟倉族為其首領咩嗚率來離諸族擊走之淳化元年藏才三族都判啜尾卒其子啜香來請命乃令代其父二年七月以黃乜族降戶七百餘散于銀夏州舊地處之八月李繼遷居王庭鎮趙保忠往襲之繼遷奔鐵斤澤貌奴猥才二族奪其牛畜二萬餘十一月繼遷寇熟倉族刺史咩嗚率來離諸族擊退之先是兀泥大首領泥中佶移内附詔授慎州節度復歸繼遷其長子突厥羅與首領黃羅至是以千餘帳降府州折御卿以聞降詔慰諭之趙保忠又襲破宥州御泥布羅樹二族尋各降之以其朋附繼遷來上四年三月直蕩族大首領啜尾子河汉大首領馬一並來貢詔以啜尾叔羅買為本族都監又啜尾下首領十人馬一下首領十二人皆賜錦袍銀帶器幣是年

鄭文寶獻議禁青鹽羌族四十四首領盟于楊家族引兵騎萬三千餘人入寇環州石昌鎮知環州程德玄等擊走之因詔屯田員外郎知制誥錢若水馳驛詣邊弛其鹽禁由是部族寧息十二月鹽州羌人首長巢延渭為本州刺史是年藏才西族大首領羅妹來貢五年正月以綏州羌酋蘇移山海喉母馱香三人並為懷化將軍野利嵬名乜屈啜泥三人並為歸德郎將四月府州折御卿言銀夏州管勾生戶八千帳族悉來歸附錄其馬牛羊萬計邈二族大首領崖羅藏才東族首領歲囉啜兗各遣其子弟朝貢六月

繼遷所驅脅內屬戎人槖駞路熟藏族首領乜遇率部族反攻繼遷其弟力戰而死既敗繼遷之衆復來歸附以遇為檢校司空領會州刺史是年兀泥族首領黃羅內附以為懷化將軍領昭州刺史至道元年四月以勒浪嵬女兒門十六府大首領馬尾等內附以馬尾為歸德大將軍領息州刺史以勒浪樹李兒門首領没崖為安化郎將副首領遇兀為保順郎將六月賜慶州界首領順州刺史李奉明澄州刺史李彥呼鹽州刺史巢延渭演州刺史李順忠環州界首領會州刺史乜遇及靈州界并河外保安保靖臨河

懷遠定遠五鎮等部敕書慰撫之七月幢泥族首領你乜逋令男詣靈州言族內七百餘帳為李繼遷劫略首領嘽逋一族奔往蕭關你乜逋一族乞賜救助詔賜以資糧環州熟倉族癿遇略奪繼遷牛馬三十餘繼遷令人招撫之癿遇答云吾一心向漢誓死不移詔以遇為會州刺史賜帛五十匹茶五十斤二年三月以府州界五族大首領折突厥移為安遠大將軍父死來請命也六月勒浪族副首領遇兀等百九十三人歸附貢馬七匹遇兀舊隸契丹淳化初遷族帳於府州界東至河百五十里南至府州三百里至

是始朝貢上召問慰勞賜錦袍銀帶遇兀言部族多良馬今始來朝所貢未備上曰吾嘉爾忠順之節慕化來歸固不以多馬為意也七月李繼隆出討繼遷賜麟府州兀泥巾族大首領突厥羅女女殺族大首領越都女女夢勒族大首領越移女女忙族大首領越置女女籰兒族大首領党移没兒族大首領莫末移路乜族大首領越移細乜族大首領慶元路才族大首領羅保細母族大首領羅保保乜凡十族敕書招懷之閏七月懷安鎮羌誘諸族寇慶州監軍趙繼昇率師擊敗之斬首三百級獲羊馬千計三年二月

泥巾族大首領名悉俄吕領皆移尹遇崔保羅没佶
凡五人来貢馬名悉俄等舊皆内屬因李繼遷之叛
徙居河北今復来貢咸平元年三月熟倉族癿遇来
朝真宗嘉其誠節親見撫勞賜以器幣十月兀泥族
大首領昭州刺史黄羅對于崇德殿兀泥族在青岡
嶺三角城龍馬川領族帳千五百戸初隷繼遷俄投
府州淳化中數敗契丹及與繼遷相攻擊及繼遷内
附黄羅懼北徙過黄河今還舊地遂入貢且言繼遷
既受朝命不敢侵伐上面加獎慰賜賚甚厚十二月
詔直蕩族大首領鬼𡙇尾于金家堡置渡令諸族互

市二年正月以咩逋族開道使泥埋領費州刺史十
月以勤浪族十六府大首領歸德大將軍恩州刺史
馬泥領本州團練使十一月藏才八族大首領皆賞
羅等来獻名馬四年七月以會州刺史癿遇為保順
郎將蘇家族屈尾鼻家族都慶白馬族埋香帛移族
都香為安化郎將九月環州言繼遷所掠羌族嵬逋
等徙帳来歸又繼遷諸羌族明葉示及撲咩訛猪等
首領率屬内附並令給善地處之其年卑寧族首領
喝鄰半祝貢名馬自稱有精騎三萬願備驅策有詔
慰獎厚償其直五年咩逋族開道使費州刺史泥埋

遣子城逋入貢上嘉泥埋數與繼遷戰鬭有勞授錦
州團練使以其族弟屈子為懷化將軍充本族指揮
使城逋為歸德將軍充本族都巡檢使餘首領署軍
主以下名識者凡十數人又以黑山北莊郎族龍移
為安遠大將軍昧克為懷化將軍八月河西教練使
李榮等向化其年羌寇抄金明縣李繼周擊走之十
月詔河西戎人歸投者遷内地給以閑田時勒厥麻
等三族千五百帳以濁輪砦失守越河内屬分處邊
境邊臣屢言勒厥麻往来賊中恐復叛去乃徙置憲
州樓煩縣遣使賜金帛撫慰十二月咩逋族遣使来

貢上聞賀蘭山有小凉大凉族甚盛常恐與繼遷合
勢為患近知互有疑隙輙相攻掠朝廷欲遂撫之乃
召問咩逋使者因其還特詔賜之以激其立効上又
謂樞密使王繼英等曰邊臣言遷賊舉兵屢為龍移
昧克所敗此族在黄河北數萬帳或號莊郎昧克常
以馬附藏才入貢頗勤外禦六年遂降詔獎慰之二
月葉市族囉埋等持繼遷僞署牒率百餘帳来歸以
囉埋為本族指揮使囉胡為軍使邠寧部署言牛羊
蘇家等族殺繼遷族帳有功上曰此族恃遠與險久
為賊援屢遣邊吏招諭近聞有志内附尚疑其詐果

能格鬭立効詔厚賜首領等茶綵以奬激之涇原部署言者龍移卑陵山首領厮敦琶遣使稱已集本族騎兵願隨軍討賊三月以咩逋族首領泥埋領鄯州防禦使充靈州河外五鎮都廵檢使時潘羅支已授河西節制上以泥埋實與羅支犄角捍賊故加恩寵是月綏州羌部軍使拽臼等百九十五口內屬原州熟戶裴天下等請率族兵掩擊遷黨移湖等帳來求策應部署司不報上以戎人宣力禦賊不應沮之即詔諭諸路以精甲策應環州酋長蘇尚娘擊賊有勞及屢告賊中機事以為臨州刺史賜錦袍銀帶環慶

部署張凝言內屬戎人與賊界錯居屢為脅誘臣領兵離木波鎮直湊八州原下砦招降岑移等三十二族又至分水嶺降麻謀等二十一族柔遠鎮降巢迷等二十族遂抵業樂降豰樹羅家等一百族合四千八十戶第給袍帶物綵慰遣還帳四月繼遷寇洪德砦酋長慶香與乩都慶族合勢擊之以砦兵策援大敗繼遷擒四十九人墜崖死者甚衆獲馬七十餘匹旗鼓鎧甲數百計上考陣圖以問入奏使使者言砦兵拒賊千餘步慶香等親率部族與賊接戰上曰慶香等假王師為援而交鋒俘獲乃其功也悉與所獲

物加賜銀綵以慶香領順州刺史乩都慶領羅州刺史河西內屬折勒厥麻等三族請以精兵千人馬三百備征討詔嵐州撫諭環州白馬族與繼遷戰鬭屢徙帳乏食賜廩粟又詔洪德砦歸附戎人給內地土田資以口粮五月唐龍鎮上言鎮有貿易于府州者為州人邀殺盡奪資畜乃詔府州自今許令互市切加存撫六月瓦窰沒剺如羅昧克等族濟河擊敗繼遷黨優詔撫問七月補狸野族首領子阿宜為懷安將軍八月原渭等州言本界戎人來附者八部二十五族令詣吏納質以環州蘇尚娘子孽娘為臨州刺

史府州八族都校明義等言屢于麟州屈野川擊繼遷及緣邊六七栅防遏皆有克獲詔奬賚之仍令府州常以勁兵援助勿失機便景德元年正月麟府路言附契丹戎人泥族拔黃太尉率三百餘帳內屬拔黃本大族居黃河北古豐州前數犯邊阻市馬之路其首領容貌甚偉有智勇桀黠難制契丹結之署為太尉今悉衆款塞詔府州厚賜茶綵給公田依險居之計口賦粟且戒唐龍鎮無得侵擾三月宋師恭破羌賊於梛谷川驅其帳族千餘人以還六月洪德砦言羌俗羅泥天王等首領率屬來附八月野雞族侵

掠環慶界詔邊臣和斷如其不從則脅以兵威九月
鎮戎軍言先叛去熟魏族酋長茄羅兀贓成王等三
族應詔撫諭各率屬來歸二年熟戶旺家族擊夏兵
擒軍主一人以獻環州言戎人入寇擊走之擒酋將
慶馞送闕下請斬于藁街上特貫死配淮南原州野
狸族首領廝多逋冊卒其子阿酌代為首領且乞奉
料詔諭以立功則賜之三年府州折惟昌言兀泥族
大首領名崖從父威佶為趙德明白池軍主密遣使
諭名崖云德明雖外託脩貢之名而點閱兵馬尤急
必恐劫掠山界名崖以告上嘉之降詔撫諭就賜錦

袍銀帶九月秦州言野兒和尚族部落尤大能稟朝
命凡諸族為寇盜者輒過絕之請加旌詔補三岩都
首領十一月鎮戎軍曹瑋言叛去酋長蘇尚娘復求
歸附詔報瑋曰尚娘反覆無信特恐狙詐以誤邊吏
又使德明緣此為詞不可納也四年唐龍鎮羌族來
羨與其叔璘不叶召契丹破之來依府州璘羨非大
族嘗持兩端頃亦寇鈔近界發兵趣之則走河之東
曰東壖契丹加兵則入河之西曰西壖地極險阻介
卒騎兵所不能及至是上亦憫其窮而欵塞特優容
之會契丹使至即令諭其事仍還所掠璘羨人畜其

族人懷正又與璘互相讐劫側近帳族不寧詔遣使
召而盟之依本俗法和斷大中祥符元年鄜延鈐轄
言小湖卧浪族軍主最處近塞往時出師皆命為前
鋒甚著誠節詔補侍禁二年六月麟府鈐轄言杜慶
族依援唐龍鎮數侵別帳請發熟戶兵擊之上曰戎
落皆吾民也宜以道撫之不許其年兀泥族大首領
名崖同府州折惟昌入貢上親加撫問特詔副都知
張繼能賜射於瓊林苑四年藏才西族中族首領奴
移橫全等並遣子來朝五年環慶熟戶有酗酒劫奪
使臣馬纓者上怒令部署司重罰之六年北界尅山

軍主率衆過大里河侵熟戶為羅勤族都囉擊走之
詔以都囉為本族指揮使且諭邊臣約飭族帳謹守
疆界勿出境追襲九月夏州略去熟戶旺家族首領
都子等來歸隨而至者又三族遣使存勞之七年涇
原鈐轄曹瑋請署熟戶百帳以上大首領為大族軍
主次指揮使又次副指揮使百帳而下為本族指揮
使從之五月瑋言葉市族大首領艷奴歸順七月瑋
又言北界萬子族謀鈔略發兵逆之大敗于天麻川
又為魏埋等族掩擊殺其酋帥斬首千餘級八年北
界酋長指揮使浪梅娘等來投諭邊臣令追取熟戶

亡入北界者即遣還梅娘九年羌兵寇小力族巡檢李文貞率兵奮擊追斬籍遇大保首級賜文貞錦袍銀帶五月北界毛尸族軍主浪埋骨咩族酋長乩唱巢迷族酋長馮移埋率其屬千一百九十口牛馬雜畜千八百歸附降詔撫之天禧元年環州言北界騎兵數千來劉熟戶擊走之二年涇原路言樊家族九門都首領客厮鐸內屬以厮鐸為軍主三年鄜延路言亡去熟戶委乞等六百九十五人及骨咩大門等族來歸四年正月又言宥州羌族臘兒率衆劫熟戶咩覢族金明都監李士彬擊之斬臘兒鳥七十二級

俘餘衆獲甲馬三百餘五月小湖族都虞候咾嵬巡檢胡懷節等擊賊有功並進秩環州七臼族軍主近臘納質歸化以近臘領順州刺史首領卷都等十五人補官有差七月撲咩族馬訛等率屬來附十月以淮安鎮六族都軍主乞埋為三班借職充羌部巡檢五年北界羅骨等劫劉熟戶環慶部署田敏追擊之俘獲甚衆詔獎敏等賜器幣

列傳卷第二百五十

列傳卷第二百五十一　宋史四百九十二

開府儀同三司上柱國錄軍國重事前中書右丞相監修國史領經筵事都總裁臣脫脫等奉
勑修

外國八

吐蕃 唃厮囉 董氊 阿里骨 趙思忠 瞎征

吐蕃本漢西羌之地其種落莫知所出或云南涼禿髮利鹿孤之後其子孫以禿髮為國號語訛故謂之吐蕃唐貞觀後常來朝貢至德後因安史之亂遂陷河西隴右之地大中三年其國宰相論恐熱以秦原安樂及石門等七關來歸四年又克成維扶三州五

年其國沙州刺史張義潮以瓜沙伊肅十一州之地來獻唐末瓜沙之地復為所隔然而其國亦自衰弱族種分散大者數千家小者百十家無復統一矣自儀渭涇原環慶及鎮戎秦州暨于靈夏皆有之各有首領內屬者謂之熟戶餘謂之生戶涼州雖為所隔然其地自置牧守或請命於中朝天成中權知西涼府留後孫超遣大將拓拔承誨來貢明宗召見承誨云涼州東距靈武千里西北至甘州五百里舊有鄆人二千五百為戍兵及黃巢之亂遂為阻絕超及城中漢戶百餘皆戍兵之子孫也其城今方幅數里中

有縣令判官都押衙都知兵馬使衣服言語略如漢人即授超涼州刺史充河西軍節度留後乾祐初超卒州人推其土人折逋嘉施權知留後遣使來貢即以嘉施代超爲留後涼州郭外數千里尚有漢民陷沒者耕作餘皆吐蕃其州帥稍失民情則衆皆嘯聚城內有七級木浮圖其帥急登之紿其衆曰爾若迫我我即自焚於此矣衆惜浮圖乃盟而舍之周廣順三年始以申師厚爲河西節度師厚初至涼州奏請授吐蕃首領折逋支等官並從之顯德中師厚爲其所迫擅還朝坐貶涼州亦不復命帥建隆二年靈武

五部以橐駝良馬致貢來離等八族酋長越嵬等護送入界勅書獎諭秦州首領尚波千傷殺采造務卒知州高防捕繫其黨四十七人以狀聞上乃以吳廷祚爲雄武軍節度代防安輯之令廷祚齎勅書賜尚波千等曰朝廷制置邊防撫寧部落務令安集豈有侵漁曩者秦州設置三砦止以采取材木供億京師雖在蕃漢之交不妨牧放之利汝等占據木植傷殺軍人近得高防奏汝等見已拘執聽候進止朕以汝等久輸忠順必悔前非特示懷柔各從寬宥已令吳廷祚往伸安撫及還舊地所宜共體恩旨各歸本族

仍以錦袍銀帶賜之尚波千等感悅是年秋乃獻伏羌地乾德四年知西涼府折逋葛支上言有回鶻二百餘人漢僧六十餘人自朔方路來爲部落劫略僧云欲往天竺取經並送達甘州訖詔褒答之五年首領閻逋哥督廷督南割野麻里六人來貢馬開寶六年涼州令步奏官僧吝氈聲逋勝拉蠲二人求通道於涇州以申朝貢詔涇州令牙將至涼州慰撫之八年秦州大石小石族寇土門略居民知州張炳擊走之太平興國二年秦州安家族寇長山巡檢使韋韜擊走之三年秦州諸族數來寇略三陽麻穰弓門等

砦監軍巡檢使周承瓊任德明耿仁恩等會兵擊敗之斬首數十級腰斬不用命卒九人于境上太宗乃詔曰秦州內屬三族等頃慕華風來求內附俾之安輯咸遂底寧近聞乘蓄育之資稔寇攘之志敢忘大惠來撓邊疆豈朕信之未孚而吏撫之不至並蠲釁咎特示威懷今後或更剽剠吏即捕治寘之于法不須以聞是年又寇八狼砦巡檢劉崇讓擊敗之梟其師王泥猪首以徇三月小遇族寇慶州知州慕容德豐擊走之八年諸種以馬來獻太宗召其酋長對于崇政殿厚加慰撫賜以束帛因謂宰相曰吐蕃言語

不通衣服異制朕常以禽獸畜之自唐室以來頗為
邊患以國家兵力雄盛聊舉偏師便可驅逐數千里
外但念其種類蕃息安土重遷倘因攘除必致殺戮
所以置於度外存而勿論也九年秋秦州言蕃部以
羊馬來獻各已宴犒欲用茶絹答其直詔從之淳化
元年秦州大小馬家族獻地内附二年權知西涼州
左廂押蕃落副使折逋阿喻丹來貢先是殿直丁惟
清往涼州市馬惟清至而境大豐稔因為其所留靈
州命蕃落軍使崔仁遇往迎惟清又吐蕃賣馬還過
靈州為党項所略表訴其事因請留惟清至來年同

入朝詔答之四年阿喻丹死以其弟喻龍波為保順
郎將代其任五年折平族大首領護遠州軍鑄督延
巴率六谷諸族馬千餘匹來貢既辭復擿登聞鼓言
儀州八族首領逋波鷄等侵奪地土上降勅書告諭
之知秦州溫仲舒上言每歲伐木多為蕃族攘奪今
已驅其部落於渭北太宗慮生邊患乃以知鳳翔薛
惟吉對易其任語見惟吉傳是年春知西涼府左廂
押蕃落副使折逋喻龍波振武軍都羅族大首領並
來貢馬至道元年涼州蕃部當尊以良馬來貢引對
慰撫加賜當尊虎皮一歡呼致謝二年四月折平族

首領握散上言部落為李繼遷所侵願會兵靈州以
備討擊賜幣以答之七月西涼府押蕃落副使折逋
喻龍波上言蕃部頻為繼遷侵略乃與吐蕃都部署
沒暇拽于會六谷蕃衆來朝且獻名馬上厚賜之是
歲涼州復來請帥詔以丁惟清知州事賜以牌印咸
平元年十一月河西軍左廂副使歸德將軍折逋游
龍鉢來朝游龍鉢四世受朝命為酋雖貢方物未嘗
自行今始至獻馬二千餘匹河西軍即古涼州東至
故原州千五百里南至雪山吐谷渾蘭州界三百五
十里西至甘州同城界六百里北至部落三百里周

回平川二千里舊領姑臧神烏蕃禾昌松嘉麟五縣
戶二萬五千六百九十三口十二萬八千一百九十
三今有漢民三百戶城周回十五里如鳳形相傳李
軌舊治也皆龍鉢自述云詔以龍鉢為安遠大將軍
二年以儀州延蒙八部都首領渴哥領化州刺史首
領透逋等為懷化郎將四年知鎮戎軍李繼和言西
涼府六谷都首領潘羅支願戮力討繼遷請授以刺
史乃給廩祿經略使張齊賢又請封六谷王兼招討
使上以問宰相皆曰羅支已為酋帥授刺史太輕未
領節制加王爵非順招討使號不可假外夷乃以為

鹽州防禦使兼靈州西面都巡檢使時西涼使來且
言六谷分左右廂左廂副使折逋游龍鉢實參羅支
戎事朝廷方務綏懷又以龍鉢領宥州刺史六族首
領褚下箕等三人為懷化將軍其年潘羅支遣部下
李萬山率兵討賊貽書繼和請師期先是遣宋沆梅
詢等為安撫副使未行上謂宰相曰朕看盟會圖頗
記吐蕃反覆狼子野心之事令已議王超等領甲馬
援靈州若難為追襲即靈州便可制置沆等不須遣
止走一使以會兵告之五年十月羅支又言賊遷送

鐵箭誘臣部族已戮一人繫一人聽朝旨詔褒諭之
聽自處置十一月使來貢馬五千匹詔厚給馬價別
賜綵百段茶百斤六年又遣咩逋族蕃官成逋馳騎
至鎮戎軍請會兵討賊邊臣疑成逋詐護送部署司
成逋懼逸馬墜崖死上聞甚歎息之曰此泥埋之子
族人畏其勇父子皆有戰功凡再詣闕朕皆召見獎
其向化詔劾鎮戎官吏仍令渭州以禮葬之其年原
渭蕃部三十二族納質來歸羅支又遣蕃官吳福聖
臘來貢表言感朝廷恩信憤繼遷偪彊已集騎兵六
萬乞會王師收復靈州乃以羅支為朔方軍節度靈
州西面都巡檢使賜以鎧甲器幣又以吳福聖臘為

安遠將軍次首領元佐等七人為懷化將軍羅支屢
請王師助擊賊議者以西涼去渭州限河路遠不可
預約師期上曰繼遷常在地斤三山之東每來寇邊
及官軍出則已遁去使六谷部族近塞捍禦與官軍
合勢亦國家之利降詔許之六月知渭州曹瑋言隴
山西延家族首領禿逋等納馬立誓乞隨王師討賊
以漢法治蕃部且稱其忠詔授本族軍主八月者龍
族首領來貢名馬上嘉嘗與潘羅支協力抗賊令復
優待之其年十一月繼遷攻西蕃遂入西涼府知州
丁惟清陷沒羅支偽降未幾集六谷諸豪及者龍族

合擊繼遷繼遷大敗中流矢遁死景德元年二月遣
其甥厮陁完來獻捷六月又遣其兄邦逋支入奏且
欲更率部族及回鶻精兵直抵賀蘭山討除殘孽願
發大軍援助詔涇原部署陳興等候羅支已發即率
衆鼓行赴石門策應邦逋支又言前賜羅支牌印官
告衣服器械為賊劫掠有詔別給羅支又言脩洪元
大雲寺詔賜金箔物綵先是繼遷種落迷般嘱及日
逋吉羅丹二族亡歸者龍族而欲陰圖羅支是月會
遷黨攻者龍羅支率百餘騎急赴將議合擊遂為二
族戕于帳詔贈羅支武威郡王遣使贈恤其家者龍

凡十三族而六族附迷般囑及日逋吉羅丹西涼府既聞羅支遇害乃率龕谷蘭州宗哥覓諾諸族攻者龍六族六族悉竄山谷中詔使者安集之六谷諸豪乃議立羅支弟廝鐸督為首領且言鐸督剛决平恕每會戎首設觴豆飲食必先畀者犯令雖至親不貸數更戰討威名甚著詔授鐸督鹽州防禦使靈州西面沿邊都大巡檢使上以遷黨未平藉其腹背攻制遂加鐸督朔方軍節度押蕃落等使西涼府六谷大首領涇原路言隴山縣王狸延三族歸順又渭州言龕谷懶家族首領尊氊磨壁余龍及便囑等獻名馬願率所部

助討不附者又言西涼市馬道出本族自今保無他虞詔賜馬直以便囑等為郎將石隰州又言河西諸蕃四十五族內附其年遷黨寇永寧為藥令族合蘇擊敗之斬首百餘級鎮戎軍上言先叛去蕃官茄羅兀臟成王等三族及移移軍主率屬歸順請獻馬贖罪特詔宥之二年廝鐸督遣其甥呵昔來貢仍上與趙德明戰鬭功狀又言蕃帳周斯那支有智勇久參謀議請授以六谷都巡檢使上嘉獎從其請仍賜茶綵又追錄潘羅支子失吉為歸德將軍厚賜器幣者龍七族首領有捍寇之勞並月給千錢舊制弓矢兵

器不入外夷時西涼様丹族上表求市弓矢上以様丹宣力西陲委以捍蔽特令渭州給賜因別賜廝鐸督以重息意三年又以者龍族合窮波黨宗族葉羅等為本族首領檢校太子賓客皆鐸督外姻也鐸督遣安化郎將路黎奴來貢黎奴病于館特遣尚醫視療及卒上憐之厚加賵給五月鐸督又言部落疾疫詔賜白龍腦犀角硫黃安息香白紫石英等藥凡七十六種使者感悅而去又制加鐸督檢校太傅其族帳李波逋等四十九人為檢校太子賓客充本族首領鐸督遣所部波機進貢馬因言積官奉半歲乞就

京給賜市所須物從之渭州言妙娥延家熟嵬等族率三千餘帳萬七千餘口及羊馬數萬款塞內附詔遣使撫勞之賜以袍帶茶綵仍以折平族首領撒逋渴為順州刺史充本族都軍主是年宗家當宗章迷族來貢移逋撒父族歸附九月詔釋西面納質戎入先是諸蕃有鈔劫為惡嘗經和斷者恐異時復叛故收其子弟為質乃有禁錮終身者上憫而縱之族帳感恩皆稽顙自誓不為邊患四年邊臣言趙德明謀劫西涼襲回鶻上以六谷甘州久推忠順思撫寧之乃遣使諭廝鐸督令援結回鶻為備并賜鐸督茶藥

襲衣金帶及部落物有差鐸督奉表謝大中祥符元年十一月宗哥族大首領溫逋等來貢三年西涼府覓諾族瘴疫賜首領溫逋等藥四年廝鐸督遣增蘭氊單來貢賜紫方袍五年又遣其子來貢其年者龍族都首領捨欽波遣使詣闕獻馬求賜印詔從其請仍優賚之七年知秦州張佶置大落門新砦先是佶欲近渭置采木場番族聞之即徙帳去佶不能遂撫之戎人輒悔因鄉導鈔劫佶深入掩擊悉敗走至是求和佶不許三月秦州曹瑋言熟戶郭廝敦賞樣丹皆大族樣丹輒作文法謀叛廝敦密以告約半月殺之

至是果携樣丹首來上以廝敦陰害樣丹不欲明加恩獎以疑懼諸族時方議築南使城遂以廝敦獻地為名詔授順州刺史先是張佶深入蕃境邊事數擾及瑋破魚角蟬戮賞樣丹二酋由是前拒王師者伏匿避罪瑋誘召之許納罰首過既而至者數千人凡納馬六千匹給以匹綵或以少為訴者瑋叱之曰是贖罪物波輩敢希利耶戎族聞之皆畏服八月曹瑋言伏羌砦廝雞波與宗哥族李磨論聚為文法領兵趣之悉潰散夷其城帳九月瑋又言宗哥唃廝囉羌族馬波叱臘魚角蟬等率馬銜山蘭州龕谷氊毛山洮河河州羌兵至伏羌砦三都谷即率兵擊敗之逐北二十里斬馘千餘級擒七人獲馬牛雜畜衣服器仗三萬三千計吹麻城張族都首領張小哥以功授順州刺史瑋又言永寧砦隴波他廝麻二族召納質不從命率兵擊之斬首二百級十一月詔給秦州七砦熟戶首領都軍主以下百四十六人告身天禧元年詔以治坊砦都首領郭廝敦為本族巡檢賦以奉祿又補大馬家族阿廝鐸為本族軍主十月秦州部署言鬼留家族累歲違命討平之二年又言吹麻城及河州諸族皆破宗哥文法來附唃廝囉少衰數為

囉瞎力骨所困今還舊地諸砦羌族及空俞廝雞波等納質者凡七百五十六帳

唃廝囉者緒出贊普之後本名欺南陵溫籛逋籛逋猶贊普也羌語訛為籛逋生高昌磨榆國既十二歲河州羌何郎業賢客高昌見廝囉貌奇偉挈以歸置劇心城而大姓聳昌廝均又以廝囉居移公城欲於河州立文法河州人謂佛唃謂兒子廝囉自此名唃廝囉於是宗哥僧李立遵邈川大酋溫逋哥略取廝囉如郭州尊立之部族寖彊乃徙居宗哥城立遵為論逋佐之立遵或曰李遵或曰李立遵又曰郢成蘭

逋叱論逋者相也立遵貪且喜殺戮國人不附既與
曹瑋戰三都谷不勝又襲西涼為所敗厮囉遂與立
遵不協更徙邈川以溫逋哥為論逋有勝兵六七萬
與趙德明抗希望朝廷恩命知秦州張佶奏請拒絶
涇原鈐轄曹瑋上言宜厚啗厮囉以扼德明而立遵
屢表求賛普號朝議以賛普戎王也立遵居厮囉下
不應妄予乃用厮鐸督恩例授立遵保順軍節度使
賜襲衣金帶器幣鞍馬鎧甲等大中祥符八年厮囉
遣使來貢詔賜錦袍金帶器幣供帳什物茶藥有差
凡中金七千兩他物稱是其年厮囉立文法聚衆數

十萬請討平夏以自效上以戎人多詐或生他變命
周文質監涇原軍曹瑋知秦州兼兩路沿邊安撫使
以備之宗哥城東南至永寧九百一十五里東北至
西涼府五百里西北至甘州五百里東至蘭州三百
里南至河州四百一十五里又東至龕谷五百五十
里又西南至青海四百里又東至新渭州千八百九
十里九年厮囉立遵等獻馬五百八十二匹詔賜器
幣總萬二千計以荅之數使人至秦州求內屬明道
初即授厮囉寧遠大將軍愛州團練使授逋哥歸化
將軍已而逋哥為亂囚厮囉置穽中出收不附已者

守穽人間出之厮囉集兵殺逋哥徙居青唐景祐中
以厮囉為保順軍節度觀察留後歲以奉錢令秦州
就賜元昊侵略其界兵臨河湟厮囉知衆寡不敵壁
鄯州不出陰間元昊頗得其虛實元昊已渡河插幟
志其淺厮囉潛使人移植深處以誤元昊及大戰元
昊潰而歸士視幟渡溺死十八九所鹵獲甚衆自是
數以奇計破元昊遂不敢窺其境及元昊取西涼府
潘羅支舊部往往歸厮囉又得回紇種人數萬厮囉
居鄯州西有臨谷城通青海高昌諸國商人皆趨鄯
州貿賣以故富強寶元元年加保順軍節度使仍兼

邈川大首領時以元昊反遣左侍禁魯經持詔諭厮
囉使背擊元昊以披其勢賜帛二萬匹經還以勞擢
閤門祗候厮囉奉詔出兵嚮西涼西涼有備厮囉知
不可攻捕殺遊邏數十人亟還聲言圖再舉元昊既
屢寇邊仁宗召對魯經欲再遣經固辭貶經為左班
殿直募敢使者屯田員外郎劉渙應詔渙至厮囉迎
導供帳甚厚介騎士為先驅引渙至庭厮囉冠紫羅
氊冠服金線花袍黃金帶絲履平揖不拜延坐勞問
稱阿舅天子安否道舊事則數十二辰屬曰兔年如
此馬年如此渙傳詔已而厮囉召酋豪大犒約盡力

無負然終不能有大功後累加恩兼保順河西節度使洮涼兩州刺史又加階勳檢校官功臣食邑賜器幣鞍勒馬嘉祐三年撈羅部阿作等叛廝囉歸諒祚諒祚乘此引兵攻掠境上廝囉與戰敗之獲酋豪六人收橐駞戰馬頗衆因降隴逋公立馬頗三大族會契丹遣使送女妻其少子董氈乃罷兵歸治平二年夏羌𨓜奔及阿叔溪心以隴珠阿諾三城叛諒祚歸廝囉廝囉不禮乃復歸諒祚請兵還取所獻地諒祚不之罪為出萬餘騎隨𨓜奔溪心往取不能克但取𨓜川歸丁家五百餘帳而還廝囉其年冬死年六十九

第三子董氈嗣

董氈母曰喬氏廝囉三妻喬氏有色居歷精城所部可六七萬人號令明人憚服之方董氈少時擇酋長子年與董氈相若者與之遊衣服飲食如一以此能附其衆董氈自九歲廝囉為請于朝命為會州刺史而喬氏封太原郡君其二妻皆李立遵女也生瞎氈及磨氈角立遵死李氏寵衰斥為尼置鄭州錮其子瞎氈磨氈角結母黨李巴全竊載其母奔宗哥廝囉不能制磨氈角因撫有其衆李氏以寶元二年恩賜紫衣磨氈角亦累奉貢初補嚴州團練使後以思州

團練使卒所部立其子瞎撒欺丁李氏懼孤弱不能守乃獻皮帛入庫廩文籍于廝囉廝囉因受之嘉祐三年命欺丁為順州刺史瞎氈居龕谷屢通貢授澄州團練使先卒子木征居河州母弟瞎吴叱歸銀川廝囉地既分董氈最彊獨有河北之地其國大抵吐蕃遺俗也懷恩惠重財貨無正朔市易用五穀乳香硇砂罽毬馬牛以代錢帛貴虎豹皮用緣飾衣裘婦人衣錦服緋紫青緑尊釋氏不知醫藥疾病召巫覡視之焚柴聲鼓謂之逐鬼信呪詛或以決事訟有疑使詛之訟者上辭牘藉之以帛事重則以錦亦有鞭笞杻械諸獄具人喜啖生物無蔬茹醯醬獨知用鹽為滋味而嗜酒及茶居板屋富姓以氈為幕多並水為鞦韆戲貢獻謂之般次自言不敢有貳則曰心白向漢云其後河州武勝軍諸族寖驕閉于闐諸國朝貢道擊奪般次詔邊將問罪已而董氈遣使奉貢入謝上慰納焉初廝囉死董氈嗣為保順軍節度使檢校司空神宗即位加太保進太傅熙寧元年封其母安康郡太君以其子藺逋比為錦州刺史三年夏人寇環慶董氈乘虛入其境大克獲賜璽書袍帶獎激之王韶既定熙河其首領青宜結鬼章寇河州踏白

城景思立死馬帝命邊臣招來之十年以鬼章及阿里骨皆為刺史董氊貢真珠乳香象牙玉石馬賜以銀綵茶服緡錢改西平節度使遣供奉官郭英齎詔書器幣至其國方鬼章犯境時列帳訥兒溫及祿尊率部族叛附之既來降又陰與董氊通元豐初詔知岷州种諤集酋長斬之以妻女田產賜降將俞龍珂二年遣景青宜党令支貢方物以令支為珍州刺史賜董氊錢萬緡銀綵千計三年邈川城主溫訥支郢成及叔溪心弟阿令京等款塞以郢成為會州團練使溪心內殿崇班令京西頭供奉官餘族人皆殿直

奉職四年王師討夏會其兵董氈遣酋長抹征等率三萬人赴党龍耳江及隴朱珂諾又集六部兵十二萬約以八月分三路與官軍會帝以其協濟軍威事功可紀由常樂郡公進封武威郡王鬼章阿里骨党令支皆團練使心牟欽氈阿星李叱臘欽為刺史夏人欲與之通好許割賂斫龍以西地云如歸我即官爵恩好一如所欲董氈拒絕之訓整兵甲以俟入討且遣使來告帝召見其使使歸語董氈盡心守國每稱其上書情辭忠智雖中國士大夫存心公家者不過如此知邈川事力固不足與夏人抗但欲解散其

謀使不與結和而已故終不能大有功哲宗立加檢校太尉元祐元年卒蘭逋叱已死養子阿里骨嗣

阿里骨本于闐人少從其母給事董氈故養為子元豐蘭州之戰最有功自肅州團練使進防禦使董氈病革召諸酋領至青唐謂曰吾一子已死惟阿里骨母嘗事我我視之如子今將以種落付之何如諸酋聽命既嗣事遣使修貢元祐元年以起復冠軍大將軍檢校司空為河西軍節度使封寧塞郡公里骨頗峻刑殺其下不遑寧詔飭以推廣恩信副朝廷所以封立前人所以付與之意二年遂逼鬼章使率衆拒

洮州羌結欒密者使所部怯陵來告里骨執怯陵結欒密懼攜妻子南歸鬼章又使其子結吼鹼入寇心牟欽氈溫溪心不肯從詔以二人為團練使八月鬼章就擒檻送京師尋赦之授陪戎校尉遣居秦州聽招其子以自贖明年里骨奉表謝罪詔熙河無復出兵許貢奉如故加金紫光祿大夫檢校太保其郭州主會尊欲焚拆河橋歸漢熙州以聞哲宗以里骨既通貢不可有納叛之名欲弗納又封其妻溪尊勇丹為安化郡君子邦彪籛為鄯州防禦使弟南納支為西州刺史鬼章死詔焚付其骨紹聖元年以師子來

獻帝慮非其土性厚賜而還之三年卒年五十七瞎
征嗣
瞎征鄉卿虎錢也以紹聖四年正月為河西軍節度使
檢校司空寧塞郡公性嗜殺部曲睽貳大酋心牟欽
氈之屬有異志忌瞎征季父蘇南党征雄勇多智共
誣其謀逆瞎征不能察而殺之盡誅其黨獨籛羅結
逃奔溪巴溫溪巴溫者董氈疎族也自阿里骨之立
去依隴逋部河南諸羌多歸之籛羅結奉溪巴溫長
子杓拶據溪哥城瞎征討殺杓拶籛羅結奔河州說
王贍以取青唐之策已而溫入溪哥城自稱王子元

符二年七月贍取邈川八月瞎征自青唐脫身來降
欽氈迎溪巴溫入青唐立木征之子隴拶為主九月
贍軍至青唐隴拶出降以邈川為湟州青唐為鄯州
二酋雖降然其種人本無歸漢意議者謂今不先脩
邈川以東城障而遽取青唐非計也以今日觀之有
不可守者四自炳靈寺渡河至青唐四百里道險遠
緩急聲援不相及一也羌若斷橋塞隘我雖有百萬
之師倉卒不能進二也王贍提孤軍以入四無援兵
必生他變三也設遣大軍而青唐宗哥邈川食皆止
支一月內地無粮可運難以久處四也官軍自會州

還者皆憔悴衣屨穿决器仗不全羌視之有輕漢心
旦夕必叛閏九月欽氈等果與青唐城中人相結謀
復奪城山南諸羌亦叛贍遣將破之戮結咓齪及欽
氈等九人青唐圍解而邈川益急夏人十萬助之總
管王愍以死戰固守乃得免贍棄青唐歸巴溫與其
子溪賒羅撒據之朝論請并棄邈川且謂董氈無後
隴拶乃木征之子唃廝囉嫡曾孫最為親的於是以
隴拶為河西軍節度使知鄯州封武威郡公兄西蕃
都護依府州折氏世世承襲尋賜姓名曰趙懷德其
弟邦辟勿丁咓曰懷義為廓州團練使同知湟州加

瞎征校尉太傅懷遠軍節度使三年三月懷德及所
降契丹夏國回鶻公主入見各賜冠服退易之于邇
英閣前後立班謝賜食於橫門徽宗命輔臣呼與語
問何以招致溪巴溫對曰譬如乳牛繫其子即母須
來繫其母即子須來俟至峨州當遣人往諭使之歸
漢遂與瞎征俱還湟州溪賒羅撒謀襲殺懷德懷德
奔河南瞎征不自安求內徙詔居鄧州崇寧元年卒
三年王厚復湟鄯懷德至京師拜感德軍節度使封
安化郡王

趙思忠即瞎氈之子木征也瞎氈死木征不能自立

青唐族酋瞎欺雞囉及僧鹿遵迎之居洮州欲立以復洮岷疊宕武勝軍諸羌秦州以其近邊逐之乃還河州後徙安江城董氈欲羈屬之不能有也母弟瞎吳叱別居銀川有聶家山至和初補本族副軍主嘉祐中河州刺史王韶經略熙河遣僧智圓往說之啖以厚利因隨以兵前後殺其老弱數千焚族帳萬數得腹心酋領十餘人又禽其妻子皆不殺遂以熙寧七年四月舉洮河二州來降賜以姓名拜榮州團練使封其母郢成結遂寧郡太夫人妻包氏咸寧郡君弟董谷賜名繼忠補六宅副使結吳延征賜名濟忠

瞎吳叱曰紹忠巴氈角曰醇忠巴氈抹曰存忠長子邦辟勿丁呃曰懷義次盖呃曰秉義皆超拜官以思忠為秦州鈐轄不涖事而乞主熙河羌部經略司以為不可詔以二州給地五十頃後遷合州防禦使卒贈鎮洮軍節度觀察留後

列傳卷第二百五十一

列傳卷第二百五十二　宋史四百九十三

開府儀同三司上柱國錄軍國重事前中書右丞相監修國史領經筵事都總裁臣脫脫等奉

勅修

蠻夷一

西南溪峒諸蠻上

古者帝王之勤遠略耀兵四裔不過欲安內而捍外爾非所以求逞也西南諸蠻夷重山複嶺雜厠荆楚巴黔巫中四面皆王土乃欲揭上腴之征以取不毛之地疲易使之衆而得梗化之氓誠何益哉樹其酋長使自鎮撫始終蠻夷遇之斯計之得也然無經久

之策以控馭之狃驁之性便於跳梁或以讐隙相尋或以饑饉所逼長嘯而起出則衝突州縣入則負固山林致煩興師討捕雖能殄除而斯民之荼毒深矣宋恃文教而略武衛亦豈先王制荒服之道哉西南溪峒諸蠻皆盤瓠種唐虞為要服周世其衆彌盛宣王命方叔伐之楚莊既霸遂服於楚秦昭使白起伐楚略取蠻夷置黔中郡漢改為武陵後漢建武中大為寇鈔遣伏波將軍馬援等至臨沅擊破之渠帥飢困乞降歷晉宋齊梁陳或叛或服隋置辰州唐置錦州溪州巫州敘州皆其地也唐季之亂蠻酋分據其地

自署為刺史晉天福中馬希範承襲父業據有湖南時蠻猺保聚依山阻江殆十餘萬至周行逢時數出寇邊逼辰永二州殺掠民畜無寧歲太祖既下荆湖思得通蠻情習險阨勇智可任者以鎮撫之有辰州猺人秦再雄者長七尺武健多謀在行逢時屢以戰鬬立功蠻黨伏之太祖召至闕下察其可用擢辰州刺史官其子為殿直賜予甚厚仍使自辟吏屬予一州租賦再雄感恩誓死報效至州日訓練土兵得三千人皆能被甲渡水歷山飛塹捷如猿猱又選親校二十人分使諸蠻以傳朝廷懷來之意莫不從風而

靡各得降表以聞太祖大喜復召至闕面加獎激改辰州團練使又以其門客王允成為辰州推官再雄盡瘁邊圉五州連袤數千里不增一兵不費帑庾終太祖世邊境無患又有溪州刺史彭士愁等以溪錦奬州歸馬氏立銅柱為界建隆四年知溪州彭允林前溪州刺史田洪贇等列狀歸順詔以允林為溪州刺史洪贇為萬州刺史允林卒以其子師皎代為刺史四月水鬬都虞候林抱義上辰敍二州圖乾德二年四月溪敍奬等州民相攻劫遣殿直牛允齎詔諭之乃定三年七月珍州刺史田景千內附五溪團練使

洽州刺史田處崇上言湖南節度馬希範建敘州潭陽縣為懿州署臣叔父萬盈為刺史希範卒其弟希萼襲位改為洽州願復舊名詔從其請十二月詔溪州宜允五溪團練使刻印以賜之四年南州進銅鼓內附下溪州刺史田思遷亦以銅鼓虎皮麝臍來貢五年冬以溪州團練使彭允足為濮州牢城都指揮使溪州義軍都指揮使彭允賢為衛州牢城都指揮使珍州錄事參軍田思曉為博州牢城都指揮使允足等溪峒酋豪據山險持兩端故因其入朝而置之內地開寶元年珍州刺史田景遷言本州連歲災沴

乞改為高州從之八年景遷卒其子衙內都指揮使彥伊來請命即以為刺史九年奬州刺史田處達以丹砂石英來貢太平興國二年懿州刺史五溪都團練使田漢瓊以其子弟女夫大將五溪統軍都指揮使田漢度而下十二人來貢詔並加檢校官以奬之三年夷州蠻任朗政等來貢七年詔辰州不得移部內馬氏所鑄銅柱溪州刺史彭允殊上言刺史舊三年則為州所易望朝廷禁止賜敕書安撫之八年錦溪敍富四州蠻相率詣辰州言願比內郡輸租稅詔長吏察其謡俗情僞并按視山川地形圖畫來上卒

不許懿州刺史田漢瓊錦州刺史田漢希上言願兩易其地詔從之又以知敘州舒德郛為刺史雍熙元年黔南言溪峒夷獠疾病擊銅鼓沙鑼以祀神鬼詔釋其銅禁淳化二年知晃州田漢權言本管砂井歩夷人栗忠獲古晃州印一鈕來獻因請命以漢權為晃州刺史又以五溪諸州統軍鶴州刺史向通漢為富州刺史從其請也是年荆湖轉運使言富州向萬通殺皮師勝父子七人取五藏及首以祀魔鬼朝廷以其遠俗令勿問三年晃州刺史田漢權錦州刺史田保全遣使來貢五年以舒德言為元州刺史獎

晃敘懿元錦費福等州皆來貢上親視器幣以賜之至道元年高州溪州並來貢二年上親祀南郊富州刺史向通漢上言聖人郊祀恩浹天壤況五溪諸州連接十洞控西南夷戎之地惟臣州自昔至今為辰州墻壁障護辰州五邑王民安居臣雖僻處遐荒洗心事上伏望陛下察臣勤王之誠因兹郊禮特加真命詔加通漢檢校司徒進封河內郡侯咸平元年通漢又言請定租賦真宗以荒服不征弗之許其年古州刺史向通展以芙蓉朱砂二器馬十匹水銀千兩來獻詔有司鑄印以賜通展二年以下溪州刺史彭

允殊為右千牛衛將軍致仕以其姪文勇為刺史三年高州刺史田彥伊遣子貢方物及輸兵器四年其酋向君猛又遣弟君泰來朝上溪州刺史彭文慶來貢水銀黃蠟五年正月天賜州蠻向永豐等二十九人來朝夔州路轉運使丁謂言溪蠻入粟實緣邊砦柵頓息施萬諸州餽餉之弊臣觀自昔和戎安邊未有境外轉糧給我戍兵者先是蠻人數擾上召問巡檢使侯廷賞廷賞曰蠻無他求唯欲鹽爾上曰此常人所欲何不與之乃詔諭丁謂謂即傳告陬落群蠻感悅因相與盟約不為寇鈔負約者衆殺之且曰天

子濟我以食鹽我願輸與兵食自是邊穀有三年之積七月高州刺史田彥伊子承寶等百二十二人來朝賜巾服器幣以承寶為山河使九溪十峒撫諭都監六年四月丁謂等言高州義軍務頭角田承進等擒生蠻六百六十餘人奪所略漢口四百餘人初益州軍亂議者恐緣江下峽乃集施黔高溪蠻豪子弟捍禦群蠻因熟漢路寇略而歸謂等至即召與盟令還漢口既而有生蠻違約謂遣承進率衆及發州兵擒獲之焚其室廬皆震慴伏罪謂乃置尖木砦施州界以控扼之自是寇鈔始息邊溪峒田民得耕種七

月南高州義軍指揮使田彥强防虞指揮使田承海来貢施州叛蠻譚仲通等三十餘人来歸景德元年高州五姓義軍指揮使田文鄴来貢富州刺史向通漢遣使潭州營佛事以報朝廷存卹之恵二年夔州路降蠻首領皆自署職名請因而命之上不許第令次補牙校是歲辰州諸蠻攻下溪州為其刺史彭儒猛擊走之擒酋首以獻詔賜儒猛錦袍銀帶儒猛自陳母老願被恩典詔特加邑封十二月荆湖北路言溪峒團練使彭文綰送還先陷漢口五十人詔授文綰檢校太子賓客知中彭州其年懿州刺史田漢希

卒以其子漢能為刺史三年高州新附蠻酋八十九人来貢五溪都防禦使向通漢表求追贈父母從之溪州刺史彭文慶率溪峒群蠻来朝又高州諸名豪百餘人入貢四年五月以高州刺史田彥伊子承寶為寧武郎將高州土軍都指揮使田思欽為安化郎將其年宜州軍亂朝廷恐宜融溪峒因緣侵擾因降詔約勒首領皆奉詔部分種族無敢輙動大中祥符元年夔州路言五團蠻嘯聚謀刼高州欲令晴利砦援之上以蠻夷自相攻不許發兵三月知元州舒君强知吉州向光普並加銀青光禄大夫檢校太子賓客八月黔州言磨嵯洛浦蠻首領龔行滿等率族二千三百人歸順十月溪峒諸蠻獻方物于泰山三年澧州言慈利縣蠻相讐劫知州劉仁霸請率兵定之上恐深入蠻境使其疑懼止令仁霸宣諭詔旨遂皆感服四年安遠順南永寧濁水州蠻酋田承曉等三百七十三人来貢五年詔昨許溪峒蠻夷歸先劫漢口及五十人者特署職名仍聽来貢如聞緣此要利輙掠邊民充數所在切辨察之其年夔蠻千五百人乞朝貢上慮其勞費不許又詔施州溪蠻朔望犒以酒殽閏十月五溪蠻向貴升及磨嵯洛浦蠻来貢六

年夔州蠻彭延暹龔才晃等来貢辰州溪峒都指揮使魏進武率山猺數百人敵寇城砦朝廷不欲發兵窮討乃降詔招諭七年進武詣吏請罪署為三班借職監房州税仍賜裝錢八年詔中彭州彭文綰歲賜錦袍天禧元年溪州蠻寇擾遣兵討之二年辰州都巡檢使李守元率兵入白霧團擒蠻寇十五人斬首百級降其首二百餘人知辰州錢絳等入下溪州破砦柵斬蠻六十餘人降老幼千餘刺史彭儒猛亡入山林執其子仕漢等赴闕詔高州蠻捕儒猛来獻者厚加賞典其年儒猛因順州蠻田彥晏上狀本路自訴

求歸轉運使以聞上哀憐之特許釋罪儒猛乃奉上
所略民口器甲詔辰州通判劉中象召至明灘與歃
血要盟遣之詔以仕漢為殿直儒霸儒聰為借職賜
冠帶繒帛富州刺史向通漢率所部來朝貢名馬丹
砂銀裝劍槊兜鍪彩牌等物詔賜襲衣金帶鞍勒馬
并其子光澤以下器幣有差特許通漢五日一朝踰
月通漢上五溪地理圖願留京師上嘉美之特授通
漢檢校太傅本州防禦使還賜疆土署其子光澤等
三班職名通漢再表欲留京師不允乃為光澤等求
內地監臨及言歲賜衣願使者至本任並從之既辭

又賜以襲衣金帶三年通漢卒以其子光憲知州事
其後光澤不為親族所容上表納土上察其意不許
四年知古州向光普遣使鼎州營僧齋以祝聖壽初
北江蠻酋最大者曰彭氏世有溪州州有三曰上中
下溪又有龍賜天賜忠順保靜感化永順州六懿安
遠新給富來寧南順高州十一總二十州皆置刺史
而以下溪州刺史兼都誓主十九州皆隸焉謂之誓
下州將承襲都誓主率群酋合議子孫若弟姪親黨
之當立者具州名移辰州為保證申鈐轄司以聞乃
賜敕告印符受命者隔江北望拜謝州有押案副使

及校吏聽自補置彭氏自允殊文勇儒猛相繼為下
溪州刺史至仕漢為殿直留西京後輒遁歸天聖初
以狀白辰州自言父老兄亡潛歸本道願放還家屬
詔徙其家京師舍以官第未幾儒猛言仕漢迯歸誘
群蠻為亂遣別子仕端等殺之朝廷嘉其忠降詔獎
諭時儒猛為檢校尚書右僕射特遷左僕射又以仕
端為檢校國子祭酒知溶州加賜鹽三百斤綵三十
匹彭氏有文綰者知中彭州即忠順州也三年儒猛
攻殺文綰其子儒索率其黨九十二人來歸補儒索
復州都知兵馬使餘官為稟給五年儒猛死仕端以

名馬來獻詔還其馬命知下溪州賜以袍帶七年遂
以其弟仕義貢方物明道初仕端死復命仕義為刺
史累遷檢校尚書右僕射自允殊至仕義五世矣仕
義有子師寶景祐中知忠順州慶曆四年以罪絕其
奉貢蓋自咸平以來始聽二十州納貢歲有常賜蠻
人以為利有罪則絕之其後師寶數自訴請知上溪
州皇祐二年始從其請朝貢如故既而師寶妻為仕
義取去師寶忿恚至和二年與其子知龍賜州師黨
舉族趨辰州告其父之惡且言仕義嘗殺誓下十三
州將奪其符印并有其地貢奉賜予悉專之自號如

意大王補置官屬將起為亂於是知辰州宋守信與通判賈師熊轉運使李肅之合議率兵數千深入討伐以師寶為鄉導兵至而仕羲遁入他峒不可得俘其孥及銅柱而官軍戰死者十六七守信等皆坐貶自是蠻獠數入寇鈔邊吏不能制朝廷姑欲無事間遣吏諭旨許以改過自歸裁損五七州貢奉歲賜初輒不聽後遣三司副使李參文思副使竇舜卿侍御史朱處約轉運使王綽經制大出兵臨之且馳檄招諭而仕羲乃陳本無反狀其僭稱號補官屬特遠人不知中國禮義而然守信等輕信師寶之譖擅伐無辜

願以二十州舊地復貢奉內屬朝廷又遣殿中丞雷簡夫往視之嘉祐二年仕羲乃歸所掠兵丁五十一人械甲千八百九事率蠻衆七百歃血就降辰州亦還其孥及銅柱時師寶已死遣師黨歸知龍賜州戒勿殺自是仕羲歲奉職貢然黠驁數盜邊即辰州界白馬崖下喏溪聚衆據守朝廷數招諭令歸侵地不聽熙寧三年為其子師綵所弒師綵專為暴虐其兄師晏攻殺之并誅其黨納誓表于朝并上仕羲平生鞍馬器服仍歸喏溪地乃命師晏襲州事五年復以馬皮白峒地來獻詔進為下溪州刺史賜母妻封邑

章惇經制南北江湖北提點刑獄李平招納師晏誓下州峒蠻張景謂彭德儒向永勝覃文猛覃彥霸各以其地歸版籍師晏遂降詔修築下溪州城并置砦於茶灘南岸賜新城名會溪新砦名黔安戍以兵隸辰州出租賦如漢民遣師晏詣闕授禮賓副使京東州都監官其下六十有四人元豐八年湖北轉運司言辰州江外生蠻覃仕穩等願內附詔不許招納其後彭仕誠者復為都誓主元祐三年羅家蠻寇鈔詔召仕誠及都頭覃文懿等至辰州約敕之是年知誓下保順州彭儒武知永順州彭儒同知謂州彭思聰

知龍賜州彭允宗知藍州彭士明知吉州彭儒崇各同其州押案副使進奉興龍節及冬至正旦溪布有差初熙寧中天子方用兵以威四夷湖北提點刑獄趙鼎言峽州峒酋刻剝亡度蠻衆願內屬辰州布衣張翹亦上書言南北江利害遂以章惇察訪湖北經制蠻事而南江之舒氏北江之彭氏梅山之蘇氏誠州之楊氏相繼納土刱立城砦使之比内地為王民北江彭氏已見前南江諸蠻自辰州達于長沙邵陽各有溪峒曰叙曰峽曰中勝曰元則舒氏居之曰奬曰錦曰懿曰晃則田氏居之曰富曰鶴曰保順曰天

賜曰古則向氏居之舒氏則德郛德言君疆光銀田氏則處達漢瓊漢希漢能漢權保金向氏則通漢光普行猛永豐永晤皆受朝命自治平末光銀入貢故事南江諸蠻亦隸辰州貢進則給以驛券光銀援以為請詔以券九道給之其後有峽州舒光秀者以刻剝其衆不附張翹言南江諸蠻雖有十六州之地惟富峽叙僅有千戶餘不滿百土廣無兵加以荐饑近向永晤與繡鶴叙諸州蠻自相讐殺衆苦之咸思歸化願先招富峽二州俾納土則餘州自歸并及彭師晏之孱弱皆可郡縣詔下知辰州劉策商度策請如翹

言熙寧五年乃遣章惇察訪未幾策卒乃以東作坊使石鑑為湖北鈐轄兼知辰州且助惇經制明年富州向晤獻先朝所賜劒及印來歸順繼而光銀光秀等亦降獨田氏有元猛者頗桀驁難制異時數侵奪舒向二族地惇遣左侍禁李資將輕兵往招諭資辰州流人褻與張翹同獻策者也褊宕無謀褻慢夷獠遂為懿洽州蠻所殺惇進兵破懿州南江州峒悉平遂置沅州以懿州新城為治所尋又置誠州元祐初傳堯俞王巖叟言沅誠州剏建以來設官屯兵布列砦縣募役人調戍兵費鉅萬公私騷然荆湖兩路為

之空竭又自廣西融州剏開道路達誠州增置潯江等堡其地無所有湖廣移賦以給一方民不安業願斟酌廢置朝廷以沅州建置至是十五年蠻情安習已久但廢誠州為渠陽軍而沅州至今為郡元祐初諸蠻復叛朝廷方務休息痛懲邀功生事廣西張整融州温嵩坐擅殺蠻人皆寘之罪詔諭湖南北及廣西路曰國家疆理四海務在柔遠頃湖廣諸蠻近漢者無所統壹因其請吏量置城邑以撫治之邊臣邀功獻議剏通融州道路侵逼峒穴致生疑懼朝廷知其無用旋即廢罷邊吏失於撫遏遂爾扇揺其叛酋

楊晟臺等並免追討諸路所開道路剏置堡砦並廢自後五溪郡縣棄而不問崇寧以來開邊拓土之議復熾於是安化上三州及思廣洞蒙光明樂安峒程大法都丹團黃光明靖州西道楊再立辰州覃都管罵等各願納土輸貢賦又令廣西招納左右江四百五十餘峒宣和中議者以為招致熟羌接武請吏竭金帛繒絮以啗其欲捐高爵厚奉以侈其心開辟荒蕪草剏城邑張皇事勢僥倖賞恩入版圖者存虛名充府庫者亡實利不毛之地既不可耕狼子野心頑冥莫革建築之後西南夷獠交寇而溪峒子蠻亦復

跳梁士卒死於干戈官吏沒於王事肝腦塗地往往有之以此知納土之議非徒無益而又害之所由生也莫若俾帥臣監司條具建築以來財用出入之數商較利病可省者省可併者併減戍兵漕運而夷狄可撫邊鄙可亡患矣乃詔悉廢所置初郡其餘諸蠻自乾興以來或叛或服其類不一各以歲月次之乾興初順州蠻田彥晏率其黨田承恩寇施州暗利砦縱火而去夔州發兵擊之俘獲甚衆彥晏在真宗朝為歸德將軍檢校太子賓客知順州承恩者知保順州田彥曉子也明年彥晏款邊上誓狀願還所掠金帛

器械且輸粟二千石自贖詔拒其粟舍其所負金帛第令歸掠去戶口仍加彥晏寧遠將軍檢校工部尚書承恩檢校國子祭酒兼監察御史皆知州如故後又有田忠顯者與其黨百九人入貢天聖二年知古州向光普自言嘗刱佛寺請名報國歲度僧一人許之四年歸順等州蠻田思欽等以方物來獻時來者三百一人而夔州路轉運司不先以聞詔劾之既而又詔安遠天賜保順南順等州蠻貢京師道里遼遠而離寒暑之苦其聽以貢物留施州所賜就給之願入貢者十人聽三二人至闕下首領聽三年一至七

年黔州蠻舒延蠻繡州蠻向光緒皆來貢九年施州屬蠻覃彥綰等寇永寧砦景祐中澧州屬蠻五百餘人入寇時州將崔承祐畏避不以聞爲荆湖鈐轄司所奏詔劾罷之寶元二年辰州猺獠三千餘人款附以州將張昭懿招輯有功進一官慶曆三年桂陽監蠻猺內寇詔發兵捕擊之蠻猺者居山谷間其山自衡州常寧縣屬于桂陽郴連賀韶四州環紆千餘里蠻居其中不事賦役謂之猺人初有吉州巫黃捉鬼與其兄弟數人皆習蠻法往來常寧出入溪峒誘蠻衆數百人盜販鹽殺官軍逃匿峒中既招出而殺之

又徙山下民他處至是其黨遂合五千人出桂陽藍山縣華陰峒害巡檢李延祚潭州都監張克明事聞擢楊畋提點刑獄督攻討事久之不克遂詔湖南轉運使郭輔之等招撫之始於湖南置安撫司蠻所至殺掠居民縱火劫財物被害者甚衆詔被害者并入山捕蠻主兵蠲復有差初發兵捕蠻至或誤殺良民仁宗命訪之口給絹五匹仍捐其家時蠻勢方熾又遣殿中侍御史王絳三司度支副使徐的經制降勅書委知潭州劉沆招諭能自歸者第錄以官沆大發兵臨之以勅書從事降二千餘人使散居所部錄其

首領鄧文志黄文晟黄士元皆爲三班奉職又以内殿承制开贇崇班胡元嘗在石硋峒捕殺有勞進贇莊宅副使元禮賓副使時四年冬也五年二月餘黨唐和等復內寇乃詔湖南安撫轉運提點刑獄便宜從事又特賜官兵土丁錢有差於是沆檄楊畋等八路入討覆蕩桃油平能家源等皆其巢穴捕斬首級甚衆詔官兵有功者九百餘人第遷一資録其應募討擊者道州進士十四人並官之然唐和等猶未平又詔如聞賊黨欲降其罪出兵迸匿者諭使歸復州縣拊存之是冬蠻復入寇與胡元及右侍禁郭正趙鼎

殿侍王孝先戰于華陰峒隘口元等死之劉沆楊畋皆坐黜以劉夔代沆爲安撫使夔言唐和等既敗官軍殺將吏聚衆益自疑恐寖爲邊患願以詔書招安就補溪峒首領詔可是時湖湘騷動兵不得息六年夏仁宗顧謂輔臣曰官軍久戍南方夏秋之交瘴癘爲虐其令太醫定方和藥遣使給之自是繼賜緡錢未幾夔言敗唐和於銀江源轉運使周沆亦言指揮幸景賢招降賊黨五十六戶二百五十九人録其首領戒所部拊存之先是命三司戶部判官崔嶧爲體量安撫往議討除招安二策既而知桂陽監宋守信

奏唐和嘯聚千餘衆爲盜五六年卒未能克者朝廷不許窮討故也今衡州監酒黄士元頗習溪峒事願得敢戰士二千引路土丁二百優給金帛使之逐捕必得然後已幷勅开贇等合力以進彼既勢窮必將款附詔用其策於是大發兵討之其衆果懼遁入郴州黄莽山由趙峒轉寇英韶州依山自保是冬帝閔士卒暴露復諭執政密戒主帥安恤七年唐和遣其子執要領諸官自言願備糧米居所保峒中時楊畋復爲湖南鈐轄詔趣連韶州山下與廣南東西轉運使共告諭之使以兵械上官貸其親屬詔補唐和盤

知諒房承映承泰文運等五人爲峒主授銀青光禄大夫檢校國子祭酒兼監察御史武騎尉知諒等並唐和黨也至冬其衆悉降皇祐五年邵州蠻舒光銀因湖南安撫司自陳捍禦之勞願於峒中置中勝州詔可嘉祐二年羅城峒蠻寇澧州發兵擊走之三年以施州蠻向永勝所領州爲安定州五年以邵州蠻楊光倩知徽州光倩通漢之子也通漢慶曆初嘗入貢既死光倩襲之舊制溪峒知州卒承襲者許進奉行州事撫遏蠻人及五年安撫司爲奏給敕告至是光倩行州事七年無他過故命之

列傳卷第二百五十二

列傳卷第二百五十三　宋史四百九十四

開府儀同三司上柱國錄軍國重事前中書右丞相監修國史領經筵事都總裁脫脫等奉

勑修

蠻夷二

西南溪峒諸蠻下　梅山峒

誠徽州　南丹州

紹興三年臣僚言武岡軍溪峒舊嘗集人戶為義保盖其風土習俗服食器械悉同猺人故可為疆場捍蔽雖曰籍之於官然亦未嘗遠戍靖康間調之以勤王其後湖南盜起征歛百出義保無復舊制困苦不

勝乃舉其世業客依蠻峒聽其繇役州縣猶驗舊籍催科胥隸及門則挈家遠徙官失其稅蠻獠日強兼武岡所屬三縣悉為猺人所有遠戍之實已無而鄉戶弩手之名尚在歲取其直人戶咨怨乞擇本路監司詳議以聞詔從之四年辰州言歸明保靜南渭永順三州彭儒武等久欲奉表入貢詔以道路未通俾荆湖北帥司慰諭免赴闕遣人持表及方物赴行在仍優賜以答之九月詔荆湖南北路溪峒頭首土人及主管年滿人合給恩賜俾各路帥司會計覆實以聞六年知鼎州張觷言鼎澧辰沅靖州與溪峒接壤

祖宗時嘗置弓弩手得其死力比緣多故遂皆廢闕萬一蠻夷生變將誰與捍禦今雖各出良田募人以補其額率皆豪强遣僮奴冒名籍中乘時射利無益公家所宜汰去則募溪峒司兵得三百人俾加習練足為守禦給田募人開墾以供軍儲詔荆湖北路帥司相度以聞帥司言營田四州舊置弓弩手九千一百一十人練習武事散居邊境鎮撫蠻夷平居則事耕作緩急以備戰守深為利便靖康初調發應援河東全軍陷沒今辰沅澧靖等州之兵防守寡處蠻夷生變叵測若將四州弓弩手減元額定為三千五百

人辰州置千人沅州置千五百人澧州靖州各置五百人分處要害量給土田訓練以時耕戰合度庶可備禦以所餘閑田募人耕作歲收其租其於邊防財賦兩得其便可為經久之計詔從之七年六月張觷言湖外自靖康以來盜賊盤踞鍾相楊太山雷德進等相繼叛澧州所屬尤甚獨慈利縣向思勝等五人素號溪峒歸明嘗掌防托卒能保境息民使德進賊黨無所剽掠思勝後竟殺德進會官軍招撫劉智等而彭永健彭永政彭永全彭永勝及思勝共獻粮助官軍招復諸山四十餘栅宣力効忠功居多宜加恩

賞詔思勝等五人各轉兩資九月詔荆湖廣南路溪峒頭首土人内有子孫應襲職名差遣及主管年滿合給恩賜之數俾帥司取會覈實以聞九年宜章峒民駱科作亂寇郴道連桂陽諸州縣詔發大兵往討之獲駱科餘黨歐幼四等復叛據藍山寇平陽縣遣江西兵馬都監程師回討平之十年承信郎琴州溪峒楊進顯等率族屬歸生界五百餘戸疆土三百餘里獻累世所造兵器及金鑪酒栝各一求入覲詔本路帥司敦遣以行十二年詔以施州南砦路夷人向再健襲父思遷充銀青光禄大夫檢校國子祭酒兼

監察御史武騎尉知懿州事十四年十月湖南安撫使劉昉奏武岡軍猺人有父子相殺者宜出兵助其父俾還省地上以問輔臣秦檜檜曰恐輕舉生事帝曰恩威不可偏廢可懷則示之以恩否則威之不侵省地則已或有所侵奈何不舉俾知所畏哉十二月成忠郎充武岡軍綏寧縣管界都巡檢兼溪峒首領楊進京率其族三百人備黃金朱砂方物求入貢先遣其子孝友陳請詔本路帥司閱舊制以聞給孝友錢三百貫俾還聽進止十五年楊進顯復求入貢以武岡軍不時敦遣爲言詔本路帥司閱實應襲人姓

名來上併促進顯入覲四月廣南東路提刑黃應南言溪峒巡檢尉砦官不嚴守備縱民與猺交通恐啓邊釁乞詔有司申嚴法令俾帥臣監司常加覺察宰臣以爲沿邊互市恐不宜禁絶帝曰往年禁西夏互市遂至用兵可令帥司裁決前知全州高揖言猺人今皆微弱不敢先侵省地砦官每縱人深入略其財物遂致秉間竊發宜詔與溪峒接壤州郡毋侵猺人庶使邊民安業以廣陛下柔遠好生之德帝從其言詔守臣一遵成法務在撫綏二十四年禽楊正修及其弟正拱送理寺獄鞫治斬之初正修侍其父再興

入覲獻還省民疆土遂命以官建炎後與弟正拱率九十團峒猺人出武岡軍縱火殺掠民財爲亂紹興間潭州帥司嘗招徠之後復作亂屢抗官軍至是伏誅二十八年七月楊進京等復求入貢詔以道遠慰諭之優其賜與隆興初右正言尹穡言湖南州縣多隣溪峒省民往往交通猺人擅自易田豪猾大姓或詐匿其産猺人以避科差内虧國賦外滋邊患宜詔湖南安撫司表正經界禁民毋質田猺人詐匿其産猺入者論如法仍没入其田以賞告姦者田前賣入猺人俾爲别籍毋遽奪能還其田者縣代給錢償之

帝從其言乾道元年宜章峒賊李金陷郴州焚桂陽軍州將棄城遁衡州調常寧縣兵救之弗克世忠峒李昂霄者率壯丁禦賊民恃以安湖南提舉常平鄭丙請發鄂渚軍討賊平之昂霄以功補承節郎管轄衡州常寧縣溪峒及官其子當年俾後得襲職三年靖州界猺人姚明教等作亂詔荆鄂駐劄明椿選將率精鋭千人會屯戍官合擊之能立功者有厚賞八月詔平溪峒互市鹽米價聽民便毋相抑配其猺人歲輸身丁米務平收無取羨餘及折輸錢違者論罪十一月南郊禮成詔以緣邊溪峒州縣失於拊循致

懷反側或逃竄山谷其在赦恩以前並加寬宥能復業者罪一切置不問互市如故悉聽其便守臣常加撫問以稱綏遠之意四年二月詔湖南北四川二廣州軍應有溪峒處務先恩信綏懷毋弛防閑毋襲科擾毋貪功而啓釁委各路帥臣監司常加覺察是月詔禁沿邊姦人毋越逸溪峒誘致蠻獠侵內地違者論如律其不能防閑致越逸者亦罪之湖廣總領周嗣武言邊事如二年四月之詔帝嘉納之是歲田彥古死子忠佐襲職授銀青光祿大夫檢校散騎常侍知溪峒安化州兼監察御史飛龍騎尉六年盧陽西

據獠楊添朝寇邊知沅州孫叔傑調兵數千討之敗績死者十七八初猺人與省戶交爭殺二人死叔傑輒出兵破其十三柵奪還所侵地於是猺人相結爲亂諸司請調常德府城兵三百人益官兵三千人合擊討之宰臣虞允文奏曰蠻夷爲變皆守臣貪功所致今猺人仇視守臣若更去叔傑量遣官軍示以兵威徐與盟誓自可平定帝允其奏俾葉行代叔傑開示恩信諭以禍福遂招降之邊境悉平前知武岡軍趙善毅言武岡與湖北廣西隣壤爲極邊之地溪峒七百八十餘所七峒隸綏寧縣五溪峒隸臨江縣紹

興三十年減冗員改縣爲臨口砦然五峒之猺俗尤獷悍釁生毫髮則操戈相讎砦官不能爲輕重況本軍巡防砦柵惟真良三門兵溪香平有土軍可備守禦餘有官無兵其關硤武陽等砦設巡檢二員徒費廩祿以臣所知宜復臨口砦爲縣則猺蠻易於制服汰去冗員則官廩亦無虛費實邊郡之利也七年前知辰州章才邵上言辰之諸蠻與羈縻保靜南謂永順三州接壤其蠻酋歲貢溪布利於回賜頗覺馴伏盧溪諸蠻以靖康多故縣無守禦犵狑乘隙焚劫後徙縣治於沅陵縣之江口蠻酋田仕羅龔志能等遂

雄據其地沅陵之浦口地平衍膏腴多水田頃爲猺蠻侵掠民皆轉徙而田野荒穢會守倅無遠慮乃以其田給靖州犵狑楊姓者俾佃作而課其租所獲甚微楊氏專其地將二十年其地當沅靖二州水陸之衝一有蠻隙則爲害不細臣謂宜預爲之備靖康前辰州每歲蒙朝廷賜錢七萬貫紬絹布共八千一百匹綿一萬七千兩是時本州廂禁軍一千四百餘人沿邊一十六砦土兵六百餘人皆可贍給其後中外多故今歲賜止得一萬二千緡而本州財復匱乏無以充召募之費禁軍止二百一十餘人諸砦土兵止

一百五人甚至砦官有全無一兵而徒存虛名者其於邊防豈可不爲深慮若歲增給民錢一萬俾本州募強壯禁軍或効用二百人分屯盧溪等處以防諸蠻庶使邊患永消可免異時調遣之費書奏詔湖北帥臣詳議以聞是年申嚴邊民售田之禁守令不能奉法者除名部刺史常加糾察八年知貴州陳乂上疏言臣前知靖州時居蠻夷腹心民不服役田不輸賦其地似若可棄然爲重湖二廣保障實南服之要區也或控制失宜或金穀不繼或兵甲少振蠻獠則乘時竊發勤勞王師朝廷當重守臣之選崇寧初戍

兵三千人建炎以來每於都統司或帥司摘兵二千人以備屯戍其凶悍者以州郡不能制遂慢守臣反通猺蠻以撓編民州郡非白主帥不敢治比得報已晚矣故戍兵敢肆其惡一旦有警復安能爲用臣以爲宜聽守臣節制爲便帝嘉其言復問左右曰靖隷湖北今聞仰給廣西何也趙雄對曰靖州本溪峒神宗時剏爲誠州元祐間廢尋復爲軍徽宗朝始改靖州與桂府爲鄰故令廣西給其金穀之費近歲漕司匱乏乃責辦諸州以故不能如約宜復舊制俾廣西漕臣如期饋運靖州屯戍官兵聽守臣節制於事爲

便帝從之十年四月全州上言本州容通溪峒邊民本非姦惡其始朝廷禁法非不嚴密監司州郡非不奉行特以平居失於防閑故馴致其亂又兼溪谷山徑非止一途如靜江興安之大通虛武岡軍之新寧盆溪及八十里山永州之東安皆可以徑達溪峒其地綿亘郡邑非一州得專約束故遊民惡少之棄本者商旅之避征稅者盜賊之亡命者往往由之以入萃爲淵藪交相鼓扇深爲邊患如武岡楊再興桂陽陳峒相繼爲亂實原於此爲今計者宜從閑地巡檢兵及分遣士卒屯諸溪谷山徑間俾湖南北廣西帥

憲總其役庶幾事權有歸號令可行也儒林郎李大
性上言比年猺蠻為亂邊吏憊妨賞格往往匿不以
聞遂致猖獗使一方民命寄於猺人之手誠可哀憫
近如梁年等寇沅州劫墟市殺戮齊民州縣告急於
兩月之後比調官軍討捕俘降其賊而人之被害已
酷矣宜戒州縣或遇猺人竊發晝時以聞違者論罪
仍命監司帥臣常加覺察庶幾先事備禦俾猺人亦
知畏懼不敢侵軼以傷吾民也十一年詔給事中中
書舍人戶部長貳同勅令所議禁民毋質猺人田以
奪其業俾能自養以息邊釁從知沅州王鎮之請也
沅州生界犵狑副峒官吳自由子三人貨丹砂麻陽
縣巡檢唐人傑誣為盜執之送獄自由率峒官楊友
祿等謀為亂帥司調神勁軍三百人及沅州民兵屯
境上聲言進討先遣歸明官田思忠往招撫之以孔
目官為質世祿等既盟自由取其三子以歸嘉泰三
年前知潭州湖南安撫趙彥勵上言湖南九郡皆接
溪峒蠻夷叛服不常深為邊患制馭之方豈無其說
臣以為宜擇素有知勇為猺人所信服者立為酋長
借補小官以鎮撫之況其習俗嗜欲悉同猺人利害
情偽莫不習知故可坐而制服之也五年之間能立

勞效即與補正彼既榮顯其身取重鄉曲豈不自愛
盡忠公家哉所謂捐虛名而收實利安邊之上策也
帝下其議既而諸司復上言往時溪峒設首領峒主
頭角官及防遏指揮等使皆其長也比年往往行賄
得之為害滋甚今宜一新蠻夷耳目如趙彥勵之請
所謂以蠻夷治蠻夷策之上也帝從之嘉定元年郴
州黑風峒猺人羅世傳寇邊飛虎統制邊寧戰沒江
西湖南騷擾知隆興趙希懌知潭州史彌堅共招降
之二年李元礪羅孟二寇江西攻破龍泉縣李再與
戰敗死之江州駐劄都統制趙選亦戰死初吉州獲
賊長七人繫獄土豪黃從龍為賊畫策賂吉守李絪
得縱還賊遂無所忌有侯押隊者領兵戍龍泉境上
元礪復用從龍計椎牛釃酒以犒官軍賊至官軍皆
醉狼狽散走寇之初起甚微賊伺知議論不一故玩
侮官軍方江西力戰則求降湖南湖南戰則求降江
西牽制王師使不得相應援其後命工部侍郎王居
安知豫章擒獲之溪峒略平五年臣僚上言辰沅靖
等州舊嘗募民為弓弩手給地以耕俾為世業邊陲
獲保障之安州縣無轉輸之費比年多故其制寖弛
猺蠻因之為亂沿邊諸郡悉受其害比申朝廷調兵

招捕曠日持久蠻夷習玩成其猖獗之勢其如楊晟臺李全姚明教羅孟二李元礪陳廷佐之徒皆近事之明驗也為今計者宜講舊制可紓饋餉之勞而得備禦之實其安邊息民之長策歟七年臣僚復上言辰沅靖三州之地多接溪峒其居内地者謂之省民熟戶山猺峒丁乃居外為捍蔽其初區處詳密立法行事悉有定制峒丁等皆計口給田多寡闊狹疆畔井井擅鬻者有禁私易者有罰一夫歲輸租三斗無他繇役故皆樂為之用邊陲有警衆庶雲集爭負弩矢前驅出萬死不顧比年防禁日弛山猺峒丁得私

售田田之歸於民者常賦外復輸税公家因資之以為利故謾不加省而山猺峒丁之常租仍虛掛版籍責其償益急往往不能聊生反寄命猺人或導其入寇為害滋甚宜勅湖廣監司檄諸郡俾循舊制毋廢庶邊境綏靖而遠人獲安也

梅山峒蠻舊不與中國通其地東接潭南接邵其西則辰其北則鼎澧而梅山居其中開寶八年嘗寇邵之武岡潭之長沙太平興國二年左甲首領苞漢陽右甲首領頓漢淩寇掠邊界朝廷累遣使招諭不聽命客省使翟守素調潭州兵討平之自是禁不得與漢民交通其地不得耕牧後有蘇方者居之數侵奪舒向二族嘉祐末知益陽縣張頡收捕其桀黠符三等遂經營開拓安撫使吳中復以聞其議中格湖南轉運副使范子奇復奏蠻恃險為邊患宜臣屬而郡縣之子奇尋召還又述前議熙寧五年乃詔知潭州潘夙湖南轉運副使蔡燁判官喬執中同經制章惇招納之惇遣執中知全州將行而大田三砦蠻犯境又飛山之蠻近在全州之西執中至全州大田諸蠻納欵於是遂檄諭開梅山蠻猺爭闢道路以待得其地東起寧鄉縣司徒嶺西抵邵陽白沙砦北界益陽

四里河南止湘鄉佛子嶺籍其民得主客萬四千八百九戶萬九千八十九丁田二十六萬四百三十六畝均定其税使歲一輸乃築武陽關峽二城詔以山地置新化縣并二城隸邵州自是鼎澧可以南至邵

誠徽州唐溪峒州宋初楊氏居之號十峒首領以其族姓散掌州峒太平興國四年首領楊蘊始來内附五年楊通寶始入貢命為誠州刺史淳化二年其刺史楊政巖復來貢是歲政巖卒以其子通塩繼知州事熙寧八年有楊光富者率其族姓二十三州峒歸附詔以光富為右班殿直昌運五人補三班奉職晟

情等十六人補三司軍將繼有楊昌銜者亦願罷進奉出租賦為漢民詔補為右班殿直子弟姪十八人補授有差獨光僭頑負固不從命詔湖南轉運使朱初平羈縻之未幾亦降乃與其子日儼請於其側建學舍求名士教子孫詔潭州長史朴成為徽誠等州教授光僭皇城使誠州刺史致仕官為建宅置飛山一帶道路巡檢光僭未及拜而卒遂以贈之錄其子六人元豐三年知邵州關杞請於徽誠則融嶺擇要害地築城砦以絕邊患詔湖南安撫謝景溫轉運使朱初平判官趙楊商度以聞景溫等以為宜如杞言

乃議誠州以沅州貫保砦為渠陽縣隸之以徽州為蒔竹縣隸邵州趙揚言上江多星銅鼓羊鎮潭溪上和上誠天村大田等團並至誠州城下貿易可漸招撫并乞下湖南邵州蒔竹縣招諭芙蓉萬驛諸團從之徙誠州治渠陽而貫保為砦如故上江等諸團果皆納土於是增築多星等砦還隸徽廣西融州王口砦焉元祐二年改誠州為渠陽軍罷兩州兵馬及守禦民丁有楊晟臺者乘間寇文村堡知渠陽軍胡田措置亡術蠻結西融州蠻砦粟仁催往來兩路為民患調兵屯渠陽至萬人湖南亦增屯兵應援三路俱

驚朝廷方務省事議廢堡砦徹戍守而以其地予蠻乃詔湖北轉運副使李茂直招撫又遣唐义同措置邊事討之後以渠陽為誠州命光僭之子供備庫使昌達供備庫副使楊昌等同知州事而貫保豐山若水等砦皆罷戍擇授土官俾义問毀樓櫓撤官舍護領居民入砦崇寧初改誠州為靖州

南丹州蠻亦溪峒之别種也地與宜州及西南夷接壤開寶七年酋帥莫洪皢遣使陳紹規奉表求內附九年復來貢求賜牌印詔刻印以給之太平興國五年洪皢貢銀百兩以賀太平雍熙四年洪皢族人知

寶隆鎮莫淮閬牛一頭逐水草至金城州河池縣宜州牙校周承鑒以其牛耕作淮閬三遣人取牛承鑒不還凡耕十日始釋牛逐水草去淮閬怒領鄉兵六十人劫取承鑒家資財驅縣民莫世家牛六頭以歸誘群蠻為寇上遣供奉官王承緒乘傳劾承鑒具伏占牛詔棄市時知宜州贊善大夫侯汀失於備禦群蠻之擾頗害及民庶詔發諸州兵進討兵未至悉已遁歸汀坐免官詔諭宜融柳州百姓及蠻界人戶曰朕託兆庶之上處司牧之重照臨所暨撫養是均矧於遐陬尤所軫慮昨以知宜州事侯汀失於綏緝恣

其侵年致兹邊夷起為寇鈔侵騷閭里虔劉士庶及
興師而討伐乃畏威而竄伏朕以興戎召釁務職由於
汙吏舉國章削其官秩汝等所宜體予含垢革乃前
非安土厚生保境延世嬉我至化是為永圖或尚恣
於陸梁當盡勦其族類自是不復為寇淳化元年洪
賛卒其弟洪皓襲稱刺史遣其子淮通來貢銀盌二
十銅鼓三面銅印一鈕旗一帖繡真珠紅羅襦一上
降優詔賜綵百匹還其襦自洪賛領州十餘年歲輸
白金百兩洪皓之襲凡位專其地利不脩常貢其弟
洪沅忿之挈妻子來奔宜州洪皓怒其背已數引兵

攻洪沅洪沅與二男并牙將一人乘傳詣闕訴其事
請發兵致討上以蠻夷之俗羈縻而已不欲為之興
師報怨洪沅先自稱南丹州副使以為邵州團練使
給田十頃下詔戒勅洪皓景德二年洪皓死長子淮
勍襲父任俄為弟淮迪攻南丹州淮勍帥屬來奔詔
宜州賜閑田資給之大中祥符五年宜州言淮迪頗
集諸蠻阻富仁監道路上應知淮迪無侵擾狀遣使
犒設撫勞之九年撫水蠻叛詔淮迪約勒溪峒勿從
誘脅明年平撫水蠻淮迪等並以勞進秩景祐三年
有淮戩者舉族來歸命為湖南州團練副使勅州縣

拊存後淮迪老自言願傳其子世漸至和元年命世
漸為檢校散騎常侍權發遣州事明年以淮迪為懷
遠大將軍致仕世漸為刺史檢校工部尚書賜袍帶
錢十萬絹百匹又補其親黨數十人為檢校官如故
事也世漸死嘉祐末命其子公帳襲之有世忍者亦
淮迪之子也初率其屬入內附治平初迸歸攻殺公
帳奪其地自首請於朝廷願授刺史補其親黨如故
事歲輸銀百兩三年遂命為刺史皆如其請熙寧三
年摇賊殺人世忍執以獻授檢校禮部尚書元豐三
年入貢其印以西南諸道武盛軍德政官家明天國

主為文詔以南丹州印賜之令毀其舊印六年大軍
討安化世忍獻弓矢自言願世世為外臣脩貢不懈
遷檢校戶部尚書給銅牌旗號官其子姪九人世忍
死子公佞襲大觀元年廣西經略使王祖道言公佞
就擒進築平允從州牧文地蘭那安外習南丹八州
之地併為鎮庭孚觀州延德軍以其弟公晟襲刺史
宣和四年公晟乞以州事付其姪延豐願與其子歸
朝詔從之仍乘驛給券紹興三年公晟攻圍觀州焚
寶積監朱勝非奏崇觀宣和間所開新邊比來往往
棄而不守帥臣監司屢言觀州為控扼之地不宜棄

帝曰前日用事之臣貪功生事公為欺罔其實勞民費財使遠俗不安也又用廣南經略安撫使劉彥適言以公晟知南丹州兼溪峒都巡檢使提舉盜賊公事給以南丹州刺史舊印公晟未受命二十四年公晟始貢馬率諸蠻來歸帝諭輔臣曰得南丹非為廣地也但搖人不叛百姓安業為可喜耳遂以延沈襲公晟職授銀青光祿大夫檢校太子賓客使持節南丹州諸軍事南丹州刺史兼御史大夫知南丹州公事武騎尉廣西經略安撫使呂愿中諭降諸蠻三十一種得州二十七縣一百三十五砦四十峒一百七

十九及一鎮三十二圖皆為羈縻州縣二十五年延沈進補圖練防禦二使三十一年延沈恣行慘酷為諸蠻所逐歸死省地衆推延廪襲職隆興二年延廪復為諸蠻所圖攜家歸朝經略司奏以延甚襲職淳熙元年南丹為永樂州所攻使來告急廣西帥臣遣將領陳泰權天河縣主簿徐彌高諭和之十四年經略司奏以延廕襲職詔從其請嘉泰五年延廕之子光熙襲職知南丹州事

列傳卷第二百五十三

列傳卷第二百五十四　宋史四百九十五

開府儀同三司上柱國錄軍國重事前中書右丞相監修國史領經筵事都總裁臣脫脫等奉勑修

蠻夷三

撫水州　廣源州　黎洞　環州

撫水州在宜州南有縣四曰撫水曰京水曰多逢曰古勞唐隸黔南其酋皆蒙姓同出有上中下三房及北遐一鎮民則有區廖潘吳四姓亦種水田採魚其保聚山險者雖有畬田收穀粟甚少但以藥箭射生取鳥獸盡即徙他處

無羊馬桑柘地曰帚洞五十里至前村川原稍平合五百餘家夾龍江居種稻似湖湘中有樓屋戰棚衛以竹柵即其酋所居兵器有環刀標牌木弩善為藥箭中者大叫信宿死得邕州藥解之即活雍熙中數寇邊境掠取民口畜產詔書招安補其酋蒙令地殿直蒙令札奉職咸平中又數為寇盜止令邊臣驅逐出境其黨狡獪者凡三十餘人宜州守將因擒送闕下上召見詰責之對曰臣等蠻陬小民為饑寒所迫耳上顧謂左右曰昨不欲盡令殺戮顧無噍類矣因釋罪賜錦袍冠帶銀綵戒勗遣之逾年酋長蒙瑱等六十五人詣闕納器甲百七十事又蒙漢誠蒙虔瑞蒙

填來朝上器甲數百及毒藥箭誓不擾邊比歲皆遣使來貢及輸兵器乃授漢誠官賜物有差既而侵軼如故景德三年蠻酋蒙填詣宜州自陳願朝貢謝罪詔守臣諭以盡還所掠民貲畜乃從其請大中祥符六年首領指揮使蒙但率族來歸徙於桂州九年數寇宜融州界轉運使俞獻可言知宜州董元己不善綏撫昨蠻人饑來質餱糧公縱主者尅剥槩量及求入貢復驟沮其意遂使忿恚為亂詔出元己遂遣澶州都監李守龠代元己招撫羣蠻拒命侵掠不已獻可請以本道澄海軍及募丁壯進討乃詔益以澶州兵五千人命東染院使平州刺史曹克明為宜融等

州都巡檢安撫使內殿崇班王文慶閤門祗候馬玉內供奉官楊守珍等為都監上猶以蠻夷異類攻剽常理不足以勤絕又意其道險難進師第令克明獻可設方略攝其酋首索所掠生口因而撫之克明獻可上言蠻人去冬寇天河今又鈔融州兩陽諸砦剽劫居民害巡檢樊明累依宣旨詔諭曾不悛革臣請便宜掩擊從之克明乃與守珍領兵入樟嶺路文慶玉趣宜州西路又令宜桂都巡檢程化鵬取樟嶺古牢隘路會合化鵬遇蠻於上房兩水口擊破之文慶玉至如門團為蠻所扼不能進克明守珍乃過橫溪息德砦召山獠鄉導開路進師蠻依篁竹間時出戰

鬬輒敗走旬餘上黃泥嶺杉木隘路溪谷險峻蠻據要害以拒官軍自辰至午大潰其黨遂過霸苑抵帚洞乃入中房前村克明等頓兵下砦中夕羣蠻大譟譟擊鉦鼓攻砦甚急出兵擊之傷殺頗衆因縱火焚其廬室積聚自此恐懼竄入山谷又緣龍江南岸而東至昏暮過石峽隘險士不並行蠻復連弩北岸克明遣猛士步涉與鬬至即退走砦于下房博賀村克明設伏砦外其夜蠻衆大集遇伏發內外合擊追斬殆盡乘勝搜山悉得馬牛享士卒克明等知其窮蹙乃曉諭恩信許以改過於是酋帥蒙承貴等面縛詣軍自首克明厚加犒宴且數責之皆俯伏謝罪及聞

詔旨赦令勿殺莫不泣下北望稱萬歲上以夷性無厭習知朝廷多釋其罪故急則來歸緩則叛去切詔克明等諭以悉還所掠漢口資畜即許要盟承貴等感悅奉詔乃歃猫血立誓自言奴山摧倒龍江西流不敢復叛克明等師還宜州蠻人納器甲凡五千數願還處漢地者七百餘口詔分置廣西及荊湖州軍給以田糧凡立功使臣將士遷補賜賚者千八百一十六人承貴因請改州縣名以固歸順之意詔以撫水州為安化州撫水縣為歸仁縣京水縣為長寧縣自是間歲朝貢不復為邊患矣獻可等又言殿直蒙肚知歸化州州與撫水相接數遣子文寶及其妻族

甘堂偵軍事又其子格與官軍鬭敵悉部送赴闕有蒙赟者亦肚之子先嘗告賊署為昭州押牙詔補肚容州別駕赟海州都押牙賦以官田文寶格甘堂並黥配登萊州賓元元年復率衆寇融宜州殺邵澧潭三州戍兵合數千人往擊時蠻勢方熾至殺運糧官吏復詔趣兵進討踰年乃平慶曆中再以方物入貢至和二年復至詔以知州蒙全會為三班奉職又以監州姚全料為借職嘉祐六年又來貢是後月赴宜州參謁及賀巨報每歲州四管犒及三歲聽輸所貢兵械於思立砦以其直償之遍以官資遷補熙寧初知宜州錢師孟通判曹覿擅裁損侵剋之土人羅世

念蒙承想蒙光仲等為亂五年攻德謹砦襲將官費萬殺之經略司問致寇狀而宜州但以飢為言故朝廷賜粟二萬石以安輯之已而守臣王奇戰死事聞乃詔知沅州謝麟帶御器械和斌經制溪洞發在京驍騎兩營及江南福建將兵三千五百人以聽師期明年世念等遂與諸蠻峒首領族類四千五百人出降以世念為內殿承制承想光仲等十人各拜官崇寧二年其酋蒙光有者復嘯聚為寇經略司遣將官黃忱等擊卻之大觀二年遂以三州一鎮戶口六萬一千來上詔以知融州程鄰往黔南路撫諭官吏推恩有差至和後又有融州屬蠻大丘峒首領楊光朝

請內附又有楊克端等百三人來歸皆納之諸蠻族類不一大抵依阻山谷並林木為居椎髻跣足走險如履平地言語侏離衣服斒斕畏鬼神喜淫祀刻木為契不能相君長以財力雄彊每忿怒則推刃同氣加兵父子間復讎怨不顧死出入腰弓矢匿草中射人得牛酒則釋然矣親戚比鄰指授相賣父子別業父貧則質身於子去禽獸無幾其族鑄銅為大鼓初成懸庭中置酒以召同類爭以金銀為大釵叩鼓去則以釵遺主人相攻擊鳴鼓以集衆號有鼓者為都老衆推服之唐末諸酋分據其地自為刺史宋興始通中國奉正朔脩職貢間有桀黠貪利或疆吏失於

撫御往往聚而為寇抄掠邊戶朝廷禽獸畜之務在羈縻不深治也熙寧間以章惇察訪經制蠻事諸溪峒相繼納土願為王民始剏城砦比之內地元祐初諸蠻復叛朝廷方務休息乃詔諭湖南北及廣西路並免追討廢堡砦棄五溪諸郡縣崇寧間復議開邊於是安化上三州及思廣諸峒蠻夷皆願納土輸貢賦及令廣西招納左右江四百五十餘峒尋以議者言以為招致熟蕃非便乃詔悉廢所置州郡復祖宗之舊焉紹興初監察御史明橐言湖南邊郡及二廣之地舊置溪峒歸明官比年寖廣其員及諸州措置隘砦闕人把拓又令管押兵夫素不習知法令率貪

婁無厭況管押又皆鄉民其爲邊患遭困苦折辱者往往無所赴愬議者欲俾帥臣籍其姓名每三年一遷易如州縣官故事或云止循舊添差並罷管押兵夫宜令二廣湖南帥臣處置適宜無啓邊禍以害遠人詔下其議三年安化蠻蒙全劒等八百人劫普議砦火其屋宇廣西帥臣遣縣砦將佐發兵討平之四年廣南東西路宣諭明橐言平觀二州本王口高峯二砦處廣右西偏舊皆常無虞崇寧大觀間邊臣啓釁奏請置州拓境深入不毛如平從允孚庭觀溪馴叙樂隆允等十有二州屬之黔南其官吏軍兵請給費用悉由內郡於是騷然莫能支吾政和間朝廷始悟

其非罷之或者謂平州爲西南重鎮兼制王江從允等州及湖南之武岡軍湖北之靖州桂州之桑江峒猺觀州則控制南丹陸家砦荊灘十道及白崖諸蠻以故二州獨不廢臣自歷邊郎乞罷平觀者前後非一內攝官吳芾嘗充經略司準備幹當頗得其詳觀州初爲宜州富仁監大觀間帥臣王祖道欲招納文蘭州都巡檢劉惟忠謂得文蘭不若取南丹之利因誣其州莫公佞阻文蘭不令納土爲公佞罪惟忠遂禽殺公佞帥司奏其功乃改南丹爲觀州命惟忠守之公佞之死人以爲冤其弟公晟結溪峒圖報復連歲攻圍惟忠中傷死繼以黃璘代守璘度不能支辭疾告罷以岑利疆代之黃忱復建議欲增築高峯砦於富仁監側爲觀聲援會朝廷罷新邊遂請以高峯砦爲觀州設知州一人兵職官二人曹官一人指使砦保官七人吏額五十人廂禁軍土丁家丁又千餘人歲費錢一萬二千九百餘貫米八千八百一十七石有奇州無稅租戶籍皆仰給鄰郡飛輓涉險阻或遇蠻寇設伏陰發毒矢中人輒死人畏賊率委棄道路縱然達州糜費亦不可勝計昔爲富仁監時不聞有警惟是邊吏欲以刺探爲功故時時稱警急因以爲利遂欲存而不廢也比年戶籍日削民多流離或轉入溪洞公私困弊爲甚平州初隸融州亦羈縻州

峒也舊通湖北渠陽軍置融江砦及文村臨溪潯江堡後以地隔生蠻遂廢崇寧間復隸融王口砦地接王江更爲懷遠軍後更爲平江州更吉州爲從州王江爲允州並隸黔南政和二年復廢邊吏黃忱李坦誑其帥臣程鄰乞存平州設知州一人兵職官二人曹官一人縣令簿二人提舉溪峒公事本州管界都同巡檢二人五砦堡監官指揮十人吏額百人禁軍土丁千人歲費錢一萬四千四百一十八貫六百文米一萬一千一百二十五石有奇州無租賦戶籍轉運司歲移桂融象柳之粟以給之及徙融州西北金溪鄉稅米四百九十餘石隸懷遠縻費甚於觀州況

守臣到任即奏推恩其子州縣砦堡例得遷官酬賞而稅場互市之利又為守臣邊吏所私獨百姓有征戍轉輸之苦誠為可憫臣以為宜罷平觀二州便然尚有可議者觀州初為富仁監時有銀冶二官取其利有常額熙寧元降條例具在宜先下經略司責公晟等依熙寧條例施行況公晟實公佞弟理宜掌州事近雖逃歸未為蠻族信服察其情勢不得不倚重中國若乘時授之彼知恩出朝廷必深感悅樞密院亦上言廣西沿邊堡砦昨因邊臣希賞改建州城侵擾蠻夷大開邊釁其地屬徼外租賦亦無所入而支費煩內郡民不堪其弊遂皆廢罷唯平觀二州以帥臣

所請故存今覩明稟所奏利害之實昭然可見緣帥臣又稱公晟於南丹觀州實監境上不時竊發若廢二州恐於緣邊事宜有所未盡詔令廣南西路帥漕憲司共條具利害以聞既而諸司交言平觀二州困弊已甚有害無益請復祖宗舊制為便詔從其言乾道六年詔補蒙澤進武副尉初宜州蠻莫才都為亂廣西經略劉焞遣進勇副尉蒙明質賊巢諭降才都既而復肆猖獗戕賊官兵未幾禽才都械送經略司伏法悉破其黨而明亦遇害備極慘酷邊人憐之焞乞推恩其子澤以旌死事朝廷從之故有是命淳熙十年冬安化蠻突入內地焚砦柵殺居民為亂宜

州駐劄將官田昭明與蠻力戰敗死之十一年廣西路鈐轄沙世堅言官軍與徭人兵器利鈍不同宜敕沿邊軍州多置強弩毒矢以懼徭人從之是年安化蠻蒙光漸率衆抄掠世堅討平之初知宜州馬寧祖不支思立砦鹽錢執議以為前守所積逋止給錢一月不能遍及蠻部而權思立砦准備將領楊良臣復鎮撫乖方遂致激變光漸等詔罷良臣與寧祖秩敕帥漕以時給溪峒鹽錢十二年正月廣西漕臣胡庭直上言邕州之左江永平太平等砦在祖宗時以其與交阯鄰壤實南邊藩籬重地故置州縣籍其丁壯以備一旦之用規模宏遠矣比年邊民率通交阯以

其地所產鹽雜官鹽貨之及減易馬鹽以易銀忽而不防恐生邊釁所宜禁戢既而諸司上言經略司初準朝旨置馬鹽倉貯鹽以易馬歲給江上諸軍及御前投進用銀鹽錦悉與蠻互市其永平砦所易交阯鹽貨居民食皆舊制也況邊民素與蠻夷私相貿易官不能制今一切禁絕非惟左江居民乏鹽而蠻情亦叵測恐致乖異也乃牒邕州禁民毋私販交阯鹽以妨鈔法是年詔以楊世俊襲父進通職補承信郎紹熙初廣西帥以本路副總管沙世堅素有韜略累立邊功為群蠻所畏服嘗破蒙光漸示以威信光漸不敢寇邊者累年乞以世堅兼知宜州實能制伏蠻

夷為久遠之利帝從之慶元四年宜州蠻蒙峒袁康等寇
內地欲官軍為亂廣西帥司調官兵招降之朝廷推賞有
差嘉定三年章戡知靜江府建議以為廣西所部二十五
郡三方鄰溪峒與蠻徭黎蜑雜處跳梁負固無時無之西
南最為重地邕欽之外羈縻七十有二地里綿邈鎮戍非
一請增置雄邊軍二百人及調憲司甲軍二百隸帥司初
安平州李密侵鄰洞劫掠編民併取古甑洞以其幼子變
姓名為趙懷德知洞事戡諭邕守推古甑一人主之十一
年臣僚復上言慶曆間張方平嘗以為朝廷每備西北孰
不知徭蠻衝突嶺外南鄰交阯勢須經營唐時西備吐蕃
其後安南寇邊旋致龐勛之禍國朝每憂契丹元昊而儂
智高陷邕州南徼騷動天子為之旰食豈細故哉臣等比
見淮甸間版築荐興更戍日益而廣南城隍摧圮不葺戍
兵逃亡殆盡春秋教閱郡無百人雖有鄉兵義丁土丁之
名實不足用緩急豈能集事宜於嶺南要地增築城堡籍
其民兵歲時練習定賞罰格以示懲勸如此則號令嚴明
守禦完固民習戰鬭可息徭蠻侵掠之患措四十州民於
久安之域矣詔從之

廣源州蠻儂氏州在邕州西南鬱江之源地峭絕深阻產
黃金丹砂頗有邑居聚落俗椎髻左衽善戰鬭輕死好亂

其先韋氏黃氏周氏儂氏為首領互相劫掠唐邕管經略
使徐申厚撫之黃氏納質而十三部二十九州之蠻皆定
自交阯蠻據有安南而廣源雖號邕管羈縻州其實服役
於交阯初有儂全福者知儻猶州其弟存祿知萬涯州全
福妻弟儂當道知武勒州一日全福殺存祿當道并有其
地交阯怒舉兵執全福及其子智聰以歸其妻阿儂本左
江武勒族也轉至儻猶州全福納之全福見執阿儂遂嫁
商人生子名智高智高生十三年殺其父商人曰天下豈
有二父耶因冒儂姓與其母奔雷火洞其母又嫁特磨道
儂夏卿久之智高復與其母出據儻猶州建國曰大曆交
阯攻拔儻猶州執智高釋其罪使知廣源州又以雷火頻
婆四洞及思浪州附益之居四年內怨交阯襲據安德州
僭稱南天國改年景瑞皇祐元年寇邕州明年交阯發兵
討之不克廣西轉運使蕭固遣邕州指使亓贇往刺候而
贇擅發兵攻智高為所執因問中國虛實贇頗為陳大略
說智高內屬乃遣贇還奉表請歲貢方物未聽又以馴象
金銀來獻朝廷以其役屬交阯拒之後復齎金函書以請
知邕州陳珙上聞不報智高既不得請又與交阯為仇且
擅山澤之利遂招納亡命數出敝衣易穀食紿言洞中飢
部落離散邕州信其微弱不設備也乃與廣州進士黃瑋

黃師宓及其黨儂建侯儂志忠等日夜謀入寇一夕焚其巢穴紿其衆曰平生積聚今爲天火焚無以爲生計窮矣當拔邕州據廣州以自王否則兵死四年四月率衆五千沿鬱江東下攻破橫山砦遂破邕州執知州陳珙等兵死千餘人智高閱軍資庫得所上金函怒謂珙曰我求一官統攝諸部汝不以聞何也珙對嘗奏不報索奏草不獲遂扶珙出珙惶恐呼萬歲求自効不聽廼并其屬及廣西都監張立害之立臨刑大罵不爲屈於是智高僭號仁惠皇帝改年啓曆赦境内師宓以下皆稱中國官名是時天下久安嶺南州縣無備一旦兵起倉卒不知所爲守將多棄

城遁故智高所嚮得志相繼破橫貴龔潯藤梧封康端九州害曹覲于封州趙師旦馬貴于康州餘殺官吏甚衆所過焚府庫進圍廣州初智高將至守將仲簡不許民入保城中民不得入者皆附智高智高勢益張先是魏瓘築州城鑿井畜水作大弩爲守備至是智高爲雲梯土山攻城甚急又斷流水而城坚井飲不竭弩發中輒洞潰智高力屈會知英州蘇緘屯兵邊渡村扼其歸路番禺縣令蕭注募土丁及海上彊壯二千餘人與智高衆格鬬焚其戰艦轉運使王罕亦自外至益修守備智高知不可拔圍五十七日七月壬戌解去踰清遠濟江擁婦女作樂而行遇張

忠戰于白田忠死之去攻賀州不克夜害蔣偕于太平場九月庚申破昭州害王正倫等于館門驛州之山有數穴大可容數百千人民聞兵至走匿其中智高知之縱火皆焚死十月丁丑破賓州甲申復據邕州日夜伐木治舟楫揚言復趨廣州十二月壬申又敗陳曙于金城驛初智高以反聞朝廷命曙就擊之既而楊畋曹脩張忠蔣偕相繼出又以余靖孫沔爲安撫使畋脩聞智高至退軍避之忠偕勇而無謀皆死智高益自恣南土騷然仁宗以爲憂命狄青爲宣撫使諸將皆受青節制曙恐青至有功亟挑戰故敗五年正月青及沔靖會兵賓州官軍土丁合三萬一

千餘人按軍法誅曙及指揮使袁用等三十二人于坐一軍大振於是進兵青將前陣沔將次陣靖將後陣以一晝夜絕崑崙關歸仁鋪智高聞王師絕險而至出其不意悉衆來拒執大盾標槍衣絳衣望之如火青陣少却先鋒孫節死之青起麾蕃落騎兵張左右翼出其後交擊左者右右者左已而左者復左右者復右其衆不知所爲大敗走會日暮智高復趨邕州夜焚城遁由合江口入大理國得屍五千三百四十一築爲京觀所掠生口萬餘人復其業獲僞印九黃師宓而下僞官五十七人梟其首城上收馬牛金帛以鉅萬計智高自起平幾一年暴踐一方如行無

人之境吏民不勝其毒朝廷爲下赦令優除復慰拊瘡痍
百姓始得更生云先是謡言農家種糴家收已而智高叛
爲青破皆如其謡智高母阿儂有計謀智高攻陷城邑多
用其策僭號皇太后性慘毒嗜小兒肉每食必殺小兒智
高敗走阿儂入保特磨依其夫儂夏卿收殘衆得三千餘
人習騎戰復欲入寇至和初余靖督部吏黄汾黄獻珪石
鑑進士吳舜舉發峒兵入特磨掩襲之獲阿儂及智高弟
智光子繼宗繼封檻至京師初未欲殺日給食飲欲以誘
出智高或傳智高死廼悉棄市既而西川復奏智高未死
謀寇黎雅州詔本路爲備御史中丞孫抃又請勑益州先

事經制以安蜀人然智高卒不出其存亡莫可知也儂氏
又有宗旦者知雷火洞稍桀黠嘉祐二年嘗入寇知桂州
蕭固招之内屬以爲忠武將軍又補其子知温悶峒日新
爲三班奉職七年宗旦父子請以所領雷火計城諸峒屬
縣官願得歸樂州永爲王民詔各遷一官以宗旦知順安
州仍賜耕牛鹽綵是歲儂夏卿儂平儂亮亦自特磨來歸
皆其族也日新後嘗監邕州稅治平中宗旦與交阯李日
尊劉紀有隙畏偪知桂州陸詵因使人説之遂棄其州内
徙命爲右千牛衛將軍

有甲峒蠻者亦役屬交阯間出寇邕州景祐三年嘗掠思
陵州憑祥峒生口殺登龍鎮將而去嘉祐五年合交阯門
州等蠻五千餘人復爲寇與官兵拒戰斬首數百詔知桂
州蕭固趨邕州發諸郡兵與轉運使宋咸提點刑獄李師
中合議追討是歲數入寇又詔安撫使余靖擊之蘇茂州
蠻亦近邕州至和嘉祐中皆嘗擾邊

黎洞唐故瓊管之地在大海南距雷州泛海一日而至其
地有黎母山黎人居焉舊説五嶺之南人雜夷獠朱崖環
海豪富兼并役屬貧弱婦人服緦緶績木皮爲布陶土爲
釜器用匏瓢人飲石汁又有椒酒以安石榴花著甕中即
成酒俗呼山嶺爲黎居其間者號曰黎人弓刀未嘗去手

弓以竹爲弦今儋崖萬安皆與黎爲境其服屬州縣者爲
熟黎其居山洞無征徭者爲生黎時出與郡人互市至和
初有黎人符護者邊吏嘗獲其奴婢十人還之符護亦嘗
犯邊執瓊崖州巡檢慕容允則及軍士至是以軍士五十
六人與允則來歸允則道病死詔軍士至者貸其罪乾道
二年從廣西經略轉運司議詔海南諸郡倅守慰撫黎人
示以朝廷恩信俾歸我省地與之更始其在乾道元年以
前租賦之負逋者盡赦免之能來歸者復其租五年民無
産者官給田以耕亦復其租五年守倅能慰安黎人及收
復省地者視功大小爲賞有差失地及民者有重罰六年

黎人王用休爲亂權萬安軍事同主管本路巡檢孫滋等
招降之九年八月樂昌縣黎賊刼省民焚縣治爲亂黎人
王日存王承福陳顏招降之瓊管安撫司上其功得借補
承節郎淳熙元年詔承節郎王日存子孫許襲職四年冬
萬安軍王利學寇省地蓋旻進率衆拒之兵弱戰没八年
六月詔三十六峒都統領王氏女襲封宜人初王氏居化
外累世立功邊陲皆受封爵紹興間瓊山民許益爲亂王
母黄氏撫諭諸峒無敢從亂者以功封宜人至是黄氏年
老無子請以其女襲封朝廷從之十二年正月樂會縣白
沙峒黎人王邦佐等率賊衆五百爲寇殺掠官軍保義郎

陳升之撫降其衆俘獲林智福等瓊管司上其功詔減升
之三年磨勘十六年詔以大寧砦黄弼補承信郎彈壓本
界黎峒瓊管司言弼沉鷙有謀爲遠近推服故用之弼宜
人黄氏姪也嘉定九年五月詔宜人王氏女吴氏襲封統
領三十六峒

環州蠻區氏州隸宜州羈縻領思恩都亳二縣有區希範
者思恩人也狡黠頗知書嘗舉進士試禮部景祐五年與
其叔正辭應募從官軍討安化州叛蠻既而希範擊登聞
鼓求録用事下宜州而知州馮伸己言其妄編管全州正
辭亦嘗自言功不報二人皆觖望希範後輒逋歸與正辭
率其族人及白崖山酋蒙趕荔波洞蠻謀爲亂將殺伸己
且曰若得廣西一方當建爲大唐國會有日者石太清至
因使之筮太清曰君貴不過封侯乃令太清擇日殺牛建
壇場祭天神推蒙趕爲帝正辭爲奉天開基建國桂王希
範爲神武定國令公桂州牧皆北嚮再拜以爲受天命又
以區丕績爲宰相餘皆僞立名號補置四十餘人慶曆四
年正月十三日率衆五百破環州刼州印焚其積聚以環
州爲武城軍又破帶溪砦下鎮寧州及普義砦有衆一千
五百宜州捉賊李德用出韓婆嶺擊卻之前後斬獲甚衆
俘僞將二希範懼入保荔波洞間出拒官軍朝廷下詔購

之獲希範正辭及趕者人賜袍帶錢三十萬鹽千斤明年
轉運使杜杞大引兵至環州使攝官區曄進士曾子華宜
州校吴香誘趕等出降殺馬牛具酒紿與之盟置曼陀羅
花酒中飲者皆昏醉稍呼起問勞至則推仆後廡下比暮
衆始覺驚走而門有守兵不得出悉擒之後數日又得希
範等凡獲二百餘人誅七十八人餘皆配徙仍醢希範賜
諸溪峒繢其五藏爲圖傳於世餘黨悉平鎮寧州亦隸宜
州景祐二年蠻酋莫陵等七百餘人内寇遣西京作坊使
郭志高閤門祗候梁紹熙往討未至陵等詣桂宜州巡檢
李仲政請降廣西轉運使不俟詔貸其罪詔劾之已而釋

之是歲高寶州狄獠陳友肸等亦寇海上本路會兵擊之潰去

列傳卷第二百五十四

開府儀同三司上柱國錄軍國重事前中書右丞相兼修國史領經筵事都總裁臣脫脫等奉勑修

蠻夷四

西南諸夷　黎州諸蠻　敘州三路蠻

威茂渝州蠻　黔涪施高徼外諸蠻

瀘州蠻

西南諸夷漢牂牁郡地武帝元鼎六年定西南夷置牂牁郡唐置費珍莊琰播郎牂牁牂夷等州其地北距充州百五十里東距辰州二千四百里南距交州一千五百里西距昆明九百里無城郭散居村落土熱多霖雨稻粟皆再熟無徭役將戰征乃屯聚刻木為契其法劫盜者償其主三倍殺人者出牛馬三十頭與其家以贖死病疾無醫藥但擊銅鼓銅沙鑼以祀神風俗與東謝蠻同隋大業末首領謝龍羽據其地勝兵數萬人唐末王建據西川由是不通中國後唐天成二年牂牁清州刺史宋朝化等一百五十人來朝其後孟知祥據西川復不通朝貢乾德三年平孟昶五年知西南夷南寧州蕃落使龍彥瑫等遂來貢詔授彥瑫歸德將軍南寧州刺史蕃落使又以順

化王武才為懷化將軍武才弟若啓為歸德司階武
龍州部落王子若溢東山部落王子若差羅波源部
落王子若臺訓州部落王子若從羅平部落王子若
泠戰洞部落王子若磨羅母殊部落王子若母石人
部落王子若藏並為歸德司戈開寶二年武才等一
百四十人又來貢以武才為歸德將軍來人乞賜武
才鈿函手詔以舊制所無不許四年其國人諳浩州
言南寧州蕃落使龍彥瑫卒歸德將軍武才及八刺
史狀請以彥瑫子漢瑭為嗣詔授漢瑭南寧州刺史
兼蕃落使八年三十九部順化王子若發等三百七

十七人來貢馬百六十匹丹砂千兩太平興國五年
夷王龍瓊琚遣其子羅若從并諸州蠻七百四十四
人以方物名馬來貢六年保州刺史董奇死以其子
紹重繼之雍熙二年八月奉化王子以慈等三百五
十人以方物來貢夷王龍漢璿自稱權南寧州事兼
蕃落使遣牂牁諸州酋長趙文橋率種族百餘人來
獻方物名馬并上蜀孟氏所給符印授漢璿歸德將
軍南寧州刺史以文橋等並為懷化司戈端拱二年
漢璿又貽書五溪都統向通漢約以入貢淳化元年
漢璿遣其弟漢興來朝三年夷王龍漢興及都統龍

漢𤩽刺史龍光顯龍光盈及順化王雨滯等各貢馬
朱砂至道元年其王龍漢𤩽遣其使龍光進率西南
牂牁諸蠻來貢方物太宗召見其使詢以地里風俗
譯對曰地去宜州陸行四十五日土宜五穀多種秔
稻以木弩射麞鹿充食每三二百戶為一州州有長
殺人者不償死出家財以贖國王居有城郭無壁壘
官府惟短垣光進之說與前書所記小異故并敘之
上因令作本國歌舞一人吹瓢笙如蚊蚋聲良久數
十輩連袂宛轉而舞以足頓地為節詢其曲則名曰
水曲其使十數輩從者千餘人皆蓬髮面目黧黑狀

如猿猱使者衣虎皮氈裘以虎尾插首為飾詔授漢
𤩽寧遠大將軍封歸化王又以歸德將軍羅以植為
安遠大將軍保順將軍龍光盈龍光顯並為安化大
將軍光進等二十四人並授將軍郎將司階司戈其
本國使從者有甲頭王子刺史判官長史司馬長行
傔人七等之名咸平元年其王龍漢𤩽遣使龍光腆
又率牂牁諸蠻千餘人來貢詔授光腆等百三十人
官三年都部署張文黔來貢五年漢𤩽又遣牙校率
部蠻千六百人馬四百六十匹并藥物布帛等來貢
賜冠帶於崇德殿厚賚遣還六年知全州錢絳請招

誘溪洞名豪上以生事寢其奏不報景德元年詔西南牂牁諸國進奉使親至朝廷者令廣南西路發兵援之勿抑其意先是龍先進等來朝上矜其道遠人馬多斃因詔宜州自今可就賜恩物至是懇請詣闕從之二年詔羈縻保霸州刺史董紹重董忠義歲賜紫綾錦袍四年西南蠻羅甕井都指揮使顏士龍等來貢士龍種落遐阻未嘗來朝今始至詔館餼賜予如高溪州大中祥符元年瀘州言江安縣夷人殺傷內屬戶害巡檢任賽既不自安遂為亂詔遣閤門祇候侍其旭乘傳招撫旭至蠻人首罪殺牲為誓未幾

復叛旭因追斬數十級擒其首領三人又以衣服紬布誘降蠻斗婆行者將按誅其罪上以旭召而殺之違招安之實即降詔戒止且令篤恩信設方略制禦無尚討伐以滋驚擾二年旭言夷人恃嚴險未即歸服詔文思副使孫正辭等為都巡檢使乃分三路入其境脅以兵威皆震慴伏罪三年正辭言夷人安集降詔嘉獎先有蠻羅忽餘甚忠順防援井監捕殺違命者不已上遣內臣郝昭信褒慰之且諭以赦蠻黨前罪勿復邀擊四年茂州夷族首領耆老刑牛犬於三溪誓不侵擾州界又峽路鈐轄執為亂夷人王羣

體等至闕下上曰蠻夷不識教義向之為亂亦守臣失於綏撫並免死分隸江浙遠地其年霸州董詰為其巡檢使董延早所殺五年黎洞夷人互相殺害巡檢使發兵掩捕上聞而切責之曰蠻夷相攻許邊吏和斷安可擅發兵甲或致擾動即令有司更選可任者代之五年晏州多剛縣夷人斗望行牌率衆劫淯井監殺駐泊借職平言大掠資畜知瀘州江安縣奉職文信領兵趨之遇害民皆驚擾走保戎州轉運使寇瑊即令諸州巡檢會江安縣集公私船百餘艘載糧甲張旗幟擊銅鑼鼓吹自蜀江下抵清浮壩樹營

柵招安近界夷族諭以大兵將至勿與望等同惡未幾納溪藍順州刺史个松生南八姓諸團烏蠻狃廣王子界南廣溪移悅等十一州刺史李紹安山後高鞏六州及江安界娑婆村首領並來乞盟立竹為誓門刺貓狗雞血和酒飲之誓同力討賊瑊乃署牓許以官軍至不殺其老幼給賜衣幣酒食上遣內殿崇班王懷信乘傳與瑊等議綏撫方略瑊言斗望等屢為寇鈔恃寬赦不悛惡今請發嘉眉屯兵捕剪以震懼之六年九月詔懷信為嘉眉戎瀘等州水陸都巡檢使閤門祇候康訓符承訓為都同巡檢使及發虎

翼神虎等兵三千餘人令懷信與、賊商度進討上因
謂樞密使陳堯叟曰往時孫正辭討蠻有虎翼小校
率衆冒險者三人朕志其姓名令以配懷信正辭嘗
料簡鄉丁號白艻子兵以其識山川險要遂為鄉導
令亦令懷信召募又使臣宋貴屢覘晝溪洞事適中
機要以貴知江安縣與懷信等議事賊乃點集昌盧
富順監白艻子弟得六千餘人十一月懷信康訓分
領緣溪入合灘至生南界斗滿村遇夷賊二千餘人
擊之殺傷五百人奪桍槍藤牌會暮收衆保砦夷黨
三千餘人分兩道張旗喊呼來逼砦柵懷信出擊皆

潰散進壁婆娑遇夷二千于羅募村又破之追至斗
行村上屏風山連破四砦一日三戰俘馘百餘人奪
資糧五千石槍刀什器萬數焚羅固募斗引等三十
餘村庵舍三千區懷信又引兵至斗行村追擊過盧
羅射仆二百餘人爇其欄柵千數分遣部下於羅箇
頻羅能落運等村及龍峨山掩殺大獲戎具斬首級
及重傷投崖死者頗衆燒舍千區及積穀累萬兩路
兵會于涇灘置砦遣康訓部壕砦卒修涇灘路以渡
大軍俄為夷賊所邀戰不利訓顛于崖死之懷信引
兵急擊大敗之追斬至涇灘懷信夾砦于晏江口賊

與符承訓偵知賊謀欲乘夜擊晏江馳報懷信即自
涇灘援砦赴之比至晏江北山夷衆萬餘已自東南
合勢逼懷信砦懷信彀强弩環砦射賊賊等整衆乘
高策援夷人大懼而却合擊破之死傷千餘人七年
正月其酋斗望三路分衆來鬭又為官軍大敗射殺
數百人溺江水死者莫計夷人震讋詣軍首服納牛
羊銅鼓器械賊等依詔撫諭二月還軍淯井夷首斗
望及諸村首領悉赴監自陳願貸死永不寇盜邊境
因殺三牲盟誓辭甚懇苦即犒以牢酒感悅而去賊
懷信等上言夷人寧息請置淯井監壕柵并許近界

市馬從之八年夔州路上言南寧州夷族張聲進遣
使進奉為蕃落使龍漢璶邀奪舩劫不已乞降勑書
安撫天聖四年龍光凝康定元年龍光琇景祐三年
龍光辨慶曆五年龍以特皇祐二年龍光澈等繼以
方物来貢獻與以特俱至者七百十九人是年以安
遠将軍知蕃落使龍光辨為寧遠軍大将軍寧遠将
軍知靜蠻軍節度使龍光凝承宣武寧大将軍龍異
豈並為安遠大将軍承宣奉化大将軍龍異曾為武
寧大将軍至和中龍以烈龍異靜首領張漢陛王子
羅以崇等皆入貢命其首領而下九十三人為大将

軍至郎將嘉祐中以列復至大率龍姓諸部族地遠且貧熙寧中來見賜以袍帶等物剌其數於背又有張玉石自品者嘉祐中來貢而鶊州亦遣人貢馬有董氏世知保州曰仲元者襲是州二十餘年矣至是益州鈐轄司表其善拊蠻夷命為本州刺史鶊州保州皆西南邊地也又有夷在瀘州部亦西南邊地所部十州曰鞏曰定曰高曰奉曰淯曰宋曰納曰晏曰投附曰長寧皆夷人居之依山險善寇掠淯井監者在夷地中朝廷置吏領之以拊御夷衆或不得人往往生事慶曆四年四月夷人攻三江砦詔秦鳳路總管司發兵千人選官馳往捕擊既而瀘州教練使生南招安將史愛誘降夷賊斗教等詔並補三班差使殿侍淯井監一路招安巡檢未幾夷衆復寇三江砦指使王用等擊走之皇祐元年二月夷衆萬餘人復圍淯井監水陸不通者甚久初監戶晏州夷人鬪而歐傷斗落妹其衆憤怒欲報之知瀘州張昭信勸諭既已聽服而淯井監復執婆然村夷人細令等殺長寧州落占等十人故激成其亂詔知益州田況發旁郡士卒命梓夔路兵馬鈐轄宋定往援之於是兩路合官軍洎白艻子弟幾二萬人與戰兵死者甚衆飢死又千餘人數月然後平賜況及轉運使勅書褒獎宋定而下十三人進秩有差後況還朝乃奏夷衆連年為亂繇主者非其人請令轉運鈐轄司舉官為知監監押代還日特遷一資從之嘉祐二年三里村夷斗還等百五十人復謀內寇有黃土坎夷斗盖長寧州人也先以其事來告淯井監引兵趨之捕斬七千餘級鈐轄司上聞詔賜斗盖錢三十萬錦袍銀帶明年又補斗盖長寧州刺史瀘州部舊領姚州廢已久有烏蠻王子得盖者來居其地部族最盛數遣人詣官自言願得州名以長夷落事聞因賜號姚州鑄印予之得盖又乞勅書一通以遺子孫詔從其請夔州路又有溱南二州夷頗盛彊皇祐初詔自今歲遣使者存問之雅州西山野川路蠻者亦西南夷之別種也距州三百里有部落四十六唐以來皆為羈縻州太平興國三年首領馬令膜等十四人以名馬犛牛虎豹皮麝臍來貢并上唐朝勅書告身凡七通咸賜以冠帶其首領悉授官以遣之紹聖二年以碉門砦蠻部王元壽龔懷化司戈云

黎州諸蠻凡十二種曰山後兩林蠻在州南七日程曰邛部州在州東南十二程曰風琶蠻在州西南一

千一百里曰保塞蠻在州西南三百里曰三王蠻亦曰部落蠻在州西百里曰西箐蠻有彌羌部落在州西三百里曰淨浪蠻在州南一百五十里曰白蠻在州東南一百里曰烏蒙蠻在州東南千里曰阿宗蠻在州西南二日程凡風琶兩林邛部皆謂之東蠻其餘小蠻各分隸焉邛部於諸蠻中最驕悍狡譎招集蕃漢亡命侵攘他種閉其道以專利曰大雲南蠻曰小雲南蠻即唐南詔今名大理國自有傳夷俗尚鬼謂主祭者鬼主故其酋長號都鬼主後唐天成間始來貢開寶二年六月壬子勿兒遣部落將軍離魚以

狀白黎州期十月內入貢成都府以聞詔嘉答之至是來朝賜以器幣由黎州南行七日而至其地又一程至嶲州嶲州今廢空城中但有浮圖一又二程至建昌城又十七程至雲南三年七月又朝貢六年四月邛部川歸德將軍阿伏上言為山後兩林蠻勿兒率衆侵掠堡砦八年懷化將軍勿尼等六十餘人來貢詔以勿尼為歸德將軍又以兩林蠻大鬼主蘇吠為懷化將軍太平興國二年遣使王子卑綠副使牟蓋鬼主還祖等七十八人以名馬來貢乞頒正朔下詔曰山後兩林蠻主歸德將軍勿尼懷化將軍勿兒等

克慕聲明遠脩職貢並增環衛之秩俾為夷落之榮勿尼可特授歸德大將軍勿兒可特授懷化大將軍是冬又遣使離魚貢犀二株馬九匹來賀登極四年勿兒與都鬼主又遣王子祚遇以名馬來貢八年蠻主弟牟昂及王子牟蓋摩怗卑愧副使牟計等二百三十九人來貢詔以牟昂為懷化大將軍牟蓋等三人為歸德郎將牟計等百二十人並為懷化司戈雍熙三年勿尼等及其王子李奉恩復來貢馬淳化元年王子離魚副使卑都卑諭鬼主岐禮等百二十八人來貢詔授離魚歸德將軍卑都保順郎將卑諭歸德

司戈卑熱等五十四人懷化司戈天禧二年山後兩林百蠻都鬼主李阿善遣將軍卑熱等一百五十人來貢

邛部川蠻亦曰大路蠻亦曰勿鄧居漢越嶲郡會無縣地其酋長自稱百蠻都鬼主開寶三年六月都鬼主阿伏自黎州期以十月令王子入貢成都府以聞詔嘉納之四年黎州定遠兵士構叛聚居鹿角溪阿伏令弟遊擊將軍卑吠等率衆平之詔賜阿伏銀帶錦袍并賜其衆銀帛各百以為歸德將軍六年阿伏與山後兩林蠻主勿兒言語相失勿兒率兵侵邛部

州頗俘殺部落黎州以聞並賜詔慰諭令各守封疆勿相侵犯太平興國四年首領牟昂諸族鬼主副使離襪等各以方物来貢雍熙二年都鬼主諸驅幷其母熱免遣王子阿有等百七十二人以方物名馬来貢詔以諸驅為懷化將軍幷賜其母銀器端拱二年遣弟少盖等三百五十人来賀藉田貢御馬十四匹馬二百八十四犀角二象牙二涉羅毯一合金銀飾蠻刀二金飾馬鞍勒一具羖羊十犛牛六詔以少盖為歸德郎將淳化元年諸驅自部馬二百五十四至黎州求互市詔增給其直諸驅令譯者言吏入西蕃

求良馬以中市二年復遣子牟昂叔離襪以方物良馬犛牛来貢仍乞加恩詔授諸驅懷化大將軍少盖懷化將軍牟昂歸德將軍離襪懷化司戈又封諸驅母歸德郡太君熱免寧遠郡太君弟離遮小男阿醉都判官任彥德等一百九十一人為懷化司戈至道元年李淳亂西川王繼恩討平之遣嘉州牙校辛顯使諸驅奉淳化二年所授官告敕書及日曆為信因言與賊樊秀等接戰敗之復請朝覲通嘉州舊路繼恩上言通嘉州路非便只令於黎州貢馬詔不允其入覲王子一十九人並加官鬼主三十六人並賜敕

書以撫之至道三年遣王子阿醉来朝真宗咸平二年遣王子部的等来貢文犀名馬賜衣帶器幣有差又乞給印以大渡河南山前後都鬼主為文從之五年又遣王子離歸等二百餘人入貢六年黎州言卭部州都蠻王諸驅卒其子阿道立景德二年阿道遣王子將軍百九十二人来貢詔授阿道安遠將軍阿道叔懷化將軍阿育為歸德將軍離歸為懷化將軍大判官懷化司候任彥德王子將軍部的並為懷化郎將判官任惟慶為懷化司候大中祥符元年遣將軍趙勿娑等獻名馬犀角象齒娑羅毯會于泰山禮

畢阿道加恩勿娑等亭賜遣還天聖八年十月卭部州都蠻王黎在遣卑郎離滅等来貢方物時占城龜茲沙州亦皆入貢至以家自随晏殊因請圖其人物衣冠幷訪道里風俗以上史官詔可九年三月命黎在為保義將軍又命其部族為郎將司戈司候凡三十餘人明道元年黎州言黎在請三歲一貢詔諭以道路遐遠聽五年一至景祐初黎州復言卭部蠻請歲入貢詔如明道令寶元元年百蠻都王忙海遣將軍卑盖等貢方物且請三歲一貢不許慶曆四年卭部州山前山後百蠻都鬼主牟黑遣將軍阿濟等三

百三十九人獻馬二百一十犛牛一大角羊四犀株
一莎羅毯一慶曆間有都鬼主弁黑等入貢未幾其
王㖡黑擾邊知黎州孫固使其首領苴尅殺之熙寧
三年苴尅遣使来賀登寶位自稱大渡河南邛部州
山前山後百蠻都首領賜敕書器幣襲衣銀帶是年
苴尅死詔以其子韋則為懷化校尉大渡河南邛部
州都鬼主九年遣其將軍畢郎等十四人入貢乾道
元年詔以崖𡾟襲兄蒙備金紫光禄大夫懷化校尉
都鬼主如故淳熙元年吐蕃寇西邊崖𡾟率衆掩擊
詔嘉其功二年五月兩林蠻王弟籠畏及酋長崖来

率部義等攻邛部州之龍𧨳城不克大掠而去崖𡾟
追之不及制置使范成大檄黎州嚴加備禦八年崖
𡾟死其姪壘崖襲職詔黎州屯戍土軍禁軍及西兵
遇有邊事並聽本州守臣節制嘉定九年邛部州遏
於雲南遂伏屬之其族素效順捍禦邊陲既折歸雲
南失西南一藩籬矣
風琶蠻咸平初其王曩婆遣使烏栢等貢馬五十七
匹素地紅花婆羅毯二来賀即位詔授曩婆及進奉
使等官優賜遣之景德三年又遣烏栢来貢詔授曩
婆歸德將軍烏栢等四十六人弟遷郎將司階司戈

寶塞蠻開寶間其蠻七十餘人由大渡河来歸時時
来貨其善馬紹興二十七年川秦都大司言漢地民
張大二姑率衆劫殺市馬蠻客崖遇等恐啓邊釁已
加慰諭併償其直矣詔免知州唐秬及通判陳伯强
官柢首賊法
部落蠻有劉楊郝三姓淳熙七年十月黎州五部落
蠻貢馬三百匹求内附詔許通互市卻其所獻馬彌
羌部落乾道九年吐蕃青羌以知黎州宇文紹直不
讎其馬價憤怨為亂詔師憲撫安之紹直罷免青羌
首領奴兒結等市馬黎州大肆虜掠權州事王昉多

給金帛丞遣還宣撫使虞允文言昉貪功恐他部效
尤漸啓邊釁詔降昉兩官十月黎州吐蕃復寇邊攻
虎掌砦詔四川宣撫司檄成都府調兵二千人戍黎
州以禦之淳熙二年奴兒結還所虜生口三十九人
黎州與之盟復聽其互市給賞歸之制置使范成大
言所虜未盡歸我豈可復與通好詔謫宇文紹直編
管千里外成大增黎州五砦籍强壯五千人為戰兵
吐蕃入寇之徑凡十有八皆築堡戍之奴兒結率衆
二千扣安靜砦成大調飛山卒千人赴之度其三日
必遁戒勿追已而果然青羌奴兒結為邊害者十餘

年其後制置使留正以計禽殺之盡殲其黨淳熙十二年趙汝愚代為制置使或謂殺降不祥必啓邊患汝愚不為動但分守險要嚴備以待之明年奴兒結弟三開果入寇邊備完固三開不能攻走歸汝愚懸重賞以間羣蠻三開不能孤立遂以憂死時虛恨蠻族最強破小路蠻併其地與黎州接壤請通互市汝愚以黎州三面被邊若更通虛恨蠻恐重貽他日之憂不若拒之為便帝以其知大體從之尋汝愚以定青羌功加龍圖閣直學士嘉定元年十二月彌羌蓄卜由惡水渡河寇黎州破硐子砦初蓄卜弟悶巴至

三衡為人所殺又徙白水村渡於安靜砦羌人患之蓄卜遂與青羌諸卭部州欲假道女兒城以入寇守臣楊子謨諜知之數以貲遺其都王毋俾毋假道時時餽米以濟其饑蠻人德之會趙公庇代為郡靳不與蓄卜遂得假道渡河攻茆坪砦掠三松蠚砂橫山三增白羊諸村郡遣西兵將党壽禦之失利復遣統領王光世往羌人由茆坪以革船渡河光世憚之留屯三衡不敢進羌人焚掠既盡渡河而歸二年二月復寇黎州良溪砦官軍敗績八年二月蓄卜降蓄卜連年入寇皆青羌弗失索助之守臣袁梠遣安靜砦

總轄杜軫招降之他如浮浪蠻白蠻烏蒙蠻阿宗蠻則其地各有所服屬云

叙州三路蠻西北曰董蠻正西曰石門部東南曰南廣蠻董蠻在馬湖江右爨僰侯國也唐羈縻馴騁浪商四州之地其酋董氏宋初有董春惜者貢馬自稱馬湖路三十七部落都王子其地北近犍為之沐川賴因砦砦阨蠻險蠻數寇抄熙寧紹聖中朝廷皆為徙賴因監押駐榮丁砦而以縣吏控截政和五年始改差監押充知砦事蠻寇掠如故南廣蠻在叙州慶符縣以西為州十有四大觀三年有夷酋羅永順楊光

榮李世恭等各以地内屬詔建滋純祥三州後皆廢石門蕃部與臨洮土羌接唐曲播等十二州之地俗椎髻披氈佩刀居必欄棚不喜耕稼多畜牧其人精悍善戰鬬自馬湖南廣諸族皆畏之蓋古浪稽魯望諸部也

威州保霸蠻者唐保霸二州也天寶中所置後陷沒酋董氏世有其地與威州相錯因羈縻焉保州有董仲元霸州有董永錫者嘉祐及熙寧中皆嘗請命於朝政和三年知成都龐恭孫始建言開拓置官吏於是以董舜咨保州地為祺州董彦博霸州地為亨州

授舜咨剌史彥博團練使舜咨尋遷觀察使彥博留後遂為節度使詔成都給居第田十二頃二州經費歲用錢一萬二千一百緡米麥一萬四千七百石絹二千八百五十匹紬布綾綿茶鹽銀等不預焉後皆為砦

茂州諸部落蓋塗靜當直時飛宕恭等九州蠻也蠻自推一人為州將治其衆而常詣茂州受約束茂州居羣蠻之中地不過數十里宋初無城隍惟植鹿角自固蠻乘夜屢入寇民甚苦之熙寧八年相率詣州請築城知州事范百常實主是役蠻以為侵其地率

衆奄至百常擊走之乃合靜時等蠻來寇百常拒守凡七十日詔遣王中正將陝西兵來援入恭州宕州誅殺頗衆蠻乃降政和五年有直州將郅永壽湯延俊董承有等各以地內屬詔以永壽地建壽寧軍延俊承有地置延寧軍時威州亦建亨祺二州然亨至威纔九十里壽寧距茂纔五里在大早江之外非扼控之所未幾皆廢七年塗靜時飛等州蠻復反茂州殺掠千餘人知成都周燾遣兵馬鈐轄張永鐸等擊之畏懦不敢進皆坐黜以孫羲叟節制綿茂軍於是中軍將种友直等破其都祿板舍原諸族蠻敗散其

酋旺烈等詣茂州請降乃班師授旺烈官月給茶綵自後蠻亦驕宣和五年宕恭直諸部落入寇六年塗靜蠻復犯茂州云

渝州蠻者古板楯七姓蠻唐南平獠也其地西南接烏蠻昆明哥蠻大小播州部族數十居之治平中熟夷李光吉梁秀等三族據其地各有衆數千家間以威勢脅誘漢戶有不從者屠之沒入土田往往投充客戶謂之納身稅賦皆里胥代償藏匿亡命數以其徒僞為生獠劫邊民官軍追捕輒遁去習以為常密賂黠民覘守令動靜稍築城堡繕器甲遠近患之熙

寧三年轉運使孫固判官張詵使兵馬使馮儀弁簡杜安行圖之以禍福開諭因進兵復賓化砦平蕩三族以其地賦民凡得租三萬五千石絲綿一萬六千兩以賓化砦為隆化縣隸涪州建榮懿扶歡兩砦其外銅佛垻者隸渝州南川縣地皆膏腴自光吉等平他部族據有之朝廷因補其土人王才進充巡檢委之控扼才進死部族無所統數出盜邊朝廷命熊本討平之建為南平軍以渝州南川涪州隆化隸焉元豐四年有楊光震者助官軍破乞弟殺其黨阿訛大觀二年木攀首領趙泰播州夷族楊光榮各以地內

屬詔建溱播二州後皆廢

黔州涪州徼外有西南夷部漢牂牁郡唐南寧州牂牁昆明東謝南謝西趙充州諸蠻也其地東北直黔涪西北接嘉敘東連荊楚南出宜桂俗椎髻左衽或編髮隨畜牧遷徙亡常喜險阻善戰鬭部族共一姓雖各有君長而風俗略同宋初以來有龍蕃方蕃張蕃石蕃羅蕃者號五姓蕃皆常奉職貢受爵命治平四年十二月知靜蠻軍蕃落使守 天聖大王龍異閣等入見詔以異閣為武寧將軍其屬二百四十一人各授將軍及郎將熙寧元年有方異現三年有張漢

興各以方物來獻授異現靜蠻軍漢興捍蠻軍並節度使六年龍蕃羅蕃方蕃石蕃八百九十人入覲貢丹砂氈馬賜袍帶錢帛有差其後比歲繼來龍蕃衆至四百人往返萬里神宗憫其勤詔五姓蕃五歲聽一貢人有定數無輒增加及別立首領以息公私之擾命宋敏求編次諸國貢奉録客省四方館撰儀皆著為式元豐五年張蕃乞添貢奉人至三百詔故事以七十人為額不許七年西南程蕃乞貢方物願依五姓蕃例注籍從之元祐二年西南石蕃石以定等齎表自稱西平州武聖軍禮部言元豐著令以五年一貢為限今年限未及詔特令入貢五年八年紹聖四年龍蕃皆貢方物龍氏於諸姓為最大其貢奉尤頻數使者但衣布袍至假伶人之衣入見蓋實貧陋所冀者恩賞而已故事蠻夷入貢雖交阯于闐之屬皆御前殿見之獨此諸蕃見於後殿蓋卑之也元符二年又有年韋蕃入貢詔以進奉人韋公晏公市公利等為郎將諸蕃部族數十獨五姓最著程氏韋氏皆比附五姓故號西南七蕃云

施州蠻者夔路徼外熟夷南接牂牁諸蠻又與順富高溪四州蠻相錯蓋唐彭水蠻也咸平中施蠻嘗入

寇詔以鹽與之且許其以粟轉易蠻大悅自是不為邊患後因飢又以金銀倍實直質于官易粟官不能禁熙寧六年詔施州蠻以金銀質米者估實直如七年不贖則變易之著為令熊本經制淯井事蠻酋田現等內附夔路轉運判官董鉞副使孫珪知施州寇平皆以招納功被賞施黔比近蠻子弟精悍用木弩藥箭戰鬭趫捷朝廷嘗團結為忠義勝軍其後瀘州淯井石泉蠻叛皆獲其用

高州蠻故夜郎也在涪州西南宋初其酋田仙以地內附賜名珎州拜為刺史仙以郡多火災請易今名

大觀二年有駱解下上族納土復以珎州名云
瀘州西南徼外古羌夷之地漢以来王侯國以百數
獨夜郎滇邛都嶲昆明徙筰都冉駹白馬氐為最大
夜郎在漢屬牂牁郡今涪州之西溱播珎等州封域
是也滇在漢為益州郡今姚州善闡之地是也邛都
嶲州會同川與吐蕃接今邛部州蠻所居也嶲今嶲
州昆明在黔瀘徼外今西南蕃部所居也徙今雅州
嚴道地筰都在黎州南今兩林及野川蠻所居地是
也冉駹今茂州蠻汶山夷地是也白馬氐在漢為武
都郡今階州汶州蓋羌類也此皆巴蜀西南徼外蠻

夷也自黔恭以西至涪瀘嘉叙自階又折而東南至
威茂黎雅被邊十餘郡綿亘數千里剛夷惡獠殆千
萬計自治平之末訖于靖康大抵皆通互市奉職貢
雖時有剽掠如鼠竊狗偷不能為深患恭考古今辨
其封域以見琛賮之自至梯航之所及者爾若夫邊
荆楚交廣則係之溪峒云淯水夷者羈縻十州五囤
蠻也雜種夷獠散居溪谷中慶曆初瀘州言管下溪
峒十州有唐及本朝所賜州額今烏蠻王子得蓋居
其地部族最盛旁有舊姚州廢已久得蓋願得州名
以長夷落詔復建姚州以得蓋為刺史鑄印賜之得

蓋死其子竊號羅氏鬼主鬼主死子僕射襲其號浸
弱不能令諸族烏蠻有二酋領曰晏子曰斧望箇恕
常入漢地鬻馬晏子所居直長寧寧遠以南斧望箇
恕所居直納溪江安以東皆僕夜諸部也晏子距漢
地絕近猶有淯井之阻斧望箇恕近納溪以舟下瀘
不過半日二酋浸強大擅劫晏州山外六姓及納溪
二十四姓生夷夷弱小皆相與供其資熙寧七年六
姓夷自淯井謀入寇命熊本經制之景思立戰没本
將蜀兵募土丁及夷界黔州弩手以毒矢射賊賊驚
潰於是山前後長寧等十郡八姓及武都夷皆内附

提點刑獄范百禄作文以誓之曰蠢茲夷醜淯溪之
滸為虺為豺憑負固圉殺人于貨頭顱草莽莫憐燔
炙莫悲奴虜狃攈孰懲胡可悉數疆吏苟玩噤不敢
語奮若之歲曾是彊禦鄉躅嘯聚三壕羅募儥我將
佐戕我士伍西南繹騷帝赫斯怒帝怒伊何神聖文
武民所安樂惟曰慈撫民所疾苦惟曰砭去乃用其
良應變是許貅熊喬孫爰馭貔虎殲其渠酋判其黨
與既奪之心復斷右股擒提孟陬徂征有叙背孫擊
虚罙入甌阻兵從天下鐵首其舉紛紜騰沓莫敢嬰
牾火其巢穴及其囷貯暨其貲畜墟其林舞殺傷係

纆以百千數涇灘望風悉力比附丁為帝民地曰王土校其器械籍入官府百死一贖莫保銅鼓歃盟神天視此狗鼠敢忘誅絕以干罪詈乃稱上恩俾復故處殘醜厥角泣血懇語天子之德兩暘覆護三五噍類請比涇仵大邦有令其戒警汝天既汝貸汝勿予侮惟十九姓往安汝堵吏治汝責汝力汝布吏時汝耕汝稆汝黍懲創于今無怵往古小有堡障大有城戍汝或不聽汝孽汝捕尚有虓將突騎強旅傳此黔軍毒矢勁弩天不汝容暴汝居所不汝遺育悔於何取立石于武寧砦熊本言二酋桀黠不羈縻之則諸蠻未易服遂遣人說誘招納於是晏子斧望箇恕及僕夜皆願入貢受王命晏子未及命而死乃以箇恕知歸來州僕夜知姚州以箇恕之子乞弟晏子之子沙取祿路並為把截將西南夷部巡檢八年俞州獠寇南州獠酋阿訛率其黨犇箇恕熊本重賞檄斬訛訛桀黠習知邊境虛實箇恕匿不殺詭降于納溪訛得不死甚德箇恕為伺邊隙會箇恕老厭兵以事屬乞弟遂與訛侵諸部十年羅苟夷犯納溪砦初砦民與羅苟夷競魚苟誤毆殺之吏為按驗夷已忿謂漢殺吾人官不償我骨價反暴露之遂叛提點刑獄穆

珣言納溪去瀘一舍羅苟去納溪數里今託事起端若不加誅則烏蠻觀望為害不細乃詔涇原副總管韓存寶擊之存寶召乞弟等犄角討蕩五十六村十三囤蠻乞降願納土承賦租乃詔罷兵元豐元年乞弟率晏州夷合步騎六千至江安城下責平羅苟之賞城中守兵纔數百震恐不能授甲蠻數日乃引去知瀘州喬叙要欲與盟遣椊嫳都監王宣以兵二千守江安乃奏以乞弟襲歸來州刺史韓運遣小校楊舜之召乞弟拜敕乞弟不出遣就賜之亦不見而令小蠻從舜之取敕以去喬叙因沙取祿路以賄招乞弟乃肯來三年盟于納溪蠻以為畏己益悖慢盟五日遂以衆圍羅箇牟族羅箇牟熊本所團結熟夷也王宣往救之蠻解圍合力拒官軍宣與一軍皆沒事遂張駉召存寶授方略統三將兵萬八千趨東川存寶怯懦不敢進乞弟送款紿降存寶信之遂休兵于綿梓遂資間四年詔以環慶副總管林廣代存寶按寶逗撓誅之熟夷楊光震殺阿訛詔林廣與光震回力討賊乞弟恐復送款帝以其前後反覆無真降意督廣進師廣遂破樂攻城至斗蒲村斬首二千五百級次落婆乞弟乃納降廣盛陳兵以受之對語良久

乞弟疑有變引衆遁廣帥兵深入會大雨雪浹旬始次老人山山形紉立度黑崖至鴉飛不到山五年正月次歸來州天大寒然桂爲薪軍士皆凍墮指留四日求乞弟不可得内侍麥文昞問廣軍事廣曰賊未授首當待罪文昞乃出所受密詔曰大兵深入討賊期在梟獲元惡如已破其巢穴雖未得乞弟亦聽班師軍中皆呼萬歲曰天子居九重明見萬里外乃以衆還自納溪之役師行凡四十日築城樂共城江門砦梅嶺席帽溪堡西達淯井東道納溪皆控制要害捷書聞赦梓州路以歸來州地賜羅氏鬼主乞弟既失土窮甚往來諸蠻間無所依帝猶欲招來之命知瀘州王光祖開諭許以自新會其死於是羅始党斗然斗更等諸酋請依十九姓團結新收生界八姓兩江夷族請依七姓團結皆爲義軍從之自是瀘夷震慴不復爲邊患沙取祿路死子鼇弊承襲政和五年晏州夷卜漏叛砦將高公老遁招討使趙遹討平之授鼇弊西南夷界都大巡檢事見趙遹傳

列傳卷第二百五十五

跋

宋史爲全史中之最鉅者目錄三卷正書四百九十六卷成於元世祖至正五年翌歲下杭州路雕板陸存齋儀顧堂題跋稱其所藏元本每葉二十行每行二十字版心中間紀志表傳各爲卷第魚尾上左宋史幾右字數魚尾下左寫人姓名右刻工姓名至正中杭州刻本是書初刊祖本也不知元刊祖本每葉二十行而字數則每行各二十有二版心魚尾上有紀志表傳等字及字數其下刻工姓名均或記或不記無宋史幾及寫人姓名舊藏内閣大庫今歸北京圖書館當未出時世無知者故每以明成化本當之桂陽朱英總督兩廣軍務時得漳浦陳布政家抄本復於浙中得善本以補其缺成化十六年刊成有英自序市估輒去之以冒元刻不知者每爲所紿嘉靖六年錦衣衛閑住沈麟奏准校勘史書禮部行文南京國子監以祭酒張邦奇司業江汝璧任校脩之役同時差取廣東原刻宋史付監按南廱志經籍考宋史好板七千七百零四面裂破模糊板二千零四十三面失者一百二十七面今明監本間有板心無小字或小字黑質白章者皆監中補刻之板儀顧堂題跋謂成化本以元本翻雕者蓋誤以初刻爲元板補刻爲本板也大庫元板存者僅四之二余初意諸家藏目多收元本必可補完迨往蹤跡所誤悉如陸氏無已乃以成化初刻本充

之雖遜一籌而佳處亦非他板所可幾及本紀卷三十五孝宗紀不脫第八葉亦不複出卷三十三之第九葉錢曉徵陸存齋均詳言之無待覆述其他足以糾訂殿本及他本之訛奪者尤指不勝屈也進而言元本則列傳第五十一田況傳保州雲翼軍殺州吏據城叛詔況處置之句處字下比殿本多四百字而成化本適滿一葉完善無缺又第一百八十八張栻傳卒時年四十有八句有字下比殿本多四百有四字成化本亦無之然有字下全爲墨板實預留訪得補刻之地殿本則增入八字改作完語以自掩其不全之迹是更可見至正成化二本之勝而殿本盡沿監本之訛不加審愼亦可徵矣昔人

譏宋史最爲蕪冗余謂其宗室世系表泛抄玉牒尤屬無用然覆刻與重脩不同既爲原書本文衹可悉仍舊貫表第三十二此所影者爲成化本以依元抄本校之增得一葉今附卷末以留眞面表中人名半屬奇字有不可以常理度者殿本每加改竄期於易識殊違名從主人之例印板漫漶點畫致多不全此亦悉存原迹不敢稍有變易闕疑之愼竊願勉焉海鹽張元濟